Bamberger/Roth
Kommentar zum Bürgerlichen Gesetzbuch

Kommentar zum Bürgerlichen Gesetzbuch

Band 3
§§ 1297–2385
EGBGB

Herausgegeben von

Dr. Heinz Georg Bamberger
Staatsminister der Justiz des
Landes Rheinland-Pfalz

Dr. Herbert Roth
Professor an der Universität
Regensburg

2. Auflage

Verlag C. H. Beck München 2008

Zitiervorschlag:

Bamberger/Roth/Bearbeiter BGB § … Rn …

Verlag C. H. Beck im Internet:
beck.de

ISBN 978 3 406 54222 0

© 2008 Verlag C. H. Beck oHG
Wilhelmstraße 9, 80801 München
Kösel GmbH & Co. KG
Am Buchweg 1, 87452 Altusried-Krugzell
Satz: Druckerei C. H. Beck, Nördlingen
(Adresse wie Verlag)

Gedruckt auf säurefreiem, alterungsbeständigem Papier
(hergestellt aus chlorfrei gebleichtem Zellstoff)

Die Bearbeiter des dritten Bandes

Margarethe Bergmann
Aufsichtführende Richterin am Amtsgericht Köln

Ingolf Bettin
Vorsitzender Richter am Thüringer Oberlandesgericht

Prof. Dr. Bengt Beutler
Richter am Amtsgericht Bremen

Dr. Wolfgang Enders
Professor (em.) an der Fachhochschule München

Werner Gutdeutsch
Richter am Oberlandesgericht München a. D.

Dieter Hahn
Vorsitzender Richter am Oberlandesgericht Koblenz

Dr. Bettina Heiderhoff
Professorin an der Universität Hamburg

Dr. Wolfgang Litzenburger
Notar in Mainz

Dr. Jochen Höger
Rechtsanwalt, Karlsruhe

Ilse Lohmann
Richterin am Bundesgerichtshof, Karlsruhe

Dr. Stephan Lorenz
Professor an der Universität München

Dr. Gerald Mäsch
Professor an der Universität Münster

Dr. Jörg Mayer
Notar in Simbach

Dr. Juliana Mörsdorf-Schulte
Lehrbeauftragte an der Universität Mannheim

Dr. Peter Mrozynski
Professor an der Fachhochschule München

Dr. Gabriele Müller
Rechtsanwältin, Deutsches Notarinstitut Würzburg

Dr. Bernd Müller-Christmann
Vorsitzender Richter am Oberlandesgericht Karlsruhe

Ralph Neumann
Richter am Amtsgericht Brühl

Bearbeiter

Werner Reinken
Vorsitzender Richter am Oberlandesgericht Hamm

Dr. Matthias Siegmann
Rechtsanwalt beim Bundesgerichtshof, Karlsruhe

Dr. Andreas Spickhoff
Professor an der Universität Regensburg

Dr. Barbara Veit
Professorin an der Universität Göttingen

Im Einzelnen haben bearbeitet:

§§ 1297–1320	Dieter Hahn
§§ 1321–1352	weggefallen
§§ 1353–1359	Dieter Hahn
§§ 1360–1361	Dr. Bengt Beutler
§§ 1361 a, 1361 b	Ralph Neumann
§§ 1362	Dr. Bengt Beutler
§§ 1363–1563	Dr. Jörg Mayer
§§ 1564–1568	Ralph Neumann
§§ 1569–1586 c	Dr. Bengt Beutler
§§ 1587–1587 e	Margarethe Bergmann
§§ 1587 f–1587 n	Werner Gutdeutsch
§§ 1587 o–1587 p	Margarethe Bergmann
VAHRG	Werner Gutdeutsch
VAÜG	Werner Gutdeutsch
VAwMG	Werner Gutdeutsch
BarwertVO	Werner Gutdeutsch
HausratsVO	Ralph Neumann
GewSchG	Werner Reinken
§ 1588	Ralph Neumann
§§ 1589–1600 e	Dieter Hahn
§§ 1601–1615 o	Werner Reinken
§§ 1616–1625	Dr. Wolfgang Enders
§§ 1626–1698 b	Dr. Barbara Veit
§§ 1699–1711	weggefallen
§§ 1712–1772	Dr. Wolfgang Enders
§§ 1773–1895	Ingolf Bettin
§§ 1896–1908 k	Dr. Gabriele Müller
§§ 1909–1921	Ingolf Bettin
SGB VIII §§ 27–35 a	Dr. Peter Mrozynski
§§ 1922–1941	Dr. Bernd Müller-Christmann
§§ 1942–1966	Dr. Matthias Siegmann/Dr. Jochen Höger
§§ 1967–2017	Ilse Lohmann
§§ 2018–2031	Dr. Bernd Müller-Christmann
§§ 2032–2063	Ilse Lohmann
§§ 2064–2146	Dr. Wolfgang Litzenburger
§§ 2147–2196	Dr. Bernd Müller-Christmann
§§ 2197–2228	Dr. Jörg Mayer
§§ 2229–2302	Dr. Wolfgang Litzenburger
BeurkG	Dr. Wolfgang Litzenburger
§§ 2303–2338	Dr. Jörg Mayer
§§ 2339–2345	Dr. Bernd Müller-Christmann
§§ 2346–2352	Dr. Jörg Mayer
§§ 2353–2370	Dr. Matthias Siegmann/Dr. Jochen Höger
§§ 2371–2385	Dr. Jörg Mayer
EGBGB Einl IPR, Art 3–6	Dr. Stephan Lorenz
EGBGB Art 7–12	Dr. Gerald Mäsch
EGBGB Art 13–16	Dr. Juliana Mörsdorf-Schulte
EGBGB Art 17–24	Dr. Bettina Heiderhoff
EGBGB Art 25, 26	Dr. Stephan Lorenz
EGBGB Art 27–46	Dr. Andreas Spickhoff
EGBGB Art 47	Dr. Gerald Mäsch
EGBGB Art 48–219	nicht abgedruckt
EGBGB Art 220	Dr. Bettina Heiderhoff
EGBGB Art 221–245	nicht abgedruckt

Vorwort

Wir freuen uns, dass im zeitnahen Anschluss an die Bände 1 und 2 nun auch der dritte Band des Kommentars in der 2. Auflage vorliegt. Die Reformen zum Unterhaltsrecht und zur Vaterschaftsanfechtung sollten abgewartet werden. Hier ist das neue Recht kommentiert. Berücksichtigt sind auch die Verordnungen der Europäischen Gesetzgebungsorgane für eine Angleichung der Vorschriften des Internationalen Privatrechts (Art. 3 bis 46 EGBGB; Verordnungsentwurf „Rom I" und Verordnung „Rom II"). Erst im Entwurf berücksichtigt werden konnten die beabsichtigten Änderungen zum Erbrecht; hier liegt derzeit ein Gesetzesentwurf der Bundesregierung vor.

Für alle im dritten Band kommentierten Rechtsgebiete gilt, dass der Wandel der Anschauungen, aber auch die transnationale Wirtschaft und die Einflüsse in der Europäischen Union zu neuen Fragestellungen, Stellungnahmen und Entscheidungen geführt haben. Es bleibt auch hier alles im Fluss.

Es haben sich einige Änderungen im Autorenteam sowie in der Arbeitsaufteilung ergeben. So hat Herr Dieter Hahn zusätzlich den Abschnitt von Herrn Friedrich Lohmann übernommen. Die Erstkommentierung des Gewaltschutzgesetzes wurde von Herrn Werner Reinken geleistet. Als Autoren neu gewonnen wurden Herr Dr. Matthias Siegmann und Herr Dr. Jochen Höger, die die Kommentierung von Herrn Stephan Seidl gemeinsam fortgeführt haben, sowie Frau Dr. Bettina Heiderhoff und Frau Dr. Juliana Mörsdorf-Schulte, die die Kommentierung von Dr. Karsten Otte übernommen haben. Wir möchten den ausgeschiedenen Autoren an dieser Stelle für ihre Kommentierung in der Erstauflage danken.

Dem Verlag sei wiederum herzlich gedankt, der sämtliche drei Bände der 2. Auflage vorbildlich, mit Geduld und mit Nachdruck betreut hat. Unser Dank gilt genauso den Autorinnen und Autoren, die pflichtbewusst und diszipliniert, aber auch mit Freude an der Sache ihre Texte überarbeitet, aktualisiert und fortentwickelt haben. Nicht zuletzt danken wir den Nutzern und Lesern des Kommentars auch wiederum für die positive, den Wert des Werkes fördernde kritische Begleitung.

Mainz und Regensburg, im Februar 2008
Die Herausgeber

Dr. Heinz Georg Bamberger
Dr. Herbert Roth

Aus dem Vorwort zur 1. Auflage

In den mehr als 100 Jahren seiner Geltung ist das Bürgerliche Gesetzbuch durch die Gesetzgebung, aber auch durch die Rechtsprechung ständig dem Wandel der Verhältnisse angepasst worden. Vor allem die Werteordnung des Grundgesetzes hat auch die bürgerlich-rechtlichen Institutionen in ein neues Licht gerückt. Das betrifft den Persönlichkeitsschutz, der stark in den Vordergrund getreten ist und heute immer wichtiger wird, den Verbraucherschutz im weitesten Sinne, den Schutz vor Diskriminierung. Wenig ist geblieben, wie es war. Heute verändern Technik und Wirtschaft die Verhältnisse schneller – die Dinge und mit ihnen das Recht, das sie regelt. Andere Formen des Vertriebs von Waren und Dienstleistungen erfordern andere Gestaltungsmöglichkeiten, aber auch Schutzvorkehrungen für die Betroffenen. Neue Technik ermöglicht neue Formen des Vertragsabschlusses, auch der Vertragsgestaltung. Die internationalen Bezüge des deutschen Rechts verbreiten und intensivieren sich in einem selten gesehenen Maße.

Ganz erhebliche Veränderungen des Bürgerlichen Rechts hat es in den letzten zwei Jahren gegeben. (...) Was insbesondere den hier vorliegenden dritten Band des Kommentars betrifft, so trat am 1. August 2001 das Gesetz zur Beendigung der Diskriminierung gleichgeschlechtlicher Gemeinschaften (Lebenspartnerschaften) in Kraft. Das Lebenspartnerschaftsgesetz hat Wirkungen auch für das Erbrecht und für das internationale Privatrecht. Weitere gesetzliche Änderungen betreffen die Zuweisung von Wohnungen durch das Gesetz zur Verbesserung des zivilgerichtlichen Schutzes bei Gewalttaten und Nachstellung sowie zur Erleichterung der Überlassung der Ehewohnung bei Trennung vom 11. Dezember 2001, das Adoptionsrecht durch das Gesetz zur Regelung von Rechtsfragen auf dem Gebiet der internationalen Adoption und zur Weiterentwicklung des Adoptionsvermittlungsrechts vom 5. November 2001 sowie die Errichtung von Testamenten durch Hör- und Sprachbehinderte durch das OLG-Vertretungsänderungsgesetz vom 23. Juli 2002. Eine neue Sicht der Regelungen zum vertraglichen Güterrecht, wie auch zum Unterhaltsrecht und zum Recht des Versorgungsausgleichs verlangt die Entscheidung des Bundesverfassungsgerichts zur Kontrolle des Inhalts von Eheverträgen. Die wichtige Entscheidung des Bundesgerichtshofs vom Juni 2001 zur Berücksichtigung des Wertes der Familienarbeit war zu berücksichtigen. Damit sind nur einige der Änderungen angesprochen, denen Rechnung getragen werden muss.

Für den vorliegenden neuen Kommentar zum BGB haben sich Autorinnen und Autoren aus Wissenschaft und Praxis der interessanten und herausfordernden Aufgabe gestellt, das Recht des BGB neu zu kommentieren. Es soll ein Kommentar für die Praxis sein. Erstes Ziel war größtmögliche Aktualität, also Berücksichtigung der heutigen tatsächlichen Verhältnisse, der heute bestehenden rechtlichen Regelung, des heutigen Standes der Meinung in Rechtsprechung und Literatur. Dabei wird nicht darauf verzichtet, die Entwicklungslinien nachzuzeichnen. Aufgegriffen werden die sich im Alltag des praktisch tätigen Juristen stellenden Probleme und Fragen. Geboten werden Vorschläge von Lösungen für die Praxis, ohne dabei auf die Bemühung um theoretische Durchdringung der Problematik zu verzichten.

In Umfang und Format liegt der Kommentar zwischen den Großkommentaren und den Praktiker-Handbüchern. Er ist im Laufe seiner Entstehung umfangreicher geworden, als ursprünglich geplant. Wir hoffen, dass er für die Fragen der Praxis des bürgerlichen Rechts eine Lösung oder einen Weg zu einer Lösung bereit hält, die zügig und zuverlässig gefunden werden kann.

Wir wünschen dem neuen Kommentar zum Bürgerlichen Gesetzbuch interessierte und aufmerksame Leser. Für Kritik und Anregungen sind wir dankbar.

Koblenz und Regensburg, im Juli 2002

Die Herausgeber

Dr. Heinz Georg Bamberger
Dr. Herbert Roth

Inhaltsverzeichnis

Bürgerliches Gesetzbuch

in der Fassung der Bekanntmachung vom 2. Januar 2002 (BGBl I S 42),
zuletzt geändert durch Gesetz vom 26. März 2008
(BGBl I S 441)

Buch 4. Familienrecht (§§ 1297–1921)

Abschnitt 1. Bürgerliche Ehe (§§ 1297–1588)	1
Titel 1. Verlöbnis (§§ 1297–1302)	1
Titel 2. Eingehung der Ehe (§§ 1303–1312)	17
Untertitel 1. Ehefähigkeit (§§ 1303–1305)	17
Untertitel 2. Eheverbote (§§ 1306–1308)	23
Untertitel 3. Ehefähigkeitszeugnis (§ 1309)	29
Untertitel 4. Eheschließung (§§ 1310–1312)	34
Titel 3. Aufhebung der Ehe (§§ 1313–1318)	41
Titel 4. Wiederverheiratung nach Todeserklärung (§§ 1319–1352)	56
Titel 5. Wirkungen der Ehe im Allgemeinen (§§ 1353–1362)	61
Titel 6. Eheliches Güterrecht (§§ 1363–1563)	146
Untertitel 1. Gesetzliches Güterrecht (§§ 1363–1407)	146
Untertitel 2. Vertragliches Güterrecht (§§ 1408–1557)	287
Kapitel 1. Allgemeine Vorschriften (§§ 1408–1413)	287
Kapitel 2. Gütertrennung (§ 1414)	326
Kapitel 3. Gütergemeinschaft (§§ 1415–1557)	332
Unterkapitel 1. Allgemeine Vorschriften (§§ 1415–1421)	332
Unterkapitel 2. Verwaltung des Gesamtgutes durch den Mann oder die Frau (§§ 1422–1449)	350
Unterkapitel 3. Gemeinschaftliche Verwaltung des Gesamtgutes durch die Ehegatten (§§ 1450–1470)	381
Unterkapitel 4. Auseinandersetzung des Gesamtguts (§§ 1471–1482)	398
Unterkapitel 5. Fortgesetzte Gütergemeinschaft (§§ 1483–1557)	419
Untertitel 3. Güterrechtsregister (§§ 1558–1563)	454
Titel 7. Scheidung der Ehe (§§ 1564–1587p)	461
Untertitel 1. Scheidungsgründe (§§ 1564–1568)	461
Untertitel 2. Unterhalt des geschiedenen Ehegatten (§§ 1569–1586b)	482
Kapitel 1. Grundsatz (§ 1569)	482
Kapitel 2. Unterhaltsberechtigung (§§ 1570–1580)	483
Kapitel 3. Leistungsfähigkeit und Rangfolge (§§ 1581–1584)	523
Kapitel 4. Gestaltung des Unterhaltsanspruchs (§§ 1585–1585c)	527
Kapitel 5. Ende des Unterhaltsanspruchs (§§ 1586–1586b)	532
Untertitel 3. Versorgungsausgleich (§§ 1587–1587p)	534
Kapitel 1. Grundsatz (§ 1587)	534
Kapitel 2. Wertausgleich von Anwartschaften oder Aussichten auf eine Versorgung (§§ 1587a–1587e)	551
Kapitel 3. Schuldrechtlicher Versorgungsausgleich (§§ 1587f–1587n)	598
Kapitel 4. Parteivereinbarungen (§ 1587o)	616
Kapitel 5. Schutz des Versorgungsschuldners (§ 1587p)	626
• Gesetz zur Regelung von Härten im Versorgungsausgleich (VAHRG)	628
• Gesetz über weitere Maßnahmen auf dem Gebiet des Versorgungsausgleichs (VAwMG)	661

Inhaltsverzeichnis

- Gesetz zur Überleitung des Versorgungsausgleichs auf das Beitrittsgebiet (Versorgungsausgleichs-Überleitungsgesetz – VAÜG) 662
- Verordnung zur Ermittlung des Barwerts eine auszugleichenden Versorgung nach § 1587a Abs. 3 Nr. 2 und Abs. 4 des Bürgerlichen Gesetzbuchs (Barwert-Verordnung) 672
- Verordnung über die Behandlung der Ehewohnung und des Hausrats (HausratsVO) 687
- Gesetz zum zivilrechtlichen Schutz vor Gewalttaten und Nachstellungen (GewSchG) 706

Titel 8. Kirchliche Verpflichtungen (§ 1588) 719

Abschnitt 2. Verwandtschaft (§§ 1589–1772) 720

Titel 1. Allgemeine Vorschriften (§§ 1589, 1590) 720
Titel 2. Abstammung (§§ 1591–1600e) 721
Titel 3. Unterhaltspflicht (§§ 1601–1615o) 747
    Untertitel 1. Allgemeine Vorschriften (§§ 1601–1615) 747
    Untertitel 2. Besondere Vorschriften für das Kind und seine nicht miteinander verheirateten Eltern (§§ 1615a–1615o) 858
Titel 4. Rechtsverhältnis zwischen den Eltern und dem Kind im Allgemeinen (§§ 1616–1625) 871
Titel 5. Elterliche Sorge (§§ 1626–1711) 927
Titel 6. Beistandschaft (§§ 1712–1740) 1155
Titel 7. Annahme als Kind (§§ 1741–1772) 1179
    Untertitel 1. Annahme Minderjähriger (§§ 1741–1766) 1179
    Untertitel 2. Annahme Volljähriger (§§ 1767–1772) 1269

Abschnitt 3. Vormundschaft, rechtliche Betreuung, Pflegschaft (§§ 1773–1921) 1287

Titel 1. Vormundschaft (§§ 1773–1895) 1287
    Untertitel 1. Begründung der Vormundschaft (§§ 1773–1792) 1287
    Untertitel 2. Führung der Vormundschaft (§§ 1793–1836e) 1302
    Untertitel 3. Fürsorge und Aufsicht des Vormundschaftsgerichts (§§ 1837–1848) 1344
    Untertitel 4. Mitwirkung des Jugendamts (§§ 1849–1851) 1350
    Untertitel 5. Befreite Vormundschaft (§§ 1852–1881) 1351
    Untertitel 6. Beendigung der Vormundschaft (§§ 1882–1895) 1354
Titel 2. Rechtliche Betreuung (§§ 1896–1908k) 1360
Titel 3. Pflegschaft (§§ 1909–1921) 1446

- Sozialgesetzbuch Achtes Buch (SGB VIII) Kinder- und Jugendhilfe (§§ 27–35 a) 1456

Buch 5. Erbrecht (§§ 1922–2385)

Abschnitt 1. Erbfolge (§§ 1922–1941) 1483

Abschnitt 2. Rechtliche Stellung des Erben (§§ 1942–2063) 1532

Titel 1. Annahme und Ausschlagung der Erbschaft, Fürsorge des Nachlassgerichts (§§ 1942–1966) 1532
Titel 2. Haftung des Erben für die Nachlassverbindlichkeiten (§§ 1967–2017) .. 1567
    Untertitel 1. Nachlassverbindlichkeiten (§§ 1967–1969) 1567
    Untertitel 2. Aufgebot der Nachlassgläubiger (§§ 1970–1974) 1575
    Untertitel 3. Beschränkung der Haftung des Erben (§§ 1975–1992) 1583
    Untertitel 4. Inventarerrichtung, unbeschränkte Haftung des Erben (§§ 1993–2013) 1614
    Untertitel 5. Aufschiebende Einreden (§§ 2014–2017) 1632
Titel 3. Erbschaftsanspruch (§§ 2018–2031) 1636

Inhaltsverzeichnis

Titel 4. Mehrheit von Erben (§§ 2032–2063)	1656
Untertitel 1. Rechtsverhältnis der Erben untereinander (§§ 2032–2057a)	1656
Untertitel 2. Rechtsverhältnis zwischen den Erben und den Nachlassgläubigern (§§ 2058–2063)	1717
Abschnitt 3. Testament (§§ 2064–2273)	1731
Titel 1. Allgemeine Vorschriften (§§ 2064–2086)	1731
Titel 2. Erbeinsetzung (§§ 2087–2099)	1792
Titel 3. Einsetzung eines Nacherben (§§ 2100–2146)	1806
Titel 4. Vermächtnis (§§ 2147–2191)	1881
Titel 5. Auflage (§§ 2192–2196)	1921
Titel 6. Testamentsvollstrecker (§§ 2197–2228)	1926
Titel 7. Errichtung und Aufhebung eines Testaments (§§ 2229–2264)	2062
• **Beurkundungsgesetz (BeurkG) – Auszug –**	2113
Titel 8. Gemeinschaftliches Testament (§§ 2265–2273)	2172
Abschnitt 4. Erbvertrag (§§ 2274–2302)	2215
Abschnitt 5. Pflichtteil (§§ 2303–2338)	2269
Abschnitt 6. Erbunwürdigkeit (§§ 2339–2345)	2436
Abschnitt 7. Erbverzicht (§§ 2346–2352)	2446
Abschnitt 8. Erbschein (§§ 2353–2370)	2476
Abschnitt 9. Erbschaftskauf (§§ 2371–2385)	2512

Einführungsgesetz zum Bürgerlichen Gesetzbuche

in der Fassung der Bekanntmachung vom 21. September 1994 (BGBl I S 2494, berichtigt 1997 I S 1061), zuletzt geändert durch Gesetz vom 26. März 2008 (BGBl I S 441)

– Auszug –

Erster Teil. Allgemeine Vorschriften	2531
Erstes Kapitel. Inkrafttreten. Vorbehalt für Landesrecht. Gesetzesbegriff (Art 1, 2) (nicht abgedruckt)	2531
Zweites Kapitel. Internationales Privatrecht (Art 3–46)	2531
• Einleitung (Einl IPR)	2531
Erster Abschnitt. Verweisung (Art 3–6)	2570
Zweiter Abschnitt. Recht der natürlichen Personen und der Rechtsgeschäfte (Art 7–12)	2606
• Art 10 Anhang. Gewillkürte Stellvertretung	2641
• Art 12 Anhang. Internationales Gesellschaftsrecht	2672
Dritter Abschnitt. Familienrecht (Art 13–24)	2692
Vierter Abschnitt. Erbrecht (Art 25, 26)	2859
Fünfter Abschnitt. Schuldrecht (Art 27–42)	2893
Erster Unterabschnitt. Vertragliche Schuldverhältnisse (Art 27–37)	2893
Zweiter Unterabschnitt. Außervertragliche Schuldverhältnisse (Art 38–42)	2998
• Art 42 Anhang. Rom II-VO	3036
Sechster Abschnitt. Sachenrecht (Art 43–46)	3074
• Art 46 Anhang. Internationales Enteignungsrecht	3088
Drittes Kapitel. Angleichung (Art 47–49) (nur Art 47 abgedruckt)	3091

Inhaltsverzeichnis

Zweiter Teil. Verhältnis des Bürgerlichen Gesetzbuchs zu den Reichsgesetzen (Art 50–54) (nicht abgedruckt).................................... 3096

Dritter Teil. Verhältnis des Bürgerlichen Gesetzbuchs zu den Landesgesetzen (Art 55–152) (nicht abgedruckt).................................... 3096

Vierter Teil. Übergangsvorschriften (Art 153–218) (nicht abgedruckt).......... 3096

Fünfter Teil. Übergangvorschriften aus Anlaß jüngerer Änderungen des Bürgerlichen Gesetzbuchs und dieses Einführungsgesetzes (Art 219–229) (nur Art 220 abgedruckt)... 3097

Sechster Teil. Inkrafttreten und Übergangsrecht aus Anlaß der Einführung des Bürgerlichen Gesetzbuchs in dem in Artikel 3 des Einigungsvertrages genannten Gebiet (Art 230–237) (nicht abgedruckt)............................ 3102

Siebter Teil. Durchführung des Bürgerlichen Gesetzbuchs, Verordnungsermächtigungen (Art 238–245) (nicht abgedruckt)........................... 3102

Sachverzeichnis.. 3103

Verzeichnis der Abkürzungen und der abgekürzt zitierten Literatur

Zeitschriften werden, soweit nicht anders angegeben, nach Jahrgang und Seite zitiert.

aA	anderer Ansicht
aaO	am angegebenen Ort
Abg	Abgeordneter
ABGB	Allgemeines Bürgerliches Gesetzbuch vom 1. 6. 1811 (Österreich)
AbgG	Gesetz über die Rechtsverhältnisse der Mitglieder des Deutschen Bundestags (Abgeordnetengesetz) idF der Bek vom 21. 2. 1996 (BGBl I S 326)
Abh	Abhandlung(en)
Abk	Abkommen
ABl	Amtsblatt
abl	ablehnend
ABl EG (EU)	Amtsblatt der Europäischen Gemeinschaften (Europäischen Union)
Abs	Absatz
Abschn	Abschnitt
ABSpB	Allgemeine Bausparbedingungen
Abt	Abteilung
abw	abweichend
AcP	Archiv für die civilistische Praxis (Zeitschrift; zitiert nach Band und Seite; in Klammer Erscheinungsjahr des jeweiligen Bandes)
ADB	Allgemeine Deutsche Binnen-Transportbedingungen von 1963
ADHGB	Allgemeines Deutsches Handelsgesetzbuch von 1861
ADS	Allgemeine Deutsche Seeversicherungsbedingungen – Besondere Bestimmungen für die Güterversicherung 1973/1984
ADSp	Allgemeine Deutsche Spediteurbedingungen
aE	am Ende
AEG	Allgemeines Eisenbahngesetz vom 27. 12. 1993 (BGBl I S 2378, 2396, ber 1994 I S 2439)
Ärztl Lab	Das Ärztliche Laboratorium (Zeitschrift)
aF	alte(r) Fassung
AFB	Allgemeine Feuerversicherungsbedingungen
AfP	Archiv für Presserecht (Zeitschrift)
AG	Aktiengesellschaft; Die Aktiengesellschaft (Zeitschrift); Amtsgericht (mit Ortsnamen)
AGB	Allgemeine Geschäftsbedingungen
AGB-Banken	Allgemeine Geschäftsbedingungen der Banken
AGB-Sparkassen	Allgemeine Geschäftsbedingungen der Sparkassen
AGBG	Gesetz zur Regelung des Rechts der Allgemeinen Geschäftsbedingungen idF der Bek vom 29. 6. 2000 (BGBl I S 946), aufgehoben
AGBGB	Ausführungsgesetz zum BGB (Landesrecht)
AGG	Allgemeines Gleichbehandlungsgesetz vom 14. 8. 2006 (BGBl I S 1897)
AgrarR	Agrarrecht, Zeitschrift für das gesamte Recht der Landwirtschaft, der Agrarmärkte und des ländlichen Raumes
AgV	Arbeitsgemeinschaft für Verbraucher
AHB	Allgemeine Versicherungsbedingungen für die Haftpflichtversicherung
AHGB	Allgemeines Handelsgesetzbuch
AHK	Alliierte Hohe Kommission
AHKBl	Amtsblatt der Alliierten Hohen Kommission in Deutschland
AHKGes	Gesetz der Alliierten Hohen Kommission
AiB	Arbeitsrecht im Betrieb (Zeitschrift)
AIZ	Allgemeine Immobilien-Zeitung
AJP	Aktuelle Juristische Praxis (Zeitschrift)
AKB	Allgemeine Bedingungen für die Kraftfahrversicherung
AK/*Bearbeiter*	Alternativkommentar zum Bürgerlichen Gesetzbuch, hrsg von *Wassermann*, 1979 ff
AkDR	Akademie für Deutsches Recht

Abkürzungsverzeichnis

AktG	Aktiengesetz vom 6. 9. 1965 (BGBl I S 1089)
allgM	allgemeine Meinung
ALR	Allgemeines Landrecht für die Preußischen Staaten von 1794 (zitiert nach §, Teil und Titel)
Alt	Alternative
aM	anderer Meinung
AMG	Arzneimittelgesetz idF der Bek vom 12. 12. 2005 (BGBl I S 3394)
Amtl Begr	Amtliche Begründung
ANBA	Amtliche Nachrichten der Bundesanstalt für Arbeit
ÄndG	Gesetz zur Änderung
Anh	Anhang
Anm	Anmerkung
AnwBl	Anwaltsblatt (Zeitschrift)
AnwK-BGB/*Bearbeiter*	Anwaltkommentar BGB, Band 1 AT EGBGB, Band 2 Schuldrecht, 2005, Band 3 Sachenrecht, 2004, Band 4 Familienrecht, 2005, Band 5 Erbrecht, 2. Aufl 2007, hrsg von *Dauner-Lieb/Heidel/Ring*
AO	Abgabenordnung idF der Bek vom 1. 10. 2002 (BGBl I S 3866)
AöR	Archiv des öffentlichen Rechts (Zeitschrift)
AP	Arbeitsrechtliche Praxis, Nachschlagewerk des Bundesarbeitsgerichts (Nr ohne Gesetzesstelle bezieht sich auf den gerade kommentierten Paragraphen)
ARB	Allgemeine Reisebedingungen, AGB-Empfehlungen des Deutschen Reisebüro-Verband e. V.
ArbG	Arbeitsgericht (mit Ortsnamen)
ArbGeb	Der Arbeitgeber (Zeitschrift)
ArbGG	Arbeitsgerichtsgesetz idF der Bek vom 2. 7. 1979 (BGBl I S 853, ber S 1036)
AR-Blattei	Arbeitsrecht-Blattei, Handbuch für die Praxis, begr von *Sitzler*, hrsg von *Oehmann* und *Dieterich*
ArbnErfG	Gesetz über Arbeitnehmererfindungen vom 25. 7. 1957 (BGBl I S 756)
ArbPlSchG	Gesetz über den Schutz des Arbeitsplatzes bei Einberufung zum Wehrdienst (Arbeitsplatzschutzgesetz) idF der Bek vom 14. 2. 2001 (BGBl I S 253)
ArbRGeg	Das Arbeitsrecht der Gegenwart (Jahrbuch)
ArbRspr	Die Rechtsprechung in Arbeitssachen (Entscheidungssammlung)
ArbuR	Arbeit und Recht (Zeitschrift)
ArbZG	Arbeitszeitgesetz vom 6. 6. 1994 (BGBl I S 1170)
Arch	Archiv
ArchBürgR	Archiv für Bürgerliches Recht (Zeitschrift)
ArchLR	Archiv für Luftrecht (Zeitschrift)
ArchRWPhil	Archiv für Rechts- und Wirtschaftsphilosophie (Zeitschrift)
ArchSozWiss	Archiv für Sozialwissenschaft und Sozialpolitik (Zeitschrift)
ArchVR	Archiv für Völkerrecht (Zeitschrift)
arg	argumentum
Arntzen/Michaelis-Arntzen	*Arntzen/Michaelis-Arntzen,* Elterliche Sorge und Umgang mit Kindern, 2. Aufl 1994
ARS	Arbeitsrechts-Sammlung, Entscheidungen des Reichsarbeitsgerichts und der Landesarbeitsgerichte (1928–1944)
ARSP	Archiv für Rechts- und Sozialphilosophie (Zeitschrift; zitiert nach Band und Seite)
ARSt	Arbeitsrecht in Stichworten (Entscheidungssammlung)
Art	Artikel
AS	Sammlung der eidgenössischen Gesetze
AsylVfG	Asylverfahrensgesetz idF der Bek vom 27. 7. 1993 (BGBl I S 1361)
AT	Allgemeiner Teil
AtG	Gesetz über die friedliche Verwendung der Kernenergie und den Schutz gegen ihre Gefahren (Atomgesetz) idF der Bek vom 15. 7. 1985 (BGBl I S 1565)
AtW	Die Atomwirtschaft, Zeitschrift für die wirtschaftlichen Fragen der Kernumwandlung
AuA	Arbeit und Arbeitsrecht (Zeitschrift)
AUB	Allgemeine Unfallversicherungs-Bedingungen
Aufl	Auflage
AÜG	Arbeitnehmerüberlassungsgesetz idF der Bek vom 3. 2. 1995 (BGBl I S 159)
AuR	Arbeit und Recht, Zeitschrift für die Arbeitsrechtspraxis

Abkürzungsverzeichnis

AusfG	Ausführungsgesetz
AusfVO	Ausführungsverordnung
AVB	Allgemeine Versicherungsbedingungen; Allgemeine Vertragsbestimmungen
AVBWasserV	Wasser-Versorgungsbedingungen-Verordnung vom 20. 6. 1980 (BGBl I S 750, 1067)
AVO	Ausführungsverordnung
AVV	Allgemeine Verwaltungsvorschrift
AWD	Außenwirtschaftsdienst des Betriebsberaters (Zeitschrift, 4. 1958–20. 1974; vorher und anschließend RIW)
AWG	Außenwirtschaftsgesetz vom 28. 4. 1961 (BGBl I S 481)
AWV	Außenwirtschaftsverordnung idF der Bek vom 22. 11. 1993 (BGBl I S 1934)
Az	Aktenzeichen
B	Bundes-
BAB	Bundesarbeitsblatt (Zeitschrift)
BadNotZ	Badische Notar-Zeitschrift
BadRpr	Badische Rechtspraxis
Bad-Württ; bad-württ	Baden-Württemberg; baden-württembergisch
BÄO	Bundesärzteordnung idF der Bek vom 16. 4. 1987 (BGBl I S 1218)
BAFin	Bundesanstalt für Finanzdienstleistungsaufsicht
BAföG	Bundesgesetz über individuelle Förderung der Ausbildung (Bundesausbildungsförderungsgesetz) idF der Bek vom 6. 6. 1983 (BGBl I S 645)
BAG	Bundesarbeitsgericht
BAGE	Entscheidungen des Bundesarbeitsgerichts
BankA	Bank-Archiv (Zeitschrift, 1.1901–43.1943; aufgegangen in Bankwirtschaft, 1943–1945)
bank und markt	bank und markt (Zeitschrift)
BAnz	Bundesanzeiger
Bassenge/Roth	*Bassenge/Roth*, FGG/RPflG, Kommentar, 11. Aufl 2007
Bauer/v. Oefele/Bearbeiter	*Bauer/v. Oefele* (Hrsg), GBO, Kommentar, 2. Aufl 2006
BauGB	Baugesetzbuch idF der Bek vom 23. 9. 2004 (BGBl I S 2414)
Baumbach//Lauterbach/Albers/ Hartmann	*Baumbach/Lauterbach/Albers/Hartmann*, Zivilprozessordnung, Kommentar, 65. Aufl 2007
Baumbach/Hefermehl	*Baumbach/Hefermehl*, Wechselgesetz und Scheckgesetz, Kommentar, 22. Aufl 2000
Baumbach/Hopt	*Baumbach/Hopt*, Handelsgesetzbuch, Kommentar, 32. Aufl 2006
Baumbach/Hueck	*Baumbach/Hueck*, GmbHG, Kommentar, 18. Aufl 2006
Baumgärtel/Laumen	Handbuch der Beweislast im Privatrecht, begründet von *Baumgärtel*, fortgeführt von *Laumen*, Band 1: Allgemeiner Teil, Schuldrecht BGB, 2. Aufl 1991, Band 2: Sachenrecht, Familienrecht, Erbrecht, Recht der EG, UN-Kaufrecht, 2. Aufl 1999
BausparkG	Gesetz über Bausparkassen vom 15. 2. 1991 (BGBl I S 454)
Baur/Stürner	*Baur/Stürner*, Lehrbuch des Sachenrechts, 17. Aufl 1999
BauR	Baurecht (Zeitschrift 1.1970 ff)
BaWüGVBl	Gesetz- und Verordnungsblatt für Baden-Württemberg
Bay, bay	Bayern, bayerisch
BayAGBGB	Bayerisches Ausführungsgesetz zum BGB
BayBS	Bereinigte Sammlung des bayerischen Landesrechts
BayJMBl	Bayerisches Justizministerialblatt
BayNotZ	Bayerische Notariats-Zeitung und Zeitschrift für die freiwillige Rechtspflege der Gerichte in Bayern
BayObLG	Bayerisches Oberstes Landesgericht
BayObLGZ	Amtliche Sammlung von Entscheidungen des Bayerischen Obersten Landesgerichts in Zivilsachen
BayObLGSt	Amtliche Sammlung von Entscheidungen des Bayerischen Obersten Landesgerichts in Strafsachen
BayVBl	Bayerische Verwaltungsblätter (Zeitschrift)
BayVerfG	Bayerischer Verfassungsgerichtshof
BayVerfGE	Sammlung von Entscheidungen des Bayerischen Verfassungsgerichtshofes
BayZ	Zeitschrift für Rechtspflege in Bayern
BB	Betriebs-Berater (Zeitschrift)
BBankG	Gesetz über die Deutsche Bundesbank idF der Bek vom 22. 10. 1992 (BGBl I S 1782)

Abkürzungsverzeichnis

BBauBl	Bundesbaublatt (Zeitschrift)
BBesG	Bundesbesoldungsgesetz idF der Bek vom 6. 8. 2002 (BGBl I S 3020)
BBG	Bundesbeamtengesetz idF der Bek vom 31. 3. 1999 (BGBl I S 675)
BBiG	Berufsbildungsgesetz vom 14. 8. 1969 (BGBl I S 1112)
Bd (Bde)	Band (Bände)
BDA	Bundesvereinigung der Deutschen Arbeitgeberverbände
BDG	Bundesdisziplinargesetz vom 9. 7. 2001 (BGBl I S 1510)
BDH	Bundesdisziplinarhof
BDSG	Bundesdatenschutzgesetz vom 20. 12. 1990 (BGBl I S 2954)
BeamtVG	Gesetz über die Versorgung der Beamten und Richter in Bund und Ländern (Beamtenversorgungsgesetz) idF der Bek vom 16. 3. 1999 (BGBl I S 322)
beck-fachdienst	Fachnachrichtendienst per E-Mail (zitiert nach Rechtsgebiet und Ausgabe)
Beck PersGes-HdB/*Bearbeiter*	Beck'sches Handbuch der Personengesellschaften, hrsg von *Müller/Hoffmann*, 2. Aufl 2002
Beck'sches Notar-HdB/*Bearbeiter*	Beck'sches Notar-Handbuch, hrsg von *Brambring/Jerschke*, 4. Aufl 2006
BeckRS	Rechtsprechungssammlung in Beck-Online (Jahr, Entscheidungsnummer)
BEG	Bundesgesetz zur Entschädigung für Opfer der nationalsozialistischen Verfolgung (Bundesentschädigungsgesetz) idF der Bek vom 29. 6. 1956 (BGBl I S 559, 562)
Begr	Begründung
Beih	Beiheft
Beil	Beilage
Bek	Bekanntmachung
Belchaus	*Belchaus*, Elterliches Sorgerecht, Kommentar, 1980
Bem	Bemerkung
Bengel/Reimann/Bearbeiter	*Bengel/Reimann*, Handbuch der Testamentsvollstreckung, 3. Aufl 2001
ber	berichtigt
Bergerfurth	*Bergerfurth*, Der Ehescheidungsprozeß und die anderen Eheverfahren, 15. Aufl 2006
Bergmann/Ferid	Internationales Ehe- und Kindschaftsrecht, begründet von *Bergmann*, fortgeführt von *Ferid*, Gesamtredaktion von *Henrich*, Loseblatt, 2007
Bergner	*Bergner*, Der Versorgungsausgleich. Ein Leitfaden, 1996
BErzGG	Gesetz zum Erziehungsgeld und zur Elternzeit (Bundeserziehungsgeldgesetz) idF der Bek vom 9. 2. 2004 (BGBl I S 206)
bestr	bestritten
betr	betreffend; betreffs
BetrAV	Betriebliche Altersversorgung, Mitteilungsblatt der Arbeitsgemeinschaft für betriebliche Altersversorgung
BetrAVG	Gesetz zur Verbesserung der betrieblichen Altersversorgung vom 19. 12. 1974 (BGBl I S 3610)
BetrVG	Betriebsverfassungsgesetz idF der Bek vom 25. 9. 2001 (BGBl I S 2518)
BeurkG	Beurkundungsgesetz vom 28. 8. 1969 (BGBl I S 1513)
BewG	Bewertungsgesetz idF der Bek vom 1. 2. 1991 (BGBl I S 230)
bzgl	bezüglich
BezG	Bezirksgericht
BfAI	Bundesstelle für Außenhandelsinformation
BFH	Bundesfinanzhof
BFHE	Sammlung der Entscheidungen und Gutachten des Bundesfinanzhofs
BFM	Bundesfinanzministerium
BG	Bundesgericht (Schweiz)
BGB	Bürgerliches Gesetzbuch vom 18. 8. 1896 (RGBl S 195), idF der Bek vom 2. 1. 2002 (BGBl I S 42)
BGB-InfoV	Verordnung über Informations- und Nachweispflichten nach bürgerlichem Recht (BGB-Informationspflichtenverordnung) idF der Bek vom 5. 8. 2002 (BGBl I S 3002)
BGBl I, II, III	Bundesgesetzblatt Teil I, Teil II, Teil III
BGE	Entscheidungen des Schweizerischen Bundesgerichts
BGH	Bundesgerichtshof
BGHR	Rechtsprechung des Bundesgerichtshofs (Band und Seite)

Abkürzungsverzeichnis

BGHSt	Entscheidungen des Bundesgerichtshofs in Strafsachen
BGHWarn	Rechtsprechung des Bundesgerichtshofs in Zivilsachen – in der Amtlichen Sammlung nicht enthaltene Entscheidungen (als Fortsetzung von WarnR)
BGHZ	Entscheidungen des Bundesgerichtshofs in Zivilsachen
BImSchG	Gesetz zum Schutz vor schädlichen Umwelteinwirkungen durch Luftverunreinigungen, Geräusche, Erschütterungen und ähnliche Vorgänge (Bundes-Immissionsschutzgesetz) idF der Bek vom 26. 9. 2002 (BGBl I S 3830)
BinSchG	Gesetz betreffend die privatrechtlichen Verhältnisse der Binnenschiffahrt (Binnenschiffahrtsgesetz) idF der Bek vom 20. 5. 1898 (RGBl S 369, 868)
BJagdG	Bundesjagdgesetz idF der Bek vom 29. 9. 1976 (BGBl I S 2849)
BKartA	Bundeskartellamt
BKGG	Bundeskindergeldgesetz idF der Bek vom 2. 1. 2002 (BGBl I S 6)
BKR	Zeitschrift für Bank- und Kapitalmarktrecht
Bl	Blatt
BLG	Bundesleistungsgesetz idF der Bek vom 27. 9. 1961 (BGBl I S 1769)
BlGBW	Blätter für Grundstücks-, Bau- und Wohnungsrecht
BlGenW	Blätter für Genossenschaftswesen
Bln	Berlin(er)
Blomeyer	*Blomeyer*, Allgemeines Schuldrecht, 4. Aufl 1969
BlPMZ	Blatt für Patent-, Muster- und Zeichenwesen
BlStSozArbR	Blätter für Steuerrecht, Sozialversicherung und Arbeitsrecht
BMI	Bundesminister(ium) des Innern
BMJ	Bundesminister(ium) der Justiz
BNotO	Bundesnotarordnung idF der Bek vom 24. 2. 1961 (BGBl I S 98, ber 1999 I S 194)
Böhmer/Siehr	*Böhmer/Siehr*, Das gesamte Familienrecht, Band 1: Das innerstaatliche Recht der Bundesrepublik Deutschland, Bd 2: Das internationale Recht, Loseblatt, 1982 ff
BöhmsZ	Zeitschrift für internationales Privat- und Strafrecht (ab 12. 1903: für internationales Privat- und Öffentliches Recht), begr von *Böhm*
Borth	*Borth*, Versorgungsausgleich in anwaltschaftlicher und familiengerichtlicher Praxis, 3. Aufl 1998
BonnKomm/*Bearbeiter*	Kommentar zum Bonner Grundgesetz, begr von *v. Mangoldt*, hrsg von *Klein/Starck*, 4 Bände, 4. Aufl 1999 ff
Bork	Bork, Allgemeiner Teil des Bürgerlichen Gesetzbuchs, 2001
BörsG	Börsengesetz idF der Bek vom 21. 6. 2002 (BGBl I S 2010)
BPatA	Bundespatentamt
BPatG	Bundespatentgericht
BRAO	Bundesrechtsanwaltsordnung vom 1. 8. 1959 (BGBl I S 565)
BR	Bundesrat
BR-Drucks	Drucksache des Deutschen Bundesrates
BReg	Bundesregierung
Breithaupt	*Breithaupt*, Sammlung von Entscheidungen aus dem Sozialrecht
Brem; brem	Bremen; bremisch
BR-Prot	Protokoll des Deutschen Bundesrates
Brox HandelsR	*Brox*, Handels- und Wertpapierrecht, 17. Aufl 2004
Brox/Walker AT	*Brox/Walker*, Allgemeiner Teil des Bürgerlichen Gesetzbuchs, 30. Aufl 2006
Brox/Walker SchR I/II	*Brox/Walker*, Allgemeines Schuldrecht (SchR I), 31. Aufl 2006; Besonderes Schuldrecht (SchR II), 31. Aufl 2006
BSG	Bundessozialgericht
BSGE	Entscheidungen des Bundessozialgerichts
BStBl	Bundessteuerblatt
BT	Besonderer Teil
BT-Drucks	Drucksache des Deutschen Bundestages
BtPrax	Betreuungsrechtliche Praxis (Zeitschrift)
BT-Prot	Protokoll des Deutschen Bundestages
BuB	Bankrecht und Bankpraxis, Loseblattwerk, 3 Bände, 1979 ff
BUrlG	Mindesturlaubsgesetz für Arbeitnehmer (Bundesurlaubsgesetz) idF der Bek vom 27. 7. 1969 (BGBl I S 2)
II. BV	Verordnung über wohnungswirtschaftliche Berechnungen (Zweite Berechnungsverordnung) idF der Bek vom 12. 10. 1990 (BGBl I S 2178)
BVerfG	Bundesverfassungsgericht
BVerfGE	Entscheidungen des Bundesverfassungsgerichts

Abkürzungsverzeichnis

BVerfGG	Gesetz über das Bundesverfassungsgericht (Bundesverfassungsgerichtsgesetz) idF der Bek vom 11. 8. 1993 (BGBl I S 1473)
BVerwG	Bundesverwaltungsgericht
BVerwGE	Entscheidungen des Bundesverwaltungsgerichts
BVFG	Gesetz über die Angelegenheiten der Vertriebenen und Flüchtlinge (Bundesvertriebenengesetz) idF der Bek vom 2. 6. 1993 (BGBl I S 829)
BVG	Gesetz über die Versorgung der Opfer des Krieges (Bundesversorgungsgesetz) idF der Bek vom 22. 1. 1982 (BGBl I S 21)
BVormVG	Gesetz über die Vergütung von Berufsvormündern (Berufsvormündervergütungsgesetz) vom 25. 6. 1998 (BGBl I S 1580)
BWG	Bundeswahlgesetz idF der Bek vom 23. 7. 1993 (BGBl I S 1288, 1594)
BWNotZ	Mitteilungen aus der Praxis, Zeitschrift für das Notariat in Baden-Württemberg (früher WürttNotV)
bzw	beziehungsweise
ca.	circa
v. Caemmerer/Schlechtriem	Schlechtriem/Schwenzer (Hrsg), Kommentar zum Einheitlichen UN-Kaufrecht, 4. Aufl 2004
Canaris	Canaris, Die Vertrauenshaftung im deutschen Privatrecht, 1971
Canaris Bankvertragsrecht	Canaris, Bankvertragsrecht, 1. Teil 3. Aufl 1988, 2. Teil 4. Aufl 1995
Canaris, Schuldrechtsmodernisierung 2002	Canaris, Schuldrechtsmodernisierung 2002: Beck'sche Gesetzesdokumentation, 2002
CIC	Codex Iuris Canonici
cic	culpa in contrahendo
cif	cost, insurance, freight
CIM	Règles uniformes concernant le contrat de transport international ferroviaire des marchandises (CIM), Einheitliche Rechtsvorschriften für den Vertrag über die internationale Eisenbahnbeförderung von Gütern (CIM) vom 9. 5. 1980 (BGBl 1985 II S 224, 1001)
CISG	Convention on Contracts for the International Sale of Goods, siehe UN-KaufR
CIV	Règles uniformes concernant le contrat de transport international ferroviaire des voyageurs et des bagages (CIV), Einheitliche Rechtsvorschriften für den Vertrag über die internationale Eisenbahnbeförderung von Personen und Gepäck (CIV) vom 9. 5. 1980 (BGBl 1985 II S 178, 1001)
CMR	Convention relative au Contrat de transport international de marchandises par route, Übereinkommen über den Beförderungsvertrag im internationalen Straßengüterverkehr vom 19. 5. 1956 (BGBl 1961 II S 1119; 1962 II S 12)
Cosack/Mitteis	Cosack/Mitteis, Lehrbuch des Bürgerlichen Rechts, 8. Aufl 1927
COTIF	Convention relative aux transports internationaux ferroviaires (COTIV) Übereinkommen über den internationalen Eisenbahnverkehr (COTIF) vom 9. 5. 1980 (BGBl 1985 II S 130, 144, 1001)
CR	Computer und Recht (Zeitschrift)
CRi	Computer Law Review International (Zeitschrift)
DAngVers	Die Angestelltenversicherung (Zeitschrift)
DAR	Deutsches Autorecht (Zeitschrift)
Bearbeiter in: *Dauner-Lieb/Heidel/Lepa/Ring*	Dauner-Lieb/Heidel/Lepa/Ring, Das neue Schuldrecht in der anwaltlichen Praxis, 2002
Bearbeiter in: *Dauner-Lieb/Konzen/Schmidt*	Dauner-Lieb/Konzen/K. Schmidt (Hrsg), Das neue Schuldrecht in der Praxis, 2003
DAVorm	Der Amtsvormund, Rundbrief des Deutschen Instituts für Vormundschaftswesen (Zeitschrift, zitiert nach Jahrgang und Spalte)
DB	Der Betrieb (Zeitschrift)
DDR	Deutsche Demokratische Republik
Demharter	Demharter, Grundbuchordnung, Kommentar, 25. Aufl 2005
Denkschrift	Denkschrift des Reichsjustizamts zum Entwurf eines Bürgerlichen Gesetzbuchs, 1896
DepG	Gesetz über die Verwahrung und Anschaffung von Wertpapieren (Depotgesetz) idF der Bek vom 11. 1. 1995 (BGBl S 34)
ders	derselbe
Deutsch Haftungsrecht I	Deutsch, Allgemeines Haftungsrecht, 2. Aufl 1996

Abkürzungsverzeichnis

Deutsch/Spickhoff	*Deutsch/Spickhoff,* Medizinrecht, 5. Aufl 2003
DFGT	Deutscher Familiengerichtstag
DGB	Deutscher Gewerkschaftsbund
dgl	desgleichen; dergleichen
DGVZ	Deutsche Gerichtsvollzieher-Zeitung
dh	das heißt
Die Bank	Die Bank (Zeitschrift)
dies	dieselbe(n)
Dig	Digesten
DiskE	Diskussionsentwurf
Diss	Dissertation (Universitätsort)
DIV	Deutsches Institut für Vormundschaftswesen
DJ	Deutsche Justiz (Zeitschrift)
DJT	Deutscher Juristentag
DJZ	Deutsche Juristenzeitung (Zeitschrift)
DNotV	Zeitschrift des Deutschen Notarvereins (1. 1901–33. 1933), dann DNotZ
DNotZ	Deutsche Notar-Zeitung (Zeitschrift)
DÖD	Der öffentliche Dienst (Zeitschrift)
DogmJ	Jahrbücher für die Dogmatik des heutigen römischen und deutschen Privatrechts
Dok	Dokument
Dölle	*Dölle,* Familienrecht, 2 Bde, 1964/1965
DONot	Dienstordnung für Notare – Bundeseinheitliche Verwaltungsvorschrift der Landesjustizverwaltungen; für Bayern: idF der Bek vom 25. 1. 2001 (BayJMBl S 32)
DÖV	Die öffentliche Verwaltung (Zeitschrift)
DR	Deutsches Recht (Zeitschrift)
DRdA	Das Recht der Arbeit (österreichische Zeitschrift)
DRiG	Deutsches Richtergesetz idF der Bek vom 19. 4. 1972 (BGBl I S 713)
DRiZ	Deutsche Richterzeitung (Zeitschrift)
DRspr	Deutsche Rechtsprechung, Entscheidungssammlung und Aufsatzhinweise
DRV	Deutsche Rentenversicherung (Zeitschrift); Deutscher Reisebüro-Verband e. V.
DRWiss	Deutsche Rechtswissenschaft (Zeitschrift, 1.1936–8.1943)
DRZ	Deutsche Rechts-Zeitschrift
DSb	Der Sozialberater (Zeitschrift)
DStR	Deutsches Steuerrecht (Zeitschrift)
DStZ/A	Deutsche Steuerzeitung Ausgabe A
Dt; dt	deutsch
DtZ	Deutsch-Deutsche Rechts-Zeitschrift
DuR	Demokratie und Recht (Zeitschrift)
DVBl	Deutsches Verwaltungsblatt
DVO	Durchführungsverordnung
DWW	Deutsche Wohnungswirtschaft (hrsg von Zentralverband der deutschen Haus-, Wohnungs- und Grundeigentümer; Zeitschrift)
DZWiR	Deutsche Zeitschrift für Wirtschafts- und Insolvenzrecht (Zeitschrift)
E	Entwurf
ebd	ebenda
Ebenroth/Boujong/Joost/Bearbeiter	*Ebenroth/Boujong/Joost,* Handelsgesetzbuch, Kommentar, 2 Bände, 2001
EcJ	The Economic Journal (seit 1891)
ecolex	(österr) Fachzeitschrift für Wirtschaftsrecht
ECRL	Richtlinie 2000/31/EG des Europäischen Parlaments und des Rates über bestimmte rechtliche Aspekte der Dienste der Informationsgesellschaft, insbesondere des elektronischen Geschäftsverkehrs, im Binnenmarkt (E-Commerce-Richtlinie) vom 8. 6. 2000 (ABl EG Nr L 178 S 1)
EFG	Entscheidungen der Finanzgerichte; Eigentumsfristengesetz
EFZG	Gesetz über die Zahlung des Arbeitsentgelts an Feiertagen und im Krankheitsfalle (Entgeltfortzahlungsgesetz) vom 26. 5. 1994 (BGBl I S 1014, 1065)
EG	Einführungsgesetz; Europäische Gemeinschaft
EGBGB	Einführungsgesetz zum Bürgerlichen Gesetzbuche idF der Bek vom 21. 9. 1994 (BGBl S 2494)
EGMR	Europäischer Gerichtshof für Menschenrechte

XXI

Abkürzungsverzeichnis

EG-Vertrag	Vertrag zur Gründung der Europäischen Gemeinschaften idF der Bek. des Vertrages von Amsterdam vom 2. 10. 1997 (ABl EG Nr C 340 S 1)
1. EheRG	Erstes Gesetz zur Reform des Ehe- und Familienrechts vom 14. 6. 1976 (BGBl I S 1421)
Einf	Einführung
Einl	Einleitung
EisenbE	Eisenbahn- und verkehrsrechtliche Entscheidungen und Abhandlungen. Zeitschrift für Eisenbahn und Verkehrsrecht (Band und Seite)
EJF	Entscheidungen aus dem Jugend- und Familienrecht (Abschnitt und Nr)
EKG	Einheitliches Gesetz über den Abschluß von internationalen Kaufverträgen über bewegliche Sachen vom 17. 7. 1973 (BGBl I S 868) iVm Bek vom 12. 2. 1974 (BGBl I S 358), aufgehoben
EKMR	Europäische Kommission für Menschenrechte
Endemann	*Endemann*, Lehrbuch des Bürgerlichen Rechts, 5 Bände, 1903–1920
endg	endgültig
Enneccerus	*Enneccerus/Kipp/Wolff*, Lehrbuch des Bürgerlichen Rechts
/*Kipp*	IV. Band Familienrecht (Teil II und III), 7. Aufl 1931
/*Lehmann*	II. Band Recht der Schuldverhältnisse, 15. Aufl 1958
/*Nipperdey*	I. Band AT des Bürgerlichen Rechts, 1. Halbband 15. Aufl 1959; 2. Halbband 15. Aufl 1960
/*Wolff* FamR	IV. Band Familienrecht (Teil 1), 7. Aufl 1931
/*Wolff*/*Raiser*	III. Band Sachenrecht, 10. Aufl 1957
Entsch	Entscheidung
entspr	entsprechend
EnWG	Gesetz über die Elektrizitäts- und Gasversorgung (Energiewirtschaftsgesetz) idF der Bek vom 7. 7. 2005 (BGBl I S 1970, ber S 3621)
ErbbauRG	Gesetz über das Erbbaurecht vom 15. 1. 1919 (RGBl S 72, ber S 122)
ErbStG	Erbschaftsteuer- und Schenkungsteuergesetz idF der Bek vom 27. 2. 1997 (BGBl I S 378)
ErfK/*Bearbeiter*	Erfurter Kommentar zum Arbeitsrecht, hrsg von *Müller-Glöge/Dieterich/Hanau/G. Schaub*, 7. Aufl 2006
Erg	Ergänzung
Erl	Erlass; Erläuterung
Erman/*Bearbeiter*	Erman, Handkommentar zum Bürgerlichen Gesetzbuch, Band I und II, 11. Aufl 2004
Bearbeiter in: *Ernst/Zimmermann*	*Ernst/Zimmermann*, Zivilrechtswissenschaft und Schuldrechtsreform, Tagungsband, 2001
ESchG	Gesetz zum Schutz von Embryonen (Embryonenschutzgesetz) vom 13. 12. 1990 (BGBl I S 2746)
Esser/Schmidt AT/1 bzw AT/2	*Esser/Schmidt*, Schuldrecht, Band I: Allgemeiner Teil, Teilband 1, 8. Aufl 1995; Teilband 2, 8. Aufl 2000
Esser/Weyers BT/1 bzw BT/2	*Esser/Weyers*, Schuldrecht, Band II: Besonderer Teil, Teilband 1, 8. Aufl 1998; Teilband 2, 8. Aufl 2000
EStG	Einkommensteuergesetz idF der Bek vom 19. 10. 2002 (BGBl I S 4210, ber S 179)
etc	et cetera
EU	Europäische Union
EuEheVO	Verordnung (EG) Nr 2201/2003 des Rates über die Zuständigkeit und die Anerkennung und Vollstreckung von Entscheidungen in Ehesachen und in Verfahren betreffend die elterliche Verantwortung und zur Aufhebung der Verordnung (EG) Nr 1347/2000 vom 27. 11. 2003 (ABl EG Nr L 338 S 1)
EuG	Europäisches Gericht Erster Instanz
EuGH	Gerichtshof der Europäischen Gemeinschaften
EuGHE	Entscheidungen des Gerichtshofes der Europäischen Gemeinschaften
EuGHMR	Europäischer Gerichtshof für Menschenrechte
EuGVÜ	Europäisches Übereinkommen über die gerichtliche Zuständigkeit und die Vollstreckung gerichtlicher Entscheidungen in Zivil- und Handelssachen vom 27. 9. 1968 (BGBl 1972 II S 773; 1986 II S 1020)
EuGVO	Verordnung Nr 44/2001/EG des Rates über die gerichtliche Zuständigkeit und die Anerkennung und Vollstreckung von Entscheidungen in Zivil- und Handelssachen vom 22. 12. 2000 (ABl EG 2001 Nr L 12 S 1)

Abkürzungsverzeichnis

EuR	Europarecht (Zeitschrift)
EuroEG	Gesetz zur Einführung des Euro vom 9. 6. 1998 (BGBl I S 1242)
EuroVO 1997	Verordnung über bestimmte Vorschriften im Zusammenhang mit der Einführung des Euro (EG-VO 1103/97) vom 19. 6. 1997 (ABl EG Nr L 162 S 1)
EuroVO 1998	Verordnung über die Einführung des Euro vom 7. 7. 1997 (ABl EG Nr C 236)
EuZW	Europäische Zeitschrift für Wirtschaftsrecht
EV	Eigentumsvorbehalt
eV	eingetragener Verein
EVertr	Einigungsvertrag vom 31. 8. 1990 (BGBl II S 889)
EVO	Eisenbahn-Verkehrsordnung idF der Bek vom 20. 4. 1999 (BGBl I S 782)
evtl	eventuell
EVÜ	(Europäisches) Übereinkommen über das auf vertragliche Schuldverhältnisse anzuwendende Recht vom 19. 6. 1980 (BGBl 1986 II S 809; 1991 II S 871)
EWGV	Vertrag zur Gründung der Europäischen Wirtschaftsgemeinschaft vom 25. 3. 1957 (BGBl II S 766)
EWiR	Entscheidungen zum Wirtschaftsrecht (Zeitschrift)
EWIV	Europäische wirtschaftliche Interessenvereinigung
EWS	Europäisches Währungssystem
EzA	Entscheidungen zum Arbeitsrecht, hrsg von *Stahlhacke* (Nr ohne Gesetzesstelle bezieht sich auf den gerade kommentierten Paragraphen)
EZB	Europäische Zentralbank
EzFamR	Entscheidungen zum Familienrecht
f, ff	folgend(e)
FA-FamR/*Bearbeiter*	*Gerhardt/v. Heintschel-Heinegg/Klein,* Handbuch des Fachanwalts Familienrecht, 5. Aufl 2005
FamG	Familiengericht
FamGb/*Bearbeiter*	*Baumeister/Fehmel/Griesche/Hochgräber/Kayser/Wick,* Familiengerichtsbarkeit, Kommentar zu den materiellrechtlichen und verfahrensrechtlichen Vorschriften, 1992
FamRÄndG	Gesetz zur Vereinheitlichung und Änderung familienrechtlicher Vorschriften vom 11. 8. 1961 (BGBl I S 1221)
FamRefK/*Bearbeiter*	*Bäumel/Bienwald/Häusermann,* Familienrechtsreformkommentar, 1998
FamRZ	Ehe und Familie im privaten und öffentlichen Recht, Zeitschrift für das gesamte Familienrecht
FARL	Richtlinie 97/7/EG des Europäischen Parlaments und des Rats über den Verbraucherschutz bei Vertragsschlüssen im Fernabsatz (Fernabsatz-Richtlinie) vom 20. 5. 1997 (ABl EG Nr L 144 S 19)
Ferid IPR	*Ferid,* Internationales Privatrecht, 3. Aufl 1986
Ferid/Firsching	*Ferid/Firsching,* Internationales Erbrecht, 7 Bände, 1955 ff (Loseblattausgabe) 4. Aufl 1997
FernAbsG	Fernabsatzgesetz vom 27. 6. 2000 (BGBl I S 897), aufgehoben
FernUSG	Gesetz zum Schutz der Teilnehmer am Fernunterricht (Fernunterrichtsschutzgesetz) idF der Bek vom 4. 12. 2000 (BGBl I S 1670)
FG	Festgabe
FGB	Familiengesetzbuch der Deutschen Demokratischen Republik vom 20. 12. 1965 (GBl 1966 I S 1), idF des 1. FamRÄndG vom 20. 7. 1990 (GBl I S 1038)
FGG	Gesetz über die Angelegenheit der freiwilligen Gerichtsbarkeit idF der Bek vom 20. 5. 1898 (RGBl S 369, 771)
FGO	Finanzgerichtsordnung idF der Bek vom 28. 3. 2001 (BGBl I S 442)
FGPrax	Praxis der Freiwilligen Gerichtsbarkeit (Zeitschrift)
Fikentscher/Heinemann	*Fikentscher/Heinemann,* Schuldrecht, 10. Aufl 2006
Finke/Garbe	*Finke/Garbe,* Familienrecht in der anwaltlichen Praxis, 5. Aufl 2003
FinFARL	Richtlinie 2002/65/EG des Europäischen Parlaments und des Rates über den Fernabsatz von Finanzdienstleistungen an Verbraucher und zur Änderung der Richtlinie 90/619/EWG des Rates und der Richtlinien 97/7/EG und 98/27/EG vom 23. 9. 2002 (ABl Nr L 271 S 16)
FinG	Finanzgericht
Firsching/Dodegge	*Firsching/Dodegge,* Familienrecht, 2. Halbband, 6. Aufl 1999
Firsching/Graba	*Firsching/Graba,* Familienrecht, 1. Halbband, 6. Aufl 1998
Firsching/Graf	*Firsching/Graf,* Nachlaßrecht, 8. Aufl 2000

Abkürzungsverzeichnis

Fischer	*Fischer,* Strafgesetzbuch, Kommentar, 55. Aufl 2008
FLF	Finanzierung-Leasing-Factoring (Zeitschrift)
Flume	*Flume,* Allgemeiner Teil des Bürgerlichen Rechts, 1. Bd, 1. Teil: Die Personengesellschaft, 1977, 1. Band 2. Teil: Die juristische Person, 1983, 2. Bd: Das Rechtsgeschäft, 4. Aufl 1992
FlurbG	Flurbereinigungsgesetz idF der Bek vom 16. 3. 1976 (BGBl I S 546)
Fn	Fußnote
FNA	Fundstellennachweis A, Beilage zum Bundesgesetzblatt Teil I
FNB	Fundstellennachweis B, Beilage zum Bundesgesetzblatt Teil II
FPR	Familie Partnerschaft Recht (Zeitschrift)
FR	Finanz-Rundschau (Zeitschrift)
FrankfRdsch	Rundschau. Sammlung von Entscheidungen in Rechts- und Verwaltungssachen aus dem Bezirke des OLG Frankfurt am Main (ab 1914: Frankfurter Rundschau)
franz	französisch
FRES	Entscheidungssammlung zum gesamten Bereich von Ehe und Familie
FS	Festschrift
FuR	Familie und Recht (Zeitschrift)
FVE	Sammlung fremdenverkehrsrechtlicher Entscheidungen
FWW	Die freie Wohnungswirtschaft (Informationsdienst des Verbandes Freier Wohnungsunternehmen; Zeitschrift)
G	Gesetz
GA	*Goltdammer's* Archiv für Strafrecht (1953 ff; vorher: Dt Strafrecht)
GasGVV	Verordnung über Allgemeine Bedingungen für die Grundversorgung von Haushaltskunden und die Ersatzversorgung mit Gas aus dem Niederdrucknetz vom 26. 10. 2006 (BGBl I S 2396)
GBl	Gesetzblatt
GBl DDR	Gesetzblatt Deutsche Demokratische Republik
GBO	Grundbuchordnung idF der Bek vom 26. 5. 1994 (BGBl I S 1114)
GbR	Gesellschaft bürgerlichen Rechts
GE	Das Grundeigentum
GebrMG	Gebrauchsmustergesetz idF der Bek vom 28. 8. 1986 (BGBl I S 1455)
Geigel/Bearbeiter	*Geigel,* Der Haftpflichtprozess, hrsg von *Schlegelmilch,* 24. Aufl 2004
GemSOBG	Gemeinsamer Senat der obersten Bundesgerichte
GenG	Gesetz betreffend die Erwerbs- und Wirtschaftsgenossenschaften (Genossenschaftsgesetz) idF der Bek vom 16. 10. 2006 (BGBl S 2230)
Gernhuber/Coester-Waltjen	*Gernhuber/Coester-Waltjen,* Lehrbuch des Familienrechts, 5. Aufl 2006
Gernhuber Erfüllung	*Gernhuber,* Die Erfüllung und ihre Surrogate, Handbuch des Schuldrechts, Band 3, 2. Aufl 1994
Gernhuber Schuldverhältnis	*Gernhuber,* Das Schuldverhältnis, Handbuch des Schuldrechts, Band 8, 1989
Gerold/Schmidt/Bearbeiter	*Gerold/Schmidt/v. Eicken/Madert,* Rechtsanwaltsvergütungsgesetz, Kommentar, 17. Aufl 2006
GeschmMG	Gesetz betreffend das Urheberrecht an Mustern und Modellen (Geschmacksmustergesetz) vom 11. 1. 1876 (RGBl S 11)
GesO	Gesamtvollstreckungsordnung idF der Bek vom 23. 5. 1991 (BGBl I S 1185), aufgehoben
GesRZ	Der Gesellschafter (Zeitschrift, 1.1972 ff)
GewA	Gewerbe-Archiv (Zeitschrift)
GewO	Gewerbeordnung idF der Bek vom 22. 2. 1999 (BGBl I S 202)
GewSchG	Gesetz zum zivilrechtlichen Schutz vor Gewalttaten und Nachstellungen (Gewaltschutzgesetz) vom 11. 12. 2001 (BGBl I S 3513)
GewStG	Gewerbesteuergesetz idF der Bek vom 15. 10. 2002 (BGBl I S 4167)
GG	Grundgesetz für die Bundesrepublik Deutschland vom 23. 5. 1949 (BGBl S 1)
ggf	gegebenenfalls
Gierke	O. v. *Gierke,* Deutsches Privatrecht, Band I 1895, Band II 1905, Band III 1917
Gierke SachR	J. v. *Gierke,* Bürgerliches Recht, Sachenrecht, 3. Aufl 1948
Gierke/Sandrock	J. v. *Gierke/Sandrock,* Handels- und Wirtschaftsrecht, 9. Aufl Band I 1975
Gießler	*Gießler,* Vorläufiger Rechtsschutz in Ehe-, Familien- und Kindschaftssachen, 4. Aufl 2005
GKG	Gerichtskostengesetz idF der Bek vom 15. 12. 1975 (BGBl I S 3047)

Abkürzungsverzeichnis

GmbH.	Gesellschaft mit beschränkter Haftung
GmbH & Co (KG)	Gesellschaft mit beschränkter Haftung und Compagnie (Kommanditgesellschaft)
GmbHG	Gesetz betreffend die Gesellschaften mit beschränkter Haftung vom 20. 5. 1898 (RGBl S 369, 846)
GmbHR	GmbH-Rundschau (Zeitschrift)
GMBl	Gemeinsames Ministerialblatt
GmS-OGB	Gemeinsamer Senat der obersten Gerichte des Bundes
GO	Gemeindeordnung
GOÄ	Gebührenordnung für Ärzte idF der Bek vom 9. 2. 1996 (BGBl I S 210)
GOA	Gebührenordnung für Architekten (ersetzt durch HOAI)
GoA	Geschäftsführung ohne Auftrag
Gottwald/Bearbeiter InsolvenzR-HdB	Gottwald, Insolvenzrechts-Handbuch, 3. Aufl 2006
Göppinger/Börger	Göppinger/Börger, Vereinbarungen anlässlich der Ehescheidung, 8. Aufl 2005
Göppinger/Wax/Bearbeiter	Unterhaltsrecht, begründet von Brühl, fortgeführt von Göppinger, neubearbeitet von Wax ua, 8. Aufl 2003
Graba	Graba, Die Abänderung von Unterhaltstiteln, 3. Aufl 2004
Grabitz/Hilf/Bearbeiter	Grabitz/Hilf, Das Recht der Europäischen Union, Loseblatt-Ausgabe 2007
grds	grundsätzlich
Grdst-VerkVO	Grundstücksverkehrsverordnung idF der Bek vom 20. 12. 1993 (BGBl I S 2221)
GrdstVG	Gesetz über Maßnahmen zur Verbesserung der Agrarstruktur und zur Sicherung land- und forstwirtschaftlicher Betriebe (Grundstücksverkehrsgesetz) vom 28. 7. 1961 (BGBl I S 1091)
GrEStG 1983	Grunderwerbsteuergesetz idF der Bek vom 26. 2. 1997 (BGBl I S 418, 1804)
Greßmann	Greßmann, Neues Kindschaftsrecht, 1998
GrS	Großer Senat
GruchB	s Gruchot
Gruchot	Beiträge zur Erläuterung des (bis 15. 1871: Preußischen) Deutschen Rechts, begr von Gruchot (1.1857–73.1933)
Grundmann EG-Schuldvertragsrecht	Grundmann, Europäisches Schuldvertragsrecht – das Europäische Recht der Unternehmensgeschäfte 1999 (ZRG-Sonderheft 15)
Grunewald BR	Grunewald, Bürgerliches Recht, begr von Gernhuber, 7. Aufl 2006
GrünhutsZ	Zeitschrift für das Privat- und öffentliche Recht der Gegenwart, begr von Grünhut
GRUR	Gewerblicher Rechtsschutz und Urheberrecht (Zeitschrift)
GRUR Int	Gewerblicher Rechtsschutz und Urheberrecht, Internationaler Teil (Zeitschrift, 1970 ff)
GRUR-RR	GRUR-Rechtsprechungs-Report (Zeitschrift)
Grziwotz	Grziwotz, Partnerschaftsvertrag für die nichteheliche und nicht eingetragene Lebensgemeinschaft, 4. Aufl 2002
GS	Gedenkschrift; Gedächtnisschrift
GSiG	Gesetz über die Grundsicherung im Alter und bei der Erwerbsminderung vom 26. 6. 2001 (BGBl I S 1310)
GSZ	Großer Senat in Zivilsachen
GüKG	Güterkraftverkehrsgesetz idF der Bek vom 22. 6. 1998 (BGBl I S 1485)
GVBl	Gesetz- und Verordnungsblatt
GVG	Gerichtsverfassungsgesetz idF der Bek vom 9. 5. 1975 (BGBl I S 1077)
GvKostG	Gesetz über Kosten der Gerichtsvollzieher (Gerichtsvollzieherkostengesetz) vom 19. 4. 2001 (BGBl I S 623)
GWB	Gesetz gegen Wettbewerbsbeschränkungen idF der Bek vom 26. 8. 1998 (BGBl I S 2546)
GWW	Gemeinnütziges Wohnungswesen (hrsg von Gesamtverband Gemeinnütziger Wohnungsunternehmen; Zeitschrift)
Bearbeiter in: Haas/Medicus/Rolland/Schäfer/Wendtland	Haas/Medicus/Rolland/Schäfer/Wendtland, Das neue Schuldrecht, 2002
Habilschr	Habilitationsschrift
Hachenburg/Bearbeiter	Hachenburg, Kommentar zum GmbHG, 8. Aufl 1992 ff
HAG	Heimarbeitsgesetz vom 14. 3. 1951 (BGBl I S 191)

Abkürzungsverzeichnis

Haibach/Haibach	*Haibach/Haibach,* Das neue Kindschaftsrecht in der anwaltlichen Praxis, 1998
Halbbd	Halbband
Hamb; hamb	Hamburg; hamburgisch
HansGZ	Hanseatische Gerichtszeitung
HansRGZ	Hanseatische Rechts- und Gerichtszeitschrift
Hartmann	*Hartmann,* Kostengesetze, Kommentar, 37. Aufl 2007
Haußleiter/Schulz	*Haußleiter/Schulz,* Vermögensauseinandersetzung bei Trennung und Scheidung, 4. Aufl 2004
HausratsV	Verordnung über die Behandlung der Ehewohnung und des Hausrats (Sechste Durchführungsverordnungverordnung zum Ehegesetz) vom 21. 10. 1944 (RGBl I S 256)
HaustürWG	Gesetz über den Widerruf von Haustürgeschäften und ähnlichen Geschäften idF der Bek vom 29. 6. 2000 (BGBl I S 955), aufgehoben
HaustürW-RL	Richtlinie 85/577/EWG betreffend den Verbraucherschutz im Falle von außerhalb von Geschäftsräumen geschlossenen Verträgen vom 20. 12. 1985 (ABl EG Nr L 372 S 31)
Heiß/Born/*Bearbeiter*	*Heiß/Born,* Unterhaltsrecht, Loseblatt, 2007
Henrich	*Henrich,* Internationales Scheidungsrecht, 2. Aufl 2005
HdB	Handbuch
HdWW	Handwörterbuch der Wirtschaftswissenschaften, Band 1–10, 1977 ff
Heck SchuldR	*Heck,* Grundriß des Schuldrechts, Nachdruck der Ausgabe von 1929, 1974
Heck SachenR	*Heck,* Grundriß des Sachenrechts, Nachdruck der Ausgabe von 1930, 1960
Hefermehl/Köhler/Bornkamm	*Hefermehl,* Wettbewerbsrecht, Kommentar, begr von *Baumbach,* bearbeitet von *Köhler/Bornkamm,* 24. Aufl 2006
HeimG	Heimgesetz idF der Bek vom 5. 11. 2001 (BGBl I S 2970)
HeizkostenV	Verordnung über die verbrauchsabhängige Abrechnung der Heiz- und Warmwasserkosten idF der Bek vom 20. 1. 1989 (BGBl I S 115)
Hess; hess	Hessen; hessisch
Hess/*Bearbeiter*	*Hess,* Insolvenzordnung, Kommentar, 2. Aufl 2001
HessRspr	Hessische Rechtsprechung
HEZ	Höchstrichterliche Entscheidungen (Entscheidungssammlung)
HEZG	Gesetz zur Neuordnung der Hinterbliebenenrenten sowie zur Anerkennung von Kindererziehungszeiten in der gesetzlichen Rentenversicherung (Hinterbliebenenrenten- und Erziehungszeiten-Gesetz) vom 11. 7. 1985 (BGBl I S 1450)
HFR	Höchstrichterliche Finanzrechtsprechung
HGB	Handelsgesetzbuch vom 10. 5. 1897 (RGBl S 219)
HintO	Hinterlegungsordnung vom 10. 3. 1937 (RGBl S 285)
Hk-BGB/*Bearbeiter*	*Dörner/Ebert/Eckert/Hoeren/Kemper/Saenger/Schulte-Nölke/Schulze/Staudinger,* Bürgerliches Gesetzbuch (BGB), Handkommentar, 5. Aufl 2007
HKiEntÜ	Haager Übereinkommen über die zivilrechtlichen Aspekte internaitionaler Kindesentführung vom 25. 10. 1980 (BGBl 1990 II S 206)
hL	herrschende Lehre
hM	herrschende Meinung
HOAI	Verordnung über die Honorare für Leistungen der Architekten und der Ingenieure (Honorarordnung für Architekten und Ingenieure) idF der Bek vom 4. 3. 1991 (BGBl I S 533)
HöfeO	Höfeordnung idF der Bek vom 26. 7. 1976 (BGBl I S 1933)
Hoppenz/Zimmermann	*Hoppenz/Zimmermann,* Familiensachen, Kommentar anhand der Rechtsprechung des Bundesgerichtshofs, 7. Aufl 2001
HPflG	Haftpflichtgesetz idF der Bek vom 4. 1. 1978 (BGBl I S 145)
HRG	Hochschulrahmengesetz idF der Bek vom 19. 1. 1999 (BGBl I S 18)
HRR	Höchstrichterliche Rechtsprechung (Zeitschrift)
Hrsg; hrsg	Herausgeber; herausgegeben
HS	Halbsatz
U. Huber Leistungsstörungen I bzw II	*U. Huber,* Leistungsstörungen Band I bzw Band II, Handbuch des Schuldrechts in Einzeldarstellungen, Band 9 I und II, 1999
Huber/Faust	*P. Huber/Faust,* Schuldrechtsmodernisierung, Einführung in das neue Recht, 2002

Abkürzungsverzeichnis

Hübner AT	*Hübner,* Allgemeiner Teil des Bürgerlichen Gesetzbuches, 2. Aufl 1996
Hueck/Canaris	*Hueck/Canaris,* Das Recht der Wertpapiere, 12. Aufl 1986
Hueck OHG	*A. Hueck,* Das Recht der offenen Handelsgesellschaft, 4. Aufl 1971
Hüffer.	*Hüffer,* Aktiengesetz, 7. Aufl 2006
HuW.	Haus und Wohnung (Zeitschrift)
HWB	Handwörterbuch
HWBdSozW	Handwörterbuch der Sozialwissenschaften (1956 ff)
HWBRWiss	Handwörterbuch der Rechtswissenschaft, hrsg von *Stier-Somlo* und *Elster* (Band und Seite)
HWG	Gesetz über die Werbung auf dem Gebiete des Heilwesens idF der Bek vom 19. 10. 1994 (BGBl I S 3068)
HwO	Gesetz zur Ordnung des Handwerks (Handwerksordnung) idF der Bek vom 24. 9. 1998 (BGBl I S 3074)
ibid	ibidem
idF der Bek (vom)	in der Fassung der Bekanntmachung (vom)
idR	in der Regel
idS	in diesem Sinne
iE	im Einzelnen
IECL	International Encyclopedia of Comparative Law, hrsg von *David* ua, ab 1974
ieS	im engeren Sinne
IfSG	Gesetz zur Verhütung und Bekämpfung von Infektionskrankheiten beim Menschen (Infektionsschutzgesetz) vom 20. 7. 2000 (BGBl I S 1045)
IHK	Industrie- und Handelskammer
INF	Information über Steuer und Wirtschaft (Zeitschrift)
insbes.	insbesondere
InsO	Insolvenzordnung vom 5. 10. 1994 (BGBl I S 2866)
IntRDipl	Internationales Recht und Diplomatie (Zeitschrift)
InvG	Investmentgesetz vom 15. 12. 2003 (BGBl I S 2676)
InVo	Insolvenz und Vollstreckung (Zeitschrift)
IPR	Internationales Privatrecht
IPRax	Praxis des internationalen Privat- und Verfahrensrechts (Zeitschrift, 1. 1981 ff)
IPRspr.	*Makarov, Gamillscheg, Müller, Dierk, Kropholler,* Die deutsche Rechtsprechung auf dem Gebiet des internationalen Privatrechts, 1952 ff
iS	im Sinne
iÜ	im Übrigen
iVm	in Verbindung mit
iwS	im weiteren Sinne
JA	Juristische Arbeitsblätter (Zeitschrift)
Jaeger/Henckel	*Jaeger/Henckel,* Konkursordnung, Kommentar, 9. Aufl 1977
Jansen	*Jansen,* Freiwillige Gerichtsbarkeit, 2. Aufl, 1. Band 1969, 2. Band 1970
JArbSchG	Gesetz zum Schutze der arbeitenden Jugend (Jugendarbeitsschutzgesetz) vom 12. 4. 1976 (BGBl I S 965)
Jauernig/Bearbeiter	*Jauernig,* Bürgerliches Gesetzbuch, Kommentar, 12. Aufl 2007
Jb.	Jahrbuch
JbIntR	Jahrbuch des internationalen Rechts
JBl	Juristische Blätter (österreichische Zeitschrift)
JBlSaar	Justizblatt des Saarlandes
JbPraxSchG	Jahrbuch für die Praxis der Schiedsgerichtsbarkeit
JFG	Jahrbuch für Entscheidungen in Angelegenheiten der freiwilligen Gerichtsbarkeit und des Grundbuchrechts, begründet von *Ring* (1. 1924–23. 1943)
Jg.	Jahrgang
JGG	Jugendgerichtsgesetz idF der Bek vom 11. 12. 1974 (BGBl I S 3427)
Jh.	Jahrhundert
JherJb	Jherings Jahrbuch für die Dogmatik des bürgerlichen Rechts (Zeitschrift, Band und Seite)
JM	Justizministerium
JMBl	Justizministerialblatt
Johannsen/Henrich/Bearbeiter	*Johannsen/Henrich* (Hrsg), Eherecht, Scheidung, Trennung, Folgen, Kommentar, 4. Aufl 2003
JöR	Jahrbuch des öffentlichen Rechts der Gegenwart

Abkürzungsverzeichnis

JR	Juristische Rundschau (Zeitschrift)
JRfPrV	Juristische Rundschau für die Privatversicherung (Zeitschrift)
Jura	Juristische Ausbildung (Zeitschrift)
JurA	Juristische Analysen (Zeitschrift)
JurBüro	Das juristische Büro (Zeitschrift)
jurisPK/*Bearbeiter*	*Herberger/Martinek/Rüßmann/Weth* (Hrsg), juris Praxiskommentar BGB, Band 1 (§§ 1–240), Band 2.1–3 (§§ 241–853), Band 3 (§§ 854–1297), Band 4 (§§ 1298–1921) 3. Aufl 2006/2007, Band 5 (§§ 1922–2385) 2. Aufl 2005
JurJb	Juristen-Jahrbuch
JuS	Juristische Schulung (Zeitschrift)
Justiz	Die Justiz (Zeitschrift)
JVBl	Justizverwaltungsblatt (Zeitschrift)
JW	Juristische Wochenschrift (Zeitschrift)
JZ	Juristenzeitung (Zeitschrift)
JZ-GD	Juristenzeitung Gesetzgebungsdienst (monatliche Beilage der Juristenzeitung über die Bundesgesetzgebung)
K&R	Kommunikation und Recht (Zeitschrift)
Kaller	*Kaller*, Reiserecht, 2. Aufl 2005
Kalthoener/Büttner/Niepmann	*Kalthoener/Büttner/Niepmann*, Die Rechtsprechung zur Höhe des Unterhalts, 9. Aufl 2004 (10. Aufl 2008 bei §§ 1569 ff zitiert)
KantG	Kantonsgericht
Kap	Kapital; Kapitel
Kegel/Schurig IPR	*Kegel/Schurig*, Internationales Privatrecht, 9. Aufl 2004
KEHE/*Bearbeiter*	*Kuntze/Ertl/Herrmann/Eickmann*, Grundbuchrecht, Kommentar 6. Aufl 2006
Keidel/Krafka/Willer	*Krafka/Willer*, Registerrecht, begründet von *Keidel*, 6. Aufl 2003
Keidel/Kuntze/Winkler/Bearbeiter	*Keidel/Kuntze/Winkler*, Freiwillige Gerichtsbarkeit, 15. Aufl 2005
Kfz	Kraftfahrzeug
KG	Kammergericht (Berlin); Kommanditgesellschaft
KGaA	Kommanditgesellschaft auf Aktien
KGBl	Blätter für Rechtspflege im Bereich des Kammergerichts in Sachen der freiwilligen Gerichtsbarkeit in Kosten-, Stempel- und Strafsachen (Zeitschrift)
KGJ	Jahrbuch für Entscheidungen des Kammergerichts in Sachen der freiwilligen Gerichtsbarkeit, in Kosten-, Stempel- und Strafsachen (bis 19. 1899: in Sachen der nichtstreitigen Gerichtsbarkeit), 1. 1881–53. 1922
Kilger/K. Schmidt	*Kilger/K. Schmidt*, Insolvenzgesetze, 17. Aufl 1997
Kind-Prax	Kindschaftsrechtliche Praxis (Zeitschrift)
Kissel/Mayer	*Kissel/Mayer*, Gerichtsverfassungsgesetz, Kommentar, 4. Aufl 2005
KK-ErbR/*Bearbeiter*	*Frieser*, Kompaktkommentar Erbrecht, 2007
KK-FamR/*Bearbeiter*	*Weinreich/Klein*, Kompaktkommentar Familienrecht, 3. Aufl 2008
KK-WEG/*Bearbeiter*	*Rieke/Schmid*, Kompaktkommentar Wohnungseigentumsrecht, 2005
Klingelhöffer	*Klingelhöffer*, Pflichtteilsrecht, 2. Aufl 2003
KO	Konkursordnung idF der Bek vom 20. 5. 1898 (RGBl S 369, 612), aufgehoben
Kölner KommAktG/*Bearbeiter*	Kölner Kommentar zum Aktiengesetz, hrsg von *Zöllner*, 2. Aufl 1987 ff
KölnZfSoz	Kölner Zeitschrift für Soziologie und Sozialpsychologie
Koller/Roth/Morck	*Koller/Roth/Morck*, Handelsgesetzbuch, Kommentar, 5. Aufl 2005
Kogel	*Kogel*, Strategien zum Zugewinnausgleich, 2. Aufl 2007
Kom end	Kommission, endgültig
Komm	Kommentar
KommBer	Reichstagskommission über den Entwurf eines Bürgerlichen Gesetzbuchs und Einführungsgesetzes
KonsG	Gesetz über die Konsularbeamten, ihre Aufgaben und Befugnisse (Konsulargesetz) vom 11. 9. 1974 (BGBl I S 2317)
Korintenberg/Lappe/Bengel/Reimann/*Bearbeiter*	*Korintenberg/Lappe/Bengel/Reimann*, Kostenordnung, Kommentar, 16. Aufl 2005
KostO	Gesetz über die Kosten in Angelegenheiten der freiwilligen Gerichtsbarkeit (Kostenordnung) idF der Bek vom 26. 7. 1957 (BGBl I S 861, 960)
Kötz/Wagner	*Kötz/Wagner*, Deliktsrecht, 10. Aufl 2006

Abkürzungsverzeichnis

KR	Kontrollrat
KreisG/KrG	Kreisgericht
Kress	*Kress,* Lehrbuch des Allgemeinen Schuldrechts, unveränderter Neudruck der Ausgabe München 1929; mit einer Einführung versehen und herausgegeben von *Weitnauer* und *Ehmann,* 1974
KRG	Kontrollratsgesetz
krit	kritisch
KritJ	Kritische Justiz (Zeitschrift)
Kropholler	*Kropholler,* Bürgerliches Gesetzbuch, Studienkommentar, 10. Aufl 2007
KrVjschr	Kritische Vierteljahresschrift für Gesetzgebung und Rechtswissenschaft
KSchG	Kündigungsschutzgesetz idF der Bek vom 25. 8. 1969 (BGBl I S 1317)
KStG	Körperschaftssteuergesetz idF der Bek vom 15. 10. 2002 (BGBl I S 4144)
KTS	Zeitschrift für Konkurs-, Treuhand- und Schiedsgerichtswesen
KSÜ	Haager Übereinkommen über die Zuständigkeit, das anzuwendende Recht, die Anerkennung, Vollstreckung und Zusammenarbeit auf dem Gebiet der elterlichen Verantwortung und der Maßnahmen zum Schutz von Kindern vom 19. 10. 1996 (RabelsZ 1998, 502)
KUG	Gesetz betreffend das Urheberrecht an Werken der bildenden Künste und der Photographie vom 9. 1. 1907 (RGBl 7), aufgehoben durch § 141 Nr 5 des Urheberrechtsgesetzes vom 9. 9. 1965 (BGBl I S 1273), soweit es nicht den Schutz von Bildnissen betrifft
Kunkel	*Kunkel,* SGB VIII, Kommentar, 3. Aufl 2006
KVO	Kraftverkehrsordnung für den Güterfernverkehr mit Kraftfahrzeugen (Beförderungsbedingungen) idF der Bek vom 23. 12. 1958 (BAnz 31. 12. 1958 Nr 249)
KWG	Gesetz über das Kreditwesen idF der Bek vom 9. 9. 1998 (BGBl I S 2776)
L	Landes-
LAG	Landesarbeitsgericht (mit Ortsnamen); Gesetz über den Lastenausgleich (Lastenausgleichsgesetz) idF der Bek vom 2. 6. 1993 (BGBl I S 845); Landwirtschaftsanpassungsgesetz vom 3. 7. 1991 (BGBl I S 1418)
Lange/Kuchinke	*Lange/Kuchinke,* Erbrecht, 5. Aufl 2001
Langenfeld	*Langenfeld,* Handbuch der Eheverträge und Scheidungsvereinbarungen, 5. Aufl 2005
Langenfeld	*Langenfeld,* Testamentsgestaltung, 3. Aufl 2002
Lange/Schiemann	*Lange/Schiemann,* Schadensersatz, Handbuch des Schuldrechts, Band I, 3. Aufl 2003
Larenz I	*Larenz,* Lehrbuch des Schuldrechts, Band I Allgemeiner Teil, 14. Aufl 1987
Larenz II 1	*Larenz,* Lehrbuch des Schuldrechts, Band II 1 Besonderer Teil/1. Halbband, 13. Aufl 1986
Larenz/Canaris II 2	*Larenz/Canaris,* Lehrbuch des Schuldrechts, Band II 2 Besonderer Teil/2. Halbband, 13. Aufl 1994
Larenz Methodenlehre	*Larenz,* Methodenlehre der Rechtswissenschaft, 6. Aufl 1991
Larenz/Wolf AT	*Larenz/M. Wolf,* Allgemeiner Teil des deutschen Bürgerlichen Rechts, 9. Aufl 2004
Laufs/Uhlenbruck	*Laufs/Uhlenbruck,* Handbuch des Arztrechts, 3. Aufl 2002
Leipold	*Leipold,* Erbrecht, 15. Aufl 2004
Lenz EG-Handbuch	*Lenz,* EG-Handbuch, Recht im Binnenmarkt, 2. Aufl 1994
Leonhard SchuldR I	*Leonhard,* Schuldrecht, Band I, 1929
LG	Landgericht (mit Ortsnamen)
LGZ	(österreichisches) Landgericht für Zivilrechtssachen
Lipp/Wagenitz	*Lipp/Wagenitz,* Das neue Kindschaftsrecht, 1999
Lit	Literatur
lit	litera
LK/*Bearbeiter*	Leipziger Kommentar zum Strafgesetzbuch, Band 6 (§§ 223–263 a), 11. Aufl 2005
LKV	Landes- und Kommunalverwaltung (Zeitschrift)
LM	*Lindenmaier/Möhring,* Nachschlagewerk des Bundesgerichtshofs (Nr ohne Gesetzesstelle bezieht sich auf den gerade kommentierten Paragraphen)
LMK	Kommentierte Rechtsprechung *Lindenmaier/Möhring*
Lorenz/Riehm	St. *Lorenz/Riehm,* Lehrbuch zum neuen Schuldrecht, 2002

Abkürzungsverzeichnis

Löwe/Graf v. Westphalen/Trinkner	*Löwe/Graf v. Westphalen/Trinkner*, Großkommentar zum AGB-Gesetz, 2. Aufl, Band 1 (1985), Band 2 (1983), Band 3 (1985)
LPachtVG	Gesetz über die Anzeige und Beanstandung von Landpachtverträgen (Landpachtverkehrsgesetz) vom 8. 11. 1985 (BGBl I S 2075)
LPartG	Gesetz zur Beendigung der Diskriminierung gleichgeschlechtlicher Gemeinschaften: Lebenspartnerschaften vom 16. 2. 2001 (BGBl I S 266)
LS	Leitsatz
LSG	Landessozialgericht (mit Ortsnamen)
v. Lübtow	*v. Lübtow*, Erbrecht, Band I und II, 1971
Lüderitz/Dethloff	*Lüderitz/Dethloff*, Familienrecht, 28. Aufl 2007
LuftRG	Gesetz über Rechte an Luftfahrzeugen (LuftRG) vom 26. 2. 1959 (BGBl I S 57, 223)
LuftVG	Luftverkehrsgesetz idF der Bek vom 27. 3. 1999 (BGBl I S 550)
LugÜ	Lugano Übereinkommen vom 16. 9. 1988 über die gerichtliche Zuständigkeit und die Vollstreckung gerichtlicher Entscheidungen in Zivil- und Handelssachen (BGBl 1994 II S 2660)
Luthin/Bearbeiter	*Luthin* (Hrsg), Handbuch des Unterhaltsrechts, 10. Aufl 2004
LwG	Landwirtschaftsgericht
LwVG	Gesetz über das gerichtliche Verfahren in Landwirtschaftssachen vom 21. 7. 1953 (BGBl I S 667)
LZ	Leipziger Zeitschrift für Deutsches Recht
MA	Der Markenartikel (Zeitschrift, 1.1934–11.1944; 12.1950 ff)
MaBV	Verordnung über die Pflichten der Makler, Darlehens- und Anlagenvermittler, Bauträger und Baubetreuer (Makler- und Bauträgerverordnung) idF der Bek vom 7. 11. 1990 (BGBl I S 2479)
MAHErbR/*Bearbeiter*	*Scherer* (Hrsg), Münchener Anwalts-Handbuch Erbrecht, 2. Aufl 2007
MAHFamR/*Bearbeiter*	*Schnitzler* (Hrsg), Münchener Anwalts-Handbuch Familienrecht, 2002
MarkenG	Gesetz über den Schutz von Marken und sonstigen Kennzeichen (Markengesetz) vom 25. 10. 1994 (BGBl I S 3082)
Maunz/Dürig/Bearbeiter	*Maunz/Dürig*, Grundgesetz, Loseblatt-Kommentar, 9. Aufl 2007
MBl	Ministerialblatt
MDR	Monatsschrift für Deutsches Recht (Zeitschrift)
MDStV	Mediendienstestaatsvertrag der Länder
mE	meines Erachtens
Medicus BR	*Medicus*, Bürgerliches Recht, 20. Aufl 2004
Medicus AT	*Medicus*, Allgemeiner Teil des BGB, 9. Aufl 2006
Medicus SchR I	*Medicus*, Schuldrecht I, Allgemeiner Teil, 17. Aufl 2006
Medicus SchR II	*Medicus*, Schuldrecht II, Besonderer Teil, 14. Aufl 2007
MedR	Medizinrecht (Zeitschrift 1.1983 ff)
Meincke	*Meincke*, Erbschaftsteuer- und Schenkungsteuergesetz, 14. Aufl 2004
Mio	Million(en)
Mitt	Mitteilung(en)
Mitt AGJ	Mitteilungen der Arbeitsgemeinschaft für Jugendhilfe (Zeitschrift)
MittBayNot	Mitteilungen des Bayerischen Notarvereins (Zeitschrift)
MittPat	Mitteilungen der deutschen Patentanwälte (Zeitschrift)
MittRhNotK	Mitteilungen der Rheinischen Notarkammer (Zeitschrift)
MitbestG	Gesetz über die Mitbestimmung der Arbeitnehmer (Mitbestimmungsgesetz) vom 4. 5. 1976 (BGBl I S 1153)
MiZi	Allgemeine Verfügung über Mitteilungen in Zivilsachen vom 1. 10. 1967 (BAnz Nr 218)
MMR	Multi-Media und Recht (Zeitschrift)
Mot I–V	Motive zu dem Entwurf eines Bürgerlichen Gesetzbuches für das Deutsche Reich (Band I Allgemeiner Teil; Band II Recht der Schuldverhältnisse; Band III Sachenrecht; Band IV Familienrecht; Band V Erbrecht)
MRS	Mietrechtssammlung, Rechtsprechung des BVerfG, des BGH, des BayObLG, des Kammergerichts und der OLGe zum Mietrecht, hrsg von *Otto*, 1980 ff
MSA	Haager Übereinkommen über die Zuständigkeit der Behörden und das anzuwendende Recht auf dem Gebiet des Schutzes von Minderjährigen vom 10. 6. 1961 (BGBl 1971 II S 217)
MuA	Mensch und Arbeit (Zeitschrift)
Mühlens/Kirchmeier/Greßmann/Knittel	*Mühlens/Kirchmeier/Großmann/Knittel*, Kindschaftsrecht – Kommentierte Darstellung der Familienrechtsreform, 2. Aufl 1999

Abkürzungsverzeichnis

Münch	*Münch*, Ehebezogene Rechtsgeschäfte, 2. Aufl 2007
v. Münch/Kunig	*v. Münch/Kunig*, Grundgesetz, Kommentar, Band 1, 5. Aufl 2000
MünchArbR/*Bearbeiter*	Münchener Handbuch zum Arbeitsrecht, hrsg von *Richardi/Wlotzke*, 2. Aufl 2000
MünchHdbGesR I (bzw II–IV)/*Bearbeiter*	Münchener Handbuch zum Gesellschaftsrecht, 2. Aufl: Band 1 hrsg von *Gummert/Riegger/Weipert*, 2004; Band 2 hrsg von *Riegger/Weipert*, 2004; Band 3 hrsg von *Priester/Mayer*, 2003; Band 4 hrsg von *Hoffmann-Becking*, 1999
MünchKommAktG/*Bearbeiter*	Münchener Kommentar zum Aktiengesetz, hrsg von *Kropff/Semler*, 2. Aufl 2000 ff
MünchKommBGB/*Bearbeiter*	Münchener Kommentar zum Bürgerlichen Gesetzbuch, 5. Aufl hrsg von *Rixecker/Säcker*, Band 1/1 (§§ 1–240) 2006, Band 1/2 (AGG) 2007, Band 2 (§§ 241–432) 2007, Band 3 (§§ 433–610) 2007; 4. Aufl hrsg von *Rebmann/Rixecker/Säcker*, Band 4 (§§ 611–704) 2005, Band 5 (§§ 705–853) 2004, Band 6 (§§ 854–1296) 2004; Band 7 (§§ 1297–1588) 2000; Band 8 (§§ 1589–1921) 2002; Band 9 (§§ 1922–2385) 2004; Bde 10/11 (EGBGB, IPR) 2006
MünchKommHGB/*Bearbeiter*	Münchener Kommentar zum Handelsgesetzbuch, Band 1–6 hrsg von *K. Schmidt*, 1. Aufl 1996 ff; 2. Aufl: Band 1 2005, Band 2 2006, Band 3 2007
MünchKommZPO/*Bearbeiter*	Münchener Kommentar zur Zivilprozessordnung, hrsg von *Lüke/Wax*, 2. Aufl 2000 ff
Mugdan	Die gesamten Materialien zum Bürgerlichen Gesetzbuch für das deutsche Reich, hrsg von *Mugdan*, Band I–V, 1899
MuSchG	Gesetz zum Schutz der erwerbstätigen Mutter (Mutterschutzgesetz) idF der Bek vom 20. 6. 2002 (BGBl I S 2318)
Musielak/*Bearbeiter*	*Musielak* (Hrsg), Zivilprozessordnung, Kommentar, 5. Aufl 2007
Musielak BGB	*Musielak*, Grundkurs BGB, 10. Aufl 2007
MuW	Markenschutz und Wettbewerb (Zeitschrift)
mwN	mit weiteren Nachweisen
mzN	mit zahlreichen Nachweisen
NAV	Verordnung über Allgemeine Bedingungen für den Netzanschluss und dessen Nutzung für die Elektrizitätsversorgung in Niederspannung vom 1. 11. 2006 (BGBl I S 2477)
NDAV	Verordnung über Allgemeine Bedingungen für den Netzanschluss und dessen Nutzung für die Gasversorgung in Niederdruck vom 1. 11. 2006 (BGBl I S 2485)
Nds; nds	Niedersachsen; niedersächsisch
NdsRpfl	Niedersächsische Rechtspflege (Zeitschrift)
NEhelG	Gesetz über die rechtliche Stellung der nichtehelichen Kinder vom 19. 8. 1969 (BGBl I S 1243)
Nerlich/Römermann/*Bearbeiter*	*Nerlich/Römermann*, Insolvenzordnung, Kommentar, Loseblatt, 2007
NF	Neue Folge
nF	neue Fassung
Nieder	*Nieder*, Handbuch der Testamentsgestaltung, 2. Aufl 2000
NJ	Neue Justiz (Zeitschrift)
NJOZ	Neue Juristische Online Zeitschrift
NJW	Neue Juristische Wochenschrift (Zeitschrift)
NJW-FER	NJW-Entscheidungsdienst Familien- und Erbrecht (Zeitschrift, vereinigt mit FPR ab 2002)
NJW-MietR	NJW-Entscheidungsdienst Miet- und Wohnungsrecht (Zeitschrift)
NJW-RR	NJW-Rechtsprechungs-Report, Zivilrecht (Zeitschrift)
NJW-VHR	NJW-Entscheidungsdienst Versicherungs- und Haftungsrecht (Zeitschrift)
NJW-WettbR	NJW-Entscheidungsdienst Wettbewerbsrecht (Zeitschrift)
Nörr/Scheyhing/Pöggeler	*Nörr/Scheyhing*, Sukzessionen, Handbuch des Schuldrechts, Band 2, 2. Aufl 1999
Nr	Nummer(n)
NRW	Nordrhein-Westfalen
NStZ	Neue Zeitschrift für Strafrecht
NStZ-RR	NStZ-Rechtsprechungs-Report Strafrecht (Zeitschrift)
NuR	Natur und Recht (Zeitschrift)
NVersZ	Neue Zeitschrift für Versicherung und Recht
NVwZ	Neue Zeitschrift für Verwaltungsrecht
NVwZ-RR	Rechtsprechungs-Report Verwaltungsrecht (Zeitschrift)
NWB	Neue Wirtschaftsbriefe (Loseblatt-Sammlung)

Abkürzungsverzeichnis

NWVBl	Zeitschrift für öffentliches Recht und öffentliche Verwaltung
NZA	Neue Zeitschrift für Arbeits- und Sozialrecht
NZA-RR	NZA-Rechtsprechungs-Report Arbeitsrecht
NZBau	Neue Zeitschrift für Baurecht und Vergaberecht
NZG	Neue Zeitschrift für Gesellschaftsrecht
NZI	Neue Zeitschrift für Insolvenz und Sanierung
NZM	Neue Zeitschrift für Mietrecht
NZS	Neue Zeitschrift für Sozialrecht
NZV	Neue Zeitschrift für Verkehrsrecht
o.	oben
oÄ	oder Ähnliches
ÖBA	(österr) Bank-Archiv (Zeitschrift)
Oberloskamp	*Oberloskamp,* Vormundschaft, Pflegschaft und Beistandschaft für Minderjährige, 2. Aufl 1998
ObG	Obergericht
OECD	Organization of Economic Cooperation and Development
Oelkers	*Oelkers,* Sorge- und Umgangsrecht, 2. Aufl 2004
Oelkers Unterhaltsrecht	*Oelkers,* Aktuelles Unterhaltsrecht von A bis Z, Loseblatt, 2007
Oertmann	*Oertmann,* Kommentar zum Bürgerlichen Gesetzbuch und seinen Nebengesetzen, Band I Allgemeiner Teil, 3. Aufl 1927, Band II Recht der Schuldverhältnisse, 5. Aufl 1928/29, Band III Sachenrecht, 3. Aufl 1914, Band IV Familienrecht, 1906, Band V Erbrecht, 2. Aufl 1912
OG	Oberstes Gericht (der ehemaligen DDR)
OGH	Oberster Gerichtshof (Österreich)
OGH-BrZ	Oberster Gerichtshof für die Britische Zone
OGHSt	Entscheidungen des Obersten Gerichtshofes für die Britische Zone in Strafsachen (Band und Seite)
OGHZ	Entscheidungen des Obersten Gerichtshofes für die Britische Zone in Zivilsachen (Band und Seite)
OHG	offene Handelsgesellschaft
oJ	ohne Jahrgang
ÖJZ	Österreichische Juristenzeitung (Zeitschrift)
OLG	Oberlandesgericht
OLGE	s OLGRspr
OLG-NL	OLG-Rechtsprechung Neue Länder (Zeitschrift)
OLGR	OLG-Report (Zeitschrift)
OLGRspr	Die Rechtsprechung der Oberlandesgerichte auf dem Gebiete des Zivilrechts, hrsg von *Mugdan* und *Falkmann* (1. 1900–46. 1928; aufgegangen in HRR)
OLGZ	Rechtsprechung der Oberlandesgerichte in Zivilsachen, Amtliche Entscheidungssammlung
ÖNotZ	Österreichische Notariats-Zeitung
OR	Schweizerisches Obligationsrecht
öRdW	(österr) Recht der Wirtschaft (Zeitschrift)
ORDO	ORDO, Jahrbuch für die Ordnung von Wirtschaft und Gesellschaft
österr	österreichisch
oV	ohne Verfasser
OVG	Oberverwaltungsgericht
OWiG	Gesetz über Ordnungswidrigkeiten idF der Bek vom 19. 2. 1987 (BGBl I S 602)
ÖZöffR	Österreichische Zeitschrift für öffentliches Recht (zitiert nach Band und Seite)
PAngV	Preisangabenverordnung idF der Bek vom 18. 10. 2002 (BGBl I S 4197)
Palandt/Bearbeiter	*Palandt,* Bürgerliches Gesetzbuch, Kommentar, 66. Aufl 2007; 67. Aufl 2008
PaPkG	Preisangaben- und Preisklauselgesetz vom 3. 12. 1984 (BGBl I S 1429)
ParteiG	Gesetz über die politischen Parteien (Parteiengesetz) idF der Bek vom 31. 1. 1994 (BGBl I S 150)
PartGG	Gesetz über Partnerschaftsgesellschaften Angehöriger Freier Berufe (Partnerschaftsgesellschaftsgesetz) vom 25. 7. 1994 (BGBl I S 1744)
PatG	Patentgesetz idF der Bek vom 16. 12. 1980 (BGBl 1981 I S 1)
PBefG	Personenbeförderungsgesetz idF der Bek vom 8. 8. 1990 (BGBl I S 1690)

Abkürzungsverzeichnis

PersV	Die Personalvertretung (Zeitschrift)
PfandBG	Pfandbriefgesetz vom 22. 5. 2005 (BGBl I S 1373)
PflVersG	Gesetz über die Pflichtversicherung für Kraftfahrzeughalter (Pflichtversicherungsgesetz) idF der Bek vom 5. 4. 1965 (BGBl I S 213)
Planck/Bearbeiter	*Plancks* Kommentar zum BGB nebst Einführungsgesetz, 5 Bände, Band 4/2, 6: 3. Aufl 1905/06; Band 1, 2, 4/1, 5: 4. Aufl 1913–30; Band 3: 5. Aufl 1933–38
PostG	Postgesetz idF der Bek vom 22. 12. 1997 (BGBl I S 3294)
Pr; pr	Preußen; preußisch
Praxis	Die Praxis des Bundesgerichts (Zeitschrift)
PresseG	Pressegesetz (Landesrecht)
ProdHaftG	Gesetz über die Haftung für fehlerhafte Produkte (Produkthaftungsgesetz) vom 15. 12. 1989 (BGBl I S 2198)
Prölss/Martin	*Prölss/Martin,* VVG, Kommentar, 27. Aufl 2004
ProstG	Gesetz zur Regelung der Rechtsverhältnisse der Prostituierten (Prostitutionsgesetz) vom 20. 12. 2001 (BGBl I S 3983)
Prot I–VI	Protokolle der Kommission für die zweite Lesung des Entwurfs des BGB (Band I und IV 1897; Band II 1898; Band III, V und VI 1899)
PrOVG	Preußisches Oberverwaltungsgericht
PStG	Personenstandsgesetz idF der Bek vom 8. 8. 1957 (BGBl I S 1125)
pVV	positive Vertragsverletzung
PWW/Bearbeiter	Bürgerliches Gesetzbuch, Kommentar, hrsg von *Prütting/Wegen/Weinreich,* 2. Aufl 2007
RA	Rechtsausschuss
Rabel	*Rabel,* The Conflict of Laws, I 2. Aufl 1958, II 2. Aufl 1960, III 2. Aufl 1964, IV 1. Aufl 1958
RabelsZ	Zeitschrift für ausländisches und internationales Privatrecht (Band und Seite)
RAG	Reichsarbeitsgericht, zugleich amtliche Sammlung der Entscheidungen (Band und Seite)
Rahm/Künkel/Bearbeiter	Handbuch des Familiengerichtsverfahrens, begründet von *Rahm,* herausgegeben von *Künkel,* Loseblatt, 2007
RAnz	Deutscher Reichs-Anzeiger
Rauscher	*Rauscher,* Familienrecht, 2001
RBerG	Rechtsberatungsgesetz vom 13. 12. 1935 (RGBl S 1478), aufgehoben
RbfDJugArch	Rundbrief des Deutschen Jugendarchivs
RdA	Recht der Arbeit (Zeitschrift)
RdErl	Runderlass
RDG	Gesetz über außergerichtliche Rechtsdienstleistungen vom 12. 12. 2007 (BGBl I S 2840)
RdJ	Recht der Jugend (Zeitschrift)
RdJB	Recht der Jugend und des Bildungswesens (Zeitschrift)
RdK	Das Recht des Kraftfahrers (Zeitschrift, ab 1952: Deutsches Autorecht)
RdL	Recht der Landwirtschaft (Zeitschrift)
RE	Rechtsentscheid
recht	Das Recht (Zeitschrift)
Rechtstheorie	Rechtstheorie (Zeitschrift)
RefE	Referentenentwurf
Reg	Regierung
RegBez	Regierungsbezirk
RegBl	Regierungsblatt
RegE	Regierungsentwurf
Reimann/Bengel/Mayer/Bearbeiter	*Reimann/Bengel/Mayer,* Testament und Erbvertrag, 5. Aufl 2006
Reinicke/Tiedtke	*Reinicke/Tiedtke,* Kaufrecht, 7. Aufl 2004
Reinicke/Tiedtke	*Reinicke/Tiedtke,* Kreditsicherung, 5. Aufl 2006
Reithmann/Martiny	*Reithmann/Martiny,* Internationales Vertragsrecht, 6. Aufl 2004
Reithmann/Martiny/Bearbeiter	*Reithmann/Martiny,* Internationales Vertragsrecht, 6. Aufl 2004
REMiet	Rechtsentscheide Mietrecht *(Thieler, Frantzioch, Uetzmann)*
RES	Sammlung der Rechtsentscheide in Wohnraummietsachen, hrsg von *Landfermann, Herde,* Band I Entscheidungen 1980/1981, Band II Entscheidungen 1982, Band III Entscheidungen 1983, Band IV Entscheidungen 1984, Band V Entscheidungen 1985, Band VI Entscheidungen 1986/1987
Reuter/Martinek	*Reuter/Martinek,* Ungerechtfertigte Bereicherung, Handbuch des Schuldrechts, Band 4, 1983

Abkürzungsverzeichnis

RFH	Reichsfinanzhof, zugleich amtliche Sammlung der Entscheidungen (Band und Seite)
RG	Reichsgericht
RGBl	Reichsgesetzblatt
RG-Praxis	Die Reichsgerichtspraxis im deutschen Rechtsleben
RGRK/*Bearbeiter*	Das Bürgerliche Gesetzbuch mit besonderer Berücksichtigung der Rechtsprechung des Bundesgerichtshofs, Kommentar, hrsg von Mitgliedern des Bundesgerichtshofs, 12. Aufl 1974 ff
RGSt	Amtliche Sammlung von Entscheidungen des Reichsgerichts in Strafsachen
RGZ	Amtliche Sammlung von Entscheidungen des Reichsgerichts in Zivilsachen
RheinZ	Rheinische Zeitschrift für Zivil- und Prozeßrecht
Rh-Pf; rh-pf	Rheinland-Pfalz; rheinland-pfälzisch
RiA	Recht im Amt (Zeitschrift); s auch AW/RiA
RiM	Rechtsentscheide im Mietrecht *(Müller, Oske, Becker, Blümmel)*
Ring FernAbsG	*Ring*, Fernabsatzgesetz, Kommentar, 2000
RIW	Recht der internationalen Wirtschaft (Zeitschrift, 1.1954/55–3.1957 und 21.1975 ff; früher AWD)
RJA	Entscheidungen in Angelegenheiten der freiwilligen Gerichtsbarkeit und des Grundbuchrechts, zusammengestellt im Reichsjustizamt (1.1900–17.1922)
RL	Richtlinie
RLA	Rundschau für den Lastenausgleich (1.1952 ff)
RMBl	Reichsministerialblatt
Rn	Randnummer(n)
ROHG	Reichsoberhandelsgericht, auch Entscheidungssammlung (Band und Seite)
Rolland/Bearbeiter	*Rolland* (Hrsg), Familienrecht, Kommentar, Zugleich die Fortführung des Kommentars zum 1. Eherechtsreformgesetz, 1993 ff
Rosenberg/Schwab/Gottwald Zivilprozessrecht	*Rosenberg/Schwab/Gottwald*, Zivilprozessrecht, 16. Aufl 2004
Roth	*Roth*, Handels- und Gesellschaftsrecht, 6. Aufl 2001
Roth/Altmeppen	*Roth/Altmeppen*, GmbHG, 5. Aufl 2005
ROW	Recht in Ost und West (Zeitschrift)
Rowedder/Schmidt-Leithoff/Bearbeiter	*Rowedder/Schmidt-Leithoff*, GmbH-Gesetz, Kommentar, hrsg von *Schmidt-Leithoff*, 4. Aufl 2002
Rpfleger	Der Deutsche Rechtspfleger (Zeitschrift)
RPflG	Rechtspflegergesetz vom 5. 11. 1969 (BGBl I S 2065)
RPflJb	Rechtspflegerjahrbuch
RRa	Reiserecht aktuell
Rs	Rechtssache
Rspr	Rechtsprechung
RsprBau	s *Schäfer/Finnern/Hochstein*
RT	Reichstag
RuG	Recht und Gesellschaft (Zeitschrift)
r+s	Recht und Schaden (Zeitschrift)
RuW	Recht und Wirtschaft (Zeitschrift)
RV	Die Rentenversicherung (Zeitschrift)
RVG	Gesetz über die Vergütung der Rechtsanwältinnen und Rechtsanwälte vom 5. 5. 2004 (BGBl I S 718)
RvglHWB	Rechtsvergleichendes Handwörterbuch für das Zivil- und Handelsrecht des In- und Auslandes (Band und Seite)
RVO	Reichsversicherungsordnung vom 15. 12. 1924 (RGBl S 779)
RWP	Rechts- und Wirtschaftspraxis (Loseblatt-Ausgabe)
RzW	Rechtsprechung zum Wiedergutmachungsrecht (Zeitschrift)
S	Seite; Satz; Recueil Sirey
s	siehe; section
Saarl	Saarland
SaarlRStZ	Saarländische Rechts- und Steuerzeitschrift
SaBl	Sammelblatt für Rechtsvorschriften des Bundes und der Länder
SaBremR	Sammlung des bremischen Rechts
SachenRÄndG	Gesetz zur Änderung sachenrechtlicher Bestimmungen (Sachenrechtsänderungsgesetz) vom 21. 9. 1994 (BGBl I S 2457)
Sachgeb	Sachgebiet
SAE	Sammlung arbeitsrechtlicher Entscheidungen (Zeitschrift)

Abkürzungsverzeichnis

SächsAnn.	Annalen des Sächsischen Oberlandesgerichts zu Dresden
SächsArch	Sächsisches Archiv für Rechtspflege (Zeitschrift)
Salzgeber	*Salzgeber,* Familienpsychologische Gutachten, 4. Aufl 2005
Sauren	*Sauren,* Wohnungseigentumsgesetz, Kommentar, 4. Aufl 2002
Savigny	*Savigny,* System des heutigen römischen Rechts, Band I–VIII, 1814–49, 2. Neudruck 1981
Schäfer/Finnern/Hochstein	*Schäfer/Finnern/Hochstein,* Rechtsprechung zum privaten Baurecht, Entscheidungssammlung mit Anmerkungen, Loseblatt, Stand Januar 2005
Schaub/Bearbeiter ArbR-HdB	*Schaub,* Arbeitsrechts-Handbuch, 11. Aufl 2005
ScheckG	Scheckgesetz vom 14. 8. 1933 (RGBl I S 597)
SchiffRegO	Schiffsregisterordnung idF der Bek vom 26. 5. 1951 (BGBl I S 359)
SchiffRG	Gesetz über Rechte an eingetragenen Schiffen und Schiffsbauwerken (Schiffsrechtegesetz) vom 15. 11. 1940 (RGBl I S 1499)
Schlegelberger/Bearbeiter	Schlegelberger, Handelsgesetzbuch, Kommentar von *Geßler, Hefermehl, Hildebrand, Schröder, Martens* und *K. Schmidt,* 5. Aufl 1973 ff
SchlH	Schleswig-Holstein
SchlHA	Schleswig-Holsteinische Anzeigen (NF 1.1837 ff Zeitschrift)
Schlüter	*Schlüter,* BGB-Familienrecht, 12. Aufl 2005
Schlüter	*Schlüter,* Erbrecht, 16. Aufl 2007
E. Schmidt Schuldverhältnis	*Eike Schmidt,* Das Schuldverhältnis, 2004
K. Schmidt HandelsR	*K. Schmidt,* Handelsrecht, 5 Aufl 1999
K. Schmidt GesR	*K. Schmidt,* Gesellschaftsrecht, 4. Aufl 2002
Schmidt-Futterer/Bearbeiter	*Schmidt-Futterer,* Mietrecht, Kommentar, 9. Aufl 2007
Scholz/Bearbeiter	*Scholz,* Kommentar zum GmbHG, 10. Aufl 2006
Scholz/Stein/Bearbeiter	*Scholz/Stein,* Praxishandbuch Familienrecht, Loseblatt, 2007
Schöner/Stöber	*Schöner/Stöber,* Grundbuchrecht, begründet von *Haegele,* 13. Aufl 2004
Schönke/Schröder	*Schönke/Schröder,* Strafgesetzbuch, Kommentar, 27. Aufl 2006
Schröder/Bergschneider/Bearbeiter	*Schröder/Bergschneider* (Hrsg), Familienvermögensrecht, 2. Aufl 2007
Schubert Vorentwürfe	Die Vorlagen der Redaktoren für die erste Kommission zur Ausarbeitung des Entwurfs eines Bürgerlichen Gesetzbuches, hrsg von *W. Schubert,* 1980 ff
Schulze Rspr	Rechtsprechung zum Urheberrecht; Entscheidungssammlung m Anm *E. Schulze,* 1988
Bearbeiter in: *Schulze/Schulte-Nölke*	*Schulze/Schulte-Nölke,* Schuldrechtsreform vor dem Hintergrund des Gemeinschaftsrechts, 2001
Schwab	*Schwab,* Familienrecht, 15. Aufl 2007
Schwab/Bearbeiter HdB Scheidungsrecht	*Schwab* (Hrsg), Handbuch des Scheidungsrechts, 5. Aufl 2004
Schwab/Prütting	*Schwab/Prütting,* Sachenrecht, 32 Aufl 2006
schweiz	schweizerisch
SchweizAG	Schweizerische Aktiengesellschaft, Société anonyme suisse (Zeitschrift)
SE	Societas Europaea, Europäische Aktiengesellschaft
Selb	*Selb,* Mehrheiten von Gläubigern und Schuldnern, Handbuch des Schuldrechts, Band 5, 1984
Sem Jud	La Semaine Judiciaire (Zeitschrift)
Serick Bd I bis VI	*Serick,* Eigentumsvorbehalt und Sicherungsübertragung, 1963 bis 1982
SeuffA	*Seufferts* Archiv für Entscheidungen der obersten Gerichte in den deutschen Staaten (Zeitschrift, zitiert nach Band und Nr; 1. 1847–98. 1944)
SeuffBl	*Seufferts* Blätter für Rechtsanwendung (Zeitschrift, zitiert nach Band und Seite)
SG	Sozialgericht
SGB	Sozialgesetzbuch – SGB I: (1. Buch) Allgemeiner Teil vom 11. 12. 1975 (BGBl I S 3015); SGB II: (2. Buch) Grundsicherung für Arbeitsuchende vom 24. 12. 2003 (BGBl I S 2954); SGB III: (3. Buch) Arbeitsförderung vom 24. 3. 1997 (BGBl I S 594); SGB IV: (4. Buch) Gemeinsame Vorschriften für die Sozialversicherung idF der Bek vom 23. 1. 2006 (BGBl I S 89); SGB V: (5. Buch) Gesetzliche Krankenversicherung vom 20. 12. 1988 (BGBl I S 2477); SGB VI: (6. Buch) Gesetzliche Rentenversicherung vom 19. 2. 2002 (BGBl I S 754); SGB VII: (7. Buch) Gesetzliche Unfallversicherung vom 7. 8. 1996 (BGBl I S 1254); SGB VIII: (8. Buch) Kinder- und Jugendhilfe idF

Abkürzungsverzeichnis

	der Bek vom 14. 12. 2006 (BGBl I S 3134); SGB IX: (9. Buch) Rehabilitation und Teilhabe behinderter Menschen vom 19. 6. 2001 (BGBl I S 1046); SGB X: (10. Buch) Sozialverwaltungsverfahren und Sozialdatenschutz vom 18. 1. 2001 (BGBl I S 130); SGB XI: (11. Buch) Soziale Pflegeversicherung vom 26. 5. 1994 (BGBl I S 1014); SGB XII: (12. Buch) Sozialhilfe vom 27. 12. 2003 (BGBl I S 3022)
SGb	Die Sozialgerichtsbarkeit (Zeitschrift)
SGG	Sozialgerichtsgesetz idF der Bek vom 23. 9. 1975 (BGBl I S 2535)
SigG	Gesetz über Rahmenbedingungen für elektronische Signaturen (Signaturgesetz) vom 16. 5. 2001 (BGBl I S 876)
SJZ	Süddeutsche Juristenzeitung (Zeitschrift)
SMG	Gesetz zur Modernisierung des Schuldrechts vom 26. 11. 2001 (BGBl I S 3138)
SoldG	Gesetz über die Rechtsstellung der Soldaten (Soldatengesetz – SG) idF der Bek vom 14. 2. 2001 (BGBl I S 232)
Söllner	*Söllner,* Grundriss des Arbeitsrechts, 14. Aufl 2007
Soergel/Bearbeiter	Bürgerliches Gesetzbuch mit Einführungsgesetz und Nebengesetzen, begr von *Soergel,* 12. Aufl 1987 ff; 13. Aufl 1999 ff
SoergRspr	*Soergel(s)* Rechtsprechung zum gesamten Zivil-, Handels- und Prozeßrecht (Jahr, Paragraph und Nr)
sog.	so genannt
Sozialer Fortschritt	Sozialer Fortschritt (Zeitschrift)
SozR	Sozialrecht, Rechtsprechung und Schrifttum, bearbeitet von den Richtern des Bundessozialgerichts
SozVers	Die Sozialversicherung (Zeitschrift)
SozW	Sozialwissenschaft(en)
SP	Schaden-Praxis (Zeitschrift)
Sp	Spalte
SpuRt	Zeitschrift für Sport und Recht (Zeitschrift)
st	ständig
StAG	Staatsangehörigkeitsgesetz idF der Bek vom 15. 7. 1999 (BGBl 1618), bis 31. 12. 1999 amtliche Überschrift: Reichs- und Staatsangehörigkeitsgesetz
Staat	Der Staat. Zeitschrift für Staatslehre, öffentliches Recht und Verfassungsgeschichte (Band und Seite)
StabG	Gesetz zur Förderung der Stabilität und des Wachstums der Wirtschaft vom 8. 6. 1967 (BGBl I S 582)
Staub/Bearbeiter	*Staub,* Handelsgesetzbuch, Großkommentar, 4. Aufl 1982 ff
Staudinger/Bearbeiter	v. *Staudinger,* Kommentar zum Bürgerlichen Gesetzbuch, 12. Aufl 1979 ff; 13. Aufl 1993 ff; §§ 1297–1563 (2000); §§ 1363–1563 (2007); §§ 1564–1568 (2004); §§ 1587–1600 e (2004); §§ 1601–1625 (2000); §§ 1616–1625 (2007); §§ 1626–1633 (2007); §§ 1638–1683 (2004); §§ 1684–1717 (2006); §§ 1741–1772 (2001); §§ 1741–1772 (2007); §§ 1773–1895 (2004); §§ 1896–1921 (2006); §§ 1922–1966 (2000); §§ 1967–2063 (2002); §§ 2064 –2264 (2003); §§ 2265–2338 (2006); §§ 2339–2385 (2004); EGBGB Einl IPR; Art 3–6 (2003); EGBGB Art 7, 9–12 (2007); EGBGB Art 7, 9–12, 47 (2007); EGBGB IntGesR (1998); EGBGB Art 13–Vor Art 19 (2003); EGBGB IntVerfREhe (2005); EGBGB Art 19–24 (2002); EGBGB Art 25, 26 (2007); EGBGB Art 27–37 (2002); EGBGB Art 38–42 (2001); EGBGB IntWirtschR (2006); EGBGB IntSachenR (1996)
StAZ	Das Standesamt (Zeitschrift)
StB	Der Steuerberater (Zeitschrift)
StBerG	Steuerberatungsgesetz idF der Bek vom 4. 11. 1975 (BGBl I S 2735)
StBp	Die steuerliche Betriebsprüfung (Zeitschrift)
Stein/Jonas/Bearbeiter	*Stein/Jonas,* Zivilprozessordnung, Kommentar, 21. Aufl 1999 ff, 22. Aufl 2002 ff
Sten Prot	Stenographisches Protokoll
StGB	Strafgesetzbuch idF der Bek vom 13. 11. 1998 (BGBl I S 3322)
StGH	Staatsgerichtshof
Stollenwerk	*Stollenwerk,* Unterhaltsrecht alphabetisch, 3. Aufl 2002
StPO	Strafprozessordnung idF der Bek vom 7. 4. 1987 (BGBl I S 1074, 1319)
str	streitig
StrEG	Gesetz über die Entschädigung von Strafverfolgungsmaßnahmen vom 8. 3. 1971 (BGBl I S 157)

Abkürzungsverzeichnis

StromGVV	Verordnung über Allgemeine Bedingungen für die Grundversorgung von Haushaltskunden und die Ersatzversorgung mit Elektrizität aus dem Niederspannungsnetz vom 26. 10. 2006 (BGBl I S 2391)
st Rspr	ständige Rechtsprechung
StudK/*Bearbeiter*	*Kropholler,* Studienkommentar zum BGB, 10. Aufl 2007
StuR	Staat und Recht (DDR-Zeitschrift)
StuW	Steuer und Wirtschaft (Zeitschrift)
StVG	Straßenverkehrsgesetz vom 19. 12. 1952 (BGBl I S 837)
StVO	Straßenverkehrs-Ordnung idF der Bek vom 16. 11. 1970 (BGBl I S 1565; 1971 I S 38)
StVZO	Straßenverkehrs-Zulassungs-Ordnung idF der Bek vom 28. 9. 1988 (BGBl I S 1793)
Thomas/Putzo	*Thomas/Putzo/Reichold/Hüßtege,* Zivilprozessordnung, Kommentar, 28. Aufl 2007
TierSchG	Tierschutzgesetz idF der Bek vom 15. 5. 2006 (BGBl I S 1206, ber S 1313)
TKG	Telekommunikationsgesetz idF der Bek vom 22. 6. 2004 (BGBl I S 1190)
TMG	Telemediengesetz vom 26. 2. 2007 (BGBl I S 179)
TPG	Gesetz über die Spende, Entnahme und Übertragung von Organen (Transplantationsgesetz) idF der Bek vom 4. 9. 2007 (BGBl I S 2206)
TranspR	Transport- und Speditionsrecht (Zeitschrift)
TSG	Gesetz über die Änderung der Vornamen und die Feststellung der Geschlechtszugehörigkeit in besonderen Fällen (Transsexuellengesetz) vom 10. 9. 1980 (BGBl I S 1654)
v. Tuhr	*v. Tuhr,* Der Allgemeine Teil des Deutschen Bürgerlichen Rechts, Band I 1910, Band II 1. Halbband 1914, 2. Halbband 1918
TVG	Tarifvertragsgesetz idF der Bek vom 25. 8. 1969 (BGBl I S 1323)
TzBfG	Gesetz über Teilzeitarbeit und befristete Arbeitsverträge (Teilzeit- und Befristungsgesetz) vom 21. 12. 2000 (BGBl I S 1966)
TzWrG	Gesetz über die Veräußerung von Teilnutzungsrechten an Wohngebäuden (Teilzeit-Wohnrechtegesetz) idF der Bek vom 29. 6. 2000 (BGBl I S 957), aufgehoben
Tz	Textziffer
u	und; unten; unter
ua	unter anderem; und andere
uÄ	und Ähnliche(s)
überwM	überwiegende Meinung
Übk	Übereinkommen
ÜG	Überweisungsgesetz vom 21. 7. 1999 (BGBl I S 1642)
UFITA	Archiv für Urheber-, Film-, Funk- und Theaterrecht (Zeitschrift, zitiert nach Band und Seite)
Uhlenbruck/Bearbeiter	*Uhlenbruck,* Insolvenzordnung, Kommentar, 12. Aufl 2003
UJ	Unsere Jugend (Zeitschrift)
UKlaG	Gesetz über Unterlassungsklagen bei Verbraucherrechts- und anderen Verstößen (Unterlassungsklagengesetz) idF der Bek vom 27. 8. 2002 (BGBl I S 3422)
Ulmer/Brandner/Hensen	*Ulmer/Brandner/Hensen,* AGB-Recht, Kommentar, 10. Aufl 2006 (9. Aufl 2001)
UmweltHG	Umwelthaftungsgesetz vom 10. 12. 1990 (BGBl I S 2634)
UmwG	Umwandlungsgesetz vom 28. 10. 1994 (BGBl I S 3210)
UNIDROIT	Institut International pour l'Unification du Droit Privé
UN-KaufR	(Wiener) Übereinkommen der Vereinten Nationen über Verträge über den internationalen Warenkauf vom 11. 4. 1980 (BGBl 1989 II S 586; 1990 II S 1477), siehe auch CISG
UNO	United Nations Organization
unstr	unstreitig
UnterhVG	Unterhaltsvorschussgesetz idF der Bek vom 17. 7. 2007 (BGBl I S 1446)
UPR	Umwelt- und Planungsrecht (Zeitschrift)
UrhG	Gesetz über Urheberrecht und verwandte Schutzrechte (Urheberrechtsgesetz) vom 9. 9. 1965 (BGBl I S 1273)
USt	Umsatzsteuer
UStG	Umsatzsteuergesetz idF der Bek vom 21. 2. 2005 (BGBl I S 386)
usw	und so weiter

Abkürzungsverzeichnis

uU.	unter Umständen
UWG	Gesetz gegen den unlauteren Wettbewerb idF der Bek vom 3. 7. 2004 (BGBl I S 1414)
v	vom; von
VAE	Verkehrsrechtliche Abhandlungen und Entscheidungen (Zeitschrift)
VAG	Gesetz über die Beaufsichtigung der Versicherungsunternehmen (Versicherungsaufsichtsgesetz) idF der Bek vom 17. 12. 1992 (BGBl 1993 I S 3)
VAHRG	Gesetz zur Regelung von Härten im Versorgungsausgleich vom 21. 2. 1983 (BGBl I S 105)
VAÜG	Gesetz zur Überleitung des Versorgungsausgleichs auf das Beitrittsgebiet (Versorgungsausgleichsüberleitungsgesetz) vom 25. 7. 1991 (BGBl I S 1606)
VAwMG	Gesetz über weitere Maßnahmen auf dem Gebiet des Versorgungsausgleichs vom 8. 12. 1986 (BGBl I S 2317)
VerbrKrG	Gesetz über Verbraucherkredite, zur Änderung der Zivilprozeßordnung und anderer Gesetze vom 17. 12. 1990 (BGBl I S 2840), aufgehoben
VerbrKr-RL	Richtlinie 87/102/EWG zur Angleichung der Rechts- und Verwaltungsvorschriften der Mitgliedstaaten über den Verbraucherkredit vom 22. 12. 1986 (ABl EG 1987 Nr L 42 S 48)
VereinsG	Vereinsgesetz idF der Bek vom 5. 8. 1964 (BGBl I S 593)
Verf	Verfassung
Verh	Verhandlung(en)
Verh DJT	Verhandlungen des Deutschen Juristentages
VerkBl.	Verkehrsblatt, Amtsblatt des Bundesministers für Verkehr
VerkMitt	Verkehrsrechtliche Mitteilungen (Zeitschrift)
VerkRdsch	Verkehrsrechtliche Rundschau (Zeitschrift)
VerlG	Gesetz über das Verlagsrecht vom 19. 6. 1901 (RGBl S 217)
VermG	Gesetz zur Regelung offener Vermögensfragen (Vermögensgesetz) idF der Bek vom 21. 12. 1998 (BGBl I S 4026)
VersArch	Versicherungswissenschaftliches Archiv (Zeitschrift)
VerschG	Verschollenheitsgesetz idF der Bek vom 15. 1. 1951 (BGBl I S 63)
VersR	Versicherungsrecht, Juristische Rundschau für die Individualversicherung (Zeitschrift)
VersRdSch	Versicherungsrundschau (österreichische Zeitschrift)
VersR-HdB.	Handbuch Versicherungsrecht, hrsg von *van Bühren*, 3. Aufl 2006
VersW	Versicherungswirtschaft (Zeitschrift)
Verw	Verwaltung
VerwA	Verwaltungsarchiv (Zeitschrift)
VerwG	Verwaltungsgericht
VerwGH	Verwaltungsgerichtshof
VerwRspr	Verwaltungsrechtsprechung in Deutschland (Band und Seite)
Vfg	Verfügung
VG	Verwaltungsgericht
VGH	Verfassungsgerichtshof
vgl	vergleiche
VHB	Allgemeine Hausratversicherungsbedingungen
v. Hoffmann/Thorn IPR	*v. Hoffmann/Thorn*, Internationales Privatrecht, 9. Aufl 2007
VIZ	Zeitschrift für Vermögens- und Investitionsrecht
VMBl	Ministerialblatt des Bundesministers für (ab 1962: der) Verteidigung
VO	Verordnung
VO Rom I	Verordnung (EG) Nr 864/2007 des Europäischen Parlaments und des Rates über das auf außervertragliche Schuldverhältnisse anzuwendende Recht vom 11. 7. 2007 (ABl EU Nr L 199 S 40)
VOB Teil A/B	Vergabe- und Vertragsordnung für Bauleistungen, Teil A: Allgemeine Bestimmungen für die Vergabe von Bauleistungen idF der Bek vom 20. 3. 2006 (BAnz Nr 94a S 17), Teil B: Allgemeine Vertragsbedingungen für die Ausführung von Bauleistungen idF der Bek vom 4. 9. 2006 (BAnz Nr 196a S 9)
VOBl	Verordnungsblatt
VOL Teil A/B	Verdingungsordnung für Leistungen
Voraufl	Vorauflage
VPB	Verwaltungspraxis der Bundesbehörden (früher VEB)
VR	Verkehrs-Rundschau
VRS	Verkehrsrechts-Sammlung (Zeitschrift; Band und Seite)
VRÜ	Verfassung und Recht in Übersee (Zeitschrift, 1. 1968 ff)

Abkürzungsverzeichnis

VSSR	Vierteljahresschrift für Sozialrecht
VuR	Verbraucher und Recht (Zeitschrift)
VVaG	Versicherungsverein auf Gegenseitigkeit
VVDStRL	Veröffentlichungen der Vereinigung Deutscher Staatsrechtslehrer
VVG	Gesetz über den Versicherungsvertrag vom 23. 11. 2007 (BGBl I S 2631)
VwGO	Verwaltungsgerichtsordnung idF der Bek vom 19. 3. 1991 (BGBl I S 686)
VwV	Verwaltungsverordnung; Verwaltungsvorschrift
VwVfG	Verwaltungsverfahrensgesetz idF der Bek vom 21. 9. 1998 (BGBl I S 3050)
VZS	Vereinigte Zivilsenate
WarnR	Rechtsprechung des Reichsgerichts, herausgegeben von *Warneyer* (Band und Nr), ab 1961: Rechtsprechung des Bundesgerichtshofs in Zivilsachen
WEG	Gesetz über das Wohnungseigentum und das Dauerwohnrecht (Wohnungseigentumsgesetz) vom 15. 3. 1951 (BGBl I S 175)
Wendl/Staudigl/Bearbeiter	*Wendl/Staudigl*, Das Unterhaltsrecht in der familienrichterlichen Praxis, 6. Aufl 2004
Westermann	*Westermann*, BGB-Sachenrecht, 11. Aufl 2005
Westermann/Bearbeiter	*Harry Westermann*, Sachenrecht, 2 Bände, fortgeführt von *H.P. Westermann/Gursky/Eickmann*, 7. Aufl 1998
Graf v. Westphalen/Bearbeiter	*Graf v. Westphalen*, Vertragsrecht und AGB-Klauselwerke, Loseblatt-Ausgabe, 2006
WG	Wechselgesetz vom 21. 6. 1933 (RGBl I S 399)
WGO	Die wichtigsten Gesetzgebungsakte in den Ländern Ost-, Südosteuropas und in den asiatischen Volksdemokratien (Zeitschrift)
WHG	Gesetz zur Ordnung des Wasserhaushalts (Wasserhaushaltsgesetz) idF der Bek vom 19. 8. 2002 (BGBl I S 3245)
Wieczorek/Schütze	*Wieczorek/Schütze*, Zivilprozessordnung, Kommentar, Band 3/2 (§§ 592–703 d), 3. Aufl 1998
Wiedemann GesR I	*Wiedemann*, Gesellschaftsrecht, Band I: Grundlagen, 1980
Wiesner/Bearbeiter	*Wiesner*, SGB VIII, Kinder- und Jugendhilfe, Kommentar, 3. Aufl 2006
WiGBl	Gesetzblatt der Verwaltung des Vereinigten Wirtschaftsgebiets
Windscheid I, II, III	*Windscheid*, Lehrbuch des Pandektenrechts, Bände I–III, 9. Aufl 1906, bearbeitet von *Kipp*
WiR	Wirtschaftsrecht
WiRO	Wirtschaft und Recht in Osteuropa (Zeitschrift)
WiSta	Wirtschaft und Statistik (hrsg von Statistischen Bundesamt; Zeitschrift)
WiStG	Gesetz zur weiteren Vereinfachung des Wirtschaftsstrafrechts (Wirtschaftsstrafgesetz) idF der Bek vom 3. 6. 1975 (BGBl I S 1313)
WM	Wertpapiermitteilungen, Zeitschrift für Wirtschaft und Bankrecht (Zeitschrift)
WoBauErlG	Gesetz zur Erleichterung des Wohnungsbaus im Planungs- und Baurecht sowie zur Änderung mietrechtliher Vorschriften vom 17. 5. 1990 (BGBl I S 926)
2. WoBauG	Zweites Wohnungsbaugesetz (Wohnungsbau- und Familiengesetz) idF der Bek vom 19. 8. 1994 (BGBl I S 2137), aufgehoben
WoBindG	Gesetz zur Sicherung der Zweckbestimmung von Sozialwohnungen (Wohnungsbindungsgesetz) idF der Bek vom 13. 9. 2001 (BGBl I S 2404)
WoFG	Gesetz über die soziale Wohnraumförderung (Wohnraumförderungsgesetz) vom 13. 9. 2001 (BGBl I S 2376)
WoGG	Wohngeldgesetz idF der Bek vom 23. 1. 2002 (BGBl I S 474)
Wolf AT	*E. Wolf*, Allgemeiner Teil des bürgerlichen Rechts, 3. Aufl 1982
Wolf SaR	*E. Wolf*, Lehrbuch des Sachenrechts, 2. Aufl 1979
Wolf SchR	*E. Wolf*, Lehrbuch des Schuldrechts, 1978
Wolf/Horn/Lindacher	*M. Wolf/Horn/Lindacher*, AGB-Gesetz, Kommentar, 4. Aufl 1999
WoM	Wohnungswirtschaft und Mietrecht (Informationsdienst des Deutschen Mieterbundes; Zeitschrift)
WoVermittG	Gesetz zur Regelung der Wohnungsvermittlung vom 4. 11. 1971 (BGBl I S 1745, 1747)
WPflG	Wehrpflichtgesetz idF der Bek vom 20. 2. 2002 (BGBl I S 954)
WPg	Die Wirtschaftsprüfung (Zeitschrift)
WpHG	Gesetz über den Wertpapierhandel (Wertpapierhandelsgesetz) idF der Bek vom 9. 9. 1998 (BGBl I S 2708)

Abkürzungsverzeichnis

WPO	Gesetz über die Berufsordnung der Wirtschaftsprüfer (Wirtschaftsprüferordnung) vom 5. 11. 1975 (BGBl I S 2833)
WRP	Wettbewerb in Recht und Praxis (Zeitschrift)
WRV	Weimarer Reichsverfassung vom 11. 8. 1919 (RGBl S 1383)
WStG	Wehrstrafgesetz vom 24. 5. 1974 (BGBl I S 1213)
WuB	Wirtschafts- und Bankrecht (Zeitschrift)
WuR	Die Wirtschaft und das Recht (Zeitschrift)
WürttNV	Mitteilungen aus der Praxis, hrsg von Württembergischen Notarverein (bis 20. 1954), dann BWNotZ
WürttRpflZ	Württembergische Zeitschrift für Rechtspflege und Verwaltung
WürttZ	Zeitschrift für die freiwillige Gerichtsbarkeit und Gemeindeverwaltung in Württemberg
WuW	Wirtschaft und Wettbewerb (Zeitschrift)
WuW/E	Wirtschaft und Wettbewerb – Entscheidungssammlung
WzS	Wege zur Sozialversicherung
ZAkDR	Zeitschrift der Akademie für Deutsches Recht
ZaöRV	Zeitschrift für ausländisches öffentliches Recht und Völkerrecht (zitiert nach Band und Seite)
ZAP	Zeitschrift für die Anwaltspraxis
ZAS	Zeitschrift für Arbeits- und Sozialrecht (Österreich)
zB	zum Beispiel
ZBB	Zeitschrift für Bankrecht und Bankwirtschaft
ZBergR	Zeitschrift für Bergrecht
ZBernJV	Zeitschrift des Bernischen Juristenvereins
ZBlFG	Zentralblatt für freiwillige Gerichtsbarkeit und Notariat (ab 12.1911/12: für freiwillige Gerichtsbarkeit, Notariat und Zwangsversteigerung), 1.1900/01–22.1921/22
ZBlHR	Zentralblatt für Handelsrecht
ZBlJugR	Zentralblatt für Jugendrecht und Jugendwohlfahrt
ZblSozVers	Zentralblatt für Sozialversicherung, Sozialhilfe und -versorgung
ZBR	Zeitschrift für Beamtenrecht
ZErb	Zeitschrift für Steuer- und Erbrechtspraxis
ZEuP	Zeitschrift für Europäisches Privatrecht (Zeitschrift)
ZEV	Zeitschrift für Erbrecht und Vermögensnachfolge (Zeitschrift)
ZevKR	Zeitschrift für evangelisches Kirchenrecht
ZfA	Zeitschrift für Arbeitsrecht
ZfbF	(Schmalenbachs) Zeitschrift für betriebswirtschaftliche Forschung
ZfBR	Zeitschrift für deutsches und internationales Baurecht (1.1978 ff)
ZfgK	Zeitschrift für das gesamte Kreditwesen (Zeitschrift)
ZfIR	Zeitschrift für Immobilienrecht (Zeitschrift)
ZfJ	Zeitschrift für Jugendrecht (Zeitschrift)
ZfRV	Zeitschrift für Rechtsvergleichung (Österreich)
ZfS	Zeitschrift für Schadensrecht (1.1980 ff)
ZfSH	Zeitschrift für Sozialhilfe (1.1962 ff)
ZfSozW	Zeitschrift für Sozialwissenschaft
ZfVersWesen	Zeitschrift für Versicherungswesen
ZfZ	Zeitschrift für Zölle und Verbrauchssteuern
ZGB	Schweizerisches Zivilgesetzbuch
ZGB DDR	Zivilgesetzbuch der Deutschen Demokratischen Republik vom 19. 6. 1975 (GBl DDR I S 465)
ZgesGenW	Zeitschrift für das gesamte Genossenschaftswesen
ZgesStaatsW	Zeitschrift für die gesamte Staatswissenschaft
ZgesStrafW	(s ZStrW)
ZGR	Zeitschrift für Unternehmens- und Gesellschaftsrecht
ZHR	Zeitschrift für das gesamte Handelsrecht und Wirtschaftsrecht (früher Zeitschrift für das gesamte Handelsrecht und Konkursrecht)
Ziff	Ziffer(n)
ZInsO	Zeitschrift für das gesamte Insolvenzrecht (Zeitschrift)
ZIP	Zeitschrift für Wirtschaftsrecht (bis 1982: Zeitschrift für Wirtschaftsrecht und Insolvenzpraxis)
ZIR	Zeitschrift für internationales Recht (früher NiemeyersZ)
ZivG	Zivilgericht
ZKredW	Zeitschrift für das gesamte Kreditwesen
ZLR	Zeitschrift für Luftrecht
ZLW	Zeitschrift für Luftrecht und Weltraumrechtsfragen
ZMR	Zeitschrift für Miet- und Raumrecht
ZöffR	Zeitschrift für öffentliches Recht

Abkürzungsverzeichnis

Zöller/Bearbeiter	*Zöller,* Zivilprozessordnung, Kommentar, 26. Aufl 2007
ZOV	Zeitschrift für offene Vermögensfragen
ZPO	Zivilprozessordnung idF der Bek vom 5. 12. 2005 (BGBl I S 3202, ber 2006 S 431)
ZRechtsmed	Zeitschrift für Rechtsmedizin
ZRG	Zeitschrift der Savigny-Stiftung für Rechtsgeschichte (germ Abt = germanistische Abteilung; rom Abt = romanistische Abteilung, kanon Abt. = kanonistische Abteilung)
ZRP	Zeitschrift für Rechtspolitik
ZRvgl	Zeitschrift für Rechtsvergleichung
ZS	Zivilsenat
ZSR	Zeitschrift für Sozialreform
ZStrW	Zeitschrift für die gesamte Strafrechtswissenschaft (Band und Seite)
zT	zum Teil
ZTR	Zeitschrift für Tarifrecht
ZUM	Zeitschrift für Verkehr- und Medienrecht
zust	zuständig; zustimmend
zutr	zutreffend
ZVerkR	Zeitschrift für Verkehrsrecht (Österreich)
ZVersWes	Zeitschrift für Versicherungswesen
ZVersWiss	Zeitschrift für die gesamte Versicherungswissenschaft (1.1901–43.1943; 49.1960 ff)
ZVG	Gesetz über die Zwangsversteigerung und Zwangsverwaltung idF der Bek vom 20. 5. 1898 (RGBl S 369, 713)
ZVglRWiss	Zeitschrift für vergleichende Rechtswissenschaft (Band, Jahr und Seite)
ZVOBl	Zentralverordnungsblatt
ZVölkR	Zeitschrift für Völkerrecht
ZVP	Zeitschrift für Verbraucherpolitik
ZZP	Zeitschrift für Zivilprozess (Band, Jahr und Seite)

Buch 4. Familienrecht (§§ 1297–1921)

Abschnitt 1. Bürgerliche Ehe (§§ 1297–1588)

Titel 1. Verlöbnis (§§ 1297–1302)

§ 1297 Unklagbarkeit, Nichtigkeit eines Strafversprechens

(1) Aus einem Verlöbnis kann nicht auf Eingehung der Ehe geklagt werden.
(2) Das Versprechen einer Strafe für den Fall, dass die Eingehung der Ehe unterbleibt, ist nichtig.

Schrifttum: *Beitzke*, Zur rechtlichen Qualifikation der Verlöbnisfolgen, FS Ficker, 1967, S 78; *Canaris*, Das Verlöbnis als gesetzliches Rechtsverhältnis, AcP 165 (1965), 1; *Montanari*, Verlobung und Verlöbnisbruch, 1974; *Pawlowski*, Schmerzensgeld für fehlgeschlagene Ehestörung?, NJW 1983, 2809; *Stech*, Unklagbare Ansprüche im heutigen Recht, ZZP 77 (1964), 161; *Strätz*, Das Verlöbnis als ehevorbereitendes Rechtsverhältnis, Jura 1984, 449.

Übersicht

	Rn		Rn
I. Bedeutung der Norm, Grundsätzliches ..	1	5. Auflösung	19
1. Gesetzliche Regelungen	1	II. Einzelerläuterung	20
2. Begriff und Rechtsnatur	2	III. Lebenspartnerschaft	24
3. Gültigkeitsvoraussetzungen	8		
4. Wirkungen......................................	17		

I. Bedeutung der Norm, Grundsätzliches

1. Gesetzliche Regelungen. Eine umfassende gesetzliche Regelung des Verlöbnisses fehlt. Der **1** Titel schließt lediglich unmittelbaren und mittelbaren **Zwang zur Ehe** aus (§ 1297 Abs 1 und 2) und regelt die Ansprüche beim **Rücktritt** vom Verlöbnis (§§ 1298 f, 1301 f). Weitere Einzelbestimmungen finden sich in §§ 2275 Abs 2 und 3, 2276 Abs 2, 2347 (**Erbverträge** und **Erbverzichte** zwischen Verlobten). **Eheverträge** (§ 1408) zur Regelung der güterrechtlichen Verhältnisse (Abs 1) oder zum Ausschluss des Versorgungsausgleichs (Abs 2) können – mit Wirkung ab Eheschließung – schon vorher von Verlobten geschlossen werden. Das **Strafgesetzbuch** rechnet Verlobte zu den Angehörigen (§ 11 Abs 1 Nr 1 a), das Verhältnis zwischen Verlobten mithin zu einem Kreis persönlicher Beziehungen, die vielfach und in unterschiedlicher Weise zugunsten des Täters berücksichtigt werden, sei es entschuldigend oder strafausschließend (§§ 35, 139 Abs 3, 258 Abs 6), strafmildernd (§§ 157 Abs 1, 213) oder weil die Straftat deshalb Antragsdelikt ist (§§ 247, 259 Abs 2, 263 Abs 4). In gerichtlichen und behördlichen **Verfahren** dürfen Verlobte **Zeugnis** und **Gutachten** verweigern (§§ 383 Abs 1 Nr 1, 408 Abs 1 S 1, 495 ZPO; 52 Abs 1 Nr 1, 76 Abs 1 S 1 StPO; 15 Abs 1 S 1 FGG; 46 Abs 2 S 1 ArbGG; 98 VwGO; 118 Abs 1 S 1 SGG; 15 Abs 1 Nr 1, 101 AO; 84 FGO).

2. Begriff und Rechtsnatur. Der Begriff „Verlöbnis" hat eine **doppelte Bedeutung**. Er bezeichnet: **2** a) das gegenseitige **Versprechen** von Mann und Frau, miteinander die Ehe einzugehen (die „Verlobung"), b) das durch dieses Versprechen begründete **Rechtsverhältnis** zwischen den Verlobten (den „Brautstand"). Die **Rechtsnatur des Eheversprechens**, deren Klärung der Gesetzgeber bewusst der Wissenschaft überlassen hatte, ist seit jeher umstritten, doch ist eine zunehmende Verständigung auf bestimmte Grundannahmen festzustellen. Zudem hat der Theorienstreit an praktischer Bedeutung verloren. Verlöbnisse Minderjähriger, wesentlicher Ausgangspunkt und ein Hauptgegenstand des Streits, sind selten geworden, nachdem das Volljährigkeitsalter (seit 1. 1. 1975; VolljkG vom 31. 7. 1713) auf die Vollendung des 18. Lebensjahres herabgesetzt worden ist (§ 2). Der „Kranzgeld"-Anspruch (§ 1300), zuvor schon zunehmend als unzeitgemäß, von manchen sogar als verfassungswidrig empfunden, ist durch das Eheschließungsrechtsgesetz vom 4. 5. 1998 (BGBl I S 833) seit 1. 7. 1998 abgeschafft worden.

Nach der wohl noch herrschenden **Allgemeinen Vertragstheorie**[1] und ihrer Abwandlung, der **3** Theorie des familienrechtlichen Vertrages sui generis[2], sind Eheversprechen rechtsgeschäftliche Willens-

---

[1] OLG Bremen FamRZ 1977, 555, 556; *Dölle* I § 6 III, S 62 ff; *Gernhuber/Coester-Waltjen* § 8 Rn 5; *Soergel/H. Lange* Rn 2; *MünchKommBGB/Wacke* Rn 5; *Erman/Heckelmann* Vor §§ 1297 ff Rn 4 ff, 8, 18; *Beitzke*, FS Ficker, 1967, S 78 ff, 94.
[2] *Flume* § 13, 10, S 212; *Lehmann* § 6 I, S 26; *Staudinger/Dietz* 10./11. Aufl 1975, Vor § 1297 Rn 23 ff; RGRK/*Roth-Stielow* Vor § 1297 Rn 6 ff; noch anders *Staudinger/Strätz* Vor § 1297 Rn 67: eigenständiges familienrechtliches Rechtsverhältnis ohne Rechtspflicht zur Eheschließung.

§ 1297

erklärungen. Das Verlöbnis ist danach ein Vertrag, der eine – wenn auch nicht einklagbare oder auch nur mittelbar erzwingbare (§ 1297) – Rechtspflicht zur Eheschließung begründet.

4 **Kritik.** Eine solche **Rechtspflicht** war jedoch im Gesetzgebungsverfahren zweifelhaft geblieben[3] und wird heute im Schrifttum zunehmend geleugnet[4]. Die Rspr ist in dieser Frage allerdings **noch unentschieden.** Entscheidungen des RG sprechen sich teils für[5], teils eher gegen eine Rechtspflicht zur Eheschließung aus[6]. Eine eindeutige Stellungnahme des BGH fehlt ebenfalls[7]. In einer neueren Entscheidung zu § 29 ZPO wird das Verlöbnis aber als ein besonderes, der Vorbereitung der ehelichen Lebensgemeinschaft dienendes Rechtsverhältnis bezeichnet, das anderen schuldrechtlichen, auf eine Verpflichtung gerichteten Vereinbarungen nicht gleichgesetzt werden könne[8]. In der Tat würde die Begründung einer rechtlichen Verpflichtung zur Eheschließung dem heutigen Verständnis des Verlöbnisses widersprechen[9]. Zudem lässt die durch Art 6 Abs 1 GG garantierte **Eheschließungsfreiheit**[10] eine solche Selbstbindung nicht zu[11]. Sind Eheversprechen aber nicht auf eine Rechtspflicht zur Eheschließung gerichtet, besteht jedenfalls keine Notwendigkeit, sie als rechtsgeschäftliche Willenserklärungen und das Verlöbnis als Vertrag zu verstehen. Denn die **Schadensersatz- und Rückgabeansprüche** der §§ 1298, 1299, 1301 entstehen **kraft Gesetzes**, also nicht durch den erklärten Willen der Verlobten, die diese bei einem Scheitern des Verlöbnisses eintretenden Folgen bei der Verlobung auch kaum in ihren Willen aufnehmen werden. Wieso sie mit ihren Erklärungen dann überhaupt noch eine Änderung ihrer Rechtsbeziehungen bezwecken sollten[12], ist nicht ersichtlich[13].

5 Die von *Canaris*[14] begründete Lehre sieht in den §§ 1298 ff eine Ausprägung des **Gedankens der Vertrauenshaftung**, wie er der Rechtsfigur eines gesetzlichen Rechtsverhältnisses der Vertragsvorbereitung (culpa in contrahendo) zugrunde liegt, in dem Verlöbnis mithin ein „eigenständiges, unabhängig vom Willen der Parteien entstehendes Schuldverhältnis", das „durch die Schaffung des Vertrauenstatbestandes, also die (erkennbare) Bereitschaft zur Eheschließung, und das (erkennbare) Vertrauen des Partners hierauf", entsteht[15].

6 **Kritik.** Diese Lehre erkennt richtig, dass das Verlöbnis kein Vertrag iS des bürgerlichen Rechts ist, sondern dass die daran geknüpften Rechtspflichten sämtlich kraft Gesetzes entstehen. Indessen stellt sie an die **Entstehung des Haftungstatbestandes** zu geringe Anforderungen. Nicht jedes Verhalten genügt, das eine Bereitschaft zur Eheschließung und das Vertrauen auf diese Bereitschaft erkennen lässt. Vielmehr geschieht eine Verlobung nach allgemeinem, auch dem Gesetz zugrundeliegenden Verständnis in der Weise, dass jeder der beiden Partner „sich erklärt", setzt also **gegenseitige Eheversprechen** voraus[16].

7 **Stellungnahme:** Wie unter Rn 4 ausgeführt, begründet das Verlöbnis **keine Rechtspflicht zur Eheschließung** und beruhen die an das Verlöbnis geknüpften **Rechtspflichten** nicht auf dem Willen der Verlobten, sondern treten **kraft Gesetzes** ein. Das durch gegenseitige Eheversprechen geschlossene Verlöbnis ist tatbestandliche Voraussetzung dieser Rechtspflichten. Das Eheversprechen ist als solches aber **keine rechtsgeschäftliche Willenserklärung,** die Verlobung als solche **kein Vertrag** im Rechtssinne. Das schließt nicht aus, dass mit den Eheversprechen rechtsgeschäftliche Willenserklärungen verbunden und verpflichtende Verträge geschlossen werden, die sich auf das Verlöbnis und seine Rechtsfolgen beziehen, etwa indem die Verlobten die Eheschließung zeitlich hinausschieben oder an Bedingungen knüpfen oder indem sie auf Ansprüche aus §§ 1298, 1299 verzichten (Rn 13; § 1298 Rn 7). Das Eheversprechen als solches lässt sich als lediglich **geschäftsähnliche Handlung** ansehen[17], auf die die Vorschriften über Willenserklärungen nicht unmittelbar, sondern nur entsprechend, nämlich nach Maßgabe ihrer Eigenart und der typischen Interessenlage anwendbar sind[18].

8 **3. Gültigkeitsvoraussetzungen.** Die **gegenseitigen Eheversprechen,** durch die ein Mann und eine Frau sich verloben (Rn 2, 6), müssen deren **Einverständnis** ergeben, **miteinander die Ehe einzugehen.** Dieses Einverständnis unterscheidet das Verlöbnis von anderen Beziehungen zwischen Mann und Frau, etwa zwischen unverheiratet Zusammenlebenden ohne Heiratsabsicht. Es genügt nicht, dass ein Paar sich nach außen als „verlobt" bezeichnet und von Dritten so behandeln lässt[19]. Der

---

[3] *Staudinger/Strätz* Vor § 1297 Rn 47.
[4] *Canaris* AcP 165 (1965), 1, 4 ff; *Staudinger/Strätz* Vor § 1297 Rn 64; *ders* Jura 1984, 449, 454; *Schwab* FamR Rn 36; *Henrich* FamR § 4 I 2, S 24; *Lüderitz* FamR Rn 109; *Stech* ZZP 77 (1964), 161, 178 ff, 182; *Stein/Jonas/Schumann* Vor § 253 ZPO Rn 93.
[5] RG JW 1917, 848; wohl auch RGZ 61, 267, 271.
[6] RGZ 80, 88, 90; 98, 13, 14.
[7] BGH FamRZ 1963, 83 betont nur die Freiheit des Eheschließungswillens von Rechtszwang.
[8] BGHZ 132, 105, 109 = NJW 1996, 1412 im Anschluss an BGHZ 20, 195, 196; 28, 376, 377 = NJW 1959, 529, 530 f; s auch BDH DVBl 1965, 332 = FamRZ 1965, 379 LS: Dienstpflicht zur Heirat mit Art 2 und 6 Abs 1 GG unvereinbar.
[9] *Schwab* FamR Rn 36.
[10] BVerfGE 31, 58, 67 f; 36, 146, 161 f.
[11] *Staudinger/Strätz* Vor § 1297 Rn 54, 64; *Stech* ZZP 77 (1964), 181 f; für das schweizerische Recht *Montanari* S 79 ff.
[12] So aber *Staudinger/Strätz* Vor § 1297 Rn 71.
[13] *Schwab* FamR Rn 36; *Henrich* FamR § 4 I 2, S 24 f; s auch *Lüderitz* FamR Rn 109.
[14] *Canaris* AcP 165 (1965), 11, 15.
[15] *Canaris* AcP 165 (1965), 11, 15.
[16] *Henrich* FamR § 4 I 2, S 24; *Lüderitz* FamR Rn 109.
[17] *Schwab* FamR Rn 36.
[18] *Palandt/Heinrichs* Vor § 104 Rn 7 mwN.
[19] BayObLG FamRZ 1983, 1226, 1228: religiöse Verlobungsfeierlichkeit.

Festsetzung eines Heiratstermins bedarf es zu einem wirksamen Verlöbnis nicht. Wird die Eheschließung aber auf unbestimmte Zeit hinausgeschoben (etwa weil ein Teil dadurch Ansprüche auf Hinterbliebenenversorgung oder Unterhalt verlöre), fehlt es an einer einvernehmlichen Heiratsabsicht[20]. Da die Erklärungen keiner Form bedürfen, können sie auch durch schlüssiges Verhalten abgegeben werden. Einer Bekanntgabe des Verlöbnisses bedarf es nicht. Eine Verlobungsfeier oder äußere Zeichen (Verlobungsringe) können rechtliche Bedeutung nur als Beweisanzeichen erlangen[21]. Als höchstpersönliche Erklärung kann das Eheversprechen nicht durch einen (gesetzlichen oder gewillkürten) Vertreter erklärt werden, wohl aber durch Boten (allgM).

Auch als lediglich rechtsgeschäftsähnliche Handlung (Rn 7) setzt das wirksame Eheversprechen **Geschäftsfähigkeit** voraus und ist dasjenige eines Geschäftsunfähigen oder vorübergehend geistig Gestörten – entspr §§ 104, 105 – nichtig[22]. Insoweit führt die hier vertretene Ansicht zu demselben Ergebnis wie die Vertragstheorien (Rn 3 f). Auf das Eheversprechen eines **beschränkt geschäftsfähigen Minderjährigen** sind die einschlägigen Vorschriften über Willenserklärungen (§§ 106 ff) ebenfalls entspr anzuwenden. Einen Verlobten können beim Scheitern des Verlöbnisses Verpflichtungen, insbes nach §§ 1298, 1299, treffen, wie sie ein Heranwachsender, der das 18. Lebensjahr noch nicht vollendet hat, nach der Wertung des Gesetzes grds nur mit Zustimmung seines gesetzlichen Vertreters eingehen soll (§ 107 ff)[23]. Die Auffassung, anstelle der Volljährigkeit genüge die zur Erkenntnis der Bedeutung des Eheversprechens erforderliche geistige und sittliche Reife[24], wird mit Recht überwiegend als der Rechtssicherheit abträglich abgelehnt[25]. Ein **Mindestalter** ist (abgesehen von § 104 Nr 1) nicht vorgeschrieben; § 1303 Abs 2 ist auch analog nicht anwendbar. Untertvergessenen gesetzlichen Vertretern gebilligte Kinderverlobungen, sind an § 138 Abs 1 (Rn 15) zu messen.

Verlobt sich ein **beschränkt Geschäftsfähiger ohne Einwilligung seines gesetzlichen Vertreters,** hängt hiernach die Wirksamkeit der Verlobung von dessen **Genehmigung** ab (§ 108 Abs 1). Bis der gesetzliche Vertreter sich durch Erteilung oder Verweigerung der Genehmigung erklärt, bleibt die Wirksamkeit der **Verlobung in der Schwebe.** Durch Erteilung der Genehmigung wird die Verlobung rückwirkend wirksam. Wenn der Minderjährige während der Schwebezeit ohne wichtigen Grund **von dem Verlöbnis zurücktritt** (§ 1298 Rn 3) oder den Rücktritt des anderen (volljährigen) Verlobten schuldhaft veranlasst (§ 1299), kann der gesetzliche Vertreter daher Ersatzansprüche des anderen Verlobten, seiner Eltern oder dritter Personen aus §§ 1298, 1299 verhindern, indem er die Genehmigung verweigert. Dazu wird er im Interesse des Minderjährigen verpflichtet sein[26]. Die **Behandlung des umgekehrten Falle, dass der andere Verlobte während der Schwebezeit ohne wichtigen Grund zurücktritt** oder dem Minderjährigen schuldhaft einen wichtigen Grund für dessen Rücktritt gegeben hat, ist ein Kernpunkt des Streits über die Rechtsnatur des Eheversprechens (Rn 2). Hingen auch hier die Ersatzansprüche aus §§ 1298, 1299 von der Wirksamkeit des Verlöbnisses ab, müsste der gesetzliche Vertreter aus ausschließlich materiellen Gründen, womöglich aus eigenem finanziellen Interesse (Eltern!), eine Verlobung genehmigen, die er sonst missbilligen würde[27]. Zudem ist nicht völlig ausgeschlossen, dass er andere Verlobte der Genehmigung durch einen Widerruf (§ 109 Abs 1) zuvorkommen kann, wenn nämlich keine der Voraussetzungen des § 109 Abs 2 vorliegt[28]. Überzeugender erscheint es daher, den allseits angestrebten Schutz des Minderjährigen in solchen Fällen dadurch zu bewirken, dass dem volljährigen Verlobten die **Berufung auf die Unwirksamkeit des Verlöbnisses** nach Treu und Glauben (§ 242) **verwehrt** wird[29]. Der Deutung des wegen Minderjährigkeit eines Verlobten schwebend unwirksamen Verlöbnisses als eines „hinkenden", dh nur den volljährigen Verlobten verpflichtenden Rechtsverhältnisses[30] bedarf es dann nicht mehr[31].

An die einmal erklärte **Genehmigung** des Verlöbnisses ist der gesetzliche Vertreter des minderjährigen Verlobten **gebunden,** ebenso an die vor Eingehung des Verlöbnisses erteilte **Einwilligung, sobald das Verlöbnis erfolgt ist.** Er kann seine Zustimmung nicht anfechten[32]. Da der Rücktritt vom Verlöbnis eine höchstpersönliche Erklärung ist (Rn 19, § 1298 Rn 3), kann der gesetzliche Vertreter auch nicht namens des Minderjährigen zurücktreten; jedoch schließt die Zustimmung zum Verlöbnis einen Widerspruch nach § 1303 Abs 3 nicht aus[33].

---

[20] OLG Celle NJW 1983, 1065; BayObLG FamRZ 1983, 1226.
[21] AG Neumünster FamRZ 2000, 817 f; *Baumgärtel/Laumen* Vor §§ 1298 ff Rn 1 mwN.
[22] *Schwab* FamR Rn 38.
[23] *Canaris* AcP 165 (1965), 18 f; *Schwab* FamR Rn 37; im Ergebnis ebenso naturgemäß die allgemeine Vertragstheorie, vgl nur OLG Bremen FamRZ 1977, 555; *Gernhuber/Coester-Waltjen* § 8 Rn 10; *Soergel/H. Lange* Rn 3; MünchKommBGB/*Wacke* Rn 7.
[24] *Lehmann* § 6 II 2, S 27; *Staudinger/Dietz*, 10./11. Aufl 1975, Rn 33; *Henrich* FamR § 4 I 3 S 25.
[25] *Dölle* I § 6 V 2, S 68; *Canaris* AcP 165 (1965), 16; *Beitzke*, FS Ficker, 1967, S 88; MünchKommBGB/*Wacke* Rn 6; einschr *Palandt/Brudermüller* Vor § 1297 Rn 1: nur für die wirtschaftlichen Risiken, nicht für die personenrechtlichen Folgen des Verlöbnisses; abw *Staudinger/Strätz* Vor § 1297 Rn 101.
[26] *Gernhuber/Coester-Waltjen* 4. Aufl § 8 I 5, S 69; s auch *Canaris* AcP 165 (1965), 19 f.
[27] *Beitzke*, FS Ficker, 1967, S 89.
[28] *Beitzke*, FS Ficker, 1967, S 89 f; *Canaris* AcP 165 (1965), 15 f.
[29] *Schwab* FamR Rn 37; im Ergebnis ebenso *Flume* § 13, 10, S 212; *Canaris* AcP 165 (1965), 18.
[30] MünchKommBGB/*Wacke* Rn 7.
[31] Gegen diese Konstruktion *Gernhuber/Coester-Waltjen* § 8 Fn 14; *Beitzke*, FS Ficker, 1967, S 88 und FamRZ 1975, 303.
[32] LG Saarbrücken NJW 1970, 327 f; *Dölle* I § 6 V 3, S 69: „in aller Regel"; aA RG JW 1936, 863.
[33] So früher zu §§ 3, 30 EheG LG Hamburg FamRZ 1981, 309, 310; LG Saarbrücken NJW 1970, 327 f; MünchKommBGB/*Wacke* Rn 7.

§ 1297

12 Auf das Eheversprechen sind nach allgM auch **weitere Vorschriften über Willenserklärungen** (nach der hier vertretenen Ansicht: **entsprechend**) anwendbar: Der **geheime**, dem anderen Verlobten unbekannte **Vorbehalt** (etwa des Heiratsschwindlers), die versprochene Ehe nicht schließen zu wollen, lässt entspr § 116 die Wirksamkeit des Verlöbnisses unberührt[34], doch kann der Heiratsschwindler sich nicht zu seinen Gunsten auf das Verlöbnis berufen[35]. Ein **einverständlich zum Schein** abgegebenes Eheversprechen ist entspr § 117 Abs 1, ein **nicht ernst gemeintes** entspr § 118 (mit Schadensersatzpflicht entspr § 122) nichtig. Hingegen wird die **Anfechtung wegen Irrtums, arglistiger Täuschung oder Drohung** (§§ 119, 123) mit den daraus folgenden Ersatzpflichten nach heute hM durch die §§ 1298 ff verdrängt[36].

13 Ein Verlöbnis kann einvernehmlich unter eine (aufschiebende, theoretisch auch auflösende; § 158 Abs 1 und 2) **Bedingung** gestellt werden (Beispiele: Bestehen oder Nichtbestehen einer Prüfung, Erlangen oder Nichterlangen einer Anstellung, Zustimmung der Eltern)[37]. Zu prüfen ist aber jeweils, ob das Verlöbnis oder das Vorhaben der Eheschließung bedingt sein soll[38]. Sittenwidrige Bedingungen sind unbeachtlich (§ 138 Abs 1). Die Bedingung, dass ein Geschlechtsverkehr zur Schwangerschaft der Frau geführt hat, ist nicht sittenwidrig[39]. Von (praktisch kaum vorkommenden) **Zeitbestimmungen** ist die Vereinbarung eines Anfangstermins für das Verlöbnis zulässig, während die Festlegung eines Endtermins mit dem Sinn des Verlöbnisses nicht vereinbar wäre (allgM).

14 Ein Verlöbnis kann **nichtig** sein, weil der beabsichtigten Ehe ein **Ehehindernis** entgegensteht, ob und nach welcher Vorschrift, hängt von dem jeweiligen Hindernis ab. Beim nicht behebbaren **Eheverbot der Verwandtschaft** (§ 1307), dessen Verletzung zwingend die Aufhebbarkeit der Ehe zur Folge hat (§ 1314 Abs 1), verstößt die Verlobung nicht nur gegen ein gesetzliches Verbot (§ 134), sondern auch gegen die guten Sitten (§ 138 Abs 1)[40]. Teilweise anders ist es beim (ebenfalls nicht dispensablen) **Eheverbot der Adoptivverwandtschaft in gerader Linie** (§ 1308): hier verletzt das Verlöbnis – mit der Folge des § 134 – gleichfalls ein gesetzliches Verbot. Sittenwidrig kann es hingegen schwerlich sein, da ein Verstoß gegen § 1308 keine ehrechtlichen Folgen hat, sondern lediglich das Annahmeverhältnis aufhebt (§ 1766). Das Verlöbnis eines Verheirateten verstößt nicht gegen ein gesetzliches Verbot (**Doppelehe**, § 1306), wenn die Verlobten ihre Eheschließung von der Auflösung der bestehenden Ehe abhängig machen, durch die das Eheverbot behoben wird[41]. Außer im Falle des § 1319 (Todeserklärung des anderen Ehegatten der bestehenden Ehe bei Gutgläubigkeit mindestens eines der Verlobten)[42] ist das Verlöbnis jedoch nach heute allgM – unabhängig von der Kenntnis eines oder beider Beteiligten – nach § 138 nichtig[43], nach hM auch dann, wenn das Verfahren zur Scheidung der Ehe schon anhängig ist[44]. Ab Auflösung der Ehe steht das Bigamieverbot der Wirksamkeit der Verlobung natürlich nicht mehr entgegen; die in einer Aufrechterhaltung der gegenseitigen Eheversprechen liegende Wiederholung des Verlöbnisses wirkt aber nur für die Zukunft. Sonstige **behebbare Ehehindernisse** (zB §§ 1303 Abs 2, 1308 Abs 2) sind kein Nichtigkeitsgrund, wenn die Verlobten die Eheschließung von ihrer Behebung abhängig machen[45]. Wollen sie in der Ehe, deren Eingehung sie sich versprechen, **keine eheliche Lebensgemeinschaft** (§ 1353 Abs 1) begründen, sondern die Ehe zu einem rechtlich missbilligten anderen Zweck (zB Erlangung einer ausländerrechtlichen Aufenthaltserlaubnis) schließen (sog **Scheinehe**, § 1314 Rn 12 ff)[46], steht das aus dem neuen Eheaufhebungsgrund des § 1314 Abs 2 Nr 5 folgende Eheverbot entgegen. Das Verlöbnis ist nach § 134 nichtig, aber auch nach § 138 Abs 1, da die Eheschließung Rechtsmissbrauch wäre (§ 1314 Rn 12, 14).

15 **Sittenwidrig** (§ 138) kann ein Verlöbnis ferner sein, wenn beide Teile sich damit bewusst über ein **bestehendes anderes Verlöbnis** eines von ihnen hinwegsetzen[47] oder wenn die Sittenwidrigkeit sich aus sonstigen besonderen Umständen ergibt. Dass eine Ehe nur **wegen Schwangerschaft** der Frau

---

[34] RGZ 149, 143, 148; AG Neumünster FamRZ 2000, 817, 818.
[35] *Schwab* FamR Rn 38.
[36] LG Saarbrücken NJW 1970, 327 f; *Gernhuber/Coester-Waltjen* § 8 Rn 21; *Soergel/H. Lange* Rn 6; MünchKommBGB/*Wacke* Rn 11; *Staudinger/Strätz* Vor § 1297 Rn 78 f; RGRK/*Roth-Stielow* Vor § 1297 Rn 2; aA RG JW 1936, 863; *Palandt/Brudermüller* Vor § 1297 Rn 1.
[37] *Gernhuber/Coester-Waltjen* § 8 Rn 18, 23.
[38] RGZ 80, 88, 91; gegen diese Unterscheidung *Soergel/H. Lange* Rn 8.
[39] *Gernhuber/Coester-Waltjen* § 8 Rn 27; MünchKommBGB/*Wacke* Rn 12; *Staudinger/Strätz* Vor § 1297 Rn 74; aA *Soergel/H. Lange* Rn 8.
[40] *Gernhuber/Coester-Waltjen* § 8 Rn 22 f; MünchKommBGB/*Wacke* Rn 13; *Staudinger/Strätz* Vor § 1297 Rn 80; hM.
[41] *Gernhuber/Coester-Waltjen* § 8 Rn 23; s auch *Staudinger/Strätz* Vor § 1297 Rn 80; aA MünchKommBGB/*Wacke* Rn 13.
[42] OLG Schleswig NJW 1950, 899.
[43] BGH FamRZ 1969, 474, 475 f; OLG Hamburg OLGZ 42, 121; OLG Karlsruhe NJW 1988, 3023; *Gernhuber/Coester-Waltjen* § 8 Rn 23; *Staudinger/Strätz* Vor § 1297 Rn 84; MünchKommBGB/*Wacke* Rn 13; *Soergel/H. Lange* Rn 7; *Dölle* I § 6 V 5, S 71 f; einschr noch RGZ 170, 72, 76; OLG Hamm NJW 1983, 2809.
[44] BayObLG NJW 1983, 831; OLG Karlsruhe NJW 1988, 3023; insoweit einschr *Staudinger/Strätz* Vor § 1297 Rn 84; RGRK/*Roth-Stielow* Vor § 1297 Rn 6; zweifelnd *Lüderitz* FamR Rn 108.
[45] *Gernhuber/Coester-Waltjen* § 8 Rn 23; *Staudinger/Strätz* Vor § 1297 Rn 81; MünchKommBGB/*Wacke* Vor § 1297 Rn 13; *Dölle* I § 6 V 5, S 71.
[46] Da geheiratet werden soll, dürften zum Verlöbnis führende Eheversprechen vorliegen.
[47] Vgl RGZ 105, 245; *Dölle* I § 6 V 5, S 72: „regelmäßig"; *Beitzke*, FS Ficker, 1967, S 90 f; MünchKommBGB/*Wacke* Rn 13 aE; teilweise anders *Staudinger/Strätz* Vor § 1297 Rn 87: nicht sittenwidrig, wenn der doppelt Verlobte Lösung des schon bestehenden Verlöbnisses verspricht und der andere darauf vertrauen kann.

geschlossen und nach Geburt des Kindes alsbald geschieden werden soll, gilt überwiegend nicht als sittenwidrig[48]. Zur Frage, ob das Verlöbnis im Hinblick auf § 1314 Abs 2 Nr 5 nichtig ist, s Rn 14 aE.

Ein nichtiges Verlöbnis begründet **keine Ansprüche nach** (oder entspr) **§§ 1298 ff**[49]. Eine Ausnahme bilden Ansprüche nach § 1301, die auch demjenigen zustehen, der auf die Wirksamkeit des nichtigen Verlöbnisses vertraut hat (§ 1301 Rn 3). Anspruch auf Ersatz des (materiellen und immateriellen) Schadens aus unerlaubter Handlung (§§ 823, 825, 826) kann auch ein Partner eines nichtigen Verlöbnisses gegen den anderen haben. Wer sich bewusst mit einem Verheirateten verlobt und sexuell einlässt, der ihm wahrheitswidrig Scheidung seiner Ehe und Heirat verspricht, kann dafür aber keine Entschädigung („Schmerzensgeld") beanspruchen[50]. 16

4. Wirkungen. Seine **eigentlichen Wirkungen** entfaltet das Verlöbnis, wenn es nicht zur Ehe führt, sondern scheitert. Ein Rücktritt ohne wichtigen Grund kann **Schadensersatz- und Rückgabeansprüche** zur Folge haben (§§ 1298 ff); eine **letztwillige Verfügung** zugunsten des Verlobten ist unwirksam, wenn das Verlöbnis vor dem Erbfall aufgelöst worden ist (§ 2077 Abs 2). Die früher bestehende Möglichkeit, ein – nach damaligem Sprachgebrauch – nichteheliches Kind für ehelich zu erklären, wenn seine Eltern verlobt waren und das Verlöbnis durch den Tod eines Elternteils aufgelöst worden war (§§ 1740 a ff aF), ist durch das KindRG vom 16. 12. 1997 (BGBl I S 2942) beseitigt worden. 17

Während seines Bestehens hat das Verlöbnis zivil-, straf- und verfahrensrechtliche Wirkungen (Rn 1). Dass es darüber hinaus Rechtspflichten der Verlobten begründen soll (so die hM), überzeugt nicht. Die vielfach befürwortete Rechtspflicht zur Eheschließung besteht in Wahrheit nicht (Rn 4). Pflichten zur **Verlöbnistreue** und **Beistandsleistung,** angebliche Rechtspflichten[51], wirken in der Weise, dass Untreue, Rücksichtslosigkeiten und Verweigerung von Hilfe dem anderen Verlobten **wichtige Gründe zum Rücktritt** von dem Verlöbnis geben können (§ 1298 Abs 3). Erfüllungsansprüche stehen diesen Pflichten nicht gegenüber, auch nicht in einer dem (nicht vollstreckbaren, § 888 Abs 3 ZPO) Anspruch auf Herstellung des ehelichen Lebens (§ 606 Abs 1 S 1 ZPO) vergleichbaren Form. Ihrer rechtlichen Wirkung nach handelt es sich daher um **Pflichten** weniger gegenüber dem anderen Verlobten, als **gegen sich selbst,** gleichsam um Obliegenheiten[52], denen nachzukommen ein Verlobter sich in seinem eigenen Interesse am Bestand des Verlöbnisses und dem Zustandekommen der Ehe, aber auch an der Vermeidung von Schadensersatz- und Rückgabepflichten bemüht. Teilweise wird aus dem Verlöbnis eine Rechtspflicht hergeleitet, den anderen Verlobten vor dem Selbstmord zu bewahren[53]. Die Rspr der Strafsenate des BGH, auf die dieser Lehre sich bezieht, vermag indessen eine allgemeine Aussage dieses Inhalts nicht zu stützen[54]. Nach der Rspr des RG entsprang dem Verlöbnis keine Rechts-, sondern nur eine moralische Pflicht, den Verlobten von einer strafbaren Handlung abzuhalten[55]. Über Moralgebote hinausgehende Rechtspflichten können daher nicht schon mit dem Bestehen eines Verlöbnisses begründet werden[56]. 18

5. Auflösung. Außer durch Eheschließung der Verlobten, einverständliche Entlobung[57], Tod (§ 1301 S 2), Eintritt eines nicht behebbaren Ehehindernisses (zB § 1304)[58] und anderweitige Verlobung oder Heirat eines der Verlobten (§ 1298 Rn 5) wird ein Verlöbnis durch **Rücktritt** aufgelöst, den jeder der Verlobten jederzeit wirksam vornehmen kann. Ob er dafür einen wichtigen Grund hat (§ 1298 Abs 3), hat nur für Schadensersatzpflichten Bedeutung, nicht für die Wirksamkeit des Rücktritts. Zu den Wirksamkeitsvoraussetzungen, auch des Rücktritts eines **minderjährigen Verlobten,** s § 1298 Rn 3. Ein wirksamer Rücktritt befreit den anderen Verlobten von einem dem Eheversprechen entsprechenden Verhalten[59]. 19

II. Einzelerläuterung

Nach **Abs 1** ist eine **Klage unzulässig,** mit der aus einem Verlöbnis die Verurteilung zur Eingehung der Ehe verlangt wird. Mit dieser – der Sache nach prozessualen – Regelung wird Vollstreckungszwang 20

---

[48] LG Wiesbaden FamRZ 1965, 372; *Gernhuber/Coester-Waltjen* § 8 Rn 22; *Staudinger/Strätz* Vor § 1297 Rn 82; aA *Soergel/H. Lange* Rn 7.
[49] OLG Hamm NJW 1983, 1436; LG Saarbrücken NJW 1987, 2241; MünchKommBGB/*Wacke*, 3. Aufl 1993, § 1300 Rn 9.
[50] LG Saarbrücken NJW 1987, 2241; *Gernhuber/Coester-Waltjen* § 8 Rn 42; *Pawlowski* NJW 1983, 2809; MünchKommBGB/*Wacke*, 3. Aufl 1993, § 1300 Rn 9; anders OLG Hamm NJW 1983, 1436: „Verletzung des allgemeinen Persönlichkeitsrechts".
[51] *Gernhuber/Coester-Waltjen* § 8 Rn 28; MünchKommBGB/*Wacke* Rn 15; noch wesentlich weitergehend RGRK/*Roth-Stielow* Vor § 1297 Rn 4; wie hier *Staudinger/Strätz* Rn 88 ff: Ansprüche auf Unterhalt und Dienstleistung begründet das Verlöbnis ohnehin nicht, daher auch keine Schadensersatzansprüche des Verlobten eines Getöteten aus §§ 844 Abs 2, 845; KG NJW 1967, 1089 f; OLG Frankfurt VersR 1984, 449.
[52] *Palandt/Heinrichs* Vor § 241 Rn 13.
[53] *Dölle* I § 6 IV 2, S 65; *Gernhuber/Coester-Waltjen* § 8 Rn 28; MünchKommBGB/*Wacke* Rn 15.
[54] BGH LM StGB § 222 Nr 25 = JR 1955, 104: Rechtspflicht des Verlobten zum Beistand nur „je nach den Umständen"; BGH FamRZ 1960, 402: Rechtspflicht aus der „engen Lebensgemeinschaft".
[55] RGSt 56, 168, 169: Verlöbnis erzeugt „keinen dem kraft der Eheschließung begründeten ähnlichen Rechts- und Pflichtenkreis".
[56] *Geilen* FamRZ 1961, 147, 151 f; *Staudinger/Strätz* Vor § 1297 Rn 93.
[57] Zu der ein Minderjähriger nicht die Zustimmung seines gesetzlichen Vertreters benötigt, *Dölle* I § 6 VI 2, S 73.
[58] *Dölle* I § 6 VI 4, S 83.
[59] RG WarnR 1914 Nr 164.

zur Eheschließung dadurch verhindert, dass bereits die Schaffung entsprechender Vollstreckungstitel unterbunden wird. Die vollstreckungsrechtlichen Schranken der §§ 888 Abs 3, 894 Abs 2 ZPO werden dadurch obsolet. Bedeutung hätten sie allenfalls noch gegenüber ausländischen Verurteilungen zur Eheschließung, wenn der inländische ordre public nicht bereits die Anerkennung solcher ausländischen Titel hinderte (§§ 722, 723 Abs 2 S 2, 328 Abs 1 Nr 4 ZPO)[60].

21 Aus Abs 1 lässt sich nicht folgern, dass das Verlöbnis eine **Rechtspflicht zur Eingehung der Ehe** (Rn 4) begründe[61]. Die Entstehungsgeschichte[62] ergibt vielmehr, dass der Gesetzgeber sich auf die Anordnung der Unklagbarkeit zurückgezogen hat, weil er die – an sich vorrangige – Frage des Bestehens einer Rechtspflicht offen lassen wollte, nachdem eine zunächst vorgesehene Regelung, die eine solche Pflicht ausdrücklich ausschloss, auf rechtspolitische Bedenken gestoßen war.

22 Unzulässig ist nur die **Klage auf Eingehung** der Ehe. Einer Klage auf Feststellung, dass eine solche Pflicht nicht bestehe, steht Abs 1 ebenso wenig entgegen wie einer Klage auf Feststellung des Bestehens oder Nichtbestehens eines Verlöbnisses[63].

23 Die (materiell-rechtliche) Vorschrift des **Abs 2** will auch bloß **mittelbaren Zwang zur Eheschließung** abwehren. Jedes Versprechen einer Vertragsstrafe (§ 339) für den Fall, dass es nicht zur Eheschließung kommt, ist nichtig, gleich ob der Versprechende bereits verlobt ist oder nicht und ob das Versprechen gegenüber dem anderen (ggf künftigen) Verlobten oder gegenüber einem Dritten abgegeben wird[64]. Entspr ist auch jede andere **vertraglich vereinbarte Sanktion** für die Nichteinhaltung eines Eheversprechens **nichtig**. Darüber hinaus darf ein **Zwang zur Heirat** auch nicht in anderer Weise, etwa mit den Mitteln des Strafrechts, ausgeübt werden[65]. Die Schadensersatz- und Rückgabepflichten nach §§ 1298 ff bestehen freilich, auch wenn sie im Einzelfall wie Sanktionen für verlöbniswidriges Verhalten wirken (zum Einwand aus § 815 gegenüber dem Anspruch auf Rückgabe von Geschenken s § 1301 Rn 7). Insgesamt sichert § 1297 damit die – durch Art 6 Abs 1 GG auch grundrechtlich verbürgte – **Eheschließungsfreiheit** (Rn 4).

III. Lebenspartnerschaft

24 Inhaltsgleich mit Abs 1 bestimmt § 1 Abs 3 S 1 LPartG, dass aus dem Versprechen, eine Lebenspartnerschaft zu begründen, nicht auf Begründung der Lebenspartnerschaft geklagt werden kann. Auch Abs 2 gilt für die Lebenspartnerschaft entspr (§ 1 Abs 3 S 2 LPartG).

§ 1298 Ersatzpflicht bei Rücktritt

(1) ¹Tritt ein Verlobter von dem Verlöbnis zurück, so hat er dem anderen Verlobten und dessen Eltern sowie dritten Personen, welche anstelle der Eltern gehandelt haben, den Schaden zu ersetzen, der daraus entstanden ist, dass sie in Erwartung der Ehe Aufwendungen gemacht haben oder Verbindlichkeiten eingegangen sind. ²Dem anderen Verlobten hat er auch den Schaden zu ersetzen, den dieser dadurch erleidet, dass er in Erwartung der Ehe sonstige sein Vermögen oder seine Erwerbsstellung berührende Maßnahmen getroffen hat.

(2) Der Schaden ist nur insoweit zu ersetzen, als die Aufwendungen, die Eingehung der Verbindlichkeiten und die sonstigen Maßnahmen den Umständen nach angemessen waren.

(3) Die Ersatzpflicht tritt nicht ein, wenn ein wichtiger Grund für den Rücktritt vorliegt.

Übersicht

	Rn		Rn
I. Bedeutung der Norm	1	a) Begriff und Grundsätzliches	12
II. Rücktritt	2	b) Einzelfälle	15
1. Merkmale und Rechtsnatur	2	4. Ersatzberechtigte	18
2. Rücktrittähnliche Auflösung	5	5. Umfang der Ersatzpflicht	19
3. Wiederverlobung	6	6. Konkurrenzen	24
		7. Beweislast	25
III. Schadensersatz	7		
1. Grundsätzliches	7	IV. Internationales Privatrecht	26
2. Ersatzpflichtige	9		
3. Wichtiger Grund (Abs 3)	12	V. Lebenspartnerschaft	27

---

[60] *Dölle* I § 6 IV 1 Fn 31, S 65; MünchKommBGB/*Wacke* Rn 14; *Staudinger/Strätz* Rn 3.
[61] AA RGRK/*Roth-Stielow* Rn 8.
[62] *Staudinger/Strätz* Vor §§ 1297 ff Rn 47.
[63] *Erman/Heckelmann* Rn 2.
[64] *Erman/Heckelmann* Rn 2.
[65] BGHSt 18, 103 = FamRZ 1963, 83: Bruch des Eheversprechens verletzte nicht die Hilfspflicht gegenüber einer Schwangeren gemäß § 170 c StGB aF.

I. Bedeutung der Norm

Die grundrechtlich verbürgte und durch § 1297 abgesicherte Eheschließungsfreiheit, die **vertraglich nicht beschränkt** werden kann (§ 1297 Rn 4), bedeutet nicht, dass ein Verlobter sich unter allen Umständen ohne für ihn nachteilige **gesetzliche Folgen** von dem Verlöbnis lösen darf. Wer ohne wichtigen Grund zurücktritt (§ 1298 Abs 3), einen wichtigen Grund für seinen Rücktritt selbst verschuldet (Rn 9) oder für den Rücktritt des anderen Verlobten schuldhaft einen wichtigen Grund setzt (§ 1299), kann vielmehr in bestimmtem Umfang **schadensersatzpflichtig** sein (§ 1298 Abs 1 und 2). Zu ersetzen ist jedoch nicht jeder Schaden, den der ersatzberechtigte Verlobte dadurch erleidet, dass es nicht zur Eheschließung kommt (sog positives oder Erfüllungsinteresse). Vielmehr begrenzt das Gesetz den **Anspruch des Verlobten** auf den Schaden, den er dadurch erlitten hat, dass er in Erwartung der Ehe Aufwendungen gemacht hat, Verbindlichkeiten eingegangen ist oder sonstige sein Vermögen oder seine Erwerbsstellung berührende Maßnahmen getroffen hat (Abs 1 S 1 und 2). Auf die Streitfrage, ob die Verlobung eine Rechtspflicht zur Eheschließung, begründet (§ 1297 Rn 4), kommt es daher in diesem Zusammenhang nicht an. Den **Eltern des Verlobten** und bestimmten dritten Personen, auf die das Gesetz den Kreis der Ersatzberechtigten erweitert, sind Schäden zu ersetzen, die ihnen durch Aufwendungen oder die Eingehung von Verbindlichkeiten in Erwartung der Ehe entstanden sind (Abs 1 S 1). Sowohl der Verlobte als auch die anderen Berechtigten können mithin nach § 1298 Ersatz allein für **Vermögensschäden** beanspruchen, die auf dem durch das Verlöbnis begründeten **Vertrauen auf die künftige Eheschließung** beruhen (sog negatives oder Abwicklungsinteresse)[1]. Jegliche Ersatzberechtigung wird zudem auf Maßnahmen begrenzt, die **den Umständen nach angemessen** waren (Abs 2).

II. Rücktritt

1. Merkmale und Rechtsnatur. Der Rücktritt löst das Verlöbnis (dh den „Brautstand", § 1297 Rn 2) **für die Zukunft** auf, wirkt also wie eine Kündigung[2]. Mit dem Rücktritt nach §§ 346 ff hat er nur den Namen gemeinsam. Die **Gründe des Rücktritts** haben nur für Schadensersatzansprüche nach §§ 1298 f Bedeutung (Rn 1). Aufgelöst wird ein Verlöbnis auch durch einen Rücktritt, für den kein wichtiger Grund (Abs 3) besteht.

Der Rücktritt vom Verlöbnis geschieht durch **Erklärung** gegenüber dem anderen Verlobten, die **keiner Form** bedarf und auch durch **schlüssiges Handeln** abgegeben werden kann (allgM). Es genügt jedes Verhalten, an dem der andere zu erkennen vermag, dass sein Verlobter an dem Willen, mit ihm die Ehe einzugehen, nicht mehr festhält[3]. Beispiele sind etwa: Einstellung des Briefwechsels[4], fluchtartige Abreise[5], ostentative Hinwendung zu einem anderen[6], Rückgabe des Verlobungsringes[7], nicht aber Selbstmord[8]. Der Rücktritt wird wirksam **gegenüber dem anderen Verlobten** erklärt werden, auch wenn dieser minderjährig ist; Äußerungen gegenüber Dritten lösen das Verlöbnis nicht auf[9]. Ebenso wie das Eheversprechen (§ 1297 Rn 8) ist der Rücktritt vom Verlöbnis eine **höchstpersönliche Erklärung,** bei deren Abgabe der Verlobte sich nicht vertreten (die er aber durch Boten überbringen) lassen kann[10]. Zur Wahrung seiner Eheschließungsfreiheit (§ 1297 Rn 4) gilt das auch für einen **minderjährigen Verlobten,** gleich, ob sein gesetzlicher Vertreter der Verlobung zugestimmt hat oder deren Wirksamkeit noch in der Schwebe ist (§ 1297 Rn 10). Obwohl der Rücktritt von einer wirksamen Verlobung auch für den Minderjährigen Verbindlichkeiten nach §§ 1298 ff zur Folge haben kann, bedarf er dazu (anders als nach § 107) nicht der Einwilligung des gesetzlichen Vertreters[11]. Dieser kann auch nicht für den Minderjährigen den Rücktritt erklären[12].

Nach den Vertragstheorien muss der Rücktritt wie das Eheversprechen (§ 1297 Rn 3) rechtsgeschäftliche Willenserklärung sein[13], was zu der Rn 3 aE dargestellten Korrektur der Rechtsfolge des § 107 nötigt. Nach der hier vertretenen Ansicht, die das Eheversprechen nur als geschäftsähnliche Handlung auffasst und im Verlöbnis keinen Vertrag im Rechtssinne erblickt (§ 1297 Rn 7), ist auch der Rücktritt als lediglich **geschäftsähnliche Handlung** anzusehen[14], auf die die Vorschriften über

---

[1] *Gernhuber/Coester-Waltjen* § 8 Rn 45; *Staudinger/Strätz* Rn 46; *Soergel/H. Lange* Rn 2; *Schwab* FamR Rn 42; *Lüderitz* FamR Rn 114; *Henrich* FamR § 4 I 4, S 26: Nachteile, die der Verlobte nicht erlitten hätte, wenn es nicht zu der Verlobung gekommen wäre; bedenklich MünchKommBGB/*Wacke* Rn 1: Ersatzpflicht wegen Nichterfüllung der Primärpflicht zur Eheschließung.
[2] *Staudinger/Strätz* Rn 3.
[3] RGZ 170, 72, 81 f.
[4] RGZ 170, 72, 80.
[5] RG Recht 1913 Nr 1298; *Soergel/H. Lange* Rn 1; MünchKommBGB/*Wacke* Rn 2.
[6] MünchKommBGB/*Wacke* Rn 2.
[7] BGH FamRZ 1961, 424.
[8] *Staudinger/Strätz* Rn 39; MünchKommBGB/*Wacke* Rn 2; *Dölle* I § 6 VI 3, S 74.
[9] RGZ 141, 358, 260 f; allgM.
[10] RGZ 98, 13, 14; MünchKommBGB/*Wacke* Rn 2.
[11] RGZ 98, 13, 14 f; *Gernhuber/Coester-Waltjen* § 8 Rn 33; *Soergel/H. Lange* Rn 1; *Staudinger/Strätz* Rn 6; MünchKommBGB/*Wacke* Rn 2; *Flume* § 13 10, S 212.
[12] LG Saarbrücken NJW 1970, 327, 328; *Staudinger/Strätz* Rn 6; anscheinend einschr *Soergel/H. Lange* Rn 1: nicht gegen den Willen des Minderjährigen; aA *Gernhuber/Coester-Waltjen* § 8 Rn 33 Fn 53 für den Fall, dass die Zustimmung zum Verlöbnis anfechtbar sei; dazu § 1297 Rn 11.
[13] *Gernhuber/Coester-Waltjen* § 8 Rn 32; *Staudinger/Strätz* Rn 4; MünchKommBGB/*Wacke* Rn 2.
[14] Ebenso anscheinend *Schwab* FamR Rn 36, 40.

§ 1298

Willenserklärungen von vornherein – wie es hier auch geschieht (Rn 3) – nur entsprechend, dh nach Maßgabe von Eigenart und typischer Interessenlage, anzuwenden sind (§ 1297 Rn 7).

5   **2. Rücktrittähnliche Auflösung.** Ein Verlöbnis wird auch aufgelöst, wenn ein Verlobter **jemand anderen heiratet,** ohne den Rücktritt von dem Verlöbnis zu erklären (§ 1297 Rn 19). Anders als die anderen, außer dem Rücktritt möglichen Auflösungsgründe steht dieser von dem Verlobten einseitig und mit Willen herbeigeführte Grund dem Rücktritt so nahe, dass er die Rücktrittsfolgen der §§ 1298 ff auslösen muss[15], wobei aber eine Rolle spielt, wann der verlassene Verlobte von der Heirat erfährt (Rn 19; § 1302 Rn 1). Dasselbe muss für den Fall der anderweitigen Verlobung gelten, mit der ein schon bestehendes Verlöbnis ebenfalls nicht zu vereinbaren ist[16].

6   **3. Wiederverlobung.** Von dem kaum praktischen Fall des gleichzeitig zugehenden Widerrufs (entspr § 130 Abs 1 S 2) abgesehen, ist ein **Rücktritt** vom Verlöbnis **nicht widerrufbar**[17]. Auch durch **Anfechtung** (entspr §§ 119 ff) kann die Rücktrittserklärung nicht beseitigt werden, vielmehr sind die 1298 ff als abschließende Sonderregelung anzusehen[18]. Die vereinzelt befürwortete Anfechtung wegen Inhaltsirrtums nach § 119 Abs 1 mit Schadensersatzpflicht nach § 122[19] wäre lebensfremder, zwischen Verlobten unangebrachter Gesetzesgebrauch. Falls das als Rücktritt aufgefasste Verhalten des Verlobten missverstanden worden ist, lässt sich das Verlöbnis allenfalls durch umgehende Aussprache retten, nicht aber durch einseitigen Rechtsakt. Durch **Vereinbarung** können die Verlobten das aufgelöste Verlöbnis aus Rechtsgründen ebenfalls nicht für die Vergangenheit wiederherstellen[20], sondern können sich nur im Verhältnis zueinander verpflichten, sich rechtlich so zu stellen, als habe es fortbestanden. Eine Aussöhnung nach Auflösung eines Verlöbnisses ist daher rechtlich als **Wiederverlobung** zu verstehen, idR[21] verbunden mit einem Erlass (§ 397 Abs 1) nach §§ 1298 ff entstandener Ansprüche des Verlobten (der bei Scheitern auch des neuen Verlöbnisses nach § 1301 kondiziert werden kann)[22]. Ein Minderjähriger bedarf zu einem solchen Erlass der Zustimmung seines gesetzlichen Vertreters[23].

III. Schadensersatz

7   **1. Grundsätzliches.** Die Ersatzpflicht des Verlobten, der ohne wichtigen oder aus einem von ihm selbst verschuldeten Grund vom Verlöbnis zurücktritt oder den Rücktritt des anderen verschuldet (Rn 1), ist Ausdruck des **Billigkeitsgedankens,** dass er unter solchen Umständen für die Nachteile aufkommen muss, die der andere Verlobte und bestimmte dritte Personen im Vertrauen auf das Verlöbnis Vermögensdispositionen getroffen haben, die infolge des Rücktritts nutzlos geworden sind[24].

8   Der Schadensersatzanspruch kann abgetreten[25], vererbt und erlassen werden. Zum regelmäßig anzunehmenden **Erlass** im Zusammenhang mit einer Wiederverlobung s Rn 6. In einem einmaligen Geschlechtsverkehr nach Auflösung des Verlöbnisses wird noch kein Erlass von Ansprüchen erblickt[26]. Ein Minderjähriger bedarf zum Erlass der Zustimmung seines gesetzlichen Vertreters (Rn 6 aE mwN). Auf Schadensersatzansprüche der Eltern und sonstiger Dritter (Rn 18) erstreckt sich ein zwischen den (ggf ehemaligen) Verlobten vereinbarter Erlass selbstverständlich nur, soweit solche Gläubiger ihm beitreten.

9   **2. Ersatzpflichtige.** Nach Abs 1 S 1, Abs 3 ist ein Verlobter zum Schadensersatz verpflichtet, der von dem Verlöbnis **zurücktritt, ohne** dafür einen **wichtigen Grund** zu haben, nach § 1299 ein Verlobter, der zwar nicht selbst vom Verlöbnis zurücktritt, aber den **Rücktritt des anderen veranlasst,** indem er ihm schuldhaft (etwa durch Bruch der Verlöbnistreue) einen wichtigen Grund dafür gibt. Erst recht muss ferner ein Verlobter schadensersatzpflichtig sein, der den Rücktritt vom Verlöbnis einen zwar **wichtigen,** aber **von ihm selbst zu vertretenden Grund** hat[27], zB weil er sich in vorwerfbarer Weise überschuldet hat und dadurch die finanzielle Grundlage der geplanten Ehe zerstört worden ist[28]. Schließlich ist ein Verlobter ersatzpflichtig, der das **Verlöbnis in rücktrittähnlicher Weise auflöst,** ohne einen wichtigen, nicht von ihm verschuldeten Grund zum Rücktritt zu haben (Rn 5)[29].

---

[15] *Gernhuber/Coester-Waltjen* § 8 Rn 42–44; *Dölle* I § 6 VI 4, S 84; *Staudinger/Strätz* Rn 7.
[16] Insoweit aA *Staudinger/Strätz* Vor §§ 1297 ff Rn 87: früheres Verlöbnis bleibe unberührt.
[17] Natürlich auch nicht durch die erklärte Bereitschaft zur Eheschließung, RG WarnR 1914 Nr 164.
[18] *Soergel/H. Lange* Rn 1; *Gernhuber/Coester-Waltjen* § 8 Rn 21; *Dölle* I § 6 VI 3, S 74.
[19] *Staudinger/Strätz* Rn 10.
[20] So aber OLG Stettin OLGRspr 30, 33; *Erman/Heckelmann* Rn 4; *MünchKommBGB/Wacke* Rn 3.
[21] RGZ 98, 13, 14 f; OLG Nürnberg FamRZ 1959, 115; *Soergel/H. Lange* Rn 2; *Staudinger/Strätz* Rn 11 aE.
[22] Vgl näher *Gernhuber/Coester-Waltjen* § 8 Rn 34; *Staudinger/Strätz* Rn 11; *Dölle* I § 6 VI 3, S 74; zum Erlass abw *MünchKommBGB/Wacke* Rn 3: pactum de non petendo, dazu *Staudinger/Strätz* aaO.
[23] RGZ 98, 13, 14 f; *Soergel/H. Lange* Rn 2; *Staudinger/Strätz* Rn 12.
[24] *Soergel/H. Lange* Rn 2; *Staudinger/Strätz* Rn 46; auch *MünchKommBGB/Wacke* Rn 1, wo aber inkonsequent die Nichterfüllung einer „Primärpflicht zur Eheschließung" als weiterer Grund genannt wird.
[25] BGH FamRZ 1956, 179, 180.
[26] LG Nürnberg FamRZ 1959, 114, 115; *Soergel/H. Lange* Rn 2.
[27] HM, aber unterschiedliche Begründungen, *Gernhuber/Coester-Waltjen* § 8 Rn 38.; *Soergel/H. Lange* Rn 2: „restriktive Interpretation des § 1298 Abs 3"; *MünchKommBGB/Wacke* Rn 10: „Verbot des venire contra factum proprium"; *Dölle* I § 6 VI 3 a, S 74 f: „Treu und Glauben"; offen gelassen bei *Staudinger/Strätz* Rn 36.
[28] Weit. Beispiele bei *Gernhuber/Coester-Waltjen* § 8 Rn 38; *Dölle* I § 6 VI 3 a, S 74.
[29] *Dölle* I § 6 VI 4, S 84.

Im Einzelfall kann **jeder der beiden Verlobten** einen wichtigen, vom anderen, von ihm selbst oder 10
von keinem von beiden verschuldeten Rücktrittsgrund haben. **Schadensersatzansprüche** können
idR aber **höchstens einem von ihnen** (sowie dessen Eltern und an deren Stelle handelnden dritten
Personen) zustehen, nicht aber beiden Seiten: Sind die wichtigen Rücktrittsgründe von keinem der
Verlobten verschuldet, bestehen selbstverständlich keinerlei Schadensersatzansprüche. Ein Verlobter,
der dem anderen schuldhaft einen wichtigen Grund zum Rücktritt gegeben hat, bleibt ersatzpflichtig,
auch wenn er – als erster oder gar einziger – aus einem daneben bestehenden weiteren wichtigen Grund
zurücktritt, den keiner von beiden zu vertreten hat[30]. Was gelten soll, wenn jeder Verlobte einen
wichtigen Grund zum Rücktritt hat, den der jeweils andere verschuldet hat (Beispiel: beiderseitiger
Bruch der Verlöbnistreue), ist umstritten. Nach der einen Ansicht ist im Falle eines Rücktritts jeder
Verlobte der Gegenseite ersatzpflichtig[31], nach der anderen keiner, weil § 1299 nur dem schuldlosen
Verlobten Schutz gewähren wolle, nicht aber dem selbst Schuldigen[32]. Die zuletzt genannte Auffassung
kommt einer sachgerechten Anwendung des Gesetzes am nächsten. **Nach § 1298 Abs 3** ist in dem in
Rede stehenden Fall niemand ersatzpflichtig; denn welcher Verlobte auch von dem Verlöbnis zurücktritt: er hat dafür einen wichtigen Grund, unabhängig davon, ob er ihn beim Rücktritt kennt oder nicht
(Rn 14). **Nach § 1299** wird ein Verlobter durch den Rücktritt des anderen nur ersatzpflichtig, wenn er
den Rücktritt schuldhaft „veranlasst" hat. Er muss in vorwerfbarer Weise einen wichtigen Grund gesetzt
haben, der für den Rücktritt **ursächlich** ist (§ 1299 Rn 3 mwN). Bloße Kausalität kann aber nicht
genügen. Damit der wichtige Rücktrittsgrund nicht nur eigene Ersatzpflichten des Zurücktretenden
ausschließt (§ 1298 Abs 3), sondern Ersatzpflichten des anderen Verlobten begründen kann (§ 1299),
muss er zu den Umständen, die in einer Beziehung stehen, die solche Ersatzpflichten zur **angemessenen
Folge des Rücktritts** stempelt[33]. Ob das der Fall ist, ergibt in Fällen beiderseitigen Verschuldens erst
eine **wertende Beurteilung,** der es darauf ankommt, ob ein Verlobter sich durch den von dem
anderen verschuldeten wichtigen Grund nach Treu und Glauben zum Rücktritt **veranlasst sehen
darf.** Das wird im Hinblick auf sein eigenes Verschulden – jedenfalls meistens – zu verneinen sein.
Zwar kann das eigene Fehlverhalten lediglich eine verständliche Reaktion auf das Verschulden des
anderen Verlobten sein. Dann gibt es diesem aber nicht einmal einen wichtigen Grund zum Rücktritt[34].
Auf den von *Wacke*[35] für seine Ansicht herangezogenen Gesichtspunkt unterschiedlich hoher Aufwendungen auf beiden Seiten nimmt die gesetzliche Regelung gerade keine Rücksicht; denn sie macht das
Vorliegen eines wichtigen Grundes nicht davon abhängig, ob der Rücktritt für die andere Seite mit
Vermögensnachteilen verbunden ist[36].

Der Fall beiderseitigen wichtigen Rücktrittsgrundes (Rn 10) setzt voraus, dass auch der zuletzt 11
entstandene Grund vorliegt, bevor das Verlöbnis durch Rücktritt oder in rücktrittähnlicher Weise
(Rn 5) aufgelöst wird. Denn wichtiger Grund kann nur ein Umstand sein, der bei dem Rücktritt bereits
besteht; zudem kann ein Rücktritt nicht auf das Verhalten des anderen Verlobten nach Auflösung des
Verlöbnisses gestützt werden[37].

3. Wichtiger Grund (Abs 3). a) Begriff und Grundsätzliches. Wichtiger Grund sind nach einer 12
auf alte Rspr des Reichsgerichts zurückgehenden Lehre Tatsachen, die den Verlobten bei verständiger
Würdigung von der Verlobung abgehalten hätten[38]. Eine solche „Tatsache" könnte indessen auch ein
bloßer Sinneswandel sein. Eine andere Definition verlangt daher so schwerwiegende, gegen die Eheschließung sprechende Umstände, dass es dem Verlobten nicht zugemutet werden kann, das Verlöbnis
aufrechtzuerhalten und die Ehe einzugehen[39]. Obwohl sich damit vielfach brauchbare Ergebnisse
begründen lassen, vermag auch diese Umschreibung nicht zu befriedigen. Sie berücksichtigt nicht, dass
niemandem die Eheschließung „zugemutet" werden darf, die er nicht will, dass ein Verlobter das
Verlöbnis vielmehr jederzeit nach eigenem Entschluss durch Rücktritt beenden kann, nach der hier
vertretenen Ansicht sogar ohne Verletzung einer Rechtspflicht (§ 1297 Rn 4), und dass vom Vorliegen
eines wichtigen Grundes lediglich Schadensersatzpflichten der Verlobten abhängen. Deutlich zeigt sich
ihre Schwäche an dem häufigsten und auch triftigsten Grund für die Beendigung von Verlöbnissen,
dem **Erlöschen der emotionalen Zuneigung,** das nach herrschender[40] und zutreffender (Rn 13 aE)
Meinung kein wichtiger Grund iS des Abs 3 ist. Weil sich das aus der genannten Definition nicht ergibt,
wird nämlich, wo diese zugrunde gelegt wird, mit angeblich generell mangelnder Beweisbarkeit jenes

---

[30] OLG Saarbrücken FamRZ 1956, 109 LS.; *Gernhuber/Coester-Waltjen* § 8 Rn 40; *Soergel/H. Lange* § 1299 Rn 2; MünchKommBGB/*Wacke* § 1299 Rn 4.
[31] MünchKommBGB/*Wacke* § 1299 Rn 4, der zudem die Ersatzansprüche der Verlobten selbst und die ihrer Eltern bzw Dritter bei einer Aufrechnung unter Verzicht auf das Erfordernis der Gegenseitigkeit (§ 387) gleichbehandeln will; *Staudinger/Strätz* Rn 8 f, 17; nur mit erheblichen Einschränkungen: RGRK/*Roth-Stielow* § 1299 Rn 4.
[32] *Gernhuber/Coester-Waltjen* § 8 Rn 41; *Soergel/H. Lange* § 1299 Rn 2; *Erman/Heckelmann* Rn 9; *Lüderitz* FamR Rn 116; *Montanari* S 119.
[33] Ähnliche Erwägung schon bei *Staudinger/Strätz* Rn 15.
[34] RGRK/*Roth-Stielow* § 1299 Rn 4.
[35] MünchKommBGB/*Wacke* § 1299 Rn 4 Fn 8.
[36] RG WarnR 1925 Nr 132; *Soergel/H. Lange* Rn 3.
[37] BGHZ 45, 258, 266 f = NJW 1966, 1653, 1656; RG WarnR 1914 Nr 164; OLG Karlsruhe OLGRspr 26, 210.
[38] RG JW 1907, 178; MünchKommBGB/*Wacke* Rn 10; *Palandt/Brudermüller* Rn 8.
[39] *Dölle* I § 6 VI 3 a, S 74; *Soergel/H. Lange* Rn 3.
[40] Anders allerdings *Erman/Heckelmann* Rn 7; RGRK/*Roth-Stielow* Rn 25 für den Fall unüberwindlicher Abneigung.

§ 1298

Buch 4. Abschnitt 1. Bürgerliche Ehe

Grundes argumentiert[41]. Trotz ihrer unvermeidlich geringeren Trennschärfe verdienen daher andere Definitionen den Vorzug, die darauf abstellen, in wessen **Risikobereich** ein Rücktrittsgrund **nach dem durch das Verlöbnis begründeten Vertrauensverhältnis** fallen soll[42].

13 Im **Regelfall des Abs 3** ist „wichtig" daher ein Grund, der den Schaden unter dem Vertrauensgesichtspunkt (Rn 7) dem Risikobereich nicht des zurückgetretenen, sondern des geschädigten anderen Verlobten zuweist. Das ist der Fall bei **verlöbniswidrigem Verhalten** des anderen, uU aber auch bei von diesem **nicht verschuldeten Zuständen** auf seiner Seite, wie Charaktereigenschaften, Krankheit, Vermögensverfall oder auch dem Verhalten Dritter, etwa seiner Eltern (deren Verschulden ein minderjähriger Verlobter sich hier – anders als nach § 278 S 1 – nicht als eigenes anrechnen lassen muss)[43]. Kannte der Zurückgetretene den nicht verschuldeten Zustand bei der Verlobung oder musste er wenigstens mit ihm rechnen, kann der andere aber vielfach[44] darauf vertrauen, jener werde daraus keinen Rücktrittsgrund herleiten. Ist das der Fall, ist der fragliche „Zustand" kein wichtiger Grund zum Rücktritt[45]. Eine Schadensersatzpflicht nach Abs 1 ist dann nur durch einverständliche Entlobung (§ 1297 Rn 19) oder Schulderlass (Rn 8) abzuwenden oder, wenn der andere dazu nicht bereit ist, wenigstens einzugrenzen, indem der Zeitraum, währenddessen die andere Seite im Vertrauen auf das Verlöbnis ersatzpflichtige Aufwendungen machen kann, durch alsbaldige Erklärung des Rücktritts abgekürzt wird[46]. Ein von Ersatzpflichten befreiender wichtiger Grund kann, sofern er ihn nicht zu vertreten hat (Rn 9), auch **in der Person des Zurückgetretenen** selbst vorliegen, wie uU Krankheit[47] oder Vermögensverfall. Das **Erlöschen der eigenen Zuneigung** (Rn 12) kann unter dem Vertrauensgesichtspunkt nicht als wichtiger Grund anerkannt werden. Ein Verlobter darf darauf vertrauen, dass der andere sich auch insoweit geprüft hat, bevor er ihm die Ehe versprach[48].

14 **In zeitlicher Hinsicht** kann wichtiger Grund nur ein Umstand sein, der **beim Rücktritt schon vorhanden** war, ohne dass Abs 3 darauf abstellt, ob der Zurücktretende ihn damals gekannt hat[49]. Daher kann ein Umstand, sofern er zur Zeit des Rücktritts vorlag, im Prozess als Rücktrittsgrund nachgeschoben werden, auch wenn der Rücktritt auf einen anderen Grund gestützt worden war[50]. Verhalten des anderen Verlobten nach Auflösung des Verlöbnisses, hiernach als Rücktrittsgrund ungeeignet (Rn 11 mwN), kann ebenso wenig einen bereits entstandenen Schadensersatzanspruch jenes Verlobten beseitigen[51]. Hingegen kann zeitlich **vor dem Verlöbnis** liegendes Verhalten, wenn Kenntnis oder vorwerfbare Unkenntnis des Verlobten (Rn 13) nicht entgegenstehen, wichtiger Grund zum Rücktritt sein, daher auch Herbeiführung des Verlöbnisses durch arglistige Täuschung[52].

15 b) **Einzelfälle.** Zur Feststellung eines **wichtigen Grundes zum Rücktritt** bedarf es stets einer wertenden Beurteilung anhand der jeweiligen Umstände. Mit dieser Maßgabe kommen als **verlöbniswidriges Verhalten** des anderen Verlobten in Betracht: Bruch der Verlöbnistreue[53], aber auch unübliche Vertraulichkeiten mit Dritten[54]; Beschimpfung oder Misshandlung, Verleumdung oder unbegründete Verdächtigung[55] des Verlobten oder seiner Angehörigen; Täuschungshandlungen, insbes (wesentlich) **unwahre Auskünfte** über Vorleben, Berufs-, Erwerbs- oder Vermögensverhältnisse[56], uU auch über das Alter[57]; wiederholtes Hinauszögern der Eheschließung ohne triftigen Grund[58], auch sonstige **erhebliche Unzuverlässigkeit** wie Nichteinhalten von Zusagen, die für den Verlobten wichtig sind (zB Berufsausbildung abzuschließen, umzuziehen, Konfession zu wechseln)[59]. Das **Verschweigen von Umständen aus der Zeit vor dem Verlöbnis** ist wichtiger Grund, wenn der Verlobte darüber auch ohne Nachfrage Auskunft erwarten durfte, was von den Anschauungen der

---

[41] *Dölle* I § 6 VI 3 a, S 75; *MünchKommBGB/Wacke* Rn 10; *Henrich* FamR § 4 I 4 a, S 26; s auch *Soergel/H. Lange* Rn 3.
[42] *Schwab* FamR Rn 41; *Lüderitz* FamR Rn 115; *Staudinger/Strätz* Rn 15.
[43] *Dölle* I § 6 VI 3 e S 83; *Erman/Heckelmann* § 1299 Rn 2; *RGRK/Roth-Stielow* § 1299 Rn 2.
[44] Krankheit ist insoweit oft objektiv beurteilt worden, so LG Dessau JW 1927, 1225 betr Erbkrankheit: „Rücktritt nach objektiven Gesichtspunkten billigenswert"; im Ergebnis ebenso, aber zeitabhängiger Begr LG Gleiwitz DRiZ 1935, 455 Nr 441 betr Lungentuberkulose beider Verlobten; auf die Kenntnis des Verlobten stellt OLG Jena SeuffA 66, 410, 411 f hingegen im Falle früherer Geschlechtskrankheit ab; bei der Auswertung älterer Rspr sind die seither erzielten Fortschritte der Medizin zu berücksichtigen.
[45] RG JW 1907, 480, 481; OLG Braunschweig OLGRspr 21, 210 f: Krankheit, schlechter Ruf; OLG Zweibrücken NJW-RR 1986, 1392, 1393: „bewusst auf sich genommenes Risiko"; LG Wiesbaden FamRZ 1965, 272, 273: früherer Geschlechtsverkehr der Frau mit anderem Mann; *Soergel/H. Lange* Rn 3; *Staudinger/Strätz* Rn 13, 20, 26, 30; zu generell *MünchKommBGB/Wacke* Rn 14.
[46] *Lüderitz* FamR Rn 115.
[47] LG Dessau JW 1927, 1225.
[48] *Schwab* FamR Rn 41; *Staudinger/Strätz* Rn 16.
[49] BGHZ 45, 258, 266 f = NJW 1966, 1653, 1656; RG WarnR 1914 Nr 164; allgM.
[50] BGHZ 45, 258, 266 f = NJW 1966, 1653, 1656.
[51] RG WarnR 1914 Nr 164; OLG Karlsruhe OLGRspr 26, 210 f; *MünchKommBGB/Wacke* Rn 14.
[52] *Gernhuber/Coester-Waltjen* § 8 Rn 37.
[53] OLG Düsseldorf FamRZ 1962, 429, 430; OLG Koblenz NJW-RR 1995, 899.
[54] *Staudinger/Strätz* Rn 32.
[55] RGZ 98, 13, 14.
[56] *Gernhuber/Coester-Waltjen* § 8 Rn 36; *Staudinger/Strätz* Rn 21, 34; zu eng – „nur bei ernsthafter Gefährdung der Existenzgrundlage der Ehe" – *MünchKommBGB/Wacke* Rn 12 m Fn 80.
[57] *MünchKommBGB/Wacke* Rn 12.
[58] RG WarnR 1925 Nr 132; OLG Saarbrücken FamRZ 1954, 180 LS.
[59] OLG Königsberg HRR 1938 Nr 1279; *Staudinger/Strätz* Rn 31; *MünchKommBGB/Wacke* Rn 11.

Lebenskreise der Verlobten abhängt und damit dem Wandel unterworfen ist. Ältere Rspr und Lehre zu dieser Frage ist vielfach überholt. Grds braucht nicht ungefragt mitgeteilt zu werden, womit nach Alter und sonstigen Lebensumständen der Verlobten von vornherein gerechnet werden muss, so dass jeder es dem anderen überlassen kann, sich durch Nachfrage zu vergewissern, wenn ihm ein bestimmter Umstand wichtig ist. Für die Geschlechter müssen dabei grds dieselben Anforderungen gelten. Umstände, die für das spätere Zusammenleben als Eheleute Bedeutung haben können, sind in aller Regel mitzuteilen[60]. Hiernach kann ungefragte Auskunft erwartet werden zB über frühere Ehen[61] und das Vorhandensein von Kindern; Erkrankungen und Eigenschaften, deren Auswirkungen die eheliche Lebensgemeinschaft (einschließlich des Eheverkehrs und der Aussicht auf gesunden Nachwuchs) behindern können (wie gleichgeschlechtliche Veranlagung und ernstliche erbliche Belastung, ggf auch Verweigerung eigener Kinder); Vorstrafen wegen krimineller Taten. Hingegen brauchen nach heutiger Auffassung früherer Geschlechtsverkehr (Rn 16) und frühere Schwangerschaften nicht ungefragt offenbart zu werden[62].

An **nicht vorwerfbaren Zuständen** aufseiten des anderen Verlobten kommen zB in Betracht: **16** ansteckende oder Ekel erregende **Krankheit**, sonstige schwere Krankheit jedenfalls dann, wenn sie unheilbar oder ihre Heilung zumindest langwierig ist[63]; **Charaktereigenschaften** wie Unverträglichkeit, Herrschsucht und Egoismus, die vor der Verlobung auch nicht ansatzweise erkennbar waren (Rn 13)[64]; während des Verlöbnisses unverschuldet eingetretener **Vermögensverfall** allenfalls dann, wenn die Vermögensverhältnisse des anderen Verlobten für die Ehe eine Existenzfrage sind (wie beim Irrtum über die Vermögensverhältnisse, Rn 17); idR auch **Uneinigkeit** in (für zumindest einen der Verlobten) wesentlichen Fragen der Eheschließung und Eheführung, zB einer religiösen Trauung[65], des Wohnsitzes, der Aufgabenverteilung in der Ehe, der Namenswahl oder der Konfession von Kindern. Näher dazu, auch zur Frage einer Ersatzpflicht nach § 1299, s dort Rn 4. **Keine wichtigen Gründe** sind: (unbegründeter) **„schlechter Ruf"** des anderen Verlobten oder seiner Familie[66]; **früherer Geschlechtsverkehr**[67] mit dritten Personen[67], außer bei verletzenden oder den Verlobten aus anderen Gründen besonders belastenden Umständen[68]; Verweigerung der **elterlichen Zustimmung** zur Eheschließung, jedenfalls seit diese auch bei Minderjährigen nicht mehr erforderlich[69]; auch ein Widerspruch des gesetzlichen Vertreters nach § 1303 Abs 3 wird angesichts der schon mit 18 Jahren eintretenden Volljährigkeit im Allgemeinen kein wichtiger Grund sein[70]; **Drängen** des anderen Verlobten **auf Heirat**, etwa der schwangeren Frau auf „formale" Eheschließung, damit das Kind ehelich geboren wird[71].

Als **in der Person des Zurückgetretenen** selbst liegender wichtiger Grund kommt zB in Betracht: **17** Schwere, insbes unheilbare oder doch langwierige **Krankheit**, deren mögliche Auswirkungen (zB Ansteckungsgefahr, Vererblichkeit) die eheliche Lebensgemeinschaft behindern können (Rn 16 mwN). Wegen der Natur dieser Auswirkungen kann die Krankheit wichtiger Grund selbst dann sein, wenn sie bei der Verlobung schon bestanden hatte und dem Erkrankten bekannt gewesen war[72] (Rn 13 mwN). Hat er damals eine gebotene Aufklärung (Rn 15) des anderen Verlobten unterlassen, kann er ihm allerdings aus diesem Grunde schadensersatzpflichtig sein (Rn 9 mwN). Eigene **Geistesschwäche** ist nicht als wichtiger Grund zum Rücktritt gewertet worden[73]. Unverschuldeter **Vermögensverfall,** der die finanzielle Grundlage der Ehe erschüttert, dass der Verlobte befürchten muss, seinen Unterhaltspflichten nicht nachkommen zu können (Rn 16: Existenzfrage)[74]; ersatzpflichtig kann aber auch hier sein, wer seine schon zur Zeit der Verlobung bestehenden schlechten Vermögensverhältnisse dem anderen pflichtwidrig verschwiegen hatte. **Irrtum über die Vermögensverhältnisse** des anderen Verlobten, der nicht auf Täuschung beruht (Rn 15 mwN), ist in aller Regel kein wichtiger Grund, weil

---

[60] *Staudinger/Strätz* Rn 22 ff mwN; Kenntnis der Eltern oder sonstiger naher Angehöriger genügt nicht, OLG Jena SeuffA 66, 410, 412.
[61] Nach RGRK/*Roth-Stielow* Rn 6 auch über früheren Konkubinat; anders mit Recht *Staudinger/Strätz* Rn 25.
[62] *Staudinger/Strätz* Rn 25.
[63] OLG Karlsruhe OLGRspr 7, 43 f; OLG Braunschweig OLGRspr 21, 210; OLG Jena SeuffA 66, 410, 411 ff; s auch RG HRR 1933 Nr 1189 und LG Dessau JW 1927, 1225 für Krankheit des Zurücktretenden selbst; *Staudinger/ Strätz* Rn 27; MünchKommBGB/*Wacke* Rn 11.
[64] RG JW 1907, 178.
[65] So für Österreich OGH Wien FamRZ 1955, 359; aA *Staudinger/Strätz* Rn 17.
[66] *Staudinger/Strätz* Rn 35; anders *Soergel/H. Lange* Rn 5; OLG Braunschweig OLGRspr 21, 210 f; diff OLG Düsseldorf JW 1934, 2082: Freiheitsstrafen gegen nächste Angehörige sind unter besonderen Umständen – jahrelanges intimes Liebesverhältnis der Verlobten, keine materiellen Nachteile – kein wichtiger Grund.
[67] *Staudinger/Strätz* Rn 25; aA RGRK/*Roth-Stielow* Rn 27; für die Frau anscheinend auch LG Wiesbaden FamRZ 1965, 272, 273 und *Soergel/H. Lange* Rn 5.
[68] OLG Nürnberg FamRZ 1959, 114, 115: Verkehr des Mannes mit der Mutter seiner Verlobten; die auf die „Standesverhältnisse" abstellende frühere Rspr – zB OLG Braunschweig OLGRspr 21, 210 f; OLG Colmar OLGRspr 21, 211; s auch RG HRR 1933 Nr 1190 für Eheanfechtung – ist kaum noch verwertbar.
[69] So schon nach altem Recht für volljährige Verlobte RG Recht 1915 Nr 1099; MünchKommBGB/*Wacke* Rn 13; offen gelassen von RGZ 80, 88, 91 f; überholt: OLG Hamburg OLGRspr 30, 34.
[70] Vergleichbare Gründe schon in RGZ 58, 248, 254.
[71] OLG München HRR 1938 Nr 1595; LG Wiesbaden FamRZ 1965, 272, 273.
[72] OLG München DJ 1938, 198 betr Lungentuberkulose; LG Dessau JW 1927, 1225 betr Erbkrankheit; LG Gleiwitz DRiZ 1935, 455 Nr 441 betr beiderseitige Lungentuberkulose.
[73] RG WarnR 1914 Nr 163; *Soergel/H. Lange* Rn 4.
[74] *Soergel/H. Lange* Rn 4.

§ 1298

von einem Verlobten, dem dieser Punkt wichtig ist, vorherige Erkundigung erwartet werden kann[75]. Zur Verweigerung der **Zustimmung der eigenen Eltern** zur Eheschließung Rn 16 mwN, zum **Erlöschen der eigenen Zuneigung** Rn 13 aE.

18 **4. Ersatzberechtigte.** Ersatzberechtigt sind neben dem **anderen Verlobten** dessen **Eltern** – gleich ob verheiratet (gewesen) oder nicht[76] – einschließlich Adoptiveltern (§ 1754 Abs 1 und 2), außerdem **dritte Personen**, die anstelle der Eltern, also aus sittlichem **Empfinden wie Eltern,** gehandelt haben. Gedacht ist vornehmlich, aber nicht ausschließlich, an Angehörige wie Großeltern und Geschwister[77]. Der hiernach in Betracht kommende Personenkreis hat gemeinsam, dass ihm der Schaden aus in Erwartung der Ehe gemachten Aufwendungen und eingegangenen Verbindlichkeiten zu ersetzen ist (Abs 1 S 1). Anders als andere Ersatzberechtigte kann der Verlobte darüber hinaus Schadensersatz verlangen, wenn er in Erwartung der Ehe sonstige, sein Vermögen oder seine Erwerbsstellung berührende Maßnahmen getroffen hat (Abs 1 S 2).

19 **5. Umfang der Ersatzpflicht.** Sowohl der Verlobte als auch die anderen Ersatzberechtigten können Ersatz nur solcher Schäden beanspruchen, die ihnen durch Maßnahmen entstanden sind, die sie „in Erwartung der Ehe" getroffen haben, also in dem **durch das Verlöbnis begründeten Vertrauen auf künftige Eheschließung.** Nach herkömmlicher Definition sind das Maßnahmen, die der Verlobte unterlassen hätte, hätte er den Verlöbnisbruch vorausgesehen[78]. Der Ersatzpflichtige hat Ersatzberechtigte so zu stellen, als hätten sie diese Maßnahmen unterlassen, während Vorteile, die ihnen die Ehe gebracht hätte, nicht zu ersetzen sind (Rn 1). Nachteile infolge von Maßnahmen, die im Vertrauen auf ein künftiges Verlöbnis, also zeitlich **vor dem Verlöbnis,** getroffen worden sind, fallen nicht unter die Ersatzpflicht[79], doch schadet es nicht, wenn die zum Verlöbnis eines Minderjährigen erforderliche Genehmigung des gesetzlichen Vertreters (§ 1297 Rn 10) erst später erteilt wird[80]. Nicht mehr im Vertrauen auf die künftige Eheschließung können Maßnahmen getroffen werden, nachdem das **Verlöbnis durch Rücktritt** beendet ist. Die mit dem Rücktritt notwendig verbundene Kenntnis jedes der beiden Verlobten (Rn 3) müssen seine Eltern und sonst ersatzberechtigte Dritte (Rn 18) sich zurechnen lassen[81]. Löst ein Verlobter das Verlöbnis in **rücktrittähnlicher Weise** auf (Rn 5), kann der andere Verlobte (und können folglich auch seine Eltern nebst Dritten) bei Maßnahmen grds auf künftige Eheschließung vertrauen, bis er von der anderweitigen Heirat oder Verlobung erfährt. Das Vertrauen jedes einzelnen Ersatzberechtigten wird aber auch durch ihm persönlich zuteil gewordene Kenntnisse zerstört, die Zweifel am Ehewillen des anderen Verlobten begründen[82]. Wie grds alle Ansprüche aus §§ 1298 ff (§ 1297 Rn 16) setzen die aus § 1298 ein **wirksames Verlöbnis** voraus[83]; auf nichtige Verlöbnisse ist die Vorschrift auch nicht entspr anwendbar[84].

20 **Aufwendungen** in Erwartung der Ehe sind nur **Vermögensopfer**[85], wie sie entstehen etwa durch Anschaffung von Hausrat und Wohnungseinrichtung[86]; Anmietung[87] oder Anschaffung einer Wohnung oder Erwerb von Grundeigentum zu Wohnzwecken; Druck und Versendung von Anzeigen; Ausrichten einer Verlobungsfeier[88] und Vorbereitung der Hochzeitsfeier[89]; über gelegentliche Gastfreundschaft hinausgehende langfristige Beköstigung eines Verlobten durch die Eltern des anderen[90]; uU unentgeltliche Dienste, die mit dem freien Beruf oder Gewerbe des Leistenden zusammenhängen[91], sonstige („berufsfremde") Dienste hingegen nicht[92]. Alle diese Aufwendungen sind nur **im Rahmen des den Umständen nach Angemessenen** zu ersetzen (Abs 2). **Nicht in Erwartung der Ehe,** weil

---

[75] OLG Karlsruhe OLGRspr 11, 278, 279; OLG Naumburg SeuffA 58 Nr 100: wenn Mitgift der Braut eine Existenzfrage ist; *Soergel/H. Lange* Rn 4.
[76] *Staudinger/Strätz* Rn 44; abw für den nichtehelichen Vater RGRK/*Roth-Stielow* Rn 5.
[77] *Soergel/H. Lange* Rn 8; *Staudinger/Strätz* Rn 44; *Gernhuber/Coester-Waltjen* § 8 Rn 50: „bewusste Übernahme an sich elterlicher Funktionen".
[78] RG JW 1903, Beilage S 144 Nr 316; RG WarnR 1914 Nr 254 und 1935 Nr 69.
[79] KG OLGRspr 18, 249 betr Bewirtung des künftigen Verlobten; OLG Celle OLGZ 1970, 326; *Staudinger/Strätz* Rn 47; MünchKommBGB/*Wacke* Rn 6.
[80] Ebenso wohl MünchKommBGB/*Wacke* Rn 6.
[81] Nicht umgekehrt, OLG Jena SeuffA 66, 410, 412.
[82] OLG Hamm OLGRspr 27 Nr 69.
[83] OLG Hamm NJW 1983, 1436; LG Saarbrücken NJW 1987, 2241; *Gernhuber/Coester-Waltjen* § 8 Rn 46; *Schwab* FamR Rn 38 aE; s auch MünchKommBGB/*Wacke* Rn 6.
[84] OLG Karlsruhe NJW 1988, 3023: „jedenfalls nicht zugunsten dessen, in dessen Status die Nichtigkeit des Verlöbnisses begründet liegt"; LG Saarbrücken NJW 1987, 2241; OLG Düsseldorf FamRZ 1981, 355 f.
[85] BGH FamRZ 1961, 424, 426; RGZ 122, 298, 303.
[86] OLG Hamburg OLGRspr 14, 243: „Aussteuer"; OLG Naumburg Recht 1922 Nr 608.
[87] RGZ 58, 248, 255; AG Neumünster FamRZ 2000, 817, 818: Kosten eines Wohnungswechsels nach Aufgabe der Mietwohnung in Erwartung der Eheschließung.
[88] OLG Karlsruhe OLGRspr 11, 278, 279; OLG Hamburg OLGRspr 14, 243; MünchKommBGB/*Wacke* Rn 4; aA *Staudinger/Strätz* Rn 53.
[89] LG Wiesbaden FamRZ 1965, 272; AG Neumünster FamRZ 2000, 817: Brautkleid; s auch OLG Schleswig MDR 1998, 1033.
[90] BGH FamRZ 1956, 179, 180; OLG Hamburg OLGRspr 16, 203.
[91] Sofern sie auch ohne das Verlöbnis entgegengenommen und dann vergütet worden wären: BGH FamRZ 1961, 424, 426: Steuerberater bearbeitet Vermögensangelegenheiten seiner Verlobten; *Gernhuber/Coester-Waltjen* § 8 Rn 47; *Staudinger/Strätz* Rn 52; aA *Soergel/H. Lange* Rn 10.
[92] OLG Stuttgart FamRZ 1977, 545, 546; LG Gießen FamRZ 1994, 1522; AG Augsburg FamRZ 1987, 1141, 1142.

aus anderen Gründen, sind Aufwendungen gemacht: der Frau aus Anlass einer Schwangerschaft[93]; wegen durch Verlöbnisbruch entstandener Gesundheitsschäden[94]; zur Verwirklichung einer **nichtehelichen Lebensgemeinschaft** der Verlobten[95]. Für **Geschenke** zwischen den Verlobten gilt ausschließlich § 1301[96]. Aufwendungen für Gelegenheitsgeschenke, gemeinsame Theater- oder Kinobesuche, Vergnügungsreisen und dergl. liegt überhaupt nicht die Erwartung der Ehe zugrunde[97].

Verbindlichkeiten können in Erwartung der Ehe eingegangen werden zB durch Anmieten einer 21 Wohnung[98] oder Aufnahme von Krediten zur Beschaffung von Wohnraum oder wegen sonstiger Anschaffungen für die eheliche Lebensgemeinschaft. Ob die Eingehung von Verbindlichkeiten angemessen ist (Abs 2), hängt davon ab, ob ihr Zeitpunkt dem Stand der Ehevorbereitung (Rn 22 mwN) und ihre Höhe den finanziellen Möglichkeiten der Verlobten und dem voraussichtlichen Lebenszuschnitt in der Ehe entsprechen.

Als in Erwartung der Ehe getroffene **sonstige Maßnahmen des anderen Verlobten,** die dessen 22 Vermögen oder Erwerbsstellung berühren (Abs 1 S 2), kommen in Betracht: **Aufgabe der bisherigen Erwerbsquelle,** zB Kündigung einer Anstellung[99], Aufgabe einer Steuerberaterpraxis[100]; **Verzicht auf Unterhaltsansprüche** aus früherer Ehe[101]. Solche Maßnahmen können besonders deshalb unangemessen (Abs 2) sein, weil sie verfrüht, vor einverständlicher Festlegung des weiteren Vorhabens vorgenommen werden. Aufgabe der wirtschaftlichen Existenz ist in aller Regel erst angemessen, wenn die Eheschließung in Kürze zu erwarten ist[102]. Das Einverständnis des Verlobten mit der Maßnahme macht sie nicht unbedingt zu einer angemessenen[103]. **Keine solchen Maßnahmen** sind die Inanspruchnahme von Mutterschaftsurlaub, weil nicht in Erwartung der Ehe getroffen[104] und eine auf Veranlassung des Verlobten vorgenommene Sterilisation, weil nicht das Vermögen oder die Erwerbsstellung betroffen[105].

Für alle Schadensersatzpflichten gelten die **allgemeinen Regeln.** Zu ersetzen ist nicht der Aufwand 23 schlechthin, sondern der dem Ersatzberechtigten dadurch entstandene Schaden. ZB ist die verbleibende Nutzbarkeit angeschaffter Sachen oder einer angemieteten Wohnung schadensmindernd zu berücksichtigen. Mitwirkendes Verschulden, zB unzureichende Bemühungen um Ersatz für eine aufgegebene Anstellung, kann Ansprüche nach § 254 mindern[106].

6. Konkurrenzen. Neben §§ 1298, 1299 ist für vertragliche Ansprüche kein Raum[107]. **Ansprüche** 24 **aus §§ 823 ff** werden verdrängt, soweit kein weitergehender Sachverhalt vorliegt, etwa vorsätzliche Täuschung durch den Verlobten[108]. Grundloser Rücktritt vom Verlöbnis, Bruch des Eheversprechens sind für sich allein keine unerlaubte Handlung[109], so dass (allein) durch Verletzung der Verlöbnistreue beim anderen Verlobten verursachte psychische und körperliche Gesundheitsschäden (Rn 20 mwN) auch nach §§ 823, 826, 847 nicht zu ersetzen sind[110]. **Ansprüche aus §§ 812 ff** und **§§ 677 ff,** die ebenfalls nicht schlechthin ausgeschlossen sind[111], dürfen nicht zu nach § 1298 ausgeschlossenem Aufwendungsersatz führen[112].

7. Beweislast. Wer nach § 1298 Schadensersatz verlangt, trägt die Beweislast für die Verlobung[113], 25 den Rücktritt des anderen Verlobten (bzw die tatsächlichen Voraussetzungen einer rücktrittähnlichen Auflösung des Verlöbnisses, Rn 5) sowie für Entstehung (auch: während des Verlöbnisses) und Höhe des Schadens[114]. Zu letzterem gehört auch der Nachweis der Tatsachen, aus denen sich ergibt, dass die das Vermögen oder die Erwerbsstellung berührenden Maßnahmen den Umständen nach angemessen (Abs 2) und in Erwartung der Ehe getroffen waren. Kenntnisse, die zurzeit solcher Maßnahmen Zweifel

---

[93] OLG Stettin OLGRspr 4, 353; KG OLGRspr 10, 274.
[94] RG Recht 1907 Nr 1447; WarnR 1924 Nr 181; OLG Düsseldorf FamRZ 1962, 429 f; FamRZ 1981, 355 f.
[95] BGH FamRZ 1960, 129 = NJW 1960, 765 LS, noch mit verfehlter Begr; OLG Celle OLGZ 1970, 326; OLG Frankfurt NJW 1971, 470 f; OLG München FamRZ 1980, 239, 240; OLG Düsseldorf FamRZ 1981, 770; OLG Oldenburg NJW 1986, 1817; FamRZ 1996, 287; *Gernhuber/Coester-Waltjen* § 8 Rn 47; *Soergel/H. Lange* Rn 10: soweit die Aufwendungen die eheliche Lebensgemeinschaft – wie bei längerer gemeinsamer Wirtschaftsführung anzunehmen – „vorwegnehmen" und nicht „vorbereiten" sollten.
[96] KG LZ 1922, 691, 693; *Staudinger/Strätz* Rn 49.
[97] OLG Naumburg Recht 1922 Nr 608.
[98] RGZ 58, 248, 255.
[99] RG WarnR 1924 Nr 181; OLG Hamburg OLGRspr 16, 203.
[100] BGH NJW 1961, 1716.
[101] RGZ 163, 280, 287.
[102] BGH NJW 1961, 1716; OLG Stuttgart FamRZ 1977, 545, 546.
[103] BGH NJW 1961, 1716.
[104] OLG Hamm FamRZ 1995, 296, 297; krit dazu *Hohloch* JuS 1995, 741.
[105] OLG Düsseldorf FamRZ 1981, 355.
[106] RG WarnR 1914 Nr 254; 1918 Nr 76; *Soergel/H. Lange* Rn 9, 14; *Staudinger/Strätz* Rn 50.
[107] OLG Düsseldorf FamRZ 1981, 355: positive Vertragsverletzung.
[108] Wie in den Fällen BGH FamRZ 1960, 192 zu § 826; RG JW 1909, 415 zu §§ 825, 847, wo die Verlöbnisse allerdings nichtig waren; dazu *Soergel/H. Lange* Rn 15, MünchKommBGB/*Wacke* Rn 18.
[109] RGZ 163, 280, 287; OLG Düsseldorf FamRZ 1981, 355.
[110] OLG Düsseldorf FamRZ 1962, 429, 430; AG St. Ingbert FamRZ 1987, 941, 942; *Staudinger/Strätz* Rn 61; MünchKommBGB/*Wacke* Rn 18; zurückhaltend *Soergel/H. Lange* Rn 15; anders *Gernhuber/Coester-Waltjen* § 8 Rn 52–54.
[111] BGH FamRZ 1961, 424, 426 f; OLG Stuttgart FamRZ 1977, 545 f, 546.
[112] Näher *Soergel/H. Lange* Rn 15; *Staudinger/Strätz* Rn 62 f.
[113] BGHZ 35, 103, 105 = NJW 1961, 1458.
[114] Vgl *Baumgärtel/Laumen* Rn 1.

§ 1299

am Ehewillen des anderen Verlobten begründeten (Rn 19 mwN), hat der in Anspruch genommene Verlobte zu beweisen. Diesen trifft auch die Beweislast, wenn er einen wichtigen Grund für seinen Rücktritt geltend macht[115], während der Anspruchsteller für den Gegeneinwand beweisbelastet ist, der Zurückgetretene habe den wichtigen Grund selbst verschuldet (Rn 9 mwN)[116].

IV. Internationales Privatrecht

26 Die **internationale Zuständigkeit** deutscher Gerichte für Klagen auf Schadensersatz nach § 1298 folgt dem allgemeinen Gerichtsstand des in Anspruch genommenen Verlobten, nicht dem besonderen Gerichtsstand des Erfüllungsortes (§ 29 ZPO)[117]. Wird das Verlöbnis, wie hier vertreten (§ 1297 Rn 7), nicht als Vertrag im Rechtssinne aufgefasst, fallen solche Ansprüche nicht unter Art 5 Nr 1 EuGVÜ[118]. Materiell ist entspr Art 13 Abs 1 EGBGB nach dem Heimatrecht jedes der beiden Verlobten zu beurteilen, ob ein Verlöbnis zustande gekommen ist[119]. Ansprüche, die sich aus der Auflösung eines Verlöbnisses ergeben, richten sich nach dem Heimatrecht des jeweils in Anspruch Genommenen[120].

V. Lebenspartnerschaft

27 Gemäß § 1 Abs 3 S 2 LPartG findet § 1298 auf Lebenspartnerschaften entsprechende Anwendung.

§ 1299 Rücktritt aus Verschulden des anderen Teils

Veranlasst ein Verlobter den Rücktritt des anderen durch ein Verschulden, das einen wichtigen Grund für den Rücktritt bildet, so ist er nach Maßgabe des § 1298 Abs. 1, 2 zum Schadensersatz verpflichtet.

I. Bedeutung der Norm

1 Die Vorschrift erstreckt die Ersatzpflicht eines Verlobten, der ohne wichtigen Grund vom Verlöbnis zurücktritt (§ 1298), auch auf denjenigen, der nicht selbst zurücktritt, aber **den Rücktritt des anderen veranlasst**, indem er ihm dafür schuldhaft einen wichtigen Grund gibt. Sonst könnte sich ein Verlobter eines ihm lästig gewordenen Verlöbnisses folgenlos dadurch entledigen, dass er es dem anderen Teil verleidet. Die Hauptbedeutung der Vorschrift liegt aber darin, dass sie die Schadensersatzpflicht an das „**Verschulden**" knüpft. Während ein von keinem der Verlobten zu verantwortender wichtiger Rücktrittsgrund lediglich **verhindert** (§ 1298 Abs 3), bedarf es zu ihrer **Begründung** der Verantwortlichkeit für die Auflösung des Verlöbnisses. Welcher der Verlobten zurücktritt oder das Verlöbnis in ähnlicher Weise (§ 1298 Rn 5) auflöst, hat nur insofern Bedeutung, als der, der diesen Schritt ohne wichtigen Grund tut (§ 1298 Abs 1), einem Verlobten gleichgestellt wird, der einen wichtigen Grund für den Rücktritt vom Verlöbnis verschuldet (§ 1299; § 1298 Rn 9).

II. Einzelerläuterung

2 **1. Verschulden.** Von den Umständen, die **wichtiger Grund** für einen Rücktritt vom Verlöbnis sein können (§ 1298 Rn 12 ff), kommen hier nur **verschuldete** in Betracht, also **verlöbniswidriges Verhalten des Verlobten** (§ 1298 Rn 13, 15). Schuldhaftes Verhalten dritter Personen hat ein Verlobter in diesem Zusammenhang nicht zu vertreten, ein Minderjähriger auch kein Verschulden seiner Eltern nach § 278 S 1 (§ 1298 Rn 13 mwN; allgM). Umstände, die nach § 827 die Verantwortlichkeit ausschließen, sind auch hier zu beachten (soweit sie nicht ein wirksames Verlöbnis verhindert haben; § 1297 Rn 9). § 829 ist auch analog nicht anwendbar. Bei der Bewertung des Verhaltens eines Verlobten (nicht nur eines minderjährigen) kann aber die Funktion des wichtigen Grundes als **Kriterium der Risikoverteilung** (§ 1298 Rn 12 aE) Bedeutung erlangen. ZB können bei einem – wenn auch selbst verschuldeten – Verkehrsunfall erlittene, behindernde oder entstellende Verletzungen als Folge des **allgemeinen Lebensrisikos** und daher nicht als „verschuldet" iS des § 1299 anzusehen sein[1]. Dem anderen Verlobten bekannte Ausübung einer gefährlichen Sportart oder ungesunde Lebens-

---
[115] RG JW 1925, 2110, 2111; RGZ 170, 72, 82; *Baumgärtel/Laumen* Rn 2 mwN.
[116] *Staudinger/Strätz* Rn 37.
[117] BGH NJW-RR 2005, 1089; BGHZ 132, 105, 109 f = NJW 1996, 1411, 1412 zu § 1301; *Staudinger/Strätz* Rn 57; *Rosenberg/Gottwald* Zivilprozessrecht § 36 II 1, S 175; anders die früher hM, vgl RGZ 23, 172, 175, und heute zB *Baumbach/Hartmann* § 29 ZPO Rn 12.
[118] Ebenso für § 1301 BGH NJW-RR 2005, 1089; BGHZ 132, 105 = NJW 1996, 1411; str, vgl nur *Gottwald* JZ 1997, 92.
[119] BGHZ 28, 375, 376 f = NJW 1959, 529, 530 f für § 1300 aF; *Palandt/Heldrich* Art 13 EGBGB Rn 30; *Henrich* FamRZ 1986, 841, 842; aA zB *Gottwald* JZ 1997, 92 mwN.
[120] BGH NJW-RR 2005, 1089; BGHZ 28, 375, 376 f = NJW 1959, 529, 530 f; OLG Düsseldorf FamRZ 1983, 1229; OLG Zweibrücken NJW-RR 1986, 1392, 1393; *Palandt/Heldrich* Art 13 EGBGB Rn 30; aA zB *Gottwald* JZ 1997, 93 mwN.
[1] BGH FamRZ 1961, 260; *Staudinger/Strätz* Rn 28, 38.

weise sind, auch wenn die dafür typischen Verletzungen bzw Leiden eintreten, idR nicht einmal verlöbniswidriges Verhalten (§ 1298 Rn 13 mwN).

2. Veranlassen des Rücktritts. Der Rücktritt des anderen Verlobten (§ 1298 Rn 2 ff) wird durch das Verschulden veranlasst, wenn der schuldhaft gesetzte wichtige Grund für den Rücktritt **ursächlich** ist[2]. Der Absicht, den anderen zum Rücktritt zu veranlassen, bedarf es dazu nicht[3]. Anders als nach § 1298 Abs 3 (§ 1298 Rn 14 mwN) genügt es aber nicht, wenn ein – von dem Verlobten schuldhaft gesetzter – wichtiger Grund objektiv besteht, sondern wird ein ursächlicher Zusammenhang zwischen dem Rücktritt und dem schuldhaften Verhalten verlangt[4]. Dieses muss **wichtiger Grund für den Rücktritt** sein[5], was der Fall ist, wenn der Rücktritt darauf gestützt wird. Außer Gründen, die zeitlich erst nach dem Rücktritt entstanden sind[6], scheiden daher auch solche aus, die dem anderen Verlobten zurzeit des Rücktritts unbekannt waren. 3

3. Beiderseitige wichtige Rücktrittsgründe. Hat nur einer der Verlobten einen solchen Grund verschuldet, ist er allein ersatzpflichtig (§ 1298 Rn 9, 10 mwN). Sind die wichtigen Gründe beider Verlobten **unverschuldet,** bestehen keinerlei Schadensersatzpflichten (§ 1298 Rn 10). So ist es idR auch, wenn das Verlöbnis daran scheitert, dass die Verlobten sich über wesentliche Fragen der Eheschließung und Eheführung nicht einigen können (§ 1298 Rn 16 mwN). Falls die Uneinigkeit nicht ausschließlich darauf beruht, dass einer der Verlobten von einer zuvor getroffenen Vereinbarung abrückt oder einen nach den Gesamtumständen objektiv unverständlichen, für den anderen Verlobten überraschenden Standpunkt einnimmt, ist keiner von ihnen berechtigt, seinen Willen durchzusetzen, aber auch keiner zum Nachgeben verpflichtet. Jeder von ihnen hat dann einen wichtigen, nicht von ihm verschuldeten (§ 1298 Abs 3), und keiner einen von dem anderen verschuldeten Rücktrittsgrund (§ 1299)[7]. Zur Ersatzpflicht bei **beiderseits verschuldeten** wichtigen Rücktrittsgründen s § 1298 Rn 10. 4

4. Beweislast. Außer für die Eingehung des Verlöbnisses (§ 1298 Rn 25) trägt der Anspruchsteller die Beweislast für den Rücktritt (bzw die tatsächlichen Voraussetzungen einer rücktrittähnlichen Auflösung des Verlöbnisses, § 1298 Rn 5), den wichtigen Grund dafür und das Verschulden des in Anspruch genommenen Verlobten, die Ursächlichkeit dieses Grundes für den Rücktritt sowie für Entstehung und Höhe des Schadens[8]. 5

III. Lebenspartnerschaft

Für Lebenspartnerschaften gilt § 1299 entspr (§ 1 Abs 3 S 2 LPartG). 6

§ 1300 *(weggefallen)*

§ 1301 Rückgabe der Geschenke

[1]Unterbleibt die Eheschließung, so kann jeder Verlobte von dem anderen die Herausgabe desjenigen, was er ihm geschenkt oder zum Zeichen des Verlöbnisses gegeben hat, nach den Vorschriften über die Herausgabe einer ungerechtfertigten Bereicherung fordern. [2]Im Zweifel ist anzunehmen, dass die Rückforderung ausgeschlossen sein soll, wenn das Verlöbnis durch den Tod eines der Verlobten aufgelöst wird.

I. Bedeutung der Norm

Die Vorschrift regelt den **Verbleib von Geschenken** zwischen Verlobten, wenn das Verlöbnis nicht zur Ehe führt. Es gewährt jedem Verlobten (nicht den Eltern und dritten Personen, s Rn 8) einen **Anspruch nach Bereicherungsrecht** (§§ 812 ff), wobei aber Kondiktionsgrund (Unterbleiben der Eheschließung) und Gegenstand der Herausgabe (Geschenke und Verlöbniszeichen) eigenständig bestimmt sind. Der Bereicherungsanspruch gleicht am meisten dem des § 812 Abs 1 S 2 Alt 2 (sog condictio causa data causa non secuta), als dessen Erweiterung er bezeichnet wird[1]. Im Unterschied zu jenem Tatbestand (Ausbleiben des „mit einer Leistung bezweckten Erfolgs") verlangt § 1301 aber nicht, dass ein Geschenk, dessen Herausgabe verlangt wird, zum Zwecke der Eheschließung gemacht worden war. Nach dem Grundgedanken der Vorschrift verlieren vielmehr sämtliche im Rahmen eines Verlöbnisses gemachten Geschenke mit dem Ende dieser Beziehung und der damit verbundenen Erwartungen grds ihre Berechtigung[2*]. 1

---

[2] RG WarnR 1914 Nr 164; *Soergel/H. Lange* Rn 1; MünchKommBGB/*Wacke* Rn 3.
[3] MünchKommBGB/*Wacke* Rn 3; RGRK/*Roth-Stielow* Rn 2.
[4] *Soergel/H. Lange* Rn 1; *Erman/Heckelmann* Rn 1.
[5] RGRK/*Roth-Stielow* Rn 2.
[6] RG WarnR 1914 Nr 164.
[7] AA *Staudinger/Strätz* Rn 17; § 1298 Rn 16 bei Fn 65.
[8] *Soergel/H. Lange* Rn 3; MünchKommBGB/*Wacke* Rn 6.
[1] BGHZ 132, 105, 108 = NJW 1996, 1411, 1412; *Gernhuber/Coester-Waltjen* § 8 Rn 55; *Soergel/H. Lange* Rn 1.
[2*] OLG Köln NJW 1961, 1726.

§ 1301

2   Zum **Schadensersatzanspruch** wegen in Erwartung der Ehe getroffener, durch die Auflösung des Verlöbnisses nutzlos gewordener Maßnahmen **nach §§ 1298, 1299** hat § 1301 keine Verbindung. Jene Vorschriften können darum nicht zu seiner Auslegung herangezogen werden. Die Pflichten zum Schadensersatz einerseits und zur Rückgabe von Geschenken andererseits sind vielmehr bewusst unterschiedlich geregelt. Ein Verlobter, der ohne wichtigen Grund vom Verlöbnis zurücktritt, kann trotzdem Anspruch auf Rückgabe seiner Geschenke haben[3].

II. Einzelerläuterung

3   **1. Verlöbnis.** Der Anspruch setzt ein **wirksames** (§ 1297 Rn 8 ff) Verlöbnis voraus[4]. **Ausnahme:** Ist ein Verlöbnis wegen eines in der Person eines Verlobten liegenden Grundes (etwa weil er verheiratet oder schon verlobt ist; § 1297 Rn 14 f) nichtig, kann der gutgläubige andere Verlobte Geschenke, die er im Vertrauen auf die Wirksamkeit des Verlöbnisses gemacht hat, gemäß (oder entspr) § 1301 herausverlangen[5]. In anderen Fällen eines unwirksamen Verlöbnisses richtet sich der Anspruch auf Herausgabe von Geschenken nach den allgemeinen Vorschriften, insbes §§ 812 ff.

4   Die Geschenke oder Verlöbniszeichen müssen **während des Verlöbnisses** gegeben worden sein, also weder vorher[6] noch nach seiner Auflösung. Ein während des Verlöbnisses wirksam abgegebenes Schenkungsangebot genügt aber, auch wenn es erst nach Auflösung des Verlöbnisses angenommen wird[7]. War das Verlöbnis zurzeit der Zuwendung nichtig, weil ein Verlobter verheiratet war, besteht auch dann kein Herausgabeanspruch nach § 1301, wenn das Verlöbnis nach Auflösung der Ehe wiederholt (§ 1297 Rn 14) worden war[8].

5   **2. Geschenke und Verlöbniszeichen.** Hierzu gehören **Zuwendungen aller Art,** also nicht nur Geschenke im herkömmlichen Sinn[9], sondern auch Übereignung von Grundbesitz[10] oder Erlass von Schadensersatzforderungen, etwa aus Sachbeschädigung[11] oder aus einem früheren Verlöbnis (§ 1298 Rn 6 mwN), nicht aber Mitarbeit bei Bauvorhaben[12] oder sonstige **Dienste;** insoweit handelt es sich um Aufwendungen, die (allenfalls) nach § 1298 zu ersetzen sind (§ 1298 Rn 20 mwN). Keine Geschenke sind Aufwendungen zur Verwirklichung einer **nichtehelichen Lebensgemeinschaft** der Verlobten, die auch nach § 1298 nicht zu ersetzen sind (§ 1298 Rn 20 mwN)[13]. Kleinere Aufmerksamkeiten im geselligen Umgang (Blumen, Konfekt, Eintrittskarten) fallen nicht unter § 1301 (s auch § 1298 Rn 20 aE mwN)[14]. Auf **Brautbriefe** ist § 1301 entspr anwendbar[15]. Typische **Verlöbniszeichen** sind Verlobungsringe und Schmuck.

6   **3. Unterbleiben der Eheschließung.** Unterbleiben der Eheschließung ist gleichbedeutend mit Auflösung des Verlöbnisses, gleich wodurch diese geschieht (§ 1297 Rn 19); auch (einverständliche) Entlobung fällt darunter[16]. Bei **Auflösung durch Tod** gilt jedoch die (widerlegbare) **Auslegungsregel**[17] des § 1301 S 2, dass die Rückforderung nach dem Willen (auch) des Verstorbenen ausgeschlossen sein soll, Geschenke und Verlöbniszeichen vielmehr dem Überlebenden (aber auch den Erben des Verstorbenen) als Erinnerung verbleiben. **Widerlegung** zB aus der Art des Gegenstandes (Familienschmuck)[18].

7   **4. Herausgabeanspruch.** Die Vorschriften über die Herausgabe einer ungerechtfertigten Bereicherung sind jedenfalls nicht uneingeschränkt, sondern unter Beachtung des mit § 1301 verfolgten Zwecks anzuwenden[19]. So tritt die verschärfte Haftung nach § 819 Abs 1 ein, sobald der beschenkte Verlobte weiß, dass es nicht zur Eheschließung kommen wird[20]. Ob § 1301 S 1 überhaupt nur eine reine **Rechtsfolgenverweisung,** praktisch allein auf §§ 818 Abs 3, 819 Abs 1, 822, enthält[21] oder ob der Herausgabeanspruch gemäß (oder analog) § 814 Alt 2 und insbes **§ 815 Alt 2**[22] ausgeschlossen sein kann, ist seit jeher umstritten. Letztere Streitfrage verliert aber dadurch an praktischer Bedeutung, dass

---

[3] RG JW 1925, 2110, 2111; OLG Köln NJW 1961, 1726.
[4] BGHZ 35, 103, 105 = NJW 1961, 1458; BGHZ 45, 258, 260 = NJW 1966, 1653, 1654.
[5] BGH FamRZ 1969, 474, 475 f; *Gernhuber/Coester-Waltjen* § 8 Fn 105; allgM.
[6] BGHZ 35, 103, 105 = NJW 1961, 1458.
[7] BGHZ 45, 258, 260 = NJW 1966, 1653, 1654; *Soergel/H. Lange* Rn 1; MünchKommBGB/*Wacke* Rn 2.
[8] Ebenso wohl MünchKommBGB/*Wacke* Rn 2; aA *Soergel/H. Lange* Rn 1 unter irriger Berufung auf *Fenn* FamRZ 1975, 41, 42; in dem dort besprochenen Fall OLG Düsseldorf FamRZ 1975, 40 lag die Schenkung zeitlich nach der Wiederverlobung.
[9] OLG Köln NJW 1961, 1726; jetzt allgM.
[10] BGHZ 45, 258, 260 = NJW 1966, 1653, 1654.
[11] OLG Köln NJW 1961, 1726.
[12] So aber offenbar *Soergel/H. Lange* Rn 3; MünchKommBGB/*Wacke* Rn 3; RGRK/*Roth-Stielow* Rn 4.
[13] BGH NJW-RR 2005, 1089; *Soergel/H. Lange* Rn 3; MünchKommBGB/*Wacke* Rn 3.
[14] *Soergel/H. Lange* Rn 3; MünchKommBGB/*Wacke* Rn 3: § 814 Alt 2.
[15] *Soergel/H. Lange* Rn 4; MünchKommBGB/*Wacke* Rn 3 mwN; aA zB RGRK/*Roth-Stielow* Rn 5.
[16] MünchKommBGB/*Wacke* Rn 4.
[17] *Dölle* I § 6 VII 4, S 86.
[18] *Dölle* I § 6 VII 4, S 86; MünchKommBGB/*Wacke* Rn 4.
[19] *Soergel/H. Lange* Rn 2.
[20] *Soergel/H. Lange* Rn 2; MünchKommBGB/*Wacke* Rn 5; *Erman/Heckelmann* Rn 8.
[21] IdS *Dölle* § 6 VII 1, 2, S 84 ff; Staudinger/*Strätz* Rn 13–23.
[22] Dafür BGHZ 45, 258, 263 = NJW 1966, 1653, 1655; RG JW 1925, 2110; *Gernhuber/Coester-Waltjen* § 8 Rn 55; *Soergel/H. Lange* Rn 2; MünchKommBGB/*Wacke* Rn 6; RGRK/*Roth-Stielow* Rn 7; *Erman/Heckelmann* Rn 1, 8; aA *Henrich* FamR § 4 I 4 c S 27; ferner die aaO Genannten.

ein Rücktritt aus wichtigem, vom Zurücktretenden nicht verschuldeten Grund (§ 1298 Abs 3) die Eheschließung niemals[23] und ein Rücktritt ohne wichtigen Grund sie nicht immer „wider Treu und Glauben" iS des § 815 verhindert[24]. Da das Verlöbnis zudem rechtlich nicht zur Eheschließung verpflichtet (§ 1297 Rn 4), werden Anwendungsfälle der Vorschrift stets selten sein[25], wie die bisher veröffentlichte Judikatur bestätigt[26]. Praktisch bleibt § 815 danach eine Sanktion für seltene Fälle grob selbstsüchtigen Verlöbnisbruches[27]. In diesem Rahmen braucht seine Anwendbarkeit aus Rechtsgründen nicht ausgeschlossen zu werden. § 814 Alt 2 ist unanwendbar, soweit sich die sittliche oder Anstandspflicht gerade aus dem Verlöbnis ergeben hatte[28].

5. Dritte als Schenker. Anders als §§ 1298, 1299 begründet § 1301 **Ansprüche nur der Verlobten,** nicht aber von Eltern und anderen Personen, die die Verlobten beschenkt haben. Die Vorschrift ist insoweit auch nicht entspr anwendbar[29], so dass diesen Personen nur die allgemeinen Anspruchsgrundlagen (Rn 10) bleiben. 8

6. Beweislast. Der Anspruchsteller trägt die Beweislast für die Verlobung, die Schenkung bzw Zuwendung zum Zeichen des Verlöbnisses, deren Geschehen während des Verlöbnisses und für dessen Auflösung; der in Anspruch Genommene für einen Wegfall der Bereicherung und für die tatsächlichen Voraussetzungen des § 815 Alt 2. Im Falle des § 1301 S 2 hat der Anspruchsteller außerdem die Widerlegung der Auslegungsregel zu beweisen[30]. 9

7. Konkurrenzen. Neben § 1301 sind die Vorschriften über die Rückforderung von Geschenken (§§ 530 ff) sowie §§ 812 ff und §§ 823 ff anwendbar[31]. Zum Verhältnis von Ansprüchen nach § 1301 zu solchen aus der Auflösung einer nichtehelichen Gemeinschaft BGH NJW-RR 2005, 1089. 10

III. Lebenspartnerschaft

Für Lebenspartnerschaften gilt § 1301 entspr (§ 1 Abs 3 S 2 LPartG). 11

§ 1302 Verjährung

Die in den §§ 1298 bis 1301 bestimmten Ansprüche verjähren in zwei Jahren von der Auflösung des Verlöbnisses an.

Auf welche Weise das Verlöbnis aufgelöst wird (§ 1297 Rn 19), ist für den **Beginn der Verjährung** grds ohne Belang. Zur Wirksamkeit eines Rücktritts s § 1298 Rn 3. Bei rücktrittähnlicher Auflösung durch anderweitige Heirat oder Verlobung (§ 1298 Rn 5) können Ansprüche des anderen Verlobten aber nicht zu verjähren beginnen, ehe dieser von der Heirat oder Verlobung Kenntnis hat[1]. 1

Die **kurze Verjährung** gilt nur für die genannten Ansprüche. Konkurrierende Ansprüche (§ 1298 Rn 24, § 1301 Rn 10) verjähren nach ihren eigenen Vorschriften. 2

Die Bestimmung gilt für **Lebenspartnerschaften** entspr (§ 1 Abs 3 S 2 LPartG). 3

Titel 2. Eingehung der Ehe (§§ 1303–1312)

Untertitel 1. Ehefähigkeit (§§ 1303–1305)

§ 1303 Ehemündigkeit

(1) Eine Ehe soll nicht vor Eintritt der Volljährigkeit eingegangen werden.

(2) Das Familiengericht kann auf Antrag von dieser Vorschrift Befreiung erteilen, wenn der Antragsteller das 16. Lebensjahr vollendet hat und sein künftiger Ehegatte volljährig ist.

---

[23] BGHZ 45, 258, 266 = NJW 1966, 1653, 1656.
[24] BGHZ 45, 258, 266 = NJW 1966, 1653, 1655: nicht ohne Hinzutreten besonderer Umstände; RG JW 1925, 2110, 2111; allgM.
[25] AA, aber ohne Belege RGRK/*Roth-Stielow* Rn 7.
[26] BGHZ 45, 258 = NJW 1966, 1653; RG JW 1925, 2110 = Gruchot 67, 659 Nr 56; OLG Naumburg SeuffA 57 Nr 12; OLG Rostock OLGRspr 41, 42; OLG Kiel JW 1931, 2252; s auch KG LZ 1922, 691.
[27] BGHZ 45, 258, 266 = NJW 1966, 1653, 1656: gewinnsüchtige Absicht.
[28] *Soergel/H. Lange* Rn 2; MünchKommBGB/*Wacke* Rn 6; für gänzlichen Ausschluss OLG Köln NJW 1961, 1726.
[29] *Soergel/H. Lange* Rn 6; *Staudinger/Strätz* Rn 8; aA MünchKommBGB/*Wacke* Rn 7.
[30] *Baumgärtel/Laumen* Rn 1, 2 mwN.
[31] *Staudinger/Strätz* Rn 28, 29; MünchKommBGB/*Wacke* Rn 10.
[1] MünchKommBGB/*Wacke* Rn 2; ähnlich *Staudinger/Strätz* Rn 4; aA *Palandt/Brudermüller* Rn 1: auch ohne Kenntnis.

§ 1303

(3) **Widerspricht der gesetzliche Vertreter des Antragstellers oder ein sonstiger Inhaber der Personensorge dem Antrag, so darf das Familiengericht die Befreiung nur erteilen, wenn der Widerspruch nicht auf triftigen Gründen beruht.**

(4) **Erteilt das Familiengericht die Befreiung nach Absatz 2, so bedarf der Antragsteller zur Eingehung der Ehe nicht mehr der Einwilligung des gesetzlichen Vertreters oder eines sonstigen Inhabers der Personensorge.**

Schrifttum: *Bienwald*, Zur Herabsetzung des Volljährigkeitsalters und zur Neuregelung der Ehemündigkeit, NJW 1975, 957; *Bökelmann*, Zur Ehemündigkeit nach neuem Recht, StAZ 1975, 329; *Brudermüller/Wagenitz*, Das Ehe- und Ehegüterrecht in den neuen Bundesländern, FamRZ 1990, 1294.

Übersicht

	Rn		Rn
I. Bedeutung der Norm	1	a) Widerspruchsberechtigte	8
		b) Erklärung des Widerspruchs	10
II. Einzelerläuterung	2	c) Willensmängel und Widerruf	12
1. Volljährigkeit	2	d) Entscheidungsgrundsätze	13
2. Befreiung vom Volljährigkeitserfordernis (Abs 2)	3	8. Wirksamwerden der Entscheidung	16
		9. Einwilligung nicht mehr erforderlich (Abs 4)	17
3. Antragsberechtigung	4	10. Beschwerde und Beschwerdebefugnis	18
4. Zuständigkeit	5	III. Internationales Privatrecht	19
5. Verfahren des Familiengerichts	6	1. Anwendbares Recht	19
6. Entscheidungsgrundsätze	7	2. Internationale Zuständigkeit	20
7. Widerspruch des gesetzlichen Vertreters oder Inhabers der Personensorge (Abs 3)	8	IV. Lebenspartnerschaft	21

I. Bedeutung der Norm

1   Die Abs 1 und 2 der Vorschrift behalten die durch das VolljkG vom 31. 7. 1974 (BGBl I S 1713) mWv 1. 1. 1975 eingeführte Regelung bei, die die **Ehefähigkeit bei beiden Geschlechtern von der Volljährigkeit abhängig** macht, wobei einer der beiden Partner – gleich ob der Mann oder die Frau – von diesem Erfordernis nach Maßgabe des Abs 2 befreit werden kann. Ein Minderjähriger, dem diese **Befreiung** erteilt worden ist, braucht zur Eheschließung **keinerlei sonstige Bewilligung** mehr (Abs 4). Darin bricht die Vorschrift mit dem früheren Recht, das außer der Befreiung die (ersetzbare) Einwilligung des gesetzlichen Vertreters oder sonstigen Inhabers der Personensorge verlangte (§§ 3, 30 Abs 3 EheG). Statt dessen darf jetzt dem Antrag auf Befreiung vom Volljährigkeitserfordernis, wenn solche Personen ihm widersprechen, nur unter erschwerten Voraussetzungen stattgegeben werden (Abs 3). Außerdem macht ein Verstoß gegen das Volljährigkeitserfordernis die Ehe nunmehr aufhebbar (§ 1314 Abs 1; Ausnahmen: § 1315 Abs 1 S 1 Nr 1). Anders als früher § 1 EheG (aber entspr §§ 3 Abs 1, 30 Abs 1 EheG) richtet § 1303 also ein sog **trennendes Ehehindernis** auf, was der (aus § 1 Abs 1 EheG übernommene) Wortlaut des Abs 1 („soll nicht") aber nicht zum Ausdruck bringt. Die Rechtsänderung will das Verfahren vereinfachen.

II. Einzelerläuterung

2   **1. Volljährigkeit.** Sie tritt mit der Vollendung des 18. Lebensjahres ein (§ 2). Berechnung des Lebensalters: § 187 Abs 2 S 2.

3   **2. Befreiung vom Volljährigkeitserfordernis (Abs 2).** Die Befreiung vom Volljährigkeitserfordernis (Abs 2) setzt außer einem Antrag und Vollendung des 16. Lebensjahres (im Zeitpunkt der Befreiung) Volljährigkeit des künftigen Ehegatten (im Zeitpunkt der Eheschließung)[1] voraus. Dieser darf nicht geschäftsunfähig sein (§ 1304); beschränkte Geschäftsfähigkeit scheidet aus (vgl § 106). Die Befreiung kann nur **für die Eheschließung mit einer bestimmten Person** erteilt werden (allgM). Kommt die Ehe mit ihr nicht zustande, bedarf der Minderjährige für die Eheschließung mit einer anderen Person einer neuen Befreiung. Ist ein Minderjähriger beteiligt, darf der Standesbeamte die Eheschließung nur vornehmen, wenn die erforderliche Befreiung vorliegt (§ 6 Abs 1 S 1 PStG). Das bedeutet aber nicht, dass diese nur bis zur Eheschließung erteilt werden kann. Ist es unter Verstoß gegen § 1303 zur Heirat eines (zu diesem Zeitpunkt) mindestens 16-Jährigen mit einem Volljährigen gekommen, kann die Befreiung durch **Genehmigung der Eheschließung** nachgeholt werden (§ 1315 Abs 1 S 1 Nr 1).

4   **3. Antragsberechtigung.** Den Befreiungsantrag kann wirksam nur der **Minderjährige** selbst (nicht auch der künftige Ehegatte) stellen, aber nicht notwendig in Person, sondern auch durch einen gewillkürten Stellvertreter (zB Rechtsanwalt). Die Antragsberechtigung des **gesetzlichen Vertreters** (bei beiderseits sorgeberechtigten Eltern: beider) ist streitig[2], aber unbedenklich, weil der Minderjähri-

---

[1] *Wagenitz/Bornhofen* Rn 1–9: vorher ergehende Befreiungsentscheidung ist daher ggf aufschiebend zu befristen; *Hepting/Gaaz* Bd 2 Rn III-84; *Staudinger/Strätz* Rn 33.

[2] Dagegen – mit unterschiedlicher Begr – *Bienwald* NJW 1975, 957, 959 Fn 16; *Bökelmann* StAZ 1975, 329, 331; *Soergel/Heintzmann* § 1 EheG Rn 4.

ge vor der Entscheidung persönlich anzuhören ist (Rn 6) und ohne seinen Willen nicht befreit werden darf[3].

4. Zuständigkeit. Zuständig ist das **Familiengericht** (Richtervorbehalt: § 14 Abs 1 Nr 18 RPflG), **örtlich** das Gericht des Wohnsitzes, hilfsweise des Aufenthalts des Minderjährigen (§§ 43 Abs 1, 36 Abs 1 FGG); wenn er im Inland weder Wohnsitz noch Aufenthalt hat: Amtsgericht Schöneberg in Berlin-Schöneberg (§ 36 Abs 2 FGG). Für Minderjährige unter Vormundschaft oder Pflegschaft: § 43 Abs 2 FGG.

5. Verfahren des Familiengerichts. FGG-Verfahren (§§ 621 Abs 1 Nr 12, 621a Abs 1 ZPO), daher Amtsermittlung gemäß § 12 FGG. Vor der Entscheidung **anzuhören** sind: nach §§ 50b, 50a FGG der **Minderjährige** (stets persönlich)[4] und seine **Eltern** bzw sein Vormund (idR persönlich); gemäß § 49a Abs 1 Nr 1 FGG das **Jugendamt**. In Betracht kommt die Anhörung von Verwandten und Verschwägerten (§ 1847) und gemäß § 12 FGG auch sonstiger Personen, insbes des **künftigen Ehegatten**[5].

6. Entscheidungsgrundsätze. Vom Volljährigkeitserfordernis darf nur auf Grund eines konkreten Sachverhalts befreit werden, der eine **Ausnahme von der gesetzlichen Regel** des Abs 1 rechtfertigt. Ob das der Fall ist, muss im Hinblick auf das **Wohl des Minderjährigen** beurteilt werden, dem das Volljährigkeitserfordernis (jedenfalls auch) dienen soll. Es genügt nicht, dass er schon die Reife eines Volljährigen hat[6]. Befreiungsanträge dürfen auch nicht allein deshalb Erfolg haben, weil ein von der Frau erwartetes **Kind** in der Ehe geboren oder ein schon vorhandenes Kind durch die Heirat ehelich werden soll[7]. Die Befreiung hat nicht den Sinn, nichteheliche Elternschaft zu verhindern bzw zu beheben oder dem Kind das Aufwachsen in einer auf Ehe beruhenden Familie zu ermöglichen. Dem für die Entscheidung maßgeblichen Wohl des Minderjährigen kann sie vielmehr nur dienen, wenn er die **für eine Ehe erforderliche Reife** hat und die beabsichtigte Ehe Bestand verspricht. Dabei wird nicht die Reife eines Volljährigen verlangt, wohl aber die Fähigkeit, die Bedeutung einer Eheschließung zu erfassen und eine Ehe zu führen[8]. Die **Bestandsprognose**[9] muss bereits dann negativ ausfallen, wenn **konkrete Umstände ernstliche Zweifel** am voraussichtlichen Bestand der beabsichtigten Ehe begründen, wie etwa eine unzureichende wirtschaftliche Grundlage[10], je nach den Gesamtumständen aber auch ein ungewöhnlich großer Altersunterschied[11] oder Herkunft des künftigen Ehegatten aus einem anderen Kulturkreis[12]. Soll die Ehe mit einem Ausländer geschlossen werden, der dadurch die Aussicht auf eine **Aufenthaltserlaubnis** erwirbt, können der Ehewille der Beteiligten und der voraussichtliche Bestand der Ehe besonders sorgfältiger Prüfung bedürfen. Ergeben sich insgesamt keine Einwände, ist die ausländerrechtliche Wirkung der Ehe kein Grund, die Befreiung zu versagen[13]. Trotz seines Wortlauts („kann Befreiung erteilen") erlaubt Abs 2 **keine Ermessensentscheidung**[14]. Liegen die Voraussetzungen vor, ist die Befreiung zu erteilen (allgM).

7. Widerspruch des gesetzlichen Vertreters oder Inhabers der Personensorge (Abs 3). a) Widerspruchsberechtigte. Da der Widerspruch Ausübung der Personensorge ist, ist **gesetzlicher Vertreter,** wer den Minderjährigen **in Angelegenheiten der Person** gesetzlich vertritt[15], nicht also wer als gesetzlicher Vertreter lediglich für die Vermögenssorge. Danach sind widerspruchsberechtigt: **beide Eltern,** ob verheiratet oder nicht, solange ihnen die Personensorge gemeinsam zusteht (zB nach §§ 1626 Abs 1, 1626a Abs 1 Nr 1); **ein Elternteil** allein, dem, zB auf Grund von Entscheidungen nach §§ 1671 oder 1672 Abs 1 oder nach § 1626a Abs 2, die Personensorge allein zusteht; der **Annehmende** oder – in den Fällen des § 1754 Abs 1 – die Ehegatten (§ 1754 Abs 3); **Vormund** und **Pfleger für die Personensorge**. Gemeinsam Sorgeberechtigte brauchen ihr Widerspruchsrecht nicht gemeinsam auszuüben (§ 1628 gilt daher nicht), vielmehr steht es jedem von ihnen zur eigenen Ausübung zu. Auch wenn nur einer widerspricht, darf die Befreiung nur nach Maßgabe des § 1303 Abs 3 erteilt werden.

Bei einem **Wechsel in der Person des Widerspruchsberechtigten** kommt es darauf an, ob in dem Zeitpunkt, in dem das Gericht ihn äußerstenfalls noch berücksichtigen kann, der Widerspruch eines in diesem Zeitpunkt Widerspruchsberechtigten vorliegt. Verliert ein Widersprechender bis zu

---

[3] OLG Hamm OLGZ 1965, 363 = FamRZ 1965, 562; ähnlich *Staudinger/Strätz* Rn 33.
[4] *Keidel/Engelhardt* § 44a FGG Rn 26.
[5] OLG Saarbrücken FamRZ 2003, 1662; OLG Karlsruhe FamRZ 2000, 819; *Keidel/Engelhardt* § 44a FGG Rn 26; KG FamRZ 1960, 500, 501 zum früheren Recht.
[6] AA *Bienwald* NJW 1975, 957, 959 Fn 16.
[7] *Gernhuber/Coester-Waltjen* § 9 Rn 21; *Soergel/Heintzmann* § 1 EheG Rn 11; *Staudinger/Strätz* Rn 29.
[8] LG Oldenburg DAVorm 1983, 309; *Gernhuber/Coester-Waltjen* § 9 Rn 19; *Staudinger/Strätz* Rn 21; *Soergel/Heintzmann* § 1 EheG Rn 7; MünchKommBGB/*Müller-Gindullis* Rn 7.
[9] LG Oldenburg DAVorm 1983, 309; *Gernhuber/Coester-Waltjen* § 9 Rn 20f; *Staudinger/Strätz* Rn 26-30.
[10] BGHZ 21, 340, 351 = NJW 1956, 1794, 1796; BayObLGZ 1982, 363, 366 = FamRZ 1983, 66, 67; OLG Tübingen JR 1949, 386, 387; OLG Karlsruhe FamRZ 2000, 819 betr beiderseitigen Sozialhilfebezug; LG Oldenburg DAVorm 1983, 309.
[11] OLG Düsseldorf FamRZ 1961, 80.
[12] AG St. Ingbert StAZ 1984, 102; *Soergel/Heintzmann* § 1 EheG Rn 7.
[13] OLG Jena FamRZ 1997, 1274, 1275; LG Augsburg FamRZ 1998, 1106, 1107f betr abgelehnten Asylbewerber.
[14] AA OLG Karlsruhe FamRZ 2000, 819.
[15] So zu § 3 EheG BGHZ 21, 340, 345 = NJW 1956, 1794, 1795.

§ 1303

diesem Zeitpunkt sein Widerspruchsrecht, wird der Widerspruch unwirksam[16]. Das Gericht darf aber nicht ohne weiteres davon ausgehen, dass kein Widerspruch erhoben ist, sondern hat einem an die Stelle des bisherigen tretenden neuen Berechtigten Gelegenheit zur Ausübung seines Widerspruchsrechts zu geben.

10   **b) Erklärung des Widerspruchs.** Da ein Widerspruch sich nach Abs 3 allein in dem Verfahren über die Befreiung vom Volljährigkeitserfordernis auswirkt, kann er wirksam nur in diesem Verfahren **gegenüber dem Familiengericht** erklärt werden[17]. Ein gegenüber dem Standesbeamten oder dem Minderjährigen selbst oder gegenüber sonstigen Stellen und Personen erklärter Widerspruch hat nicht die in Abs 3 bestimmte Rechtsfolge. Wenn das Gericht von einer solchen Erklärung erfährt, kann es allerdings Anlass haben zu ermitteln, ob ein Widerspruch gewollt ist, und Gelegenheit zu seiner wirksamen Erhebung zu geben. Eine **Form** ist für den Widerspruch nicht vorgeschrieben. Als **Prozesshandlung** (Rn 13) kann er auch durch einen Verfahrensbevollmächtigten erklärt werden. Der Wille, dem Befreiungsantrag zu widersprechen, muss eindeutig zum Ausdruck kommen. Unbestimmte oder hinhaltende Äußerungen lösen die Folge des Abs 3 nicht aus.

11   Da der Widerspruch nur im Verfahren über den Befreiungsantrag erklärt werden kann (Rn 11), ist seine **Erhebung** auch **zeitlich an dieses Verfahren gebunden.** Sie ist erst zulässig, wenn das gerichtliche Verfahren durch Antragstellung eröffnet worden ist, nach dessen Abschluss grds nicht mehr. Der Widerspruch kann wirksam noch im Beschwerdeverfahren, etwa mit der Beschwerde, erhoben werden, nicht aber im Verfahren der weiteren Beschwerde (§§ 621 Abs 1 Nr 12, 621e Abs 1 S 3 ZPO). In den **Tatsacheninstanzen** kann ein Widerspruch erhoben werden, solange ihn das Gericht bei seiner Entscheidung berücksichtigen kann (Rn 10). Ein später erhobener Widerspruch sollte (auch durch Änderung einer unanfechtbaren Entscheidung) berücksichtigt werden, wenn in dem Verfahren das **Widerspruchsrecht nicht gewahrt** worden war, etwa weil der Widerspruch infolge arglistiger Täuschung oder Drohung, aber auch unverschuldeten Irrtums unterblieben war. Andernfalls wäre die durch Art 6 Abs 2 S 1 GG geschützte Elternverantwortung, Verfassungsgrundlage des Widerspruchsrechts wie früher der Einwilligung nach § 3 Abs 1 EheG (Rn 14), durch die allein der Verfahrensvereinfachung dienende Neuregelung (Rn 1 aE) in unbeabsichtigter Weise eingeschränkt worden. Denn die Einwilligung nach § 3 Abs 1 EheG konnte bis zur Eheschließung frei widerrufen[18] und nach diesem Zeitpunkt wegen Willensmängeln angefochten und dadurch rückwirkend vernichtet werden[19].

12   **c) Willensmängel und Widerruf.** Der Widerspruch gegen den Befreiungsantrag ist eine **Prozesshandlung,** weil seine unmittelbare Hauptwirkung auf prozessualem Gebiet liegt. Die materiell-rechtliche Wirkung, dass die Befreiung vom Volljährigkeitserfordernis an eine zusätzliche Voraussetzung geknüpft wird, entfaltet der Widerspruch allein im Wege des gerichtlichen Verfahrens über den Befreiungsantrag. Als Prozesshandlung ist der Widerspruch einer **Anfechtung wegen Willensmängeln**, ausgenommen die sog Erwirkungshandlung[20] kann er aber bis zur Entscheidung in der Instanz **frei widerrufen** werden[21]. Ein Widerruf nach rechtskräftiger Ablehnung der Befreiung kann eine Veränderung der Verhältnisse bewirken, auf die ein **neuer Befreiungsantrag** gestützt werden kann.

13   **d) Entscheidungsgrundsätze.** Die Entscheidung nach Abs 3 ist Ausübung des **staatlichen Wächteramtes** nach Art 6 Abs 2 S 2 GG[22]. Da Art 6 Abs 2 GG das Elternrecht („Elternverantwortung") im Interesse des Kindeswohls garantiert[23] und die freie Entscheidung der Eltern, wie sie dieser Verantwortung gerecht werden wollen, vor staatlichen Eingriffen schützt[24], bildet das Wohl des Kindes den „Richtpunkt" auch für den Auftrag des Staates gemäß Art 6 Abs 2 S 2[25]. „Triftig" iS des Abs 3 können daher nur Gründe sein, die dem Wohl, dh dem **wohlverstandenen Interesse des Minderjährigen**[26], nicht bloß dem der Eltern, sonstiger Angehöriger oder gar Dritter dienen. Dabei muss der Minderjährige in seiner Individualität als **Grundrechtsträger** gewürdigt werden[27], hier insbes im Hinblick auf die durch Art 6 Abs 1 GG gewährleistete **Eheschließungsfreiheit**[28], an der die „triftigen Gründe" der Widerspruchsberechtigten mithin ihre Grenze finden.

14   Durch die Erhebung des Widerspruchs wird die Befreiung vom Volljährigkeitserfordernis an eine **zusätzliche Voraussetzung** geknüpft. An „triftigen Gründen" fehlt es daher nicht schon dann, wenn nach Abs 2 die Befreiung zu erteilen wäre. Die dem Widerspruchsberechtigten anvertraute **eigene Verantwortung** (Rn 14) darf ihm nicht dadurch abgenommen werden, dass der Richter sich über einen

---

[16] *Wagenitz/Bornhofen* Rn 1–18.
[17] *Wagenitz/Bornhofen* Rn 1–19.
[18] BayObLGZ 1982, 363, 366 f = FamRZ 1983, 66, 67; allgM.
[19] *Dölle* I § 15 II 1 c, S 172; *Soergel/Heintzmann* Rn 9, *Hoffmann/Stephan* Rn 58, beide zu § 3 EheG; aA *Staudinger/Strätz*, 12. Aufl 1993, § 30 EheG Rn 9; *MünchKommBGB/Müller-Gindullis*, 3. Aufl 1993, § 3 EheG Rn 14.
[20] *Rosenberg/Schwab/Gottwald* Zivilprozessrecht § 64 I 1, S 349; *Stein/Jonas/Leipold* Vor § 128 ZPO Rn 160; *Zöller/Greger* Vor § 128 ZPO Rn 14.
[21] *Zöller/Greger* Vor § 128 ZPO Rn 18, 23; *Baumbach/Hartmann* Grundzüge § 128 ZPO Rn 58 f.
[22] So zu § 3 Abs 3 EheG BVerfGE 10, 59, 84 = NJW 1959, 1483, 1486.
[23] BVerfGE 37, 217, 252 = NJW 1974, 1609, 1611; BVerfGE 51, 386, 398 = NJW 1980, 514, 515.
[24] BVerfGE 31, 194, 204 = NJW 1971, 1447; BVerfGE 51, 386, 398 = NJW 1980, 514, 515; für den Vormund BVerfGE 34, 165, 200, insoweit in NJW 1973, 133 nicht abgedruckt.
[25] BVerfGE 24, 119, 144 = NJW 1968, 2233, 2235.
[26] Vgl zu 3 EheG *Dölle* I § 15 II 1 d, S 173; *Staudinger/Strätz* Rn 18.
[27] BVerfGE 24, 119, 144 = NJW 1968, 2233, 2235; BVerfGE 37, 217, 252 = NJW 1974, 1609, 1611.
[28] BVerfGE 31, 58, 68 ff = NJW 1971, 1509 ff; BVerfGE 36, 146, 161 f = NJW 1974, 545, 546.

Widerspruch hinwegsetzt, nur weil er persönlich eine Befreiung für richtig hält. Andererseits griffe die richterliche Kontrolle zu kurz, würde den Gründen des Widersprechenden die Anerkennung als „triftig" erst dann versagt, wenn der Widerspruch Missbrauch der elterlichen Sorge iS von § 1666 Abs 1 ist[29]. Vielmehr müssen die Gründe **bei objektiver Betrachtung wenigstens plausibel** sein, also den Widerspruch objektiv zu rechtfertigen vermögen, um als „triftig" anerkannt zu werden[30]. In die Prüfung, ob das der Fall ist, sind **alle in Betracht kommenden Umstände** einzubeziehen, ausgenommen solche Gründe, auf die der in eigener Verantwortung handelnde Berechtigte seinen Widerspruch selbst nicht stützt.

In diesem Rahmen kann jede Entscheidung nur auf einer **wertenden Betrachtung des Einzelfalles** beruhen. Triftiger Grund kann die Besorgnis sein, die beabsichtigte **Ehe werde keinen Bestand haben** oder sonst einen unglücklichen Verlauf nehmen, falls diese Besorgnis objektiv gerechtfertigt ist und nicht nur auf sachlich ungerechtfertigten Vorurteilen (zB wegen der sozialen Herkunft, Konfession, Nationalität oder Rasse des künftigen Ehegatten) oder auf haltlosen Vermutungen beruht. Objektiv gerechtfertigt kann eine solche Besorgnis durch persönliche **Eigenschaften und Lebensumstände** sowohl des Minderjährigen als auch des künftigen Ehegatten sein. **Mangelnde Reife** des Minderjährigen für eine Ehe kann aber nicht allein mit seinem Alter begründet werden[31]. Beim künftigen Ehegatten haben in der Rspr zu § 3 Abs 3 EheG außer den schon zu Abs 2 (Rn 7) genannten Faktoren eine Rolle gespielt: durch Vorstrafen veranlasste Besorgnis von **Charaktermängeln**[32]; **Krankheiten**[33]; **nahe Verwandtschaft**, wenn sie die Gefahr der Vererbung nachteiliger Erbanlagen (Erbkrankheiten) erhöht[34]; **soziales Umfeld**[35]. Angesichts der Unsicherheit jeder Bestandsprognose (Rn 7) hat das **eigenverantwortliche Urteil** des Widersprechenden (Rn 14, 15) in dieser Frage besonderes Gewicht. In Zweifelsfällen können seine Gründe als „triftig" anzuerkennen sein, weil ein **Aufschub der Heirat** bis zur Volljährigkeit des Minderjährigen (also um höchstens zwei Jahre) diesem Zeit zur weiteren Prüfung und dem künftigen Ehegatten Gelegenheit zur Bewährung gibt. Triftige Gründe verlieren nicht deshalb an Bedeutung, weil die **Frau schwanger** ist oder ein **Kind geboren** hat (Rn 7) oder weil der Minderjährige mit dem künftigen Ehegatten zusammenlebt[36]. 15

8. Wirksamwerden der Entscheidung. Die Befreiung vom Volljährigkeitserfordernis wird **mit ihrer Bekanntmachung** an den Minderjährigen wirksam (§ 16 Abs 1 FGG), die Ablehnung eines Antrages mit ihrer Bekanntmachung an den Antragsteller. Außerdem ist die Befreiung den Beschwerdeberechtigten bekannt zu machen, dem Jugendamt schon wegen seines sachlichen Interesses am Verfahrensergebnis. 16

9. Einwilligung nicht mehr erforderlich (Abs 4). „Nicht mehr" erforderlich kann nach dem Fortfall des § 3 EheG (Rn 1) nur die Einwilligung des gesetzlichen Vertreters nach § 107 sein. Die Befreiung vom Volljährigkeitserfordernis **behebt** also zugleich **das Einwilligungserfordernis**, gleich ob Widerspruch erhoben worden ist oder nicht[37]. 17

10. Beschwerde und Beschwerdebefugnis. Befristete **Beschwerde** zum OLG, **weitere Beschwerde** zum BGH (§ 621 e Abs 1 und 2 ZPO; §§ 119 Abs 1 Nr 2, 133 Nr 2 GVG). **Beschwerdebefugt**: gegen **Befreiung** jeder Widerspruchsberechtigte (Rn 8–10), der Widerspruch erhoben hat oder mit der Beschwerde zulässigerweise erhebt[38] (§ 20 Abs 1 FGG); gegen **Ablehnung** des Antrags der Minderjährige (§ 20 Abs 2 FGG), nicht aber: Personensorgeberechtigte (§ 57 Abs 1 Nr 9, Abs 2 iVm § 64 Abs 3 S 3 FGG)[39], der künftige Ehegatte und das Jugendamt[40]. 18

III. Internationales Privatrecht

1. Anwendbares Recht. Als **Voraussetzung der Eheschließung** unterliegt das Alters- oder Volljährigkeitserfordernis für jeden Eheschließenden seinem Heimatrecht (Art 13 Abs 1 EGBGB)[41], wobei Rück- und Weiterverweisungen zu beachten sind. Als sog **einseitige Voraussetzung** (allgM) braucht das Erfordernis des Abs 1 nur zu erfüllen, wer deutschem Recht unterliegt, nicht auch der andere Eheschließende. Ausländisches Recht, das mit deutschen Rechtsvorstellungen unvereinbare „Kinderehen" zulässt, ist nach der Vorbehaltsklausel des Art 6 EGBGB („ordre public") unanwendbar[42]. 19

---

[29] Vgl zu § 3 Abs 3 EheG BGHZ 21, 340, 345 = NJW 1956, 1794, 1795; KG FamRZ 1968, 600, 601.
[30] Vgl zu § 3 Abs 3 EheG BGHZ 21, 340, 348 = NJW 1956, 1794, 1796.
[31] BayObLGZ 1981, 358, 364 f betr Geistesschwäche.
[32] KG FamRZ 1968, 600, 602; dazu krit: *Gernhuber/Coester-Waltjen* § 9 Rn 20.
[33] OLG Tübingen JR 1949, 386, 387: Lungenkrankheit.
[34] OLG Schleswig SchlHA 1949, 133, 134.
[35] OLG Neustadt FamRZ 1963, 443, 444: Frau droht durch Heirat mit einem Iraker muslimischen Glaubens und Übersiedlung in dessen Heimatland in Verhältnisse zu geraten, die die Stellung der Frau in Ehe und Familie erheblich benachteiligen.
[36] So zu § 3 Abs 3 EheG BayObLGZ 1981, 358, 366; s auch MünchKommBGB/*Müller-Gindullis* Rn 9, 10, *Staudinger/Strätz* Rn 28, 29; aA BayObLGZ 1982, 363, 366 = FamRZ 1983, 66, 67; *Soergel/Heintzmann* § 3 EheG Rn 12; *Johannsen/Henrich,* 2. Aufl 1992, § 30 EheG Rn 17.
[37] Anders anscheinend FamRefK/*Wax* Rn 4.
[38] *Palandt/Brudermüller* Rn 10; aA *Wagenitz/Bornhofen* Rn 1–24; *Hepting/Gaaz* Bd 2 Rn III-80.
[39] Anders früher zu § 3 Abs 3 EheG MünchKommBGB/*Müller-Gindullis,* 3. Aufl 1993, Rn 17, *Soergel/Heintzmann* Rn 11.
[40] Insoweit abw zu § 3 Abs 3 EheG *Soergel/Heintzmann* Rn 12 mwN.
[41] AA zu Unrecht OLG Karlsruhe FamRZ 2000, 819 m abl Anm *Henrich.*
[42] *Kegel* IPR § 20 IV 1 b bb, S 596; MünchKommBGB/*Coester* Art 13 EGBGB Rn 27; *Hepting/Gaaz* Bd 2 Rn III-352.

§ 1304

20   **2. Internationale Zuständigkeit.** Internationale Zuständigkeit deutscher Gerichte für die Befreiung vom Volljährigkeitserfordernis nach §§ 35 b, 43 Abs 1 FGG in der Form der Heimat-, Aufenthalts- und Fürsorgebedürfniszuständigkeit. Ein hiernach zuständiges Familiengericht hat das nach Art 13 Abs 1 EGBGB berufene Recht anzuwenden, bei einem ausländischen Minderjährigen also mangels Zurück- oder Weiterverweisung dessen Heimatrecht, und hat, wenn das berufene Recht eine Befreiung vorsieht, über deren Erteilung zu befinden[43].

IV. Lebenspartnerschaft

21   Eine § 1303 Abs 2 bis 4 entsprechende Vorschrift gibt es für Lebenspartnerschaften nicht. § 1 Abs 2 Nr 1 LPartG bestimmt vielmehr, dass mit einer Person, die minderjährig ist, eine Lebenspartnerschaft nicht wirksam begründet werden kann.

§ 1304 Geschäftsunfähigkeit

Wer geschäftsunfähig ist, kann eine Ehe nicht eingehen.

Schrifttum: *Böhmer,* Die Prüfung der allgemeinen Ehefähigkeit beim Aufgebot unter besonderer Berücksichtigung des Betreuungsgesetzes, StAZ 1990, 213; *ders,* Das Betreuungsgesetz und seine Bedeutung für die Tätigkeit des Standesbeamten, StAZ 1992, 65; *Brudermüller/Wagenitz,* Das Ehe- und Ehegüterrecht in den neuen Bundesländern, FamRZ 1990, 1294; *Finger,* Eheschließung Geschäftsunfähiger?, StAZ 1996, 225.

I. Bedeutung der Norm

1   Zusammen mit der Volljährigkeit (§ 1303) ergibt die Geschäftsfähigkeit die **Ehefähigkeit** (so die gemeinsame Überschrift beider Vorschriften). Auch Geschäftsunfähigkeit eines Ehegatten macht die **Ehe aufhebbar** (§ 1314 Abs 1), ebenso die in § 1304 nicht genannten Zustände der Bewusstlosigkeit und der vorübergehenden Störung der Geistestätigkeit (§ 1314 Abs 2 Nr 1). Trotz des Gesetzeswortlauts („kann ... nicht eingehen") ist die Eheschließung nicht etwa wegen der Geschäftsunfähigkeit von vornherein unwirksam („Nichtehe", s § 1310 Rn 1). Sogar die Aufhebung der Ehe ist ausgeschlossen, wenn der Ehegatte sie nach Wegfall seiner Geschäftsunfähigkeit bestätigt (§ 1315 Abs 1 Nr 2).

II. Einzelerläuterung

2   In Betracht kommt nur **natürliche Geschäftsunfähigkeit** (§ 104 Nr 2). Die Entmündigung wegen Geisteskrankheit, die nach § 104 Nr 3 aF Geschäftsunfähigkeit bewirkte, ist wie die Entmündigung überhaupt seit 1. 1. 1992 abgeschafft. Vor diesem Stichtag ausgesprochene Entmündigungen beeinträchtigen als solche die Geschäftsfähigkeit nicht mehr. Wegen der Voraussetzungen der Geschäftsunfähigkeit und der vorübergehenden Zustände iS des § 1314 Abs 2 Nr 1 (Rn 1) wird auf die Erläuterungen zu §§ 104, 105 verwiesen. **Partielle Geschäftsunfähigkeit** nur für einen gegenständlich begrenzten Kreis von Angelegenheiten kann den Betroffenen für die Eingehung einer Ehe geschäftsfähig bleiben lassen, wenn er insoweit zu der notwendigen Einsicht und freien Willensbestimmung fähig ist (sog **Ehegeschäftsfähigkeit**)[1]. Der umgekehrte Fall partieller Geschäftsunfähigkeit (nur) für die Eingehung einer Ehe ist kaum vorstellbar.

3   Der **Standesbeamte** hat von der Geschäftsfähigkeit der Eheschließenden auszugehen, solange nicht konkrete Umstände daran zweifeln lassen. Die **Bestellung eines Betreuers** (§ 1896) ist ein solcher Umstand regelmäßig nur bei Anordnung eines Einwilligungsvorbehalts (§ 1903)[2].

III. Internationales Privatrecht

4   Nach § 1304 gehört zu den **Voraussetzungen der Eheschließung** (Art 13 Abs 1 EGBGB) die Geschäftsfähigkeit. Als lediglich **einseitige Voraussetzung**[3] gilt sie aber nur bei deutschem Personalstatut. Ob ein Eheschließender mit anderem Personalstatut geschäftsfähig sein muss, hängt nach Art 13 Abs 1 EGBGB von seinem Heimatrecht bis zur Eheschließung ab. Gestattet dieses einem Geschäftsunfähigen die Heirat, muss nach Art 6 EGBGB wenigstens verlangt werden, dass der ausländische Eheschließende einen Ehewillen zu äußern vermag[4]. Ob Geschäftsfähigkeit vorliegt, bestimmt nach Art 7 Abs 1 S 1 EGBGB das Recht des Staates, dem der Eheschließende im Zeitpunkt der Heirat

---

[43] OLG Hamm OLGZ 1969, 238, 241 ff = NJW 1969, 373, 374 f; *Henrich* Anm zu OLG Karlsruhe FamRZ 2000, 819.

[1] BVerfG NJW 2003,1382; BayObLG FamRZ 2003, 373; BayObLGZ 1996, 100, 102 = FamRZ 1997, 294, 295; LG München I StAZ 1994, 258; *Böhmer* StAZ 1992, 65, 67; *Finger* StAZ 1996, 225, 228; MünchKommBGB/*Müller-Gindullis* Rn 4.

[2] LG Saarbrücken FamRZ 2000, 819 LS; *Böhmer* StAZ 1990, 213 ff.

[3] *Kegel* IPR § 20 IV 1 b bb, S 599 f; *Staudinger/v. Bar/Mankowski* Art 13 EGBGB Rn 210; aA *Soergel/Heintzmann* § 2 EheG Rn 4 Fn 3 unter Berufung auf die vereinzelt gebliebene Entscheidung KG JW 1937, 2039.

[4] *Staudinger/v. Bar/Mankowski* Art 13 EGBGB Rn 210; weitergehend *Hepting/Gaaz* Bd 2 Rn III-358.

angehört⁵, wobei ein **Statutenwechsel** die einmal erlangte Geschäftsfähigkeit nicht beeinträchtigt (Abs 2). Eine erst mit der Eheschließung erworbene Staatsangehörigkeit bleibt auch hier außer Betracht (allgM).

§ 1305 *(weggefallen)*

Untertitel 2. Eheverbote (§§ 1306–1308)

§ 1306 Bestehende Ehe oder Lebenspartnerschaft

Eine Ehe darf nicht geschlossen werden, wenn zwischen einer der Personen, die die Ehe miteinander eingehen wollen, und einer dritten Person eine Ehe oder eine Lebenspartnerschaft besteht.

Schrifttum: *Engler,* Zulässigkeit und Folgen der Aufhebung eines Scheidungsurteils durch das Bundesverfassungsgericht nach Wiederheirat eines der geschiedenen Ehegatten, FS Gebhard Müller, 1970, S 39; *Hau,* Internationales Eheverfahrensrecht in der Europäischen Union, FamRZ 1999, 484; *Solomon,* Brüssel IIa – Die neuen europarechtlichen Regeln zum internationalen Verfahrensrecht..., FamRZ 2004, 1409.

I. Bedeutung der Norm

1. Grundsatz der Einehe. Das Verbot der Doppelehe („Bigamie") dient der Wahrung des Grundsatzes der Einehe („Monogamie"), dessen Verletzung strafrechtlich durch § 172 StGB sanktioniert ist. Auch zivilrechtlich entspricht die Durchsetzung des Eheverbotes, von dem Befreiung nicht erteilt werden kann, seiner Bedeutung als „Ausprägung eines als unantastbar empfundenen kulturellen Besitzes"¹.

2. Aufhebbarkeit bigamischer Ehen. Eine dem Eheverbot zuwider geschlossene Ehe kann aufgehoben werden (§ 1314 Abs 1); einzige **Ausnahme: Todeserklärung** des Ehegatten der früher geschlossenen Ehe („dritte Person") oder gerichtliche Feststellung seines Todes. Lebte er bei Eingehung der Ehe noch, ist diese bei Gutgläubigkeit auch nur eines der Ehegatten nicht als Doppelehe aufhebbar (§ 1319 Abs 1). Die Aufhebbarkeit ist **nicht heilbar;** einzige **Ausnahme:** ein vor Eingehung der Ehe ergangenes, auf Scheidung oder Aufhebung der früheren Ehe lautendes Urteil wird erst nach diesem Zeitpunkt rechtskräftig (§ 1315 Abs 2 Nr 1). Außerdem wird die **Aufhebbarkeit behoben,** wenn nachträglich ein Rechtszustand herbeigeführt wird, nach dem die frühere Ehe als bei Schließung der späteren nicht (mehr) bestehend angesehen wird (Rn 5, 8).

II. Einzelerläuterung

1. Ehe mit einer dritten Person. a) Nichtehe. Das Eheverbot setzt voraus, dass die Ehe mit der dritten Person **wirksam geschlossen** ist, gleich ob im Inland oder im Ausland. Eine Nichtehe (§ 1310 Rn 1) begründet das Eheverbot nicht.

b) Aufhebbare Ehe. Eine wirksam geschlossene Ehe begründet das Eheverbot auch dann, wenn sie nach §§ 1314 ff aufgehoben werden kann. Bevor sie aufgelöst ist (Rn 6), dürfen die Ehegatten nicht anderweitig heiraten. Eine nachträgliche Auflösung heilt den Verstoß gegen das Eheverbot nur im Fall des § 1315 Abs 2 Nr 1 (Rn 2).

Das zu Rn 4 Gesagte gilt auch für eine vor dem 1. 7. 1998 geschlossene, **nach früherem Recht** (§§ 16 ff EheG) **nichtige** (dh vernichtbare) **Ehe.** Ist diese aber nach früherem Recht (§ 23 EheG) rechtskräftig für nichtig erklärt worden (was im Falle des Art 226 Abs 2 EGBGB noch nach dem 30. 6. 1998 möglich ist), wirkt dieses Urteil zurück mit der Folge, dass die Ehegatten durch diese Ehe zu keiner Zeit an einer Eheschließung gehindert waren. Eine von einem von ihnen zwischenzeitlich geschlossene neue Ehe ist dann keine Doppelehe (mehr) und unterliegt nicht der Aufhebung nach §§ 1306, 1314 Abs 1.

c) Aufgelöste Ehe. Eine mit einer dritten Person geschlossene Ehe besteht nicht mehr, wenn sie beendet ist. Nach dem seit 1. 7. 1998 geltenden Recht wird eine Ehe außer durch **Tod eines Ehegatten** durch **Scheidung** oder durch **Aufhebung,** also mit der Rechtskraft eines darauf lautenden gerichtlichen Urteils (§§ 1564 S 2, 1313 S 2), aufgelöst, dh **für die Zukunft beendet.** Eine rückwirkende Beendigung durch Nichtigerklärung wie früher nach §§ 16 ff EheG (Rn 5) gibt es seither nur noch nach ausländischem Recht. Ein rechtskräftiges Scheidungs- oder Aufhebungsurteil löst eine Ehe auch dann auf, wenn es erschlichen worden oder sachlich unrichtig ist². Eheauflösungen kraft Gesetzes nach § 1319 Abs 2 und § 16 Abs 2 TSG (§ 1310 Rn 2).

---

⁵ *Palandt/Heldrich* Art 7 EGBGB Rn 8; *Hepting/Gaaz* Bd 2 Rn III-351.
¹ *Gernhuber/Coester-Waltjen* § 10 Rn 10.
² RG JW 1938, 1262, 1263.

§ 1306

7 **2. Ausländische Entscheidungen.** Ausländische Eheauflösungen und -nichtigerklärungen bedürfen – wie Urteile ausländischer Gerichte (§ 328 ZPO) – der **Anerkennung,** damit die Wirkungen, die sie nach dem jeweiligen Auslandsrecht entfalten, sich auf das Inland erstrecken. Bei „Entscheidungen" in Ehesachen hängt die Anerkennung – vorbehaltlich einer vorrangigen Regelung[3] – von einer **Feststellung der Landesjustizverwaltung** (LJV) ab, dass die Voraussetzungen dafür vorliegen (Art 7 § 1 S 1 FamRÄndG). Als „Entscheidungen" gelten außer **Gerichtsurteilen** auch andere **Staatshoheitsakte** wie Verwaltungsakte und Akte der Freiwilligen Gerichtsbarkeit[4], Eheauflösungen durch **einseitigen Akt** eines Ehegatten (Verstoßung, Aushändigung eines Scheidebriefes, talaq) oder im beiderseitigen Einverständnis (sog **Privatscheidungen**) jedenfalls dann, wenn daran eine **ausländische Behörde** entspr den von ihr zu beachtenden Normen in irgendeiner Form, auch nur registrierend, mitgewirkt hat[5]. Für Privatscheidungen nach ausländischem Recht **im Inland,** aber unter Mitwirkung einer ausländischen Behörde (Botschaft, Konsulat), gilt Art 7 § 1 FamRÄndG analog[6]. Bei Privatscheidungen **im Ausland ohne behördliche Mitwirkung** ist es den Beteiligten freigestellt, eine Feststellung der LJV herbeizuführen[7], ebenso, wenn die ausländische Entscheidung von einem Gericht (nicht einer sonstigen Stelle) des Staates stammt, dem beide Ehegatten zurzeit der Entscheidung angehörten (Art 7 § 1 Abs 1 S 3 FamRÄndG; sog **Heimatstaatentscheidung**).

8 Die Feststellung der LJV **wirkt auf den Zeitpunkt zurück,** zu dem die ausländische Eheauflösung oder -nichtigerklärung wirksam geworden ist[8]. Eine nach diesem Zeitpunkt, aber vor Wirksamwerden der Feststellung (Art 7 § 1 Abs 5 S 2 und 3 FamRÄndG) geschlossene neue Ehe eines der Ehegatten ist dann keine Doppelehe (Rn 2). Eine ausländische Entscheidung, deren Anerkennung einer Feststellung nicht bedarf, wird im Inland wirksam in dem Zeitpunkt, auf den eine Feststellung der LJV zurückwirken würde. Bei **Privatscheidungen** bestimmt das nach Art 17 EGBGB anwendbare Recht den Zeitpunkt des Wirksamwerdens.

9 **3. Aufhebung ehebeendender Entscheidungen. a) Wiedereinsetzung und Wiederaufnahme.** Die Rechtskraft auch von Urteilen in Ehesachen kann nachträglich durch Wiedereinsetzung in eine versäumte Rechtsmittelfrist (§ 233 ZPO) oder durch Wiederaufnahme des Verfahrens auf Nichtigkeits- oder Restitutionsklage (§§ 578 ff ZPO) beseitigt werden, auch wenn ein Ehegatte, dessen Ehe durch das Urteil aufgelöst oder – nach früherem Recht – für nichtig erklärt worden war, inzwischen wieder geheiratet hatte[9]. Insbesondere eine Wiederaufnahmeklage des Wiederverheirateten kann allerdings rechtsmissbräuchlich und daher nach allgemeinen Grundsätzen unzulässig sein[10]. Wird durch Wiedereinsetzung die (formelle) Rechtskraft des ehebeendenden Urteils, durch Aufhebung im Wiederaufnahmeverfahren (sog judicium rescindens) das Urteil selbst beseitigt, wird die neue Ehe damit zur Doppelehe, eine rechtliche Konsequenz, von der abgesehen wird, wenn das weitere Verfahren wiederum zur Beendigung (jetzt: Auflösung) der früheren Ehe führt[11].

10 **b) Feststellung der Anerkennungsfähigkeit einer ausländischen Entscheidung in einer Ehesache.** Wird eine Entscheidung der LJV, die eine solche Feststellung trifft (Rn 7), nach Wirksamwerden (Rn 8) auf Antrag des anderen Ehegatten durch das Oberlandesgericht aufgehoben (Art 7 § 1 Abs 5 S 1, Abs 6 FamRÄndG), wird eine neue Ehe, die einer der Ehegatten inzwischen geschlossen hat, ebenfalls zur Doppelehe.

11 **c) Verfassungsbeschwerde.** Wird auf Verfassungsbeschwerde ein Ehescheidungsurteil aufgehoben, kann derselbe Fall eintreten[12].

12 **4. Wiederholung der Eheschließung. a) Kein Eheverbot.** Die Fassung der Verbotsnorm, die gegenüber ihren Vorläufern (§ 5 EheG, § 8 Nr 1 FGB) durch Umständlichkeit auffällt, stellt unmissverständlich klar, dass das Bigamieverbot eine **Wiederholung der Eheschließung** mit dem eigenen Ehegatten nicht hindert. Von dieser zu unterscheiden ist die – weit häufigere – **Wiederheirat** früherer Ehegatten, deren Ehe durch Auflösung (früher auch: Nichtigerklärung) beendet worden war.

13 **b) Voraussetzungen.** Auch wenn kein Ehehindernis im Wege steht, benötigen Personen, die bereits miteinander verheiratet sind, nach allgemeinen Grundsätzen ein **berechtigtes Interesse,** um

---

[3] Eine solche enthält Art 21 Abs 1 der VO Nr 2201/2003/EG vom 27. 11. 2003, ABl EG L 338 = FamRZ 2004, 1443, in Kraft seit 1. 8. 2004 – Brüssel IIa –, für in einem Mitgliedstaat ergangene, einem Antrag auf Scheidung, Trennung oder Nichtigerklärung einer Ehe stattgebende Entscheidungen; s dazu *Solomon*, FamRZ 2004, 1409 sowie zur vorangegangenen VO Nr 1347/2000/EG *Hau* FamRZ 1999, 484, 487; *Jayme/Kohler* IPRax 2000, 454, 457; *Kohler* NJW 2001, 10, 13; *Helms* FamRZ 2001, 257, 258.
[4] *Rosenberg/Schwab/Gottwald* Zivilprozessrecht § 157 III 1, S 949 mwN.
[5] BGHZ 82, 34, 41 f = NJW 1982, 517, 518; BGHZ 110, 267, 270 f = NJW 1990, 2194, 2195; BayObLG FamRZ 1994, 1263, 1264 mwN.
[6] BGHZ 82, 34, 43 f = NJW 1982, 517, 519.
[7] OLG Frankfurt NJW-RR 1990, 778; *Rosenberg/Schwab/Gottwald* Zivilprozessrecht § 157 III 1, S 949; *Staudinger/ Spellenberg* § 328 ZPO Rn 560 f; aA MünchKommBGB/*Winkler v. Mohrenfels* Art 17 EGBGB Rn 274, 286.
[8] BGH NJW 1983, 514, 515; BayObLGZ 1987, 439, 445 = NJW 1988, 2178, 2180; allgM.
[9] BGHZ 8, 284, 287 f = NJW 1953, 423 f; *Rosenberg/Schwab/Gottwald* Zivilprozessrecht § 157 III 1, S 949 98, 325, 328 = NJW 1987, 904, 906, 327, 328 betr Wiedereinsetzung; BGH JR 1953, 385; NJW 1976, 1590, 1591 betr Wiederaufnahme; allgM.
[10] BGH FamRZ 1963, 131, 132: „wenn der Kläger keine rechtlich geschützten Interessen verfolgt".
[11] *Gernhuber/Coester-Waltjen* § 10 Rn 17; MünchKommBGB/*Müller-Gindullis* Rn 8; heute allgM; anders noch BGH NJW 1959, 45, 46 und das dort angeführte Schrifttum.
[12] *Engler*, FS Gebhard Müller, 1970, S 39, 48 f.

den Standesbeamten zum Zwecke der Eheschließung in Anspruch nehmen zu können[13]. Dieses Interesse fehlt, wenn das Ansinnen **missbräuchlich,** nämlich erkennbar überflüssig, schikanös oder frivol ist[14]. Es kann vorhanden sein, wenn ernst zu nehmende **Zweifel am (Fort-)Bestand** oder an der **Gültigkeit** der Ehe bestehen[15], aber auch, wenn diese zweifellos nicht rechtsgültig ist. So können **in bigamischer Ehe Verheiratete** nach Auflösung der das Eheverbot begründenden Ehe ihre Eheschließung wiederholen, ohne dass die bigamische Ehe zuvor aufgehoben werden müsste[16]. Auch **Beweisschwierigkeiten** können ein Interesse begründen, vorausgesetzt, der Beweis der Eheschließung kann nicht auf einfachere Weise beschafft werden, etwa durch Anlegung eines Familienbuches (§§ 241, 246 DA).

c) **Heilbare Mängel der bestehenden Ehe.** Die Möglichkeit einer Heilung durch **Bestätigung** (§ 1315 Abs 1 S 1 Nr 1 bis 4) oder **Ablauf der Fünfjahresfrist** (§ 1315 Abs 2 Nr 2) schließt ein berechtigtes Interesse nicht aus. Zwar wirkt eine wiederholte Eheschließung wie jede andere nur für die Zukunft, während Heilung auf den Zeitpunkt der Eheschließung zurückwirkt. Sie hindert auch nicht eine Aufhebung der bestehenden Ehe oder die Feststellung ihres Nichtbestehens (sofern dahin zielende Anträge nicht unzulässige Rechtsausübung sind)[17]. Wenn keine besonderen Umstände dagegen sprechen, bringt die Wiederholung aber zugleich eine Bestätigung zum Ausdruck[18]. Gegenüber der (freilich einfacher vornehmbaren) Bestätigung hat sie zudem den Vorzug der Eindeutigkeit und besserer Beweisbarkeit, gegenüber der Heilung nach § 1315 Abs 2 Nr 2 den einer Abkürzung des Schwebezustands. Wenn keine wesentlichen Gegengründe vorliegen, erlauben es diese Vorzüge den Ehegatten, sich für eine Wiederholung der Eheschließung zu entscheiden[19]. 14

III. Internationales Privatrecht

Das Eheverbot ist (negative) **Voraussetzung der Eheschließung** (Art 13 Abs 1 EGBGB). Als **zweiseitiges Ehehindernis** steht es der Eheschließung eines Deutschen mit einem verheirateten Ausländer selbst dann entgegen, wenn dessen Heimatrecht die Ehe gestattet[20]. Die inländische Eheschließung eines verheirateten Ausländers mit einem Ausländer verstößt, selbst wenn beider Heimatrecht sie erlaubt, gegen den ordre public (Art 6 EGBGB)[21]. 15

IV. Lebenspartnerschaft

Nach § 1 Abs 2 Nr 1 LPartG gehört es zu den Voraussetzungen für die wirksame Begründung einer Lebenspartnerschaft, dass keiner der Partner verheiratet ist oder bereits mit einer anderen Person eine Lebenspartnerschaft führt. Liegen diese nicht vor, muss von einer nicht heilbaren Unwirksamkeit ausgegangen werden[22]. 16

§ 1307 Verwandtschaft

¹Eine Ehe darf nicht geschlossen werden zwischen Verwandten in gerader Linie sowie zwischen vollbürtigen und halbbürtigen Geschwistern. ²Dies gilt auch, wenn das Verwandtschaftsverhältnis durch Annahme als Kind erloschen ist.

Schrifttum: *Coester-Waltjen,* Befruchtungs- und Gentechnologie bei Menschen – rechtliche Probleme von morgen?, FamRZ 1984, 230; *dies,* Die künstliche Befruchtung beim Menschen – Zulässigkeit und zivilrechtliche Folgen, Gutachten B für den 56. DJT, 1986; *Deutsch,* Artifizielle Wege menschlicher Reproduktion: Rechtsgrundsätze, MDR 1985, 177; *Gaul,* Die Neuregelung des Abstammungsrechts durch das Kindschaftsrechtsreformgesetz, FamRZ 1997, 1441; *Holzhauer,* Gentechnik und künstliche Fortpflanzung, FamRZ 1986, 1162; *Mutschler,* Emanzipation und Verantwortung, FamRZ 1994, 65; *Schumacher,* Fortpflanzungsmedizin und Zivilrecht, FamRZ 1987, 313; *Schwenzer,* Empfiehlt es sich, das Kindschaftsrecht neu zu regeln?, Gutachten A zum 59. DJT, 1992.

I. Bedeutung der Norm

Die Vorschrift regelt das **Eheverbot der Verwandtschaft,** ausgenommen das in § 1308 geregelte Eheverbot der durch **Adoption** begründeten Verwandtschaft. Grund dieser Sonderung sind die unterschiedlichen Rechtswirkungen, zB ist die Ehe nur bei Verstoß gegen § 1307 aufhebbar (§ 1314 Abs 1 S 1; § 1308 Rn 1). Anders als die von § 4 EheG, dem Vorläufer des § 1307, ursprünglich hinzugefügten Eheverbote der sog Geschlechtsgemeinschaft (beseitigt durch 1. EheRG seit 16. 6. 1976) 1

---

[13] *Staudinger/Strätz* Rn 7; *Hoffmann/Stephan* 1. DVO § 13 Rn 3.
[14] *Dölle* I § 9 III 1, S 125; *Soergel/Heintzmann* § 5 EheG Rn 6; *Staudinger/Strätz* Rn 7: „offenbar rechtsmissbräuchlich".
[15] BGH FamRZ 1983, 450, 451; LG Köln FamRZ 1959, 117.
[16] AG Essen StAZ 1954, 14 m zust Anm *Robrecht*; *Dölle* I § 9 III 1, S 125.
[17] OLG München OLGRspr 43, 348, 349; *Dölle* I § 9 III 1, S 125.
[18] *Dölle* I § 9 III 1, S 125.
[19] AA MünchKommBGB/*Müller-Gindullis* Rn 10.
[20] BGHZ 41, 136, 142 = NJW 1964, 976, 977; allgM.
[21] *Staudinger/v. Bar/Mankowski* Art 13 EGBGB Rn 252 mwN; str.
[22] *Gernhuber/Coester-Waltjen* § 42 Rn 34; *Stüber* FamRZ 2005, 274, 275.

§ 1307

und der Schwägerschaft (beseitigt durch EheschlRG seit 1. 7. 1998) ist das Eheverbot der Verwandtschaft im Umfang des § 1307 fester Bestandteil des allgemeinen Rechtsbewusstseins und verfassungsrechtlich unangefochten, obwohl es rechtspolitisch unterschiedlich begründet wird: teils mit überkommenen Moral- und Tabuvorstellungen[1], teils mit der gesellschaftlichen Funktion, Geschlechtskonkurrenz in der Kernfamilie zu verhindern[2]. Der populäre eugenische Gesichtspunkt deckt allenfalls den Straftatbestand des § 173 StGB (Beischlaf zwischen Verwandten), der – anders als § 1307 (Rn 3) – leibliche, also natürliche Verwandtschaft (Rn 2) voraussetzt[3].

II. Verwandtschaft

2   **1. Natürliche und rechtliche Verwandtschaft. a) Natürliche Verwandtschaft.** Natürliche Verwandtschaft gründet sich auf **Abstammung,** bei Verwandtschaft in gerader Linie (Rn 4) der einen Person von der anderen, in der Seitenlinie (Rn 9) beider Personen von ein und demselben dritten (§ 1589 S 1 und 2). Zur Abstammung von der Mutter s Rn 5 ff. Natürliche Verwandtschaft wird weder durch Adoption (S 2) noch durch sonstige **abweichende rechtliche Zuordnung** (Rn 3) berührt.

3   **b) Rechtliche Verwandtschaft.** Die rechtliche Zuordnung als Vater durch Ehe mit der Mutter, Anerkennung oder gerichtliche Feststellung der Vaterschaft (§§ 1592, 1593) begründet **Verwandtschaft auch iS des § 1307,** selbst wenn sie der Abstammung nicht entspricht. Diese sog **rechtliche Verwandtschaft** entfällt erst (dann aber rückwirkend), wenn die rechtliche Zuordnung auf den gesetzlich vorgesehenen Wegen beseitigt wird[4]: In den Fällen der §§ 1592 Nr 1 und 2, 1593 durch Anfechtung und rechtskräftige Feststellung nach § 1599 Abs 1; in bestimmten Fällen der §§ 1592 Nr 1, 1593 auch durch Vaterschaftsanerkenntnis eines Dritten (§ 1599 Abs 2); in Fällen des § 1592 Nr 3 durch Aufhebung der gerichtlichen Entscheidung auf Wiederaufnahmeklage (§§ 578 ff, 641 i ZPO). Durch abweichende rechtliche Zuordnung, etwa Adoption mit der Wirkung des § 1755, wird rechtliche Verwandtschaft so wenig berührt wie natürliche (Rn 2).

4   **2. Verwandtschaft in gerader Linie.** Zwischen Verwandten in gerader Linie – also zwischen **Eltern und** ihren Kindern sowie den **Abkömmlingen** - gilt das Eheverbot unbeschränkt, bei jedem Grad (§ 1598 S 3) der Verwandtschaft.

5   **a) Mutter.** Mutter eines Kindes ist die Frau, die es geboren hat (§ 1591). Diese durch das KindRG vom 16. 12. 1997 (BGBl I S 2942) mit Wirkung vom 1. 7. 1998 eingefügte Bestimmung, die im früheren Recht keinen Vorläufer hat, reagiert auf die von der **Fortpflanzungsmedizin** entwickelten Verfahren insbes der **Eispende** und des **Embryotransfers,** mit deren Hilfe eine Frau (die sog **biologische Mutter**) ein Kind austragen und gebären kann, das genetisch mit dem mütterlichen Anteil von einer anderen Frau (der sog **genetischen Mutter**) stammt. Indem als Mutter im Rechtssinne allein die biologische Mutter bestimmt wird, wird eine Verteilung dieser Eigenschaft auf zwei Frauen (sog **gespaltene Mutterschaft**) vermieden.

6   Die **biologische Mutter** ist Mutter auch iS des § 1307. Es handelt sich nicht um eine lediglich rechtliche Verwandtschaft (Rn 3) begründende Zuordnung, sondern um **natürliche Verwandtschaft** (Rn 2)[5]. Die durch Schwangerschaft und Geburt geschaffene körperliche und psychosoziale Beziehung wird der auf Abstammung (§ 1589) beruhenden Verwandtschaft gleichgestellt (§ 1591). Das gilt auch für vor Inkrafttreten des § 1591 (1. 7. 1998) geborene Kinder[6]. Die Mutterschaft der biologischen Mutter wurde schon vorher ganz überwiegend bejaht[7], von manchen freilich nur als abänderbare Mutterschaftsvermutung angesehen[8].

7   Auch die **genetische Mutter** ist als Ei- oder Embryospenderin mit dem Kind iS des § 1307 verwandt[9]. § 1591 steht nicht entgegen. Die Vorschrift gilt uneingeschränkt nur für die familienrechtlichen Beziehungen zwischen Mutter und Kind; wenn es nach dem Normzweck einer Vorschrift (auch) auf die genetische Abstammung ankommt, bleibt diese rechtlich beachtlich[10]. § 1307 ist eine solche Vorschrift. Zwischen der genetischen Mutter und dem Kind besteht eine auf Abstammung beruhende, also **natürliche Verwandtschaft,** von der das Eheverbot ebenso wenig ausgenommen werden kann wie die des Samenspenders zu dem Kind (Rn 8).

8   **b) Vater.** Als Vater wird ein Mann einem Kind unter bestimmten Voraussetzungen **gesetzlich zugeordnet** (Rn 3). Auf die Erläuterungen zu §§ 1592 ff wird verwiesen. Davon unabhängig besteht die Vaterschaft **kraft Abstammung** (Rn 2). Gleich ob ein Kind auf natürliche Weise oder mittels sog

---

[1] *Gernhuber/Coester-Waltjen* § 10 Rn 20.
[2] MünchKommBGB/*Müller-Gindullis* Rn 1; *Staudinger/Strätz* Rn 5; vgl zu allem *Hepting/Gaaz* Bd 2 Rn III-123 ff.
[3] *Schönke/Schröder/Lenckner* § 173 StGB Rn 4.
[4] Teilweise aA *Hepting/Gaaz* Bd 2 Rn III-155 ff; wie hier *Wagenitz/Bornhofen* Rn 1–76.
[5] AA *Hepting/Gaaz* Bd 2 Rn III-158; krit auch *Wagenitz/Bornhofen* Rn 1–81 f.
[6] FamRefK/*Wax* § 1591 Rn 10.
[7] *Gernhuber/Coester-Waltjen* § 51 Rn 2 ff; *Palandt/Diederichsen,* 57. Aufl 1998, § 1591 Rn 11; *Beitzke/Lüderitz* § 22 IV, S 241; *Henrich* FamR, 26. Aufl, § 17 II 4, S 192 f; *Deutsch* MDR 1985, 177, 182; *Holzhauer* FamRZ 1986, 1162, 1166; *Schumacher* FamRZ 1987, 313, 315.
[8] *Coester-Waltjen* FamRZ 1984, 230, 232; *dies* Gutachten S 111 f; *Schwenzer* Gutachten S 39; MünchKommBGB/*Mutschler* §§ 1591, 1592 Rn 52 f; *Mutschler* FamRZ 1994, 65, 66.
[9] *Palandt/Brudermüller* Rn 3; *Wagenitz/Bornhofen* Rn 1–89; *Hepting/Gaaz* Rn III-158; *Gaul* FamRZ 1997, 1441, 1464.
[10] BT-Drucks 13/4899 S 83.

Fortpflanzungshilfe (künstliche Insemination, In-vitro-Fertilisation), mit oder ohne Wissen des Mannes gezeugt worden ist, ist Vater der Mann, von dem die befruchtende Samenzelle herrührt[11]. Die Vaterschaft begründet das Eheverbot, ohne dass es weiterer Voraussetzungen, etwa einer Feststellung, bedarf. Die Sperre des § 1600 d Abs 4 gilt hier nicht[12]. Die zu der Verwandtschaft führenden Abstammungsverhältnisse müssen nur tatsächlich bestehen. Die Vaterschaftsvermutung des § 1600 d Abs 2 genügt ebenso wenig wie früher die sog Giltvaterschaft nach §§ 1717 ff aF[13].

3. Verwandtschaft in der Seitenlinie. Insoweit beschränkt sich das Eheverbot auf **Geschwister**. 9
„Vollbürtige" haben beide Eltern, „halbbürtige" einen Elternteil gemeinsam. Zwischen anderen Seitenverwandten (Base-Vetter, Onkel-Nichte, Tante-Neffe) gilt das Eheverbot nicht. Zu **Adoptivgeschwistern** s Rn 10. Kinder, die Eltern aus jeweils anderen Verbindungen haben (sog **zusammengebrachte Geschwister**), haben keinen Elternteil gemeinsam und sind keine Geschwister iS des § 1307.

Natürliche und rechtliche Verwandtschaft (Rn 2 f) sind auch hier gleichgestellt. Die Kindschaft 10 eines oder beider Geschwister zu dem gemeinsamen Elternteil kann allein auf rechtlicher Zuordnung beruhen. **Ausnahme:** Zwischen **Adoptivgeschwistern** besteht das Eheverbot nicht nach § 1307, sondern nach § 1308 (Rn 1).

4. Beweisfragen. Der **Standesbeamte** darf eine Eheschließung nicht vornehmen, wenn die ihm 11 obliegende Prüfung (§ 5 Abs 2 S 1 PStG) **Anhaltspunkte für eine Verwandtschaft** iS des § 1307 ergibt[14] und diese nicht ausgeräumt werden (§ 6 Abs 1 S 1 PStG). Den Ausschluss jeder denkbaren Möglichkeit einer Verwandtschaft (wenn etwa der Vater eines Eheschließenden oder eines seiner Vorfahren nicht feststeht) kann er aber nicht verlangen, sonst würde die durch Art 6 Abs 1 GG gewährleistete **Eheschließungsfreiheit** berührt[15]. **Vor Gericht** trägt im Eheaufhebungsverfahren der Antragsteller die **Feststellungslast** für die tatbestandlichen Voraussetzungen des geltend gemachten Aufhebungsgrundes, hier also für die Verwandtschaft[16]. Verbleibende Zweifel gehen zu seinen Lasten. Für den Wegfall einer das Eheverbot begründenden rechtlichen Verwandtschaft (Rn 3) ist der Antragsgegner beweisbelastet[17].

III. Internationales Privatrecht

1. Anwendbares Recht. Die Eheverbote der Verwandtschaft und – wo noch in Geltung – der 12 Schwägerschaft sind (negative) **Voraussetzungen der Eheschließung** (Art 13 Abs 1 EGBGB). Ist hiernach ausländisches Recht berufen und steht der Eheschließung nach diesem, nicht aber nach deutschem Recht das Eheverbot der Verwandtschaft oder steht ihr das der Schwägerschaft entgegen, kann nach Art 13 Abs 2 EGBGB deutsches Recht anzuwenden sein. Im Einzelnen wird hierzu auf Art 13 EGBGB verwiesen.

2. Ordre public. Nach Art 13 Abs 1 EGBGB berufenes ausländisches Recht kann nach Art 6 13 EGBGB unanwendbar sein, wenn es Ehen gestattet, deren Zustandekommen mit wesentlichen Grundsätzen des deutschen Rechts unvereinbar ist. Im Hinblick auf das Eheverbot der Verwandtschaft, das in der Ausgestaltung des § 1307 international Mindeststandard ist, kann das aber kaum praktisch werden.

IV. Lebenspartnerschaft

Für die Lebenspartnerschaft bestimmt § 1 Abs 2 Nr 2 und 3, dass eine solche zwischen Personen, die 14 in gerader Linie miteinander verwandt sind und zwischen voll- und halbbürtigen Geschwistern nicht wirksam begründet werden kann. Ein Verstoß führt zur unheilbaren Unwirksamkeit[18].

§ 1308 Annahme als Kind

(1) ¹Eine Ehe soll nicht geschlossen werden zwischen Personen, deren Verwandtschaft im Sinne des § 1307 durch Annahme als Kind begründet worden ist. ²Dies gilt nicht, wenn das Annahmeverhältnis aufgelöst worden ist.

(2) ¹Das Familiengericht kann auf Antrag von dieser Vorschrift Befreiung erteilen, wenn zwischen dem Antragsteller und seinem künftigen Ehegatten durch die Annahme als Kind eine Verwandtschaft in der Seitenlinie begründet worden ist. ²Die Befreiung soll versagt werden, wenn wichtige Gründe der Eingehung der Ehe entgegenstehen.

---

[11] BGHZ 87, 169, 171 = NJW 1983, 2073.
[12] *Staudinger/Strätz* Rn 6; *Soergel/Gaul* § 1610 a aF Rn 16; allgM.
[13] RGZ 165, 248, 250; *Dölle* I § 8 A II 1, S 102.
[14] *Hepting/Gaaz* Bd 2 Rn III-163 ff; *Wagenitz/Bornhofen* Rn 1-77, 1-92.
[15] Strenger wohl *Gernhuber/Coester-Waltjen* § 10 II 3, S 94.
[16] *Baumgärtel/Laumen* § 1314 Rn 1, 5.
[17] *Baumgärtel/Laumen* § 1314 Rn 5.
[18] *Gernhuber/Coester-Waltjen* § 42 Rn 34; *Stüber* FamRZ 2005, 274, 275.

§ 1308

I. Bedeutung der Norm

1   **Adoptivverwandtschaft** begründet in demselben Umfang wie § 1307, also **zwischen Verwandten in gerader Linie und Geschwistern,** ebenfalls ein Eheverbot, das aber anders ausgestaltet ist (§ 1307 Rn 1): Adoptivgeschwister können davon befreit werden (Abs 2); eine verbotswidrig geschlossene Ehe ist rechtsgültig, es wird lediglich das Annahmeverhältnis aufgelöst, und auch das nur, wenn der Annehmende (nicht sein Vorfahr) den Angenommenen oder einen seiner Abkömmlinge heiratet (§ 1766), nicht also, wenn Adoptivgeschwister heiraten; Auflösung des Annahmeverhältnisses beseitigt das Eheverbot (Abs 1 S 2), während das Eheverbot des § 1307 bestehen bleibt, wenn das Verwandtschaftsverhältnis durch Adoption erlischt (§ 1307 S 2). Das Eheverbot hat also ein deutlich geringeres Gewicht als das des § 1307.

2   Soweit das **Eheverbot zwischen Adoptivgeschwistern** besteht, ist seine **Verfassungsmäßigkeit zweifelhaft.** Ein generelles Unwerturteil liegt ihm offenbar nicht zugrunde: Befreiung ist nicht nur möglich, sondern darf sogar nur aus wichtigen Gründen versagt werden (Abs 2 S 2); auf Verstöße reagiert das Gesetz überhaupt nicht (Rn 1). Die gesetzliche Regelung verfolgt also nicht das Ziel, Adoptivverwandtschaft der durch Abstammung und Gesetz begründeten möglichst weitgehend anzugleichen. Weshalb Adoptivgeschwister dann anders behandelt werden als sog zusammengebrachte Geschwister, zwischen denen kein Eheverbot besteht (§ 1307 Rn 9), ist nicht erkennbar. Daher dürften dem Eheverbot die sachlichen, verstandesmäßig fassbaren Gründe fehlen, die es vor der durch Art 6 Abs 1 GG gewährleisteten **Eheschließungsfreiheit** rechtfertigen könnten[1].

II. Einzelerläuterung

3   **1. Verwandtschaft durch Annahme als Kind.** Inwieweit diese begründet wird, ergeben die §§ 1741 ff, auf die nebst Erläuterungen verwiesen wird. **Aufhebung des Annahmeverhältnisses** (§§ 1760, 1763, 1771, 1772 Abs 2) lässt das Eheverbot für die Zukunft (§ 1764 Abs 1) entfallen. Da eine verbotswidrig geschlossene Ehe rechtsgültig ist, hat rechtliche Bedeutung aber nur eine Aufhebung, die vor Eheschließung erfolgt.

4   **2. Befreiung (Abs 2). a) Anwendungsbereich.** Verwandtschaft **in der Seitenlinie,** dh hier Geschwisterschaft (§ 1307 Rn 9), kann nur durch Annahme als Minderjähriger (oder als Volljähriger nach § 1772) entstehen (§ 1754). Personen, die durch Annahme **in gerader Linie** verwandt geworden sind (Annehmender zu Angenommenem nebst Abkömmlingen), können von dem zwischen ihnen begründeten Eheverbot nicht befreit werden. Dieses kann nur durch Aufhebung des Annahmeverhältnisses behoben werden (Abs 1 S 2).

5   **b) Weitere Voraussetzungen.** Ebenso wie in § 1303 Abs 2 (dort Rn 7) räumt das Gesetz hier dem Gericht kein Ermessen ein. „Wichtige Gründe" sind ein unbestimmter Rechtsbegriff[2]. Abs 2 S 2 ist dahin zu verstehen, dass die Befreiung nur beim Vorliegen wichtiger Gründe versagt werden darf, bei deren Fehlen also erteilt werden muss[3]. Die Befreiung ist die Regel, ihre Versagung die – an bestimmte Voraussetzungen geknüpfte – Ausnahme. Entgegen seinem Wortlaut („soll versagt werden") ist das Gesetz als Mussvorschrift zu lesen („Die Befreiung ist zu versagen, wenn ...").

6   **c) Wichtige Gründe.** Da die Befreiung im Regelfall zu erteilen ist (Rn 5), sind regelmäßige Auswirkungen einer Eheschließung von Adoptivgeschwistern, etwa die Entstehung widersprüchlicher Familienbeziehungen („Bruder und Ehemann"), keine wichtigen Gründe. Die Befreiung kann auch nicht aus Gründen versagt werden, mit denen das Gesetz unbekannte Eheverbote eingeführt würden[4], etwa wegen persönlicher Eigenschaften eines Beteiligten oder ungünstiger Bestandsprognose der beabsichtigten Ehe[5]. „Wichtig" können vielmehr nur Gründe sein, die mit dem Sinn und Zweck des Eheverbots in Zusammenhang stehen. Solche Gründe sind bisher ebenso wenig in Erscheinung getreten wie ein fassbarer Zweck des Eheverbots überhaupt (Rn 2).

7   **d) Verfahren.** Zuständig ist das **Familiengericht,** das im FGG-Verfahren entscheidet (§ 621 a Abs 2 ZPO); Richtervorbehalt (§ 14 Abs 1 Nr 18 RPflG). **Örtliche Zuständigkeit:** § 44 a Abs 1 FGG.

8   Den erforderlichen **Antrag** kann jedes der Adoptivgeschwister stellen, auch ein Minderjähriger (§ 59 FGG)[6]. Da jedes von ihnen mit dem anderen verwandt ist, **bedürfen beide der Befreiung,** über die nur einheitlich entschieden werden kann[7]. Betreibt nur einer das Verfahren, ist der andere notwendig beteiligt[8]. **Amtsermittlung** nach § 12 FGG[9]. Regelmäßig sind beide Beteiligten anzu-

---

[1] BVerfGE 36, 146, 163 = NJW 1974, 545, 547.
[2] OLG Hamburg FamRZ 1970, 27, 28.
[3] So zu dem wortgleichen § 4 Abs 3 S 2 EheG BVerfGE 36, 146, 152 = NJW 1974, 545; KG OLGZ 1986, 286 = FamRZ 1986, 993 f.
[4] BVerfGE 36, 146, 152 = NJW 1974, 545; MünchKommBGB/*Müller-Gindullis* Rn 5.
[5] *Palandt/Brudermüller* Rn 3; ebenso zur Befreiung vom früheren Eheverbot der Schwägerschaft (§ 4 Abs 3 EheG) KG OLGZ 1986, 286, 287 = FamRZ 1986, 993, 994; OLG Hamburg FamRZ 1970, 27, 28.
[6] *Keidel/Engelhardt* § 44 a FGG Rn 12.
[7] So zu § 4 Abs 3 EheG KG FamRZ 1986, 993; *Staudinger/Strätz,* 12. Aufl 1993, Rn 31.
[8] *Soergel/Heintzmann* § 4 EheG Rn 9.
[9] *Keidel/Engelhardt* § 44 a FGG Rn 13.

hören[10], sonst niemand. Die Entscheidung wird mit Bekanntgabe an beide wirksam (§ 16 Abs 1 FGG)[11].

e) Rechtsmittel. Die **Befreiung vom Eheverbot** ist unanfechtbar (§ 44a Abs 2 S 1 FGG), auch wenn sie auf Beschwerde gegen eine versagende Entscheidung erteilt wird[12]. Gegen die **Versagung der Befreiung** findet **befristete Beschwerde zum OLG** statt (§§ 621 Abs 1 Nr 12, 621e Abs 1 ZPO; § 119 Abs 1 Nr 2 GVG), gegen deren Zurückweisung (falls zugelassen) **weitere Beschwerde zum BGH** (§ 621e Abs 2 ZPO, § 133 Nr 2 GVG). Beschwerdebefugt sind, über § 20 Abs 2 FGG hinaus, nach § 20 Abs 1 FGG beide Beteiligte, also auch wer die Befreiung selbst nicht beantragt hatte[13]. 9

III. Internationales Privatrecht

1. Anwendbares Recht. Das nach Art 13 Abs 1 EGBGB berufene Heimatrecht (§ 1307 Rn 12) entscheidet nicht nur darüber, ob und zwischen welchen Personen eine **Adoption ein Eheverbot** begründet und ob davon befreit werden kann, sondern auch über die **Folgen seiner Verletzung** für die verbotswidrig geschlossene Ehe[14]. Regeln verschiedene Heimatrechte die Folgen unterschiedlich, gilt nach dem **Grundsatz des „ärgeren Rechts"** die schärfste Rechtsfolge[15]. Das Bestehen des Annahmeverhältnisses ist in selbstständiger Anknüpfung nach dem Adoptionsstatut (Art 22, 23 EGBGB) zu beurteilen[16]. Erfolgen Adoptionen, wie nach deutschem Recht (§ 1752 Abs 1), durch Gerichtsentscheidung, kommt es auf deren Wirksamkeit an, die bei ausländischen Entscheidungen von ihrer Anerkennungsfähigkeit (§ 16a FGG) abhängt[17]. 10

Zur wenig geklärten Frage, inwieweit **ausländische Eheverbote** der Adoptivverwandtschaft oder -schwägerschaft, die die Eheschließungsfreiheit stärker einschränken als § 1308, nach Art 13 Abs 2 EGBGB zur Anwendung deutschen Rechts führen oder sogar nach Art 6 EGBGB unanwendbar sind, s Art 13 EGBGB. Jedenfalls verstößt die Anwendung ausländischen Rechts, dem ein derartiges Eheverbot unbekannt ist, nicht gegen den deutschen ordre public[18]. 11

2. Internationale Zuständigkeit. Die internationale Zuständigkeit für die Befreiung nach Abs 2 folgt – wie die für die Befreiung nach § 1303 Abs 2 (dort Rn 21) – aus §§ 43, 35b FGG. „Ein anderes" (§ 43 Abs 1) ergibt sich aus dem Gesetz nicht; § 44a FGG gilt nicht für die internationale Zuständigkeit[19]. 12

IV. Lebenspartnerschaft

Im LPartG fehlt eine entsprechende Vorschrift. Da der Gesetzgeber trotz der Offensichtlichkeit der Probleme keine Regelung getroffen hat, dürfte eine analoge Anwendung des Eheschließungsrechts nicht in Betracht kommen. Es liegt nahe, den Verwandtschaftsbegriff des § 1 Abs 2 Nr 2 und 3 LPartG auf die auf Adoption beruhende rechtliche Verwandtschaft auszudehnen und sowohl die leibliche als auch die rechtliche Verwandtschaft als Hindernis anzusehen[20]. 13

Untertitel 3. Ehefähigkeitszeugnis (§ 1309)

§ 1309 Ehefähigkeitszeugnis für Ausländer

(1) [1]Wer hinsichtlich der Voraussetzungen der Eheschließung vorbehaltlich des Artikels 13 Abs. 2 des Einführungsgesetzes zum Bürgerlichen Gesetzbuche ausländischem Recht unterliegt, soll eine Ehe nicht eingehen, bevor er ein Zeugnis der inneren Behörde seines Heimatstaats darüber beigebracht hat, dass der Eheschließung nach dem Recht dieses Staates kein Ehehindernis entgegensteht. [2]Als Zeugnis der inneren Behörde gilt auch eine Bescheinigung, die von einer anderen Stelle nach Maßgabe eines mit dem Heimatstaat des Betroffenen geschlossenen Vertrags erteilt ist. [3]Das Zeugnis verliert seine Kraft, wenn die Ehe nicht binnen sechs Monaten seit der Ausstellung geschlossen wird; ist in dem Zeugnis eine kürzere Geltungsdauer angegeben, ist diese maßgebend.

(2) [1]Von dem Erfordernis nach Absatz 1 Satz 1 kann der Präsident des Oberlandesgerichts, in dessen Bezirk der Standesbeamte, bei dem die Eheschließung angemeldet worden ist, seinen Sitz hat, Befreiung erteilen. [2]Die Befreiung soll nur Staatenlosen mit gewöhnlichem

---

[10] *Keidel/Kayser* § 12 FGG Rn 104.
[11] *Keidel/Engelhardt* § 44a FGG Rn 16.
[12] *Keidel/Engelhardt* § 44a FGG Rn 18 .
[13] *Palandt/Brudermüller* 59. Aufl Rn 4; BGHZ 30, 220, 224 = NJW 1959, 1729, 1730; BGH NJW 1993, 662; *Keidel/Kahl* § 20 FGG Rn 51 mwN; *Keidel/Engelhardt* § 44a FGG Rn 21.
[14] BGH NJW 1976, 1590; *Hepting/Gaaz* Bd 2 Rn III-363.
[15] BGH NJW 1991, 3088, 3091 mwN; BayObLGZ 1993, 222, 224 = NJW-RR 1993, 1351.
[16] *Staudinger/v. Bar/Mankowski* Art 13 EGBGB Rn 348; aA MünchKommBGB/*Coester* Art 13 EGBGB Rn 41.
[17] *Staudinger/v. Bar/Mankowski* Art 13 EGBGB Rn 349f; *Hepting/Gaaz* Bd 2 Rn III-364f.
[18] *Staudinger/v. Bar/Mankowski* Art 13 EGBGB Rn 347; allgM.
[19] Vgl *Keidel/Engelhardt* § 44a FGG Rn 10.
[20] *Gernhuber/Coester-Waltjen* § 42 Rn 18 mwN.

§ 1309

Aufenthalt im Ausland und Angehörigen solcher Staaten erteilt werden, deren Behörden keine Ehefähigkeitszeugnisse im Sinne des Absatzes 1 ausstellen. ³In besonderen Fällen darf sie auch Angehörigen anderer Staaten erteilt werden. ⁴Die Befreiung gilt nur für die Dauer von sechs Monaten.

Schrifttum: *Böhmer,* Der Ledigkeitsnachweis bei Angehörigen außereuropäischer Staaten, anhand von Beispielen aus Afrika, Asien und Amerika, StAZ 1986, 273; *Gaaz,* Der Beitritt der Bundesrepublik Deutschland zu den CIEC-Übereinkommen über die Ausstellung mehrsprachiger Auszüge aus Personenstandsbüchern und über die Ausstellung von Ehefähigkeitszeugnissen, StAZ 1996, 289; *Otto,* Zur Reform des § 10 des Ehegesetzes, StAZ 1972, 293; *Riedel,* Die Befreiung von der Beibringung des Ehefähigkeitszeugnisses – Das Verfahren zwischen Oberlandesgericht und Standesamt, StAZ 1989, 241.

Übersicht

	Rn		Rn
I. Bedeutung der Norm	1	1. Bedeutung der Befreiung	15
1. Zweck der Regelung	1	2. Antragsvoraussetzungen	16
2. Bedeutung des Zeugnisses	2	a) Regelfälle (Abs 2 S 2)	16
3. Prüfungsbefugnis und -pflicht des Standesbeamten	3	b) Besondere Fälle (Abs 2 S 3)	17
4. Aufschiebendes Ehehindernis	4	3. Umfang der Sachprüfung	20
II. Ehefähigkeitszeugnis (Abs 1)	5	4. Verfahren	22
1. Geltungsbereich der Vorschrift	5	a) Antrag	22
2. Betroffener Personenkreis	6	b) Zuständigkeit	23
3. Innere Behörde des Heimatstaates (Abs 1 S 1)	8	c) Amtsermittlungsgrundsatz	24
4. Zeugnis einer „anderen Stelle" (Abs 1 S 2)	11	d) Feststellungslast	25
5. Inhalt des Ehefähigkeitszeugnisses	12	e) Rechtsmittel	26
6. Geltungsdauer (Abs 1 S 3)	14	5. Geltungsdauer (Abs 2 S 4)	27
III. Befreiung von der Beibringung des Ehefähigkeitszeugnisses (Abs 2)	15	**IV. Ehefähigkeitszeugnis zur Eheschließung im Ausland**	28
		V. Lebenspartnerschaft	29

I. Bedeutung der Norm

1 **1. Zweck der Regelung.** Das Ehefähigkeitszeugnis soll den Standesbeamten die Prüfung erleichtern, ob ausländisches Heimatrecht, dem der Eheschließender gemäß Art 13 Abs 1 EGBGB unterliegt, die Eheschließung erlaubt[1]. Das Gesetz geht – im Allgemeinen zu Recht – davon aus, dass die Heimatbehörde, deren Zeugnis verlangt wird, besser als der Standesbeamte in der Lage ist, das maßgebliche Recht sowie die danach erheblichen Tatsachen zu ermitteln und zu beurteilen, ob der Eheschließung rechtliche Hindernisse entgegenstehen. Das Zeugnis ist aber nicht mehr als ein **gesetzlich vorgeschriebenes Beweismittel**[2]. Auf die materielle Rechtslage hat seine Erteilung keinen Einfluss. Ist ein Zeugnis unrichtig, weil der Eheschließung nach dem ausländischen Recht ein Ehehindernis entgegensteht, bleibt dieses trotzdem bestehen und hat die rechtlich bestimmten Folgen[3].

2 **2. Bedeutung des Zeugnisses.** Die Aufklärung der Sach- und Rechtslage, die mit der Pflicht zur Vorlage des Zeugnisses bezweckt wird, soll nicht bloß ungültige, sondern überhaupt **rechtlich missbilligte Ehen** verhindern. Daher sind auch (sog **aufschiebende**) Ehehindernisse zu berücksichtigen, deren Verletzung nach dem ausländischen Recht die Gültigkeit der Ehe nicht beeinträchtigt[4]. Der Zweck des Zeugnisses besteht nicht darin, sog **hinkende Ehen** zu verhindern, dh hier Ehen, die im Heimatstaat eines ausländischen Ehegatten nicht anerkannt werden[5]. Solche Ehen entstehen nicht nur durch Fehler des Standesbeamten bei der Anwendung ausländischen Rechts (denen § 1309 begegnen will), sondern auch bei richtiger Rechtsanwendung, weil das deutsche Recht für Eheschließungen im Inland die Einhaltung der hier bestimmten Form zwingend vorschreibt, auch wenn die Ehe im Heimatstaat eines Beteiligten mangels Wahrung dortiger Formerfordernisse nicht anerkannt wird (Art 13 Abs 3 S 1 EGBGB), und sich über ausländische Ehehindernisse uU hinwegsetzt (Art 6, 13 Abs 2 EGBGB). Schließlich soll § 1309 nicht Ehen Deutscher mit Ausländern verhindern, die für erstere riskant oder aus anderen Gründen „unerwünscht" sind. Solche Erwägungen, die auf die Schaffung gesetzlich nicht vorgesehener Eheverbote hinausliefen[6], dürfen insbes die Entscheidung über die Befreiung vom Ehefähigkeitszeugnis (Abs 2) nicht beeinflussen (heute allgM).

3 **3. Prüfungsbefugnis und -pflicht des Standesbeamten.** Als bloßes Beweismittel (Rn 1) bindet das Zeugnis den Standesbeamten nicht[7]. Er ist daher **zur Nachprüfung** in tatsächlicher und rechtlicher

---

[1] BGHZ 46, 92 f = FamRZ 1966, 495, 496 f; § 166 Abs 2 S 1 DA.
[2] OLG Hamm StAZ 1974, 210, 211; OLG Braunschweig StAZ 1996, 85, 86.
[3] *Dölle* I § 13 I 3 e, S 151; *Staudinger/Strätz* Rn 22.
[4] BGHZ 56, 180, 183 = FamRZ 1971, 366.
[5] So aber zB BGHZ 41, 136, 139; OLG Köln NJW 1990, 644.
[6] BGHZ 56, 180, 184 = FamRZ 1971, 366, 367; KG FamRZ 1961, 480, 483.
[7] BGHZ 56, 180, 184 = FamRZ 1971, 366, 367; OLG Braunschweig StAZ 1996, 85, 86; heute allgM.

Hinsicht **befugt**. Verschaffen ihm weder das Zeugnis noch eigene Ermittlungen (etwa anhand ergänzender Angaben der Beteiligten) die Überzeugung, dass der Eheschließung kein Ehehindernis entgegensteht, darf er diese (vorbehaltlich § 45 PStG) nicht vornehmen (§ 6 Abs 1 S 1 PStG). Eine allgemeine **Pflicht zur Nachprüfung** würde dem Zweck des § 1309 (Rn 1) zuwiderlaufen. Eine solche Pflicht kommt nur in Betracht, wenn aus besonderen Gründen Bedenken gegen die Richtigkeit des Zeugnisses bestehen, etwa weil Zeugnisse dieses Heimatstaates als unzuverlässig bekannt sind oder weil wegen Rück- oder Weiterverweisung anderes Recht als das des Heimatstaates angewandt worden ist[8]. Gestattet das Heimatrecht die Mehrehe, besteht Anlass zur Nachprüfung, ob der angeblich Ehefähige verheiratet ist[9]. Bestehen keine besonderen Bedenken, hat der Standesbeamte das Zeugnis anhand der ihm sonst ersichtlichen Umstände nur einer allgemeinen **Plausibilitätskontrolle** zu unterziehen und in eine nähere Prüfung erst einzutreten, wenn sich dabei Zweifel ergeben (allgM).

4. Aufschiebendes Ehehindernis. Kommt es zu einer Eheschließung, ohne dass ein erforderliches 4 Ehefähigkeitszeugnis beigebracht oder nach Abs 2 Befreiung erteilt ist, wird die Gültigkeit der Ehe davon nicht berührt (§ 1314).

II. Ehefähigkeitszeugnis (Abs 1)

1. Geltungsbereich der Vorschrift. Ehefähigkeitszeugnisse brauchen nur für Eheschließungen vor 5 **deutschen Standesbeamten** beigebracht zu werden, auch vor einem dazu befugten Konsularbeamten (§ 8 Abs 1 KonsularG), nicht für Eheschließungen nichtdeutscher Paare vor einer ermächtigten Person (Art 13 Abs 3 S 2 EGBGB).

2. Betroffener Personenkreis. Zur Beibringung eines Zeugnisses ist verpflichtet, wer nach Art 13 6 Abs 1 EGBGB ausländischem Recht unterliegt, auch wenn nach dessen Abs 2 letztlich deutsches Recht anzuwenden ist[10]. Seinem Heimatrecht unterliegt ein **Ausländer** selbst dann, wenn dieses – mit der Folge des Art 4 Abs 1 S 2 EGBGB – auf deutsches Recht (zB auf das Recht des Aufenthalts- oder Eheschließungsorts) zurückverweist. Deutsche Staatsangehörige brauchen niemals ein Ehefähigkeitszeugnis beizubringen, auch wenn sie neben der deutschen eine weitere Staatsangehörigkeit besitzen (Art 5 Abs 1 S 2 EGBGB). Deutsche iS des Art 116 Abs 1 GG stehen deutschen Staatsangehörigen gleich (Art 9 II Nr 5 FamRÄndG).

Staatenlose und Personen mit ungeklärter Staatsangehörigkeit unterliegen deutschem Recht, wenn 7 sie ihren gewöhnlichen, hilfsweise schlichten Aufenthalt im Inland haben (Art 5 Abs 2 EGBGB), wenn nicht, sind sie zur Beibringung eines Ehefähigkeitszeugnisses verpflichtet (zur Befreiung s Rn 16)[11]. Auch folgende **Ausländer mit Sonderstatus** brauchen bei Wohnsitz oder Aufenthalt im Inland kein Ehefähigkeitszeugnis beizubringen: **Verschleppte Personen und Flüchtlinge** (AHK-Gesetz Nr 23 vom 17. 3. 1953, AHK-ABl S 140, Art 1 und 4) sowie **heimatlose Ausländer** (Gesetz vom 25. 4. 1951, BGBl I S 269, mehrfach geändert); **Flüchtlinge** iS des Genfer Abkommens vom 28. 7. 1951 (Gesetz vom 1. 9. 1953, BGBl II S 559) sowie die ihnen gleichgestellten **Asylberechtigten** (§ 2 Abs 1 AsylVfG) und **Kontingentflüchtlinge** (Gesetz vom 22. 7. 1980, BGBl I S 1057) gemäß Art 12 Abs 1 des Abkommens.

3. Innere Behörde des Heimatstaates (Abs 1 S 1). Der **Heimatstaat** eines Ausländers wird 8 durch seine Staatsangehörigkeit bestimmt, bei mehreren ausländischen Staatsangehörigkeiten durch die „effektive" iS des Art 5 Abs 1 S 1 EGBGB, der Heimatstaat eines Staatenlosen durch seinen gewöhnlichen, hilfsweise schlichten Aufenthalt (allgM).

Die **Zuständigkeit** zur Ausstellung von Ehefähigkeitszeugnissen regelt das Recht des Heimatstaa- 9 tes[12]. Bei Zweifeln an der Echtheit eines Zeugnisses kann der Standesbeamte seine Anerkennung von einer **Legalisation** durch die zuständige Vertretung der Bundesrepublik im Ausland abhängig machen (§ 109 S 1 DA), nach dem Übereinkommen vom 5. 10. 1961 (BGBl 1965 II S 876) von der Anbringung einer **Apostille** (§ 114 Abs 1 DA) der zuständigen Stelle des Heimatstaates, vorausgesetzt, Ehefähigkeitszeugnisse sind nicht durch zwischenstaatliche Vereinbarung von der Legalisation befreit wie nach Art 10 des CIEC-Übereinkommens über die Ausstellung von Ehefähigkeitszeugnissen vom 5. 9. 1980 (BGBl 1997 II S 1086; weitere Vertragsstaaten bisher: Italien, Luxemburg, Niederlande, Österreich, Portugal, Schweiz, Spanien, Türkei, s § 383 a Abs 1 und 6 DA), sowie im Verhältnis zu Dänemark (Abkommen vom 17. 6. 1936, RGBl II S 213 nebst Bekanntmachung vom 30. 6. 1953, BGBl II S 186; s §§ 113 Abs 1 S 1 Nr 15, 114 Abs 4 DA)[13].

Ob die zuständige Stelle eine **„innere Behörde"** ist, bestimmt das deutsche Recht[14]. Diplomatische 10 und konsularische Auslandsvertretungen sind danach keine inneren Behörden[15].

4. Zeugnis einer „anderen Stelle" (Abs 1 S 2). Die durch das EheschlRG eingefügte Vorschrift 11 lässt nach Maßgabe mit den jeweiligen Heimatstaaten geschlossener Verträge Ehefähigkeitszeugnisse anderer Stellen als innerer Behörden (Rn 10) genügen. Mit dem CIEC-Übereinkommen vom 5. 9.

---

[8] *Wagenitz/Bornhofen* Rn 5–120; *Hepting/Gaaz* § 5 a PStG Rn 69 f, einschr in den Renvoi-Fällen Rn 42 ff.
[9] *Böhmer* StAZ 1986, 273, 274; *Hepting/Gaaz* § 5 a PStG Rn 69 f; s ferner *Otto* StAZ 1972, 293, 296.
[10] *Hepting/Gaaz* § 5 a PStG Rn 45 f; *Wagenitz/Bornhofen* Rn 5–96.
[11] *Hepting/Gaaz* § 5 a PStG Rn 26 f.
[12] *Staudinger/v. Bar/Mankowski* Art 13 EGBGB Rn 581.
[13] *Hepting/Gaaz* § 5 a PStG Rn 52.
[14] *Staudinger/v. Bar/Mankowski* Art 13 EGBGB Rn 583.
[15] KG NJW 1961, 2209, 2210; *Hepting/Gaaz* § 5 a PStG Rn 47.

§ 1309

1980 (Rn 9) liegt ein solcher Vertrag vor[16]. Bei Staatenlosen gilt als „Heimatstaat", mit dem der Vertrag geschlossen sein muss, wie auch sonst (Rn 8) der Aufenthaltsstaat[17].

12 **5. Inhalt des Ehefähigkeitszeugnisses.** Das Zeugnis muss sich auf die beabsichtigte Eheschließung beziehen und auch den anderen Beteiligten nennen[18]. Unter „Ehehindernis" sind die **materiell-rechtlichen Voraussetzungen der Eheschließung** im weitesten Sinne einschließlich in der Person des anderen Beteiligten liegender **zweiseitiger Ehehindernisse** zu verstehen[19]. Von **dispensablen Eheverboten** muss, damit ein inhaltlich richtiges Ehefähigkeitszeugnis erteilt werden kann, wirksam Befreiung erteilt worden sein.

13 Zum Recht des Heimatstaates, nach dem der Eheschließung kein Eheverbot entgegenstehen darf, gehört auch sein **Kollisionsrecht,** aus dem sich das auf die Eheschließung anzuwendende Sachrecht ergibt (Art 4 Abs 1 S 1 EGBGB). Zweck des Ehefähigkeitszeugnisses ist es, dem Standesbeamten die Ermittlung und Anwendung dieser Regeln zu erleichtern. Soweit sie auf deutsches Recht zurück- oder auf das Recht eines Drittstaates weiterverweisen und das Ehefähigkeitszeugnis demzufolge anderes Recht als das des ausstellenden Heimatstaates anwendet, wirkt sich das auf den Umfang der **Prüfungspflicht des Standesbeamten** aus (Rn 3).

14 **6. Geltungsdauer (Abs 1 S 3).** Die Sechsmonatsfrist weicht einer in dem Zeugnis angegebenen kürzeren, nicht aber einer längeren Geltungsdauer (allgM). Zeitpunkt der Ausstellung, mit der die Frist beginnt, ist das im Zeugnis angegebene Datum. Fehlt es, kann das Zeugnis nicht als noch in Kraft angesehen werden[20]. Berechnung der Frist: §§ 187 Abs 1, 188 Abs 2 u. 3. Ist sie in dem für die Eheschließung vorgesehenen Zeitpunkt überschritten, muss ein neues Zeugnis beigebracht werden.

III. Befreiung von der Beibringung des Ehefähigkeitszeugnisses (Abs 2)

15 **1. Bedeutung der Befreiung.** Ein Ehefähigkeitszeugnis kann von vornherein nur beibringen, wessen Heimatstaat solche Zeugnisse ausstellt. Das ist nur eine Minderheit der Staaten[21], und auch den deren Recht unterliegenden Personen kann im Einzelfall die Beschaffung eines Zeugnisses aus den verschiedensten Gründen unmöglich oder doch unzumutbar sein. Das Gesetz ermöglicht daher die Befreiung von der Verpflichtung des Abs 1. Der Bescheid des Oberlandesgerichtspräsidenten, durch den das geschieht, **tritt an die Stelle des Ehefähigkeitszeugnisses**[22] und hat **keine weitergehenden Rechtswirkungen.** Weder hat er Einfluss auf die materielle Rechtslage (Rn 1), noch bindet er den Standesbeamten (Rn 3)[23]. S aber Rn 26.

16 **2. Antragsvoraussetzungen. a) Regelfälle (Abs 2 S 2).** Die Antragsberechtigung **Staatenloser** beschränkt sich auf solche mit gewöhnlichem Aufenthalt im Ausland, weil nur sie nach Art 13 Abs 1 EGBGB ausländischem Recht unterliegen können (Rn 7). Soweit der Aufenthaltsstaat (auch) Staatenlosen Ehefähigkeitszeugnisse erteilt (so die Vertragsstaaten nach Art 2 des CIEC-Übereinkommens vom 5. 9. 1980 – Rn 9; Dänemark gemäß § 25 Abs 4 S 2 der Eheschließungsbekanntmachung v. 15. 12. 1982)[24], besteht für eine generelle Antragsberechtigung des Staatenlosen kein Grund[25]. Die **Angehörigen von Staaten, die keine Ehefähigkeitszeugnisse ausstellen,** bilden die Hauptgruppe der regelmäßig Antragsberechtigten (Rn 15). Entscheidend ist, ob ein Staat Ehefähigkeitszeugnisse „iS des Abs 1" ausstellt. Zeugnisse anderer Stellen als „innerer Behörden" (Abs 1 S 1) fallen nur darunter, wenn mit dem Staat ein Vertrag gemäß Abs 1 S 2 besteht (Rn 11). Stellt der Heimatstaat nur im Einzelfall kein Ehefähigkeitszeugnis aus, kommt eine Antragsberechtigung nicht nach Abs 2 S 2, sondern nur nach S 3 in Betracht.

17 **b) Besondere Fälle (Abs 2 S 3).** Angehörigen von Staaten, die an sich Ehefähigkeitszeugnisse iS von Abs 1 ausstellen, kann die Beschaffung eines Zeugnisses im Einzelfall trotzdem unmöglich oder unzumutbar sein, etwa wegen **Naturkatastrophen** in dem Staat oder weil dort **Krieg, Bürgerkrieg** oder ähnliche Wirren herrschen[26], aber auch wegen der dortigen **politischen Verhältnisse,** die zB staatliche Repressalien gegen Angehörige befürchten lassen[27]. Ein „besonderer Fall" liegt ferner vor, wenn die Erteilung eines Ehefähigkeitszeugnisses aus Gründen verweigert wird, die nach deutschem internationalen Privatrecht nicht der Beurteilung des Heimatstaates unterliegen, etwa wegen der **Form**

---

[16] *Gaaz* StAZ 1996, 289, 290 f; *Hepting/Gaaz* § 5 a PStG Rn 49.
[17] MünchKommBGB/*Müller-Gindullis* Rn 7; aA *Gaaz* StAZ 1996, S 294 f.
[18] OLG Köln NJW 1990, 644.
[19] BGHZ 41, 136, 142 = NJW 1964, 976, 977; OLG Hamm FamRZ 1971, 26, 27 betr israelische Rabbinatszeugnisse; allgM.
[20] *Wagenitz/Bornhofen* Rn 5-121.
[21] (Unvollständige) Aufstellung dieser Staaten in § 166 Abs 4 DA; umfassende Länderübersichten mit Angabe, ob und von welcher Stelle Ehefähigkeitszeugnisse erteilt werden, bei *Brandhuber/Zeyringer,* Standesamt und Ausländer.
[22] BGHZ 46, 87, 93 = FamRZ 1966, 495, 497; BGHZ 56, 180, 184 = FamRZ 1971, 366.
[23] BGHZ 46, 87, 93 = FamRZ 1966, 495, 497; § 172 Abs 1 DA; aA für die Anwendung des Art 13 Abs 2 EGBGB *Riedel* StAZ 1989, 241, 248; *Wagenitz/Bornhofen* Rn 5-158; sonst allgM.
[24] Abgedruckt bei *Bergmann/Ferid* 98. Lfg S 45 ff.
[25] *Hepting/Gaaz* § 5 a PStG Rn 27; *Wagenitz/Bornhofen* Rn 5-103 und 5-128.
[26] OLG Hamm FamRZ 1974, 457; *Hepting/Gaaz* § 5 a PStG Rn 87.
[27] OLG Zweibrücken StAZ 1977, 16, 17; OLG Oldenburg NJW-RR 1989, 774: türkischer Asylbewerber kurdischer Abstammung; OLG Köln NJW 1990, 644, 645.

der Eheschließung (Art 13 Abs 3 S 1 EGBGB)[28] oder aus anderen als privatrechtlichen Gründen[29], oder die vom deutschen **ordre public** (Art 6, 13 Abs 2 EGBGB) nicht anerkannt werden[30].

Lebensgefährliche Erkrankung eines Beteiligten kann ein besonderer Fall sein, wenn die ihm voraussichtlich verbleibende Zeit nicht zur Einholung eines Ehefähigkeitszeugnisses reicht und das Unterbleiben der Heirat für den Überlebenden unverhältnismäßige Nachteile zur Folge hätte[31]. Von Ehehindernissen darf aber auch in solchen Fällen grds nicht abgesehen werden. Vom anwendbaren Recht vorgeschriebene Verfahren zur Wiederherstellung der Ehefähigkeit (Anerkennung der Scheidung einer Vorehe, „Zweitscheidung", Delibationsverfahren nach italienischem Recht) müssen durchgeführt sein[32], anders uU nach Art 13 Abs 2 EGBGB, wenn es sich um keine „zumutbaren Schritte" iS dieser Vorschrift handelt (s dort). Eine Ausnahme nicht nur von der Pflicht zur Beibringung eines Ehefähigkeitszeugnisses, sondern auch von der Befreiung nach Abs 2[33] ist nicht vorgesehen, auch nicht in § 7 PStG[34]. 18

Ein besonderer Fall ist es auch, wenn die zuständige Stelle des Heimatstaates ohne ersichtlichen Grund nicht reagiert. Bleibt sie mehr als **drei Monate untätig**, ist die Beibringung eines Ehefähigkeitszeugnisses unzumutbar[35]. Das bloße Interesse, lästige Formalitäten oder Kosten zu sparen, genügt hingegen nicht[36]. 19

3. Umfang der Sachprüfung. Wie ein Ehefähigkeitszeugnis darf die Befreiung grds nur erteilt werden, wenn der beabsichtigten Eheschließung nach dem gemäß Art 13 Abs 1 EGBGB anwendbaren Recht **kein Ehehindernis** im weitesten Sinne entgegensteht (Rn 12 f). Insofern übernimmt der Präsident des Oberlandesgerichts die Funktion der zuständigen Stelle des Heimatstaates[37]. Zusätzlich muss er jedoch das **deutsche Recht** berücksichtigen, das im ausländischen Recht begründeten Ehehindernissen aus Gründen des ordre public (Art 6, 13 Abs 2 EGBGB) die Anerkennung versagen, Vorfragen (zB zum Bestehen einer Vorehe) anders beurteilen oder ein in der Person des anderen Beteiligten liegendes zweiseitiges Ehehindernis begründen kann. Art 6 EGBGB kann sogar einer nach dem Heimatrecht beider Beteiligten erlaubten Eheschließung entgegenstehen, etwa wenn ein Beteiligter verheiratet ist, das Heimatrecht aber die Mehrehe gestattet. Die Berücksichtigung deutschen Rechts erstreckt sich auch darauf, ob eine nach § 1314 Abs 2 Nr 5 aufhebbare sog Scheinehe beabsichtigt ist[38]. 20

Die Entscheidung des Präsidenten ist ein **Justizverwaltungsakt,** der der Rechtmäßigkeitskontrolle nach §§ 23 ff EGGVG unterliegt[39]. Wenn der Eheschließung des Antragstellers weder nach dem für ihn maßgeblichen noch nach deutschem Recht (Rn 20) ein Hindernis entgegensteht, muss er die Befreiung erteilen. Seine Entscheidung darf nicht davon abhängen, ob die beabsichtigte Ehe Dauer verspricht, „unerwünscht" ist oder Dergleichen (Rn 2). 21

4. Verfahren. a) Antrag. Den Antrag auf Befreiung hat der (für die Anmeldung zuständige, §§ 4, 6 Abs 2 und 3 PStG) **Standesbeamte** entgegenzunehmen, bei dem die Eheschließung angemeldet wird (§ 5 a PStG). Zu den Aufgaben des Standesbeamten bei der Vorbereitung der Entscheidung über den Antrag s auch § 171 Abs 2 bis 6 DA. 22

b) Zuständigkeit. Die Zuständigkeit des Präsidenten des Oberlandesgerichts für die Entscheidung über den Antrag ergibt Abs 2 S 1. Bei einer Eheschließung vor einem deutschen Konsularbeamten (Rn 5) ist der Präsident des Kammergerichts als des Gerichts zuständig, in dessen Bezirk die Bundesregierung ihren Sitz hat (§ 8 Abs 1 S 4 KonsularG). 23

c) Amtsermittlungsgrundsatz. Auf das **Verfahren** des Präsidenten, das nirgends geregelt ist, sind die FGG-Vorschriften und damit die zum Amtsermittlungsgrundsatz (§ 12 FGG) entwickelten Regeln sinngemäß anzuwenden. Er hat kein Ermessen, weder bei der Feststellung der Antragsvoraussetzungen (Rn 16–19) noch bei der Prüfung, ob der Eheschließung ein Ehehindernis entgegensteht. Welcher Beweismittel er sich bedient, hat er jedoch ohne Bindung an Beweisanträge und -regeln pflichtgemäß selbst zu beurteilen, für ihre Bewertung gilt der **Grundsatz der freien Beweiswürdigung.** Akten der **Ausländerbehörde** können beigezogen werden[40]. 24

d) Feststellungslast. Da die Befreiung wie ein Ehefähigkeitszeugnis (Rn 12 f) nur erteilt werden darf, wenn der beabsichtigten Eheschließung nach dem anwendbaren Recht kein Ehehindernis ent- 25

---

[28] KG NJW 1961, 2209, 2212.
[29] OLG Köln FamRZ 1969, 335, 336: Nichterfüllung der Militärpflicht.
[30] BVerfGE 31, 58 ff = NJW 1971, 1509; BGH NJW 1972, 1619; NJW 1977, 1014; BGH FamRZ 1997, 542, 544; OLG Celle StAZ 1988, 261, 262: Nichtanerkennung der Scheidung einer Vorehe; OLG Hamm NJW 1972, 1006, 1007; OLGZ 1974, 370, 372 = FamRZ 1974, 457.
[31] Ohne letztere Einschränkung *Hepting/Gaaz* § 5 a PStG Rn 87.
[32] OLG Hamm NJW 1972, 1006, 1007 f; OLGZ 1974, 370, 372 = FamRZ 1974, 457; *Hepting/Gaaz* § 5 a PStG Rn 89.
[33] Dafür MünchKommBGB/*Müller-Gindullis* Rn 22.
[34] *Hepting/Gaaz* § 7 PStG Rn 11.
[35] *Staudinger/Strätz* Rn 39.
[36] KG NJW 1969, 987; OLG Köln NJW 1990, 644, 645; MünchKommBGB/*Müller-Gindullis* Rn 16 mwN.
[37] BGHZ 46, 87, 93 = NJW 1966, 1811, 1812; BGHZ 56, 180, 184, insoweit in NJW 1971, 1519 nicht abgedruckt.
[38] Zum früheren Rechtszustand vgl OLG Celle FamRZ 1998, 1108 f; s auch OLG Dresden FamRZ 2000, 1363 LS: Antrag mangels Rechtsschutzbedürfnisses unzulässig.
[39] BGHZ 41, 136, 138 f = NJW 1964, 976; BGHZ 56, 180, 184.
[40] KG StAZ 2004, 9.

gegensteht (Rn 20), liegt bei nicht behobenen Zweifeln in tatsächlicher oder rechtlicher Hinsicht die Feststellungslast grds bei dem Antragsteller[41]. Die durch Art 6 Abs 1 GG (auch Ausländern und Staatenlosen)[42] verbürgte **Eheschließungsfreiheit** ist aber dadurch zu berücksichtigen, dass an den Nachweis der Antrags- und Befreiungsvoraussetzungen keine unzumutbaren Anforderungen gestellt werden[43].

26 e) **Rechtsmittel.** Gegen die **Erteilung** der Befreiung ist kein Rechtsmittel gegeben, da sie niemanden in seinen Rechten verletzt[44]. Gegen ihre **Versagung** kann der Antragsteller **gerichtliche Entscheidung** nach §§ 23 ff EGGVG beantragen. Darüber entscheidet ein Zivilsenat des OLG, dessen Präsident die Befreiung abgelehnt hat, auf zulässige Vorlage nach § 29 Abs 1 S 2 EGGVG der BGH. Zum Ausspruch, wenn die Versagung zum Nachteil des Antragstellers rechtswidrig ist, s § 28 Abs 2 EGGVG. Erteilt der Präsident die Befreiung, nachdem dazu das OLG ihn dazu verpflichtet hat, ist sein Bescheid für den Standesbeamten (ausnahmsweise, s Rn 15) bindend[45].

27 **5. Geltungsdauer (Abs 2 S 4).** Die sechsmonatige Geltungsdauer beginnt mit der Bekanntgabe der Befreiung an den Antragsteller. Fristberechnung und Folgen einer Fristüberschreitung wie Rn 14.

IV. Ehefähigkeitszeugnis zur Eheschließung im Ausland

28 Ehefähigkeitszeugnisse, die Deutsche (iS des Art 116 Abs 1 GG; § 69c PStG) sowie Staatenlose und die in § 69b Abs 4 PStG weiter genannten Ausländer mit Sonderstatus und gewöhnlichem Aufenthalt im Inland zur Eheschließung im Ausland benötigen, werden von dem **Standesbeamten** ausgestellt. Wegen Zuständigkeit, Rechtsmittel und Geltungsdauer s § 69b PStG. Das Zeugnis ist (nur) auszustellen, wenn der Eheschließung nach deutschem Recht (Art 13 Abs 1 EGBGB) kein (auch kein in der Person des anderen Beteiligten begründetes zweiseitiges[46] Ehehindernis (im weitesten Sinne, Rn 12) entgegensteht.

V. Lebenspartnerschaft

29 Da der Gesetzgeber für die Zulässigkeit der eingetragenen gleichgeschlechtlichen Lebenspartnerschaft allein auf das Recht des Eintragungsortes und nicht auf das Heimatrecht der Partner abstellt (Art 17b Abs 1 S 1 EGBGB), ist die Beibringung einer dem Ehefähigkeitszeugnis entsprechenden Bescheinigung des Heimatstaats nicht erforderlich[47].

Untertitel 4. Eheschließung (§§ 1310–1312)

§ 1310 Zuständigkeit des Standesbeamten, Heilung fehlerhafter Ehen

(1) ¹Die Ehe wird nur dadurch geschlossen, dass die Eheschließenden vor dem Standesbeamten erklären, die Ehe miteinander eingehen zu wollen. ²Der Standesbeamte darf seine Mitwirkung an der Eheschließung nicht verweigern, wenn die Voraussetzungen der Eheschließung vorliegen; er muss seine Mitwirkung verweigern, wenn offenkundig ist, dass die Ehe nach § 1314 Abs. 2 aufhebbar wäre.

(2) Als Standesbeamter gilt auch, wer, ohne Standesbeamter zu sein, das Amt eines Standesbeamten öffentlich ausgeübt und die Ehe in das Heiratsbuch eingetragen hat.

(3) Eine Ehe gilt auch dann als geschlossen, wenn die Ehegatten erklärt haben, die Ehe miteinander eingehen zu wollen, und

1. der Standesbeamte die Ehe in das Heiratsbuch oder in das Familienbuch eingetragen hat,
2. der Standesbeamte im Zusammenhang mit der Beurkundung der Geburt eines gemeinsamen Kindes der Ehegatten einen Hinweis auf die Eheschließung in das Geburtenbuch eingetragen hat oder
3. der Standesbeamte von den Ehegatten eine familienrechtliche Erklärung, die zu ihrer Wirksamkeit eine bestehende Ehe voraussetzt, entgegengenommen hat und den Ehegatten hierüber eine in Rechtsvorschriften vorgesehene Bescheinigung erteilt worden ist

und die Ehegatten seitdem zehn Jahre oder bis zum Tode eines der Ehegatten, mindestens jedoch fünf Jahre, als Ehegatten miteinander gelebt haben.

---

[41] OLG Düsseldorf StAZ 1998, 257 = FamRZ 1998, 1107.
[42] BVerfGE 31, 58, 67 = NJW 1971, 1509.
[43] KG FamRZ 1996, 545, 547; FamRZ 1999, 1129 = StAZ 1999, 112, 113; OLG Zweibrücken StAZ 1977, 16; OLG Düsseldorf StAZ 1980, 239, 240; MünchKommBGB/*Müller-Gindullis* Rn 19; *Riedel* StAZ 1989, 241, 246 f; s auch *Gottwald* StAZ 1980, 240, 241.
[44] KG FamRZ 1968, 466 f; *Hepting/Gaaz* § 5a PStG Rn 108.
[45] MünchKommBGB/*Müller-Gindullis* Rn 20; *Wagenitz/Bornhofen* Rn 5–158; abw *Hepting/Gaaz* § 5a PStG Rn 111; offen gelassen von BGHZ 46, 87, 93 = NJW 1966, 1811, 1812.
[46] AG Paderborn NJW-RR 1986, 1201: Doppelehe.
[47] *Gernhuber/Coester-Waltjen* § 42 Rn 20.

Schrifttum: *Barth/Wagenitz,* Zur Neuordnung des Eheschließungsrechts, FamRZ 1996, 833; *Bingel,* Eheschließung bei lebensgefährlicher Erkrankung, StAZ 1989, 382; *Bornhofen,* Die Reform des Kindschaftsrechts und die Neuordnung des Eheschließungsrechts in der standesamtlichen Praxis, StAZ 1997, 362; *Bosch,* Staatliches und kirchliches Eherecht – in Harmonie oder im Konflikt?, 1988; *Finger,* Zur Neuordnung des Eheschließungsrechts, FuR 1996, 124; *Hepting,* Das Eheschließungsrecht nach der Reform, FamRZ 1998, 713; *Meier,* Volltrunkenheit des Standesbeamten bei der Trauungszeremonie – Auswirkungen auf die Gültigkeit der Ehe, StAZ 1985, 272.

Übersicht

	Rn		Rn
I. Bedeutung der Norm	1	2. Erklärung des Eheschließungswillens	11
1. Zustandekommen einer Ehe	1	3. Heilung von Nichtehen (Abs 3)	16
2. Obligatorische Zivilehe	3	a) Grundsätzliches	16
		b) Vertrauenstatbestände (Abs 3 Nr 1 bis 3)	17
II. Einzelerläuterung	5	c) Zusammenleben als Ehegatten	20
1. Eheschließung vor dem Standesbeamten	5		
a) Begriff des Standesbeamten	5	III. Übergangsrecht	21
b) Scheinstandesbeamter (Abs 2)	6		
c) Bereitschaft des Standesbeamten	8	IV. Lebenspartnerschaft	22
d) Ermächtigte Person (Art 13 Abs 3 S 2 EGBGB)	9		

I. Bedeutung der Norm

1. Zustandekommen einer Ehe. Die Vorschrift nennt in Abs 1 S 1 **zwei Voraussetzungen,** die 1 erfüllt sein müssen, damit zwischen zwei Personen eine wirksame (wenn auch nicht unbedingt rechtsgültige) Ehe zustande kommt: (1) Die beiderseitige **Erklärung des Eheschließungswillens** (2) vor einem **Standesbeamten.** Fehlt eine dieser Wirksamkeitsvoraussetzungen, entsteht entweder keine oder eine aufhebbare Ehe (§ 1314), zu deren Beendigung es eines gerichtlichen Urteils bedarf (§ 1313 S 1 und 2). Vielmehr kann jedermann jederzeit geltend machen, dass keine Ehe besteht **(Nichtehe).**

Daneben gibt es ungeschriebene Voraussetzungen für das Entstehen einer wirksamen Ehe. Das 2 geltende Recht geht davon aus, dass eine **Ehe nur zwischen Personen verschiedenen Geschlechts** bestehen kann (daher die Eheauflösung kraft Gesetzes gemäß § 16 Abs 2 TSG. Auch die Verfassung gewährt – jedenfalls nach bisherigem Eheverständnis – kein Recht auf Eheschließung mit einem Partner des eigenen Geschlechts[1]. Ferner müssen beide Eheschließenden die **Eheschließung erlebt** haben, auch das eine unausgesprochene, weil für selbstverständlich gehaltene Voraussetzung.

2. Obligatorische Zivilehe. Die Vorschrift folgt dem Grundsatz der obligatorischen Zivilehe, 3 der für Deutschland seit 1875 ununterbrochen gilt (§ 41 des Gesetzes über die Beurkundung des Personenstandes und die Eheschließung vom 6. 2. 1875, RGBl S 23). Dieses **Formprinzip** besagt, dass eine **Ehe iS des staatlichen Rechts** wirksam nur unter staatlicher Mitwirkung geschlossen werden kann, und hat einen **dreifachen Zweck:** Durch die staatliche Mitwirkung soll gesichert werden, dass (1) jeweils die gesetzlichen Voraussetzungen der Eheschließung erfüllt sind und dieser keine Ehehindernisse entgegenstehen, (2) die Eheschließung und die durch sie begründeten Rechtsverhältnisse offenkundig und jederzeit leicht und zuverlässig feststellbar sind und (3) den Eheschließenden die Bedeutung ihrer Erklärungen bewusst ist[2]. Der Staat wirkt dadurch mit, dass die Ehe vor einem Standesbeamten geschlossen wird oder (nach Art 13 Abs 3 S 2 EGBGB; Rn 9) vor einer von der ausländischen Regierung ordnungsgemäß ermächtigten Person, durch deren Ermächtigung der sog Entsendestaat die Gewähr für eine seinen Gesetzen entsprechende formgerechte Eheschließung übernimmt[3].

Eine **kirchliche Trauung** oder andere religiöse Feierlichkeit darf der standesamtlichen Eheschlie- 4 ßung grds erst nachfolgen (§ 67 PStG; wobei die Ordnungswidrigkeit, die die Trauperson andernfalls begeht, mangels Bußgeldandrohung nicht verfolgt werden kann)[4]. Dieses **Verbot der kirchlichen Voraustrauung** wird vielfach für verfassungswidrig gehalten[5], von den kirchlichen Amtsträgern aber befolgt. In keinem Fall kommt durch eine kirchliche Trauung eine Ehe iS des staatlichen Rechts zustande (zu Notsituationen der Kriegs- und ersten Nachkriegszeit Rn 16), auch nicht in den durch § 67 PStG erlaubten Ausnahmefällen (lebensgefährliche Erkrankung eines Verlobten, schwerer sittlicher Notstand).

II. Einzelerläuterung

1. Eheschließung vor dem Standesbeamten. a) Begriff des Standesbeamten. Die Eigenschaft 5 eines Standesbeamten wird durch **Bestellung** für einen bestimmten Standesamtsbezirk erlangt (§§ 52,

---
[1] BVerfG – Kammerbeschluss – NJW 1993, 3058 mwN; BayObLGZ 1993, 125 = NJW 1993, 1996; OLG Köln NJW 1993, 1997; KG StAZ 1994, 220; aA AG Frankfurt/M MDR 1993, 116 m abl Anm *Willutzki.*
[2] BVerfGE 29, 166, 176; 56, 363, 386 = NJW 1981, 1201, 1202; BVerfG NJW 1993, 3316, 3317; BGHZ 29, 137, 141 = NJW 1959, 717, 718.
[3] So zum früheren § 15a EheG BGHZ 43, 213, 224 = NJW 1965, 1129, 1131 f.
[4] Eingehend *Bosch,* Staatliches und kirchliches Eherecht, S 24 ff, 29.
[5] *Gernhuber/Coester-Waltjen* § 11 Rn 9; *Coester* StAZ 1996, 33, 40; s dazu *Staudinger/Strätz* Rn 5 f.

§ 1310 Buch 4. Abschnitt 1. Bürgerliche Ehe

53 Abs 1 PStG). Ein Standesbeamter ist dies nur in dem Bezirk, für den er bestellt ist[6], ausnahmsweise auch in einem anderen Bezirk, für den ihm nach § 56 PStG vorübergehend die Wahrnehmung der Geschäfte übertragen worden ist. Zur Vornahme und Beurkundung von Eheschließungen befugte **deutsche Konsularbeamte** im Ausland (§ 1309 Rn 5) gelten für ihren Konsularbezirk als Standesbeamte iS des BGB und des PStG (§ 8 Abs 1 S 2 KonsularG).

6 b) **Scheinstandesbeamter (Abs 2).** Das Merkmal „ohne Standesbeamter zu sein" erfüllt jede Person, die **für diese Eheschließung** nicht die Eigenschaft eines Standesbeamten besitzt, also auch, wer für einen anderen Bezirk zum Standesbeamten bestellt ist (Rn 5). Es kommt nicht darauf an, ob sie sich selbst für einen Standesbeamten hält oder von den Eheschließenden dafür gehalten wird[7]. Die Person muss das Amt eines Standesbeamten nur „öffentlich ausgeübt", dh sich bei der Eheschließung wie ein Standesbeamter verhalten haben. Das ist insbes der Fall, wenn sie in den Räumen des Standesamtes aufgetreten ist und die Eheschließung in das Heiratsbuch einzutragen vermochte[8], während jede Heimlichkeit eine öffentliche Amtsausübung ausschließt.

7 Die außerdem erforderliche **Eintragung der Ehe in das Heiratsbuch** (§§ 9, 11 PStG) hat hier ausnahmsweise konstitutive Bedeutung; ohne die Eintragung gilt die Trauperson nicht als Standesbeamter und fehlt damit eine der Voraussetzungen für das Zustandekommen einer Ehe (Rn 1). Wird die Eintragung – was genügt[9] – an einem späteren Tag nachgeholt, tritt ihre in Abs 2 bestimmte Wirkung mit dem Tag der Eheschließung ein.

8 c) **Bereitschaft des Standesbeamten.** Eine Eheschließung findet nur dann „vor dem Standesbeamten" statt, wenn dieser **bereit** ist, **die Eheschließungserklärungen entgegenzunehmen** (allgM). Ob das der Fall ist, entscheidet der **äußere Anschein**. Ein innerer, nicht oder erst nachträglich in Erscheinung tretender Vorbehalt ist ohne Bedeutung[10]. Geistige Störungen des Standesbeamten, etwa infolge Geisteskrankheit oder Trunkenheit, hindern seine „Bereitschaft" nur dann, wenn er dem äußeren Anschein nach zur Entgegennahme der Erklärungen nicht in der Lage ist[11]. Abs 1 S 2 bestimmt, wann der Standesbeamte seine Mitwirkung verweigern muss und wann er sie nicht verweigern darf. Er ist zur Mitwirkung **verpflichtet,** wenn seine auf Grund der Anmeldung (§ 4 PStG) vorgenommene Prüfung ergeben hat, dass die Heiratswilligen ehefähig sind (§§ 1303, 1304) und keine Eheverbote (§§ 1306 ff) oder sonstigen Ehehindernisse bestehen. Er **muss seine Mitwirkung verweigern,** wenn ein Ehehindernis vorliegt und die Ehe nach § 1314 Abs 2 aufhebbar wäre (zu den **Einzelheiten** s § 1311 Rn 1 und 8, § 1314 Rn 12, 15 f). Gegen die Verweigerung können die Heiratswilligen das Amtsgericht anrufen (§ 45 PStG).

9 d) **Ermächtigte Person (Art 13 Abs 3 S 2 EGBGB).** Der Grundsatz des Abs 1 S 1 gilt nur für Eheschließungen im Inland (Art 13 Abs 3 S 1 EGBGB) und hier auch nur, wenn wenigstens einer der Eheschließenden Deutscher ist. Beiderseits **nichtdeutsche Paare** können nach Art 13 Abs 3 S 2 EGBGB auch vor einer anderen Trauperson als dem Standesbeamten wirksam die Ehe schließen, vorausgesetzt, die Trauperson ist von der Regierung eines Staates, dem wenigstens einer der Eheschließenden angehört, **ordnungsgemäß ermächtigt** worden und die Ehe wird in der nach dem Recht dieses Staates **vorgeschriebenen Form** geschlossen. Ermächtigt werden gewöhnlich Geistliche oder staatliche Funktionsträger (dh konsularische oder diplomatische Vertreter, für im Ausland stationiertes Militär nebst Angehörigen auch Truppenoffiziere und Militärgeistliche)[12]. Sowohl Geistliche wie staatliche Funktionsträger müssen entweder durch ein völkerrechtlich dazu berufenes Organ, etwa die Botschaft des Entsendestaates, **persönlich** benannt oder durch Staatshoheitsakt **nach allgemeinen Kriterien** ermächtigt sein[13].

10 Die bestehenden – multi- wie bilateralen – **völkerrechtlichen Verträge**[14], die dem Art 13 Abs 3 EGBGB vorgehen (Art 3 Abs 2 S 1 EGBGB), geben keine über S 2 der Vorschrift hinausgehenden Befugnisse, sondern bleiben teilweise dahinter zurück, soweit sie nämlich vorsehen, dass beide Eheschließende Staatsangehörige des Entsendestaates sein müssen.

11 **2. Erklärung des Eheschließungswillens.** Sie ist das materiell **wesentliche Element der Eheschließung,** „erzeugt die rechtliche Bindung"[15] und ist für die Begründung einer Ehe unverzichtbar. Der Ausspruch des Standesbeamten (§ 1312 Abs 1 S 1 HS 2) hat ebenso wie grds die Eintragung in das Heiratsbuch (§ 1312 Abs 2; zur Ausnahme in Abs 2 s Rn 7) nur deklaratorische Bedeutung.

12 Zum Zustandekommen der Ehe erforderlich ist die **Erklärung** (nicht das Vorhandensein) des Eheschließungswillens. Die Vorschriften des Allgemeinen Teils über Willensmängel und ihre Folgen werden durch das eherechtliche Institut der Aufhebbarkeit, hier nach § 1314 Abs 2 Nr 1–4, verdrängt. Das gilt auch für § 116 S 2. Durch einen geheimen Vorbehalt wird die Wirksamkeit

---

[6] *Bingel* StAZ 1989, 382.
[7] OLG Celle StAZ 1962, 100; *Hepting/Gaaz* Bd 2 Rn III-258; *Soergel/Heintzmann* § 11 EheG Rn 4.
[8] MünchKommBGB/*Müller-Gindullis* Rn 9; *Staudinger/Strätz* Rn 41.
[9] Vgl *Staudinger/Strätz* Rn 43.
[10] RGZ 166, 341, 343 f: Pfarrer.
[11] *Meier* StAZ 1985, 272; MünchKommBGB/*Müller-Gindullis* Rn 6; *Hepting/Gaaz* Bd 2 Rn III-249.
[12] OLG Hamm FamRZ 1986, 678 m Anm *Bosch* = IPRax 1987, 31 m Anm *Beitzke* 17: Offizier der belgischen Streitkräfte; AG Hamburg FamRZ 2000, 821: Pastor schwedischer Seemannskirche.
[13] *Wagenitz/Bornhofen* Rn 5–8 ff; *Hepting/Gaaz* Bd 2 Rn III-489 ff.
[14] *Hepting/Gaaz* Bd 2 Rn III-535 ff; RGRK/*Lohmann* Rn 16 f.
[15] BGHZ 29, 137, 141 = NJW 1959, 717, 718; BGH FamRZ 1983, 450, 451.

einer Eheschließungserklärung auch dann nicht berührt, wenn der andere Beteiligte den Vorbehalt kennt[16].

Abs 1 S 1 besagt, was die Eheschließenden **inhaltlich erklären** müssen, damit die Ehe zustande 13 kommt, schreibt aber **keinen bestimmten Wortlaut** vor. Praktisch wird der Eheschließungswille dadurch erklärt, dass die Frage des Standesbeamten (§ 1312 Abs 1 S 1) bejaht wird. Vorgeschrieben ist auch **kein bestimmtes Ausdrucksmittel.** Die Erklärungen können statt mündlich auch schriftlich, durch Gesten (zB Kopfnicken) oder durch Fingerzeichen (Taubstummensprache) abgegeben werden (vgl § 6 PStV). Eheschließende brauchen sich nicht der deutschen Sprache zu bedienen (vgl § 5 PStV).

Durch die Eheschließungserklärungen wird ein **familienrechtlicher Vertrag** geschlossen (allgM), 14 was aber nicht dazu zwingt, die durch den Vertrag begründete Ehe als Vertragsverhältnis anzusehen. Jeder Beteiligte erklärt seinen Eheschließungswillen gegenüber dem anderen, nicht gegenüber dem Standesbeamten. Daher ist nicht erforderlich, dass dieser die Erklärungen rechtlich zutreffend wertet[17]. Er hat nur die Funktion eines **notwendigen Zeugen** für die Abgabe der Eheschließungserklärungen. Der zur Wirksamkeit dieser **Willenserklärungen unter Anwesenden** erforderliche Zugang setzt voraus, dass der jeweils andere Beteiligte sie vernimmt[18], was durch Unkenntnis der verwendeten Sprache oder Fingerzeichen (Rn 13) oder durch Taubheit verhindert werden kann. Auf den anderen Beteiligten kommt es auch an, soweit für die Auslegung einer Erklärung das Verständnis des Erklärungsempfängers maßgebend ist[19].

Inhaltlich bekunden Eheschließungserklärungen nichts als den Willen, mit dem anderen Beteiligten 15 „die Ehe" einzugehen[20], also nichts darüber, wie die Ehe ausgestaltet werden soll. Insbesondere erklären die Eheschließenden nicht den Willen zur Begründung einer ehelichen Lebensgemeinschaft; die Verpflichtung dazu (§ 1353 Abs 1 S 2) entsteht vielmehr kraft Gesetzes (§ 1314 Rn 13). Zu Bedingungen und Zeitbestimmungen s § 1311 Rn 5 ff.

3. Heilung von Nichtehen (Abs 3). a) Grundsätzliches. Wenn keine Ehe zustande gekommen 16 ist, weil der Wille zur Eheschließung entgegen Abs 1 S 1 nicht (auch nicht nach Abs 2) „vor dem Standesbeamten" erklärt worden ist, „gilt" die Ehe unter den Voraussetzungen des Abs 3 trotzdem „als geschlossen". Die Beteiligten werden nicht bloß in einzelnen Hinsichten wie Eheleute behandelt, vielmehr wird ihre Verbindung rechtlich in vollem Umfang zur Ehe[21]. Erforderlich sind (1) die Erklärung (nicht bloß das Vorhandensein) des Eheschließungswillens (Rn 11 ff) und (2) ein besonderer Vertrauenstatbestand (Abs 3 Nr 1 bis 3; dazu Rn 17–19). Danach müssen die Beteiligten (3) bestimmte Zeiten als Ehegatten miteinander gelebt haben (Rn 20). Die Regelung ist durch das EheschlRG neu eingeführt worden. Zuvor hatte es außer **Sondervorschriften** aus dem Zweiten Weltkrieg und Spezialgesetzen zur Behebung bestimmter, unter dem NS-Regime und durch den Zusammenbruch der deutschen Herrschaft im besetzten Ausland und in den ehemals deutschen Ostgebieten entstandener Notlagen[22] nur mehr oder weniger gefestigte Rspr **zu bestimmten Fallgruppen** und darüber hinaus **Überlegungen im Schrifttum** gegeben, ob und auf welchen Wegen Härten begegnet werden kann, denen der Grundsatz des Abs 1 S 1 manche Ehewilligen aussetzt[23]. Ob und inwieweit die von Rspr und Lit gefundenen Ansätze neben der Heilung nach Abs 3 noch Bedeutung haben, muss derzeit als ungeklärt bezeichnet werden[24].

b) Vertrauenstatbestände (Abs 3 Nr 1 bis 3). aa) Eintragung einer Nichtehe. Die Eintragung 17 einer Nichtehe in das **Heiratsbuch** (Nr 1 Alt 1) ist heute kaum vorstellbar (§§ 9, 11 PStG). Anders früher, solange vor einer **ermächtigten Person** (Rn 9) geschlossene Ehen nach § 15a EheG aF (aufgehoben ab 1. 9. 1986 durch das IPRG) auf Antrag in das Heiratsbuch eingetragen wurden[25]. Weit eher kommt als Vertrauenstatbestand eine Eintragung in das **Familienbuch** (Nr 1 Alt 2) in Betracht, das seit 1. 9. 1986 nach Eheschließungen Deutscher oder ihnen insoweit gleichgestellter Ausländer oder Staatenloser im Ausland oder Eheschließungen im Inland vor einer ermächtigten Person auf Antrag anzulegen ist (§ 15a Abs 1 Nr 1 und 2 PStG).

bb) Beurkundung der Geburt eines gemeinschaftlichen Kindes. Im Zusammenhang mit der 18 Beurkundung der Geburt eines gemeinschaftlichen Kindes (Nr 2) bringt der Standesbeamte einen Hinweis auf die Eheschließung seit den Änderungen des PStG durch das KindRG vom 16. 12. 1997 (BGBl I S 2942) nur noch „am unteren Rand des Geburtseintrages" an (§ 33 PStV), der aber im Interesse der Betroffenen als Vertrauenstatbestand genügen sollte[26].

---

[16] BayObLGZ 1982, 179, 183 = FamRZ 1982, 603, 605; OLG Hamm FamRZ 1982, 1073; OLG Hamburg FamRZ 1983, 64, 65.
[17] BGH FamRZ 1983, 450, 452.
[18] BGH FamRZ 1989, 476, 479.
[19] BGH FamRZ 1983, 450, 451.
[20] *Gernhuber/Coester-Waltjen* § 11 Rn 44.
[21] *Barth/Wagenitz* FamRZ 1996, 833, 843.
[22] RGRK/*Lohmann* Rn 21.
[23] RGRK/*Lohmann* Rn 47 ff.
[24] *Barth/Wagenitz* FamRZ 1996, 844; *Finger* FuR 1996, 124, 126; *Hepting* FamRZ 1998, 713, 726; *Wagenitz/Bornhofen* Rn 4–45; *Hepting/Gaaz* Bd 2 Rn III-295.
[25] *Bornhofen* StAZ 1997, 362, 370.
[26] *Hepting* FamRZ 1998, 713, 725 f; *Hepting/Gaaz* Bd 2 Rn III-301 ff; *Bornhofen* StAZ 1887, 362, 370.

§ 1311

19 **cc) Familienrechtliche Erklärungen.** Als familienrechtliche Erklärungen iS von Nr 3 kommen insbes **namensrechtliche Erklärungen** (§ 1355, Art 10 Abs 2 EGBGB) in Betracht, deren Entgegennahme der Standesbeamte gemäß § 9a PStV zu bescheinigen hat.

20 **c) Zusammenleben als Ehegatten.** Die dafür bestimmten Fristen beginnen (erst) mit der Verwirklichung der jeweiligen Vertrauenstatbestände. Zur Frage, wann ein Paar als Ehegatten miteinander lebt, s § 1315 Rn 13.

III. Übergangsrecht

21 Da die Vorschrift auch für vor dem 1. 7. 1998 geschlossene Ehen gilt (Art 226 Abs 3 EGBGB), erfasst Abs 3 auch vor diesem Zeitpunkt liegende Sachverhalte[27].

IV. Lebenspartnerschaft

22 **Form** und **Voraussetzungen** der Begründung einer eingetragenen gleichgeschlechtlichen Lebenspartnerschaft sind in § 1 LPartG geregelt. Nach Abs 1 dieser Bestimmung begründen zwei Personen gleichen Geschlechts eine Lebenspartnerschaft, wenn sie gegenseitig persönlich und bei gleichzeitiger Anwesenheit erklären, miteinander eine Partnerschaft auf Lebenszeit führen zu wollen (Lebenspartnerinnen oder Lebenspartner). Die Erklärungen können nicht unter einer Bedingung oder Zeitbestimmung abgegeben werden. Die Erklärungen werden wirksam, wenn sie vor der zuständigen Behörde erfolgen. Die **Eintragung** in das dafür nach Landesrecht vorgesehene Register ist **nicht Wirksamkeitsvoraussetzung**[28].

§ 1311 Persönliche Erklärung

¹Die Eheschließenden müssen die Erklärungen nach § 1310 Abs. 1 persönlich und bei gleichzeitiger Anwesenheit abgeben. ²Die Erklärungen können nicht unter einer Bedingung oder Zeitbestimmung abgegeben werden.

Schrifttum: *Beitzke,* Eheschließung unter falschem Namen, FS Dölle, 1963, Bd I, S 229; *Raape,* Stellvertretung bei der Eheschließung, StAZ 1952, 2; *Schwab,* Die Negierung von gesetzlichen Strukturelementen der Ehe im Eheschließungswillen nach kanonischem und bürgerlichem Recht, FamRZ 1965, 474.

I. Bedeutung der Norm

1 S 1 normiert ein weiteres **Formerfordernis** der Eheschließung. Die **gleichzeitige persönliche Anwesenheit** vor dem Standesbeamten hat in erster Linie den Zweck, den Konsens der Eheschließenden, die Tatsache, dass die **Ehe zwischen ihnen** geschlossen wird, über jeden Zweifel hinauszuheben und ihnen bewusst zu machen, dass sie unwiderrufliche, äußerst wichtige Erklärungen abgeben[1]. S 2 betrifft den Inhalt der Erklärungen, also ein **materielles Erfordernis**. Das Verbot, Eheschließungserklärungen unter einer Bedingung oder Zeitbestimmung abzugeben, dient der Gewissheit über Bestand und Fortbestand der Ehe[2]. Beide Bestimmungen haben zwar nicht die Bedeutung des § 1310 Abs 1 S 1, von dessen Einhaltung die Wirksamkeit der Eheschließung abhängt (§ 1310 Rn 1), werden aber als so wichtig angesehen, dass ihre Verletzung die **Ehe aufhebbar** macht (§ 1314 Abs 1). Der **Standesbeamte**, der keine Eheschließung vornehmen darf, wenn der Ehe ein Hindernis entgegensteht (§§ 5 Abs 2 S 1, 6 Abs 1 S 1 PStG), muss seine **Mitwirkung verweigern**, wenn erkennbar gegen § 1311 verstoßen wird. Dass § 1310 Abs 1 S 2 ihn zu solcher Weigerung ausdrücklich nur verpflichtet, wenn die Ehe offenkundig „nach § 1314 Abs 2" (nicht auch nach Abs 1) aufhebbar wäre, kann daran nichts ändern[3].

II. Einzelerläuterung

2 **1. Gleichzeitige Anwesenheit.** „Anwesenheit" bedeutet, dass beide Eheschließenden **in Person anwesend** sein müssen; sonst könnten sie ihre Erklärungen nicht persönlich abgeben (Rn 3). Ihre **gleichzeitige** Anwesenheit ist schon deshalb erforderlich, damit die beiden Erklärungen dem jeweils anderen Beteiligten zugehen können (§ 1310 Rn 14). Außerdem soll dieses Erfordernis Komplikationen ausschließen, die sich ergeben können, wenn die Eheschließungserklärungen zu verschiedenen Zeiten und/oder an verschiedenen Orten abgegeben werden[4].

3 **2. Persönliche Erklärung.** Eine Eheschließungserklärung kann formgerecht nur **durch den Eheschließenden selbst** abgegeben werden, niemals durch einen Vertreter (sei es auch nur „in der Erklärung"; vgl § 164) oder einen Boten. Da es sich hierbei um ein Formerfordernis (auch) iS des Art 11 Abs 1 EGBGB handelt[5], können auch Ausländer, deren Heimatrecht die Eheschließung durch

---

[27] Ebenso FamRefK/*Wax* Rn 7.
[28] *Gernhuber/Coester-Waltjen* § 42 Rn 22.
[1] BGHZ 29, 137, 141 = NJW 1959, 717, 718.
[2] *Schwab* FamRZ 1965, 474, 486; *Gernhuber/Coester-Waltjen* § 11 Rn 49 f.
[3] *Hepting/Gaaz* Bd 2 Rn III-240 ff.
[4] *Gernhuber/Coester-Waltjen* § 11 Rn 45.
[5] BGHZ 29, 137, 142 = NJW 1959, 717, 718; OLG Karlsruhe StAZ 1994, 286; allgM.

eine Mittelsperson (sog **Handschuhehe**) gestattet, im Inland jedenfalls vor einem Standesbeamten rechtsgültig nur durch persönliche Erklärung heiraten. Für Eheschließungen vor einer ermächtigten Person (Art 13 Abs 3 S 2 EGBGB; § 1310 Rn 9) ist dies streitig[6].

Falls bei einer Eheschließung ein Beteiligter verbotswidrig einen **Vertreter oder Boten** vor dem Standesbeamten für sich auftreten lässt, kommt die Ehe trotzdem zustande, und zwar mit ihm; denn auch dieser Beteiligte erklärt, wenn auch nicht persönlich, seinen Willen, mit dem anderen die Ehe einzugehen, so dass § 1310 Abs 1 S 1 genügt ist. Die Verstöße gegen § 1311 S 1 haben lediglich die Aufhebbarkeit der Ehe zur Folge (Rn 1). Da der Standesbeamte sonst die Mitwirkung verweigern würde (Rn 1 aE), wird die Mittelsperson allerdings nicht offenkundig in fremdem Namen, sondern unter dem Namen dessen auftreten, für den sie handelt. Indem sie die Frage des Standesbeamten (§ 1312 Abs 1 S 1) bejaht, gibt sie dann objektiv die Erklärung ab, sie selbst wolle die Ehe mit dem anderen Beteiligten eingehen[7]. Aus der maßgebenden Sicht des Erklärungsempfängers (§ 1310 Rn 14 aE), also des anderen Beteiligten, dem das Auftreten der Mittelsperson bekannt ist, ist es aber eine Erklärung des Vertretenen[8]. Entspr erklärt der andere Beteiligte zwar nicht objektiv, aber aus der maßgebenden Sicht der Mittelsperson den Willen, die Ehe mit dem Vertretenen einzugehen. – Da es auf das Erklärte ankommt (§ 1310 Rn 12), ist das Ergebnis nicht anders, wenn die Mittelsperson die Ehe insgeheim, also ohne Wissen des anderen Beteiligten, weisungswidrig für sich selbst oder einen Dritten schließen will. – Im Falle **verdeckter** (dh nicht nur dem Standesbeamten, sondern auch dem anderen Beteiligten unbekannter) **Stellvertretung** kommt die Ehe zwischen den Erschienenen zustande[9]. Da den Formerfordernissen des S 1 genügt ist, ist die Ehe in diesem Fall nicht nach § 1314 Abs 1 aufhebbar, wohl aber uU wegen arglistiger Täuschung nach § 1314 Abs 2 Nr 3, etwa wenn der verdeckte Stellvertreter unter falschem Namen auftritt[10]. – Die praktische Bedeutung dieser Fragen ist äußerst gering, eine Erörterung der je nach den Vorstellungen der Beteiligten denkbaren weiteren Abwandlungen daher ohne Wert.

3. Bedingung und Zeitbestimmung (S 2). a) Allgemeines. „Unter einer Bedingung oder Zeitbestimmung" wird eine Eheschließungserklärung abgegeben, wenn die Bedingung oder Zeitbestimmung **erklärt** wird. Wird sie – mit oder ohne Kenntnis des anderen Eheschließenden – nur insgeheim vorbehalten, ist sie wie jeder geheime Vorbehalt (§ 1310 Rn 12) unbeachtlich, macht also die Ehe nicht nach § 1314 Abs 1 aufhebbar. Praktische Beispiele bedingter oder befristeter Eheschließungserklärungen sind in Rspr und Schrifttum so gut wie nicht zu finden. Bevor der Eheaufhebungsgrund des § 1314 Abs 2 Nr 5 geschaffen war, zogen einige Gerichte allerdings den dem S 2 entsprechenden § 13 Abs 2 EheG heran, um sog **Aufenthaltsehen** zur Erlangung ausländerrechtlicher Vorteile zu bekämpfen. Ihre Entscheidungen bezeichnen Ehen, mit denen nicht die Herstellung einer ehelichen Lebensgemeinschaft, sondern ausschließlich die Erlangung einer Aufenthaltserlaubnis bezweckt wird, als „unter einer Bedingung oder Zeitbestimmung" geschlossen und daher (nach damaligem Recht) nichtig (= vernichtbar), weshalb der Standesbeamte seine Mitwirkung an der Schließung einer solchen Ehe verweigern könne[11]. Überzeugen kann diese Rspr aber nicht, schon weil sie sich darüber hinwegsetzt, dass die von ihr konstatierte „Bedingung oder Zeitbestimmung" aus nahe liegenden Gründen nicht erklärt zu werden pflegt und daher die Rechtsgültigkeit der Aufenthaltsehe nach § 13 Abs 2 EheG (jetzt § 1311 S 2) nicht in Frage stellen kann[12]. Außerdem bleibt unklar, was von beidem – Bedingung oder Zeitbestimmung – vorliegen soll und ob dafür die rechtlichen und tatsächlichen Voraussetzungen gegeben sind (Rn 6 f).

b) Bedingung. Entspr dem Zweck der Vorschrift (Rn 1) ist Bedingung iS von S 2 jede in die Eheschließungserklärung aufgenommene **Beschränkung des Eheschließungswillens**, wonach die Bindung an die Erklärung noch im Ungewissen bleibt. Darunter fällt es, wenn – bei aufschiebender Bedingung – der Beginn oder – bei auflösender Bedingung – der Fortbestand der Ehe von Bedingungen iS des § 158, also **künftigen ungewissen Ereignissen** abhängig gemacht wird. In Betracht kommen aber auch **vergangene oder gegenwärtige**, dem Erklärenden jedoch **ungewisse Umstände**[13].

c) Zeitbestimmung. Unter einer Zeitbestimmung wird eine Eheschließungserklärung abgegeben, derzufolge die Ehe zu einem bestimmten künftigen Zeitpunkt beginnen oder enden soll. Beides kommt praktisch nicht vor, auch sog **Aufenthaltsehen** (Rn 5) werden nicht befristet geschlossen[14]. Wenn eine Ehe „nur auf eine begrenzte Zeit gewollt" ist, soll sie **nicht durch Zeitablauf enden,** sondern (alsbald) **geschieden** werden, wie jede Ehe unter den gesetzlichen Voraussetzungen geschieden werden kann. Etwas anderes kann sich allenfalls ein Jurist ausdenken.

d) Rechtsfolgen. Eine Eheschließung, bei der gegen S 1 oder S 2 verstoßen wird, ist deswegen nicht unwirksam. Die so zustande gekommene **Ehe kann nach § 1314 Abs 1 aufgehoben** werden, ist aber weder aufschiebend noch auflösend bedingt und auch nicht befristet. Im Fall einer aufschiebenden Bedingung oder der Bestimmung eines Anfangstermins führt dies allerdings dazu, dass eine wirk-

---

[6] Staudinger/v. Bar/Mankowski Art 13 EGBGB Rn 769 mwN.
[7] So die Schwester der erkrankten Braut in dem von Raape StAZ 1952, 2 berichteten Fall.
[8] OLG Karlsruhe StAZ 1994, 286, 287; Gernhuber/Coester-Waltjen § 11 Rn 46; MünchKommBGB/Müller-Gindullis Rn 3; Hepting/Gaaz Bd 2 Rn III–265; Palandt/Brudermüller Rn 5.
[9] Gernhuber/Coester-Waltjen § 11 Rn 46; MünchKommBGB/Müller-Gindullis Rn 4; Staudinger/Strätz Rn 10; hM, aber str.
[10] Hepting/Gaaz Bd 2 Rn III–266.
[11] BayObLG FamRZ 1984, 1014, 1015; OLG Hamburg FamRZ 1983, 64, 65.
[12] Hepting/Gaaz Bd 2 Rn III–239; RGRK/Lohmann Rn 20 mwN.
[13] Schwab FamRZ 1965, 474, 486; Gernhuber/Coester-Waltjen § 11 Rn 49.
[14] AA BayObLGZ 1982, 179, 183 = FamRZ 1982, 603, 605; OLG Hamburg FamRZ 1983, 64, 65.

same (wenn auch aufhebbare) Ehe bereits unter Umständen und zu einer Zeit besteht, für die der Ehegatte sich nach dem Inhalt seiner Eheschließungserklärung (noch) nicht binden wollte. Das muss aber hingenommen werden und ist auch hinnehmbar. Da der Standesbeamte seine (weitere) Mitwirkung verweigern muss, wenn eine Eheschließungserklärung erkennbar unter einer Bedingung oder Zeitbestimmung abgegeben wird (Rn 1), wird es zu einer Eheschließung allenfalls bei höchst unklar geäußerten Vorbehalten kommen. In solchen Fällen kann es den Beteiligten zugemutet werden, die Ehe bis zur Klärung durch ein gerichtliches Eheaufhebungsverfahren als bestehend hinzunehmen.

III. Lebenspartnerschaft

9   Zur Lebenspartnerschaft s § 1310 Rn 22.

§ 1312 Trauung, Eintragung

(1) ¹Der Standesbeamte soll bei der Eheschließung die Eheschließenden einzeln befragen, ob sie die Ehe miteinander eingehen wollen, und, nachdem die Eheschließenden diese Frage bejaht haben, aussprechen, dass sie nunmehr kraft Gesetzes rechtmäßig verbundene Eheleute sind. ²**Die Eheschließung kann in Gegenwart von einem oder zwei Zeugen erfolgen, sofern die Eheschließenden dies wünschen.**

(2) Der Standesbeamte soll die Eheschließung in das Heiratsbuch eintragen.

Schrifttum: *Böhmer,* Das Betreuungsgesetz und seine Bedeutung für die Tätigkeit des Standesbeamten, StAZ 1992, 65; *Figge,* Die Trauzeugen, StAZ 1964, 20; *Müller,* Blinde, stumme oder taubstumme Personen vor dem Standesbeamten, StAZ 1951, 186.

I. Bedeutung der Norm

1   Abs 1 S 1 HS 1 formalisiert die beiderseitige **Erklärung des Eheschließungswillens** vor einem Standesbeamten, um die Abgabe dieser wichtigen Erklärungen, die die eheliche Bindung erzeugen und ohne die eine Ehe nicht zustande kommt (§ 1310 Rn 1, 11), jedem Zweifel zu entrücken. Der Standesbeamte hat die Vorschrift daher strikt einzuhalten. Als bloßes Mittel zum Zweck ist sie aber nur **Sollvorschrift**, das Zustandekommen der Ehe hängt von ihrer Einhaltung nicht ab. Sollvorschriften sind auch Abs 1 S 1 HS 2 und Abs 2; der **Ausspruch des Standesbeamten** hat stets, die **Eintragung in das Heiratsbuch** grds (Ausnahme § 1310 Rn 7) nur deklaratorische Bedeutung. Die Hinzuziehung von (nicht mehr als zwei) **Trauzeugen,** früher Sollvorschrift, wird nunmehr in das Belieben der Eheschließenden gestellt (Abs 1 S 2).

II. Einzelerläuterung

2   **1. Erklärung des Eheschließungswillens.** Die Frage, die der Standesbeamte an die Eheschließenden zu richten hat, ist – im Anschluss an § 1310 Abs 1 S 1 – so formuliert, dass mit ihrer Bejahung der Eheschließungswille unzweifelhaft erklärt wird. Um sicherzustellen, dass jeder der beiden Eheschließenden sich erklärt, soll der Standesbeamte sie **einzeln befragen** und seine Frage – wie nach ihrem Zweck zu ergänzen ist – von jedem einzeln beantworten lassen. Die Frage muss dann notwendig dahin formuliert werden, ob der Befragte **mit dem** (beim Namen zu nennenden) **anderen** die Ehe eingehen wolle. Die Vorschrift fasst beide Fragen unter Verwendung des Wortes „miteinander" kurz zusammen. Unerlässlich ist dieses Frage- und Antwort-Verfahren nicht (Rn 1). Eine Ehe kommt auch zustande, wenn Mann und Frau vor dem – dazu bereiten (§ 1310 Rn 8) – Standesbeamten ihren Eheschließungswillen ungefragt oder sonst in anderer Weise erklären.

3   **2. Ausspruch des Standesbeamten.** Der Ausspruch des Standesbeamten hat durch Abs 1 S 1 auch von Gesetzes wegen die Fassung („kraft Gesetzes rechtmäßig verbundene Eheleute") erhalten, die in der Praxis der Standesämter schon vorher üblich geworden war.

4   **3. Trauzeugen.** Trauzeugen, in deren Gegenwart die Eheschließung erfolgen kann (Abs 1 S 2), ist die Aufgabe zugedacht, den **Vorgang der Eheschließung wahrzunehmen,** um ihn notfalls bezeugen zu können. Sind Zeugen zugegen, ist daher die Beurkundung (Abs 2) in ihrem Beisein vorzunehmen (§ 9 S 2 PStG), sind sie in das Heiratsbuch einzutragen (§ 11 Abs 1 Nr 2 PStG) und haben die Eintragung im Heiratsbuch zu unterschreiben (§ 11 Abs 2 PStG).

5   Ein **Minderjähriger** soll nicht als Zeuge mitwirken (§ 15 PStV), ebenso ein **Geschäftsunfähiger** (§ 104 Nr 2)[1]. Betreuung, auch mit Einwilligungsvorbehalt, ist kein Hindernis[2]. Inwieweit **körperliche Gebrechen** (Blind-, Stumm-, Taubheit) zum Trauzeugen unfähig machen, ist im Hinblick auf dessen Aufgabe (Rn 4) zu beurteilen[3].

III. Lebenspartnerschaft

6   Zur Lebenspartnerschaft s § 1310 Rn 22.

---

[1] MünchKommBGB/*Müller-Gindullis* Rn 3.
[2] Palandt/*Brudermüller* Rn 2.
[3] *Müller* StAZ 1951, 186 f; *Figge* StAZ 1964, 20, 21 f; *Böhmer* StAZ 1992, 65, 68.

Titel 3. Aufhebung der Ehe (§§ 1313–1318)

§ 1313 Aufhebung durch Urteil

¹Eine Ehe kann nur durch gerichtliches Urteil auf Antrag aufgehoben werden. ²Die Ehe ist mit der Rechtskraft des Urteils aufgelöst. ³Die Voraussetzungen, unter denen die Aufhebung begehrt werden kann, ergeben sich aus den folgenden Vorschriften.

I. Bedeutung der Norm

1. **Aufhebung durch gerichtliches Urteil.** S 1 und 2 normieren die grundlegende – von **keiner** **Ausnahme** durchbrochene – Regel, dass es zur Aufhebung einer Ehe (wie zur Ehescheidung, § 1564) eines rechtskräftigen gerichtlichen (Gestaltungs-)Urteils bedarf. Die Aufhebbarkeit einer Ehe kann also nicht inzident in einem anderen Verfahren geltend gemacht werden[1], auch nicht als Einwand gegen eine Klage auf Feststellung des Bestehens der Ehe (Rn 7 aE). 1

2. **Abschließende Regelung.** Nach S 3 sind die Voraussetzungen, unter denen eine Ehe aufgehoben werden kann, in den folgenden Vorschriften abschließend bestimmt, die Aufhebungsgründe also (von § 1320 Abs 1 abgesehen) in § 1314 Abs 1 (mit den dort in Bezug genommenen Vorschriften) und Abs 2 („**numerus clausus**" der Aufhebungsgründe). Eine Ehe darf daher nicht in Analogie zu einem dieser Gründe aufgehoben werden[2]. Die Vorschrift ist damit Ausprägung eines für alle Fälle der Beendigung einer Ehe geltenden Grundsatzes. 2

II. Einzelerläuterung

1. **Aufhebungsantrag.** Wegen der Antragsberechtigung s § 1316 Rn 1. 3

2. **Aufhebungsverfahren.** Das Aufhebungsverfahren gehört zu den **Ehesachen** (§ 606 Abs 1 S 1 ZPO, für die die **Familiengerichte** sachlich zuständig sind (§ 23 b Abs 1 S 2 Nr 1 GVG); besondere Verfahrensvorschriften in § 631 ZPO. Das Aufhebungsverfahren kann mit Verfahren auf Herstellung des ehelichen Lebens und auf Ehescheidung verbunden werden (§ 610 Abs 1 ZPO). Werden im selben Verfahren Eheaufhebung und -scheidung beantragt und sind beide Anträge begründet, ist nur auf Aufhebung zu erkennen (§ 631 Abs 2 S 3 ZPO). § 623 ZPO (**Verhandlungs- und Entscheidungsverbund** mit Folgesachen) ist nicht anwendbar[3]. 4

Den **Streitgegenstand** bestimmt der jeweils geltend gemachte Aufhebungsgrund. Ein den Antrag abweisendes Sachurteil stellt zugleich fest, dass dieser Grund nicht besteht. Ein auf Aufhebung erkennendes Urteil wirkt als **Gestaltungsurteil** für und gegen alle. 5

Stirbt einer der Ehegatten, bevor ein Urteil ergangen und rechtskräftig geworden ist, ist das Verfahren als in der Hauptsache erledigt anzusehen (§ 619 ZPO). Da die Aufhebung nicht mehr beantragt werden kann, wenn die Ehe aufgelöst ist (§ 1317 Abs 3), gilt das auch in Verfahren über Aufhebungsanträge der zuständigen Verwaltungsbehörde und – in Bigamiefällen (§ 1306) – der „dritten Person". 6

3. **Ehe mit Rechtskraft des Urteils aufgelöst (S 2). a) Grundsatz.** Bis zu ihrer Auflösung hat eine aufhebbare Ehe grds alle Rechtswirkungen einer Ehe, güter-, unterhalts- und erbrechtlich, namensrechtlich sogar im Bigamiefall: Wer in zwei Ehen lebt, kann bis zur Aufhebung der bigamischen Ehe in die Lage kommen, zwei verschiedene gesetzliche Namen zu führen[4]. Die aufhebbare Ehe begründet das Eheverbot der Doppelehe (§ 1306 Rn 4) und kann geschieden, ihr Bestehen kann durch Urteil festgestellt werden[5]. Ab Auflösung: § 1318. 7

b) **Eheliche Lebensgemeinschaft.** Bis zu ihrer Auflösung begründet auch eine aufhebbare Ehe die Verpflichtung zur ehelichen Lebensgemeinschaft (§ 1353 Abs 1 S 2 HS 1)[6]. Im Hinblick auf den Aufhebungsgrund und/oder mit ihm zusammenhängende Umstände kann sich ein Herstellungsverlangen jedoch als **Rechtsmissbrauch** darstellen, der den anderen Ehegatten zur Verweigerung der Gemeinschaft berechtigt (§ 1353 Abs 2)[7]. 8

Ob Rechtsmissbrauch vorliegt, lässt sich nur für den Einzelfall beurteilen, wobei es außer auf die gesamten Umstände insbes auf das jeweilige Herstellungsverlangen ankommt. Auch ein Ehegatte, der einen Teil der aus der Pflicht zur ehelichen Lebensgemeinschaft fließenden **Einzelpflichten** (§ 1353), 9

---

[1] So für die frühere Ehenichtigkeit RGZ 161, 10, 11.
[2] Anders RG JW 1938, 1724, 1725 für die frühere Ehenichtigkeit: analoge Anwendung des damaligen Nichtigkeitsgrundes der Namensehe auf eine zur Erlangung der Staatsangehörigkeit eingegangene Ehe.
[3] BGH FamRZ 1989, 153, 154; s auch BGH FamRZ 1982, 586 betr Ehenichtigkeitsverfahren; *Johannsen/Henrich* Rn 9; *Baumbach/Albers* § 631 ZPO Rn 2.
[4] *Erman/Aderhold*, 9. Aufl 1993, § 23 EheG Rn 2; s auch MünchKommBGB/*Müller-Gindullis* Rn 6.
[5] So für eine nach früherem Recht nichtige Ehe RGZ 166, 341, 343.
[6] BGHZ 30, 140, 148 = NJW 1959, 2207, 2209.
[7] *Gernhuber/Coester-Waltjen* § 14 Rn 3, § 18 Rn 39; *Soergel/H. Lange* § 1353 Rn 51.

§ 1314

etwa das Zusammenleben, verweigern darf, kann in anderer Hinsicht noch verpflichtet sein[8]. **Verbotenes Verhalten** kann selbstverständlich nicht verlangt werden. Ist die Ehe nach §§ 1314 Abs 1, 1307 (Verwandtschaft) aufhebbar, können einem Herstellungsverlangen durch § 173 StGB Grenzen gesetzt sein. Grds kann auch nichts verlangt werden, was die Aufhebbarkeit der Ehe ausschließen kann, weil es als **Bestätigung** (§ 1315 Abs 1 S 1 Nr 1 bis 4) oder als **Zusammenleben** (§ 1315 Abs 1 S 1 Nr 5, Abs 2 Nr 2) verstanden wird[9]. Sonst würde die durch Art 6 Abs 1 GG gewährleistete Eheschließungsfreiheit des Ehegatten berührt, die ihm – im Rahmen der gesetzlichen Möglichkeiten – auch die freie Entscheidung über die Heilung einer mit Abschlussmängeln behafteten Ehe verbürgt.

10 Auch in einer nach §§ 1314 Abs 1, 1306 **(Bigamie)** aufhebbaren Ehe kommen Pflichten aus § 1353 Abs 1 S 2 in Betracht. Wenn sie mit Pflichten des doppelt Verheirateten aus der früher geschlossenen Ehe kollidieren, haben diese aber grds den Vorrang[10]. Der andere Ehegatte dieser Ehe braucht sich nicht auf sein Recht verweisen zu lassen, die Aufhebung der bigamischen Ehe zu verlangen[11], sondern kann wie jeder Klageberechtigte frei entscheiden, ob und wann er von seinem Recht Gebrauch macht[12]. Ein Herstellungsverlangen des anderen Ehegatten der bigamischen Ehe ist daher Rechtsmissbrauch, wenn und soweit es den doppelt Verheirateten an der (Herstellung der) ehelichen Lebensgemeinschaft mit seinem Ehegatten der früher geschlossenen Ehe hindern würde, nicht also, wenn der doppelt Verheiratete nicht mit diesem, sondern mit einem Dritten oder allein leben will. Pflichten aus der früher geschlossenen Ehe stehen einem Herstellungsverlangen des anderen Ehegatten der bigamischen Ehe aber nicht entgegen, wenn sich auch der andere Ehegatte jener Ehe wieder verheiratet[13] oder in anderer Weise von der Ehe abgewandt hat.

11 Bei alledem ist zu beachten, dass das Weigerungsrecht des Ehegatten einer aufhebbaren Ehe nicht zu einer ungleichen Pflichtenverteilung zwischen den Ehegatten führen darf. Die Herstellung des ehelichen Lebens, die er selbst ablehnt, kann ein Ehegatte von dem anderen nicht verlangen.

III. Übergangsrecht

12 Soweit nicht schon eine Nichtigkeits- oder Aufhebungsklage erhoben worden war (Art 226 Abs 2 EGBGB), gilt die Vorschrift auch für vor dem 1. 7. 1998 geschlossene Ehen (aaO Abs 3).

IV. Lebenspartnerschaft

13 Die den Bestimmungen über die Eheaufhebung entsprechende Norm für die eingetragene Lebenspartnerschaft ist § 15 LPartG.

§ 1314 Aufhebungsgründe

(1) Eine Ehe kann aufgehoben werden, wenn sie entgegen den Vorschriften der §§ 1303, 1304, 1306, 1307, 1311 geschlossen worden ist.

(2) Eine Ehe kann ferner aufgehoben werden, wenn
1. ein Ehegatte sich bei der Eheschließung im Zustand der Bewusstlosigkeit oder vorübergehender Störung der Geistestätigkeit befand;
2. ein Ehegatte bei der Eheschließung nicht gewusst hat, dass es sich um eine Eheschließung handelt;
3. ein Ehegatte zur Eingehung der Ehe durch arglistige Täuschung über solche Umstände bestimmt worden ist, die ihn bei Kenntnis der Sachlage und bei richtiger Würdigung des Wesens der Ehe von der Eingehung der Ehe abgehalten hätten; dies gilt nicht, wenn die Täuschung Vermögensverhältnisse betrifft oder von einem Dritten ohne Wissen des anderen Ehegatten verübt worden ist;
4. ein Ehegatte zur Eingehung der Ehe widerrechtlich durch Drohung bestimmt worden ist;
5. beide Ehegatten sich bei der Eheschließung darüber einig waren, dass sie keine Verpflichtung gemäß § 1353 Abs. 1 begründen wollen.

Schrifttum: *Bingel*, Eheschließung bei lebensgefährlicher Erkrankung, StAZ 1969, 44 und StAZ 1989, 382; *Böhmer*, Die Prüfung der allgemeinen Ehefähigkeit beim Aufgebot unter besonderer Berücksichtigung des Betreuungsgesetzes, StAZ 1990, 213; *Coester*, Probleme des Eheschließungsrechts in rechtsvergleichender Sicht, StAZ 1988, 122; *Hepting*, Das Eheschließungsrecht nach der Reform, FamRZ 1998, 713; *Pawlowski*, Überlegungen zur sogenannten Scheinehe, FamRZ 1991, 501; *Spellenberg*, Scheinehen, StAZ 1987, 33; *ders*, Deutsch-indische Scheinehen, IPRax 1992, 233; *Wolf*, Der Standesbeamte als Ausländerbehörde oder Das neue Eheverbot der pflichtenlosen Ehe, FamRZ 1998, 1477.

---

[8] *Gernhuber/Coester-Waltjen* § 18 Rn 64.
[9] *Soergel/H. Lange* Rn 50 f; *MünchKommBGB/Wacke* Rn 38, jeweils zu § 1353; *Gernhuber/Coester-Waltjen* § 18 Fn 73.
[10] OLG Tübingen NJW 1950, 389, 390 m Anm *Beitzke*; *Gernhuber/Coester-Waltjen* § 14 Rn 3; *MünchKommBGB/Müller-Gindullis* Rn 6.
[11] So aber *Beitzke/Lüderitz* 26. Aufl § 11 II 3, S 67.
[12] BGHZ 30, 140, 143 = NJW 1959, 2207, 2208; BGHZ 37, 51, 56 = NJW 1962, 1152, 1153.
[13] BGHZ 30, 140, 143 = NJW 1959, 2207, 2208.

Aufhebungsgründe **§ 1314**

Übersicht

	Rn		Rn
I. Bedeutung der Norm	1	4. Widerrechtliche Drohung (Nr 4)	9
II. Einzelerläuterung zu Abs 2	2	5. Scheinehe (Nr 5)	12
1. Bewusstlosigkeit und vorübergehende Störung der Geistestätigkeit (Nr 1)	2	III. Überleitungsrecht	17
2. Unbewusste Eheschließung (Nr 2)	3		
3. Arglistige Täuschung (Nr 3)	4	IV. Lebenspartnerschaft	18

I. Bedeutung der Norm

Die Vorschrift führt die **Gründe** auf, aus denen eine **Ehe aufgehoben** werden kann (s ferner § 1320 **1** Abs 1; vgl § 1313 Rn 2), und zwar teils durch Verweis auf die zugrunde liegenden, oben bereits erläuterten Verbotsnormen (Abs 1), iÜ durch Normierung weiterer Aufhebungstatbestände (Abs 2), die hier erst zu erläutern sind. Die Gründe, aus denen im Einzelfall eine **Aufhebung ausgeschlossen** ist, fasst § 1315 zusammen.

II. Einzelerläuterung zu Abs 2

1. Bewusstlosigkeit und vorübergehende Störung der Geistestätigkeit (Nr 1). Die Vorschrift **2** schließt wörtlich an § 105 Abs 2 an. Von krankhafter Störung der Geistestätigkeit (§ 104 Nr 2) unterscheiden sich die beiden Zustände dadurch, dass sie ihrer Natur nach vorübergehend sind. Auch sie müssen aber die Wirkung haben, die freie Willensbestimmung auszuschließen (§ 105; s auch § 2229 Abs 4). In Betracht kommen etwa hochgradige Trunkenheit und Drogenrausch, aber auch die Bewusstseinstrübung eines Sterbenden bei einer Trauung auf dem Sterbebett[1]. Im Übrigen wird auf die Erläuterungen zu § 105 verwiesen.

2. Unbewusste Eheschließung (Nr 2). Der im Inland kaum zu verwirklichende Tatbestand **3** kommt vielleicht im Ausland vor, wenn ein Deutscher sich dort in Unkenntnis ihrer Rechtswirkung auf eine religiöse Zeremonie oder sonstige Handlung einlässt, durch die nach Ortsrecht (Art 11 Abs 1, 13 Abs 3 S 1 EGBGB) eine zivilrechtlich wirksame Ehe zustande kommt[2]. Bloße Zweifel begründen noch keine Unkenntnis.

3. Arglistige Täuschung (Nr 3). Der Begriff der arglistigen Täuschung ist derselbe wie in § 123 (s **4** dort). Täuschung **durch einen Dritten** ist nur dann ein Aufhebungsgrund, wenn der andere Ehegatte sie bei der Eheschließung gekannt hat (HS 2 Alt 2). Fahrlässige Unkenntnis genügt nicht (anders § 123 Abs 2 S 1), ebenso wenig nachträglich erlangte Kenntnis. Nutzt der andere Ehegatte eine von einem Dritten – auch ohne Arglist – verübte Täuschung aus, indem er den Getäuschten bewusst in seinem Irrtum lässt, täuscht er selbst arglistig.

Außer durch **positives Tun**[3] kann durch **Unterlassen** getäuscht werden[4], nach allgemeinen Grund- **5** sätzen dann, wenn den Umständen nach eine **Rechtspflicht zur Offenbarung** besteht. Eine solche Rechtspflicht kann aus dem **Interesse des anderen** folgen, das sich aus seiner Erkundigung nach bestimmten Punkten oder aus sonstigen Umständen ergeben kann, aber auch aus dem **Wesen der Ehe**[5]. § 6 Abs 2 GeschlKrankhG begründet eine gesetzliche Pflicht zur Mitteilung über Geschlechtskrankheiten.

Gegenstand einer Täuschung kann grds jeder Umstand sein, der den Ehegatten bei Kenntnis der **6** Sachlage und richtiger Würdigung des Wesens der Ehe von der Heirat abgehalten hätte. Wegen Beispielen solcher Umstände s Rn 5 und § 1298 Rn 15[6]. Ausgeschlossen ist nur die **Täuschung über Vermögensverhältnisse** (HS 2 Alt 1). Eine arglistige Täuschung über den Beruf[7] kann danach eine Eheaufhebung nicht rechtfertigen, wenn die Kenntnis des wahren Berufs den Ehegatten nur wegen des damit erzielten geringeren Einkommens von der Heirat abgehalten hätte. Entsprechendes gilt für das arglistige Vorspiegeln des Vorhandenseins von Vermögen[8] und das Verschweigen von (selbst erheb-

---

[1] *Bingel* StAZ 1969, 44, 46; StAZ 1989, 382, 384 f; *Böhmer* StAZ 1990, 213, 217.
[2] Vgl den Fall RG JW 1925, 1639 m Anm *Jacobi* 2447 und dazu MünchKommBGB/*Müller-Gindullis* Rn 9; s auch *Wagenitz/Bornhofen* Rn 1-107.
[3] Beispiel BGH FamRZ 1981, 531: Frau versichert dem Mann, nur komme als Vater des von ihr erwarteten Kindes in Betracht.
[4] Beispiele BGHZ 29, 265, 268 = NJW 1959, 876 und OLG Hamm FamRZ 1984, 1015: Frau lässt den Mann bewusst in dem irrigen Glauben, nur er komme als Vater eines von ihr erwarteten bzw geborenen Kindes in Betracht.
[5] OLG Karlsruhe FamRZ 2000, 1366 LS: anderweitiger Geschlechtsverkehr der Frau während der Empfängniszeit, wenn die Ehe wegen ihrer Schwangerschaft geschlossen worden ist; OLG Stuttgart FamRZ 2005, 541: Nur auf konkrete Nachfrage; s auch zu § 33 EheG BGH LM EheG § 33 Nr 2 = FamRZ 1958, 314, 315, insoweit in NJW 1958, 1290 nicht abgedruckt: gleichgeschlechtliche Veranlagung, Beiwohnungsunfähigkeit, unheilbare oder vererbliche schwere Krankheiten; OLG Celle FamRZ 1965, 213, 214: frühere Ehe, Kind aus früherer Ehe; OLG Nürnberg FamRZ 1966, 104, 105: nichteheliches Kind (auch des Mannes).
[6] S auch *Wagenitz/Bornhofen* Rn 1-108.
[7] Vgl zu § 33 Abs 1 EheG AG Krefeld FamRZ 1987, 815 m Anm *Bosch*: kaufmännischer Angestellter gibt sich als Familienrichter aus.
[8] OLG Köln FamRZ 1988, 60.

§ 1314

Buch 4. Abschnitt 1. Bürgerliche Ehe

lichen) Schulden. Eine arglistige Täuschung über sonstige Umstände (also nicht über die Vermögensverhältnisse) kann ein Aufhebungsgrund sein, wenn die Kenntnis der Sachlage den Ehegatten **von der Ehe abgehalten** hätte. In dem Fall der Täuschung über den Beruf[9] war diese Voraussetzung nur erfüllt, wenn die Frau den Mann bei Kenntnis seines wahren Berufs nicht geheiratet hätte. Die arglistige Täuschung als solche, so belastend sie für den Getäuschten auch sein mag, führt nicht zur Aufhebbarkeit der Ehe. Zwar kann sie einen Charaktermangel (zB Unwahrhaftigkeit) anzeigen. Der Irrtum über persönliche Eigenschaften des anderen ist aber kein Aufhebungsgrund mehr[10]; der Ehegatte ist insoweit auf die Möglichkeit der Ehescheidung verwiesen.

7   **Arglist** verlangt **vorsätzliche Täuschung**. Bedingter Vorsatz genügt, Fahrlässigkeit (auch grobe) nicht. Der Täuschende muss wissen oder zumindest damit rechnen, dass der Getäuschte die Ehe bei Kenntnis der Sachlage nicht eingehen werde[11]. Schädigungsabsicht ist nicht erforderlich[12]. Arglistig kann auch handeln, wer aus Scham, Furcht, Scheu vor Aufregung oder in der Hoffnung auf einen glücklichen Verlauf der Ehe etwas verschweigt[13], nicht aber, wer schuldunfähig ist[14].

8   Zur **Ursächlichkeit der Täuschung** für die Eingehung der Ehe s Rn 6. Soweit Ursächlichkeit danach voraussetzt, dass die Kenntnis der Sachlage den Ehegatten von der Eingehung der Ehe abgehalten hätte, kommt es auf dessen **persönliche Einstellung** an. Demgegenüber knüpft das weitere Erfordernis **richtiger Würdigung des Wesens der Ehe** an objektive Wertmaßstäbe an, um zu verhindern, dass die Aufhebung der Ehe schon wegen Enttäuschungen minderen Gewichts verlangt werden kann, die ein verständiger Ehegatte hinnimmt[15].

9   **4. Widerrechtliche Drohung (Nr 4).** Der Begriff der Drohung ist derselbe wie in § 123. Auf die Erläuterungen dazu wird verwiesen. **Subjektive Voraussetzung** ist die Absicht, den Bedrohten zur Eingehung der Ehe zu veranlassen. Als Drohmittel genügt die Ankündigung jedes dazu geeigneten Übels. Die Drohung braucht nicht ernst gemeint zu sein, sofern der Bedrohte sie nur als ernst gemeint versteht und der Drohende damit rechnet. Geht die Drohung **von einem Dritten** aus, braucht der andere Ehegatte sie bei der Eheschließung nicht zu kennen (anders als eine arglistige Täuschung gemäß Nr 3 HS 2 Alt 2; s Rn 4).

10   Der erforderliche **ursächliche Zusammenhang** zwischen Drohung und Eingehung der Ehe setzt voraus, dass die Drohung im Zeitpunkt der Eheschließung noch besteht. Es genügt, dass sie den Heiratsentschluss **mit**bestimmt.

11   **Widerrechtlich** kann eine Drohung wegen Widerrechtlichkeit des angedrohten Übels sein (Beispiel: Straftat) oder wegen des Verhältnisses zwischen Mittel und Zweck. Eine Drohung mit einer Strafanzeige (etwa § 182 StGB) ist rechtswidrig, eine Drohung mit Schadensersatzansprüchen (etwa nach § 1298) jedenfalls nicht ohne weiteres.

12   **5. Scheinehe (Nr 5).** Dieser durch das EheschlRG geschaffene Aufhebungsgrund ist die eigentliche Novität im Katalog des § 1314. Nachdem die in der NS-Zeit eingeführten Ehenichtigkeitsgründe der Staatsangehörigkeits- und der Namensehe durch EheG 1946 und 1. EheRG beseitigt worden waren, hatte das Eherecht keine Vorschriften gegen sog Scheinehen mehr enthalten. Die heute im Vordergrund des Interesses stehenden, zur Erlangung ausländerrechtlicher Vorteile geschlossenen sog **Aufenthaltsehen** waren daher rechtsgültig[16]. Die Schließung solcher Ehen konnte der Standesbeamte nur unter Inanspruchnahme einer allgemeinen Befugnis ablehnen, die Mitwirkung an **Rechtsmissbrauch** zu verweigern[17], während die Konstruktion einer Eheschließung unter einer Bedingung oder Zeitbestimmung, an der der Standesbeamte nach gesetzlicher Vorschrift nicht mitwirken darf (§ 1311 Rn 1), nicht überzeugte (§ 1311 Rn 5). Diesen als unbefriedigend empfundenen Rechtszustand hat das EheschlRG dahin geändert, dass Scheinehen nunmehr der Aufhebung unterliegen. Durch § 1310 Abs 1 S 2 HS 2, der insbes auf den neuen Aufhebungsgrund zielt[18], wird darüber hinaus der Standesbeamte ausdrücklich verpflichtet, seine Mitwirkung zu verweigern, wenn „offenkundig" eine Scheinehe geschlossen werden soll.

13   Die neue Vorschrift erklärt eine Ehe für aufhebbar, wenn die Ehegatten sich bei der Eheschließung darüber einig waren, **keine Verpflichtung gemäß § 1353 Abs 1** begründen zu wollen. Die dort genannten Verpflichtungen entstehen mit der Eheschließung aber kraft Gesetzes (§ 1353), Eheschlie-

---

[9] AG Krefeld FamRZ 1987, 815 m Anm *Bosch*.
[10] Anders früher § 32 Abs 1 EheG, OLG Köln FamRZ 1988, 60; *Gernhuber/Coester-Waltjen* 4. Aufl § 14 IV S 134; *Soergel/Heintzmann* § 33 EheG Rn 7 mwN.
[11] Vgl zu § 33 EheG BGH LM EheG § 33 Nr 2 = FamRZ 1958, 314, 315; OLG Köln FamRZ 2000, 819, 820.
[12] RGZ 111, 5, 7.
[13] BGH LM EheG §33 Nr 2 = FamRZ 1958, 314, 315; RGZ 111, 5, 7; *MünchKommBGB/Müller-Gindullis* Rn 21 mwN.
[14] *Johannsen/Henrich* Rn 9; aA OLG Hamm FamRZ 1964, 438; *MünchKommBGB/Müller-Gindullis* Rn 21; *Staudinger/Klippel* Rn 46.
[15] OLG Hamburg FamRZ 1982, 1211, 1212: äußerst leicht verlaufene Epilepsie.
[16] OLG Hamm FamRZ 1983, 1073; OLG Hamburg FamRZ 1983, 1230; OLG Köln FamRZ 1983, 592, 593; OLG Celle FamRZ 1984, 279; KG FamRZ 1985, 73, 74 und 1042; OLG Karlsruhe FamRZ 1986, 680, 681; *Gernhuber/Coester-Waltjen* 4. Aufl § 11 II 9 S 113; *MünchKommBGB/Müller-Gindullis*, 3. Aufl 1993, § 13 EheG Rn 10, 11; *MünchKommBGB/Wolf*, 3. Aufl 1993, § 1565 Rn 30a; *Johannsen/Henrich/Jaeger* § 1565 Rn 17; *Spellenberg* StAZ 1987, 33, 37 und IPRax 1992, 233, 237; *Pawlowski* FamRZ 1991, 501, 506; aA *Coester* StAZ 1988, 122, 127.
[17] OLG Celle StAZ 1982, 308; OLG Karlsruhe/Freiburg FamRZ 1988, 1210; OLG Stuttgart StAZ 1984, 99; OLG Frankfurt FamRZ 1995, 1409, 1410 = StAZ 1995, 139, 140; aA LG Kiel FamRZ 1990, 742, 744.
[18] Beschlussempfehlung und Bericht des Rechtsausschusses zum EheschlRG, BT-Drucks 13/9416 S 27 f.

ßende sind rechtlich nicht in der Lage, sie auszuschließen. Da Personen, die eine Scheinehe eingehen, einvernehmlich handeln, kann ihnen das Bestehen einer wechselseitigen Verpflichtung zur ehelichen Lebensgemeinschaft zudem gleichgültig sein. Denn ihr gemeinsamer Wille geht dahin, **keine Lebensgemeinschaft zu begründen.** Soweit durch die Heirat eine Verpflichtung zur Lebensgemeinschaft entsteht, soll sie – rein tatsächlich – nicht erfüllt, ihre Erfüllung nicht verlangt werden. Die in der Vergangenheit entwickelten Definitionen der Scheinehe stellen demzufolge darauf ab, dass den Eheschließenden der Wille fehlt, eine eheliche Lebensgemeinschaft zu begründen[19]. In diesem Sinn muss auch die – sonst nicht praktikable – neue Vorschrift verstanden werden[20]. Eine Ehe kann demnach aufgehoben werden, wenn die Ehegatten bei der Eheschließung einig waren, keine eheliche Lebensgemeinschaft begründen und für einander keine Verantwortung tragen zu wollen.

Der **ehefremde Zweck,** der statt der Begründung einer ehelichen Lebensgemeinschaft mit der Eheschließung verfolgt wird, gehört nicht zum Tatbestand der Vorschrift. Die **Aufenthaltsehe** eines Ausländers mit einem Deutschen, mit der der Ausländer gemäß § 17 Abs 1 AuslG die Voraussetzung für die Erlangung einer Aufenthaltserlaubnis schaffen will, steht heute zwar im Vordergrund. Außer diesem Zweck und heute nicht mehr aktuellen Zwecken (Erlangung des Namens oder der Staatsangehörigkeit des Ehegatten, s Rn 12; Zuteilung einer Wohnung bei Wohnraumbewirtschaftung[21]; Ausreise aus der DDR[22] kommen indessen noch **weitere ehefremde Zwecke** in Betracht, zB steuer- oder erbrechtliche Vorteile; Erlangung einer Versorgung, eines Studienplatzes, höherer Ausbildungsförderung. Weder die (erst vom BT-Rechtsausschuss konzipierte) Vorschrift noch die dazu vorhandenen Materialien lassen erkennen, dass der Gesetzgeber die Aufhebbarkeit auf Aufenthaltsehen beschränken wollte[23]. Die Materialien sprechen vielmehr allgemein von Eheschließungen, mit denen unter rechtsmissbräuchlicher Ausnutzung der Eheschließungsfreiheit ehefremde Zwecke verfolgt werden[24]. Der Ausdruck „Aufenthaltsehe" wird geradezu sorgfältig vermieden, wie überhaupt jeglicher Hinweis auf das Ausländerrecht. Andererseits können auch mit einer ohne den Willen zur ehelichen Lebensgemeinschaft geschlossenen Ehe Zwecke verfolgt werden, die billigenswert sind oder die Eheschließung zumindest nicht als Rechtsmissbrauch erscheinen lassen (zB wenn ein Kind ehelich geboren werden soll). Der Aufhebungsgrund könnte daher in der Tat zu weit gefasst sein und der Eingrenzung durch das ungeschriebene Tatbestandsmerkmal eines nicht hinnehmbaren **Missbrauchs der Eheschließungsform** bedürfen[25], so bedenklich ein derart unbestimmtes Kriterium gerade im Eheschließungsrecht auch wäre. Jedenfalls lässt sich die Vorschrift bei exakter, hier nicht allein am Ergebnis orientierter Auslegung nicht auf Aufenthaltsehen beschränken[26]. Das würde auch für eine Eingrenzung des Tatbestandes aus Gründen der verfassungsrechtlichen Eheschließungsfreiheit gelten[27], bei der es darauf ankommen müsste, ob der Gesetzgeber die Rechtsgültigkeit nur bestimmten Arten von Scheinehen, wenn ja: welchen, vorenthalten darf.

Um seiner Verpflichtung aus § 1310 Abs 1 S 2 HS 2 (Rn 12 aE) zu genügen, kann **der Standesbeamte** Ermittlungen darüber anzustellen haben, ob mit einer bei ihm angemeldeten Eheschließung (§ 4 PStG) eine Scheinehe iS des Abs 2 Nr 5 beabsichtigt ist. Denn fraglos bedeutet „offenkundig" hier – anders als in § 291 ZPO – nicht „keines Beweises bedürftig"[28]. Er darf solche Ermittlungen aber nur bei **„konkreten Anhaltspunkten"** für die Aufhebbarkeit der beabsichtigten Ehe aufnehmen (§ 5 Abs 4 PStG), also nicht schon auf Grund eines allein auf generelle Umstände (zB die Nationalität des beteiligten Ausländers) gestützten oder nur vagen Verdachts. Konkrete Anhaltspunkte für die Absicht einer Scheinehe können sich aus Auffälligkeiten in der Beziehung der Eheschließenden zueinander ergeben (keine früheren Begegnungen, mangelhafte Kenntnisse über die Person oder die Lebensumstände des anderen; erhebliche Mängel der sprachlichen Verständigung; ungewöhnliche Alterskonstellation; unterschiedliche Angaben über die weitere Lebensplanung), aber auch aus der Vorgeschichte der Beteiligten (wiederholte Heiratsversuche des Ausländers mit wechselnden deutschen Partnern; unmittelbar drohende Abschiebung)[29]. Diese decken sich weitgehend mit den Kriterien, die eine – ausdrücklich auf Aufenthaltsehen beschränkte – Entschließung des Rates der Europäischen Union über Maßnahmen zur Bekämpfung von Scheinehen vom 4. 12. 1997 (ABl EG Nr C 382 S 1) formuliert hat. Wegen der Art der möglichen Ermittlungen und dabei verwendbarer Beweismittel s § 5 Abs 4 PStG. Welche Bedeutung dem Merkmal der **„Offenkundigkeit"** (§ 1310 Abs 1 S 2 HS 2) zukommen soll, ist nicht sicher zu erkennen. Die Beschränkung auf relativ leicht zugängliche Beweismittel und Ermitt-

---

[19] BVerfGE 76, 1, 58 = NJW 1988, 626, 631: Verbindung, die nicht auf ein eheliches Zusammenleben gerichtet ist.
[20] Ebenso *Wagenitz/Bornhofen* Rn 1-117 f; s auch BT-Drucks 13/9416 S 28: „Ehe ... ohne Absicht, eine Lebens- und Verantwortungsgemeinschaft ... miteinander einzugehen".
[21] AGe Bielefeld und Bückeburg StAZ 1962, 168 m Anm *Müller-Freienfels* 145.
[22] KG FamRZ 1985, 73.
[23] Von einem solchen Willen geht *Hepting* FamRZ 1998, 713, 722 aus: „Erklärtermaßen wollte der Gesetzgeber ..."; abschwächend *Hepting/Gaaz* Bd 2 Rn III-209.
[24] BT-Drucks 13/9416 S 26 f, 28; selbst die von *Hepting* FamRZ 1998, 713, 722 zitierte Äußerung zu § 5 Abs 4 PStG (BT-Drucks 13/9416 S 30) deutet nur mittelbar und auch nur beispielhaft („etwa") auf Aufenthaltsehen.
[25] So *Hepting* FamRZ 1998, 713, 722.
[26] Ebenso *Wolf* FamRZ 1998, 1477, 1482; weshalb die Vorschrift erst „in Zukunft" und dann nur auf „der Aufenthaltsehe vergleichbare" Tatbestände, bei denen der „Ruf nach Gegenmaßnahmen laut wird", angewandt werden sollte, *Hepting* FamRZ 1998, 713, 722, ist nicht erfindlich; äußerst krit insoweit *Wolf* aaO Fn 61.
[27] Dafür *Johannsen/Henrich* Rn 79.
[28] Ebenso *Hepting* FamRZ 1998, 721; *Hepting/Gaaz* Bd 2 Rn III-217; s auch *Wolf* FamRZ 1998, 1483 f.
[29] BT-Drucks 13/9416 S 30; OLG Frankfurt StAZ 2005, 321; OLG Celle FamRZ 1998, 1108 f.

lungen, die nicht unzumutbar weit in die Privat- und Intimsphäre der Beteiligten eindringen[30], ergäbe sich schon aus Gesichtspunkten der Verhältnismäßigkeit.

16 Der Standesbeamte darf seine Mitwirkung an der Eheschließung nur verweigern, wenn er die **Überzeugung gewonnen** hat, dass die beabsichtigte Ehe eine aufhebbare Scheinehe wäre. Ein noch so starker Verdacht genügt nicht, wenn er sich auf Grund der zulässigen und gebotenen Ermittlungen nicht zur Gewissheit verdichtet[31]. Ob der Standesbeamte zur Klärung dieser auf tatsächlichem Gebiet liegenden Frage nach § 45 Abs 2 PStG eine Entscheidung des Amtsgerichts herbeiführen kann, ist umstritten[32].

III. Überleitungsrecht

17 § 1314 gilt grds auch für vor dem 1. 7. 1998 geschlossene Ehen (Art 226 Abs 3 EGBGB). Der Bestandsschutz für Ehen, die nach dem bis zum Stichtag geltenden Recht nicht hätten aufgehoben oder für nichtig erklärt werden können (Abs 1), hat Bedeutung für ohne gerichtliche Zustimmung geschlossene Ehen Minderjähriger (Abs 1, § 1303) sowie für Scheinehen (Abs 2 Nr 5). Am Stichtag anhängige Nichtigkeits- oder Aufhebungsklagen werden materiell- und verfahrensrechtlich weiter nach dem früheren Recht behandelt (Abs 2)[33].

IV. Lebenspartnerschaft

18 Zur Lebenspartnerschaft s § 1313 Rn 13.

§ 1315 Ausschluss der Aufhebung

(1) ¹Eine Aufhebung der Ehe ist ausgeschlossen
1. bei Verstoß gegen § 1303, wenn die Voraussetzungen des § 1303 Abs. 2 bei der Eheschließung vorlagen und das Familiengericht, solange der Ehegatte nicht volljährig ist, die Eheschließung genehmigt oder wenn der Ehegatte, nachdem er volljährig geworden ist, zu erkennen gegeben hat, dass er die Ehe fortsetzen will (Bestätigung),
2. bei Verstoß gegen § 1304, wenn der Ehegatte nach Wegfall der Geschäftsunfähigkeit zu erkennen gegeben hat, dass er die Ehe fortsetzen will (Bestätigung),
3. im Falle des § 1314 Abs. 2 Nr. 1, wenn der Ehegatte nach Wegfall der Bewusstlosigkeit oder der Störung der Geistestätigkeit zu erkennen gegeben hat, dass er die Ehe fortsetzen will (Bestätigung),
4. in den Fällen des § 1314 Abs. 2 Nr. 2 bis 4, wenn der Ehegatte nach Entdeckung des Irrtums oder der Täuschung oder nach Aufhören der Zwangslage zu erkennen gegeben hat, dass er die Ehe fortsetzen will (Bestätigung),
5. in den Fällen des § 1314 Abs. 2 Nr. 5, wenn die Ehegatten nach der Eheschließung als Ehegatten miteinander gelebt haben.

²Die Bestätigung eines Geschäftsunfähigen ist unwirksam. ³Die Bestätigung eines Minderjährigen bedarf bei Verstoß gegen § 1304 und im Falle des § 1314 Abs. 2 Nr. 1 der Zustimmung des gesetzlichen Vertreters; verweigert der gesetzliche Vertreter die Zustimmung ohne triftige Gründe, so kann das Familiengericht die Zustimmung auf Antrag des Minderjährigen ersetzen.

(2) Eine Aufhebung der Ehe ist ferner ausgeschlossen
1. bei Verstoß gegen § 1306, wenn vor der Schließung der neuen Ehe die Scheidung oder Aufhebung der früheren Ehe ausgesprochen ist und dieser Ausspruch nach der Schließung der neuen Ehe rechtskräftig wird;
2. bei Verstoß gegen § 1311, wenn die Ehegatten nach der Eheschließung fünf Jahre oder, falls einer von ihnen vorher verstorben ist, bis zu dessen Tode, jedoch mindestens drei Jahre als Ehegatten miteinander gelebt haben, es sei denn, dass bei Ablauf der fünf Jahre oder zur Zeit des Todes die Aufhebung beantragt ist.

Übersicht

	Rn		Rn
I. Bedeutung der Norm	1	2. Geschäftsunfähigkeit (§ 1304)	8
II. Einzelerläuterung	2	3. Bewusstlosigkeit und vorübergehende Störung der Geistestätigkeit (§ 1314 Abs 2 Nr 1)	11
1. Volljährigkeitserfordernis (§ 1303)	2		
a) Gerichtliche Genehmigung	3	4. Irrtum, arglistige Täuschung, rechtswidrige Drohung (§ 1314 Abs 2 Nr 2 bis 4)	12
b) Bestätigung	5		

---

[30] So die Deutung von *Hepting/Gaaz* Bd 2 Rn III-219.
[31] AG Heilbronn FamRZ 2000, 1364.
[32] Dagegen OLG Düsseldorf FamRZ 1999, 225; *Wolf* FamRZ 1998, 1484 f; grds auch *Gaaz* StAZ 1998, 241, 244 und *Hepting* FamRZ 1998, 713, 721; aA OLG Jena FamRZ 2000, 1365, Vorlagebeschluss; *Otto* FamRZ 1999, 791.
[33] Zu allem näher FamRefK/*Wax* Art 226 EGBGB Rn 3 ff.

Ausschluss der Aufhebung § 1315

	Rn		Rn
5. Scheinehe (§ 1314 Abs 2 Nr 5)	13	III. Überleitungsrecht	18
6. Doppelehe (§ 1306)	14		
7. Verstoß gegen Formvorschriften (§ 1311)	16	IV. Lebenspartnerschaft	19

I. Bedeutung der Norm

Die Vorschrift stellt dem Katalog der Eheaufhebungsgründe (§ 1314) die Tatbestände gegenüber, die **1** eine Aufhebung der Ehe im Einzelfall ausschließen. Aufhebungsgründe, die allein dem **Schutz eines der Ehegatten** dienen (§ 1314 Abs 1 iVm §§ 1303, 1304; Abs 2 Nr 1 bis 4), verlieren ihre Bedeutung, wenn dieser Ehegatte zu erkennen gibt, dass er trotzdem **an der Ehe festhalten** will (Abs 1 S 1 Nr 1 bis 4). Bestimmte Formverstöße oder allein in den Beweggründen der Ehegatten wurzelnde **Mängel der Eheschließung** (§§ 1311, 1314 Abs 2 Nr 5) sollen eine Ehe, die **tatsächlich gelebt worden** ist, nicht mehr in Frage stellen (Abs 1 S 1 Nr 5, Abs 2 Nr 2). Ein Verstoß gegen das **Bigamieverbot** (§ 1306) wird nur im Ausnahmefall des Abs 2 Nr 1, ein Verstoß gegen das Eheverbot der **Verwandtschaft** (§ 1307) unter keinen Umständen geheilt.

II. Einzelerläuterung

1. Volljährigkeitserfordernis (§ 1303). Die Aufhebbarkeit einer unter Verstoß gegen das Voll- **2** jährigkeitserfordernis geschlossenen Ehe kann nur behoben werden, wenn bei der Eheschließung **dem § 1303 Abs 2 genügt**, in diesem Zeitpunkt also der Minderjährige wenigstens 16 Jahre alt und der andere Ehegatte volljährig war. Unter dieser Voraussetzung kann die Aufhebung der Ehe auf zweierlei Weise ausgeschlossen werden: durch **gerichtliche Genehmigung** und durch **Bestätigung**.

a) Gerichtliche Genehmigung. Die Möglichkeit der (vorherigen) Befreiung vom Volljährigkeits- **3** erfordernis (§ 1303 Abs 2) wird um die der (nachträglichen) **familiengerichtlichen Genehmigung** einer verbotswidrigen Eheschließung erweitert. Diese ist möglich, „solange der Ehegatte nicht volljährig ist". Eine nach diesem Zeitpunkt erteilte Genehmigung (zum Wirksamwerden der Entscheidung s Rn 4 aE) ist wirkungslos; der **volljährig Gewordene** entscheidet in **eigener Verantwortung**, ob er die Ehe bestätigt und dadurch ihre Aufhebung ausschließt (Rn 5). Die Aufhebung beantragen konnte er schon als Minderjähriger (§ 1316 Rn 3).

Im Übrigen gilt **prozessual und materiell** für die Genehmigung dasselbe wie für die Befreiung **4** nach § 1303 Abs 2 (dort Rn 4 ff). Auch sie bedarf eines **Antrages** des Minderjährigen[1]. Auch ihr können die in § 1303 Abs 3 genannten Personen mit der Folge widersprechen, dass das Gericht die Genehmigung nur erteilen darf, wenn der **Widerspruch** nicht auf triftigen Gründen beruht. Für die bei der Entscheidung zu beobachtenden Grundsätze gilt das § 1303 Rn 7, 14 ff Gesagte. Auch wenn vor der Eheschließung eine Befreiung nach § 1303 Abs 2 gerichtlich abgelehnt worden war, ist eine Genehmigung nicht ausgeschlossen. § 1315 Abs 1 Nr 1 gibt dem Gericht gegenüber § 1303 Abs 2 selbstständige Befugnis; zudem schafft die Eheschließung einen neuen Sachverhalt. Zum Wirksamwerden der Entscheidung s § 1303 Rn 17, zu Rechtsmitteln und zur Beschwerdebefugnis s § 1303 Rn 19.

b) Bestätigung. Der Ehegatte, der bei der Eheschließung minderjährig war, kann die Ehe **ab 5 Vollendung des 18. Lebensjahres** bestätigen, sofern er nicht geschäftsunfähig ist (Abs 1 S 2). Vorübergehende Zustände iS des § 105 Abs 2 sind bei der Beurteilung zu berücksichtigen, so zB ob der Ehegatte durch sein Verhalten zu erkennen gibt, dass er die Ehe fortsetzen will (Rn 6). Bestätigen kann der Ehegatte **nur persönlich**. Bestätigende Erklärungen können wirksam weder durch Vertreter abgegeben noch durch Boten überbracht werden; schlüssiges Verhalten muss solches des Ehegatten selbst sein (allgM).

Die Bestätigung braucht nicht durch Erklärung eines Bestätigungswillens zu erfolgen und bedarf auch **6** keiner Form. Es genügt jedes, auch bloß tatsächliche **Verhalten, dem bei objektiver Würdigung** aller Umstände der **Wille zur Fortsetzung der Ehe** zu entnehmen ist[2]. Das Verhalten muss daher zu der Aufhebbarkeit der Ehe in Beziehung stehen. Zwar braucht der Ehegatte weder genaue Vorstellungen vom Aufhebungsgrund und den Folgen im Hinblick auf den Willen zur Bestätigung zu haben, er muss aber wissen, dass Grund zu **Zweifeln an der Rechtsgültigkeit der Ehe** besteht[3]. Nicht entscheidend ist, wie der andere Ehegatte das Verhalten versteht; es braucht ihm nicht einmal zur Kenntnis zu kommen. Erst recht bedarf die Bestätigung nicht seines Einverständnisses. In Betracht kommt daher eine Vielzahl von Verhaltensweisen, deren Bedeutung nur der Einzelfall ergeben kann. Eheverkehr wird vielfach den Willen zur Fortsetzung der Ehe anzeigen, allerdings nur, wenn keine besonderen Umstände dagegen sprechen[4]. Andererseits setzt eine Bestätigung Eheverkehr nicht voraus[5].

---

[1] Zu Unrecht anders *Johannsen/Henrich* Rn 12; *Palandt/Brudermüller* Rn 10.
[2] *Johannsen/Henrich* Rn 4; MünchKommBGB/*Müller-Gindullis* Rn 6; ebenso schon zu § 18 EheG: BGH FamRZ 1983, 450, 451; *Soergel/Heintzmann* Rn 3.
[3] *Johannsen/Henrich* Rn 6; MünchKommBGB/*Müller-Gindullis* Rn 5; zu § 1325 aF RGZ 157, 129, 130; zu § 18 EheG *Staudinger/Klippel* Rn 5: Kenntnis der die Eheaufhebung rechtfertigenden Tatsachen.
[4] RGZ 165, 121, 123; *Johannsen/Henrich* Rn 9.
[5] RG DR 1940, 2001.

§ 1315

7   Die **Bestätigung** iS des § 1315 ist den **geschäftsähnlichen Rechtshandlungen** zuzuordnen[6], hat also mit der Bestätigung eines nichtigen Rechtsgeschäfts nach § 141 Abs 1 nur den Namen gemeinsam. Die allgemeinen Vorschriften über Willensmängel und ihre Folgen sind nicht, auch nicht entspr anwendbar. Widersprüche, etwa zwischen tatsächlichem Verhalten des Ehegatten und verbalen Vorbehalten, sind allein unter dem Gesichtspunkt erheblich, ob das Verhalten insgesamt einen Fortsetzungswillen erkennen lässt.

8   **2. Geschäftsunfähigkeit (§ 1304).** Die Aufhebung einer wegen dieses Mangels aufhebbaren Ehe ist ausgeschlossen, wenn der Ehegatte sie nach Wegfall seiner Geschäftsunfähigkeit bestätigt. Zur **Bestätigung** s Rn 5 ff. Ist der ehemals Geschäftsunfähige noch minderjährig, bedarf die Bestätigung der **Zustimmung seines gesetzlichen Vertreters,** die das Familiengericht ersetzen kann, wenn sie ohne triftige Gründe verweigert wird (Abs 1 S 3; Rn 9). Wegen der als gesetzlicher Vertreter zustimmungsberechtigten Personen s § 1303 Rn 8. Die Zustimmung des gesetzlichen Vertreters ist eine einseitige empfangsbedürftige Willenserklärung, für die die allgemeinen Vorschriften gelten. Sie kann wirksam gegenüber dem Minderjährigen (§§ 107, 131 Abs 2 S 2) und gegenüber dem anderen Ehegatten erklärt werden (§ 182 Abs 1) und bedarf wie die Bestätigung (Rn 6) keiner Form (§ 182 Abs 2). Als höchstpersönliche Erklärung kann sie nicht durch einen Vertreter erteilt werden. An eine wirksam erklärte Zustimmung ist der gesetzliche Vertreter gebunden (§ 183 S 1).

9   Die **Ersetzung der Zustimmung** durch das Familiengericht setzt voraus, dass der gesetzliche Vertreter sie **verweigert** hat. Das kann durch ausdrückliche Ablehnung geschehen; Schweigen oder hinhaltende Äußerungen nach Aufforderung werden nach angemessener Überlegungsfrist aber ebenfalls als Verweigerung zu werten sein. Ob die Verweigerung auf **triftigen Gründen** beruht, ist grds nicht anders zu beurteilen als für den Widerspruch gegen den Antrag auf Befreiung vom Volljährigkeitserfordernis (§ 1303 Abs 3; dort Rn 14 ff). Bei der auch hier anzustellenden **Bestandsprognose** ist der bisherige Verlauf der bereits bestehenden Ehe zu berücksichtigen.

10 Auch das **Verfahren des Familiengerichts** entspricht dem Verfahren nach § 1303 Abs 2 und 3 (dort Rn 4 ff), antragsberechtigt ist aber natürlich nur der Minderjährige (Abs 1 S 3 HS 2). Zum Wirksamwerden der Entscheidung s § 1303 Rn 17. **Rechtsmittel:** §§ 621 e Abs 1 und 2, 621 Abs 1 Nr 12 ZPO; §§ 119 Abs 1 Nr 2, 133 Nr 2 GVG. **Beschwerdebefugt:** gegen Ersetzung der Zustimmung der gesetzliche Vertreter (§ 20 Abs 1 FGG), gegen Ablehnung des Antrags der Minderjährige (§ 20 Abs 2 FGG).

3. Bewusstlosigkeit und vorübergehende Störung der Geistestätigkeit (§ 1314 Abs 2 Nr 1).

11 Eine Aufhebung der Ehe aus diesem Grund ist ausgeschlossen, wenn der Ehegatte sie nach Wegfall des Zustandes bestätigt. Zur **Bestätigung** s Rn 5 ff. Ist der Ehegatte noch minderjährig, bedarf die Bestätigung wie beim Aufhebungsgrund der Geschäftsunfähigkeit der Zustimmung des gesetzlichen Vertreters, die das Familiengericht auch hier nach Maßgabe von Abs 1 S 3 ersetzen kann (Rn 8 ff).

12 **4. Irrtum, arglistige Täuschung, rechtswidrige Drohung (§ 1314 Abs 2 Nr 2 bis 4).** Eine Aufhebung der Ehe aus diesen Gründen wird ebenfalls durch **Bestätigung** (Rn 5 ff) ausgeschlossen, zu der ein Minderjähriger hier keiner Zustimmung bedarf. Eine Bestätigung ist nur wirksam, wenn die Beschränkung der Entschließungsfreiheit des Ehegatten, deretwegen die Ehe aufhebbar ist (Irrtum, Täuschung oder Zwangslage), zuvor beseitigt worden ist.

13 **5. Scheinehe (§ 1314 Abs 2 Nr 5).** Die Aufhebung einer solchen Ehe ist ausgeschlossen, wenn die Ehegatten **als Ehegatten miteinander gelebt** haben, und zwar nach der Eheschließung. Weitere zeitliche Anforderungen stellt das Gesetz hier nicht. Das Kriterium „als Ehegatten miteinander gelebt" findet sich auch in Abs 2 Nr 2. Nach den zu § 17 Abs 2 EheG, dem Vorläufer jener Vorschrift, entwickelten Grundsätzen leben Ehegatten in dieser Weise, wenn sie sich verheiratet fühlen, so miteinander umgehen und auch in der Öffentlichkeit als Ehegatten auftreten. **Häusliche Gemeinschaft** gehört im Regelfall dazu, ist aber nicht unerlässlich. Können Ehegatten aus zwingenden Gründen (Krankenhausaufenthalt, Wehrdienst oder Strafhaft) nicht in häuslicher Gemeinschaft leben, leben sie doch „als Ehegatten miteinander", wenn sie die eheliche Gemeinschaft wollen und im Rahmen der Gegebenheiten zu verwirklichen suchen. Unter dieser subjektiven Voraussetzung gilt dasselbe, wenn sie aus freien Stücken – zeitweise oder sogar dauernd – in verschiedenen Wohnungen leben, etwa weil sie an verschiedenen Orten ihrer Ausbildung oder Berufstätigkeit nachgehen, aber auch auf Grund entsprechender persönlicher Neigung. Insoweit können die für das Getrenntleben von Ehegatten (§ 1567 Abs 1) maßgebenden Kriterien mit herangezogen werden (§ 1567 Rn 2 f).

14 **6. Doppelehe (§ 1306).** War ein Ehegatte bei Eheschließung bereits mit einer dritten Person verheiratet, wird der **Verstoß gegen das Bigamieverbot** (§ 1306) durch Auflösung der früher geschlossenen Ehe grds **nicht geheilt** (§ 1306 Rn 4). Abs 2 Nr 1 macht jedoch für den Fall eine **Ausnahme,** dass bereits ein auf Scheidung oder Aufhebung jener Ehe erkennendes Urteil ergangen war, dessen nach §§ 1564 S 2, 1313 S 2 erforderliche Rechtskraft erst nach Schließung der neuen Ehe eingetreten ist. Damit wird die vorher in § 20 Abs 2 EheG enthaltene Regelung übernommen, die im Jahre 1980 eingefügt wurde, als nach Einführung des Scheidungsverbundverfahrens durch das 1. EheRG gehäuft bigamische Ehen geschlossen wurden, weil unrichtige Rechtskraftzeugnisse über die Scheidung der früheren Ehe eines Ehegatten erteilt worden waren.

---

[6] RG DR 1944, 840; *Johannsen/Henrich* Rn 4.

Solange eine dem § 1306 zuwider geschlossene Ehe noch nach Abs 2 Nr 1 geheilt werden kann, ist ein Verfahren auf Aufhebung dieser Ehe bis zur Rechtskraft des vor der Eheschließung ergangenen Urteils auszusetzen (§ 148 ZPO). Stirbt ein Ehegatte der früheren Ehe vor Eintritt der Rechtskraft, kommt ein Ausschluss der Aufhebung nicht mehr in Betracht (§ 619 ZPO). 15

7. Verstoß gegen Formvorschriften (§ 1311). Zu der Frage, wann Ehegatten „als Ehegatten miteinander leben", s Rn 13. Anders als nach Abs 1 S 1 Nr 5 muss das Leben als Ehegatten hier bestimmte Zeit gedauert haben, damit die Aufhebung der Ehe ausgeschlossen ist. Die Fristen beginnen frühestens mit der Eheschließung, nehmen die Ehegatten ihre Gemeinschaft erst später auf, mit diesem Zeitpunkt. Dass die Zeit zusammenhängend verbracht wird, wird nicht verlangt. Eine Trennung hemmt den Lauf der Frist, unterbricht ihn aber nicht. Haben die Eheleute zeitweilig getrennt gelebt, werden die verschiedenen Zeiten, in denen sie als Ehegatten miteinander gelebt haben, zusammengerechnet. 16

Ein **Antrag auf Aufhebung der Ehe** verhindert den Ausschluss der Aufhebung, wenn er bei Ablauf der Fünfjahresfrist bzw zur Zeit des Todes bereits gestellt ist, aber nur unter zwei weiteren Voraussetzungen: Der Aufhebungsantrag muss auf den Formverstoß gestützt sein[7] und Erfolg haben. Das ist nicht der Fall, wenn der Antrag als unzulässig abgewiesen wird oder der Rechtsstreit sich anderweitig erledigt. Wird der Antrag als unbegründet abgewiesen, bedarf es wegen der Rechtskraftwirkung dieser Entscheidung keiner Heilung nach Abs 2 Nr 2 mehr. Allerdings wird jeder Antrag auf Aufhebung der Ehe, gleich aus welchem Grund, ein bis dahin bestehendes Miteinanderleben als Ehegatten beenden. 17

III. Überleitungsrecht

Insoweit wird auf § 1314 Rn 17 verwiesen. 18

IV. Lebenspartnerschaft

Zur Lebenspartnerschaft s § 1313 Rn 13. 19

§ 1316 Antragsberechtigung

(1) Antragsberechtigt
1. sind bei Verstoß gegen die §§ 1303, 1304, 1306, 1307, 1311 sowie in den Fällen des § 1314 Abs. 2 Nr. 1 und 5 jeder Ehegatte, die zuständige Verwaltungsbehörde und in den Fällen des § 1306 auch die dritte Person. Die zuständige Verwaltungsbehörde wird durch Rechtsverordnung der Landesregierungen bestimmt. Die Landesregierungen können die Ermächtigung nach Satz 2 durch Rechtsverordnung auf die zuständigen obersten Landesbehörden übertragen;
2. ist in den Fällen des § 1314 Abs. 2 Nr. 2 bis 4 der dort genannte Ehegatte.

(2) ¹Der Antrag kann für einen geschäftsunfähigen Ehegatten nur von seinem gesetzlichen Vertreter gestellt werden. ²In den übrigen Fällen kann ein minderjähriger Ehegatte den Antrag nur selbst stellen; er bedarf dazu nicht der Zustimmung seines gesetzlichen Vertreters.

(3) Bei Verstoß gegen die §§ 1304, 1306, 1307 sowie in den Fällen des § 1314 Abs. 2 Nr. 1 und 5 soll die zuständige Verwaltungsbehörde den Antrag stellen, wenn nicht die Aufhebung der Ehe für einen Ehegatten oder für die aus der Ehe hervorgegangenen Kinder eine so schwere Härte darstellen würde, dass die Aufrechterhaltung der Ehe ausnahmsweise geboten erscheint.

I. Bedeutung der Norm

1. Antragsberechtigung. Die Vorschrift regelt, wer zur Stellung des zur Aufhebung einer Ehe erforderlichen Antrages (§ 1313) berechtigt ist. Dabei wird **nach Aufhebungsgründen differenziert**, je nachdem, in welchem Maße an der Beachtung der bei der Eheschließung verletzten Norm (auch) ein öffentliches Interesse besteht. In den Fällen des § 1314 Abs 2 Nr 2 bis 4 ist daher nur der geschützte Ehegatte antragsberechtigt (Abs 1 Nr 2). In allen anderen Fällen sind es beide Ehegatten sowie die „zuständige Verwaltungsbehörde" (Rn 2), in Bigamiefällen (§ 1306) auch die „dritte Person", also der andere Ehegatte der früher geschlossenen Ehe (Abs 1 Nr 1). Die Antragsberechtigung bei **Wiederverheiratung nach irriger Todeserklärung** (§ 1319) ist in § 1320 Abs 1 S 1 gesondert geregelt. 1

2. Zuständige Verwaltungsbehörde. Die zuständige Verwaltungsbehörde ist als antragsberechtigtes Staatsorgan an die Stelle des Staatsanwalts getreten, der nach § 24 Abs 1 EheG die Ehenichtigkeitsklage erheben konnte. Damit soll das Eheschließungsrecht optisch „entkriminalisiert" und die Staatsanwaltschaft von einer ihr fremden Aufgabe entlastet werden. Als zuständige Verwaltungsbehörde haben die dazu ermächtigten Länder (Abs 1 Nr 1 S 2 und 3) vielfach – einzelne oder alle – **Bezirks-** 2

---

[7] MünchKommBGB/*Müller-Gindullis* Rn 15; aA *Palandt/Brudermüller* Rn 16.

§ 1316   Buch 4. Abschnitt 1. Bürgerliche Ehe

regierungen bestimmt (so Nordrhein-Westfalen durch VO vom 26. 5. 1998, GVBl S 391; Rheinland-Pfalz durch VO vom 3. 7. 1998, GVBl S 197; Niedersachsen unter Rückgriff auf Art II § 4 Abs 2 des Gesetzes vom 28. 6. 1977, GVBl S 233, 236, s Runderlass vom 21. 9. 1998, MBl S 1334), teilweise aber auch andere Stellen (so Mecklenburg-Vorpommern durch Gesetz vom 10. 12. 1999, GVBl S 632: Landkreise und kreisfreie Städte).

II. Einzelerläuterung

3   1. **Antrag eines Ehegatten.** Für einen **geschäftsunfähigen** Ehegatten kann den Antrag wirksam nur sein gesetzlicher Vertreter stellen (Abs 2 S 1; s auch §§ 51 Abs 1 ZPO, 104 Nr 2 BGB; § 607 Abs 2 S 1 ZPO), der dazu der vormundschaftsgerichtlichen Genehmigung bedarf (§ 607 Abs 2 S 2 ZPO). Im Übrigen kann ein **minderjähriger,** in Ehesachen prozessfähiger (§ 607 Abs 1 ZPO) Ehegatte den Aufhebungsantrag, eine höchstpersönliche Handlung, nur selbst stellen; er benötigt dazu auch nicht die Zustimmung seines gesetzlichen Vertreters (Abs 2 S 2).

4   Ein Ehegatte der aufzuhebenden Ehe hat seinen Antrag – vom Gesetz als selbstverständlich nicht mehr ausgesprochen – **gegen den anderen Ehegatten** zu richten, die „**dritte Person**" ihren Antrag **gegen beide Ehegatten** der bigamischen Ehe (§ 631 Abs 3 ZPO), die notwendige Streitgenossen sind (§ 62 Abs 1 ZPO). Stirbt einer von ihnen, bevor eine Entscheidung Rechtskraft erlangt hat, wird der Antrag unzulässig (§ 617 Abs 3) und ist das Verfahren in der Hauptsache als erledigt anzusehen (§ 619 ZPO).

5   Die **zuständige Verwaltungsbehörde** ist in den Fällen des Abs 1 Nr 1 von Aufhebungsanträgen eines Ehegatten oder einer „dritten Person" zu unterrichten (§ 631 Abs 4 S 1 ZPO); in diesen Fällen kann sie – auch ohne selbst die Aufhebung beantragt zu haben – ihrerseits das Verfahren betreiben, insbes selbstständig Anträge stellen und Rechtsmittel einlegen (§ 631 Abs 4 S 2 ZPO). Sie kann sich für und gegen die Aufhebung einsetzen und dabei im Verfahren auch wechseln.

6   2. **Antrag der zuständigen Verwaltungsbehörde.** Die zuständige Verwaltungsbehörde hat ihren Antrag **gegen beide Ehegatten** zu richten (Rn 4). Ihre **örtliche Zuständigkeit** ergibt sich aus den gemäß Abs 1 Nr 1 S 2 und 3 erlassenen Landesvorschriften (Rn 2).

7   Die Behörde ist im Rahmen ihrer Zuständigkeit **Wahrer des öffentlichen Interesses**[1]. Vorbehaltlich Abs 3 (Rn 8) hat sie unter Berücksichtigung aller erheblichen Umstände allein nach ihrem pflichtmäßigen Ermessen zu entscheiden, ob sie die Aufhebung einer Ehe beantragt. Gegen ihre Entscheidungen (oder auch ihr Untätigbleiben) gibt es nur die Dienstaufsichtsbeschwerde, aber keinen Rechtsbehelf. Ein Antrag auf gerichtliche Entscheidung (§ 23 EGGVG) scheidet mangels Rechtsverletzung (§ 24 Abs 1 EGGVG) aus[2].

8   Für die Fälle der Aufhebbarkeit wegen **Geschäftsunfähigkeit** (einschließlich Bewusstlosigkeit und vorübergehender Störung der Geistestätigkeit), **Doppelehe, Verwandtschaft** und **Scheinehe,** in denen das öffentliche Interesse in besonderem Maße berührt ist, erhält die Behörde durch Abs 3 die **allgemeine Weisung,** einen Aufhebungsantrag **nur dann nicht** zu stellen, wenn die Aufhebung der Ehe für einen der Ehegatten oder für Kinder aus der Ehe eine so **schwere Härte** wäre, dass ihre Aufrechterhaltung ausnahmsweise geboten ist. Die Handhabung dieser Vorschrift, die im bisherigen Recht ohne Vorbild ist, bleibt abzuwarten. Außer den Bigamiefällen, die insofern stets besondere Schwierigkeiten bereiten (Rn 10 ff), gilt dies vor allem für den neuen Eheaufhebungsgrund der Scheinehe (§ 1314 Abs 2 Nr 5). Hier wird zu klären sein, was im Falle der **Aufenthaltsehe** (§ 1314 Rn 12) als „schwere Härte" namentlich für den ausländischen Ehegatten gelten kann und wie mit der (womöglich allzu) weiten Fassung des Tatbestandes (§ 1314 Rn 14) umzugehen ist.

9   3. **Zulässigkeit von Aufhebungsanträgen. a) Rechtsschutzbedürfnis.** Der eng begrenzte Kreis von Antragsberechtigten ist gesetzlich legitimiert, durch Stellung des Antrages die Voraussetzung dafür zu schaffen, dass eine entgegen einem Eheverbot oder unter Willensmängeln zustande gekommene Ehe beseitigt werden kann[3]. Danach folgt aus der Antragsberechtigung grds das Rechtsschutzbedürfnis für den Aufhebungsantrag, in Bigamiefällen selbst dann, wenn die früher geschlossene Ehe inzwischen aufgelöst ist[4]. Trotzdem kann dem Antrag im Einzelfall das Rechtsschutzinteresse fehlen[5], auch einem Antrag der zuständigen Behörde, von dem diese nach Abs 3 nicht absehen durfte.

10   Auch in Bigamiefällen hat die „**dritte Person**" idR ein schützenswertes Interesse an der Aufhebung der bigamischen Ehe, selbst nach Auflösung ihrer eigenen Ehe[6]. Im Hinblick darauf, dass seit dem Inkrafttreten des Eheschließungsrechtsgesetzes an die Stelle der bis dahin möglichen Nichtigerklärung einer bigamischen Ehe die bloß ex nunc wirkende Aufhebung einer solchen Ehe getreten ist, fehlt jedoch dann das Rechtsschutzinteresse, wenn der Antragsteller keinerlei **eigene schutzwürdige Belange** geltend macht[7].

---

[1] BGH NJW 1986, 3083, 3084 für den früher zuständigen Staatsanwalt.
[2] So die ganz hM für den früher zuständigen Staatsanwalt, KG NJW 1987, 197; OLG Düsseldorf FamRZ 1996, 109 mwN; *Palandt/Brudermüller* Rn 8.
[3] BGH NJW 1986, 3083 in einem Bigamiefall.
[4] BGHZ 37, 51, 56 = NJW 1962, 1152, 1153; BGH FamRZ 1964, 418, 419.
[5] OLG Nürnberg NJW-RR 1998, 2, 4 für eine Nichtigkeitsklage des Staatsanwalts in einem deutsch-polnischen Bigamiefall.
[6] BGH NJW 1986, 3083, 3084 mwN; anders OLG Hamm FamRZ 1986, 1204 m abl Anm *Bosch.*
[7] BGHZ 149, 357 = NJW 2002, 1268; BGH FamRZ 2002, 604, 605.

b) Missbrauchseinwand. Auch der Antrag auf Aufhebung einer Ehe kann rechtsmissbräuchlich 11
und daher unzulässig sein. Die Frage hat – soweit ersichtlich – bisher nur in Bigamiefällen eine Rolle
gespielt, insbes bei **Aufhebungsbegehren des doppelt verheirateten Ehegatten.** Die ältere Rspr hat
insoweit auf die „Gesinnung" dieses Ehegatten sowie darauf abgestellt, ob der andere den Verstoß
gegen das Bigamieverbot bei der Eheschließung gekannt hatte und ob die Ehe „gut" gewesen war[8].
Einem Antragsteller darf sein gesetzliches Antragsrecht aber nur aus **objektiven,** sich aus dem Sachverhalt ergebenden **gewichtigen Gründen** abgesprochen werden, wobei es vor allem darauf ankommt, wie sich die Aufhebung der Ehe für die Betroffenen, insbes den anderen Ehegatten der
aufhebbaren Ehe, **auswirken** würde[9]. Dass die frühere Ehe aufgelöst und die bigamische Ehe anschließend – selbst längere Zeit – fortgesetzt worden ist, reicht für sich allein nicht aus[10]. War der andere
Ehegatte bei der Eheschließung gutgläubig, ist er gegenüber einem Aufhebungsantrag des doppelt
Verheirateten, der es schuldhaft zu der bigamischen Ehe hat kommen lassen, allerdings in aller Regel
schutzwürdig. Rechtsmissbräuchlich ist der Antrag jedenfalls, wenn sich die Aufhebung der Ehe –
verglichen mit den Folgen einer sonst möglichen Ehescheidung – zu seinem Nachteil auswirken würde.
Das wird angesichts der jetzigen Regelung der Aufhebungsfolgen freilich selten der Fall sein.

Auch ein **Aufhebungsantrag der „dritten Person"** kann rechtsmissbräuchlich sein, wenn der 12
Dritte keinerlei eigene Belange geltend macht (Rn 10)[11].

Anträge der zuständigen Verwaltungsbehörde können ausnahmsweise unzulässige Rechtsaus- 13
übung sein, wenn dem öffentlichen Interesse an der Aufhebung der Ehe **nach Treu und Glauben** kein
wesentliches Gewicht mehr beigemessen werden kann[12]. In Bigamiefällen ist das zwar nicht schon wegen
langer Dauer der bigamischen Ehe der Fall[13], doch kann das öffentliche Interesse mit der Zeit insbes dann
abnehmen, wenn die frühere Ehe nicht mehr besteht oder auch der andere Ehegatte sich von ihr
abgewandt hat. Die Herstellung der dem Gesetz entsprechenden **vermögensrechtlichen Beziehungen**[14] kann zumeist den Beteiligten überlassen werden. Unzulässige Rechtsausübung kann ein Antrag der
Behörde insbes sein, wenn diese bei den Ehegatten die begründete Erwartung geweckt hat, ihre Ehe
werde geduldet, etwa wenn sie ihre Eheschließung sonst rechtsgültig wiederholt hätten[15], oder wenn
zum Zustandekommen der bigamischen Ehe **Fehler staatlicher Stellen** mitgewirkt haben[16].

III. Lebenspartnerschaft

Zur Lebenspartnerschaft s § 1313 Rn 13. 14

§ 1317 Antragsfrist

(1) ¹Der Antrag kann in den Fällen des § 1314 Abs. 2 Nr. 2 bis 4 nur binnen eines Jahres
gestellt werden. ²Die Frist beginnt mit der Entdeckung des Irrtums oder der Täuschung oder
mit dem Aufhören der Zwangslage; für den gesetzlichen Vertreter eines geschäftsunfähigen
Ehegatten beginnt die Frist jedoch nicht vor dem Zeitpunkt, in welchem ihm die den Fristbeginn begründenden Umstände bekannt werden, für einen minderjährigen Ehegatten nicht
vor dem Eintritt der Volljährigkeit. ³Auf den Lauf der Frist sind die §§ 206, 210 Abs. 1 Satz 1
entsprechend anzuwenden.

(2) Hat der gesetzliche Vertreter eines geschäftsunfähigen Ehegatten den Antrag nicht
rechtzeitig gestellt, so kann der Ehegatte selbst innerhalb von sechs Monaten nach dem
Wegfall der Geschäftsunfähigkeit den Antrag stellen.

(3) Ist die Ehe bereits aufgelöst, so kann der Antrag nicht mehr gestellt werden.

Schrifttum: *Bosch,* Neuordnung oder nur Teilreform des Eheschließungsrechts?, NJW 1998, 2004.

I. Bedeutung der Norm

Die Vorschrift hat Bedeutung nur für **Eheaufhebungen nach § 1314 Abs 2 Nr 2 bis 4,** die in 1
erster Linie dem Schutz des durch den Irrtum, die Täuschung usw betroffenen Ehegatten dienen

---

[8] BGHZ 30, 140, 144 f = NJW 1959, 2207, 2208 f; BGHZ 37, 51, 57 = NJW 1962, 1152, 1153; BGH NJW 1964, 1853, 1854.
[9] OLG Düsseldorf FamRZ 1992, 815, 816 f; OLG Karlsruhe IPRax 1986, 166 für eine Nichtigkeitsklage des Staatsanwalts.
[10] BGHZ 37, 51, 56 = NJW 1962, 1152, 1153; BGH NJW 1986, 3083; wohl auch MünchKommBGB/*Müller-Gindullis* Rn 4 f, *Soergel/Heintzmann* § 24 EheG Rn 8; aA große Teile des Schrifttums, zB *Gernhuber/Coester-Waltjen* 4. Aufl § 13 III 2 S 123.
[11] BGHZ 149, 357 = NJW 2002, 1268.
[12] So für Nichtigkeitsklagen des Staatsanwalts BGH NJW 1986, 3083, 3084; FamRZ 1994, 498, 499; FamRZ 2001, 685, 686: einer nach dem EheG 1946 zu beurteilenden Sache.
[13] BGH NJW 1975, 872, 873: fast 25 Jahre; FamRZ 1994, 498, 499: fast 35 Jahre; FamRZ 2001, 685, 686: 39 Jahre.
[14] BGH NJW 1986, 3083, 3084; NJW 1975, 872, 873; FamRZ 2001, 685, 686: Interesse an der Klärung rentenrechtlicher Fragen.
[15] OLG Karlsruhe IPRax 1986, 166; s auch BGH NJW 1975, 872, 873.
[16] KG FamRZ 1986, 355: irreführender Rechtskraftvermerk.

§ 1318

(§ 1316 Rn 1). Durch zeitliche Begrenzung des durch den Aufhebungsgrund entstandenen Schwebezustandes trägt sie dem individuellen, aber auch öffentlichen Interesse an **Klarheit über den Fortbestand der Ehe** Rechnung[1]. Die – von Amts wegen zu beachtende – Antragsfrist ist eine **Ausschlussfrist**, deren Versäumung zum Verlust des materiellen Rechts auf Aufhebung der Ehe führt[2]. Sie kann weder einvernehmlich verlängert oder abgekürzt[3] noch kann auf die Wirkung ihres Ablaufs verzichtet werden.

II. Einzelerläuterung

2 **1. Beginn und Lauf der Frist.** Der **Irrtum** (§ 1314 Abs 2 Nr 2) ist entdeckt, wenn der Ehegatte davon positive Kenntnis erlangt hat; fahrlässige Unkenntnis genügt nicht. Für die **arglistige Täuschung** (§ 1314 Abs 2 Nr 3) gilt dasselbe, doch muss die Kenntnis der Täuschungsabsicht (§ 123) hinzukommen[4]. Im Falle der **widerrechtlichen Drohung** (§ 1314 Abs 2 Nr 4) ist die Zwangslage erst beendet, wenn der Ehegatte von ihrem Aufhören Kenntnis hat. Kenntnis des Ehegatten, wegen des Willensmangels die Aufhebung der Ehe begehren zu können, ist zum Fristbeginn in keinem Fall erforderlich. Gegen den **gesetzlichen Vertreter** eines geschäftsunfähigen Ehegatten kann die Frist erst zu laufen beginnen, wenn ihm die den Fristbeginn begründenden Umstände – zu denen das Recht zur Aufhebung nicht gehört (s oben) – bekannt geworden sind (Abs 1 S 2 HS 1). Gegen einen **minderjährigen** Ehegatten läuft die Frist überhaupt nicht. Mit seiner Volljährigkeit (Abs 1 S 2 HS 2) beginnt sie nur zu laufen, wenn er in diesem Zeitpunkt die dazu erforderliche Kenntnis hat.

3 Für die **Berechnung der Frist** gelten die §§ 187 Abs 1, 188 Abs 2, 193, für den **Fristlauf** die §§ 203, 206 Abs 1 S 1 analog (Abs 1 S 3). Die **sechsmonatige Nachfrist** (Abs 2) steht dem ehemals geschäftsunfähigen Ehegatten auch dann zu Gebote, wenn die einjährige Antragsfrist bei Wegfall der Geschäftsunfähigkeit nicht ganz, aber zu mehr als der Hälfte verstrichen war[5]. Die Gegenmeinung[6] hat zwar den Gesetzeswortlaut für sich, kann aber zu untragbaren Ergebnissen führen.

4 **2. Wahrung der Frist.** Der Aufhebungsantrag wird durch **Zustellung der Antragsschrift** „gestellt" (§§ 631 Abs 2 S 1 und 2, 622 Abs 2 S 2, 253 ZPO). § 270 Abs 3 ZPO findet Anwendung. Stellt für einen geschäftsunfähigen Ehegatten sein gesetzlicher Vertreter den Antrag, muss er innerhalb der Antragsfrist auch die nach § 607 Abs 2 S 2 HS 2 ZPO erforderliche **vormundschaftsgerichtliche Genehmigung** dem Gericht und dem Antragsgegner nachweisen[7]. Die Fristwahrung entfällt, wenn der Antrag zurückgenommen oder als unzulässig abgewiesen wird.

5 **3. Aufgelöste Ehe (Abs 3).** Die Aufhebung einer (durch Scheidung, Aufhebung oder Tod) bereits aufgelösten Ehe kann nicht begehrt werden. In einem zu § 37 Abs 2 EheG ergangenen Urteil[8] hat der BGH es aber gebilligt, einem Scheidungsurteil – in der Form eines Gestaltungs- oder gestaltenden Feststellungsurteils – die Rechtsfolgen eines Eheaufhebungsurteils „beizugeben", wenn sich nachträglich die Aufhebbarkeit der Ehe herausstellt. Dieser Entscheidung wird überwiegend auch für das jetzige Recht beigepflichtet[9].

III. Lebenspartnerschaft

6 Zur Lebenspartnerschaft s § 1313 Rn 13.

§ 1318 Folgen der Aufhebung

(1) Die Folgen der Aufhebung einer Ehe bestimmen sich nur in den nachfolgend genannten Fällen nach den Vorschriften über die Scheidung.

(2) [1]Die §§ 1569 bis 1586 b finden entsprechende Anwendung
1. zugunsten eines Ehegatten, der bei Verstoß gegen die §§ 1303, 1304, 1306, 1307 oder § 1311 oder in den Fällen des § 1314 Abs. 2 Nr. 1 oder 2 die Aufhebbarkeit der Ehe bei der Eheschließung nicht gekannt hat oder der in den Fällen des § 1314 Abs. 2 Nr. 3 oder 4 von dem anderen Ehegatten oder mit dessen Wissen getäuscht oder bedroht worden ist;
2. zugunsten beider Ehegatten bei Verstoß gegen die §§ 1306, 1307 oder § 1311, wenn beide Ehegatten die Aufhebbarkeit kannten; dies gilt nicht bei Verstoß gegen § 1306, soweit der Anspruch eines Ehegatten auf Unterhalt einen entsprechenden Anspruch der dritten Person beeinträchtigen würde.

---

[1] BGHZ 25, 66, 74 = NJW 1957, 1517, 1518.
[2] BGHZ 25, 66, 74 = NJW 1957, 1517, 1518.
[3] RGZ 164, 106, 109.
[4] RGZ 65, 86, 89.
[5] MünchKommBGB/*Müller-Gindullis* Rn 8; *Staudinger/Klippel* Rn 15; zu § 36 EheG *Soergel/Heintzmann* Rn 4; *Dölle* I § 27 V 2 b, S 343 f.
[6] *Johannsen/Henrich* Rn 6; *Palandt/Brudermüller* Rn 8: nur Restfrist.
[7] *Johannsen/Henrich* Rn 8; *Palandt/Brudermüller* Rn 6.
[8] BGHZ 133, 227 = NJW 1996, 2727 m Anm *Hohloch* JuS 1996, 1133; *Lüke* JuS 1997, 397; *v. Heintschel-Heinegg* FuR 1997, 254.
[9] *Palandt/Brudermüller* Rn 10; *Johannsen/Henrich* Rn 18; *Bosch* NJW 1998, 2004, 2011.

Folgen der Aufhebung **§ 1318**

²Die Vorschriften über den Unterhalt wegen der Pflege oder Erziehung eines gemeinschaftlichen Kindes finden auch insoweit entsprechende Anwendung, als eine Versagung des Unterhalts im Hinblick auf die Belange des Kindes grob unbillig wäre.

(3) Die §§ 1363 bis 1390 und die §§ 1587 bis 1587 p finden entsprechende Anwendung, soweit dies nicht im Hinblick auf die Umstände bei der Eheschließung oder bei Verstoß gegen § 1306 im Hinblick auf die Belange der dritten Person grob unbillig wäre.

(4) Die Vorschriften der Hausratsverordnung finden entsprechende Anwendung; dabei sind die Umstände bei der Eheschließung und bei Verstoß gegen § 1306 die Belange der dritten Person besonders zu berücksichtigen.

(5) § 1931 findet zugunsten eines Ehegatten, der bei Verstoß gegen die §§ 1304, 1306, 1307 oder § 1311 oder im Falle des § 1314 Abs. 2 Nr. 1 die Aufhebbarkeit der Ehe bei der Eheschließung gekannt hat, keine Anwendung.

Schrifttum: *Bosch,* Neuordnung oder nur Teilreform des Eheschließungsrechts?, NJW 1998, 2004; *Muscheler,* Der Entwurf eines Gesetzes zur Neuordnung des Eheschließungsrechts, JZ 1997, 1142; *Schwab,* Aspekte des Eheaufhebungsverfahrens nach der Eherechtsreform, FS Beitzke, 1979, S 359; *Tschernitschek,* Der mißglückte § 1318 BGB, FamRZ 1999, 829; *Wolf,* Der Standesbeamte als Ausländerbehörde oder Das neue Eheverbot der pflichtenlosen Ehe, FamRZ 1998, 1477.

Übersicht

	Rn		Rn
I. Bedeutung der Norm	1	4. Besondere Regelungen	14
II. Unterhalt (Abs 2)	2	a) Beiderseitige Kenntnis der Aufhebbarkeit (Abs 2 S 1 Nr 2)	14
1. Grundsätzliches	2	b) Unterhalt im Kindesinteresse (Abs 2 S 2)	17
2. Unkenntnis	3	III. Zugewinnausgleich (Abs 3)	18
3. Aufhebungsgründe im Einzelnen	6	1. Allgemeines	18
a) § 1303 (Minderjährigkeit)	6	2. Doppelehe	19
b) § 1304 (Geschäftsunfähigkeit)	7		
c) § 1306 (Doppelehe)	8	IV. Versorgungsausgleich (Abs 3)	20
d) § 1307 (Verwandtschaft)	9		
e) § 1311 (Formmängel)	10	V. Hausratsverordnung (Abs 4)	21
f) § 1314 Abs 2 Nr 1 (Bewusstlosigkeit, vorübergehende Störung)	11	VI. Ehegattenerbrecht (Abs 5)	22
g) § 1314 Abs 2 Nr 2 (unbewusste Eheschließung)	12	VII. Ehename	23
h) § 1314 Abs 2 Nr 3 und 4 (arglistige Täuschung, Drohung)	13	VIII. Lebenspartnerschaft	24

I. Bedeutung der Norm

Die Vorschrift regelt die **rechtlichen Folgen der Eheaufhebung** wesentlich anders als ihre Vorläufer im EheG. Nach dessen § 26 Abs 1 bestimmten sich die vermögensrechtlichen Folgen der Nichtigerklärung, nach § 37 Abs 1 sämtliche Folgen der Aufhebung einer Ehe nach Scheidungsfolgenrecht. Hatte ein Ehegatte jedoch die Nichtigkeit bzw Aufhebbarkeit der Ehe bei der Eheschließung gekannt, konnte der gutgläubige andere Ehegatte die vermögensrechtlichen Scheidungsfolgen durch eine in bestimmter Frist abgegebene Erklärung für die Zukunft ausschließen (§§ 26 Abs 2, 37 Abs 2 EheG). Nunmehr bestimmt das Gesetz selbst, und zwar abschließend (Abs 1: „nur"), in welchen Fällen und in welchem Umfang **Scheidungsfolgen** eintreten. Dabei differenziert es nach den Arten der Scheidungsfolgen (Unterhalt, Zugewinn- und Versorgungsausgleich, Hausrat, Erbrecht) und hebt weitgehend – insoweit wie die Vorläuferregelungen – auf die **Gut- oder Bösgläubigkeit der Ehegatten** oder eines von ihnen bei der Eheschließung ab. Vielfach wird aber eine Korrektur des Ergebnisses nach **Billigkeitsgesichtspunkten** vorbehalten (Abs 2 S 2, Abs 3, auch Abs 4). 1

II. Unterhalt (Abs 2)

1. Grundsätzliches. Unterhaltsansprüche kommen bei Eheaufhebungen aus allen gesetzlichen Gründen in Betracht, **ausgenommen § 1314 Abs 2 Nr 5 (Scheinehe),** da diese Vorschrift in Abs 2 S 1 Nr 1 nicht erwähnt ist[1]. Im Übrigen finden die §§ 1569 bis 1586 b (nachehelicher Unterhalt) entsprechende Anwendung: bei Eheaufhebung **nach § 1314 Abs 2 Nr 3 oder 4** zugunsten eines Ehegatten, der von dem anderen oder mit dessen Wissen getäuscht oder bedroht worden ist; **in allen übrigen Fällen** zugunsten eines Ehegatten, der die Aufhebbarkeit der Ehe bei der Eheschließung **nicht gekannt** hat (was natürlich auf beide zutreffen kann). Angesichts der Bedeutung dieser übrigen Fälle kann man letzteres als die **Grundregel** des Gesetzes bezeichnen. Zu Unterhaltsansprüchen führt die entsprechende Anwendung des nachehelichen Unterhaltsrechts selbstverständlich nur, wenn und soweit sie nach §§ 1569 ff begründet sind. 2

---

[1] Krit *Wolf* FamRZ 1998, 1477, 1487.

§ 1318

3 **2. Unkenntnis.** Die Aufhebbarkeit der Ehe kennt nicht, wer sie nicht **positiv** kennt; Fahrlässigkeit, selbst grobe, schadet nicht[2], nach ganz hM zu den Vorgängerregelungen nicht einmal bedingter Vorsatz[3]. Zeitlich nach der Eheschließung erlangte Kenntnis ist unerheblich. Was den Gegenstand der Kenntnis angeht, so soll nach überwM **Kenntnis der Tatsachen** genügen; die Kenntnis, dass die Tatsachen einen **Grund zur Aufhebung der Ehe** geben, sei nicht erforderlich[4]. Der Wortlaut des Gesetzes (Kenntnis der „Aufhebbarkeit") und der zugrundeliegende Zweck des Vertrauensschutzes sprechen indessen für die (der hM zu § 26 Abs 2 EheG entsprechende) Gegenansicht, die eine Kenntnis nicht nur der die Aufhebbarkeit begründenden Tatsachen, sondern – wenigstens in laienhafter Wertung – auch ihrer rechtlichen Bedeutung als Aufhebungsgrund verlangt[5]. Die praktische Bedeutung des Meinungsstreits dürfte allerdings gering (geworden) sein. Bei dem heutigen, auf gravierende Mängel reduzierten Bestand an Aufhebungsgründen wird die Kenntnis der Fakten dem Ehegatten zumeist auch die zur Kenntnis der Aufhebbarkeit genügende Vorstellung von möglicherweise damit verbundenen Auswirkungen auf den Bestand der Ehe vermitteln.

4 Bei **mehreren Aufhebungsgründen** war der Ehegatte schon dann nicht gutgläubig, wenn er einen dieser Gründe kannte, auch wenn die Ehe aus einem anderen Grund aufgehoben wird[6]. Kenntnis eines heilbaren Aufhebungsgrundes kann einem Ehegatten, der auf die Heilung vertraut, aber nicht schaden[7].

5 Die **Beweislast** für seine Unkenntnis trägt der Ehegatte, der sich darauf beruft[8]. Eine im Aufhebungsurteil (etwa zu § 93 Abs 3 S 2 ZPO) getroffene Feststellung bindet insoweit nicht[9].

6 **3. Aufhebungsgründe im Einzelnen. a) § 1303 (Minderjährigkeit).** Nach der nicht eingeschränkten „Grundregel" des Abs 2 S 1 Nr 1 (Rn 2 aE) sind die §§ 1569 ff zugunsten jedes Ehegatten anwendbar, der bei der Eheschließung die Minderjährigkeit nicht gekannt oder nicht gewusst hat, dass eine Befreiung nach § 1303 Abs 2 nicht erteilt war. Das befremdene Ergebnis, dass der Volljährige einen Anspruch gegen den Minderjährigen haben kann (dessen Schutz § 1303 doch bezweckt), lässt sich nach Gesetzeslage nicht umgehen[10]. Bei beiderseitiger Bösgläubigkeit kommen, vorbehaltlich Abs 2 S 2 (Rn 17), Unterhaltsansprüche nicht in Betracht (Abs 2 S 1 Nr 2).

7 **b) § 1304 (Geschäftsunfähigkeit).** Dem bei der Eheschließung Geschäftsunfähigen kann Kenntnis der Aufhebbarkeit nicht zugerechnet werden[11]. Zu seinen Gunsten sind die §§ 1569 ff daher stets anwendbar, aber auch zugunsten des anderen Ehegatten, wenn dieser bei der Eheschließung die Geschäftsunfähigkeit nicht kannte[12].

8 **c) § 1306 (Doppelehe).** Auch hier gilt die „Grundregel" (Rn 2 aE) zugunsten beider Ehegatten. Gutgläubigkeit des doppelt Verheirateten wird allerdings kaum vorkommen. Dessen Unterhaltspflicht gegenüber dem Ehegatten der früheren Ehe (der „dritten Person", § 1306) wirkt sich auf Unterhaltsansprüche des gutgläubigen anderen Ehegatten der bigamischen Ehe nur nach Maßgabe des Unterhaltsrechts aus. Mangels gegenteiliger gesetzlicher Regelung (§ 1582 greift hier nicht ein)[13] sind sie denen der „dritten Person" gleichrangig[14]. Für die Unterhaltspflicht des doppelt Verheirateten gegenüber jedem der beiden Ehegatten ist der Unterhaltsanspruch des jeweils anderen eine „sonstige Verpflichtung" iS des § 1581 S 1, die im Mangelfall zu einer Herabsetzung der Ansprüche nach Billigkeit führen kann. Bei beiderseitiger Kenntnis: Abs 2 S 1 Nr 2 (Rn 14 f, § 1319 Rn 7).

9 **d) § 1307 (Verwandtschaft).** Die §§ 1569 ff gelten nach der „Grundregel" (Rn 2 aE) zugunsten jedes bei der Eheschließung gutgläubigen Ehegatten, ohne dass Besonderheiten bestünden. Bei beiderseitiger Kenntnis: Abs 2 S 1 Nr 2 (Rn 16).

10 **e) § 1311 (Formmängel).** Auch hier bestehen keine Besonderheiten. Bei beiderseitiger Kenntnis: Abs 2 S 1 Nr 2 (Rn 16).

11 **f) § 1314 Abs 2 Nr 1 (Bewusstlosigkeit, vorübergehende Störung).** Wie beim Aufhebungsgrund § 1304 (Rn 7) kann dem bei der Eheschließung Bewusstlosen oder geistig Gestörten keine Kenntnis der Aufhebbarkeit der Ehe zugerechnet werden[15]. Die §§ 1569 ff sind zugunsten nicht nur dieses Ehegatten, sondern auch des gutgläubigen anderen anwendbar (Rn 7).

---

[2] RGZ 78, 369, 371; OLG Koblenz FamRZ 1980, 589, 590.
[3] RG WarnR 1917 Nr 247; OLG Celle DRiZ 1926, Rspr-Beilage Nr 58; *Dölle* I § 24 II 1 b, S 289; *Staudinger/Hübner/Funk* 12. Aufl 1993 Rn 21; *Soergel/Heintzmann* Rn 5, beide zu § 26 EheG.
[4] *Johannsen/Henrich* Rn 3; *Palandt/Brudermüller* Rn 2; *Staudinger/Strätz* Rn 14; ebenso zu § 37 EheG *Schwab*, FS Beitzke, 1979, S 361.
[5] MünchKommBGB/*Müller-Gindullis* Rn 4; ebenso zu § 26 Abs 2 EheG RGZ 109, 64, 65; OLG Koblenz FamRZ 1980, 589, 590; OLG Celle DRiZ 1926, Rspr-Beilage Nr 58; *Soergel/Heintzmann* Rn 5.
[6] *Johannsen/Henrich* Rn 4; *Palandt/Brudermüller* Rn 2; aA RGZ 78, 369, 370; RG WarnR 1932 Nr 139; MünchKommBGB/*Müller-Gindullis* Rn 3.
[7] *Staudinger/Hübner/Funk*, 12. Aufl 1993, § 26 EheG Rn 21.
[8] *Baumgärtel/Laumen* Rn 2; *Johannsen/Henrich* Rn 5.
[9] *Gernhuber/Coester-Waltjen* 4. Aufl § 13 VI 1 S 125.
[10] Ebenso *Johannsen/Henrich* Rn 6; *Palandt/Brudermüller* Rn 3; aA *Erman/A. Roth* Rn 3: Minderjährigenschutz, verfassungskonforme Auslegung.
[11] *Johannsen/Henrich* Rn 7; *Palandt/Brudermüller* Rn 4; MünchKommBGB/*Müller-Gindullis* Rn 4.
[12] MünchKommBGB/*Müller-Gindullis* Rn 4; aA *Johannsen/Henrich* Rn 7; unklar *Palandt/Brudermüller* Rn 4.
[13] *Soergel/Heintzmann* § 26 EheG Rn 9.
[14] *Johannsen/Henrich* Rn 8; MünchKommBGB/*Müller-Gindullis* Rn 4; *Staudinger/Strätz* Rn 19; *Palandt/Brudermüller* Rn 5.
[15] *Johannsen/Henrich* Rn 11; *Palandt/Brudermüller* Rn 4; MünchKommBGB/*Müller-Gindullis* Rn 4.

Folgen der Aufhebung § 1318

g) § 1314 Abs 2 Nr 2 (unbewusste Eheschließung). Der Irrende kann bei der Eheschließung 12
schon tatbestandlich keine Kenntnis von der Aufhebbarkeit der Ehe gehabt haben. Unterhaltsansprüche
kommen auch zugunsten des gutgläubigen anderen Ehegatten in Betracht.

h) § 1314 Abs 2 Nr 3 und 4 (arglistige Täuschung, Drohung). Abs 2 S 1 Nr 1 sieht eine 13
entsprechende Anwendung der §§ 1569 ff nur zugunsten des von dem anderen Ehegatten oder mit
dessen Wissen getäuschten oder bedrohten Ehegatten vor. Hat ein Dritter ohne Wissen des anderen
Ehegatten gedroht, kommen – vorbehaltlich Abs 2 S 2 – für keinen der Ehegatten Unterhaltsansprüche
in Betracht. Anders als nach der „Grundregel" (Rn 2 aE) führt Gutgläubigkeit hier nicht zur Anwendbarkeit
der §§ 1569 ff Arglistige Täuschung durch einen Dritten ohne Wissen des anderen Ehegatten ist
kein Aufhebungsgrund (§ 1314 Abs 2 Nr 3; § 1314 Rn 4, 9).

4. Besondere Regelungen. a) Beiderseitige Kenntnis der Aufhebbarkeit (Abs 2 S 1 Nr 2).
Wenn beide Ehegatten einer **Doppelehe** (§ 1306) deren Aufhebbarkeit – wie auch hier zu ergänzen ist – kannten, sind die § 1569 ff nur **vorbehaltlich eines „entsprechenden 14
Anspruchs" der „dritten Person"** anwendbar. Diese Einschränkung kann nicht die Unterhaltsansprüche
des doppelt Verheirateten, sondern nur die des anderen Ehegatten betreffen. Sie ist dahin zu
verstehen, dass dieser Ehegatte dann mit seinem Unterhaltsanspruch gegenüber dem Anspruch der
„dritten Person" **zurücktritt.** Dieser gegenüber kann sich der doppelt Verheiratete auf seine Unterhaltspflicht
gegenüber dem Bösgläubigen nicht (etwa nach § 1581 S 1) berufen, vielmehr geht dessen
Anspruch dem der dritten Person im Mangelfall nach[16].

„Entsprechender Anspruch" der „dritten Person" ist nur ein Anspruch auf (Trennungs- oder nach- 15
ehelichen) **Unterhalt.** Ansprüche auf Versorgungsausgleich haben in Abs 3 eine eigene Regelung
erfahren.

Für die in Abs 2 S 1 Nr 2 weiter genannten Eheaufhebungen wegen Verstoßes gegen §§ 1307, 1311 16
(Rn 9, 10) ergeben sich keine Besonderheiten. Die **Beweislast** dafür, dass beide Ehegatten die Aufhebbarkeit
der Ehe bei der Eheschließung kannten, trägt der Unterhalt Begehrende[17].

b) Unterhalt im Kindesinteresse (Abs 2 S 2). Zugunsten des Ehegatten, der ein **aus der Ehe** 17
hervorgegangenes Kind pflegt und erzieht, ist über Abs 2 S 1 hinaus die Vorschrift des **§ 1570**
(Betreuungsunterhalt) entspr anwendbar, soweit eine Versagung des Unterhalts im Hinblick auf die
Belange des Kindes **grob unbillig** wäre (als positive Härteklausel). Inhaltlich lehnt sich die Vorschrift
an die sog Kinderklausel in § 1579 an, weshalb trotz der unterschiedlichen Zielrichtung beider Normen
die dort entwickelten Grundsätze zur Auslegung herangezogen werden können, etwa zum Begriff der
groben Unbilligkeit[18] und zur Frage, inwieweit ein Unterhaltsanspruch auch der Höhe nach durch die
Belange des Kindes bestimmt wird (s zu allem § 1579 Rn 32 f)[19].

III. Zugewinnausgleich (Abs 3)

1. Allgemeines. Die entsprechende **Anwendbarkeit der güterrechtlichen Vorschriften** (die 18
sich auf §§ 1372 bis 1390 beschränken dürfte) bedeutet, dass zwischen den Ehegatten einer aufgehobenen
Ehe, für die der gesetzliche Güterstand galt, grds ein Zugewinnausgleich stattfindet. Den
Umständen beim Zustandekommen der Ehe trägt die in Abs 3 enthaltene Billigkeitsklausel (als Konkretisierung
der Härteklausel des § 1381)[20] Rechnung.

2. Doppelehe. Die Hauptprobleme wirft die Billigkeitsklausel des Abs 3 auf, soweit sie nach Auf- 19
hebung der bigamischen Ehe die Berücksichtigung der **Belange der „dritten Person"** verlangt. Gilt
auch für die frühere Ehe der gesetzliche Güterstand und werden beide Ehen aufgehoben, kann nach beiden
ein Zugewinnausgleich stattfinden, wobei nach den güterrechtlichen Vorschriften der eine Ausgleich den
anderen beeinflussen kann. ZB mindert eine Ausgleichsverpflichtung des doppelt Verheirateten aus der
aufgehobenen bigamischen Ehe sein Endvermögen, wenn die frühere Ehe später geschieden wird, so dass
ein sonst bestehender Ausgleichsanspruch der „dritten Person" herabgesetzt oder ausgeschlossen wird oder
diese sogar ausgleichspflichtig wird (§§ 1375 Abs 1 S 1, 1378)[21]. Soweit dieses Ergebnis iS von Abs 3
grob unbillig ist, ließe es sich (wenigstens teilweise) dadurch vermeiden, dass bei Bemessung der Ausgleichsverpflichtung
aus der bigamischen Ehe die Belange der „dritten Person" berücksichtigt werden,
der Anspruch jenes Ehegatten also entspr gekürzt wird. Fraglich ist aber schon, wie – insbes in welchem
Verfahren – diese Bemessung so erfolgen soll, dass die drei Betroffenen – doppelt Verheirateter und
Ehegatten aus beiden Ehen – beteiligt sind und die Bemessung für jeden von ihnen verbindlich wird. Vor
allem aber sollte doch – und zwar in erster Linie – der doppelt Verheiratete selbst zur Vermeidung eines
grob unbilligen Ergebnisses beitragen, und nicht bloß der – gewöhnlich gutgläubige – andere Ehegatte
der bigamischen Ehe. Daher müsste jeweils (zumindest auch) sein eigener Anteil am Zugewinn gekürzt
werden, wofür § 1381 aber keine Handhabe bietet. Daher bleibt nur zu erwägen, ob die Billigkeitsklausel
des Abs 3 diese Kürzung ermöglicht, und zwar auch beim Zugewinnausgleich nach der früheren Ehe. Bei
anderen Fallgestaltungen, etwa wenn die beiden Ehen in anderer Reihenfolge aufgelöst werden, wirft

---

[16] MünchKommBGB/*Müller-Gindullis* Rn 6; *Staudinger/Strätz* Rn 27; *Erman/A. Roth* Rn 5; *Palandt/Brudermüller* Rn 5.
[17] *Baumgärtel/Laumen* Rn 4.
[18] BVerfGE 57, 361 = NJW 1981, 1771.
[19] BGH NJW 1990, 1279, 1280 f; FamRZ 1997, 671, 672 f.
[20] *Johannsen/Henrich* Rn 15; *Palandt/Brudermüller* Rn 11; ähnlich MünchKommBGB/*Müller-Gindullis* Rn 12.
[21] In BGH FamRZ 1980, 768, 769 nicht berücksichtigt.

§ 1319   Buch 4. Abschnitt 1. Bürgerliche Ehe

Abs 3 weitere Probleme auf. Die Auslegung der Vorschrift muss daher für den Zugewinnausgleich bei Bigamiefällen einstweilen als weitgehend ungeklärt bezeichnet werden.

IV. Versorgungsausgleich (Abs 3)

20   Der Versorgungsausgleich nach Aufhebung einer Doppelehe bereitet weit geringere Schwierigkeiten, weil die – entspr anwendbaren – §§ 1587 ff die **Belange der „dritten Person"** bereits weitgehend berücksichtigen oder gar unberührt lassen. Der Versorgungsausgleich findet allein zwischen den Parteien der jeweiligen Ehesache statt, auch soweit Versorgungsanrechte des doppelt Verheirateten auszugleichen sind, die auf in beiden Ehen gleichzeitig verbrachte Zeiten entfallen[22]. Das gilt unabhängig davon, ob es sich um einen Versorgungsausgleich nach der früheren oder nach der bigamischen Ehe handelt und ob letztere aufgehoben oder geschieden wird. Unerheblich ist auch, ob der Versorgungsausgleich nach der jeweils anderen Ehe bereits rechtskräftig durchgeführt ist[23]. Einer groben Unbilligkeit zu Lasten des doppelt Verheirateten, der hiernach Anrechte zu mehr als der Hälfte, uU sogar vollständig abgeben müsste, kann nach Härteklauseln, insbes § 1587 c Nr 1, unter Berücksichtigung der Belange des jeweils anderen Ehegatten Rechnung getragen werden[24]. Hiernach werden die Belange der „dritten Person" zumindest beim **öffentlich-rechtlichen Versorgungsausgleich** (durch Splitting, Quasisplitting usw.) durch einen Ausgleich zwischen den Ehegatten der bigamischen Ehe überhaupt nicht berührt[25]. Soweit bei **anderen Ausgleichsarten**, etwa durch Beitragszahlung (§ 3 b Abs 1 Nr 2 VAHRG), oder bei der Anwendung von Härteklauseln sonstige Verpflichtungen eines Beteiligten berücksichtigt werden können, kann es dem doppelt Verheirateten nach Abs 3 zur Vermeidung einer groben Unbilligkeit verwehrt sein, sich gegenüber der „dritten Person" auf seine Ausgleichspflichten gegenüber dem anderen Ehegatten der bigamischen Ehe zu berufen.

V. Hausratsverordnung (Abs 4)

21   Bei Entscheidungen nach der entspr anwendbaren Hausratsverordnung sind die Umstände der Eheschließung und in Bigamiefällen die Belange der „dritten Person" besonders zu berücksichtigen.

VI. Ehegattenerbrecht (Abs 5)

22   Wenn die Ehe aus einem der in Abs 5 genannten (gewichtigeren) Gründe aufgehoben werden konnte, ist das gesetzliche Ehegattenerbrecht (§ 1931) ausgeschlossen, wenn der überlebende Ehegatte die Aufhebbarkeit bei der Eheschließung gekannt hatte. Anders als nach der allgemeineren Regelung des § 1933 S 2 ist nicht erforderlich, dass der Erblasser einen Aufhebungsantrag gestellt hatte. Die **Beweislast** für die Kenntnis des Ehegatten von der Aufhebbarkeit der Ehe trägt, wer sich auf den Ausschluss seines Erbrechts beruft[26].

VII. Ehename

23   Die Vorschrift des § 1355 Abs 5 S 1, wonach ua der geschiedene Ehegatte den Ehenamen behält, wird in Abs 2 ff nicht in Bezug genommen. Nach der eindeutigen Bestimmung in Abs 1 ist sie daher bei Aufhebung der Ehe nicht anwendbar. Mit Aufhebung der Ehe verliert der Ehegatte also den Ehenamen, ebenso wie früher bei Nichtigerklärung der Ehe (§ 26 Abs 1 EheG)[27].

VIII. Lebenspartnerschaft

24   Die Folgen der Aufhebung einer Lebenspartnerschaft nach § 15 LPartG entsprechen denen der Ehescheidung und sind in den §§ 16 (nachpartnerschaftlicher Unterhalt), 17, 18, 19 (Hausrat, Wohnung), und 20 (Versorgungsausgleich) geregelt.

Titel 4. Wiederverheiratung nach Todeserklärung (§§ 1319-1352)

§ 1319 Aufhebung der bisherigen Ehe

(1) Geht ein Ehegatte, nachdem der andere Ehegatte für tot erklärt worden ist, eine neue Ehe ein, so kann, wenn der für tot erklärte Ehegatte noch lebt, die neue Ehe nur dann wegen Verstoßes gegen § 1306 aufgehoben werden, wenn beide Ehegatten bei der Eheschließung wussten, dass der für tot erklärte Ehegatte im Zeitpunkt der Todeserklärung noch lebte.

---

[22] BGH NJW 1983, 176, 177 f; OLG Zweibrücken FamRZ 1983, 1145, 1146; OLG Stuttgart FamRZ 1986, 1006.
[23] OLG Zweibrücken FamRZ 1983, 1145, 1146.
[24] OLG Karlsruhe NJW RR 2004, 1514.
[25] Ebenso MünchKommBGB/*Dörr* § 1587 c Rn 31.
[26] *Baumgärtel/Laumen* Rn 6.
[27] Ebenso *Bosch* NJW 1998, 2004, 2011; MünchKommBGB/*Müller-Gindullis* Rn 15; *Tschernitschek* FamRZ 1999, 829, 830; *Muscheler* JZ 1997, 1142, 1148; aA *Hepting/Gaaz* Bd 2 Rn III-749 f; *Erman/A. Roth* Rn 11; *Wagenitz/Bornhofen* Rn 4-29 f: § 1355 Abs 5 S 1 analog.

(2) ¹Mit der Schließung der neuen Ehe wird die frühere Ehe aufgelöst, es sei denn, dass beide Ehegatten der neuen Ehe bei der Eheschließung wussten, dass der für tot erklärte Ehegatte im Zeitpunkt der Todeserklärung noch lebte. ²Sie bleibt auch dann aufgelöst, wenn die Todeserklärung aufgehoben wird.

Übersicht

	Rn		Rn
I. Bedeutung der Norm	1	4. Rechtsfolgen der Auflösung der früheren Ehe	11
II. Einzelerläuterung	2	5. Verhältnis zwischen früherer und neuer Ehe	15
1. Aufhebbarkeit der neuen Ehe (Abs 1)	2	6. Feststellung der Todeszeit	16
2. Rechtsfolgen der Aufhebung der neuen Ehe	7		
3. Auflösung der früheren Ehe (Abs 2)	8	III. Übergangsrecht	18

I. Bedeutung der Norm

Wird ein **Verheirateter zu Unrecht für tot erklärt**, wird der Bestand seiner Ehe davon nicht berührt. Denn eine Todeserklärung begründet lediglich die Vermutung, dass der Verschollene in dem festgestellten Zeitpunkt gestorben ist (§ 9 Abs 1 VerschG). Solange er in Wahrheit lebt, würde eine **neue Eheschließung seines Ehegatten** daher nach allgemeinen Grundsätzen zu einer aufhebbaren Doppelehe führen (§§ 1306, 1314 Abs 1). Um dem Ehegatten die Eingehung einer nicht vom Bigamieverbot bedrohten Ehe zu ermöglichen, ist nach Abs 1 eine **Aufhebung wegen Verstoßes gegen § 1306 grds ausgeschlossen**. Das Fehlt auch nur einem von ihnen diese Kenntnis, wird die frühere Ehe mit Schließung der neuen aufgelöst (Abs 2 S 1). Damit wird vermieden, dass der Ehegatte des Verschollenen gleichzeitig in zwei rechtsgültigen Ehen lebt. 1

II. Einzelerläuterung

1. Aufhebbarkeit der neuen Ehe (Abs 1). Eine neue Ehe, die der Ehegatte eines für tot Erklärten schließt, unterliegt grds wie jede andere nicht nur der Scheidung, sondern unter den Voraussetzungen der §§ 1314, 1315 auch der Aufhebung. Für das **Verbot der Doppelehe (§ 1306)** gilt nach Abs 1 jedoch eine **Ausnahme**: Bestand bei Eingehung der neuen Ehe die frühere noch, weil der für tot Erklärte noch lebte, darf die neue Ehe **aus diesem Grunde** nur aufgehoben werden, wenn **beide Ehegatten** bei der Eheschließung wussten, dass der Verschollene den Zeitpunkt der Todeserklärung überlebt hatte. Fehlte auch nur einem von ihnen diese Kenntnis, ist eine **Aufhebung der Ehe wegen Bigamie ausgeschlossen**. Hatte nur einer der Ehegatten Kenntnis, kann der gutgläubige andere jedoch berechtigt sein, die Aufhebung der Ehe wegen arglistiger Täuschung (§ 1314 Abs 2 Nr 3) zu begehren. 2

Der Ausschluss einer Aufhebung der neuen Ehe wegen Verstoßes gegen § 1306 setzt voraus, dass der Verschollene **vor der Eheschließung für tot erklärt** worden war. Ist es zu der neuen Ehe ohne vorherige Todeserklärung gekommen, etwa auf Grund einer falschen Sterbeurkunde, greift die Vorschrift nicht ein¹. Der die Todeserklärung aussprechende Beschluss muss im Zeitpunkt der Eheschließung nicht nur ergangen, sondern auch **durch Eintritt der Rechtskraft** wirksam geworden sein (§ 29 Abs 1 VerschG)². Die Todeserklärung darf nicht wieder aufgehoben worden sein (§§ 30 ff VerschG); ihre Aufhebung nach Schließung der neuen Ehe schadet dieser hingegen nicht (vgl auch Abs 2 S 2). 3

Fraglich ist, ob eine nach Ergehen, aber vor Rechtskraft des Beschlusses geschlossene Ehe **analog § 1315 Abs 2 Nr 1 geheilt** wird, wenn der Beschluss nachträglich rechtskräftig wird³. Für diese Analogie spricht manches. Sie ist aber nicht ohne weiteres mit dem subjektiven Voraussetzung zu vereinbaren, von der es abhängt, ob die Aufhebung der neuen Ehe ausgeschlossen und die frühere Ehe aufgelöst ist (Rn 2, 5). Denn der Zeitpunkt der Todeserklärung (dh des Eintritts ihrer Rechtskraft, s Rn 3), auf den sich die Unkenntnis vom Fortleben des Verschollenen beziehen muss (Rn 5), muss dem der Eheschließung logischerweise vorangehen. Eine Heilung der Ehe lässt sich mit dem subjektiven Erfordernis allenfalls vereinbaren, wenn die Unkenntnis wenigstens eines der Ehegatten vom Fortleben des Verschollenen andauert, bis der Beschluss rechtskräftig wird. 4

In **subjektiver Hinsicht** setzt der Ausschluss einer Aufhebung der neuen Ehe voraus, dass bei ihrer Schließung **wenigstens einem der Ehegatten**, gleich welchem von beiden, **unbekannt war**, dass der Verschollene im Zeitpunkt der Todeserklärung (Rn 3 f) noch gelebt hatte. Die Unkenntnis kann auf – selbst grober – Fahrlässigkeit beruhen; nur durch positive Kenntnis wird sie beseitigt. Zeitlich kommt es auf die **bei der Eheschließung** erlangte Kenntnis bleibt außer Betracht (s aber Rn 4). Inhaltlich kommt es auf den **bei der Eheschließung** vorhandenen Kenntnisstand an, der sich auf den **Zeitpunkt der Todeserklärung** bezieht. Wusste ein Ehegatte, dass der Verschollene in diesem Zeitpunkt noch gelebt hatte, so besitzt er 5

---

¹ MünchKommBGB/*Müller-Gindullis* Rn 9; *Erman/Roth* Rn 4; s auch BGH LM EheG § 38 Nr 1; aA *Gernhuber/Coester-Waltjen* § 15 Fn 1; FamR/*Coester* § 38 EheG Rn 4.
² *Erman/Roth* Rn 4; MünchKommBGB/*Müller-Gindullis* Rn 4; RGRK/*Lohmann* Rn 4.
³ Dafür MünchKommBGB/*Müller-Gindullis* Rn 4 aE; *Staudinger/Strätz* Rn 6; ebenso schon für § 38 EheG *Beitzke/Lüderitz*. 26. Aufl § 10 V S 57; nach altem Recht KG SJZ 1950, 269 m insoweit abl Anm *Volkmar* 272; LSG Essen FamRZ 1962, 376, 377 m krit Anm *Bosch* 378.

§ 1319

die in Abs 1 vorausgesetzte Kenntnis selbst dann, wenn er irrig annahm, jener sei später, aber noch vor der Eheschließung, verstorben.

6   Hat der Verschollene den Zeitpunkt der Todeserklärung überlebt, ist aber **vor Schließung der neuen Ehe verstorben,** greift die Vorschrift überhaupt nicht ein. Die neue Ehe ist dann unabhängig vom Wissensstand der Eheschließenden **keine Doppelehe.**

7   **2. Rechtsfolgen der Aufhebung der neuen Ehe.** Ist die neue Ehe aufhebbar, gelten für die Aufhebung und deren Rechtsfolgen die allgemeinen Vorschriften: Zur Aufhebung bedarf es eines **gerichtlichen Urteils,** mit dessen Rechtskraft die Ehe aufgelöst ist (§ 1313 S 1 und 2). **Antragsberechtigung und -frist** ergeben sich aus §§ 1316, 1317. Die **Beweislast** für den die Aufhebung begründenden Sachverhalt trägt der Antragsteller, also auch für die Kenntnis beider Ehegatten, von der nach Abs 1 die Aufhebbarkeit der Ehe abhängt. Die **Rechtsfolgen der Aufhebung** ergeben sich aus § 1318. Da beide Ehegatten bei Schließung der Ehe deren Aufhebbarkeit (jedenfalls zumeist; s § 1318 Rn 3) kannten, kann jedem von ihnen **Unterhalt analog §§ 1569 ff** zustehen, soweit nicht ein entsprechender Anspruch des irrtümlich für tot Erklärten (der „dritten Person") beeinträchtigt würde (§ 1318 Abs 2 S 1 Nr 2; s § 1318 Rn 14 f), Betreuungsunterhalt (§ 1570) auch darüber hinaus (§ 1318 Abs 2 S 2). **Zugewinn- und Versorgungsausgleich** können entspr §§ 1372 ff, 1587 ff verlangt werden, soweit es nicht im Hinblick auf die Belange der „dritten Person" grob unbillig ist (§ 1318 Abs 3; s § 1318 Rn 19, 20). Ihre Belange sind auch bei Entscheidungen nach der entspr anwendbaren **Hausratsverordnung** besonders zu berücksichtigen (§ 1318 Abs 4). Ein **Ehegattenerbrecht** (§ 1931) ist bei beiden Ehegatten wegen ihrer Bösgläubigkeit ausgeschlossen (§ 1318 Abs 5).

8   **3. Auflösung der früheren Ehe (Abs 2).** Nach dem Sinn und Zweck der Vorschrift (Rn 1) wird die frühere Ehe nur aufgelöst, wenn eine Aufhebung der neuen nach Abs 1 ausgeschlossen ist. Ohne dass das Gesetz es ausdrücklich wiederholt, verlangt daher auch Abs 2, dass der Verschollene **vor der Heirat** seines Ehegatten für tot erklärt worden ist. Insoweit wird auf die Erläuterungen Rn 3 f verwiesen. Sind auch die subjektiven Voraussetzungen (Rn 2, 9) gegeben, wird die **frühere Ehe mit Schließung der neuen kraft Gesetzes aufgelöst.** Zu den sich daraus ergebenden Fragen des Verhältnisses zwischen den beiden Ehen s Rn 15. Abs 2 besagt nicht, dass die frühere Ehe bis zur Wiederverehelichung des anderen Ehegatten fortbesteht. Ob einem für tot erklärten Ehemann gemäß §§ 1592, 1593 ein von seiner Ehefrau geborenes Kind zuzuordnen ist, richtet sich daher nach dem im Beschluss über die Todeserklärung festgestellten Todeszeitpunkt (§ 9 Abs 1 VerschG)[4]. Eine **neue Eheschließung des Verschollenen** selbst lässt die frühere Ehe unberührt; Abs 2 ist in diesem Fall nicht entspr anwendbar[5].

9   **In subjektiver Hinsicht** setzt die Auflösung der früheren Ehe voraus, dass bei Schließung der neuen **wenigstens einer der Ehegatten** nicht wusste, dass der Verschollene **im Zeitpunkt der Todeserklärung** (Rn 2 f) noch lebte. Auch diese subjektive Voraussetzung ist dieselbe wie die, unter der nach Abs 1 eine Aufhebung der neuen Ehe wegen Bigamie ausgeschlossen ist. Auf die Erläuterungen Rn 5 wird daher verwiesen.

10 Durch die Auflösung nach Abs 2 wird die **frühere Ehe endgültig beendet,** auch wenn die Todeserklärung später gemäß §§ 30 ff VerschG aufgehoben (Abs 2 S 2) oder nach § 33 a VerschG eine andere Todeszeit festgestellt wird. Auflösung der neuen Ehe lässt die frühere gleichfalls nicht wieder aufleben[6]. Wollen der irrtümlich für tot Erklärte und der andere Ehegatte der früheren Ehe wieder verheiratet sein, nachdem die neue Ehe – etwa durch Aufhebung (§ 1320) oder Scheidung – aufgelöst ist, müssen sie erneut die Ehe schließen.

11 **4. Rechtsfolgen der Auflösung der früheren Ehe.** Hierzu gibt das Gesetz keine eigenen Normen. **Güterrechtlich** macht das keine Schwierigkeiten. Mit der Auflösung der Ehe wird der Güterstand anders als durch Tod beendet; daher kann Zugewinnausgleich verlangt werden, wenn die Eheleute im gesetzlichen Güterstand gelebt haben (§ 1372), und unterliegt eine Gütergemeinschaft der Auseinandersetzung (§§ 1471, 1482). **Erbrechtlich** gilt die allgemeine Regel, dass mit der Auflösung einer Ehe die gegenseitige gesetzliche Erbberechtigung der Ehegatten entfällt[7].

12 Über **Unterhaltsansprüche** trifft das Gesetz, anders als bei Scheidung und Aufhebung einer Ehe, für die Auflösung nach Abs 2 ebenfalls keine Regelung. Vom Gesetzgeber ursprünglich bewusst ausgeschlossen[8] und von der hM lange verneint[9], werden **Unterhaltsansprüche des irrtümlich für tot Erklärten** gegen den anderen Ehegatten inzwischen aber in Rspr und Lit überwiegend befürwortet, wobei bis zum 1. EheRG eine **Analogie zu § 61 Abs 2 EheG** als Rechtsgrundlage diente[10]. Diese Vorschrift, deren weitgehend auf Billigkeit abstellender Tatbestand einer analogen Anwendung ent-

---

[4] RGZ 60, 196, 198 ff; OLG Neustadt NJW 1952, 940, 941 m abl Anm *Horn*.
[5] BGH NJW-RR 1994, 264, 265 = FamRZ 1994, 498 f m zust Anm *Bosch* 499 f.
[6] OLG Düsseldorf FamRZ 1965, 612.
[7] MünchKommBGB/*Müller-Gindullis* Rn 7; *Palandt/Brudermüller* Rn 4; *Staudinger/Strätz* Rn 17; *Soergel/Heintzmann* § 38 EheG Rn 4.
[8] Vgl Mot IV S 642 ff zu § 1348 aF.
[9] Vgl nur *Dölle* I § 30 I 2, S 361 mwN.
[10] BSozG BSGE 26, 190 = FamRZ 1967, 568, 569; BVerwGE 39, 221, 225 ff: „mindestens, wenn die Todeserklärung arglistig erwirkt worden ist"; VG Hannover FamRZ 1965, 146; *Bosch* FamRZ 1954, 240 f; FamRZ 1961, 379; *Hoffmann/Stephan* § 38 EheG Rn 23; *Soergel/Heintzmann* § 38 EheG Rn 4: „wenn nach altem Recht zu entscheiden ist"; *Beitzke/Lüderitz* 26. Aufl § 20 III 10 n S 203; s auch OLG Hamm FamRZ 1982, 800, 801; aA LSG Essen FamRZ 1962, 376, 377 f m abl Anm *Bosch* 378; AG Bad Schwalbach NJW 1978, 1333; *Staudinger/Strätz* Rn 17.

gegenkommt, gilt indessen nur noch für vor dem 1. 7. 1977 geschiedene Ehen (Art 12 Nr 3 Abs 2 S 1 des 1. EheRG). Die **§§ 1569 ff,** deren entsprechende Anwendung für die nach geltendem Recht zu beurteilenden Sachverhalte vertreten wird[11], lassen größere Schwierigkeiten erwarten. So müssen die **Einsatzzeitpunkte,** zu denen bei bestimmten Unterhaltstatbeständen die Anspruchsvoraussetzungen erfüllt sein müssen (zB § 1571: „im Zeitpunkt der Scheidung pp"), vielfach den besonderen Umständen einer Eheauflösung nach Abs 2 angepasst werden, um zu befriedigenden Ergebnissen zu gelangen. Für die **Höhe des Unterhalts** kann § 1578 nur eingeschränkt gelten. In **Mangelfällen** muss das Rangverhältnis zwischen der früheren und der im Vertrauen auf die amtliche Todeserklärung geschlossenen neuen Ehe anders bestimmt werden als nach § 1582 Abs 1. Ein analoge Anwendung der für die Eheaufhebung geltenden Regeln[12] würde nicht weiterführen, da auch sie nur zu Ansprüchen entspr §§ 1569 ff führen könnte (§ 1318 Abs 2). Sie stieße zudem auf die zusätzliche Schwierigkeit, dass hier weder § 1318 Abs 2 S 1 Nr 1 noch Nr 2 analogiefähig erscheinen, jedenfalls gegenüber einem Ehegatten, der die neue Ehe in gutem Glauben eingegangen ist. Ein Unterhaltsanspruch des irrtümlich für tot Erklärten lässt sich daher – wenn auch in Anlehnung an das nacheheliche Unterhaltsrecht – nach Grund und Höhe nicht ohne Billigkeitserwägungen begründen, bei denen die Belange des anderen Ehegatten der neuen Ehe je nach den Umständen zu berücksichtigen sind. – **Unterhaltspflichten** des irrtümlich für tot Erklärten gegenüber seinem früheren Ehegatten werden in aller Regel durch § 1586 ausgeschlossen.

Ein **Versorgungsausgleich** (§§ 1587 ff) kann zu Lasten des irrtümlich für tot Erklärten ebenso wie zu Lasten seines früheren Ehegatten entspr § 1318 Abs 3 nur stattfinden, soweit er nicht nach den Umständen, auch im Hinblick auf die Belange des anderen Ehegatten der neuen Ehe, grob unbillig ist[13]. 13

Der **Ehename** bleibt dem irrtümlich für tot Erklärten entspr § 1355 Abs 5 S 1 erhalten[14]. 14

5. Verhältnis zwischen früherer und neuer Ehe. Ist die neue Ehe nach Abs 1 (nicht nur aus 15 einem anderen Grund) aufhebbar, so ist die frühere Ehe nicht aufgelöst (Rn 8). Daraus kann geschlossen werden, dass der Fortbestand der früheren Ehe feststeht, wenn die neue rechtskräftig aufgehoben ist. Fraglich ist aber, was bis dahin gilt. Die Auflösung der Ehe des Verschollenen hängt nicht nur von seiner Todeserklärung und der Neuheirat seines Ehegatten ab, sondern zusätzlich von der Gutgläubigkeit wenigstens eines Ehegatten der neuen Ehe (Rn 9). Ob diese subjektive Voraussetzung vorliegt, kann bis zu einer rechtskräftigen Entscheidung zweifelhaft sein. Um trotzdem das **Verhältnis der Rechte und Pflichten aus der früheren und der neuen Ehe** zueinander beurteilen zu können, geht ein Teil der Lehre bis zur Aufhebung der neuen Ehe von der Auflösung der früheren aus und beurteilt die Rechtslage so, als ob so lange allein die neue Ehe bestehe[15]. Mit dem Gesetz ist diese Ansicht indessen schwerlich zu vereinbaren[16]. Der Fortbestand der früheren Ehe hängt nicht von der Aufhebung der neuen Ehe ab, sondern vom Vorliegen eines bestimmten (subjektiven) Sachverhalts[17]. Solange die neue Ehe nicht nach Abs 1 aufgehoben ist, kann dies allerdings ein Indiz für die Auflösung der früheren sein, zB wenn mangels Erfolgsaussicht kein dazu Berechtigter die Aufhebung beantragt. Denn Gutgläubigkeit wird vermutet, während Bösgläubigkeit im Streitfall bewiesen werden muss. Nichts rechtfertigt aber die Annahme, die Vermutung der Gutgläubigkeit könne nur durch Aufhebung der neuen Ehe widerlegt werden. Vielmehr lässt sich die Feststellung, dass beide Ehegatten der neuen Ehe bei der Eheschließung bösgläubig waren, auch in anderen Verfahren treffen. Ein Ehegatte der früheren Ehe, der aus ihr Rechte herleitet, zB aus der Verpflichtung zur ehelichen Lebensgemeinschaft (§ 1353 Abs 1 S 2), ist in einem deswegen betriebenen Rechtsstreit nicht gehindert, Bösgläubigkeit beider Ehegatte der neuen Ehe zu behaupten und bei Bestreiten zu beweisen, mit der Folge, dass nicht nur vom Fortbestand der früheren Ehe auszugehen ist, sondern – wie in anderen Bigamiefällen (§ 1313 Rn 10) – auch von ihrem Vorrang vor der dann aufhebbaren neuen Ehe[18]. Nur solange die Vermutung der Gutgläubigkeit nicht widerlegt wird (und die neue Ehe nicht aufgehoben ist), ist von der Auflösung der früheren Ehe und dem Bestehen allein der neuen auszugehen. Das gilt auch für den irrtümlich für tot Erklärten selbst. Er kann ohne Verstoß gegen § 1306 seinerseits eine neue Ehe eingehen, die allerdings mit der Aufhebung der neuen Ehe des anderen Ehegatten ebenfalls zur aufhebbaren Doppelehe wird[19].

6. Feststellung der Todeszeit. Geht ein Ehegatte eine neue Ehe ein, nachdem Tod und Todeszeit 16 des anderen nach §§ 39 ff VerschG durch Gerichtsbeschluss festgestellt worden sind, gelten die §§ 1319, 1320 entspr (Art 3 § 1 VerschÄndG vom 15. 1. 1951, BGBl I S 59). Wegen der Einzelheiten s Art 3 §§ 1 und 2 des Gesetzes.

---

[11] *Gernhuber/Coester-Waltjen* § 15 Rn 3; *Johannsen/Henrich* §§ 1319, 1320 Rn 4; *MünchKommBGB/Müller-Gindullis* Rn 7; FamR/*Coester* § 38 EheG Rn 15; s auch *Erman/Roth* Rn 8: „beschränkte Unterhaltspflicht".
[12] Dafür *Palandt/Brudermüller* 59. Aufl Rn 4, anders jetzt 60. Aufl Rn 4: Ehescheidungsfolgen.
[13] Für uneingeschränkte analoge Anwendung des Scheidungsfolgenrechts *Gernhuber/Coester-Waltjen* § 15 Rn 3; *Johannsen/Henrich* §§ 1319, 1320 Rn 4; *Palandt/Brudermüller* Rn 4; FamR/*Coester* § 38 EheG Rn 15; *Erman/Roth* Rn 8.
[14] *Dölle* I § 30 I 2, S 361; *Johannsen/Henrich* §§ 1319, 1320 Rn 4; FamR/*Coester* § 38 EheG Rn 15.
[15] *Dölle* I § 30 I 1 a mwN S 360; *Erman/Roth* Rn 6; *Soergel/Heintzmann* § 38 EheG Rn 3; FamR/*Coester* § 38 EheG Rn 12; s auch OLG Tübingen NJW 1950, 389 f m insoweit zust Anm *Beitzke* 389, 391.
[16] Gegen sie *Hoffmann/Stephan* § 38 EheG Rn 9; *Gernhuber/Coester-Waltjen* § 15 Rn 2; anscheinend auch MünchKommBGB/*Müller-Gindullis* Rn 5.
[17] AA *Palandt/Brudermüller* Rn 2: frühere Ehe bleibe ua unter der Rechtsbedingung bestehen, dass die neue Ehe rechtskräftig aufgelöst werde.
[18] Im Ergebnis ebenso *Hoffmann/Stephan* § 38 EheG Rn 9.
[19] *Erman/Roth* Rn 6.

III. Übergangsrecht

17 Nach der **Überleitungsvorschrift** des Art 226 Abs 3 EGBGB gilt § 1319 auch für vor dem 1. 7. 1998 geschlossene Ehen, gleich ob es sich um die Ehe eines Verschollenen oder eine neue Ehe seines Ehegatten handelt. Der Ausschluss der Aufhebung von Ehen, die nach früherem Recht nicht hätten aufgehoben oder für nichtig erklärt werden können (Abs 1 der Vorschrift), greift nicht ein. Nach § 1319 sind keine Ehen aufhebbar, die nach dem vorher geltenden § 38 EheG weder aufhebbar noch nichtig waren. Soweit der **Einigungsvertrag** die Scheidbarkeit einer neuen Ehe, die der Ehegatte eines Verschollenen nach dessen Todeserklärung eingegangen ist (§ 38 Abs 1 S 1 FGB), aufrechterhalten hat (Rn 17), gilt das nur für vor dem 3. 10. 1990 bereits geschiedene Ehen, deren Aufhebung aus diesem Grunde nicht in Betracht kommt.

§ 1320 Aufhebung der neuen Ehe

(1) ¹Lebt der für tot erklärte Ehegatte noch, so kann unbeschadet des § 1319 sein früherer Ehegatte die Aufhebung der neuen Ehe begehren, es sei denn, dass er bei der Eheschließung wusste, dass der für tot erklärte Ehegatte zum Zeitpunkt der Todeserklärung noch gelebt hat. ²Die Aufhebung kann nur binnen eines Jahres begehrt werden. ³Die Frist beginnt mit dem Zeitpunkt, in dem der Ehegatte aus der früheren Ehe Kenntnis davon erlangt hat, dass der für tot erklärte Ehegatte noch lebt. ⁴§ 1317 Abs. 1 Satz 3, Abs. 2 gilt entsprechend.

(2) Für die Folgen der Aufhebung gilt § 1318 entsprechend.

I. Bedeutung der Norm

1 Wenn eine Todeserklärung sich als unrichtig herausstellt, kann der **frühere Ehegatte** des Verschollenen, der inzwischen im Vertrauen auf die Todeserklärung eine neue Ehe eingegangen ist, in einen **Gewissenskonflikt** geraten. Um ihm die Lösung dieses Konflikts zu erleichtern, gibt Abs 1 ihm das Recht, unabhängig von den Voraussetzungen der §§ 1314 ff die **Aufhebung der neuen Ehe** zu begehren. Erforderlich ist nur, dass der für tot Erklärte „noch lebt" (Rn 4), nicht aber, dass der Antragsteller die frühere Ehe erneuern will und kann. Mit der Aufhebung der neuen Ehe erlangt er vielmehr uneingeschränkt die **Eheschließungsfreiheit** wieder. Das noch in § 39 EheG, der Vorgängerregelung, normierte Verbot, zu Lebzeiten des früheren Ehegatten einen anderen als ihn zu heiraten, hat das EheschlRG nicht übernommen.

II. Einzelerläuterung

2 **1. Aufhebungsberechtigung.** Die Aufhebung nach Abs 1 kann **nur der frühere Ehegatte** begehren, also weder der irrtümlich für tot Erklärte, noch der andere Ehegatte der neuen Ehe (dem kein Gewissenskonflikt (Rn 1) zugute gehalten wird), noch die zuständige Verwaltungsbehörde (§ 1316 Abs 1 Nr 1 S 1). Auch dem früheren Ehegatten **fehlt** aber **die Antragsberechtigung**, wenn er bei Schließung der neuen Ehe **wusste** (§ 1319 Rn 5), dass der Verschollene **im Zeitpunkt der Todeserklärung** (§ 1319 Rn 3 f) noch lebte (Abs 1 S 1). Auch insofern wird seine Gutgläubigkeit vermutet (§ 1319 Rn 15). Die Vorschrift ist so gefasst („es sei denn"), dass der andere Ehegatte der neuen Ehe, gegen den sich der Aufhebungsantrag richtet (§ 1316 Rn 4), für die Kenntnis des Antragstellers die Darlegungs- und Beweislast trägt. Einen Ausschluss der Aufhebung wie nach § 1315 sieht das Gesetz nicht vor[1]. Schon unter der Geltung des EheG wurde das Aufhebungsrecht nach hM durch Bestätigung der Ehe oder Verzicht nicht ausgeschlossen[2].

3 Da der frühere Ehegatte die Aufhebung nach Abs 1 nicht begehren kann, wenn er bei Eingehung der neuen Ehe wusste, dass der Verschollene den Zeitpunkt der Todeserklärung überlebt hatte, kann die Aufhebung nach Abs 1 nicht in **Konkurrenz zu** einer Aufhebung der neuen Ehe nach **§ 1319 Abs 1** treten. Denn diese setzt Kenntnis beider Ehegatten der neuen Ehe voraus. Wohl ist denkbar, dass der frühere Ehegatte Aufhebung außer nach Abs 1 auch nach § 1314 Abs 2 Nr 3 verlangen kann (§ 1319 Rn 2 aE).

4 **2. Für tot Erklärter lebt noch.** Die Voraussetzung, dass der für tot Erklärte „noch lebt", ist erfüllt, wenn er gegenwärtig, dh **im Zeitpunkt der letzten Tatsachenverhandlung** des Verfahrens über den Aufhebungsantrag[3], noch am Leben ist. Es genügt nicht, wenn er bei Stellung des Aufhebungsantrages noch lebte[4]. Denn dem Begehren des früheren Ehegattens kann nur stattgegeben werden, wenn es bei Schluss der letzten Tatsachenverhandlung begründet ist. Das ist es nach Abs 1 nur, solange der für tot Erklärte noch lebt. Die Darlegungs- und Beweislast dafür trägt der frühere Ehegatte[5].

---

[1] MünchKommBGB/*Müller-Gindullis* Rn 5; *Palandt/Brudermüller* Rn 2.
[2] OLG Oldenburg FamRZ 1958, 321; FamR/*Coester* Rn 7; *Soergel/Heintzmann* Rn 1, beide zu § 39 EheG.
[3] *Dölle* I § 30 II 1, S 363; *Hoffmann/Stephan* § 39 EheG Rn 8; MünchKommBGB/*Müller-Gindullis* Rn 3; RGRK/*Lohmann* Rn 5; *Soergel/Heintzmann* § 39 EheG Rn 3.
[4] So aber *Staudinger/Strätz* Rn 4; *Palandt/Brudermüller* Rn 2; FamR/*Coester* § 39 EheG Rn 5 f.
[5] *Baumgärtel/Laumen* Rn 1 mwN.

3. Bestehen der Ehe. Wie jede Aufhebung, kann auch die nach Abs 1 nur begehrt werden, solange 5
die neue Ehe noch besteht, also nicht mehr, wenn sie bereits aufgelöst ist (§ 1317 Abs 3).

4. Antragsfrist. Die Aufhebung kann nur binnen einer Frist von einem Jahr begehrt werden. Diese 6
beginnt mit dem Zeitpunkt, in dem der frühere Ehegatte des für tot Erklärten Kenntnis davon erlangt,
dass dieser „noch", also im Zeitpunkt der Kenntniserlangung, lebt (Abs 1 S 2 und 3). Auch hier ist
positive Kenntnis erforderlich, auf – selbst grober – Fahrlässigkeit beruhende Unkenntnis genügt nicht
(§ 1319 Rn 5).

5. Rechtsfolgen der Aufhebung. a) Frühere Ehe. Da der frühere Ehegatte die Aufhebung nach 7
Abs 1 nur begehren kann, wenn ihm bei Eingehung der neuen Ehe unbekannt war, dass der Verschollene die Todeserklärung überlebt hatte (Rn 2), ist in diesen Fällen die frühere Ehe nach § 1319
Abs 2 aufgelöst (§ 1319 Rn 8 f). Daran ändert eine Aufhebung der neuen Ehe ebenso wenig wie die
der Todeserklärung (§ 1319 Abs 2 S 2).

b) Neue Ehe (Abs 2). Soweit die in Abs 2 bestimmte entsprechende Anwendung in Betracht 8
kommt, macht § 1318 **Unterhaltsansprüche** nach Scheidungsfolgenrecht (§§ 1569 ff) primär davon
abhängig, dass der Ehegatte die **Aufhebbarkeit der Ehe bei der Eheschließung nicht gekannt** hat
(Abs 2 S 1 Nr 1), wobei es auf positive Kenntnis ankommt (§ 1318 Rn 3). Wie diese Anspruchsvoraussetzung hier anzuwenden ist, ist zweifelhaft, weil die neue Ehe nach Abs 1 nur aufgehoben werden
kann, wenn der für tot Erklärte „noch", dh bei Schluss der letzten Tatsachenverhandlung im Aufhebungsverfahren (Rn 4), am Leben ist. Ob das der Fall sein werde, konnte zurzeit der Eheschließung
niemand wissen. Daher bekommt die Vorschrift nur dann einen Sinn, wenn darauf abgestellt wird, ob
der für tot Erklärte nach Kenntnis des Ehegatten zu einem früheren Zeitpunkt noch gelebt hat.
Nach vielfach vertretener Auffassung soll es auf den Zeitpunkt der Todeserklärung ankommen[6]. Dem Grund
der an die Kenntnis der Aufhebbarkeit geknüpften Rechtswirkung entspricht es aber eher, auf den –
letztmöglichen – **Zeitpunkt der Eheschließung** abzustellen. Für die Unterhaltsberechtigung des
früheren Ehegatten, der nicht einmal gewusst haben darf, dass der Verschollene den Zeitpunkt der
Todeserklärung überlebt hatte (Rn 2), kann die Frage freilich keine Rolle spielen, sondern allenfalls bei
dem anderen Ehegatten der neuen Ehe. Dass dieser im Zeitpunkt der Eheschließung eine (dem
früheren Ehegatten fehlende) Kenntnis besitzt, ist zwar unwahrscheinlich, aber immerhin denkbar (s
auch Rn 3). Entspr § 1318 Abs 2 S 1 Nr 1 ist ihm mithin eine Unterhaltsberechtigung eröffnet, wenn
ihm **bei der Eheschließung** unbekannt war, dass der Verschollene **in diesem Zeitpunkt** noch lebte.
Beide Ehegatten können zudem über § 1318 Abs 2 S 2 analog unterhaltsberechtigt sein. Soweit einem
Ehegatten analog § 1318 Unterhaltsansprüche eröffnet sind, ergeben die entspr anwendbaren
§§ 1569 ff, ob er von dem anderen Unterhalt verlangen kann. Da die Umstände, die zur Aufhebbarkeit
der neuen Ehe geführt haben, regelmäßig von keinem von beiden zu vertreten sind, werden die
unterhaltsrechtlichen Billigkeits- und Härteklauseln dabei besondere Bedeutung erlangen[7].

Zugewinn- und Versorgungsausgleich können die Ehegatten der neuen Ehe entspr § 1318 Abs 3 9
voneinander verlangen, also soweit es nicht im Hinblick auf die Umstände bei der Eheschließung grob
unbillig ist.

III. Übergangsrecht

Nach Art 226 Abs 3 EGBGB gilt § 1320 auch für vor dem 1. 7. 1998 geschlossene Ehen. Abs 1 der 10
Vorschrift (keine Aufhebung von Ehen, die nach dem bis dahin geltenden Recht nicht hätten
aufgehoben oder für nichtig erklärt werden können) könnte nur in dem Fall eingreifen, dass einer
erneuten Eheschließung mit dem irrtümlich für tot Erklärten ein Ehehindernis entgegenstand und einer
zu § 39 Abs 1 EheG vertretenen Mindermeinung[8] zu folgen wäre, wonach die neue Ehe dann nicht
aufgehoben werden durfte.

§§ 1321 bis 1352 *(weggefallen)*

Titel 5. Wirkungen der Ehe im Allgemeinen (§§ 1353-1362)

§ 1353 Eheliche Lebensgemeinschaft

(1) ¹Die Ehe wird auf Lebenszeit geschlossen. ²Die Ehegatten sind einander zur ehelichen Lebensgemeinschaft verpflichtet; sie tragen füreinander Verantwortung.

(2) Ein Ehegatte ist nicht verpflichtet, dem Verlangen des anderen Ehegatten nach Herstellung der Gemeinschaft Folge zu leisten, wenn sich das Verlangen als Missbrauch seines Rechts darstellt oder wenn die Ehe gescheitert ist.

---

[6] *Johannsen/Henrich* Rn 8; *Palandt/Brudermüller* Rn 3; MünchKommBGB/*Müller-Gindullis* Rn 8.
[7] *Staudinger/Strätz* Rn 10.
[8] Nachweise bei *Dölle* I § 30 II 1, S 363; *Hoffmann/Stephan* § 39 Rn 9.

§ 1353

Schrifttum: *Arens,* Neue und alte Praxisprobleme im Zusammenhang mit dem sogenannten begrenzten Realsplitting, FamRZ 1999, 1558; *Boehmer,* Zur Ehestörungsklage, AcP 155 (1956), 181; *Brudermüller,* Die Zuweisung der Ehewohnung an einen Ehegatten, FamRZ 1987, 109; *ders,* Das Familienheim in der Teilungsversteigerung, FamRZ 1996, 1516; *Deutsch,* Familienrechte als Haftungsgrund, VersR 1993, 1; *Diederichsen,* Die allgemeinen Ehewirkungen nach dem 1. EheRG und Ehevereinbarungen, NJW 1977, 217; *Engel,* Der Rückgriff des Scheinvaters wegen Unterhaltsleistungen, 1974; *Geilen,* Garantiepflichten aus ehelicher und eheähnlicher Gemeinschaft, FamRZ 1961, 147; *ders,* Eingeschränkte Notwehr unter Ehegatten?, JR 1976, 314; *Grziwotz,* Möglichkeiten und Grenzen von Vereinbarungen unter Ehegatten, MDR 1998, 1075; *Hepting,* Ehevereinbarungen, 1984; *Küppers,* Der Regreß des Ehemannes nach der außerehelichen Zeugung eines zeitweilig ehelichen Kindes, 1993; *Lipp,* Die eherechtlichen Pflichten und ihre Verletzung, 1988; *Müller-Freienfels,* Zur Scheidung wegen Glaubenswechsels, JZ 1964, 305 und 344; *Nehlsen-v. Stryk,* Probleme des Scheinvaterregresses, FamRZ 1988, 225; *Odersky,* Nichtehelichengesetz, 4. Aufl 1978; *G. H. Raiser,* Die Rechte des Scheinvaters in Bezug auf geleistete Unterhaltszahlungen, FamRZ 1986, 942; *Reinhart,* Zur Festlegung persönlicher Ehewirkungen durch Rechtsgeschäft, 1989; *Riegel,* Grenzen des Schutzes des räumlich-gegenständlichen Bereichs der Ehe, NJW 1989, 2798; *Roth-Stielow,* Das „erschlichene" Kind als Heiratsköder, JR 1987, 7; *Smid,* Der Fluch der bösen Tat, oder: Versagung des Besitzschutzes an der Ehewohnung aufgrund vorangegangenen unmoralischen Tuns?, FamRZ 1989, 1144; *Tiedemann,* Aids – familienrechtliche Probleme, NJW 1988, 729; *Wacke,* Änderungen der allgemeinen Ehewirkungen durch das 1. EheRG, FamRZ 1977, 505.

Übersicht

	Rn		Rn
I. Bedeutung der Norm	1	e) Rücksichtnahme	26
1. Eheschließung auf Lebenszeit	1	f) Achtung des persönlichen Freiraums	27
2. Verpflichtung zur ehelichen Lebensgemeinschaft	2	g) Verständigungsbereitschaft	30
		h) Mitarbeit	31
3. Wegfall der Pflicht zur ehelichen Lebensgemeinschaft	4	2. Recht zum Getrenntleben (Abs 2)	32
		a) Rechtsmissbrauch	33
		b) Gescheiterte Ehe	34
II. Einzelerläuterung	5	c) Aufhebbare Ehe	35
1. Pflichten der Ehegatten	5	3. Ehestörungen	36
a) Häusliche Gemeinschaft	5	a) Unterlassungs- und Beseitigungsansprüche	37
b) Geschlechtsgemeinschaft	9	b) Schadensersatz	38
c) Familienplanung	10		
d) Beistand und Fürsorge	15	**III. Lebenspartnerschaft**	45

I. Bedeutung der Norm

1 **1. Eheschließung auf Lebenszeit.** Abs 1 S 1 wurde durch das 1. EheRG eingefügt, ohne dass die Rechtslage dadurch geändert worden wäre. Auf Lebenszeit geschlossen wurde eine Ehe schon vorher. Bedingte oder befristete Eheschließungserklärungen führen zu keiner rechtsgültigen Ehe; der Standesbeamte darf sie nicht entgegennehmen (§§ 1311 S 2, 1314 Abs 2, früher § 13 Abs 2 EheG; s § 1311 Rn 8). Die erst im Gesetzgebungsverfahren konzipierte Vorschrift soll nur bekräftigen, dass der Gesetzgeber trotz des Überganges von der Verschuldens- zur Zerrüttungsscheidung in der Ehe nach wie vor eine grds auf Lebenszeit angelegte Gemeinschaft erblickt[1].

2 **2. Verpflichtung zur ehelichen Lebensgemeinschaft.** Abs 1 S 2 stellt in Form einer – für ihren Bereich dem § 242 vergleichbaren – Generalklausel die Grundnorm für das Verhalten in der Ehe auf. Diese verzichtet angesichts der heutigen Auffächerung früher wie selbstverständlich befolgter Ehemodelle darauf, fest umrissene Eheinhalte vorzuschreiben oder auch nur leitbildartig zu empfehlen, und muss daher im Einzelfall nach ihren Aussagen gerade für die jeweilige Ehe befragt werden. Da Ehegatten für ihre Ehe den Inhalt des der Ausfüllung bedürftigen **Begriffs der Lebensgemeinschaft** weitgehend selbst bestimmen, sind dazu neben den grundlegenden Vorgaben der Rechtsordnung die von den Ehegatten – ausdrücklich oder durch Übung – getroffenen Bestimmungen heranzuziehen, letztere selbstverständlich nur, soweit sie mit zwingendem Recht vereinbar sind. Die Pflicht zur Lebensgemeinschaft als solche ist eine **zwingende Rechtspflicht**[2]. Schließen Eheleute, etwa im Falle einer sog Scheinehe (§ 1314 Rn 12 ff), jegliche Gemeinschaft aus, ist dieses Übereinkommen rechtsunwirksam. Unabdingbare weitere Folgen der Pflicht zur Lebensgemeinschaft ergeben sich aus dem vorgegebenen Eheverständnis, das dem Gesetz zugrunde liegt: so die Ausschließlichkeit der Gemeinschaft, die Geschlechtsgemeinschaft, die Pflicht, sich zu verständigen, einander beizustehen und auf einander Rücksicht zu nehmen. Im Übrigen sind **Eheleute in der Gestaltung ihrer Gemeinschaft frei,** vorausgesetzt, sie treffen ihre Entscheidungen – etwa über die Rollenverteilung in der Ehe – in beiderseits freiem Übereinkommen, bei dem jeder die Würde, den Willen und die Bedürfnisse des anderen achtet, aber auch bereit ist, für die Gemeinschaft notwendige Entscheidungen mit zu tragen. Die aus der Pflicht zur ehelichen Lebensgemeinschaft folgenden Anforderungen, vor allem zu Beistand und Rücksichtnahme, dienen zur – auch ergänzenden – **Auslegung einvernehmlicher Regelungen**[3]. Zwingende Bestimmungen außerhalb des Abs 1 S 2, etwa des Unterhalts-, Güter- und Vermögensrechts oder der die Ehewohnung und den Hausrat betreffenden Vorschriften, sind nicht isoliert

---

[1] *Soergel/H. Lange* Rn 1.
[2] BGHZ 37, 38, 41 = NJW 1962, 1244; BGH NJW 1988, 2032, 2033.
[3] *Gernhuber/Coester-Waltjen* § 18 Rn 39: „Interpretationsmaxime".

zu sehen, sondern bilden mit der Rechtspflicht zur ehelichen Lebensgemeinschaft und den Anforderungen, die die Lebensgemeinschaft in ihrer einvernehmlich bestimmten Gestalt an das Verhalten jedes Ehegatten stellt, eine **abgeschlossene Pflichtenordnung**[4]. In welcher Weise jeder Ehegatte die ihm dadurch auferlegten Pflichten zu erfüllen hat, ist wiederum an dem hier als **Regulativ** wirkenden Abs 1 S 2 zu messen. Schließlich kann die Vorschrift der Ausübung subjektiver, insbes vermögensrechtlicher Rechte eines Ehegatten gegen den anderen **Schranken** setzen (Rn 23).

Den zweiten HS des Abs 1 S 2, wonach die Ehegatten füreinander **Verantwortung tragen,** fügte 3 das EheschlRG mit Wirkung vom 1. 7. 1998 an, ohne die aus der Vorschrift schon folgenden Pflichten zu erweitern[5]. Die Klarstellung, der mit dem Zusatz mithin nur dient, soll – gegenüber anderen Lebensgemeinschaften – den besonderen Charakter der Ehe als Verantwortungsgemeinschaft verdeutlichen[6] und trägt damit dazu bei, den Tatbestand des durch das EheschlRG neu eingeführten Eheaufhebungsgrundes der sog Scheinehe (§ 1314 Abs 2 Nr 5) zu konkretisieren. Der Rechtspflicht jedes Ehegatten zur ehelichen Lebensgemeinschaft steht ein **Anspruch** des anderen **auf Herstellung der Gemeinschaft** gegenüber, der durch Klage geltend gemacht (§ 606 Abs 1 ZPO), aber nicht im Wege der Zwangsvollstreckung durchgesetzt werden kann (§ 888 Abs 3 ZPO). Jedoch können **vermögensrechtliche Ansprüche** zwischen Ehegatten nach den allgemeinen Vorschriften eingeklagt werden (Rn 38); ein so erwirkter Titel unterliegt nicht der Sperre des § 888 Abs 3 ZPO.

3. Wegfall der Pflicht zur ehelichen Lebensgemeinschaft. Nach Abs 2 braucht ein Ehegatte 4 dem Verlangen des anderen nach Herstellung der Gemeinschaft in **zwei Fällen** nicht nachzukommen: wenn es **Rechtsmissbrauch** und wenn die **Ehe gescheitert** ist (§§ 1565, 1566). Anders als in ihrer früheren, durch das 1. EheRG geänderten Fassung verlangt die Vorschrift nicht mehr, dass der auf Herstellung in Anspruch genommene Ehegatte die Scheidung begehren kann. Bei gescheiterter Ehe greift sie also auch dann ein, wenn einer Scheidung die Zeitschranke des § 1565 Abs 2 oder die Härteklausel des § 1568 entgegensteht[7].

II. Einzelerläuterung

1. Pflichten der Ehegatten. a) Häusliche Gemeinschaft. Zur ehelichen Lebensgemeinschaft 5 gehört nach allgemeiner Auffassung das **Zusammenleben an einem** von den Ehegatten **gemeinsam gewählten Wohnsitz**[8]. Ausnahmen müssen aber jedenfalls dann, und solange der Aufnahme oder Fortsetzung einer häuslichen Gemeinschaft erhebliche Gründe entgegenstehen, etwa wenn beiderseits berufstätige Ehegatten an verschiedenen Orten tätig sind oder ein erwerbsloser Ehegatte (nur) auswärts einen Arbeitsplatz findet. Aber auch außerhalb solcher Situationen kann Leben in häuslicher Gemeinschaft heute nicht mehr als die allein ehegemäße Eheführung verstanden werden[9]. Gesteigerte Mobilität und moderne Kommunikationsmittel können es Ehegatten erlauben, eine **eheliche Gemeinschaft in größerer räumlicher Distanz**, die das Zusammenleben auf die Wochenenden oder sogar seltenere Besuchskontakte beschränkt, zu vereinbaren. Wenn solche Absprachen in einer den Pflichten aus Abs 1 S 2 entsprechenden Weise zustande gekommen sind (Rn 2), sind sie grds als verbindlich anzuerkennen[10]. Die verbleibenden Kontaktmöglichkeiten muss jeder Ehegatte dann freilich umso gewissenhafter zur Aufrechterhaltung der ehelichen Gemeinschaft nutzen. Außerdem werfen Absprachen solchen Inhalts verstärkt die Frage auf, ob sie auf Dauer verbindlich sind. Da eine einseitige Aufkündigung von vornherein ausscheidet, geht es darum, unter welchen Voraussetzungen ein Ehegatte vom anderen die Bereitschaft zur Änderung bestehender Vereinbarungen erwarten kann. Wie auch sonst, ist das bei einer wesentlichen Veränderung maßgebender Umstände der Fall. Aber auch ohne solche Veränderungen muss schon den Wunsch eines Ehegatten nach mehr häuslicher Gemeinschaft den anderen veranlassen, sich nicht nur um neues Einverständnis zu bemühen, sondern auf den Wunsch – soweit keine zwingenden Gründe entgegenstehen – auch einzugehen. Der Grundsatz, dass zur ehelichen Lebensgemeinschaft das Zusammenleben an einem gemeinsam gewählten Wohnsitz gehört, ist auch in solchen Fällen nicht völlig außer Kraft gesetzt.

Liegt in den Fragen der häuslichen Gemeinschaft und/oder des Wohnsitzes **keine Einigung** vor 6 oder ist eine getroffene Vereinbarung – etwa wegen veränderter Umstände – hinfällig geworden, müssen die Eheleute sich um eine einvernehmliche Lösung bemühen. Da das geltende Recht hier keinen Stichentscheid kennt (§ 1628 ist auch analog nicht anwendbar), kann keiner von ihnen einseitig seinen Willen durchsetzen[11], jedenfalls grundsätzlich: in einer Alleinverdienerehe ist der nicht berufstätige Teil nach hM regelmäßig zum Umzug verpflichtet, wenn der Berufstätige die Arbeitsstätte wechseln muss[12]. In den übrigen Fällen können unterhaltsrechtliche Folgen (§ 1579 Nr 7) einen

---

[4] Hierzu und zu Folgendem *Gernhuber/Coester-Waltjen* § 18 Rn 41.
[5] MünchKommBGB/*Wacke* Rn 12.
[6] Beschlussempfehlung und Bericht des Rechtsausschusses zum Entwurf des EheschlRG, BT-Drucks 13/9416 S 29.
[7] FamK/*Brudermüller* Rn 47.
[8] BGH FamRZ 1987, 572, 574; BGH FamRZ 1990, 492, 495.
[9] So aber früher RGZ 109, 137, 140; BGH FamRZ 1957, 419, 420; *Diederichsen* NJW 1977, 217, 218; grds auch MünchKommBGB/*Wacke* Rn 25; s jetzt BGH FamRZ 2002, 23, 25; OLG Frankfurt FamRZ 2000, 427, jeweils obiter.
[10] Für größere Dispositionsfreiheit der Ehegatten auch *Gernhuber/Coester-Waltjen* § 18 Rn 51 f; FamK/*Brudermüller* Rn 14 f, allg Rn 45; vermittelnd *Staudinger/Hübner/Voppel* Rn 72 ff.
[11] BGH NJW 1987, 1761, 1762; BGH NJW 1990, 1847, 1849.
[12] *Staudinger/Hübner/Voppel* Rn 76 mwN; s auch BGH FamRZ 1972, 363, 364.

Ehegatten nur treffen, wenn er sich einem objektiv vernünftigen und zumutbaren Vorschlag des anderen ohne sachliche Gründe von einigem Gewicht willkürlich verschlossen hat[13].

7 Aufgrund seiner Pflicht zur häuslichen Gemeinschaft hat jeder Ehegatte, auch wenn er Alleineigentümer ist, dem anderen die **Mitbenutzung der ehelichen Wohnung** und des Hausrats zu gestatten[14]. Beide sind daher während der Ehe unabhängig von den Eigentumsverhältnissen idR zum **Mitbesitz** der Ehewohnung berechtigt, solange keine abweichende Anordnung – isoliert oder im Eheprozess – auf der Grundlage des § 1361b ergeht. Auch der **Schutz des räumlich-gegenständlichen Bereichs** der Ehe kann ein Recht zum Besitz begründen (Rn 37 mwN). Nach Scheidung der Ehe hat ein Ehegatte, der nicht Eigentümer der Ehewohnung ist, daran ein Recht zum Besitz grds nur auf Grund einer dahingehenden Entscheidung nach der HausratsVO[15]. Das Recht auf Mitbenutzung ist **vermögensrechtlich**[16] und kann daher **nach den allgemeinen Vorschriften** geltend gemacht und durchgesetzt werden (Rn 3 aE). Es richtet sich nur gegen den anderen Ehegatten; Dritten gegenüber kann der berechtigte Ehegatte sich nicht darauf berufen. Ein Ehegatte, der alleiniger Mieter der Ehewohnung ist, kann den Mietvertrag daher ohne den Willen des anderen wirksam kündigen[17], auch wenn er dadurch gegen seine Pflichten aus Abs 1 S 2 verstößt[18]. Ein Ehegatte, dessen Recht auf Mitbenutzung durch einseitige Verfügung des anderen beeinträchtigt wird, kann gegen diesen Ersatzansprüche haben, muss die Verfügung selbst aber grds hinnehmen. Anders nur, wenn die gegen Abs 1 S 2 verstoßende Verfügung nach § 138 Abs 1 nichtig ist, etwa bei einverständlichem Zusammenwirken des anderen Ehegatten mit dem Dritten (Vermieter, Erwerber), was aber nicht schon der Fall ist, wenn der Dritte Kenntnis von der Ehe hat[19]. Ob der berechtigte Ehegatte analog § 569a aF in einen gekündigten Mietvertrag eintreten konnte, war streitig[20]; für § 563 nF wird sich die Frage ebenfalls stellen. Solange die **Verfügung eines Ehegatten,** die die Mitbenutzung der Ehewohnung beeinträchtigen würde, erst droht, etwa eine Kündigung des Mietvertrages oder Veräußerung des Eigenheims, kann dieser Ehegatte von dem anderen auf Unterlassung in Anspruch genommen werden.

8 Zur dauernden oder auch nur längerfristigen **Aufnahme Verwandter** in die Ehewohnung bedarf jeder Ehegatte der Zustimmung des anderen. Einseitiges Vorgehen ist ihm immer verwehrt (allg M). Die Aufnahme minderjähriger Kinder eines Ehegatten („Stiefkinder") muss der andere aber bis zur Grenze des Zumutbaren gestatten[21]. Ob und inwieweit das auch für fürsorgebedürftige Eltern eines Ehegatten gilt, wird unterschiedlich beurteilt[22]. In allen derartigen Fällen müssen die Ehegatten in gegenseitiger Achtung versuchen, sich auf Lösungen zu verständigen (Rn 30). Rechtlich steht zur Durchsetzung eines Anspruchs auf Zustimmung oder ihrer Verweigerung nur die Herstellungsklage (ohne Vollstreckungszwang: § 888 Abs 3 ZPO) zur Verfügung[23].

9 **b) Geschlechtsgemeinschaft.** Ob zur Geschlechtsgemeinschaft, wie früher zumeist angenommen wurde[24], eine Rechtspflicht besteht, wird heute überwiegend als rechtlich belanglos offen gelassen. Durchweg besteht Einigkeit, dass die Verletzung einer solchen Pflicht ohnehin **kein Gegenstand einer Herstellungsklage** sein könnte[25]. Unstreitig ist ferner, dass Eheleute rechtlich nicht gehindert sind, zeitweilige oder dauernde geschlechtliche Enthaltsamkeit zu vereinbaren[26]. Besteht keine solche Vereinbarung und stehen auch keine Rücksichtnahme gebietenden Gründe, etwa gesundheitlicher Art, entgegen, kann ein Ehegatte vom anderen aber Vollzug der Geschlechtsgemeinschaft erwarten. Einseitige Verweigerung des Geschlechtsverkehrs ist dann eine eheliche Pflichtverletzung[27], die uU unterhaltsrechtlich bedeutsam werden könnte (§ 1579 Nr 7)[28]. Zur Erzwingung des Verkehrs berechtigt sie selbstverständlich nicht (§ 177 StGB). Körperliche Leiden und Anomalien, die ihn am Verkehr hindern,

---

[13] BGH NJW 1990, 1847, 1849; *Soergel/Hohloch* Nachtrag Rn 8.
[14] BGHZ 67, 217, 221 = NJW 1977, 43, 44; BGHZ 71, 216, 222f = NJW 1978, 1529, 1530; BGH FamRZ 1979, 282, 283; *Staudinger/Hübner/Voppel* Rn 79; FamK/*Brudermüller* Rn 15 mwN; abw *Gernhuber/Coester-Waltjen* § 19 Rn 24: Gestattungspflicht weitgehend in der Unterhaltspflicht enthalten, § 1353 bildet den rechtlichen Rahmen für die Pflichterfüllung.
[15] BGHZ 67, 217, 219, 221 = NJW 1977, 43, 44; BGHZ 71, 216, 223 = NJW 1978, 1529, 1530.
[16] BGHZ 67, 217 = NJW 1977, 43; *Gernhuber/Coester-Waltjen* § 19 Rn 24; *Staudinger/Hübner/Voppel* Rn 81; allgM.
[17] LG Stuttgart FamRZ 1977, 200 m zust Anm *Bosch*; *Soergel/H. Lange* Rn 8; MünchKommBGB/*Wacke* Rn 27; FamK/*Brudermüller* Rn 18; str, aA LG Bamberg FamRZ 1957, 258 m ablAnm *Bosch*; *Brühl* FamRZ 1957, 259.
[18] *Soergel/H. Lange* Rn 8; *Brudermüller* FamRZ 1996, 1516, 1521 mwN.
[19] OLG München FamRZ 1969, 151, 152; *Gernhuber/Coester-Waltjen* § 19 Rn 25; FamK/*Brudermüller* Rn 18; *Soergel/H. Lange* Rn 8; MünchKommBGB/*Wacke* Rn 27.
[20] Dafür MünchKommBGB/*Wacke* Rn 27; aA *Gernhuber/Coester-Waltjen* § 19 Fn 32.
[21] *Gernhuber/Coester-Waltjen* § 18 Rn 53; *Soergel/H. Lange* Rn 6, 15; MünchKommBGB/*Wacke* Rn 19.
[22] Dafür *Soergel/H. Lange* Rn 6, 15; uU auch *Gernhuber/Coester-Waltjen* § 18 Rn 53 mangels anderweitiger zumutbarer Betreuung; dagegen MünchKommBGB/*Wacke* Rn 19.
[23] *Soergel/H. Lange* Rn 6.
[24] BGH NJW 1967, 1078, 1079; jetzt noch RGRK/*Roth-Stielow* Rn 31; *Schwab* FamR Rn 99; *Grziwotz* MDR 1998, 1075, 1078; Palandt/*Brudermüller* Rn 7.
[25] *Staudinger/Hübner/Voppel* Rn 36; MünchKommBGB/*Wacke* Rn 31; FamK/*Brudermüller* Rn 9; iE ebenso *Gernhuber/Coester-Waltjen* § 18 Rn 46f.
[26] *Staudinger/Hübner/Voppel* Rn 34; MünchKommBGB/*Wacke* Rn 31; FamK/*Brudermüller* Rn 10; *Grziwotz* MDR 1998, 1075, 1078.
[27] *Staudinger/Hübner/Voppel* Rn 35; MünchKommBGB/*Wacke* Rn 31; FamK/*Brudermüller* Rn 9; die Entscheidung BGH NJW 1967, 1078 ist zum Kuriosum geworden: Pflicht der Frau zum Verkehr „in Zuneigung und Opferbereitschaft".
[28] *Staudinger/Hübner/Voppel* Rn 35, 36; MünchKommBGB/*Wacke* Rn 31.

muss ein Ehegatte ärztlich behandeln und zu ihrer Behebung notfalls auch einen ungefährlichen, Erfolg versprechenden Eingriff vornehmen lassen[29]. Zweifelsfrei ist schließlich, dass **Ausschließlichkeit der Geschlechtsgemeinschaft,** die Pflicht zur ehelichen Treue (einschließlich der Verpflichtung, den bösen Schein ehewidriger Beziehungen zu vermeiden), unabdingbare Rechtspflicht ist[30]. **Geschlechtskrankheit,** auch schon der Verdacht einer Ansteckung, kann einen Ehegatten verpflichten, den anderen ungefragt aufzuklären und seinen Arzt von der Schweigepflicht zu befreien, damit der andere Ehegatte sich dort Gewissheit verschaffen kann: im Falle einer früheren Erkrankung über deren Ausheilung, bei Verdacht einer Ansteckung über dessen Begründetheit[31]. Ein Ehegatte, den der andere mit einer bei einem Ehebruch erworbenen Geschlechtskrankheit ansteckt, kann Schadensersatzansprüche gegen diesen und gegen den am Ehebruch beteiligten Dritten haben (s auch Rn 23)[32].

c) **Familienplanung.** Ob ein Ehepaar Kinder will oder nicht, entscheidet es in **freier Entschließung** selbst. Auf dem Postulat eines vermeintlich vorgegebenen Ehezweckes beruhende Auffassungen, nach denen der dauernde oder auch nur zeitweilige Verzicht auf Kinder überhaupt nicht rechtswirksam vereinbart werden konnte, gehören der Vergangenheit an[33]. Eine andere Frage ist, was im **Innenverhältnis** gilt. Haben Eheleute keine gegenteilige Vereinbarung getroffen, kann nach im Schrifttum vielfach vertretener Ansicht jeder von ihnen erwarten, dass der andere sich einem Kinderwunsch ebenso wenig verweigert wie der Geschlechtsgemeinschaft (Rn 9). Eine einseitige, nicht triftig begründete Weigerung verletzt nach dieser Ansicht die Pflichten aus Abs 1 S 2, ebenso eine Sterilisation, der ein Ehegatte sich ohne Zustimmung des anderen unterzieht[34]. Soweit der BGH sich im Zusammenhang mit Sterilisationen für die **Freiheit der Entscheidung über die eigene Fortpflanzung** ausgesprochen hat, betreffen seine Entscheidungen das Verhältnis nicht zwischen den Ehegatten, sondern zu dem den Eingriff vornehmenden Arzt[35]. Nach neuerer Rspr des BGH gehört es aber auch **im Verhältnis der Ehegatten zueinander** zur grundrechtlich geschützten personalen Würde des einzelnen und zu seinem Selbstbestimmungsrecht, sich **jederzeit erneut und frei für und gegen ein Kind** entscheiden zu können[36]. Auf dieser Grundlage berechtigt Abs 1 S 2 keinen Ehegatten zu der Erwartung, der andere werde sich einem Kinderwunsch nicht verweigern[37]. Eine solche Erwartung kann dem anderen Ehegatten allenfalls eine – die ihm obliegende Verständigungsbereitschaft (Rn 30) anzeigende – Offenbarung seiner abweichenden Vorstellungen auferlegen. Dazu müsste der andere Ehegatte ihm seinen Kinderwunsch indessen kundgetan haben; von selbst versteht es sich im allgemeinen Bewusstsein nicht mehr, dass eine Ehe sich durch Kinder zur Familie erweitert. Die Bedeutung, die der Wunsch nach Nachkommenschaft für den einzelnen hat, bleibt davon unberührt. Die Verweigerung eigener Kinder kann daher nach wie vor ein wichtiger Grund zum Rücktritt von einem Verlöbnis sein (§ 1298 Rn 15). Die Auffassung, einer **Sterilisation** dürfe ein Ehegatte sich nur mit Zustimmung des anderen unterziehen, lässt sich mit der Freiheit der Entscheidung über die eigene Fortpflanzung nicht vereinbaren. Wegen ihrer zumeist irreparablen Wirkung verlangt eine solche Maßnahme aber in besonderem Maße nach einer Verständigung der Eheleute, um die sich der seine Sterilisation beabsichtigende Ehegatte daher bemühen muss (Rn 30).

Abreden über die Familienplanung entfalten nach der Rspr des BGH **keine Rechtsbindungswirkung,** sondern können von jedem Ehegatten auch gegen den Willen des anderen aufgekündigt werden; eine Bindungswirkung sei mit dem individuellen Selbstbestimmungsrecht jedes Ehegatten und dem Wesen der Ehe nicht zu vereinbaren, und zwar weder bei vereinbarter Kinderlosigkeit noch bei gemeinsamem Entschluss zu einem Kind[38]. Dass einer Abrede über die Familienplanung die „Rechts-

---

[29] *Staudinger/Hübner/Voppel* Rn 35; FamK/*Brudermüller* Rn 9.
[30] *Gernhuber/Coester-Waltjen* § 18 Rn 47; *Staudinger/Hübner/Voppel* Rn 25 aE, 31; MünchKommBGB/*Wacke* Rn 30; FamK/*Brudermüller* Rn 11.
[31] MünchKommBGB/*Wacke* Rn 30; *Staudinger/Hübner/Voppel* Rn 35; FamK/*Brudermüller* Rn 9; speziell in AIDS-Fällen *Tiedemann* NJW 1988, 729, 730 f.
[32] BGH NJW 1990, 706, 708.
[33] *Gernhuber/Coeter-Waltjen* § 18 Rn 54 f; MünchKommBGB/*Wacke* Rn 32; *Soergel/H. Lange* Rn 11; *Hepting* S 211; *Grziwotz* MDR 1998, 1075, 1078; *Staudinger/Hübner/Voppel* Rn 38: „Vereinbarung grds wirksam".
[34] MünchKommBGB/*Wacke* Rn 32; zur Sterilisation FamK/*Brudermüller* Rn 13; *Staudinger/Hübner/Voppel* Rn 39 f, 42: bei medizinischer Indikation Ehegatte zur Zustimmung verpflichtet; ähnlich *Soergel/H. Lange* Rn 11.
[35] Nach BGHZ 67, 48, 54 f = NJW 1976, 1790, 1791 benötigt ein Arzt zur Sterilisierung einer Ehefrau nicht die Einwilligung des Ehemannes, weil gegenüber der Entscheidung für die Sterilisation Wünsche „etwa entgegenstehende Wünsche und Interessen seines Ehegatten zurücktreten" müssten; mit seiner Entscheidung setze er sich allerdings uU dem Vorwurf einer Eheverfehlung aus. Die Entscheidung BGH NJW 1995, 2407, 2409 (Schadensersatzanspruch gegen den Arzt, weil es trotz der Sterilisation zur Geburt eines weiteren Kindes gekommen war) begründet mit dem „Selbstbestimmungsrecht eines jeden Menschen … über die eigene Fortpflanzung" die Rechtswirksamkeit des Arztvertrages.
[36] BGHZ 129, 297, 306 f = NJW 1995, 2028, 2030 betr Zustimmung zur heterologen Insemination; BGHZ 146, 391, 395 f = NJW 2001, 1789, 1790 = LM Nr 36 m Anm *Coester-Waltjen* betr homologe In-vitro-Fertilisation; s auch BGHZ 97, 372, 379 = NJW 1986, 2043, 2045 betr Abrede zwischen unverheiratet Zusammenlebenden über den Gebrauch empfängnisverhütender Mittel.
[37] Ebenso *Coester-Waltjen* Anm LM Nr 36; *Palandt/Brudermüller* Rn 7; auch schon FamK/*Brudermüller* Rn 12.
[38] BGHZ 97, 372, 379 = NJW 1986, 2043, 2045 betr Vereinbarung des regelmäßigen Gebrauchs empfängnisverhütender Mittel; BGHZ 146, 391, 396 ff = NJW 2001, 1789, 1790 = LM Nr 36 m Anm *Coester-Waltjen* = JuS 2001, 711 LS m Anm *Hohloch* betr Einverständis mit homologer In-vitro-Fertilisation; BGHZ 129, 297, 306 f = NJW 1995, 2028, 2030 betr Zustimmung zur heterologen Insemination; zur Anfechtung der Vaterschaft in solchen Fällen s auch BGHZ 87, 169, 174 = NJW 1983, 2073, 2074; BGH NJW 1995, 2407, 2409.

§ 1353

bindungswirkung" fehlt, besagt indessen nur, dass jeder Ehegatte sich einseitig, nach Belieben und – bis zur Schaffung „unumkehrbarer Fakten" – jederzeit von ihr lösen kann. Es bedeutet nicht, dass solchen Abreden jegliche Rechtswirkung abgeht. Das zeigt bereits der Hinweis auf die **Möglichkeit einseitiger „Aufkündigung",** deren eine schlechthin unwirksame Vereinbarung nicht bedürfte. Ein Ehegatte kann sich von einer Abrede grds nicht stillschweigend lösen; wenn er sich nicht länger daran halten will, muss er dies vielmehr zum Ausdruck bringen. Ob das aus dem rechtlichen Charakter der Abrede folgt oder aus Abs 1 S 2, insbes aus den Pflichten zur Rücksichtnahme (Rn 26) und zur Verständigungsbereitschaft (Rn 30), kann auf sich beruhen. Auch die gesetzlichen Pflichten würden an den mit der Abrede geschaffenen Vertrauenstatbestand anknüpfen. Eine Frau, die den vereinbarten **Gebrauch empfängnisverhütender Mittel** abbricht, handelt daher pflichtwidrig, wenn sie dies ihrem Partner verschweigt[39]. Nachdem sie die Empfängnisverhütung selbst zum Gegenstand einer Vereinbarung gemacht hat, würde durch eine Mitteilung nicht – wie der BGH gemeint hat – ihre Intimsphäre unzumutbar berührt.

12 Zudem wird das **Selbstbestimmungsrecht des Mannes verletzt,** wenn die Frau den vereinbarten Gebrauch empfängnisverhütender Mittel abbricht, ohne ihn zu verständigen. Da er auf die weitere Einhaltung der Abrede vertraut, wird ihm die Freiheit genommen, über seine Fortpflanzung zu entscheiden. Dasselbe ist bei einer vereinbarten extrakorporalen (homologen) Befruchtung (sog **In-vitro-Fertilisation**) der Fall, wenn die Frau die Behandlung fortsetzen lässt, nachdem der Mann sein Einverständnis zurückgezogen hat. Die Auffassung des BGH, die Verwirklichung ihres Kinderwunsches gegen den Willen des Mannes bedürfe keiner Rechtfertigung, lässt dessen Selbstbestimmungsrecht außer Betracht[40]. Dieses Recht des Mannes wird berührt, wenn die Übergehung seines Willens, sei er in einer Abrede oder in der (beachtlichen) Aufkündigung einer Abrede zum Ausdruck gekommen, zur Zeugung eines von ihm stammenden Kindes führt. **Heterologe Insemination** gegen den Willen des Mannes kann nicht dessen Selbstbestimmungsrecht, sondern Abs 1 S 2 nur in anderer Weise verletzen. Entsprechendes gilt für die Vereitelung eines Kinderwunsches durch **abredewidrige Empfängnisverhütung.**

13 **Pflichtverletzungen** im Rahmen der Familienplanung begründen weder die Klage auf Herstellung des ehelichen Lebens noch Schadensersatzansprüche, etwa auf Freistellung von der Unterhaltspflicht für ein abredewidrig geborenes Kind, noch unterhaltsrechtliche Sanktionen[41]. Sie können jedoch zu einem Scheitern der Ehe beitragen und im Rahmen eines Ehescheidungsverfahrens Bedeutung gewinnen, etwa nach § 1565 Abs 2.

14 Ein **Schwangerschaftsabbruch** gegen oder auch nur ohne den Willen des Ehemannes ist jedenfalls dann ehewidrig, wenn die Voraussetzungen des § 218a StGB nicht vorliegen[42]. Aus ausdrücklicher oder stillschweigender Übereinkunft der Ehegatten können sich aber strengere Anforderungen ergeben[43].

15 d) **Beistand und Fürsorge.** Im Rahmen seiner Möglichkeiten ist jeder Ehegatte verpflichtet, dem anderen die **Hilfen** zu leisten, die er zur Bewältigung seiner alltäglichen Aufgaben benötigt. Erst recht muss er helfen, wenn der andere mit besonderen Schwierigkeiten zu kämpfen hat. Seine Verpflichtung reicht bis zur **Grenze des Zumutbaren**[44]. Sie wird durch Regelungen zur Haushaltsführung und Erwerbstätigkeit nach § 1356 nicht eingeschränkt, sondern gilt auch für Bereiche, die hiernach Aufgabengebiet des anderen Ehegatten sind[45]. Die Verpflichtung kann sich auf die **Person** des anderen Ehegatten, auf **Kinder** und auf das **Vermögen** beziehen[46]. Sie besteht auch, wenn der andere Ehegatte seine Hilfsbedürftigkeit selbst verschuldet hat[47]. Zerrüttung der Ehe und **Trennung der Eheleute** heben die Verpflichtung nicht auf, sondern schränken allenfalls die Anforderungen an den zur Hilfe verpflichteten Ehegatten ein[48].

---

[39] *Gernhuber/Goester-Waltjen* § 18 Rn 55; *Hepting* S 214; *Staudinger/Hübner/Voppel* Rn 40; MünchKommBGB/*Wacke* Rn 31; *Lüderitz* Rn 214; anders – „Vereinbarungen unbeachtlich" – *Reinhart* JZ 1983, 184, 190.
[40] Krit insoweit auch *Coester-Waltjen* LM Nr 36; der dort mit Recht erhobene weitere Einwand gegen die Entscheidungsgründe in BGHZ 146, 391, 396 ff = NJW 2001, 1789, 1790, der Mann könne der Implantation der befruchteten Eizelle nicht widersprechen, die Frau erfülle dadurch ihre Pflichten gegenüber dem menschlichen Leben, betrifft die Frage des Zeitpunktes, zu dem jeweils „unumkehrbare Fakten" geschaffen sind, die dem Mann eine Aufkündigung der Abrede verbieten und der Frau deren – wenn überhaupt noch von ihrem Willen abhängige – Verwirklichung erlauben oder sogar gebieten.
[41] So mit unterschiedlichen Begründungen die ganz hM, BGHZ 146, 391, 398 ff = NJW 2001, 1789, 1791: keine Unterhaltskürzung nach § 1579 Nr 3 aA; *Gernhuber/Coester-Waltjen* § 18 Rn 55; *Staudinger/Hübner/Voppel* Rn 41, 144; MünchKommBGB/*Wacke* Rn 31, 32; *Palandt/Brudermüller* Rn 7; für unverheiratet Zusammenlebende BGHZ 97, 372, 379 f = NJW 1986, 2043, 2045 m abl Anm *Schlund* JR 1986, 455 f; für Schadensersatzpflicht aber *Roth-Stielow* JR 1987, 7, 9; *Palandt/Brudermüller* Einl § 1297 Rn 25: bei bewusster Täuschung des Partners Ersatzpflicht nach § 826.
[42] *Soergel/H. Lange* Rn 11 aE; MünchKommBGB/*Wacke* Rn 32 aE.
[43] Ähnlich *Soergel/H. Lange* Rn 11 aE.
[44] Daher keine Verpflichtung, sich zugunsten des Ehegatten in Lebensgefahr zu begeben, BSozG NJW 1957, 1943, 1944; *Gernhuber/Coester-Waltjen* § 18 Fn 39; MünchKommBGB/*Wacke* Rn 22; FamK/*Brudermüller* Rn 28; kaum anders *Staudinger/Hübner/Voppel* Rn 56: Ehegatte zum Beistand verpflichtet, wenn für Selbstgefährdung nur eine denkbar geringe Wahrscheinlichkeit besteht.
[45] *Soergel/H. Lange* Rn 22.
[46] FamK/*Brudermüller* Rn 20.
[47] *Soergel/H. Lange* Rn 22; *Staudinger/Hübner/Voppel* Rn 53.
[48] BGHZ 2, 98, 102: keine Verpflichtung, sich um Wiedereinstellung in Beamtenverhältnis zu bemühen; *Soergel/H. Lange* Rn 22, 24; FamK/*Brudermüller* Rn 28.

In der Person des anderen Ehegatten kann das Bedürfnis nach Beistand und Fürsorge im **Krank-** 16
heitsfall auftreten. Der Ehegatte eines Geisteskranken kann verpflichtet sein, dessen Einweisung in eine
geschlossene Anstalt zu veranlassen[49]. Einen Schwerstbehinderten unter Verzicht auf eine eigene Ausbildung und den Erwerb einer Altersversorgung zu pflegen, übersteigt jedoch die Grenze des Zumutbaren[50]. **Alkohol-** und sonstige **Sucht** verlangen den Beistand des Ehegatten zur Lösung von der Sucht
oder zum Umgang mit ihr[51]. Eine Neigung zum **Selbstmord** darf der Ehegatte nicht hinnehmen,
sondern muss versuchen, den Gefährdeten von seinen Absichten abzubringen und vor ihrer Verwirklichung zu bewahren[52]. Diese Verpflichtung geht aber nicht so weit, dass Selbstmorddrohungen des
anderen den Ehegatten abhalten müssten, von einer berechtigten Trennung Abstand zu nehmen[53].
Leben die Eheleute getrennt, werden sich die Anforderungen zumeist schon durch die Trennungssituation reduzieren[54]. Beistehen müssen Ehegatten sich auch in Gefahrsituationen und bei **Unfällen.**
Die Pflicht zur Fürsorge kann es darüber hinaus gebieten, den anderen vor Unfällen zu bewahren[55],
und bewirkt ferner, dass ein Ehegatte, der von dem anderen tätlich angegriffen wird, von seinem
Notwehrrecht nur in möglichst schonender Weise Gebrauch machen darf. An die Erforderlichkeit des
Verteidigungsmittels (§ 227 Abs 2; § 32 Abs 2 StGB) ist in diesen Fällen ein strenger Maßstab anzulegen[56]. Dem Angriff, wenn möglich, auszuweichen, ist für einen Ehegatten nicht unzumutbar. Die
Schonung des Angreifers soll so weit gehen, dass ein für ihn möglicherweise tödliches Abwehrmittel
nicht benutzt werden darf, wenn der Angegriffene nichts Ärgeres als leichte Körperverletzungen zu
befürchten hat[57].

Die Fürsorge für den anderen Ehegatten umfasst die Pflicht, ihn von **strafbaren Handlungen** 17
abzuhalten[58]. Welche zumutbaren Maßnahmen dem Ehegatten dabei zu Gebote stehen, hängt nicht
nur von seinen Möglichkeiten und den sonstigen Umständen ab, sondern auch von seiner Pflicht zur
Rücksichtnahme (Rn 26), die ihm die Einschaltung staatlicher Instanzen verwehren kann. Abgesehen
von der Anzeige geplanter Straftaten, deren Unterlassung nach § 138 StGB strafbar ist, dürfen Ehegatten
gegeneinander **Strafanzeigen,** auch begründete, grds nicht erstatten[59]. Zur Wahrnehmung berechtigter Interessen sind allerdings Ausnahmen unerlässlich, etwa wenn eine Straftat sich gegen den anzeigenden Ehegatten oder andere Angehörige richtet und ihre Wiederholung zu befürchten ist[60]. Auch dann
ist dem Ehegatten eine Strafanzeige aber nur erlaubt, wenn sie zur Wahrung der eigenen Rechte
notwendig ist, weniger einschneidende Mittel nicht zur Verfügung stehen und der Anzeigeerstatter
nach zumutbarer Prüfung vom Vorliegen der Straftat überzeugt ist[61].

Aus der Pflicht eines Ehegatten, den anderen von strafbaren Handlungen abzuhalten, hat die Rspr 18
vielfach eine strafrechtliche **Garantenstellung** (§ 13 StGB) gegenüber Dritten hergeleitet, soweit die
strafbare Handlung im besonderen Herrschaftsbereich der Eheleute, etwa in der Ehewohnung, stattfindet[62], es sei denn, die Eheleute leben getrennt und in Ehescheidung[63]. Diese Rspr, die sich ohne
Schwierigkeiten auf den Bereich des Zivilrechts übertragen ließe, wo sich mit ihr zB Schadensersatzansprüche gegen den Ehegatten des eigentlichen Schädigers begründen ließen, dehnt die Pflicht des
Ehegatten über den Schutzzweck des Abs 1 S 2 – Schutz des Ehegatten – hinaus aus. Sie wird daher zu
Recht so gut wie einhellig abgelehnt[64].

---

[49] MünchKommBGB/*Wacke* Rn 22; *Staudinger/Hübner/Voppel* Rn 53.
[50] BGH NJW 1995, 1486, 1488 = LM Nr 34 m zust Anm *Hohloch; Staudinger/Hübner/Voppel* Rn 53; MünchKommBGB/*Wacke* Rn 22.
[51] BGH LM § 48 Abs 2 EheG aF Nr 79 = FamRZ 1967, 324, 327 betr Alkoholismus; *Gernhuber/Coester-Waltjen* § 18 Rn 49.
[52] *Gernhuber/Coester-Waltjen* § 18 Rn 49; MünchKommBGB/*Wacke* Rn 22; FamK/*Brudermüller* Rn 28: „gesteigerte Fürsorgepflicht"; einschränkend *Staudinger/Hübner/Voppel* Rn 55: Auflehnung gegen den Entschluss zum Freitod kann für den Ehepartner unzumutbar sein; zur strafrechtlichen Beurteilung BGHSt 2, 150; 7, 268.
[53] *Gernhuber/Coester-Waltjen* § 18 Fn 42.
[54] Für generelle Einschränkung der Anforderungen FamK/*Brudermüller* Rn 28 unter Berufung auf BGHSt 7, 268; strenger *Gernhuber/Coester-Waltjen* § 18 Fn 42.
[55] OLG Frankfurt FamRZ 1987, 381, 384: bei gemeinsamer Autofahrt hat der das Fahrzeug lenkende Ehegatte den alkoholbedingt hilflosen anderen durch Anlegen des Gurtes zu sichern oder die Fahrt zu unterlassen; *Staudinger/Hübner/Voppel* Rn 57.
[56] BGH NJW 1969, 802; JR 1976, 335; *Soergel/H. Lange* Rn 24; MünchKommBGB/*Wacke* Rn 22 aE; *Staudinger/Hübner/Voppel* Rn 59; krit *Geilen* JR 1976, 314.
[57] BGH JR 1976, 335; offen gelassen von BGH NJW 1984, 986, weil der angegriffenen Ehefrau mehr drohte als nur leichte Körperverletzungen.
[58] *Soergel/H. Lange* Rn 25; *Staudinger/Hübner/Voppel* Rn 57: Ehegatte muss den anderen von Trunkenheitsfahrt abhalten, auch wenn er seine Trunkenheit nicht zu verantworten hat; s auch OLG Bamberg FamRZ 1987, 1264, 1265.
[59] BGH FamRZ 1963, 515; *Gernhuber/Coester-Waltjen* § 18 Rn 49; *Staudinger/Hübner/Voppel* Rn 60 f, 62; *Soergel/H. Lange* Rn 14; MünchKommBGB/*Wacke* Rn 24: „Verschwiegenheitspflicht"; FamK/*Brudermüller* Rn 33.
[60] BGH FamRZ 1956, 81 betr Geschlechtsverkehr des Ehemannes mit der minderjährigen Tochter der Ehefrau; LM EheG aF § 48 Abs 2 Nr 65 = FamRZ 1964, 493, 495 betr Verletzung der Unterhaltspflicht.
[61] BGH FamRZ 1963, 515.
[62] BGH NJW 1953, 59: Ehefrau nimmt in der Ehewohnung Fremdabtreibungen vor; FamRZ 1956, 81; OLG Bremen NJW 1957, 72, 73: von der Ehefrau gehaltener Hund fällt Passanten an; aA OLG Stuttgart NJW 1986, 1767, 1768: keine Garantenstellung allein aus der ehelichen Lebensgemeinschaft.
[63] BGHSt 6, 322, 323 f = NJW 1954, 1818, 1819.
[64] *Gernhuber/Coester-Waltjen* § 18 Rn 49; *Soergel/H. Lange* Rn 25; *Staudinger/Hübner/Voppel* Rn 58; FamK/*Brudermüller* Rn 28; *Geilen* FamRZ 1961, 147, 157; wohl auch MünchKommBGB/*Wacke* Rn 23: „fragwürdige Umdeutung"; wie der BGH *Dölle* I § 33 I 2 S.

§ 1353

19 Beistand und Fürsorge in Bezug auf **Kinder** werden nicht nur für gemeinsame Kinder, sondern auch für erst- und voreheliche Kinder eines Ehegatten („Stiefkinder") geschuldet[65]. Zur Aufnahme minderjähriger Stiefkinder in die Ehewohnung s Rn 8. Beistand und Fürsorge werden insbes durch das **Bemühen um** ein **gutes Verhältnis** zu den Kindern, um ihr leibliches und seelisches **Wohlergehen** und um ihre **Erziehung und Ausbildung** geleistet[66]. In diesem Zusammenhang erwachsen beiden Ehegatten gewichtige Aufgaben, in besonderem Maße, wenn ein Kind Schwierigkeiten in der Schule hat, schwer erkrankt oder Verhaltensauffälligkeiten zeigt. Ihre Verpflichtung, sich in gegenseitiger Achtung um einvernehmliche Lösungen zu bemühen (Rn 30), kann hier in besonderem Maße gefordert sein.

20 Die aus Abs 1 S 2 folgenden Verpflichtungen der Ehegatten, insbes zu Beistand und Fürsorge, wirken auch auf ihre **vermögensrechtlichen Beziehungen** ein[67], vielfach auch noch nach Trennung und Ehescheidung. Ein Ehegatte darf die vermögensrechtlichen Interessen des anderen nicht nur nicht schädigen[68], sondern muss – als Nachwirkung der Ehe auch noch nach deren Scheidung – dessen finanzielle Lasten vermindern, soweit ihm dies ohne Verletzung eigener Interessen möglich ist[69]. Bei der Abwicklung einvernehmlich gestalteter Rechtsverhältnisse hat jeder **Rücksicht auf die Belange** des anderen zu nehmen[70]. So kann ein Ehegatte nach dem Scheitern der Ehe **Freistellung von** persönlicher oder dinglicher **Haftung**[71], durch deren Übernahme er dem anderen während der Ehe die Aufnahme von Krediten ermöglicht hatte, nur mit den sich aus der ehelichen Lebensgemeinschaft nachwirkend ergebenden Beschränkungen verlangen[72]. Bei der **Auseinandersetzung des Gesamtguts** einer Gütergemeinschaft muss der schonendste Weg beschritten werden, der das Gesamtgut am wenigsten belastet[73]. Um die Rückführung einvernehmlich **aufgenommener Kredite** muss jeder Ehegatte bemüht sein[74]. Eine **Klage** gegen den anderen darf ein Ehegatte nicht ohne sorgfältige Vorprüfung der Rechtslage einreichen[75]. Bei einer Ehegatten-Kommanditgesellschaft konnten einer auf Verfehlungen im Bereich (nur) der persönlichen Beziehungen gestützten **Übernahmeklage** (§§ 161, 142 HGB aF, jetzt § 140 Abs 1 HGB) eigene eheliche Verfehlungen des klagenden Komplementärs (Ehebruch) entgegengehalten werden[76]. Über die unterhalts- und güterrechtlichen Regelungen hinaus sind Ehegatten einander zu finanziellen Leistungen, etwa zur **Gewährung von Darlehen**, nicht verpflichtet. Helfen in Gemeinschaft lebende Ehegatten sich mit Geld aus, kann ein rechtlich bindender Rückzahlungswille aber nicht ohne weiteres angenommen werden[77]. Besteht ein Rückzahlungsanspruch, kann er Beschränkungen aus Abs 1 S 2 unterliegen[78]. Aus der Verpflichtung zu Beistand und Fürsorge können sich auch Ansprüche gegeneinander ergeben, so auf **Beratung** durch den in einer Angelegenheit sachkundigeren Ehegatten, unentgeltlich auch dann, wenn sie in sein berufliches Tätigkeitsgebiet fällt[79]. Getrennt lebenden oder geschiedenen Ehegatten ist die Inanspruchnahme einer während der Ehe abgeschlossenen **Rechtsschutzversicherung**[80] und Abtretung eines während der Ehe in der Kfz-Haftpflichtversicherung erzielten **Schadensfreiheitsrabattes** zugebilligt worden[81]. Keine Verpflichtung besteht, für Verbindlichkeiten des anderen Ehegatten die Mithaftung oder Absicherung zu übernehmen[82]. Trotzdem sind **Ehegattenbürgschaften** häufig. Auf Verlangen von Kreditgebern, die sich gegen die Verlagerung von Vermögenswerten auf den Ehegatten absichern wollen oder mit künftigem Einkommen oder Vermögenserwerb rechnen, werden sie vielfach auch von dadurch finanziell überforderten Ehegatten eingegangen. Die Frage ihrer Sittenwidrigkeit (§ 138 Abs 1) und der Inhaltskontrolle ist Gegenstand umfangreicher Rspr[83].

---

[65] MünchKommBGB/*Wacke* Rn 19.
[66] FamK/*Brudermüller* Rn 20.
[67] *Gernhuber/Coester-Waltjen* § 19 Rn 1 ff; ferner *Staudinger/Hübner/Voppel* Rn 88 ff.
[68] OLG Celle FamRZ 1971, 28, 30 f = OLGZ 1971, 358, 361, 363 betr Vorenthaltung von Lebenshaltung notwendigen Gerätschaften; OLG Nürnberg FamRZ 1996, 32, 33 betr Anschwärzung beim Arbeitgeber macht nach § 826 schadensersatzpflichtig; allg *Staudinger/Hübner/Voppel* Rn 43, 89.
[69] BGH NJW 1977, 378; NJW 1984, 2040, 2041; NJW 1988, 1720, 1721; NJW 1996, 1894; NJW-RR 1998, 1153, 1154.
[70] BGH NJW 1989, 1920; NJW-RR 1990, 1090, 1091.
[71] Zur Fälligkeit des Freistellungsanspruchs vgl OLG Saarbrücken FamRZ 1990, 58; *Staudinger/Hübner/Voppel* Rn 89.
[72] BGH NJW 1989, 1920, 1922.
[73] OLG Düsseldorf FamRZ 1993, 194, 196.
[74] OLG Hamm FamRZ 1987, 1135, 1137.
[75] BGH FamRZ 1988, 143, 144.
[76] BGHZ 46, 392, 396 = NJW 1967, 1081, 1083 f; anders bei groben Verstößen des beklagten Ehegatten gegen die wirtschaftlichen Interessen der Gesellschaft.
[77] OLG Schleswig FamRZ 1988, 165.
[78] *Staudinger/Hübner/Voppel* Rn 54.
[79] BGH FamRZ 2001, 1521, 1522 f betr Rechtsberatung durch Immobilienkaufmann; *Staudinger/Hübner/Voppel* Rn 53; MünchKommBGB/*Wacke* Rn 28 mwN; *Soergel/H. Lange* Rn 22.
[80] AG Nordenham FamRZ 1994, 894.
[81] LG Freiburg FamRZ 1991, 835; AG Euskirchen FamRZ 1999, 380.
[82] Daher ist bei begrenzter Haftungsübernahme Bereitschaft zu weiterer Haftung nicht zu erwarten, BGHZ 106, 19, 24 = NJW 1989, 831, 833; BGH NJW 1992, 1822, 1823.
[83] BVerfGE 89, 214 = NJW 1994, 36; BGHZ 120, 272, 275 ff = NJW 1993, 322; BGHZ 128, 230, 232 = NJW 1995, 592; BGHZ 132, 328, 330 f = NJW 1996, 2088, 2089; BGHZ 134, 325, 328 f = NJW 1997, 1003, 1004; BGHZ 136, 347 = NJW 1997, 3372; BGH NJW 1991, 923, 924 f m Anm *Grün*; NJW 1999, 58; NJW 2000, 362: Bürgschaftsklage zur Zeit unbegründet, solange sich das Risiko der Vermögensverlagerung nicht verwirklicht hat.

§ 1353

Eine **Verpflichtung zur Auskunft** über die finanzielle Lage ergibt sich aus Abs 1 S 2 nur **bei** 21 **bestehender Ehe** und auch das nur begrenzt. Vermögen, laufende Einkünfte und deren wesentliche Veränderungen brauchen nur in großen Zügen dargelegt zu werden[84]. Eine Verletzung dieser Verpflichtung führt weder zu einem Zahlungsanspruch noch zu einer Umkehr der Darlegungs- und Beweislast[85]. Weitergehende Auskunftsansprüche können sich aus der Verpflichtung von Ehegatten ergeben, die finanziellen Lasten des anderen Teils zu vermindern, soweit es ohne Verletzung eigener Interessen möglich ist (Rn 20 mwN)[86]. In einer Hausfrauenehe braucht die Ehefrau über Ausgaben für die Hauswirtschaft und sonstige Lebenshaltung, die sie kraft Bankvollmacht von einem Konto des Ehemannes bestreitet, nicht mit derselben Genauigkeit abzurechnen wie sonst ein Vertragspartner[87]. Zwischen **Geschiedenen** ergeben sich Auskunftspflichten nicht aus Abs 1 S 2, sondern aus der speziellen Vorschrift des § 1580[88].

Steuerlich muss ein Ehegatte auf Grund der in Rn 20 (mwN) genannten Verpflichtung der 22 **Zusammenveranlagung** zustimmen, jedenfalls dann, wenn dadurch die Steuerschuld des anderen Teils verringert und er selbst keiner zusätzlichen steuerlichen Belastung ausgesetzt wird; eine Verletzung dieser Pflicht macht ersatzpflichtig[89]. Ein Ehegatte, der durch Zusammenveranlagung höher belastet wird als bei getrennter Besteuerung, kann von dem anderen **Ausgleich** verlangen[90]. Seine Zustimmung zur Zusammenveranlagung braucht er in einem solchen Fall nur zu geben, wenn der andere sich (grds schriftlich)[91] zum Ausgleich verpflichtet[92]. Entspr kann ein getrennt lebender oder geschiedener Ehegatte, der dem sog **begrenzten Realsplitting** zustimmt, von dem anderen Ehegatten Ersatz der ihm daraus erwachsenden Steuern und sonstigen finanziellen Nachteile verlangen[93]. Die Zustimmung braucht nur gegen die bindend (grds schriftlich)[94] **erklärte Verpflichtung** des anderen Ehegatten zum Ausgleich steuerlicher und – wenn sie substantiiert dargelegt werden – auch sonstiger Nachteile erteilt zu werden[95], gegen **Sicherheitsleistung** nur bei nachgewiesenem Schutzbedürfnis[96]. Ist die Zustimmung zur Zusammenveranlagung oder zum begrenzten Realsplitting erteilt worden, trifft den steuerpflichtigen Ehegatten die **Obliegenheit**, diese steuerlichen Entlastungsmöglichkeiten in Anspruch zu nehmen, wenn ihre Voraussetzungen gegeben sind[97]. Die eingangs genannte Verpflichtung kann einem Ehegatten bei Ausgleich der finanziellen Nachteile auch die Mitwirkung beim Antrag auf abweichende Zuteilung **steuerlicher Freibeträge** abverlangen[98].

Aus Abs 1 S 2 können einem Ehegatten **rechtshemmende Einwendungen** gegen an sich beste- 23 hende vermögensrechtliche Ansprüche des anderen erwachsen[99]. **Ansprüche nach den allgemeinen Vorschriften** („Jedermanns-Rechte") können auch zwischen Ehegatten entstehen. Der Geltendmachung solcher Ansprüche steht Abs 1 S 2 nicht grds entgegen[100]. Ansprüche sind aber zu versagen, wenn und soweit ihre Geltendmachung der **ehelichen Lebensgemeinschaft** widerspricht. Das ist etwa der Fall, wenn die Rechtsverfolgung dazu dient, den **räumlich-gegenständlichen Lebensbereich** des anderen Ehegatten (zu dem je nach der Gestaltung der ehelichen Verhältnisse auch die Tätigkeit im gemeinsamen Handelsgeschäft gehören kann) einzuschränken[101] oder **Grundlagen der**

---

[84] BGH FamRZ 1976, 516 f = 1978, 677, 678; NJW 1986, 1870, 1871 f; OLG Karlsruhe FamRZ 1990, 161, 162; *Staudinger/Hübner/Voppel* Rn 97; *Soergel/Hohloch* Nachtrag Rn 27; MünchKommBGB/*Wacke* Rn 28; FamK/*Brudermüller* Rn 30 mwN.
[85] BGH NJW 1986, 1870, 1872.
[86] BGH NJW 1984, 2040, 2041 betr Auskunft über Versorgungsanwartschaften, um Anspruch aus Anwaltsverschulden beziffern zu können; OLG Düsseldorf NJW-RR 1990, 710, 711 = FamRZ 1990, 46, 47 betr Auskunft über vom anderen Ehegatten begründete eigene Versorgungsanrechte; s auch OLG Karlsruhe FamRZ 1990, 161, 162.
[87] BGH NJW 1986, 1870, 1871 f, auch zur Frage der Darlegungs- und Beweislast für pflichtwidrige Verwendung von Geld und zu den rechtlichen Sanktionen.
[88] OLG Karlsruhe FamRZ 1982, 1028; 7; *Staudinger/Hübner/Voppel* Rn 9; s auch OLG Oldenburg FamRZ 1994, 651: nach § 1353 ist geschiedene Ehefrau dem früheren Ehemann nicht zur Auskunft über den Vater ihres scheinehelich geborenen Kindes verpflichtet.
[89] BGH NJW 1977, 378; zur Schadensberechnung LG Köln NJW-RR 1990, 140; zu allem eingehend *Soergel/Hohloch* Nachtrag Rn 26 mzN zur Rspr.
[90] BGH NJW 1977, 378; OLG Karlsruhe FamRZ 1991, 441.
[91] So zum begrenzten Realsplitting BGH NJW 1983, 1545, 1547.
[92] BGH NJW-RR 2005, 182; OLG Hamm NJW-RR 1990, 709, 710 = FamRZ 1990, 291, 293; *Staudinger/Hübner/Voppel* Rn 93; MünchKommBGB/*Wacke* Rn 29; wohl auch FamK/*Brudermüller* Rn 22; zum Inhalt einer Verpflichtung LG Aachen FamRZ 1999, 381 f.
[93] BGH NJW 1983, 1545, 1546; NJW 1992, 1391 f; NJW-RR 1992, 1028 = FamRZ 1992, 1050; NJW 1986, 254 betr Steuern; NJW 1988, 2886, 2887 betr Steuerberaterkosten.
[94] BGH NJW 1983, 1545, 1547.
[95] BGH NJW 1983, 1545, 1546 f; NJW 1986, 254, 255; FamRZ 1998, 953, 954, auch wenn zweifelhaft, ob Aufwendungen steuerlich als Unterhaltsleistungen anerkannt werden; OLG Stuttgart FamRZ 2001, 1370, auch zum Zurückbehaltungsrecht wegen Unterhaltsrückständen; zu den „sonstigen Nachteilen" *Arens* FamRZ 1999, 1558, 1561 f.
[96] BGH NJW 1983, 1545, 1547; OLG Düsseldorf FamRZ 1999, 1132.
[97] BGH NJW 1983, 1545, 1546 zum begrenzten Realsplitting.
[98] BGH NJW 1988, 1720; NJW 1996, 1894; OLG Celle FamRZ 1999, 380, 381.
[99] BGHZ 34, 80, 84 = NJW 1961, 504, 505; BGHZ 37, 38, 41 = NJW 1962, 1244 f.
[100] BGHZ 61, 101, 105 f = NJW 1973, 1654 betr Schmerzensgeldanspruch; BGH FamRZ 1972, 363, 365 betr Aufhebung einer Erbbaurechtsgemeinschaft; NJW 1988, 2032, 2033; *Staudinger/Hübner/Voppel* Rn 90 mwN.
[101] BGHZ 34, 80, 84 f = NJW 1961, 504, 505 betr gesellschaftsvertraglichen Anspruch auf Überlassung eines Kommanditanteils; BGHZ 37, 38, 42 f = NJW 1962, 1244, 1245 betr Teilungsversteigerung des in beiderseitigem

§ 1353

häuslichen Gemeinschaft zu zerstören[102]. Einwendungen können aber nicht damit begründet werden, der andere Ehegatte verstoße mit der Geltendmachung des Rechtes gegen seine Rechtspflichten aus Abs 1 S 2. Sonst würde durch die Einwendung **unzulässiger wirtschaftlicher Druck** zur Einhaltung dieser Pflichten ausgeübt, obwohl die eheliche Gemeinschaft frei von staatlichem Zwang allein auf der ehelichen Gesinnung beruhen soll[103]. Ob und inwieweit ein Einwand im Einzelfall durchgreift, kann vielfach erst eine an Abs 1 S 2 orientierte Abwägung der beiderseitigen schutzwürdigen Interessen ergeben[104]. Danach kann ein Ehegatte auch berechtigt sein, sich der Kündigung einer gemeinsam gemieteten Ehewohnung zu widersetzen[105]. Zur Frage, ob und inwieweit ein Ehegatte die Kündigung der allein von dem anderen gemieteten Ehewohnung hinnehmen muss, s Rn 7.

24   Auch **Schadensersatzansprüche**, insbes aus Delikt, können zwischen Ehegatten entstehen, Ansprüche auf Schmerzensgeld eingeschlossen, bei dessen Bemessung die familienrechtlichen Beziehungen allerdings erheblich werden können[106]. Auch an der **Geltendmachung** solcher Ansprüche sind Ehegatten **nicht grds gehindert**[107]. Im Einzelfall kann die Verpflichtung zur ehelichen Lebensgemeinschaft aber entgegenstehen, etwa solange sich der schuldige Ehegatte um einen **Ausgleich des Schadens** bemüht[108] oder durch die Inanspruchnahme wesentliche Nachteile erlitte, die über die mit der Ersetzung des Schadens notwendig verbundene Vermögenseinbuße hinausgingen[109]. Solche Haftungsbeschränkungen kommen aber nicht in Betracht, wenn der verantwortliche Ehegatte durch eine **Haftpflichtversicherung** geschützt wird[110], anfängliche Ausgleichsbemühungen eingestellt hat[111] oder die Eheleute **bei Entstehung des Anspruchs getrennt** und in Ehescheidung lebten[112]. Trennen sie sich erst später, fällt eine zuvor eingetretene Haftungsbeschränkung nicht ohne weiteres fort[113]. Haftungsbeschränkungen nach Abs 1 S 2 kommen einem nicht privilegierten Dritten, der neben dem Ehegatten für den Schaden verantwortlich ist (§§ 840 Abs 1, 426), nicht zugute, behindern aber auch nicht dessen Rückgriffsansprüche im Innenverhältnis der Schädiger[114].

25   **Vermögensbeziehungen** von Eheleuten können die **eheliche Lebensgemeinschaft** in der Weise zur **Grundlage** haben, dass sie ohne Fortbestand der Gemeinschaft durch Trennung oder Ehescheidung nicht unverändert überdauern. Die Verfügungsbefugnis über sein Konto, die ein Ehegatte dem anderen durch **Bankvollmacht** eingeräumt hat, verliert mit der Trennung ihre Geschäftsgrundlage, mit der Folge, dass im Innenverhältnis die endet oder nur in eingeschränktem Umfang fortbesteht[115]. Beim Gemeinschaftskonto, über das gegenüber der Bank jeder Ehegatte verfügungsbefugt ist (**„Oder-Konto"**), ist ein Ehegatte, der nach der Trennung zu seinen eigenen Gunsten über das Gutgaben verfügt, dem anderen zum hälftigen Ausgleich verpflichtet, außer er weist nach, dass iS von § 430 „ein anderes bestimmt ist"[116]. Für Verfügungen während des Zusammenlebens der Ehegatten gilt das im Grundsatz auch, doch kann jener Beweis erleichtert sein, etwa bei Abhebungen für den gemeinsamen laufenden Lebensbedarf von einem zu dessen Finanzierung eingerichteten Konto[117].

26   e) **Rücksichtnahme.** Die Pflicht, aufeinander Rücksicht zu nehmen, hält jeden Ehegatten in allen Belangen zur **Achtung der Würde und Ehre** des anderen an. Er darf ihn nicht durch rücksichtsloses Verhalten herabsetzen und kränken, etwa durch Aufnahme einer fremden Person in den Haushalt, gegen die der andere berechtigtes Misstrauen hegt und die ihm nicht die gebührende Achtung

---

Miteigentum stehenden Wohngrundstücks; BGH NJW 1988, 2032, 2033; s auch BGH NJW-RR 1990, 1090, 1091 f = FamRZ 1990, 1219, 1221; OLG Düsseldorf NJW-RR 1988, 1415 = FamRZ 1988, 1053 betr Arztpraxis in Räumen der anderen Ehegatten.
[102] OLG München FamRZ 1969, 92; 1969, 151 betr Veräußerung des als Ehewohnung dienenden Hausgrundstücks; LG Detmold MDR 1969, 576 betr Klage auf Zustimmung zur Kündigung der gemeinsam gemieteten ehelichen Wohnung.
[103] BGHZ 34, 80, 85 = NJW 1961, 504, 505; BGHZ 46, 392, 397 = NJW 1967, 1081, 1084; BGH NJW 1986, 1870, 1872; LM § 823 (Af) Nr 1 b.
[104] BGHZ 37, 38, 41 = NJW 1962, 1244, 1245; BGH FamRZ 1972, 363, 364; OLG Düsseldorf NJW-RR 1988, 1415 = FamRZ 1988, 1053; *Brudermüller* FamRZ 1996, 1516, 1521; MünchKommBGB/*Wacke* Rn 27; *Soergel/H. Lange* Rn 8.
[105] LG Detmold MDR 1969, 576, wo die Entscheidung undifferenziert mit „Rechtsmissbrauch" begründet wird; s dazu auch AG Charlottenburg FamRZ 1990, 532, 533: kein Anspruch auf Kündigung oder Zustimmung dazu gegen die geschiedene und wiederverheiratete Ehefrau, die die Wohnung mit ihrem neuen Ehemann bewohnt; nur Regelung nach §§ 3 ff HausratsVO.
[106] BGHZ 61, 101, 106 f = NJW 1973, 1654 f.
[107] BGHZ 63, 51, 58 = NJW 1974, 2124, 2126; BGH NJW 1988, 1208.
[108] BGHZ 53, 352, 356 = NJW 1970, 1271, 1272 f; BGHZ 63, 51, 58 = NJW 1974, 2124, 2126; BGH NJW 1988, 1208, wo offen gelassen wird, ob der Schadensersatzanspruch als erlassen gilt, wenn der Schaden durch die Ausgleichsbemühungen überwunden worden ist; *Staudinger/Hübner/Voppel* Rn 91.
[109] BGHZ 61, 101, 105 f = NJW 1973, 1654; MünchKommBGB/*Wacke* Rn 28.
[110] BGHZ 63, 51, 59 = NJW 1974, 2124, 2126.
[111] BGH NJW 1988, 1208, 1209.
[112] BGHZ 53, 352, 356 = NJW 1970, 1271, 1273.
[113] BGH NJW 1988, 1208 f.
[114] BGH NJW 1983, 624, 626; *Soergel/H. Lange* Rn 26.
[115] BGH NJW 1988, 1208, 1209; NJW-RR 1989, 834, 835 = FamRZ 1989, 834, 835; OLG Frankfurt FamRZ 2000, 1215; s auch OLG Bamberg FamRZ 1991, 1058: Verfügung im Zusammenhang mit beabsichtigter Trennung.
[116] BGH NJW 1990, 705; OLG Karlsruhe FamRZ 1990, 629 mwN; aA OLG Düsseldorf FamRZ 1982, 607.
[117] BGH NJW 1990, 705, 706; NJW-RR 1993, 2 = FamRZ 1993, 413; OLG Zweibrücken FamRZ 1991, 830, 831; OLG Düsseldorf FamRZ 2000, 1504, 1505 f.

erweist[118]. Auch die aus der ehelichen Lebensgemeinschaft folgende, dem Ehegatten gegenüber bestehende Pflicht zur Führung eines nach § 1355 Abs 1 S 1 gemeinsam bestimmten **Ehenamens** (§ 1355 Rn 9, 15) hat hier ihren Grund. Rücksichtnahme erschöpft sich aber nicht im Unterlassen von Kränkungen, sondern prägt darüber hinaus die Art und Weise, wie alle übrigen Einzelpflichten in die Tat umgesetzt werden sollen, nämlich zugeschnitten auf Eigenart und jeweilige Bedürfnisse des anderen Ehegatten. Wie alle Pflichten hat auch die Pflicht zur Rücksichtnahme **Grenzen,** die durch die eigenen schutzwürdigen Belange gezogen werden; Selbstlosigkeit wird nicht verlangt. So besteht eine **Pflicht zur Offenbarung** von Verstößen, etwa gegen die Treuepflicht, nicht allgemein, wohl aber für einen Ehegatten, zu dessen Gunsten der andere im Vertrauen auf Beteuerungen seiner ehelichen Treue testiert[119].

f) Achtung des persönlichen Freiraums. Auch ein Verheirateter braucht einen Bereich, in dem 27 er sein Leben in Freiheit auch vom Partner selbst gestaltet. Diesen Bereich hat (auch) der Ehegatte zu respektieren[120]. Eingriffe in die so geschützte Intimsphäre des Ehegatten, wie Verletzung des **Briefgeheimnisses**[121], heimliche **Tonbandaufnahmen** und **Beobachtung** durch in der Ehewohnung versteckte Dritte[122], sind schlechthin ehewidrig, auch wenn die Eheleute getrennt leben[123]. Beobachtung durch einen **Privatdetektiv** kann nur bei begründetem Verdacht ehewidriger Beziehungen – und auch dann nur zeitlich begrenzt – zulässig sein[124].

Zum persönlichen Freiraum gehören insbes **religiöse Anschauung und Betätigung** (auch: Nicht- 28 betätigung), die entspr der Grundsatznorm des Art 4 Abs 1 GG auch der Ehepartner zu achten hat[125], soweit sie nicht mit Verpflichtungen aus der Ehe unvereinbar sind[126]. Dieser Freiraum ist unverzichtbar; Abreden, den Glauben oder die Konfession zu wechseln oder beizubehalten, sind nichtig[127]. Ein **Wechsel der religiösen Zugehörigkeit** durch Aus- oder Übertritt ist als solcher nicht ehewidrig[128], entbindet aber nicht von den sich aus der Ehe ergebenden Verpflichtungen zu Treue und Rücksichtnahme. Der Ehegatte darf die ihm von seinem Partner geschuldete Toleranz nicht rücksichtslos in Anspruch nehmen, sondern muss ihn seiner fortbestehenden ehelichen Gesinnung versichern und ihm Zeit und Gelegenheit geben, den Entschluss zum Wechsel zu verstehen und sich mit der für Ehe und Familie uU einschneidenden Änderung auseinanderzusetzen[129]. Versuche, dem Partner in verletzender oder abstoßender Form die neuen Überzeugungen aufzudrängen oder mit ihnen die Kinder zu beeinflussen, sind ehewidrig[130]. Diese Grundsätze gelten unabhängig davon, zu welcher Glaubensgemeinschaft der Ehegatte übertritt[131]. Ob der Vollzug des Übertritts und die Zugehörigkeit zu der neuen Gemeinschaft mit seinen Verpflichtungen aus der Ehe vereinbar sind, ist nicht nach Lehre und Praxis dieser Gemeinschaft[132], sondern nach dem tatsächlichen Verhalten des Ehegatten zu beurteilen[133]. Für **politische Ansichten und Betätigungen,** insbes für den Beitritt zu oder den Austritt aus einer politischen Partei oder einen Parteiwechsel, gilt grds dasselbe wie für die religiöse Anschauung und Betätigung[134].

Teil des persönlichen Freiraums sind auch **Umgang und Korrespondenz mit dritten Personen.** 29 Der andere Ehegatte ist nicht befugt, darin eigenmächtig Einblick zu nehmen[135], Einblick zu verlangen, den Kontakt zu verbieten oder in anderer Weise darauf Einfluss zu nehmen[136]. Beim Kontakt mit dritten Personen muss ein Ehegatte aber nicht nur die Pflicht zu ehelicher Treue wahren, sondern schon den bösen Schein ehewidriger Beziehungen vermeiden (Rn 9).

g) Verständigungsbereitschaft. Eheleute müssen die Angelegenheiten ihrer Gemeinschaft gemein- 30 sam regeln und sich, da das Gesetz keinen Stichentscheid eines Ehegatten kennt (Rn 6), bei Meinungs-

---

[118] BGH LM GG Art 6 Nr 3; *Soergel/H. Lange* Rn 16.
[119] BGHZ 49, 155, 158 f = NJW 1968, 643.
[120] *Gernhuber/Coester-Waltjen* § 18 Rn 1 ff; FamK/*Brudermüller* Rn 34.
[121] LG Bonn FamRZ 1967, 678, 679; dazu *Soergel/H. Lange* Rn 17.
[122] BGH NJW 1970, 1848 f; OLG Düsseldorf FamRZ 1955, 362; einschränkend KG NJW 1956, 26 f: „Güter- und Pflichtenabwägung".
[123] BGH NJW-RR 1990, 764 = JZ 1990, 754, 755 f m Anm *Helle.*
[124] OLG Nürnberg FamRZ 1966, 104, 106; *Soergel/H. Lange* Rn 17; MünchKommBGB/*Wacke* Rn 20 mwN.
[125] BGHZ 33, 145, 149 f = NJW 1961, 68, 69; *Gernhuber/Coester-Waltjen* § 18 Rn 2; *Soergel/H. Lange* Rn 19; m abw Begr auch MünchKommBGB/*Wacke* Rn 21: „Drittwirkung der Grundrechte".
[126] BGHZ 38, 317, 328 f, insoweit in NJW 1963, 761 nicht abgedruckt; Staudinger/Hübner/*Voppel* Rn 50 mwN.
[127] *Soergel/H. Lange* Rn 20.
[128] BGHZ 33, 145, 149 = NJW 1961, 68, 69, dazu BVerfGE 17, 302 = NJW 1964, 1174; einschränkend BGHZ 38, 317, 319 = NJW 1963, 761; *Gernhuber/Coester-Waltjen* § 18 Rn 2 mwN; heute allgM.
[129] BGHZ 33, 145, 152, 156 f = NJW 1961, 68, 69, 71 f; BGHZ 38, 317, 327, insoweit in NJW 1963, 761 nicht abgedruckt; *Gernhuber/Coester-Waltjen* § 18 Rn 2: „Glaubenswechsel ist in ehegemäßer Form zu vollziehen"; MünchKommBGB/*Wacke* Rn 21; FamK/*Brudermüller* Rn 35; Staudinger/Hübner/*Voppel* Rn 51.
[130] BGHZ 38, 317, 329 f; *Soergel/H. Lange* Rn 19.
[131] BGHZ 33, 145 = NJW 1961, 68 betr Neuapostolische Kirche; BGHZ 38, 317, 323 ff = NJW 1963, 761, 763 betr Zeugen Jehovas.
[132] *Gernhuber/Coester-Waltjen* § 18 Rn 2 und *Müller-Freienfels* JZ 1964, 344, 347 ff zu den Glaubenslehren der Zeugen Jehovas.
[133] Die Entscheidungsgründe in BGHZ 38, 317, 323 ff = NJW 1963, 761, 762 f sind insofern nicht frei von Bedenken; krit auch *Müller-Freienfels* JZ 1964, 305 und 344 und *Gernhuber/Coester-Waltjen* § 18 Fn 8.
[134] Staudinger/Hübner/*Voppel* Rn 52.
[135] LG Bonn FamRZ 1967, 678, 679.
[136] *Gernhuber/Coester-Waltjen* § 18 Rn 4–6; FamK/*Brudermüller* Rn 36.

§ 1353

verschiedenheiten gemeinsam **um Konsens bemühen**. Einseitig, gegen den Willen des anderen, kann daher grds kein Ehegatte seinen Willen durchsetzen, auch wenn der andere sich besserer Einsicht starrsinnig verschließt oder sein Recht zur Mitentscheidung erkennbar missbraucht. Eine darin liegende Ehewidrigkeit kann eine Klage auf Herstellung des ehelichen Lebens begründen, aber ohne Vollstreckungszwang (§ 888 Abs 3 ZPO). Allein in Eilfällen, die einen Ehegatten zu selbstständigem Handeln verpflichten, ist dieser dazu auch dem anderen Ehegatten gegenüber berechtigt[137].

31   h) **Mitarbeit.** Eine **Verpflichtung zur Mitarbeit** im Beruf oder Geschäft des Ehegatten, wie § 1356 Abs 2 sie in seiner früheren, durch das 1. EheRG aufgehobenen Fassung bestimmte („soweit nach den Verhältnissen, in denen die Ehegatten leben, üblich"), kann sich jetzt nur noch aus Abs 1 S 2 ergeben, in welchem Umfang, ist umstritten. Teils wird vertreten, die Aufhebung des § 1356 Abs 2 aF habe die Rechtslage nicht grundlegend verändert, an die Stelle der Sozialüblichkeit als maßgebenden Kriteriums sei die besondere Ausgestaltung der ehelichen Lebensgemeinschaft im Einzelfall getreten[138]. Nach der entgegengesetzten Ansicht gibt es eine Pflicht des Ehegatten zur Mitarbeit nur noch als Ausfluss der allgemeinen Beistandspflicht (Rn 15 ff) in extremen, anders nicht zu bewältigenden Gefährdungssituationen[139]. Der Lebenswirklichkeit näher steht die vermittelnde Ansicht, nach der eine **Mitarbeitspflicht eingeschränkt** fortbesteht, wenn der Ehegatte (zB aus Personalmangel) auf die Hilfe angewiesen ist, sowie in besonderen Situationen wie beim Aufbau einer beruflichen oder geschäftlichen Existenz oder in Notlagen wie Krankheit oder Ausfall einer nicht sofort zu ersetzenden Arbeitskraft[140], bei Liquiditätsschwierigkeiten[141] allenfalls im besonderen Einzelfall. Auch in den anderen Fällen muss die Mitarbeit **dem Ehegatten zumutbar** sein, was von seiner Person und den weiteren Umständen abhängt[142]. Ein **Recht auf Mitarbeit** hat der Ehegatte nur ausnahmsweise, nämlich wenn es ehewidrig wäre, statt seiner einen Außenstehenden zu beschäftigen[143].

32   **2. Recht zum Getrenntleben (Abs 2).** Die Pflicht zur ehelichen Lebensgemeinschaft kann wegfallen mit der Folge, dass ein Ehegatte berechtigt ist, von dem anderen getrennt zu leben. Dieses Recht kann Gegenstand einer **Feststellungsklage** (Ehesache iS von § 606 Abs 1 ZPO)[144] sein, für die kein Feststellungsinteresse besteht, wenn das Recht zum Getrenntleben nicht bestritten wird oder keiner der Ehegatten die Ehegemeinschaft herstellen will[145]. Das Gesetz nennt zwei Fälle, in denen ein Ehegatte zur ehelichen Lebensgemeinschaft nicht verpflichtet ist:

33   a) **Rechtsmissbrauch.** Keine Pflicht besteht, wenn das Verlangen des anderen Ehegatten nach Herstellung der Gemeinschaft Rechtsmissbrauch ist. Das ist es, wenn dem anderen der ernstliche Wille zur Aufnahme der ehelichen Gemeinschaft fehlt[146] oder sein Verlangen wegen schwerer Verfehlungen[147], aber auch aus nicht von ihm zu vertretenden Gründen (zB Fehlen einer angemessenen Wohnung, geistige Erkrankung) für den Ehegatten unzumutbar ist[148].

34   b) **Gescheiterte Ehe.** Keine Pflicht ferner besteht, wenn die Ehe gescheitert ist. Ob das der Fall ist, richtet sich nach §§ 1565 ff, also auch nach den Vermutungen der §§ 1566, 1567. Dass die Scheidung der Ehe begehrt werden kann, verlangt das Gesetz im Gegensatz zu seiner früheren, durch das 1. EheRG geänderten Fassung nicht mehr (Rn 4). Die Herstellung der Gemeinschaft kann daher auch ein Ehegatte verweigern, der zum Scheidungsantrag (noch) nicht berechtigt ist, weil die Jahresfrist (§ 1565 Abs 2) oder ein Härtegrund (§ 1568) entgegenstehen[149].

35   c) **Aufhebbare Ehe.** Nicht zur ehelichen Lebensgemeinschaft verpflichtet ist entspr Abs 2 schließlich ein Ehegatte, der nach §§ 1313 ff die Aufhebung der Ehe begehren kann. Sonst könnte er vor Ablauf der einjährigen Antragsfrist (§ 1317 Abs 1) vor die Wahl gestellt werden, entweder sogleich den Aufhebungsantrag zu stellen oder sein Aufhebungsrecht durch Bestätigung (§ 1315 Abs 1 Nr 1 bis 4) zu verlieren[150].

36   **3. Ehestörungen.** Verletzt ein Ehegatte persönliche Verpflichtungen aus Abs 1 S 2, kann ihn der andere (außer es handelt sich um Verfehlungen im Bereich des ehelichen Intimlebens, s Rn 9, 13) auf **Herstellung des ehelichen Lebens** (§ 606 Abs 1 ZPO) verklagen. Rein vermögensrechtliche oder geschäftsmäßige Ansprüche, die den persönlichen Bereich der ehelichen Lebensgemeinschaft nicht be-

---

[137] *Gernhuber/Coester-Waltjen* § 18 Rn 31; FamK/*Brudermüller* Rn 39.
[138] BGH NJW 1980, 2196, 2197.
[139] *Gernhuber/Coester-Waltjen* § 20 Rn 19.
[140] Soergel/*H. Lange* Rn 23; MünchKommBGB/*Wacke* Rn 20, 21; Palandt/*Brudermüller* 61. Aufl Rn 6.
[141] MünchKommBGB/*Wacke* Rn 21.
[142] FamK/*Brudermüller* Rn 27.
[143] *Gernhuber/Coester-Waltjen* § 20 Rn 21; MünchKommBGB/*Wacke* § 1356 Rn 22; Staudinger/Hübner/Voppel Rn 85; Soergel/*H. Lange* Rn 23.
[144] *Baumbach/Albers* § 606 ZPO Rn 8 mwN.
[145] OLG Karlsruhe FamRZ 1989, 79, 80; MünchKommBGB/*Wacke* Rn 48; Baumbach/Albers § 606 ZPO Rn 8, je mwN.
[146] BGH FamRZ 1971, 633, 634; OLG München FamRZ 1966, 199; Soergel/*H. Lange* Rn 48; Staudinger/Hübner/Voppel Rn 152; m abw Begr auch MünchKommBGB/*Wacke* Rn 35: „§ 118".
[147] MünchKommBGB/*Wacke* Rn 34, Staudinger/Hübner/Voppel Rn 150, je mwN.
[148] OLG Schleswig FamRZ 1957, 420, 422; OLG München FamRZ 1967, 394 f; Staudinger/Hübner/Voppel Rn 151, MünchKommBGB/*Wacke* Rn 34, je mwN.
[149] OLG Hamburg NJW 1978, 644; OLG Köln FamRZ 1981, 959; Soergel/*H. Lange* Rn 49; eingehend FamK/*Brudermüller* Rn 47; allgM.
[150] OLG Nürnberg FamRZ 1966, 104, 106; Staudinger/Hübner/Voppel Rn 154; Soergel/*H. Lange* Rn 50; hM.

rühren (Rn 20–22), sind davon ausgenommen; sie sind grds[151] nach den allgemeinen Vorschriften durch Leistungsklage zu verfolgen[152], nach hM vor dem allgemeinen Prozessgericht[153]. Ihre **praktische Bedeutung** hat die Klage auf Herstellung des ehelichen Lebens so gut wie verloren, seit das 1. EheRG die Verschuldens- durch die Zerrüttungsscheidung ersetzt hat. Effektiven Rechtsschutz bei Verletzung der aus Abs 1 S 2 folgenden Pflichten kann sie nicht versprechen, weil auf Herstellungsklage ergehende Entscheidungen nicht vollstreckbar sind (§ 888 Abs 3 ZPO). Gegen einen an der Pflichtverletzung beteiligten Dritten ist weder diese Klage noch eine Klage auf Unterlassung der Pflichtverletzung gegeben[154]. Rechtsschutz, auch gegenüber Dritten, gewährt in begrenztem Umfang aber die **Ehestörungsklage**, mit der im Zivilverfahren nach den allgemein für Leistungsklagen geltenden Vorschriften Ansprüche auf **Unterlassung oder Beseitigung** sowie auf **Schadensersatz** durchgesetzt werden können.

a) Unterlassungs- und Beseitigungsansprüche. Unterlassungs- und Beseitigungsansprüche gibt 37 die Rspr gegenüber **Eingriffen in den räumlich-gegenständlichen Bereich** der Ehe als den „Wirkungskreis" jedes Ehegatten (Rn 23 mwN), Eingriffe, die auf diese Weise abgegrenzt werden von der Verletzung persönlicher Pflichten, deren Erfüllung nicht durch staatliche Zwangsgewalt, sondern nur durch die auf freier Entscheidung beruhende eheliche Gesinnung gewährleistet werden kann[155]. Hiernach kann ein Ehegatte von dem anderen zwar nicht Unterlassen ehebrecherischen Umgangs, wohl aber Entfernung des Ehebruchspartners aus der **Ehewohnung** oder, wenn sie nach den Lebensverhältnissen der Eheleute zum geschützten Bereich gehören, aus den **Geschäftsräumen** verlangen, sowie von dem Partner, diese Räumlichkeiten zu verlassen und nicht wieder zu betreten[156]. Solche Ansprüche können auch einem Ehegatten zustehen, der selbst die Ehescheidung betreibt[157], und werden nicht dadurch ausgeschlossen, dass der Ehegatte dem Ehebruch zunächst zugestimmt hatte, zB bei Partnertausch[158]. Ebenso kann die Entfernung einer von dem anderen Ehegatten in den Haushalt aufgenommenen Person verlangt werden, wenn das Verhalten des klagenden Ehegatten Anlass zum Verdacht ehewidriger Beziehungen gibt und ihm nicht die gebührende Achtung erweist (Rn 26 mwN). Zu dem auf Abs 1 S 2 gestützten **Einwand** eines Ehegatten **gegen vermögensrechtliche Ansprüche** des anderen, deren Durchsetzung seinen geschützten räumlich-gegenständlichen Bereich beeinträchtigen würde, s Rn 23 mwN.

b) Schadensersatz. Unstreitig kann ein Ehegatte einen Vermögensschaden, den ihm der andere 38 durch Verletzung aus der Ehe folgender Pflichten zufügt, nach den allgemeinen Vorschriften ersetzt verlangen, wenn die Pflichtverletzung eine rein **vermögensrechtliche oder geschäftsmäßige Handlung** ohne Bezug zum persönlichen Bereich der ehelichen Lebensgemeinschaft betrifft (Rn 22 mwN)[159]. **Im Übrigen** sind Schadensersatzansprüche wegen Vermögensschäden durch Ehestörungen lebhaft umstritten. Der **BGH** hat – im Anschluss an die Rspr des Reichsgerichts[160] – solche **Ansprüche** sowohl **gegen** den dafür verantwortlichen **Ehegatten** als auch gegen einen daran **beteiligten Dritten ausgeschlossen.** Die Folgen einer Verletzung der durch die Ehe begründeten Pflichten seien im Familienrecht abschließend geregelt, einen über dessen Bestimmungen hinausgehenden Ersatz könne es daher nicht geben. Die Ehe stehe außerhalb der Rechtsverhältnisse, deren Verletzung allgemeine Ansprüche auf Ersatz von Vermögensschäden auslösen könne[161]. Ein Ehemann könne daher von seiner Ehefrau, die ein im Ehebruch empfangenes Kind geboren hat, Ersatz weder der **Kosten der Ehelichkeitsanfechtung**[162] noch des dem Kind geleisteten **Unterhalts**[163] verlangen.

Der **beteiligte Dritte,** den die für die Ehegatten geltenden Pflichten nach Abs 1 S 2 nicht treffen[164], 39 hafte auch nicht nach § 823 Abs 1 wegen Verletzung eines durch die Ehe gewährten sonstigen

---

[151] Anders, wenn mit einer auf bestimmte Einzelhandlungen gerichteten Klage Wiederherstellung der ehelichen Lebensgemeinschaft erstrebt wird, BGH FamRZ 1971, 633, 634.
[152] BGH NJW 1977, 378; BayObLG FamRZ 1985, 947, 948 f; OLG Frankfurt FamRZ 1980, 274; OLG München FamRZ 1983, 614, 615; OLG Hamm FamRZ 1983, 937, 938; OLG Düsseldorf FamRZ 1984, 805, 806; nach BGH FamRZ 1976, 516, 517 = FamRZ 1978, 677, 678 soll aber die während der Ehe „in großen Zügen" zu erteilende Vermögensauskunft (Rn 21) „zumindest" mit der Herstellungsklage verlangt werden können.
[153] OLG Frankfurt FamRZ 1980, 274; OLG Hamburg FamRZ 1982, 507; OLG Hamm FamRZ 1991, 1070; OLG Stuttgart FamRZ 1992, 1447; *Baumbach/Albers* § 606 ZPO Rn 7; *Zöller/Philippi* § 606 ZPO Rn 5 f; *Johannsen/Henrich/Sedemund-Treiber* § 606 ZPO Rn 10; aA – Familiengericht – *Staudinger/Hübner/Voppel* Rn 141: § 23 b Abs 1 S 2 Nr 1 GVG, *Soergel/H. Lange* Rn 33: § 23 b Abs 1 S 2 Nr 1 GVG analog.
[154] BGHZ 6, 360, 364 f; MünchKommBGB/*Wacke* Rn 42 aE mwN.
[155] Grundlegend, freilich noch einseitig auf den Schutz der Ehefrau bedacht, BGHZ 6, 360, 365 f = NJW 1952, 975; ferner BGHZ 34, 80, 85 ff = NJW 1961, 504, 505 f; zuletzt noch BGH NJW 1990, 706, 708.
[156] BGHZ 6, 360 = NJW 1952, 975; BGH LM § 823 (Af) Nr 1 b; FamRZ 1963, 553, 555 f; OLG Karlsruhe FamRZ 1980, 139, 140; OLG Celle FamRZ 1980, 242, 243 f; zu Geschäftsräumen insbes BGHZ 34, 80, 87 f = NJW 1961, 504, 505 f; BGH FamRZ 1961, 432; OLG Celle FamRZ 1963, 295, 296; OLG Köln FamRZ 1984, 267.
[157] OLG Schleswig FamRZ 1989, 979 = NJW-RR 1989, 262.
[158] *Riegel* NJW 1989, 2798, 2800; *Smid* FamRZ 1989, 1144, 1145; MünchKommBGB/*Wacke* Rn 43; aA OLG Zweibrücken NJW 1989, 1614, 1615.
[159] BGH NJW 1977, 378 betr Unterzeichnung einer Einkommensteuererklärung zwecks Zustimmung zur steuerlichen Zusammenveranlagung; OLG Nürnberg FamRZ 1996, 32 betr Anschwärzung beim Arbeitgeber.
[160] RGZ 72, 128.
[161] BGH LM § 823 (Af) Nr 3 = NJW 1956, 1149 m krit Anm *K. H. Schwab* und abl Anm *Boehmer* FamRZ 1956, 182 f; BGHZ 29, 282; 48, 82, 85 = NJW 1967, 2008; BGHZ 57, 229, 231 = NJW 1972, 199; BGH FamRZ 1973, 295; s auch BGHZ 80, 235, 237 = NJW 1981, 1445.
[162] BGHZ 23, 215 = NJW 1957, 670.
[163] BGH NJW 1990, 706, 708.
[164] BGHZ 23, 279, 281; 26, 217, 221 = NJW 1958, 544.

§ 1353　　　　　　　　　　　　　　　　　　　　Buch 4. Abschnitt 1. Bürgerliche Ehe

(absoluten) Rechts iS dieser Vorschrift. Zwar gebe die Ehe ein Recht auf Ungestörtheit und Fortbestand der ehelichen Lebensgemeinschaft[165]. Störende, nur unter Mitwirkung eines Ehegatten mögliche Eingriffe Dritter wie ein Ehebruch, die unmittelbar die innere Lebens- und Geschlechtsgemeinschaft der Ehegatten berühren, seien aber innereheliche, nicht in den **Schutzzweck der deliktischen Haftungstatbestände** einbezogene Vorgänge[166]. Der Dritte, dessen Verhalten mit dem des Ehegatten eng verbunden sei, könne nicht anders behandelt werden als dieser[167], auch weil er bei ihm sonst Rückgriff nehmen könne (§§ 840, 426). Der andere Ehegatte könne von dem Dritten daher weder Schadensersatz für **Gesundheitsschäden** verlangen, die er infolge Zerstörung der Ehe erleidet[168], noch Ersatz der ihm durch eine Ehescheidung[169] oder eine Ehelichkeitsanfechtung[170] entstandenen **Kosten**, noch finanzielle **Genugtuung**[171]. Ob er von dem Dritten nach Deliktsrecht Ersatz seiner **Unterhaltsaufwendungen** für das Kind verlangen kann, hat der BGH inzwischen offen gelassen[172].

40　　**Nicht ausgeschlossen** sind nach Ansicht des BGH Schadensersatzansprüche nach §§ **823 Abs 2, 826,** und zwar weder gegen den Ehegatten noch gegen den Dritten. Die §§ 153, 154 StGB sind Schutzgesetze iS des § 823 Abs 2, gegen die durch **falsche Zeugenaussagen** im Vaterschafts- oder Unterhaltsprozess verstoßen werden kann[173]. Aus § 826 kann nach dieser Rspr ein Ersatzanspruch sich ergeben, wenn zur Ehestörung als solcher – neben dem Bruch der ehelichen Treuepflicht, **weitere schädigende Umstände** hinzutreten[174]. Gedacht ist zB an Fälle, in denen die Ehefrau Zweifeln des Mannes an der Abstammung des scheinehelichen Kindes durch Leugnen des Ehebruchs oder andere falsche Behauptungen begegnet oder ihn in anderer Weise arglistig von der Anfechtung seiner Vaterschaft abhält[175]. Bloßes Verschweigen des Ehebruchs soll nicht genügen; zur ungefragten Aufklärung wird die Frau insoweit nicht für verpflichtet gehalten[176].

41　　Diese restriktive Auffassung hat in Rspr[177] und Schrifttum[178] Gefolgschaft gefunden, freilich eher im Ergebnis als in der Begründung. Von einer namhaft vertretenen **Gegenansicht** wird sie aber – mit unterschiedlichen Begründungen und Ergebnissen – seit jeher bekämpft[179]. Angesichts der Schwächen ihrer Begründung und ihrer wenig befriedigenden Ergebnisse verwundert das nicht. Die Behauptung des speziellen, Ansprüche nach allgemeinen Vorschriften ausschließenden Charakters der familienrechtlichen Regelungen trifft für manche Bereiche, etwa das Unterhalts- und das Ehevermögensrecht, zu. Für die hier in Rede stehenden Schadensfälle ist sie eine nirgends näher begründete These von geringer Überzeugungskraft. Abgesehen von § 1359, der eher gegen diese These spricht, regelt das Familienrecht Rechtsfolgen von Verletzungen der durch die Ehe begründeten Pflichten, zumal den Ausgleich von Vermögensschäden, allenfalls lückenhaft. Zwar reagieren Härteregelungen des ehelichen Güterrechts (§ 1381), des Unterhaltsrechts (§ 1579) und des Versorgungsausgleichs (§§ 1587 c Nr 2 und 3, 1587 h Nr 2 und 3) auf Ehestörungen. Als „negative" (anspruchsmindernde) Klauseln greifen sie aber einseitig nur zugunsten des jeweils leistungspflichtigen Ehegatten ein. Das völlige Fehlen kompensatorischer Regelungen für Fälle, in denen der verletzte und geschädigte Ehegatte dem anderen keine Leistungen schuldet, durch deren Kürzung er sich schadlos halten könnte, wird dadurch erst richtig fühlbar[180]. Der BGH hat seine These denn auch selbst mehrfach durchbrochen (Rn 37, 40). Die Freistellung eines **beteiligten Dritten** von der Schadensersatzpflicht nach § 823 Abs 1 kann schon deshalb nicht überzeugen, weil sie allein mit der Freistellung des Ehegatten begründet wird.

42　　Die Gewährung von **Ersatzansprüchen nach § 826** mindert, so wie das Tatbestandsmerkmal der Sittenwidrigkeit in diesem Zusammenhang verstanden wird, die Bedenken nicht, sondern verstärkt sie eher. Bei Schäden durch Unterschieben eines im Ehebruch erzeugten Kindes begünstigt diese Rspr den argwöhnischen Ehemann, der durch Fragen und Vorhaltungen täuschende Erklärungen seiner Frau provoziert. Das Verhalten einer Ehefrau, die den ihr vertrauenden Ehemann stillschweigend in seinem

---

[165] BGH LM § 823 (Af) Nr 3 = NJW 1956, 1149, 1150; BGHZ 57, 229, 231 = NJW 1972, 199.
[166] BGHZ 57, 229, 231 ff = NJW 1972, 199; BGH NJW 1990, 706, 708.
[167] BGHZ 57, 229, 232 = NJW 1972, 199 f.
[168] BGHZ 23, 279, 281 m abl Anm *Beitzke* MDR 1957, 408: seelische und körperliche Erkrankung.
[169] BGH LM § 823 (Af) Nr 3 = NJW 1956, 1149.
[170] BGHZ 26, 217, 220 f = NJW 1958, 544; BGHZ 57, 229 = NJW 1972, 199: nur Ausgleichsanspruch nach Unterhaltsrecht.
[171] BGH NJW 1973, 991.
[172] BGH NJW 1990, 706, 707.
[173] OLG Celle FamRZ 1992, 556.
[174] BGH NJW 1990, 706, 708; ebenso schon RGZ 152, 397, 400 f; aA noch BGHZ 23, 215, 221.
[175] LG Baden-Baden FamRZ 1992, 557.
[176] BGH NJW 1990, 706, 708; OLG Düsseldorf FamRZ 1997, 1357.
[177] ZB OLG Köln FamRZ 1978, 834, 835; OLG Karlsruhe FamRZ 1988, 1270; s auch OLG Oldenburg FamRZ 1994, 651, 653: Anspruch gegen geschiedene Ehefrau auf Benennung des Vaters eines während der Ehe geborenen Kindes nur unter den Voraussetzungen des § 826.
[178] RGRK/*Steffen* § 823 Rn 66; *Soergel/H. Lange* Rn 41; *Deutsch* VersR 1993, 1, 6 f, der sogar den räumlich-gegenständlichen Bereich nicht nach § 823 Abs 1, sondern nur nach § 826 schützen will; *Schwenzer* JZ 1990, 441; noch weiter gehend *Küppers* S 204, der auch Ansprüche aus § 826 ausschließt; abw RGRK/*Roth-Stielow* Vor § 1353 Rn 10 f: Schadensersatzansprüche nur gegen Ehegatten, nicht gegen Dritten ausgeschlossen.
[179] *Gernhuber/Coester-Waltjen* § 17 Rn 17 f; *Staudinger/Hübner/Voppel* Rn 127, 135 f; MünchKommBGB/*Wacke* Rn 40 f; *Lipp* S 207 ff; FamK/*Brudermüller* Rn 85 ff mit eingehender Darstellung des Streitstandes; aus dem älteren Schrifttum insbes *Boehmer* JZ 1953, 745 und AcP 155 (1956), 181, 190 ff; *Beitzke* MDR 1957, 408; *K. H. Schwab* NJW 1956, 1149 f.
[180] MünchKommBGB/*Wacke* Rn 40; *Schwenzer* JZ 1990, 441 berücksichtigt diesen Gesichtspunkt nicht.

Irrtum belässt, verdient die Sanktion einer Schadensersatzpflicht jedoch nicht weniger. Die scheinbare Selbstverständlichkeit, mit der sie ihr Kind als ehelich behandelt, bestärkt den Mann vielleicht mehr als jede Beteuerung in dem Bewusstsein seiner Vaterschaft. Es leuchtet nicht ein, dass die Frau den Schaden in dem einen Fall in voller Höhe, in dem anderen überhaupt nicht zu ersetzen hat.

Ansprüche auf anderer Rechtsgrundlage stehen deliktischen Schadensersatzansprüchen des Ehemannes nicht entgegen. Der **Übergang der Unterhaltsansprüche des Kindes** (§ 1607 Abs 3) schließt eigene, auch deliktische Ansprüche gegen den Dritten nicht aus[181]. Er macht solche Ansprüche gegen diesen und die Ehefrau auch nicht überflüssig. Das folgt freilich nicht schon aus der Rechtsausübungssperre der §§ 1594 Abs 1, 1600 d Abs 4, wonach der Rückgriff grds die vorherige Feststellung der Vaterschaft mit Wirkung für und gegen alle voraussetzt[182]. Denn für einen Schadensersatzanspruch gilt dasselbe[183]. Soweit in besonderen Fällen die Inzidentfeststellung der Vaterschaft zugelassen wird oder von der Rechtsausübungssperre unberührte Schadensersatzansprüche nach § 826 befürwortet werden, etwa wenn die Feststellung der Vaterschaft von dazu nach §§ 1592 Nr 2, 1600 e Abs 1 befugten Personen (Vater, Ehefrau, volljähriges Kind) arglistig unterlassen oder gar kollusiv hintertrieben wird[184], gilt das für den übergegangenen Unterhaltsanspruch und den Schadensersatzanspruch gleichermaßen. Die cessio legis gleicht den Schaden des Ehemannes aber nicht aus, soweit er mehr Unterhalt geleistet hat, als das Kind von dem Vater zu beanspruchen hatte, und ihm eigene Prozesskosten entstanden sind; denn sie beschränkt sich auf den in der Person des Kindes entstandenen Anspruch. Außerdem versagt sie völlig, wenn die Vaterschaft des Dritten nicht festgestellt wird oder dieser nicht leistungsfähig ist. Ein **Bereicherungsanspruch** gegen das im Ehebruch gezeugte Kind auf Erstattung geleisteten Unterhalts, nach § 812 Abs 1 S 1 („condictio indebiti") an sich gegeben[185], scheitert nach § 818 Abs 3 in aller Regel daran, dass das Kind das ihm Geleistete für seinen Unterhalt verbraucht hat und nicht mehr bereichert ist[186].

Die hier kritisierte Rspr des BGH lässt sich nicht auf den **Grundgedanken** stützen, dass die Erfüllung der aus Abs 1 S 2 folgenden, dem inneren Bereich ihrer Beziehung entspringenden wechselseitigen Pflichten der Ehegatten nur durch die **auf freier Entscheidung beruhende eheliche Gesinnung** gewährleistet werden kann, während staatlicher Zwang ehelicher Gesinnung abträglich wäre (Rn 23 mwN; Rn 37 mwN). Von der aus einer Pflichtverletzung erst entstehenden Ersatzpflicht kann ein Zwang zur Pflichterfüllung nicht mehr ausgehen. Im Zeitpunkt der Pflichtverletzung kann sich der Ehegatte allenfalls des Risikos bewusst sein, sich dadurch einer Ersatzpflicht auszusetzen. Dadurch wird ihm aber die Möglichkeit, sich frei zu ehegemäßem Verhalten zu entscheiden, nicht genommen. Bedeutsamer ist der Einwand, eine Schadensersatzpflicht nach § 823 Abs 1 wegen jeder auch nur fahrlässigen Ehestörung öffne das Tor zu einer Flut zermürbender Prozesse[187]. Zweifellos ist – über das eheliche Intimleben (Rn 9 mwN, Rn 13) hinaus – ein **innerer Bereich ehelicher Beziehung von schadensrechtlichen Sanktionen freizuhalten**. Richtig ist auch, dass es mangels näherer gesetzlicher Weisungen im Einzelfall schwierig sein kann, die Grenzen dieser Zone zu bestimmen. Deswegen jegliche – nicht rein vermögensrechtliche oder geschäftliche – Verletzung der ehelichen Lebensgemeinschaft von Schadensersatzpflichten freizuhalten, besteht aber keine Notwendigkeit. Teile des Eherechts, etwa das Unterhalts- und das Ehevermögensrecht, sind gesetzlich so weit geregelt, dass diese Regelungen, wenn sie nicht überhaupt als abschließend zu verstehen sind, zumindest den Rahmen für die Behandlung vom Gesetz nicht ausdrücklich bedachter Sachverhalte abgeben. Im Übrigen geht es erfahrungsgemäß um eine überschaubare Reihe immer wiederkehrender Arten von Pflichtverletzungen und Schäden, so dass sich durch Bildung von Fallgruppen das Rechtsgefühl befriedigende Lösungen finden lassen, die auch das erforderliche Maß an Rechtssicherheit gewährleisten[188]. Aufwendungen für den Unterhalt eines im Ehebruch gezeugten Kindes der Ehefrau und für die Vaterschaftsanfechtung gehören jedenfalls nicht zu den Vermögensnachteilen, die gerechterweise dem Ehemann verbleiben sollten. Dass der als Vater des Kindes festgestellte Dritte von einer Schadensersatzpflicht nach § 823 Abs 1 freigestellt wird, ist erst recht nicht einzusehen. Soweit Ehefrau und Dritter schadensersatzpflichtig sind, haften sie nach allgemeinen Grundsätzen als Gesamtschuldner[189].

---

[181] BGHZ 80, 235, 240 = NJW 1981, 1445, 1446: nur Vorteilsausgleichung; BGHZ 78, 201 = NJW 1981, 48; *Gernhuber/Coester-Waltjen* § 52 Rn 137; *Staudinger/Engler* § 1607 Rn 39 aE.

[182] BGHZ 121, 299 = NJW 1993, 1195; OLG Köln FamRZ 1978, 834; AG Euskirchen FamRZ 1990, 198 m Anm *Schröder* 200.

[183] So zu § 1600 a S 2 aF *Gernhuber/Coester-Waltjen* 4. Aufl § 51 VIII 4 S 791; *Engel* S 46, 58; *Soergel/Gaul* Rn 15; *Nehlsen-v. Stryk* FamRZ 1988, 225, 235; weitgehend aA MünchKommBGB/*Mutschler* Rn 15; *Odersky* Anm VI 8; *G. H. Raiser* FamRZ 1986, 942, 946.

[184] LG Halle FamRZ 1999, 1295; *Gernhuber/Coester-Waltjen* § 52 Rn 139; *Staudinger/Rauscher* Rn 99; RGRK/*Böckermann* Rn 41, beide zu § 1600 a aF; *Engel* S 62 f; *Nehlsen/v. Stryk* FamRZ 1988, 236 f; offen gelassen von BGHZ 121, 299, 301 f = NJW 1993, 1195, 1196; s auch *Dölle* I § 32 III 2 b S 382, wo ein Schadensersatzanspruch gegen den Dritten nach § 826 sogar ohne vorherige Anfechtung der Ehelichkeit des Kindes (jetzt: der Vaterschaft des Ehemannes) zugelassen wird, weil der Dritte die Anfechtung sittenwidrig verhindert hat.

[185] BGHZ 78, 201, 203 = NJW 1981, 48 f; BGH NJW 1981, 2183, 2184.

[186] BGH NJW 1981, 2183, 2184; zu Ausnahmen OLG Frankfurt FamRZ 1990, 558: Sparguthaben gebildet; BGHZ 78, 201, 205 ff = NJW 1981, 48, 50: Leistungen an einen Sozialhilfeträger, der dem Kind Hilfe zum Lebensunterhalt gewährt und nach BSHG (jetzt SGB XII) dessen Unterhaltsanspruch erworben hat.

[187] *Soergel/H. Lange* Rn 4; ähnlich die Argumentation von *Schwenzer* JZ 1990, 442.

[188] Grenzziehung auch bei *Gernhuber/Coester-Waltjen* § 17 Rn 26 ff, wo zwischen dem „Bestandsinteresse" und dem allein zu ersetzenden Abwicklungsinteresse unterschieden wird.

[189] *Gernhuber/Coester-Waltjen* § 17 Rn 30–32.

III. Lebenspartnerschaft

45 Nach § 2 LPartG, der dem Abs 1 S 2 nachempfunden wurde, sind die Lebenspartner einander zu Fürsorge und Unterstützung sowie zur gemeinsamen Lebensgestaltung verpflichtet und tragen füreinander Verantwortung.

§ 1354 *(weggefallen)*

§ 1355 Ehename

(1) ¹Die Ehegatten sollen einen gemeinsamen Familiennamen (Ehenamen) bestimmen. ²Die Ehegatten führen den von ihnen bestimmten Ehenamen. ³Bestimmen die Ehegatten keinen Ehenamen, so führen sie ihren zur Zeit der Eheschließung geführten Namen auch nach der Eheschließung.

(2) Zum Ehenamen können die Ehegatten durch Erklärung gegenüber dem Standesbeamten den Geburtsnamen oder den zur Zeit der Erklärung über die Bestimmung des Ehenamens geführten Namen der Frau oder des Mannes bestimmen.

(3) ¹Die Erklärung über die Bestimmung des Ehenamens soll bei der Eheschließung erfolgen. ²Wird die Erklärung später abgegeben, so muss sie öffentlich beglaubigt werden.

(4) ¹Ein Ehegatte, dessen Name nicht Ehename wird, kann durch Erklärung gegenüber dem Standesbeamten dem Ehenamen seinen Geburtsnamen oder den zur Zeit der Erklärung über die Bestimmung des Ehenamens geführten Namen voranstellen oder anfügen. ²Dies gilt nicht, wenn der Name des Ehenamens aus mehreren Namen besteht. ³Besteht der Name eines Ehegatten aus mehreren Namen, so kann nur einer dieser Namen hinzugefügt werden. ⁴Die Erklärung kann gegenüber dem Standesbeamten widerrufen werden; in diesem Fall ist eine erneute Erklärung nach Satz 1 nicht zulässig. ⁵Die Erklärung und der Widerruf müssen öffentlich beglaubigt werden.

(5) ¹Der verwitwete oder geschiedene Ehegatte behält den Ehenamen. ²Er kann durch Erklärung gegenüber dem Standesbeamten seinen Geburtsnamen oder den Namen wieder annehmen, den er bis zur Bestimmung des Ehenamens geführt hat, oder dem Ehenamen seinen Geburtsnamen oder den zur Zeit der Bestimmung des Ehenamens geführten Namen voranstellen oder anfügen. ³Absatz 4 gilt entsprechend.

(6) Geburtsname ist der Name, der in die Geburtsurkunde eines Ehegatten zum Zeitpunkt der Erklärung gegenüber dem Standesbeamten einzutragen ist.

Schrifttum: *Beitzke,* Bestandskraft personenrechtlicher Rechtsgeschäfte, FS Mühl, 1981, S 103; *Coester,* Das neue Familiennamensrechtsgesetz, FuR 1994, 1; *Diederichsen,* Der Ehe- und Familienname nach dem 1. EheRG, NJW 1976, 1169; *ders.,* Die Neuordnung des Familiennamensrechts, NJW 1994, 1089; *Lüke,* Die persönlichen Ehewirkungen und die Scheidungsgründe, FS Bosch, 1976, S 627; *Ruthe,* Die Neuordnung des Namensrechts, FamRZ 1976, 409; *Sturm,* Kann sich in der Praxis das Persönlichkeitsrecht auf die Namensführung auswirken?, StAZ 1994, 370; *Wagenitz,* Grundlinien des neuen Familiennamensrechts, FamRZ 1994, 409; *Wagenitz/Bornhofen,* Familiennamensrechtsgesetz, Kommentar 1994.
Allgemeine Verwaltungsvorschrift zum Personenstandsgesetz (Dienstanweisung für die Standesbeamten und ihre Aufsichtsbehörden – DA -) idF der Bekanntmachung vom 27. 7. 2000 (BAnz Nr 154a), geändert durch die 15. Allgemeine Verwaltungsvorschrift vom 26. 7. 2001 (BAnz Nr 140).

Übersicht

	Rn		Rn
I. Bedeutung der Norm	1	b) Auswahl des Begleitnamens	11
1. Rechtsentwicklung	1	c) Verfahren und Frist	14
2. Begriffe	2	d) Wirkungen	15
		e) Widerruf (Abs 4 S 4)	16
II. Einzelerläuterung	4	4. Namensführung nach Auflösung der Ehe (Abs 5)	17
1. Bestimmung eines Ehenamens (Abs 1–3)	4	a) Fortführung des Ehenamens nach Verwitwung oder Scheidung (Abs 5 S 1)	17
a) Verfahren	4		
b) Form und Wirksamkeit	5	b) Wiederannahme eines früheren Namens (Abs 5 S 2 HS 1)	19
c) Geschäftsfähigkeit. Willensmängel	6		
d) Geburtsname. Tagesname	7	c) Hinzufügen des Geburtsnamens (Abs 5 S 2 HS 2)	22
e) Vereinbarungen	8		
2. Führung des Ehenamens (Abs 1 S 2)	9	d) Untersagung der Namensführung	23
3. Hinzufügen eines Begleitnamens (Abs 4)	10		
a) Voraussetzungen	10	III. Lebenspartnerschaft	24

I. Bedeutung der Norm

1. Rechtsentwicklung. Die Vorschrift ist das Ergebnis der Entwicklung vom strikten Grundsatz der **1** Namenseinheit bei absoluter **Dominanz des Mannesnamens** (§ 1355 aF: „Die Frau erhält den Familiennamen des Mannes") über die Zwischenstufen des Gleichberechtigungsgesetzes (die Frau durfte dem Mannesnamen ihren Mädchennamen hinzufügen), des 1. EheRG (Eheleute konnten den Namen eines von ihnen zum Ehenamen bestimmen; trafen sie keine Bestimmung, war Ehename der Geburtsname des Mannes: § 1355 Abs 2 S 2 aF) und der verfassungsgerichtlichen Verwerfung dieser Bestimmung als mit Art 3 Abs 2 GG unvereinbar[1] hin zur ehenamensrechtlichen **Gleichstellung der Geschlechter** auf Kosten des Grundsatzes der Namenseinheit und zur **Gleichstellung des Geburtsnamens** mit dem **geführten Namen**[2]. Zwar werden Ehenamen vom Gesetz weiterhin angestrebt. Die **Sollvorschrift** des Abs 1 S 1 ist aber nichts weiter als ein an die Ehegatten gerichteter Appell, einen Ehenamen zu bestimmen. Ob sie dem nachkommen, steht in ihrem freien Belieben. Bestimmen sie keinen Ehenamen, drohen ihnen **keine Nachteile**, nicht einmal Unbequemlichkeiten; die Standesbeamten sind nicht etwa angewiesen, auf die Bestimmung eines Ehenamens hinzuwirken. Diese durch das **Familiennamensrechtsgesetz** vom 16. 12. 1993 (BGBl I S 2054) geschaffene Regelung hat seither eine Änderung insofern erfahren, als eine in Abs 3 S 2 ursprünglich gesetzte Fünfjahresfrist für die nachträgliche Bestimmung eines Ehenamens gestrichen worden ist (Art 1 Nr 47 KindschaftsrechtsreformG vom 16. 12. 1997, BGBl I S 2942). Durch Gesetz vom 6. 2. 2005 (BGBl I S 203) ist zudem der zur Zeit der Bestimmung des Ehenamens geführte Name dem Geburtsnamen gleichgestellt worden[3], nachdem das BVerfG[4] die entgegenstehende Regelung des § 1355 für verfassungswidrig erklärt hatte.

2. Begriffe. Nach der Legaldefinition des Abs 1 S 1 ist **Ehename** der von den Ehegatten zum **2** **gemeinsamen Familiennamen** bestimmte Name. „Ehename" und „Familienname" sind also unterschiedliche Begriffe. **Familienname** ist der **zur Zeit der Eheschließung** rechtmäßig (Rn 11) geführte Name, den jeder Ehegatte behält, wenn kein Ehename bestimmt wird (Abs 1 S 3). Bestimmen die Ehegatten einen Ehenamen und fügt diesem der bei der Namenswahl „zurückgetretene" Ehegatte nach Abs 4 S 1 einen Begleitnamen hinzu, so ist der dadurch entstandene („unechte") Doppelname (Begriffe: Rn 3) nunmehr sein Familienname (Ausnahme: § 1757 Abs 1 S 2)[5]. Dieser Begriff entspricht also dem, was die Umgangssprache – freilich mehr zur Unterscheidung vom Vornamen – Haus-, Nach- oder Zuname nennt. Das Gesetz verwendet ihn zumeist (Abs 1 S 3, Abs 4 S 1, Abs 5 S 2, teilweise auch in Abs 4 S 3) in der Kurzform „Name" (zu Abs 4 S 2 und 3 s Rn 3 mwN). **Geburtsname** eines Ehegatten ist nach der Legaldefinition des Abs 6 der Name, der im Zeitpunkt der Bestimmung rechtmäßigerweise in seiner Geburtsurkunde vermerkt sein müsste. Er kann nachträglich geändert worden sein (zB nach §§ 1617 a ff, 1757 oder nach dem NamÄndG). Anders als der Familienname ändert sich der Geburtsname durch Eheschließung und Bestimmung eines Ehenamens also nicht, also auch nicht durch Beifügung eines Begleitnamens. Nicht nur der Geburtsname eines der Ehegatten kann zum Ehenamen bestimmt werden, sondern ebenso ein vom Geburtsnamen verschiedener bis zur Bestimmung des Ehenamens geführter, etwa durch eine frühere Eheschließung erworbener **Familienname** eines Ehegatten (sog **geführter Name** oder **Tagesname**).

Begleitname ist der nicht gesetzlich bestimmte, aber weithin gebräuchliche Bezeichnung[6] des nach **3** Abs 4 S 1 dem Ehenamen hinzugefügten (dh vorangestellten oder angefügten) Namens. Der dadurch entstandene **Doppelname** heißt wegen seiner Entstehung „unecht". Anders als angestammte „echte" Doppelnamen kann er durch Widerruf der Beifügung aufgelöst werden (Abs 4 S 4); auch erhalten Kinder aus der Ehe als Geburtsnamen nur den Ehenamen (§ 1616), einen von einem Elternteil hinzugefügten Begleitnamen also nicht. „**Echte" Doppelnamen** werden grds wie andere Namen („Einzelnamen") behandelt. Das Gesetz will aber der Besorgnis Rechnung tragen, ein unbegrenztes Recht zum Beifügen von Begleitnamen könne – mit der Zeit kumulierend – zu unerwünschten vielgliedrigen „Namensketten" führen[7]. Ein Begleitname kann daher nicht hinzugefügt werden, wenn der Ehename ein Doppel- (oder mehrgliedriger) Name ist (Abs 4 S 2). Umgekehrt kann von den Gliedern eines solchen Namens nur eines (vom Gesetz einfach, aber inkonsequent als „Name" bezeichnet)[8] als Begleitname hinzugefügt werden (Abs 4 S 3). Das gilt auch für „echte" Doppelnamen, deren Gleichbehandlung mit Einzelnamen hier ihre Grenze findet.

II. Einzelerläuterung

1. Bestimmung eines Ehenamens (Abs 1–3). a) Verfahren. Die Bestimmung „soll" **bei der** **4** **Eheschließung** erfolgen (Abs 3 S 1), was zeitlich frühere Erklärungen, etwa bei der Anmeldung der

---

[1] BVerfGE 84, 9, 21 = NJW 1991, 1602.
[2] Eingehende Darstellung der Rechtsentwicklung bei *Wagenitz/Bornhofen* Rn 1–17.
[3] *Wagenitz/Bornhofen* FamRZ 2005, 1425.
[4] BVerfGE 109, 256 = NJW 2004, 1155.
[5] MünchKommBGB/*Wacke* Rn 23; *Staudinger/Hübner/Voppel* Rn 20; *Gernhuber/Coester-Waltjen* § 16 Rn 8; aA BayObLGZ 1984, 239, 239 = NJW 1985, 1910: „persönlichkeitsgebundener Zusatz"; *Soergel/Hohloch* Nachtrag Rn 19: „Zusatz zum Familiennamen"; wohl auch *Wagenitz/Bornhofen* Rn 23; FamK/*Brudermüller* Rn 10.
[6] Vorgeschlagen von *Diederichsen* NJW 1976, 1169, 1171.
[7] RegE des 1. EheRG, BT-Drucks 7/650 S 257.
[8] *Wagenitz* FamRZ 1994, 409, 412.

§ 1355

Eheschließung (§ 4 PStG), ebenso wenig ausschließt wie die in Abs 3 S 2 ausdrücklich zugelassenen späteren[9]. Das in der Sollvorschrift zum Ausdruck kommende Bestreben, einen Ehenamen möglichst vor Abgabe der Eheschließungserklärungen (§ 1310 Abs 1 S 1) bestimmen zu lassen, wird durch § 6 Abs 1 S 3 PStG unterstrichen, wonach der Standesbeamte die Verlobten **vor der Eheschließung** befragen soll, ob sie einen Ehenamen bestimmen wollen. Die Soll-Form der Vorschrift ändert in diesem Fall nichts an ihrer Verbindlichkeit, sondern zeigt nur an, dass ein Verstoß keine Rechtsfolgen für die geschlossene Ehe hat. Eine spätere Erklärung lässt das Gesetz (Rn 1 aE) zeitlich unbegrenzt zu. Auch Ehegatten vor Inkrafttreten des Familiennamensrechtsgesetzes (1. 4. 1994) geschlossener Ehen können einen Ehenamen bestimmen, wenn sie noch keinen haben[10]. Das kann der Fall sein, wenn zur Zeit der Eheschließung die vom BVerfG in seiner Entscheidung vom 5. 3. 1991 (Rn 1 mwN) bis zur gesetzlichen Neuregelung verfügte „Auffangregelung" galt oder die Ehe im Ausland geschlossen worden war. Die Bestimmung muss aber erfolgen, solange die Ehe besteht; danach gibt es keine „Ehegatten" mehr, die gemeinsam einen Ehenamen bestimmen könnten (Abs 1 S 1)[11].

5   **b) Form und Wirksamkeit.** Die **Erklärungen**, durch die ein Ehename bestimmt wird, können – auch zeitlich nach der Eheschließung – wirksam nur **gegenüber dem Standesbeamten** abgegeben werden (Abs 2). Wenn die Eheschließenden, wie angestrebt (Rn 4), auf die Frage des Standesbeamten einen Ehenamen bestimmen, handelt es sich um persönliche Erklärungen bei gleichzeitiger Anwesenheit (wie sie für die Eheschließung selbst zwingend vorgeschrieben sind; § 1311 S 1). Aus Abs 3 S 2 ergibt sich aber, dass die Erklärungen **auch schriftlich** – und folglich, wenn inhaltlich gleich lautend, auch getrennt[12] – abgegeben werden können, **getrennte Erklärungen** freilich nur gegenüber demselben zuständigen Standesbeamten[13]. Die Bestimmung eines Ehenamens kann nicht bedingt oder befristet[14], als höchstpersönlicher Akt[15] auch **nicht durch einen Vertreter** erfolgen. Bis zur Eheschließung abgegebene Erklärungen bedürfen keiner **Form**. Der Standesbeamte hat ihre Abgabe aktenkundig zu machen (§ 190 Abs 5 S 1 DA) und den Ehenamen in das Familienbuch einzutragen (§ 233 Abs 1 S 1 DA). Die für spätere Erklärungen vorgeschriebene **öffentliche Beglaubigung** (Abs 3 S 2) kann der Standesbeamte selber vornehmen (§ 15 c Abs 1 S 1 Nr 1 PStG). Bis zur Wirksamkeit der Erklärungen kann jeder Verlobte seine Erklärung frei widerrufen, danach ist kein **Widerruf** mehr möglich (arg e contrario Abs 4 S 4)[16]. Vorher abgegebene Erklärungen werden mit der Eheschließung wirksam, später abgegebene, sobald beide Erklärungen inhaltlich übereinstimmend und formgerecht vorliegen. Ein Ehegatte kann seine Erklärung daher widerrufen, solange der andere eine den Anforderungen genügende Erklärung nicht abgegeben hat[17].

6   **c) Geschäftsfähigkeit. Willensmängel.** Hierzu gibt das Gesetz keine besonderen Regeln; hinsichtlich der **Geschäftsfähigkeit** besteht dafür auch kein Bedürfnis. Ein Geschäftsunfähiger kann eine Ehe überhaupt nicht schließen (§ 1304), ein in der Geschäftsfähigkeit beschränkter Minderjähriger (§ 106) nur unter den Voraussetzungen des § 1303 Abs 2. Hat das Familiengericht ihm die danach erforderliche Befreiung erteilt, muss ihm nicht nur die Heirat (§ 1303 Abs 4), sondern erst recht die Bestimmung eines Ehenamens ohne Einwilligung seines gesetzlichen Vertreters gestattet sein[18]. Ob und inwieweit **Willensmängel** zur Anfechtung der Erklärung berechtigen, ist umstritten, wobei früher zu § 1355 aF vertretene Ansichten, die sich dagegen aussprachen, insoweit nicht mehr verwertbar sind, als sie auf die (inzwischen beseitigte, s Rn 1) Regelung in Abs 2 S 2 aF abhoben[19]. Nach wie vor beachtlich ist aber das Argument, die Erklärung sei einer unanfechtbaren[20] Prozesshandlung „zumindest vergleichbar", weil sie im (FGG-)Verfahren der Führung der Personenstandsbücher abgegeben werde. Mit dieser Beschränkung auf ihre verfahrensrechtliche Seite wird die Bedeutung der Erklärung aber unzureichend erfasst. Sie ist vor allem eine unmittelbar auf die Herbeiführung einer materiellen Wirkung, den Erwerb eines Ehenamens, gerichtete Willenserklärung. Dass sie gegenüber einer Behörde abzugeben ist und auch öffentlich-rechtliche Folgen hat, steht dem nicht entgegen. Auch angesichts ihrer sachlichen Bedeutung für die Beteiligten unterliegt die Erklärung daher in zumindest entsprechender Anwendung der §§ 119 ff der Anfechtung wegen Willensmängeln als eines Mittels, dem wahren Willen des Erklärenden Geltung zu verschaffen[21].

7   **d) Geburtsname. Tagesname.** Zum Ehenamen kann entweder der Geburtsname oder der Tagesname des Mannes oder der Frau bestimmt werden. Ein aus den Namen beider Ehegatten zusammenge-

---

[9] MünchKommBGB/*Wacke* Rn 8 aE.
[10] *Wagenitz* FamRZ 1994, 409, 415.
[11] MünchKommBGB/*Wacke* Rn 22.
[12] FamK/*Brudermüller* Rn 32; *Staudinger*/*Hübner*/*Voppel* Rn 38; MünchKommBGB/*Wacke* Rn 8; *Wagenitz*/*Bornhofen* Rn 46.
[13] MünchKommBGB/*Wacke* Rn 8.
[14] *Staudinger*/*Hübner*/*Voppel* Rn 38 mwN.
[15] *Staudinger*/*Hübner*/*Voppel* Rn 44.
[16] *Staudinger*/*Hübner*/*Voppel* Rn 41; FamK/*Brudermüller* Rn 43; *Soergel*/*Hohloch* Nachtrag Rn 15 mwN.
[17] *Wagenitz*/*Bornhofen* Rn 59 f.
[18] MünchKommBGB/*Wacke* Rn 15 mwN; *Staudinger*/*Hübner*/*Voppel* Rn 44; FamK/*Brudermüller* Rn 42; ebenso schon *Beitzke*, FS Mühl, S 107.
[19] MünchKommBGB/*Wacke* Rn 14.
[20] BGH FamRZ 1993, 694 mwN.
[21] MünchKommBGB/*Wacke* Rn 14; FamK/*Brudermüller* Rn 33; *Wagenitz*/*Bornhofen* Rn 57, 61; *Beitzke*, FS Mühl, S 111 f; *Sturm* StAZ 1994, 370, 375 f; ebenso schon für Begleitnamen nach § 1355 aF OLG Celle FamRZ 1982, 267; *Dölle* I § 37 I 2 c, S 462: „§§ 119 ff unmittelbar anwendbar".

setzter **Doppelname**, wie die Entscheidung des Bundesverfassungsgerichts vom 5. 3. 1991 (Rn 1 mwN) ihn in der bis zur gesetzlichen Neuregelung geltenden „Auffangregelung" subsidiär als vorläufigen Namen eines Kindes aus der Ehe vorgesehen hatte, kann nicht gewählt werden. Zum **Begriff** des **Geburts-** bzw des **Tagesnamens** s Rn 2. Die Bestimmung eines unrichtigen, diesem Begriff nicht entsprechenden angeblichen Geburtsnamens zum Ehenamen ist unwirksam. Der gewählte Name muss **vollständig** bestimmt werden, auch wenn er ein Doppel- (oder mehrgliedriger) Name ist. Die Bestimmung nur eines Gliedes eines Doppelnamens, etwa um dem anderen Ehegatten die Beifügung eines Begleitnamens zu ermöglichen (Abs 4 S 2), macht die Erklärung insgesamt unwirksam[22]. Für die Behandlung von zu Namensbestandteilen gewordenen Adelsprädikaten und fremdsprachigen Namen ausländischer Staatsangehöriger gelten die allgemeinen Regeln.

e) **Vereinbarungen.** Ebensowenig wie zur Eheschließung (§ 1297; dort Rn 4) können Verlobte **8** sich vertraglich rechtswirksam verpflichten, einen Ehenamen zu bestimmen, und festlegen, welcher Name das sein soll. An der bis zur Eheschließung bestehenden freien Widerruflichkeit einer vorher abgegebenen Erklärung (Rn 5) wird durch einen solchen Vertrag nichts geändert. Entspr hat auch eine nach der Eheschließung getroffene Vereinbarung über den Ehenamen **keine rechtlich bindende Wirkung**[23]. Die Bestimmung eines Ehenamens soll ersichtlich auf dem bis zu ihrem Wirksamwerden freien Willen der Beteiligten beruhen. Insofern gilt dasselbe wie für die Eheschließung selbst. Die Gegenmeinung, nach der eine Vereinbarung wirksam, ein dadurch begründeter Anspruch aber nicht klagbar[24] oder – entspr § 888 Abs 3 ZPO – nicht vollstreckbar ist[25], gewiss auch nicht mit Hilfe eines Vertragsstrafeversprechens durchgesetzt werden kann (§ 1297 Abs 2 analog)[26], führt praktisch zu keinem anderen Ergebnis und leuchtet schon deshalb nicht ein. Als einzig mögliche rechtliche Sanktion kann der Bruch einer unter Verlobten getroffenen Vereinbarung über die Bestimmung eines Ehenamens ein wichtiger Grund zum **Rücktritt vom Verlöbnis** (§ 1298 Abs 3) sein (s auch § 1298 Rn 15)[27].

2. **Führung des Ehenamens (Abs 1 S 2).** Zur Führung des Ehenamens ist jeder Ehegatte nicht **9** nur öffentlich-rechtlich (§ 111 OWiG), sondern auch gegenüber dem anderen Ehegatten **verpflichtet**. Das ergibt sich aus der Pflicht zur ehelichen Lebensgemeinschaft (§ 1353 Abs 1 S 2; dort Rn 26). Einer Verletzung der zivilrechtlichen Namensführungspflicht kann nur – daher ohne Vollstreckungszwang (§ 888 Abs 3 ZPO) – mit der Klage auf Herstellung des ehelichen Lebens begegnet werden (§ 1353 Rn 3, 36). Wo der gesetzliche Name zu verwenden ist, muss der Träger eines Ehenamens diesen gebrauchen[28]. Zur Pflicht zur Führung eines nach Abs 4 S 1 hinzugefügten Begleitnamens s Rn 15.

3. **Hinzufügen eines Begleitnamens (Abs 4). a) Voraussetzungen.** Ein Begleitname (Rn 3) **10** kann hinzugefügt werden, wenn ein Ehename wirksam bestimmt worden ist, und zwar von dem Ehegatten, dessen Name nicht Ehename wird. Diese Befugnis soll ihm den Verzicht auf seinen Namen erleichtern und damit die erwünschte (Rn 1, 4) Bestimmung von Ehenamen fördern[29]. Sie setzt einen solchen Verzicht nicht voraus, sondern besteht auch, wenn der Ehename **nach früherem Recht** und **in anderer Weise** als durch Bestimmung der Ehegatten erworben worden ist, etwa kraft Gesetzes, als nach § 1355 Abs 2 S 2 aF mangels gemeinsamer Bestimmung der Eheleute der Geburtsname des Mannes Ehename wurde[30]. Streitig geworden ist, ob rechtlich ein Begleitname möglich ist, wenn beide Ehegatten **gleiche Geburtsnamen** haben. Da nur dieser eine Name Ehename sein kann, würden die Eheleute sich in diesem Fall anscheinend auf die Bestimmung beschränken, einen Ehenamen führen zu wollen, ohne den Geburtsnamen eines von ihnen dazu bestimmen zu müssen; und wenn sie es täten, würde die Namensbestimmung nicht erkennbar. Wenn Namensgleichheit die Beifügung eines Begleitnamens ausschließt[31], wird Ehegatten aber ohne Not eine gesetzlich vorgesehene Möglichkeit versperrt, was umso weniger einleuchtet, als der Begleitname gerade anzeigt, wessen Geburtsname Ehename ist. Auch in solchen, ohnehin seltenen Fällen können Ehegatten daher eine Namenswahl treffen und damit die Beifügung eines Begleitnamens – wenn der beifügende Ehegatte es so will, auch des Geburtsnamens – eröffnen[32].

b) **Auswahl des Begleitnamens.** Als Begleitname können der **Geburtsname** (Begriff: Rn 2) **oder** **11** der zurzeit der Erklärung über die Bestimmung des Ehenamens **geführte „Tagesname"** hinzugefügt werden. „Name" ist hier gleichbedeutend mit **„Familienname"** (Rn 2). Der **Zeitpunkt der Erklärung** über die Bestimmung des Ehenamens ist der Zeitpunkt ihrer Wirksamkeit (Rn 5)[33]. Auf den zu

---

[22] LG Koblenz StAZ 1997, 343, 344; für Doppelnamen nach spanischem Recht BGH FamRZ 1999, 570, 571; ebenso *OLG* AG Berlin-Schöneberg StAZ 1998, 180 betr Cuba.
[23] *Soergel/Hohloch* Nachtrag Rn 15; FamK/*Brudermüller* Rn 44 f; *Staudinger/Hübner/Voppel* Rn 51; *Wagenitz/Bornhofen* Rn 63 f; *Ruthe* FamRZ 1976, 409, 411 Fn 36: arg § 888 Abs 2 aF = Abs 3 nF ZPO.
[24] *Gernhuber/Coester-Waltjen* § 16 Rn 12.
[25] *Diederichsen* NJW 1976, 1169, 1170; *Erman/Heckelmann* Rn 9; *Lüke*, FS Bosch, S 630; unentschieden Münch-KommBGB/*Wacke* Rn 16.
[26] So im Ergebnis auch *Ruthe* FamRZ 1976, 411; zweifelnd *Diederichsen* FamRZ 1976, 1169, 1170.
[27] MünchKommBGB/*Wacke* Rn 16, § 1298 Rn 11.
[28] OLG Köln FamRZ 1978, 680, 681 betr Notar bei seiner amtlichen Tätigkeit.
[29] RegE des FamNamRG, BT-Drucks 12/3163 S 12.
[30] *Wagenitz/Bornhofen* Rn 69 f.
[31] Dafür MünchKommBGB/*Wacke* Rn 19; *Erman/Heckelmann* Rn 10.
[32] *Wagenitz/Bornhofen* Rn 82; FamK/*Brudermüller* Rn 54.
[33] *Wagenitz/Bornhofen* Rn 85.

§ 1355

dieser Zeit geführten Familiennamen kommt es auch dann an, wenn der Begleitname erst später (Rn 14) hinzugefügt wird. Dass das Gesetz hier (und in Abs 5 S 2) vom „geführten" Namen spricht und nicht von dem „zu führenden" (wie in Abs 6 von dem in die Geburtsurkunde „einzutragenden" Namen), wird teilweise dahin verstanden, der tatsächlich, also nicht unbedingt rechtmäßig, geführte Name sei gemeint[34]. Dem kann nicht gefolgt werden[35]. In Abs 1 S 2 ist mit „Führen" eines Namens eindeutig das rechtmäßige Führen gemeint, in Abs 5 S 2 wohl nicht minder. Dann kann es in Abs 4 S 1 nicht gut anders sein. Könnte ein tatsächlich, aber unrechtmäßig geführter Name Begleitname werden, würde er damit – mit dem Ehenamen zu einem Doppelnamen verbunden – Bestandteil des rechtmäßigen Familiennamens (Rn 2). Das kann nicht Sinn der Regelung sein.

12 Die in Abs 4 S 2 und 3 geregelten **Beschränkungen,** die die Entstehung von vielgliedrigen „Namensketten" verhindern sollen (Rn 3), greifen ein, wenn der Ehename oder ein als Begleitname ausersehener Name aus mehreren Gliedern besteht, zumeist also ein **Doppelname** ist. Ob es sich um einen „echten" oder „unechten" Doppelnamen handelt (Rn 3), ist rechtlich unerheblich. Allerdings kann die Frage, ob ein Name überhaupt Doppelname ist, regelmäßig nur bei angestammten Namen Schwierigkeiten bereiten. **Aus mehreren Wörtern bestehende Namen** wie „Von der Crone", „Meyer zu Erpen" oder „Fürst zu Wied" sind trotzdem keine Doppelnamen, weil ihre Bestandteile nicht sämtlich Namensqualität haben oder – wie bei „von Brockdorf-Rantzau" – ein Adelsprädikat die Klammer eines Doppelnamens bildet, so dass diese Namen nicht in selbstständige Namen zerlegt werden können[36]. Als Geburts- oder Tagesname eines Ehegatten kann solch ein Name also Ehename sein, ohne den anderen Ehegatten nach Abs 4 S 2 am Hinzufügen eines Begleitnamens zu hindern. Einem zum Ehenamen bestimmten Einzelnamen kann er als Begleitname hinzugefügt werden, und zwar (nur) vollständig. Die nach Abs 4 S 3 gebotene (und nur dann zulässige) Beschränkung auf ein Namensglied gilt nur für Doppel- und mehrgliedrige Namen.

13 Im Übrigen kann der Ehegatte, dessen Name nicht Ehename wird, **frei entscheiden:** ob er einen Begleitnamen hinzufügt, welchen der möglichen Namen, ggf welches Namensglied er wählt und ob er den gewählten Begleitnamen dem Ehenamen voranstellt oder anfügt. Weder bedarf er der Einwilligung des anderen Ehegatten noch kann dieser seiner Entscheidung widersprechen[37]. Auch kann die Befugnis zur Hinzufügung eines Begleitnamens ebenso wenig wie die Bestimmung eines Ehenamens (Rn 8) Gegenstand einer rechtswirksamen **Vereinbarung der Ehegatten** sein[38]. Ein in der für die Erklärung und ihren Widerruf vorgeschriebenen Form (Abs 4 S 5) gegenüber dem Standesbeamten erklärter Verzicht (sog **Negativerklärung**) ist jedoch wirksam[39]. Auch eine einmal erklärte Bestimmung über die **Stellung des Begleitnamens** (vor oder nach dem Ehenamen) bindet; nach Abs 4 S 4 widerrufen kann der Ehegatte nur die Beifügung des Begleitnamens insgesamt (mit der in HS 2 der Vorschrift bestimmten Folge)[40]. Nicht gesetzlich bestimmt, sondern lediglich in § 369 Abs 3 DA angeordnet ist die Verbindung des Ehenamens und des (vorangestellten oder angefügten) Begleitnamens durch Bindestrich. Diese zweckmäßige, weil der Klarheit dienende Regelung hat sich nicht nur in der Praxis der Standesämter, sondern auch im privaten und geschäftlichen Leben durchgesetzt und verlangt daher Beachtung[41].

14 c) **Verfahren und Frist.** Die Beifügung eines Begleitnamens geschieht – wie die Bestimmung eines Ehenamens (Rn 5) – durch Erklärung gegenüber dem Standesbeamten (Abs 4 S 1). Diese bedarf in allen Fällen – auch wenn sie, was möglich ist, vor der Eheschließung abgegeben wird – der **öffentlichen Beglaubigung** (Abs 4 S 5), die der Standesbeamte selbst vornehmen kann (§ 15c Abs 1 S 1 Nr 2 PStG). Sie wird mit dem Zugang beim Standesbeamten wirksam (§ 130 Abs 1); da die Beifügung einen Ehenamen voraussetzt (Rn 10), tritt die **Wirksamkeit** aber frühestens im unmittelbaren Anschluss („logische Sekunde") an dessen wirksame Bestimmung ein. Wie die Bestimmung eines Ehenamens (Rn 5) muss die Beifügung eines Begleitnamens höchstpersönlich sowie unbedingt und unbefristet erklärt werden. Die Erklärung ist **an keine Frist gebunden.** Sie kann also ohne zeitlichen Zusammenhang mit Eheschließung und Bestimmung eines Ehenamens noch jederzeit abgegeben werden[42], auch nach Auflösung der Ehe, solange der Erklärende den Ehenamen führt[43]. Nur die als Übergangsregelung für Altfälle bestehende Möglichkeit, einem bei Inkrafttreten des Familiennamensrechtsgesetzes geführten Ehenamen den Geburtsnamen oder den bei der Eheschließung geführten Namen hinzuzufügen

---

[34] MünchKommBGB/*Wacke* Rn 19.
[35] *Wagenitz/Bornhofen* Rn 86; FamK/*Brudermüller* Rn 55.
[36] Dazu und zu den im Einzelfall auftretenden Abgrenzungsproblemen näher: *Wagenitz/Bornhofen* Rn 79 f mN der Gesetzesmaterialien; MünchKommBGB/*Wacke* Rn 64; *Staudinger/Hübner/Voppel* Rn 70; *Soergel/Hohloch* Nachtrag Rn 24–28; *Diederichsen* NJW 1994, 1089, 1091.
[37] *Staudinger/Hübner/Voppel* Rn 61 mwN.
[38] *Gernhuber/Coester-Waltjen* § 16 Rn 20; *Staudinger/Hübner/Voppel* Rn 75; *Wagenitz/Bornhofen* Rn 93; Ssoergel/ *Hohloch* Nachtrag Rn 30.
[39] *Gernhuber/Coester-Waltjen* § 16 Rn 20; *Staudinger/Hübner/Voppel* Rn 75; *Soergel/H. Lange* Rn 23; str, aA *Soergel/ Hohloch* Nachtrag Rn 30 und MünchKommBGB/*Wacke* Rn 22 Fn 100: Negativerklärung jedenfalls widerruflich; anscheinend auch *Wagenitz/Bornhofen* Rn 93.
[40] BayObLGZ 1997, 323, 325 = NJW-RR 1998, 1015, 1016; *Erman/Heckelmann* Rn 10.
[41] *Wagenitz/Bornhofen* Rn 90; FamK/*Brudermüller* Rn 59.
[42] Gegenwirkung nicht möglich, *Gernhuber/Coester-Waltjen* § 16 Rn 20; *Staudinger/Hübner/Voppel* Rn 74; ebenso jetzt MünchKommBGB/*Wacke* Rn 22 m Fn 100.
[43] BayObLGZ 1984, 237, 238 = NJW 1985, 1910 zu § 1355 Abs 3 und 4 aF; Münch-KommBGB/*Wacke* Rn 22; *Staudinger/Hübner/Voppel* Rn 74; *Wagenitz/Bornhofen* Rn 92.

(Art 7 § 1 Abs 1 S 2 FamNamRG), war auf ein Jahr, also bis zum 31. 3. 1995, befristet. Für die Bedeutung der **Geschäftsfähigkeit**[44] und die Folgen von **Willensmängeln**[45] gilt dasselbe wie für die Bestimmung eines Ehenamens (Rn 6).

d) Wirkungen. Mit der Beifügung wird der aus Ehe- und Begleitname gebildete **Doppelname** 15 zum **Familiennamen** des Ehegatten (Rn 2). Da der andere Ehegatte weiterhin (nur) den Ehenamen führt, ist dieser nicht mehr der „gemeinsame" Familienname, den die Ehegatten nach Abs 1 S 1 bestimmen sollten. Darin läge eine Unstimmigkeit[46], wenn der Ehename stets der beiden Ehegatten gemeinsame Familienname bleiben müsste. Das aber kann nicht der Sinn einer Regelung sein, die einem der Ehegatten die Befugnis zur Beifügung eines Begleitnamens gibt und ihn, wenn er davon Gebrauch macht, zur Führung des so entstandenen Doppelnamens verpflichtet[47]. Da dieser Doppelname unzweifelhaft der (neue) Familienname des Ehegatten (etwa iS von Abs 1 S 3; s Rn 2) ist, besteht keine Notwendigkeit, in seinem „Begleitname" genannten Teil etwas anderes zu sehen als einen Bestandteil dieses Familiennamens, wie es aber vielfach geschieht (zum Meinungsstand s Rn 2 mwN). Die öffentlich-rechtliche **Pflicht zur Führung dieses Namens** folgt aus § 111 OWiG. Wie beim Ehenamen (Rn 9) soll sich aus der ehelichen Lebensgemeinschaft eine entsprechende Pflicht zur Namensführung auch gegenüber dem Ehegatten ergeben[48]. Wenn ein Ehegatte statt seines vollständigen Familiennamens nur den Ehenamen ohne Begleitnamen führt, ist eine Verletzung von Pflichten aus § 1353 Abs 1 S 2 indessen nicht ohne weiteres und in allen Fällen zu erkennen. Eine Herstellungsklage mit dem Ziel, den Ehegatten zur korrekten Namensführung zu veranlassen, bedürfte daher zumindest weiterer Gründe.

e) Widerruf (Abs 4 S 4). Die **Beifügung eines Begleitnamens** kann gegenüber dem Standes- 16 beamten widerrufen werden. Der Widerruf erfolgt durch eine höchstpersönliche, unbedingte und unbefristete Erklärung[49]. Er bedarf der öffentlichen Beglaubigung (Abs 4 S 5), die der Standesbeamte selbst vornehmen kann (§ 15 c Abs 1 S 1 Nr 2 PStG). Für die Bedeutung der **Geschäftsfähigkeit** und die Folgen von **Willensmängeln** gilt dasselbe wie für die Bestimmung eines Ehenamens (Rn 6, 14 mwN)[50]. Der Widerruf wird wirksam, wenn er dem Standesbeamten zugeht (§ 130 Abs 1). Er ist an keine Frist gebunden und kann noch nach Auflösung der Ehe, sogar nach Eingehung eines neuen Ehe[51] unter der einzigen Voraussetzung erklärt werden, dass der aus Ehe- und Begleitname bestehende Familienname noch geführt wird[52]. Ein wirksamer **Widerruf bindet.** Er kann seinerseits nicht widerrufen werden und schließt für diese Ehe die erneute Beifügung eines Begleitnamens zum Ehenamen aus (Abs 4 S 4 HS 2). Ihren Sinn findet diese Regelung in dem **Anliegen der Namenseinheit** in der Ehe (Rn 1)[53]. Der Widerruf einer vor Inkrafttreten des Familiennamensrechtsgesetzes, also nach vorher geltenden Vorschriften[54], erfolgten Beifügung eines Begleitnamens hatte nach der **Übergangsregelung** in Art 7 § 4 des Gesetzes eine Erklärung nach Abs 4 S 1 zunächst nicht ausgeschlossen. Mit Ablauf der dafür gesetzten Jahresfrist am 31. 3. 1995 ist diese Vorschrift aber obsolet geworden.

4. Namensführung nach Auflösung der Ehe (Abs 5). a) Fortführung des Ehenamens nach 17 **Verwitwung oder Scheidung (Abs 5 S 1).** Der verwitwete oder geschiedene Ehegatte **behält den Ehenamen,** und zwar als „Ehenamen" auch dann, wenn er sein eigener Name ist[55]. Hatte er ihm nach Abs 4 S 1 einen **Begleitnamen** hinzugefügt, behält er den aus beiden Namen gebildeten Doppelnamen. Die zuvor unterbliebene Beifügung eines Begleitnamens ist auch nach Auflösung der Ehe noch möglich (Rn 14); diese Befugnis geht einem Ehegatten erst mit der Wiederannahme eines früheren Namens (Abs 5 S 2) verloren. Sie wird hingegen nicht berührt, wenn nach Scheidung der Ehe der andere Ehegatte, dessen Name zum Ehenamen bestimmt worden war, seinen bis dahin geführten Familiennamen oder auch seinen Geburtsnamen (Rn 19 mwN) wieder annimmt, also keinen Ehenamen mehr führt. Die Fortführung des Ehenamens bedarf **keiner Erklärung** oder sonstigen Handlung des Ehegatten. Nach hM kann er sich jedoch – uU sogar gegen Entgelt – rechtswirksam verpflichten, nach Scheidung einen von dem anderen Ehegatten herrührenden **Ehenamen „abzulegen"**[56] oder auf das Recht zur Fortführung des Ehenamens „zu verzichten"[57]. Außer durch Bestimmung eines Ehenamens in einer neuen Ehe verliert ein Ehegatte seinen Ehenamen jedoch nur durch Wiederannahme eines früheren Namens nach Abs 5 S 2. Die Möglichkeit, ihn „abzulegen" oder auf ihn „zu verzichten" ist daneben nicht vorgesehen und scheidet auch mangels einer Regelung aus, welchen Namen der

---

[44] *Gernhuber/Coester-Waltjen* § 16 Rn 11; MünchKommBGB/*Wacke* Rn 21; *Staudinger/Hübner/Voppel* Rn 60; insofern aA *Wagenitz/Bornhofen* Rn 93.
[45] *Wagenitz/Bornhofen* Rn 93.
[46] *Wagenitz/Bornhofen* Rn 23: „Unschärfe".
[47] *Wagenitz/Bornhofen* Rn 26, 96; *Staudinger/Hübner/Voppel* Rn 76.
[48] *Soergel/Hohloch* Nachtrag Rn 39.
[49] FamK/*Brudermüller* Rn 66.
[50] Zur Geschäftsfähigkeit ohne nähere Begründung aA *Wagenitz/Bornhofen* Rn 99; für Anfechtbarkeit auch hier MünchKommBGB/*Wacke* Rn 24.
[51] *Wagenitz/Bornhofen* Rn 98.
[52] *Wagenitz/Bornhofen* Rn 98.
[53] *Wagenitz* FamRZ 1994, 409, 411.
[54] Aufzählung bei *Wagenitz/Bornhofen* S 235.
[55] Dazu und zu den Auswirkungen bei Namensänderungen: *Wagenitz/Bornhofen* Rn 108.
[56] So *Gernhuber/Coester-Waltjen* § 16 Rn 27 mwN; *Staudinger/Hübner/Voppel* Rn 105, 110.
[57] MünchKommBGB/*Wacke* Rn 27; aA *Wagenitz/Bornhofen* Rn 120.

§ 1355 Buch 4. Abschnitt 1. Bürgerliche Ehe

Ehegatte anstelle des so aufgegebenen führt. In Betracht kommt daher nur eine **Verpflichtung zur Wiederannahme** eines früheren Namens nach Abs 5 S 2, so dass die umstrittenen Fragen der Rechtswirksamkeit einer solchen Vereinbarung und der Vollstreckbarkeit eines entsprechenden Titels (§ 888 Abs 1 oder § 894 Abs 1 ZPO) auch im Hinblick auf die Wahlmöglichkeit zwischen Geburts- und früherem Ehenamen beantwortet werden müssen.

18 Für die Namensführung nach **Aufhebung der Ehe** trifft das Gesetz keine Regelung. Da § 1318, wonach auf die Eheaufhebung bestimmte Vorschriften des Scheidungsfolgenrechts entspr anwendbar sind, Abs 5 S 1 nicht nennt, verliert ein Ehegatte mit der Aufhebung seiner Ehe (wie nach altem Recht mit deren Nichtigerklärung) den Ehenamen[58]. War zum Ehenamen freilich sein eigener Geburtsname oder sein vor der Ehe geführter, vom Geburtsnamen abweichender Familienname bestimmt worden, führt er diesen Namen natürlich weiter, allerdings nicht mehr als Ehenamen.

19 **b) Wiederannahme eines früheren Namens (Abs 5 S 2 HS 1).** Sie setzt voraus, dass in der aufgelösten Ehe ein **Ehename bestimmt** worden war und der **Ehegatte diesen führt**. Wessen Name Ehename geworden war, ist dabei unerheblich; auch wer seinen eigenen Namen als Ehenamen führt, kann von Abs 5 S 2 in vollem Umfang Gebrauch machen, also auch seinen Geburtsnamen wieder annehmen[59]. Den Ehenamen „führt" auch ein Ehegatte, der ihm einen Begleitnamen (gleich welchen, s Rn 11) hinzugefügt und darum den so entstandenen Doppelnamen zu führen hat (Rn 15). Eine **zeitliche Befristung** sieht das Gesetz nicht vor. Nur als Übergangsregelung für Altfälle geschaffene allgemeine Befugnis, statt eines bei Inkrafttreten des Gesetzes geführten Ehenamens den Geburtsnamen oder einen zurzeit der Eheschließung geführten Namen wieder anzunehmen (Art 7 § 1 Abs 1 S 1 FamNamRG), war auf ein Jahr, also bis zum 31. 3. 1995, befristet. Der Wiederannahme eines früheren Namens nach Abs 5 S 2 steht es nicht entgegen, wenn der Ehegatte dem Ehenamen zuvor nach Abs 4 S 1 einen **Begleitnamen hinzugefügt** hatte[60]. Auch eine **neue Eheschließung** ist kein Hindernis, solange in der neuen Ehe kein Ehename bestimmt worden ist, den der Ehegatte nun statt des früheren führt (Abs 1 S 2). Da der Ehename der aufgelösten Ehe aber nicht ununterbrochen „geführt" worden sein muss, kann nach Auflösung (auch) der neuen Ehe der zuvor geführte Ehename wieder angenommen werden, mit der Folge, dass er nunmehr wieder nach Abs 5 S 2 zugunsten eines früheren Namens abgelegt werden kann. Da die Vorschrift die Befugnis zur Wiederannahme früherer Namen nicht limitiert, kann auf diese Weise der Reihe nach jeder frühere geführte Ehename wieder angenommen werden. Nur eine Wiederannahme des Geburtsnamens beseitigt diese Befugnis, und zwar endgültig.

20 Die **früheren Namen**, von denen einer wieder angenommen werden kann, sind der **Geburtsname** (Begriff s Rn 2) und der bis zur Bestimmung des Ehenamens **geführte Name („Tagesname")**, also ein in einer Vorehe erworbener Familienname. Dies ist der in jener Ehe zum Ehenamen bestimmte (und nach Auflösung jener nicht nach Abs 5 S 2 abgelegte) Name, und – falls der Ehegatte ihm einen **Begleitnamen** hinzugefügt hatte – der dadurch entstandene Doppelname. Auch die Beifügung des wieder angenommenen Begleitnamens kann aber nach Abs 4 S 4 widerrufen werden (Rn 16). Zur Wiederannahme von Namen aus weiteren Vorehen s Rn 19 aE.

21 Das **Verfahren** der Wiederannahme eines früheren Namens entspricht dem bei der Bestimmung eines Ehenamens und bei der Beifügung eines Begleitnamens. Die Erklärung gegenüber dem Standesbeamten, durch die die Wiederannahme erfolgt, wird mit dem Zugang bei diesem wirksam (§ 130 Abs 1). Sie ist **höchstpersönlich,** bedarf der öffentlichen **Beglaubigung** (Abs 5 S 3, Abs 4 S 5; dazu § 15 c Abs 1 S 1 Nr 3 PStG) und verträgt weder Bedingung noch Befristung. Zur Bedeutung der **Geschäftsfähigkeit** und zu den Folgen von **Willensmängeln** s Rn 6, 14[61]. Nach überwM kann der Ehegatte durch öffentlich beglaubigte Erklärung gegenüber dem Standesbeamten (sog **Negativerklärung;** s Rn 13) rechtswirksam auf die Wiederannahme eines früheren Namens verzichten[62]. Dagegen ist nichts einzuwenden; Bedenken wie gegen den umgekehrten Fall eines Verzichts auf die Fortführung des Ehenamens nach Abs 5 S 1 (Rn 17) bestehen hier nicht. Die Erklärung der Wiederannahme kann nicht widerrufen werden. Die in Abs 5 S 3 bestimmte entsprechende Anwendung des Abs 4 erstreckt sich nicht auf dessen S 4, weil der Sinn und Zweck dieser Vorschrift (Rn 16) auf die Wiederannahme eines früheren Namens nicht zutreffen[63].

22 **c) Hinzufügen des Geburtsnamens (Abs 5 S 2 HS 2).** Die Vorschrift gibt dem verwitweten oder geschiedenen Ehegatten eine schon in Abs 4 S 1 geregelte Befugnis (Rn 14) und ist daher überflüssig. Das nach ihrem Wortlaut denkbare Verständnis, der verwitwete oder geschiedene Ehegatte könne dem Ehenamen nur seinen Geburtsnamen, nicht aber – wie nach Abs 4 S 1 – den bis zur Bestimmung des Ehenamens geführten Namen hinzufügen, scheidet nach dem Gesamtzusammenhang der Regelung aus[64].

---

[58] MünchKommBGB/*Wacke* Rn 25; str, zum Meinungsstand s § 1318 Rn 23; die Rechtslage hat sich insofern durch das EheschließungsrechtsG vom 4. 5. 1998 geändert; nach § 37 Abs 1 EheG bestimmten sich die Folgen der Eheaufhebung generell nach Scheidungsfolgenrecht.
[59] *Wagenitz/Bornhofen* Rn 111 iVm Rn 108.
[60] BayObLGZ 1984, 237, 238 = NJW 1985, 1910 zu § 1355 Abs 3 und 4 aF; *Wagenitz/Bornhofen* Rn 112.
[61] S auch – teilweise abw – *Wagenitz/Bornhofen* Rn 119.
[62] *Gernhuber/Coester-Waltjen* § 16 Rn 27; MünchKommBGB/*Wacke* Rn 27; Staudinger/*Hübner/Voppel* Rn 105; str, aA *Wagenitz/Bornhofen* Rn 120.
[63] *Wagenitz* FamRZ 1994, 409, 412: Abs 5 S 3 bezieht sich lediglich auf das Erfordernis der öffentlichen Beglaubigung nach Abs 4 S 5.
[64] Staudinger/*Hübner/Voppel* Rn 101; FamK/*Brudermüller* Rn 76.

d) Untersagung der Namensführung. Das geltende Recht regelt keine Befugnis, einem Ehegatten nach Auflösung der Ehe die Weiterführung des Ehenamens zu untersagen. Die radikale Folgerung, eine solche Befugnis komme daher nicht in Betracht[65], ist in Extremfällen aber nicht durchzuhalten, zumal ihr Hauptargument, der vom Ehepartner herrührende Ehename werde zu vollem eigenen Recht erworben, vom Gesetz nicht mit letzter Konsequenz befolgt wird (Abs 2, Rn 2 aE). Überwiegend wird daher zur **Abwehr von Rechtsmissbrauch** ein Untersagungsrecht des Ehepartners oder seiner nahen Angehörigen bejaht[66]. 23

III. Lebenspartnerschaft

Die Regelung des **Lebenspartnerschaftsnamens** in § 3 LPartG entspricht den Bestimmungen von § 1355. 24

§ 1356 Haushaltsführung, Erwerbstätigkeit

(1) ¹**Die Ehegatten regeln die Haushaltsführung im gegenseitigen Einvernehmen.** ²**Ist die Haushaltsführung einem der Ehegatten überlassen, so leitet dieser den Haushalt in eigener Verantwortung.**

(2) ¹**Beide Ehegatten sind berechtigt, erwerbstätig zu sein.** ²**Bei der Wahl und Ausübung einer Erwerbstätigkeit haben sie auf die Belange des anderen Ehegatten und der Familie die gebotene Rücksicht zu nehmen.**

Schrifttum: *Arens*, Rückabwicklung ehebedingter Zuwendungen und die Rechtsfigur der „konkludent vereinbarten Innengesellschaft" – Allzweckwaffen zur Herbeiführung gerechter Vermögensausgleichsregelungen?, FamRZ 2000, 266; *Blumenröhr*, Zum Vermögensausgleich nach gescheiterter Ehe, FS Odersky, 1996, S 517; *Diederichsen*, Die allgemeinen Ehewirkungen nach dem 1. EheRG und Ehevereinbarungen, NJW 1977, 216; *Dieckmann*, Die Unterhaltsansprüche geschiedener und getrenntlebender Ehegatten nach dem 1. EheRG vom 14. Juni 1976, FamRZ 1977, 81; *Fenn*, Arbeitsverträge mit Familienangehörigen unter Berücksichtigung ihrer steuer- und sozialversicherungsrechtlichen Probleme, DB 1974, 1062, 1112; *Gernhuber*, Die geordnete Ehe, FamRZ 1979, 193; *Grziwotz*, Möglichkeiten und Grenzen von Vereinbarungen unter Ehegatten, MDR 1998, 1075; *Haußleiter/Schulz*, Vermögensauseinandersetzung bei Trennung und Scheidung, 2. Aufl 1997; *Henrich*, Schuldrechtliche Ausgleichsansprüche in der Rechtsprechung des Bundesgerichtshofes, FamRZ 1975, 533; *Hepting*, Ehevereinbarungen, 1984; *Holzhauer*, Auslegungsprobleme des neuen Eherechts, JZ 1977, 729; *Jaeger*, Zur rechtlichen Bedeutung ehebezogener (sog. unbenannter) Zuwendungen und zu ihrer Rückabwicklung nach Scheitern der Ehe, DNotZ 1991, 431; *Johannsen*, Vermögensrechtliche Auseinandersetzung unter Ehegatten nach Auflösung der Ehe bei Gütertrennung, WM 1978, 502; *Kurr*, Vertragliches „Einvernehmen" der Ehegatten gemäß § 1356 I S. 1 BGB?, FamRZ 1978, 2; *Lieb*, Die Ehegattenmitarbeit im Spannungsfeld zwischen Rechtsgeschäft, Bereicherungsausgleich und gesetzlichem Güterstand, 1970; *Nonnenkamp/Zysk*, Neue Rechtsprechung zur vermögensrechtlichen Auseinandersetzung unter Ehegatten nach gescheiterter Ehe, DRiZ 1990, 437; *Wever*, Vermögensauseinandersetzung der Ehegatten außerhalb des Güterrechts, 2. Aufl 2000.

Übersicht

	Rn		Rn
I. Bedeutung der Norm	1	c) Pflicht des anderen Ehegatten zur Mithilfe	12
II. Einzelerläuterung	2	d) Ende der Haushaltsführung	13
1. Regelung der Haushaltsführung (Abs 1 S 1)	2	3. Erwerbstätigkeit von Ehegatten (Abs 2)	14
a) Begriffe	2	a) Recht zur Erwerbstätigkeit (Abs 2 S 1)	14
b) Rechtspflicht und Gestaltungsfreiheit	3	b) Rücksicht auf Belange des Ehegatten und der Familie (Abs 2 S 2)	15
c) Rechtsnatur der Regelung	4	c) Wirkung gegenüber Dritten	19
d) Verbindlichkeit der Regelung	5	4. Mitarbeit im Beruf oder Geschäft des Ehegatten	20
e) Wirkung gegenüber Dritten	7	a) Gründe von Mitarbeit	20
2. Haushaltsführung in eigener Verantwortung (Abs 1 S 2)	9	b) Fälle unentgeltlicher Mitarbeit	21
a) Zwingendes Recht	9	c) Ausgleich nicht unentgeltlicher Mitarbeit	22
b) Rechte und Pflichten des Haushaltsführenden	10		

I. Bedeutung der Norm

Die Bedeutung der Norm ergibt sich aus ihrer Vorgeschichte. Anfangs konnte der Mann nach dem Recht des BGB allein bestimmen und entscheiden und hatte die Frau – außer bei Rechtsmissbrauch – zu folgen (§ 1354 aF; sog **Direktionsrecht des Mannes**). Auch bei der Leitung des gemeinschaftlichen 1

---

[65] OLG Celle FamRZ 1992, 817: Ehemann wegen Totschlags der Ehefrau, deren Namen die Eheleute zum Ehenamen bestimmt hatten, rechtskräftig zu zehn Jahren Freiheitsstrafe verurteilt; *Gernhuber/Coester-Waltjen* § 16 Rn 26; *Soergel/H. Lange* Rn 27.

[66] So nach § 12 OLG Braunschweig NJW 1979, 1463 = FamRZ 1979, 913 m Anm *Bosch* und zust Anm *Diederichsen* NJW 1976, 1169, 1174: Serienbetrüger hatte Ehenamen zwecks Begehung weiterer Straftaten erschlichen; MünchKommBGB/*Wacke* Rn 28; *Staudinger/Hübner/Voppel* Rn 108 f; *Soergel/Hohloch* Nachtrag Rn 43.

§ 1356

Hauswesens, zu der sie nicht bloß berechtigt, sondern verpflichtet war, unterstand die Frau dem Direktionsrecht (§ 1356 Abs 1 aF). Ferner hatte sie nicht nur im Hauswesen, sondern auch im Geschäft des Mannes zu arbeiten, soweit das nach den Verhältnissen der Ehegatten üblich war (§ 1356 Abs 2 aF). Nachdem diese gegen die Gleichberechtigung der Geschlechter (Art 3 Abs 2 GG) verstoßenden Vorschriften mit Ablauf des 31. 3. 1953 außer Kraft getreten waren (Art 117 Abs 1 GG), beseitigte das **Gleichberechtigungsgesetz** vom 18. 6. 1957 das Direktionsrecht des Mannes ersatzlos und fasste § 1356 dahin, dass die Frau den Haushalt in eigener Verantwortung führte und erwerbstätig sein durfte, soweit es mit ihren Pflichten in Ehe und Familie vereinbar war (Abs 1). Im Beruf oder Geschäft des anderen mitzuarbeiten, soweit nach ihren Verhältnissen üblich, waren nun beide Ehegatten verpflichtet (Abs 2). Diese immer noch dem **Leitbild der Hausfrauenehe** verpflichteten und daher durch die gesellschaftliche Entwicklung überholten und Verfassungsbedenken ausgesetzten Vorschriften ersetzte das **1. EheRG** durch das heute geltende Recht. Dessen Hauptmerkmal ist der **Verzicht auf ein Eheleitbild** (§ 1353 Rn 2). Ehegatten regeln die Haushaltsführung nunmehr einvernehmlich (Abs 1) und sind gemäß Abs 2 S 1 (und nach Maßgabe des S 2) beide zur Erwerbstätigkeit berechtigt. Eine Pflicht zur Mitarbeit beim anderen Ehegatten normiert das Gesetz nicht mehr.

II. Einzelerläuterung

2 **1. Regelung der Haushaltsführung (Abs 1 S 1). a) Begriffe.** Gemeint ist die Regelung, welcher Ehegatte den Haushalt führt, nicht aber der Art und Weise der Haushaltsführung[1]. Das folgt aus der Vorschrift des Abs 1 S 2, die dem haushaltsführenden Ehegatten diese Aufgabe zur eigenen Verantwortung, also zur selbstständigen Wahrnehmung, zuweist. Einvernehmliche Regelungen darüber, wie er den Haushalt iE zu führen hat, kann weder der andere Ehegatte noch er selbst verlangen (Rn 9). Den **Begriff der Haushaltsführung** bestimmt das Gesetz nicht. Was dazu gehört und wie sie von der allgemeinen Gestaltung der Gemeinschaft abzugrenzen ist, die die Ehegatten einvernehmlich regeln (§ 1353 Rn 2), lässt sich auch nicht generell bestimmen, sondern hängt weitgehend von der jeweiligen Ehe ab. Haushaltsführung sind jedenfalls die in einem Haushalt regelmäßig anfallenden tatsächlichen Handlungen (zB Bereiten der Mahlzeiten, Betreuung von Kindern, Reinigung und Pflege der Kleidung, Putzen der Wohnung, Heranschaffen von Lebens- und Pflegemitteln sowie der im Haushalt benötigten kleineren Gerätschaften). Der Abschluss dazu erforderlicher Kauf- und sonstiger Verträge, ohne die eigenverantwortliche Haushaltsführung nicht denkbar ist, rechnet ebenfalls dazu, jedoch in Grenzen, die durch die finanziellen Verhältnisse der Eheleute unterschiedlich weit gezogen sind. Anschaffungen und sonstige Ausgaben, die der haushaltsführende Ehegatte in beengten Verhältnissen nicht ohne Zustimmung des anderen tätigen darf, wenn sie nicht sogar als unerschwinglich unterbleiben müssen, können bei entsprechendem Wohlstand zur Haushaltsführung rechnen. Beschäftigt ein finanziell gut gestelltes Ehepaar in seinem Haushalt Hilfspersonal, gehören dessen Beaufsichtigung oder sogar Einstellung und Entlassung zur Haushaltsführung (Rspr zu Einzelheiten s § 1357 Rn 23)[2].

3 **b) Rechtspflicht und Gestaltungsfreiheit.** Zur einvernehmlichen Regelung in dem hier beschriebenen Sinne sind die Ehegatten verpflichtet, nach hM aus § 1353 Abs 1 S 2[3]. Das Gesetz schreibt aber nur den Gegenstand der Regelung vor, nicht ihren Inhalt. Wem von ihnen sie in welchem Umfang die Haushaltsführung überlassen, ist daher die grds **freie Entscheidung** der Ehegatten. Sie können sie einem von ihnen, dem Mann oder der Frau, allein zuweisen. Sie können beide die Haushaltsführung übernehmen, sie zur Hälfte unter sich verteilt, und können oder den denkbaren Varianten nach kombinieren. Frei sind die Ehegatten bei der Regelung der Haushaltsführung grds auch im Verhältnis zueinander. Auch triftige Gründe, die eine bestimmte Zuweisung als wünschenswert oder sogar (zB im Interesse von Kindern) notwendig erscheinen lassen, berechtigen keinen Ehegatten, von dem anderen die Zustimmung zu einer entsprechenden Regelung zu verlangen. Da eine Regelung der Haushaltsführung durch Richterspruch nicht vorgesehen ist, kann eine Einigung bei Dissens der Eheleute auch nicht durch Klage auf Herstellung des ehelichen Lebens verlangt werden[4]. Allerdings können **Unterhaltspflichten eines Ehegatten** bei der Regelung der Haushaltsführung zu berücksichtigen sein. Weil die nach § 1603 Abs 2 berechtigten Kinder untereinander unterhaltsrechtlich **gleichen Rang** haben, dürfen solche Kinder, aus einer früheren Ehe oder nichtehelich, durch die Aufgabenverteilung in der neuen Ehe **nicht mehr als unumgänglich beeinträchtigt** werden. Je nachdem, ob und in welchem Umfang in der (neuen) Ehe Kinder zu betreuen sind, ist der Unterhaltspflichtige daher gehindert, sich auf die Haushaltsführung zu beschränken, sondern muss von seinem Recht auf Erwerbstätigkeit (Abs 2 S 1) Gebrauch machen, während der andere Ehegatte bei der Regelung der Haushaltsführung, uU auch durch Gewährung von Mitarbeit im eigenen Beruf oder Geschäft (Rn 20), auf die Unterhaltspflichten Rücksicht zu nehmen hat (Abs 2 S 2). Die Haushaltsführung entlastet den Ehegatten allenfalls gegenüber den Mitgliedern der neuen Ehe. Die Kinder aus erster Ehe müssen eine Einbuße ihrer Unterhalts-

---

[1] MünchKommBGB/*Wacke* Rn 6: „Grundverhältnis" im Unterschied zum „Betriebsverhältnis"; Staudinger/Hübner/Voppel Rn 7.
[2] Soergel/H. Lange Rn 7; Staudinger/Hübner/Voppel Rn 6; MünchKommBGB/*Wacke* Rn 12 f.
[3] Staudinger/Hübner/Voppel Rn 7; MünchKommBGB/*Wacke* Rn 6, s auch Soergel/H. Lange Rn 7.
[4] MünchKommBGB/*Wacke* Rn 6; Staudinger/Hübner/Voppel Rn 11; allg Henrich FamR § 6 III 1 a; abw Soergel/H. Lange Rn 8, wonach aus §§ 1353, 1360 und den gesamten Lebensumständen zu entnehmen sein soll, welche Beiträge zum Haushalt und zum Erwerb beim Fehlen einer Einigung ehegerecht erscheinen; noch weiter gehend Dieckmann FamRZ 1977, 1977, 81, 89: Frau bei kinderloser Ehe regelmäßig zur Erwerbstätigkeit verpflichtet.

ansprüche nur dann hinnehmen, wenn das Interesse des Unterhaltspflichtigen und seiner neuen Familie an der Aufgabenverteilung ihr eigenes Interesse an der Beibehaltung der bisherigen Unterhaltssicherung deutlich überwiegt[5]. Für Unterhaltspflichten gegenüber einem früheren Ehegatten gilt entsprechendes[6]. Im Verhältnis zum Unterhaltsberechtigten muss der Unterhaltspflichtige sich so behandeln lassen, als sei er unter dem hiernach erzielbaren Einkommen leistungsfähig[7]. Allerdings ist die Leistungsfähigkeit nicht durch dieses fiktive Einkommen begrenzt, wenn der Unterhaltspflichtige auf der Grundlage einer Nebenerwerbstätigkeit und des Taschengeldanspruchs leistungsfähig wäre[8]. Gegenüber seinem (jetzigen) Ehegatten kommt nur eine Klage auf Herstellung des ehelichen Lebens (ohne Vollstreckungszwang, § 888 Abs 3 ZPO) in Betracht. Vermögen die Ehegatten – von vornherein oder wenn im Verlauf der Ehe eine Neuregelung erforderlich wird – **keine Einigung** zu erzielen, muss jeder von ihnen gemäß § 1353 Abs 1 S 2 nach Kräften so zur Führung des Haushalts beitragen, dass dieser eine eheliche Lebensgemeinschaft ermöglicht[9].

c) Rechtsnatur der Regelung. Die vom Gesetz offen gelassene Rechtsnatur der Regelung ist Gegenstand wenig ergiebigen Meinungsstreits. Vor allem wegen seiner Bedeutung für die künftige Lebensgestaltung der Eheleute wird das gegenseitige Einvernehmen iS des Abs 1 S 1 vielfach als Ehevereinbarung mit **rechtsgeschäftlichem Charakter** betrachtet, als (familienrechtlicher) **Vertrag**[10] oder sonstiges Rechtsgeschäft[11], von anderen als gleichgerichtete Erklärungen gefasster **Beschluss** oder das nahe stehende Rechtsgeschäft[12]. Die erforderlichen Erklärungen werden zumeist als konkludent abgegeben angesehen; ausdrückliche Erklärungen seien nach der Formulierung des Abs 1 S 2 (Haushaltsführung „überlassen") nicht erforderlich. Lebensnäher ist die Auffassung, dass die Regelung der Haushaltsführung rechtsgeschäftlichen Charakter haben kann, aber nicht muss. Sie kann allein durch tatsächliche Übung ohne Rechtsfolge- und Bindungswillen getroffen werden, wie es häufig – wenn nicht zumeist – auch geschieht; unerlässlich ist nur die **Willensübereinstimmung** der Ehegatten[13]. Weitgehende Einigkeit besteht, dass auch in diesen Fällen **kein bloßer Realakt** vorliegt und die einvernehmliche Regelung für die Ehegatten **verbindlich** ist (Rn 5), was vielfach mit einem durch das Einvernehmen begründeten **Vertrauenstatbestand** begründet wird[14]. Für **Rechtswirksamkeit und Rechtswirkungen** einer Regelung hat es kaum praktische Bedeutung, ob die Ehegatten sie im Einzelfall bewusst und mit Bindungswillen treffen, ob ein Vertrag (Beschluss, Ordnung) unterstellt wird oder ob sich nur eine tatsächliche Übung feststellen lässt, durch die die Haushaltsführung einem Ehegatten überlassen worden ist. Die allgemeinen Vorschriften der §§ 106 ff, 119 ff sind in keinem Fall uneingeschränkt anwendbar[15], sondern nur nach Maßgabe der familienrechtlichen Natur der Regelung. So bedarf es nicht der (vollen) **Geschäftsfähigkeit**. Ein Minderjähriger, dem das Familiengericht die zur Eheschließung erforderliche Befreiung erteilt hat (§ 1303 Abs 2), ist erst befugt, selbstständig an der Regelung der Haushaltsführung mitzuwirken, auch wenn diese nicht nur zu seinem rechtlichen Vorteil (§ 107) ist (vgl ferner § 1355 Rn 6)[16]. Für weiter reichende finanzielle Dispositionen, die dem Vollzug der ehelichen Lebensgemeinschaft dienen, kann anderes gelten[17].

d) Verbindlichkeit der Regelung. Die Verbindlichkeit der Regelung im Verhältnis der Eheleute zueinander bedeutet keine rechtliche Durchsetzbarkeit. Verstößen kann der andere Ehegatte nur mit der Klage auf Herstellung des ehelichen Lebens (§ 606 ZPO) begegnen, also ohne Vollstreckungszwang (§ 888 Abs 3 ZPO). Schadensersatzansprüche, etwa wegen Vernachlässigung der übernommenen Haushaltsführung, wären damit unvereinbar[18].

Ehegatten können die zwischen ihnen geltende Regelung selbstverständlich jederzeit einvernehmlich aufheben und ändern. Verbindlich ist eine Regelung insofern, als ein Ehegatte sich von ihr **einseitig nur aus besonderen Gründen** lösen kann. Wie bei anderen Dauerrechtsverhältnissen ist das bei wesentlicher Änderung der zugrunde liegenden Verhältnisse der Fall, etwa wenn beiderseits erwerbstätigen, den Haushalt gemeinsam führenden Ehegatten ein Kind geboren oder wenn ein Ehegatte

---

[5] BGHZ 169, 200 = NJW 2007, 139; BGH FamRZ 2006, 1010; FamRZ 2004, 364; FamRZ 1996, 796.
[6] BGH NJW-RR 1987, 514, 516 = FamRZ 1987, 252, 254.
[7] *Staudinger/Hübner/Voppel* Rn 22.
[8] BGHZ 169, 200 = NJW 2007, 139 unter Aufgabe früherer Rspr.
[9] MünchKommBGB/*Wacke* Rn 6: „dass der Haushalt nicht verkommt"; *Gernhuber/Coester-Waltjen* § 20 Rn 2: allenfalls die Pflicht, den Haushalt vor dem Ruin zu bewahren; *Henrich* FamR § 6 III 3 S 56; *Staudinger/Hübner/ Voppel* Rn 8, wo zudem eine beiderseitige Verpflichtung zur Erwerbstätigkeit angenommen wird.
[10] *Diederichsen* NJW 1977, 216, 219; *Palandt/Diederichsen* 44. Aufl Anm 2 a bb; *Kurr* FamRZ 1978, 2, 4; FamK/*Brudermüller* Rn 6; einschränkend *Soergel/H. Lange* Rn 9: „im Allgemeinen".
[11] *Gernhuber/Coester-Waltjen* § 18 Rn 19 ff: Ordnungen.
[12] MünchKommBGB/*Wacke* Rn 7.
[13] *Staudinger/Hübner/Voppel* Rn 11; *Henrich* FamR § 6 III 2 S 55; *Schwab* Rn 112.
[14] *Staudinger/Hübner/Voppel* Rn 10; *Holzhauer* JZ 1977, 729; s auch MünchKommBGB/*Wacke* Rn 7 und § 1353 Rn 7; *Henrich* FamR § 6 III 2 S 55; zu ähnlich krit *Hepting* Ehevereinbarungen § 9 I S 76 ff, der aber auf Grund „normativer Verbindlichkeit" ebenfalls zu einer – Bindung an eheliche Abreden gelangt, aaO § 27 S 314 ff.
[15] Anders FamK/*Brudermüller* Rn 7 unter Hinweis auf älteres Schrifttum.
[16] So schon unter der Geltung des EheG *Gernhuber/Coester-Waltjen* § 18 Rn 21; *Soergel/H. Lange* Rn 9; s auch MünchKommBGB/*Wacke* Rn 7 und 1353 Rn 7.
[17] *Gernhuber/Coester-Waltjen* § 18 Rn 34.
[18] *Soergel/H. Lange* Rn 9; FamK/*Brudermüller* Rn 6; s auch *Gernhuber/Coester-Waltjen* § 20 Rn 7; aA MünchKommBGB/*Wacke* Rn 8 iVm § 1353 Rn 9; zweifelnd *Diederichsen* NJW 1977, 216, 219.

§ 1356

arbeitslos oder erwerbsunfähig wird[19], aber auch sonst aus wichtigem Grund[20]. Dabei wird die Wichtigkeit von Gründen auch von der ehelichen Lebensgemeinschaft und den sich daraus ergebenden beiderseitigen Rechten und Pflichten bestimmt. ZB muss ein Ehemann Rücksicht nehmen und zur Verständigung bereit sein (§ 1353 Rn 26, 30), wenn die Ehefrau nunmehr von ihrem Recht zur Erwerbstätigkeit (Abs 2) Gebrauch machen will, weil sie sich von der allein übernommenen Haushaltsführung nicht mehr ausgefüllt fühlt[21]. Für die Zukunft hat die einvernehmliche Regelung der Haushaltsführung daher keine besonders ausgeprägte Bindungswirkung[22]. Allerdings unterliegt einseitige Abkehr von einer einvernehmlichen Regelung ihrerseits den durch die eheliche Lebensgemeinschaft gegebenen Schranken. Sie darf nicht zur Unzeit, grds nicht ohne vorherigen Versuch einer Verständigung mit dem anderen Ehegatten und nicht ohne Rücksicht auf dessen berechtigte Interessen (zB auf von ihm im Vertrauen auf den Bestand der Regelung getroffene Dispositionen) geschehen[23]. Mit diesen Maßgaben muss ein Ehegatte sich aber auch im ausschließlich eigenen Interesse einseitig von einer Regelung lösen dürfen, nicht etwa nur zum Schutz der Ehe- und Familiengemeinschaft[24]. Der durch wirksame Abkehr entstehende regellose Zustand verpflichtet die Ehegatten erneut zu einer einvernehmlichen Regelung. Insoweit gilt wieder das zu Rn 3 Gesagte.

7   e) **Wirkung gegenüber Dritten.** Die Regelung der Haushaltsführung, die Ehegatten nach Abs 1 S 1 treffen, betrifft die Gestalt ihrer Ehe und entfaltet Rechtswirkungen zwischen ihnen, nicht aber im Verhältnis zu Dritten. Durch Abschluss oder Aufrechterhaltung von **Verträgen mit Dritten**, etwa Dienstverträgen, deren Erfüllung mit übernommener Haushaltsführung unvereinbar ist, können Pflichten gegenüber dem anderen Ehegatten verletzt werden. Die Rechtswirksamkeit der jeweils kollidierenden vertraglichen Beziehung bleibt davon aber unberührt.

8   Die einvernehmlich geregelte Haushaltsführung, der durch eine Regelung geschaffene **tatsächliche Zustand** also, kann sich aber auf Rechtsbeziehungen eines Ehegatten zu Dritten auswirken. Hat der Ehegatte unter Verzicht auf Erwerbstätigkeit und damit auf eigenes Einkommen die Haushaltsführung übernommen, kann davon seine **unterhaltsrechtliche Leistungsfähigkeit** im Verhältnis zu Unterhaltsgläubigern, etwa einem früheren Ehegatten und Kindern aus der früheren Ehe, gemindert werden. Ein Rollentausch ist daher aus unterhaltsrechtlicher Sicht nur dann gerechtfertigt, wenn das Interesse des Unterhaltspflichtigen und seiner neuen Familie dasjenige des Unterhaltsberechtigten an der Beibehaltung der bisherigen Unterhaltssicherung deutlich überwiegt[25]. Auf **Schadensersatzansprüche** wegen Körperverletzung oder Tötung eines Ehegatten wirkt es sich aus, wenn dieser Ehegatte ganz oder zum Teil die Haushaltsführung übernommen hatte. Soweit er darin durch **Körperverletzung** beeinträchtigt wird und deshalb zum Familienunterhalt (§ 1360 S 2) in dem gebotenen und gewollten Maße beitragen kann, kann er die darin liegenden Nachteile für „Erwerb oder Fortkommen" (§ 842) in vollem Umfang selbst ersetzt verlangen[26]. Im Falle seiner **Tötung** kommt ein Schadensersatzanspruch des anderen Ehegatten wegen Entziehung seines Rechts auf Unterhalt (§ 844 Abs 2) in Betracht[27]. Denn die Haushaltsführung des Getöteten war ihm **kraft Gesetzes** grds in dem Umfang als Unterhalt geschuldet, wie es der den Eheleuten gesetzlich überlassenen Regelung entsprach[28]. Hingegen scheidet in diesen Fällen ein Ersatzanspruch des anderen Ehegatten wegen entgangener Dienste (§ 845) nach heutigem Verständnis aus[29].

9   **2. Haushaltsführung in eigener Verantwortung (Abs 1 S 2). a) Zwingendes Recht.** Die Vorschrift steht nicht zur Disposition der Ehegatten. Vereinbarungen, die die Art und Weise der Haushaltsführung (Rn 2) iE regeln, sind unwirksam[30]. Dem anderen Ehegatten kann weder durch Vereinbarung noch durch tatsächliche Übung die Befugnis zu Weisungen in Fragen der Haushaltsführung eingeräumt werden[31]. Er darf dem haushaltsführenden Ehegatten **keine Vorschriften** machen und auch keine indirekte Einflussnahme, zB durch Kürzung des Wirtschaftsgeldes, versuchen[32]. Zu berechtigten Abmahnungen s Rn 11. **Kontrollen**, insbes der Verwendung des Wirtschaftsgeldes, sind mit eigenverantwortlicher Haushaltsführung grds unvereinbar. Da ein Ehegatte die ihm überlassene Haushaltsführung aus eigenem Recht wahrnimmt (Rn 10), braucht er darüber nicht wie ein Beauftragter abzurechnen (§ 1353 Rn 21). Ehelicher Gesinnung entspricht zwar (auch) insoweit

---

[19] *Soergel/H. Lange* Rn 10; *Staudinger/Hübner/Voppel* Rn 13 f.
[20] *Gernhuber* FamRZ 1979, 193, 200; *Gernhuber/Coester-Waltjen* § 18 Rn 23.
[21] *Gernhuber/Coester-Waltjen* § 18 Rn 23; FamK/*Brudermüller* Rn 7; *Diederichsen* NJW 1977, 216, 219; im Ergebnis auch *Soergel/H. Lange* Rn 10: trotz der zu engen Beschränkung der Änderungsgründe auf den Schutz der Ehe- und Familiengemeinschaft.
[22] *Gernhuber/Coester-Waltjen* § 20 Rn 3; ähnlich FamK/*Brudermüller* Rn 7.
[23] *Henrich* FamR § 6 III 2 S 55; sonst im überwiegend für die Möglichkeit einseitiger Lösung votierenden Schrifttum wohl nicht hinreichend beachtet, vgl *Gernhuber/Coester-Waltjen* § 18 Rn 23; MünchKommBGB/*Wacke* Rn 8; *Staudinger/Hübner/Voppel* Rn 13 f; FamK/*Brudermüller* Rn 7.
[24] So aber *Soergel/H. Lange* Rn 10.
[25] BGHZ 169, 200 = NJW 2007, 139; BGH FamRZ 1996, 796; FamRZ 2004, 364.
[26] BGHZ 38, 55, 59 f = NJW 1962, 2248, 2249.
[27] BGHZ 51, 109, 111 = NJW 1969, 321, 322; BGHZ 104, 113 = NJW 1988, 1783.
[28] BGHZ 104, 113, 115 = NJW 1988, 1783.
[29] BGH GSZ 50, 304 = NJW 1968, 1823; BGHZ 51, 109, 111 = NJW 1969, 321, 322.
[30] AA *Grziwotz* MDR 1998, 1075, 1077.
[31] *Gernhuber/Coester-Waltjen* § 20 Rn 4 ff; *Soergel/H. Lange* Rn 13; *Staudinger/Hübner/Voppel* Rn 15; MünchKommBGB/*Wacke* Rn 9; aA *Grziwotz* MDR 1998, 1075, 1079.
[32] *Staudinger/Hübner/Voppel* Rn 15; MünchKommBGB/*Wacke* Rn 9.

Offenheit[33], vor allem aber Vertrauen und Großzügigkeit. Zu näherer **Abrechnung** kann der Haushaltsführende allenfalls bei Streit über die Angemessenheit des vereinbarten Wirtschaftsgeldes gehalten sein[34]. Muss der andere Ehegatte, etwa im Krankheitsfall, vorübergehend die Haushaltsführung übernehmen (Rn 12), darf er an dieser nichts Grundlegendes ändern und muss sie anschließend wieder abgeben[35]. Einer **Änderung der Regelung,** selbst einer einseitigen Abkehr (Rn 6), steht die Vorschrift freilich nicht schlechthin entgegen. Die bei der Haushaltsführung einzuhaltenden Pflichten (Rn 11) können in einer Weise nachhaltig verletzt werden, dass die einvernehmlich getroffene Regelung nicht bestehen bleiben kann und eine Neuregelung unabweislich ist. Der andere Ehegatte kann aber keine Änderung verlangen, nur um die Haushaltsführung selbst zu übernehmen oder Einfluss darauf zu gewinnen.

b) Rechte und Pflichten des Haushaltsführenden. Er führt den Haushalt kraft **eigenen Rechts,** 10 nicht etwa als Verrichtungsgehilfe (§ 831) des anderen Ehegatten[36]. Soweit der andere aus seinem Einkommen oder Vermögen zum Familienunterhalt beizutragen hat (§ 1360 S 1), kann der Haushaltsführende von ihm das vereinbarte[37], mangels Vereinbarung: das nach den ehelichen Lebensverhältnissen angemessene Wirtschaftsgeld für einen angemessenen Zeitraum (im Allgemeinen monatlich) im Voraus verlangen (§ 1360 a Abs 2 S 2). In Naturalien braucht er die zum Haushalt erforderlichen Mittel nicht entgegenzunehmen[38], anders allenfalls bei Produkten aus dem eigenen Betrieb (zB Landwirtschaft). Wegen des Umfangs der zur Haushaltsführung gehörigen Aufgaben, auf die sich diese Befugnisse erstrecken, s Rn 2.

Der Ehegatte, dem sie einvernehmlich überlassen ist, ist **zur Haushaltsführung verpflichtet,** ohne 11 die Hausarbeit unbedingt in Person verrichten zu müssen[39]. Diese Pflicht hat im Konfliktfall Vorrang vor einer Erwerbstätigkeit, solange der Ehegatte nicht nach § 1360 (auch) durch eigenen Erwerb zum Familienunterhalt beizutragen hat[40]. Er muss im Einklang mit den zur Verfügung stehenden Mitteln möglichst zweckmäßig wirtschaften und dabei den Bedürfnissen und verständigen Wünschen des Ehegatten und der Kinder gerecht zu werden versuchen[41]. Wenn er der Pflicht zur Haushaltsführung nicht nachkommt oder es zu **erheblichen Missständen** kommen lässt, kann ihn der andere Ehegatte in einer seiner Pflicht zur Rücksichtnahme und Verständigungsbereitschaft (§ 1353 Rn 26, 30) entsprechenden Weise abmahnen und, wenn das keinen Erfolg hat, eine Änderung der einvernehmlichen Regelung verlangen oder diese notfalls – mit den Rn 3 dargestellten Folgen – einseitig aufkündigen (Rn 6). Zur Geltendmachung dieser Befugnisse steht ihm jedoch nur die Herstellungsklage (ohne Vollstreckungszwang, § 888 Abs 3 ZPO) zur Verfügung, während Schadensersatzansprüche ausgeschlossen sind[42]. Da die Haushaltsführung Beitrag zum Familienunterhalt ist (§ 1360 S 2), können schwerwiegende Pflichtverletzungen aber den Tatbestand von Härteklauseln des Unterhaltsrecht (§§ 1579 Nr 5, § 1361 Abs 3) und des Versorgungsausgleichs (§ 1587 c Nr 3) erfüllen. Güterrechtlich könnten Einreden gegen einen Ausgleichsanspruch (§ 1381) und vorzeitiger Zugewinnausgleich (§ 1386 Abs 1) in Betracht kommen.

c) Pflicht des anderen Ehegatten zur Mithilfe. Eine Pflicht des anderen Ehegatten zur 12 Mithilfe ergibt sich aus der allgemeinen, durch Vereinbarung nicht abdingbaren Pflicht zu Beistand und Fürsorge, hier insbes für die Person des Ehegatten und in Bezug auf Kinder (§ 1353 Rn 15 f, 19). Sie besteht daher auch gegenüber einem Ehegatten, dem die Haushaltsführung allein überlassen worden ist. **Art und Ausmaß** richten sich nach den Verhältnissen der jeweiligen Ehe: nach dem Umfang der für den Haushalt aufzuwendenden Arbeit, der ua von der Anzahl der zum Haushalt gehörenden Personen (Kinder!) sowie deren Alter und Gesundheitszustand abhängt; nach der beruflichen Belastung des anderen Ehegatten, aber auch des Haushaltsführenden, wenn dieser ebenfalls erwerbstätig ist; nach Alter, Gesundheitszustand und Fähigkeiten der Ehegatten[43]. Ist der andere Ehegatte beruflich stark beansprucht, kann er trotzdem in größerem Umfang zur Mithilfe verpflichtet sein, wenn der Haushaltsführende durch Erwerbstätigkeit einen Beitrag zum Familienunterhalt leisten muss (§ 1360) oder einvernehmlich aus anderen Gründen einer Tätigkeit außer Haus nachgeht. Dadurch kann eine Pflichtenlage wie bei gemeinsamer Haushaltsführung entstehen. Auch **vorübergehende Notlagen** können den Einsatz aller verfügbaren Kräfte verlangen. Scheidet der zuvor berufstätige andere Ehegatte aus Alters- oder Gesundheitsgründen oder durch Verlust des Arbeitsplatzes aus dem Erwerbsleben aus, ist er zu seiner Leistungsfähigkeit entsprechender gesteigerter Mithilfe verpflichtet.

---

[33] *Soergel/H. Lange* Rn 14.
[34] OLG Hamburg FamRZ 1984, 583, 584 mwN.
[35] *Soergel/H. Lange* Rn 13; MünchKommBGB/*Wacke* Rn 9.
[36] *Soergel/H. Lange* Rn 13.
[37] *Soergel/H. Lange* Rn 15.
[38] KG FamRZ 1968, 392; AG Kleve FamRZ 1996, 1408.
[39] *Soergel/H. Lange* Rn 14.
[40] *Soergel/H. Lange* Rn 14; ebenso zur gesetzlichen Haushaltsführungspflicht der Ehefrau nach § 1356 Abs 1 S 1 aF BGH FamRZ 1959, 203, 204 = NJW 1959, 987 LS; OLG Stuttgart NJW 1961, 2113.
[41] BGH NJW 1969, 321; *Soergel/H. Lange* Rn 14 f; *Staudinger/Hübner/Voppel* Rn 15 f; MünchKommBGB/*Wacke* Rn 10.
[42] MünchKommBGB/*Wacke* Rn 10; *Soergel/H. Lange* Rn 15.
[43] *Soergel/H. Lange* Rn 18; MünchKommBGB/*Wacke* Rn 11; *Staudinger/Hübner/Voppel* Rn 18.

§ 1356

13 **d) Ende der Haushaltsführung.** Recht und Pflicht zur Haushaltsführung enden mit Aufhebung der häuslichen Gemeinschaft, also der Trennung iS von § 1567[44]. Hebt der andere Ehegatte die Gemeinschaft grundlos auf, bleibt die Verpflichtung gegenüber der übrigen Familie bestehen[45].

14 **3. Erwerbstätigkeit von Ehegatten (Abs 2). a) Recht zur Erwerbstätigkeit (Abs 2 S 1).** Wie sich aus Abs 1 S 1 ergibt, steht dieses Recht **zur Disposition der Ehegatten**[46], ohne dadurch aber jede Bedeutung für die Gestaltung der ehelichen Gemeinschaft zu verlieren. Eine einvernehmliche Regelung, durch die einer von ihnen unter völligem oder teilweisem Verzicht auf Erwerbstätigkeit die Haushaltsführung übernimmt, hindert diesen Ehegatten später nicht, die Regelung der Haushaltsführung in Frage zu stellen, und zwar nicht nur auf Grund einer Änderung äußerer Umstände. Schon wenn der haushaltsführende Ehegatte von seinem Recht aus Abs 2 S 1 Gebrauch machen möchte, kann dies ein Änderungsgrund sein (Rn 6), auch wenn solch ein Begehren unter dem Gebot der Rücksichtnahme und Verständigungsbereitschaft aus § 1353 Abs 1 S 2 (nicht erst aus Abs 2 S 2) steht. Dem Recht aus Abs 2 S 1 entspricht **keine Obliegenheit zur Erwerbstätigkeit.** Im Verhältnis der Ehegatten zueinander kann sich eine solche Obliegenheit aber aus § 1360 ergeben, iÜ aus Unterhaltspflichten gegenüber Dritten, etwa einem früheren Ehegatten und Kindern aus der früheren Ehe, auf die der andere Ehegatte nach Abs 2 S 2 Rücksicht zu nehmen hat (Rn 3).

15 **b) Rücksicht auf Belange des Ehegatten und der Familie (Abs 2 S 2).** Das Gebot der sog **Familienverträglichkeit** ist zwingend, gegenüber dem Ehegatten nicht weniger als gegenüber der (übrigen) Familie. Unterschiede bestehen nicht prinzipiell[47], sondern können sich allein aus unterschiedlichen Belangen der einzelnen Glieder dieses Personenkreises ergeben. Junge und **betreuungsbedürftige Kinder** leiden unter berufsbedingter Abwesenheit insbes der Mutter[48], während dem Ehegatten und älteren Kindern durch eine ihren Bedürfnissen entsprechende Organisation des Haushalts wenigstens ausreichend gedient sein kann. Die Pflicht zur Rücksichtnahme trifft unterschiedslos jeden erwerbstätigen Ehegatten, gleich ob und in welchem Umfang er **daneben Haushaltsführung** übernommen hat. Auch ein voll Berufstätiger, dessen Ehegatte die alleinige Haushaltsführung übernommen hat, ist dazu verpflichtet[49]. Ein haushaltsführender Ehegatte, der – weil Kinder nicht vorhanden oder aus dem Hause sind – daneben erwerbstätig werden will, muss allerdings auch auf den Beruf des erwerbstätigen anderen Ehegatten Rücksicht nehmen, etwa indem er nach Möglichkeit am selben Ort tätig wird[50]. Bei der **Wahl der Erwerbstätigkeit** geht es nicht erst um Art, Umfang und Ort, sondern schon um die Frage, ob überhaupt eine Erwerbstätigkeit aufgenommen werden soll[51]. Die **Ausübung** der Erwerbstätigkeit betrifft die Art und Weise, wie die gewählte Tätigkeit wahrgenommen wird, zB ob und in welchem Umfang Überstunden geleistet werden.

16 Der Begriff der **Familie** ist gesetzlich nicht definiert. Einigkeit besteht aber darin, dass der Personenkreis für beide Ehegatten derselbe ist, also auch Kinder (oder andere Verwandte) nur eines der Ehegatten umfasst. Teilweise werden aber nur in **häuslicher Gemeinschaft** mit den Ehegatten lebende Angehörige dazu gerechnet, während der Begriff von anderen weit ausgelegt und auf außerhalb der Gemeinschaft lebende Angehörige erstreckt wird, die aus sittlichen Gründen der Betreuung bedürfen. Größere praktische Bedeutung wird die Streitfrage indessen nicht haben, da selbst bei enger Auslegung Pflichten auch gegenüber außerhalb, zB in einem Heim, lebenden alten oder kranken Angehörigen berücksichtigt werden, während eine bei weiter Auslegung erforderliche Eingrenzung des Personenkreises durch das Kriterium der „gebotenen" Rücksicht gewährleistet werden soll[52].

17 Gegen **Verletzungen** des Gebots der Familienverträglichkeit steht dem anderen Ehegatten nur die Klage auf Herstellung des ehelichen Lebens (ohne Vollstreckungszwang, § 888 Abs 3 ZPO) zur Verfügung, während Schadensersatzansprüche ausgeschlossen sind[53]. Wegen weiterer Sanktionen s Rn 11 aE.

18 Auf **ehrenamtliche Betätigungen,** etwa politischer, karitativer, kultureller oder sportlicher Art, werden die sich aus Abs 2 S 2 ergebenden Grundsätze vielfach entspr angewandt[54]. Nach anderer Ansicht folgt dasselbe aus der Pflicht zur Rücksichtnahme gemäß § 1353 Abs 1 S 2[55].

19 **c) Wirkung gegenüber Dritten.** Wie die Regelung der Haushaltsführung (Rn 7) entfaltet auch das Gebot der Familienverträglichkeit Rechtswirkungen nur im Verhältnis der Ehegatten zueinander, nicht im Verhältnis zu Dritten. Die Rechtswirksamkeit etwa des Dienstvertrages eines Ehegatten bleibt daher unberührt, wenn er durch Eingehung oder Aufrechterhaltung des Dienstverhältnisses gegen seine Pflichten aus Abs 2 S 2 verstößt (allgM; Rn 7).

---

[44] *Soergel/H. Lange* Rn 17; MünchKommBGB/*Wacke* Rn 10 aE; *Staudinger/Hübner/Voppel* Rn 17.
[45] *Soergel/H. Lange* Rn 17.
[46] *Soergel/H. Lange* Rn 19.
[47] Dafür anscheinend *Soergel/H. Lange* Rn 19.
[48] MünchKommBGB/*Wacke* Rn 14; *Henrich* FamR § 6 III 5 S 60.
[49] *Soergel/H. Lange* Rn 19; MünchKommBGB/*Wacke* Rn 14.
[50] MünchKommBGB/*Wacke* Rn 14; *Henrich* FamR § 6 III 5 S 60.
[51] *Soergel/H. Lange* Rn 19; FamK/*Brudermüller* Rn 9.
[52] *Soergel/H. Lange* Rn 20; *Staudinger/Hübner/Voppel* Rn 24 einerseits, MünchKommBGB/*Wacke* Rn 14; FamK/*Brudermüller* Rn 11 mwN andererseits.
[53] *Soergel/H. Lange* Rn 9, 19; *Staudinger/Hübner/Voppel* Rn 28.
[54] *Soergel/H. Lange* Rn 21; MünchKommBGB/*Wacke* Rn 14; FamK/*Brudermüller* Rn 12.
[55] *Staudinger/Hübner/Voppel* Rn 27.

4. Mitarbeit im Beruf oder Geschäft des Ehegatten. a) Gründe von Mitarbeit. Wie zu 20 § 1353 Rn 31 näher ausgeführt, kann ein Ehegatte verpflichtet sein, bei dem anderen Ehegatten mitzuarbeiten oder den anderen bei sich mitarbeiten zu lassen. Während die früheren Fassungen des Abs 2 – ursprünglich nur für die Frau, später für beide Eheleute – eine **Verpflichtung zur Mitarbeit** im (Beruf oder) Geschäft des Ehegatten ausdrücklich bestimmten (Rn 1), kann sie sich heute im Einzelfall noch aus der Pflicht zur **ehelichen Lebensgemeinschaft** (§ 1353 Abs 1 S 2) ergeben, welche die Ehegatten auch dadurch zu verwirklichen haben, dass einer dem anderen nicht nur bei der Bewältigung seiner alltäglichen Aufgaben, sondern gerade in besonderen Schwierigkeiten behilflich ist (§ 1353 Rn 15). Dasselbe kann unter besonderen Umständen aus der Pflicht jedes Ehegatten folgen, mit seiner Arbeit **zum Familienunterhalt beizutragen** (§ 1360 S 1). Ein Ehegatte, der seinen Beitrag nicht oder nicht voll durch Führung des Haushalts leistet (§ 1360 S 2) und dem deshalb Erwerbstätigkeit obliegt, kann gehalten sein, diese im Beruf oder Geschäft des anderen Ehegatten auszuüben, wenn sie den Umständen nach nur dort möglich oder zumutbar ist[56]. Wenn die Pflichten aus Abs 2 S 2 es dem anderen gebieten, dem Ehegatten eine Erwerbstätigkeit zu ermöglichen, kann dieser in einem solchen Fall ausnahmsweise sogar ein **Recht auf Mitarbeit** haben. Zu denken ist an einen Ehegatten, dem Erwerbstätigkeit obliegt, um Unterhaltspflichten gegenüber Dritten nachkommen zu können (s ferner Rn 3)[57]. **Zu allermeist** wird Mitarbeit im Beruf oder Geschäft des anderen Ehegatten aber nicht (oder nicht auf Dauer) auf Grund einer Verpflichtung oder Berechtigung geleistet, sondern **aus beiderseitigem Interesse.**

b) Fälle unentgeltlicher Mitarbeit. Solange nach Abs 2 aF (allein) die Ehefrau zur Mitarbeit im 21 Geschäft des Ehegatten verpflichtet war, wurde ihre Mitarbeit überwiegend als unentgeltlich geleistet betrachtet, vielfach sogar dann, wenn sie über das nach den Verhältnissen der Eheleute Übliche (Rn 1) hinausging[58]. Auch zu Abs 2 idF des Gleichberechtigungsgesetzes lehnte die hM Vergütungsansprüche wegen Mitarbeit im Beruf oder Geschäft des Ehegatten – vorbehaltlich anderer Vereinbarung – ab, soweit die Mitarbeit sich im Rahmen des Üblichen hielt[59]. Zunehmend wurde allerdings, vor allem im Schrifttum, die Ansicht vertreten, mit Ausnahme unbedeutender Hilfeleistungen sei auch übliche Mitarbeit zu vergüten[60]. Seit eine Mitarbeitspflicht aus der allgemeinen Pflicht zur ehelichen Lebensgemeinschaft (§ 1353 Abs 1 S 2) hergeleitet wird (Rn 20), kann die Entgeltlichkeit nicht mehr davon abhängen, ob die Mitarbeit üblich ist oder nicht. Wohl weil das geltende Recht Ehegatten nur noch unter deutlich strengeren Voraussetzungen als zuvor zur Mitarbeit verpflichtet, diese Pflicht also gegenüber dem früheren Rechtszustand erheblich eingeschränkt hat, steht die hM auf dem Standpunkt, dass nach § 1353 Abs 1 S 2 **geschuldete Mitarbeit unentgeltlich** geleistet wird, zumindest grds[61]. Für Mitarbeit auf Grund der Unterhaltspflicht nach § 1360 S 1 wird dasselbe angenommen[62]. Die Rspr zu dieser sog **Unterhaltsarbeit** kann allerdings nicht unbesehen herangezogen werden, soweit sie keine Ansprüche des mitarbeitenden Ehegatten betrifft, sondern den Anspruch des anderen Ehegatten auf Ersatz des ihm durch Tötung des Mitarbeitenden entzogenen gesetzlichen Unterhaltsrechts (§ 844 Abs 2; Rn 8), und den Bereich der Unterhaltsarbeit daher weit zu ziehen geneigt ist[63]. In den Fällen, in denen der sie leistende **Ehegatte zur Mitarbeit berechtigt** ist, gehört zu seiner Berechtigung, dass er von dem anderen die Vereinbarung einer angemessenen Vergütung verlangen kann.

c) Ausgleich nicht unentgeltlicher Mitarbeit. Für den verbleibenden Bereich als ausgleichs- 22 pflichtig in Betracht zu ziehender Mitarbeit, der von weitaus größerer praktischer Bedeutung ist als die Fälle unentgeltlicher Mitarbeit (Rn 21), ist mangels eigener gesetzlicher Regelung auf Grundsätze zurückzugreifen, nach denen zwischen Ehegatten allgemein ein gerechter Vermögensausgleich geschaffen werden soll, wenn das Ehegüterrecht, dessen Regelungen vorrangig gelten, bei Auflösung der Ehe keine befriedigende Lösung gewährleistet[64]. Dazu sind verschiedene Ansätze entwickelt worden, nach denen sich Ansprüche (auch) des mitarbeitenden Ehegatten begründen lassen.

---

[56] BGHZ 77, 157, 161 f = NJW 1980, 2196, 2197; *Gernhuber/Coester-Waltjen* § 20 Rn 18; *Soergel/H. Lange* Rn 25, § 1360 Rn 16; FamK/*Brudermüller* Rn 15.
[57] BGHZ 75, 272, 275 f = NJW 1980, 340, 341.
[58] Vgl zum damaligen Meinungsstand BGHZ 8, 249, 251 = NJW 1953, 418.
[59] BGHZ 38, 55, 58 = NJW 1962, 2248, 2249; BGHZ 46, 385, 390 f = NJW 1967, 1077, 1078; BGH NJW 1974, 2045 und 2278; anders bei konkludent vereinbarter Innengesellschaft BGHZ 47, 157, 164 = NJW 1967, 1275, 1277 f; vgl zum Meinungsstand FamK/*Brudermüller* Rn 17 mwN.
[60] *Dölle* I § 35 V 2 S 420 ff mwN; *Gernhuber* FamRZ 1958, 243, 246 ff und 1959, 465; *Lieb* S 139 ff; s auch BVerfGE 13, 291, 311 = NJW 1962, 437, 441; wN bei FamK/*Brudermüller* Rn 17.
[61] BGHZ 127, 48, 55 = NJW 1994, 2545, 2546; *Staudinger/Hübner/Voppel* Rn 42; einschränkend *Soergel/H. Lange* Rn 27: „nicht allzu umfangreiche Mithilfe"; ähnlich MünchKommBGB/*Wacke* Rn 24; abw FamK/*Brudermüller* Rn 18: Mitarbeit außer bei unbedeutenden Hilfstätigkeiten entgeltlich.
[62] BGHZ 127, 48, 55 = NJW 1994, 2545, 2546; ebenso schon BGH NJW 1974, 2045, 2046; s auch BGH FamRZ 1989, 732, 733 = NJW-RR 1989, 706 f; *Staudinger/Hübner/Voppel* Rn 42; *Soergel/H. Lange* Rn 27; MünchKommBGB/*Wacke* Rn 24: arg § 1360 b; nur scheinbar aA FamK/*Brudermüller* Rn 19, der das Entgelt offenbar in der Erfüllung der Unterhaltspflicht sieht.
[63] ZB BGHZ 77, 157, 161 ff = NJW 1980, 296, 2197; dazu krit *Gernhuber/Coester-Waltjen* § 20 Rn 18.
[64] BGHZ 47, 157, 161 f = NJW 1967, 1275, 1277; BGHZ 82, 227, 235 f = NJW 1982, 1093, 1094; BGH NJW 1994, 652, 654; zuletzt grds BGHZ 142, 137, 143 = NJW 1999, 2962, 2963; s dazu auch BGH NJW 1990, 834, 835: bei Auflösung der Ehe durch Tod richten sich die Ansprüche des überlebenden Ehegatten unabhängig vom Güterstand grds allein nach Erbrecht.

§ 1356　　　　　　　　　　　　　　　　　　　　　　Buch 4. Abschnitt 1. Bürgerliche Ehe

23　　**aa) Vorrang von Vereinbarungen.** Eheleute können miteinander bindende und verpflichtende **Verträge** schließen (§ 1353 Rn 2, 23 f), Soweit das geschehen ist, regeln sich ihre vermögensrechtlichen Beziehungen vorrangig nach den dazu getroffenen Vereinbarungen[65]. Damit scheiden Ausgleichsansprüche von vornherein aus, wenn ein Ehegatte durch seine Leistungen bewusst und gezielt das Privatvermögen des anderen gefördert hat, bei dem die so geschaffenen Vermögenswerte im beiderseitigen Einvernehmen verbleiben sollen[66]. Ausdrückliche, insbes schriftliche Verträge werden zwischen Eheleuten (und Verlobten) freilich selten geschlossen. Umso häufiger stellt sich die Frage **konkludent zustande gekommener Vereinbarungen,** die zwischen ihnen ebenso möglich sind. Da Ehegatten miteinander **Dienst- und Arbeitsverträge** mit entsprechenden Vergütungsansprüchen vereinbaren können[67], können sie solche Rechtsverhältnisse auch stillschweigend eingehen[68]. Der veröffentlichten Rspr zufolge werden Arbeitsverhältnisse zwischen Ehegatten aber gewöhnlich schriftlich vereinbart, schon weil ihnen steuer- und sozialversicherungsrechtliche Überlegungen zugrunde liegen. Liegt kein ausdrücklicher Vertrag vor, lässt sich das Verhalten der Beteiligten selten als stillschweigende Vereinbarung eines Dienst- oder Arbeitsverhältnisses deuten. Verlobte oder Verheiratete wollen die ihren besonderen Bedürfnissen und Möglichkeiten entsprechenden Pläne idR partnerschaftlich durch als gleichwertig angesehene Leistungen ins Werk setzen, nicht aber ein durch Subordination gekennzeichnetes Rechtsverhältnis eingehen[69], zumal die Art und Weise der Vergütung[70] konkludent kaum in einer sowohl dem Dienstvertragsrecht wie den Bedürfnissen beider Eheleute entsprechenden Weise geregelt werden kann[71].

24　　**bb) Ehegatten-Innengesellschaft.** Eher als das Dienstvertrags- und Arbeitsrecht entspricht das **Gesellschaftsrecht** den Bedürfnissen und Vorstellungen von Eheleuten. Daher neigte die Rspr des BGH schon früh dazu, einem Ehegatten den gebotenen Vermögensausgleich im Wege eines Anspruchs auf Auseinandersetzung einer **stillschweigend begründeten Innengesellschaft** zu verschaffen;[72] einer Innengesellschaft, weil kein Gesamtandsvermögen gebildet wird und nach außen nichts in Erscheinung treten soll. Nach der dann st Rspr des BGH müssen die Ehegatten dazu durch ihre beiderseitigen Leistungen einen **über den typischen Rahmen der ehelichen Lebensgemeinschaft hinausgehenden Zweck** verfolgt haben[73]. Dieser Zweck wird nicht schon dadurch erfüllt, dass Eheleute, um die Voraussetzungen für die Verwirklichung der ehelichen Lebensgemeinschaft zu schaffen, ein **Familienheim erwerben oder errichten** oder dazu erforderliche Geldmittel ansammeln[74]. Anders kann es sein, wenn Ehegatten durch Einsatz von Vermögenswerten oder Arbeit gemeinsam **Vermögen bilden oder ein Unternehmen aufbauen** oder eine **berufliche oder gewerbliche Tätigkeit** ausüben[75], mag der damit verfolgte Zweck auch über die Sicherung des Familienunterhalts nicht hinausgehen[76].

25　　Damit der erforderliche Zweck durch **beiderseitige Leistungen** verfolgt worden ist, muss der Beitrag jedes Ehegatten ferner zwei – leider nicht konstant verwendete – **weitere Kriterien** erfüllen. Das eine leitet sich her aus der **Pflicht zur Mitarbeit,** früher nach § 1356 Abs 2 aF, jetzt nach § 1353 Abs 2 S 1 (Rn 20, § 1353 Rn 31). Unter der Geltung des § 1356 Abs 2 aF musste ein durch Mitarbeit geleisteter Beitrag über das nach den Verhältnissen der Ehegatten Übliche hinausgehen[77]. Ob Mitarbeit im Rahmen des Üblichen ausnahmsweise genügte, wenn ein Ehegatte daneben Kapitalvermögen für die Gründung des Unternehmens zur Verfügung gestellt hatte (zB Grundbesitz als Kreditunterlage; Barvermögen), wurde zeitweise bejaht, später verneint[78]. Nach geltendem Recht haben diese Erkenntnisse indessen ihre Bedeutung weitgehend verloren. Seit sich eine Pflicht zur Mitarbeit nur noch aus

---

[65] BGH NJW 1982, 170, 171; NJW 1994, 652, 654 betr ausdrücklich vereinbarte GbR; FamRZ 2001, 1290 betr atypische stille Gesellschaft; NJW-RR 1990, 1096 betr mit einer Gesellschaft nicht zu vereinbarende Abreden; zur Bedeutung ausdrücklicher Abreden s ferner BGH FamRZ 1987, 907, 908; NJW 1995, 3383, 3384 f betr schriftlicher Anstellungsvertrag; auch BGH NJW-RR 1990, 736 betr Scheinvertrag; *Blumenröhr* S 520.
[66] BGHZ 142, 137, 143 f = NJW 1999, 2962, 2964.
[67] In steuer- und sozialversicherungsrechtlicher Hinsicht offen für Ehegattenarbeitsverträge BVerfGE 13, 290, 299 ff = NJW 1962, 437, 439 ff; BVerfGE 18, 257, 269 ff = DB 1964, 1858, 1859 f; BVerfGE 29, 104 = DB 1970, 1519; zu allem s *Fenn* DB 1974, 1062, 1112.
[68] BGHZ 84, 361, 366 = NJW 1982, 2236, 2237; *Soergel/H. Lange* Rn 33; MünchKommBGB/*Wacke* Rn 26; s auch OLG Bremen FamRZ 1999, 227, das ein (vom Ehemann bestrittenes) Arbeitsverhältnis annimmt, weil er Beiträge zur Rentenversicherung entrichtet und steuerlich Lohnzahlungen geltend gemacht hatte.
[69] BGHZ 84, 361, 366 = NJW 1982, 2236, 2237; *Soergel/Gaul* Vor § 1408 Rn 30; MünchKommBGB/*Wacke* Rn 25: „im Zweifel nicht zu vermuten"; zurückhaltend auch *Gernhuber/Coester/Waltjen* § 20 Rn 23.
[70] *Soergel/Gaul* Vor § 1408 Rn 30.
[71] In der Sache OLG Bremen FamRZ 1999, 227, 228 war ein Scheinvertrag behauptet, aber nicht bewiesen worden.
[72] BGHZ 8, 249, 253 ff = NJW 1953, 418, 419.
[73] BGH NJW-RR 1990, 736; NJW-RR 1995, 3383, 3384 f; zuletzt grds BGHZ 142, 137, 144 f, 153 = NJW 1999, 2962, 2963, 2966 mwN.
[74] BGH NJW 1974, 1554, 1555; BGHZ 84, 361, 366 f = NJW 1982, 2236, 2237; BGH NJW-RR 1989, 66 betr Bausparen; BGHZ 142, 137, 144 f = NJW 1999, 2962, 2963 mwN; wohl kann eine GbR durch ausdrücklich geschlossenen Vertrag allein zum Erwerb und Halten eines Familienheims begründet werden, BGH NJW 1982, 170, 171; näher *Wever* Rn 435.
[75] BGH NJW 1974, 2278; zuletzt BGHZ 142, 137, 144 f = NJW 1999, 2962, 2963 mwN.
[76] BGH NJW-RR 1990, 736; BGHZ 142, 137, 145 = NJW 1999, 2962, 2964.
[77] BGHZ 142, 137, 144 f = NJW 1999, 2962, 2964.
[78] BGHZ 47, 157, 164 = NJW 1967, 1275, 1277 f gegenüber BGH FamRZ 1987, 907, 908.

§ 1353 Abs 1 S 2 ergeben kann, kann das Vorliegen einer Innengesellschaft nicht mehr davon abhängen, ob die Mitarbeit üblich war (s auch Rn 21)[79]. Bei der zu § 1356 Abs 2 aF entwickelten Rspr bleibt es aber insofern, als nach § 1353 Abs 1 S 2 geschuldete Mitarbeit grds kein geeigneter Beitrag zu einer Innengesellschaft ist, vorausgesetzt, diese Mitarbeitspflicht wird eng begrenzt (§ 1353 Rn 31)[80]. Ob und in welcher Weise es die Beurteilung beeinflusst, wenn der Beitrag eines Ehegatten nach § 1360 S 1 **als Unterhalt geschuldet** war, ist unklar;[81] letzthin wird dieser Gesichtspunkt nicht mehr erwähnt[82]. Als weiteres Kriterium verlangt der BGH eine **Gleichordnung der Mitarbeit,** die aber nicht als Gleichwertigkeit verstanden wird[83]. Untergeordnete Tätigkeiten fallen nicht darunter; neuerdings scheinen Geld- und Sachleistungen auch ohne Mitarbeit der Gleichordnung zu genügen[84]. Sonst ist dieses Erfordernis bisher nicht näher konkretisiert worden[85]. Nach der neuesten Rspr soll es überhaupt zurücktreten[86].

Vor allem auf die Unklarheiten der zu Rn 25 erörterten Kriterien ist es zurückzuführen, dass 26 Entscheidungen über das Vorliegen von Ehegatten-Innengesellschaften in der Vergangenheit nicht immer überzeugt haben[87]. Beim **Betrieb einer Gaststätte** ist es als für eine Innengesellschaft genügender Beitrag der Ehefrau angesehen worden, dass sie ihr Grundstück als Sicherheit für Geschäftskredite belastet und im Rahmen des Üblichen (§ 1356 Abs 2 aF) mitgearbeitet hatte[88]; des Ehemannes, dass er die Pacht- und Kreditverträge mit unterzeichnet und seine Arbeitskraft voll eingesetzt hatte[89]. Hingegen hat es dem BGH nicht ausgereicht, dass die Ehefrau zur Errichtung einer vom Ehemann neu eröffneten **Arztpraxis** Geld beigesteuert und in der Praxis als Sprechstundenhilfe mitgearbeitet hatte;[90] in einer anderen Sache, dass die Ehefrau für den **Betrieb eines Großmarktes** außer Tätigkeiten, die denen des Ehemannes „in keiner Weise gleichwertig" gewesen seien, den erforderlichen Bankkredit beschafft und auf ihrem Grundbesitz abgesichert hatte[91]. Die Begründung für die unterschiedliche Beurteilung erschöpft sich letztlich in dem Hinweis auf die Umstände des Einzelfalles. Nach der neuesten Rspr (Rn 25 aE) hätte eine stillschweigend begründete Innengesellschaft in allen Fällen bejaht werden können.

Die stillschweigende Begründung einer Innengesellschaft setzt voraus, dass vom **Ehegüterrecht kein** 27 **gerechter Vermögensausgleich** zwischen den Ehegatten zu erwarten ist (Rn 22). Das kann insbes **beim Güterstand der Gütertrennung** der Fall sein, der keinen Ausgleichsmechanismus bereit hält, wenn Vermögenswerte, die durch überpflichtmäßige Arbeit (und/oder finanzielle Beiträge) eines Ehegatten geschaffen wurden, formal in unbilliger und ungewollter Weise dem anderen Ehegatten zugeordnet sind[92]. Die Vereinbarung der Gütertrennung lässt sich für sich allein nicht darauf schließen, dass die Ehegatten eine beiderseitige Teilhabe am gemeinsam Erwirtschafteten auch insoweit ausschließen wollten, als es aus besonderem Einsatz bei der Verfolgung eines über die Verwirklichung der ehelichen Lebensgemeinschaft hinausgehenden Zweckes hervorgegangen ist[93]. **Ausnahmsweise** kann eine Innengesellschaft auch **beim gesetzlichem Güterstand** anzunehmen sein, wenn der Zugewinnausgleich wegen besonderer Umstände nicht zu einer billigen Lösung führt und es zur Vermeidung unangemessener und untragbarer Ergebnisse der Korrektur bedarf[94]. Besteht zwischen Eheleuten **Gütergemeinschaft,** bewirkt das Güterrecht hinsichtlich der zum Gesamtgut gehörenden Gegenstände bereits einen billigen und gerechten Ausgleich; von einer stillschweigend vereinbarten Innengesellschaft

---

[79] BGHZ 127, 48, 55 = NJW 1994, 2545, 2546; *Blumenröhr* S 519; *Wever* Rn 441; der weitere Gebrauch der Ausdrücke „üblich" (sogar unter Hinweis auf § 1356 Abs 2 aF) und „eheüblich" in BGHZ 142, 137, 144 f, 152 = NJW 1999, 2962, 2964, 2966 ist deshalb zumindest missverständlich.
[80] Im Ergebnis ebenso *Wever* Rn 441; vorsichtiger *Blumenröhr* S 519: nur indizielle Bedeutung; aA FamK/*Brudermüller* Rn 18, 36: nur unbedeutende Hilfstätigkeiten ungeeignet.
[81] In BGHZ 47, 157, 162 f = NJW 1967, 1275, 1277 wird es als Grund für die Annahme einer Innengesellschaft gewertet.
[82] BGHZ 142, 137, 144 ff = NJW 1999, 2962, 2964; s aber *Blumenröhr* S 519.
[83] BGH NJW-RR 1990, 736; BGHZ 142, 137, 145 = NJW 1999, 2962, 2964 und die dort genannten Entscheidungen; s demgegenüber aber BGH FamRZ 1987, 907, 908: „unwesentlich und in keiner Weise gleichwertig" sowie (dort in Bezug genommen) *Johannsen* WM 1978, 502, 506.
[84] BGHZ 142, 37, 153 = NJW 1999, 2962, 2966; ebenso *Wever* Rn 449.
[85] Selbst in der Entscheidung BGH NJW 1974, 2045 (Ehefrau arbeitete in der Arztpraxis des Ehemannes als Sprechstundenhilfe mit) wird es nicht erwähnt.
[86] BGHZ 142, 137, 154 = NJW 1999, 2962, 2966.
[87] *Henrich* FamRZ 1975, 533, 534; umfassende Überblicke über die Rspr des BGH bei *Wever* Rn 461 f; FamK/*Brudermüller* Rn 33.
[88] BGHZ 47, 157, 163 f = NJW 1967, 1275, 1277.
[89] BGH NJW-RR 1990, 736.
[90] BGH NJW 1974, 2045; da die Ehefrau außer Mitarbeit auch Geld beigesteuert hatte, lag die Sache anders als im Falle der Entscheidung BGH NJW 1986, 1870, 1871; der Tätigkeit als Sprechstundenhilfe in der Arztpraxis des Ehemannes fehlte schon nach BGHZ 8, 249, 255 = NJW 1953, 418, 419 die für eine Innengesellschaft verlangte Gleichordnung; ebenso BGH NJW 1986, 1870, 1871.
[91] BGH FamRZ 1987, 907, 908.
[92] St Rspr, vgl zuletzt BGHZ 142, 137, 143 f = NJW 1999, 2962, 2963 f; dazu auch *Wever* Rn 432, 433.
[93] BGHZ 142, 137, 146 = NJW 1999, 2962, 2964; BGH WM 1973, 1242, 1243 = FamRZ 1973, 620 LS; *Wever* Rn 456 mwN.
[94] BGH NJW 1986, 1870 f; NJW 1994, 652, 654; ferner NJW-RR 1989, 66, 67; BGHZ 115, 132, 135 ff: nähere Darlegung solcher Umstände aaO S 138 ff = NJW 1991, 2553, 2554, 2555; BGH NJW 1990, 834, 835; NJW 1997, 2747; BGHZ 142, 137, 143 f = NJW 1999, 2962, 2964; s auch *Wever* Rn 458: gesetzlicher Güterstand „gewichtiges Indiz" gegen konkludente Innengesellschaft.

§ 1356

kann dann nicht ausgegangen werden[95]. Ist die **Ehe durch Tod aufgelöst** worden, richten sich die Ansprüche des überlebenden Ehegatten grds allein nach Erbrecht[96]. – **In subjektiver Hinsicht** reicht dem BGH eine rein faktische Willensübereinstimmung[97] nicht aus, vielmehr wird ein zumindest schlüssig zustande gekommener Vertrag verlangt. Die Eheleute brauchen ihr Zusammenwirken nicht bewusst als gesellschaftsrechtliche Beziehung einzustufen, ihrem Tun muss aber – außer einem über die Verwirklichung der ehelichen Lebensgemeinschaft hinausgehenden Zweck – die Vorstellung zugrunde liegen, dass das gemeinsam geschaffene Vermögen wirtschaftlich betrachtet nicht nur dem formal berechtigten Ehegatten, sondern auch dem anderen zustehen soll[98].

28   **Mit dem Scheitern der Ehe** wird eine solche **Innengesellschaft aufgelöst,** wobei als Stichtag die Beendigung der Zusammenarbeit gilt, die zeitlich zumeist mit der Trennung der Ehegatten zusammenfällt[99]. Abzuwickeln ist die Innengesellschaft grds nach den für Innengesellschaften geltenden Grundsätzen, doch können sich aus ihrer Eigentümlichkeit als Gesellschaft unter Ehegatten Besonderheiten ergeben[100]. Der ausscheidende Ehegatte kann nicht Verwertung der im Eigentum des anderen stehenden Vermögensgegenstände verlangen, sondern hat gegen den anderen Ehegatten nur einen Anspruch auf **Auszahlung seines Auseinandersetzungsguthabens,** bemessen nach dem die gemeinschaftlichen Verbindlichkeiten übersteigenden Wert des Gesellschaftsvermögens im Zeitpunkt seines Ausscheidens[101]. Die **Höhe seines Anteils** richtet sich in erster Reihe nach dem zwischen den Ehegatten Vereinbarten. Bei einer stillschweigend begründeten Innengesellschaft, bei der ausdrückliche Absprachen für den Fall ihrer Auflösung nicht getroffen worden sind, können sich – auch anhand ergänzender Vertragsauslegung – aus den Umständen, insbes aus dem Wertverhältnis der beiderseits geleisteten Beiträge, Hinweise auf eine bestimmte Verteilungsabsicht ergeben. Erst wenn es auch daran fehlt, greift ergänzend die gesetzliche Regelung des § 722 Abs 1 ein, wonach jeder Gesellschafter im Zweifel ohne Rücksicht auf die Art und Größe seines Beitrags am Gewinn und Verlust gleichen Anteil hat[102].

29   cc) **Kooperationsvertrag. Wegfall der Geschäftsgrundlage.** In Anlehnung an den Ausgleich ehebezogener (sog **unbenannter**) **Zuwendungen,** zu denen Arbeitsleistungen nicht gerechnet werden können[103], ist eine Rechtsgrundlage für den Ausgleich von Vermögensmehrungen bei einem Ehegatten entwickelt worden, die auf Mitarbeit des anderen Ehegatten beruhen, welche lediglich der Verwirklichung der ehelichen Lebensgemeinschaft diente oder aus anderen Gründen die Annahme einer stillschweigend vereinbarten Innengesellschaft nicht rechtfertigt[104]. Erbringt ein Ehegatte Arbeitsleistungen, die über bloße Gefälligkeiten und das im Rahmen der Mitarbeits- und Unterhaltspflicht Geschuldete hinausgehen, kann darin der stillschweigende Abschluss eines besonderen familienrechtlichen Vertrages (sog **Kooperationsvertrag**) erblickt werden, dessen Inhalt sich, soweit ausdrückliche Abreden fehlen, aus dem schlüssig zum Ausdruck gebrachten Parteiwillen ergibt. Die aus § 242 hergeleiteten Regeln über den **Wegfall der Geschäftsgrundlage,** der in einem Scheitern der Ehe regelmäßig zu sehen ist, ermöglichen einen **angemessenen Ausgleich geleisteter Arbeit,** soweit deren Früchte in Gestalt einer messbaren Vermögensmehrung bei einem anderen Ehegatten noch vorhanden sind[105]. Das kommt auch dann in Betracht, wenn **Verlobte** im Hinblick auf ihre spätere Lebensgemeinschaft Leistungen erbracht haben, etwa um auf dem Grundstück eines von ihnen ein Familienheim zu errichten[106]. Kein Ausgleich kann naturgemäß für Leistungen beansprucht werden, für die der Ehegatte bereits einen angemessenen Gegenwert erhalten hat[107].

30   **Ob und in welchem Umfang** ein Ehegatte für seine Mitarbeit nach § 242 Ausgleich verlangen kann, hängt jeweils von den besonderen Umständen des Falles ab, zurückliegenden wie künftig zu erwartenden. In Betracht zu ziehen sind etwa: die Dauer der Ehe jedenfalls bis zur Trennung, das Alter sowie die Einkommens- und Vermögensverhältnisse der Parteien, Art und Umfang der erbrachten Leistungen, zu denen Betreuung von Kindern und Führung des Haushalts ebenso gehören wie Mitarbeit im Unternehmen des anderen Ehegatten, Einsatz eigener nicht rückzugewährender Vermögenswerte, Größe der bewirkten und noch vorhandenen Vermögensmehrung, voraussichtliches künftiges

---

[95] BGH NJW 1994, 652, 654.
[96] BGH NJW 1990, 834, 835.
[97] Anders für nichteheliche Lebensgemeinschaften der II. ZS, BGHZ 77, 55, 56 f = NJW 1980, 1520; BGHZ 84, 388, 390 f = NJW 1982, 2863, 2864.
[98] BGHZ 142, 137, 153 = NJW 1999, 2962, 2966.
[99] BGHZ 47, 157, 164 = NJW 1967, 1275, 1278; BGH NJW 1974, 2278; FamRZ 1987, 907, 908; NJW-RR 1990, 736; BGHZ 142, 137, 155 = NJW 1999, 2962, 2967.
[100] BGHZ 31, 197, 203 = NJW 1960, 428, 429; BGHZ 47, 157, 164 f = NJW 1967, 1275, 1278; BGH WM 1974, 947, 948; BGHZ 142, 137, 155 f = NJW 1999, 2962, 2967; s auch BGHZ 84, 361, 368 f = NJW 1982, 2236, 2237.
[101] BGHZ 142, 137, 155 f = NJW 1999, 2962, 2967; s auch BGHZ 47, 157, 164 f = NJW 1967, 1275, 1278; BGH NJW 1974, 2278, 2279; FamRZ 1987, 907, 908; NJW-RR 1990, 735, 736.
[102] BGH NJW-RR 1990, 735, 736; BGHZ 142, 137, 156 = NJW 1999, 2962, 2967; *Blumenröhr* S 520 f; *Wevers* 472 ff.
[103] BGHZ 84, 361, 365 = NJW 1982, 2236 f; BGHZ 127, 48, 51 = NJW 1994, 2545; *Lieb* S 130.
[104] BGH NJW 1997, 2747 f mwN; BGHZ 142, 137, 148 = NJW 1999, 2962, 2965; s auch BGHZ 116, 167, 169 = NJW 1962, 564.
[105] BGHZ 84, 361, 367 ff = NJW 1982, 2236, 2237; BGHZ 127, 48, 52 ff = NJW 1994, 2545; BGHZ 142, 137, 149 = NJW 1999, 2962, 2965 f.
[106] BGHZ 115, 261, 264 f = NJW 1992, 427, 428.
[107] BGH NJW-RR 1988, 965, 966.

Einkommen aus Erwerbstätigkeit oder Vermögen[108]. Ist danach die Aufrechterhaltung des bestehenden Vermögensstandes für den mitarbeitenden Ehegatten **unzumutbar**, steht ihm ein **billiger Ausgleich** dafür zu, dass er an den Früchten seiner Arbeit künftig nicht mehr wie vereinbart teilhat[109].

Ebenso wie bei unbenannten Zuwendungen[110] kommt ein Ausgleich von Leistungen, die auf Grund eines Kooperationsvertrages erbracht worden sind, **im Allgemeinen nur bei Gütertrennung** in Betracht, im gesetzlichen Güterstand nur ausnahmsweise, wenn der gesetzliche Zugewinnausgleich zu keiner angemessenen und zumutbaren Lösung führt[111]. 31

dd) Zur Kritik. Die dargestellte Rspr des BGH ist im Schrifttum Gegenstand anhaltender Kritik, die vor allem **dogmatische Bedenken** gegen die in den meisten Fällen als Fiktion empfundene Annahme vertraglicher Beziehungen vorbringt, wobei die Schwerpunkte allerdings unterschiedlich gesetzt werden. Äußerungen, die sich gegen die Rspr insgesamt wenden[112], stehen anderen gegenüber, die stillschweigend begründete Innengesellschaften als fast ausnahmslos am Ergebnis orientierte Fiktionen abtun, im Kooperationsvertrag aber eine brauchbare Konstruktion erblicken[113], oder sich lediglich gegen eine nach ihrer Meinung zu großzügige Annahme konkludenter Vertragsschlüsse wenden, die Rspr iÜ aber billigen[114]. Überhaupt werden die Entscheidungen, zu denen die Rspr gelangt ist, im Großen und Ganzen begrüßt und nur als nicht immer einheitlich kritisiert[115]. Ebenso unterschiedlich wie ihre Angriffspunkte sind die eigenen Vorschläge der Kritik, die von einem bloß aus § 1353 Abs 1 S 2 hergeleiteten, daher fast konturenlosen familienrechtlichen Ausgleichsanspruch[116] über Bereicherungsansprüche bis zur entsprechenden Anwendung der §§ 705 ff reichen[117], einer Konstruktion also, die sich mit dem gesellschaftsrechtlichen Ansatz des BGH im Ergebnis deckt[118]. Auch eine weniger dogmatische Betrachtung kommt indessen nicht daran vorbei, dass diese Rspr auf den rechtsgeschäftlichen Willen der Eheleute nur verbal den gebührenden Wert legt, während die Rspr des II. ZS des BGH, dem eine faktische Willensübereinstimmung genügt (Rn 27 mwN), jedenfalls **diesem** Vorwurf nicht ausgesetzt ist[119]. Die Rspr zur stillschweigend begründeten Ehegatten-Innengesellschaft wie zum Kooperationsvertrag, die ihre Eignung zu verständigen, gerechterweise gebotenen Ergebnissen nach überwiegendem Urteil bewiesen hat, würde noch mehr überzeugen, wenn sie konsequenter als bisher von der Sachlage ausginge, dass (1) der Gesetzgeber den Ausgleich nicht unentgeltlicher Ehegatten-Mitarbeit wie ehebezogener Zuwendungen überhaupt ungeregelt gelassen hat, dass (2) die Privatautonomie der Eheleute diesen Ausgleich nicht hinreichend gerecht und billig zu regeln vermag und dass er daher (3) in besonderem Maße der richterlichen Rechtsschöpfung bedarf. So sehr sich die Rspr dieser Verantwortung seit jeher bewusst gewesen ist: In ihren Versuchen, Entscheidungen auf – im Einzelfall doch nur zu dekretierenden – rechtsgeschäftlichen Willen der Eheleute zu stützen, liegt Inkonsequenz. Besser als auf fiktive Absprachen verließe sie sich auf das bewährte Instrument der Analogie. 32

Soweit die Rspr des BGH sich jetzt bemüht, den seit einiger Zeit zu beobachtenden Trend weg von der stillschweigenden Innengesellschaft hin zum Kooperationsvertrag[120] umzukehren, indem sie als Beitrag zu einer Innengesellschaft bloße Geld- und Sachleistungen genügen lässt[121], wirkt sich das auf den Ausgleich nicht unentgeltlich geleisteter Ehegatten-Mitarbeit zumindest unmittelbar nicht aus. Ob dieser Ausgleich künftig mehr als bisher Gesellschaftsregeln unterworfen wird, wird vorwiegend davon abhängen, wie die Rspr die von ihr formulierten subjektiven Voraussetzungen (Rn 27 aE) versteht. Um im Einzelfall zu überzeugenden Ergebnissen zu kommen, sollte es freilich weniger auf die Grenzziehung zwischen Innengesellschaft und Kooperationsvertrag ankommen als auf die Anwendung der den Umständen nach geeignetsten Regeln für die Bemessung des Ausgleichs[122]. 33

ee) Bereicherungsansprüche. Bereicherungsansprüche kommen zum Ausgleich nicht unentgeltlicher Ehegatten-Mitarbeit wie ehebezogener Zuwendungen überhaupt, nach der st Rspr des BGH in aller Regel nicht in Betracht[123]. Im Schrifttum teilt die hM diese Auffassung[124]. 34

---

[108] BGH NJW 1974, 2045, 2046; BGHZ 84, 361, 368 = NJW 1982, 2236, 2237; BGH NJW-RR 1988, 965, 966; NJW 1992, 238, 239 f; BGHZ 142, 137, 148 f = NJW 1999, 2962, 2965.
[109] BGHZ 84, 361, 369 = NJW 1982, 2236, 2237; BGH NJW-RR 1988, 965, 966.
[110] BGH NJW 65, 320, 324 = NJW 1976, 328, 329; BGHZ 68, 299, 302 f = NJW 1977, 1234, 1235; BGHZ 82, 227, 232 ff = NJW 1982, 1093, 1094; BGHZ 84, 361, 365 = NJW 1982, 2236, 2237; BGH NJW-RR 1989, 66, 67; BGHZ 115, 132, 138 ff = NJW 1991, 2553, 2555.
[111] BGH NJW-RR 1989, 66; BGHZ 115, 132, 138 ff = NJW 1991, 2553, 2555; BGHZ 115, 261, 266 f = NJW 1992, 427, 429.
[112] *Staudinger/Hübner/Voppel* Rn 44 f, 52, 63; *Hepting* § 14 S 126 ff, § 17 S 159 ff; *Schwab* Rn 117 ff.
[113] *Gernhuber/Coester-Waltjen* § 20 Rn 27 ff.
[114] *Soergel/H. Lange* Rn 30, 33.
[115] *MünchKommBGB/Wacke* Rn 26; *Schwab* Rn 120.
[116] *Staudinger/Hübner/Voppel* Rn 64; *Schwab* Rn 118.
[117] *Lieb* S 185 ff; *Henrich* FamRZ 1975, 533, 535 f.
[118] So zutr *Blumenröhr* S 524.
[119] Entgegen BGHZ 142, 137, 153 = NJW 1999, 2962, 2966 lässt sich ein Dissens zu dieser Rspr nicht mit der Begründung leugnen, die Entscheidungen des II. ZS beträfen keine Ehen, sondern nichteheliche Lebensgemeinschaften.
[120] *Nonnenkamp/Zysk* DRiZ 1990, 437, 441; *Blumenröhr* S 522; *Wevers* Rn 464.
[121] BGHZ 142, 137, 153 = NJW 1999, 262, 2966; dazu *Wevers* Rn 465; s auch *Blumenröhr* S 525 ff.
[122] IdS auch *Blumenröhr* S 525 ff.
[123] BGHZ 84, 361, 363 f = NJW 1982, 2236, 2237; zu ehebezogenen Zuwendungen überhaupt BGHZ 82, 227, 231 = NJW 1982, 1093; BGH NJW 1989, 2745, 2747; NJW-RR 1990, 834; BGHZ 115, 261, 262 ff = NJW 1992, 427, 428; BGHZ 142, s auch BGH NJW 1999, 1623, 1625 f.
[124] *Jaeger* DNotZ 1991, 431, 451 mwN.

§ 1357

§ 1357 Geschäfte zur Deckung des Lebensbedarfs

(1) ¹Jeder Ehegatte ist berechtigt, Geschäfte zur angemessenen Deckung des Lebensbedarfs der Familie mit Wirkung auch für den anderen Ehegatten zu besorgen. ²Durch solche Geschäfte werden beide Ehegatten berechtigt und verpflichtet, es sei denn, dass sich aus den Umständen etwas anderes ergibt.

(2) ¹Ein Ehegatte kann die Berechtigung des anderen Ehegatten, Geschäfte mit Wirkung für ihn zu besorgen, beschränken oder ausschließen; besteht für die Beschränkung oder Ausschließung kein ausreichender Grund, so hat das Vormundschaftsgericht sie auf Antrag aufzuheben. ²Dritten gegenüber wirkt die Beschränkung oder Ausschließung nur nach Maßgabe des § 1412.

(3) Absatz 1 gilt nicht, wenn die Ehegatten getrennt leben.

Schrifttum: *Bosch,* Rückblick und Ausblick, FamRZ 1980, 739; *Büdenbender,* Die Neuordnung der „Schlüsselgewalt" in § 1357 nF BGB, FamRZ 1976, 662; *Cebulla/Pützhoven,* Geschäfte nach dem Haustürwiderrufsgesetz und die Schlüsselgewalt des § 1357 I BGB, FamRZ 1996, 1124; *Diederichsen,* Die allgemeinen Ehewirkungen nach dem 1. EheRG und Ehevereinbarungen, NJW 1977, 217; *Dörr,* Ehewohnung, Hausrat, Schlüsselgewalt, Verfügungsbeschränkungen des gesetzlichen Güterstandes und vermögensrechtliche Beziehungen der Ehegatten in der Entwicklung seit dem 1. EheRG, NJW 1989, 810; *Holzhauer,* Auslegungsprobleme des neuen Eherechts, JZ 1977, 729; *Käppler,* Familiäre Bedarfsdeckung im Spannungsfeld von Schlüsselgewalt und Güterstand, AcP 179 (1979), 245; *Klippmüller,* Verbraucherschutz des Ehepartners bei Abzahlungsverträgen, FuR 1992, 138; *Löhnig,* Verbrauchergeschäfte mit Ehegatten – zum Verhältnis von Verbraucherschutz und Schlüsselgewalt, FamRZ 2001, 135; *Lüke,* Grundsätzliche Veränderungen im Familienrecht durch das 1. EheRG, AcP 178 (1978), 1; *Mikat,* Verfassungsrechtliche Aspekte der Neuordnung der „Schlüsselgewalt" in § 1357 BGB, FS Beitzke, 1979, S 293; *ders,* Rechtsprobleme der Schlüsselgewalt, 1981; *ders,* Zur Schlüsselgewalt in der Rechtsprechung nach der Neuordnung durch das 1. EheRG, FamRZ 1981, 1128; *Peter,* „Schlüsselgewalt" bei Arzt- und Krankenhausverträgen, NJW 1993, 1949; *H. Roth,* Die Mitberechtigung der Ehegatten in Fällen des § 1357 BGB, FamRZ 1979, 361; *Schmidt,* Die Anwendung der Schlüsselgewalt (§ 1357 I BGB) auf Ratenkaufverträge, FamRZ 1991, 629; *Wacke,* Änderungen der allgemeinen Ehewirkungen durch das 1. EheRG, FamRZ 1977, 505; *ders,* Streitfragen um die neugeregelte „Schlüsselgewalt", NJW 1979, 2585; *ders,* Einzelprobleme der neugeregelten „Schlüsselgewalt", FamRZ 1980, 13; *Witte-Wegmann,* Schlüsselgewalt bei Teilzahlungsgeschäften?, NJW 1979, 749.

Übersicht

	Rn		Rn
I. Bedeutung der Norm	1	4. Rechtswirkungen der Berechtigung	27
		a) Außenverhältnis	27
II. Einzelerläuterung	4	b) Innenverhältnis	32
1. Rechtsnatur der Berechtigung	4	c) Keine dingliche Wirkung	33
a) Außenverhältnis	4	5. Ausschlüsse	34
b) Innenverhältnis	6	a) Nach den Umständen (Abs 1 S 2 HS 2)	34
2. Persönliche Voraussetzungen	7	b) Beschränkung und Ausschließung der Berechtigung (Abs 2)	36
a) Eheliche Lebensgemeinschaft	7		
b) Geschäftsfähigkeit	8	6. Getrenntleben der Ehegatten (Abs 3)	43
3. Geschäfte zur angemessenen Deckung des Lebensbedarfs	11	7. Beweislast	45
a) Grundsätze	11		
b) Einzelfälle	17	**III. Lebenspartnerschaft**	47

I. Bedeutung der Norm

1 Der **Sinn und Zweck** der durch das 1. EheRG umgestalteten, am 1. 7. 1977 in Kraft getretenen Vorschrift ist seit jeher Gegenstand der Diskussion, ohne bisher befriedigend geklärt zu sein. Der Normzweck der Bestimmungen über die sog **Schlüsselgewalt** der Ehefrau, die zuvor als § 1357 im Gesetz gestanden hatten, war eindeutig gewesen. Sowohl in ihrer ursprünglichen Fassung wie in der des Gleichberechtigungsgesetzes vom 18. 6. 1957 lag der Vorschrift das damalige gesetzliche **Leitbild der Hausfrauenehe** zugrunde, wonach die Haushaltsführung Sache der Frau war (§ 1356 Abs 1 in den damaligen Fassungen; näher Rn 1). Die Schlüsselgewalt sollte ihr jeweils ermöglichen, dieser Aufgabe nachzukommen[1]. Die beiden Fassungen der Vorschrift unterschieden sich nur insofern, als die Frau, wenn sie von ihrer Schlüsselgewalt Gebrauch machte, ursprünglich als **Vertreterin des Mannes** handelte, dem die Entscheidung in allen das gemeinschaftliche Leben betreffenden Angelegenheiten zustand (§ 1354 Abs 1 aF). Nach den durch das Gleichberechtigungsgesetz geänderten Vorschriften hingegen führte die Frau den Haushalt in eigener Verantwortung (§ 1356 Abs 1 S 1 aF) und war berechtigt, Geschäfte innerhalb ihres häuslichen Wirkungskreises (**im eigenen Namen,** aber) **mit Wirkung für den Mann** zu besorgen. Aus solchen Geschäften wurde der Mann berechtigt und verpflichtet, und zwar allein. Eine Mitberechtigung der Frau war nach wie vor nicht vorgesehen, mitverpflichtet wurde sie nur bei Zahlungsunfähigkeit des Mannes (§ 1357 Abs 1 aF).

2 Demgegenüber hebt sich die jetzige Vorschrift vom früheren Recht grundlegend ab: Zunächst ist die **Anknüpfung an die Haushaltsführung aufgegeben** worden (Abs 1 S 1), weshalb die alte Kurz-

---

[1] *Palandt/Lauterbach* 8. Aufl 1950 § 1357 Anm 1; *Palandt/Diederichsen,* 34. Aufl 1975, § 1357 Anm 1.

bezeichnung „Schlüsselgewalt" als nicht mehr passend vermieden[2] oder nur noch aus Anhänglichkeit an den herkömmlichen und bildhaften Ausdruck verwendet wird[3]. Einen bestimmten, nicht mehr auf den Haushalt bezogenen, sondern darüber hinaus **erweiterten Wirkungskreis** („Geschäfte zur angemessenen Deckung des Lebensbedarfs der Familie") kann nunmehr **jeder Ehegatte** mit Wirkung auch für den anderen besorgen. Neu ist auch, dass durch solche Geschäfte im Zweifel **beide Ehegatten berechtigt und verpflichtet** werden (Abs 1 S 2). Vor allem letzteres hat Anlass gegeben, den Zweck der Regelung allein im Schutz der Gläubiger zu erblicken[4], was ihre **Vereinbarkeit mit dem Grundgesetz,** insbes mit Art 3 Abs 1, Art 6 Abs 1 GG, bezweifeln ließe. Das BVerfG, das Abs 1 der Vorschrift geprüft und für verfassungsmäßig befunden hat[5], hat den durch die Gesamthaftung der Ehegatten bewirkten **Gläubigerschutz** als wichtigen, aber nicht vorrangigen oder gar alleinigen Zweck der Vorschrift bezeichnet[6] und diese vor allem als **Ausgestaltung der Ehe in wirtschaftlicher Hinsicht** gewertet. Die dafür gegebene Begründung, der haushaltsführende Ehegatte werde so für seine Aufgabe im Rahmen der ehelichen Lebens- und Wirtschaftsgemeinschaft angemessen ausgerüstet[7], lässt allerdings die Änderungen gegenüber dem früheren Recht so gut wie unberücksichtigt. Auch die vom Schrifttum vertretenen Deutungen des Normzwecks: jedem Ehegatten im Rechtsverkehr die Bonität des anderen zugute kommen zu lassen[8], die **Kreditwürdigkeit der Familie** zu erhöhen[9] und die **wirtschaftliche Chancengleichheit** in der Familie zu verwirklichen[10], erklären nicht, wieso die gleichmäßige **Verpflichtung beider Ehegatten** ohne Rücksicht auf die finanzielle Leistungsfähigkeit des einzelnen dem Schutz von Ehe und Familie (Art 6 Abs 1 GG) dient. Dasselbe gilt für das – vor allem auf dem beiderseitigen Forderungsrecht gegen Geschäftspartner beruhende – Verständnis, die Vorschrift solle „die Unterhaltsgemeinschaft ,Ehe' mit Außenwirkung verstärken"[11]. Tatsächlich ist die Verpflichtung eines Ehegatten durch ein unter Abs 1 S 1 fallendes Geschäft des anderen für ihn eine allein auf der Ehe beruhende Belastung, für die Kreditwürdigkeit der Familie hingegen ohne Bedeutung, wenn er finanziell nicht (auch) leistungsfähig ist[12]. Plausibel erklären lässt sich Abs 1 S 2 insoweit nur mit dem gesteckten Zielen des Gesetzgebers, der die nach dem Verzicht auf das Leitbild der Hausfrauenehe (§ 1356 Rn 1) weitgehend funktionslos gewordene Schlüsselgewalt nicht ersatzlos abschaffen wollte[13]. Damit die im Hinblick auf Art 3 Abs 2 S 1 GG an ihrer Statt eingeführte Gesamthaftung beider Ehegatten praktikabel sei, glaubte man ihr einen so undifferenziert weiten Umfang geben zu müssen[14].

Die Verfassungsmäßigkeit der Vorschrift steht seit dem Spruch des BVerfG (Rn 2) nicht mehr in Frage. Schon vorher war sie trotz aller an der Neuregelung geübten Kritik von der ganz hM bejaht worden[15]. **3**

II. Einzelerläuterung

1. Rechtsnatur der Berechtigung. a) Außenverhältnis. Durch Rechtsgeschäfte, die ein Ehegatte **4** zur angemessenen Deckung des Lebensbedarfs der Familie vornimmt, wird auch der andere Ehegatte berechtigt und verpflichtet. Insoweit tritt eine Wirkung ein wie beim Handeln in unmittelbarer (**„offener"**) **Stellvertretung** (§ 164 Abs 1 S 1). Anders als ein Vertreter braucht der Ehegatte aber **keinen Vertretungswillen** kundzutun. Er braucht ihn auch weder zu haben noch die Wirkung seines Handelns für den anderen Ehegatten zu kennen. Will er diese Wirkung ausschließen, muss er – etwa durch Erklärungen – „Umstände" schaffen, aus denen sich „etwas anderes ergibt" (Abs 1 S 2 HS 2). Die Regel des § 164 Abs 2 wird also in ihr Gegenteil verkehrt. **Auch der Geschäftspartner** braucht die Wirkung des nicht am Geschäft beteiligten Ehegatten nicht zu kennen; er braucht nicht einmal zu wissen, dass er es mit einem Verheirateten zu tun hat. Den zusätzlichen Gläubiger oder Schuldner kann er also ohne Wissen und Wollen erwerben. Wegen dieser Unterschiede ist die Berechtigung des

---

[2] BGHZ 94, 1 = NJW 1985, 1394; BGHZ 114, 74 = NJW 1991, 2283; *Gernhuber/Coester-Waltjen* § 19 Rn 44; *Soergel/H. Lange* Rn 2.
[3] *Mikat* Rechtsprobleme S 7 ff, 9; *Büdenbender* FamRZ 1976, 662, 663; MünchKommBGB/*Wacke* Rn 2; *Bosch* FamRZ 1980, 739, 744 Fn 83; auch *Staudinger/Hübner/Voppel* Rn 4.
[4] *Gernhuber/Coester-Waltjen* § 19 Rn 46.
[5] BVerfGE 81, 1 = NJW 1990, 175 m krit Anm *Derleder* FuR 1990, 104.
[6] BVerfGE 81, 1, 7 = NJW 1990, 175; dazu näher MünchKommBGB/*Wacke* Rn 3, 8; s auch FamK/*Brudermüller* Rn 6.
[7] BVerfGE 81, 1, 7 = NJW 1990, 175; zust MünchKommBGB/*Wacke* Rn 9.
[8] *Soergel/H. Lange* Rn 2; ähnlich FamK/*Brudermüller* Rn 5.
[9] MünchKommBGB/*Wacke* Rn 2.
[10] FamK/*Brudermüller* Rn 5.
[11] *Staudinger/Hübner/Voppel* Rn 15.
[12] Kopfschüttelnd insofern *Bosch* FamRZ 1980, 737, 744; zur Illustration OLG Köln NJW 1981, 637.
[13] Wie von verschiedenen Seiten empfohlen, vgl nur *Baur*, FS Beitzke, S 119; *Käppler* S 255; *Bosch* NJW 1987, 2617, 2627; wN und mutmaßliche gesetzgeberische Gründe bei *Holzhauer* JZ 1977, 729, 731; dagegen – nicht überzeugend – FamK/*Brudermüller* Rn 5; wegen der amtlichen Gründe s RegE des 1. EheRG, BT-Drucks 7/650 S 98 f; Zweiter Bericht und Antrag des BT-Rechtsausschusses, BT-Drucks 7/4361 S 26.
[14] BT-Drucks 7/650 S 99, 7/4361 S 26; s dazu *Mikat*, FS Beitzke, S 298 f, 304 f; *Erman/Heckelmann* Rn 4; Kritik an der Regelung vor allem bei *Gernhuber/Coester-Waltjen* § 19 Rn 47; ferner *Bosch* NJW 1987, 2617, 2627; *Käppler* S 254 f.
[15] *Gernhuber* FamR, 3. Aufl, § 19 IV 3 S 198; *Mikat*, FS Beitzke, S 297 ff, 309; *Käppler* S 255 f; *Büdenbender* FamRZ 1976, 662, 665; *Holzhauer* JZ 1977, 729, 731; *Wacke* NJW 1979, 2585, 2587; zweifelnd *Bosch* NJW 1987, 2617, 2627; jetzt ganz hM.

§ 1357 Buch 4. Abschnitt 1. Bürgerliche Ehe

Ehegatten **kein Fall gesetzlicher Stellvertretung**[16]. Gegenteiliges wird denn auch nur für den vom Gesetz mit umfassten, aber in keiner Weise vorausgesetzten Fall behauptet, dass ein Ehegatte im Namen des anderen handelt[17]. Dabei bleibt aber die weitere Besonderheit dieser Berechtigung außer Acht, dass der **handelnde Ehegatte** durch das Geschäft – anders als ein Vertreter – im Zweifel auch **selbst berechtigt und verpflichtet** wird. Von der mittelbaren **(„verdeckten") Stellvertretung** unterscheidet sich die Berechtigung des Ehegatten dadurch, dass dort die Wirkungen des Geschäfts unmittelbar nur den Handelnden treffen[18]. Da sie auch in keiner anderen Rechtsfigur eine echte Parallele findet, nimmt die hM mit Recht eine **Rechtsmacht eigener Art** („sui generis") an[19].

5 § 1357 ist nach ganz hM **zwingendes Recht.** Seine Geltung für die Ehe kann weder durch Ehevertrag noch sonstige Vereinbarung der Eheleute abbedungen, eingeschränkt oder erweitert werden (§ 134)[20]. Möglich ist nur die Beschränkung oder Ausschließung nach Abs 2 (Rn 36 ff). Einer von ihnen vereinbarten Beschränkung oder Ausschließung können Ehegatten allerdings im praktischen Ergebnis dadurch Wirksamkeit verleihen, dass sie ihre Berechtigung wechselseitig nach Abs 2 beschränken oder ausschließen und keiner von ihnen (was nicht verwehrt wäre) Löschung der selbst beantragten Eintragung oder Aufhebung nach Abs 2 S 1 HS 2 beantragt[21]. Der Eintragung wechselseitiger Beschränkungen oder Ausschließungen in das Güterrechtsregister (§ 1412) steht regelmäßig nichts entgegen. Das Registergericht hat nicht nachzuprüfen, ob Eintragungsanträge hinreichend begründet sind[22], also auch nicht, ob wechselseitigen Beschränkungen oder Ausschließungen eine (nach § 134 nichtige) Vereinbarung der Eheleute zugrunde liegt.

6 **b) Innenverhältnis.** Die Vorschrift hat Bedeutung nicht nur für das Außenverhältnis zum Geschäftspartner eines Ehegatten, sondern auch für das Verhältnis der Eheleute zu einander; in welchem Umfang, ist allerdings streitig. Im Grundsatz besteht Einigkeit, dass ein Ehegatte zur Ausübung der gesetzlichen Berechtigung auch gegenüber dem anderen Ehegatten befugt ist. Fraglich ist nur, ob diese **Befugnis durch Ehevereinbarung eingeschränkt** werden kann oder nicht[23]. Der ganz überwiegend vertretene Standpunkt bejaht das: § 1353 Abs 1 S 2 verpflichte jeden Ehegatten, von der ihm durch § 1357 verliehenen Rechtsmacht einen der ehelichen Lebensgemeinschaft dienenden Gebrauch zu machen. Jeder müsse sich daher auch an den Rahmen einer gemäß § 1356 Abs 1 S 1 vorgenommenen Funktionsteilung halten[24]. Dieser Auffassung ist zuzustimmen. Mangels eines gesetzlich verordneten Leitbildes gestalten Eheleute ihre Ehe in freier Entscheidung selbst, soweit kein zwingendes Recht entgegensteht (§ 1353 Rn 2; § 1356 Rn 3). Zwingende Regeln gibt § 1357 für das Außenverhältnis deshalb, weil die mit der Vorschrift (auch, s Rn 2) verfolgten **Interessen des Rechtsverkehrs** es verlangen. Die Gestaltung des Innenverhältnisses kann für den Gläubigerschutz jedoch keine Bedeutung. Daher besteht keine Notwendigkeit, den im Außenverhältnis zwingenden Charakter der Vorschrift auf das Innenverhältnis zu übertragen. Hier bestimmt sie die Befugnisse des einzelnen Ehegatten nur, solange und soweit nicht durch Vereinbarung oder Übung etwas anderes bestimmt wird. Der Wirksamkeit solcher anderweitigen Regelungen können freilich durch § 1356 Abs 1 S 2 Grenzen gesetzt sein, soweit es sich um die Besorgung von Geschäften eines Ehegatten im Rahmen der ihm überlassenen **Haushaltsführung** handelt (§ 1356 Rn 9)[25]. Falls eine unter Abs 1 fallende Geschäftsbesorgung die in der Ehe geltende **Aufgabenverteilung verletzt,** ob diese nun auf § 1356 Abs 1 S 2, auf Vereinbarung oder auf Übung beruht, kann der andere Ehegatte auf Herstellung des ehelichen Lebens (ohne Vollstreckungszwang, § 888 Abs 3 ZPO)[26] und Freistellung von einer daraus erwachsenen Verpflichtung klagen[27].

7 **2. Persönliche Voraussetzungen. a) Eheliche Lebensgemeinschaft.** Berechtigt sind **Ehegatten,** Verlobte nicht, auch nicht zu für den künftigen ehelichen Hausstand getätigten Geschäften[28]. Auf in nichtehelicher Gemeinschaft Lebende ist die Vorschrift nicht, auch nicht entspr anzuwenden[29]; eine andere Frage ist, ob ein entsprechendes Ergebnis nach den Grundsätzen über die Anscheins- oder

---

[16] *Gernhuber/Coester-Waltjen* § 19 Rn 49; *Soergel/H. Lange* Rn 9; *Staudinger/Hübner/Voppel* Rn 124; FamK/*Brudermüller* Rn 8; *Büdenbender* FamRZ 1976, 662, 666.
[17] *Erman/Heckelmann* Rn 7.
[18] *Palandt/Heinrichs* Vor § 164 Rn 6.
[19] *Gernhuber/Coester-Waltjen* § 19 Rn 52; *Soergel/H. Lange* Rn 9; *Staudinger/Hübner/Voppel* Rn 21 ff, 24; FamK/*Brudermüller* Rn 8; ähnlich *Käppeler* S 275: „gesetzliche [Zwangs-]Ermächtigung".
[20] OLG Schleswig FamRZ 1994, 444; *Gernhuber/Coester-Waltjen* § 18 Rn 16, § 19 Rn 45; *Soergel/H. Lange* Rn 7; MünchKommBGB/*Wacke* Rn 41 aE; FamK/*Brudermüller* Rn 51; zweifelnd *Erman/Heckelmann* Rn 23; *Staudinger/ Hübner/Voppel* Rn 26: „jedenfalls nicht mit Außenwirkung".
[21] BVerfGE 81, 1, 11 f = NJW 1990, 175, 176; *Gernhuber/Coester-Waltjen* § 19 Rn 73; *Erman/Heckelmann* Rn 23; *Staudinger/Hübner/Voppel* Rn 110.
[22] OLG Schleswig NJW 1954, 155; *Soergel/H. Lange* Rn 30; FamK/*Brudermüller* Rn 55.
[23] Im letzteren Sinne *Gernhuber/Coester-Waltjen* § 19 Rn 73.
[24] *Soergel/H. Lange* Rn 24; ebenso MünchKommBGB/*Wacke* Rn 32; FamK/*Brudermüller* Rn 45; *Erman/Heckelmann* Rn 6; *Staudinger/Hübner/Voppel* Rn 87; RGRK/*Roth-Stielow* Rn 49; *Schwab* Rn 151.
[25] *Staudinger/Hübner/Voppel* Rn 87; *Erman/Heckelmann* Rn 6; *Palandt/Brudermüller* Rn 23; *Käppler* S 172 f.
[26] *Soergel/H. Lange* Rn 24; *Staudinger/Hübner/Voppel* Rn 87; allgM
[27] *Staudinger/Hübner/Voppel* Rn 86; FamK/*Brudermüller* Rn 45; nach KG NJW 1980, 1341 f kann ein Gläubiger des Ehegatten diesen Anspruch pfänden.
[28] *Soergel/H. Lange* Rn 4; *Erman/Heckelmann* Rn 8.
[29] OLG Hamm FamRZ 1989, 616, 617; *Staudinger/Hübner/Voppel* Rn 25; RGRK/*Roth-Stielow* Rn 15; *Palandt/ Brudermüller* Rn 6, Einl § 1297 Rn 25.

Geschäfte zur Deckung des Lebensbedarfs § 1357

Duldungsvollmacht zu erreichen ist[30]. Die Berechtigung endet mit der Auflösung der Ehe, also mit Eintritt der Rechtskraft eines auf Scheidung oder Aufhebung der Ehe erkennenden Urteils (§§ 1564 S 2, 1313 S 2) oder mit dem Tod eines Ehegatten. Nach Abs 3 gilt die Berechtigung nicht, wenn und solange die Eheleute getrennt leben (Rn 43 f). Guter Glaube an den Fortbestand der Ehe oder ein Zusammenleben der Ehegatten wird nicht geschützt[31]. Von dem in der Ehe geltenden **Güterstand** ist die Berechtigung unabhängig. Bei **Gütergemeinschaft** (§§ 1415 ff) geht sie der bei gemeinschaftlicher Verwaltung des Gesamtgutes bestehenden Verfügungsbeschränkung (§ 1450 Abs 1) vor (§ 1450 Rn 6).

b) **Geschäftsfähigkeit.** Welche Rechtswirkungen ein unter Abs 1 fallendes Geschäft hat, wenn 8
einem der Ehegatten die volle Geschäftsfähigkeit fehlt, wird (nur) für den Fall einheitlich beurteilt, dass der **handelnde Ehegatte** (nach § 104 Nr 2) **geschäftsunfähig** ist. Seine nach § 105 nichtige Willenserklärung vermag weder ihn noch den anderen Ehegatten zu berechtigen oder zu verpflichten[32]. Ob im spiegelbildlichen Fall der Geschäftsunfähige aus einem **Geschäft des anderen Ehegatten** berechtigt und sogar verpflichtet wird, wird – soweit ersichtlich – nirgends erörtert (Rn 10 aE). Sachverhalte dieser Art können auftreten, wenn ein Ehegatte während der Ehe geschäftsunfähig wird, aber auch, wenn die Geschäftsunfähigkeit bereits bei Eheschließung bestand. Die Ehe ist dann zwar aufhebbar (§§ 1304, 1314 Abs 1), besteht aber bis zur Rechtskraft eines aufhebenden Urteils fort (§ 1313 S 2), und mit ihr die Berechtigung aus § 1357 (Rn 7).

Weitgehend umstritten ist die Rechtslage, wenn ein **Ehegatte in der Geschäftsfähigkeit be-** 9
schränkt ist. Dieser Fall tritt ein, wenn ein mindestens 16 Jahre alter Minderjähriger einen Volljährigen heiratet, nachdem ihn das Familiengericht vom gesetzlichen Volljährigkeitserfordernis (§ 1303 Abs 1) befreit hat (§ 1303 Abs 2 bis 4), und dauert, bis er das 18. Lebensjahr vollendet. Nicht (mehr) bezweifelt wird wohl, dass der Minderjährige (auch) aus einem unter Abs 1 fallenden, **von ihm selbst getätigten belastenden Geschäft nur unter den Voraussetzungen der §§ 107 ff berechtigt und verpflichtet wird,** grds also nur, wenn sein gesetzlicher Vertreter zustimmt[33]. Unabhängig davon wird aber, in (unmittelbarer oder analoger) Anwendung des § 165 (und § 139), überwiegend **Wirksamkeit** des Geschäfts **für den anderen Ehegatten** angenommen[34]. Dieser Ansicht kann nicht zugestimmt werden. Da die Berechtigung nach Abs 1 keine (gesetzliche) Vertretungsmacht ist (Rn 4), ergeben sich die Rechtswirkungen ihres Gebrauchs unmittelbar aus § 1357, nicht aus §§ 164 ff. Eine analoge Anwendung dieser Vorschriften würde Lücken in der gesetzlichen Regelung, also das Bedürfnis nach deren Ergänzung voraussetzen. Davon kann jedenfalls im Hinblick auf eine **Verpflichtung des anderen Ehegatten keine Rede** sein. Einem Geschäftspartner, der unvorsichtigerweise mit einem Minderjährigen kontrahiert, ohne sich der erforderlichen Einverständnisses des gesetzlichen Vertreters zu vergewissern, als unverhofftes Geschenk einen Ehegatten, von dessen Existenz er womöglich keine Ahnung hatte, als Schuldner zu bescheren, besteht (unabhängig von der Kritik an der Regelung; Rn 2) kein zu Analogien nötigender Grund[35].

Streitig ist auch, ob aus einem **von seinem Ehegatten getätigten Geschäft** iS des Abs 1 nicht nur 10
dieser selbst, sondern **auch der Minderjährige** verpflichtet wird. Überwiegend wird dies aus Gründen des Minderjährigenschutzes abgelehnt[36] oder eine Verpflichtung des Minderjährigen von der Zustimmung seines gesetzlichen Vertreters abhängig gemacht[37]. Auch diese Auffassungen beruhen auf einer **ungerechtfertigten Analogie** (Rn 9). Minderjährige iS der allgemeinen Vorschriften sind sieben bis 17 Jahre alt (§§ 2, 106), minderjährige Ehegatten mindestens 16 Jahre (Rn 9). Diesen ist außerdem durch die **Befreiung vom gesetzlichen Volljährigkeitserfordernis** (§ 1303 Abs 2 bis 4) gerichtlich die für eine Ehe erforderliche Reife bescheinigt worden (§ 1303 Rn 7), nachdem der gesetzliche Vertreter keinen oder keinen bei objektiver Betrachtung plausibel begründeten Widerspruch erhoben hatte (§ 1303 Rn 15). Da Befreiung nur für die Eheschließung mit einer bestimmten Person erteilt werden kann (§ 1303 Rn 3), wird bei der Entscheidung außer der Persönlichkeit des Minderjährigen auch die des künftigen Ehegatten berücksichtigt. Dessen Volljährigkeit, ohne die die Befreiung nicht erteilt werden kann, soll gerade den Beschränkungen Rechnung tragen, denen der Minderjährige selbst im Rechtsverkehr ausgesetzt ist[38]. Unter diesen Umständen kann schwerlich eine Regelungslücke darin gesehen werden, dass die Verpflichtung des anderen Ehegatten (Abs 1 S 2) nicht nach dem Grad seiner Geschäftsfähigkeit unterscheidet. **Schutz im Rechtsverkehr** genießt der verheiratete Minderjährige

---

[30] *Palandt/Brudermüller* Einl § 1297 Rn 25; FamK/*Brudermüller* Rn 5 mwN.
[31] LG Tübingen FamRZ 1984, 50, 51; ebenso nach früherem Recht Hamburg OLGRspr 41, 45, 46 f; Soergel/ *H. Lange* Rn 4; *Staudinger/Hübner/Voppel* Rn 27; FamK/*Brudermüller* Rn 10; *Weimar* Anm zum abw Urteil AG Wuppertal ZMR 1980, 240 f; aA – §§ 674, 169, 173 analog – MünchKommBGB/*Wacke* Rn 13, 45; Erman/ *Heckelmann* Rn 22; *Schwab* Rn 170; diff *Mikat* Rechtsprobleme S 57 ff.
[32] Soergel/*H. Lange* Rn 6; allgM.
[33] *Gernhuber/Coester-Waltjen* § 19 Rn 53; Soergel/*H. Lange* Rn 6; *Büdenbender* FamRZ 1976, 662, 669 f; wohl auch MünchKommBGB/*Wacke* Rn 15; allgM.
[34] Soergel/*H. Lange* Rn 6; Erman/*Heckelmann* Rn 8; MünchKommBGB/*Wacke* Rn 15; FamK/*Brudermüller* Rn 12; *Palandt/Brudermüller* Rn 19; RGRK/*Roth-Stielow* Rn 14; *Schwab* Rn 150; *Mikat* Rechtsprobleme S 51 f; einschränkend *Lüderitz* Rn 251: gemäß § 139 nur, wenn der Vertragspartner auch ohne Mitverpflichtung des Minderjährigen abgeschlossen hätte; ebenso *Büdenbender* FamRZ 1976, 662, 670.
[35] Im Ergebnis ebenso *Gernhuber/Coester-Waltjen* § 19 IV 4 S 197; *Staudinger/Hübner/Voppel* Rn 33.
[36] Soergel/*H. Lange* Rn 6; *Palandt/Brudermüller* Rn 19.
[37] Erman/*Heckelmann* Rn 8; MünchKommBGB/*Wacke* Rn 15; FamK/*Brudermüller* Rn 11; RGRK/*Roth-Stielow* Rn 14; *Mikat* Rechtsprobleme S 53 f.
[38] RGRK/*Lohmann* § 1303 Rn 19 aE.

§ 1357   Buch 4. Abschnitt 1. Bürgerliche Ehe

dadurch, dass er trotz Heirat nicht vorzeitig volljährig wird und sich daher ohne Zustimmung seines gesetzlichen Vertreters nicht selbst verpflichten kann (Rn 9). Dass er darüber hinaus auch vor Rechtsgeschäften seines volljährigen Ehegatten geschützt werden soll, liegt angesichts der anderen Vorkehrungen fern. Eher lag es in der Absicht des Gesetzgebers, einen Minderjährigen, wenn ihm schon ausnahmsweise die **Heirat gestattet** wurde, auch den **eherechtlichen Vorschriften** zu unterwerfen, eine Konsequenz, die bei der Entscheidung über Befreiungsanträge nach § 1303 Abs 2 freilich bedacht werden muss. Nach Abs 1 S 2 wird der andere Ehegatte daher auch dann mit verpflichtet, wenn er noch minderjährig ist[39]. Ob für einen **geschäftsunfähigen** Ehegatten (Rn 8) etwas anderes zu gelten hat, hängt davon ab, ob sein Schutz den Vorrang vor den eherechtlichen Regelungen genießt. Das lässt sich mit der Begründung vertreten, dass ihm anders als einem Minderjährigen die Eheschließung schlechthin verwehrt ist (§ 1304).

11   3. **Geschäfte zur angemessenen Deckung des Lebensbedarfs. a) Grundsätze.** Während die frühere Schlüsselgewalt gemäß § 1357 Abs 1 S 1 aF eine Ehefrau berechtigte, Geschäfte „innerhalb ihres häuslichen Wirkungskreises" mit Wirkung für den Mann zu besorgen, sind es nunmehr die Geschäfte zur angemessenen Deckung des Lebensbedarfs, die jeder Ehegatte mit Wirkung auch für den anderen besorgen kann (Abs 1 S 1). Im Unterschied zu anfänglichen Äußerungen, es handele sich um eine Änderung nicht in der Sache, sondern nur im Ausdruck, so dass die in Rspr und Lit erarbeiteten Kriterien für die Abgrenzung des Geltungsbereichs der Schlüsselgewalt ihre Gültigkeit behielten[40], besteht heute Einverständnis, dass die neue Formel den Kreis der fraglichen Geschäfte weiter zieht als die frühere, wobei nur fraglich ist, in welchem Maße (Rn 13 ff). Der angemessenen Deckung des Lebensbedarfs dienen aber jedenfalls die früher zum häuslichen Wirkungskreis iS von § 1357 Abs 1 S 1 aF gehörenden Geschäfte[41]. Die Rspr **zum früheren Recht behält ihren Wert,** soweit die Zugehörigkeit zum häuslichen Wirkungskreis im Einzelfall bejaht worden ist[42], nur nicht darüber hinaus. Sie ist auch insoweit noch von Bedeutung, als sie den häuslichen Wirkungskreis nicht auf die gewöhnlichen Geschäfte des täglichen Lebens beschränkt[43], sondern zB die **Inanspruchnahme von Ärzten** dazu gerechnet hat, und zwar zur Behandlung nicht nur von Kindern bei Erkrankungen und Unfällen, sondern auch der Ehefrau selbst[44]. Entspr gehört zur Deckung des Lebensbedarfs ärztliche Behandlung beider Ehegatten, stationäre Krankenhausbehandlung eingeschlossen[45].

12   Die Schlüsselgewalt früheren Rechts sollte der Ehefrau die ihr zugewiesene Haushaltsführung ermöglichen (Rn 1). An die Stelle dieser „funktionalen" Zweck- und damit Umfangsbestimmung ist mit der „angemessenen Deckung des Lebensbedarfs" ein (den §§ 1360 S 1, 1360 a Abs 1 entnommener) **unterhaltsrechtlicher Begriff** getreten, an dem sich die Reichweite der Berechtigung gemäß Abs 1 zu orientieren hat[46]. Sie steht daher nicht mehr allein dem haushaltsführenden Ehegatten zu, sondern ist von der Aufgabenverteilung in der Ehe unabhängig („jeder Ehegatte ...")[47]. Was zum Lebensbedarf eines Ehepaares oder einer Familie gehört, bestimmen zunächst die jeweiligen **Verhältnisse der Ehegatten** (§ 1360 a Abs 1), die nicht den Einkommensverhältnissen identisch zu sein brauchen. Im Interesse des Rechtsverkehrs, dem die Vorschrift auch dienen soll (Rn 2), kommt es entscheidend auf den **Lebenszuschnitt** der Eheleute oder der Familie an, wie er **nach außen in Erscheinung** tritt. **Übersteigt** das Erscheinungsbild nach konkreten Anhaltspunkten den Lebenszuschnitt, der nach den wirtschaftlichen Verhältnissen zu erwarten wäre, so erhöht das – jedenfalls im Grundsatz – den Umfang der nach Abs 1 möglichen Mitverpflichtung[48]. Was für einen (vereinbarten? einseitig oktroyierten?) Lebenszuschnitt gilt, der nach den Einkommensverhältnissen **(zu)** einfach ist, wird unterschiedlich beurteilt[49]. Unerheblich ist, ob der Gegenstand des jeweiligen Geschäfts für den Lebensbedarf der Familie benötigt wird. Tätigen Ehegatten oder einer von ihnen – zufällig oder planmäßig – **mehrere gleichartige oder einander ähnliche Geschäfte,** die in ihrer Gesamtheit den Rahmen der möglichen Mitverpflichtung überschreiten, gilt Abs 1 für jedes einzelne Geschäft (aber

---

[39] Ebenso mit im Kern gleicher Begr *Gernhuber/Coester-Waltjen* § 19 Rn 54: gesetzliche, unabhängig vom Willen und Handeln des Betreffenden eintretende Haftung; ähnlich, aber auf die Unterhaltspflicht auch eines minderjährigen Ehegatten abstellend, *Staudinger/Hübner/Voppel* Rn 31; ferner *Käppler* S 277; *Erman/Heckelmann* Rn 8; *Lüderitz* Rn 251.
[40] *Büdenbender* FamRZ 1976, 662, 668.
[41] BGHZ 94, 1, 9 = NJW 1985, 1394, 1396; *Soergel/H. Lange* Rn 10; *Wacke* FamRZ 1977, 505, 523; Münch-KommBGB/*Wacke* Rn 17 f; *Mikat* Rechtsprobleme S 73 f; *Henrich* § 7 II 3 S 67.
[42] *Erman/Heckelmann* Rn 13; kritischer FamK/*Brudermüller* Rn 19: nur mit Vorbehalten.
[43] So auch die Vorstellung des Gesetzgebers: RegE des 1. EheRG, BT-Drucks 7/650 S 99; vgl dazu OLG Köln NJW-RR 1991, 1092 gegen NJW 1981, 637.
[44] BGHZ 47, 75, 81 f = NJW 1967, 673, 674; BGHZ 94, 1, 9 = NJW 1985, 1394, 1396; MünchKommBGB/*Wacke* Rn 18.
[45] BGHZ 94, 1, 5 f = NJW 1985, 1394, 1395; BGHZ 116, 184, 186 f = NJW 1992, 909, 910; OLG Schleswig FamRZ 1994, 444; *Mikat* Rechtsprobleme S 73.
[46] BGHZ 94, 1, 6 = NJW 1985, 1394, 1395 = JZ 1985, 680, 682 m Anm *Holzhauer* 684; *Staudinger/Hübner/Voppel* Rn 37; MünchKommBGB/*Wacke* Rn 18; in BGH NJW-RR 1989, 85 offen gelassen.
[47] *Staudinger/Hübner/Voppel* Rn 35; anders noch *Diederichsen* NJW 1977, 217, 221 m Fn 60; bedenklich insoweit BVerfGE 81, 1, 7 = NJW 1990, 175.
[48] BGHZ 94, 1, 6 ff = NJW 1985, 1394, 1395; *Mikat* Rechtsprobleme S 16 ff, 73 f; MünchKommBGB/*Wacke* Rn 21; *Soergel/H. Lange* Rn 11; FamK/*Brudermüller* Rn 17; aA *Staudinger/Hübner/Voppel* Rn 18, 41.
[49] *Soergel/H. Lange* Rn 11; MünchKommBGB/*Wacke* Rn 21; FamK/*Brudermüller* Rn 17.

nicht zugunsten eines Geschäftspartners, der die Situation erkannte oder hätte erkennen müssen)[50]. Zu sog **Sammelbestellern** s Rn 34.

In den durch die Verhältnisse der Ehegatten gezogenen Grenzen ist der nach §§ 1360, 1360a **13** bemessene **Lebensbedarf umfassend zu verstehen.** Über das zum Dasein Unerlässliche hinaus kann er anspruchsvollste Bedürfnisse, etwa an Wohnkultur, Bequemlichkeit, Information und Mobilität, Freizeit- und Urlaubsgestaltung, Befriedigung kostspieliger Liebhabereien, Bildung und Kunsterleben, ebenso umfassen wie ärztliche Behandlung unter Anwendung modernster Diagnose- und Heilmethoden. Praktisch sind kaum Geschäfte denkbar, die weder zur Haushaltsführung noch zur Deckung von Bedürfnissen beider Ehegatten und unterhaltsberechtigter Kinder (§ 1360a Abs 1) erforderlich sein können[51]. Wie im Gesetzgebungsverfahren zum 1. EheRG nicht verkannt, bedarf es daher einer **Begrenzung der Berechtigung,** die Abs 1 jedem Ehegatten verleiht. Weil im Notfall selbst außergewöhnliche Geschäfte (zB Unterbringung eines Kindes im Krankenhaus) mit Wirkung auch für den anderen Ehegatten möglich sein müssen, ist dies nicht in der Weise geschehen, dass die Berechtigung auf die den laufenden Unterhalt der Familie betreffenden Geschäfte beschränkt worden ist[52]. Sie erstrecken soll sich nach dem Willen des Gesetzgebers auf **Geschäfte größeren Umfangs,** die **ohne Schwierigkeiten zurückgestellt** werden können; für sie soll grds eine Vereinbarung der Ehegatten vorliegen[53]. Der Wortlaut des Gesetzes bringt dies mit dem Erfordernis der **Angemessenheit der Bedarfsdeckung** („angemessene Deckung") freilich nur unvollkommen zum Ausdruck[54]. Das Kriterium der Dringlichkeit findet sich in Rspr und Lit denn auch verhältnismäßig selten[55]; zumeist wird die Angemessenheit allgemeiner umschrieben. Eine auf Diederichsen[56] zurückgehende Formel schließt von der Berechtigung Geschäfte aus, über die eine vorherige Verständigung der Eheleute notwendig erscheint und idR auch stattfindet[57]. Eine von Gernhuber geprägte, vielfach verwendete und vom BGH „im Allgemeinen" gebilligte Definition beschränkt die Berechtigung auf Geschäfte, die wenigstens idR – mit Differenzierung nach Bevölkerungskreisen – von einem Ehegatten selbstständig erledigt zu werden pflegen[58]. Sie will die Angemessenheit **im Interesse des Gläubigerschutzes** an sozialen Standards und konkreten Kriterien orientieren, die dem Geschäftsverkehr zugänglich sind[59]. Letzteres gilt, trotz der vorgeschlagenen Kontrolle anhand der jeweiligen Lebensgewohnheiten, erst recht für die Definition, wonach Bedarfsdeckung angemessen ist, wenn sie sich im Rahmen der durchschnittlichen Verbrauchsgewohnheiten von Familien in vergleichbarer sozialer Lage hält, individueller Konsumstil berücksichtigt[60].

Der **Sinn und Zweck der Vorschrift,** von dem jeder Versuch ausgehen muss, die Angemessenheit **14** von Bedarfsdeckung zu beschreiben, ist, wie unter Rn 2 dargelegt, nicht eindeutig. Gewiss ist nur, dass die ratio legis nicht unter einem einzigen Aspekt zu erfassen ist. Darauf deuten auch die Stimmen in Rspr und Schrifttum, die auf Bestandteile verschiedener Formeln zurückgreifen oder Formeln kumulieren (Rn 13 mwN). Schon deshalb muss es Bedenken begegnen, wenn das Verständnis der Norm an einem einzelnen Zweck ausgerichtet wird. Speziell der **Gläubigerschutz** ist dazu, nicht nur aus verfassungsrechtlichen Gründen[61], **ungeeignet,** soweit er ehe- und familieninterne, Dritten nicht ohne weiteres zugängliche Umstände von der Berücksichtigung ausschließen soll. Von der Angemessenheit der Bedarfsdeckung hängt nur die Wirkung des Geschäfts (für und) gegen den anderen Ehegatten ab; der handelnde Ehegatte haftet selbst, sofern sich nicht „aus den Umständen" etwas anderes ergibt (Abs 1 S 2 HS 2; Rn 34 f). Ob ein Gläubiger – möglicherweise unverhofft (Rn 4) – in Gestalt des Ehegatten einen vertraglich nicht vorgesehenen Zweitschuldner „aufgedrängt" bekommt oder nicht, ist aber keine Frage des Gläubigerschutzes[62]. Die Mitverpflichtung des Ehegatten aus angemessenen Bedarfsdeckungsgeschäften ist eine – weder im Gläubigerinteresse gebotene noch stets der Ehe dienliche (Rn 2) – gesetzliche Folge, deren Umfang nicht durch Erwartungen von Gläubigerseite bestimmt wird.

---

[50] *Gernhuber/Coester-Waltjen* § 19 Fn 101; MünchKommBGB/*Wacke* Rn 21; *Staudinger/Hübner/Voppel* Rn 39; zur Ausnahme AG Eschwege FamRZ 1980, 137 f: laufende, in ihrer Gesamtheit überflüssige Bestellungen beim selben Warenhaus.
[51] *Soergel/H. Lange* Rn 10.
[52] RegE des 1. EheRG, BT-Drucks 7/650 S 99; s die Rn 11 zitierte Rspr und Lit.
[53] BT-Drucks 7/650 S 99; Zweiter Bericht und Antrag des BT-Rechtsausschusses zum RegE des 1. EheRG, BT-Drucks 7/4361 S 26.
[54] BGHZ 94, 1, 8 = NJW 1985, 1394, 1396; *Diederichsen* NJW 1977, 217, 221; *Erman/Heckelmann* Rn 10; *Dörr* NJW 1989, 810, 813.
[55] OLG Frankfurt FamRZ 1983, 913, wo außerdem auf das zwischen den Ehegatten Übliche abgestellt wird; *Soergel/H. Lange* Rn 10; MünchKommBGB/*Wacke* Rn 20.
[56] Wiedergegeben bei *Palandt/Brudermüller* Rn 12.
[57] OLG Köln NJW-RR 1991, 1092; *Staudinger/Hübner/Voppel* Rn 38; *Erman/Heckelmann* Rn 12; MünchKommBGB/*Wacke* Rn 20; s auch FamK/*Brudermüller* Rn 20, während die Rn 18 gebrauchten Wendungen der von *Gernhuber* geprägten Definition entsprechen; BGHZ 94, 1, 8 f = NJW 1985, 1394, 1396 referiert diese Formel ohne Stellungnahme.
[58] BGHZ 94, 1, 8 = NJW 1985, 1394, 1396; OLG Köln NJW-RR 1991, 1092; *Gernhuber/Coester-Waltjen* § 19 Rn 56; FamK/*Brudermüller* Rn 16 ff (s aber Rn 18); ähnlich schon *Käppler* S 283; MünchKommBGB/*Wacke* Rn 20 verwendet diese Formel neben der auf *Diederichsen* zurückgehenden.
[59] So *Gernhuber/Coester-Waltjen* § 19 Rn 56: „wie es für eine Norm, die dem Gläubigerschutz dient, notwendig ist"; ebenso *Soergel/H. Lange* Rn 10 aE.
[60] *Palandt/Brudermüller* Rn 12.
[61] Insoweit zutr *Soergel/Lipp* Nachtrag Rn 2, 10.
[62] *Gernhuber/Coester-Waltjen* § 19 Rn 47.

§ 1357 Buch 4. Abschnitt 1. Bürgerliche Ehe

Werden Sinn und Zweck der Vorschrift mit dem BVerfG primär in der Ausgestaltung der Ehe in wirtschaftlicher Hinsicht gesehen[63], rückt die **Beziehung der Ehegatten zueinander** ins Blickfeld. Die Berechtigung jedes Ehegatten, den anderen (mit) zu verpflichten, bedeutet für ihn einen – vom beiderseitigem Einkommen und Vermögen abhängigen – Zuwachs an wirtschaftlichem Potential. Dieser Zuwachs mag der Chancengleichheit in der Ehe und der Kreditwürdigkeit der Familie zugute kommen (Rn 2). In jedem Fall geht er einher mit Belastungen des anderen Ehegatten, in dessen Interesse die Berechtigung mithin der Begrenzung bedarf. Das einschränkende Erfordernis der Angemessenheit wird unvollständig gewürdigt, wenn sein Zweck nicht auch im **Schutz des anderen Ehegatten** gesehen wird[64], mit den Worten des BGH: Schutz vor einer überraschenden Inanspruchnahme aus Alleingeschäften größeren Umfangs[65].

15   Auf Geschäfte „**größeren Umfangs**" ist der Schutz zu beschränken, weil der Bereich der angemessenen Bedarfsdeckung nicht unbegrenzt eingeengt werden kann. Abs 1 enthält **zwingendes Recht;** soweit der zwingende Charakter reicht, können die Eheleute seine Geltung zwar (in den durch § 1356 Abs 1 S 2 gezogenen Grenzen) im Innenverhältnis einschränken (Rn 6), nicht aber im Außenverhältnis (Rn 5). Auch unter dem Aspekt der Angemessenheit darf die Berechtigung des Ehegatten in ihrem zwingend vorgeschriebenen Bereich nicht ausgehöhlt werden. Wenn der BGH diesen Bereich nach dem Kriterium des „Umfangs" des jeweiligen Geschäfts abgrenzt, liegt dem die Erwägung zugrunde, dass der andere Ehegatte nur vor der Inanspruchnahme aus umfangreicheren Geschäften des Schutzes bedürfe, mit der (Mit-)Verpflichtung durch sonstige Geschäfte seines Ehepartners also stets rechnen müsse. Das lässt sich dahin verstehen, dass innerhalb der durch die Verhältnisse der Eheleute gezogenen Grenzen **gewöhnliche Geschäfte des täglichen Lebens,** wohl überhaupt Geschäfte, die **zum häuslichen Wirkungskreis** nach § 1357 Abs 1 aF gerechnet wurden (Rn 11), jedenfalls der angemessenen Bedarfsdeckung dienen und den Ehegatten mit verpflichten, Sonderfälle wie Rn 12 aE erörtert ausgenommen. Was als **Geschäft größeren Umfangs** zu gelten hat, wird ebenfalls zunächst durch die Verhältnisse der Eheleute bestimmt. Vor diesem Hintergrund sind die vorgeschlagenen Formeln (Rn 13) geeignete Orientierungshilfen, indem sie darauf abstellen, ob ein Geschäft von einem Ehegatten **üblicherweise** selbstständig erledigt wird oder ob er sich darüber zuvor mit dem anderen zu verständigen pflegt. Die auf Diederichsen zurückgehende Formel, die danach unterscheidet, ob eine vorherige Verständigung idR auch stattfindet, legt dabei in der wünschenswerten Weise die tatsächlichen Gepflogenheiten in der jeweiligen Ehe zugrunde. Wo sich solche (noch) nicht gebildet haben, muss man mit Gernhuber auf das allgemein Übliche zurückgehen.

16   Ein Alleingeschäft größeren Umfangs dient daher **keiner angemessenen Bedarfsdeckung,** wenn eine vorherige Verständigung über Geschäfte dieser Art den Ehegatten notwendig erschien und von ihnen im Regelfall auch herbeigeführt wurde, hilfsweise: der allgemeinen Übung entsprach. Ein solches Geschäft wirkt daher nicht nach Abs 1 für und gegen den anderen Ehegatten. Ob es anders ist, wenn die Ehegatten sich über das Geschäft **tatsächlich verständigt** hatten, ist umstritten. Nach Ansicht des BGH besteht im Allgemeinen kein Anlass, an der Angemessenheit zu zweifeln, wenn das Geschäft erkennbar auf einer im Einzelfall erfolgten Abstimmung der Ehegatten beruht[66]. Die unterschiedlich begründete Gegenmeinung[67] beruht hauptsächlich auf abweichender Sicht des Erfordernisses der Angemessenheit. Die vorsichtig, ohne Anspruch auf Allgemeingültigkeit formulierte Ansicht des BGH ist zunächst auf den der damaligen Entscheidung zugrunde liegenden Sachverhalt zu beziehen: Für Arztkosten, die durch stationäre Behandlung einer Frau entstanden waren, wurde deren Ehemann aus einem Wahlleistungen umfassenden Vertragsantrag in Anspruch genommen, den er selbst als bevollmächtigter Vertreter seiner Frau unterschrieben hatte. Falls sich die Eheleute über einen solchen Vertrag nicht zuvor zu verständigen pflegten, wäre die Angemessenheit des Geschäfts nicht zu bezweifeln gewesen. Dass es anders sein soll, wenn eine Verständigung tatsächlich stattfand, ist schwer zu vermitteln. Dem Schutz des Ehegatten vor überraschender Inanspruchnahme (Rn 14) ist genügt. Eine **Übersicherung des Gläubigers**[68] ist der Vorschrift auch sonst vorzuwerfen (Rn 2). Fraglich ist allerdings, ob und inwieweit die Angemessenheit des Geschäfts davon abhängt, dass eine zwischen den Ehegatten erfolgte Abstimmung dem Gläubiger **erkennbar** ist[69].

17   b) **Einzelfälle. aa) Bejaht.** Geschäft zur angemessenen Deckung des Lebensbedarfs bejaht: **Telefonversorgungsvertrag**[70], Vertrag über Reparatur eines von der Familie genutzten Pkw[71], tierärzt-

---

[63] BVerfGE 81, 1, 7 = NJW 1990, 175.
[64] Ähnlich *Peter* NJW 1993, 1949, 1951; in dieselbe Richtung zielt das „prozedurale" Verständnis der Angemessenheit bei *Holzhauer* JZ 1985, 684, 685.
[65] BGHZ 94, 1, 8 = NJW 1985, 1394, 1395; s auch schon RegE des 1. EheRG, BT-Drucks 7/650 S 99: „Geschäfte größeren Umfangs, die ohne Schwierigkeiten zurückgestellt werden können".
[66] BGHZ 94, 1, 9 = NJW 1985, 1394, 1396; zust *Soergel/H. Lange* Rn 10; MünchKommBGB/*Wacke* Rn 20; *Lüderitz* Rn 249; *Holzhauer* JZ 1985, 684, 685.
[67] OLG Köln NJW-RR 1991, 1092; *Gernhuber/Coester-Waltjen* § 19 Fn 100; Staudinger/*Hübner/Voppel* Rn 38; *Soergel/Lipp* Nachtrag Rn 10; *Schwab* Rn 163; unentschieden *Henrich* FamR § 7 II 3 S 68.
[68] So der Einwand von *Schwab* Rn 163.
[69] Auf die Erkennbarkeit der Absprache für den Geschäftspartner stellt die Entscheidung OLG Köln NJW-RR 1991, 1092 ab; nach BGHZ 94, 1, 9 = NJW 1985, 1394, 1396 tritt bei Erkennbarkeit die „Notwendigkeit" zurück, ein „möglicherweise bestehendes Vertrauen" auf die Mithaftung des Ehegatten zu enttäuschen.
[70] LG Stuttgart FamRZ 2001, 1610.
[71] LG Freiburg FamRZ 1988, 1052.

liche Behandlung eines in der Familienwohnung gehaltenen Hundes[72], Lieferung von **Heizmaterial und Energie**[73], Abschluss einer **Hausratversicherung**[74], Erwerb und Ersatz jedenfalls von kleineren, je nach Lebenszuschnitt auch teureren **Einrichtungsgegenständen**[75], **Reparaturen an Hausrat und Haus** (ausgenommen größere Renovierungen)[76], stundenweise Beschäftigung einer Putzhilfe oder eines Gärtners[77], bei entsprechendem Lebenszuschnitt auch Einstellung, Beurlaubung und Entlassung von **Hausangestellten** (s auch § 1356 Rn 2 aE mwN)[78], **Versorgung mit Medikamenten** einschließlich empfängnisverhütender Mittel[79]. Da zum Lebensbedarf auch **Freizeitgestaltung, Unterhaltung und Erholung** gehören, können darauf bezogene Geschäfte der angemessenen Bedarfsdeckung dienen. Angesichts der Kosten insbes von **Urlaubsreisen und -aufenthalten** muss zwischen Geschäften größeren Umfangs und anderen unterschieden werden, wobei die Grenze je nach den Verhältnissen der Ehegatten unterschiedlich zu ziehen ist (Rn 15)[80]. Buchung einer Urlaubsreise und Anmietung einer Ferienwohnung können zu den Geschäften gehören, die ein Ehegatte selbstständig vorzunehmen pflegt[81], bei der Buchung teurer Auslandsreisen gilt vorherige Verständigung der Ehegatten als üblich[82]. Bei längerer Abwesenheit oder Beeinträchtigung der Handlungsfähigkeit eines Ehegatten durch Krankheit oder Unfall kann sich die Berechtigung des anderen Ehegatten erweitern[83].

bb) Verneint. Kein Geschäft zur Deckung von Lebensbedarf: Geschäfte zur Befriedigung ausschließlich **persönlicher Hobbies** oder Leidenschaften eines Ehegatten, (jedenfalls) soweit die Kosten dessen „Taschengeld"-Anspruch übersteigen[84]; **Vereinsbeitritt** eines Ehegatten aus persönlicher Neigung (zB zum Sportverein), aber auch zum Mieterverein[85]; **Pacht eines Grundstücks** zur gärtnerischen Nutzung[86]; Abfindungsvergleich über Haftpflichtansprüche[87]; **beruflich bedingte Anschaffungen** und Aufwendungen, auch für Berufstätigkeit beider Ehegatten[88]; Geschäfte zwecks **Auflösung der ehelichen Gemeinschaft**, zB Umzug in eine getrennte Wohnung[89]. 18

Sog **Grundlagen- oder Investitionsgeschäfte:** Mietvertrag über die **Ehewohnung** und dessen Beendigung[90]; Zustimmung zur Mieterhöhung[91]; Maklervertrag über Nachweis einer Ehewohnung[92] und Vertrag mit Transportunternehmen über Umzug[93]; **Bauvertrag** über Wohnhaus[94] und Aufnahme 19

---

[72] AG Kerpen NJW-RR 1989, 329.
[73] LG Oldenburg FamRZ 2006, 703; AG Wuppertal ZMR 1980, 239; AG Beckum FamRZ 1988, 501; LG Koblenz WuM 1990, 445 = FamRZ 1991, 435 LS: Mitverpflichtung sogar für Gaslieferungen auf Grund eines von dem Ehegatten vor der Heirat geschlossenen Vertrages; dazu krit *Soergel/Lipp* Nachtrag Rn 12.
[74] So zu § 1357 aF AG Eschwege VersR 1959, 1038; AG Karlshafen VersR 1965, 871; *MünchKommBGB/Wacke* Rn 23; *Palandt/Brudermüller* Rn 13; weitergehend *Erman/Heckelmann* Rn 13: „übliche Versicherungsverträge"; aA *Gernhuber/Coester-Waltjen* § 19 Rn 57; *Soergel/H. Lange* Rn 15; diff *Staudinger/Hübner/Voppel* Rn 64.
[75] *Gernhuber/Coester-Waltjen* § 19 Fn 113; *Soergel/H. Lange* Rn 12; *MünchKommBGB/Wacke* Rn 23; näher dazu *Staudinger/Hübner/Voppel* Rn 45 mN zur Rspr.
[76] *Gernhuber/Coester-Waltjen* § 19 Rn 58; *Erman/Heckelmann* Rn 13; *MünchKommBGB/Wacke* Rn 23.
[77] *RGRK/Roth-Stielow* Rn 28; *MünchKommBGB/Wacke* Rn 24.
[78] *Soergel/H. Lange* Rn 12.
[79] So zu § 1357 aF LG Itzehoe FamRZ 1969, 90 f; LG München I FamRZ 1970, 314, 315; *Gernhuber/Coester-Waltjen* § 19 Rn 58; *MünchKommBGB/Wacke* Rn 23; *Staudinger/Hübner/Voppel* Rn 50.
[80] Nach aA dient der Abschluss von Reiseverträgen niemals der angemessenen Bedarfsdeckung, so OLG Frankfurt FamRZ 1983, 93; *Gernhuber/Coester-Waltjen* § 19 Rn 57; FamK/*Brudermüller* Rn 27 für Mietvertrag über Ferienappartement; ähnlich *Soergel/H. Lange* Rn 15 und RGRK/*Roth-Stielow* Rn 27 für Ferienreisen von „nicht ganz kurzer Dauer" und Miete von Ferienwohnung.
[81] OLG Köln NJW-RR 1991, 1092; AG Frankfurt/M NJW-RR 1993, 1144: Buchung von Ferienwohnung heutzutage „Geschäft des täglichen Lebens"; *MünchKommBGB/Wacke* Rn 23 für „angemessene" Urlaubsreise; *Staudinger/Hübner/Voppel* Rn 51; *Erman/Heckelmann* Rn 13; *Palandt/Brudermüller* Rn 11; *Mikat* Rechtsprobleme S 75.
[82] OLG Köln NJW-RR 1991, 1092.
[83] VG Frankfurt/Main NJW-RR 1988, 393 f betr Beauftragung eines Anwalts für Antrag auf Berufsunfähigkeitsrente im Interesse des nach Unfall bewusstlosen Ehemannes; *Soergel/H. Lange* Rn 10; *Staudinger/Hübner/Voppel* Rn 83; FamK/*Brudermüller* Rn 28.
[84] *MünchKommBGBWacke* Rn 23.
[85] AG Marl FamRZ 1988, 283, 284; FamK/*Brudermüller* Rn 28.
[86] OLG Koblenz NJW-RR 1991, 66.
[87] So zu § 1357 aF OLG Nürnberg VersR 1965, 723.
[88] AG Augsburg FamRZ 1987, 819 betr Warenlieferung für Grillbude; *MünchKommBGBWacke* Rn 24; FamK/*Brudermüller* Rn 26; abw LG Hannover FamRZ 1984, 268 betr Bestellungen für einen Wirtschaftsbetrieb der Eheleute auf ihrer Hofstelle; zweifelhaft LG Frankfurt/M NJW-RR 1993, 1286 betr Begutachtung eines Wasserschadens in einem Büro des Ehemannes, das dieser im Keller des gemeinsam bewohnten, der Ehefrau gehörenden Hauses unterhält; krit dazu *Soergel/Lipp* Rn 12.
[89] LG Aachen FamRZ 1980, 996; *MünchKommBGB/Wacke* Rn 24; FamK/*Brudermüller* Rn 28; *Mikat* Rechtsprobleme S 77 ff.
[90] LG Köln WuM 1990, 142 = FamRZ 1990, 744 LS; LG Mannheim FamRZ 1994, 445; *Gernhuber/Coester-Waltjen* § 19 Rn 57; *MünchKommBGB/Wacke* Rn 24; *Staudinger/Hübner/Voppel* Rn 46.
[91] *Palandt/Brudermüller* Rn 14; aA AG Münster MDR 1990, 900.
[92] So zu 1357 aF LG München II FamRZ 1975, 581 LS; *Staudinger/Hübner/Voppel* Rn 46; *Soergel/H. Lange* Rn 15; anders LG Darmstadt NJW-RR 2005,1583; LG Braunschweig FamRZ 1986, 61 wegen dem Makler gegenüber in Erscheinung getretener Abstimmung der Eheleute.
[93] LG Aachen FamRZ 1980, 996.
[94] BGH NJW-RR 1989, 85.

§ 1357

von **Darlehen zwecks Finanzierung**[95]; Erwerb und Veräußerung von **Grundbesitz**[96]; **Anschaffung eines Pkw**, auch für die Familie[97].

20 Geschäfte zur **Kapitalanlage** und **Vermögensbildung**, wie Erwerb und Veräußerung von Wertpapieren, Erwerb von Immobilien (Rn 19), Wertgegenständen und sonstigen Anlageobjekten[98].

21 Zweifelhafter und iE umstritten ist, ob Geschäfte unter Abs 1 fallen, die nur **mittelbar zur Deckung des Lebensbedarfs** bestimmt sind. Die Aufnahme von **Bank- und anderen Krediten**, Verfügungen über das Bankkonto des Ehegatten im Rahmen eines Dispositionskredits ausgenommen[99], gehört grds nicht zu den Geschäften, für die die Berechtigung des Ehegatten gedacht ist[100]. Der Geschäftsverkehr, nicht nur der Banken, trägt dem Rechnung, indem die Unterschrift auch des anderen Ehegatten verlangt wird, wenn an dessen Mithaftung gelegen ist (nicht zB beim sog Hausfrauenkredit, Rn 35). Anders ist es im Umgang mit Geschäftsleuten, bei denen ein Ehegatte „anschreiben" lässt, oder mit Verwandten, Freunden oder Nachbarn, die mit Geldbeträgen „aushelfen". Vielfach wird dann ohne weiteres erwartet, dass dafür auch der andere Ehegatte einsteht. Soweit solche Kredite **zur Deckung des Lebensbedarfs** aufgenommen werden, können sie zu den „Geschäften" des Abs 1 zu rechnen sein[101]. Ob der Kredit zum Familienunterhalt bestimmt sein[102] und, wenn ja, tatsächlich oder nur in der Vorstellung des Kreditgebers dazu verwandt werden muss, ist zweifelhaft. Im Allgemeinen besteht kein Anlass, die Berechtigung des Ehegatten zugunsten von Gläubigern über den gesetzlichen Rahmen hinaus auszudehnen (Rn 14)[103]. Eine Berechtigung zur selbstständigen **Vermietung von Zimmern** der Ehewohnung[104] sollte nur in Betracht kommen, wenn die Eheleute sich zuvor grds über diesen Nebenerwerb verständigt haben[105].

22 cc) Insbes: **Abzahlungsgeschäft, finanzierter Kauf.** Bedenken, ob die Berechtigung nach Abs 1 sich auch auf solche Geschäfte erstreckt, werden kaum daraus hergeleitet, dass mit ihnen eine Kreditaufnahme (Rn 21) verbunden ist. Wenn ein Geschäft der Deckung des Familienbedarfs dient, was den Beteiligten zumeist klar erkennbar ist, wird die Mitverpflichtung des anderen Ehegatten regelmäßig nur noch von der Angemessenheit der Bedarfsdeckung (Rn 23) abhängig gemacht[106]. Streitig geworden ist vielmehr, ob die bei **Verbraucherverträgen** insbes nach § 7 Abs 1 VerbrKrG, aber auch § 1 Abs 1 HaustürWG, § 3 Abs 1 FernAbsG bestehenden, knapp befristeten Widerrufs- oder Rückgaberechte gemäß §§ 361 a, 361 b aF eine Mitverpflichtung des am Geschäft nicht beteiligten Ehegatten gestatten. Zum früheren AbzahlungsG ist dies in der Rspr der Amts- und Landgerichte zumeist[107], im Schrifttum teilweise[108] verneint, für die genannten Verbraucherschutzbestimmungen aber ganz überwiegend bejaht worden[109], mit Recht. Andernfalls würde ein mit der Berechtigung der Ehegatten verfolgter Zweck, die Erhöhung ihrer **Kreditwürdigkeit** (Rn 2), in großem Umfang verfehlt, ohne dass die Verbraucherschutz gebiete. Gerade bei Geschäften, die mit einer Kreditaufnahme verbunden sind, bedarf die Kreditwürdigkeit der Familie in besonderem Maße der Stärkung. Für Widerrufs- oder Rückgaberechte gemäß §§ 355, 356 aus Verbraucherverträgen, die seit dem 1. 1. 2002 (s Art 229 § 5 S 1 EGBGB) geschlossen worden sind (§ 495 Abs 1: Verbraucherdarlehensvertrag; § 312 Abs 1: Haustürgeschäft; § 312 d Abs 1: Fernabsatzvertrag), kann nichts anderes gelten. Zur Auswirkung von Verbraucherschutzbestimmungen auf die Rechtsstellung des mitverpflichteten Ehegatten s Rn 28 f.

---

[95] LG Aachen FamRZ 1989, 1176, 1177; FamK/*Brudermüller* Rn 27; *Staudinger/Hübner/Voppel* Rn 46; *Soergel/Lipp* Nachtrag Rn 15; *Erman/Heckelmann* Rn 15.
[96] *Soergel/H. Lange* Rn 15.
[97] *Gernhuber/Coester-Waltjen* § 19 Rn 57; *Staudinger/Hübner/Voppel* Rn 45; *Soergel/H. Lange* Rn 15; aA *Erman/Heckelmann* Rn 13.
[98] *Staudinger/Hübner/Voppel* Rn 65; *Soergel/H. Lange* Rn 15; MünchKommBGB/*Wacke* Rn 24.
[99] FamK/*Brudermüller* Rn 31; abl *Gernhuber/Coester-Waltjen* § 19 Rn 57.
[100] LG Aachen NJW 1980, 1472 f betr „Hausfrauenkredit" und FamRZ 1989, 1176, 1177 betr Baudarlehen; LG Saarbrücken ZIP 1981, 606 betr Erwerb von „Kaufgutscheinen" eines Kaufhauses; *Gernhuber/Coester-Waltjen* § 19 Rn 57; *Staudinger/Hübner/Voppel* Rn 61 f; *Soergel/Lipp* Nachtrag Rn 13; FamK/*Brudermüller* Rn 32; für Bankkredite auch MünchKommBGB/*Wacke* Rn 28; großzügiger *Mikat*, FS Beitzke S 293, 301 f betr selbstständige Kreditaufnahme, soweit der Lebenszuschnitt der Ehegatten es erlaubt; *Erman/Heckelmann* Rn 15: in „angemessenem Umfang"; wohl auch *Soergel/H. Lange* Rn 13.
[101] So recht weitgehend AG Sulingen FamRZ 1992, 554, 555; s auch MünchKommBGB/*Wacke* Rn 26, 27: „Geldkredite zur familiären Bedarfsdeckung"; *Soergel/Lipp* Nachtrag Rn 13; FamK/*Brudermüller* Rn 32; zurückhaltend *Staudinger/Hübner/Voppel* Rn 63.
[102] Dagegen *Mikat*, FS Beitzke, S 301 f.
[103] Ebenso wohl *Soergel/Lipp* Nachtrag Rn 13; MünchKommBGB/*Wacke* Rn 27.
[104] „Unter Umständen" zugebilligt von *Erman/Heckelmann* Rn 13; generell abl *Staudinger/Hübner/Voppel* Rn 46.
[105] MünchKommBGB/*Wacke* Rn 25.
[106] *Staudinger/Hübner/Voppel* Rn 66; FamK/*Brudermüller* Rn 33 ff; *Erman/Heckelmann* Rn 15; *Soergel/Lipp* Nachtrag Rn 13; s auch LG Aachen FamRZ 1980, 566 f.
[107] LG Detmold NJW-RR 1989, 10; AG Michelstadt NJW 1985, 205; AG Elmshorn NJW-RR 1987, 457; wN bei FamK/*Brudermüller* Rn 33; anders LG Würzburg NJW-RR 1988, 1324 ohne Erörterung; AG Lampertheim NJW-RR 1987, 1155.
[108] MünchKommBGB/*Wacke* Rn 29; *Witte-Wegmann* NJW 1979, 749, 751 f.
[109] *Staudinger/Hübner/Voppel* Rn 73; FamK/*Brudermüller* Rn 34; *Erman/Heckelmann* Rn 15; *Soergel/Lipp* Nachtrag Rn 13; *Palandt/Brudermüller* Rn 11; *Cebulla/Pützhoven* FamRZ 1996, 1124, 1125 f; *Schmidt* FamRZ 1991, 629, 632 f; *Löhnig* FamRZ 2001, 135, 136 f.

Geschäfte zur Deckung des Lebensbedarfs § 1357

Die **Angemessenheit** der Bedarfsdeckung, der das Geschäft dient, ist nach dem Verhältnis der damit 23
verbundenen Gesamtbelastung[110] zum Familieneinkommen zu beurteilen[111].

dd) Arzt- und Krankenhausverträge. Eine medizinisch indizierte, unaufschiebbare ärztliche 24
Behandlung dient **unabhängig von der Höhe der Kosten** grds der angemessenen Deckung des
Lebensbedarfs der Familie[112]. Aus dem Vertrag eines Ehegatten über die ärztliche Behandlung des
anderen oder eines Kindes der Eheleute wird, wenn die Behandlung **medizinisch indiziert und
unaufschiebbar** ist, nach Abs 1 daher fraglos auch der andere Ehegatte verpflichtet. Ob das auch für
einen **Behandlungsvertrag** gilt, den ein Ehegatte **für sich selbst** schließt, ist im Hinblick auf den
höchstpersönlichen Charakter des Arztvertrages, insbes auf die **ärztliche Schweigepflicht** bezweifelt
worden, da sie den Arzt hindere, dem anderen Ehegatten eine in der vorgeschriebenen Weise
spezifizierte Rechnung zu erteilen[113]. Nach inzwischen ganz hM sind diese **Bedenken aber unbegründet,** weil sie die wirtschaftliche Seite des Behandlungsvertrages nicht betreffen und den persönlichen Rechten des Behandelten in verständiger Weise genügt werden kann[114].

Ob Arzt- und Krankenhausverträge über in diesem Umfang **medizinisch nicht indizierte** Leistun- 25
gen (sog **Wahlleistungen,** zB Unterbringung im Ein- oder Zweibettzimmer, Chefarztbehandlung) zur
angemessenen Bedarfsdeckung gehören, richtet sich nach den auch sonst geltenden Kriterien (Rn 15 f).
Die Angemessenheit hängt also davon ab, ob nach den Verhältnissen der Ehegatten ein Geschäft
„größeren Umfangs" vorliegt, über das sie sich zuvor zu verständigen pflegen, wenn ja, ob eine solche
Verständigung erfolgt ist[115]. Nicht abschließend geklärt ist, ob und in welchem Umfang das auch für **in
zeitlicher Hinsicht nicht gebotene** („aufschiebbare") Behandlungen gilt, etwa für speziellen Zahnersatz[116] oder kosmetische Operationen[117].

Eine Mitverpflichtung des Ehegatten für die Kosten einer medizinisch indizierten, unaufschiebbaren 26
ärztlichen Behandlung kann **ihrer Höhe wegen** den Rahmen des **unterhaltsrechtlich** (§§ 1360,
1360 a) Geschuldeten (Rn 12) sprengen, mit der Folge, dass sich „aus den Umständen etwas anderes
ergibt" (Abs 1 S 2 HS 2)[118]. Maßgebend sind dafür einerseits die Verhältnisse der Ehegatten, deren
Zuschnitt sich auch aus ihrer bisherigen Übung und einer vorherigen Absprache ergeben kann,
andererseits die Höhe der nicht anderweitig (insbes durch Krankenversicherung[119] und Beihilfe)
gedeckten Kosten. Bei entsprechender Höhe können diese unterhaltsrechtlich **Sonderbedarf**
(§§ 1360 a Abs 3, 1613 Abs 2 Nr 1) sein, den der Ehegatte grds nur bei Leistungsfähigkeit zu decken
verpflichtet ist[120].

4. Rechtswirkungen der Berechtigung. a) Außenverhältnis. aa) Verpflichtung. Wenn durch 27
ein Rechtsgeschäft, das ein Ehegatte im Rahmen seiner Berechtigung nach Abs 1 S 1 vornimmt,
nach dem Grundsatz des Abs 1 S 2 **beide Ehegatten verpflichtet** werden, schulden sie als **Gesamtschuldner:** Der Gläubiger kann die Leistung von jedem der Ehegatten einfordern (§ 421 S 1), jeder
Ehegatte leistet mit Erfüllungswirkung für den anderen (§ 422 Abs 1), bis zur Bewirkung der ganzen
Leistung bleiben beide Ehegatten verpflichtet (§ 421 S 2). Ob ein von einem Ehegatten mit dem
Gläubiger vereinbarter **Schulderlass** auch dem anderen Ehegatten zugute kommt, bestimmen die
Vertragschließenden (§ 423). Voraussetzungen und Wirkung anderer Einwirkungen auf das Schuldverhältnis sind umstritten. Zwar herrscht die Auffassung, weil Ehegatten eine engere Einheit bilden
als Gesamtschuldner gemeinhin, müsse die Mitverpflichtung nach Abs 1 S 2 der Schuld des Ehegatten, der das Schuldverhältnis begründet hat, bei dessen weiterer Entwicklung **akzessorisch bleiben**[121]. Im Sinne des § 425 Abs 1 ergebe sich aus dem Schuldverhältnis „ein anderes". Zu diesem
Ziel werden aber verschiedene Wege eingeschlagen: Nach einer Ansicht soll der mit verpflichtete
Ehegatte für die Entwicklung des Schuldverhältnisses „nicht zuständig" sein, insbes keine Gestaltungsrechte ausüben können[122], nach anderer sollen Rechtsgeschäfte und Rechtshandlungen auch dieses
Ehegatten bei der Abwicklung des Geschäftes, da unter seine Berechtigung nach Abs 1 fallend, gegen

---

[110] Nicht der Monatsraten, so aber LG Berlin NJW 1975, 351.
[111] AG Bremen FamRZ 1968, 314 f; *Soergel/H. Lange* Rn 13; *Staudinger/Hübner/Voppel* Rn 67; FamK/*Brudermüller* Rn 35.
[112] BGHZ 94, 1, 6 = NJW 1985, 1394, 1395; BGHZ 116, 184, 187 = NJW 1992, 909, 910; ebenso OLG Düsseldorf MDR 1989, 914 betr ärztliche Behandlung und Operation eines Kindes; OLG Schleswig NJW 1993, 2996 betr Kostenanteil prothetischer Zahnbehandlung, für den gesetzliche Krankenkasse nicht eintrittspflichtig ist; *Staudinger/Hübner/Voppel* Rn 55; *Soergel/Lipp* Nachtrag Rn 14; MünchKommBGB/*Wacke* Rn 30; FamK/*Brudermüller* Rn 37; *Erman/Heckelmann* Rn 14; abl *Peter* NJW 1993, 1949, 1951 f.
[113] *Holzhauer* JZ 1985, 684, 685; *Peter* NJW 1993, 1949, 1952 f.
[114] *Gernhuber/Coester-Waltjen* § 19 Rn 59; *Soergel/H. Lange* Rn 14; *Staudinger/Hübner/Voppel* Rn 54; MünchKommBGB/*Wacke* Rn 30; aA *Peter* NJW 1993, 1949, 1953.
[115] BGHZ 94, 1, 9 = NJW 1985, 1394, 1396 betr Wahlleistungen bei stationärer Entbindung; zust *Staudinger/Hübner/Voppel* Rn 56; *Soergel/H. Lange* Rn 14; FamK/*Brudermüller* Rn 39: *Peter* NJW 1993, 1949, 1952.
[116] BGHZ 116, 184, 186 = NJW 1992, 909, 910 obiter: fällt unter § 1357 idR nur, wenn sich die Eheleute darüber ausdrücklich abgestimmt haben.
[117] *Staudinger/Hübner/Voppel* Rn 57: besonders kostspielige, aufschiebbare Behandlung fällt nicht unter § 1357.
[118] BGHZ 94, 1, 6 ff = NJW 1985, 1394, 1395 f; BGHZ 116, 184, 188 f = NJW 1992, 909, 910.
[119] Hinsichtlich privater Versicherung krit *Erman/Heckelmann* Rn 14.
[120] BGHZ 116, 184, 188 f = NJW 1992, 909, 910.
[121] *Gernhuber/Coester-Waltjen* § 19 Rn 63.
[122] So *Gernhuber/Coester-Waltjen* § 19 Rn 63.

§ 1357

beide wirken[123]. Diese Meinung findet im Gesetz den stärkeren Rückhalt, während die Gegenansicht eine eigenartige Gesamtschuld mit Gesamtschuldnern unterschiedlichen Rechts postulieren muss. Dafür fehlt nicht nur jeder Anhalt im Gesetz; der beide Ehegatten gleichsetzende Abs 1 S 2 („beide Ehegatten berechtigt und verpflichtet") spricht deutlich dagegen. Konsequenterweise kann der mit verpflichtete Ehegatte auch gestaltende Erklärungen des Gläubigers, etwa eine Mahnung, mit Wirkung für beide entgegennehmen[124]. Die **Aufrechnung** eines der gesamtschuldnerisch verpflichteten Ehegatten mit einer Gegenforderung des anderen hängt nach hM davon ab, ob dessen Berechtigung nach Abs 1 diese Verfügung über die Forderung umfasst[125]. In einem Passivprozess ergeben sich aus der gesamtschuldnerischen Haftung der Ehegatten keine Besonderheiten[126].

28 Fällt ein Geschäft, das ein Ehegatte im Rahmen seiner Berechtigung nach Abs 1 vornimmt, unter **Verbraucherschutzbestimmungen** (Rn 22), wird die Verpflichtung des anderen Ehegatten teilweise davon abhängig gemacht, dass auch ihm gegenüber die danach erforderliche **Schriftform eingehalten**, eine dort vorgeschriebene **schriftliche Belehrung erfolgt** ist[127]. Überwiegend wird das jedoch abgelehnt[128]. Dem ist zuzustimmen. Die Mitverpflichtung des anderen Ehegatten ist die gesetzliche Folge eines unter Abs 1 fallenden, wirksam, dh wirksam auch nach den Verbraucherschutzbestimmungen, zustande gekommenen Geschäfts. Dem Grundgedanken der Akzessorietät dieser Verpflichtung (Rn 27) entspricht es, dass der nach Abs 1 Mitverpflichtete die Wahrung der gesetzlichen Erfordernisse gegenüber seinem Ehegatten gegen sich gelten lassen muss.

29 Nach den Rn 27 dargelegten Grundsätzen steht dem mit verpflichteten Ehegatten auch das Widerrufs- oder Rückgaberecht (Rn 22) zu. Der Grundgedanke der Akzessorietät verlangt aber, dass er einen gegenüber seinem Ehegatten in Gang gesetzten Lauf der dafür bestimmten Fristen gegen sich gelten lassen muss[129].

30 **bb) Berechtigung.** Sind nach Abs 1 S 2 beide Ehegatten aus dem Geschäft eines von ihnen berechtigt, sind sie nach heute ganz überwM **Gesamtgläubiger** gemäß § 428, so dass der Schuldner an jeden von ihnen mit befreiender Wirkung leisten kann[130]. Diese Auffassung entspricht dem zwischen Ehegatten vorauszusetzenden Vertrauensverhältnis und ist gegenüber einer Anwendung des § 432[131] die praktikablere. Ebenso wie als Gesamtschuldner (Rn 27) kann ein Ehegatte auch als Gesamtgläubiger mit Wirkung für den anderen Gestaltungsrechte wie Mahnung und Kündigung ausüben und Gewährleistungsansprüche geltend machen[132].

31 **Prozessual** kann jeder Ehegatte den beiden als Gesamtgläubigern zustehenden Anspruch sowohl im eigenen Namen wie auf Grund seiner Berechtigung nach Abs 1 namens des anderen geltend machen[133]. Ob sich die Rechtskraft eines Urteils, das in einem von nur einem Ehegatten geführten Rechtsstreit ergeht, auch für und gegen den anderen wirkt, ist umstritten[134]. In einem gemeinsam geführten Aktivprozess sind die Ehegatten nach hM notwendige Streitgenossen[135].

32 **b) Innenverhältnis.** Wie zu Rn 6 ausgeführt, kann die interne Befugnis eines Ehegatten, Geschäfte zur Deckung des Lebensbedarfs der Familie zu besorgen, von seiner Berechtigung nach Abs 1 abweichen. Ein Ehegatte, der von dieser Berechtigung in einer gegen die Aufgabenverteilung in der Ehe verstoßenden Weise Gebrauch macht, ist außer der Klage auf Herstellung des ehelichen Lebens einem Anspruch auf Freistellung von einer dem anderen Ehegatten daraus erwachsenen Schuld ausgesetzt, in den der Gläubiger dieser Schuld vollstrecken kann[136]. Darüber hinaus kommt zwischen Ehegatten allgemein eine **Ausgleichspflicht nach § 426** in Betracht. Soweit ein Geschäft den Familienunterhalt

---

[123] *Staudinger/Hübner/Voppel* Rn 79; *MünchKommBGB/Wacke* Rn 34; *Soergel/H. Lange* Rn 20; *RGRK/Roth-Stielow* Rn 36; *Erman/Heckelmann* Rn 18; ebenso für Unterbrechung der Verjährung auch gegen den anderen Ehegatten durch Anerkennung *FamK/Brudermüller* Rn 44; zu § 1357 aF OLG Köln OLGRspr 1971, 157; LG Essen NJW 1968, 1527.
[124] *Staudinger/Hübner/Voppel* Rn 79; *FamK/Brudermüller* Rn 44; *Lüderitz* Rn 252.
[125] *Staudinger/Hübner/Voppel* Rn 81; *Soergel/H. Lange* Rn 20; *FamK/Brudermüller* Rn 44; aA *MünchKommBGB/Wacke* Rn 34 mangels Gegenseitigkeit.
[126] S dazu *Staudinger/Hübner/Voppel* Rn 84; *FamK/Brudermüller* Rn 44; *Baur*, FS Beitzke, S 111, 112 ff.
[127] LG Detmold NJW-RR 1989, 10 zum AbzG; *Kliffmüller* FuR 1992, 138, 142 ff; diff *Schmidt* FamRZ 1991, 629, 637 ff.
[128] *Staudinger/Hübner/Voppel* Rn 75; *Soergel/H. Lange* Rn 20; *Lüke* AcP 178 (1978), 1, 21; *Schanbacher* NJW 1994, 2335, 2336 f; *Cebulla/Pützhoven* FamRZ 1996, 1124, 1129 ff; *Löhnig* FamRZ 2001, 135, 137.
[129] *Gernhuber/Coester-Waltjen* § 19 Rn 63; *Staudinger/Hübner/Voppel* Rn 76; *MünchKommBGB/Wacke* Rn 29; *Lüke* AcP 178 (1978), 1, 21; *Löhnig* FamRZ 2001, 135, 137 f; *Cebulla/Pützhoven* FamRZ 1996, 1124, 1126 ff; hM.
[130] *Gernhuber/Coester-Waltjen* § 19 Rn 64; *Staudinger/Hübner/Voppel* Rn 78; *MünchKommBGB/Wacke* Rn 36; *Soergel/H. Lange* Rn 22; *Erman/Heckelmann* Rn 18; *RGRK/Roth-Stielow* Rn 37; *Lüderitz* Rn 252; *Käppler* AcP 179 (1979), 245, 284 f; *Mikat* Rechtsprobleme S 47 f; einschränkend *FamK/Brudermüller* Rn 43: „in der Regel".
[131] *Palandt/Brudermüller* Rn 21; *Lüke* AcP 178 (1978), S 1, 20; *Büdenbender* FamRZ 1976, 662, 667 f; diff *Roth* FamRZ 1979, 361, 362 ff; uU für jeden Ehegatten selbstständige Ansprüche aus § 432 oder 428.
[132] *Staudinger/Hübner/Voppel* Rn 80; *MünchKommBGB/Wacke* Rn 36; aA *Roth* FamRZ 1979, 361, 366 f.
[133] *Staudinger/Hübner/Voppel* Rn 83; *FamK/Brudermüller* Rn 44; *Soergel/H. Lange* Rn 15; *Baur*, FS Beitzke, S 111, 118.
[134] Dagegen *Staudinger/Hübner/Voppel* Rn 83; *Baur*, FS Beitzke, S 111, 118; teilweise aA *MünchKommBGB/Wacke* Rn 49 mwN.
[135] *Staudinger/Hübner/Voppel* Rn 83; *MünchKommBGB/Wacke* Rn 49; *FamK/Brudermüller* Rn 44; mit Bedenken auch *Baur*, FS Beitzke, S 111, 118.
[136] KG NJW 1980, 1341 f.

iS des § 1360 betrifft, richtet sich die Ausgleichspflicht inhaltlich nach §§ 1360, 1360a, in anderen Fällen muss auf §§ 1353, 1359 zurückgegriffen werden[137].

c) Keine dingliche Wirkung. Ob die Berechtigung beider Ehegatten aus einem unter Abs 1 fallenden Erwerbsgeschäft (zB Kauf von Hausrat) nur obligatorischer oder auch dinglicher Natur ist, ob also an dem mit den Wirkungen des Abs 1 S 2 gekauften Mobiliar beide Ehegatten kraft Gesetzes Miteigentum erwerben, ist Gegenstand ausgedehnten Meinungsstreits. Der BGH hat einen **Eigentumserwerb kraft Gesetzes** generell **verneint**[138]. Soweit er im entschiedenen Fall den am Geschäft nicht beteiligten anderen Ehegatten (Mit-)Eigentum durch **Übereignung an den, den es angeht,** hat erwerben lassen[139], handelt es sich (trotz der auch auf Abs 1 gestützten Argumentation)[140] nicht um eine Wirkung der hier kommentierten Vorschrift. Ein **Ehegatte**, der durch ein Alleingeschäft zunächst nur selbst Eigentum erworben hat, **kann verpflichtet sein**, dem anderen Ehegatten Allein- oder zumindest Miteigentum daran zu verschaffen, wenn er die Sache mit Mitteln des anderen oder nicht ausschließlich zum eigenen persönlichen Gebrauch erworben hat[141]. 33

5. Ausschlüsse. a) Nach den Umständen (Abs 1 S 2 HS 2). Durch das Geschäft eines Ehegatten zur angemessenen Deckung des Lebensbedarfs werden **nicht beide Ehegatten** berechtigt und verpflichtet, wenn sich aus den Umständen etwas anderes ergibt. Solche Umstände können **in dem Geschäft selbst** liegen. Kauft ein sog **Sammelbesteller** bei einem Kauf- oder Versandhaus erkennbar (zB zu Lasten eines für ihn eingerichteten Sammelbestellerkontos) Waren gebündelt (auch) für andere Interessenten, wird sein Ehegatte aus dem Geschäft nicht oder nur zu einem Anteil verpflichtet, der auf einen feststellbar für den eigenen Bedarf bestimmten Teil der Bestellung entfällt[142]. Auch beim Erwerb von Gegenständen für den **eigenen persönlichen Gebrauch**[143] oder erklärtermaßen **als Geschenk** für den Ehegatten kann sich aus den Umständen ergeben, dass der Ehegatte nicht verpflichtet wird. 34

Auch **Erklärungen** beim Abschluss des Geschäfts, ausdrücklich wie konkludente, kommen als „Umstände" in Betracht. Allerdings genügt es nicht, wenn der Ehegatte im eigenen Namen auftritt oder nicht zu erkennen gibt, dass er verheiratet ist[144]. Denn die Mitverpflichtung des Ehegatten setzt weder einen dahingehenden Willen des Handelnden noch Kenntnis des Geschäftspartners voraus. „Etwas anderes" ergibt sich auch noch nicht aus einem Handeln in **Vertretung des anderen Ehegatten;** denn das dann vorliegende Geschäft des anderen wirkt unter den Voraussetzungen des Abs 1 auch für den Handelnden als dessen Ehegatten. Der Handelnde muss den **Ausschluss der eigenen Verpflichtung** daher **eindeutig offenlegen**[145]. „Etwas anderes" kann sich aus der Aufnahme eines „Hausfrauenkredits ohne Unterschrift des Ehemannes" ergeben; daraus wird nur die handelnde Ehefrau verpflichtet[146]. Je nach Art der „Umstände" kann das sich daraus ergebende „andere" mithin Ausschluss der eigenen Verpflichtung, aber auch der Mitverpflichtung des anderen Ehegatten sein. 35

b) Beschränkung und Ausschließung der Berechtigung (Abs 2). aa) Erklärung des Ehegatten. Auf welche Weise ein Ehegatte die Berechtigung des anderen aus Abs 1 beschränken und ausschließen kann, sagt das Gesetz nicht. Als einseitige, an keine Form gebundene Willenserklärung[147] kann Beschränkung wie Ausschluss daher in jeder denkbaren Weise kundgetan werden: mündlich oder schriftlich, durch Erklärung gegenüber dem Ehegatten, dem Geschäftspartner oder der Öffentlichkeit, etwa durch Zeitungsanzeige (nicht mehr üblich). Eine Begründung braucht nicht beigegeben zu werden. Ein **Minderjähriger** (Rn 9) kann die Erklärung selbst abgeben; da sie angesichts ihrer nur vermögensrechtlichen Folgen keinen höchstpersönlichen Charakter hat, kann sie aber auch der gesetzliche Vertreter für ihn abgeben[148]. 36

Die Vorschrift ist **zwingendes Recht.** Eheleute können die Befugnis nach Abs 2 daher ebenso wenig wie die Berechtigung nach Abs 1 (Rn 5) ausschließen, beschränken oder erweitern[149]. Ein Verzicht auf die Befugnis, eine entgegenstehende Ehevereinbarung wären nichtig (§ 134). Zu wechselseitigen Beschränkungen oder Ausschließungen s Rn 5. 37

---

[137] *Gernhuber/Coester-Waltjen* § 19 Rn 62; *Staudinger/Hübner/Voppel* Rn 86; FamK/*Brudermüller* Rn 45; *Soergel/H. Lange* Rn 24; MünchKommBGB/*Wacke* Rn 35.
[138] BGHZ 114, 74 = NJW 1991, 2283 mit eingehender Darstellung des Streitstandes S 75, 78 = NJW 1991, 2283, 2284.
[139] OLG Köln NJW-RR 1996, 904; (zT gedämpfte) Zustimmung bei MünchKommBGB/*Wacke* Rn 37; *Staudinger/Hübner/Voppel* Rn 91 ff; im Ergebnis auch bei FamK/*Brudermüller* Rn 47 f; *Soergel/H. Lange* Rn 23; *Soergel/Lipp* Nachtrag Rn 23; s auch schon *Käppler* AcP 179 (1979), 245, 269 f; krit *Gernhuber/Coester-Waltjen* § 19 Rn 67.
[140] BGHZ 114, 74, 81 = NJW 1991, 2283, 2285.
[141] *Gernhuber/Coester-Waltjen* § 19 Rn 68; *Staudinger/Hübner/Voppel* Rn 92.
[142] AG Lüdenscheid MDR 1981, 843; AG Altenkirchen MDR 1979, 229; AG Bochum FamRZ 1991, 435; im Ergebnis auch FamK/*Brudermüller* Rn 15, der es aber schon am familiären Lebensbedarf fehlen lässt.
[143] FamK/*Brudermüller* Rn 50; aA *Staudinger/Hübner/Voppel* Rn 97: „nicht eo ipso".
[144] Im letzteren Sinne auch *Soergel/H. Lange* Rn 16; Auftreten unter dem Geburts-, statt dem Familiennamen – so *H. Lange* aaO weiter, ebenso *Staudinger/Hübnere/Voppel* Rn 96 – kann allenfalls unter besonderen Umständen genügen.
[145] BGHZ 94, 1, 3 f = NJW 1985, 1394, 1395; zust *Holzhauer* JZ 1985, 684; *Soergel/H. Lange* Rn 16; MünchKommBGB/*Wacke* Rn 16; *Staudinger/Hübner/Voppel* Rn 98; zustimmend auch *Käppler* AcP 179 (1979), 245, 276; für Arztverträge *Peter* NJW 1993, 1949, 1953; aA OLG Köln VersR 1994, 107; *Gernhuber/Coester-Waltjen* § 19 Rn 55.
[146] LG Aachen NJW 1980, 1472; zust *Soergel/H. Lange* Rn 16; *Staudinger/Hübner/Voppel* Rn 107.
[147] *Staudinger/Hübner/Voppel* Rn 107; FamK/*Brudermüller* Rn 54.
[148] OLG Rostock OLGRspr 26, 260, 262; *Soergel/H. Lange* Rn 28; FamK/*Brudermüller* Rn 55.
[149] OLG Hamm OLGRspr 26, 216; allgM.

§ 1357

38 **bb) Wirksamkeit und Wirkung.** Nach dem gemäß Abs 2 S 2 entspr anwendbaren § 1412 wirken Beschränkung und Ausschließung gegenüber Dritten nur, wenn sie **bei Vornahme des Rechtsgeschäfts** im Güterrechtsregister des zuständigen Amtsgerichts eingetragen oder **dem Dritten bekannt** waren. „Bekannt" bedeutet positive Kenntnis, der selbst grob fahrlässige Unkenntnis nicht gleich steht (allgM). Zugang der Erklärung soll den Anscheinsbeweis für Kenntnis liefern[150], eine Zeitungsanzeige tut das sicher nicht. Die **Eintragung im Güterrechtsregister** muss bei Vornahme des Geschäfts erfolgt ein, nicht auch deren öffentliche Bekanntmachung nach § 1562[151]. Der Antrag auf Eintragung bedarf öffentlicher Beglaubigung (§ 1560 S 2), aber keiner Begründung (die das Registergericht ohnehin nicht zu prüfen hätte; Rn 5). Ruht die Berechtigung nach Abs 3 (Getrenntleben), steht das weder der Erklärung noch der Eintragung entgegen[152].

39 Registereintrag und Kenntnis bewirken, dass der Ehegatte seine Berechtigung nach Abs 1 bei Ausschließung völlig, **bei Beschränkung in dem Umfang** verliert, der sich aus der Erklärung ergibt. Eine Erklärung lediglich des Inhalts, die Berechtigung werde „beschränkt", wäre daher wirkungslos. Wirkungslos ist auch eine unrichtige, also von der Erklärung von vornherein abweichende (mag sie auch so beantragt sein) oder später unrichtig gewordene Eintragung[153]. Über die Berechtigung nach Abs 1 hinaus haben Beschränkung und Ausschließung keine Bedeutung, berühren also weder eine Befugnis zur Haushaltsführung (§ 1356 Abs 1 S 2) noch eine durch Bevollmächtigung erhaltene Vertretungsmacht.

40 **cc) Aufhebung der Beschränkung oder Ausschließung (Abs 2 S 1 HS 2).** Der Ehegatte, der die Beschränkung oder Ausschließung erklärt hat, kann sie durch Erklärung widerrufen und eine Eintragung im Güterrechtsregister löschen lassen. Wenn die Beschränkung oder Ausschließung von vornherein unbegründet war oder vorhandene Gründe weggefallen sind, ist er dazu nach § 1353 Abs 1 S 2 auch verpflichtet. Für eine **Beseitigung gegen seinen Willen** ist der Aufhebungsantrag an das Vormundschaftsgericht der praktisch allein gangbare Weg; Einer mit demselben Ziel erhobenen Klage auf Herstellung des ehelichen Lebens würde das Rechtsschutzbedürfnis fehlen[154]. Für das Verfahren des Vormundschaftsgerichts gilt: örtliche Zuständigkeit nach § 45 FGG, Richtervorbehalt nach § 14 Abs 1 Nr 1 RPflG, Amtsermittlung nach § 12 FGG.

41 Aufzuheben ist eine Beschränkung oder Ausschließung, für die **im Zeitpunkt der Entscheidung** kein ausreichender Grund vorhanden ist. Ist ein solcher Grund vorhanden, ist unerheblich, ob er von vornherein bestanden hatte oder nachträglich entstanden ist[155]. Ob im anderen Fall von vornherein kein ausreichender Grund bestanden hatte oder ein anfangs vorhandener Grund nachträglich weggefallen ist, hat Bedeutung nur, wenn davon abhängig gemacht wird, ob eine aufhebende Entscheidung des Vormundschaftsgerichts zurückwirkt oder nicht[156]. Nach anderer Ansicht wirkt eine Aufhebung in keinem Fall zurück[157]. Eine **Rückwirkung der Entscheidung** entspricht den Belangen des betroffenen Ehegatten, der sich gegen eine unberechtigte Beschränkung oder Ausschließung seiner gesetzlichen Berechtigung nicht anders als mit Antrag an das Vormundschaftsgericht wehren kann (s oben). In den – wohl selteneren – Fällen, in denen es einen anfangs vorhandenen Grund als nachträglich weggefallen ansieht, sollte das Vormundschaftsgericht, falls dafür ein Rechtsschutzinteresse besteht, bestimmen können, ab wann die Entscheidung wirksam wird. Nur anhand der Gründe der Entscheidung ließe sich nicht sicher genug beurteilen, ob sie zurückwirkt oder nicht.

42 Ein **ausreichender Grund** besteht für eine Beschränkung oder Ausschließung der Berechtigung, die durch ein Verhalten des anderen Ehegatten gerechtfertigt wird, das **Pflichten** aus § 1353 Abs 1 S 2 (s insbes § 1353 Rn 15 ff) und § 1356 Abs 1 S 2 verletzt. Das können nur Pflichtverletzungen sein, die **wirtschaftliche Folgen** haben oder besorgen lassen; als Reaktion auf die Verletzung bloß personaler Pflichten sind Maßnahmen nach Abs 2 nicht berechtigt[158]. Es gilt der Grundsatz der **Verhältnismäßigkeit**[159]. Der Ehegatte braucht **nicht schuldhaft** gehandelt zu haben[160].

43 **6. Getrenntleben der Ehegatten (Abs 3).** Welcher **Begriff** des Getrenntlebens hier zugrunde zu legen ist, ist streitig. Einige wollen ihn nicht der Vorschrift des § 1567 entnehmen, da die dort vorausgesetzte Ablehnung der ehelichen Lebensgemeinschaft vom Sinn und Zweck der Vorschrift nicht verlangt werde, sondern die Beendigung der Wirtschaftsgemeinschaft genüge[161]. Diese Gründe sind aber nicht von solchem Gewicht, dass sie die Abkehr von der gesetzlichen Definition rechtfertigen, die

---

[150] MünchKommBGB/*Wacke* Rn 39 mwN.
[151] MünchKommBGB/*Wacke* Rn 39.
[152] BayObLG FamRZ 1959, 504, 505; OLG Hamburg MDR 1957, 164; *Palandt/Brudermüller* Rn 53; *Staudinger/Hübner/Voppel* Rn 104.
[153] MünchKommBGB/*Wacke* Rn 39.
[154] *Staudinger/Hübner/Voppel* Rn 117 mwN; nur in der Begr abw *Gernhuber/Coester-Waltjen* § 19 Fn 140; aA *Erman/Heckelmann* Rn 21.
[155] BayObLG FamRZ 1959, 504, 505; OLG Hamm FamRZ 1958, 465, 466; *Staudinger/Hübner/Voppel* Rn 118 mwN.
[156] *Staudinger/Hübner/Voppel* Rn 116; MünchKommBGB/*Wacke* Rn 42.
[157] KG OLGRspr 30, 39; *Palandt/Brudermüller* Rn 26; FamK/*Brudermüller* Rn 56; *Soergel/H. Lange* Rn 33.
[158] *Staudinger/Hübner/Voppel* Rn 120; *Soergel/H. Lange* Rn 32; MünchKommBGB/*Wacke* Rn 42; *Erman/Heckelmann* Rn 21; RGRK/*Roth-Stielow* Rn 46.
[159] FamK/*Brudermüller* Rn 56.
[160] BayObLG FamRZ 1958, 465; OLG Hamm FamRZ 1958, 465, 466; *Staudinger/Hübner/Voppel* Rn 120; allgM.
[161] *Soergel/H. Lange* Rn 18; FamK/*Brudermüller* Rn 52; *Büdenbender* FamRZ 1976, 662, 669.

von der Gegenmeinung denn auch zu Recht angewandt wird[162]. Eine vorübergehende, insbes **durch äußere Umstände veranlasste tatsächliche Trennung** (etwa durch längeren Auslandsaufenthalt, Unterbringung in einer Heilanstalt, Strafhaft) hat für sich allein nicht kein Getrenntleben zur Folge (allgM). Getrenntleben beendet die Berechtigung aus Abs 1 nicht, sondern führt nur ihr **Ruhen** herbei, mit der Folge, dass die Berechtigung ohne weiteres wieder auflebt, wenn die Eheleute die Lebensgemeinschaft wiederherstellen. Auch kann während des Getrenntlebens die nur ruhende Berechtigung gemäß Abs 2 beschränkt oder ausgeschlossen werden (Rn 38 aE).

Während ihres Ruhens kann der Ehegatte von der Berechtigung nach Abs 1 **keinen Gebrauch** 44 machen. Guter Glaube eines Geschäftspartners an den Fortbestand der ehelichen Gemeinschaft wird nicht geschützt (Rn 7). Zuvor auf Grund der Berechtigung **geschlossene Verträge** werden durch die Trennung jedoch grds nicht berührt. Bei **Dauerschuldverhältnissen** und Ratenkaufverträgen kann das zu Schwierigkeiten führen, für die bisher keine befriedigende Lösung gefunden worden ist[163].

7. Beweislast. Wer einen Ehegatten als nach Abs 1 **Mitverpflichteten** in Anspruch nimmt, trägt 45 außer für die Entstehungstatsachen des Anspruchs die Beweislast dafür, dass es sich um ein Geschäft zur angemessenen Deckung des Lebensbedarfs handelt. Ein in Anspruch genommener Ehegatte, Handelnder wie Mitverpflichteter, ist dafür beweisbelastet, dass sich **aus den Umständen** eine Verpflichtung allein des anderen Ehegatten ergibt, der Mitverpflichtete außerdem dafür, dass die Kosten des Geschäfts wegen ihrer Höhe unterhaltsrechtlich Sonderbedarf sind und seine Leistungsfähigkeit übersteigen. Wer als **Mitberechtigter** aus einem von seinem Ehegatten geschlossenen Vertrag Ansprüche gegen den Vertragspartner geltend macht, trägt außer für die Entstehungstatsachen des Anspruchs die Beweislast dafür, dass es sich um ein Geschäft zur angemessenen Deckung des Lebensbedarfs handelt. Der **Vertragspartner** ist gegenüber jedem der Ehegatten dafür beweisbelastet, dass sich **aus den Umständen** eine Berechtigung allein des jeweils anderen Ehegatten ergibt. Wer sich darauf beruft, Abs 1 sei nach Abs 3 unanwendbar, trägt die Beweislast dafür, dass die Eheleute bei Vertragsschluss getrennt lebten.

Die im **vormundschaftsgerichtlichen Verfahren** nach Abs 2 S 1 HS 2 maßgebliche **Feststel-** 46 **lungslast** trägt nach allgemeinen Grundsätzen der Ehegatte, der die Berechtigung des anderen beschränkt oder ausgeschlossen hat[164].

III. Lebenspartnerschaft

§ 1357 gilt für die Partner einer eingetragenen gleichgeschlechtlichen Lebenspartnerschaft entspr (§ 8 47 Abs 2 LPartG).

§ 1358 *(weggefallen)*

§ 1359 Umfang der Sorgfaltspflicht

Die Ehegatten haben bei der Erfüllung der sich aus dem ehelichen Verhältnis ergebenden Verpflichtungen einander nur für diejenige Sorgfalt einzustehen, welche sie in eigenen Angelegenheiten anzuwenden pflegen.

Schrifttum: Diederichsen, Haftungsfreistellungen zwischen Familienmitgliedern, VersR 1983, Beiheft „Beiträge zum Haftungs- und Versicherungsrecht", S 141.

I. Bedeutung der Norm

1. Nur Haftungsmaßstab. Die Vorschrift schafft zwischen Eheleuten **keine Anspruchsgrund-** 1 **lage,** sondern lediglich einen von § 276 Abs 1 S 2 abweichenden Haftungsmaßstab. Ihr liegt der Gedanke zugrunde, dass ein Ehegatte die Eigenheiten des anderen tolerieren muss und von ihm keine größere Sorgfalt erwarten kann, als der andere in eigenen Angelegenheiten anzuwenden pflegt. Sie ist damit eine Ausprägung des aus der Pflicht zur ehelichen Lebensgemeinschaft (§ 1353 Abs 1 S 2) folgenden Gebotes gegenseitiger **Rücksichtnahme** (§ 1353 Rn 26). Außerdem reagiert die Vorschrift auf die Situation von Eheleuten in der persönlichen Nähe ehelicher Lebensgemeinschaft. Diese ermöglicht Einwirkungen verschiedenster Art und erhöht damit das Risiko von Rechtsgutverletzungen.

---

[162] *Gernhuber/Coester-Waltjen* § 19 Rn 69; MünchKommBGB/*Wacke* Rn 44; *Staudinger/Hübner/Voppel* Rn 100 m eingehender Begr; schon nach früherem Recht brauchten die Eheleute nicht zusammen zu wohnen, OLG Rostock OLGRspr 26, 260, 262.

[163] AG Beckum FamRZ 1988, 501: Fortbestand der Mitverpflichtung des Ehegatten analog §§ 169, 170, 173 bis zur Unterrichtung des Gläubigers; zust *Soergel/H. Lange* Rn 18; MünchKommBGB/*Wacke* Rn 44; abl *Gernhuber/Coester-Waltjen* § 19 Rn 71; *Staudinger/Hübner/Voppel* Rn 105.

[164] *Staudinger/Hübner/Voppel* Rn 122 f; *Baumgärtel/Laumen* 2. Aufl Anm zu § 1357.

Ein den persönlichen Gewohnheiten jedes Ehegatten angepasster Sorgfaltsmaßstab kann daher das Zusammenleben entlasten[1].

2 Die **Sorgfaltsanforderungen** werden durch die Vorschrift nur ermäßigt, niemals erhöht. Ein Ehegatte ist dem anderen höchstens nach dem Sorgfaltsmaßstab des § 276 Abs 1 S 2 verantwortlich, auch wenn er in eigenen Angelegenheiten mehr als nur die im Verkehr erforderliche Sorgfalt zu beobachten pflegt (allgM).

3 **2. Zwingendes oder dispositives Recht?** Ob und inwieweit Eheleute den Haftungsmaßstab der eigenüblichen Sorgfalt durch einen anderen ersetzen können, wird unterschiedlich beurteilt. Vielfach werden sowohl Haftungsverschärfung als auch -erleichterung (diese in den gesetzlichen Grenzen, also nicht für Vorsatz; § 276 Abs 3) unbegrenzt zugelassen[2]. Die entgegengesetzte Ansicht hält Änderungen nur für den Einzelfall oder einen speziellen Bereich für unbedenklich. Der ehelichen Lebensgemeinschaft widerspreche es, sich von vornherein für alle Beziehungen groben Fahrlässigkeiten des anderen Ehegatten auszusetzen, ebenso, an ihn generell höhere Anforderungen zu stellen, als es seiner Natur entspreche[3]. Eine andere Ansicht will nur Haftungsverschärfungen auf den Einzelfall beschränken (vorbehaltlich sog gefahrengeneigter Tätigkeiten), lässt eine Milderung des Haftungsmaßstabes aber ebenfalls unbegrenzt zu[4]. Jeglicher Disposition entzogen wird die Vorschrift, soweit ersichtlich, von niemandem. Sie aber in Teilbereichen – gleich welchen – für zwingendes Recht zu erklären, ist schwer zu begründen. Wenn Eheleute nach heutigem Verständnis die Gestalt ihrer Lebensgemeinschaft weitgehend selbst bestimmen (§ 1353 Rn 2), ist nicht einzusehen, dass der bei Pflichtverletzungen geltende Haftungsmaßstab davon – ganz oder in Teilbereichen – generell ausgenommen sein soll. Soweit ändernde Vereinbarungen überhaupt konkret feststellbar sind, sind bedeutsam vielmehr deren Beweggründe und die näheren Umstände, unter denen sie getroffen wurden, vor allem, ob in freiem Übereinkommen unter Achtung der beiderseitigen Bedürfnisse (§ 1353 Rn 2). Bei der Prüfung, ob eine Vereinbarung hiernach wirksam zustande gekommen ist, kann ihre Vereinbarkeit mit weiteren aus der Pflicht zur ehelichen Lebensgemeinschaft (§ 1353 Abs 1 S 2) folgenden Bindungen eine Rolle spielen. Der Unterstellung stillschweigender Änderungen des Haftungsmaßstabes sollte die Vorschrift hingegen entgegenstehen[5].

II. Einzelerläuterung

4 **1. Anwendungsbereich der Vorschrift. a) Persönlich.** Die Vorschrift gilt für Ehegatten, setzt also eine **bestehende Ehe** voraus. Eine **aufhebbare Ehe** besteht bis zur Rechtskraft eines aufhebenden Urteils (§ 1313 S 2). Zugunsten des benachteiligten Partners einer aufhebbaren Ehe kann erwogen werden, dem anderen Teil die Berufung auf den gemilderten Sorgfaltsmaßstab zu versagen[6]. Dass die Vorschrift bei **Getrenntleben der Eheleute** nicht mehr gelten soll[7], ergibt sich nicht aus ihrem Wortlaut und erscheint auch nicht gerechtfertigt[8], zumindest nicht in dieser Allgemeinheit. Allenfalls kann ihr Haftungsmaßstab aus besonderen Gründen, die mit der Trennung der Eheleute zusammenhängen, nicht mehr angemessen sein[9]. Zwischen **Verlobten** gilt die Vorschrift nicht[10]. Ihre entsprechende Anwendbarkeit auf eheähnlich Zusammenlebende[11] ist hier nicht zu erörtern.

5 **b) Sachlich.** Der gemilderte Haftungsmaßstab gilt für alle Verpflichtungen aus der ehelichen Lebensgemeinschaft[12], insbes im Zusammenhang mit: Wahrnehmung einem Ehegatten nach der internen Regelung zufallenden Aufgaben einschließlich der Leitung des Haushalts (§ 1356 Abs 1 S 2); Umgang mit Eigentum und Vermögen des anderen Ehegatten;[13] Mitarbeit im Betrieb oder Geschäft des anderen, mit der der Ehegatte der Pflicht zur ehelichen Lebensgemeinschaft (§ 1353 Abs 1 S 2) oder seiner Unterhaltspflicht (§ 1360) nachkommt (§ 1353 Rn 31; § 1356 Rn 20); Gebrauch der Berechtigung aus § 1357 Abs 1; Unterhalts- und güterrechtlichen Pflichten, soweit sie während der Ehe entstehen, bei Gütergemeinschaft etwa aus §§ 1435, 1451[14], nach überwM auch bei Übernahme

---

[1] *Staudinger/Hübner/Voppel* Rn 5 ff; *MünchKommBGB/Wacke* Rn 2.
[2] *Diederichsen* VersR 1983, Beiheft S 141: Ausschluss der Haftung auch für grobe Fahrlässigkeit widerspreche aber wohl der ehelichen Lebensgemeinschaft, aaO S 142; FamK/*Brudermüller* Rn 15; *Palandt/Brudermüller* Rn 3; RGRK/*Roth-Stielow* Rn 9; *Erman/Heckelmann* Rn 8; *Dölle* I § 44 I 2 S 686.
[3] *Soergel/H. Lange* Rn 1; *MünchKommBGB/Wacke* Rn 14.
[4] *Staudinger/Hübner/Voppel* Rn 12 f.
[5] Vgl zu Haftungsfreistellungen BGHZ 41, 79, 81 = NJW 1964, 860; BGHZ 43, 72, 76 = NJW 1965, 907; dazu RGRK/*Roth-Stielow* Rn 9; *Baumgärtel/Laumen* Rn 3.
[6] *MünchKommBGB/Wacke* Rn 9; s auch FamK/*Brudermüller* Rn 2.
[7] AG Gummersbach FamRZ 1996, 675; *Diederichsen* VersR 1983, Beiheft S 141, 142; *Staudinger/Hübner/Voppel* Rn 14: „grundsätzlich".
[8] So die hM, OLG Stuttgart FamRZ 1983, 68, 69; OLG Düsseldorf FamRZ 1986, 1240, 1241; *Soergel/H. Lange* Rn 2; FamK/*Brudermüller* Rn 5; *MünchKommBGB/Wacke* Rn 8; *Erman/Heckelmann* Rn 9.
[9] AG Gummersbach FamRZ 1996, 675: Ehemann vermag der Ehefrau im Hausratverfahren zugesprochene, damals in dem von ihm bewohnten Haus vorhandene Sachen als angeblich unauffindbar nicht herauszugeben.
[10] *Soergel/H. Lange* Rn 2; *Gernhuber/Coester-Waltjen* § 22 Rn 3; aA *MünchKommBGB/Wacke* Rn 8: „eventuell".
[11] Dafür *MünchKommBGB/Wacke* Rn 8; aA *Gernhuber/Coester-Waltjen* § 22 Rn 3.
[12] *Soergel/H. Lange* Rn 2; *Staudinger/Hübner/Voppel* Rn 15, 24 f; *MünchKommBGB/Wacke* Rn 10 f; *Erman/Heckelmann* Rn 3; *Gernhuber/Coester-Waltjen* § 22 Rn 3 ff.
[13] OLG Stuttgart FamRZ 1983, 68, 69 betr Beschädigung des von der Ehefrau mit den Kindern bewohnten Hauses des Ehemannes; OLG Düsseldorf FamRZ 1986, 1240, 1241 betr Klageerhebung gegen den Ehegatten.
[14] *MünchKommBGB/Wacke* Rn 11; *Soergel/H. Lange* Rn 2; *Staudinger/Hübner/Voppel* Rn 25.

der Vermögensverwaltung nach § 1413[15]. Die Haftungsbeschränkung betrifft jeweils alle Anspruchsgrundlagen, auch deliktische[16].

Ausgenommen sind Verpflichtungen aus Rechtsgeschäften, die Eheleute wie Dritte miteinander eingehen, zB Gesellschaftsverträge oder – höchst seltene – Arbeitsverträge auf Grund eines Rechts zur Mitarbeit im Betrieb oder Geschäft des anderen Ehegatten (§ 1353 Rn 31 aE; § 1356 Rn 20)[17]. Hier gelten die Haftungsmaßstäbe des jeweiligen Rechtsverhältnisses. Bei Auftragsverhältnissen soll der beauftragte Ehegatte allerdings vielfach („meist", „im Zweifel") nur nach dem Maßstab des § 1359 haften[18]. 6

c) Insbes: Unfälle im Straßenverkehr. Nach der mittlerweile gefestigten Rspr des BGH kommt der Haftungsmaßstab des § 1359 einem Ehegatten nicht zugute, der den anderen durch **Verstoß gegen die Straßenverkehrsvorschriften** schädigt[19]. Sie beruht vornehmlich auf dem Gedanken der Gleichbehandlung aller Teilnehmer am Straßenverkehr; niemand soll sich darauf berufen können, er beachte die Verkehrsregeln weniger genau als vorgeschrieben. Diese Rspr wird nicht mehr in Frage gestellt, von ihren Kritikern im Schrifttum vielmehr als richterliche Rechtsfortbildung hingenommen[20]. Im Schrifttum wird empfohlen, sie auf weitere Bereiche auszudehnen und den Haftungsmaßstab des § 1359 auf den häuslichen Bereich zu beschränken[21]. Bisher ist es dazu nicht gekommen. 7

Unberührt von dieser Rspr bleibt auch zwischen Ehegatten die Möglichkeit rechtsgeschäftlicher Haftungsausschlüsse[22], die zuweilen zur bloßen Fiktion stillschweigender Vereinbarungen missbraucht wird[23]. Unberührt bleibt auch die aus § 1353 Abs 1 S 2 herzuleitende Pflicht zur Rücksichtnahme auf die Vermögensbelange des Ehegatten, die der Geltendmachung von Schadensersatzansprüchen entgegensteht, wenn der schuldige Ehegatte sich um einen Ausgleich des Schadens bemüht oder durch eine Inanspruchnahme übermäßige Nachteile hätte (§ 1353 Rn 24). 8

Soweit der Haftungsmaßstab des § 1359 noch reicht, insbes bei Schädigungen im häuslichen Bereich, kommt er nur dem Ehegatten zugute, nicht einem nicht privilegierten Zweitschädiger. Die neuere Rspr des BGH zum entsprechenden Haftungsprivileg von Eltern (§ 1664 Abs 1) kann auch hier Geltung beanspruchen. Danach kann ein Zweitschädiger keinen Ausgleich nach § 426 verlangen, wenn Eltern, die an der Schadenszufügung beteiligt waren, dem Kind wegen des für sie geltenden milderen Sorgfaltsmaßstabes nicht haften[24]. 9

2. Sorgfalt in eigenen Angelegenheiten. Sorgfalt in eigenen Angelegenheiten ist die Sorgfalt, die der Ehegatte in eigenen Angelegenheiten **tatsächlich** anzuwenden pflegt[25]. In den Grenzen, die §§ 276, 277 dem persönlichen Sorgfaltsmaßstab jedes von ihnen setzen (Rn 3), sollen Eheleute sich gegenseitig so nehmen, wie sie sind[26]. Ein abweichendes Verständnis der Vorschrift, das ihr einen **normativen Sorgfaltsbegriff** zuschreiben und die „eigenübliche" Sorgfalt durch eine „eigen-mögliche, persönlich zumutbare Sorgfalt" ersetzen will[27], hat keinen Anklang gefunden[28] und scheint dem herrschenden Verständnis auch nicht überlegen. Allenfalls ein **„Sorgfaltsgefälle"** zwischen Eheleuten könnte eine Korrektur erfordern, weil ein Ehegatte billigerweise an den anderen keine höheren Anforderungen stellen darf als an sich selbst. 10

3. Beweislast. Der schädigende Ehegatte trägt die Darlegungs- und Beweislast, soweit er geltend machen will, die zur Last gelegte Verhaltensweise entspreche der Sorgfalt, die er in eigenen Angelegenheiten anzuwenden pflege[29]. An die Beweisführung sind strenge Anforderungen zu stellen. Selbstschädigung durch das schädigende Verhalten ist nicht mehr als ein – im Einzelfall möglicherweise starkes – Indiz[30]. Die Ansicht, daraus sei regelmäßig auf eine entspr mindere eigenübliche Sorgfalt zu schließen[31], verkennt, dass Menschen erfahrungsgemäß zuweilen unter ihrem eigenen Sorgfaltsstandard handeln. 11

III. Lebenspartnerschaft

§ 4 LPartG enthält eine dem § 1359 entsprechende Regelung. 12

---

[15] *Staudinger/Hübner/Voppel* Rn 25; MünchKommBGB/*Wacke* Rn 11; *Soergel/H. Lange* Rn 2; aA *Gernhuber/Coester-Waltjen* § 32 Rn 37.
[16] *Gernhuber/Coester-Waltjen* § 22 Rn 4; allgM.
[17] *Soergel/H. Lange* Rn 9, § 1356 Rn 34; *Gernhuber/Coester/Waltjen* § 20 Rn 24 mwN; str.
[18] *Soergel/H. Lange* Rn 9; *Staudinger/Hübner/Voppel* Rn 17; MünchKommBGB/*Wacke* Rn 15.
[19] BGHZ 53, 352, 355 = NJW 1970, 1271 betr Sachschaden; BGHZ 61, 101, 104 f = NJW 1973, 1654 betr Schmerzensgeld wegen Körperschaden; BGHZ 63, 51, 57 = NJW 1974, 2124; BGH NJW 1988, 1208.
[20] *Gernhuber/Coester/Waltjen* § 22 Rn 6 ff; *Staudinger/Hübner/Voppel* Rn 23; eingehende Nachweise bei FamK/*Brudermüller* Rn 7.
[21] FamK/*Brudermüller* Rn 7.
[22] *Gernhuber/Coester/Waltjen* § 22 Rn 9–11; *Staudinger/Hübner/Voppel* Rn 22.
[23] Beispiel: OLG Frankfurt FamRZ 1987, 381; abl *Staudinger/Hübner/Voppel* Rn 22.
[24] BGHZ 103, 338, 344 ff = NJW 1988, 2667, 2668 f unter Aufgabe von BGHZ 35, 317, 322 f; dazu *Soergel/Hohloch* Nachtrag Rn 3; FamK/*Brudermüller* Rn 14.
[25] *Gernhuber/Coester-Waltjen* § 22 Rn 3; *Staudinger/Hübner/Voppel* Rn 9.
[26] FamK/*Brudermüller* Rn 1.
[27] MünchKommBGB/*Wacke* Rn 4.
[28] *Gernhuber/Coester-Waltjen* § 22 Rn 3; *Staudinger/Hübner/Voppel* Rn 10; *Diederichsen* VersR 1983, Beiheft S 141.
[29] FamK/*Brudermüller* Rn 16; *Soergel/H. Lange* Rn 11; *Baumgärtel/Laumen* Rn 1; zu § 708 BGH NJW 1990, 573, 575.
[30] OLG Düsseldorf FamRZ 1996, 1240, 1242; *Staudinger/Hübner/Voppel* Rn 28; MünchKommBGB/*Wacke* Rn 23; FamK/*Brudermüller* Rn 16; *Baumgärtel/Laumen* Rn 2.
[31] *Soergel/H. Lange* Rn 11 mwN.

§ 1360 Verpflichtung zum Familienunterhalt

¹Die Ehegatten sind einander verpflichtet, durch ihre Arbeit und mit ihrem Vermögen die Familie angemessen zu unterhalten. ²Ist einem Ehegatten die Haushaltsführung überlassen, so erfüllt er seine Verpflichtung, durch Arbeit zum Unterhalt der Familie beizutragen, in der Regel durch die Führung des Haushalts.

Schrifttum: *Schwab*, Zur Reform des Unterhaltsrechts, FamRZ 2005, 1417.

I. Normzweck

1 § 1360 bildet zusammen mit § 1360a die Grundlage eines **eigenen familienrechtlichen Unterhaltsanspruchs** für die Dauer einer intakten Ehe. Der maßgebliche Endpunkt ist nicht die Scheidung, sondern die Trennung der Ehegatten. Bis zur Trennung sind die Ehegatten nach § 1360 verpflichtet, durch ihre Arbeit und ihr Vermögen die Familie angemessen zu unterhalten. Leistungsempfänger ist die Familie. Nach § 1360 sind die Anteile der Ehegatten gleich zu bewerten. Worin der angemessene Unterhalt im Einzelnen besteht, wird nicht in § 1360, sondern in § 1360a normiert: Er umfasst die **Haushaltsführung, die persönlichen Bedürfnisse** und **den Bedarf gemeinsamer Kinder.** Der Familienunterhalt unterscheidet sich auch dadurch wesentlich vom Trennungs- und auch vom nachehelichen Unterhalt, der auf Geldleistungen nach anrechenbarem Einkommen[1] gerichtet ist.

II. Familienunterhalt im System des Unterhaltsrechts

2 Da der Schwerpunkt des Familienunterhalts auf Naturalleistungen liegt, ist seine praktische Bedeutung für den auf Geldeinkommen ausgerichteten Trennungs- und nachehelichen Unterhalt auf den ersten Blick gering.

3 Die auch verfassungsrechtlich gebotene Gleichwertigkeit der Leistungen der Ehegatten, insbesondere der Haushaltsführung und Kindesbetreuung[2] (im Folgenden auch als „Obligationssymmetrie" bezeichnet) hat aber entscheidende Auswirkungen auf die Berechnung des Trennungs- und nachehelichen Unterhalts, wie sie jetzt in der Änderung der Rspr des BGH zur Berechnung des nachehelichen Unterhalts ihren Niederschlag gefunden hat[3].

III. Anspruchsvoraussetzungen und -umfang

4 Voraussetzung eines Anspruchs auf Familienunterhalt ist eine **formgültige Ehe** und das **Zusammenleben** der Ehegatten. Das Getrenntleben setzt die tatsächliche und gewollte Trennung voraus.

5 Der Umfang des Anspruchs orientiert sich an den Bedürfnissen der ganzen Familie (§ 1360a). § 1360 regelt insoweit lediglich den jeweiligen Beitrag der Ehegatten. Entsprechend der Gleichstellung sind die Beiträge gleichwertig[4]. Wie sie geleistet werden, hängt von der Aufgabenverteilung zwischen den Ehegatten ab. Das Abstellen auf die **Parteiendisposition** ändert aber nichts an der **gesetzlich normierten Verpflichtung,** zum Familienunterhalt im **Außenverhältnis** und gegebenenfalls zum Unterhalt beizutragen[5]. Ein Verzicht ist insoweit nicht möglich, und es kann sich unter Umständen auch abweichend von der Vereinbarung der Parteien eine Verpflichtung ergeben, zum Geldeinkommen beizutragen, wenn zB die Einkünfte aus der Erwerbstätigkeit eines Ehegatten nicht ausreichen.

6 Der Familienunterhalt kann, obgleich er nicht auf eine frei verfügbare Geldrente gerichtet ist, im Einzelfall unter Heranziehung des § 1578 als Orientierungshilfe mit einem Geldbetrag zu veranschlagen sein, der in gleicher Weise wie der Bedarf von getrennt lebenden oder geschiedenen Ehegatten ermittelt wird[6]. Er kann nicht an Mindestselbstbehalten bemessen werden[7]. Die unterschiedlichen Mindestbedarfssätze sind wegen der durch die gemeinsame Haushaltsführung der Ehegatten erfahrungsgemäß eintretende Ersparnis gerechtfertigt, die mit wachsendem Lebensstandard steigt[8]. Nach der Düsseldorfer Tabelle vom 1. 7. 2007 beträgt der Mindestbedarf eines Ehegatten, der mit dem Unterhaltspflichtigen zusammenlebt gegenüber minderjährigen Kindern, falls erwerbstätig 650 Euro und falls nicht erwerbstätig 560 Euro und gegenüber volljährigen nicht privilegierten Kindern (falls erwerbstätig oder nicht erwerbstätig) 800 Euro. Ein Erwerbstätigkeitsbonus ist nicht anzusetzen[9].

---

[1] Zur Problematik *Graba* FamRZ 1999, 1115.
[2] BVerfG FamRZ 2002, 527.
[3] BGH FamRZ 2001, 861.
[4] BVerfG FamRZ 2002, 527.
[5] BGH FamRZ 2001, 1066.
[6] BGH FamRZ 2003, 363 = NJW 2003, 1112; FamRZ 2004, 24 = NJW 2003, 3770; FamRZ 2007, 1081.
[7] BGH FamRZ 2002, 1698 = NJW 2003, 123; FamRZ 2003, 860 = NJW 2003, 1660; FamRZ 2004, 443 = NJW 2004, 769.
[8] BGH FamRZ 2002, 1698 = NJW 2003, 123; FamRZ 2003, 860 = NJW 2003, 1660; FamRZ 2004, 443 = NJW 2004, 769.
[9] BGH FamRZ 2002, 742 m Anm *Büttner* = NJW 2002, 1646.

IV. Berechtigte und Verpflichtete

Der Anspruch auf Familienunterhalt richtet sich zwar auf Leistungen an die Familie, besteht aber nur 7
zwischen den Ehegatten und gilt deshalb auch nur zwischen ihnen und nicht im direkten Verhältnis zu
den Kindern. Ein Anspruch über Kindesunterhalt entfällt daher im Gegensatz zum Trennungsunterhalt
nicht, wenn die Ehegatten wieder zusammenleben[10]. Wird Kindesunterhalt nicht gezahlt, kann der
Anspruch nur als Kindes- und nicht als Familienunterhalt geltend gemacht werden. Auf der anderen
Seite kann der betreuende Ehegatte bis zur Scheidung Kindesunterhalt nur im eigenen Namen geltend
machen (§ 1629).

§ 1360 a Umfang der Unterhaltspflicht

(1) Der angemessene Unterhalt der Familie umfasst alles, was nach den Verhältnissen der Ehegatten erforderlich ist, um die Kosten des Haushalts zu bestreiten und die persönlichen Bedürfnisse der Ehegatten und den Lebensbedarf der gemeinsamen unterhaltsberechtigten Kinder zu befriedigen.

(2) ¹Der Unterhalt ist in der Weise zu leisten, die durch die eheliche Lebensgemeinschaft geboten ist. ²Die Ehegatten sind einander verpflichtet, die zum gemeinsamen Unterhalt der Familie erforderlichen Mittel für einen angemessenen Zeitraum im Voraus zur Verfügung zu stellen.

(3) Die für die Unterhaltspflicht der Verwandten geltenden Vorschriften der §§ 1613 bis 1615 sind entsprechend anzuwenden.

(4) ¹Ist ein Ehegatte nicht in der Lage, die Kosten eines Rechtsstreits zu tragen, der eine persönliche Angelegenheit betrifft, so ist der andere Ehegatte verpflichtet, ihm diese Kosten vorzuschießen, soweit dies der Billigkeit entspricht. ²Das Gleiche gilt für die Kosten der Verteidigung in einem Strafverfahren, das gegen einen Ehegatten gerichtet ist.

Schrifttum: *Balthasar*, Die Pfändung des Taschengeldanspruchs des vermögenslosen Ehegatten, FamRZ 2005, 85; *Knops*, Der familienrechtliche Prozeßkostenvorschuß, NJW 1993, 1237.

Übersicht

	Rn		Rn
I. Normzweck	1	c) Zeitraum	8
II. Angemessener Familienunterhalt	2	3. Anspruch auf Prozesskostenvorschuss	9
1. Maßstab	2	a) Grundlagen	9
2. Natural- und Geldunterhalt	4	b) Voraussetzungen und Umfang	12
a) Vorrang des Naturalunterhalts	4	c) Verfahren	19
b) Anspruch auf Geldunterhalt	5	d) Rückforderung	20

I. Normzweck

§ 1360 a **konkretisiert** auf der Grundlage von § 1360 den **angemessenen Familienunterhalt**. 1

II. Angemessener Familienunterhalt

1. Maßstab. Der angemessene Familienunterhalt richtet sich nach dem **Bedarf der gesamten** 2
Familie. Familie ist die Familie ieS, dh der Ehegatte und die (unterhaltsberechtigten) Kinder, nicht aber darüber hinausgehende Verwandte[1]. Der Anspruch umfasst die Kosten des Haushalts, die Bedürfnisse der Ehegatten und den Lebensbedarf der gemeinsamen Kinder und damit nicht nur Geld-, sondern auch direkte und indirekte (dh durch Geldeinkommen ermöglichte) Naturalleistungen. Die Grenzen des dafür zur Verfügung stehenden Familieneinkommens sind fließend und von den tatsächlichen Umständen[2] und auch davon abhängig, ob es sich um eine Alleinverdiener(Haushaltsführungs-), Doppelverdiener- oder Zuverdienerehe handelt.

Der angemessene Familienunterhalt im Rahmen des § 1360 a ist nicht mit dem angemessenen 3
(Trennungs-)unterhalt identisch und auch nicht ein Teil von ihm. Die Übersetzung in dessen vom Geldeinkommen abhängige Berechnung ist eines der schwierigsten systematisch-dogmatischen Probleme des Ehegattenunterhalts (§ 1361 Rn 3), bei dessen Lösung die Änderung der Rspr des BGH zur Berücksichtigung der Haushaltsführung als Einkommenssurrogat nur einen ersten Schritt bedeutet (§ 1361 Rn 47; § 1578 Rn 17).

2. Natural- und Geldunterhalt. a) Vorrang des Naturalunterhalts. Der Familienunterhalt ist 4
vorrangig in Naturalleistungen zu erbringen. Allerdings ist dafür das entsprechende Einkommen, insbesondere durch Wirtschaftsgeld, zur Verfügung zu stellen.

---

[10] BGH FamRZ 1997, 281 = NJW 1997, 735.
[1] *Palandt/Brudermüller* Rn 2.
[2] OLG Köln FamRZ 1984, 1259.

§ 1360a

5 **b) Anspruch auf Geldunterhalt. aa) Wirtschaftsgeld.** Zu unterscheiden ist zwischen dem Wirtschaftsgeld für die laufenden Kosten der Haushaltsführung für alle Familienangehörigen und den **Sonderkosten**[3]. Dazu gehören auch die Kosten eines bereits begonnenen **Studiums** einschließlich Lehrmittel und Fahrgeld[4]. Der haushaltsführende Ehegatte ist nicht verpflichtet, aus dem Wirtschaftsgeld **Rücklagen** für diese Sonderkosten zu bilden[5]. Bei Streit über die Verwendung kann der leistende Ehegatte **Rechnungslegung** verlangen[6].

6 **bb) Taschengeld.** Jeder Ehegatte hat Anspruch auf Taschengeld als Teil des Wirtschaftsgelds zur Befriedigung seiner Privatinteressen. Bei durchschnittlichem Einkommen kann von einem Taschengeld von 5% im Regelfall[7] bis 7% des Nettoeinkommens beider Ehegatten nach Vorwegabzug von Schulden ausgegangen werden[8]. Bei eigenem Einkommen des taschengeldberechtigten Ehegatten soll nach dem BGH der Anspruch nur noch in Höhe der verbleibenden Differenz nach Anrechnung der Eigeneinkünfte bestehen[9]. Ein Anspruch besteht nicht, wenn das Einkommen nur zur Deckung des notwendigen Familienunterhalts ausreicht[10].

7 Der Taschengeldanspruch ist grundsätzlich unpfändbar (§ 850b Abs 1 Nr 2 ZPO). Die Pfändung kann nach überwM aber nach § 850b Abs 2 ZPO zugelassen werden, wenn dies der Billigkeit entspricht[11]. Das ist nicht verfassungswidrig[12]. Die lang in der Lit heftig umstrittene, von der obergerichtlichen Rspr allerdings überwiegend bejahte Streitfrage, ob der Taschengeldanspruch im Wege der Zwangsvollstreckung gemäß § 850b Abs 2 ZPO gepfändet werden kann, wurde jetzt vom BGH bejaht[13]. Maßgeblich ist das Bestehen, nicht die tatsächliche Auszahlung des Anspruchs. Dem Schuldner muss aber ein Teil für persönliche Bedürfnisse verbleiben. Als Mehreinkommen nach § 850c Abs 2 ZPO sind aber nur 7/10 pfändbar[14]. Die Pfändung entspricht der Billigkeit, wenn im Vergleich zu durchschnittlichen Fällen besondere Umstände vorliegen[15]. Der Schuldner muss in einer eidesstattlichen Versicherung umfassenden Angaben zum Taschengeldanspruch machen und dem Gläubiger so die für die Pfändung erforderlichen Informationen liefern[16].

8 **c) Zeitraum.** Der Familienunterhalt ist nach Abs 2 für einen angemessenen Zeitraum **im Voraus** zur Verfügung zu stellen. Für die **Vergangenheit** besteht ein Anspruch auf Familienunterhalt nur bei Verzug und Rechtshängigkeit (§ 1360a Abs 3). Auf **zukünftigen Unterhalt** kann nicht verzichtet werden. Der Anspruch **erlischt** mit dem Tod des Berechtigten.

9 **3. Anspruch auf Prozesskostenvorschuss. a) Grundlagen. aa) Prozesskostenvorschuss als Unterhaltsanspruch.** Der Anspruch auf Prozesskostenvorschuss ist Ausfluss der Unterhaltsverpflichtung, bildet aber auf dieser Grundlage einen eigenen Billigkeitsanspruch[17].

10 **bb) Anwendungsbereich.** Eine ausdrückliche Regelung hat der Prozesskostenvorschuss nur im Rahmen des Familienunterhalts gefunden. Er gilt aber auch für das Getrenntleben, aber nicht zwischen geschiedenen Ehegatten[18]. Für nachehelichen Unterhalt kann er aber im Rahmen des Scheidungsverbunds beantragt werden, und zwar auch noch nach der Abtrennung[19].

11 **cc) Subsidiarität von Prozesskostenhilfe.** Der Anspruch auf Prozesskostenvorschuss geht dem Anspruch auf Prozesskostenhilfe vor. Ob dies auch dann der Fall ist, wenn der Pflichtige selbst prozesskostenhilfeberechtigt wäre, ist umstritten[20].

12 **b) Voraussetzungen und Umfang. aa) Billigkeit.** Die Billigkeitsprüfung setzt Bedürftigkeit und Leistungsfähigkeit voraus. Voraussetzung für einen Anspruch auf Prozesskostenvorschuss ist im Rahmen der Billigkeitsprüfung **hinreichende Erfolgsaussicht** und **Leistungsfähigkeit**.

13 Der Rechtsstreit darf nicht mutwillig oder offensichtlich aussichtslos erscheinen. Ein Anspruch auf Prozesskostenvorschuss bei pünktlicher Unterhaltszahlung ist daher abzulehnen[21]. Ob darüber hinaus eine Erfolgsaussicht nach dem Maßstab des § 114 ZPO erforderlich ist, ist umstritten, wird vom BGH jetzt aber bejaht[22].

---

[3] *Stollenwerk* S 463.
[4] BGH FamRZ 1985, 353 = NJW 1985, 803.
[5] BGH FamRZ 1986, 668 = NJW 1986, 1869.
[6] OLG Hamburg FamRZ 1984, 583; OLG Hamm FamRZ 1988, 947.
[7] BGH FamRZ 1998, 608 = NJW 1998, 1553; OLG Nürnberg FamRZ 1999, 505.
[8] OLG Bamberg FamRZ 1988, 948; BGH FamRZ 2004, 366 = NJW 2004, 674.
[9] BGH NJW 1998, 1553.
[10] OLG Hamm FamRZ 1986, 357 und zuletzt BGH FamRZ 2004, 1784 = NJW 2004, 2450.
[11] BGH FamRZ 1998, 608 = NJW 1998, 1553; OLG Nürnberg FamRZ 1999, 505.
[12] BVerfG FamRZ 1986, 773.
[13] BGH FamRZ 2004,1784 = NJW 2004, 2450.
[14] *Büttner* FamRZ 1994, 1440.
[15] OLG Nürnberg FamRZ 1999, 505.
[16] BGH FamRZ 2004, 1279 = NJW 2004, 2452.
[17] Zuletzt BGH NJW 1990, 1476 = FamRZ 1990, 491.
[18] BGHZ 89, 33 = FamRZ 1984, 148.
[19] OLG Nürnberg FamRZ 1990, 421.
[20] Dagegen OLG München FamRZ 1993, 714; OLG Oldenburg MDR 1994, 618; dafür OLG Köln FamRZ 1999, 792; OLG Nürnberg FamRZ 1996, 875.
[21] OLG Nürnberg NJW-RR 1993, 327.
[22] BGH FamRZ 2001, 1362 mwN.

Bezüglich der **Leistungsfähigkeit** hat die Billigkeitsprüfung zur Folge, dass das Vermögen nicht 14
angegriffen zu werden braucht und dem Verpflichteten ein erhöhter Selbstbehalt zuzubilligen ist, der
nach der Rechtsprechung zwischen dem angemessenen und dem 1½fachen des notwendigen Eigenbedarfs[23] liegt. Streitig ist, ob ein Anspruch auf Vorschuss besteht, wenn der Verpflichtete selbst Prozesskostenhilfe beansprucht[24] oder ob der Vorschuss in Raten gezahlt werden kann[25]. Bejaht man die
Möglichkeit einer Ratenzahlung, dürfen die Raten die Sätze der Tabelle zu § 114 ZPO aber nicht
überschreiten[26].

bb) **Persönliche Angelegenheiten.** Der Vorschussanspruch besteht für Rechtsstreitigkeiten in 15
persönlichen Angelegenheiten, deren Umfang systematisch schwierig und vor allem durch die Rspr
konkretisiert ist. Zwischen ehelicher Solidarität und staatlicher Fürsorge (in Form der Prozesshilfe) wird
eine weite Definition bevorzugt, die alle vermögensrechtlichen Ansprüche umfasst, die „ihre Wurzeln
in der Lebensgemeinschaft" haben[27]. Das bedingt eine enge Verbindung zu Person und persönlichen
Bedürfnissen des klagewilligen Ehegatten. Bei Streit mit einem Dritten reicht die Beeinflussung der
wirtschaftlichen oder sozialen Stellung des Ehegatten für sich genommen allein nicht aus[28], auch nicht
bei Streitigkeiten aus einer früheren Ehe[29].

Als persönliche Angelegenheiten sind angenommen worden: Schutz des räumlich-gegenständlichen 16
Bereichs der Ehe[30], Persönlichkeitsschutz, Statussachen wie Vaterschaftsanfechtung[31], Schadensersatz
wegen Heilungskosten[32] und Schmerzensgeld[33], aber auch Steuererstattung[34], Führerscheinentziehung
und Ausweisung; Nachbarklage gegen Baugenehmigung, wenn das auch von dem anderen Ehegatten
bewohnte Grundstück vor Immissionen geschützt werden soll[35].

Als überwiegend vermögensrechtliche Angelegenheit und insoweit nicht als persönliche und damit 17
auch nicht vorschusspflichtige Angelegenheit sind angesehen worden: Streitigkeiten aus einem Arbeitsverhältnis[36], Geltendmachung des gesellschaftsrechtlichen Auseinandersetzungsguthabens gegenüber
Dritten[37], Anspruch aus Mithaftung zusammen mit dem früheren Ehegatten gegenüber Dritten[38],
Aufwendungsersatzanspruch gegenüber früherem Ehegatten[39], vorzeitiger Erbausgleich[40] und Streitigkeiten über Pflichtteils- und Pflichtteilsergänzungsanspruch[41] sowie die Erteilung einer Baugenehmigung[42].

cc) **Umfang.** Die Höhe des Anspruchs richtet sich nach den Gebühren, die das Gericht und der 18
Prozessbevollmächtigte bereits vor der Aufnahme ihrer Tätigkeit verlangen können.

c) **Verfahren.** Der Anspruch auf Prozesskostenvorschuss kann wie alle Unterhaltsansprüche selb- 19
ständig und im Eilverfahren geltend gemacht werden. Streitig ist die Berücksichtigung eines geleisteten
Vorschusses im Kostenfestsetzungsverfahren. Zutreffend erscheint eine Berücksichtigung, soweit die
Summe aus Erstattungsbetrag und Vorschuss den Gesamtbetrag der den Vorschussempfänger treffenden
Kosten übersteigt[43].

d) **Rückforderung.** Ein Rückforderungsanspruch besteht, wenn die Voraussetzungen eines Vor- 20
schusses nicht vorlagen[44] oder später entfallen sind[45]. Es handelt sich um einen eigenen unterhaltsrechtlichen Rückforderungsanspruch, der deshalb an einem eigenen Billigkeitsmaßstab zu messen ist[46] und
auf den §§ 814, 818 Abs 3 und § 1360b daher nicht anwendbar sind. Die Rückzahlung ist als selbständige Erstattungsklage vor dem Familiengericht geltend zu machen[47].

---

[23] OLG Köln FamRZ 1984, 1256: angemessen; OLG Koblenz JurBüro 1989, 1714: 11/2fach.
[24] Dagegen OLG Bamberg NJWE-FER 2000, 584; dafür OLG Köln FamRZ 1999, 792.
[25] *Stollenwerk* S 389; aA OLG Hamburg JurBüro 1988, 897.
[26] OLG München FamRZ 1987, 303; OLG Koblenz FamRZ 1991, 346.
[27] BGHZ 31, 384 = NJW 1960, 765 = FamRZ 1960, 130.
[28] BGHZ 41, 105; OLG Köln NJW-FER 2000, 31.
[29] OLG Nürnberg FamRZ 1986, 697.
[30] OLG Frankfurt FamRZ 1982, 606.
[31] OLG Koblenz FamRZ 1996, 44.
[32] OLG Frankfurt FamRZ 1967, 43.
[33] LG Koblenz FamRZ 2000, 761.
[34] OLG Hamm FamRZ 1989, 277.
[35] OVG Lüneburg FamRZ 1973, 145.
[36] LAG Baden-Württemberg NZA 1986, 140; aA LAG Berlin MDR 1982, 436.
[37] BGHZ 41, 112 = NJW 1964, 1129.
[38] OLG Düsseldorf FamRZ 1984, 388.
[39] OLG Nürnberg FamRZ 1986, 697.
[40] OLG Köln FamRZ 1979, 178.
[41] OLG Köln NJW-RR 1989, 967.
[42] *Palandt/Brudermüller* Rn 14 aE.
[43] OLG Nürnberg FamRZ 1999, 1217.
[44] BGH FamRZ 1990, 491 = NJW 1990, 1476.
[45] OLG Hamm FamRZ 1992, 672.
[46] BGH FamRZ 1985, 353 = NJW 1985, 803.
[47] OLG München FamRZ 1978, 601.

§ 1361

§ 1360 b Zuvielleistung

Leistet ein Ehegatte zum Unterhalt der Familie einen höheren Beitrag als ihm obliegt, so ist im Zweifel anzunehmen, dass er nicht beabsichtigt, von dem anderen Ehegatten Ersatz zu verlangen.

Schrifttum: *Ditzen,* Zur Rückforderung von Trennungsunterhalt, FamRZ 1988, 349; *Kohler,* Rückforderung aufgrund einstweiliger Anordnung gezahlten Ehegattenunterhalts, FamRZ 1988, 1005; *Schwab,* Rückforderung von Ehegattenunterhalt nach einstweiliger Anordnung, FamRZ 1984, 1567.

I. Normzweck

1   § 1360 b beschränkt wegen der Besonderheiten des Familienunterhalts einen nach allgemeinen Regeln sonst bestehenden **Rückforderungsanspruch**. Er gilt für alle denkbaren Erstattungsansprüche mit familienrechtlichem Bezug[1], zB familienrechtliche Ausgleichsansprüche, aber auch Bereicherung[2].

II. Zuvielleistungen

2   Eine Zuvielleistung liegt vor, wenn sie über den angemessenen Unterhalt nach § 1360 a hinausgeht.

III. Wirkung

3   § 1360 b begründet keinen eigenen Rückforderungsanspruch[3]. Ob er eine Vermutung begründet[4] oder eine Auslegungsregel, ist umstritten[5]. Die **Vermutungswirkung** ist **widerlegbar**, zB wenn ausdrücklich etwas anderes vereinbart wurde. Die **Beweislast** obliegt in jedem Fall dem Zurückfordernden.

§ 1361 Unterhalt bei Getrenntleben

(1) ¹Leben die Ehegatten getrennt, so kann ein Ehegatte von dem anderen den nach den Lebensverhältnissen und den Erwerbs- und Vermögensverhältnissen der Ehegatten angemessenen Unterhalt verlangen; für Aufwendungen infolge eines Körper- oder Gesundheitsschadens gilt § 1610 a. ²Ist zwischen den getrennt lebenden Ehegatten ein Scheidungsverfahren rechtshängig, so gehören zum Unterhalt vom Eintritt der Rechtshängigkeit an auch die Kosten einer angemessenen Versicherung für den Fall des Alters sowie der verminderten Erwerbsfähigkeit.

(2) Der nichterwerbstätige Ehegatte kann nur dann darauf verwiesen werden, seinen Unterhalt durch eine Erwerbstätigkeit selbst zu verdienen, wenn dies von ihm nach seinen persönlichen Verhältnissen, insbesondere wegen einer früheren Erwerbstätigkeit unter Berücksichtigung der Dauer der Ehe, und nach den wirtschaftlichen Verhältnissen beider Ehegatten erwartet werden kann.

(3) Die Vorschrift des § 1579 Nr. 2 bis 8 über die Beschränkung oder Versagung des Unterhalts wegen grober Unbilligkeit ist entsprechend anzuwenden.

(4) ¹Der laufende Unterhalt ist durch Zahlung einer Geldrente zu gewähren. ²Die Rente ist monatlich im Voraus zu zahlen. ³Der Verpflichtete schuldet den vollen Monatsbetrag auch dann, wenn der Berechtigte im Laufe des Monats stirbt. ⁴§ 1360 a Abs. 3, 4 und die §§ 1360 b, 1605 sind entsprechend anzuwenden.

Schrifttum: *Born,* Überobligationsmäßige Einkünfte in der unterhaltsrechtlichen Praxis, FamRZ 1997, 129; *Brudermüller/Schürmann,* Tabellen zum Familienrecht, 28. Aufl 2007; *Büttner,* Kindesbetreuung und Abzugsmethode, FamRZ 1999, 893; *Derleder,* Die ehelichen Lebensverhältnisse, FuR 1990, 9; *ders,* Eheangemessener Unterhalt, FuR 1990, 161; *ders,* Wegfall von Kindesbetreuung und eheliche Lebensverhältnisse, FuR 1990, 161; *Eschenbruch,* Der Unterhaltsprozess, 3. Aufl 2002; *Eschenbruch/Loy,* Die Sättigungsgrenze beim Ehegattenunterhalt, FamRZ 1994, 665; *Finke,* Unterhaltsrecht in der anwaltlichen Praxis, 2. Aufl 2004; *Finke/Garbe,* Familienrecht in der anwaltlichen Praxis, 5. Aufl 2003; *Gerhardt,* Berechnung des Ehegattenunterhalts bei Veräußerung eines Familienheims, FamRZ 1992, 1123; *ders,* Wohnwert und „Drittelobergrenze" bei der Unterhaltsberechnung, FamRZ 1993, 1139; *ders,* Eheliche Lebensverhältnisse bei Kinderbetreuung und Haushaltsführung, FamRZ 2000, 134; *ders,* Bereinigung des Nettoeinkommens beim Ehegattenunterhalt nach der geänderten Rechtsprechung des BGH, FamRZ 2007, 945; *Gerhardt/Gutdeutsch,* Haushaltsführung und Kindesbetreuung – ein unterhaltsrechtlich ungelöstes Problem?, FuR 1999, 241; *Graba,* Unterhalt nach den ehelichen Lebensverhältnissen, NJW 1989, 2786; *ders,* Zur Mieterspanis im Unterhaltsrecht, FamRZ 1995, 386; *ders,* Zum Unterhalt der Hausfrau nach den ehelichen Lebensverhältnissen, FamRZ 1999, 1115 m Anm *Bienko* und *Söpper* FamRZ 2000, 1314; *ders,* Fiktives Einkommen im Unterhaltsrecht,

---

[1] BGHZ 50, 270; OLG Karlsruhe FamRZ 1990, 744.
[2] MünchKommBGB/*Wacke* Rn 9.
[3] BGH NJW 1984, 2095.
[4] Diff *Gernhuber/Coester-Waltjen* § 21 III 4.
[5] MünchKommBGB/*Wacke* Rn 5.

FamRZ 2001, 125; *ders*, Surrogat des Wohnvorteils und Unterhalt nach den ehelichen Lebensverhältnissen, FamRZ 2006, 821; *Hohloch*, Erhöhung des Unterhaltsbedarfs nach Wegfall des Kindesunterhalts, JuS 1991, 246; *Krause*, der Einfluss von Schulden und Kindesunterhalt auf den Erwerbstätigenbonus, FamRZ 2005, 8; *Müller* Unterhaltsrecht, 2. Aufl 2000; *Oelkers*, Aktuelles Unterhaltsrecht, 2. Aufl 1999; *Röthel*, Erwerbstätigenbonus und Halbteilungsgrundsatz, FamRZ 2001, 328; *Schmitz*, Doppelverwertungsverbot im Unterhaltsrecht, FuR 2007, 198; *Schwolow*, Auf der Suche nach der „Sättigungsgrenze" des nachehelichen Ehegattenunterhalts, FuR 1997, 313; *Soyka*, Die Berechnung des Ehegattenunterhalts, 2. Aufl 2002; *Struck*, Berücksichtigung von Einkommenssteigerungen zwischen Trennung und Scheidung, FuR 1991, 97; *Weychardt*, Ein Zwischenruf zur Drittelobergrenze?, FamRZ 1998, 528; *Winckelmann*, Unterhaltsberechnung und Wohnwert für die Praxis, FuR 1997, 14, 48; *Wohlfahrt*, Familienrecht Bd 2, Anwaltsskript, 1999; *Wohlgemuth*, Die „angemessenen" Wohnvorteile beim Familieneigenheim. Abschied von der Drittelobergrenze?, FamRZ 1999, 621.

Übersicht

	Rn		Rn
I. Normzweck	1	3. Die Einkommensermittlung	61
II. Trennungsunterhalt im System des Unterhaltsrechts	2	a) Ermittlungsgrundsätze	61
		b) Ermittlungsverfahren	71
1. Eigenständigkeit	2	4. Abzüge	73
2. Verhältnis zum nachehelichen Unterhalt	5	a) Bedarfs- und einkommensprägende Belastungen	73
III. § 1361 als Anspruchsgrundlage	7	b) Berufsbedingte Aufwendungen	75
1. Allgemeine Voraussetzungen	7	c) Unterhaltslasten	77
a) Getrenntleben	7	d) Verbindlichkeiten	83
b) Bedürftigkeit und Leistungsfähigkeit	8	e) Veränderungen der Belastungen	85
c) Verschuldensunabhängigkeit	9	5. Bedarfsberechnung	88
2. Lebensverhältnisse als Anspruchsgrundlage	10	a) Grundsätze	88
a) Eigener Unterhaltstatbestand	10	b) Elementarunterhalt	89
b) Verhältnis zu den nachehelichen Unterhaltstatbeständen	12	c) Gesamtunterhalt	104
		d) Prozesskostenvorschuss	110
IV. Einschränkung der Erwerbsobliegenheit (Abs 2)	13	6. Der angemessene Unterhalt	111
1. Trennung und Erwerbsobliegenheit	13	a) Bedarfsbegrenzungen	111
2. Einfluss persönlicher und wirtschaftlicher Verhältnisse	17	b) Leistungsbeschränkungen	115
3. Obliegenheit zur Fortsetzung einer Erwerbstätigkeit	20	VI. Herabsetzung und Ausschluss des Unterhaltsanspruchs	118
		1. Verweis auf § 1579	118
V. § 1361 als Anspruchsmaßstab	22	2. Besonderheiten des Trennungsunterhalts	119
1. Angemessener Unterhalt	22	VII. Art der Unterhaltsgewährung	121
a) Grundlagen und Grundbegriffe	22	VIII. Unterhalt für die Vergangenheit	122
b) Unterhaltsberechnung	28	IX. Unterhaltsvereinbarungen	123
2. Bedarfsprägendes Einkommen	30	X. Verwirkung	124
a) Getrenntleben als maßgeblicher Beurteilungszeitraum	30	XI. Prozessuale Fragen	125
b) Maßgebliches Einkommen	31	1. Darlegungs- und Beweislast	125
c) Einkommensänderungen während des Getrenntlebens	43	2. Verfahrensfragen	126
		a) Trennungsunterhalt im isolierten Verfahren	126
d) Fiktives und überobligationsmäßiges Einkommen	49	b) Einstweilige Anordnung im Verbundverfahren	127

I. Normzweck

§ 1361 begründet einen eigenen **selbständigen Anspruch auf Trennungsunterhalt** zwischen den **1** Ehegatten. Es besteht keine Identität mit dem Familienunterhalt nach § 1360[1] und mit dem nachehelichen Unterhalt[2]. § 1361 enthält vielmehr eine abschließende Regelung des gesamten Trennungsunterhalts, die materiellrechtlich, aber auch formell als Titel, nur **bis zur Rechtskraft der Scheidung** gilt; nicht bis zum Ablauf des Monats, aber ggf bei einer einstweiligen Anordnung darüber hinaus[3].

II. Trennungsunterhalt im System des Unterhaltsrechts

1. Eigenständigkeit. Die Eigenständigkeit des Trennungsunterhalts entspricht den **besonderen** **2** **Umständen des Getrenntlebens** als einem Zwischenstadium zwischen dem ehelichen Zusammenleben und seiner Auflösung durch die Scheidung.

Zwischen der Gesamtverantwortung im Familienunterhalt und der Eigenverantwortung im nach- **3** ehelichen Unterhalt müssen die Obliegenheiten der Parteien neu geordnet werden. Die gegenseitige Verantwortung ist schwächer als während des Zusammenlebens, aber stärker als nach der Scheidung.

---

[1] OLG Düsseldorf FamRZ 1992, 943.
[2] BGH FamRZ 1999, 1497; FamRZ 1992, 920 = NJW 1992, 1956.
[3] BGH FamRZ 1988, 370 = NJW 1988, 1137.

§ 1361

Sie orientiert sich weiterhin an der noch bestehenden Ehe und ihrer möglichen Erhaltung sowie dem Ziel möglichst weniger gegenseitiger Belastungen, zB beim Real-Splitting (Rn 63 ff). Im Hinblick auf die Haushalts- und Einkommenstrennung bedarf sie eines neuen einkommensorientierten Bewertungsmaßstabs. Die entsprechende Neubewertung muss sowohl die ursprüngliche **Symmetrie der gemeinsam verantworteten Obliegenheitsaufteilung**[4] als auch den Zeit- und Prozesscharakter der Trennung berücksichtigen (§ 1360 Rn 3).

4 Die dogmatische Klammer dafür sind in § 1361 **die Lebensverhältnisse und die Einkommens- und Vermögensverhältnisse der Ehegatten.** Sie bilden sowohl Grundlage wie Maßstab des Trennungsunterhalts und der seiner Bemessung zugrunde liegenden Obliegenheiten.

5 **2. Verhältnis zum nachehelichen Unterhalt.** Obwohl der Trennungsunterhalt vom nachehelichen Unterhalt unterschieden ist, wird der Ehegattenunterhalt häufig als einheitliches System dargestellt, in dem sich Trennungs- oder nacheheliche Unterhalt wechselseitig als Regel- oder Ergänzungsfall ergänzen[5]. Diese Tendenz wird noch durch die **praktisch bedingten Schematisierungen** gefördert, die in den **Leitlinien der Oberlandesgerichte** zum Unterhaltsrecht ihren Niederschlag gefunden haben.

6 Demgegenüber ist bei der Auslegung und Kommentierung von § 1361 das Eigengewicht des Trennungsunterhalts zwischen Familien- und Scheidungsunterhalt angemessen zu berücksichtigen, um den **sachlich gebotenen Unterscheidungen** auf der Grundlage von Gesetzestext und -systematik Rechnung zu tragen. Diese Unterscheidung zwischen Trennungsunterhalt und nachehelichem Unterhalt schließt **Überschneidungen** insbes bei zunehmender Trennung und Nähe zur Scheidung[6] und insoweit auch Zusammenfassungen bei einzelnen Berechnungsschritten des Unterhaltsbedarfs, aber auch die Berücksichtigung allgemeiner Grundsätze nicht aus. So gilt für den Trennungsunterhalt auch der Grundsatz, dass der getrenntlebende Ehegatte unterhaltsrechtlich jedenfalls nicht schlechter gestellt werden soll als der geschiedene Ehepartner[7]. Gleichwohl reflektiert eine Praxis und Darstellung, die von einer weitergehenden Übereinstimmung von Trennungs- und nachehelichem Unterhalt ausgeht und – je nach Blickrichtung – die eine Form mehr oder weniger als Variante der anderen darstellt, nicht, deren grds Unterscheidung. Diese aber wirkt sich bis in Einzelheiten der **Unterhaltsentscheidung** in **tatrichterlicher Verantwortung** aus, wie sie in der Rspr des BGH postuliert ist[8]. Nach Auffassung des BVerfG gebietet es der Grundsatz der Verhältnismäßigkeit, beim Trennungsunterhalt § 1581 entsprechend anzuwenden[9].

III. § 1361 als Anspruchsgrundlage

7 **1. Allgemeine Voraussetzungen. a) Getrenntleben.** Ein Anspruch auf Trennungsunterhalt besteht nur bei Getrenntleben der Ehegatten iS des § 1567. Ein kurzfristiges Zusammenleben unterbricht die Voraussetzungen daher nicht, wohl aber die Wiederaufnahme der ehelichen Lebensgemeinschaft. Auch bei einer erneuten Trennung lebt der alte Anspruch daher nicht wieder auf.

8 **b) Bedürftigkeit und Leistungsfähigkeit.** Ein Anspruch auf Trennungsunterhalt besteht nur, wenn der Berechtigte bedürftig und der Verpflichtete leistungsfähig ist. Diese allgemeinen Grundsätze des Unterhaltsrechts werden auch beim Trennungsunterhalt vorausgesetzt, obwohl sie nicht ausdrücklich normiert und deshalb gesetzessystematisch aus den ehelichen Verhältnissen der Parteien abzuleiten sind. Die insoweit für den nachehelichen Unterhalt maßgeblichen §§ 1577 und 1581[10] sind in Anknüpfung an die Lebensverhältnisse der Parteien und den daraus abzuleitenden Unterhaltsbedarf aber auch im Trennungsunterhalt entsprechend anzuwenden (Rn 111 ff).

9 **c) Verschuldensunabhängigkeit.** Auf Trennungsgründe und/oder Trennungsverschulden kommt es seit der Eherechtsreform grds nicht mehr an. Dies verstößt nicht gegen **Verfassungsgrundsätze**[11]. Gravierende Verschuldenselemente können aber im Rahmen einer differenzierten Billigkeitsprüfung nach § 1361 Abs 3 iVm § 1579 berücksichtigt werden.

10 **2. Lebensverhältnisse als Anspruchsgrundlage. a) Eigener Unterhaltstatbestand.** Anspruchsgrundlage des Trennungsunterhalts sind die Lebensverhältnisse sowie die Erwerbs- und Einkommensverhältnisse der Parteien. Anders als beim nachehelichen Unterhalt sind die Lebensverhältnisse nicht nur Anspruchsmaßstab, sondern auch Anspruchsgrundlage. Die Unterscheidung wird auch deutlich in der systematischen Bedeutung der Erwerbsobliegenheit. Diese wird beim nachehelichen Unterhalt vorausgesetzt, während ihr Umfang beim Trennungsunterhalt von den ehelichen Lebensverhältnissen abhängt.

11 Das bedeutet, dass Anspruchsgrundlage des Trennungsunterhalts nicht eine – wie beim nachehelichen Unterhalt – enumerativ formulierte Ausnahme einer allgemeinen Erwerbsobliegenheit ist, sondern die Lebensverhältnisse der Parteien selbst und diese insoweit autonom auszulegen sind.

---

[4] *Graba* FamRZ 1999, 1115.
[5] *Dieckmann* FamRZ 1990, 1335.
[6] BGH FamRZ 2001, 350.
[7] Vgl BGH FamRZ 1990, 283 = NJW-RR 1990, 723.
[8] Zuletzt zB BGH FamRZ 1998, 899 = NJW 1998, 2821.
[9] BVerfG FamRZ 2002, 1397 = NJW 2002, 2701.
[10] BVerfG FamRZ 2002, 1397 = NJW 2002, 2701.
[11] BVerfG FamRZ 1981, 745.

b) Verhältnis zu den nachehelichen Unterhaltstatbeständen. Richtig an der Bezugnahme auf 12
die nachehelichen Unterhaltstatbestände ist allerdings, dass der nacheheliche Unterhalt **Mindestvoraussetzungen** formuliert, die beim Trennungsunterhalt nicht unterschritten werden dürfen. Das dürfte insbes auch im Hinblick auf die Berücksichtigung der Haushaltsführung als Einkommenssurrogat in der neuesten Rspr des BGH zur Berechnung des nachehelichen Unterhalts gelten (§ 1361 Rn 47). Der Unterhaltstatbestand der ehelichen Lebensverhältnisse geht aber darüber hinaus und erfasst ganz allgemein den Ausgleich ehebedingter Nachteile[12] und zB (und insoweit weitergehend als die Regelung des nachehelichen Betreuungsunterhalts in § 1570) auch Ansprüche bei der Betreuung „nichtehelicher"[13] oder Pflegekinder[14]. Für den Getrenntlebensunterhalt ist § 1575 nur allenfalls entsprechend anwendbar, wenn der Ausbildungsanspruch auf einer Vereinbarung der Ausbildung während der Ehe beruht oder wenn nach längerer Trennung die Scheidung nur noch eine Frage der Zeit ist[15]. Im Gegensatz zu § 1575 besteht aber auch ein Anspruch auf Altersvorsorgeunterhalt. Nach Auffassung des BVerfG gebietet es der Grundsatz der Verhältnismäßigkeit, beim Trennungsunterhalt § 1581 entsprechend anzuwenden[16]. Für eine entsprechende Anwendung von § 1587 b besteht nach der Begründung zum Unterhaltsänderungsgesetz, solange die Ehe noch Bestand hat, keine Notwendigkeit[17]. Das würde bei langer Trennung zur Notwendigkeit einer Scheidung führen, um den Unterhalt herabsetzen zu können. Nach der Rspr des BGH war allerdings eine zeitliche Beschränkung etwa durch entsprechende Anwendung von § 1573 Abs 5 auf den Trennungsunterhalt nicht möglich, da dieser keine Einsatzzeitpunkte kennt[18]. Beim Betreuungsunterhalt **verstößt** nach der Entscheidung des BVerfG die **unterschiedliche Dauer** eines Unterhaltsanspruchs **für eheliche und nichteheliche Kinder,** den der Gesetzgeber einem Elternteil wegen der Betreuung eines Kindes gegen den anderen Elternteil einräumt, gegen **Art 6 Abs 5 GG**[19]. Insoweit müsste § 1570 entsprechend angewendet werden.

IV. Einschränkung der Erwerbsobliegenheit (Abs 2)

1. Trennung und Erwerbsobliegenheit. Abs 2 schränkt die Erwerbsobliegenheit des nicht er- 13
werbstätigen Ehegatten während der Trennung ein. Der Maßstab folgt aus den Lebensverhältnissen und wird durch die persönlichen Verhältnisse des Berechtigten und die wirtschaftlichen Verhältnisse der Parteien präzisiert. Er ist enger als der einer angemessenen Erwerbstätigkeit in § 1574 Abs 2[20] und das Beispiel einer „früheren Erwerbstätigkeit" im Rahmen der persönlichen Verhältnisse insoweit auch nicht mit dem Begriff der nachehelichen „angemessenen Erwerbstätigkeit" nach § 1574 identisch[21]. Dies unterscheidet den Trennungsunterhalt wesentlich vom nachehelichen Unterhalt[22].

Die Annahme, dass vorbehaltlich der persönlichen Verhältnisse eine **Verpflichtung zur Vollzeittätigkeit** 14
besteht[23], entspricht dem nicht. Den Besonderheiten des Trennungsunterhalts trägt vielmehr nur eine der Trennung angemessene Übergangsregelung Rechnung. Zu weitgehend erscheint auch die pauschale Annahme, dass **nach Ablauf des Trennungsjahrs** die für den geschiedenen Ehegatten bestehenden Obliegenheiten entsprechend gelten[24]. Diese Auffassung würde Trennung und Scheidung gleichsetzen und damit der vorläufigen Funktion der Trennung widersprechen. Die Rspr tendiert dahin, im **ersten Trennungsjahr** bei einer nicht kurzen Ehe für den Ehegatten, der bei Trennung längere Zeit nicht erwerbstätig war, eine Erwerbsobliegenheit zu verneinen[25], lässt aber weitgehende Differenzierungen unter Berücksichtigung der persönlichen und wirtschaftlichen Verhältnisse (Rn 18 f) zu, so dass auch eine kürzere Zeit als ausreichend angesehen wird[26].

Die Berufung auf die Einsetzen einer Erwerbsobliegenheit kann durch **freiwillige Unterhaltszahlungen** 15
über einen längeren Zeitraum eingeschränkt werden[27].

Soweit eine Erwerbsobliegenheit besteht, darf sich der Berechtigte nicht auf eine Teilzeittätigkeit 16
beschränken. Das Risiko des Verlustes der Vollzeittätigkeit nach Aufgabe einer Teilzeittätigkeit trägt allerdings der Verpflichtete.

2. Einfluss persönlicher und wirtschaftlicher Verhältnisse. Der Umfang der Obliegenheitsfrei- 17
stellung während der Trennung ist auch von den persönlichen Verhältnissen, insbes auch der Dauer der

---

[12] OLG Düsseldorf FamRZ 1991, 76 = NJW-RR 1991, 1283.
[13] BGH FamRZ 1982, 463 = NJW 1982, 1461; OLG Bremen OLGR 1996, 39.
[14] BGH FamRZ 1981, 752 = NJW 1981, 1782.
[15] BGH FamRZ 1985, 782 = NJW 1985, 1695; FamRZ 2001, 350; OLG Hamm FamRZ 1995, 170: planvolles Studium, dessen Beendigung absehbar ist.
[16] BVerfG FamRZ 2002, 1397 = NJW 2002, 2701.
[17] BT-Drucks 16/1830 S 16.
[18] BGH FamRZ 1986, 244 = NJW 1986, 718.
[19] BVerfG FamRZ 2007, 965 m krit Anm Born = NJW 2007, 1735.
[20] BGH FamRZ 1989, 1160 = NJW 1989, 2809; FamRZ 1991, 416; FamRZ 2005, 23.
[21] BGH FamRZ 1981, 242 = NJW 1981, 978.
[22] BGH FamRZ 1986, 1085 = NJW-RR 1987, 196.
[23] OLG Frankfurt FamRZ 2000, 25.
[24] KG FamRZ 1991, 1188.
[25] OLG Hamm NJWE-FER 1999, 110; OLG Bremen NJWE-FER 2000, 76.
[26] Nach OLG Koblenz FamRZ 1994, 1253 kann innerhalb des ersten Trennungsjahres von dem bislang nicht Erwerbstätigen die Aufnahme einer Erwerbstätigkeit erwartet werden, wenn der Ehemann hoch verschuldet ist und die Ehefrau auch während des Zusammenlebens über eine längere Zeit als Apothekenhelferin tätig war.
[27] OLG Köln FamRZ 1999, 853.

§ 1361   Buch 4. Abschnitt 1. Bürgerliche Ehe

Ehe abhängig[28]. Bei kurzer Ehedauer ist die Berufung auf einen durch die Ehe erlangten privilegierten Status unzulässig[29]. Der **Anpassungszeitraum** kann entsprechend der Kürze einer Berufspause[30] oder der Ausweitung einer Teilzeitarbeit[31] variieren.

18 Bei der **Kindesbetreuung** im Trennungszeitpunkt scheidet eine Erwerbsobliegenheit aus, wenn nach den für den nachehelichen Unterhalt geltenden Grundsätzen im Hinblick auf Zahl und Alter der Kinder eine Erwerbsobliegenheit entfällt (§ 1570 Rn 14 ff). Zur entsprechenden Anwendung von § 1570 iÜ s Rn 12. Darüber hinaus kann beim Trennungsunterhalt auch die Betreuung nichtgemeinschaftlicher Kinder, zB Pflegekinder[32], eine Erwerbsobliegenheit ausschließen[33].

19 Daneben spielen auch die **wirtschaftlichen Verhältnisse** beider Ehegatten eine entscheidende Rolle: Bei engen wirtschaftlichen Verhältnissen ist die Erwerbsobliegenheit verstärkt[34], bei günstigen großzügiger zu beurteilen[35]. Auch erhebliche Schulden zulasten bzw zugunsten des Nicht-Erwerbstätigen können zu einer Erwerbsobliegenheit führen[36].

20 **3. Obliegenheit zur Fortsetzung einer Erwerbstätigkeit.** Die Fortsetzung einer Erwerbstätigkeit wird durch die Trennung grds nicht berührt. Eine entsprechende Obliegenheit besteht für beide Parteien. Ihre Verletzung kann daher zur Anrechnung fiktiver Einkünfte führen (Rn 50 ff). Dabei kann es zu einem Konflikt zwischen der Erhaltung des Status quo und dem Schutz des Berechtigten zB bei einer gleichzeitigen Kindesbetreuung kommen.

21 Auch wenn die Privilegierung des Abs 2 ausdrücklich **nicht** für die Fälle gilt, in denen der Berechtigte **bereits erwerbstätig** war[37], wirkt sie sich dahin aus, dass der Berechtigte jedenfalls nicht schlechter stehen darf als beim nachehelichen Unterhalt. Die Fortsetzung einer Erwerbstätigkeit trotz Kindesbetreuung (Rn 59) kann daher unzumutbar werden[38].

V. § 1361 als Anspruchsmaßstab

22 **1. Angemessener Unterhalt. a) Grundlagen und Grundbegriffe. aa) Angemessener Unterhalt.** Geschuldet wird nach § 1361 der angemessene Unterhalt. Der Begriff der Angemessenheit wird nur durch den Bezug auf die Lebens- und Einkommensverhältnisse der Parteien sowie den Verweis auf den Altersvorsorgeunterhalt als Bestandteil des angemessenen Unterhalts in Abs 1 S 2 systematisiert und in einem Teilaspekt konkretisiert. Die weitere Konkretisierung ist daher der Auslegung in Rspr und Lit überlassen, die dazu ein differenziertes **bedarfsbezogenes Begriffssystem** entwickelt haben, das auf der gesetzlichen Bedarfsdefinition des nachehelichen Unterhalts in § 1578 aufbaut. Dieser Begriff des Bedarfs bezieht sich auf den Bedarf nach den Lebensverhältnissen. Der **Begriff des angemessenen Unterhalts** geht aber weiter. Er umfasst auch die Kontrolle des Unterhaltsanspruchs am Maßstab der Bedürftigkeit des Berechtigten und der Leistungsfähigkeit des Verpflichteten.

23 **bb) Lebens- und Einkommensverhältnisse der Parteien.** Nach § 1361 bemisst sich der angemessene Unterhalt nach den Lebensverhältnissen der Parteien und ihren Einkommens- und Vermögensverhältnissen. Das sind nach der Rspr des BGH alle zur Deckung des Lebensbedarfs nachhaltig prägenden Einkünfte[39]. Schon der **Wortlaut** macht aber deutlich, dass die Lebensverhältnisse nicht mit den Einkommens- und Vermögensverhältnissen identisch sind.

24 Nach der Rspr des BGH wird aber der Bedarf nach den ehelichen Lebensverhältnissen allein durch das in der Ehe erzielte **Geldeinkommen** und nicht – wie der Familienunterhalt – durch Haushaltsführung und Kindesbetreuung geprägt[40]. Demgegenüber sollten bei der Auslegung der ehelichen Lebensverhältnisse auch die frühere Haushaltsführung und fortgesetzte Kindesbetreuung berücksichtigt werden, soweit ihnen bei einem **obligationssymmetrischen Wechsel** ein Geldeinkommen entspricht. Das würde nicht nur einen systematischen Anschluss an den Familienunterhalt, sondern auch eine angemessene Berücksichtigung von Haushaltsführung und Kindesbetreuung bei einer Arbeitsaufnahme nach der Trennung ermöglichen. Dem entspricht die Surrogations-Rspr des BGH zum nachehelichen Unterhalt[41]. Problematisch bleibt auch dann – mangels „Monetarisierungsmaßstab" – die Bewertung von Haushaltsführung und/oder Kindesbetreuung ohne Einkommenssurrogat[42]. Vermögensgüter allein rechtfertigen eine einkommensunabhängige Bedarfsfeststellung nicht[43].

25 **cc) Bedarf, Bedürftigkeit und Leistungsfähigkeit.** Die Berechnung des Unterhalts nach den ehelichen Lebensverhältnissen wird durch den Begriff des **Bedarfs** vermittelt. Dieser umfasst den

---

[28] KG FamRZ 1991, 1188.
[29] BGH NJW 1979, 1452.
[30] OLG Koblenz FamRZ 1994, 1253.
[31] OLG München FamRZ 1993, 328.
[32] BGH FamRZ 1981, 752 = NJW 1981, 1782.
[33] BGH NJW 1979, 1348; OLG Schleswig FamRZ 1996, 489.
[34] OLG Hamm FamRZ 1997, 95.
[35] BGH FamRZ 1990, 283 = NJW-RR 1990, 323.
[36] BGH FamRZ 1982, 23 = NJW 1982, 232.
[37] BGH FamRZ 1998, 899 = NJW 1998, 2821.
[38] BGH FamRZ 1998, 1501 = NJW-RR 1998, 721.
[39] BGH FamRZ 1992, 1045 = NJW 1992, 2477.
[40] BGH FamRZ 1985, 161 = NJW 1985, 1026.
[41] BGH FamRZ 2001, 986.
[42] BGH FamRZ 2001, 986.
[43] BGH FamRZ 2005, 97 = NJW 2005, 433.

Bedarf, wie er durch die ehelichen Lebensverhältnissen bestimmt wurde (Rn 24). In der Praxis wird er aber durch den **Quotenbedarf,** dh den rechnerischen Anteil an der Einkommensdifferenz der Parteien, konkretisiert. Davon zu unterscheiden ist die **Bedürftigkeit** als Restbedarf des Berechtigten nach Berücksichtigung seiner Einkünfte, die für den ehelichen Lebensbedarf nicht prägend waren. Sie setzt die Feststellung des Bedarfs voraus. Der Unterschied zwischen dem nach den Lebensverhältnissen bestimmten Bedarf und den tatsächlichen oder anzurechnenden Einkünften des Berechtigten ist der „ungedeckte Bedarf", der ggf durch die Leistungsfähigkeit des Verpflichteten unter Berücksichtigung seines Eigenbedarfs (§ 1581 Rn 6 ff) eingeschränkt ist.

dd) Bedarfsprägendes, unterhaltserhebliches und verteilungsfähiges Einkommen. Der Unterscheidung von Bedarfsberechnung auf der einen Seite und Bedarfskontrolle durch Bedürftigkeit und Leistungsfähigkeit entspricht die Unterscheidung von bedarfsprägendem Einkommen und unterhaltserheblichem Einkommen. Das bedarfsprägende Einkommen ist für die Bedarfsberechnung nach den ehelichen Lebensverhältnissen maßgeblich. Das unterhaltserhebliche Einkommen ist demgegenüber das gesamte prägende und nicht prägende Einkommen zur Bemessung des angemessenen Unterhalts. Davon ist das „verteilungsfähige Einkommen"[44] iS des bereinigten bedarfsprägenden Einkommens als Grundlage der Quotenberechnung im Mangelfall zu unterscheiden. 26

ee) Unterhaltspflicht und Erwerbsobliegenheit. Dem angemessenen Unterhalt korrespondiert die Unterhaltspflicht des Verpflichteten. Demgegenüber bezieht sich die Erwerbsobliegenheit im Rahmen der Unterhaltsberechnung auf die Erwerbsverpflichtungen beider Parteien und ihre Berücksichtigung insbes bei fiktiven und überobligatorischen Einkünften. 27

b) Unterhaltsberechnung. Auf der Grundlage der Gesetzes- und darauf aufbauenden Begriffssystematik errechnet sich der Trennungsunterhalt wie folgt[45]: Ausgangspunkt ist die Bedarfsermittlung nach den ehelichen Lebensverhältnissen. Dieser Bedarf wird zunächst konkret anhand der prägenden Einkünfte und in diesem Sinn „objektiv" ermittelt. An die Stelle der konkreten Bedarfsermittlung tritt in der Praxis idR allerdings der sog Quotenunterhalt, dh die Bedarfsermittlung als Anteil (Quote) der Differenz der bedarfsprägenden Einkünfte der Parteien. Der Quotenbedarf geht von der **Halbteilung** der Differenz des **bedarfsprägenden Einkommens** der Ehegatten, die lediglich bei Erwerbseinkommen durch den **Erwerbstätigenbonus** aus besonderen Gründen modifiziert wird, aus. Die grds Halbteilung entspricht der Rollensymmetrie des Ehegattenunterhalts. Diese Bedarfsberechnung wird durch die Kontrolle der **Bedürftigkeit** und **Leistungsfähigkeit** korrigiert. Das Ergebnis dieser Korrektur ist der **angemessene Unterhalt.** 28

Die weitere Differenzierung der Unterhaltsberechnung auf der Grundlage des Geldeinkommens der Parteien hat in der **Praxis der obergerichtlichen Leitlinien**[46] zu einem quasi parageseztlichen, allerdings regional teilweise zersplitterten Regelungssystem geführt, das schon deshalb hinter der Anforderung nach Allgemeinheit von Schematisierungen, wenn nicht der Gesetzesauslegung und des Gesetzes selbst zurückbleibt. Die obergerichtlichen Leitlinien haben allerdings nach der Rspr des BGH nur Orientierungscharakter und ändern nichts an der Aufgabe der Gesetzesauslegung **in tatrichterlicher Verantwortung**[47]. Eine an den Lebensverhältnissen orientierte Bedarfsberechnung muss daher deren Maßstab und nicht den eines buchhalterischen Abrechnungsschemas im Auge behalten. 29

2. Bedarfsprägendes Einkommen. a) Getrenntleben als maßgeblicher Beurteilungszeitraum. Das bedarfsprägende Einkommen wird nicht allein von dem Einkommen im Zeitpunkt der Trennung, sondern der Einkommensentwicklung während des Getrenntlebens geprägt. Aus der Besonderheit der Trennungssituation (Rn 2) wird gefolgert, dass die Ehegatten während der Trennung bis zur Rechtskraft der Scheidung an der **Entwicklung ihrer gegenseitigen Lebensverhältnisse** grds teilnehmen[48]. Das gilt auch dann, wenn sie von Anfang an getrennt gelebt haben[49]. Im Gegensatz dazu sind für den nachehelichen Unterhalt die Lebensverhältnisse im Zeitpunkt der Scheidung maßgeblich, in deren Bewertung allerdings die Einkommensentwicklung bis zur Scheidung eingeht (§ 1578 Rn 11). 30

b) Maßgebliches Einkommen. aa) Alle Einkünfte. Unterhaltserheblich sind alle tatsächlichen Einkommen beider Parteien aus eigenen Einkünften und Fremdleistungen, soweit der **Unterhaltsbezug** nicht **ausgeschlossen** ist[50]. 31

Am weitestgehenden ist dieser Ausschluss bei einzelnen **Sozialleistungen:** Sozialhilfe und beim Berechtigten die Arbeitslosenhilfe (seit 1. 1. 2005: Arbeitslosengeld II), aber auch Erziehungsgeld (jetzt: Elterngeld) sind grds nicht, Pflegegeld ist nur noch in Ausnahmefällen zu berücksichtigen, Wohngeld nur, soweit es den angemessenen Wohnbedarf (Rn 90 ff) übersteigt. Kindergeld und Zählkindervorteil waren nach Auffassung des BGH zunächst[51], sind jetzt aber grds nicht mehr[52], sondern nur noch beim Mangelfallunterhalt (§ 1581 Rn 28) zu berücksichtigen. 32

---

[44] BGH FamRZ 1997, 806 = NJW 1997, 1919.
[45] Zu den einzelnen Berechnungsschritten *Soyka*, Die Berechnung des Ehegattenunterhalts.
[46] Zuletzt *Brudermüller/Klattenhoff*, Tabellen zum Familienrecht, 28. Aufl 2007.
[47] ZB BGH FamRZ 1984, 683 = NJW 1984, 1813.
[48] BGH FamRZ 1999, 367 = NJW 1999, 717 und zuletzt FamRZ 2006, 683, 686.
[49] BGH FamRZ 1985, 357 = NJW 1985, 1345.
[50] BGH NJW 1980, 1688.
[51] BGH FamRZ 1990, 979; FamRZ 1992, 539.
[52] BGH FamRZ 1997, 806 = NJW 1997, 1919; s auch OLG Braunschweig FamRZ 1995, 356.

§ 1361

33 Den Schwerpunkt der Einkünfte bilden allerdings ohnehin die **Eigeneinkünfte** der Parteien. Sie umfassen alle Einkommensbestandteile zuzüglich Zuschläge und Spesen, aber auch verschleiertes[53] und gesetzwidriges Einkommen, zB aus Schwarzarbeit[54]. Zum Einkommen zählen insoweit auch Einkünfte mit Lohnersatzfunktion wie Kranken- und Arbeitslosengeld, soweit sie wiederum nicht subsidiär sind (wie das Arbeitslosengeld II beim Bedürftigen).

34 Zum Einkommen zählen auch Vermögenserträge und Einkünfte aus Vermietung und Verpachtung sowie der Nutzungswert mietfreien Wohnens (Wohnwert), soweit er höher ist als die damit verbundenen Belastungen (iE Rn 87 ff). Bislang nicht entschieden ist die Auswirkung der Rspr zur Beachtlichkeit der Haushaltsführung als Einkommenssurrogat bei entsprechenden Einkünften nach der Scheidung auf das bedarfsprägende Einkommen während der Trennung (§ 1361 Rn 47 und § 1578 Rn 17). Wegen des gesamten Getrenntlebens als Beurteilungsmaßstab müsste die Haushaltsführung erst recht als Einkommenssurrogat gelten. Es wäre dann allerdings nur folgerichtig, die Haushaltsführung selbst als bedarfsprägend anzusehen.

35 Ob **Zuwendungen Dritter** prägende Einkünfte sind, ist von der Zwecksetzung abhängig[55], und deshalb idR nicht der Fall, die aber bei einer Verbindung mit einem neuen Partner durch eine objektive Betrachtung korrigiert werden kann (§ 1577 Rn 10 ff).

36 **bb) Einkommen beider Parteien.** Grds sind die Einkünfte beider Parteien maßgebend, dh vor allem aber nicht nur Einkünfte aus einer Doppelverdienerehe, sondern auch, wenn eine Partei hinzuverdient oder andere Einkunftsquellen hat.

37 Dabei werden alle Einkünfte grds gleich behandelt. Ausnahmen wie die Nicht-Anrechenbarkeit der Arbeitslosenhilfe beim Berechtigten bedürfen einer besonderen Begründung. Insoweit sollten auch die Einkünfte aus unzumutbarer Tätigkeit bei beiden Ehegatten gleich und nicht nur beim Berechtigten pauschal entsprechend § 1577 Abs 2 angerechnet werden (Rn 60).

38 **cc) Prägende und nicht prägende Einkünfte.** In diesem durch die gemeinsamen Einkünfte gesetzten Rahmen sind nach der Rspr die Einkommen prägend, die während der Ehe nachhaltig zur Deckung der Lebensverhältnisse eingesetzt wurden[56] oder unter Anlegung eines **objektiven Maßstabs** dafür eingesetzt werden können[57], soweit sich keine Abweichungen aus Vereinbarungen der Parteien ergeben. Ausschläge nach oben oder unten und nicht nachhaltige Einkünfte fallen nicht darunter. Das kann eine Frage des Einzelfalls[58] sein[59].

39 Bei den Eigeneinkünften gibt es Abgrenzungsprobleme vor vor allem im Hinblick auf **Einkommensveränderungen** während des Getrenntlebens (Rn 43 ff) und die Anrechnung **fiktiver Einkünfte** die Einkünfte aus **unzumutbarer Tätigkeit** (Rn 49 ff). Prägend sind insoweit alle vor allem die tatsächlichen **Eigeneinkünfte** aus zumutbarer Tätigkeit auch als Folge der Trennung, nach der neuesten Rspr des BGH zur Berechnung des nachehelichen Unterhalts aber auch die Einkommenssurrogate insbes für die Haushaltsführung und Kinderbetreuung (§ 1361 Rn 47; § 1518 Rn 17).

40 Bezüglich der **Auswirkungen des Vermögens** auf die Bedarfsprägung ist zu differenzieren. Auch das Leben von der **Vermögenssubstanz** kann ein prägendes Merkmal ehelicher Lebensverhältnisse sein, allerdings nicht dann, wenn durch Kredite die Substanz verbraucht ist[60]. Laufendes Einkommen aus **Vermögenserträgen** ist grds prägend.

41 Einkommen, das zur **Vermögensbildung** verwendet wurde, ist grds zu berücksichtigen, da mit der Trennung der von den Parteien vereinbarte Konsumverzicht entfällt. Vermögenswirksame Leistungen werden daher dem Einkommen des Verpflichteten hinzugerechnet[61], dafür als Ausgleich die Sparzulagen nicht[62]. Ausnahmen gelten nur, wenn die Vermögensbildung objektiv angemessen und konkret feststellbar ist[63] wie Beiträge zu Bausparverträgen[64] oder zu einer Lebensversicherung[65]. Der bedürftige Ehegatte muss sich aber in keinem Fall eine den Lebensstandard unangemessen einschränkende Lebensführung als Folge der Vermögensbildung entgegenhalten lassen[66]. Im Konfliktfall ist die Vermögensbildungsquote zugunsten einer Erhaltung der Bedarfsdeckung zu reduzieren. Einkünfte aus Verwertung des eheprägenden Vermögens, insbes der ehelichen Wohnung, sind selbst prägend.

42 **dd) Einzelfälle.** Die nachstehenden Einzelfälle sollen lediglich einen raschen Überblick über mögliche unterhaltserhebliche Einkünfte geben. Ein fehlender bzw ausgeschlossener Unterhaltsbezug

---

[53] OLG Bamberg FamRZ 1995, 436.
[54] OLG Nürnberg FuR 1997, 292.
[55] BGH FamRZ 2005, 967 = NJW-RR 2005, 945.
[56] BGH FamRZ 1992 = NJW 1992, 2477.
[57] BGH FamRZ 1986, 780 = NJW-RR 1986, 1002.
[58] OLG Frankfurt FamRZ 1985, 875 für die Verwendung eines Lottogewinns in Höhe von 1 Mio kurz vor der Trennung; OLG Köln NJW 1998, 1500 für die Auszahlung einer befreienden Lebensversicherung an den Berechtigten, wenn sich die Rentenansprüche aus den Verpflichten entspr verringern.
[59] Krit zum Begriff der Prägung *Büttner* FamRZ 2007, 204; *Gerhardt* FamRZ 2007, 945.
[60] OLG Hamm FamRZ 1997, 674.
[61] BGH FamRZ 1992, 798 = NJW 1992, 1624.
[62] BGH FamRZ 1980, 984 = NJW 1980, 2251.
[63] BGH FamRZ 1987, 36 = NJW-RR 1987, 194.
[64] OLG Köln FamRZ 1998, 1427.
[65] BGH FamRZ 1992, 423 = NJW 1992, 1044.
[66] BGH NJW 97, 738; FamRZ 1995, 869 = NJW-RR 1995, 835.

oder besondere Gründe für die Berücksichtigung als prägendes oder nicht prägendes Einkommen sind ausdrücklich genannt.
- **Abfindungen** sind zwar grds auch beim Zugewinnausgleich zu berücksichtigen[67], aber bei beengten wirtschaftlichen Verhältnissen im Rahmen einer sparsamen Wirtschaftsführung als Ersatz für Arbeitsverdienst unterhaltspflichtiges Einkommen[68] und zwar entweder monatlich fortlaufend auf dieses zu verrechnen[69] oder auf angemessenen Zeitraum, idR einige Jahre und bei Vorhersehbarkeit auf den Unterhaltszeitraum, zu verteilen[70]; der vorherige Verbrauch ist nur bei leichtfertigem Verhalten zur Last zu legen[71] und die Ablösung eines Kredits ist insbes wegen der damit verbundenen Belastungen idR wirtschaftlich vertretbar[72].
- Die **Arbeitgebersparzulage** ist kein prägendes Einkommen, da auch die vermögenswirksame Leistung nicht das Einkommen mindert[73].
- **Arbeitslosengeld** ist anrechenbares Einkommen[74] und zwar auch dann, wenn es nach Verlust einer überobligationsmäßigen Tätigkeit, deren Entgelt daher nicht zu berücksichtigen war, gezahlt wird[75].
- **Arbeitslosenhilfe** (seit 1. 1. 2005: **Arbeitslosengeld II**) ist idR beim Berechtigten nicht zu berücksichtigen, da es nur eine subsidiäre Unterhaltsersatzleistung ist[76]. Eine **Ausnahme** gilt dann, wenn der Anspruch nicht übergeleitet ist und auch nicht mehr übergeleitet werden kann[77].
- **Aufwandsentschädigungen** sind zu berücksichtigen, soweit sie die nachgewiesenen notwendigen Aufwendungen (an Partei, Fahrgeld, Verzehr) übersteigen[78]. Der Aufwand kann ggf nach § 287 ZPO geschätzt werden[79].
- **Ausbildungsgeld** nach § 104 SGB III für behinderte Menschen ist nach Maßgabe des § 1578 a anzurechnen, grds nach § 1610 a[80].
- Die **Ausgleichsrente** nach § 32 BVG und der **Ehegattenzuschlag** nach § 33 a BVG sind unterhaltsrechtlich anrechenbares Einkommen[81]. Der Mehrbedarf des Rentenempfängers ist in dem Umfang zu berücksichtigen, der nachweislich tatsächlich entsteht und ggf nach § 287 ZPO zu schätzen.
- **Auslandszulagen** einschließlich Auslandszuschläge sind anrechenbares Einkommen[82].
- **Auslösungen** sind in Höhe des konkreten Mehraufwandes nicht zu berücksichtigen[83]. In den Leitlinien wird der anrechenbare Anteil pauschaliert.
- **BAföG-Leistungen** sind unterhaltspflichtiges Einkommen und insbes beim Ausbildungsunterhalt § 1575 zu berücksichtigen. Aber keine Berücksichtigung beim Verpflichteten als Darlehen[84].
- **Berlinzulage** ist anrechenbares Einkommen[85].
- **Beamtenversorgung** ist anrechenbares Einkommen.
- **Berufsausbildungsbeihilfe** nach § 59 SGB III ist anrechenbares Einkommen[86].
- **Betreuungsentgelt** für die persönliche Betreuung naher Angehöriger ist unterhaltspflichtiges Einkommen[87].
- **Blindengeld** ist nicht zu berücksichtigen. Da es sich um Sozialleistungen für Aufwendungen infolge eines Körperschadens handelt, wird der schädigungsbedingte Verbrauch vermutet[88].
- **Dividenden** sind als Vermögenserträge zu berücksichtigen.
- Zur Berücksichtigung von Leistungen in einer **eheähnlichen Beziehung** vgl § 1577 Rn 9 ff.
- **Ehegattenzuschlag** zur Ausgleichsrente s Ausgleichsrente[89].
- **Einkaufsrabatte** (Sachzuwendungen) sind in Höhe der ersparten Aufwendungen als Einkommen anzusehen.
- Eine **Erfindervergütung** ist nach Billigkeitsgesichtspunkten als Einkommen anrechenbar[90].

---

[67] BGH FamRZ 1998, 362.
[68] BGH FamRZ 1990, 372 = NJW 1990, 709, 711.
[69] BGH FamRZ 1982, 250 = NJW 1982, 822.
[70] BGH FamRZ 1987, 559; OLG Oldenburg FamRZ 1996, 672: bei ungewisser wirtschaftlicher Zukunft des Unterhaltspflichtigen kann eine Verteilung bis zu sechs Jahren angemessen sein.
[71] OLG Celle FamRZ 1992, 590.
[72] OLG Hamm FamRZ 1997, 1169.
[73] BGH FamRZ 1980, 984 = NJW 1980, 2251.
[74] BGH FamRZ 1996, 1067 = NJWE-FER 1996, 15.
[75] OLG Hamburg NJW-RR 1993, 647, 648.
[76] BGH FamRZ 1987, 274; FamRZ 1987, 456.
[77] BGH FamRZ 1996, 1067.
[78] BGH FamRZ 1986, 780 zu Abgeordneten; 1983, 672 zum Sitzungsgeld bei kommunaler Bezirksvertretung.
[79] OLG Stuttgart FamRZ 1994, 1251 = NJW-RR 1994, 133.
[80] OLG München FamRZ 1992, 213 noch zu § 56 AFG.
[81] *Stollenwerk* S 87 mwN.
[82] BGH FamRZ 1980, 342; OLG Bamberg FamRZ 1997, 1339.
[83] BGH FamRZ 1982, 887 = NJW 1982, 1983.
[84] BGH FamRZ 1985, 1916 = NJW 1985, 2331.
[85] OLG Hamm FamRZ 1982, 1427.
[86] OLG Oldenburg FamRZ 1989, 531 noch zu § 40 AFG.
[87] *Kalthoener/Büttner/Niepmann* Rn 720.
[88] OLG Schleswig FamRZ 1992, 471.
[89] BGH FamRZ 1992, 252.
[90] BGH FamRZ 1983, 146 = NJW 1983, 393.

§ 1361

- **Erschwerniszulagen** sind wie Auslösung (s dort) Einkommen, aber dann nicht, wenn sie sich auf eine im Hinblick auf Alter und Gesundheit nicht zumutbare Tätigkeit beziehen[91].
- Die **Erwerbsunfähigkeitsrente** ist prägendes Einkommen, wenn der Versicherungsfall ehebezogen, und anrechenbares Einkommen, soweit sie auf dem Versorgungsausgleich beruht[92].
- **Erziehungsgeld** ist kraft ausdrücklicher gesetzlicher Zweckbestimmung in § 9 BErzGG (jetzt **Elterngeld** gemäß § 11 BEEG) nicht anzurechnen[93]. Das gilt auch dann, wenn der Berechtigte mit dem Unterhalt deutlich mehr Mittel zur Verfügung hat als der Verpflichtete[94]. Der Unterhaltspflichtige ist insoweit auch auf den notwendigen Selbstbehalt zu verweisen[95]. Bei der Frage, ob ein Verfügungsgrund besteht, ist es aber zu berücksichtigen[96].
- **Fahrtkostenzuschüsse** des Arbeitgebers sind Einkommen, wenn die tatsächlichen Fahrtkosten anderweitig (zB als pauschalierter Berufsaufwand oder Erwerbstätigenbonus) berücksichtigt werden[97].
- Der **Familienzuschlag** nach § 40 Abs 1 BBesG ist bei der Bemessung des Unterhalts der geschiedenen Ehefrau nur hälftig anzusetzen, wenn er sowohl wegen des Unterhaltsanspruchs aus einer geschiedenen Ehe als auch für eine bestehende Ehe gezahlt wird[98].
- Die Berücksichtigung **freiwilliger Zuwendungen Dritter** hängt vom Willen des Zuwendenden ab. Die Vermutung spricht dafür, dass sie beim Berechtigten nicht als zusätzliches Einkommen[99] und beim Verpflichteten nicht als Entlastung[100] berücksichtigt werden sollen. Das gilt auch für mietfreies Wohnen und Zinsentlastungen[101].
- **Gebrauchsvorteile**, insbes die kostenlose Nutzung eines Pkws, der Wohnung oder eines Hauses sind anrechenbares Einkommen, ggf nach Abzug der für den Gebrauch aufzuwendenden Kosten[102]. Bei einem Pkw wird unter Berücksichtigung der Steuermehrbelastung ein Betrag von 300 DM pro Monat für eine Mittelklassefahrzeug für angemessen gehalten[103].
- **Gerichtsvollzieherbezüge** sind insgesamt unterhaltserhebliches Einkommen, soweit nicht der konkrete Berufsaufwand iE belegt ist[104].
- **Gewinnbeteiligung** (Tantieme) ist Teil des normalen Einkommens[105].
- Die **Grundrente** ist unterhaltspflichtiges Einkommen[106].
- Die **Haushaltsführung** für einen neuen Partner ist in Höhe der dafür üblichen Vergütung und ersparter Lebenshaltungskosten als Einkommen zu behandeln, soweit der neue Partner leistungsfähig ist (§ 1577 Rn 11 f).
- **Instandhaltungsrücklage,** s Vermietung und Verpachtung.
- **Kilometergeld,** das bei der Abrechnung von Fahrten mit dem eigenen Wagen vom Arbeitgeber bezahlt wird, ist nur Einkommen, soweit es den konkreten Aufwendungsersatz übersteigt. Dabei wird die Kilometerpauschale des § 5 Abs 2 Nr 2 JVEG (derzeit 0,30 Euro/km), in der Praxis als brauchbarer Maßstab verwendet[107]. In der Pauschale sind alle mit Haltung, Betrieb, Steuer, Versicherung und Ersatzanschaffung verbundenen Kosten enthalten, also auch ein fiktiver Anteil bezüglich einer Rücklage für eine Neuanschaffung. Daher können neben der Pauschale nicht zusätzlich Kreditraten für einen Pkw-Kauf geltend gemacht werden[108].
- **Kindergeld** ist nach der Rspr des BGH im Gegensatz zur früheren Rspr[109] jetzt nicht mehr als Einkommen zu berücksichtigen, da es zwar unterhaltsrechtlich zum Einkommen zähle, aber nicht wie sonstiges Einkommen zur Bedarfsberechnung nach § 1578 herangezogen werden kann, weil es der Sonderbestimmung des § 1606 Abs 3 unterliege. Die öffentlich-rechtliche Zweckbestimmung als entlastende Leistung dürfe nicht dadurch in ihr Gegenteil verkehrt werden, dass sie zu einer Erhöhung des Bedarfs führe[110]. Auch der Zählkindvorteil zählt nicht zum bedarfsprägenden Einkommen[111].
- **Krankengeld** ist als Lohnersatzleistung wie Arbeitseinkommen zu behandeln[112]. Besteht infolge der Krankheit ein erhöhter Bedarf, ist insoweit ein angemessener Beitrag dafür abzusetzen.
- **Krankentagegeld,** s Krankengeld.

---

[91] BGH FamRZ 1983, 146, 149 = NJW 1983, 033.
[92] BGH NJW 1983, 1481.
[93] OLG Hamm FamRZ 1995, 805.
[94] OLG Oldenburg FamRZ 1991, 1090; OLG Frankfurt FamRZ 1991, 594; OLG Düsseldorf FamRZ 1991, 592.
[95] OLG Hamm FamRZ 1995, 805.
[96] OLG Düsseldorf FamRZ 1993, 962.
[97] OLG Koblenz FamRZ 1995, 169.
[98] BGH FamRZ 2007, 793 m Anm *Büttner*.
[99] BGH FamRZ 1986, 151 = NJW-RR 1986, 426.
[100] BGH FamRZ 1993, 417 = NJW-RR 1993, 322.
[101] BGH FamRZ 1992, 1045 = NJW 1992, 2477.
[102] *Stollenwerk* S 239 mwN; BGH FamRZ 1989, 499; OLG Düsseldorf FamRZ 1987, 833; OLG Frankfurt FamRZ 1985, 303.
[103] *Kalthoener/Büttner/Niepmann* Rn 717 aE.
[104] OLG Köln FamRZ 1987, 1257.
[105] *Kalthoener/Büttner/Niepmann* Rn 727 mwN.
[106] BGH FamRZ 1981, 338 = NJW 1981, 1313.
[107] S jetzt auch zuletzt BGH FamRZ 2006, 1511 = NJW 2006, 3344.
[108] BGH FamRZ 1994, 87 = NJW 1994, 190; FamRZ 2006, 846 = NJW 2006, 2182.
[109] BGH FamRZ 1992, 539 = NJW 1992, 1621; FamRZ 1988, 705 = NJW 1988, 1722.
[110] BGH FamRZ 1997, 609.
[111] BGH FamRZ 2000, 1492.
[112] OLG Bremen FamRZ 1991, 86.

Unterhalt bei Getrenntleben § 1361

- **Kurzarbeitergeld** ist unterhaltspflichtiges Einkommen.
- **Lohnfortzahlung** ist voll anrechenbar.
- Der **Lohnsteuerjahresausgleich** ist in dem Jahr, in dem die Rückzahlung erfolgt, unterhaltspflichtiges Einkommen.
- **Miet- und Pachteinnahmen** sind nach Abzug notwendiger Ausgaben in vollem Umfang anzurechnen.
- **Mutterschaftsgeld** nach § 200 RVO ist anrechenbares Einkommen[113].
- **Naturalien**, die die ehelichen Lebensverhältnisse geprägt haben (hier Eigenprodukte in der Landwirtschaft), sind grds mit ihrem Geldwert nach § 287 ZPO zu schätzen[114].
- **Nebentätigkeiten** neben einem Vollberuf sind grds überobligatorisch und deshalb nur beim Mangelfall einzusetzen[115]. **Berufsbezogene** Nebeneinkünfte, zB **Gutachten** können aber unterhaltserheblich sein[116]. Einkünfte aus Nebentätigkeit bei zumutbarer Tätigkeit sind voll, andernfalls ggf nur als Billigkeitseinkommen zu berücksichtigen.
- Der **Ortszuschlag** ist grds Teil des Einkommens[117].
- **Pensionen** sind als Lohnersatzleistungen grds voll zu berücksichtigen.
- Im Gegensatz zur bisherigen Rspr des BGH[118] bleibt das nach § 37 Abs 1 SGB XI gewährte **Pflegegeld**, wenn es an eine Pflegeperson weitergeleitet wird, bei der Ermittlung von Unterhaltsansprüchen der Pflegeperson grds unberücksichtigt[119].
- **Pflichtteilsansprüche** sind unterhaltserheblich und prägend, soweit sie in der Ehe zu erwarten waren[120].
- **Prämien**, zB Leistungsprämien sind als anrechenbares Einkommen auf einen angemessenen Zeitraum zu verteilen[121].
- **Renten** sind prägend, soweit ihr Bezug in der Ehe angelegt war. Die von dem früher haushaltsführenden Ehegatten bezogene Rente prägt die ehelichen Lebensverhältnisse als Surrogat für den wirtschaftlichen Nutzen aus eigener Arbeitskraft auch dann, wenn sie auf einer vor der Ehe ausgeübten Erwerbstätigkeit beruht[122].
- **Sachleistungen** des Arbeitgebers wie der Vorteil des Erwerbs eines Neuwagens durch den Werksangehörigen sind unterhaltspflichtiges Einkommen[123].
- **Schlechtwettergeld** ist als Einkommensersatz unterhaltserheblich.
- Die Verwertung eines **Schmerzensgeldes** ist im Gegensatz zur Berücksichtigung der Erträge unbillig, da es dem Ausgleich des immateriellen Schadens dient und zur beliebigen Verwendung des Empfängers bestimmt ist[124].
- **Schwarzarbeitsgeld** ist, soweit es tatsächlich bezogen wird, aber nicht fiktiv anzurechnen[125].
- **Sparzulagen** sind kein unterhaltspflichtiges Einkommen, da die vermögenswirksamen Leistungen einkommensmindernd zu berücksichtigen sind[126].
- **Spesen**, Auslösung, Trennungsgelder, **Trennungsentschädigungen** und Montageprämien sind voll dem unterhaltspflichtigen Einkommen zuzurechnen, wenn sie tatsächlich **verschleiertes Arbeitseinkommen** sind (zB Kölner RL Nr 34). In jedem Fall ist die **Eigenersparnis** Einkommen. Im Übrigen ist für die Nichtanrechnung als Einkommen der konkrete vom Empfänger darzulegende und gegebenenfalls nach § 287 ZPO zu schätzende Mehraufwand maßgebend (Kölner RL Nr 36.1).
- Hausgeld und Überbrückungsgeld von **Strafgefangenen** ist als notwendiger Selbstbehalt zu belassen, soweit sie ihn übersteigen aber als Einkommen zu behandeln[127].
- **Trinkgeld** ist einschließlich der Anteile an einem gemeinschaftlichen Trinkgeldtopf unterhaltspflichtiges Einkommen. Eine Schätzung ist dann nicht zulässig, wenn konkrete Beweisangebote vorliegen[128].
- **Übergangsgebührnisse** und **Übergangsbeihilfe** für einen Zeitsoldaten sind für den Unterhalt einzusetzen[129].
- **Überstunden** sind unterhaltserheblich, wenn sie geringfügig, berufstypisch oder betriebsbedingt sind. Das gilt auch für Mehrarbeit, Nebentätigkeit oder Zweitarbeit[130]. Wenn sie mehr als nur in geringem Umfang anfallen oder das übliche Maß überschreiten, sind sie nach Billigkeitsgrundsätzen anzurech-

---

[113] BGH vom 22. 12. 1982, IVb ZR 337/81.
[114] BGH FamRZ 2005, 97 = NJW 2005, 907.
[115] BGH FamRZ 1985, 360 = NJW 1985, 907; OLG Hamm FamRZ 1999, 43.
[116] OLG Köln FamRZ 1999, 113 = NJW-RR 1998, 1300: von einem Oberarzt während seiner Habilitationszeit erzielte Nebeneinkünfte aus Vortragstätigkeit, Publikationen und Gutachtertätigkeit.
[117] BGH FamRZ 1984, 374 = NJW 1984, 1438.
[118] BGH FamRZ 1993, 417 = NJW-RR 1993, 322; FamRZ 1996, 933.
[119] BGH FamRZ 2006, 846 = NJW 2006, 2182.
[120] BGH FamRZ 1993, 1065 = NJW 1993, 1921.
[121] BGH FamRZ 1982, 50.
[122] BGH FamRZ 2003, 848 = NJW 2003, 1796.
[123] *Strohal* FamRZ 1995, 459.
[124] BGH FamRZ 1988, 1031 = NJW-RR 1988, 1093.
[125] *Klein* FuR 1997, 292.
[126] BGH FamRZ 1989, 172 = NJW 1989, 1033.
[127] *Kalthoener/Büttner/Niepmann* Rn 758 ff mwN.
[128] BGH FamRZ 1991, 182 = NJW 1991, 697.
[129] BGH FamRZ 1987, 930 = NJW-RR 1987, 706.
[130] OLG Celle FamRZ 1991, 1440.

§ 1361   Buch 4. Abschnitt 1. Bürgerliche Ehe

nen[131]. Sonst können sie auch ganz wegfallen[132]. Die durch § 1577 Abs 2 vorgegebenen Leitlinien dürften anzuwenden sein[133].
– **Urlaubsgeld** ist anrechenbares Einkommen und auf ein Jahr zu verteilen.
– Bei **Vermietung** und **Verpachtung** können bei den Einkünften neben den Werbungskosten auch die Erhaltungskosten abgesetzt werden. Sie sind bei größerem Umfang auf mehrere Jahre zu verteilen[134]. Stattdessen ist auch eine angemessene **Instandhaltungsrücklage** gerechtfertigt.
– Für **Vermögenserträge** gilt: Erträge aus Grundvermögen, Kapitalerträge, Dividenden usw sind nach Abzug von Steuern und notwendigen Beschaffungskosten einschränkungslos anzurechnen[135]. Das ergibt auch ein Umkehrschluss aus §§ 1577, 1581 S 2. Der Berechtigte muss auch zumutbar erzielbare Erträge aus der unterhaltsrechtlich gebotenen Anlage seines Geldvermögens einsetzen. Unterlässt er dies, sind sie fiktiv anzurechnen[136].
– **Versorgungsleistungen** für einen anderen sind zu berücksichtigen, soweit sie nur gegen Entgelt erbracht werden; s auch **Haushaltsführung**.
– **Weihnachtsgeld** ist unterhaltspflichtiges Einkommen und auf ein Jahr zu verteilen[137].
– **Wohngeld** ist als Einkommen nur anzurechnen, soweit ihm nicht unvermeidbar hohe Lohnkosten gegenüberstehen. Die Schwierigkeit dieses Nachweises führt in der Praxis überwiegend zur Nichtanrechnung[138].
– Zur Bewertung des **Wohnvorteils während der Trennung** s Rn 102 ff.
– **Zulagen**, auch Ministerialzulagen, sind grds unterhaltserheblich[139].
– **Zuwendungen Dritter** s freiwillige Zuwendungen.

43 c) **Einkommensänderungen während des Getrenntlebens. aa) Abweichung vom Normalverlauf.** Obwohl das Abstellen auf die Trennung als Zeitraum bis zur Rechtkraft der Scheidung dafür spricht, alle Veränderungen während dieser Zeit als prägend zu berücksichtigen[140], ist die Abgrenzung von nachträglichen Veränderungen uneinheitlich und teilweise kontrovers[141]. Der Ausgangspunkt ist allerdings unstrittig: nach der Rspr des BGH ist nur die „**Abweichung vom Normalverlauf**" nicht prägend[142] und der „**Karrieresprung**" ein einleuchtender Beispielfall[143]. Abweichungen müssen danach jedenfalls vom Verpflichteten dargelegt werden.

44 bb) **Einkommenserhöhungen und -verringerungen.** Zweckmäßigerweise sollte zwischen **von außen induzierten Änderungen** und **Eigenveränderungen** der Erwerbstätigkeit insbes unter Beachtung der Erwerbsobliegenheit unterschieden werden. Von außen induzierte Änderungen sind idR prägend (zB Einkommenserhöhungen als Folge von Tariferhöhungen und Regelbeförderung/ Einkommensverringerungen als Folge einer Verschlechterung der Steuerklasse und des Altersruhestands). Das gilt auch bei Änderungen der Erwerbstätigkeit, soweit sie bei Einkommenserhöhungen keinen „Karrieresprung" darstellen, und bei Einkommensverringerungen, soweit sie nicht gegen eine Obliegenheit verstoßen (zB unverschuldete Arbeitslosigkeit und Erwerbsunfähigkeit). Die Ausweitung von einer Halbtags- auf eine Ganztagstätigkeit ist bei Heranwachsen der Kinder eine normale Entwicklung[144]. Die Berufung eines Angestellten in die Geschäftsleitung ist im Normalfall keine ungewöhnliche Entwicklung[145]. **Einkommensverringerungen** bei einem **Berufswechsel** sind nur zu berücksichtigen, wenn eine zumutbare Vorsorge nicht möglich ist und bei einer Abwägung der beiderseitigen Interessen dasjenige des Unterhaltspflichtigen an der beruflichen Änderung überwiegt[146]. Dazwischen pendeln Einkommensverbesserungen mit vergleichbaren Ausgangslagen und unterschiedlicher Einordnung – Verbesserungen auf Grund der Wiedervereinigung sind als in der Ehe angelegt anzusehen[147]. Demgegenüber sollen Einkommenssteigerung nach einer Flucht aus der DDR nicht ehegeprägt sein[148]. Auch die Ausweitung und Wiederaufnahme der Erwerbstätigkeit entsprechen eher einem normalen Ablauf. Keine unerwartete Entwicklung soll die Selbständigkeit elf Jahre nach der Trennung sein[149]. Ergreift aber nach der Trennung ein als Hausmann tätiger Beamter nach elfjähriger Beurlaubung wieder seine berufliche Tätigkeit, so soll dies keine prägende Wirkung haben[150]. Eher im Ergebnis überzeugend als in der systematischen Begründung ist der

---

[131] BGH FamRZ 1983, 886 = NJW 1983, 2321.
[132] OLG Stuttgart FamRZ 1995, 1487: Einnahmen als Discjockey neben Überstunden im Hauptberuf.
[133] OLG Hamm FamRZ 1995, 606.
[134] BGH FamRZ 1984, 39 = NJW 1984, 303.
[135] BGH FamRZ 1988, 1031 = NJW-RR 1988, 1093.
[136] OLG Köln FamRZ 1993, 711; OLG Bamberg FamRZ 1992, 1305; OLG Hamm FamRZ 1992, 1427.
[137] BGH FamRZ 1985, 486 = NJW 1985, 822; NJW 1982, 250, 252.
[138] BGH FamRZ 1984, 772 = NJW 1985, 374.
[139] OLG Köln FamRZ 1982, 706.
[140] Zuletzt BGH FamRZ 2006, 683, 685.
[141] *Born* FamRZ 1999, 541.
[142] Erstmals BGH FamRZ 1982, 360; zuletzt FamRZ 1999, 367 = NJW 1999, 717.
[143] So zum nachehelichen Unterhalt jetzt BGH FamRZ 2007, 793.
[144] BGH FamRZ 1984, 149 = NJW 1984, 292.
[145] OLG Düsseldorf FamRZ 1992, 1439.
[146] BGH FamRZ 1988, 256 = NJW-RR 1988, 519.
[147] BGH FamRZ 1995, 473 = DtZ 1995, 207.
[148] OLG Karlsruhe FamRZ 1997, 37.
[149] OLG Köln FamRZ 1995, 473.
[150] OLG Koblenz FamRZ 1997, 884.

Austausch der bisherigen Einkünfte gegen deren Verringerung durch den Ruhestand bei gleichzeitiger Aufnahme einer Nebentätigkeit.

cc) Einkommensveränderungen als Folge der Trennung. Nach der Rspr des BGH waren 45 Einkommensdispositionen im Hinblick auf die Trennung nicht prägend[151].

Das ist bei **Einkünften aus Vermögensauseinandersetzungen als Folge der Trennung** mit 46 Ausnahme des Verkaufs der gemeinsamen bedarfsprägenden Wohnung, soweit der Erlös den Wohnwert nicht übersteigt, einleuchtend[152]. Die **Vermögensverwertung** ist iÜ nicht prägend, da während des Getrenntlebens grds keine Verwertungsobliegenheit besteht[153] und nur in Ausnahmefällen wie der Verwendung des Vermögens zur Unterhaltsdeckung während des Zusammenlebens[154] oder einer langen Trennungsdauer[155] zulässig ist. Soweit sie unterhaltserheblich sein kann, ist zusätzlich entspr § 1577 Abs 3 zu prüfen, ob eine Verwertung nicht unwirtschaftlich oder unbillig ist und eine Berücksichtigung daher zu unterbleiben hat.

Einkünfte aus der **Aufnahme einer Erwerbstätigkeit** als Folge der Trennung sind nach der Rspr 47 des BGH zur Anwendung der Differenzmethode bei sog „Surrogatseinkommen" entschärft sein dürfte[156]. Danach ist die Haushaltsführung als Einkommenssurrogat prägend und das entsprechende spätere Einkommen ebenfalls als prägend und daher im Wege der Differenzmethode zu berücksichtigen. Das dürfte wegen des noch engeren zeitlichen und sachlichen Zusammenhangs erst recht für Trennungsunterhalt gelten. Problematisch bleibt die Bewertung mangels eines Monetarisierungsmaßstabs und die Berücksichtigung fiktiver Einkünfte. Der Maßstab dürften zunächst die konkreten Einkünfte sein[157]. Bei Versorgungsleistungen in einer neuen Beziehung hat sich der BGH einem objektiven Maßstab angeschlossen[158].

Der Obligationssymmetrie entspräche allerdings das Einkommen des Verpflichteten als Maßstab. Der 48 Haushaltsführung würden zwar aber jedenfalls immer fiktive Einkünfte entsprechen, die aber ebenfalls im Wege der Differenzmethode zu berücksichtigen wären[159]. Ein längerer Verstoß gegen die entsprechende Obliegenheit könnte zu einer Absenkung des insoweit eheprägten Bedarfs und damit zur Anrechnung späterer Einkünfte führen.

d) Fiktives und überobligationsmäßiges Einkommen. aa) Grundsätze. Grds ist nur das 49 **tatsächliche Einkommen** unterhaltserheblich[160]. Nach der Trennung kann aber die Verletzung von Erwerbsobliegenheiten zur Annahme fiktiver Einkünfte führen. Bei einem Verlust des Arbeitsplatzes setzt dies ein schuldhaftes, zumindest leichtfertiges Verhalten voraus[161]. Im Übrigen besteht die Obliegenheit zu ernsthaften Arbeitsbemühungen. Das Unterlassen von Erwerbsbemühungen während der Trennung kann auch zu einem Ausschluss im Rahmen von § 1361 Abs 3 iVm § 1579 Nr 3 führen[162]. Einkünfte ohne Erwerbsobliegenheit sind umgekehrt idR unzumutbar und deshalb nicht prägend[163].

bb) Fiktives Einkommen. Fiktive Einkünfte setzen die Verletzung einer bestehenden Erwerbs- 50 obliegenheit voraus. Dabei ist der Grundsatz der **Verhältnismäßigkeit** zu beachten[164]. Im Rahmen des Trennungsunterhalts ergibt sich die Obliegenheit des bisher nicht erwerbstätigen Ehegatten aus Abs 2. Abgesehen davon sollten für beide Parteien wegen der Obligationssymmetrie (Rn 3) grds die gleichen Maßstäbe gelten.

Alle Einkünfte sind anzurechnen, die der Verpflichtete bei gutem Willen durch zumutbare Erwerbs- 51 tätigkeit und auch einen zumutbaren Wechsel des Arbeitsplatzes, des Arbeitsortes und des Berufes erzielen könnte[165]. Die daraus folgende **Einschränkung der Berufsfreiheit** ist verfassungsmäßig[166]. Entspr dem Alter sind zB bei Jüngeren strengere Anforderungen zu stellen[167]. Eine Obliegenheit besteht aber nur bei realen Beschäftigungschancen, der Erwerbsfähigkeit[168] und der Vermittelbarkeit. Ob diese Voraussetzungen vorliegen, ist im Einzelfall zu prüfen[169]. Sprachschwierigkeiten, gesundheitliche Beeinträchtigungen[170] und Altersgrenzen[171] schließen eine Obliegenheit nicht generell aus. Ob die Obliegenheit zur Aufnahme einer versicherungsfreien Nebentätigkeit bei erfolglosen Bemühungen um

---

[151] BGH FamRZ 1992, 1045 = NJW 1992, 2477.
[152] BGH FamRZ 1985, 354; FamRZ 1986, 439 = NJW-RR 1986, 693.
[153] BGH FamRZ 2005, 97 = NJW 2005, 433.
[154] OLG Frankfurt FamRZ 1988, 1285.
[155] BGH FamRZ 1985, 360 = NJW 1985, 907.
[156] BGH FamRZ 2001, 986; s auch BVerfG FamRZ 2002, 527 = NJW 2002, 1185.
[157] BGH FamRZ 2001, 986.
[158] BGH FamRZ 2001, 1693.
[159] So jedenfalls für Einkünfte aus unzumutbarer Tätigkeit BGH FamRZ 2002, 24.
[160] BGH FamRZ 2001, 986.
[161] *Graba* FamRZ 2001, 1257; BGH FamRZ 1997, 281.
[162] BGH FamRZ 1986, 1085.
[163] AA OLG Düsseldorf FamRZ 1986, 170 gegen OLG Düsseldorf FamRZ 1985, 1039.
[164] BVerfG FamRZ 2006, 469 = NJW 2006, 2317; FamRZ 2007, 273.
[165] BGH FamRZ 1981, 539 = NJW 1981, 1609; NJW 1981, 341, 344.
[166] BVerfG FamRZ 1985, 143.
[167] OLG Köln FuR 1998, 224.
[168] BGH NJW 1985, 732.
[169] BGH FamRZ 1994, 345 = NJW 1994, 1002; FamRZ 1996, 372 = NJW 1996, 517.
[170] OLG Hamm FamRZ 1999, 1275.
[171] BGH NJW 1999, 1547; OLG Hamm FamRZ 1999, 1011; OLG Schleswig FamRZ 2000, 825.

§ 1361   Buch 4. Abschnitt 1. Bürgerliche Ehe

eine vollschichtige Tätigkeit besteht, ist streitig[172]. Besteht keine Arbeitsmöglichkeit, ist eine unzureichende Arbeitssuche unschädlich[173].

52 Bei der **Arbeitssuche** müssen die Bemühungen um eine neue Arbeit **ernsthaft und nachweisbar** sein. Der Arbeitsuchende muss dem Arbeitsmarkt zur Verfügung stehen und kann sich nicht auf eine mehrwöchige urlaubsbedingte Abwesenheit berufen[174]. Die bloße Meldung beim Arbeitsamt ist nicht ausreichend[175]. Der Arbeitsuchende muss seine gesamte Zeit, ggf schon während des Bezugs von Krankengeld[176] und auch schon während einer Umschulung[177] für die Arbeitssuche aufwenden. Die Zahl der Bewerbungen muss ausreichend sein. Als Durchschnittswert kann von 20 Bewerbungen pro Monat ausgegangen werden. Allein die Zahl reicht allerdings zum Nachweis nicht aus, vielmehr müssen die Bewerbungsbemühungen ernsthaft sein[178], auch wenn sie ungünstige Tatsachen, die bei einem Bewerbungsgespräch ohnehin zur Sprache gekommen wären, enthalten dürfen[179]. Die Bemühungen müssen auch ausreichend dokumentiert werden. Telefonische Anfragen allein reichen nicht aus[180].

53 Bei der **Aufgabe eines Arbeitsplatzes** ist eine weitere Voraussetzung für eine der bisherigen Arbeit entsprechende Fiktion unterhaltsrechtlich erheblicher Einkünfte nach der Rspr ein **verantwortungsloses**, zumindest **leichtfertiges** unterhaltsbezogenes Fehlverhalten[181]. Bei der **freiwilligen Aufgabe des Arbeitsplatzes** ohne zureichenden Grund wird der Verpflichtete als leistungsfähig behandelt[182]. Eine einverständliche Kündigung legt die Annahme der Leichtfertigkeit nahe[183]. Ob das Unterlassen eines Rechtsbehelfs gegen eine Kündigung leichtfertig ist, hängt davon ab, ob sich ein abwägender durchschnittlicher Arbeitnehmer dagegen gewehrt hätte[184]. Die Inanspruchnahme von **Altersteilzeit** oder der **Eintritt in den Ruhestand** ist nur bei unterhaltsrechtlich anerkennenswerten (zB gesundheitlichen oder betriebsbezogenen) Gründen berechtigt[185].

54 Bei der **unfreiwilligen, aber selbstverschuldeten Aufgabe** einer Arbeit muss es sich um ein mit Rücksicht auf die Unterhaltsverpflichtung besonders verantwortungsloses Verhalten handeln[186]. Für die Annahme einer Leichtfertigkeit in diesem Sinn kann zwar eine bewusste Fahrlässigkeit ausreichen. So kann bei einer alkoholbedingten Kündigung die leichtfertige Herbeiführung der Alkoholabhängigkeit[187] und das Bewusstsein ihrer Folgen für die Leistungsunfähigkeit zur Annahme der Leichtfertigkeit genügen[188]. Die Bewertung einer Straftat, die zur Kündigung führt, als leichtfertig, hängt aber von den Umständen des Einzelfalls ab[189].

55 Beim **Wechsel eines Arbeitsplatzes** belastet die Entscheidung für einen **selbständigen Beruf** nicht für die Übergangszeit, wenn aus der Beurteilung ex ante eine Verschlechterung nicht zu erwarten ist[190]. Doch muss der Unterhaltspflichtete für eine zumutbare Übergangszeit – zwei bis drei Jahre[191] – Vorsorge treffen. Umgekehrt begründet die **mangelnde Leistungsfähigkeit als Selbständiger** die Obliegenheit zu einem Wechsel in eine nichtselbständige Tätigkeit bei konkreten Chancen auf dem Arbeitsmarkt, die zur Leistungsfähigkeit führen[192]. Bei einem **Studium** ist die **Fortsetzung** zulässig, soweit sie unter Beachtung der Auswirkungen des Abschlusses auf die Leistungsfähigkeit nicht verantwortungslos und treuwidrig ist[193]. Ein Überschreiten von Regelstudienzeiten ist ohne Nachweis unterhaltsrechtlich akzeptabler Gründe nicht hinzunehmen[194]. Eine **Zweitausbildung** und **Weiterbildung** wird im Regelfall[195] hinter den Interessen des Berechtigten zurückstehen müssen, soweit diese denen minderjähriger Kinder gleichstehen[196], doch ist die Abgrenzung auch hier im Einzelfall schwierig[197].

56 Einkommensverringerungen durch den **Rollenwechsel in einer eheähnlichen Gemeinschaft** dürften grds unbeachtlich sein, da die Obliegenheitsmaßstäbe während der Trennung noch strenger als

---

[172] Dafür OLG Zweibrücken FamRZ 2000, 308; aA OLG Schleswig FamRZ 1999, 1524.
[173] BGH FamRZ 1987, 912.
[174] OLG Hamm FamRZ 1998, 1588.
[175] OLG Zweibrücken FamRZ 1999, 880; OLG Düsseldorf FuR 1998, 138.
[176] BGH FamRZ 1999, 843 = NJW 1999, 2365; FamRZ 1990, 499 = NJW 1990, 1477.
[177] BGH FamRZ 1999, 843 = NJW 2000, 178.
[178] OLG Hamm FamRZ 1998, 42 = NJW-RR 1998, 219; OLG Dresden FamRZ 1997, 836.
[179] OLG Bamberg FamRZ 1998, 289.
[180] BGH FamRZ 1996, 345 = NJW 1996, 517.
[181] BGH FamRZ 1985, 158.
[182] BGH FamRZ 1981, 539 = NJW 1981, 1610.
[183] BGH NJW 1985, 732.
[184] BGH FamRZ 1994, 372 = NJW 1994, 1002.
[185] BGH FamRZ 1999, 708 = NJW 1999, 1547.
[186] BGH FamRZ 1993, 1055 = NJW 1993, 1974.
[187] OLG Hamm FamRZ 1996, 1017.
[188] BGH FamRZ 1994, 240 = NJW 1994, 258.
[189] BGH NJW 2000, 2351; s auch Beispiele bei *Kalthoener/Büttner/Niepmann* Rn 29 Fn. 256.
[190] BGH FamRZ 1988, 256 = NJW-RR 1988, 59.
[191] BGH FamRZ 1987, 372 = NJW-RR 1987, 770.
[192] BGH FamRZ 1993, 1304 = NJW-RR 1993, 1283.
[193] BGH FamRZ 1987, 930 = NJW-RR 1987, 706.
[194] BGH FamRZ 1987, 470 = NJW 1987, 1577; OLG Hamm FamRZ 1982, 1099.
[195] Zu den Ausnahmen zuletzt OLG Hamburg NJW-RR 1991, 773.
[196] BGH FamRZ 1983, 140 = NJW 1983, 814; s aber zuletzt OLG Bamberg FamRZ 2000, 307 = NJWE-FER 2000, 77.
[197] Weitere Beispiele bei *Kalthoener/Büttner/Niepmann* Rn 338 Fn 331.

nach der Ehe oder bei einer Wiederverheiratung sind, bei der ein Rollenwechsel ebenfalls grds nicht die Erwerbsobliegenheit suspendiert (§ 1578 Rn 21).

Angerechnet wird das bei Erfüllung der Obliegenheit **erzielbare Einkommen**[198]. Unter Berücksichtigung der Surrogatsfunktion für Haushaltsführung und Kindererziehung wären auch fiktive Einkünfte nach der Differenzmethode zu berücksichtigen. Bei unterlassenen Arbeitsbemühungen hängt das anrechenbare Einkommen einerseits von den beruflichen Fähigkeiten, der Ausbildung, Erfahrung, besonderen Kenntnissen, Alter und Gesundheitszustand ab, andererseits von der Lage auf dem Arbeitsmarkt, insbes ob und wieweit gerade diese persönlichen Umstände eine erfolgreiche Suche versprechen[199]. Bei dem leichtfertigen Verlust eines Arbeitsplatzes ist dies im Gegensatz zu einem betriebsbedingten Verlust[200] das zuletzt erzielte Einkommen[201]. Die **Dauer der Einkommensfiktion** ist problematisch[202]. Ihre Beendigung setzt in jedem Fall vorherige intensive, nachhaltige und redliche Bemühungen um eine Arbeit voraus[203]. 57

Die **Einschränkung der Obliegenheit zur Vermögensverwertung** während des Getrenntlebens gilt entsprechend auch für die Anrechnung einer fiktiven Verwertung und entsprechender Erträge[204]. Vorhandenes Vermögen sollte möglichst ertragreich unter Zubilligung einer freien Verfügungssumme[205] angelegt werden[206]. Maßstab dafür ist eine langfristig erzielbare Rendite, die sich an öffentlichen Anleihen orientieren kann[207]. Bei einer fiktiven Anrechnung sind auch die fiktiven Steuerlasten abzuziehen[208]. Eine freie Verfügungssumme darf belassen werden. Bei einem leichtfertigen oder verschuldeten Vermögensverlust wären die Erträge ebenfalls entsprechend fiktiv zu berücksichtigen[209]. 58

cc) Einkommen aus überobligationsmäßiger Tätigkeit. Ausnahmsweise können überobligatorische Einkünfte den ehelichen Bedarf prägen (Rn 49). Sie wären entspr der Rspr des BGH zu § 1577 Abs 2 (§ 1577 Rn 19) aber nur in Höhe des **unterhaltsrelevanten Anteils** zu berücksichtigen[210]. Dies kann vor allem bei Nebeneinkünften und/oder der Fortsetzung einer bisher ausgeübten Tätigkeit der Fall sein, die aus den besonderen Verhältnissen der Ehe resultieren (wie Nebeneinkünfte trotz Kindesbetreuung[211] bei wirtschaftlich engen Verhältnissen[212], allerdings nicht, soweit nach § 1570 ein Anspruch bestünde)[213]. Bei Fortfall allein der Mithilfe des Ehepartners ist strittig, ob die weitere Ausübung die Zumutbarkeit der Erwerbstätigkeit indiziert[214] oder nach der Trennung andere Maßstäbe als beim Zusammenleben gelten[215]. 59

Soweit Einkünfte nicht prägend sind, ist für die **Anrechnung § 1577 entsprechend** anzuwenden, da der Berechtigte während der Trennung nicht schlechter gestellt werden soll als nach der Scheidung[216]. Das muss aus Gründen der Unterhaltssymmetrie auch für den Verpflichteten gelten[217]. 60

3. Die Einkommensermittlung. a) Ermittlungsgrundsätze. aa) Nettoeinkommen. Für die Lebenshaltung verfügbar und daher bei der Bedarfs- und Unterhaltsberechnung zu berücksichtigen ist grds nur das **tatsächliche Nettoeinkommen**, dh das Einkommen nach Abzug der konkreten Steuerbelastungen und sonstigen Abgaben[218]. **Steuerliche Verluste** aufgrund nicht prägender Vermögensbildung sind nicht abzugsfähig, das gilt dann auch für die **Steuerersparnis**[219]. Die **Aufteilung einer nach Trennung fällig gewordenen Steuerschuld** und der sich hieraus ergebenden Erstattungs- bzw Nachzahlungsansprüche zusammenveranlagter Ehegatten hat im Innenverhältnis grds unter entsprechender Heranziehung des § 270 AO auf der Grundlage fiktiver getrennter Veranlagung der Ehegatten zu erfolgen[220]. 61

Einkommens-, Lohn- und Kirchen**steuern** sind unter Berücksichtigung der erzielbaren Steuervorteile anzusetzen. Nicht genutzte Steuervorteile, zB durch unterlassene Eintragung eines Freibetrags[221] oder eine ungünstige Steuerklasse[222] können zu einer fiktiven Erhöhung der Einkünfte führen. Freibeträge für die neue Ehefrau (**Splittingvorteil**) sind nicht zu berücksichtigen[223]. Freibeträge für 62

---

[198] BGH FamRZ 1992, 1045 = NJW 1992, 2477.
[199] BGH FamRZ 1996, 345 = NJW 1996, 517; 1987, 912; 1986, 244.
[200] OLG Frankfurt FamRZ 1995, 1217.
[201] OLG Schleswig NJW-RR 1994, 1091; OLG Hamm FamRZ 1995, 1217; OLG Karlsruhe FamRZ 1993, 1481.
[202] Kalthoener/Büttner/Niepmann Rn 635.
[203] OLG Hamm FamRZ 1994, 1013.
[204] BGH FamRZ 1993, 1065 = NJW 1993, 1520; FamRZ 2005, 97 = NJW 2005, 433.
[205] OLG Celle FamRZ 1999, 508.
[206] OLG Hamm FamRZ 1999, 233.
[207] OLG Hamm NJWE-FER 1009, 219.
[208] BGH FamRZ 1986, 441 = NJW-RR 1986, 682.
[209] OLG Hamm FamRZ 1999, 917.
[210] BGH FamRZ 2005, 1154.
[211] BGH FamRZ 1998, 1501 = NJW 1998, 2821.
[212] OLG Brandenburg FamRZ 1997, 335.
[213] BGH FamRZ 1990, 499, 503.
[214] OLG Bamberg FamRZ 1996, 1076.
[215] OLG Braunschweig OLGR 1999, 150.
[216] BGH FamRZ 1983, 146 = NJW 1983, 933.
[217] So im Ergebnis jetzt auch BGH FamRZ 2001, 350.
[218] BGH FamRZ 1990, 499 = NJW 1990, 1477.
[219] BGH FamRZ 2003, 1159 = NJW 2003, 2077.
[220] BGH FamRZ 2006, 1178 m Anm Wever.
[221] BGH FamRZ 1999, 372 = NJW-RR 1999, 297.
[222] BGH FamRZ 1980, 984 = NJW 1980, 2251.
[223] BGH FamRZ 2005, 1817; BVerfG FamRZ 2003, 1821.

§ 1361

Kinder (**Kinderfreibetrag** sowie Freibeträge für den Betreuungs- und Erziehungs- oder Ausbildungsbedarf) sind zu berücksichtigen[224].

63 Auch die Auswirkungen der **gemeinsamen Veranlagung** und des **Realsplitting** sind nicht durch eine Beteiligung an der Steuerersparnis, sondern durch die Neubemessung des Unterhalts zu berücksichtigen[225]. Den Unterhaltspflichtigen trifft grds eine Obliegenheit, mögliche Steuervorteile im Wege des Realsplittings zu realisieren, soweit dadurch nicht eigene Interessen verletzt werden[226]. Sie geht allerdings nur so weit, wie seine Unterhaltspflicht aus einem Anerkenntnis oder einer rechtskräftigen Verurteilung folgt oder freiwillig erfüllt wird[227]. Eine fiktive vorherige Anrechnung dürfte aber nur in Betracht kommen, wenn die Berechnungsgrundlage eindeutig ist, weil der Berechtigte keine eigenen Einkünfte hat oder diese eindeutig feststehen.

64 Die Anrechnung setzt voraus, dass der **Berechtigte** der steuerlichen Veranlagung oder dem sog begrenzten Realsplitting **zustimmt**[228]. Dazu besteht im Rahmen des Unterhaltsrechtsverhältnisses eine Obliegenheit, um die Lasten des anderen Teils in zumutbaren Grenzen zu halten und die eigenen Möglichkeiten auszuschöpfen[229]. Der Steuerpflichtige kann Unterhalt als Sonderausgabe absetzen. Der Berechtigte ist zur Zustimmung verpflichtet[230]. Umstritten ist, ob diese zu den Angaben des Verpflichteten erfolgen muss[231] oder eine Korrektur zulässig ist[232] und diese auf der Anlage U[233] oder formlos[234] nachzuweisen ist. Die Leistung selbst muss vom Verpflichteten nochmals nachgewiesen werden. Durch die Zustimmung wird der Erhalt noch nicht bestätigt. Da Auswirkungen den Berechtigten belasten können, ist er nur zur Zustimmung verpflichtet, wenn der Unterhaltsverpflichtete sich verpflichtet, ihn von diesen Belastungen freizuhalten[235]. Belastungen sind sowohl steuerliche Nachteile[236] als auch die Kosten des Steuerberaters, soweit sie Fragen der Zustimmung betreffen[237]. Belastungen sind substantiiert darzulegen. Belastungen, deren Eintritt ungewiss ist, können erst berücksichtigt werden, wenn sie eingetreten sind[238].

65 Soweit der Verpflichtete nach Zustimmung im Veranlagungszeitraum mit einem neuen Ehegatten die Zusammenveranlagung wählt, kann der Berechtigte höchstens den Ausgleich des steuerlichen Nachteils verlangen, der ihm bei getrennter Veranlagung nach § 26 a EStG durch die Besteuerung der Unterhaltsbezüge gemäß § 22 Nr 1 a EStG entstanden wäre[239].

66 Gesetzliche Vorsorgeaufwendungen für Krankheit, Pflegebedürftigkeit, Erwerbsunfähigkeit, Alter und Arbeitslosigkeit einschließlich der Arbeitgeberanteile sind abzuziehen, freiwillige Vorsorgeaufwendungen in angemessener Höhe und soweit Ersatz für gesetzliche mindestens in deren Höhe[240]. Zu berücksichtigen ist nur eine **Krankenversicherung**, die die Krankheitskosten deckt, nicht jedoch eine darüber hinaus gehende Zusatzversicherung[241]. Bei Selbständigen dürfte in Entsprechung der Arbeitnehmeransprüche auch eine Krankentagegeldversicherung anzuerkennen sein[242]. Auch die zusätzliche **Altersversorgung** im öffentlichen Dienst mindert das anrechenbare Einkommen. Eine private Altersversorgung durch eine Renten – oder Kapitalversicherung, die den Leistungen der gesetzlichen Rentenversicherung entspricht, ist pauschal in Höhe von rund 20–25% des Einkommens anzuerkennen[243].

67 **bb) Ermittlungszeitraum und -grundlagen.** Maßgeblicher Ermittlungszeitraum sind beim Arbeitnehmer die letzten zwölf Monate, beim Selbständigen mit schwankendem Einkommen ein Mehrjahresdurchschnitt, im allgemeinen die Einkommen der letzten drei Jahre[244]. Ausnahmsweise ist nur das Einkommen des letzten Jahres heranzuziehen, wenn nach der Anlaufphase eine stabile Aufwärtsentwicklung eingetreten ist[245]. Bei gravierenden negativen oder positiven Entwicklungen kann auf einen längeren oder kürzeren Zeitpunkt abgestellt werden[246]. Einmal auftretende Entwicklungen müssen nicht berücksichtigt werden[247]. Auch bei **Steuerrückzahlungen** ist das Jahr der Rückzahlung maßgebend[248].

---

[224] BGH FamRZ 2007, 882.
[225] BGH FamRZ 1984, 1211 = NJW 1985, 195.
[226] BGH FamRZ 2007, 882; FamRZ 1998, 953.
[227] BGH FamRZ 2007, 793 m Anm *Büttner*.
[228] BGH FamRZ 1983, 576 = NJW 1983, 1545.
[229] BGH FamRZ 1977, 38.
[230] BGH FamRZ 1985, 1232, 1233 = NJW 1986, 254.
[231] *Stollenwerk* S 399 mwN.
[232] OLG Hamm FamRZ 1990, 1244; OLG Düsseldorf FamRZ 1987, 1049.
[233] OLG Köln FamRZ 1983, 596; OLG Bamberg FamRZ 1982, 301; OLG Düsseldorf FamRZ 1983, 73.
[234] KG FamRZ 1984, 1123; OLG Koblenz FamRZ 1980, 791.
[235] OLG Hamm FamRZ 1993, 205.
[236] FamRZ 1985, 1232 = NJW 1986, 254.
[237] OLG Hamm FamRZ 1993, 205; einschränkend BGH FamRZ 1988, 820.
[238] BGH FamRZ 1983, 576 = NJW 1983, 1545.
[239] BGH FamRZ 1992, 1050; aA OLG Düsseldorf FamRZ 1991, 452.
[240] OLG Hamm FuR 1998, 263.
[241] BGH FamRZ 1985, 471.
[242] *Stollenwerk* S 339.
[243] *Stollenwerk* S 340 mwN.
[244] BGH FamRZ 1985, 357 = NJW 1985, 909; FamRZ 1982, 151.
[245] OLG Hamm FamRZ 1997, 310.
[246] BGH FamRZ 1985, 471 = NJW 1985, 1347.
[247] BGH FamRZ 1992, 1045 = NJW 1992, 2477.
[248] BGH FamRZ 1983, 996 = NJW 1983, 2243; OLG Hamburg FamRZ 1997, 574.

Grundlage der Einkommensermittlung sind bei Abhängigen die Einkommensbescheinigungen, bei 68
Selbständigen die **Gewinn- und Verlustrechnung**. **Betriebskosten** sind nur zu berücksichtigen,
wenn sie in einem angemessenen Verhältnis zum Betriebsergebnis stehen[249]. Der BGH hat dafür 25%
der Einnahmen als Personalkosten einer Rechtsanwaltskanzlei als berücksichtigugnsfähig angesehen[250].
Eine **Abschreibung** ist nur bei linearer Abschreibung beweglichen Anlagevermögens erheblich[251],
wobei der Umfang streitig ist[252], nicht aber eine degressive Abschreibung[253] oder auf das nicht bewegliche Anlagevermögen[254].

cc) **Einkommensschätzungen und -rundungen**. Einkommensschätzungen sind in mehrfacher 69
Hinsicht vorstellbar: bei Mehrbedarf, fiktiven Einkommen und zur Feststellung des Einkommens
Selbständiger. In solchen Fällen kann das Gericht nach § 287 Abs 2 ZPO das Einkommen schätzen[255].
Bei Selbständigen können Entnahmen – unter Abzug von Einlagen – als Anhaltspunkt dienen[256].

Im Hinblick auf diese und andere Schätzungen zB bei fiktiven Einkünften sollten die Einkommen als 70
Grundlage der Bedarfsberechnung entgegen der überwiegenden Praxis im Ergebnis gerundet werden
können. Das entspricht auch ihrer Orientierung an den ehelichen Lebensverhältnissen, die – wie beim
Aufstockungsunterhalt (§ 1573 Rn 11) – nicht an kleinlichen Unterschieden zu orientieren sind.

b) **Ermittlungsverfahren. aa) Auskunftsanspruch**. Gemäß Abs 4 S 4 iVm § 1605 besteht ein 71
Auskunftsanspruch, der allerdings auf die ehelichen Lebensverhältnisse beschränkt ist[257]. Im Übrigen
gelten die gleichen Voraussetzungen wie für den nachehelichen Auskunftsanspruch (§ 1580).

bb) **Gerichtliche Ermittlungen**. Neben und unabhängig von dem Auskunftsanspruch ist es nach 72
§ 642 ZPO möglich, Auskünfte auch durch das Gericht einzuholen.

4. **Abzüge. a) Bedarfs- und einkommensprägende Belastungen**. Auch Belastungen können 73
bedarfsprägend sein. Das gilt für alle Verbindlichkeiten, die bei der Ehe schon bestanden und nach der
Eheschließung gemeinsam aufgenommen wurden, uU auch wenn der andere Ehegatte mit den Ausgaben nicht einverstanden war[258], und unabhängig davon, wer bei der Trennung eine damit finanzierte
Anschaffung behält[259]. Ob **Konsumentenkredite** nicht zu berücksichtigen sind (da es keinen Unterschied machen könne, ob die Eheleute ihre Aufwendungen aus ihrem laufenden Einkommen oder
durch Aufnahme von Krediten finanzieren)[260], ist vom BGH bisher offen gelassen[261].

Entsprechend den allgemeinen Grundsätzen zur **Vermögensbildung** (Rn 36 f) sind auch die dafür 74
aufgenommenen Verbindlichkeiten grds unbeachtlich, es sei denn, es handelt sich um Kosten des Wohnbedarfs und der Vermögensbildung des Berechtigten. Ausnahmsweise können auch Finanzierungskosten
des Verpflichteten bedürftich sein, wenn eine Vermögensverwertung praktisch unmöglich ist[262].

b) **Berufsbedingte Aufwendungen**. Berufsbedingte Aufwendungen sind entweder bei konkretem 75
Nachweis[263] oder nach einer Mindermeinung pauschal und, soweit es sich nicht um einen Mangelfall
handelt, neben dem Erwerbstätigenbonus abzuziehen. Bei der Pauschalierung werden teilweise 5% des
Nettoeinkommens, mindestens 90 DM und höchstens 260 DM anerkannt[264].

Fahrtkosten sind abzugsfähig, soweit die ehelichen Lebensverhältnisse durch Benutzung eines Fahr- 76
zeugs geprägt[265] und ein Ausweichen auf öffentliche Verkehrsmittel nicht zumutbar ist[266]. Die
Höhe richtet sich nach dem JVEG, zur Zeit in Höhe von 0,30 Euro/km[267]. In den **Fahrtkosten** sind
auch Finanzierungskosten für einen Pkw enthalten[268]. Bei zu hohen Kosten und zumutbarem
Wohnungswechsel erfolgt kein Abzug[269]. Im Allgemeinen, vor allem im Mangelfall, ist der Erwerbstätige auf die Benutzung öffentlicher Verkehrsmittel zu verweisen[270].

c) **Unterhaltslasten. Bestehende Unterhaltsleistungen**, insbes für Kinder unabhängig von ihrem 77
Status, aber ggf auch für frühere Ehegatten sind immer prägend, ggf auch, wenn sie überhöht waren[271].

---

[249] BGH FamRZ 2006, 387 m Anm *Büttner* = NJW 2006, 1794.
[250] BGH FamRZ 2006, 387 m Anm *Büttner* = NJW 2006, 1794.
[251] OLG Bremen FamRZ 1995, 935.
[252] OLG Hamm NJW-RR 1998, 78.
[253] BGH FamRZ 1997, 281 = NJW 1997, 735.
[254] BGH FamRZ 1984, 39 = NJW 1984, 303; zur Ansparabschreibung BGH FamRZ 2004, 1177 m Anm *Engels* = NJW-RR 2004, 1227.
[255] BGH FamRZ 1986, 885 = NJW 1986, 3080.
[256] OLG Hamm FamRZ 1997, 674.
[257] OLG Frankfurt FamRZ 1986, 165.
[258] BGH FamRZ 1997, 806 = NJW 1997, 1919.
[259] OLG München FamRZ 1995, 233.
[260] OLG Düsseldorf NJW-RR 1988, 281; OLG Nürnberg FamRZ 1992, 682.
[261] BGH FamRZ 1998, 899 = NJW 1998, 2821.
[262] BGH FamRZ 1984, 358 = NJW 1984, 1237.
[263] BGH FamRZ 1997, 806 = NJW 1997, 1919; FamRZ 1982, 252; vgl aber BGH FamRZ 1987, 913 = NJW-RR 1987, 1218.
[264] KG FamRZ 1991, 808.
[265] OLG Hamm NJW-FER 1999, 114 für die Zeit der Trennung.
[266] BGH FamRZ 1998, 1501 = NJW-RR 1998, 721.
[267] BGH FamRZ 2006, 1511 = NJW 2006, 3344.
[268] BGH FamRZ 2006, 1511 = NJW 2006, 3344.
[269] BGH FamRZ 1998, 1501 = NJW-RR 1998, 721.
[270] BGH FamRZ 1984, 988.
[271] BGH FamRZ 1990, 1095.

§ 1361   Buch 4. Abschnitt 1. Bürgerliche Ehe

Das gilt auch für **nachrangig Berechtigte** (hier Elternunterhalt), soweit die sich aus einem entsprechenden Vorwegabzug ergebende Verteilung der zum Unterhalt zur Verfügung stehenden Mittel nicht zu einem Missverhältnis hinsichtlich des wechselseitigen Bedarfs der Beteiligten führt[272]. Demgegenüber umfasst der Lebensbedarf nicht die Mittel, die der Unterhaltsberechtigte zur Deckung eigener Unterhaltsverpflichtungen benötigt[273].

78   **Kindesunterhalt** ist **vorrangig** auch vor Abzug von Verbindlichkeiten zu berücksichtigen, während Grundlage für die Berechnung des Ehegattenunterhalts das Nettoeinkommen nach Abzug von Verbindlichkeiten bildet. Diese Bevorzugung des Kindesunterhalts war lange umstritten und ist erst vom BGH iS eines umfassenden Vorwegabzugs entschieden worden, um dem Betreuungsbedarf Rechnung zu tragen, wenn die sich hieraus ergebende Verteilung der Mittel nicht in einem Missverhältnis zum wechselseitigen Lebensbedarf der Beteiligten steht[274].

79   Der **Vorwegabzug** gilt für den **Unterhalt aller minderjährigen Kinder** des Verpflichteten, auch aus einer früheren Ehe[275] und die nichtehelichen Kinder[276], nach überwM[277] auch für die nach der Trennung, aber bis zur Rechtskraft der Scheidung nicht ehelich geborenen[278]. Den minderjährigen Kindern jetzt gleichgestellt sind die sog privilegierten Kinder gemäß § 1603 Abs 2 S 2 bis zur Vollendung des 21. Lebensjahrs. Der Vorwegabzug gilt aber auch für den prägenden Unterhalt volljähriger Kinder[279], wenn kein Mangelfall vorliegt (§ 1581 Rn 21).

80   Abzugsfähig ist der **volle Tabellenunterhalt** ohne anteilige Verrechnung des **Kindergeldes**[280] und des **Zählkindvorteils** mit Ausnahme der Nichtbetreuung des sog Zählkindes[281]. Für die Höhe des Abzugs ist der **Titel** nur ein Indiz, dass der Unterhalt in dieser Höhe geschuldet und gezahlt wird. Stimmt der Titel mit der materiellen Rechtslage nicht mehr überein, kann von einer Abänderungsmöglichkeit ausgegangen werden, so dass der geschuldete Unterhalt anzusetzen ist[282]. Existiert kein Titel und zahlt der Verpflichtete weniger als den geschuldeten Unterhalt, ist der tatsächlich gezahlte Betrag als Abzugsposten einzusetzen[283].

81   **Betreuungskosten** minderjähriger Kinder sind dem betreuenden erwerbstätigen Ehegatten abzuziehen. Umstritten ist, ob sie konkret nachzuweisen[284] sind oder ein Wahlrecht besteht, sie pauschal ggf in Höhe des Tabellenunterhalts abzusetzen[285]. Bei der Anrechnung aus einer wegen der Betreuung **unzumutbaren Tätigkeit** wird in der Rspr zwischen Berechtigtem und Verpflichtetem unterschieden. Bei dem Berechtigten soll sich die Berechnung nach § 1577 Abs 2[286], bei dem Verpflichteten nach Treu und Glauben[287] richten. Entsprechend vielfältig ist in diesem Fall die Auslegung und Anwendung. Sie reicht von der vollen Anrechnung[288] der Einkünfte bis zur pauschalierten hälftigen Anrechnung[289]. Dazwischen steht die Anrechnung der nachgewiesenen[290] oder – in unterschiedlicher Höhe – pauschalierten Mehrkosten bzw eines „Betreuungsbonus" als Ausgleich für die erschwerten Umstände[291]. Die unterschiedliche Behandlung von Berechtigtem und Verpflichtetem verstößt aber auch in diesem Fall gegen die Obliegenheitssymmetrie und die auch durch diese gebotene Gleichbehandlung[292].

82   Beim **Zusammentreffen** mit den **Unterhaltsansprüchen eines geschiedenen Ehegatten** waren die Ansprüche des ersten (alten) Ehegatten nur im Mangelfall nach § 1582 iVm § 1609 Nr 2 und Nr 3 vorrangig. Trotz der Gleichrangigkeit iÜ waren die Ansprüche des „alten" Ehegatten über die Berücksichtigung beim prägenden Einkommen vorrangig und deshalb bis zum Gleichrang zu kürzen. Dabei ist umstritten, ob die Kürzung quotenmäßig[293] oder proportional[294] zu erfolgen hat. Nach der Neuregelung in § 1609 Nr 2 sind alle Ansprüche auf Betreuungsunterhalt und Unterhaltsansprüche von Ehegatten bei Ehen von langer Dauer gleichrangig (§ 1609 Rn 20 ff).

83   **d) Verbindlichkeiten.** Verbindlichkeiten aus dem Zusammenleben der Ehegatten sind grds zu berücksichtigen[295], allerdings ist zu differenzieren und eine Interessenabwägung nach billigem Ermessen

---

[272] BGH FamRZ 2003 860 = NJW 2003, 1660; FamRZ 2004, 186 = NJW RR 2004, 212; FamRZ 2004, 792 = NJW RR 2004, 793.
[273] BGH FamRZ 1991, 1163.
[274] BGH FamRZ 1981, 241.
[275] KG FamRZ 1997, 1012.
[276] Nach Scheidung, aber vor Rechtskraft des Scheidungsurteils: OLG Hamm FamRZ 1997, 886.
[277] AA *Ewers* FamRZ 1994, 816.
[278] BGH FamRZ 1997, 806 = NJW 1997, 1919.
[279] BGH FamRZ 1990, 979 = NJW-RR 1990, 578; FamRZ 1987, 456; OLG Hamm FamRZ 1991, 1310.
[280] BGH FamRZ 1997, 806 = NJW 1997, 1919.
[281] BGH FamRZ 1997, 806 = NJW 1997, 1919.
[282] BGH FamRZ 1992, 797 = NJW 1992, 1624; NJW 1990, 1091.
[283] S auch BGH FamRZ 1980, 877.
[284] BGH FamRZ 1991, 182 = NJW 1991, 697.
[285] OLG Schleswig FamRZ 1999, 513; *Wendl/Gerhardt* § 4 Rn 193.
[286] BGH FamRZ 1991, 182.
[287] BGH FamRZ 1991, 182 = NJW 1991, 697; OLG Zweibrücken FamRZ 1999, 852.
[288] BGH FamRZ 1991, 182 = NJW 1991, 697.
[289] OLG Koblenz FamRZ 1999, 1275.
[290] OLG Zweibrücken FamRZ 1999, 852.
[291] BGH FamRZ 2001, 350; OLG Schleswig FamRZ 1999, 513.
[292] *Kalthoener/Büttner/Niepmann* Rn 918; s jetzt aber BGH FamRZ 2001, 350.
[293] Leitlinien OLG Hamm Nr 40 ff.
[294] *Wendl/Gutdeutsch* § 5 Rn 124 ff.

vorzunehmen²⁹⁶. Prägende Verbindlichkeiten sind ggf nur nach **Umschuldung** im Rahmen eines vernünftigen Tilgungsplans zu berücksichtigen²⁹⁷. Tilgungsraten auf Hausverbindlichkeiten können außer Betracht bleiben, wenn sie dazu führen, dass der Verpflichtete auf Kosten des Berechtigten Vermögen bildet²⁹⁸. Das gilt auch für Instandsetzungskosten²⁹⁹. Nicht entscheidend, wer die angeschafften Gegenstände nach der Trennung behalten hat³⁰⁰.
Zur Berücksichtigung bei Unterschreitung des Mindestbedarfs im Mangelfalls vgl § 1581 Rn 17. **84**
Zur Abzugsfähigkeit **berufsbedingter Aufwendungen** unter Berücksichtigung des Erwerbstätigenbonus vgl Rn 90.

e) Veränderungen der Belastungen. Veränderungen der Belastungen nach der Trennung sind grds **85** zu beachten³⁰¹. **Berufsbedingte Aufwendungen** und **Verbindlichkeiten** sind aber möglichst gering zu halten: Bei berufsbedingten Aufwendungen kann im Rahmen des Zumutbaren ein Übergang von der Pkw-Nutzung zu öffentlichen Verkehrsmittel, bei Verbindlichkeiten zur Verringerung oder Kürzung³⁰² der monatlichen Belastung eine Umschuldung erwartet werden³⁰³.

Bei den **Unterhaltslasten** sind neue Unterhaltsverpflichtungen auch bei der Geburt eines „Ehe- **86** bruchskinds", aber auch der Fortfall von Verpflichtungen zu berücksichtigen, soweit nach den ehelichen Verhältnissen die frei werdenden Beträge nicht ausnahmsweise der Vermögensbildung zuzuführen sind.

Die nachträglich auftretende Notwendigkeit von Versorgungsleistungen gegenüber Angehörigen ist **87** nur zu berücksichtigen, wenn sie vorhersehbar war.

5. Bedarfsberechnung. a) Grundsätze. Auf der Grundlage der Einkommensermittlung der Ehe- **88** gatten erfolgt die Bedarfsberechnung. Dabei ist zwischen Elementar- und Gesamtunterhalt zu **unterscheiden**. Der **Elementarunterhalt** wird auf der Grundlage des **Halbteilungsgrundsatzes** aus der Einkommensdifferenz der Ehegatten errechnet. Der **Gesamtunterhalt** errechnet sich aus zusätzlichen Positionen wie Mehr- und Sonderbedarf und Altersvorsorgeunterhalt. Er unterliegt der anschließenden **Bedürftigkeitskontrolle** auf Seiten des Berechtigten und der **Leistungsfähigkeitskontrolle** auf Seiten des Verpflichteten (Rn 111 ff) und ist durch den **Halbteilungsgrundsatz** auf die Höhe des dem Verpflichteten verbleibenden Einkommens beschränkt.

b) Elementarunterhalt. aa) Halbteilungsgrundsatz und Erwerbstätigenbonus. Grundlage der **89** Bedarfsberechnung bildet der Halbteilungsgrundsatz, nach dem grds jedem Ehegatten die Hälfte des bedarfsprägenden Einkommens zusteht³⁰⁴. Der Halbteilungsgrundsatz entspricht der **Rollen-** und **Obligationssymmetrie** in Ehegattenunterhalt, die bei der Bedarfsberechnung auf das Verteilungseinkommen zu übertragen ist. Er bildet insoweit auch die Grenze des Gesamtunterhalts³⁰⁵.

Für **Erwerbseinkommen** gilt allerdings, dass im Hinblick auf die Erhaltung der Arbeitskraft dem **90** Erwerbstätigen ein **Erwerbstätigenbonus** gutgeschrieben wird, um ihm die Freude an der Arbeit zu erhalten und nicht konkret erfassbaren Mehrbedarf durch die berufliche Tätigkeit zu berücksichtigen. In der Lit wird dieser anschließend zunehmend kritisiert³⁰⁶. Tatsächlich widerspricht er der Annahme der Gleichwertigkeit von Erwerbstätigkeit und Haushaltsführung. Der Bonus wird pauschal nach einer Abzugsquote gebildet. Sie wird überwiegend mit $1/7$ angesetzt. Auch hier gibt es aber Abweichungen in den obergerichtlichen Leitlinien. Der BGH hat eine verbindliche Entscheidung über den Erwerbstätigenbonus ausdrücklich nicht getroffen und diese dem Tatrichter überlassen³⁰⁷. Allerdings hat er eine Ermäßigung des Bonus bei gleichzeitiger zusätzlicher berufsbedingter Aufwendungen für zulässig gehalten³⁰⁸.

Maßgebliches Einkommen zur Berechnung des Bonus ist nach dieser Grundsatzentscheidung **91** des BGH 1997 das verteilungsfähige Einkommen (Rn 26), dh das Einkommen nach Abzug von Kindesunterhalt und Schulden³⁰⁹, um den Verpflichteten nicht unverhältnismäßig zu benachteiligen. Das müsste folgerichtig dann auch bei Mischeinkommen, dh Einkommen aus Erwerbstätigkeit und Nichterwerbstätigkeit gelten. Wegen des Arbeitsanreizes des Erwerbstätigenbonus sollte der Abzug in diesem Fall jedenfalls nicht allein auf die Erwerbseinkünfte beschränkt werden³¹⁰. Nach der Rspr des BGH³¹¹ bedarf eine Abweichung vom Grundsatz der gleichen Teilhabe des Ehegatten, dh der Abzug eines Bonus bei Einkünften, die **nicht aus einer Erwerbstätigkeit** herrühren, einer besonderen Begründung³¹².

---

²⁹⁵ BGH FamRZ 1982, 23 = NJW 1982, 232; NJW 1982, 1641.
²⁹⁶ BGH FamRZ 1984, 358 = NJW 1984, 1237.
²⁹⁷ BGH FamRZ 1992, 1045 = NJW 1992, 2477.
²⁹⁸ BGH NJW-RR 1995, 129.
²⁹⁹ BGH NJW 2000, 284.
³⁰⁰ OLG München FamRZ 1995, 233 = NJW-RR 1995, 1159.
³⁰¹ Zuletzt BGH FamRZ 2006, 683, 686.
³⁰² OLG Düsseldorf FamRZ 1986, 65 für Schulden; OLG Hamburg MDR 1983, 935 bei Versicherungsbeiträgen.
³⁰³ BGH FamRZ 1982, 678 = NJW 1982, 1641.
³⁰⁴ BGH FamRZ 1992, 539 = NJW 1992, 1621; OLG Hamm FamRZ 1999, 917; krit *Diederichsen* NJW 1993, 2265.
³⁰⁵ BGH FamRZ 1999, 372 = NJW-RR 1999, 297.
³⁰⁶ Zuletzt *Röthel* FamRZ 2001, 328.
³⁰⁷ BGH FamRZ 1998, 899 = NJW 1998, 2821.
³⁰⁸ BGH FamRZ 1997, 806 = NJW 1997, 1919.
³⁰⁹ BGH FamRZ 1997, 806 = NJW 1997, 1919.
³¹⁰ *Riegner* FamRZ 95, 641.
³¹¹ BGH FamRZ 2006, 387 = NJW 2006, 1794.

§ 1361

92   Ob neben dem Erwerbstätigenbonus zusätzlich **berufsbedingte Aufwendungen** zu berücksichtigen sind, ist streitig und vom BGH ebenfalls der Entscheidung des Tatrichters überlassen[313].

93   **bb) Berechnungsmethoden.** Die unterschiedliche Berechnung von Erwerbseinkommen unter Berücksichtigung des Erwerbstätigenbonus und sonstigem Einkommen führt in der Praxis zu einer Berechnung des **Quotenunterhalts**, für die unterschiedliche Methoden vorgeschlagen werden, deren Kompliziertheit mit zunehmender Zahl der Einkommensarten steigt. Da der BGH die Quotenbildung dem Tatrichter überlassen hat (Rn 78), entfällt insoweit auch eine verbindliche Entscheidung über die anzuwendende Methode mit Ausnahme des Halbteilungsgrundsatzes (Rn 77). Davon zu unterscheiden ist die Anrechnungsmethode, die bei nicht prägenden Einkünften immer anzuwenden ist. Systematisch kommt sie zwar erst auf der Stufe der Bedarfs- bzw Bedürftigkeitskontrolle zur Anwendung (Rn 111 ff), ist aber auch wegen der Überschneidungen mit den anderen Berechnungsmethoden in deren Zusammenhang darzustellen.

94   In einfachen Fällen zB der Alleinverdienerehe wird der Unterhalt nach der **Differenzmethode** errechnet: er beträgt bei **Erwerbseinkommen** – wegen des Erwerbstätigenbonus – dann $3/7$ (oder die ggf nach OLG-Leitlinien differierende Quote, Rn 90), in allen anderen Fällen $1/2$ der Differenz des bzw der Einkommen.

95   Problematischer wird die Berechnung bei zusätzlichen Einkünften neben Erwerbseinkünften, soweit die zusätzlichen Einkommen nach dem Halbteilungsgrundsatz berücksichtigt werden. Zu angemessenen und transparenten Ergebnissen führt in diesem Fall die sog **Additionsmethode**[314], bei der Erwerbseinkünfte (nach Quotenabzug) und sonstige Einkünfte für jede Partei gesondert berechnet und addiert werden. Der Quotenbedarf errechnet sich dann aus der Halbierung der Einkommensdifferenz.

96   Eine weitere Komplikation ergibt sich aus der Behandlung nicht prägender Einkünfte. Diese sind nach der Rspr des BGH auf den zuvor errechneten Bedarf anzurechnen[315]. Dieser Rechenschritt wird als **Anrechnungs-** oder auch **Abzugs-** oder **Subtraktionsmethode** bezeichnet. Er gehört aber nicht auf die Stufe der Bedarfsberechnung, sondern korrekterweise zu der späteren Stufe der Bedarfskontrolle (Rn 111 bis 117). Das gilt auch für das Zusammentreffen prägender und nicht prägender Einkünfte (Rn 99). Die Kombination der **Additionsmethode mit der Anrechnungsmethode** bedeutet nichts anderes: alle prägenden Einkünfte werden nach Erwerbs- und sonstigen Einkommen zunächst gesondert berechnet. Auf die sich danach ergebene Einkommensdifferenz wird das nicht prägende Einkommen angerechnet.

97   Bei der **Quotenbedarfsmethode**[316] werden demgegenüber Bedarfsberechnung und -kontrolle nicht getrennt, sondern in einem Berechnungsvorgang zusammengefasst. Der Bedarf des Berechtigten berechnet sich aus $4/7$ des eigenen Erwerbseinkommens, $3/7$ des Erwerbseinkommens des anderen Ehegatten und $1/2$ der sonstigen beiderseitigen Einkünfte. Auf diesen Bedarf sind nichtprägende Erwerbseinkünfte nur zu $6/7$ oder 90% anzurechnen, andere nicht prägende Einkünfte dagegen in voller Höhe.

98   Im Gegensatz zur gängigen Spruchpraxis scheint es aber im Hinblick auf die Auswirkungen bis zur Anrechnungsmethode erwägenswert, auf dieser Stufe die Unterhaltsberechnung des angemessenen Unterhalts zu runden.

99   **cc) Berücksichtigung von Wohnkosten und Wohnvorteil bei der Bedarfsberechnung.** Der Wohnbedarf prägt grds die Lebensverhältnisse und ist daher bereits bei der Bedarfsberechnung zu berücksichtigen. Die Trennung führt zu einer getrennten Nutzung und damit der Notwendigkeit einer Neubewertung.

100   Soweit **Mietmehrkosten** anfallen, handelt es sich um trennungsbedingten Mehrbedarf, der aber nach der Surrogations-Rspr des BGH im Rahmen der Differenzmethode im Quotenunterhalt enthalt und nicht mehr gesondert zu berücksichtigen ist[317].

101   Auch Kosten einer **eigenfinanzierten Wohnung** sind bedarfsprägend[318], und zwar sowohl, wenn der Wohnwert die abzugsfähigen Belastungen[319] (Finanzierungs- und Erhaltungskosten sowie verbrauchsunabhängige Grundbesitzabgaben[320]) unterschreitet als auch übersteigt[321]. Im letzteren Fall spricht man vom **Wohnvorteil**, im ersteren Fall handelt es sich ausnahmsweise um **bedarfsprägende Abzüge**, deren Berücksichtigung allerdings auf die Summe aus eigenen Einkünften und Gebrauchsvorteilen beschränkt ist[322].

102   Für die Bewertung des **allgemeinen Wohnvorteils** war nach der Rspr überwiegend der **objektive Marktwert** maßgebend[323]. Diese für die Bewertung des Wohnwerts sonst übliche Bewertung nach dem objektiven Marktwert ist nach der Rspr des BGH beim **Trennungsunterhalt** dadurch eingeschränkt, dass durch eine Verwertung nicht vorschnell die Zerrüttung vertieft werden soll[324]. Deshalb

---

[312] Dazu *Krause* FamRZ 2005, 8.
[313] BGH FamRZ 1998, 899 = NJW 1998, 2821.
[314] Anwendungsbeispiele bei *Gerhardt* FamRZ 1993, 261.
[315] Erstmals BGH FamRZ 1981, 539 = NJW 1981, 1609.
[316] *Scholz* FamRZ 1990, 1088.
[317] BGH FamRZ 2004, 1357 = NJW 2004, 3106.
[318] BGH FamRZ 1998, 87 = NJW 1998, 753; NJW 1995, 869; NJW 1990, 989.
[319] BGH FamRZ 1994, 1100 = NJW-RR 1994, 1155; NJW 1989, 1987; NJW 1986, 434 und 437.
[320] BGH FamRZ 1998, 899 = NJW 1998, 2821; NJW 2000, 284; krit dazu *Quack* FamRZ 2000, 665.
[321] OLG Karlsruhe FamRZ 1997, 1076.
[322] BGH FamRZ 2007, 879.
[323] Für seine durchgängige und unterschiedslose Anwendung OLG München FamRZ 1999, 509.

sei nach Auszug eines Ehegatten für eine angemessene Übergangszeit von einem „toten Kapital" auszugehen, das nicht in die Bedarfsberechnung einfließe. An seine Stelle tritt ein am **Einkommen des Betreffenden orientierter Mietwert**. Zur Bewertung hat die Rspr lange Zeit die sog **Drittelobergrenze**, dh $1/3$ des verfügbaren Einkommens herangezogen[325]. Das ist vom BGH abgelehnt worden[326]. Der verbleibende Gebrauchswert sei vielmehr danach zu bestimmen, welchen Mietzins der Ehegatte auf dem **örtlichen Wohnungsmarkt** für eine dem ehelichen Lebensstandard angemessene, kleinere Wohnung zahlen müsse, nach oben durch den vollen Wohnwert der ehelichen Wohnung begrenzt[327]. Die **Drittelobergrenze** kann aber noch als **Kontrollgröße** herangezogen werden. Der **Wohnvorteil** einer eigengenutzten Wohnung ist bei der Bedarfsberechnung nach dem Halbteilungsgrundsatz bei beiden Parteien mit identischen Werten anzusetzen. Nutzt sie nach der Trennung der Verpflichtete, errechnet sich der Unterhalt nach der Einkommensdifferenz zuzüglich des halben Wohnwerts. Bei Nutzung des Berechtigten wird die Hälfte des Wohnwerts dem Quotenunterhalt hinzugerechnet und der Wohnwert insgesamt bei der Bedarfsberechnung angerechnet. Bei Wohnen im Eigentum des Verpflichteten ist der Wohnwert direkt vom Unterhalt abzuziehen[328].

Nach der Veräußerung der beiden Ehegatten gehörenden Ehewohnung ist das jeweilige Surrogat 103 des Wohnvorteils zu berücksichtigen, zB die Zinsen aus dem Veräußerungserlös und der Wohnwert eines neu errichteten Hauses[329]. Wird die Wohnung veräußert und investiert der Berechtigte seinen Anteil in eine neue Wohnung, wird dieser Vorteil durch den Anteil am früheren Wohnwert nur dann kompensiert, wenn dieser genau soviel wert ist wie der frühere Wohnvorteil. Ist er aber höher oder niedriger, ist dies gegebenenfalls im Wege der Differenzmethode[330] zu berücksichtigen. Bei Übernahme des Wohnungseigentums durch einen Ehegatten tritt der Erlös auf Seiten des Veräußerers und der volle Wohnvorteil nach Abzug der Verbindlichkeiten einschließlich der Zinsen für die Finanzierung der Übernahme an die Stelle des bisherigen Wohnvorteils[331]. Nach der Veräußerung der beiden Ehegatten gehörenden Ehewohnung ist das jeweilige Surrogat des Wohnvorteils zu berücksichtigen, zB die Zinsen aus dem Veräußerungserlös und der Wohnwert eines neu errichteten Hauses[332].

c) **Gesamtunterhalt. aa) Mehrbedarf.** Zu unterscheiden ist zwischen **trennungsbedingtem** 104 Mehrbedarf und **allgemeinem Mehrbedarf**. Trennungsbedingter Mehrbedarf ist eine unmittelbare Folge der Trennung und die dadurch verursachten dauerhaften Lebenshaltungsmehrkosten. Er ist idR im Quotenunterhalt enthalten und spielt nach der Rspr des BGH zur Surrogation keine Rolle mehr[333]. Beim Unterhaltspflichtigen gehört der trennungsbedingte Mehrbedarf zum eigenen angemessenen Unterhalt iS von § 1581[334].

Allgemeiner Mehrbedarf ist nur zu berücksichtigen, um den ehelichen Lebensstandard zu gewähr- 105 leisten, zB durch Betreuungskosten oder medizinisch und krankheitsbedingte Dauerkosten. Zum Mehrbedarf gehören auch die Kosten einer Ausbildung.

bb) **Sonderbedarf.** Mehrbedarf betrifft laufenden, Sonderbedarf einmaligen Zusatzbedarf. Umstrit- 106 ten ist, ob er nur bei überraschendem Auftreten[335] oder auch bei objektiver Kalkulierbarkeit[336] zu bejahen ist. Sonderbedarf begründen können zB Kosten für den Umzug[337] und/oder die Renovierung einer Wohnung[338].

cc) **Kranken- und Vorsorgeunterhalt.** Zum Trennungsunterhalt gehören auch, obwohl nicht wie 107 für den nachehelichen Unterhalt in § 1587 Abs 3 ausdrücklich erwähnt, die Kosten einer angemessenen **Krankenversicherung** und seit dem 1. 7. 1996 die Kosten der **Pflegeversicherung**[339]. Bis zur Rechtskraft der Scheidung ist der Ehegatte des Verpflichteten allerdings normalerweise in der gesetzlichen Krankenversicherung mitversichert, Krankenvorsorgeunterhalt ist insoweit nicht zu zahlen. Eine Krankenversicherungspflicht kann aber bei Versteuerung im Rahmen des Realsplitting[340] oder bei versicherungspflichtiger geringfügiger Beschäftigung entstehen.

Den sog **Altersvorsorgeunterhalt**, dh die Kosten einer angemessenen Versicherung für den Fall des 108 Alters sowie der Berufs- und Erwerbsfähigkeit, umfasst der Trennungsunterhalt allerdings erst ab Rechtshängigkeit des Scheidungsantrags. Damit soll eine lückenlose „soziale Biographie" gewährleistet sein, da der Versorgungsausgleich schon vor Scheidung mit Rechtshängigkeit des Scheidungsantrags beginnt (§§ 1587 ff). Zu Einzelheiten vgl § 1578 Rn 31 ff.

---

[324] BGH FamRZ 1989, 1160 = NJW 1989, 2809.
[325] Zuletzt OLG Braunschweig FamRZ 1998, 1510.
[326] BGH FamRZ 1998, 899 = NJW 1998, 2821; zuletzt FamRZ 2007, 879.
[327] Für eine objektivierende Betrachtungsweise s auch OLG München FamRZ 1999, 509.
[328] BGH FamRZ 1998, 87 = NJW 1998, 753.
[329] BGH FamRZ 2006, 387 = NJW 2006, 1794.
[330] BGH FamRZ 2001, 1140.
[331] BGH FamRZ 2005, 1195 = NJW 2005, 2077.
[332] BGH FamRZ 2006, 387 = NJW 2006, 1794.
[333] BGH FamRZ 2004, 1357 = NJW 2004, 3106.
[334] BGH FamRZ 1990, 979 = NJW-RR 1990, 578.
[335] BGH FamRZ 1984, 470 = NJW 1984, 2826.
[336] OLG Karlsruhe FamRZ 1997, 697.
[337] OLG Karlsruhe NJW-RR 1998, 1226.
[338] BGH FamRZ 1983, 29 = NJW 1983, 224.
[339] OLG Saarbrücken FamRZ 1999, 382.
[340] BSG FamRZ 1994, 1239.

§ 1361　　　　　　　　　　　　　　　　　　　　　Buch 4. Abschnitt 1. Bürgerliche Ehe

109　　Altersvorsorgeunterhalt ist gemäß § 1578 Abs 3 für den Ausbildungs- und Fortbildungsunterhalt nach §§ 1574 Abs 3, 1575 nicht zu zahlen. Da § 1361 diese Einschränkung nicht enthält, hat der BGH ihn für die Fälle, in denen § 1361 ausnahmsweise eine ausbildungsbedingte Bedürftigkeit erfasst, zuerkannt[341].

110　　**d) Prozesskostenvorschuss.** Durch den entsprechenden Verweis auf § 1360 Abs 4 in § 1361 Abs 4 S 3 besteht auch bei Getrenntleben ein Anspruch auf Prozesskostenvorschuss. Es handelt sich um eine Sonderform des Billigkeitsunterhalts als Sonderbedarf, der deshalb auch nicht notwendig einen sonstigen Unterhaltstatbestand voraussetzt[342]. Der Bezug auf die persönlichen Angelegenheiten der Parteien (§ 1360a Rn 15) dürfte sich aber über das Scheidungsverfahren hinaus auf alle Rechtsstreitigkeiten während des Getrenntlebens beziehen[343].

111　　**6. Der angemessene Unterhalt. a) Bedarfsbegrenzungen. aa) Sättigungsgrenze.** Ob es eine Sättigungsgrenze des Bedarfs gibt, ist umstritten. Nach Auffassung des BGH gibt es keine Sättigungsgrenze ieS, jedoch eine Grenze, die durch die „Angemessenheit" des Unterhalts, beschränkt auf den **konkreten Bedarf** nach objektiven Maßstäben, gezogen wird[344]. Demgegenüber wird in der Praxis von einer Begrenzung des Quotenunterhalts nach der höchsten Einkommensgruppe der Düsseldorfer Tabelle ausgegangen[345], der zwischen 1 500 und 5 000 Euro liegt[346]. Einen darüber hinausgehenden Bedarf muss der Berechtigte nachweisen[347], ein geringerer der Verpflichtete[348]. Die Anrechnung eines **Erwerbstätigenbonus** beim **Einkommen des Berechtigten** bei einer konkreten Bedarfsberechnung oberhalb des Quotenunterhalts ist umstritten[349], aber wegen des von der Bedarfsdeckung unabhängigen Erwerbsanreizes zu bejahen. Eine **absolute Sättigungsgrenze** wurde zwischen 8 000 und 10 000 DM angenommen[350]. Vermögensgüter allein rechtfertigen eine einkommensunabhängige Bedarfsfeststellung nicht[351].

112　　**bb) Bedarf und Bedürftigkeit.** Der nach allgemeinen Grundsätzen berechnete Bedarf des Berechtigten wird durch die Anrechnung der nicht prägenden Einkünfte des Berechtigten nach der sog **Anrechnungsmethode** (Rn 96 f) eingeschränkt. Erst dieser **„Restbedarf"** ist mit dem konkreten Unterhaltsanspruch vorbehaltlich der Leistungsfähigkeit des Verpflichteten identisch.

113　　Voraussetzung für die Anrechnung ist, dass die **Einkünfte des Berechtigten nicht prägend** und deshalb noch nicht bei der Bedarfsberechnung berücksichtigt sind (Rn 32 ff). Für den Trennungsunterhalt ist aber zusätzlich zu beachten, dass die Obliegenheit zur Vermögensverwertung mit Rücksicht auf die Trennungssituation und insoweit auch die sich daraus ggf fiktiv anrechenbaren Einkünfte eingeschränkt sind. Bei längerer Trennungsdauer kann diese Beschränkung entfallen.

114　　**cc) Mindestbedarf.** Nach der zwischenzeitlichen Rspr des BGH[352] ist es sachgerecht, im absoluten Mangelfall **das Existenzminimum** als **Einsatzbetrag** in die Mangelverteilung einzustellen[353].

115　　**b) Leistungsbeschränkungen. aa) Einschränkung der Leistungsfähigkeit.** Der angemessene Unterhalt wird durch die Leistungsfähigkeit des Verpflichteten eingeschränkt. Die Leistungsfähigkeit wurde vom **BGH** ebenfalls aus der **allgemeinen (Quoten)bedarfsrechnung** abgeleitet. Sie ist aber nach der zwischenzeitlichen Rspr des BGH zu § 1581, der entspr auf den Trennungsunterhalt anzuwenden ist[354], nach einen **Selbstbehalt** zwischen angemessenem und notwendigem Selbstbehalt zu bemessen[355], der im Einzelfall in tatrichterlicher Verantwortung festzusetzen ist. Einer zusätzlichen Grenze der Leistungsfähigkeit nach den individuellen Lebensverhältnissen bedarf es demgegenüber nicht mehr.

116　　Auf der anderen Seite ist die Verpflichtung zur **Vermögensverwertung** während des Getrenntlebens auch im Mangelfall eingeschränkt[356].

117　　**bb) Unterhaltsberechnung im Mangelfall.** Mangelfälle bilden wegen der Mehrkosten und -belastungen durch die Trennung den **praktischen Regelfall.** § 1581 ist insoweit entsprechend anzuwenden[357].

---

[341] BGH FamRZ 1988, 1145 = NJW-RR 1988, 1282.
[342] OLG Zweibrücken FamRZ 2001, 1149.
[343] Zu eng daher OLG Frankfurt FamRZ 2001, 1148 m abl Anm *Carnap*.
[344] BGH FamRZ 1983, 150 = NJW 1983, 683.
[345] *Eschenbruch/Loy* FamRZ 1994, 669; BGH FamRZ 1994, 1169 = NJW 1994, 2618.
[346] Zu den Abweichungen in der Rspr der Oberlandesgerichte *Groß* FF 2003, 208.
[347] AA *Schwolow* FuR 1997, 313, nach dem der Verpflichtete die Begrenzung des Quotenunterhalts nach dem konkreten Bedarf nachweisen muss.
[348] *Kalthoener/Büttner/Niepmann* Rn 42 mwN.
[349] Dafür *Kalthoener/Büttner/Niepmann* Rn 43 mwN; dagegen *Palandt/Brudermüller* § 1578 Rn 40.
[350] *Eschenbruch/Loy* FamRZ 1994, 669.
[351] BGH FamRZ 2005, 97 = NJW 2005, 433.
[352] Anders noch BGH FamRZ 1997, 806 = NJW 1997, 1919.
[353] BGH FamRZ 2005, 97 = NJW 2005, 433.
[354] BVerfG FamRZ 2002, 1397 = NJW 2002, 2701.
[355] BGH FamRZ 2006, 683.
[356] BGH FamRZ 2005, 97 = NJW 2005, 433.
[357] BVerfG FamRZ 2002, 1397 = NJW 2002, 2701.

VI. Herabsetzung und Ausschluss des Unterhaltsanspruchs

1. Verweis auf § 1579. Die Möglichkeiten von – auch teilweiser – Herabsetzung und Ausschluss sind beim Trennungsunterhalt eingeschränkt und nach § 1361 Abs 4 nur entsprechend § 1579 Nr 2 ff möglich. Andere Herabsetzungsgründe wie beim nachehelichen Unterhalt in § 1578 b gibt es beim Trennungsunterhalt nicht. Auch beim Trennungsunterhalt sind die Voraussetzungen einer Herabsetzung oder eines Ausschlusses grds **zweistufig** zu prüfen und zwischen **Härtegründen** und **Billigkeitsabwägung** zu unterscheiden (iE § 1579). 118

2. Besonderheiten des Trennungsunterhalts. Bei den **Härtegründen** ist eine kurze Ehezeit iS von § 1579 Nr 1 kein Ausschlussgrund, da sie schon begrifflich ausscheidet[358]. Sie kann auch nicht als Ausschlussgrund im Rahmen von Nr 8 herangezogen[359] und daher nur im Rahmen der Zumutbarkeit einer Erwerbstätigkeit[360] berücksichtigt werden. Der Härtegrund einer mutwilligen Herbeiführung der Bedürftigkeit in § 1579 Nr 3 ist durch die Trennung als solche nicht erfüllt[361]. Das Unterlassen von Erwerbsbemühungen während der Trennung kann auch ein Härtegrund nach § 1579 Nr 4 sein[362]. Auch dann, wenn sich die Ehegatten vor der Eheschließung einig waren, dass keine Gemeinschaft aufgenommen werden sollte und eine solche deshalb auch unterblieb[363], kann die fehlende eheliche Gemeinschaft[364] und die verletzende Distanzierung von ehelicher Bindung[365] ein Ausschlussgrund nach § 1579 Nr 7 und Nr 8 sein. Die Inanspruchnahme auf Trennungsunterhalt kann in entsprechender Anwendung von § 1579 Nr 8 unzumutbar sein, wenn die Partner ihre Lebensbeziehungen so aufeinander abgestellt haben, dass sie wechselseitig für einander einstehen, indem sie sich gegenseitig Hilfe und Unterstützung gewähren. Für den Unterhaltspflichtigen kann es grob unbillig sein, den Unterhaltsberechtigten weiterhin unbeschränkt unterhalten zu müssen, obwohl der andere Partner letztlich an seine Stelle getreten ist[366]. Fraglich ist, ob § 1579 Nr 8 bei einer eheähnlichen Beziehung während der Trennung anzuwenden ist[367], soweit die Trennung von beiden Parteien durch das Scheidungsverfahren beendet werden kann[368]. 119

Bei der **Billigkeitsabwägung** sind die besonderen Beziehungen während des Zusammenlebens (Rn 3) mit zu berücksichtigen. 120

VII. Art der Unterhaltsgewährung

Soweit nichts anderes vereinbart ist, ist der Trennungsunterhalt als Geldrente[369] und **monatlich im Voraus** zu zahlen, durch den Verweis auf §§ 1360 a Abs 1, 1613 mit Beginn des Monats der Auskunfts- bzw Zahlungsaufforderung. Das gilt nicht für Sonderbedarf[370]. Vorausleistungen sind gemäß § 1361 Abs 3 iVm §§ 1360 a Abs 3, 1614 Abs 2 und 760 Abs 3 nur für sechs Monate wirksam[371]. 121

VIII. Unterhalt für die Vergangenheit

Durch den Verweis auf § 1613 gilt dessen gesetzliche Neufassung: Trennungsunterhalt ist nicht mehr erst ab Verzug und Rechtshängigkeit, sondern **bereits ab Aufforderung zur Auskunftserteilung** zu zahlen[372]. Das bedeutet eine Besserstellung gegenüber dem nachehelichen Unterhalt, der nach § 1585 b nur ab Verzug geltend gemacht werden kann. 122

IX. Unterhaltsvereinbarungen

Die **Vertragsfreiheit** ist beim Trennungsunterhalt **eingeschränkt**. Im Gegensatz zum nachehelichen Unterhalt ist ein Unterhaltsverzicht auf künftigen Trennungsunterhalt nicht möglich (§ 1361 Abs 4 iVm § 1360 a Abs 3, 1614). Die Nichtgeltendmachung führt daher auch nicht zum Verzicht[373]. Das schließt aber einen Verzicht für die Vergangenheit und Vereinbarungen, soweit sie dem gesetzlichen Unterhalt entsprechen bzw darüber hinausgehen, nicht aus[374]. Diese können aber keine den gesetzlichen Unterhalt ersetzenden Charakter haben. Vereinbarungen, die bestehende Ansprüche in einem noch angemessenen Rahmen verkürzen, sind zulässig. Die **Unterschreitung** des gesetzlichen Unterhaltsanspruchs in der Größenordnung bis zu 20% wird für zulässig gehalten[375]. 123

---

[358] Düsseldorfer Tabelle, Stand 1. 7. 2001, FamRZ 2001, 806.
[359] BGH FamRZ 1982, 573 = NJW 1982, 1460; OLG Hamm FamRZ 1997, 417; OLG Köln FamRZ 1998, 1427.
[360] BGH NJW 1979, 1452.
[361] BGH FamRZ 1986, 434 = NJW 1986, 1340.
[362] BGH FamRZ 1986, 1085 = NJW-RR 1987, 196.
[363] BGH FamRZ 1994, 558 = NJW-RR 1994, 644.
[364] BGH FamRZ 1994, 558 = NJW-RR 1994, 644.
[365] OLG Frankfurt FamRZ 1987, 157.
[366] BGH FamRZ 2002, 810 = NJW 2002, 1947.
[367] OLG Hamm NJW-RR 1991, 1474.
[368] OLG München FamRZ 1978, 1589.
[369] BGH NJW 1997, 731.
[370] BGH FamRZ 1982, 145 = NJW 1982, 328.
[371] BGH FamRZ 1993, 1186 = NJW 1993, 2105.
[372] *Palandt/Brudermüller* § 1585 b Rn 1.
[373] BGH FamRZ 1981, 763.
[374] BGH FamRZ 1997, 487.
[375] Zuletzt OLG Hamm FamRZ 2007, 733 m Anm *Bergschneider* und wN dort.

X. Verwirkung

124 Die Verwirkung ist ein Unterfall der unzulässigen Rechtsausübung wegen widersprüchlichen Verhaltens (§ 242). Sie setzt voraus, dass der Berechtigte ein Recht längere Zeit nicht geltend macht, obwohl er dazu in der Lage wäre **(Zeitmoment)** und der Verpflichtete sich mit Rücksicht auf das gesamte Verhalten des Berechtigten darauf einrichten durfte, dieser werde sein Recht auch künftig nicht mehr geltend machen **(Umstandsmoment)**[376]. Das Zeitmoment kann bereits als erfüllt angesehen werden, wenn der Gläubiger eine Frist von etwas mehr als einem Jahr hat verstreichen lassen[377].

XI. Prozessuale Fragen

125 **1. Darlegungs- und Beweislast.** Für die Bedürftigkeit trägt der Unterhaltsgläubiger die Darlegungs- und Beweislast[378]. Er muss auch darlegen und beweisen, dass er bestimmte Einkünfte weder hat noch in zumutbarer Weise erzielen kann[379]. Eine unterhaltsberechtigte Ehefrau, die einen anderen Mann in ihre Wohnung aufnimmt, hat auch das Vorbringen des Unterhaltspflichtigen zu widerlegen, sie erbringe dem anderen Partner Versorgungsleistungen und müsse sich dafür eine Vergütung anrechnen lassen[380]. Dem ein Kind über 16 Jahre betreuenden Elternteil obliegt die Darlegungs- und Beweislast dafür, dass ausnahmsweise wegen notwendiger fortdauernder Betreuung eine Erwerbsobliegenheit nicht besteht[381].

126 **2. Verfahrensfragen. a) Trennungsunterhalt im isolierten Verfahren.** Trennungsunterhalt kann im Gegensatz zum nachehelichen Unterhalt grds im sog isolierten Verfahren, dh unabhängig vom Scheidungsverfahren, geltend gemacht werden. Eilverfahren sind jetzt gemäß § 644 ZPO im Wege der einstweiligen Anordnung möglich. Die isolierte Geltendmachung im Wege der einstweiligen Verfügung dürfte im Hinblick darauf entfallen[382]. Eine Titulierung im isolierten Verfahren gilt nur für die Dauer des Getrenntlebens, dh bis zur Rechtskraft der Scheidung.

127 **b) Einstweilige Anordnung im Verbundverfahren.** Im Rahmen des Scheidungsverfahrens kann Trennungsunterhalt als einstweilige Anordnung geltend gemacht werden. Diese gilt über die Rechtskraft hinaus bis zu ihrer Abänderung. Diese Abänderung ist grds nur im Abänderungsverfahren selbst, in Ausnahmefällen insbes nach Rechtskraft der Scheidung aber über die Zwangsvollstreckungsgegenklage zulässig. Da es sich bei der einstweiligen Anordnung um ein besonderes Eilverfahren handelt, ist die Geltendmachung im Wege der einstweiligen Verfügung daneben nicht mehr zulässig.

§ 1361 a Hausratsverteilung bei Getrenntleben

(1) ¹Leben die Ehegatten getrennt, so kann jeder von ihnen die ihm gehörenden Haushaltsgegenstände von dem anderen Ehegatten herausverlangen. ²Er ist jedoch verpflichtet, sie dem anderen Ehegatten zum Gebrauch zu überlassen, soweit dieser sie zur Führung eines abgesonderten Haushalts benötigt und die Überlassung nach den Umständen des Falles der Billigkeit entspricht.

(2) Haushaltsgegenstände, die den Ehegatten gemeinsam gehören, werden zwischen ihnen nach den Grundsätzen der Billigkeit verteilt.

(3) ¹Können sich die Ehegatten nicht einigen, so entscheidet das zuständige Gericht. ²Dieses kann eine angemessene Vergütung für die Benutzung der Haushaltsgegenstände festsetzen.

(4) Die Eigentumsverhältnisse bleiben unberührt, sofern die Ehegatten nichts anderes vereinbaren.

Schrifttum: *Bülow/Stössel,* Einstweiliges Verbot des Wegschaffens von Hausrat in Ehesachen, MDR 1978, 465; *Brudermüller,* Ehewohnung und Hausrat als Streitobjekt bei Trennung der Ehegatten, FuR 1996, 229; *ders,* Regelungen der Nutzungs- und Rechtsverhältnisse an Ehewohnung und Hausrat, FamRZ 2006, 1157; *Hambitzer,* Der possessorische Besitzschutz unter getrennt lebenden Ehegatten, FamRZ 1989, 236; *Kobusch,* Die eigenmächtige Hausratsteilung, FamRZ 1994, 935; *ders,* Eigenmächtiges Handeln bei der Trennung, FPR 1998, 129; *Maurer,* Die Wirkung vorläufiger Benutzungsregelungen zum Hausrat und zur Ehewohnung, FamRZ 1991, 886; *Quambusch,* Zur rechtlichen Behandlung der Vorräte bei Ehescheidung und Getrenntleben, FamRZ 1989, 691; *Vogel,* Herausgabe eigenmächtig entfernten Hausrats, FamRZ 1981, 839; *Walter,* Die eigenmächtige Hausratsteilung, JZ 1983, 54. S auch das Schrifttum bei § 1361 b BGB und § 1 HausratsVO.

---

[376] BGH FamRZ 2002, 1698 = NJW 2003, 128; jetzt FamRZ 2007, 453, 455.
[377] BGH FamRZ 2004, 531 = NJW-RR 2004, 649.
[378] BGH FamRZ 1983, 105.
[379] BGH FamRZ 1980, 126 = NJW 1980, 393; FamRZ 1980, 770; OLG Düsseldorf FamRZ 1981, 480.
[380] BGH FamRZ 1995, 291 = NJW 1995, 717; FamRZ 1995, 343 = NJW 1995, 962.
[381] BGH FamRZ 1990, 496 = NJW 1990, 2752.
[382] OLG Nürnberg FamRZ 1999, 30 = NJW 1998, 3787; OLG Köln FamRZ 1999, 61; aA OLG Karlsruhe DAVorm 1999, 419.

§ 1361a Hausratsverteilung bei Getrenntleben

1. Allgemeines. Die Vorschrift ist durch das Gleichberechtigungsgesetz von 1957 eingefügt worden und ersetzt den früheren § 1361 Abs 1 S 2, der lediglich den Mann zur Überlassung von notwendigem Hausrat an die getrennt lebende Ehefrau verpflichtete. Seither haben die Ehegatten, unabhängig vom Güterstand, ohnehin **Mitbesitz am Hausrat**[1]. Die Mitberechtigung setzt sich auch nach einer Trennung bis zu einer Einigung iS von Abs 3 S 1 oder einer Entscheidung des Gerichts im Hausratsverfahren fort[2]. Dem steht die wechselseitige Pflicht zur Überlassung von Hausrat während des Getrenntlebens gegenüber. Ist die Ehe geschieden, findet eine Auseinandersetzung des Hausrats unmittelbar nach der HausratsVO (§§ 8 bis 10) statt, die abweichend von Abs 4 auch die Eigentumsverhältnisse ändern kann. Die Verfahrensregeln richten sich in allen Fällen nach der HausratsVO (§§ 18a, 11 ff). Zu Fragen des anwendbaren Rechts bei **ausländischen Ehegatten** s § 1 HausratsVO Rn 10.

2. Hausratsteilung bei Getrenntleben. Erste Voraussetzung ist, dass die Eheleute getrennt leben. Dies ist wie bei § 1361 iS der Definition des § 1567 zu verstehen. Ein Recht zum Getrenntleben ist nicht erforderlich. Auch der grundlos aus der Ehe ausgebrochene Ehegatte kann Hausrat beanspruchen; die Umstände der Trennung können jedoch bei der Abwägung der die Billigkeit begründenden Faktoren berücksichtigt werden, zumal wie in § 1361 Abs 3 die Härteklauseln des § 1579 beachtlich sein können[3].

Das Begehren muss sich weiter auf **Haushaltsgegenstände** richten. Dies ist gleichbedeutend mit dem **Hausrat** iS des § 8 HausratsVO (zur Definition des Hausrats § 1 HausratsVO Rn 6). Nicht dazu zählen alle Sachen, die zum persönlichen oder beruflichen Gebrauch eines Ehegatten bestimmt sind, sowie Gegenstände, die allein der Vermögensanlage dienen. Kraftfahrzeuge und Wohnmobile können Hausrat sein, wenn sie überwiegend für die Familie eingesetzt werden[4].

3. Herausgabeanspruch des Eigentümers. Nach Abs 1 S 1 hat der Eigentümer von Haushaltsgegenständen einen Herausgabeanspruch als lex specialis; dieser überlagert seinen Herausgabeanspruch nach § 985, den er ab Trennung der Eheleute nicht mehr geltend machen kann[5]. Das Eigentum des Anspruchstellers ist vom Familiengericht ggf von Amts wegen (§ 12 FGG) festzustellen. Surrogate des Eigentums, auch Anwartschaften stehen ihm gleich.

Der Herausgabeanspruch des Eigentümers nach Abs 1 S 1 ist **Einwendungen** des anderen Ehegatten ausgesetzt: Der Besitzer kann ein **Recht zum Besitz** geltend machen analog § 986; doch reduziert sich sein allgemeines (eheliches) Recht zum Mitbesitz aus § 1353 nach der Trennung idR auf das Recht zur Gebrauchsüberlassung nach S 2[6].

Dem Anspruch auf Herausgabe kann ein Anspruch des anderen Ehegatten **auf Überlassung** nach Abs 1 S 2 entgegenstehen.

Der Besitzer kann sowohl einen Anspruch auf **Verwendungsersatz** (§§ 683, 994) als auch ein **Zurückbehaltungsrecht** (§§ 1000, 273) einwenden.

4. Überlassung von Haushaltsgegenständen. Die Verpflichtung aus Abs 1 S 2 zur Überlassung von Haushaltsgegenständen ist nicht nur eine Einwendung, sondern begründet auch einen **selbstständigen Anspruch** auf den Gebrauch der benötigten Gegenstände. Er entspricht § 9 HausratsVO, ohne dass es über die Gebrauchszuweisung hinaus zu einer Übertragung auch des Eigentums kommen kann, da es sich nur um vorläufige Maßnahmen für die Dauer des Getrenntlebens handelt. Der Ehegatte kann vom Eigentümer auch die Überlassung aller Haushaltsgegenstände verlangen, die er zur Führung eines eigenen Haushalts benötigt. Dies beschränkt sich nicht auf unverzichtbare Gegenstände für eine Mindestausstattung, sondern bemisst sich nach den ehelichen Lebensverhältnissen[7].

Die Überlassung an den Nichteigentümer muss der **Billigkeit** entsprechen. Die beanspruchten Gegenstände müssen einerseits für den Eigentümer entbehrlich und für den anderen Ehegatten nötig sein. Im Rahmen der Abwägung muss das Gebrauchsinteresse des anderen Ehegatten das Besitzinteresse des Eigentümers übersteigen; benötigt dieser den Gegenstand selbst, geht er vor. Die Bedürfnisse der zu betreuenden Kinder sind zu berücksichtigen. Die Billigkeitserwägung kann im Einzelfall auch ein Verschulden an der Trennung nach den Kriterien des § 1579 einbeziehen, da der Anspruch auf Teile des Hausrats nicht weiter gehen kann als der Anspruch auf Unterhalt (§ 1361 Abs 3)[8]. Ob die Mitbenutzung eines Gegenstandes durch einen Lebensgefährten dem Anspruch auf Gebrauchsüberlassung entgegensteht, ist im Einzelfall abzuwägen[9].

Der zum Gebrauch berechtigte Ehegatte hat die ihm zugewiesenen Gegenstände auf seine Kosten selbst **abzuholen**; er trägt auch die laufenden Kosten. Er hat die Sachen im Rahmen des § 1359 pfleglich zu behandeln[10]. Die Eigentumsverhältnisse bleiben durch die Zuweisung unberührt, soweit

---

[1] BGHZ 73, 253, 256 = FamRZ 1979, 282, 283 = NJW 1979, 976, 977.
[2] BGHZ 71, 216 = FamRZ 1978, 496, 497 = NJW 1978, 1529, 1530.
[3] MünchKommBGB/*Wacke* Rn 11.
[4] BGH FamRZ 1983, 794; OLG Hamm FamRZ 1990, 54, 55; KG FamRZ 2003, 1927; zu Einzelheiten vgl *Johannsen/Henrich/Brudermüller* Rn 12–15; zur weiteren Entwicklung *Brudermüller* FamRZ 2003, 1705, 1710 und FamRZ 2006, 1157, 1160 f.
[5] BGHZ 67, 217, 220 = FamRZ 1976, 691.
[6] BGHZ 71, 216 = FamRZ 1978, 496, 497 = NJW 1978, 1529, 1530; MünchKommBGB/*Wacke* Rn 6.
[7] BayObLG NJW 1972, 949; einschränkend OLG Köln FamRZ 1980, 249; 1986, 703, 704.
[8] Vgl *Erman/Heckelmann* Rn 3.
[9] So *Johannsen/Henrich/Brudermüller* Rn 31; einschränkend MünchKommBGB/*Wacke* Rn 14.
[10] MünchKommBGB/*Wacke* Rn 18; aA *Johannsen/Henrich/Brudermüller* Rn 33.

§ 1361 b

11 **5. Gemeinsamer Hausrat.** Der gemeinsame Hausrat ist allein nach Billigkeit zu verteilen, Abs 2. Dies entspricht § 8 Abs 1 HausratsVO, doch sind die Teile des Hausrats nur zum Gebrauch, nicht zu Eigentum zu überlassen (Abs 4). Die Vorfrage des gemeinsamen Eigentums beantwortet idR die analog heranzuziehende Vermutung nach § 8 Abs 2 HausratsVO; zu den Einzelheiten s dort Rn 2–4. Auch die **Billigkeit** der Verteilung richtet sich wie schon im Falle von Abs 1 S 2 (Rn 9) nach ähnlichen Maßstäben (zu den Billigkeitsmaßstäben vgl allg § 2 HausratsVO Rn 1–6). Die **Verteilung** umfasst jedoch hier den gesamten Hausrat, nicht nur den unentbehrlichen. Gleichwohl ist nicht in jedem Falle die Verteilung sämtlichen Hausrats geboten, da nur eine vorläufige Gebrauchsregelung zu treffen ist[12]. Die Eheleute sollen sich vorrangig selbst einigen, vgl Abs 3 S 1. Im Einzelfall kann auch eine tage- oder gar stundenweise Zuweisung etwa des Familienautos geboten sein[13].

12 **6. Festsetzung einer Vergütung.** Das Familiengericht ist befugt, eine angemessene Vergütung für die Benutzung der nach Abs 1 S 2 oder Abs 2 überlassenen Gegenstände festzusetzen (Abs 3 S 2). Diese richtet sich einerseits nach den marktüblichen Verhältnissen, andererseits vor allem nach den Vermögensverhältnissen der Beteiligten, da ihr Unterhalt durch eine solche Zahlung nicht gefährdet werden darf[14]. Die Festsetzung kann sich auf die Übernahme von Steuern und Versicherung für ein Kfz durch den nutzenden Ehegatten beschränken[15]. Die festgesetzte Vergütung ist nach § 16 Abs 3 HausratsVO vollstreckbar.

13 **7. Verfahren.** Können die Ehegatten sich nicht einigen, so entscheidet das Gericht (Abs 3 S 1). Ein Antrag kann sich auch nur auf einzelne Gegenstände richten, da während des Getrenntlebens der Hausrat nicht vollständig verteilt werden muss; deshalb muss hier auch nicht zum Hausrat insgesamt vorgetragen werden[16]. Zuständig ist das **Familiengericht,** das die Verfahrensregeln der HausratsVO anwendet (§ 18 a HausratsVO); zu den Einzelheiten s dort Rn 1–4. In der Sache ist nach den Kriterien des § 1361 a zu entscheiden. Zu den Rechtsmitteln vgl § 14 HausratsVO, zur Vollstreckung § 16 HausratsVO. Zu den oft schwierigen Abgrenzungsfragen betr die **Zuständigkeit** auch der Zivilgerichte wie auch hinsichtlich des **possessorischen Besitzschutzes** s § 18 a HausratsVO Rn 5–7. Mit **Auflösung der Ehe** ist ein Verfahren nach § 1361 a nicht mehr zulässig; zu den Folgen vgl § 18 a HausratsVO Rn 4.

14 Im gerichtlichen Verfahren wird idR kein Rechtsschutzbedürfnis für eine **Auskunft** über den Bestand an Hausrat im Zeitpunkt der Trennung bestehen[17]; es kann unter besonderen Umständen ausnahmsweise gegeben sein, wenn ein Ehegatte ohne Verschulden keine Kenntnis über Art und Umfang des Hausrats hat[18].

§ 1361 b Ehewohnung bei Getrenntleben

(1) [1]Leben die Ehegatten voneinander getrennt oder will einer von ihnen getrennt leben, so kann ein Ehegatte verlangen, dass ihm der andere die Ehewohnung oder einen Teil zur alleinigen Benutzung überlässt, soweit dies auch unter Berücksichtigung der Belange des anderen Ehegatten notwendig ist, um eine unbillige Härte zu vermeiden. [2]Eine unbillige Härte kann auch dann gegeben sein, wenn das Wohl von im Haushalt lebenden Kindern beeinträchtigt ist. [3]Steht einem Ehegatten allein oder gemeinsam mit einem Dritten das Eigentum, das Erbbaurecht oder der Nießbrauch an dem Grundstück zu, auf dem sich die Ehewohnung befindet, so ist dies besonders zu berücksichtigen; Entsprechendes gilt für das Wohnungseigentum, das Dauerwohnrecht und das dingliche Wohnrecht.

(2) [1]Hat der Ehegatte, gegen den sich der Antrag richtet, den anderen Ehegatten widerrechtlich und vorsätzlich am Körper, der Gesundheit oder der Freiheit verletzt oder mit einer solchen Verletzung oder der Verletzung des Lebens widerrechtlich gedroht, ist in der Regel die gesamte Wohnung zur alleinigen Benutzung zu überlassen. [2]Der Anspruch auf Wohnungsüberlassung ist nur dann ausgeschlossen, wenn keine weiteren Verletzungen und widerrechtlichen Drohungen zu besorgen sind, es sei denn, dass dem verletzten Ehegatten das weitere Zusammenleben mit dem anderen wegen der Schwere der Tat nicht zuzumuten ist.

(3) [1]Wurde einem Ehegatten die Ehewohnung ganz oder zum Teil überlassen, so hat der andere alles zu unterlassen, was geeignet ist, die Ausübung dieses Nutzungsrechts zu erschweren oder zu vereiteln. [2]Er kann von dem nutzungsberechtigten Ehegatten eine Vergütung für die Nutzung verlangen, soweit dies der Billigkeit entspricht.

---

[11] *Palandt/Brudermüller* Rn 15.
[12] BayObLG FamRZ 1972, 465, 466; OLG Düsseldorf FamRZ 1999, 1270.
[13] AG Detmold NJW-RR 2006, 6.
[14] *Johannsen/Henrich/Brudermüller* Rn 39.
[15] OLG München FamRZ 1998, 1230.
[16] OLG Brandenburg FamRZ 2000, 1102.
[17] *Palandt/Brudermüller* Rn 18.
[18] Vgl KG FamRZ 1982, 68; OLG Frankfurt FamRZ 1988, 645.

§ 1361 b

(4) Ist nach der Trennung der Ehegatten im Sinne des § 1567 Abs. 1 ein Ehegatte aus der Ehewohnung ausgezogen und hat er binnen sechs Monaten nach seinem Auszug eine ernstliche Rückkehrabsicht dem anderen Ehegatten gegenüber nicht bekundet, so wird unwiderleglich vermutet, dass er dem in der Ehewohnung verbliebenen Ehegatten das alleinige Nutzungsrecht überlassen hat.

Schrifttum: *Brudermüller*, Die Zuweisung der Ehewohnung an einen Ehegatten, FamRZ 1987, 109; *ders*, Wohnungszuweisung und Ausgleichszahlung, FamRZ 1989, 7; *ders*, Rechtsschutz gegen den Partner bei gemeinsamer Miete der Wohnung, FuR 1995, 35; *ders*, Regelungen der Nutzungs- und Rechtsverhältnisse an Ehewohnung und Hausrat, FamRZ 2003, 1705 und 2006, 1157; *Coester*, Wohnungszuweisung bei getrennt lebenden Ehegatten – Zur Reform des § 1361 b BGB, FamRZ 1993, 249; *Erbarth*, Der Anspruch auf Entrichtung einer Nutzungsvergütung des die Ehewohnung „freiwillig" verlassenden Ehegatten gemäß § 1361 b III S. 2 BGB, FamRZ 2005, 1713; *Finger*, Die Zuweisung der Ehewohnung für die Dauer des Getrenntlebens nach § 1361 b BGB, NJW 1987, 1001; *Haußleiter*, Wohnungszuweisung bei Alkoholabhängigkeit eines Ehegatten, FPR 1998, 33; *Maurer*, Die Wirkung vorläufiger Benutzungsregelungen zum Hausrat und zur Ehewohnung, FamRZ 1991, 886; *Menter*, Verbotene Eigenmacht hinsichtlich der Ehewohnung bei getrennt lebenden Ehegatten, FamRZ 1997, 76; *Schmitz-Justen*, Hausratsverordnung, Ehewohnung und Mietrecht, MDR 1999, 495; *Schumacher*, Mehr Schutz bei Gewalt in der Familie, FamRZ 2002, 645; *Schwab*, Zivilrechtliche Schutzmöglichkeiten bei häuslicher Gewalt, FamRZ 1999, 1317; S auch das Schrifttum bei § 1361 a BGB und § 1 HausratsVO.

Übersicht

	Rn		Rn
1. Allgemeines	1	5. Gebot des Wohlverhaltens	13
2. Zuweisung der Ehewohnung während des Getrenntlebens	2	6. Festsetzung einer Nutzungsvergütung	14
3. Um eine unbillige Härte zu vermeiden	6	7. Rückkehrabsicht	16
a) Unbillige Härte	6		
b) Einzelfälle	8	8. Verfahren	17
c) Gewalt oder Drohung	9	9. Lebenspartnerschaft	19
4. Unter Berücksichtigung der Belange des anderen Ehegatten	10	10. Gewaltschutzgesetz	20

1. Allgemeines. Die Vorschrift wurde erst durch das Unterhaltsänderungsgesetz von 1986 eingefügt, um die bis dahin bestehende Lücke zu beseitigen, die vor Anhängigkeit eines Scheidungsverfahrens im Grunde kein dem § 1361 a entsprechendes Verfahren über die Ehewohnung zuließ. Die neue Regelung will berücksichtigen, dass in Konfliktsituationen ein weiteres Zusammenleben in der Ehewohnung die persönlichen Spannungen zwischen den Ehegatten häufig noch verstärken kann; nur um Spannungen abzubauen und eine Versöhnung zu ermöglichen, wurde die Vorschrift geschaffen, nicht um die Trennung oder gar die Scheidung zu erleichtern[1]. Die Eheleute sollen lediglich von dem Zwang befreit werden, eine unerträgliche Wohnsituation nur durch Einleitung eines – idR verfrühten – Scheidungsverfahrens oder einer anderen Ehesache begegnen zu können, umso eine einstweilige Anordnung zu erlangen. Durch das Gesetz zur Verbesserung des zivilgerichtlichen Schutzes bei Gewalttaten und Nachstellungen sowie zur Erleichterung der Überlassung der Ehewohnung bei Trennung vom 11. 12. 2001 (BGBl I S 3513) wurde der Anwendungsbereich dieser Vorschrift sowohl erweitert als auch näher präzisiert. 1

2. Zuweisung der Ehewohnung während des Getrenntlebens. Gegenstand der vom Familiengericht zu treffenden Regelung ist die **Ehewohnung**. Sie muss von Eheleuten bewohnt sein; Partner einer Lebensgemeinschaft stehen dem nicht gleich[2]. Der Begriff der Ehewohnung entspricht dem in § 1 HausratsVO und ist wie dort weit zu fassen. Darunter fallen alle Räume, auch Nebenräume, die die Ehegatten gemeinsam nutzen oder die nach den Umständen dafür bestimmt sind[3]. Zu weiteren Einzelheiten s § 1 HausratsVO Rn 5. Eine regelmäßige zeitweise Nutzung durch die Eheleute, etwa als Ferienwohnung, reicht aus[4]. 2

Die Ehewohnung verliert ihren Charakter nicht schon dadurch, dass einer der Ehegatten wegen der 3 ehelichen Spannungen auszieht; er muss sie schon endgültig aufgegeben haben[5].

Die Eheleute müssen getrennt leben iS von § 1567, oder einer der Ehegatten will getrennt leben. 4 Die Anknüpfung an das **Getrenntleben** bedeutet dabei sicher nicht für die zu beurteilenden Kontext, dass die unwillige Ehegatte insgesamt die eheliche Lebensgemeinschaft ablehnt (vgl § 1567 Abs 1 S 1). Es genügt, dass er derzeit die **häusliche Gemeinschaft** mit dem anderen Partner **ablehnt**[6]. Es genügt weiter, dass er den **Willen zum Getrenntleben** hat, also eine äußerliche Trennung bisher auf Grund der Umstände selbst noch nicht hat herbeiführen können. In diesem Fall kann aber auch der

---

[1] BT-Drucks 10/2888 S 16.
[2] AA LG München NJW-RR 1991, 83 = MDR 1990, 1014.
[3] BGH FamRZ 1990, 987, 988.
[4] BGH FamRZ 1990, 987, 988; aA OLG München FamRZ 1994, 1331; vgl *Johannsen/Henrich/Brudermüller* Rn 8.
[5] OLG Hamm FamRZ 1989, 739; OLG Karlsruhe FamRZ 1999, 1087.
[6] So auch *Johannsen/Henrich/Brudermüller* Rn 7 aE.

§ 1361 b

andere Ehegatte die Zuweisung der Ehewohnung an sich selbst betreiben[7]. In keinem Fall erforderlich ist eine konkrete Absicht, letztlich die Scheidung der Ehe zu wollen, da die Vorschrift die Wohnungsfrage von der Einleitung eines Scheidungsverfahrens abkoppeln will[8].

5   Das Begehren des antragstellenden Ehegatten richtet sich darauf, dass ihm die Ehewohnung oder ein Teil davon **zur alleinigen Benutzung** zugewiesen wird. Die Zuweisung erfolgt nur vorläufig und ohne Außenwirkung, also ohne Eingriff in die Rechtsverhältnisse an der Wohnung. Ob die Wohnung nur teilweise oder ganz zu überlassen ist, richtet sich nach dem **Verhältnismäßigkeitsgrundsatz**. Eine Alleinzuweisung ist nur ultima ratio[9]. Anders als bei § 6 HausratsVO ist eine **Aufteilung der Wohnung** wegen der Vorläufigkeit der zu treffenden Regelung immer dann vorzuziehen, wenn sie räumlich durchführbar und auch angesichts des Zwistes der Ehegatten nach den Umständen zumutbar ist.

6   **3. Um eine unbillige Härte zu vermeiden. a) Unbillige Härte.** Entscheidend für die Zuweisung an einen Ehegatten ist, ob dies notwendig ist, um eine unbillige Härte zu vermeiden (Abs 1 S 1 aE). Nach der Intention der Änderung anlässlich des Gewaltschutzgesetzes ist der Wechsel vom Erfordernis der schweren Härte zur „nur" unbilligen Härte als Aufforderung zu einer erleichterten Handhabung gegenüber der bisherigen Gesetzesanwendung zu lesen[10]. Im Gesetzgebungsverfahren zu § 1361 b aF war noch auf Vorschlag des Bundesrates die Eingriffsschwelle auf den Begriff „schwere Härte" als einer gegenüber der HausratsVO strengeren Formulierung erhöht worden[11]. Zwar ist auch jetzt an keiner Stelle in den Gesetzesmaterialien der genaue Unterschied zwischen „schwerer" und „unbilliger" Härte konkret erläutert, so dass schon bisher von bloß „semantischen Spitzfindigkeiten" die Rede war[12]. Doch war unumstritten, dass die alte Vorschrift eng auszulegen und nur zurückhaltend anzuwenden sein sollte[13]. Das Merkmal der unbilligen Härte erfordert jedoch weiterhin ein eingehendes Abwägen aller Umstände ohne jede Automatik der Rechtsfolgen, auch wenn dies den Rechtsanwender vor ein erhebliches Dilemma stellt, nämlich einerseits den Ehepartnern möglichst rechtzeitig zu helfen Spannungen abzubauen, andererseits aber so lange als möglich die eheliche Gemeinschaft – wegen Art 6 Abs 1 GG – zu schützen[14].

7   Die Annahme einer unbilligen Härte, die eine Zuweisung der Ehewohnung rechtfertigt, erfordert nach der bisherigen Rspr eine Situation, in der ein Getrenntleben der Ehepartner innerhalb der Wohnung **unzumutbar** ist[15], wenn also die Wohnungszuweisung **ausnahmsweise**, auch unter Berücksichtigung der Belange des anderen Ehegatten, „dringend erforderlich" ist, um eine „unerträgliche Belastung" des die Zuteilung begehrenden Ehegatten abzuwenden[16]. Es ist daher zu verlangen, dass der eine Ehegatte „in grob rücksichtsloser Weise" durch erhebliche Belästigungen das Wohnen für den anderen Ehegatten „nahezu unerträglich" macht[17]. Die Umstände müssen für einen Ehegatten, und sei es nur subjektiv, so belastend sein, dass ihm die Fortsetzung der häuslichen Gemeinschaft wegen des grob rücksichtslosen Verhaltens des anderen Ehegatten bei objektiver Beurteilung nicht (mehr) zumutbar erscheint und deshalb ein Eingreifen des Gerichts – unter Abwägung des Bestandsschutzes der Ehe und der Interessen des anderen Ehegatten – notwendig ist. Eine Wohnungszuweisung kann daher nur erfolgen, wenn ein Zusammenleben mit dem anderen Ehepartner nicht mehr verlangt werden kann, weil ohne die Trennung angesichts der Konflikte zwischen den Ehegatten jegliche gegenseitige Achtung und damit die Grundlage der häuslichen Gemeinschaft zerstört würde. Die **Spannungen** müssen daher einen Grad erreicht haben, dass durch ein schwerwiegendes Verhalten des anderen Ehegatten die häusliche Gemeinschaft tiefgreifend gestört ist. Weder allein der Wunsch nach einer Trennung rechtfertigt damit schon die Zuweisung der Ehewohnung, noch reichen bloße Unannehmlichkeiten und selbst Belästigungen aus, wie sie oft in der Auflösungsphase einer Ehe auftreten. Die Spannungen müssen vielmehr über den in der Trennungssituation typischen Umfang hinausgehen[18]. In jedem Falle ist eine Gesamtabwägung aller Umstände erforderlich (Rn 10), auch in dem jetzt vom Gesetz ausdrücklich typisierten Fall der Anwendung von oder Drohung mit Gewalt durch den anderen Ehegatten (Abs 2 S 2); dort ist auch die Wiederholungsgefahr ein zu beachtendes Merkmal.

8   b) **Einzelfälle.** Einzelfälle einer solchen unbilligen Härte sind nach der bisherigen Rspr zur „schweren Härte" in jedem Falle:
– **Gewalttätigkeiten**[19], die jetzt das Gesetz in **Abs 2** ausdrücklich als regelmäßigen Anlass für die Überlassung der Wohnung zur alleinigen Benutzung nennt, selbst für den Fall der bloßen Drohung mit Gewalt;
– schwere körperliche Misshandlung der Familienmitglieder, insbes von Kindern[20];

---

[7] *Johannsen/Henrich/Brudermüller* Rn 7.
[8] Insoweit missverständlich OLG Bamberg FamRZ 1992, 1299, 1300.
[9] OLG Düsseldorf FamRZ 1988, 1058, 1589.
[10] BT-Drucks 14/5429 S 33.
[11] BT-Drucks 10/4514 S 22.
[12] RGRK/*Kalthoener* § 18 a HausratsVO Rn 28.
[13] MünchKommBGB/*Wacke* Rn 1; *Soergel/Lange* Rn 3; *Staudinger/Hübner* Rn 8.
[14] Vgl *Johannsen/Henrich/Brudermüller* Rn 2.
[15] OLG Frankfurt FamRZ 1987, 159.
[16] KG FamRZ 1987, 850; vgl auch OLG Düsseldorf FamRZ 1988, 1058; OLG Bamberg FamRZ 1990, 1353 f; OLG Schleswig FamRZ 1991, 82 = NJW 1990, 2826; OLG München FamRZ 1996, 730.
[17] So OLG Karlsruhe FamRZ 1991, 1440, 1441; vgl OLG Brandenburg FamRZ 1997, 420.
[18] OLG Hamburg FamRZ 1993, 190; OLG Bamberg FamRZ 1995, 560; OLG Frankfurt FamRZ 1996, 289, 290.
[19] Vgl OLG München FamRZ 1996, 730.
[20] OLG Düsseldorf FamRZ 1988, 1058; OLG Köln FamRZ 1996, 1220, 1221.

- **Gefährdung des Kindeswohls**[21], auch der Stiefkinder[22], etwa, wenn der Streit der Eltern das Kind erheblich psychisch belastet[23]; nach **Abs 1 S 2** kann jetzt schon die Beeinträchtigung[24] des Wohls der im Haushalt lebenden Kinder (gleich wem sie familiär verbunden sind) die unbillige Härte begründen, die eine Zuweisung der Ehewohnung rechtfertigt, auch gegenüber dem Eigentümer der Wohnung[25]; gerade wenn ein Nachweis von Gewaltanwendung nicht gelingt, kann die Zuweisung der Wohnung im Interesse der Kinder geboten sein[26];
- ständiges Randalieren, schwere Störung des Familienlebens, insbes wegen Alkoholmissbrauchs oder Drogenkonsums, auch allgemein grobes und unbeherrschtes Verhalten[27];
- dauernde Störungen der Nachtruhe, Ängstigungen durch massive und ernsthafte Bedrohungen[28];
- Mitbringen von Zechkumpanen, ständig laute Musik, Ignorieren der vereinbarten Aufteilung der Wohnung[29];
- Gefährdung der Gesundheit[30], lebensbedrohende Erkrankung und besondere Belastung durch ein Zusammenleben[31] oder psychische Erkrankung des Ehegatten, der die Familie terrorisiert;[32]
- Aufnahme eines neuen Partners in die Ehewohnung[33].

c) Gewalt oder Drohung. In Abs 2 neu aufgenommen wurde als Ergänzung des Gewaltschutz- **9** gesetzes die explizite Anordnung, dass in den Fällen **vorsätzlich und widerrechtlich** verübter Gewalt gegen Körper, Gesundheit oder Freiheit des Ehepartners sowie auch der bloßen Drohung mit solcher Gewalt, – erst recht, wenn sie sich gegen sein Leben richtet – der oder die Gewalttätige die Ehewohnung idR der verletzten oder bedrohten Ehegatten ganz zu überlassen hat. Dies soll auch unter Ehegatten das Ziel des Gewaltschutzgesetzes sichern, dass in Fällen von Gewalt die Täter gehen, die Geschlagenen aber bleiben sollen. Dieser Grundsatz soll nur dann nicht gelten, wenn von dem Täter keine weitere Gefahr ausgeht. Doch hat dies der Täter selbst nachzuweisen[34]. Denn grds wird von der tatsächlichen Vermutung ausgegangen, dass nach der Begehung von Gewalttaten mit weiteren Taten zu rechnen sei[35]. Doch selbst wenn der Täter seine Läuterung nachgewiesen hat, muss er immer noch weichen, wenn sich das Opfer aus verständlichen Gründen darauf beruft, dass ihm wegen der Schwere der Tat ein Zusammenleben nicht zuzumuten sei (Abs 2 S 2 aE).

4. Unter Berücksichtigung der Belange des anderen Ehegatten. Das schon bisher bestehende **10** Gebot der **Abwägung** aller Umstände des Einzelfalles wie auch der Interessen beider Ehegatten ist jetzt ausdrücklich in Abs 1 S 1 dadurch ausformuliert, dass die Überlassung der Ehewohnung zur alleinigen Benutzung von dem anderen Ehegatten nur dann beansprucht werden kann, „soweit dies auch unter Berücksichtigung der Belange des anderen Ehegatten notwendig ist". Diese Abwägung ist selbst dann geboten, wenn das Gesetz – wie im Falle der Anwendung von Gewalt – die Überlassung der Ehewohnung zur regelmäßigen Folge eines Fehlverhaltens macht, wie Abs 2 S 2 erkennen lässt. In die Abwägung einzubeziehen sind auch weitere Umstände. Dies kann der **Zeitablauf** sein, wenn die Ehegatten schon seit längerem getrennt leben und die Auflösung der Ehe sich bereits verfestigt hat. Dies senkt auch die Anforderungen an die Eingriffsvoraussetzungen[36]. Gleiches gilt für den Fall, wenn ein freiwillig ausgezogener Ehegatte wieder die Mitbenutzung der Ehewohnung anstrebt[37], wobei es nicht reicht, wenn der rückkehrwillige Ehegatte in der Wohnung das Getrenntleben fortsetzen will[38]. Je länger ein freiwillig ausgezogener Ehegatte keine Rückkehrabsicht bekundet hat, umso eher kann vermutet werden, dass er die Ehewohnung dem anderen Ehegatten zur alleinigen Nutzung überlassen wollte[39]. Diese Vermutung spricht jetzt Abs 4 ausdrücklich aus für den Fall, dass seit dem – in der Absicht der Trennung erfolgten – Auszug eines Ehegatten mehr als sechs Monate vergangen sind, ohne dass er eine ernstliche Absicht zur Rückkehr bekundet hat. Will ein Miteigentümer der Wohnung nicht selbst nutzen, sondern – wegen der Lasten – veräußern oder auch nur vermieten, kann er eine Zuweisung der Wohnung damit nicht erreichen[40].

---

[21] OLG Bamberg FamRZ 1995, 560.
[22] OLG Schleswig FamRZ 1991, 1301.
[23] OLG Koblenz FamRZ 1987, 852; AG Tempelhof-Kreuzberg FamRZ 2003, 532.
[24] Auch wenn die Gesetzesbegründung wiederum von einer Kindeswohl*gefährdung* spricht, BT-Drucks 14/5429 S 33.
[25] OLG Stuttgart FamRZ 2004, 876.
[26] OLG Celle NJW-RR 2006, 505.
[27] OLG Schleswig FamRZ 91, 82 = NJW 1990, 2826; OLG Celle FamRZ 1992, 676, 677; OLG Köln FamRZ 2001, 761; OLG Naumburg FamRZ 2006, 1207.
[28] OLG Karlsruhe FamRZ 1991, 1440, 1441.
[29] OLG Braunschweig NJW-RR 1996, 578.
[30] OLG Hamm FamRZ 1993, 1441.
[31] OLG Jena FamRZ 1997, 559, 560.
[32] OLG Hamm FamRZ 1997, 301, 302.
[33] OLG Hamm FamRZ 1993, 1442.
[34] Vgl OLG Stuttgart FamRZ 2004, 876.
[35] BT-Drucks 14/5429 S 33.
[36] Vgl OLG Bamberg FamRZ 1990, 1353, 1354.
[37] OLG Köln FamRZ 1996, 547 f; vgl auch OLG Düsseldorf FamRZ 1998, 1171.
[38] OLG Frankfurt FamRZ 1996, 289, 290.
[39] So *Johannsen/Henrich/Brudermüller* Rn 22.
[40] OLG Köln FamRZ 1997, 943; OLG Hamm FamRZ 1998, 1172; OLG Frankfurt FamRZ 2004, 875; aA OLG Hamburg FamRZ 1992, 1298.

§ 1361 b   Buch 4. Abschnitt 1. Bürgerliche Ehe

11   Ein **Verschulden** an den Umständen ist vor allem dann zu beachten, wenn keine weiteren Umstände ins Gewicht fallen; dann ist eine Zuweisung der Ehewohnung an den Ehegatten, der den unerträglichen Zustand herbeigeführt hat, idR unangebracht[41]. Alle die Umstände, die § 1579 für beachtlich erklärt, können auch hier entscheidend sein. Sind aber von der Wohnungszuweisung **Kinder** betroffen, ist ihren Belangen grds eine höhere Priorität einzuräumen[42], wie nun auch Abs 1 S 2 ausdrücklich klarstellt. Die Interessen weiterer Familienangehöriger sind grds ohne Belang. Erheblich können sie aber sein, wenn etwa ein pflegebedürftiger Verwandter schon vor der Trennung einvernehmlich in die Ehewohnung aufgenommen worden war, oder wenn Angehörige in die Betreuung der Kinder eingebunden sind.

12   In jedem Falle hat eine **Gesamtabwägung** aller wesentlichen Umstände des Einzelfalles zu erfolgen, die das Verhältnis der Ehegatten zueinander, ihre gegenwärtigen Lebensbedingungen und ihre Beziehungen zu der Ehewohnung betreffen[43]. Zu berücksichtigen sind das Alter der Ehegatten, ihr Gesundheitszustand[44], ihre Einkommens- und Vermögensverhältnisse[45], ihr Interesse an der Wohnung im Hinblick auf Raumbedarf und Lebensunterhalt. So kann beachtlich sein, welcher Ehegatte die Wohnung schon vor der Eheschließung bewohnt oder gar selbst ausgebaut hat[46]. Zu bedenken ist auch das Verhalten der Ehegatten im Konflikt um die Trennung, etwa im Falle **verbotener Eigenmacht**[47]. Der possessorische Besitzschutz ist auch im Verfahren nach § 1361 b zu beachten (s auch § 18 a HausratsVO Rn 6 f)[48]. Die **Interessen Dritter**, etwa eines in die Ehewohnung aufgenommenen neuen Partners oder des Vermieters, spielen dagegen grds keine Rolle. Die Anwendung körperlicher **Gewalt**, die Verletzung der Freiheit des Ehegatten oder auch nur die Drohung, ihn an Körper, Leben oder Freiheit zu verletzen, begründen nunmehr regelmäßig einen Anspruch auf Überlassung der Ehewohnung insgesamt (Abs 2 S 1), sofern der oder die Gewalttätige eine (vermutete) Wiederholungsgefahr nicht ausschließen kann (Abs 2 S 2). Dies nützt aber dem wieder zur Vernunft gekommenen Täter wiederum dann nichts, wenn wegen der Schwere der Tat dem verletzten Ehegatten ein Zusammenleben mit dem anderen nicht zuzumuten ist (Abs 2 S 2 aE).

Zu berücksichtigen sind schließlich die **dinglichen Rechte** eines Ehegatten an der Wohnung (Abs 1 S 3). Dies setzt auch die Eingriffsschwelle zu seinen Gunsten herab[49], vor allem wenn das Recht schon vor der Ehe bestand[50]. Im Rahmen der Abwägung ist auch zu bedenken, ob nach dem Prinzip der **Verhältnismäßigkeit** die Zuweisung an einen Ehegatten allein oder trotz aller Zwistigkeiten nur die Aufteilung der Ehewohnung unter beiden Ehegatten gerechtfertigt ist (Rn 5). In den Fällen von Gewalt ist idR die Überlassung der gesamten Wohnung an den verletzten Ehegatten geboten (Abs 2 S 1 aE). Die für die Abwägung bedeutsamen Umstände sind im Verfahren detailliert vorzutragen[51].

13   **5. Gebot des Wohlverhaltens.** Ist die Wohnung ganz oder zum Teil einem Ehegatten zugewiesen, so soll der andere Ehegatten dies nicht unterlaufen können, indem er das bestehende Mietverhältnis kündigt oder gar die Ehewohnung veräußert. Deshalb ist der weichende Ehegatte schon von Gesetzes wegen verpflichtet, alles zu unterlassen, was geeignet ist, die Ausübung des Nutzungsrechtes des anderen Ehegatten zu erschweren oder gar zu vereiteln (Abs 3 S 1). Das danach gebotene Verhalten kann das Gericht durch Anordnungen nach § 15 HausratsVO präzisieren, etwa dem Verbot, die Wohnung wieder zu betreten[52] oder sich ihr auf eine bestimmte geringe Distanz zu nähern[53]. Auch kann ein Kündigungsverbot ausgesprochen werden, das dann ein relatives Verfügungsverbot iS des § 136 begründet[54]. Ein gerichtliches Veräußerungsverbot erscheint, obwohl vom Gesetzgeber intendiert[55], wegen des Eingriffs in die Rechtsstellung des Eigentümers als problematisch[56].

14   **6. Festsetzung einer Nutzungsvergütung.** Ist die Wohnung ganz oder teilweise einem Ehegatten überlassen, so kann der andere Ehegatte eine Nutzungsvergütung verlangen, soweit dies der Billigkeit entspricht (Abs 3 S 2). Dies setzt voraus, dass der Nutzungswert nicht schon bei der Bemessung des Unterhalts in Ansatz gebracht worden ist[57]. Die Vorschrift über den Vergütungsanspruch ist nicht nur im Falle einer richterlichen Zuweisung der Ehewohnung anwendbar, sondern auch dann, wenn sich die Ehegatten selbst über die Nutzung der Ehewohnung – auch konkludent – einigen[58]. Entspr

---

[41] *Johannsen/Henrich/Brudermüller* Rn 23.
[42] So OLG Bamberg FamRZ 1995, 560.
[43] *Palandt/Brudermüller* Rn 14.
[44] OLG Jena FamRZ 1997, 559, 560.
[45] OLG Karlsruhe FamRZ 1981, 1087, 1088; KG FamRZ 1988, 182, 184.
[46] KG FamRZ 1988, 182.
[47] Vgl OLG Hamm FamRZ 1993, 1441.
[48] Vgl *Menter* FamRZ 1997, 76; *Johannsen/Henrich/Brudermüller* Rn 38–42.
[49] OLG Köln FamRZ 1994, 632, 633.
[50] OLG Hamm FamRZ 1989, 739, 740.
[51] OLG Brandenburg FamRZ 1996, 743, 744; OLG Schleswig FamRZ 91, 82 = NJW 1990, 2826; OLG Düsseldorf FamRZ 1988, 1058.
[52] OLG Köln FamRZ 2003, 319.
[53] OLG Stuttgart FamRZ 2004, 876.
[54] *Brudermüller* FuR 2003, 433.
[55] BT-Drucks 14/5429 S 21, 33.
[56] *Palandt/Brudermüller* Rn 17.
[57] *Johannsen/Henrich/Brudermüller* Rn 31; vgl auch OLG Köln FamRZ 1997, 943.
[58] OLG Köln FamRZ 1998, 1434; OLG Schleswig FamRZ 1988, 722, 723 = JZ 1988, 1075.

anwendbar ist sie, wenn ein Ehegatte freiwillig auszieht[59], sofern dadurch die alleinige Nutzung dem anderen nicht aufgedrängt worden ist[60]. Ist der freiwillig weichende Ehegatte **Alleineigentümer** der Ehewohnung, so kann ihm analog Abs 2 eine Nutzungsvergütung zustehen[61]. Er kann also die Vergütung in diesem Falle **isoliert** geltend machen wie im Falle einer Einigung über die Wohnungsnutzung, jedoch erst für die Zeit nach einer Zahlungsaufforderung[62], damit sich der andere Ehegatte über seinen künftigen Verbleib in der Ehewohnung entscheiden kann. Bei **Miteigentum** an der Ehewohnung besteht Konkurrenz zu der Regelung des § 745 Abs 2, der der BGH den Vorzug gegeben hat[63]. Die Ehegatten können hier nur eine Neuregelung nach billigem Ermessen verlangen, die keine Familiensache ist[64]. Die gegenteilige Ansicht, dass § 1361 b lex specialis sei[65] und deshalb die Nutzungsentschädigung auch in diesem Falle vom Familiengericht festzusetzen sei, hat sich (noch) nicht durchsetzen können[66].

Die Nutzungsvergütung ist **nach Billigkeit** festzusetzen. Sie kann entfallen, wenn der verbleibende 15 Ehegatte leistungsunfähig ist[67] oder ihm die Alleinnutzung aufgedrängt wurde[68]. Hat der allein dinglich berechtigte Ehegatte die Wohnung verlassen, indiziert dies bereits die Billigkeit einer Vergütung[69]. Die **Höhe** der Vergütung richtet sich nach den wirtschaftlichen Verhältnissen der Ehegatten und ihrer Lebensführung. Obergrenze ist der ortsübliche Mietzins[70], bei Miteigentum der halbe Mietwert[71]. Im ersten Trennungsjahr kann ein reduzierter Mietwert angesetzt werden[72]. Stets ist zu berücksichtigen, wer die Belastungen trägt[73].

7. Rückkehrabsicht. Die Trennung von Eheleuten iS des § 1567 wird, wie sich aus § 1565 Abs 2 16 ergibt, zunächst als eine Art Probezeit angesehen. Versöhnungsversuche der Eheleute werden deshalb nicht ausgeschlossen (vgl § 1567 Abs 2), was oft genug die Rückkehr des ausgezogenen Partners in die frühere Ehewohnung bedeutet. Mancher einseitige Annäherungsversuch wird im Falle der Zurückweisung auf ein Recht auf Mitbesitz an der verlassenen Ehewohnung gestützt. Diesem Verlangen stellt jetzt der neu angefügte Abs 4 die **unwiderlegliche Vermutung** entgegen, dass derjenige Ehegatte, der aus der Wohnung nach einer Trennung der Eheleute ausgezogen ist, diese dem verbliebenen Ehegatten zur alleinigen Nutzung überlassen hat, wenn er **nicht binnen sechs Monaten** nach seinem Auszug seine **ernstliche Rückkehrabsicht** dem anderen Ehegatten gegenüber bekundet hat. Unklar bleibt jedoch, wie mit der gesetzlichen Vermutung umzugehen ist, wenn etwa das Kindeswohl nach mehr als sechs Monaten im Interesse des Kindes die Rückkehr des weichenden Ehegatten in die Ehewohnung gebietet. Ggf muss dann der Familienrichter im Rahmen des § 1666 zu Gunsten des Kindes auch eine Regelung über die Nutzung der Ehewohnung treffen.

8. Verfahren. Das Verfahren ist als isolierte Familiensache vor dem Familiengericht zu betreiben. 17 Die Verbundzuständigkeit bei Rechtshängigkeit einer Ehesache ist zu beachten, s § 621 Abs 3 ZPO. Das Verfahren richtet sich nach der HausratsVO (§§ 18 a, 13 ff). Es gilt der **Amtsermittlungsgrundsatz** (§ 12 FGG). Gleichwohl sind die relevanten Umstände von den Beteiligten selbst detailliert vorzutragen (Rn 12 aE). Vor allem bei Gewaltanwendung empfiehlt sich die Vorlage eines ärztlichen Attestes oder eines polizeilichen Einsatzberichtes (ggf auch über den Wohnungsverweis). Es gelten die allgemeinen Beweisregeln der ZPO (§ 15 FGG). Die **Feststellungslast** trägt deshalb grds der Ehegatte, der aus der jeweils erheblichen Tatsache Vorteile herleiten will. Die Beweislastumkehr in Abs 2 S 2 sowie die Vermutung des Abs 4 sind natürlich zu beachten. Das Gericht ist an Anträge nicht gebunden, darf aber auch nicht mehr zusprechen als begehrt wird. Zum Umfang der gerichtlichen Anordnung s § 15 HausratsVO; eine Räumungsfrist kann hier nur eingeschränkt bewilligt werden[74]. Zur Vollstreckung s § 16 HausratsVO, zu einer eventuellen Abänderung § 17 HausratsVO, den statthaften Rechtsmitteln § 14 HausratsVO. **Vorläufiger Rechtsschutz** gemäß § 621 g ZPO auf Antrag als einstweilige Anordnung möglich. Ist bereits eine Ehesache anhängig, kann auch der Weg der einstweiligen Anordnung nach § 620 S 1 Nr 7 ZPO beschritten werden; zum Wahlrecht s § 18 a HausratsVO Rn 3. § 885 Abs 1 S 3 ZPO lässt jetzt auch eine wiederholte Vollziehung der einstweiligen Anordnung während ihrer Geltungsdauer zu. Der **Wert** des Verfahrens ist nach inzwischen wohl überwM mit der Jahresmiete (§ 100 Abs 3 S 1 KostO) zu bemessen[75], bei einer einstweiligen Anordnung regelmäßig mit 2000 Euro (§ 53 Abs 2 S 2 GKG, § 24 S 2 RVG).

---

[59] OLG Köln FamRZ 1992, 440 f; OLG München FamRZ 1999, 1270.
[60] BGH FamRZ 1996, 931, 932 = NJW 1996, 2153, 2154; OLG Hamm FamRZ 1996, 1476, 1477.
[61] So jetzt auch BGH NJW-RR 2006, 1081 = FamRZ 2006, 930 m zust Anm *Brudermüller*.
[62] OLG Braunschweig FamRZ 1996, 548, 549 = NJW-RR 96, 1153 mwN; OLG München FamRZ 1999, 1270.
[63] BGH FamRZ 1996, 931, 932 = NJW 1996, 2153; s auch BGH FamRZ 2006, 930; aA KG FamRZ 1997, 421.
[64] *Johannsen/Henrich/Brudermüller* Rn 32.
[65] So MünchKommBGB/*Wacke* Rn 16.
[66] Zum Meinungsstand *Johannsen/Henrich/Brudermüller* Rn 32 und *Palandt/Brudermüller* Rn 20.
[67] OLG Köln FamRZ 1997, 943.
[68] OLG Hamm FamRZ 1996, 1476.
[69] *Johannsen/Henrich/Brudermüller* Rn 36.
[70] OLG Frankfurt FamRZ 1992, 677, 679.
[71] BayObLG FamRZ 1974, 22.
[72] OLG Brandenburg FamRZ 2003, 378.
[73] OLG Köln FamRZ 1998, 1434; FamRZ 1999, 1272, 1274.
[74] OLG München FamRZ 1998, 1170, 1171.
[75] Vgl die Nachweise bei *Brudermüller* FamRZ 2006, 1157, 1164.

18 Gilt für ausländische Staatsbürger, die in Deutschland leben, gemäß Art 14 Abs 1 Nr 1 EGBGB ein **ausländisches Ehestatut**, so war umstritten, ob dies auch die Zuweisungen von Ehewohnung und Hausrat erfasste. Die neue Vorschrift des Art 17 a EGBGB unterwirft seit dem 1. 1. 2002 die Nutzungsregelung an einer im Inland belegenen Ehewohnung den deutschen Sachvorschriften.

19 **9. Lebenspartnerschaft.** Das seit dem 1. 8. 2001 geltende Lebenspartnerschaftsgesetz kannte von Anfang an in seinem § 14 eine dem § 1361 b entsprechende Regelung. Diese ist durch das Gewaltschutzgesetz der jetzt geltenden Fassung in vollem Umfang angepasst worden.

20 **10. Gewaltschutzgesetz.** Das GewSchG bietet seit dem 1. 1. 2002 die Möglichkeit, nach bestimmten Verletzungshandlungen oder auch Nachstellungen den Täter „auf Abstand" zu halten. Hierzu präzisiert und erweitert § 1 GewSchG die Möglichkeiten, die die §§ 823, 1004 bisher schon boten. Hierzu zählt auch ein (meist befristetes) Betretungsverbot für die Wohnung des Opfers. Daneben erweitert § 2 GewSchG den Kreis der Personen, die im Falle vorsätzlicher und widerrechtlicher Ausübung von Gewalt eine **Zuweisung der Wohnung** an sich allein erreichen können, auf alle, die einen **auf Dauer angelegten gemeinsamen Haushalt** führen. Damit sind grds auch Eheleute erfasst. Doch bleibt der Schutz nach § 2 GewSchG in mehrfacher Hinsicht hinter dem nach § 1361 b zurück. Die Zuweisung der Ehewohnung zum Schutz vor Gewalt kann unbedingt nur im Falle tatsächlich ausgeübter Gewaltanwendung verlangt werden, Abs 1 in Verbindung mit § 1 Abs 1 S 1. Wurde mit der Anwendung von Gewalt nur gedroht, so muss zur Überlassung der gemeinsam genutzten Wohnung erforderlich sein, dass dies eine unbillige Härte vermeidet (Abs 6). Weiter ist jede Überlassung der Wohnung zu befristen, sofern dem Täter zusammen mit dem Opfer ein dingliches Recht an der Wohnung zusteht. Die Befristung darf sechs Monate nicht übersteigen, wenn der Täter allein dinglich berechtigt ist oder allein (oder mit Dritten) Mieter der Wohnung ist. **Kinder** sind von dem Schutz vor Gewalt durch den Sorgeberechtigten ausgenommen (§ 3 Abs 1); Eltern sollen sich aber nach diesem Gesetz vor der Gewalt ihrer minderjährigen Kinder schützen können[76]. Immerhin ist in § 1666 a Abs 1 nF der Ausschluss eines gewalttätigen Elternteils von der Nutzung der Familienwohnung nunmehr ausdrücklich vorgesehen[77].

21 Andererseits sehen die Verfahrensvorschriften zu den §§ 1 und 2 GewSchG einige Erleichterungen vor: Die Entscheidungen können gemäß § 64 b FGG für sofort wirksam erklärt und ihre Vollstreckung vor Zustellung an den Gegner angeordnet werden. Auch gilt der Antrag auf Erlass einer einstweiligen Anordnung, wenn diese ohne mündliche Verhandlung ergeht, zugleich als Auftrag zur Zustellung und Vollstreckung durch den Gerichtsvollzieher unter Vermittlung der Geschäftsstelle (§ 64 b Abs 3 S 5 FGG). Dadurch wird die Umsetzung einer einstweiligen Anordnung erheblich beschleunigt. Dies ist insbes dann von Interesse, wenn der gewalttätige Ehepartner von der Polizei nur für kurze Zeit aus der Wohnung gewiesen worden ist (zB § 34 a PolG-NW: zehn Tage).

§ 1362 Eigentumsvermutung

(1) ¹**Zugunsten der Gläubiger des Mannes und der Gläubiger der Frau wird vermutet, dass die im Besitz eines Ehegatten oder beider Ehegatten befindlichen beweglichen Sachen dem Schuldner gehören.** ²**Diese Vermutung gilt nicht, wenn die Ehegatten getrennt leben und sich die Sachen im Besitz des Ehegatten befinden, der nicht Schuldner ist.** ³**Inhaberpapiere und Orderpapiere, die mit Blankoindossament versehen sind, stehen den beweglichen Sachen gleich.**

(2) **Für die ausschließlich zum persönlichen Gebrauch eines Ehegatten bestimmten Sachen wird im Verhältnis der Ehegatten zueinander und zu den Gläubigern vermutet, dass sie dem Ehegatten gehören, für dessen Gebrauch sie bestimmt sind.**

I. Normzweck

1 § 1362 enthält eine Spezialregelung des **Gläubigerschutzes** bei Ansprüchen gegen einen der Ehegatten. Der für einen Außenstehenden wegen der Rechtsverhältnisse zwischen den Ehegatten erschwerte Eigentumsnachweis des schuldenden Ehegatten wird durch die Vermutungswirkung des § 1362 erleichtert, dass die im Besitz eines oder beider Ehegatten, dh auch des nicht-schuldenden Ehegatten, befindlichen Sachen dem Schuldner gehören. § 1362 tritt insoweit an Stelle der Eigentumsvermutung des § 1006 für den besitzenden Ehegatten. Wegen der Beschränkung auf das Außenverhältnis gilt § 1362 aber nicht im Verhältnis der Ehegatten zueinander und insoweit dann wieder § 1006[1].

2 Eine Ausnahmeregelung enthält Abs 2. Danach wird bei Gegenständen des persönlichen Gebrauchs vermutet, dass sie dem Ehegatten gehören, zu dessen Gebrauch sie bestimmt sind. Diese Vermutung gilt anders als Abs 1 auch im Verhältnis der Ehegatten zueinander. Durch eine weite Auslegung von Abs 2 kann die Auseinandersetzung um die Berechtigung des Gläubigerschutzes durch § 1362 entschärft werden[2].

---

[76] BT-Drucks 14/5429 S 32.
[77] Zu den Motiven BT-Drucks 14/8131 S 8.
[1] OLG München NJW 1972, 543.
[2] MünchKommBGB/*Wacke* Rn 3 ff.

II. Die Vermutungswirkung und ihre Folgen

§ 1362 enthält eine Rechts- und keine Tatsachenvermutung iS von § 292 ZPO[3]. Der Gläubiger muss die Voraussetzungen des § 1362 beweisen. Dem nicht schuldenden Ehegatten obliegt dann der volle Beweis seines Eigentums. Ein Vermögensverzeichnis reicht dazu nicht, wohl aber ein öffentlich beglaubigtes Verzeichnis. Der Kfz-Brief weist nur den Halter, nicht den Eigentümer aus[4].

Die Vermutung wirkt primär in der Zwangsvollstreckung und in der Insolvenz und auch im Offenbarungsverfahren, ist aber nicht darauf beschränkt, sondern greift auch ein, wo die Eigentumsverhältnisse des Schuldners für den Gläubiger von Bedeutung sind, zB auch bei der Sicherungsübereignung[5].

In der Zwangsvollstreckung wird bei Gewahrsam eines Ehegatten das Eigentum des schuldenden Ehegatten vermutet. Dem entspricht § 739 ZPO. Dagegen hat der nicht-schuldende Ehegatte die Drittwiderspruchsklage nach § 771 ZPO. Wie weit daneben die Erinnerung nach § 766 ZPO zulässig ist, ist umstritten. Richtigerweise ist sie der richtige Rechtsbehelf, wenn die Voraussetzungen der Anwendung von § 1362 bestritten werden (insbes auch bei Abs 1 S 2 und Abs 2). Für die Zwangsräumung von Wohnräumen gilt die Vermutung des § 739 ZPO nicht.

§ 1362 gilt auch im Insolvenzrecht und sowohl bei Herausgabeansprüchen des Insolvenzverwalters gegen den nicht schuldenden Ehegatten auf Herausgabe an die Masse als auch bei Aussonderungsansprüchen des nicht schuldenden Ehegatten. Ein Auskunftsrecht des Insolvenzverwalters gegenüber dem nichtschuldenden Ehegatten besteht nicht[6].

III. Der Anwendungsbereich

Die Vermutungswirkung setzt eine **wirksame Ehe** voraus und gilt daher nicht für Besitz vor Eingehung der Ehe[7]. § 1362 ist auf die **nichteheliche Lebensgemeinschaft** nicht entspr anwendbar[8]. Bei einer **Trennung** gilt die Vermutungswirkung nach § 1362 Abs 1 S 2 nicht mehr bei Alleinbesitz des nicht schuldenden Ehegatten.

Erforderlich ist unabhängig vom Fremd- oder Eigenbesitz der **gegenwärtige Besitz**. Ausreichend sind daher Mitbesitz und mittelbarer[9] Besitz eines Ehegatten. Bei **Alleinbesitz** ist die Vermutungswirkung mit § 1006 identisch.

Die Vermutung gilt nur für den Besitz an beweglichen Sachen und wird durch Abs 1 S 3 auf Inhaberpapiere und blankoindossierte Orderpapiere ausgeweitet.

§ 1362 gilt nur im Verhältnis von Ehegatten zu Gläubigern, nicht der Ehegatten untereinander[10]. Zur Ausnahme nach Abs 2 s Rn 12 ff.

Die Vermutungswirkung des § 1362 gilt bei allen Güterständen. Auch die Gütertrennung setzt die Vermutung nicht außer Kraft. Bei Gütergemeinschaft geht aber § 1416 vor und § 1362 bleibt nur bei Gegenständen, die nachweislich nicht zum Gesamtgut gehören, anwendbar.

IV. Ausnahmen bei Gegenständen des persönlichen Gebrauchs

Abs 2 enthält in mehrfacher Hinsicht eine Ausnahme von der Vermutungswirkung des Abs 1. Bei Gegenständen des persönlichen Gebrauchs wird vermutet, dass sie dem Ehegatten gehören, für dessen Gebrauch sie bestimmt sind. Das gilt nicht nur gegenüber Gläubigern, sondern auch zwischen den Ehegatten und über die Trennung und Eheauflösung hinaus bis zur Auseinandersetzung[11]. Die Vermutung bezieht sich nur auf bewegliche Sachen. Die Besitzlage ist unerheblich. Die Widerlegung der Vermutung ist Hauptbeweis.

Die Abgrenzung der **persönlichen Gebrauchsbestimmung** ist schwierig. Maßgeblich ist die Zweckbestimmung, nicht der tatsächliche Gebrauch. Dabei ist eine **konkrete Betrachtungsweise** vorherrschend[12].

Ob bei **Damenschmuck** die Vermutung für das Eigentum der Ehefrau spricht[13], ist umstritten[14]. Die Vermutung gilt aber in keinem Fall, wenn der Schmuck unstreitig als Kapitalanlage[15] oder geschäftsmäßig für ein Juweliergeschäft[16] angeschafft wurde. Bei der vorbehaltlosen Überlassung ererbten Familienschmucks muss der Ehemann sein Eigentum beweisen[17]. Bargeld und Hausrat fallen unter Abs 1[18], zum Geschäftsbetrieb eines Ehegatten gehörende Sachen bei klarer räumlicher Trennung unter Abs 2[19].

---

[3] MünchKommBGB/*Wacke* Rn 24.
[4] BGH NJW 1970, 653.
[5] RGZ 80, 62.
[6] BGH NJW 1978, 1002.
[7] BGH NJW 1993, 936.
[8] BGH NJW 2007, 992; str, aA noch OLG Köln FamRZ 1990, 623.
[9] BGH NJW 1993, 93.
[10] OLG München NJW 1972, 543; OLG Oldenburg FamRZ 1991, 814.
[11] BGHZ 2, 85.
[12] MünchKommBGB/*Wacke* Rn 28 mwN.
[13] MünchKommBGB/*Wacke* Rn 30.
[14] BGH FamRZ 1971, 25; OLG Nürnberg FamRZ 2000, 1220 m Anm *Bergschneider* = NJW-RR 2001, 3.
[15] BGH NJW 1959, 142.
[16] MünchKommBGB/*Wacke* Rn 30 aE.
[17] RGZ 99, 152.
[18] MünchKommBGB/*Wacke* Rn 30.
[19] OLG Oldenburg FamRZ 1991, 184 zu Pkw.

Titel 6. Eheliches Güterrecht (§§ 1363–1563)

Untertitel 1. Gesetzliches Güterrecht (§§ 1363–1407)

§ 1363 Zugewinngemeinschaft

(1) Die Ehegatten leben im Güterstand der Zugewinngemeinschaft, wenn sie nicht durch Ehevertrag etwas anderes vereinbaren.

(2) ¹Das Vermögen des Mannes und das Vermögen der Frau werden nicht gemeinschaftliches Vermögen der Ehegatten; dies gilt auch für Vermögen, das ein Ehegatte nach der Eheschließung erwirbt. ²Der Zugewinn, den die Ehegatten in der Ehe erzielen, wird jedoch ausgeglichen, wenn die Zugewinngemeinschaft endet.

Schrifttum zum ehelichen Güterrecht im Allgemeinen: *Bärman,* Das neue Ehegüterrecht, AcP 157 (1957), 145; *Battes,* Auseinandersetzung, Rückabwicklung, Entgelt, FS Hübner, 1984, S 379; *ders,* Sinn und Grenzen des Zugewinnausgleichs, FuR 1990, 311; *ders,* Ehegewinn und eheneutraler Erwerb, in: *Bosch* (Hrsg), Neuere Entwicklungen im Familienrecht, 1990, S 49; *Börger/Engelsing,* Eheliches Güterrecht, 2. Aufl 2005; *Buschendorf,* Die Grenzen der Vertragsfreiheit im Ehevermögensrecht, 1987; *Diederichsen,* Teilhabegerechtigkeit in der Ehe, FamRZ 1992, 1; *Dörr,* Die Entwicklung des Ehegüterrechts seit dem 1. EheRG, NJW 1989, 1953; *Langenfeld,* Ehevertragsgestaltung nach Ehetypen, FamRZ 1987, 9; *ders,* Zur Praxis des Ehevertrags, FamRZ 1994, 201; *Wacke,* Grundzüge des ehelichen Güterrechts, Jura 1979, 617.

Schrifttum zum gesetzlichen Güterstand: *Büte,* Zugewinnausgleich bei Ehescheidung, 3. Aufl 2006; *Cypionka,* Vereinbarungen über den Zugewinnausgleich in Eheverträgen mit Scheidungsfolgeverträgen, MittRhNotK 1986, 157; *Duderstadt,* Zugewinnausgleich: Mit Schuldenregulierung und Kosten, 1999; *Fasselt,* Ausschluss von Zugewinnausgleichs- und Pflichtteilsansprüchen bei Beteiligung an Familienunternehmen, DB 1982, 939; *Gernhuber,* Geld und Güter beim Zugewinnausgleich, FamRZ 1984, 1053; *ders,* Probleme der Zugewinngemeinschaft, NJW 1991, 2238; *Hoppenz,* Familiensachen, 8. Aufl 2005; *Koch,* Die Teilungsmasse des Zugewinns – der Topos von der starren, schematischen Regelung des Gesetzes, in: *Schwab/Hahne* (Hrsg), Familienrecht im Brennpunkt, 2004, S 139; *Kogel,* Strategien beim Zugewinnausgleich, 2. Aufl 2007; *v. Olshausen,* Probleme der Zugewinnausgleichs nach der neuen Höfeordnung, FamRZ 1977, 361; *Rauscher,* Dingliche Mitberechtigung in der Zugewinngemeinschaft, AcP 186 (1986), 529; *R. Schröder,* Der Zugewinnausgleich auf dem Prüfstand, FamRZ 1997, 1; *Schröder/Bergschneider,* Familienvermögensrecht, 2. Aufl 2007; *Schwab,* Der Zugewinnausgleich in der Krise, FS Alfred Söllner, 2000, S 1079; *Stenger,* Güterstand bei Unternehmerehen – die Zugewinngemeinschaft, ZEV 2000, 51; *Urbach,* Unzulänglichkeiten der Zugewinngemeinschaft, 1990; *Voit,* Der Zugewinnausgleich in der Unternehmer-Hausfrauen-Ehe, 1999. S auch die Literaturhinweise bei den einzelnen Vorschriften.

Übersicht

	Rn		Rn
I. Überblick zum ehelichen Güterrecht	1	4. Kennzeichen des Güterstands	11
II. Zugewinngemeinschaft	5	5. Grundgedanke	12
1. Gesetzesüberblick zum gesetzlichen Güterstand	5	6. Grundschema des Zugewinnausgleichs	13
		7. Wertung der Zugewinngemeinschaft, Kritik	14
2. Grundsätzliches	6	8. Reformfragen	18
3. Dauer	8		

I. Überblick zum ehelichen Güterrecht

1 Der sechste Titel des BGB mit den §§ 1363 bis 1563 regelt das eheliche Güterrecht. Das sind die Normen, welche die vermögensrechtlichen Beziehungen der Ehegatten untereinander und zu Dritten für die Dauer der Ehe und die Zeit ihrer Abwicklung regeln, jedoch mit Ausnahme der sich aus den allgemeinen Ehewirkungen (§§ 1353 bis 1362) ergebenden Rechte und Pflichten (zB Unterhaltspflichten, Eigentumsvermutung, „Schlüsselgewalt") und ohne das Ehegattenerbrecht[1].

2 Das BGB regelt drei Güterstände:
– den gesetzlichen Güterstand der **Zugewinngemeinschaft** (§§ 1363 bis 1390);
– die Gütertrennung (§ 1414) als subsidiären gesetzlichen **Güterstand;**
– den vertraglichen Güterstand der **Gütergemeinschaft** (§§ 1415 bis 1482) mit der Sonderform der fortgesetzten Gütergemeinschaft (§ 1483 bis 1518).
    Daneben enthalten die §§ 1408 bis 1413 allgemeine Vorschriften zum vertragsmäßigen Güterrecht, insbes zum Grundsatz der Ehevertragsfreiheit (§ 1408) und zur Wirkung des Güterrechtsregisters (§ 1412), sowie die §§ 1558 bis 1563 Verfahrensvorschriften zum Güterrechtsregister.

---

[1] MünchKommBGB/*Koch* Einl §§ 1363 ff Rn 1; *Soergel/Lange* Einl §§ 1363 ff Rn 1.

Über die güterrechtlichen Streitigkeiten entscheidet nunmehr ausschließlich das **Familiengericht** (§§ 23a Nr 5, 23b Abs 1 S 2 Nr 9 und 10 GVG, § 621 Abs 1 Nr 8 und 9 ZPO). Die Entscheidung kann isoliert oder auch im Verbundverfahren (§§ 623 Abs 1, 629 ZPO) erfolgen. Zur Überleitung des früheren DDR-Güterstands der Eigentums- und Vermögensgemeinschaft s Art 234 § 4 EGBGB[2]; grundbuchrechtliche Sondervorschriften zum Ehegüterrecht finden sich in den §§ 33 bis 36 GBO. Hinsichtlich des deutschen **Internationalen Privatrechts** betreffen die Art 15 und 16 EGBGB das Güterrecht, mit Rechtswahlmöglichkeit nach Art 15 Abs 2 EGBGB.

Auch für **Lebenspartner einer gleichgeschlechtlichen, eingetragenen Lebenspartnerschaft**[3], die die Voraussetzungen nach § 1 LPartG erfüllen, gelten seit dem 1. 1. 2005 auf Grund des Gesetzes zur Überarbeitung des Lebenspartnerschaftsrechts[4] die allgemeinen güterrechtlichen Bestimmungen. Daher leben die Lebenspartner im Güterstand der Zugewinngemeinschaft, wobei die §§ 1364 bis 1390 entsprechend gelten (§ 6 LPartG), wenn sie nicht durch einen **Lebenspartnerschaftsvertrag** nach § 7 LPartG etwas anderes vereinbaren[5].

II. Zugewinngemeinschaft

1. Gesetzesüberblick zum gesetzlichen Güterstand. Das Gesetz bestimmt zunächst, dass die Vermögensmassen der Ehegatten getrennt bleiben und getrennt verwaltet werden (§§ 1363, 1364), die §§ 1365 bis 1369 enthalten Verfügungsbeschränkungen der Ehegatten über ihr ganzes Vermögen und bei Hausratsgegenständen, § 1370 regelt die dingliche Surrogation an neuen Hausratsgegenständen. § 1371 befasst sich mit dem Zugewinnausgleich im Todesfall, die §§ 1372 bis 1390 mit dem Zugewinnausgleich und dessen Durchsetzung in den anderen Fällen.

2. Grundsätzliches. Der gesetzliche Regelgüterstand des BGB ist die Zugewinngemeinschaft und gilt immer dann, wenn kein anderer Güterstand durch Ehevertrag (§ 1408) vereinbart wurde[6]. Daraus folgt umgekehrt, dass derjenige, der das Bestehen eines abweichenden Güterstands behauptet, hierfür die objektive Beweislast trägt[7].

Der Ausdruck „Zugewinngemeinschaft" ist **irreführend**[8]. Tatsächlich handelt es sich um eine Gütertrennung mit „Ausgleich des Zugewinns"[9], also einer schuldrechtlichen Ausgleichszahlung. Weder entsteht dadurch eine Gemeinschaft (vgl §§ 741 ff) noch eine Gesamthandsberechtigung (§§ 705 ff, 2032 ff), da keine dingliche Mitbeteiligung des einen Ehegatten am Vermögen des anderen erfolgt (Ausnahme auf Grund der Erbteilserhöhung nach § 1371 Abs 1 im Todesfall)[10]. Durch die Bezeichnung soll nur zum Ausdruck gebracht werden, dass durch diesen Güterstand der wirtschaftliche Erfolg aus dem gemeinschaftlichen Leben und Arbeiten beiden Ehegatten zugute kommt[11].

3. Dauer. Die Zugewinngemeinschaft **beginnt** mangels einer abweichenden Vereinbarung kraft Gesetzes immer mit der Eheschließung, sonst mit Abschluss eines dahingehenden Ehevertrags.

Daneben ist zu beachten, dass früher geltende gesetzliche Güterstände in die Zugewinngemeinschaft **übergeleitet** wurden, und zwar
– hinsichtlich der bis zum 1. 7. 1958 geschlossenen Ehen der bis zum 31. 5. 1953 geltende Güterstand der ehemännlichen **Verwaltung und Nutznießung**, nach Art 8 I Nr 3 bis 5 GleichberG[12];
– hinsichtlich des Güterstands der Eigentums- und Vermögensgemeinschaft des FGB der **DDR** nach Art 234 § 4 EGBGB.

Die Zugewinngemeinschaft wird **beendet** durch Tod eines Ehegatten (§ 1371 Abs 1), Aufhebung oder Scheidung der Ehe (§§ 1313, 1564), durch vorzeitigen Ausgleich des Zugewinns mit Rechtskraft des entsprechenden Urteils (§ 1388) oder durch Aufhebung mittels eines Ehevertrags (s auch § 1372 Rn 2 ff).

4. Kennzeichen des Güterstands. Kennzeichen der Zugewinngemeinschaft sind[13]:
– es entsteht durch diesen Güterstand **kein gemeinschaftliches Vermögen (Grundsatz der Vermögenstrennung)**; dies gilt auch für das Vermögen, das ein Ehegatte nach der Eheschließung erwirbt (§ 1363 Abs 2). Es bestehen nur zwei „Gütermassen": das Vermögen des Mannes und das der Ehefrau;
– die **Nutznießung** des jeweiligen Vermögens steht seinem Eigentümer zu, jedoch belastet mit der Unterhaltspflicht nach § 1360;

---

[2] Dazu etwa auch MünchKommBGB/*Koch* Einl §§ 1363 ff Rn 32 f.
[3] Gesetz vom 16. 2. 2001, BGBl I S 266; in Kraft ab 1. 8. 2001.
[4] Vom 15. 12. 2004, BGBl I S 3396; dazu etwa *Weber* ZFE 2005, 187; *Wellenhofer* NJW 2005, 705; *Stüber* FamRZ 2005, 574; *Dickhuth-Harrach* FamRZ 2005, 1139.
[5] Vgl etwa *Muscheler* Familienrecht, 2006, Rn 850.
[6] *Palandt/Brudermüller* Rn 1.
[7] BGH NJW 1989, 1728 = LM Nr 5; MünchKommBGB/*Koch* Rn 5; *Baumgärtel/Laumen* Rn 1; KK-FamR/*Weinreich* Rn 9.
[8] *Soergel/Lange* Rn 2; *Gernhuber/Coester-Waltjen* § 34 Rn 2: „partiell missverständliche Wiedergabe des Inhalts"; *Langenfeld*, 5. Aufl Rn 130: für den Laien liegt die Betonung auf „Gemeinschaft".
[9] So noch der erste Regierungsentwurf, BT-Drucks 1/3802 S 8, 53.
[10] AllgM, *Staudinger/Thiele* Rn 1; *Soergel/Lange* Rn 2.
[11] *Maßfelder/Reinicke* Rn 2.
[12] Eingehend *Staudinger/Thiele* Einl Rn 31 ff.
[13] AnwK-BGB/*Gruber* Rn 3 ff; *Muscheler* Familienrecht Rn 335 ff.

§ 1363　　　　　　　　　　　　　　　　　　　　　Buch 4. Abschnitt 1. Bürgerliche Ehe

– jeder Ehegatte verwaltet grds sein Vermögen selbstständig und kann hierüber frei verfügen und wirksame Verpflichtungsgeschäfte eingehen (**Grundsatz der selbstständigen Vermögensverwaltung**, §§ 1363 Abs 2, 1364). Er bedarf jedoch der **Zustimmung** seines Ehegatten dann, wenn er über sein Vermögen im ganzen oder die ihm gehörenden Hausratsgegenstände verfügen oder sich hierzu verpflichten will (§§ 1365, 1369);
– für seine vor und während der Ehe entstandenen Verbindlichkeiten **haftet** jeder Ehegatte **allein** und nur mit seinem Vermögen; ausnahmsweise ergibt sich eine gesetzliche **Mitverpflichtung** und Mitberechtigung güterstandsunabhängig aus § 1357 (Geschäfte zur Deckung des Lebensbedarfs);
– mit der Beendigung des Güterstandes findet der **Zugewinnausgleich** statt (§ 1363 Abs 2 S 2). Dabei erhält der Ehegatte, der während des Güterstandes einen geringeren Zugewinn erzielt hat, eine **schuldrechtliche**, auf Geldzahlung gerichtete **Ausgleichsforderung** in Höhe der Hälfte des Überschusses des anderen (§ 1378 Abs 1). Hierzu sind Anfangs- und Endvermögen jedes Ehegatten zu ermitteln (§§ 1374, 1375, 1376); dabei handelt es sich um reine Rechnungsgrößen und keine eigenständigen Vermögensmassen. Die Ausgleichsforderung wird begrenzt durch das bei Beendigung des Güterstands vorhandene Vermögen (§ 1378 Abs 2) und kann aus Billigkeitsgründen ganz ausgeschlossen sein (§ 1381). Sie entsteht erst mit Beendigung des Güterstands und ist erst ab dann übertragbar (§ 1378 Abs 3), wird also erst dann zum Recht. Vorher kann – schon wegen der Unsicherheiten im tatsächlichen, ob überhaupt ein Zugewinn erzielt wird – nur von einer Erwerbschance, aber nicht von einem Anwartschaftsrecht auf die Ausgleichsforderung gesprochen werden[14]. Demgegenüber findet im **Erbfall**, wenn der Längerlebende der Ehegatte Erbe des Verstorbenen wird, kein rechnerisch genauer Zugewinnausgleich statt, sondern der Überlebende erhält eine pauschale Erhöhung seines Erbteils um ein Viertel am Nachlass des Verstorbenen (§ 1371 Abs 1), also ausnahmsweise dingliche Beteiligung am Vermögen des anderen. Er kann aber auch hier durch Ausschlagung zum rechnerisch genau ermittelten Zugewinnausgleich überwechseln (§ 1371 Abs 3, sog güterrechtliche Lösung).
– auf die **Besitzverhältnisse** ist die Zugewinngemeinschaft als solche – wie alle anderen Güterstände auch – ohne Einfluss. Zusammenlebende Ehegatte sind idR Mitbesitzer (§ 866) der von ihnen gemeinsam benutzten Sachen und der Ehewohnung, weil sie nach den allgemeinen besitzrechtlichen Kategorien gemeinsam die tatsächliche Sachherrschaft ausüben (§ 854)[15]. Das Recht zum Mitbesitz ergibt sich aus dem Gebot zur ehelichen Lebensgemeinschaft[16]. Alleinbesitz besteht an den Gegenständen, die ein Ehegatte allein benutzt, insbes an den Gegenständen seines persönlichen Gebrauchs. In vollstreckungsrechtlicher Hinsicht ist (güterstandsunabhängig) § 739 ZPO zu beachten[17].
– Die Zugewinngemeinschaft schließt die Geltung des **allgemeinen Vermögensrechts** zwischen den Ehegatten nicht aus. Sie können rechtsgeschäftlich Bruchteilseigentum oder (bei Bestehen einer Gesellschaft, § 705) zur Gesamthand erwerben. Es können Arbeits- oder Auftragsverhältnisse, Schadensersatz- (jedoch ist hier § 1359 zu beachten) oder Bereicherungsansprüche bestehen, ein Gesamtschuldnerausgleich ist möglich. Diese Ansprüche richten sich zunächst nach den allgemeinen Bestimmungen, werden aber zT durch besondere eherechtliche Grundsätze überlagert, etwa durch eine Haftungsreduzierung nach § 1359 oder die Pflichten aus § 1353 (eingehend § 1372 Rn 7 ff).
– Dem **Zugewinnausgleich entzogen** sind die Anwartschaften und Anrechte, die dem Versorgungsausgleich (§ 1587 Abs 3) oder dem Hausratsverfahren (§ 1375 Rn 6) unterliegen.

12 **5. Grundgedanke.** Der rechtfertigende Grund für die Zugewinngemeinschaft liegt in der **Lebens- und Wirtschaftsgemeinschaft** der Ehegatten[18]. Er lässt sich auf zwei Grundgedanken zurückführen[19]: Der während der Ehe von einem Ehegatten erzielte Vermögenserwerb ist mittelbar oder unmittelbar auch vom anderen Ehegatten mitunterstützt und verursacht. Mit diesem **Verursachungsgedanken** ist eng verwoben, dass auf Grund der von den Ehegatten in der Ehe getroffenen Rollenverteilung der eine Ehegatte auf eine (Gewinn bringende) eigene Erwerbstätigkeit im bestimmten Umfang verzichtet und hierfür gerade einen finanziellen Ausgleich erhalten soll **(Erwerbsverzicht).** Deutlich wird dies insbes bei dem Leitbild der „Hausfrauenehe", von dem der Gesetzgeber hier ausging. Dieser Ausgleichsgedanke soll dem Gedanken der grundsätzlichen Gleichwertigkeit von Berufs- und Hausfrauentätigkeit gerecht werden. Demgegenüber wird ein anderer Aspekt zu wenig berücksichtigt: Die Ehe ist auch eine Lebens- und Schicksalsgemeinschaft. Gründe der Solidarität gebieten es daher ebenfalls, denjenigen, der weniger Vermögen während der Ehe bilden konnte, hieran zu beteiligen, um ihn im Alters- oder Krankheitsfall ausreichend abzusichern. Kennzeichnend ist daher hier das **Äquivalenz-** (Ausgleichs-)

---

[14] MünchKommBGB/*Koch* Rn 9; *Soergel/Lange* Rn 6; RGRK/*Finke* § 1378 Rn 14; aA offenbar LG Koblenz FamRZ 1998, 163, 164 zu § 1365.
[15] MünchKommBGB/*Koch* Rn 15, die zu Recht betont, es bedürfe hierfür nicht der Begründung mit dem „Wesen der Ehe" (so aber *Staudinger/Thiele* Rn 8), vielmehr beruhen solche Argumentationsmuster darauf, die frühere und jetzt überholte Vorstellung zu widerlegen, die Frau sei nur Besitzdienerin.
[16] *Palandt/Brudermüller* § 1353 Rn 6.
[17] *Palandt/Brudermüller* § 1362 Rn 10.
[18] Vgl RegE, BT-Drucks 1/3802 S 62; BGH NJW 1979, 2099.
[19] Hierzu etwa *Gernhuber/Coester-Waltjen* § 34 Rn 3 ff; *Johannsen/Henrich/Jaeger* Vor § 1372 Rn 4; MünchKommBGB/*Koch* Vor § 1363 Rn 8; *Diederichsen* FamRZ 1992, 1, 8; *Schwab/Schwab* HdB ScheidungsR VII Rn 3 ff; im Ansatz aber ganz anders *Battes* FuR 1990, 311, 314 ff: die Ehe als „Konsumgemeinschaft" bedeute, dass Zugewinn nur auf gemeinsamem Konsumverzicht beruhe, was den Ausgleich der Ehegatten begründe; dagegen *Gernhuber/Coester-Waltjen* 4. Aufl § 34 I 2; *Diederichsen* FamRZ 1992, 1, 7 f.

und **Solidaritätsprinzip**[20]. Der sicherlich problematische „Halbteilungsgrundsatz" ist offenbar Ausdruck „idealisierender Tendenzen"[21].

6. Grundschema des Zugewinnausgleichs. Das Grundschema des Zugewinnausgleichs stellt sich an einem Beispiel wie folgt dar: **13**

Eheschließung (= Güterstandsbeginn)   15. 12. 1979
Stichtag für Zugewinnausgleich (§ 1384)   15. 6. 1997
Index: Alle privaten Haushalte in Deutschland, Basis 1991 = 100 Punkte

		Ehemann	Ehefrau
Endvermögen	tatsächlich	250 000	100 000
	Zurechnung (§ 1375 Abs 2)	0,0	0,0
Summe Endvermögen		250 000	100 000
Anfangsvermögen	nominal	25 000	60 000
	real (unter Berücksichtigung Kaufkraftverlust)	40 188,49	96 452,38
	Zuerwerb (§ 1374 Abs 2), bereits indexiert	22 303,22	0,0
Summe Anfangsvermögen		62 491,77	96 452,38
Zugewinn		187 508,29	3547,62
Differenz		183 960,67	
Ausgleichsbetrag an Ehefrau		91 980,34	

7. Wertung der Zugewinngemeinschaft, Kritik. Die Zugewinngemeinschaft ist nicht unumstritten[22]. Dabei ist zu unterscheiden zwischen den Argumenten, die sich auf generelle Schwächen des gesetzlichen Güterstands beziehen, und solchen, die darauf beruhen, dass er für die besondere Situation der Ehegatten „nicht passt". An **systembedingten Schwächen** werden insbes genannt: Der Schematismus der erbrechtlichen Lösung des § 1371, der zu einem Zugewinnausgleich ohne Zugewinn führen kann (§ 1371 Rn 7), der bloße Ausbildungsanspruch der Stiefkinder nach § 1371 Abs 4, weiter, dass das Anfangsvermögen immer mindestens null ist (§ 1374 Abs 1 HS 2, vgl Erl dort Rn 8), ja dass sich die verschiedenen Zuwendungen und Aufwendungen zwischen Ehegatten nur schwer in das Ausgleichssystem des Zugewinns einfügen lassen; dies gilt insbes hinsichtlich der Mitarbeitsfälle und den Abgrenzungen zur Ehegatteninnengesellschaft (§ 1372 Rn 8 ff). Vgl hierzu auch die Erl bei den einzelnen Vorschriften. **14**

Dass die Zugewinngemeinschaft **nicht allen Ehen** und den besonderen Umständen des Einzelfalls **gerecht** werden kann, lässt sich demgegenüber durch entsprechende ehevertragliche Vereinbarungen lösen. Der gesetzliche Güterstand der Zugewinngemeinschaft ist dabei der sachrichtige Güterstand für die überwiegende Zahl der Hausfrauen- oder **Alleinverdienerehen** und überhaupt der Ehen, in denen sich der Vermögenserwerb – wie im Regelfall nur abhängig Erwerbstätigen und Inhabern kleinerer Betriebe – typischerweise innerhalb der Dimension der familiären Lebensgemeinschaft vollzieht[23]. Von diesem Ehetyp kann sich die Realität allerdings weit entfernen, wenn die Vermögensmehrung – etwa bei Unternehmern oder Inhabern erheblichen Vermögens – in Bereichen erzielt wird, welche diese Dimension weit überschreiten[24]. Je mehr sich die von den Ehegatten gelebten ehelichen Lebensverhältnisse von der gesetzlichen Modellvorstellung der Zugewinngemeinschaft entfernen, desto größer wird die Gefahr einer **Typenverfehlung** und ungerechter Ergebnisse im Einzelfall[25]. Dem kann durch entsprechende ehevertragliche Gestaltungen Rechnung getragen werden. Hier wird deutlich, dass angesichts der Unmöglichkeit, dass der Gesetzgeber einen idealen Güterstand als sachrichtige Lösung für alle Ehen entwickeln kann, die rechtsgeschäftliche Gestaltungsmöglichkeit ein unverzichtbares Korrektiv darstellt[26]. Aufgabe der Kautelarjurisprudenz ist es dabei, unter Analyse der tatsächlich gelebten Eheverhältnisse und der vorliegenden Interessenkonstellationen **Fallgruppen** zu bilden und hierfür adäquate **Ehevertragsgestaltungen** zu erarbeiten, die als bewährte und ausgewogene Vertragsformen den Anforderungen des Einzelfalls gerecht werden. Die Typisierung der vertraglichen Ausgestaltung schärft dabei – wie jede wertende, zuordnende Betrachtung – zugleich das Bewusstsein für die Besonderheiten des Einzelfalls: Durch das Hin- und Herwandern des Blicks des Kautelarjuristen zwischen dem, was zunächst **15**

---

[20] *Battes*, Gemeinschaftliches Testament und Ehegattenerbvertrag, 1974, S 25, 11, 220 ff, hat dies bereits bei den Verfügungen von Todes wegen von Ehegatten als wesentliches Strukturelement herausgearbeitet; krit gegen diese Argumentation aber *Muscheler* Familienrecht Rn 336.
[21] S dazu *Rolland*, FS Schwab, 2005, S 395, 416; *Scholz* FamRZ 2002, 733.
[22] Zur Kritik etwa *Palandt/Brudermüller* Grundz § 1363 Rn 8 ff; *Rauscher* Rn 372 ff; bes krit jetzt *Muscheler* Familienrecht Rn 336: „die Zugewinngemeinschaft lässt sich rechtspolitisch nicht rechtfertigen"; bereits kurz nach Inkrafttreten *Müller-Freienfels* JZ 1957, 685; *Thierfelder* FamRZ 1959, 389.
[23] BGH NJW 1997, 2239; *Schwab/Schwab* HdB ScheidungsR VII Rn 5; *Gernhuber/Coester-Waltjen* § 34 Rn 6; *Lüderitz/Dethloff* § 5 Rn 56 f; *Langenfeld* Rn 137; *Soergel/Gaul* Vor § 1363 Rn 5.
[24] BGH NJW 1997, 2239; *Schwab/Schwab* HdB ScheidungsR VII Rn 5.
[25] *Langenfeld* Rn 117.
[26] *Gernhuber/Coester-Waltjen* § 34 Rn 19.

§ 1364   Buch 4. Abschnitt 1. Bürgerliche Ehe

„prima facie" als bewährter Vertragstyp im vorliegenden Fall als angemessen erschien, und der sorgfältigen Analyse der Besonderheiten des vorliegenden Falls, erfolgt eine Feinabstimmung für die zu lösenden Einzelprobleme. Diese Erfahrung führt wiederum – in einem gleichsam dialektischen Vorgang weg vom Besonderen hin zum Allgemeinen – zur Anpassung und Differenzierung des Kanons der allgemeinen Vertragstypen, was diesen zu einem offenen, sich ständig entwickelten System macht. Durch die auf Grund der Verallgemeinerung ermöglichte Diskussion in den einschlägigen Fachpublikationen und den ebenfalls leichter hierauf anwendbaren richterlichen Entscheidungen unterliegt dieser einer ständigen, aus sich heraus erfolgenden Überprüfung und Qualitätssicherung[27] und führt dann zu einem Konsens der Fachleute hinsichtlich der Richtigkeit der gewonnenen Ergebnisse[28].

16 Die Rspr hat diese praktischen Bedürfnisse erkannt und trägt ihnen durch die Betonung der **Ehevertragsfreiheit** gebührend Rechnung[29]. Das Problem stellt demgegenüber in der Praxis das **fehlende Problembewusstsein** der Ehegatten und Verlobten dar, die infolge unzureichender rechtlicher Information nicht erkennen, dass „für ihre Ehe" entsprechender Regelungsbedarf besteht[30]. Bei denen aber, die sich über diese Thematik aus den einschlägigen Medien informieren, besteht die Gefahr, dass sie sich durch tendenziöse Berichte über angeblich sittenwidrige Eheverträge und falsche richterliche Beurteilung (§ 1408 Rn 43 ff) aus Angst vor einer Übervorteilung von der dringend notwendigen Beratung abhalten lassen.

17 Zu den **vertraglichen Regelungsmöglichkeiten** in der Zugewinngemeinschaft zur Umsetzung des Konzepts der Ehevertragsgestaltung nach den verschiedenen Ehetypen vgl die nachfolgenden Erläuterungen je am Ende und § 1408 Rn 59 f.

18 **8. Reformfragen.** Auch für Fachkreise relativ überraschend hat das BMJ am 1. 11. 2007 den Entwurf eines Gesetzes zur Änderung des Zugewinnausgleichs- und Vormundschaftsrechts vorgelegt. Im Einzelnen sind folgende Änderungen geplant[31]:
– Änderung des **§ 1374 Abs 1 HS 2,** wonach Verbindlichkeiten nur bis zur Höhe des Vermögens abgezogen werden können und daher das Anfangsvermögen nie negativ sein kann. Soweit ein Ehegatte daher während der Zugewinngemeinschaft eigene Schuld tilgt, wurden die bisher im Rahmen des Zugewinnausgleichs nicht berücksichtigt. Daraus können sich Härten ergeben (§ 1374 Rn 8), die nunmehr vermieden werden sollen;
– **Schutz vor Vermögensmanipulationen,** in dem sowohl für die Berechnung des Zugewinns als auch für die Höhe der Ausgleichsforderung der Zeitpunkt der Zustellung des Scheidungsantrags maßgeblich sein soll und daher § 1378 Abs 2 entsprechend geändert wird (zu den bisherigen Problemen s § 1378 Rn 4);
– der **vorläufige Rechtsschutz** soll **verbessert** werden. Hierzu wird § 1389 aufgehoben, der bisher in der Praxis kaum genutzt wurde, so dass in Zukunft die allgemeinen Sicherungsmittel des vorläufigen Rechtsschutzes uneingeschränkt zur Verfügung stehen (zur bislang umstrittenen Frage, ob neben der Sicherheitsleistung nach § 1389 noch der allgemeine vorläufige Rechtsschutz vor Güterstandsbeendigung möglich ist, s § 1389 Rn 2);
– die Auskunftspflicht nach § 1379 soll erweitert werden, insbes auf das Anfangsvermögen erstreckt sowie eine Pflicht zur Vorlage von Belegen (zur bisherigen Rechtslage s § 1379 Rn 7) eingeführt werden. Auskünfte sind zudem nicht nur für die Ehescheidung und die Eheaufhebung, sondern auch bei vorzeitiger Aufhebung der Zugewinngemeinschaft und dem vorzeitigen Zugewinnausgleich zu erteilen;
– Änderungen des **vorzeitigen Zugewinnausgleichs** nach § 1386: nunmehr ist eine sofortige Leistungsklage auf Bezahlung des vorzeitigen Zugewinnausgleichs möglich, ohne dass zuvor die Auflösung des gesetzlichen Güterstandes durch Gestaltungsurteil abzuwarten ist (zur bisherigen Notwendigkeit der Klageverbindung s § 1385 Rn 3).

§ 1364 Vermögensverwaltung

Jeder Ehegatte verwaltet sein Vermögen selbständig; er ist jedoch in der Verwaltung seines Vermögens nach Maßgabe der folgenden Vorschriften beschränkt.

I. Normzweck, Grundsatz

1 Die Vorschrift betont den Grundsatz der **selbstständigen Vermögensverwaltung,** der in der Zugewinngemeinschaft gilt und bereits aus dem dort herrschenden Prinzip der Vermögenstrennung (§ 1363 Rn 11) folgt. Daher kann jeder Ehegatte grds frei über die zu seinem Vermögen gehörenden

---

[27] Diese gleichsam vorsorgende Selbstkontrolle für die Typen der Vertragsgestaltung ist von der von außen kommenden Inhaltskontrolle zu unterscheiden, die neuerdings generell für jeden Ehevertrag verlangt wird, dazu § 1408 Rn 14 ff.
[28] Eingehend *Langenfeld* Rn 114 ff und Rn 1235 ff mit der Entwicklung der entspr Vertragsgestaltungen; *ders* FamRZ 1994, 201; *Grziwotz* FamRZ 1997, 585, 589; zum richtigen Ehevertrag in der Landwirtschaft *Langenfeld* AgrarR 1999, 107; allg zu den Folgen der Orientierung an die Vertragstypen *Langenfeld*, FS Rheinisches Notariat, 1998, S 10 ff; hiergegen im Ansatz und Ergebnis überzogen *Waldner* Eheverträge Rn 8 ff.
[29] BGH NJW 1997, 2239 zur modifizierten Zugewinngemeinschaft bei einer Unternehmerehe; ebenso im Ergebnis die hM, vgl *Schwab/Schwab* HdB ScheidungsR VII Rn 5 mwN in Fn 8; vgl auch § 1408 Rn 9 ff.
[30] *Langenfeld* Rn 119.
[31] Überblick etwa in FamRB 2007, 382; eine krit Stellungnahme hierzu *Finger* FamRB 2008, 18.

Rechte und Gegenstände verfügen, diesbezüglich Verpflichtungen gegenüber Dritten wie aber auch mit dem anderen Ehepartner eingehen, hierauf tatsächliche Einwirkungen ausüben und die Nutzungen (§ 100) ziehen[1]. Dabei handelt jeder Ehegatte im eigenen Namen.

Aus dem Grundsatz der selbstständigen Vermögensverwaltung und dem Fehlen einer dem § 1435 S 1 entsprechenden Regelung ergibt sich auch, dass grds der eine Ehegatte dem anderen gegenüber **nicht** verpflichtet ist, sein **Vermögen ordnungsgemäß zu verwalten,** insbes auch keinen möglichst großen Zugewinnausgleich erzielen muss[2]. 2

II. Grenzen der Verwaltungsfreiheit

Güterstandsspezifische Schranken ergeben sich jedoch aus den mit absoluter Wirkung ausgestalteten **Verfügungsbeschränkungen** der §§ 1365, 1369 (Gesamtvermögensgeschäfte, Verfügung über Hausratsgegenstände). Bei Verstoß hat der andere Ehegatte die Revokationsklage nach § 1368 und kann den vorzeitigen Zugewinnausgleich verlangen (§ 1386 Abs 2 Nr 1). 3

Mittelbare Bindungen ergeben sich aus der güterstandsunabhängigen **Pflicht zur ehelichen Lebensgemeinschaft** (§ 1353), die auch im ehelichen Vermögensrecht gilt, und etwa zur gegenseitigen Rücksichtnahme in steuerlichen Angelegenheiten wie bei der Geltendmachung vermögensrechtlicher Ansprüche verpflichtet[3]. Daraus lässt sich allerdings keine umfassende Pflicht zur ordnungsgemäßen Vermögensverwaltung herleiten (s auch Rn 1)[4]. Weiter schränkt die Pflicht zur Leistung des Familienunterhalts (§§ 1360, 1360 a) die Freiheit zur Verwaltung und Nutzung ein[5]. Im Falle des Getrenntlebens findet auch eine **Hausratsverteilung** nach § 1361 a, § 18 a HausratsVO statt. 4

Bestimmte Verwaltungsmaßnahmen können zu einer **Vermögensminderung** führen. Zur Sicherung eines gerechten Zugewinnausgleichs finden sich daher besondere Bestimmungen, die deren entspr Berücksichtigung regeln, etwa § 1375 Abs 2 (rechnerische Erhöhung des Endvermögens), §§ 1385, 1386 (Klage auf vorzeitigen Zugewinnausgleich), § 1381 (Verweigerung des Zugewinnausgleichs aus Billigkeitsgründen). Dadurch werden jedoch keine (einklagbaren) Rechtspflichten begründet, weshalb hier lediglich von Obliegenheiten gesprochen wird, deren Verletzung bestimmte Rechtsnachteile im Zugewinnausgleichsverfahren nach sich zieht[6]. Teilweise setzen diese Bestimmungen aber ihrerseits wiederum echte Rechtspflichten (etwa wirtschaftlicher Art) voraus (zB § 1381 Abs 2). 5

Weiter bestehen auch ausdrücklich normierte **Nebenpflichten** (§§ 1377 Abs 2, 1379, 1389). 6

III. Vermögensverwaltung durch den anderen Ehegatten

Ein Handeln **mit Wirkungen gegenüber** dem **anderen Ehegatten** ist nur auf Grund entsprechender Vollmacht (§ 167) möglich, wobei auch die Grundsätze der Duldungs- und Anscheinsvollmacht Anwendung finden[7], oder nach § 1357. Auch **Rechtsstreitigkeiten** (Aktiv- wie Passivprozesse) führt jeder Ehegatte allein. Ein Duldungstitel gegen den anderen Ehegatten ist grds nicht erforderlich. Dem Schutze des Gläubigers in der Zwangsvollstreckung dienen die (ebenfalls güterstandsunabhängigen) Vermutungen der §§ 1362 BGB, 739 ZPO. Eine **gewillkürte Prozessstandschaft** des einen für den anderen Ehegatten ist grds zulässig. Das hierfür erforderliche eigene schutzwürdige Interesse ergibt sich idR bereits aus der ehelichen Lebensgemeinschaft[8]. Auch kann der eine Ehegatte dem anderen die ganze oder teilweise Verwaltung seines Vermögens überlassen. Wird dabei das Recht zum Widerruf eingeschränkt oder ausgeschlossen, so ist § 1413 zu beachten (s Erl dort). Wird über das Vermögen des einen Ehegatten ein **Insolvenzverfahren** eröffnet, berührt dies die Rechtsstellung des anderen Ehegatten grds nicht; jedoch unterliegt der Insolvenzverwalter nicht den Beschränkungen der §§ 1365, 1369[9]. 7

§ 1365 Verfügung über Vermögen im Ganzen

(1) ¹Ein Ehegatte kann sich nur mit Einwilligung des anderen Ehegatten verpflichten, über sein Vermögen im Ganzen zu verfügen. ²Hat er sich ohne Zustimmung des anderen Ehegatten verpflichtet, so kann er die Verpflichtung nur erfüllen, wenn der andere Ehegatte einwilligt.

(2) Entspricht das Rechtsgeschäft den Grundsätzen einer ordnungsmäßigen Verwaltung, so kann das Vormundschaftsgericht auf Antrag des Ehegatten die Zustimmung des anderen Ehegatten ersetzen, wenn dieser sie ohne ausreichenden Grund verweigert oder durch Krankheit oder Abwesenheit an der Abgabe einer Erklärung verhindert und mit dem Aufschub Gefahr verbunden ist.

---

[1] *Staudinger/Thiele* Rn 1, 3; *Dölle* I S 746; *Palandt/Brudermüller* Rn 1.
[2] *Gernhuber/Coester-Waltjen* § 34 Rn 5; *Soergel/Lange* Rn 10; *Staudinger/Thiele* Rn 4, 6; *Dölle* I S 746; MünchKommBGB/*Koch* Rn 2; aA *Erman/Heckelmann* Rn 2; RGRK/*Finke* Rn 6; offen lassend AnwK-BGB/*Gruber* Rn 3.
[3] MünchKommBGB/*Koch* Rn 6; *Staudinger/Thiele* Rn 5 mwN aus der Rspr.
[4] *Soergel/Lange* Rn 10; *Gernhuber/Coester-Waltjen* § 34 Rn 5; *Dölle* I S 746; *Staudinger/Thiele* Rn 6; AK/*Fieseler* Rn 2; aA RGRK/*Finke* Rn 6; *Erman/Heckelmann* Rn 2.
[5] *Soergel/Lange* Rn 11.
[6] *Staudinger/Thiele* Rn 9; *Dölle* I S 746; MünchKommBGB/*Koch* Rn 7 f; *Gernhuber/Coester-Waltjen* § 34 Rn 5; aA *Erman/Heckelmann* Rn 3; RGRK/*Finke* Rn 6.
[7] KK-FamR/*Weinreich* Rn 1.
[8] BGH FamRZ 1961, 435; *Staudinger/Thiele* Rn 12; MünchKommBGB/*Koch* Rn 10; PWW/*Weinreich* Rn 2.
[9] MünchKommBGB/*Koch* Rn 12; *Staudinger/Thiele* Rn 16.

§ 1365

Schrifttum: *Böhringer,* Der Zeitpunkt der Kenntnis bei Grundstücks-Rechtsgeschäften nach § 1365 BGB, BWNotZ 1987, 56; *Braun,* Zu einer Auslegung der §§ 1365, 1369 BGB, FS Musielak, 2004, S 119; *Eickmann,* Widerspruch und Grundbuchberichtigung bei Nichtigkeit nach §§ 1365 BGB, 1366 BGB, Rpfleger 1981, 213; *M. Feiler,* Die Verfügung über das nach §§ 1365 I, 1369 I BGB vinkulierte Gut, Diss München 1999; *Fuge,* Verfügungsbeschränkungen der §§ 1365 ff, 1369 BGB, ZFE 2004, 47; *Gottwald,* Zustimmung der Ehegatten zum Antrag auf Anordnung der Teilungsversteigerung, FamRZ 2006, 1075; *Kogel,* Die Verfügung über das Vermögen im Ganzen – nicht nur ein Problem des Zugewinns, FamRB 2005, 52; *Krautzer/Pantz,* Die Bedeutung der Verfügungsbeschränkung des § 1365 BGB für die Praxis des Notars, Vormundschaftsgerichts und Grundbuchamts, BWNotZ 1978, 75; *Künzel,* Heilung schwebend unwirksamer Gesamtvermögensgeschäfte eines Ehegatten?, FamRZ 1988, 452; *Liessem,* Guter Glaube beim Grundstückserwerb von einem durch seinen Güterstand verfügungsbeschränkten Ehegatten?, NJW 1989, 497; *Löhning,* Zustimmungsbedürftige Rechtsgeschäfte von Ehegatten im gesetzlichen Güterstand: Die Verpflichtungs- und Verfügungsbeschränkungen der §§ 1365, 1366 BGB, JA 2006, 753; *G. Müller,* Vertretung des geschäftsunfähigen Ehegatten bei der Zustimmung nach den §§ 1365, 1366 BGB, ZNotP 2005, 419; *Olzen,* Rechtsprobleme des § 1365 BGB, Jura 1988, 13; *Schlechtriem,* Rechtsprobleme bei Gesamtvermögensgeschäften – BGH NJW 1982, 1039, JuS 1983, 587; *M. Schwab,* Bürgschaften eines Ehegatten als zustimmungsbedürftige Rechtsgeschäfte im gesetzlichen Güterstand, FS Schwab, 2005, S 565; *M. Sudhof,* Die Grundstückstransaktion als Gesamtvermögensverfügung: Zur dogmatischen Einordnung des § 1365 BGB im Teilungsversteigerungsverfahren, FamRZ 1994, 1152; *Tiedtke,* Die Umdeutung eines nach den §§ 1365, 1366 nichtigen Rechtsgeschäfts in einem Erbvertrag, FamRZ 1981, 1; *ders,* Verfügungen eines Ehegatten über das Vermögen im ganzen, FamRZ 1988, 1007; *Chr. Wolf,* Übertriebener Verkehrsschutz. Zur subjektiven und objektiven Theorie im Rahmen des § 1365 BGB, JZ 1997, 1087.

Übersicht

	Rn		Rn
I. Normzweck	1	1. Zulässigkeit des Antrags	26
II. Tatbestand des § 1365	3	2. Begründetheit	27
1. Einwilligungsbedürftiges Rechtsgeschäft eines Ehegatten	3	a) Prüfungsgegenstand, Prüfungsmaßstab	27
		b) Grundsätze ordnungsgemäßer Verwaltung	29
2. Gesamtvermögensgeschäfte	9	c) Ausreichender Grund für die Verweigerung	30
a) Vermögensbegriff	9	d) Verhinderung an der Zustimmungserklärung	33
b) Einzel- oder Gesamttheorie	10	e) Entscheidungsverfahren	34
c) Wertvergleich	11	f) Rechtsmittel	35
d) Subjektives Tatbestandselement	17		
e) ABC der grds zustimmungspflichtigen Rechtsgeschäfte	19	**VI. Verfahrensfragen**	36
		1. Beweislast	36
III. Fehlende Einwilligung (Abs 1)	20	2. Beurkundungsverfahren	37
IV. Einwilligung	23	3. Grundbuchverfahren	38
V. Ersetzung der Zustimmung	25	**VII. Abweichende Vereinbarung**	39

I. Normzweck

1 Die Norm verfolgt einen **doppelten Schutzzweck:** Zum einen dient sie der Erhaltung der **wirtschaftlichen Grundlagen der Ehe- und Familiengemeinschaft** durch Abwehr von Handlungen eines Ehegatten, die nicht die Zustimmung des anderen fanden (Grundlagenschutz)[1]. Zum anderen bezweckt sie aber auch den Schutz des anderen Ehegatten an der Realisierung seiner **künftigen Ausgleichsforderung**[2]. Die Vorschrift ist eine Ausnahme vom Grundsatz der Verwaltungsfreiheit der Ehegatten (§ 1364). Für ihre Anwendung kommt es im Interesse der **Rechtssicherheit** aber auf eine **konkrete Gefährdung** dieser Schutzzwecke **nicht** an, was man mit einer Formalisierung der Normzwecke umschreiben kann[3]. Daraus ergibt sich, dass wenn das betroffene Geschäft im Einzelfall unbedenklich ist, etwa weil der nicht verfügende Ehegatte keinen Zugewinnausgleichsanspruch haben wird oder der verfügende Ehegatte bei der Verfügung bereits überschuldet war, dies nicht einfach durch Herausnahme aus dem Anwendungsbereich, sondern nur nach § 1365 Abs 2 berücksichtigt werden kann[4].

2 Die Norm enthält nach ganz hM ein **absolutes Verfügungsverbot,** so dass ein guter Glaube an die Verfügungsbefugnis (etwa über § 135 Abs 2) nicht geschützt wird[5]. Die Rechtsfolgen bestimmen sich allerdings nach den Sondervorschriften der §§ 1366 ff und nicht nach § 134.

---

[1] BGHZ 35, 135, 137 = NJW 1961, 1301; BGHZ 40, 218, 219 = NJW 1964, 347; MünchKommBGB/*Koch* Rn 1; AnwK-BGB/*Gruber* Rn 1; *Bergschneider* in: *Schröder/Bergschneider* FamVermR Rn 4.9.
[2] BGHZ 143, 356, 359 = NJW 2000, 1947; NJW 1980, 2350; BGHZ 40, 218, 219; BayOblG NJW 1975, 833; LG Lüneburg FamRZ 1996, 1489; MünchKommBGB/*Koch* Rn 2; AnwK-BGB/*Gruber* Rn 1; KK-FamR/*Weinreich* Rn 1; *Bergschneider* in: *Schröder/Bergschneider* FamVermR Rn 4.9.
[3] MünchKommBGB/*Koch* Rn 3; vgl auch BGHZ 143, 356, 359 = NJW 2000, 1947.
[4] BGHZ 143, 356, 359 = NJW 2000, 1947; *Bergschneider* in: *Schröder/Bergschneider* FamVermR Rn 4.9; MünchKommBGB/*Koch* Rn 3; *Staudinger/Thiele* Rn 2.
[5] BGHZ 40, 218 = NJW 1964, 347; AnwK-BGB/*Gruber* Rn 2; *Soergel/Lange* Rn 3; KK-FamR/*Weinreich* Rn 2; *Künzel* FamRZ 1988, 452, 455; *Dörr* NJW 1989, 814; aA MünchKommBGB/*Koch* Rn 5 mwN: „zustimmungsbedürftige Rechtsgeschäfte" mit eigenständiger Regelung; gegenüber der hM abschwächend auch *Staudinger/Thiele* Rn 99, jedoch ohne praktischen Unterschied.

Verfügung über Vermögen im Ganzen § 1365

II. Tatbestand des § 1365

1. Einwilligungsbedürftiges Rechtsgeschäft eines Ehegatten. Der Einwilligung (oder Genehmigung nach § 1366) bedürfen einseitige oder zweiseitige **Verpflichtungsgeschäfte,** durch die sich ein Ehegatte verpflichtet, über sein Vermögen im Ganzen zu verfügen. Die Verpflichtung zur Verfügung muss sich unmittelbar aus dem Inhalt des Rechtsgeschäfts ergeben, so dass die Eingehung bloßer Zahlungsverpflichtungen nicht unter § 1365 fällt, auch wenn dies mittelbar dazu führt, dass das gesamte Vermögen dem Gläubigerzugriff ausgesetzt wird[6]. Dagegen besteht eine Zustimmungspflicht, wenn durch die Eingehung einer bloßen Geld- oder Gattungsschuld der Schutzbereich des § 1365 **umgangen** werden soll, etwa durch ein abstraktes Schuldanerkenntnis[7]. Nicht erfasst werden gesetzliche Verpflichtungen oder solche durch behördliche oder gerichtliche Anordnungen[8], sowie solche im Wege der **Zwangsvollstreckung**[9]. 3

Fehlt es an der erforderlichen Einwilligung, so ist der Ehegatte auch gehindert, diese Verpflichtung durch die entsprechende **Verfügung** zu erfüllen (Abs 1 S 2). Sog **isolierte Verfügungen** ohne Verpflichtungsgeschäft, wie etwa die Eigentumsaufgabe, müssen in extensiver Normauslegung ebenfalls der Zustimmungspflicht unterworfen werden[10]. Wird die Zustimmung nur zur Verfügung erteilt, so wird damit auch das entsprechende Verpflichtungsgeschäft wirksam, da andernfalls das durch die Verfügung erlangte sofort wieder kondiziert werden könnte[11]; zudem ergibt eine lebensnahe Auslegung idR auch die Einwilligung in das Grundgeschäft. 4

Bevollmächtigte und **Ermächtigte** handeln mit Wirkung für und gegen den Vollmachtgeber oder Rechtsinhaber, so dass sie der Zustimmung des anderen Ehegatten bedürfen, wenn die übrigen Voraussetzungen vorliegen. Der bloße Akt der **Bevollmächtigung** oder Ermächtigung ist allerdings noch zustimmungsfrei, da damit noch keine Verpflichtung für den Geschäftsherrn begründet wird. Genehmigungen nach § 179 und § 185 Abs 2 schaffen allerdings unmittelbar Rechte und Pflichten und sind daher als Teil des Gesamtvermögensgeschäfts zustimmungspflichtig, hier sogar nach § 1367[12]. 5

Amtstreuhänder, wie Insolvenz-, Nachlass- und Zwangsverwalter, Sequester, unterliegen generell nicht den Bindungen des § 1365, da sie eine eigenständige Aufgabe im Drittinteresse wahrzunehmen haben[13]. Gleiches gilt auch für den Testamentsvollstrecker, auch wenn er Inhaber eines privaten Amtes ist[14]. 6

Zeitliche Grenze: Die Beschränkungen des § 1365 gelten nur **während der Ehe.** Ist die Ehe rechtskräftig geschieden, so bedürfen **danach abgeschlossene Rechtsgeschäfte** grds nicht mehr der Zustimmung[15]. Nur **ausnahmsweise** ist eine entsprechende Anwendung des § 1365 dann zu bejahen, wenn über die **Folgesache** Zugewinnausgleich infolge verfahrensmäßiger **Abtrennung** noch nicht entschieden ist. Denn mit den unter engen Voraussetzungen eine Abtrennung der Folgesache zulassenden Regelungen des § 628 ZPO wollte der Gesetzgeber nicht den Schutz des ausgleichsberechtigten Ehegatten beseitigen, den dieser bei einer gleichzeitigen Entscheidung im Scheidungsverbund (§ 629 Abs 1 ZPO) auf Grund der §§ 1365, 1366 hätte[16]. Wer dagegen versäumt, den Zugewinnausgleich als Folgesache geltend zu machen, ist hinsichtlich der nach der Scheidung abgeschlossenen Rechtsgeschäfte nicht schutzwürdig[17]. Andererseits aber wird ein ursprünglich zustimmungsbedürftiges Rechtsgeschäft im Allgemeinen durch die Scheidung **nicht** rückwirkend wirksam[18]. Denn durch eine derartige Heilung könnte nicht nur der Zugewinnausgleichsanspruch und damit einer der Normzwecke gefährdet werden. Da Gründe der Rechtssicherheit eine typisierende Betrachtung erfordern, kommt es nicht darauf an, ob der zustimmungsberechtigte Ehegatte tatsächlich einen Ausgleichsanspruch hätte. Ein schwebend unwirksames Rechtsgeschäft wird aber dann wirksam, wenn 7

---

[6] BGH FamRZ 1983, 455: Bürgschaft; BGHZ 143, 356 = NJW 2000, 1947 = FamRZ 2000, 744, 745, wo die Konsequenzen dieser Auffassung deutlich werden; OLG Rostock NJW 1995, 3127: Kaufpreiszahlung; AnwK-BGB/*Gruber* Rn 21; KK-FamR/*Weinreich* Rn 16; RGRK/*Finke* Rn 7; *Dölle* I S 754; MünchKommBGB/*Koch* Rn 45; *Gernhuber/Coester-Waltjen* § 35 Rn 23; aA *Mülke* AcP 161 (1961), 131, 144; einschränkend jedoch Staudinger/*Thiele* Rn 6, wenn zur Erfüllung einer umfassenden Zahlungsverpflichtung das gesamte Vermögen zu übertragen ist; iE auch *Braun,* FS Musielak, S 131; noch einschränkender *M. Schwab,* FS Schwab, S 574 ff, wenn eine Verbindlichkeit wie Bürgschaft oder Schuldbeitritt ohne Gegenleistung eingegangen wird.
[7] AnwK-BGB/*Gruber* Rn 21; KK-FamR/*Weinreich* Rn 16; Staudinger/*Thiele* Rn 6.
[8] Staudinger/*Thiele* Rn 5.
[9] Staudinger/*Thiele* Rn 13 und unten Rn 19 Stichwort Geldschulden.
[10] AnwK-BGB/*Gruber* Rn 23; MünchKommBGB/*Koch* Rn 39; Staudinger/*Thiele* Rn 8; aA *Dölle* I 756.
[11] *Gernhuber/Coester-Waltjen* § 35 Rn 7; MünchKommBGB/*Koch* Rn 36; aA Staudinger/*Thiele* Rn 7 a; Soergel/*Lange* Rn 24.
[12] MünchKommBGB/*Koch* Rn 52; Staudinger/*Thiele* Rn 12.
[13] AnwK-BGB/*Gruber* Rn 22; KK-FamR/*Weinreich* Rn 6; MünchKommBGB/*Koch* Rn 53 mwN.
[14] Reimann FamRZ 1989, 1248, 1256; Staudinger/*Thiele* Rn 13; MünchKommBGB/*Koch* Rn 54; aA AG Delmenhorst FamRZ 1959, 249.
[15] OLG Hamm FamRZ 1987, 591.
[16] OLG Celle NJW-RR 2003, 1661; OLG Hamm OLGZ 1984, 23 = FamRZ 1984 m zust Anm *Bosch;* OLG Köln FamRZ 2001, 176; LG Lüneburg FamRZ 1996, 1489; *Künzel* FamRZ 1988, 452, 456; AnwK-BGB/*Gruber* Rn 4; KK-FamR/*Weinreich* Rn 7; MünchKommBGB/*Koch* Rn 6; aA LG Konstanz BWNotZ 1983, 169 m Anm *Ludwig;* Voraufl Rn 7.
[17] OLG Hamm NJW-RR 2006, 1442 = FamRB 2006, 293 (*Kogel*); *Wever* FamRZ 2007, 857, 858.
[18] BGH NJW 1978, 1380; NJW 1984, 609, 610; OLG Saarbrücken FamRZ 1987, 1248; AnwK-BGB/*Gruber* Rn 50; MünchKommBGB/*Koch* Rn 6, § 1366 Rn 37; Staudinger/*Thiele* Rn 105; RGRK/*Finke* § 1366 Rn 17.

nach Scheidungsrechtskraft auch eine Gefährdung der Zugewinnausgleichsforderung infolge Verjährung ausgeschlossen ist[19].

8 Stirbt der **Ehegatte, dessen Zustimmung erforderlich war,** vor dem Vorliegen der Zustimmung oder der Ersetzung nach Abs 2, so wird das Geschäft von Anfang an wirksam, weil das Zustimmungsrecht als höchstpersönliches, unvererbliches Recht angesehen wird, und zwar nach hM[20] unabhängig davon, ob der Zugewinn mittels der sog erbrechtlichen Lösung ausgeglichen wird oder mittels der sog güterrechtlichen nach § 1371 Abs 2[21]. **Stirbt** der das **Geschäft vornehmende Ehegatte,** so wird eine Heilung des Rechtsgeschäfts von der ganz hM abgelehnt, die schwebende Unwirksamkeit besteht fort[22]. Dies gilt auch dann, wenn der überlebende Ehegatte Alleinerbe wird und unbeschränkt haftet, denn § 185 Abs 2 S 1 ist auf Grund des Schutzzwecks des § 1365 weder direkt noch analog anwendbar, vielmehr soll der erbende Ehegatte selbst entscheiden können, ob das schwebend unwirksame Rechtsgeschäft seinen Interessen entspricht[23].

9 **2. Gesamtvermögensgeschäfte. a) Vermögensbegriff.** Einwilligungsbedürftig sind nur Rechtsgeschäfte, die sich auf das Ganze oder nahezu ganze Vermögen eines Ehegatten beziehen. Unter dem Vermögen ist dabei das **Aktivvermögen** zu verstehen, nicht das bloße Nettovermögen als Differenz zwischen Aktiva und Passiva[24]. Daher ist auch auf Rechtsgeschäfte eines überschuldeten Ehegatten die Vorschrift anwendbar[25]. Anders als bei § 311b Abs 2 werden jedoch Rechtsgeschäfte über einen bloßen Vermögensbruchteil nicht erfasst[26].

10 **b) Einzel- oder Gesamttheorie.** Die Fälle, dass jemand sich nach dem ausdrücklichen Vertragswortlaut verpflichtet, über sein gesamtes Vermögen als solches (quasi „en bloc") zu verfügen, sind relativ selten. Die sog „Gesamttheorie"[27], die allein in dieser Weise an den Vertragswillen anknüpfen will, würde zu einem nur geringen Anwendungsbereich der Norm führen. In der Praxis hat sich daher ausgehend vom Schutzzweck der Norm (Rn 1), die sog **„Einzeltheorie"** durchgesetzt[28]. Danach sind zustimmungsbedürftig auch Rechtsgeschäfte über einen oder einzelne Gegenstände, wenn diese das ganze oder im Wesentlichen das ganze Vermögen ausmachen. Jedoch greift auch die Einzeltheorie nicht ein, wenn es sich lediglich um ein unbedeutendes Wirtschaftsgut handelt, da dies nicht die wirtschaftliche Grundlage der Familie sein kann[29], etwa ein gebrauchter Pkw im Wert von bis zu 2000 DM[30]. Zur Korrektur über das subjektive Tatbestandselement s Rn 17.

11 **c) Wertvergleich.** Ob das im Einzelfall vorgenommene Rechtsgeschäft ein Gesamtvermögensgeschäft und damit zustimmungspflichtig ist, entscheidet sich nach der Einzeltheorie zunächst anhand eines Wertvergleichs zwischen dem Geschäftsgegenstand und dem nicht betroffenen Vermögen. Dabei ist eine wirtschaftliche Betrachtungsweise unumgänglich[31]. **Bewertungsmaßstab** ist dabei jeweils der objektive Verkehrswert der beiden zu vergleichenden Vermögen. Dabei kann der Verkaufserlös durchaus hinter dem Verkehrswert zurückbleiben. Nicht erheblich ist auch die besondere Bedeutung des Objekts für die konkrete Familiengemeinschaft[32], oder gar der besondere Wert, den ein Ehegatte diesem beimisst (Affektionsinteresse)[33]. Demgegenüber kann ein unveräußerliches Recht (etwa Wohnungsrecht) durchaus einen erheblichen Wert haben und gerade durch seine Unveräußerlichkeit der

---

[19] OLG Celle NJW-RR 2001, 866, 867; die zusätzliche Erhebung der Verjährungseinrede fordern AnwK-BGB/*Gruber* Rn 50; *Palandt/Brudermüller* Rn 3; offen lassend *Staudinger/Thiele* Rn 105.
[20] BGH NJW 1982, 1099, 1100; AnwK-BGB/*Gruber* Rn 49; *Bergschneider* in: *Schröder/Bergschneider* FamVermR Rn 4.57; KK-FamR/*Weinreich* Rn 7; *Palandt/Brudermüller* § 1366 Rn 3; MünchKommBGB/*Koch* Rn 33; RGRK/*Finke* § 1366 Rn 22; *Soergel/Lange* Rn 19; *Bärmann* AcP 157 (1957), 145, 165.
[21] Im letzteren Fall verneinen die Konvaleszenz jedoch *Gernhuber/Coester-Waltjen* § 35 Rn 77; MünchKommBGB/*Gernhuber* 3. Aufl 1993, § 1366 Rn 34; *Staudinger/Thiele* Rn 107; *Künzl* FamRZ 1988, 452, damit die Erben des Verstorbenen sich gegen die durch das zustimmungspflichtige Rechtsgeschäft erhöhende Zugewinnausgleichsforderung wehren können, während die hM die Erben auf den Schutz nach §§ 1375 Abs 2, 1381 verweist.
[22] BGHZ 77, 293, 300 = NJW 1980, 2350; OLG Karlsruhe FamRZ 1978, 505; AnwK-BGB/*Gruber* Rn 49; *Bergschneider* in: *Schröder/Bergschneider* FamVermR Rn 4.58; *Staudinger/Thiele* Rn 106; MünchKommBGB/*Koch* § 1366 Rn 34; *Rauscher* Rn 384.
[23] OLG Karlsruhe FamRZ 1978, 505, 506; AnwK-BGB/*Gruber* Rn 49; *Gernhuber/Coester-Waltjen* § 35 Rn 76; KK-FamR/*Weinreich* Rn 7; MünchKommBGB/*Koch* § 1366 Rn 34; *Staudinger/Thiele* Rn 106; *Tiedtke* FamRZ 1981, 1, 2 und JZ 1984, 1018, 1021; aA OLG Celle NJW-RR 1994, 646, 647; *Soergel/Lange* Rn 20 und RGRK/*Finke* Rn 21, jeweils zu § 1366; offen lassend BGHZ 77, 293, 300.
[24] BGHZ 77, 293, 296 = NJW 1980, 2350; MünchKommBGB/*Koch* Rn 8; *Staudinger/Thiele* Rn 14.
[25] BGH NJW 2000, 1947 = FamRZ 2000, 744, 745; *Palandt/Brudermüller* Rn 2; MünchKommBGB/*Koch* Rn 8.
[26] OLG Hamm NJW 1959, 104; *Palandt/Brudermüller* Rn 2; *Staudinger/Thiele* Rn 32; RGRK/*Finke* Rn 2; aA LG Siegen FamRZ 1959, 64 und Teile des älteren Schrifttums, vgl etwa *Rittner* FamRZ 1961, 16.
[27] *Rittner* FamRZ 1961, 1, 10 ff; *Bar* ZHR 126 (1964), 170, 172; *Tiedau* MDR 1961, 721.
[28] BGHZ 106, 253, 256 = NJW 1989, 1609; BGHZ 77, 293, 295 = NJW 1980, 2350; BGHZ 64, 246, 247 = NJW 1975, 1270; BGHZ 43, 174 f = NJW 1965, 909; BGHZ 35, 135, 143 = NJW 1961, 1301; MünchKommBGB/*Koch* Rn 12; *Palandt/Brudermüller* Rn 5; *Staudinger/Thiele* Rn 19; RGRK/*Finke* Rn 3; *Soergel/Lange* Rn 9 f.
[29] BGHZ 62, 100 = NJW 1974, 554; MünchKommBGB/*Koch* Rn 14.
[30] *Staudinger/Thiele* Rn 18.
[31] BGHZ 43, 174, 176 = NJW 1965, 909.
[32] MünchKommBGB/*Koch* Rn 16.
[33] BGHZ 77, 293, 298 = NJW 1980, 2350.

Sicherung der Grundlage der Familie entsprechend dem Normzweck dienen und ist in den Wertvergleich einzubeziehen[34].

Für den **Umfang des Wertvergleichs** gilt: Ohne Belang ist, ob die Vermögenswerte **pfändbar** oder unpfändbar sind. Denn für den Normzweck des § 1365 ist es ohne Bedeutung, ob ein Gläubigerzugriff hierauf möglich ist (anders lag es bei dem früheren § 419)[35]. Der Vergleich hat sich an der gegenwärtigen Vermögenslage auszurichten, da es um den konkreten Schutz der Normzwecke geht und ob der Zugewinnausgleichsanspruch des anderen gefährdet ist[36]. Nicht zu berücksichtigen ist das **laufende Einkommen** (kein Vermögen!), also noch nicht fällige Ansprüche auf Arbeitslohn oder Gehalt[37], auch nicht, wenn es sich um ein gesichertes Arbeits- oder Dienstverhältnis handelt (Beamter auf Lebenszeit)[38], auch nicht einzelne Renten- und sonstige Versorgungsleistungen, auch wenn diese schon bezogen werden[39], oder das **Stammrecht** einer Renten- und Versorgungsberechtigung[40]. Soweit solche Stammrechte jedoch auf Antrag des Berechtigten durch eine **Kapitalleistung** abgegolten werden können (private Lebensversicherung, § 168 Abs 1 VVG, gewisse Sozialversicherungsleistungen) und die Abfindung entweder bereits geleistet oder aber wenigstens erfolgreich beantragt ist, sind sie zu berücksichtigen[41]. Eine unverfallbare Anwartschaft aus der Direktversicherung der betrieblichen Altersversorgung, die auf einen Kapitalbetrag gerichtet ist, ist als eine gesicherte Vermögensposition einzubeziehen[42]. Ein **Gewerbebetrieb,** aus dem laufende Einkünfte bezogen werden, stellt demgegenüber schon für sich gesehen anzusetzendes Vermögen dar[43].

Jeweils vorhandene **Lasten** sind für den Wertvergleich sowohl beim Geschäftsgegenstand wie beim verbleibenden Vermögenswert in Abzug zu bringen[44]. Für Grundpfandrechte kann dies allerdings nur in Höhe ihrer jeweiligen Valutierung gelten, wobei sich dies bei Hypotheken aus der Akzessorietät zur Schuld (§ 1163) ergibt, bei Sicherungsgrundschulden aus dem Sicherungszweck[45]. Allgemeine Schulden bleiben demgegenüber außer Betracht[46].

Gegenleistungen, die für das veräußerte Objekt erbracht werden (etwa Kaufpreis, zugewandte Nutzungsrechte), sind in den Vermögensvergleich **nicht einzubeziehen**[47]. Denn sonst wäre Abs 2 gegenstandslos, da unentgeltliche Geschäfte kaum je einer ordnungsgemäßen Verwaltung entsprechen und § 1365 auch vor unkontrollierten Vermögensumschichtungen schützen soll, was dem Normzweck entspricht[48]. Entgelte für Leistungen anderer Art, die nur im wirtschaftlichen Zusammenhang mit der Verfügung stehen, sollen aber berücksichtigungsfähig sein[49], ebenso ein dinglich gesicherter Rückübertragungsanspruch hinsichtlich einer zu vermessenden Teilfläche[50].

Feste Prozentsätze für die Untergrenze des **verbleibenden Mindestvermögens,** ab dem ein zustimmungsfreies Geschäft anzunehmen ist, sind aus Gründen der Rechtssicherheit für die Praxis unerlässlich[51]. Dies wird nunmehr auch vom BGH anerkannt[52]. Allerdings differenziert er noch: bei

---

[34] MünchKommBGB/*Koch* Rn 15; anders OLG Celle FamRZ 1987, 942.
[35] KG NJW 1976, 717; MünchKommBGB/*Koch* Rn 20; *Staudinger/Thiele* Rn 29; *Soergel/Lange* Rn 18; *Erman/Heckelmann* Rn 19; aA OLG Frankfurt NJW 1960, 2190; OLG Celle FamRZ 1987, 942, 943; *Palandt/Brudermüller* Rn 5.
[36] BGHZ 101, 225, 228 = NJW 1987, 2673; BGHZ 132, 218, 221 = NJW 1996, 1740.
[37] BGHZ 101, 225, 227 = NJW 1987, 2673; aA *Finger* JZ 1975, 466.
[38] MünchKommBGB/*Koch* Rn 21.
[39] BGH NJW 1990, 112, 113; BGHZ 132, 218, 221 f = NJW 1996, 1740; BGH WM 1975, 865: jedenfalls, wenn in absehbarer Zeit kein Anspruch entsteht; OLG Celle FamRZ 1987, 942, 944; KG NJW 1976, 717; OLG Karlsruhe FamRZ 1974, 306, 309; *Staudinger/Thiele* Rn 29; MünchKommBGB/*Koch* Rn 17; *Sandrock,* FS Bosch, 1976, S 843 ff; *Palandt/Brudermüller* Rn 5; im Ergebnis auch RGRK/*Finke* Rn 27; aA OLG Frankfurt NJW 1960, 2190: für pfändbare Pensionsansprüche; OLG Frankfurt OLGZ 1984, 264, 265 = FamRZ 1984, 698, 699 (zust *Dörr* NJW 1989, 815); OLG Hamburg MDR 1961, 690; *Erman/Heckelmann* Rn 19.
[40] BGH NJW 1990, 113; *Bergschneider* in: *Schröder/Bergschneider* FamVermR Rn 4.25; MünchKommBGB/*Koch* Rn 21; *Staudinger/Thiele* Rn 30.
[41] BGH NJW 1990, 114: Direktversicherung; *Staudinger/Thiele* Rn 31; *Bergschneider* in: *Schröder/Bergschneider* FamVermR Rn 4.25.
[42] *Staudinger/Thiele* Rn 31; BGHZ 116, 70, 72 ff = NJW 1992, 1103, 1105 f zu § 1375; BGH FamRZ 1993, 1303.
[43] BGH FamRZ 1967, 382; NJW 1977, 949, jeweils zu §§ 1373 ff; *Bergschneider* in: *Schröder/Bergschneider* FamVermR Rn 4.26.
[44] Für die verbleibenden Vermögenswerte BGHZ 77, 293, 294 = NJW 1980, 2350; MünchKommBGB/*Koch* Rn 17; *Staudinger/Thiele* Rn 28; aA aber RGRK/*Finke* Rn 4 beim Geschäftsgegenstand; § 1365 ist daher auch beim überschuldeten Ehegatten anwendbar, BGHZ 143, 356 = NJW 2000, 1947.
[45] AnwK-BGB/*Gruber* Rn 25; MünchKommBGB/*Koch* Rn 18; daher nicht zutr OLG München FamRZ 1989, 396 und dem folgend *Palandt/Brudermüller* Rn 5.
[46] BGHZ 77, 293, 296 = NJW 1980, 2350; *Staudinger/Thiele* Rn 27, 14.
[47] Nahezu unbestritten, vgl etwa BGHZ 35, 135, 145 = NJW 1961, 1301; BGHZ 43, 174, 176 = NJW 1965, 909; BayObLG FamRZ 1960, 31; OLG Hamm NJW 1960, 1467; FamRZ 1997, 675, 676: vorbehaltener Nießbrauch; NJW-RR 2005, 104, 105; *Bosch* FamRZ 1958, 289, 294; *Gernhuber/Coester-Waltjen* § 35 Rn 36; *Olzen* Jura 1988, 13, 15; *Staudinger/Thiele* Rn 34; MünchKommBGB/*Koch* Rn 17; aA *Wörlebauer* NJW 1960, 793, 795: soll nicht bei Umsatz- und Anlagegeschäften gelten; *Meyer-Stolte* FamRZ 1961, 363, 364; *Rittner* FamRZ 1961, 1, 15.
[48] Zum letztgenannten Argument MünchKommBGB/*Koch* Rn 19.
[49] MünchKommBGB/*Koch* Rn 19.
[50] OLG München FamRZ 2005, 272.
[51] Etwa *Bergschneider* in: *Schröder/Bergschneider* FamVermR Rn 4.15; MünchKommBGB/*Koch* Rn 15, 23; *Dörr* NJW 1989, 814 f; *Gernhuber/Coester-Waltjen* § 35 Rn 40; dazu auch *Kogel,* Strategien beim Zugewinnausgleich, Rn 150 mwN.
[52] So ausdrücklich BGHZ 77, 293, 298 f = NJW 1980, 2350.

kleinen Vermögen besteht keine Zustimmungspflicht, wenn dem verfügenden Ehegatten mindestens 15% des Gesamtvermögens verbleiben[53], bei **größeren** liegt die Grenze bei 10% des Gesamtvermögens[54], wobei ausdrücklich offen gelassen wurde, ob bei außergewöhnlich großen Vermögen die Grenze noch tiefer angesetzt werden kann[55]. Damit sind zwar die früher in Literatur und Rspr vertretenen höheren Vermögensgrenzen von 25 bis 30% überholt[56]. Zugleich wird durch die Unterscheidung nach der Größe des gesamten Ehegattenvermögens wieder einiges von der Rechtssicherheit preisgegeben, die eigentlich zunächst gewonnen wurde. Zudem wachsen mit dem Vermögen auch die schützenswerten Grundlagen der Familie, etwa die Höhe des Zugewinnausgleichs, was für eine gleich bleibende Prozentgrenze sprechen mag[57]. Entgegen der Auffassung des BGH, die zu einer variablen Prozentgrenze in Abhängigkeit zur Höhe des Gesamtvermögens führt, wird daher im Literatur eine feste Grenze von 10% Mindestrestvermögen für zustimmungsfreie Geschäfte gefordert[58]. Teilweise wird für die Beurteilung auch auf den Einzelfall abgestellt[59]. Dem BGH ist im Ansatz Recht zu geben, dass bei einem Restvermögen von 50.000 DM nach der Verkehrsauffassung nicht mehr von einem unwesentlichen (Rest-)Vermögen gesprochen werden kann[60]. Aus Gründen der Rechtssicherheit und des Verkehrsschutzes, aber auch zur Verwirklichung des Normzwecks ist § 1365 eine Kombination aus einer relativen (am Gesamtvermögen orientierten und prozentual bemessenen) Grenze und einer absoluten Untergrenze erforderlich. Wie im Sozialhilferecht muss ein gewisser, fester **Sockelbetrag** als Vermögensgrundlage der Familie verbleiben. Diesen könnte man – ebenfalls in Anlehnung an das Sozialhilferecht – bei etwa 15.000 Euro ansetzen (§ 102 Abs 3 Nr 2 SGB XII, früher § 92 c Abs 3 Nr 2 BSHG). Liegt das Restvermögen darunter, besteht stets Zustimmungspflicht; liegt es darüber, so greift § 1365 allenfalls dann ein, wenn weniger als 10% an Restvermögen verbleiben.

16   **Mehrere Rechtsgeschäfte:** Es besteht zwar die Gefahr, dass durch die Aufspaltung in mehrere Rechtsgeschäfte § 1365 umgangen wird. Ein naher zeitlicher Zusammenhang begründet für sich allein aber nicht die „Zusammenrechnung" der Verfügungsgeschäfte und die Anwendung des § 1365; hier ist lediglich das Entgelt aus den vorangegangenen Rechtsgeschäften als Bestandteil des verbleibenden Vermögens in den Wertvergleich einzustellen[61]. Anders liegt es nur, wenn die Einzelgeschäfte auch einen engen verfügenden sachlichen und zeitlichen Zusammenhang aufweisen. Hier reicht aber der finale Wille des Ehegatten zur Vornahme der mehreren Verfügungen allein noch nicht aus, die sukzessiven Rechtsgeschäfte zu einem insgesamt einheitlichen Vorgang zu verbinden, für den § 1365 insgesamt gilt. Vielmehr ist erforderlich, dass auch beim jeweiligen Erwerber das subjektive Element für die Anwendung der Vorschrift vorliegt (Rn 17). Fehlt es bei einzelnen, ist es aber bei anderen Erwerbern vorhanden, so ist es bei den erstgenannten zustimmungsfrei, bei den anderen aber nicht, auch wenn der enge zeitliche und sachliche Zusammenhang gewahrt ist[62].

17   **d) Subjektives Tatbestandselement.** Die extensive Auslegung der Norm durch die Einzeltheorie (Rn 10) bedeutet eine nicht unerhebliche Gefahr für den Erwerber und Rechtsverkehr, denn die Gutglaubensschutzvorschriften (§§ 932, 893 BGB, § 366 HGB) schützen ihn hier nicht[63]. Der BGH erkennt das Spannungsverhältnis zwischen einem konsequent durchgeführten Familienschutz – dem § 1365 dient – und dem Schutz des Rechtsverkehrs ausdrücklich an und weist den familiären Belangen keinen Vorrang zu[64]. Die sich aus der Einzeltheorie für den Erwerber ergebenden Härten versucht die hM dadurch zu kompensieren, dass für die Anwendung des § 1365 das Vorliegen eines ungeschrie-

---

[53] BGHZ 77, 293, 299 = NJW 1980, 2350 bei Nettogesamtvermögen von 44.000 DM; OLG Köln NJW-RR 2005, 4, 5 bei Nettogesamtvermögen von 70632,97 Euro; OLG Schleswig NJW-RR 2005, 646; OLG Schleswig MittBayNot 2006, 38, 39; AnwK-BGB/*Gruber* Rn 7; *Fuge* ZFE 2004, 47, 51.
[54] OLG München FamRZ 2005, 272; OLG Schleswig NJW-RR 2005, 646; MittBayNot 2006, 38, 39; wohl auch OLG Hamm NJW-RR 2005, 104, 105.
[55] BGH NJW 1991, 1739 bei Nettogesamtvermögen von etwa 500.000 DM; bejahend *Staudinger/Thiele* Rn 27; *Rauscher* Rn 385.
[56] Erst bei mindestens 30% Restvermögen verneinen die Zustimmungspflicht LG Berlin FamRZ 1973, 146; *Riedel* Rpfleger 1961, 266; bei 25% LG Berlin FamRZ 1959, 64, 66; *Dunker* MDR 1963, 978, 980; *Schulz-Kersting* JR 1959, 138, BayObLG MDR 1981, 317 hielt bei 27% Restvermögen weitere Ermittlungen für erforderlich; demgegenüber schließen § 1365 aus bei 20% Restvermögen OLG Stuttgart Justiz 1984, 104; bei 17% Restvermögen OLG Hamm OLGZ 1971, 66; bei 15% Restvermögen OLG Hamm RdL 1966, 103 m abl Anm *Barnstedt*; OLG Schleswig SchlHA 1960, 258; OLG Frankfurt OLGZ 1984, 264 = FamRZ 1984, 698; bei 14,5% Restvermögen OLG München FamRZ 1989, 396; bei 10% Restvermögen OLG Düsseldorf FamRZ 1971, 650; KG NJW 1976, 717 hält Zustimmungspflicht bei 11,3% Restvermögen für möglich; *Staudinger/Thiele* Rn 27 ist noch zu sehr dieser älteren, instanzgerichtlichen Rspr verbunden.
[57] MünchKommBGB/*Koch* Rn 23; *Tiedtke* JZ 1984, 1018, 1019.
[58] *Soergel/Lange* Rn 16; MünchKommBGB/*Koch* Rn 24; nur für den Regelfall als Grenze: *Staudinger/Thiele* Rn 27; im Einzelfall, besonders bei großen Vermögen, soll auch ein Restvermögen von weniger als 10% des Gesamtvermögens die Zustimmungspflicht ausschließen, ebenso *Rauscher* Rn 385.
[59] RGRK/*Finke* Rn 3; *Olzen* Jura 1988, 13, 16; bei großen Vermögen auch *Staudinger/Thiele* Rn 27.
[60] BGH NJW 1991, 1739.
[61] MünchKommBGB/*Koch* Rn 25; wohl auch AnwK-BGB/*Gruber* Rn 18.
[62] MünchKommBGB/*Koch* Rn 26; OLG Brandenburg FamRZ 1996, 1015, 1016; ähnlich *Staudinger/Thiele* Rn 33 f; *Soergel/Lange* Rn 29; *Böttcher* Rpfleger 1985, 1, 2; das Problem, dass verschiedene Vertragspartner unterschiedliche Kenntnis haben, erkennt AnwK-BGB/*Gruber* Rn 19 nicht. Nur einen nahen zeitlichen Zusammenhang und die Kenntnis des Erwerbers verlangen OLG Hamm NJW 1960, 1466, RGRK/*Finke* Rn 14; der BGH FamRZ 1967, 382 fordert „bestimmte subjektive Voraussetzungen", spezifiziert diese aber nicht.
[63] MünchKommBGB/*Koch* Rn 27; s auch Rn 21.
[64] BGHZ 43, 174, 176 = NJW 1965, 909; 106, 253, 257 = NJW 1989, 1609; BGH NJW 1991, 1739.

nen Tatbestandsmerkmals gefordert wird: § 1365 greift bei einer Verfügung über Einzelgegenstände nur dann ein, wenn der Vertragspartner positiv weiß, dass es sich bei dem Vertragsgegenstand um das ganze oder nahezu ganze Vermögen des Ehegatten handelt oder er zumindest die Verhältnisse kennt, aus denen sich dies ergibt (sog strenge **„subjektive Theorie"**)[65]. Auf ein entsprechendes Wissen des Veräußerers kann es demgegenüber nicht ankommen, da es nicht um seinen Schutz geht[66]. Die objektive Theorie[67] wendet demgegenüber § 1365 auch bei fehlender Kenntnis des Erwerbers über die Gesamtvermögenseigenschaft des veräußerten Einzelgegenstands an. Sie führt unter der Geltung der Einzeltheorie zu nicht vertretbaren Härten für den Rechtsverkehr.

Maßgebender Zeitpunkt für die Kenntnis ist der der Abgabe der Willenserklärung durch den Vertragspartner, bei mehraktigen Tatbeständen kommt es bereits auf den Zeitpunkt des Abschlusses des Verpflichtungsgeschäfts an, also etwa bei einem Kaufvertrag bei Immobilien[68]. Auf spätere Zeitpunkte, wie den der Vollendung des Rechtserwerbs[69] oder (analog § 878) Eingang des Eintragungsantrags für die Eigentumsvormerkung beim Grundbuchamt[70] kann es nicht ankommen. Denn die subjektive Theorie bezweckt den Verkehrsschutz des Erwerbers. Dies gebietet aber auf den Zeitpunkt für die Kenntniserlangung abzustellen, zu dem dieser sich noch für oder gegen das Rechtsgeschäft entscheiden kann[71]. 18

e) ABC der grds zustimmungspflichtigen Rechtsgeschäfte. Falls von folgenden Rechtsgeschäften das wesentliche Vermögen erfasst wird (Rn 9 ff), ist grds die Zustimmung des anderen Ehegatten erforderlich bei: 19

Anwartschaftsrecht aus einem Vorbehaltskauf: Verfügung darüber ja. Bei der Bemessung des Werts des Anwartschaftsrechts ist der Wert des Kaufgegenstands um den Betrag zu mindern, der (noch) aufgebracht werden muss, um das Anwartschaftsrecht zum Vollrecht erstarken zu lassen[72].

Ausschlagung einer Erbschaft oder eines Vermächtnisses: nein, da der höchstpersönlichen Entscheidung des Erben und Vermächtnisnehmers über die Annahme des Erwerbs der Vorrang gebührt (arg §§ 1432 Abs 1, 1455 Nr 1)[73].

Bewilligung einer Vormerkung: nein. Dem Schutzbedürfnis des anderen Ehegatten wird schon durch die Zustimmungspflicht zum zu sichernden Anspruch genügt, zu dem die Vormerkung akzessorisch ist[74].

Dienstbarkeiten: ja, wenn dadurch der wirtschaftliche Wert ausgeschöpft wird, s Nießbrauch.

Erbauseinandersetzung: grds ja[75]; anders aber, wenn sie genau entsprechend einer Teilungsanordnung oder einem Vorausvermächtnis oder nach den gesetzlichen Bestimmungen der §§ 2042, 752 erfolgt[76].

Eigentümerbriefgrundschuld: Für die Bestellung nein, und zwar unabhängig von Betrag und Wert des Pfandobjekts, da dadurch noch keine Vermögenseinbuße für den Eigentümer entsteht; Zustimmungspflicht aber bei der Abtretung[77].

Erbbaurecht: ja, wenn es durch lange Laufzeit und nach Art und Umfang das Eigentumsrecht praktisch aushöhlt[78].

---

[65] BGHZ 43, 174, 176 f = NJW 1965, 909; BGHZ 64, 246, 247 = NJW 1975, 1270; BGHZ 77, 293, 295 = NJW 1980, 2350; BGH NJW 1984, 609; OLG Celle OLGR 1999, 89; OLG Hamm NJW 1960, 1466; OLG Frankfurt NJW 1960, 2002; MünchKommBGB/*Koch* Rn 28 mwN; *Tiedtke* FamRZ 1976, 320, 321; *Olzen* Jura 1988, 13, 16; *Staudinger/Thiele* Rn 20 ff; *Soergel/Lange* Rn 12; RGRK/*Finke* Rn 12; schon das „Kennenmüssen" sollte dagegen schaden nach *Mülke* AcP 161 (1962), 129, 149 ff; *Riedel* DRiZ 1963, 182, 185; *Dölle* I S 753 f: sog gemäßigt subjektive Theorie.
[66] *Soergel/Lange* Rn 14; *Erman/Heckelmann* Rn 10; jetzt auch *Lüderitz/Dethloff* § 5 Rn 72; offen lassend BGHZ 43, 174, 178 = NJW 1965, 909.
[67] LG Berlin FamRZ 1959, 64, 66; *Bosch* FamRZ 1958, 289, 294; *Finger* JZ 1975, 461 ff; *Erman/Heckelmann* Rn 10; AK/*Fieseler* Rn 5; vgl auch *Wax* AcP 181 (1981), 547; diff jetzt mit verfassungsrechtlichen Überlegungen *Ch. Wolf* JZ 1997, 1087, 1093 ff (zust *Palandt/Brudermüller* Rn 9), wonach die objektive Theorie bei unentgeltlichen Rechtsgeschäften anzuwenden ist, bei entgeltlichen aber wegen der Schutzbedürftigkeit des Erwerbers die subjektive; dagegen zu Recht MünchKommBGB/*Koch* Rn 32.
[68] BGHZ 106, 253, 257 f = NJW 1989, 1609; BGH FamRZ 1990, 970; *Staudinger/Thiele* Rn 24; MünchKommBGB/*Koch* Rn 33; *Palandt/Brudermüller* Rn 10; *Olzen* Jura 1988, 17; *Tiedtke* FamRZ 1975, 65; *Lüderitz/Dethloff* § 5 Rn 80.
[69] LG Osnabrück FamRZ 1973, 652; OLG Saarbrücken FamRZ 1984, 587 m abl Anm *Bosch*; *Soergel/Lange* Rn 13; *Krauter/Panz* BWNotZ 1978, 75, 78.
[70] OLG Frankfurt FamRZ 1986, 275; *Tiedtke* FamRZ 1975, 65, 66; *Futter* NJW 1976, 551.
[71] Zutr *Lüderitz/Dethloff* § 5 Rn 80.
[72] BGHZ 132, 218 = NJW 1996, 1740.
[73] MünchKommBGB/*Koch* Rn 77; *Staudinger/Thiele* Rn 42; *Soergel/Lange* Rn 49.
[74] BayObLGZ 1976, 15 = NJW 1976, 753; *Staudinger/Thiele* Rn 53; *Soergel/Lange* Rn 38; *Böttcher* Rpfleger 1985, 3; *Tiedtke* FamRZ 1976, 320; aA *Palandt/Brudermüller* Rn 6; *Riedel* DRiZ 1963, 186.
[75] BGHZ 35, 135, 143 ff = NJW 1961, 1301; OLG Celle NJW 1960, 437; AnwK-BGB/*Gruber* Rn 41; *Staudinger/Thiele* Rn 44; aA MünchKommBGB/*Koch* Rn 80: durch Zustimmungspflicht würde die an sich auf Auseinandersetzung angelegte Erbengemeinschaft normzweckwidrig perpetuiert.
[76] OLG München FamRZ 1971, 93; *Palandt/Brudermüller* Rn 6; *Staudinger/Thiele* Rn 44; bei § 753 *Reincke* DB 1965, 1351.
[77] OLG Hamm NJW 1960, 1352; OLG Frankfurt FamRZ 1960, 500; LG Landshut MittBayNot 1987, 259; AnwK-BGB/*Gruber* Rn 31; *Bergschneider* in: *Schröder/Bergschneider* FamVermR Rn 4.31; *Staudinger/Thiele* Rn 49; MünchKommBGB/*Koch* Rn 56.
[78] *Bergschneider* in: *Schröder/Bergschneider* FamVermR Rn 4.34; *Staudinger/Thiele* Rn 52; *Schöner/Stöber* Grundbuchrecht Rn 1719.

§ 1365

Erbteilsveräußerung, Verkauf einer Erbschaft: ja[79].

Geldschulden: nein. Da die Norm nur Verpflichtungen über das ganze Vermögen oder über bestimmte Einzelgegenstände erfasst, die das wesentliche Vermögen darstellen, sind alle Verpflichtungen zustimmungsfrei, die lediglich Geldschulden begründen, mag dadurch auch das ganze Vermögen in seinem wirtschaftlichen Bestand aufgezehrt werden[80]. Auf die rechtliche Qualifizierung kommt es nicht an; dies gilt auch für fremdnützige Verpflichtungen. Nicht zustimmungspflichtig daher: Sowohl Umsatzgeschäfte wie Kauf[81], Kreditgeschäfte im weitesten Sinne wie Darlehen, kausales wie abstraktes Schuldversprechen[82], Wechsel- und Scheckbegebung, Bürgschaft[83], Garantieversprechen[84], Schuldbeitritt, Erfüllungs- und befreiende Schuldübernahme[85]. Dies mag rechtspolitisch verfehlt sein[86].

Gesellschaftsrecht: hier sind folgende Rechtsgeschäfte zu unterscheiden: **Abschluss des Gesellschaftsvertrags:** Soweit darin Einbringungsverpflichtung für das (nahezu) gesamte Vermögen: ja[87]. **Veräußerung des Gesellschaftsanteils:** ja[88]. Es liegt Verfügung vor[89]. **Änderungen des Gesellschaftsvertrags** stellen zwar Verfügungen über die Mitgliedschaft dar, sind aber nur dann zustimmungspflichtig, wenn damit die wirtschaftliche Seite der Beteiligung in relevanter Weise betroffen wird und damit sofort oder später zur Preisgabe des Vermögens führen kann[90]. Zustimmungspflichtig daher eine wesentliche Änderung der Beteiligungsverhältnisse oder der völlige oder nahezu gänzliche Ausschluss des Auseinandersetzungsguthabens (§ 734) oder eines Abfindungsanspruchs bei Ausscheiden aus der Gesellschaft (§ 738 Abs 1 S 2), nicht aber bloße Bewertungs- und Stundungsklauseln, Änderungen der Geschäftsführung oder Vertretungsbefugnis, die Dauer der Gesellschaft, Gewinn- und Verlustbeteiligung und der Entnahme, zumal der andere Ehegatte bereits der Gesellschaftsbeteiligung zugestimmt hat[91]. Die **Aufnahme** eines **neuen Gesellschafters** führt zwar zu einer Veränderung der Struktur der Gesellschaft und uU Verschiebung der Kapitalanteile und Änderung der Vertretungsberechtigung. Dadurch tritt aber regelmäßig keine Aushöhlung des Vermögenswerts der Beteiligung der Altgesellschafter ein[92]. Die Handlungen, die zur **Beendigung der Mitgliedschaft** unter Fortbestand der Gesellschaft (durch Kündigung oder Vertrag) aber auch die, die zur Beendigung der Gesellschaft insgesamt durch Vertrag, Kündigung oder Auflösungsklage führen, sind nach wohl hM zustimmungspflichtig, wenn die Mitgliedschaft das nahezu ganze Vermögen bildet[93]. Wenn demgegenüber die Zustimmungsfreiheit mit dem personenrechtlichen Charakter der Gesellschaft gerechtfertigt wird[94], der Fremdeinmischung nicht vertrage, kann dem nicht gefolgt werden; hiergegen spricht schon die Kündigungsmöglichkeit der Pfändungsgläubigers nach § 725 BGB, § 135 HGB.

Grundpfandrechtsbestellung: s Grundstücksbelastung sowie auch Kauf.

Grundstücksbelastung: Zustimmungspflicht besteht, wenn diese unter Berücksichtigung der Vorbelastungen den Verkehrswert des Grundstücks (Erbbaurechts, Wohnungsrechts) im Wesentlichen ausschöpft[95]. Eine einheitliche Auffassung über eine exakte Grenze für die Zustimmungspflicht hat sich

---

[79] BGHZ 35, 135, 144; *Staudinger/Thiele* Rn 43.
[80] BGH FamRZ 1983, 455; MünchKommBGB/*Koch* Rn 45; *Palandt/Brudermüller* Rn 2; *Soergel/Lange* Rn 25; *Staudinger/Thiele* Rn 6; *Westermann* FamRZ 1967, 645, 647; aA *M. Schwab*, FS Schwab, 2005, S 565, 576 f, wenn im Gegenzug keinerlei Gegenleistungen zufließen.
[81] OLG Rostock NJW 1995, 3127.
[82] MünchKommBGB/*Koch* Rn 41; aA bei Vereinbarung in vollstreckbaren Urkunden LG Mannheim FamRZ 1961, 316; *Erman/Heckelmann* Rn 20.
[83] BGH FamRZ 1983, 455; OLG München OLGZ 1982, 73; *Wörbelauer* NJW 1960, 793; *Tiedtke* JZ 1984, 1018, 1019; *Soergel/Lange* Rn 25.
[84] OLG Frankfurt MDR 1968, 923.
[85] LG Wuppertal NJW 1960, 1468.
[86] Für Gesetzesänderung deshalb AK/*Fieseler* Rn 12.
[87] AnwK-BGB/*Gruber* Rn 34; *Erman/Heckelmann* Rn 15; *Gernhuber/Coester-Waltjen* § 35 Rn 47; *Staudinger/Thiele* Rn 59; MünchKommBGB/ *Koch* Rn 71; *Rauscher* Rn 389; aA wegen der Mitberechtigung am Gesellschaftsvermögen so mit verschiedenen Differenzierungen (zT auch Abstellen auf tatsächliche Abfindungsbeschränkungen)*Boesebeck* DB 1958, 1147; *Reinicke* BB 1960, 1002, 1003; *Tiedau* MDR 1961, 721, 772.
[88] BGHZ 132, 218: bei Anwartschaftsrecht hieran; AnwK-BGB/*Gruber* Rn 37; *Eiselt* JZ 1960, 564; *Dölle* I S 752; MünchKommBGB/*Koch* Rn 74; *Staudinger/Thiele* Rn 66; *Soergel/Lange* Rn 55.
[89] So aber OLG Köln NJW 1962, 2109.
[90] MünchKommBGB/*Koch* Rn 73.
[91] *Staudinger/Thiele* Rn 62 f; MünchKommBGB/*Koch* Rn 73 mwN; *Soergel/Lange* Rn 53; RGRK/*Finke* Rn 29; *Beitzke* DB 1961, 24; enger: *Erman/Heckelmann* Rn 16: jede Korrektur von Berechtigungs- und Stundungsklauseln; *Eiselt* JZ 1960, 562, 563 f: jede Veränderung der Kapital- und Abfindungsregelung; für Zustimmungspflicht jeder Änderung *Sandrock*, FS Bosch, 1976, S 841, 855 und FS Duden, 1977, S 526 ff: Korrektur nur über § 242; *Krauter/Panz* BWNotZ 1978, 75, 77.
[92] *Staudinger/Thiele* Rn 65; MünchKommBGB/*Koch* Rn 73; RGRK/*Finke* Rn 19; *Soergel/Lange* Rn 54; AnwK-BGB/*Gruber* Rn 35; *Wiedemann*, Die Übertragung und Vererbung von Mitgliedschaften ..., 1965, S 263; für Zustimmungspflicht in jedem Fall aber *Beitzke* DB 1961, 21, 24; *Eiselt* JZ 1960, 564; *Sandrock*, FS Duden, 1977, S 531 ff.
[93] OLG Hamburg FamRZ 1970, 407; AnwK-BGB/*Gruber* Rn 36; *Beitzke* DB 1961, 24; *Eiselt* JZ 1960, 564; *Staudinger/Thiele* Rn 67; *Palandt/Brudermüller* Rn 6; *Soergel/Lange* Rn 56.
[94] *Fischer* NJW 1960, 942; *Reinicke* BB 1960, 1003; *Sandrock*, FS Duden, 1977, S 535; *Tiedau* MDR 1959, 253; ebenso MünchKommBGB/*Koch* Rn 75, die die Freiheit zur Beendigung als Gegenstück zur Freiheit zur Veräußerung begreift, die bei der Gesellschaftsbeteiligung grds nicht besteht.
[95] BGH NJW 1990, 112; BayObLG FamRZ 1960, 31, 32; FamRZ 1967, 337; OLG Düsseldorf DNotZ 1959, 259; OLG Hamm NJW 1959, 104; OLG Schleswig JurBüro 1985, 1695; MünchKommBGB/*Koch* Rn 64 mwN in Fn 90; *Staudinger/Thiele* Rn 47.

Verfügung über Vermögen im Ganzen §1365

trotz dem praktischen Bedürfnis hierfür noch nicht gebildet. Früher wurde entsprechend §§ 30a Abs 3, 74a ZVG ein Wert von 70% vorgeschlagen[96], was aber nun allgemein als zu niedrig angesehen wird[97]. Richtigerweise wird man hier die gleiche Grenze heranziehen müssen[98], wie für die Anwendung der Einzeltheorie (Rn 15 f). Die Zustimmungspflicht nach § 1365 gilt auch für Bestellung von **Grundpfandrechten**[99], soweit dies nicht mit einem Grundstücksverkauf im Zusammenhang steht (s Stichwort „Kauf"). Bei der Vergleichsbewertung sind dabei zunächst die Vorlasten abzuziehen und nur der Restwert ist Vergleichsmaßstab dafür, ob die Grenze überschritten wird[100].

Beispiel: Grundstückswert 100 000 und Vorbelastung 80 000; dann ist neue Belastung von 14 000 (70%) möglich.

Grundstücksverkauf: ja, einschließlich Auflassung. Soweit nahezu das ganze Vermögen darstellend ist unerheblich, ob Grundstück, Miteigentumsanteil[101] oder Wohnungs- oder Teileigentum[102] verkauft wird.

Hofübergabe: ja, auch wenn gegen übliche Altenteilsrechte[103].

Kauf: nein, da es sich nur um die Eingehung einer Geldschuld handelt[104]. Dies gilt auch, wenn zur Erfüllung der Zahlungsverpflichtung das nahezu ganze Bar- und Sparvermögen eingesetzt werden muss[105]. Auch die Bestellung eines Grundpfandrechts zur Sicherung der Restkaufpreisforderung des Verkäufers ist zustimmungsfrei (s. Restkaufpreishypothek), ebenso die Bestellung eines **Grundpfandrechts** für einen Dritten zur **Finanzierung des Kaufpreises** (aber nicht von Baukosten), da es sich nur um eine Erwerbsmodalität (wirtschaftlich geringer werthaltiges Eigentum) handelt und ein wirtschaftlich einheitlicher Vorgang nicht aufgespalten werden darf[106].

Kreditverbindlichkeiten: s Geldschulden.

Löschungsbewilligung eines Gläubigers bezüglich eines Grundpfandrechts: nur der darin zugleich liegende Verzicht (§ 875), nicht die Verfahrenserklärung, kann eine Gesamtvermögensverfügung sein, wenn die dadurch gesicherte Forderung (bei Hypothek, Sicherungsgrundschuld) dadurch wirtschaftlich praktisch entwertet[107].

Mietvertrag: nein, da nur Verpflichtung zur reinen Gebrauchsüberlassung ohne Verfügungscharakter und die Sache nach Beendigung des Schuldverhältnisses zurückgewährt wird[108].

Nießbrauch: Zustimmungspflicht nur, wenn dieser den wirtschaftlichen Wert ausschöpft[109], was regelmäßig nicht der Fall sein wird[110]. Bei Vorbehaltsnießbrauch generell nein[111], vgl die Argumentation zur Restkaufpreishypothek.

Pachtvertrag: nein, s Mietvertrag.

Prozesshandlungen: nein. Unter § 1365 fallen keine Verfahrenshandlungen[112]. Also auch keine Zustimmungspflicht bei Klageverzicht (§ 306 ZPO) oder Anerkenntnis (§ 307 ZPO), die auch keine Rechtskraftwirkung gegen den anderen Ehegatten entfalten[113]. Da ein Prozessvergleich aber zugleich

---

[96] *Riedel* Rpfleger 1961, 261, 264; *Dölle* I S 752.
[97] OLG Stuttgart Justiz 1984, 108: bei Belastung bis zu 78% keine Zustimmungspflicht; *Bergschneider* in: *Schröder/Bergschneider* FamVermR Rn 4.30 Fn 43; abl auch *Soergel/Lange* Rn 34; *Staudinger/Thiele* Rn 48; für Entscheidung von Fall zu Fall *Rauscher* Rn 388.
[98] Für das Abstellen auf die Umstände des Einzelfalls, aber wohl über der 70%-Grenze *Staudinger/Thiele* Rn 48; *Soergel/Lange* Rn 34; MünchKommBGB/*Koch* Rn 64; RGRK/*Finke* Rn 17.
[99] OLG Brandenburg FamRZ 1996, 1015; OLG Zweibrücken FamRZ 2004, 818; AG Nordenham FamRZ 2003, 680: Grundschuld zur Sicherung eines Regressanspruchs des Sozialhilfeträgers; so jetzt auch *Gernhuber/Coester-Waltjen* § 35 Rn 42 f und MünchKommBGB/*Koch* Rn 66 (anders die Voraufl, weil Grundpfandrechte nur Sicherungsrechte ohne Verlust der Vermögenssubstanz seien); ebenso hierfür AG Emden NJW-RR 1996, 15, für Zustimmungsfreiheit bei vorübergehender Belastung im Zuge einer Umfinanzierung OLG Hamm ZIP 1982, 1128 und BayObLG NJW 1960, 821.
[100] OLG Brandenburg FamRZ 1996, 1015; AnwK-BGB/*Gruber* Rn 29; *Staudinger/Thiele* Rn 48; so auch MünchKommBGB/*Koch* Rn 64; dagegen nicht zu Unrecht krit *Bergschneider* in: *Schröder/Bergschneider* FamVermR Rn 4.30, da dadurch mittels Kettenbelastung § 1365 umgangen werden kann.
[101] MünchKommBGB/*Koch* Rn 55.
[102] OLG Nürnberg FamRZ 1962, 473.
[103] Palandt/*Brudermüller* Rn 6.
[104] OLG Rostock NJW 1995, 3127: nur mittelbare Vermögensauswirkung; MünchKommBGB/*Koch* Rn 45.
[105] So aber einschränkend *Staudinger/Thiele* Rn 6; für Zustimmungspflicht auch AG Delmenhorst FamRZ 1959, 243.
[106] OLG Hamm FamRZ 1959, 166; OLG Saarbrücken OLGR 1999, 133; AnwK-BGB/*Gruber* Rn 30; *Bergschneider* in: *Schröder/Bergschneider* FamVermR Rn 4.33; *Gernhuber/Coester-Waltjen* § 35 II 8; MünchKommBGB/*Koch* Rn 62; *Staudinger/Thiele* Rn 56; vgl auch BGHZ 132, 218, 227 f = NJW 1996, 1740, obiter dictum.
[107] AnwK-BGB/*Gruber* Rn 31; *Staudinger/Thiele* Rn 54; *Schöner/Stöber* Rn 3361; MünchKommBGB/*Koch* Rn 57.
[108] MünchKommBGB/*Koch* Rn 44; *Soergel/Lange* Rn 25; *Staudinger/Thiele* Rn 57; aA Schulz/Kersting JR 1959, 134, 137.
[109] BHGZ 123, 93 = NJW 1993, 2441 bei Wertausschöpfung durch Grundpfandrechte und Wohnungsrecht; BGH NJW 1990, 112, 113 zum Wohnungsrecht mit Bewertungshinweisen; *Bergschneider* in: *Schröder/Bergschneider* FamVermR Rn 4.33; *Staudinger/Thiele* Rn 51; *Schöner/Stöber* Rn 1380; *Böttcher* Rpfleger 1985, 1, 3, weil dadurch die Vermögenssubstanz der Familie nicht entzogen werde.
[110] Angedeutet bei BGH FamRZ 1966, 32.
[111] MünchKommBGB/*Koch* Rn 67; *Bergschneider* in: *Schröder/Bergschneider* FamVermR Rn 4.33.
[112] AnwK-BGB/*Gruber* Rn 38; MünchKommBGB/*Koch* Rn 47 f; *Soergel/Lange* Rn 32; *Staudinger/Thiele* Rn 10.
[113] AnwK-BGB/*Gruber* Rn 38; *Staudinger/Thiele* Rn 10.

ein materiellrechtliches Rechtsgeschäft ist, kann er insoweit, unabhängig davon, ob man der Lehre von der Doppelnatur[114] oder dem Doppeltatbestand folgt, zustimmungspflichtig sein[115].

Realakte: Verpflichtung hierzu nein, da zustimmungspflichtig nur Verträge auf Verfügung. Realakt selbst (zB Verschrottung des Autos, Abriss eines Hauses, Verbindung und Vermischung) schon deshalb nicht, weil er kein Rechtsgeschäft ist, das unwirksam sein könnte[116].

Restkaufpreishypothek oder Grundschuld zur Sicherung des Restkaufpreises: nein[117], da es sich nur um den Erwerb von belastetem, also wirtschaftlich weniger wertvollem Eigentum handelt (Erwerbsmodalität).

Rückübertragung eines Grundstücks auf Grund einer Rückgewährpflicht bei Verstoß gegen Belastungsverbot: nein[118].

Schenkungen von Todes wegen: Soweit nach § 2301 die Vorschriften über Verfügungen von Todes wegen gelten: nein, andernfalls ja. Bei Verträge zu Gunsten Dritter auf den Todesfall (§ 331) ist nach hM § 2301 nicht anwendbar, was zwar vom erbrechtlichen Formzwang wegführt, aber zur Zustimmungspflicht nach § 1365 führt[119].

Sicherungsübereignungen: ja[120]; allein der Sicherungszweck rechtfertigt keine andere Beurteilung, denn das Eigentum geht auch hier verloren und der Rückgewähranspruch ist als Art Gegenleistung nicht zu berücksichtigen. Anderes gilt nur für eine Sicherungsübereignung für einen Kredit, der zur Anschaffung des Sicherungsguts aufgenommen wird, weil es sich hier bei wirtschaftlicher Betrachtung um eine Erwerbsmodalität handelt[121].

Teilungsversteigerung eines Ehegatten auf Antrag nach § 180 ZVG: ja. Zwar ist dies nur Verfahrenshandlung, führt aber letztlich zum Verlust des Eigentums, so dass § 1365 zumindest entsprechend gilt[122]. Geltendmachung eines Verstoßes gegen § 1365 grds nach § 771 ZPO[123]; wenn die Voraussetzungen des § 1365 unstreitig und dem Versteigerungsgericht bekannt sind, ist auch Erinnerung nach § 766 ZPO zulässig[124]. Aus Gründen der Verfahrensklarheit ist für die erforderliche Prüfung, ob die Voraussetzungen des § 1365 vorliegen, auf den Zeitpunkt der **Antragstellung** abzustellen, so dass die Zustimmung des Ehegatten oder deren Ersetzung nicht bis zum Zuschlag nachgeholt werden können[125]. Endet die Ehe nach Antragstellung, aber vor Verfahrensschluss, wird fehlende Zustimmung geheilt[126]. § 1365 greift aber nicht ein, wenn ein Gläubiger eines Ehegatten, der dessen Anspruch auf Aufhebung der Gemeinschaft gepfändet hat, die Zwangsversteigerung zur Aufhebung der Miteigentumsgemeinschaft betreibt[127].

Testierfreiheit: nein, da nur Rechtsgeschäfte unter Lebenden erfasst werden[128].

---

[114] So die hM, BGHZ 16, 388; 79, 71 = NJW 1981, 823; *Zöller/Stöber* § 794 ZPO Rn 3; zum Streitstand *Stein/Jonas/Münzberg* § 794 ZPO Rn 3 ff.

[115] MünchKommBGB/*Koch* Rn 47; *Soergel/Lange* Rn 32; *Staudinger/Thiele* Rn 10; *Baur* FamRZ 1958, 256.

[116] MünchKommBGB/*Koch* Rn 43; *Staudinger/Thiele* Rn 9; aA für Verpflichtungsgeschäft *Mülke* AcP 161 (1962), 131 f; *Schulz/Kersting* JR 1959, 134, 136.

[117] BayObLG FamRZ 1960, 31, 33; OLG Hamm FamRZ 1959, 166; LG Bielefeld FamRZ 1958, 468 m Anm *Meyer*; LG Bremen NJW 1959, 1828; LG Münster DNotZ 1959, 546; MünchKommBGB/*Koch* Rn 57; aA *Schulz/Kersting* JR 1959, 137 f.

[118] LG Arnsberg NJWE-FER 2000, 52.

[119] MünchKommBGB/*Koch* Rn 41; *Olzen* Jura 1988, 13, 14; *Staudinger/Thiele* Rn 12.

[120] AnwK-BGB/*Gruber* Rn 42; *Staudinger/Thiele* Rn 40; RGRK/*Finke* Rn 7; MünchKommBGB/*Koch* Rn 82.

[121] AnwK-BGB/*Gruber* Rn 42; *Staudinger/Thiele* Rn 41; vgl auch BGHZ 132, 218, 228 = NJW 1996, 1740, obiter dicta.

[122] BGH FamRZ 2007, 1634 mwN = FamRB 2007, 259 (*Kogel*); BayObLG FamRZ 1996, 1013; OLG Bremen FamRZ 1984, 272; OLG Düsseldorf FamRZ 1995, 309; OLG Frankfurt Rpfleger 1975, 330; FamRZ 1999, 524; OLG Hamm NJW-RR 2006, 1442; OLG Karlsruhe Beschluss vom 15. 7. 2003, 11 Wx 3/03; OLG Köln NJW 1971, 2313; NJW-RR 2005, 4; OLG Koblenz NJW 1967, 1139; OLG Zweibrücken OLGZ 1976, 456; LG Köln FamRZ 1995, 1144; AG Nordhorn Rpfleger 1995, 224; AG Hannover FamRZ 2003, 938; *Böttcher* Rpfleger 1985, 1, 3; *Brudermüller* FamRZ 1996, 1519 mit den familienrechtlichen Grenzen solcher Verfahren; AnwK-BGB/*Gruber* Rn 26; *Bergschneider* in: *Schröder/Bergschneider* FamVermR Rn 4.37; *Palandt/Brudermüller* Rn 8; *Staudinger/Thiele* Rn 46; RGRK/*Finke* Rn 20; aA KG NJW 1971, 711; MünchKommBGB/*Koch* Rn 59; *Gottwald* FamRZ 2006, 1075, 1077, der die Voraussetzungen für eine Analogie nicht und für die Stärkung des Auseinandersetzungsanspruchs plädiert.

[123] OLG Naumburg Beschluss vom 16. 10. 2003, 8 WF 137/03, dort auch zur Abgrenzung zur Einstellung nach § 180 Abs 3 ZVG; *Palandt/Brudermüller* Rn 8; *Staudinger/Thiele* Rn 46 mwN; einschränkend *Sudhof* FamRZ 1994, 1152; nach AnwK-BGB/*Gruber* Rn 27 fehlt Drittwiderspruchsklage dann das Rechtsschutzbedürfnis, wenn die Voraussetzungen des § 1365 unstreitig sind und daher Erinnerung nach § 766 ZPO zulässig. Es handelt sich um eine Familiensache, KGR 1997, 161; OLG Hamburg FamRZ 2000, 1290; OLG Karlsruhe FamRZ 2004, 629; OLG Köln FamRZ 2000, 1167 = ZfIR 2000, 319; ZMR 2000, 613; OLG München FamRZ 2000, 365; OLG Naumburg FPR 2000, 221; OLG Bamberg NJWE-FER 2000, 161 = FamRZ 2000, 1167, LS; *Zöller/Philippi* § 621 ZPO Rn 19; aA OLG Stuttgart FamRZ 1982, 401.

[124] OLG Frankfurt FamRZ 1976, 152; NJW-RR 1997, 1274; NJW-RR 1999, 731, 732; LG Lüneburg FamRZ 1996, 1489; AG Hannover FamRZ 2003, 938: auch möglich, wenn dies erst während des Verfahrens „zu Tage tritt"; AnwK-BGB/*Gruber* Rn 27; vgl AnwK-BGB/*Koch* Rn 60 mwN: in Fn 85; ohne diese Einschränkung BGH FamRZ 2007, 1634 mwN = FamRB 2007, 259 (*Kogel*), da § 1365 Verfügungsbeschränkung betrifft.

[125] BGH FamRZ 2007, 1634 mwN = FamRB 2007, 259 (*Kogel*); OLG Frankfurt FamRZ 1999, 524, 525; aA AnwK-BGB/*Gruber* Rn 26; *Mohrbutter/Drischler/Radtke/Tiedemann*, Die Zwangsversteigerungs- und Zwangsverwaltungspraxis, 7. Aufl, S 1053; *Palandt/Brudermüller* Rn 8.

[126] OLG Celle FamRZ 1983, 591; *Böttcher* Rpfleger 1986, 271, 274.

[127] OLG Karlsruhe FamRZ 2004, 629, 630 mwN.

[128] BGHZ 40, 218, 224 f = NJW 1964, 347; BGH FamRZ 1969, 323; *Bosch* FamRZ 1958, 81, 86; AnwK-BGB/*Gruber* Rn 40; MünchKommBGB/*Koch* Rn 40.

Übergabe eines Hauses: ja, auch wenn gegen übliche Versorgungs- und Altenteilsrechte[129].
Verpfändung von Sachen und Rechten: ja, allerdings wird eine Gesamtvermögensverfügung hier relativ selten sein, kann aber etwa auf Grund formularmäßiger Pfandrechte der AGB der Banken durchaus praktisch werden[130].
Versicherungsverträge: Die Änderung einer Bezugsberechtigung aus einer Kapitallebensversicherung nach § 160 VVG ist jedoch nie zustimmungspflichtig, weil das Recht, über das Versicherungskapital zu verfügen, davon nicht betroffen wird[131].
Vorkaufsrecht: nein, und zwar sowohl hinsichtlich eines schuldrechtlichen wie dinglichen, da dem Schutzbedürfnis des anderen Ehegatten dadurch genügt wird, dass zu dem das Vorkaufsrecht erst auslösenden Verkauf seine Zustimmung erforderlich ist[132].
Wohnungsrecht: ja, wenn dadurch der wirtschaftliche Wert ausgeschöpft wird[133], was idR lange Laufzeit und umfassenden räumlichen Ausübungsbereich voraussetzt, s Nießbrauch.
Zwangsversteigerungsantrag eines Gläubigers: nein, da sich § 1365 nur auf rechtsgeschäftlichen Verkehr bezieht, nicht auf die Erlangung eines Verwertungsrechts durch ein Pfändungspfandrecht[134]. Zur Teilungsversteigerung s dort.
Zwangsvollstreckungsunterwerfung, dingliche (§ 800 ZPO), nein, da reine Verfahrenshandlung, und zudem ist nur der Anspruch entscheidend, dessen Durchsetzung die Klausel dient[135]. Gleiches gilt für § 794 Abs 1 Nr 5 ZPO[136].

III. Fehlende Einwilligung (Abs 1)

Bedurfte das Rechtsgeschäft **keiner Einwilligung**, weil etwa die objektiven oder auch die subjektiven Tatbestandsvoraussetzungen nicht vorlagen, so ist es wirksam. Bedurfte das Verpflichtungsgeschäft nicht der Zustimmung, so ist diese auch für das Erfüllungsgeschäft nicht erforderlich[137]. Ist die erforderliche Einwilligung für das Verpflichtungsgeschäft erteilt, so erfasst sie auch das Erfüllungsgeschäft[138] und umgekehrt (Rn 4). 20

Fehlt die **erforderliche Einwilligung**, so ergeben sich die Rechtsfolgen für das betroffene Rechtsgeschäft aus den §§ 1366, 1367[139]. Ein **einseitiges Rechtsgeschäft** ist dabei von Anfang an nichtig ohne eine Heilungsmöglichkeit (§ 1367). Ein **Vertrag** ist dagegen **nur schwebend unwirksam**. Seine Wirksamkeit hängt dann von der Genehmigung des anderen Ehegatten (§ 1366 Abs 1, 4) ab oder davon, dass die Zustimmung nach § 1365 Abs 2 durch das Vormundschaftsgericht ersetzt wird. Ohne die Zustimmung oder Ersetzung darf der schwebend unwirksame Vertrag nicht erfüllt werden (Abs 1 S 2). Eine trotzdem vorgenommene Verfügung ist unwirksam, und zwar auch, wenn diese sich im Wege einer Teilerfüllung nur auf einzelne Vermögensbestandteile bezieht[140]. Nach hM handelt es sich um ein **absolutes Veräußerungsverbot**, auf das sich jedermann berufen kann (str, Rn 2)[141]. Übereinstimmung besteht jedoch insoweit, dass die Vorschriften über den gutgläubigen Erwerb (§§ 892, 893, 932 ff, 1207 BGB, § 366 HGB) weder direkt noch über § 135 Abs 2 Anwendung finden[142]. Die sich für den Erwerber daraus ergebenden Gefahren werden nur teilweise durch das nach der subjektiven Theorie geltende Erfordernis der Kenntnis der Gesamtvermögenseigenschaft ausgeglichen (Rn 17)[143]. Die Unkenntnis über den Umstand, dass der Vertragspartner im gesetzlichen Güterstand lebt, ist aber grds unerheblich[144]. Nur wenn bei zunächst geltender Gütertrennung die Ehegatten zur Zugewinngemeinschaft wechseln und diese Änderung nicht das Güterrechtsregister eintragen lassen, kann der Vertragsgegner sich auf § 1412 berufen[145]. Erst für das Folgegeschäft, das der Erwerber seinerseits mit 21

---

[129] Palandt/Brudermüller Rn 6.
[130] BGHZ 143, 356 = NJW 2000, 1947; H. P. Westermann FamRZ 1967, 645, 647; MünchKommBGB/Koch Rn 83.
[131] BGH FamRZ 1967, 382; AnwK-BGB/Gruber Rn 43; MünchKommBGB/Koch Rn 84.
[132] BGH NJW 1982, 1099, 1100; AnwK-BGB/Gruber Rn 32; Bergschneider in: Schröder/Bergschneider FamVermR Rn 4.29; MünchKommBGB/Koch Rn 56; Staudinger/Thiele Rn 50; aA Haegele Rpfleger 1960, 372.
[133] BHGZ 123 = NJW 1993, 2441 bei Wertausschöpfung durch Grundpfandrechte und Wohnungsrecht; BGH NJW 1990, 112, 113 mit Bewertungshinweisen; AnwK-BGB/Gruber Rn 32, Staudinger/Thiele Rn 51; aA MünchKommBGB/Koch Rn 63; Böttcher Rpfleger 1985, 1, 3, weil dadurch der Familie keine Vermögenssubstanz entzogen werde.
[134] KG MDR 1992, 679; OLG Düsseldorf NJW 1991, 851: Teilungsversteigerung nach Pfändung eines Miteigentumsanteils; OLG Köln NJW-RR 1989, 325; Dörr NJW 1991, 1092; Erman/Heckelmann Rn 21; Fuge ZFE 2004, 47, 51; allg zur Zwangsvollstreckung Lüderitz/Dethloff § 5 Rn 90.
[135] MünchKommBGB/Koch Rn 50; Staudinger/Thiele Rn 55; RGRK/Finke Rn 7; Böttcher Rpfleger 1985, 1, 3.
[136] OLG Rostock FamRZ 1995, 1583, 1584; MünchKommBGB/Koch Rn 50.
[137] BGHZ 106, 253, 257 = NJW 1989, 1609 bei fehlender Kenntnis des Erwerbers von Gesamtvermögenseigenschaft bei Abschluss des Verpflichtungsgeschäfts.
[138] Tiedtke FamRZ 1988, 1009; Palandt/Brudermüller Rn 12.
[139] AnwK-BGB/Gruber Rn 51; Staudinger/Thiele Rn 94.
[140] Palandt/Brudermüller Rn 13.
[141] BGHZ 40, 218 = NJW 1964, 347.
[142] AnwK-BGB/Gruber Rn 2; Bergschneider in: Schröder/Bergschneider FamVermR Rn 4.104; KK-FamR/Weinreich § 1368 Rn 17; Lüderitz/Dethloff § 5 Rn 89; Palandt/Brudermüller Rn 14; Staudinger/Thiele Rn 99; MünchKommBGB/Koch Rn 4.
[143] Liessem NJW 1989, 498.
[144] Krit Liessem NJW 1989, 497.
[145] Bergschneider in: Schröder/Bergschneider FamVermR Rn 4.104.

einem neuen Geschäftspartner abschließt, greifen die allgemeinen Gutglaubensschutzvorschriften und Rechtsscheinstatbestände ein[146].

22 Als **weitere Rechtsfolgen** kann sich sowohl der verfügende Ehegatte aber auch der andere auf die Unwirksamkeit berufen und die Rechte aus § 1368 geltend machen (s. Erl. dort). Die Unwirksamkeit des Verpflichtungsgeschäfts bei Fehlen der erforderlichen Zustimmung schließt zugleich auch das Bestehen vertraglicher **Schadensersatzansprüche** aus[147], jedoch kann der Vertragsgegner seine bereits erbrachten Leistungen nach § 812 zurückfordern. Daneben kommen Ansprüche des Vertragspartners aus Verschulden bei Vertragsverhandlungen in Betracht (§§ 311 Abs 2 Nr 1, 280) in Betracht, etwa bei fahrlässig oder vorsätzlich unrichtigen Angaben über das Bestehen der Ehe oder die Zustimmung des anderen Ehegatten, jedoch werden diese von der hM auf Ersatz des negativen Interesses begrenzt[148]. Dies erscheint problematisch, da dadurch – entgegen dem Normzweck – die wirtschaftliche Grundlage der Ehe ebenfalls erheblich beeinträchtigt werden kann[149]. Deliktische Ansprüche nach §§ 823 Abs 2 (evtl iVm § 263 StGB), 826 sind nach allgM bei Vorliegen der Tatbestandsvoraussetzungen gegeben[150]. Eine **Haftungsübernahmeerklärung** des einen Ehegatten gegenüber seinem Vertragspartner, worin dieser die Garantie für die Erteilung der Zustimmung durch den anderen Ehegatten übernimmt, ist unwirksam. Denn dadurch könnten die Verfügungsbeschränkungen unterlaufen oder ein zumindest zu starker Druck auf die Erteilung der Zustimmung aufgebaut werden[151].

IV. Einwilligung

23 Die Einwilligung ist die vorherige **Zustimmung** (§ 183), für die die §§ 182 ff gelten[152], aber auch die allgemeinen rechtsgeschäftlichen Bestimmungen (§§ 116 ff, §§ 130 ff, 133), da sie eine einseitige, empfangsbedürftige **Willenserklärung** ist[153]. Sie ist ebenso wie die nachträgliche Genehmigung keine höchstpersönliche Erklärung, weil sie keinen ausgeprägten Persönlichkeits-, sondern vielmehr starken Vermögensbezug hat. Andernfalls hätte man auch das Ersetzungsverfahren nach Abs 2 nicht zulassen können. Daher ist auch eine **Stellvertretung** möglich, etwa durch einen **Betreuer**[154] oder **Insolvenzverwalter**. Die Einwilligung kann grds **formlos** erfolgen, auch wenn das zustimmungsbedürftige Rechtsgeschäft selbst formbedürftig ist[155], es sei denn, es wird eine unwiderrufliche Generaleinwilligung erteilt, für die aber die Form des § 1410 gilt[156]. Für den Grundbuchverkehr ist allerdings immer § 29 GBO für die praktische Verwertbarkeit zu beachten. Für **einseitige Rechtsgeschäfte** sind die §§ 182 Abs 3, 111 S 2 und 3 zu berücksichtigen. Die Einwilligung kann gegenüber dem Ehegatten oder auch dem Dritten gegenüber erklärt werden (§ 182 Abs 1), aber auch nur gegenüber diesen Personen und nicht gegenüber einem Benennungsberechtigten[157]. Ob die bereits vorher abgegebene Einwilligung das abzuschließende Rechtsgeschäft deckt, ist oftmals erst durch Auslegung zu ermitteln[158], jedoch müssen wenigstens die „essentialia negotii" feststehen.

24 Eine **Einwilligung** liegt in jedem Verhalten, aus dem sich der Wille entnehmen lässt, dem anderen Ehegatten den wirksamen Abschluss des zustimmungspflichtigen Geschäfts zu gestatten[159]; sie ist somit auch durch schlüssiges Verhalten möglich[160]. Erforderlich ist aber, dass der zustimmungsberechtigte Ehegatte die Zustimmungsbedürftigkeit des Geschäfts kannte oder zumindest damit rechnete, weil es sonst an dem erforderlichen Erklärungsbewusstsein fehlte[161]. Das bloße Schweigen genügt idR nicht[162]. In der Mitunterzeichnung einer Vollmacht liegt aber regelmäßig die entsprechende Einwilligung[163]. Bis

---

[146] OLG Köln OLGZ 1969, 171; OLG Zweibrücken FamRZ 1986, 997; AnwK-BGB/*Gruber* Rn 4; *Lüderitz/Dethloff* § 5 Rn 89.
[147] AllgM, AnwK-BGB/*Gruber* Rn 52 und § 1368 Rn 30; *Gernhuber/Coester-Waltjen* § 35 Rn 85; *Staudinger/Thiele* Rn 98.
[148] AnwK-BGB/*Gruber* § 1368 Rn 31; *Bergschneider* in: *Schröder/Bergschneider* FamVermR Rn 4.106; KK-FamR/*Weinreich* Rn 68; *Palandt/Brudermüller* Rn 16; *Staudinger/Thiele* Rn 98; MünchKommBGB/*Koch* § 1366 Rn 40 mit gewissen Zweifeln; aA *Gernhuber/Coester-Waltjen* § 35 Rn 85–87: Haftung auf das Erfüllungsinteresse, wenn es ohne die Täuschung zu einem mangelfreien Geschäft gekommen wäre.
[149] AA *Gernhuber/Coester-Waltjen* § 35 Rn 85–87, jedoch können die dort angeführten allg Argumente zur schuldrechtlichen Haftung nicht einfach auf die nach § 1365 geltenden Besonderheiten übertragen werden.
[150] AnwK-BGB/*Gruber* § 1368 Rn 31.
[151] AnwK-BGB/*Gruber* § 1368 Rn 31; *Gernhuber/Coester-Waltjen* § 35 Rn 78; MünchKommBGB/*Koch* § 1366 Rn 39; *Soergel/Lange* Rn 62; *Staudinger/Thiele* Rn 101; RGRK/*Finke* § 1366 Rn 25; aA *Dölle* I S 755; *Dittmann* DNotZ 1963, 716.
[152] MünchKommBGB/*Koch* Rn 83.
[153] *Staudinger/Thiele* Rn 69.
[154] G. *Müller* ZNotP 2005, 419, 420 mit weiteren Detailfragen; für Zulässigkeit der Stellvertretung auch *Soergel/Leptin* Vor § 164 Rn 84; aA *Staudinger/Schilken* Vor § 164 ff Rn 41; MünchKommBGB/*Schramm* Vor § 164 Rn 74.
[155] OLG Celle NJW-RR 2001, 866, 867; AnwK-BGB/*Gruber* Rn 45; *Gernhuber/Coester-Waltjen* § 35 Rn 62; MünchKommBGB/*Koch* Rn 87; *Palandt/Brudermüller* Rn 18; einschränkend *Staudinger/Thiele* Rn 69: „regelmäßig".
[156] AnwK-BGB/*Gruber* Rn 46; *Gernhuber/Coester-Waltjen* § 32 Rn 4; *Palandt/Brudermüller* Rn 18.
[157] OLG Schleswig NJW-RR 1987, 135.
[158] LG Frankenthal Rpfleger 1981, 483: allg Veräußerungszustimmung umfasst auch solche zu unentgeltlicher Verfügung.
[159] MünchKommBGB/*Koch* Rn 88.
[160] BGH NJW 1953, 58; OLG Celle NJW-RR 2001, 866, 867; *Soergel/Lange* Rn 64.
[161] BGHZ 2, 150, 153 = NJW 1951, 796 allg zur Vertragsgenehmigung; MünchKommBGB/*Koch* Rn 88; *Staudinger/Thiele* Rn 70; weiter gehend KG NJW 1962, 1062, 1063.
[162] *Gernhuber/Coester-Waltjen* § 35 Rn 62 Fn 106; *Staudinger/Thiele* Rn 70; *Soergel/Lange* Rn 64.
[163] BayObLGZ 1934, 435.

Verfügung über Vermögen im Ganzen § 1365

zur Vornahme des Rechtsgeschäfts kann die Einwilligung gegenüber dem Ehegatten oder dem Dritten wieder widerrufen werden (§ 183)[164]. Ein redlicher Geschäftspartner wird jedoch dagegen analog §§ 170ff geschützt[165]. Die Einwilligung kann auch nach einer anfänglichen Verweigerung bis zur Vollendung des Rechtsgeschäfts wirksam erteilt werden[166], aber auch unter einer **Bedingung**[167], ohne dass hierin eine Verweigerung der Zustimmung liegt[168]. Dann wird das betroffene Rechtsgeschäft erst mit Bedingungserfüllung wirksam. Analog dem Abs 2 wird man aber dem zustimmungsbedürftigen Ehegatten hier die Möglichkeit einräumen müssen, die uneingeschränkte Zustimmung durch einen Akt des Vormundschaftsgerichts ersetzen zu lassen[169]. Eine Klage auf Erteilung der Zustimmung ist nicht möglich, die Ersetzung nach Abs 2 der speziellere Rechtsbehelf[170].

V. Ersetzung der Zustimmung

Statt einer allgemeinen Klage auf Zustimmung[171] sieht das Gesetz ein besonderes Verfahren auf Ersetzung der Zustimmung durch richterlichen Gestaltungsakt vor. 25

1. Zulässigkeit des Antrags. Antragsberechtigt ist nur der Ehegatte, der das Rechtsgeschäft 26 abschließen will oder abgeschlossen hat. Der Vertragspartner hat kein Antragsrecht, jedoch kann der vertragsschließende Ehegatte sich ihm gegenüber zur Antragstellung verpflichten[172]. Dann ist ihm gegenüber auch Klage auf Antragstellung mit Vollstreckung nach § 888 ZPO möglich[173]. Der **Tod des Antragstellers** unterbricht das Verfahren nicht; vielmehr ist das Antragsrecht vererblich und der Erbe kann es fortführen[174]. Wenn der zustimmungspflichtige Ehegatte selbst der Alleinerbe ist, kann er den Antrag zurücknehmen[175]. Der Ersetzungsantrag ist zu **begründen** und muss die wesentlichen Einzelheiten des Rechtsgeschäfts enthalten[176]; ein Vertragsentwurf braucht dabei noch nicht der erforderlichen Form genügen[177]. Der Antrag kann vor oder nach Abschluss des Vertrags gestellt werden. **Zuständig** ist ausschließlich das Vormundschaftsgericht (§ 45 FGG) und nicht das Familiengericht[178]. Funktionell zuständig ist dort der Richter (§ 14 Abs 1 Nr 6 RPflG). **Örtlich** zuständig ist das Gericht, in dem die Ehegatten ihren gemeinsamen gewöhnlichen Aufenthaltsort haben oder zumindest zuletzt hatten (§ 45 Abs 1 FGG). **Antragsfristen** bestehen grds nicht; nach der Aufforderung, die Genehmigung des anderen Ehegatten zu beschaffen, ist jedoch die Frist zur Mitteilung der Genehmigung nach § 1366 Abs 3 S 3 zu beachten.

2. Begründetheit. a) Prüfungsgegenstand, Prüfungsmaßstab. Prüfungsgegenstand ist das 27 Rechtsgeschäft, wie es dem Gericht zur Beurteilung vorgelegt wird. Wird der Vertrag nur unvollständig vorgelegt oder weichen die Vertragsteile bei der erst später erfolgenden rechtsgeschäftlichen Erklärung von dem zunächst begutachteten Inhalt ab, so ist das Rechtsgeschäft nur insoweit wirksam, als es dem Beschluss des Vormundschaftsgerichts entspricht. Der übrige Teil ist bei Verträgen schwebend unwirksam; der Fortbestand des vom Vormundschaftsgericht gebilligten Vertragsteils bestimmt sich dann nach § 139[179].

Prüfungsmaßstab. Der Antrag ist begründet, wenn **(1)** das zustimmungsbedürftige Rechtsgeschäft 28 den Grundsätzen der ordnungsgemäßen Verwaltung entspricht (übergeordnetes Tatbestandsmerkmal) und **(2)** die Zustimmung ohne ausreichenden Grund verweigert wurde oder der andere Ehegatte an der Abgabe der Erklärung verhindert ist und mit dem Aufschub Gefahr verbunden ist (zwei daran anknüpfende Tatbestandsmerkmale)[180]. Prüfungsfähig sind dabei nur wirksame Rechtsgeschäfte. **Offensichtlich nichtige Rechtsgeschäfte** hat das Vormundschaftsgericht daher ohne weitere Prüfung zurückzuweisen[181].

b) Grundsätze ordnungsgemäßer Verwaltung. Dass das betreffende Rechtsgeschäft diesen ent- 29 spricht, ist stets notwendig, dass es hierfür erforderlich ist, aber nicht; es genügen vielmehr Zweckmäßigkeitsüberlegungen[182]. Dabei hat man sich bei der Beurteilung am **Familieninteresse** zu orientie-

---

[164] MünchKommBGB/*Koch* Rn 89; *Staudinger/Thiele* Rn 73; *Palandt/Brudermüller* Rn 19.
[165] AnwK-BGB/*Gruber* Rn 47; MünchKommBGB/*Koch* Rn 86; *Staudinger/Thiele* Rn 72.
[166] *Staudinger/Thiele* Rn 73; MünchKommBGB/*Koch* Rn 89.
[167] MünchKommBGB/*Koch* Rn 91 f.
[168] So aber AG Braunschweig FamRZ 1959, 291; *Staudinger/Thiele* Rn 79; RGRK/*Finke* Rn 39.
[169] MünchKommBGB/*Koch* Rn 92; *Fuge* ZFE 2004, 47, 52.
[170] *Palandt/Brudermüller* Rn 18.
[171] Eine solche Leistungsklage ist daher unzulässig, vgl etwa *Erman/Heckelmann* Rn 22; *Fuge* ZFE 2004, 47, 53.
[172] OLG Posen Rn 1902, 20; AnwK-BGB/*Gruber* Rn 67; *Staudinger/Thiele* Rn 92; hierzu bedarf es aber eines selbstständigen Rechtsgeschäfts, da das zustimmungspflichtige ja schwebend unwirksam ist, MünchKommBGB/*Koch* § 1366 Rn 24.
[173] OLG Posen OLGE 4, 267; KG DJZ 1932, 1001; *Palandt/Brudermüller* Rn 25; *Staudinger/Thiele* Rn 92; *Bosch* FamRZ 1959, 241 will demgegenüber § 984 ZPO anwenden.
[174] LG Mannheim DNotZ 1969, 372; AnwK-BGB/*Gruber* Rn 68.
[175] BayObLG DNotZ 1963, 732.
[176] KK-FamR/*Weinreich* Rn 60.
[177] OLG Köln OLGZ 1984, 298.
[178] BGH NJW 1982, 2566; OLG Oldenburg FamRZ 1978, 53, AnwK-BGB/*Gruber* Rn 66.
[179] MünchKommBGB/*Koch* § 1366 Rn 25.
[180] Zur verwirrenden Normstruktur MünchKommBGB/*Gernhuber* 3. Aufl 1993, Rn 90 f.
[181] MünchKommBGB/*Koch* Rn 100.
[182] BayObLG FamRZ 1963, 521; *Fuge* ZFE 2004, 47, 53; KK-FamR/*Weinreich* Rn 48; *Staudinger/Thiele* Rn 76; MünchKommBGB/*Koch* Rn 94; AnwK-BGB/*Gruber* Rn 54.

§ 1365 Buch 4. Abschnitt 1. Bürgerliche Ehe

ren, aber insoweit auch die Schutzzwecke des § 1365 (Rn 1) zu beachten[183]. Die **Rechtsprechungsformel** lautet, dass es darauf ankomme, „ob ein ordentlicher Wirtschafter mit rechter ehelicher Gesinnung das Geschäft abschließen würde"[184]. Maßgebend ist der **Zeitpunkt** der letzten mündlichen Verhandlung in der Tatsacheninstanz, nicht der der Entscheidung des zustimmungsbedürftigen Ehegatten[185]. Im Hinblick auf die Ehe als Solidargemeinschaft sind bei der Beurteilung auch die berechtigten Interessen des anderen (zustimmungsberechtigten) Ehegatten (vgl auch § 1353) und der gemeinschaftlichen Kinder zu berücksichtigen, und es ist neben den konkreten Lebensumständen und den wirtschaftlichen Verhältnissen der Beteiligten die von den Ehegatten konkret getroffene Familien- und Vermögensplanung zu beachten[186]. Dabei ist eine Gegenüberstellung der Verhältnisse ohne Vornahme mit denen bei Vornahme des betreffenden Rechtsgeschäfts erforderlich[187]. Bei einer **Teilungsversteigerung** (§ 180 ZVG) ist daher erforderlich die Gegenüberstellung der Höhe des Schuldendienstes (Verzinsung und Tilgung), des Reparaturaufwandes unter Berücksichtigung der Rückstellungen hierfür, des Zustands der Immobilie, der damit verbundenen Dauerbelastung, der Wert des freien Wohnens und die Möglichkeiten eines freihändigen Verkaufs[188]. Eine volle **Entgeltlichkeit** des Rechtsgeschäfts ist nicht erforderlich[189]. So ist etwa bei **Hofübergabeverträgen** das Versorgungsinteresse der anderen Angehörigen des Übergebers beachtlich[190], ferner die anderweitige Existenzsicherung und die Gefahr wirtschaftlicher Nachteile bei Nichtvornahme[191]. Auch die Verkehrsüblichkeit ist nicht allein ausschlaggebend[192]. Zustimmungsersetzung ist aber möglich, wenn der Veräußerer den Hof oder Gewerbebetrieb nicht mehr betreiben kann, also eine Unternehmensnachfolge objektiv geboten ist[193], oder wenn die getrennt lebenden Ehegatten in einem Miethaus mit geringer Rendite verkauft und dafür eine Eigentumswohnung angeschafft werden soll[194].

30   c) **Ausreichender Grund für die Verweigerung.** Für die Ersetzung hinzukommen muss noch ein anderer Grund. Dies kann sein, dass die Zustimmung des anderen Ehegatten ohne ausreichenden Grund verweigert wird (zur Verhinderung an der Abgabe s Rn 33). Eine **Verweigerung** liegt dabei nicht nur bei ausdrücklicher oder stillschweigender Ablehnung vor oder wenn diese nach § 1366 Abs 3 S 2 fingiert wird, sondern auch bei einem Widerruf oder bei einer Zustimmung unter Bedingung[195]. Dem steht gleich, wenn die Zustimmung nicht in der erforderlichen Form erteilt wird (§ 29 GBO)[196]. Ob ein **ausreichender Grund** für die Verweigerung besteht, ist im Wege einer teleologischen Auslegung zu bestimmen: Gerechtfertigt ist die Verweigerung daher, wenn das zustimmungsbedürftige Rechtsgeschäft nach den Umständen des Einzelfalls mit den **Schutzzwecken** des § 1365 (Rn 1) **nicht vereinbar** ist, also eine Gefährdung der wirtschaftlichen Grundlagen der Familie oder der Zugewinnausgleichsforderung nicht unwahrscheinlich erscheint[197]. Hierfür sind einerseits **konkrete Anhaltspunkte** erforderlich, eine bloße abstrakte Gefährdung genügt nicht[198]; andererseits ist dabei auch auf die mit dem Geschäft verfolgten weiter gehenden Zwecke und die daraus folgenden Konsequenzen abzustellen[199]. Daher ist keine Ersetzung möglich, wenn die Verweigerung im Hinblick auf einen **streitigen,** im Verbundverfahren mit noch offenem Ausgang vor dem Familiengericht anhängigen **Zugewinnausgleichsanspruch** erfolgt[200], ja dann auch, wenn nur die Gefahr besteht, dass ein Anspruch auf Zugewinnausgleich nach Güterstandsbeendigung konkret gefährdet würde[201] oder nicht mehr realisierbar ist, wobei es aber konkreter Anhaltspunkte (hier Verschwendung infolge Alkoholis-

---

[183] BayObLGZ 1979, 8, 10 f; BayObLG NJW-RR 1996, 962; MünchKommBGB/*Koch* Rn 94.
[184] BayObLG FamRZ 1963, 521 f; NJW 1968, 1335; NJW 1975, 833; FamRZ 1985, 1040; OLG Hamm FamRZ 1967, 572; OLG Köln NJW-RR 2005, 4, 5 = FamRB 2005, 1 (*Kogel*); eine wenig zeitgemäße Diktion.
[185] KK-FamR/*Weinreich* Rn 48.
[186] *Bergschneider* in: *Schröder/Bergschneider* FamVermR Rn 4.75; MünchKommBGB/*Koch* Rn 94; vgl auch AnwK-BGB/*Gruber* Rn 54.
[187] *Bergschneider* in: *Schröder/Bergschneider* FamVermR Rn 4.76; vgl auch BayObLG FamRZ 1985, 1040, 1041.
[188] BayObLG FamRZ 1985, 1040, 1041; s auch *Bergschneider* in: *Schröder/Bergschneider* FamVermR Rn 4.78.
[189] AnwK-BGB/*Gruber* Rn 57; eingehender s Rn 31.
[190] LG Hildesheim MDR 1962, 220; *Soergel/Lange* Rn 67; für besondere Anforderungen hier BayObLGZ 20, 265; 26, 23; *Staudinger/Thiele* Rn 78.
[191] LG Braunschweig FamRZ 1959, 291.
[192] *Soergel/Lange* Rn 67.
[193] MünchKommBGB/*Koch* Rn 97; AnwK-BGB/*Gruber* Rn 57; *Palandt/Brudermüller* Rn 21, jeweils mit Einschränkung, dass nicht willkürlich nur ein Kind bedacht werden darf.
[194] BayObLG NJW 1975, 833.
[195] AnwK-BGB/*Gruber* Rn 59; *Staudinger/Thiele* Rn 79.
[196] AnwK-BGB/*Gruber* Rn 59; Fuge ZFE 2004, 47, 52; *Palandt/Brudermüller* Rn 23; *Soergel/Lange* Rn 44; RGRK/*Finke* Rn 62; aA KG NJW 1962, 1063; *Gernhuber/Coester-Waltjen* § 35 Rn 62; MünchKommBGB/*Koch* § 1366 Rn 12; *Staudinger/Thiele* Rn 79, die den Ehegatten zur uU lange dauernden und kostenträchtigen Klage auf formgerechte Zustimmung zwingen.
[197] MünchKommBGB/*Koch* Rn 95 f; ähnlich *Staudinger/Thiele* Rn 80; *Palandt/Brudermüller* Rn 23.
[198] BGH NJW 1978, 1380, 1381; BayObLG NJW 1975, 833, 834; OLG Saarbrücken FamRZ 1987, 1248, 1249; AnwK-BGB/*Gruber* Rn 61; MünchKommBGB/*Koch* Rn 96; *Soergel/Lange* Rn 68.
[199] *Staudinger/Thiele* Rn 81; MünchKommBGB/*Koch* Rn 95 f; weiter gehend *Soergel/Lange* Rn 68.
[200] OLG Köln FamRZ 1997, 677; OLG Köln OLGR 2000, 422; AnwK-BGB/*Gruber* Rn 61 aE; einschränkender OLG Köln NJW-RR 2005, 4, 5 = FamRB 2005, 1, weil zusätzlich gefordert wird, dass der zustimmungsberechtigte Ehegatte durch die Genehmigung seine Anwartschaft auf Zugewinnausgleich konkret gefährden müsste.
[201] BGH NJW 1978, 1380, 1381; BayObLG NJW 1975, 834; OLG Saarbrücken FamRZ 1987, 1248; OLG Köln OLGR 2000, 422 (Teilungsversteigerung bei noch offenem Ausgang des Zugewinnausgleichsverfahrens); *Staudinger/Thiele* Rn 82.

Verfügung über Vermögen im Ganzen   § 1365

mus) bedarf[202]. Ob dem gefährdeten Ausgleichsanspruch § 1381 entgegengehalten werden könnte, kann jedoch in diesem Verfahren nicht entschieden werden[203]. Ein Getrenntleben oder eine fehlende Aussicht auf Wiederherstellung des Familienfriedens schließen das Interesse an der Familienhabe nicht aus[204], doch wird dann meist das Interesse des anderen Ehegatten an der Vermögensumschichtung überwiegen[205].

Die **Berücksichtigung von Gegenleistungen** spielt sowohl bei der Frage, ob eine ordnungsgemäße Vermögensverwaltung vorliegt, aber auch für die Berechtigung der Zustimmungsverweigerung eine große Rolle[206]. Die oftmals erforderliche Beurteilung, ob durch die Art und Weise der Verwendung der Gegenleistung die Versagungsgründe ausgeräumt werden können, ist mit einem erheblichen **Prognoserisiko** behaftet[207]. Daher kann die zweckgerechte Mittelverwendung nicht zum Inhalt einer Auflage des Beschlusses gemacht werden (s auch Rn 34)[208]. **31**

Die Rspr berücksichtigt bei ihrer Entscheidung in ganz erheblichem Maß auch **ideelle Gründe:** So soll für die Verweigerung genügen, dass das Geschäft drohe, den Familienfrieden zu beeinträchtigen[209]. Davon werden jedoch zu Recht unsachliche oder rein eigennützige Motive geschieden, die unbeachtlich sind: So wenn ein Ehegatte durch die Weigerung etwas für sich erzwingen will, wie zB die Wiederherstellung der ehelichen Lebensgemeinschaft oder eine vermögensmäßige Besserstellung, auf die kein Anspruch besteht[210], oder das bloße Interesse an der Erhaltung der Ehewohnung[211]. Anerkennenswerte Gründe führen zu einer **umfassenden Interessenabwägung** unter Würdigung aller Gesamtumstände[212]. Dabei dürfen aber nur die durch § 1365 geschützten Interessen berücksichtigt werden[213]. **32**

d) Verhinderung an der Zustimmungserklärung. Eine Ersetzung zu einem Rechtsgeschäft, das den Grundsätzen einer ordnungsgemäßen Verwaltung entspricht, ist aber auch in den Fällen möglich, wenn der zustimmungsberechtigte Ehegatte durch Krankheit oder Abwesenheit an der Abgabe der Zustimmungserklärung gehindert ist und mit dem Aufschub der Zustimmung Gefahr verbunden ist (Abs 2 Alt 2). Alle Tatbestandsmerkmale müssen objektiv vorliegen[214]. Eine dauernde Verhinderung muss allerdings nicht vorliegen[215]. Die drohenden Gefahren können nicht nur vermögensrechtlicher Art sein, weshalb eine Ersetzung auch möglich ist, um die notwendige Verwertung des Familienvermögens, etwa im Hinblick auf die bevorstehende Scheidung zu einem günstigen Zeitpunkt vorzubereiten[216] oder einem Abkömmling eine Eheschließung oder Existenzgründung zu ermöglichen[217]. **33**

e) Entscheidungsverfahren. Es gilt der **Amtsermittlungsgrundsatz** (§ 12 FGG). Vor der Entscheidung ist dem Antragsgegner rechtliches Gehör zu gewähren (Art 103 GG)[218]; soll der Antrag abgelehnt oder ihm nur unter Bedingungen oder Auflagen stattgegeben werden, ist auch der Antragsteller nochmals zu hören. Maßgebend für die Begründetheit des Ersetzungsantrags ist der Zeitpunkt der letzten mündlichen Verhandlung[219]. Das Vormundschaftsgericht muss in seiner Entscheidung unter genauer Bezeichnung des betreffenden Rechtsgeschäfts den Antrag entweder ablehnen oder ihm voll stattgeben[220]. Nicht aber kann es teilweise ersetzen oder an die Stelle des beantragten Rechtsgeschäfts ein anderes setzen[221]. Nach hM ist allerdings auch eine Ersetzung unter **Auflagen** oder Bedingungen möglich, wenn dadurch der Grund für die berechtigte Verweigerung beseitigt wird[222]. Unzulässig sind freilich Auflagen, **34**

---

[202] LG Koblenz FamRZ 1998, 163 m abl, aber nicht überzeugender Anm *Kogel* 914; dem LG zust AnwK-BGB/*Gruber* Rn 61.
[203] AG Hannover FamRZ 1985, 70; AnwK-BGB/*Gruber* Rn 63.
[204] OLG Celle FamRZ 1961, 30; OLG Schleswig SchlHA 1972, 184.
[205] BayObLGZ 1975, 12, 16; BayObLG NJW-RR 1996, 962: Anforderungen an Ersetzung geringer zu bemessen; OLG Köln NJW 1971, 2312, 2314; LG Hildesheim MDR 1962, 220; *Soergel/Lange* Rn 68.
[206] Im Einzelfall können nach hM auch unentgeltliche Geschäfte ersetzungsfähig sein, vgl etwa AnwK-BGB/*Gruber* Rn 57; LG Mannheim DNotZ 1969, 372: Zuwendung zur Abstattung von Dank für frühere Pflege. Oftmals ist aber die Pflegeleistung nur als vorweggenommene Erfüllungshandlung im Hinblick auf die spätere Leistung des anderen erfolgt, also entgeltlich.
[207] MünchKommBGB/*Koch* Rn 97.
[208] MünchKommBGB/*Koch* Rn 97; aA OLG Stuttgart OLGZ 1982, 180 = NJW 1983, 634.
[209] OLG Hamm FamRZ 1967, 572, 573; BayObLG NJW 1975, 833, 834; zust etwa AnwK-BGB/*Gruber* Rn 62; *Soergel/Lange* Rn 68; *Staudinger/Thiele* Rn 83 mit dem Beispiel der Unverträglichkeit des Übernehmers mit dem zustimmungsberechtigten Ehegatten, der in der Nähe wohnt.
[210] OLG Hamm DRiZ 1962, 13 Nr 513; AnwK-BGB/*Gruber* Rn 62.
[211] OLG Stuttgart NJW 1983, 634.
[212] BayObLGZ 1963, 183, 187; BayObLG NJW 1975, 833, 834; NJW-RR 1996, 962 OLG Köln NJW 1971, 2312, 2314; OLG Stuttgart OLGZ 1982, 180 = NJW 1983, 634; AnwK-BGB/*Gruber* Rn 63; KK-FamR/*Weinreich* Rn 53.
[213] MünchKommBGB/*Koch* Rn 98; ähnlich KK-FamR/*Weinreich* Rn 53: „besondere Berücksichtigung des Normzwecks".
[214] MünchKommBGB/*Koch* Rn 96.
[215] RGZ 103, 126.
[216] AnwK-BGB/*Gruber* Rn 65; *Soergel/Lange* Rn 69.
[217] *Staudinger/Thiele* Rn 85.
[218] BayVerfGH FamRZ 2005, 382; MünchKommBGB/*Koch* § 1366 Rn 24; AnwK-BGB/*Gruber* Rn 69.
[219] BGH NJW 1978, 1381; BayObLG NJW 1968, 1335.
[220] KG JFG 11, 44; *Staudinger/Thiele* Rn 89.
[221] *Palandt/Brudermüller* Rn 26.
[222] BayObLGZ 1963, 183, 184 = FamRZ 1963, 521; OLG Köln OLGZ 1984, 298; OLG Stuttgart NJW 1983, 634; FamRZ 1987, 1248; AnwK-BGB/*Gruber* Rn 69; MünchKommBGB/*Koch* § 1366 Rn 27; *Soergel/Lange* Rn 71; *Palandt/Brudermüller* Rn 27; aA *Staudinger/Thiele* Rn 89: generell unzulässig; einschränkend auch oben Rn 31.

die den Grundsätzen der Zugewinngemeinschaft widersprechen[223], wie etwa die Durchführung ein vorzeitigen Zugewinnausgleich nach §§ 1385, 1386 außerhalb des vorgeschriebenen Verfahrens oder Sicherheitsleistungen für die künftige Ausgleichsforderung, weil sich dies nach § 1389 bestimmt[224] oder Vermögensanlage mit Bindung an die Zustimmung des anderen Ehegatten[225]. Lehnt das Vormundschaftsgericht die Ersetzung ab, weil es das Rechtsgeschäft nicht für zustimmungspflichtig hält (sog **Negativattest**), hat dies keine materiell-rechtlichen Wirkungen[226]. Jedoch ist wegen des dadurch erzeugten Rechtsscheins hiergegen eine Beschwerde möglich, und zwar auch durch den Antragsgegner[227].

35 **f) Rechtsmittel.** Die Entscheidung wird erst mit der **Rechtskraft wirksam** (§ 53 Abs 1 FGG). Jedoch hat das Vormundschaftsgericht bei Gefahr im Verzuge die Möglichkeit, die sofortige Wirksamkeit der Entscheidung anzuordnen, wodurch sie mit Bekanntmachung an den Antragsteller wirksam wird (§ 53 Abs 2 S 2 FGG). Bei **Zurückweisung** des Antrags hat der Antragsteller das Recht zur einfachen Beschwerde (§ 20 Abs 2 FGG); auch ohne diese ist Abänderung nach § 18 Abs 1 FGG möglich. Gegen die **stattgebende Entscheidung** hat der Antragsgegner die **sofortige Beschwerde** (§§ 60 Abs 1 Nr 6, 53 Abs 1, 22, 29 Abs 2 FGG), und zwar auch dann, wenn die sofortige Wirksamkeit angeordnet wurde[228]. Eine Änderung durch das Vormundschaftsgericht selbst ist nach § 18 Abs 2 FGG hier nicht zulässig. Gegen die Entscheidung des Beschwerdegerichts ist die weitere Beschwerde zulässig (§ 27 FGG); ob ein Geschäft den Grundsätzen der ordnungsgemäßen Verwaltung entspricht, ist ein unbestimmter Rechtsbegriff. Die **Überprüfung** im Rahmen der weiteren Beschwerde erstreckt sich daher nur darauf, dass das Vorliegen eines unbestimmten Rechtsbegriffs nicht verkannt und die diesbezüglichen Grundsätze beachtet, die erforderliche Interessenabwägung vorgenommen, hierbei alle wesentlichen Umstände berücksichtigt und relevante Umstände nicht unvertretbar über- oder unterbewertet wurden[229]. Zu den **Gebühren** s § 97 Abs 1 Nr 1 KostO. Die Entscheidung des Vormundschaftsgerichts ist für das Prozessgericht als Vorfrage bindend[230].

VI. Verfahrensfragen

36 **1. Beweislast.** Die Beweislast dafür, dass das Rechtsgeschäft nach § 1365 der **Zustimmungspflicht** unterliegt, trägt derjenige, der sich hierauf beruft, da die Verfügungsfreiheit auch bei der Zugewinngemeinschaft die Regel, die Beschränkung nach § 1365 die Ausnahme ist[231]. Diese Beweislastverteilung gilt insbes auch für das subjektive Tatbestandsmerkmal der Kenntnis des Vertragsgegners, dass es sich um ein Einzelvermögensgeschäft handelt, denn dies wird als ungeschriebenes Tatbestandsmerkmal angesehen und nicht als Ausnahmetatbestand[232]. Bei nahen Verwandten, die zu einander Kontakt haben, legen allerdings die Umstände eine entsprechende Kenntnis nahe, weshalb eine Vermutung für das Wissen um die wirtschaftlichen Verhältnisse spricht[233].

37 **2. Beurkundungsverfahren.** Bei Grundstücksgeschäften haben die Notare die Beteiligten über das Bestehen des § 1365 und dessen rechtliche Bedeutung auf Grund der Belehrungspflicht des § 17 Abs 2 BeurkG aufzuklären, soweit nicht die Anwendung dieser Bestimmung von vornherein ausscheidet (lediger Veräußerer, Gütertrennung, offensichtlich geringwertiger Vermögenswert). Wegen der Pflicht zur Unparteilichkeit ist der Notar zu Sachverhaltsnachforschungen nur beim Vorliegen weiterer konkreter Anhaltspunkte verpflichtet, dass der Vertragsgegenstand das nahezu gesamte Vermögen des Veräußerers ist[234]. Die zunächst im theoretischen Ansatz überzeugend klingende Differenzierung zwischen der Belehrung über die Rechtslage und der ausnahmsweise bestehenden Pflicht zur Sachverhaltsaufklärung zwingt im Rahmen des Beurkundungsverfahrens den Veräußerer letztlich doch dazu, dass er sich über seine Vermögensverhältnisse erklären muss[235]. Dadurch besteht allerdings die Gefahr, dass der Notar beim Einzelvermögenserwerb den zunächst gutgläubigen Erwerber erst bösgläubig macht[236]. Deutlich wird dies an der in der Praxis standardmäßig vielfach verwendeten Formulierung, dass der „Veräußerer versichert, nicht über sein nahezu gesamtes Vermögen zu verfügen."[237]

---

[223] MünchKommBGB/*Koch* § 1366 Rn 27.
[224] BayObLG NJW 1975, 833; Rpfleger 1981, 10; AnwK-BGB/*Gruber* Rn 69.
[225] MünchKommBGB/*Koch* § 1366 Rn 27.
[226] LG Berlin FamRZ 1973, 146; OLG Zweibrücken OLGZ 1981, 396.
[227] LG Frankfurt FamRZ 1992, 1079; AnwK-BGB/*Gruber* Rn 70; MünchKommBGB/*Koch* § 1366 Rn 30; *Palandt/Brudermüller* Rn 26; aA *Staudinger/Thiele* Rn 94: gegen Beschwerderecht des Antragstellers.
[228] BGHZ 42, 223 = NJW 1964, 2305 zu § 55 a FGG.
[229] BayObLG FamRZ 1996, 1014, 1015; nur verkürzte Darstellung bei *Staudinger/Thiele* Rn 78 a.
[230] OLG Kassel OLGE 15, 403.
[231] *Baumgärtel/Laumen* Rn 1; AnwK-BGB/*Gruber* Rn 78; der verfügende Ehegatte darf sich dagegen aber nicht mit einfachem Bestreiten begnügen, sondern muss substantiiert vortragen, welche anderen wesentlichen Vermögenswerte ihm noch verbleiben.
[232] BGHZ 43, 174, 177 f = NJW 1965, 909; BGH FamRZ 1969, 322; MünchKommBGB/*Koch* Rn 34; Staudinger/*Thiele* Rn 25; Soergel/*Lange* Rn 15; Böhringer BWNotZ 1987, 56; aA *Mülke* AcP 161 (1962), 129, 158 f; *Braga* FamRZ 1967, 652, 655; *Dölle* I S 754.
[233] OLG Celle FamRZ 1987, 942, 944; AnwK-BGB/*Gruber* Rn 78; MünchKommBGB/*Koch* Rn 34.
[234] BGHZ 64, 246, 248 f = NJW 1975, 1270; OLG Schleswig NJW-RR 2005, 646; *Liessem* NJW 1989, 497, 498; AnwK-BGB/*Gruber* Rn 76 f; Staudinger/*Thiele* Rn 109; MünchKommBGB/*Koch* Rn 68; Soergel/*Lange* Rn 45.
[235] Krit zur BGH-Rspr daher zu Recht *Krauter/Panz* BWNotZ 1978, 75, 76.
[236] Was BGHZ 64, 246, 251 ausdrücklich einräumt.
[237] Krit hiergegen Beck'sches Notarhandbuch/*Brambring*, 4. Aufl 2006, A I Rn 284, der aber die BGH-Rspr nicht richtig gewichtet.

Verfügung über Vermögen im Ganzen   § 1365

Erkennt der Notar im Nachhinein die Zustimmungspflicht, so ist er gehindert, den Vollzug der Urkunde zu betreiben[238]. Bei einer schuldhaften Pflichtverletzung haftet der Notar nach § 19 Abs 1 BNotO. Eine Haftung scheidet aber mangels Ursächlichkeit der Pflichtverletzung aus, wenn objektiv die Voraussetzungen für eine Unwirksamkeit nach § 1365 gar nicht vorlagen, das Grundbuchamt aber zu Unrecht den Vollzug des Rechtsgeschäfts ablehnte[239].

3. Grundbuchverfahren. Auch für das **Grundbucheintragungsverfahren** ist die sich aus § 1365 **38** ergebende Verfügungsbeschränkung zu beachten. Denn das Grundbuchamt hat die Verfügungsbefugnis (Bewilligungsbefugnis) von Amts wegen zu prüfen, da die Eintragung der Rechtsänderung eine wirksame Bewilligung (§ 19 GBO) voraussetzt. Im Rahmen des formalisierten Eintragungsverfahrens ist es dabei allerdings zur Anstellung von eigenen Ermittlungen grds nicht verpflichtet[240]. Dem **Regel-Ausnahme-Verhältnis** von § 1364 und § 1365 entsprechend hat das Grundbuchamt grds davon auszugehen, dass kein Gesamtvermögensgeschäft vorliegt[241]. Etwas anderes gilt nur, wenn sich auf Grund **konkreter Anhaltspunkte** begründete Zweifel an der Verfügungsbefugnis ergeben[242]. Diese lassen sich aber noch nicht allein aus dem Wert des veräußerten Grundbesitzes ableiten[243], müssen aber dem Grundbuchamt nicht in der Form des § 29 GBO zur Kenntnis gelangen, ja es kann sogar auf die allgemeine Lebenserfahrung zurückgreifen. Jedoch genügt die bloße Berufung des veräußernden Ehegatten auf den bloßen Gesetzeswortlaut des § 1365 nicht[244]. Handelt es sich um eine Verfügung über ein einzelnes Grundstück, so müssen auch **konkrete Anhaltspunkte** für das erforderliche subjektive Tatbestandselement beim Erwerber (Rn 17) zum Zeitpunkt des Vertragsschlusses vorhanden sein[245]. Aber die entsprechenden Anhaltspunkte genügen umgekehrt bereits; sie verpflichten und berechtigen das Grundbuchamt nach § 18 GBO durch eine Zwischenverfügung aufzugeben, entweder den Nachweis zu erbringen, dass kein Gesamtvermögensgeschäft vorliegt, oder die erforderliche Zustimmung des Ehegatten (in der Form des § 29 GBO) vorzulegen[246]. Die an sich materiell-rechtlich erforderliche Prüfung wird durch das Abstellen auf die „konkreten Anhaltspunkte" grundbuchverfahrensrechtlich verkürzt[247]. Wurde vom Grundbuchamt trotz Fehlens der erforderlichen Zustimmung die Rechtsänderung eingetragen, so ist das Grundbuch unrichtig. Der übergangene Ehegatte kann daher nach § 1368 die Eintragung eines Widerspruchs nach § 899 verlangen. Der Widerspruch ist dabei sowohl zu Gunsten des verfügenden Ehegatten (erleidet Rechtsverlust) wie auch zu Gunsten des zustimmungsberechtigten Ehepartners als Prozessstandschafter einzutragen[248]. Ein **Amtswiderspruch** nach § 53 Abs 1 S 1 GBO kann demgegenüber nur eingetragen werden, wenn unter Verletzung der gesetzlichen Vorschriften die Eintragung vorgenommen wurde, was für das Grundbuchamt konkrete Anhaltspunkte für die Zustimmungspflicht voraussetzte[249].

VII. Abweichende Vereinbarung

Die Verfügungsbeschränkungen des § 1365 können durch Ehevertrag **ausgeschlossen** oder abge- **39** ändert werden[250] und in das Güterrechtsregister eingetragen werden (eingehend § 1558 Rn 7)[251]. Nur

---

[238] OLG Frankfurt DNotZ 1986, 244.
[239] Nicht haltbar daher OLG Schleswig NJW-RR 2005, 646, 647.
[240] BGHZ 30, 255, 258; 35, 135, 139 ff = NJW 1961, 1301; BGHZ 64, 246, 250 = NJW 1975, 1270.
[241] OLG Celle NJW-RR 2000, 384; OLG München DNotZ 2007, 381, 382; OLG Schleswig Rpfleger 2005, 356 = MittBayNot 2006, 38, 39 m krit Anm *B. Bauer*.
[242] BGHZ 35, 135, 139; 64, 246, 250; BayObLG NJW 1967, 1614; Rpfleger 2000, 265; OLG Celle NJW-RR 2000, 384; OLG Frankfurt FamRZ 1998, 31; OLG Zweibrücken FamRZ 1989, 869; FamRZ 2004, 818; OLG Hamm NJW-RR 2005, 104, 105: Vorliegen eines Antrags auf Eintragung einer Arresthypothek zur Sicherung eines Zugewinnausgleichs; OLG München DNotZ 2007, 381, 382; LG Bochum FamRZ 1991, 942; MünchKommBGB/*Koch* Rn 69; *Staudinger/Thiele* Rn108; wohl auch AnwK-BGB/*Gruber* Rn 73. BayObLGZ 1959, 442 = NJW 1960, 821 (zust *Meikel/H. Roth* 8. Aufl 1998, § 33 GBO Rn 9) sprach sogar nur von berechtigten Zweifeln, die vorliegen müssen, jedoch wird der praktische Unterschied nicht so groß sein (BGHZ 35, 135, 141; BayObLGZ 1967, 87 = DNotZ 1968, 38), denn es dürfte hier nur ein gradueller und kein qualitativer Unterschied gemeint sein (anders offenbar *Staudinger/Thiele* Rn 114). Abzulehnen aber die Mindermeinung, wonach das Grundbuchamt immer zu einer umfassenden Prüfung verpflichtet ist (OLG Celle NJW 1960, 437; LG Bielefeld FamRZ 1958, 376; *Meyer-Stolte* FamRZ 1979, 233), aber auch die Gegenposition, wonach das Grundbuchamt eine Zustimmungspflicht nur bei seiner positiven Kenntnis für die Zustimmungspflicht begründenden Tatsachen annehmen darf (dem zuneigend OLG Jena Rpfleger 2001, 298).
[243] OLG München DNotZ 2007, 381, 382.
[244] OLG Jena Rpfleger 2001, 298.
[245] BayObLGZ 1967, 87, 90 = NJW 1967, 1614; MittBayNot 1978, 1; BayObLG Rpfleger 2000, 265, 266; OLG München DNotZ 2007, 381, 382; OLG Zweibrücken FamRZ 1989, 869; LG München FamRZ 2000, 1153: enge Verwandtschaft genügt allein nicht; *Soergel/Lange* Rn 46; jetzt auch MünchKommBGB/*Koch* Rn 69; anders offenbar OLG Schleswig MittBayNot 2006, 38, 39, wo nur auf das objektive Tatbestandsmerkmal abgestellt wird.
[246] *Soergel/Lange* Rn 46; *Staudinger/Thiele* Rn 114; OLG Celle NJW-RR 2000, 384 und MünchKommBGB/*Koch* Rn 69 halten auch eine sofortige Zurückweisung für möglich, ohne auf die gravierenden Folgen des Rangverlusts einzugehen.
[247] *Meikel/H. Roth* § 33 GBO Rn 8.
[248] BayObLGZ 1987, 431, 434 = NJW 1988, 1752; OLG Hamm NJW 1960, 436; *Soergel/Lange* Rn 43; aA *Eickmann* Rpfleger 1981, 213, 216: Eintragung zugunsten des verfügenden Ehegatten.
[249] AnwK-BGB/*Gruber* Rn 73; von BayObLGZ 1987, 431 zu wenig beachtet.
[250] BGHZ 41, 370 = NJW 1964, 1795; AnwK-BGB/*Gruber* Rn 5; MünchKommBGB/*Koch* Rn 99; *Staudinger/Thiele* Rn 110; *Langenfeld* Rn 340; *Soergel/Lange* Rn 5; aA *Mülke* AcP 161 (1962), 129, 160.
[251] LG Bonn RNotZ 2001, 588.

in besonders gelagerten Einzelfällen kann eine solche Vereinbarung sittenwidrig sein (§ 138)[252]; dies ist aber nicht allein dann der Fall, wenn § 1365 nur für einen Ehegatten ausgeschlossen wird[253]. Die Verfügungsbeschränkung kann jedoch **nicht erweitert** werden, da dies ein Eingriff in die unbeschränkbare Verfügungs- und Verpflichtungsbefugnis wäre (§ 137 S 1)[254]. Ein Verzicht auf die Zustimmungspflicht im Einzelfall ist nicht möglich, da dies letztlich der Einwilligung selbst gleichkäme[255]; ein genereller Verzicht bedarf der Form des Ehevertrags, da damit iE § 1365 abbedungen wird[256].

§ 1366 Genehmigung von Verträgen

(1) Ein Vertrag, den ein Ehegatte ohne die erforderliche Einwilligung des anderen Ehegatten schließt, ist wirksam, wenn dieser ihn genehmigt.

(2) ¹Bis zur Genehmigung kann der Dritte den Vertrag widerrufen. ²Hat er gewusst, dass der Mann oder die Frau verheiratet ist, so kann er nur widerrufen, wenn der Mann oder die Frau wahrheitswidrig behauptet hat, der andere Ehegatte habe eingewilligt; er kann auch in diesem Falle nicht widerrufen, wenn ihm beim Abschluss des Vertrags bekannt war, dass der andere Ehegatte nicht eingewilligt hatte.

(3) ¹Fordert der Dritte den Ehegatten auf, die erforderliche Genehmigung des anderen Ehegatten zu beschaffen, so kann dieser sich nur dem Dritten gegenüber über die Genehmigung erklären; hat er sich bereits vor der Aufforderung seinem Ehegatten gegenüber erklärt, so wird die Erklärung unwirksam. ²Die Genehmigung kann nur innerhalb von zwei Wochen seit dem Empfang der Aufforderung erklärt werden; wird sie nicht erklärt, so gilt sie als verweigert. ³Ersetzt das Vormundschaftsgericht die Genehmigung, so ist sein Beschluss nur wirksam, wenn der Ehegatte ihn dem Dritten innerhalb der zweiwöchigen Frist mitteilt; andernfalls gilt die Genehmigung als verweigert.

(4) Wird die Genehmigung verweigert, so ist der Vertrag unwirksam.

I. Normzweck, Grundsätzliches

1 Die Vorschrift befasst sich mit den Rechtsfolgen von schuldrechtlichen oder dinglichen Verträgen über Gesamtvermögensgeschäfte, die ohne die erforderliche Einwilligung der anderen Ehegatten abgeschlossen wurden. Während die ohne die erforderliche Einwilligung des anderen Ehegatten vorgenommenen **einseitigen Rechtsgeschäfte** unwirksam sind (§ 1367), sind Verträge entsprechend dem Schutzzweck der §§ 1365, 1369 nur **schwebend unwirksam,** dh sie entfalten noch keinerlei Rechtswirkungen, bis die Genehmigung des anderen Ehegatten erteilt oder diese gerichtlich ersetzt ist. Der vertragschließende Ehegatte ist trotzdem an diesen Vertrag gebunden, kann auch die Ersetzung der Zustimmung (§ 1365 Abs 2) betreiben, der andere Ehegatte kann einen vorteilhaften Vertrag genehmigen und damit volle Wirksamkeit verleihen. Dem schutzwürdigen **Dritten** als Vertragspartner gibt § 1366 ein eingeschränktes Widerrufsrecht (Abs 2) und die Möglichkeit, Klarheit über die Genehmigung und damit die Wirksamkeit des Vertrags zu erhalten (Abs 3). Die Norm gilt entsprechend bei Verfügungen über **Hausratsgeschäfte** (§ 1369). Zum **Wirksamwerden** des Vertrages durch Beendigung des Güterstands s § 1365 Rn 7.

II. Genehmigung

2 Die Genehmigung des zustimmungsberechtigten Ehegatten ist ein einseitiges, empfangsbedürftiges **Rechtsgeschäft** und kann auch durch **konkludentes Verhalten** erfolgen. Sie setzt den Kenntnis und Willen des Erklärenden voraus, dadurch erst den Vertrag wirksam werden zu lassen[1], sowie Kenntnis von Art und wesentlichem Inhalt des Vertrags selbst, soweit für die Zustimmungsentscheidung bedeutsam[2]. Sie ist nach materiellem Recht **formlos** möglich, auch wenn der Vertrag selbst formbedürftig ist (§ 182 Abs 2). Bei Grundstücksgeschäften bedarf die Genehmigung des Nachweises in der Form des § 29 GBO; wenn die Genehmigung nicht in dieser Form erteilt wurde, besteht Anspruch nach § 242, diesem Formerfordernis zu genügen, da sonst die Genehmigung nicht praktisch verwertbar ist[3]. Für die Erteilung der Genehmigung besteht – vom Sonderfall des Abs 3 abgesehen – keine **Frist**[4]. Die einmal

---

[252] MünchKommBGB/*Koch* Rn 102.
[253] RGRK/*Finke* Rn 54; MünchKommBGB/*Koch* Rn 102; *Staudinger/Thiele* § 1363 Rn 20.
[254] *Staudinger/Thiele* Rn 110; *Liebs* AcP 175 (1975), 1; MünchKommBGB/*Koch* Rn 102.
[255] MünchKommBGB/*Koch* Rn 101.
[256] MünchKommBGB/*Koch* Rn 101.
[1] BGH BB 1976, 1573; NJW 1973, 1789; BGHZ 47, 341, 351; KK-FamR/*Weinreich* Rn 4; *Staudinger/Thiele* Rn 8; aA AnwK-BGB/*Gruber* Rn 9: nur anfechtbar analog § 119, da es bereits am erforderlichen Erklärungsbewusstsein fehlt, jedoch wird verkannt, dass es hier bereits um die entsprechende Auslegungsfähigkeit des Verhaltens geht, zutr MünchKommBGB/*Koch* Rn 10.
[2] BGH NJW 1982, 1099 zur Verweigerung; eine Blankozustimmungserklärung wird im Schrifttum aber für zulässig gehalten, *Staudinger/Thiele* Rn 8; AnwK-BGB/*Gruber* Rn 9.
[3] *Staudinger/Thiele* Rn 9; MünchKommBGB/*Koch* Rn 12; zur Möglichkeit der Ersetzung in diesem Fall s § 1365 Rn 30.
[4] AnwK-BGB/*Gruber* Rn 10; MünchKommBGB/*Koch* Rn 13.

erteilte Genehmigung ist für den Genehmigenden **unwiderruflich**[5], jedoch ist eine Anfechtung nach den §§ 119 ff möglich[6]. Richtiger **Erklärungsgegner** für die Genehmigung ist grds der vertragschließende Ehegatte oder dessen Vertragspartner (der sog Dritte), § 182. Mit Abgabe der Genehmigung gegenüber dem Dritten wird der Vertrag **wirksam** (Abs 1) und zwar **ex tunc** (§ 184); beim Verzug fehlt es aber bis zum Vorliegen der wirksamen Genehmigung am erforderlichen Vertretenmüssen iS von § 286 Abs 4[7]. Wird sie nur gegenüber dem vertragschließenden Ehegatten erklärt, so kann der Dritte durch die Aufforderung an diesen nach Abs 3 S 1 die bereits erklärte Genehmigung unwirksam machen und den alten Schwebezustand wieder herstellen.

III. Verweigerung der Genehmigung

Die Verweigerung der Genehmigung ist eine einseitige, empfangsbedürftige, nicht formgebundene **Willenserklärung,** die darauf gerichtet ist, das von dem vertragsschließenden Ehegatten ohne die erforderliche Einwilligung abgeschlossene Rechtsgeschäft unwirksam werden zu lassen und die grds gegenüber dem Ehegatten oder dem am Rechtsgeschäft beteiligten Dritten abgegeben werden kann[8]. Liegt eine **Aufforderung** durch den Dritten nach Abs 3 vor, so kann jedoch nur ihm gegenüber die Verweigerung erklärt werden. Die Verweigerung setzt Kenntnis des wesentlichen Inhalts und der Art des Vertrags voraus, soweit dies für die Zustimmungsentscheidung bedeutsam ist[9]. Sie ist **unwiderruflich**[10] und macht den gesamten **Vertrag** dann **unwirksam**, wenn auch die Herbeiführung eines **Ersetzungsbeschlusses** des Vormundschaftsgerichts (§ 1365 Abs 2) **ausgeschlossen** ist bzw kein Wiederaufleben des Schwebezustands durch Aufforderung nach Abs 3 erfolgt[11]. Stirbt der **zustimmungsberechtigte Ehegatte** nach Verweigerung der Genehmigung, ohne dass die Vertragsparteien zuvor die schwebende Unwirksamkeit des Vertrages durch Anrufung des Vormundschaftsgerichtes gemäß § 1365 Abs 2 oder durch Aufforderung gemäß § 1366 Abs 3 S 1 wiederhergestellt haben, kommt eine **Konvaleszenz** des Rechtsgeschäfts nicht in Betracht, denn das Rechtsgeschäft ist in diesem Stadium bereits unwirksam geworden, wie sich aus dem Wortlaut des Abs 4 ergibt[12]. Mit der **Verweigerung** der Genehmigung ist der abschließende Ehegatte an den Vertrag nicht mehr gebunden. Bereits empfangene Leistungen sind zurückzugewähren; da auch der dingliche Vertrag von der Unwirksamkeit erfasst wird, nach § 985.

IV. Rechte des Dritten während des Schwebezustands

Während des Schwebezustands hat der Dritte (Vertragspartner) zwei Möglichkeiten:

1. Widerruf (Abs 2). Der **Dritte** kann bis zur rechtswirksamen Erteilung der Genehmigung durch Widerruf den schwebend unwirksamen Vertrag beseitigen; hierfür bestehen keine Fristen. Jedoch erlischt das Widerrufsrecht mit Beendigung des Schwebezustandes, also durch Erteilung der Genehmigung, deren Ersetzung durch Beschluss des Vormundschaftsgerichts (§§ 1365 Abs 2, 1369 Abs 2) oder seiner unanfechtbaren Entscheidung, dass dies nicht möglich ist, die Verweigerung der Genehmigung durch den anderen Ehegatten oder durch Verzicht des Dritten auf das Widerrufsrecht[13]. **Voraussetzung** für das Widerrufsrecht ist entweder, **(1)** dass der Dritte bei Vertragsabschluss nicht wusste, dass sein Vertragspartner verheiratet ist, wobei bloße Fahrlässigkeit nicht schadet, auch besteht keine Erkundigungspflicht[14], jedoch kommt es auf die Kenntnis des Güterstands nicht an[15] oder **(2)** wenn er dies zwar wusste, infolge einer objektiv wahrheitswidrigen Behauptung des abschließenden Ehegatten aber glaubte, der andere Ehegatte habe eingewilligt (Abs 2 S 2). Hat der vertragsschließende Ehegatte bewusst wahrheitswidrig verschwiegen, dass er verheiratet ist, oder die Ehegatteneinwilligung bewusst und wahrheitswidrig vorgetäuscht, so kann er dem Dritten **schadensersatzpflichtig** sein[16], etwa nach §§ 826, 823 Abs 2 BGB, § 263 StGB (ausf § 1365 Rn 22).

Wird fälschlicherweise das Vorliegen von **Gütertrennung** behauptet, so ist keine der Tatbestandsvoraussetzungen gegeben, so dass kein Widerrufsrecht besteht; der Dritte hätte sich durch Einsicht in das Güterrechtsregister vergewissern müssen[17]. **Erklärungsgegner** für den Widerruf ist nur der ver-

---

[5] BGHZ 13, 179, 187; RGZ 139, 123 ff; AnwK-BGB/*Gruber* Rn 10.
[6] AnwK-BGB/*Gruber* Rn 9; *Staudinger/Thiele* Rn 11.
[7] Der von AnwK-BGB/*Gruber* Rn 12 in diesem Fall geforderten „ex-nunc-Wirkung" bedarf es daher nicht.
[8] BGH NJW 1982, 1099; RGZ 139, 118.
[9] BGH NJW 1982, 1099; KK-FamR/*Weinreich* Rn 8.
[10] BGHZ 125, 355, 358 = NJW 1994, 1785; *Staudinger/Thiele* Rn 13.
[11] AnwK-BGB/*Gruber* Rn 14.
[12] BGHZ 125, 355, 360 f = NJW 1994, 1785; AnwK-BGB/*Gruber* Rn 14; *Erman/Heckelmann* Rn 7; RGRK/*Finke* Rn 29; anders wegen der abstrakten Möglichkeit des Vormundschaftsgerichts, eine Ersetzung der Zustimmung vorzunehmen, BayObLG FamRZ 1972, 643, 644; *Schlechtriem* JuS 1983, 587, 589; *Böttcher* Rpfleger 1984, 377, 383; für Konvaleszenz nur, wenn Genehmigung durch Ehegatten ohne ausreichenden Grund verweigert, *Staudinger/Thiele* Rn 13; diff MünchKommBGB/*Koch* Rn 33; s zur Konvaleszenz auch § 1365 Rn 8.
[13] *Staudinger/Thiele* Rn18; MünchKommBGB/*Lange* Rn 8, soweit dort auch noch von vertraglicher Vereinbarung gesprochen wird, ist unklar, welche damit gemeint ist; vgl auch KK-FamR/*Weinreich* Rn 16.
[14] *Staudinger/Thiele* Rn 20; vgl auch AnwK-BGB/*Gruber* Rn 24; MünchKommBGB/*Koch* Rn 6.
[15] AnwK-BGB/*Gruber* Rn 24; MünchKommBGB/*Koch* Rn 6; *Staudinger/Thiele* Rn 20.
[16] *Staudinger/Thiele* Rn 24; MünchKommBGB/*Koch* Rn 40.
[17] *Palandt/Brudermüller* Rn 8; *Staudinger/Thiele* Rn 23; AnwK-BGB/*Gruber* Rn 25; MünchKommBGB/*Koch* Rn 6.

§ 1367

tragsschließende Ehegatte[18]. Der Widerruf führt zur **endgültigen Unwirksamkeit** des bis dahin nur schwebend unwirksamen Vertrags. Ein Widerruf des Widerrufs ist nicht möglich[19].

7 **2. Aufforderung zur Genehmigungserklärung (Abs 3).** Um die Ungewissheit über den Schwebezustand zu beenden, kann der Dritte den **abschließenden Ehegatten** auffordern, die erforderliche Genehmigung des anderen Ehegatten zu beschaffen. Es handelt sich um eine einseitige geschäftsähnliche Handlung, die nicht formgebunden ist[20]. Sie hat **folgende Wirkung: (1)** Die Genehmigung kann ab dann **nur noch gegenüber dem Dritten** erklärt werden (Reduzierung des Adressatenkreises abweichend von § 182 Abs 1) und zwar **nur noch binnen zwei Wochen** seit Empfang der Aufforderung; andernfalls gilt sie als verweigert (Abs 3 S 2). Die vierzehntägige Ausschlussfrist kann durch den Dritten einseitig verlängert werden[21], verkürzt aber nur mit Zustimmung des vertragsschließenden Ehegatten[22]. Eine gegenüber dem vertragsschließenden Ehegatten abgegebene Erklärung ist wirkungslos, jedoch kann dieser als Erklärungsbote angesehen werden, wenn er diese an den Dritten weiterleitet[23]. **(2)** Eine **dem abschließenden Ehegatten** gegenüber **vorher** vom anderen Ehegatten **erteilte Genehmigung oder Verweigerung** (nicht aber eine bereits vor Vertragsschluss erteilte **Einwilligung**)[24] oder eine vor der Aufforderung dem Dritten gegenüber erteilte Genehmigung oder Verweigerung[25] – wird damit **unwirksam** (Abs 3 S 1 HS 2 – Unerheblichkeit von Binnenerklärungen). Damit tritt, und zwar auch bei Verweigerung durch den Ehegatten, erneut ein Schwebezustand ein[26], der nur noch durch den Widerruf nach Abs 2 beendet werden kann. In der Aufforderung selbst liegt kein (konkludenter) Verzicht auf die Ausübung des Widerrufsrechts in der Zweiwochenfrist, denn wer Klarheit haben will, erklärt damit noch nicht seine Bindung bis zum Fristablauf; allenfalls kann ein Widerruf im Einzelfall gegen § 242 verstoßen[27]. **(3)** Bei **Ersetzung der Genehmigung** des anderen Ehegatten durch das Vormundschaftsgericht ist der Beschluss nur wirksam, wenn er innerhalb von zwei Wochen nach Empfang der Aufforderung vom vertragsschließenden Ehegatten dem Dritten mitgeteilt wird (Abs 3 S 3). Daher ist die Anordnung der sofortigen Wirksamkeit nach § 53 a FGG empfehlenswert[28].

8 **3. Rechtsfolgen, Beweislast.** Durch den Widerruf nach Abs 2 oder wenn die Genehmigung verweigert wird oder als verweigert gilt oder wenn feststeht, dass sie nicht mehr erteilt werden kann, ist der Vertrag **endgültig unwirksam** (Abs 4), und zwar von Anfang an[29]. Er wird dann auch nicht durch Güterstandsbeendigung wirksam[30].

9 Hinsichtlich der **Beweislast** gilt[31]: Die **Zustimmungsbedürftigkeit** hat der zu beweisen, der diese behauptet (§ 1365 Rn 36). Andererseits trägt die Beweislast für das Vorliegen der **Zustimmung** (Einwilligung, Genehmigung) des anderen Ehegatten dann derjenige, der sich hierauf beruft. Hat der Dritte den Ehegatten nach Abs 3 **aufgefordert**, die **Genehmigung** des anderen zu beschaffen, so hat derjenige, der sich auf die Wirksamkeit des Rechtsgeschäfts beruft, zu beweisen, dass die Genehmigung nach der Aufforderung erteilt wurde, und zwar auch den diesbezüglichen Zeitpunkt. Die Beweislast für die Erklärung und die Rechtzeitigkeit des **Widerrufs** trägt derjenige, der daraus die Unwirksamkeit des Vertrags herleiten will, diejenige für den Ausschluss des Widerrufsrechts nach Abs 2 S 2 derjenige, der sich hierauf beruft.

§ 1367 Einseitige Rechtsgeschäfte

Ein einseitiges Rechtsgeschäft, das ohne die erforderliche Einwilligung vorgenommen wird, ist unwirksam.

I. Normzweck

1 Die Vorschrift **schützt** den Empfänger einseitiger Willenserklärungen vor dem bei §§ 1365, 1369 entstehenden **Schwebezustand**; seine besondere Schutzbedürftigkeit ergibt sich daraus, dass er sich einseitigen Rechtsgeschäften nicht entziehen kann[1].

---

[18] KK-FamR/*Weinreich* Rn 17; *Staudinger/Thiele* Rn 17 mwN.
[19] AnwK-BGB/*Gruber* Rn 26; *Soergel/Lange* Rn 10.
[20] *Staudinger/Thiele* Rn 27; vgl auch AnwK-BGB/*Gruber* Rn 15.
[21] AnwK-BGB/*Gruber* Rn 19; *Böttcher* Rpfleger 1984, 377, 381; MünchKommBGB/*Koch* Rn 19; *Staudinger/Thiele* Rn 32; *Soergel/Lange* Rn 16; aM *Palandt/Brudermüller* Rn 8: Vertrag erforderlich.
[22] AnwK-BGB/*Gruber* Rn 22; KK-FamR/*Weinreich* Rn 21; *Staudinger/Thiele* Rn 32; MünchKommBGB/*Koch* Rn 19; aA – auch Zustimmung des zustimmungsberechtigten Ehegatten – *Soergel/Lange* Rn 16.
[23] AnwK-BGB/*Gruber* Rn 16; *Erman/Heckelmann* Rn 4.
[24] MünchKommBGB/*Koch* Rn 14; RGRK/*Finke* Rn 12; *Staudinger/Thiele* Rn 29; AnwK-BGB/*Gruber* Rn 20, der mit Recht auf die sich hieraus für den Dritten ergebenden Schwierigkeiten hinweist.
[25] AnwK-BGB/*Gruber* Rn 21.
[26] BGHZ 125, 355, 358 = NJW 1994, 1785; MünchKommBGB/*Koch* Rn 16.
[27] *Gernhuber/Coester-Waltjen* § 35 Rn 69; MünchKommBGB/*Koch* Rn 8; *Soergel/Lange* Rn 17; *Staudinger/Thiele* Rn 30; aM *Dölle* I S 760 Fn 66; *Erman/Heckelmann* Rn 5; RGRK/*Finke* Rn 13; *Palandt/Brudermüller* Rn 7; *Reinicke* BB 1957, 567.
[28] AnwK-BGB/*Gruber* Rn 22; *Staudinger/Thiele* Rn 34.
[29] Vgl auch OGH Wien ZfRV 2004, 229.
[30] *Staudinger/Thiele* Rn 35.
[31] AnwK-BGB/*Gruber* Rn 27; *Staudinger/Thiele* Rn 36 mw Einzelheiten.
[1] MünchKommBGB/*Koch* Rn 1; *Staudinger/Thiele* Rn 5.

II. Anwendungsbereich

Die praktische Bedeutung ist gering[2]. Als Anwendungsfälle für derart **einseitige Rechtsgeschäfte** über das gesamte Vermögen kommen in Betracht: Das Stiftungsgeschäft (§§ 80 ff), die Auslobung, die Dereliktion, die Kündigung einer Gesellschaft[3], die **Genehmigung** eines Gesamtvermögensgeschäfts, das ein Dritter als Vertreter des anderen Ehegatten ohne Vertretungsmacht vorgenommen hat (§ 177) oder die Genehmigung der entsprechenden Verfügung nach § 185 Abs 2[4], nicht aber die bloße **Bevollmächtigung** (§ 167) oder die Einwilligung in eine solche Verfügung (§ 185 Abs 1), da erst mit Abschluss des eigentlichen Hauptgeschäfts die nach §§ 1365, 1369 relevante Verpflichtung bzw Verfügung entsteht[5]. Nach hM fällt auch die Ausübung von Anfechtungs- und Rücktrittsrechten unter § 1367[6]. Schon tatbestandsmäßig unterfällt die **Ausschlagung einer Erbschaft** oder eines Vermächtnisses nicht § 1365 (dort Rn 19 Stichwort „Ausschlagung") und demnach auch nicht unter § 1367[7]. 2

Entsprechend dem Normzweck ist eine **restriktive, teleologische Interpretation** erforderlich: § 1367 ist daher nicht anwendbar, wenn der Geschäftspartner mit der (sofortigen) Vornahme des Rechtsgeschäfts ohne Einwilligung des anderen Ehegatten einverstanden war; dann gelten die Regeln des § 1366 (arg § 180 S 2)[8]. Die **Einwilligung** ist die Zustimmung **vor Vornahme** des Rechtsgeschäfts (vgl § 183). Sie muss spätestens in dem Zeitpunkt vorliegen, in dem das Rechtsgeschäft ohne die erforderliche Einwilligung wirksam geworden wäre. Dabei genügt es, wenn das einseitige Rechtsgeschäft und die Einwilligung gleichzeitig zugehen[9]. Sie kann nach § 182 Abs 1 sowohl gegenüber dem vertragschließenden Ehegatten als auch seinem Vertragspartner erteilt werden[10]. Die Einwilligung bedarf materiell-rechtlich keiner **Form** (§ 1365 Rn 23). Ist sie aus verfahrensrechtlichen Gründen (etwa § 29 GBO) in besonderer Form nachzuweisen, so führt dies nicht zur Anwendbarkeit des § 1367[11], denn dessen Normzweck ist es nur, im Interesse des Empfängers der Willenserklärung einen Schwebezustand zu vermeiden, der hier wegen der Wirksamkeit der Einwilligung gerade nicht eintritt, nicht aber den verfahrensrechtlichen Vollzug zu sichern. Die Einwilligung des anderen Ehegatten kann nach den §§ 1365 Abs 2, 1369 Abs 2 durch das Vormundschaftsgericht ersetzt werden[12], jedoch muss dies vor Vornahme des einseitigen Rechtsgeschäfts geschehen, da sonst § 1367 eingreift. **Schutz** vor einer nicht nachgewiesenen Einwilligung bietet dem Geschäftspartner § 111 S 2 und 3 iVm **§ 182 Abs 3,** der hier ebenfalls gilt[13]: Wird ihm die Einwilligung nicht unverzüglich schriftlich nachgewiesen, kann er das gesamte Rechtsgeschäft mit der Folge der Nichtigkeit desselben **zurückweisen,** sofern er nicht zuvor von der Einwilligung vom zustimmungsberechtigten Ehegatten unterrichtet wurde. 3

III. Rechtsfolge

Ohne die erforderliche Einwilligung vorgenommene einseitige Rechtsgeschäfte sind von Anfang an **nichtig;** eine Heilungsmöglichkeit besteht nicht, auch nicht bei Beendigung des Güterstands. Es bedarf also einer wirksamen Neuvornahme[14]. Im Einzelfall kommt hinsichtlich der wirkungslosen Genehmigung nach § 140 eine **Umdeutung** in eine Einwilligung zur Neuvornahme in Betracht[15]. 4

§ 1368 Geltendmachung der Unwirksamkeit

Verfügt ein Ehegatte ohne die erforderliche Zustimmung des anderen Ehegatten über sein Vermögen, so ist auch der andere Ehegatte berechtigt, die sich aus der Unwirksamkeit der Verfügung ergebenden Rechte gegen den Dritten gerichtlich geltend zu machen.

Übersicht

	Rn		Rn
I. Normzweck, Grundzüge	1	3. Einwendungen und Einreden des Dritten	5
		4. Prozessuales	6
II. Rechte des zustimmungsberechtigten Ehegatten	2		
1. Umfang des Revokationsrechts	2	III. Stellung des verfügenden Ehegatten	8
2. Inhalt des Revokationsrechts, Klageantrag	4	IV. Gestaltung	9

---

[2] AllgM, vgl etwa MünchKommBGB/*Koch* Rn 5; AnwK-BGB/*Gruber* Rn 1.
[3] *Staudinger/Thiele* Rn 2; wobei str ist, ob dies überhaupt unter § 1365 fällt, s § 1365 Rn 19 mwN.
[4] AnwK-BGB/*Gruber* Rn 3; MünchKommBGB/*Koch* Rn 5; *Staudinger/Thiele* Rn 2 f.
[5] AnwK-BGB/*Gruber* Rn 3; widersprüchlich MünchKommBGB/*Koch:* wie hier § 1365 Rn 51, anders jedoch § 1367 Rn 5: einseitiges Rechtsgeschäft iS von § 1367.
[6] AnwK-BGB/*Gruber* Rn 2; *Staudinger/Thiele* Rn 2; *Soergel/Lange* Rn 2; *Palandt/Brudermüller* Rn 1; aA MünchKommBGB/*Koch* Rn 6; zweifelnd KK-FamR/*Weinreich* Rn 2.
[7] KK-FamR/*Weinreich* Rn 2.
[8] AnwK-BGB/*Gruber* Rn 7; MünchKommBGB/*Koch* Rn 2; *Staudinger/Thiele* Rn 5; *Böttcher* Rpfleger 1984, 377, 381.
[9] AnwK-BGB/*Gruber* Rn 4; *Staudinger/Thiele* Rn 7; RGRK/*Finke* Rn 8.
[10] *Staudinger/Thiele* Rn 7; sowohl auch AnwK-BGB/*Gruber* Rn 4, wo aber zweimal vom „Ehegatten" als Erklärungsadressat gesprochen wird.
[11] AnwK-BGB/*Gruber* Rn 5; aA KG OLGE 7, 49, 53; *Staudinger/Thiele* Rn 7; RGRK/*Finke* Rn 3.
[12] *Staudinger/Thiele* Rn 8; eingehend § 1365 Rn 26 ff.
[13] AnwK-BGB/*Gruber* Rn 6; MünchKommBGB/*Koch* Rn 4; *Staudinger/Thiele* Rn 9 f; vgl auch RGZ 50, 212, 213.
[14] MünchKommBGB/*Koch* Rn 3.
[15] AnwK-BGB/*Gruber* Rn 1.

I. Normzweck, Grundzüge

1 Die Vorschrift bezweckt den **optimalen Familienschutz** bei unwirksamen Gesamtvermögensgeschäften oder Verfügungen über Hausratsgegenstände. Denn das Gesetz ordnet nicht nur deren Unwirksamkeit nach §§ 1365, 1367, 1369 an, sondern gewährt dem zustimmungsberechtigten Ehegatten das nicht vererbliche und unübertragbare[1] Recht, die Rückabwicklung tatsächlich bereits vollzogener Verfügungen selbst geltend zu machen (sog Revokationsrecht). Er kann damit den „**status quo**" wiederherstellen, auch wenn der verfügende Ehegatte an dem unwirksamen Rechtsgeschäft festhalten will. Daneben kann der andere Ehegatte in solchen Fällen auf **vorzeitigen Ausgleich** des **Zugewinns** nach Maßgabe des § 1386 Abs 2 klagen[2].

II. Rechte des zustimmungsberechtigen Ehegatten

2 **1. Umfang des Revokationsrechts.** Soweit er einem nach §§ 1365, 1369 zustimmungspflichtigen Rechtsgeschäft nicht zugestimmt hat und keine Ersetzung der Zustimmung durch das Vormundschaftsgericht erfolgte (§ 1365), sind schuldrechtliches Verpflichtungsgeschäft (Grundgeschäft) wie die entsprechende Verfügung hierzu unwirksam (§ 1365 Rn 21). Entsprechend dem Normzweck kann der zustimmungsberechtigte Ehegatte alle aus der **Unwirksamkeit der Verfügung**[3], nicht aber des Grundgeschäfts, sich ergebenden Rechte **im eigenen Namen gerichtlich** geltend machen, etwa Herausgabeansprüche nach § 985 oder § 812, Ansprüche auf Schadensersatz und Herausgabe von Nutzungen (§§ 987 ff), nach § 816 Abs 1 S 1 oder 2[4]. Dies gilt für **alle** Rechtsbehelfe und **Verfahrensarten,** etwa auch für die Grundbuchberichtigung (§ 894)[5], Erwirkung eines Widerspruchs im Grundbuch[6] oder Erhebung einer Drittwiderspruchsklage (§ 771 ZPO; s auch Rn 7)[7], Arrest, einstweilige Verfügung[8], im Verwaltungsverfahren, im **Insolvenzverfahren** allerdings nur dann, wenn der Anspruch nach § 1368 auf Herausgabe an den übergangenen, zustimmungsberechtigten Ehegatten gerichtet ist, dem dann ein Aussonderungsrecht nach § 47 InsO zusteht[9]. Auch **nach der Scheidung** besteht entsprechend dem Normzweck diese Befugnis, wenn sich die Gefährdung eines Ausgleichsanspruchs nicht ausschließen lässt[10]; sie erlischt jedoch, wenn die Ausgleichsforderung verjährt ist[11].

3 Der Sache nach handelt es sich um einen Fall der **gesetzlichen Prozessstandschaft kraft materiellrechtlicher Ermächtigung,** da auch die sich aus dem unwirksamen Rechtsgeschäft ergebenden Rechte immer noch allein solche des anderen Ehegatten sind[12]. Entsprechend dem Normzweck ist der Ehegatte im Wege weiter Auslegung des § 1368 auch zur Vornahme **außergerichtlicher Maßnahmen** befugt, die der Rückgewähr dienen, insbes zur Mahnung[13]. Die Rechte aus § 1368 sind jedoch **sachlich begrenzt,** weil danach Rechte aus der Unwirksamkeit des **bloßen Verpflichtungsgeschäfts** gegen den Dritten nicht geltend gemacht werden können, auch nicht durch eine Feststellungsklage[14] und auch nicht durch eine Unterlassungsklage gegen die Erfüllung der unwirksamen Verpflichtung[15]. Möglich ist jedoch eine Klage im **eigenen Namen** gegen den verfügenden Ehegatten auf **Feststellung der Unwirksamkeit** des Verpflichtungsgeschäftes, wenn die allgemeinen Voraussetzungen nach § 256 ZPO hierfür vorliegen; dass hier die Klärung des zwischen dem beklagten Geschäftsgegner und dem anderen Ehegatten abgeschlossenen Rechtsverhältnisses begehrt wird, steht dieser Klage dabei nicht entgegen. Das erforderliche besondere Interesse des zustimmungspflichtigen Ehegatten resultiert bereits aus der Gefährdung seiner Zugewinnausgleichsforderung[16]. In **persönlicher Hinsicht** ergibt sich eine Einschränkung aus § 1368, weil die Rechte nur gegen den direkt vom anderen Ehegatten erwerbenden

---

[1] AnwK-BGB/*Gruber* Rn 23; KK-FamR/*Weinreich* Rn 4; MünchKommBGB/*Koch* Rn 28.
[2] AnwK-BGB/*Gruber* Rn 2; *Staudinger/Thiele* Rn 3.
[3] AnwK-BGB/*Gruber* Rn 4; *Staudinger/Thiele* Rn 20; MünchKommBGB/*Koch* Rn 5.
[4] *Staudinger/Thiele* Rn 21.
[5] BGH NJW 1984, 609; AnwK-BGB/*Gruber* Rn 4; zur Streitwertbemessung OLG Düsseldorf AnwGeb 1996, 139: Grundstückswert; aA OLG Köln JurBüro 1995, 368: nur ausnahmsweise dieser.
[6] OLG Jena Rpfleger 2001, 298; AnwK-BGB/*Gruber* Rn 4; KK-FamR/*Weinreich* Rn 8; MünchKommBGB/*Koch* Rn 11.
[7] OLG Brandenburg FamRZ 1996, 1015; AnwK-BGB/*Gruber* Rn 4; KK-FamR/*Weinreich* Rn 8.
[8] KK-FamR/*Weinreich* Rn 4; MünchKommBGB/*Koch* Rn 11.
[9] MünchKommBGB/*Koch* Rn 29; *Soergel/Lange* Rn 4; unklar *Gernhuber/Coester-Waltjen* § 35 Rn 90; widersprüchlich AnwK-BGB/*Gruber* Rn 4: generell Aussonderungsrecht, und Rn 24: Geltendmachung nur noch durch den Insolvenzverwalter, da der übergangene Ehegatte kein Interesse an der Zusammensetzung der Insolvenzmasse mehr hat.
[10] BGH NJW 1984, 609, 610; AnwK-BGB/*Gruber* Rn 4; *Staudinger/Thiele* Rn 48.
[11] AG Bochum FamRZ 1994, 1326.
[12] BGH NJW 2000, 1947 = FamRZ 2000, 744, 745; AnwK-BGB/*Gruber* Rn 2; MünchKommBGB/*Koch* Rn 3; *Dölle* I S 763; *Soergel/Lange* Rn 12; RGRK/*Finke* Rn 12; *Staudinger/Thiele* Rn 19; *Giesen* Rn 284.
[13] AnwK-BGB/*Gruber* Rn 8; MünchKommBGB/*Koch* Rn 9; *Soergel/Lange* Rn 12; *Staudinger/Thiele* Rn 24; *Dölle* I S 762.
[14] BGH NJW-RR 1990, 1154.
[15] *Staudinger/Thiele* Rn 7; KK-FamR/*Weinreich* Rn 12; MünchKommBGB/*Koch* Rn 5; aA OLG Celle NJW 1970, 1882; RGRK/*Finke* § 1365 Rn 49.
[16] BGH NJW-RR 1990, 1154; MünchKommBGB/*Koch* Rn 6; unklar AnwK-BGB/*Gruber* Rn 3 weil nicht deutlich wird, dass im eigenen Namen geklagt wird.

Dritten oder dessen Gesamtrechtsnachfolger geltend gemacht werden können, nicht aber gegen dessen Einzelrechtsnachfolger, auch wenn dieser nicht gutgläubig erworben hat[17]. Im letztgenannten Fall ist jedoch der andere Ehegatte zur gerichtlichen Geltendmachung nach § 1353 verpflichtet[18].

2. Inhalt des Revokationsrechts, Klageantrag. Hinsichtlich des **Anspruchsinhalts** ist zu beachten, dass es sich um die Geltendmachung von Rechten des anderen Ehegatten handelt (Prozessstandschaft), also nur der „status quo ante" verlangt werden kann. Die Klage ist also auf Berichtigung des Grundbuchs zugunsten des verfügenden Ehegatten[19] oder auf Herausgabe der Sache, über die verfügt wurde, an diesen zu richten, wenn dieser vorher Alleinbesitzer war. Nur wenn der verfügende Ehegatte die Sache nicht selbst übernehmen kann oder will, darf der andere Ehegatte **analog §§ 869 S 2 HS 2, 986 Abs 1 S 2 Alt 2** Herausgabe der Sache **an sich selbst** fordern[20]. Klageantrag wie Urteilstenor haben dieser bedingten Herausgabeverpflichtung (primär an den verfügenden Ehegatten, subsidiär an den anderen) Rechnung zu tragen[21]. Welche Herausgabeart tatsächlich erfolgt, ergibt sich erst beim Urteilsvollzug, spätestens bei der Vollstreckung[22]. Der vielfach vertretenen Auffassung, zur Verwirklichung der Schutzzwecke der §§ 1365, 1369, 1368 könne der andere Ehegatte nach § 1368 stets auch auf Herausgabe an sich selbst klagen[23], bedarf es daher nicht; sie ginge auch zu weit, weil sie ihm mehr gäbe als er vor der unwirksamen Verfügung besaß.

3. Einwendungen und Einreden des Dritten. Soweit solche auf dem Rechtsverhältnis des verfügenden Ehegatten mit dem Dritten beruhen, könnten diese bei formaler Betrachtung auch gegen den Ehegatten erhoben werden, der die Unwirksamkeit nach § 1368 geltend macht, weil dieser lediglich Prozessstandschafter ist. Dies würde aber dem Normzweck (Rn 1) widersprechen und erschweren, den „status quo" über § 1368 wiederherzustellen. Der von § 1368 durchzusetzende Familienschutz hat daher grds Vorrang vor dem Schutz des Dritten, und zwar gilt dies im Verhältnis des Dritten zu beiden Ehegatten[24]. Der Dritte kann sich daher gegenüber beiden nicht auf einen **Verstoß gegen Treu und Glauben**, insbes nicht auf ein venire contra factum proprium berufen, es sei denn, beide Ehegatten sind an dem Verstoß gegen § 242 beteiligt[25]. Auch auf ein **Zurückbehaltungsrecht** nach § 273 (etwa wegen Ansprüche auf Schadensersatz oder aus ungerechtfertigter Bereicherung) kann der Dritte sich nicht berufen[26], ebenso wenig auf § 817 S 2[27] oder § 1000[28]. Eine **Aufrechnung** des Dritten, sowohl gegen den Revokationsanspruch als auch gegen Zahlungsansprüche des verfügenden Ehegatten, wird demgegenüber für zulässig erachtet, weil ein Aufrechnungsausschluss die Familie nicht entlasten würde, da die Forderung erhalten bliebe und durch Vollstreckung durchgesetzt werden könnte[29].

4. Prozessuales. Für die Klage aus § 1368 ist nach Auffassung des BGH das **Familiengericht** zuständig sein (§ 23 b Abs 1 S 2 Nr 9 GVG, § 621 Abs 1 Nr 8 ZPO)[30], was auf einer (fast zu weit gehenden) Interpretation des Begriffs „Streitigkeiten aus dem ehelichen Güterrecht" beruht[31]. Bei einer

---

[17] MünchKommBGB/*Koch* Rn 8; *Soergel/Lange* Rn 4; anders für § 816 Abs 1 S 2 Staudinger/*Thiele* Rn 21; generell aA AnwK-BGB/*Gruber* Rn 5, der jedoch verkennt, dass nach dem Wortlaut der Norm nur „Rechte gegen den Dritten", also den Geschäftsgegner des verfügenden Ehegatten geltend gemacht werden können, und etwaige Ersatzansprüche gegen den Dritten genügen können, um die Zugewinnausgleichsbilanz, um deren Sicherung es letztlich geht, ausreichend zu aktivieren.
[18] MünchKommBGB/*Koch* Rn 8.
[19] BGH NJW 1984, 609; als Berechtigte eines Amtswiderspruchs sind beide Ehegatten einzutragen, BayObLGZ 1987, 431, 434; OLG Jena Rpfleger 2001, 298; AnwK-BGB/*Gruber* Rn 4; KK-FamR/*Weinreich* Rn 8; MünchKommBGB/*Koch* Rn 11, damit der verfügende nicht wieder die Löschung bewirken kann, unzutr daher *Eickmann* Rpfleger 1981, 213, 216.
[20] MünchKommBGB/*Koch* Rn 14; *Dölle* I S 762 Fn 86; *Soergel/Lange* Rn 11; RGRK/*Finke* Rn 13; *Giesen* Rn 284; *Gernhuber/Coester-Waltjen* § 35 Rn 95–97; grds auch Staudinger/*Thiele* Rn 33, soweit kein Hausrat, diesbezüglich sei Klage an den übergangenen Ehegatten stets zulässig; die prozessrechtliche Seite ändert aber nichts daran, dass der klagende Ehegatte zur Weitergabe an den verfügenden Ehegatten verpflichtet bleibt, wenn dieser dies verlangt.
[21] *Bergschneider* in: *Schröder/Bergschneider* FamVermR Rn 4.114.
[22] MünchKommBGB/*Koch* Rn 14; *Soergel/Lange* Rn 11; wohl auch AnwK-BGB/*Gruber* Rn 14.
[23] *Brox* FamRZ 1961, 281, 286; *Erman/Heckelmann* Rn 12; *Reinicke* BB 1957, 564, 568; für Hausratsgegenstände auch *Rimmelspacher* NJW 1969, 1997 und Staudinger/*Thiele* Rn 33. OLG Köln FamRZ 1959, 460 hält sogar nur Herausgabe an beide Ehegatten oder Sequester für zulässig.
[24] Staudinger/*Thiele* Rn 49; MünchKommBGB/*Koch* Rn 16 ff.
[25] KK-FamR/*Weinreich* Rn 18; MünchKommBGB/*Koch* Rn 16; Staudinger/*Thiele* Rn 50; *Soergel/Lange* Rn 13; für weitergehende Anwendung von § 242 *Erman/Heckelmann* Rn 3; *Frank* NJW 1959, 135, 136; für Arglisteinwand, wenn der nach § 1368 vorgehende Ehegatte sich so verhalten hat AnwK-BGB/*Gruber* Rn 11 – jedoch unter unzutr Bezug auf *Soergel/Lange*.
[26] OLG Köln MDR 1968, 586; MünchKommBGB/*Koch* Rn 19; Palandt/*Brudermüller* Rn 3; Staudinger/*Thiele* Rn 51; *Soergel/Lange* Rn 14; aA *Boehmer* FamRZ 1959, 1, 6, 81; *Dölle* I S 764; *Erman/Heckelmann* Rn 6.
[27] MünchKommBGB/*Koch* Rn 17; Staudinger/*Thiele* Rn 50.
[28] MünchKommBGB/*Koch* Rn 18; Staudinger/*Thiele* Rn 51; aA *Soergel/Lange* Rn 14; RGRK/*Finke* Rn 15.
[29] BGHZ 143, 356, 360 f = NJW 2000, 1947, 1948 = FamRZ 2000, 744, 745 bezüglich § 1368, wobei der Fall zeigt, wie wenig Schutz damit § 1365 bietet, weshalb über eine teleologische Reduktion von § 1368 nachzudenken ist; AnwK-BGB/*Gruber* Rn 9; MünchKommBGB/*Koch* Rn 18; Staudinger/*Thiele* Rn 52; *Soergel/Lange* Rn 15.
[30] BGH FamRZ 1981, 1045 m. abl. Anm *Spall* und zust. Anm *Bosch*; BGHR BGB § 1368 Familiensache 1; OLG Hamm NJW-RR 2001, 869; OLGR Hamm 2001, 67; OLG Hamburg FamRZ 2000, 1290; OLG München FamRZ 2000, 365 = FPR 2000, 219 (LS); *Musielak/Borth* § 621 ZPO Rn 82; *Zöller/Philippi* § 621 ZPO Rn 61; vgl auch OLG Frankfurt NJW-RR 1986, 1332.
[31] Kritisch MünchKommBGB/*Koch* Rn 21.

§ 1369

Buch 4. Abschnitt 1. Bürgerliche Ehe

Klage gegen die volljährigen Kinder bestimmt sich die Zuständigkeit nicht nach § 621 Abs 2 S 1 ZPO[32].

7   Klagen beide Ehegatten oder werden sie miteinander verklagt, so sind sie **Streitgenossen** (§ 59 ZPO), jedoch keine notwendigen (§ 62 ZPO)[33], denn jeder hat eine eigene Prozessführungsbefugnis und die Rechtskraft des Urteils gegen den einen erstreckt sich nicht gegen den anderen Ehegatten. Urteile die für oder gegen den einen Ehegatten ergehen, bewirken **keine Rechtskrafterstreckung** gegen den anderen[34]. Eine solche ergibt sich weder aus dem gleichen Streitgegenstand noch aus der gesetzlichen Prozessstandschaft[35]; ja der Normzweck der §§ 1365, 1368, 1369 spricht gerade dagegen: durch die nachlässige Prozessführung des einen darf dem anderen kein Schaden entstehen[36]. Auch ein **obsiegendes Urteil** des einen Ehegatten hindert den anderen nicht daran, seinerseits zu klagen und insbes die Zwangsvollstreckung durchzusetzen, die der andere uU entgegen dem gesetzlich beabsichtigten Familienschutz nicht betreiben will; zudem ließe sich eine „partielle Rechtskrafterstreckung" zivilprozessual kaum begründen[37]. Ging der **Prozess** des verfügenden Ehegatten **verloren,** so kann und muss sich der andere gegen eine Zwangsvollstreckung hieraus auf Grund seines Rechts nach § 1368 wehren, wobei ihm hierbei analog § 771 ZPO die Drittwiderspruchsklage zusteht[38]; eines Duldungstitels gegen ihn bedarf es aber nicht[39]. Da § 1368 nur eine Prozessführungsbefugnis, aber keine materiell-rechtliche Verfügungsbefugnis gewährt, kann der andere Ehegatte einen Prozess durch Prozesshandlung beenden (Klagerücknahme, Vergleich, Anerkenntnis), bewirkt damit aber keine sachliche Verfügung über den materiellen Anspruch[40]. Eine Streitverkündung (§ 72 ZPO) kommt nach ganz hM nur in der Konstellation in Betracht, dass der Dritte von dem zustimmungsberechtigten Ehegatte nach § 1368 in Anspruch genommen wird, denn im Falle des Unterliegens kann der Dritte gegen den verfügenden Ehegatten uU Schadensersatzansprüche haben (allg § 1365 Rn 22); in den anderen in diesem Zusammenhang möglichen Prozesssituationen scheidet eine Streitverkündung aus, insbes wenn der Dritte von dem verfügenden Ehegatten wegen der Unwirksamkeit der Verfügung verklagt wird[41].

III. Stellung des verfügenden Ehegatten

8   § 1368 beschränkt die Rechte des unmittelbar verfügenden Ehegatten nicht, er ist Inhaber der entsprechenden Forderungen geblieben[42]. Er kann also selbst die Rechte aus der Unwirksamkeit der Verfügung geltend machen (zu Einwendungen Dritter s Rn 5). Aus § 1353 ist er dem anderen Ehegatten gegenüber sogar dazu verpflichtet[43]. Er kann auch das von dem anderen Ehegatten wieder Erlangte erneut in Besitz nehmen und verwalten (Ausnahme § 1361 a Abs 1 S 2).

IV. Gestaltung

9   Sowohl die Verfügungsbeschränkungen insgesamt, wie auch das Revokationsrecht nach § 1368 sind durch Ehevertrag **abdingbar**[44].

§ 1369 Verfügungen über Haushaltsgegenstände

(1) **Ein Ehegatte kann über ihm gehörende Gegenstände des ehelichen Haushalts nur verfügen und sich zu einer solchen Verfügung auch nur verpflichten, wenn der andere Ehegatte einwilligt.**

(2) **Das Vormundschaftsgericht kann auf Antrag des Ehegatten die Zustimmung des anderen Ehegatten ersetzen, wenn dieser sie ohne ausreichenden Grund verweigert oder durch Krankheit oder Abwesenheit verhindert ist, eine Erklärung abzugeben.**

(3) **Die Vorschriften der §§ 1366 bis 1368 gelten entsprechend.**

---

[32] AG Holzminden FamRZ 1996, 179.
[33] AnwK-BGB/*Gruber* Rn 18; MünchKommBGB/*Koch* Rn 24; Staudinger/*Thiele* Rn 42; RGRK/*Finke* Rn 17; Soergel/*Lange* Rn 17; aA *F. Baur* FamRZ 1962, 508, 510; *Dölle* I S 763.
[34] AnwK-BGB/*Gruber* Rn 15; Palandt/*Brudermüller* Rn 4; MünchKommBGB/*Koch* Rn 22; Staudinger/*Thiele* Rn 35 ff; Erman/*Heckelmann* Rn 14; RGRK/*Finke* Rn 19; Rosenberg/Schwab/*Gottwald* Zivilprozessrecht § 46 V 3 b; aA *Reinicke* BB 1957, 564, 568; *Schulz-Kerstin* JZ 1959, 134, 137.
[35] Soergel/*Lange* Rn 16 mwN; aA allg bei gesetzlicher Prozessstandschaft *Musielak* § 325 ZPO Rn 21.
[36] AnwK-BGB/*Gruber* Rn 15; *Brox* FamRZ 1961, 284; MünchKommBGB/*Koch* Rn 22; Staudinger/*Thiele* Rn 37 mwN; aA teilweise *Fenge*, FS Wahl, 1973, S 475, 489 f: Rechtskrafterstreckung aber gegen verfügenden Ehegatten, da dieser sonst umfassendes Reuerecht erhielte.
[37] AnwK-BGB/*Gruber* Rn 16; MünchKommBGB/*Koch* Rn 23; Staudinger/*Thiele* Rn 39; Soergel/*Lange* Rn 16; aA – Rechtskrafterstreckung zu Gunsten des anderen – *Baur* FamRZ 1962, 508, 510; *Fenge*, FS Wahl, 1973, S 475, 489; *Eickmann* Rpfleger 1981, 213, 214 f; anders auch Palandt/*Brudermüller* Rn 4: nur materielle Rechtskrafterstreckung, so dass zwar die zweite Klage nicht unzulässig ist, aber nicht anders entschieden werden dürfte.
[38] AnwK-BGB/*Gruber* Rn 17; MünchKommBGB/*Koch* Rn 25; Staudinger/*Thiele* Rn 40; Soergel/*Lange* Rn 17; OLG Brandenburg FamRZ 1996, 1015 lässt § 767 ZPO zu, während dies MünchKommBGB/*Koch* Rn 25 dies offen lässt.
[39] Staudinger/*Thiele* Rn 44.
[40] Staudinger/*Thiele* Rn 26.
[41] AnwK-BGB/*Gruber* Rn 19 f; MünchKommBGB/*Koch* Rn 26; Staudinger/*Thiele* Rn 43.
[42] AnwK-BGB/*Gruber* Rn 28.
[43] Staudinger/*Thiele* Rn 10.
[44] KK-FamR/*Weinreich* Rn 7; MünchKommBGB/*Koch* Rn 30; Staudinger/*Thiele* Rn 54.

Verfügungen über Haushaltsgegenstände § 1369

Schrifttum: *Brudermüller*, Regelungen der Nutzungs- und Rechtsverhältnisse an Ehewohnung und Hausrat, FamRZ 2006, 1157; *Hartung*, Verfügungsbeschränkung bei ehelichem Hausrat, 1962; *Smid*, Vinkulierung des Hausrats an die Ehe gemäß § 1369 BGB im Güterstand der Eigentums- und Vermögensgemeinschaft, FamRZ 1991, 512. S auch die Schrifttumsangaben zu § 1365.

I. Normzweck, Konkurrenzfragen

Die Vorschrift enthält die zweite Ausnahme von der freien Verwaltungsbefugnis (§ 1364). Sie begründet eine **Zustimmungspflicht** des anderen Ehegatten bei der Verfügung über Gegenstände des ehelichen Haushalts sowie darauf gerichtete Verpflichtungen. Normzweck ist zum einen die gegenständliche Erhaltung des Bestands der Haushaltsgegenstände, auf die eheliche Lebensgemeinschaft in besonderem Maß angewiesen ist. In zweiter Linie soll die Zugewinnausgleichsforderung gesichert werden[1]. Schon wegen dieses Normzwecks schließt das Haushaltsführungsrecht des § 1356 Abs 1 S 1 nicht den § 1369 als lex specialis aus[2]. 1

II. Anwendungsbereich

1. Zeitlich. § 1369 gilt jedenfalls solange die Ehegatten einen **gemeinschaftlichen Haushalt** führen, aber auch bereits, wenn ein solcher erst geplant ist[3]. Bei **dauerndem Getrenntleben** und Auflösung des gemeinschaftlichen Haushalts findet die Vorschrift noch weiter Anwendung, solange der Güterstand besteht[4]. Dies gebietet zumindest der Normzweck der Sicherung der Ausgleichsforderung. Jedoch unterfallen solche Haushaltsgegenstände, die ein Ehegatte zur gesonderten Haushaltsführung anschafft, nicht mehr der Vorschrift[5]. Die Zustimmungspflicht entfällt aber wegen des Normzwecks der Sicherung der Ausgleichsforderung nicht deshalb, weil die **Ehe geschieden** wird[6]; zur Behandlung der anderen Fälle der Güterstandsbeendigung während der Schwebezeit s § 1365 Rn 7. Auch bei der Option von Ehegatten zur Beibehaltung des ehemaligen DDR-Güterstands gilt die Norm[7]. 2

2. Gegenstände des ehelichen Hausrats. Der Begriff entspricht dem des Hausrats der Hausratsverordnung (s Erl zu § 1 HausratsVO). Hierunter fallen alle im Eigentum eines oder beider Ehegatten stehenden oder auch ihnen in Form einer Anwartschaft zustehenden beweglichen Sachen, einschließlich der Haustiere, die nach den Vermögens- und Lebensverhältnissen der Ehegatten für die gemeinsame Wohnung und Hauswirtschaft und zum **familiäre Zusammenleben** bestimmt sind[8], nicht aber der Vermögensanlage dienen sollen[9]. Entscheidend ist die tatsächliche **Widmung** der Ehegatten[10], wobei diese durch beide wieder geändert werden kann. Auf den Wert der Gegenstände und Rechte kommt es nach hM nicht an, so dass sowohl kostbare Kunstgegenstände[11], wie aber auch Freizeitgegenstände[12] hierunter fallen können, ja auch solche, die an sich über den Einkommens- und Vermögensverhältnissen der Ehegatten liegen[13]. Inwieweit diese zur Haushaltsführung notwendig sind, ist ebenfalls unerheblich[14]. Der Begriff des Haushalts ist dabei nicht eng auszulegen[15]. Durch diese Einbeziehung von wertvollen Kunst-, Luxus- und Freizeitobjekten (Wohnmobil, Segelyacht, wo ist der Bezug zum Haus?) ohne jede qualitative oder quantitative Begrenzung wird der Begriff der Haushaltsgegenstände nicht nur völlig konturlos, sondern auch das Verkehrsschutzinteresse uU erheblich gefährdet[16], man denke an die Kreditsicherung durch Sicherungsübereignung. Denn ein gutgläubiger Erwerb ist bei § 1369 nicht möglich (Rn 9). 3

Abzugrenzen sind hiervon jedoch Gegenstände des **persönlichen Gebrauchs** (Kleider, Schmuck) und solche, die der **Berufsausübung** (Betriebsvermögen) oder einer **Vermögensanlage** dienen[17]. 4

---

[1] OLG Hamm FamRZ 1972, 297 aE; BayObLGZ 1980, 81 = FamRZ 1980, 571, 572.
[2] AnwK-BGB/*Gruber* Rn 1; KK-FamR/*Weinreich* Rn 22; *Soergel*/*Lange* Rn 22; aA *Palandt*/*Brudermüller* Rn 7.
[3] Ziege NJW 1957, 1579, 1580; MünchKommBGB/*Koch* Rn 22; *Staudinger*/*Thiele* Rn 25; bereits vor dem Eintritt des Güterstands wirksam begründete Verpflichtungen können danach ohne Zustimmung des anderen Ehegatten erfüllt werden, *Palandt*/*Brudermüller* Rn 3; *Soergel*/*Lange* Rn 4; *Staudinger*/*Thiele* Rn 4; aA *Bosch* FamRZ 1959, 241.
[4] BayObLGZ 1980, 81 = FamRZ 1980, 571, 572; LG Berlin FamRZ 1982, 803, 804; OLG Koblenz NJW 1991, 3224; OLG Saarbrücken OLGZ 1967, 1, 4; *Palandt*/*Brudermüller* Rn 3; *Staudinger*/*Thiele* Rn 26; *Soergel*/*Lange* Rn 3; *Dölle* I S 771; aA MünchKommBGB/*Koch* Rn 23; *Gernhuber*/*Coester-Waltjen* § 35 III 4.
[5] AnwK-BGB/*Gruber* Rn 5; *Soergel*/*Lange* Rn 4; *Dölle* I S 771.
[6] BayObLGZ 1980, 81 = FamRZ 1980, 571, 572, wenn die Verteilung vorhandenen oder wiederzuerlangenden Hausrats in Natur beeinträchtigt wird; ebenso AnwK-BGB/*Gruber* Rn 20; *Palandt*/*Brudermüller* Rn 3; aA OLG Saarbrücken OLGZ 1967, 1, 4: es gelte § 185 Abs 2; wiederum anders OLG Hamm FamRZ 1972, 297: Ausgleichszahlung nach § 8 Abs 2 HausratsVO.
[7] AnwK-BGB/*Gruber* Rn 1; *Palandt*/*Brudermüller* Rn 3.
[8] MünchKommBGB/*Koch* Rn 6; *Staudinger*/*Thiele* Rn 7; *Kuhnt* AcP 150 (1950), 130, 132.
[9] AnwK-BGB/*Gruber* Rn 8.
[10] *Soergel*/*Lange* Rn 9; *Dölle* I S 767.
[11] BGH NJW 1984, 1758 zur HausratsVO.
[12] Segelyacht im Werte von 140.000 DM, wenn darüber hinaus noch weiteres beträchtliches Vermögen vorhanden ist, LG Ravensburg FamRZ 1995, 1585; abl zu Recht *Erman*/*Heckelmann* Rn 3.
[13] *Staudinger*/*Thiele* Rn 7; MünchKommBGB/*Koch* Rn 8. OLG Koblenz NJW 1991, 3224 stellt allerdings auf die Angemessenheit entsprechend dem Lebensstandard ab; diff nach dem Restvermögen LG Ravensburg FamRZ 1995, 1585.
[14] MünchKommBGB/*Koch* Rn 8.
[15] *Soergel*/*Lange* Rn 10.
[16] Zust AnwK-BGB/*Gruber* Rn 9.
[17] MünchKommBGB/*Koch* Rn 6; *Soergel*/*Lange* Rn 11; *Staudinger*/*Thiele* Rn 12.

§ 1369   Buch 4. Abschnitt 1. Bürgerliche Ehe

Soweit Gegenstände verschiedenen Zwecken dienen, kommt es darauf an, für welchen Bereich sie überwiegend zur Benutzung bestimmt sind[18].

5   **Nicht unter § 1369** fallen Grundstücke oder grundstücksgleiche Rechte[19], also auch nicht Wohnungseigentum[20], sowie hierauf gerichtete Anwartschaften und Ansprüche. Auch **Rechte** zählen nicht zu den Gegenständen des Hausrats[21], auch wenn der Gesetzeswortlaut nicht eindeutig ist. Denn deren Einbeziehung bedarf es nicht, um die Schutzfunktion der Norm zu verwirklichen, da auch ohne diese die Haushaltsführung idR nicht beeinträchtigt ist. Zudem sollte die Verwaltungsfreiheit (§ 1364) nicht unnötig eingeschränkt werden. Demnach unterfallen § 1369 nicht die Ansprüche auf Dienstleistung im Haushalt, auf Schadensersatz- oder Versicherungsleistung für beschädigte, vernichtete oder entzogene Haushaltsgegenstände[22], auf Lieferung von Haushaltsgegenständen aus einem Kaufvertrag[23] oder auf Gebrauchsüberlassung von Haushaltsgegenständen, insbes aus Miete oder Leihe[24]. Demnach verstößt auch die **Kündigung** der von einem Ehegatten angemieteten Wohnung nicht gegen § 1369[25]. Wohl aber gilt § 1369 für **Anwartschaftsrechte** auf Haushaltsgegenstände[26].

6   **3. Eigentumsverhältnisse.** Abs 1 erfasst seinem Wortlaut nach nur die **im Alleineigentum** stehenden Gegenstände des verfügenden Ehegatten („ihm gehörende ..."). Jedoch ist die Vorschrift entsprechend dem Schutzzweck auch auf Verfügung über Gegenstände anzuwenden, die im **Miteigentum** der Ehegatten (Bruchteils- oder Gesamthandseigentum) stehen[27]. Weiter ist § 1369 **analog** anzuwenden, wenn der eine Ehegatte über das **Eigentum des anderen** verfügt. Dadurch wird ein gutgläubiger Erwerb (§§ 932 ff) auf alle Fälle verhindert, der oftmals schon an § 935 (Mitbesitz) scheitern wird, und der von § 1369 intendierte Familienschutz entsprechend dem Normzweck erweitert[28]. Denn § 1369 steht einem gutgläubigen Erwerb entgegen (Rn 9).

III. Zustimmungspflichtige Rechtsgeschäfte

7   Dies sind alle (einseitigen und mehrseitigen) Verpflichtungs- und Verfügungsgeschäfte unter Lebenden, deren Gegenstand der Hausrat ist. Entgegen dem Wortlaut deckt die Zustimmung zum Verpflichtungsgeschäft auch die Vornahme des entsprechenden Verfügungsgeschäfts[29]. Die Verfügung umfasst außer der Veräußerung hier auch die **Verpfändung,** aber grds auch die Sicherungsübereignung[30]; bei letzterem ist eine Ausnahme dann zu machen, wenn sie Teil eines Finanzierungskaufs ist[31]. **Nicht zustimmungspflichtig** sind jedoch Rechtsgeschäfte, die (mittelbar) das Entstehen eines gesetzlichen Pfandrechts bedingen (§§ 559, 647, 704), sowie Rechtsgeschäfte, die nicht auf eine Verfügung gerichtet sind (Wortlaut des Abs 1)[32], insbes einen Ehegatten nur zur Gebrauchsüberlassung an einen Dritten verpflichten[33]. Zustimmungsfrei sind auch **prozessuale Akte** der freiwilligen und streitigen Gerichtsbarkeit, wie Klageverzicht und Anerkenntnis, nicht der Prozessvergleich (materiell-rechtliche Wirkung)[34]. Auch die **Zwangsvollstreckung wegen einer Geldforderung** fällt nicht unter § 1369, da

---

[18] OLG Koblenz NJW-RR 1994, 516: Wohnmobil; MünchKommBGB/*Koch* Rn 7; *Staudinger/Thiele* Rn 15; restriktiver OLG Düsseldorf FamRZ 1992, 1445: nur soweit Eigentümer stets bereit, der Nutzung für Familienzwecke den Vorrang einzuräumen; weiter *Weimar* JR 1978, 180, 181: Immer, wenn von beiden benutzt.
[19] AnwK-BGB/*Gruber* Rn 9; MünchKommBGB/*Koch* Rn 9; *Soergel/Lange* Rn 13; aA AG Berlin-Charlottenburg Streit 1987, 64 für Ehewohnung; ebenso unter dem Gesichtspunkt des Rechtsmissbrauchs die Kündigung der Ehewohnung LG Hamburg FamRZ 2002, 818, 819.
[20] OLG Nürnberg FamRZ 1962, 473.
[21] MünchKommBGB/*Koch* Rn 9 f; *Staudinger/Thiele* Rn 14; *Soergel/Lange* Rn 14.
[22] AnwK-BGB/*Gruber* Rn 13; MünchKommBGB/*Koch* Rn 10; *Staudinger/Thiele* Rn 18; *Soergel/Lange* Rn 15; aA *Boehmer* FamRZ 1959, 1, 4; *Hartung* S 54 ff; *Dölle* I S 768 Fn 16: soweit zur Ersatzbeschaffung verwendet.
[23] OLG Saarbrücken FamRZ 1964, 633; AnwK-BGB/*Gruber* Rn 13; *Palandt/Brudermüller* Rn 4; MünchKommBGB/*Koch* Rn 10; *Soergel/Lange* Rn 15; aA *Boehmer* FamRZ 1959, 1, 4; *Erman/Heckelmann* Rn 4; *Staudinger/Thiele* Rn 17: wenn Gegenstand bereits dem Haushalt gewidmet.
[24] OLG Saarbrücken OLGZ 1967, 1, 4; AnwK-BGB/*Gruber* Rn 14; MünchKommBGB/*Gernhuber* 3. Aufl 1993, Rn 10; *Soergel/Lange* Rn 15; *Erman/Heckelmann* Rn 4; *Rittner* FamRZ 1961, 185, 189; aA MünchKommBGB/*Koch* Rn 10; *Staudinger/Thiele* Rn 20: analoge Anwendung; *Hartung* S 59; *Boehmer* FamRZ 1959, 1, 4.
[25] LG Stuttgart FamRZ 1977, 200; aA LG Hamburg FamRZ 2002, 818, 819 unter dem Gesichtspunkt des Rechtsmissbrauchs; evtl ist aber Kündigung durch § 1353 ausgeschlossen.
[26] AllgM, MünchKommBGB/*Koch* Rn 11.
[27] MünchKommBGB/*Koch* Rn 12; aA – nur der dem Verfügenden gehörende Anteil unterliegt dem § 1369, über § 139 ergibt sich (auch bei Gutgläubigkeit des Erwerbers) idR die Nichtigkeit der Verfügung über den Anteil des anderen – BayObLG FamRZ 1965, 331, 333; *Soergel/Lange* Rn 17; *Hartung* S 60 f.
[28] OLG Köln MDR 1968, 586; OLG Schleswig SchlHA 1974, 111; LG Berlin FamRZ 1982, 803, 804; AnwK-BGB/*Gruber* Rn 12; *Erman/Heckelmann* Rn 8; *Gernhuber/Coester-Waltjen* § 35 Rn 53; MünchKommBGB/*Gernhuber* 3. Aufl 1993, Rn 13 ff; *Dölle* I S 771; *Palandt/Brudermüller* Rn 1; *Rauscher* Rn 393; aA wegen der Betonung des Verkehrsschutzes *Ziege* NJW 1957, 1579, 1580; *Böhmer* FamRZ 1959, 1, 4, 81, 82; RGRK/*Finke* Rn 11 ff; *Soergel/Lange* Rn 16; *Staudinger/Thiele* Rn 30 ff; MünchKommBGB/*Koch* Rn 13 mit unzulässigem methodischen Argument.
[29] *Soergel/Lange* Rn 4, 19; *Staudinger/Thiele* Rn 4.
[30] AnwK-BGB/*Gruber* Rn 15; MünchKommBGB/*Koch* Rn 25; *Soergel/Lange* Rn 20.
[31] LG Bielefeld MDR 1963, 760; AnwK-BGB/*Gruber* Rn 16; *Staudinger/Thiele* Rn 5; *Soergel/Lange* Rn 20.
[32] *Soergel/Lange* Rn 21; anders *Palandt/Brudermüller* Rn 7.
[33] MünchKommBGB/*Koch* Rn 24; RGRK/*Finke* Rn 17; *Soergel/Lange* Rn 21; einschränkend für Umgehungsgeschäfte AnwK-BGB/*Gruber* Rn 17.
[34] MünchKommBGB/*Koch* Rn 24; s auch § 1365 Rn 19.

diese keine Verfügung ist[35], wohl aber, wenn ein Ehegatte zur Übereignung eines Haushaltsgegenstandes verurteilt wird, weil es hierzu einer Einigung nach § 929 bedarf, die zwar über § 894 ZPO ersetzt werden kann, nicht aber automatisch die Ehegattenzustimmung hierzu[36].

IV. Ersetzung der Zustimmung (Abs 2)

Für die Ersetzung der Zustimmung durch das Vormundschaftsgericht ergeben sich gegenüber § 1365 Abs 2 **zwei Vereinfachungen**[37]. Die Verweigerung der Zustimmung **ohne wichtigen Grund** berechtigt für sich allein schon zur Ersetzung derselben ohne Prüfung, ob das Geschäft ordnungsgemäßer Verwaltung entspricht. Die **Verhinderung** an der Zustimmungsabgabe durch Krankheit oder Abwesenheit rechtfertigen die Ersetzung auch dann, wenn mit dem Aufschub des Rechtsgeschäfts keine Gefahr verbunden ist. Inwieweit ein ausreichender Verweigerungsgrund besteht, ist nach dem **Schutzzweck** des § 1369 zu beurteilen. Im **Schrifttum** wird überwiegend eine umfassende Interessenabwägung und Berücksichtigung aller Umstände des Einzelfalls gefordert. Dabei kann der die Zustimmung verweigernde Ehegatte eigene wie familiäre (auch ideelle) Interessen geltend machen; daneben findet sich auch eine Äquivalenzkontrolle der Angemessenheit der Gegenleistung und Berücksichtigung der Erlösverwendung[38]. Nach der **Rspr** ist die Verweigerung der Zustimmung idR dann berechtigt, wenn durch die Genehmigung der Anspruch des anderen Ehegatten auf eine gerechte und zweckmäßige Teilung des noch vorhandenen oder wiederzuerlangenden Hausrats nach der Scheidung gefährdet würde[39], oder die Gegenleistung unangemessen niedrig ist oder die Besorgnis besteht, der Ehegatte werde den Erlös unsachgemäß verwenden oder es ist sonst eine Schädigung des – uU auch nur ideellen – Familieninteresses[40] zu befürchten[41]. Wegen des **Verfahrens** s § 1365 Rn 26 ff.

V. Fehlende Zustimmung (Abs 3)

Die fehlende Zustimmung führt zur Anwendung der §§ 1366 bis 1368 (§ 1369 Abs 3); einseitige Rechtsgeschäfte sind ohne Einwilligung unheilbar nichtig (§ 1367). Auf die Kenntnis des Erwerbers von der Zugehörigkeit zum ehelichen Hausrat kommt es nicht an; ein Verkehrsschutz beim Erwerb von Haushaltsgegenständen erscheint nach hM nicht erforderlich[42], was angesichts der weiten Auslegung dieses Begriffs (Rn 3) nicht immer selbstverständlich erscheint. Auch ein **gutgläubiger Erwerb** nach den §§ 932 ff ist ausgeschlossen, da der Berechtigte ja selbst verfügt und § 1369 eine absolute Verfügungsbeschränkung enthält[43]. Der Erwerber ist nur geschützt, wenn er dem Güterrechtsregister vertrauen durfte (§ 1412). Der Vertragspartner muss sich also Gewissheit verschaffen, ob der andere verheiratet ist oder eine behauptete Zustimmung oder Gütertrennung tatsächlich vorliegt. **Schadensersatzansprüche** (etwa nach §§ 823 Abs 2, 826 oder nach culpa in contrahendo)[44], die zur Wahrung des Normzwecks auf das negative Interesse begrenzt sind, liegen nur in seltenen Fällen vor, da auch diese noch den Schutzzweck der Norm gefährden können[45]. Die Nichtbeachtung des § 1369 kann Klage auf **vorzeitigen Zugewinnausgleich** rechtfertigen (§ 1386 Abs 2 Nr 2).

VI. Gestaltung

§ 1369 ist dispositiv und kann daher durch **Ehevertrag** gegenständlich eingeschränkt oder ganz ausgeschlossen werden[46].

§ 1370 Ersatz von Haushaltsgegenständen

Haushaltsgegenstände, die anstelle von nicht mehr vorhandenen oder wertlos gewordenen Gegenständen angeschafft werden, werden Eigentum des Ehegatten, dem die nicht mehr vorhandenen oder wertlos gewordenen Gegenstände gehört haben.

Schrifttum: *Vlassopoulos,* Der eheliche Hausrat im Familien- und Erbrecht, 1983.

---

[35] AnwK-BGB/*Gruber* Rn 17; MünchKommBGB/*Koch* Rn 19; *Soergel/Lange* Rn 20; *Staudinger/Thiele* Rn 38; *Hartung* S 117 ff; *Baur* FamRZ 1958, 256.
[36] MünchKommBGB/*Koch* Rn 21; *Staudinger/Thiele* Rn 39; *Soergel/Lange* Rn 20.
[37] MünchKommBGB/*Koch* Rn 31 ff.
[38] Vgl *Staudinger/Thiele* Rn 45 ff; *Soergel/Lange* Rn 23; *Palandt/Brudermüller* Rn 9; *Hartung* S 84; RGRK/*Finke* Rn 24; teilweise anders MünchKommBGB/*Koch* Rn 37: Ersetzung der Zustimmung, wenn der zu veräußernde Hausrat entbehrlich oder sachgemäße Veränderung im Hausrat erfolgen soll (Modernisierung) oder durch Veräußerung Notlage beseitigt oder gelindert werden kann.
[39] BayObLG FamRZ 1980, 1001.
[40] OLG Hamm FamRZ 1957, 572; *Staudinger/Thiele* Rn 45; gegen die Erheblichkeit ideeller Motive MünchKommBGB/*Koch* Rn 35.
[41] BayObLG FamRZ 1960, 156, 157.
[42] MünchKommBGB/*Koch* Rn 27; *Staudinger/Thiele* Rn 63; *Soergel/Lange* Rn 24; *Palandt/Brudermüller* Rn 10; aA *Reithmann* DNotZ 1961, 3, 9; *Scheld* Rpfleger 1973, 280.
[43] MünchKommBGB/*Lange* Rn 28; für Anwendung von § 366 HGB MünchKommBGB/*Koch* Rn 28.
[44] Generell dagegen aber *Soergel/Lange* Rn 24.
[45] *Palandt/Brudermüller* Rn 10; bei analoger Anwendung des § 1369 LG Berlin FamRZ 1982, 803; s auch § 1365 Rn 22 zu ähnlichen Problematik dort.
[46] KK-FamR/*Weinreich* Rn 4; MünchKommBGB/*Koch* Rn 37; *Staudinger/Thiele* Rn 70.

§ 1370

I. Normzweck

1   Der Surrogationserwerb des § 1370 gewährt einen Ausgleich für Wertverluste, die daraus resultieren, dass ein Ehegatte Hausratsgegenstände zum gemeinsamen Gebrauch zur Verfügung stellt, was oftmals in Erfüllung von Pflichten aus § 1353 geschieht[1]. Nach hM dient die Vorschrift auch der **Rechtsklarheit** über die Eigentumslage, denn es müsse nicht nachgeforscht werden, wer auf Grund des konkreten Erwerbsgeschäfts Eigentümer wurde[2]. Dabei wird übersehen, dass immer noch festgestellt werden muss, wer der Eigentümer der ersetzten Hausratsgegenstände war, was meist noch schwieriger ist[3].

2   **Dogmatisch** handelt es sich um einen Fall der dinglich wirkenden Zwecksurrogation zur Verwirklichung des Normzwecks[4].

II. Einzelerläuterungen

3   **1. Tatbestandsvoraussetzungen.** Gegenstand der Surrogation sind ausschließlich **Hausratsgegenstände,** die im Eigentum eines oder beider Ehegatten standen. Dieser Begriff entspricht dem der „Gegenstände des ehelichen Hausrats" iS von § 1369 (dort Rn 3 ff), jedoch gehören hierzu nicht die unmittelbar zum Verbrauch bestimmten Sachen, wie Nahrungsmittel[5] sowie Rechte an Hausratsgegenständen und unbewegliche Sachen[6]. Als Vorstufe des Sacheigentums muss allerdings das **Anwartschaftsrecht** auf Grund eines Eigentumsvorbehalts ebenfalls unter § 1370 fallen[7], und zwar sowohl dann, wenn an Stelle der im Eigentum befindlichen Sache ein (nicht voll bezahlter) Hausratsgegenstand angeschafft wird (allgM), wie aber auch dann, wenn ein solcher durch einen anderen ersetzt wird, an dem ebenfalls nur ein Anwartschaftsrecht besteht (etwa bei Austausch mangelhafter Sachen)[8]. Auch eine mehrmalige Surrogation ist möglich (Surrogat des Surrogats).

4   **Nicht mehr vorhanden** sind alle Hausratsgegenstände, die dem Haushalt auf Dauer entzogen sind[9]. Auf den Grund hierfür, ob diese etwa verloren gegangen, gestohlen oder zerbrochen sind, kommt es nicht an. Auch eine entgeltliche Veräußerung gehört hierzu, insbes ein „in Zahlung geben"[10]. Entscheidend ist allein, dass sie ihre bestimmungsgemäße Funktion im betreffenden Haushalt im wesentlichen nicht mehr erfüllen (Wohnzimmersideboard nunmehr als Abstellschrank im Keller)[11]. Eine Weiterbenutzung in ähnlicher Verwendung begründet keine Surrogationsmöglichkeit (früheres Tafelgeschirr als Küchengeschirr)[12]. Auch ein Totalverlust durch **Katastrophenfälle** unterfällt der Norm (Ausgleichsgedanke)[13].

5   **Wertlos gewordene Hausratsgegenstände** können ebenfalls Grundlage der Surrogation sein. Wertlosigkeit ist nicht wörtlich zu verstehen, sondern entsprechend dem Normzweck weit auszulegen. Maßgeblich hierfür ist daher nicht der allgemeine Vermögenswert, sondern nur der **Gebrauchswert** des Hausratsgegenstands in der ihm zugedachten Funktion im ehelichen Haushalt[14]. Dies bestimmt sich primär nach der von den Ehegatten verfolgten (subjektiven) Zwecksetzung; nur wenn deren Auffassungen differieren, sind die objektiven Umstände des Einzelfalls entscheidend[15]. Wertlos sind daher sowohl Hausratsgegenstände, die ihre Aufgabe nicht mehr ordnungsgemäß erfüllen[16], wobei auch geringfügige Beschädigungen ausreichen, als auch solche, die wegen des technischen Fortschritts oder aus modischen Gründen nach dem übereinstimmenden Willen der Ehegatten nicht mehr im Haushalt Verwendung finden[17]. In den Modernisierungsfällen muss man aber die Einschränkung machen, dass die alte Sache auch nicht mehr ihrem bisherigen Zweck entsprechend weiter benutzt wird[18].

6   **Ersatzbeschaffung** als Surrogationshandlung ist jeder rechtsgeschäftliche Erwerb eines Hausratsgegenstandes, wenn derselbe nur im wesentlichen der gleichen Funktion dient[19]. Auch dieses Erfordernis ist großzügig auszulegen. Gleichartigkeit oder Gleichwertigkeit ist nicht erforderlich[20]. Wesentliche

---

[1] AnwK-BGB/*Gruber* Rn 1; MünchKommBGB/*Koch* Rn 1; *Soergel/Lange* Rn 2.
[2] *Staudinger/Thiele,* Rn 2; MünchKommBGB/*Koch* Rn 2.
[3] Zust AnwK-BGB/*Gruber* Rn 1.
[4] MünchKommBGB/*Koch* Rn 4.
[5] AnwK-BGB/*Gruber* Rn 3; *Soergel/Lange* Rn 8.
[6] *Staudinger/Thiele* Rn 5; MünchKommBGB/*Koch* Rn 6; *Soergel/Lange* Rn 8.
[7] AnwK-BGB/*Gruber* Rn 3.
[8] MünchKommBGB/*Koch* Rn 6; *Vlassopoulos* S 52; aA *Soergel/Lange* Rn 14 wegen der Gefährdung von Gläubigerinteressen.
[9] AllgM, AnwK-BGB/*Gruber* Rn 4; MünchKommBGB/*Koch* Rn 7.
[10] OLG Koblenz NJW-RR 1994, 516; aA *Staudinger/Thiele* Rn 6: bei Verkauf gebrauchsfähiger Sachen Surrogation nur hinsichtlich des Erlöses.
[11] *Soergel/Lange* Rn 9.
[12] *Soergel/Lange* Rn 9; MünchKommBGB/*Koch* Rn 8.
[13] AnwK-BGB/*Gruber* Rn 4; *Staudinger/Thiele* Rn 15; *Soergel/Lange* Rn 7; *Erman/Heckelmann* Rn 2; aA MünchKommBGB/*Koch* Rn 1; RGRK/*Finke* Rn 13, was aber zu Abgrenzungsschwierigkeiten führen kann.
[14] MünchKommBGB/*Koch* Rn 9; *Staudinger/Thiele* Rn 9; *Soergel/Lange* Rn 10.
[15] *Staudinger/Thiele* Rn 9.
[16] LG Düsseldorf NJW 1972, 60.
[17] OLG Nürnberg FamRZ 1964, 297: neues Wohnzimmer für das unmoderne, 21 Jahre alte; OLG Koblenz NJW-RR 1994, 516: Ersatzerwerb für einen nicht mehr „modern" erscheinenden Wohnwagen; AnwK-BGB/*Gruber* Rn 5; MünchKommBGB/*Koch* Rn 9; *Staudinger/Thiele* Rn 9; *Erman/Heckelmann* Rn 2.
[18] So richtig *Staudinger/Thiele* Rn 9.
[19] MünchKommBGB/*Koch* Rn 10; *Soergel/Lange* Rn 12; *Staudinger/Thiele* Rn 13.
[20] BayObLGZ 1969, 220 = FamRZ 1970, 31.

Funktionserweiterungen werden jedoch nicht mehr erfasst. So kann ein Klavier durch einen Flügel surrogiert werden[21], nicht aber eine Couch durch eine Sitzgruppe[22]. Die Abgrenzung zwischen Ersatzbeschaffung (§ 1370) und Neuerwerb (keine Surrogation) ist angesichts des technischen Fortschritts und der sich wandelnden Lebensgewohnheiten oft schwierig. Will man sie danach vornehmen, ob ganz erhebliche Wert- und Qualitätsunterschiede vorliegen[23], führt dies zu mitunter schwierigen Differenzierungen und widerspricht dann der angestrebten Rechtsklarheit[24]. Maßgeblich kann daher nur der **Ersetzungswille** des anschaffenden Ehegatten sein, oder zumindest die faktische Ersatzwidmung[25].

Keine Ersatzanschaffung ist der Erwerb durch **Erbfall**[26] oder ein sonstiger **unentgeltlicher Erwerb**[27]. Dies ergibt sich aus dem Wortlaut wie aus dem Gesetzeszweck des § 1374 Abs 2[28]. 7

Unerheblich ist[29], ob der erwerbende Ehegatte für sich oder den anderen erwerben will, an wen der Veräußerer übereignen wollte (gesetzlicher Erwerbstatbestand), welcher Ehegatte den Ersatz beschafft, mit welchen Mittel die Gegenleistung hierfür erbracht wird (keine Mittel-, sondern Zwecksurrogation)[30], aus welchen Gründen der Ersatz getätigt wurde, ja ob er überhaupt erforderlich war. Nicht maßgeblich ist auch, ob gegen Dritte Ersatzansprüche bestehen. Auch wenn die Ehegatten **getrennt leben**, gilt grds § 1370. Jedoch ist hier sorgfältig zu prüfen, ob für den (gemeinsamen) ehelichen Haushalt erworben werden soll oder aber nur für den des Erwerbenden. Nur im letztgenannten Fall tritt keine Surrogation ein[31]. Spätere Versöhnung mit Vereinigung der getrennten Haushalte ändert an der bereits eingetretenen dinglichen Rechtslage nichts mehr[32]. 8

2. Rechtsfolge. Derjenige Ehegatte, dem der ersetzte Gegenstand gehört, erwirbt das Eigentum an dem angeschafften Ersatzgegenstand unmittelbar kraft Gesetzes **(dingliche Surrogation).** Bei dem **anderen Ehegatten,** der das Erwerbsgeschäft tätigt, vollzieht sich kein Durchgangserwerb[33]; auf seine Person kommt es allerdings für die Frage der Wirksamkeit des dinglichen Geschäfts, etwa der Geschäftsfähigkeit, und der Gutgläubigkeit an[34]. Miteigentum beider Ehegatten entsteht, wenn der ersetzte Gegenstand bereits im Miteigentum beider Ehegatten stand[35]. Wird ein Hausratsgegenstand auf „**Vorrat**" erworben, so tritt die Surrogation nach zutreffender Auffassung erst ein, wenn der alte Gegenstand durch den neuen ersetzt wird[36]. Die Gegenauffassung versagt die Anwendung des § 1370 hier ganz, weil die bloße Eingliederungshandlung keine Ersatzbeschaffung sei[37]. Wer nach § 1370 erworben hat, hat gegen Einzelvollstreckungen aus Titeln gegen seinen anderen Ehegatten die **Drittwiderspruchsklage** nach § 771 ZPO und in dessen Insolvenzverfahren ein Aussonderungsrecht nach § 47 InsO. 9

Bei **Ausgleich des Zugewinns** wird die sich aus § 1370 ergebende Begünstigung wertmäßig teilweise wieder ausgeglichen[38]. 10

III. Beweislast

Wer sich auf die Surrogation beruft, hat die Voraussetzungen des § 1370 darzulegen und ggf zu beweisen[39]. Bei objektiver Funktionsgleichwertigkeit wird der Surrogationserwerb vermutet[40]. 11

IV. Konkurrenzfragen, abweichende Vereinbarungen

Der Surrogationserwerb des § 1370 geht der Auslegungsregel des **§ 1357 Abs 1 S 2** vor[41], sofern man letzterer überhaupt sachenrechtliche Wirkung beilegt. Sind die Voraussetzungen des § 1370 bewiesen, so ist damit zugleich die Eigentumsvermutung des **§ 1362 Abs 1** widerlegt[42]. Der Surrogationserwerb ist auch bei einer nachehelichen **Hausratsverteilung** zu berücksichtigen und kann das Alleineigentum eines Ehegatten beweisen (§ 8 Abs 2 HS 2 HausratsVO; s dort Rn 4)[43]. 12

---

[21] BayObLGZ 1969, 220 = FamRZ 1970, 31; MünchKommBGB/*Koch* Rn 10.
[22] OLG Nürnberg FamRZ 1964, 297; MünchKommBGB/*Koch* Rn 10; weitere Kasuistik bei *Soergel/Lange* Rn 12.
[23] So *Staudinger/Thiele* Rn 13.
[24] *Soergel/Lange* Rn 12; MünchKommBGB/*Koch* Rn 10.
[25] MünchKommBGB/*Koch* Rn 10; *Staudinger/Thiele* Rn 11 hält dies nur für eines von mehreren Kriterien.
[26] OLG Stuttgart NJW 1982, 585, 586; AnwK-BGB/*Gruber* Rn 7; MünchKommBGB/*Koch* Rn 10.
[27] RGRK/*Finke* Rn 11; *Dölle* I S 769; aA AnwK-BGB/*Gruber* Rn 7, weil dies zur Privilegierung des unentgeltlichen Erwerbs führen würde.
[28] *Soergel/Lange* Rn 11.
[29] S etwa *Staudinger/Thiele* Rn 16–20.
[30] Übersehen von OLG Hamm FamRZ 1998, 1028, wonach § 1370 bei Erwerb aus gemeinschaftlichen Mitteln nicht gilt.
[31] AnwK-BGB/*Gruber* Rn 6; *Soergel/Lange* Rn 5; *Staudinger/Thiele* Rn 20, aber zu sehr auf die Haushaltszugehörigkeit der ersetzten Sache abstellend; aA MünchKommBGB/*Koch* Rn 11: keine Anwendung bei Trennung.
[32] *Staudinger/Thiele* Rn 20.
[33] AnwK-BGB/*Gruber* Rn 9.
[34] AnwK-BGB/*Gruber* Rn 11; *Staudinger/Thiele* Rn 22.
[35] BayObLG FamRZ 1970, 31; OLG Koblenz NJW-RR 1994, 516.
[36] AnwK-BGB/*Gruber* Rn 10; MünchKommBGB/*Koch* Rn 5.
[37] *Staudinger/Thiele* Rn 23; *Soergel/Lange* Rn 9.
[38] *Soergel/Lange* Rn 12; MünchKommBGB/*Koch* Rn 3.
[39] AnwK-BGB/*Gruber* Rn 12; *Soergel/Lange* Rn 16; *Staudinger/Thiele* Rn 24; *Baumgärtel/Laumen* Rn 1.
[40] AnwK-BGB/*Gruber* Rn 12; *Soergel/Lange* Rn 16.
[41] *Staudinger/Thiele* Rn 26; MünchKommBGB/*Koch* Rn 12.
[42] *Staudinger/Thiele* Rn 25; MünchKommBGB/*Koch* Rn 13.
[43] AnwK-BGB/*Gruber* Rn 2; MünchKommBGB/*Koch* Rn 14; *Soergel/Lange* Rn 12.

§ 1371

13   **Ersatzansprüche** gegen Dritte wegen der ersetzten Hausratsgegenstände (etwa nach § 823 Abs 1 wegen Beschädigung) müssen dem Ehegatten zustehen, auf dessen Kosten sich die dingliche Surrogation verwirklicht. Sie sind daher zur Vermeidung einer Doppelbegünstigung an ihn (Verpflichtung nach § 1353) abzutreten, sofern er sie nicht kraft Gesetzes (§§ 677 ff, 670) bereits erworben hat[44].

14   **Abweichende Vereinbarungen** zwischen dem Veräußerer und dem Erwerber sind unbeachtlich. Zwischen Ehegatten bedarf der generelle, im Voraus und für alle Fälle getroffene Ausschluss des § 1370 als Modifizierung des gesetzlichen Güterstands der Form des Ehevertrags nach § 1410[45]. Wird der Surrogationserwerb jedoch nur im Einzelfall abbedungen, so ist dies durch vorherige, formlose Vereinbarung der Ehegatten möglich[46]. Nach eingetretenem Surrogationserwerb bedarf die Veränderung der Eigentumsverhältnisse einer neuen Übereignung (§§ 929 ff).

§ 1371 Zugewinnausgleich im Todesfall

(1) Wird der Güterstand durch den Tod eines Ehegatten beendet, so wird der Ausgleich des Zugewinns dadurch verwirklicht, dass sich der gesetzliche Erbteil des überlebenden Ehegatten um ein Viertel der Erbschaft erhöht; hierbei ist unerheblich, ob die Ehegatten im einzelnen Fall einen Zugewinn erzielt haben.

(2) Wird der überlebende Ehegatte nicht Erbe und steht ihm auch kein Vermächtnis zu, so kann er Ausgleich des Zugewinns nach den Vorschriften der §§ 1373 bis 1383, 1390 verlangen; der Pflichtteil des überlebenden Ehegatten oder eines anderen Pflichtteilsberechtigten bestimmt sich in diesem Falle nach dem nicht erhöhten gesetzlichen Erbteil des Ehegatten.

(3) Schlägt der überlebende Ehegatte die Erbschaft aus, so kann er neben dem Ausgleich des Zugewinns den Pflichtteil auch dann verlangen, wenn dieser ihm nach den erbrechtlichen Bestimmungen nicht zustünde; dies gilt nicht, wenn er durch Vertrag mit seinem Ehegatten auf sein gesetzliches Erbrecht oder sein Pflichtteilsrecht verzichtet hat.

(4) Sind erbberechtigte Abkömmlinge des verstorbenen Ehegatten, welche nicht aus der durch den Tod dieses Ehegatten aufgelösten Ehe stammen, vorhanden, so ist der überlebende Ehegatte verpflichtet, diesen Abkömmlingen, wenn und soweit sie dessen bedürfen, die Mittel zu einer angemessenen Ausbildung aus dem nach Absatz 1 zusätzlich gewährten Viertel zu gewähren.

Schrifttum: *Lenz,* Der Ausbildungsanspruch des Stiefabkömmlings gemäß § 1371 Abs. 4 BGB, ZErb 2000, 110; *J. Mayer,* Abhängigkeiten von Ehegüter- und Ehegattenerbrecht und Gestaltungsüberlegungen, FPR 2006, 129; *ders,* Der Ausbildungsanspruch der Stiefabkömmlinge nach § 1371 Abs. 4 BGB, FPR 2004, 83; *K. Meyer,* Der Ausbildungsanspruch der Stiefabkömmlinge nach § 1371 Abs. 4 BGB, 1966; *C. Winkler,* Die „güterrechtliche Lösung" als Störfaktor bei der Unternehmensnachfolge, ZErb 2005, 360.

Übersicht

	Rn		Rn
I. Normzweck, Systematik der Vorschrift	1	3. Rechtsfolgen	31
II. Erbrechtliche Lösung	4	4. Abwägungsentscheidung	32
1. Tatbestandsvoraussetzungen	4	5. Anfechtungsmöglichkeit	34
2. Rechtsfolgen	7	6. Prozessuales	35
a) Für den Ehegatten	7		
b) Auswirkungen auf den Erb- und Pflichtteil Dritter	11	V. Ausbildungsanspruch der „Stiefabkömmlinge" (Abs 4)	36
3. Abweichende Vereinbarungen	12	1. Normzweck	36
4. Rechtsstellung des durch Verfügung von Todes wegen bedachten Ehegatten	14	2. Voraussetzungen	37
III. Güterrechtliche Lösung (Abs 2)	16	3. Inhalt und Umfang des Anspruchs	41
1. Voraussetzungen	16	a) Anspruchsinhalt	41
2. Rechtsfolge	20	b) Anspruchsumfang	42
a) Zugewinnausgleich	20	c) Mehrere Berechtigte	44
b) Wirkung gegen Dritte, Erbschaftsteuer	25	d) Gefährdung des Unterhalts des Stiefelternteils	45
		e) Wertmäßige Beschränkung auf den Zusatzerbteil	46
IV. Die Ausschlagung von Erbschaft oder Vermächtnis	28	4. Durchsetzung	49
1. Normzweck, Grundsätzliches	28	5. Abweichende Vereinbarungen	52
2. Einzelheiten	29	6. Prozessuales	55

---

[44] MünchKommBGB/*Koch* Rn 7; *Staudinger/Thiele* Rn 19; *Soergel/Lange* Rn 15.
[45] AnwK-BGB/*Gruber* Rn 2.
[46] BayObLGZ 1969, 220 = FamRZ 1970, 31; LG Düsseldorf NJW 1972, 60; AnwK-BGB/*Gruber* Rn 2; MünchKommBGB/*Koch* Rn 15.

I. Normzweck, Systematik der Vorschrift

§ 1371 ist eine Schnittstelle zwischen Ehegüterrecht und Erbrecht, die besonders deutlich macht, in welcher starken Abhängigkeit Ehegattenerbrecht und Güterrecht stehen[1]. Geregelt wird die Vermögensteilhabe bei Beendigung des Güterstandes durch den Tod eines Ehegatten. Nahe gelegen hätte, dass der Zugewinnausgleich in gleicher Weise durchgeführt wird wie bei Beendigung zu Lebzeiten (§§ 1373 ff). Wegen der damit oft verbundenen praktischen Schwierigkeiten und zur Vermeidung von Streitigkeiten hat der Gesetzgeber jedoch für den Regelfall von einem genauen rechnerischen Ausgleich abgesehen und stattdessen in Abs 1 eine Ausgleichspauschale in erbrechtlicher Form durch Erhöhung des Ehegattenerbteils um ein Viertel bestimmt (sog **erbrechtliche Lösung**). Trotz dieser Ausgestaltung hat diese Bestimmung allein güterrechtliche Funktion, weil nicht primär die Verstärkung des Ehegattenerbteils beabsichtigt wird, sondern dies nur Mittel zum Zweck, nämlich der güterrechtlichen Lösung ist[2].

Abs 2 behandelt die Fälle des Zugewinnausgleichs, bei denen der Ehegatte weder Erbe noch Vermächtnisnehmer geworden ist, und bei denen der Zugewinnausgleich rechnerisch exakt nach den allgemeinen Vorschriften durchgeführt wird (**güterrechtliche Lösung**), **Abs 3** die sich aus der Ausschlagung für den Pflichtteil ergebenden Besonderheiten. Abs 4 gewährt den nur vom verstorbenen Ehegatten stammenden Abkömmlingen eine Ausbildungsbeihilfe, wenn die erbrechtliche Lösung eingreift.

Demnach ergeben sich aus § 1371 folgende Möglichkeiten der Vermögensbeteiligung des länger lebenden Ehegatten[3]:

Erbrechtliche Lösung: Erhöhung des Ehegattenerbteils um ein Viertel		**Güterrechtliche Lösung:** Zugewinnausgleich nach den allgemeinen Vorschriften
kein güterrechtlicher Ausgleich		erbrechtlich: nur „kleiner Pflichtteil" (aus nicht nach § 1371 Abs 1 erhöhtem Ehegatten-Erbteil)
Voraussetzung: Abs 1	Rechtsfolge	
Überlebender Ehegatte ist gesetzlicher Erbe und nimmt den (erhöhten) gesetzlichen Erbteil an	erhöhter gesetzlicher Erbteil	Abs 2: überlebender Ehegatte ist ausdrücklich enterbt und erhält auch kein Vermächtnis oder hat gesetzliches Erbrecht sonst verloren (§§ 1933, 2344, 2339–2344, 2346 Abs 1)
Gewillkürte Erbeinsetzung des Ehegatten und er nimmt das ihm durch Verfügung von Todes wegen Zugewandte an	erhält dies; so weit unter dem sog „großen Pflichtteil" liegend: Pflichtteilsrestanspruch nach §§ 2305, 2307	Ehegatte hat (gesetzliche oder gewillkürte) Erbschaft oder zugewandtes Vermächtnis ausgeschlagen (Abs 3)

⎯⎯⎯⎯⎯⎯⎯⎯⎯⎯⎯⟶

„Option" durch Ausschlagung

Der überlebende Ehegatte kann allerdings von der erbrechtlichen Lösung durch Ausschlagung (Abs 3) zur güterrechtlichen „optieren", nicht aber umgekehrt.

II. Erbrechtliche Lösung

1. Tatbestandsvoraussetzungen. Die Erhöhung des gesetzlichen Erbteils um ein Viertel entsteht nur, wenn die Ehegatten im Zeitpunkt des Todes in **Zugewinngemeinschaft** lebten. Sie tritt also nicht ein bei Erbfällen vor dem 1. 8. 1958 (Inkrafttreten des Gleichberechtigungsgesetzes) oder wenn im Todeszeitpunkt ein anderer Güterstand galt (also abweichender Ehevertrag, frühere Güterstände, etwa nach DDR-FGB). Bei Auslandsberührung ist Art 15 EGBGB zu beachten. Die Zugewinngemeinschaft darf nicht schon vor dem Todesfall durch rechtskräftige Scheidung oder Eheaufhebungsverfahren beendet worden sein. Maßgebend für den Todeszeitpunkt ist der Hirntod, nicht erst der Herzstillstand[4]. Die Erhebung der Klage auf vorzeitigen Zugewinnausgleich führt ebenso wenig zur lebzeitigen Beendigung der Zugewinngemeinschaft wie die bloße Einreichung der Scheidungsklage (letzteres kann aber wegen § 1933 bedeutsam sein)[5].

---

[1] Dazu etwa und zu Gestaltungsüberlegungen *J. Mayer* FPR 2006, 129; zu Reformüberlegungen für eine Entkoppelung beider Rechtsgebiete *Krug* FPR 2007, 164.
[2] BGHZ 37, 58, 63 = NJW 1962, 1719; BGHZ 42, 182, 188 = NJW 1964, 2404; *Staudinger/Thiele* Vor § 1371 Rn 12; MünchKommBGB/*Koch* Rn 1.
[3] Vgl etwa *Staudinger/Thiele* Rn 3.
[4] OLG Frankfurt NJW 1997, 3099.
[5] *Staudinger/Thiele* Rn 5.

§ 1371

5   Der überlebende Ehegatte muss weiter **gesetzlicher Erbe** des Verstorbenen geworden sein, da es sich um eine Verstärkung dieses Erbrechts handelt. Daher entfällt die Erhöhung, wenn dieses nach § 1933 ausgeschlossen ist und zwar auch dann, wenn sich dieser Erbrechtsausschluss nicht auf ein Erbrecht auswirkt, das dem Ehegatten kraft Verwandtschaft zusteht (§ 1934)[6]. Die Erbteilserhöhung entfällt auch beim **gleichzeitigen Tod** beider Ehegatten[7]. Zu anderen Fällen des Ausschlusses des Erbrechts s Rn 17. Eine bloße Einsetzung als „gesetzlicher Erbe" (§§ 2066, 2067) schadet dagegen nicht, da es sich insoweit um eine bloße Verweisung auf die Rechtslage handelt[8].

6   Ist der Ehegatte durch **Verfügung von Todes wegen** zum **Erben eingesetzt** oder wird ihm ein Vermächtnis zugewandt, so kommt es zu keiner gesetzlichen Erbfolge und Abs 1 mit der **Erhöhung** des **gesetzlichen Erbteils** greift nicht ein, da ja keine gesetzliche Erbfolge eintritt. Zur Auswirkung auf den Pflichtteil s Rn 11. Schlägt er aus, so wählt er damit die „güterrechtliche Lösung" mit einer genauen, rechnerischen Abrechnung des Zugewinns (Abs 2); daneben steht ihm noch der sog kleine Pflichtteil zu (Abs 3, s Rn 31).

7   **2. Rechtsfolgen. a) Für den Ehegatten.** Als „**Ausgleichspauschale**"[9] wird der gesetzliche Erbteil des länger lebenden Ehegatten um ein Viertel erhöht (Abs 1). Er erbt also neben Verwandten der ersten Ordnung die Hälfte, neben Verwandten der zweiten Ordnung oder den Großeltern drei Viertel. Sind weder Verwandte der ersten noch zweiten Ordnung noch Großeltern vorhanden, so ist er bereits nach allgemeinen Erbrecht Alleinerbe (§ 1931 Abs 2)[10]. Es handelt sich um eine **pauschale Erhöhung** des gesetzlichen Erbteils, die unabhängig davon erfolgt, ob oder durch wen und in welcher Höhe überhaupt ein Zugewinn erzielt wurde[11]. Dies kann zu der Absurdität eines Zugewinnausgleichs ohne Zugewinn führen[12]. Da die §§ 1373 ff weder direkt noch analog anwendbar sind, führen auch Vorempfänge (anders als beim tatsächlichen Zugewinnausgleich, § 1380) zu keiner Kürzung des Zusatzerbteils[13]. Abhilfe können nur Verfügung von Todes wegen schaffen; bei einer Enterbung ist dann auch eine Anrechnung auf den Pflichtteil (§ 2315) möglich[14].

8   Das Zusatzviertel des § 1371 Abs 1 ist kein **selbstständiger Erbteil**, sondern verschmilzt mit dem ordentlichen gesetzlichen Erbteil zu einem einheitlichen Erbteil. Eine **gesonderte Ausschlagung** ist daher nicht möglich, § 1950 findet keine Anwendung[15], was bei der Ausschlagung zur Abwehr des Ausbildungsanspruchs von Stiefabkömmlingen nach Abs 4 besonders praktisch bedeutsam wird[16]. Da aber Erbteilsabtretung wie auch Erbverzicht auf einen Bruchteil beschränkt werden können, kann darüber in dieser Weise gesondert verfügt werden[17].

9   **Konkurrenzfragen:** Der **gesetzliche Voraus** (§ 1932) bleibt neben der Erbteilserhöhung des Abs 1 bestehen[18]. Eine Zugewinnausgleichsforderung besteht infolge der Zuweisung der Ausgleichspauschale nicht mehr. Die Erbrechtsverstärkung hat auch Auswirkungen im **Höferecht**[19].

10 Für die **Erbschaftsteuer** gilt die pauschalierende Regelung des **Abs 1** seit dem 1. 1. 1974 nicht mehr. Vielmehr ist nach § 5 Abs 1 S 1 ErbStG nur der Betrag, den der überlebende Ehegatte als Ausgleichsforderung nach § 1371 Abs 2 geltend machen könnte, ein steuerlicher Erwerb von Todes wegen[20]. Bei der hier somit durchzuführenden Berechnung des Zugewinnausgleichs ist nunmehr das Anfangsvermögen zu indexieren[21]. Trotz der sich mitunter ergebenden Berechnungsschwierigkeiten gewährt die Zugewinngemeinschaft für den Ehegatten, dem demnach ein Ausgleichsanspruch zusteht, neben dem persönlichen Freibetrag von 307 000 Euro nach § 16 Abs 1 Nr 1 ErbStG und ggf dem Versorgungsfreibetrag nach § 17 ErbStG einen **zusätzlichen „Erbschaftsteuerfreibetrag"**, auch wenn es zivilrechtlich zu keinem rechnerisch genauen Zugewinnausgleich kommt[22]. Wer daher primär nur für den Scheidungsfall den Zugewinnausgleich vermeiden will, sollte daher nur den lebzeitigen Zugewinnausgleich ausschließen, um sich die erbschaftsteuerlichen Vorteile der Zugewinngemeinschaft zu erhalten[23].

---

[6] *Staudinger/Thiele* Rn 6; *Soergel/Lange* Rn 17.
[7] BGHZ 72, 85, 89 ff = NJW 1978, 1855; AnwK-BGB/*Limbach* Rn 8; *Staudinger/Thiele* Rn 58.
[8] AnwK-BGB/*Limbach* Rn 10, 26; Palandt/Brudermüller Rn 2; *Staudinger/Thiele* Rn 6; *Rauscher* Rn 398; soweit die Verfügung bereits vor Inkrafttreten des GleichberG getroffen wurde, wird sogar eine dynamische Verweisung auf den nun erhöhten Erbteil angenommen, KG FamRZ 1961, 447; OLG Köln FamRZ 1970, 605.
[9] MünchKommBGB/*Koch* Rn 11.
[10] *Staudinger/Thiele* Rn 8; MünchKommBGB/*Koch* Rn 11; zu Einzelheiten s § 1931 Rn 10 ff.
[11] AllgM, OLG Bamberg OLGR 1999, 265; AnwK-BGB/*Limbach* Rn 12; *Staudinger/Thiele* Rn 7.
[12] So MünchKommBGB/*Koch* Rn 12; zust AK/*Fieseler* Rn 2.
[13] AnwK-BGB/*Limbach* Rn 17; MünchKommBGB/*Koch* Rn 13.
[14] Palandt/Brudermüller Rn 5; *Soergel/Lange* Rn 20.
[15] HM, AnwK-BGB/*Limbach* Rn 16, 40; AnwK-BGB/*Ivo* § 1950 Rn 2; *Braga* FamRZ 1957, 337; MünchKommBGB/*Koch* Rn 12; *Staudinger/Otte* § 1950 Rn 4.
[16] AnwK-BGB/*Limbach* Rn 40.
[17] MünchKommBGB/*Koch* Rn 12; *Staudinger/Thiele* Rn 10.
[18] Palandt/Brudermüller Rn 3.
[19] MünchKommBGB/*Koch* Rn 15; *Wöhrmann* Landwirtschaftserbrecht, 8. Aufl, § 12 HöfeO Rn 50.
[20] Eingehend dazu *Ebeling* ZEV 2006, 19.
[21] R 11 der ErbStR; dazu etwa *Weinmann* ZEV 1999, 6, 7.
[22] *Meincke* § 5 ErbStG Rn 1; dazu auch KK-FamR/*Weinreich* Rn 21.
[23] *J. Mayer* FPR 2006, 129, 135.

b) Auswirkungen auf den Erb- und Pflichtteil Dritter. Der Zusatzerbteil des Abs 1 mindert die **gesetzlichen Erbteile** der anderen Erbberechtigten unmittelbar, endgültig und absolut[24]. Sie stehen in einem Korrespondenzverhältnis. Gleiches gilt für die **Pflichtteile** der Abkömmlinge und Eltern, die sich nach ihrem gemäß § 1371 Abs 1 verminderten gesetzlichen Erbteil berechnen. Dass Abs 1 pflichtteilsändernde Funktion hat gilt auch dann, wenn der länger lebende Ehegatte zum Alleinerben eingesetzt ist[25]. Dies schafft **Gestaltungsmöglichkeiten** zur Pflichtteilsreduzierung, indem von Gütertrennung oder Gütergemeinschaft wieder zur Zugewinngemeinschaft übergegangen wird[26].

3. Abweichende Vereinbarungen. Den Erbteil seines Ehegatten kann der Erblasser auf Grund der Testierfreiheit auch durch einseitige Verfügung von Todes wegen ausschließen, und zwar auch die Erbteilserhöhung nach Abs 1, jedoch führt dies dann zur güterrechtlichen Lösung (Rn 16 ff). Wird durch Ehevertrag der **Zugewinnausgleich** ohne nähere Bestimmung **ausgeschlossen**, so ist, soweit sich auf Grund einer Auslegung nichts anderes ergibt, im Zweifelsfall der unter Lebenden wie auch der im Todesfall gemeint[27], und zwar auch für die Fälle des Abs 1, 2 und 3[28], jedoch kann der Ausschluss auch auf den unter Lebenden begrenzt werden[29]. Wird nur der Zugewinnausgleich unter Lebenden ausgeschlossen, so wird dies idR nicht für die erbrechtliche Lösung gelten[30].
Modifizierungen der Ausgleichsforderungen, etwa durch Bewertungsvereinbarungen, Herausnahme bestimmten Vermögenswert aus dem Zugewinnausgleich oder abweichende Bestimmungen zum Anfangsvermögen, sind durch Ehevertrag bei der güterrechtlichen Lösung nach § 1371 Abs 2 im gleichen Umfang möglich, wie beim Zugewinnausgleich unter Lebenden[31]; selbst ein vollständiger **Ausschluss** des rechnerischen Zugewinnausgleichs ist unter Beachtung der allgemeinen Grenzen, insbes des § 138 möglich, und zwar auch dann, wenn die erbrechtliche Lösung im übrigen beibehalten wird[32]. Solche Änderungen des güterrechtlichen Zugewinnausgleichs bedeuten allerdings noch nicht, dass diese auch Auswirkungen auf die erbrechtliche Lösung haben sollen[33]. Soweit in einem Ehevertrag die **Erhöhung** nach Abs 1 **abbedungen** wird, was zulässig ist[34], besteht die Möglichkeit, stattdessen die güterrechtliche Lösung zu vereinbaren und zwar auch für den Fall, dass der überlebende Ehegatte Erbe oder Vermächtnisnehmer wird[35]. Eine **Erhöhung des Ehegattenerbrechts** über Abs 1 hinaus kann aber durch Ehevertrag nicht vereinbart werden, da durch eine ehevertragliche Vereinbarung nicht in die gesetzlich garantierten Erbteile Dritter eingegriffen werden darf, sondern nur durch Verfügungen von Todes wegen und diese zudem ihre Grenzen im Pflichtteilsrecht finden[36]; uU ist aber eine Umdeutung in eine Verfügung von Todes wegen möglich[37]. Teilweise wird aus diesem Grund zu Unrecht auch eine **Minderung der Zusatzerbteils** abgelehnt, auch wenn dies keine Vereinbarung zu Lasten Dritter ist[38]. Denn sonst müsste konsequenterweise jeder Ausschluss des Abs 1 unzulässig sein. Nicht zulässig ist jedoch die Vereinbarung des rechnerischen Zugewinnausgleichs neben der erbrechtlichen Lösung nach Abs 1, da dadurch in die rechtlichen Positionen der anderen Erb- und vor allem Pflichtteilsberechtigten eingegriffen würde[39].
Ein Nachteil der **güterrechtliche Lösung** ist, dass sich damit der Erb- und Pflichtteil der anderen Nachlassbeteiligten erhöht (§ 1371 Abs 2 HS 2), der Erblasser kann dem mittelbar dadurch vorbeugen, dass er einerseits seinem Ehegatten einen für diesen interessanten Erbteil oder entsprechendes Vermächtnis zuwendet, so dass der überlebende Ehegatte nicht das Vermächtnis ausschlägt und es dann zu der nicht gewollten Erbteilserhöhung kommt. Daneben ist durch Ehevertrag der Zugewinnausgleich im Erbfall auszuschließen und durch einen Pflichtteilsverzicht ein uU höherer Pflichtteilsrestanspruch (§§ 2305, 2307). Unmittelbar durch **ehevertragliche Ausgestaltung** des § 1371 Abs 2 und 3 kann

---

[24] MünchKommBGB/*Koch* Rn 14.
[25] Heute allgM, vgl BGHZ 37, 58 = NJW 1958, 1719; AnwK-BGB/*Limbach* Rn 14, 18; *Gernhuber/Coester-Waltjen* § 37 Rn 11; MünchKommBGB/*Koch* Rn 14; *Staudinger/Thiele* Rn 75; *Soergel/Lange* Rn 16; aA etwa *Niederländer* NJW 1960, 1737.
[26] *Wegmann* ZEV 1996, 201, 203 ff; *Brambring* ZEV 1996, 248, 252; *J. Mayer* FPR 2006, 129, 132 ff; *Worm* RNotZ 2003, 535, 538 ff; HdB Pflichtteilsrecht/*J. Mayer* § 8 Rn 46 ff, § 11 Rn 77 ff, auch zur sog Güterstandsschaukel.
[27] KK-FamR/*Weinreich* Rn 10; *Cypionka* MittRhNotK 1986, 159; AnwK-BGB/*Limbach* Rn 47; *Knur* DNotZ 1957, 471; MünchKommBGB/*Koch* Rn 19; *Staudinger/Thiele* Rn 133.
[28] KK-FamR/*Weinreich* Rn 10; für Abs 1 ebenso *Soergel/Lange* Rn 16.
[29] MünchKommBGB/*Koch* Rn 19.
[30] *Soergel/Lange* Rn 7.
[31] AnwK-BGB/*Limbach* Rn 50; *Gernhuber/Coester-Waltjen* § 37 Rn 22–24; *Soergel/Lange* Rn 7; *Chr. Winkler* ZErb 2005, 360, 363 m Beisp zur Herausnahme eines Unternehmens aus dem rechnerischen Zugewinnausgleich.
[32] *Gernhuber/Coester-Waltjen* § 37 Rn 22–24; KK-FamR/*Weinreich* Rn 10; *Chr. Winkler* ZErb 2005, 360, 364.
[33] *Gernhuber/Coester-Waltjen* § 37 Rn 22–24; *Erman/Heckelmann* § 1378 Rn 10.
[34] KK-FamR/*Weinreich* Rn 10; *Soergel/Lange* Rn 7.
[35] AnwK-BGB/*Limbach* Rn 48; *Staudinger/Thiele* Rn 133; *Gernhuber/Coester-Waltjen* § 37 Rn 21 und MünchKommBGB/*Koch* Rn 48: fehlt es an einer ausdrücklichen Regelung, ob ein rechnerischer Zugewinnausgleich stattfinden soll, so ist dies im Zweifel anzunehmen.
[36] AnwK-BGB/*Limbach* Rn 48; KK-FamR/*Weinreich* Rn 10; *Gernhuber/Coester-Waltjen* § 37 Rn 21; MünchKommBGB/*Koch* Rn 17; *Soergel/Lange* Rn 7; *Staudinger/Thiele* Rn 133; anders MünchKommBGB/*Kanzleiter* § 1408 Rn 14 aE: ehevertragliche Erhöhung möglich, jedoch für Berechnung des Pflichtteils unbeachtlich.
[37] *Gernhuber/Coester-Waltjen* § 37 Rn 21; MünchKommBGB/*Koch* Rn 17.
[38] *Staudinger/Thiele* Rn 137; anders aber die hM, AnwK-BGB/*Limbach* Rn 48; *Gernhuber/Coester-Waltjen* § 37 Rn 21; MünchKommBGB/*Koch* Rn 17; RGRK/*Finke* Rn 73; *Soergel/Lange* Rn 7.
[39] *Gernhuber/Coester-Waltjen* § 37 Rn 21.

jedoch diese **Erhöhung des Erb- Pflichtteils der anderen nicht** ausgeschlossen werden, da durch ehevertragliche Gestaltungen **nicht in den Erbteil** anderer eingegriffen werden darf[40].

14 **4. Rechtsstellung des durch Verfügung von Todes wegen bedachten Ehegatten.** Dieser Fall wird im Gesetz nicht ausdrücklich geregelt. Aus dem systematischen Zusammenhang der Absätze 1 bis 3 ergibt sich jedoch, dass mit der Annahme des Erwerbs von Todes wegen (Erbteil, Vermächtnis) auch hier der rechnerische **Zugewinnausgleich abgegolten** ist. Man kann auch hier von einer erbrechtlichen Lösung, und zwar von einer **individuellen,** sprechen[41].

15 Die Annahme des Erwerbs von Todes wegen hat für den überlebenden Ehegatten die weitere Folge, dass für sein Pflichtteilsrecht von dem nach Abs 1 erhöhten Ehegattenerbrecht auszugehen ist, dem sog **„großen Pflichtteil"**[42]. Der „große Pflichtteil", der die Annahme der Zuwendung voraussetzt, ist maßgebend für die Anwendung folgender Vorschriften: für die Ergänzung des zu kleinen Erbteils nach § 2305 (Pflichtteilsrestanspruch) oder eines zu geringfügigen Vermächtnisses nach § 2307 Abs 1 S 2, bei § 2306 bei einer beschränkten oder beschwerten Erbeinsetzung (Wegfall der Beschränkung nach Abs 1 S 1 oder Ausschlagungsrecht unter Beibehaltung des Pflichtteilsanspruchs nach Abs 1 S 2), bei der Kürzungsbefugnis nach § 2318 und dem Leistungsverweigerungsrecht nach § 2319, sowie bei der Pflichtteilsergänzung nach §§ 2325 ff[43]. Da die Pflichtteilsrechte der Abkömmlinge und der Eltern des Erblassers in einem **Korrespondenzverhältnis** zum Ehegattenerbrecht stehen, sind ihre Erb- und Pflichtteile auch bei einer Zuwendung durch Verfügung von Todes wegen nach ihren Abs 1 geminderten Erbteilen zu berechnen (Rn 11).

III. Güterrechtliche Lösung (Abs 2)

16 **1. Voraussetzungen. Grundsatz:** Nach Abs 2 kann der überlebende Ehegatte, der bis zum Erbfall in **Zugewinngemeinschaft** lebte, den rechnerischen Zugewinnausgleich nur verlangen, wenn der überlebende Ehegatte weder (gesetzlicher oder gewillkürter) **Erbe** noch **Vermächtnisnehmer** wird. Die Gründe, weshalb der Ehegatte nichts von Todes wegen erwirbt, sind dabei unerheblich[44]. Auch bei einem noch so **geringwertigen Erwerb von Todes wegen** muss der überlebende Ehegatten ausschlagen, um zur güterrechtlichen Lösung zu gelangen[45]. Alle gegenteiligen Vorschläge[46] finden im Gesetz keinen Anhaltspunkt und führen zu großen Abgrenzungsschwierigkeiten. Auch bedarf es keiner Missbrauchskorrektur, weil auch bei einem „Ein-Euro" – Vermächtnis der länger lebende Ehegatte entscheiden kann, ob die erb- oder güterrechtliche Lösung für ihn die günstigere ist. Und auf mehr als den kleinen Pflichtteil und den rechnerischen Zugewinnausgleich hat er im Zweifelsfall auch keinen Anspruch.

17 Der **Ausschluss oder Wegfall des Erbrechts** des Ehegatten kann auf einer Verfügung von Todes wegen beruhen (§§ 1937 f), auf Feststellung der Erbunwürdigkeit (§§ 2339 bis 2344)[47], auf einem Erboder Zuwendungsverzicht (§§ 2346 Abs 1, 2352, nicht aber Pflichtteilsverzicht), einem Ausschluss nach § 1933 (evtl mit §§ 2077, 2268, 2279 Abs 2) bei Tod während einer Anhängigkeit eines Scheidungs- oder Eheaufhebungsverfahrens oder auf einer Ausschlagung der Erbschaft oder des Vermächtnisses (§§ 1944 ff, 2180).

18 **Sonderfälle:** Unter **Vermächtnissen** iS des Abs 2 sind nur die durch Verfügung von Todes wegen zugewandten zu verstehen, nicht aber gesetzliche Vermächtnisse (etwa nach §§ 1969, 1932, wenn man diese überhaupt zu den Vermächtnissen zählt)[48]. Die Anordnung, der Ehegatte sei auf den **Pflichtteil verwiesen,** ist mehrdeutig und unter Berücksichtigung des § 2304 auszulegen, ob eine Enterbung unter Hinweis oder Anerkennung des gesetzlichen Pflichtteils, eine Erbeinsetzung oder ein Vermächtnis vorliegt (§ 2304 Rn 7 f). Entgegen einer bisweilen vertretenen Auffassung[49] kommt es nicht darauf an, ob der Erblasser den kleinen oder großen Pflichtteil zuweisen will. Liegt eine „gewährende Zuwendung" durch Anordnung einer Erbeinsetzung oder eines Vermächtnisses vor, so gelangt man zur „erbrechtlichen Lösung"; ist diese unzulänglich, so ergibt sich für den überlebenden Ehegatten nur ein zusätzlicher Pflichtteilsrestanspruch nach §§ 2305, 2307[50]. Ist der Ehegatte kraft Gesetzes zudem noch als **Verwandter** berufen (§ 1934), so kann er die ihm als Ehegatten zustehende Erbschaft ausschlagen und damit die güterrechtliche Lösung wählen und zugleich den besonderen Erbteil als Verwandter

---

[40] S zur insoweit ähnlichen Problematik der Erhöhung des Erbteil nach § 1371 Abs 1 AnwK-BGB/*Limbach* Rn 48; *Gernhuber/Coester-Waltjen* § 37 Rn 21 und oben im Text.
[41] MünchKommBGB/*Koch* Rn 20 f.
[42] AllgM, vgl etwa MünchKommBGB/*Koch* Rn 21; *Staudinger/Thiele* Rn 24 ff, 74 f.
[43] S etwa *Staudinger/Thiele* Rn 74.
[44] AnwK-BGB/*Limbach* Rn 22; *Staudinger/Thiele* Rn 40.
[45] AG Tecklenburg FamRZ 1997, 1013 für Vermächtnisse; AnwK-BGB/*Limbach* Rn 21; MünchKommBGB/*Koch* Rn 23; *Staudinger/Thiele* Rn 24; *Rauscher* Rn 400; *Dieckmann* DNotZ 1983, 633; *Bonefeld* ZErb 2002, 154, 155 zum teuren „1 Euro"-Vermächtnis, wenn der Zugewinnausgleich gering, der große Pflichtteil aber über dem Zugewinnausgleich von „kleinen Pflichtteil" liegt; offen lassend BGHZ 42, 182, 191 f.
[46] KK-FamR/*Weinreich* Rn 14 unter unzutr Bezug auf AG Tecklenburg FamRZ 1997, 1013; *Schwab* JuS 1965, 432; *Reinicke* DB 1965, 1351; *Soergel/Lange* Rn 14: allenfalls bei einem Vermächtnis mit „Erinnerungswert" käme die güterrechtliche Lösung in Frage; widersprüchlich *Palandt/Brudermüller* Rn 2: erbrechtliche Lösung nicht bei Vermächtnis mit „Erinnerungswert", und Rn 12: güterrechtliche Lösung nicht bei „geringwertigem" Vermächtnis.
[47] Einzelheiten etwa bei *Staudinger/Thiele* Rn 41 ff.
[48] *Palandt/Brudermüller* Rn 13; *Soergel/Lange* Rn 21; MünchKommBGB/*Koch* Rn 29.
[49] *Palandt/Brudermüller* Rn 2 und KK-FamR/*Weinreich* Rn 15 f.
[50] Zutr MünchKommBGB/*Lange* § 2304 Rn 8.

annehmen (§§ 1934 S 2, 1951). Denn nur den gesetzliche Regelerbteil des Ehegatten soll die güterrechtliche Regelung ausschließen und nur er wird von der Alternativität gesetzlicher Erbteil oder güterrechtliche Lösung erfasst[51]. Auch wenn der Ehegatte durch eine **Auflage** (§ 1940) begünstigt wird oder durch die Berufung zum **Testamentsvollstrecker**, so bleibt es bei der güterrechtlichen Lösung[52].

Beim **gleichzeitigen Tod beider Ehegatten** kann ein Zugewinnausgleich nach der güterrechtlichen Lösung nicht stattfinden, da dieser immer nur zu Gunsten des überlebenden Ehegatten ausgeglichen wird[53]. Die erbrechtliche Lösung ist dann ebenfalls nicht anwendbar (§ 1923 Abs 1)[54]. 19

2. Rechtsfolge. a) Zugewinnausgleich. Grundsatz: Ist der überlebende Ehegatten weder Erbe 20
noch Vermächtnisnehmer, so kann er gegen die Erben den genauen, rechnerischen **Zugewinnausgleichsanspruch** nach den allgemeinen Bestimmungen der §§ 1372 ff geltend machen, also nur dann, wenn der Erblasser einen größeren Zugewinn erzielt hat. Daneben hat er den **kleinen Pflichtteil**, berechnet aus dem nicht nach Abs 1 erhöhten, allgemeinen Ehegattenerbteil des § 1931, mit den erweiterten Anspruchsvoraussetzungen nach Abs 3. Die erbrechtliche Lösung nach Abs 1 ist nunmehr ausgeschlossen.

Kein Wahlrecht zum großen Pflichtteil. Abs 2 gibt dem überlebenden Ehegatten hier kein 21
Wahlrecht zwischen dem rechnerischen Zugewinnausgleich mit dem kleinen Pflichtteil einerseits und dem großen Pflichtteil andererseits, der sich aus dem allgemeinen und dem nach Abs 1 erhöhten Zusatzerbteil berechnet (so aber die sog „Wahltheorie"). Die Option zum großen Pflichtteil wäre für den Längerlebenden dann günstiger, wenn das Anfangsvermögen der Erstverstorbenen hoch war, wird aber von der heute ganz hM und Rspr abgelehnt (sog „Einheitstheorie")[55]. Die Wendung des Abs 2: „in diesem Fall", bezieht sich nämlich nicht auf das tatsächliche Verlangen des Zugewinns, sondern auf den gesamten vorderen Satzteil, also die Enterbung. Die totale Enterbung stellt somit die Weiche zu der rein güterrechtlichen Lösung, die den länger lebenden Ehegatten mit einem höheren Zugewinn auf den kleinen Pflichtteil beschränkt. Ein angenommenes Minimalvermächtnis führt über § 2307 zum großen Pflichtteil ohne Zugewinnausgleich[56]. Dies ist auch bei der Gestaltung zu beachten, weshalb es geboten sein kann, bei einem etwa sehr hohen Zugewinnausgleich dem überlebenden Ehegatten durch entsprechende Vermächtnisanordnung ein „Zuckerl" anzubieten".

Für die **Berechnung** des Zugewinnausgleichs gelten die allgemeinen Vorschriften der §§ 1373 bis 22
1383, 1390 (Abs 2 S 1). Entsprechend ihrem Normzweck (Gefährdung der Ausgleichsforderung) müssen aber die §§ 1384, 1387 mit der **Vorverlegung des Berechnungszeitpunkts** auf den Zeitpunkt der Rechtshängigkeit entsprechend anwendbar sein, wenn ein Ehegatte nach Stellung eines Scheidungsantrags oder während einer Klage auf vorzeitigen Zugewinnausgleich verstirbt und sein Begehren tatsächlich begründet gewesen wäre[57].

Die Ausgleichsforderung **entsteht** mit dem Tod des anderen Ehegatten (§ 1378 Abs 3) und ist ab 23
dann vererblich und übertragbar, zur Pfändbarkeit s § 852 ZPO[58]. Gleiches gilt, wenn Voraussetzung hierfür erst eine Ausschlagung ist (§§ 1953 Abs 1, 2180 Abs 3). Die Forderung ist sofort **fällig** (§ 271). Schwierigkeiten bei der Berechnung des Zugewinnausgleichs hindern den Fristbeginn nicht, können aber im Einzelfall den Verzug zeitweilig ausschließen (§ 286 Abs 4)[59]. Die Ausgleichsforderung **verjährt** in drei Jahren ab dem Zeitpunkt, in dem der Ehegatte von der Beendigung des Güterstands und der ihn beeinträchtigenden Verfügung von Todes wegen erfährt, spätestens jedoch in 30 Jahren (§ 1378 Abs 4)[60]. Zur Verjährung s § 1378 Rn 20.

Die **Höhe der Ausgleichsforderung** entspricht grds dem Betrag bei lebzeitigem Zugewinnaus- 24
gleich. Daher ist für die güterrechtliche Lösung (anders als bei der erbrechtlichen) entscheidend, dass der Zugewinn des Verstorbenen den des Längerlebenden übersteigt (§ 1378 Abs 1). Bereits zu Lebzeiten vom Erblasser dem überlebenden Ehegatten gemachte Zuwendungen **(Vorempfänge)** können auf die Ausgleichsforderung nach § 1380, aber auch auf den Pflichtteil nach § 2315 anzurechnen sein. Maßgebend hierfür ist der Erblasserwille; im Zweifel ist eine Anrechnung auf den Pflichtteil als dem rangschlechteren Recht anzunehmen (arg § 327 Abs 1 Nr 1 InsO, § 366 Abs 2)[61].

---

[51] MünchKommBGB/*Koch* Rn 37; *Staudinger/Thiele* Rn 57; *Soergel/Lange* Rn 13; *Rauscher* Rn 402.
[52] MünchKommBGB/*Koch* Rn 24, jedoch mit Anrechnung des Auflagewertes analog § 1380; *Soergel/Lange* Rn 13.
[53] BGHZ 72, 85, 89 ff = NJW 1978, 1855; LG Augsburg FamRZ 1976, 523 m abl Anm *Bosch*; *Staudinger/Thiele* Rn 58; MünchKommBGB/*Koch* § 1372 Rn 9; *Thiele* FamRZ 1958, 393, 396; für analoge Anwendung *Erman/Heckelmann* § 1372 Rn 2; *Palandt/Brudermüller* Rn 13, was aber auch zur Anwendung zu Gunsten der Erben eines vorverstorbenen Ehegatten führen müsste.
[54] BGHZ 72, 85, 89 ff = NJW 1978, 1855.
[55] BGHZ 42, 182, 183 ff = NJW 1964, 2404; BGH NJW 1982, 2497; AnwK-BGB/*Limbach* Rn 29; *Staudinger/Thiele* Rn 61; MünchKommBGB/*Koch* Rn 35; *Soergel/Lange* Rn 35; für das Wahlrecht damals *H. Lange* NJW 1957, 1381; *Rittner* DNotZ 1958, 181; etwas anders *Bosch* FamRZ 1972, 169, 171 f.
[56] MünchKommBGB/*Koch* Rn 35; *Soergel/Lange* Rn 35.
[57] BGHZ 99, 304, 306 ff = NJW 1987, 1764; BGH NJW 2004, 1321, 1322; NJW-RR 2002, 865; MünchKommBGB/*Koch* Rn 42; *Staudinger/Thiele* Rn 65.
[58] Zum Unterschied zum kleinen Pflichtteil *Klingelhöffer* ZEV 1995, 444, 445 f.
[59] *Staudinger/Thiele* Rn 69.
[60] BGH NJW 1993, 2439 = LM Nr 18.
[61] MünchKommBGB/*Koch* Rn 48; *Soergel/Lange* Rn 24; *Staudinger/Thiele* § 1380 Rn 29; für verhältnismäßige Anrechnung *Johannsen* FamRZ 1961, 17, 20; *v. Olshausen* FamRZ 1978, 755, 758 ff; für umgekehrte Anrechnungsfolge *Kerscher/Riedel/Lenz* Pflichtteilsrecht § 8 Rn 58 ff mit Berechnungsbeispiel; eingehend § 2315 Rn 20.

§ 1371   Buch 4. Abschnitt 1. Bürgerliche Ehe

25   **b) Wirkung gegen Dritte, Erbschaftsteuer. Erb- und Pflichtteil anderer:** Dieser bestimmt sich für sie bei der güterrechtlichen Lösung nach ihren gewöhnlichen Erbteilen der §§ 1924 ff, die nicht durch die Erbrechtsverstärkung des Abs 1 verkürzt werden (Abs 2 HS 2)[62]. Bei zwei Kindern beträgt der Pflichtteil daher dann für jedes 3/16 (gegenüber je 1/8 bei der erbrechtlichen Lösung). Es besteht also eine Akzessorietät des Pflichtteilsrechts der anderen Pflichtteilsberechtigten dazu, ob es zur erbrechtlichen oder güterrechtlichen Lösung kommt[63]. Zu beachten ist, dass aber die güterrechtliche Lösung zugleich dazu führen kann, dass die Verteilungsmasse hierfür kleiner wird, weil die Zugewinnausgleichsforderung des überlebenden Ehegatten gegenüber dem Pflichtteilsanspruch der Kinder vorrangig ist und somit die tatsächliche Bemessungsgrundlage hierfür verringert[64].

26   **Nachlassverbindlichkeit:** Die Zugewinnausgleichsforderung ist eine Nachlassverbindlichkeit, und zwar eine Erblasserschuld, da sie aus einem Dauerschuldverhältnis mit dem Erblasser herrührt (§ 1967 Abs 2)[65]. Sie geht daher Vermächtnissen, Auflagen und Pflichtteilsansprüchen im **Range** vor (§ 327 Abs 1 InsO). Daher ist die Ausgleichsforderung vom Nachlasswert abzuziehen, bevor die konkrete Pflichtteilsforderung, der erbschaftsteuerpflichtige Erwerb des Erben (§ 10 Abs 5 Nr 1 ErbStG) oder nachlassabhängige Vermächtnisse (Quotenvermächtnisse) berechnet werden[66]. Auch bei einem **Nachlassinsolvenzverfahren** kommt ihr das gleiche Rangverhältnis zu[67].

27   Bei **Zuwendungen an Dritte,** welche die Ausgleichsforderung vermindern, können Ausgleichsansprüche nach § 1390 gegen unentgeltlich Bereicherte bestehen. Konkurrieren diese mit § 2329, so geht § 1390 vor[68]. Die güterrechtliche, rechnerisch genaue Ausgleichsforderung gehört nach § 5 Abs 2 Alt 2 ErbStG nicht zum steuerpflichtigen Erwerb im Sinne des **Erbschaftsteuerrechts.** Für den güterrechtlichen Zugewinnausgleich gelten auch **nicht die Beschränkungen des § 5 Abs 1 S 4 ErbStG**[69], so dass auch die Vereinbarung eines „rückwirkender Zugewinnausgleichs"[70] und andere Modifizierungen dieser Ausgleichsforderung erbschaftsteuerrechtlich anzuerkennen sind, ja sogar auch eine bloße Gütertrennung für eine Nacht[71], denn der Gesetzgeber hat die Beschränkungen des § 5 Abs 1 S 4 ErbStG ausdrücklich auf die Fälle der erbrechtlichen Lösung beschränkt. Grenzen sind dieser Gestaltungsfreiheit im Bereich des Erbschaftsteuerrechts erst dort gezogen, wo sie einem Ehepartner eine überhöhte Ausgleichsforderung dergestalt verschafft, dass der Rahmen einer güterrechtlichen Vereinbarung überschritten wird[72].

IV. Die Ausschlagung von Erbschaft oder Vermächtnis

28   **1. Normzweck, Grundsätzliches.** Abs 3 bildet einen Unterfall zu Abs 2, denn auch durch eine solche Ausschlagung wird der überlebende Ehegatte weder Erbe noch Vermächtnisnehmer[73]. Die Vorschrift hat eine doppelte Bedeutung: Sie stellt klar, dass der rechnerische Zugewinnausgleich nach Abs 2 auch bei einer Ausschlagung verlangt werden kann. Vor allem aber enthält Abs 3 eine **Erweiterung der anspruchsbegründenden Tatbestände** für den **Pflichtteil** des Ehegatten gegenüber den allgemeinen erbrechtlichen Pflichtteilsbestimmungen[74]. Denn nach diesen entfällt ein Pflichtteilsanspruch grds mit der Ausschlagung eines Erbteils oder Vermächtnisses, wenn nicht ein Sonderfall nach den §§ 2305, 2306 Abs 1 S 2, 2307 Abs 1 vorliegt[75]. Normzweck des § 1371 Abs 3 ist, dass der Ehegatte, wenn er das ihm Zugewandte ausschlägt, um den (gleichsam erarbeiteten) Zugewinnausgleich geltend zu machen, nicht auch den Pflichtteil als erbrechtliche Mindestbeteiligung verlieren soll.

29   **2. Einzelheiten.** Die **Ausschlagung** ist ohne Rücksicht auf die Höhe der Nachlassbeteiligung möglich und unterliegt keinen weiter gehenden Erschwerungen; die Frist bestimmt sich regelmäßig nach § 1944 Abs 1 u. 3, jedoch kann sich uU aus § 2306 Abs 1 S 2 eine Verlängerung ergeben[76]. Um den Pflichtteil zu erhalten, muss sich die Ausschlagung sowohl auf eine (gesetzliche oder eingesetzte) Erbschaft wie auf ein Vermächtnis beziehen, auch wenn Abs 3 das Vermächtnis nicht erwähnt. Dass auch ein Vermächtnis ausgeschlagen werden muss, ergibt sich daraus, dass Abs 3 nur ein Unterfall des

---

[62] *Staudinger/Thiele* Rn 89; MünchKommBGB/*Koch* Rn 33.
[63] Eingehend zum Pflichtteilsrecht etwa *Staudinger/Thiele* Rn 74 ff.
[64] Vgl etwa MünchKommBGB/*Koch* Rn 33.
[65] MünchKommBGB/*Koch* Rn 45; *Braga* FamRZ 1957, 338; *Staudinger/Thiele* Rn 67.
[66] MünchKommBGB/*Koch* Rn 45; *Staudinger/Thiele* Rn 67; nur für den Pflichtteil RGRK/*Finke* § 1375 Rn 5; *Soergel/Lange* Rn 26.
[67] MünchKommBGB/*Koch* Rn 46.
[68] MünchKommBGB/*Koch* Rn 47; *Schindler*, Pflichtteilsberechtigter Erbe, Rn 1070; *Rauscher* Rn 439.
[69] BFH BStBl II 2005, 843 = NJW 2005, 3663, dazu etwa *Geck* ZEV 2006, 62 mit Gestaltungsüberlegungen; *Münch* ZEV 2005, 491; *Kensbock* DStR 2006, 1073; BFH ZEV 2006, 224 = DStRE 2006, 541; FG Düsseldorf EFG 2006, 1447 m Anm *Fumi*.
[70] FG Düsseldorf EFG 2006, 1447 m Anm *Fumi*.
[71] BFH BStBl II 2005, 843 = NJW 2005, 3663; allerdings muss der Güterstand der Zugewinngemeinschaft wirklich beendet sein, damit die Ausgleichsforderung entsteht, so dass ein fliegender Zugewinnausgleich nicht anerkannt wird, BFH DStR 2006, 178 = ZEV 2006, 41 m Anm *Münch*; ebenso bereits FG Köln DStRE 2002, 1248 als Vorinstanz, dazu *Münch* StB 2003, 130; *Schlünder/Geißler* FamRZ 2006, 1655, 1656 f.
[72] BFH BStBl II 2005, 843 = NJW 2005, 3663.
[73] *Palandt/Brudermüller* Rn 18.
[74] MünchKommBGB/*Koch* Rn 32.
[75] MünchKommBGB/*Koch* Rn 32; *Staudinger/Thiele* Rn 81.
[76] *Staudinger/Thiele* Rn 30 und § 2306 Rn 23.

Abs 2 ist und an die Option zur güterrechtlichen Lösung anknüpft[77]. Das **Ausschlagungsrecht** des länger lebenden Ehegatten ist dabei **vererblich.** Bei mehreren Erben kann zwar jeder für sich die Erbschaft ausschlagen (§ 1952 Abs 3); die güterrechtliche Lösung tritt jedoch nur ein, wenn alle ausgeschlagen haben, weil es sonst zu nicht lösbaren Berechnungsproblemen kommt[78].

Ausschlusstatbestand: Ein **Pflichtteilsanspruch** entsteht trotz der Ausschlagung nach der ausdrücklichen Bestimmung des Abs 3 HS 2 **nicht,** wenn der überlebende Ehegatte durch Vertrag auf sein gesetzliches Erb- oder Pflichtteilsrecht verzichtet hat (§ 2346); der Zuwendungsverzicht (§ 2352) gehört nicht hierher. Im Wege der extensiven teleologischen Interpretation ist der Ausschluss des Pflichtteilsanspruchs aber auch dann anzunehmen, wenn eine Erbunwürdigkeit (§ 2339), Pflichtteilsunwürdigkeit (§ 2345 Abs 2), Pflichtteilsentziehung (§ 2335) oder ein Fall des § 1933 vorliegt[79]. Denn wenn das allgemeine Erbrecht eine erbrechtliche Position aus gutem Grund entzieht, will Abs 3 hier nicht mehr gewähren[80]. 30

3. Rechtsfolgen. Nach Abs 2 HS 2 bemisst sich der Pflichtteil nach dem nicht nach Abs 1 erhöhten gesetzlichen Erbteil, also nach dem des § 1931 (sog **„kleiner Pflichtteil").** Dies gilt auch dann, wenn eine Zugewinnausgleichsforderung nicht besteht. Dabei darf aber nicht übersehen werden, dass der länger lebende Ehegatten durch die Ausschlagung auch den gesetzlichen Voraus verliert (§ 1932). 31

Ehegatte ist gesetzlicher Erbe		Ehegatte ist gewillkürter Erbe		Ehegatte ist Vermächtnisnehmer		Ehegatte ist enterbt
Keine Ausschlagung	Ausschlagung	Keine Ausschlagung	Ausschlagung	Keine Ausschlagung	Ausschlagung	Es tritt „güterrechtliche Lösung":
Erbrechtliche Lösung	Güterrechtliche Lösung	Keine pauschale Erhöhung des Erbteils, denn es tritt keine gesetzliche Erbfolge ein, aber uU „Aufstockung" der Nachlassbeteiligung wegen des Pflichtteilsrestanspruchs, der sich dem „großen Pflichtteil" bestimmt	Güterrechtliche Lösung Rechnerisch richtig berechneter Zugewinnausgleich + „kleiner Pflichtteil"	uU Aufstockung des Vermächtnisses durch den sog Pflichtteilsrestanspruch auf den „großen Pflichtteil"	„güterrechtliche Lösung": rechnerisch richtiger Zugewinnausgleich + „kleiner Pflichtteil"	Rechnerisch richtiger Zugewinnausgleich + „kleiner Pflichtteil"
§§ 1931 Abs 1, 1371 Abs 1	§§ 1931 Abs 1, 1371 Abs 2	§§ 2305, 1931 Abs 1, 1371 Abs 1	§ 1931 Abs 1, 1371 Abs 3	§§ 2305, 2307	§ 1371 Abs 3	§ 1371 Abs 2

Stellung und Handlungsmöglichkeiten des überlebenden Ehegatten bei der Zugewinngemeinschaftsehe[81].

4. Abwägungsentscheidung. Ob der überlebende Ehegatte ausschlägt und die güterrechtliche Lösung wählt, setzt eine Interessenabwägung voraus[82], die bei der Erbeinsetzung unter dem Zeitdiktat der Frist des § 1944 steht, nicht aber beim Vermächtnis (vgl aber § 2307 Abs 2). Dies erfordert „taktische Überlegungen" seitens des Ehegatten[83], und muss sorgfältig bedacht werden[84]. Für seine Ausschlagungsentscheidung muss der Ehegatte insbes den Wert des Nachlasses, Höhe und Wert des Erbteils und des Vermächtnisses und die Höhe des Zugewinnausgleichs kennen[85]. Die Ausschlagung des nach Abs 1 erhöhten Erbteils führt neben Verwandten erster Ordnung (Abkömmlinge) nur dann zu einer größeren Vermögensbeteiligung des Ehegatten, wenn der Zugewinnausgleich des Längerlebenden mehr als 6/7 beträgt[86]. Neben Verwandten aller anderen Ordnungen bringt demgegenüber die erbrechtliche Lösung immer den größeren Vermögenszuwachs für den Längerlebenden[87]. Die Ermittlung des Zugewinnaus- 32

---

[77] *Soergel/Lange* Rn 30; *Staudinger/Thiele* Rn 88; *MünchKommBGB/Koch* Rn 51.
[78] *MünchKommBGB/Koch* Rn 41; *v. Olshausen* FamRZ 1976, 678 ff mit Berechnungsbeispielen; *Soergel/Lange* Rn 33; diff *Staudinger/Thiele* Rn 31.
[79] *Soergel/Lange* Rn 30; *MünchKommBGB/Koch* Rn 52, 49; *Staudinger/Thiele* Rn 84 ff.
[80] *MünchKommBGB/Koch* Rn 52 mwN; *RGRK/Finke* Rn 42.
[81] Nach *Damrau/Tanck,* Praxiskommentar Erbrecht, 2004, § 1931 Rn 23; vgl auch *J. Mayer* FPR 2006, 129, 132.
[82] Vgl etwa *Geißler* BWNotZ 1990, 38; *Maßfelder* BB 1957, 624; *Soergel/Lange* Rn 32; *Bärmann* AcP 157 (1958/59), 189; *MünchKommBGB/Koch* Rn 38 f; *Soergel/Dieckmann* 2303 Rn 46.
[83] *Kerscher/Riedel/Lenz* Pflichtteilsrecht § 6 Rn 58 ff.
[84] *Bonefeld* in: *Bonefeld/Daragan/Wachter,* Der Fachanwalt Erbrecht, 2006, XIX Rn 29 ff; Berechnungsbeispiele bei *Kerscher/Tanck,* ZAP 1997, 696; HdB Pflichtteilsrecht/*J. Mayer* § 11 Rn 166.
[85] HdB Pflichtteilsrecht/*J. Mayer* § 11 Rn 167; *Groll/Rösler* C V Rn 176.
[86] *Maßfelder* BB 1957, 624; *Nieder* HdB Rn 14.
[87] *Nieder* HdB Rn 14.

§ 1371

gleichs ist oftmals in der kurzen Zeit bis zum Ablauf der Erbschaftsausschlagungsfrist nicht möglich. Die Vermutung des § 1377 Abs 3 (Endvermögen entspricht dem Zugewinn) ist allerdings widerlegbar[88].

33 Daneben ist aber weiter auch zu beachten[89], dass bei Ausschlagung der Erbschaft der Längerlebende die dingliche Nachlassbeteiligung verliert, damit aber auch die Verwaltungs- und Abwicklungslasten und die Schuldenhaftung. Die Ausgleichsforderung kann für ihn dann interessant werden, wenn diese nach § 1375 Abs 2 oder auf Grund einer Durchgriffsmöglichkeit nach § 1390 erhöht wird; demgegenüber ist dagegen die Einrede der Unbilligkeit nach § 1381 möglich. Daneben bestehen gegenüber Pflichtteil und Ausgleichsforderung Stundungsmöglichkeiten nach §§ 1382, 2331 a. Im Insolvenzverfahren ist die Ausgleichsforderung bevorzugt, jedoch verjähren Pflichtteilsanspruch und Ausgleichsforderung in drei Jahren (§§ 1378 Abs 4, 2332), die Vermächtnisforderung in 30 Jahren, der Erbteil gar nicht. Auch die Auswirkungen auf die Pflichtteilsstellung der anderen Pflichtteilsberechtigten sind zu beachten: Die güterrechtliche Lösung führt zwar zur Erhöhung der Pflichtteilsquote der anderen, aber uU zur Verringerung der Bemessungsgrundlage (Rn 25 f). Soweit Stiefkinder vorhanden sind, ist auch deren Ausbildungsanspruch nach Abs 4 zu beachten.

34 **5. Anfechtungsmöglichkeit.** Diese ist angesichts der Komplexität der Abwägungsentscheidung und des Zeitdrucks bedeutsam. In Betracht kommen ein Irrtum über die gesetzlichen Folgen der Erklärung (zB Ausschlagung im Glauben, den großen Pflichtteil zu erlangen), über die wirtschaftlich günstigere Verhaltensweise oder ein Kalkulationsirrtum über einzelne Rechnungsfaktoren. Die Anfechtungsgründe für die Ausschlagung wie Annahme der Erbschaft bestimmen sich jedoch nach den allgemeinen Vorschriften (§ 119). Die bislang hM qualifizierte all diese Irrtümer als unbeachtliche Motivirrtümer[90]. Demgegenüber hat nun der BGH einen **Rechtsfolgenirrtum** für **beachtlich** angesehen, wenn der Betroffene meinte, er dürfe bei der Falllage des § 2306 Abs 1 S 2 nicht ausschlagen, um seinen Anspruch auf den Pflichtteil nicht zu verlieren[91]. Ein Irrtum über die mit der Annahme oder der Ausschlagung eintretenden Rechtsfolgen, also ob die erb- oder güterrechtliche Lösung eintritt, muss demnach ebenso zu einer Irrtumsanfechtung berechtigen, weil damit – ebenso wie bei § 2306 Abs 1 S 2 bei der Ausschlagung zur Pflichtteilserlangung – das von § 1371 Abs 3 eröffnete Wahlrecht, und damit die Hauptwirkung dieser Willenserklärung verkannt wird.

35 **6. Prozessuales.** Bei der güterrechtlichen Lösung kommt es zu einer getrennten Gerichtszuständigkeit: Für den Zugewinnausgleich ist nach § 23 b Abs 1 Nr 9 GVG, § 621 Abs 1 Nr 8 ZPO ausschließlich das **Familiengericht** zuständig; für den **Pflichtteilsanspruch** gelten die für diesen maßgeblichen Bestimmungen (§ 2317 Rn 12).

V. Ausbildungsanspruch der „Stiefabkömmlinge" (Abs 4)

36 **1. Normzweck.** Da das Ehegattenerbrecht und das der Abkömmlinge in einem Korrespondenzverhältnis stehen, bewirkt die Erbrechtsverstärkung des Abs 1 zugleich eine Minderung des Erbteils der Abkömmlinge. Anders als bei gemeinschaftlichen Abkömmlingen wird dies bei einseitigen Abkömmlingen nicht durch einen Unterhaltsanspruch gegen den überlebenden Ehegatten oder einen Erbteil nach dessen Tod kompensiert. Daher gewährt ihnen Abs 4 einen situationsabhängigen besonderen Anspruch auf Finanzierung der Ausbildungskosten, der aus dem Zusatzerbteil des Abs 1 zu erfüllen ist[92].

37 **2. Voraussetzungen.** Voraussetzung des Anspruchs ist zunächst, dass die Ehegatten in **Zugewinngemeinschaft** lebten, der Güterstand durch den Tod aufgelöst wurde und der überlebende Ehegatte **gesetzlicher Erbe** wurde, also in den „Genuss" des zusätzlichen Viertels nach Abs 1 gekommen ist[93]. Dem steht gleich, dass er zur gleichen Quote erbt, weil der Erblasser seine gesetzlichen Erben ohne nähere Bestimmung beruft (§ 2066)[94]. Durch Ausschlagung kann der überlebende Ehegatte sich dem Anspruch entziehen und damit zur güterrechtlichen Lösung (Abs 2 und 3) übergehen; jedoch ist eine bloße isolierte Ausschlagung des Zusatzerbteils des Abs 1 nicht möglich[95]. Die Verpflichtung nach Abs 4 entfällt aber, wenn der länger lebende Ehegatte auf Grund Verfügung von Todes wegen mit einer anderen Erbquote Erbe oder Vermächtnisnehmer wurde.

38 **Anspruchsberechtigt** sind erbberechtigte Abkömmlinge (einschließlich adoptierter, §§ 1741, 1754, und nichtehelicher, §§ 1591, 1592) des verstorbenen Ehegatten, die nicht aus der durch den Tod aufgelösten Ehe stammen. Erbberechtigt im Sinne der Bestimmung sind dabei nur die Abkömmlinge, die kraft gesetzlicher Erbfolge Erben werden; der Ausbildungsanspruch entfällt daher, wenn sie durch Verfügung von Todes wegen als Erbe oder Vermächtnisnehmer bedacht sind, da die Vorschrift nur die Nachteile der gesetzlichen Erbrechtsverstärkung ausgleichen will[96]. Nicht begünstigt sind auch Ab-

---

[88] AllgM, *Staudinger/Thiele* Rn 35.
[89] Vgl *Bonefeld* ZErb 2002, 154, 155; *Nieder* HdB Rn 14; HdB Pflichtteilsrecht/*J. Mayer* § 11 Rn 168; *J. Mayer* FPR 2006, 129, 132.
[90] AnwK-BGB/*Limbach* Rn 32; MünchKommBGB/*Koch* Rn 40; *Soergel/Lange* Rn 34; *Staudinger/Thiele* Rn 37 f; grds zum Rechtsirrtum *J. Mayer*, Der Rechtsirrtum und seine Folgen, 1989, S 174 ff.
[91] BGH ZEV 2006, 498, 500 m Anm *Leipold*; eingehend hierzu § 2306 Rn 20.
[92] MünchKommBGB/*Koch* Rn 53.
[93] *Staudinger/Thiele* Rn 95.
[94] MünchKommBGB/*Koch* Rn 56; *Boehmer* FamRZ 1961, 41, 47.
[95] *Palandt/Brudermüller* Rn 9; s auch Rn 8.
[96] *Staudinger/Thiele* Rn 100; MünchKommBGB/*Koch* Rn 55; *Soergel/Lange* Rn 45; RGRK/*Finke* Rn 55; *Lenz* ZErb 2000, 111; *Lüderitz/Dethloff* § 5 Rn 150; aA *Erman/Heckelmann* Rn 24.

kömmlinge, die aus einem anderen Grund nicht Erben werden, etwa infolge eines Erbverzichts, Erbunwürdigerklärung, Ausschlagung oder weil sie nach § 1924 Abs 2 ausgeschlossen sind[97].

Weitere Voraussetzung ist die **Ausbildungsbedürftigkeit** des Abkömmlings, dh, dass der Abkömmling außer Stande ist, die Kosten der Ausbildung selbst zu tragen. Er muss daher zunächst sowohl die Einkünfte aus dem eigenen Vermögen wie aber auch grds den **Stamm seines Vermögens** einsetzen[98]; § 1602 Abs 2[99] findet ebenso keine Anwendung wie § 1577 Abs 3[100]. Jedoch ist der Stamm des eigenen Vermögens vorrangig für den eigenen allgemeinen Lebensunterhalt zu verwenden, also soweit das Vermögen zur Sicherstellung des laufenden Unterhalts bis zur Erlangung einer selbständigen Lebensstellung benötigt wird[101]. Die Möglichkeit einer **zumutbaren Erwerbstätigkeit** schließt den Ausbildungsanspruch ebenfalls aus. Jedoch können Beschäftigungen, die den Ausbildungszweck in angemessener Zeit gefährden, niemals verlangt werden[102]. 39

Unterhaltsansprüche gegen Dritte aus Verwandtschaft oder Ehe schließen nach wohl hM den Ausbildungsanspruch nach Abs 4 ebenfalls aus[103]. Nach der zutr Gegenmeinung beeinträchtigen solche Unterhaltsansprüche den Ausbildungsanspruch in keiner Weise, vielmehr werden die anderen Unterhaltspflichtigen dadurch entlastet[104]. Dies ergibt sich aus dem Normzweck: Der Ausbildungsanspruch nach Abs 4 tritt an Stelle des gegen den verstorbenen Ehegatten bestehenden Unterhaltsanspruchs und dieser wäre gegenüber der Unterhaltspflicht der sonstigen Unterhaltspflichtigen vorrangig. 40

3. Inhalt und Umfang des Anspruchs. a) Anspruchsinhalt. Geschuldet werden die „Mittel zu einer angemessenen Ausbildung". Nach dem Normzweck ist unter Mittel hier **Geld** zu verstehen[105]; der überlebende Elternteil kann nicht entsprechend § 1612 Abs 2 S 1 den Ausbildungsunterhalt „naturaliter" gewähren, etwa durch Bereitstellung eines vorfinanzierten Ausbildungsgangs[106]. Regelmäßig wiederkehrender Bedarf ist entsprechend § 1612 Abs 1 S 1 und Abs 3 S 1 monatlich im Voraus zu zahlen[107]. Eine Kapitalabfindung kann nicht verlangt werden[108]. 41

b) Anspruchsumfang. Zu leisten sind die Mittel für eine angemessene Ausbildung, wozu nicht nur die zu einem bestimmten **Beruf,** sondern auch die für eine entsprechende Schulbildung sowie Fort- und Weiterbildung gehören[109]. Alle mit der Ausbildung in diesem Zusammenhang stehenden **Fragen,** wie Angemessenheit, Dauer, Zweitausbildung, sind grds ebenso zu beantworten wie im Unterhaltsrecht des ehelichen Kindes[110]. 42

Ob die **allgemeinen Lebenshaltungskosten** während der Ausbildungszeit nach Abs 4 geschuldet werden, ist äußerst umstritten[111]. Der Gesetzeswortlaut ist nicht eindeutig; dass der gesamte Unterhalt zu leisten ist, kann ihm nicht entnommen werden. In § 1610 Abs 2 umfassen die Lebenshaltungskosten auch die Ausbildungskosten. Betont man die Ausgleichsfunktion des Abs 4, wird man der hM folgen und einen umfassenden Anspruch gewähren müssen. 43

c) Mehrere Berechtigte. Soweit mehrere ausbildungsbedürftige Berechtigte vorhanden sind, haben sie grds gleichen Rang. Reicht das Zusatzviertel zur Anspruchserfüllung nicht aus, so sind die vorhandenen Mittel proportional nach den bestehenden **Ausbildungsbedürfnissen** zu verteilen[112]. Ent- 44

---

[97] MünchKommBGB/*Koch* Rn 54; *Staudinger/Thiele* Rn 103; *Soergel/Lange* Rn 45.
[98] Gegen Einsatz des Vermögensstamms *Boehmer* FamRZ 1961, 41, 48; für Würdigung der Umstände des Einzelfalls unter Berücksichtigung der Leistungsfähigkeit des Stiefelternteils RGRK/*Finke* Rn 57.
[99] AnwK-BGB/*Limbach* Rn 41; *Gernhuber/Coester-Waltjen* § 37 Rn 42; *Lenz* ZErb 2000, 111; *Staudinger/Thiele* Rn 102; *Soergel/Lange* Rn 47; MünchKommBGB/*Koch* Rn 68; aA *Palandt/Brudermüller* Rn 9.
[100] *Gernhuber/Coester-Waltjen* § 37 Rn 42; diff MünchKommBGB/*Koch* Rn 69: § 1577 Abs 3, Alt 2 anwendbar, nicht aber die Alt 1; zust AnwK-BGB/*Limbach* Rn 41.
[101] *Staudinger/Thiele* Rn 102; MünchKommBGB/*Koch* Rn 68; ähnlich *Soergel/Lange* Rn 47.
[102] *Staudinger/Thiele* Rn 103; MünchKommBGB/*Koch* Rn 69; für generelle Zumutbarkeit der Arbeit in den Semesterferien *Lenz* ZErb 2000, 111. Gegen eine Erwerbsverpflichtung: *Erman/Heckelmann* Rn 29.
[103] *Staudinger/Thiele* Rn 108; RGRK/*Finke* Rn 56; *Finke* MDR 1957, 579; *Johannsen* FamRZ 1961, 164.
[104] AnwK-BGB/*Limbach* Rn 41; *Boehmer* FamRZ 1961, 48; *Erman/Heckelmann* Rn 24; *Gernhuber/Coester-Waltjen* § 37 Rn 43; KK-FamR/*Weinreich* Rn 56; MünchKommBGB/*Koch* Rn 70; *Rittner* DNotZ 1957, 494; vermittelnd *Soergel/Lange* Rn 48.
[105] AnwK-BGB/*Limbach* Rn 42; MünchKommBGB/*Koch* Rn 75; *Staudinger/Thiele* Rn 106; *Gernhuber/Coester-Waltjen* § 37 Rn 45.
[106] AnwK-BGB/*Limbach* Rn 42; MünchKommBGB/*Koch* Rn 75; aA *Soergel/Lange* Rn 51, wenn der Stiefabkömmling im Haushalt des länger lebenden Ehegatten aufgewachsen.
[107] *Staudinger/Thiele* Rn 108; MünchKommBGB/*Koch* Rn 76; *Soergel/Lange* Rn 51.
[108] MünchKommBGB/*Koch* Rn 76; *Soergel/Lange* Rn 51; *Staudinger/Thiele* Rn 112; aA *Rittner* DNotZ 1957, 491.
[109] *Staudinger/Thiele* Rn 109.
[110] MünchKommBGB/*Koch* Rn 78.
[111] Bejahend AnwK-BGB/*Limbach* Rn 42; KK-FamR/*Weinreich* Rn 55; *Gernhuber/Coester-Waltjen* § 37 Rn 45; *Lüderitz/Dethloff* § 5 Rn 151; MünchKommBGB/*Koch* Rn 79; *Rittner* DNotZ 1957, 492 f; *Palandt/Brudermüller* Rn 9; *Erman/Heckelmann* Rn 23; wohl auch *Soergel/Lange* Rn 50; nach aA wird nur die Ausbildungskosten und die durch die Ausbildung verursachte Verteuerung der Lebenshaltung geschuldet, so etwa *Boehmer* FamRZ 1961, 41, 47; *Johannsen* FamRZ 1961, 163, 16; nach *Staudinger/Thiele* Rn 111 sind die Lebenshaltungskosten nur zu tragen, soweit sie nicht durch Unterhaltsleistungen Dritter gedeckt sind.
[112] *Dölle* I S 783; *Gernhuber/Coester-Waltjen* § 37 Rn 49; *Lüderitz/Dethloff* § 5 Rn 151; *Staudinger/Thiele* Rn 115; MünchKommBGB/*Koch* Rn 73; RGRK/*Finke* Rn 63; für eine Aufteilung primär entsprechend dem Verhältnis, in dem die Stiefabkömmlinge ohne die Erbrechtsverstärkung des Abs 1 geerbt hätten, *K. Meyer* S 109 ff; *Soergel/Lange* Rn 53.

§ 1371 　　　　　　　　　　　　　　　　　　　Buch 4. Abschnitt 1. Bürgerliche Ehe

stehen die Ausbildungsansprüche der verschiedenen Kinder erst mit zeitlicher Verzögerung, so muss der Stiefelternteil für den später bedürftigen Abkömmling entsprechende Mittel zurückbehalten[113].

45 **d) Gefährdung des Unterhalts des Stiefelternteils.** Aus der pauschalierenden Ausgleichsfunktion des Anspruchs ergibt sich, dass bei der Bemessung des Umfangs der Ausbildungshilfe die Lebens- und Vermögensverhältnisse des Verpflichteten außer Betracht bleiben[114]. Sogar bei **Gefährdung des eigenen Unterhalts** hat der Stiefelternteil zu leisten, da § 1603 nicht entsprechend gilt[115].

46 **e) Wertmäßige Beschränkung auf den Zusatzerbteil.** Der Ausbildungsanspruch ist „aus dem nach Absatz 1 zusätzlich gewährten Viertel" zu erfüllen. Er ist der **Höhe nach rechnerisch begrenzt durch den Wert** des zusätzlichen Viertels der Erbteilsverstärkung des Abs 1. Da das Zusatzviertel des überlebenden Ehegatten kein gegenständlich getrenntes Sondervermögen ist, gewährt das Gesetz keine gegenständliche Beschränkung hierauf[116], sondern nur eine Begrenzung der Schuld.

47 Für die danach erforderliche Wertberechnung ist nach hM der **Zeitpunkt** des Erbfalls analog § 2311 maßgebend[117]. Hierfür spricht die Rechtssicherheit, auch wenn das Risiko späterer Wertminderungen damit der überlebende Ehegatte trägt. Die Höhe des Zusatzviertels berechnet sich entsprechend den §§ 2311 bis 2313 aus dem **Nettowert des Nachlasses**, weshalb alle Erblasser- wie Erbfallschulden (Vermächtnisse, Pflichtteilsansprüche etc) diese Schuld mindern[118].

48 Der Anspruch ist eine **Nachlassverbindlichkeit** iS von § 1967[119]. Demnach ist eine **Beschränkung der Erbenhaftung** nach den allgemein hierfür geltenden Vorschriften möglich (§ 1975)[120]. Im **Nachlassinsolvenzverfahren** ist der Ausbildungsanspruch gegenüber den in § 327 Abs 1 Nr 1 und 2 InsO genannten Verbindlichkeiten nachrangig[121].

49 **4. Durchsetzung.** Ein besonderer **Auskunftsanspruch** besteht nicht[122]. Gedeckt wird nur der Ausbildungsbedarf, der nach dem Erbfall entstanden ist.

50 Da der Anspruch entsprechend § 1612 regelmäßig durch Entrichtung einer Geldrente zu erfüllen ist, verjähren diese **Einzelansprüche** unter der Geltung des SMG nach §§ 197 Abs 2, 195, 199 nF in der regelmäßigen **Verjährungsfrist** von drei Jahren[123]; dies gilt auch für einen etwaigen „Sonderbedarf"[124]. Die **Unpfändbarkeit** ergibt sich aus § 850 a Nr 1 ZPO[125].

51 An weiteren **unterhaltsrechtlichen Vorschriften** sind anwendbar: § 1615 mit dem Erlöschen des Unterhaltsanspruchs bei Tod des Berechtigten, da der Ausbildungsanspruch nur dessen Bedürfnissen dienen will, sowie § 1607 Abs 2 S 2[126].

52 **5. Abweichende Vereinbarungen.** Ein direkter Ausschluss des Ausbildungsanspruchs durch **Ehevertrag** ist nicht möglich, da Abs 4 nicht nur güterrechtliche Verhältnisse der Ehegatten betrifft[127]. Eine mittelbare Einflussnahme ist allerdings möglich, etwa durch Ausschluss der Zugewinngemeinschaft[128].

53 Der Anspruch des Stiefabkömmlinge kann jedoch durch eine **Verfügung von Todes wegen** des Erblassers ausgeschlossen oder eingeschränkt werden. Da der Erblasser den Abkömmling enterben kann, hat er erst recht die Möglichkeit, den zum gesetzlichen Erbrecht akzessorischen Ausbildungsanspruch auch auszuschließen oder zu beschränken[129].

54 Gegenstand eines **Erbverzichts** kann der Ausbildungsanspruch nicht sein, da er auf Grund seiner Doppelnatur nicht allein Teil des gesetzlichen Erbrechts der Abkömmlinge ist[130]. Nach dem Erbfall

---

[113] MünchKommBGB/*Koch* Rn 73; *Palandt/Brudermüller* Rn 11.
[114] *Gernhuber/Coester-Waltjen* § 37 Rn 44; *Staudinger/Thiele* Rn 113.
[115] MünchKommBGB/*Koch* Rn 71; *Soergel/Lange* Rn 48; *Staudinger/Thiele* Rn114; aA *Dölle* I S 784.
[116] Heute ganz hM, MünchKommBGB/*Koch* Rn 63; *Palandt/Brudermüller* Rn 10; RGRK/*Finke* Rn 62; *Staudinger/Thiele* Rn 124; aA *Dölle* I S 785 Fn 41.
[117] *Staudinger/Thiele* Rn 129; MünchKommBGB/*Koch* Rn 65; *Soergel/Lange* Rn 52; aA *K. Meyer* S 83 ff: Zeitpunkt der Nachlassauseinandersetzung.
[118] MünchKommBGB/*Koch* Rn 64; *Soergel/Lange* Rn 52; *Staudinger/Thiele* Rn 126; aA *Boehmer* FamRZ 1961, 41, 48.
[119] AllgM, etwa *Soergel/Lange* Rn 40.
[120] *Staudinger/Thiele* Rn 127; MünchKommBGB/*Koch* Rn 66; *Gernhuber/Coester-Waltjen* § 37 V 8; *Soergel/Lange* Rn 40; aA *Erman/Heckelmann* Rn 22; *Palandt/Brudermüller* Rn 10.
[121] *Staudinger/Thiele* Rn 126.
[122] *Staudinger/Thiele* Rn 116; MünchKommBGB/*Koch* Rn 80; *Soergel/Lange* Rn 55.
[123] KK-FamR/*Weinreich* 59; *Staudinger/Thiele* Rn 119; zur früheren Rechtslage iE ebenso MünchKommBGB/*Koch* Rn 82; abw AnwK-BGB/*Limbach* Rn 55: grds 30-jährige Verjährung nach § 197 Abs 1, erst wenn sich Anspruch auf „regelmäßig wiederkehrende Unterhaltsleistung konkretisiert hat" Regelverjährung nach §§ 197 Abs 2, 195; gemeint ist damit aber wohl eine Unterscheidung zwischen den periodisch fälligen Einzelansprüchen und dem Ausbildungsanspruch als „Gesamtrecht"; so diff MünchKommBGB/*Koch* Rn 82.
[124] Allg AnwKomBGB/*Mansel* § 197 Rn 80.
[125] *Gernhuber/Coester-Waltjen* § 37 Rn 52–54; MünchKommBGB/*Koch* Rn 84; *K. Meyer* S 134 ff; *Staudinger/Thiele* Rn 120; aA *Rittner* DNotZ 1957, 497; *Soergel/Lange* Rn 57; *Erman/Heckelmann* Rn 23: es gilt § 850 b ZPO mit der Pfändungsmöglichkeit nach Abs 2.
[126] *Soergel/Lange* Rn 54.
[127] AnwK-BGB/*Limbach* Rn 43; KK-FamR/*Weinreich* Rn 10; *Staudinger/Thiele* Rn 129; MünchKommBGB/*Koch* Rn 87; aA *Dölle* I S 794.
[128] *Staudinger/Thiele* Rn 129.
[129] AnwK-BGB/*Limbach* Rn 43; *Boehmer* FamRZ 1961, 47; *Gernhuber/Coester-Waltjen* § 37 Rn 50; MünchKommBGB/*Koch* Rn 86; *Staudinger/Thiele* Rn 130; RGRK/*Finke* Rn 75; *Palandt/Brudermüller* Rn 11.
[130] *Staudinger/Thiele* Rn 131; MünchKommBGB/*Koch* Rn 88; *K. Meyer* S 162; *Soergel/Lange* Rn 41; aA RGRK/*Finke* Rn 68.

kann jedoch durch Vereinbarung zwischen Gläubiger und Schuldner auf den bereits entstandenen Anspruch (Gesamtrecht wie periodisch fälligen Einzelanspruch) **verzichtet** werden (§ 397); § 1614 gilt auch nicht analog, da der Abkömmling ja auch hätte ausschlagen können und damit den Ausbildungsanspruch genauso verloren hätte[131]. Minderjährige bedürfen aber entsprechend §§ 1643 Abs 2, 1822 Nr 2 der familiengerichtlichen Genehmigung[132].

6. Prozessuales. Die örtliche Zuständigkeit bestimmt sich neben §§ 12, 13 ZPO auch nach § 28 ZPO. Eine ausschließliche sachliche Zuständigkeit des Familiengerichts (entsprechend § 23 a Nr 2 oder 5, § 23 b Abs 1 S 2 Nr 5 oder 9 GVG) besteht nicht, da der Anspruch nicht familienrechtlicher Art ist[133].

§ 1372 Zugewinnausgleich in anderen Fällen

Wird der Güterstand auf andere Weise als durch den Tod eines Ehegatten beendet, so wird der Zugewinn nach den Vorschriften der §§ 1373 bis 1390 ausgeglichen.

Schrifttum: *Braeuer*, Die Ehewohnung in der Teilungsversteigerung – Einige praktische Aspekte –, FPR 2000, 198; *Brudermüller*, Das Familienheim in der Teilungsversteigerung, FamRZ 1996, 1516; *Diederichsen*, Gesetzestreue und Rechtsfortbildung im Rahmen der Vermögensauseinandersetzung bei der Ehescheidung, FG 50 Jahre BGH, 2000, S 945; *Gerhards*, Das Verhältnis der Regeln über den Gesamtschuldnerausgleich zwischen Ehegatten zu den Vorschriften über den Zugewinnausgleich, FamRZ 2001, 661; *Graba*, Das Familienheim beim Scheitern der Ehe, NJW 1987, 1721; *Grziwotz*, Die zweite Spur – ein (neuer) Weg zur Gerechtigkeit zwischen Ehegatten, DNotZ 2000, 486; *Hausmann*, Ausgleichsansprüche für Ehegattenmitarbeit nach § 242 BGB, ZEV 1995, 129; *Haußleiter/Schulz*, Vermögensauseinandersetzung anlässlich Scheidung und Trennung, 4. Aufl 2004; *Haußleiter*, Zum Ausgleichsanspruch bei einer Ehegatteninnengesellschaft neben einem Anspruch auf Zugewinnausgleich, NJW 2006, 2741; *Kleinle*, Die Ehegattengesamtschuld bei Trennung und Scheidung, FamRZ 1997, 8; *Kloster-Harz*, Auseinandersetzung des in Miteigentum stehenden Familienheims bei Trennung und Scheidung, FPR 2000, 191; *Münch*, Die Ehegatteninnengesellschaft – Ein Vorschlag zu ihrer vertraglichen Ausgestaltung, FamRZ 2004, 233; *Oenning*, Auseinandersetzung des in Miteigentum stehenden Familienheims bei Trennung, FPR 2000, 216; *H. Reinecke*, Rechtsprechungstendenzen zur Auseinandersetzung des in Miteigentum stehenden Familienheims bei Trennung und Scheidung, ZRP 2000, 208; *K. Schmidt*, Ausgleichsanspruch bei Ehegatteninnengesellschaft neben Anspruch auf Zugewinnausgleich, JuS 2006, 754; *W. Schulz*, Ausgleichsansprüche für die Mitarbeit eines Ehegatten – Ehegatteninnengesellschaft und familienrechtlicher Kooperationsvertrag, FamRB 2005, 111, 142; *ders*, Ansprüche von und gegen Schwiegerkinder, FamRB 2006, 48; *Schwolow*, Ansprüche von und gegen Schwiegereltern bei Scheidung der Ehe – Häufige Fallgestaltungen in der täglichen Praxis, FuR 2000, 456; *Wever*, Ausgleich gemeinsamer Hausschulden, FuR 2000, 185; *ders*, Vermögensauseinandersetzung der Ehegatten außerhalb des Güterrechts, 4. Aufl 2006 (zitiert: *Wever* Vermögensauseinandersetzung).

Ehebezogene Zuwendungen: *Arens*, Rückabwicklung ehebedingter Zuwendungen und die Rechtsfigur der „konkludenten vereinbarten Innengesellschaft" – Allzweckwaffen zur Herbeiführung gerechter Vermögensausgleichsregelungen?, FamRZ 2000, 266; *Blumenröhr*, Zum Vermögensausgleich nach gescheiterter Ehe, FS Odersky, 1996, S 517; *Brodhun*, Der familienrechtliche Ausgleichsanspruch, Diss Mainz 2000; *Friedrich*, Rückabwicklung von Schenkungen und Zuwendungen unter Ehegatten nach der Scheidung, JR 1986, 1; *Hayler*, Rechtsfolgen ehebedingter Zuwendungen im Verhältnis zu Dritten, 1999; *Hepting*, „Unbekannte Zuwendungen – ein Irrweg", FS Henrich, 2000, S 267; *Holzhauer*, Schuld- und güterrechtlicher Ausgleich von Zuwendungen unter Ehegatten, JuS 1983, 830; *Hülsheger*, Zuwendungen zwischen Ehegatten zum gemeinsamen Hausbau, Diss Münster 1982; *Jaeger*, Die Wiederentdeckung der stillschweigenden Ehegatteninnengesellschaft als Instrument des Vermögensausgleichs nach gescheiterter Ehe, FS Henrich, 2000, S 323; *ders*, Zur rechtlichen Deutung ehebezogener (sog unbenannter) Zuwendungen und zu ihrer Rückabwicklung nach Scheitern der Ehe, DNotZ 1991, 431; *Jeep*, Ehebezogene Zuwendungen im Zugewinnausgleich, 2000; *Joost*, Zuwendungen unter Ehegatten und Bereicherungsausgleich nach der Scheidung, JZ 1985, 10; *Jost*, Zur Frage der Abgrenzung zwischen unbenannter Zuwendung und Ehegatteninnengesellschaft sowie zum Ausgleich zwischen Ehegatten bei Auflösung einer Gesellschaft, JR 2000, 497; *Kleinle*, Die Ehegattenzuwendung und ihre Rückabwicklung bei Scheitern der Ehe, FamRZ 1997, 1383; *Koch*, Entgeltlichkeit in der Ehe?, FamRZ 1995, 321; *dies*, Schulden und Scheidung, FamRZ 1994, 537; *dies*, Die Bestandskraft von Zuwendungen an Schwiegerkinder beim Scheitern der Ehe, FS Schwab, 2003, S 513; *Kogel*, Rückforderung „unbedachter" vorehelicher Zuwendungen nach Scheitern der Ehe, FamRB 2007, 273; *Kollhosser*, Ehebezogene Zuwendungen und Schenkungen unter Ehegatten, NJW 1994, 2313; *Kühne*, Zuwendungen unter Ehegatten und Zugewinnausgleich, FamRZ 1978, 221; *Langenfeld*, Ehebezogene Zuwendungen an Schwiegerkinder, ZEV 1995, 289; *ders*, Zur Rückabwicklung von Ehegattenzuwendungen im gesetzlichen Güterstand, NJW 1986, 2541; *ders*, Abgrenzung von ehebezogenen Zuwendungen und Leistungen innerhalb einer Ehegatteninnengesellschaft, ZEV 2000, 14; *Lipp*, Ehegattenzuwendungen und Zugewinnausgleich, JuS 1993, 89; *Löhning*, Zum Ausgleich „unbenannter" oder „ehebedingter" Zuwendungen nach der Schuldrechtsmodernisierung, FamRZ 2003, 1521; *Lorenz*, Unbenannte Zuwendungen und partnerschaftliche Mitarbeit in ehelichen und nichtehelichen Lebensgemeinschaften, FG 50 Jahre BGH, 2000, S 571; *Ludwig*, Bestandskraft ehebedingter Zuwendungen gegenüber Dritten, FuR 1992, 201; *ders*, Ehegattenzuwendungen und Wegfall der Geschäftsgrundlage, FuR 1992, 201; *Morhard*, „Unbenannte Zuwendungen" zwischen Ehegatten – Rechtsfolgen und Grenzen der Vertragsgestaltung, NJW 1987, 1734; *Müßig*, Ehebezogene Zuwendungen als Schenkungen unter Ehegatten, FPR 2007, 194; *Reinicke/Tiedtke*, Güterrechtlicher Ausgleich von Zuwendungen eines Ehegatten an den anderen und Wegfall der Geschäftsgrundlage, WM 1982, 946; *Rossack*, „Benannte" und „unbenannte" Zuwendungen zwischen Ehegatten im gesetzlichen Güterstand, MittBayNot 1984, 74; *Sandweg*, Ehebedingte Zuwendungen und ihre Drittwirkung, NJW 1989, 1965; *K. Schmidt*,

---

[131] Staudinger/*Thiele* Rn 118; MünchKommBGB/*Koch* Rn 88.
[132] Staudinger/*Thiele* Rn 118; *Lenz* ZErb 2000, 113.
[133] Soergel/*Lange* Rn 59.

§ 1372

Abgrenzung zwischen ehebedingter Zuwendung und Schenkung, JuS 2006, 1024; *Schotten*, Die ehebedingte Zuwendung – ein überflüssiges Rechtsinstitut?, NJW 1990, 2841; *Seif*, Ehebezogene Zuwendungen als Schenkungen unter Ehegatten, FamRZ 2000, 1193; *Seiler*, Über die sog unbenannten Zuwendungen unter Ehegatten – ein skeptischer Zwischenbericht, FS Henrich, 2000, S 551; *Seutemann*, Widerruf von Schenkungen unter Ehegatten, 1984; *Tiedtke*, Güterrechtlicher Ausgleich bei Zuwendungen unter Ehegatten untereinander und Wegfall der Geschäftsgrundlage bei Scheidung der Ehe, JZ 1992, 334; *Waas*, Zur Dogmatik der sogenannten „ehebezogenen Zuwendungen", FamRZ 2000, 453.

Übersicht

	Rn		Rn
I. Normzweck	1	2. Ausschließlichkeitsprinzip	7
II. Anwendungsbereich	2	3. Allgemeine Ausgleichs- und Rückforderungsrechte	10
1. Beendigung der Zugewinngemeinschaft durch Auflösung der Ehe	3	a) Ehebezogene Zuwendung oder Schenkung	10
		b) Schenkungswiderruf	14
2. Beendigung der Zugewinngemeinschaft bei Fortbestand der Ehe	4	c) Ungerechtfertigte Bereicherung	17
		d) Wegfall der Geschäftsgrundlage	18
III. Gestaltung	5	e) Gesamtschuldnerausgleich	24
		f) Gesamtgläubigerausgleich	25
IV. Verhältnis zu anderen vermögensrechtlichen Ausgleichsregelungen	6	g) Bruchteilsgemeinschaft	26
1. Spezialgesetzliche Regelungen	6	h) Gesellschaftsrecht	27

I. Normzweck

1   Der Zugewinn kann nach zwei verschiedenen Methoden ausgeglichen werden: Nach der genauen rechnerischen (güterrechtliche Lösung) und der (pauschalen) erbrechtlichen des § 1371 Abs 1. § 1372 bestimmt, dass bei Beendigung des gesetzlichen Güterstands durch andere Ereignisse als den Tod eines Ehegatten der Zugewinn nach den §§ 1373 bis 1390 ausgeglichen wird (rechnerischer Zugewinnausgleich).

II. Anwendungsbereich

2   Als mögliche Gründe für eine nicht durch Tod eines Ehegatten verursachte Beendigung des Güterstands kommen in Betracht[1]:

3   **1. Beendigung der Zugewinngemeinschaft durch Auflösung der Ehe.** Die Zugewinngemeinschaft endet zugleich mit der Ehe

– durch rechtskräftiges **Scheidungsurteil** (§ 1564 S 2);

– durch rechtskräftiges **Aufhebungsurteil** (§§ 1313 S 2, 1318 Abs 1 und 3); hier findet auf Grund der Härteklausel des § 1318 Abs 3 ein güterrechtlicher Ausgleich nur statt, soweit dies nicht im Hinblick auf die Umstände der Eheschließung oder bei Verstoß gegen § 1306 im Hinblick auf die Belange dritter Personen grob unbillig wäre[2];

– durch **Wiederheirat** des einen Ehegatten, nachdem der andere zu Unrecht für **tot erklärt** wurde; hier gilt § 1318 Abs 3 entsprechend und es findet der rechnerische Zugewinnausgleich statt[3]. Keine Auflösung tritt ein, wenn beide Ehegatten der neuen Ehe wussten, dass der für tot Erklärte noch lebt (§ 1319 Abs 2).

4   **2. Beendigung der Zugewinngemeinschaft bei Fortbestand der Ehe.** Dies kann der Fall sein durch richterlichen Akt nach erfolgreicher **Klage auf vorzeitigen Ausgleich des Zugewinns** (§§ 1385, 1386); dann tritt mit Rechtskraft des Urteils Gütertrennung ein (§ 1388). Die Zugewinngemeinschaft wird aber auch beendet durch einen **Ehevertrag** (§ 1408), durch den ein anderer Güterstand vereinbart oder der gesetzliche Güterstand lediglich aufgehoben wird. Wird durch Ehevertrag der Versorgungsausgleich oder jeder Ausgleich des Zugewinns ausgeschlossen, so wird damit die Zugewinngemeinschaft beendet, soweit sich aus dem Ehevertrag nichts anderes ergibt (§ 1414 S 2; vgl § 1414 Rn 5). Bei gleichzeitigem Tod beider Ehegatten wird der Güterstand zwar beendet, ein Zugewinnausgleich nach den §§ 1373 ff findet aber nicht statt[4].

III. Gestaltung

5   Die Ehegatten können von der gesetzlichen Regelung abweichende Vereinbarungen über den Zugewinnausgleich treffen oder diesen sogar ganz ausschließen (s § 1408 Rn 58 ff). Solche Änderungen bedürfen, wenn sie vor oder nach der Eingehung der Ehe, aber vor Beendigung des gesetzlichen Güterstands getroffen werden, der **Form des Ehevertrags** (§ 1410), soweit sie Art und Weise der Berechnung der Ausgleichsforderung betreffen[5]. UU genügt auch die Form des § 1378 Abs 3 S 2

---

[1] Vgl etwa *Staudinger/Thiele* Rn 2 ff.
[2] MünchKommBGB/*Koch* Rn 6; *Palandt/Brudermüller* § 1318 Rn 11 f; unklar *Erman/Heckelmann* Rn 2.
[3] AnwK-BGB/*Limbach* Rn 6; *Palandt/Brudermüller* § 1319 Rn 4; MünchKommBGB/*Koch* Rn 7.
[4] BGHZ 78, 85, 89 ff = NJW 1978, 1855; s § 1371 Rn 19; str.
[5] AnwK-BGB/*Limbach* Rn 32; *Staudinger/Thiele* Rn 10; *Soergel/Lange* Rn 6; *Johannsen/Henrich/Jaeger* Rn 4.

(§ 1378 Rn 11 f). **Nach Beendigung des Güterstands** entsteht die Ausgleichsforderung (§ 1378 Abs 3); damit sind formlose Vereinbarungen über deren Grund und Höhe möglich[6].

IV. Verhältnis zu anderen vermögensrechtlichen Ausgleichsregelungen

1. Spezialgesetzliche Regelungen. Sowohl der **Versorgungsausgleich** (§ 1587 Abs 3) wie das **Hausratsverfahren**[7] sind spezialgesetzliche Sonderregelungen, die in ihrem Anwendungsbereich den Zugewinnausgleich ausschließen. 6

2. Ausschließlichkeitsprinzip. Ansonsten gilt, dass der Zugewinnausgleich, soweit er eingreift, sonstige Ausgleichsansprüche ausschließt, insbes nach § 812 und wegen Wegfalls der Geschäftsgrundlage[8]. Allerdings ist dieser Grundsatz in zahlreichen Fällen durchbrochen (Rn 14 ff). Nicht berührt werden auch Ansprüche, die **sachlich** davon zu unterscheiden sind, wie die aus Eigentum oder Besitz folgenden (§§ 985, 1007), Ansprüche aus bestehenden besonderen Schuldverhältnissen, wie Arbeitsvertrag, Dienst- oder Geschäftsbesorgungsverhältnissen, Gesellschaftsrecht, sowie solche, die sich auf einen **anderen Zeitraum** beziehen, etwa wenn vor der Ehe Verlobte erhebliche Sach- und Arbeitsleistungen im Hinblick auf die Eheschließung erbringen[9]. 7

Soweit die güterrechtlichen Regelungen für die von den Ehegatten untereinander während der Ehe gemachten Zuwendungen und Leistungen **kein befriedigendes Ergebnis** schaffen, findet sich in der Rspr eine ausgeprägte Tendenz, dieses durch Anwendung besonderer schuldrechtlicher Rechtsverhältnisse zu erzielen; beispielhaft seien die sog „ehebezogene (auch unbenannte oder ehebedingte) Zuwendung" und die Ehegatteninnengesellschaft genannt. Dabei bereitet es oftmals erhebliche Probleme, deren Zustandekommen nach den allgemeinen Anforderungen der Rechtsgeschäftslehre zu begründen, weshalb dies oftmals als reine Konstruktion erscheint[10]. 8

Demgegenüber hat der BGH in mehreren neueren Entscheidungen an seiner Rspr ausdrücklich festgehalten[11]. Er wendet beim Vermögensausgleich zwischen Ehegatten bei Auflösung der Ehe folgende Prüfungsreihenfolge an: 9
1. Gewährleistet das **Ehegüterrecht** einen **gerechten Vermögensausgleich?** Oder erscheint das Beibehalten der formalen Zuordnung zum Vermögen eines Ehegatten unbillig, insbes weil in der Ehe durch maßgebliche finanzielle Beiträge oder über das gewöhnliche Maß hinausgehende Arbeitsleistungen des anderen erhebliche Vermögenswerte geschaffen wurden? Dies kann insbes bei Gütertrennung der Fall sein.
2. Liegt eine **bewusste und gezielte Vermehrung** des Privatvermögens des anderen Ehegatten vor, dem die so geschaffenen Vermögenswerte nach dem übereinstimmenden Willen der Ehepartner rechtlich und wirtschaftlich auch allein verbleiben sollen? Wenn ja, ist für weiter gehende Ausgleichsansprüche kein Raum mehr; die Zuwendung ist dann gerade vom Schicksal der Ehe unabhängig[12].
3. Bestehen **ausdrückliche Abreden** über den Vermögensausgleich im Scheidungsfall? Hierher wird man auch das Bestehen besonderer Schuldverhältnisse (etwa Arbeitsverträge) rechnen müssen, auch wenn diese nicht auf einen ehebedingten Vermögensausgleich gerichtet sind.

Liegt keine dieser Voraussetzungen vor, so kommen nach der Rspr des BGH im Wesentlichen drei Ausgleichsregelungen in Betracht, die ihrerseits in einem Stufenverhältnis stehen: Die Ansprüche wegen Wegfalls der Geschäftsgrundlage bei ehebezogenen Zuwendungen oder einem familienrechtlichen Vertrag eigener Art und Auseinandersetzungsansprüche aus einer Ehegatteninnengesellschaft.

3. Allgemeine Ausgleichs- und Rückforderungsrechte. a) Ehebezogene Zuwendung oder Schenkung. Im Anschluss an *Lieb*[13] hat der BGH die Rechtsfigur der sog ehebezogenen Zuwendung (auch unbenannte oder ehebedingte Zuwendung) entwickelt. Diese liegt vor, wenn ein Ehegatte dem anderen einen Vermögenswert **um der Ehe willen** und als Beitrag zur Verwirklichung und Ausgestaltung, Erhaltung und Sicherung der ehelichen Lebensgemeinschaft zukommen lässt, wobei er die Vorstellung oder Erwartung hegt, dass die eheliche Lebensgemeinschaft Bestand haben und er innerhalb dieser Gemeinschaft am Vermögensgut und dessen Früchten weiter teilhaben werde. Dies ist die Geschäftsgrundlage der Zuwendung[14], so dass ein Leistungsversprechen anlässlich des Scheiterns der Ehe eine Schenkung und gerade keine ehebezogene Zuwendung ist[15]. Zu letzteren gehören auch Zuwendungen, die ein Ehegatte an den anderen im Interesse einer haftungsmäßig günstigeren Organi- 10

---

[6] AnwK-BGB/*Limbach* Rn 34; *Staudinger/Thiele* Rn 11; *Johannsen/Henrich/Jaeger* Rn 4; *Soergel/Lange* Rn 6.
[7] BGHZ 89, 137, 142 f; s auch § 1375 Rn 5.
[8] BGHZ 115, 132, 135 f = NJW 1991, 2553; BGHZ 115, 261 = NJW 1992, 427; BGH NJW 1983, 2933; *Palandt/Brudermüller* Rn 2; eingehend *Münch*, Ehebezogene Rechtsgeschäfte, Rn 1243 ff; aA *Lipp* JuS 1993, 94 mwN; *Ludwig* FuR 1992, 201.
[9] BGHZ 115, 261, 264 f = NJW 1992, 427.
[10] MünchKommBGB/*Koch* Vor § 1363 Rn 17; vgl etwa BGHZ 115, 261, 265: „Verhalten der Parteien hatte rechtsgeschäftliche Qualitäten, weil die erbrachten Leistungen über bloße Gefälligkeiten weit hinausgingen".
[11] BGHZ 142, 137 = NJW 1999, 2962, 2963 f zur Gütertrennung; vgl dazu *Langenfeld* ZEV 2000, 14 und *Grziwotz* DNotZ 2000, 486, 492 f; zur familien- oder schuldrechtlichen Einordnung *Haas* FamRZ 2002, 205, 209 ff.
[12] Dazu bereits *Hausmann* ZEV 1995, 129, 131; dies wird insbes bei den Instanzgerichten zu wenig beachtet.
[13] Die Ehegattenmitarbeit im Spannungsfeld zwischen Rechtsgeschäft, Bereicherungsausgleich und gesetzlichem Güterstand, 1970, S 121 ff.
[14] BGH NJW 2006, 2330; BGHZ 142, 137 = NJW 1999, 2962, 2965; BGH NJW 1997, 2747; eingehend zur Entwicklung dieser Rechtsfigur BGHZ 116, 167, 169; *Kleinle* FamRZ 1997, 1383.
[15] OLG Schleswig NJW-RR 2007, 508 = FamRB 2007, 97 (*Heinle*).

§ 1372

sation des Familienvermögens macht[16]. Typische andere Fälle sind der gemeinschaftliche Erwerb des Familienheims aus Mitteln, die der alleinverdienende Ehegatte erarbeitet hat oder die Verwendung von Geld oder Arbeitskraft[17] auf das im Alleineigentum des einen Ehegatten stehende Familienwohnheim oder dessen Betrieb[18] oder die Zuwendung im Zusammenhang mit einem Ehevertrag[19].

11 Durch die Entwicklung der Rechtsfigur der ehebezogenen Zuwendung wollte man derartige Zuwendungen von der Anwendung schenkungsrechtlicher Vorschriften ausnehmen, weil man zum einen insbes die **Rechtsfolgen** der §§ 528, 530 als **nicht passend** ansah, zum anderen entsprach die Annahme einer Schenkung nicht mehr den geänderten gesellschaftlichen Anschauungen, insbes nicht dem Gedanken der partnerschaftlichen Gleichberechtigung, wonach auch der finanziell weniger verdienende Ehegatte einen angemessenen Beitrag zur ehelichen Lebensgemeinschaft leistet[20]. Nur im Ausnahmefall erfolgen derartige Zuwendungen in Erfüllung einer Rechtspflicht (etwa Unterhalt) oder entgeltlich durch Verknüpfung mit einer entsprechenden Gegenleistung. IdR sind sie aber **objektiv unentgeltlich**[21]. Der entscheidende Unterschied zur Schenkung (§ 516) liegt daher allein auf der **subjektiven Tatbestandsseite** und der **Geschäftsgrundlage:** Die Schenkung erfordert eine Einigung über die Unentgeltlichkeit der Zuwendung (Schenkungsabrede, subjektive Unentgeltlichkeit), dass die Zuwendung iS einer echten Freigiebigkeit, also in uneigennütziger Absicht des Schenkers erfolgt. An einer solchen Einigung fehlt es gerade bei der ehebezogenen Zuwendung; stattdessen ist hier die Geschäftsgrundlage die Vorstellung der Vertragsteile, dass die Zuwendung der individuellen Ausgestaltung und Sicherung (Verwirklichung) und damit dem Fortbestand der Ehe diene[22]. Für die in Zweifelsfällen durch Auslegung vorzunehmende Abgrenzung kommt zumindest bei neueren notariellen Urkunden der Wortwahl erhebliches Gewicht zu[23]. Dabei wird der die ehebezogene Zuwendung kennzeichnende Ehebezug sehr weit reichend verstanden[24]. Rechtsgrund für eine derartige Zuwendung ist dabei ein auf entsprechende Zweckverwirklichung ausgerichteter **familienrechtlicher Vertrag eigener Art**[25]. Bezieht man jedoch solche mittelbaren, weit reichenden Zwecküberlegungen in die Beurteilung der subjektiven Unentgeltlichkeit ein, so wird man, angesichts der Zweckgerichtetheit menschlichen Handelns, fast immer problemlos zur Negierung der Schenkungsabrede kommen und die Schenkung auf den Bereich der rein karitativen Zuwendungen reduzieren müssen. Die Rechtsfiguren der belohnenden Schenkung oder der Zweckschenkung wären – bei diesem Verständnis – letztlich keine Schenkungen[26]. Vielmehr ist festzustellen, dass sich das Motiv der Ehebezogenheit der Zuwendung und die Einigung über die Unentgeltlichkeit idR gerade nicht ausschließen[27].

12 Im Außenverhältnis zu **Dritten** hat sich diese einschränkende Auslegung des Schenkungsbegriffs nicht durchsetzen können[28]: Im Erbrecht wird die ehebezogene Zuwendung idR wie eine Schenkung behandelt (wichtig bei §§ 2113, 2287 f, 2325)[29], im Erbschaftsteuerrecht als steuerpflichtige freigiebige Zuwendung[30] und im Insolvenzrecht als unentgeltliche Leistung[31]. Die Bedeutung dieser Rechtsfigur

---

[16] BGH NJW-RR 1990, 386; NJW 1999, 2962, 2965.
[17] ZT wird der Ausgleich von Arbeitsleistungen nicht zur ehebezogenen Zuwendung im vermögensrechtlichen Sinn gezählt (so etwa *Schwab/Borth* HdB ScheidungsR IX Rn 86; *Kleinle* FamRZ 1997, 1389; BGHZ 127, 48; jetzt wohl auch *Langenfeld* Rn 256, anders noch 4. Aufl Rn 170; da aber auch hier der BGH als Rechtsgrund einen familienrechtlichen Vertrag eigener Art (Kooperationsvertrag) annimmt und einen entsprechenden familienrechtlichen Ausgleichsanspruch nach § 242 gibt (BGHZ 84, 361, 367 = NJW 1982, 2236 betr Gütertrennung; BGHZ 115, 261, 265 = NJW 1992, 427 betr Verlobte; BGHZ 127, 48, 51 = NJW 1994, 2545 betr Gütertrennung), ist die Differenzierung ohne praktische Bedeutung; vgl auch § 1414 Rn 18.
[18] Eingehend mit Fallgruppenbildung *Langenfeld* Rn 258 ff; auf eine Bezeichnung als Darlehen oder Schenkung kommt es nicht an, wenn es an dem hierfür erforderlichen Geschäftswillen fehlt, etwa steuerliche Gründe für die Deklaration sprachen, BGH FamRZ 1993, 1297, 1298; OLG Köln NJW-RR 2000, 818.
[19] OLG Frankfurt OLGR 2007, 16 = FamRB 2006, 357 (*Brielmaier*).
[20] MünchKommBGB/*Kollhosser* § 516 Rn 57; *Kleinle* FamRZ 1997, 1383.
[21] BGHZ 116, 167, 170 = NJW 1992, 564; BGH NJW 1999, 2962, 2965: „keine Gegenleistung im üblichen schuldrechtlichen Sinn"; *Staudinger/Wimmer-Leonhardt* § 516 Rn 85 mwN; ebenso und zur diesbezüglichen Entwicklung der Rspr, die zunächst eine entgeltliche Leistung angenommen hatte, *Wever* Vermögensauseinandersetzung Rn 422.
[22] OLG Bamberg FamRZ 1996, 1221; OLG München NJW-RR 2002, 4; *Johannsen/Henrich/Jaeger* Rn 5 a; MünchKommBGB/*Kollhosser* § 516 Rn 60; *Staudinger/Wimmer-Leonhardt* § 516 Rn 85 f mwN; *Staudinger/Thiele* § 1363 Rn 18; ausf *Wever* Vermögensauseinandersetzung Rn 419 ff.
[23] BGH NJW 2006, 2330; OLG Frankfurt OLGR 2007, 16; anderes gilt für Urkunden aus den 70ger Jahren, vgl BGH NJW 1992, 238, 239.
[24] BGHZ 116, 167; BGH NJW-RR 1993, 774 und 1410. BGHZ 142, 137 = NJW 1999, 2962, 2965 spricht davon, dass die Zuwendung die Geschäftsgrundlage habe, dass „dafür Verpflichtungen eingegangen oder eine Leistung bewirkt werde, wobei diese auch immateriellen Charakter haben können".
[25] *Johannsen/Henrich/Jaeger* Rn 5 c; *Jaeger* DNotZ 1991, 431, 444 f mwN; *Wever* FamRZ 1996, 905, 909; die Zweckbezogenheit als Abgrenzungskriterium betont auch *Schwab/Borth* HdB ScheidungsR IX Rn 59.
[26] So auch *Koch* FamRZ 1995, 321, 323.
[27] MünchKommBGB/*Kollhosser* § 516 Rn 69.
[28] Vgl *Wever* Vermögensauseinandersetzung Rn 423 mzN in Fn 71; *Staudinger/Wimmer-Leonhardt* § 516 Rn 95; *Staudinger/Thiele* § 1363 Rn 25; zur Drittwirkung *Sandweg* NJW 1989, 1965; MünchKommBGB/*Kollhosser* § 516 Rn 62; *Meincke* NJW 1995, 2769.
[29] BGHZ 116, 174 = NJW 1992, 564; zust etwa MünchKommBGB/*Kollhosser* § 516 Rn 62.
[30] BFH BStBl 1994 II S 366; vgl auch den extra geschaffenen Ausnahmetatbestand des § 13 Abs 1 Nr 4 a ErbStG; zur steuerlichen Behandlung s auch *Schlünder/Geißler* ZEV 2005, 505 und FamRZ 2005, 149, 151 ff.
[31] BGHZ 71, 61 = NJW 1978, 1326; vgl nun § 134 InsO, der auf die objektive Unentgeltlichkeit abstellt; zu gestalterischen Überlegungen in diesem Kontext *Wälzholz* FamRB 2006, 380.

reduziert sich daher allein auf das Innenverhältnis, wenngleich auch hier Angleichungsbestrebungen zu beobachten sind[32]. Zwar kann sicherlich angesichts dessen, dass durch die verschiedenen Normen unterschiedliche Zwecke verfolgt werden, die ehebezogene Zuwendung im Innen- anders als im Außenverhältnis behandelt werden (Relativität der Rechtsbegriffe). Ob dies aber die Entwicklung einer eigenen Rechtsfigur rechtfertigt, erscheint fraglich, zumal weitere Abgrenzungsprobleme entstehen, weil zwischen Ehegatten nach wie vor auch „echte" Schenkungen möglich sind, insbes wenn – nach der Rspr – die Einigung über die Unentgeltlichkeit vorliegt[33].

Diese Rspr ist daher nicht zu Unrecht auf **Kritik gestoßen,** insbes, weil sie von der Annahme eines **13** stillschweigenden Vertragsabschlusses ausgeht und eine „schlecht berechenbare Billigkeitsjustiz" eröffnet[34]. Schwerer wiegt jedoch, dass durch Ausweitung der Umstände, die die Geschäftsgrundlage der Zuwendung darstellen (Rn 11), die Bestandsfestigkeit dieser Rechtsgeschäfte ganz erheblich reduziert und die Vorhersehbarkeit gerichtlicher Entscheidungen erschwert wird[35]. Im Bereich der **Zugewinngemeinschaft** wird dies dadurch relativiert, dass die Grundsätze über den Wegfall der Geschäftsgrundlage immer subsidiär zu sonstigen Rückabwicklungsnormen sind, und damit grds auch zu den Vorschriften über den Ausgleich des Zugewinns (Rn 18 ff). Damit werden hier die Rückforderungsfälle minimiert, so dass die ehebezogene Zuwendung letztlich nur ein Mittel für ein **Billigkeitskorrektiv** in den Fällen einer disparitätischen Vermögensentwicklung der Ehegatten ist, die durch die güterrechtlichen Regelungen nicht befriedigend gelöst werden. Dafür hätte es aber nicht einer eigenen Rechtsfigur bedurft, sondern der Rechtssicherheit wäre durch klare Fallgruppenbildung gedient gewesen, wann die Grundsätze des Wegfalls der Geschäftsgrundlage eine Rückforderung rechtfertigen[36]. Soweit **Gütertrennung** besteht, entfällt die Beschränkung der Grundsätze des Wegfalls der Geschäftsgrundlage durch das Ausgleichssystem des Zugewinnausgleichs völlig (§ 1414 Rn 16). Die Zuwendungen sind dort noch weniger bestandsfest, obgleich der Laie gerade angesichts der hier gewollten Vermögenstrennung denken muss, „geschenkt ist geschenkt" und dass damit die Zuwendung bei Scheidung unwiederbringlich verloren ist. Die ehebezogene Zuwendung hat letztlich nur das Problembewusstsein geschärft und etwas zur Typologie der Rechtsgeschäfte beigetragen; die praktischen Probleme vermochte sie nicht zu lösen. Sie ist eine Sackgasse[37]. Entgegen dem BGH, der eine sachgerechte Lösung in einem angemessenen Ausgleich des Konkurrenzverhältnisses zwischen dem Güterrecht und den Grundsätzen zum Wegfall der Geschäftsgrundlage sucht, findet sich nunmehr der Ansatz, konkreter auf den mit der Zuwendung von den Ehegatten verfolgten Zweck abzustellen[38]. Entscheidend soll danach sein, ob nicht nur der Bestand der Ehe, sondern vor allem deren „Fortbestand" Geschäftsgrundlage für die Zuwendung war. Die sich hieraus ergebenden Schwierigkeiten, die subjektiven Vorstellungen der Vertragsteile festzustellen, sollen dadurch relativiert werden, dass der „rechtliche Bindungswille" (gemeint ist wohl der Erklärungswille) im Wege einer wertenden Betrachtung hergeleitet wird, die auch die Interessenlage mit Rücksicht auf die Verkehrssitte einbezieht. Dabei soll bei der Zugewinngemeinschaft berücksichtigt werden, dass dort die Teilhabegerechtigkeit in den typischen Fällen durch die gesetzlichen Ausgleichsregeln gewahrt wird[39].

b) Schenkungswiderruf. Bei **Schenkungen unter Ehegatten** wird § 530 (Schenkungswiderruf **14** wegen groben Undanks) weder durch die §§ 1373 ff im Allgemeinen noch durch die Billigkeitsregelung des § 1381 oder die in §§ 1579, 1587 c zum Ausdruck kommende Wertung für Scheidungsfolgen im Besonderen verdrängt, weil § 530 überhaupt nicht an die Ehe und ihr Scheitern anknüpft[40]. Jedoch wird bei Zuwendungen unter Ehegatten häufig keine Schenkung, sondern eine **ehebezogene Zuwendung** (Rn 10 ff) vorliegen, auf die § 530 nicht anwendbar ist[41].

---

[32] MünchKommBGB/*Kollhosser* § 516 Rn 65 ff.
[33] BGH FamRZ 1983, 688, 689; FamRZ 1985, 351; FamRZ 1993, 1297, 1298 sowie erst jüngst wieder BGH NJW 2006, 2330.
[34] *Gernhuber* EWiR § 1353 BGB 1/94; *Gernhuber/Coester-Waltjen* § 19 Rn 91; MünchKommBGB/*Koch* Vor § 1363 Rn 19; dies FamRZ 1995, 321; *Rauscher* AcP 186 (1986), 529, 550; *Schotten* NJW 1990, 2841, 2847 f; *Holzhauer* JuS 1983, 830, 833 f; *Hepting* S 267 ff, *Seiler* S 551, jeweils FS Henrich, 2000; *Seif* FamRZ 2000, 1193; *Rauscher* Rn 490 ff; *Müßig* FPR 2007, 194; dagegen *Schröder* FamRZ 2001, 142; *Staudinger/Thiele* § 1363 Rn 21 ff; eingehend dazu *Wagenitz* in: Schwab/Hahne, Familienrecht im Brennpunkt, 2004, S 165 ff.
[35] Besonders krit *Gernhuber/Coester-Waltjen* § 19 Rn 91: Eröffnung einer „schlecht berechenbaren Billigkeitsjustiz.
[36] Für stärkere Berücksichtigung der Einzelfallinteressen daher *Johannsen/Henrich/Jaeger* Rn 10; *Soergel/Lange* Rn 8.
[37] *Hepting* S 267 und bereits *Joost* JZ 1985, 10.
[38] *Staudinger/Thiele* Rn 23, S 27; ähnlich bereits im Ansatz *Soergel/Lange* Rn 8; für die Gütertrennung *Rauscher* Rn 492.
[39] *Staudinger/Thiele* Rn 23, S 27.
[40] BGHZ 87, 145, 147 = NJW 1983, 1611 m Anm *Seutemann* FamRZ 1983, 990 m Anm *Olzen* JR 1983, 455; BGH FamRZ 1982, 1066; OLG Düsseldorf FamRZ 1980, 446; OLG Köln FamRZ 1981, 779; MünchKommBGB/*Kollhosser* § 530 Rn 3 b; *Staudinger/Wimmer-Leonhardt* § 530 Rn 35; *Wever* Vermögensauseinandersetzung Rn 445; generell § 530 abl *Schotten* NJW 1990, 2841, 2847; *Bosch*, FS Beitzke, 1979, S 121, 130 ff; für strenge Anforderungen *Seutemann*, Der Widerruf von Schenkungen unter Ehegatten, 1984, S 95 ff; AnwK-BGB/*Limbach* Rn 14; OLG Düsseldorf FamRZ 1980, 446; FamRZ 1980, 782; FamRZ 1982, 1067; OLG Frankfurt FamRZ 1981, 778; LG Bonn FamRZ 1980, 359, 361; LG Essen FamRZ 1980, 791 lehnen einen Schenkungswiderruf unter Ehegatten idR ab und lassen nur bei exzessivem Fehlverhalten entsprechend § 1579 Abs 1 Nr 2 und 4 eine Ausnahme zu; eingehend *Wever* Vermögensauseinandersetzung Rn 437 ff.
[41] AnwK-BGB/*Limbach* Rn 14; *Johannsen/Henrich/Jaeger* Rn 6; *Schwab* FamRZ 1984, 525, 533; *Staudinger/Wimmer-Leonhardt* § 530 Rn 39; aA *Kollhosser* NJW 1994, 2313, 2317; die Anwendung des Maßstabes des § 530 erwägt OLG Frankfurt OLGR 2007, 16; Nachweise zur Annahme einer Schenkung unter Ehegatten *Wever* Vermögensauseinandersetzung Rn 421 Fn 62.

15 Wenn aber tatsächlich eine Schenkung gegeben ist, so ist für die Widerruflichkeit derselben grds kein anderer Maßstab anzulegen als bei Schenkungen unter anderen nahen Angehörigen. Bei der Beurteilung, ob eine **„schwere Verfehlung"** iS des § 530 vorliegt, sind die aus der Ehe fließenden besonderen Beziehungen zu würdigen. Berücksichtigt werden muss dabei auch das Verhalten des Schenkers: es kann die Verfehlung des Beschenkten zwar nicht schlechthin rechtfertigen, aber „in milderem Licht" erscheinen lassen[42]. Objektiv wird hierfür ein gewisses Maß an Schwere vorausgesetzt und subjektiv eine tadelnswerte Gesinnung, die einen Mangel an Dankbarkeit gegenüber dem Schenker erkennen lässt[43]. Soweit infolge eines wirksamen Widerrufs bis zum Bewertungsstichtag ein Anspruch besteht (§ 531 Abs 2), ist er beim Gläubiger als Aktivum, beim Schuldner als Passivum im jeweiligen Endvermögen zu berücksichtigen[44].

16 Bei **Schenkungen der Schwiegereltern an Schwiegerkinder** kommt bei Scheitern der Ehe uU ein **Schenkungswiderruf** nach § 530 in Betracht, wenngleich die Rspr hier zurückhaltend ist[45], oder eine Rückforderung wegen Wegfalls der Geschäftsgrundlage[46], teilweise wird auch ein Bereicherungsanspruch wegen Zweckverfehlung bejaht, weil die Schwiegereltern bei der Schenkung davon ausgingen, die intakte Ehe werde fortdauern[47]. Es ist aber auch hier sorgfältig zu prüfen, ob überhaupt eine Schenkung vorliegt. Oftmals wird hier der Fall sein, insbes das subjektive Tatbestandsmerkmal fehlen. Dann handelt es sich um ein im Gesetz nicht geregeltes familienrechtliches Rechtsverhältnis eigener Art, wobei der BGH die Abwicklung dieser Probleme auf der Ebene der Ehegatten untereinander vornimmt (Rn 22 f)[48].

17 c) **Ungerechtfertigte Bereicherung.** Die §§ 812 ff werden nach hM durch die güterrechtlichen Regeln der §§ 1373 ff verdrängt, soweit die Rückgewähr einer während der Ehe gemachten Zuwendung wegen Scheiterns der Ehe begehrt wird. Die Ehe als solche war nicht Rechtsgrund der Zuwendung, sondern der dieser zu Grunde liegende schuldrechtliche Vertrag (Schenkung, ehebezogene Zuwendung), der mit der Zuwendung selbst bereits erfüllt und kein Dauerschuldverhältnis ist. Weder durch das Scheitern der ehelichen Lebensgemeinschaft noch durch die Auflösung der Ehe entfällt daher der Rechtsgrund im bereicherungsrechtlichen Sinn[49]. § 812 Abs 1 S 2 Alt 1 ist daher nicht anwendbar. Nur vereinzelt wird die Anwendung des § 812 Abs 1 S 2 Alt 2 (Zweckverfehlung) vertreten[50], was aus dem gleichen Grund abzulehnen ist: der eigentliche Zweck der Zuwendung ist bereits erfüllt und kann nicht in der lebenslangen Verwirklichung der ehelichen Lebensgemeinschaft gesehen werden; dies würde in vielen Fällen zu einer unzulässigen Fiktion des Geschäftswillens führen[51]. Zudem betont der BGH zu Recht, dass die flexibleren und nach dem Gebot der Einzelfallgerechtigkeit besser zu verwirklichenden Rechtsfolgen durch die Anwendung der Grundsätze des Wegfalls der Geschäftsgrundlage erreicht werden können[52].

18 d) **Wegfall der Geschäftsgrundlage. aa) Bei Ehegattenzuwendungen.** Auch wenn gerade die ehebezogene Zuwendung auf dem Vertrauen in den Fortbestand der Ehe beruht, kommt nach der Rspr des BGH den spezialgesetzlichen Bestimmungen über den Zugewinnausgleich (§§ 1373 ff) der **Vorrang gegenüber** den aus der Generalklausel des § 242 entwickelten Grundsätzen zum Wegfall der Geschäftsgrundlage zu, die seit dem SMG in § 313 kodifiziert sind[53]. Denn die **güterrechtliche**

---

[42] BGHZ 87, 145, 149 = NJW 1983, 1611; BGH NJW 1993, 1577: hartnäckige Weigerung, ein bei Schenkung vorbehaltenes Recht später zu erfüllen; NJW-RR 1993, 1410: bei sofortiger Kündigung des Mietvertrags und Räumung nach der Scheidung, was die berufliche Existenz des anderen gefährdet; FamRZ 1985, 351: bei Verletzung der ehelichen Treuepflicht kommt es auf eine wertende Betrachtung des Gesamtverhaltens des Beschenkten im Vergleich zu dem des Schenkers an; eingehende Darstellung hierzu bei *Karakatsanes* FamRZ 1986, 1049, 1178.
[43] BGH NJW-RR 1993, 1410.
[44] AnwK-BGB/*Limbach* Rn 15; *Palandt/Brudermüller* Rn 3; *Wever* Vermögensauseinandersetzung Rn 448.
[45] BGH FamRZ 1999, 705 m Anm *Wever* FamRZ 1999, 1421; OLG Karlsruhe NJW 1989, 2136; OLG Köln NJW 1994, 1540 m Anm *Grziwotz* MittBayNot 1995, 140: § 530 wurde im Ergebnis je abgelehnt; LG Oldenburg NJW-RR 1998, 1: bejaht, wenn Familienheim durch sofortige Zwangsversteigerung der Ehefrau und dem Kind entzogen wird; zurückhaltend auch *Schwolow* FuR 2000, 456, 460; *Wever* Vermögensauseinandersetzung Rn 568 ff.
[46] OLG Oldenburg NJW 1994, 1539: wegen enttäuschter Erwartung der Schenker, durch Zuwendung des Hauses werde die weitere eheliche Lebensführung ihres Kindes erleichtert; OLG Düsseldorf NJW-RR 1996, 517; OLG Dresden FamRZ 1997, 739: auch bei Schenkungen vor dem Beitritt; erwägend BGH FamRZ 1999, 705, 707; abl *Wever* FamRZ 1999, 1422; *Jaeger* DNotZ 1991, 434 f.
[47] OLG Köln NJW 1994, 1540; OLG Düsseldorf NJW-RR 1996, 517; hiergegen aber ausdrücklich BGHZ 129, 259, 264; *Wever* FamRZ 1999, 705, 708 = NJW 1999, 1623.
[48] BGHZ 129, 259 = NJW 1995, 1889.
[49] BGHZ 65, 320, 322 ff = NJW 1976, 328; BGHZ 82, 227, 231 = NJW 1982, 1093 für gescheiterte, aber noch nicht geschiedene Ehe; BGH NJW-RR 1989, 66; NJW-RR 1990, 834 mwN; zum Argument des fortbestehenden Rechtsgrunds bereits BGHZ 47, 157, 161; *Johannsen/Henrich/Jaeger* Rn 7; *Jaeger* DNotZ 1991, 431, 451 mwN; *Palandt/Brudermüller* Rn 5; *Wever* Vermögensauseinandersetzung Rn 432 ff; *Schwab* FamRZ 1984, 525, 533; *Schwab/Schwab* HdB ScheidungsR VII Rn 244; *Schwab/Borth* HdB ScheidungsR IX Rn 62 ff; MünchKommBGB/*Koch* Vor § 1363 Rn 22; *Tiedtke* JZ 1992, 334; *Soergel/Lange* § 1380 Rn 6; *Staudinger/Thiele* § 1363 Rn 20 zur ehebezogenen Zuwendung; krit dazu *Erman/Heckelmann* § 1363 Rn 4; zu einem Ausnahmefall BGH FamRZ 1994, 503: Zuwendung vor der Ehe mit besonderer Zweckbestimmung.
[50] *Joost* JZ 1985, 10, 13; *Lipp* JuS 1993, 89, 96; *Ludwig* FuR 1992, 1, 5.
[51] *Johannsen/Henrich/Jaeger* Rn 7; *Langenfeld* Rn 264; *Hepting* Ehevereinbarungen, 1984, S 319 ff empfiehlt, der ehebezogenen Zuwendung einen „Geschäftszweck Ehe" zuzuordnen.
[52] BGHZ 129, 259 = NJW 1995, 1889; BGH FamRZ 1999, 705, 708.
[53] Dabei hat sich an dem Vorrang des güterrechtlichen Ausgleichs nichts geändert, weil nur die bisherigen Grundsätze kodifiziert werden sollten, vgl *Schmidt-Räntsch*, Das neue Schuldrecht, 2000, Rn 625; ausdrücklich für die

Lösung soll idR zu angemessenen Ergebnissen führen. Nur wenn besondere Umstände den güterrechtlichen Ausgleich als nicht tragbare Lösung erscheinen lassen kann in besonders gelagerten **Ausnahmefällen** zur Korrektur für den Zuwender **schlechthin unangemessener** und **untragbarer Ergebnisse** bei der Zugewinngemeinschaft[54] ein Rückgriff auf § 242, insbes auf die Grundsätze des Wegfalls der Geschäftsgrundlage geboten sein[55]. **Systembedingte Härten,** etwa dass im Rahmen des Zugewinnausgleichs nur die Hälfte der Zuwendung oder weniger zurückzugewähren ist, reichen für sich allein noch nicht aus[56]. Dementsprechend bleibt festzuhalten, dass im gesetzlichen Güterstand auch bei **ehebezogenen Zuwendungen** die erfolgreiche Rückforderung die **Ausnahme** ist[57].

(1) Schützenswertes Interesse an der dinglichen Rückübertragung. Da die §§ 1373 ff nur einen Ausgleich in Geld gewähren, kommt ein solcher Ausnahmefall **dinglicher Rückgewähr** idR nur dann in Betracht, wenn durch die bloße finanzielle Ausgleichszahlung im Rahmen des Zugewinnausgleichs dem schutzwürdigen Interesse des Zuwendenden nicht ausreichend genügt wird und es **unerträglich** erscheint, dass der andere Ehegatte auf dem Eigentum beharrt[58]. Die auf Grund des Wegfalls der Geschäftsgrundlage grds vorzunehmende Vertragsanpassung führt im Bereich der ehebezogenen Zuwendungen unter Ehegatten nur in seltenen Ausnahmefällen zu einer Rückgewähr des zugewandten Gegenstands[59]. Diese Grundsätze gelten auch, wenn die Zuwendung noch nicht abschließend vollzogen ist[60]. Keine gegenständliche Rückgewähr daher, wenn der Zuwendungszweck der Ausgleich von vermögenswirksamen Leistungen in der Vergangenheit war[61]. Erfolgte die Zuwendung, um das Objekt dem Gläubigerzugriff zu entziehen, so liegt dem ein treuhänderischer Charakter zu Grunde, der dann Rückforderung rechtfertigt[62]. Besteht aber ausnahmsweise ein Anspruch zur dinglichen Rückgewähr, kann der Herausgabeverpflichtete dazu nur Zug um Zug gegen Zahlung eines nach den Umständen des Einzelfalls zu **bemessenden Ausgleichs** für seine gemachten Aufwendungen verurteilt werden[63]. Obere Grenze sind dabei die vom Verpflichteten veranlassten, noch vorhandenen Vermögensmehrungen, aber auch Billigkeitsgesichtspunkte, wie Dauer der Ehe und beiderseitige Einkommens- und Vermögensverhältnisse sind zu berücksichtigen.

(2) Erstattung von Vermögenswerten. Besteht das Rückforderungsinteresse des Zuwendenden **allein im finanziellen Ausgleich,** so ist noch nicht abschließend geklärt, bei Vorliegen welcher Umstände ein gegenüber dem allgemeinen Zugewinnausgleich vorrangiger, besonderer Ausgleichsanspruch besteht. Der Tod des Zuwendungsempfängers stellt jedoch grds keinen Grund für eine Rückforderung dar[64]. Auch der Umstand, dass die Zugewinnausgleichsforderung nach § 1378 Abs 4 **verjährt** ist, erfordert nicht zwingend die Zubilligung eines Ausgleichsanspruchs nach den Grundsätzen

19

20

Beibehaltung der bisherigen Rspr AnwK-BGB/*Krebs* § 313 Rn 43; *Wever* Vermögensauseinandersetzung Rn 466; *Koch* FamRZ 2003, 197, 209; *Johannsen/Henrich/Jaeger* Rn 8; vgl dazu § 313 Rn 76 f; anders aber *Löhning* FamRZ 2003, 1521, 1522 und abschwächend *Staudinger/Thiele* § 1363 Rn 23 S 27 je wegen der sich aus der hM ergebenden zu starken Einschränkung der Rückabwicklung, die mit Tatbestand und Rechtsfolge des § 313 nicht vereinbar sei.

[54] Zu den geringeren Anforderungen bei der Gütertrennung s BGHZ 84, 361, 365, 368 f = NJW 1982, 2236; BGHZ 127, 48, 51 = NJW 1994, 2545 und § 1414 Rn 16.

[55] BGHZ 115, 132, 135 f = NJW 1991, 2553; BGHZ 65, 320, 324 = NJW 1976, 328; BGHZ 68, 299, 302 ff = NJW 1977, 1234; BGHZ 82, 227, 232 = NJW 1982, 1093; BGHZ 119, 392 = NJW 1993, 385, 386; BGH NJW 1997, 2747; BGHZ 127, 48, 51; OLG Braunschweig MDR 2001, 1242; OLG Frankfurt FuR 2006, 132; OLG München FamRZ 2003, 314 = FamRB 2003, 313 (*Großmann/Haibach*); zust AnwK-BGB/*Limbach* Rn 16; *Johannsen/Henrich/Jaeger* Rn 8 f; *Reinicke/Tiedtke* WM 1982, 946, 955; *Tiedtke* JZ 1984, 1078, 1082 f; *ders* JZ 1992, 334, 336; *Holzhauer* JuS 1983, 830; *Langenfeld* NJW 1986, 2541, 2542; *Palandt/Brudermüller* Rn 8 iVm *Palandt/Grüneberg* § 313 Rn 51; *Schwab* FamRZ 1984, 525, 533; *Schwab/Schwab* HdB ScheidungsR VII Rn 245; ausf *Kogel*, Strategien beim Zugewinnausgleich, Rn 610 ff; *Wever* Vermögensauseinandersetzung Rn 454 ff; **abl:** *Erman/Heckelmann* § 1363 Rn 4; *Soergel/Lange* Rn 8; *Lipp* JuS 1993, 89, 94 ff; *Ludwig* FuR 1992, 1, 6; *Gernhuber/Coester-Waltjen* § 19 Rn 91; aktuelle Fälle aus der Rspr: OLG München FamRZ 1999, 1663; OLG Bremen FamRZ 1999, 1503; OLG Hamm OLGR 2000, 376 = ZEV 2001, 200, LS; OLG Oldenburg FamRZ 1998, 1172.

[56] BGHZ 115, 132, 139; *Kleinle* FamRZ 1997, 1383, 1388; OLG Frankfurt FuR 2006, 132 sieht die Korrekturgrenze erst beim Notbedarfsfall iS von § 528.

[57] *Wever* FamRZ 2007, 861; *Kogel* FamRB 2007, 193.

[58] BGHZ 115, 132, 138; 68, 301, 304 ff: Unzulässigkeit der Teilungsversteigerung; ähnlich LG Aachen FamRZ 2000, 669, 670: wenn „beträchtliches Erbe" in das Zuwendungsobjekt vom Veräußerer investiert – zu weitreichend; BGHZ 82, 236 f; BGH FamRZ 1982, 779: Zurückweisung an das OLG mit Prüfungsauflage, inwieweit dem Ehegatten, der Grundstücksanteil zugewandt hat, die Auseinandersetzung der Miteigentumsgemeinschaft zugemutet werden kann; FamRZ 1994, 503: Rückforderung eines Wertpapierdepots, das kurz nach der Ehe in Erwartung des Fortbestans einer vom Versorgungsgedanken geprägten Altersehe übertragen wurde; OLG Celle FamRZ 2000, 668: Erhalt eines kulturell nicht unbedeutsamen Museums, das der Existenzsicherung und Altersversorgung dienen soll. *Schwab/Borth* HdB ScheidungsR IX Rn 75; *Jaeger* DNotZ 1991, 431, 456 f; eingehend zur dinglichen Rückgewähr *Wever* Vermögensauseinandersetzung Rn 500 ff; abweichend mglw von der gesetzlichen Rechtsfolge des § 313 Abs 3, die allein auf Zumutbarkeit abstellt, *Staudinger/Thiele* § 1363 Rn 24: dingliche Rückgewähr bereits dann, wenn sie geeignet erscheint, ein unzumutbares Ergebnis zu vermeiden; *Wagenitz,* Brennpunkte des Familienrechts, S 175; ähnlich *Löhning* FamRZ 2003, 1522, der durch Einschränkung der Ausgleichsforderung den Weg zu § 313 eher frei machen will.

[59] BGH NJW-RR 2006, 664, 665.

[60] BGH FamRZ 2003, 230.

[61] OLG Bremen FamRZ 2000, 671.

[62] OLG Celle FamRZ 1997, 381.

[63] BGHZ 82, 227, 236 f; 115, 132, 138 f; BGH FamRZ 1998, 669, 670; NJW 1999, 353 = FamRZ 1999, 365; *Wever* Vermögensauseinandersetzung Rn 502 f.

[64] BGH NJW-RR 1990, 834.

§ 1372

über den Wegfall der Geschäftsgrundlage[65], vielmehr kann die gebotene Korrektur dadurch erfolgen, dass die Berufung auf die Verjährung als unzulässige Rechtsausübung (§ 242) angesehen wird[66]. Bejaht wurde die Rückgewährpflicht aber bei Zuwendung eines Bauspargutguthabens, die nach Rechtshängigkeit des Scheidungsantrags während einer Versöhnungsphase erfolgt war: wegen des Stichtagsprinzips (§ 1384) konnte die Zuwendung nicht in dem Zugewinnausgleich berücksichtigt werden[67]. Ausdrücklich entschieden hat der BGH, dass die Bestimmungen über den Zugewinnausgleich auch dann vorrangig sind, wenn der Zuwendungsempfänger beim „vorweggenommenen Zugewinnausgleich" durch eine überhöhte Zuwendung mehr erhalten hat, als seiner Ausgleichsforderung entspricht[68]. Diese **überhöhte Vorwegleistung** wird dann im Rahmen des Zugewinnausgleichs berücksichtigt (§ 1380 Rn 9). Der BGH erwägt allerdings hier eine Anwendung der Grundsätze vom Wegfall der Geschäftsgrundlage, wenn der Zuwendungsempfänger keinen Zugewinn aufzuweisen hat, weil die Zuwendung zur Erhaltung des Anfangsvermögens diente, und andererseits der Zuwendende mit den ihm verbliebenen Mitteln seinen angemessenen Unterhalt nicht bestreiten kann (Notbedarfsfall)[69]. Daneben sind aber auch noch andere Ausnahmefälle anzuerkennen[70]. So werden **voreheliche Leistungen** und Investitionen zwischen Verlobten auf einem Vermögenswert des anderen vom Zugewinnausgleich nicht erfasst, können aber nach diesen Grundsätzen zum Entstehen eines ergänzenden Ausgleichsanspruchs führen[71]. Die **Höhe des Ausgleichsanspruchs** ist auf Grund einer Abwägung zu treffen, in die Art und Umfang der erbrachten Leistungen, der Zweck der Zuwendung, die dadurch beim anderen Ehegatten eingetretene Vermögensmehrung, die beidseitigen Eigentums- und Vermögensverhältnisse, die Dauer der Ehe und die weiteren Aussichten auf Einkünfte als Erwerbstätigkeit einzubeziehen sind[72]. Erfolgte die Zuwendung bereits vor der Eheschließung, so wird der Ausgleichsanspruch jedoch nach oben begrenzt durch den Betrag, den der Zuwendende im Zugewinnausgleich erhalten hätte, wenn diese erst nach der Eheschließung erfolgt wäre[73].

21 Nach der Rspr erfolgt die Ausgleichung von Zuwendungen gemäß § 242 bzw unter der Geltung des SMG nach § 313 Abs 3 nF grds **nicht isoliert** von der güterrechtlichen Vermögensauseinandersetzung (Einzelrückabwicklung), sondern ist in diese integriert und im Zugewinnausgleich zu berücksichtigen[74]. Daher sind die sich aus der Rückgewähr- oder Ausgleichsverpflichtung ergebenden Ansprüche in die **Zugewinnausgleichsbilanz** einzustellen[75], und zwar bereits mit der **endgültigen Trennung** der Ehegatten und nicht erst mit der Stellung des Scheidungsantrags oder gar der Ehescheidung, da die ehebezogene Zuwendung ihre Geschäftsgrundlage in der Ehe hat und diese Geschäftsgrundlage bereits mit der Trennung entfällt[76]. Wann diese Ansprüche dann prozessual durchsetzbar sind, hat der BGH damit noch nicht entschieden; wegen der Abhängigkeit vom Ergebnis des Zugewinnausgleichs kann dies aber nicht vor dem Bewertungsstichtag „Scheidungsantrag" sein[77]. Kommt es jedoch zur **dinglichen Rückgewähr**, so gilt: Im **Prozess** trägt der rückfordernde Ehegatte grds die Darlegungs- und **Beweislast** für sämtliche Voraussetzungen, die für das Bestehen und die Bemessung des Ausgleichsanspruchs maßgebend sind, insbes muss er schlüssig darlegen, dass die bloße Anwendung des Güterrechts für ihn schlechthin unangemessen und unzumutbar ist[78]. Um den erforderlichen Gleichlauf des Rückforderungs- und Ausgleichsanspruchs mit dem Zugewinnausgleich zu erreichen, muss die **Aussetzung** des einen Verfahrens nach § 148 ZPO beantragt werden[79]. Denn für die Rückgewähr- und Ausgleichsansprüche sind die allgemeinen Zivilgerichte, nicht die Familiengerichte zuständig[80]. Diese

---

[65] OLG Düsseldorf NJW-RR 2003, 793, 794 f.
[66] *Wever* Vermögensauseinandersetzung Rn 474; ähnlich *Brudermüller* NJW 2003, 3166, 3167; für Vorrang des Ausgleichs über die ehebezogene Zuwendung *Bergschneider* FamRZ 2003, 873, 874.
[67] BGH NJW 1994, 1153.
[68] BGHZ 82, 227, 233 f.
[69] BGHZ 115, 132, 139 f = NJW 1991, 2553; ebenso OLG Hamm OLGR 2000, 376, aber letztlich verneint.
[70] OLG Stuttgart FamRZ 1994, 1326, 1327 bei grober Unbilligkeit des Zugewinnausgleichs, hier Hausbau mit Versicherungsleistung für schwere Augenverletzung des Mannes; OLG München FamRZ 1999, 1663, 1664: fehlender Zugewinnausgleichsanspruch der mittellosen Mutter von drei minderjährigen Kindern, in deren Erbschaft in Hausbau auf Grund des Ehemannes steckte; ähnlich OLG Frankfurt FamRZ 2001, 158, LS; vgl auch *Soergel/Lange* Rn 8; *Johannsen/Henrich/Jaeger* Rn 10; *Jaeger* DNotZ 1991, 431, 458 ff.
[71] BGHZ 115, 261, 264 = NJW 1992, 427 für Sach- und Arbeitsleistungen, und zwar auch des Vaters der Verlobten, unter Bezug auf die vergleichbare Interessenlage bei der ehebezogenen Zuwendung bei Gütertrennungsehe; OLG Celle NJW-RR 2000, 1675; vgl auch *Wever* Vermögensauseinandersetzung Rn 536 ff.
[72] BGH NJW-RR 1990, 834; OLG München FamRZ 1999, 1663, 1664; *Wever* Vermögensauseinandersetzung Rn 539.
[73] OLG Celle FamRZ 2006, 206, 208; OLG Köln NJW 2002, 3784.
[74] BGHZ 115, 132, 136 f; OLG Celle NJW-RR 1995, 1090; *Kleinle* FamRZ 1997, 1383, 1388; aA *Erman/Heckelmann* § 1363 Rn 4.
[75] BGH NJW 2007, 1744 = FamRB 2007, 193 (*Kogel*); *Wever* Vermögensauseinandersetzung Rn 476 f.
[76] BGH NJW 2007, 1744 = FamRB 2007, 193 (*Kogel*); *Wever* Vermögensauseinandersetzung Rn 516, dort auch zu den abw Ansichten; für Zeitpunkt der Scheidung OLG Brandenburg FPR 2004, 708; OLG München FamRZ 1999, 314.
[77] Zutr *Kogel* FamRB 2007, 193; *Johannsen/Henrich/Jaeger* Rn 10 a; *Wever* FamRZ 2000, 1000; aA – Rechtskraft der Scheidung OLG Düsseldorf FamRZ 1992, 562, 563; OLG München FamRZ 1999, 1663; LG München FamRZ 1998, 167, 168; Vorauff.
[78] BGHZ 115, 132, 136; 119, 392, 397 = NJW 1993, 385; *Wever* Vermögensauseinandersetzung Rn 510.
[79] *Kogel* FamRB 2007, 193, 194; *Johannsen/Henrich/Jaeger* Rn 10 a.
[80] BGHZ 115, 132, 135; *Musielak/Borth* § 621 ZPO Rn 83; *Wever* Vermögensauseinandersetzung Rn 530; aA LG Lübeck FamRZ 1989, 282; MünchKommBGB/*Koch* Vor § 1363 Rn 25.

§ 1372

Ausgleichsansprüche unterliegen zudem nicht der kurzen Verjährung des § 1378 Abs 4 (str, s § 1378 Rn 19).

bb) Zuwendungen an Schwiegerkinder und Ehegatten von Enkeln. Soweit Schwiegereltern an Schwiegerkinder Zuwendungen mit Rücksicht auf die Ehe mit dem leiblichen Kind und zur Begünstigung des ehelichen Zusammenlebens machen[81], ist dies nach Ansicht des BGH mit den ehebezogenen Zuwendungen vergleichbar. Wie bei diesen fehlt es für die Annahme einer Schenkung an dem erforderlichen subjektiven Tatbestand. Nach dem erkennbaren Willen des Zuwendenden führt die Leistung nicht zu einer den Empfänger einseitig begünstigenden und frei disponiblen Bereicherung. Sie soll vielmehr auf Dauer der Ehegemeinschaft dienen und damit auch von deren Bestand abhängig sein. Auch hier liege als Rechtsgrund der Zuwendung ein gesetzlich nicht geregeltes „familienrechtliches Rechtsverhältnis eigener Art" vor, das nach den Grundsätzen über den Wegfall der Geschäftsgrundlage angepasst werden kann[82]. Auf Grund der entsprechenden Behandlung mit der ehebezogenen Zuwendung gilt aber auch hier der **Vorrang des güterrechtlichen Ausgleichs** (allg Rn 18). Hier ist weiter zu berücksichtigen, dass **Zuwendungen der Schwiegereltern nicht gemäß § 1374 Abs 2** dem Anfangsvermögen des begünstigten Schwiegerkindes zuzurechnen sind, sondern voll dem Zugewinnausgleich unterliegen[83]. Demgegenüber sieht der BGH die Zuwendung an das **eigene Kind** als Schenkung iS von **§ 1374 Abs 2**, so dass diese in seinem Anfangsvermögens anzusetzen und insoweit dem Zugewinnausgleich entzogen ist[84]. Dies rechtfertigt der BGH bei den in der Praxis häufigen Finanzierungsbeihilfen der Schwiegereltern zum Hausbau damit, dass wenn diese das Scheitern der Ehe bedacht hätten, sie idR nur ihr eigenes Kind beschenkt hätten, das dann an seinen Ehegatten im Wege der „Kettenschenkung" einen Teil der Zuwendung weitergegeben hätte und dadurch systembedingt hiervon die Hälfte verliert[85]. Die Rspr des BGH bewirkt in seiner Konsequenz, dass das gleiche Rechtsgeschäft, nämlich die Übertragung eines Vermögensobjekts an das Kind und Schwiegerkind hinsichtlich der Zuwendung an das Kind als Schenkung, hinsichtlich des Erwerbs des Schwiegerkinds als ehebezogene Zuwendung bewertet wird. Dahinter steht der Zweck, dem Schwiegerkind hinsichtlich seines Erwerbs die Berufung auf die zugewinnmindernde Einbeziehung in sein Anfangsvermögen zu verwehren. Dagegen werden dogmatische Bedenken vorgebracht[86], die angesichts der Relativität der Rechtsbegriffe aber nicht durchschlagend sind. Hinsichtlich seines Ergebnisses wird dem BGH aber zu Recht allgemein zugestimmt[87]. Der BGH hat diese Grundsätze nunmehr auch auf die Zuwendungen an einen Enkel und dessen Ehegatten übertragen[88].

Beispiel[89]: Schwiegermutter überweist auf das gemeinsame Baukonto von Schwiegertochter ST und Sohn S 100 000, die zur Finanzierung des Wohnhauses auf dem beiden gehörenden Bauplatz verwendet werden.
Zurechnung der Zuwendung mangels anderweitiger Bestimmung: Sohn 50 000, Schwiegertochter 50 000.
Zugewinnbilanz:
Sohn: Anfangsvermögen (§ 1374 Abs 2): 50 000;
Schwiegertochter: Endvermögen 50 000.
Bei ansonsten gleichem Vermögen (je hälftiges Miteigentum am Wohnhaus) ergibt dies für S eine Ausgleichsforderung von 25 000; ein Viertel der Zuwendung der Schwiegermutter ist verloren.

Eine **Rückgewähr,** und zwar zunächst in der Form eines **finanziellen Ausgleichsanspruchs,** kommt nur in Betracht, wenn das Ergebnis dieses güterrechtlichen Ausgleichs schlechthin unangemessen

---

[81] Die Wortwahl im notariellem Vertrag lässt BGH NJW 1999, 1623 = FamRZ 1999, 705 entscheiden; zur Behandlung der Schenkung s Rn 16.
[82] BGHZ 129, 259, 263 f = NJW 1995, 1889 = JZ 1996, 201 m abl Anm *Tiedtke* = LM § 1374 Nr 18 m Anm *Langenfeld*; BGH NJW 2003, 510; OLG Celle NJW-RR 2003, 721 m Anm *Harms* jurisPR-FamR 2/2004 Anm 5; OLG Naumburg OLGR 1997, 122; OLG Koblenz NJW-RR 2007, 2, 4 = FamRZ 2006, 1839 m Anm *Schröder*, dazu auch *Adolf-Kapgenoß* jurisPR-FamR 2/2007 Anm 5 und *Soyka* FuR 2006, 475; OLG Nürnberg FamRZ 2006, 38, 39 m krit Anm *Schröder* = MittBayNot 2006, 336 m Anm *Münch*; LG Landau FamRZ 1997, 1476; *Wever* FamRZ 2006, 414; *Haußleiter/Schulz* 7 Rn 5 ff; dies gilt auch bei Zuwendungen unter Geltung von DDR-Zivilrecht, BGH FamRZ 1998, 669, 670; FamRZ 1999, 365; krit hiergegen *Seif* FamRZ 2000, 1201; *Erman/Heckelmann* § 1374 Rn 8; MünchKommBGB/*Kollhosser* § 516 Rn 81; aus rein methodischen, aber auch insoweit nicht überzeugenden Gründen MünchKommBGB/*Koch* Vor § 1363 Rn 20; *dies,* FS Schwab, 2005, S 513 ff, 516; zutr aber der Ansatz von *Staudinger/Thiele* § 1363 Rn 27 und *Kollhosser* aaO, dass die Interessenlage bei ehebezogenen Zuwendungen Dritter nicht derjenigen bei Zuwendungen unter Ehegatten entsprechen müsse. Eingehend zu den praktischen Fragen *Wever* Vermögensauseinandersetzung Rn 552 ff; *Langenfeld* Rn 1201 ff m Gestaltungsüberlegungen; *Schwolow* FuR 2000, 456, 457 f; daneben sind aber auch hier Schenkungen möglich, BGH NJW 1999, 1623; zu den Folgerungen für die Beratungspraxis *Langenfeld* ZEV 1995, 289, 290 ff.
[83] BGHZ 129, 259, 263 f = NJW 1995, 1889; weitere Rspr zu dieser Thematik OLG Hamm NJW-RR 1994, 770; OLG Düsseldorf FamRZ 1994, 1384; NJW-RR 1994, 1242; NJW-RR 1995, 584; OLG Oldenburg FamRZ 1994, 1245; LG Köln NJW-RR 1995, 136; LG Gießen FamRZ 1994, 1522; noch weiter gehender, aber wohl in Verkennung der eigentlichen Tragweit der BGH-Rspr OLG Nürnberg FamRZ 2006, 38, 39 m krit Anm *Schröder* = MittBayNot, das auch bezüglich der Zuwendung an das eigene Kind keinen privilegierten Erwerb iS von § 1374 Abs 2 annimmt.
[84] Vgl etwa *Haußleiter/Schulz* 7 Rn 5, 19; *Münch* MittBayNot 2006, 339; anders auf Grund Annahme einer besonderen Zweckverfolgung OLG Nürnberg FamRZ 2006, 38, 39 m krit Anm *Schröder*.
[85] BGHZ 129, 259, 266.
[86] *Tiedtke* JZ 1996, 201, 202; ansatzweise etwa bei *Schwab/Schwab* HdB ScheidungsR VII Rn 135.
[87] *Haußleiter/Schulz* 7 Rn 20; *Schwab/Schwab* HdB ScheidungsR VII Rn 135; *Tiedtke* JZ 1996, 201, 202.
[88] BGH NJW-RR 2006, 664 f = FamRB 2006, 133 (*Wever*); dazu auch Schreiber NJ 2006, 270.
[89] Vgl auch das Beispiel bei *Ullrich* NJW-Spezial 2005, 113.

§ 1372

ist und aus der Sicht des Kindes des Zuwendenden unzumutbar unbillig erscheint[90]. Hieran fehlt es, wenn letztlich ein Zugewinnausgleich statt findet, durch den dem Kind die Hälfte des dem Schwiegerkind unentgeltlich Zugewandten zu fließt, denn andernfalls bestünde die Gefahr der doppelten Inanspruchnahme des Schwiegerkindes über den Zugewinnausgleich einerseits und durch die Rückforderung seitens des Zuwendenden andererseits[91]; demgegenüber kommt ein Ausgleichsanspruch in Betracht, wenn ein angemessener güterrechtlicher Ausgleich wegen einer hohen Verschuldung des Zuwendungsempfängers nicht stattfinden kann[92]. Eine **dingliche Rückforderung** kommt dagegen nur in Frage, wenn gerade zur Beseitigung der **Unzumutbarkeit** der **Aufrechterhaltung** der geschaffenen **Vermögenslage** die Rückübertragung des Zuwendungsobjekts erforderlich ist. Dies kann der Fall sein, wenn dadurch die sonst drohende Teilungsversteigerung eines Anwesens verhindert wird, das in der auch den Zuwendungsempfängern erkennbaren Absicht der Erhaltung desselben im Familienbesitz übertragen worden war[93]. Kommt es zur dinglichen Rückgewähr, so ergibt sich aus den **Anpassungsgrundsätzen,** dass den Belangen des zur Herausgabe Verpflichteten nach den Umständen des Einzelfalls durch Zug um Zug Zahlung eines **angemessenen Geldausgleichs** Rechnung zu tragen ist[94]. Dabei soll der Ausgleich bewirken, dass sich der in Natur rückgewährpflichtige Ehegatte im wirtschaftlichen Ergebnis nicht anders steht als er stünde, wenn ihm der zugewandte Gegenstand verbliebe und der Zuwendende von ihm für die Zuwendung, soweit deren Geschäftsgrundlage entfallen ist, seinerseits eine Ausgleichszahlung verlangen könnte. Demnach sind auch die vom Erwerber erbrachten Gegenleistungen zu berücksichtigen[95]. Weiter ist zu beachten, dass die Rückabwicklung nicht nach Bereicherungsgrundsätzen erfolgt; Maßstab sind vielmehr die Grundsätze der Billigkeit, die einen Aufwendungsersatz rechtfertigen[96]. Hinsichtlich der dabei zu berücksichtigenden Eigenleistungen des Verpflichteten hat der BGH dabei die Anforderungen an die **Darlegungslast** (Rn 21) reduziert: Der die Rückgewähr Fordernde kann sich auf die Angabe der Größenordnung des Betrags beschränken und dessen genaue Bemessung in das Ermessen des Gerichts stellen, wenn ihm die genaue Angabe desselben nicht möglich ist[97].

24 e) **Gesamtschuldnerausgleich.** Er wird nicht durch den Zugewinnausgleich ausgeschlossen[98]. Das Ausgleichsverhältnis wird jedoch durch die eheliche Lebensgemeinschaft bei intakter Ehe überlagert, weil insoweit eine „anderweitige Bestimmung" iS von § 426 Abs 1 vorliegt. Zu Einzelheiten s § 426 Rn 7; § 1375 Rn 31[99].

25 f) **Gesamtgläubigerausgleich.** Auch der Gesamtgläubigerausgleich (§ 430) geht dem Zugewinnausgleich vor[100]. Die sich hieraus ergebenden Ansprüche und Verpflichtungen sind in der Zugewinnausgleichsbilanz zu berücksichtigen[101]. Jedoch besteht bei einem beiden Ehegatten als Berechtigten nach § 428 eingeräumten **Wohnungsrecht** kein Anspruch auf Nutzungsentschädigung, wenn der eine auszogen ist und der andere die Rechte allein wahrnimmt[102]. **Oder-Konten** stehen beiden Ehegatten zur unabhängigen Verfügung zu. Im Außenverhältnis sind sie Gesamtgläubiger (§ 428). Im Innenverhältnis besteht bis zur Trennung im Hinblick auf die eheliche Gemeinschaft idR auf Grund eines konkludenten Verzichts kein Ausgleichsanspruch; erst bei Verfügungen danach gilt die Vermutung des § 430 (hälftige Teilhabe)[103]. Bei Wertpapierdepots: OLG Düsseldorf FamRZ 1998, 165. Zu den **beweisrechtlichen Fragen** eingehend *Baumgärtel/Laumen* § 1363 Rn 22 ff.

26 g) **Bruchteilsgemeinschaft.** Eine Bruchteilsgemeinschaft zwischen Ehegatten liegt relativ häufig vor, insbes an Grundstücken (Familienwohnheim) oder gemeinsamen Bankkonten, kann aber auch bestehen, wenn Ehegatten Mittel auf dem Sparkonto des einen ansparen, um damit ehegemeinschaftliche Anschaffungen zu finanzieren[104]. Für die Erstellung der Zugewinnausgleichsbilanz fallen die ent-

---

[90] BGHZ 129, 259, 266 f; OLG Naumburg OLGR 1997, 122; BGH FamRZ 1998, 669, 670 = DNotZ 1998, 886 ohne Betonung des Vorrangs des güterrechtlichen Ausgleichs, was nur im Ergebnis überzeugt, *Wever* Vermögensauseinandersetzung Rn 564 Fn 352; *Ullrich* NJW-Spezial 2005, 103; *Haußleiter/Schulz* 7 Rn 7, 17.
[91] BGHZ 129, 259, 265, 267; OLG Celle NJW-RR 2003, 721, 723; dazu *Harms* jurisPR-FamR 2/2004 Anm 5.
[92] BGHZ 129, 259, 267; OLG Brandenburg FPR 2004, 708; *Wever* Vermögensauseinandersetzung Rn 562.
[93] BGH FamRZ 1998, 669, 670; ebenso BGH NJW-RR 2006, 664, 665.
[94] BGH FamRZ 1998, 669, 670; NJW-RR 2006, 664, 665 f; dazu auch *Wever* Vermögensauseinandersetzung Rn 564 iVm 502 ff.
[95] BGH NJW-RR 2006, 664, 665 f unter Bezug auf *Wagenitz* in: *Schwab/Hahne,* Familienrecht im Brennpunkt, 2004, S 160, 172.
[96] BGH NJW 1999, 353; NJW-RR 2006, 664, 666.
[97] BGH NJW 1999, 364, 366, wobei auch zur Bemessung des Ausgleichsbetrags für bauliche Investitionen, der sich nicht allein auf Erstattung der objektiven Wertsteigerung beschränkt.
[98] BGHZ 87, 273; BGH NJW 1988, 133.
[99] Vgl auch *Wever* FamRZ 1996, 905, 907; *ders* Vermögensauseinandersetzung Rn 277 ff; *Gerhards* FamRZ 2001, 661 zum Verhältnis Gesamtschuldnerausgleich und Zugewinnausgleich in materiell-rechtlicher und prozessualer Hinsicht.
[100] BGH NJW 2000, 2347 = FamRZ 2000, 948, 949; AG Itzehoe FamRZ 1991, 441 betr Mietkaution; *Wever* Vermögensauseinandersetzung Rn 955 ff; AnwK-BGB/*Limbach* Rn 23 ff.
[101] Palandt/Brudermüller Rn 7.
[102] BGH NJW 1996, 2153; für Lösung über § 1361 b Abs 2 *Erbarth* NJW 1997, 974.
[103] BGH NJW 1990, 705 f; OLG Karlsruhe NJW-RR 1990, 1285; AnwK-BGB/*Limbach* Rn 25; *Schwab/Borth* HdB ScheidungsR IX Rn 19 ff; *Wever* FamRZ 1996, 905, 912 f; eingehend *ders* Vermögensauseinandersetzung Rn 718; von dem konkludenten Ausgleichsverzicht nicht erfasst werden jedoch abredewidrige, missbräuchliche Verfügungen, OLG Düsseldorf FamRZ 1999, 1504: Abhebung von 140000 DM vor Trennung.
[104] BGH FamRZ 2000, 948, 949 = NJW 2000, 2347, wobei ausdrücklich offen gelassen wird, ob der Zugewinnausgleich bei Scheitern der Ehe einen ausreichenden Interessenausgleich bewirkt.

sprechenden Miteigentumsanteile in das jeweilige Endvermögen des entsprechenden Ehegatten[105]. Im Übrigen gelten hier grds die Vorschriften der §§ 741 ff über die Bruchteilsgemeinschaft, wobei bei Auflösung der Ehe insbes die Fragen der Neuregelung der **Verwaltungs- und Nutzungsbefugnisse** nach § 745 Abs 2 und der **Aufhebung der Gemeinschaft** nach den §§ 749 ff, bei Grundstücken mit der Möglichkeit der Teilungsversteigerung nach § 180 ZVG praktisch bedeutsam werden[106]. Das von einem Ehegatten bei Alleinnutzung zu zahlende Nutzungsentgelt hat dabei sowohl unterhaltsrechtliche wie vermögensrechtliche Bedeutung. Darüber hinaus können die Ehegatten hinsichtlich der künftigen Nutzung des gemeinsamen Eigenheims eine gerichtliche Regelung nach § 1361 b Abs 1 in der Trennungszeit und nach § 2 HausratsVO für die Zeit nach der rechtskräftigen Ehescheidung verlangen[107].

h) Gesellschaftsrecht. Insbes die Rspr in den Jahren 1950 bis 1970 neigte in manchen Fällen bei der über § 1356 Abs 2 hinausgehenden Ehegattenmitarbeit im Betrieb des anderen zur Annahme eines (uU nur stillschweigend abgeschlossenen) Gesellschaftsvertrags, wobei mangels Gesellschaftsvermögens idR nur eine Innengesellschaft vorliegen sollte[108]. Später betonte die Rspr demgegenüber zu Recht, dass das Bestreben, die eheliche Lebensgemeinschaft zu verwirklichen und die Voraussetzungen dafür zu schaffen, als solches jedoch kein eigenständiger Zweck sei, der die Grundlage einer zwischen den Ehegatten bestehenden Gesellschaft bilden könnte[109]. An diesem erforderlichen Gesellschaftszweck fehlt es regelmäßig, wenn die Ehegatten durch beiderseitige Leistungen zum Erwerb oder Ausbau eines Familienheims beitragen[110]. Der Weg schien dabei weg von der Ehegattengesellschaft und hin zur ehebezogenen Zuwendung zu gehen[111]. Kritisch zu der Annahme einer Gesellschaft s auch § 1414 Rn 20. 27

Der BGH hat nunmehr zur Abgrenzung zwischen ehebezogener Zuwendung und Ehegatteninnengesellschaft ausführlich Stellung genommen und der gesellschaftsrechtlichen Lösung im Rahmen des Vermögensausgleichs zwischen Ehegatten eine größere Bedeutung zu Lasten des Anwendungsbereichs der ehebezogenen Zuwendung zugewiesen[112]. Diese Entwicklung erscheint bedenklich. Denn sie geht noch erheblich über die Rspr hinaus, die bei ehebezogenen Zuwendungen durch Anwendung der Grundsätze über den Wegfall der Geschäftsgrundlage eine Korrektur der Vermögensverhältnisse nach Billigkeitsgesichtspunkten zulässt (Rn 18 ff): Denn bei bestehender Zugewinngemeinschaft ist danach nur in besonders gelagerten **Ausnahmefällen** zur Korrektur **schlechthin unangemessener und untragbarer Ergebnisse** für den Zuwender ein Rückgriff auf die Grundsätze des Wegfalls der Geschäftsgrundlage geboten, während für die Ausgleichsansprüche aus einer Ehegatteninnengesellschaft nach dem BGH derartige Subsidiaritätsgesichtspunkte gerade nicht gelten (§ 1375 Rn 15; zur daher gebotenen einschränkenden Auslegung bezüglich eines entspr Geschäftswillen s Rn 29). Zudem betrifft die Rspr zur Ehegatteninnengesellschaft nicht nur die Korrektur bezüglich einzelner Vermögenswerte, sondern in **quantitativer Erweiterung** uU ganze Vermögenspositionen[113]. Hinsichtlich ihrer Entstehung beruhen sie, da der BGH auch stillschweigende Vereinbarungen zulässt, oftmals auf „fingierten Willenserklärungen"[114] und werden idR erst entdeckt, wenn die Ehe gescheitert ist[115]. Damit besteht die Gefahr, dass Ehegatten eine gesellschaftsrechtliche Bindung unterstellt wird, die diese, wenn sie zu Beginn ihrer Vermögensbildung befragt würden, gerade abgelehnt hätten[116]. 28

Die **Abgrenzung** zur **ehebezogenen Zuwendung** nimmt der BGH nicht danach vor, ob die Vermögensmehrung durch Geld- oder Sachleistungen oder aber durch Mitarbeit entstanden ist, vielmehr erfolgt dies zweckorientiert: Voraussetzung für die Annahme einer Ehegatteninnengesellschaft ist, dass der **Zweck** des Zusammenwirkens der Ehegatten **über die Verwirklichung der ehelichen** 29

---

[105] Palandt/Brudermüller Rn 9.
[106] Eingehend zu diesen Fragen Schwab/Borth HdB ScheidungsR IX Rn 5 ff; AnwK-BGB/Limbach Rn 28 ff; Wever FamRZ 1996, 905 ff; ders Vermögensauseinandersetzung Rn 40 ff; Graba NJW 1987, 1721; Palandt/Brudermüller Rn 9; Scholz/Stein/Eckebrecht Rn D 36 ff; zur Teilungsversteigerung Brudermüller FamRZ 1996, 1516.
[107] Vgl etwa Schwab/Borth HdB ScheidungsR IX Rn 6; Wever Rn 81 ff; Scholz/Stein/Eckebrecht D 1 ff.
[108] BGHZ 8, 249, 251: Gastwirtsehepaar; BGH LM § 705 Nr 5 Lebensmittel- und Textilgeschäft; BGHZ 31, 197, 200; BGH FamRZ 1961, 519: Metallgroßhandel; FamRZ 1962, 357: Gärtnerei (in allen Fällen bestand während der überwiegenden Ehezeit Gütertrennung, teilweise kraft Gesetzes nach Verfassungswidrigkeit der Güterstände der Nutzungsverwaltung; BGHZ 47, 157, 162: Gastwirtschaft; **abgelehnt** wurde die Gesellschaft aber von BGH FamRZ 1960, 58: gemeinsamer Hausbau; NJW 1968, 245; NJW 1974, 1554; FamRZ 1961, 301: gemeinsame Hofbewirtschaftung; LM § 1356 Nr 13; NJW-RR 1988, 260: Beitrag des Ehegatten an der wirtschaftlichen Verselbstständigung des anderen Ehegatten bestand im Wesentlichen nur in der zur Kreditbeschaffung erforderlichen dinglichen Absicherung; NJW-RR 1989, 66: Tilgung eines Bauspargutbabens des anderen; eingehend Wever Rn 592 ff; krit MünchKommBGB/Wacke § 1356 Rn 26; Schwab/Borth HdB ScheidungsR IX Rn 24 ff.
[109] BGH NJW 1974, 2045; NJW-RR 1989, 66.
[110] BGHZ 84, 361, 366 f; jedoch kann diesbezüglich ausdrücklich eine Ehegattengesellschaft vereinbart werden, vgl etwa Gernhuber/Coester-Waltjen § 20 Rn 26 Fn 23; Münch FamRZ 2004, 233, 235.
[111] Lüderitz FamR, 27. Aufl, Rn 322.
[112] BGHZ 142, 137 = NJW 1999, 2962, 2965; BGHZ 155, 249, 255 = NJW 2003, 2982 = FamRZ 2003, 1454 m Anm Wever und Anm Spieker FamRZ 2004, 174; BGH NJW 2006, 1268, 1269 = FamRZ 2006, 607 m Anm Hoppenz; zust Langenfeld ZEV 2000, 14; eingehend Wever Vermögensauseinandersetzung Rn 598 ff; ders in: Schröder/Bergschneider FamVermR Rn 5.126 ff; Grziwotz DNotZ 2000, 492; Haußleiter/Schulz 6 Rn 158 ff.
[113] Jaeger, FS Henrich, 2000, S 323, 334; Wever Vermögensauseinandersetzung Rn 641.
[114] Gernhuber/Coester-Waltjen § 20 Rn 27.
[115] Gernhuber/Coester-Waltjen § 20 Rn 26.
[116] Wever Vermögensauseinandersetzung Rn 644.

Lebensgemeinschaft (etwa durch Schaffung eines Familienheims) **hinaus** geht, wie er etwa vorliegt, wenn die Eheleute durch den Einsatz von Vermögenswerten und Arbeitsleistungen gemeinsam ein Unternehmen aufbauen oder gemeinsam eine berufliche oder gewerbliche Tätigkeit ausüben[117], und dass ihrem Tun die Vorstellung zugrunde liegt, dass das gemeinsam geschaffene Vermögen wirtschaftlich nicht nur dem formal berechtigten, sondern auch dem anderen Ehegatten zustehen soll. Demgegenüber sind **ehebezogene Zuwendungen** auf die Fälle zugeschnitten, in denen das „Geben um der Ehe willen" im Vordergrund steht[118]. Für die Annahme einer Ehegatteninnengesellschaft wird vom BGH ausdrücklich an dem Erfordernis eines zumindest **schlüssig zu Stande gekommenen Vertrags** festgehalten[119], und zwar auch im Fall einer nichtehelichen Lebensgemeinschaft[120]. Eine bloß faktische Willensübereinstimmung genügt nicht. Indizien für die nach gesellschaftsrechtlichen Grundsätzen zu bewertende Zusammenarbeit und den erforderlichen Rechtsbindungswillen sind Planung, Dauer und Umfang der Vermögensbildung, Absprachen über Verwendung und Wiederanlage der erzielten Erträge[121]. Das weitere Erfordernis der gleichgeordneten Mitarbeit beider Ehegatten darf demgegenüber nicht überbetont werden, solange nur ein Ehegatte für die Gesellschaft einen nennenswerten und für den erstrebten Erfolg bedeutsamen Beitrag leistet[122]. Auch das Bestehen der **Zugewinngemeinschaft** schließt dabei nicht die Möglichkeit aus, dass durch schlüssiges Verhalten eine Innengesellschaft begründet wird. Allerdings hat die Rspr hier nur in seltenen Fällen den Bestand einer Innengesellschaft angenommen, weil der im Fall der Scheidung gebotene Vermögensausgleich idR bereits durch die Vorschriften über den Zugewinnausgleich gesichert ist[123]. Die Vorstellung der Ehegatten, über den Zugewinnausgleich an dem gemeinsam Erarbeiteten teilzuhaben, wird hier vielfach dagegen sprechen, ihr Verhalten hinsichtlich ihrer gemeinsamen Arbeit oder Wertschöpfung als Abschluss eines Gesellschaftsvertrags auszulegen. Der Umstand, dass die Ehegatten im gesetzlichen Güterstand leben, ist deshalb als gewichtiges Indiz gegen das Zustandekommen einer Innengesellschaft durch schlüssiges Verhalten anzusehen[124]. Ausgeschlossen ist dies indessen nicht[125].

30   **Rechtsfolge** der Ehegatteninnengesellschaft ist, dass ein Gesamtausgleich in Form eines schuldrechtlichen Anspruchs auf Zahlung eines Auseinandersetzungsguthabens entsteht[126]. Mangels ausdrücklicher oder durch Auslegung zu ermittelnder abweichender Vereinbarung ist von einer hälftigen Beteiligungsquote auszugehen (§ 722 Abs 1). Indiz für eine von den Gesellschaftern gewollte abweichende Verteilungsquote sind unterschiedlich hohe Beträge der Gesellschafter, wobei insoweit nicht nur auf die Arbeits-, sondern auch auf die Geld- und Sachleistungen abzustellen ist[127]. Anspruch wie Verpflichtung sind in die Zugewinnausgleichsbilanz einzustellen[128]. Vereinbaren Ehegatten nach der Eheschließung den Güterstand der **Gütertrennung** und schließen die Zugewinnausgleich für die zurückliegende Zeit aus, ohne eine Regelung hinsichtlich der sich aus der Ehegatteninnengesellschaft ergebenden Rechte zu treffen, was angesichts der genannten Rspr dringend empfohlen werden muss[129], so ist es eine Auslegungsfrage, ob damit ein Verzicht auf die gesellschaftsrechtlichen Ausgleichsansprüche verbunden ist. Der BGH hat dies in einem Fall verneint, in dem der Betrieb bereits vor der Eheschließung aufgenommen und über den Abschluss des Ehevertrags hinaus noch fortgesetzt werden sollte, zumal der gesellschaftsrechtliche Auseinandersetzungsanspruch erst mit der Auflösung der Innengesellschaft entsteht[130].

§ 1373 Zugewinn

Zugewinn ist der Betrag, um den das Endvermögen eines Ehegatten das Anfangsvermögen übersteigt.

---

[117] BGHZ 142, 137, 150 = NJW 1999, 2962; BGHZ 155, 249, 254 = NJW 2003, 2982; BGH NJW 2006, 1268, 1269.
[118] BGHZ 142, 137, 150 f = NJW 1999, 2962; zur Abgrenzung der Ehegatteninnengesellschaft gegenüber der ehebezogenen Zuwendung s auch *Haußleiter/Schulz* 6 Rn 171; *Wever* Vermögensauseinandersetzung Rn 612 ff; *Arens* FamRZ 2000, 266, 236, wobei die zuletzt Genannten auch darauf abstellen, dass die Beteiligung bzw Mitwirkung gerade auch im eigenen Interesse des Ehegatten erfolgt.
[119] Eingehend *Wever* Vermögensauseinandersetzung Rn 603 ff; Vorschläge zu ihrer expliziten Ausgestaltung bei *Münch* FamRZ 2004, 233.
[120] BGH NJW 2006, 1268, 1269.
[121] Ausf *Wever* Vermögensauseinandersetzung Rn 615 ff.
[122] BGHZ 142, 137, 154 = NJW 1999, 2962.
[123] BGHZ 155, 249, 255 = NJW 2003, 2982; BGH NJW 1986, 1870 = FamRZ 1986, 558, 559.
[124] BGH NJW 2006, 1268, 1269; *Wever* in: *Schröder/Bergschneider* FamVermR Rn 5.152; *Wever* Vermögensauseinandersetzung Rn 625.
[125] BGHZ 142, 137, 143 ff = NJW 1999, 2962.
[126] BGHZ 142, 137, 155 = NJW 1999, 2962; *Wever* Vermögensauseinandersetzung Rn 657; *Langenfeld* ZEV 2000, 14, 15 sieht darin einen Vorteil, weil nicht alle Vermögensbewegungen über Jahre hinweg zurück zu verfolgen sind; jedoch ist damit auch eine Verlustbeteiligung (§ 739) verbunden, *Wever* Vermögensauseinandersetzung Rn 652 f; *Haußleiter/Schulz* 6 Rn 187 f.
[127] BGHZ 142, 137, 156 = NJW 1999, 2962; *Haußleiter/Schulz* 6 Rn 185 f; *Wever* Vermögensauseinandersetzung Rn 652 ff.
[128] BGHZ 155, 249, 255 = NJW 2003, 2982; BGH NJW 2006, 1268, 1269; eingehender s § 1375 Rn 15, Stichwort Ehegatteninnengesellschaft.
[129] *Münch* FamRZ 2004, 233, 237.
[130] BGH NJW 2006, 1268, 1270 = FamRZ 2006, 607 = FamRB 2006, 165 (*Wever*); krit dazu *Volmer* FamRZ 2006, 844.

I. Grundsätzliches

§ 1373 bestimmt, wenn auch nur im Kontext mit anderen Normen, den Begriff des **Zugewinns**. Dies ist der **Betrag**, um den das **Endvermögen** (§ 1375) das **Anfangsvermögen** (§ 1374) übersteigt. Die Berechnungsstichtage hierfür ergeben sich aus § 1376, in den Sonderfällen der Scheidung und des vorzeitigen Zugewinnausgleichs hinsichtlich des Endvermögens aus den §§ 1384, 1387. Der so ermittelte Zugewinn ist die Vorstufe für die Ermittlung der Ausgleichsforderung, die die Hälfte des Überschusses ist, den der eine Ehegatte gegenüber dem anderen erzielt hat (§ 1378 Abs 1). 1

II. Zugewinn als Rechengröße

Der Zugewinn ist, ebenso wie das Anfangs- und das Endvermögen, keine tatsächlich vom sonstigen Vermögen der Ehegatten abgegrenzte besondere Vermögensmasse[1]. Das Gesetz kennt beim gesetzlichen Güterstand vielmehr nur das Vermögen des Ehemannes und das der Ehefrau[2]. Der Zugewinn ist nur eine **reine Rechengröße**, kein Sondervermögen des betreffenden Ehegatten. 2

Der Ausgleich des Zugewinns ist dabei nicht davon abhängig, dass die Ehegatten während des Güterstands weitere Vermögensgegenstände erworben haben; vielmehr kann sich ein Zugewinn allein daraus ergeben, dass ein bereits zum Anfangsvermögen gehörender Vermögenswert eine **echte Wertsteigerung** durch eine veränderte Bewertung erhält. Ein besonders plastisches Beispiel hierfür bilden die durch die Wiedervereinigung eingetretenen enormen Preissteigerungen von Immobilien[3]. Zwar versagt hier der der Zugewinngemeinschaft zu Grunde liegende Gedanke, dass der Zugewinnausgleich auf der Mitarbeit des Ehegatten beruht; jedoch bestimmt das Gesetz in § 1374 Abs 2 abschließend und schematisch, welcher während des Güterstands eintretende Erwerb im Zugewinnausgleich „neutral" behandelt werden soll[4]. 3

Nicht auszugleichen ist aber ein **unechter** (auch nomineller) **Zugewinn**. Die Ermittlung des Zugewinns durch Vergleich von Anfangs- und Endvermögen erfordert einen einheitlichen „Wertmesser". Dies ist das Geld. Infolge des Kaufkraftschwundes durch schleichende oder galoppierende Inflation ist jedoch nicht einfach „Euro = Euro". Vielmehr ergeben sich aus dem Kaufkraftverfall scheinbare Zugewinne, die kein ausgleichspflichtiger Vermögenserwerb sind, und die eine entsprechende Wertberichtigung im Rahmen der Berechnung des Zugewinnausgleichs erfordern (eingehend § 1376 Rn 39). 4

Gibt es kein Sondervermögen, so bedarf es auch keiner dinglichen Surrogation. § 1374 Abs 2 kann sich daher damit begnügen zu bestimmen, was der „Rechengröße" **Anfangsvermögen** hinzuzurechnen ist. Das Anfangsvermögen wird mindestens immer mit null bewertet (§ 1374 Abs 1 HS 2). 5

Aber auch der **Zugewinn** eines Ehegatten kann in der Ausgleichsbilanz **niemals negativ** sein, also allenfalls null[5]. Dies verhindert aber nicht, dass durch Verluste, die ein Ehegatte vor dem maßgeblichen Stichtag (§§ 1384, 1387) erleidet, sich dessen Zugewinn reduziert und der andere diese im Rahmen des Zugewinnausgleichs (zumindest teilweise) ausgleichen muss[6]. 6

Durch die Hinzurechnung bestimmter Beträge nach § 1375 Abs 2 kann sich allerdings ein (fiktiver) Zugewinn ergeben. Diese Bestimmung, wie auch die §§ 1384, 1385, 1386, 1387, 1390, bilden einen – allerdings nur unvollkommenen – **Schutz** gegen eine Beeinträchtigung des Zugewinnausgleichs. 7

§ 1374 Anfangsvermögen

(1) Anfangsvermögen ist das Vermögen, das einem Ehegatten nach Abzug der Verbindlichkeiten beim Eintritt des Güterstands gehört; die Verbindlichkeiten können nur bis zur Höhe des Vermögens abgezogen werden.

(2) Vermögen, das ein Ehegatte nach Eintritt des Güterstands von Todes wegen oder mit Rücksicht auf ein künftiges Erbrecht, durch Schenkung oder als Ausstattung erwirbt, wird nach Abzug der Verbindlichkeiten dem Anfangsvermögen hinzugerechnet, soweit es nicht den Umständen nach zu den Einkünften zu rechnen ist.

Schrifttum: *Battes,* Neuere Entwicklungen im Familienrecht, FamRZ 1990, 49; *Berger,* Die „modifizierte Zugewinngemeinschaft" in zivil- und steuerrechtlicher Sicht, 1989; *Büte,* Ausnahme von der Hinzurechnung nach § 1374 Abs 2 BGB, FuR 2007, 289; *Koch,* Die Teilungsmasse des Zugewinns – der Topos von der starren, schematischen Regelung des Gesetzes, in: *Schwab/Hahne* (Hrsg), Familienrecht im Brennpunkt, 2004, S 139; *N. Mayer,* Herausnahme von einzelnen Gegenständen bzw Wirtschaftseinheiten aus dem Zugewinnausgleich – eine optimale Gestaltungsvariante im privaten und unternehmerischen Bereich?, DStR 1993, 991; *Muscheler,* Wertveränderungen des privilegierten Erwerbs in der Zugewinngemeinschaft, FamRZ 1998, 265; *Plate,* Die modifizierte Zugewinngemeinschaft im Ehevertrag von Unternehmern, MittRhNotK 1999, 257; *Schöpflin,* Laufendes Einkommen, Giroguthaben und Zugewinnausgleich, FuR 2004, 60; *Wellkamp,* Die Bestimmung des Anfangsvermögens nach § 1374,

---

[1] AnwK-BGB/*Limbach* Rn 3; KK-FamR/*Weinreich* Rn 2.
[2] Anders etwa bei der Gütergemeinschaft, bei der es das eheliche Gesamtgut beider Ehegatten, sowie für jeden sein Sondergut und Vorbehaltsgut gibt.
[3] OLG Düsseldorf NJW 1999, 501; dazu § 1376 Rn 44.
[4] MünchKommBGB/*Koch* Rn 14 f.
[5] AllgM, OLG München FamRZ 1976, 26; AnwK-BGB/*Limbach* Rn 4; *Staudinger/Thiele* Rn 20.
[6] *Johannsen/Henrich/Jaeger* Rn 3; missverständlich daher das Schlagwort bei KK-FamR/*Weinreich* Rn 3 und FA-FamR/*v. Heintschel-Heinegg* Kap 9 Rn 48, dass die Zugewinngemeinschaft keine „Verlustgemeinschaft" sei.

§ 1374

FuR 2000, 461; *ders,* Wertverschiebung bei der Berechnung des Anfangsvermögens durch die Regelung des § 1374 Abs 2 BGB, FuR 2000, 300.

Übersicht

	Rn		Rn
I. Normzweck	1	2. Hinzurechnungstatbestände	10
II. Stichtag	2	a) Erwerb von Todes wegen	11
III. Das eigentliche Anfangsvermögen	3	b) Erwerb mit Rücksicht auf ein künftiges Erbrecht	14
1. Aktiva	4	c) Schenkungen	18
a) Rechtliche geschützte, geldwerte Positionen	4	d) Ausstattung	22
b) Einkommen ist kein Anfangsvermögen	5	e) Keine Analogie	23
c) Grenzen	6	3. Durchführung der Hinzurechnung	24
2. Passiva	7	a) Grundmuster	24
a) Berücksichtigungsfähige Verbindlichkeiten	7	b) Gewinne, Verluste, echte Wertsteigerungen	26
b) Kein negatives Anfangsvermögen (Abs 1 HS 2)	8	c) Keine Hinzurechnung von an sich privilegiertem Erwerb	27
IV. Hinzurechnung von privilegiertem Vermögen zum Anfangsvermögen (Abs 2)	9	V. Abweichende Vereinbarung	28
1. Zweck	9	VI. Beweislast	29

I. Normzweck

1 Die Vorschrift legt das Anfangsvermögen als eine der beiden Vergleichsgrößen für die Berechnung des Zugewinns (§ 1373) fest, nämlich als den unteren Schwellenwert. Zu diesem muss ein Vermögenszuwachs hinzukommen, damit ein Zugewinnausgleich stattfinden kann[1]. Nach Abs 2 werden dann bestimmte spätere Erwerbe dem Anfangsvermögen hinzugerechnet, und damit der Zugewinn entsprechend gemindert, an denen der andere Ehegatte nach dem Grundprinzip der Zugewinngemeinschaft nicht teilhaben soll. Auch andere Vorschriften betreffen noch das Anfangsvermögen, so § 1376 Abs 1, 3 und 4 zur Wertermittlung; § 1377 enthält eine Vermutung zum Anfangsvermögen.

II. Stichtag

2 Der maßgebende Berechnungszeitpunkt für das originäre Anfangsvermögen ist der „Eintritt des Güterstandes", womit der der Zugewinngemeinschaft gemeint ist. Soweit ein **Ehevertrag** vorliegt, ist dies der dort hierfür vereinbarte Tag, falls es an einer entsprechenden Bestimmung fehlt, der des Vertragsschlusses[2]. Soweit **kein Ehevertrag** geschlossen wurde, ist idR der Zeitpunkt der Eheschließung (§ 1310) maßgebend. Aber auch bei vertragslosen Ehen sind Ausnahmen möglich: So bei sog Altehen in den alten Bundesländern, wenn die Eheleute bereits vor dem 1. 7. 1958 geheiratet hatten; denn dann ist mangels abweichender Regelung dieser Tag maßgebend, ein früher erzielter Zugewinn ist nicht auszugleichen (Art 8 I Nr 3 und 4 und II Nr 4 GleichberG)[3]. Für **Vertriebene** und Flüchtlinge gelten ebenfalls Sonderregelungen, s §§ 1, 3 des Gesetzes über den ehelichen Güterstand von Vertriebenen und Flüchtlingen vom 4. 8. 1969 (BGBl I S 1067)[4]. Zur Überleitung des Güterstandes der **Eigentums- und Vermögensgemeinschaft** im Gebiet der früheren **DDR** s Art 234 § 4 und 4 a EGBGB und § 1376 Rn 43.

III. Das eigentliche Anfangsvermögen

3 Das Anfangsvermögen iS des § 1374 ist keine bestimmte oder gar gegenständliche Vermögensmasse (Sondervermögen), sondern eine reine **Rechengröße**[5]. Unter dem Anfangsvermögen ist nach der ausdrücklichen gesetzlichen Anordnung der rechnerische Überschuss der Aktiva über die Passiva zu verstehen, also das beim Eintritt des Güterstands vorhandene Nettovermögen[6]. Dies kann allerdings niemals einen negativen Wert annehmen, sondern muss mindestens null sein (Abs 1 HS 2).

4 **1. Aktiva. a) Rechtliche geschützte, geldwerte Positionen.** Zu den zu berücksichtigenden Aktiva zählen alle dem Ehegatten am Stichtag zustehenden **rechtlich geschützten Positionen von wirtschaftlichem Wert,** dh also neben den einem Ehegatten gehörenden Sachen alle ihm zustehenden objektiv bewertbaren Rechte, die bei Eintritt des Güterstandes bereits bestanden haben[7]. Dazu gehören

---

[1] *Johannsen/Henrich/Jaeger* Rn 1; MünchKommBGB/*Koch* Rn 1.
[2] MünchKommBGB/*Koch* Rn 3.
[3] BGHZ 157, 379 = FamRZ 2004, 781, 782; *Staudinger/Thiele* 1994 Einl §§ 1363 ff Rn 38.
[4] Dazu etwa KK-FamR/*Weinreich* Rn 15; *Soergel/Lange* Vor § 1363 Rn 11.
[5] AllgM, MünchKommBGB/*Koch* Rn 2; s bereits § 1373 Rn 2.
[6] Ebenfalls unbestritten, vgl AnwK-BGB/*Limbach* Rn 1; *Johannsen/Henrich/Jaeger* Rn 6.
[7] BGHZ 157, 379 = FamRZ 2004, 781, 782; BGHZ 82, 149, 150; BGH NJW 2002, 436, 437; BGHZ 146, 64, 68 f = NJW 2001, 439 mwN; AnwK-BGB/*Limbach* Rn 14; *Johannsen/Henrich/Jaeger* Rn 7; KK-FamR/*Weinreich* Rn 5; MünchKommBGB/*Koch* Rn 6; *Staudinger/Thiele* Rn 3; ähnlich *Schröder* in: *Schröder/Bergschneider* FamVermR Rn 4.191, der noch auf die Kommerzialisierbarkeit der Vermögenspositionen abstellt; weiter *Palandt/Brudermüller* Rn 6: alle Positionen mit wirtschaftlichem Wert.

unter anderem auch geschützte **Anwartschaften** mit ihrem gegenwärtigen Vermögenswert (zur Bewertung s § 1376 Rn 32), sowie die ihnen vergleichbaren Rechtsstellungen, die einen Anspruch auf künftige Leistung gewähren, sofern diese nicht mehr von einer Gegenleistung abhängig und nach wirtschaftlichen Maßstäben (notfalls durch Schätzung) bewertbar sind[8], etwa das Anwartschaftsrecht des Vorbehaltskäufers, nicht aber die bloße Erwerbsaussicht auf Grund eines Erbvertrags[9]. Dabei muss der Wert nicht zwingend sogleich verfügbar sein[10]. Die Berücksichtigung eines Rechts im Anfangsvermögen setzt auch **nicht** voraus, dass das Recht bereits fällig, unbedingt oder **vererblich** ist[11]. Einzubeziehen sind daher grds auch noch nicht fällige, bedingte und in ihrer Realisierbarkeit „dubiose" Forderungen[12], jedoch sind diese Rechte regelmäßig niedriger zu bewerten[13]. Nicht zum Anfangsvermögen gehören demgegenüber noch in der **Entwicklung begriffene Rechte**, die noch nicht zur Anwartschaft erstarkt sind, und bloße Erwerbsaussichten, da sie nicht das Merkmal „rechtlicher geschützter Positionen mit wirtschaftlichem Wert" erfüllen[14]. **Restitutionsansprüche** hinsichtlich des in der früheren DDR gelegenen und dort enteigneten Vermögen sind als realisierbare Vermögenspositionen erst mit In-Kraft-Treten des VermG entstanden und können daher nur dann als **Anfangsvermögen** berücksichtigt werden, wenn der Güterstand danach eingetreten ist[15]. Ein zu berücksichtigendes Anwartschaftsrecht auf eine **Abfindung** wegen **Verlustes des Arbeitsplatzes** ist jedoch zu bejahen, wenn vor der Eheschließung der Arbeitgeber bereits mit dem Betriebsrat nach § 111 BetrVerfG einen „Interessenausgleich" zur Vorbereitung des Sozialplans abgeschlossen hat, und die danach gezahlte Entschädigung für den Verlust des Arbeitsplatzes und des damit verbundenen Besitzstandes für die Zeit vor der Eheschließung gewährt wird[16]. Auch ein **Recht zum Besitz** ist zu berücksichtigen[17], wobei aber ein entsprechender Rechtsbindungswille vorliegen muss, also etwa ein Leihvertrag angenommen werden kann[18], nicht aber die bloße **unentgeltliche Gebrauchsüberlassung** ohne Besitzrecht, etwa von Wohnraum durch die Eltern des Ehegatten, weil keine geschützte Rechtsposition vorliegt[19]. **Aufwendungsersatzansprüche** für Arbeiten auf fremdem Grundstück (§§ 951, 812) aus der Zeit vor der Ehe gehören dann nicht zum Anfangsvermögen, wenn sie wegen Nichteintritts des bezweckten Erfolgs erst während der Ehe entstehen[20]; erfolgte die Bebauung auf Grund eines entsprechenden Leihvertrags, so sollen ebenfalls Ausgleichsansprüche ausgeschlossen sein, auch wenn der eine Ehegatte seine Rechte aus diesem Vertrag nicht mehr ausnützt[21]. Auch nicht übertragbare Rechte sind zu berücksichtigen[22], etwa beschränkte persönliche Dienstbarkeiten[23]. Soweit Vermögenswerte den Ehegatten bereits **gemeinsam** gehörten, werden sie mit dem jeweiligen Anteilswert bei jedem getrennt angesetzt; dies gilt auch für Hochzeitsgeschenke[24]. **Voreheliche Leistungen** und Investitionen zwischen den Verlobten werden an sich nicht vom Zugewinnausgleich erfasst, können jedoch einen besonderen Ausgleichsanspruch auslösen (§ 1372 Rn 20). Zur Anteilsberechtigung an gemeinsamen Konten s § 1372 Rn 25. Zur Berücksichtigung **weiterer Vermögenswerte** im Zugewinnausgleich s ausf § 1375 Rn 5 ff.

b) Einkommen ist kein Anfangsvermögen. Nicht zum Anfangsvermögen gehören alle vor dem Stichtag begründeten Rechts- und Dauerschuldverhältnisse, die Ansprüche auf künftig fällige, **wiederkehrende Einzelleistungen** (Arbeitsentgelt, Besoldung, Unterhaltsleistungen) vermitteln, denn sie stellen noch kein gegenwärtiges Vermögen des Berechtigten dar, sondern sollen sein künftiges Einkommen vermitteln und sichern[25]. Dies ergibt sich auch aus der Einschränkung des Abs 2 HS 2. Nur die daraus resultierenden **Einzelansprüche** können berücksichtigt werden, wenn sie am Stichtag 5

---

[8] BGHZ 146, 46, 68 f; BGH FamRZ 1983, 881, 882; BGHZ 87, 367, 373; BGH NJW 1981, 1038; AnwK-BGB/*Limbach* Rn 20; MünchKommBGB/*Koch* § 1375 Rn 12; *Johannsen/Henrich/Jaeger* Rn 8; *Staudinger/Thiele* Rn 3; verneinend OLG München FamRZ 1998, 234, 235 bei Einräumung eines Wohnungsrechts vor der Ehe für den Fall des Todes des Eigentümers.
[9] OLG Koblenz FamRZ 1985, 286.
[10] BGHZ 117, 70, 77; *Schwab/Schwab* HdB ScheidungsR VII Rn 47.
[11] BGHZ 157, 379, 384 = NJW 2002, 436, 437; BGHZ 146, 46, 69; *Johannsen/Henrich/Jaeger* Rn 8; *Staudinger/Thiele* Rn 3, 4; *Schwab/Schwab* HdB ScheidungsR VII Rn 48; zur Einbeziehung nicht vererblicher Rechte BGH NJW 1987, 321; OLG Stuttgart FamRZ 1986, 466; KG FamRZ 1988, 171: Nießbrauch; *Gernhuber* FamRZ 1984, 1053 f; *Staudinger/Thiele* Rn 4; *Soergel/Lange* Rn 7; MünchKommBGB/*Koch* § 1375 Rn 7; frühere BGH-Entscheidungen (BGHZ 68, 163, 165 = NJW 1977, 949; offen lassend BGHZ 75, 195, 198) hatten auf die Vererblichkeit abgestellt.
[12] *Johannsen/Henrich/Jaeger* Rn 8; *Staudinger/Thiele* Rn 7; *Soergel/Lange* Rn 7.
[13] BGH NJW 1987, 321; MünchKommBGB/*Koch* Rn 8.
[14] BGH NJW 2002, 436, 437; BGHZ 146 46, 69 mwN.
[15] BGHZ 159 = FamRZ 2004, 781, 782 f m abl Anm *Schröder*; vgl auch BGH FamRZ 2007, 1307 = FamRB 2007, 289 (*Kogel*); *Staudinger/Thiele* Rn 3 aE; eingehend § 1376 Rn 44.
[16] BGHZ 146, 64 = NJW 2001, 439 = LM Nr 21 (*Hohloch*); aA *Kaiser*, FS Schwab, 2005, S 496, 508.
[17] OLG Celle FamRZ 1993, 1204: Leihvertrag.
[18] BGH FamRZ 2002, 88, 89 mit Berücksichtigung des Bereicherungsanspruchs wegen Aufwendungen; OLG München FamRZ 1998, 825 m zust Anm *R. Schröder*.
[19] AnwK-BGB/*Limbach* Rn 19.
[20] OLG München NJW-RR 2000, 449.
[21] OLG Celle FamRZ 1993, 1204.
[22] RGRK/*Finke* Rn 6; *Staudinger/Thiele* Rn 4; *Johannsen/Henrich/Jaeger* Rn 8.
[23] BGH FamRZ 1988, 593: Nießbrauch; OLG München FamRZ 1998, 234, 235.
[24] AnwK-BGB/*Limbach* Rn 18; *Staudinger/Thiele* Rn 13; *Johannsen/Henrich/Jaeger* Rn 14.
[25] BGHZ 82, 145, 147 = NJW 1982, 279; BGHZ 82, 149, 150 = NJW 1982, 279; BGH NJW 1981, 1038; BGHZ 146, 64, 73; MünchKommBGB/*Koch* § 1375 Rn 11; *Staudinger/Thiele* Rn 5; *Johannsen/Henrich/Jaeger* Rn 9; *Wellkamp* FuR 2000, 461, 464; *Haußleiter/Schulz* 1 Rn 140; aA Palandt/*Brudermüller* Rn 4.

§ 1374

rückständig oder wenigstens fällig waren und nicht dem Unterhalt des laufenden Zeitabschnitts dienen oder die geleisteten Zahlungen angespart und dann noch vorhanden waren. **Vorauszahlungen** auf erst künftig fällig werdende Ansprüche mit Unterhaltscharakter sind nach bislang hM soweit zu berücksichtigen, als sie den Zeitraum bis zum Stichtag betreffen[26], während dies richtiger Weise nach den Grundsätzen des Verbots der Doppelberücksichtigung (s § 1375 Rn 6 ff) zu beurteilen ist.

6 **c) Grenzen.** Ein güterrechtlicher Ausgleich findet nicht stattzufinden, soweit eine Vermögensposition bereits auf andere Weise ausgeglichen wird (eingehender § 1375 Rn 5)[27]. Vom Zugewinnausgleich ausgenommen sind daher Vermögenspositionen, die besonderen **Verteilungsverfahren** unterworfen sind, insbes der Hausratsverteilung (§ 1375 Rn 5, 17 Stichwort „Hausrat") oder dem Versorgungsausgleich (§ 1587 Abs 3) oder beim Unterhalt berücksichtigt werden (§ 1375 Rn 6 ff).

7 **2. Passiva. a) Berücksichtigungsfähige Verbindlichkeiten.** Vom Wert des Aktivvermögens sind alle am Stichtag vorhandenen Verbindlichkeiten aller Art abzuziehen, also sowohl öffentlich-rechtliche wie private Schulden, Steuern und Abgaben, wie private Lasten. Die Verbindlichkeiten müssen am Stichtag nur schon **entstanden,** aber grds noch nicht fällig sein[28]. Eine Ausnahme gilt für wiederkehrende, am Stichtag noch nicht fällige Verbindlichkeiten aus Dauerschuldverhältnissen (Miete, Unterhaltsverpflichtungen, Darlehenszinsen)[29]. Zinsen und Kosten eines Teilzahlungskredits können nur dann berücksichtigt werden, wenn sie von vornherein in den Schuldbetrag eingerechnet werden (§§ 492 Abs 1 S 5 Nr 2, 502 Abs 1 S 2 Nr 2)[30]. Da § 2313 auch nicht entsprechend anwendbar ist[31], belastet auch eine bedingte oder betagte Verbindlichkeit das zugewinnausgleichspflichtige Vermögen[32].

8 **b) Kein negatives Anfangsvermögen (Abs 1 HS 2).** Die Abzugsfähigkeit der Verbindlichkeiten ist beschränkt bis zur Höhe des Aktivvermögens. Das **Anfangsvermögen** kann daher **allenfalls den Wert 0** haben. Damit wird bezweckt, dem Ausgleichsschuldner beim Zugewinnausgleich mindestens die Hälfte seines Zugewinns zu belassen[33]. Daraus ergibt sich aber, dass die Tilgung von Verbindlichkeiten des Anfangsvermögens aus Mitteln, die der eine Ehegatte während der Ehe erlangt hat, zu keinem ausgleichspflichtigen Zugewinn führt und damit zu einer Verzerrung des Zugewinnausgleichs. Der andere Ehegatte „zahlt ihm uU quasi einen Teil seiner Verbindlichkeiten über den Zugewinnausgleich."

Beispiel: Anfangsvermögen F: 0; Anfangsvermögen des M – 100 000; beide Ehegatten erwerben während der Ehe je 100 000.
Zugewinn F: 100 000
Zugewinn M: 100 000 – 100 000 = 0
Zugewinnausgleich: F zahlt an M 50 000.

Will man die Zugewinngemeinschaft beibehalten, so hilft nur eine ehevertragliche Festlegung des Anfangsvermögens des Mannes in Höhe seiner Schulden von „minus" 100 000[34]. Die gesetzliche Regelung ist allerdings rechtspolitisch umstr[35].

IV. Hinzurechnung von privilegiertem Vermögen zum Anfangsvermögen (Abs 2)

9 **1. Zweck.** Privilegiert, und damit nicht ausgleichspflichtig soll der Erwerb sein, der auf einer besonderen **persönlichen Beziehung** des Erwerbers zum Zuwendenden oder auf ähnlichen persönlichen Umständen beruht[36]. Der Gedanke, dass der andere Ehegatte nicht so viel zum Erwerb beigetragen hat, ist nicht so entscheidend[37]. Anders als bei den Erwerbsfällen, die ebenfalls keinen Ehebezug aufweisen, aber nicht unter Abs 2 fallen (etwa dem Lottogewinn, s Rn 23), ist hier jedoch kennzeichnend, dass es nach dem typischen Willen des Erblassers/Zuwendenden diesem ganz entscheidend auch darauf ankommt, dass durch die Einbeziehung in das Anfangsvermögen die Zuwendung vor dem Zugewinnausgleich des anderen Ehegatten weitgehend geschützt ist, und dies bereits die **„Zuwendungscausa"** prägt[38].

10 **2. Hinzurechnungstatbestände.** Nur bei den vier vom Gesetz genannten Fallgruppen handelt es sich bei einem Erwerb **während der Ehe** um nicht ausgleichspflichtiges Anfangsvermögen. Die

---

[26] MünchKommBGB/*Koch* § 1375 Rn 11; *Staudinger/Thiele* Rn 5; für volle Einbeziehung in den Zugewinn aber BGHZ 156, 105, 109 f = NJW 2003, 3339; zu Nachzahlungen s § 1375 Rn 6.
[27] BGH NJW 2003, 1396, 1397; NJW 2004, 2675, 2676.
[28] BGH NJW 1991, 1547, 1550; NJW-RR 1986, 226 = LM § 1375 Nr 12 für bedingte Verbindlichkeiten; KK-FamR/*Weinreich* Rn 11; MünchKommBGB/*Koch* Rn 10; *Staudinger/Thiele* Rn 15; jedoch darf die noch nicht fällige Schuld nicht in voller Höhe angesetzt werden, OLG Hamm FamRZ 1995, 611.
[29] *Johannsen/Henrich/Jaeger* Rn 15; zust KK-FamR/*Weinreich* Rn 11; zu den Zinsen MünchKommBGB/*Koch* Rn 10; vgl hierzu auch Rn 5, was für die Verbindlichkeiten entsprechend gilt.
[30] *Johannsen/Henrich/Jaeger* Rn 15; *Staudinger/Thiele* Rn 15; MünchKommBGB/*Koch* Rn 10; *Soergel/Lange* Rn 8.
[31] BGHZ 87, 367, 371 = NJW 1983, 2244.
[32] BGH NJW 1991, 1547, 1550; NJW-RR 1986, 226.
[33] *Staudinger/Thiele* Rn 18.
[34] *Langenfeld* Rn 507; *Brambring* Ehevertrag Rn 98.
[35] Krit etwa *Lüderitz/Dethloff* § 5 Rn 111; *Gernhuber/Coester-Waltjen* § 36 Rn 23; zust *Rauscher* Rn 416; MünchKommBGB/*Koch* Rn 12; dazu *Staudinger/Thiele* Rn 18.
[36] AnwK-BGB/*Limbach* Rn 28.
[37] BGHZ 68, 45, 46 = NJW 1977, 377 unter Bezug auf *Dölle* I S 801, der stärker auf den fehlenden Vermögensbeitrag abstellt; den Zusammenhang mit der Tätigkeit des anderen Ehegatten betont MünchKommBGB/*Koch* Rn 13.
[38] *Muscheler* FamRZ 1998, 265, 266.

Privilegierung tritt jedoch ohne eine entsprechende Anordnung des Zuwendenden kraft Gesetzes ein[39]. Ehevertragliche Regelungen sind jedoch möglich (Rn 28).

a) Erwerb von Todes wegen. Privilegiert ist alles, was ein Ehegatte durch gesetzliche oder gewillkürte Erbfolge erhält, also als Allein-, Mit-, Vor- oder Nacherbe oder auch durch Vermächtnis, Auflage, Pflichtteil, auch als Abfindungen für einen entgeltlichen Erbverzicht, für eine hierfür vorgenommene Erbschaftsausschlagung oder nach §§ 12 ff HöfeO[40], §§ 13, 16 GrdstVG, §§ 1501, 1503[41]. Hierzu gehören auch die durch Erbfall eingetretene Befreiung von einer Verbindlichkeit (Konfusion)[42] sowie Ansprüche aus Vergleichen über erbrechtliche Rechtsverhältnisse[43], nicht aber **Restitutionsansprüche** nach dem VermG wegen eines ererbten Nachlasses in der ehemaligen DDR, denn diese Ansprüche entstehen nach § 2 Abs 1 VermG unmittelbar in der Person des Berechtigten[44]. 11

Auch eine **Lebensversicherungssumme,** die der Ehegatte als Begünstigter nach dem Tod eines nahen Verwandten aus dessen Versicherung ausgezahlt erhält, fällt entsprechend dem Normzweck der Privilegierung (Rn 9) hierunter, auch wenn „rechtstechnisch" kein Erwerb aus dem Nachlass vorliegt (§§ 330, 331)[45]. 12

Das **Anwartschaftsrecht des Nacherben** einschließlich der realen **Wertsteigerungen** bis zum Eintritt des Nacherbfalls werden zum privilegierten Erwerb von Todes wegen gerechnet, wenn zwar der Erbfall, nicht aber der Nacherbfall während der Ehe eintritt. Denn das Anwartschaftsrecht ist nur eine Vorstufe zum Vollrecht und wäre der Nacherbfall vor dem Stichtag für die Berechnung des Endvermögens eingetreten, so wäre der gesamte Nachlasswert Anfangsvermögen gewesen[46]. 13

b) Erwerb mit Rücksicht auf ein künftiges Erbrecht. Hierher gehören die Fälle der vorweggenommenen Erbfolge, die gesetzlich nicht definiert und nur typologisch zu bestimmen ist. Die vorweggenommene Erbfolge wird bestimmt durch Wunsch nach erbrechtlicher Klarheit, Versorgungssicherheit für den Veräußerer und uU Schaffung einer Existenzhilfe für den Übernehmer und lässt sich oftmals als „Generationennachfolgevertrag" bezeichnen[47]. Typische Fälle sind die Hofübergabe, die Übertragung von Unternehmen oder Unternehmensbeteiligungen, aber auch von (eigen- oder fremdgenutzten) Wohnhäusern und sonstigen Grundstücken. Dass der erwerbende Ehegatte gesetzlicher oder gewillkürter Erbe des Zuwendenden ist, ist nicht erforderlich; entscheidend ist, dass dadurch der Erwerb von Todes wegen (wenigstens teilweise) ersetzt wird[48]. Die Vereinbarung von **Gegenleistungen** schadet nicht, sondern ist oftmals geradezu typisch (etwa Versorgungsrechte wie laufende Rentenzahlungen, Erbringung von Pflegeleistungen = Altenteil oder Leibgeding) und berechtigt zum Abzug dieser zugesagten Leistungen[49], sofern es sich nur um ein voll entgeltliches Veräußerungsgeschäft (Austauschvertrag) handelt, bei dem der Wert von Leistung und Gegenleistung wie unter Fremden nach gleichsam kaufmännischen Gesichtspunkten gegeneinander abgewogen sind[50]. Jedoch spricht bei Zuwendung zwischen nahen Angehörigen eine Vermutung dagegen, dass die Leistungen in einem solchen Austausch- oder Gegenseitigkeitsverhältnis vereinbart sind. Ja selbst bei einem gewissen Übergewicht der kapitalisierten Gegenleistungen kann dann noch Abs 2 angewandt werden[51]. Eine bei der Zuwendung nicht valutierte **Sicherungsgrundschuld** mindert den Wert des nach Abs 2 privilegierten Vermögenserwerb nicht[52]. 14

Nach der **früheren Rspr** des BGH unterliegen Wertsteigerungen einer iS des § 1374 Abs 2 privilegierten Zuwendung, die dadurch entstehen, dass darauf lastende **Leibgedingsrechte** (Altenteile) durch den Zeitablauf oder gar den Tod des Berechtigen an Wert verlieren, generell nicht dem Zugewinnausgleich. Denn letztlich beruht diese Wertsteigerung ebenfalls noch auf der Zuwendung, denn das entsprechende Vertragsobjekt wurde mit der sicheren Aussicht erworben, dass diese Leibge- 15

---

[39] MünchKommBGB/*Koch* Rn 13; *Staudinger*/*Thiele* Rn 36; aA *Muscheler* FamRZ 1998, 265, 266.
[40] OLG Schleswig OLGR 1996, 171.
[41] MünchKommBGB/*Koch* Rn 17; vgl auch *Staudinger*/*Thiele* Rn 27.
[42] OLG Düsseldorf FamRZ 1988, 287.
[43] BGHZ 130, 377, 384 = NJW 1995, 3113; MünchKommBGB/*Kanzleiter* Rn 17; *Staudinger*/*Thiele* Rn 23; aA *Muscheler* FamRZ 1998, 265, 268.
[44] BGHZ 157, 379 = FamRZ 2004, 781 m Anm *R. Schröder*; aA MünchKommBGB/*Koch* Rn 17; *Lipp* FamRZ 1998, 597, 598; *R. Schröder* FamRZ 1999, 227.
[45] BGHZ 130, 377, 384 = NJW 1995, 3113; zustimmend MünchKommBGB/*Koch* Rn 18; *Johannsen*/*Henrich*/ *Jaeger* Rn 19; *Schwab*/*Schwab* HdB ScheidungsR VII Rn 132 betont, dass bereits eine Schenkung vorliegt, da diese die gesamte Versicherungsleistung, nicht nur die Versicherungsprämien umfasst.
[46] BGHZ 87, 367, 374, 375 = NJW 1983, 2244; vgl ferner BGHZ 111, 8 = NJW 1990, 1793; *Tiedtke* JZ 1984, 1078, 1080 schlägt zur Vereinfachung daher vor, das Anwartschaftsrecht weder beim Anfangs- noch beim Endvermögen zu berücksichtigen (zust *Johannsen*/*Henrich*/*Jaeger* Rn 21; ebenso wohl *Staudinger*/*Thiele* Rn 28); gegen den BGH aber *Muscheler* FamRZ 1998, 265, 269 f; krit auch *Gernhuber* FamRZ 1984, 1053, 1058 f; sind jedoch Wertsteigerungen dadurch eingetreten, dass der Nacherbe aus seinem ausgleichspflichtigen Vermögen Leistungen im Hinblick auf den zu erwartenden Nacherbfall erbracht hat, so ist der Wert des Anfangsvermögens um den Betrag derartiger Wertsteigerungen zu kürzen, OLG Hamm FamRZ 1984, 481; ausf zu den Problemen AnwK-BGB/*Limbach* Rn 33 ff.
[47] Dazu etwa *Jerschke*, Beck'sches Notarhandbuch, 5. Aufl 2006, A V Rn 76; *Olzen*, Die vorweggenommene Erbfolge, 1984, S 26 ff; *J. Mayer* in: *Reimann*/*Bengel*/*Mayer*, Testament und Erbvertrag, 5. Aufl 2006, § 2287 Rn 28.
[48] *Soergel*/*Lange* Rn 13.
[49] Zum Wohnungsrecht OLG Koblenz FamRZ 2006, 624.
[50] BGH NJW-RR 1990, 1283; die aus steuerlichen Gründen gewählte Bezeichnung als „Kauf" schadet jedoch nicht, BGHZ 70, 291 = NJW 1978, 1809, das Rechtsgeschäft und sein Vollzug ist vielmehr inhaltlich zu qualifizieren.
[51] BGH NJW-RR 1990, 1283; *Johannsen*/*Henrich*/*Jaeger* Rn 23 lässt dies nur bei Grundstücks-, Hof- und Unternehmensübergabeverträgen gelten.
[52] OLG Koblenz FamRZ 2006, 624.

§ 1374

dingsrechte spätestens mit dem Tod des Berechtigten erlöschen. Daher wäre es nicht gerechtfertigt, den anderen Ehegatten an den sich so ergebenden Vermögenszuwächsen über den Zugewinnausgleich zu beteiligen. Bei der Ermittlung der Ausgleichsbilanz war daher der Wert des Leibgedings von dem übernommenen Vermögen nicht abzuziehen[53], und zwar auch dann nicht, wenn das Altenteil am Endvermögensstichtag noch besteht[54]. Das gilt nicht für eine beim Erwerb des Vermögens eingegangene Verpflichtung, an Dritte Ausgleichsbeträge zu zahlen; solche Verbindlichkeiten sind daher von dem übernommenen Vermögen abzuziehen, und zwar bei künftiger Fälligkeit mit ihrem durch Abzinsung ermittelten Wert[55]. Beim **Vorbehalt dinglicher Nutzungsrechte** zu Gunsten der Übergeber (Nießbrauch, Wohnungsrecht), ist dem BGH grds zuzustimmen. Aus dem „Absinken" des Wertes derselben durch Zeitablauf soll der andere Ehegatte keinen Vorteil im Zugewinnausgleich ziehen, weil der Erwerber hierfür keine Gegenleistungen erbringt, die sein sonstiges nicht privilegiertes Vermögen und damit seinen Zugewinn mindern[56]. Der BGH ließ bislang daher bei der Berechnung des Zugewinns den Wert des Nießbrauchs bzw des Wohnungsrechts sowohl bei der Feststellung des Anfangs- wie des Endvermögens außer Betracht[57]. Dies kann aber dann zu einer unzutreffenden Verzerrung des Zugewinnausgleichs führen, wenn das Anfangs- oder Endvermögen negativ ist[58]. Besser ist es daher, den Wert des Nutzungsrechts sowohl bei der Bestimmung des Anfangs- wie Endvermögens in Abzug zu bringen und auch dem Anfangsvermögen hinzuzurechnen, der sich durch das Absinken des Werts des Nutzungsrechts infolge der seit der Zuwendung verstrichenen Zeit ergibt, wie nunmehr der BGH ausdrücklich entschieden hat.[59]

Beispiel[60]:
Anfangsvermögen des Ehemannes M bei Beginn der Ehe:
Immobilie mit einem indexierten Wert von   100 000,
belastet mit einem Nießbrauch, dessen Wert damals 60 000 betrug.
Verbindlichkeiten des M   80 000.

Endvermögen des M: nur diese Immobilie, deren Wert nun aber 200 000 ist, der Wert des Nießbrauchs beträgt jetzt nur noch 30 000. Verbindlichkeiten sind jetzt keine vorhanden.
Das Anfangs- wie das Endvermögen der Ehefrau F beträgt jeweils 0.
Demnach ergibt sich hinsichtlich des Zugewinns dem M:

	Berechnung nach der früheren BGH-Rspr	Berücksichtigung des Nießbrauchs (neuere BGH-Rspr)
Vermögen zu Beginn der Ehe	100 000	100 000
- Verbindlichkeiten	- 80 000	- 80 000
Nießbrauch	Nicht zu berücksichtigen	- 60 000
Anfangsvermögen	20 000	- 40 000, wegen § 1374 Abs 1 HS 2 aber anzusetzen mit 0
Endvermögen	200 000	200 000
Nießbrauch	Nicht zu berücksichtigen	30 000, daneben ist der Wertzuwachs iHv 30 000, der sich durch Absinken des Nießbrauchswerts ergibt, dem Anfangsvermögen zuzurechnen,
Zugewinn	180 000	140 000
Zugewinnausgleich	90 000	70 000

Nach der früheren Berechnungsweise des BGH müsste M einen Zugewinnausgleich von 90 000 bezahlen, obgleich der Wert seines Vermögens nach Abzug der aktuell bestehenden Nießbrauchsbelastung nur 170 000 beträgt.

Ausgleichspflichtig bleiben aber auch bei vorbehaltenen Nutzungsrechten Wertsteigerungen infolge eines allgemeinen Anstiegs der Immobilienpreise oder auf Grund von Investitionen[61].

---

[53] BGHZ 111, 8, 12 = NJW 1990, 1793 = FamRZ 1990, 603: mit Nießbrauch belastete Erbschaft; BGH NJW 1990, 3018, 3019: vorweggenommene Erbfolge gegen Wohnungsrecht und Pflege- und Verköstigungsverpflichtung; NJW-RR 1990, 1083, 1084 f: vorweggenommene Erbfolge gegen Wohnungsrecht und Pflegeverpflichtung; OLG Schleswig FamRZ 1991, 943, 944; OLG Hamm FamRZ 1995, 611, 612, wobei jeweils auch der Wert der geschuldeten Pflegeleistungen nicht abgezogen wird; zum erbrechtlichen Erwerb ebenso BGHZ 111, 8, s Rn 13; grds zust *Schwab/Schwab* HdB ScheidungsR VII Rn 129.
[54] So beim erbrechtlichen Erwerb BGHZ 111, 8, 12.
[55] BGH NJW 1990, 3018, 3019.
[56] In der Begründung anders OLG Bamberg FamRZ 1995, 607, 609; *Johannsen/Henrich/Jaeger* Rn 24 f und jetzt BGHZ 170, 324 = NJW 2007, 2245, die den Erwerb unter Nießbrauchsvorbehalt als „allmählichen, gleitenden Vermögenserwerb" betrachten.
[57] Vgl die Beispiele bei *Haußleiter/Schulz* 1 Rn 256 ff.
[58] OLG Bamberg FamRZ 1995, 607, 609; *Johannsen/Henrich/Jaeger* Rn 24, 24 a; *Kogel* FamRZ 2006, 451, 452; *Schwab/Schwab* HdB ScheidungsR VII Rn 129.
[59] BGHZ 170, 324 = NJW 2007, 2245 = FamRZ 2007, 978 m Anm *Schröder*.
[60] Nach *Kogel* FamRZ 2006, 451, 452.
[61] BGHZ 111, 8, 11 f; *Staudinger/Thiele* Rn 29.

Dagegen sind Leibrenten und sonstige Renten-, Versorgungs- und **sonstigen Sach- und Dienst-** 16
leistungen als wertmindernde Belastungen vom erworbenen Grundstückswert, und zwar vom Anfangs- und – soweit noch vorhanden – auch vom Endvermögen, **abzusetzen**. Sofern die Leistungspflicht am Ende des Güterstands noch fortbesteht, mindert deren – dann auf diesen Zeitpunkt hin zu ermittelnde (niedrigere) – Wert auch das Endvermögen. Der dadurch wachsende Wert der Zuwendung ist insoweit nicht unentgeltlich iS von Abs 2 und damit auch nicht privilegiert. Deshalb muss auch der andere Ehegatte an diesem Vermögenswert teilhaben, wie der BGH nunmehr ausdrücklich unter Bezug auf die hier in der Voraufl bereits so vertretene Auffassung und in Fortführung seiner früheren Rspr (Rn 15) festgestellt hat[62]. Dies ist auch deshalb gerechtfertigt, weil die bis dahin erbrachten finanziellen Aufwendungen den übrigen Zugewinn des Leistungsverpflichteten gemindert haben, ja oftmals sogar vom anderen Ehegatten erbracht werden.

Der **Kauf** einer **Anwartschaft des Nacherben** fällt nicht unter Abs 2, auch wenn der Kauf im 17
Hinblick auf eine vorweggenommene Erbauseinandersetzung erfolgt[63]. Problematisch sind Fälle, wenn die Zuwendung eines Elternteils nicht ausdrücklich als vorweggenommene Erbfolge **bezeichnet** ist, ja uU sogar an beide Ehegatten oder gar nur auf das Konto des Schwiegersohnes erfolgt. Das OLG Nürnberg lässt die bloße Bezeichnung als „Erbgut" dafür genügen, dass eine privilegierte Zuwendung nur an das eigene Kind gewollt war[64].

c) **Schenkungen.** Auch diese sind privilegiert. Der Begriff entspricht § 516, weshalb (insbes bei 18
einer gemischten Schenkung) eine Schenkungsabrede erforderlich ist. Arbeits- oder Dienstleistungen (Hilfe bei Hausbau) können regelmäßig ebenso wenig wie Gebrauchsüberlassungen als Zuwendungen idS angesehen werden, weil sie keine Vermögenseinbuße beim Schenker bewirken. Jedoch kann Gegenstand der Schenkung die ersparte Vergütung sein, die für derartige Leistungen üblicherweise gewährt zu werden pflegt[65]. Bei **gemischten Schenkungen** ist nur der unentgeltliche Teil dem Anfangsvermögen hinzuzurechnen (s auch Rn 15 ff)[66], nicht aber das, was bereits auf eigener Leistung durch vorher erfolgte Bebauung des Erwerbers beruht[67]. Abzuziehen sind auch die vor der Beendigung der Ehe aus der Zuwendung entstandenen **Pflichtteilsergänzungsansprüche,** soweit hierfür der Beschenkte haftet (§§ 2325, 2329), weil sonst der allgemeine Zugewinn mit diesem Anspruch belastet wäre[68].

Problematisch sind die Fälle, bei denen aus **steuerlichen Gründen** die Zuwendungen anders 19
vorgenommen werden, als dies eigentlich dem Willen der Beteiligten entspricht[69]. Freiwillige Leistungen des Arbeitgebers stellen idR kein Geschenk, sondern eine Entlohnung dar[70].

Schenkungen an beide Ehegatten sind entsprechend dem Erwerbsverhältnis dem jeweiligen 20
Anfangsvermögen der Ehegatten zuzurechnen[71]. Jedoch sind Schenkungen, die ein Ehegatte während des gesetzlichen Güterstandes um der Ehe willen und zu deren dauerhafter wirtschaftlicher Sicherung von seinen **Schwiegereltern** erhalten hat, nicht dem Anfangsvermögen des Begünstigten hinzuzurechnen, sondern wie ehebezogene Zuwendungen unter Ehegatten zu behandeln; idR fehlt es hierfür bereits an dem subjektiven Tatbestandselement für eine Schenkung (vgl § 1372 Rn 22)[72]. Noch weitergehender hält das OLG Nürnberg für möglich, dass auch die Zuwendung der Eltern an ihr eigenes Kind bei entsprechender Zweckbestimmung für die güterrechtlichen Beziehung der Ehegatten untereinander als ehebezogene Zuwendung zu qualifizieren ist mit der Folge, dass es sich bei dem begünstigten Kind nicht um einen privilegierten Vermögenserwerb iS des Abs 2 handelt[73].

Auf **Schenkungen zwischen den Ehegatten** ist Abs 2 nicht anzuwenden[74]. Dies ergibt sich aus 21
Sinn und Zweck dieser Bestimmung. Danach sollen nur Zuwendungen von dritter Seite, zu deren Erwerb der andere Ehegatte weder unmittelbar noch mittelbar etwas beigetragen hat, vom Zugewinnausgleich ausgenommen werden. Bei Zuwendung zwischen Ehegatten ist demgegenüber eine Berücksichtigung im Zugewinnausgleichsverfahren gewollt. Diese nimmt der BGH nach § 1380 vor (eingehend dort Rn 7 ff). Bei **ehebezogenen** (unbenannten) **Zuwendungen** findet Abs 2 ebenfalls keine

---

[62] BGH NJW 2005, 3710, 3713 f = FamRZ 2005, 1974 m Anm *R. Schröder; Palandt/Brudermüller* Rn 13; *Johannsen/Henrich/Jaeger* Rn 24 b; *Muscheler* FamRZ 1998, 265, 271; *Kogel* FamRZ 2006, 451, 453; *Staudinger/Thiele* Rn 29. MünchKommBGB/*Koch* Rn 21 stellt bei den Pflegeleistungen darauf ab, ob sie den Erwerber daran hindern, anderweitigen Verdienst zu erzielen; zur Bewertung der Pflegeleistungen s § 2325 Rn 27.
[63] OLG Hamm FamRZ 1984, 481.
[64] FuR 1998, 233, 234.
[65] BGHZ 101, 229, 232 = NJW 1987, 2816 m zust Anm *Hohloch* JR 1988, 108.
[66] BGH NJW 2005, 3710, 3713 f; OLG Bamberg FamRZ 1990, 408; *Staudinger/Thiele* Rn 34.
[67] BGH NJW 1992, 2566 zur vorweggenommenen Erfüllungshandlung, wenn im Hinblick auf die formlose Zusage der späteren Grundstücksschenkung bereits die Bebauung vorgenommen wurde.
[68] *Muscheler* FamRZ 1998, 272, dort auch zur Problematik bei § 2287; aA OLG Stuttgart NJW-RR 1990, 1476; für Anwendung der Grundsätze zu bedingten und ungewissen Rechten *Staudinger/Thiele* Rn 34.
[69] BGHZ 70, 291, 293 ff = NJW 1978, 1809; OLG Karlsruhe FamRZ 1993, 1444.
[70] OLG München FamRZ 1995, 1069.
[71] *Staudinger/Thiele* Rn 36; MünchKommBGB/*Koch* Rn 22.
[72] BGHZ 129, 259, 262 f = NJW 1995, 1889; OLG Koblenz NJW-RR 2007, 2, 4; *Johannsen/Henrich/Jaeger* Rn 25; iE ebenso *Tiedtke* JZ 1996, 201 f.
[73] OLG Nürnberg FamRZ 2006, 38, 39 m krit Anm *Schröder* = MittBayNot 2006, 336 m Anm *Münch*.
[74] BGHZ 101, 69 ff = NJW 1987, 2814; *Büte* FuR 2007, 289; *Grünewald* NJW 1988, 109, 110; *ders* NJW 1995, 505 f; *Tiedtke* JZ 1984, 1078, 1079; *Schwab/Schwab* HdB ScheidungsR VII Rn 133, 197 ff; *Johannsen/Henrich/Jaeger* Rn 25; *Netzer* FamRZ 1987, 67; *Palandt/Brudermüller* Rn 15; *Rauscher* Rn 418; aA AnwK-BGB/*Limbach* Rn 44; MünchKommBGB/*Koch* Rn 23; *Staudinger/Thiele* Rn 35; *Erman/Heckelmann* Rn 7; *Kornexl* NJW 1994, 622.

§ 1374

Anwendung[75]. Wird die Schenkung vor dem Endvermögensstichtag widerrufen oder wegen Wegfalls der Geschäftsgrundlage rückgängig gemacht, so sind die entstehenden Rückgewähransprüche in der Zugewinnbilanz entsprechend zu berücksichtigen[76].

22 **d) Ausstattung.** Der Begriff bestimmt sich nach § 1624[77]. Hierzu gehören auch in die Ehe eingebrachte Aussteuergegenstände, wenn sie im Hausratsverteilungsverfahren nicht berücksichtigt wurden[78]. Eine solche Ausstattung liegt nicht vor, wenn Eltern für ihre Kinder unentgeltlich mitarbeiten[79]. Entgegen dem AG Stuttgart[80] kann eine Ausstattung nicht bereits immer dann angenommen werden, wenn sich genauer Adressat und Verwendungszweck von Zuwendungen, die Ehegatten von den Eltern/Schwiegereltern erhalten haben, nicht aufklären lassen. Denn sonst würde ein „Auffangtatbestand" geschaffen, der zu einem größeren Anwendungsbereich des Abs 2 führen würde, obgleich die Ausstattung enge objektive und subjektive Grenzen hat.

23 **e) Keine Analogie.** § 1374 Abs 2 enthält eine enumerativ **abschließende Aufzählung** der privilegierten Erwerbsvorgänge und ist einer ausdehnenden Anwendung im Wege der Analogie schon im Hinblick auf den engen Normzweck des Abs 2 (Rn 9) nicht zugänglich. Vielmehr sollen die Ehegatten grds an allem, was sie während der Ehe hinzuerworben haben, im Rahmen des Zugewinnausgleichs gleichmäßig teilhaben ohne Rücksicht darauf, ob und in welcher Weise sie an dem Erwerb der einzelnen Gegenstände mitgewirkt haben; insoweit ist Abs 2 eine – durch den Normzweck bedingt – eng auszulegende Ausnahmevorschrift. Der BGH hat daher in ständiger Rechtsprechung eine analoge Anwendung des § 1374 Abs 2 auf andere Fallgruppen abgelehnt[81]. Demnach sind im Zugewinn voll zu berücksichtigen: Lottogewinn[82], Schmerzensgeld[83], Unfallabfindung[84], Witwenrentenabfindung[85], Kriegsopferversorgung[86] und Renten und Abfindungen nach dem BEG[87].

24 **3. Durchführung der Hinzurechnung. a) Grundmuster.** Die in Abs 2 genannten privilegierten Erwerbe werden dem Anfangsvermögen hinzugerechnet; dadurch verringert sich die Differenz zwischen Anfangs- und Endvermögen und damit der Zugewinn entsprechend. Jedoch sind vorher alle **mit dem Erwerb** verbundenen privaten wie öffentlichen Schulden und Belastungen **abzuziehen**, also bei einer Erbschaft die Nachlassverbindlichkeiten (§ 1967), einschließlich der Erbschaftsteuer, bei gemischten Schenkungen der entgeltliche Teil (s auch Rn 14 ff). Nicht abzuziehen sind die erst aus der Verwaltung durch den Erben entstandenen Verbindlichkeiten[88]. Des weiteren sind diese Verbindlichkeiten nur bis zur Höhe des Wertes der Zuwendung anzurechnen; ansonsten würde durch Abzug höherer Verbindlichkeiten das übrige Anfangsvermögen des Erwerbers verringert und damit sein Zugewinn erhöht, was ja gerade durch Abs 2 verhindert werden soll[89].

25 Erwirbt ein Ehegatte mit einem **negativen Anfangsvermögen** privilegiertes Vermögen iS von Abs 2, so findet keine Verrechnung des Zuwendungswertes auf das Defizit statt, sondern das Anfangsvermögen ist zunächst nach der Grundregel des Abs 1 HS 2 auf „Null" zustellen und dann die Hinzurechnung auf das Anfangsvermögen vorzunehmen. Dadurch verbleibt ihm der Wert der privilegierten Zuwendung voll als nicht ausgleichspflichtiges Vermögen[90].

26 **b) Gewinne, Verluste, echte Wertsteigerungen.** Der privilegierte Erwerb bildet jedoch **keine eigene Vermögensmasse**, sondern ist – auch wie das normale Anfangsvermögen – ein bloßer Rechnungsposten. Dies bedeutet, dass auch spätere Gewinne, Einkünfte und echte Wertsteigerungen dieses Erwerbs den Zugewinn erhöhen und damit dem Zugewinnausgleich unterliegen. Zugewinnrelevant sind daher auch die „inneren Wertsteigerungen" des privilegierten Erwerbs, mögen diese auch in keiner Weise vom anderen Ehegatten verursacht worden sein. Wird etwa der geschenkte Acker zu

---

[75] BGHZ 82, 227, 234 f; *Büte* FuR 2007, 289; anders *Staudinger/Thiele* Rn 37: Anwendung des § 1374 Abs 2, wenn der Zuwendende die Nichtanrechnung nach § 1380 bestimmte.
[76] *Soergel/Lange* Rn 14.
[77] *Staudinger/Thiele* Rn 39; dazu auch *Kogel* ZErb 2006, 225.
[78] OLG Celle FamRZ 2000, 226, 227; aA etwa *Dörr* NJW 1989, 1953, 1959; *Schwab* FamRZ 1984, 429, 439.
[79] BGZ 101, 229.
[80] FamRZ 1999, 655; zust aber *Koch* FamRZ 2003, 199.
[81] Ebenso AnwK-BGB/*Limbach* Rn 40; *Staudinger/Thiele* Rn 40; *Soergel/Lange* Rn 9; *Erman/Heckelmann* Rn 7; RGRK/*Finke* Rn 25; *Tiedtke* JZ 1984, 1078, 1080; wohl auch MünchKommBGB/*Koch* Rn 14; für Analogie aber *Koch* in: *Schwab/Hahne*, Familienrecht im Brennpunkt, S 139, 144 ff; *Schwab/Schwab* HdB ScheidungsR VII Rn 143 ff; *Johannsen/Henrich/Jaeger* Rn 27 b; *R. Schröder* FamRZ 1997, 1, 3 f; krit zur bestehenden Rechtslage, wenn auch gegen Analogie *Gernhuber/Coester-Waltjen* § 36 Rn 24; *Gießler* FamRZ 1985, 1258.
[82] BGHZ 68, 43.
[83] BGHZ 80, 384 = NJW 1981, 1836; aM nunmehr *Herr* NJW 2008, 262.
[84] BGHZ 82, 145.
[85] BGHZ 82, 149.
[86] FamRZ 1981, 239.
[87] OLG Saarbrücken FamRZ 1985, 710.
[88] *Soergel/Lange* Rn 11; MünchKommBGB/*Koch* Rn 26, jeweils mit eingehender Darstellung dieser Fragen.
[89] *Staudinger/Thiele* Rn 44; MünchKommBGB/*Koch* Rn 24; *Rauscher* Rn 419.
[90] BGHZ 129, 311, 320 = NJW 1995, 2165; OLG Bamberg NJW 1988, 506; MünchKommBGB/*Koch* Rn 16; *Staudinger/Thiele* Rn 42; *Palandt/Brudermüller* Rn 9; *Lüderitz/Dethloff* § 5 Rn 111; für Verrechnung auch des defizitäre Anfangsvermögen aber vor allem jene, die Abs 1 HS 2 ohnehin für verfehlt halten, so *R. Schröder* FamRZ 1997, 1, 5; *Soergel/Lange* Rn 10; *Gernhuber/Coester-Waltjen* § 36 Rn 28; *Rauscher* Rn 419; *Schwab/Schwab* HdB ScheidungsR VII Rn 142.

Bauland oder steigen die Aktien, so unterfällt dies dem Zugewinn[91]. Umgekehrt mindern nachträgliche Verluste oder Zerstörungen den Zugewinn, sofern der Schaden nicht durch Regressansprüche oder Versicherungsleistungen ausgeglichen wird[92]. Scheinbare Wertsteigerungen durch den Kaufkraftverlust des Geldes sind jedoch zugewinnneutral (zur erforderlichen Indexierung s § 1376 Rn 39 ff). Soweit der privilegierte Erwerb in ein Surrogat eingetauscht wird, verändert dies nicht den Zugewinn, schon gar nicht ist § 1374 Abs 2 auf diesen Vorgang (nochmals) anwendbar[93].

c) Keine Hinzurechnung von an sich privilegiertem Erwerb. Ein an sich privilegierter Erwerb ist aber dann nicht dem Anfangsvermögen hinzuzurechnen, wenn er den Umständen nach „zu den **Einkünften** zu rechnen ist" (Abs 2, HS 2); er ist dann vielmehr, soweit er nicht für den Lebensunterhalt verbraucht wird, **Zugewinn**. Erforderlich ist hier eine **teleologische Interpretation**. Zweck dieser Einschränkung des privilegierten Erwerbs ist es, bei Geldzuwendungen durch nahe Verwandte danach zu unterscheiden, ob sie der **Deckung des laufenden Lebensbedarfes** dienen und daher das **Anfangsvermögen nicht erhöhen**, oder die **Vermögensbildung** fördern sollen und daher iS von Abs 2 im Zugewinnausgleich privilegiert sind[94]. Die zur **Deckung des laufenden Lebensbedarfs** dienenden Zuwendungen erhöhen den **Vermögenszuwachs des Empfängers** auf Dauer gerade **nicht**; würde man einen entsprechenden Wert aus dem Zugewinn ausklammern, so geschähe dieser „de facto" aus dem tatsächlichen sonstigen, aber eben ausgleichspflichtigen Vermögenszuwachs und würde letztlich den anderen Ehegatten entsprechend belasten. Entsprechend diesem Zweck ist eine **wirtschaftliche Betrachtungsweise** im konkret zu beurteilenden Einzelfall erforderlich. Dabei sind die Absicht des Zuwendenden, die Verhältnisse des Empfängers und der Anlass der Zuwendung zu beachten[95]. Zu den **Einkünften** idS sind daher zur laufenden Zuwendungen, die zur Bestreitung der ehelichen Lasten oder der laufenden Haushaltsführung gemacht werden, mögen sie auch einmalig sein, wie für eine Studien- oder Urlaubsreise[96], unentgeltliche Gebrauchsüberlassung[97], Geldzuwendungen anlässlich der Hochzeit als Starthilfe für die Anschaffung von Hausrat, Zuschuss zum Erwerb des Führerscheins oder Kfz-Kauf[98]. Jedoch gehören dazu nicht laufende finanzielle Zuwendungen zur Finanzierung des Hausbaus, da damit gerade eine **Vermögensbildung** bezweckt wird[99].

V. Abweichende Vereinbarung

§ 1374 ist im vollem Umfang dispositiv (vgl auch § 1408 Rn 59)[100]. Die Ehegatten können daher insbes durch Ehevertrag den Umfang des Anfangsvermögens (erweiternd oder einschränkend) oder auch betragsmäßig festlegen, den Maßstab für dessen Bewertung und den Bewertungsstichtag fixieren, und zwar letzteren auch auf Zeiten vor der Eheschließung[101]. Abweichende Vereinbarungen hierzu sind oftmals zweckmäßig, ja bei Ehen von Unternehmern häufig dringend angezeigt[102].

VI. Beweislast

Diesbezüglich ist die in der Praxis viel zu wenig beachtete Vorschrift des **§ 1377 Abs 1** und die damit begründete Vermutung zu berücksichtigen. Soweit ein solches Verzeichnis **nicht aufgenommen** wurde wird vermutet, dass das Endvermögen eines Ehegatten seinen Zugewinn darstellt (§ 1377 Abs 3). Damit trägt jede Partei die Beweislast für das eigene (und damit möglichst hohe) Anfangsvermögen, und zwar hinsichtlich des Bestands wie auch des Wertes (§ 1377 Rn 9)[103]. Dies gilt auch für die Umstände, die eine Hinzurechnung nach § 1374 Abs 2 rechtfertigen[104].

---

[91] BGHZ 87, 367, 374 = NJW 1983, 2244; BGHZ 111, 8, 12; MünchKommBGB/*Koch* Rn 15; *Palandt/Brudermüller* Rn 7; *Erman/Heckelmann* § 1376 Rn 2; eingehend *Muscheler* FamRZ 1998, 265, 267; aA aber OLG Koblenz FamRZ 1985, 286; *Soergel/Lange* Rn 11 a, was aber nur de lege ferenda möglich ist.
[92] *Muscheler* FamRZ 1998, 265, 267.
[93] *Muscheler* FamRZ 1998, 265, 267.
[94] Vgl BGHZ 101, 229, 234 = NJW 1987, 2816; OLG Koblenz NJW-RR 2007, 2, 3 = FamRZ 2006, 1839 m Anm *Schröder*, dazu auch *Adolf-Kapgenoß* jurisPR-FamR 2/2007 Anm 5 und *Soyka* FuR 2006, 475; *Palandt/Brudermüller* Rn 18; aA die hM, wonach es darauf ankommt, ob die Zuwendung zum Verbrauch bestimmt ist, so etwa AnwK-BGB/*Limbach* Rn 46; MünchKommBGB/*Koch* Rn 27; *Johannsen/Henrich/Jaeger* Rn 30; *Romeyko* FamRZ 2002, 236 f; auf die Verwendung für Konsumzwecke stellt dagegen *Schwab/Schwab* HdB ScheidungsR VII Rn 140 ab.
[95] BGHZ 101, 229, 234; OLG Koblenz NJW-RR 2007, 2, 3; AnwK-BGB/*Limbach* Rn 46; *Johannsen/Henrich/Jaeger* Rn 31; *Palandt/Brudermüller* Rn 18.
[96] *Johannsen/Henrich/Jaeger* Rn 31; *Staudinger/Thiele* Rn 48.
[97] OLG München FamRZ 1998, 825, 826, wenn dies überhaupt auf Rechtsgeschäft mit Rechtsbindungswillen beruht.
[98] OLG Zweibrücken FamRZ 1984, 276; OLG Karlsruhe NJW-RR 2001, 1156 = FamRZ 2002, 236 m Anm *Romeyko*; Kfz-Schenkung für Fahrten zum Arbeitsplatz; zust *Schwab/Schwab* HdB ScheidungsR VII Rn 140 Fn 344.
[99] OLG Bremen OLGR 1998, 205; OLG Koblenz NJW-RR 2007, 2, 3; *Johannsen/Henrich/Jaeger* Rn 31.
[100] AnwK-BGB/*Limbach* Rn 47; MünchKommBGB/*Koch* Rn 29; *Staudinger/Thiele* Rn 49; BGH NJW 1997, 2239, 2241 bezüglich Betriebsvermögen.
[101] OLG Hamburg NJW 1964, 1076; RGRK/*Finke* Rn 26; *Grziwotz* MDR 1998, 129, 130; aA nur *Gernhuber/Coester-Waltjen* § 36 Rn 30–32 Fn 35; offen lassend AnwK-BGB/*Limbach* Rn 47.
[102] Eingehend zu den Gestaltungsmöglichkeiten *Platte* MittRhNotK 1999, 257; *Langenfeld* Rn 440 ff; *Kanzleiter/Wegmann*, Verträge unter Ehegatten, Rn 146 ff; *Brambring*, Ehevertrag und Vermögenszuordnung unter Ehegatten, 4. Aufl 2000, Rn 99 ff; zu den Manipulationsmöglichkeiten *N. Mayer* DStR 1993, 991.
[103] BGHZ 113, 325, 334 f; AnwK-BGB/*Limbach* Rn 49; *Palandt/Brudermüller* Rn 20; *Staudinger/Thiele* Rn 51.
[104] BGH NJW-RR 2005, 1460, 1461 = FamRZ 2005, 1660, dazu auch Anm *Koch* FF 2005, 320; OLG Koblenz NJW-RR 2007, 2, 3; *Palandt/Brudermüller* Rn 20.

§ 1375 Endvermögen

(1) ¹Endvermögen ist das Vermögen, das einem Ehegatten nach Abzug der Verbindlichkeiten bei der Beendigung des Güterstands gehört. ²Die Verbindlichkeiten werden, wenn Dritte gemäß § 1390 in Anspruch genommen werden können, auch insoweit abgezogen, als sie die Höhe des Vermögens übersteigen.

(2) Dem Endvermögen eines Ehegatten wird der Betrag hinzugerechnet, um den dieses Vermögen dadurch vermindert ist, dass ein Ehegatte nach Eintritt des Güterstands
1. unentgeltliche Zuwendungen gemacht hat, durch die er nicht einer sittlichen Pflicht oder einer auf den Anstand zu nehmenden Rücksicht entsprochen hat,
2. Vermögen verschwendet hat oder
3. Handlungen in der Absicht vorgenommen hat, den anderen Ehegatten zu benachteiligen.

(3) Der Betrag der Vermögensminderung wird dem Endvermögen nicht hinzugerechnet, wenn sie mindestens zehn Jahre vor Beendigung des Güterstands eingetreten ist oder wenn der andere Ehegatte mit der unentgeltlichen Zuwendung oder der Verschwendung einverstanden gewesen ist.

Schrifttum: *Gernhuber,* Der Gesamtschuldnerausgleich unter Ehegatten, JZ 1996, 696, 765; *Hansen-Tilker,* Zugewinnausgleich und streitige gegenseitige Forderungen im Endvermögen, FamRZ 1997, 1188; *Kaiser,* Abfindungen wegen Beendigung des Arbeitsverhältnisses – Zugewinnausgleichspflichtiges Vermögen oder unterhaltsprägendes Einkommen, FS Schwab, 2005, S 495; *A. Obermüller,* Der Goodwill und seine Bedeutung beim Zugewinnausgleich, Diss Regensburg 1999.

Übersicht

	Rn		Rn
I. Normzweck	1	IV. Hinzuzurechnende Vermögensminderungen (Abs 2 und 3)	38
II. Der Endstichtag	2	1. Unentgeltliche Zuwendungen (Abs 2 Nr 1)	39
III. Tatsächliches Endvermögen (Abs 1)	3	2. Verschwendungen (Abs 2 Nr 2)	42
1. Aktiva	4	3. Handlungen mit Benachteiligungsabsicht (Abs 2 Nr 3)	43
a) Grundsätzliches	4	4. Ausschluss der Hinzurechnung (Abs 3)	44
b) ABC der Vermögenswerte des Zugewinns	9	5. Rechtsfolge	45
2. Passiva	27	V. Beweislast	46
a) Negatives Endvermögen	27	VI. Gestaltung	48
b) Abzuziehende Verbindlichkeiten	28		
c) ABC der Verbindlichkeiten	30		

I. Normzweck

1   Die Vorschrift bestimmt das **Endvermögen** als die zweite Vergleichsgröße, die zur Berechnung des Zugewinnausgleichs erforderlich ist (§ 1373). Es handelt sich dabei um eine reine Rechengröße und nicht um eine bestimmte Vermögensmasse. Nach Abs 2 wird das Endvermögen (und damit auch der Zugewinn) um die Vermögensminderungen erhöht, die vom betreffenden Ehegatten durch eine der dort näher bezeichneten illoyalen Handlungen während der letzten zehn Jahre (Abs 3) bewirkt wurden. Dadurch soll der Gefahr von Manipulationen zu Lasten des Zugewinnausgleichs vorgebeugt werden. Mit der Wertermittlung des Endvermögens beschäftigt sich § 1376 und § 1379 gewährt jedem Ehegatten diesbezüglich ein Auskunftsrecht.

II. Der Endstichtag

2   Maßgeblicher Stichtag für Bestand und Bewertung des Endvermögens ist grds der der Beendigung des Güterstands (Abs 1 S 1). Hiervon enthalten jedoch die § 1384 (iVm § 1318 Abs 1 und 3) für die **Scheidung** und **Eheauflösung** und § 1387 für den **vorzeitigen Zugewinnausgleich** praktisch bedeutsame Ausnahmen.

III. Tatsächliches Endvermögen (Abs 1)

3   Der in Abs 1 gebrauchte Begriff des Vermögens beinhaltet nur die Aktivwerte, der des Endvermögens den des rechnerischen Überschusses der Aktiva über die Passiva (sog Nettovermögen)[1]. Abgesehen vom Sonderfall des Abs 1 S 2 (illoyale Vermögensminderungen, vgl auch § 1390) kann das Endvermögen nie einen negativen Wert haben[2].

4   **1. Aktiva. a) Grundsätzliches. aa) Rechtlich geschützte Vermögenspositionen.** Um Systembrüche zu vermeiden muss der Vermögensbegriff beim **End-** wie beim **Anfangsvermögen** im

---

[1] BGHZ 87, 367, 369 = NJW 1983, 2244; BGH NJW-RR 1986, 226; NJW 1987, 321; NJW 1998, 749; vgl auch § 1374 Rn 3 zur gleichen Definition des Anfangsvermögens.
[2] *Johannsen/Henrich/Jaeger* Rn 3.

gleichen Sinne verstanden werden[3]. Zu den im Endvermögen zu berücksichtigenden Aktiva zählen daher alle am Stichtag (Rn 2) dem Ehegatten schon zustehenden **rechtlich geschützten Positionen** mit wirtschaftlichem Wert[4]. Sind Fälligkeit oder Bedingung noch nicht eingetreten oder die Realisierbarkeit einer Forderung fraglich, so sind die entsprechenden Vermögenspositionen dennoch zu berücksichtigen, jedoch hat dies Einfluss auf den anzusetzenden Wert[5]. Dem Zugewinnausgleich unterliegt auch das, was keinen Bezug zur ehelichen Lebensgemeinschaft hat[6], wie ein Lottogewinn oder ein Schmerzensgeld (Rn 21, 23). Vielmehr widerspricht die Annahme eines zugewinnausgleichsfreien Erwerbs dem Grundgedanken des Zugewinnausgleichs[7]. Zum Endvermögen gehören auch alle Aktiva des **privilegierten Erwerbs** (§ 1374 Abs 2), da sonst die Privilegierung verdoppelt würde[8], und alle Aktiva des Anfangsvermögens, die im Zeitpunkt des für § 1375 Abs 1 maßgeblichen Stichtags noch gegenständlich vorhanden sind, denn insoweit können Wertveränderungen eingetreten sein, so dass es sich nicht nur um gegenseitig neutralisierende Rechenposten handelt, sondern echte Wertsteigerungen auszugleichen sind[9]. Nicht in das Endvermögen fällt dagegen, was am maßgeblichen Stichtag als Vermögenswert zerstört, abgenutzt oder sonst verbraucht wurde; auch Geld, das für Reisen, persönlichen Konsum oder gar eine Gebisssanierung[10] ausgegeben wurde, ist nicht mehr zu berücksichtigen, wenn nicht ausnahmsweise § 1375 Abs 2 eingreift.

bb) Verbot der Doppelberücksichtigung. Weiter gilt der **Grundsatz**, dass ein güterrechtlicher 5 Ausgleich nicht stattzufinden hat, soweit eine Vermögensposition bereits auf andere Weise ausgeglichen wird[11]. **Ausgenommen** vom Zugewinnausgleich sind daher Vermögenspositionen, die bestimmten, besonderen **Verteilungsverfahren** unterworfen sind, wie der **Hausrat** (Rn 17 unter dem entsprechenden Stichwort) oder die dem **Versorgungsausgleich** unterliegenden Anwartschaften und Aussichten, § 1587 Abs 3 (Rn 25, Stichwort Versorgungsausgleich sowie § 1587 Rn 59). Jedoch bleiben beim Versorgungsausgleich solche Anrechte außer Betracht, die mit Hilfe von Vermögen begründet oder aufrechterhalten wurden, über das der Zugewinnausgleich stattfindet, so etwa Anwartschaften der gesetzlichen Rentenversicherung, die durch Nachentrichtung freiwilliger Beiträge mit **Mitteln aus vorzeitigem Zugewinnausgleich** erworben wurden[12].

Das **Verbot der Doppelberücksichtigung** gilt aber auch für Vermögenspositionen, die bereits im 6 Rahmen des **Unterhalts** ausgeglichen werden, so etwa im Rahmen eines entsprechenden Vergleichs[13] oder für arbeitsrechtliche Abfindungen, die zwar einerseits Versorgungscharakter haben, andererseits wegen ihrer einkommenssurrogierenden Wirkung als Einkommen für die Bemessung des Unterhalts des anderen Ehegatten berücksichtigt werden,[14] sowie bei Vermögensgegenständen, die als solches, und nicht nur mit ihren Erträgen, dem Unterhalt des Ehegatten dienen[15]. Es gilt insoweit ein **Vorrang des Unterhaltsrechts**[16]. Eine neuere Auffassung[17], die dennoch einen möglichst **umfassenden güterrechtlichen Ausgleich** durchführen möchte, weist jedoch auf die auch vom Gesetz bestehende **Abgrenzung** zwischen Güterrecht- und Unterhaltsrecht hin: Durch den **Zugewinnausgleich** werden die **während der Ehe** erworbenen **Vermögenswerte** nach dem dem Zugewinnausgleich prägenden Halbteilungsgrundsatz verteilt. Demgegenüber wird durch den nachehelichen **Unterhalt** das **Einkommen** aufgeteilt, soweit es die ehelichen Lebensverhältnisse prägte und bedarfsdeckend verwendet wird. Daraus ergeben sich bereits **qualitativ** unterschiedliche Verteilungsansätze[18]. Aber auch **zeitlich** wird idR ein Konkurrenzverhältnis vermieden: Erst wenn der Zugewinnausgleich durchgeführt ist, verändert sich die Berechnungsgrundlage für die Unterhaltsansprüche entsprechend der sich aus der geänderten Vermögenszuordnung ergebenden Erträge. Entsprechend dem Surrogationsgedanken sind aber die Erträge, die aus dem Vermögen resultieren, das im Rahmen des Zugewinnausgleichs zugeteilt wird, eheprägend und daher bedarfsdeckend zu berücksichtigen. Eine echte Ausgleichskonkurrenz wird daher

---

[3] AnwK-BGB/*Limbach* Rn 8.
[4] BGHZ 118, 242, 246 = NJW 1992, 2154; AnwK-BGB/*Limbach* Rn 5; KK-FamR/*Weinreich* Rn 6; MünchKommBGB/*Koch* Rn 7; *Johannsen/Henrich/Jaeger* Rn 4; vgl auch § 1374 Rn 4 mwN.
[5] BGH NJW 2001, 439; AnwK-BGB/*Limbach* Rn 5.
[6] AnwK-BGB/*Limbach* Rn 5; KK-FamR/*Weinreich* Rn 6.
[7] *Gernhuber* FamRZ 1984, 1057.
[8] MünchKommBGB/*Koch* Rn 9.
[9] KK-FamR/*Weinreich* Rn 6; MünchKommBGB/*Koch* Rn 9.
[10] AG Säckingen FamRZ 1997, 1335.
[11] BGH NJW 2003, 1396, 1397; NJW 2004, 2675, 2676; vgl auch BGH NJW 2003, 3339 zur Abzugsfähigkeit von Unterhaltsrenten; *Haußleiter/Schulz* 1 Rn 13 a; *Palandt/Brudermüller* Rn 2; zu dieser Problematik *Fischer-Winkelmann* FuR 2004, 433; *Kogel* FamRZ 2005, 1785; *Gerhardt/Schulz* FamRZ 2005, 145; *Gerhardt* FPR 2006, 354; *W. Maier* FamRZ 2006, 897; *Schulz* FamRZ 2006, 1237.
[12] BGH NJW 1992, 1888; dazu *Hohloch* NJW 1995, 305; vgl auch OLG Jena OLGR 1997, 215.
[13] BGH NJW 2003, 1396, 1397 zur gesellschaftsrechtlich ausgestalteten Mitarbeiterbeteiligung; NJW 2004, 2675, 2676 zur arbeitsrechtlichen Abfindung.
[14] OLG Frankfurt FamRZ 2000, 611, 612; OLG München FamRZ 2005, 714 zur Abfindung im Rahmen einer Vorruhestandregelung; *Staudinger/Thiele* § 1374 Rn 5 f; bereits *Klingelhöffer* BB 1997, 2216, 2217.
[15] *Palandt/Brudermüller* Rn 2; *Maier* FamRZ 2006, 897, 898, 899; *Hoppenz* FamRZ 2006, 1242, 1243.
[16] *Hoppenz* FamRZ 2006, 1242, 1244; *W. Schulz* FamRZ 2006, 1237, 1238, jeweils unter Hinweis auf die genannte BGH-Rspr.
[17] *Schröder*, Bewertungen Rn 94 b; *W. Maier* FamRZ 2006, 897; *Gerhardt/Schulz* FamRZ 2005, 145; *Hoppenz* FamRZ 2006, 1242; ebenso *Palandt/Brudermüller* Rn 2.
[18] *Brudermüller* NJW 2003, 3166; *Graba* FamRZ 2006, 821; *W. Maier* FamRZ 2006, 897, 898; *Schröder* Bewertungen Rn 94 b.

§ 1375

im Regelfall vermieden. Davon ist zu unterscheiden, dass das Ergebnis einer Ausgleichsform die andere beeinflussen kann[19], also der Zugewinnausgleich auch unterhaltsrechtliche Auswirkungen hat. Eine **echte zeitliche Konkurrenz** besteht allerdings in der Zeit zwischen Rechtshängigkeit des Scheidungsantrags, als Beurteilungsstichtag nach § 1384, und der Erfüllung der Zugewinnausgleichsforderung, ab dem durch die Leistung des Zugewinnausgleichs sich die Unterhaltsbedürftigkeit des Ausgleichsberechtigten verringert[20]. Deshalb wird teilweise eine Reduktion des § 1384 gefordert, um die schon unterhaltsrechtlich ausgeglichenen Teile der Abfindung nicht noch im Endvermögen des Unterhaltspflichtigen beim Zugewinnausgleich zu berücksichtigen[21]. Echte **sachliche Abgrenzungsprobleme** ergeben sich nur, wenn im Unterhalt Vermögen verteilt (§§ 1577, 1581 S 2) oder in der Zugewinnausgleichsbilanz Einkommen berücksichtigt wird[22]. Zu Letzterem gilt zum einen, dass Unterhaltsrückstände im Zugewinnausgleich vom Endvermögen abgezogen werden. **Kurzfristige Überschneidungen** von etwa einem Monat bei Kontoguthaben, die daraus resultieren, dass am Stichtag Einkommen bereits zugeflossen ist, welches unterhaltsrechtlich künftiges Einkommen vorwegnimmt, können toleriert und dem Zugewinnausgleich unterworfen werden[23]. Bei **längerfristigen Überschneidungen,** etwa durch Zahlung einer **Abfindung,** sei nach dieser Auffassung vom möglichst weitergehenden güterrechtlichen Ausgleich die daraus resultierende Vermögensposition in der Zugewinnausgleichsbilanz als Endvermögen anzusetzen. Zugleich vermindere sich dadurch die unterhaltsrechtliche Bedürftigkeit des Unterhaltsberechtigten, so dass eine Doppelverwertung ausscheide[24]. Soweit Vermögen im Unterhalt verteilt wird, sollen die sich daraus entstehenden Härten im Einzelfall über die §§ 1381 Abs 1, 1577 Abs 3 berücksichtigt werden[25].

7 Entgegen dieser an überwiegend an systematischen Überlegungen anknüpfenden Auffassung ist das Problem des Verbots der Doppelberücksichtigung zumindest für die Fälle der **Abfindung** nach **teleologischen Erwägungen** zu lösen: Die volle Einbeziehung der Abfindung in den Zugewinnausgleich kann für den Abfindungsempfänger dann eine nicht gerechtfertigte Härte bedeuten, wenn der **Versorgungszweck** gerade der Sicherung seines eigenen Unterhalts dient, während andererseits der andere Ehegatte unterhaltsrechtlich keinerlei Anspruch hierauf hätte; in diesen Fällen handelt sich vielmehr um kapitalisiertes Einkommen[26]. Die hierzu vorgeschlagene Korrektur über § 1381 ist deshalb problematisch, weil diese Bestimmung gerade nicht zum Ausgleich systemimmanenter Unzulänglichkeiten dienen darf (§ 1381 Rn 2). Dagegen ermöglicht der uneingeschränkte unterhaltsrechtliche Ansatz eine angemessene Verteilung der Abfindungsleistung durch Berücksichtigung des Kriteriums der Leistungsfähigkeit des Abfindungsempfängers (= Unterhaltsschuldners) und des Bedarfs des Unterhaltsberechtigten. Die sich danach ergebenden Abgrenzungsprobleme (Rn 9) müssen demgegenüber im Interesse der Einzelfallgerechtigkeit hingenommen werden.

8 Keine Frage des Doppelverwertungsverbots ist, wenn bei einem **Selbstständigen oder Gewerbetreibenden** im Rahmen der Ertragswertmethode die künftig zu erwartenden Erträge im Rahmen der **Unternehmensbewertung** berücksichtigt werden. Denn zu Unrecht meint das OLG Oldenburg, dass hier die künftigen Erträge im Rahmen des Zugewinnausgleichs verteilt würden und damit ein Konkurrenzproblem zum Unterhalt entstehe[27]. Vielmehr stellt die künftige Gewinnerwartung lediglich eine betriebswirtschaftliche Rechengröße dar, um den jetzigen Unternehmenswert ausgehend von den prognostizierten Ertragschancen und der Marktlage zu bestimmen, was im übrigen auch dadurch deutlich wird, dass diese entsprechenden Zukunftsergebnisse auf den Bewertungsstichtag abgezinst und der kalkulatorische Unternehmerlohn abgezogen werden. Dementsprechend wird auch nur das so zum Bewertungsstichtag ermittelte Betriebsvermögen im Zugewinnausgleich verteilt[28].

9 **b) ABC der Vermögenswerte des Zugewinns.** Für die Berücksichtigung im Zugewinn gilt (vgl auch § 1374 Rn 4 ff): **Arbeitsrechtliche Abfindungen,** die anstelle wiederkehrender Ansprüche treten, wurden von der Rspr bis vor kurzem allein nach dem Stichtagsprinzip beurteilt und unterlagen daher dem Zugewinnausgleich, wenn sie während des Güterstands zugefallen und sich am Endvermögensstichtag wertmäßig noch auswirkten, und zwar auch dann, wenn sie wegen eines nach dem Endstichtag liegenden Zeitraums oder Tatbestands gewährt wurden[29]. War die Abfindung am Stichtag zwar bereits vereinbart, aber noch nicht ausgezahlt, gehörte der Abfindungsanspruch in voller Höhe zum zu berücksichtigenden Vermögen. Entscheidend war nur, dass am Stichtag zumindest ein **Anwart-**

---

[19] *Hoppenz* FamRZ 2006, 1242, 1244.
[20] *W. Maier* FamRZ 2006, 900; *Hoppenz* FamRZ 2006, 1242, 1246 f.
[21] *Hoppenz* FamRZ 2006, 1242, 1247; *Palandt/Brudermüller* Rn 2.
[22] *W. Maier* FamRZ 2006, 897, 898; *Schröder* Bewertungen Rn 94 c.
[23] BGHZ 156, 105, 109 f = NJW 2003, 3339; *Palandt/Brudermüller* Rn 2.
[24] *Hoppenz* FamRZ 2006, 1242, 1245 m Beispielen.
[25] *W. Maier* FamRZ 2006, 897, 900.
[26] Vgl *Staudinger/Thiele* § 1374 Rn 6.
[27] OLG Oldenburg NJW 2006, 2125, 2126 = FamRZ 2006, 1031 m abl Anm *Hoppenz; Fischer-Winkelmann* FuR 2004, 433; dem OLG Oldenburg im Ansatz folgend *Schulz* FamRZ 2006, 1237, 1239 f, jedoch für Begrenzung des Unterhalts auf den bei der Ertragswertmethode abzuziehenden kalkulatorischen Unternehmerlohn; ähnlich auch BGH NJW 2003, 1396, 1397; für Abzug des „konkreten Unternehmerlohns" im Zugewinnausgleich und Berücksichtigung im Unterhalt *Münch* FamRZ 2006, 1164, 1170.
[28] *Koch* FamRZ 2007, 511; *Schröder* Bewertungen Rn 94 c; *Hoppenz* FamRZ 2006, 1031.
[29] BGHZ 82, 145, 147 = NJW 1982, 279 zu § 844 Abs 3; BGH NJW 1998, 749; OLG Frankfurt FamRZ 2000, 661, wo aber § 1382 angewandt wurde; *Schwab/Schwab* HdB ScheidungsR VII Rn 39; aA *Gernhuber*, FS Lange, 1992, S 853: nur soweit Zeit des Güterstands betreffend.

schaftsrecht iS einer rechtlich geschützten Position mit wirtschaftlichem Wert vorhanden war[30]. Dies führte mitunter zu zufälligen Ergebnissen, weil es für die Einbeziehung in den Zugewinnausgleich allein darauf ankam, ob die Abfindungszusage vor oder nach den für die Berechnung des Zugewinnausgleichs maßgeblichen Stichtagen vereinbart wurde[31]. Auch bei **Nachzahlungen** kam es darauf an, ob der Anspruch hierauf bereits am Stichtag entstanden und fällig war[32]. Nicht zuletzt wegen des **Verbots der Doppelberücksichtigung** (Rn 5 ff) wird nach der neueren hM und der entsprechend neueren Rspr des BGH daher danach differenziert, ob die Abfindung

1. für den **Verlust des Arbeitsplatzes** und des damit verbundenen Besitzstandes gewährt wird; dann ist güterrechtlich auszugleichen;
2. **Versorgungscharakter** hat und daher als Ersatz für den künftig entstehenden Lohnausfall und damit als vorweggenommenes Einkommen geleistet wird, dann erfolgt der Ausgleich unterhaltsrechtlich[33].

Hieraus ergibt sich ein **Vorrang des Unterhaltsrechts.** Demnach sind arbeitsrechtliche Abfindungen zweckbezogen zu beurteilen: Dem Zugewinnausgleich entzogen sind daher Abfindungen, die dem Unterhalt des Arbeitnehmers und seiner Familie für die voraussichtliche Dauer seiner Arbeitslosigkeit dienen[34], die Überbrückungs- und Versorgungsfunktion haben, wie Abfindungen wegen einer Frühpensionierung[35], während arbeitsrechtliche Abfindungen aus Anlass der Kündigung, insbes nach §§ 9, 10, 1 a KSchG voll dem Zugewinnausgleich unterfallen, ebenso wie Beitragserstattungen des Sozialrechts, auch wenn sie Zeiten außerhalb des Güterstandes betreffen, außer es bestand am Stichtag bereits ein rechtlich gesichertes Anfangsvermögen[36]. Die Qualifizierung einer Abfindung als Einkommensersatz wirkt auch für die Zukunft fort und ändert sich nicht etwa dann, wenn der Unterhaltsanspruch nach dem Stichtag entfällt[37]. 10

Noch nicht geklärt ist, wie bei **„gemischten Abfindungen"** der **unterhaltsrechtliche Umfang** einer solchen Abfindung zu bestimmen ist. Das OLG München[38] stellt auf eine Prognose der künftigen Unterhaltsbelastung und des daraus folgenden Einsatzes der Abfindung aus der Sicht des Stichtags ab. Dabei fällt auch der für den eigenen Unterhalt des Unterhaltsschuldners benötigte Teil der Abfindung aus dem Zugewinnausgleich heraus. Dies folge richtigerweise aus der Gleichbehandlung von Unterhaltsgläubiger und Unterhaltsschuldner. Im Rahmen der **Vertragsfreiheit** können die Ehegatten allerdings bestimmen, ob die Abfindung güter- oder unterhaltsrechtlich auszugleichen ist[39]. Geht man vom Vorrang des Unterhaltsrechts aus, so kann eine Abfindung in einem darüber hinausgehenden Umfang nur dann in den Zugewinnausgleich einbezogen werden, wenn die Vereinbarung die Form des Ehevertrags oder des § 1378 Abs 3 S 2 wahrt[40]. 11

Anwartschaft aus einem **Erbvertrag**: unterliegt nicht dem Zugewinnausgleich, da nicht übertragbar und sie daher keinen objektivierbaren Wert besitzt[41]. 12

Anwartschaften eines **Zeitsoldaten** auf Übergangsgebührnisse nach § 11 SVG sind beim Zugewinnausgleich ebensowenig zu berücksichtigen[42] wie die Ausgleichszahlungen nach dem Stichtag gemäß § 38 SVG[43] und – nach Auffassung des BGH – die Anwartschaft auf Übergangsbeihilfe nach § 12 SVG, die bezweckt, nach Beendigung des Dienstverhältnisses den Lebensunterhalt zu sichern[44]. 13

---

[30] BGHZ 146, 64, 68 f, 72 f = NJW 2001, 439; BGH FamRZ 1988, 362; OLG Hamm FamRZ 1999, 1068, 1070; *Haußleiter/Schulz* 1 Rn 127 f.
[31] Krit daher zu Recht *Schwab/Schwab* HdB ScheidungsR VII Rn 39.
[32] BGH NJW 1981, 1038 zum BVersG; der BGH wandte also das „In-Prinzip" (Zahlung in) und nicht das „Für-Prinzip" (wofür wird gezahlt) an; *Schwab/Schwab* HdB ScheidungsR VII Rn 37.
[33] BGHZ 146, 64, 73 = NJW 2001, 439; BGH NJW 2003, 1396, 1397 obiter dictum; NJW 2004, 2675, 2676 = FamRZ 2004, 1352 m Anm *Bergschneider*; *Kogel* FamRZ 2004, 1866; *Brudermüller* NJW 2005, 3188; *Haußleiter/Schulz* 1 Rn 128 a f; *Schulz* FamRZ 2006, 1237 f; *Schröder* Bewertungen Rn 96 a; *Staudinger/Thiele* § 1374 Rn 5 f; für grds nur unterhaltsrechtlichen Ausgleich *Maurer* FamRZ 2005, 757, 759; auf die Abgrenzungsschwierigkeiten weist *Kaiser*, FS Schwab, 2005, S 495 hin und befürwortet ebenfalls den unterhaltsrechtlichen Ausgleich; für grundsätzlichen güterrechtlichen Ausgleich *Hoppenz* FamRZ 2006, 1242, 1246; *W. Maier* FamRZ 2006, 898, 900; dazu Rn 6.
[34] *Staudinger/Thiele* § 1374 Rn 6; Vgl BGHZ 146, 64, 74 = FamRZ 2001, 282, obiter dictum.
[35] *Maurer* FamRZ 2005, 757, 760 ff m zutr Hinweis, dass die öffentlich-rechtliche Zweckbestimmung nicht mit der hier allein im Verhältnis der Ehegatten maßgeblichen übereinstimmen muss; einschränkend bzgl der Frühpensionierungsabfindung aber *Staudinger/Thiele* § 1374 Rn 6.
[36] *Staudinger/Thiele* § 1374 Rn 6; ausf zur Einordnung der Abfindungsleistungen *Maurer* FamRZ 2005, 757, 758.
[37] *Staudinger/Thiele* § 1374 Rn 5; *Gerhard/Schulz* FamRZ 2005, 147.
[38] OLGR 2005, 71 = FamRZ 2005, 714, 715; zust *Brudermüller* NJW 2005, 3188 f; FA-FamR/*Gerhardt* Kap 6 Rn 18 a f; ebenso *Staudinger/Thiele* § 1374 Rn 5; vgl auch das Beispiel bei *Haußleiter/Schulz* 1 Rn 128.
[39] BGH NJW 2003, 1396, 1397; NJW 2004, 2675.
[40] *Brudermüller* NJW 2005, 3188, 3189; *Kogel* FamRZ 2003, 1645; problematisch daher OLG München FamRZ 2005, 713, wo bereits auf das faktische Verhalten abgestellt wird; dem Einwand der fehlenden Form begegnet BGH NJW 2004, 2675, 2576 mit dem Arglisteinwand des widersprüchlichen Verhaltens.
[41] OLG Koblenz FamRZ 1985, 286. Letztlich handelt es sich vor Eintritt des Erbfalls nur um eine Hoffnung, vgl *Dittmann/Reimann/Bengel/J. Mayer*, Testament und Erbvertrag, 5. Aufl 2006, § 2286 Rn 7 ff mwN.
[42] BGH NJW 1980, 229 = LM § 1372 Nr 5; *Palandt/Brudermüller* Rn 8; *Staudinger/Thiele* § 1374 Rn 11; OLG Oldenburg FamRZ 1976, 346; MünchKommBGB/*Koch* Rn 12; *Staudinger/Thiele* § 1374 Rn 8; aA OLG Nürnberg NJW 1977, 1475.
[43] BGH NJW 1982, 1982 = LM Nr 7; OLG München FamRZ 192, 486; MünchKommBGB/*Koch* Rn 12; *Staudinger/Thiele* § 1374 Rn 11.
[44] BGH NJW 1983, 2141, 2142; zust *Johannsen/Henrich/Jaeger* Rn 5; aA die hM, vgl etwa MünchKommBGB/*Koch* Rn 12; *Staudinger/Thiele* § 1374 Rn 8; *Schwab/Schwab* HdB ScheidungsR VII Rn 40; *Soergel/Lange* Rn 8; OLG Bremen NJW 1971, 1661; OLG Oldenburg FamRZ 1976, 346.

§ 1375

14   **Direktversicherung:** Eine vom Arbeitgeber zur betrieblichen Altersversorgung nach § 1 Abs 2 BetrAVG abgeschlossene Kapitallebensversicherung unterliegt dem Zugewinnausgleich, auch wenn das Bezugsrecht des Arbeitnehmers zwar noch widerruflich (§ 159 Abs 2 VVG) ist, aber gemäß dem BetrAVG unverfallbar (§ 1 b BetrAVG) ist, weil es dem Arbeitgeber ab dann arbeitsrechtlich verwehrt ist, den versicherungsrechtlich möglichen Widerruf zu erklären[45]. Die sich hieraus ergebende Anwartschaft ist nicht nur insoweit in den Zugewinnausgleich einzubeziehen, als sie auf dem Beitragsanteil des Ehegatten beruht und das Bezugsrecht nach der maßgebenden Versorgungsordnung nur mit seiner Zustimmung geändert werden kann, mithin unwiderruflich gestellt ist (vgl § 159 Abs 3 VVG, § 15 Nr 1 S 3 ALB), sondern auch mit ihrem auf den Arbeitgeberbeiträgen beruhenden Teil[46]. Dies gilt auch für eine entsprechende Direktversicherung eines GmbH-Geschäftsführers, wobei aber zu prüfen ist, ob er überhaupt zu den Versorgungsberechtigten iS des Betriebsrentengesetzes gehört, weil er allein oder zusammen mit anderen Gesellschafter-Geschäftsführern eine Beteiligungsmehrheit hält und diese nach der Verkehrsanschauung somit ihr eigenes Unternehmen leiten[47]. Zu einer Stundungsmöglichkeit s § 1382 Rn 4.

15   **Ehegatteninnengesellschaft** (§ 1372 Rn 27 f): Daraus resultierende **Ausgleichsansprüche** (und -verpflichtungen) sind beim Zugewinnausgleich im Endvermögen immer zu berücksichtigen und nicht nur in solchen Fällen, in denen der Zugewinnausgleich für sich allein nicht zu einem angemessenen Ergebnis führt[48]; uU wirkt sich der Ausgleichsanspruch dort aber gar nicht aus[49].

16   **Einkünfte** zählen nicht zum Endvermögen (vgl § 1374 Rn 5).
     Grundstück: Wertsteigerungen durch Bauleistungen der Ehegatten, auch auf fremdem Grund und Boden, der später privilegierteres Vermögen des eines von ihnen iS von § 1374 Abs 2 wird, unterliegen dem Zugewinnausgleich[50]; unerheblich ist, wenn noch kein Eigentumsumschreibungsantrag beim Grundbuchamt gestellt und der Erwerbsvertrag nach dem Stichtag wieder aufgehoben wird[51]. Zu vorehelichen Investitionen s § 1372 Rn 20.

17   **Hausrat** ist nach Auffassung des BGH vom Zugewinnausgleich ausgenommen, soweit er nach der Hausratsverordnung verteilt werden kann, also insbes soweit gemeinschaftliches Eigentum der Ehegatten besteht oder zumindest eine Vermutung hierzu (§ 8 Abs 1 und 2, § 9 HausratsVO)[52]. Zum **Hausratsbegriff** s § 1369 Rn 3 f; zur Bewertung § 1376 Rn 32.
     HöfeO: Nachabfindungsansprüche nach § 13 HöfeO sind zugewinnneutral und daher sowohl im Anfangs- wie Endvermögen zu berücksichtigen[53].

18   Bei **Lebensversicherungen** ist in zweifacher Hinsicht eine **Abgrenzung** vorzunehmen: **(1)** Zum einen zum **Versorgungsausgleich,** der auf den Ausgleich wiederkehrender Versorgungsrechte ausgerichtet ist: Hier ist zu beachten, dass seit dem 1. 7. 1977 (1. EheRG) diese grds dann dem Zugewinnausgleich unterliegen, wenn sie auf **Kapitalbasis** abgeschlossen werden, während solche auf Rentenbasis grds dem Versorgungsausgleich unterfallen (§§ 1587 Abs 3, 1587 a Abs 2 Nr 5)[54]. An der Zugehörigkeit der Kapitallebensversicherung zum Zugewinnausgleich ändert nichts, wenn sie abgeschlossen wurde, um von der gesetzlichen Pflichtversicherung für Angestellte befreit zu werden[55]. Soweit dem Versicherten an Stelle der Kapitalzahlung ein **Rentenwahlrecht** eingeräumt ist, verbleibt es bei der Einbeziehung in den Zugewinnausgleich, wenn der Versicherungsnehmer bis zur Rechtshängigkeit des Scheidungsantrags dieses noch nicht ausgeübt hat. Ein Anrecht aus einer **Kapitallebensversicherung**

---

[45] BGHZ 117, 70, 72 = NJW 1992, 1103; BGH NJW 1992, 2154 (insoweit in BGHZ 118, 242 nicht abgedruckt); NJW-RR 1993, 1285; OLG Köln FamRZ 2001, 158, 159; anders noch BGH NJW 1984, 1611; *Voit* FamRZ 1992, 1385 will der neuere BGH-Rspr auf alle widerruflichen Bezugsberechtigungen ausdehnen; zust MünchKommBGB/ *Koch* Rn 12 Fn 31; Unverfallbarkeit bejaht OLG Köln FamRZ 2001, 158, 159 f auch hinsichtlich der vom Arbeitnehmer aufgrund Entgeltumwandlung (§ 1 a BetrAVG) erbrachten Versicherungsbeiträge, dazu auch *Hauß* FPR 2007, 190, 193; allg zur Unverfallbarkeit MünchKommBGB/*Rühmann* § 1587 a Rn 332 ff.
[46] BGH NJW 1992, 2154.
[47] BGH NJW-RR 1993, 1285.
[48] BGHZ 155, 249, 255 = NJW 2003, 2982; BGH NJW 2006, 1268, 1269 = FamRZ 2006, 607 m Anm *Hoppenz,* dort auch zur Einbeziehung von Zeiten vor der Eheschließung; *Haußleiter/Schulz* 6 Rn 192 ff; *Schulz* FamRB 2005, 142; *Wever* Vermögensauseinandersetzung Rn 625; *ders* in: *Schröder/Bergschneider* FamVermR Rn 5.152; *Arens* FamRZ 2000, 266, 269 f; aA *Schwab/Schwab* HdB ScheidungsR VII Rn 249; *Schwab/Borth* Rn IX 331; *Münch* FamRZ 2004, 233, 234; zu den Auswirkungen bei der Berechnung des Zugewinnausgleichs s die Beispiele bei *Schulz* FamRB 2005, 142 sowie *Haußleiter/Schulz* 6 Rn 193 ff.
[49] *Haußleiter/Schulz* 6 Rn 193; vgl auch die Beispiele bei *Kogel,* Strategien beim Zugewinnausgleich, Rn 272 ff.
[50] OLG Köln NJW-RR 1995, 707; AG Groß-Gerau FamRZ 1999, 657.
[51] OLG Köln FamRZ 1983, 813.
[52] BGHZ 89, 137, 143 = NJW 1984, 484; *Haußleiter/Schulz* 1 Rn 208; MünchKommBGB/*Koch* Rn 8; *Wellkamp* FuR 2000, 461, 464 und 465 im Einzelnen des Streitstands; krit *Schwab/Schwab* HdB ScheidungsR VII Rn 26; aA für Aussteuergegenstände, die von einem Ehegatten in die Ehe eingebracht und im Hausratsverteilungsverfahren nicht berücksichtigt wurden OLG Celle FamRZ 2000, 226, 227.
[53] OLG Schleswig OLGR 1996, 171.
[54] BGHZ 88, 386, 389 ff = NJW 1984, 299; OLG Nürnberg NJW 1976, 899; vgl auch BGHZ 130, 298 = NJW 1995, 2781; *Johannsen/Henrich/Jaeger* Rn 6; MünchKommBGB/*Koch* Vor § 1363 Rn 25; *Palandt/Brudermüller* Rn 9; *Staudinger/Thiele* § 1374 Rn 9; aA *Schmalz/Brüggemann* FamRZ 1996, 1053; an der Qualifikation als Kapitalversicherung ändert nichts, wenn die Auszahlung in drei Jahresraten erfolgt, OLG Bremen OLGR 1999, 88; die betriebliche Altersversorgung der Fa Robert BoschGmbH unterliegt wegen ihrer Ähnlichkeit mit einer Kapitallebensversicherung seit dem 1. 1. 1999 allein dem Zugewinn, OLG Bamberg NJW-RR 2001, 1085; Gleiches gilt für Versorgungsguthaben der Mitarbeiter der *Telekom gemäß* Tarifvertrag vom März 1997, vgl OLG Stuttgart FamRZ 2001, 998.
[55] BGHZ 67, 262, 264 ff = NJW 1977, 101; BGH NJW-RR 2005, 1379.

mit Rentenwahlrecht unterliegt vielmehr nur dann dem Versorgungsausgleich, wenn das Wahlrecht bis zum Eintritt der Rechtshängigkeit des Scheidungsantrags ausgeübt und damit das Recht aus dem Versicherungsvertrag vor diesem Stichtag zu einem Rentenanrecht wird[56]. Dies gilt auch dann, wenn sich der **Arbeitgeber** das Recht vorbehalten hat, das Anrecht zu verrenten, diese Befugnis aber bis zum Ende der Ehezeit nicht ausgeübt hat; zur Einbeziehung in den Versorgungsausgleich führt dabei auch nicht der Umstand, dass die Ehegatten den Zugewinnausgleich ausgeschlossen haben[57].

Wird bei einer **Rentenlebensversicherung** das **Kapitalwahlrecht** ausgeübt, so unterliegt das ursprünglich auf Rentenleistung gerichtete Anrecht nicht mehr dem Versorgungsausgleich, weil dieses durch die Ausübung des Kapitalwahlrechts erloschen ist. Dies gilt nach Ansicht des BGH auch dann, wenn ein Ehegatte sein Kapitalwahlrecht **erst nach Rechtshängigkeit des Scheidungsantrags** ausübt[58]. Der sich daraus uU für den anderen Ehegatten ergebenden Nachteile will der BGH insbes dadurch begegnen, dass das Anrecht auf Kapitalleistung trotz des Stichtagsprinzips des § 1384 noch im Zugewinnausgleich berücksichtigt werden könnte[59]. Dies versagt allerdings dann, wenn die Ehegatten Gütertrennung vereinbart hatten, so dass der Versorgungswert ganz einem Ausgleich der Ehegatten entzogen ist. Eine private Rentenversicherung unterliegt dann nicht dem Versorgungsausgleich, wenn es an dem erforderlichen Altersbezug fehlt, weil die Versorgungsleistung nicht im Anschluss an die Beendigung des Berufslebens gewährt wird und nicht das bisherige Erwerbseinkommen ersetzen soll[60].

(2) Im Hinblick auf das Verbot der Doppelberücksichtigung (Rn 5) wird in Zukunft wohl auch die **Abgrenzung zum Unterhalt** bedeutsam: Soweit die Lebensversicherung den Unterhaltsbedarf im Alter sichern soll, wird sie nicht mehr dem Zugewinnausgleich unterliegen[61]. (3) Hinsichtlich des **Berechtigten** können sich Zuordnungsprobleme ergeben: Ist die Lebensversicherung zur Kreditfinanzierung an einen **Kreditgeber abgetreten,** kann deren Wert nicht beim Versicherungsnehmer angesetzt werden; er vermindert jedoch den Betrag der abzugsfähigen Schulden beim Kreditnehmer[62]. Bei einem **unwiderruflichen Bezugsrecht** ist der Versicherungswert allein beim Bezugsberechtigten anzusetzen[63]. Bei einer Kapitallebensversicherung ergeben allerdings Besonderheiten (§ 1376 Rn 33). Zur **Direktversicherung** s oben Rn 14. Zur Bewertung s § 1376 Rn 33.

Lottogewinn: ja[64].

Leasing: Ansprüche aus Pkw-Leasing, ja[65].

Nachzahlungen aus Dauerrechtsverhältnissen (etwa **Abfindungen**): s bereits oben, Rn 9 ff, Abfindungen.

Nießbrauch: unterfällt dem Zugewinnausgleich[66].

unentgeltliches Nutzungsrecht an einem elterlichen Hausgrundstück, das im Hinblick auf Um- und Ausbauarbeiten eingeräumt wurde, unterfällt dem Zugewinnausgleich[67].

Riester-Rente (§§ 10 a, 82 ff EStG), ist eine steuerlich begünstigte Form der Altersvorsorge, die in verschiedenen Formen möglich ist, jedoch führt sie immer zu einer lebenslangen Leibrente oder allenfalls zu einer vereinbarten Teilkapitalverrentung ab dem 85. Lebensjahr. Sie unterliegt daher mit allen ihren Erscheinungsformen allein dem Versorgungsausgleich[68]; die Auszahlung erfolgt allein in der Form einer Leibrente oder eines Auszahlungsplans (§ 1 Abs 1 S 4 AltZertG). Der private Altersvorsorgevertrag der Riester-Rente ist dem Grunde nach eine Lebensversicherung auf Rentenbasis ohne Kapitalwahlrecht. Auch die im Rahmen der Riester-Rente förderungswürdige Direktversicherung (§ 82 Abs 2 EStG) gewährt nur eine lebenslange Altersversorgung iS von § 1 Abs 1 Nr 4 und 5 AltZertG und unterliegt damit – anders als die übliche Direktversicherung (s Rn 14) – dem Versorgungsausgleich[69].

---

[56] BGHZ 88, 386, 393 = NJW 1984, 299; BGH FamRZ 1992, 411, 412; FamRZ 1993, 684, 685; BGHZ 153, 393, 396 = NJW 2003, 1320; *Haußleiter/Schulz* 1 Rn 241 a; *Johannsen/Henrich/Jaeger* Rn 6; *Staudinger/Thiele* § 1374 Rn 9; dies gilt auch für eine auf Kapitalleistung gerichtete betriebliche Altersvorsorge mit Rentenwahlrecht, BGH NJW-RR 2005, 1379; ob sich diese Unterscheidung angesichts der heute zulässigen vielfältigen Zwischenformen noch aufrechterhalten lässt, wird zunehmend bezweifelt; vgl *Schmalz-Brüggemann* FamRZ 1996, 1053; *Scholz/Stein/ M. Bergmann* M 11; zu den sich aus den unterschiedlichen Stichtagen für den Versorgungsausgleich (§ 1587 Abs 2) und den Zugewinnausgleich (§§ 1375, 1384) ergebenden Divergenzen und Manipulationsmöglichkeiten *Kogel* FamRZ 2007, 870, 871 f; *Finger* FuR 2007, 511 f.
[57] BGH NJW-RR 2005, 1379; dazu *Götsche* jurisPR-FamR 20/2006 Anm 3; FamRB 2005, 285 (*Borth*); zur Kapitalisierung berufsständischer Versorgungsrechte ausf *Kogel* FamRZ 2005, 1785.
[58] BGHZ 153, 393, 397 ff = NJW 2003, 1320; ebenso OLG Hamburg FamRZ 1989, 721; *Palandt/Brudermüller* Rn 9; aber nicht so dadurch ergebende Benachteiligungsmöglichkeiten *Deisenhofer* FamRZ 2003, 745; *Haußleiter/Schulz* 1 Rn 241 d; *Schwab/Schwab* HdB ScheidungsR VII Rn 21.
[59] BGHZ 153, 393, 399 f; krit deswegen *Schwab/Schwab* HdB ScheidungsR VII Rn 21.
[60] BGH NJW-RR 2007, 865; NJW-RR 2005, 730.
[61] *W. Schulz* FamRZ 2006, 1237, 1239.
[62] *Haußleiter/Schulz* 1 Rn 244.
[63] BGHZ 118, 242 = NJW 1992, 2154; *Haußleiter/Schulz* 1 Rn 242.
[64] BGHZ 68, 43, 44 = NJW 1977, 377.
[65] OLG Bamberg NJW 1996, 399, auch zur Bewertung; eingehend zum Leasing *Brauckmann* FamRZ 1991, 1271.
[66] *Staudinger/Thiele* § 1374 Rn 4; *Palandt/Brudermüller* Rn 3; zur ausnahmsweisen Nichtberücksichtigung (wenn eine Grundstücksübertragung vorbereitet) BGH FamRZ 1988, 593; generell aA OLG Stuttgart FamRZ 1986, 466, das aber von der zwischenzeitlich überholten Entscheidung BGHZ 68, 163 ausgeht.
[67] OLG Celle FamRZ 1993, 1204 m Bewertungsvorgaben.
[68] *Goering* FamRB 2002, 221, 222; FA-FamR/*Gutdeutsch* VII Rn 121 a; sowie Gutachten DNotI-Report 2002, 115; *Bergschneider* FamRZ 2003, 1609, 1611; *Haußleiter/Schulz* 1 Rn 277 a.
[69] *Haußleiter/Schulz* 1 Rn 277 a.

§ 1375 Buch 4. Abschnitt 1. Bürgerliche Ehe

23 **Schmerzensgeld:** ja (jedoch kommt hier uU § 1381 in Frage)[70].
Sozialhilfe: Die vor dem Stichtag unmittelbar gewährte nein[71].

24 **Treuhänderisch** gehaltenes **Vermögen** (zB Spar- und Wertpapierguthaben, Gesellschaftsanteile) unterliegt wegen bestehender Rückübertragungsrechte Dritter nicht dem Zugewinnausgleich[72], jedoch hat der in Anspruch genommene Ehegatte die Zugehörigkeit zum Treuhandvermögen zu beweisen[73].

25 **Vorerbschaft:** diese unterfällt mit ihrem Nutzungswert dem Zugewinnausgleich[74].
Versicherungsleistung aus einer Flugtauglichkeitsversicherung eines Piloten unterliegt solange nicht dem Zugewinnausgleich, als sie unter dem Vorbehalt der Rückzahlung steht, wenn der Ehemann innerhalb von fünf Jahren wieder flugtauglich wird[75].
Versorgungsausgleich: Nicht dem Zugewinnausgleich unterliegen die Anwartschaften und Aussichten, die in den **Versorgungsausgleich** einzubeziehen sind und daher einem besonderen Ausgleichsverfahren unterliegen (§ 1587 Abs 3)[76].

26 **Wohnwagen:** ein im Alleineigentum eines Ehepartners stehender Wohnwagen, der für das Zusammenleben der Familie genutzt worden war, ist nicht dem Hausrat zuzurechnen. Er ist bei der Ermittlung des Zugewinnes zu berücksichtigen[77].

27 **2. Passiva. a) Negatives Endvermögen.** Verbindlichkeiten sind grds nur bis zur Höhe des Aktivvermögens berücksichtigungsfähig, so dass es grds nicht zu einem negativen Endvermögen und damit auch zu **keiner Verlustgemeinschaft** kommen kann[78]. Davon macht **Abs 1 S 2** eine **Ausnahme**, wenn Dritte nach § 1390 in Anspruch genommen werden können. Bezweckt wird damit, Ansprüche gegen den Dritten ganz oder teilweise zu verhindern, wenn ein Zugewinnausgleich auch ohne die illoyale Vermögensminderung nicht oder in geringerer Höhe entstanden wäre[79].

Rechenbeispiel[80]: Zugewinn der Ehefrau F: 0; Ehemann M hatte kein Anfangsvermögen, am Endvermögensstichtag hat er Aktiva von 24 000 und Verbindlichkeiten von 36 000. Vorher hat M dem D unter den Voraussetzungen des § 1375 Abs 2 Nr 1 € 48 000 zugewandt.

Tatsächlicher Zugewinn M:	– 12 000
jedoch begrenzt Abs 1 S 1 das Endvermögen an sich auf	0
Aber **fiktiver Zugewinn** M:	
(unter Anwendung von § 1375 Abs 2: – 12000 + 48000)	+ 36 000

Ein Zugewinnausgleich der F gegen M scheitert aber an § 1378 Abs 2.
Für die Berechnung der Forderung gegen D nach §§ 1390, 1378 Abs 2 gilt:
Diese beträgt nicht einfach die Hälfte der Zuwendung, denn wäre sie bei M noch vorhanden, so wäre deren Wert teilweise durch seine Verbindlichkeiten aufgezehrt. Daher sind nach § 1375 Abs 1 S 2 die Verbindlichkeiten in voller Höhe vom Aktivvermögen abzuziehen. Es ergibt sich also:

Aktiva real 24 000 + fiktiv (§ 1375 Abs 2) 48 000	72 000
Passiva	36 000
fiktiver Zugewinn	36 000
Ausgleichsforderung	18 000

in voller Höhe gegen den Dritten gerichtet, da Ausgleichsforderung gegen M an § 1378 Abs 2 scheitert (s oben).

28 **b) Abzuziehende Verbindlichkeiten.** Vom Endvermögen sind die Verbindlichkeiten abzuziehen, die bei Beendigung des Güterstands **bereits bestanden,** mögen sie auch nur befristet oder noch nicht fällig sein[81]. Dies gilt jedoch nicht uneingeschränkt für Dauerschuldverhältnisse[82], insbes nicht für Unterhaltspflichten (Rn 37). **Zukünftige Schulden** werden grds nicht berücksichtigt; § 2313 gilt als erbrechtliche Sondervorschrift hier nicht[83]. Zur Berücksichtigung latenter Steuerbelastungen bei Aufdeckung stiller Reserven (§§ 14 ff EStG) s § 1376 Rn 35. Bei Güterstandsbeendigung durch Tod belasten alle

---

[70] BGHZ 80, 384, 385 = NJW 1981, 1836; aA zu Recht *Schwab/Schwab* HdB ScheidungsR VII Rn Rn 56.
[71] OLG Karlsruhe FamRZ 2001, 1301.
[72] MünchKommBGB/*Koch* Rn 13; *Staudinger/Thiele* § 1374 Rn 3.
[73] BGH FamRZ 1981, 239, 241.
[74] AG Landshut FamRZ 1998, 1233; eingehend *Schwab/Schwab* HdB ScheidungsR VII Rn 45; FamGB/*Baumeister* Rn 25.
[75] AG Burgwedel FamRZ 1998, 1232.
[76] *Staudinger/Thiele* Rn 5; ausf Rehme FuR 2006, 389; auch vor der Ehe erworbene Anwartschaftsrechte auf Heiratserstattung nach RVO § 1304 aF, jetzt § 210 SGB VI, sind dem Zugewinnausgleich entzogen und daher dem Anfangsvermögen zuzurechnen, denn sie werden im Versorgungsausgleich insoweit nicht stattfinden; denn die Heiratserstattung ist ein Ersatz für vorehelichen Anwartschaften nach §§ 1304, 1303 Abs 7 RVO aF, BGH NJW 1995, 523; *Staudinger/Thiele* § 1374 Rn 6 aE; anderes gilt für Witwenabfindungen nach § 1302 Abs 1 RVO (jetzt § 107 SGB VI), BGHZ 82, 149, weil der Anspruch erst durch die Eheschließung entsteht.
[77] OLG Düsseldorf FamRZ 1992, 60; anders aber OLG Koblenz NJW-RR 1994, 516: Hausrat, wenn fest abgestellt!.
[78] *Johannsen/Henrich/Jaeger* Rn 18; MünchKommBGB/*Koch* Rn 14; *Staudinger/Thiele* Rn 7.
[79] MünchKommBGB/*Koch* Rn 14; *Johannsen/Henrich/Jaeger* Rn 18.
[80] Nach *Soergel/Lange* Rn 13; weitere Berechnungsbeispiele bei *Johannsen/Henrich/Jaeger* Rn 18; *Palandt/Brudermüller* Rn 24; *Maßfelder* BB 1957, 502.
[81] MünchKommBGB/*Koch* Rn 15; *Soergel/Lange* Rn 11.
[82] BGH NJW 2003, 3339.
[83] BGHZ 87, 367, 371 = NJW 1983, 2244.

Erbfallschulden (Vermächtnisse, Pflichtteilsansprüche, Erbschaftsteuer) allein den Erben und reduzieren nicht den Zugewinn, wohl aber umgekehrt die Pflichtteils- und Erbschaftsteuerschuld des Erben[84].

Umstritten ist, ob das **Verbot der Doppelberücksichtigung** im Zugewinnausgleich und im Unterhalt (Rn 5 ff) auch hinsichtlich der Schulden gilt, jedoch wird dies überwiegend bejaht[85]. Demnach soll ab Rechtshängigkeit der Scheidung die Berücksichtigung der Tilgungsleistungen für das im Alleineigentum des Unterhaltspflichtigen stehende Familienheim bei der Berechnung des Unterhalts nicht mehr einkommensmindernd berücksichtigt werden, wenn bereits im Zugewinnausgleich die Darlehenverbindlichkeiten als Passivposten in seinem Endvermögen angesetzt wurden. Hier soll demnach ein **Vorrang des Zugewinnausgleichs** bestehen. Ein Wahlrecht der Beteiligten bestehe diesbezüglich nicht, weil die Verbindlichkeiten nach § 1375 Abs 1 stets beim Endvermögen zu berücksichtigen sind[86]. Diese Auffassung negiert, dass der Grundsatz des **Verbots der doppelten Berücksichtigung** im Zugewinnausgleich und Unterhalt nach der ausdrücklichen Feststellung des BGH **nicht ausnahmslos** gilt. Insbes könne sich der ausgleichsberechtigte Ehegatte gegen die Berücksichtigung am Stichtag noch bestehender Verbindlichkeiten des Ausgleichspflichtigen bei dessen Endvermögen nicht mit der Begründung wehren, er müsse wegen dieser Verbindlichkeiten bereits eine Reduzierung seines Unterhaltsanspruchs hinnehmen müssen. Denn ein etwaiger Einfluss der Schuldenlast auf die unterhaltsrechtliche Leistungsfähigkeit habe mit dem Zugewinnausgleich nichts zu tun[87]. Dies ist auch sachlich begründet: Die der Vermögensbildung dienenden Verbindlichkeiten müssen, entsprechend den allgemeinen Bewertungs- und Bilanzierungsgrundsätzen, auch in der Zugewinnausgleichsbilanz als Passivposten berücksichtigt werden. Der Vorwurf der Gegenansicht, durch die Doppelberücksichtigung der Verbindlichkeiten im Zugewinnausgleich und Unterhalt zahle letztlich der Unterhaltsberechtigte eine Alleinschuld seines Ehegatten allein[88], verkennt, dass der Ansatz der Verbindlichkeiten im Zugewinnausgleich auch zu einer Verbesserung der unterhaltsrechtlichen Situation führt, weil die im Zugewinnausgleich ersparten oder erlangten Mittel zur Tilgung der Verbindlichkeiten anzusetzen sind und sich insoweit unterhaltsrechtlich auswirken[89]. Letztlich lässt sich eine gerechte Lösung hier nicht durch einen Vorrang des Zugewinnausgleichs erreichen[90], sondern kann allein über das **Unterhaltsrecht** erzielt werden[91]. Denn nach der Rspr sind Schuldentilgungen, die der einseitigen Vermögensbildung dienen, beim Bedarf für den nachehelichen Ehegattenunterhalt zu berücksichtigen, wenn sie bereits die Ehe geprägt haben und nach objektiven Maßstäben angemessen sind[92]. Dies lässt Raum für eine nach Billigkeitsgesichtspunkten ausgeprägte Einzelfalllösung[93]. Deutlich wird dies bei der **Gütertrennungsehe**: Auch hier geht die Berücksichtigung der vermögensbildenden Schuldtilgung zunächst zu Lasten des Unterhaltsberechtigten und dies, obgleich er an dem Vermögenszuwachs des anderen überhaupt nicht teilnimmt[94]. Daher muss die Korrektur auf der unterhaltsrechtlichen Ebene erfolgen.

c) ABC der Verbindlichkeiten. Gegenseitige Forderungen der Ehegatten untereinander sind in den Zugewinnausgleich einzubeziehen[95], und zwar beim Gläubiger als Forderung dem Endvermögen hinzuzurechnen und beim anderen Ehegatten als Verbindlichkeiten in Abzug zu bringen[96]. Im Rahmen der Zugewinnausgleichsberechnung neutralisieren sie sich idR. Trotzdem kann es sinnvoll sein, vor dem Endstichtag solche Ansprüche gegen den anderen Ehegatten außerhalb des Zugewinnausgleichsverfahrens gerichtlich geltend zu machen, insbes wenn Verjährung droht und nicht sicher feststeht, in welcher Höhe die Forderung im Zugewinnausgleichsverfahren zum Tragen kommt[97].

---

[84] MünchKommBGB/*Koch* Rn 15 mwN; *Soergel/Lange* Rn 11; *Staudinger/Thiele* Rn 4; *Dölle* I S 791.

[85] OLG Saarbrücken NJW 2006, 1438 = FamRZ 2006, 1038 m Anm *Kogel*; OLG München FPR 2004, 505 = FamRZ 2005, 459; FamRZ 2005, 713; *Brudermüller* NJW 2005, 3187, 3188; *Gerhardt/Schulz* FamRZ 2005, 317; *dies* FamRZ 2005, 1523; *Schulz* FamRZ 2006, 1237, 1241; *Hoppenz* FamRZ 2006, 1242, 1244; *Kogel* FamRB 2005, 207; *ders* FamRZ 2005, 89; *Grziwotz* MittBayNot 2005, 284, 286; *ders* FPR 2006, 485, 486 f; *v. Heintschel-Heinegg* FA-FamR Kap 9 Rn 100; *Koch* FamRZ 2005, 848; *Wever* FamRZ 2005, 485; *Weinreich* FuR 2005, 395; diff *Schulin* FamRZ 2005, 1521; aA OLG Karlsruhe FamRZ 2005, 909 (von *Grziwotz* FPR 2006, 485, 486 zu Unrecht für die Gegenauffassung zitiert); OLG Koblenz FamRB 2007, 260 (*Kogel*); *Schmitz* FamRZ 2005, 1520, 1521; *ders* FPR 2007, 198; *Hermes* FamRZ 2007, 184; *Wohlgemuth* FamRZ 2007, 187; *W. Maier* FamRZ 2006, 897, 899 f; *Johannsen/Henrich/Jaeger* Rn 14; *Graba* FamRZ 2006, 821, 828 zum Wohnvorteil, jedoch mit Korrektur über § 242, wenn im Einzelfall der andere Ehegatte den hälftigen Wert der Wohnung im Zugewinnausgleich erhalten hat; zur besonderen Berücksichtigung beim Gesamtschuldnerausgleich *Wever* Vermögensauseinandersetzung Rn 351 ff.

[86] *Schulz* FamRZ 2006, 1237, 1241; *Grziwotz* FPR 2006, 485, 487; für Wahlrecht aber *Bergschneider* FamRZ 2004, 1356; *Brudermüller* NJW 2005, 3187; *Niepmann* FF 2005, 131; *Kogel* FamRZ 2004, 1614; *Hoppenz* FamRZ 2006, 1242, 1246 hält nur Vereinbarung der Ehegatten für zulässig.

[87] BGH NJW 2003, 3339, 3340; NJW-RR 1986, 1325; krit dagegen etwa *Brüdermüller* NJW 2004, 3233, 3234.

[88] *W. Schulz* FamRZ 2006, 1237, 1241; *Grziwotz* FPR 2006, 345, 346.

[89] *Hoppenz* FamRZ 2006, 1242, 1245 f m Beispielen.

[90] So aber OLG München FamRZ 2005, 713; *Gerhardt/Schulz* FamRZ 2005, 317; *dies* FamRZ 2005, 1523.

[91] Ebenso *Staudinger/Thiele* Rn 7.

[92] BGH FamRZ 2000, 950, 952; FamRZ 1995, 869, 870.

[93] *W. Maier* FamRZ 2006, 897, 899 f; *Wohlgemuth* FamRZ 2007, 187, 188; dafür auch *Graba* FamRZ 2006, 821, 828.

[94] *Wohlgemuth* FamRZ 2007, 187, 188.

[95] BGH NJW-RR 1986, 966, 967.

[96] OLG Hamm NJW-RR 1992, 580, 581; OLG Jena FamRB 2005, 222; *Johannsen/Henrich/Jaeger* Rn 16; eingehend m Beisp *Hansen-Tilker* FamRZ 1997, 1188, 1190 ff; aA *Müller* ZfJ 1991, 35, 37 für Regressschulden aus § 426.

[97] *Hansen-Tilker* FamRZ 1997, 1188, 1192 ff; zu Details *Kogel*, Strategien beim Zugewinnausgleich, Rn 291 ff; zu den uU problematischen Auswirkungen auf die Prozesskostenhilfe OLG Köln OLGR 1996, 241.

31 Gesamtschuldnerausgleich: Die sich hieraus ergebenden Ausgleichsansprüche sind in die Zugewinnausgleichsbilanz einzustellen. Der Gesamtschuldnerausgleich wird nicht durch die Vorschriften über den Zugewinnausgleich verdrängt, weil bei richtiger Anwendung der güterrechtlichen Vorschriften der Gesamtschuldnerausgleich den Zugewinnausgleich nicht verfälscht[98]. Soweit die Gesamtschuld noch nicht getilgt ist, ist dabei unerheblich, ob die Gesamtschuld in voller Höhe bei den Verbindlichkeiten und der gesamtschuldnerische Ausgleichsanspruch in entsprechender Höhe bei den Aktiva der Zugewinnausgleichsbilanz angesetzt wird oder aber nur die um den Ausgleichsanspruch gekürzte Gesamtschuld bei den Passiva[99]. Entscheidend für die richtige Berechnung des Zugewinnausgleichs ist aber die Feststellung der **Beteiligungsquote** der gesamtschuldnerisch haftenden Ehegatten im **Innenverhältnis**. Diese wird sich vielfach nicht nach § 426 Abs 1 S 1 HS 1 (also je zur Hälfte) ergeben, sondern oftmals ist eine anderweitige Bestimmung iS des HS 2 anzunehmen. Häufig liegen zwar keine ausdrücklichen, aber immerhin konkludente (stillschweigende) Haftungsvereinbarungen vor[100]. Eine andere Bestimmung über die Höhe des Ausgleichsanspruchs kann sich weiter aus dem Gesetz (§§ 748, 755) und vor allem aber aus Inhalt und Zweck des zwischen den Gesamtschuldnern bestehenden Rechtsverhältnisses oder aus der besonderen Gestaltung des tatsächlichen Geschehens ergeben (sog Natur der Sache)[101]. Die gesetzlichen Bestimmungen werden allerdings durch die **eheliche Lebensgemeinschaft überlagert**. Bis zum **Scheitern der Ehe**[102] kann daher bei Fehlen einer ausdrücklichen Vereinbarung die Regelung über die Haftung im Innenverhältnis aus der konkreten **Gestaltung der ehelichen Lebensverhältnisse** gefolgert werden. Erwerben Ehegatten in der Hausfrauenehe das Familienwohnheim je zur Hälfte und übernimmt einer von ihnen, der nach den Einkommens- und Vermögensverhältnissen allein dazu in der Lage ist, die Zins- und Tilgungsleistung für die Finanzierungsdarlehen, besteht während der intakten Ehe grds kein gesamtschuldnerischer Ausgleichsanspruch, da die Ehegatten von der Gleichwertigkeit ihrer Beträge zur ehelichen Lebensgemeinschaft ausgehen (Haushaltsführung einerseits, finanzielle Leistung andererseits)[103]. Wenn jedoch beide Ehegatten einer Erwerbstätigkeit nachgehen oder aus sonstigen Quellen nicht unerhebliche Einkommen beziehen, kann es den Umständen in dieser Ehe entsprechen, dass beide im Verhältnis ihrer Einkünfte die zum Erwerb des gemeinschaftlichen Gegenstandes eingegangenen Schulden zu tragen haben[104]. Mit **Scheitern der Ehe** entfällt jedoch zumindest hinsichtlich der Schulden des gemeinsamen Eigenheims idR der Grund, von der hälftigen Ausgleichsregel des § 426 Abs 1 S 1 abzuweichen[105] (vgl zum Ganzen auch § 426 Rn 7). Diese Änderung des Ausgleichsverhältnisses tritt dabei automatisch mit Scheitern der Ehe ein[106]. Aber auch **nach dem Scheitern der Ehe** können **anderweitige Umstände** noch das Ausgleichsverhältnis beeinflussen oder eine alleinige Haftung des einen Ehegatten im Innenverhältnis begründen, etwa wenn der allein verdienende Ehegatte mit Duldung des anderen das Haus nach der Trennung allein bewohnt und wie bisher die Lasten allein trägt, ohne einen Ausgleichsanspruch geltend zu machen[107], die Ehegatten auch nach der Trennung vereinbaren, dass der Alleinverdiener die Schulden auch künftig allein zurückzahlt[108], wenn die alleinige Schuldentilgung durch einen der getrennt lebenden oder geschiedenen Ehegatten bei der Berechnung des dem anderen zustehenden **Unterhalts** bereits berücksichtigt wurde[109] oder wenn nach der Trennung

---

[98] BGHZ 87, 265, 273 = NJW 1983, 1845; BGH NJW 1988, 133 f m Urteilsbespr *Hohloch* JuS 1988, 740; NJW-RR 1988, 966, 967; NJW-RR 1989, 66; OLG Karlsruhe FamRZ 1991, 1195; ausf *Wever* Vermögensauseinandersetzung Rn 277 ff; eingehend zum Konkurrenzverhältnis, auch in prozessualer Hinsicht, *Gerhards* FamRZ 2001, 661; zur Entwicklung der Rspr *Langenfeld* Rn 238 ff.
[99] BGH NJW 2006, 2623; MünchKommBGB/*Koch* Rn 16; *Kotzur* NJW 1989, 817; *Kleinle* FamRZ 1997, 8, 9 mit Berechnungsbeispiel; *Haußleiter/Schulz* 6 Rn 62 ff.
[100] Ausf *Johannsen/Henrich/Jaeger* Rn 13 ff; *Schwab/Schwab* HdB ScheidungsR VII Rn 110 ff.
[101] BGHZ 87, 265, 268; BGH NJW-RR 1986, 1196; NJW 1988, 133, 134; NJW 1995, 652, 653; FamRZ 2002, 739, 740.
[102] Nach OLG München FamRZ 2000, 672 und *Schwab/Schwab* HdB ScheidungsR VII Rn 114 ist dies ab Zustellung des Scheidungsantrags; aA – bereits bei endgültiger Trennung und Auszug – *Wever* Rn 368; *Haußleiter/Schulz* 6 Rn 38; für Abstellen auf den Ablauf des Trennungsjahrs *Johannsen/Henrich/Jaeger* Vor § 1372 Rn 35; der BGH hat sich auf kein eindeutiges Kriterium festgelegt, vgl BGH FamRZ 1997, 447.
[103] BGHZ 87, 265, 269 f für Familienwohnheim; vgl ebenso BGH NJW-RR 1986, 1196 bei vorwiegend gewerblicher Nutzung durch einen Ehegatten, weshalb er auch zur alleinigen Lastentragung verpflichtet ist; ebenso bei gemeinsam aufgenommenem Darlehen in Alleinverdienerehe, mit dem die Eheleute Hausratsgegenstände und ihre Lebensführung finanzierten, OLG Hamm NJW-RR 1990, 1413 und AG Detmold FamRZ 1997, 1334; weitergehender OLG Bremen NJW 2000, 82 = FamRZ 1999, 1503: bis zum Scheitern der Ehe bestehen idR keine Ausgleichsansprüche nach § 426, da von der stillschweigenden Vereinbarung auszugehen sei, Schuldzahlungen seien Beiträge zur ehelichen Lebensgemeinschaft; ausf zu diesen Fragen *Johannsen/Henrich/Jaeger* Vor § 1372 Rn 18; *Wever* Rn 259 ff; *Kleinle* FamRZ 1997, 8, 9 ff; wenn die Verbindlichkeiten beim Zugewinnausgleich je zur Hälfte berücksichtigt wurden, nach Scheidung aber einer allein zahlt, entsteht neuer Gesamtschuldnerausgleich nach § 426, OLG Koblenz FamRZ 1997, 364.
[104] BGH NJW-RR 1988, 259; vgl auch BGH FamRZ 1984, 29.
[105] *Schwab/Schwab* HdB ScheidungsR VII Rn 114; so auch OLG Schleswig FamRZ 1990, 165; LG Marburg FamRZ 1998, 1234 bezüglich allgemeiner Verbindlichkeiten.
[106] BGH NJW 1995, 652 = FamRZ 1995, 216, 217; s auch OLG Brandenburg OLGR 2002, 512 = FamRZ 2003, 378; krit dagegen *Schwab/Schwab* HdB ScheidungsR VII Rn 114.
[107] *Schwab/Schwab* HdB ScheidungsR VII Rn 114; zur rückwirkenden Geltendmachung und dem Einwand des Nutzungsvorteils OLG Brandenburg OLGR 2002, 512 = FamRZ 2003, 378.
[108] OLG Karlsruhe FamRZ 2005, 909; krit dagegen *Brudermüller* NJW 2005, 3187, 3188.
[109] BGH NJW 2005, 2307, 2308; OLG Bremen NJW-RR 2006, 1657 bei ausdrücklicher diesbezüglicher Vereinbarung; *Wever* Vermögensauseinandersetzung Rn 330; dies gilt aber nicht, wenn die Schuldentilgung allein beim Kindesunterhalt berücksichtigt wurde, BGH NJW 2007, 3564.

der Parteien die gemeinsamen minderjährigen Kinder bei der Ehefrau gelebt haben und von dieser weiterhin betreut worden sind, so dass sich die während intakter Ehe gegen eine Ausgleichspflicht sprechende Aufgabenteilung unter den Ehegatten nach der Scheidung fortsetzt[110]. Allerdings ist für mögliche Ausgleichsansprüche nach dem Scheitern der Ehe nicht mehr primär die Handhabung der Schuldverpflichtung während der intakten ehelichen Lebensgemeinschaft, sondern in erster Linie der **Zweck der eingegangenen Verbindlichkeit** maßgebend. Daher spricht es für die interne alleinige Übernahme der Gesamtschuld, wenn die Verbindlichkeiten nunmehr einem Ehegatten alleine zugute kommen, wobei es auf den **jetzigen konkreten** Verwendungszweck des Darlehens ankommt[111]. Fallen jedoch die Gründe, die der internen hälftigen Beteiligungspflicht des Ehegatten zunächst entgegenstehen, weg, so lebt dieselbe automatisch wieder auf, ohne dass es eines Inverzugsetzens oder gar Kündigung der diesbezüglichen Nichtabrechnungsvereinbarung bedarf[112].

Soweit jedoch vorhersehbar ist, dass die gesamtschuldnerische **Ausgleichsforderung** auf Dauer **uneinbringlich** ist, so ist sie ökonomisch wertlos und im Endvermögen des die Tilgungslast allein erbringenden Ehegatten nicht bei seinen Aktiven zu berücksichtigen, jedoch aber die volle Gesamtschuld bei seinen Passiva[113]. **32**

Für die bei gemeinsamer Veranlagung anfallenden **Einkommensteuerschulden** haften die Ehegatten ebenfalls als Gesamtschuldner (§ 44 AO). Mangels abweichender Vereinbarung hat dabei die Aufteilung einer nach der Trennung fällig gewordenen Steuerschuld und der sich hieraus ergebenden Erstattungs- bzw Nachzahlungsansprüche zusammen veranlagter Ehegatten im Innenverhältnis grds unter entsprechender Heranziehung des § 270 AO auf der **Grundlage fiktiver getrennter Veranlagung** der Ehegatten zu erfolgen, da nur so die unterschiedlichen subjektiven Umstände (Werbungskosten, Altersfreibeträge) und die Progressionswirkung des Einkommensteuertarifs hinreichend berücksichtigt werden[114]. Hatte nur ein Ehegatte steuerpflichtiges Einkommen, so muss er die gesamte Steuerschuld allein tragen[115]. Zu beachten ist jedoch, dass nur die zum Stichtag (§§ 1376 Abs 2, 1384, 1387) bereits **entstandenen,** wenn auch uU noch nicht fälligen **Steuern** zu berücksichtigen sind. **33**

Familienrechtliche Verbindlichkeiten: sind grds zu berücksichtigen[116], so auch Unterhaltsrückstände (s dort), ja sogar ein nicht einklagbares Aussteuerversprechen[117]. **Hausratsverbindlichkeiten** (etwa aus Anschaffungsdarlehen) werden nur dann nicht mehr beim Endvermögen des im Außenverhältnis verpflichteten Ehegatten berücksichtigt, wenn hierüber anlässlich der Hausratsverteilung eine andere Bestimmung iS von § 10 Abs 1 HausratsVO einvernehmlich oder durch richterliche Entscheidung getroffen wurde[118]. **34**

Negative Kapitalkonten an Gesellschaftsbeteiligungen, meist Abschreibungsgesellschaften in der Form einer KG, stellen für sich gesehen noch keine Verbindlichkeit dar[119]. Zu prüfen ist aber, ob die gesellschaftsvertraglich vereinbarten Pflichten (Einlage- und Nachschusspflicht, evtl Pflicht zum Ausgleich des negativen Kapitalkontos) erbracht sind[120]. Wegen der damit verbundenen Verlustzuweisung kann hiermit sogar ein erheblicher steuerlicher Vorteil und somit Vermögenswert verbunden sein[121]. **35**

Steuerschulden, die zwar bis zum Stichtag entstanden, aber noch nicht fällig sind, sind als Verbindlichkeiten zu berücksichtigen (s auch Rn 33)[122]; umgekehrt sind aber auch Steuererstattungsansprüche zu aktivieren[123]. Dabei entsteht die **Einkommen- und Kirchensteuerschuld** erst mit Ablauf des **36**

---

[110] OLG Köln OLGR 2006, 309; krit dagegen *Wever* FamRZ 2007, 859 = FamRB 2006, 134 (*Heinle*).
[111] OLG Karlsruhe FamRZ 2006, 488: Betriebsmittelkredit im Rahmen eines „Zweikontenmodells".
[112] OLG Bremen NJW-RR 2006, 1657.
[113] OLG Hamm NJW-RR 1997, 262 = FamRZ 1997, 262; AG Detmold FamRZ 1997, 334; *Kotzur* NJW 1988, 817, 818; *Haußleiter/Schulz* 6 Rn 79; unklar *MünchKommBGB/Koch* Rn 16 und *Gernhuber/Coester-Waltjen* § 36 Rn 58 Fn 78; vgl auch BGHZ 87, 265, 273; krit hierzu *Kleine* FamRZ 1997, 8, 10 m Rechenbeispiel.
[114] NJW 2006, 2623, 2625 = FamRZ 2006, 1178 m Anm *Wever;* dazu *Strohal* jurisPR-FamR 18/2006 Anm 1; *Witt* DStR 2007, 56; *Christ* FamRB 2006, 303; *Schramm* NJW-Spezial 2006, 439; vgl bereits OLG Düsseldorf FamRZ 1998, 1236; *Kotzur* NJW 1988, 817, 818 mwN; *MünchKommBGB/Koch* Rn 16; s auch *Johannsen/Henrich/ Jaeger* Rn 15; Berechnungsbeispiel bei *Wever* Vermögensauseinandersetzung nach Rn 766; für differenzierte Berechnung bei Fällen „familienrechtlicher Überlagerung", bei denen auch beim Gesamtschuldnerausgleich ein abw Ausgleichsmaßstab gilt, *Wever* Rn 773 ff; nach AG Dillingen FamRZ 2001, 99 kommt ein Ausgleichsanspruch gegen den Ehegatten erst mit Erhebung der Scheidungsklage in Betracht.
[115] BGHZ 73, 29, 38 = NJW 1979, 546; OLG Düsseldorf FamRZ 1998, 1236.
[116] *Staudinger/Thiele* Rn 5.
[117] OLG Frankfurt FamRZ 1990, 998, wobei *MünchKommBGB/Koch* Rn 15 Fn 36 zu Recht darauf hinweist, dass uU ein verbindlicher Vertrag zu Gunsten Dritter vorlag.
[118] BGH NJW-RR 1986, 1325; OLG Bamberg NJW-RR 1995, 386; *Johannsen/Henrich/Jaeger* Rn 11 a; weiter gehend *Soergel/Lange* § 1372 Rn 10, *Schwab/Schwab* HdB ScheidungsR VII Rn 33: bereits auf Grund des Zusammenhangs mit der Hausratsverteilung scheiden sie aus dem Zugewinnausgleich aus.
[119] BGH NJW-RR 1986, 226 zur Partenreederei.
[120] *Johannsen/Henrich/Jaeger* Rn 17; *Klingelhöffer* Pflichtteilsrecht Rn 279.
[121] Vom BGH NJW-RR 1986, 226 nicht gewürdigt; zu den Abschreibungsgesellschaften s auch MünchKommBGB/*Koch* § 1376 Rn 32.
[122] BGH NJW 1991, 1547; OLG Düsseldorf FamRZ 1984, 699, 703; OLG Hamburg FamRZ 1983, 168, 169 f; OLG München FamRZ 1984, 1096, 1097: bei Steuerhinterziehung unerheblich, dass diese erst durch Selbstanzeige nach dem Stichtag aufgedeckt; eingehend *Arens* FamRZ 1999, 257 m Gestaltungsüberlegungen.
[123] Die Aufteilung erfolgt analog den zum Gesamtschuldnerausgleich bei Steuerbelastungen entwickelten Kriterien (Rn 33), s auch OLG Köln NJW 1998, 3785; LG Düsseldorf NJW-RR 1986, 1333; LG Köln NJW-RR 1991, 1027; aA LG Stuttgart FamRZ 1998, 241: Rückerstattung nicht nach fiktiver Einzelveranlagung, sondern im Verhältnis der bereits je gezahlten Steuern; zust *Wever* FamRZ 2000, 993, 997.

§ 1375

jeweiligen Veranlagungszeitraums, also zum Ende des jeweiligen Kalenderjahres (§§ 36 Abs 1, 25 Abs 1, 51 a EStG), die **Einkommensteuervorauszahlungsschuld** gemäß § 37 Abs 1 S 2 EStG mit Beginn des Kalenderjahres, in dem die Vorauszahlung zu entrichten ist oder, wenn die Steuerpflicht erst im Laufe des Kalendervierteljahres begründet wird, mit Begründung der Steuerpflicht[124], was auch beim Zugewinnausgleich zu beachten ist[125]. Weiter ist zu berücksichtigen, dass selbst bei gemeinsamer Veranlagung hier ein Gesamtschuldnerausgleich (Rn 33) zu berücksichtigen ist.

37 **Unterhaltsverpflichtungen** sind nicht als einheitliche, sondern als eine sich ständig erneuernde, erst beim Vorhandensein bestimmter Voraussetzungen zur Entstehung gelangende Verbindlichkeiten aufzufassen, die mit jeder Zeiteinheit, in der ihre Voraussetzungen vorliegen, von neuem entstehen[126]. Daher mindern Unterhaltsverpflichtungen das Endvermögen des Unterhaltspflichtigen nur insoweit, als sie am Stichtag bereits fällig sind[127]. Steht der Unterhaltsanspruch dem anderen Ehegatten zu, so ist er bei seinem Zugewinn zu berücksichtigen[128]. Auch ausgeurteilte Unterhaltsforderungen, die zwar am Stichtag (insbes § 1384) noch nicht **verjährt** waren, aber bei Durchführung des Zugewinnausgleichs, sind zu berücksichtigen[129].

IV. Hinzuzurechnende Vermögensminderungen (Abs 2 und 3)

38 Dem tatsächlich vorhandenen Endvermögen wird der Gesamtbetrag hinzugerechnet, um den sich dieses Vermögen durch die in Abs 2 näher bezeichneten Handlungen nach Eintritt des Güterstands vermindert hat, soweit sich nicht aus Abs 3 ein sachlicher oder zeitlicher Ausschlussgrund hierfür ergibt. Dadurch soll der Gefahr von Manipulationen zu Lasten des Zugewinnausgleichs vorgebeugt werden. Die in Abs 2 gemachte Aufzählung ist abschließend und nicht analogiefähig[130].

39 **1. Unentgeltliche Zuwendungen (Abs 2 Nr 1).** Hierunter fallen nicht nur reine Schenkungen (§§ 516 ff), sondern entsprechend dem Normzweck auch gemischte Schenkungen hinsichtlich ihres Schenkungsteils, Stiftungen[131], Zuwendungen im Rahmen der vorweggenommenen Erbfolge, Übermaßausstattungen (§ 1624)[132], Verträge zu Gunsten Dritter, soweit das Valutaverhältnis unentgeltlich ist[133], nicht aber bloß rechtsgrundlose Zuwendungen[134], weil ja idR hierfür ein Anspruch aus § 812 besteht. Inwieweit die Zuwendung (ganz oder teilweise) unentgeltlich ist, bestimmt sich nach den Grundsätzen der subjektiven Äquivalenz, nicht nach der objektiven Unentgeltlichkeit, weshalb eine Einigung über die Höhe der Unentgeltlichkeit erforderlich ist[135]. Hieran fehlt es auch bei einer irrtümlichen Annahme der Gleichwertigkeit[136]. Bei einem grob auffälligen Missverhältnis von Leistung und Gegenleistung wird man aber auch hier eine **Beweiserleichterung** zubilligen müssen, dass die Vertragsteile dieses erkannt und sich dementsprechend über die Unentgeltlichkeit der Zuwendung einig waren[137]. Die die Unentgeltlichkeit (ganz oder teilweise) ausschließende Verknüpfung von Leistung und Gegenleistung kann synallagmatisch, kausal oder konditional sein[138]. Zuwendungen an den anderen Ehegatte fallen nicht unter Abs 2 (arg Abs 3 Alt 2)[139], ebenso nicht die Erfüllung einer nicht einklagbaren Spielschuld[140] oder Zahlungen an einen Erpresser[141].

40 Umstritten ist, ob **gesellschaftsvertragliche Abfindungsklauseln,** die einen völligen Ausschluss oder gegenüber dem Vollwert eine Beschränkung des Abfindungsanspruchs (§ 738) enthalten, eine unentgeltliche Zuwendung iS von Abs 2 darstellen. Überwiegend wird dies nur dann bejaht, wenn diese Abfindungsklausel nicht für alle, sondern ohne rechtfertigenden Grund nur für einzelne Gesellschafter gilt[142].

---

[124] Vgl etwa AnwK-BGB/*Heimann* Anh §§ 1371 ff Rn 38 m taktischen Hinweisen; eingehend zu diesen Fragen *Arens* FamRZ 1999, 258.
[125] BGH NJW 1991, 1547; Bedenken dagegen bei *Schwab/Schwab* HdB ScheidungsR VII Rn 54.
[126] BGHZ 85, 16, 25 = NJW 1983, 279; BGHZ 82, 246, 250 ff = NJW 1982, 578; BGH NJW 2003, 3339.
[127] BGH NJW 2003, 3339; OLG Frankfurt FamRZ 1990, 998, OLG Celle FamRZ 1991, 944, 945; OLG Hamm NJW-RR 1992, 580; OLG Karlsruhe FamRZ 1986, 167 m Anm *Henrich*.
[128] OLG Hamm NJW-RR 1992, 580, 581.
[129] OLG Hamm NJW-RR 1992, 580, 581; zust AnwK-BGB/*Limbach* Rn 18; *Johannsen/Henrich/Jaeger* Rn 16.
[130] AllgM, vgl OLG Karlsruhe FamRZ 1986, 167; *Palandt/Brudermüller* Rn 22.
[131] *Werner,* FS Schwab, S 581, 584 ff.
[132] *Palandt/Brudermüller* Rn 25; iE ebenso MünchKommBGB/*Koch* Rn 22, 26.
[133] MünchKommBGB/*Koch* Rn 21: bei Lebensversicherungen sind die gezahlten Prämien dem Endvermögen hinzuzurechnen.
[134] MünchKommBGB/*Koch* Rn 25.
[135] MünchKommBGB/*Koch* Rn 25; *Johannsen/Henrich/Jaeger* Rn 20; *Staudinger/Thiele* Rn 22; RGRK/*Finke* Rn 11; aA *Soergel/Lange* Rn 17; allg zur subjektiven Äquivalenz MünchKommBGB/*Kollhosser* § 516 Rn 13 ff.
[136] *Johannsen/Henrich/Jaeger* Rn 20; *Soergel/Lange* Rn 17.
[137] *Johannsen/Henrich/Jaeger* Rn 20; *Staudinger/Thiele* Rn 22, jeweils unter Bezug auf BGHZ 59, 132 zu § 2325; allg § 2325 Rn 40.
[138] MünchKommBGB/*Koch* Rn 21; *Staudinger/Thiele* Rn 22.
[139] *Palandt/Brudermüller* Rn 25; *Staudinger/Thiele* Rn 19.
[140] MünchKommBGB/*Koch* Rn 23; *Staudinger/Thiele* Rn 23.
[141] AG Köln FamRZ 1999, 95.
[142] AnwK-BGB/*Limbach* Rn 28; MünchKommBGB/*Koch* Rn 24; *Palandt/Brudermüller* Rn 26; *Staudinger/Thiele* Rn 24; *Johannsen/Henrich/Jaeger* Rn 20; aA *Heckelmann,* Abfindungsklauseln in Gesellschaftsverträgen, 1973, S 68 ff, 84: stets aufschiebend bedingte Unentgeltlichkeit; gegen den generellen Ausschluss des Abs 2 *Benthin* FamRZ 1982, 338, 346; zur vergleichbaren Problematik bei § 2325 s dort Rn 15.

Keine Hinzurechnung erfolgt, wenn die Zuwendung einer **sittlichen Pflicht** oder einer auf den **41** Anstand zu nehmenden Rücksicht entspricht. Diese Begriffe sind synonym zu denen in §§ 534, 814, 1641. Ob die Zuwendung einer sittlichen Pflicht entsprach, kann nur unter Berücksichtigung der Einzelfallumstände beurteilt werden. In Betracht kommen als Pflichtschenkungen **sozialadäquate Zuwendungen**, etwa in Erfüllung eines nichteinklagbaren Aussteuerversprechens[143], Unterhaltsgewährung an bedürftige, aber nicht unterhaltsberechtigte nahe Verwandte[144], Zuwendungen zur Wahrung des Familienfriedens[145], Zuwendungen in Katastrophenfällen zur Linderung der Not oder aus karitativen Zwecken[146], aber Grundstücksschenkungen an die gemeinsame Tochter zur Erhaltung des Familienvermögens[147]. **Anstandsschenkungen** liegen vor, wenn deren Unterlassen gegen die Anschauungen der sozial Gleichstehenden (normative Beurteilung) verstoßen und damit für den Schenker eine Einbuße an gesellschaftlicher Anerkennung und Achtung verbunden wäre[148]. Letztlich wird man diese (nicht mehr zeitgemäßen) Begriffe restriktiv interpretieren müssen[149].

2. Verschwendungen (Abs 2 Nr 2). Eine Verschwendung liegt vor, wenn der Ehegatte unnütz **42** oder ziellos in einem Maß Ausgaben macht, die in keinem Verhältnis zu seinen Einkommens- und Vermögensverhältnissen stehen, wobei kein Hang zur Verschwendung bestehen muss[150]. Keine Verschwendung aber, wenn betrogener Ehegatte aus Enttäuschung, Wut und Verärgerung 15621 DM ausgibt[151] oder eine getrennte Einkommensteuerveranlagung mit erhöhter Steuerbelastung gewählt wird[152] oder bei einem großzügigem Lebensstil oder bei einem „Leben über die Verhältnisse"[153].

3. Handlungen mit Benachteiligungsabsicht (Abs 2 Nr 3). Auch dadurch verursachte Vermögensminderungen bleiben bei der Feststellung des Zugewinns außer Betracht. Hierunter fallen **43** sowohl Rechtsgeschäfte wie Realakte, Minderung der Aktiva wie Erhöhung der Passiva[154]. **Benachteiligungsabsicht** liegt vor, wenn der Wille des Ehegatten, den anderen zu benachteiligen, der leitende, nicht unbedingt die einzige Beweggrund des Handelns gewesen ist[155]. Dolus eventualis genügt nicht[156], während die Kenntnis des Vertragspartners von der Benachteiligungsabsicht nicht erforderlich ist, aber die Haftung nach § 1390 Abs 2 begründet. An die erforderliche Darlegung der Benachteiligungsabsicht dürfen keine zu hohen Anforderungen gestellt werden[157]. Die Ausdehnung des Absichtsbegriffs nach §§ 2287, 2287, die die neuere Rspr dort vornimmt[158], ist hier nicht möglich, weil bei unentgeltlichen Zuwendungen bereits Nr 1 eingreift, bei Realhandlungen aber dadurch der Anwendungsbereich zu sehr erweitert würde[159]. Abgelehnt wurde Abs 2 Nr 3 bei Zerstörungsakten im Zusammenhang mit Selbstmordversuch[160] oder aufwändiger Gebisssanierung[161]; für möglich gehalten bei einer Anpassung einer Vereinbarung an eine geänderte steuerliche Betrachtung[162], was für sich allein nicht genügt[163].

4. Ausschluss der Hinzurechnung (Abs 3). Die Hinzurechnung der Vermögensminderung ist **44** ausgeschlossen, wenn der andere Ehegatte mit der unentgeltlichen Zuwendung (Abs 2 Nr 1) oder der Verschwendung (Abs 2 Nr 2) **einverstanden** ist; denn Abs 2 Nr 3 schließt die Billigung bereits hierfür erforderliche Benachteiligung aus. Das „Einverständnis" kann ausdrücklich oder konkludent erklärt werden, jedoch genügt bloßes Schweigen oder Unterbleiben eines Widerspruchs nicht[164]. Eine Hinzurechnung unterbleibt ebenfalls, wenn die Vermögensminderung mindestens **zehn Jahre** vor Güterstandsbeendigung eingetreten ist. Hierfür genügt bereits, dass vor Ablauf der Frist eine entsprechende, wirksame Verpflichtung begründet wurde, mag sie auch erst später durch eine Verfügung

---

[143] OLG Frankfurt FamRZ 1990, 998.
[144] *Staudinger/Thiele* Rn 26.
[145] KG JW 1936, 393.
[146] *Staudinger/Thiele* Rn 22; MünchKommBGB/*Koch* Rn 26 gegen die ältere Rspr.
[147] *Staudinger/Thiele* Rn 26; aA OLG München FamRZ 1985, 814; krit dagegen zu Recht MünchKommBGB/ *Koch* Rn 22.
[148] RGZ 73, 46, 49 f; *Staudinger/Thiele* Rn 27; MünchKommBGB/*Koch* Rn 25.
[149] AA *Johannsen/Henrich/Jaeger* Rn 21 unter Berufung auf den Ausnahmecharakter des Abs 2, was für sich keine methodische Rechtfertigung ist.
[150] OLG Düsseldorf FamRZ 1981, 806, 807; OLG Karlsruhe FamRZ 1986, 167 f; OLG Schleswig FamRZ 1986, 1208, 1209; MünchKommBGB/*Koch* Rn 28; *Staudinger/Thiele* Rn 29.
[151] OLG Schleswig FamRZ 1986, 1208, 1209; aA OLG Rostock FamRZ 2000, 228.
[152] *Tiedtke* FamRZ 1977, 686, 691; aA aber BGH NJW 1977, 378; *Staudinger/Thiele* Rn 29; zweifelnd MünchKommBGB/*Koch* Rn 28.
[153] BGH FamRZ 2000, 948, 950 = NJW 2000, 2347.
[154] MünchKommBGB/*Koch* Rn 29.
[155] BGH FamRZ 2000, 948, 950 = NJW 2000, 2347; KG FamRZ 1988, 171, 173; MünchKommBGB/*Koch* Rn 30; *Staudinger/Thiele* Rn 31 mwN.
[156] *Staudinger/Thiele* Rn 31.
[157] BGH NJW-RR 1986, 1325, 1326; FamRZ 1986, 565, 567 (in NJW 1986, 2508 nicht abgedruckt); *Johannsen/ Henrich/Jaeger* Rn 21.
[158] Grundlegend BGHZ 59, 343, 349 f; dazu *J. Mayer* in: *Reimann/Bengel/Mayer,* Testament und Erbvertrag, 5. Aufl 2006, § 2287 Rn 5 f, 43 und § 2288 Rn 18 f zur Beeinträchtigung durch Realhandlungen.
[159] MünchKommBGB/*Koch* Rn 31; *Staudinger/Thiele* Rn 31.
[160] OLG Frankfurt FamRZ 1984, 1097 unter Berufung auf den „sozialen Schutzzweck" der Norm.
[161] AG Säckingen FamRZ 1997, 1335.
[162] BGH FamRZ 1986, 565, 567 (in NJW 1986, 2508 nicht abgedruckt) m Anm *Tiedtke* DB 1987, 1823.
[163] AA MünchKommBGB/*Koch* Rn 29.
[164] *Staudinger/Thiele* Rn 41; MünchKommBGB/*Koch* Rn 34; *Johannsen/Henrich/Jaeger* Rn 25.

§ 1376　　　　　　　　　　　　　　　　　　　　Buch 4. Abschnitt 1. Bürgerliche Ehe

erfüllt worden sein, denn die bloße Verpflichtung verringert ja bereits das dem Zugewinn unterliegende Vermögen[165].

45　**5. Rechtsfolge.** Der Betrag, um den sich das Vermögen durch die in Abs 2 genannten Tatbestände verringert hat, wird dem Endvermögen des Ehegatten hinzugerechnet, bei dem die Vermögensminderung eintrat. Dadurch soll das Vermögen wieder ausgeglichen werden. Bei einem ohne diese Rechenoperation **passiven Endvermögen** sind daher die hinzuzurechnenden Beträge zunächst mit den Passiva zu verrechnen (also nicht gemäß Abs 1 S 1 das Endvermögen mit Null anzusetzen); der Überschuss bildet das maßgebliche Endvermögen (s auch das Beispiel in Rn 27)[166]. Nach § 1376 Abs 2 ist der Wert bei Eintritt der Vermögensminderung anzusetzen, jedoch um den Kaufkraftverlust bereinigt (zur Berechnung s § 1376 Rn 39 ff)[167]. Begrenzt wird die Hinzurechnung uU durch § 1378 Abs 2. – **Weitere Rechtsfolgen** können eine Klage auf vorzeitigen Zugewinnausgleich (§ 1386 Abs 2 Nr 2), ein Anspruch nach § 1390 gegen den Dritten und Sicherheitsleistung nach § 1389 sein.

V. Beweislast

46　Darlegungs- und beweispflichtig für die Höhe des Endvermögens beider Ehegatten ist der **Ausgleichskläger**[168]. Dies gilt sowohl hinsichtlich der dazugehörigen Aktiva, einschließlich des Werts einzelner hierzu gehörender Wertgegenstände[169], wie Passiva, also auch für das Nichtvorhandensein von Schulden am Endstichtag[170]. Dafür steht ihm auch der Auskunftsanspruch nach § 1379 zu. Soweit es um das Fehlen von Verbindlichkeiten des anderen Ehegatten geht, wird dem Anspruchssteller dabei der Beweis einer **negativen Tatsache** aufgebürdet; daher trifft den Anspruchsgegner insoweit eine gesteigerte Substantiierungspflicht[171]. Eine **Umkehr der Beweislast** ergibt sich aber, wenn in der Auskunft die Verbindlichkeiten nicht erwähnt werden oder die Auskunft sonst falsch oder unvollständig ist[172].

47　Die Darlegungs- und Beweislast für die Tatbestandsvoraussetzungen des **Abs 2** trifft den, der sich darauf beruft[173]. Für den Ausschluss der Hinzurechnung nach Abs 3 ist beweispflichtig der Ehegatte, der die Vermögensminderung vornahm[174]. Bezüglich der illoyalen Vermögensminderung nach Abs 2 besteht kein Auskunftsanspruch nach § 1379, sondern nur nach § 242 (§ 1379 Rn 2).

VI. Gestaltung

48　Von **Abs 1** abweichende Vereinbarungen über das Endvermögen (Bestand, Bewertung) sind möglich[175]. Insbes kann vereinbart werden, dass bestimmte Vermögenswerte des Endvermögens bei der Berechnung des Zugewinnausgleichs außer Ansatz bleiben[176], so etwa das Betriebsvermögen[177]. Die Grenze bildet im Einzelfall aber § 138. Bis zur Beendigung des Güterstands bedarf es hierfür eines Ehevertrags (§ 1408), danach ist formlose Vereinbarung möglich. Auch **Abs 2** soll nach wohl hM dispositiv sein[178]. Jedoch wird der völlige Ausschluss regelmäßig einen Verstoß gegen § 138 darstellen. Der vorherige ehevertragliche Ausschluss einzelner Zuwendungen von der Hinzurechnung nach Abs 2 Nr 1 ist aber unbedenklich[179].

§ 1376 Wertermittlung des Anfangs- und Endvermögens

(1) Der Berechnung des Anfangsvermögens wird der Wert zugrunde gelegt, den das beim Eintritt des Güterstands vorhandene Vermögen in diesem Zeitpunkt, das dem Anfangsvermögen hinzuzurechnende Vermögen im Zeitpunkt des Erwerbs hatte.

(2) Der Berechnung des Endvermögens wird der Wert zugrunde gelegt, den das bei Beendigung des Güterstands vorhandene Vermögen in diesem Zeitpunkt, eine dem Endver-

---

[165] MünchKommBGB/*Koch* Rn 35; *Palandt/Brudermüller* Rn 29; *Staudinger/Thiele* Rn 40; *Soergel/Lange* Rn 23; *Schwab/Schwab* HdB ScheidungsR VII Rn 100; aA *Erman/Heckelmann* Rn 9; die Rspr-Grundsätze zu § 2325 Abs 3 sind daher hier nicht anwendbar.
[166] *Staudinger/Thiele* Rn 37; *Johannsen/Henrich/Jaeger* Rn 24; MünchKommBGB/*Koch* Rn 33; *Soergel/Lange* Rn 13.
[167] MünchKommBGB/*Koch* Rn 32; *Soergel/Lange* Rn 11.
[168] BGH NJW 1987, 321, 322; OLG Hamm FamRZ 1997, 87; *Baumgärtel/Laumen* Rn 1; *Staudinger/Thiele* Rn 44; *Johannsen/Henrich/Jaeger* Rn 26.
[169] BGHZ 107, 236, 245 = NJW 1989, 2821; OLG Karlsruhe FamRZ 1989, 773, 774.
[170] OLG Hamm FamRZ 1997, 87; FamRZ 1998, 237, 238; OLG Koblenz FamRZ 1988, 1273; *Baumgärtel/Laumen* Rn 1 mwN.
[171] OLG Köln NJW-RR 1999, 229; *Baumgärtel/Laumen* Rn 2.
[172] OLG Koblenz FamRZ 1988, 1273; aA *Staudinger/Thiele* Rn 44; *Johannsen/Henrich/Jaeger* Rn 26; *Baumgärtel/Laumen* Rn 4 f: keine Umkehr der Beweislast, nur Frage der Beweiswürdigung.
[173] OLG Düsseldorf FamRZ 1981, 806, 807; AG Köln FamRZ 1999, 95 zum Einwand der Vermögensminderung durch Zahlungen an Erpresser; *Baumgärtel/Laumen* Rn 6; *Palandt/Brudermüller* Rn 33; *Soergel/Lange* Rn 24; *Johannsen/Henrich/Jaeger* Rn 26.
[174] *Baumgärtel/Laumen* Rn 8; *Soergel/Lange* Rn 24; *Johannsen/Henrich/Jaeger* Rn 26.
[175] MünchKommBGB/*Koch* Rn 36; *Staudinger/Thiele* Rn 43.
[176] BGHZ 89, 137, 140 f = NJW 1984, 484; BayObLG FamRZ 1971, 258, 260; *Knur* DNotZ 1957, 451, 475.
[177] BGH NJW 1997, 2239, 2240; eingehend hierzu *N. Mayer* MittBayNot 1993, 342 = DStR 1993, 991, auch zu den Manipulationsmöglichkeiten; *Langenfeld* Rn 453 ff.
[178] RGRK/*Finke* Rn 20; *Soergel/Lange* Rn 6; MünchKommBGB/*Koch* Rn 37; aA *Gernhuber/Coester-Waltjen* § 36 Rn 37: zwingendes Recht.
[179] *Staudinger/Thiele* Rn 39.

mögen hinzuzurechnende Vermögensminderung in dem Zeitpunkt hatte, in dem sie eingetreten ist.

(3) Die vorstehenden Vorschriften gelten entsprechend für die Bewertung von Verbindlichkeiten.

(4) Ein land- oder forstwirtschaftlicher Betrieb, der bei der Berechnung des Anfangsvermögens und des Endvermögens zu berücksichtigen ist, ist mit dem Ertragswert anzusetzen, wenn der Eigentümer nach § 1378 Abs. 1 in Anspruch genommen wird und eine Weiterführung oder Wiederaufnahme des Betriebs durch den Eigentümer oder einen Abkömmling erwartet werden kann; die Vorschrift des § 2049 Abs. 2 ist anzuwenden.

Schrifttum: Allgemein: *Schröder*, Bewertungen im Zugewinnausgleich, 4. Aufl 2007.

Grundbesitz: *Gablenz*, Verkehrswertermittlung von landwirtschaftlichen Grundstücken, 1998; *Kleiber/Simon/Weyers*, Verkehrswertermittlung von Grundstücken, 3. Aufl 1998; *Simon/Kleiber*, Schätzung und Ermittlung von Grundstückswerten, 7. Aufl 1996; *Zimmermann/Heller*, Der Verkehrswert von Grundstücken, 2. Aufl 1998.

Landwirtschaft: *Damm*, Bewertung landwirtschaftlicher Betriebe beim Zugewinnausgleich, 1986; *ders.*, Die Bedeutung des § 1376 Abs 4 BGB in der Praxis – Ergebnisse einer empirischen Untersuchung, AgrarR 1987, 209; *Diedrichsen/W. Winkler/Damm*, Ehescheidung in der Landwirtschaft, 1987; *Faßbender*, Anmerkungen zu dem Entwurf eines Gesetzes zur Bewertung eines land- oder forstwirtschaftlichen Betriebes beim Zugewinnausgleich nach § 1376 Abs 4 BGB, AgrarR 1990, 243; *Koehne* AgrarR 1986, 41; *Kroeschell*, Bewertung landwirtschaftlicher Betriebe beim Zugewinnausgleich, 1983.

Lebensversicherung: *Raube/Eitelberg*, Die Bewertung von Kapitallebensversicherungen im Zugewinnausgleich, FamRZ 1997, 1322; *Voit*, Die Bewertung der Kapital-Lebensversicherung im Zugewinnausgleich, 1992; *ders*, Das Ende einer Zugewinnausgleichsoase, FamRZ 1992, 1385; *ders*, Die Kombinationslebensversicherung im Zugewinnausgleich, FamRZ 1993, 508.

Unternehmen: *Braunhofer*, Unternehmens- und Anteilsbewertung zur Bemessung von familien- und erbrechtlichen Ausgleichsansprüchen, 1995; *Felden*, Die Unternehmensbewertung im Zugewinnausgleich, 1998; *Großfeld*, Unternehmens- und Anteilsbewertung im Gesellschaftsrecht, 3. Aufl 1994; *Kleffmann*, Der Selbständige im Zugewinnausgleichsverfahren, FuR 1995, 171; Institut der Wirtschaftsprüfer in Deutschland e. V., Wirtschaftsprüfer-HdB 1998, Bd II, 1998 (zitiert: WP-HdB); *Kleinle*, Die Bewertung von Unternehmen und freiberufliche Praxis im Zugewinnausgleich, FamRZ 1991, 882; *ders*, Die Ehescheidung des Unternehmers, 1992; *Kohl*, Ausschluss und Beschränkung von Abfindungsansprüchen nach dem Tod eines Personengesellschafters gegen Pflichtteilsrecht und Zugewinnausgleich, MDR 1995, 865; *Kotzur*, Goodwill freiberuflicher Praxen und Zugewinnausgleich, NJW 1988, 3229; *F. Meyer*, Die Bewertung einer freiberuflichen Praxis im Zugewinnausgleich, FuR 1996, 94; *Michalski/Zeidler*, Die Bewertung von Personengesellschaftsanteilen im Zugewinnausgleich, FamRZ 1997, 397; *Peemöller*, Praxishandbuch der Unternehmensbewertung, 2001; *Piltz*, Die Unternehmensbewertung in der Rechtsprechung, 2. Aufl 1994; *Piltz/Wassermeyer*, Unternehmensbewertung im Zugewinnausgleich nach Scheidung, NJW 1985, 2673; *Reimann*, Das Unternehmen im Zugewinnausgleich aus der Sicht des Kautelarjuristen, FamRZ 1989, 1248; *ders*, Gesellschaftsrechtliche Bewertungsvorschriften in der notariellen Praxis, DNotZ 1992, 472; *Rid*, Nochmals: Unternehmensbewertung beim Zugewinnausgleich nach Scheidung, NJW 1986, 1317; *Tiedtke*, Die Berücksichtigung latenter Steuerverbindlichkeiten bei der Berechnung des Zugewinnausgleichs, FamRZ 1990, 1188.

Übersicht

	Rn		Rn
I. Normzweck	1	d) ABC sonstiger Vermögenswerte	32
		e) Veräußerungskosten	35
II. Bewertungsvorgang	2	3. Maßgebende Bewertungszeitpunkte	36
1. Grundsätze	2	a) Anfangsvermögen	36
a) Stichtagsprinzip	2	b) Endvermögen	37
b) Verkehrswert	3	c) Verbindlichkeiten	38
c) Liquidations- oder Nutzungswert?	4	4. Kaufkraftschwund	39
2. Einzelheiten	6		
a) Bewertung von Grundstücken	6	III. Ehemalige DDR	43
b) Unternehmen und Gesellschaftsbeteiligungen	10	IV. Prozessuales	45
c) Land- oder forstwirtschaftliche Betriebe (Abs 4)	26	V. Gestaltung	46

I. Normzweck

Die Vorschrift macht Angaben zur Bewertung des Anfangs- (§ 1374) und des Endvermögens (§ 1375). Dabei wird nur für land- und forstwirtschaftliches Betriebsvermögen ein sachlicher Bewertungsmaßstab gegeben (Abs 4). Im Übrigen bestimmt § 1376 nur die Zeitpunkte für die Wertberechnung von Anfangs- und Endvermögen („Bilanzstichtage")[1]. 1

II. Bewertungsvorgang

1. Grundsätze. a) Stichtagsprinzip. Die zum Anfangs- und Endvermögen gehörenden einzelnen Vermögenswerte und Verbindlichkeiten sind hinsichtlich ihres Wertes festzustellen. Dies geschieht zu 2

---

[1] MünchKommBGB/*Koch* Rn 2.

§ 1376

den in Abs 1 und Abs 2 genannten Stichtagen (**Stichtagsprinzip**). Das ist auch dann nicht entbehrlich, wenn derselbe Gegenstand sowohl im Anfangs- wie im Endvermögen war[2]. Von diesem beim Zugewinnausgleich besonders streng durchgeführten Stichtagsprinzip können aber auf Grund des sog **Wertaufhellungsprinzips** in beschränktem Umfang Ausnahmen gemacht werden. Anerkannt ist dies insbes bei der Unternehmensbewertung. Berücksichtigungsfähig sind danach auch alle am Stichtag nahe liegenden und wirtschaftlich fassbaren, in ihrem Keim bereits angelegten Entwicklungen[3].

3   b) **Verkehrswert**. Für die **Bewertung** selbst ist zunächst eine wirksame **Parteivereinbarung** maßgebend (Rn 46). Außer für land- und forstwirtschaftliche Betriebe (hier Abs 4) enthält das Gesetz keine Vorgaben für den Bewertungsmaßstab[4]. Allgemein anerkannt ist, dass der volle, der **„wirkliche Wert"** (Verkehrswert) von Aktiva und Passiva zu ermitteln ist[5]. Dieser ist grds gleichzusetzen mit dem **Verkehrswert**[6], also dem am Markt erzielbaren **(Normal-)Verkaufswert**[7]. Hierunter wird im System der freien Markwirtschaft idR der Preis verstanden, der im gewöhnlichen Geschäftsverkehr nach der Beschaffenheit des Wirtschaftsguts bei einem Verkauf unter Außerachtlassung von ungewöhnlichen und persönlichen Verhältnissen zu erzielen wäre (vgl § 9 Abs 2 BewG zur Bestimmung des gemeinen Werts). Jedoch hat sich insbes die ältere Rspr immer wieder eine „Korrekturmöglichkeit" über den sog „inneren" oder „wahren Werts" vorbehalten (krit § 2311 Rn 15)[8]. Die Rspr betont zudem immer wieder, dass die Wahl der im Einzelfall geeigneten Bewertungsmethode[9] grds Sache des Tatrichters in seiner eigenen Verantwortung ist[10]. Dies beeinträchtigt nicht nur die Rechtssicherheit, sondern läuft darauf hinaus, dass der Richter im Einzelfall den anzusetzenden Wert auf eine quasi intuitive Weise ermitteln oder erfühlen muss[11], ja stärkt die Macht der Gutachter noch mehr, als dies systembedingt ohnehin der Fall ist. Zudem sind dadurch die Bewertungsfragen weitgehend der Revisionsprüfung entzogen[12].

4   c) **Liquidations- oder Nutzungswert?** Die Wahl der richtigen Bewertungsmethode, ja des anzusetzenden Wertes überhaupt, ist vom Bewertungsanlass, **Bewertungszweck** und von den hierfür gemachten normativen Vorgaben, also von dem betreffenden Rechtsverhältnis abhängig[13]. Bei der Bewertung im Zugewinnausgleich geht es um die Ermittlung eines Schiedswerts[14]. **Bewertungszweck** des Zugewinnausgleichs ist dabei, dass beide Ehegatten an dem, was sie während der Dauer des gesetzlichen Güterstands gemeinsam geschaffen haben, wertmäßig angemessen, also je zur Hälfte beteiligt werden (Halbteilungsgrundsatz)[15]. Auch wenn der Zugewinnausgleich grds auf den sofortigen Ausgleich der vorhandenen Vermögenswerte gerichtet ist, hängt die Rechtfertigung des Ausgleichs nicht von der sofortigen Leistungsfähigkeit des Verpflichteten ab[16]. Weder aus § 1376 noch aus dem objektiven Wertbegriff lässt sich daher ein **„Realisierbarkeitsprinzip"** herleiten, wonach als Wert nur der angesetzt werden kann, der sich am „Markt erzielen lässt"[17]. Auf die sofortige Realisierbarkeit des Verkehrswertes kommt es grds nicht an[18]. Eine Bewertung zum (idR niedrigeren, da schnell zu erfolgenden) **Liquidationswert** ist nur geboten, wenn das Objekt **ohnehin** (nach seiner objektiven Zweckbestimmung allgemein) **zum Verkauf bestimmt** oder die **Liquidation** wegen der damit verbundenen finanziellen Belastung zwangsläufig Folge des Zugewinnausgleichs ist. Dabei ist aber vorneweg zu prüfen, ob nicht durch eine Stundung der Ausgleichsforderung (§ 1382) eine unwirtschaftliche Veräußerung vermieden werden kann[19]. Auf die freie, **subjektive Verwendungsabsicht**

---

[2] *Johannsen/Henrich/Jaeger* Rn 4.
[3] Allg *Braunhofer* S 49 f; *Piltz* S 118 ff; aus betriebswirtschaftlicher Sicht *Moxter*, Grundsätze ordnungsgemäßer Unternehmensbewertung, 2. Aufl 1983, S 168; S auch § 2311 Rn 16 zum Pflichtteilsrecht.
[4] AllgM, *R. Schröder* Rn 55.
[5] *Staudinger/Thiele* Rn 10; MünchKommBGB/*Koch* Rn 8; *R. Schröder* Rn 55; *Dörr* NJW 1989, 1953.
[6] BGH NJW 1999, 784; BGHZ 75, 195, 199 = NJW 1980, 229; BGH NJW 1982, 2441, jeweils zum Endvermögen von Unternehmen; *Johannsen/Henrich/Jaeger* Rn 5 mwN; *Benthin* FamRZ 1982, 338, 344; *F. Meyer* FuR 1996, 94, 98; auf den „wirtschaftlichen Zweck des Vermögensguts" stellt *Soergel/Lange* Rn 7, 11 ff ab; *Schwab/Schwab* HdB ScheidungsR VII Rn 59 differenziert nach Anschaffungs-, Veräußerungs- und Nutzwert.
[7] Vgl auch zur vergleichbaren Bewertungsproblematik bei Pflichtteil *Staudinger/Haas* § 2311 Rn 52 ff und hier § 2311 Rn 14.
[8] MünchKommBGB/*Koch* Rn 8.
[9] Zu den verschiedenen Bewertungsmethoden s § 2311 Rn 18, 23 ff.
[10] Vgl etwa BGHZ 130, 298, 303 = NJW 1995, 2781; BGH NJW 1999, 784.
[11] *Piltz* Unternehmensbewertung S 132.
[12] Für Behandlung als Rechtsfrage aber etwa *Piltz/Wissmann* NJW 1985, 2673, 2676; *Großfeld* S 8; *Lutter* ZGR 1979, 416.
[13] So zur Unternehmensbewertung *Korth* BB 1992, Beilage 19 S 2 mwN in Fn 1: sog Zweckadäquanz; WP-HdB A Rn 12; *Piltz/Wissmann* NJW 1985, 2673, 2675 f; *Großfeld* S 8 ff; *Braunhofer* S 126 f; *F. Meyer* FuR 1996, 94, 97; allg *Johannsen/Henrich/Jaeger* Rn 6.
[14] *F. Meyer* FuR 1996, 94, 97; dazu auch WP-HdB A Rn 13 ff, 53 ff mit den besonderen Bewertungskriterien im Familienrecht.
[15] BGHZ 130, 298, 302; *Johannsen/Henrich/Jaeger* Rn 6; *Braunhofer* S 118, 126 f.
[16] BGH NJW 1999, 784.
[17] So auch *Michalski/Zeidler* FamRZ 1997, 397, 398; hiergegen überzeugend *Kleinle* FamRZ 1997, 1133 mit eingehender Rspr-Analyse.
[18] BGH NJW 1992, 1193 für Lebensversicherung; FamRZ 1992, 918 für Einfamilienhaus.
[19] BGHZ 130, 298, 300 ff = NJW 1995, 2781; BGH NJW 1993, 2804 für Grundstücke; NJW-RR 1986, 1066 für Unternehmen; NJW 1987, 321 für Gesellschaftsanteil; MünchKommBGB/*Koch* Rn 9; *Staudinger/Thiele* Rn 11; *Erman/Heckelmann* Rn 5; für Unternehmensbewertung *Rauscher* Rn 423.

des Eigentümers kann es im Hinblick auf das Bewertungsziel nicht ankommen[20]. Besteht daher kein Zwang zur Veräußerung, so ist grds ein über dem Veräußerungswert liegender **Nutzungswert** zu berücksichtigen, wobei es aber nicht um die *künftigen Nutzungsmöglichkeiten* geht. Vielmehr kann es unter der Herrschaft des Stichtagsprinzips nur darum gehen, die während der Dauer des Güterstands *aufgebaute* und *gegenwärtig* noch vorhandene Nutzungsmöglichkeit als Wert zu erfassen und anzusetzen[21].

Andere Verfahren, die zu einer „Unterbewertung" führen, wie steuerliche Werte (Einheitswert, Grundbesitzwert nach §§ 138 ff BewG) oder solche nach handelsrechtlichen Bilanzierungsvorschriften, sind nicht maßgebend[22]. 5

2. Einzelheiten. a) Bewertung von Grundstücken. Bebaute wie unbebaute Grundstücke sind grds mit dem Verkehrswert anzusetzen (für Immobilien § 194 BauGB)[23]. Ohne Belang sind grds die reinen, ursprünglichen Herstellungskosten[24]. In neuerer Zeit wird überwiegend betont, dass die Bewertung nach der **Wertermittlungsverordnung** (WertV)[25] erfolgen kann[26], die unmittelbar nur nach den §§ 192 ff BauGB gilt[27]. In der WertV sind drei Bewertungsverfahren vorgesehen: **Vergleichswertverfahren** (§§ 13 f unter Heranziehung von Kaufpreisen vergleichbarer Grundstücke), **Ertragswertverfahren** (§§ 15 ff, hier ist der künftige Ertrag entscheidend) und das **Sachwertverfahren** (§§ 21 ff, maßgeblich der derzeitige Bau- und Bodenwert). Welches Verfahren herangezogen wird, ist nach den Umständen des Einzelfalls zu entscheiden (§ 7 WertV). Je nach Lage des Einzelfalls sind Zu- und Abschläge zu machen (vgl §§ 23 ff WertV). Auch die Ergebnisse der anderen Bewertungsmethoden sind gegebenenfalls korrigierend zu berücksichtigen[28]. Die Auswahl des Wertermittlungsverfahrens steht auch hier im pflichtgemäßen Ermessen des Tatrichters; für die Wahl der Methode kommt aber dem Charakter des Objekts eine nicht unerhebliche Bedeutung zu[29]. Eingehend § 2311 Rn 19 ff. 6

Unbebaute Grundstücke sowie der Bodenwert von bebauten sind idR nach dem Vergleichswertverfahren zu bewerten, insbes nach den Bodenrichtwerten (§ 196 BauGB)[30]. Hinsichtlich von **Miet- und Renditeobjekten** kommt grds das Ertragswertverfahren zur Anwendung, da es dem Eigentümer hier idR um die erzielbaren Einnahmen geht[31]. Bei einer Eigentumswohnung ist auch ein Mittelwert aus Ertrags- und Sachwert zulässig[32], doch dürfte die Mittelwertmethode nicht unbedingt zu sachgemäßeren Ergebnissen führen[33]. 7

Bei **eigengenutzten Immobilien** kommt dem Sachwertverfahren größere Bedeutung zu, denn Käufer solcher Objekte orientieren sich üblicherweise hier nicht so sehr an dem zu erwartenden Ertrag[34]. Das zu höheren Ansätzen führende Sachwertverfahren ist dem Eigentümer-Ehegatten insbes dann zuzumuten, wenn das Eigenheim während des Güterstands erworben wurde, da die höheren Investitionskosten den sonstigen Zugewinn entsprechend schmälerten[35]. 8

Soweit besondere **weitere Umstände** den Grundstückwert beeinflussen, sind diese zu berücksichtigen[36]. Ein **vorübergehender Preisrückgang** braucht nicht durch einen rezessionsbedingten Abschlag berücksichtigt werden, wenn ein Verkauf ohnehin nicht anstand, sondern die Weiternutzung zu Wohnzwecken beabsichtigt war[37]. Gleiches gilt für **vorübergehende Preissteigerungen,** wie diese 9

---

[20] So aber zu Unrecht *Braunhofer* S 127 ff.
[21] BGH NJW 1999, 784, 785; ähnlich *Johannsen/Henrich/Jaeger* Rn 7.
[22] AllgM, *Soergel/Lange* Rn 7.
[23] *Staudinger/Thiele* Rn 38; AnwK-BGB/*Limbach* Rn 19.
[24] BGHZ 10, 171, 180; 17, 236, 241: Ertragsfähigkeit entscheidend; vgl auch die Abschläge, die beim Sachwertverfahren nach §§ 23 ff WertV vorzunehmen sind.
[25] Vom 6. 12. 1988, BGBl I S 2209, geändert durch Gesetz vom 18. 8. 1997, BGBl I S 2081; dazu auch Wertermittlungsrichtlinien 1991 (WertR) vom 11. 6. 1991, BAnz Nr 182 a, und vom 17. 3. 1992, BAnz Nr 86 a.
[26] BGH NJW 1990, 112, 113; FamRZ 1992, 918 f; OLG Frankfurt FamRZ 1980, 576; AnwK-BGB/*Limbach* Rn 19; *Staudinger/Thiele* Rn 38; MünchKommBGB/*Koch* Rn 12; *Johannsen/Henrich/Jaeger* Rn 12; *Palandt/Brudermüller* Rn 12; *Scholz/Stein/Carlberg* B 80; *Dörr* NJW 1989, 1953, 1955; *R. Schröder* Rn 112; überschlägigen Berechnungen der Makler sollte demgegenüber keine Bedeutung beigemessen werden, s § 2311 Rn 18; aA *Koch* aaO.
[27] *Simon/Kleiber*, Schätzung und Ermittlung von Grundstückswerten, 7. Aufl 1996, S 39; *Vogels*, Grundstücks- und Gebäudebewertung marktgerecht, 5. Aufl 1996, S 235; aA *Zimmermann* ZErb 2000, 46, 48 f: allgemein verbindlich.
[28] MünchKommBGB/*Koch* Rn 12; *Staudinger/Thiele* Rn 34; OLG Celle NJW-RR 1993, 903: Sachwertverfahren mit Abschlag hin zum Ertragswert.
[29] BGH FamRZ 1992, 918 f; OLG Saarbrücken FamRZ 1999, 235.
[30] BGH NJW 1990, 68; AnwK-BGB/*Limbach* Rn 20; MünchKommBGB/*Koch* Rn 12.
[31] OLG Frankfurt FamRZ 1980, 576, allerdings m krit Würdigung desselben; AnwK-BGB/*Limbach* Rn 21; MünchKommBGB/*Koch* Rn 12; *Johannsen/Henrich/Jaeger* Rn 13; *Scholz/Stein/Carlberg* B 81; vorsichtiger *Staudinger/ Thiele* Rn 38: hierauf dürfe sich die Bewertung nicht beschränken.
[32] BGH NJW-RR 1986, 226, 228 = FamRZ 1986, 37, 39.
[33] *Johannsen/Henrich/Jaeger* Rn 13; MünchKommBGB/*Koch* Rn 12; aA wohl *Schwab/Schwab* HdB ScheidungsR VII Rn 77.
[34] OLG Bamberg FamRZ 1994, 958; AnwK-BGB/*Limbach* Rn 21; MünchKommBGB/*Koch* Rn 12; *Johannsen/ Henrich/Jaeger* Rn 13; *Scholz/Stein/Carlberg* B 82; gegen den Ansatz des Verkaufswerts, besonders bei Fortnutzung durch einen Ehegatten, *Schwab/Schwab* HdB ScheidungsR VII Rn 97.
[35] *Johannsen/Henrich/Jaeger* Rn 13; dies entspricht dem Bewertungsziel.
[36] AnwK-BGB/*Limbach* Rn 22.
[37] BGH NJW-RR 1986, 226, 228 = FamRZ 1986, 37, 40; FamRZ 1992, 819; OLG Celle FamRZ 1992, 1300; ebenso jetzt MünchKommBGB/*Koch* Rn 13 mit der Einschränkung, dass die Preistiefs durch außergewöhnliche Umstände bedingt und mit Gewissheit nur vorübergehend sein dürften; aA *Schwab/Schwab* HdB ScheidungsR VII Rn 98.

Grundstücke in der ehemaligen **DDR** erfahren haben[38], während dauerhafte, vereinigungsbedingte Wertsteigerungen grds vom Zugewinnausgleich erfasst werden (Rn 44). Für die erforderliche **Wohnflächenberechnung** entscheidet die tatsächliche Nutzung oder zumindest Nutzungsabsicht[39]. Eine wertmindernde Berücksichtigung eines dinglichen **Wiederkaufsrechts** kommt nach Ansicht des BGH nur in Betracht, wenn zur Begleichung der Ausgleichsforderung ein Verkauf des Grundstücks erforderlich ist[40]; richtigerweise kann dies nur dann unberücksichtigt bleiben, wenn die Bewertung nach dem Ertragswert, nicht aber nach dem Vergleichswert erfolgt, da ein Wiederkaufsrecht auf dem Immobilienmarkt immer als Wertminderung berücksichtigt wird. Zur Bewertung eines **Erbbaurechts** s BayObLGZ 1976, 239 (nur kostenrechtlich), zur Bewertung eines Mehrfamilienhauses mit Mietpreisbindung OLG Düsseldorf FamRZ 1989, 280 (nur Ansatz des Ertragswerts).

10 **b) Unternehmen und Gesellschaftsbeteiligungen. aa) Unternehmen.** Bewertungsziel ist auch hier der **objektive Verkehrswert;** steuerliche Werte oder die Buchwerte aus der Bilanz sind nicht maßgeblich[41]. Die Bewertung von Unternehmen ist schwierig, und auch in der Betriebswirtschaft nicht völlig geklärt. Einigkeit besteht, dass der **Grundsatz der Bewertungseinheit** gilt: Das Unternehmen ist im Ganzen als wirtschaftliche Einheit zu bewerten und nicht als Summe der einzelnen Wirtschaftsgüter[42]. Ein (kalkulatorischer) **Unternehmerlohn** ist bei der Bewertung des Unternehmens abzuziehen. Dies folgt bereits daraus, dass der Zugewinn sich nicht auf die zukünftigen Einkünfte bezieht (vgl § 1374 Rn 5)[43]. Im Übrigen gibt es **verschiedene Bewertungsmethoden** und Bewertungsfaktoren. In Betracht kommen hier[44] insbes das Sach- oder Substanzwertverfahren, das Ertragswertverfahren, das Liquidationswertverfahren und vergleichsorientierte Bewertungsverfahren. Dabei wird meist der Substanzwert dem Ertragswert sowie dem bei der Auflösung des Unternehmens entstehenden Liquidationswert gegenübergestellt. Der **Geschäftswert** (good will, Firmenwert) ist im Ertragswert bereits berücksichtigt[45], geht jedoch über den reinen Substanzwert hinaus (ausf § 2311 Rn 23 ff)[46]. Die Rspr betont jedoch auch hier immer wieder, dass eine bestimmte Bewertungsmethode nicht vorgeschrieben und die Auswahl der geeigneten Methode dem pflichtgemäßen Ermessen des sachverständigen Tatrichters überlassen ist[47]. In der Betriebswirtschaftslehre gilt heute die **Ertragswertmethode** als die maßgebliche Bewertungsmethode für das **betriebsnotwendige Vermögen** des Unternehmens und der -beteiligungen[48]. Denn ein Erwerber eines Unternehmens würde sich für die Bemessung seines Kaufpreises immer an dem erzielbaren Reingewinn orientieren, was dem Bewertungsziel des Normalverkaufspreises (Rn 4) entspricht. Dabei ergeben die in Zukunft erzielbaren Nettoeinnahmen aus dem Unternehmen, hochgerechnet aus dem Ertrag der letzten drei bis fünf Jahre[49], kapitalisiert auf den jeweiligen Stichtag der Bewertung, den Unternehmenswert[50]. Hierbei kommt die Wahl des Kapitalisierungsfaktors erhebliche Bedeutung zu. Dabei wird von der Rendite langfristiger Kapitalanlagen ausgegangen, also etwa von einem Basiszinsfuß von 5 bis 6% jährlich wie bei festverzinslichen Wertpapieren[51]. Hierauf ist jedoch ein Risikozuschlag zu machen, weil die Kapitalanlage in ein Unternehmen im höheren Maß mit einem Risiko

---

[38] *Palandt/Brudermüller* Rn 13; *Kogel* FuR 2004, 221.
[39] OLG Celle FamRZ 1991, 1066.
[40] BGH NJW 1993, 2804: Bewertungsabschlag von über 50%; durch den hohen Abschlag und damit niedrigeren Zugewinnausgleich vermeidet der BGH allerdings die Liquidation und damit den Ansatz des Verkaufswerts; für generelle Abzugsfähigkeit OLG Bremen OLGR 1998, 205 und OLG München OLGR 2000, 173 = FamRZ 2000, 1152, LS; OLG Brandenburg FamRZ 2004, 1029, 1030.
[41] AllgM, BGHZ 75, 195, 199; *Staudinger/Thiele* Rn 25 mwN; *Scholz/Stein/Carlberg* B 98; zu den untauglichen Wertansätzen *Großfeld* S 31 ff.
[42] Vgl § 2 Abs 1 S 2 BewG; *Großfeld* S 28; MünchKommBGB/*Koch* Rn 25; *Braunfels* S 31, 128; *Peemöller* Rn 1.207; zur Bewertung der einzelnen Wirtschaftsgüter eingehend *Kleffmann* FuR 1995, 171.
[43] *Braunhofer* S 137; im Ergebnis ebenso und bei der Ertragswertbewertung wohl unbestritten *Großfeld* S 43; WP-HdB A Rn 115; *Piltz* Unternehmensbewertung S 159 mN und dort die Rspr.
[44] Vgl etwa *Schröder* in: *Schröder/Bergschneider* FamVermR Rn 4.238; *Piltz* Unternehmensbewertung S 16 ff; *Wollny*, Unternehmens- und Praxisübertragung, 3. Aufl 1994, Rn 1501 ff; WP-HdB II A Rn 4 ff.
[45] Vgl etwa *Piltz* Unternehmensbewertung S 33; anders aber *Schröder* in: *Schröder/Bergschneider* FamVermR Rn 4.267.
[46] Vgl etwa BGHZ 75, 195, 199.
[47] So zuletzt BGH NJW 1999, 784, 787; MünchKommBGB/*Koch* Rn 27.
[48] *Korth* BB 1992, Beilage 19 S 1, 4 mwN; *F. Meyer* FuR 1996, 94, 95 f; *Großfeld* S 23 ff; *Piltz/Wissmann* NJW 1985, 2674; *Krauss-Grünewald* BB 1995, 1839, 1840; einschränkend *Staudinger/Thiele* Rn 29: „im Vordringen befindlich"; eingehend s § 2311 Rn 25 mwN; die gegenteilige Auffassung von *Zehner* DB 1981, 2109 gilt überwiegend als überholt; zweifelnd *Rid* NJW 1986, 1317; empirische Daten bei *Peemöller/Kunowski* Rn 3.2; das IDW hat nunmehr einen Standard zu den Grundsätzen der Unternehmensbewertung herausgegeben, IDW S 1 nF WPg 2005, 690 ff; Überblick bei *Peemöller* Rn 1.204 ff.
[49] Dazu eingehend BGH NJW 1982, 2441.
[50] OLG Düsseldorf FamRZ 1984, 699: Druckerei m ausf Berechnungsbeispiel; der BGH NJW 1999, 784, 787 betont allerdings zu Recht, dass es bei der Bewertung nicht darum gehen dürfe, künftige Gewinne zu kapitalisieren und auszugleichen, sondern um den am Stichtag vorhandenen Wert, in dem sich die in der Vergangenheit aufgebauten und gegenwärtig vorhandenen Nutzungsmöglichkeiten niederschlagen. Es werde daher eine mehr vergangenheitsorientierte Bewertung vorzuziehen sein, anders aber *F. Meyer* FuR 1996, 94, 96 f und zust wohl MünchKommBGB/*Koch* Rn 27; zur Problematik der Ermittlung des Zukunftserfolgs und der starken Prognoseorientierung der Ertragswertmethode s auch § 2311 Rn 28.
[51] Vgl die Übersicht der von der Rspr verwendeten Kapitalisierungszinsfüsse bei *Piltz* Unternehmensbewertung S 361 ff; *Peemöller* Rn 1.230 ff.

behaftet ist[52]. Wegen des Stichtagsprinzips können nach dem sog **Wertaufhellungsprinzip** danach liegende Entwicklungen und Erkenntnisse nur verwertet werden, wenn sie damals „im Keim" angelegt waren; auch muss jeweils nach der gleichen Methode zu beiden Stichtagen bewertet werden[53]. Weitgehende Einigkeit besteht darin, dass rein inhaberbezogene Wertfaktoren nicht in die Bewertung einzubeziehen sind[54]. Der BGH hat das Ertragswertverfahren grds gebilligt[55]. Hinsichtlich des **nichtbetriebsnotwendigen Vermögens** ist jedoch grds der Liquidationswert anzusetzen[56].

Daneben findet sich auch die sog **Mittelwertmethode,** die den Unternehmenswert als rechnerisches Mittel aus Substanz- und Ertragswert berechnet[57], auch wenn diese heute aus betriebswirtschaftlicher Sicht weitgehend als überholt gilt[58]. Problematisch erscheint jedoch die Ertragswertmethode, wenn auf Grund einer einheitlichen Bewertung von Grundstück und Unternehmen der Ertragswert um 200 000 DM unter dem Substanzwert liegt[59]. Die **Untergrenze** für die Bewertung von Unternehmen und Beteiligungen hieran muss vielmehr immer der Liquidationswert sein, wie dies den betriebswirtschaftlichen Grundsätzen entspricht[60]. Ein ökonomisch denkender Betriebsinhaber würde hier liquidieren und verkaufen. Und ein unökonomisches Verhalten darf nicht zu Lasten des anderen Ehegatten gehen, weil dies dem Bewertungsziel widerspricht (Rn 4). Demgegenüber setzt der BGH den Liquidationswert grds nur dann an, wenn es tatsächlich zu einer Veräußerung des Betriebs kommt und toleriert im Übrigen die unternehmerische Entscheidung des Betriebsinhabers[61]. Anderes könne allenfalls in Betracht kommen, wenn ein **unrentables,** liquidationsreifes Unternehmen aus wirtschaftlich nicht vertretbaren Gründen weitergeführt werde und dadurch dem anderen Ehegatten der Anteil an der Differenz zwischen dem Gesamtwert und einem über ihm liegenden Liquidationswert entgehe[62].

Bei stark **personenbezogenen Unternehmen,** Handwerksbetrieben und freiberuflichen Praxen erbringt der Inhaber eine höchstpersönliche Leistung, die in einem sehr großem Maß für den Geschäftserfolg maßgebend ist, weshalb schon aus diesem Grund der Substanzwert allein nicht maßgeblich sein kann. Daher kommt idR hier der **„good will"** (auch Firmenwert, Geschäftswert, teilweise auch innerer Wert oder Praxiswert genannt) als erheblicher, **wertbildender Faktor** für die Bewertung hinzu[63]. Er gründet sich auf einer Vielzahl immaterieller Faktoren, wie Standort, Konkurrenzsituation, vorhandenen Mandanten- oder Patientenstamm und seine Struktur, Ruf und Ansehen der Praxis. Ein Käufer bezahlt für den „good will" als die Chance, dass er die vorhandenen Patienten/Mandanten übernehmen kann und auf dem vorhandenen Bestand aufbauen und seine Einnahmen sichern und ausbauen kann[64]. Daher hat der „good will" idR einen **eigenen Marktwert** und kann auch bilanziert werden (§ 255 Abs 4 S 2 und 3 HGB, § 7 Abs 1 S 3 EStG)[65]. Das sog **„Doppelverwertungsverbot"** steht dabei nach richtiger Auffassung der Berücksichtigung des „good wills" nicht entgegen (§ 1375 Rn 8). Während der BGH 1977 in der sog „Handelsvertreterentscheidung" die Auffassung vertreten hat, der Ansatz eines „good wills" scheide mangels einer Vererb- oder Veräußerlichkeit bei der Bewertung im Zugewinnausgleich aus[66], hat er dieses Vererblichkeitsargument inzwischen aufgegeben[67]. Ohne dass es darauf ankäme, ob eine Veräußerung der Praxis oder Betriebs mit einer entsprechenden Realisierung des Werts des „good wills" konkret erfolge, genüge es für die Bewertung desselben, dass dies nur allgemein möglich sei, wofür es ausreiche, wenn solche Verkäufe üblich sind und zu einem über dem Sachwert der Einrichtung liegenden Preis vorkommen[68]. Damit wird aber nicht auf einen Liquidationswert abgestellt oder gar der

---

[52] OLG Hamm FamRZ 1998, 235, 236; ausf zum gesamten Verfahren *Großfeld* S 36 ff; WP-HdB A Rn 65 ff sowie § 2311 Rn 26 mit Formel.
[53] Eingehend *F. Meyer* FuR 1996, 94, 99.
[54] *F. Meyer* FuR 1996, 94, 97 f mwN; *Großfeld* S 43 f; eingehend dazu, wenn auch teilweise abw *Braunhofer* S 153 ff.
[55] BGH NJW-RR 2005, 153, 154 ausdrücklich zum Zugewinnausgleich; NJW 1985, 192, 193 zur Zulässigkeit von Abfindungsbeschränkungen; BGHZ 71, 40, 52 zur Bewertung im Gesellschaftsrecht; OLG Düsseldorf FamRZ 1984, 699; OLG Hamm FamRZ 1998, 235, 236 wenn das Unternehmen nicht mit dem Inhaber „steht und fällt"; vgl auch die ausf Darstellung der Rspr bei *Piltz* Unternehmensbewertung S 136 ff.
[56] BGH NJW-RR 2005, 153, 155; *Künkel* FPR 1996, 99, 104; *Piltz* Unternehmensbewertung S 31, 181 ff mwN; WP-HdB A Rn 4; *Braunhofer* S 151; s auch § 2311 Rn 27.
[57] OLG Bamberg FamRZ 1995, 607, 609 f; ebenso BGH NJW 1982, 575 zum Pflichtteilsrecht; zu dieser Methode *Piltz* Unternehmensbewertung S 38 f.
[58] *Peemöller/Kunowski* Rn 3.5; *Moxter* S 60 ff; Riedel, Bewertung von Gesellschaftsanteilen, Rn 257; BGH NJW-RR 2005, 153, 155 hat die Entscheidung OLG Koblenz OLGR 2002, 152 = FamRZ 2002, 1190, die eine Korrektur der Ertragswertmethode bei besonders hohem Substanzwert einzelner Vermögensgegenstände vornahm, aufgehoben.
[59] OLG Koblenz FamRZ 1983, 166 betr Schuhgeschäft.
[60] *F. Meyer* FuR 1996, 94, 100; *Johannsen/Henrich/Jaeger* Rn 15; *R. Schröder* Rn 73; *Schröder* in: *Schröder/Bergschneider* FamVermR Rn 4.255; IDW S 1 nF WPg 2005, 690, 700; eingehend zur Parallelproblematik beim Pflichtteilsrecht s § 2311 Rn 30.
[61] So ausdrücklich gegen die obige Argumentation BGH NJW 1982, 2441; NJW-RR 1986, 1066, allerdings für den Sonderfall Landwirtschaft; bei Verkauf drei Jahre nach dem Stichtag aber Bewertung nach dem Liquidationswert, BGH NJW 1982, 2497, 2498 zum Pflichtteilsrecht.
[62] BGH NJW-RR 1986, 1066.
[63] Für den bloßen Ansatz des Substanzwerts aber *Klingelhöffer* FamRZ 1991, 882, 884 ff.
[64] BGH NJW 1999, 784, 785 f; *Piltz* Unternehmensbewertung S 253.
[65] *Schröder* in: *Schröder/Bergschneider* FamVermR Rn 4.268; zu Kriterien für den „good will" *Horn* FPR 2006, 317.
[66] BGHZ 68, 163, 168; iE ebenso AG Biedenkopf FamRZ 2005, 1909 für Versicherungsagentur.
[67] BGHZ 75, 195, 199 ff = NJW 1980, 229; ausdrücklich BGH NJW 1987, 321, 322 für beschränkende Abfindungsklausel im Todesfall eines Gesellschafters; dazu *Kleinle* FamRZ 1997, 1133.
[68] BGH FamRZ 1977, 40: Vermessungsingenieur; vgl dazu *Piltz* Unternehmensbewertung S 255; *Schröder* in: *Schröder/Bergschneider* FamVermR Rn 4.267; AnwK-BGB/*Limbach* Rn 25; *Kotzur* NJW 1988, 3239, 3240.

§ 1376

Zugewinn durch die Realisierbarkeit begrenzt, sondern dies dient nur zur Ermittlung, ob sich der „good will" zu einer bewertbaren Vermögensposition verdichtet hat[69].

13   Mittlerweile findet sich hier eine weitere Akzentverschiebung. Der BGH betont jetzt die durch den „good will" ermöglichte, weiterhin für den Betriebs- oder Praxisinhaber **fortbestehende Nutzungsmöglichkeit,** die es grds rechtfertige, den „good will" anzusetzen[70]. Damit wird allerdings die These weitgehend aufgegeben, dass für die Ermittlung des Werts nicht der „subjektbezogene Unternehmenswert" maßgeblich sein dürfe, also der Wert, den die Praxis gerade in der Hand des jeweiligen Inhabers hat[71]. Für die Richtigkeit der Ansicht des BGH spricht jedoch das hier zu verwirklichende Bewertungsziel einer angemessenen Beteiligung des anderen Ehegatten an der während der Ehe im Einzelfall geschaffenen Vermögenswerte. Es ist daher nicht nur der „objektgebundene, vom Inhaber ablösbare good will", sondern auch der am Bewertungsstichtag jeweils vorhandene höhere „subjektgebundene good will" für die Bewertung heranzuziehen. Wer der „Staranwalt" oder der „Herzspezialist" ist, kann sich gegen die Zugewinnausgleichsforderung nicht damit verteidigen, dass ihm ja „niemand das Wasser reichen könne" und daher bei einem Verkauf seine Praxis und sein „know how" nur nach guten Durchschnittssätzen honoriert würde. Etwas anderes gilt nur, wenn es bedingt durch den Zugewinnausgleich zu einem „zwangsweisen" Verkauf kommt. Hier prüft der Grundsatz, dass dann der Liquidationswert gilt (Rn 4).

14   Bei der Bewertung **freiberuflicher Praxen** lehnen dabei die Gerichte – entgegen der Praxis der Sachverständigen – durchweg die Ertragswertmethode ab, sondern ermitteln den Wert aus dem Substanzwert zuzüglich des „good wills"[72]. Begründet wird dies idR damit, dass sich die sonst erforderlich werdende Ertragswertprognose nicht von der Person des Inhabers trennen lasse, andererseits aber die Erwartung künftigen Einkommens, die der individuellen Arbeitskraft des Inhabers zuzurechnen ist, nicht maßgebend sein kann, weil es beim Zugewinn nur auf das am Stichtag vorhandene Vermögen ankommt[73]. Dies widerspricht nicht nur den einhelligen betriebswirtschaftlichen Erkenntnissen[74], sondern auch dem hier **zu verwirklichenden Bewertungszweck,** der gerade das Abstellen auf die **konkrete Nutzungsmöglichkeit** des Inhabers gebietet. Demgegenüber ist daran festzuhalten, dass die Ertragswertmethode auch in zutreffender Weise den „good will" miterfasst. Dagegen wird von den Gerichten der „good will" idR aus einem gewissen Prozentsatz der bereinigten Durchschnittsumsätze der Vorjahre ermittelt („Umsatzmethode")[75], wobei dies branchenabhängig variiert[76]. Dabei werden von der Rspr[77] auch die Bewertungsgrundsätze der entsprechenden Berufsvertretungen (Ärztekammer, Rechtsanwaltskammer) zu Grunde gelegt[78].

15   An der Bewertung von **Arztpraxen** dürfte sich durch das zum 1. 1. 1993 in Kraft getretene Gesundheitsstrukturgesetz und die damit verbundene Beschränkung der Niederlassungsfreiheit nichts geändert haben[79]. Zudem kommen die Überlegungen über die eingeschränkte Verkäuflichkeit der Praxis nur zum Tragen, wenn diese aus Gründen des Zugewinnausgleichs nicht fortgeführt werden kann, nicht aber bei einer Fortführung, die sich allein am Nutzungswert orientiert.

16   Bei einem **kleinen Handwerksbetrieb** kann nur dann ein „good will" angesetzt werden, wenn Betriebe der in Frage stehenden Art als Ganzes veräußert werden und dabei Preise erzielt werden, die über den reinen Substanzwert hinausgehen[80]. Ansonsten ist nur der Substanzwert anzusetzen. Das OLG Bamberg verwendet für die Bewertung eines kleinen Handwerksbetriebs mit drei bis vier Mitarbeitern ein Mittel von Ertrags- und Substanzwert, wenn der Ertrag im hohem Maß von den Fähigkeiten des Betriebsinhabers abhängt[81].

---

[69] Worauf R. *Schröder* Rn 86 zutr hinweist.
[70] BGHZ 75, 195, 201; und jetzt BGH NJW 1999, 784, 786 f; zu diesem Kriterium auch *Piltz* Unternehmensbewertung S 102; für allein objektbezogene Ermittlung des „good will" aber *Münch* FamRZ 2006, 1170, weil ein höherer subjektgebundener allein unterhaltsrechtlich erfasst werde, wobei aber verkannt wird, dass dieser Bewertungsfrage nicht das Doppelverwertungsverbot entgegensteht, s § 1375 Rn 8.
[71] Dagegen etwa *Kotzur* NJW 1988, 3239, 3240.
[72] Vgl die Auswertung bei *Piltz* Unternehmensbewertung S 258 ff; vgl jetzt aber BGH NJW 1999, 784: wenigstens Überprüfung noch nach modifizierten Ertragswertverfahren bei Steuerberaterpraxis.
[73] BGH NJW 1991, 1547, 1548; *Johannsen/Henrich/Jaeger* Rn 19; *Staudinger/Thiele* Rn 25; lediglich referierend BGH NJW-RR 2005, 153, 154; dagegen zu Recht *Michalski/Zeidler* FamRZ 1997, 397, 399.
[74] BGH NJW 1991, 1547, 1548 beruft sich demgegenüber auf *Rid* NJW 1986, 1317 und meint, es bestehe hier keineswegs Einigkeit, was die Ertragswertmethode als richtig erweise; für eigene an die Ertragswertmethode orientierte Bewertungsverfahren *F. Meyer* FuR 1996, 94, 104; *Michalski/Zeidler* FamRZ 1997, 397, 400 ff.
[75] Und zwar idR der Bruttoumsätze, was schwer nachvollziehbar ist, *Michalski/Zeidler* FamRZ 1997, 397, 400; MünchKommBGB/*Gernhuber* 3. Aufl 1993, Rn 23; anders aber MünchKommBGB/*Koch* Rn 23.
[76] Vgl die ausf Übersichten bei *Piltz* S 258 ff; *Scholz/Stein/Carlberg* B 106 ff.
[77] Vgl die Rspr-Übersicht bei MünchKommBGB/*Koch* Rn 23.
[78] BGH FamRZ 1991, 43 für Arztpraxis im Zugewinnausgleich; ebenso AnwK-BGB/*Limbach* Rn 26; MünchKommBGB/*Koch* Rn 23; *Johannsen/Henrich/Jaeger* Rn 19; *Englert* BB 1997, 142, 144 f; für Rechtsanwälte BRAK-Mitt 2004, 222, abgedruckt bei *Schröder* Rn 174; für Ärzte und Steuerberater s auch *R. Schröder* Rn 175 ff mit Abdruck verschiedener Richtlinien; dazu auch *F. Meyer* FuR 1996, 94, 100.
[79] *F. Meyer* FuR 1996, 94, 102; zur ähnlichen Problematik im Pflichtteilsrecht *Staudinger/Haas* § 2311 Rn 86.
[80] BGHZ 70, 224, 226 = NJW 1978, 884 betr Bäckerei; ebenso OLG Düsseldorf FamRZ 1984, 699, 701 betr Druckerei; ebenso BGHZ 68, 163, 168 f betr Handelsvertreter; im Ansatz bereits anders *Braunhofer* S 104 ff; *Michalski/Zeidler* FamRZ 1997, 397, 400 f: Anwendung der Ertragswertmethode mit Berücksichtigung der persönlichen Bindung durch Abzug eines kalkulatorischen Unternehmerlohns.
[81] FamRZ 1995, 607.

Bei **Auflösung des Handwerksbetriebs** oder der Praxis kommt für die Bewertung nur der Sachausstattungswert in Betracht; dabei erlangt der Veräußerungserlös bei einem Verkauf im Ganzen erhebliche Bedeutung, zumal sonst kaum Vergleichswerte zur Verfügung stehen[82]. 17

bb) Beteiligungen an Personengesellschaften. Bei einem Anteil an einer **Personengesellschaft** ist die Bewertung am einfachsten, wenn sich ein hypothetischer Verkaufserlös feststellen lässt (**Vergleichswertmethode**)[83]. Ansonsten ist zunächst der Wert des Unternehmens insgesamt zu ermitteln und hieraus der Wert der einzelnen Beteiligung festzustellen (sog indirekte Methode). Dabei sind die hierauf entfallende Gewinnbeteiligung, das Stimmrecht und andere wertbildende Faktoren (zB Sperrminorität, Herrschaftsrechte[84]) zu berücksichtigen, die sich aus der Binnenverfassung der Gesellschaft ergeben (eingehend § 2311 Rn 36). 18

Sind die Gesellschaftsanteile, wie regelmäßig, **nicht frei veräußerlich** (§ 719), so kann daraus nicht gefolgert werden, dass diese mangels Übertragbarkeit keinen Wert haben[85]. Denn selbst wenn der Anteil nicht veräußert wird, verbleibt seinem Inhaber der volle Nutzungswert[86]. 19

Abfindungsklauseln in Gesellschaftsverträgen sehen häufig vor, dass bei Ausscheiden eines Gesellschafters dieser nicht den wahren Wert seiner Beteiligung erhält (sog **Vollwert**), sondern einen erheblich niedrigeren (sog **Klauselwert**), oftmals ohne Berücksichtigung der stillen Reserven, des „good wills" und der schwebenden Geschäfte, oder gar nur den steuerlichen Buchwert. Hat sich die Abfindungsklausel bei Beendigung des Güterstands bereits infolge einer **ausgesprochenen Kündigung** aktualisiert, dann ist der Wert der Beteiligung nur nach diesem Abfindungsanspruch zu bemessen[87]. Dies ist letztlich der Liquidationswert. 20

Im Übrigen ist umstritten, inwieweit diese Klauselwerte bei der Bewertung im Zugewinnausgleich zu berücksichtigen sind[88]. Verbleibt der Gesellschafter in der Gesellschaft, so ist nach Ansicht des BGH seine fortbestehende Nutzungsmöglichkeit für die Wertbestimmung entscheidend. Es findet eine auf den maßgeblichen Stichtag bezogene endgültige Bewertung statt. Dabei sind die Umstände, dass die Beteiligung nicht frei veräußerlich ist, sowie die einschränkende Abfindungsklausel **nur wertmindernd** zu berücksichtigen[89]. Da dieser Wert zwischen Voll- und Klauselwert liegt, spricht man vom „**Zwischenwert**". Der BGH stellt zur Bewertung nur fest, dass sich dieser nicht danach richtet, mit welcher Wahrscheinlichkeit für den beteiligten Gesellschafter der Kündigungsfall eintritt, da die Bewertung nicht subjektbezogen erfolge. Entscheidend sei vielmehr, ob und in welchem Ausmaß sich die eingeschränkte Verwertbarkeit nach der Verkehrsauffassung auf deren Wert auswirkt. 21

In der Lit wird demgegenüber teilweise der Ansatz des Vollwertes gefordert, da dieser Wert ja vorhanden ist[90], teilweise ein Mittelwert aus Voll- und Klauselwert gebildet, teilweise (bei den sog vorläufigen Lösungen) zunächst der Voll- oder Klauselwert angenommen mit einer späteren Korrektur (analog § 2313), wenn es zu einem Ausscheiden des Gesellschafters kommt[91], etwa wenn er zur Bezahlung des Zugewinnausgleichs dazu gezwungen wird, was mit dem Stichtagsprinzip nicht vereinbar ist. Teilweise wird eine endgültige Bewertung zum Vollwert gefordert, jedoch mit Risikoabschlägen, wenn ein Ausscheiden als Gesellschafter nahe liegt, etwa wegen der hohen Liquiditätsbelastung durch den Zugewinnausgleich[92]. 22

Richtigerweise muss man **im Regelfall vom reinen Vollwert** ohne Abschläge ausgehen. Dadurch werden **praktische Bewertungsprobleme** bei der Bemessung der Abschläge vermieden. Zum anderen ergibt sich dies auch aus **bewertungsrechtlichen Überlegungen:** Die Veräußerungsbeschränkung ist für die Bewertung unerheblich, wenn man nicht auf den Verkaufs-, sondern den Nutzungswert abstellt. Und bei beschränkenden Abfindungsklauseln ist zu beachten, dass diese bewertungsrechtlich grds nicht berücksichtigt werden können, wenn sie für alle Gesellschafter gleichermaßen gelten. Denn das Risiko, bei der eigenen Kündigung viel zu verlieren, wird durch die Chance, im Wege der Anwachsung bei Kündigung eines anderen zu gewinnen, ausgeglichen[93]. Davon wird man nur bei völliger Ungleichheit dieser Chancen abweichen können[94]. Und schließlich entspricht der Ansatz des 23

---

[82] BGH bei *Schmidt-Kessel* WM 1988, Beilage Nr 8 S 15 betr Pflichtteilsrecht.
[83] BGH NJW 1982, 2441; hierzu eingehend *Peemöller/Mandl/Rabel* Rn 1.485 ff.
[84] *Piltz/Wissmann* NJW 1985, 2673, 2680.
[85] BGH NJW 1999, 784 gegen *Michalski/Zeidler* FamRZ 1997, 397, 399.
[86] BGHZ 75, 195, 199; bestätigt von BGH NJW 1999, 784, 785; eingehend zur Anteilsbewertung *Münch* FamRB 2007, 375, 378 ff.
[87] BGH NJW 1999, 784; AnwK-BGB/*Limbach* Rn 29; *Schröder* in: *Schröder/Bergschneider* FamVermR Rn 4.262; *Staudinger/Thiele* Rn 33.
[88] Vgl *Staudinger/Thiele* Rn 33 ff; MünchKommBGB/*Koch* Rn 34 f; *Reimann* FamRZ 1989, 1248; *ders* DNotZ 1992, 472, 481 f; *Schwab/Schwab* HdB ScheidungsR VII Rn 79.
[89] BGHZ 75, 195, 200 ff; BGH NJW 1987, 321, 322; NJW 1999, 784, 785; zust MünchKommBGB/*Koch* Rn 31; *R. Schröder* Rn 83 ff.
[90] *Braunhofer* S 185 f; *Kohl* MDR 1995, 871; *Heckelmann* Abfindungsklauseln S 226 ff mit besonderer Lösung über Anfechtung der Klausel, wenn Vollwert nicht bezahlt werden kann; *Piltz/Wissmann* NJW 1985, 2673, 2683; so jetzt aber auch OLG Hamm FamRZ 1998, 235, 236; für grundsätzlichen Ansatz des Vollwerts auch *Staudinger/Thiele* Rn 35.
[91] RGRK/*Finke* Rn 11; *Siebert* NJW 1960, 1033, 1035.
[92] *Benthin* FamRZ 1982, 344 mwN; *Goroncy* NJW 1962, 1895; *Reimann* DNotZ 1992, 472, 483.
[93] *Piltz/Wissmann* NJW 1985, 2673, 2683; *Großfeld* S 121, 125; ausdrücklich jetzt ebenso OLG Hamm FamRZ 1998, 235, 236.
[94] So auch *Soergel/Lange* Rn 14 und wohl auch *Staudinger/Thiele* Rn 35 mit Abweichung bei Ausscheiden im Todesfall, weil dieser gewiss ist; demgegenüber nimmt AnwK-BGB/*Limbach* Rn 29 iVm § 1374 Rn 28 in solchen Fällen hinsichtlich der Wertminderung eine dem Anfangsvermögen zuzurechnende Schenkung an.

§ 1376

Vollwerts dem **Bewertungsziel:** Es geht um die angemessene Beteiligung des anderen Ehegatten an der Gewinn- und Nutzungsmöglichkeit, die während der Ehe „aufgebaut" wurde[95], nicht aber darum, künftige Gewinne zu kapitalisieren[96]. Und diese „vergangenheitsorientierte", bis zum Endvermögensstichtag durch den Gesellschafterehegatten erworbene Nutzungsmöglichkeit ist auszugleichen. Das Ausgleichsinteresse des anderen darf demgegenüber nicht durch mögliche Abfindungsbeschränkungen, deren tatsächliche Auswirkungen in der Zukunft liegen und deren Eintritt oftmals unwahrscheinlich ist, beschränkt werden, zumal sich sonst auch Manipulationsmöglichkeiten ergeben können[97]. Dies entspricht auch der neuen Rspr des BGH zu den Kapitallebensversicherungen, bei denen nunmehr nur noch zwischen Liquidations- und dem Vollwert bei Fortführung des Versicherungsverhältnisses unterschieden wird (Rn 33), worauf *Kleinle* zutreffend hinweist[98].

24 Zu beachten ist bei der ganzen Kontroverse zudem, dass nur **zulässige Klauselwerte**[99] einen Bewertungsabschlag iS der BGH-Rspr rechtfertigen dürfen, so dass sich angesichts der neueren Rspr hierzu eine zu große Diskrepanz zwischen Voll- und Klauselwert häufig gar nicht ergeben wird.

25 Bei einer **Rechtsanwaltskanzlei** entscheidet über die Bewertung, insbes über die Berücksichtigung des „good wills", der Sozietätsvertrag[100]; dabei ist auch eine Rentenverpflichtung gegenüber einem früheren Sozius wertmindernd zu berücksichtigen[101]. Zur Bewertung des good wills bei einem KG-Anteil OLG Schleswig FamRZ 1986, 1208. Zur Bewertung anderer Unternehmen und Gesellschaften und den Details für **freiberufliche Praxen** s die Aufstellungen bei *R. Schröder* Rn 104 betr Apotheke, 107 betr Arztpraxis, 112 betr Bäckerei ua; *Scholz/Stein/Carlberg* Teil B Rn 108 ff.

26 **c) Land- oder forstwirtschaftliche Betriebe (Abs 4).** Abweichend von sonstigen Bewertungsgrundsätzen bestimmt § 1376 Abs 4, dass bei land- oder forstwirtschaftlichen Betrieben[102] der Ertragswert zu Grunde zu legen ist. Da die Unternehmensbewertung mittlerweile üblicherweise nach dem Ertragswert erfolgt (Rn 10), stellt dies nur insoweit eine Abweichung dar, als als Untergrenze für die Unternehmensbewertung nicht wie sonst der Liquidationswert angesetzt werden darf, sondern es allein beim Ertragswert verbleibt[103]. Und dieser liegt idR erheblich unter dem Liquidationswert (§ 2312 Rn 1).

27 Dies begegnet **verfassungsrechtlichen Bedenken**[104]. Gerechtfertigt ist daher das durch § 1376 Abs 4 geschützte **öffentliche Interesse** an der Erhaltung leistungsfähiger landwirtschaftlicher Betriebe gegenüber dem Ausgleichsinteresse des Ehegatten an dem tatsächlich auch durch seine Mitarbeit erzielten Zugewinn nur dann, wenn die **Fortführung** des land- oder forstwirtschaftlichen Betriebs durch den Eigentümer selbst oder einen Abkömmling (§ 1589) erwartet werden kann. Die Berücksichtigung entfernterer Verwandter überschreitet dagegen die verfassungsrechtlich zulässige Opfergrenze[105]. Dieser **persönlichen Einschränkung** des Bewertungsprivilegs wurde im Jahr 1994 durch die Einfügung der zweiten Hälfte des HS 1 Rechnung getragen (Gesetz vom 14. 9. 1994, BGBl I S 2324). Auch kommt nach der Gesetzesneufassung das Ertragswertprivileg nur demjenigen Ehegatten zu Gute, der nach § 1378 Abs 1 tatsächlich in Anspruch genommen wird. Ist der Hofinhaber der Ausgleichsberechtigte, führt der Ansatz des vollen Verkehrswerts zwar zu einer (uU erheblichen) Reduzierung seiner Ausgleichsforderung, führt aber nicht zur Gefahr der Zerschlagung des landwirtschaftlichen Betriebs[106]. Weitere Voraussetzung für die Privilegierung ist, dass sowohl bei der Berechnung des Anfangs- wie des Endvermögens ein land- oder forstwirtschaftlicher Betrieb zu berücksichtigen ist; dabei muss es sich aber nicht um den identischen handeln, ein neuer kann den alten ersetzen[107].

28 Es erfolgt daher nunmehr eine **zweistufige Prüfung** für die Anwendung des Ertragswertprivilegs: **(1)** Liegt eine geeignete Besitzung vor, die einen landwirtschaftlichen Betrieb, wie ihn das Gesetz schützen will, (auch) in der Zukunft ermöglicht? **(2)** Besteht die Erwartung, dass der Betrieb durch den Eigentümer oder einen Abkömmling weitergeführt, oder wo die Bewirtschaftung aufgegeben ist, künftig wieder aufgenommen wird[108]? Hierfür ist der Eigentümer beweispflichtig[109].

---

[95] Ausdrücklich so BGH NJW 1987, 321, 322, wo der Ansatz einer beschränkenden Abfindungsklausel bei Ausscheiden durch Tod des Gesellschafters für die Bewertung des Zugewinns unter Lebenden ausdrücklich abgelehnt wurde; ebenso jetzt BGH NJW 1999, 784, 786; zum anders ausgerichteten Bewertungsziel im Pflichtteilsrecht s § 2311 Rn 13.
[96] BGH NJW 1999, 784, 785.
[97] *Piltz/Wissmann* NJW 1985, 2673, 2683.
[98] FamRZ 1997, 1133, 1134.
[99] *Palandt/Sprau* § 738 Rn 7 f; MünchKommBGB/*Ulmer* § 738 Rn 44 ff.
[100] OLG Saarbrücken FamRZ 1984, 794; OLG Frankfurt FamRZ 1987, 485; vgl auch R. *Schröder* Rn 146; *Römermann/Schröder* NJW 2003, 2709 und Entgegnung hierzu von *Janssen* NJW 2003, 3387; allg *Eich,* Die Bewertung von Anwaltspraxen, 1995.
[101] AG Weilburg NJW-RR 1986, 229.
[102] Zum Begriff s § 2312 Rn 7 mwN; der Begriff des Landguts nach § 2312 und der des land- und forstwirtschaftlichen Betriebs wird idR synonym verstanden, MünchKommBGB/*Koch* Rn 33 Fn 87.
[103] *J. Mayer* ZEV 1994, 331, 335.
[104] Zur Verfassungsrechtslage BVerfGE 67, 348, 367; BVerfGE 80, 170 = NJW 1989, 3211; vgl auch BVerfGE 91, 346 = NJW 1995, 2977 zum Zuweisungsverfahren nach dem GrdstVG.
[105] BVerfGE 80, 170.
[106] MünchKommBGB/*Koch* Rn 35.
[107] MünchKommBGB/*Koch* Rn 33; *Dölle* I S 804; einschränkend *Staudinger/Thiele* Rn 26: keine erhebliche Veränderung der Betriebsgröße.
[108] BGH NJW-RR 1990, 68; vgl auch BT-Drucks 12/7134 S 7 f; zur Rechtslage bei Verpachtung OLG Celle AgrarR 1987, 46.
[109] BGH NJW-RR 1990, 68; *Baumgärtel/Laumen* Rn 2.

Wenn der Betrieb während des Güterstands verkauft wurde, ist er für das Anfangsvermögen mit dem **29** **Verkehrswert** anzusetzen. Wurden währenddessen landwirtschaftliche Nutzflächen **hinzuerworben**, sind sie im Endvermögen mit dem Verkehrswert anzusetzen, es sei denn, der Erwerb war zur Erhaltung der Lebensfähigkeit des landwirtschaftlichen Betriebs erforderlich[110]. Auch sonst wird man annehmen müssen, dass jede Betriebserweiterung, einschließlich der Errichtung neuer Gebäude, sofern sie nicht aus Surrogationsmitteln des Anfangsvermögen finanziert wird, grds aus der Privilegierung ausscheidet und mit dem Verkehrswert anzusetzen ist. Ansonsten würde der andere Ehegatte entgegen dem Bewertungsziel der gleichmäßigen Beteiligung von dem echten, während der Ehe erzielten Wertzuwachs ausgeschlossen. Umgekehrt ist auch der Erlös aus der Veräußerung von Anlagegütern des Anfangsvermögens nur mit dem Ertragswert anzusetzen[111]. Zum landwirtschaftlichen Betrieb gehört nicht nur das in § 98 Nr 2 genannten Zubehör, sondern alles, was zur ordnungsgemäßen Betriebsfortführung notwendig ist (funktionale Betrachtung); in Zweifelsfällen entscheidet die vom Betriebsinhaber vorgenommene Widmung[112]. Auch Lieferrechte, die den Absatz der landwirtschaftlichen Produkte erleichtern, gehören hierzu, etwa Zuckerrübenaktien[113].

Im Hinblick auf die verfassungsrechtlichen Bedenken (Rn 27) ist die Ertragswertprivilegierung im **30** Wege der **teleologischen Reduktion** eng auszulegen. Sie findet daher keine Anwendung, wenn eine dauerhafte Verpachtung des Betriebs vorliegt und keine Anhaltspunkte bestehen, dass eine spätere Betriebsfortführung durch die privilegierten Personen zu erwarten ist[114], oder hinsichtlich der Flächen, die als ausgewiesenes Bauland aus dem land- und forstwirtschaftlichen Betrieb ausgegliedert werden können, ohne dass die Betriebsfortführung gefährdet wird[115]. Soweit mit dem land- oder forstwirtschaftlichen Betrieb andere **Betriebe gewerblicher Art** verbunden sind, entstehen Abgrenzungsprobleme, zu deren Lösung man die Kriterien anwenden sollte, die im Bereich der HöfeO hierfür entwickelt wurden, weil die Normzwecke vergleichbar sind[116].

Zur **Ermittlung des Ertragswerts** sind über Art 137 EGBGB die entsprechenden landesrechtlichen **31** Ausführungsbestimmungen anzuwenden, die sich durchweg auf die Festlegung des Kapitalisierungsfaktors beschränken[117]. Dabei handelt es sich seit der Neufassung des Art 137 EGBGB durch Gesetz vom 14. 9. 1994 um eine **dynamische Verweisung** auf die jeweils aktuell geltenden Ausführungsbestimmungen[118]. Zu den Einzelheiten der Ermittlung des Ertragswerts s ausf die Richtlinien der deutschen Gesellschaft für Agrarrecht, AgrarR 1994, 5[119]. Dabei sind bei der Bewertung des Endvermögens nach Ansicht des BGH[120] die den Veräußerungserlös mindernden Steuern (§§ 14 ff EStG) zu berücksichtigen (eingehend Rn 35). Ergibt sich ein defizitäres land- oder forstwirtschaftliches Betriebsvermögen, so können die überschießenden Verbindlichkeiten nicht auf das sonstige, nicht privilegierte Vermögen „übertragen" werden, da dies zu einer völligen Verzerrung der Wertansätze führt[121].

d) ABC sonstiger Vermögenswerte. Vgl auch *Haußleiter/Schulz* 1 Rn 127 ff; *Schröder,* Bewertungen **32** im Zugewinnausgleich, Rn 95 ff. **Aktien** s Wertpapiere. **Anwartschaftsrechte** sind mit ihrem Vollwert anzusetzen, wenn sicher ist, dass sie zu einem Vollrecht erstarken, ansonsten sind angemessene Abschläge zu machen[122]. **Forderungen** sind zunächst mit dem Nominalwert anzusetzen[123]; bedingte, unsichere oder befristete sind nach dem Grad der Wahrscheinlichkeit zu schätzen, § 2313 findet als Ausnahmevorschrift und Durchbrechung des Stichtagsprinzips und zur schnellen und endgültigen Erledigung des Zugewinnausgleichs keine Anwendung[124]. Am Stichtag noch **nicht fällige** und unverzinsliche Kapitalforderungen wie -verbindlichkeiten sind entsprechend den im Wirtschaftsleben entwickelten Bewer-

---

[110] BGHZ 113, 325, 328 f = NJW 1991, 1741: Anstieg der Nutzfläche von 29 auf 39 ha; zust *Schwab/Schwab* HdB ScheidungsR VII Rn 87; *Schipprowski* FuR 1992, 225.
[111] MünchKommBGB/*Koch* Rn 40; *Staudinger/Thiele* Rn 24 f; anders die hM, *Soergel/Lange* Rn 19; RGRK/*Finke* Rn 39.
[112] *Staudinger/Thiele* Rn 19; *Soergel/Lange* Rn 21; MünchKommBGB/*Koch* Rn 38.
[113] BGHZ 113, 325, 332.
[114] *Staudinger/Thiele* Rn 14.
[115] BGHZ 98, 382 zu § 2312; eingehend § 2312 Rn 8.
[116] Dazu etwa *Wöhrmann*, Landwirtschaftserbrecht, 8. Aufl 2004, § 1 HöfeO Rn 27 ff; *Staudinger/J. Mayer* Art 64 EGBGB Rn 21; anders die hM; für sehr weit reichende Einbeziehung MünchKommBGB/*Koch* Rn 41: es genügt, wenn der gewerbliche Betrieb Annex der Landwirtschaft; strenger *Dölle* I S 804: Gewerbebetrieb muss hierfür völlig abhängig und völlig untergeordnet sein. Auf selbstständige Betriebe (Gaststätten, Brennereien) ist Abs 4 nicht anwendbar, *Staudinger/Thiele* Rn 21; *Soergel/Lange* Rn 21; keine Privilegierung der Landwirtschaft aber, wenn diese lediglich als „Annex" eines Viehhandels geführt wird, OLG Koblenz AgrarR 1993, 328.
[117] *Staudinger/J. Mayer* 2005 Art 137 EGBGB Rn 57 ff.
[118] Jetzt allgM, MünchKommBGB/*Koch* Rn 37; *Staudinger/J. Mayer* Art 137 EGBGB Rn 8 f; MünchKommBGB/ *Damrau* Art 137 Rn 3; bis dahin handelte es sich um eine „statische Verweisung" auf die landesrechtlichen Ausführungsgesetze, die bei Verkündung des Gleichberechtigungsgesetzes galten, BVerfGE 67, 348, 362 ff = NJW 1985, 1329.
[119] Vgl OLG Düsseldorf FamRZ 1986, 168; OLG Schleswig SchlHA 1981, 147 und *Staudinger/J. Mayer* 2005 Art 137 EGBGB Rn 55 ff.
[120] BGH NJW-RR 1990, 68.
[121] AG Gütersloh AgrarR 1990, 211; für differenzierten Abzug MünchKommBGB/*Koch* Rn 39.
[122] *Haußleiter/Schulz* 1 Rn 137; vgl auch *Schröder* Bewertungen Rn 101.
[123] BGH NJW 1991, 1547.
[124] BGHZ 87, 367, 371 f = NJW 1983, 2244; BGHZ 157, 379 = FamRZ 2004, 781, 783 f; *Johannsen/Henrich/ Jaeger* Rn 9; AnwK-BGB/*Limbach* Rn 31; KK-FamR/*Weinreich* Rn 22; aA RGRK/*Finke* Rn 11; *Erman/Heckelmann* Rn 5; *Finke* MDR 1957, 514, 518; *Staudinger/Thiele* Rn 42; offen lassend *Gernhuber/Coester-Waltjen* § 36 Rn 64.

§ 1376

tungsgrundsätzen ab- oder aufzuzinsen[125], und zwar analog § 12 Abs 3 BewG. Das **Anwartschaftsrecht des Nacherben** gehört im vollen Umfang zum Anfangsvermögen, mag es auch während des Güterstands mehr wert geworden sein, denn es ist nur eine Vorstufe des tatsächlichen Erberwerbs[126]. Beim nicht befreiten **Vorerben** ist nur der Nutzungswert anzusetzen[127]. Auch nicht übertragbare und nicht vererbliche **Nutzungsrechte** wie Nießbrauch[128], **Wohnungsrechte**[129], **Renten** und andere wiederkehrende Berechtigungen sind zu kapitalisieren[130]. **Leasing** ist nicht zu berücksichtigen[131]: der Nutzungswert wird durch die Leasingraten abgedeckt, desgleichen ein später erfolgender Erwerb auf Grund eines Optionsrechts. Der Ausgleichsanspruch des **Handelsvertreters** nach § 89 b HGB ist am Bewertungsstichtag eine bloße Chance ohne aktuellen Vermögenswert[132]. Der **Hausrat** ist mit den Anschaffungskosten, jedoch gemindert um einen Abschlag für den eingetretenen Wertverlust anzusetzen[133]. **Kunstgegenstände**, Sammlungen (Briefmarken, Münzen) sind mit dem für das jeweilige Objekt erzielbaren Verkaufspreis (auf Auktionen etc), nicht aber mit dem idR höheren Wiederbeschaffungspreis anzusetzen[134]. Eine zeitnah zum Bewertungsstichtag erfolgte Veräußerung kann dann zu Grunde gelegt werden, wenn daraus auf den Normalverkaufswert bei einem Verkauf an einen Händler oder einer Versteigerung geschlossen werden kann[135]. Die Katalogpreise für Briefmarken und Münzen liefern jedoch regelmäßig nur einen groben Anhaltspunkt, so dass hiervon erhebliche Abschläge zu machen sind[136].

33 Die Anwartschaft der eigenen Person aus einer **Kapitallebensversicherung** war bislang entsprechend den allgemeinen Grundsätzen (Rn 3) nur dann mit dem **Rückkaufswert** als ungünstigen Liquidationswert (wegen der hohen Stornoabschläge auf Grund § 176 Abs 4 VVG aF) zu berücksichtigen, wenn am Stichtag die Fortführung des Vertrages nicht zu erwarten ist und auch durch eine Stundung der Ausgleichsforderung nicht ermöglicht werden kann[137]. Konnte aber am Stichtag die Fortführung[138] angenommen werden, so war im Zugewinnausgleich ein Wert zu berücksichtigen, der sich nach dem entsprechend den wirtschaftlichen Gesichtspunkten zu bemessenden **Zeitwert** bestimmt (sog **Fortführungswert**), zu dessen Ermittlung es verschiedene Methoden gibt, die nach § 287 Abs 2 ZPO vom Revisionsgericht nur beschränkt überprüfbar sind[139]. Überwiegend wurde jedoch bislang vertreten, dem Vorschlag der Deutschen Aktuarvereinigung e. V. Bonn zu folgen; demnach bestimmt sich der Wert der Kapitallebensversicherung aus dem Rückkaufswert der individuell gutgeschriebenen Versicherungsleistungen ohne Stornoabschläge, damit also als das rechnungsmäßige Deckungskapital einschließlich gutgeschriebener Gewinnanteile, zuzüglich eines zum Bewertungsstichtag erreichten Anwartschaftsbarwerts auf Schlussgewinnanteile[140]. Das Versicherungsvertragsreformgesetz vom 23. 11.

---

[125] Für Verbindlichkeiten BGH NJW 1990, 3018; BGHZ 117, 70, 80 = NJW 1992, 1103; *Palandt/Brudermüller* Rn 19; *Haußleiter/Schulz* 1 Rn 185, 310; *Johannsen/Henrich/Jaeger* Rn 9, soweit dies nicht „unangemessen"; ebenso für Verbindlichkeiten *Erman/Heckelmann* Rn 5; diff AnwK-BGB/*Limbach* Rn 32, MünchKommBGB/*Koch* Rn 15; *Staudinger/Thiele* Rn 41; *Gernhuber* NJW 1991, 2241: nur dort, wo die Differenz zum Nennbetrag bis zum Fälligkeitstermin dem Betroffenen tatsächlich einen wirtschaftlichen Vorteil brachte, etwa eine zwischenzeitliche gewinnbringende Kapitalanlage; generell abl *Soergel/Lange* Rn 15; *Schwab/Schwab* HdB ScheidungsR VII Rn 102 ff.
[126] BGHZ 87, 367.
[127] AG Landshut FamRZ 1998, 1233.
[128] BGH FamRZ 1988, 593, 595; KG FamRZ 1988, 171; *Schröder* Bewertungen Rn 144; eingehender *Kogel* FamRZ 2006, 451 f; für die Bewertung des Nießbrauchs ist dessen Schätzwert am Bewertungsstichtag maßgebend. Dabei ist die Bewertung nach objektiven Kriterien vorzunehmen. Das bedeutet, dass bei lebenszeitbezogenen Nutzungsrechten für die Bewertung nicht die tatsächliche Lebensdauer des Nutzungsberechtigten maßgebend ist, die Leistungen sind vielmehr auf Grund einer ex ante-Schätzung nach der mutmaßlichen Lebensdauer des Nutzungsberechtigten am Stichtag zu bemessen, BGH FamRZ 1986, 1196; KG FamRZ 1988, 171; für Kapitalisierungszinssatz von 5,5% jährlich *Kogel* aaO. Steht beiden Ehegatten ein Nutzungsrecht zu, so ist deren Wert jeweils getrennt zu berechnen und in der Zugewinnausgleichsbilanz einzustellen; gegebenenfalls ist es auch beim Anfangsvermögen zu berücksichtigen, auch wenn mit fortschreitendem Alter des Berechtigten der Kapitalwert des Rechts sinkt, *Kogel* aaO.
[129] OLG Koblenz FamRZ 1988, 64, 65: *Kogel* FamRZ 2006, 451 f; für Ermittlung des Vervielfältigers zur Kapitalisierung gelten Grundsätze der WertVO; vgl auch OLG Celle FamRZ 1993, 1204: Kapitalisierung nach Anlage 9 BewG, jedoch mit Modifizierung, weil Berechtigte etwa wegziehen kann.
[130] *Schlund* BB 1993, 2025; *Schneider/Schlund/Haas*, Kapitalisierungs- und Verrentungstabelle, 2. Aufl 1992; eingehend zur Bewertung von Wohnungs- und Nießbrauchsrechten *Scholz/Stein/Carlberg* Rn B 89 ff mit Berechnungsbeispielen.
[131] *Kleffmann* FuR 1995, 171, 173; aA OLG Bamberg FamRZ 1996, 549, nicht überzeugend.
[132] BGHZ 68, 163.
[133] *Haußleiter/Schulz* 1 Rn 229; MünchKommBGB/*Koch* Rn 10; *Palandt/Brudermüller* Rn 23; *Staudinger/Thiele* Rn 40; aA *Johannsen/Henrich/Jaeger* Rn 8; *Soergel/Lange* Rn 11: Wiederbeschaffungswert.
[134] *Haußleiter/Schulz* 1 Rn 278; *Johannsen/Henrich/Jaeger* Rn 8 a; MünchKommBGB/*Koch* Rn 17; *Schwab/Schwab* HdB ScheidungsR VII Rn 74; *Schröder* Bewertungen Rn 134; aA *Soergel/Lange* Rn 11. Bei Antiquitäten kann die Abgrenzung zum Hausrat schwierig sein und ist nach der Zweckbestimmung vorzunehmen.
[135] *Schröder* Bewertungen Rn 134.
[136] *Haußleiter/Schulz* 1 Rn 278: realistisch 1/3 bis 1/2 des Katalogwerts.
[137] BGHZ 130, 298, 300 = NJW 1995, 2781; AnwK-BGB/*Limbach* Rn 34; *Haußleiter/Schulz* 1 Rn 243;
[138] Zur Prognose, die nach objektiven Kriterien vorzunehmen ist, *Schwolow* FuR 1997, 17, 19.
[139] BGHZ 130, 298, 303 mwN; teilweise wird vorgeschlagen, auf den Kapitalwert der eingezahlten Prämien abzustellen (vgl RGRK/*Finke* § 1374 Rn 7), teilweise ursprünglich bislang angefallener Gewinnanteile (vgl *Soergel/Lange* Rn 11) sowie abzüglich des Anteils, der auf den gewährten Versicherungsschutz entfällt. *Voit* befürworte den nach Ansatz des Betrages, der als Einmalprämie für eine iÜ der abgeschlossenen entsprechende Neuversicherung zu zahlen wäre (Bewertung der Kapitallebensversicherung im Zugewinnausgleich, 1992, S 137; *ders* FamRZ 1992, 1385, 1387).
[140] Eingehend *Raube/Eitelberg* FamRZ 1997, 1322, 1326; zust AnwK-BGB/*Limbach* Rn 34; MünchKommBGB/*Koch* Rn 20; *Johannsen/Henrich/Jaeger* Rn 11; *Büte* FamRZ 1997, 1249, 1253; *Haußleiter/Schulz* 1 Rn 243; FA-

2007 (BGBl I S 2631) bringt ab dem 1. 1. 2008 durch die Neuregelung des § 169 VVG nF eine erhebliche Erhöhung der Rückkaufswerte, so dass diese in Zukunft wohl eher zu Grunde gelegt werden können. Bei einer **gemischten Kapitallebensversicherung** wird die Versicherungsleistung im Erlebensfall (etwa mit dem 60. Lebensjahr) an den Versicherungsnehmer, im Falle seines vorzeitigen Todes unwiderruflich an den anderen Ehegatten ausgezahlt. Soweit die Begünstigung zu Gunsten des anderen Ehegatten für den ehezeitlich erlangten Teil auch nach der Scheidung bestehen bleibt, bestehen sofort Anwartschaftsrechte für beide Ehegatten, die sich gegenseitig aber bedingen und beide in die Zugewinnausgleichsbilanz einzustellen sind. Bei deren Bewertung muss auf Grund der Umstände darauf abgestellt werden, ob der Versicherungsfall des Erlebens oder derjenige des Todesfalls wahrscheinlicher ist. Ist die Wahrscheinlichkeit des vorzeitigen Todes des Versicherungsnehmers sehr gering, kann das Anwartschaftsrecht des Drittbegünstigten (im Todesfall) mit Null angesetzt werden[141].

Bei einer **Direktversicherung** aus einer **betrieblichen Altersversorgung** ist eine doppelte Unsicherheit nach den allgemeinen Regeln über die Bewertung ungewisser Rechte zu berücksichtigen: (1) Zum einen die Gefahr, dass der Arbeitgeber das Bezugsrecht widerruft, ohne dass hierfür Regressansprüche des Versicherten entstehen, jedoch erfolgt die Berücksichtigung im Zugewinnausgleich bereits mit Unverfallbarkeit iS von § 1 b BetrAVG, vgl § 1375 Rn 14. (2) Weiter ist der Übergang vom Anwartschaftsrecht zum Vollrecht (mit Forderung gegen die Versicherung) wegen der Gefahr des Vorversterbens des Versicherten ebenfalls ungewiss[142]. Auch **Bezugsrechte** aus **Lebensversicherungen anderer** sind nach den Grundsätzen für die Bewertung unsicherer oder ungewisser Rechte zu bewerten; besteht die Drittbegünstigung hier nur für den Todesfall des Versicherungsnehmers, ist diese idR mit Null anzusetzen, wenn die Wahrscheinlichkeit des Vorversterbens des Versicherungsnehmers gering ist[143]. **Wertpapiere** sind am Stichtag mit dem Kurswert, und zwar mit dem mittleren Tageskurs des nächstgelegenen Börsenplatzes zu bewerten[144], zuzüglich der bis zu diesem Tag aufgelaufenen Stückzinsen[145]. Bei **Aktienpaketen** ist uU einen Paketaufschlag erforderlich, wenn dadurch unternehmerischer Einfluss gesichert wird (etwa Sperrminorität, § 11 Abs 3 BewG)[146]. Bei Aktien sind starke Kursschwankungen für diese Anlageform nicht untypisch und daher grds, und zwar trotz der sich durch das Stichtagsprinzip ergebenden Zufälligkeiten, hinzunehmen[147]; besonderen Härten, die sich durch die hohe Volatilität der Aktien ergeben, kann im Einzelfall durch § 1381 Rechnung getragen werden[148].

e) Veräußerungskosten. Bei der Berechnung des Verkehrswerts sind die bei einer tatsächlich erfolgten **Veräußerung** des Vermögens unvermeidbar **entstehenden Kosten** und **Steuern**, insbes Einkommensteuern (etwa §§ 14, 16 EStG), abzusetzen[149]. Dabei ist eine aus der Veräußerung eines Betriebsgrundstücks zum Zwecke der Befriedigung des Zugewinnausgleichs resultierende Steuerschuld gegebenenfalls zu schätzen[150]. **Latente Ertragsteuerbelastungen** durch die Auflösung stiller Reserven sind auch dann wertmindernd zu berücksichtigen, wenn ein Verkauf am Bewertungsstichtag nicht beabsichtigt war, sofern der Wert nur danach ermittelt wird, was bei einer Veräußerung zu erzielen wäre (Vergleichswertmethode), denn es darf nicht außer Betracht bleiben, dass dem Verkäufer wirtschaftlich nur der um die fraglichen Steuern verminderte Erlös verbleibt. Insoweit handelt es sich um eine Konsequenz aus der gewählten Bewertungsmethode[151]. Wird dagegen die Bewertung nach dem **Ertragswert** vorgenommen, so können diese Steuerbelastungen nicht berücksichtigt werden, da sie

---

FamR/v. *Heintschel-Heinegg* Kap 9 Rn 69; *Scholz/Stein/Carlberg* B 110; *Schwolow* FuR 1997, 17, 19; *Schwab/Schwab* HdB ScheidungsR VII Rn 68 m Beisp; *Schröder* Bewertungen Rn 139.
[141] BGHZ 118, 242, 248 = NJW 1992, 2154; abl *Voit* FamRZ 1993, 508, 510 ff; s auch *Schröder* Bewertungen Rn 140.
[142] BGHZ 117, 70, 81 = NJW 1992, 1103: Berechnung des Nichterlebensrisikos entsprechend der Methode nach dem Entwurf der Barwertverordnung 1977; dazu *Schwolow* FuR 1997, 17, 18; für Realteilung im ersten Unsicherheitsfall unter Bezug auf § 1 Abs 2 VAHRG *Voit* FamRZ 1992, 1385, 1388 f; für Berechnung der Versterbenswahrscheinlichkeit nach der allgemeinen Sterbetafel *Hauß* FPR 2007, 190, 193 f.
[143] MünchKommBGB/*Koch* Rn 20; *Schwolow* FuR 1997, 17, 20.
[144] *Haußleiter/Schulz* 1 Rn 318; MünchKommBGB/*Koch* Rn 14; *Staudinger/Thiele* Rn 2; AnwK-BGB/*Limbach* Rn 32; LG Berlin FamRZ 1965, 438: wahrer Wert.
[145] BGH NJW-RR 2001, 793.
[146] MünchKommBGB/*Koch* Rn 14.
[147] S § 2311 Rn 40, dort zu weiteren Einzelheiten; *Haußleiter/Schulz* 1 Rn 318 gegen Bergschneider in: *Schröder/Bergschneider* FamVermR Rn 4.337, der in „besonders krassen Fällen" die Kursentwicklung über einen längeren Zeitraum hinweg berücksichtigen will.
[148] *Bergschneider* in: *Schröder/Bergschneider* FamVermR Rn 4.337.
[149] BGH NJW-RR 1991, 1547 mwN; *Dörr* NJW 1991, 1092; *Palandt/Brudermüller* Rn 11; *Johannsen/Henrich/Jaeger* Rn 15; aA *Gernhuber* NJW 1991, 2238, 2242.
[150] OLG Düsseldorf FamRZ 1989, 1181, wenn die Steuerpflicht erst mehrere Jahre nach dem Endvermögensstichtag entsteht; hierbei ist auch eine Abzinsung der künftigen Steuerforderung zu berücksichtigen, vgl *Tiedtke* FamRZ 1990, 1188, 1192 ff.
[151] BGH NJW 1991, 1547, 1551: Sachwertmethode; NJW-RR 1990, 68: Vergleichswertmethode; NJW-RR 2005, 153, 155; OLG Hamm FamRZ 1998, 225, 227; OLG Nürnberg EzFamR 1996, 217; *Tiedtke* FamRZ 1990, 1188; *Johannsen/Henrich/Jaeger* Rn 15; *Kotzur* NJW 1988, 3239, 3240; *Fischer/Winkelmann* FuR 1991, 21, 24; WP-HdB 1998 A Rn 400 ff; *Palandt/Brudermüller* Rn 4; *Staudinger/Thiele* Rn 28 bzgl Grundstücks und § 1374 Rn 16; *Engels* FF 2004, 285; enger *Hoppenz* FamRZ 2006, 451: nur, wenn Verkauf oder – bei Betrieb – dessen Aufgabe in absehbarer Zeit zu erwarten ist, bei Unsicherheit über Verwendung Abschlag nach § 287 ZPO; ohne Differenzierung nach der Bewertungsart *F. Meyer* FuR 1996, 94, 99; für Abschlag in Höhe der Steuerbelastung *Kogel* FamRZ 2003, 809; *Büte* FuR 2003, 393; aA *Braunhofer* S 142 ff; für Ansatz auch bei der Ertragswertmethode OLG Düsseldorf DB 2000, 81; *Peemöller/Piltz* Rn 4.1938; zur Parallelproblematik beim Pflichtteilsrecht s § 2311 Rn 33.

§ 1376

den Nutzungswert des Wirtschaftsguts nicht mindern[152]. Vielmehr entspricht es der betriebswirtschaftlich orientierten Unternehmensbewertung, dass die aus dem Verkauf von einzelnen Anlagegütern resultierende Steuerbelastung im Rahmen der allgemeinen Aufwands- und Ertragsprognose berücksichtigt wird[153].

36 **3. Maßgebende Bewertungszeitpunkte. a) Anfangsvermögen.** Hier ist für die Bewertung der Eintritt des Güterstands maßgebend (§ 1374 Rn 2). Für das dem Anfangsvermögen hinzuzurechnende Vermögen (§ 1374 Abs 2) ist es der Zeitpunkt des Erwerbs (Abs 1), bei Grundstücken des dinglichen Vollzugs im Grundbuch. Für bereits vor der Eheschließung gemachte Aufwendungen kann sich uU ein familienrechtlicher Ausgleichsanspruch ergeben (§ 1372 Rn 20).

37 **b) Endvermögen.** Maßgeblicher Zeitpunkt hierfür ist der der Beendigung des Güterstands, bei einer Scheidung aber der des § 1384, beim vorzeitigen Zugewinnausgleich der des § 1387. Soweit eine Wertminderung nach § 1375 Abs 2 dem Endvermögen hinzuzurechnen ist, ist maßgeblich der Wert im Zeitpunkt der Verminderung (§ 1376 Abs 2 HS 2), also wenn der in § 1375 Abs 2 genannte Tatbestand abgeschlossen ist; bei Rechtsgeschäften ist dabei bereits auf den Zeitpunkt des Abschlusses des Verpflichtungsgeschäfts abzustellen[154].

38 **c) Verbindlichkeiten.** Die für das Anfangs- oder Endvermögen maßgeblichen Bewertungszeitpunkte gelten auch für Verbindlichkeiten (Abs 3). Bezüglich des **Anfangsvermögens** ist zu beachten: Für die Berücksichtigung ist weder der Zeitpunkt ihrer Entstehung noch ihrer Erfüllung maßgebend, sondern nur, dass sie am Bewertungsstichtag vorhanden sind. Entfällt eine Verbindlichkeit später (etwa durch Erlass oder Anfechtung), so ändert dies am Anfangsvermögen nichts. Ist zum Stichtag ein Rechtsstreit anhängig und wird später festgestellt, dass die Schuld nicht bestanden hat, so kann sie nicht berücksichtigt werden. Umgekehrt verringert sich das Anfangsvermögen, wenn sich erst später herausstellt, dass es mit einer erst später erkannten oder geltend gemachten Verbindlichkeit belastet war. Jedoch muss die Verbindlichkeit zum Stichtag wenigstens „im rechtlichen Ansatzpunkt vorhanden" sein[155]. Bei der Berechnung des **Endvermögens** werden vorhandene Verbindlichkeiten mit dem Wert angesetzt, den sie zum dann maßgebenden Stichtag haben. **Kautionen** sind nur im Umfang der tatsächlichen Verpflichtungen als Verbindlichkeiten absetzbar[156]; Ähnliches wird für Bürgschaften zu gelten haben, wobei gegebenenfalls der Grad der zu erwartenden Inanspruchnahme zu schätzen ist.

39 **4. Kaufkraftschwund.** Da der **Wertmesser** für den Vergleich von Anfangs- und **Endvermögen** das Geld ist, muss eine durch die Geldentwertung eingetretene nominale Wertsteigerung des Anfangsvermögens als sog **„unechter Zugewinnausgleich"** von der Ausgleichung ausgenommen werden[157]. Die Berücksichtigung des Kaufkraftschwunds erfolgt dabei nach folgender Formel:

$$\frac{WAV \times VPE}{VPA}$$

Hierbei ist WAV: Wert des Anfangsvermögens bei Beginn des Güterstands, VPE Verbraucherpreisindex bei Beendigung des Güterstands und VPA der Verbraucherpreisindex bei Beginn des Güterstands.

40 Nach der Rspr des BGH konnte bei der hier gebotenen pauschalen Berechnung von dem in dem statistischen Jahrbuch der Bundesrepublik Deutschland jährlich veröffentlichten Preisindex für die Lebenshaltung in langjähriger Übersicht ausgegangen werden. Dieser wurde dort für verschiedene Haushaltstypen, sowie für das frühere Bundesgebiet, die Neuen Länder und Berlin-Ost und (Gesamt-)Deutschland (hier nur noch für alle privaten Haushalte) berechnet[158]. In der Rspr wurde offensichtlich ganz überwiegend der Lebenshaltungskostenindex von Vier-Personen-Arbeitnehmer-Haushalten mit mittleren Einkommen zu Grunde gelegt[159]. In der Lit[160] wurde aber zu Recht der Index für **alle privaten Haushalte** herangezogen, der als einziger auch für das gesamte Bundesgebiet festgestellt wurde; er wurde allerdings erst ab 1962 ermittelt und kann daher nur auf die seitdem geschlossenen Ehen angewandt werden. Nunmehr ist jedoch zu beachten, dass seit dem **Januar 2003**[161] für ganz Deutschland **nur** noch der einheitliche **„Verbraucherpreisindex"** festgestellt wird, im Internet zu finden unter www.destatis.de. Die früheren Indexreihen sind daher auf diesen umzurechnen[162]. Aus

---

[152] So bewertungsrechtlich wohl hM, *Großfeld* S 52; anders aber OLG Hamm FamRZ 1998, 225, 227.
[153] So etwa IDW S 1 nF, WPg 2005, 690 ff; dazu *Riedel*, Bewertung von Gesellschaftsanteilen, Rn 615 ff.
[154] MünchKommBGB/*Koch* Rn 7.
[155] BGH FamRZ 1986, 37, 39 = NJW-RR 1986, 226.
[156] OLG Hamm FamRZ 1996, 34.
[157] BGHZ 61, 385, 392 = NJW 1974, 137, dort auch zur nachstehenden Formel; s auch *Schröder* Bewertungen Rn 48 ff; *Haußleiter/Schulz* 1 Rn 37 ff.
[158] Vgl auch FamRZ 1999, 494; *Kemnade/Scholz/Zieroth,* Daten und Tabellen zum Familienrecht, 3. Aufl 1999.
[159] OLG Frankfurt FamRZ 1987, 62, 66; FamRZ 1983, 395, 396; AG Celle FamRZ 1986, 467, 468; inzident im Berechnungsverfahren BGHZ 61, 385, 393.
[160] *Soergel/Lange* Rn 9 Fn 11; *Schwab* FamRZ 1984, 429, 435; *Gernhuber* FamRZ 1984, 1053, 1055; *Gutdeutsch/ Zieroth* FamRZ 1996, 475; *Johannsen/Henrich/Jaeger* Rn 21.
[161] Ausf Reul DNotZ 2003, 92.
[162] *Gutdeutsch* FamRZ 2003, 1061, krit hierzu bezüglich der neuen Bundesländer *Kogel* FamRZ 2003, 1901, sowie dazu die Replik und zur Verkettung mit dem Index für die neuen Bundesländer *Gutdeutsch* FamRZ 2003, 1902; ders ZFE 2004, 16; allg zur Umbasierung nun DNotZ 2003, 733.

Vereinfachungsgründen und wegen der im Zugewinnausgleich typischen Pauschalierung genügt es dabei, wenn nur der entsprechende **Jahresindex** angesetzt wird[163].

Bei der **Indexierung** sind nicht die einzelnen Wirtschaftsgüter heranzuziehen, sondern es ist das **gesamte Anfangsvermögen** umzurechnen[164]. Auch Gebrauchsgüter werden also mit einbezogen, mögen sie auch im Endvermögen nicht mehr vorhanden sein[165]; ebenso ist das im Anfangsvermögen vorhandene Geld umzurechnen, auch wenn bei dieser Vorgehensweise das Geld nicht mehr als Wertmesser, sondern als Gegenstand der Bewertung dient[166]. Auch Gegenstände, die zwar während des Güterstands erworben werden, aber dem **Anfangsvermögen hinzuzurechnen** sind (§ 1374 Abs 2), werden mit dem für den Erwerbszeitpunkt maßgebenden Faktor für die Kaufkraftwertung umgerechnet[167]. Bei Anwendung der genannten Formel (Rn 39) ist dabei Wert und Index bei Beginn des Güterstandes durch Wert und Index im Zeitpunkt des Erwerbs dieser Gegenstände zu ersetzen[168]. Eine entsprechende Indexierung ist auch bei illoyalen Vermögensminderungen, die dem Endvermögen nach § 1375 Abs 2 hinzuzurechnen sind, vorzunehmen[169]. Dieses „Indexierungsverfahren" mag Schwächen haben, insbes weil es über Anlagegüter mit ganz anderen Wertentwicklungen[170] und vor allem über im Ausland belegenes Vermögen[171] nichts besagt[172], ist jedoch dem Grundsatz nach, insbes durch die Rspr anerkannt[173]. **Nicht indexiert** wird jedoch ein gemäß § 1374 Abs 1 HS 2 mit „Null" anzusetzendes Anfangsvermögen[174] sowie die **Verbindlichkeiten** des Anfangsvermögens, so dass der sich aus dem Inflationsgewinn für den Schuldner ergebende Vorteil, dass er mit dem geringwertigeren Geld zum Nennwert erfüllt, ein echter und damit ausgleichspflichtiger Zugewinn ist[175].

Verbraucherpreisindex für Deutschland in langjähriger Übersicht (www.destatis.de)

Basisjahr 2000 = 100 Punkte (Jahresdurchschnitt) früheres Bundesgebiet									
1962	1963	1964	1965	1966	1967	1968	1969	1970	1971
31,0	31,9	32,7	33,7	34,8	35,5	36,1	36,7	38,0	40,0
1972	1973	1974	1975	1976	1977	1978	1979	1980	1981
42,2	45,2	48,3	51,2	53,3	55,3	56,8	59,2	62,3	66,3
1982	1983	1984	1985	1986	1987	1988	1989	1990	1991
69,8	72,0	73,8	75,3	75,2	75,4	76,3	78,5	80,6	83,6
1992	1993	1994	1995	1996	1997	1998	1999	2000	2001
86,9	90,0	92,4	93,9	95,3	97,1	98,0	98,6	100,0	102,0
2002	2003	2004	2005	2006	2007				
103,4	104,4	106,2	108,3	110,1	112,5				

III. Ehemalige DDR

Galt für die Ehe der frühere DDR-Güterstand der Eigentums- und Vermögensgemeinschaft des FGB, so ergeben sich Besonderheiten: Wurde der Güterstand mangels abweichendem Ehevertrag oder fehlender Erklärung nach Art 234 § 4 Abs 2 EGBGB in den gesetzlichen Güterstand der Zugewinngemeinschaft überführt, so ist als **Bewertungsstichtag** für das **Anfangsvermögen** der 3. 10. 1990 anzusetzen[176]. Der **Preisindex** für das frühere Bundesgebiet, wie aber auch der für (Gesamt-) Deutsch-

---

[163] *Haußleiter/Schulz* 1 Rn 41; *Palandt/Brudermüller* Rn 29; *Johannsen/Henrich/Jaeger* Rn 21; KK-FamR/*Weinreich* § 1374 Rn 21; *Staudinger/Thiele* § 1373 Rn 15; aA *Schwab/Schwab* HdB ScheidungsR VII Rn 168: Ansatz der jeweiligen Monatswerte; dazu auch *Gutdeutsch* FamRZ 2001, 1061 mit Angabe derselben.
[164] Vgl etwa *Kornexl* FamRZ 2003, 901, 902.
[165] OLG Hamm FamRZ 1984, 275; aA noch OLG Hamm FamRZ 1983, 91.
[166] OLG Frankfurt FamRZ 1983, 395, 396; *Soergel/Lange* Rn 10; *Staudinger/Thiele* § 1373 Rn 18; aA *Gernhuber* FamRZ 1984, 1060.
[167] BGHZ 101, 65, 67 f = NJW 1987, 2814; *Gernhuber* FamRZ 1984, 1061 mwN; *Haußleiter/Schulz* 1 Rn 43 ff m Beisp; *Schwab* FamRZ 1984, 429, 435; *Staudinger/Thiele* § 1373 Rn 18; aA v. *Olshausen* NJW 1987, 2814.
[168] BGHZ 101, 65, 68.
[169] MünchKommBGB/*Koch* § 1373 Rn 13.
[170] Vgl *Kogel* FamRZ 2003, 278: Immobilienbewertung nach Baukostenindex, jedoch zutr dagegen *Kornexl* FamRZ 2003, 901, 902.
[171] Für Anwendung der dort bestehenden Inflationsentwicklung aber AG Säckingen FamRZ 1997, 611, 612; *Dörr/Hansen* NJW 1997, 2918, 2919, ebenso *Haußleiter/Schulz* 1 Rn 43, wenn die Ehe fast ausschließlich im Ausland geführt wird, was aber zu aufwändig ist, *Johannsen/Henrich/Jaeger* Rn 21.
[172] Zur Kritik etwa *Soergel/Lange* Rn 9, der für „Randberichtigungen" eintritt.
[173] Zur grds Diskussion *Staudinger/Thiele* § 1373 Rn 12 ff; *Rauscher* Rn 415; *Gernhuber/Coester*-Waltjen § 36 Rn 68.
[174] BGH NJW 1984, 434; *Soergel/Lange* Rn 10; *Staudinger/Thiele* § 1373 Rn 18.
[175] *Staudinger/Thiele* § 1373 Rn 19; *Soergel/Lange* Rn 10; ebenso MünchKommBGB/*Koch* § 1373 Rn 10 m Hinweis zu den verschiedenen Berechnungsmöglichkeiten.
[176] BGHZ 141, 307, 312 = NJW 1999, 2520; OLG Jena FamRZ 1997, 1014; FamRZ 1998, 1028 mwN; AnwK-BGB/*Limbach* § 1374 Rn 8; *Schwab/Schwab* HdB ScheidungsR VII Rn 368; *Johannsen/Henrich/Jaeger* Art 234 EGBGB Rn 4; unerheblich ist, wann eine etwaige Auseinandersetzung nach § 39 FGB erfolgte, so jetzt hM; Ausgleichsansprüche nach § 40 DDR-FGB sind in die Zugewinnausgleichsbilanz einzustellen, OLG Dresden FamRZ 2000, 887, 888; dazu AnwK-BGB/*Limbach* § 1374 Rn 13; eingehend *Schwab/Schwab* HdB ScheidungsR VII Rn 369 ff.

§ 1376   Buch 4. Abschnitt 1. Bürgerliche Ehe

land, wich allerdings ganz erheblich von dem für die Neuen Länder und Berlin-Ost ab, weil im **Beitrittsgebiet** die Lebenshaltungskosten viel stärker stiegen[177]. Daher sollte für die demnach erforderliche Indexierung soweit wie möglich der dort geltende Lebenshaltungskostenindex angewandt werden[178]. Allerdings steht für die neuen Bundesländer wegen der allgemeinen Umstellung auf den Verbraucherpreisindex (Rn 40) ein gesonderter Lebenshaltungskostenindex nur noch bis zum Jahr 1999 zur Verfügung. Problematisch ist es daher, wenn ab dem Jahr 1991 einheitlich für das gesamte Bundesgebiet nur noch mit dem Verbraucherpreisindex gerechnet wird[179].

44   Der **Wertzuwachs**, den ein in der ehemaligen DDR belegenes Grundstück während des Bestehens der Zugewinngemeinschaft infolge der **Wiedervereinigung** erlangt, unterliegt im vollen Umfang dem Zugewinnausgleich, der in seiner pauschalierenden Berechnungsweise auch „unverdiente", ja quasi in einem Schub erfolgte Wertzuwächse erfasst[180]. Auch wenn Restitutionsansprüche als realisierbare Vermögenspositionen erst mit Inkrafttreten des Vermögensgesetzes am 29. 9. 1990 entstanden sind, gehören sie weder zum Anfangsvermögen einer damals bereits bestehenden Zugewinngemeinschaft iS von § 1374 Abs 1 noch bei ererbtem Grundbesitz zum nach § 1374 Abs 2 privilegierten Vermögen[181]; dies gilt auch dann, wenn vor Beginn der Ehe die Immobilie des Erblassers enteignet wurde und dieser noch vor der Ehe verstarb[182]. Soweit am Berechnungsstichtag erst die **Restitutionsansprüche** angemeldet waren, so ist bei der Berechnung des Endvermögens dem Umstand, dass erst ein Anwartschaftsrecht auf Rückübertragung bestand, durch einen entsprechenden Abschlag Rechnung zu tragen[183]; soweit die Rückübertragung gegen die Rückzahlung des früher bereits erlangten **Lastenausgleichs** erfolgte, ist dies bei der Bemessung des Zugewinnausgleichs mindernd zu berücksichtigen[184]. Zu beachten ist allerdings, dass sich die vorstehende Problematik der Berücksichtigung von **wiedervereinigungsbedingten Wertsteigerungen** nur bei solchen Ehegatten stellt, für deren Ehe bereits bei der Wiedervereinigung der Güterstand der Zugewinngemeinschaft galt. Soweit die Zugewinngemeinschaft erst durch **Überleitung** des früheren DDR-Güterstandes mit Wirkung zum 3. 10. 1990 eintrat, ist wegen des Stichtagsprinzips für das Anfangsvermögen ohnehin stets der durch den Beitritt erhöhte Wert anzusetzen[185].

IV. Prozessuales

45   Die Wahl der Bewertungsmethode ist grds Sache des Tatrichters[186]. Im Prozess müssen die Wertangaben des Ausgleichsberechtigten bezüglich des Anfangsvermögens substantiiert bestritten werden (§ 1377 Abs 1); beim Endvermögen ist für die Notwendigkeit einer Beweisaufnahme die eigene Sachkunde des Gerichts maßgebend[187]. Zur Beweiswürdigung des Gerichts bezüglich des sog Gutachterausschusses OLG Oldenburg FamRZ 1992, 451. Zur Bemessung des Streitwerts bei Klagebegehren auf Zutritt des Sachverständigen zu einem Grundstück OLG Zweibrücken FamRZ 1998, 1308. Zum Zustandekommen eines Schiedsgutachtervertrags BGHZ 87, 367 = NJW 1983, 2244.

V. Gestaltung

46   § 1376 ist **dispositives Recht**. Abänderung vor oder während des gesetzlichen Güterstands nur durch notariell zu beurkundenden Ehevertrag (§§ 1408, 1410), hier aber sowohl hinsichtlich des Bewertungsmaßstabes (auch Bewertungsverfahrens) wie auch des Bewertungsstichtags möglich[188] und gerade im Unternehmensbereich zweckmäßig[189]. Jedoch können sich die Ehegatten im Rahmen des Zugewinnausgleichsverfahrens nach den prozessrechtlichen Vorschriften auf einen bestimmten Wert hinsichtlich bestimmter Vermögenswerte oder des Anfangs- oder Endvermögens einigen, ohne die Form des Ehevertrags einhalten zu müssen.

---

[177] *Kogel* FamRB 2007, 289 spricht von Wertunterschieden von über 20%.
[178] OLG Jena FamRZ 1998, 1028, 1029; FamRB 2005, 222; *Haußleiter/Schulz* 1 Rn 42; *Staudinger/Thiele* § 1373 Rn 15; *Kogel*, Strategien zum Zugewinnausgleich, Rn 100 ff; wohl auch MünchKommBGB/*Koch* § 1373 Rn 47; für Anwendung des Indexes von Deutschland aus Gründen der „Gleichbehandlung" und weil ohnehin dem Zugewinnausgleich eine Pauschalierung inne wohnt: *Johannsen/Henrich/Jaeger* Rn 23 a; *Gutdeutsch/Zieroth* FamRZ 1996, 475; jetzt auch OLG Brandenburg FamRZ 2006, 624, LS; wohl auch *Palandt/Brudermüller* Rn 27 f.
[179] So aber *Gutdeutsch* FamRZ 2003, 1902; *Hauß* FamRB 2003, 310 m Druckfehlerberichtigung in FamRB 2003, 344.
[180] BGHZ 157, 379 = FamRZ 2004, 781, 784 m Anm *Schröder*; OLG Düsseldorf NJW 1999, 501 = FamRZ 1999, 225, 226 m krit Anm R. *Schröder* und zust Anm *Kogel* FuR 1999, 306; *Kogel* FamRB 2007, 289; aA OLG Schleswig OLGR 2000, 97: Anfangsvermögensstichtag ist der 1. 7. 1990 (Wirtschafts- und Währungsunion), weil sich erst dann ein Verkehrswertbegriff bildete.
[181] BGHZ 157, 379 = FamRZ 2004, 781, 782 f m abl Anm *Schröder*; s dazu § 1374 Rn 4.
[182] BGH FamRZ 2007, 1307 = FamRB 2007, 289 (*Kogel*).
[183] BGHZ 157, 379 = FamRZ 2004, 781, 785 m abl Anm *Schröder*.
[184] BGH FamRZ 2007, 1307 = FamRB 2007, 289 (*Kogel*).
[185] *Kogel*, Strategien zum Zugewinnausgleich, Rn 443 ff.
[186] BGH NJW 1991, 1547; FamRZ 1986, 39; krit hierzu Rn 3.
[187] BGHZ 107, 236, 245.
[188] *Schröder*, Verträge in Familiensachen, Rn 4.259; *Staudinger/Thiele* Rn 41; MünchKommBGB/*Koch* Rn 43; *Soergel/Lange* Rn 5.
[189] Eingehend *Reimann* DNotZ 1992, 472.

§ 1377 Verzeichnis des Anfangsvermögens

(1) Haben die Ehegatten den Bestand und den Wert des einem Ehegatten gehörenden Anfangsvermögens und der diesem Vermögen hinzuzurechnenden Gegenstände gemeinsam in einem Verzeichnis festgestellt, so wird im Verhältnis der Ehegatten zueinander vermutet, dass das Verzeichnis richtig ist.

(2) ¹Jeder Ehegatte kann verlangen, dass der andere Ehegatte bei der Aufnahme des Verzeichnisses mitwirkt. ²Auf die Aufnahme des Verzeichnisses sind die für den Nießbrauch geltenden Vorschriften des § 1035 anzuwenden. ³Jeder Ehegatte kann den Wert der Vermögensgegenstände und der Verbindlichkeiten auf seine Kosten durch Sachverständige feststellen lassen.

(3) Soweit kein Verzeichnis aufgenommen ist, wird vermutet, dass das Endvermögen eines Ehegatten seinen Zugewinn darstellt.

I. Normzweck

Wenn der Zugewinnausgleich berechnet wird, ist seit Beginn des Güterstands meist erhebliche Zeit verstrichen. Die Vorschrift will daher die Feststellung des Anfangsvermögens durch Beweiserleichterungen vereinfachen. Auch wenn die Aufnahme eines Inventars über das Anfangsvermögen demnach empfehlenswert ist, gibt es doch hierfür keine rechtliche Verpflichtung, insbes nicht während der Dauer des Güterstands. Nach Beendigung desselben besteht vielmehr nur ein Auskunftsanspruch bezüglich des Endvermögens (§ 1379). Allerdings kann die **grundlose Verweigerung** der Unterrichtung über den Bestand des Vermögens eine Klage auf vorzeitigen Zugewinnausgleich rechtfertigen (§ 1386 Abs 3). 1

II. Verzeichnis über das Anfangsvermögen

1. Inhalt. Das Verzeichnis soll **Bestand** und den **Wert des Anfangsvermögens** (§§ 1374 Abs 1, 1376 Abs 1) enthalten, insbes also auch die dieses betreffenden Verbindlichkeiten[1], aber auch das diesem **hinzuzurechnende privilegierte Vermögen** (§ 1374 Abs 2) mit dem maßgeblichen Wert zur Zeit des Erwerbs (§ 1376 Abs 1 HS 2)[2]. Es muss so beschaffen sein, dass es dem **Zweck,** nämlich der Erleichterung der Berechnung des Zugewinnausgleichs, dienen kann. 2

2. Aufnahme des Verzeichnisses (Abs 2). Da nur gemeinsam errichtete Inventare die Richtigkeitsvermutung des Abs 1 besitzen, kann jeder Ehegatte die Mitwirkung des anderen verlangen, um sich hinsichtlich seines **eigenen Anfangsvermögens** diese Vermutungswirkung zu sichern[3]. Demgegenüber besteht nach hM kein Anspruch des einen Ehegatten, dass auch der **andere** hinsichtlich seines Anfangsvermögens ein **Verzeichnis errichtet**[4]. Unterlässt dieser das jedoch, so greift zu seinen Lasten die **negative Vermutung** des Abs 3 ein[5]. 3

Davon ausgehend ist strittig, welchen eigentlichen **Inhalt** der „**Mitwirkungsanspruch**" besitzt. Eine neuere Auffassung reduziert diesen allein auf die Abgabe der die **Richtigkeitsvermutung begründenden Erklärung** des anderen Ehegatten, also auf Anerkennen oder begründetes Bestreiten der einzelnen Vermögensansätze und Mitunterzeichnung des Verzeichnisses[6]. Damit wird auf Grund einer teleologischen Reduktion die sprachlich weitergehende Mitwirkungspflicht auf eine bloße Unterzeichnungspflicht beschränkt. Wegen der durch Abs 1 eintretenden positiven Vermutungswirkung wird dabei der Unterzeichnung von der überwM die Eigenschaft einer **Willenserklärung** beigelegt[7]. Demgegenüber versteht die sich zu Recht auf das Reichsgericht berufende Gegenauffassung die Mitwirkungspflicht umfassender und im Sinn ihres eigentlichen Wortlauts[8]: Die Verpflichtung zur Mitwirkung besteht demnach zunächst in der erforderlichen Auskunftserteilung über das Anfangsvermögen[9], nicht aber über einen Vermögenszuwachs während der Ehe[10]. Dabei genügt nach dieser Ansicht zur Mitwirkung **nicht** bereits die **Übersendung** eines solchen Verzeichnisses an den anderen oder die bloße Vorlage. Vielmehr müssen die Ehegatten, ggf auch ihre Vertreter, persönlich zusammenkommen, dieses gemeinsam erörtern und aufstellen[11]. Es muss die Möglichkeit bestehen, dass auf Verlangen das Vermögen in seinen einzelnen Bestandteilen nachgewiesen[12] und das uU von einem 4

---

[1] AnwK-BGB/*Limbach* Rn 3.
[2] Muster bei *Firsching/Graba* Rn 216.
[3] MünchKommBGB/*Koch* Rn 12.
[4] AnwK-BGB/*Limbach* Rn 7; *Palandt/Brudermüller* Rn 3; aus dem Wortlaut der Norm lässt sich diese Beschränkung allerdings nicht entnehmen.
[5] MünchKommBGB/*Koch* Rn 3.
[6] So KK-FamR/*Weinreich* Rn 6; MünchKommBGB/*Koch* Rn 12; *Staudinger/Thiele* Rn 5; wohl auch AnwK-BGB/*Limbach* Rn 7.
[7] *Gernhuber/Coester-Waltjen* § 36 Rn 43; *Johannsen/Henrich/Jaeger* Rn 2; *Erman/Heckelmann* Rn 2; MünchKommBGB/*Koch* Rn 9; für analoge Anwendung der §§ 104 ff dagegen RGRK/*Finke* Rn 8; für rechtsgeschäftsähnliche Handlung *Soergel/Lange* Rn 12; für Wissenserklärung *Staudinger/Thiele* Rn 15.
[8] RGZ 126, 103, 106, zu § 1372 aF; *Erman/Heckelmann* Rn 2; *Dölle* I S 825; *Johannsen/Henrich/Jaeger* Rn 6.
[9] *Buchwald* BB 1958, 493.
[10] *Firsching/Graba* Rn 215.
[11] *Buchwald* BB 493.
[12] RGZ 126, 103, 106 zu § 1372 aF.

§ 1377

Ehegatten bereits vorgelegte Verzeichnis verifiziert wird. Anschließend ist das Verzeichnis unter Angabe des Tages von beiden Ehegatten zu unterzeichnen[13]. Macht ein Ehegatte begründete **Vorbehalte**, etwa über strittige Vermögenszuordnungen, so verletzt er dadurch nicht seine Mitwirkungspflicht, da das Gesetz keinen Anspruch auf endgültige, unwiderlegliche Anerkennung gewährt[14], diese sind aber bei der Reichweite der Vermutungswirkung zu berücksichtigen.

5 Im Übrigen ist die Vorschrift des § 1035 über Aufnahme eines Inventars bei einem **Nießbrauch** entsprechend anzuwenden (Abs 2 S 2). Daher ist auch eine **öffentliche Beglaubigung** der Unterschriften nicht notwendig, kann aber verlangt werden (§ 1035 S 2). Auch kann jeder Teil fordern, dass das Verzeichnis durch die zuständige Behörde oder durch einen zuständigen Beamten oder Notar aufgenommen wird (§ 1035 S 3). Weiter kann jeder Ehegatte auf seine Kosten den Wert der Vermögensgegenstände und der Verbindlichkeiten durch einen **Sachverständigen** feststellen lassen (Abs 2 S 3). Die **Kosten** hat derjenige zu tragen und vorzuschießen, der die Aufnahme oder die Beglaubigung verlangt (§ 1035 S 4). Wird später privilegiertes Vermögen (§ 1374 Abs 2) oder nach § 1380 anzurechnendes hinzuerworben, so empfiehlt sich die **Ergänzung des Verzeichnisses**[15].

6 Umstritten ist auch, wie der Mitwirkungsanspruch klageweise geltend gemacht und **vollstreckt** wird. Dies richtet sich konsequenter Weise nach dem eigentlichen Inhalt des Mitwirkungsanspruchs: Nach überwiegender Meinung muss daher der Klagantrag Art und Umfang der begehrten Mitwirkung bezeichnen und wird nach **§ 888 ZPO** vollstreckt[16], während die Gegenansicht ausgehend von der Auffassung, dass der Mitwirkungsanspruch nur auf Abgabe der die Richtigkeitsvermutung begründenden Erklärung gerichtet ist (Rn 4), für die Zwangsvollstreckung § 894 ZPO genügen lässt[17]. Eine zu Recht vermittelnde Auffassung lässt die Vollstreckung nach § 894 ZPO genügen, wenn es nur noch um Mitunterzeichnung des bereits vom Anspruchsberechtigten aufgestellten Verzeichnisses zur Herbeiführung der Vermutungswirkung des Abs 1 geht, während die Vollstreckung nach § 888 ZPO zu erfolgen hat, wenn noch die Mitwirkung an der eigentlichen Inventarisierung begehrt wird[18].

7 **3. Vermutungswirkung (Abs 1 und 3).** Die Rechtsfolge der Aufstellung eines solchen Verzeichnisses ist, dass im Verhältnis der Ehegatten (nicht aber gegenüber Dritten[19]) zueinander seine Richtigkeit bis zum Beweis des Gegenteils durch den bestreitenden Teil vermutet wird (einfache **Vermutungswirkung**, Abs 1). Widerlegt werden kann diese Vermutung durch alle Beweismittel, einschließlich der Parteivernehmung. Der Beweis des Gegenteils ist von dem Ehegatten zu führen, der die Unrichtigkeit oder Unvollständigkeit des Verzeichnisses behauptet. Bei Unrichtigkeitsnachweis bezüglich einzelner Punkte gilt die Vermutung hinsichtlich des restlichen Verzeichnisses fort[20]. Die Berufung auf die Vermutung des § 1377 Abs 3 ist aber nicht zulässig, wenn ein Ehegatte unstreitig über Anfangsvermögen verfügt hat[21].

8 Daneben kann in der Gestalt des Verzeichnisses auch ein **materiell-wirkender Vergleich** (§ 779) oder ein vergleichsähnlicher Feststellungsvertrag enthalten sein, durch den die Ehegatten bewusst den Streit oder die Ungewissheit über den Bestand oder den Wert des Anfangsvermögens beseitigen wollten. In diesem Fall ist eine Widerlegung der Feststellungen gerade ausgeschlossen[22]. Dies ist zB dann anzunehmen, wenn ausländische Grundstücke aufgeführt werden, ohne dass diese zuvor begutachtet wurden[23]. Eine solche Vereinbarung ist **formfrei** möglich[24]. Davon ist zu unterscheiden, wenn die Ehegatten Gegenstände, von denen sie wissen, dass sie unzweifelhaft zum Anfangsvermögen gehören, bewusst nicht aufnehmen (um dadurch den Zugewinnausgleich zu erhöhen). Dann handelt es sich um eine **güterrechtliche Vereinbarung**, die entweder der Form des § 1408 oder – bei Vorliegen der entsprechenden Voraussetzungen – der des § 1378 Abs 3 S 2 bedarf[25].

9 Ist **kein Verzeichnis** aufgenommen, so greift die **negative Vermutung** des Abs 3 ein: Bis zum Beweis des Gegenteils wird vermutet, dass kein Anfangsvermögen vorhanden war, und auch kein privilegierter Erwerb nach § 1374 Abs 2 erfolgte[26], also das gesamte Endvermögen der Zugewinn des Ehegatten ist. Dann genügt bei der Geltendmachung der Ausgleichsforderung die Darlegung des Endvermögens des anderen Ehegatten, wobei ihm hierfür der Auskunftsanspruch nach § 1379 zur Verfügung steht, und des eigenen Zugewinns[27]. Die Berufung auf die Vermutung des Abs 3 ist dann nicht zulässig, wenn ein Ehegatte unstreitig über Anfangsvermögen verfügt hat[28]. Andererseits gilt die Vermutung nach Abs 3 auch

---

[13] RGZ 126, 103, 106.
[14] *Buchwald* BB 1958, 493; *Staudinger/Thiele* Rn 6; aA MünchKommBGB/*Koch* Rn 13: keine Erfüllung des Mitwirkungsanspruchs.
[15] *Buchwald* BB 1958, 494.
[16] *Erman/Heckelmann* Rn 2; RGRK/*Finke* Rn 10; *Soergel/Lange* Rn 13; *Staudinger/Thiele* Rn 4; ebenso KK-FamR/*Weinreich* Rn 6, was jedoch von seinem Verständnis des Mitwirkungsanspruchs her inkonsequent ist.
[17] AnwK-BGB/*Limbach* Rn 7; *Gernhuber/Coester-Waltjen* § 36 Rn 43; MünchKommBGB/*Koch* Rn 17.
[18] FamGB/*Baumeister* Rn 9; *Johannsen/Henrich/Jaeger* Rn 6; *Palandt/Brudermüller* Rn 7.
[19] *Baumgärtel/Laumen* Rn 3.
[20] MünchKommBGB/*Koch* Rn 22; *Soergel/Lange* Rn 17; uU kommt aber bei gravierenden Mängeln Entwertung des gesamten Verzeichnisses in Betracht, *Baumgärtel/Laumen* Rn 4.
[21] OLG Naumburg OLGR 1997, 215.
[22] AnwK-BGB/*Limbach* Rn 6, 11; *Johannsen/Henrich/Jaeger* Rn 5.
[23] AG Bad Säckingen FamRZ 1997, 611.
[24] *Johannsen/Henrich/Jaeger* Rn 5; *Soergel/Lange* Rn 12; *Staudinger/Thiele* Rn 17.
[25] AnwK-BGB/*Limbach* Rn 12.
[26] *Staudinger/Thiele* Rn 24.
[27] MünchKommBGB/*Koch* Rn 23.
[28] OLG Naumburg OLGR 1997, 215.

zu Gunsten und zu Lasten der **Erben** eines Ehegatten[29], kann gemäß § 292 ZPO widerlegt werden und der auf den Ausgleich des Zugewinns in Anspruch Genommene hat grds die **Darlegungs- und Beweislast** sowohl für den Bestand als auch für den Wert seines Anfangsvermögens[30]. Etwas anderes gilt ausnahmsweise nach den auch hier anwendbaren Grundsätzen über die sog „**sekundäre Beweislast**", wenn es der anderen Partei auf Grund besserer Kenntnis, deren Offenbarung ihm zumutbar ist, unschwer möglich wäre, die Beweisschwierigkeiten zu beheben[31]. Zudem genügt ein globales Bestreiten nicht, soweit der Beklagte Anfangsvermögen behauptet, vielmehr muss er die Vermutung durch eigenen Sachvortrag und Beweisantritt entkräften, wozu auch das Fehlen von abziehbaren Verbindlichkeiten gehört[32]. Soweit ein Ehegatte behauptet, dass das Anfangsvermögen des anderen mit Verbindlichkeiten belastet war, so obliegt es danach dem anderen, das Fehlen der Verbindlichkeiten im eigenen Vermögen zu beweisen[33].

§ 1378 Ausgleichsforderung

(1) Übersteigt der Zugewinn des einen Ehegatten den Zugewinn des anderen, so steht die Hälfte des Überschusses dem anderen Ehegatten als Ausgleichsforderung zu.

(2) Die Höhe der Ausgleichsforderung wird durch den Wert des Vermögens begrenzt, das nach Abzug der Verbindlichkeiten bei Beendigung des Güterstands vorhanden ist.

(3) ¹Die Ausgleichsforderung entsteht mit der Beendigung des Güterstands und ist von diesem Zeitpunkt an vererblich und übertragbar. ²Eine Vereinbarung, die die Ehegatten während eines Verfahrens, das auf die Auflösung der Ehe gerichtet ist, für den Fall der Auflösung der Ehe über den Ausgleich des Zugewinns treffen, bedarf der notariellen Beurkundung; § 127a findet auch auf eine Vereinbarung Anwendung, die in einem Verfahren in Ehesachen vor dem Prozessgericht protokolliert wird. ³Im Übrigen kann sich kein Ehegatte vor der Beendigung des Güterstands verpflichten, über die Ausgleichsforderung zu verfügen.

(4) ¹Die Ausgleichsforderung verjährt in drei Jahren; die Frist beginnt mit dem Zeitpunkt, in dem der Ehegatte erfährt, dass der Güterstand beendet ist. ²Die Forderung verjährt jedoch spätestens 30 Jahre nach der Beendigung des Güterstands. ³Endet der Güterstand durch den Tod eines Ehegatten, so sind im Übrigen die Vorschriften anzuwenden, die für die Verjährung eines Pflichtteilsanspruchs gelten.

Schrifttum: *Brix,* Eheverträge und Scheidungsfolgenvereinbarungen – Zur Abgrenzung von §§ 1378 III und 1408 I BGB, FamRZ 1993, 12; *Finger,* Vereinbarungen über den Zugewinnausgleich und § 1378 Abs 3 S 2 und 3 BGB, FuR 1997, 68; *Flues,* § 1378 II BGB, Rechtsfolgen, Bedeutung und Rechtfertigung, Diss Münster 2000; *Schwolow,* Die Verjährung des Anspruchs auf Zugewinnausgleich, FamRZ 1998, 196; *Tiedtke,* Vereinbarungen über den Ausgleich des Zugewinnes vor Beginn des Scheidungsverfahrens, JZ 1982, 538; *Winckelmann,* Die Begrenzung des Zugewinnausgleichsanspruchs durch § 1378 Abs 2 BGB, FuR 1998, 14 und 48; *P. Wohlfahrt,* Verjährung der Zugewinnausgleichsforderung, FF 2000, 16.

Übersicht

	Rn		Rn
I. Normzweck, Allgemeines	1	a) Fristbeginn bei Zugewinnausgleich unter Lebenden	17
II. Ausgleichsforderung	2	b) Zugewinnausgleich von Todes wegen (Abs 4 S 3)	20
1. Art und Höhe	2	c) Absolute Verjährung	21
2. Entstehung, Fälligkeit, Details	5	d) Neubeginn, Hemmung	22
3. Vereinbarungen über den Zugewinnausgleich (Abs 3 S 2 und 3)	11	III. Prozessuales	28
4. Erbschaftsteuer	16	IV. Abweichende Vereinbarung	34
5. Verjährung (Abs 4)	17		

I. Normzweck, Allgemeines

Die Vorschrift regelt die Einzelheiten der Zugewinnausgleichsforderung. Wenn der Güterstand 1 durch andere Weise als den Tod beendet wird (§ 1372) oder es bei Beendigung durch Tod zur sog güterrechtlichen Lösung kommt (§ 1371 Abs 2 und 3, vgl § 1371 Rn 16ff), so wird der Zugewinn eines jeden Ehegatten getrennt nach den §§ 1373 ff berechnet und der Betrag, um den der Zugewinn des einen Ehegatten den des anderen übersteigt, durch Zahlung der Hälfte des Überschusses ausgeglichen. Dabei steht dem Ausgleichsberechtigten lediglich ein schuldrechtlicher Anspruch auf Bezahlung eines entsprechenden **Geldbetrages** zu und keine dingliche Beteiligung am Vermögen des anderen, wie im Fall der rein erbrechtlichen Lösung nach § 1371 Abs 1. Dies gilt auch dann, wenn nach § 1383

---

[29] BGH NJW-RR 2002, 865, 866.
[30] BGHZ 107, 236, 246 = NJW 1989, 2821; BGH NJW 1991, 2553; dies gilt auch hinsichtlich des Vermögens, das nach § 1374 Abs 2 dem Anfangsvermögen hinzuzurechnen ist, BGH NJW-RR 2005, 1460, 1461 = FamRZ 2005, 1660, dazu auch Anm *Koch* FF 2005, 320.
[31] BGH NJW-RR 2002, 865, 866; AnwK-BGB/*Limbach* Rn 12; KK-FamR/*Weinreich* Rn 10.
[32] BGHZ 107, 236, 246; *Baumgärtel/Laumen* Rn 7.
[33] OLG Karlsruhe FamRZ 1986, 1105, 1106; KK-FamR/*Weinreich* Rn 11.

§ 1378

das Familiengericht auf Antrag bestimmte Gegenstände in Anrechnung auf die Ausgleichsforderung überträgt. Gegen die Verfassungsmäßigkeit bestehen keine Bedenken[1].

II. Ausgleichsforderung

1. Art und Höhe. Die Ausgleichsforderung beträgt nach Abs 1 und den Vorschriften über die Bemessung des Anfangs- und Endvermögens (§§ 1374 bis 1376), das für jeden Ehegatten getrennt festgestellt wird, die Hälfte des Zugewinnüberschusses des andern Ehegatten (**Halbteilungsgrundsatz**). Dies ist eine pauschale und starre Regelung, die mitunter als ungerecht empfunden, aber damit gerechtfertigt wird, dass die Ehegatten mittelbar auch am Verlust des anderen durch die dadurch bedingte Veränderung des Zugewinnausgleichs beteiligt sind. Besondere Härten können bezüglich der Höhe über § 1381 und über § 1382 hinsichtlich des Zahlungszeitpunkts ausgeglichen werden.

Abs 2 begrenzt die Ausgleichsforderung auf den **Wert des Nettovermögens** des Ausgleichspflichtigen bei Beendigung des Güterstands. Dies geschieht nicht zuletzt im Schutzinteresse anderer Gläubiger[2], begünstigt aber mittelbar auch den Ausgleichspflichtigen, da er nicht durch Schulden aus dem Zugewinnausgleich belastet wird, die sein Reinvermögen übersteigen und durch Kreditaufnahme finanziert werden müssten[3]. Für die Feststellung des Nettovermögens gelten die zu § 1376 entwickelten Bewertungsgrundsätze, nicht aber die Ertragswertprivilegierung des § 1376 Abs 4, die nur den Zugewinnausgleich selbst betrifft[4].

Praktisch bedeutsam wird § 1378 Abs 2 wegen der Regelungen der §§ 1374 Abs 1 HS 2, 1375 Abs 1 vor allem in den Fällen des **§ 1375 Abs 2,** bei denen bestimmtes verschenktes oder sonst weggegebenes Vermögen (rechnerisch) dem Endvermögen hinzugerechnet wird. Für die danach uU ausfallende Ausgleichsforderung kann sich der Berechtigte im Fall von § 1390 beim Dritten befriedigen, wenngleich sich beide Vorschriften nicht voll entsprechen und auch Beweislastprobleme für den Gläubiger entstehen können[5]. Für die Feststellung des vorhandenen Vermögens iS des § 1378 Abs 2 gelten angesichts des klaren Wortlauts der Bestimmungen die **§§ 1384, 1387** weder direkt noch analog[6], so dass die Ausgleichsforderung auch durch Verbindlichkeiten begrenzt wird, die nach Rechtshängigkeit des Scheidungsantrags durch illoyale Handlungen des Ausgleichsschuldners (Schenkung, Verschwendung) begründet werden. Daher ist auf solche nach Rechtshängigkeit vorgenommenen Handlungen **§ 1375 Abs 2** als gewisse Kompensation wenigstens **analog** anzuwenden[7]. Die Kürzung durch § 1378 Abs 2 wird aber nicht dadurch ausgeschlossen, dass der (künftig möglicherweise) ausgleichsberechtigte Ehegatte bereits eine Sicherheitsleistung nach § 1389 erlangt hat, denn § 1389 will nur die tatsächlich bestehende Ausgleichsforderung schützen[8].

2. Entstehung, Fälligkeit, Details. Die Ausgleichsforderung entsteht mit der Beendigung des Güterstands, was immer der Grund hierfür sein mag (§ 1372 Rn 3 ff), dann aber kraft Gesetzes und unabhängig vom Willen des Gläubigers[9]. Erst **ab Güterstandsbeendigung** ist sie vererblich[10] und übertragbar (Abs 3 S 1). Vor diesem Zeitpunkt sind Verfügungen nur eingeschränkt zulässig (Abs 3 S 2 und 3, s Rn 11 ff). Die Pfändbarkeit ist dagegen abweichend von § 851 ZPO weiterhin eingeschränkt und setzt Rechtshängigkeit oder vertragliche Anerkennung voraus (§ 852 Abs 2 ZPO); dem muss man in extensiver Interpretation die Abtretung oder Verpfändung gleichstellen, denn auch dadurch gibt der ausgleichsberechtigte Ehegatte zu erkennen, dass er die Entscheidung zur Geltendmachung der Forderung getroffen hat, und nur diese Entscheidungsfreiheit soll ihm durch die Pfändungsbeschränkung genommen werden[11]. Im **Eheschiedungsverbundverfahren** kann der möglicherweise ausgleichsberechtigte Ehegatte den materiell-rechtlich noch nicht entstandenen Anspruch aber bereits aus verfahrensökonomischen Gründen geltend machen und klären lassen; die Verbindung zwischen Verfahrens- und dem Sachrecht ergibt sich hier aus § 629 d ZPO[12].

---

[1] BGH WM 1978, 1390.
[2] BGH NJW 1988, 2369; MünchKommBGB/*Koch* Rn 7; *Staudinger/Thiele* Rn 7.
[3] *Staudinger/Thiele* Rn 7; MünchKommBGB/*Koch* Rn 8. *Johannsen/Henrich/Jaeger* Rn 4 sieht darin nur eine faktische Auswirkungen, keinen Schutzzweck.
[4] MünchKommBGB/*Koch* Rn 10; *Staudinger/Thiele* Rn 9; aA *Soergel/Lange* Rn 6.
[5] MünchKommBGB/*Koch* Rn 9; *Reinicke* BB 1957, 760.
[6] BGH NJW 1995, 1832; NJW 1988, 2369; *Staudinger/Thiele* Rn 8; OLG Hamm FamRZ 1983, 592; *Johannsen/Henrich/Jaeger* Rn 6; *Erman/Heckelmann* Rn 4; MünchKommBGB/*Koch* Rn 11; *Winckelmann* FuR 1998, 48, 51 m ausf Darstellung; aA OLG Köln FamRZ 1988, 174; *Schwab/Schwab* HdB ScheidungsR VII Rn 176; *Schröder* FamRZ 1997, 1, 6.
[7] *Kogel* MDR 1998, 86; *Johannsen/Henrich/Jaeger* Rn 5; vgl auch 5. DFGT FamRZ 1983, 1199, 1201; anders OLG Hamm FamRZ 1986, 1106.
[8] BGH NJW 1988, 2369; AnwK-BGB/*Groß* Rn 7; *Löhning* FamRZ 2004, 503, 504; MünchKommBGB/*Koch* § 1389 Rn 3; *Soergel/Lange* Rn 8; *Staudinger/Thiele* § 1389 Rn 4 mwN; aA *Gernhuber/Coester-Waltjen* § 36 Rn 4; *Johannsen/Henrich/Jaeger* Rn 2; *Kohler* FamRZ 1989, 797, 801 f die § 1389 als lex specialis auffassen.
[9] BGH NJW 1990, 445; MünchKommBGB/*Koch* Rn 13; *Staudinger/Thiele* Rn 12.
[10] BGH NJW 1995, 1832 = FuR 1995, 235 m Anm *Battes*: bloße Geltendmachung im Scheidungsrechtsstreit genügt nicht.
[11] *Staudinger/Thiele* Rn 22; MünchKommBGB/*Koch* Rn 18; *Soergel/Lange* Rn 13; eingehend zu § 850 ZPO bei § 2317 Rn 9 ff; ob die Rspr des BGH zur vorzeitigen Pfändung des Pflichtteilsanspruchs als in seiner zwangsweisen Verwertung aufschiebend bedingtes Recht (BGHZ 123, 183 = NJW 1993, 2876) auch hierher übertragbar ist, wird nicht diskutiert, ist aber zu bejahen.
[12] *Johannsen/Henrich/Jaeger* Rn 8.

Ausgleichsforderung § 1378

Mit ihrer Entstehung wird die Ausgleichsforderung **sofort fällig** (§ 271 Abs 1)[13], bei vorzeitigem 6
Zugewinnausgleich mit Rechtskraft des darauf erkennenden Urteils (§ 1388)[14]. Allerdings wird die
Ausgleichsforderung vielfach noch nicht sofort erfüllungsfähig, weil nicht genügend spezifiziert sein[15].
Verzugszinsen können daher mangels Verschulden (§ 286 Abs 4) solange nicht gefordert werden, wie
die Berechnung der Ausgleichsforderung trotz Anwendung der erforderlichen Sorgfalt noch nicht
abgeschlossen ist[16], insbes wenn die Anspruchshöhe erst noch von einer Wertermittlung abhängig ist[17].
Die Möglichkeit des § 286 Abs 3, unabhängig von einer Mahnung durch Zugang einer Rechnung oder
gleichwertigen Zahlungsaufforderung nach Ablauf der 30-Tagefrist die Verzugsfolgen herbeizuführen,
gilt nicht für die Zugewinnausgleichsforderung, sondern nur für das Entgelt bei Güter- und Dienstleistungen. Umgekehrt wird von den Fällen des § 286 Abs 2, bei denen die Mahnung entbehrlich ist,
nur der Fall der Leistungsverweigerung (Nr 3) bedeutsam werden. Der geschuldete Verzugszins liegt
bei **5 Prozentpunkten über dem Basiszinssatz** (§ 288 Abs 1 S 2, zum Basiszinssatz s § 247). In
gleicher Höhe können Prozesszinsen verlangt werden (§ 291), so dass sich hieraus ein wesentlich
erhöhtes Prozesskostenrisiko ergibt als nach der früheren Rechtslage. Dies wird teilweise als sachlich
nicht gerechtfertigt angesehen, weil es beim Zugewinnausgleich regelmäßig um schwierige Bewertungsfragen geht[18]. Im Falle der Güterstandsbeendigung durch Scheidung können allerdings **Prozesszinsen** wegen § 291 S 1 HS 2 nicht vor Rechtskraft des Scheidungsausspruchs geltend gemacht
werden, weil erst dann die Fälligkeit eintritt[19]. Dies gilt auch dann, wenn der Zugewinnausgleich im
Verbundverfahren geltend gemacht wird. Denn die Rechtskraft tritt im Fall der Anfechtung einer durch
Verbundurteil entschiedenen Scheidungsfolgesache erst mit dem rechtskräftigen Abschluss des Rechtsmittelverfahrens in der Scheidungssache ein[20].

Stundungsmöglichkeit besteht durch das Familiengericht nach § 1382, aber auch durch Parteivereinbarung, jedoch wird man mit der Annahme einer stillschweigenden Stundungsvereinbarung äußerst 7
zurückhaltend sein. Eine **Aufrechnung** mit einer noch vor das Familiengericht gehörenden Gegenforderung ist zulässig[21]. Der **Ausgleichsschuldner** kann aber **gegen** die noch nicht anerkannte oder
rechtshängige Ausgleichsforderung nicht aufrechnen (§ 394 S 1, § 852 Abs 2 ZPO)[22]. Auch eine
Aufrechnung im Scheidungsverbund ist nicht möglich, da die Ausgleichsforderung auch hier erst mit
Beendigung des Güterstands mit Rechtskraft des Scheidungsausspruchs entsteht (§ 629 d ZPO)[23].

Auch durch ein **Zurückbehaltungsrecht** kann die Zugewinnausgleichsforderung geltend gemacht 8
werden, auch wenn für die konnexen Forderungen unterschiedliche Gerichtszuständigkeiten bestehen.
Dass der Zugewinnausgleichsanspruch bereits vor dem Familiengericht rechtshängig ist, schließt die
Geltendmachung des Zurückbehaltungsrechts nicht aus[24]. Die erforderliche Konnexität besteht für alle
Gegenansprüche, die unmittelbar oder wenigstens mittelbar aus der Beendigung der ehelichen Lebensgemeinschaft herrühren[25], also insbes bei Ansprüchen aus vermögensrechtlicher Auseinandersetzung.
Dabei verstößt die Geltendmachung des Zurückbehaltungsrechts gegen den Anspruch auf Zustimmung
zur Auskehr des anteiligen Erlöses aus einer Teilungsversteigerung einer früher gemeinschaftlichen
Immobilie nicht allein deshalb gegen § 242, weil das Verfahren zur Feststellung des Zugewinnausgleichs
langwierig und streitig ist[26]. Jedoch setzt das Zurückbehaltungsrecht die Fälligkeit des Ausgleichsanspruchs nach § 1378 Abs 3 S 1 voraus, also die Beendigung des Güterstands[27].

Im **Insolvenzverfahren** des ausgleichspflichtigen Ehegatten ist die Ausgleichsforderung nicht bevor- 9
zugt (§ 39 InsO), geht jedoch den in § 327 InsO genannten Nachlassverbindlichkeiten, insbes dem
Pflichtteilsanspruch, vor[28] und wird von den Wirkungen der **Restschuldbefreiung** erfasst (§§ 286,
301 Abs 1 S 1 InsO)[29].

Eine **Wiederheirat** der Ehegatten untereinander oder mit einem Dritten berührt den bereits ent- 10
standenen Ausgleichsanspruch nicht; solange Ausgleichsberechtigter und -verpflichteter wieder mitei-

---

[13] MünchKommBGB/*Koch* Rn 14; *Staudinger/Thiele* Rn 23.
[14] OLG Celle FamRZ 1983, 171.
[15] MünchKommBGB/*Koch* Rn 14.
[16] OLG Celle FamRZ 1981, 1066, 1070; *Staudinger/Thiele* Rn 23; *Johannsen/Henrich/Jaeger* Rn 9.
[17] Zum Pflichtteilsanspruch *Gottwald* Pflichtteilsrecht § 2317 Rn 9; eingehend dazu § 2317 Rn 4.
[18] *Büttner* FamRZ 2000, 921, 923.
[19] BGH NJW-RR 1986, 1325, 1326; OLG Zweibrücken NJW-RR 2004, 651 = FamRZ 2004, 1032; dazu *Kogel* FamRB 2004, 212.
[20] BGH NJW-RR 1986, 226, 228 = FamRZ 1986, 37; NJW-RR 1986, 1325, 1326; NJW 1980, 702; OLG Köln FamRZ 1988, 174, 175; OLG Zweibrücken NJW-RR 2004, 651, 652; *Johannsen/Henrich/Jaeger* Rn 9.
[21] BGH NJW 2000, 948 = FamRZ 2000, 355, 357 wobei bei der Abwicklung vermögensrechtlicher Beziehungen der früheren Ehegatten die Aufrechnung grds nicht nach § 242 ausgeschlossen ist; OLG Köln NJW-RR 1992, 1287; dabei kann ausgesetzt werden, bis über die Gegenforderung eine rechtskräftige Entscheidung vorliegt.
[22] AnwK-BGB/*Groß* Rn 11; *Staudinger/Thiele* Rn 22; RGRK/*Finke* 16; *Soergel/Lange* Rn 13; aA MünchKommBGB/*Koch* Rn 19, weil ohne diese Einschränkung.
[23] *K. Hartmann* FamRZ 2007, 869.
[24] BGH NJW 2000, 948 = FamRZ 2000, 355, 357; NJW 2002, 1130, 1132; AnwK-BGB/*Limbach* § 1372 Rn 35.
[25] *Staudinger/Thiele* Rn 23.
[26] BGH NJW 2000, 948 = FamRZ 2000, 355, 357; FamRZ 1990, 254, 255 vgl auch BGHZ 92, 194 = NJW 1985, 189 m Anm *Seutemann* FamRZ 1985, 153; krit *Gruber* FamRZ 2000, 399, der zu Unrecht hierin eine Rspr-Änderung sieht.
[27] OLG Düsseldorf NJW-RR 1999, 444, 446.
[28] MünchKommBGB/*Koch* Rn 23; *Staudinger/Thiele* Rn 25.
[29] MünchKommBGB/*Koch* Rn 24.

§ 1378   Buch 4. Abschnitt 1. Bürgerliche Ehe

nander verheiratet sind, ist jedoch die Verjährung gehemmt (§ 207 Abs 1 S 1)³⁰, aber ohne besondere Anhaltspunkte nicht erlassen³¹.

11 **3. Vereinbarungen über den Zugewinnausgleich (Abs 3 S 2 und 3).** Abs 3 S 2 und 3 schränkt die Vertragsfreiheit über die **noch nicht entstandene Zugewinnausgleichsforderung** ein. Bezweckt wird dabei ein **doppelter Schutz:** Zum einen soll die Ausgleichsforderung vor ihrer Entstehung dem Rechtsverkehr mit Dritten entzogen werden, damit nicht Drittinteressen auf die Eheauflösung einwirken. Zum anderen sollen auch die Ehegatten selbst, insbes der sozial schwächere, vor unüberlegten Vereinbarungen geschützt werden, die sie in ihrer Tragweite noch nicht voll übersehen können. Insofern soll Schutz durch Formzwang gewährleistet, Scheidungsvereinbarungen über vermögensrechtliche Auseinandersetzungen aber nicht unnötig erschwert werden³². Jedoch enthalten die mit dem 1. EheRG eingefügten Bestimmungen zahlreiche Zweifelsfragen³³.

12 Nach Abs 3 S 3 kann sich **grds** kein Ehegatte vor der Beendigung des Güterstands verpflichten, über **die Ausgleichsforderung zu verfügen.** Dabei ist unstrittig, dass auch derartige Vereinbarungen eines Ehegatten **mit Dritten** von diesem Verbot erfasst werden und auch die hierauf bezogenen **Verfügungsgeschäfte** selbst, nicht nur die schuldrechtliche Verpflichtung hierzu³⁴. Demnach ist auch die vor Beendigung des Güterstands getroffene Vereinbarung, in der sich der Schwiegervater zur Zahlung einer Abfindung an den Ehemann zur Abgeltung sämtlicher Zugewinnausgleichsansprüche gegen die Ehefrau verpflichtet, nach Abs 3 S 3 unwirksam, weil sie einen Verzicht auf mögliche weitergehende Zugewinnausgleichsansprüche seitens des Ehemannes darstellt³⁵. Dagegen gebietet der Schutzzweck dieser Verbotsnorm nicht, dass ein Dritter anstelle des Ausgleichsschuldners die Ausgleichsforderung im Wege der befreienden Schuldübernahme übernimmt³⁶. Bei Abs 3 S 3 handelt es sich nicht nur um ein relatives Veräußerungsverbot (§ 135), sondern dagegen verstoßende Rechtsgeschäfte sind absolut und unheilbar nichtig³⁷. Die Nichtigkeit umfasst auch eine im Zusammenhang mit dieser Vereinbarung getroffene Regelung über den Versorgungsausgleich³⁸.

13 Jedoch lässt Abs 3 S 2 Vereinbarungen über den Zugewinnausgleich zwischen Ehegatten während eines **Eheauflösungsverfahrens** (Scheidung, Eheaufhebung) zu, wenn die Vereinbarung für den Fall der (konkret beabsichtigten) Eheauflösung getroffen wird (**Scheidungsvereinbarung** im Unterschied zum Ehevertrag). Solche werden jedoch entsprechend dem Gedanken des Schutzes durch Formzwang einer **besonderen Form** unterworfen³⁹: Sie bedürfen der notariellen Beurkundung oder der Form eines Prozessvergleichs (§ 127 a), der in einem Verfahren in Ehesachen (§ 606 ZPO) vor dem Prozessgericht protokolliert wird⁴⁰. Dabei ist nach hM erforderlich, dass das Eheauflösungsverfahren rechtshängig ist (str, s Rn 14)⁴¹. Zu den danach **formbedürftigen Vereinbarungen** über den Zugewinnausgleich gehören alle, die sich auf **Bestand,** Höhe, Fälligkeit und Durchsetzbarkeit der **Zugewinnausgleichsforderung** auswirken, wobei jedoch ein **unmittelbarer güterrechtlicher Bezug** erforderlich ist⁴². Daher bedarf die im Zuge der Vermögensauseinandersetzung getroffene Vereinbarung, dass ein Ehegatte dem anderen den hälftigen Rückkaufswert einer Kapitallebensversicherung auszuzahlen hat, nicht der notariellen Beurkundung, auch wenn die sich daraus ergebenden Rechte und Pflichten als Rechnungsposten in die Zugewinnausgleichsbilanz aufzunehmen sind⁴³, wohl aber eine Festlegung eines bestimmten Wertes einzelner Gegenstände für die Berechnung des Endvermögens⁴⁴ oder die Verteilung von **Hausrat,** wenn dieser nicht den Verteilungsvorschriften der HausratsVO unterliegt, gleichwohl aber vom Zugewinnausgleich ausgenommen sein soll⁴⁵.

14 Umstritten ist, welche **Auswirkungen** diese Regelungen des Abs 3 S 2 und 3 **auf Eheverträge** iS von § 1408 haben (vgl die Wendung „im Übrigen" in Abs 3 S 3). Der BGH erweitert über den Wortlaut dieser Bestimmungen hinaus deren Anwendung entsprechend dem Schutzzweck: Zum einen sollen die Beschränkungen des Abs 3 S 3 im Grundsatz für alle Fälle vertraglicher Regelungen gelten, auch für den Ehevertrag. Insoweit schränke diese Bestimmung die Gestaltungsfreiheit der Ehegatten bei Vereinbarungen über den Zugewinnausgleich ein (sachliche Erweiterung des § 1378

---

³⁰ Eine inhaltliche Änderung ist durch das SMG nicht eingetreten, AnwK-BGB/*Mansel* § 207 Rn 2; zu § 204 aF OLG Nürnberg MDR 1980, 668.
³¹ *Staudinger/Thiele* Rn 23.
³² BGHZ 86, 143, 149 = NJW 1983, 753; *Johannsen/Henrich/Jaeger* Rn 10; MünchKommBGB/*Koch* Rn 20 f; BT-Drucks 7/650 S 258 f.
³³ *Johannsen/Henrich/Jaeger* Rn 11 ff; *Tiedtke* JZ 1982, 538; *Schwab/Schwab* HdB ScheidungsR VII Rn 314 ff; aus praktischer Sicht *Finger* FuR 1997, 68 und DNotI-Report 1997, 125.
³⁴ BGH LM Nr 8 = FamRZ 1983, 160; MünchKommBGB/*Koch* Rn 20; *Johannsen/Henrich/Jaeger* Rn 13.
³⁵ BGH NJW-RR 2004, 1369, 1370 = FamRZ 2004, 1353 m Anm *Koch*; dazu auch *Kogel* FamRB 2004, 384.
³⁶ *Koch* FamRZ 2005, 1355; *dies* FamRZ 2005, 849; aA BGH NJW-RR 2004, 1369, 1370.
³⁷ *Staudinger/Thiele* Rn 17; MünchKommBGB/*Koch* Rn 20; für Verbotsgesetz iS von § 134 *Erman/Heckelmann* Rn 8; wohl auch BGH NJW-RR 2004, 1369, 1370.
³⁸ BGH NJW-RR 1991, 1026.
³⁹ Die Nichtbeachtung der Form führt zur Nichtigkeit, BGH FamRZ 1983, 160: privatschriftliche Vereinbarung.
⁴⁰ Ein Vergleich selbst ist nicht erforderlich, *Staudinger/Thiele* Rn 19.
⁴¹ KG FamRZ 1982, 275 (vom BGH aufgehoben); *Staudinger/Thiele* Rn 20; *Johannsen/Henrich/Jaeger* Rn 12; *Gaul,* FS *Lange,* S 846 Fn 69; demgegenüber will BGHZ 86, 143, 150 die Vereinbarung „vor Anhängigkeit des Scheidungsverfahrens" zulassen.
⁴² BGH FamRZ 1983, 160; AG Viechtach FamRZ 1991, 570.
⁴³ OLG Köln FamRZ 2004, 1584, 1585.
⁴⁴ AG Viechtach FamRZ 1991, 570.
⁴⁵ OLG Düsseldorf FamRZ 2005, 273, 274.

Abs 3 S 3)⁴⁶. Zum anderen aber können Ehegatten auch schon vor der Anhängigkeit des Eheauflösungsverfahrens Vereinbarungen über den Zugewinnausgleich für die beabsichtigte Scheidung treffen, sofern nur die Form des § 1378 Abs 3 S 2 gewahrt wird, was eine zeitliche Erweiterung bedeutet⁴⁷. Insbes die These von der inhaltlichen Beschränkung der Ehevertragsfreiheit wird überwiegend abgelehnt⁴⁸, vielmehr wird nach überwiegender Auffassung die **Ehevertragsfreiheit** durch § 1378 Abs 3 S 3 **nicht** eingeschränkt⁴⁹. Was die Erstreckung des § 1378 Abs 3 S 2 und 3 auf den Ehevertrag hinsichtlich der **formellen Seite** anbelangt, fällt dies regelmäßig nicht ins Gewicht. Denn der formwirksam beurkundete Ehevertrag (§§ 1410, 127 a) erfüllt regelmäßig auch die Formerfordernisse des § 1378 Abs 3 S 2. Bei letzterem ist nur – anders als beim Ehevertrag – getrennte Beurkundung durch Angebot und Annahme möglich⁵⁰. Problematischer ist die **inhaltliche Beschränkung,** die der BGH annimmt⁵¹. Hierzu betont der BGH selbst, dass die Abgrenzung zwischen Ehevertrag und Scheidungsfolgenvereinbarung schwierig ist und die Ehegatten „unbestritten" durch Ehevertrag **allgemeine Regelungen** ihrer güterrechtlichen Verhältnisse treffen können, etwa den Zugewinnausgleich ganz oder teilweise ausschließen oder eine Quote vereinbaren können⁵²; auch eine **Modifizierung** der Zugewinngemeinschaft durch Herausnahme bestimmter Vermögenswerte aus dem Zugewinnausgleich ist durch Ehevertrag zulässig und stellt keine den Beschränkungen des § 1378 Abs 3 S 3 unterliegende Verfügung über die Ausgleichsforderung dar⁵³. Damit sind die **Grenzen zwischen** dem **Ehevertrag** und der **Scheidungsfolgenvereinbarung fließend** geworden⁵⁴. Die hierzu entwickelten Abgrenzungsversuche überzeugen noch nicht vollständig⁵⁵. Entscheidend ist, ob die für den Fall der Scheidung getroffene Vereinbarung über den Zugewinnausgleich nur für ein etwa anhängiges oder **konkret** ins Auge gefasstes **Scheidungsverfahren** gelten soll und daher ihre Wirksamkeit verliert, wenn es zu dieser zunächst beabsichtigten Scheidung nicht kommt. Dann liegt eine Scheidungsfolgenvereinbarung mit dem Regelungsrahmen des **§ 1378 Abs 3 S 2** vor. Oder aber die Regelung soll **generell** und unabhängig von einer konkreten Scheidungsabsicht für jeden Fall der Scheidung gelten, so dass dann ein Ehevertrag mit den Beschränkung nach § 1378 Abs 3 S 3 anzunehmen ist⁵⁶.

Nach Beendigung des Güterstands kann aber über die dann bereits entstandene Ausgleichsforderung nach den allgemeinen Vorschriften verfügt werden, insbes ist ein formloser Erlass (§ 397) möglich⁵⁷.   15

4. Erbschaftsteuer. Bei Güterstandsbeendigung in anderer Weise als durch den Tod oder wenn der Zugewinn nach § 1371 Abs 2 ausgeglichen wird (güterrechtliche Lösung), gehört die Ausgleichsforderung nach § 1378 nicht zum steuerpflichtigen Erwerb iS der §§ 3 und 7 ErbStG (vgl § 5 Abs 2 ErbStG).   16

5. Verjährung (Abs 4). a) Fristbeginn bei Zugewinnausgleich unter Lebenden. Die Verjährungsfrist⁵⁸ beträgt nur **drei Jahre** (§ 1378 Abs 4 S 1). Es handelt sich um eine zur 30-jährigen Verjährung nach § 197 Abs 1 Nr 2 nF vorrangige Spezialregelung. Dies soll die Abwicklung beschleunigen und der Gefahr von Bewertungs- und Berechnungsschwierigkeiten nach längerer Zeit vorbeugen⁵⁹. Der Beginn der Verjährungsfrist setzt zum einen die **Beendigung des Güterstands** voraus (Scheidung, vorzeitiger Zugewinnausgleich, Eheaufhebung, ehevertragliche Vereinbarung eines anderen Güterstands). Weiter ist erforderlich, dass der ausgleichsberechtigte **Ehegatte** von der **Beendigung des Güterstands erfährt**. Soweit die Güterstandsbeendigung auf einem Urteil beruht, ist die Kenntnis der Rechtskraft desselben erforderlich. Dabei ist neben der positiven Wissen von den die Beendigung begründenden Tatsachen außerdem erforderlich, dass der Gläubiger diese Tatsachen in ihrer **recht-**   17

---

⁴⁶ BGHZ 86, 143, 149.
⁴⁷ BGHZ 86, 143, 149 f; OLG Düsseldorf FamRZ 2005, 273, 274.
⁴⁸ MünchKommBGB/*Koch* Rn 21; *Staudinger/Thiele* Rn 18 f, 36; *Tiedtke* JZ 1982, 538 und JZ 1983, 555; *Gaul,* FS Lange, 1992, S 829 ff; *Brix* FamRZ 1993, 12, 17; zust aber *Johannsen/Henrich/Jaeger* Rn 14 ff.
⁴⁹ *Staudinger/Thiele* Rn 19.
⁵⁰ *Schwab/Schwab* HdB ScheidungsR VII Rn 316; *Johannsen/Henrich/Jaeger* Rn 16.
⁵¹ *Schwab* FamRZ 1984, 525, 533 räumt zu Recht ein, dass ihm nicht klar wurde, welche Auswirkungen sich daraus für den Ehevertrag ergeben.
⁵² BGHZ 86, 143, 151.
⁵³ BGH NJW 1997, 2239, wobei ausdrücklich offen gelassen wird, ob an der vorstehend genannten, einschränkenden Entscheidung festgehalten wird; zust etwa AnwK-BGB/*Groß* Rn 12; KK-FamR/*Weinreich* Rn 25.
⁵⁴ *Cypionka* MittRhNotK 1986, 157, 158.
⁵⁵ So richtig *Finger* FuR 1997, 68, 69 f mit Darstellung der Abgrenzungen.
⁵⁶ *Cypionka* MittRhNotK 1986, 157, 158; *Brambring* DNotZ 1983, 496, 499; DNotI-Report 1997, 125, 126; *Gaul* (NJW 1969, 1202 und Soergel/*Gaul* § 1408 Rn 18) stellt darauf ab, ob der Zugewinnausgleich „von der Basis her geregelt, also nicht nur modifiziert" werden soll (dann zulässiger Ehevertrag); KK-FamR/*Weinreich* Rn 25 unterwirft Vereinbarungen „über eine Zugewinnausgleichsforderung" dem Regelungsbereich des Abs 3 S 3; ähnlich diff *Brix* FamRZ 1993, 12, 17 f nach dem Gegenstand der Regelung und anknüpfend an die in Abs 3 S 2 und 3 selbst getroffene Unterscheidung: Regelungen hinsichtlich der „bereits entstandenen" Ausgleichsforderung selbst und ihres weiteren Schicksals (einschließlich antizipierter Verfügungen wie Stundung oder Vorausabtretung) sind immer Scheidungsfolgenvereinbarungen. Vereinbarungen über den Zugewinnausgleich, einschließlich des Entstehens der Ausgleichsforderung, sind immer Ehevertrag, da sie das Güterrecht abändern. Im Ehevertrag verboten sind nach seiner Ansicht Vereinbarungen über das „Schicksal" der bereits entstandenen Ausgleichsforderung. Die Aufhebung des Güterstands ist immer Ehevertrag, OLG Düsseldorf FamRZ 1989, 181.
⁵⁷ OLG Düsseldorf OLGR 1993, 9; FamRZ 1989, 181, 183; *Johannsen/Henrich/Jaeger* Rn 12.
⁵⁸ Zur Verjährung ausf *Schwolow* FuR 1998, 196; zu den Auswirkungen des SMG *Büttner* FamRZ 2002, 361, 364.
⁵⁹ Zum Normzweck *Wiek* FamRZ 1990, 1239; zum Vorrang von § 1378 Abs 4 zu § 197 Abs 1 Nr 2 s AnwK-BGB/*Mansel* § 197 Rn 48.

§ 1378 Buch 4. Abschnitt 1. Bürgerliche Ehe

lichen Bedeutung (Beendigung des Güterstands) **erkannt** hat[60]. Kennenkönnen oder Kennenmüssen reicht nicht aus. Kenntnis liegt daher insbes vor, wenn dem berechtigten Ehegatten die Rechtskraft mündlich bekannt gegeben wird[61] oder in Anwesenheit des Ehegatten ein Rechtsmittelverzicht gegen den Scheidungsausspruch erklärt und vom Gericht oder dem anwaltlichen Vertreter auf den damit verbundenen Eintritt der Rechtskraft ausdrücklich hingewiesen wird[62].

18 Die Kenntnis vom Bestehen der Ausgleichsforderung ist **nicht erforderlich**[63]. Vielmehr hat sich jeder Ehegatte hierüber unverzüglich, insbes durch den Auskunftsanspruch nach § 1379, die erforderliche Kenntnis zu verschaffen. Die Kenntnis des nicht mit der Durchführung des Zugewinnausgleichs beauftragten Anwalts des Scheidungsverfahrens ist für den Verjährungsbeginn unerheblich[64], wohl aber diejenige des Anwalts, den der Berechtigte zur Durchsetzung des Anspruchs beauftragt hat[65]. Ein **Rechtsirrtum** kann die erforderliche Kenntnis ausschließen, so etwa über den Eintritt der Rechtskraft des Scheidungsurteils, während noch ein Prozesskostenhilfeantrag für die beabsichtigte Berufung anhängig war[66]. Oder wenn die Parteien im Anschluss an die Verkündung des Verbundurteils auf Rechtsmittel und Anschlussrechtsmittel verzichten und von dem Urkundsbeamten in der Geschäftsstelle ein unrichtiges Rechtskraftzeugnis ausgestellt hat[67]. Ist eine Betreuung mit dem Wirkungskreis Vermögenssorge angeordnet (§ 1896), beginnt die Frist analog § 166 Abs 1 mit der entsprechenden Kenntnis des Betreuers[68].

19 Die dreijährige Verjährung **gilt auch** dann, wenn die Beteiligten den Zugewinnausgleichsanspruch wirksam vertraglich geregelt haben[69]. Dagegen ist Abs 4 **nicht** auf die Ausgleichs- und **Rückgewähransprüche wegen ehebezogener Zuwendungen** anwendbar, auch nicht analog, weil diese Ansprüche gerade nicht im ehelichen Güterrecht begründet, sondern dadurch allenfalls im Einzelfall eingeschränkt sind[70]; vielmehr gilt hierfür die lange Verjährungsfrist für familienrechtliche Ansprüche nach § 197 Abs 1 Nr 2, da diese Zuwendungen auf einem familienrechtlichen Vertrag beruhen[71].

20 **b) Zugewinnausgleich von Todes wegen (Abs 4 S 3).** Bei einer Beendigung des Güterstands durch Tod kommt es zur sog güterrechtlichen Lösung (§ 1371 Abs 2), wenn der überlebende Ehegatte weder Erbe noch Vermächtnisnehmer wird. Es gelten außerdem die Verjährungsvorschriften des Pflichtteilsrechts (§§ 1378 Abs 4 S 3, 2332). Die Verjährungsfrist für den Zugewinnausgleich beginnt daher erst zu laufen, wenn der überlebende Ehegatte zusätzlich auch Kenntnis von der ihn beeinträchtigenden Verfügung von Todes wegen hat. Zu Einzelheiten, insbes zum Verjährungsbeginn bei Zweifels- und Irrtumsproblemen s § 2332 Rn 7 ff. Wählt der überlebende Ehegatte erst durch Ausschlagung der Erbschaft oder des Vermächtnisses die güterrechtliche Lösung, so wird dadurch der Fristbeginn nicht hinausgeschoben (§§ 1378 Abs 4 S 3, 2332 Abs 3).

21 **c) Absolute Verjährung.** Fehlt es an der Kenntnis, so verjährt die Forderung in 30 Jahren seit Beendigung des Güterstands (Abs 4 S 2, sog **absolute Verjährung**).

22 **d) Neubeginn, Hemmung.** Für den Neubeginn der Verjährung (früher Unterbrechung) und Hemmung gelten die allgemeinen Vorschriften. Eine **Hemmung** der Verjährung (§§ 203 ff) tritt daher etwa ein bei Stundung (§§ 1382, 205) oder bei vorzeitigem Zugewinnausgleich nach §§ 1385 ff, solange die Ehe besteht, oder bei Wiederverheiratung (§ 207 Abs 1 S 1)[72]. Seit dem SMG bestimmt sich die Verjährungshemmung bei ordnungsgemäßer Beantragung der **Prozesskostenhilfe** nach § 204 Abs 1 Nr 14, muss aber die nach § 253 ZPO notwendigen Angaben enthalten[73].

23 Eine **Hemmung** der Verjährung tritt auch ein, wenn der Ausgleichsberechtigte den Anspruch auf Zugewinnausgleich durch **Leistungsklage** geltend macht (§ 204 Abs 1 Nr 1)[74], sei es auch durch einen noch unbezifferten Antrag im Rahmen einer **Stufenklage** (§ 254 ZPO), weil zunächst nur der

---

[60] BGHZ 100, 203, 206 = NJW 1987, 1766; BGH FamRZ 1995, 797; NJW 1997, 2049; OLG Naumburg FamRZ 2001, 831; OLG Jena FamRZ 2006, 1119, 1121; *Staudinger/Thiele* Rn 26.
[61] *Palandt/Brudermüller* Rn 11; *Schwolow* FuR 1998, 196.
[62] BGH NJW 1997, 2049; OLG Hamm FamRZ 2000, 230 mit hilfsweiser Wissenszurechnung der Kenntnis des Anwalts, der auch mit Zugewinnausgleich betraut war, wobei aber der Fristbeginn entgegen § 187 Abs 1 falsch berechnet wurde; dazu *Volmer* FamRZ 2000, 885.
[63] *Staudinger/Thiele* Rn 27.
[64] BGHZ 100, 203, 208 = NJW 1987, 1766; NJW 1997, 2049.
[65] OLG Hamm FamRZ 2000, 230.
[66] BGHZ 100, 203, 206, dort auch zur Beweislast.
[67] BGH NJW 1997, 2049.
[68] AnwK-BGB/*Groß* Rn 17; *Palandt/Brudermüller* Rn 11; vgl auch OLG Frankfurt FamRZ 1987, 1147, 1148 zum Gebrechlichkeitspfleger.
[69] OLG Karlsruhe FamRZ 1984, 894.
[70] BGH NJW-RR 1994, 258; OLG München FamRZ 1999, 1663, 1664 f; AnwK-BGB/*Groß* Rn 15; *Wiek* FamRZ 1990, 1239 f; *Palandt/Brudermüller* Rn 10; *Staudinger/Thiele* Rn 28; *Johannsen/Henrich/Jaeger* Rn 20; aA LG Düsseldorf FamRZ 1992, 679; MünchKommBGB/*Koch* Vor § 1363 Rn 25 sowie jetzt auch *Löhning* FamRZ 2003, 1521, 1523.
[71] AnwK-BGB/*Groß* Rn 15; *Büttner* FamRZ 2002, 361, 364; AnwK-BGB/*Mansel* § 197 Rn 45; *J. Mayer* in: *Dauner-Lieb/Schmidt/Konzen*, Das neue Schuldrecht in der Praxis, 2003, S 711; *Wever* Vermögensauseinandersetzung Rn 524; *Bergschneider*, FS Schwab, 2005, S 459, 465 f; aA *Kogel* FamRB 2002, 178, 180: Regelverjährung nach § 195.
[72] OLG Hamm FamRZ 1981, 1065.
[73] OLG Stuttgart FamRZ 2005, 526; zu Einzelheiten *Staudinger/Thiele* Rn 35.
[74] Vor dem SMG sogar Unterbrechung nach § 209, dazu noch OLG Naumburg OLGR 2005, 950 = FamRZ 2006, 267.

Auskunftsantrag gestellt wird[75] und zwar dann grds in jeder Höhe[76] und auch dann, wenn die Auskunft auf einen unrichtigen Stichtag begehrt wird[77]. Wird die Klage vor Beginn der Verjährungsfrist erhoben, tritt die Hemmung sofort mit deren Beginn ein[78]. Die bloße Auskunftsklage mit der Ankündigung, einen Leistungsantrag nach Erteilung der Auskunft zu stellen, genügt aber nicht[79]. Bei der Stufenklage ist aber zu beachten, dass die durch ihre Rechtshängigkeit eingetretene Hemmung der Verjährung durch **Nichtbetreiben** des Prozesses seitens des Ausgleichsberechtigten dann beendet wird, wenn der Anspruch nach Erledigung der vorausgegangenen Stufe nicht in der Frist von sechs Monaten weiterbetrieben wird. Die bloße Ankündigung der Bezifferung des Zahlungsanspruchs ist nicht geeignet, um den nach § **204 Abs 2 S 2** nach sechsmonatiger Untätigkeit der Parteien eintretenden Verfahrensstillstand zu unterbrechen[80]. Die verjährungsrechtliche Hemmung tritt schon dann ein, wenn der Zugewinnausgleichsanspruch in **irgendeiner Form als Leistungsantrag gerichtlich geltend** gemacht wird. Eine solche Geltendmachung kann bereits in dem Antrag der Ehefrau gesehen werden, ihr im Wege des Zugewinnausgleichs die Miteigentumshälfte an einer Immobilie zu übertragen, da damit inzident die Geltendmachung der Ausgleichsforderung verbunden ist[81]. Auch genügt, wenn ein Ehegatte Wertausgleich nach einer – aus Anlass der Scheidung getroffenen – Teilauseinandersetzungsvereinbarung verlangt[82].

Seit dem zum 1. 1. 2002 in Kraft getretenen SMG hemmt auch das **außergerichtliche Verhandeln** 24 gemäß § 203 die Verjährung; die einvernehmliche Einholung eines **Bewertungsgutachtens** zur Berechnung des Ausgleichsanspruchs führt zur Hemmung nach § 204 Abs Nr 8[83]. Hinsichtlich der am 1. 1. 2002 bereits bestehenden Ausgleichsforderungen sind wegen des Inkrafttretens der Schuldrechtsreform die **Überleitungsvorschriften** des Art 229 § 6 EGBGB zu beachten (vgl Vorauﬂ Rn 24)[84]. Zu wichtigen Verjährungsentscheidungen nach altem Recht s Vorauﬂ Rn 24.

Eine Klage auf **Auskunftserteilung**[85] oder **Sicherheitsleistung** (§§ 1379, 1389) hemmt (oder 25 unterbrach nach altem Recht) die Verjährung nicht, da ein anderer Streitgegenstand geltend gemacht wird[86]. Das Gleiche gilt für die Klage auf Zahlung des „großen Pflichtteils" (§ 2303 Abs 2 iVm § 1371 Abs 1)[87] und auf Anpassung eines **Erbschaftsauseinandersetzungsvertrages** im Wege dinglicher Teilung des Nachlasses und zwar auch dann nicht, wenn der Kläger zur Begründung der wertmäßigen Aufteilung seinen Zugewinnausgleichsanspruch anführt[88]. Keine Hemmung oder früher Unterbrechung auch durch die (bloße Gestaltungs-)Klage auf vorzeitigen Zugewinnausgleich (§ 1384)[89].

Für die Hemmung oder früher Unterbrechung der Verjährung durch **Mahnbescheid** (§ 204 Abs 1 26 Nr 3) genügt es, wenn der Anspruch einfach als „Zugewinnausgleich gemäß Schreiben vom ... " gekennzeichnet ist[90]. Als **Anerkenntnis** iS des § 212 Abs 1 Nr 1 ist ein Verhalten des Schuldners zu werten, aus dem sich das Bewusstsein von dem Bestehen des Anspruchs eindeutig ergibt[91]. Die Erteilung der Auskunft im Zugewinnausgleichsverfahren stellt jedoch hinsichtlich des Leistungsanspruches grds kein verjährungsunterbrechendes Anerkenntnis dar, auch wenn sie ohne einen entsprechenden Vorbehalt erfolgt. Die zum Pflichtteilsrecht hierzu entwickelten Grundsätze gelten hier nicht[92]. Das Vorliegen eines Anerkenntnisses hat nach dem neuen Recht deswegen eine besondere Bedeutung, weil es zu einem der seltenen Fälle des Neubeginns der Verjährung führt.

Unter Umständen kann die **Berufung** auf die Verjährung **rechtsmissbräuchlich** sein, so wenn 27 Ehegatten nach Scheidung ihrer Ehe fast drei Jahre zusammen leben[93] oder wenn der Gläubiger aus dem Verhalten des Schuldners das Vertrauen schöpfen konnte, dieser werde die Verjährungseinrede nicht erheben[94].

---

[75] OLG Brandenburg NJW-RR 2005, 871.
[76] BGH NJW-RR 1995, 770; NJW 1999, 1101; AG Straubing FamRZ 1995, 1070; dies gilt jedoch nur in der Höhe, in der dieser Anspruch nach Erfüllung der seiner Vorbereitung dienenden Hilfsansprüche dann später beziffert wird, BGH NJW 1992, 2563 zum Pflichtteilsanspruch.
[77] KG FamRZ 2001, 105; OLG Zweibrücken NJW-RR 2001, 865, 866; aA OLG Hamm FamRZ 1996, 864, krit hiergegen jedoch *Ludwig* FamRZ 1997, 421.
[78] OLG Naumburg OLGR 2005, 950 = FamRZ 2006, 267.
[79] OLG Celle NJW-RR 1995, 1411.
[80] OLG Jena FamRZ 2005, 1994.
[81] BGH NJW-RR 1994, 514.
[82] BGH NJW-RR 1996, 1409.
[83] *Staudinger/Thiele* Rn 33; AnwK-BGB/*Groß* Rn 18 stellt demgegenüber auf § 203 ab.
[84] *Schmidt-Räntsch*, Das neue Schuldrecht, Rn 1218; AnwK-BGB/*Mansel* Art 229 § 6 EGBGB Rn 8 ff.
[85] OLG Celle NJW-RR 1995, 1411.
[86] *Staudinger/Thiele* Rn 35.
[87] BGH NJW 1983, 388, 389; AnwK-BGB/*Groß* Rn 19.
[88] BGH NJW 1993, 2439.
[89] *Staudinger/Thiele* Rn 34.
[90] BGH NJW 1996, 2152, 2153; *Staudinger/Thiele* Rn 34.
[91] BGHZ 58, 103, 104; BGH NJW 1983, 388.
[92] BGH NJW 1999, 1101, 1103 bei Auskunftserteilung auf Grund entspr Klage; OLG Hamm FamRZ 2000, 230, 231; OLG Karlsruhe FamRZ 2001, 832; AnwK-BGB/*Groß* Rn 19; MünchKommBGB/*Koch* Rn 30; *Staudinger/Thiele* Rn 34; aA *Johannsen/Henrich/Jaeger* Rn 19.
[93] AG Viechtach FamRZ 1991, 192; AnwK-BGB/*Groß* Rn 20.
[94] OLG Karlsruhe FamRZ 2001, 832.

III. Prozessuales

28 Der Streit um die Ausgleichsforderung ist **Familiensache** (§ 23 b Abs 1 S 2 Nr 9 GVG). Wenn in einer Scheidungsfolgenvereinbarung zur einheitlichen Auseinandersetzung sowohl güterrechtliche wie auch allgemein vermögensrechtliche Ansprüche begründet werden und keine Anspruchszuordnung nur zu einem der beiden Regelungsbereich möglich ist, so ist der Rechtsstreit hinsichtlich sämtlicher Ansprüche Familiensache[95].

29 Ab Rechtshängigkeit des Scheidungsantrags kann die Ausgleichsforderung durch **Arrest** (§ 916 ZPO) gesichert werden (str, s § 1389 Rn 2 mwN).

30 Da nicht der Wert bestimmter Einzelgegenstände auszugleichen ist, sondern die Einzelwerte in ihrer Summierung bei Anfangs- und Endvermögen Rechnungsposten in der einheitlichen Zugewinnausgleichsbilanz sind, liegt es nahe, hierin einen **einheitlichen Streitgegenstand** zu sehen[96]. Daraus ergeben sich Probleme: **Teilklagen** sind zwar nach allgemeinen Grundsätzen zulässig, wenn sie auf eine teilbare Leistung gerichtet werden, was bei der Ausgleichsforderung an sich der Fall ist[97]. Jedoch ist ein Teilurteil über den bezifferten Zahlungsanspruch unzulässig, wenn nicht auszuschließen ist, dass das Anfangs- und Endvermögen im Schlussurteil anders bewertet wird als im Teilurteil[98]. Wenn jedoch auf Grund von feststehenden Vermögensgrößen kein Zweifel darüber besteht, in welche Richtung sich der Zugewinnausgleich zu vollziehen hat, kann wenigstens schon der Teil geltend gemacht werden, der dem Gläubiger unter Vernachlässigung der umstrittenen Vermögenspositionen in jedem Falle zusteht[99]. Über **wechselseitige Klagen** über den Ausgleich des Zugewinns kann grds nur einheitlich entschieden werden, da der Zugewinnausgleich auf einer Gesamtsaldierung des Vermögens beider Ehegatten beruht. Daher ist ein Teilurteil über die Klage oder Widerklage regelmäßig ausgeschlossen[100].

31 Eine spätere **Nachforderungsklage** ist wegen der Rechtskraftwirkung des Ersturteils nur dann zulässig, wenn im ersten Prozess erkennbar war, dass nur eine Teilforderung geltend gemacht wurde, sei es, dass die Klage ausdrücklich als „Teilklage" bezeichnet wurde (sog „offene Teilklage") oder der Kläger zumindest eindeutig zu erkennen gegeben hat, dass er nur einen Teilbetrag geltend macht (sog „verdeckte Teilklage")[101].

32 Die Darlegungs- und **Beweislast** für das beiderseits vorhandene Endvermögen liegt beim Ausgleichskläger[102], und zwar auch bezüglich der Verbindlichkeiten[103]. Die klagweise Durchsetzung des Ausgleichsanspruchs erfordert **schlüssige Angaben** über die für die Berechnung des Zugewinnausgleichs maßgeblichen Umstände, insbes über das beidseitige Endvermögen, damit daraus der Zugewinnausgleich berechnet werden kann; hinsichtlich des Anfangsvermögens kommt dem Kläger aber § 1377 Abs 3 zu gute[104]. Jedenfalls kann nicht einfach pauschal die „Hälfte der in der Ehe gemachten Zuwendungen" verlangt werden[105]. Weigert sich der Verpflichtete beharrlich, trotz rechtskräftiger Verurteilung seiner Auskunftspflicht nachzukommen, so muss er damit rechnen, dass bei der Berechnung des Zugewinns von der substantiierten Darlegung des Berechtigten über die Vermögenszuwächse der Verpflichteten ausgegangen wird[106]. Beruft sich der ausgleichspflichtige Ehegatte auf die Beschränkung der Ausgleichsforderung nach § 1378 Abs 2, so ist er für die Höhe seines Nettovermögens darlegungs- und beweispflichtig[107]. Dabei handelt es sich bei § 1378 Abs 2 um eine Einwendung, die im Verbundverfahren auch noch geltend gemacht werden kann, wenn die Vermögensminderung nach der letzten mündlichen Verhandlung erfolgte[108].

33 Zur **Mutwilligkeit** der Geltendmachung des Ausgleichsanspruchs iS von § 114 ZPO außerhalb des Scheidungsverbundverfahrens s OLG Brandenburg und OLG Bremen jeweils FamRZ 1998, 245 ff.

IV. Abweichende Vereinbarung

34 Abs 2 dient dem Schutz der Gläubiger des Ausgleichsschuldners und ist daher zwingendes Recht[109]; Gleiches gilt für § 1378 Abs 3[110]. Durch **Ehevertrag** können die Ehegatten vor Beendigung des

---

[95] BGH NJW 1980, 2529; NJW 1981, 346.
[96] OLG Düsseldorf FamRZ 1998, 916 f; *Johannsen/Henrich/Jaeger* Rn 3.
[97] OLG Düsseldorf FamRZ 1998, 916 mwN; MünchKommBGB/*Koch* Rn 34.
[98] BGHZ 107, 236, 241 = NJW 1989, 2821; OLG Brandenburg FamRZ 2004, 384, 386 f; *Staudinger/Thiele* Rn 23.
[99] BGH NJW 1994, 3165.
[100] OLG Brandenburg FamRZ 2005, 1920.
[101] *Johannsen/Henrich/Jaeger* Rn 3; KK-FamR/*Weinreich* Rn 45; *Palandt/Brudermüller* Rn 18; aA OLG Düsseldorf FamRZ 1984, 795; ebenso MünchKommBGB/*Koch* Rn 35 und *Ludwig* FamRZ 1999, 384, 385, jeweils mit Einschränkung bei Fällen einer „verdeckten Teilklage", wenn im Erstverfahren die Klage abgewiesen wurde; OLG Düsseldorf FamRZ 1998, 916, NJWE-FER 1998, 186; offen gelassen von BGH NJW 1994, 3165; NJW 1996, 2152.
[102] OLG Hamm FamRZ 1997, 87.
[103] OLG Hamm FamRZ 1998, 237.
[104] *Johannsen/Henrich/Jaeger* Rn 3; aA OLG Oldenburg NJW-RR 1991, 963: Darlegung der beiderseitigen Anfangs- und Endvermögen erforderlich, um Zugewinnausgleich zu berechnen.
[105] OLG Oldenburg NJW-RR 2001, 963.
[106] OLG Köln FamRZ 1998, 1370, 1372.
[107] *Baumgärtel/Laumen* Rn 1; *Soergel/Lange* Rn 6.
[108] MünchKommBGB/*Koch* Rn 33.
[109] MünchKommBGB/*Koch* Rn 36; *Staudinger/Thiele* Rn 37; aA *Buschendorf* S 280 ff; kein Verstoß gegen § 1378 Abs 2 aber, wenn ehevertraglich bestimmtes Vermögen (zB ein Betrieb) aus dem Zugewinn ausgenommen und dadurch die Ausgleichsforderung entsprechend reduziert wird, und zur Vermeidung ungerechter Ergebnisse Aufwendungen des Ausgleichsschuldners aus seinem ausgleichspflichtigen Vermögen auf dieses ausgleichsfreie Vermögen

Güterstands die Höhe der Ausgleichsforderung verändern, Höchstbeträge vereinbaren oder an Stelle der Geld- eine Sachleistung vorsehen. Umstr ist, ob die Ausgleichsforderung auch in einem Bruchteil des Vermögens und nicht des Zugewinns bemessen werden kann[111]. Vgl auch § 1408 Rn 59.

Zu Vereinbarungen über die Zugewinnausgleichsforderung in **Scheidungsfolgenvereinbarungen** 35 s Rn 11 ff. Vereinbarungen über die Zugewinnausgleichsforderungen, insbes deren betragsmäßige Fixierung nach § 1378 Abs 3, sind zwar gebührenrechtlich uU etwas günstiger. Jedoch sind die Grenzen dieser Vereinbarungen noch nicht völlig geklärt. Hinzu kommt, dass sich durch § 1378 Abs 2 auch nach Abschluss dieser Vereinbarung eine Kürzung des Zugewinnausgleichs ergeben kann. Daher ist der Vereinbarung von Gütertrennung und betragsmäßiger Festlegung der Zugewinnausgleichsforderung der Vorzug zu geben[112].

§ 1379 Auskunftspflicht

(1) ¹Nach der Beendigung des Güterstands ist jeder Ehegatte verpflichtet, dem anderen Ehegatten über den Bestand seines Endvermögens Auskunft zu erteilen. ²Jeder Ehegatte kann verlangen, dass er bei der Aufnahme des ihm nach § 260 vorzulegenden Verzeichnisses zugezogen und dass der Wert der Vermögensgegenstände und der Verbindlichkeiten ermittelt wird. ³Er kann auch verlangen, dass das Verzeichnis auf seine Kosten durch die zuständige Behörde oder durch einen zuständigen Beamten oder Notar aufgenommen wird.

(2) Hat ein Ehegatte die Scheidung oder die Aufhebung der Ehe beantragt, gilt Absatz 1 entsprechend.

Schrifttum: *Bosch,* Zum Umfang des Auskunftsanspruchs nach § 1379 BGB, FamRZ 1980, 575; *Büte,* Auskunftsansprüche beim Zugewinnausgleich – Teil 1, FuR 2004, 289; *Büttner,* Durchsetzung von Auskunfts- und Rechnungstiteln, FamRZ 1992, 629; *Hartung,* Umfang der Auskunftspflicht im Zugewinnausgleich, MDR 1998, 508; *Kogel,* Der Auskunftsanspruch im Zugewinnausgleichsprozess, FamRB 2003, 303; *K. Müller,* Die Kostentragungslast bei der Ermittlung des Vermögenswertes im Rahmen des Zugewinnausgleichs nach § 1379 BGB, FamRZ 1981, 837; *Peschel-Gutzeit,* Auskunftsansprüche pro und contra, FF 2003, 200; *Rakete-Dombek,* Die Durchsetzung des Auskunfts- und Zahlungsanspruchs gemäß §§ 1379 oder 1386 BGB, FPR 1996, 116.

Übersicht

	Rn		Rn
I. Normzweck	1	d) Grenzen der Auskunftspflicht	9
		e) ABC des Auskunftsanspruchs	10
II. Auskunftsanspruch	2	5. Erweiterte Auskunftsrechte (Abs 1 S 2 und 3)	11
1. Gegenstand der Auskunftspflicht	2	6. Wertermittlungsanspruch (Abs 1 S 2)	12
2. Einschränkungen der Auskunftspflicht	3	7. Eidesstattliche Versicherung	14
3. Auskunftsberechtigung, Zeitpunkt	4		
4. Inhalt des Auskunftsanspruchs	5	III. Verfahrensfragen	16
a) Grad der Spezifizierung	5		
b) Formale Anforderungen	6		
c) Belegvorlage	7	IV. Abweichende Vereinbarung	19

I. Normzweck

Zweck der Vorschrift ist es, beiden Ehegatten die richtige Berechnung des Zugewinns und der 1 Ausgleichsforderung zu ermöglichen[1]. Dabei gewährt die Bestimmung insgesamt vier Ansprüche, die einzeln oder auch kumulativ nebeneinander geltend gemacht werden können[2]:
– den eigentlichen Auskunftsanspruch (Abs 1 S 1)
– den Anspruch auf Aufnahme des Bestandsverzeichnisses in der entsprechenden Form (Abs 1 S 3)
– den Anspruch auf Hinzuziehung zur Erstellung des Bestandsverzeichnisses (Abs 1 S 2 HS 1)
– den Anspruch auf Wertermittlung (Abs 1 S 2 HS 2)

Trotzdem ist die Regelung unvollkommen, da sie sich nur auf das Endvermögen bezieht, bezüglich des Anfangsvermögens aber nur die Vermutungen des § 1377 bestehen[3]. Daher gewährt die Rspr nach § 242 ein Auskunftsrecht bezüglich **illoyaler Vermögensminderungen** iS von § 1375 Abs 2 (Rn 2). Daneben ergibt sich aus **§§ 1353, 1386 Abs 3** die Verpflichtung der Ehegatten, in wenigstens groben Zügen den Partner über die vorgenommenen Vermögensbewegungen zu unterrichten, was als sog „**Unterrichtungsanspruch**" bezeichnet wird (eingehend § 1353 Rn 21)[4]. Dabei berechtigt die

---

dennoch dem Zugewinn unterworfen wird (vgl etwa *Langenfeld* Rn 379 unter ausdrücklicher Abbedingung von § 1378 Abs 2), denn dadurch wird nur ein Teil dessen wieder in die Zugewinnausgleichsbilanz integriert, was sonst dem Ausgleich ganz verloren ging.

[110] MünchKommBGB/*Koch* Rn 36; *Staudinger/Thiele* Rn 37.
[111] Bejahend *Staudinger/Thiele* Rn 36; *Soergel/Lange* Rn 4; aA MünchKommBGB/*Koch* Rn 37.
[112] *Winckelmann* FuR 1998, 51 f; im Ergebnis ebenso *Cypionka* MittRhNotK 1986, 157, 158.
[1] BGHZ 82, 132, 136 = NJW 1982, 176; *Johannsen/Henrich/Jaeger* Rn 1; *Staudinger/Thiele* Rn 1.
[2] KK-FamR/*Weinreich* Rn 1.
[3] *Johannsen/Henrich/Jaeger* Rn 1.
[4] Vgl BGH FamRZ 1976, 516, 517; FamRZ 1978, 677; KK-FamR/*Weinreich* Rn 23 ff; MünchKommBGB/*Koch* §§ 1385, 1386 Rn 24.

§ 1379   Buch 4. Abschnitt 1. Bürgerliche Ehe

grundlose Weigerung, diese Vermögensbewegungen zu offenbaren, den Auskunft Begehrenden auch, die eidesstattliche Bekräftigung des vorgelegten Verzeichnisses über den Bestand des Endvermögens zu verlangen[5]. Jedoch besteht diese Verpflichtung nur bis zur Auflösung der Ehe[6].

II. Auskunftsanspruch

2 **1. Gegenstand der Auskunftspflicht.** Sie betrifft nur den Bestand des Endvermögens iS der §§ 1375, 1376 Abs 1, 1384, 1387 zum richtigen Stichtag[7]. Danach eingetretene Veränderungen sind nicht Gegenstand der Auskunftspflicht[8]. Etwas anderes ergibt sich auch nicht im Hinblick auf § 1378 Abs 2[9]. Keine Auskunftspflicht besteht hinsichtlich des **Anfangsvermögens**[10], auch nicht in analoger Anwendung von § 1379[11] oder nach den Grundsätzen von § 242 in Ausnahmefällen[12], da mit der Vermutung des § 1377 Abs 3 eine Beweiserleichterung und damit eine abschließende Gesetzesregelung vorliegt. Die Auskunftspflicht nach § 1379 erstreckt sich auch auf die **nach § 1375 Abs 2 dem Endvermögen hinzuzurechnenden Vermögensminderungen**[13]. Damit sollen die sonst entstehenden Abgrenzungsschwierigkeiten vermieden werden. Allerdings kann sich hier ein **ergänzender Auskunftsanspruch aus § 242** ergeben, wenn der Auskunftsberechtigte entschuldbar über das Bestehen und den Umfang seines Rechts im Unklaren ist, während der Verpflichtete die Auskunft unschwer erteilen kann. Dieser kommt jedoch nur in Betracht, wenn und soweit der Anspruchsteller Auskunft über einzelne Tatsachen oder Vorgänge (nicht aber Sachgesamtheiten) verlangt und insoweit **konkrete Anhaltspunkte** für Handlungen iS von § 1375 Abs 2 vorträgt[14]. Dafür reicht im Übrigen ein großzügiger Lebensstil oder ein Leben über die Verhältnisse nicht aus. Außerdem muss die Benachteiligungsabsicht iS von § 1375 Abs Nr 3 gegenüber dem anderen Ehegatten das leitende Motiv gewesen sein[15]. An den diesbezüglichen Vortrag dürfen andererseits keine übertriebenen Anforderungen gestellt werden[16]. Jedoch genügt ein bloßer Verdacht, dass gewisse Vermögensgegenstände nicht mehr vorhanden sind, nicht; vielmehr sind solche Fälle über die eidesstattliche Versicherung zu lösen[17]. Bleibt auch dies erfolglos, so ist die Klage so zu beziffern, als ob der Gegenstand noch vorhanden wäre, das frühere Vorhandensein nachzuweisen und dem Beklagten zu überlassen, sich darüber zu erklären[18].

3 **2. Einschränkungen der Auskunftspflicht.** Auch bei sehr kurzer Ehezeit und selbst wenn die eheliche Lebensgemeinschaft nicht im vollen Umfang hergestellt werden konnte, besteht die Auskunftspflicht[19]; auch bei schwersten Eheverfehlungen[20] oder bei Bestehen eines Leistungsverweigerungsrechts nach § 1381, das zudem erst nach Kenntnis aller Umstände beurteilt werden kann[21]. Als bloßer Hilfsanspruch zur Durchsetzung der Ausgleichsforderung ist er zu versagen, wenn ein Zugewinnausgleich offensichtlich nicht in Betracht kommt oder nicht durchgesetzt werden kann[22], etwa weil der

---

[5] BGH FamRZ 1978, 677; dazu auch AnwK-BGB/*Groß* Rn 11; *Palandt/Brudermüller* Rn 4; KK-FamR/*Weinreich* Rn 23 f; *Johannsen/Henrich/Jaeger* Rn 11, der zu Recht daran zweifelt, ob diesem Auskunftsanspruch im Rahmen von § 1379 noch praktische Bedeutung zukommt, vgl den Fall von BGH NJW 2005, 1492.
[6] BGH FamRZ 1978, 677; nach OLG Karlsruhe FPR 2002, 312 sogar nur bis zum Scheitern der Ehe (von BGH NJW 2005, 1492 aus anderem Grunde aufgehoben).
[7] OLG Hamm FamRZ 1993, 194.
[8] MünchKommBGB/*Koch* Rn 12; *Staudinger/Thiele* Rn 11.
[9] *Staudinger/Thiele* Rn 11; aA *Soergel/Lange* Rn 7.
[10] OLG Karlsruhe FamRZ 1981, 458; OLG Nürnberg FamRZ 1986, 272; *Büte* FuR 2004, 289; KK-FamR/*Weinreich* Rn 4; PWW/*Weinreich* Rn 3; MünchKommBGB/*Koch* Rn 1, 12; *Staudinger/Thiele* Rn 15; *Palandt/Brudermüller* Rn 2.
[11] OLG Düsseldorf OLGZ 1965, 271; OLG Karlsruhe FamRZ 1981, 458; OLG Nürnberg FamRZ 1986, 272.
[12] OLG Karlsruhe FamRZ 1986, 1105; *Staudinger/Thiele* Rn 15; *Johannsen/Henrich/Jaeger* Rn 2; *Hartung* MDR 1998, 508; PWW/*Weinreich* Rn 3; aA OLG Schleswig FamRZ 1983, 1126.
[13] BGHZ 82, 132, 135 ff = NJW 1982, 176; NJW 1997, 2239, 2242; OLG Köln FamRZ 1997, 1336 f; AnwK-BGB/*Groß* Rn 3; *Johannsen/Henrich/Jaeger* Rn 3; MünchKommBGB/*Koch* Rn 13; RGRK/*Finke* Rn 17; *Hartung* MDR 1998, 508, 509; aA OLG Bamberg FamRZ 1980, 573, 574; OLG Karlsruhe FamRZ 1980, 1119; *Staudinger/Thiele* Rn 14; *Palandt/Brudermüller* Rn 3; *Dölle* I S 820; diff *Erman/Heckelmann* Rn 1: tatsächliche Anhaltspunkte für Vermögensminderung erforderlich.
[14] BGHZ 82, 132, 137 f = NJW 1982, 176: Spielbankbesuche, wobei betont wird, dass keine zu strengen Anforderungen zu stellen sind; BGH NJW 1997, 2239, 2242; FamRZ 2000, 948, 950 = NJW 2000, 2347 m Anm *Meder* WuB I C 2 Sparkonto 3.00; NJW 2005, 1492, 1493 m Anm *Kogel* FF 2005, 151 und Anm *Maes* jurisPR-FamR 13/2005 Anm 1; OLG Bremen NJW-RR 1998, 1154; OLG Köln FamRZ 1997, 1336, 1337; *Hartung* NJW 1999, 1070; AG Landstuhl FamRZ 1989, 509; AG Detmold FamRZ 1988, 1165; AG Flensburg NJW-RR 2005, 873: Klageantrag muss sich hier auf die näheren Umstände der Vermögensverschiebung, zB Zweck, Zeitpunkt, Gegenleistung, beziehen; ausf AnwK-BGB/*Groß* Rn 12; KK-FamR/*Weinreich* 22.
[15] BGH NJW 2000, 2347, 2348.
[16] BGH NJW 2005, 1492, 1493; BGHZ 82, 132, 138; AG Betzdorf FamRZ 2006, 417; *Johannsen/Henrich/Jaeger* Rn 3; PWW/*Weinreich* Rn 13.
[17] AnwK-BGB/*Groß* Rn 12; großzügig OLG Bremen NJW-RR 1998, 1154: Verkauf von Wertpapieren und einer Lebensversicherung bei Minussaldo auf Girokonto begründet hinreichenden Verdacht für illoyale Vermögensminderung, so dass der Verbleib der erhaltenen Zahlungen und die Entwicklung des Girokontos im einzelnen lückenlos darzustellen sind.
[18] AnwK-BGB/*Groß* Rn 12 aE; vgl auch BGH NJW 2000, 2347, 2348.
[19] BGH NJW 1972, 433; AnwK-BGB/*Groß* Rn 14.
[20] OLG Nürnberg FamRZ 1964, 440.
[21] BGHZ 44, 163, 164 f = NJW 1965, 2055; AnwK-BGB/*Groß* Rn 12; KK-FamR/*Weinreich* Rn 9.
[22] OLG Koblenz FamRZ 2005, 902; KK-FamR/*Weinreich* Rn 6; MünchKommBGB/*Koch* Rn 4.

andere Ehegatte offensichtlich keinen Zugewinn erzielte[23] oder durch Ehevertrag oder in einer Scheidungsvereinbarung nach § 1378 Abs 3 S 2 die Ausgleichsforderung ausgeschlossen oder genau festgelegt wurde[24], jedoch ist eine Versagung des Anspruchs auf besondere Ausnahmefälle zu beschränken[25]. Ist nur ein möglicher Anspruch des einen Ehegatten verjährt, nicht aber der des anderen, behält letzterer seinen Auskunftsanspruch[26]. Auch kann das Auskunftsverlangen **rechtsmissbräuchlich** sein, wenn unzweifelhaft ist, dass infolge einer Einrede eine Ausgleichsforderung nicht besteht[27], insbes wenn die Geltendmachung des (anerkannten) Auskunftsanspruchs gegen § 226 verstößt, weil dieser auf Grund der Verjährung des Leistungsanspruchs nur noch als Selbstzweck geltend gemacht wird[28]. Jedoch besteht der Auskunftsanspruch dann, wenn mit dem verjährten Zugewinnausgleichsanspruch zumindest aufgerechnet werden kann (§ 215 nF, früher § 390 S 2)[29]. Hinsichtlich des im Miteigentum der Ehegatten stehenden **Hausrats** scheidet eine Auskunftspflicht aus, soweit dieser nicht dem Zugewinnausgleich unterfällt[30]. Es besteht kein **Zurückbehaltungsrecht** (§ 273) des einen Ehegatten hinsichtlich seiner Auskunftspflicht, bis der andere seinerseits Auskunft erteilt hat, denn angesichts des rein vorbereitenden Charakters des Auskunftsanspruchs fehlt es an dem von § 273 angestrebten Sicherungszweck[31].

3. Auskunftsberechtigung, Zeitpunkt. Die Auskunftspflicht besteht für beide Ehegatten untereinander, entsteht grds nach Beendigung des Güterstands und ist dann sofort fällig (§ 271)[32]. Die Auskunft wird bereits vorher geschuldet, wenn Antrag auf Scheidung (§ 1564 S 1) oder Eheaufhebung (§ 1313 S 1) gestellt wird (Abs 2); dadurch soll der ausgleichsberechtigte Ehegatte vor Vermögensminderungen des anderen geschützt werden. Zur Geltendmachung beim vorzeitigen Zugewinnausgleich s § 1385 Rn 3.

4. Inhalt des Auskunftsanspruchs. a) Grad der Spezifizierung. Geschuldet wird nach § 1379 Abs 1 S 1 die Vorlage eines einzigen **Bestandsverzeichnisses** iS von § 260 Abs 1, in dem die Aktiva und Passiva des Endvermögens zum maßgeblichen Stichtag (idR §§ 1384, 1387) geordnet und übersichtlich zusammengestellt sind[33], einschließlich Geld und Spargutshaben[34]. Die zum Endvermögen zählenden Vermögenswerte sind dabei grds nach Anzahl, Art und wertbildenden Faktoren einzeln aufzuführen[35], so dass dem Auskunftsberechtigten eine Bewertung möglich ist[36]. Der **Grad** der erforderlichen Auflistung orientiert sich am Normzweck, nämlich eine ausreichende Berechnungsgrundlage für den Zugewinnausgleich zu erhalten[37]. Vermögenswerte und Verbindlichkeiten sind dementsprechend zu individualisieren und zu bezeichnen und exakt und geordnet aufzuführen, so dass dies auch Gegenstand einer eidesstattlichen Versicherung nach § 260 Abs 2 sein kann[38]. Eine bloß überschlägige Saldierung genügt nicht[39]. **Sachgesamtheiten** und Inbegriffe von Gegenständen (zB Münz- und Briefmarkensammlungen, Unternehmen) können als solche aufgeführt werden, wenn und soweit das Unterlassen einer eingehenden Spezifizierung verkehrsüblich ist und eine ausreichende Orientierung des Gläubigers wahrt, wobei wertvolle Gegenstände gesondert anzugeben sind[40]; bei Sammlungen wird man dabei um eine Wertangabe nicht herumkommen (statt quantitativer die qualitative Angabe)[41]. Das rein zur Auskunftserteilung bestimmte Verzeichnis braucht aber sonst **keine Wertangaben** enthalten[42]. Diese sind nach Abs 1 S 2 nur auf Verlangen gesondert zu ermitteln (Rn 12).

b) Formale Anforderungen. Verschiedene Einzelangaben in Einzelschreiben oder Prozessschriftsätzen genügen nicht[43]. Nur sofern die Übersichtlichkeit gewahrt ist, reicht ausnahmsweise eine Mehr-

---

[23] OLG München NJW 1969, 881; OLG Koblenz FamRZ 1985, 286; OLG Brandenburg FamRZ 1998, 174; OLG Hamm FamRZ 1998, 1300, 1301.
[24] OLG Düsseldorf FamRZ 1989, 181; MünchKommBGB/*Koch* Rn 5.
[25] BGHZ 44, 163, 166 = NJW 1965, 2055.
[26] OLG München NJW 1969, 881; OLG Frankfurt FamRZ 1987, 1147.
[27] BGH NJW 1972, 433; NJW 1980, 1462; NJW-RR 1996, 1409; KK-FamR/*Weinreich* Rn 6.
[28] OLG Celle FamRZ 2002, 1030.
[29] AG Bonn FamRZ 2001, 764 m Anm *Gerhards*; AnwK-BGB/*Groß* Rn 14; KK-FamR/*Weinreich* Rn 6.
[30] BGHZ 89, 137, 142 ff = NJW 1984, 484; *Schwab/Schwab* HdB ScheidungsR VII Rn 302 mw Einzelheiten.
[31] OLG Stuttgart FamRZ 1984, 273; OLG Frankfurt NJW 1985, 3083; OLG Hamm FamRZ 1976, 631; OLG Jena NJW-RR 1997, 578; AnwK-BGB/*Groß* Rn 14; *Johannsen/Henrich/Jaeger* Rn 14; KK-FamR/*Weinreich* Rn 39; *Schwab/Schwab* HdB ScheidungsR VII Rn 306; aA OLG Stuttgart FamRZ 1982, 282, 283; *Erman/Heckelmann* Rn 1; *Gernhuber* NJW 1991, 2240; MünchKommBGB/*Koch* Rn 32.
[32] MünchKommBGB/*Koch* Rn 8.
[33] OLG Brandenburg FamRZ 1998, 174; OLG Hamm FamRZ 2001, 763; *Hartung* MDR 1998, 508, 509; *Johannsen/Henrich/Jaeger* Rn 5; *Palandt/Brudermüller* Rn 10; MünchKommBGB/*Koch* Rn 16; KK-FamR/*Weinreich* Rn 10.
[34] AG Hamburg-Altona FamRZ 1998, 1514.
[35] BGHZ 84, 31, 32 = NJW 1982, 1643; OLG München FamRZ 1995, 737; *Johannsen/Henrich/Jaeger* Rn 5.
[36] *Hartung* MDR 1998, 509.
[37] MünchKommBGB/*Koch* Rn 16; KK-FamR/*Weinreich* Rn 11.
[38] OLG Düsseldorf FamRZ 1979, 808; OLG Hamm FamRZ 1976, 631; FamRZ 1979, 1012; FamRZ 1981, 482, 483; OLG Bamberg vom 5. 5. 1983, UF 5/83; *Johannsen/Henrich/Jaeger* Rn 5.
[39] OLG Brandenburg FamRZ 1998, 174.
[40] BGHZ 89, 137, 141 = NJW 1984, 485; MünchKommBGB/*Koch* Rn 16; *Johannsen/Henrich/Jaeger* Rn 5; KK-FamR/*Weinreich* Rn 11.
[41] OLG Stuttgart FamRZ 1982, 282.
[42] BGHZ 84, 31, 32 = NJW 1982, 1643; 89, 137 = NJW 1984, 484, 485; OLG München FamRZ 1995, 737; MünchKommBGB/*Koch* Rn 16.
[43] OLG Hamm FamRZ 1983, 812; FamRZ 2001, 763; OLG Schleswig OLGR 1998, 412.

§ 1379

heit von Teilverzeichnissen[44]. Eine **Unterzeichnung** des Verzeichnisses ist nicht erforderlich (vgl auch § 2314 Rn 13)[45], zumindest wenn es keine Zweifel an der Person des Urhebers gibt[46]. Ausreichend ist aber, wenn ein bevollmächtigter Rechtsanwalt die Angaben erteilt[47]. Zur Vervollständigung s Rn 14.

7   c) **Belegvorlage.** Eine solche kann allein zu Kontrollzwecken nicht verlangt werden (argumentum e contrario aus § 1605 Abs 1 S 2)[48]. Anders verhält es sich ausnahmsweise, wenn deren Vorlage erforderlich ist, um dem Auskunftsberechtigten überhaupt erst die geschuldete Information über die Zusammensetzung des Endvermögens und seine Wertfestsetzung zu verschaffen[49]. Bei Konto- und Depotauszügen, Zinsabrechnungen von Banken, Mietverträgen, Mietquittungen und Überweisungsbelegen ist dies idR nicht der Fall[50]. Ein Anspruch auf Vorlage von Belegen und Unterlagen wird aber von der Rspr (in extensiver Interpretation) bei Unternehmen und Beteiligungen anerkannt[51].

8   Jedoch muss der Berechtigte hierfür den Anspruch auf Belegvorlage besonders geltend machen und – zur Wahrung der Vollstreckungsfähigkeit – auch genau bezeichnen[52]. Entsprechend den Bewertungsgrundsätzen im Rahmen der Ertragswertmethode (§ 1376 Rn 10) umfasst der Auskunftsanspruch hier bei Unternehmen und Beteiligungen hieran auch Vorlage der hierfür erforderlichen Bilanzen mit Gewinn- und Verlustrechnung (oder Einnahme-/Überschussrechnung nach § 4 Abs 3 EStG) über einen längeren Zeitraum, idR fünf Jahre vor dem Stichtag[53]. Gleiches gilt auch für Freiberufler[54], während bei landwirtschaftlichen Betrieben die Jahresabschlüsse der beiden letzten Jahre genügen[55].

9   d) **Grenzen der Auskunftspflicht.** Gedächtnisschwäche, **Mangel an Aufzeichnungen** und Informationsquellen begrenzen diese; dies gilt nicht, wenn der Auskunftsschuldner diese Informationsdefizite zu vertreten hat[56]. Schutzwürdige Belange Dritter (besonders Mitgesellschafter) schließen die Pflicht zur Vorlage erforderlicher Belege (Rn 7) nicht aus, jedoch ist auf deren **Geheimhaltungsinteresse** soweit wie möglich Rücksicht zu nehmen. Dies kann etwa durch Schwärzen der Teile, die für den Auskunftsanspruch des Ausgleichsgläubigers nicht relevant sind, geschehen[57], aber auch durch einen sog Wirtschaftsprüfervorbehalt, dass die Unterlagen einem vom Auskunftsgläubiger ausgewählten und zur Verschwiegenheit verpflichteten Wirtschaftsprüfer zur Begutachtung vorzulegen sind[58]. Bei Unternehmen geht die Auskunftspflicht nicht weiter, als die Auskunfts- und Kontrollrechte eines auskunftsberechtigten Gesellschafters[59]. Vertraglich übernommene Schweigepflichten begrenzen die Auskunftspflicht nicht, da § 1379 zwingendes Recht setzt[60]; Gleiches gilt für anwaltliches Standesrecht[61]. Wegen der Stichtagsbezogenheit des Auskunftsanspruchs kann auch keine Angabe über **bestimmte Vermögenstransaktionen** verlangt werden; uU kommt bei Auskunftsverweigerung aber eidesstattliche Versicherung in Betracht[62].

10   e) **ABC des Auskunftsanspruchs. Grundbuchamt:** Das erforderliche berechtigte Interesse auf Grundbucheinsicht besteht bereits wegen der notwendigen Prüfung der Erfolgsaussichten der Klage hinsichtlich der Ausgleichsforderung, unabhängig davon, ob ein Anspruch aus § 1379 besteht[63]. – **Grundstücke:** Erforderlich ist Angabe von Lage, Größe, Art und Bebauung; **Kfz:** erforderlich Angabe von Typ, Baujahr und Kilometerstand[64], sowie Erhaltungszustand. – **Kreditschulden:** Zwar genaue

---

[44] BGH LM § 260 Nr 14; OLG Brandenburg FamRZ 1998, 174; FamRZ 2004, 820: späterer Zusatz zulässig.
[45] KG FamRZ 1997, 503; OLG Nürnberg FuR 2000, 29; OLG Zweibrücken FamRZ 2001, 763, 764; *Johannsen/Henrich/Jaeger* Rn 5; MünchKommBGB/*Koch* Rn 16; *Palandt/Brudermüller* Rn 10; *Staudinger/Thiele* Rn17; aA OLG München FamRZ 1995, 737; OLG Hamm FamRZ 2001, 763; AG Hamburg-Altona FamRZ 1998, 1514; AnwK-BGB/*Groß* Rn 9.
[46] KK-FamR/*Weinreich* Rn 20; *Hartung* MDR 1998, 507, 509.
[47] OLG Nürnberg FuR 2000, 294; KK-FamR/*Weinreich* Rn 20.
[48] OLG Bremen OLGR 2000, 313; OLG Hamm FamRZ 1983, 812, 813; OLG Karlsruhe FamRZ 1986, 1105, 1106; OLG Karlsruhe FamRZ 1998, 761, 762; MünchKommBGB/*Koch* Rn 20; *Dölle* I S 820; *Johannsen/Henrich/Jaeger* Rn 6; *Soergel/Lange* Rn 9; *Staudinger/Thiele* Rn 19; *Schwab/Schwab* HdB ScheidungsR VII Rn 297; aA OLG Schleswig FamRZ 1983, 1126; OLG Celle FamRZ 1983, 171.
[49] *Johannsen/Henrich/Jaeger* Rn 6; MünchKommBGB/*Koch* Rn 20; *Soergel/Lange* Rn 9; *Staudinger/Thiele* Rn 19.
[50] OLGR Karlsruhe 1998, 162.
[51] BGH FamRZ 1980, 37, 38; OLG Bamberg FamRZ 1980, 573, 575; OLG Koblenz FamRZ 1982, 280.
[52] OLG Karlsruhe FamRZ 1980, 1119, 1121; OLG Zweibrücken FamRZ 2001, 763, 764; *Johannsen/Henrich/Jaeger* Rn 7; vgl auch BGH FamRZ 1989, 157; Muster eines Klageantrags bei *Hartung* MDR 1998, 510.
[53] BGHZ 75, 195, 198 = NJW 1980, 229; OLG Bremen FamRZ 1979, 434, 435; OLG Bamberg FamRZ 1980, 573, 574; OLG Düsseldorf FamRZ 1986, 1070; OLG Naumburg FamRZ 2001, 1303, 1304; *Johannsen/Henrich/Jaeger* Rn 7; MünchKommBGB/*Koch* Rn 20; *Staudinger/Thiele* Rn 19.
[54] OLG Koblenz FamRZ 1982, 280, 281 bei Zahnarzt; MünchKommBGB/*Koch* Rn 20; anders OLG Hamm NJW 1983, 1914 bei Rechtsanwalt: nur für zwei Jahre.
[55] OLG Düsseldorf FamRZ 1986, 168, 169.
[56] MünchKommBGB/*Koch* Rn 19, die Anspruch aus pVV annimmt.
[57] MünchKommBGB/*Koch* Rn 20; *Staudinger/Thiele* Rn 19; *Johannsen/Henrich/Jaeger* Rn 8; *Hartung* MDR 1998, 508, 510; vgl auch BGH FamRZ 1983, 680 zur unterhaltsrechtlichen Auskunftspflicht.
[58] *Johannsen/Henrich/Jaeger* Rn 8; *Pastor*, Der Wettbewerbsprozess, 3. Aufl 1980, S 999 f.
[59] OLG Naumburg FamRZ 2001, 1303, 1304 f.
[60] MünchKommBGB/*Koch* Rn 20; für Interessenabwägung OLG Saarbrücken FamRZ 1984, 794.
[61] OLG Hamm NJW 1983, 1914.
[62] BGH FamRZ 1976, 516; FamRZ 1978, 677 (je zum Unterrichtsanspruch nach § 1353); OLG Köln NJWE-FER 1997, 100.
[63] LG Stuttgart NJW-RR 1996, 532.
[64] OLG Schleswig SchlHA 1979, 17; OLG Hamm OLGR 1999, 50.

Angabe zur Höhe, was zumutbar ist[65], nicht aber zum Verwendungszweck[66]. – **Landwirtschaftliche Betriebe:** Zumindest die zum Hof gehörenden Betriebsflächen und Gebäude sind nach Lage, Größe, Nutzungsart und Bonität zu bezeichnen, die auf dem Hof tätigen Arbeitskräfte, das Betriebssystem sowie die Art der Buchführung anzugeben und der Vieh- und Maschinenbestand und die sonstigen Betriebsmittel im Einzelnen zu erläutern sowie für die letzten beiden Wirtschaftsjahre zur Rechtshängigkeit des Scheidungsantrags die betriebswirtschaftlichen Jahresabschlüsse zugänglich zu machen[67]. **Lebensversicherung:** Genügend Angabe der Rückkaufswerte und der Überschussanteile[68]; ob die Voraussetzungen für eine anderweitige Bewertung vorliegen (§ 1376 Rn 33), ist erst im weiteren Verfahren zu prüfen[69]. **Rechtsanwalt:** Soweit an Rechtsanwaltssozietät beteiligt, hat er neben dem Sozietäts- oder Gesellschaftsvertrag[70] den Wert seiner Beteiligung darzulegen und hierzu auf Verlangen auch die Unterlagen herauszugeben, aus denen sich die Höhe seiner Beteiligung, Umsatz, Kosten, Gewinn, Inventar und Außenstände zum Stichtag ergeben[71]; hierzu gehört auch der Gesellschaftsvertrag[72]. **Versicherungsagentur** eines Handelsvertreters: Auskunftsanspruch erfasst nur deren Substanzwert und nicht einen darüber hinausgehenden „good will", weil angesichts des Umstandes, dass der Versicherungsbestand nicht dem Versicherungsvertreter gehört und somit nicht veräußert oder vererbt werden kann, ein solcher bei einer Versicherungsagentur idR nicht vorhanden ist[73]. **Zahnarzt:** Vorlage der Einnahmen-Überschuss-Rechnungen des Praxisinhabers für die letzten fünf Jahre vor dem Stichtag, um anhand der darin angegebenen Jahresumsätze den inneren Wert der Praxis selbst ermitteln zu können[74], wenn der Anspruch auch auf Abs 1 S 2 gestützt wird[75].

5. Erweiterte Auskunftsrechte (Abs 1 S 2 und 3). Jeder Ehegatten hat weiter das Recht, dass er selbst oder ein von ihm benannter Vertreter, insbes Rechtsanwalt oder Sachverständiger[76], **zur Aufnahme des Verzeichnisses zugezogen** wird (Abs 1 S 2). Dies ist aber nur ein reines Kontroll- und kein Mitwirkungsrecht und gibt keine Befugnis zur Beeinflussung des Inhalts[77]. Soweit der Berechtigte trotz rechtzeitig gestellten Verlangens nicht hinzugezogen wurde, ist der Auskunftsanspruch noch nicht erfüllt[78]. Das Zuziehungsverlangen kann auch noch nach Übergabe des Verzeichnisses an den Auskunftsberechtigten gestellt werden, es sei denn, in diesem Zusammenhang wurde auf diesen Anspruch ausdrücklich verzichtet (§ 397)[79] oder dass dieser verwirkt ist[80]. Weiter kann der Auskunftsberechtigte auf seine Kosten vom Verpflichteten verlangen, dass dieser eine **amtliche Aufnahme des Verzeichnisses** veranlasst (Abs 1 S 3). Dies kann auch noch längere Zeit nach Vorlage des privaten Verzeichnisses verlangt werden[81]. Die Aufnahme geschieht durch die zuständige Behörde oder einen zuständigen Beamten (vgl § 61 Abs 1 Nr 2 BeurkG iVm Landesrecht) oder einen Notar; hinsichtlich des Verfahrens gelten die zu § 2314 entwickelten Grundsätze (§ 2314 Rn 15). Die Rechte aus Abs 1 bilden keine Anspruchsmehrheit, sondern sind Teil eines einzigen Anspruchs, der erst durch die Geltendmachung aktualisiert wird[82].

6. Wertermittlungsanspruch (Abs 1 S 2). Dieser ist vom reinen Auskunftsanspruch zu unterscheiden, gesondert geltend zu machen[83] und geht auf Ermittlung des Wertes des Vermögens wie der Verbindlichkeiten. Beide Ansprüche können allerdings mit der Stufenklage (§ 254 ZPO) verfolgt werden. Die **Wertermittlung** ist zunächst vom Auskunftsschuldner selbst zuverlässig durchzuführen. Wie er dies im Einzelnen macht, bleibt ihm selbst überlassen. Er ist grds nur insoweit zur Ermittlung und Angabe der Vermögenswerte verpflichtet, als er dazu im Stande ist, etwa auf Grund schon vorhandener Unterlagen und Gutachten oder durch Erholung von Auskünften oder Einschaltung von Hilfskräften[84]. Dritte Personen, insbes einen Sachverständigen, braucht er grds mit der Wertermittlung nicht zu beauftragen[85]. Bei einer KG erfordert § 1379 Abs 1 S 2 Angaben bezüglich der Gewinn-

---

[65] OLG Stuttgart FamRZ 1993, 192.
[66] *Johannsen/Henrich/Jaeger* Rn 5; aA *Schwab/Schwab* HdB ScheidungsR VII Rn 294; OLG Düsseldorf FamRZ 1986, 168, 170 im Unternehmensbereich; AG Hamburg-Altona FamRZ 1998, 1514.
[67] OLG Düsseldorf FamRZ 1986, 168, 169; KK-FamR/*Weinreich* Rn 17; vgl auch zum Wertermittlungsanspruch OLG München OLGR 1996, 129.
[68] BGH NJW-RR 2003, 1156, 1157; KK-FamR/*Weinreich* Rn 13; weiter gehende Anforderungen bei *Haußleiter/Schulz* 1 Rn 475.
[69] OLG Köln FamRZ 1998, 1515; FamRZ 2002, 1406.
[70] KK-FamR/*Weinreich* Rn 16.
[71] OLG Hamm BB 1983, 860.
[72] OLG Hamm NJW 1983, 1914.
[73] OLG Stuttgart FamRZ 1995, 1586.
[74] OLG Koblenz FamRZ 1982, 280, 281.
[75] BGH FamRZ 1989, 157; KK-FamR/*Weinreich* Rn 16.
[76] KK-FamR/*Weinreich* Rn 31; MünchKommBGB/*Koch* Rn 21; *Staudinger/Thiele* Rn 23.
[77] *Staudinger/Thiele* Rn 23.
[78] BGHZ 107, 236, 239 = NJW 1989, 2821; OLG Frankfurt JurBüro 1982, 1580.
[79] KG NJW-RR 1998, 1155; MünchKommBGB/*Koch* Rn 22; krit hierzu KK-FamR/*Weinreich* Rn 31.
[80] OLG Frankfurt JurBüro 1982, 1580.
[81] *Staudinger/Thiele* Rn 27.
[82] MünchKommBGB/*Koch* Rn 21.
[83] Vgl BGH FamRZ 1989, 157.
[84] BGHZ 84, 31, 32 = NJW 1982, 1643; BGH NJW-RR 1991, 325; OLG Karlsruhe FamRZ 1995, 736; zur Vorlage der Hausunterlagen OLG Karlsruhe NJW-RR 1999, 85; OLG München OLGR 1996, 129 für landwirtschaftlichen Betrieb; *Johannsen/Henrich/Jaeger* Rn 11; *Schwab/Schwab* HdB ScheidungsR VII Rn 299.
[85] BGH NJW-RR 1991, 325; OLG Karlsruhe FamRZ 1995, 736.

anteile, der Prokuristenvergütung, der Entnahme- und Provisionsansprüche und zum Wert der Gesellschaft[86].

13   Jedoch kann der Auskunftsberechtigte in extensiver Auslegung des § 1379 eine **Wertermittlung durch Hinzuziehung eines Sachverständigen** dann verlangen, wenn eine zuverlässige Bewertung durch den Inhaber des Vermögensgegenstandes selbst oder auf Grund seiner Angaben durch den Auskunftsberechtigten nicht möglich ist[87]. Dies wird bei Wertermittlung mit Unternehmensbezug praktisch immer der Fall sein. Der Auskunftsschuldner hat die Wertermittlung durch den Sachverständigen zu dulden und ihm die erforderlichen Unterlagen zur Verfügung zu stellen. Der Auskunftsgläubiger kann dabei einen Gutachter seines Vertrauens beauftragen[88]. Die hierbei anfallenden **Kosten** hat der Berechtigte selbst zu tragen[89], während diejenigen der gewöhnlichen Wertermittlung durch den Auskunftsschuldner (auch wenn dieser sich Hilfskräfte bedient) ihm selbst zur Last fallen[90].

14   **7. Eidesstattliche Versicherung.** Der Anspruch hierauf richtet sich nach §§ 260 Abs 2, 261. Ein solches Verlangen setzt zunächst Erfüllung des Auskunftsanspruchs und damit eine formell korrekte Auskunftserteilung voraus. Hieran fehlt es, wenn die Auskunft zum falschen Stichtag erteilt wurde[91] oder der Schuldner etwa selbst das Bestandsverzeichnis als unvollständig bezeichnet oder eine bloße Teilauskunft vorliegt. Hier muss der Gläubiger Klage auf Auskunft erheben und ggf nach § 888 ZPO vollstrecken, bevor er nach § 260 Abs 2 vorgehen kann[92]. Die eidesstattliche Versicherung kann dann verlangt werden, wenn Grund für die Annahme besteht, dass das Verzeichnis **nicht** mit der **erforderlichen Sorgfalt** aufgestellt wurde (§ 260 Abs 2). Der bloße Nachweis der Unvollständigkeit oder Unrichtigkeit genügt hierfür nicht, kann allerdings einen Sorgfaltsmangel nahe legen[93]. Für die **Abgrenzung** zwischen dem Anspruch nach § 260 Abs 2 und dem der **Ergänzung** und Berichtigung des nicht vollständig erfüllten Auskunftsanspruchs gilt[94]: Beruht die unzureichende Auskunft nicht auf mangelnder Sorgfalt, sondern auf unverschuldeter Unkenntnis oder einem entschuldbaren Irrtum, so kommt nur ein Anspruch auf ergänzende Auskunft (Berichtigung) in Betracht[95]. Ein Ergänzungsanspruch besteht auch, wenn der Auskunftsverpflichtete die Aktiva und Passiva nicht ausreichend spezifiziert[96], sein Bestandsverzeichnis selbst als unvollständig bezeichnet und lediglich eine „grobe Berechnung" geliefert[97] oder das Verzeichnis unter Vorbehalt einer späteren Berichtigung oder Ergänzung erstellt hat[98]. Ansonsten kann wegen behaupteter Mängel eine Ergänzung nicht verlangt werden, wenn das Verzeichnis nicht generell unbrauchbar ist[99].

15   **Zuständig** für die Abgabe der freiwilligen eidesstattlichen Versicherung ist der Rechtspfleger (§ 261 BGB, §§ 3 Nr 1 b, 17 RPflG); sie ist ausgeschlossen bei Angelegenheiten von geringer Bedeutung (§ 259 Abs 3). Stufenklage mit Auskunftsanspruch, ggf auch mit Zahlungsklage, ist möglich[100].

III. Verfahrensfragen

16   **Zuständig** für die Auskunftsklage ist das **Familiengericht** (§ 621 Abs 1 Nr 8 ZPO). Erforderlich ist ein bestimmter Antrag (§ 253 Abs 2 Nr 2 ZPO), der bezüglich der Vorlage von Belegen und hinsichtlich der Wertermittlung einen vollstreckungsfähigen Inhalt haben muss[101]. War der Anspruch nicht ausreichend tituliert, kann er erneut eingeklagt werden, ohne dass dem die Rechtskraft der früheren Entscheidung entgegensteht und ohne dass im Vollstreckungswege versucht werden muss, die benötigte Auskunft zu erlangen[102]. Er kann auch mittels **Stufenklage** (§ 254 ZPO) geltend gemacht

---

[86] OLG Schleswig OLGR 1998, 412.
[87] BGHZ 64, 63, 66 f = NJW 1975, 1021; BGHZ 84, 31, 33 = NJW 1982, 1643; *Schwab/Schwab* HdB ScheidungsR VII Rn 300.
[88] BGHZ 84, 31, 35 = NJW 1982, 1643; OLG Naumburg JMBl ST 2003, 342; MünchKommBGB/*Koch* Rn 24; str.
[89] BGHZ 84, 31; BGH NJW-RR 1992, 188; OLG Karlsruhe NJW-RR 1999, 85; OLG Naumburg JMBl ST 2003, 342; MünchKommBGB/*Koch* Rn 29; *Staudinger/Thiele* Rn 26; aA *K. Müller* FamRZ 1981, 837, 838 f.
[90] BGHZ 64, 63, 66 = NJW 1975, 1021; BGHZ 84, 31, 33 = NJW 1982, 1643; BGH NJW-RR 1991, 325; OLG Karlsruhe FamRZ 1995, 736; aA *Dölle* I S 820; *Erman/Heckelmann* Rn 3: der Veranlasser.
[91] OLG Hamm FamRZ 1993, 194; die Vollstreckung des auf § 260 Abs 2 gerichteten Titels ist dann unzulässig, BGH NJW-RR 1992, 450.
[92] MünchKommBGB/*Koch* Rn 30.
[93] BGHZ 84, 137, 139 f = NJW 1984, 484; MünchKommBGB/*Koch* Rn 28; dazu auch *Kuchinke* NJW 1957, 1175, 1176; zur zwischenzeitlichen Korrektur unvollständiger Angaben OLG Köln OLGR 1997, 247.
[94] Eingehend KK-FamR/*Weinreich* Rn 42 ff; MünchKommBGB/*Koch* Rn 29 f.
[95] BGHZ 84, 137, 140 = NJW 1984, 484; AnwK-BGB/*Groß* Rn 15; MünchKommBGB/*Koch* Rn 29 mwN zu den zu stellenden Sorgfaltsanforderungen; zum Inhalt des Ergänzungsanspruchs *Hartung* MDR 1998, 510 f; die Verurteilung ist auf die jeweils entsprechend konkretisierte Vervollständigung der Auskunft zu beschränken, ein Gesamtverzeichnis muss nicht jedes Mal neu erstellt werden, OLG Zweibrücken FamRZ 2001, 763, 764.
[96] OLG Celle FamRZ 1975, 415.
[97] OLG Hamm FamRZ 1976, 631, 632.
[98] OLG Karlsruhe FamRZ 1967, 339, 340.
[99] OLG Köln FamRZ 1997, 1336.
[100] KK-FamR/*Weinreich* Rn 56.
[101] Für Unternehmensunterlagen OLG Zweibrücken FamRZ 2001, 763; OLG Karlsruhe FamRZ 1980, 1119; FamRZ 1998, 761, 762; *Büttner* FamRZ 1992, 629; zur Minimalfassung *Hartung* MDR 1998, 509; Muster hierzu etwa bei AnwK-BGB/*Groß* Rn 18; KK-FamR/*Weinreich* Rn 46 f.
[102] OLG Zweibrücken NJW-RR 1997, 1; KK-FamR/*Weinreich* Rn 57, jeweils mw Beispielen, wann ebenfalls Rechtskraft des früheren Urteils nicht entgegensteht.

werden, wobei in der ersten Stufe die Auskunft, ggf die Wertermittlung[103], in der zweiten auch die eidesstattliche Versicherung[104] und in einer weiteren mittels der **Leistungsklage** die Ausgleichsforderung durchgesetzt werden kann. Bei Verbindung mit der Leistungsklage hemmt dies (anders als die reine Auskunftsklage) die **Verjährung**[105] und erspart genaue Bezifferung des Leistungsanspruchs (mit Kostenrisiko)[106]. Innerhalb einer Stufenklage ist ein **Wechsel** von der Auskunftsstufe in die Leistungsstufe – und auch umgekehrt – jederzeit zulässig[107]. Über jeden Teil der Stufenklage wird iÜ selbstständig entschieden. Ergibt sich jedoch im Rahmen einer Stufenklage schon bei Prüfung des Auskunftsanspruchs, dass der Hauptanspruch (Leistungsanspruch) nicht besteht, ist die Stufenklage insgesamt abzuweisen[108]. Nach Eröffnung des **Insolvenzverfahrens** ist die Auskunftsstufe gegen den Gemeinschuldner zu richten, für den Zahlungsanspruch hingegen gegen den Insolvenzverwalter als Partei kraft Amtes[109]. Eine für die Auskunftsstufe abgegebene Erledigungserklärung hat keine materiell-rechtliche Wirkung, insbes, wenn der Auskunftsanspruch nur teilweise geltend gemacht wurde[110]. Ergibt bei der Stufenklage die erteilte Auskunft, dass ein **Leistungsanspruch nicht** besteht, so tritt insoweit keine **Erledigung** der Hauptsache ein, als von Anfang an kein Leistungsanspruch bestand. Dann kommt aber auch bei einseitiger Erledigterklärung ein Kostenausspruch zugunsten des Klägers weder nach § 91 ZPO noch in entsprechender Anwendung des § 93 ZPO in Betracht. Dem Kläger kann jedoch ein materiellrechtlicher Kostenerstattungsanspruch zustehen, wenn sich der Beklagte mit der Erfüllung der Auskunftspflicht in Verzug befand. Diesen kann er in dem anhängigen Rechtsstreit geltend machen[111].

In einem **Scheidungsverbundverfahren** (§ 623 Abs 1 ZPO) kann der bloße Auskunftsanspruch nicht verfolgt werden, da er nur die Regelung der Scheidungsfolgen vorbereitet[112]; anders liegt es nur, wenn er als Stufenklage mit der Leistungsklage auf den Zugewinnausgleichsanspruch verbunden ist[113] oder mittels Widerklage gegen den Zugewinnausgleichsanspruch rechtshängig gemacht wird, weil nur so eine sachgerechte Verteidigung möglich ist[114]. Wird die Klage nach § 1379 zulässige Folgesache (§ 623 Abs 1 ZPO), so kann über diesen Anspruch durch Teilurteil, über die Scheidung und die Ausgleichsforderung im Endurteil entschieden werden[115].   **17**

Der Auskunftsanspruch betrifft eine unvertretbare Handlung und wird daher nach **§ 888 ZPO vollstreckt**[116], und zwar auch dann, wenn die Vorlage von Belegen verlangt wird[117], jedoch erfolgt keine Zwangsgeldandrohung, wenn Titel lediglich die Vorlage von nicht näher spezifizierten Belegen zum Inhalt hat[118]. Mit Vornahme der geschuldeten Auskunftserteilung wird die Zwangsgeldfestsetzung gegenstandslos; für einen Antrag auf Aufhebung derselben fehlt dann das Rechtsschutzinteresse[119]. Der **Wertermittlungsanspruch** ist nach § 887 ZPO zu vollstrecken, weil dieser auch durch einen Dritten (idR Sachverständigen) erfüllbar ist[120]. Der auf § 1353 oder § 242 gestützte Anspruch auf Vermögensbewegungen (Rn 1 f) soll wegen § 888 Abs 3 ZPO der Zwangsvollstreckung nicht zugänglich sein[121], was zumindest hinsichtlich des Auskunftsanspruchs bezüglich illoyaler Vermögensverfügungen nicht überzeugt, da hier eine Rechtsähnlichkeit zu § 1379 besteht. Bei Verweigerung der Erfüllung des sich aus 1353 ergebenden Auskunftsanspruchs kann auf den vorzeitigen Zugewinnausgleich geklagt werden. Daneben berechtigt dieses Verhalten, bei einem späteren Ehescheidungsverfahren die Abgabe der eidesstattlichen Versicherung zu verlangen[122].   **18**

---

[103] OLG Naumburg OLGR 2001, 34: gesonderte prozessuale Geltendmachung erforderlich; zum Klageantrag KK-FamR/*Weinreich* Rn 51.
[104] Und zwar auch ohne Leistungsantrag in der dritten Stufe, KG FamRZ 1997, 503.
[105] KK-FamR/*Weinreich* Rn 54; OLG Celle NJW-RR 1995, 1411: bloße Ankündigung der Leistungsklage genügt nicht; eingehend dazu § 1378 Rn 23.
[106] Zur Unterbrechung (nunmehr Hemmung) der Verjährung des Auskunftsanspruchs durch Klage auf Wertausgleich auf Grund einer Vermögensauseinandersetzung BGH NJW-RR 1996, 1409.
[107] OLG Naumburg JMBl ST 2003, 342.
[108] OLGR Zweibrücken 2006, 24.
[109] OLG Naumburg NJW-RR 2002, 1704.
[110] OLG Hamm NJWE-FER 2000, 64.
[111] BGH NJW 1994, 2895, 2896.
[112] OLG Bamberg FamRZ 1980, 811; OLG Zweibrücken FamRZ 1980, 1142; OLG Hamm FamRZ 1993, 984 m Anm *Vogels* FamRZ 1994, 49; KK-FamR/*Weinreich* Rn 52; aA OLG Frankfurt FamRZ 1987, 299, 300; es erfolgt aber keine Klageabweisung, sondern nur Abtrennung nach § 145 ZPO, KK-FamR/*Weinreich* Rn 52, vgl auch BGH NJW 1997, 2176 zur Parallelproblematik bei §§ 1580, 1605.
[113] KG FamRZ 2000, 1292; AnwK-BGB/*Groß* Rn 20; MünchKommBGB/*Koch* Rn 31; aA OLG Zweibrücken FamRZ 1980, 1142: nur Streit über Ausgleichsforderung Folgesache.
[114] OLG Zweibrücken NJW-RR 1997, 1; KK-FamR/*Weinreich* Rn 52.
[115] BGH NJW 1979, 1603, 1604; OLG München NJW 1979, 114; OLG Saarbrücken FamRZ 1982, 948; MünchKommBGB/*Koch* Rn 31; aA OLG Düsseldorf FamRZ 1979, 160: nur einheitliche Entscheidung über alles.
[116] AnwK-BGB/*Groß* Rn 21; KK-FamR/*Weinreich* Rn 60; Zöller/*Stöber* § 888 ZPO Rn 3, Stichwort „Auskunft"; für das Vollstreckungsverfahren gilt Anwaltszwang, OLG Köln FamRZ 1995, 312.
[117] Zöller/*Stöber* § 888 ZPO Rn 3, Stichwort „Auskunft"; Palandt/*Brudermüller* Rn 19; aA *Büttner* FamRZ 1992, 629; Haußleiter/*Schulz* 1 Rn 507.
[118] OLG Bamberg FamRZ 1994, 1048.
[119] OLG Zweibrücken FamRZ 1998, 384.
[120] OLG Bamberg NJW-RR 1999, 577; AnwK-BGB/*Groß* Rn 21; Palandt/*Brudermüller* Rn 19; Soergel/*Lange* Rn 14.
[121] Palandt/*Brudermüller* Rn 20; Staudinger/*Thiele* 1386 Rn 22; Schwab/*Schwab* HdB ScheidungsR VII Rn 286; Zöller/*Philippi* § 606 ZPO Rn 5; aA KK-FamR/*Weinreich* Rn 23; MünchKommBGB/*Koch* §§ 1385, 1386 Rn 24; Musielak/*Borth* § 606 ZPO Rn 10.
[122] BGH FamRZ 1978, 677; OLG Celle FamRZ 2000, 1369; KK-FamR/*Weinreich* Rn 62.

§ 1380

IV. Abweichende Vereinbarung

19 § 1379 kann durch Ehevertrag nicht im Voraus ausgeschlossen werden (essentialia der Zugewinnausgleichsberechnung)[123]. Nach Beendigung des Güterstands ist aber ein Erlass (§ 397) möglich[124].

§ 1380 Anrechnung von Vorausempfängen

(1) [1]Auf die Ausgleichsforderung eines Ehegatten wird angerechnet, was ihm von dem anderen Ehegatten durch Rechtsgeschäft unter Lebenden mit der Bestimmung zugewendet ist, dass es auf die Ausgleichsforderung angerechnet werden soll. [2]Im Zweifel ist anzunehmen, dass Zuwendungen angerechnet werden sollen, wenn ihr Wert den Wert von Gelegenheitsgeschenken übersteigt, die nach den Lebensverhältnissen der Ehegatten üblich sind.

(2) [1]Der Wert der Zuwendung wird bei der Berechnung der Ausgleichsforderung dem Zugewinn des Ehegatten hinzugerechnet, der die Zuwendung gemacht hat. [2]Der Wert bestimmt sich nach dem Zeitpunkt der Zuwendung.

Schrifttum: *Büte*, Die Anrechnung von Vorausempfängen, FuR 2006, 289; *Grünenwald*, Die neue Rechtsprechung und Lehre zu § 1380 BGB, NJW 1988, 109; *ders*, Güterrechtlicher und schuldrechtlicher Ausgleich von Zuwendungen unter Ehegatten bei Beendigung des gesetzlichen Güterstands durch die Ehescheidung, 1988; *Jeep*, Ehegattenzuwendung im Zugewinnausgleich, 2000; *Kogel*, § 1380 BGB – kein Buch mit sieben Siegeln, FamRB 2005, 368; *Kühne*, Zuwendungen unter Ehegatten und Zugewinnausgleich, FamRZ 1978, 221; *Lipp*, Ehegattenzuwendungen und Zugewinnausgleich, JuS 1993, 89; *Masloton*, Gerechtigkeitslücke beim Zugewinnausgleich von DDR-Ehen, die nach dem Beitritt zur BRD geschieden wurden?, FamRZ 2000, 204; *Netzer*, Die Berücksichtigung von Zuwendungen zwischen Ehegatten im Zugewinnausgleich, FamRZ 1988, 676; *v. Olshausen*, Die Anrechnung von Zuwendungen unter Ehegatten auf Zugewinnausgleich und Pflichtteil, FamRZ 1978, 755; *Reinicke/Tiedtke*, Güterrechtlicher Ausgleich bei Zuwendungen eines Ehegatten an den anderen und Wegfall der Geschäftsgrundlage, WM 1982, 946; *Tiedtke*, Güterrechtlicher Ausgleich bei Zuwendungen von Ehegatten untereinander und Wegfall der Geschäftsgrundlage bei Scheidung der Ehe, JZ 1992, 334.

Übersicht

	Rn		Rn
I. Normzweck	1	2. Überhöhte Vorwegleistung	9
II. Anrechnungspflicht	2	3. Zugewinnausgleich bei nicht anrechnungspflichtigen Zuwendungen	10
1. Zuwendungsbegriff	2		
2. Anrechnungsbestimmung	4	IV. Prozessuales	11
III. Durchführung der Anrechnung (Abs 2)	6		
1. Grundsätzliches	6	V. Gestaltung, Konkurrenzen	12

I. Normzweck

1 Regelmäßig stellen größere Zuwendungen unter Ehegatten eine vorweggenommene Erfüllung eines uU vorhandenen Zugewinnausgleichs dar. Mit der von § 1380 getroffenen Anrechnung einer solchen Zuwendung auf eine Zugewinnausgleichsforderung soll erreicht werden, dass der Zuwendungsempfänger im Falle des Zugewinnausgleichs nicht wirtschaftlich besser steht, als wenn die Zuwendung unterblieben und daher ihr Wert im Endvermögen des Zuwendenden verblieben wäre[1]. Denn ohne die Anrechnung erhielte der Ausgleichsberechtigte neben der Zuwendung die ungekürzte Ausgleichsforderung. Praktische Bedeutung erlangt die Vorschrift, wenn der Empfänger keinen Zugewinn oder allenfalls einen solchen erzielt hat, der unter dem Wert der Zuwendung liegt[2].

II. Anrechnungspflicht

2 **1. Zuwendungsbegriff.** Unter anrechnungsfähigen Zuwendungen iS des § 1380 fallen in **sachlicher Hinsicht** nur unentgeltliche, also solche, auf die der Empfänger keinen Anspruch hat, und die freiwillig ohne Gegenleistung erbracht werden[3]. Entsprechend dem Prinzip der subjektiven Äquivalenz müssen sich die Ehegatten darüber einig sein, dass die Zuwendung ganz oder wenigstens teilweise ohne Gegenleistung erfolgt[4]. Anrechnungsfähig sind nach dieser Maßgabe Schenkungen (§ 516)[5], aber

---

[123] AnwK-BGB/*Groß* Rn 16; KK-FamR/*Weinreich* Rn 2; *Staudinger*/*Thiele* Rn 28; MünchKommBGB/*Koch* Rn 35; *Dölle* I S 820.
[124] KK-FamR/*Weinreich* Rn 2; MünchKommBGB/*Koch* Rn 36.
[1] *Johannsen/Henrich/Jaeger* Rn 3; MünchKommBGB/*Koch* Rn 20; *Gernhuber/Coester-Waltjen* § 36 Rn 76; *Reinicke/Tiedtke* WM 1982, 946, 948.
[2] AnwK-BGB/*Groß* Rn 23; *Kogel* FamRB 2003, 68 f.
[3] BGH NJW 1983, 1113 = FamRZ 1983, 351, 352; *Johannsen/Henrich/Jaeger* Rn 4.
[4] MünchKommBGB/*Koch* Rn 11; *Soergel/Lange* Rn 7; *Johannsen/Henrich/Jaeger* Rn 4; aA RGRK/*Finke* Rn 2: objektive Unentgeltlichkeit genügt; ebenfalls auf die Parteivorstellung abstellend *Staudinger/Thiele* Rn 8.
[5] So die hM, MünchKommBGB/*Koch* Rn 11; aA *Jeep* S 53 (der die Schenkung allein bei § 1374 Abs 2 berücksichtigt) sowie zust *Palandt/Brudermüller* Rn 2.

auch die **ehebezogenen** (unbenannten) **Zuwendungen**[6] oder solche, die der **Altersversorgung** dienen, soweit sie nicht durch § 1587 Abs 3 dem Zugewinnausgleich entzogen sind[7], aber auch Unterhaltsbeiträge, die über den gesetzlich geschuldeten Unterhalt hinausgehen und nicht nach § 1360 b rückforderbar sind[8]. Bei gemischten Schenkungen ist nur der geschenkte Teil anrechnungsfähig.

In **zeitlicher Hinsicht** sind nur die während des Güterstands gemachten Zuwendungen anrechenbar[9]. Bei Zuwendungen vor Beginn des Güterstands kann die Anrechnungspflicht nur durch ehevertragliche Vereinbarung (§ 1408) oder in der Form des § 1378 Abs 3 S 3 bestimmt werden (Rn 4)[10]. **Nach Beendigung** des Güterstands bzw Ablauf der Stichtage der §§ 1384, 1387 kommt allerdings eine Erfüllungsleistung nach den §§ 362 ff auf die bereits entstandene oder gerade entstehende Ausgleichsforderung in Betracht, so dass eine analoge Anwendung von § 1380 Abs 1 nicht erforderlich ist[11]. 3

2. Anrechnungsbestimmung. Grundlage der Anrechnungspflicht ist die Anrechnungsbestimmung des Zuwendenden (Abs 1 S 1); diese muss vor oder spätestens bei dem die Zuwendung begründenden Rechtsgeschäft erklärt werden[12]. Jedoch kann diese auch konkludent erfolgen, und zwar auch nach Scheitern der Ehe im Hinblick auf die Vermögensauseinandersetzung[13]. Eine **spätere Anrechnungsbestimmung** ist nur durch vertragliche Vereinbarung der Ehegatten möglich, die der Form des Ehevertrags oder wenigstens der des § 1378 Abs 3 S 2 bedarf, da dadurch in die Ausgleichsmechanik der §§ 1373 ff eingegriffen wird, und der Zweck der Formvorschrift (Übereilungsschutz und Sicherung der Beratung) dies gebietet[14]; der gleichen Form bedarf die Aufhebung der Anrechnungspflicht[15]. 4

Wurde eine Anrechnungsbestimmung nicht oder nicht rechtzeitig getroffen, so erfolgt bis zum Beweis des gegenteiligen Willens des zuwendenden Ehegatten die **Anrechnung** auf Grund des **ergänzenden Rechtssatzes**[16] des Abs 1 S 2. Danach sind Zuwendungen „im Zweifel" anzunehmen, wenn ihr Wert denjenigen von **Gelegenheitsgeschenken** nicht übersteigt, die nach den Lebensverhältnissen der Ehegatten üblich sind. Beurteilungsmaßstab für das „nach den Lebensverhältnissen der Ehegatten **Übliche**" ist zum einen, was die betroffenen Ehegatten einander während ihrer Ehe an Zuwendungen machten, so dass in wohlhabenderen Familien hierunter auch eine Lebensversicherung oder kostbare Zimmereinrichtung fallen kann[17]. Zum anderen ist aber auch üblich, was andere Ehegatten in vergleichbaren Einkommens- und Vermögensverhältnissen untereinander als Gelegenheitsgeschenke zu gewähren pflegen[18], so dass eine Kombination einer individuellen wie allgemein objektivierenden Betrachtung erfolgt. Zu beachten ist, dass mit dem Begriff des Gelegenheitsgeschenks nur der Wertmaßstab bestimmt werden soll, die Zuwendung selbst aber kein solches sein muss[19]. 5

III. Durchführung der Anrechnung (Abs 2)

1. Grundsätzliches. Nach der ausdrücklichen gesetzlichen Bestimmung ist der Wert der Zuwendung für die Berechnung der Ausgleichsforderung dem Zugewinn des Zuwendenden hinzuzurechnen (ähnlich § 2315 Abs 2), und zwar mit dem **Wert im Zeitpunkt der Zuwendung** (Abs 2 S 2). Spätere, reale Wertveränderungen erhöhen oder vermindern daher das Endvermögen des Zuwendungsempfängers[20]. Nach wohl noch hM ist eine Berücksichtigung der Kaufkraftminderung des Geldes (Indexierung) nicht erforderlich, da sich die dadurch bedingten Änderungen bei der Berechnung 6

---

[6] BGHZ 82, 227, 233 ff = NJW 1982, 1093; BGHZ 115, 132, 137 f = NJW 1991, 2553; BGH NJW-RR 2001, 793, 794; OLG Karlsruhe FamRZ 2004, 1033; *Johannsen/Henrich/Jaeger* Rn 5; aA *Lipp* JuS 1993, 89, 93, der hierauf weder § 1380 noch § 1374 Abs 2 anwendet.
[7] *Büte* FuR 2006, 289; MünchKommBGB/*Koch* Rn 17; *Staudinger/Thiele* Rn 9; *Johannsen/Henrich/Jaeger* Rn 5.
[8] BGH NJW 1983, 1113.
[9] MünchKommBGB/*Koch* Rn 13; *Staudinger/Thiele* Rn 11; *Palandt/Brudermüller* Rn 5; aA *Dölle* I S 822; *Erman/Heckelmann* Rn 5 für Zuwendungen unter Verlobten.
[10] *Büte* FuR 2006, 290; *Johannsen/Henrich/Jaeger* Rn 6 f; *Soergel/Lange* Rn 8; aA *Staudinger/Thiele* Rn 11, wonach nur ehevertragliche Bestimmung zum Anfangs- oder Endvermögen zulässig sind, was aber eine unnötige Umwegkonstruktion erfordert.
[11] *Johannsen/Henrich/Jaeger* Rn 6; MünchKommBGB/*Koch* Rn 14; *Soergel/Lange* Rn 8; *Staudinger/Thiele* Rn 11.
[12] MünchKommBGB/*Koch* Rn 4 mwN; *Staudinger/Thiele* Rn 12.
[13] BGH NJW-RR 2001, 793, 794 = FamRZ 2001, 413; dazu *L. Müller* FamRZ 2001, 757, *Kleinwegener* ZFE 2002, 6; *Langenfeld* LM § 1380 Nr 7.
[14] *Dölle* I S 823; *Erman/Heckelmann* Rn 4; *Johannsen/Henrich/Jaeger* Rn 7; aA MünchKommBGB/*Koch* Rn 6; *Staudinger/Thiele* Rn 16.
[15] *Johannsen/Henrich/Jaeger* Rn 6 f; *Soergel/Lange* Rn 5; *Dölle* I S 823; *Brüning* NJW 1971, 922; RGRK/*Finke* Rn 3; *Erman/Heckelmann* Rn 4 und 8; aA MünchKommBGB/*Koch* Rn 6; ebenso, wenn auch zweifelnd *Staudinger/Thiele* Rn 15: formlose Vereinbarung ausreichend.
[16] MünchKommBGB/*Koch* Rn 8; *Gernhuber/Coester-Waltjen* § 36 Rn 80; *Johannsen/Henrich/Jaeger* Rn 1; *Haußleiter/Schulz* 1 Rn 382; FamGb/*Baumeister* Rn 26; aA: Auslegungsregel, so *Staudinger/Thiele* Rn 18; *Schwab/Schwab* HdB ScheidungsR VII Rn 189; wiederum anders *Palandt/Brudermüller* Rn 8: Beweislastregel.
[17] *Johannsen/Henrich/Jaeger* Rn 9; *Staudinger/Thiele* Rn 21; vgl auch OLG Köln FamRZ 1998, 1515, 1516: Zuwendung von Pkw und „Rollexuhren"; dort auch zur Berechnung, wenn die Zuwendung teilweise aus Mitteln eines gemeinsamen Kontos bezahlt wurde.
[18] *Johannsen/Henrich/Jaeger* Rn 9; aA insoweit *Staudinger/Thiele* Rn 21; *Palandt/Brudermüller* Rn 8; *Büte* FuR 2006, 289, 290.
[19] *Palandt/Brudermüller* Rn 8; *Schwab/Schwab* HdB ScheidungsR VII Rn 190; *Staudinger/Thiele* Rn 19; MünchKommBGB/*Koch* Rn 16; aA *Johannsen/Henrich/Jaeger* Rn 9.
[20] MünchKommBGB/*Koch* Rn 21.

§ 1380

ohnehin wieder neutralisieren würden[21], was aber nur dann der Fall ist, wenn der Wert der Zuwendung inklusive der sich aus der Indexierung ergebenden Erhöhung beim Endvermögen des Zuwendungsempfängers noch vorhanden ist[22].

7 Ansonsten ist die **Durchführung** der Anrechnung nicht näher geregelt und teilweise streitig. Einigkeit besteht insoweit, dass die im Endvermögen des Empfängers mit ungeschmälertem Wert noch vorhandene **Zuwendung aus** seinem **Zugewinn ausgeschieden** werden muss, um eine doppelte Anrechnung (Erhöhung des Zugewinns und Abzug bei der Ausgleichsforderung) zu vermeiden. Dafür bestehen rechnerisch zwei Methoden, die zum gleichen Ergebnis führen[23]. Nach der wohl überwiegenden, auch vom BGH[24] für die ehebezogene Zuwendung verwandten Berechnungsweise wird die Zuwendung beim Empfänger bei seinem Endvermögen in Abzug gebracht[25]. Denn wenn Abs 2 eine Hinzurechnung beim Zuwendenden bestimmt, ist damit von der hypothetischen Vermögenslage vor der Zuwendung auszugehen[26]. Geklärt ist weiter auch, dass bei Ehegattenzuwendungen die Privilegierung des § 1374 Abs 2 nicht anwendbar ist[27]. Die heute ganz hM berechnet dabei wie folgt, wobei sich im einzelnen vier Rechenschritte ergeben[28]: 1. Zunächst wird der tatsächliche Zugewinn des Zuwendenden, zuzüglich des Zuwendungswerts festgestellt. 2. Dann wird der tatsächliche Zugewinn des Zuwendungsempfängers, abzüglich des Zuwendungswerts bestimmt. 3. Dann wird die Zugewinnausgleichsforderung berechnet. 4. Von dieser wird der Wert der Zuwendung abgezogen.

Rechenbeispiel[29]: Ehemann M macht der Ehefrau F während des Güterstands eine anrechnungspflichtige Zuwendung von 40 000.

	ohne Indexierung		mit Indexierung (10%ige Erhöhung Verbraucherpreisindex)	
	Ehemann	Ehefrau	Ehemann	Ehefrau
Anfangsvermögen	80 000	0	80 000	0
Endvermögen (reales, bei M ohne Zuwendungswert, bei F einschließlich Zuwendungswert)	200 000	30 000	200 000	34 000
realer Zugewinn	120 000	30 000	120 000	34 000 (inkl. Inflationsbereinigung)
rechnerischer Zugewinn (bereinigt um die anrechnungspflichtige Zuwendung)	120 000 + 40 000 = 160 000	30 000 ./. 40 000 = − 10 000, wegen § 1375 Abs 1 S 2 aber 0	120 000 + 44 000 = 164 000	34 000 ./. 44 000 = 0
Zugewinnausgleichsforderung F ohne Anrechnung Vorempfang	80 000		82 000	
Abzüglich Vorempfang von	40 000		44 000	
Bereinigte Ausgleichsforderung F	40 000		38 000	

8 Der Wert einer ersatzlos **untergegangenen** oder verbrauchten **Zuwendung** ist überhaupt nicht, der Wert eines teilweise verschlechterten Zuwendungsobjekts nur noch mit dem Restwert aus dem Endvermögen des Empfängers herauszurechnen. Denn das Untergangs- und Verschlechterungsrisiko muss hier der Empfänger als Eigentümer des Zuwendungsobjekts tragen, da er hierüber die Sachherrschaft hat[30],

---

[21] *Büte* FuR 2006, 291; *Staudinger/Thiele* Rn 27; *Soergel/Lange* Rn 13; *MünchKommBGB/Koch* Rn 22; *KK-FamR/Weinreich* Rn 27; aA OLG Frankfurt NJW 2006, 520, 521; *AnwK-BGB/Groß* Rn 29; *Bergschneider* in: *Schröder/Bergschneider* FamVermR Rn 4.280, 4.298; *v. Heintschel/Heinegg* FA-FamR Rn IX Rn 111; *Palandt/Brudermüller* Rn 18; *Haußleiter/Schulz* 1 Rn 389 f; *Schwab/Schwab* HdB ScheidungsR VII Rn 186.
[22] *Kogel* FamRB 2005, 368, 370; s dazu das nachstehende Berechnungsbeispiel.
[23] *Schwab* FamRZ 1984, 525, 526 f; *ders* HdB ScheidungsR VII Rn 184–210 m Rechenbeispielen; *Johannsen/Henrich/Jaeger* Rn 12.
[24] BGHZ 82, 227, 234 f = NJW 1982, 1093, 1094; BGH FamRZ 1982, 778, 779.
[25] BGHZ 101, 65 = NJW 1987, 2814, 2816 betr Schenkung; OLG Karlsruhe FamRZ 2004, 1033; *Johannsen/Henrich/Jaeger* Rn 12; *MünchKommBGB/Koch* Rn 20; *Grünenwald* NJW 1988, 109, 110; *Göppinger/Börger* § 6 Rn 61; *Holzhauer* JuS 1983, 830, 835; *Reinicke/Tiedtke* WM 1982, 946, 949 f; die andere Methode rechnet die Zuwendung nach § 1374 Abs 2 dem Anfangsvermögen des Empfängers hinzu und belässt sie dann für die Berechnung im Endvermögen, *Staudinger/Thiele* Rn 25; *RGRK/Finke* Rn 10; *v. Olshausen* FamRZ 1978, 758; vor BGHZ 82, 227 war dies hM.
[26] *Grünenwald* NJW 1989, 109, 110.
[27] BGHZ 82, 227 für ehebezogene Zuwendung; BGHZ 101, 65, 69 ff = NJW 1987, 2814 für die Schenkung; vgl auch § 1374 Rn 21.
[28] Vgl mit kleineren Variationen *Bergschneider* in: *Schröder/Bergschneider* FamVermR Rn 4.295; *Haußleiter/Schulz* 1 Rn 386; *Schwab/Schwab* HdB ScheidungsR VII Rn 202; *Kogel* FamRB 2005, 368; im Ansatz auch *Johannsen/Henrich/Jaeger* Rn 12 f.
[29] Vgl auch die Beispiele bei *Kleinle* FamRZ 1997, 1383, 1386 f; *Bergschneider* in: *Schröder/Bergschneider* FamVermR Rn 4.295 ff; *Schwab/Schwab* HdB ScheidungsR VII Rn 202.
[30] *Johannsen/Henrich/Jaeger* Rn 3; *Grünenwald* NJW 1989, 109, 110; *Holzhauer* JuS 1983, 830, 834; *Reinicke/Tiedtke* WM 1982, 946, 949; aA *AnwK-BGB/Groß* Rn 30; *Schwab/Schwab* HdB ScheidungsR VII Rn 196; *Kogel* FamRB 2005, 368 f; *Palandt/Brudermüller* Rn 13; der Sache nach auch *Haußleiter/Schulz* 1 Rn 385: da im Zugewinnausgleich das

und dies lässt sich nur so berücksichtigen[31], denn sonst würde etwa im Beispiel Rn 7 der Verlust der Zuwendung von 40.000 zwei Mal den Zugewinn der F mindern (bei geringerem realen Zugewinn und fiktivem Abzug aus dem Endvermögen) und damit der Zugewinnausgleich der F um die Hälfte des Zuwendungswerts erhöht. Bei **beiderseitigen anrechnungspflichtigen Zuwendungen** kommt in Betracht, diese zu saldieren[32] und dann nach § 1380 zu verfahren, oder die Anrechnung nur für die Leistung des ausgleichspflichtigen Ehegatten vorzunehmen[33]. Da der Zugewinnausgleich auf einem Vergleich aller im Abrechnungszeitraum erzielten Vermögenspositionen beruht, gewährleistet nur die Saldierung sachgerechte Ergebnisse[34].

2. Überhöhte Vorwegleistung. Nach Ansicht des BGH[35] ist § 1380 nur anwendbar, wenn eine Ausgleichsforderung des Zuwendungsempfängers besteht, auf die die Anrechnung in vollem Umfang erfolgen kann (vgl den Wortlaut: „auf die Ausgleichsforderung eines Ehegatten …"). Hat der Zuwendungsempfänger demgegenüber (unter Berücksichtigung der Zuwendung) real einen höheren Zugewinn erzielt als der Zuwendende, gilt dann das normale Berechnungssystem des Zugewinnausgleichs (§§ 1373 bis 1378). Der Zuwendungsempfänger ist dann Schuldner des Ausgleichsanspruchs und muss in diesem Rahmen dem Zuwendenden den Wert der Zuwendung teilweise erstatten[36]. Dies führt uU zu einer doppelten Rechnung[37], wenn kein Ausgleichsanspruch besteht[38]. Trotzdem ist dies systemkonform, denn § 1380 will den Zuwendungsempfänger nicht vor einer derartigen Ausgleichsforderung des Zuwendenden schützen, ja entfaltet eben keine „Sperrwirkung", dass der Ausgleichsmechanismus sich hier gegen den Zuwendungsempfänger wendet[39]. Dadurch erhält der Zuwendende oftmals bis zur Hälfte seiner Zuwendung über den güterrechtlichen Ausgleich wieder zurück, so dass in der Mehrzahl der Fälle auch bei hohen Zuwendungen in der Ehe eine angemessene Regelung der Auseinandersetzung erreicht wird. Dann sind weitergehende Ansprüche wegen **Wegfalls der Geschäftsgrundlage** idR ausgeschlossen[40]. Einen geringeren Ausgleich für seine Zuwendung erhält der Zuwendende, wenn der Wert der Zuwendung durch Verbindlichkeiten des Erwerbers oder durch verlorenes Anfangsvermögen neutralisiert ist; besonders nachteilig für ihn ist, wenn er dem anderen eine Zuwendung aus seinem **Anfangsvermögen** gemacht hat und selbst keinen Zugewinn erzielt, denn dann kann er nach § 1378 Abs 1 nur die Hälfte der Zuwendung zurückverlangen[41].

Rechenbeispiel[42]: Anfangsvermögen von F und M je 0. Endvermögen der F 100 000, Endvermögen des M 40 000, Zuwendung des M an F während der Ehe 60 000.

	M	F
Anfangsvermögen	0	0
Endvermögen	40 000	100 000
tatsächlicher Zugewinn demnach	40 000	100 000
Zuwendung	+ 60 000	− 60 000
Zugewinn mit Zuwendung	100 000	40 000
Differenz	60 000	
Zugewinnausgleichsforderung (: 2)	30 000	
Abzüglich Zuwendung	60 000	
Bereinigte Ausgleichsforderung	− 30 000	

Der F steht daher kein Zugewinnausgleich zu.

Risiko, dass das Endvermögen gemindert wird, bis zur Grenze des § 1375 Abs 2 immer der andere Ehegatte trage. Jedoch ist diese Wertung auf § 1380 nicht übertragbar, weil es hier um die schutzwürdige Erwägung des Zuwenders geht, dass seine Zuwendung ihn im Zugewinnausgleich entsprechend entlasten werde; offen lassend *Staudinger/Thiele* Rn 25.

[31] *Johannsen/Henrich/Jaeger* Rn 14 f m Berechnungsbeispiel; zust *Soergel/Lange* Rn 13; vereinfachte Berechnung bei *Kleinle* FamRZ 1997, 1383, 1387.
[32] Hierfür *Haußleiter/Schulz* 1 Rn 400; *Palandt/Brudermüller* Rn 14; *Staudinger/Thiele* Rn 22; *v. Olshausen* FamRZ 1978, 758; *Schwab/Schwab* HdB ScheidungsR VII Rn 212.
[33] Dafür *Langenfeld* Rn 279 ff m Rechenbeispielen; *Grünenfeld* NJW 1989, 109, 112.
[34] Vgl *Kogel* FamRB 2006, 368, 369 f m Beisp; aA noch Vorauflage Rn 8.
[35] BGHZ 82, 227, 234; 115, 132, 137 f = NJW 1991, 2553; BGH FamRZ 1982, 778; OLG Frankfurt NJW 2006, 520, 521 = FamRB 2006, 35 (*Kogel*); dem zust etwa *Büte* FuR 2006, 289, 292; *Bergschneider* in: *Schröder/Bergschneider* FamVermR Rn 4.296; *Johannsen/Henrich/Jaeger* Rn 16 f; *Göppinger/Börger* § 6 Rn 62; *Haußleiter/Schulz* 1 Rn 394 ff; *MünchKommBGB/Koch* Rn 2; *Holzhauer* JuS 1983, 830, 834; *Schwab* FamRZ 1984, 525, 528; *ders* HdB ScheidungsR VII Rn 204 ff; *Grünenwald* NJW 1989, 109 f; *Schröder* NJW 1987, 1113.
[36] BGH NJW 1983, 1113 = FamRZ 1983, 351, 352; BGHZ 101, 65, 71 f = NJW 1987, 2814, 2816; zust *Reinicke/Tiedtke* WM 1982, 952; *Tiedtke* JZ 1984, 1078, 1082 f; *MünchKommBGB/Koch* Rn 2; *Soergel/Lange* Rn 7; *Johannsen/Henrich/Jaeger* Rn 16; *Kogel* FamRB 2005, 368, 370; *Schwab/Schwab* HdB ScheidungsR VII Rn 205 ff; abl *Palandt/Brudermüller* Rn 15; *Jeep* S 65 ff; *Kühne* JR 1982, 237, 238: entgegen historischer Entwicklung keine dauerhafte Vermehrung des Vermögens des Empfängers mehr; mit anderem Lösungsansatz *Lipp* JuS 1993, 89, 92 f und *Netzer* FamRZ 1988, 676, 682 f: § 1380 sei eine eigene Anspruchsgrundlage für die Rückzahlung.
[37] *Schwab/Schwab* HdB ScheidungsR VII Rn 208 f; *Kleinle* FamRZ 1997, 1383, 1387, jeweils m Beisp.
[38] *Schwab* FamRZ 1984, 525, 528.
[39] *Kleinle* FamRZ 1997, 1383, 1387.
[40] BGHZ 82, 227, 235 f; *Haußleiter/Schulz* 1 Rn 399; *Kogel* FamRB 2005, 368, 370.
[41] BGHZ 82, 227, 235.
[42] Nach *Büte* FuR 2006, 289, 292.

§ 1381

Wegen der überhöhten Vorwegleistung ist § 1380 nicht anwendbar. Vielmehr ist der Zugewinnausgleich ohne Anwendung dieser Vorschrift zu berechnen.

	M	F
Zugewinn	40 000	100 000
Differenz	60 000	

Zugewinnausgleichsforderung des **M** (: 2) = 30 000
Der M erhält demnach über den Zugewinnausgleich die Hälfte seiner Zuwendung zurück.

10 **3. Zugewinnausgleich bei nicht anrechnungspflichtigen Zuwendungen.** Diese Fallbehandlung ist höchstrichterlich nicht geklärt. Es werden drei Berechnungsmöglichkeiten vertreten[43]: **(1)** Berechnung des Zugewinnausgleichs so, wie wenn die anrechnungspflichtige Zuwendung nicht gemacht worden wäre. **(2)** Ausgehend vom tatsächlichen Stand des Endvermögens wird ohne § 1380 der Zugewinnausgleich berechnet[44]. **(3)** Ausgehend vom tatsächlichen Endvermögen wird hiervon beim Empfänger der Wert der Zuwendung abgezogen, da der Zuwendende nicht erwarten könne, dass dieser sich dort noch werterhöhend auswirke[45]. Dies führt aber quasi zu einer dinglichen Herausnahme der Zuwendung aus dem Zugewinnausgleich und ist ohne ehevertragliche Vereinbarung nicht möglich[46], weshalb die Lösung **(2)** zu befürworten ist, zumal die Beteiligten solch weit reichende Folgen wie nach (3) idR nicht wollten.

IV. Prozessuales

11 Wenn der Ausgleichsschuldner behauptet, er habe vor dem Stichtag (§ 1384) zum Zwecke der vorzeitigen Erfüllung des Zugewinnausgleichsanspruchs geleistet, so trifft ihn dafür die **Beweislast**[47]. Der zuwendende Ehegatte trägt die Darlegungs- und Beweislast dafür, dass eine rechtzeitige Anrechnungsbestimmung erfolgte oder wenigstens dafür, dass der Wert der Zuwendung den von Gelegenheitsgeschenken übersteigt (Abs 1 S 2)[48]. Für eine die Anrechnung entgegen Abs 1 S 2 ausschließende Vereinbarung ist der Empfänger beweispflichtig[49].

V. Gestaltung, Konkurrenzen

12 Abs 1 S 1 ist zwingend[50], jedoch kann die Art und Weise der Anordnung durch Ehevertrag erschwert werden (etwa an besondere Formen geknüpft werden)[51]. Abs 1 S 2 ist demgegenüber dispositiv[52]; zur Abänderung nach der Zuwendung s Rn 4. Zum Verhältnis der Anrechnung auf den **Pflichtteil** s § 2315 Rn 20.

§ 1381 Leistungsverweigerung wegen grober Unbilligkeit

(1) Der Schuldner kann die Erfüllung der Ausgleichsforderung verweigern, soweit der Ausgleich des Zugewinns nach den Umständen des Falles grob unbillig wäre.

(2) Grobe Unbilligkeit kann insbesondere dann vorliegen, wenn der Ehegatte, der den geringeren Zugewinn erzielt hat, längere Zeit hindurch die wirtschaftlichen Verpflichtungen, die sich aus dem ehelichen Verhältnis ergeben, schuldhaft nicht erfüllt hat.

Schrifttum: *Hoffmann,* Zugewinnausgleich bei langjähriger Trennung der Ehepartner, NJW 1979, 969; *Rommel,* Billigkeit und Zugewinnausgleich, 1991; *Roth-Stielow,* Der „prämierte Ausbruch" aus der Ehe, NJW 1981, 1594; *Thiele,* Die grobe Unbilligkeit des Zugewinnausgleichs, § 1381 BGB im Bereich der Anwendungsmaximen des § 242 BGB, JZ 1960, 394.

Übersicht

	Rn		Rn
I. Normzweck, Konkurrenzverhältnis	1	1. Anspruchsart	3
II. Voraussetzungen des Verweigerungsrechts	3	2. Grobe Unbilligkeit des Zugewinnausgleichs	4

---

[43] *Reinicke/Tiedtke* WM 1982, 946, 953; *Langenfeld* Rn 283 ff.
[44] Hierfür *Grünenwald* NJW 1989, 109, 111 f; *Haußleiter/Schulz* 1 Rn 401.
[45] Hierfür *Reinicke/Tiedtke* WM 1982, 946, 953; *Rauscher* AcP 186 (1986), 529, 567, der § 1374 Abs 2 anwendet; *Soergel/Lange* Rn 14; *Schwab* Rn 207; wohl auch *Schwab/Schwab* HdB ScheidungsR VII Rn 199.
[46] So richtig *Grünenwald* NJW 1989, 111; dagegen ohne überzeugende Begründung *Langenfeld* Rn 287.
[47] OLG Düsseldorf FamRZ 1988, 63.
[48] *Bergschneider* in: *Schröder/Bergschneider* FamVermR Rn 4.301; *Baumgärtel/Laumen* Rn 1.
[49] *Johannsen/Henrich/Jaeger* Rn 8.
[50] *Bergschneider* in: *Schröder/Bergschneider* FamVermR Rn 4.302; *MünchKommBGB/Koch* Rn 24; *Staudinger/Thiele* Rn 31.
[51] *Staudinger/Thiele* Rn 31.
[52] *Bergschneider* in: *Schröder/Bergschneider* FamVermR Rn 4.302; *MünchKommBGB/Koch* Rn 24.

Leistungsverweigerung wegen grober Unbilligkeit § 1381

	Rn		Rn
a) Gesetzliches Beispiel	5	III. Verfahrensfragen	15
b) Andere Fälle	6	IV. Gestaltung	16

I. Normzweck, Konkurrenzverhältnis

Die Norm ist ein **Billigkeitskorrektiv** gegenüber dem schematischen, pauschalierenden System des Zugewinnausgleichs mit seinem Halbteilungsgrundsatz, das der Gesetzgeber im Interesse der Praktikabilität und der Rechtssicherheit zunächst angeordnet hat[1]. Durch § 1381 soll die **Einzelfallgerechtigkeit** verwirklicht werden[2]. Daher gibt die Norm für besondere Härtefälle ein Verweigerungsrecht in Gestalt einer dauernden Einrede gegen die Ausgleichsforderung. 1

Nicht bezweckt wird aber die **Beseitigung der systemimmanenten Unzulänglichkeiten**, die zwangsläufige Folgen der wortwörtlichen Gesetzesanwendung und der dadurch vorgegebenen Berechnungsmethode im Allgemeinen sind[3]. Vielmehr müssen hierzu besondere Umstände des Einzelfalles hinzutreten, die die Durchführung des Zugewinnausgleichs als grob unbillig erscheinen lassen. Die Grundsätze des **§ 242** sind im Anwendungsbereich der Spezialnorm des § 1381 ausgeschlossen[4]. 2

II. Voraussetzungen des Verweigerungsrechts

1. Anspruchsart. § 1381 betrifft nur die Ausgleichsforderung, nicht die Auskunftspflicht nach § 1379; letztere entfällt daher nur dann, wenn unzweifelhaft kein Ausgleichsanspruch besteht[5]. Zudem wirkt das dadurch begründete Verweigerungsrecht nur zu Gunsten des Ausgleichsschuldners, kann also keine Begründung oder Erhöhung einer Ausgleichsforderung bewirken[6]. 3

2. Grobe Unbilligkeit des Zugewinnausgleichs. Eine solche ist Tatbestandsvoraussetzung für das Eingreifen des Verweigerungsrechts. Dies ist nach den Umständen des Einzelfalls zu beurteilen. Eine nähere gesetzliche Definition fehlt. Vielmehr handelt es sich bei diesem Begriff nur um die „Negation des Ergebnisses", das durch die Normanwendung erzielt werden soll[7]. Daher behilft sich die Rspr mit einer Umschreibung, was zu einer umfangreichen Kasuistik geführt hat[8]. Die Aufstellung allgemeiner Grundsätze oder wenigstens von Fallgruppen, die eine Vorhersehbarkeit der richterlichen Erkenntnis ermöglichen würden, ist dabei kaum möglich[9], auch nicht nach den § 242 angewandten Kriterien[10]. Es lassen sich wohl allenfalls Richtlinien und Leitgedanken aufzeigen, die die Konkretisierung am Fall erleichtern können[11]. Übereinstimmung dürfte noch insoweit herrschen, dass das Leistungsverweigerungsrecht nur besteht, wenn die ganze oder zumindest teilweise Leistung der Ausgleichsforderung „dem **Gerechtigkeitsempfinden in unerträglicher Weise widerspricht**"[12], was nur in Ausnahmefällen zutrifft und eine genaue Prüfung sämtlicher Umstände des Einzelfalls erfordert. Eine zeitliche Grenze besteht dahingehend, dass grds nur bis zur **Rechtskraft der Scheidung** eingetretene Faktoren berücksichtigt werden können, weil danach jede gegenseitige güterrechtliche Bindung erlischt[13]. Im Falle von Abs 2 setzt die Anwendung der Billigkeitsklausel immer, ansonsten regelmäßig ein **Verschulden** des ausgleichsberechtigten Ehegatten voraus[14]. 4

a) Gesetzliches Beispiel. Das Gesetz gibt in Abs 2 nur ein Beispiel für eine grobe Unbilligkeit: Der Ehegatte mit dem geringeren Zugewinn soll bei einer eigenen, länger andauernden **schuldhaften Nichterfüllung seiner wirtschaftlichen Verpflichtungen,** die sich aus der Ehe ergeben, nicht auch noch den Zugewinnausgleichsanspruch haben. Voraussetzung ist also ausdrücklich ein schuldhaftes Verhalten[15], wobei sich dies nach § 1359 und nicht nach dem objektiven Fahrlässigkeitsbegriff des 5

---

[1] MünchKommBGB/*Koch* Rn 1; *Johannsen/Henrich/Jaeger* Rn 1.
[2] BGH FamRZ 1973, 254, 256; FamRZ 1974, 83, 84.
[3] OLG Karlsruhe FamRZ 1986, 167, 168; *Bergschneider* in: *Schröder/Bergschneider* FamVermR Rn 4.310; AnwK-BGB/*Groß* Rn 10; *Johannsen/Henrich/Jaeger* Rn 2; MünchKommBGB/*Koch* Rn 3; *Staudinger/Thiele* Rn 2; *Tiedtke* JZ 1983, 1078, 1082; PWW/*Weinreich* Rn 1; aA *Schwab/Schwab* HdB ScheidungsR VII Rn 254; *Schröder* FamRZ 1997, 1, 6; problematisch daher OLG Frankfurt FamRZ 2000, 611, wo § 1381 in einem Fall zugebilligt wurde, bei dem eine Abfindung sowohl unterhaltsrechtlich wie güterrechtlich zu Gunsten des Ausgleichsschuldners berücksichtigt wurde (typischer Fall einer Systemschwäche).
[4] BGH NJW-RR 1990, 68, 69; AnwK-BGB/*Groß* Rn 16; *Gernhuber/Coester-Waltjen* § 36 VII 6; MünchKommBGB/*Koch* Rn 4; *Soergel/Lange* Rn 2; PWW/*Weinreich* Rn 4.
[5] AnwK-BGB/*Groß* Rn 15.
[6] MünchKommBGB/*Koch* Rn 1; PWW/*Weinreich* Rn 2; *Palandt/Brudermüller* Rn 1; aA *Kogel* MDR 1997, 1000: § 1381 sei analog anzuwenden.
[7] *Johannsen/Henrich/Jaeger* Rn 3.
[8] *Bergschneider* in: *Schröder/Bergschneider* FamVermR Rn 4.324 ff zu zahlreichen Beisp aus der Rspr.
[9] *Johannsen/Henrich/Jaeger* Rn 4; *Soergel/Lange* Rn 3; optimistischer *Staudinger/Thiele* Rn 6.
[10] *Thiele* JZ 1960, 394.
[11] MünchKommBGB/*Koch* Rn 13; *Johannsen/Henrich/Jaeger* Rn 4; *Soergel/Lange* Rn 3.
[12] BGHZ 46, 343, 347 = NJW 1966, 2109; BGH NJW 1973, 749; FamRZ 1980, 877; NJW-RR 1992, 900; OLG Celle FamRZ 1993, 903; MünchKommBGB/*Koch* Rn 13; *Palandt/Brudermüller* Rn 2.
[13] *Palandt/Brudermüller* Rn 5; MünchKommBGB/*Koch* Rn 21; PWW/*Weinreich* Rn 9; aA *Erman/Heckelmann* Rn 2: auch spätere Umstände; vgl dazu eingehender Rn 5.
[14] BGH NJW-RR 2002, 865, 867; AnwK-BGB/*Groß* Rn 12; PWW/*Weinreich* Rn 6.
[15] BGH NJW-RR 1992, 900.

§ 1381

§ 276 bestimmt[16]. Zu diesen Verpflichtungen gehören insbes die **Unterhaltspflichten** (§§ 1360 ff), einschließlich der im gegenseitigen Einvernehmen geregelten Pflicht zur **Haushaltsführung** (§§ 1360 S 2, 1356 Abs 1)[17]. Wurde die Haushaltsführungspflicht schuldhaft unzureichend versehen, so ist jedenfalls der volle Ausgleichsanspruch unbillig[18]. Wurde durch entsprechende einverständliche Vereinbarung eine Mitarbeitspflicht im Geschäft oder Beruf des anderen Ehegatten begründet, so kommt eine schuldhafte Verletzung derselben ebenfalls in Betracht, auch wenn die gesetzliche Verpflichtung hierzu durch das 1. EheRG aufgehoben wurde[19]. Auch die **Unterhaltspflicht** gegenüber gemeinsamen minderjährigen ehelichen Kindern gehört zu diesen wirtschaftlichen Verpflichtungen, mag sie auch erst nach der Trennung einsetzen[20]; Gleiches gilt für alle aus § 1353 abzuleitende Pflichten zu Beistand und Rücksichtnahme im Hinblick auf die wirtschaftlichen Belange des anderen Ehegatten, etwa die Pflicht zur Unterstützung bei der Vermögensverwaltung[21]. Reine Schädigungen des anderen Ehegatten fallen allerdings unter den allgemeinen Tatbestand des Abs 1[22]. Das weitere Tatbestandsmerkmal der **„längeren Zeit"** ist nicht absolut, sondern wertend in Relation zur Zeit des Güterstands zu bestimmen[23], aber auch in Bezug auf die Schwere der Pflichtverletzung[24]; bloße Pflichtverletzungen während der Trennungszeit können uU unerheblich sein[25]. Nach der **rechtskräftigen Scheidung** begangene Pflichtverletzungen sind nach dem Gesetzeswortlaut unerheblich („eheliches Verhältnis")[26].

6 b) **Andere Fälle. aa) Anderes vermögensbezogenes Verhalten.** Eine allgemeine **Verpflichtung** zur **ordnungsgemäßen Verwaltung** des eigenen Vermögens besteht nicht (§ 1364 Rn 2). Soweit die Folgen einer unzulänglichen Vermögensverwaltung des ausgleichsberechtigten Ehegatten hinsichtlich des Zugewinnausgleichs nicht ohnehin über § 1375 Abs 2 kompensiert werden, sieht die hM auch hierin hier einen Einredegrund iS des § 1381[27], jedoch wird man die Einschränkung machen müssen, dass es sich um eine „grobe Misswirtschaft" handeln muss (Abschluss besonders risikoreicher Geschäfte, unvernünftige Spekulation), damit nicht der Grundsatz der freien Vermögensverwaltung über die „Hintertür" wieder beseitigt wird[28]. Genannt werden hierfür auch eine Verzögerung der Scheidungsklage über den eigentlichen Eintritt des Zugewinnausgleich hinaus[29], oder auch schuldhafte Vermögensverluste, wenn diese auf leichtsinniger Gesinnung, besonders Verschwendung[30] beruhen, nicht aber bereits der Eintritt des Insolvenzfalls als solcher[31]. Ein Leistungsverweigerungsrecht kann aber auch bestehen, wenn die eine Ehegatte stets sparsam war, der andere aber alles Erworbene sofort immer ausgab (überobligationsmäßiges Verhalten des einen Ehegatten)[32]. Eine Kürzung des Zugewinnausgleichs soll auch wegen einer in der Vergangenheit in erheblicher Höhe (hier: über 70.000 DM) erfolgten **Unterhaltsüberzahlung** möglich sein, wenn die rechnerische Höhe der Ausgleichsforderung gerade durch die ungewöhnlich sparsame Lebensführung des Ausgleichspflichtigen maßgeblich beeinflusst ist und dies sonst zu einem unerträglichen Ergebnis führt[33]. Nicht richtig ist aber, dem ausgleichspflichtigen Ehegatten die Einrede nach § 1381 zu geben, weil der Ausgleichsberechtigte bei der Teilungsversteigerung des gemeinschaftlichen Hauses dieses günstig erworben hat und dadurch einen Vorteil zieht[34]. Erst recht nicht geht es an, eine grobe Unbilligkeit anzunehmen, wenn die Ehegatten zunächst auf Grund eines gemeinschaftlichen Entschlusses während des Scheidungsprozesses (also bei Problembewusstsein) ein Grundstück zu einem Preis verkaufen, der sich später als für den Ausgleichspflichtigen besonders nachteilig herausstellt[35].

---

[16] MünchKommBGB/*Koch* Rn 15; Staudinger/*Thiele* Rn 12.
[17] *Johannsen*/*Henrich*/*Jaeger* Rn 7; Palandt/*Brudermüller* Rn 13.
[18] Palandt/*Brudermüller* Rn 13; MünchKommBGB/*Koch* Rn 14.
[19] *Johannsen*/*Henrich*/*Jaeger* Rn 7.
[20] OLG Düsseldorf FamRZ 1987, 821; Staudinger/*Thiele* Rn 10.
[21] MünchKommBGB/*Koch* Rn 14.
[22] MünchKommBGB/*Koch* Rn 20; Soergel/*Lange* Rn 11; Staudinger/*Thiele* Rn 17; aA *Johannsen*/*Henrich*/*Jaeger* Rn 7.
[23] BGH FamRZ 1980, 877.
[24] Staudinger/*Thiele* Rn 11; *Johannsen*/*Henrich*/*Jaeger* Rn 8; aA MünchKommBGB/*Koch* Rn 15.
[25] So AG Berlin-Tempelhof FamRZ 2005, 107, 109.
[26] MünchKommBGB/*Koch* Rn 21; Soergel/*Lange* Rn 19; *Johannsen*/*Henrich*/*Jaeger* Rn 8; PWW/*Weinreich* Rn 9; aA OLG Düsseldorf FamRZ 1987, 821, 822 f; nach dem Stichtag des § 1384, aber noch vor der Scheidung begangene Pflichtverletzungen sind erheblich, wenn sie einen Bezug zum Zugewinnausgleich aufweisen, OLG Hamburg FamRZ 1988, 1166, 1167; OLG Köln FamRZ 1998, 1370, 1372; anders aber OLG Bremen FamRZ 1998, 245, das annimmt, mit der Rechtshängigkeit des Scheidungsantrags ende bereits der Güterstand(!); ebenso PWW/*Weinreich* Rn 9 unter Bezug auf Staudinger/*Thiele* Rn 19.
[27] *Bergschneider* in: Schröder/Bergschneider FamVermR Rn 4.316.
[28] Ausdrücklich mit dieser Einschränkung Soergel/*Lange* Rn 10; ebenso einschränkend, weil auf den Gedanken des widersprüchlichen Verhaltens abstellend Staudinger/*Thiele* Rn 11; offenbar ohne Einschränkung MünchKommBGB/*Koch* Rn 17; aA AnwK-BGB/*Groß* Rn 5; *Johannsen*/*Henrich*/*Jaeger* Rn 9; Palandt/*Brudermüller* Rn 16; PWW/*Weinreich* Rn 11 und Schwab/*Schwab* HdB ScheidungsR VII Rn 256, die § 1375 Abs 2 als abschließende Regelung ansehen.
[29] LG Flensburg FamRZ 1963, 647; aA OLG Nürnberg FamRZ 1964, 440.
[30] BGH NJW-RR 1992, 900.
[31] Palandt/*Diederichsen* 58. Aufl Rn 5.
[32] MünchKommBGB/*Koch* Rn 25; ebenso Soergel/*Lange* Rn 10.
[33] OLG Köln FamRZ 1998, 1370.
[34] Zutr MünchKommBGB/*Koch* Rn 18 und PWW/*Weinreich* Rn 15 je gegen OLG Düsseldorf NJW 1995, 3193 (und ähnlich jetzt OLG Schleswig OLGR 1998, 281); die Preisbildung erfolgte in einem objektiven rechtsstaatlichen Verfahren.
[35] OLG Hamburg FamRZ 1988, 1166.

Bei einer **Schädigung** des einen Ehegatten durch den anderen ergibt sich idR hieraus bereits ein 7
Ersatzanspruch, der in die Zugewinnausgleichsbilanz eingestellt wird. Grobe Unbilligkeit ist jedoch dann anzunehmen, wenn der Schädiger zur Ersatzleistung nicht in der Lage ist, und daher die Ersatzforderung bei der Berechnung des Zugewinnausgleichs nicht berücksichtigt werden kann[36], oder der Ausgleichsberechtigte schadensersatzpflichtig ist und das beschädigte Objekt nicht dem Zugewinnausgleich unterlägen hätte, da sonst über den Zugewinnausgleich die Hälfte der Schadensersatzpflicht wieder kompensiert würde[37].

bb) Sonstige grobe Pflichtverletzungen gegenüber dem Ehepartner, Tätlichkeiten. Auch 8
solche können das Verweigerungsrecht begründen, wenn sie einen Bezug zur Vermögensentwicklung haben[38]. Insbes besteht ein Leistungsverweigerungsrecht nach § 1381, wenn ein Erbunwürdigkeitsgrund (§ 2339) vorliegt[39], insbes eine verwerfliche Tötung des Ehegatten[40], oder bei jahrzehntelanger Unterdrückung und **Misshandlung** der Ehefrau[41].

cc) Pflichtverletzungen des Ausgleichsberechtigten im sonstigen persönlichen Lebens- 9
bereich. Die Rspr schränkt das Eingreifen des § 1381 hier sehr ein. Eine schuldhafte Eheverfehlung (Ehebruch) ohne Auswirkungen auf die Vermögensverhältnisse rechtfertigt die Einrede nicht schon deshalb, weil sie zur Beendigung der Ehe führte. Hinzukommen muss, dass das ehezerstörerische Verhalten „ganz erheblich ins Gewicht fällt"[42], was idR voraussetzt, dass sich die Pflichtverletzung über einen längeren Zeitraum erstreckt[43], wobei das Fehlverhalten nicht notwendig wirtschaftlicher Natur, sondern auch anderer Art sein kann[44]. Demnach kann ein vielfacher jahrelanger Ehebruch[45] oder das Verschweigen des vorehelichen Geschlechtsverkehrs mit dem Vater des Ehemanns[46] eine Unbilligkeit darstellen. Umgekehrt soll aber nicht genügen, wenn während zehnjähriger Ehe und vier gemeinsamen Kindern die Ehefrau ein drei viertel Jahr vor Beendigung des Güterstands ein Verhältnis zu einem anderen Mann aufnimmt[47] oder der Ehebruch vom anderen Ehegatten hingenommen wird[48]. Regelmäßig sind hier noch erheblich strengere Anforderungen zu stellen als etwa an die Annahme einer groben Unbilligkeit iS von § 1579 Abs 1 Nr 4, weil der Zugewinnausgleichsanspruch lediglich einen in der Vergangenheit erzielten Vermögenszuwachs betrifft[49]. Die Meinungen des **Schrifttums** zu dieser Fallgruppe sind unterschiedlich: teilweise wird der Rspr des BGH zugestimmt[50], teilweise wird eine Ausdehnung auf die Fälle des „grundlosen Ausbrechens aus der Ehe" befürwortet[51], teilweise wird diese ganz abgelehnt[52]. Da der Zugewinnausgleich auf der gemeinschaftlichen wirtschaftlichen Leistung der Ehegatten beruht, können nur solche länger dauernden persönlichen Verfehlungen die Einrede nach § 1381 begründen, die **wirtschaftliche Nachteile** herbeiführen und damit auf den Zugewinn Einfluss haben, ohne dass dies bei der Anwendung des § 1381 exakt errechnet werden müsste[53]. Das kann etwa der Fall sein, wenn durch die außereheliche Beziehung der Ehefrau der Ehemann mit Unterhalts- und Verfahrenskosten für das „scheineheliche" Kind belastet wird[54] oder bei Empfang von Unterhalt ohne Bedürftigkeit[55]. Ansonsten würde man § 1381 entgegen dem Normzweck zu einer reinen Scheidungsstrafe machen.

Auch eine **unredliche Einflussnahme** auf den **Zeitpunkt des Zugewinnausgleichs** durch den 10
Ausgleichsberechtigten kann die Einrede aus § 1381 begründen, wenn der Ausgleichsberechtigte daraus Vorteile zieht, etwa eine Versöhnungsbereitschaft vorgetäuscht und dadurch der andere von der vorzeitigen Scheidung abgehalten wird[56].

---

[36] *Staudinger/Thiele* Rn 17; *Soergel/Lange* Rn 11; *Bosch* FamRZ 1958, 295.
[37] *Soergel/Lange* Rn 11.
[38] *Johannsen/Henrich/Jaeger* Rn 14; MünchKommBGB/*Koch* Rn 31 ff; *Wiegmann* FamRZ 1990, 627; aA *Staudinger/Thiele* Rn 21; *Palandt/Brudermüller* Rn 15.
[39] *Staudinger/Thiele* Rn 26.
[40] OLG Karlsruhe FamRZ 1987, 823.
[41] OLG Bamberg NJW-RR 1997, 1435; zu eng aber AG Berlin-Tempelhof FamRZ 2005, 107, 109, wonach auch wiederholte körperliche Auseinandersetzungen in der Trennungsphase nicht genügen, wenn ein einseitiges Verschulden des Ausgleichsberechtigten nicht feststellbar ist.
[42] BGH FamRZ 1966, 560, 563 m krit Anm *Bosch*; BGH FamRZ 1970, 482, 483; FamRZ 1973, 254, 256.
[43] BGH FamRZ 1966, 560, 563; FamRZ 1980, 877; BGHZ 46, 343, 352.
[44] RegE II, BT-Drucks 2/224 S 49; BGHZ 46, 343, 347; BGH NJW 1980, 1462; *Lüderitz/Dethloff* § 5 Rn 124.
[45] OLG Hamm FamRZ 1989, 1188: Kürzung um 1/3 bei ehebrecherischer Beziehung zu vier Männern in den letzten Ehejahren, bei 33 Jahren Ehe; m krit Anm *Wiegmann* FamRZ 1990, 627.
[46] AG Schweinfurt NJW 1973, 1506.
[47] OLG Köln FamRZ 1979, 511, LS.
[48] OLG Düsseldorf NJW 1981, 829.
[49] OLG Düsseldorf NJW 1981, 829; OLG Hamm FamRZ 1989, 1188.
[50] *Erman/Heckelmann* Rn 2; RGRK/*Finke* Rn 10; *Soergel/Lange* Rn 12; *Staudinger/Thiele* Rn 20 ff.
[51] *Mikosch* MDR 1978, 886; gegen die zu restriktive Rspr auch *Schwab/Schwab* HdB ScheidungsR VII Rn 261, der auf die Mitwirkung an der Wertschöpfung abstellen will.
[52] MünchKommBGB/*Koch* Rn 31 ff mit der Kritik, dass hier noch die Kriterien des alten Schuldprinzips vor dem 1. EheRG mitschwingen; *Fuchs* FamRZ 1994, 1162, 1163.
[53] *Johannsen/Henrich/Jaeger* Rn 14; iE ebenso AnwK-BGB/*Groß* Rn 8; MünchKommBGB/*Koch* Rn 31.
[54] So im Fall von OLG Köln FamRZ 1991, 1192.
[55] OLG Köln FamRZ 1998, 1370, 1372 = NJWE-FER 1998, 194: 70.000 DM „überzahlter" Unterhalt; OLG Brandenburg NJW-RR 2003, 1083: vier Jahre überhöhter Unterhalt auf Grund gerichtlicher Anordnung; einschränkender PWW/*Weinreich* Rn 15: durch § 1381 können fehlerhafte Unterhaltsentscheidungen nicht korrigiert werden.
[56] *Staudinger/Thiele* Rn 25 f mit Einzelfällen; vgl auch MünchKommBGB/*Koch* Rn 35.

§ 1381

11 Umstritten ist, ob § 1381 dann anzuwenden ist, wenn sich die eheliche Lebensgemeinschaft gar nicht oder zumindest langfristig infolge einer **Trennung** nicht verwirklichte. Der BGH hat in zwei Entscheidungen hierzu auf die Umstände des Einzelfalls abgestellt[57]. Bei einer längerfristigen Trennung entfällt an sich die innere Rechtfertigung für den Zugewinnausgleich; daher sollte der in der Trennungszeit eingetretene Zugewinn vom Zugewinnausgleich ausgenommen werden, insbes wenn die Trennung auf einer gemeinsamen Willensübereinstimmung beruht, es sei denn, dass auch während der Trennung der andere Ehegatte zum Entstehen des Zugewinns beigetragen hat[58].

12 dd) **Eigene Unterhalts- und Versorgungslage des Ausgleichspflichtigen.** Da das von den Ehegatten während der Ehe erworbene Vermögen ihrer künftigen Sicherung, insbes auch im Alter, dient und dieses durch die Zugewinnausgleichszahlung uU erheblich gefährdet werden kann, muss in die bei § 1381 anzustellende Billigkeitsprüfung auch die Unterhalts- und Versorgungslage der Ehegatten nach der Beendigung ihres Güterstands einbezogen werden[59]. Bei der erforderlichen Abwägung ist aber auch das Ergebnis des Versorgungsausgleichs zu berücksichtigen[60]. § 1381 kann daher zu einer Kürzung oder sogar zu einem Ausschluss der Ausgleichsforderung führen, wenn der Ausgleichsschuldner durch die Zahlung gegenüber dem Ausgleichsgläubiger sogar unterhaltsberechtigt oder seine Versorgungslage oder sogar seine **Existenz** zumindest auf Dauer in Frage gestellt würde, ja er uU sogar Sozialhilfe beziehen müsste, andererseits die Versorgungslage des Ausgleichsgläubigers durch die Nichtzahlung nicht gefährdet wird[61]. Angesichts der vorrangigen Stundungsmöglichkeit nach § 1382[62] wird dies jedoch selten der Fall sein.

13 ee) **Grundsätzlich unbeachtliche Kriterien.** Grundsätzlich nicht zu berücksichtigen sind bei der erforderlichen Abwägung die **Herkunft des Zugewinns** (auch der „unverdient hohe" oder glückliche Wertzuwachs unterliegt grds der Ausgleichspflicht)[63], dass der eine Ehegatte besonders tüchtig war[64], die Größe und die Entwicklung des Vermögens **nach Beendigung** des Güterstands, weil das Stichtagsprinzip dies verbietet[65], oder dass sich Disparitäten in der Vermögensentwicklung ergaben[66], etwa wenn ein auszugleichender Zugewinn allein deshalb nicht entstand, weil dieser wegen § 1374 Abs 1 HS 2 auf die Verbindlichkeiten des Anfangsvermögens verrechnet wird[67]. IdR sind auch weder der Grund für das Scheitern einer Ehe noch der Zeitpunkt einer Vermögensänderung für sich allein ein Anlass, die Ausgleichsforderung ganz oder teilweise zu versagen[68].

14 ff) **Abwägungsvorgang, Umfang der Anspruchskürzung.** Zu betonen ist besonders, dass bei § 1381 eine umfassende Abwägung der Interessen von Ausgleichsschuldner und Ausgleichsberechtigtem zu erfolgen hat[69], weil dies in den gängigen Darstellungen teilweise zu kurz kommt. Auch darf § 1381 nicht dazu führen, dass der Ausgleichsschuldner einen Vermögensvorteil erlangt, der ihm sonst eigentlich nicht zustünde, etwa einen wegen einer Ehestörung, bei der er nach der Rspr keinen Ersatzanspruch hätte[70]. In den Fällen des wirtschaftlichen Fehlverhaltens ergibt sich aus dem daraus eingetretenen Schaden ein objektiver Anhaltspunkt für die **Kürzung** der Ausgleichsforderung[71]. Im Falle der verwerflichen Tötung kann es zu einem völligen Ausschluss des Anspruchs

---

[57] BGH NJW 1980, 1462 betr Doppelehe; FamRZ 1989, 877.
[58] BGH NJW-RR 2002, 865, 867; ebenso *Johannsen/Henrich/Jaeger* Rn 14, wenn der Ausgleichspflichtige einen „nicht überwiegenden" Ursachenbeitrag für die Trennung gesetzt hat; ähnlich *Schwab/Schwab* HdB ScheidungsR VII Rn 264: kein Ausgleich des Zugewinns, der in keinem Zusammenhang mehr mit der vor der Trennung bestehenden ehelichen Gemeinschaft steht; auch OLG Celle NJW-RR 1993, 903 nimmt den trennungsbedingten Zugewinn aus; für generelle Anwendung des § 1381 in diesen Fällen *Staudinger/Thiele* Rn 24; *RGRK/Finke* Rn 16; *Kleinheyer* FamRZ 1957, 283; nach *R. Schröder* FamRZ 1997, 1, 6 bei Getrenntleben über lange Zeit; generell abl MünchKommBGB/*Koch* Rn 24; *Soergel/Lange* Rn 18.
[59] BGH NJW 1973, 749 = LM Nr 6; *Palandt/Brudermüller* Rn 19; *Staudinger/Thiele* Rn 19; *Johannsen/Henrich/Jaeger* Rn 10; aA MünchKommBGB/*Koch* Rn 27; *Erman/Heckelmann* Rn 4; diff *Soergel/Lange* Rn 19 bei Überschreitung einer „gewissen Opfergrenze".
[60] *Johannsen/Henrich/Jaeger* Rn 10; *Staudinger/Thiele* Rn 29; *Dölle* I S 825.
[61] OLG Schleswig NJW-RR 1999, 1225; *Palandt/Brudermüller* Rn 19; *Staudinger/Thiele* Rn 29; *Schwab/Schwab* HdB ScheidungsR VII Rn 268; vgl auch den Fall OLG Frankfurt FamRZ 1983, 921, wo der Unterhaltsanspruch des Ausgleichsschuldners nur am Selbstbehalt des anderen Ehegatten scheiterte. Zu weitgehend aber OLG Stuttgart FamRZ 2002, 99 bei Abfindung von Schadensersatzansprüchen, die wesentlichen Zugewinn ausmachen: hier hätte Stundung nach § 1382 genügt; dem OLG Stuttgart aber zust PWW/*Weinreich* Rn 16 und wohl auch *Johannsen/Henrich/Jaeger* Rn 10.
[62] *Schwab/Schwab* HdB ScheidungsR VII Rn 268.
[63] *Staudinger/Thiele* Rn 32; MünchKommBGB/*Koch* Rn 23; aA RGRK/*Finke* Rn 12 bei ungewöhnlich hohen Einkünften während der Ehe und *R. Schröder* FamRZ 1997, 1, 6, wenn der Erwerb keinen Bezug zur ehelichen Gemeinschaft hat.
[64] *Soergel/Lange* Rn 18.
[65] MünchKommBGB/*Koch* Rn 29; *Soergel/Lange* Rn 19 anders wohl *Staudinger/Thiele* Rn 29. Allerdings ist zu prüfen, ob nach dem sog Wertaufhellungsprinzip die Veränderung nicht bereits am Stichtag angelegt war und daher als Bewertungsposten einzubeziehen gewesen wäre.
[66] MünchKommBGB/*Koch* Rn 26; *Staudinger/Thiele* Rn 34.
[67] AnwK-BGB/*Groß* Rn 10.
[68] OLG Bamberg FamRZ 1990, 408.
[69] BGH NJW 1980, 1462; *Soergel/Lange* Rn 11; *Staudinger/Thiele* Rn 14.
[70] MünchKommBGB/*Koch* Rn 20.
[71] MünchKommBGB/*Koch* Rn 22; *Staudinger/Thiele* Rn 27.

kommen[72]. Ist die grobe Unbilligkeit nur vorübergehend, so hat eine **Stundung** nach § 1382 zu erfolgen[73].

III. Verfahrensfragen

Da es sich um eine dauernde **Einrede** handelt, muss sich der auf Zugewinnausgleich in Anspruch Genommene auf sein Verweigerungsrecht berufen[74]; dies kann auch noch durch die Erben des ausgleichspflichtigen Ehegatten geschehen[75]. Der Ausgleichsschuldner hat auch das Vorliegen der Voraussetzungen des § 1381 darzulegen und zu beweisen[76]. Dabei kann § 1381 auch im Wege einer negativen Feststellungsklage (§ 256 ZPO) geltend gemacht werden. Zur Entscheidung berufen ist das Familiengericht (§ 23 b Abs 1 S 2 Nr 9 GVG, § 621 Abs 1 Nr 8 ZPO). Wurde in Unkenntnis des Leistungsverweigerungsrechts geleistet, besteht ein Anspruch nach § 813 Abs 1 S 1[77].

IV. Gestaltung

Vor Entstehen der Ausgleichsforderung ist § 1381 zwingendes Recht; dementsprechend kann die Bestimmung dessen, was als grobe Unbilligkeit anzusehen ist, durch Ehevertrag nicht abbedungen werden[78]. **Danach** kann darauf im Einzelfall verzichtet werden, weil es allein dem Ausgleichsschuldner überlassen bleibt, ob er die Einrede aus § 1381 erhebt. Dieser Verzicht ist formlos möglich[79]. Im Übrigen ist vor Beendigung des Güterstands ein ganzer oder teilweiser antizipierter Verzicht auf die Rechte aus § 1381 nur als Teil einer Vereinbarung über den Zugewinnausgleich nach § 1378 Abs 3 möglich und bedarf der dafür vorgeschriebenen Form[80]. Weitere Voraussetzung hierfür ist, dass der Ausgleichsschuldner im Zeitpunkt des Verzichts alle für die grobe Unbilligkeit relevanten Umstände kannte[81].

§ 1382 Stundung

(1) ¹Das Familiengericht stundet auf Antrag eine Ausgleichsforderung, soweit sie vom Schuldner nicht bestritten wird, wenn die sofortige Zahlung auch unter Berücksichtigung der Interessen des Gläubigers zur Unzeit erfolgen würde. ²Die sofortige Zahlung würde auch dann zur Unzeit erfolgen, wenn sie die Wohnverhältnisse oder sonstigen Lebensverhältnisse gemeinschaftlicher Kinder nachhaltig verschlechtern würde.

(2) Eine gestundete Forderung hat der Schuldner zu verzinsen.

(3) Das Familiengericht kann auf Antrag anordnen, dass der Schuldner für eine gestundete Forderung Sicherheit zu leisten hat.

(4) Über Höhe und Fälligkeit der Zinsen und über Art und Umfang der Sicherheitsleistung entscheidet das Familiengericht nach billigem Ermessen.

(5) Soweit über die Ausgleichsforderung ein Rechtsstreit anhängig wird, kann der Schuldner einen Antrag auf Stundung nur in diesem Verfahren stellen.

(6) Das Familiengericht kann eine rechtskräftige Entscheidung auf Antrag aufheben oder ändern, wenn sich die Verhältnisse nach der Entscheidung wesentlich geändert haben.

Übersicht

	Rn		Rn
I. Normzweck, Konkurrenz	1	1. Stundungsverfahren	6
		a) Selbstständige Familiensache bei unbestrittener Forderung	7
II. Stundungsvoraussetzungen	3	b) Stundungsverfahren als Scheidungsfolgesache	8
1. Stundungsantrag	3	c) Einheitliche Entscheidung über bestrittene Forderung und Stundung (Abs 5)	9
2. Zahlung zur Unzeit	4		
3. Interessen des Gläubigers	5		
III. Zuständigkeit und Verfahren	6	2. Entscheidungsinhalt	10

---

[72] OLG Karlsruhe FamRZ 1987, 823; zu den Abwägungskriterien *Staudinger/Thiele* Rn 27.
[73] BGH NJW 1970, 1600 = LM Nr 4 zu § 1381; PWW/*Weinreich* Rn 5.
[74] *Johannsen/Henrich/Jaeger* Rn 18; vgl auch BGH FamRZ 1989, 1276, 1279, großzügig OLG Köln FamRZ 1998, 1370, 1372.
[75] BGH NJW-RR 2002, 865, 867.
[76] *Bergschneider* in: *Schröder/Bergschneider* FamVermR Rn 4.341; *Soergel/Lange* Rn 22; *Baumgärtel/Laumen* Rn 1.
[77] *Soergel/Lange* Rn 22.
[78] MünchKommBGB/*Koch* Rn 39; *Staudinger/Thiele* Rn 39; iE ebenso *Dölle* I S 826, der das Ergebnis auf § 138 stützt.
[79] MünchKommBGB/*Koch* Rn 8; *Staudinger/Thiele* Rn 38.
[80] *Bergschneider* in: *Schröder/Bergschneider* FamVermR Rn 4.343; *Johannsen/Henrich/Jaeger* Rn 18; *Staudinger/Thiele* Rn38; PWW/*Weinreich* Rn 3.
[81] *Bergschneider* in: *Schröder/Bergschneider* FamVermR Rn 4.343; *Johannsen/Henrich/Jaeger* Rn 18.

§ 1382

	Rn		Rn
a) Stundung	10	IV. Nachträgliche Aufhebung oder Änderung der Stundungsentscheidung (Abs 6)	13
b) Verzinsung	11		
c) Sicherheitsleistung	12	V. Gestaltung	16

I. Normzweck, Konkurrenz

1 Gibt § 1381 hinsichtlich Bestand und Höhe der Zugewinnausgleichsforderung ein **Billigkeitskorrektiv**, enthält § 1382 ein solches gegen die **sofortige Fälligkeit** (§§ 1378 Abs 3 S 1, 271), die im Einzelfall sehr belastend sein kann, wenn liquide Mittel nicht zur Verfügung stehen. Dadurch soll der Ausgleichsschuldner vor dem Verschleudern des während der Ehe erworbenen Vermögens bewahrt, aber auch im Interesse der gemeinsamen Kinder der Verkauf der Familienwohnung verhindert werden (Abs 1 S 2)[1]. Die Stundungsmöglichkeit besteht nicht, wenn es bei Tod eines Ehegatten zur erbrechtlichen Lösung durch Erhöhung des Ehegattenerbteils nach § 1371 Abs 1 kommt, wohl aber bei der güterrechtlichen Lösung (§ 1371 Abs 2) und beim vorzeitigen Zugewinnausgleich (§§ 1385 f)[2]. Als Spezialregelung schließt § 1382 in seinem Anwendungsbereich die Anwendung der allgemeinen Grundsätze nach **§ 242** aus[3].

2 Die Stundung erfolgt durch **richterlichen Gestaltungsakt** des Familiengerichts hinsichtlich Fälligkeit, Verzinsungshöhe und Sicherheit[4]; dies nimmt den Beteiligten aber nicht das Recht, hierzu eheverträgliche Vereinbarungen zu treffen. Die **verjährungsrechtlichen Folgen** der gerichtlichen Stundung sind unter der Geltung des SMG unklar geworden[5]. Nach dem alten Recht trat gemäß § 202 Abs 1 aF Hemmung der Verjährung ein, wobei diese Bestimmung nicht zwischen rechtsgeschäftlicher Stundung und aus sonstigem Grund unterschied. Mit dem SMG wurde diese Vorschrift aufgehoben und nur teilweise durch **§ 205 nF** ersetzt, wonach die Verjährung gehemmt ist, solange der Schuldner auf Grund einer Vereinbarung mit dem Gläubiger vorübergehend zur Verweigerung der Leistung berechtigt ist. Hierunter fallen nach dem ausdrücklichen Wortlaut daher nur rechtsgeschäftliche Stundungsvereinbarung. Zu überlegen ist allerdings, ob nicht die neue Vorschrift analog auf die Fälle der Stundung nach §§ 1382, 2331 a anzuwenden ist, was angesichts des klaren Wortlauts und der Entstehungsgeschichte nicht unproblematisch ist, oder ob Hemmung der Verjährung nach § 206 nF anzunehmen ist, da durch die richterliche Stundungsentscheidung der Gläubiger an der Durchsetzung seines Anspruchs gehindert ist. Im Einzelfall kann auch im Stundungsantrag des Schuldners sogar ein **Anerkenntnis** des Anspruchs gesehen werden[6], was nach § 212 Abs 1 Nr 1 nF sogar zum Neubeginn der Verjährung führt, und daher nur bei Vorliegen besonderer Umstände anzunehmen ist.

II. Stundungsvoraussetzungen

3 **1. Stundungsantrag.** Erforderlich ist ein entsprechender, nicht fristgebundener Stundungsantrag[7], der vom Ausgleichsschuldner zu stellen ist; bei Miterben kann dies durch jeden Einzelnen erfolgen (§ 2038 Abs 1 S 2), wenn die Mitwirkung der anderen nicht rechtzeitig zu erreichen ist[8]. Er sollte zweckmäßigerweise auf eine bestimmte Sachentscheidung gerichtet sein, jedoch sind unbestimmte Stundungsanträge grds zulässig, jedoch muss die Ausgleichsforderung entsprechend bestimmt sein[9]. Kein **Anwaltszwang** bei isoliertem Stundungsverfahren (fehlender Verweis in § 78 Abs 2 ZPO auf § 621 Abs 1 Nr 9 ZPO), wohl aber, wenn der Streit als Folgesache anhängig ist oder zugleich über die streitige Ausgleichsforderung entschieden wird (§ 78 Abs 2 Nr 1 und 2 ZPO). Der Antrag ist außerhalb eines Scheidungsverbundsverfahrens (§ 623 Abs 1 ZPO) erst **nach Entstehen** der Ausgleichsforderung zulässig (§ 1378 Abs 3 S 1), soweit diese ein **Rechtsstreit anhängig** ist, nur in diesem Verfahren (Abs 5, s Rn 9). Liegt bereits ein **rechtskräftiges Urteil** über die Ausgleichsforderung vor, kann über den erstmaligen Stundungsantrag nur entschieden werden, wenn die **Abänderungsvoraussetzungen** des Abs 6 gegeben sind, also sich die Verhältnisse nach der Entscheidung über den Zugewinnausgleich wesentlich geändert haben[10]; ansonsten kann ein im Prozess über die Ausgleichsforderung versäumter Stundungsantrag hinsichtlich der bereits früher vorliegenden Stundungsgründe nicht mehr nachgeholt werden (Sperrwirkung des Abs 6).

---

[1] BT-Drucks 10/2888 S 12 f.
[2] AnwK-BGB/ *Groß* Rn 9; KK-FamR/ *Weinreich* Rn 7; *Palandt/Brudermüller* Rn 1.
[3] KK-FamR/ *Weinreich* Rn 4; *Palandt/Brudermüller* Rn 1.
[4] *Staudinger/Thiele* Rn 3.
[5] *J. Mayer* in: *Dauner-Lieb/Konzen/K. Schmidt*, Das neue Schuldrecht in der Praxis, 2003, 707 f.
[6] Allg etwa BGH NJW 1978, 1914; unzutr daher KK-FamR/ *Weinreich* Rn 3, wonach der Stundungsantrag keinerlei materiellrechtliche Wirkungen habe.
[7] Muster bei *Firsching/Graba* Rn 1291; *Gottwald/Bergschneider*, Münchener Prozessformularbuch, Bd 3, Familienrecht C VI 4.
[8] BGH NJW 1955, 1335; *Staudinger/Thiele* Rn 7.
[9] *Keidel/Kuntze/Winkler* FGG § 53 a Rn 4; MünchKommBGB/ *Koch* Rn 37.
[10] OLG Naumburg FamRZ 2003, 375, 376; *Bergschneider* in: *Schröder/Bergschneider* FamVermR Rn 4.384; *Johannsen/Henrich/Jaeger* Rn 3; *Palandt/Brudermüller* Rn 7; *Soergel/Lange* Rn 32; *Schwab/Schwab* HdB ScheidungsR VII Rn 275; aA *Staudinger/Thiele* Rn 45; MünchKommBGB/ *Koch* Rn 53: Abs 6 soll danach nur eingreifen, wenn auch bereits Stundungsentscheidung getroffen wurde.

2. Zahlung zur Unzeit. Der Antrag ist begründet, wenn die sofortige Zahlung der Ausgleichsforderung den Schuldner auch unter Berücksichtigung der Gläubigerinteressen zur Unzeit treffen würde (Abs 1 S 1). Dieses Tatbestandsmerkmal hat das UÄndG an Stelle des früher verwandten Begriffs des „besonders hart treffen" einer Entscheidung des BVerfG entnommen[11] und will damit klarstellen, dass auch andere als wirtschaftliche Belange zu berücksichtigen sind[12], wie Dauer und Grund des Scheiterns der Ehe oder das Verhalten der Ehegatten im wirtschaftlichen oder auch persönlichen Bereich[13]. Es kommt also auf das **zeitliche Moment** an, in dem die Belastung des Ausgleichsschuldners begründet liegt, und das durch das Hinausschieben der Fälligkeit beseitigt oder zumindest gemildert wird. Es genügt aber nicht, dass die Ausgleichsforderung bereits als solche für den Schuldner eine besondere Beschwerung darstellt, denn dann kann allenfalls eine Billigkeitskorrektur über § 1381 erfolgen[14]. Die Stundung ist zudem nur in **Ausnahmefällen** möglich[15]; die typischerweise durch den Zugewinnausgleich eintretenden Belastungen hat vielmehr der Ausgleichsschuldner zu tragen, weshalb er notfalls auch ein Darlehen aufnehmen oder vorhandenes Vermögen verkaufen muss[16]. Jedoch würde die sofortige Zahlung den Schuldner insbes dann zur Unzeit treffen, wenn er gezwungen wäre, bestimmte Gegenstände zu veräußern, die seine **Lebens- oder Existenzgrundlage** bilden, etwa ein Unternehmen oder eine Gesellschaftsbeteiligung (vgl § 2331 a, dem die Vorschrift nachgebildet ist)[17] oder den Ausgleichsschuldner zu einer im Fälligkeitszeitpunkt völlig unökonomischen Verwertungshandlung zwingt, etwa zur Kündigung der **Lebensversicherung** kurz vor deren Fälligkeit, weshalb er nur den niedrigen Rückkaufswert erhält[18]. Die Veräußerung des **selbstbewohnten Hauses** oder der Eigentumswohnung soll dem Schuldner dann erspart bleiben, wenn in angemessener Frist andere Vermögensgegenstände verkauft werden können; die eigengenutzte Immobilie ist aber nicht „per se" geschützt[19]. Auch Stundung wegen einer **Erkrankung** kommt in Betracht[20] oder bis zum Ablauf der Zehnjahresfrist des § 23 EStG, wenn anderenfalls der Ausgleichsverpflichtete zu einem Verkauf von Vermögen gezwungen wäre und dies zu einer erheblichen Belastung mit der „**Spekulationssteuer**" führen würde[21]. Vor allem fällt unter eine unzeitige Belastung die Fallgruppe, dass der Ausgleichsschuldner während einer ungünstigen Marktlage einen angemessenen Zahlungsaufschub benötigt, um einen wesentlichen Vermögensgegenstand zum Verkehrswert verkaufen zu können, denn durch die Stundungsmöglichkeit soll gerade vor **unwirtschaftlichen und überstürzten Veräußerungen** unter Wert geschützt werden[22]. Auch die **Belange der gemeinsamen Kinder** können die Stundung rechtfertigen, so wenn sich sonst die Wohn- und Lebensverhältnisse nachhaltig verschlechtern würden, Abs 1 S 2 („Kinderschutzklausel"). Dadurch soll verhindert werden, dass das von diesen bewohnte Familienheim verkauft werden muss; den Kindern sollen insoweit zusätzliche Schwierigkeiten durch Umzug und Schulwechsel erspart bleiben[23]. Dabei fallen hierunter auch volljährige, aber noch im Haushalt lebende Kinder[24].

3. Interessen des Gläubigers. Die Berücksichtigung der Gläubigerinteressen begrenzt die Stundungsmöglichkeiten; in Verbindung mit den begleitenden Anordnungen (Verzinsung, Sicherheit) muss die Stundung dem Gläubiger zumutbar sein, wie dies § 1382 aF vorsah, der insoweit sachlich nicht geändert werden sollte[25]. Die Stundung ist ihm nur im Ausnahmefall zumutbar, da der Zugewinnausgleich auf dem Gedanken des gemeinsam erwirtschafteten Vermögensausgleichs beruht[26]. Daher kommt eine Stundung nicht in Betracht, wenn der Ausgleichsberechtigte auf die Zahlung angewiesen ist, etwa weil er diese für eine eigene berufliche Existenz benötigt[27]. Auch hier können vor oder nach der Scheidung liegende ökonomische Gründe wie aber auch solche aus dem rein persönlichen Bereich

---

[11] NJW 1981, 108.
[12] BT-Drucks 10/2888 S 16 f.
[13] *Staudinger/Thiele* Rn 12; *Soergel/Lange* Rn 12; abl MünchKommBGB/*Koch* Rn 5: früheres Wohlverhalten soll nicht prämiert werden.
[14] *Staudinger/Thiele* Rn 12.
[15] *Staudinger/Thiele* Rn 13; *Johannsen/Henrich/Jaeger* Rn 5.
[16] Vgl etwa *Bergschneider* in: *Schröder/Bergschneider* FamVermR Rn 4.348 ff mit anschaulichen Beispielen; zum Hausverkauf s auch OLG Hamm FamRZ 1981, 1065.
[17] *Bergschneider* in: *Schröder/Bergschneider* FamVermR Rn 4.354; *Staudinger/Thiele* Rn 14; *Erman/Heckelmann* Rn 2; MünchKommBGB/*Koch* Rn 7.
[18] *Bergschneider* in: *Schröder/Bergschneider* FamVermR Rn 4.355; vgl auch BGHZ 117, 70, 78 = NJW 1992, 1103: Direktversicherung sowie den Fall von BGHZ 130, 298 = NJW 1995, 2781, in dem auch die fehlende Stundungsmöglichkeit zur niedrigen Bewertung der Lebensversicherung führte.
[19] *Staudinger/Thiele* Rn 14; vgl auch das Beispiel bei *Bergschneider* in: *Schröder/Bergschneider* FamVermR Rn 4.358.
[20] *Soergel/Lange* Rn 11; MünchKommBGB/*Koch* Rn 8.
[21] Vgl dazu etwa *Arens* BTR 2006, 162.
[22] BT-Drucks 10/2888 S 17; MünchKommBGB/*Koch* Rn 7; *Johannsen/Henrich/Jaeger* Rn 5.
[23] BT-Drucks 10/2888 S 17; *Diederichsen* NJW 1986, 1285 mw Beispielen; *Finger* JR 1985, 2; sehr großzügig *Bergschneider* in: *Schröder/Bergschneider* FamVermR Rn 4.369.
[24] Krit *Weychardt* DAV 1984, 846; ohne die Einschränkung bezügl der Haushaltszugehörigkeit *Bergschneider* in: *Schröder/Bergschneider* FamVermR Rn 4.367.
[25] *Diederichsen* NJW 1986, 1285; *Johannsen/Henrich/Jaeger* Rn 6.
[26] *Palandt/Diederichsen* 58. Aufl Rn 5; tendenziell genau anders offenbar *Bergschneider* in: *Schröder/Bergschneider* FamVermR Rn 4.361, wonach wegen der Verzinsungspflicht und der Sicherheitsleistung dem Gläubiger die Stundung regelmäßig zuzumuten ist.
[27] *Bergschneider* in: *Schröder/Bergschneider* FamVermR Rn 4.362; *Palandt/Brudermüller* Rn 2.

§ 1382   Buch 4. Abschnitt 1. Bürgerliche Ehe

berücksichtigt werden[28], ja sogar zu Lasten des Ausgleichsberechtigten, wobei letzteres dann seine wirtschaftlichen Rechtfertigungsargumente relativiert[29]. Die Entscheidung des Familiengerichts beruht daher letztlich auf einer **Abwägung** der beiderseitigen Interessen[30]. Die Berücksichtigung der Gläubigerinteressen entfällt jedoch bei einem Stundungsgrund, der allein auf der Kinderschutzklausel des Abs 1 S 2 beruht.

III. Zuständigkeit und Verfahren

6   1. **Stundungsverfahren.** Hinsichtlich der Geltendmachung des Stundungsantrags ist zu unterscheiden zwischen
- der Stundung einer **unbestrittenen Ausgleichsforderung,** die in der Praxis sehr selten ist[31], und über die in einem isolierten Verfahren nach **Abs 1** entschieden wird,
- der Stundung im Rahmen des **Scheidungsverbunds**
- und der Stundung einer dem Grund oder der Höhe nach **bestrittenen Ausgleichsforderung,** über die nach **Abs 5** in dem **anhängigen Rechtsstreit** (mit-) entschieden wird.

Funktionell zuständig ist das Familiengericht (§§ 23 b Abs 1 S 2 Nr 10 GVG, 621 Abs 1 Nr 9 ZPO). Die örtliche Zuständigkeit ergibt sich aus § 45 FGG. **Besondere Verfahrensvorschriften:** Es gelten grds die **FGG-Vorschriften** (§§ 621 a Abs 1, 621 Abs 1 Nr 9 ZPO mit gewissen Modifikationen), also auch § 53 a FGG: Mündliche Verhandlung, wobei das Gericht auf eine gütliche Einigung hinwirken soll. Der **Vergleich** ist nach §§ 160 Abs 1, 159 ZPO zu protokollieren; darin kann auch die Verpflichtung zur Zahlung der Ausgleichsforderung enthalten sein (§ 53 a Abs 1 S 3 FGG), aber auch eine Verzinsungsregelung oder die Übertragung bestimmter Gegenstände auf den Ausgleichsgläubiger in Anrechnung auf seine Forderung nach § 1383. Die Zwangsvollstreckung findet aus dem Vergleich nach der ZPO statt (§ 53 a Abs 4 FGG). Kommt ein solcher nicht zu Stande, hat das Gericht die erheblichen Tatsachen von Amts wegen zu ermitteln (§ 12 FGG), ggf Beweis zu erheben (§ 15 FGG). Das Familiengericht kann auch ohne Antrag bereits vorher **einstweilige Anordnungen** treffen (§ 53 a Abs 3 FGG), welche die Hauptsache nicht vorwegnehmen dürfen und nicht isoliert anfechtbar sind[32].

7   a) **Selbstständige Familiensache bei unbestrittener Forderung.** Wird die **isolierte Stundung** einer unbestrittenen Ausgleichsforderung ohne Verbund mit einer Scheidungssache beantragt, entscheidet das Familiengericht (s Rn 6); funktionell zuständig ist der Rechtspfleger (§§ 3 Nr 2 a, 14 Abs 1 Nr 2 RPflG). Auch die vergleichsweise Regelung der anderweitig rechtshängigen Ausgleichsforderung ist zulässig[33]. Das Familiengericht entscheidet durch **Beschluss**[34], der erst mit der Rechtskraft wirksam wird (§ 53 a Abs 2 S 1 FGG). Auf Antrag des Gläubigers kann das Gericht die Verpflichtung des Schuldners zur Zahlung aussprechen (§ 53 a Abs 4 FGG). **Rechtsmittel** gegen den Beschluss über die Stundungsentscheidung ist die befristete Beschwerde (§ 621 e Abs 1, 3 ZPO, § 11 RPflG nF), über die das OLG entscheidet (§ 119 Abs 1 Nr 2 GVG). Eine weitere Beschwerde findet auch dann nicht statt, wenn das OLG die Beschwerde als unzulässig abgewiesen hat, § 621 e Abs 2 S 2 ZPO gilt nicht[35].

8   b) **Stundungsverfahren als Scheidungsfolgesache.** Soweit ein Scheidungsverfahren rechtshängig ist, wird bei entsprechendem, rechtzeitigem Antrag (§ 623 Abs 1, 2 ZPO) über die Scheidung und Stundung der strittigen oder unstrittigen Ausgleichsforderung gemeinsam verhandelt und durch Urteil entschieden; dann wird erst mit der Rechtskraft des Scheidungsausspruchs auch die Entscheidung über die Folgesache wirksam (§ 629 d ZPO). Daher ist es hier ausnahmsweise zulässig, bereits vor der Fälligkeit der Ausgleichsforderung den Stundungsantrag im Verbund mit der Ehescheidung zu stellen[36]. Es entscheidet der **Familienrichter** (§§ 623, 629 ZPO, §§ 3 Nr 2 a, 14 Abs 1 Nr 2 RPflG). Gegen das gesamte Urteil ist die Berufung zulässig, gegen das Berufungsurteil aber die Revision nur bei ausdrücklicher Zulassung, wobei jedoch die Stundungssache auf keinen Fall in die Revision gelangt (§ 629 a Abs 1 ZPO)[37], und die gesamte Entscheidung erst mit Rechtskraft des Scheidungsurteils wirksam wird (§ 629 d ZPO). Wird nur die Stundungsentscheidung angefochten, so geschieht dies durch Beschwerde (§§ 629 a Abs 2, 621 e Abs 1 ZPO).

9   c) **Einheitliche Entscheidung über bestrittene Forderung und Stundung (Abs 5).** Ist die Ausgleichsforderung bestritten, so kann über die Stundung nur in dem Rechtsstreit über die Forderung entschieden werden **(Abs 5).** Zuständig ist das Familiengericht (§§ 621 Abs 1 Nr 8, 621 a Abs 2 ZPO). Über die Ausgleichsforderung und den (idR hilfsweisen) Stundungsantrag ist einheitlich zu entscheiden (§ 621 a Abs 2 ZPO). Es wird nach FGG-Grundsätzen verhandelt; soweit es sich um eine Folgesache

---

[28] *Soergel/Lange* Rn 12, 14; *Staudinger/Thiele* Rn 20; *Johannsen/Henrich/Jaeger* Rn 6; aA je MünchKommBGB/*Koch* Rn 16; *Bergschneider* in: *Schröder/Bergschneider* FamVermR Rn 4.362 bezüglich des persönlichen Verhaltens, das zum Scheitern der Ehe führte.
[29] *Johannsen/Henrich/Jaeger* Rn 6.
[30] Zutr *Bergschneider* in: *Schröder/Bergschneider* FamVermR Rn 4.361.
[31] Beispiele bei *Bergschneider* in: *Schröder/Bergschneider* FamVermR Rn 4.386.
[32] KK-FamR/*Weinreich* Rn 39 f; *Schwab/Schwab* HdB ScheidungsR VII Rn 276.
[33] *Staudinger/Thiele* Rn 30.
[34] Muster bei *Firsching/Graba* Rn 1.287.
[35] BGH NJW 1980, 402; *Staudinger/Thiele* Rn 35; *Firsching/Graba* Rn 1287; *Schwab/Schwab* HdB ScheidungsR VII Rn 274.
[36] KK-FamR/*Weinreich* Rn 37; *Staudinger/Thiele* Rn 5.
[37] *Staudinger/Thiele* Rn 41.

handelt, gelten die Besonderheiten nach Rn 8. Entschieden wird einheitlich durch **Urteil** (§ 621a Abs 2 S 1 ZPO)[38], und zwar durch den **Richter** (§ 14 Abs 1 Nr 2 RPflG). Das Urteil kann **insgesamt** mit der Berufung angefochten werden. Eine Revision findet nur noch bei ausdrücklicher Zulassung durch das Berufungs- oder Revisionsgericht statt (§ 543 Abs 1 ZPO nF). Daneben ist aber eine **isolierte Anfechtung** der Stundungsentscheidung durch **befristete Beschwerde** möglich (§§ 629a Abs 2, 621e ZPO).

2. Entscheidungsinhalt. a) Stundung. Das Familiengericht[39] kann die unbestrittene oder durch Urteil zuerkannte Forderung insgesamt oder auch teilweise stunden (zum Begriff § 271), auch Ratenzahlung gewähren; dabei ist auch eine Verfallklausel möglich, dass bei Zahlungsverzug mit einer Rate gesamte Zahlung fällig wird[40]. Auf Antrag des Gläubigers kann zugleich auch die Verpflichtung des Schuldners zur Zahlung ausgesprochen werden (§ 53a Abs 2 S 2 FGG), und zwar auch dann, wenn der Stundungsantrag als unbegründet abgewiesen wird[41]; dadurch erhält er einen Vollstreckungstitel (§ 53a Abs 4 FGG). 10

b) Verzinsung. Die gestundete Forderung ist stets verzinslich (Abs 2). Über die Höhe und Fälligkeit der Zinsen entscheidet das Familiengericht nach billigem Ermessen (Abs 4), wobei alle Umstände des Einzelfalls zu berücksichtigen und die wirtschaftlichen Verhältnisse von Gläubiger und Schuldner gegeneinander abzuwägen sind[42]. Die dem Gläubiger durch die Stundung drohenden Schäden (etwa bei eigener Kreditbelastung) sind ebenso bedeutsam wie die dem Schuldner daraus entstehenden Vorteile. Der gesetzliche Zinssatz (§ 246) ist für das Familiengericht nicht bindend[43]; mangels besonderer Umstände ist die Festsetzung einer banküblichen Verzinsung angemessen[44]. 11

c) Sicherheitsleistung. Nur auf Antrag des Gläubigers kann das Familiengericht dem Schuldner die Leistung von Sicherheiten für die gestundete Forderung auferlegen (**Abs 3**). Über Art und Umfang derselben entscheidet es dabei wiederum nach billigem Ermessen (**Abs 4**). Es ist dabei für die Art der Sicherheitsleistung nicht an die §§ 232ff gebunden[45]. Dabei kann das Gericht dem Schuldner auch verschiedene Arten von gleichwertigen Sicherheiten zur Wahl stellen[46], sofern dadurch nur nicht die Vollstreckbarkeit der Entscheidung leidet[47]. Die Entscheidung hängt dabei davon ab, ob und welche Sicherheitsleistungen der Schuldner aufbringen kann und ob diese – falls sie keine voll adäquaten sind – dem Gläubiger zumutbar ist[48]. Soweit dies zu verneinen ist, ist der Stundungsantrag abzuweisen[49], und zwar auch dann, wenn die Belange der Kinder die Stundung gebieten[50]. Im Übrigen ist die Erbringung der Sicherheitsleistung **Wirksamkeitsvoraussetzung** für die Stundung, so dass die Ausgleichsforderung solange und insoweit nicht einredebehaftet ist, wie die Sicherheit noch nicht erbracht ist[51]. 12

IV. Nachträgliche Aufhebung oder Änderung der Stundungsentscheidung (Abs 6)

Auf Antrag des Gläubigers oder Schuldners kann das Familiengericht eine rechtskräftige Stundungsentscheidung aufheben, wenn sich die Verhältnisse **nachträglich wesentlich** geändert haben. Gleiches gilt in **analoger Anwendung** für die gerichtlichen Vergleiche[52] oder wenn ein Verfahren über die Zugewinnausgleichsforderung rechtskräftig abgeschlossen wurde (Rn 3). Gegenstand der Änderungs- und Aufhebungsbefugnis ist nur die Stundungsentscheidung als solche, nicht aber der miterfolgte Ausspruch über der Verpflichtung zur Ausgleichszahlung nach § 53a Abs 2 S 2 FGG[53]. Aufhebungs- und **Änderungsgrund** ist (in Anklang an § 323 ZPO) nur eine wesentliche Änderung der für die Stundung und ihre Modalitäten bedeutsamen Verhältnisse. Diese müssen so beschaffen sein, dass von vornherein – wären sie schon bei der früheren Entscheidung gegeben gewesen – eine andere Regelung verfügt worden wäre. 13

---

[38] *Staudinger/Thiele* Rn 38.
[39] Muster zum Entscheidungsinhalt bei *Firsching/Graba* Rn 1292.
[40] *Staudinger/Thiele* Rn 24; aA offenbar OLG Zweibrücken FRES 8, 5, vom BGH aus anderen Gründen aufgehoben; für Unzulässigkeit bei Stundung im Interesse der gemeinschaftlichen Kinder MünchKommBGB/*Koch* Rn 43.
[41] MünchKommBGB/*Koch* Rn 44.
[42] BayObLGZ 1980, 421 = Rpfleger 1981, 392, 393 f zu § 2331a.
[43] BayObLGZ 1980, 421; *Bergschneider* in: *Schröder/Bergschneider* FamVermR Rn 4.373; *Johannsen/Henrich/Jaeger* Rn 8; *Soergel/Lange* Rn 15; *Schwab/Schwab* HdB ScheidungsR VII Rn 277; *Staudinger/Thiele* Rn 26; *Erman/Heckelmann* Rn 5; demgegenüber MünchKommBGB/*Koch* Rn 21, KK-FamR/*Weinreich* Rn 23: allenfalls unterste Grenze; auch der erhöhte Verzugszinssatz des § 288 nF ist für das Gericht nicht bindend, wird aber im Rahmen der Ermessensentscheidung uU eine Indizwirkung haben, *Büttner* FamRZ 2000, 921, 924.
[44] BayObLGZ 1980, 421; *Bergschneider* in: *Schröder/Bergschneider* FamVermR Rn 4.373; KK-FamR/*Weinreich* Rn 23; *Johannsen/Henrich/Jaeger* Rn 8.
[45] KK-FamR/*Weinreich* Rn 25; *Staudinger/Thiele* Rn 28.
[46] *Gerold* NJW 1960, 1745; MünchKommBGB/*Koch* Rn 24.
[47] *Keidel/Weber* § 53a FGG Rn 13.
[48] *Johannsen/Henrich/Jaeger* Rn 10.
[49] MünchKommBGB/*Koch* Rn 25.
[50] AA *Johannsen/Henrich/Jaeger* Rn 10, die aus Abs 1 S 2 einen generellen Vorrang der Kinderinteressen herleiten, der sich aber aus der Gesetzessystematik nicht begründen lässt.
[51] KK-FamR/*Weinreich* Rn 24; MünchKommBGB/*Koch* Rn 23.
[52] MünchKommBGB/*Koch* Rn 47; *Keidel/Kuntze* § 53a FGG Rn 18; RGRK/*Finke* Rn 21; *Soergel/Lange* Rn 35; zu rechtsgeschäftlichen Vereinbarungen *Staudinger/Thiele* Rn 42: uU Wegfall der Geschäftsgrundlage.
[53] *Johannsen/Henrich/Jaeger* Rn 13.

14 Die relevanten Gründe können in der Person eines Gläubigers (zB plötzlicher Geldbedarf wegen Arbeitslosigkeit oder neu entstandener Unterhaltspflichten) oder des Schuldners (Einkommens- oder Vermögensverbesserungen) oder der gemeinsamen Kinder (Abs 1 S 2; Ende der Unterhaltsbedürftigkeit), aber auch in der allgemeinen wirtschaftlichen Lage (Änderung des Zinssatzes, bessere Verwertungsmöglichkeit für Immobilien) begründet sein[54]. Auch die Wiederverheiratung des Schuldners kann zu seinen Gunsten zu berücksichtigen sein[55]. Die Veränderungen müssen objektiv **nachträglich** eingetreten sein, dh nach der letzten mündlichen Tatsachenverhandlung. Lagen sie bereits damals vor, so sind sie präkludiert, mögen sie damals auch dem Gericht oder den Beteiligten nicht bekannt gewesen, erst beweisbar geworden oder falsch beurteilt worden sein[56]. **Nach Ablauf** einer bereits gewährten Stundungsfrist kann eine neue beantragt, dann jedoch nur auf das nachträgliche Eintreten weiterer neuer Umstände gestützt werden[57].

15 Daneben bleibt der **allgemeine Vollstreckungsschutz** gegen titulierte Ausgleichsforderungen (§§ 765a, 813a ZPO, 30a ZVG) unberührt, einschließlich der Zuständigkeit des Vollstreckungsgerichts[58]. Die bei § 1382 bereits berücksichtigten Umstände können dort aber nicht mehr geltend gemacht werden; ebenso ist für die von § 1382 eröffneten Regelungen (Stundung, materiell-rechtliche Gestaltung der Ausgleichsforderung) allein das Familiengericht zuständig[59].

V. Gestaltung

16 § 1382 kann nach hM durch Ehevertrag **nicht ausgeschlossen** oder beschränkt werden[60]. Daraus darf aber nicht geschlossen werden, dass Vereinbarungen über die Fälligkeit der Ausgleichsforderung, deren Verzinsung und die Sicherheitsleistung überhaupt nicht möglich wären[61]. Sie bedürfen jedoch bis zur Beendigung der Güterstands grds der Form des Ehevertrags nach § 1408, während eines auf die Auflösung der Ehe gerichteten Verfahrens ist § 1378 Abs 3 S 2 zu beachten. Erst nach der Entstehung der Ausgleichsforderung sind diesbezügliche Vereinbarungen formlos möglich. Trotz solcher getroffenen Regelungen bleibt jedoch die richterliche Gestaltungsmöglichkeit nach § 1382 bestehen[62].

§ 1383 Übertragung von Vermögensgegenständen

(1) Das Familiengericht kann auf Antrag des Gläubigers anordnen, dass der Schuldner bestimmte Gegenstände seines Vermögens dem Gläubiger unter Anrechnung auf die Ausgleichsforderung zu übertragen hat, wenn dies erforderlich ist, um eine grobe Unbilligkeit für den Gläubiger zu vermeiden, und wenn dies dem Schuldner zugemutet werden kann; in der Entscheidung ist der Betrag festzusetzen, der auf die Ausgleichsforderung angerechnet wird.

(2) Der Gläubiger muss die Gegenstände, deren Übertragung er begehrt, in dem Antrag bezeichnen.

(3) § 1382 Abs 5 gilt entsprechend.

Schrifttum: *Gerold,* Die richterliche Anordnung der Übertragung von Vermögenswerten nach Beendigung der Zugewinngemeinschaft, Diss. Bonn 1964; *Meyer-Stolte,* Eigentumsübertragung bei Zugewinnausgleich, Rpfleger 1976, 6.

I. Normzweck, Konkurrenzfragen

1 Die Vorschrift enthält eine Billigkeitskorrektur bei Durchführung des Zugewinnausgleichs (ähnlich §§ 1381, 1382), jedoch allein im **Gläubigerinteresse**. Da die Ausgleichsforderung eine reine Geldforderung ist (§ 1378), kann im Einzelfall der Gläubiger ein berechtigtes Interesse haben, dass ihm in Anrechnung auf seine Forderung bestimmte Gegenstände übertragen werden, wobei dieses Interesse oftmals nicht durch die Hausratsverordnung allein befriedigt werden kann. Die praktische Bedeutung ist

---

[54] *Johannsen/Henrich/Jaeger* Rn 14; *Staudinger/Thiele* Rn 44; *Gerold* NJW 1960, 1740.
[55] *Staudinger/Thiele* Rn 44; *Soergel/Lange* Rn 36; *RGRK/Finke* Rn 21; einschränkend mit Interessenabwägung im Einzelfall *Johannsen/Henrich/Jaeger* Rn 14; aA MünchKommBGB/*Koch* Rn 50.
[56] *Staudinger/Thiele* Rn 43; KK-FamR/*Weinreich* Rn 43; vgl auch RGZ 126, 239, 242 (zu § 323 ZPO).
[57] *Staudinger/Thiele* Rn 46; *Soergel/Lange* Rn 38; ohne jede Einschränkung RGRK/*Finke* Rn 23; *Erman/Heckelmann* Rn 3; für Beschränkung auf nachträgliche, *wesentliche Veränderung* der Verhältnisse: MünchKommBGB/*Koch* Rn 61; *Johannsen/Henrich/Jaeger* Rn 14.
[58] *Staudinger/Thiele* Rn 48; aA *Palandt/Brudermüller* Rn 12: Zuständigkeit des Familiengerichts.
[59] *Baur* FamRZ 1958, 252, 255; *Erman/Heckelmann* Rn 4; MünchKommBGB/*Koch* Rn 56; *Staudinger/Thiele* Rn 48; aA RGRK/*Finke* Rn 20; *Dölle* I S 829.
[60] MünchKommBGB/*Koch* Rn 59; *Staudinger/Thiele* Rn 49; zT wird dies als Verstoß gegen § 138 angesehen, so *Soergel/Lange* Rn 8; *Dölle* I S 830; aA *Bergschneider* in: *Schröder/Bergschneider* FamVermR Rn 4.389 ff; KK-FamR/*Weinreich* Rn 5.
[61] Zutr *Bergschneider* in: *Schröder/Bergschneider* FamVermR Rn 4.389 ff; KK-FamR/*Weinreich* Rn 5; zur Dispositionsmöglichkeit s § 1408 Rn 59.
[62] Unklar *Bergschneider* in: *Schröder/Bergschneider* FamVermR Rn 4.389 ff; KK-FamR/*Weinreich* Rn 5.

bislang gering[1]. Die Möglichkeit nach § 1383 steht der Geltendmachung eines dinglichen Herausgabeanspruchs nach anderen Normen nicht entgegen[2]; dabei können sich **güterstandsunabhängige Übereignungsverpflichtungen** etwa wegen einer dinglichen Rückgewähr einer ehebezogenen Zuwendung (§ 1372 Rn 19) oder bezüglich des Hausrats nach den §§ 8 ff HausratsVO ergeben[3]. Bei **Hausrat**, der im **Alleineigentum** eines Ehegatten steht, ist § 1383 neben der Zuweisung nach § 9 HausratsVO nach oder für den Fall der Scheidung anwendbar[4], bei Hausratsgegenständen im Miteigentum beider Ehegatten ist dies umstritten[5]. Soweit der Gläubiger in dem einen Verfahren sein Ziel erreicht hat, ist dies im anderen zu berücksichtigen und anzuerkennen. Daher kann ihm das, was ihm durch § 1383 gegeben wurde, nicht nochmals nach der HausratsVO gegeben werden[6].

II. Voraussetzungen der Übertragung

1. Grobe Unbilligkeit für den Gläubiger. Diese muss sich daraus ergeben, dass die Ausgleichsforderung nur durch Geldleistung erfüllt wird. Hieran sind strenge Anforderungen zu stellen und alle Umstände des Einzelfalls zu berücksichtigen[7]. Erforderlich ist, dass die Vorenthaltung des geforderten Gegenstandes und die Verweisung auf die Geldforderung zu einer dem Gerechtigkeitsempfinden in unerträglicher Weise widersprechenden Situation für den Gläubiger führen würde[8]. Ein schützenswertes Interesse des Ausgleichsgläubigers kann sich dabei **nicht nur unter wirtschaftlichen Gesichtspunkten** ergeben, jedoch muss diesem ein ganz erhebliches Gewicht beizumessen sein[9]. Bei der Einführung der Norm war allerdings vor allem daran gedacht worden, dass in Zeiten starker Geldentwertung oder Verknappung von Sachgütern die Geldabfindung generell eine Benachteiligung des Gläubigers sein könnte, was bislang nicht bedeutsam wurde. Berücksichtigungsfähig ist sowohl das besondere und dringliche Interesse des Gläubigers an einer Sachleistung überhaupt, wie aber auch an der Leistung besonderer einzelner Sachen, worunter auch ein rein persönliches oder **Affektionsinteresse** zu verstehen ist[10]. Ein allgemeines Interesse an Sachwerten reicht aber nicht aus[11]. Jedoch kann sich das **besondere Gläubigerinteresse** daraus ergeben, dass der Berechtigte oder besonders die gemeinsamen Kinder den Gegenstand zur Aufrechterhaltung der **bisherigen Lebensweise** benötigen (Familienwohnheim, besondere Arbeitsgeräte), und Ersatzbeschaffung nicht möglich oder nicht zumutbar ist[12], oder eine besonders enge Sachbeziehung des Gläubigers hierzu bestand (von ihm angeschafft und bezahlt oder von ihm ganz ausschließlich benutzt)[13]. Aber auch wenn die Durchsetzung der Geldforderung des Zugewinnausgleichs mit ungewöhnlichen Schwierigkeiten verbunden ist, kann dies das Übertragungsverlangen rechtfertigen, wobei aber zu erwartende Schwierigkeiten bei der Zwangsvollstreckung allein nicht ausreichen[14].

2. Zumutbarkeit für den Schuldner, Interessenabwägung. Das Familiengericht kann dem Übertragungsantrag des Gläubigers nur stattgeben, wenn die Zuteilung dem Schuldner der Ausgleichsforderung zuzumuten ist. Dabei kann das bloße „Beharrungsinteresse", sein Vermögen zu behalten, nicht genügen, sondern es muss ein konkretes Interesse vorliegen[15]. Auch hier kann eine besondere Sachbeziehung bedeutsam sein oder das Erfordernis der Nutzung für die Berufsausübung. Wirtschaftliche wie persönliche Umstände sind zu berücksichtigen. Das Gericht hat bei seiner Zuweisungsentscheidung alle Umstände des konkreten Einzelfalls einschließlich der Folgen der beantragten Zuweisung zu berücksichtigen und die **Interessen** der Beteiligten gegeneinander **abzuwägen**[16]. Je dringlicher das Interesse des Gläubigers an der Übertragung von Vermögensgegenständen ist, um so höhere Anforderungen sind an die Feststellung der Unzumutbarkeit für den Schuldner zu stellen[17]. Bei der „groben Unbilligkeit" (für den Gläubiger) und der „Zumutbarkeit" (für den Schuldner) handelt es sich um

---

[1] AnwK-BGB/*Groß* Rn 1; *Gernhuber* FamRZ 1984, 1053, 1055; *Johannsen/Henrich/Jaeger* Rn 1.
[2] BGH NJW-RR 1990, 1090, 1092.
[3] Vgl etwa *Bergschneider* in: *Schröder/Bergschneider* FamVermR Rn 4.393.
[4] KK-FamR/*Weinreich* Rn 5; *Palandt/Brudermüller* Rn 1; *Staudinger/Thiele* Rn 33.
[5] Zu Recht bejahend KK-FamR/*Weinreich* Rn 6; MünchKommBGB/*Koch* Rn 36; *Staudinger/Thiele* Rn 33; verneinend *Johannsen/Henrich/Jaeger* Rn 2; *Palandt/Brudermüller* Rn 2; *Soergel/Lange* Rn 19.
[6] Eingehend MünchKommBGB/*Koch* Rn 36.
[7] OLG Hamm OLGZ 1978, 399 = FamRZ 1978, 687, 689; KK-FamR/*Weinreich* Rn 11; *Soergel/Lange* Rn 5; *Erman/Heckelmann* Rn 1.
[8] MünchKommBGB/*Koch* Rn 13; *Bergschneider* in: *Schröder/Bergschneider* FamVermR Rn 4.394; ähnlich *Staudinger/Thiele* Rn 3.
[9] OLG Hamm OLGZ 1978, 399 = FamRZ 1978, 687, 689; großzügiger *Bergschneider* in: *Schröder/Bergschneider* FamVermR Rn 4.395 m Beispielen.
[10] *Staudinger/Thiele* Rn 3.
[11] *Staudinger/Thiele* Rn 4; OLG Hamm OLGZ 1978, 399 = FamRZ 1978, 687 lehnt Übertragung eines Ferienhauses bei bloßem Affektionsinteresse ab.
[12] *Johannsen/Henrich/Jaeger* Rn 5.
[13] *Johannsen/Henrich/Jaeger* Rn 5; *Staudinger/Thiele* Rn 7; bei OLG Hamm OLGZ 1978, 399 = FamRZ 1978, 687, 689 für nicht ausreichend angesehen.
[14] *Staudinger/Thiele* Rn 6; *Soergel/Lange* Rn 5; weiter gehend, weil ohne diese Einschränkung MünchKommBGB/*Koch* Rn 16; *Johannsen/Henrich/Jaeger* Rn 5.
[15] *Johannsen/Henrich/Jaeger* Rn 6.
[16] OLG Hamm OLGZ 1978, 399 = FamRZ 1978, 687; *Bergschneider* in: *Schröder/Bergschneider* FamVermR Rn 4.399; *Johannsen/Henrich/Jaeger* Rn 7; *Staudinger/Thiele* Rn 8 f.
[17] KK-FamR/*Weinreich* Rn 16; *Staudinger/Thiele* Rn 8.

unbestimmte Rechtsbegriffe[18]. Wenn die Voraussetzungen des § 1383 vorliegen, muss das Familiengericht entscheiden und hat kein „Ersetzungsermessen", auch wenn es in § 1383 „kann" heißt[19].

III. Verfahren

4   Zuständig ist das **Familiengericht** (§ 621 Abs 1 Nr 9 ZPO), wobei die gleichen Fallkonstellationen wie bei § 1382 möglich sind (§ 1382 Rn 6–9). Das Verfahren bestimmt sich grds nach dem FGG (§ 621a Abs 1 ZPO), das in § 53a FGG besondere Bestimmungen trifft (§ 1382 Rn 6). **Antragsberechtigt** ist nur der **Gläubiger**[20], der die zu übertragenden Gegenstände konkret bezeichnen muss (Abs 2)[21], also insoweit ein Auswahlrecht hat, weshalb es sich um einen Sach- und nicht nur reinen Verfahrensantrag handelt[22]. Der Wert der zu übertragenden Vermögensgegenstände ist jedoch in dem Antrag ebenso wenig zu benennen wie der Betrag, mit dem diese auf den Zugewinnausgleich anzurechnen sind[23]. Im Übrigen sind wie bei § 1382 drei Verfahrenskonstellationen denkbar:

– Stellt der Gläubiger einen **isolierten Übertragungsantrag,** so ist in diesem Verfahren der freiwilligen Gerichtsbarkeit eine stattgebende Entscheidung nur möglich, wenn die Zugewinnausgleichsforderung wenigstens in Höhe des durch die Übertragung anzurechnenden Werts unstreitig ist; andernfalls ist der Antrag als unbegründet abzulehnen[24]. Denn dieses Verfahren soll den Zugewinnausgleichsprozess nicht ersetzen[25]. Unzulässig ist es in diesem isolierten Verfahren, eine Entscheidung über den Übertragungsantrag unter dem Vorbehalt einer späteren rechtskräftigen Entscheidung über die Ausgleichsforderung zu treffen[26] oder bis zur rechtskräftigen Entscheidung über den Zugewinnausgleich auszusetzen, weil mit Anhängigkeit dieses Rechtsstreits das Prozessgericht nach § 1383 Abs 3 iVm § 1382 Abs 5 auch für das Übertragungsverfahren ausschließlich zuständig wird[27]. In dem isolierten Übertragungsverfahren entscheidet der Rechtspfleger[28], gegen dessen Beschluss die befristete Beschwerde gegeben ist[29]. Auch wenn auf **§ 1382 Abs 6** ausdrücklich **nicht** verwiesen wird, ist ein isolierter Übertragungsantrag nach einem bereits vorliegenden rechtskräftigen Urteil über die Zugewinnausgleichsforderung nur dann zulässig, wenn die Antragsgründe erst nachträglich eingetreten sind, so dass sie nicht durch die Rechtskraft des Zahlungsurteils präkludiert sind[30].

– Ist über die Ausgleichsforderung **zugleich ein Rechtsstreit** anhängig, kann der Übertragungsantrag nur in diesem Verfahren gestellt werden (§ 1383 Abs 3 iVm § 1382 Abs 5)[31]; die Entscheidung ergeht dann durch einheitliches Urteil durch den Richter (§ 14 Abs 1 Nr 2 RPflG).

– Daneben kann der Übertragungsantrag als **Folge einer Scheidungssache** rechtshängig sein, so dass dann das Familiengericht grds einheitlich durch Urteil entscheidet (vgl § 1382 Rn 8).

5   Die Übertragung selbst erfolgt in einem **dreistufigen Akt**[32]: (1) In der **Entscheidung**[33] ist der Betrag der Ausgleichsforderung festzusetzen, der mit der Übertragung abgegolten ist (Abs 1 HS 2). Damit tritt hinsichtlich der Zugewinnausgleichsforderung eine Novation ein, weil die Geldschuld insoweit entfällt und durch eine Verpflichtung zur Übereignung des entsprechenden Vermögensgegenstandes ersetzt wird. Deshalb wird von einer vom Familiengericht zu vollziehenden „Ersetzungsbefugnis des Gläubigers" gesprochen[34]. Maßgebend für die **Anrechnung** ist der volle Verkehrswert im Zeitpunkt der Entscheidung[35]. Das Gericht darf dabei nur im Antrag des Gläubigers bezeichnete Gegenstände zusprechen[36], die den Wert der Ausgleichsforderung nicht übersteigen dürfen („Anrechnung")[37]. (2) Die Entscheidung hat **keine dingliche,** unmittelbar übertragende **Wirkung,** sondern begründet nur eine entsprechende Verpflichtung des Ausgleichsschuldners[38]. Zu deren Sicherung kann jedoch das Gericht einstweilige Anordnungen (§ 53a ZPO) erlassen. (3) Anschließend ist diese **Übertragungsverpflichtung zu erfüllen,** was sich nach den sachenrechtlichen Vorschriften be-

---

[18] OLG Hamm OLGZ 1978, 399 = FamRZ 1978, 687, 688; vgl zu § 1381 auch BGH NJW 1973, 749.
[19] OLG Hamm OLGZ 1978, 399 = FamRZ 1978, 687, 688; *Johannsen/Henrich/Jaeger* Rn 8.
[20] *Schwab/Schwab* HdB ScheidungsR VII Rn 237.
[21] BGH NJW-RR 1990, 1090; Formulierungsvorschlag bei KK-FamR/*Weinreich* Rn 22; *Haußleiter/Schulz* 1 Rn 446.
[22] *Bergschneider* in: *Schröder/Bergschneider* FamVermR Rn 4.409.
[23] KK-FamR/*Weinreich* Rn 21; *Bergschneider* in: *Schröder/Bergschneider* FamVermR Rn 4.409.
[24] *Staudinger/Thiele* Rn 18; KK-FamR/*Weinreich* Rn 28 mw Details.
[25] *Schwab/Schwab* HdB ScheidungsR VII Rn 249.
[26] OLG Köln OLGZ 1976, 36 = FamRZ 1976, 28.
[27] *Schwab/Schwab* HdB ScheidungsR VII Rn 249.
[28] Zur Wertfestsetzung OLG Frankfurt FuR 1990, 53.
[29] KK-FamR/*Weinreich* Rn 34.
[30] *Johannsen/Henrich/Jaeger* Rn 8; *Staudinger/Thiele* Rn 16; wohl auch AnwK-BGB/*Groß* Rn 7; aA *Schwab/Schwab* HdB ScheidungsR VII Rn 238: generelle Unzulässigkeit, weil aus der fehlenden Verweisung auf § 1382 Abs 6 der Gegenschluss zu ziehen sei; vgl auch RGRK/*Finke* Rn 14.
[31] *Bergschneider* in: *Schröder/Bergschneider* FamVermR Rn 4.408; KK-FamR/*Weinreich* Rn 25.
[32] *Bergschneider* in: *Schröder/Bergschneider* FamVermR Rn 4. 4. 411 ff.
[33] Tenorierungsvorschlag bei *Firsching/Graba* Rn 1295.
[34] MünchKommBGB/*Koch* Rn 3; *Staudinger/Thiele* Rn 24.
[35] MünchKommBGB/*Koch* Rn 29; *Staudinger/Thiele* Rn 25.
[36] *Staudinger/Thiele* Rn 19.
[37] *Staudinger/Thiele* Rn 26.
[38] AllgM, *Meyer-Stolte* Rpfleger 1976, 6, 7 mwN; daher kommt selbst ab Antragstellung die Eintragung eines Rechtshängigkeitsvermerks nicht in Betracht, OLG Schleswig FamRZ 1996, 175.

stimmt, die für den betreffenden Vermögensgegenstand gelten. Bei Grundstücken bedarf es daher noch der Auflassung und Eigentumsumschreibung im Grundbuch (§§ 873, 925). Auf besonderen Gläubigerantrag, der zweckmäßiger Weise immer gestellt werden sollte, spricht daher das Gericht die Verpflichtung des Schuldners aus, die zur Übertragung erforderlichen Willenserklärungen (zB Auflassung) abzugeben, die nach Rechtskraft als abgegeben gelten (§§ 53 a Abs 4 FGG, 894 ZPO)[39]. Die uU erforderliche Zwangsvollstreckung erfolgt nach der ZPO (§ 53 a Abs 4 FGG). Bei **Leistungsstörungen** gelten die §§ 280 ff unmittelbar; für Sach- und Rechtsmängel haftet der Schuldner nach hM entsprechend § 365 verschuldensunabhängig nach den Vorschriften des Kaufrechts, §§ 437, 434, 435[40].

Wegen **Rechtsmittel** s § 1382 Rn 7, 8 und 9. Zur Bestimmung des Geschäftswerts OLG Frankfurt JurBüro 1989, 1735. 6

IV. Gestaltung

§ 1383 ist **zwingendes Recht** und kann daher durch Ehevertrag nicht abbedungen werden[41]. Jedoch ist es zulässig, durch Ehevertrag zu vereinbaren, dass der Ausgleichsanspruch auf die Übertragung bestimmter Vermögensgegenstände gerichtet ist oder der Ausgleichsberechtigte auch unabhängig vom Eingreifen des § 1383 berechtigt ist, die Übertragung bestimmter Vermögensgegenstände unter Anrechnung auf die Ausgleichsforderung zu verlangen[42]. 7

§ 1384 Berechnungszeitpunkt bei Scheidung

Wird die Ehe geschieden, so tritt für die Berechnung des Zugewinns an die Stelle der Beendigung des Güterstands der Zeitpunkt der Rechtshängigkeit des Scheidungsantrags.

Schrifttum: *Füllbier/Völlings,* Der Berechnungszeitpunkt im Zugewinnausgleich – Spielball von Vermögensmanipulationen, FuR 2003, 9; *Schröder,* Berechnungszeitpunkt für den Zugewinn bei Scheidung – Probleme des § 1384 BGB, FamRZ 2003, 277.

I. Normzweck

Die Vorschrift enthält einen **abweichenden Berechnungszeitpunkt** für den Zugewinn bei Beendigung des Güterstands durch Scheidung. Normalerweise wird für die Berechnung des Zugewinns und der Bewertung des Endvermögens der Tag der Beendigung des Güterstands angenommen (§§ 1375 Abs 1, 1376 Abs 2). Demgegenüber bestimmt § 1384 eine Vorverlegung des Berechnungszeitpunkts auf den Eintritt der Rechtshängigkeit. Dadurch sollen Manipulationsmöglichkeiten, einschließlich der böswilligen Verringerung des Zugewinns zum Nachteil des anderen, verhindert werden[1]. Auch besteht kein sachlicher Grund mehr, den anderen Ehegatten an einem später erzielten Zugewinn zu beteiligen, da mit der Verfahrenseinleitung regelmäßig die Ehe gescheitert ist, vgl § 1565 Abs 1 S 1[2]. Demgegenüber bleibt der **Güterstand** bis zur Rechtskraft der Ehescheidung bzw Eheaufhebung[3] oder bis zu einer vertraglichen Beendigung bestehen. 1

II. Berechnungszeitpunkt

Berechnungszeitpunkt iS von § 1384 ist der Zeitpunkt der **Rechtshängigkeit des Scheidungsantrags,** also regelmäßig der Zustellung desselben (§§ 622, 261 Abs 1, 253 ZPO). Dem steht nach § 261 Abs 2 ZPO die erstmalige Geltendmachung des Anspruchs in der mündlichen Verhandlung gleich, etwa wenn der Scheidungsantrag versehentlich nicht zugestellt wurde[4]. § 167 ZPO (früher § 270 Abs 3 ZPO) findet weder direkt noch analog Anwendung[5]. Ein Antrag auf **Prozesskostenhilfe** ist kein Scheidungsantrag und für § 1384 unbeachtlich[6]. Die Rspr sieht in § 1384 eine generalisierende, 2

---

[39] *Staudinger/Thiele* Rn 24; *Firsching/Graba* Rn 1294; für Entbehrlichkeit des besonderen Antrags *Meyer-Stolte* Rpfleger 1976, 6, 7 (und zu Besonderheiten bei der Auflassung).
[40] *Johannsen/Henrich/Jaeger* Rn 11; KK-FamR/*Weinreich* Rn 18; *Palandt/Brudermüller* Rn 1; *Soergel/Lange* Rn 6; aA AnwK-BGB/*Groß* Rn 6; MünchKommBGB/*Koch* Rn 33; *Staudinger/Thiele* Rn 30: keine verschuldensunabhängige Geltung der Sach- und Rechtsmängelhaftung, da keine vertragliche Einstandspflicht des Schuldners vorliegt, sondern nur Haftung nach § 292 entsprechend den Vorschriften des Eigentümer-Besitzer-Verhältnisses.
[41] AnwK-BGB/*Groß* Rn 11; *Bergschneider* in: *Schröder/Bergschneider* FamVermR Rn 4.416; KK-FamR/*Weinreich* Rn 3; *Staudinger/Thiele* Rn 33.
[42] *Bergschneider* in: *Schröder/Bergschneider* FamVermR Rn 4.417; KK-FamR/*Weinreich* Rn 3; MünchKommBGB/*Koch* Rn 39; *Staudinger/Thiele* Rn 34.
[1] BT-Drucks 2/3409 S 13; BGHNJW 1987, 1764 f; KK-FamR/*Weinreich* Rn 2.
[2] KK-FamR/*Weinreich* Rn 2; *Palandt/Brudermüller* Rn 1.
[3] BGH NJW 1988, 2369 zu § 1378 Abs 2; AnwK-BGB/*Groß* Rn 1.
[4] KK-FamR/*Weinreich* Rn 6; entgegen AnwK-BGB/*Groß* Rn 2 ist Übergabe des Scheidungsantrags in der mündlichen Verhandlung hierfür nicht erforderlich.
[5] OLG München FamRZ 1982, 279, 280; im Verwaltungsprozess genügt dagegen bereits die Klageeinreichung (§§ 81 Abs 1, 90 Abs 1 VwGO), weshalb *Kogel* FamRZ 1999, 1253 zur Vorverlegung der Stichtage der §§ 1384, 1387 empfiehlt, den Scheidungsantrag dort einzureichen; zweifelhaft.
[6] *Bergschneider* in: *Schröder/Bergschneider* FamVermR Rn 4.428; KK-FamR/*Weinreich* Rn 6; vgl auch OLG Naumburg FamRZ 2002, 401 zum Ende der Ehezeit nach § 1587 Abs 2.

§ 1384

streng formal ausgestaltete Regelung, die um der Rechtsklarheit und der Rechtssicherheit willen die Einzelfallgerechtigkeit vernachlässigt[7]. Daher gilt dieser Berechnungszeitpunkt auch dann, wenn das Scheidungsverfahren **längere Zeit geruht** hat, mag dies auch auf einer zwischenzeitlichen Versöhnung oder Einigung über die Nichtfortsetzung beruhen[8], oder **innerhalb desselben Scheidungsverfahrens** der ursprüngliche Antrag zwar abgewiesen oder zurückgenommen wurde, die Ehe aber auf Gegenantrag (früher Widerklage) hin geschieden wurde[9]. Waren **mehrere Scheidungsverfahren** anhängig oder hatte jeder Ehegatte selbstständig einen Scheidungsantrag gestellt, kommt es auf den Zeitpunkt der Rechtshängigkeit des Verfahrens an, das schließlich zur Scheidung der Ehe geführt hat[10], und zwar auch dann, wenn der erste Scheidungsantrag des gleichen Antragstellers jahrelang geruht hat[11]. Der Berechnungszeitpunkt des § 1384 bleibt auch weiterhin maßgeblich, wenn in einer **Verbundsache** der Scheidungsantrag zurückgenommen, nunmehr aber das Zugewinnausgleichsverfahren gemäß **§ 626 Abs 2 ZPO** als Verfahren auf vorzeitigen Zugewinnausgleich fortgeführt wird; auf die Rechtshängigkeit des neuen Scheidungsantrages kommt es nicht an[12].

III. Entsprechende Anwendung, Konkurrenzfragen

3   § 1384 ist nach § 1318 Abs 1 und 3 auf die **Aufhebung** der Ehe entsprechend anzuwenden[13] (früher §§ 26, 37 EheG), jedoch kann hier aus Billigkeitsgründen ein anderer Berechnungszeitpunkt in Frage kommen (§ 1318 Abs 3)[14]. Eine entsprechende Anwendung von § 1384 erfolgt wegen der durch den Normzweck zu verhindernden Manipulationsmöglichkeiten auch, wenn nach Rechtshängigkeit des **sachlich begründeten Scheidungsantrags** oder Aufhebungsverfahrens der Güterstand durch **Tod** eines Ehegatten beendet wird und es nach § 1371 Abs 2 zur güterrechtlichen Lösung kommt[15]. Die Analogie setzt allerdings voraus, dass die Ehe, wenn sich nicht durch den vorzeitigen Tod aufgelöst worden wäre, auf den Scheidungsantrag hin geschieden worden wäre, so dass diese Vorfrage im Prozess über die Ausgleichsforderung zu klären ist[16].

4   Bei gleichzeitiger Klage auf **vorzeitigen Zugewinnausgleich** (§§ 1385 f) und Ehescheidungs- oder Eheaufhebungsverfahren (nach §§ 1313 ff) ist entsprechend dem Normzweck zur Vermeidung von Manipulationsmöglichkeiten auf die Rechtshängigkeit des ersten Verfahrens abzustellen, selbst wenn erst das spätere zur Beendigung des Güterstands geführt hat[17]. Nur bei offenkundiger Aussichtslosigkeit des älteren Verfahrens kann der Einwand der unzulässigen Rechtsausübung erhoben werden[18]. Zu beachten ist hier auch, dass damit zwei unterschiedliche Berechnungsstichtage konkurrieren, nämlich der nach § 1384 und der nach § 1387[19].

---

[7] BGH FamRZ 1983, 350.
[8] BGH FamRZ 1983, 350: vier Jahre; OLG Karlsruhe FamRZ 1976, 152; OLG Hamm NJW 1980, 1637: fünf Jahre; NJW-RR 1992, 965: neun Jahre; KG NJW-RR 1996, 1090: 14 Monate bei vorübergehender Versöhnung; KK-FamR/*Weinreich* Rn 7; *Schwab/Schwab* HdB ScheidungsR VII Rn 151; für **Ausnahmen** bei vorbehaltloser Versöhnung und Einigung über die Nichtfortsetzung OLG Karlsruhe FamRZ 1980, 1119 (dann Wiederanrufung maßgeblich; zust auf Grund teleologischer Reduktion des Anwendungsbereichs *Staudinger/Thiele* Rn 4; ähnlich *Johannsen/Henrich/Jaeger* Rn 5 unter Anwendung von § 242); OLG Bremen FamRZ 1998, 1516 und zust KK-FamR/*Weinreich* Rn 8; *Staudinger/Thiele* Rn 4 will dann eine Ausnahme machen, wenn der Ehegatte, für den die Stichtagsregelung der Rechtshängigkeit nachteilig sei, keine Möglichkeit hatte, die Rechtshängigkeit des Scheidungsverfahrens einseitig zu beseitigen; dann sei auf den Zeitpunkt der Wiederaufnahme des zum Ruhen gebrachten Verfahrens abzustellen. Für generelles Festhalten an der formalisierten Regelung des § 1384 zur Vermeidung ausufernder Billigkeitsentscheidungen zu Recht MünchKommBGB/*Koch* Rn 5; zust *Schröder* FamRZ 2003, 277.
[9] BGHZ 46, 215; KK-FamR/*Weinreich* Rn 10; *Heckelmann* FamRZ 1968, 59; *Palandt/Brudermüller* Rn 6; vgl auch BGH FamRZ 1996, 1142, 1144; aA – nicht zu Unrecht – *Schröder* FamRZ 2003, 277 f bei Rücknahme des ersten Antrags.
[10] BGH NJW 1979, 2099: auch bei zunächst gegebener Unzulässigkeit; OLG Koblenz FamRZ 1981, 260; AnwK-BGB/*Groß* Rn 6; *Bergschneider* in: *Schröder/Bergschneider* FamVermR Rn 4.216; *Schwab/Schwab* HdB ScheidungsR VII Rn 151; iE auch *Mölln* FamRZ 2001, 291 m Anm *Bartsch* in einem Fall, in dem der erste Antrag nach Rechtskraft des zweiten zurückgenommen wurde.
[11] BGH FamRZ 1983, 350.
[12] OLG Bamberg FamRZ 1997, 91; KG FamRZ 2005, 805, 806; OLG Köln FamRZ 2003, 539 m Anm *Höser*, dazu auch *Völker* jurisPR-FamR 14/2004 Anm 4 aE; *Palandt/Brudermüller* Rn 9; KK-FamR/*Weinreich* Rn 11.
[13] *Staudinger/Thiele* Rn 6.
[14] MünchKommBGB/*Koch* Rn 5.
[15] BGHZ 99, 304 = NJW 1987, 1764 f; *Gernhuber* JR 1987, 330 f; *Staudinger/Thiele* Rn 7; MünchKommBGB/*Koch* Rn 8; RGRK/*Finke* Rn 10; *Johannsen/Henrich/Jaeger* Rn 2; aA OLG Celle FamRZ 1984, 55; OLG Köln FamRZ 1985, 933; *Dölle* I S 834; *Schwab/Schwab* HdB ScheidungsR VII Rn 151.
[16] *Staudinger/Thiele* Rn 7; krit deswegen *Schwab/Schwab* HdB ScheidungsR VII Rn 151.
[17] OLG Hamm FamRZ 1982, 609; OLG Karlsruhe FamRZ 2004, 466; AnwK-BGB/*Groß* Rn 6; *Bergschneider* in: *Schröder/Bergschneider* FamVermR Rn 4.428; *Dölle* I S 884; *Johannsen/Henrich/Jaeger* Rn 6; MünchKommBGB/*Koch* Rn 7; *Palandt/Brudermüller* Rn 8; für zusätzliches Erfordernis der Begründetheit des ersten Begehrens KK-FamR/*Weinreich* Rn 11 und § 1387 Rn 7; *Staudinger/Thiele* Rn 8 und § 1387 Rn 4; RGRK/*Finke* Rn 9; *Soergel/Lange* Rn 7; ebenso OLG Düsseldorf FuR 2001, 523, wenn vom gleichen Antragsteller zunächst ein unbegründeter Antrag auf Eheaufhebung und später ein materiell-rechtlich gerechtfertiger Scheidungsantrag gestellt wurde, wobei es wegen des zwischenzeitlichen Versterbens des Antragsgegners um die analoge Anwendung des § 1384 ging, für die BGHZ 99, 304 = NJW 1987, 1764 die Begründetheit des maßgeblichen Antrags verlangt.
[18] AnwK-BGB/*Groß* Rn 6; *Palandt/Brudermüller* Rn 8.
[19] Eingehender *Bergschneider* in: *Schröder/Bergschneider* FamVermR Rn 4.428.

IV. Rechtswirkungen

Im Anwendungsbereich der Norm ist der Berechnungszeitpunkt des § 1384 maßgebend für[20]: 5
- die Berechnung des **Endvermögens** nach § 1375;
- die Beendigung des Zeitraums, in dem privilegierter Erwerb iS von § 1374 Abs 2, Vorempfänge nach § 1380 und illoyale Vermögensminderungen iS von § 1375 Abs 2 berücksichtigt werden;
- die Bewertung nach § 1376 Abs 2 bis 4; danach eintretende Wertveränderungen sind unerheblich[21];
- den Gegenstand der Auskunftspflicht nach § 1379 Abs 1;
- den Zeitpunkt, zu dem frühestens Auskunft über den Bestand des Endvermögens verlangt werden kann (§ 1379 Abs 2).

Mit dem Antrag auf Scheidung kann auch bereits Sicherheit verlangt werden (§ 1389, nach § 1390 Abs 4 auch gegen Dritte). Trotz Vorverlegung des Berechnungszeitpunkts **endet** aber der **Güterstand** erst mit **Rechtskraft des Scheidungsurteils** (§ 1564 S 2) oder des Eheaufhebungsurteils; erst ab dann entsteht die Ausgleichsforderung (§ 1378 Abs 3) und beginnt frühestens die Verjährung derselben (§ 1378 Abs 4 S 1). Für die Begrenzung der Ausgleichsforderung gemäß § 1378 Abs 2 ist ebenfalls der Zeitpunkt der Beendigung des Güterstands maßgebend, so dass die Vorverlagerung des Berechnungszeitraums uU wegen der dadurch eintretenden Kürzung der Ausgleichsforderung wirkungslos ist (§ 1378 Rn 4).

V. Gestaltungshinweise, Prozessuales

§ 1384 ist nicht zwingend und kann – auch bezüglich einzelner Teile des Endvermögens – abbedungen werden[22]. Dies ist vor Beendigung des Güterstands nur durch Ehevertrag oder nach § 1378 Abs 3 S 2 möglich, später formlos[23]. 6

Der Berechnungszeitpunkt des § 1384 kann als reine Vorfrage eines Rechtsverhältnisses nicht Gegenstand einer Feststellungs- oder Zwischenfeststellungsklage sein[24]. 7

§ 1385 Vorzeitiger Zugewinnausgleich bei Getrenntleben

Leben die Ehegatten seit mindestens drei Jahren getrennt, so kann jeder von ihnen auf vorzeitigen Ausgleich des Zugewinns klagen.

I. Normzweck

Beruht die Zugewinngemeinschaft auch auf dem Gedanken der Lebens- und Wirkungsgemeinschaft als ideelle Rechtfertigung[1], so liegt es nahe, bei einer nicht nur vorübergehenden Trennung den Ehegatten die Möglichkeit zu eröffnen, die Zugewinngemeinschaft zu beenden, ohne dass damit die Ehe gleich aufgelöst werden muss[2]. Dazu gibt das Gesetz den Ehegatten unter den in §§ 1385, 1386 abschließend geregelten Voraussetzungen in fünf genau festgelegten Fällen ein **Gestaltungsklagerecht**[3] zur Beendigung des „Dauerschuldverhältnisses" des Güterstands der Zugewinngemeinschaft[4]. Die Klage auf vorzeitigen Zugewinnausgleich kommt in **Betracht** wenn[5]: 1
- Ehegatten zwar auf Dauer getrennt leben, sich aber nicht scheiden lassen wollen
- Bei einer Trennung trotz beabsichtigter Scheidung zwischenzeitlichen Manipulationsgefahren vorgebeugt werden soll
- Ein von § 1375 Abs 2, 1376 Abs 2 abweichender, früherer Berechnungsstichtag (§ 1387) herbeigeführt werden soll, ein Scheidungsantrag mit der Folge des § 1384 aber noch nicht gestellt werden kann
- Parallel zum Scheidungsverfahren außerhalb des Verbunds der Zugewinnausgleichsprozess geführt werden soll (zu dem dann maßgebenden Stichtag s § 1384 Rn 4)

II. Vorzeitiger Ausgleich bei Trennung

Voraussetzung des Anspruchs auf vorzeitigen Zugewinnausgleich ist hier nur die Trennung der Ehegatten und die dreijährige Dauer ihres Getrenntlebens. Der Begriff des Getrenntlebens entspricht 2

---

[20] Vgl etwa *Bergschneider* in: *Schröder/Bergschneider* FamVermR Rn 4. 4. 20; *Palandt/Brudermüller* Rn 2; *Staudinger/Thiele* Rn 10 f.
[21] *Staudinger/Thiele* Rn 10.
[22] *Bergschneider* in: *Schröder/Bergschneider* FamVermR Rn 4.432 m Gestaltungsüberlegungen; *MünchKommBGB/Koch* Rn 10; *Palandt/Brudermüller* Rn 4; Formulierungsvorschlag bei *Bergschneider*, Verträge in Familiensachen, Rn 492 ff.
[23] *Johannsen/Henrich/Jaeger* Rn 7; *Dölle* I S 836; *Staudinger/Thiele* Rn 14.
[24] OLG Köln FamRZ 2003, 539 m Anm *Höser*.
[1] BGH FamRZ 1979, 905.
[2] *Johannsen/Henrich/Jaeger* Rn 1.
[3] *Staudinger/Thiele* Rn 1.
[4] Zu diesen Überlegungen MünchKommBGB/*Koch* §§ 1385, 1386 Rn 1 ff.
[5] AnwK-BGB/*Groß* §§ 1385, 1386 Rn 1; *Bergschneider* in: *Schröder/Bergschneider* FamVermR Rn 4.434.

§ 1385

dem des § 1567[6]. Neben dem äußeren Tatbestand der räumlichen Trennung von Haushalts- und Lebensführung ist die willentliche, erkennbare Abkehr von der ehelichen Lebensgemeinschaft erforderlich (s. Erl. zu § 1567)[7]. Die Dreijahresfrist muss spätestens im Zeitpunkt der letzten mündlichen Verhandlung vollendet sein. Kurzes versöhnungsmotiviertes Zusammenleben unterbricht oder hemmt die Frist entsprechend § 1567 Abs 2 nicht[8]. Auf den Grund für die Trennung kommt es nicht an. Unter der Geltung des „Zerrüttungsprinzips" kann daher auch der Ehegatte, der durch sein Fehlverhalten die Trennung verursacht hat, auf vorzeitigen Zugewinn klagen[9].

III. Geltendmachung, Verfahrensfragen

3   Der vorzeitige Zugewinnausgleich ist durch eine **Gestaltungsklage**[10] durchzusetzen. Das **Rechtsschutzbedürfnis** hierfür entfällt nicht schon dann, wenn der Beklagte zur Vereinbarung von Gütertrennung mit Abrechnung des Zugewinnausgleichs zu einem § 1387 entsprechenden Stichtag bereit ist[11]. Streitgegenstand ist das Recht auf vorzeitigen Zugewinnausgleich, das nur mittelbar die Beendigung des Güterstands bewirkt, nicht aber die Leistungsklage auf Zahlung des vorzeitigen Zugewinnausgleichs[12]. Vor Rechtskraft der Klage kann keine Zahlung des Zugewinnausgleichs nach § 1378 und auch keine Auskunft nach § 1379 verlangt werden. Jedoch kann die Klage auf vorzeitigen Ausgleich des Zugewinns aus prozessökonomischen Gründen mit einer **Auskunftsklage** nach § 1379 (einschließlich Wertermittlung, Belegvorlage und eidesstattlicher Versicherung) und der auf die Zahlung der Ausgleichsforderung nach § 1378 in einer Art **Stufenklage** verbunden werden[13]. Dann muss durch **Teilurteil** (§ 301 ZPO) zunächst über die erste Stufe, die Gestaltungsklage nach §§ 1385, 1386 entschieden werden[14]. Erst wenn dieser rechtskräftig entsprochen wurde, kann über die anderen Teile verhandelt und entschieden werden[15]. Diese Vorgehensweise birgt allerdings das Kostenrisiko, dass im Falle der Abweisung der Klage auf vorzeitigen Zugewinnausgleich auch die Kosten für die übrigen in der Stufenklage geltend gemachten Ansprüche zu tragen sind. Hinsichtlich der **Kosten** ist nicht § 93 a ZPO anzuwenden, sondern es sind dies die §§ 91 bis 93 ZPO; dies gilt auch für die isolierte Klage aus § 1385[16]. Eine **Widerklage** des anderen Ehegatten, mit der dieser ebenfalls den vorzeitigen Zugewinnausgleich begehrt, ist grds möglich[17]. Dem Widerkläger fehlt jedoch das Rechtsschutzbedürfnis, wenn die Klagen jeweils auf den selben Sachverhalt gestützt werden[18].

4   Funktionell **zuständig** ist das Familiengericht (§ 23 b Abs 1 S 2 Nr 9 GVG, § 621 Abs 1 Nr 8 ZPO), wobei Anwaltszwang besteht (§ 78 Abs 2 Nr 2 ZPO). Es gelten die Vorschriften der §§ 621 ff ZPO, wobei § 621 b ZPO im Wesentlichen auf die Vorschriften über das Verfahren vor den Landgerichten verweist. Die örtliche Zuständigkeit ergibt sich aus den §§ 12 ff ZPO. Durch **einstweilige Verfügung** kann vorzeitiger Zugewinnausgleich nicht herbeigeführt werden, da dies die Hauptsache vorwegnehmen würde[19]. Der **Streitwert** bestimmt sich gemäß § 3 ZPO nach dem Interesse des Klägers an der vorzeitigen Beendigung des Güterstands. Dieses bemisst sich maßgeblich danach, inwieweit durch die Geltendmachung des vorzeitigen Zugewinnausgleichs die Ausgleichsforderung beeinflussen werden kann und ist nach freiem Ermessen zu bestimmen[20]. Erst mit der **Rechtskraft** des Urteils tritt Gütertrennung ein (§ 1388). Damit entsteht die Ausgleichsforderung, ist ab dann vererblich

---

[6] *Bergschneider* in: *Schröder/Bergschneider* FamVermR Rn 4.439; *Staudinger/Thiele* Rn 8; MünchKommBGB/*Koch* §§ 1385, 1386 Rn 9.

[7] MünchKommBGB/*Koch* §§ 1385, 1386 Rn 9.

[8] *Staudinger/Thiele* Rn 11; *Soergel/Lange* Rn 6.

[9] *Bergschneider* in: *Schröder/Bergschneider* FamVermR Rn 4.440; *Staudinger/Thiele* Rn 11.

[10] OLG Zweibrücken OLGZ 1974, 214, 216; AnwK-BGB/*Groß* Rn 10; *Staudinger/Thiele* Rn 13.

[11] KK-FamR/*Weinreich* Vor §§ 1385, 1386 Rn 7; *Palandt/Brudermüller* Rn 8; aA AnwK-BGB/*Groß* Rn 12; *Staudinger/Thiele* Rn 16; MünchKommBGB/*Koch* §§ 1385, 1386 Rn 32.

[12] *Staudinger/Thiele* Rn 14; OLG Zweibrücken OLGZ 1974, 214, 216.

[13] OLG Celle FamRZ 1983, 171; OLG Schleswig SchlHA 1975, 104; AnwK-BGB/*Groß* Rn 10 f mit Formulierungsvorschlag; *Bergschneider* in: *Schröder/Bergschneider* FamVermR Rn 4.464 ff, Formulierungsvorschlag Rn 4.471; *Staudinger/Thiele* Rn 17; *Johannsen/Henrich/Jaeger* Rn 4; *Gernhuber/Coester-Waltjen* § 36 Rn 9; MünchKommBGB/ *Koch* §§ 1385, 1386 Rn 34; *Dölle* I S 842; auf die Voraussetzungen der §§ 257 ff ZPO kommt es nicht an; OLG Nürnberg FamRZ 1998, 685 bezeichnet in formalistischer Betrachtung die Stufenklage nur auf die Ansprüche aus § 1379 und Zahlung nach § 1378 und lässt offenbar nur hilfsweise Erhebung der Auskunftsklage zu, also wenn Gestaltungsklage begründet, ebenso *Wieser* Prozessrechtskommentar Rn 14 ff.

[14] OLG Celle FamRZ 1983, 171; vgl auch BFH NV 1999, 1481, 1483; *Johannsen/Henrich/Jaeger* Rn 4 mit Tenorierungsvorschlag.

[15] OLG Nürnberg FamRZ 1998, 685; OLG Koblenz NJW-RR 1991, 3 f; *Staudinger/Thiele* Rn 18; *Johannsen/ Henrich/Jaeger* Rn 4; dagegen lässt OLG Celle FamRZ 2000, 1369, 1370 in Analogie zu § 629 d ZPO Auskunft bereits vor Rechtskraft des Gestaltungsurteils zu, jedoch ist Sachlage nicht vergleichbar, da § 629 d ZPO hier nicht gilt; daher hiergegen im Ansatz zu Recht *Scherer* FamRZ 2001, 1112, die Auskunftsurteil bedingt(!) durch Rechtskraft des zusprechenden Gestaltungsurteils zulässt.

[16] OLG Koblenz NJW-RR 1991, 3, 4; *Johannsen/Henrich/Jaeger* Rn 4; aA MünchKommBGB/*Koch* §§ 1385, 1386 Rn 33; *Soergel/Lange* Rn 7.

[17] *Staudinger/Thiele* Rn 18; MünchKommBGB/*Koch* §§ 1385, 1386 Rn 33.

[18] KK-FamR/*Weinreich* Vor §§ 1385, 1386 Rn 7; MünchKommBGB/*Koch* §§ 1385, 1386 Rn 33; *Staudinger/ Thiele* Rn 18.

[19] *Bergschneider* in: *Schröder/Bergschneider* FamVermR Rn 4.470; *Staudinger/Thiele* § 1388 Rn 6.

[20] BGH NJW 1973, 369: 1/4 der künftigen Ausgleichsforderung; ebenso AnwK-BGB/*Groß* Rn 13; OLG Nürnberg FamRZ 1998, 685; gegen generelle Festlegung auf einen bestimmten Bruchteil der Ausgleichsforderung: *Staudinger/Thiele* Rn 16; MünchKommBGB/*Koch* §§ 1385, 1386 Rn 30 mit weiteren Einzelheiten.

und übertragbar (§ 1378 Abs 3 S 1) und fällig. Die **Verzinsung** tritt jedoch erst nach in Verzug setzen des Schuldners nach denn §§ 286 ff oder nach Eintritt der Rechtshängigkeit der Zahlungsklage ein (§ 291). Ab Klageerhebung besteht unter den Voraussetzungen des § 1390 Abs 4 Anspruch auf Sicherheitsleistung.

Für das **Verhältnis zum Scheidungsverfahren** gilt: Das Verfahren nach §§ 1385, 1386 ist jedoch **keine Scheidungsfolgensache** iS von § 623 Abs 1 ZPO. Die Gestaltungsklage auf vorzeitigen Zugewinnausgleich kann auch während eines Scheidungsverfahrens anhängig gemacht werden, weil mit deren Rechtskraft und damit uU bereits vor der Ehescheidung Gütertrennung eintritt und die Zugewinngemeinschaft beendet wird (§ 1388)[21]. Das **Rechtsschutzinteresse** der Klage auf vorzeitigen Zugewinnausgleich lässt sich allenfalls dann verneinen, wenn mit der nötigen Sicherheit vorausgesagt werden kann, dass die Rechtskraft des Urteils über den vorzeitigen Zugewinnausgleich nach der Rechtskraft des Scheidungsausspruchs eintreten wird[22]. Da die Verfahren nach §§ 1385, 1386 keine Scheidungssachen sind, können sie auch nicht mit der Scheidungssache verbunden werden[23]. Umgekehrt ergibt sich daraus, dass wenn eine zunächst im Scheidungsverbund erhobene Klage auf Ausgleich des Zugewinns in eine Klage auf vorzeitigen Zugewinnausgleich geändert wird, dies zur Aufhebung des Scheidungsverbunds führen muss; mit der Klageänderung wird der alte Antrag auf Zahlung des „normalen" Zugewinnausgleichs durch den auf vorzeitigen Zugewinnausgleich ersetzt, ohne dass es einer förmlichen Rücknahme der ursprünglichen Klage bedürfte[24]. Mit der **Rechtskraft** des **Ehescheidungsurteils** erledigt sich das Verfahren auf vorzeitigen Zugewinnausgleich in der Hauptsache. Denn mit der Beendigung des Güterstandes kann mit der Gestaltungswirkung des Urteils auf vorzeitigen Zugewinnausgleich nicht mehr zum Tragen kommen[25]. Der Kläger hat die Darlegungs- und **Beweislast** dafür, dass die Voraussetzungen für den vorzeitigen Zugewinnausgleich vorliegen, also auch für Beginn und Lauf der dreijährigen Trennungsfrist[26].

IV. Gestaltungsüberlegungen

Die §§ 1385, 1386 sind dahin gehend zwingend, dass das Recht, den vorzeitigen Zugewinnausgleich zu verlangen, nicht ausgeschlossen oder eingeschränkt werden kann[27]. Zulässig ist jedoch, weitere Gründe für die vorzeitige Beendigung des Güterstandes oder eine Verkürzung der Trennungszeit zu vereinbaren[28].

§ 1386 Vorzeitiger Zugewinnausgleich in sonstigen Fällen

(1) Ein Ehegatte kann auf vorzeitigen Ausgleich des Zugewinns klagen, wenn der andere Ehegatte längere Zeit hindurch die wirtschaftlichen Verpflichtungen, die sich aus dem ehelichen Verhältnis ergeben, schuldhaft nicht erfüllt hat und anzunehmen ist, dass er sie auch in Zukunft nicht erfüllen wird.

(2) Ein Ehegatte kann auf vorzeitigen Ausgleich des Zugewinns klagen, wenn der andere Ehegatte
1. **ein Rechtsgeschäft der in § 1365 bezeichneten Art ohne die erforderliche Zustimmung vorgenommen hat oder**
2. **sein Vermögen durch eine der in § 1375 bezeichneten Handlungen vermindert hat und eine erhebliche Gefährdung der künftigen Ausgleichsforderung zu besorgen ist.**

(3) Ein Ehegatte kann auf vorzeitigen Ausgleich des Zugewinns klagen, wenn der andere Ehegatte sich ohne ausreichenden Grund beharrlich weigert, ihn über den Bestand seines Vermögens zu unterrichten.

I. Normzweck, Konkurrenzen

Die Norm gibt einem Ehegatten das Recht auf vorzeitigen Zugewinnausgleich und der daraus resultierenden Beendigung des Güterstands, wenn der andere den Zugewinn vorwerfbar beeinträchtigt (Abs 1 und 2) oder Informationsinteressen seines Ehepartners verletzt. In diesen Fällen ist ein Festhalten

---

[21] *Bergschneider* in: *Schröder/Bergschneider* FamVermR Rn 4.467; *Palandt/Brudermüller* Rn 12; aA AG Hagen vom 5. 3. 1982, 57 F 48/82.
[22] OLG Karlsruhe FamRZ 2004, 466.
[23] KG FamRZ 2001, 166 m Anm *P. Gottwald*; *Bergschneider* in: *Schröder/Bergschneider* FamVermR Rn 4.468; KK-FamR/*Weinreich* Vor §§ 1385, 1386 Rn 9; *Haußleiter/Schulz* 1 Rn 518.
[24] OLG Düsseldorf FamRZ 2003, 388 m Anm *Leidinger*; FamRZ 2002, 1572 m Anm *Leidinger*; KK-FamR/*Weinreich* Vor §§ 1385, 1386 Rn 9.
[25] OLG Düsseldorf FamRZ 2003, 388 m Anm *Leidinger*; FamRZ 2002, 1572 m Anm *Leidinger*; KK-FamR/*Weinreich* Vor §§ 1385, 1386 Rn 9; *Staudinger/Thiele* Rn 12.
[26] *Bergschneider* in: *Schröder/Bergschneider* FamVermR Rn 4.472; *Baumgärtel/Laumen* Rn 1 ff.
[27] *Bergschneider* in: *Schröder/Bergschneider* FamVermR Rn 4.474; MünchKommBGB/*Koch* §§ 1385, 1386 Rn 39; *Staudinger/Thiele* Rn 24.
[28] *Bergschneider* in: *Schröder/Bergschneider* FamVermR Rn 4.475; MünchKommBGB/*Koch* §§ 1385, 1386 Rn 40; *Staudinger/Thiele* Rn 25.

§ 1386

am Güterstand der Zugewinngemeinschaft unzumutbar[1]. Soweit dem Ehegatten durch diese Tatbestände bereits **konkrete Nachteile** entstanden sind, hilft § 1386 nicht weiter. Es bedarf anderer Schutzvorschriften[2]: Im Fall von Abs 1 wird meist ein Leistungsverweigerungsrecht nach § 1381 gegeben sein; bei Vornahme eines Gesamtvermögensgeschäfts (§ 1386 Abs 2 Nr 1) kann die Unwirksamkeit auch vom anderen Ehegatten geltend gemacht werden (§ 1368); vor Vermögensminderungen schützen die §§ 1375 Abs 2, 1390, bei Verletzung der Auskunftspflicht hilft im beschränkten Umfang der Anspruch nach § 1379. Die §§ 1385, 1386 enthalten eine abschließende Aufzählung der Gründe des vorzeitigen Zugewinnausgleichs und sind nicht analogiefähig[3].

II. Die einzelnen Gründe

2   1. **Schuldhafte Nichterfüllung der wirtschaftlichen Verpflichtungen (Abs 1).** Zu diesen **wirtschaftlichen Verpflichtungen** gehören insbes die Unterhaltspflichten (§ 1360), die Pflicht zur Besorgung des ehelichen Haushalts entsprechend der von Ehegatten einvernehmlich getroffenen Regelungen (§ 1356) sowie die sich aus § 1353 ergebenden Pflichten, sofern diese einen wirtschaftlichen Inhalt haben (§ 1381 Rn 5)[4]. Ihre **Verletzung,** die auch in einem Unterlassen einer gebotenen Handlung oder einer unvollständigen, schlechten oder verzögerten Erfüllung bestehen kann[5], berechtigt dann zur Klage auf vorzeitigen Zugewinnausgleich, wenn dies **längere Zeit** hindurch geschieht, was unter Berücksichtigung der Dauer des Güterstands und der Schwere der Pflichtverletzung normativ zu bestimmen ist[6]. Hinzukommen muss, dass der andere Ehegatte diese auch **in Zukunft nicht erfüllen** wird. Hierzu bedarf es einer auf Tatsachen begründeten **Prognose,** in der alle Umstände des Einzelfalls einzustellen sind, und bei der die Annahme der Fortsetzung pflichtwidrigen Verhaltens überwiegt[7]. Für die bereits in der Vergangenheit erfolgte Pflichtverletzung genügt es, wenn diese auch nur unregelmäßig, partiell oder auch nur vorübergehend erfolgte[8], so dass es ausreicht, wenn der Ehemann einmal Unterhalt zahlt, dann wieder nicht[9]. Weiter muss die Pflichtverletzung **schuldhaft** sein, wobei sich dies nach dem Maßstab des § 1359 bestimmt[10]; dagegen ist nicht erforderlich, dass sich die Pflichtverletzung nachteilig auf den Zugewinnausgleich auswirkt[11].

3   2. **Gefährdung der Ausgleichsforderung (Abs 2). a) Gesamtvermögensgeschäft ohne Zustimmung des anderen Ehegatten (Nr 1).** Zu den Tatbestandsvoraussetzungen des § 1365 s Erl dort. Die für 1386 notwendige Verweigerung der Zustimmung des nicht verfügenden Ehegatten kann bereits in der Klageerhebung gesehen werden[12]. Die Ersetzung der Zustimmung durch das Vormundschaftsgericht (§ 1365) steht auch hier der tatsächlichen Zustimmung des Ehegatten gleich (§ 1365 Abs 2). Die bloße Möglichkeit hierzu hindert aber der Klage nach § 1386 nicht[13]. Wenn jedoch ein entsprechender Antrag hierzu gestellt ist, ist Aussetzung der Klage nach § 148 ZPO empfehlenswert[14].

4   b) **Illoyale Vermögensminderung (Abs 2 Nr 2).** Zu den Tatbestandsvoraussetzungen der hier erforderlichen Vermögensminderung nach § 1375 s dort Rn 38 ff. Das Klagerecht ist ausgeschlossen, wenn **§ 1375 Abs 3** eingreift, also Zustimmung des Ehegatten zu der Verfügung vorliegt oder die Zehnjahresfrist verstrichen ist[15]. Die bloße Äußerung des ausgleichspflichtigen Ehegatten, er werde sein Vermögen „abräumen" und der andere Ehegatte „bekomme kein Geld", genügen allein nicht[16]. Sonstige das Vermögen uU gefährdende Verfügungen begründen kein Recht auf vorzeitigen Zugewinnausgleich, sondern allenfalls eine Sicherungsmöglichkeit nach § 1389[17].

5   c) **Gefährdung der Ausgleichsforderung.** Sowohl für das Klagerecht nach dem Tatbestandsmerkmal der Nr 1 wie nach dem der Nr 2 ist Voraussetzung, dass die Besorgnis einer **erheblichen Gefährdung der künftigen Ausgleichsforderung** besteht. Nach hM ist nur der Ehegatte nach § 1386 Abs 2 klageberechtigt, dem auch die künftige Ausgleichsforderung zusteht, weil das Gesetz ausdrücklich nur auf die Gläubigersituation abstelle, wenn es eine „Gefährdung der künftigen Aus-

---

[1] *Staudinger/Thiele* Rn 2.
[2] *Staudinger/Thiele* Rn 3; *Soergel/Lange* Rn 3.
[3] AllgM, OLG Frankfurt FamRZ 1984, 895; AnwK-BGB/*Groß* §§ 1385, 1386 Rn 4; *Palandt/Brudermüller* Rn 1.
[4] KK-FamR/*Weinreich* Rn 2; *Staudinger/Thiele* Rn 4; Beispiele bei *Bergschneider* in: *Schröder/Bergschneider* FamVermR Rn 4.441.
[5] KK-FamR/*Weinreich* Rn 4; *Staudinger/Thiele* Rn 5.
[6] *Staudinger/Thiele* Rn 6.
[7] KK-FamR/*Weinreich* Rn 7; *Staudinger/Thiele* Rn 8; MünchKommBGB/*Koch* §§ 1385, 1386 Rn 15; diesbezügliche prozessuale Hinweise bei *Bergschneider* in: *Schröder/Bergschneider* FamVermR Rn 4.444.
[8] MünchKommBGB/*Koch* §§ 1385, 1386 Rn 14; *Staudinger/Thiele* Rn 6; *Soergel/Lange* Rn 7; *Dölle* I S 839.
[9] *Palandt/Diederichsen* 58. Aufl Rn 2.
[10] AllgM, KK-FamR/*Weinreich* Rn 6; *Staudinger/Thiele* Rn 7.
[11] KK-FamR/*Weinreich* Rn 8; *Staudinger/Thiele* Rn 9.
[12] *Bergschneider* in: *Schröder/Bergschneider* FamVermR Rn 4.446; *Staudinger/Thiele* Rn 11.
[13] KK-FamR/*Weinreich* Rn 12; *Staudinger/Thiele* Rn 11.
[14] MünchKommBGB/*Koch* §§ 1385, 1386 Rn 18; *Staudinger/Thiele* Rn 11; *Soergel/Lange* Rn 13.
[15] AnwK-BGB/*Groß* Rn 7; KK-FamR/*Weinreich* Rn 16; *Dölle* I S 840; *Erman/Heckelmann* Rn 2; MünchKommBGB/*Koch* §§ 1385, 1386 Rn 20: „teleologische Interpretation" zur Anwendung des § 1375 Abs 3; *Staudinger/Thiele* Rn 12; *Soergel/Lange* Rn 9.
[16] OLG Hamm FamRZ 2000, 228, 229 f.
[17] OLG Frankfurt FamRZ 1984, 895.

gleichsforderung" verlangt[18]. Dabei wird jedoch übersehen, dass auch durch eine Vermögensminderung des Ausgleichsgläubigers der Ausgleichsschuldner einen erheblichen Nachteil erleiden kann. Denn dadurch erhöht sich die Ausgleichsforderung des anderen. Im Wege einer extensiven teleologischen Interpretation ist daher auch der Ausgleichsschuldner hier klageberechtigt, denn Normzweck ist ein sachgerechter Zugewinnausgleich[19]. Ein Korrektiv erfolgt über das Tatbestandsmerkmal der **Erheblichkeit** der Gefährdung der Ausgleichsforderung. Dabei muss deren Gefährdung nicht konkret vorliegen, es genügt objektiv begründete Besorgnis derselben[20]. Diese kann sich sowohl auf die Wahrscheinlichkeit der Gefährdung wie auch auf den Umfang der zu besorgenden Beeinträchtigung der sachgerechten Zugewinnberechnung und -ausgleichung gründen[21]. Bei **Gesamtvermögensgeschäften** (§ 1365) ist dies zu bejahen, wenn feststeht oder zumindest nicht sicher ist, ob das Rechtsgeschäft in vollem Umfang rückgängig gemacht werden kann, was etwa bei einem gutgläubigen Erwerber eines Einzelgegenstands ausgeschlossen ist, oder wenn nicht klar ist, ob der nicht verfügende Ehegatte zu einer Revokation bereit oder in der Lage ist[22]. Bei **illoyalen Vermögensminderungen** ist zu berücksichtigen, dass diese an sich erhöhend dem Endvermögen hinzugerechnet werden. Eine Gefährdung des Ausgleichsanspruchs kann sich aber dennoch durch die Begrenzung nach § 1378 Abs 2 ergeben, wenn die Vermögensminderung nicht wiederum durch den Anspruch nach § 1390 (ganz oder teilweise) kompensiert wird[23]. Aber auch dann wird man eine erhebliche Gefährdung bejahen können, wenn eine Fortsetzungs- oder Wiederholungsgefahr hinsichtlich solcher Handlungen besteht[24].

3. Verweigerung der Unterrichtung über das Vermögen (Abs 3). Unabhängig von der erst mit Beendigung des Güterstands entstehenden Auskunftspflicht nach § 1379 ergibt sich aus § 1353 die güterstandsunabhängige Pflicht[25], den anderen Ehegatten wenigstens in **groben Zügen** über den Bestand des eigenen Vermögens zu informieren, der sog „Unterrichtungsanspruch (eingehend § 1353 Rn 21)[26]. Danach ist auf Verlangen des anderen (verhaltener Anspruch)[27] diesem ein ungefähres Bild über den gegenwärtigen Bestand des Vermögens zu vermitteln[28]. Teilweise wird davon gesprochen, dass der Informationsanspruch dahin geht, einen Überblick über wesentliche Bestandteile des Vermögens und ihren Wert in **„groben Rastern"** zu vermitteln[29]. Daher besteht kein Recht auf Einsicht in Geschäftsbücher, Belege und sonstige Unterlagen[30]. Weitere Klagevoraussetzung ist hier, dass eine **beharrliche Weigerung** vorliegt. Dies setzt eine wiederholte Aufforderung, im Regelfall genügt eine dreimalige[31], an den anderen voraus, die, dieser verweigert grundlos die geforderte Information[32] oder wehrt sich mit besonderer Intensität gegen die Auskunftserteilung[33]. Wird erst **nach Rechtshängigkeit** der Klage auf vorzeitigen Zugewinnausgleich die erforderliche Unterrichtung erteilt, so führt dies nicht zur Erledigung der Hauptsache; da § 1386 Abs 3 Manipulationsmöglichkeiten vorbeugen soll, kann dies nicht mehr berücksichtigt werden[34]. Kein Klagegrund besteht, wenn ein **ausreichender Grund** für die Verweigerung vorhanden ist. Dieser kann darin bestehen, dass ein Unterrichtungsanspruch wegen § 1353 Abs 2 entfällt, weil sich das Verlangen als Missbrauch des Rechts darstellt, oder die **Ehe gescheitert** ist[35]. Letzteres wird teilweise bereits bei einem einjährigem Getrenntleben angenommen[36]; bejaht man dagegen bereits einen davor liegenden Zeitpunkt der

---

[18] Dölle I S 840; KK-FamR/*Weinreich* Rn 23; RGRK/*Finke* Rn 4; *Soergel/Lange* Rn 16 (der die Norm allerdings rechtspolitisch für verfehlt hält); Erman/*Heckelmann* Rn 2; Palandt/*Brudermüller* §§ 1385, 1386 Rn 6.
[19] *Staudinger/Thiele* Rn 15; MünchKommBGB/*Koch* § 1385, 1386 Rn 21; *Gernhuber/Coester-Waltjen* § 36 Rn 15; *Bergschneider* in: *Schröder/Bergschneider* FamVermR Rn 4.449 m Beisp.
[20] OLG Celle FamRZ 2000, 1369; *Staudinger/Thiele* Rn 17; KK-FamR/*Weinreich* Rn 19: „naheliegende Möglichkeit der Gefährdung".
[21] *Staudinger/Thiele* Rn 20; MünchKommBGB/*Koch* §§ 1385, 1386 Rn 23; *Soergel/Lange* Rn 17.
[22] *Bergschneider* in: *Schröder/Bergschneider* FamVermR Rn 4.447; KK-FamR/*Weinreich* Rn 20; *Staudinger/Thiele* Rn 18.
[23] *Bergschneider* in: *Schröder/Bergschneider* FamVermR Rn 4.451; KK-FamR/*Weinreich* Rn 21; MünchKommBGB/*Koch* §§ 1385, 1386 Rn 23.
[24] *Bergschneider* in: *Schröder/Bergschneider* FamVermR Rn 4.451; *Staudinger/Thiele* Rn 20.
[25] BGH FamRZ 1976, 516, 517; FamRZ 1978, 677; s Palandt/*Brudermüller* § 1353 Rn 13.
[26] KK-FamR/*Weinreich* § 1379 Rn 23 ff; MünchKommBGB/*Koch* §§ 1385, 1386 Rn 24; aus der Rspr OLG Karlsruhe FPR 2002, 312; OLG Hamm FamRZ 2000, 228; zum Unterschied von Auskunftspflicht nach § 1379 und Unterrichtungspflicht nach § 1386 Abs 3 OLG Celle FamRZ 1983, 171; zum taktischen Vorgehen *Kogel* FamRZ 1999, 1252, 1253.
[27] MünchKommBGB/*Koch* Rn 24; KK-FamR/*Weinreich* Rn 25; aA *Staudinger/Thiele* Rn 24: bei einschneidenden Änderungen spontane Unterrichtspflicht.
[28] *Staudinger/Thiele* Rn 23; MünchKommBGB/*Koch* §§ 1385, 1386 Rn 25; BGH FamRZ 1978, 677, 678 spricht davon, den anderen Ehegatten „wenigstens in groben Zügen über die von ihm vorgenommenen Vermögensbewegungen zu unterrichten".
[29] So etwa KK-FamR/*Weinreich* Rn 25; MünchKommBGB/*Koch* §§ 1385, 1386 Rn 24; ähnlich OLG Hamm FamRZ 2000, 228: „grobes Bild".
[30] OLG Celle FamRZ 1983, 171, 172; OLG Hamm FamRZ 2000, 228; MünchKommBGB/*Koch* §§ 1385, 1386 Rn 25; *Soergel/Lange* Rn 19.
[31] *Bergschneider* in: *Schröder/Bergschneider* FamVermR Rn 4.455.
[32] *Staudinger/Thiele* Rn 24.
[33] KK-FamR/*Weinreich* Rn 27; MünchKommBGB/*Koch* §§ 1385, 1386 Rn 26; vgl auch *Weinreich* FuR 2004, 65.
[34] AnwK-BGB/*Groß* Rn 9; *Bergschneider* in: *Schröder/Bergschneider* FamVermR Rn 4.456; *Haußleiter/Schulz* 1 Rn 515; Palandt/*Brudermüller* Rn 7.
[35] Vgl etwa *Staudinger/Thiele* Rn 25.
[36] OLG Karlsruhe FPR 2002, 312.

§ 1388   Buch 4. Abschnitt 1. Bürgerliche Ehe

Trennung (vgl § 1565 Abs 1 S 2) als den Endzeitpunkt, ab dem kein Unterrichtungsanspruch mehr besteht, so könnte die Zugewinngemeinschaft idR in dem ersten Jahr der Trennung überhaupt nicht beendet werden, weder nach § 1386 Abs 3 noch durch Scheidung, da die Voraussetzungen hierfür (ausgenommen die Unzumutbarkeit nach § 1565 Abs 2) noch nicht vorliegen[37]. Ein ausreichender Verweigerungsgrund kann auch darin bestehen, dass überwiegende Interessen des anderen Ehegatten der Information entgegenstehen, insbs wenn die konkrete Gefahr der unlauteren oder **vertrauenswidrigen Verwendung** der Daten gegeben ist (besonders im Geschäftsbereich)[38].

III. Prozessuale Geltendmachung

7   Zur Geltendmachung der auf § 1386 gestützten Gestaltungsklage auf vorzeitigen Zugewinnausgleich und deren Wirkung s § 1385 Rn 3 ff. Entscheidend für das Vorliegen der Gründe des § 1386 ist die letzte mündliche Verhandlung[39].

§ 1387 Berechnungszeitpunkt bei vorzeitigem Ausgleich

Wird auf vorzeitigen Ausgleich des Zugewinns erkannt, so tritt für die Berechnung des Zugewinns an die Stelle der Beendigung des Güterstands der Zeitpunkt, in dem die Klage auf vorzeitigen Ausgleich erhoben ist.

I. Normzweck

1   Dieser ist derselbe wie bei § 1384 (dort Rn 1): Damit soll insbs der Gefahr einer Manipulation des Endvermögens vorgebeugt werden[1]. Daher wird von den allgemeinen Bestimmungen der §§ 1375 Abs 1, 1376 Abs 2 abgewichen. Die Vorschrift ist dispositiv[2].

II. Anwendungsbereich

2   § 1387 gilt unmittelbar für die Fälle der Klage auf vorzeitigen Zugewinnausgleich nach §§ 1385, 1386. Die Vorschrift ist **entsprechend** ihrem Normzweck auch dann anwendbar, wenn zunächst ein vorzeitiger Zugewinnausgleich klagweise geltend gemacht wurde und danach ein Scheidungsantrag oder ein solcher auf Eheaufhebung (§§ 1313 ff) gestellt und auf diesen hin die Ehe geschieden wird (**sog überholendes Scheidungsurteil**); s § 1384 Rn 4 mwN[3]. Wird umgekehrt während eines laufenden Scheidungsverfahrens von einem Ehegatten Klage auf vorzeitigen Ausgleich des Zugewinns erhoben, so verbleibt es bei dem Berechnungszeitpunkt nach § 1384 anstelle des des § 1387[4]. Entsprechend anwendbar ist § 1387, wenn der Güterstand nach der Erhebung der Klage durch den **Tod** eines Ehegatten beendet wird und es zur güterrechtlichen Lösung kommt (§ 1371 Abs 2), falls die Klage nach §§ 1385 f begründet war[5]. Auch bei **vergleichsweiser Beendigung** eines solchen auf §§ 1385, 1386 gestützten Verfahrens durch Vereinbarung von Gütertrennung gilt mangels abweichender Parteivereinbarung § 1387 entsprechend[6].

III. Rechtsfolgen

3   Für die Berechnung des vorzeitigen Zugewinnausgleichs sind die beiderseitigen Zugewinne auf den Zeitpunkt der Klageerhebung (§ 261 Abs 1 und 2 ZPO, vgl § 1384 Rn 2) festzustellen. Erst mit Eintritt der **Rechtskraft** wird die Zugewinngemeinschaft beendet und es tritt **Gütertrennung** ein (§ 1388), und damit alle daran geknüpften Rechtsfolgen (etwa § 1378 Abs 3); s § 1384 Rn 5.

§ 1388 Eintritt der Gütertrennung

Mit der Rechtskraft des Urteils, durch das auf vorzeitigen Ausgleich des Zugewinns erkannt ist, tritt Gütertrennung ein.

---

[37] *Bergschneider* in: Schröder/Bergschneider FamVermR Rn 4.458.
[38] KK-FamR/*Weinreich* Rn 28; Staudinger/*Thiele* Rn 25; MünchKommBGB/*Koch* §§ 1385, 1386 Rn 27; Soergel/*Lange* Rn 20.
[39] OLG Frankfurt FamRZ 1984, 895; OLG Köln FamRZ 2003, 539; FamGb/*Baumeister* Rn 11.
[1] Staudinger/*Thiele* Rn 1; Palandt/*Brudermüller* Rn 1; Johannsen/Henrich/*Jaeger* Rn 1.
[2] MünchKommBGB/*Koch* Rn 7 f.
[3] Johannsen/Henrich/*Jaeger* Rn 2; Staudinger/*Thiele* Rn 4 fordert allerdings die Begründetheit der Klage auf vorzeitigen Zugewinnausgleich.
[4] OLG Hamm FamRZ 1982, 609.
[5] Johannsen/Henrich/*Jaeger* Rn 2; KK-FamR/*Weinreich* Rn 9; MünchKommBGB/*Koch* Rn 5; Staudinger/*Thiele* Rn 6; vgl auch zur entsprechenden Problematik bei § 1384 dort Rn 3.
[6] AnwK-BGB/*Groß* Rn 2; Johannsen/Henrich/*Jaeger* Rn 2; KK-FamR/*Weinreich* Rn 9; MünchKommBGB/*Koch* Rn 6; Staudinger/*Thiele* Rn 7; nach OLG Zweibrücken OLGZ 1974, 214 gilt dies aber nicht, wenn (fälschlicherweise) ein bloßer Zahlungsanspruch rechtshängig gemacht wurde; str.

Eintritt der Gütertrennung **§ 1388**

I. Normzweck

Im Interesse **klarer güterrechtlicher Verhältnisse** bestimmt die Norm, dass mit Rechtskraft des auf einen vorzeitigen Zugewinnausgleich erkennenden Urteils Gütertrennung eintritt[1]. Sachlogisch notwendig ist dies nicht unbedingt, so hätte auch ein erneuter Beginn des Zugewinns angeordnet werden können[2]. Jedoch ist die nicht unumstrittene Bestimmung[3] verfassungskonform und verstößt insbesondere nicht gegen Art 3 GG[4].

II. Anwendungsbereich

§ 1388 gilt für ein Urteil, das einer **Gestaltungsklage** nach §§ 1385, 1386 statt gibt, und zwar auch, wenn es sich dabei um ein Teilurteil (§ 1385 Rn 3) handelt[5]. Wird in einem solchen Verfahren ein **Prozessvergleich** geschlossen, so können die Parteien darin Gütertrennung vereinbaren, wobei die Form des § 1408 nach § 127 a gewahrt wird[6]. Enthält dieser keine ausdrückliche Regelung zum Güterstand, sondern nur zur Höhe und zu den Zahlungsmodalitäten des Zugewinnausgleichs, so gilt § 1388 nicht entsprechend, sondern es ist eine Frage der Auslegung, ob Gütertrennung gewollt ist. Dabei indiziert allerdings der Anlass für diese Regelung die Annahme der Gütertrennung[7]. Durch **einstweilige Verfügung** (§ 940 ZPO) kann nicht auf vorzeitigen Zugewinnausgleich erkannt werden[8], aber erst recht nicht auf vorzeitigen Eintritt der Gütertrennung[9], da dadurch die endgültige Gestaltungswirkung ohne Korrekturmöglichkeit vorweggenommen würde.

III. Rechtsfolge

Das Urteil auf vorzeitigen Zugewinnausgleich ist konstitutives Gestaltungsurteil mit güterrechtsändernder Wirkung[10]. Mit Eintritt der Rechtskraft ist der gesetzliche Güterstand beendet. Für die Zukunft gilt **Gütertrennung**; damit entfallen die Voraussetzungen für die Anwendbarkeit der §§ 1365 ff, 1371 ff. Zugleich entsteht die Zugewinnausgleichsforderung (§ 1378 Abs 3 S 1), die übertragbar und vererblich ist[11]. Die Berechnung des bis dahin entstandenen Zugewinns bestimmt sich nach § 1387; für einen danach erzielten Vermögenszuwachs findet ein Zugewinnausgleich nicht mehr statt. Eine „einfache Fortsetzung" der Zugewinngemeinschaft bei entsprechender Versöhnung ist nicht möglich, eine neue Vereinbarung dieses Güterstands mittels Ehevertrags möglich. Das Gestaltungsurteil nach § 1388 wirkt absolut auch gegen Dritte. § 1412 Abs 1 ist weder direkt (beruht nicht auf einem Ehevertrag) noch analog anwendbar[12]. Anders als bei der Beendigung der Gütergemeinschaft nach §§ 1449 Abs 2, 1470 Abs 2 wird gerade nicht auf § 1412 verwiesen. Und das Vertrauen eines Dritten darauf, dass ein Gesamtvermögensgeschäft ohne Wirkung des § 1388 nach § 1365 unwirksam ist, ist nicht schutzwürdig und rechtfertigt daher keine entsprechende Eintragung[13]. Jedoch ist die Eintragung der so eintretenden Gütertrennung im **Güterrechtsregister** zulässig, damit sich der Vertragspartner über die Richtigkeit des behaupteten Güterstands unterrichten kann[14].

IV. Gestaltung

Nach hM ist § 1388 **zwingend**, so dass die Ehegatten zwar schon vor rechtskräftigem Abschluss der Verfahren nach §§ 1385 f durch Ehevertrag einen anderen Güterstand wählen können[15], nicht aber vorher die Urteilswirkung abbedingen können[16].

---

[1] *Staudinger/Thiele* Rn 1; *Johannsen/Henrich/Jaeger* Rn 1.
[2] MünchKommBGB/*Gernhuber* 3. Aufl 1993, Rn 1.
[3] Dazu etwa *Staudinger/Thiele* Rn 2 f.
[4] KG NJW-RR 1995, 965.
[5] *Johannsen/Henrich/Jaeger* Rn 2.
[6] MünchKommBGB/*Koch* Rn 5; *Staudinger/Thiele* Rn 5. *Johannsen/Henrich/Jaeger* Rn 2.
[7] IE ebenso AnwK-BGB/*Groß* Rn 2; *Palandt/Brudermüller* Rn 2; für offen hält dies *Johannsen/Henrich/Jaeger* Rn 2; ausdrückliche Erklärung fordert entgegen aller Grundsätze der Auslegungsfähigkeit von Rechtsgeschäften KK-FamR/*Weinreich* Rn 5.
[8] AnwK-BGB/*Groß* Rn 4; *Staudinger/Thiele* Rn 6; MünchKommBGB/*Koch* Rn 4.
[9] KK-FamR/*Weinreich* Rn 4; MünchKommBGB/*Koch* Rn 4; *Staudinger/Thiele* Rn 6; *Soergel/Lange* Rn 5; *Dölle* I S 843; RGRK/*Finke* Rn 2.
[10] MünchKommBGB/*Koch* Rn 3; KK-FamR/*Weinreich* Rn 5 f.
[11] Entgegen AnwK-BGB/*Groß* Rn 1 ist sie aber nicht automatisch verzinslich, vgl etwa *Bergschneider* in: *Schröder/Bergschneider* FamVermR Rn 4.463.
[12] KK-FamR/*Weinreich* Rn 7; *Palandt/Brudermüller* Rn 4; *Staudinger/Thiele* Rn 10; MünchKommBGB/*Koch* Rn 7; *Dölle* I S 843, 864; *Erman/Heckelmann* Rn 1; RGRK/*Finke* Rn 6; *Soergel/Lange* Rn 7; aA *Meyer* FamRZ 1957, 285.
[13] *Staudinger/Thiele* Rn 10; MünchKommBGB/*Koch* Rn 7.
[14] KK-FamR/*Weinreich* Rn 8; *Dölle* I S 726, 843; *Palandt/Brudermüller* Rn 4; *Soergel/Lange* Rn 7.
[15] *Dölle* I S 843 f; *Erman/Heckelmann* Rn 3; RGRK/*Finke* Rn 7; *Soergel/Lange* Rn 3.
[16] MünchKommBGB/*Koch* Rn 8; *Dölle* I S 843; *Soergel/Lange* Rn 4; aA *Johannsen/Henrich/Jaeger* Rn 4; *Staudinger/Thiele* Rn 12.

§ 1389 Sicherheitsleistung

Ist die Klage auf vorzeitigen Ausgleich des Zugewinns erhoben oder der Antrag auf Scheidung oder Aufhebung der Ehe gestellt, so kann ein Ehegatte Sicherheitsleistung verlangen, wenn wegen des Verhaltens des anderen Ehegatten zu besorgen ist, dass seine Rechte auf den künftigen Ausgleich des Zugewinns erheblich gefährdet werden.

Schrifttum: *Ditzen*, Sicherung des Zugewinnausgleichs durch Arrest?, NJW 1987, 1806; *Frey*, Die Sicherung des künftigen Zugewinnausgleichs, 1990; *Harms*, Die Sicherung des gefährdeten Zugewinnausgleichs, FamRZ 1966, 585; *Kohler*, Die beschleunigte Sicherung des Zugewinnausgleichs, FamRZ 1987, 797; *Löhnig*, Die Sicherung künftiger familienrechtlicher Ansprüche, FamRZ 2004, 503; *Stock*, Einstweiliger Rechtsschutz bezüglich des Anspruchs auf Zugewinnausgleich, 2002.

I. Normzweck, Konkurrenzfragen

1   Die Vorschrift dient der Sicherung der **künftigen Ausgleichsforderung,** die an sich erst mit Beendigung des Güterstands entsteht (§ 1378 Abs 3 S 1). Dafür besteht ein besonderes Bedürfnis, dem das Gesetz aber nicht im vollen Umfang Rechnung trägt[1]. Denn die §§ 1375 Abs 2, 1384, 1387 schützen den Ausgleichsgläubiger zwar in bestimmtem Umfang gegen Vermögensminderungen, speziell Manipulationsmöglichkeiten, zu seinen Lasten. Jedoch kann sich **durch § 1378 Abs 2** trotzdem eine Reduzierung oder gar ein völliger Verlust der Ausgleichsforderung ergeben. Denn selbst wenn und soweit nach § 1389 Sicherheit geleistet ist, tritt nach hM durch § 1378 Abs 2 die Begrenzung der Ausgleichsforderung auf das Nettovermögen des Ausgleichspflichtigen ein. Der Anspruch auf Sicherheitsleistung ist zu der (auch von § 1378 Abs 2 bestimmten) Ausgleichsforderung akzessorisch und nicht umgekehrt[2].

2   Auch wenn die Zugewinnausgleichsforderung nach § 1378 Abs 3 S 1 erst mit der Beendigung des Güterstands entsteht, kann sie bereits ab Rechtshängigkeit des Scheidungsantrags oder der Klage auf vorzeitigen Zugewinnausgleich nach wohl überwiegender und aus prozessökonomischen Gründen richtiger Ansicht unmittelbar durch **Arrest** (§ 916 ZPO) gesichert werden[3]. Denn der Zugewinnausgleichsanspruch kann vorher schon im Ehescheidungsverbund (§§ 621 Abs 1 Nr 8, 623 ZPO) oder beim vorzeitigen Zugewinnausgleich im Wege der Stufenklage geltend gemacht werden und ist damit klagbar, wie dies durch § 916 ZPO unabdingbar vorausgesetzt wird; der praktische Unterschied zu den in § 916 Abs 2 ZPO genannten bedingten oder betagten Ansprüchen ist gering. Damit wird in diesen Fällen der Umweg über die Sicherung nach § 1389 entbehrlich, den die Gegenansicht nehmen muss (Rn 8).

II. Anspruchsvoraussetzungen

3   Der Anspruch auf Sicherheitsleistung setzt zum einen die **Rechtshängigkeit** (§§ 261, 253 Abs 1 ZPO) einer Klage auf **vorzeitigen Zugewinnausgleich** nach §§ 1385, 1386 oder eines **Eheaufhebungs-** (§ 1313 S 1) oder **Scheidungsantrags** voraus. Dabei kann die Klage auf Leistung der Sicherheit gleichzeitig mit dem Ehescheidungsantrag oder der Klage auf vorzeitigen Zugewinnausgleich rechtshängig gemacht werden[4]. Klageverbindung mit §§ 1385, 1386 ist im Interesse der Prozessökonomie zulässig, bei dem Eheauflösungsverfahren wegen § 610 Abs 2 ZPO aber nicht möglich[5]. Auf die Begründetheit dieser Verfahren kommt es für das Bestehen des Anspruchs grds nicht an[6]. **Nach Güterstandsbeendigung** besteht kein Bedürfnis und damit kein Anspruch auf die besondere Sicherheitsleistung mehr[7]; die dann entstandene Ausgleichsforderung (§ 1378 Abs 3 S 1) kann wie jede andere Geldforderung nach §§ 916 ff durch Arrest gesichert werden[8]. **Anspruchsberechtigt** nach § 1389 ist nur der potenzielle Gläubiger der künftigen Ausgleichsforderung. Hierzu hat er seinen möglichen Anspruch, soweit die Sicherheit begehrt wird, darzulegen und uU zu beweisen, wobei hieran keine zu strengen Anforderungen zu stellen sind, da er nach der Trennung meist keinen Einblick in die Vermögensverhältnisse des anderen Ehegatten hat. Es genügt daher,

---
[1] Krit etwa *Bergschneider* in: *Schröder/Bergschneider* FamVermR Rn 4.480.
[2] BGH NJW 1988, 2369; *Staudinger/Thiele* Rn 4; *MünchKommBGB/Koch* Rn 3, str, vgl § 1378 Rn 4.
[3] OLG Düsseldorf NJW-RR 1994, 453; OLG Hamburg FamRZ 2003, 238; OLG Hamm FamRZ 1997, 181; OLG Karlsruhe NJW 1997, 1017; AnwK-BGB/*Groß* Rn 2; *MünchKommBGB/Koch* Rn 2; *Dietzen* NJW 1987, 1806 f; *Frey* S 41 ff; *Haußleiter/Schulz* 1 Rn 536 ff; *Meller-Hannich* ZZP 115 (2002), 161, 176 ff; *MünchKommZPO/Heinze* § 916 Rn 13; *Stein/Jonas/Grunsky* § 916 ZPO Rn 11a; *Stock* S 70; *Musielak/M. Huber* § 916 Rn ZPO 12; *Thomas/Putzo* § 916 ZPO Rn 5; *Zöller/Vollkommer* § 916 ZPO Rn 8; aA OLG Stuttgart NJW-RR 1996, 961; OLG Celle FamRZ 1984, 1231; OLG Hamburg FamRZ 1988, 964; KG FamRZ 1994, 1478, 1479; OLG Koblenz FamRZ 1999, 97; *Erman/Heckelmann* Rn 3; *Soergel/Lange* Rn 14; *Staudinger/Thiele* Rn 1; *Schwab/Schwab* HdB ScheidungsR VII Rn 225; *Johannsen/Henrich/Jaeger* Rn 1a; wohl auch die Spezialität des Rechtsschutzes nach § 1389 betont wird; zum Streitstand *Löhnig* FamRZ 2004, 503, 504 Fn 19.
[4] *Bergschneider* in: *Schröder/Bergschneider* FamVermR Rn 4.477; KK-FamR/*Weinreich* Rn 9; *Staudinger/Thiele* Rn 8.
[5] *Johannsen/Henrich/Jaeger* Rn 2; *Staudinger/Thiele* Rn 8 iVm Rn 19.
[6] *MünchKommBGB/Koch* Rn 6; *Staudinger/Thiele* Rn 5; *Johannsen/Henrich/Jaeger* Rn 2; aA OLG Karlsruhe FamRZ 1999, 663; wurden sie aber abgewiesen, kann Sicherheit nach § 1389 nicht verlangt werden, OLG Hamm OLGR 1999, 263.
[7] OLG Celle NJW-RR 2003, 1661; *Johannsen/Henrich/Jaeger* Rn 3; *Staudinger/Thiele* Rn 7.
[8] *Johannsen/Henrich/Jaeger* Rn 2.

wenn Bestand und Höhe der Ausgleichsforderung zum Entscheidungszeitpunkt wahrscheinlich gemacht werden[9].

Des weiteren erfordert der Anspruch die **Besorgnis der erheblichen Gefährdung** des künftigen Ausgleichsanspruchs durch das Verhalten des anderen Ehegatten. Dies setzt keine akute Gefahr voraus und ist aus der Sicht eines objektiven, vernünftig abwägenden Beobachters zu beurteilen[10]. Es muss jedoch eine Anspruchsgefährdung wahrscheinlich sein („erheblich")[11]. Dabei muss der Ausgleichsschuldner mit der Realisierung seines beeinträchtigenden Vorhabens noch nicht begonnen haben, vielmehr genügt bereits die entsprechende Absicht[12]. Die zu berücksichtigenden Gründe werden regelmäßig die Vermögensverwaltung betreffen[13]. Die Einzelheiten sind Tatfrage. Als **Sicherungsgründe** kommen in Betracht[14]: Eine wissentlich grob falsche Auskunft über das Endvermögen[15], Drohung während eines mit Schärfe geführten Scheidungsverfahrens, den einzig wertvollen Vermögensgegenstand zu veräußern und den anderen Ehegatten zum Sozialamt zu schicken[16], arglistige Täuschung bei Abschluss eines Ehevertrags[17], Verhaltensweisen iS von § 1386 Abs 2 oder 3[18], Auswanderungsabsicht oder Inhaftierung des Anspruchsgegners[19], unentgeltliche Übertragung eines Miteigentumshälfteanteils an Vierfamilienwohnhaus, das wesentliches Haftungsobjekt wäre[20], die Vorbereitung des Verkaufs eines Grundstücks, das wesentlicher Teil des Endvermögens ist[21], eine nicht aber wenn eine stark belastete Immobilie zur Wegfertigung der Verbindlichkeiten verkauft werden soll[22]. Ein eheähnliches Zusammenleben des Anspruchsgegners begründet den Anspruch nur dann, wenn er dem neuen Partner erhebliche Geschenke macht[23] oder andere besorgniserregende Verhaltensweisen hinzukommen.

III. Sicherheitsleistung

Die **Art der Sicherheitsleistung** richtet sich allein nach den §§ 232 ff, die Ermessensbestimmung des § 1382 Abs 4 gilt hier nicht[24]; Ergänzung kann nach § 240 verlangt werden. Klageantrag und Urteil müssen dem Anspruchsgegner die nach § 232 zu wählende Art der Sicherheitsleistung freistellen[25]. Zwangsvollstreckung erfolgt nach § 887 ZPO; mit Beginn derselben geht das Wahlrecht in entsprechender Anwendung des § 264 auf den Gläubiger über[26]; solange der Gläubiger die Sicherheit aber noch nicht ganz erhalten hat, kann der Schuldner dann aber immer noch eine Sicherheit nach seiner Wahl leisten[27]. Auch im Falle einer Verurteilung des Schuldners zur Vorauszahlung der durch die Beschaffung der Sicherheit entstehenden Kosten (§§ 887 Abs 2 ZPO, 264 analog) wandelt sich der Anspruch auf Sicherheitsleistung nach § 1389 nicht in eine Geldforderung um[28].

Die **Höhe der Sicherheit** bestimmt nicht der wahrscheinliche Zugewinnausgleichsanspruch (das ist nur die Obergrenze), sondern das Ausmaß der zu besorgenden Gefährdung des Anspruchs[29]. Dabei sind auch Einreden nach § 1381 zu berücksichtigen[30]. Die Höhe ist im Klageantrag wie Urteil genau zu bezeichnen, kann aber vom Gericht nach § 287 Abs 2 ZPO geschätzt werden[31]. Die **Verwertung** der Sicherheiten kann erst nach Beendigung des Güterstands und Nichterfüllung der fälligen Forderung

---

[9] OLG Düsseldorf NJW 1991, 2028; OLG Köln FamRZ 1983, 709; *Bergschneider* in: *Schröder/Bergschneider* FamVermR Rn 4.502; *Gernhuber/Coester-Waltjen* § 36 Rn 5–7; MünchKommBGB/*Koch* Rn 7; RGRK/*Finke* Rn 4; *Staudinger/Thiele* Rn 11 fordert aber Beachtung des § 1378 Abs 2.
[10] OLG Köln FamRZ 1983, 709, 710; *Johannsen/Henrich/Jaeger* Rn 6; KK-FamR/*Weinreich* Rn 15; MünchKommBGB/*Koch* Rn 10.
[11] *Staudinger/Thiele* Rn 15; *Johannsen/Henrich/Jaeger* Rn 6.
[12] OLG Karlsruhe NJW 1997, 1017.
[13] KK-FamR/*Weinreich* Rn 16.
[14] S die Beispiele bei *Bergschneider* in: *Schröder/Bergschneider* FamVermR Rn 4.486 ff.
[15] OLG Frankfurt FamRZ 1996, 747, jedoch allg zu einem Arrest für Ausgleichsforderung.
[16] OLG Hamm NJW-RR 1992, 1410.
[17] OLG Düsseldorf NJW 1991, 2028.
[18] *Johannsen/Henrich/Jaeger* Rn 6; *Palandt/Brudermüller* Rn 3; MünchKommBGB/*Koch* Rn 12 für § 1386 Abs 3 verneinend; KK-FamR/*Weinreich* Rn 16: bei § 1386 Abs 2 immer erhebliche Gefährdung, bei Abs 3 regelmäßig; aA *Staudinger/Thiele* Rn 14.
[19] *Johannsen/Henrich/Jaeger* Rn 6.
[20] OLG Celle FamRZ 1996, 1429.
[21] OLG Köln FamRZ 1983, 709, 710.
[22] AG Detmold FamRZ 1994, 1387.
[23] KK-FamR/*Weinreich* Rn 16; MünchKommBGB/*Koch* Rn 10; RGRK/*Finke* Rn 5; *Johannsen/Henrich/Jaeger* Rn 6; weitergehender *Soergel/Lange* Rn 6.
[24] KK-FamR/*Weinreich* Rn 20; *Palandt/Brudermüller* Rn 5.
[25] *Bergschneider* in: *Schröder/Bergschneider* FamVermR Rn 4.494 f mit Antragsmuster; *Johannsen/Henrich/Jaeger* Rn 7.
[26] OLG Düsseldorf FamRZ 1984, 704 mwN; *Bergschneider* in: *Schröder/Bergschneider* FamVermR Rn 4.496; *Johannsen/Henrich/Jaeger* Rn 7; aA und zu Einzelheiten MünchKommBGB/*Koch* Rn 13.
[27] *Johannsen/Henrich/Jaeger* Rn 7; MünchKommBGB/*Koch* Rn 13.
[28] KG FamRZ 1994, 1478.
[29] OLG Celle FamRZ 1984, 1231, 1232; *Erman/Heckelmann* Rn 5; KK-FamR/*Weinreich* Rn 22; *Haußleiter/Schulz* 1 Rn 530; *Palandt/Brudermüller* Rn 5; MünchKommBGB/*Koch* Rn 14; RGRK/*Finke* Rn 8; *Schwab/Schwab* HdB ScheidungsR VII Rn 17; *Soergel/Lange* Rn 7; *Staudinger/Thiele* Rn 17; aA OLG Köln FamRZ 1983, 709, 711: Höhe der künftigen Ausgleichsforderung.
[30] *Staudinger/Thiele* Rn 17; *Johannsen/Henrich/Jaeger* Rn 8.
[31] *Staudinger/Thiele* Rn 17; MünchKommBGB/*Koch* Rn 14.

erfolgen[32]. Die Pflicht zur Rückgabe der Sicherheit besteht, wenn die anspruchsbegründenden Klagen (Rn 3) rechtskräftig abgewiesen oder zurückgenommen wurden[33].

IV. Verfahren, Durchsetzung

7 **Zuständig** ist das Familiengericht (§ 23 b Abs 1 S 2 Nr 9 GVG). Die Klage kann nicht als Folgesache iS von § 623 Abs 1 ZPO geltend gemacht werden, weil dies zu einer erheblichen Verzögerung der Entscheidung führen kann und Sicherheitsleistung nicht für den Fall der Scheidung, sondern bereits davor verlangt wird (§ 629 d ZPO)[34].

8 Ob und in welcher Form der **einstweilige Rechtsschutz** für den Sicherungsanspruch nach § 1389 zu gewähren ist, ist umstritten. Nur vereinzelt wird **sowohl Arrest** wie **einstweilige Verfügung** abgelehnt[35]; teilweise wird **beides für zulässig** gehalten[36]. Teilweise wird aber auch nur der **Arrest**[37], teilweise auch nur die **einstweilige Verfügung**[38] für möglich gehalten. Zutreffend ist, dass die Sicherung nur durch einstweilige Verfügung möglich ist, denn nur so kann das **Wahlrecht** des Schuldners nach § 232 Abs 1 gewahrt werden[39]. Es ist ihm daher aufzugeben, Sicherheit in bestimmter Höhe zu leisten. Verfügungsinhalt kann jedoch nicht ein Veräußerungsverbot oder eine Sequestration gemäß § 938 Abs 2 ZPO sein[40], da damit mehr als der Hauptanspruch (Sicherheit nach §§ 232 ff) zuerkannt würde.

§ 1390 Ansprüche des Ausgleichsberechtigten gegen Dritte

(1) ¹Soweit einem Ehegatten gemäß § 1378 Abs 2 eine Ausgleichsforderung nicht zusteht, weil der andere Ehegatte in der Absicht, ihn zu benachteiligen, unentgeltliche Zuwendungen an einen Dritten gemacht hat, ist der Dritte verpflichtet, das Erlangte nach den Vorschriften über die Herausgabe einer ungerechtfertigten Bereicherung an den Ehegatten zum Zwecke der Befriedigung wegen der ausgefallenen Ausgleichsforderung herauszugeben. ²Der Dritte kann die Herausgabe durch Zahlung des fehlenden Betrags abwenden.

(2) Das Gleiche gilt für andere Rechtshandlungen, wenn die Absicht, den Ehegatten zu benachteiligen, dem Dritten bekannt war.

(3) ¹Der Anspruch verjährt in drei Jahren nach der Beendigung des Güterstands. ²Endet der Güterstand durch den Tod eines Ehegatten, so wird die Verjährung nicht dadurch gehemmt, dass der Anspruch erst geltend gemacht werden kann, wenn der Ehegatte die Erbschaft oder ein Vermächtnis ausgeschlagen hat.

(4) Ist die Klage auf vorzeitigen Ausgleich des Zugewinns erhoben oder der Antrag auf Scheidung oder Aufhebung der Ehe gestellt, so kann ein Ehegatte von dem Dritten Sicherheitsleistung wegen der ihm nach den Absätzen 1 und 2 zustehenden Ansprüche verlangen.

I. Normzweck, Konkurrenz

1 Die Vorschrift dient in Ergänzung zu § 1375 Abs 2, 1384, 1387 dem **Schutz des Ausgleichsberechtigten**. Auch wenn die Folgen illoyaler Handlungen des Ausgleichspflichtigen rechnerisch durch die Hinzurechnung der Vermögensminderung nach § 1375 Abs 2 ausgeglichen werden, ergeben sich Unzulänglichkeiten für den Ausgleichsberechtigen aus § 1378 Abs 2: Denn im Interesse der Gläubiger des ausgleichspflichtigen Ehegatten wird der Ausgleichsanspruch auf den Wert seines Vermögens begrenzt, das nach Abzug der Verbindlichkeiten bei Beendigung des Güterstands vorhanden ist

---

[32] *Bergschneider* in: *Schröder/Bergschneider* FamVermR Rn 4.497; *Staudinger/Thiele* Rn 25.
[33] Aus f KK-FamR/*Weinreich* Rn 24 f; MünchKommBGB/*Koch* Rn 18; s auch OLG Köln FamRZ 1988, 1273.
[34] *Bergschneider* in: *Schröder/Bergschneider* FamVermR Rn 4.493; *Johannsen/Henrich/Jaeger* Rn 9; *Staudinger/Thiele* Rn 19; aA AG Detmold FamRZ 1994, 1387, wenn Zugewinnausgleich „praktisch entscheidungsreif".
[35] OLG Celle FamRZ 1984, 1231; ebenso jetzt *Löhning* FamRZ 2004, 503, 505, der § 1389 bereits als Vorschrift des einstweiligen Rechtsschutzes, und zwar als eine materiell-rechtliche Art ansieht, die zur Rechtsverfolgung ausreicht, weshalb es keines weiteren prozessualen einstweiligen Rechtsschutzes mehr bedarf.
[36] *Erman/Heckelmann* Rn 3; *Frey* S 69; *Stock* S 70; *Staudinger/Thiele* Rn 20 mwN; *Gernhuber/Coester-Waltjen* § 36 Rn 5–7 Fn 3; OLG Köln FamRZ 1983, 709, 710, AG Siegburg Streit 1987, 191, und *Palandt/Diederichsen* 58. Aufl Rn 2 verlangen für Arrest zusätzlich, dass der Schuldner mit der Stellung der Sicherheit in Verzug.
[37] OLG Celle FamRZ 1996, 1429; FamRZ 1996, 1429; OLG Hamm FamRZ 1985, 71; OLG Karlsruhe NJW 1997, 1017; OLG Stuttgart NJW-RR 1996, 181; OLG Düsseldorf FamRZ 1991, 351; OLG Köln FamRZ 1983, 709; *Ulmann* NJW 1971, 1294, 1295; MünchKommZPO/*Heinze* § 916 Rn 7; *Thomas/Putzo* § 916 ZPO Rn 5; *Musielak/M. Huber* § 916 ZPO Rn 12, allerdings nicht differenziert genug; *Zöller/Vollkommer* § 916 ZPO Rn 5.
[38] OLG Düsseldorf NJW 1991, 2028; OLG Hamburg FamRZ 1988, 284; FamRZ 1988, 964; KG FamRZ 1986, 1107; FamRZ 1994, 1478, 1479; OLG Koblenz FamRZ 1999, 97; AG Pankow-Weißensee FamRZ 2004, 1501; *Stein/Jonas/Grunsky* § 935 ZPO Rn 2; *Kohler* FamRZ 1989, 797, 799 ff; *Palandt/Brudermüller* Rn 7; *Johannsen/Henrich/Jaeger* Rn 11; MünchKommBGB/*Koch* Rn 15.
[39] KG FamRZ 1994, 1478, 1479; *Johannsen/Henrich/Jaeger* Rn 11; zust *Löhning* FamRZ 2004, 503, 504.
[40] OLG Hamburg NJW 1964, 1078; MünchKommBGB/*Koch* Rn 15; *Johannsen/Henrich/Jaeger* Rn 11; *Frey* S 64; grds auch *Staudinger/Thiele* Rn 21; aA *Dölle* I S 846; *Kohler* FamRZ 1989, 797, 801; *Harms* FamRZ 1966, 585, 587 ff in Analogie zu § 1383.

Ansprüche des Ausgleichsberechtigten gegen Dritte § 1390

(§ 1378 Rn 3). Als Ersatz für einen dadurch bedingten Ausfall der Ausgleichsforderung gewährt § 1390 einen „Auffüllungsanspruch"[1] nach Bereicherungsrecht gegen den an einer Rechtshandlung beteiligten Dritten[2], der dem Anspruch nach § 2329 ähnlich ist, so dass zum besseren Verständnis vielfach auf die dort geltendenden Gründsätze abgestellt werden kann[3]. Der mit § 1390 verbundene Schutz ist begrenzt. Daher können weitergehende Ansprüche, etwa nach § 826, **konkurrieren,** ebenso solche aus § 25 HGB oder auch ein Pflichtteilsergänzungsanspruch nach § 2329[4].

II. Anspruchsvoraussetzungen

Allgemeine Tatbestandsvoraussetzung für die Fälle von Abs 1 und Abs 2 ist, dass der Gläubiger mit 2 seiner **Ausgleichsforderung** nach § 1378 Abs 2 ganz oder teilweise **ausgefallen** ist[5]. Dies kann auf einer **illoyalen Handlung** nach § 1375 Abs 2 beruhen, wobei hier besonders § 1375 Abs 1 S 2 zu berücksichtigen ist[6], oder aber darauf, dass der Ausgleichsschuldner sein Vermögen nach den für die Berechnung des Endvermögens nach **§§ 1384, 1387** maßgeblichen Berechnungszeitpunkten, aber vor Beendigung des Güterstands vermindert hat[7]. Unerheblich ist daher, dass der Zugewinn erst nach der Trennung der Ehegatten entstanden und die Zuwendung erst nach Zustellung des Scheidungsantrags erfolgte[8]. Im Übrigen sind die Haftungstatbestände in § 1390 abschließend aufgezählt[9].

1. Anspruch bei unentgeltlichen Zuwendungen (Abs 1). Ein Herausgabeanspruch besteht, 3 wenn der ausgleichspflichtige Ehegatte eine unentgeltliche Zuwendung (§ 1375 Abs 2 Nr 39) an einen Dritten in der Absicht gemacht hat, seinen Ehegatten zu beeinträchtigen. Der Begriff der **Benachteiligungsabsicht** ist hier identisch mit dem in § 1375 Abs 2 Nr 3[10]. Einer Kenntnis derselben beim Zuwendungsempfänger bedarf es nicht[11]. Die §§ 3, 4 AnfG nF böten dem Ausgleichsgläubiger hier keinen Schutz, da die Zugewinnausgleichsforderung wegen § 1378 Abs 2 gerade nicht zur Entstehung gelangt[12]. Dagegen ist die Bestimmung bei **Pflicht- und Anstandsschenkungen** (§ 524) in Analogie zu § 1375 Abs 2 nicht anwendbar[13]; auch § 1375 Abs 3 ist entsprechend anzuwenden, so dass unentgeltliche Zuwendungen nicht berücksichtigt werden, die mit Einverständnis des anderen Ehegatten oder aber mindestens 10 Jahre vor dem Berechnungszeitpunkt nach §§ 1384, 1387 vorgenommen wurden[14].

2. Anspruch bei anderen Rechtshandlungen (Abs 2). Auch andere vermögensmindernde 4 Rechtshandlungen können einen Herausgabeanspruch auslösen, wenn sie ebenfalls seitens des Zuwendenden in **Benachteiligungsabsicht** erfolgten und diese dem **Dritten** positiv bekannt war. Ein bloßes (auch schuldhaftes) Kennenmüssen genügt nicht[15]. Die Kenntnis muss bei Vornahme des Rechtsgeschäfts vorhanden sein, bei mehraktigen Erwerbstatbeständen spätestens bei der Vollendung des Erwerbs[16]. Die entsprechende Rechtshandlung muss das Vermögen des Ausgleichsschuldners spätestens bei Beendigung des Güterstands vermindert haben[17]. Die praktische Bedeutung ist gering, da für unentgeltliche Zuwendungen Abs 1 gilt, bei entgeltlichen idR keine Vermögensminderung eintritt[18]. Anwendungsfälle von Abs 2 können sein entgeltliche Rechtsgeschäfte (zB Kreditgewährung) mit zahlungsschwachen oder -unwilligen Geschäftspartnern[19]. Als wichtigster Anwendungsfall wird diskutiert, dass Gegenstände zu einem angemessenen Entgelt verkauft werden in der dem Erwerber bekannten Absicht, den Erlös in Benachteiligung des Ehegatten umso leichter verschleudern oder **verschwenden** zu können[20], was sicherlich sehr weit geht. Auch eine Vermögensminderung durch **Unterlassung** kommt in Betracht, etwa die in Benachteiligungsabsicht erfolgende Nichtgeltendmachung von Forderungen,

---

[1] *Gernhuber/Coester-Waltjen* § 36 Rn 82.
[2] *Johannsen/Henrich/Jaeger* Rn 1.
[3] *Bergschneider* in: *Schröder/Bergschneider* FamVermR Rn 4.506.
[4] AnwK-BGB/*Groß* Rn 13; *Staudinger/Thiele* Rn 35 f; MünchKommBGB/*Koch* Rn 21 f.
[5] AnwK-BGB/*Groß* Rn 2; KK-FamR/*Weinreich* Rn 8; *Staudinger/Thiele* Rn 4; unklar *Bergschneider* in: *Schröder/ Bergschneider* FamVermR Rn 4.505, der offenbar für § 1390 Abs 2 davon ausgeht, dass der Ausfall der Ausgleichsforderung nach § 1378 Abs 2 nicht erforderlich ist; ausführliches Berechnungsbeispiel bei MünchKommBGB/*Koch* Rn 12; *Schwab/Schwab* HdB ScheidungsR VII Rn 282; und oben § 1375 Rn 7.
[6] *Schwab/Schwab* HdB ScheidungsR VII Rn 281 f mit Berechnungsbeispiel.
[7] KK-FamR/*Weinreich* Rn 9; *Staudinger/Thiele* Rn 4.
[8] AG Weilburg Streit 1987, 20; vgl auch § 1378 Rn 4.
[9] MünchKommBGB/*Koch* Rn 3; *Staudinger/Thiele* Rn 13.
[10] AnwK-BGB/*Groß* Rn 3; *Johannsen/Henrich/Jaeger* Rn 2; *Staudinger/Thiele* Rn 7.
[11] AllgM, *Bergschneider* in: *Schröder/Bergschneider* FamVermR Rn 4.512; KK-FamR/*Weinreich* Rn 9.
[12] *Palandt/Brudermüller* Rn 2; MünchKommBGB/*Koch* Rn 23.
[13] AnwK-BGB/*Groß* Rn 3; *Bergschneider* in: *Schröder/Bergschneider* FamVermR Rn 4.511; KK-FamR/*Weinreich* Rn 12; MünchKommBGB/*Koch* Rn 9.
[14] *Bergschneider* in: *Schröder/Bergschneider* FamVermR Rn 4.511; *Staudinger/Thiele* Rn 7.
[15] KK-FamR/*Weinreich* Rn 21; *Staudinger/Thiele* Rn 12.
[16] *Palandt/Brudermüller* Rn 3.
[17] *Staudinger/Thiele* Rn 11; *Johannsen/Henrich/Jaeger* Rn 1.
[18] *Johannsen/Henrich/Jaeger* Rn 3.
[19] KK-FamR/*Weinreich* Rn 20; *Staudinger/Thiele* Rn 11; *Johannsen/Henrich/Jaeger* Rn 3; weitere Beispiele bei *Bergschneider* in: *Schröder/Bergschneider* FamVermR Rn 4.515.
[20] KK-FamR/*Weinreich* Rn 20 unter unzutr Bezug auf die hießige Kommentierung; *Staudinger/Thiele* Rn 11; *Soergel/Lange* Rn 11; *Johannsen/Henrich/Jaeger* Rn 3; nach aA fällt dieser Fall nicht unter Abs 2: MünchKommBGB/*Koch* Rn 11; *Erman/Heckelmann* Rn 5.

Nichterhebung eines Wechselprotests, Unterlassung der Einlegung von Rechtsmittel uÄ[21], jedoch wird hier das subjektive Tatbestandsmerkmal idR fehlen oder nicht beweisbar sein.

III. Anspruchsinhalt

5   Die Anwendung der Vorschriften über die ungerechtfertigte Bereicherung ist eine **Rechtsfolgenverweisung**[22], bezieht sich also auf die §§ 818 bis 820, 822, so dass auch Surrogate und Nutzungen erfasst werden, vgl § 818 Abs 1 und 2[23]. Dabei sind die §§ 1375 Abs 1 S 2, 818 ff zu beachten. Der Einwand der Entreicherung (§ 818 Abs 3) greift allerdings im Fall des **Abs 2** nicht ein (Kenntnis vom fehlenden Rechtsgrund), so dass der Dritte seine an den Ausgleichsschuldner erbrachten Gegenleistungen nicht als Entreicherung geltend machen kann[24], uU sind diese aber noch wertsteigernd im Endvermögen des Ausgleichsschuldners vorhanden. Im Übrigen kann die **verschärfte Haftung** ab Rechtshängigkeit (§ 818 Abs 4) erst mit Beendigung des Güterstands entstehen. Für § 819 Abs 1 genügt die Kenntnis, dass später ein Zugewinnausgleichsanspruch entstehen kann[25]. Auf § 1381 kann sich der Dritte nicht berufen; macht dies aber der den Zugewinnausgleich schuldende Ehegatte erfolgreich, kommt dies auch dem Dritten zugute[26]. Die in Abs 1 angeordnete Herausgabe erfolgt grds „zum Zwecke der Befriedigung", worunter lediglich die **Duldung der Zwangsvollstreckung** zu verstehen ist[27]. Nur im Fall von § 818 Abs 2 oder bei Geldzuwendungen kann auf Zahlung geklagt werden[28]. Ansonsten kann der Dritte die Zwangsvollstreckung durch Zahlung des fehlenden Geldbetrages abwenden (Abs 1 S 2), es steht ihm also eine **Ersetzungsbefugnis** zu, die er sich im Urteil vorbehalten muss[29]. Die **Höhe** der Herausgabepflicht wird durch den Betrag der bis § 1378 Abs 2 ausgefallenen Ausgleichsforderung begrenzt[30]. Daher **errechnet** sich der Anspruch nach § 1390 aus der **Differenz** zwischen dem nach § 1378 Abs 2 begrenzten Zugewinnausgleichsanspruch und dem Ausgleichsanspruch ohne die betreffende Zuwendung[31]. Als güterrechtlicher Anspruch gilt hinsichtlich Vererblichkeit und **Übertragbarkeit** § 1378 Abs 3 S 1 entsprechend[32].

IV. Anspruchsdurchsetzung, Verfahrensfragen

6   Die Klage ist grds auf **Duldung der Zwangsvollstreckung** in das Zugewandte, einschließlich der Surrogate und Nutzungen zu richten. Bestehen diese allein aus Geldbeträgen, so kann Zahlungsklage erhoben werden (Rn 5); im Übrigen steht dem Inanspruchgenommenen eine Ersetzungsbefugnis zu (Abs 1 S 2). Die Darlegungs- und **Beweislast** für die Anspruchsvoraussetzungen trägt der ausgleichsberechtigte Ehegatte[33], und zwar grds auch für die Kenntnis des Dritten im Fall von Abs 2[34]. Die **Verjährung** des Anspruchs gegen den Dritten tritt drei Jahre nach Beendigung des Güterstands ein (Abs 3). Auf die Kenntnis des Gläubigers hiervon kommt es (anders als § 1378 Abs 4 S 1) nicht an[35], weshalb der Anspruch gegen den Dritten schneller als die Ausgleichsforderung gegen den Ehegatten verjähren kann[36]. Bei Güterstandsbeendigung durch Tod beginnt die Verjährung mit diesem Zeitpunkt auch dann, wenn der Eintritt der güterrechtlichen Lösung (§ 1371 Abs 2) von einer Ausschlagungserklärung (Erbschaft, Vermächtnis) abhängt (§ 1390 Abs 3 S 2)[37].

7   Sobald eine Klage auf vorzeitigen Zugewinnausgleich erhoben oder ein Antrag auf Scheidung oder Aufhebung der Ehe gestellt ist, kann der potenziell ausgleichsberechtigte Ehegatte von dem Dritten **Sicherheitsleistung** für die Ergänzungsansprüche nach Abs 1 oder Abs 2 verlangen (Abs 4). Anders als bei dem Anspruch aus § 1389 ist hier eine erhebliche Gefährdung des zu sichernden Ausgleichsanspruchs nicht erforderlich[38], denn dies ergibt sich bereits aus der Verwirklichung der Tatbestandsvoraussetzungen des Abs 1 oder Abs 2. Sicherheitsleistung kommt etwa bei unentgeltlicher Übertragung eines Grundstücks auf die Lebensgefährtin in Betracht[39]. Im Übrigen kann auf die Erl zu § 1389

---

[21] *Staudinger/Thiele* Rn 11.
[22] AllgM, KK-FamR/*Weinreich* Rn 13; *Soergel/Lange* Rn 12; *Staudinger/Thiele* Rn 21.
[23] AnwK-BGB/*Groß* Rn 6; *Staudinger/Thiele* Rn 22.
[24] AnwK-BGB/*Groß* Rn 9; *Johannsen/Henrich/Jaeger* Rn 6; *Soergel/Lange* Rn 14; *Staudinger/Thiele* Rn 23; aA *Erman/Heckelmann* Rn 5; RGRK/*Finke* Rn 12, wobei dann aber § 819 Abs 2 zu prüfen ist.
[25] *Staudinger/Thiele* Rn 23; MünchKommBGB/*Koch* Rn 14; *Soergel/Lange* Rn 14; *Johannsen/Henrich/Jaeger* Rn 6.
[26] MünchKommBGB/*Koch* Rn 5; RGRK/*Finke* Rn 18 ff; *Staudinger/Thiele* Rn 15.
[27] HM, *Staudinger/Thiele* Rn 16; AnwK-BGB/*Groß* Rn 4 f, KK-FamR/*Weinreich* Rn 15 f, jeweils mit Klageantrag; vgl auch RG Recht 1911 Nr 2180; BGH FamRZ 1961, 272, 273 je zu § 2329.
[28] AnwK-BGB/*Groß* Rn 4; *Schwab/Schwab* HdB ScheidungsR VII Rn 283.
[29] MünchKommBGB/*Koch* Rn 6; *Soergel/Lange* Rn 15.
[30] *Staudinger/Thiele* Rn 19; *Johannsen/Henrich/Jaeger* Rn 6.
[31] AnwK-BGB/*Groß* Rn 7; *Gernhuber/Coester-Waltjen* § 36 Rn 84; *Johannsen/Henrich/Jaeger* Rn 6; *Palandt/Brudermüller* Rn 6.
[32] *Bergschneider* in: *Schröder/Bergschneider* FamVermR Rn 4.517; *Gernhuber/Coester-Waltjen* § 36 Rn 85; *Staudinger/Thiele* Rn 14.
[33] *Bergschneider* in: *Schröder/Bergschneider* FamVermR Rn 4.523; *Johannsen/Henrich/Jaeger* Rn 7.
[34] *Palandt/Brudermüller* Rn 9; zur abw Beweislastverteilung bei Vorliegen besonderer Umstände *Baumgärtel/Laumen* Rn 1; *Bergschneider* in: *Schröder/Bergschneider* FamVermR Rn 4.523.
[35] AllgM, vgl *Bergschneider* in: *Schröder/Bergschneider* FamVermR Rn 4.522; KK-FamR/*Weinreich* Rn 24.
[36] Krit daher AnwK-BGB/*Groß* Rn 1 beim „bösgläubigen Zuwendungsempfänger".
[37] *Staudinger/Thiele* Rn 34; *Palandt/Brudermüller* Rn 7.
[38] AnwK-BGB/*Groß* Rn 11; *Schwab/Schwab* HdB ScheidungsR VII Rn 284.
[39] AG Meppen NJW-RR 1994, 4.

verwiesen werden, insbes zur Frage, ob hinsichtlich des Sicherungsanspruchs **einstweiliger Rechtsschutz** durch einstweilige Verfügung oder Arrest verlangt werden kann (§ 1389 Rn 8). Ob darüber hinaus bereits vor Beendigung des Güterstands der Anspruch nach § 1390 **unmittelbar durch Arrest** gesichert werden kann, ist umstr[40], jedoch hier, ebenso wie bei § 1389 (dort Rn 2), aus prozessökonomischen Gründen zu bejahen.

Eine **Auskunftspflicht** des Dritten nach § 1379 besteht grds nicht[41], jedoch kann sich eine solche 8
bei Zuwendung einer Sachgesamtheit aus § 260 ergeben[42] oder im Einzelfall nach § 242, wenn der Gläubiger sich die erforderlichen Kenntnisse nicht auf andere, ihm zumutbare Weise verschaffen und der Dritte unschwer Auskunft erteilen kann, denn ansonsten würde § 1390 nur eine ganz geringe Bedeutung erlangen[43].

V. Gestaltung

Der Anspruch nach § 1390 kann im Voraus durch Vereinbarung nicht ausgeschlossen werden[44]; ist er 9
jedoch bereits entstanden, so ist ein Verzicht möglich[45]. Eine Erweiterung des Anspruchs wäre ein Vertrag zu Lasten Dritter und ist daher nicht zulässig[46].

§§ 1391 bis 1407 *(weggefallen)*

Untertitel 2. Vertragliches Güterrecht (§§ 1408–1557)

Kapitel 1. Allgemeine Vorschriften (§§ 1408–1413)

§ 1408 Ehevertrag, Vertragsfreiheit

(1) Die Ehegatten können ihre güterrechtlichen Verhältnisse durch Vertrag (Ehevertrag) regeln, insbesondere auch nach der Eingehung der Ehe den Güterstand aufheben oder ändern.

(2) ¹In einem Ehevertrag können die Ehegatten durch eine ausdrückliche Vereinbarung auch den Versorgungsausgleich ausschließen. ²Der Ausschluss ist unwirksam, wenn innerhalb eines Jahres nach Vertragsschluss Antrag auf Scheidung der Ehe gestellt wird.

Schrifttum: Zu Abs 1: *Berger*, Die „modifizierte Zugewinngemeinschaft" in zivil- und steuerrechtlicher Sicht, 1989; *Bergschneider*, Verträge in Familiensachen, 3. Aufl 2006; *ders*, Zur Inhaltskontrolle bei Eheverträgen, FamRZ 2001, 1337; *ders*, Eheverträge und Scheidungsvereinbarungen, FamRZ 2004, 1757; *Borth*, Inhaltskontrolle von Eheverträgen – Neue Rechtsprechung und offenen Fragen, FamRB 2005, 177; *Brambring*, Ehevertrag und Testament junger Eheleute, ZAP 1989, 199; *ders*, Ehevertrag und Vermögenszuordnung unter Ehegatten, 5. Aufl 2003; *ders*, Notarielle Inhaltskontrolle von Eheverträgen, FGPrax 2004, 175; *ders*, Führt die Teilnichtigkeit zur Gesamtnichtigkeit von Eheverträgen?, FPR 2005, 130; *Brandt*, Vertragsfreiheit bei Eheverträgen?, MittBayNot 2004, 221; *Bredthauer*, Der Ehevertrag in der Praxis, NJW 2004, 3072; *Buschendorf*, Die Grenzen der Vertragsfreiheit im Ehevermögensrecht, 1987; *Büttner*, Grenzen ehevertraglicher Gestaltungsmöglichkeiten, FamRZ 1998, 1; *Coester-Waltjen*, Liebe – Freiheit – gute Sitten. Grenzen autonomer Gestaltung der Ehe und ihrer Folgen in der Rechtsprechung des Bundesgerichtshofs, FG 50 Jahre BGH, 2000, S 985; *Cypionka*, Vereinbarungen über den Zugewinnausgleich in Ehevertrag und Scheidungsfolgenverträgen, MittRhNotK 1986, 157; *Dauner-Lieb*, Zur Inhaltskontrolle von Eheverträgen, FF 2001, 128; *dies*, Reichweite und Grenzen der Privatautonomie im Ehevertragsrecht, AcP 201 (2001), 295; *dies*, Eheverträge im Spannungsfeld zwischen Privatautonomie und verfassungsrechtlicher Aufwertung der Familienarbeit, FF 2002, 151; *dies*, Eheverträge – was hat noch Bestand?, FF 2003, 117; *dies*, Richterliche Überprüfung von Eheverträgen nach dem Urteil des BGH v. 11. 2. 2004 – XI ZR 265/02, FF 2004, 65; *dies*, Brennpunkte Familienrecht, 2003; *dies/ Sanders*, Abdingbare Teilhabe – unabdingbare Verantwortung?, FPR 2005, 141; *Dorsel*, Zur Inhaltskontrolle von Eheverträgen unter Beachtung der höchstrichterlichen Rechtssicherheit für Eheverträge, RNotZ 2004, 496; *Gageik*, Die aktuelle ober- und höchstrichterliche Rechtsprechung zur Inhaltskontrolle von Eheverträge und ihre Auswirkungen auf die notarielle Praxis, RNotZ 2004, 295; *dies*, Wirksamkeits- und Ausübungskotrolle von Eheverträgen unter Berücksichtigung der aktuellen Rechtsprechung seit der Entscheidung des BGH vom 11. 2. 2004, FPR 2005, 122; *Gerber*, Vertragsfreiheit und richterliche Inhaltskontrolle von Eheverträgen, FG 50 Jahre BGH, 2000, S 49; *Grziwotz*, Das Ende der Vertrags-

---
[40] Bejahend *Haußleiter/Schulz* 1 Rn 454; verneinend KK-FamR/*Weinreich* Rn 29; Palandt/*Brudermüller* Rn 9; MünchKommBGB/*Koch* Rn 28.
[41] *Bergschneider* in: Schröder/Bergschneider FamVermR Rn 4.520; *Schwab/Schwab* HdB ScheidungsR VII Rn 283; Staudinger/*Thiele* Rn 26.
[42] Staudinger/*Thiele* Rn 26.
[43] AnwK-BGB/*Groß* Rn 8; *Bergschneider* in: Schröder/Bergschneider FamVermR Rn 4.520; *Schwab/Schwab* HdB ScheidungsR VII Rn 283; MünchKommBGB/*Koch* Rn 20; KK-FamR/*Weinreich* Rn 7; Staudinger/*Thiele* Rn 26.
[44] AllgM, AnwK-BGB/*Groß* Rn 14; *Bergschneider* in: Schröder/Bergschneider FamVermR Rn 4.524; MünchKommBGB/*Koch* Rn 29; Staudinger/*Thiele* Rn 37.
[45] *Bergschneider* in: Schröder/Bergschneider FamVermR Rn 4.524.
[46] *Bergschneider* in: Schröder/Bergschneider FamVermR Rn 4.524; MünchKommBGB/*Koch* Rn 29.

§ 1408

freiheit im Ehevermögens- und Scheidungsfolgenrecht, FamRZ 1997, 585; *ders,* „Ehe mit beschränkter Haftung?" – Gesamtverzichtsverträge im Ehevermögensrecht, MDR 1998, 1327; *ders,* Vertragsobjekt Ehe und Partnerschaft, DNotZ 1998, 228*; *ders,* Die zweite Spur – ein (neuer) Weg zur Gerechtigkeit zwischen Ehegatten, DNotZ 2003, 486; *ders,* Was geht noch? – Ehevertragsgestaltung nach Karlsruhe III, FamRB 2004, 199, 239; *ders,* Salvatorische Klauseln in Eheverträgen – Helfen sie noch?, FF 2005, 275; *ders,* Ehevertragsranking oder Ehevertragsgerechtigkeit?, MDR 2005, 73; *ders,* Eheverträge in der Landwirtschaft, FamRB 2006, 316; *Hahne,* Vertragsfreiheit im Familienrecht, in: *Schwab/Hahne* (Hrsg), Familienrecht im Brennpunkt, 2004, S 181; *dies,* Grenzen ehevertraglicher Gestaltungsfreiheit – Vortrag auf der Jahresversammlung des Rheinischen Notarvereins in Düsseldorf am 8. November 2003, DNotZ 2004, 84; *Haußleiter/Schiebel,* Vom Umgang mit Eheverträgen, NJW Spezial 2004, 7; *Herrmann/Grobshäuser,* Steuerliche Aspekte bei Gestaltung von Eheverträgen und Scheidungsvereinbarungen, FPR 2005, 146; *Höger,* Die gerichtliche Kontrolle von Unterhaltsvereinbarungen im Eherecht, 2005; *Höland/Sethe,* Eheverträge und Scheidungsfolgenvereinbarungen, 2006; *Jochheim,* Zu den Belehrungspflichten des Notars bei der Beurkundung von Eheverträgen, FPR 1999, 271; *Kanzleiter/Wegmann,* Vereinbarungen unter Ehegatten, 7. Aufl 2006; *Klam,* Inhaltskontrolle von Eheverträgen nach neuester Rechtsprechung, INF 2004, 315; *Koch,* Richterliche Kontrolle von Eheverträgen – Zugleich Anmerkung zu BGH – XII ZR 265/02, NotBZ 2004, 147; *dies,* Schranken der Vertragsfreiheit im Familienrecht, in: *Bayer/Koch,* Schranken der Vertragsfreiheit, 2007 (zit *Koch* in: *Bayer/Koch*); *Körner,* Die Grenzen der Vertragsfreiheit im neuen Ehegüterrecht, Diss Tübingen 1961; *Kornexl,* Ehevertragsgestaltung als Störfallvorsorge, FamRZ 2004, 1609; *Langenfeld,* HdB der Eheverträge und Scheidungsvereinbarungen, 5. Aufl 2005; *ders,* Möglichkeit und Grenzen notarieller Vertragsgestaltung bei Eheverträgen und Scheidungsvereinbarungen, DNotZ 1985, Sonderheft Dt Notartag, 167*; *ders,* Ehevertragsgestaltung nach Ehetypen, FamRZ 1987, 9; *ders,* Zur Praxis des Ehevertrages, FamRZ 1994, 201; *ders,* Zur gerichtlichen Kontrolle von Eheverträgen, DNotZ 2001, 272; *ders,* Die Ehevertragsgestaltung auf dem Prüfstand der richterlichen Inhaltskontrolle, ZEV 2004, 311; *Limmer/Hertel/Frenz/ Mayer,* Würzburger Notarhandbuch, 2005 (zit *Bearbeiter* in: Würzburger Notarhandbuch); *Maier,* Die Teilhabe der Ehegatten am gemeinsam Erwirtschafteten im Unterhaltsrecht, NJW 2002, 3359; *J. Mayer,* Zur Inhaltskontrolle von Eheverträgen, FPR 2004, 363; *N. Mayer,* Herausnahme von einzelnen Gegenständen bzw Wirtschaftseinheiten aus dem Zugewinnausgleich – eine optionale Gestaltungsvariante im privaten und unternehmerischen Bereich?, DStR 1993, 991 = MittBayNot 1993, 342; *Mikat,* Schranken der Vertragsfreiheit im Ehegüterrecht, FS Felgentraeger, 1969, S 323; *L. Müller,* Vertragsgestaltung im Familienrecht, 2. Aufl 2002; *Münch,* Inhaltskontrolle von Eheverträgen, MittBayNot 2003, 107; *ders,* Inhaltskontrolle von Eheverträgen, ZNotP 2004, 122; *ders,* Ehebezogene Rechtsgeschäfte, 2. Aufl 2007; *ders,* Notar und Parität, DNotZ 2004, 901; *ders,* Inhaltskontrolle von Eheverträgen, FamRZ 2005, 570; *ders,* Inhaltskontrolle von Eheverträgen – Umsetzung in der Praxis der Obergerichte, ZNotP 2007, 205; *Nachreiner,* Familienrechtliche Verträge zwischen Urkundsgewährungsanspruch und Ablehnungspflicht, MittBayNot 2001, 356; *Oppermann,* Umsetzung der Inhaltskontrolle von Eheverträgen, RNotZ 2004, 566; *Plate,* Die modifizierte Zugewinngemeinschaft im Ehevertrag von Unternehmern, MittRhNotK 1999, 257; *Rakete-Dombek,* Das Ehevertrags-Urteil des BGH – Oder: Nach dem Urteil ist vor dem Urteil, NJW 2004, 1273; *Rauscher,* Ein Bärendienst für die Freiheit der Eheschließung, FuR 2001, 155; *ders,* Ehevereinbarungen: Die Rückkehr zur Rechtssicherheit, DNotZ 2004, 524; *Reimann,* Zur Kongruenz ehevertraglicher Regelung und erbrechtlicher Gestaltung, FS Schippel, 1996, S 301; *Schubert,* Wirksamkeit von Unterhaltsverzichts- und -freistellungserklärungen, FamRZ 2001, 733; *D. Schwab,* Gestaltungsfreiheit und Formbindung im Ehevermögensrecht und die Eherechtsreform, DNotZ 1977, Sonderheft „75 Jahre Deutsche Notar-Zeitschrift", 51*; *Schwenzer,* Vertragsfreiheit im Ehevermögens- und Scheidungsfolgenrecht, AcP 196 (1996), 88; *Stenger,* Güterstand bei Unternehmerehen – Die Zugewinngemeinschaft, ZEV 2000, 51; *Stresow,* Die richterliche Inhaltskontrolle von Eheverträgen, 2006; *Wachter,* Neue Grenzen der Ehevertragsfreiheit, ZFE 2004, 132; *Waldner,* Eheverträge, Scheidungs- und Partnerschaftsvereinbarung, 2. Aufl 2004; *ders,* Für einen Wechsel der Perspektive bei der Gestaltung von Eheverträgen, FamRB 2002, 216; *Wegmann,* Notariell beurkundete Vereinbarungen unter (künftigen) Ehegatten, FPR 1999, 264; *Wiemer,* Inhaltskontrolle von Eheverträgen, 2007; *Zimmermann/Dorsel,* Eheverträge, Scheidungs- und Unterhaltsvereinbarungen, 4. Aufl 2005; *Zöllner,* Vermögensrechtliche Folgenvereinbarungen für den Scheidungsfall, FS Lange, 1992, S 973.

Zu Abs 2: *F. Becker* Versorgungsausgleichsverträge, 1983; *Bergschneider,* Vereinbarungen über den Versorgungsausgleich, MittBayNot 1999, 144 (= Abdruck aus *Bergschneider,* Verträge in Familiensachen, 1998); *Eichenhofer,* Ausschluss des Versorgungsausgleichs durch Ehevertrag, DNotZ 1994, 213; *Gaul,* Die Unwirksamkeit des Ehevertrags über den Versorgungsausgleich infolge der „Rückschlagsperre" des § 1408 Abs 2 S 2 BGB, FamRZ 1981, 1134; *Graf,* Dispositionsbefugnisse über den Versorgungsausgleich im Rahmen ehevertraglicher Vereinbarung gemäß § 1408 Abs 2 BGB, 1985; *Goering,* Vereinbarungen über den Versorgungsausgleich, FamRB 2004, 64, 95 ff, 133 ff, 166 ff; *Gruntkowski,* Grundfragen des Versorgungsausgleichs in der notariellen Praxis, MittRhNotK 1993, 1; *Kuhn,* Der Versorgungsausgleich in der notariellen Praxis, BWNotZ 2004, 78; *Langenfeld,* Vereinbarungen über den Versorgungsausgleich in der Praxis, NJW 1978, 1503; *ders,* Aktuelle Probleme der Scheidungsvereinbarung, MittRhNotK 1978, 111; *Reinartz,* Zweifelsfragen bei der Gestaltung von Vereinbarungen für den Versorgungsausgleich, DNotZ 1978, 267; *Ruland,* Die Dispositionsbefugnisse über den Versorgungsausgleich, DRV 1979, 84; *Schulmann,* Der Verzicht auf den Versorgungsausgleich, MDR 1999, 844; *Steinbauer,* Der Versorgungsausgleich nach dem 1. Gesetz zur Reform des Ehe- und Familienrechts, MittBayNot 1976, 197.

Übersicht

	Rn		Rn
I. Normzweck	1	IV. Inhaltskontrolle von Eheverträgen und Scheidungsvereinbarungen	13
II. Ehevertrag (Abs 1)	2	1. Bisherige BGH-Rspr	13
1. Abschluss, Form, Dauer	2	2. Entscheidungen des BVerfG	14
2. Güterrechtliche Verhältnisse, Abgrenzung, „erweiterter Ehevertragsbegriff"	6	3. Neue Kernbereichslehre des BGH	15
		a) Grds Ehevertragsfreiheit	17
III. Grenzen der Vertragsfreiheit im Allgemeinen	9	b) Grenzen der Vertragsfreiheit	18
1. Allgemeine Schranken der Privatautonomie	9	c) Inhaltskontrolle von Eheverträgen	30
2. Typenzwang und immanente Schranken des Güterrechts	11	4. Anfechtung, Wegfall der Geschäftsgrundlage	56

Ehevertrag, Vertragsfreiheit § 1408

	Rn		Rn
V. Einzelfälle güterrechtlicher Regelungen..	58	2. Mögliche Vereinbarungen	65
1. Gesetzlicher Güterstand	59	a) Grundsätzliches, systemimmanente Schranken	65
2. Gütergemeinschaft	61	b) Details zu den Vereinbarungsmöglichkeiten	68
VI. Vereinbarungen über den Versorgungsausgleich (Abs 2)	62	3. Zeitliche Grenze (Abs 2 S 2)	82
		a) Voraussetzungen der Unwirksamkeit	82
1. Normzweck, Grundsätzliches	62	b) Rechtsfolgen des § 1408 Abs 2 S 2	86

I. Normzweck

Abs 1 enthält den Grundsatz der Vertragsfreiheit im Ehegüterrecht, im Rahmen der vom Gesetz zur **1** Verfügung gestellten Institute. Abs 2 bestimmt, dass durch Ehevertrag innerhalb zeitlicher Grenzen der Versorgungsausgleich ausgeschlossen werden kann. Dem Ehevertrag entspricht bei gleichgeschlechtlichen, eingetragenen Lebenspartnern der Lebenspartnerschaftsvertrag nach § 7 LPartG.

II. Ehevertrag (Abs 1)

1. Abschluss, Form, Dauer. Der Ehevertrag ist ein Vertrag zwischen Ehegatten oder Verlobten **2** zur Regelung ihrer güterrechtlichen Verhältnisse (§§ 1363 ff), der das Bestehen ihrer Ehe voraussetzt; er kann auch Einzelregelungen für den Fall der Scheidung mit umfassen[1]. Gegenstand des Ehevertrags sind
– die **Regelung der güterrechtlichen Verhältnisse**
– der Ausschluss oder die Abänderung des **Versorgungsausgleichs** (Abs 2)
– Ausschluss oder Einschränkung der Möglichkeit des jederzeitigen **Widerrufs** bei Verträgen zur Überlassung der Vermögensverwaltung nach § 1413.

Teilweise wird terminologisch auch zwischen generellen (Wahl eines anderen Güterstands) und **3** **speziellen Eheverträgen** (nur Modifizierung des Güterstands) unterschieden[2]. Auch ein sog **Bestätigungsvertrag** ist möglich, durch den Ehegatten den zwischen ihnen bestehenden oder durch Heirat erst noch eintretenden gesetzlichen Güterstand anerkennen[3]; jedoch hat er nur deklaratorische Wirkung. Konstitutiv wirkt er, wenn es sich um eine echte Bestätigung iS von § 141 handelt, oder er den bestehenden Güterstand gegen gesetzliche Veränderungen bestandsfest machen soll[4].

Vertragspartner sind allein die Ehegatten oder die künftigen Ehegatten. Er kann bereits vor der **4** Eheschließung abgeschlossen werden (Abs 1 HS 2: „auch nach"); seine Wirkungen treten dann erst mit der Eheschließung ein[5]. Der **Abschluss** des Ehevertrags richtet sich nach den §§ 1410, 1411 (Formbedürftigkeit); iÜ gelten für ihn keine Besonderheiten, sondern die allgemeinen Bestimmungen über Rechtsgeschäfte und Verträge, insbes auch die §§ 134, 138, 139[6]. Daher kann er unter einer Bedingung, Befristung oder Zeitbestimmung abgeschlossen werden[7]; ein Vorvertrag ist möglich[8]; ebenso die Anfechtung nach den §§ 119 ff[9] oder durch Gläubiger nach dem AnfG oder nach § 129 ff InsO[10]. Auch **Stellvertretung** ist zulässig, sogar durch den anderen Ehegatten (§ 1410 Rn 3)[11]. Für die **Wirkung** gegen Dritte ist § 1412 zu beachten. Der Ehevertrag kann mit einem **Erbvertrag** verbunden werden (§ 2276 Abs 2), was kostengünstig ist (§ 46 Abs 3 KostO), aber die rechtliche Selbstständigkeit der Vereinbarungen nicht berührt, jedoch bei Nichtigkeit eines Vertrags nach § 139 zur Gesamtnichtigkeit führen kann[12].

Hinsichtlich der **Dauer** der Wirksamkeit gilt: Kommt es nicht zur Ehe oder liegt ein Fall der **5** Nichtehe vor, so entfaltet er keine Wirkung. Im Falle der Aufhebung der Ehe nach § 1313 lag zunächst eine wirksame Ehe vor, so dass der Ehevertrag zunächst voll wirksam war. Bei einer Scheidung fällt der Ehevertrag für die Zukunft weg; ebenso, wenn und soweit er durch einen neuen Ehevertrag abgeändert oder aufgehoben, durch Urteil der Güterstand aufgehoben wird (§§ 1385, 1386; 1447, 1448, 1449, 1469, 1470). Eine einseitige Kündigung oder Lösung in sonstiger Form ist nicht möglich[13]. Bei enger

---

[1] BGH NJW 1978, 1923; *Soergel/Gaul* Rn 2; missverständlich BGHZ 54, 38, 41 zum Erfordernis einer allgemeinen Regelung.
[2] *Staudinger/Thiele* Rn 11 ff; *Soergel/Gaul* Rn 8.
[3] RGZ 133, 20, 22.
[4] *Staudinger/Thiele* Rn 18; *Soergel/Gaul* Rn 8.
[5] BayObLGZ 1957, 49, 51.
[6] Zum Sinn salvatorischer Klauseln *Keilbach* FamRZ 1992, 1118; zu § 139 im Rahmen der Wirksamkeitskontrolle von Eheverträgen s Rn 38.
[7] OLG Celle FamRZ 1961, 446; MünchKommBGB/*Kanzleiter* Rn 4.
[8] RGZ 48, 183, 186; 68, 322.
[9] BGH NJW-RR 1996, 1281: arglistige Täuschung durch Vorspiegelung eines Selbstmordversuchs zwecks Abschluss eines Ehevertrags.
[10] OLG Zweibrücken OLGZ 1965, 304; *Staudinger/Thiele* Rn 35; ein güterrechtsändernder Vertrag kann aber nicht von den Gläubigern angefochten werden, dies hinsichtlich der Ansprüche erst danach erwarben, BGHZ 57, 123, 126 = NJW 1972, 4, uU aber die erst später erfolgende Auseinandersetzung der Gütergemeinschaft.
[11] Vgl etwa RGZ 79, 282.
[12] OLG Stuttgart FamRZ 1987, 1034; bei Rücktritt vom Erbvertrag muss dadurch aber nicht Ehevertrag unwirksam werden, vgl BGHZ 29, 129, 131 f = NJW 1959, 525.
[13] *Staudinger/Thiele* Rn 34.

§ 1408 Buch 4. Abschnitt 1. Bürgerliche Ehe

Verknüpfung mit anderen Rechtsgeschäften sollen aber die Grundsätze des Wegfalls der Geschäftsgrundlage anwendbar sein[14].

6 **2. Güterrechtliche Verhältnisse, Abgrenzung, „erweiterter Ehevertragsbegriff".** **Regelungsgegenstand** sind grds die **güterrechtlichen Verhältnisse,** worunter die auf die Ehe bezogenen Vermögensbeziehungen zu verstehen sind, wie sie in den §§ 1363 bis 1518 überwiegend dispositiv geregelt werden. Hierzu gehören **nicht** die personenrechtlichen Beziehungen der Ehegatten zueinander, die in §§ 1357 bis 1362 behandelten Fragen oder der Unterhalt[15]. Demgegenüber findet sich heute ganz überwiegend, insbes in der Kautelarjurisprudenz, ein funktional **erweiterter Ehevertragsbegriff**[16]. Er umfasst alle ehebezogenen familienrechtlichen Vereinbarungen von Ehegatten und Verlobten zur Regelung der allgemeinen Ehewirkungen (§§ 1353 ff), des ehelichen Güterrechts und der Scheidungsfolgen.

7 Umstritten ist, inwieweit eine vor der Beendigung des Güterstands getroffene **Vereinbarung über die nacheheliche Auseinandersetzung** des Vermögens der Ehegatten eine Regelung der güterrechtlichen Verhältnisse darstellt und daher der Form des Ehevertrags bedarf[17]. Für den **Zugewinnausgleich** hat der Gesetzgeber in § 1378 Abs 3 S 2[18] eine Spezialregelung geschaffen, wobei diese nur eingreift, wenn die Vereinbarung im Hinblick auf die konkret bevorstehende Ehescheidung getroffen wurde (s auch § 1378 Rn 14)[19]; daneben besteht für den Versorgungsausgleich in § 1587 o eine Sonderbestimmung für Scheidungsvereinbarungen, so dass sich die Frage im Wesentlichen nur noch für die **Gütergemeinschaft** stellt. Zum Teil wird das Erfordernis des Ehevertrags dann bejaht, wenn eine „allgemeine Regelung der güterrechtlichen Verhältnisse" erfolge[20] oder eine generelle Regelung getroffen wird, nicht aber, wenn eine Vereinbarung im Hinblick auf ein konkret anstehendes Scheidungsverfahren erfolge[21]. Richtiger Weise greift § 1410 nicht ein, wenn die Vereinbarung nur die **technische Durchführung,** also die Art und Weise der Auseinandersetzung betrifft, ohne das künftige güterrechtliche Verhältnis zu verändern; denn dann handelt es sich nur um eine gewöhnliche Auseinandersetzungsvereinbarung[22].

8 Für die Abgrenzung zu **sonstigen vermögensrechtlichen Verhältnissen** ist entscheidend, ob das Rechtsgeschäft das Bestehen der Ehe zwischen den Partnern als notwendig voraussetzt, und damit die güterrechtlichen Beziehungen tangiert, oder ebenso gut zwischen Dritten abgeschlossen werden könnte[23]. In Betracht kommen Schenkungen, ehebezogene Zuwendungen, Gesellschaftsverträge (auch Innengesellschaften)[24], Darlehen, Arbeitsverträge; jedoch ist die Abgrenzung idR nicht problematisch[25]. Im Zweifel ist eine güterrechtliche Regelung anzuwenden, wenn das gesamte Vermögen erfasst wird[26].

III. Grenzen der Vertragsfreiheit im Allgemeinen

9 **1. Allgemeine Schranken der Privatautonomie.** Dass diese auch für den Ehevertrag gelten, ist allgemein anerkannt; insbes gilt § 138 und wird immer wieder im Zusammenhang mit ehevertraglichen Regelungen, aber auch Scheidungsvereinbarungen diskutiert. Auf Grund der neueren Rspr des BVerfG und des BGH zur Inhaltskontrolle von Eheverträgen, die im Ansatz auch verfassungsrechtlich legitimiert ist, ergeben sich aber weitreichende Beschränkungen der Gestaltungsfreiheit (eingehend Rn 14 ff). Nicht anwendbar sind allerdings § 311 b Abs 4[27] sowie § 311 b Abs 2 für die güterrechtlichen Vereinbarungen selbst, da sich diese typischerweise idR auf das künftige Vermögen beziehen[28], jedoch gilt § 311 b Abs 2 für Begleitvereinbarungen, etwa Abfindungen.

10 Das **Verweisungsverbot** des § 1409 bezüglich des nicht mehr geltenden oder des ausländischen Rechts ist nur ein formales und beschränkt die ehevertragliche Gestaltungsfreiheit nicht (s Erl dort). Daneben enthält das **Güterrecht** selbst **zwingende Bestimmungen,** die die Gestaltungsfreiheit begrenzen, insbes § 1518 bei der fortgesetzten Gütergemeinschaft (s Erl der einzelnen Vorschriften).

---

[14] *Staudinger/Thiele* Rn 34; bei der Gütergemeinschaft *Gernhuber/Coester-Waltjen* § 38 Rn 130 Fn 169; vgl dazu auch *Mai* BWNotZ 2003, 55, 62; s auch Rn 57; anders wohl BGHZ 29, 129, 132 f.
[15] Jedoch kann eine Unterhaltsregelung auch der Abgeltung güterrechtlicher Ansprüche dienen, was zum güterrechtlichen Charakter führt, BGH FamRZ 1982, 262, 263; *Soergel/Gaul* Rn 7.
[16] Vgl etwa *Langenfeld* Rn 3 ff; *ders* FamRZ 1987, 9, 10; *Grziwotz* in: Beck'sches Notarhandbuch B I Rn 6.
[17] Für generelle Formbedürftigkeit *Dölle* I S 667 Fn 77; *Lange* JZ 1970, 653; offenbar auch *Gernhuber/Coester-Waltjen* § 32 Rn 6; für formfreie Regelung der Auseinandersetzung RGZ 89, 292, 294; BayObLGZ 1966, 432, 434.
[18] Überholt daher BGHZ 54, 38.
[19] *Brambring* DNotZ 1983, 496, 498; *Palandt/Brudermüller* Rn 14.
[20] So BGHZ 54, 38; *Beitzke* NJW 1970, 265.
[21] *Brambring* DNotZ 1983, 496; *Palandt/Brudermüller* Rn 14; wohl auch MünchKommBGB/*Kanzleiter* Rn 7; ähnlich *Cypionka* MittRhNotK 1986, 157.
[22] *Staudinger/Thiele* Rn 8; *Palandt/Brudermüller* Rn 14; RGRK/*Finke* § 1474 Rn 2; *Soergel/Gaul* Rn 5; im Ergebnis *Brix* FamRZ 1993, 15.
[23] *Soergel/Gaul* Rn 7; *Dölle* I S 666; krit dazu *Buschendorf,* Grenzen der Ehevertragsfreiheit, S 24, 31 f; für die Abgrenzung nach dem Geschäftszweck MünchKommBGB/*Kanzleiter* Rn 8.
[24] BGH NJW 1999, 2962, 2964.
[25] MünchKommBGB/*Kanzleiter* Rn 8; aA *Buschendorf* S 24; ausf Darstellung bei *Soergel/Gaul* Vor § 1408 Rn 25 ff, § 1408 Rn 7; *Staudinger/Thiele* Rn 20 ff; MünchKommBGB/*Kanzleiter* Vor § 1408 Rn 8 ff.
[26] OLG Stuttgart NJW 1958, 1972; MünchKommBGB/*Kanzleiter* Rn 8.
[27] *Staudinger/Wufka* § 311 b Abs 4 und 5 Rn 7, 26.
[28] MünchKommBGB/*Kanzleiter* Rn 10; *Staudinger/Thiele* Vor §§ 1408 ff Rn 17; *Soergel/Gaul* Rn 13.

2. Typenzwang und immanente Schranken des Güterrechts. Umstritten ist jedoch, inwieweit 11
noch weiter gehende Beschränkungen bestehen, insbes ob ein Typenzwang (nur Vereinbarungsmöglichkeit von Zugewinngemeinschaft, Gütergemeinschaft oder Gütertrennung) oder **immanente Schranken** des Ehegüterrechts existieren, die die Gestaltungsfreiheit einschränken. Dabei ist jedoch der theoretische Aufwand größer als die praktische Bedeutung der Diskussion[29]. Nach wohl überwM besteht im **Wesen** des zwischen den Ehegatten **bestehenden Güterstandstyps** die Grenze für die ehevertragliche Gestaltung[30]; der Güterstand dürfe nicht „**denaturiert**"[31], die Bindung an den Güterstandstyp nicht verlassen werden. Den Kritikern dieser Auffassung ist zwar sicher dahin Recht zu geben, dass die Anführung von Wesensargumenten kaum zu eindeutiger und stringenter Problemlösung führt. Aber einerseits auf „alle Schranken der Ehevertragsfreiheit zu verzichten", andererseits aber dann sogleich festzustellen, es gelte der **Grundsatz der Typenbeschränkung,** insbes bei den „dinglichen Institutionen des Güterrechts", weshalb bei den Verfügungsbeschränkungen nur eine Einschränkung, aber keine Ausdehnung erlaubt sei[32], erscheint widersprüchlich.

Richtigerweise wird man um eine typologisch wertende Betrachtung nicht herum kommen[33]. Dabei 12
muss man von der gesetzlich vorgegebenen Typenbeschränkung (Gütertrennung, Gütergemeinschaft und Zugewinngemeinschaft) ausgehen. Innerhalb jedes Güterstandstyps gibt es einen **Kernbereich,** der denselben charakterisiert und der gleichsam unantastbar sein muss, soll das Kennzeichen des betreffenden Güterstands und sein spezifisches Ordnungsziel[34] nicht verloren gehen. Hinzu kommen im Interesse des Verkehrsschutzes zwingend gebotene Standardisierungen und Beschränkungen der Gestaltungsfreiheit, die eine Ausdehnung von Verfügungsbeschränkungen oder Einschränkung der gesetzlichen Haftung verbieten. Dagegen gibt es jeweils **Randzonen,** die gestaltbar sind. Je nach Art des vorgegebenen Güterstands ist somit die Gestaltungsmöglichkeit größer oder kleiner. Dies ist in wertender, quasi interpolierender Betrachtung zu bestimmen. Bei **Gütertrennung** gibt es keine Gestaltungsmöglichkeit[35], bei den anderen Güterständen jedoch größere Gestaltungsmöglichkeiten. Insbes beim **gesetzlichen Güterstand** billigt der BGH den Ehegatten ausdrücklich eine „weite Gestaltungsfreiheit" zu: Die gesellschaftliche Entwicklung bringt ein vielfältiges, vom traditionellen Leitbild der Hausfrauenehe oft erheblich abweichendes Spektrum ehelicher Lebensverhältnisse hervor, dem auch durch sachgerechte Ausgestaltung des gesetzlichen Güterstands Rechnung getragen werden muss[36]. Der Kernbereich dieses Güterstandes würde nur dann unzulässig tangiert, wenn in keinem Falle der Zugewinnausgleich zugelassen würde[37]. Damit nähert sich die hier vertretene Ansicht der Auffassung, die von einem „numerus clausus" der gesetzlich modellierten Güterstandstypen ausgeht[38], die zu Unrecht kritisiert wird. Für die nach der Gegenmeinung möglichen, aber nach hier vertretener Auffassung unzulässigen **Fantasie- und Mischgüterstände** (Rn 60)[39] besteht auch kein praktisches Bedürfnis[40].

IV. Inhaltskontrolle von Eheverträgen und Scheidungsvereinbarungen

1. Bisherige BGH-Rspr. Die Frage der Nichtigkeit von ehevertraglichen Vereinbarungen und 13
deren richterlicher Kontrolle wurde in letzter Zeit ausführlich und nicht immer vorurteilsfrei diskutiert[41] und auch vom BVerfG entschieden (Rn 14). Es hat in zwei Fällen den entsprechenden Verfassungsbeschwerden stattgegeben, die OLG-Urteile, welche die Wirksamkeit des Ehevertrags bejahten, aufgehoben. Damit steht das BVerfG tendenziell der in der Lit vertretenen Meinung zur „strukturellen Unterlegenheit" der Ehefrau[42] näher als der früheren Rspr des BGH (eingehend Vorauß Rn 43). Dieser

---

[29] MünchKommBGB/*Kanzleiter* Rn 13; *Dölle* I S 669 Fn 97; *Langenfeld* Rn 15.
[30] *v. Baligand* S 34 ff; *Clamer* NJW 1960, 563; *Planck/Unzner* § 1432 Anm 9 c; *Gernhuber/Coester-Waltjen* § 32 Rn 21 ff; *Körner* S 191 ff; aus der Rspr: RG HRR 1926 Nr 1254; OLG Hamburg DNotZ 1964, 229, 231; krit dagegen MünchKommBGB/*Kanzleiter* Rn 13; *Rauscher* Rn 362; *Münch,* Ehebezogene Rechtsgeschäfte, Rn 846; *Soergel/Gaul* Vor § 1408 Rn 14, § 1408 Rn 17; *Staudinger/Thiele* Vor §§ 1408 ff Rn 20; *Buschendorf* S 112 ff; *Mikat,* FS Felgenträger, 1969, S 323, 330 f; RGRK/*Finke* Rn 1 ff; *Erman/Heckelmann* Rn 4; offenlassend BGH NJW 1997, 2239, 2240.
[31] *Gernhuber/Coester-Waltjen* 4. Aufl § 32 III 4.
[32] MünchKommBGB/*Kanzleiter* Rn 13; vgl auch *Dölle* I S 670 ff, der dem Ehevertrag dingliche Wirkung beimisst; *Kanzleiter* meint mit der Typenbeschränkung offenbar nur die allgemeinen, zwingenden Verbotsnormen des Zivilrechts (etwa § 137 S 1) und im Interesse des Verkehrsschutzes die Haftungsregelungen der Güterstände. Aber wo ist die Grenze? Vgl *Dölle* I S 671: „Den Ehegatten ist versagt, ... Rechtslagen zu bewirken, die dem ehelichen Güterrecht überhaupt unbekannt ... sind".
[33] Grds zust *Langenfeld* Rn 15.
[34] Dies betont BGH NJW 1997, 2239, 2240; ebenso *Gernhuber/Coester-Waltjen,* 4. Aufl § 32 III 4; *Körner* S 191 ff spricht vom verfolgten Leitgedanken; hiergegen krit *Langenfeld* Rn 338 Fn 2.
[35] *Langenfeld* Rn 15; vgl auch OLG Schleswig NJW-RR 1996, 134: keine Modifizierung durch wesentliche Inhalte der Zugewinngemeinschaft.
[36] BGH NJW 1997, 2239, 2241.
[37] *Langenfeld* Rn 15.
[38] So die ältere Auffassung, *v. Baligand* S 36 ff; *Dölle* I S 673; *Körner* S 165 ff; dagegen aber *Mikat,* FS Felgenträger, 1969, S 325; *Zöllner* FamRZ 1965, 113; *Staudinger/Thiele* Vor §§ 1408 ff Rn 20; *Soergel/Gaul* Vor § 1408 Rn 12; MünchKommBGB/*Kanzleiter* Rn 13, der aber auch vom Grundsatz der Typenbeschränkung spricht.
[39] *Staudinger/Thiele* Vor § 1408 Rn 23 ff mit Beispielen.
[40] Vgl *Plate* MittRhNotK 1999, 257, 273; *Langenfeld* Rn 15; zur Unzulässigkeit der Vereinbarung des Güterstands der „sociedad conyugal" nach mexikanischem Recht OLG Saarbrücken OLGR 1999, 133.
[41] *Schwenzer* AcP 196 (1996), 88; *Büttner* FamRZ 1997, 600: „Fair zu Gretchen"; ders FamRZ 1998, 1; *Dethloff* JZ 1997, 414; *Grziwotz* DNotZ 1998, 228★, 256 ★; ders FamRZ 1997, 585; ders MDR 1998, 1327.
[42] *Schwenzer* AcP 196 (1996), 88, 111 ff; *Büttner* FamRZ 1998, 1, 6 ff; abl *Wiemer* S 46 ff.

§ 1408

hatte zunächst zwei Fälle mit sehr weitreichenden ehevertraglichen Vereinbarungen zu entscheiden, die sehr kontrovers erörtert wurden. Der BGH verneinte dabei trotz des sehr weitgehenden Ausschlusses der gesetzlichen Scheidungsfolgen und dem Vorliegen einer gewissen Drucksituation eine Sittenwidrigkeit[43]. Die besonderen Gefahren, die sich aus solchen Globalverzichten ergeben, minderte der BGH dadurch, dass sich ein geschiedener Ehegatte auf einen vereinbarten Unterhaltsverzicht nach § 242 nicht berufen konnte, wenn und soweit das Wohl eines gemeinsamen, vom anderen Ehegatten betreuten Kindes den Bestand der Unterhaltspflicht (§ 1570) erforderte[44]. Dann wurde jedoch nur der notwendige Unterhalt gewährt. Damit gelangte man von der an der Sittenwidrigkeit orientierten Wirksamkeitskontrolle zur relativ flexiblen und dem Einzelfall gerecht werdenden **Ausübungskontrolle**[45].

14 **2. Entscheidungen des BVerfG.** Das BVerfG knüpfte in zwei neueren Entscheidungen an seine Rspr zur **Inhaltskontrolle** von Bürgschaftsverträgen und zum entschädigungslosen Wettbewerbsverbot von Handelsvertretern an und hat die dort entwickelten Grundsätze auf Eheverträge und Unterhaltsvereinbarungen übertragen[46]. Es hat dabei jeweils den entsprechenden Verfassungsbeschwerden stattgegeben und die OLG-Urteile, welche die Wirksamkeit des Ehevertrags bejaht hatten, aufgehoben. Anlass waren jeweils Fälle, bei denen der künftige Ehemann den Abschluss der Ehe mit seiner schwangeren Partnerin von der Vereinbarung weitreichender Verzichtsklauseln abhängig machte. Dabei führt es aus, dass auch für Eheverträge gelte, dass bei einer besonders **einseitigen Aufbürdung von vertraglichen Lasten** und einer **erheblichen ungleichen Verhandlungsposition der Vertragspartner** es zur Wahrung der Grundrechtsposition beider Vertragsteile nach **Art 2 Abs 1 GG** Aufgabe der Gerichte ist, durch **vertragliche Inhaltskontrolle** und ggf durch Korrektur mit Hilfe der zivilrechtlichen Generalklauseln zu verhindern, dass sich für einen Vertragsteil die Selbstbestimmung in eine Fremdbestimmung verkehre. Eheverträgen seien dort Grenzen zu setzen, wo jene nicht Ausdruck und Ergebnis gleichberechtigter Lebensgemeinschaften sind, sondern eine auf **ungleichen Verhandlungspositionen** basierende einseitige Dominanz eines Ehegatten widerspiegeln. Die Eheschließungsfreiheit rechtfertige keine einseitige ehevertragliche Lastenverteilung. Werde der Ehevertrag vor der Ehe und im Zusammenhang mit einer Schwangerschaft geschlossen, so gebiete auch **Art 6 Abs 4 GG** die Schwangere davor zu schützen, dass sie durch ihre Situation zu Vereinbarungen gedrängt werde, die ihren Interessen massiv zuwiderlaufen. Dabei sei die Schwangerschaft bei Abschluss des Ehevertrags allerdings nur ein **Indiz** für eine mögliche vertragliche Disparität, die Anlass für die Inhaltskontrolle gebe; daneben sind aber noch andere Faktoren zu berücksichtigen (vgl Rn 42 a aE). Bringe jedoch der Inhalt des Ehevertrages ebenfalls eine Unterlegenheitsposition der nicht verheirateten Schwangeren durch ihre einseitige vertragliche Belastung und eine unangemessene Berücksichtigung ihrer Interessen zum Ausdruck, werde die Schutzbedürftigkeit offenkundig. Je mehr im Ehevertrag gesetzliche Regelungen abbedungen werden, desto mehr könne sich der Effekt einseitiger Benachteiligung verstärken. In verfassungsrechtlicher Hinsicht muss man sich jedoch dabei vor Augen halten, dass es **nicht** um die **Legitimation der Vertragsfreiheit** gehe[47], die sich bereits aus Art 2 Abs 1 GG ergibt[48] und durch die einfach gesetzlichen Regelungen der §§ 1408, 1585 c bestätigt wird, sondern um ihre sachgerechte Begrenzung[49]. Anlehnend an die in § 138 Abs 2 enthaltenen Fälle ist also zu prüfen, ob im Einzelfall die Dinge so liegen, dass von einer **„Delegitimierung der Vertragsfreiheit"** gesprochen werden muss, insbes weil die Ehe mit ihrem spezifischen vermögens- und unterhaltsrechtlichen Schutzzweck negiert wird[50], ohne dass dies durch die Besonderheiten der Ausgestaltung der individuellen ehelichen Lebensgemeinschaft gerechtfertigt wird.

15 **3. Neue Kernbereichslehre des BGH.** In seinem Grundsatzurteil vom 11. 2. 2004[51] setzt der BGH die Vorgaben des BVerfG um. Die Reaktionen des Schrifttums sind unterschiedlich[52]. Mitunter

---

[43] So BGH NJW 1997, 126, 127 = LM § 138 (Aa) Nr 53 m Anm *Langenfeld*: Abhängigmachung der Eheschließung vom Abschluss eines Ehevertrags mit weitreichenden Wirkungen; zust MünchKommBGB/*Kanzleiter* Rn 33; *Grziwotz* FamRZ 1997, 585; abl *Dethloff* JZ 1997, 414; *Büttner* FamRZ 1998, 1, 4 ff; für Sittenwidrigkeit bereits *Staudinger/Eichenhofer* 1994 Rn 62; zum andern BGH NJW 1997, 192, 193: Abschluss von Totalverzichten, um in Krise befindliche Ehe fortzusetzen.
[44] Etwa BGH NJW 1985, 1835; NJW 1992, 3164; NJW 1997, 192; OLG Stuttgart FamRZ 1999, 24; st Rspr.
[45] Zust *Langenfeld*, FS Schippel, 1996, S 251, 255.
[46] NJW 2001, 957 = FamRZ 2001, 343 m Anm *Schwab*; FamRZ 2001, 985 = NJW 2001, 2248; die Entscheidungen des BVerfG werden zu Recht teilweise scharf kritisiert, so etwa *Rauscher* Rn 637 ff, 639; *ders* FuR 2001, 155; *Armasow* RNotZ 2001, 196, 201; distanziert auch *Langenfeld* DNotZ 2002, 272; *Staudinger/Rehme* Rn 70: „stark einseitige Auswertung" der bisherigen Meinungen in der Lit.
[47] So aber *Dauner-Lieb* FF 2004, 65, 66.
[48] Dazu und ihre Begrenzung durch gerichtliche Inhaltskontrolle in Bezug auf Eheverträge *Höger*, Die gerichtliche Kontrolle von Unterhaltsvereinbarungen, S 131 ff.
[49] *Höger*, Die gerichtliche Kontrolle von Unterhaltsvereinbarungen, S 275; *Langenfeld* DNotZ 2001, 272, 277.
[50] *Staudinger/Rehme* Rn 74.
[51] BGHZ 158, 81 = NJW 2004, 930 = ZNotP 2004, 157 = FamRZ 2004, 601.
[52] Zust insbes *Münch* ZNotP 2004, 122; *Rauscher* DNotZ 2004, 524; *Wachter* ZFE 2004, 132, 143; *Borth* FamRZ 2004, 609; *Gageik* RNotZ 2004, 295, 318; *Grziwotz* FamRB 2004, 105; *Börger* ZAP Fach 11 R, 429–432; *Staudinger/Rehme* Rn 75: „gelungener Versuch"; distanzierter *Rakete-Dombek* NJW 2004, 1273; *Osterloh* jurisPR-BGH-ZivilR 12/2004; *Strohal* jurisPR-FamR 3/2004; *Langenfeld* ZEV 2004, 311, 313; *Kornexl* FamRB 2004, 1609, 1610; kritisch *Koch* NotBZ 2004, 147; *Grziwotz* FamRB 2004, 199, 239 mit pointierten Beispielen; *Brandt* MittBayNot 2004, 278, 281 f; *J. Mayer* FPR 2004, 361; *Bredthauer* NJW 2004, 3072, 3076; *Breil* Streit 2004, 80, 81; *Sanders* FF 2004, 249, 250; *Sarres* FF 2004, 251; krit zur Frage der Schutzwirkung notarieller Beurkundung im Rahmen der Gesamtabwägung *Münch* DNotZ 2004, 901; *Dauner-Lieb* JZ 2004, 1027; für nicht weitgehend genug halten das Urteil *Dauner-Lieb* FF 2004, 65 und *Lüderitz/Dethloff* § 5 Rn 36 ff; offen *Borth* FamRZ 2004, 609; *Finger* LMK 2004, 108.

wird es „in extenso" gelobt, weil es die „Rückkehr zur Rechtssicherheit" bringe[53] und seine Ausgewogenheit hervorgehoben[54], distanzierter wird betont, dass die Praxis mit den aufgezeigten Grenzen der Ehevertragsfreiheit leben könne[55], teilweise wird bedauert, dass es insbes durch die nunmehr ausdrücklich eröffnete Ausübungskontrolle einen Verlust an Rechtssicherheit bringe[56], weshalb nach dem Urteil vor dem Urteil sei[57], während aus der Sicht der Kautelarpraxis beklagt wird, dass es nunmehr „nahezu vereinbarungsfeste Kernbereiche" des Scheidungsfolgenrechts gebe[58], ja gleichsam eine „laesio enormis" für die ehevertraglichen Gestaltungen gelte[59]. Demgegenüber fordern diejenigen, denen der BGH in ihren Zielvorstellungen einer doch weitreichenden Inhaltskontrolle losgelöst von den „Ungleichgewichtslagen" beim Vertragsabschluss folgte, immer noch mehr[60]. Konsens besteht darin, dass das Gestalten von Eheverträgen nicht leichter wird und allgemein gültige Aussagen zur Wirksamkeit derselben nicht gemacht werden könnten[61]. Nicht **übersehen** werden darf demgegenüber, dass es nach den Vorgaben des BVerfG (Rn 14) **nicht** darum geht, dem **materiell richtigen Ehevertrag** zum Durchbruch zu verhelfen. Ein Eingriff in die auch verfassungsrechtliche geschützte Vertragsfreiheit, die sich hinsichtlich der Ausgestaltung von Eheverträgen ja aus Art 6 Abs 1 GG ergibt, ist nach Ansicht des BVerfG erst dann gerechtfertigt, wenn die Vertragsparität, die ihrerseits die Rechtfertigung für die Privatautonomie und Vertragsfreiheit bildet, erheblich gestört ist, also „der Vertrag nicht Ausdruck und Ergebnis gleichberechtigter Lebenspartnerschaft ist, sondern eine auf ungleichen Verhandlungspositionen basierende einseitige **Dominanz eines Ehepartners** widerspiegelt"[62]. Demgegenüber verfolgt der BGH mit seiner Rspr zur Inhaltskontrolle von Eheverträgen und der Aufstellung seiner „Kernbereichslehre der Scheidungsfolgen" (Rn 19 ff) ein davon völlig abweichendes Kontrollsystem einer materiellen Richtigkeitsgewähr[63]: Im Vordergrund steht demnach der **objektive Vertragsinhalt**. Dies verkennt aber die grundgesetzlich geschützte Vertragsautonomie und dass es nach dem BVerfG nur um eine Missbrauchskontrolle in den Fällen der gestörten Vertragsparität geht, nicht um eine objektive Richtigkeitskontrolle des reinen Verhandlungsergebnisses. Wo volle Vertragsfreiheit herrscht sind demgegenüber auch unangemessene Ergebnisse zu akzeptieren[64]. Demgegenüber bedeutet die vom BGH vorgenommene Inhaltskontrolle ausgerichtet an dem Kernbereich der Scheidungsfolgen, die je nach ihrer Abstufung nur beschränkt einer Disposition zugänglich sind, den Versuch „von Staats wegen objektive Gerechtigkeit zu schaffen"[65]. Dies ist nicht nur vom **methodischen Ansatz** her und aus verfassungsrechtlichen Gründen wegen des Eingriffs in die Vertragsfreiheit problematisch, sondern auch deshalb, weil die vom BGH als Prüfungsmaßstab entwickelte Kernbereichslehre ohne ein zu Grunde liegendes Gerechtigkeitsprinzip entwickelt wurde und daher die Gefahr birgt, dass sie bei der praktischen Rechtsanwendung zu **nicht vorhersehbaren** und dogmatisch nicht überprüfbaren **Entscheidungen** der Familiengerichte führt[66]. Die aktuelle Entwicklung nach der Grundsatzentscheidung des BGH hat dementsprechend gezeigt, dass erst durch eine Vielzahl von Folgeentscheidungen, ggf auch eine strukturierenden Fallgruppenbildung, die notwendige Rechtssicherheit gewonnen werden kann. Diesbezüglich ist aber die Entwicklung noch nicht abgeschlossen[67]. Es sollte daher ausgehend von Rspr des BVerfG sich die Inhaltskontrolle allein auf die Korrektur der Fälle beschränken, in denen wegen einer gestörten Vertragsparität ein sachgerechter Interessenausgleich durch ein faires Aushandeln des Vertragsinhalts nicht mehr gewährleistet ist. Der Vertragsinhalt behält auch dann noch für eine so verstandene

---

[53] *Rauscher* DNotZ 2004, 524, dagegen zu Recht *Gernhuber/Coester-Waltjen* § 20 Rn 20 Fn 42.
[54] *Münch*, Ehebezogene Rechtsgeschäfte, 1. Aufl 2004, Rn 379, zurückhaltender jetzt 2. Aufl 2007, Rn 677 f, insbes wegen der weitreichenden Ausübungskontrolle, wodurch „nahezu jeder Ehevertrag ... einer richterlichen Prüfung unterzogen wird".
[55] *Gageik* RNotZ 2004, 295, 318.
[56] *Schwab*, Podiumsveranstaltung der Juristischen Gesellschaft Augsburg am 24. 3. 2004, vgl dazu *Brandt* MittBayNot 2004, 281 Fn 29.
[57] *Rakete-Dombek* NJW 2004, 1273.
[58] *Grziwotz* FamRB 2004, 199, 204.
[59] *J. Mayer* FPR 2004, 363, 368; ebenso *Koch* in *Bayer/Koch*, Schranken der Vertragsfreiheit, S 79, 85.
[60] So vor allem *Dauner-Lieb* FF 2004, 65; *Lüderitz/Dethloff* § 5 Rn 37: obligatorischer Ausgleich ehebedingter Nachteile; teilweise über den BGH hinausgehend auch *Wiemer*, etwa S 83 f.
[61] Vgl etwa *Münch*, Ehebezogene Rechtsgeschäfte, 2. Aufl, Rn 678 f; *Bergschneider* Rn 149.
[62] BVerfG NJW 2001, 957, 958 = FamRZ 2001, 343, 346.
[63] *Koch* in: *Bayer/Koch* S 79, 84 ff; *J. Mayer* FPR 2005, 363, 368; *Wagenitz* in: *Höland/Sethe* S 1 ff.
[64] *Stresow* Inhaltskontrolle S 146; vgl auch *Münch*, Ehebezogene Rechtsgeschäfte, Rn 542; ausf *ders* KritV 2005, 208, 221; ähnlich *Isensee*, Vertragsfreiheit und Verfassung, in: *Bayer/Koch* S 9, 28: der unter fairen Bedingungen zustande gekommene Vertrag ist grundsätzlich legitim, und zwar nicht, weil er einem Konzept materieller Gerechtigkeit entspricht, sondern weil ihn die Vertragsteile so gewollt haben; eine allein auf die Korrektur des Vertragsergebnisses gestützte Inhaltskontrolle hält *Kroll*, Zwischen Vertragsfreiheit und Inhaltskontrolle, Diss Leipzig, 2003, S 145, 204 wegen Eingriffs in die Vertragsfreiheit für unzulässig.
[65] *Koch* in: *Bayer/Koch* S 79, 87.
[66] Ausf *Grziwotz* MDR 2005, 73; ähnlich bereits *J. Mayer* FPR 2004, 363, 368; krit *Höger*, Die gerichtliche Kontrolle von Unterhaltsvereinbarungen, S 129, 196, 249 ff; krit *Wiemer* S 279 f, der von „inkohärenten und teils widersprüchlichen Begründungen" spricht und den Versuch des BGH, Rechtssicherheit zu schaffen, als „gescheitert" ansieht; eingehend zur Entwicklung von Gerechtigkeitsmaßstäben für die Inhaltskontrolle *Grziwotz/Hagengruber* DNotZ 2006, 32.
[67] Zur „reichen Kasuistik" der sich aus der Grundsatzentscheidung des BGH ergebenden Folge-Rspr der Oberlandesgerichte *Münch* ZNotP 2007, 205; unverständlich, weil durch den eigenen Aufsatz widerlegt, *Machulla-Notthoff* ZFE 2006, 404, 409, wonach die Rspr eine „große Einheitlichkeit in ihren Entscheidungen" erreicht habe.

§ 1408

Inhaltskontrolle seine maßgebliche Bedeutung, weil eine evident einseitige Lastenverteilung ein **Indiz** für die schwache Verhandlungsposition des dadurch objektiv Benachteiligten ist[68].

16 Die vom BGH nunmehr entwickelten Grundsätze gelten auch für **Eheverträge, die bereits vor dieser Rechtsprechungsänderung** abgeschlossen wurden. Dabei wird teilweise eine verstärkte Berücksichtigung des Vertrauensschutzes in die frühere Rechtslage gefordert, so dass die subjektiven Voraussetzungen für die Sittenwidrigkeit uU entfallen[69]. Dies entspricht auch dem vom BGH ausdrücklich hervorgehobenen Vertrauensschutz desjenigen, der aus der ehevertraglichen Regelung begünstigt wird, und der im Rahmen der allgemeinen Abwägung zu berücksichtigen ist. Im Einzelnen ergibt sich aus dem BGH-Urteil:

17 **a) Grds Ehevertragsfreiheit.** Grds betont der BGH die Privatautonomie, wonach die gesetzlichen Regelungen über den nachehelichen Unterhalt, den Zugewinn und den Versorgungsausgleich grds der vertraglichen Dispositionsfreiheit unterliegen. Einen „unverzichtbaren Mindestgehalt an Scheidungsfolgen zu Gunsten des berechtigten Ehegatten" kenne das geltende Recht nicht[70]. Vielmehr verzichte das BGB in den §§ 1353, 1356 bewusst auf ein gesetzliches Leitbild der Ehe. Demnach können die Ehegatten in eigener Verantwortung über die Gestaltung ihrer ehelichen Lebensgemeinschaft, und damit insbes über die **Rollenverteilung** hinsichtlich Erwerbsarbeit, Familienarbeit und der Kindererziehung entscheiden. Die auf die Scheidungsfolgen bezogene **Vertragsfreiheit** ist insoweit eine **notwendige Ergänzung** dieses auch **grundgesetzlich verbürgten Wahlrechts** und entspringe dem berechtigten Bedürfnis, Abweichungen von den gesetzlich geregelten Scheidungsfolgen zu vereinbaren, die dem individuellen Ehebild der Ehegatten besser entsprechen. Damit erteilt das Gericht denjenigen eine Absage, die auf Grund der Gleichstellung von Erwerbs- und Familienarbeit für eine noch stärkere Einschränkung der Vertragsfreiheit, ja sogar im Güterrecht für eine Änderung der gesetzlichen Regelung eintreten[71].

18 **b) Grenzen der Vertragsfreiheit. aa) Begrenzung der Dispositionsfreiheit durch den Schutzzweck des Scheidungsfolgenrechts.** Nach Auffassung des BGH[72] darf die Freiheit zur Gestaltung der Scheidungsfolgen jedoch nicht dazu führen, dass der Schutzzweck der gesetzlichen Regelungen durch vertragliche Vereinbarungen beliebig unterlaufen wird. Das sei aber dann der Fall, wenn dadurch eine **evident einseitige** und durch die individuelle Gestaltung der ehelichen Lebensverhältnisse nicht gerechtfertigte **Lastenverteilung** entstünde, die hinzunehmen für den belasteten Ehegatten, auch bei Berücksichtigung der angemessenen Belange des anderen Ehegatten und seines Vertrauens in die Geltung der getroffenen Abrede, bei verständiger Würdigung des Wesens die Ehe unzumutbar erscheint. Hierzu bedarf es einer **Gesamtbetrachtung** der getroffenen Vereinbarung, der Gründe für sie, der Umstände ihres Zustandekommens und der geplanten und umgesetzten Gestaltung der ehelichen Lebensverhältnisse. Die Belastungen des einen Ehegatten werden dabei umso schwerer wiegen und die Belange des anderen einer umso genaueren Prüfung bedürfen, je unmittelbarer die vertragliche Abbedingung der gesetzlichen Regelungen in den **„Kernbereich des Scheidungsfolgenrechts"** eingreife. Wie der BGH ausdrücklich hervorhebt sind die gesetzlich vorgesehenen Scheidungsfolgen in ökonomischer und personeller Hinsicht unterschiedlich gravierend für die Beteiligten und haben zudem auch einen unterschiedlich bedeutsamen Bezug zur gelebten und verwirklichten Partnerschaft. Sie stehen demnach in einer **Hierarchie**, die für die Dispositionsmöglichkeit relevant ist. Je weniger sie für die Lebensexistenz bedeutsam sind und je geringer der Bezug zur **konkreten Lebensführung** der Ehegatten ist, desto geringer ist die tatsächliche Auswirkung der Scheidungsfolge und desto mehr kann sie abbedungen werden, ohne dass die daraus resultierenden Scheidungsfolgen unzumutbar sind.

19 **bb) Rangstufen der Disponibilität der gesetzlichen Scheidungsfolgen.** Im Anschluss an *Dauner-Lieb*[73] entwickelt der BGH[74] folgende Abstufung der nicht disponiblen gesetzlichen Scheidungsfolgen. Je unmittelbarer die vertragliche Vereinbarung in den Kernbereich des Scheidungsfolgenrechts eingreift, desto schwerer wiegt die daraus resultierende Belastung. Und je dringlicher die gesetzliche Scheidungsfolge für die Existenzsicherung des Berechtigten ist, desto geringer ist die Dispositionsmög-

---

[68] *Koch* in: *Bayer/Koch* S 79, 87; *Gernhuber/Coester-Waltjen* § 26 Rn 19; *Schwab* FamRZ 2001, 349, 351; *Bergschneider* FamRZ 2001, 1337, 1339; *Langenfeld* DNotZ 2001, 272, 276; noch weitreichender OLG Karlsruhe FamRZ 2007, 477, wonach in solchen Fällen sogar eine Vermutung für eine tatsächliche Störung der Verhandlungsparität bestehe, wenn ein nachvollziehbarer Grund für die außergewöhnliche Vereinbarung nicht erkennbar ist.
[69] *Langenfeld* FPR 2005, 134; *Gageik* RNotZ 2004, 295, 316; wohl auch *Münch*, Ehebezogene Rechtsgeschäfte, Rn 785; aA *Wachter* ZFE 2004, 122, 142; *Klam* INF 2004, 315, 318.
[70] BGHZ 158, 81, 97 = NJW 2004, 930, 933.
[71] So wohl *Goebel* FamRZ 2003, 1513, 1516 wegen der in § 1353 Abs 1 S 2 HS 2 normierten gegenseitigen Verantwortung der Ehegatten; zum Güterrecht in diesem weitreichenden Sinn etwa *Dauner-Lieb* FF 2002, 151, 153; für eine Änderung des gesetzlichen Güterstand sogar *H. Scholz* FamRZ 2003, 733 wie für eine Änderung durch eine neu konzipierte Errungenschaftsgemeinschaft; dem wohl zuneigend *W. Maier* NJW 2002, 3359, 3364; sehr krit gegen diese Tendenzen und ein „Dogma des Halbteilungsprinzips" jetzt zu Recht *Rauscher* DNotZ 2004, 524, 526 ff.
[72] BGHZ 158, 81, 97 ff = NJW 2004, 930; BGH NJW 2005, 2386, 2388; NJW 2006, 3142, 3144 und öfters, insgesamt liegen mittlerweile 13 BGH-Entscheidungen vor, vgl *Bergschneider* FamRZ 2007, 1312.
[73] AcP 201 (2001), 295, 319 ff.
[74] BGHZ 158, 81, 97 ff = NJW 2004, 930, 934; BGH NJW 2005, 2391 = FamRZ 2005, 1449; NJW 2005, 2386, 2388; NJW 2006, 3142, 3144 und öfters; vgl dazu etwa praxisbezogen *Münch*, Ehebezogene Rechtsgeschäfte, Rn 635 ff.

lichkeit[75]. Dabei wird nachstehend noch die vor der Unterhaltsreform ergangene Rspr dargestellt. Zu den Auswirkungen des Unterhaltsänderungsgesetzes s Rn 26 a ff.

(1) Kindesbetreuungsunterhalt (§ 1570). Der Kindesbetreuungsunterhalt gehört zum unmittelbaren Kernbereich des Scheidungsfolgenrechts. Im Hinblick auf seine Ausrichtung am Kindeswohl kann er nicht der freien Disposition der Ehegatten unterliegen. Jedoch ist er nicht jeder Modifikation entzogen. So lassen sich Fälle denken, in denen die Art des Berufs der Mutter es erlaubt, die Kinderbetreuung und Erwerbstätigkeit miteinander zu vereinbaren, ohne dass das Kind Erziehungseinbußen erleidet, oder wenn ab einem bestimmten Kindesalter zur Betreuung Dritte herangezogen werden können[76]. Für die Praxis stellt sich insbes die Frage, ob eine **Unterhaltshöchstgrenze** vereinbart werden kann. Dies wird man allenfalls in den Fällen bejahen können, in denen auf der Seite eines Ehegatten „gehobene Einkommensverhältnisse" vorliegen[77]. Eine vertragliche Beschränkung auf den **notwendigen Unterhalt,** wie dies die frühere Rspr des BGH vornahm[78], wird jedoch nach den Grundsätzen der zweiten Entscheidung des BVerfG vom 29. 3. 2001[79] idR nicht mehr zulässig sein, sieht man von den Fällen des § 1579 ab, denn diese Beschränkung ginge letztlich zu Lasten des Lebensstandards der zu betreuenden Kinder[80]. Gleiches wird für die Begrenzung des Unterhaltsanspruchs auf das voreheliche Einkommen gelten[81]. Demgegenüber wird eine Beschränkung des Betreuungsunterhalts für möglich gehalten, wenn dadurch wenigstens die **ehebedingten Erwerbsnachteile** des Unterhaltsberechtigten ausgeglichen werden[82] und damit ein Unterhalt in Höhe des kontinuierlich fortgeschriebenen vorehelichen Einkommens vereinbart wird, so dass dadurch die Qualifizierung als sittenwidrig vermieden und gerade bei Diskrepanzehen ein angemessener Interessenausgleich hergestellt werden kann[83]. Jedoch begrenzt auch hier das Kindeswohl und die Wahrung eines angemessenen Lebensstandards sowohl für die betreuten Kinder wie für den betreuenden Ehegatten die Vereinbarungsmöglichkeiten. Daher muss bei niedrigem vorehelichen Einkommen des betreuenden Elternteils und hohen Einkünften des anderen eine angemessene Anhebung erfolgen[84], so dass teilweise der sich nach § 1615 l ergebende Unterhalt als Untergrenze angesehen wird[85]. Umgekehrt ergibt sich daraus auch, dass wenn beide Ehegatten voreheliche ein gehobenes Einkommen haben, dies bei der Bemessung der Höchstgrenze erhöhend berücksichtigt werden muss, um die Sittenwidrigkeit zu vermeiden[86]. Die Höhe des Unterhalts kann unter Beachtung dieser Vorgaben für verschiedene Unterhaltstatbestände auch unterschiedlich festgelegt werden[87].

Das **Kindeswohl** bildet auch die Grenze für die grds zulässige **zeitliche Begrenzung**[88] des Betreuungsunterhalts in Konkretisierung der auch von den Unterhaltsrichtlinien und der OLG-Rspr angenommenen Erwerbsobliegenheit des Berechtigten in Abhängigkeit vom Alter des zu betreuenden Kindes. Auch wenn der BGH ausdrücklich festgestellt hat, dass eine Sittenwidrigkeit nicht schon deswegen gegeben ist, weil die Ehegatten die Betreuungsbedürftigkeit des Kindes an niedrigere Altersgrenzen gebunden haben[89], was bis zum Unterhaltsrechtsänderungsgesetz (Rn 26 b) die Praxis mit solchen Vereinbarungen vorsichtig[90]. Umstritten ist, ob der **Aufstockungsunterhalt (§ 1573 Abs 2),** der einem neben der Kinderbetreuung teilweise erwerbstätigen Ehegatten neben dem Anspruch aus

---

[75] *Koch* NotBZ 2004, 147, 148.
[76] BGHZ 158, 81, 97 ff = NJW 2004, 930, 934; vgl auch BGH NJW 2006, 3142, 3145.
[77] Zutr *Münch,* Ehebezogene Rechtsgeschäfte, Rn 738 ff; *Gageik* RNotZ 2004, 295, 303; weitergehend sogar *Rauscher* DNotZ 2004, 524, 537: „angemessene betragsmäßige ... Begrenzung" sei zulässig; zweifelnd dagegen *Grziwotz* FamRB 2004, 199, 205.
[78] BGH FamRZ 1985, 787 = NJW 1985, 1835; FamRZ 1987, 46, 47 = NJW 1987, 776; FamRZ 1995, 291 = NJW 1995, 1148.
[79] FamRZ 2001, 985 = NJW 2001, 2248.
[80] OLG Koblenz FamRZ 2004, 805 f: Begrenzung des Unterhalts auf 200 Euro über notwendigen Eigenbedarf ohne Wertsicherung unwirksam, bestätigt von BGH NJW 2006, 3142; *Bergschneider* FamRZ 2004, 1757, 1761; *Rakete-Dombek* NJW 2004, 1273, 1276; *Hahne* DNotZ 2004, 84, 90; *Gageik* RNotZ 2004, 295, 302; vgl auch die Empfehlungen des 15. DFGT FuR 2004, 18, 22.
[81] *Gageik* RNotZ 2004, 295, 302 f.
[82] Dies deutet der BGH in seinem Urteil vom 11. 2. 2004 im Rahmen der richterlichen Ausübungskontrolle an, sub IV 2 a, für das muss auch in einer vorsorgenden Unterhaltsvereinbarung zulässig sein, zutr *Münch,* Ehebezogene Rechtsgeschäfte, Rn 738; *Hahne,* Familienrecht im Brennpunkt, S 194 f; *Langenfeld* ZEV 2004, 131, 314; *J. Mayer* FPR 2004, 363, 371.
[83] *Münch,* Ehebezogene Rechtsgeschäfte, Rn 738 f; *Dorsel* RNotZ 2004, 496, 500; *Rauscher* DNotZ 2004, 524, 537.
[84] *Münch,* Ehebezogene Rechtsgeschäfte, Rn 738; *ders* ZNotP 2004, 122, 130; *Wachter* ZFE 2004, 132, 140 m zutr Hinweis, was zu vereinbaren; enger aber offenbar *Koch* NotZB 2004, 147, 148, die nur die auch vom BGH genannten Ausnahmen als Einschränkung des Betreuungsunterhalts nennt.
[85] So *Goebel* FamRZ 2003, 1513, 1518; *Grziwotz* FamRB 2004, 199, 200.
[86] BGH NJW 2006, 3142, 3145 m Anm *Rakete-Dombek* = FamRZ 2006, 1359 m Anm *Bergschneider;* keine Sittenwidrigkeit aber bei Ehevertrag mit Multimillionär, wenn Kinderbetreuung vorbehalten bleibt, der übrige nacheheliche Unterhalt auf 5.000 DM monatlich beschränkt und für Aufgabe einer Facharztbildung 1,0 Mio DM gezahlt wurde, OLG Düsseldorf FamRZ 2005, 216 m Anm *Bergschneider* = MittBayNot 2004, 445; dazu auch *Oppermann* RNotZ 2004, 566.
[87] *Wachter* ZFE 2004, 132, 140.
[88] So etwa *Rauscher* DNotZ 2004, 524, 537; dies spricht auch der BGH im Urteil vom 11. 2. 2004 unter III 2 a an: ab bestimmtem Kindesalter Betreuung durch Dritte möglich.
[89] BGH NJW 2005, 2386.
[90] *Münch,* Ehebezogene Rechtsgeschäfte, Rn 746 ff.

§ 1570 zusteht[91], zum Kernbereich der Scheidungsfolgen zählt und daher nicht disponibel ist[92]. Daneben stellt sich die Frage, ob eine **Kompensation,** welche die Sicherstellung des unterhaltsbedürftigen Ehegatten in gleicher Weise wie der gesetzliche Anspruch gewährleistet, möglich ist (s etwa Rn 55)[93].

22 (2) **Unterhalt wegen Alters (§ 1571) oder wegen Krankheit (§ 1572).** Auch diese Unterhaltsansprüche rechnet der BGH zum **Kernbereich** des Scheidungsfolgenrechts. Sie knüpfen zwar nicht an ehebedingte Nachteile an. Jedoch begnügt sich das Gesetz mit einem bloßen zeitlichen Zusammenhang mit der Ehe und misst diesen Einstandspflichten als Ausdruck nachehelicher Solidarität besondere Bedeutung bei. Dies schließt jedoch einen Verzicht nicht generell aus, etwa wenn die Ehe erst nach Ausbruch der Krankheit oder im Alter geschlossen wird[94]. Dies erscheint überraschend, wenn man den Gedanken der ehelichen Solidarität als Grund für den nachehelichen Unterhaltsanspruch bedenkt[95]. Probleme entstehen zudem bei einer latent bestehenden Erkrankung. Anstelle eines vollständigen Ausschlusses sollte in Zukunft eher eine zeitliche oder höhenmäßige Limitierung erwogen werden[96].

23 (3) **Versorgungsausgleich (§§ 1587 ff).** Dieser steht auf derselben Stufe wie der Altersunterhalt. Er ist – als gleichberechtigte Teilhabe beider Ehegatten am beiderseits erworbenen Versorgungsvermögen – einerseits dem Zugewinnausgleich verwandt und wie dieser ehevertraglicher Disposition grds zugänglich (§§ 1408 Abs 2, 1587 o). Er ist jedoch andererseits als vorweggenommener Altersunterhalt zu verstehen und steht daher einer vertraglichen Disposition nur begrenzt offen. Er muss deshalb nach Ansicht des BGH nach den gleichen Kriterien beurteilt werden, wie ein vollständiger oder teilweiser Unterhaltsverzicht[97]. Soll nach der bei Abschluss des Ehevertrags vorgesehenen Rollenverteilung in der Ehe die Frau die **Haushaltsführung** und Kinderbetreuung übernehmen und kann insoweit keine eigene Altersversorgung erwerben, so ist ein kompensationslos vereinbarter Ausschluss des Versorgungsausgleichs regelmäßig als sittenwidrig zu beurteilen[98]. Bei deutlich gehobenen Versorgungsverhältnissen soll der Versorgungsausgleich demgegenüber einer weitgehenden Dispositionsbefugnis zugänglich sein[99]. Aber auch ein wirksam vereinbarter völliger oder teilweiser Ausschluss des Versorgungsausgleichs hält einer Ausübungskontrolle am Maßstab des § 242 dann nicht stand, wenn er dazu führt, dass ein Ehegatte wegen einer grundlegenden Veränderung der gemeinsamen Lebensumstände über keine hinreichende Alterssicherung verfügt und dieses Ergebnis mit dem Gebot ehelicher Solidarität schlechthin unvereinbar erscheint[100]. Dies kann namentlich dann der Fall sein, wenn ein Ehegatte sich einvernehmlich der Betreuung der gemeinsamen Kinder gewidmet und deshalb auf eine versorgungsbegründende Erwerbstätigkeit in der Ehe verzichtet hat[101]. Je weniger jedoch der Versorgungsausgleich Sicherungsfunktion hat, desto weniger steht er dem Altersunterhalt nahe und kann als eine der vermögensmäßige Beteiligung wie der Zugewinnausgleich vertraglich eingeschränkt werden[102]. Dies gilt sicherlich für die „Doppelverdienerehe" ohne Kinder[103] oder wenn diese ohne Einschränkung der Erwerbstätigkeit eines Ehegatten aufwachsen können. Gedacht werden muss aber auch an die Ehen mit einer „**disparitätischen Altersversorgung":** Der Unternehmer, der seine Altersversorgung ganz überwiegend mit Lebensversicherungen sichert, kann sich gegen Liquiditätsbelastungen im Scheidungsfall in weitgehender Weise durch güterrechtliche Vereinbarungen, insbes der Gütertrennung, sichern, die noch in großzügigem Rahmen der unkontrollierten Vertragsfreiheit unterliegen sollen (Rn 27), während seine uU nur teilzeitbeschäftigte Ehefrau die Altersversorgung über die gesetzliche Rentenversicherung aufbaut und daher im Versorgungsausgleich ausgleichspflichtig würde[104]. Hinsichtlich eines „Teilverzichts", etwa durch Ausschluss von Randversorgungen oder eine betragsmäßige Beschränkung, werden die Anforderung wohl nicht so hoch gestellt werden[105]; ins Zentrum der gestalterischen Überlegungen wird aber auch hier die Frage nach einer angemessenen Kompensation ehebedingter

---

[91] Vgl etwa BGH NJW 1990, 1847.
[92] Dem zuneigend *Gageik* RNotZ 2004, 295, 303 im Hinblick auf die schutzwürdigen Interessen der Kinder; aA *Langenfeld* Rn 59; *Münch,* Ehebezogene Rechtsgeschäfte, Rn 758 unter Bezug auf BGH NJW 2005, 139.
[93] Eingehend *Münch,* Ehebezogene Rechtsgeschäfte, Rn 761 ff mzN; *J. Mayer* in: Würzburger Notarhandbuch III Rn 40; sehr weitreichend *Wachter* ZFE 2004, 132, 139: Kompensation müsse nach Höhe, Sicherheit und Liquidität vollwertig sein.
[94] BGHZ 158, 81, 95 = NJW 2004, 930; BGH FamRZ 2007, 1310, 1312: Ausschluss wegen der bereits vor Eheschließung erkennbar gewordenen Folgen eines Fahrradunfalls gerechtfertigt.
[95] Anders, aber mit nicht überzeugend, *Gageik* RNotZ 2004, 295, 304.
[96] *Münch,* Ehebezogene Rechtsgeschäfte, Rn 771; der darin liegende Aufstockungsanteil kann nach *Rauscher* DNotZ 2004, 524, 538 ausgeschlossen werden.
[97] BGHZ 158, 81 = NJW 2004, 930, 934; BGH NJW 2005, 139, 141; krit. *Wiemer* S 155 ff; zum Versorgungsausgleich in der Inhaltskontrolle nunmehr ausf *Deisendorfer* FPR 2007, 124.
[98] OLG Koblenz FF 2003, 138 = RNotZ 2003, 522; OLG Dresden FamRZ 2006, 1546.
[99] BGHZ 158, 81 = NJW 2004, 930, 934; entgegen *Rauscher* DNotZ 2004, 524, 542 gehören hierher aber nicht bereits die Fälle, dass ein Ehegatte ein „höheres Einkommen" besitzt, sondern es ist auf die Versorgungsverhältnisse abzustellen.
[100] BGH NJW 2005, 137, 139; NJW 2005, 139, 141; zur Favorisierung des Ausübungskontrolle, weil diese die „angemesseneren Ergebnisse bringe" *Bergschneider,* Verträge in Familiensachen, Rn 835.
[101] BGH NJW 2005, 139, 141.
[102] *Rauscher* DNotZ 2004, 524, 539.
[103] *Münch,* Ehebezogene Rechtsgeschäfte, Rn 775; für noch weitreichendere Vereinbarungsmöglichkeit *Goering* FamRB 2004, 133, 136.
[104] Zutr *Gageik* RNotZ 2004, 295, 313; vgl BGH FamRZ 2007, 1310, 1312: Goldschmiedin.
[105] Zutr *Bergschneider,* Verträge in Familiensachen, Rn 832.

Nachteile treten (vgl allg Rn 41). Teilweise wird gefordert, mehr individuelle Lösungen beim Versorgungsausgleich zu entwickeln[106]. Jedoch begibt man sich damit uU auf „vermintes Gebiet"[107]. Gerade bei der empfohlenen zeitabschnittsweisen Durchführung des Versorgungsausgleichs, besteht die Gefahr eines unzulässigen „Supersplittings" oder „Quasi-Supersplittings" (Rn 66, 80).

(4) Unterhalt wegen Erwerbslosigkeit (§ 1573 Abs 1). Nach der Auffassung des BGH ist er demgegenüber nachrangig, da das Gesetz das Arbeitsplatzrisiko ohnehin auf den Berechtigten verlagert, sobald dieser einen nachhaltig gesicherten Arbeitsplatz gefunden hat (§ 1573 Abs 4; vgl auch § 1573 Abs 5). 24

(5) Krankenvorsorge- und Altersvorsorgeunterhalt (§ 1578 Abs 2 und 3). Dieser ist nach Ansicht des BGH[108] grds ebenfalls gegenüber dem Unterhalt wegen Alters (§ 1571) und Krankheit (§ 1572) nachrangig und einer vertraglichen Regelung weitgehend zugänglich. Soweit jedoch die Unterhaltspflicht ehebedingte Nachteile ausgleichen soll, teilt der Krankenvorsorge- und der Altersvorsorgeunterhalt jedoch den Rang des Elementarunterhalts[109]. 25

(6) Aufstockungsunterhalt (§ 1573 Abs 2) und Ausbildungsunterhalt (§ 1575). Da diese Unterhaltspflichten vom Gesetz am schwächsten ausgestaltet und nicht nur der Höhe (§ 1578 Abs 1 S 2), sondern auch dem Grunde nach zeitlich begrenzt sind (§§ 1573 Abs 5, 1575 Abs 1 S 2), können sie sowohl dem Grunde als auch der Höhe nach vertraglich geregelt werden. Dies ist bezüglich des Aufstockungsunterhalts besonders sachgerecht, steht er doch am meisten in der Kritik[110]. Möglich ist auch eine **Beschränkung** des Maßstabs für den Aufstockungsunterhalt, wonach dieser sich nicht nach den ehelichen Lebensverhältnissen (§ 1578) bestimmt, sondern fiktiv nach dem, was der Berechtigte bei Weiterführung seiner Berufstätigkeit erzielt hätte, und damit nur zum **Ausgleich ehebedingter Nachteile** dient[111]. 26

(7) Auswirkungen der Unterhaltsreform. Welche Auswirkungen die durch das Unterhaltsrechtsänderungsgesetz vom 21. 12. 2007 (BGBl I S 3189) erfolgten Änderungen (s bei §§ 1569 ff) auf die Inhaltskontrolle von Eheverträgen haben werden, lässt sich noch kaum abschätzen. Durch die Einführung der Beurkungspflicht für Unterhaltsvereinbarungen (§ 1585 c S 2 nF), hat der Gesetzgeber für nacheheliche Unterhaltsansprüche ausdrücklich die grundsätzliche Gestaltungs- und Vertragsfreiheit bestätigt. Für eine **größere Disponibilität** der nachehelichen Unterhaltsansprüche spricht insbes, dass der Grundsatz der **nachehelichen Eigenverantwortung** (§ 1569 Rn 1, 5) durch die Neufassung der amtlichen Überschrift und des Textes des § 1569 besonders betont wird[112]. Dies führt zu einer „geänderten Rechtsqualität" und macht deutlich, dass ein nachehelicher Unterhaltsanspruch künftig die Ausnahme sein soll[113]. Auch die Konkretisierung der Erwerbsobliegenheit durch den ebenfalls neugefassten § 1574 spricht für eine größere Vereinbarungsfreiheit. Dem neu eingefügten **§ 1578 b** über die **Herabsetzung** und zeitliche Begrenzung des Unterhalts lässt sich zudem der Grundsatz entnehmen, dass dem Bedürftigen ein Anspruch auf einen Nachteilsausgleich gewährt wird, soweit und solange er durch die Rollenverteilung in der Ehe nicht ausreichend für den eigenen Unterhalt sorgen kann[114]. 26 a

Hinsichtlich des völlig neu gefassten **Kindesbetreuungsunterhalts** nach § 1570 ist allerdings zum einen zu beachten, dass es hier auch um verfassungsrechtlich gewährleistete **Rechte des betroffenen Kindes** geht, und zum anderen, dass dieser Unterhaltsanspruch nunmehr dreigliedrig ist. (1) Der **Basisunterhalt** für die Mindestzeit von drei Jahren nach § 1570 Abs 1 S 1 ist unabhängig davon ausgestaltet, ob eine Versorgung des Kindes durch Dritte möglich ist. Er stellt zudem gegenüber dem ursprünglichen Reformvorhaben eine vom Gesetzgeber ausdrücklich gewollte Verstärkung des Betreuungsunterhalts dar[115], schließt idR eine Erwerbsobliegenheit aus[116] und statuiert im Wege eines Regel-Ausnahme-Verhältnisses für diesen Zeitraum für die typischen Fälle einer Kinderbetreuung einen Anspruch auf Betreuungsunterhalt. Dementsprechend wird für den Regelfall der Basisunterhalt nicht ausgeschlossen oder im wesentlichen Umfang eingeschränkt werden können. (2) An diesen Basisunterhalt kann sich ein sog „**Billigkeitsunterhalt**" anschließen. So verlängert sich der Unterhaltsanspruch nach **§ 1570 Abs 1 S 2 und 3** soweit und solange dies der Billigkeit entspricht. Maßgebliche Billigkeitsgesichtspunkte für diesen Annexanspruch sind dabei „**kindbezogene Gründe**"[117]. Daher muss sich der betreuende Ehegatte nur dann auf eine Fremdbetreuungsmöglichkeit verweisen lassen, wenn dies mit den Belangen des Kindes vereinbar ist. Hinter dem Kindeswohl hat daher das Prinzip der 26 b

---

[106] *Rotax*, Praxis des Familienrechts, X Rn 1; zust *Münch*, Ehebezogene Rechtsgeschäfte, Rn 775.
[107] *Bergschneider*, Verträge in Familiensachen, Rn 871 empfiehlt dringend, die Konsequenzen solcher Vereinbarungen genau „durchzudenken" und sich deren Fehlerquellen bewusst zu machen.
[108] BGHZ 158, 81, 97 ff = NJW 2004, 930.
[109] BGH NJW 2005, 2391, 2392 = FamRZ 2005, 1449 m Anm *Bergschneider* = DNotZ 2005, 857 m Anm *Münch*, im konkreten Fall hatte er den Rang des Betreuungsunterhalts nach § 1570; zu dieser Entscheidung s auch *Maes* jurisPR-FamR 18/2005 Anm 2; *Viefhues* jurisPR-FamR 3/2007 Anm 2; *Grziwotz* FamRB 2005, 251.
[110] S etwa *Langenfeld* Rn 384; bereits *Holzhauer* JZ 1977, 729, 735 ff.
[111] *Hahne*, Brennpunkte des Familienrechts, S 196.
[112] Darauf weist bereits *Grziwotz* DNotZ 2007, 308 hin; einige Gestaltungshinweise bei *Bergschneider* DNotZ 2008, 95, 100 ff.
[113] *Gerhardt* FuR 2008, 9, 10; zurückhaltender *Borth* FamRZ 2008, 1, 3; *Born* NJW 2008, 1, 5.
[114] BT-Drucks 16/1830 vom 15. 6. 2006 S 18; *Gerhardt* FuR 2008, 9, 12.
[115] *Hauß* FamRB 2007, 367, 368.
[116] *Borth* FamRZ 2008, 1, 5.
[117] *Borth* FamRZ 2008, 1, 5; *Born* NJW 2008, 1, 3; *Gerhardt* FuR 2008, 8, 12; *Hauß* FamRB 2007, 367, 368.

§ 1408

Eigenverantwortung zurückzustehen[118]. Auch wenn diese Neuregelung eine gewisse Abschwächung des bisherigen Betreuungsunterhalts ist, treffen die vom BGH gemachten Aussagen zur nur ganz eingeschränkten Disponibilität des Kindesbetreuungsunterhalts (Rn 20 f) gerade hierfür zu.

26 c (3) § 1570 Abs 2 gewährt als „Annexanspruch" eine Verlängerung des Betreuungsunterhalts aus „**elternbezogenen Gründen**", und zwar aus dem Gesichtspunkt der „nachehelichen Solidarität"[119]. Auch wenn daher Belange des Kindes nicht (mehr) ausschlaggebend sind, kann daraus noch nicht auf eine umfassende Disponibilität geschlossen werden. Denn erfasst wird davon insbes das in der Ehe gewachsene Vertrauen in die idR konkludent vereinbarte und praktizierte Rollenverteilung von beruflicher Tätigkeit und Haushaltsführung und Kinderbetreuung. Daher ist zu erwarten, dass hier das Kriterium von der Notwendigkeit des Ausgleichs ehebezogener Nachteile besonders berücksichtigt wird, wenn es in der Ehe anders kommt, als bei dem Abschluss des Ehevertrages gedacht. Allerdings ist dieser Billigkeitsunterhalt ein befristeter[120]. Auch wenn man sich daher bei der Neufassung der Düsseldorfer Tabelle darüber einig war, an dem bewährten Stufenmodell für die Wiedereingliederung in das Berufsleben festzuhalten[121], wird es doch zu einer Vorverlagerung der Erwerbstätigkeit kommen[122]. Jedoch wird auch hier ein verstärkter Gestaltungsspielraum bestehen. Das vertragliche Abweichen der von der Rspr der OLGs und den Unterhaltsrichtlinien hierzu gemachten Vorgaben[123] wird daher nur noch dann zu einer Unwirksamkeit führen, wenn dies nach den tatsächlich gelebten Lebensverhältnissen gegen die gerechtfertigen Interessen des Kindes oder Ehegatten verstößt. Das **neue Unterhaltsrecht** eröffnet daher gewisse Gestaltungsmöglichkeiten, unterliegt aber – ausgehend von der Inhaltskontrolle des BGH – nach wie vor einer gerichtlichen Überprüfung . Die sich aus dem unbestimmten Rechtsbegriff der „Billigkeit" nach § 1570 Abs 1 S 2 und Abs 2 ergebenden Unwägbarkeiten kumulieren allerdings durch die vom BGH entwickelte Ausübungskontrolle (Rn 39 f) zu für die Vertragsgestaltung nicht mehr vorhersehbaren Risiken.

27 (8) **Zugewinnausgleich (§§ 1378 ff).** Dieser ist nach Auffassung des BGH – auch wegen der vom Gesetz ausdrücklich zur Verfügung gestellten verschiedenen Güterstände – einer vertraglichen Disposition am weitesten zugänglich (Rn 58 f)[124]. Denn das Eheverständnis erfordert keine bestimmte Zuordnung des Vermögenserwerbs in der Ehe. Die eheliche Lebensgemeinschaft ist nicht notwendig Vermögensgemeinschaft.

28 Auch wenn der gesetzliche Güterstand eine gleichmäßige Teilhabe der Ehegatten am gemeinsam erwirtschafteten Vermögen vorsieht, hindert dies nach dem BGH die Ehegatten nicht, durch Modifizierung[125] oder Abwahl dieses Regelgüterstandes ihre interne Vermögenszuordnung einvernehmlich an die individuellen Verhältnisse ihrer konkret beabsichtigten oder gelebten Eheform anzupassen und dabei auch eigene ökonomische Bewertungen an Stelle der gesetzlichen Typisierungen zu setzen[126]. Diese Wahlfreiheit wird **nicht durch** den **Halbteilungsgrundsatz** eingeschränkt[127]. Anders als das Unterhaltsrecht knüpft das Güterrecht nicht an aktuelle Bedarfslagen an. Auch können gerade die Interessen Dritter, wie die Erhaltung eines kleineren oder mittleren Familienunternehmens, güterrechtliche Regelungen zur Vermeidung von Liquiditätsbelastungen im Scheidungsfall erforderlich machen[128]. Ein Ausschluss des Zugewinnausgleichs wird daher **regelmäßig nicht sittenwidrig** sein[129]. Insbes ist es als legitimes Interesse anzuerkennen, wenn der Fortbestand eines Familienbetriebes als Lebensgrundlage des einen Ehegatten vor Ausgleichszahlungen geschützt werden soll[130]. Auch ist die Modifizierung der Zugewinngemeinschaft grds anzuerkennen, wenn dadurch **Betriebsvermögen** vom Zugewinnausgleich ausgenommen wird, denn bei Selbstständigen besteht ein legitimes Interesse, zur Sicherung ihrer

---

[118] *Born* NJW 2008, 1, 3.
[119] BT-Drucks 16/6980 vom 7. 11. 2006 S 19; *Borth* FamRZ 2008, 1, 7; *Gerhardt* FuR 2008, 9, 10.
[120] *Hauß* FamRB 2007, 367, 370.
[121] *Gerhardt* FuR 2008, 9, 10.
[122] *Gerhardt* FuR 2008, 9, 10.
[123] Vgl etwa die SüdL (Stand 1. 7. 2005) Nr 17.1: Beginn der Erwerbstätigkeit ab der dritten Grundschulklasse bei einem Kind.
[124] BGHZ 158, 81, 95, 98 f = NJW 2004, 930; BGH NJW 2005, 2386, 2388; FamRZ 2007, 1310, 1311 f: Goldschmiedin vom 17. 10. 2007, XII ZR 96/05, Tz 21: auch wenn im Versorgungsausgleich auszugleichendes Versorgungsvermögen erworben; ebenso OLG Hamm NJW-RR 2006, 941 = FamRZ 2006, 337; OLG Celle FamRZ 2004, 1202, 1203: Scheidungsvereinbarung; OLG Frankfurt ZNotP 2003, 413 = FuR 2003, 181: auch bei Wohnhaus, dessen Ausbau aus Familieneinkommen finanziert; OLG Braunschweig FamRZ 2005, 2071, 2072 m Anm *Bergschneider*; dies gilt auch für Ehevertrag mit Schwangeren, OLG Hamm NJW-RR 2006, 793 = FamRZ 2006, 268; für weitgehende Dispositionsmöglichkeit auch noch *Dauner-Lieb* AcP 201 (2001), 295, 320; anders aber jetzt *Dauner-Lieb* FF 2004, 65, 69 und öfter; *Lüderitz/Dethloff* § 5 Rn 38; bes *Wiemer* S 150 f.
[125] Dazu auch *Münch* ZFE 2004, 132, 140.
[126] Ebenso *Rauscher* DNotZ 2004, 524, 528 ff.
[127] *Münch*, Ehebezogene Rechtsgeschäfte, Rn 645; eingehend *ders* MittBayNot 2003, 107, 109 sowie *Rauscher* DNotZ 2004, 524, 527 ff, 532.
[128] So jetzt auch *Hahne*, Brennpunkte des Familienrechts, S 194.
[129] BGH NJW 2005, 1370, 1372 = FamRZ 2005, 691; NJW 2005, 2386, 2390 = FamRZ 2005, 1444; FamRZ 2007, 1310, 1311; ebenso restriktiv bezüglich des Einwands des Rechtsmissbrauchs OLG Celle NJW 2004, 1961, 1962 = FamRZ 2004, 1202 m Anm *Bergschneider*; dabei ist auch an die weitreichenden Nichtigkeitsfolgen zu denken, etwa bis hin zum Erbrecht, *Volmer* ZNotP 2005, 242, 247; jedoch anders OLG Hamm NJW-RR 2006, 941, 942 = FamRZ 2006, 337, wo aber Kompensation durch die getroffene Unterhaltsregelung für möglich gehalten wurde.
[130] BGH FamRZ 2007, 1310, 1311: Goldschmiedin; ebenso, wenn dadurch ein Hof iS der HöfeO geschützt werden sollte, OLG Hamm NJW-RR 2006, 793.

Existenz endlose Bewertungsstreitigkeiten und Liquiditätsprobleme zu vermeiden[131]. Dagegen ist eine **Ausübungskontrolle** auch bei einer Gütertrennungsvereinbarung möglich, etwa wenn entgegen der geplanten Doppelverdienerehe die Ehefrau dann aber sechs Kinder erziehen musste und damit abweichend von der Planung bei Vertragsschluss die „klassische Rollenverteilung" verwirklicht wurde, wegen derer der Gesetzgeber gerade die Zugewinngemeinschaft schuf[132].

Der BGH betont jedoch, dass im Rahmen der gebotenen Gesamtschau der Versorgungslage des nicht oder nicht voll erwerbstätigen Ehegatten sich im Einzelfall auch etwas anderes ergeben kann. Daher kann nicht „Entwarnung"[133] für eine völlige Gestaltungsfreiheit im Ehegüterrecht gegeben werden: 29

– zum einen wird diese Frage angesichts der Rspr des BVerfG zum Anspruch auf gleiche Teilhabe auf Grund der Gleichwertigkeit von Erwerbs- und Familienarbeit[134] noch auf den **verfassungsgerichtlichen Prüfstand** kommen[135],
– besonders problematisch ist, wenn der Ehevertrag zu einem **Verzicht auf** schon **begründete Rechtspositionen** führt, etwa die haushaltsführende Ehefrau nach langjähriger Ehe auf den Zugewinn auch für die Vergangenheit verzichtet[136] oder ihr damit ein angemessener Ausgleich für die zukünftige vermögensmäßige Entwicklung der Ehe abgeschnitten wird,
– wenn ein Ehegatte gerade auf den **Zugewinn für** seine **Versorgung angewiesen** ist, weil er über Unterhalt oder Versorgungsausgleich wenig zu erwarten hat[137], weil die Rspr solche nachteiligen Auswirkungen über die sog „**zweite Spur**" durch Zuerkennung von schuldrechtlichen Ausgleichsansprüchen, etwa über eine Ehegatteninnengesellschaft korrigiert[138],
– im Rahmen der von der Rspr bei der Wirksamkeitskontrolle vorgenommenen **Gesamtschau** der ehevertraglichen Vereinbarung, und zwar zum einen, weil die Nichtigkeit einer anderen Vereinbarung auch die Nichtigkeit der güterrechtlichen Regelung bewirkt[139], oder weil die für sich noch nicht zu belastende güterrechtliche Bestimmung in dieser Gesamtbetrachtung zum „Umkippen" des gesamten Ehevertrags und daher zur Totalnichtigkeit führt.

c) Inhaltskontrolle von Eheverträgen. Ausgehend von dieser „Skala der Disponibilität der Scheidungsfolgen"[140] entwickelt der BGH eine **zweistufige Inhaltskontrolle**. Auf der ersten Stufe erfolgt eine Wirksamkeitskontrolle (gemessen offenbar an § 138 Abs 1, s Rn 36), auf der zweiten eine Ausübungskontrolle[141]. Dabei wird der Begriff der Inhaltskontrolle als Oberbegriff für beide Prüfungen verstanden[142]. 30

aa) Wirksamkeitskontrolle. Nach dem BGH hat zunächst der Tatrichter im Rahmen einer Wirksamkeitskontrolle zu prüfen, ob die getroffenen Vereinbarungen schon im Zeitpunkt ihres Zustandekommens offenkundig zu einer derart einseitigen Lastenverteilung für den Scheidungsfall führt, dass ihr – losgelöst von der künftigen Entwicklung der Ehegatten und ihrer Lebensverhältnisse – schon deshalb wegen eines Verstoßes gegen die guten Sitten (§ 138 Abs 1) die Anerkennung der Rechtsordnung ganz oder teilweise zu versagen ist. Hierzu ist eine **Gesamtwürdigung** der individuellen Verhältnisse der Ehegatten **im Zeitpunkt des Vertragsabschlusses** vorzunehmen. Dabei sind zu berücksichtigen[143]: 31

---

[131] OLG Hamm NJW 2006, 3719 = FamRZ 2006, 1034 m Anm *Bergschneider* = FuR 2006, 217 m Anm *Soyka*.
[132] OLG Hamm FuR 2006, 136 m Anm *Soyka*; restriktiver jetzt BGH vom 17. 11. 2007, XII ZR 96/05 Tz 34: systemgerecht bei den mit den Instrumenten des Unterhaltsrechts zu lösen.
[133] Plastisch *Grziwotz* FamRB 2004, 239 f; vgl auch den Fall von OLG Celle FamRZ 2004, 1202, 1203, bei dem vor allem um den Zugewinnausgleich gestritten wurde, zutr der Hinweis von *Bergschneider* FamRZ 2004, 1205.
[134] BVerfGE 105, 1 = FamRZ 2002, 527, 529.
[135] *J. Mayer* FPR 2004, 363, 371; krit dazu auch *Rakete-Dombek* NJW 2004, 1273, 1277; *Dauner-Lieb* FF 2004, 65, 67; *Grziwotz* FamRB 2004, 199, 239, 241; *Bergmann* FF 2007, 16, 18; ausf zum Teilhabegedanken *Wiemer* S 131 ff; anders offenbar *Münch*, Ehebezogene Rechtsgeschäfte, Rn 631, 720 f; *Hahne* DNotZ 2004, 84, 92 f.
[136] *Schwab* DNotZ 2001, Sonderheft S 9, 17; *Münch*, Ehebezogene Rechtsgeschäfte, Rn 722; *Grziwotz* FamRB 2004, 239.
[137] *Schubert* FamRZ 2001, 733, 736; *Dauner-Lieb* FPR 2005, 141; zust *Palandt/Brudermüller* Rn 9; hierzu gehören aber nicht die Fälle, dass sich ein Ehegatte durch eine offenbar die eigenen Vermögensverhältnisse überschreitende Disposition (etwa Hauskauf) in eine Zwangssituation gebracht hat; zu unreflektiert daher *Bergschneider* FamRZ 2005, 1205.
[138] Darauf weist auch ausdrücklich *Hahne* DNotZ 2004, 84, 92 f hin; s auch *Grziwotz* FamRB 2004, 239, 240; vgl etwa den Fall von BGHZ 127, 48 = FamRZ 1994, 1167 = NJW 1994, 2545: schuldrechtlicher Ausgleichsanspruch bei jahrelanger Mitarbeit im Unternehmen des Ehegatten in Gütertrennungsehe.
[139] *Münch*, Ehebezogene Rechtsgeschäfte, Rn 724; vgl etwa den Fall von OLG Oldenburg NJW-RR 2004, 650, 651 = FamRZ 2004, 545: Ausschluss Versorgungsausgleich, Gütertrennung und weitestgehender Unterhaltsverzicht mit Schwangeren; OLG Düsseldorf NJW-RR 2005, 1 = FamRZ 2005, 282, dazu auch *Grziwotz* FamRB 2004, 381: Unwirksamkeit des Unterhaltsverzichts führt zur Nichtigkeit der Gütertrennung; anders aber OLG Braunschweig FamRZ 2005, 2071, 2072 m Anm *Bergschneider*: Teilunwirksamkeit des Ausschlusses des Versorgungsausgleichs auf Grund Ausübungskontrolle bewirkt keine Nichtigkeit der Gütertrennung; ebenso OLG Frankfurt NJW-RR 2005, 1597, 1598 = FamRZ 2006, 339 zust *Koch* FamRZ 2007, 509 bei Unwirksamkeit der Unterhaltsregelung; genauso OLG Zweibrücken OLGR 2006, 24 = FamRB 2005, 317 (*Grziwotz*) in Anwendung der salvatorischen Klausel.
[140] *Koch* NotBZ 2004, 147, 148.
[141] Dazu etwa die Überblicke bei *Bergschneider*, Verträge in Familiensachen, Rn 148 ff; *Münch*, Ehebezogene Rechtsgeschäfte, Rn 658 ff; *Machulla-Notthoff* ZFE 2006, 404; *Langenfeld* Rn 48 f.
[142] *Hahne* DNotZ 2004, 84, 94.
[143] Vgl etwa BGHZ 158, 81, 97 ff = NJW 2004, 930, 935; BGH NJW 2005, 137, 138; NJW 2005, 2386, 2388; NJW 2006, 2331, 2332; NJW 2006, 3142, 3144; sowie erst wieder BGH FamRZ 2007, 1310, 1311.

§ 1408

32 In **subjektiver Hinsicht**[144]:
– die von den Ehegatten mit dem Ehevertrag verfolgten Zwecke
– die sonstigen Beweggründe, die den begünstigten Ehegatten zu seinem Verlangen nach der gewählten ehevertraglichen Gestaltung veranlassten
– die Motive, die den benachteiligten Ehegatten bewogen, diesem Verlangen zu entsprechen.

33 In **objektiver Hinsicht**:
– die Einkommens- und Vermögensverhältnisse der Ehegatten,
– der geplante oder bereits verwirklichte Zuschnitt der Ehe
– die Auswirkungen auf die Ehegatten und auf ihre Kinder.

34 Bei dieser Beurteilung anhand der Umstände im **Zeitpunkt des Vertragsabschlusses** wird das Verdikt der Sittenwidrigkeit nach der ausdrücklichen Aussage des BGH aber regelmäßig nur dann in Betracht kommen, wenn
– durch den Vertrag Regelungen aus dem Kernbereich des gesetzlichen Scheidungsfolgenrechts (Rn 20 f) ganz oder jedenfalls zu erheblichen Teilen abbedungen werden,
– ohne dass die Nachteile
  – für den anderen Ehegatten durch andere Vorteile kompensiert oder
  – legitimiert werden
    – durch die besonderen Verhältnisse der Ehegatten, den von ihnen angestrebten oder gelebten Ehetyp
    – oder durch sonstige gewichtige Belange des begünstigten Ehegatten[145]. Die „Messlatte" für diese Wirksamkeitskontrolle soll demnach relativ hoch sein[146].

35 Entgegen diesem **Selbstverständnis** hat der BGH in seinen bislang veröffentlichten 15 Entscheidungen drei Mal die Sittenwidrigkeit angenommen[147].

36 Teilweise wird in den neueren Stellungnahmen betont, dass der BGH **keine spezifischen Kriterien** für die **Begründung einer ehevertraglichen Sittenwidrigkeit** annimmt, sondern sich die entsprechende Prüfung nach den allgemein zu § 138 Abs 1 entwickelten Kriterien richtet[148]. Jedoch sind Entscheidungen selten, die nach dem „klassischen Sittenwidrigkeits-Schema" von Inhalt, Zweck und Beweggrund prüfen[149]. Die Grundsatzentscheidung des BGH vom 11. 2. 2004 führt in keiner Weise aus, wieso es sittenwidrig sein soll, von grds dispositiven Normen abzuweichen[150]. Was den Prüfungsmaßstab zu § 138 anbelangt, passt die vom BGH entwickelte „Kernbereichslehre" bei aller Offenheit des § 138 weder zu der sog **„Anstandsformel"**, wonach sittenwidrig ist, was dem „Anstandsgefühl aller billig und gerecht Denkenden" widerspricht[151] noch zu der überwiegend vertretenen Ansicht, wonach die Sittenwidrigkeitsklausel mit dem Begriff der guten Sitten auf die **Maßstäbe** der Ethik, Moral und **Sittlichkeit** verweist[152]. Auch der Gedanke der **Evidenz im Recht** versagt wenn man sich vor Augen führt, dass das BVerfG die Entscheidungen von zwei (spezialisierten) Familienrechtssenaten von Oberlandesgerichten wegen groben Verstoßes gegen die Verfassung aufhob und die nunmehr vom BGH entwickelte „Kernbereichslehre" zur Disponibilität der gesetzlichen Scheidungsfolgen in dieser Weise nicht einmal *Dauner-Lieb* vorher gesehen hat. Vielmehr benutzt der BGH die Bestimmung des § 138 zur Umsetzung seiner lückenausfüllenden Inhaltskontrolle. Dies geht über die verfassungsrechtlichen Vorgaben weit hinausgeht (Rn 14), die als objektive Wertordnung der Grundrechtsnormen mittelbar in das Zivilrecht hineinwirken und über die Generalklausel des § 138 eine „mittelbare Drittwirkung" entfalten[153]. Das alleinige Abstellen auf den Vertragsinhalt ohne die „subjektiven Umstände" über dessen Zustandekommen vermag daher eine Unwirksamkeit nicht zu begründen[154].

---

[144] ZT wird unter der „subjektiven Seite" auch die Art und Weise des Zustandekommens des Ehevertrags verstanden, so *Bergschneider*, Verträge in Familiensachen, Rn 149, 151 m ausf Auflistung, und auch BGH NJW 2005, 2386, 2389, was aber nicht der vom BGH verwendeten Einleitungs-Formel entspricht; sehr starke Betonung der Umstände des Zusammenkommens des Vertrags auch bei *Münch*, Ehebezogene Rechtsgeschäfte, Rn 660; *Langenfeld* Rn 48; ob die Umstände des Vertragsabschlusses für einen Vertragsteil eine Zwangslage begründen, prüft ausdrücklich BGH NJW 2005, 2386: Schwangere; NJW 2005, 2391; NJW 2006, 2331, 2333: Brasilianerin.
[145] BGHZ 158, 81, 97 ff = NJW 2004, 930, 935; BGH NJW 2005, 2386, 2388; NJW 2006, 3142, 3144; *Münch*, Ehebezogene Rechtsgeschäfte, Rn 661; *PWW/Rehme* Rn 27.
[146] *Hahne* DNotZ 2004, 84, 94; *Wachter* ZFE 2004, 132, 134; *Münch*, Ehebezogene Rechtsgeschäfte, Rn 660.
[147] BGH NJW 2006, 2331, 2333: Brasilianerin; NJW 2006, 3142, 3144: gehobenere Einkommensverhältnisse mit Unterhaltsregelung mit schwangerer Ehefrau; NJW 2007, 907: russische Klavierlehrerin; noch stärker die Praxis der Oberlandesgerichte, so etwa OLG Dresden FamRZ 2006, 1546 zum Ausschluss Versorgungsausgleich; vgl den Überblick bei *Münch* ZNotP 2007, 205.
[148] So besonders *Palandt/Brudermüller* Rn 8; wohl auch *Münch*, Ehebezogene Rechtsgeschäfte, Rn 652 unter unzutr Bezug auf *J. Mayer* in: Würzburger Notarhandbuch III Rn 31; ausf hierzu *Gageik* RNotZ 2005, 295, 305 ff, die jedoch die BGH-Rspr zur Inhaltskontrolle zu sehr in die Kontinuität der allgemeinen Prüfungsmaßstabs zu § 138 stellt; dagegen zutr *Wiemer* S 33 Fn 139 der betont, dass die Inhaltskontrolle des BGH an der gestörten Vertragsparität ansetzt; anders schon vor dem BGH-Grundsatzurteil vom 11. 2. 2004 besonders *Goebel* FamRZ 2003, 1513, 1518.
[149] So aber BGH NJW 2005, 2391: Unterhaltsverzicht.
[150] *Koch* in: *Bayer/Koch* S 79, 85.
[151] Vgl etwa die klassische RG-Formel bei RGZ 48, 114, 124; 80, 219, 221.
[152] *Soergel/Hefermehl* § 138 Rn 2 f; *Eckert* AcP 199 (1999), 337, 345 f; abl etwa *Staudinger/Sack* § 138 Rn 18 ff.
[153] Allg *Staudinger/Sack* § 138 Rn 40 mwN.
[154] *Koch* in: *Bayer/Koch* S 79, 87.

Die Unwirksamkeit des Ausschlusses weitreichender Scheidungsfolgen tritt nach der Rspr des BGH **37** aber dann nicht ein, wenn nach dem Umständen zum Zeitpunkt des Vertragsschlusses und der damals von den Ehegatten verfolgten **Lebensplanung** keiner von ihnen für seine eigene angemessene Absicherung und Versorgung auf die gesetzlichen Ansprüche angewiesen war: So ist wirksam der Ausschluss des **Kindesbetreuungsunterhalts** (§ 1570), wenn die Vertragsteile damals keine Kinder wollten[155], der **Ausschluss des Versorgungsausgleichs**, wenn die Vertragsteile damals versicherungspflichtig beschäftigt waren und damit eigene Versorgungsanwartschaften aufbauen konnten und beide keine konkreten Pläne verfolgten, hieran, etwa im Hinblick auf künftige gemeinsame Kinder, etwas zu ändern[156], oder der Ausschluss des **Unterhalts wegen Alters**, wenn sie bei Vertragsschluss nicht einvernehmlich davon ausgegangen sind, dass sich der eine von ihnen dauerhaft oder doch langfristig völlig aus dem Erwerbsleben zurückziehen und der Familienarbeit widmen soll[157].

Anstelle der nichtigen Vereinbarung treten dann als **Rechtsfolge** die gesetzlichen Regelungen. **38** Entgegen einer früher teilweise vertretenen Auffassung, dass bei Unwirksamkeit einzelner Klauseln abweichend von § 139 oder im Wege einer geltungserhaltenden Reduktion nur eine **Teilnichtigkeit** eintrete und der übrige Ehevertrag wirksam bleibe[158], hat der BGH nunmehr klargestellt, dass wenn sich die Sittenwidrigkeit der getroffenen Abreden bereits aus der **Gesamtwürdigung** eines Vertrags ergibt, dessen Inhalt für eine Partei ausnahmslos nachteilig ist und dessen Einzelregelungen durch keine berechtigten Belange der anderen Partei gerechtfertigt werden, die Nichtigkeitsfolge notwendig den gesamten Vertrag erfasst, also etwa die Nichtigkeit des Verzichts auf den nachehelichen Unterhalt auch den Ausschluss des Versorgungsausgleichs bewirkt[159]. Aber auch wenn nur eine **einzelne Klausel** der Wirksamkeitskontrolle nicht stand hält, so ist idR nach § 139 der gesamte Ehevertrag nichtig, wenn sich nicht der Vereinbarung der Vertragsteile im Einzelfall etwas anderes entnehmen lässt[160].

bb) Ausübungskontrolle. Hat der Ehevertrag gegenüber dieser Wirksamkeitskontrolle Bestand, so **39** ist in einem zweiten Schritt[161] im Wege der Ausübungskontrolle (§ 242) zu prüfen, ob und inwieweit ein Ehegatte die ihm durch den Vertrag eingeräumte **Rechtsmacht missbraucht,** wenn er sich **im Scheidungsfall** gegenüber einer vom anderen Ehegatten begehrten gesetzlichen Scheidungsfolge darauf beruft, dass diese durch den Vertrag wirksam ausgeschlossen sei. Für die Prüfung sind nunmehr die **aktuellen Verhältnisse** im Zeitpunkt des Scheiterns der Lebensgemeinschaft, und nicht mehr die im Zeitpunkt des Vertragsschlusses, maßgebend. Entscheidend ist, ob sich nunmehr aus dem vereinbarten Ausschluss der Scheidungsfolgen eine evident einseitige Lastenverteilung ergibt, die hinzunehmen dem belasteten Ehegatten auch unter angemessener Berücksichtigung der Belange des anderen Ehegatten und seines Vertrauens in die Geltung der getroffenen Abrede unzumutbar ist. Dies kann insbes gegeben sein, wenn die tatsächliche einvernehmliche Gestaltung der ehelichen Lebensverhältnisse von der ursprünglichen, dem Vertrag zu Grunde gelegten Lebensplanung grundlegend abweicht. Die hier vorzunehmende Abwägung der beiderseitigen Interessen hat sich wiederum an der „Rangordnung der Scheidungsfolgen" (Rn 18 ff) zu orientieren. Je höherrangig die vertraglich ausgeschlossene und nunmehr dennoch begehrte Scheidungsfolge ist, umso schwerwiegender müssen die Gründe sein, die für ihren Ausschluss sprechen. Dabei können auch **Verschuldensgesichtspunkte** eine Rolle spielen. Denn nacheheliche Solidarität kann nach Auffassung des BGH ein Ehegatte regelmäßig dann nicht fordern, wenn er seinerseits die eheliche Solidarität verletzt hat. Soweit es jedoch um einen angemessenen Ausgleich ehebedingter Nachteile geht, werden Verschuldenskriterien eher zurücktreten müssen[162].

Hält die vereinbarte ehevertragliche Regelung der richterlichen Ausübungskontrolle nicht stand, so **40** führt dies noch nicht zur Unwirksamkeit des vertraglich vereinbarten Ausschlusses. Vielmehr hat der Richter die **Rechtsfolge** anzuordnen, die den berechtigten Belangen beider Parteien in der nunmehr eingetretenen Situation in ausgewogener Weise Rechnung trägt. Hierbei wird er vielfach auf die von *Langenfeld* propagierte „Vertragstypenlehre" zurück greifen können[163]. Jedoch wird der Richter sich dabei umso stärker an die vom Gesetz vorgesehene Rechtsfolge orientieren, je zentraler diese Rechts-

---

[155] BGH NJW 2005, 2391, 2392.
[156] BGH NJW 2005, 139, 140; OLG Schleswig NJW-RR 2007, 1012.
[157] BGH NJW 2005, 1370, 1372 = FamRZ 2005, 691, wo auch noch auf die beabsichtigte Weiterbeschäftigung in der Praxis des anderen Ehegatten abgestellt wurde und dass bei Vertragsschluss die Ehegatten bereits in einem Alter waren, in dem üblicherweise bereits ein nicht unwesentlicher Teil der Altersversorgung erworben wurde; BGH FamRZ 2007, 1310, 1312, ebenso zum Ausschluss Versorgungsausgleich.
[158] Etwa *Borth* FamRB 2005, 177, 181; *ders* FamRZ 2004, 661; *Rauscher* DNotZ 2004, 543 f.
[159] BGH NJW 2006, 2331, 2333 = FamRZ 2006, 1097; vgl auch *Brambring* FPR 2005, 130, 133; *Kapfer* MDR 2006, Beilage zu Heft 17 S 6, 13; *Münch*, Ehebezogene Rechtsgeschäfte, Rn 665; anders noch OLG Zweibrücken OLGR 2006, 24 = FamRB 2005, 317 (*Grziwotz*).
[160] BGH NJW 2005, 2386, 2389; zu Recht warnt *Münch*, Ehebezogene Rechtsgeschäfte, Rn 666 vor der „standardmäßigen Verwendung einer salvatorischen Klausel; vielmehr ist immer zu klären, ob nicht eine gegenseitige Abhängigkeit der einzelnen Vereinbarungen des Ehevertrags gewollt ist; vgl auch *Bergschneider* FamRZ 2005, 1449; *Brambring* NJW 2007, 865 ff.
[161] Dies verkennt OLG Naumburg OLGR 2007, 134 = FamRZ 2007, 473, weil gleich mit der Ausübungskontrolle begonnen wird.
[162] BGHZ 158, 81, 100 f = NJW 2004, 930; verkürzende Darstellung des Prüfungsmaßstabs bei BGH NJW 2005, 2386, 2388 = FamRZ 2005, 1444, 1446; NJW 2005, 2391, 2392; NJW 2006, 3142, 3144.
[163] *J. Mayer* FPR 2004, 363, 369; dazu jetzt selbst auch *Langenfeld* Rn 70 ff.

§ 1408　　　　　　　　　　　　　　　　　　　Buch 4. Abschnitt 1. Bürgerliche Ehe

folge im Kernbereich des gesetzlichen Scheidungsfolgenrechts angesiedelt ist[164]. Dabei ist zu beachten, dass mit einem umfassenden Unterhaltsverzicht oder einem Ausschluss des Versorgungsausgleichs die Ehegatten regelmäßig zum Ausdruck bringen, dass nach dem Scheitern ihrer Ehe keiner von ihnen eine Teilhabe an dem vom anderen erworbenen höheren Versorgungsanrechten oder Einkommen möchte, also eine diesbezügliche „Nivellierung" gerade nicht gewollt ist. Geschieht dies in der Erwartung, dass jeder Ehegatte weiterhin erwerbstätig sein und daher auf Grund dessen ein angemessenes eigenes Auskommen und eine ausreichende Altersversorgung erwerben wird, so muss allerdings ein sachgerechte Anpassung erfolgen, wenn sich diese Erwartung auf Grund der Kinderbetreuung und dem damit einhergehenden Berufsverzicht nicht verwirklichen kann. Maßstab für den dann erforderlichen **Ausgleich bedingter Nachteile** ist dann grds die Versorgung, die der berechtigte Ehegatte bei Weiterführung seiner beruflichen Tätigkeit voraussichtlich hätte erzielen können[165]. Dies ist konsequent: Denn besteht die Rechtfertigung für die Ausübungskontrolle in der gegenüber dem Vertragsschluss beabsichtigten abweichenden Lebensführung, so ist der Eingriff in die privatautonome Gestaltung der Ehegatten nur gerechtfertigt, um den benachteiligten Ehegatten dann so zu stellen, wie es der Rechts- und Versorgungslage entspricht, welche bei der von den Ehegatten zunächst beabsichtigten Lebensführung eingetreten wäre[166].

41　cc) **Ausgleich ehebedingter Nachteile.** Man würde den BGH missverstehen, wenn man die von ihm entwickelte „Kernbereichslehre" dahingehend interpretieren würde, dass die dort entwickelte Rangordnung der Scheidungsfolgen ein absolut für alle Fälle und vorbehaltlos geltender Maßstab wäre, es also einen abstrakt bestimmbaren, unverzichtbaren Kernbereich vermögensrechtlicher Scheidungsfolgen gäbe[167]. Vielmehr macht der BGH mit seinen Vorgaben für die im Rahmen der Wirksamkeitskontrolle erforderliche **Gesamtabwägung** (Rn 31 ff) aber auch bei der Ausübungskontrolle deutlich, dass dieser allgemeine Prüfungsmaßstab zum einen grds **dispositiv** und zum anderen **relativ** ist, weil es immer darauf ankommt, ob die von den Ehegatten abweichend von den gesetzlichen Scheidungsfolgen getroffene Vereinbarung durch das von ihnen gewählte und gelebte Ehebild legitimiert ist. Schon die auch vom BGH ausdrücklich anerkannte, **verfassungsrechtlich garantierte Freiheit** der Ehegatten, ihre Lebensverhältnisse eigenverantwortlich im Tatsächlichen zu gestalten und dementsprechend die nur typisierenden gesetzlichen Scheidungsfolgen anzupassen, gebietet, die hierzu vom BGH entwickelte Rangstufen nicht als absolute Prüfungskriterien anzusehen. Zutreffender ist es, diese stattdessen als Beurteilungskriterien im Rahmen eines **Zusammenspiels beweglicher Elemente** anzusehen, wie dieses *Wilburg* zunächst allgemein entwickelt[168] und *Mayer-Maly*[169] dann als Prüfungsmaßstab für die Beurteilung der Sittenwidrigkeit von Rechtsgeschäften ausdifferenziert hat. Dabei ergibt sich weiter folgendes: Wenn man aber – abweichend von der Rspr des BVerfG – für die Inhaltskontrolle nicht nur auf die Umstände des Vertragsabschlusses mit einer vorhandenen Ungleichgewichtslage abstellt, sondern eine objektive, an materiell-rechtlichen Kriterien orientierte Kontrolle des Vertragsinhalts anstrebt, so kommt man um eine an Gerechtigkeitserwägungen ausgerichtete Prüfung nicht herum. Denn die gesetzlich angeordneten Scheidungsfolgen sind allgemeine Schutzmechanismen, um den in der Ehe tatsächlich Schwächeren effektiv abzusichern und die eheliche Solidarität auch rechtlich umzusetzen. Aber in dieser **Schutzfunktion** zeigt sich auch ihre Grenze: Erleben beide Ehegatten durch ihre Ehe keine „ehebedingten Nachteile", etwa in der Doppelverdienerehe ohne Kinder, so besteht aus Gründen des materiellen Rechts kein Kompensationsbedürfnis. Daher findet sich zu Recht in den meisten BGH-Entscheidungen als **konkreterer Prüfungsmaßstab** und damit als Grenze der privatautonomen Gestaltungsmöglichkeiten der Gesichtspunkt des angemessenen Ausgleichs ehebedingter Nachteile[170]. Der BGH hatte dieses Kriterium zunächst als Maßstab für die Vertragsanpassung im Rahmen der Ausübungskontrolle entwickelt (Rn 39)[171], nunmehr aber auch bei der Wirksamkeitsprüfung angewandt: Die Festlegung des Kindesbetreuungsunterhalts auf eine bestimmte Höhe ist nicht schon deshalb sittenwidrig, wenn der eheangemessene Unterhalt (§ 1578) nicht erreicht wird, sondern allenfalls dann, wenn die vertraglich vorgesehene Unterhaltshöhe „nicht annähernd geeignet ist, die ehebedingten Nachteile" auszugleichen[172]. Deshalb darf etwa der der Ehefrau zuzusprechende Unterhalt nicht den Verdienst überschreiten, den sie erzielt hätte, wenn sie nicht geheiratet und auf eine eigene Erwerbstätigkeit verzichtet hätte[173]. Andererseits ergibt sich aus diesem Kriterium, dass bei einem Ehegatten, der vor der Eheschließung selbst sehr gut verdient hat, auch ein höherer Unterhalt

---

[164] BGHZ 158, 81, 100 f = NJW 2004, 930; verkürzend BGH NJW 2005, 2386, 2388 = FamRZ 2005, 1444, 1446; NJW 2006, 3142, 3144.
[165] BGH NJW 2005, 139, 141 zum Ausschluss des Versorgungsausgleichs; NJW 2005, 2391, 2393 zum Ausschluss des Altersvorsorgeunterhalts.
[166] *Münch*, Ehebezogene Rechtsgeschäfte, Rn 552.
[167] Zur diesbezüglichen Unmöglichkeit *Höger*, Die gerichtliche Kontrolle von Unterhaltsvereinbarungen, S 196.
[168] AcP 163 (1964), 346.
[169] MünchKommBGB/*Mayer-Maly/Armbrüster* 4. Aufl § 138 Rn 29 ff.
[170] So jetzt BGH vom 28. 11. 2008, XII RZ 132/05 zur Ausübungskontrolle; dazu etwa *Münch*, Ehebezogene Rechtsgeschäfte, Rn 646 ff; *Grziwotz* FamRB 2007, 225, 226; ders MDR 2005, 73, 77; eingehend *Wiemer* S 203 ff; *Volmer* ZNotP 2005, 242, 250 f; für den „angemessenen Lebensbedarf" als Maßstab bei unterhaltsrechtlichen Vereinbarungen dagegen *Höger*, Die gerichtliche Kontrolle von Unterhaltsvereinbarungen, S 269 ff.
[171] BGH NJW 2005, 139, 141; jetzt wiederum BGH FamRZ 2007, 974 m Anm *Bergschneider*; BGH vom 28. 11. 2007 aaO.
[172] BGH NJW 2005, 2386, 2389 = FamRZ 2005, 1444 m Anm *Bergschneider* FamRZ 2005, 1449; NJW 2006, 3142, 3145 = FamRZ 2006, 1359.
[173] BGH FamRZ 2007, 974 m Anm *Bergschneider*.

Ehevertrag, Vertragsfreiheit § 1408

anzusetzen ist[174]. Zudem ist es nicht einfach, die vom BGH geforderte konkrete Ermittlung der ehebedingten Nachteile für den durch den Ehevertrag in seiner Rechtsstellung beeinträchtigten Ehegatten zu bestimmen: Dies ist sowohl im Hinblick auf den **persönlichen Werdegang** als aber auch auf die **gesamtwirtschaftliche Entwicklung** sehr schwierig und mit prognostischen Unsicherheiten behaftet, so dass es diesbezüglich erst noch der Entwicklung von konkretisierenden **Fallgruppen** bedarf[175]. Diese an eine inhaltliche Richtigkeit orientierte Prüfung schließt im Übrigen nicht aus, in Fällen einer gestörten **Vertragsparität** eine Inhaltskontrolle vorzunehmen, insbes in den „Bleiberechtsfällen" (Rn 43). Und beim Betreuungsunterhalt (§ 1570) ist zu berücksichtigen, dass es hier auch sehr stark um die Sicherung des Wohls des Kindes geht.

dd) Sonder- und Problemfälle. Die **alleinige Benachteiligung** durch den **Vertragsinhalt** der 42 ehevertraglichen Vereinbarung genügt allerdings idR nicht, um deren **Unwirksamkeit** zu begründen. Vielmehr bedarf es wegen der verfassungsrechtlich gewährleisteten Ehevertragsfreiheit, aber auch schon nach allgemeinen Grundsätzen zusätzlicher Umstände, um die Sittenwidrigkeit anzunehmen[176], damit man sich bei der Inhaltskontrolle nicht vollkommen von den zu § 138 entwickelten Prüfungskriterien entfernt (Rn 36). Solche können vor allem in einer Disparität bei Vertragsverhandlungen und -abschluss liegen, die sich durch eine Zwangslage, Unerfahrenheit oder wirtschaftliche Abhängigkeit vom anderen Ehegatten ergeben kann[177]. Allerdings ist nach hM eine evident einseitige Lastenverteilung ein Indiz für die schwache Verhandlungsposition des dadurch objektiv Benachteiligten[178].

(1) Schwangerschaft bei Vertragsschluss. Große Bedeutung besitzen die Fälle der **Imparität**. 42a Waren Anlass für die weitreichende Inhaltskontrolle die sog „Schwangeren-Fälle", in denen die Eingehung der Ehe vom Abschluss eines sehr weitreichenden Ehevertrags abhängig gemacht wurde, so beschäftigt diese Fallgruppe die Rspr immer noch in weitreichendem Umfang. Nach Ansicht des BGH vermag eine **Schwangerschaft** der Frau bei Abschluss des Ehevertrags für sich allein zwar noch keine Sittenwidrigkeit des Ehevertrags zu begründen. Sie indiziert aber eine ungleiche Verhandlungsposition und damit eine Disparität bei Vertragsabschluss die es rechtfertigt, den Vertrag einer verstärkten richterlichen Inhaltskontrolle zu unterziehen, wobei in einer Gesamtschau alle maßgeblichen Faktoren zu berücksichtigen sind[179]. Jedoch geht der BGH im Rahmen der Inhaltskontrolle insoweit nicht darauf ein, dass der Ehevertrag zwei Tage vor der Hochzeit[180] abgeschlossen wurde. Dabei sollte aber berücksichtigt werden, dass nicht allein die Schwangerschaft bereits eine ungleiche Verhandlungsposition bewirkt, sondern dass die Einschränkung der Verhandlungsfreiheit eher psychologisch bedingt ist durch den Wunsch, das Kind ehelich zur Welt zu bringen oder die Ehe mit den sich hieraus ergebenden finanziellen Sicherheiten abzuschließen, so dass entscheidend ist, inwieweit ein Druck zum Abschluss des Ehevertrags durch den anderen Ehegatten aufgebaut wurde[181]. Dies und die Vermögenslage, die berufliche Qualifikation und Perspektive sowie die von den Ehepartnern ins Auge gefasste Aufteilung von Erwerbs- und Familienarbeit in der Ehe sind weitere maßgebliche Faktoren,

---

[174] BGH NJW 2006, 3142, 3145 = FamRZ 2006, 1359; *Münch,* Ehebezogene Rechtsgeschäfte, Rn 566.
[175] *Grziwotz* FamRB 2007, 225, 226; ausf Überlegungen hierzu bei *Wiemer* S 203 ff; zur Rechtsvergleichung *Hausheer* in: *Hofer/Schwab/Henrich,* Scheidung und nacheheliche Unterhalt im europäischen Vergleich, 2003, S 291, 300.
[176] *Höger,* Die gerichtliche Kontrolle von Unterhaltsvereinbarungen, S 254; *Koch* NotBZ 2004, 147, 149; *J. Mayer* FPR 2004, 363, 371; *Münch* ZNotP 2004, 122, 128; *Palandt/Brudermüller* Rn 10; wohl auch *Langenfeld* ZEV 2004, 311, 315 f; ebenso *Rauscher* DNotZ 2004, 524, 539 jedoch offensichtlich in Verkennung der Kernaussagen des Grundsatzurteils des BGH vom 11. 2. 2004, das primär auf das Vertragsergebnis abstellt.
[177] *Simon* jurisPR-FamR 24/2006 Anm 1; zurückhaltend diesbezüglich etwa OLG Hamm NJW-RR 2006, 793.
[178] *Koch* in: *Bayer/Koch* S 79, 87; *Schwab* FamRZ 2001, 349, 351; *Bergschneider* FamRZ 2001, 1337, 1339; *Langenfeld* DNotZ 2001, 272, 276; noch weitreichender OLG Karlsruhe FamRZ 2007, 477, wonach in solchen Fällen sogar eine Vermutung für eine tatsächliche Störung der Verhandlungsparität eingreift.
[179] BGH FamRZ 2007, 1310, 1311 m Anm *Bergschneider*: Goldschmiedin; NJW 2005, 2386, 2389 = FamRZ 2005, 1444 m krit Anm *Bergschneider*; NJW 2006, 3142, 3145 = FamRZ 2006, 1359.
[180] NJW 2005, 2386; ebenso OLG Köln FamRZ 2002, 828 = FPR 2002, 306: Vertragsschluss sechs Tage vor der Hochzeit; anders OLG Koblenz FF 2003, 138 = RNotZ 2003, 522: Abschluss am Morgen des Hochzeitstages; OLG Celle FamRZ 2004, 1489: Feststellung Schwangerschaft Anfang März, Abschluss des Ehevertrags Ende dieses Monats und Heirat acht Tage später mit den „besonnenen Verhandeln" sei.
[181] Vgl auch OLG Nürnberg FamRZ 2005, 454: Totalverzicht auf Ausgleich Zugewinnausgleich, Versorgungsausgleich und Unterhalt mit schwangerer Philippinin, die sich auch aus religiösen Gründen zur Eheschließung gehalten sah; OLG Braunschweig FamRZ 2005, 2071 m zust Anm *Bergschneider* – wegen der gesicherten Einkommens- und Vermögensverhältnisse der Ehefrau bei Vertragsschluss verneint; *Münch,* Ehebezogene Rechtsgeschäfte, Rn 656; s auch OLG Schleswig NJW-RR 2007, 1012, obiter dictum; *Rauscher* DNotZ 2004, 524 bezeichnet dies als „take it or leave it"-Situation; zu Recht hat daher BGH FamRZ 2007, 1310 die Entscheidung OLG Celle FamRZ 2004, 1489 aufgehoben, zu Recht im Rahmen der Imparität auch damit begründet wurde, dass die Schwangere bereits im Haus der künftigen Schwiegereltern mitwohnte und in deren Geschäft arbeitete; sehr weitreichend auch OLG Koblenz FF 2003, 138 = RNotZ 2003, 522: Unwirksamkeit des Ausschlusses des Versorgungsausgleichs und des Unterhalts insbes wegen der „merkwürdigen Umstände" des Vertragsschlusses am Hochzeitstage vor der standesamtlichen Trauung und den Hochzeitsfeierlichkeiten, zumal „von Anfang an klar war", dass der Mann auf den Abschluss des Ehevertrages bestehen werde und wegen der beabsichtigten ehelichen Rollenverteilung die Frau keine eigene Altersversorgung erwerben konnte; OLG Düsseldorf NJW-RR 2005, 1 = FamRZ 2005, 282, dazu auch *Grziwotz* FamRB 2004, 381: Unwirksamkeit von Unterhaltsverzichts, weil sich aus der verpflichteten vereinbarten Rollenverteilung der Ehefrau zur Haushaltsführung und Kinderbetreuung eine einseitige Lastenverteilung ergab, und die daraus resultierende Versorgungslücke von ihr nie mehr aufzuholen sei; OLG Dresden FamRZ 2006, 1546: Drohung mit Scheidung, wenn Ehevertrag nicht unterschrieben wird.

§ 1408

die die Situation der Schwangeren bestimmen und daher in die Gesamtabwägung einzubeziehen sind[182].

43 **(2) Bleiberechtsfälle.** Immer wieder beschäftigen die Rspr auch die sog „Bleiberechtsfälle", bei denen ein Ausländer erst durch die Eheschließung ein dauerhaftes Aufenthaltsrecht erwirbt und andererseits die Verheiratung vom Abschluss eines weitreichenden Ehevertrags abhängig gemacht wird, in dem weitreichende Verzichtsvereinbarungen enthalten sind. Die Rspr des BGH steht diesen Fällen zu Recht skeptisch gegenüber, zumal hier die Gefahr besteht, dass sich die vertragliche Regelung zu Lasten Dritter, nämlich der Sozialhilfe auswirkt[183]. So hat der BGH im Fall einer jungen, in Deutschland fremden, ausbildungslosen und sprachunkundigen Brasilianerin, in dem der Versorgungsausgleich ausgeschlossen, Gütertrennung vereinbart und auf den Unterhalt, mit Ausnahme des Kindesunterhalts verzichtet wurde, eine Vertragsdisparität angenommen, die zur Unwirksam des Vertrages nach § 138 führte[184]. Dies wurde damit begründet, dass sie sich gegenüber dem Ehemann, der elf Jahre älter, in Deutschland beheimatet und im öffentlichen Dienst wirtschaftlich abgesichert war, in einer sehr viel schwächeren Verhandlungsposition befunden hätte. Die ehevertraglichen Regelungen stellten eine evident einseitige Lastenverteilung zu ihrem Nachteil dar, insbes wenn sie unter Verzicht auf eigene Erwerbstätigkeit gemeinsame Kinder betreuen müsste. Sie hätte dann die ehebedingten Nachteile allein zu tragen – ein Ergebnis, das mit dem Gebot ehelicher Solidarität schlechthin unvereinbar wäre.

44 Im Fall einer bei Vertragsschluss an Multipler Sklerose erkrankten russischen Klavierlehrerin hat der BGH eine Klarstellung vorgenommen. Die von ihm entwickelten Grundsätze, wonach die Ehegatten ihre ehelichen Lebensverhältnisse eigenverantwortlich und frei entsprechend ihren individuellen Bedürfnissen auch durch Ehevertrag gestalten dürfen, bedeuten nicht, dass sich ein Ehegatte über einen ehevertraglichen Verzicht von jeder Verantwortung für seinen aus dem Ausland eingereisten Ehegatten in Fällen **freizeichnen** kann, in denen dieser seine bisherige Heimat endgültig verlassen hat, in Deutschland (jedenfalls auch) im Hinblick auf die Eheschließung ansässig geworden ist und schon bei Vertragsschluss die Möglichkeit nicht fern lag, dass er sich – etwa auf Grund mangelnder Sprachkenntnisse, auf Grund seiner Ausbildung oder auch infolge einer Krankheit – im Falle des Scheiterns der Ehe nicht selbst werde unterhalten können. Auch wenn in einem solchen Fall die mangelnde Kenntnis der deutschen Sprache, die fehlende oder in Deutschland nicht verwertbare berufliche Ausbildung oder die Krankheit dieses Ehegatten als solche **nicht ehebedingt** ist, so ist doch die konkrete Bedarfssituation, in die dieser Ehegatte mit der Trennung oder Scheidung gerät, eine mittelbare Folge der Eheschließung. Es widerspräche der nachehelichen Solidarität, den früheren Ehegatten, der im Hinblick auf die Eheschließung in Deutschland ansässig geworden ist, die Folgen einer hier eingetretenen und bei Abschluss des Ehevertrags zumindest vorhersehbaren Bedürftigkeit allein tragen zu lassen[185]. Die Entscheidung steht nicht nur im Widerspruch zu den früheren Aussagen des BGH, wonach ein Verzicht auf den Krankheits- und Altersunterhalt gerade dann möglich ist, wenn die Ehe nach Ausbruch der Krankheit geschlossen wird (Rn 22). Auch das Argument der „konkreten Bedarfssituation" überzeugt nicht[186], sondern provoziert die Frage, ob angesichts der Schwere der Erkrankung ihre Situation in ihrem Heimatland besser gewesen wäre. Zudem hätte die vom BGH besonders hervorgehobene „nacheheliche Solidarität"[187] mit dem „Grundsatz der Eigenverantwortung" abgewogen werden müssen, der ebenfalls das Unterhaltsrecht prägt[188]. Im Ergebnis richtig ist die Entscheidung aber deshalb, wenn man nicht auf den Vertragsinhalt abstellt, sondern auf die problematische Art des Zustandekommens dieser Vereinbarung und die Rigorosität des auch hier nicht der angestrebten ehelichen Rollenverteilung entsprechenden Totalverzichts[189].

45 Letztlich beurteilt der BGH solche Bleiberechtsfälle wesentlich strenger als die **Rspr der Oberlandesgerichte**[190]. So hatte das OLG Koblenz einen Ausschluss von Zugewinn- und Versorgungs-

---

[182] BVerfG NJW 2001, 957, 959; OLG Celle FamRZ 2004, 1489; OLG Koblenz FF 2003, 138 = RNotZ 2003, 522; zu Recht wurde daher Sittenwidrigkeit wegen gesicherter Einkommens- und Vermögensverhältnisse verneint von OLG Braunschweig FamRZ 2005, 2071 m zust Anm *Bergschneider*; vgl auch OLG Köln FamRZ 2002, 828 = FPR 2002, 306: Sittenwidrigkeit eines Totalverzichts verneint, da die Frau Beamtin auf Lebenszeit und die finanziellen Verhältnisse beider im wesentlichen gleich; dagegen bejaht OLG Düsseldorf NJW 2006, 234 = FamRZ 2006, 793 m Anm *Heimann* jurisPR-FamR 6/2007 Anm 5 Sittenwidrigkeit des Ausschluss des Versorgungsausgleichs, wenn erwerbstätige Prostituierte ohne berufliche Ausbildung und ohne bisherige Alterssicherung nach nach ehelichen Rollenverteilung um Betreuung der Kinder und Haushalt kümmern sollte; OLG Hamm NJW-RR 2006, 793 = FamRZ 2006, 268: keine Sittenwidrigkeit, wenn lediglich Gütertrennung vereinbart wurde, weil der bäuerliche Hof erhalten werden sollte.

[183] *Brandt* MittBayNot 2007, 408; offen lassend BGH NJW 2007, 907; krit zu diesen Fällen bereits *Bergschneider* FamRZ 2001, 1337, 1339.

[184] BGH NJW 2006, 2331, 2333 = FamRZ 2006, 1097 m Anm *Bergschneider*; dazu auch *Oldenburger-Milz* jurisPR-FamR 14/2006 Anm 2; *Rakete-Dombek* FF 2006, 312.

[185] BGH NJW 2007, 907 = FamRZ 2007, 450 m Anm *Bergschneider* = DNotZ 2007, 302 m krit Anm *Grziwotz*; für grds Wirksamkeit dagegen noch die Vorinstanz OLG Koblenz OLGR 2005, 355.

[186] Krit auch *Bergschneider* FamRZ 2007, 453; *Grziwotz* DNotZ 2007, 304; *Münch*, Ehebezogene Rechtsgeschäfte, Rn 573.

[187] Von der der BGH NJW 2007, 904 = FamRZ 2007, 197 m Anm *Bergschneider* noch betont, sie sei nicht geeignet, „zwingendes, der Disposition der Ehegatten entzogenes Recht zu statuieren".

[188] Zutr *Grziwotz* DNotZ 2007, 308 unter Hinweis auf die besondere Hervorhebung dieses Gedankens durch das Unterhaltsrechtsänderungsgesetz, dazu oben Rn 26 a.

[189] *Brandt* MittBayNot 2007, 408.

[190] *Münch*, Ehebezogene Rechtsgeschäfte, Rn 571.

ausgleich für wirksam angesehen, weil bei beiderseits nur geringem Vermögen eine Fortsetzung der Berufstätigkeit geplant war und nur ein allgemeiner, kein konkreter Kinderwunsch bei Abschluss der Ehe bestand[191]. Das OLG Schleswig[192] hat einen Totalverzicht grds für wirksam gehalten und im Wege einer Ausübungskontrolle nur einen Kindesbetreuungsunterhalt zugesprochen, der sich am kleinen Selbstbehalt orientiert. Der Fall wies dabei die Besonderheit auf, dass sich die Frau unberechtigter Weise in Deutschland aufhielt und einer illegalen Beschäftigung nachging, andererseits der Ehemann, der bereits durch eine frühere Scheidung erhebliche Belastungen hatte, kein finanzielles Risiko mehr eingehen wollte. Demgegenüber hat das OLG Nürnberg bei Totalverzicht mit einer schwangeren Philippinin die Sittenwidrigkeit bejaht[193].

(3) **Sozialhilfebezug.** Bereits vor der Grundsatzentscheidung des BGH zur Inhaltskontrolle von Eheverträgen war eine der anerkannten Fallgruppen, bei denen eine Nichtigkeit in Betracht kommt, das **sittenwidrige Zusammenwirken zum Nachteil eines Dritten.** Hierher gehört insbes die Sittenwidrigkeit eines Verzichts auf nachehelichen Unterhalt, wenn der verzichtende Ehegatte deswegen zwangsläufig **Sozialhilfe** in Anspruch nehmen muss und den Vertragsteilen diese Folge bekannt war oder sie zumindest mit der Notwendigkeit des Sozialhilfebezugs rechnen mussten[194]. Hierzu hat der BGH[195] klargestellt, dass diese Grundsätze im Hinblick auf die neuere Rspr zur Inhaltskontrolle von Eheverträgen der Eingrenzung und Präzisierung bedürfen. Denn danach gehört es zum grundgesetzlich verbürgten Recht der Ehegatten, ihre eheliche Lebensgemeinschaft eigenverantwortlich und frei von gesetzlichen Vorgaben entsprechend ihren individuellen Bedürfnissen zu gestalten. Daher können Lebensrisiken, die in einer vor der Ehe zu Tage getretenen Krankheit oder unzureichenden Ausbildung begründet sind, von vornherein aus der gemeinsamen Verantwortung der Ehegatten füreinander ausgenommen werden. Daraus ergibt sich, dass ein Unterhaltsverzicht nicht allein deswegen nichtig ist, weil er dazu führt, dass ein Ehegatte gerade wegen dieses Verzichts im Scheidungsfall nunmehr auf Sozialhilfe angewiesen ist. Denn es gibt keine Verpflichtung der Eheschließenden, den Sozialhilfeträger für den Scheidungsfall zu begünstigen. Eine Sittenwidrigkeit ergibt sich erst dann, wenn vor oder nach der Eheschließung **ehebedingte Risiken**, für die der andere Ehegatte im Rahmen seiner Unterhaltspflicht aufkommen müsste, durch eine Unterhaltsregelung, insbes einen entsprechenden Verzicht auf den Sozialhilfeträger **abgewälzt** werden, ohne dass ein angemessener Ausgleich vorgesehen ist, der die sozialhilferechtliche Bedürftigkeit entfallen lässt[196]. Für eine **unzulässige Sozialisierung ehebedingter Risiken** ist es ohne Belang, ob im „Innenverhältnis" der Ehegatten untereinander die Vereinbarung einer Inhaltskontrolle standhält, etwa weil der Verzicht durch die Zuwendung eines Wohnungsrechts kompensiert wird[197]. Im zu entscheidenden Fall schied die Sittenwidrigkeit schon deswegen aus, weil beide Vertragsteile mittellos waren.

(4) **Sonstige Fälle von Zwangssituationen.** Allein eine bevorstehende **Operation** oder der Tod eines Elternteils rechtfertigt keine Annahme einer Zwangslage mit Benachteiligung des Verzichtenden[198], auch nicht gewisse Erschöpfungsphasen nach vorangegangenen Schwangerschaften[199] oder wenn der Ehevertrag zur Beilegung einer Ehekrise abgeschlossen wird, wenn jeder Ehegatte grds in der Lage ist, bei ausreichender Anstrengung seinen Lebensunterhalt einen relativ kurzen Zeit selbst zu verdienen und eigene Rentenanwartschaften zu erwirtschaften[200]. Dagegen wurde die Sittenwidrigkeit eines sehr weitreichenden Ehevertrags bejaht, als der Ehemann die offenbar durch **Alkoholismus** bedingte Zwangslage und erhebliche Drucksituation der Ehefrau ausnutzte, die wenige Tage später zu einer stationäre Behandlung in eine Klinik eingeliefert wurde, weil sie eine Flasche Nagellack getrunken hatte[201]; wer zwischen den Zeilen liest: Die Geschäftsunfähigkeit war nicht zu beweisen, daher erfolgt rigorose Wirksamkeitskontrolle.

Die Sittenwidrigkeit kann sich auch weiterhin bei einem Ehevertrag daraus ergeben, dass ein Fall eines unmittelbar unter die allgemeinen Tatbestandsmerkmale des **§ 138 Abs 2** fallenden Verhaltens vorliegt, besonders die Ausnutzung einer allgemeinen Zwangslage[202] oder **eheliches Verhalten** in

---

[191] OLG Koblenz NJW 2003, 2920, 2921 = FamRZ 2004, 200 m Anm *Bergschneider*, jedoch noch vor der BGH-Grundsatzentscheidung vom 11. 2. 2004.
[192] OLGR 2005, 426 = MittBayNot 2006, 54.
[193] FamRZ 2005, 454.
[194] BGHZ 86, 82, 86 = NJW 1983, 1851; BGH NJW 1992, 3164; NJW 1994, 248, 250; vgl näher *Palandt/Brudermüller* § 1585c Rn 8 f, 17 f; für Sittenwidrigkeit bei Verzicht auf Unterhalt und Versorgungsausgleich AG Solingen FamRZ 1990, 635.
[195] NJW 2007, 904 = FamRZ 2007, 197 m Anm *Bergschneider* = DNotZ 2007, 128 m Anm *Grziwotz*; dazu auch *Grziwotz* BGHR 2007, 211; *Münch*, Ehebezogene Rechtsgeschäfte, Rn 567 ff.
[196] *Grziwotz* BGHR 2007, 211, 212 hält bereits eine Minderung für ausreichend.
[197] Zutr ergänzt hierzu *Grziwotz* BGHR 2007, 211, 212, dass dazu auch die „Hausrettungsfälle gehören, bei denen als kapitalisierter Unterhalt ein Wohnhaus, das sozialhilferechtlich Schonvermögen ist, an den Unterhaltsberechtigten übertragen wird, der nach wie vor seinen Lebensbedarf nicht decken kann.
[198] OLG Brandenburg FamRZ 2003, 764.
[199] OLG Düsseldorf FamRZ 2005, 216 m Anm *Bergschneider*.
[200] OLG Hamm FamRZ 2005, 1181: seit mehreren Jahren in Deutschland lebende Ausländerin; FamRZ 2005, 1567 m Anm *Bergschneider*: Steuerfachgehilfin.
[201] OLG Koblenz FamRZ 2006, 428 m Anm *Bergschneider*; ähnlich auch AG Rheine FamRZ 2005, 451: Vertragsabschluss unter Ausnutzung der sozialen Unterlegenheit auf Grund einer Suchterkrankung.
[202] *Staudinger/Thiele* Rn 73; *Palandt/Brudermüller* Rn 10; vgl dazu etwa aus der älteren Rspr OLG Stuttgart FamRZ 1983, 1284 m Anm *Bergschneider*, wobei aber wohl eher ein Fall des § 123 vorlag; zutr *Kanzleiter* DNotZ 1983, 697.

§ 1408

ungemessener Weise **kommerzialisiert** wird[203], etwa ein Ehegatte durch die vertragliche Vereinbarung nach Art einer **Vertragsstrafe** von der Scheidung abgehalten werden soll[204], die Nichtausübung des Umgangsrechts gegen Freistellung von seiner Unterhaltspflicht zugesagt wird[205] oder sich ein Ehegatte verpflichtet seinen Wohnsitz zu verlegen und niemals an den alten zurückzukehren[206]. Die weiter in diesem Kontext diskutierte Fallgruppe der beabsichtigten **Schädigung Dritter** betrifft vor allem die **Sozialhilfefälle** (Rn 46).

(5) Inhaltskontrolle zugunsten des aus einem Ehevertrag überobligationsmäßig belasteten
49 **Ehegatten?** Die Grundsätze über die Inhaltskontrolle von Eheverträgen sind auch zugunsten desjenigen anzuwenden, der darin sehr weitreichende, über die gesetzlichen Scheidungsfolgen hinausgehende Verpflichtungen übernommen hat. Bei der Prüfung, ob eine sehr weitreichende Unterhaltsvereinbarung zu einer einseitigen und nicht gerechtfertigten Lastenverteilung führt, sind die das gesetzliche Leitbild des Ehegattenunterhalts maßgeblich prägenden Grundsätze der Halbteilung und der Rücksichtnahme auf die Leistungsfähigkeit des Unterhaltsschuldners maßgebend[207].

50 **(6) Doppelverdienerehe.** Das OLG Bamberg hielt in einem noch vor der Grundsatzentscheidung des BGH ergangenen Urteil die Grundsätze des BVerfG auf einen Ehevertrag mit Totalverzicht dann nicht für anwendbar, wenn die Ehegatten bei Vertragsabschluss von einer Doppelverdienerehe, wenn auch mit unterschiedlichem Einkommen, ausgegangen sind, sich diese Erwartung auch im wesentlichen erfüllte und dann letztlich nur um einen entsprechenden Aufstockungsunterhalt gestritten wurde[208]; andererseits genügt bei einem Totalverzicht allein die Absicht der Führung einer solchen Doppelverdienerehe bei Abschluss des Ehevertrags mit einer **Schwangeren** nicht, wenn es dann nicht zu deren Durchführung kommt[209]. Anders liegt es, wenn die Ehegatten beide im bisherigen Beruf tätig bleiben wollen und Kinder für sich ausschließen, weil es dann an ehebedingten Nachteilen fehlt, die einen Sittenwidrigkeitsvorwurf rechtfertigen könnten[210]; kommt es dann anders als gedacht, so kann dies eine Korrektur des Ehevertrags durch die Ausübungskontrolle bedingen[211].

51 **ee) Prozessuales.** Zur prozessualen Durchsetzung der Unwirksamkeit des Ehevertrags im Rahmen eines Scheidungsverfahrens bestehen folgende Möglichkeiten[212]:
– die entsprechenden Ansprüche werden mit einer **Leistungsklage** als **Folgesache** gemäß § 623 ZPO, ggf auch als Stufenklage, geltend gemacht und zwar mit der Begründung der Unwirksamkeit der entgegenstehenden ehevertraglichen Vereinbarung oder der Notwendigkeit, diese im Wege der Ausübungskontrolle anzupassen;
– die Unwirksamkeit wird im Wege der **Feststellungsklage** nach § 256 ZPO verfolgt, wobei dies auch durch eine Zwischenfeststellungsklage oder Zwischenfeststellungswiderklage, etwa auf Feststellung der Unwirksamkeit des Ausschlusses des Versorgungsausgleichs gegen den Scheidungsantrag, geschehen kann, vgl §§ 610 Abs 2 S 2, 623 ZPO[213]. Im Übrigen ist hinsichtlich der Zulässigkeit entsprechender Feststellungsklagen vieles noch nicht geklärt. Das OLG Düsseldorf[214] hat ein rechtliches Interesse an der Feststellung der Nichtigkeit eines Ehevertrages auch bei möglicher Erhebung einer Leistungsklage im Rahmen des Scheidungsverbundes dann anerkannt, wenn die Durchführung des Feststellungsprozesses unter dem Gesichtspunkt der Prozesswirtschaftlichkeit und der Befriedung der Parteien zu einer sachgemäßen Erledigung der Streitpunkte führt. Allerdings hält das OLG Frankfurt eine Feststellungsklage erst dann für zulässig, wenn ein **Scheidungsantrag gestellt** ist, weil vorher das Ende der Ehe „rechtlich noch offen" sei und sonst unzulässiger Weise über das erst künftige Rechtsverhältnis der Scheidungsfolgen zu entscheiden sei[215]. Noch restriktiver jetzt OLG Köln, wonach eine Zwischenfeststellungsklage bezüglich der ehevertraglichen Regelungen über Zugewinnausgleich und nachehelichen Unterhalt erst zulässig ist, wenn diese Folgesachen im Verbundverfahren auch tatsächlich geltend gemacht werden[216]; dabei wird aber verkannt, dass das **Verbundverfahren** zwar die Scheidung erleichtern soll, aber keine Sperrwirkung zu Lasten einer vorsorglichen Klärung

---

[203] *Gernhuber/Coester-Waltjen* § 38 Rn 16 ff mwN; zur Zulässigkeit von Vereinbarungen hins der allg Ehewirkungen s auch *J. Mayer* in: Würzburger Notarhandbuch III Rn 273 ff; MünchKommBGB/*Wacke* § 1353 Rn 6 ff.
[204] BGH NJW 1990, 703 = JZ 1990, 544 m Anm *Hepting*; zur Unzulässigkeit der Erleichterung oder Erschwerung der Ehescheidung MünchKommBGB/*Wacke* § 1353 Rn 11.
[205] BGH NJW 1984, 1951.
[206] BGH NJW 1972, 448.
[207] OLG Karlsruhe FamRZ 2007, 477 m Anm *Bergschneider*; dazu *Grziwotz* FamRB 2007, 2; *Simon* jurisPR-FamR 24/2006 Anm 1; ebenso bereits OLG Celle NJW-RR 2004, 1585 = FamRZ 2004, 1969 m Anm *Bergschneider*.
[208] OLG Bamberg OLGR 2005, 205.
[209] OLG Saarbrücken RNotZ 2004, 580 m Anm *Oppermann* RNotZ 2004, 566; dazu auch *Leis* jurisPR-FamR 20/2004 Anm 2.
[210] *Münch*, Ehebezogene Rechtsgeschäfte, Rn 728; vgl auch *Leis* jurisPR-FamR 20/2004 Anm 2.
[211] BGH NJW 2005, 2386, 2390.
[212] *Bergschneider*, Verträge in Familiensachen, Rn 153; *Münch*, Ehebezogene Rechtsgeschäfte, Rn 794; *Staudinger/Rehme* Rn 89; *Machulla-Notthoff* ZFE 2006, 404, 407; ausf *Kogel* FamRB 2006, 117; verkürzte Darstellung bei *Gomiller* NJW 2008, 274, das die neuere Rspr fast völlig außer Betracht lässt.
[213] BGH NJW 2005, 1370 = FamRZ 2005, 691 m Anm *Bergschneider*; dazu auch *Friederici* jurisPR-FamR 24/2005 Anm 2; *Borth* FamRB 2005, 126; eingehend *Manderscheid* ZFE 2005, 76.
[214] NJW-RR 2005, 1 = FamRZ 2005, 282; dazu auch *Grziwotz* FamRB 2004, 381.
[215] FamRZ 2006, 713 = ZFE 2006, 153 m abl Anm *Viefhues*; FamRZ 2005, 457 m abl Anm *Herr*. Zulässigkeit bereits ab Trennung; ebenso aA *Kogel* FamRB 2006, 117.
[216] NJW-RR 2006, 1513 = FamRZ 2006, 1768.

der weiteren Scheidungsfolgen entfalten kann. Geht es um die Rechtsfolgen der Ausübungskontrolle, so bedarf es allerdings eines entsprechend ausdifferenzierten Feststellungsantrags[217].

– Soweit es um die Wirksamkeit des **Ausschlusses des Versorgungsausgleichs** geht ist zu beachten, dass insoweit der Amtsermittlungsgrundsatz gilt, §§ 621 Abs 1 Nr 6, 621 a Abs 1 ZPO iVm § 12 FGG[218]. Dennoch empfiehlt es sich auch hier, dem Familiengericht die Tatsachen mitzuteilen, aus denen sich die Unwirksamkeit dieser Vereinbarung ergeben kann, nach Möglichkeit auch nicht mit dem Antrag auf Durchführung des Versorgungsausgleichs[219]. Weiter ist zu berücksichtigen, dass die nur deklaratorische Feststellung im Verbundurteil, ein Versorgungsausgleich finde nicht statt, weil die Parteien den Versorgungsausgleich durch Vertrag ausgeschlossen hätten, **nicht in Rechtskraft** erwächst[220].

Die nach der Rspr des BGH im Rahmen der Inhaltskontrolle materiell-rechtlich gebotene Gesamtabwägung kann im Widerspruch mit der prozessualen Möglichkeit stehen, über einzelne Scheidungsfolgen ein Teilurteil mit entsprechender Rechtskraftwirkung zu erstreiten. Wegen der Gefahr widersprüchlicher Entscheidungen können daher **Teilurteile** aus diesem Grund unzulässig sein[221]. 52

ff) Scheidungsvereinbarungen. Mittlerweile wurden die vom BGH entwickelten Grundsätze zur Inhaltskontrolle auch auf Scheidungsvereinbarungen[222] und sogar auf Vereinbarungen nach der Scheidung[223] übertragen. Hinsichtlich der Wirksamkeitskontrolle ist dies zu bejahen, denn man wird auch hier Fälle der Disparität feststellen können, etwa dass ein Ehegatte in Folge von „Schuldgefühlen" am Scheitern der Ehe sich besonders unter Druck setzen lässt[224]. Qualitative Unterschiede ergeben sich, weil gegenüber den vorsorgenden Eheverträgen – mit einem relativ hohen prognostischen Risiko über den tatsächlichen Eheverlauf – bei Scheidungsvereinbarungen oftmals die wirtschaftliche und familiäre Situation der Ehegatten besser abgeschätzt und eine „Bilanz der Ehezeit" gezogen werden kann[225]. Aber auch insoweit können sich die Dinge künftig noch ändern, so dass zwar weniger häufig[226], aber insbes hinsichtlich der Unterhaltsansprüche noch eine Ausübungskontrolle möglich sein kann[227], wenngleich die Lösung dieser Problemfälle über die Grundsätze der ergänzenden Vertragsauslegung oder Störung der Geschäftsgrundlage als gesetzesnähere Lösung den Vorzug verdient[228]. 53

gg) Folgerungen für die Vertragsgestaltung. Auch wenn der BGH ausdrücklich entschieden hat, dass trotz der notariellen Beurkundung mit der vorgeschriebenen Rechtsbelehrung nach § 17 BeurkG und der dadurch intendierten Schutzwirkungen notariell beurkundete Eheverträge der richterlichen Inhaltskontrolle unterliegen[229], so kommt dem beurkundenden Notar und dem Verlauf des Beurkundungsverfahrens zur Gewährleistung der erforderlichen Vertragsparität ganz erhebliche Bedeutung zu[230]. Dies gilt zum einen für die **Ausgestaltung des Beurkundungsverfahrens**, denn die Umstände, unter denen die Beurkundung zustande kam, sind im Rahmen der von der Rspr vorgenommenen „Gesamtabwägung" zu berücksichtigen[231]. Zur Sicherung des Grundrechtsschutzes durch Verfahrensgestaltung werden daher insbes empfohlen[232]: Ein eingehendes Vorgespräch beider Vertragsteile mit dem Notar persönlich[233], Übersendung eines Vertragsentwurfs, Gewährung einer angemessenen Frist zur Prüfung und Abklärung des Entwurfs mit anderen Beratern, namentlich mit einem Rechtsanwalt der Beteiligten, und erst Beurkundung nach einem angemessenen Zeitraum ohne jeden Zeit- oder sonstigen Druck während der Beurkundungsverhandlung, wobei beide Vertragsteile persönlich anwesend sein sollten, obgleich die Rspr des BGH beim Ehevertrag eine Stellvertretung zulässt (§ 1410 Rn 7). Bei **Ausländern**, die nicht wirklich über sehr gute Kenntnisse der deutschen Sprache verfügen, sollte nicht nur das von § 16 BeurkG vorgeschriebene Verfahren genau eingehalten werden, sondern ein Dolmetscher bereits zur Vorbesprechung hinzugezogen und – entgegen der Möglichkeit nach § 16 54

---

[217] *Machulla-Notthoff* ZFE 2006, 404, 407.
[218] Vgl auch OLG Brandenburg FamRZ 2006, 129, 130.
[219] *Machulla-Notthoff* ZFE 2006, 404, 407.
[220] OLG Düsseldorf NJW 2006, 234 = FamRZ 2006, 793; dazu *Heimann* jurisPR-FamR 6/2007 Anm 5; OLG Nürnberg FamRZ 2005, 454.
[221] OLG Hamm NJW-RR 2006, 941, 942 = FamRZ 2006, 337; dazu auch *Großmann* FamRB 2005, 350.
[222] OLG Celle NJW 2004, 1961 = FamRZ 2004, 1202 m Anm *Bergschneider*; offen lassend OLG Celle NJW-RR 2004, 1585 = FamRZ 2004, 1969 m Anm *Bergschneider*; ebenso ohne Problemerörterung *Johannsen/Henrich/Sedemund-Treiber* § 630 ZPO Rn 10 mwN; *Brandt* MittBayNot 2004, 278, 281; *Gageik* FPR 2005, 122, 129; grds bezüglich der Wirksamkeitskontrolle auch *Langenfeld* Rn 34; *Kornexl* FamRZ 2004, 1609, 1611; abl *Wachter* ZNotP 2004, 264.
[223] OLG München FamRZ 2005, 215 = FamRB 2005, 3 m Anm *Grziwotz*.
[224] *Langenfeld* Rn 34; *Kornexl* FamRZ 2004, 1609, 1611; zurückhaltender *Münch,* Ehebezogene Rechtsgeschäfte, Rn 792; der „Kampf ums Sorgerecht" ist demgegenüber durch die heutige Rechtslage überholt, übersehen bei *Rauscher* DNotZ 2004, 524, 535.
[225] *Münch,* Ehebezogene Rechtsgeschäfte, Rn 790.
[226] *Münch,* Ehebezogene Rechtsgeschäfte, Rn 793; *Langenfeld* Rn 34.
[227] Anders OLG Jena NJOZ 2007, 3138.
[228] *Kornexl* FamRZ 2004, 1609, 1611.
[229] BGH NJW 2004, 930, 933 ff gegen *Langenfeld* DNotZ 2001, 272, 279.
[230] Ausf *Münch* DNotZ 2004, 901.
[231] *Münch,* Ehebezogene Rechtsgeschäfte, Rn 681; *ders* DNotZ 2004, 901; *J. Mayer* FPR 2004, 363, 369; *Rauscher* DNotZ 2004, 524, 540; *Brambring* FGPrax 2004, 175.
[232] Vgl *Bergschneider,* Verträge in Familiensachen, Rn 151; *Münch,* Ehebezogene Rechtsgeschäfte, Rn 681 ff; *ders* DNot 2004, 901; Gutachten DNotI-Report 2004, 185, 187; *Wachter* ZNotP 2003, 408, 414 ff; *Gageik* RNotZ 2004, 295, 315 f; *Bergschneider* FamRZ 2004, 1757, 1765; *Bredthauer* NJW 2004, 3072, 3073 f; s auch *Rauscher* DNotZ 2004, 524, 540 f; *Langenfeld* Rn 21, 65; *ders* ZEV 2004, 311, 314 f; *J. Mayer* in: Würzburger Notarhandbuch III Rn 42 ff.
[233] *Langenfeld* Rn 65; *J. Mayer* FPR 2004, 363, 369.

§ 1408　　　　　　　　　　　　　　　　　　　　　Buch 4. Abschnitt 1. Bürgerliche Ehe

Abs 2 BeurkG hierauf zu verzichten – immer eine schriftliche Übersetzung angefertigt werden. Angesichts der wenig vorhersehbaren Ergebnisse einer etwaigen gerichtlichen Inhalts- und Ausübungskontrolle ist nach § 17 Abs 2 S 2 BeurkG ein ausführlicher Belehrungsvermerk in die Urkunde aufzunehmen[234]. Im Einzelfall muss der Notar auch prüfen, ob er nicht die **Beurkundung** nach § 4 BeurkG **ablehnen** muss, wobei dies bereits dann der Fall ist, wenn erkennbar „unredliche Zwecke" verfolgt werden, ohne dass bereits eine Sittenwidrigkeit vorliegt[235].

55　　Hinsichtlich der **inhaltlichen Ausgestaltung** ist zu beachten, dass der Ehevertrag dem von den Ehegatten beabsichtigten Ehebild und ihrer angestrebten Rollenverteilung entsprechen sollte[236]. Dies schützt aber nicht gegen die Fälle, in denen es anders kommt als gedacht, wenn es also wegen einer Änderung der künftigen Umstände zur **Ausübungskontrolle** kommt. Der Notar kann dem durch einen „**zweistufigen Ehevertrag**" vorbeugen und eine „antizipierte Ausübungskontrolle" durch „alternative Rechtsfolgen" leisten[237], indem er hinsichtlich des primär erfolgten Ausschlusses der gesetzlichen Scheidungsfolgen auflösende Bedingungen oder Rücktrittsvorbehalte vorschlägt, die bei einem abweichenden Geschehensablauf eingreifen[238]. Der Ausübungskontrolle kann auch durch **Kooperations- und Anpassungspflichten** begegnet werden, wonach bei Änderung der wirtschaftlichen oder rechtlichen Verhältnisse ein einklagbarer Anpassungsanspruch begründet wird[239]. Auf Grund der „**Gesamtabwägung**", die der BGH vornimmt, besteht die Gefahr, dass erst durch die Kumulation verschiedener vertraglicher Einschränkungen der gesetzlichen Scheidungsfolgen die Unwirksamkeit eintritt. Daher gilt auch hier, dass sich „in der Beschränkung der Meister" zeigt und daher die **Begrenzung** auf die für die Vertragsteile wirklich **wesentlichen** Abweichungen von den gesetzlichen Scheidungsfolgen oftmals dringend angezeigt ist[240]. Je mehr sich der Gesichtspunkt des Fehlens eines **angemessenen Ausgleichs für ehebedingte Nachteile** als der materielle Prüfungsmaßstab für die vom gesetzlichen Scheidungsfolgenrecht abweichende ehevertragliche Regelungen herauskristallisiert hat (Rn 41), desto mehr muss danach getrachtet werden, die ausgeschlossenen gesetzlichen Ansprüche durch vertragliche Ausgleichsansprüche in angemessener Weise zu kompensieren[241]. Eine „allgemeine Auffangklausel", wonach sich die Ehegatten nur ganz pauschal zum Ausgleich ehebedingter Nachteile verpflichten, erscheint demgegenüber problematisch[242]: Zum einen ist fraglich, ob diese angesichts ihrer unbestimmten Reichweite tatsächlich dem Willen der Beteiligten entspricht. Zum anderen wird damit de facto eine „geltungserhaltende Reduktion" bewirkt, die der BGH ausdrücklich abgelehnt hat[243].

56　**4. Anfechtung, Wegfall der Geschäftsgrundlage.** Im Einzelfall kann auch eine **Anfechtung** des Ehevertrags nach den allgemeinen Bestimmungen (§§ 119, 123) in Frage kommen[244]. Die in der Praxis häufige Äußerung, bei „gutem Verlauf" der Ehe könne der Ehevertrag zu Gunsten des anderen aufgebessert werden, erfüllt aber idR nicht die Voraussetzungen des § 123 oder einer Haftung aus culpa in contrahendo[245].

57　Noch nicht abschließend geklärt ist das Verhältnis der Ausübungskontrolle zu den **Grundsätzen der ergänzenden Vertragsauslegung** und zur Störung oder gar **Wegfall der Geschäftsgrundlage**. Teilweise wird der Rückgriff auf die Ausübungskontrolle als entbehrlich angesehen, wenn diese allgemeinen Grundsätze eingreifen[246]. Teilweise wird ein Konkurrenzverhältnis abgelehnt, da der ehevertragliche Ausschluss der gesetzlichen Scheidungsfolgen gerade auch bei Änderung der tatsächlichen Verhältnisse gewollt ist[247]. Teilweise wird die Notwendigkeit der Ausübungskontrolle ganz verneint, weil sich allein mit diesen allgemeinen schuldrechtlichen Rechtsbehelfen zur Anpassung von Vertragsstörungen sachgerechte Ergebnisse erzielen lassen[248]. Nach dem Selbstverständnis der Rspr zur

---

[234] Vorschläge bei *Münch*, Ehebezogene Rechtsgeschäfte, Rn 715; *J. Mayer* in: Würzburger Notarhandbuch III Rn 51.
[235] Ausf *J. Mayer* in: Würzburger Notarhandbuch III Rn 52; entgegen *Gageik* RNotZ 2004, 295, 313 sind dies nicht nur „Extremfälle".
[236] *Langenfeld* Rn 70 ff; *Münch*, Ehebezogene Rechtsgeschäfte, Rn 716; *Rauscher* DNotZ 2004, 524, 541; *J. Mayer* in: Würzburger Notarhandbuch III Rn 34 f.
[237] *Münch*, Ehebezogene Rechtsgeschäfte, Rn 716; *Langenfeld* Rn 68; *J. Mayer* in: Würzburger Notarhandbuch III Rn 52.
[238] Dazu etwa Muster bei *Langenfeld* Rn 1248.
[239] *Grziwotz* FamRB 2004, 239, 240; *Münch*, ZNotP 2004, 122, 130 f; ausf *Kornexl*, FamRZ 2004, 1609, 1612; entgegen *Kornexl* dürfen die sich hieraus ergebenden prozessualen Vorteile nicht überschätzt werden, weil die benachteiligte Ehegatte alternativ Klage auf Feststellung der Unwirksamkeit der belastenden Vertragsregelung erheben kann; *J. Mayer* in: Würzburger Notarhandbuch III Rn 58; dazu auch oben Rn 51.
[240] *Münch*, Ehebezogene Rechtsgeschäfte, Rn 781; *ders* ZNotP 2004, 122, 130; *J. Mayer* FPR 2004, 363, 370.
[241] Exemplarisch zum Unterhalt *Münch*, Ehebezogene Rechtsgeschäfte, Rn 761 ff.
[242] AA *Münch*, Ehebezogene Rechtsgeschäfte, Rn 705 ff.
[243] BGH NJW 2005, 2386, 2388 = FamRZ 2005, 1444.
[244] MünchKommBGB/*Kanzleiter* Rn 33; zu § 123 BGH NJW 1998, 1857; *Gernhuber/Coester-Waltjen* § 26 Rn 22 mwN; eine Anfechtung nach § 119 Abs 2 wegen falscher Vorstellungen über den Wert der Versorgungsanwartschaften scheidet aber aus, da es sich um einen unbeachtlichen Kalkulationsirrtum handelt, *Gruntkowski* MittRhNotK 1992, 1, 20; *Becker* Rn 737; offen lassend OLG Köln FamRZ 2000, 832, weil die Anfechtungsfrist verstrichen war.
[245] MünchKommBGB/*Kanzleiter* Rn 33; zu einem solchen Fall BGH NJW 1997, 126, 127 f.
[246] So *Dauner-Lieb* FF 2004, 65, 68; *dies* JZ 2004, 1027, 1028; entgegen *Münch*, Ehebezogene Rechtsgeschäfte, Rn 787 Fn 1332 sieht BGH NJW 2005, 139, 141 die Grundsätze der Geschäftsgrundlage nicht als vorrangig gegenüber der Ausübungskontrolle an, sondern bezieht sich nur hinsichtlich der Rechtsfolgen der Ausübungskontrolle auf die Ähnlichkeit zu den diesbezüglich bei Störung der Geschäftsgrundlage geltenden Grundsätzen.
[247] *Koch* NotBZ 2004, 147, 149.
[248] *Kuchinke* FPR 2006, 125.

Inhaltskontrolle von Eheverträgen ist zwar deren grds Anwendung nicht ausgeschlossen, kommt aber nicht allein deshalb in Betracht, weil der eine Ehegatte ein erheblich höheres Einkommen als der andere erzielt, denn eine Berücksichtigung solcher Entwicklungen soll typischer Weise gerade durch den Ehevertrag ausgeschlossen werden[249]. Scheitert eine Vertragsanpassung durch ergänzende Auslegung oder in Folge Störung der Geschäftsgrundlage jedoch daran, dass die Ehegatten eine ausdrückliche vertragliche Risikoübernahme erklärten und ist daher auch insbes auf Grund der notariellen Belehrung der bei einer Veränderung der Verhältnisse ergebenden Folgen bewusst waren[250], so ist dies gerade der eigentliche Anwendungsbereich der gerichtlichen Ausübungskontrolle. Sie führt damit zur Korrektur auch ausdrücklich übernommener Risikozuweisungen[251].

V. Einzelfälle güterrechtlicher Regelungen

Nach der Rspr des BGH zur **Inhaltskontrolle** von Eheverträgen gehört der Zugewinnausgleich als Teil des Wahlgüterstands der Zugewinngemeinschaft nicht zum Kernbereich des Scheidungsfolgenrechts und ist daher einer ehevertraglichen Disposition am weitesten zugänglich (eingehend Rn 27 f). Dennoch sind die von der Rspr gestellten Anforderungen genau zu beachten, zumal auf Grund einer Gesamtbeurteilung sich im Einzelfall auch hier ein richterlicher Korrekturbedarf ergeben kann und die Entwicklung noch nicht abgeschlossen ist. 58

1. Gesetzlicher Güterstand. Durch Ehevertrag ist es im Übrigen grds möglich zu vereinbaren[252] 59
- die **Verfügungsbeschränkungen** der §§ 1365 ff **auszuschließen,** und zwar nach hM auch nur bezüglich eines Ehegatten, nicht aber zu erweitern (§ 137 S 1)[253]
- den **Zugewinnausgleich** insgesamt bedingt oder **befristet** auszuschließen[254], etwa nur auf Zeiten kinderbedingter Berufsaufgabe zu beschränken[255]
- dass auch **voreheliches Vermögen** in den Zugewinnausgleich einbezogen wird[256]
- Festlegungen über die **Höhe des Anfangs- oder Endvermögens** (§§ 1374, 1375)[257]
- eine **Begrenzung** oder Pauschalierung der **Zugewinnausgleichsforderung** (§ 1378) oder Abgeltung durch Sachleistungen statt Geld[258]
- die **Herausnahme einzelner Vermögensgegenstände** oder -massen oder Erträge aus dem gesamten Zugewinnausgleich, was insbes zum Schutze von Unternehmen vor existenzgefährdenden Liquiditätsbelastungen dringend angezeigt sein kann[259], oder bei privilegiertem Erwerb nach § 1374 Abs 2
- einen **Ausschluss des Zugewinnausgleichs unter Lebenden,** während er für den Todesfall beibehalten wird[260]. Dies erhält die erbschaftsteuerlichen Vorteile des § 5 ErbStG und den erhöhten Ehegattenerbteil; ob auch der vorzeitige Zugewinnausgleich (§§ 1385, 1386) ausgeschlossen werden kann, ist umstr[261]
- **vollständiger Ausschluss des Zugewinnausgleichs,** weshalb vom gesetzlichen Güterstand dann nur noch die Verfügungsbeschränkung bleibt; trotz faktischer Denaturierung (Zugewinngemeinschaft

---

[249] BGH NJW 2005, 2386, 2390.
[250] *Soergel/Gaul* Rn 40; anders aber uU, wenn sich unerwarteter Weise die Abkömmlinge als Problemkinder entwickeln, vgl *Dauner-Lieb* AcP 201 (2001), 295, 327.
[251] Zutr *Münch,* Ehebezogene Rechtsgeschäfte, Rn 671 ff.
[252] S auch Erl zu den einzelnen Bestimmungen sowie *Bergschneider,* Verträge in Familiensachen, Rn 597 ff; *Langenfeld* Rn 423; *J. Mayer* in: Würzburger Notarhandbuch III Rn 68 ff; *Münch,* Ehebezogene Rechtsgeschäfte, Rn 846 ff mz Formulierungsvorschlägen.
[253] MünchKommBGB/*Kanzleiter* Rn 14; *Soergel/Gaul* Rn 12.
[254] *Langenfeld* Rn 423.
[255] *Grziwotz* in: Beck'sches Notarhandbuch B I Rn 71.
[256] OLG Hamburg NJW 1964, 1074; *Staudinger/Thiele* § 1374 Rn 49; RGRK/*Finke* § 1374 Rn 26; *Erman/Heckelmann* § 1374 Rn 2; MünchKommBGB/*Koch* § 1374 Rn 3; *Soergel/Gaul* Rn 18; *Langenfeld* Rn 502 f, der die entsprechende Erhöhung des tatsächlich vorhandenen Anfangsvermögens befürwortet, vgl auch BGHZ 115, 261= NJW 1992, 427, wo es unter Verlobten auf Grund eines besonderen familienrechtlichen Anspruchs zum gleichen Ergebnis kommt; *Münch,* Ehebezogene Rechtsgeschäfte, Rn 919; *Haußleiter/Schulz* 1 Rn 57 mwN; aA *Gernhuber/Coester-Waltjen* § 36 Rn 30–32; erbschaftsteuerlich wird eine solche den Zugewinnausgleich erhöhende „Rückdatierung" aber nicht mehr anerkannt, wenn es zur erbrechtlichen Lösung kommt, vgl § 5 Abs 1 S 4 ErbStG; zu den verbleibenden Gestaltungsmöglichkeiten im Rahmen des güterrechtlichen Zugewinnausgleichs *Piltz* ZEV 1995, 330.
[257] BGH NJW 1997, 2339; *Langenfeld* Rn 498 ff; MünchKommBGB/*Kanzleiter* Rn 14; wichtig bei einem überschuldeten Ehegatten, s § 1374 Rn 8; aA *Massfeller* DB 1957, 738, der Erhöhung für unzulässig hält.
[258] MünchKommBGB/*Koch* § 1378 Rn 37; *Langenfeld* Rn 519 ff; *Knur* DNotZ 1957, 451, 474; *Bärmann* AcP 157 (1958/59), 145, 204; *Voss* DB 1988, 1084, 1086, 1088 mit Darstellung der steuerlichen Folgen.
[259] BGH NJW 1997, 2339, 2341; BGHZ 89, 137, 140 f unter 2 b aa; BayObLG FamRZ 1971, 258, 260 f; OLG Stuttgart DNotZ 1983, 693; *Schwab/Schwab* HdB ScheidungsR VII Rn 308; *Knur* DNotZ 1957, 451, 475; eingehend aus gestalterischer Sicht *Langenfeld* Rn 440 ff; *ders* in: Münchener Vertragshandbuch BGB IV/2 Form XI 2; *Plate* MittRhNotK 1999, 267, 273; *Bergschneider* Rn 549 ff; *Münch,* Ehebezogene Rechtsgeschäfte, Rn 864 ff; *Arens* FamRB 2006, 88; zu den dadurch eröffneten Manipulationsgefahren *N. Mayer* DStR 1993, 991, wobei die Gefahr wohl überschätzt; größer wiegen die praktischen Probleme bei Vermögensumschichtungen, wenn mangels Aufzeichnungen die Abgrenzung zum ausgleichspflichtigen zu ausgleichsfreiem Vermögen verwischt.
[260] *Langenfeld* Rn 428 ff; MünchKommBGB/*Kanzleiter* Rn 14; *Soergel/Gaul* Rn 18; *Münch,* Ehebezogene Rechtsgeschäfte, Rn 848 ff.
[261] Bejahend *Brambring* Ehevertrag Rn 94; *Kanzleiter/Wegmann* Rn 94; verneinend *Grziwotz* in: Beck'sches Notarhandbuch B I Rn 61.

§ 1408   Buch 4. Abschnitt 1. Bürgerliche Ehe

ohne Zugewinnausgleich) wird dies wegen der ausdrücklichen Regelung des § 1414 S 2 für zulässig angesehen[262], was zweifelhaft erscheint
- **Vereinbarungen zur Bewertung** einzelner Vermögenspositionen[263], was bei Unternehmen und Beteiligungen hieran äußerst sinnvoll ist
- **Ermäßigung oder Erhöhung** der **hälftigen Zugewinnausgleichsquote** des § 1378 Abs 1[264]
- **einseitiger Ausschluss** oder die einseitige Einschränkung des Zugewinnausgleichs, soweit nicht im Einzelfall wegen besonderer Umstände Sittenwidrigkeit anzunehmen ist[265]
- Änderungen des Zugewinnausgleichs bei der **güterrechtlichen Lösung im Todesfall** (§ 1371 Abs 2)[266]
- **periodischer Zugewinnausgleich** bei streng getrennten Abrechnungszeiträumen[267].

60 **Nicht möglich** ist jedoch
- eine **Erhöhung der Zusatzviertels bei der erbrechtlichen Lösung** nach § 1371 Abs 1, da dadurch in die Erb- und Pflichtteilsrechte der anderen eingegriffen würde[268], jedoch eine Herabsetzung[269]. Eine rückwirkende Vereinbarung der Zugewinngemeinschaft ist zumindest pflichtteilsrechtlich nicht anzuerkennen (nur bei güterrechtlicher Lösung bedeutsam)[270]
- Ausschluss oder Modifizierung des Ausbildungsanspruchs des § 1371 Abs 4[271]
- Ausschluss oder Modifizierung des **§ 1378 Abs 2 (Schutz von Drittinteressen) und Abs 3** (Verbot antizipierter Verfügungsgeschäfte als Schutz vor sich selbst)[272]
- die Vereinbarung von **Mischgüterständen** (Rn 12), so dies personenbezogen (für Ehemann Gütertrennung, für Ehefrau Zugewinngemeinschaft) oder objektbezogen (Gütergemeinschaft für Immobilien, Zugewinngemeinschaft für Fahrnis) erfolgt, da sich der Güterstandstyp immer auf das gesamte Vermögen beziehen muss[273].

61 **2. Gütergemeinschaft.** Hier sind die für das Innenverhältnis geltenden Regelungen grds abänderbar, die für das Außenverhältnis aber nicht zu Lasten Dritter[274]. So können die Verfügungsbeschränkungen reduziert, die Haftung der einzelnen Vermögensmassen zugunsten Dritter zwar erweitert, nicht aber eingeschränkt werden[275]. Auch der völlige Ausschluss der Bildung von gemeinschaftlichem Vermögen würde dem Güterstand das ihm eigentümliche nehmen und ist als Eingriff in den Kernbereich unzulässig[276]. Jedoch können durch Erklärung des gesamten bei Eheschließung vorhandenen Vermögens zum Vorbehaltsgut im Wesentlichen die Wirkungen der früheren „Errungenschaftsgemeinschaft", durch Erklärung des gesamten (auch zukünftigen) Grundbesitzes zu Vorbehaltsgut die wesentlichen Wirkungen der früheren Fahrnisgemeinschaft erzielt werden[277].

VI. Vereinbarungen über den Versorgungsausgleich (Abs 2)

62 **1. Normzweck, Grundsätzliches.** Abs 2 S 1 räumt an sich den Ehegatten hinsichtlich des Versorgungsausgleichs **Dispositionsfreiheit** ein, um ihnen als Ausfluss des Prinzips der Privatautonomie auch insoweit eine sachgerechte Anpassung der gesetzlichen Vorschriften an die vielfach sehr unterschiedlichen Lebensverhältnisse zu ermöglichen[278]. Eine gerichtliche Inhaltskontrolle, wie bei § 1587 o, sieht das Gesetz zwar ausdrücklich nicht vor. Jedoch hat die Rspr eine solche ausgehend von den Vorgaben des BVerfG entwickelt (Rn 14 ff).

---

[262] MünchKommBGB/*Kanzleiter* Rn 14; *Langenfeld* 4. Aufl Rn 352; *Bergschneider* Rn 547; wohl auch BGHZ 86, 143, 151 = NJW 1983, 753: ganz oder teilweiser Ausschluss möglich.
[263] *Soergel/Gaul* Rn 18; *Langenfeld* Rn 512 ff mit Muster; *Plate* MittRhNotK 1999, 257, 269 f.
[264] BGHZ 86, 143, 151 = NJW 1983, 753; *Langenfeld* Rn 517 f; MünchKommBGB/*Koch* § 1378 Rn 37; MünchKommBGB/*Kanzleiter* Rn 14; *Johannsen/Henrich/Jaeger* § 1372 Rn 4; *Cypionka* MittRhNotK 1986, 157, 162; *Bergschneider* Rn 532 ff; aA *Maßfeller* DB 1957, 738; dagegen verneint MünchKommBGB/*Koch* § 1378 Rn 37 die Möglichkeit, die Ausgleichsforderung aus einem Bruchteil des Vermögens zu bestimmen; str.
[265] OLG Stuttgart DNotZ 1983, 693 m aAnm *Kanzleiter*; MünchKommBGB/*Kanzleiter* Rn 14; *Langenfeld* Rn 437; *Münch*, Ehebezogene Rechtsgeschäfte, Rn 859.
[266] *Soergel/Lange* § 1371 Rn 7; *Langenfeld* 4. Aufl Rn 351.
[267] *Langenfeld* Rn 522; *Knur* DNotZ 1957, 451, 464; eingehend dazu *Kanzleiter/Wegmann* Rn 207 ff.
[268] *Soergel/Gaul* Rn 16; *Staudinger/Thiele* § 1371 Rn 133; *Cypionka* MittRhNotK 1986, 157, 165; *Zöllner* FamRZ 1965, 119 Fn 61; *Langenfeld* Rn 424; aA MünchKommBGB/*Kanzleiter* Rn 14, der Abänderung für zulässig hält, aber ohne Einfluss auf fremde Pflichtteilsansprüche.
[269] *Soergel/Gaul* Rn 7; *Gernhuber/Coester-Waltjen* § 37 Rn 21; *Dölle* I S 674 f; *RGRK/Finke* § 1371 Rn 73; aA *Staudinger/Thiele* § 1371 Rn 137.
[270] OLG Oldenburg FamRZ 1996, 1505.
[271] MünchKommBGB/*Koch* § 1371 Rn 87; *Soergel/Gaul* Rn 16; *Langenfeld* Rn 424.
[272] MünchKommBGB/*Koch* § 1378 Rn 36; *Langenfeld* Rn 424; aA *Buschendorf* S 281 ff bei § 1378 Abs 2.
[273] *Gernhuber/Coester-Waltjen* 4. Aufl § 32 III 3; MünchKommBGB/*Kanzleiter* Rn 13; *Dölle* I S 674; *Körner* S 166 f; *Langenfeld* Rn 14; aA *Mikat*, FS Felgentraeger, 1969, S 326; *Staudinger/Thiele* Vor §§ 1408 ff Rn 25 ff.
[274] MünchKommBGB/*Kanzleiter* Rn 16; zu den Vereinbarungsmöglichkeiten *Langenfeld* Rn 534 ff und die nachstehenden Erl zu den einzelnen Vorschriften.
[275] MünchKommBGB/*Kanzleiter* Rn 16; AK/*Fiesler* §§ 1408–1413 Rn 5; *Erman/Heckelmann* Rn 5; *Dölle* I S 672 f.
[276] KG HRR 1942 Nr 43; *Gernhuber/Coester-Waltjen* § 32 Rn 27; *Zöllner* FamRZ 1965, 166 Fn 33; *Soergel/Gaul* Rn 17; MünchKommBGB/*Kanzleiter* Rn 16; *Langenfeld* Rn 15.
[277] MünchKommBGB/*Kanzleiter* Rn 16; *Staudinger/Thiele* Rn 17.
[278] Zum Gesetzeszweck *Hillermeier* FamRZ 1976, 580; *Soergel/Gaul* Rn 23; *Staudinger/Rehme* Rn 42.

Beschränkungen der Vertragsfreiheit bestehen: 63
– in **zeitlicher Hinsicht** durch die **Sperrfrist** des Abs 2 S 2: Der Ausschluss ist unwirksam, wenn innerhalb eines Jahres nach Vertragsschluss Antrag auf Scheidung der Ehe gestellt wird; daraus wird zu Recht hergeleitet, dass auch **nach Anhängigkeit** des Scheidungsverfahrens ein ehevertraglicher Ausschluss nicht mehr möglich ist, sondern nur noch eine genehmigungspflichtige Vereinbarung nach § 1587 o (zu Einzelheiten Rn 82 ff)[279]
– in **inhaltlicher Hinsicht:** durch die **Inhaltskontrolle** von Eheverträgen mit einer weitreichenden Wirksamkeits- und Ausübungskontrolle (Rn 23 ff). Nach der vom BGH entwickelten **Kernbereichslehre** steht der Versorgungsausgleich zusammen mit dem Krankheitsunterhalt und dem Unterhalt wegen Alters auf der gleichen Stufe der Disponibilität der Scheidungsfolgen gleich nach dem Kindesbetreuungsunterhalt und ist wegen seiner unterhaltssichernden Funktion im Alter einer abweichenden Vereinbarung weitgehend entzogen; dies ist bei allen an sich möglichen Vereinbarungen zu beachten.
– aus sozialrechtlichen Bestimmungen und den §§ 1587 ff (Rn 65 f).

Die Regelung des Abs 2 ist **verfassungsmäßig**[280]. Der Ausschluss des Versorgungsausgleichs kann 64 jedoch erhebliche **Nachteile** haben:
– er führt zum Verlust jeglicher **Alters- und Invaliditätsversorgung** im Scheidungsfall, wenn der Verzichtende keine eigenen Anwartschaften dieser Art erworben hat;
– der Ausschluss bewirkt uU auch den **Verlust des** Anspruchs auf **Zugewinnausgleich** (§ 1414 S 2), was vielfach als rechtspolitisch verfehlt angesehen wird, besonders bei bloßer Modifizierung des Versorgungsausgleichs[281].

Dennoch kann der Ausschluss oder die Modifizierung des gesetzlichen Versorgungsausgleichs seine sachliche Berechtigung haben, insbes wenn wegen einer „Typenverfehlung" ein Bedarf zur Anpassung der gesetzlichen Regelung an die tatsächlich gelebten Eheverhältnisse erforderlich ist[282]. Je mehr sachliche Gründe für eine Modifizierung der gesetzlichen Bestimmungen sprechen, desto eher werden diese der richterlichen Inhaltskontrolle stand halten.

2. Mögliche Vereinbarungen. a) Grundsätzliches, systemimmanente Schranken. Entgegen 65 dem nicht eindeutigen Wortlaut ist nach heute hM nicht nur der Totalausschluss, sondern auch ein Teilausschluss oder eine Modifikation des Versorgungsausgleichs grds zulässig[283]. Die Dispositionsmöglichkeiten finden jedoch ihre Grenzen in den §§ 1587 ff (s daher auch Erl zu § 1587 o) und den sozialrechtlichen Vorschriften[284]. Der § 1408 Abs 2 eröffnete Dispositionsrahmen entspricht daher inhaltlich dem des § 1587 o[285]. Eine konkrete Schranke bildet daher der hier entspr geltende § **1587 o Abs 1 S 2** (vgl auch § 3 Abs 2 BeamtVG), wonach Ehegatten durch Vereinbarung nicht mit verfügender Wirkung gegenüber den Versorgungsträgern Anwartschaftsrechte in einer gesetzlichen Rentenversicherung nach § 1587 b Abs 1 oder Abs 2 begründen oder übertragen können. Aber auch sonst sind Teilausschlüsse und Modifikationen nur zulässig, wenn dadurch **nicht** die betroffenen **Versorgungsträger benachteiligt** werden, der Ausschluss des Versorgungsausgleich also kein Vertrag zu Lasten Dritter ist[286]. Unzulässig daher Vereinbarungen, die von den gesetzlichen Bewertungs- und Ausgleichsformen abweichen.

Unzulässig sind daher im Rahmen des **öffentlich-rechtlichen Versorgungsausgleichs**[287] 66
– das sog **„Super-Splitting",** dh die **Übertragung** von mehr Rentenanwartschaften in der gesetzlichen Rentenversicherung, als dies dem gesetzlichen Versorgungsausgleich entspricht. Das Verbot gilt dabei für einen unmittelbaren wie aber auch mittelbaren Verstoß. Ein begrenztes Supersplitting ermöglicht allerdings zur Zeit § 3 b Abs 1 Nr 1 VAHRG, soweit zur Erhaltung einer ungekürzten Betriebsrente der Ausgleichspflichtige einen entsprechenden Ausgleichsbetrag an einer anderen Rente abgibt[288].

---

[279] OLG Düsseldorf FamRZ 1986, 68; OLG Koblenz FamRZ 1989, 407.
[280] BVerfGE 53, 257, 299 = FamRZ 1980, 326, 334 zur Dispositionsfreiheit; BGHZ 74, 38, 54 ff = NJW 1979, 1289 zur Sperrfrist des Abs 2 S 2.
[281] *Langenfeld* Rn 666; zur einschränkenden Auslegung *Becker/Zimmermann* FamRZ 1983, 1, 10; für Nichtgeltung des § 1414 S 2 bei nur teilweisem oder einseitigem Ausschluss des Versorgungsausgleichs *Kniebes/Kniebes* DNotZ 1978, 285; *Rolland* Rn 14.
[282] *Goering* FamRB 2004, 166; zu Motiven und zur Berechtigung des Ausschlusses des Versorgungsausgleichs eingehend *J. Mayer* in: Würzburger Notarhandbuch III Rn 162.
[283] BGH FamRZ 2001, 1447, 1448; NJW 1986, 2316, 2317 = LM Nr 3; OLG Koblenz NJW-RR 1986, 1387; *Erman/Heckelmann* Rn 9 f; MünchKommBGB/*Kanzleiter* Rn 20 mwN, auch zur Gegenmeinung; zu den Argumenten für die Zulässigkeit *Staudinger/Rehme* Rn 52 ff.
[284] BGH FamRZ 2001, 1447; NJW 1986, 2316; NJW 1990, 1363 zur zeitlichen Begrenzung des Versorgungsausgleichs; FamRZ 1988, 153, 154: verbotenes „Super-Splitting" durch Ausschluss der betrieblichen Altersversorgung; OLG Koblenz NJW-RR 1986, 1387; MünchKommBGB/*Kanzleiter* Rn 20; *Gruntkowski* MittRhNotK 1993, 1, 13; *Staudinger/Rehme* Rn 60; *v. Maydell* FamRZ 1986, 752.
[285] *Soergel/Gaul* Rn 34 mwN; *Grziwotz* in: Beck'sches Notarhandbuch B I Rn 138.
[286] *Staudinger/Rehme* Rn 60.
[287] BGHZ 81, 152, 192 ff = NJW 1981, 2689; BGH FamRZ 1988, 153; NJW 1990, 1363 zur zeitlichen Begrenzung des Versorgungsausgleichs; FamRZ 2001, 1444, 1445; OLG Karlsruhe EzFamR aktuell 1999, 205; OLG Nürnberg NJW-RR 1995, 516 f; OLG München OLGR 1994, 187; *Langenfeld* Rn 670 ff; *ders* DNotZ 1983, 139, 155; eingehend *Graf* § 74 ff mz Beispielen; MünchKommBGB/*Kanzleiter* Rn 27 mwN.
[288] *Johannsen/Henrich/Hahne* § 1587 o Rn 17; *Langenfeld* Rn 676; *Grziwotz* MittBayNot 1987, 169, 170; aA *Erman/v. Maydell* § 1587 o Rn 10.

– das sog „**Super-Quasisplitting**", also die **Begründung** von Rentenanwartschaften in der gesetzlichen Rentenversicherung über die Hälfte der Wertdifferenz der auszugleichenden Anwartschaften hinaus.
– wenn sich durch die Vereinbarung die **Richtung ändert,** in der nach der gesetzlichen Regelung der Ausgleich erfolgen müsste.

67 Bei der **Gestaltung,** insbes bei einem Teilausschluss, ist dies zu beachten. Oftmals lässt sich jedoch gerade bei einer Regelung zu Beginn der Ehe nicht vorhersehen, ob ein solcher Fall eintritt[289]. Diese Regelungen sollten daher mit der Einschränkung getroffen werden, dass sie nur gelten, soweit dadurch kein Supersplitting entsteht[290]; ggf kann für den Eintritt eines solchen Falles vereinbart werden, dass der Wertausgleich nur bis zur gesetzlichen Grenze, iÜ aber ein schuldrechtlicher Versorgungsausgleich stattfindet[291]. Neben diesen systemimmanenten Schranken ist aber auch immer die Grundsätze zur **richterlichen Inhaltskontrolle** von Eheverträgen und Scheidungsvereinbarungen zu beachten, und dass in Rahmen der danach erfolgenden Prüfung dem Versorgungsausgleich ein besonderer Rang iS der Kernbereichslehre zukommt (eingehend Rn 23).

68 b) **Details zu den Vereinbarungsmöglichkeiten.** Hierbei wird üblicherweise unterschieden zwischen einem **Teilausschluss,** der die gesetzlichen Teilungsmaßstäbe des Versorgungsausgleichs unberührt lässt, aber die sachlichen und zeitlichen Voraussetzungen abweichend regelt, und **Modifikationen,** welche die Teilungsbestimmungen unmittelbar verändern, etwa Ausschluss bestimmter Versorgungsanrechte[292]. Unter Beachtung der dargestellten Grenzen sind folgende Gestaltungen möglich (vgl auch § 1587 o Rn 11 ff)[293]:

69 aa) **Totalausschluss.** Nach den gesetzlichen Bestimmungen des Versorgungsausgleichs ist grds auch der vollständige, bedingungslose Ausschluss möglich, auch wenn er ohne jede Gegenleistung erfolgt[294]. Ob dies sachgerecht ist, ist jedoch eine Frage des Einzelfalls, kann aber bei einer Doppelverdienerehe oder ausreichend anderweitiger Absicherung der potenziell Ausgleichsberechtigten der Fall sein, insbes wenn unterschiedliche Strategien der Altersversorgung beabsichtigt sind (etwa bei einem Ehegatten über Rechte, die dem Versorgungsausgleich unterliegen, beim anderen nur über Immobilien/Kapitallebensversicherungen)[295]. Bei Ausschluss nach Eheschließung kann dieser rückwirkend auf den Zeitpunkt der Verehelichung erfolgen[296]. Daneben sind die vom BGH entwickelten Kriterien über die **Inhaltskontrolle** solcher Vereinbarungen zu beachten (Rn 23 ff).

70 bb) **Ausschluss unter Vorbehalt eines Rücktrittsrechts.** Einem oder beiden Ehegatten kann ein Rücktrittsrecht unter bestimmten Bedingungen eingeräumt werden[297], etwa für den Fall, dass ein Ehegatte wegen der Erziehung gemeinschaftlicher Kinder nicht erwerbsfähig sein kann. Der Rücktritt kann so ausgestaltet werden, dass damit der Ausschluss des Versorgungsausgleichs mit Wirkung ex nunc oder aber sogar ex tunc entfällt[298]. Der Rücktritt kann jedoch wegen der konstitutiven Wirkung der Entscheidung über den Versorgungsausgleich nur bis zur Rechtskraft derselben erfolgen[299].

71 cc) **Befristeter Ausschluss.** Der Versorgungsausgleich kann auch befristet ausgeschlossen werden durch Angabe eines genau bestimmten Zeitraums, etwa für die ersten fünf Jahre der Ehe[300]. Zu den praktischen Auswirkungen und zur Gefahr des Supersplittings s § 1587 o Rn 14 (mit Beispielen). S auch Rn 80 zur Änderung des Ausgleichszeitraums.

72 dd) **Ausschluss unter einer Bedingung.** Der Versorgungsausgleich kann auch unter einer aufschiebenden oder auflösenden Bedingung (§ 158) ausgeschlossen werden, etwa dass der Ausschluss nur

---

[289] Nach *Langenfeld* Rn 671 ff gilt das Verbot des Supersplittings bei Vereinbarungen nach § 1408 Abs 2 nicht, wenn diese Auswirkung nicht sicher, sondern nur möglich erscheint, insbes bei zeitlicher Begrenzung des Versorgungsausgleichs. Da es jedoch bei dieser Begrenzung der Gestaltungsfreiheit darum geht, den Versorgungsträger gegen Mehrbelastungen zu schützen (Rn 65), kann *Langenfeld* nicht gefolgt werden; wie hier *Soergel/Gaul* Rn 35; *Palandt/Brudermüller* Rn 23.
[290] *Grziwotz* in: Beck'sches Notarhandbuch B I Rn 138.
[291] Muster bei *Gruntkowski* MittRhNotK 1993, 1, 14 re Sp; *Langenfeld* Rn 675.
[292] *Staudinger/Rehme* Rn 59.
[293] Vgl etwa *Münch,* Ehebezogene Rechtsgeschäfte, Rn 2468 ff; *J. Mayer* in: Würzburger Notarhandbuch III Rn 167 ff; MünchKommBGB/*Kanzleiter* Rn 21 ff; *Eichenhofer* DNotZ 1994, 213, 224 ff; *Gruntkowski* MittRhNotK 1993, 1, 14 ff; *Langenfeld* Rn 701 ff; *Bergschneider,* Verträge in Familiensachen, Rn 849 ff; *Grziwotz* in: Beck'sches Notarhandbuch B I Rn 134 ff.
[294] Die von *Ruland* (NJW 1976, 1715, selbst aufgegeben in *Staudinger/Ruland,* 12. Aufl 1984, Rn 53) früher vertretene Auffassung, ein Ausschluss sei auch bei § 1408 Abs 2 nur bei angemessener Abfindung möglich, wird heute überwiegend abgelehnt, vgl OLG Bamberg FamRZ 1984, 483; OLG Düsseldorf FamRZ 1987, 953; *Eichenhofer* DNotZ 1994, 221; *Staudinger/Rehme* Rn 49; *Erman/Heckelmann* Rn 11; MünchKommBGB/*Kanzleiter* Rn 21; *Soergel/Gaul* Rn 38.
[295] *Gruntkowski* MittRhNotK 1993, 1, 13.
[296] *Langenfeld* Rn 703; *Staudinger/Rehme* Rn 55; aA *Becker* Rn 567, 834.
[297] MünchKommBGB/*Kanzleiter* Rn 22; *Staudinger/Rehme* Rn 49; *Gruntkowski* MittRhNotK 1993, 1, 15; *Reinartz* DNotZ 1978, 278 f; zur Verwirkung des Rücktrittsrechts *Becker* Rn 578.
[298] *Eichenhofer* DNotZ 1994, 267.
[299] *Bergschneider* MittBayNot 1999, 145.
[300] BGH NJW 1990, 1363, auch zur Gefahr des Supersplittings in diesen Fällen; OLG Hamm FamRZ 1990, 416; *Eichenhofer* DNotZ 1994, 225 f; die von ihm gegebenen Beispiele sind allerdings zT solche für eine Bedingung; zur praktischen Berechnung OLG Karlsruhe EzFamR aktuell 1999, 205; OLG München OLGR 1994, 187.

Ehevertrag, Vertragsfreiheit **§ 1408**

gelten soll, wenn der Scheidungsantrag innerhalb eines bestimmten Zeitraums gestellt wird[301], oder der Ausschluss nicht wirksam wird, wenn ein Ehegatte sich nicht selbst aus seinem Vermögen oder Einkommen ausreichend versorgen kann[302], oder der Ausschluss hinsichtlich der kinderbedingten Erziehungszeit entfällt[303]. Der Ausschluss des Versorgungsausgleichs kann auch vom Scheidungsverschulden abhängig gemacht werden (arg § 1587 c Nr 1)[304]. Der Bedingungseintritt muss aber vor Rechtskraft der konstitutiv wirkenden, gerichtlichen Entscheidung über den Versorgungsausgleich erfolgen (Rn 70).

Unzulässig aber ist es, den Versorgungsausgleich für die Zeit, zu der beide Ehegatten leben, auszuschließen, für die Zeit **nach dem Tod** eines ausgleichspflichtigen Ehegatten (also aufschiebend bedingt) aufrechtzuerhalten, weil dies gegen die Prinzipien des Versorgungsausgleichs verstößt[305]. **73**

ee) Einseitiger Ausschluss des Versorgungsausgleichs. Möglich ist grds auch, dass der Ausschluss nur dann gelten soll, wenn sich zu Gunsten des einen Ehegatten ein Ausgleichsanspruch ergeben sollte[306]. Problematisch ist dies aber dann, wenn der einseitige Verzicht von dem erklärt wird, der sich in einer Lebenslage befindet oder kommt, in der ihn der Versorgungsausgleich gerade schützen soll. **74**

ff) Schuldrechtlicher Versorgungsausgleich. Möglich ist auch, dass an Stelle des öffentlich-rechtlichen Versorgungsausgleichs der schuldrechtliche Versorgungsausgleich (§§ 1587 f bis 1587 n) vereinbart wird (s auch § 1587 o Rn 25)[307]. Dabei müssen aber die Nachteile des schuldrechtlichen Versorgungsausgleichs bedacht werden, da dieser nicht die gleichen Sicherheiten bietet[308]. Nicht aber kann umgekehrt an Stelle des gesetzlich vorgesehenen schuldrechtlichen Versorgungsausgleichs der öffentlich-rechtliche Versorgungsausgleich gewählt werden, da dadurch eine gesetzlich nicht vorgesehene Ausgleichsform einträte[309]. **75**

gg) Ausschluss gegen Gegenleistungen. Der Ausschluss kann auch gegen Gegenleistungen des voraussichtlich ausgleichspflichtigen Ehegatten vereinbart werden[310], etwa durch Übertragung von Vermögenswerten, Einräumung eines Nießbrauchs an einem Mietshaus, Zahlung von Beiträgen für eine Lebensversicherung[311]. Die Gegenleistung sollte dabei so ausgestaltet sein, das dem Ausgleichsberechtigten nahezu wirtschaftlich gleichwertige Kompensationen verschafft werden, um etwaige Probleme im Hinblick auf § 138 zu vermeiden. Soweit erst künftig Leistungen zu erbringen sind, ist der potenziell Ausgleichsberechtigte gegen eine ungesicherte Vorleistung ausreichend abzusichern, etwa durch Zwangsvollstreckungsunterwerfungen, Vorbehalt des Rücktritts vom Versorgungsausgleich (s auch § 1587 o Rn 19 ff)[312]. **76**

hh) Änderung der Ausgleichsquote. Zulässig ist auch eine **Verringerung** der gesetzlichen Ausgleichsquote[313], und zwar auch in Abhängigkeit von der Dauer der Ehe, etwa wenn die Ehe binnen fünf Jahren geschieden wird[314]. Allerdings sind die Ergebnisse einer solchen Vereinbarung oftmals schwer vorhersehbar. Eine direkte **Erhöhung** derselben bewirkt demgegenüber im Rahmen des öffentlich-rechtlichen Versorgungsausgleichs ein unzulässiges Supersplitting und ist daher nich- **77**

---

[301] Nach LG Kassel Rpfleger 1978, 443 = MittBayNot 1979, 26 m abl Anm *Geßele* nicht zulässig, da dadurch die Scheidung erleichtert und der sozial schwächere Ehegatte zum „Wohlverhalten" gezwungen werde; anders aber die ganz hM, *Soergel/Gaul* Rn 29; *Kniebes/Kniebes* DNotZ 1977, 286; *Zimmermann/Becker* FamRZ 1983, 1, 9; *Staudinger/Rehme* Rn 54; *Gruntkowski* MittRhNotK 1993, 1, 15 mwN.
[302] *Ruland* DRV 1979, 98; *Gruntkowski* MittRhNotK 1993, 1, 15 weist zutr darauf hin, dass solche Formulierungen infolge mangelnder Präzisierung sehr streitträchtig sind.
[303] MünchKommBGB/*Kanzleiter* Rn 22; *Bergschneider* MittBayNot 1999, 148 mit Formulierungsvorschlägen; *Eichenhofer* DNotZ 1994, 225 mw Beispielen.
[304] OLG Hamm OLGR 1998, 211; *Gruntkowski* MittRhNotK 1993, 1, 16; *Becker* Rn 591, der aber Herabsetzung nach Art und Maß des Verschuldens befürwortet; *Walter* NJW 1981, 1409; *Ruland* DRV 1979, 98; *Eichenhofer* DNotZ 1994, 225; so auch im Fall von BGH NJW 1997, 126.
[305] MünchKommBGB/*Kanzleiter* Rn 28; *Diederichsen* NJW 1977, 217, 223; *Becker* Rn 581; *Eichenhofer* DNotZ 1994, 221; für zulässig hält dies *Soergel/Gaul* Rn 41, wenn das Gericht auf Grund der Vereinbarung einen entsprechenden Vorbehalt nach § 53 d FGG macht.
[306] MünchKommBGB/*Kanzleiter* Rn 24 mwN; *Erman/Heckelmann* Rn 10; *Reinartz* DNotZ 1978, 277; *Eichenhofer* DNotZ 1994, 225; *Soergel/Gaul* Rn 65; *Langenfeld* Rn 725 f; *Staudinger/Rehme* Rn 64; *Gruntkowski* 1993, 1, 13, der betont, dass das gleiche Ergebnis aber nicht durch eine Vereinbarung der Nichtanrechnung der Versorgungsrechte eines Ehegatten angestrebt werden kann, was zu einem „Supersplitting" führt.
[307] MünchKommBGB/*Kanzleiter* Rn 25; *Eichenhofer* DNotZ 1994, 224; *Becker* Rn 596 f; *Kiebes/Kniebes* DNotZ 1978, 287; *Reinartz* DNotZ 1978, 274; *Erman/Heckelmann* Rn 10; aA *Zimmermann/Becker* FamRZ 1983, 1, 10; die Aufhebung der Beschränkungen des § 1587 i Abs 2 ist aber nicht möglich, *Becker* Rn 597.
[308] *Langenfeld* Rn 740: „in der Praxis selten sachgerecht"; MünchKommBGB/*Kanzleiter* Rn 25; ausf *Gruntkowski* MittRhNotK 1993, 1, 17; *Graf* S 80 ff; eher kann im Anwendungsbereich des § 22 Abs 2 BeamtVG hierzu geraten werden, da hier nach dem Tod des Ausgleichspflichtigen der andere Ehegatte einen eigenen Unterhaltsbeitrag erhält.
[309] *Eichenhofer* DNotZ 1994, 224.
[310] MünchKommBGB/*Kanzleiter* Rn 23; *Soergel/Gaul* Rn 38; zur Vertragsanpassung bei unvorgesehenen Störungen OLG Hamm NJWE-FER 1998, 196.
[311] Eingehend dazu *Münch,* Ehebezogene Rechtsgeschäfte, Rn 2576 ff mit Formulierungsvorschlägen; zur Ersetzung des Versorgungsausgleich durch eine Lebensversicherung *Bergschneider,* Verträge in Familiensachen, Rn 882 ff.
[312] *Gruntkowski* MittRhNotK 1993, 1, 14; ausf Formulierungsbeispiele bei *Langenfeld* Rn 706 ff; zur Abfindung durch Lebensversicherung, ausf *Bergschneider* MittBayNot 1999, 148 f.
[313] BGH NJW 1986, 2316; MünchKommBGB/*Kanzleiter* Rn 26; *Langenfeld* Rn 718; *Gruntkowski* MittRhNotK 1993, 1, 17; Muster bei *Bergschneider* MittBayNot 1999, 147; *Langenfeld* Rn 719; weitere Gestaltungsvorschläge bei *Graf* S 176 f.
[314] DNotI-Gutachten DNotI-Report 1998, 148, 149.

tig[315]. Eine Erhöhung der Ausgleichsquote kann daher nur über eine Regelung im Rahmen des schuldrechtlichen Versorgungsausgleichs erfolgen[316], hier aber auch nicht beim sog verlängerten, § 3 a Abs 3 S 2 VAHRG (§ 1587 o Rn 26)

78 Möglich ist auch, den Versorgungsausgleich auf einen bestimmten **Prozentsatz** der Gesamtversorgung zu begrenzen (Ausgleich nur, bis Ehefrau 40% der Gesamtversorgung erhalten hat), die Bezifferung eines bestimmten Ausgleichsbetrags[317] oder die Koppelung des Versorgungsausgleichs an eine bestimmte Einkommensgruppe des öffentlichen Dienstes[318]. Aber auch hier stellt sich das Problem, dass die Ergebnisse dieser Vereinbarungen wenig vorhersehbar sind[319]. Möglich ist auch eine mittelbare Beschränkung der Ausgleichsquote dahingehend, dass der Umfang des Versorgungsausgleichs auf einen **persönlichen Vomhundertsatz** des Ausgleichsberechtigten[320] oder einen Höchstbetrag der **Entgeltpunkte** beschränkt wird[321]. Jedoch darf all dies nicht zu einem unzulässigen Supersplitting führen.

79 **ii) Ausschluss einzelner Versorgungsarten.** Ein solcher Ausschluss einzelner Anrechte, etwa von Randversorgungen wie Betriebsrenten[322] oder Rentenlebensversicherungen, ist grds zulässig und mitunter bereits aus Gründen der Praktikabilität sinnvoll[323]. Erforderlich ist hier jedoch eine klare Formulierung und Abgrenzung[324]. Zudem besteht besonders die Gefahr eines Super-Splittings, wenn der ausgleichsberechtigte Ehegatte solche Randversorgungen erworben hat[325].

80 **jj) Änderung des Ausgleichszeitraums.** Grds möglich ist auch, dass nur für eine bestimmte Zeit der Ehe der Versorgungsausgleich durchgeführt wird[326], etwa bei fehlender Erwerbstätigkeit infolge der Erziehung gemeinschaftlicher Kinder. Auch kann der Versorgungsausgleich nur für Zeiten des Getrenntlebens ausgeschlossen sein. Jedoch darf durch eine solche Herausnahme bestimmter Zeiträume kein unzulässiges Super-Splitting entstehen[327], etwa weil sich hieraus ein Ausgleich zu Gunsten des insgesamt Ausgleichspflichtigen ergeben würde[328] oder gar der sonst ausgleichspflichtige Ehegatte durch die Modifikation ausgleichsberechtigt würde. Aus den gleichen Gründen kann der öffentlich-rechtliche Versorgungsausgleich nicht auf die Zeiten vor der Eheschließung ausgedehnt werden[329]. Unzulässig ist auch, die Bewertung der Versorgungsanrechte zu einem anderen Stichtag als den der Ehezeit (§ 1587 Abs 2) vorzunehmen[330].

81 **kk) Ausschluss der Abänderbarkeit durch das Familiengericht.** Nach § 10 a Abs 9 VAHRG unterliegen Vereinbarungen über den Versorgungsausgleich nach § 1587 o der Abänderung durch das Familiengericht. Nach allerdings umstrittener Meinung gilt dies auch für Vereinbarungen nach § 1408 Abs 2[331]. Jedoch haben die Vertragsteile die Möglichkeit, diese gerichtliche Abänderung ausdrücklich auszuschließen (§ 10 a Abs 9 HS 2 VAHRG)[332].

82 **3. Zeitliche Grenze (Abs 2 S 2). a) Voraussetzungen der Unwirksamkeit.** Wird innerhalb eines Jahres nach Abschluss des Ehevertrags ein Antrag auf Scheidung der Ehe gestellt, so wird die Vereinbarung über den Versorgungsausgleich unwirksam (sog **Sperrfrist**). Unerheblich ist dabei, um welche Vereinbarung im Zusammenhang mit dem Versorgungsausgleich es dabei geht (Totalausschluss,

---

[315] *Gruntkowski* MittRhNotK 1993, 1, 17; *Langenfeld* Rn 672; *Soergel/Gaul* Rn 35; zumindest unklar aber *Eichenhofer* DNotZ 1994, 222 einerseits, 224 anderseits.
[316] *Gruntkowski* MittRhNotK 1993, 1, 17.
[317] *Bergschneider* MittBayNot 1999, 147, wo jedoch Wertsicherung für den Betrag fehlt.
[318] *Graf* S 176 f.
[319] *Gruntkowski* MittRhNotK 1993, 1, 17.
[320] *Ruland* AnwBl 1982, 85, 87; *Langenfeld* Rn 721 mit Formulierungsvorschlag; *Gruntkowski* MittRhNotK 1993, 1, 17.
[321] *Langenfeld* Rn 722.
[322] *Goering* FamRB 2004, 95, 100.
[323] AG Lörrach NJW 1980, 58; *Gruntkowski* MittRhNotK 1993, 1, 14; *Soergel/Gaul* Rn 35; *Reinartz* DNotZ 1978, 275 f; *Bergschneider*, Rn 724; *Bergschneider*, Verträge in Familiensachen, Rn 866 f; eingehend *Graf* S 158 ff.
[324] *Becker* Rn 566; AG Lörrach NJW 1980, 58 fordert sogar noch eine Regelung der güterrechtlichen Auswirkungen; dagegen zu Recht *Becker* aaO.
[325] OLG Karlsruhe FamRZ 2000, 1155 bzgl des Ausschlusses von „Ost-"Anrechten; *Gruntkowski* MittRhNotK 1993, 1, 14; *Staudinger/Rehme* Rn 60; demgegenüber will MünchKommBGB/*Kanzleiter* Rn 27 Fn 79 generell „zweifelhafte, geringfügige Randversorgungen" vom Verbot des Super-Splittings ausnehmen; noch weiter gehend *Langenfeld* Rn 724: Verbot des Supersplittings nur, wenn mit dessen Eintritt nach der Sachlage bei der Vereinbarung sicher zu rechnen war.
[326] BGH NJW 2004, 1245; AG Berlin-Charlottenburg FamRZ 1983, 76: nur für Zeit vor Abschluss des Ehevertrags; *Langenfeld* Rn 716; *Bergschneider*, Verträge in Familiensachen, Rn 863 ff.
[327] OLG Zweibrücken FamRZ 2001, 165; MünchKommBGB/*Kanzleiter* Rn 26 mwN; *Gruntkowski* MittRhNotK 1993, 1, 16.
[328] BGH NJW 1990, 1363; zur Unzulässigkeit des Super-Splittings s Rn 66.
[329] OLG Koblenz FamRZ 1986, 273, 274 = MittRhNotK 1986, 79; *Eichenhofer* DNotZ 1994, 222; *Gruntkowski* MittRhNotK 1993, 1, 16 f; für zulässig hält *Staudinger/Rehme* Rn 61 die Einbeziehung außerehelicher Versorgungsrechte des Ausgleichspflichtigen, wenn die Gefahr des Supersplittings durch andere Modifizierungen ausgeschlossen wird; demgegenüber erachtet *Graf* S 173 f immerhin eine schuldrechtliche Vereinbarung hinsichtlich der vorehelichen Zeiten für möglich.
[330] BGH FamRZ 2001, 1444, 1446 mwN.
[331] *Staudinger/Rehme* Rn 100; vgl auch *Johannsen/Henrich/Hahne* § 10 a VAHRG Rn 9; *Gruntkowski* MittRhNotK 1992, 1, 21 bei Modifikationen des Versorgungsausgleichs; aA etwa MünchKommBGB/*Kanzleiter* Rn 34 mwN.
[332] *Grziwotz* in: Beck'sches Notarhandbuch B I Rn 145.

Teilausschluss, Modifikation)[333]. **Zweck** der Vorschrift ist es zu verhindern, dass die ehevertraglichen Dispositionsmöglichkeiten bezüglich des Versorgungsausgleichs mit Rücksicht auf eine bevorstehende Ehescheidung missbraucht werden[334]. Daher gilt Abs 2 S 2 entsprechend, wenn der Ausschluss des Versorgungsausgleichs erst nach Rechtshängigkeit des Scheidungsfalls vereinbart wird; der Vertrag ist dann nur unter den strengeren Voraussetzungen des § 1587 o wirksam[335].

Das **Sperrjahr beginnt** mit dem wirksamen Abschluss des Ehevertrags. Erforderliche Genehmigungen wirken auf den Zeitpunkt des Vertragsabschlusses zurück (§ 184 Abs 1)[336], und zwar auch dann, wenn sie erst nach Rechtshängigkeit des Scheidungsantrags erklärt werden[337]. So weit bereits **Verlobte** Vereinbarungen nach § 1408 Abs 2 schließen[338], beginnt die Sperrfrist jedoch erst mit der Eheschließung[339]. Für die Einhaltung des Sperrjahrs ist die **Erhebung des Scheidungsantrags** durch Zustellung der Antragsschrift beim Antragsgegner maßgeblich[340]. Dabei ist **§ 167 ZPO** (früher § 270 Abs 3 ZPO) anzuwenden[341]. Danach genügt es, wenn der Scheidungsantrag vor Ablauf der Jahresfrist bei Gericht eingereicht und die Zustellung „**demnächst**" erfolgt. Dies ist auch bei einer erst nach längerer Zeit erfolgten Zustellung anzunehmen, wenn die Verzögerung vom Antragsteller oder seinem Vertreter nicht schuldhaft herbeigeführt worden ist. Davon ist auszugehen, wenn der Ast. alles ihm für eine alsbaldige Zustellung Zumutbare getan und die Verzögerung nicht schuldhaft herbeiführt hat[342]. Verzögert sich jedoch die Zustellung aus Gründen, die von diesen nicht zu vertreten sind, so genügt zur Fristwahrung die rechtzeitige Einreichung des Antrags bei Gericht[343]. Bei fehlender Zustellung ist die Geltendmachung in der mündlichen Verhandlung (§ 261 Abs 2 ZPO) maßgebend[344]. Der Scheidungsantrag muss zur Fristwahrung **unbedingt**[345] und prozessual wirksam gestellt werden, insbes von einem **postulationsfähigen Rechtsanwalt** unterzeichnet sein[346], wobei dessen nachträgliche Genehmigung nicht zurück wirkt[347]. Die Mitteilung eines **Prozesskostenhilfegesuchs** an den Antragsgegner genügt dabei dann nicht, wenn dieses mit der Scheidungsantragsschrift verbunden ist mit der Erklärung, dass der Scheidungsantrag nur bei Bewilligung der Prozesskostenhilfe gestellt sein soll[348]. Ebenso wenig genügt, wenn im Prozesskostenhilfe-Verfahren kein Gebrauch von der sofortigen Zustellung nach § 14 Nr 3 GKG (früher § 65 Abs 7 Nr 3 bis Nr 4 GKG) gemacht wurde[349].

Wenn der Scheidungsantrag später wieder **zurückgenommen** wird, so bleibt – entsprechend der Wertung des § 269 Abs 3 ZPO – die Vereinbarung nach § 1408 Abs 2 wirksam[350]. Einer **rechtsmissbräuchlichen Stellung** und anschließenden Zurücknahme des Scheidungsantrags (kurz vor Ende des Sperrjahrs), um den anderen Ehegatten vom eigenen Scheidungsantrag abzuhalten, kann der andere Ehegatte dadurch begegnen, dass er den Scheidungsantrag binnen einer angemessenen Frist nach dem Wegfall derjenigen Umstände stellt, die das Vertrauen in die Redlichkeit des anderen begründet hatten[351]. Auf die **Begründetheit** des Scheidungsantrags kommt es jedoch nicht an, so dass auch nach seiner Zurückweisung der Ausschluss des Versorgungsausgleichs unwirksam bleibt[352].

---

[333] BGH NJW 1986, 2316; MünchKommBGB/*Kanzleiter* Rn 29 mwN.
[334] *Gaul* FamRZ 1981, 1134.
[335] BGH NJW 1987, 1768 = FamRZ 1987, 467; *Staudinger/Rehme* Rn 46; *Soergel/Gaul* Rn 28; *Finger* FuR 2002, 149, 154.
[336] *Eichenhofer* DNotZ 1994, 213, 226; *Palandt/Brudermüller* Rn 29; *Staudinger/Rehme* Rn 90; aA MünchKommBGB/*Kanzleiter* Rn 29.
[337] *Palandt/Brudermüller* Rn 29; aA OLG Koblenz FamRZ 1989, 407; *Staudinger/Rehme* Rn 46, 90.
[338] BGHZ 74, 38, 81 = NJW 1979, 1289.
[339] *Soergel/Gaul* Rn 45; *Reinartz* DNotZ 1978, 267, 282; *Palandt/Brudermüller* Rn 16; *Erman/Heckelmann* Rn 12; *Gaul* FamRZ 1981, 1134 f; *Gruntkowski* MittRhNotK 1993, 1, 18; nach aA ist Abs 2 S 2 hier gar nicht anwendbar, weil der Normzweck nur bei Abschluss nach der Ehe zutrifft, so MünchKommBGB/*Kanzleiter* Rn 29; *Becker/Zimmermann* FamRZ 1983, 1, 8; *Langenfeld* Rn 648, was aber zu weit geht.
[340] BGH NJW 1985, 315, 316 f; OLG Bamberg FamRZ 1984, 483; MünchKommBGB/*Kanzleiter* Rn 30; *Staudinger/Rehme* Rn 93.
[341] BGH NJW 1985, 315, 317; OLG Bamberg FamRZ 1984, 483; MünchKommBGB/*Kanzleiter* Rn 30 mwN; *Staudinger/Rehme* Rn 93.
[342] BGH NJW 2005, 1194, 1195: Zustellung erst nach zwei Monaten – dort auch zur Überwachungspflicht des Antragstellers; NJW-RR 1992, 1346: trotz Aufforderung fehlende Angaben zur Berechnung des Kostenvorschusses; OLG Zweibrücken FamRZ 1995, 745: fehlender Kostenvorschuss; *Staudinger/Rehme* Rn 94 mwN.
[343] OLG Köln FamRZ 1995, 1588.
[344] *Palandt/Brudermüller* Rn 29.
[345] BGH NJW 1998, 3710.
[346] BGH NJW-RR 1987, 322 = FamRZ 1987, 365 m Anm *Bosch*; NJW 1998, 3710; *Staudinger/Rehme* Rn 94.
[347] BGH NJW 1998, 3710; *Palandt/Brudermüller* Rn 29.
[348] BGH NJW 1998, 3710; OLG Bamberg FamRZ 1984, 483; *Staudinger/Rehme* Rn 94.
[349] BGH NJW 2005, 1194, 1195; NJW 1985, 315, 317; *Staudinger/Rehme* Rn 94; *Soergel/Gaul* Rn 48; aA *Palandt/Brudermüller* Rn 29.
[350] BGH NJW 1986, 2318 = LM Nr 2; NJW 1993, 1004 = FamRZ 1993, 672; OLG Koblenz FamRZ 1986, 1220, 1221; *Gernhuber/Coester-Waltjen* § 28 Rn 14; *Gruntkowski* MittRhNotK 1993, 1, 19; *Reinartz* DNotZ 1978, 267, 283; *Steinbauer* MittBayNot 1975, 197, 206; *Graf* S 50 f; *Eichenhofer* DNotZ 1994, 227; PWW/*Rehme* Rn 19; *Staudinger/Rehme* Rn 94; aA OLG Köln NJW 1984, 2362, Vorinstanz zum ersten BGH-Urteil; MünchKommBGB/*Kanzleiter* Rn 30; *Erman/Heckelmann* Rn 12; *Zimmermann/Becker* FamRZ 1983, 1, 7.
[351] BGH NJW 1993, 1004 = FamRZ 1993, 672.
[352] OLG Hamm NJW 2006, 3072, 3073; OLG Stuttgart NJW 1983, 458; MünchKommBGB/*Kanzleiter* Rn 30; *Staudinger/Rehme* Rn 96; *Soergel/Gaul* Rn 52; *Gruntkowski* MittRhNotK 1993, 1, 19; PWW/*Rehme* Rn 22; *Zimmermann/Becker* FamRZ 1983, 1, 9; *Palandt/Brudermüller* Rn 31; aA OLG Frankfurt NJW-RR 1990, 582; *Schwab* DNotZ-Sonderheft 1977, 51*, 65*; *Johannsen/Henrich/Hahne* § 1587 o Rn 9.

§ 1409

85 Im Interesse der Rechtssicherheit wird jedoch die Unwirksamkeitsfolge des § 1408 Abs 2 S 2 **rein formal** gesehen. Der Wirksamkeit einer solchen Vereinbarung steht daher nicht entgegen, wenn die Vertragsschließenden bereits getrennt leben und in der Einleitung des Vertrages offen ihre Absicht bekunden, sich scheiden zu lassen[353]. Eine **Anfechtung** der Vereinbarung nach § 123 kann im Einzelfall aber möglich sein, wenn ein Ehegatte den anderen arglistig über die fehlende Absicht zur Fortsetzung der Ehe getäuscht hat[354].

86 b) **Rechtsfolgen des § 1408 Abs 2 S 2.** Mit Stellung des Scheidungsantrags wird die ehevertragliche Vereinbarung über den Versorgungsausgleich unwirksam[355]. Im Hinblick auf § 1414 S 2, aber auch wegen anderer in diesem Zusammenhang getroffener Regelungen (Unterhalt, Gegenleistungen), sollte ausdrücklich vereinbart werden, welche Auswirkungen die Unwirksamkeit iU hat[356]. Mit der ehevertraglichen Vereinbarung nach § 1408 Abs 2 kann auch **hilfsweise** eine Vereinbarung nach § 1587 o für den Fall verbunden werden, dass der Scheidungsantrag innerhalb der Jahresfrist gestellt wird[357]. Dies sollte auch regelmäßig erfolgen, da nach hM eine Umdeutung idS nicht möglich ist[358].

§ 1409 Beschränkung der Vertragsfreiheit

Der Güterstand kann nicht durch Verweisung auf nicht mehr geltendes oder ausländisches Recht bestimmt werden.

1 Die Vorschrift dient der Rechtsklarheit: Durch die Bezugnahme auf nicht mehr gültiges oder ausländisches Güterrecht würde erhebliche Unsicherheit und Unklarheit entstehen, und zwar für die Ehegatten selbst wie auch für ihre Vertragspartner[1]. § 1409 enthält jedoch nur ein **formales Verweisungsverbot**, das nur die „äußere Gestaltung" des Ehevertrags betrifft[2]. Die **inhaltliche Gestaltungsfreiheit** wird dadurch nicht eingeschränkt, was durch den Normzweck der Vorschrift auch nicht geboten ist[3]. Durch Aufnahme aller Einzelregelungen kann daher sehr wohl ein früher geltender oder ausländischer Güterstand vereinbart werden[4] oder in einer vertraglichen Unterhaltsregelung das frühere Verschuldensprinzip eingeführt werden[5]. Jedoch sind die **allgemeinen Schranken** zu beachten (§ 1408 Rn 9 ff), die für die Gestaltung von Eheverträgen gelten[6]. Das formelle Verweisungsverbot gilt auch für den früheren gesetzlichen Güterstand der Eigentums- und Vermögensgemeinschaft nach §§ 13 ff FGB-DDR[7] und die früheren Wahlgüterstände der Fahrnis- und der Errungenschaftsgemeinschaft, mögen diese auch für bestimmte Ehen auf Grund der Übergangsbestimmungen noch fortgelten.

2 Für den **zeitlichen Rahmen** des Verweisungsverbots ist immer auf den Zeitpunkt des Abschlusses des Ehevertrags abzustellen[8], jedoch ist die Verweisung auf ein bereits verkündetes, aber noch nicht in Kraft getretenes Gesetz zulässig[9]. Ein Verstoß gegen § 1409 führt zur **Nichtigkeit** der betreffenden ehevertraglichen Vereinbarung (§ 134)[10]. Die Wirksamkeit des übrigen Ehevertrags bestimmt sich nach

---

[353] BGH NJW 1993, 1004 = FamRZ 1993, 672; FamRZ 1986, 788, 789 = NJW 1986, 502; FamRZ 1983, 459 = NJW 1983, 1311; OLG Düsseldorf FamRZ 1987, 953, 954; OLG Köln FamRZ 1997, 1539; *Gruntkowski* MittRhNotK 1993, 1, 18; PWW/*Rehme* Rn 19; *Staudinger/Rehme* Rn 46; vgl auch OLG Koblenz FamRZ 1986, 1220, 1221 und OLG Hamm NJW-RR 1995, 964: Vereinbarung während eines gerichtlichen Scheidungsverfahren im Rahmen eines Versöhnungsversuchs, wobei § 1408 Abs 2 S 2 nicht (auch nicht analog) eingreift, wenn Scheidungsantrag danach zurückgenommen wurde; zum Ganzen auch *Langenfeld* Rn 660 ff.
[354] Vgl OLG Düsseldorf FamRZ 1987, 953, 954; MünchKommBGB/*Kanzleiter* Rn 29; *Gruntkowski* MittRhNotK 1993, 1, 20.
[355] Eingehend zu den Rechtsfolgen *Gaul* FamRZ 1981, 1134, 1139 ff.
[356] MünchKommBGB/*Kanzleiter* Rn 31; für Fortbestand der gleichzeitig vereinbarten Gütertrennung OLG Schleswig SchlHA 1996, 298.
[357] MünchKommBGB/*Kanzleiter* Rn 32; *Langenfeld* Rn 662; die Genehmigung des Familiengerichts kann aber erst nach Anhängigkeit des Scheidungsverfahrens erholt werden, OLG Frankfurt NJW 1979, 1368.
[358] OLG Hamburg FamRZ 1991, 1067; *Johannsen/Henrich/Hahne* § 1587 o Rn 10; MünchKommBGB/*Kanzleiter* Rn 32 mwN in Fn 100; *Rolland* § 1587 o Rn 10: nur bei Zustimmung beider Ehegatten; aA *Kniebes/Kniebes* DNotZ 1977, 288.
[1] AnwK-BGB/*Völker* Rn 1; jurisPK/*Hausch* Rn 1; MünchKommBGB/*Kanzleiter* Rn 1; PWW/*Weinreich* Rn 1; *Soergel/Gaul* Rn 2.
[2] *Staudinger/Thiele* Rn 2; AnwK-BGB/*Völker* Rn 4; *Soergel/Gaul* Rn 2; MünchKommBGB/*Kanzleiter* Rn 1; *Knur* DNotZ 1957, 451, 461.
[3] AllgM, AnwK-BGB/*Völker* Rn 4; *Herb* FamRZ 1988, 123, 126; PWW/*Weinreich* Rn 3; *Staudinger/Thiele* Rn 2; MünchKommBGB/*Kanzleiter* Rn 1; *Soergel/Gaul* Rn 2 mwN in Fn 1; abw aber offenbar *Ludwig* DNotZ 1982, 651, 653; anders müssten die entscheiden, die den Zweck des § 1409 darin sehen, eine Rechtszersplitterung zu verhindern, so etwa AnwK-BGB/*Völker* Rn 1; *Staudinger/Thiele* Rn 1.
[4] AnwK-BGB/*Völker* Rn 4, jedoch falsch in Rn 5 bezüglich der für einzelne Ehen durch besondere Überleitungsvorschriften noch fortgeltenden Altgüterstände; Hk-BGB/*Kemper* Rn 1; MünchKommBGB/*Kanzleiter* Rn 2.
[5] AnwK-BGB/*Völker* Rn 6; *Ludwig* DNotZ 1982, 651, 656; *Soergel/Gaul* Rn 4; *Staudinger/Thiele* Rn 4; aA *Walter* NJW 1981, 1409; ders FamRZ 1982, 7.
[6] AnwK-BGB/*Völker* Rn 4; *Staudinger/Thiele* Rn 2; aA *Mikat*, FS Felgentraeger, 1969, S 323, 324 f, der aus § 1409 den Umkehrschluss der vollen Gestaltungsfreiheit zieht.
[7] AnwK-BGB/*Völker* Rn 5; MünchKommBGB/*Kanzleiter* Rn 2 mwN; *Staudinger/Thiele* Rn4.
[8] *Staudinger/Thiele* Rn 5.
[9] AnwK-BGB/*Völker* Rn 6; *Staudinger/Thiele* Rn 6 mwN.
[10] AllgM, AnwK-BGB/*Völker* Rn 7; *Soergel/Gaul* Rn 4.

§ 139[11]. § 1409 gilt nur, wenn deutsches Güterrecht zur Anwendung kommt und steht einer **Rechtswahl** nach Art 14 Abs 3 und 15 Abs 2 EGBGB nicht entgegen[12].

§ 1410 Form

Der Ehevertrag muss bei gleichzeitiger Anwesenheit beider Teile zur Niederschrift eines Notars geschlossen werden.

I. Normzweck

Die **Beurkundungspflicht** dient[1] gerade wegen der weit reichenden vermögensrechtlichen und persönlichen Folgen eines Ehevertrags der Sicherstellung der Belehrung und sachkundigen Beratung (Schutzfunktion, § 17 BeurkG), dem Übereilungsschutz, dem Hinweis auf die besondere Bedeutung des Rechtsgeschäfts (Warnfunktion), der Sicherung des Beweises hinsichtlich des Inhalts der getroffenen Vereinbarung (Beweisfunktion) sowie der Gewährleistung der weitest möglichen Gültigkeit des geschlossenen Vertrags durch Einschaltung des rechtskundigen Notars (Gültigkeitsgewähr). Dabei gehen die Meinungen darüber, welcher Formzweck im Vordergrund steht, erheblich auseinander[2]. § 1410 gilt auf Grund der ausdrücklichen Verweisung in § 7 S 2 LPartG auch für **Lebenspartnerschaftsverträge** von gleichgeschlechtlichen Lebenspartnern. 1

II. Formgebot

1. Gegenstand und Umfang der Beurkundungspflicht. Die Formvorschrift des § 1410 besteht für **Eheverträge** iS von § 1408, einschließlich solcher über den Versorgungsausgleich, weil § 1408 Abs 2 diese dem Ehevertrag zuordnet[3]. Auch wenn es keinen Rechtsgrundsatz gibt, dass der aufhebende Vertrag der Form des aufzuhebenden Vertrags bedarf, so muss doch wegen des Normzwecks die Aufhebung des Ehevertrags die Form des § 1410 wahren[4]. Die Beurkundungspflicht gilt entsprechend dem Normzweck (Rn 1) auch für alle Rechtsgeschäfte mit „**äquivalenter Bindung**"[5], wie für den hierauf gerichteten Vorvertrag[6], die **unwiderrufliche Vollmacht** zum Abschluss des Ehevertrags[7] oder für die gegenüber einem Dritten übernommene Verpflichtung zum Abschluss eines Ehevertrag, etwa für Verpflichtung in Gesellschaftsvertrag, Ehevertrag bestimmten Inhalts abzuschließen[8]. 2

Die widerruflich erteilte **Vollmacht** zum Abschluss eines Ehevertrages bedarf grds keiner notariellen Beurkundung[9]. Dies ergibt sich aus dem klaren **Wortlaut des § 167 Abs 2** und der Entstehungsgeschichte dieser Vorschrift[10]. Dass dem Vertreter kein eigener Entscheidungsspielraum gelassen ist, ist dabei für die Formbedürftigkeit unbeachtlich[11*]. Ausdrücklich offen gelassen hat der BGH, ob die anderen zu § 311 b Abs 1 entwickelten Grundsätze, die eine Formbedürftigkeit der Vollmacht bedingen, auch hier anwendbar sind. Die Bevollmächtigung unter **Befreiung von den Beschränkungen des § 181** begründet aber allein noch keinen Formzwang[12*]. Auch die nachträgliche Genehmigung des 3

---

[11] AnwK-BGB/*Völker* Rn 7; MünchKommBGB/*Kanzleiter* Rn 3.
[12] AnwK-BGB/*Völker* Rn 6; PWW/*Weinreich* Rn 5; Staudinger/*Thiele* Rn 9; Soergel/*Gaul* Rn 5 f.
[1] Zu den verschiedenen Schutzzwecken AnwK-BGB/*Völker* Rn 1.
[2] MünchKommBGB/*Kanzleiter* Rn 1 betont den Schutzzweck, die anderen Funktionen würden dahinter zurücktreten; Staudinger/*Thiele* Rn 2 betont den Übereilungsschutz; ebenso Soergel/*Gaul* Rn 2, ohne besondere Gewichtung; ebenso Lüderitz/*Dethloff* § 5 Rn 6; *Dölle* I S 663; wie hier jetzt Gernhuber/*Coester-Waltjen* § 32 Rn 15.
[3] AnwK-BGB/*Völker* Rn 3; zur güterrechtlichen Qualifikation einer nach islamischem Recht in Deutschland getroffenen Vereinbarung über die Morgengabe BGH NJW 1987, 2161; NJW 1999, 574; *Heßler* IPRax 1988, 95.
[4] OLG Frankfurt FamRZ 2001, 1523, 1524 = NJWE-FER 2001, 228; OLG Saarbrücken FamRZ 2002, 1034, 1035; OLG Köln FamRZ 2000, 832; AnwK-BGB/*Völker* Rn 2; MünchKommBGB/*Kanzleiter* Rn 3.
[5] Gernhuber/*Coester-Waltjen* § 32 Rn 14; AnwK-BGB/*Völker* Rn 3.
[6] BGH FamRZ 1966, 492; RGZ 48, 183; 68, 322; AnwK-BGB/*Völker* Rn 3; jurisPK/*Hausch* Rn 5; Staudinger/*Thiele* Rn 4; MünchKommBGB/*Kanzleiter* Rn 3.
[7] AnwK-BGB/*Völker* Rn 3; jurisPK/*Hausch* Rn 7; Gernhuber/*Coester-Waltjen* § 32 Rn 15; Staudinger/*Thiele* Rn 5; MünchKommBGB/*Kanzleiter* Rn 3; wohl auch BGHZ 138, 239 = NJW 1998, 1857, 1859.
[8] AnwK-BGB/*Völker* Rn 3; jurisPK/*Hausch* Rn 6; Gernhuber/*Coester-Waltjen* § 32 Rn 15.
[9] BGHZ 138, 239 = NJW 1998, 1857 = LM § 167 Nr 40 m Anm *Langenfeld* unter ausdrücklicher Ablehnung einer teleologischen Reduktion des § 167 Abs 2; dazu Kanzleiter NJW 1999, 1612; Gernhuber EWiR 1998, 645; *Hohloch* JuS 1998, 759; ebenso die hM, OLG Frankfurt NJWE-FER 1997, 221, Vorinstanz zum BGH; AnwK-BGB/*Völker* Rn 4; MünchKommBGB/*Kanzleiter* Rn 4; Soergel/*Gaul* Rn 3; Staudinger/*Thiele* Rn 5 f, jedoch mit Einschränkungen; RGRK/*Finke* Rn 5; *Dölle* I S 663; aA – bei Formvorschriften mit Warnfunktion erstrecke sich diese auch auf Erteilung der Vollmacht – Staudinger/*Schilken* 1995 § 167 Rn 20 mwN, *Einsele* NJW 1998, 1206; *dies* DNotZ 1999, 43; *dies* DNotZ 1996, 835; *Vollkommer* JZ 1999, 522; diff nach der Interessenlage *Müller-Freienfels*, Vertretung und Rechtsgeschäft, 1955, S 276 ff.
[10] *Kanzleiter* NJW 1999, 1612, 1613.
[11*] BGHZ 138, 239 = NJW 1998, 1857.
[12*] RGZ 79, 282, 283; AnwK-BGB/*Völker* Rn 4; Soergel/*Gaul* Rn 3; MünchKommBGB/*Kanzleiter* Rn 4; aM *Flume*, Allgemeiner Teil, Bd. II, 4. Aufl 1992, § 52, 2 b; für Formbedürftigkeit in größerem Umfang, insbes auch bei Befreiung von den Beschränkungen des § 181, wenn damit rechtliche oder faktische Gebundenheit erzeugt wird: Staudinger/*Thiele* Rn 5 f; vgl auch BGH bei Johannsen WM 1978, 654, 666: notarielle Generalvollmacht für den Ehemann unter Befreiung von § 181, wobei der BGH den so geschlossenen Ehevertrag nicht anerkannte.

von einem vollmachtlosen Vertreter abgeschlossenen Ehevertrags ist nach hM formfrei möglich (§ 182 Abs 2)[13]. Dass durch diese weit reichende Formfreiheit von Vollmacht und nachträglicher Zustimmung der **Schutzzweck** des § 1410 uU weitgehend **umgangen** werden kann, mag unbefriedigend sein, ist aber de lege lata hinzunehmen[14]; im Einzelfall kann bei Vorliegen besonderer Umstände § 138 eingreifen[15]. In der Praxis werden die sich hieraus ergebenden Gefahren dadurch gemindert, dass der Notar das Beurkundungsverfahren auf Grund seiner Amtspflicht so zu gestalten hat, dass die Beratungs- und Belehrungspflicht beider Vertragsteile gesichert ist, vgl auch den neuen § 17 Abs 2 a BeurkG[16]. Der Abschluss des Ehevertrags durch einen Notarangestellten als Vertreter der Ehefrau entspricht dabei im Allgemeinen sicherlich nicht diesen Anforderungen[17].

4 Das Formgebot erfasst den **gesamten Inhalt** des Ehevertrags[18]; „Stichwortverträge" sind nur bei Verweisung auf einen gesetzlich geregelten Güterstand des geltenden deutschen Rechts möglich („es gilt Gütertrennung"; vgl auch das Verweisungsverbot des § 1409)[19].

5 Wenig diskutiert ist im Übrigen der **Umfang der Beurkundungspflicht:** Erstreckt sich diese auch auf die mit dem Ehevertrag „verbundenen Rechtsgeschäfte", die mit diesem in einem inneren Zusammenhang stehen? *Kanzleiter* reduziert die Formbedürftigkeit nur auf den Ehevertrag selbst, und begründet dies zum einen damit, dass der Formzweck des § 1410 nur Beweis- und Belehrungszwecken diene, dies aber keine umfassende Beurkundung aller verbundenen Vereinbarungen erfordere. Zum anderen wird dies mit dem Gebot der Rechtssicherheit und der fehlenden Heilungsmöglichkeit bei Verletzung des Formgebots begründet[20]. Die Gegenansicht erstreckt die Beurkundungspflicht – entsprechend den zu § 311 b Abs 1 entwickelten Grundsätzen – auch auf alle sonstigen Abreden, die auch nur nach dem erkennbaren Willen des einen Vertragsteils eine rechtliche Einheit mit dem Ehevertrag bilden (Nebenabreden, aber auch zusammengesetzte Verträge) und daher miteinander „stehen und fallen" sollen[21]. Angesichts der Komplexität der Vereinbarungen im ehevertraglichen Kontext gebieten sowohl Schutz-, wie Warn- und auch die Gültigkeitsfunktion die Anwendung der zu § 311 b entwickelten, bewährten Grundsätze[22].

6 **2. Beurkundungsverfahren.** Die vorgeschriebene gleichzeitige Anwesenheit schließt eine **Sukzessivbeurkundung** durch Angebot und Annahme aus (§§ 128, 152 gelten nicht). Stellvertretung ist jedoch zulässig[23]; zur Form der Vollmacht s Rn 3. Zuständig für die Beurkundung sind die Notare[24]. Das Verfahren richtet sich nach den §§ 8 ff BeurkG. Bei Ausländern ist § 16 BeurkG zu beachten[25].

7 Die notarielle Form wird stets durch den **protokollierten gerichtlichen Vergleich** ersetzt (§ 127 a), nicht jedoch die erforderliche gleichzeitige Anwesenheit der Parteien, wobei auch hier Stellvertretung möglich ist[26]. Insbes früher wurden **Ehe- und Erbvertrag** miteinander verbunden, was kostenrechtlich begünstigt ist (§ 46 Abs 3 KostO)[27] und dazu führt, dass für den Erbvertrag die Beachtung der ehevertraglichen Form genügt (§ 2276 Abs 2), jedoch nicht die persönliche Anwesenheit des Erblassers entbehrlich macht (§ 2274)[28].

8 **3. Nichtbeachtung der Form.** Die Nichtbeachtung der Form des § 1410 führt zur Nichtigkeit des Ehevertrags (§ 125)[29]. Eine Heilung sieht das Gesetz trotz der uU einschneidenden Nichtigkeitsfolge nicht vor[30]. Auch eine Berufung auf Treu und Glauben vermag die fehlende Form nicht zu über-

---

[13] BGHZ 138, 239 = NJW 1998, 1857, 1858; LG Braunschweig NJWE-FER 2000, 50; KG Rpfleger 2001, 589, 590; AnwK-BGB/*Völker* Rn 4; MünchKommBGB/*Kanzleiter* Rn 4; *Soergel/Gaul* Rn 3; aA *Staudinger/Thiele* Rn 6.
[14] MünchKommBGB/*Kanzleiter* Rn 4; *Gerber* DNotZ 1998, 294* mit einem Appell an den Gesetzgeber, den persönlichen Abschluss des Ehevertrags (entsprechend § 2274) einzuführen; lebensfremd allerdings AnwK-BGB/*Völker* Rn 4, wonach die Interessen der Ehegatten „nicht grds gegenläufig sein müssen".
[15] *Gerber* DNotZ 1998, 294*.
[16] Dies verkennt AnwK-BGB/*Völker* Rn 4, der in Kritik zur hiesigen Auffassung allein auf die Belehrungspflicht des Notars abstellt und übersieht, dass es hier um die Pflicht zur sachgerechten Verfahrensgestaltung geht.
[17] *Kanzleiter* NJW 1999, 1612, 1614 in Anm zu BGHZ 138, 239, wo so verfahren wurde.
[18] *Staudinger/Thiele* Rn 14.
[19] *Gernhuber/Coester-Waltjen* § 32 Rn 18–20.
[20] MünchKommBGB/*Kanzleiter* Rn 3; *ders* NJW 1997, 217, 219 f, gegen zu starke Ausdehnung der Beurkundungspflicht auf Grund einer umfassenden Verknüpfungswillens jetzt *ders* DNotZ 2004, 178.
[21] AnwK-BGB/*Völker* Rn 5; *Grziwotz* FamRB 2006, 26; jurisPK/*Hausch* Rn 12; *Kiethe* MDR 1994, 639, 641; *Palandt/Brudermüller* Rn 2; *StaudingerThiele* Rn 14; *Staudinger/Hertl* Vor §§ 127 a, 128 Rn 176; zur Scheidungsvereinbarung s 1378 Abs 3 *Langenfeld* DNotZ 1983, 139, 161; *Schwab/Hahne* HdB ScheidungsR VIII Rn 294; diff DNotI-Gutachten DNotI-Report 1997, 125, 127: beurkundungspflichtig, soweit die anderen Vereinbarungen nicht bloß die bereits abgeschlossene Grundlage für die Scheidungsvereinbarung sind – nicht überzeugend; zur Vorsicht ratend *Bergschneider* FamRZ 2001, 1338; zur parallelen Problematik beim Erbvertrag: *Hohmann* ZEV 1996, 24; *Dittmann/Reimann/Bengel/J. Mayer*, Testament und Erbvertrag, 5. Aufl 2005, § 2276 Rn 35 f mwN.
[22] Der hiesigen Auffassung ausdrücklich zust AnwK-BGB/*Völker* Rn 5; zu den Folgen nur teilweise beurkundeter Vereinbarungen anschaulich *Herr* FuR 2005, 542.
[23] BGHZ 138, 239 = NJW 1998, 1857; OLG Frankfurt NJWE-FER 1997, 221; *Staudinger/Thiele* Rn 7; *Gernhuber/Coester-Waltjen* § 32 Rn 17.
[24] Ein Abschluss vor öffentlichen Rechtsauskunfts- und Vergleichsstellen genügt nicht, OLG Schleswig SchlHA 1997, 14.
[25] OLG Stuttgart FamRZ 1991, 708.
[26] BGHZ 84, 333, 335; *Soergel/Gaul* Rn 4.
[27] Zu den kostenrechtlichen Fragen ausf *Soergel/Gaul* Rn 4.
[28] Zur Bedeutung der Formerleichterung *J. Mayer* in: *Reimann/Bengel/J. Mayer*, Testament und Erbvertrag, § 2276 Rn 25.
[29] AllgM, *Staudinger/Thiele* Rn 15; MünchKommBGB/*Kanzleiter* Rn 7.
[30] AnwK-BGB/*Völker* Rn 9; jurisPK/*Hausch* Rn 16; *Staudinger/Thiele* Rn 15.

winden[31]. Nach Beendigung des gesetzlichen Güterstands kann jedoch über die Zugewinnausgleichsforderung eine formlose Vereinbarung getroffen werden[32].

§ 1411 Eheverträge beschränkt Geschäftsfähiger und Geschäftsunfähiger

(1) [1]Wer in der Geschäftsfähigkeit beschränkt ist, kann einen Ehevertrag nur mit Zustimmung seines gesetzlichen Vertreters schließen. [2]Dies gilt auch für einen Betreuten, soweit für diese Angelegenheit ein Einwilligungsvorbehalt angeordnet ist. [3]Ist der gesetzliche Vertreter ein Vormund oder Betreuer, so ist außer der Zustimmung des gesetzlichen Vertreters die Genehmigung des Vormundschaftsgerichts erforderlich, wenn der Ausgleich des Zugewinns ausgeschlossen oder eingeschränkt oder wenn Gütergemeinschaft vereinbart oder aufgehoben wird. [4]Der gesetzliche Vertreter kann für einen in der Geschäftsfähigkeit beschränkten Ehegatten oder einen geschäftsfähigen Betreuten keinen Ehevertrag schließen.

(2) [1]Für einen geschäftsunfähigen Ehegatten schließt der gesetzliche Vertreter den Vertrag; Gütergemeinschaft kann er nicht vereinbaren oder aufheben. [2]Ist der gesetzliche Vertreter ein Vormund oder Betreuer, so kann er den Vertrag nur mit Genehmigung des Vormundschaftsgerichts schließen.

I. Normzweck

Wegen der auf Dauer angelegten und weit reichenden vermögensrechtlichen und persönlichen Folgen wird eine möglichst weit gehende **Eigenbestimmung** der Ehegatten beim Abschluss eines Ehevertrags angestrebt. Daher wird die Vertretungsmacht gesetzlicher Vertreter weitgehend ausgeschlossen[1]. 1

II. Beschränkte Geschäftsfähigkeit oder Betreuung eines geschäftsfähigen Ehegatten (Abs 1)

In diesen Fällen können die Betroffenen einen Ehevertrag nur selbst abschließen. Ihre gesetzlichen Vertreter können dies nie (Abs 1 S 4; aber Genehmigung nach §§ 177 ff möglich)[2]. Die Anordnung einer Betreuung berührt dabei weder die Geschäftsfähigkeit noch die Ehefähigkeit[3]. Denn die Geschäftsfähigkeit bestimmt sich allein nach § 104. Daher musste die Betreuung gesondert geregelt werden. 2

Der **Zustimmung** des gesetzlichen Vertreters bedarf es bei einem 3
– **Minderjährigen** iS von §§ 2, 106 (Abs 1 S 1); § 107 ist hier unbeachtlich[4]. Wegen der Ehemündigkeit nach § 1303 wird dies ohnehin nur selten der Fall sein.
– **Betreuten,** wenn ein entsprechender Einwilligungsvorbehalt (§ 1903 Abs 1) für den Abschluss eines Ehevertrags besteht (Abs 1 S 2).

Wer **gesetzlicher Vertreter** ist, bestimmt sich nach den allgemeinen Vorschriften (§§ 1626 ff, 1773 ff, 1896). Divergieren Vermögens- und Personensorge, so ist wegen des vermögensrechtlichen Charakters des Ehevertrags die Vermögenssorge entscheidend[5]. Für die Zustimmung gelten die §§ 108, 109, 182 bis 184[6]; sie kann also abweichend von § 1410 formlos erteilt werden[7]. Jedoch kann die Genehmigung zu einem formnichtigen Ehevertrag mangels der erforderlichen Form des § 1410 nicht als Neuvornahme (§ 141) angesehen werden[8]. Wer sich auf die Unwirksamkeit eines von ihm als Minderjährigen geschlossenen, nach Eintritt seiner Volljährigkeit von ihm genehmigten Vertrages beruft, trägt die **Beweislast** für die Verweigerung der Genehmigung durch seinen gesetzlichen Vertreter vor Eintritt der Volljährigkeit[9].

Ist der gesetzliche Vertreter ein Vormund oder Betreuer, so bedarf es der **Genehmigung** durch das **Vormundschaftsgericht** (zu den Verfahrensfragen §§ 1828 bis 1830), wenn der Zugewinnausgleich eingeschränkt[10] oder ausgeschlossen oder wenn Gütergemeinschaft vereinbart oder aufgehoben wird (Abs 1 S 3). Eine bloße Modifikation der bestehenden **Gütergemeinschaft** (Vereinbarung von Vorbehaltsgut) ist jedoch nicht genehmigungspflichtig, sofern dadurch die Gütergemeinschaft nicht prak- 4

---

[31] AnwK-BGB/*Völker* Rn 9; *Soergel/Gaul* Rn 2; großzügiger OLG Hamburg FamRZ 1988, 1167: wenn die Nichtigkeitsfolge mit Treu und Glauben unvereinbar wäre, wie etwa in Fällen schwerer Treuepflichtverletzung des einen Teils und der Existenzgefährdung des anderen Teils.
[32] OLG Düsseldorf OLGR 1993, 9; AnwK-BGB/*Völker* Rn 9.
[1] AnwK-BGB/*Völker* Rn 1; *Gernhuber/Coester-Waltjen* § 32 Rn 17; MünchKommBGB/*Kanzleiter* Rn 1.
[2] *Gernhuber/Coester-Waltjen* § 32 Rn 17; *Palandt/Brudermüller* Rn 1; PWW/*Weinreich* Rn 2.
[3] *G. Müller,* Betreuung und Geschäftsfähigkeit, 1998, S 49 ff, 86 f; übersehen bei PWW/*Weinreich* Rn 1.
[4] *Staudinger/Thiele* Rn 5.
[5] AnwK-BGB/*Völker* Rn 6; jurisPK/*Hausch* Rn 8; MünchKommBGB/*Kanzleiter* Rn 2; *Staudinger/Thiele* Rn 7.
[6] AnwK-BGB/*Völker* Rn 7; *Staudinger/Thiele* Rn 8.
[7] AnwK-BGB/*Völker* Rn 7; *Staudinger/Thiele* Rn 8.
[8] OLG Hamburg FamRZ 1988, 1167; AnwK-BGB/*Völker* Rn 7.
[9] BGH NJW 1989, 1728 = LM § 108 Nr 5; AnwK-BGB/*Völker* Rn 14 aE; *Baumgärtel/Laumen* Rn 1.
[10] Beispiele bei *Staudinger/Thiele* Rn 12; benachteiligen die Modifikationen nur den einen Vertragsteil, besteht Genehmigungspflicht auf Grund einer teleologischen Reduktion nur dann, wenn dies der Minderjährige oder Betreute ist, *Staudinger/Thiele* aaO; AnwK-BGB/*Völker* Rn 8.

§ 1412   Buch 4. Abschnitt 1. Bürgerliche Ehe

tisch aufgehoben wird[11]. Der Ausschluss des **Versorgungsausgleichs** ist in Abs 1 S 3 nicht für genehmigungspflichtig erklärt worden. Dies mag auf einem Redaktionsversehen beruhen[12]. Gründe der Rechtssicherheit[13] stehen jedoch der Ausweitung der Genehmigungspflichten durch eine Analogie entgegen, so wünschenswert diese im Ergebnis sein mag[14]. Führt der Ausschluss des Versorgungsausgleichs entsprechend der Auslegungsregel des § 1414 zum Eintritt der Gütertrennung, so kommt der Streitfrage ohnehin keine praktische Bedeutung zu[15]. Für die örtliche **Zuständigkeit** des Vormundschaftsgerichts gelten die §§ 43, 36 FGG; es entscheidet der Rechtspfleger (§ 3 Nr 2 a RPflG). Die Eltern als gesetzliche Vertreter bedürfen sonderbarer Weise (Rn 5) keiner Genehmigung.

III. Geschäftsunfähigkeit eines Ehegatten (Abs 2)

5   Für einen geschäftsunfähigen Ehegatten oder Verlobten kann der gesetzliche Vertreter den Ehevertrag abschließen (Abs 2 S 1). Jedoch ist die **Vertretungsmacht** hier begrenzt: Gütergemeinschaft kann weder vereinbart noch aufgehoben werden (Abs 2 S 1, HS 2). Modifizierungen der bestehenden Gütergemeinschaft sind aber möglich[16]; ebenso Aufhebung oder Ausschluss des Zugewinnausgleichs[17]. Vormund oder Betreuer bedürfen für den Abschluss des Ehevertrags aber der **Genehmigung** des **Vormundschaftsgerichts** (Abs 2 S 2), nicht aber die Eltern[18], was angesichts der weit reichenden Folgen und der Detailregelung des sonst geltenden § 1643 verwundert[19].

§ 1412 Wirkung gegenüber Dritten

(1) Haben die Ehegatten den gesetzlichen Güterstand ausgeschlossen oder geändert, so können sie hieraus einem Dritten gegenüber Einwendungen gegen ein Rechtsgeschäft, das zwischen einem von ihnen und dem Dritten vorgenommen worden ist, nur herleiten, wenn der Ehevertrag im Güterrechtsregister des zuständigen Amtsgerichts eingetragen oder dem Dritten bekannt war, als das Rechtsgeschäft vorgenommen wurde; Einwendungen gegen ein rechtskräftiges Urteil, das zwischen einem der Ehegatten und dem Dritten ergangen ist, sind nur zulässig, wenn der Ehevertrag eingetragen oder dem Dritten bekannt war, als der Rechtsstreit anhängig wurde.

(2) Das Gleiche gilt, wenn die Ehegatten eine im Güterrechtsregister eingetragene Regelung der güterrechtlichen Verhältnisse durch Ehevertrag aufheben oder ändern.

Übersicht

	Rn		Rn
I. Normzweck, Grundzüge	1	2. Kenntnis des Dritten	11
II. Anwendungsbereich	5	IV. Wirkung	12
1. Änderung güterrechtlicher Verhältnisse	5	1. Grundsatz	12
2. Rechtsgeschäft oder Urteil	7	2. Einzelheiten	14
3. Persönlicher Anwendungsbereich	8	3. Zeitliche Grenze	15
III. Voraussetzungen für die Zulässigkeit der Einwendungen	9	4. Verhältnis zu den sonstigen Gutglaubensvorschriften	16
1. Eintragung im Güterrechtsregister	10	V. Beweislast	18

I. Normzweck, Grundzüge

1   Die Einrichtung des Güterrechtsregisters und die Regelung des § 1412 dienen an sich dem **Schutz des Rechtsverkehrs** (zu den Funktionen des Güterrechtsregisters s § 1558 Rn 1 f). Die Vielzahl von Rechtsgeschäften und Prozessen mit Ehegatten erfordern einen gewissen **standardisierten Schutz**

---

[11] Staudinger/*Thiele* Rn 13; Palandt/*Brudermüller* Rn 3; MünchKommBGB/*Kanzleiter* Rn 3 Fn 3; ähnlich AnwK-BGB/*Völker* Rn 8: soweit nicht „faktisch" aufgehoben.
[12] So Soergel/*Gaul* Rn 3.
[13] Dagegen, aber ohne jede Begr, AnwK-BGB/*Völker* Rn 8; demgegenüber entspricht es gefestigter Zivilrechtsdogmatik, dass im Vormundschaftsrecht Genehmigungstatbestände im Interesse der Rechtssicherheit sehr formal ausgelegt werden.
[14] Ebenso MünchKommBGB/*Kanzleiter* Rn 3; *Bergerfurth* FamRZ 1977, 440, 441 Fn 11; für Analogie aber AnwK-BGB/*Völker* Rn 8; PWW/*Weinreich* Rn 7; Palandt/*Brudermüller* Rn 4; *Rauscher* Rn 360; Soergel/*Gaul* Rn 3; Staudinger/*Thiele* Rn 14.
[15] Zutr AnwK-BGB/*Völker* Rn 8; Palandt/*Brudermüller* Rn 4.
[16] Staudinger/*Thiele* Rn 20; MünchKommBGB/*Kanzleiter* Rn 4; Soergel/*Gaul* Rn 4.
[17] Staudinger/*Thiele* Rn 20; Palandt/*Brudermüller* Rn 4; Soergel/*Gaul* Rn 4.
[18] AnwK-BGB/*Völker* Rn 10; PWW/*Weinreich* Rn 8; Staudinger/*Thiele* Rn 21.
[19] MünchKommBGB/*Kanzleiter* Rn 5 Fn 6; widersprüchlich AnwK-BGB/*Völker*, der einerseits die hiesige Kritik als Außenseiter-Meinung hinstellt (Rn 10 Fn 26), andererseits den Normzweck des § 1411 mit der aus der Luft gegriffenen Feststellung rechtfertigt, dass es hier zu einem „kollusiven Zusammenwirken zwischen .. dem gesetzlichen Vertreter und dem anderen Ehegatten" kommen könne (Rn 1).

Dritter: Er soll sich grds darauf verlassen können, dass sein Vertragspartner oder Prozessgegner im normalen gesetzlichen Güterstand mit der typischen gesetzlichen Ausgestaltung lebt[1]. Denn durch die Möglichkeit der Modifizierung oder gar Aufhebung des gesetzlichen Güterstands auf Grund der Ehevertragsfreiheit können sich hinsichtlich der Verfügungsbefugnis oder Schuldenhaftung sonst ganz erhebliche, für Dritte nachteilige Abweichungen ergeben. Daher bestimmt § 1412, dass ein Dritter eine Aufhebung oder Änderung des gesetzlichen oder im Güterrechtsregister eingetragenen Güterstands nur dann gegen sich gelten lassen muss, wenn er sie kannte oder sie im Güterrechtsregister eingetragen war. Geschützt wird also derjenige, der auf das Schweigen des Registers oder den Fortbestand einer einmal richtig eingetragenen Rechtslage vertraut (sog „negative Publizität")[2].

Jedoch besteht **keine Eintragungspflicht** für ehevertragliche Änderungen des Güterrechts; diese sind auch unabhängig von der Eintragung wirksam, soweit die §§ 1410, 134, 138 beachtet sind[3]. Umgekehrt kommt auch ihrer Eintragung im Güterrechtsregister keine „heilende Bedeutung" zu, wenn sie unwirksam waren. „Dem Reden des Registers ist nicht zu trauen"[4]. Es besteht – anders als beim Grundbuch – kein umfassender öffentlicher Glaube iS einer positiven Publizität[5].

Da aber das Güterrechtsregister de facto kaum eingesehen wird, bewirkt die Eintragung einer Änderung des gesetzlichen Güterstands, dass der **gute Glaube Dritter** an den Fortbestand der Bestimmungen des gesetzlichen Güterstands **einseitig** zu deren Nachteil **zerstört** werden kann. Daher schützt heute die Güterrechtsregistereintragung mehr die Ehegatten als den Rechtsverkehr[6]. Der von § 1412 intendierte standardisierte Verkehrsschutz versagt, weil die Einsicht des Güterrechtsregisters nicht Standard ist.

Die Vorschrift betrifft nur die **materiell-rechtlichen Wirkungen** einer Eintragung in das Güterrechtsregister. Das **formelle Eintragungsverfahren** selbst ist in den §§ 1558 bis 1563 geregelt. Für die materiell-rechtlichen Eintragungsvoraussetzungen, vor allem die Eintragungsfähigkeit, fehlt eine gesetzliche Regelung (§ 1558 Rn 5 ff)[7].

II. Anwendungsbereich

1. Änderung güterrechtlicher Verhältnisse. § 1412 gilt bei Änderungen der güterrechtlichen Verhältnisse, die für den rechtsgeschäftlichen Verkehr mit Dritten unmittelbar von Bedeutung sind[8]. **Direkt anwendbar** ist § 1412 daher auf die durch Ehevertrag erfolgte Ausschließung des gesetzlichen Güterstands, wodurch Gütertrennung eintritt (§ 1414), auf ehevertragliche Modifizierungen des gesetzlichen Güterstands (vgl § 1408 Rn 59), ehevertragliche Aufhebung der im Güterrechtsregister bereits eingetragenen vertraglichen Regelung (zB Aufhebung der Gütergemeinschaft, was zum subsidiären Güterstand der Gütertrennung führt, § 1414 S 2), ehevertragliche Änderung der im Güterrechtsregister bereits eingetragenen vertraglichen Regelung, auch bei Änderung der Verwaltungsbefugnis. **Keine Anwendung** findet § 1412 trotz Änderung des Güterrechts bei Eintritt der Gütertrennung nach § 1388 bei einem **vorzeitigen Zugewinnausgleich,** die durch Rechtskraft des Urteils eintritt[9]

Aus Gründen des Verkehrsschutzes ist § 1412 auf Grund ausdrücklicher Gesetzesverweisung **analog** anwendbar[10]:
– bei Aufhebung der Gütergemeinschaft durch Urteil (wegen ausdrücklicher Verweisung in §§ 1449 Abs 2, 1470 Abs 2)
– wenn Vermögensgegenstände durch Bestimmung Dritter oder kraft Gesetzes (§ 1418 Abs 2 Nr 2 und 3) Vorbehaltsgut werden (§ 1418 Abs 4)
– wenn ein Einspruch gegen den Betrieb eines selbständigen Erwerbsgeschäfts eingelegt oder die Einwilligung widerrufen wurde (§§ 1431 Abs 3, 1456 Abs 3)
– bei Beschränkung oder Ausschluss der Befugnisse nach § 1357 (Geschäfte zur angemessenen Deckung des Lebensbedarfs, § 1357 Abs 2 S 2).

2. Rechtsgeschäft oder Urteil. Einwendungen aus § 1412 können auch nur gegen ein mit einem Dritten abgeschlossenes **Rechtsgeschäft** oder mit einem Dritten geführten **Prozess** erhoben werden. § 1412 gilt **nicht,** soweit ein Vertrauensschutz nicht erforderlich ist, so bei unerlaubten Handlungen, gesetzlichen Unterhaltspflichten[11], oder bei **Zwangsvollstreckungsmaßnahmen** und zwar sowohl bezüglich des Erwerbs im Rahmen der Zwangsvollstreckung wie aber auch hinsichtlich der formellen

---

[1] AnwK–BGB/*Völker* Rn 2.
[2] *Rauscher* Rn 368.
[3] AllgM, vgl etwa OLG Königsberg OLGE 15, 406; AnwK-BGB/*Völker* Rn 2; jurisPK/*Hausch* Rn 10; Staudinger/*Thiele* Rn 7 ff.
[4] *Dölle* I S 725.
[5] AnwK-BGB/*Völker* Rn 4; jurisPK/*Hausch* Rn 5; *Rauscher* Rn 368.
[6] MünchKommBGB/*Kanzleiter* Rn 1; AnwK-BGB/*Völker* Rn 3; vgl auch *Soergel/Gaul* Rn 2; *Gernhuber/Coester-Waltjen* § 33 Rn 3–5.
[7] BGHZ 66, 203, 205 = NJW 1976, 1258.
[8] AnwK-BGB/*Völker* Rn 6 f.
[9] AnwK-BGB/*Völker* Rn 7 m zutr arg e contrario aus §§ 1449 Abs 2, 1479 Abs 2; jurisPK/*Hausch* Rn 8; Staudinger/*Thiele* Rn 30; *Soergel/Gaul* Rn 9; zu weit reichend daher MünchKommBGB/*Kanzleiter* Rn 2, wonach § 1412 für alle derartigen Änderungen gilt; unklar PWW/*Weinreich* Rn 6.
[10] Staudinger/*Thiele* Rn 31–35; vgl auch AnwK-BGB/*Völker* Rn 7 aE.
[11] AllgM, AnwK-BGB/*Völker* Rn 10; MünchKommBGB/*Kanzleiter* Rn 4; PWW/*Weinreich* Rn 7.

§ 1412

Voraussetzungen und der Vollstreckungsobjekte[12]; hier ist jeweils allein die wirkliche güterrechtliche Lage maßgebend. Dies ist auch im Rahmen einer Drittwiderspruchsklage (§ 771 ZPO) zu beachten[13], hilft jedoch nach hM nicht über § 740 Abs 2 ZPO hinweg:

7.1 **Beispiel**[14]: Die ehevertraglich vereinbarte Gütergemeinschaft ist im Güterrechtsregister nicht eingetragen. Die Ehefrau F verfügt über einen ihr früher allein gehörenden Vermögensgegenstand, der nun zum Gesamtgut gehört. Dies ist trotz § 1450 wegen fehlender Eintragung in das Güterrechtsregister gegenüber dem gutgläubigen Erwerber nach § 1412 wirksam. Für die zwangsweise Durchsetzung seiner sich daraus ergebenden dinglichen Rechtsstellung genügt aber ein bloßes Urteil gegen die Ehefrau nach § 739 ZPO nicht, weil dies nur eine Vollstreckung in ihr Vor- und Sondergut ermöglichen würde. Vielmehr bedarf der Erwerber zur entsprechenden Vollstreckung in das Gesamtgut nach § 740 Abs 2 ZPO eines Duldungstitels gegen den anderen Ehegatten, den er jedoch wegen der über § 1412 gesamtgutswirksamen Verpflichtung der F ohne Probleme erhält[15].

8 **3. Persönlicher Anwendungsbereich.** Der Ausschluss der Einwendungen der Ehegatten bezieht sich nur auf die am Rechtsgeschäft beteiligten **Dritten**. Bei einem Vertrag zu Gunsten Dritter (§§ 328 ff) gilt § 1412 nur für das Valutaverhältnis zwischen Versprechensempfänger und Drittem, schützt letzteren jedoch nicht gegen § 816 Abs 1 S 2[16]. § 1412 wirkt nicht zugunsten weiterer Personen[17]. Im Falle einer sog „Veräußerungskette" gilt § 1412 daher nur für das erste Rechtsgeschäft. Greift bei diesem aber § 1412 ein, so entfaltet es jedoch **„Tatbestandwirkung"** für und gegen andere Personen bei der Weiterveräußerung[18]. Scheitert dagegen die erste Veräußerung, weil der erste Erwerber die wirkliche güterrechtliche Lage kannte, so verfügt dieser als Nichtberechtigter, so dass der Zweiterwerber sich nicht auf § 1412 berufen, aber nach den allgemeinen Vorschriften (§§ 932 ff, 892, 893) gutgläubig erwerben kann[19]. Keine Anwendung findet die Bestimmung im **Verhältnis der Ehegatten** zueinander, hier gilt allein die tatsächliche güterrechtliche Lage[20].

III. Voraussetzungen für die Zulässigkeit der Einwendungen

9 Einwendungen können die Ehegatten nur hinsichtlich solcher Änderungen der güterrechtlichen Verhältnisse erheben, die entweder im Güterrechtsregister eingetragen oder dem Dritten bekannt sind. **Maßgeblicher Zeitpunkt** ist der der Vornahme des **Rechtsgeschäfts**, unabhängig vom Zeitpunkt des Eintritts der Wirksamkeit bei noch ausstehenden Genehmigungen oder aufschiebenden Bedingungen, da beides zurückwirkt[21]. Bei mehraktigen Erwerbstatbeständen kommt es zwar auf den Zeitpunkt der Vollendung des Rechtserwerbs an, jedoch sind die Vorwirkungen nach §§ 873 Abs 2, 878, 892 Abs 2 auch hier anwendbar[22]. Bei **Urteilen** ist maßgeblich der Zeitpunkt der Rechtshängigkeit iS von § 261 ZPO[23].

10 **1. Eintragung im Güterrechtsregister.** Maßgeblich ist allein die Eintragung im Güterrechtsregister des zuständigen Registergerichts; auf die Bekanntmachung kommt es nicht an[24]. Angaben in den Registerakten genügen nur bei zulässiger Bezugnahme[25]. Bei Zuständigkeit mehrerer Registergerichte ist die Eintragung bei allen erforderlich (§ 1558 Rn 1). Soweit die vom gesetzlichen oder eingetragenen Güterstand abweichenden **güterrechtlichen Verhältnisse nicht eingetragen** und auch dem Dritten nicht bekannt sind, können die Ehegatten hieraus keine Einwendungen herleiten.

11 **2. Kenntnis des Dritten.** Nach hM setzt diese nur voraus, dass diesem die wesentlichen **Tatsachen** positiv bekannt sind, aus denen sich der Schluss auf die Änderung der güterrechtlichen Verhältnisse ergibt. Fahrlässige Unkenntnis soll zwar nicht genügen, jedoch eine Kenntnis der Rechtslage nicht erforderlich sein[26]. Der Schluss von der Tatsachen- auf die Rechtskenntnis ist angesichts der Kom-

---

[12] OLG Colmar OLGE 11, 382, 383; OLG Saarbrücken FamRZ 1965, 274; LG München II FamRZ 1983, 172 bei Gütergemeinschaft; AnwK-BGB/*Völker* Rn 28; *Staudinger/Thiele* Rn 22 ff mit Beispielsfällen; *Dölle* I S 730 Fn 32; *Gernhuber/Coester-Waltjen* § 33 Rn 20; MünchKommBGB/*Kanzleiter* Rn 4; PWW/*Weinreich* Rn 7; aA *Erman/Heckelmann* Rn 2: Anwendung des § 1412 auch im Vollstreckungsverfahrens wegen § 739 ZPO und zur Behebung der sich aus § 740 Abs 2 ZPO ergebenden Probleme; diff *Soergel/Gaul* Rn 8: bei Klagen auf Herausgabe oder Übereignung gelte § 1412.
[13] Vgl AnwK-BGB/*Völker* Rn 28.
[14] Nach *Staudinger/Thiele* Rn 18; s auch AnwK-BGB/*Völker* Rn 28.
[15] Dass dies deswegen letztlich kein Problem ist, erörtert AnwK-BGB/*Völker* Rn 28 nicht; zutr aber *Staudinger/Thiele* Rn 24; vgl auch *Gernhuber/Coester-Waltjen* § 33 Rn 20 Fn 16.
[16] BGHZ 88, 288, 290 ff = NJW 1984, 2156 zur Lebensversicherung; *Staudinger/Thiele* Rn 18.
[17] RG Recht 1918 Nr 377; AnwK-BGB/*Völker* Rn 12; PWW/*Weinreich* Rn 7.
[18] *Staudinger/Thiele* Rn 18; AnwK-BGB/*Völker* Rn 14, jeweils m Beispielen.
[19] AnwK-BGB/*Völker* Rn 13; *Staudinger/Thiele* Rn 19.
[20] OLG Braunschweig FamRZ 2005, 903, 904; AnwK-BGB/*Völker* Rn 11; PWW/*Weinreich* Rn 3; *Staudinger/Thiele* Rn 19.
[21] RGZ 142, 59, 63 zu § 1435 aF, zur vormundschaftsgerichtlichen Genehmigung; AnwK-BGB/*Völker* Rn 15; MünchKommBGB/*Kanzleiter* Rn 6; *Soergel/Gaul* Rn 10; *Dölle* I S 730; *Staudinger/Thiele* Rn 41; bei der Bedingung ist die Rückwirkung allerdings nur schuldrechtlich.
[22] AnwK-BGB/*Völker* Rn 15; *Staudinger/Thiele* Rn 41.
[23] AnwK-BGB/*Völker* Rn 15; jurisPK/*Hausch* Rn 15; *Soergel/Gaul* Rn 10; *Staudinger/Thiele* Rn 40, 42; aA MünchKommBGB/*Kanzleiter* Rn 6; Hk-BGB/*Kemper* Rn 7: Anhängigkeit des Rechtsstreits nach § 253 Abs 1 ZPO, jedoch wird man auch hier die Rückwirkung nach § 167 ZPO zulassen müssen.
[24] AnwK-BGB/*Völker* Rn 17; MünchKommBGB/*Kanzleiter* Rn 7; *Staudinger/Thiele* Rn 37.
[25] *Soergel/Gaul* Rn 11; *Staudinger/Thiele* Rn 37.
[26] *Apfelbaum* MittBayNot 2006, 192; jurisPK/*Hausch* Rn 15; MünchKommBGB/*Kanzleiter* Rn 8; Palandt/*Brudermüller* Rn 9; PWW/*Weinreich* Rn 8; *Soergel/Gaul* Rn 12; *Staudinger/Thiele* Rn 39, jeweils unter Berufung auf RGZ

plexität unserer Rechtsordnung eine idR unzulässige Fiktion, die auf der überholten römisch-rechtlichen Parömie „error juris nocet" beruht, die der bei §§ 892, 932 angewandten Beurteilung widerspricht[27] und nur bei einfachen rechtlichen Sachverhalten, die *Husserl* als „Rechtserfahrung erster Stufe" bezeichnet[28], möglich ist, also wenn die Rechtslage gleichsam evident ist[29].

IV. Wirkung

1. Grundsatz. Soweit § 1412 zugunsten Dritter eingreift, schließt er die Einwendung der Ehegatten gegen **Rechtsgeschäfte** aus, die sie auf Grund des zwischen ihnen bestehenden Güterrechts an sich auch nach außen geltend machen könnten; insbes ist die Geltendmachung der güterrechtlich bedingten fehlenden Verwaltungs- oder Verfügungsmacht des handelnden Ehegatten ausgeschlossen. 12

Beispiel: Bei Gütergemeinschaft mit gemeinsamer Verwaltung ohne Eintragung im Güterrechtsregister schließt nur der Ehemann mit dem Mieter einen langfristigen Mietvertrag ab. Der Mietvertrag wäre nach § 1460 an sich gegenüber dem Gesamtgut unwirksam. Wusste der Mieter jedoch nichts von der Gütergemeinschaft, so kann er sich auf die Wirksamkeit des Mietvertrags berufen[30]. 12.1

Bei **Prozessen** bewirkt § 1412 Abs 1 HS 2. eine **Erstreckung der Rechtskraft** gegen den anderen, nicht hieran beteiligten Ehegatten, entsprechend den Regeln des vom Dritten nach § 1412 zu Recht angenommenen Güterrechts, auch wenn dies nach dem wirklichen Güterrecht nicht eintreten würde[31]. Ist der Prozess aber noch nicht entschieden, so hat § 1412 auch für das Erkenntnisverfahren Bedeutung, Denn auch hier ist die **materielle Rechtslage** unter Berücksichtigung von § 1412 zu beurteilen[32], insbes hinsichtlich der Aktiv- und Passivlegitimation der Ehegatten[33]. 13

2. Einzelheiten. Die Wirkungen des Einwendungsausschlusses nach § 1412 sind iÜ teilweise umstritten. Es gilt Folgendes: 14

1. Ist das **Rechtsgeschäft** nach den nach der objektiven Rechtslage bestehenden Verhältnissen **wirksam**, so gilt es so für den Dritten wie für die Ehegatten. Eines Schutzes über § 1412 bedarf es nicht[34]. Es gibt hier **kein Wahlrecht** zwischen wahrer Rechtslage und Schutzposition. Keine positive Publizität des Güterrechtsregisters!

Beispiel: Eintrag im Güterrechtsregister: Gütergemeinschaft mit gemeinsamer Verwaltung (§§ 1450 ff); in Wahrheit besteht Gütertrennung. K kauft vom Ehemann die diesem gehörende Briefmarkensammlung. Ist sie weniger wert als gedacht, kann sich K nicht auf den Registereintrag berufen.

2. Ist das Rechtsgeschäft nach der objektiven Rechtslage **unwirksam** und sind die Ehegatten mit Einwendungen dagegen nach § 1412 ausgeschlossen, so hat der Dritte als Geschäftspartner die **Wahl**, ob er an dem Geschäft festhalten will, oder sich auf die tatsächliche Unwirksamkeit desselben beruft[35]. Dieses Wahlrecht macht zwar die dingliche Rechtslage „quasi dispositiv", ist aber angesichts des Normzwecks hinzunehmen.

3. Auch wenn die Ehegatten nach § 1412 von der Erhebung von Einwendungen ausgeschlossen sind, die sich aus der tatsächlichen Rechtslage ergeben, so können sie doch **Einwendungen** erheben, die auf der **Güterrechtsrechtslage** beruhen, die aus § 1412 folgt[36]. Der Dritte kann sich also nicht die „Rosinen" aus der für ihn günstigsten Rechtslage herauspicken[37].

Beispiel: Es wurde Gütergemeinschaft vereinbart, jedoch nicht im Güterrechtsregister eingetragen. Der nicht verfügende Ehegatte kann sich gegenüber dem Erwerber aber auf § 1365 oder auf § 1369 berufen.

3. Zeitliche Grenze. Die Einwendungsmöglichkeit erlischt mit der **Auflösung der Ehe** (Scheidung, § 1564, Aufhebung nach § 1313) oder mit Verlegung des Aufenthaltsorts in einen anderen Registerbezirk ohne dortige Eintragung (§ 1559)[38]. 15

4. Verhältnis zu den sonstigen Gutglaubensvorschriften. Nach hM sind die Vorschriften über den gutgläubigen Erwerb vom Nichtberechtigten (§§ 892, 893, 932 ff) gegenüber § 1412 nach wie vor 16

133, 351, 352: im Mietvertrag war festgelegt, dass – abw vom Gesetz und entspr dem Ehevertrag – der Ehefrau die Mieteinnahmen zustanden.
[27] *J. Mayer*, Der Rechtsirrtum und seine Folgen, 1989, S 229 ff.
[28] *G. Husserl*, Recht und Zeit, 1958, S 78.
[29] Der Sache nach ähnlich, wenn auch zunächst gegen die hiesige Auffassung AnwK-BGB/*Völker* Rn 18, wonach eine Parallelwertung der „Laiensphäre" genüge, wodurch er aber die von ihm selbst als „verklausuliert" bezeichnete hM verlässt, die iÜ ihren Ursprung wohl in einer (verdeckten) Beweislastverteilung hat.
[30] AG Köln WuM 1988, 128.
[31] AnwK-BGB/*Völker* Rn 22; eingehend *Staudinger/Thiele* Rn 26 ff.
[32] Unzutr AnwK-BGB/*Völker* Rn 27, der dies verkennt.
[33] AnwK-BGB/*Völker* Rn 27; *Staudinger/Thiele* Rn 21 ff mz Details.
[34] AnwK-BGB/*Völker* Rn 23; *Staudinger/Thiele* Rn 14; MünchKommBGB/*Kanzleiter* Rn 9; *Soergel/Gaul* Rn 7; *Dölle* I S 729; *v. Baligand* S 113.
[35] AnwK-BGB/*Völker* Rn 19; jurisPK/*Hausch* Rn 27; MünchKommBGB/*Kanzleiter* Rn 9; RGRK/*Finke* Rn 13; *Palandt/Brudermüller* Rn 11; *Soergel/Gaul* Rn 7; *Staudinger/Thiele* Rn 12; *v. Baligand* S 118; RGRK/*Finke* Rn 13; aA *Gernhuber/Coester-Waltjen* § 33 Rn 22; *Dölle* I S 730 bei Fn 26 wegen der dadurch bei dinglichen Rechtsgeschäften eintretenden Rechtsunsicherheit.
[36] RGZ 142, 59, 61; AnwK-BGB/*Völker* Rn 20; *Palandt/Brudermüller* Rn 10; MünchKommBGB/*Kanzleiter* Rn 9; *Soergel/Gaul* Rn 7; *Erman/Heckelmann* Rn 5.
[37] Anschaulich AnwK-BGB/*Völker* Rn 20.
[38] AnwK-BGB/*Völker* Rn; PWW/*Weinreich* Rn 9; *Staudinger/Thiele* Rn 45 f.

§ 1413

vorrangig anwendbar[39], was der Gesetzessystematik entspricht; insbes das Grundbuch geht als spezieller Rechtsscheinträger dem Personalregister vor[40]. Allerdings kann entgegen der hM noch keine grobe Fahrlässigkeit iS von § 932 Abs 2 angenommen werden, wenn das Güterrechtsregister nicht eingesehen wurde, denn dies sieht niemand ein[41].

16.1 **Beispiel:** Eintrag im Güterrechtsregister richtiger Weise Gütergemeinschaft; im Grundbuch steht allein der Ehemann. Er verkauft an K, der die Unrichtigkeit des Grundbuchs nicht kennt. K erwirbt gutgläubig (§ 892; entgegen §§ 1450, 1412). Jedoch ist er Bereicherungsansprüchen ausgesetzt, da das Verpflichtungsgeschäft gegenüber dem Gesamtgut unwirksam ist (§§ 1438, 1460).

17 In gleicher Weise bleiben aber auch die **allgemeinen Grundsätze** über die **Rechtsscheinhaftung** anwendbar, insbes wie sie zu § 15 HGB alter Fassung entwickelt wurden. Wer eine unrichtige Eintragung veranlasst oder schuldhaft nicht beseitigt, muss sich gegenüber gutgläubigen Dritten daran festhalten lassen[42].

V. Beweislast

18 Die Beweislast für die Eintragung oder Kenntnis des Dritten trägt derjenige Ehegatte, der sich auf die Zulässigkeit der Einwendung beruft[43].

§ 1413 Widerruf der Überlassung der Vermögensverwaltung

Überlässt ein Ehegatte sein Vermögen der Verwaltung des anderen Ehegatten, so kann das Recht, die Überlassung jederzeit zu widerrufen, nur durch Ehevertrag ausgeschlossen oder eingeschränkt werden; ein Widerruf aus wichtigem Grunde bleibt gleichwohl zulässig.

I. Normzweck

1 Die Bestimmung enthält keine eigentlich güterrechtliche Regelung iS von § 1408[1]. Die Überlassung einer Vermögensverwaltung ist auch unter Fremden möglich. Jedoch handelt es sich um eine zwingende[2] **Schutzvorschrift** zu Gunsten desjenigen Ehegatten, der sein Vermögen dem anderen anvertraut. Die besondere Schutzbedürftigkeit ergibt sich hier daraus, dass die Entscheidung sich wegen der besonderen familiären Beziehungen der Ehegatten untereinander oftmals nicht allein danach ausrichtet, ob damit eine optimale Vermögensverwaltung verwirklicht wird[3]. Daher wird bestimmt, dass der Ausschluss oder die Einschränkung des Widerrufs des Verwaltungsvertrags der Form des Ehevertrags (§ 1410) bedarf. Die Beurkundungspflicht gründet sich hier im Wesentlichen auf der Warn- und Schutzfunktion[4]. § 1413 gilt für **alle Güterstände**[5], bei der Gütergemeinschaft aber nur bezüglich Sonder- und Vorbehaltsgut[6] und regelt allein die Einschränkung des Widerrufsrechts, nicht die anderen Fragen eines solchen Vertrags.

II. Überlassung der Vermögensverwaltung

2 **1. Verwaltungsvertrag. a) Zustandekommen, Inhalt.** Die Überlassung der Vermögensverwaltung ist keine tatsächliche Handlung, sondern beruht auf einem schuldrechtlichen Vertrag, der kein Ehevertrag und daher grds formfrei ist[7] (Ausnahme Einschränkung des Widerrufs), jederzeit abgeschlossen werden kann, und zwar auch konkludent[8]. An dem auch hier erforderlichen **Rechtsbindungswillen**[9] dürfen keine „zu geringen Anforderungen" gestellt werden, können doch aus einen

---

[39] AnwK-BGB/*Völker* Rn 25; MünchKommBGB/*Kanzleiter* Rn 10; *Dölle* I S 731; PWW/*Weinreich* Rn 10; *Rauscher* Rn 371; *Soergel/Gaul* Rn 16; RGRK/*Finke* Rn 24; aA *Staudinger/Thiele* Rn 48 f; *Gernhuber/Coester-Waltjen* § 38 Rn 83 unter Bezug darauf, dass der Dritte bei § 1365 nicht geschützt werde und dies auch für §§ 1423 ff gelten müsse.

[40] So zu Recht sogar *Gernhuber/Coester-Waltjen* § 33 Rn 23–25 sowie *Rauscher* Rn 371 unter zutr Hinweis, dass das Risiko der falschen Grundbucheintragung nicht der Dritte, sondern die Ehegatten zu tragen haben, die Grundbuchberichtigung versäumten.

[41] Wie hier MünchKommBGB/*Kanzleiter* Rn 10 Fn 19; *Staudinger/Thiele* Rn 47; aA *Gernhuber/Coester-Waltjen* § 33 Rn 23–25; *Soergel/Gaul* Rn 16; *Dölle* I S 918; offen lassend *Erman/Heckelmann* Rn 4.

[42] AnwK-BGB/*Völker* Rn 26; *Lüderitz/Dethloff* § 5 Rn 55; *Staudinger/Thiele* Rn 51; *Dölle* I S 732; MünchKommBGB/*Kanzleiter* Rn 10; *Gernhuber/Coester-Waltjen* § 33 Rn 27–29; *Soergel/Gaul* Rn 16; der Analogie zu § 171 bedarf es nicht.

[43] AnwK-BGB/*Völker* Rn 29; jurisPK/*Hausch* Rn 29, 41; *Staudinger/Thiele* Rn 43; *Soergel/Gaul* Rn 14; MünchKommBGB/*Kanzleiter* Rn 6; *Baumgärtel/Laumen* Rn 1.

[1] *Staudinger/Thiele* Rn 1; *Gernhuber/Coester-Waltjen* § 32 Rn 40.
[2] *Dölle* I S 681; AnwK-BGB/*Völker* Rn 1.
[3] AnwK-BGB/*Völker* Rn 1; MünchKommBGB/*Kanzleiter* Rn 1.
[4] AnwK-BGB/*Völker* Rn 1; MünchKommBGB/*Kanzleiter* Rn 2.
[5] AnwK-BGB/*Völker* Rn 2; *Staudinger/Thiele* Rn 4.
[6] AnwK-BGB/*Völker* Rn 2; *Soergel/Gaul* Rn 2.
[7] AnwK-BGB/*Völker* Rn 4; MünchKommBGB/*Kanzleiter* Rn 3; *Staudinger/Thiele* Rn5; OLG Karlsruhe FamRZ 1983, 1250, 1251: auch nicht bei länger dauernder Verwaltung.
[8] BGHZ 31, 197, 204.
[9] RG JW 1938, 3112.

solchen Vertrag weit reichende Haftungsfolgen und sonstige Pflichten entstehen[10]. Oftmals wird nur eine reine Gefälligkeit vorliegen. Eine Vermögensverwaltung durch den anderen Ehegatten liegt daher nicht schon dann vor, wenn einer bloß mit Billigung des anderen alle finanziellen Dinge regelt[11]. Auch gutes Einvernehmen genügt daher für die Annahme eines Vertragsabschlusses nicht und begründet auch keine entsprechende Vermutung[12]. UU kann sich aber der Vertragsabschluss nach Grundsätzen der Anscheins- oder Duldungsvollmacht ergeben[13].

Gegenstand des Vertrags muss zumindest ein nicht nur unwesentlicher Teil des Vermögens des anderen sein[14]. **Inhalt** ist die Vermögensverwaltung, was die Begründung eines entsprechenden **Treuhandverhältnisses** mit einschließt[15]. Hierfür genügt aber nicht die wiederholte Erteilung von Vollmachten oder Ermächtigungen[16]. Neben der Verwaltungsüberlassung kann aber auch ein Nießbrauch vereinbart werden[17]. Maßgebliches Abgrenzungskriterium ist die Dauerhaftigkeit der Vermögensverwaltung[18]. Der Verwaltungsvertrag ist ein eigenständiger Schuldgrund[19]. Besteht ein anderer Vertrag (Gebrauchsüberlassung, Miete, Pacht, Darlehen), so schließt dies daher grds einen Verwaltungsvertrag iS von § 1413 aus[20]. UU sind aber auch typengemischte Verträge möglich[21]; inwieweit für diese das Formerfordernis des § 1413 gilt, bestimmt sich nach den dort geltenden allgemeinen Grundsätzen[22]. Teilweise wird auch vertreten, dass ein **Gesellschaftsvertrag** unter § 1413 fällt, soweit ein Ehegatte verpflichtet wird, sein Vermögen in diese einzubringen und zugleich von der Geschäftsführung ausgeschlossen ist[23]. Jedoch setzt ein Gesellschaftsvertrag regelmäßig die Verfolgung eines gemeinschaftlichen Gesellschaftszwecks voraus, der Verwaltungsvertrag iS § 1413 verfolgt eine einseitig treuhänderische Vermögensverwaltung des einen Ehegatten. Für die demnach nur mögliche **analoge Anwendung** besteht wegen § 723 Abs 3 kein Bedürfnis, weil bereits dadurch der Schutzzweck des § 1413 erfüllt wird[24].

b) Widerruf. Der Widerruf ist grds jederzeit **formfrei** möglich[25]. Soll er ausgeschlossen oder eingeschränkt werden, so ist dies nach § 1413 nur durch Ehevertrag zulässig (§§ 1410 ff). Bei Verstoß gegen das Formgebot ist die Wirksamkeit des übrigen Vertrags nach § 139 zu beurteilen, jedoch wird idR der Rest des Verwaltungsvertrags wirksam sein[26]. Der Ausschluss oder Erschwerung des Widerrufsrechts mangels Außenwirkung nicht ins Güterrechtsregister eingetragen werden[27]. Auch eine solch einschränkende Vereinbarung lässt nach wie vor das Widerrufsrecht aus **wichtigem Grund** fortbestehen (vgl auch § 671 Abs 3), wenn dem überlassenden Ehegatten die Fortsetzung der Verwaltung nicht mehr zumutbar ist[28], zB bei Verstoß gegen die Pflicht zur ordnungsgemäßen Verwaltung oder Scheitern der Ehe. Die Gründe des § 1447 Nr 1, 3 bis 4 können analog herangezogen werden[29].

2. Sonstige Rechtsfolgen. a) Rechtsverhältnis zwischen den Ehegatten. Ihre Rechte und Pflichten bestimmen sich grds nach den hierzu getroffenen Abmachungen, hilfsweise gilt zur Füllung von Lücken das Auftragsrecht[30] oder bei entgeltlicher Verwaltung, für die es besonderer Vereinbarung bedarf, das Recht der entgeltlichen Geschäftsbesorgung (§ 675)[31]. Es besteht daher[32] eine **rechenschaftspflichtige** (§§ 666, 675, 259)[33] **fremdnützige Verwaltung**[34]. Dabei ist nur bei einer ausdrück-

---

[10] BGH NJW-RR 1987, 1347; NJW 1986, 1870; NJW 2000, 3199 m Anm *Kogel* MDR 2000, 1436; NJW 2002, 3702; AnwK-BGB/*Völker* Rn 4; PWW/*Weinreich* Rn 4; *Soergel/Gaul* Rn 2; *Gernhuber/Coester-Waltjen* § 32 Rn 35; MünchKommBGB/*Kanzleiter* Rn 3; *Wever* FamRZ 2003, 565, 575.
[11] BGH NJW-RR 1987, 1347; NJW 1986, 1870; AnwK-BGB/*Völker* Rn 4; PWW/*Weinreich* Rn 3; *Staudinger/Thiele* Rn 5.
[12] RG Recht 1917 Nr 64.
[13] *Staudinger/Thiele* Rn 5; AnwK-BGB/*Völker* Rn 5.
[14] jurisPK/*Hausch* Rn 14; *Palandt/Brudermüller* Rn 4; MünchKommBGB/*Kanzleiter* Rn 4; großzügiger AnwK-BGB/*Völker* Rn 6, *Staudinger/Thiele* Rn7: Teile des Vermögens ausreichend, aber ohne die zu quantifizieren.
[15] Ausf AnwK-BGB/*Völker* Rn 11.
[16] BGH NJW 1986, 1870; AnwK-BGB/*Völker* Rn 5; *Staudinger/Thiele* Rn 7.
[17] *Soergel/Gaul* Rn 2.
[18] AnwK-BGB/*Völker* Rn 5; *Staudinger/Thiele* Rn 7.
[19] AnwK-BGB/*Völker* Rn 7; jurisPK/*Hausch* Rn 3; unzutr aber die Auffassung, wonach hier regelmäßig ein anderes Rechtsverhältnis, zB Auftrag, Geschäftsbesorgung, zu Grunde liegt, so wohl RGZ 87, 100, 108; 91, 363, 365 je zu § 1430 aF; MünchKommBGB/*Kanzleiter* Rn 6.
[20] *Soergel/Gaul* Rn 2; vgl auch RGZ 87, 100, 108.
[21] AnwK-BGB/*Völker* Rn 7.
[22] AnwK-BGB/*Krebs* § 311 Rn 13; *Palandt/Heinrichs* Überbl § 311 Rn 24 ff.
[23] So *Gernhuber/Coester-Waltjen* § 32 Rn 41; MünchKommBGB/*Kanzleiter* Rn 6; nach *Staudinger/Thiele* Rn 8 aber nur bei Stimmbindungsverträgen oder atypischer stiller Gesellschaft, wenn sich eine Ehegatte intern unwiderruflich der Weisung des anderen unterwirft; abl *Dölle* I S 681; für Anwendung auf Umgehungsgeschäften *Soergel/Gaul* Rn 2.
[24] Der hiesigen Auffassung zust AnwK-BGB/*Völker* Rn 8.
[25] RGZ 91, 363, 365; PWW/*Weinreich* Rn 2.
[26] AnwK-BGB/*Völker* Rn 15; teilweise wird nur die Einschränkung oder der Ausschluss des Widerrufsrechts für formbedürftig gehalten, nicht der ganze Vertrag, so *Staudinger/Thiele* Rn 22; MünchKommBGB/*Kanzleiter* Rn 14.
[27] AnwK-BGB/*Völker* Rn 15, 16; *Soergel/Gaul* Rn 5.
[28] AnwK-BGB/*Völker* Rn 15; MünchKommBGB/*Kanzleiter* Rn 15; *Staudinger/Thiele* Rn 24, jeweils mw Beispielen.
[29] AnwK-BGB/*Völker* Rn 15; *Staudinger/Thiele* Rn 24.
[30] BGHZ 31, 197, 204 f; RGZ 87, 100, 108; 91, 363, 365; OLG Köln NJW-RR 1998, 1460; AnwK-BGB/*Völker* Rn 10; PWW/*Weinreich* Rn 5; *Staudinger/Thiele* Rn 9.
[31] AnwK-BGB/*Völker* Rn 10.
[32] Ausf mwN AnwK-BGB/*Völker* Rn 10.
[33] RGZ 87, 100, 108; OLG Köln NJW-RR 1998, 1460.
[34] *Staudinger/Thiele* Rn 16.

§ 1414

lichen Vereinbarung von einer echten (fiduziarischen) Treuhand auszugehen, idR wird nur eine (unechte) Vollmachts- oder ggf **Ermächtigungstreuhand** vorliegen[35]. Überschüsse (Einnahmen nach Deckung der verwaltungsbedingten Verbindlichkeiten) sind mangels einer anderweitigen Vereinbarung abzuführen (§ 667) oder bei entsprechender Absprache wieder für das verwaltete Vermögen zu verwenden[36]; für den Unterhalt dürfen sie nur mit ausdrücklicher Zustimmung des Ehegatten verwendet werden[37]. **Haftungsmaßstab** für den verwaltenden Ehegatten gegenüber dem überlassenden Ehegatten ist §§ 1359, 277 (Sorgfalt wie in eigenen Angelegenheiten), nicht aber der allgemeine des § 276[38].

6 Die **Besitzverhältnisse** richten sich nach den tatsächlichen Verhältnissen unter Berücksichtigung der Besonderheiten, die in der Ehe gelten. Der Verwalter muss auf Grund seiner Eigenschaft nicht notwendig der alleinige unmittelbare Besitzer sein[39].

7 **b) Rechtsverhältnis zu Dritten.** Aus der bloßen Überlassung der Vermögensverwaltung ergeben sich gegenüber Dritten noch keine Rechtsfolgen. So gelten für den dinglichen Erwerb Dritter die allgemeinen Vorschriften[40]. Häufig wird jedoch damit die Erteilung von **Vollmachten** und Ermächtigungen (§ 185) verbunden sein. Dabei kann idR sogar von einer konkludenten Bevollmächtigung für alle Rechtsgeschäfte ausgegangen werden, die erkennbar zur ordnungsgemäßen Verwaltung erforderlich sind[41]. Auch kommen gerade hier im persönlich geprägten Bereich die Grundsätze der Anscheins- oder Duldungsvollmacht öfters in Betracht[42]. Der Verwalter wird idR nicht persönlich verpflichtet (Ausnahme: § 179). Der Widerruf des Verwaltervertrags führt im Zweifel nach § 168 S 1 zum Erlöschen der Vollmacht[43]. Gegenüber Dritten **haftet** der überlassende Ehegatte für seinen Verwalter im Zusammenhang mit Schuldverhältnissen oder Sonderverbindungen nach § 278 oder bei Delikt nach § 831[44].

III. Beweislast

8 Wer sich auf die **Überlassung** der Vermögensverwaltung beruft, trägt die Beweislast hierfür[45]. Demgegenüber hat das Vorhandensein eines **wichtigen Grundes** für den Widerruf der widerrufende Ehegatte zu beweisen[46].

Kapitel 2. Gütertrennung (§ 1414)

§ 1414 Eintritt der Gütertrennung

¹Schließen die Ehegatten den gesetzlichen Güterstand aus oder heben sie ihn auf, so tritt Gütertrennung ein, falls sich nicht aus dem Ehevertrag etwas anderes ergibt. ²Das Gleiche gilt, wenn der Ausgleich des Zugewinns oder der Versorgungsausgleich ausgeschlossen oder die Gütergemeinschaft aufgehoben wird.

Schrifttum: *Winklmaier*, Rückgewähr einer ehebezogenen Zuwendung im Güterstand der Gütertrennung, FamRZ 2006, 1652.

Übersicht

	Rn		Rn
I. Normzweck	1	1. Güterstand, Verhältnis zu allgemeinen Ehewirkungen	7
II. Eintritt der Gütertrennung	2	2. Einzelne Wirkungen	8
1. Gütertrennung kraft Gesetzes	3	3. Register	9
2. Eintritt auf Grund Ehevertrages oder ausdrücklicher Erklärung	4	IV. Wertung der Gütertrennung	10
3. Die von § 1414 geregelten Fälle	5		
III. Wirkung der Gütertrennung	7	V. Beendigung der Gütertrennung	13

---

[35] Eingehend AnwK-BGB/*Völker* Rn 11.
[36] *Gernhuber/Coester-Waltjen* § 32 Rn 36; *Soergel/Gaul* Rn 4.
[37] AnwK-BGB/*Völker* Rn 10; *Staudinger/Thiele* Rn 11; *Gernhuber/Coester-Waltjen* § 32 Rn 36; aA MünchKommBGB/*Kanzleiter* Rn 8, soweit der überlassende Ehegatte hierzu verpflichtet ist.
[38] RGZ 87, 100, 108; AnwK-BGB/*Völker* Rn 10 m zutr Parallele zur Haftung des Gesamtgutsverwalters; jurisPK/*Hausch* Rn 4; PWW/*Weinreich* Rn 5; *Staudinger/Thiele* Rn 13; *Erman/Heckelmann* Rn 3; *Soergel/Gaul* Rn 3; *Palandt/Brudermüller* Rn 9; *Gernhuber/Coester-Waltjen* § 32 Rn 37; MünchKommBGB/*Kanzleiter* Rn 9: diff nach Ausgestaltung des Verwaltungsvertrags: wenn wie unter Fremden, gilt § 276.
[39] AnwK-BGB/*Völker* Rn 11; jurisPK/*Hausch* Rn 6; *Gernhuber/Coester-Waltjen* § 32 Rn 38; MünchKommBGB/*Kanzleiter* Rn 10; demgegenüber nimmt stets Alleinbesitz des Verwalters quasi kraft Amtes an: OLG Dresden JW 1921, 686; OLG Celle FamRZ 1971, 28, 29.
[40] AnwK-BGB/*Völker* Rn 13.
[41] *Staudinger/Thiele* Rn 18; AnwK-BGB/*Völker* Rn 12.
[42] *Staudinger/Thiele* Rn 18; *Soergel/Gaul* Rn 6; MünchKommBGB/*Kanzleiter* Rn 11.
[43] AnwK-BGB/*Völker* Rn 12.
[44] RGZ 91, 363, 365; AnwK-BGB/*Völker* Rn 14; jurisPK/*Hausch* Rn 5; *Staudinger/Thiele* Rn 19.
[45] BGH NJW-RR 1987, 1347; AnwK-BGB/*Völker* Rn 17; *Soergel/Gaul* Rn 2; *Baumgärtel/Laumen* Rn 1; jurisPK/*Hausch* Rn 24.
[46] AnwK-BGB/*Völker* Rn 17; *Baumgärtel/Laumen* Rn 3.

Eintritt der Gütertrennung § 1414

	Rn		Rn
VI. Verhältnis zu anderen vermögensrechtlichen Ausgleichsansprüchen bei Scheitern der Ehe	14	3. Ehegatteninnengesellschaft	20
		4. Bereicherungsrechtlicher Ausgleich	22
1. Benannte Zuwendungen	15		
2. Ehebezogene Zuwendungen	16	VII. Ehevertragliche Vereinbarungen	23

I. Normzweck

Die widerlegliche Auslegungsregel[1] des § 1414 dient der Klarstellung, welcher Güterstand gilt, wenn der gesetzliche ausgeschlossen oder der bislang geltende Güterstand aufgehoben ist, ohne dass in einem Ehevertrag bestimmt ist, welcher in Zukunft gilt. **1**

II. Eintritt der Gütertrennung

Die Gütertrennung ist sowohl vertraglicher Wahlgüterstand als auch **subsidiär gesetzlicher Güterstand**. **2**

1. Gütertrennung kraft Gesetzes. Kraft Gesetzes tritt die Gütertrennung als subsidiärer Güterstand ein: **3**
– mit Rechtskraft des Urteils auf vorzeitigen Ausgleich des Zugewinns (§ 1388)
– mit Rechtskraft des Aufhebungsurteils bei bisheriger Gütergemeinschaft (§§ 1449 Abs 1, 1470 Abs 1)
– wenn bei Inkrafttreten des Gleichberechtigungsgesetzes die Ehegatten Gütertrennung ausdrücklich vereinbart hatten (Art 8 Abs 1 Nr 5 Abs 1 GleichberG)[2].

2. Eintritt auf Grund Ehevertrages oder ausdrücklicher Erklärung. Danach kann Gütertrennung entstehen: **4**
– Durch **ausdrückliche Vereinbarung** im Ehevertrag (§§ 1408, 1410; Regelfall);
– Durch **einseitige Erklärung,** die jeder Ehegatte bis zum 30. 6. 1958 (in dem in Art 9 Abschnitt II Nr 6 FamRÄndG genannten Falle bis zum 31. 12. 1961) dem Amtsgericht gegenüber abgeben konnte, wenn die Ehegatten am 31. 3. 1953 im damaligen gesetzlichen Güterstand der Verwaltung und Nutznießung des Ehemannes gelebt haben, ebenso wenn sie ohne Ehevertrag zwischen dem 1. 4. 1953 und dem 21. 6. 1957 die Ehe geschlossen haben (vgl Art 8 I Nr 3, 4 **GleichberG**; desgleichen in den Fällen der Nr 5);
– Auf Grund eines Ehevertrages, wenn sich dies aus der **Auslegungsregel** des § 1414 ergibt.

3. Die von § 1414 geregelten Fälle. Die Auslegungsregel des § 1414 betrifft verschiedene ehevertragliche Regelungen, die darüber schweigen, wie die dort getroffenen Regelungen sich auf den bestehenden Güterstand auswirken sollen. Als Rechtsfolge wird der Eintritt der Gütertrennung vorgesehen. Im Einzelnen soll diese eintreten: **5**
– Bei **Ausschließung des gesetzlichen Güterstandes** im Ehevertrag vor oder Aufhebung desselben nach der Eheschließung, ohne dass bestimmt wird, welcher Güterstand stattdessen gelten soll.
– Bei ehevertraglichem **Ausschluss des Zugewinns,** da der Zugewinnausgleich das Kernstück dieses Güterstands und sein tragender Unterschied zur Gütertrennung ist. Daraus ergibt sich zugleich, dass diese Auslegungsregel nur bei vollständigem Ausschluss für beide Ehegatten gilt, nicht aber bei seiner bloßen Modifikation oder bei einem Ausschluss nur für bestimmte Fälle[3].
– Bei **Aufhebung der Gütergemeinschaft,** ohne dass im aufhebenden Ehevertrag ein anderer Güterstand vereinbart ist.
– Mit **Ausschluss des Versorgungsausgleichs** (§§ 1414 S 2, 1587 ff). Die Regelung ist missglückt, da es sich um zwei völlig verschiedene Rechtsinstitute handelt und auch die Nachteile, die sich durch den „doppelten Verzicht" für den wirtschaftlich schwächeren Ehegatten ergeben, noch kumuliert werden[4]. Im Wege der restriktiven Interpretation sollte er daher nur bei beiderseitigem und vollständigem Ausschluss, nicht bloß bei einer Modifikation angewandt werden[5]. Auf alle Fälle besteht Regelungsbedarf, im Ehevertrag hierzu klarstellende Vereinbarung zu treffen[6].

Des Weiteren ist zu regeln, wie sich eine Unwirksamkeit des Ausschlusses des Versorgungsausgleichs, besonders nach § 1408 Abs 2 S 2, auf eine etwa eintretende Gütertrennung auswirken soll. Liegt eine klarstellende Regelung über den Güterstand vor, so wird diese durch die Unwirksamkeit der Verein- **6**

---

[1] HM, so etwa *Erman/Heckelmann* Rn 3; *MünchKommBGB/Kanzleiter* Rn 1, 3; *Soergel/Gaul* Rn 5; aA – ergänzender Rechtssatz – so *Dölle* I S 858; *Johannsen/Henrich/Jaeger* Rn 1; *Staudinger/Thiele/Rehme* Rn 1; der praktische Unterschied ist gering (nur bei der Irrtumsanfechtung).
[2] Zu den nicht mehr praktisch bedeutsamen Fällen im Zusammenhang mit der Errungenschaftsgemeinschaft s etwa *Staudinger/Thiele* Vor § 1414 Rn 9–11.
[3] *MünchKommBGB/Kanzleiter* Rn 5; *Staudinger/Thiele* Rn 5; BayObLG NJW 1971, 991: betraf nur Ausschluss des § 1371.
[4] *MünchKommBGB/Kanzleiter* Rn 6, *ders,* FS Rebmann, S 561 ff; *Staudinger/ Rehme* Rn 10: „Maximierung der Verschlechterung"; *Gernhuber/Coester-Waltjen* § 28 Rn 10; § 40, 3; *Soergel/Gaul* Rn 8.
[5] *Gruntkowski* MittRhNotK 1993, 1, 23; *MünchKommBGB/Kanzleiter* Rn 6; *Soergel/Gaul* Rn 9; *Staudinger/Rehme* Rn 12; *Reinartz* NJW 1977, 81, 83 will beim „entgeltlichen Verzicht" § 1414 nicht anwenden; vgl auch AG Lörrach NJW 1980, 58, 59; offen lassend AnwK-BGB/*Friederici* Rn 2.
[6] PWW/*Weinreich* Rn 3.

barung über den Versorgungsausgleich grds nicht berührt, zumindest wenn eine den § 139 ausschließende Teilwirksamkeitsklausel vereinbart ist[7]. Fehlt eine solche, so führt die (anfängliche oder nachträgliche) Unwirksamkeit des Ausschlusses zum rückwirkenden Wegfall der Gütertrennung[8].

III. Wirkung der Gütertrennung

7 **1. Güterstand, Verhältnis zu allgemeinen Ehewirkungen.** Bei der Gütertrennung bestehen zwischen den Ehegatten keinerlei güterrechtliche Beziehungen. Infolgedessen erschöpft sich dieser Güterstand in dieser bloßen Aussage. Daraus folgt aber nicht, dass sich die Ehegatten wie Unverheiratete gegenüberstehen[9]. Denn auch bei Gütertrennung gelten die allgemeinen Vorschriften über die Ehewirkungen nach den §§ 1353 ff (Ehegattenunterhalt, Schlüsselgewalt, Pflicht zur Haushaltsführung und Mitarbeit etc)[10].

8 **2. Einzelne Wirkungen.** Es gibt nur zwei **Gütermassen,** das Mannes- und das Frauenvermögen. Eine Surrogation findet allerdings nicht statt; § 1370 gilt weder direkt noch entsprechend[11]. Hinsichtlich des während der Ehe angeschafften **Hausrats** gilt allerdings die Miteigentümervermutung des § 8 Abs 2 HausratsVO[12]. Im Übrigen findet kraft Gesetzes weder eine Vergemeinschaftung des Vermögens durch gemeinschaftliches Eigentum noch (wie bei der Zugewinngemeinschaft) eine obligatorische Vermögensteilhabe durch Ausgleichszahlungen statt. Jeder Ehegatte **verwaltet** sein Vermögen allein und für eigene Rechnung und kann darüber völlig frei verfügen. Gleiches gilt hinsichtlich der Nutzungen, soweit nicht aus den Einkünften zum Familienunterhalt beizutragen ist (§ 1360). Jeder Ehegatte kann grds nur sich selbst verpflichten, so dass auch im Allgemeinen jeder **nur für seine eigenen Verbindlichkeiten haftet.** Etwas anderes ergibt sich nur bei Vorliegen entsprechender Vollmachten oder aus § 1357, der auch hier gilt. Hinsichtlich der **Besitzverhältnisse** gelten die allgemeinen Bestimmungen. An der Ehewohnung und dem gemeinsamen Hausrat besteht jedoch auch hier bis zum Getrenntleben regelmäßig Mitbesitz[13]. Dieser gründet sich nicht auf einer (rechtsgeschäftlichen) Gebrauchsüberlassung, sondern auf einer natürlichen Betrachtungsweise der Folgen der ehelichen Lebensgemeinschaft[14]. Zur **Zwangsvollstreckung** gegen einen Ehegatten bedarf es nur eines Titels gegen diesen selbst. Zu Gunsten der Gläubiger gelten auch hier die § 1362, ZPO 739[15]. Der Anspruch auf den erbrechtlichen Voraus (§ 1932) besteht auch hier. Eine Erhöhung des **Ehegattenerbteils** nach § 1371 Abs 1 gibt es nicht, jedoch erbt der längerlebende Ehegatte neben einem und zwei Kinder je zu gleichen Teilen (§ 1931 Abs 4), was zu flexiblen Ehegattenerbteilen führt[16]. Die Ehegatten haben volle Freiheit, Verträge miteinander abzuschließen, etwa Arbeits- und Gesellschaftsverträge oder Eheverträge (§ 1408), insbes dem anderen Ehegatten die Vermögensverwaltung gemäß § 1413 zu überlassen[17].

9 **3. Register.** Die Gütertrennung kann, muss aber nicht zur Begründung ihrer Wirksamkeit in das **Güterrechtsregister** (§§ 1558 ff) eingetragen werden, und zwar grds für jeden Fall der Gütertrennung[18]. Die Überleitung des früheren Güterstandes in Gütertrennung (Rn 3) braucht nicht, kann aber auf Antrag eines Ehegatten eingetragen werden (Art 8 I Nr 3, 4, 5 GleichberG). In das **Grundbuch** kann die Gütertrennung nicht eingetragen werden; zum Nachweis der Gütertrennung (wegen § 1365 bedeutsam) s §§ 33, 34 GBO[19]. Auch in Handels-, Genossenschafts- und Partnerschaftsregister ist die Gütertrennung nicht eintragungsfähig.

IV. Wertung der Gütertrennung

10 Die Gütertrennung ist insbes nach dem Krieg bis zur Verabschiedung des Gleichberechtigungsgesetzes als nicht dem Wesen der Ehe entsprechend kritisiert worden[20]. Da es sich aber nur um einen Wahlgüter-

---

[7] *Soergel/Gaul* Rn 8; MünchKommBGB/*Kanzleiter* Rn 7 und FS Rebmann, 1989, S 561 stellt darauf ab, ob bewusst keine Vereinbarung über den Güterstand getroffen wurde.
[8] *Gaul* FamRZ 1981, 1134, 1140 ff; *Soergel/Gaul* Rn 10 und § 1408 Rn 55; MünchKommBGB/*Kanzleiter* Rn 7; *Staudinger/Thiele/Rehme* Rn 13; *Reinartz* DNotZ 1978, 283; aA *Steinbauer* MittBayNot 1976, 206.
[9] So aber PWW/*Weinreich* Rn 2.
[10] Eingehend *Staudinger/Thiele* Vor § 1414 Rn 2.
[11] *Staudinger/Thiele* Vor § 1414 Rn 16.
[12] *Palandt/Brudermüller* § 8 HausratsVO Rn 4.
[13] OLG München NJW 1972, 542, 543; *Soergel/Gaul* Rn 12; *Staudinger/Thiele* Vor § 1414 Rn 17.
[14] OLG Hamm NJW 1956, 1681; KG FamRZ 1965, 329, 330; *Hepting* Ehevereinbarungen, 1984; *Lipp*, Die eherechtlichen Pflichten und ihre Verletzung, S 195 ff; *Soergel/Gaul* Rn 12; für Gebrauchsüberlassung BGHZ 12, 380, 398 ff = NJW 1954, 918; die ältere Rspr tendierte grds zur Annahme von Alleinbesitz, vgl RG JW 1914, 146; JW 1922, 893 m krit Anm *Blume*.
[15] OLG Bamberg DGVZ 1978, 19; OLG Düsseldorf DGVZ 1981, 114 f; *Palandt/Brudermüller* Vor § 1414 Rn 1; *Soergel/Gaul* Rn 11; *Musielak/Lackmann* § 739 ZPO Rn 2; *Zöller/Stöber* § 739 ZPO Rn 2.
[16] Zur Abhängigkeit von Güter- und Ehegattenerbrecht und zu den daraus resultierenden Nachteilen *J. Mayer* FPR 2006, 129.
[17] Zur gemeinsamen Vermögensverwaltung trotz Gütertrennung mit anschließender Teilung der Vermögensverluste vgl LG München FamRZ 1997, 560.
[18] *Soergel/Gaul* Rn 15; *Staudinger/Thiele* Vor § 1414 Rn 24; BGHZ 66, 203, 206 = FamRZ 1976, 443, 444 für die erstmalige Vereinbarung der Gütertrennung; zur fehlenden Eintragungsfähigkeit, wenn für einen einsichtnehmenden Dritten auch bei Kenntnis vieler Umstände nicht erkennbar ist, ob die Bedingung, unter derer die Gütertrennung vereinbart wurde, eingetreten OLG Braunschweig FamRZ 2005, 903 m Anm *Bergschneider*.
[19] KG RJA 3, 162; *Staudinger/Thiele* Vor § 1414 Rn 23.
[20] *Knur*, Deutscher Notartag, 1952, S 46; *Krauss* FamRZ 1954, 90; *Bosch* FamRZ 1954, 154.

stand handelt, ist diese Kritik verfehlt, zumal das gesetzliche Leitbild der Ehe sich nach geltendem Recht nur nach den allgemeinen Ehewirkungen der §§ 1353 ff bestimmt[21]. Angesichts der gewandelten gesellschaftlichen Verhältnisse, etwa der weiten Verbreitung der Doppelverdienerehe, wäre es ein legislatives Defizit, wenn das Gesetz zur Verwirklichung einer individualistischen Eheauffassung im Vermögensbereich keine Gestaltungsform zur Verfügung stellen würde[22]. Letztlich handelt es sich bei der Kritik um außerrechtliche Wertungen, die auch nicht durch solche Schlagworte richtiger werden, dass „Gütergemeinschaft eine, Gütertrennung trenne"[23]. Die entscheidenden Akzente für das eheliche Zusammenleben werden nicht im Vermögensrecht gesetzt[24]. Die **Vorteile** der Gütertrennung sind die rechtliche Klarheit und Einfachheit, die eine komplizierte Vermögensauseinandersetzung bei Scheidung vermeidet, insbes auch Bewertungsstreitigkeiten (etwa bei Betriebsvermögen). Da zudem ein einseitiger Vermögenszuwachs nicht auszugleichen ist, werden auch Liquiditätsbelastungen verhindert, was gerade im Interesse der Unternehmensfortführung sein kann. Auch verzichten Kreditinstitute bei Vorliegen der Gütertrennung auf die sonst standardmäßig verlangte Mitverpflichtung des Ehegatten[25].

Nachteilig ist der Ausschluss eines jeglichen Vermögensausgleichs dann, wenn die eine Ehegatte 11 kein ausreichendes eigenes Vermögen besitzt und auch nicht in Zukunft zu erwarten hat, aber wegen der ehelichen Lebensgemeinschaft besondere Opfer mit Verzicht auf eigenen Vermögenszuwachs erbringt, also insbes bei längerdauernden Kindererziehungszeiten oder Mitarbeit im Betrieb des anderen ohne eigenes Arbeitseinkommen. Auch **erbschaftsteuerlich** kann die Gütertrennung uU äußerst nachteilig sein[26], denn nach § 5 Abs 1 S 1 ErbStG gilt die tatsächliche Zugewinnausgleichsforderung iS von § 1371 Abs 2 nicht als steuerpflichtiger Erwerb von Todes wegen. Eine rückwirkende Vereinbarung der Zugewinngemeinschaft wird bei Erwerben von Todes wegen erbschaftsteuerlich nicht mehr anerkannt (§ 5 Abs 1 S 4 ErbStG). Auch die gegenüber der Zugewinngemeinschaft nicht eintretende pauschale Erhöhung des Ehegattenerbteils um ein Viertel (§ 1371 Abs 1) kann sich bei Vorhandensein nicht geliebter Abkömmlinge (aus früheren Ehen, nichteheliche) als äußerst nachteilig herausstellen, wenn mehr als ein Kind vorhanden ist.

Zielgruppe für die Vereinbarung der Gütertrennung ist daher (traditionell) der mittelständische 12 Unternehmer, Handwerker und Kaufmann, ja überhaupt der gehobene Mittelstand und die Oberschicht mit überdurchschnittlichem Vermögen und Einkommen, individualistischer Einstellung und Bereitschaft zum angemessenen beiderseitigen Interessenausgleich durch zusätzliche rechtsgeschäftliche Maßnahmen. Die Gütertrennung setzt daher größere Geschäftsgewandtheit, ja eben „aufgeklärte und wache Eheleute" voraus[27]. Dies ergibt den interessanten rechtstatsächlichen Befund, dass je einfacher die Vermögensverhältnisse und je geringer die Geschäftsgewandtheit und der Bildungsstand ist, desto komplizierte Güterstände gewählt werden (zB Gütergemeinschaft). Komplexe gesetzliche Regelungen sollen für eine automatisch eintretende, sachrichtigere Lösung sorgen. Die Vorteile der Gütertrennung erhalten und deren Nachteile vermeiden können jedoch Eheverträge mit einer ganzen Bandbreite von möglichen **Modifizierungen der Zugewinngemeinschaft** (eingehend § 1408 Rn 59)[28]. Dies ermöglicht eine **Gütertrennung „nach Maß"**. Die Vereinbarung der Gütertrennung nimmt daher tendenziell ab, die modifizierte Zugewinngemeinschaft zu. Gegen das Mitverpflichtungsverlangen der Banken hilft allerdings bislang idR nur die Magie des Wortes Gütertrennung.

V. Beendigung der Gütertrennung

Die Gütertrennung endet durch Tod oder Todeserklärung des anderen Ehegatten oder mit Rechts- 13 kraft eines Urteils über die Eheauflösung (Scheidung, Aufhebung der Ehe, §§ 1313 ff nF), ferner durch abweichende Vereinbarung in einem Ehevertrag[29].

VI. Verhältnis zu anderen vermögensrechtlichen Ausgleichsansprüchen bei Scheitern der Ehe

Da kraft Gesetzes kein güterrechtlicher Ausgleich hinsichtlich des während der Ehe erzielten Ver- 14 mögenszuwachses besteht, erfordert die Gütertrennung mehr als die Zugewinngemeinschaft ausdrückliche **vertragliche Regelungen** für einen vermögensmäßigen Ausgleich bei Scheitern der Ehe[30]. Dabei besteht die Gefahr, dass von der Rspr im legitimen Interesse, ein angemessenes Ergebnis zu erzielen, das Vorliegen von Rechtsgeschäften quasi „fingiert" wird. Demgegenüber hat der BGH jüngst ausdrücklich daran festgehalten, dass solche Verträge nur angenommen werden können, wenn sie zumindest schlüssig zu Stande gekommen sind[31]. In dieser Entscheidung hat er zugleich eine Prüfungsreihenfolge vorgege-

---

[21] MünchKommBGB/*Kanzleiter* Vor § 1414 Rn 3; *Kanzleiter/Wegmann*, Vereinbarungen unter Ehegatten, Rn 16 ff.
[22] MünchKommBGB/*Kanzleiter* Vor § 1414 Rn 3; *Gernhuber/Coester-Waltjen* § 31 Rn 21–23.
[23] So aber *Krauß* FamRZ 1954, 90.
[24] *Gernhuber/Coester-Waltjen* 4. Aufl § 31 II 3.
[25] Eingehend zu den Vor- und Nachteilen *J. Mayer* in: Würzburger Notarhandbuch III Rn 114 f.
[26] Dazu etwa *Sontheimer* NJW 2001, 1315.
[27] *Langenfeld* 4. Aufl Rn 410; MünchKommBGB/*Kanzleiter* Vor § 1414 Rn 11.
[28] *Langenfeld* Rn 530; dazu auch *Limmer* ZFE 2006, 340.
[29] *Soergel/Gaul* Rn 16.
[30] Vgl etwa BGHZ 84, 361, 368 f = NJW 1982, 2236: familienrechtlicher Vertrag eigener Art; BGH NJW-RR 1988, 962: ehebezogene Zuwendung.
[31] BGHZ 142, 137 = NJW 1999, 2962, 2966.

ben, wie in solchen Fällen für einen angemessenen Vermögensausgleich im Scheidungsfall verfahren werden soll. Dabei hat er den Vorrang der vertraglichen Vereinbarungen betont. Weiter hat er zu Recht darauf hingewiesen, dass stets zu prüfen ist, ob eine bewusste und gezielte Vermögensmehrung bei einem Ehegatten vorliegt, die nach dem übereinstimmenden Willen der Ehegatten diesem auch über die Auflösung der Ehe hinaus allein verbleiben soll (eingehend § 1372 Rn 9)[32].

15 **1. Benannte Zuwendungen.** Liegen „benannte Zuwendungen" vor, wie etwa Auftrag, Schenkung, Darlehen und Arbeitsverträge, richtet sich der vermögensmäßige Ausgleich nach den ausdrücklich getroffenen Vereinbarungen, hilfsweise nach den dispositiven Gesetzesbestimmungen des zu Grunde liegenden Vertragstypus, etwa nach § 530[33]. Weiter kommen für den erforderlichen Vermögensausgleich die ausdrücklich für den Fall der Scheidung von den Ehegatten getroffenen Vereinbarungen in Betracht[34].

16 **2. Ehebezogene Zuwendungen.** Häufig liegen hier aber äußerst vielschichtige Lebenssachverhalte vor. Die dabei oft eingetretene Vermögensmehrung des einen Ehegatten durch Kapitalleistung oder Arbeitseinsatz des andern entzieht sich meist einer einfachen Qualifizierung nach den gängigen Rechtsgeschäftstypen. Insbes liegt oftmals keine Schenkung iS von § 516 vor. Bei Beiträgen, die ausschließlich der Verwirklichung der ehelichen Lebensgemeinschaft dienen und bei denen daher die Annahme einer Innengesellschaft (Rn 20) versagt, spricht die hM und Rspr von sog „unbenannten" (auch „ehebedingten" oder „ehebezogenen") Zuwendungen, die dadurch gekennzeichnet sind, dass ein Ehegatte dem anderen einen Vermögenswert um der Ehe willen und als Beitrag zur Verwirklichung und Ausgestaltung, Erhaltung oder Sicherung der ehelichen Lebensgemeinschaft zukommen lässt, wobei er die Vorstellung oder Erwartung hat, dass die eheliche Lebensgemeinschaft Bestand haben und er innerhalb dieser Gemeinschaft am Vermögenswert und dessen Früchte weiter teilhaben wird. Dies ist die Geschäftsgrundlage der Zuwendung (§ 1372 Rn 10 ff)[35]. Die Rspr nimmt dabei an, dass solchen vermögensmäßigen Zuwendungen ein **„familienrechtlicher Vertrag eigener Art"** zu Grunde liegt[36]. Bei Scheitern der Ehe billigt die Rspr daher uU einen Ausgleichsanspruch nach den Grundsätzen des **Wegfalls der Geschäftsgrundlage** iVm § 242, nunmehr kodifiziert durch das SMG in § 313, zu[37]. Durch das Scheitern der Ehe kann die Geschäftsgrundlage für die Zuwendung entfallen sein, so dass eine Vertragsanpassung oder Rückgewähr erfolgen muss[38]. Ein Vermögensausgleich wird jedoch nur unter engen Voraussetzungen zugelassen[39]: Durch die Zuwendung muss es zu einer messbaren, noch vorhandenen Vermögensmehrung beim anderen Ehegatten gekommen sein. Als **Prüfungsmaßstab wird bei Gütertrennung** gefordert, dass die Beibehaltung dieser Vermögensverhältnisse für den zuwendenden Ehegatten nach Treu und Glauben **unzumutbar ist**[40]. Dabei sind die Umstände des konkreten Einzelfalls zu würdigen und abzuwägen, insbes Dauer der Ehe, Zweck der Zuwendung, Versorgungssituation und das Alter der Ehegatten, Art und Umfang der erbrachten Leistungen, Höhe der verursachten Vermögensmehrung, die daraus für den Leistenden gezogenen Vorteile, sowie die Einkommens- und Vermögensverhältnisse überhaupt[41]. Zu Gegenansprüchen des Zuwendungsempfängers bei einer dinglichen Rückgewähr s § 1372 Rn 19.

17 Beim **gesetzlichen Güterstand** wird demgegenüber ein noch strengerer Maßstab angewandt, weil dort wegen des Grundsatzes des vorrangigen güterrechtlich Ausgleichs über den Zugewinnausgleich bereits vielfach sachgerechte Ergebnisse erzielt werden: Daher erfolgt dort ein Ausgleich nach den Grundsätzen über die Anpassung und Wegfall der Geschäftsgrundlage für die ehebezogene Zuwendung nur, wenn besondere Umstände den güterrechtlichen Ausgleich für den Zuwendenden als **nicht tragbare Lösung** erscheinen lassen, also zur Korrektur schlechthin unangemessener und untragbarer Ergebnisse, weil das gesetzliche Ausgleichssystem versagt (eingehend § 1372 Rn 18 ff)[42]. Dennoch findet auch bei der Gütertrennung eine **dingliche Rückgewähr** nur in Ausnahmefällen

---

[32] BGHZ 142, 137 = NJW 1999, 2962, 2963 f; dazu eingehend *Langenfeld* ZEV 2000, 14.
[33] *Staudinger/Thiele* Vor § 1414 Rn 19.
[34] BGHZ 142, 137 = NJW 1999, 2962, 2964; BGH NJW-RR 1990, 1090.
[35] Vgl BGHZ 142, 137; eingehend hierzu *Wever* Vermögensauseinandersetzung Rn 398 ff, 419 ff.
[36] BGHZ 84, 361, 367; BGH NJW-RR 1987, 69; zur Vertragsnatur insbes *Jaeger* DNotZ 1991, 431, 444 ff.
[37] BGHZ 84, 361, 366 = NJW 1982, 2236; NJW 1992, 238; BGHZ 129, 259, 263 f; OLG München FamRZ 2004, 1874 m Anm *Wever*.
[38] Etwa BGHZ 82, 227; 84, 361, 368; 115, 132, 135 f mit Einschränkungen.
[39] BGHZ 84, 361, 368; BGH NJW-RR 1987, 69; BGHZ 127, 48 = NJW 1994, 2545; BGH NJW 1997, 2747; dazu auch *Jaeger* DNotZ 1991, 431, 461; *Schwab/Borth* HdB ScheidungsR IX Rn 70 ff und speziell zur Gütertrennung Rn 82 f; *Kleinle* FamRZ 1997, 1383, 1388 f; *Johannsen/Henrich/Jaeger* Rn 24; *Wever* Rn 452 ff; ders FamRZ 1996, 905, 910.
[40] BGH NJW 1997, 2747 = FamRZ 1997, 933; BGHZ 84, 361, 368 f; 127, 48, 50 f; NJW-RR 1988, 965; OLG Celle FamRZ 1991, 948; OLG Düsseldorf NJW-RR 1996, 467; vgl auch *Schwab/Borth* HdB ScheidungsR IX Rn 82 f; *Wever* Vermögensauseinandersetzung Rn 455 f, mit Details in Rn 486 ff; OLG Düsseldorf NJW-RR 2003, 1513 bei Zuwendung an Ehegatten, um das Vermögen vor dem Zugriff seiner Gläubiger zu entziehen.
[41] Eingehend *Wever* Vermögensauseinandersetzung Rn 462 ff wmN; *Jaeger* DNotZ 1991, 461 f.
[42] BGHZ 115, 132, 135 ff; BGH NJW 1997, 2747; zur „leichteren schuldrechtlichen Korrektur" bei der Gütertrennung s *Haußleiter/Schulz* 6 Rn 120, dagegen aber krit auf Grund des tatsächlichen Ergebnisses der bisherigen Rspr *Winklmair* FamRZ 2006, 1650, 1652; nach OLG Köln OLGR 1993, 243 sind aber die (milderen) Grundsätze der Gütertrennung anzuwenden, wenn der Zugewinnausgleich für den Fall der Scheidung ausgeschlossen wurde; beim Güterstandswechsel kommt es darauf an, welcher Güterstand bei der Zuwendung galt, BGH NJW 1997, 2747 = FamRZ 1997, 933.

statt⁴³; zudem ist diese nur Zug um Zug gegen Zahlung eines angemessenen finanziellen Ausgleichs zugunsten des Zuwendungsempfängers durchzuführen⁴⁴.

Zu beachten ist, dass der BGH bei **Arbeitsleistungen** auf Grund eines engen Zuwendungsbegriffs eine ehebedingte Zuwendung verneint, weil es nicht zu einer Vermögensminderung beim Erbringer dieser Leistungen kommt⁴⁵. Soweit in solchen Fällen nicht das Bestehen einer Gesellschaft angenommen werden kann (Rn 20), gelangt er aber zu einem ähnlichen Lösungsweg und nimmt auch hier einen familienrechtlichen Vertrag besonderer Art an, soweit die Arbeitsleistungen über die familienrechtlich geschuldete Unterhalts- und Beistandspflicht und Gefälligkeitsleistungen hinausgingen und von gewisser Dauer und Regelmäßigkeit waren. Für diesen Kooperationsvertrag der Ehegatten⁴⁶ entfällt mit dem Scheitern der Ehe wiederum die Geschäftsgrundlage, was einen entsprechenden Ausgleichsanspruch nach den og Grundsätzen, insbes bei Unzumutbarkeit für den Leistenden (vgl Rn 16) begründen kann⁴⁷. Dieser führt dann aber nicht zur Bezahlung der üblichen Arbeitsvergütung, sondern zu einer Beteiligung an der dadurch noch messbar vorhandenen Vermögensmehrung des anderen Ehegatten, wobei dies aber den Betrag der ersparten Arbeitsleistungen nicht überschreiten darf⁴⁸. 18

Die vorstehend skizzierte Rspr zur Vertragskorrektur durch Zubilligung von Ausgleichsansprüchen bei ehebezogenen Zuwendungen und zum (stillschweigend) abgeschlossenen Kooperationsvertrag im Scheidungsfall ist im Ansatz wie Ergebnis zu Recht deutlich **kritisiert** wurden, insbes als „quasi-güterrechtliche Lösung" mit einem beklagenswerten Verlust der Rechtssicherheit⁴⁹. Demnach sind in der Gütertrennungsehe nach dieser Rspr die Zuwendungen **weitaus weniger bestandsfest** als bei der Zugewinngemeinschaft Dies ist Folge der Rechtsfigur der ehebezogenen Zuwendung und des (stillschweigend) abgeschlossenen Kooperationsvertrags, die zu einer Ausweitung der Umstände führt, die zur Geschäftsgrundlage zählen. Diese „zweite Spur"⁵⁰, die zusammen mit einem umfassenden Gesamtschuldnerausgleich und der Annahme einer Ehegatteninnengesellschaft (Rn 20) am Güterstand vorbei einen umfangreichen Vermögensausgleich zwischen Ehegatten ermöglicht, wird hier – nicht wie bei der Zugewinngemeinschaft – dadurch relativiert, dass die güterrechtliche Regelung vorrangig zu den Grundsätzen des Wegfalls der Geschäftsgrundlage ist (vgl auch § 1372 Rn 13). Dies kann für die Ehegatten zu „unliebsamen Überraschungen führen, die bei Vereinbarung der Gütertrennung sich gerade bewusst für einen Güterstand entschieden haben, der an sich keine Ausgleichsansprüche vorsieht⁵¹. Ob eine Analyse nach Fallgruppenbildungen die Vorhersehbarkeit einer späteren richterlichen Entscheidung bringt⁵², bleibt skeptisch abzuwarten. Auf alle Fälle wird man den Zweck der jeweiligen Zuwendung für die Problemlösung mehr in den Vordergrund stellen müssen⁵³: War bezweckt, dass dem Empfänger die Leistung ungeschmälert verbleiben sollte, so scheidet auch bei Scheitern der Ehe ein Ausgleich aus. **Kautelarjuristisch** kann wenigstens teilweise Vorsorge gegen eine zu weit reichende Korrektur durch schuldrechtliche Ausgleichsansprüche geschaffen werden: In dem Ehevertrag ist festzuhalten, dass – mangels ausdrücklicher abweichender Vereinbarung im Einzelfall – Zuwendungen zwischen den Ehegatten grds nicht das Bestehen der Ehe als Geschäftsgrundlage haben sollen und Ansprüche wegen einer Ehegatteninnengesellschaft oder wegen Mitarbeit auch nur dann bestehen, wenn dies ausdrücklich (schriftlich) vereinbart ist⁵⁴. Da die Rspr aber von einem Bestreben nach einer „Billigkeitskorrektur" im Einzelfall getragen ist, schließt eine solche Vereinbarung immer noch nicht sicher aus, dass dann doch noch aus Billigkeitsgesichtspunkten heraus schuldrechtliche Ausgleichsansprüche bei Scheitern der Ehe zugebilligt werden. 19

3. Ehegatteninnengesellschaft. Vielfach hat die Rspr versucht, hier im Scheidungsfall einen angemessenen Interessenausgleich nach **gesellschaftsrechtlichen Grundsätzen** vorzunehmen, insbes 20

---

⁴³ *Langenfeld* Rn 269; *Winklmair* FamRZ 2006, 1650, 1653, die von *Winklmair* genannten Fälle von OLG Celle FamRZ 2000, 668 (Museum) und LG Aachen FamRZ 2000, 669 betrafen aber die Zugewinngemeinschaft; vgl auch *Wever* Vermögensauseinandersetzung Rn 500 ff mwN aus der Rspr, auch zur Zugewinngemeinschaft.
⁴⁴ *Winklmair* FamRZ 2006, 1650, 1653.
⁴⁵ BGHZ 84, 361, 364 = NJW 1982, 2236 betr Hausbau; BGHZ 127, 48, 51 = NJW 1994, 2545 betr Mitarbeit im Betrieb des anderen = DNotZ 1995, 668 m Anm *Jaeger* = FuR 1994, 301 m Anm *Derleder*; vgl *Wever* Vermögensauseinandersetzung Rn 406.
⁴⁶ Im Anschluss an *Gernhuber/Coester-Waltjen* § 19 Rn 93–96; eingehend dazu *Wever* Vermögensauseinandersetzung Rn 667 ff.
⁴⁷ *Wever* Vermögensauseinandersetzung Rn 675 ff.
⁴⁸ BGHZ 127, 48, 54 f = NJW 1994, 2545; dazu auch *Scholz/Stein/Uecker* Rn C 86 f; *Schwab/Borth* HdB ScheidungsR IX Rn 86 ff; *Wever* Vermögensauseinandersetzung Rn 677 f; *ders* FamRZ 1996, 905, 912.
⁴⁹ Zur Kritik etwa *Staudinger/Thiele* Vor § 1414 Rn 21; *Kühne*, FS Beitzke, S 249, 265; *Tiedtke* DNotZ 1983, 161, 163; *Gernhuber/Coester-Waltjen* § 19 Rn 94–96; *Langenfeld* 4. Aufl Rn 413 f: „vom sichersten zum unsichersten Güterstand", zurückhaltender jetzt aber 5. Aufl Rn 269; krit *Blumenröhr*, FS Odersky, 1996, 17, S 525 f; den Verlust an Rechtssicherheit beklagt auch *Winklmair* FamRZ 2006, 1650, 1652; vgl auch § 1372 Rn 11 ff; grds zust aber *Wever* Vermögensauseinandersetzung Rn 495 ff, 684; *ders* FamRZ 1996, 905, 912, aber mit Begrenzung auf „krasse Fälle"; *Schwab/Borth* HdB ScheidungsR IX Rn 88 zu den Fällen der Arbeitsleistung; iE auch *Johannsen/Henrich/Jaeger* Rn 25.
⁵⁰ Ausf *Grziwotz* DNotZ 2000, 486.
⁵¹ Zutr *Winklmair* FamRZ 2006, 1650, 1652.
⁵² Hierfür *Johannsen/Henrich/Jaeger* Rn 25; *Kleinle* FamRZ 1997, 1383, 1388 f; ausf Fallgruppenbildung bei *Jaeger* DNotZ 1991, 431, 461 ff.
⁵³ *Langenfeld* Rn 270; *Wever* Rn 496; *Jaeger* DNotZ 1991, 431, 471; *Winklmair* FamRZ 2006, 1650, 1652; *Schwab/Borth* HdB ScheidungsR IX Rn 83.
⁵⁴ Vgl etwa *Langenfeld* Rn 532 f, s auch den Formulierungsvorschlag bei *J. Mayer* in: Würzburger Notarhandbuch III Rn 111.

§ 1415 Buch 4. Abschnitt 1. Bürgerliche Ehe

durch Annahme einer stillschweigend vereinbarten Innengesellschaft[55]. Aus der Vereinbarung der Gütertrennung kann aber nicht geschlossen werden, dass damit jede Teilhabe an dem gemeinsam erwirtschafteten Vermögen unter jedem Gesichtspunkt ausgeschlossen ist. Die Gütertrennung spricht daher nicht gegen das Zustandekommen eines Gesellschaftsverhältnisses[56], aber auch nicht dafür[57]. Allerdings darf durch die Annahme eines gesellschaftsrechtlichen Ausgleichsanspruchs im wirtschaftlichen Ergebnis **nicht** das **Gegenteil** von dem erreicht werden, was die Ehegatten mit der Vereinbarung der Gütertrennung ursprünglich beabsichtigten[58]. Daher ist hier ein **gesellschaftsrechtlicher Ausgleichsanspruch** nur auf Fälle **krasser Benachteiligung** zu beschränken[59], was aber die jüngere Rspr nicht immer hinreichend beachtet[60].

21 Entscheidend für die erforderliche Abgrenzung zur ehebezogenen Zuwendung ist, dass das Vorliegen einer Gesellschaft eine Zweckvereinbarung iS des § 705 voraussetzt. Dieser Zweck kann aber nicht allein in der Verwirklichung der ehelichen Lebensgemeinschaft liegen, denn sonst wäre jede Ehe eine (BGB-)Gesellschaft. Der BGH hat daher unlängst zu Recht hervorgehoben, dass der **Gesellschaftszweck** vielmehr gerade **über die Verwirklichung der ehelichen Lebensgemeinschaft hinausgehen muss;** weiter ist erforderlich, dass eine entsprechender Gesellschaftsvertrag zumindest schlüssig zu Stande kam[61]. Eingehend dazu § 1372 Rn 28 f.

22 **4. Bereicherungsrechtlicher Ausgleich.** Auch die bereicherungsrechtlichen Vorschriften (§§ 812 ff) sind zur sachgerechten Problemlösung nicht geeignet, da die Zuwendung nicht rechtsgrundlos vorgenommen wurde, sondern die „causa" hierfür nach hM gerade eine ehebezogene Zuwendung war (s auch § 1372 Rn 17)[62]. Ein Bereicherungsausgleich wegen Zweckverfehlung scheitert an der Subsidiarität gegenüber den Grundsätzen des Wegfalls der Geschäftsgrundlage[63].

VII. Ehevertragliche Vereinbarungen

23 Auf Grund der ihn charakterisierenden Besonderheiten lässt der Güterstand der Gütertrennung keine weiteren güterrechtlichen Vereinbarungen zu; insbes kann er nicht dahin modifiziert werden, dass wesentliche Inhalte des gesetzlichen Güterstandes der Zugewinngemeinschaft übernommen werden[64].

Kapitel 3. Gütergemeinschaft (§§ 1415-1557)
Unterkapitel 1. Allgemeine Vorschriften (§§ 1415-1421)

§ 1415 Vereinbarung durch Ehevertrag

Vereinbaren die Ehegatten durch Ehevertrag Gütergemeinschaft, so gelten die nachstehenden Vorschriften.

Schrifttum: *Apfelbaum*, Gütergemeinschaft und Gesellschaftsrecht, MittBayNot 2006, 185; *App*, Die Auseinandersetzung um Mobilien nach Beendigung einer ehelichen Gütergemeinschaft und bei einer Miterbengemeinschaft,

---

[55] So etwa aus der älteren Rspr BGH NJW 1974, 2278; BGHZ 31, 197, 201 = FamRZ 1960, 105 betr gemeinsam betriebene Metzgerei; BGH FamRZ 1962, 357 betr gemeinsam betriebene Gärtnerei; FamRZ 1968, 589 betr Übernahme der kaufmännischen Leitung im Großbetrieb des anderen Ehegatten; WM 1973, 1242 betr Beteiligung an Finanzierung und Aufbauleistung eines Wohn- und Geschäftshauses; FamRZ 1975, 35 betr Grundstücksgeschäfte in Art einer Bauherrengemeinschaft; verneinend dagegen: FamRZ 1963, 279 betr bloße Geldanlage im Geschäft des anderen; FamRZ 1966, 492 betr Mitarbeit in kleinbäuerlichem Betrieb; NJW 1974, 1554 betr gemeinsame Leistungen für Familienwohnheim; NJW 1974, 2045 betr Geldanlage und Mitarbeit als Sprechstundenhilfe in Arztpraxis; krit hierzu etwa *Müller-Freienfels*, FS Maridakis II, 1963, S 492; *Soergel/Gaul* Rn 14.
[56] BGHZ 142, 137, 143 ff = NJW 1999, 2962.
[57] *Wever* Vermögensauseinandersetzung Rn 626; *Johannsen/Henrich/Jaeger* Rn 20; aA MünchKommBGB/*Kanzleiter* Vor § 1414 Rn 13.
[58] *Wever* FamRZ 1996, 905, 911.
[59] *Wever* Vermögensauseinandersetzung Rn 626.
[60] BGH NJW 2003, 2982 m Anm *Wever* bezüglich der Zustimmungspflicht zur gemeinsamen steuerlichen Veranlagung der Ehegatten; OLG Schleswig NJW-RR 2004, 972 = FamRZ 2004, 1375 m Anm *Wever*, wo im Zusammenhang mit dem Erwerb eines Wohn- und Geschäftshauses ein Ausgleichsanspruch von 7634,73 Euro zugebilligt wurde.
[61] BGHZ 142, 137 = NJW 1999, 2962, 2966; unter Betonung der Beweislastebene bereits BGHZ 84, 361 = NJW 1982, 2236; vgl auch BGH NJW-RR 1989, 66; für den Gesellschaftszweck als Abgrenzungskriterium ebenfalls etwa *Soergel/Gaul* Rn 14; *Johannsen/Henrich/Jaeger* Rn 18 ff; *Jaeger* DNotZ 1991, 460; der Zweck muss aber nicht ein materieller sein, zu eng *Johannsen/Henrich/Jaeger* Rn 19; der Zweck kann auf Grund der Vertragsfreiheit sogar im Erwerb, Halten, Verwalten und Bewohnen eines Hauses bestehen, zumindest wenn dies ausdrücklich vereinbart ist, BGH NJW 1982, 170; abl *Bosch* FamRZ 1982, 267.
[62] BGHZ 84, 361 = NJW 1982, 2236; *Jaeger* DNotZ 1991, 431, 451; eingehend *Wever* Vermögensauseinandersetzung Rn 432 f.
[63] BGHZ 115, 261, 262; dies gilt auch nach der Kodifizierung dieser Grundsätze durch das SMG, vgl AnwKBGB/*Krebs* § 313 Rn 20.
[64] OLG Schleswig NJW-RR 1996, 134; vgl auch § 1408 Rn 12.

FPR 2000, 303; *ders,* Zwangsvollstreckung bei in ehelicher Gütergemeinschaft lebendem Schuldner, JurBüro 2000, 570; *Behmer,* Ist die Gütergemeinschaft als Wahlgüterstand „obsolet"?, FamRZ 1988, 339; *ders,* Bruchteils- oder Gütergemeinschaft? Überlegungen zur Wahl des Gemeinschaftsverhältnisses bei Ehegatten, MittBayNot 1994, 377; *ders,* Der Wertverlust eingebrachter Güter in der Gesamtgutsauseinandersetzung, MittBayNot 1989, 7; *Bengel,* Die Bedeutung des Gesamtgutsverwaltungsrechts bei Erwerbsverträgen in der notariellen Praxis, BWNotZ 1975, 209; *Böhringer,* Auflassung und nachfolgende Gütergemeinschaft, BWNotZ 1983, 133; *Bonefeld,* Die Gütergemeinschaft, ZErb 2002, 253, 286; *Bölling,* Zur Bewertung eines landwirtschaftlichen Betriebes im Rahmen der Auseinandersetzung des Gesamtguts gemäß den §§ 1477, 1478 BGB, FamRZ 1980, 754; *ders,* Auswirkungen des Geldwertverfalls auf die Auseinandersetzung des Gesamtgutes, FamRZ 1982, 234; *Buchner,* Einfluß der Gütergemeinschaft auf die erwerbswirtschaftliche Betätigung der Ehegatten, FS Beitzke 1979, S 153; *Enders,* Steuerfolgen in der Rechtspraxis – Gütergemeinschaft (Teil I) – Ertragsteuerfolgen, MDR 1981, 285; *ders,* Steuerfolgen in der Rechtspraxis – Gütergemeinschaft (Teil II) – Sonstige Steuerfolgen, MDR 1981, 465; *ders,* Steuerfolgen in der Rechtspraxis – Gütergemeinschaft (Teil III) – Steuerfolgen bei Beendigung, MDR 1981, 634; *Ensslin,* Das Zusammentreffen von Gütergemeinschaft und Scheidungsverfahren, FamRZ 1998, 1077; *Grasmann,* Klage auf Aufhebung der Gütergemeinschaft nach dreijähriger Trennung der Ehegatten entsprechend der für die Zugewinngemeinschaft geltenden Vorschrift des § 1385 BGB?, FamRZ 1984, 957; *Grziwotz,* Sicherung von Rückübertragungsansprüchen für Ehegatten in Gütergemeinschaft – Zugleich Anmerkung zum Beschluß des BayObLG v. 14. 1. 1993, 2Z BR 102/92, MittBayNot 1993, 74; *Hofmann,* Zum Erwerb einzelner Gegenstände durch einen Ehegatten für das Gesamtgut der Gütergemeinschaft, FamRZ 1972, 117; *Hoppenz,* Zum Auskunftsanspruch des verwaltenden Ehegatten im Rahmen der Gütergemeinschaft gegen Banken, bei denen der andere Ehegatte Konten ohne Wissen des anderen eröffnet hat, FamRZ 2005, 276; *Kanzleiter,* Der Kommanditanteil, ein möglicher Bestandteil des Gesamtguts der Gütergemeinschaft, DNotZ 2003, 422; *Kleinle,* Trennungsunterhalt und Gütergemeinschaft mit gemeinschaftlicher Gesamtgutsverwaltung, FamRZ 1997, 1194; *M. Klein,* Wegweiser zur Auseinandersetzung einer Gütergemeinschaft – Teil 1, FuR 1995, 165; *ders,* Fälle und Lösungen zur Auseinandersetzung einer Gütergemeinschaft – Teil 2, FuR 1995, 249; *Kotzur,* Übernahme von Grundstücken und Illatenersatz bei der Auseinandersetzung des Gesamtguts ehelicher Gütergemeinschaften (§§ 1477 Abs 2, 1478), BWNotZ 1987, 134; *Krüger,* Einfluß der Rechtswirkungen des Gesamtguts der Gütergemeinschaft auf eine steuerliche Anerkennung von Ehegattenarbeitsverhältnissen, DB 1975, 2196; *Landau,* Bamberger Landrecht und eheliche Gütergemeinschaft, FS Schwab, 2005, S 143; *Leikamm,* Der Erwerb zum Gesamtgut der Gütergemeinschaft, BWNotZ 1979, 164; *Lutter,* Zum Umfang des Sonderguts, AcP 161 (1961), 163; *Mai,* Die Gütergemeinschaft als vertraglicher Wahlgüterstand und ihre Handhabung in der notariellen Praxis, MittBayNot 2003, 55; *Schünemann,* Ehegattengesellschaft in Gütergemeinschaft?, FamRZ 1976, 137; *Stenger,* Güterstand bei Unternehmerehen – Gütertrennung und Gütergemeinschaft, ZEV 2000, 141; *Staudt,* Grundbucheintragung des in Gütergemeinschaft lebenden Erben – Anmerkung zum Beschluß des BayObLG vom 18. 11. 1985 – B Reg Z 54/85, MittBayNot 1986, 234; *Stößer,* Auseinandersetzung einer Gütergemeinschaft, FamRB 2002, 185; *Stumpp,* Ehevertragliche Vereinbarungen für die Auseinandersetzung des Gesamtguts, Rpfleger 1979, 441; *Tiedtke,* Gesamthand- und Gesamtschuldklage im Gütergemeinschaft der Gütergemeinschaft, FamRZ 1975, 538; *ders,* Offene Handelsgesellschaft und Gütergemeinschaft, FamRZ 1975, 538; *ders,* Universalsukzession und Gütergemeinschaft, FamRZ 1976, 510; *ders,* Grundstückserwerb von Ehegatten in Gütergemeinschaft, FamRZ 1979, 370; *Weinreich,* Unterhalt in der Gütergemeinschaft, FuR 1999, 49; *Wittich,* Die Gütergemeinschaft und ihre Auseinandersetzung, 2000.

Übersicht

	Rn		Rn
I. Überblick zum Güterstand der Gütergemeinschaft	1	a) Einkommensteuer	6
1. Gesetzesüberblick	1	b) Schenkungsteuer, Grunderwerbsteuer	7
2. Grundzüge	2	c) Sozialversicherung	8
3. Wertung des Güterstands	3	**II. Eintreten der Gütergemeinschaft**	9
4. Steuern, Sozialversicherungsrecht	6	**III. Beendigung der Gütergemeinschaft**	10

I. Überblick zum Güterstand der Gütergemeinschaft

1. Gesetzesüberblick. Die gesetzlichen Bestimmungen über die Gütergemeinschaft gliedern sich wie folgt[1]:   1
- allgemeine Vorschriften (§§ 1415 bis 1421),
- alleinige Verwaltung des Gesamtguts durch den Ehemann oder die Ehefrau (§§ 1422 bis 1449),
- gemeinschaftliche Verwaltung des Gesamtguts (§§ 1450 bis 1470),
- Auseinandersetzung des Gesamtguts (§§ 1471 bis 1482),
- fortgesetzte Gütergemeinschaft (§§ 1483 bis 1518).

2. Grundzüge. Die Gütergemeinschaft ist ein **Vertragsgüterstand,** der nur durch Ehevertrag   2 (§ 1415) begründet werden kann. Kennzeichnend ist das gesamthänderisch gebundene, gemeinschaftliche Vermögen beider Ehegatten, das sog **Gesamtgut** (§ 1416), das durch einen (Gesamtgutsverwalter, §§ 1422 ff) oder durch beide Ehegatten (§§ 1450 ff) verwaltet wird. Demgegenüber kennen Zugewinngemeinschaft und Gütertrennung nur getrenntes Vermögen jedes Ehegatten. Aber auch bei Gütergemeinschaft kann jeder Ehegatte getrenntes „eigenes" Vermögen haben: sog **Sondergut** (§ 1417) an nicht durch Rechtsgeschäft übertragbaren Gegenständen und **Vorbehaltsgut** (§ 1418) durch entsprechende ehevertragliche Vereinbarung, Bestimmung des zuwendenden Dritten oder infolge von Surrogationserwerb hierzu. Daher sind hier fünf Sondervermögen möglich. Äußerst kompliziert sind die Haftungsregelungen mit der **Haftung** des ehelichen Gesamtguts für sog **Gesamtgutsverbindlich-**

---

[1] Überblick zu den sich daraus ergebenden Anspruchsgrundlagen AnwK-BGB/*Völker* Vor §§ 1415 ff Rn 26 f.

§ 1415

keiten (§§ 1437 ff, 1459 ff), wozu auch alle bei Beginn der Gütergemeinschaft vorhandenen Schulden gehören und die während der Gütergemeinschaft kraft Gesetzes entstehenden Verbindlichkeiten (Delikt, Unterhalt). Daneben besteht aber auch die **persönliche Haftung** des verwaltenden Ehegatten für die Gesamtgutsverbindlichkeiten (für den Gesamtgutsverwalter nach § 1437 Abs 2, bei gemeinschaftlicher Verwaltung für beide Ehegatten nach § 1459 Abs 2) mit seinem Vorbehalts- und Sondergut. Nach der **Beendigung der Gütergemeinschaft** (zB durch Scheidung oder Aufhebungsurteil, s Rn 10) entsteht eine Abwicklungsgemeinschaft mit Fortbestand des Gesamtguts und gemeinschaftlicher Verwaltung beider Ehegatten (§ 1472 Abs 1). Die Auseinandersetzung erfolgt nach den §§ 1471 ff.

3   **3. Wertung des Güterstands.** Die Gütergemeinschaft kann erhebliche **Nachteile** mit sich bringen[2]:
- die **weit reichende Haftung** (Rn 2), insbes für die gesetzlichen Verbindlichkeiten aus **Unfällen** ohne (ausreichenden) Versicherungsschutz, Unterhaltsverpflichtungen gegenüber einseitigen Kindern[3] oder für **Pflegeheimkosten** von Unterhaltsberechtigten, wobei sich § 1604 besonders erschwerend auswirkt. Entgegen *Behmer*[4] sind dies idR gerade nicht vorhersehbare Schicksalsschläge,
- äußerste **komplizierte Rechtslage**, insbes mit der sehr differenzierten Ausgestaltung der Verwaltungsregelung,
- **Zwang** zum **gemeinschaftlichen Handeln** bei gemeinschaftlicher Verwaltung (§ 1450) oder weit reichende Entscheidungskompetenz des Gesamtgutsverwalters bei Einzelverwaltung (§ 1422),
- Erforderlichkeit einer umfassenden **Auseinandersetzung** des Gesamtguts bei Beendigung der Gütergemeinschaft, die zu größten Streitigkeiten, aber auch oftmals zu unwirtschaftlicher Zerschlagung von Gesamtgutswerten durch Teilungsversteigerung führt[5],
- gehört **Betriebsvermögen** zum Gesamtgut, können sich erhebliche einkommensteuerliche und sozialversicherungsrechtliche Nachteile ergeben; insbes werden dann vielfach Ehegattenarbeitsverträge nicht anerkannt (vgl Rn 6 ff).

4   Als **Vorteile** der Gütergemeinschaft werden demgegenüber genannt, sie sei vollkommenster Ausdruck einer idealen Ehe („ein Leib, ein Gut"), und die gesamthänderische Bindung des Vermögens verhindere bei gemeinschaftlicher Verwaltung einzelne Verfügungen über das Gesamtgut (bei Einzelverwaltung immerhin noch Zustimmungspflicht nach § 1423 ff für besonders bedeutsame Verfügungen), während § 1365 nur einen sehr beschränkten Schutz gewährt und bei Bruchteilseigentum jeder Ehegatte grds jederzeit die Auseinandersetzung der Gemeinschaft verlangt werden kann (§§ 749, 753). Bei einseitigen Pflichtteilsberechtigten kann die Vereinbarung von Gütergemeinschaft auch uU zur Reduzierung von Pflichtteilsansprüchen genutzt werden[6]. Bei Vorhandensein eines **land- und forstwirtschaftlichen Betriebs** stellt sich der einheiratende Ehegatte bei der Gütergemeinschaft erheblich besser als bei der Zugewinngemeinschaft, da Bemessungsgrundlage für den Wertersatz bei der Gütergemeinschaft der Verkehrswert ist (§§ 1477, 1478), für den Zugewinnausgleich aber nach § 1376 Abs 4 der wesentlich niedrigere Ertragswert[7].

5   Trotz dieser Vorteile wird in der Praxis nur noch **sehr zurückhaltend** von der Möglichkeit zur Vereinbarung der Gütergemeinschaft Gebrauch gemacht und nur dann, wenn die aufgezeigten Nachteile im Einzelfall nicht zu erwarten sind[8]. Aber auch wenn keine „Negativindikation" vorliegt, spricht gegen die Gütergemeinschaft heute, dass sich die Ehegatten meist nicht mehr eine vollständige Vergemeinschaftung allen Vermögens vorstellen, insbes gerade nicht für das Vermögen, das einer von seinen Eltern erbt oder im Wege der vorweggenommenen Erbfolge erhält. Den heutigen Vorstellungen entspricht daher idR allenfalls eine Art „Errungenschaftsgemeinschaft"[9].

6   **4. Steuern, Sozialversicherungsrecht. a) Einkommensteuer.** Betreibt einer der Ehegatten einen **Gewerbebetrieb**, der zum Gesamtgut gehört, ist der andere Ehegatte wegen der Teilhabe an den Erträgen, der dinglichen Mitberechtigung am Gesamtgut und der daraus folgenden Beteiligung an den stillen Reserven des Betriebsvermögens sowie wegen der Haftung des Gesamtguts für die betrieblichen Verbindlichkeiten idR **Mitunternehmer** iS des **Einkommensteuerrechts**, § 15 Abs 1 Nr 2

---

[2] Ausf AnwK-BGB/*Völker* Vor §§ 1415 ff Rn 9 ff; *Klüber* in: *Schröder/Bergschneider* FamVermR Rn 4.566 ff; vgl auch *Dölle* I S 868; FA-FamR/*Weinreich* IX Rn 141 ff; *Langenfeld* Rn 597 ff; *Rauscher* Rn 444; MünchKommBGB/*Kanzleiter* Vor § 1415 Rn 15; *Gernhuber/Coester-Waltjen* § 31 Rn 19 f; *Staudinger/Thiele* Vor §§ 1415 ff Rn 10; *Soergel/Gaul* Vor § 1415 Rn 6.
[3] Dazu etwa DIV-Gutachten DAVorm 1987, 621.
[4] FamRZ 1988, 339, 344 ff; *ders* MittBayNot 1994, 377, 384 f mit der völligen Fehleinschätzung, durch die Einführung des Pflegeversicherungsgesetzes würde sich die Problematik des Sozialhilferegresses für Pflegeheimkosten auf „Kleinstrentner" beschränken; dagegen zu Recht AnwK-BGB/*Völker* Vor §§ 1415 ff Rn 14.
[5] AnwK-BGB/*Völker* Vor §§ 1415 ff Rn 12; zur Schwierigkeit der Formulierung der Teilungsklage *Wittich* S 89 ff.
[6] *Wegmann* ZEV 1996, 201, 203 ff; HdB Pflichtteilsrecht/*J. Mayer* § 11 Rn 78 ff.
[7] *Behmer* FamRZ 1988, 339, 348.
[8] So MünchKommBGB/*Kanzleiter* Vor § 1415 Rn 20 mit sorgfältiger Analyse der Vor- und Nachteile; tendenziell abl etwa *Langenfeld* Rn 597; *ders* FamRZ 1987, 9, 13: „nicht mehr zeitgemäß"; dagegen hält sie *Behmer* bei einfachen Vermögensverhältnissen für eine sinnvolle Alternative, bei bäuerlichen Verhältnissen sogar für die „entsprechendesteren Güterstand, FamRZ 1988, 1988, 339, 348; MittBayNot 1994, 377, 387 f; ebenso für die „bäuerlichen Verhältnisse" *Klüber* in: *Schröder/Bergschneider* FamVermR Rn 4.566 ff; *Gernhuber/Coester-Waltjen* § 38 Rn 1–3 bezeichnen die Gütergemeinschaft dagegen als „alternden Güterstand", ähnlich *Mai* BWNotZ 2003, 55, 56; *Rauscher* Rn 444 als „schwerfällig und streitträchtig", *Muscheler* Rn 386 die eintretenden Rechtsfolgen als „drastisch"; in Altbayern war die Gütergemeinschaft früher weit verbreitet, vgl *Staudt* MittBayNot 1986, 233, 234.
[9] *Langenfeld* Rn 597; ähnlich *Gernhuber/Coester-Waltjen* § 31 Rn 20.

Vereinbarung durch Ehevertrag **§ 1415**

EStG[10]. Dies gilt auch dann, wenn dem Ehegatten, der als Inhaber des Gewerbebetriebs auftritt, auch durch Ehevertrag die alleinige Gesamtgutsverwaltung übertragen wird (§ 1422); denn die erforderliche Mitunternehmerinitiative des nicht verwaltungsberechtigten Ehegatten ist hier nicht schwächer als etwa eines atypischen Unterbeteiligten[11]. Gerade bei Handwerksbetrieben oder Betrieben des Gaststättengewerbes führt die Gütergemeinschaft wegen dem regelmäßigen nennenswerten Vermögenseinsatz und der geringen individuellen Bindung des Betriebes an den Inhaber regelmäßig zur Annahme einer Mitunternehmerschaft[12]. Der andere Ehegatte ist aber nicht Mitunternehmer, wenn im Gewerbebetrieb die **persönliche Arbeitsleistung** in den Vordergrund tritt und kein nennenswertes Kapital des Gesamtguts eingesetzt wird, wie etwa bei einem Handelsvertreter[13]. Sind die Ehegatten demnach Mitunternehmer, so umfasst das Betriebsvermögen der Mitunternehmerschaft nur die dem Gewerbebetrieb gewidmeten Wirtschaftsgüter des Gesamtguts und evtl Sonderbetriebsvermögen; das übrige Gesamtgut ist Privatvermögen; § 15 Abs 3 Nr 3 EStG ist nicht anwendbar[14]. Der Gewinn ist den Ehegatten dann idR hälftig zuzurechnen[15]. Alle Vergütungen, einschließlich des Arbeitgeberanteils zur Sozialversicherung, die ein Ehegatte für seine Tätigkeit in dem zum Gesamtgut gehörenden Gewerbebetrieb erhält, sind demnach keine den Gewinn mindernden Betriebsausgaben, sondern den Einkünften aus Gewerbebetrieb zuzurechnen; das Ehegattenarbeitsverhältnis wird bei Mitunternehmerschaft nicht anerkannt[16]. Daher ist in solchen Fällen die Gütergemeinschaft regelmäßig aus einkommensteuerrechtlichen Gründen nicht zu empfehlen[17]. Da § 15 Abs 1 Nr 2 EStG auch bei **Freiberuflern** Anwendung findet (§ 18 Abs 4 S 2 EStG), ist auch bei diesen mit der Vereinbarung von Gütergemeinschaft Vorsicht geboten, wenngleich hier die persönliche Leistung und Qualifikation des freiberuflich tätigen Ehegatten idR im Vordergrund stehen wird[18]. Ein zum **Vorbehalts- oder Sondergut** des einen Ehegatten gehörender Gewerbebetrieb oder Anteil an einer Personengesellschaft ist demgegenüber nur diesem zuzurechnen. Dass die Erträge beim Sondergut in das Gesamtgut fallen (§ 1417 Abs 3 S 2), ist insoweit unerheblich[19]. Jedoch ist bei der **Auseinandersetzung** der Gütergemeinschaft mit steuerverstricktem Betriebsvermögen[20], aber auch bei Überführung einzelner Gegenstände desselben in das Alleineigentum eines Ehegatten[21] aus steuerlichen Gründen Vorsicht geboten. Zur personellen Verflechtung im Rahmen einer **Betriebsaufspaltung** BFH NJW-RR 2007, 248; BStBl II 1993, 876 = NJW-RR 1994, 542.

b) Schenkungsteuer, Grunderwerbsteuer. Die Bereicherung, die ein Ehegatte durch die Vereinbarung der Gütergemeinschaft erfährt, ist ein **schenkungsteuerpflichtiger Tatbestand** (§ 7 Abs 1 Nr 4 ErbStG), jedoch werden die Ehegattenfreibeträge in vielen Fällen ausreichen (§§ 16 Abs 1 Nr 1, 17 ErbStG), so dass erst zu einer Erhebung der Schenkungsteuer kommt, wenn der Vermögensunterschied mehr als 614.000 Euro beträgt; zudem bezieht sich der Bereicherungstatbestand nur auf das eheliche Gesamtgut, denn das Sonder- und Vorbehaltsgut verbleibt im Alleineigentum jedes Ehegatten. Außerdem ist zu beachten, dass durch die mit der Vereinbarung der Gütergemeinschaft eintretende Beendigung der Zugewinngemeinschaft für einen Ehegatten ein Ausgleichsanspruch entsteht (§ 1378 Abs 3 S 1), wodurch sich bei diesem die Höhe einer durch die Vereinbarung der Gütergemeinschaft bei uU eintretenden anderweitigen steuerpflichtigen Bereicherung entspr reduziert[22]. Auch kann durch die Vereinbarung von entsprechendem **Vorbehaltsgut** verhindert werden, dass bei dem weniger vermögenden Ehegatten ein über den persönlichen Freibetrag hinausgehender steuerpflichtiger Erwerb eintritt[23]. Die **grunderwerbsteuerlichen Vorteile,** welche die Gütergemeinschaft früher bot, sind durch die Neufassung des § 3 GrEStG 1983 entfallen, da nunmehr auch der Erwerb der Schwiegerkinder von ihren

7

---

[10] BFH BStBl II 1993, 574 = BB 1993, 1196; BStBl II 1984, 751: als wirtschaftlich einer Personengesellschaft vergleichbares Gemeinschaftsverhältnis; BStBl II 1999, 384 = NJW-RR 1998, 1040 zum gesetzlichen Güterstand nach niederländischem Recht, eine Gütergemeinschaft ist; BFH/NV 1998, 1094; FG Saarland EFG 2004, 1449, dazu *Völker* jurisPR-FamR 13/2004 Anm 6; *Klüber* in: *Schröder/Bergschneider* FamVermR Rn 4.563; *Schmidt/Wacker* § 15 EStG Rn 376; *Behmer* FamRZ 1988, 339, 347.
[11] BFH BStBl II 1977, 836 = BB 1977, 1635, wo auf die vorhandenen Mitwirkungs- und Kontrollrechte (§ 1435) abgestellt wird; ebenso FG Saarland EFG 2004, 1449, dazu *Völker* jurisPR-FamR 13/2004 Anm 6.
[12] FG München vom 25. 7. 2001, 13 K 2290/00; FG Saarland EFG 2004, 1449, zust *Völker* jurisPR-FamR 13/ 2004 Anm 6.
[13] BFH NJW-RR 1998, 1040; BStBl II 1980, 634 = BB 1980, 1408; NJW-RR 2005, 682 obiter dictum; *Schmidt/ Wacker* § 15 EStG Rn 376; *Krüger* DB 1975, 2196, 2200 ff; AnwK-BGB/*Völker* Vor §§ 1415 ff Rn 21.
[14] *Schmidt/Wacker* § 15 EStG Rn 377; vgl auch BFH BStBl II 1987, 120 zur Erbengemeinschaft; zur Frage, wenn nur ein Teil des Betriebsvermögens zum Gesamtgut gehört, BFH vom 7. 7. 1983, IV R 127/79.
[15] BFH NJW-RR 1998, 1040; *Schmidt/Wacker* § 15 EStG Rn 377; *Voss* DB 1988, 1084, 1087.
[16] AnwK-BGB/*Völker* Vor §§ 1415 ff Rn 22; *Krüger* DB 1975, 2196, 2203; krit gegen diese Praxis *Buchner*, FS Beitzke, 1979, S 153, 159.
[17] *Behmer* FamRZ 1988, 339, 347, dort auch zur Situation in der Land- und Forstwirtschaft, bei der sich diese Nachteile aber meist nicht bedeutsam auswirken, wenn nicht eine BGB-Gesellschaft mit dem Ehegatten begründet werden soll.
[18] AnwK-BGB/*Völker* Vor §§ 1415 ff Rn 22; *Behmer* FamRZ 1988, 339, 347; *ders* MittBayNot 1994, 377, 387.
[19] BFH BStBl II 1977, 201 = BB 1977, 329; *Schmidt/Wacker* § 15 EStG Rn 378.
[20] Zur evtl Gewinnrealisierung *Schmidt/Liebig* StuW 1989, 110, 117; AnwK-BGB/*Völker* Vor §§ 1415 ff Rn 24; *Klüber* in: *Schröder/Bergschneider* FamVermR Rn 4.564 mwN.
[21] Vgl BFH BStBl II 1995, 592 = BB 1995, 1230 wo das Entstehen von Sonderbetriebsvermögen angenommen wurde.
[22] *Klüber* in: *Schröder/Bergschneider* FamVermR Rn 4.562.
[23] *Mai* BWNotZ 2003, 55, 70.

§ 1416

Schwiegereltern nach § 3 Nr 6 GrEStG grunderwerbsteuerfrei ist[24]. Umgekehrt soll bei Veräußerung eines Grundstücks durch in Gütergemeinschaft lebende Ehegatten wegen der gesamthänderischen Bindung nach § 1419 nur einmal der **Freibetrag nach § 3 Nr 1 GrdEStG** zu gewähren sein[25].

8   c) **Sozialversicherung.** Auch in sozialversicherungsrechtlicher Hinsicht kann die Vereinbarung der Gütergemeinschaft nachteilig sein[26]. So kann etwa für die nicht berufstätige Ehefrau der Anspruch auf **beitragsfreie Familienversicherung in der gesetzlichen Krankenkasse** entfallen, wenn sie auf Grund der Gütergemeinschaft ihr zuzurechnende Einkünfte aus Vermietung und Verpachtung hat und dadurch die Einkommensgrenze überschritten wird[27]. Inwieweit an einem zum Gesamtgut gehörenden Gewerbebetrieb auch der andere Ehegatte als Mitunternehmer beteiligt ist, und ihm daher die anteiligen Einkünfte in diesem Zusammenhang zuzurechnen sind, bestimmt sich nach den gleichen Kriterien wie im Einkommensteuerrecht (Rn 6)[28]. Auch bei der Gewährung einer Erwerbsunfähigkeitsrente ist es bedeutsam, ob der Versicherte allein deswegen noch eine selbstständige Erwerbstätigkeit ausübt, weil der andere Ehegatte ein zum Gesamtgut gehörendes Geschäft betreibt[29].

II. Eintreten der Gütergemeinschaft

9   Die Vorschrift des § 1415 hat nur die klarstellende Funktion, dass die Gütergemeinschaft nur durch **Ehevertrag** (§ 1408) begründet werden kann, und zwar in der Form des § 1410[30]. Dazu genügt ein „Stichwortvertrag"[31]. Vereinbarung wie Änderung bedürfen der Eintragung im Güterrechtsregister, um gegenüber gutgläubigen Dritten Wirkung zu entfalten (§ 1412)[32]. Die Gütergemeinschaft kann aufschiebend wie auflösend bedingt oder auch befristet vereinbart werden[33]. Jedoch ist die Vereinbarung wie Aufhebung der Gütergemeinschaft durch einen **geschäftsunfähigen Ehegatten** wie auch durch seinen gesetzlichen Vertreter ausgeschlossen (§ 1411 Abs 2), für einen beschränkt Geschäftsfähigen aber nach Maßgabe des § 1411 Abs 1 möglich. Die Gütergemeinschaft kann auch zu dem alleinigen Zweck der Eigentumsübertragung auf das Gesamtgut vereinbart und alsbald wieder aufgehoben werden; dies kann sogar in einer Urkunde geschehen[34]. Die gesetzlichen Vorschriften der §§ 1416 ff sind in den Grenzen der allgemeinen Vertragsfreiheit des Ehegüterrechts (§ 1408 Rn 9 ff) **überwiegend dispositiv,** soweit sich nicht aus ihrem Charakter ausnahmsweise anderes ergibt, insbes wenn sie das Außenverhältnis zu Dritten, vor allem in Bezug auf die Haftung, regeln[35].

III. Beendigung der Gütergemeinschaft

10   Sie tritt ein durch Tod eines Ehegatten (falls nicht fortgesetzte Gütergemeinschaft vereinbart ist), Ehescheidung (§ 1564), Auflösung einer Ehe (§§ 1313, 1319 Abs 2), Ehevertrag (§ 1408 Abs 1), Eintritt einer auflösenden Bedingung oder Befristung, durch Aufhebungsurteil (§§ 1447 bis 1449, 1469). Aus anderen Gründen erfolgt **keine** Beendigung der Gütergemeinschaft[36], insbes nicht wegen Wegfalls der Geschäftsgrundlage (§ 313), auch nicht bei Rücktritt des mit dem Ehevertrag verbundenen Erbvertrags[37] oder durch Eröffnung eines Insolvenzverfahrens (§ 37 InsO). Eine fortgesetzte Gütergemeinschaft tritt nur ein, wenn dies ausdrücklich im Ehevertrag vereinbart wurde (§ 1483).

§ 1416 Gesamtgut

(1) ¹Das Vermögen des Mannes und das Vermögen der Frau werden durch die Gütergemeinschaft gemeinschaftliches Vermögen beider Ehegatten (Gesamtgut). ²Zu dem Gesamtgut gehört auch das Vermögen, das der Mann oder die Frau während der Gütergemeinschaft erwirbt.

(2) Die einzelnen Gegenstände werden gemeinschaftlich; sie brauchen nicht durch Rechtsgeschäft übertragen zu werden.

---

[24] MünchKommBGB/*Kanzleiter* Vor § 1415 Rn 19.
[25] FG Nürnberg vom 19. 5. 2005, IV 326/2003, nicht rechtskräftig.
[26] Der hiesigen Darstellung folgend AnwK-BGB/*Völker* Vor §§ 1415 ff Rn 19; dazu auch – wenn auch nicht mehr ganz aktuell – *Gitter* DNotZ 1984, 595.
[27] Zum gleichen Problem bei der Anrechnung von Altenteilsrechten vgl *Krauß* MittBayNot 1992, 77, 86.
[28] BSGE 54, 173 m Anm *Gradl* AgrarR 1983, 200.
[29] BSGE 55, 174.
[30] *Staudinger/Thiele* Rn 1.
[31] *Staudinger/Thiele* Rn 1.
[32] AnwK-BGB/*Völker* Rn 1; *Palandt/Brudermüller* Rn 1.
[33] AnwK-BGB/*Völker* Rn 2; MünchKommBGB/*Kanzleiter* Rn 4; zur entsprechenden Beendigung *Gernhuber/Coester-Waltjen* § 38 Rn 130.
[34] MünchKommBGB/*Kanzleiter* Rn 2; aA, jedoch zu formalistisch, OLG Stuttgart OLGZ 1990, 262 = NJW-RR 1990, 837: auch wenn die Urkunde erst mit Unterschrift der Ehegatten und des Notars wirksam wird, so kann sie doch einen historischen Vorgang – Abschluss und anschließende Aufhebung der Gütergemeinschaft – enthalten.
[35] AnwK-BGB/*Völker* Rn 2 iVm Vor §§ 1415 ff Rn 25 mit eingehenden Gestaltungsüberlegungen; MünchKommBGB/*Kanzleiter* Rn 3; *Staudinger/Thiele* Rn 3; praxisbezogen *Langenfeld* Rn 571 ff; s auch die Erl zu den nachstehenden Vorschriften.
[36] AnwK-BGB/*Völker* Rn 3.
[37] BGHZ 29, 129, 134.

Gesamtgut § 1416

(3) ¹Wird ein Recht gemeinschaftlich, das im Grundbuch eingetragen ist oder in das Grundbuch eingetragen werden kann, so kann jeder Ehegatte von dem anderen verlangen, dass er zur Berichtigung des Grundbuchs mitwirke. ²Entsprechendes gilt, wenn ein Recht gemeinschaftlich wird, das im Schiffsregister oder im Schiffsbauregister eingetragen ist.

Übersicht

	Rn		Rn
I. Normzweck, Rechtsfähigkeit	1	a) Erwerbsgeschäfte	4
II. Umfang des Gesamtguts	2	b) Beteiligungen an Personengesellschaften	5
1. Grundsatz	2	III. Entstehung von Gesamtgut (Abs 2)	7
2. ABC der Gesamtgutszugehörigkeit	3		
3. Gütergemeinschaft und Unternehmen und Gesellschaftsbeteiligungen	4	IV. Eintragung im Grundbuch und Schiffsregister (Abs 3)	10

I. Normzweck, Rechtsfähigkeit

Kennzeichnend für die Gütergemeinschaft ist, dass das Vermögen beider Ehegatten, soweit es nicht zum Sonder- oder Vorbehaltsgut gehört (§§ 1417, 1418), kraft Gesetzes gemeinschaftliches Vermögen der Ehegatten wird. Dies ist das sog **Gesamtgut** als eine besondere Art der Gesamthandsvermögen. Es steht den Ehegatten zur gesamten Hand zu[1]. Träger dieses Sondervermögens sind daher die Ehegatten selbst und nicht ein davon verschiedenes Rechtssubjekt der Gütergemeinschaft. Daher ist das eheliche Gesamtgut der Ehegatten auch **keine eigene juristische Person** und **kein relativ** oder beschränkt **rechtsfähiger Verband**[2]. An dieser Auffassung ist auch angesichts des Umstands festzuhalten, dass der BGH zur Außengesellschaft entschieden hat, dass diese als Gesamthandsgemeinschaft ihrer Gesellschafter Teilnehmer am Rechtsverkehr ist und in dieser Eigenschaft jede Rechtsposition einnehmen kann, soweit nicht spezielle rechtliche Gesichtspunkte dem entgegenstehen[3]. Demnach kann sogar eine Gesellschaft bürgerlichen Rechts Kommanditistin einer Kommanditgesellschaft sein[4]. Denn beide Entscheidungen sind auf die eheliche Gütergemeinschaft nicht übertragbar. Der BGH hat selbst betont, dass er damit keinesfalls die Rechts- oder Parteifähigkeit jeder Gesamthandsgemeinschaft anerkennen will. Dementsprechend hat er einer Erbengemeinschaft die Rechtsfähigkeit abgesprochen[5]. Auch wenn zu dieser wiederum erhebliche Unterschiede bestehen[6], so spricht doch gegen die Annahme einer Teilrechtsfähigkeit des ehelichen Gesamtguts, dass damit zwangsläufig eine gewisse Verselbständigung gegenüber den Ehegatten verbunden wäre. Demgegenüber ist die Gütergemeinschaft gerade durch eine besonders persönlich geprägte Vermögens- und Haftungsgemeinschaft der Ehegatten untereinander gekennzeichnet[7]. Träger der Rechte des Gesamtguts sind daher ausschließlich die Ehegatten in ihrer gesamthänderischen Verbundenheit[8]. Diese **Bindung** äußert sich insbes darin, dass die Ehegatten über ihre Anteile am Gesamtgut unter Lebenden nicht verfügen können (§ 1419), mit Pfändungsausschluss (§ 860 Abs 1 ZPO, anders aber nach der Beendigung der Gütergemeinschaft, § 860 Abs 2 ZPO). Während des Bestehens der Gütergemeinschaft kann auch kein Ehegatte die Teilung des Gesamtguts verlangen (§ 1419 Abs 1 HS 2). **Verpflichtungen** treffen nicht das Gesamtgut als solches. Die Haftung des Gesamtguts wird nur aus der persönlichen Haftung eines (§ 1437 Abs 1) oder beider Ehegatten (§ 1459 Abs 1) „vermittelt"[9]. Das Gesamtgut wie die Gütergemeinschaft im Allgemeinen ist daher weder aktiv noch passiv parteifähig iS von § 50 ZPO, nicht wechselfähig und insolvenzfähig nur auf Grund von Sonderbestimmungen (§§ 333 f InsO); wegen der Folgen eines **Insolvenzverfahrens** s bei der Alleinverwaltung § 1437 Rn 8, bei der gemeinschaftlicher Verwaltung s § 1459 Rn 7. 1

II. Umfang des Gesamtguts

1. Grundsatz. Zum Gesamtgut zählen alle Vermögenswerte von Ehemann und Ehefrau mit Ausnahme derjenigen, die zum Sondergut (§ 1417) oder Vorbehaltsgut (§ 1418) eines Ehegatten gehören. Sie können in die Gütergemeinschaft eingebracht oder auch später erst erworben sein (Abs 1 S 2). § 1416 Abs 1 begründet eine **Vermutung zu Gunsten der Gesamtgutszugehörigkeit,** die § 1362 2

---

[1] RGZ 129, 119, 120; BayObLGZ 1967, 480, 482 f = DNotZ 1968, 493; *Staudinger/Thiele* Rn 3.
[2] AnwK-BGB/*Völker* Rn 1; *Apfelbaum* MittBayNot 2006, 185, 186; *Rauscher* Rn 445; *Soergel/Gaul* Rn 3; *Staudinger/Thiele* Rn 3, 5 mwN; MünchKommBGB/*Kanzleiter* Rn 3; *Gernhuber/Coester-Waltjen* § 38 Rn 9; *Palandt/Brudermüller* Rn 1; aA *Fabricius,* Relativität der Rechtsfähigkeit, 1963, S 152 ff: rechts-, pflicht- und haftungsfähig; ähnlich *Schünemann* FamRZ 1976, 137, 138: eigene Rechtssubjektivität.
[3] BGHZ 146, 341, 344 = NJW 2001, 1056.
[4] Vgl BGHZ 148, 291 = NJW 2001, 3121.
[5] BGH NJW 2002, 3389, 3390; bestätigt von BGH NJW 2006, 3715.
[6] Vgl etwa *Kanzleiter* DNotZ 2003, 422, 425.
[7] *Gernhuber/Coester-Waltjen* § 38 Rn 10; *K. Schmidt* GesR § 8 III 3; *Apfelbaum* MittBayNot 2006, 185, 186; iE ebenso BayObLG NJW-RR 2003, 899, 900 m zust Anm *Völker* jurisPR-FamR 9/2004 Anm 5; AnwK-BGB/*Völker* Rn 9; ohne Begr wohl auch *Staudinger/Thiele* Rn 3 ff; aA, gerade wegen der Rechtssubjektivität der BGB-Gesellschaft, *Grziwotz* ZIP 2003, 848 f; unstr ist die Gütergemeinschaft keine Personengesellschaft, vgl FG Saarland EFG 2004, 1472.
[8] *Staudinger/Thiele* Rn 5; MünchKommBGB/*Kanzleiter* Rn 3.
[9] *Staudinger/Thiele* Rn 7.

§ 1416 Buch 4. Abschnitt 1. Bürgerliche Ehe

grds vorgeht[10]. Diese gilt auch im Grundbuchverkehr[11]. Für die **Zwangsvollstreckung** ist jedoch zunächst vom gesetzlichen Güterstand und von § 739 ZPO, § 1362 auszugehen, weshalb dem Gerichtsvollzieher die Gütergemeinschaft nachzuweisen ist[12], wozu aber die Eintragung im Güterrechtsregister nicht erforderlich ist[13]. Auch kann ein Ehegatte die Vermutung der Zugehörigkeit zum Gesamtgut widerlegen, so dass dann über § 739 ZPO wiederum die allgemeine Vermutung des § 1362 eingreift[14]. Zu weiteren Einzelheiten vgl auch § 1437 Rn 7.

3   **2. ABC der Gesamtgutszugehörigkeit.** In das Gesamtgut fallen (ohne abweichende Erklärung zum Vorbehaltsgut nach § 1418 Abs 1): Ein **Anteil** eines Abkömmlings aus einer beendeten oder noch nicht auseinander gesetzten **fortgesetzten Gütergemeinschaft**[15], die **Anwartschaftsrechte** aus einer bedingten Übereignung[16], die **Ausgleichsforderung** aus einer früheren Zugewinngemeinschaft[17], eine beschränkt persönliche **Dienstbarkeit,** wenn sie für beide Ehegatten bestellt wurde[18], ein Erwerb auf Grund gesetzlicher **Erbfolge** oder durch Verfügung von Todes wegen (Erbschaft, Vermächtnis, Pflichtteilsanspruch)[19], sofern der Erblasser nicht nach § 1418 Abs 2 Nr 2 die Zugehörigkeit zum Vorbehaltsgut bestimmt, bei einer **GmbH** die durch Gründung oder später erworbenen Geschäftsanteile[20], der Anspruch auf Hauptentschädigung nach §§ 232 Abs 2, 244 LAG[21], auch ein Hof iS der HöfeO[22], das beiden Ehegatten eingeräumte **Leibgeding**[23], die Rechte aus einer **Lebensversicherung**[24] einschließlich des Rechts zur Bestimmung des Bezugsberechtigten[25]; **Nutzungen** des Gesamtguts selbst[26] und des Sonderguts (§ 1417 Abs 3 S 2), aber nicht des Vorbehaltsguts (§ 1418 Abs 3 S 2)[27]; **Schadensersatzansprüche** eines Ehegatten wegen Körperverletzung, auch deliktische Schadensersatzansprüche auf Ersatz eines Verdienstausfalls in einem zum Gesamtgut gehörenden Erwerbsgeschäft[28], seit der Neuregelung ab dem 1. 7. 1990 im vollen Umfang auch **Schmerzensgeldansprüche**[29], sowie Ersatzansprüche eines Ehegatten aus § 842 oder § 843[30], aber auch Wertersatzansprüche nach § 528 wegen Verarmung des Schenkers[31].

4   **3. Gütergemeinschaft und Unternehmen und Gesellschaftsbeteiligungen. a) Erwerbsgeschäfte.** Das von einem Ehegatten mit Zustimmung des Gesamtgutsverwalters (§ 1431) oder des anderen Ehegatten (§ 1456) selbstständig betriebene Erwerbsgeschäft fällt grds ebenso in das Gesamtgut[32]. Zu sich hieraus ergebenden steuerlichen und sozialversicherungsrechtlichen Folgen s § 1415 Rn 6 ff. In das **Handelsregister** ist nur der Ehegatte einzutragen, der das zum Gesamtgut gehörende Handelsgeschäft verwaltet[33]. Die Ehegatten können aber auch ein Handelsgeschäft, das zum Gesamtgut gehört (§ 1416), **gemeinschaftlich betreiben,** ohne gezwungen zu sein, eine Gesellschaft mit entsprechendem Gesellschaftsvertrag zu errichten[34]. Dabei können sie die Firma aus ihren Vor- und

---

[10] *Mai* BWNotZ 2003, 55, 57 f; *Musielak/Lackmann* § 739 ZPO Rn 2; *Soergel/Gaul* Rn 9; *Staudinger/Thiele* Rn 12.
[11] KG OLGE 38, 250.
[12] *Staudinger/Thiele* Rn 12; *Musielak/Lackmann* § 740 ZPO Rn 5; MünchKommZPO/*Hessler* § 740 Rn 1; *Stein/Jonas/Münzberg* § 739 ZPO Rn 12; vgl auch § 96 Abs 1 und 2 GVGA; übersehen bei AnwK-BGB/*Völker* Rn 26.
[13] LG München II FamRZ 1983, 172; überwiegend wird aber ein Recht Vorlage des Ehevertrags verlangt, so *Musielak/Lackmann* § 740 ZPO Rn 5; MünchKommZPO/*Hessler* § 740 Rn 1; für zu weitreichend hält dies aber *Zöller/Stöber* § 740 ZPO Rn 5.
[14] AnwK-BGB/*Völker* Rn 26.
[15] RGZ 125, 347, 354; BayObLG BayZ 1923, 151, 152; *Böttcher* ZHR 114, 92; aA *Staudinger/Thiele* Rn 16; MünchKommBGB/*Kanzleiter* Rn 11.
[16] RG JW 1925, 353.
[17] BGHZ 109, 89 = NJW 1990, 445, hier aus der Zugewinngemeinschaft, an deren Stelle die Gütergemeinschaft vereinbart wurde.
[18] BayObLGZ 32, 282; eine Dienstbarkeit kann aber auch für jeden Ehegatten als Vorbehaltsgut vereinbart werden, vgl zu den Gestaltungsmöglichkeiten *Schöner/Stöber* Grundbuchrecht Rn 1246; vgl auch § 1417 Rn 2.
[19] *Staudinger/Thiele* Rn 16; MünchKommBGB/*Kanzleiter* Rn 12; der andere Ehegatte erhält damit aber nicht die Stellung eines Miterben, vgl BayObLGZ 2, 223; soweit eine Miteintragung im Grundbuch ebenfalls nach § 60 Abs 4 KostO gebührenfrei, BayObLGZ 1993, 96, 98 f = FamRZ 1995, 104.
[20] *Roth* FamRZ 1984, 328 f; *Staudinger/Thiele* Rn 16; auch bei Gründung durch die Ehegatten allein handelt sich um keine „Einmann-Gründung" mit den dafür geltenden Besonderheiten, MünchKommBGB/*Kanzleiter* Rn 10.
[21] BVerwG NJW 1966, 1332.
[22] BGHZ 22, 19, 21 = NJW 1956, 1757.
[23] OLG Frankfurt Rpfleger 1973, 394; zu den verschiedenen Gestaltungsmöglichkeiten der Anteilsverhältnisse *Schöner/Stöber* Grundbuchrecht Rn 1246.
[24] BGHZ 90, 1, 2 = NJW 1984, 1188.
[25] BGH NJW 1984, 2156.
[26] OLG Bamberg FamRZ 1987, 703 betr Nutzung einer Wohnung; daher ist für Streitigkeiten hierüber auch bei beendeter, aber noch nicht auseinander gesetzter Gütergemeinschaft allein das Familiengericht zuständig, OLG Köln NJW-RR 1993, 904.
[27] *Staudinger/Thiele* Rn 16.
[28] BGH NJW 1994, 652.
[29] Vgl auch OLG Stuttgart NJW 1958, 891 zur alten Rechtslage.
[30] RGZ 73, 309, 311; RG SeuffA 71 Nr 31; OLG Hamburg OLGE 30, 42.
[31] VGH Mannheim VGHBW RSpDienst 1994, Beilage 7, B11-12 zur Problematik der Überleitung nach § 90 BSHG, jetzt § 93 SGB XII.
[32] BayObLGZ 1978, 5.
[33] BayObLGZ 1978, 5 = BB 1978, 423; aA MünchKommBGB/*Kanzleiter* Rn 8: Betreiber ist Inhaber des Geschäfts, das kann auch der andere sein Ehegatte.
[34] BGHZ 65, 79, 80 und 85 = NJW 1975, 1774; BayObLGZ 1991, 283, 284 = NJW-RR 1992, 33; *Staudinger/Thiele* Rn 16 mwN; *Staub/Brüggemann* 4. Aufl § 1 HGB Rn 47 f; *Beck* DNotZ 1962, 348; *Buchwald* BB 1962, 1405, 1407; *K. Schmidt* JZ 1973, 299, 302.

Familiennamen mit der Voranstellung „Eheleute" bilden; ein Zusatz „in Gütergemeinschaft" ist zulässig, aber nicht notwendig[35]. Da hier über das eheliche Güterrecht des zum Gesamtgut gehörenden Erwerbsgeschäfts ein angemessener Vermögensausgleich erzielt wird, ist für die Annahme einer **Ehegatteninnengesellschaft** – anders als bei den „Mitarbeitsfällen" in der Zugewinngemeinschafts- oder Gütertrennungsehe (§ 1372 Rn 27) – kein Raum[36]. Anders kann es in den Fällen sein, in denen der Geschäftsbetrieb zum Vorbehaltsgut eines Ehegatten gehört[37].

b) Beteiligungen an Personengesellschaften. Probleme bereitet die Beteiligung von Ehegatten in 5 Gütergemeinschaft an Personengesellschaften, wenn man der hier vertretenen Auffassung folgt, dass dem ehelichen Gesamtgut der Gütergemeinschaft keine Teilrechtsfähigkeit zukommt (Rn 1). Denn dann stoßen familien- und gesellschaftsrechtliche Prinzipien aufeinander, es kommt zu einer Überlagerung von Gesamthandsgemeinschaften. Nach Auffassung des BGH können die in Gütergemeinschaft lebenden Ehegatten eine **Personengesellschaft** als **alleinige Gesellschafter mit Mitteln des Gesamtguts** nur gründen, wenn sie im Wege des Ehevertrags die entstehenden Gesellschaftsanteile vorher zum Vorbehaltsgut erklären; denn andernfalls würden alle Gesellschaftsanteile in die Gesamthandsmasse fallen und es fehle an dem für eine Personengesellschaft notwendigen, gegenüber dem Privatvermögen der Gesellschafter **verselbständigten Sondervermögen**[38]. Demgegenüber nimmt die hM in der Lit an, die Gesellschaftsanteile fielen hier zwingend je zur Hälfte in das jeweilige **Sondergut** der Ehegatten (§ 1417)[39]. Überwiegend wird dies mit der allgemeinen Unfähigkeit der (primär vermögensmäßig ausgerichteten) Gütergemeinschaft begründet, das personenbezogene Element der Mitgliedschaft zu integrieren; dies schließt eine Gesamtgutszugehörigkeit sogar dann aus, wenn die Beteiligung auf Grund der gesellschaftsvertraglichen Vereinbarung ausnahmsweise übertragbar ausgestaltetet sind[40]. Die Gesellschaftsgründung mit Gesamtgutsmitteln schlägt nach dieser Auffassung nur fehl, wenn das Geschäft abweichend von § 1417 Abs 3 S 2 nicht für Rechnung des Gesamtguts betrieben werden soll, die Formvorschriften für die Schaffung von Vorbehaltsgut (§ 1418 Abs 2 Nr 2) aber nicht eingehalten sind[41]. Gleiches gilt für Gesellschaftsanteile, die mit Mitteln des Gesamtguts erworben werden[42]. Bejaht man mit der hM, dass die Beteiligung der in Gütergemeinschaft lebenden Ehegatten zwingend in das Sondergut fällt, so können diese auch **mit einem Dritten** eine BGB-Gesellschaft oder eine OHG gründen, ohne dass zuvor das für die Gründung erforderliche Gesamtgut durch einen der Form des § 1410 entsprechenden Vertrag zum Vorbehaltsgut erklärt sein muss[43]. Das Argument der unzulässigen Einmanngesellschaft greift dann nicht ein und zu einer Überlagerung der Gesamthandsverhältnisse kommt es daher gerade nicht, so dass die Haftungs- und Verwaltungsordnung gewahrt ist[44].

Die überkommene Auffassung versucht das **Abgrenzungsproblem,** ob eine Beteiligung an einer 6 Personengesellschaft dem Sondergut (§ 1417) oder dem Gesamtgut zuzuordnen ist, allein unter **güterrechtlichen Kriterien** vorzunehmen, die sich nach § 1417 Abs 2 maßgeblich daran orientieren, ob sich die betroffenen Vermögensobjekte durch Rechtsgeschäft übertragen lassen. Es überrascht daher, wenn auch bei einem durch Gesellschaftsvertrag frei übertragbar gestellten Gesellschafteranteil die ausschließliche Zuordnung zum Sondergut bejaht wird. Das Argument, die Gütergemeinschaft als Vermögensgemeinschaft könne dem der Gesellschaftsgründung innewohnenden personalen Element nicht gerecht werden, ist für sich genommen nichtssagend[45]. Vielmehr ist ein **gesellschaftsrechtlicher Ansatz** zu wählen und zu prüfen, welche Konsequenzen sich aus einer Gesamtgutszugehörigkeit der Beteiligung ergeben. Dies ist insbes im Hinblick auf die sich in haftungs- und organisationsrechtlicher Hinsicht ergebenden Fragen zu untersuchen[46]. Dabei zeigt sich:

1. Hinsichtlich der **Haftungsverfassung** ergeben sich sowohl bei einem persönlichen haftenden Gesellschafter einer OHG wie KG und sogar bei einem Gesellschafter einer BGB-Gesellschaft

---

[35] BayObLGZ 1991, 283, 285 f = NJW-RR 1992, 33.
[36] BGH NJW 1994, 652, 655; AnwK-BGB/*Völker* Rn 10; *Gernhuber/Coester-Waltjen* § 38 Rn 10–20; *Klüber* in: *Schröder/Bergschneider* FamVermR Rn 4.550; *Münch* FamRZ 2004, 234; *Staudinger/Thiele* Rn 15; *Wever* Vermögensauseinandersetzung Rn 627.
[37] *Wever* Vermögensauseinandersetzung Rn 627.
[38] BGHZ 65, 79, 82 ff = NJW 1975, 1774; BFH BB 1969, 571, 572; *Schünemann* FamRZ 1976, 137, 138; zweifelnd *Schlegelberger/K. Schmidt* § 105 HGB Rn 125; *Gernhuber/Coester-Waltjen* § 38 Rn 16; MünchKommBGB/*Kanzleiter* Rn 5; mit der Notwendigkeit der Einheitlichkeit der Beteiligung hat dies aber nichts zu tun, so unzutr *Apfelbaum* MittBayNot 2006, 185, 189 mit zu weitreichenden Folgerungen hieraus.
[39] *Staudinger/Thiele* Rn 15; MünchKommBGB/*Ulmer* § 705 Rn 75 mwN in Fn 176; *Beitzke* FamRZ 1975, 575; *Tiedtke* FamRZ 1975, 676; *Lutter* AcP 161 (1962), 163, 173; *Reuter/Kunath* JuS 1977, 379; *Baumbach/Hopt* § 105 HGB Rn 25; *Schotten/Schmellenkamp* DNotZ 2007, 729, 731 ff; *Bohlscheid* RNotZ 2005, 505, 528 f; dagegen BGHZ 65, 79, 82 ff: führe zu Sondergut durch rechtsgeschäftliche Vereinbarung, was nicht zulässig ist.
[40] *Reuter/Kunath* JuS 1977, 379; *Staudinger/Thiele* Rn 14; MünchKommBGB/*Ulmer* § 705 Rn 75, 82 mwN; ähnlich BayObLG NJW-RR 2003, 899, 900; ebenso für einen nicht übertragbaren Anteil an einer Personengesellschaft *Apfelbaum* MittBayNot 2006, 185, 188; krit dagegen etwa *Gernhuber/Coester-Waltjen* § 38 Rn 15 Fn 24.
[41] MünchKommBGB/*Ulmer* § 705 Rn 75 mwN.
[42] MünchKommBGB/*Ulmer* § 705 Rn 75; *Baumbach/Hopt* § 105 HGB Rn 25; aA BFH BB 1969, 571, 962; *Tiedtke* FamRZ 1975, 676.
[43] BayObLGZ 1980, 414, 418 = DNotZ 1982, 174.
[44] *Gernhuber/Coester-Waltjen* § 38 Rn 14, 17 hält diesen Gesichtspunkt generell für unbeachtlich.
[45] Krit auch *Kanzleiter* DNotZ 2003, 422, 426: „akademisch formuliert".
[46] Zutr *Apfelbaum* MittBayNot 2006, 185, 187 f; *Schotten/Schmellenkamp* postulieren zwar einen „Vorrang des Gesellschafts- vor dem Güterrecht", begründen dies aber allein güterrechtlich mit der fehlenden Übertragbarkeit iS von § 1419 (DNotZ 2007, 729, 731 ff).

§ 1416

insoweit Friktionen, als diese nach § 128 HGB oder zumindest analog dieser Bestimmung eine **uneingeschränkte Haftung** mit ihrem gesamten Vermögen trifft, während bei einer **Einzelverwaltung** des Gesamtguts die Haftung des nicht verwaltenden Ehegatten auch bei solchen kraft Gesetzes entstehenden Verbindlichkeiten hinsichtlich seines **Sonder- und Vorbehaltguts** nach § 1437 Abs 1 iVm Abs 2 S 1 ausgeschlossen ist (vgl § 1437 Rn 6), wenn nicht ausnahmsweise une eigenhändige Haftung, etwa auf Grund eigenen gesellschaftsbezogenen Handelns oder zumindest Setzung eines zurechenbaren Rechtsscheins gegeben ist[47]. Aus Gründen des Gläubigerschutzes ist dies bedenklich, denn es kommt außerhalb der Kapitalgesellschaften und der hierfür geltenden besonderen Schutzvorschriften zur Aufbringung und Erhaltung des Stammkapitals zu einer dem Gesellschaftsrecht an sich wesensfremden beschränkten Haftung. Jedoch entsteht dieses Problem unabhängig davon, ob man die Gesellschaftsbeteiligung dem Gesamt- oder Sondergut zuordnet[48], besteht aber bei der in der Praxis idR bestehenden gemeinschaftlichen Verwaltung des Gesamtguts nicht.

2. Auch hinsichtlich der **organisationsrechtlichen Seite** ergeben sich Widersprüche[49]: Besteht **Gesamtverwaltung** beider Ehegatten, so würde die – und sei es nur kraft Gesetzes nach § 1416 Abs 1 S 2 – in das Gesamtgut fallende Gesellschafterbeteiligung von beiden verwaltet, denen nach § 709 BGB, § 125 Abs 1 HGB gemeinsam die Geschäftsführungs- und Vertretungsbefugnis zukommt, was insbes zu einer für die anderen Gesellschafter unliebsamen **Verdoppelung** der an den betreffenden Anteil geknüpften Rechte führt. Bei der Vererbung von Beteiligungen an einer Personengesellschaft hat man die sich hieraus ergebenden Probleme durch die Annahme einer erbrechtlichen Sondernachfolge gelöst[50]. Die sich hieraus ergebende Aufspaltung der Gesellschaftsbeteiligung auf mehrere Miterben führt aber etwa dann zu Problemen, wenn das Stimmrecht nach Köpfen bemessen wird (§ 709 Abs 2) und erleichtert auch sonst die Abstimmungs- und Handlungsmöglichkeit der Gesellschaft nicht. Die Zuordnung der Gesellschaftsbeteiligung zum Sondergut führt zu einem ähnlichen Ergebnis, aber auch zu ähnlichen Problemen.

3. Soweit die Gesellschaftsbeteiligung mit **Mitteln des Gesamtguts** erworben wird muss weiter gewährleistet sein, dass durch die von der hM angenommene zwingende Zuordnung als Sondergut eines Ehegatten der andere keinen Vermögensverlust erleidet, was sonst insbes bei einer Einzelverwaltung möglich wäre. Unbillig wäre es hier, den einen Ehegatten lediglich auf einen Auseinandersetzungsanspruch bei Auflösung der Gesellschaft zu verweisen[51], zumal er die Auflösung der Gesellschaft nicht herbeiführen kann. Vielmehr besteht hier nur die Möglichkeit, entspr dem Halbteilungsgrundsatz des § 1476 jedem Ehegatten je eine Beteiligung in Höhe der Hälfte des eingebrachten Gesamtguts zuzubilligen, die zum Sondergut des jeweiligen Ehegatten gehört.

Gesellschaftsrechtliche Gründe, insbes der zu Ziff 2 dargestellte, gebieten daher die Zuordnung einer Beteiligung an einer Personengesellschaft zum **Sondergut** der Ehegatten auch dann, wenn die Übertragbarkeit des Anteils möglich wäre. Zwar ergibt sich die Zuordnung der Beteiligung zum Sondergut in diesem Fall nicht zwingend aus der Bestimmung des § 1417 Abs 2, jedoch spricht gegen die theoretisch mögliche Zuordnung zum jeweiligen Vorbehaltsgut der Ehegatten, dass diese Beteiligung dann trotz der Herkunft aus dem Gesamtgut für eigene Rechnung der Ehegatten verwaltet würde (§ 1418 Abs 3 S 2), während die Qualifizierung als Sondergut die Zurechnung der Einkünfte zum Gesamtgut ermöglicht (§ 1417 Abs 3 S 2). Bei einem übertragbaren **Kommanditanteil** stellen sich die dargestellten Probleme des Geschäftsführungs- und Vertretungsrechts nicht, da dieses dem Kommanditisten nach § 170 HGB zusteht, so dass man hier eine Gesamtgutsfähigkeit bejahen könnte[52]. Gründen nur die in Gütergemeinschaft lebenden Ehegatten eine Personengesellschaft so kann abweichend von der Rspr des BGH[53] die danach erforderliche Verselbständigung des Gesellschaftsvermögens dadurch erreicht werden, dass die Anteile hieran nicht frei übertragbar sind und damit kraft Gesetzes nach § 1417 Sondergut der Ehegatten werden. Das Argument des BGH, dadurch werde ermöglicht, dass Vermögensgegenstände durch rechtsgeschäftliche Erklärung zum Sondergut gemacht werden, was nach dem Gesetz aber gerade nicht möglich zulässig sei, greift zu kurz. Denn die Sondergutseigenschaft ist zulässige Folge der Eigenschaft der Mitgliedschaft, die zudem kraft Gesetzes gerade nicht übertragbar ist.

III. Entstehung von Gesamtgut (Abs 2)

7   Sämtliches Vermögen, dass **bei Beginn der Gütergemeinschaft** (§ 1415 Rn 9) beiden Ehegatten gehört und nicht zum Sonder- oder Vorbehaltsgut zählt, wird kraft Gesetzes Gesamtgut. Besonderer Übertragungsakte bedarf es nicht. Es handelt sich um einen Rechtsübergang auf die Gesamthand der Ehegatten durch Universalsukzession[54]. Damit ändert sich auch die **Empfangszuständigkeit** für die

---

[47] *Apfelbaum* MittBayNot 2006, 185, 187; übersehen bei *Gernhuber/Coester-Waltjen* § 38 Rn 17.
[48] Übersehen bei *Apfelbaum* MittBayNot 2006, 185, 187.
[49] *Apfelbaum* MittBayNot 2006, 185, 187 f; vgl bereits RGZ 123, 366, 369; *Lutter* AcP 161 (1961), 163, 170 ff.
[50] Grundlegend BGHZ 22, 186, 192 f; s dazu etwa auch *K. Schmidt* GesR § 45 V 4; *Staudinger/Marotzke* § 1922 Rn 178; MünchKommBGB/*Ulmer* § 727 Rn 31 ff.
[51] So aber *Apfelbaum* MittBayNot 2006, 185, 189 f.
[52] So *Apfelbaum* MittBayNot 2006, 185, 188; *Grziwotz* ZIP 2003, 847, 848; anders ausdrücklich BayObLG NJW-RR 2003, 899, 900.
[53] BGHZ 65, 79, 82 ff = NJW 1975, 1774.
[54] AnwK-BGB/*Völker* Rn 2; *Staudinger/Thiele* Rn 17; *Tiedtke* FamRZ 1976, 510, 512 mwN; *Klüber* in: *Schröder/Bergschneider* FamVermR Rn 4.549; entgegen BayObLG MittBayNot 1975, 228 wirkt daher die von einem Ehegatte vor Begründung der Gütergemeinschaft erklärte Auflassung auch gegen den anderen.

Erfüllung von Forderungen, die sich nun nach den Regeln über die Verwaltung des Gesamtguts richtet (§§ 1422, 1450, 1429, 1431 bis 1433, 1454 bis 1456), jedoch wird sich eine Leistungsbefreiung auch bei Leistung an den nicht (allein) verwaltungsberechtigten Ehegatten oftmals nach den §§ 407, 412, 1412 ergeben, wenn die Gütergemeinschaft nicht in das Güterrechtsregister eingetragen und dem Schuldner auch nicht bekannt ist. Zudem tritt der Leistungserfolg bei einer Rechtsverschaffung auf alle Fälle nach § 1416 Abs 1 S 2 ein[55].

Bei einem **Erwerb während der Gütergemeinschaft** erfolgt dieser kraft Gesetzes und zwingend 8 zum Gesamtgut (Abs 1 S 2). Auf einen entsprechenden Willen des handelnden Ehegatten und die Kenntnis oder gar die Zustimmung des anderen Ehegatten oder des Vertragspartners kommt es nicht an[56]. Selbst der entgegenstehende Wille des anderen Ehegatten ändert daran nichts[57]. Handelt nur ein Ehegatte beim Vermögenserwerb im eigenen Namen, so ist umstritten, ob der Erwerb des Gesamtguts sofort und unmittelbar vom Veräußerer stattfindet („Unmittelbarkeitstheorie")[58], oder ob nach der sog „Durchgangstheorie"[59] zunächst für eine logische Sekunde der erwerbende Ehegatte allein das Eigentum erwirbt und dies dann erst auf das Gesamtgut übergeht. Da die dingliche Einigung das Erwerbsverhältnis bezeichnen muss, ist nur die Durchgangstheorie mit dem sachenrechtlichen Publizitätserfordernis vereinbar.

Für die **Überführung zwischen den Vermögensmassen** Gesamtgut und Vorbehaltsgut gilt: Für 9 Begründung von Vorbehaltsgut eines Ehegatten bedarf es eines Ehevertrags (§ 1418 Abs 2 Nr 1). Gehörte ein Vermögensobjekt bereits zum ehelichen Gesamtgut, so bedarf es zusätzlich noch des entsprechenden Verfügungsgeschäfts, um dies in das Alleineigentum des Ehegatten zu überführen[60]. Wird bisheriges **Vorbehaltsgut in Gesamtgut** umgewandelt, so bedarf es ebenfalls entsprechender ehevertraglicher Vereinbarung und eines zusätzlichen dinglichen Rechtsübergangs; Abs 2 ist hier nicht anwendbar[61]. Zulässig soll nach hM auch die Umwandlung des **Vorbehaltsguts** des einen Ehegatten in das des anderen ohne Ehevertrag sein[62], was aber eine entsprechende Bestimmung analog § 1418 Abs 2 Nr 2 oder bereits bestehende ehevertragliche Vorbehaltsgutsvereinbarung voraussetzt (str)[63].

IV. Eintragung im Grundbuch und Schiffsregister (Abs 3)

Soweit ein Grundstück, grundstücksgleiches Recht oder ein Recht an einem Grundstück zum 10 Gesamtgut gehört, so ist dieses Gemeinschaftsverhältnis nach § 47 GBO in das Grundbuch einzutragen. Gleiches gilt für die Eintragung in das See- und Binnenschiffsregister und das Schiffsbauregister (§§ 51, 74 SchiffRegO) und für das Register für Pfandrechte an Luftfahrzeugen[64]. Ist aber als Rechtsinhaber nur der eine Ehegatte eingetragen, so ist das Grundbuch unrichtig. Daher gibt **Abs 3** jedem Ehegatten einen Anspruch gegen den anderen, bei der Grundbuchberichtigung mitzuwirken (§ 894). Die Berichtigung erfolgt auf Antrag, und zwar auch des nicht zur Verwaltung berechtigten Ehegatten[65]. Sachlich ist eine entsprechende Berichtigungsbewilligung des als Alleinberechtigten eingetragenen Ehegatten erforderlich. Eine vorläufige Sicherung durch Widerspruch (§ 899) ist möglich[66]. Daneben besteht auch die (idR einfachere) Möglichkeit des **Unrichtigkeitsnachweises** nach § 22 GBO, wobei dieser in der Form des § 29 GBO durch Vorlage des Ehevertrags[67] oder nach §§ 33, 34 GBO bei Eintragung der Gütergemeinschaft in das Güterrechtsregister zu führen ist[68].

Bei **Erwerb eines Grundstückes** gilt: Erwirbt ein **Ehegatte allein,** so kann er die Auflassung 11 unmittelbar für das Gesamtgut entgegennehmen und die Miteintragung des anderen Ehegatten als Eigentümer im Grundbuch beantragen, ohne dass es dessen Zustimmung bedarf und ohne dass es auf

---

[55] *Staudinger/Thiele* Rn 19.
[56] RGZ 84, 71, 73 f; 90, 288; MünchKommBGB/*Kanzleiter* Rn 20; OLG Celle RdL 2005, 78.
[57] BayObLG DNotZ 1968, 493.
[58] *Haegele* Rpfleger 1965, 371; *Erman/Heckelmann* Rn 4; *Soergel/Gaul* Rn 4; *Jauernig/Berger* §§ 1416–1419 Rn 6; beim Erwerb durch den alleinverwaltenden Ehegatten auch *Dölle* I S 877 f, 905: gesetzliche Erwerbsermächtigung.
[59] RGZ 84, 71, 74; 84, 326, 327; 90, 288, 289; 155, 344, 346; BayObLGZ 1978, 355; AnwK-BGB/*Völker* Rn 5; *Firsching/Graba* Rn 248; *Gernhuber/Coester-Waltjen* § 38 Rn 27; *Mai* BWNotZ 2003, 55, 57; *Palandt/Brudermüller* Rn 3; *Rauscher* Familienrecht Rn 441; *Soergel/Gaul* Rn 24 f; *Tiedtke* FamRZ 1979, 370, 371; offen gelassen von BGHZ 82, 346, 348 = NJW 1982, 1097; diff MünchKommBGB/*Kanzleiter* Rn 22: ausnahmsweise unmittelbarer Erwerb, wenn Geschäftspartner Erwerbsverhältnis offensichtlich gleichgültig oder Erwerbswille für Gesamtgut erkennbar war; für § 75 AO ist der Theorienstreit unbeachtlich, BFH BStBl 1993 II S 700; für einen weitgehend akademischen Streit hält dies *Langenfeld* Rn 536.
[60] BayObLGZ 1962, 205, 208 = Rpfleger 1961, 250; BayObLGZ 1993, 1, 5 = NJW-RR 1993, 472; *Soergel/Gaul* Rn 7; *Gernhuber/Coester-Waltjen* § 38 V 2; *Staudinger/Thiele* Rn 34 mwN; aA nur MünchKommBGB/*Kanzleiter* § 1418 Rn 3.
[61] KGJ 52, 136, 140: Auflassung erforderlich; *Palandt/Brudermüller* Rn 3; RGRK/*Finke* Rn 8; *Dölle* I S 890; *Soergel/Gaul* Rn 7; aA AnwK-BGB/*Völker* Rn 7; MünchKommBGB/*Kanzleiter* Rn 18 f; *Staudinger/Thiele* Rn 33; *Gernhuber/Coester-Waltjen* § 38 Rn 39: einer rechtsgeschäftlichen Übertragung bedürfe es nicht mehr, weil kein Subjektswechsel.
[62] OLG Hamburg OLGE 12, 312; *Dölle* I S 886; *Gernhuber/Coester-Waltjen* § 38 Rn 39; aA *Soergel/Gaul* Rn 7.
[63] *Staudinger/Thiele* § 1418 Rn 14.
[64] *Staudinger/Thiele* Rn 36.
[65] KG JW 1934, 1580.
[66] RGZ 108, 281.
[67] KG OLGE 12, 158; 18, 219.
[68] MünchKommBGB/*Kanzleiter* Rn 25; *Staudinger/Thiele* Rn 38.

§ 1417

die Verwaltungsbefugnis ankommt[69]. Möglich ist auch die Erklärung der **Auflassung zunächst nur an den einen Ehegatten** mit anschließender Grundbuchberichtigung; dann erwirbt das Gesamtgut auf Grund Durchgangserwerbs eine logische Sekunde später (Rn 8), was aus schenkungsteuerlichen Gründen (nur mittelbarer Miterwerb von Schwiegerkindern) oder wegen §§ 1477 Abs 2, 1478 sinnvoll sein kann. Wird die Auflassung fälschlicherweise an die Ehegatten zum Miteigentum je zur Hälfte erklärt, so bedarf es keiner erneuten Auflassung mehr, sondern jeder kann beantragen, sie als Eigentümer in Gütergemeinschaft in das Grundbuch einzutragen[70]. Einer besonderen Erklärung der Bruchteile zu Vorbehaltsgut bedarf es nicht. Ist an Ehegatten, die nicht in Gütergemeinschaft leben, ein Grundstück irrigerweise zum Gesamtgut aufgelassen, so kann dies dahingehend umgedeutet werden, dass sie in Bruchteilseigentum je zur Hälfte erworben haben; hierzu bedarf es nur eines klarstellenden Antrags des Erwerbers in der Form des § 29 GBO[71].

§ 1417 Sondergut

(1) Vom Gesamtgut ist das Sondergut ausgeschlossen.

(2) Sondergut sind die Gegenstände, die nicht durch Rechtsgeschäft übertragen werden können.

(3) ¹Jeder Ehegatte verwaltet sein Sondergut selbständig. ²Er verwaltet es für Rechnung des Gesamtguts.

I. Normzweck

1 Die Vorschrift regelt eine der drei Vermögensmassen der Gütergemeinschaft, nämlich das Sondergut, das kraft Gesetzes entsteht. Unübertragbare Gegenstände können nicht zum Gesamtgut gehören, stellt doch der Übergang zum Gesamtgut eine neue, gesamthänderische Vermögenszuordnung im Wege der Rechtsnachfolge dar (vgl § 1416 Rn 1, 7)[1]. Sie verbleiben daher als sog Sondergut im Alleineigentum des betreffenden Ehegatten.

II. Umfang des Sonderguts (Abs 2)

2 **1. Grundsatz.** Der Umfang des Sonderguts ist gesetzlich erschöpfend und zwingend festgelegt[2]. Hierzu gehören die auf Grund ihrer höchstpersönlichen Natur oder besonderen gesetzlichen Ausgestaltung durch Rechtsgeschäft nicht übertragbaren Gegenstände und Vermögensrechte. Umstritten ist, ob ein Gegenstand auch dann zum **Sondergut** zählt, wenn die an sich bestehende Übertragbarkeit **durch Rechtsgeschäft** erst **ausgeschlossen** wird, etwa nach § 399 Alt 2 oder § 15 Abs 5 GmbHG. Dies ist zu bejahen, da die Nichtübertragbarkeit auch hier gegen jedermann wirkt und den Dritten gerade davor schützen will, dass ihm gegen seinen Willen ein neuer Gläubiger oder Vertragspartner aufgedrängt wird[3]; ein rechtsgeschäftliches Übertragungsverbot führt aber dann nicht zur Zuordnung zum Sondergut, wenn sich das Verbot nicht auch auf die Übertragung an den Ehegatten erstreckt, weil der Vertragspartner dann gerade mit einer Mitberechtigung des anderen Ehegatten rechnen musste[4]. Wird ein nicht übertragbares Recht von vornherein durch Rechtsgeschäft mit einem Dritten für die **Ehegatten in Gütergemeinschaft** gemeinsam bestellt, so stellt sich das Übertragungsproblem (Rn 1) nicht[5]; möglich ist daher die Einräumung eines Nießbrauchs (trotz § 1059)[6], einer beschränkt persönlichen Dienstbarkeit, insbes eines Wohnungsrechts[7], sowie eines unübertragbar ausgestalteten Leibgedings[8] für die Ehegatten als Berechtigte in Gütergemeinschaft. Dies schließt die Bestellung als Gesamtberechtigte nach § 428 aus[9]. Daneben kann aber jedem Ehegatten ein selbstständiges, inhalts- und ranggleiches Recht dieser Art bestellt werden, das dann zum Sondergut gehört[10].

---

[69] BayObLG MDR 1954, 306.
[70] BGHZ 82, 346, 351 f = NJW 1982, 1097; *Gernhuber/Coester-Waltjen* § 38 Rn 28; MünchKommBGB/*Kanzleiter* Rn 26; *Tiedtke* FamRZ 1979, 370; *Schöner/Stöber* Grundbuchrecht Rn 761; *Rehle* DNotZ 1979, 196; aA früher BayObLGZ 1978, 335.
[71] BayObLGZ 1983, 118 = DNotZ 1983, 754; *Schöner/Stöber* Grundbuchrecht Rn 762; *Meikel/Lichtenberger* § 20 GBO Rn 225 ff; *Soergel/Gaul* Rn 10; aA *Panz* BWNotZ 1979, 86: unwirksame Auflassung.
[1] MünchKommBGB/*Kanzleiter* Rn 1; *Staudinger/Thiele* Rn 2; weiter gehender Normzweck ist nach *Lutter* AcP 161 (1962), 163, 167: „Notgüterstand zur Beseitigung von Widersprüchen bei zweifelhafter Zuordnung".
[2] MünchKommBGB/*Kanzleiter* Rn 5; *Staudinger/Thiele* Rn 11.
[3] MünchKommBGB/*Kanzleiter* Rn 3; *Schotten/Schmellenkamp* DNotZ 2007, 729, 731 ff; MünchKommBGB/*Kanzleiter* Rn 3; *Staudinger/Thiele* Rn 9; *Bötticher* ZHR 114 (1951), 91, 93 ff; *Dölle* I S 882; *Gernhuber/Coester-Waltjen* § 38 Rn 32; *Ulmer/Winter/Löbbe* GmbHG § 15 Rn 150; aA *Lutter* AcP 161 (1962), 163, 169; *Palandt/Brudermüller* Rn 3; FA-FamR/*Weinreich* IX Rn 152; auch *Soergel/Gaul* Rn 3, soweit nicht ein Fall von § 399 Alt 2 vorliegt.
[4] BFH NJW-RR 2007, 248 = FR 2007, 240 m Anm *Kanzler*.
[5] AnwK-BGB/*Völker* Rn 6.
[6] *Staudinger/Thiele* Rn 3.
[7] BayObLGZ 1967, 480, 482 = DNotZ 1968, 493, 495 mwN; *Schöner/Stöber* Grundbuchrecht Rn 1246 mit den verschiedenen Bestellungsmöglichkeiten.
[8] OLG Frankfurt Rpfleger 1973, 394; *Meikel/Böhringer* § 49 GBO Rn 97 mwN.
[9] BayObLGZ 1967, 480, 482.
[10] BayObLGZ 1967, 480, 482.

2. Einzelfälle. Zum Sondergut gehören demnach[11] nicht abtretbare Forderungen (umstr, s Rn 2), der nicht pfändbare Unterhaltsanspruch[12], der unpfändbare Gehalts- und Rentenanspruch (§§ 850 ff ZPO) sowie das Rentenstammrecht selbst[13] (nicht aber die geleistete Gehalts- oder Rentenzahlung)[14], die **Beteiligung an einer Personengesellschaft,** soweit diese nicht nach dem Gesellschaftsvertrag ausnahmsweise (§ 719) übertragbar ist (eingehend § 1416 Rn 5)[15], und sei es auch nur auf den Ehegatten[16], nicht übertragbare dingliche Rechte wie Nießbrauch und beschränkte persönliche Dienstbarkeiten[17], sofern diese nicht gleich für die Ehegatten in Gütergemeinschaft bestellt werden (Rn 2), das **Urheberrecht** (§ 29 UrhG, nicht aber die Nutzungsrechte)[18]. Der Anteil eines Abkömmlings am Gesamtgut der **fortgesetzten Gütergemeinschaft** gehört während des Bestehens derselben zum Sondergut, nach der Beendigung bis zur Auseinandersetzung derselben aber zum Gesamtgut (s auch § 1416 Rn 3)[19].

Nicht in das **Sondergut,** sondern in das Gesamtgut fallen die Anteile eines Miterben an einem noch ungeteilten Nachlass (freie Verfügbarkeit, § 2033 Abs 1 S 1)[20], die dem alleinigen **Vorerben** angefallene Erbschaft[21], die Ansprüche auf den Gewinnanteil und auf das Auseinandersetzungsguthaben und eine Abfindung bei Auflösung oder Ausscheiden aus einer Gesellschaft (§ 717 S 2)[22], sowie die lediglich nach § 852 ZPO der Pfändung entzogenen Ansprüche[23].

III. Rechtliche Behandlung des Sonderguts, Gestaltung

Das Sondergut bleibt Sondereigentum des einzelnen Ehegatten. Es wird von diesem auch allein und selbstständig verwaltet (Abs 3 S 1), wozu auch die selbstständige Prozessführung gehört[24]. Eine Überlassung der Verwaltung ist möglich (§ 1413). Die Verwaltung erfolgt jedoch für Rechnung des Gesamtguts (Abs 3 S 2). Daher fallen diesem die **Nutzungen** (§§ 100, 99) zu, soweit diese übertragbar sind[25]. Damit korrespondiert die Verpflichtung des Gesamtguts, im Verhältnis zu den Gläubigern (§§ 1440 S 2, 1462 S 2) wie der Ehegatten untereinander (§§ 1442 S 1, 1464 S 2) die **Lasten** des Sonderguts zu tragen, soweit diese aus den Einkünften des Sondergutes bestritten zu werden pflegen. Zur Haftung des Gesamtguts für Verbindlichkeiten, die sich auf das Sondergut beziehen, s §§ 1437, 1459. Zur Heranziehung für den **Familienunterhalt** s § 1420 und Erl dort. Eine dingliche **Surrogation** zu Gunsten des Sonderguts findet nicht statt[26], jedoch kann durch Ehevertrag vereinbart werden, dass die entsprechenden Ersatzgegenstände in das Vorbehaltsgut des betreffenden Ehegatten fallen[27].

Gegenstände des **Sonderguts** können durch Ehevertrag in **Vorbehaltsgut umgewandelt** werden, mangels Übertragbarkeit nicht aber zu Gesamtgut[28]. Wegen des zwingenden Kreises des Sonderguts (Rn 2) können Gegenstände auch nicht einfach diesem unterstellt werden. Möglich ist nur eine mittelbare Änderung der Zuordnung: Wenn die Unübertragbarkeit eines Gesellschaftsanteils oder einer Forderung beseitigt wird, so entsteht hieran automatisch Gesamtgut[29]. Der nachträgliche Ausschluss der Übertragbarkeit führt aber nicht zum Sondergut, da sich das Übertragungsproblem (Rn 1) nicht stellt[30].

---

[11] Vgl auch AnwK-BGB/*Völker* Rn 4 mwN.
[12] *Soergel/Gaul* Rn 5.
[13] BGH NJW 1985, 2706; BSG FamRZ 1980, 677; MünchKommBGB/*Kanzleiter* Rn 4; *Staudinger/Thiele* Rn 8.
[14] BGHZ 111, 248, 254 = NJW 1990, 2252, 2253: der beschränkte Pfändungsschutz des § 55 SGB I steht dem nicht entgegen.
[15] MünchKommBGB/*Kanzleiter* Rn 4; BGH LM § 260 Nr 1 betr OHG; BGHZ 57, 128 betr persönlich haftenden Gesellschafter einer KG; umstritten; aA – stets zum Sondergut gehörend – etwa *Schotten/Schmellenkamp* DNotZ 2007, 729, 738; *Staudinger/Thiele* Rn 5.
[16] Vgl BFH NJW-RR 2007, 248 für den Fall eines Abtretungsverbots bei einem GmbH-Anteil; wenn jedoch Abtretung an Ehegatten zulässig s Rn 2.
[17] BGHZ 46, 253 = NJW 1967, 627.
[18] MünchKommBGB/*Kanzleiter* § 1416 Rn 13.
[19] RGZ 125, 347; *Soergel/Gaul* Rn 5; RGRK/*Finke* Rn 7; aA *Staudinger/Thiele* Rn 6; MünchKommBGB/*Kanzleiter* Rn 4.
[20] *Staudinger/Thiele* Rn 7; *Palandt/Brudermüller* Rn 3; auch die Anteile eines Miterben an einzelnen Nachlassgegenständen sollen zum Gesamtgut gehören, BayObLG OLGE 41, 55; MünchKommBGB/*Kanzleiter* Rn 2; *Staudinger/Thiele* Rn 7.
[21] MünchKommBGB/*Kanzleiter* § 1416 Rn 12; *Palandt/Brudermüller* Rn 3; RGRK/*Finke* Rn 8; aA *Staudinger/Thiele* Rn 10: wegen der Verfügungsbeschränkungen und der Vollstreckungsbeschränkung (§§ 2113 ff) Sondergut.
[22] *Staudinger/Thiele* Rn 5 mwN.
[23] *Staudinger/Thiele* Rn 8.
[24] *Staudinger/Thiele* Rn 16.
[25] Durch Ehevertrag kann jedoch bestimmt werden, dass die Verwaltung auf eigene Rechnung des betreffenden Ehegatten erfolgt, AnwK-BGB/*Völker* Rn 9; MünchKommBGB/*Kanzleiter* Rn 7, oder es kann das Sondergut in Vorbehaltsgut umgewandelt werden.
[26] *Staudinger/Thiele* Rn 21.
[27] *Mai* BWNotZ 2003, 55, 67.
[28] BayObLGZ 1953, 102, 103; AnwK-BGB/*Völker* Rn 6; MünchKommBGB/*Kanzleiter* Rn 5.
[29] BayObLG DNotZ 1953, 102 für früheren Erbhof; MünchKommBGB/*Kanzleiter* Rn 5; *Staudinger/Thiele* Rn 13.
[30] MünchKommBGB/*Kanzleiter* Rn 5.

§ 1418 Vorbehaltsgut

(1) Vom Gesamtgut ist das Vorbehaltsgut ausgeschlossen.

(2) Vorbehaltsgut sind die Gegenstände,

1. die durch Ehevertrag zum Vorbehaltsgut eines Ehegatten erklärt sind,
2. die ein Ehegatte von Todes wegen erwirbt oder die ihm von einem Dritten unentgeltlich zugewendet werden, wenn der Erblasser durch letztwillige Verfügung, der Dritte bei der Zuwendung bestimmt hat, dass der Erwerb Vorbehaltsgut sein soll,
3. die ein Ehegatte auf Grund eines zu seinem Vorbehaltsgut gehörenden Rechts oder als Ersatz für die Zerstörung, Beschädigung oder Entziehung eines zum Vorbehaltsgut gehörenden Gegenstands oder durch ein Rechtsgeschäft erwirbt, das sich auf das Vorbehaltsgut bezieht.

(3) ¹Jeder Ehegatte verwaltet das Vorbehaltsgut selbständig. ²Er verwaltet es für eigene Rechnung.

(4) Gehören Vermögensgegenstände zum Vorbehaltsgut, so ist dies Dritten gegenüber nur nach Maßgabe des § 1412 wirksam.

I. Normzweck, Begriff

1 Entspr einem **praktischen Bedürfnis** räumt das Gesetz den Ehegatten das Recht ein, durch Ehevertrag Teile ihres Vermögens vom Gesamtgut auszunehmen. Die gleiche Möglichkeit haben Dritte durch einseitige Bestimmung bei einer Zuwendung unter Lebenden oder von Todes wegen. Mangels gesetzlicher Begriffsbestimmung lässt sich **Vorbehaltsgut** negativ als die Vermögensmasse definieren, die weder zu Gesamtgut noch Sondergut gehört[1].

II. Begründung von Vorbehaltsgut (Abs 2)

2 Vorbehaltsgut kann nur nach Maßgabe des Abs 2 entstehen. Dieser enthält eine erschöpfende, nicht analogiefähige Aufzählung[2]. Ein gesetzliches Vorbehaltsgut gibt es nicht[3]. Daher gehören persönliche Gebrauchsgegenstände[4], Arbeitseinkommen und Einkünfte aus einem nach §§ 1431, 1456 betriebenen Erwerbsgeschäft[5] nicht kraft Gesetzes zum Vorbehaltsgut, sondern fallen – soweit sie übertragbar und nicht unpfändbar (sonst § 1417) sind – in das Gesamtgut. Vorbehaltsgut kann nach Abs 2 aber in dreifacher Weise entstehen:

3 **1. Vorbehaltsgut kraft Ehevertrag (Abs 2 Nr 1).** Die Erklärung zum Vorbehaltsgut muss durch Ehevertrag (§ 1408) erfolgen[6]; dafür genügt die Wendung, dass etwas vom Gesamtgut ausgeschlossen wird[7]. Erforderlich ist nur eine ausreichende **Bestimmtheit** des Vorbehaltsguts, die eine zweifelsfreie Zuordnung ermöglicht. Dem genügt eine Kennzeichnung durch den Erwerbsgrund[8], wie Schenkungen durch Dritte, oder Bezugnahme auf einen klaren Sachinbegriff (Wohnungseinrichtung, Bibliothek des Ehemannes)[9]. Auch **zukünftiges Vermögen** kann zum Vorbehaltsgut erklärt werden[10], ja selbst das gesamte bei der Vereinbarung der Gütergemeinschaft beiderseits vorhandene Vermögen, wodurch sich ein der früheren „Errungenschaftsgemeinschaft" vergleichbarer Zustand schaffen lässt[11]. Wird (zulässigerweise) der gesamte gegenwärtige und zukünftige Grundbesitz zum Vorbehaltsgut erklärt, so wird ein der früheren „Fahrnisgemeinschaft" ähnlicher Zustand geschaffen[12]. **Nicht zulässig** ist jedoch eine Vereinbarung, wonach das Entstehen eines Gesamtguts jetzt und künftig ausgeschlossen sein soll; der Ehevertrag ist dann wegen Perplexität nichtig[13]. Ebenfalls nicht möglich ist die Erklärung eines reinen Vermögensbruchteils zum Vorbehaltsgut[14], wohl aber eines (ideellen) Miteigentumsanteils an einem bestimmten Vermögensgegenstand (§§ 741 ff), etwa an einem Grundstück[15]. Auch Bedingungen und Befristungen sind zulässig[16].

4 Zur **Umwandlung von Gesamtgut** in Vorbehaltsgut (mit dem Erfordernis zusätzlicher dinglicher Übertragung des Vermögens) und umgekehrt s § 1416 Rn 9.

---

[1] *Dölle* I S 885.
[2] RGZ 87, 100, 103; AnwK-BGB/*Völker* Rn 3; *Soergel/Gaul* Rn 2; MünchKommBGB/*Kanzleiter* Rn 2.
[3] *Dölle* I S 889.
[4] Mot IV S 342; *Staudinger/Thiele* Rn 3.
[5] Mot IV S 342.
[6] Nach LG Köln MittRhNotK 1986, 103 kann dies auch in einer entsprechenden notariell beurkundeten Auflassung (Erwerb zum Alleineigentum) gesehen werden.
[7] AnwK-BGB/*Völker* Rn 4; *Staudinger/Thiele* Rn 9.
[8] *Soergel/Gaul* Rn 4; *Palandt/Brudermüller* Rn 3.
[9] RG JW 1916, 834 m Anm *Plum*; *Staudinger/Thiele* Rn 11; *Dölle* I S 885.
[10] MünchKommBGB/*Kanzleiter* Rn 4; *Staudinger/Thiele* Rn 11; *Gernhuber/Coester-Waltjen* § 38 Rn 38 Fn 48 mwN; aA KG OLGE 12, 310: Vereinbarung in jedem Einzelfall.
[11] *Gernhuber/Coester-Waltjen* § 38 Rn 38; MünchKommBGB/*Kanzleiter* Rn 5; *Staudinger/Thiele* Rn 12.
[12] MünchKommBGB/*Kanzleiter* Rn 5.
[13] AnwK-BGB/*Völker* Rn 4; *Staudinger/Thiele* Rn 12.
[14] *Staudinger/Thiele* Rn 10; *Soergel/Gaul* Rn 4.
[15] BayObLG DNotZ 1982, 162.
[16] MünchKommBGB/*Kanzleiter* Rn 4; *Dölle* I S 885.

2. Vorbehaltsgut durch Bestimmung eines Dritten (Abs 2 Nr 2). Diese kann zum einen bei einer **unentgeltlichen Zuwendung** unter Lebenden getroffen werden, und zwar vor oder spätestens bei Vornahme derselben. Die Bestimmung ist eine einseitige empfangsbedürftige Willenserklärung, die formlos[17], ja sogar konkludent möglich ist[18]. Unter die unentgeltlichen Zuwendungen fallen nicht nur Schenkungen (§ 516) und Ausstattungen (§ 1624), sondern auch solche, für die der Zuwendende vom erwerbenden Ehegatten keine oder keine gleichwertige Gegenleistung erhält, was nach den Grundsätzen der subjektiven Äquivalenz zu bestimmen ist[19]. Hierher gehört auch die vorweggenommene Erbfolge[20]. Eine von dritter Seite oder vom Ehegatten des Bedachten erbrachte Gegenleistung ist ohnehin ohne Belang[21]. Bei **gemischten Schenkungen** unterfällt mangels Trennbarkeit die ganze Zuwendung dem Vorbehaltsgut, nicht nur der reine Schenkungsteil, jedoch können Ausgleichsansprüche zwischen den Vermögensmassen entstehen[22].

Bei **Erwerben von Todes wegen,** wie Erbfolge, Vermächtnis, Auflage, Pflichtteil[23], bedarf die Bestimmung der Form der Verfügung von Todes wegen (im Erbvertrag nach § 2299), wobei es genügt, dass der Wille des Erblassers zum Ausdruck kommt, die Zuwendung soll Alleineigentum eines Ehegatten werden[24].

Die Bestimmung bewirkt, dass die Zuwendung ohne oder auch gegen den Willen der Ehegatten unmittelbar Vorbehaltsgut wird **(Verfügungswirkung)**[25]. Jedoch können die Ehegatten hieran Gesamtgut durch Ehevertrag begründen[26], was jedoch uU zum Wegfall der Zuwendung führen kann, wenn eine entsprechende entgegenstehende Bedingung des Zuwenders anzunehmen ist.

3. Vorbehaltsgut durch Surrogation (Abs 2 Nr 3). Die Surrogation kann auf Grund folgender Tatbestände eintreten: (1) Erwerb auf Grund eines zum Vorbehaltsgut gehörenden **Rechts**, der auf Gesetz oder Rechtsgeschäft beruhen kann (Früchte, Miet- und Pachteinnahmen, Lottogewinn)[27]. Nicht hierher gehört ein originärer Erwerb[28]. (2) **Ersatz** für die Zerstörung, Beschädigung oder Entziehung eines Gegenstands des Vorbehaltsguts (Schadensersatzansprüche nach § 823, Versicherungsleistungen, Enteignungsentschädigung, Ansprüche nach § 812)[29]. (3) Erwerb durch ein **Rechtsgeschäft**, das sich auf das Vorbehaltsgut bezieht, wobei ein wirtschaftlicher Zusammenhang genügt[30]. Das Rechtsgeschäft muss sich sowohl objektiv (sachlicher Zusammenhang) wie subjektiv (Wille zum Handeln für das Vorbehaltsgut) auf das Vorbehaltsgut beziehen. Eine **reine Mittelsurrogation genügt nicht;** es muss die entsprechende Absicht des Handelns für das Vorbehaltsgut hinzukommen. Diese muss allerdings dem Geschäftspartner oder dem anderen Ehegatten gegenüber nicht ausdrücklich erklärt worden sein, objektive Erkennbarkeit aus den Umständen genügt[31]. Umgekehrt muss die für den Erwerb zu erbringende Gegenleistung nicht aus dem Vorbehaltsgut stammen (so möglich bei Geldschenkung des Erbtante zum Zwecke des Erwerbs für Vorbehaltsgut)[32]. Der objektive Zusammenhang ist etwa bei Verkauf von Gegenständen des Vorbehaltsguts, Abtretung hierzu gehöriger Forderungen oder Erwerb mit Mitteln desselben gegeben[33].

III. Rechtliche Behandlung des Vorbehaltsguts (Abs 3 und 4)

Das Vorbehaltsgut des betreffenden Ehegatten gehört ihm alleine und wird von ihm allein und für eigene Rechnung verwaltet wird (Abs 3). Eigentum, Verfügung hierüber, Verwaltung und Nutzung unterliegen keinerlei güterrechtlichen Beschränkungen[34]. Zum Einsatz für dem Familienunterhalt s § 1420. Der **Besitz** richtet sich nach den tatsächlichen Verhältnissen. Daher ist auch Mitbesitz des anderen Ehegatten möglich[36], ja sogar dessen Alleinbesitz[37]. Zur Zwangsvollstreckung ist ein Titel gegen

---

[17] *Staudinger/Thiele* Rn 29; *MünchKommBGB/Kanzleiter* Rn 6; auch wenn Zuwendung selbst formgebunden, *Dölle* I S 887.
[18] OLG Hamburg OLGE 37, 241; AnwK-BGB/*Völker* Rn 7.
[19] *Staudinger/Thiele* Rn 25; *MünchKommBGB/Kanzleiter* Rn 7; allg zu diesem Grundsatz *MünchKommBGB/Kollhosser* § 516 Rn 23 ff, BGHZ 59, 132 m entspr Beweiserleichterung.
[20] AnwK-BGB/*Völker* Rn 7; *Staudinger/Thiele* Rn 19 will dies (ohne Bedürfnis) der Fallgruppe des Erwerbs von Todes wegen in Analogie zuordnen.
[21] RGZ 171, 83, 87; *Gernhuber/Coester-Waltjen* § 38 Rn 40 Fn 55; *MünchKommBGB/Kanzleiter* Rn 7; *Staudinger/Thiele* Rn 26; *Soergel/Gaul* Rn 8; *Dölle* I S 887.
[22] AnwK-BGB/*Völker* Rn 7; *MünchKommBGB/Kanzleiter* Rn 7 wohl auch *Gernhuber/Coester-Waltjen* § 38 Rn 40 Fn 56; aA *Soergel/Gaul* Rn 9; RGRK/*Finke* 11: nur Schenkungsteil Vorbehaltsgut.
[23] *Klein* BayNotZ 1912, 240.
[24] RGZ 69, 59, 63; *MünchKommBGB/Kanzleiter* Rn 9.
[25] *Staudinger/Thiele* Rn 33; zur ausnahmsweise schuldrechtlichen Wirkung bei gattungsmäßigen Zuwendungen *Dölle* I S 887.
[26] *Palandt/Brudermüller* Rn 4.
[27] *Staudinger/Thiele* Rn 37 f; *Soergel/Gaul* Rn 11.
[28] RGZ 76, 357, 360: Grundstückserwerb auf Grund Ausschlussurteils; RG Recht 1928 Nr 1856: Erwerb durch Zwangsversteigerung.
[29] *Staudinger/Thiele* Rn 41 f; *Soergel/Gaul* Rn 12.
[30] RGZ 87, 100; BGH NJW 1968, 1824; *MünchKommBGB/Kanzleiter* Rn 11.
[31] RGZ 92, 139, 141; *Dölle* I S 888; *Staudinger/Thiele* Rn 44.
[32] *Dölle* I S 888.
[33] *MünchKommBGB/Kanzleiter* Rn 11; ausf m Rspr-Beispielen *Staudinger/Thiele* Rn 45 f.
[34] *Staudinger/Thiele* Rn 51.
[35] RG JW 1922, 93.
[36] *Staudinger/Thiele* Rn 52; *Soergel/Gaul* Rn 14; *Palandt/Brudermüller* Rn 1.
[37] *MünchKommBGB/Kanzleiter* Rn 14.

§ 1419

den Eigentümer des Vorbehaltsguts erforderlich und genügend. Zu Gunsten des Gläubigers sprechen auch die Vermutungen der §§ 739 ZPO, 1362[38]. Dritten kann nach § 1418 Abs 4 iVm § 1412 die Vorbehaltsguteigenschaft von Gegenständen nur dann entgegen gehalten werden, wenn diese hiervon positive Kenntnis haben oder dies in das **Güterrechtsregister** eingetragen war[39]. In das Grundbuch ist diese Eigenschaft nicht eintragungsfähig[40]. Ein genereller Ausschluss von Vorbehaltsgut durch Ehevertrag ist möglich, auch wenn dadurch die Bestimmung des Dritten nach Abs 2 Nr 2 leer läuft[41].

§ 1419 Gesamthandsgemeinschaft

(1) Ein Ehegatte kann nicht über seinen Anteil am Gesamtgut und an den einzelnen Gegenständen verfügen, die zum Gesamtgut gehören; er ist nicht berechtigt, Teilung zu verlangen.

(2) Gegen eine Forderung, die zum Gesamtgut gehört, kann der Schuldner nur mit einer Forderung aufrechnen, deren Berichtigung er aus dem Gesamtgut verlangen kann.

I. Normzweck, Anwendungsbereich

1   Die Vorschrift regelt hinsichtlich des Gesamtguts die wichtigsten Rechtsfolgen, die sich aus der Bildung des gemeinschaftlichen Vermögens (§ 1416 Abs 1) ergeben. Sie ist § 719 nachgebildet und charakterisiert das Gesamtgut als **Gesamthandseigentum** mit besonders strenger Bindung, da die Gütergemeinschaft auf Dauer angelegt ist und ein Eindringen Dritter verhindert werden soll[1]. Es entsteht keine Bruchteilsgemeinschaft nach §§ 741 ff; auch die Vorschriften über die Gesamtschuld nach §§ 420 bis 430 sind grds nicht anwendbar[2], wenn nicht das Gesetz ausdrücklich hierauf verweist (zB § 1437 Abs 2)[3]. Auf vor dem 2. 10. 1990 begründetes gemeinschaftliches Grundeigentum von Ehegatten im Beitrittsgebiet ist § 1419 entspr anwendbar[4].

II. Gesamthänderische Bindung

2   Im Einzelnen besteht die gesamthänderische Bindung des Gesamtguts darin, dass[5]
– von einem der Ehegatten **keine Verfügung** getroffen werden kann
  – über seinen **Anteil am Gesamtgut** (Abs 1; anders bei der Erbengemeinschaft nach § 2033 und bei der Gesellschaft, wenn dies durch Vertrag oder Zustimmung aller Gesellschafter gestattet wird);
  – über einen **Anteil an einzelnen Gesamtgutsgegenständen** (Abs 1, ebenso bei der Erbengemeinschaft und Gesellschaft, §§ 2033 Abs 2, 719);
  – über den künftigen **Auseinandersetzungsanspruch**[6];
– der **Anspruch** eines Ehegatten **auf Teilung** ausgeschlossen ist (wie in § 719 Abs 1 HS 2, anders aber § 2042 Abs 1). Möglich aber die Aufhebungsklage nach §§ 1447 ff, 1469 f;
– gegen Gesamtgutsforderung die **Aufrechnung eingeschränkt** ist (Abs 2, s Rn 6);
– die **Pfändung** eines Anteils eines Ehegatten am Gesamtgut und den dazu gehörenden Gegenständen **unzulässig** ist (§ 860 Abs 1 ZPO).

3   Eine danach unzulässige Verfügung ist **nichtig** (Abs 1); es handelt sich um ein absolutes (nicht nur relatives) Verfügungsverbot. Es soll das Eindringen Fremder in das eheliche Gesamtgut verhindern; daher führt auch die Zustimmung des anderen Ehegatten zu keiner Wirksamkeit[7]. Auch darauf gerichtete Verpflichtungsgeschäfte sind nichtig (§ 306)[8].

4   Hinsichtlich der **zeitlichen Grenzen** der gesamthänderischen Bindung (Rn 2) ist zu differenzieren: Die Verfügungsbeschränkung über den Gesamtgutsanteil besteht auch nach Beendigung der Gütergemeinschaft fort, bis diese auseinandergesetzt ist (§ 1471 Abs 2)[9]. Demgegenüber kann ab Beendigung der Gütergemeinschaft (§ 1415 Rn 2) die Teilung des Gesamtguts verlangt (§§ 1471 ff, 1476) und der Anteil am Gesamtgut zu Gunsten eines Gläubigers des Anteilsberechtigten gepfändet werden (§ 860 Abs 2 ZPO), nicht aber der Anteil an einzelnen zum Gesamtgut gehörenden Gegenständen[10].

---

[38] *Staudinger/Thiele* Rn 58; *Soergel/Gaul* Rn 17.
[39] *Gernhuber/Coester-Waltjen* § 38 Rn 43–45.
[40] KG KGJ 38, 211.
[41] OLG Stuttgart JW 1932, 1402.
[1] Allg *Weber-Grellet* AcP 182 (1982), 136.
[2] RGZ 83, 109; AnwK-BGB/*Völker* Rn 1.
[3] *Soergel/Gaul* Rn 2.
[4] BG Meiningen NJ 1993, 373; LG Stendal ZIP 1994, 993; LG Gera vom 12. 4. 1998, 5 T 101/95; AnwK-BGB/*Völker* Rn 1; *Böhringer* OV-Spezial 7/1993, 6; vgl auch LG Berlin Rpfleger 1994, 247.
[5] Vgl etwa *Staudinger/Thiele* Rn 3 ff; MünchKommBGB/*Kanzleiter* Rn 2.
[6] KG JW 1931, 1371; *Staudinger/Thiele* Rn 13; dementsprechend ist auch die Pfändung des Anspruchs nicht möglich, OLG München BayZ 1926, 146; LG Frankental Rpfleger 1981, 241.
[7] *Staudinger/Thiele* Rn 9; *Soergel/Gaul* Rn 3; *Dölle* I S 901.
[8] MünchKommBGB/*Kanzleiter* Rn 2.
[9] *Staudinger/Thiele* Rn 11; MünchKommBGB/*Kanzleiter* Rn 2.
[10] RG BayZ 1919, 80; *Staudinger/Thiele* Rn 26.

In **sachlicher Hinsicht** erfasst die gesamthänderische Bindung **nicht** Verfügungen von Todes wegen, wenn keine Fortsetzung der Gütergemeinschaft vereinbart ist (§§ 1483 ff)[11]. Möglich ist nach Beendigung der Gütergemeinschaft auch die Verfügung über den Anspruch auf das **Auseinandersetzungsguthaben** oder auch über bestimmte Gegenstände, die dem Ehegatten bei der Auseinandersetzung zugeteilt werden. Gleiches sollte auch für Verpflichtungs- und Verfügungsgeschäfte über künftige Ansprüche dieser Art noch während des Bestehens des Güterstands gelten, denn dies entspricht der Zulässigkeit solcher Geschäfte im Gesellschaftsrecht und für eine Analogie zu § 1378 Abs 3 besteht kein Bedürfnis[12]. Dementsprechend ist eine nach Rn 2 unwirksame Verfügung auch umdeutbar in eine Verfügung über den Auseinandersetzungsanspruch, wenn die allgemeinen Voraussetzungen vorliegen (§ 140)[13].

III. Aufrechnung (Abs 2)

Als Folge des Gesamthandsprinzips kann gegen Gesamtgutsforderungen der **Schuldner** nur mit einer Gegenforderung aufrechnen, deren Berichtigung er auch aus dem Gesamtgut verlangen kann. Letzteres bestimmt sich nach den §§ 1437 bis 1440, 1459 bis 1462. Gleiches gilt für die Geltendmachung eines Zurückbehaltungsrechts[14]. Das Aufrechnungsverbot betrifft aber nicht einen einvernehmlichen **Aufrechnungsvertrag** mit den Ehegatten; durch diesen kann daher mit einer Gegenforderung des Schuldners gegen einen Ehegatten, die nicht zugleich Gesamtgutsverbindlichkeit ist, verrechnet werden[15]. Auch die **Ehegatten** können ihrerseits einseitig mit einer Gesamtgutsforderung nur gegen eine Gesamtgutsverbindlichkeit (nicht aber Schuld des Vorbehaltsguts) aufrechnen, da es sonst an der erforderlichen Gegenseitigkeit (§ 387) fehlt[16].

§ 1420 Verwendung zum Unterhalt

Die Einkünfte, die in das Gesamtgut fallen, sind vor den Einkünften, die in das Vorbehaltsgut fallen, der Stamm des Gesamtguts ist vor dem Stamm des Vorbehaltsguts oder des Sonderguts für den Unterhalt der Familie zu verwenden.

Schrifttum: *Ensslen,* Das Zusammentreffen von Gütergemeinschaft und Scheidungsverfahren, FamRZ 1998, 1077; *Kleinle,* Trennungsunterhalt und Gütergemeinschaft mit gemeinschaftlicher Gesamtgutsverwaltung, FamRZ 1997, 1194; *Weinreich,* Unterhalt in der Gütergemeinschaft, FuR 1999, 49.

I. Normzweck, Anwendungsbereich

Der Unterhaltsanspruch von Ehegatten richtet sich grds auch nach der Bedürftigkeit des Unterhaltsberechtigten und der Leistungsfähigkeit des Unterhaltsverpflichteten. Beides beruht auf einer Trennung der Einkommens- und Vermögensverhältnisse, die bei der Gütergemeinschaft wegen des ehelichen Gesamtguts gerade nicht vorhanden ist. Vielmehr kann es bei der Gütergemeinschaft nur darum gehen, wie die Leistung des Unterhalts zu bewirken ist[1]. Denn hinsichtlich ihrer Beteiligung am Gesamtgut sind beide Ehegatten in gleicher Weise bedürftig und leistungsfähig[2]. Die disponible[3] Vorschrift regelt daher, in welcher Reihenfolge Einkünfte und Vermögen der Ehegatten bei der Gütergemeinschaft zum Unterhalt der Familie heranzuziehen sind; sie konkretisiert insoweit § 1360. Die Verteilungsvorschrift hat Anspruchscharakter und ist einklagbar[4]. Sofern nicht § 1420 eine Sonderregelung trifft, gelten daneben die **allgemeinen Vorschriften des Unterhaltsrechts** (§§ 1360 ff, 1601 ff), insbes auch § 1360 b, weshalb etwa Ersatzansprüche bei einer überobligationsmäßigen Leistung aus dem Vorbehaltsgut ausgeschlossen sind[5]. § 1420 gilt auch für den **Trennungsunterhalt**[6], **nicht** aber für den **nachehelichen Unterhalt**[7].

---

[11] BGH NJW 1964, 2298, 2299; BayObLG NJW-RR 2003, 293, 295; BayObLGZ 1960, 254, 257; *Staudinger/Thiele* Rn 10; *Soergel/Gaul* Rn 6.
[12] MünchKommBGB/*Kanzleiter* Rn 3; *Soergel/Gaul* Rn 5; aA *Gernhuber/Coester-Waltjen* § 38 II 2.
[13] MünchKommBGB/*Kanzleiter* Rn 3.
[14] AnwK-BGB/*Völker* Rn 5; *Staudinger/Thiele* Rn 19.
[15] *Staudinger/Thiele* Rn 23; *Palandt/Brudermüller* Rn 3; *Dölle* I S 902.
[16] AnwK-BGB/*Völker* Rn 5; *Staudinger/Thiele* Rn 24; übersehen von MünchKommBGB/*Kanzleiter* Rn 6; teilweise anders *Soergel/Gaul* Rn 7; vgl auch BGH NJW 1972, 480, 481.
[1] *Klüber* in: *Schröder/Bergschneider* FamVermR Rn 4.589.
[2] *Wendl/Staudigl/Dose* § 6 Rn 401.
[3] *Staudinger/Thiele* Rn 10.
[4] AnwK-BGB/*Völker* Rn 1; *Dölle* I S 892.
[5] AnwK-BGB/*Völker* Rn 1; MünchKommBGB/*Kanzleiter* Rn 2.
[6] BGHZ 111, 248 = NJW 1990, 2252; OLG Zweibrücken FamRZ 1998, 239 = NJWE-FER 1997, 170; AnwK-BGB/*Völker* Rn 1.
[7] OLG Nürnberg FuR 1993, 289; AnwK-BGB/*Völker* Rn 1; *Erman/Heckelmann* Rn 1; zu den sich hieraus ergebenden praktischen Folgen ausf AnwK-BGB/*Völker* Rn 19.

II. Reihenfolge der Verwendung

2 Aus § 1420 iVm § 1360 ergibt sich folgende (disponible) Reihenfolge der Verwendung der einzelnen Gütermassen und deren Einkünfte für den Familienunterhalt[8]:
1. die **Einkünfte, die in das Gesamtgut fallen,** also die Arbeitseinkommen beider Ehegatten[9] und die Erträgnisse von Gesamtgut und Sondergut (§§ 1416 Abs 1, 1417 Abs 3 S 2),
2. die **Einkünfte,** die in das jeweilige **Vorbehaltsgut** fallen, unter sich im Verhältnis der Grundsätze des § 1360[10],
3. der **Stamm des Gesamtguts,** etwa durch Verkauf von Immobilien und Wertpapieren zu realisieren,
4. der **Stamm des Vorbehaltsgut** und des **Sonderguts,** unter sich gleichrangig, so dass der unterhaltspflichtige Ehegatte wählen kann, mit welchem Vermögen er zum Familienunterhalt beiträgt[11].

3 Zu den **Einkünften** zählen der Ertrag aus dem Vermögen, Renten, Arbeit, Erwerbsgeschäft und Zuwendungen, wenn sie nach wirtschaftlicher Betrachtung nicht nur zur Kapitalbildung, sondern zum laufenden Verbrauch bestimmt sind[12]. Zum **Vermögensstamm** gehört alles, was nicht unter dem Begriff der Einkünfte fällt[13].

III. Anspruchsinhalt

4 § Soweit für den Unterhalt hiernach das Gesamtgut zu verwenden ist, und dies ist vorrangig der Fall, kann der unterhaltsberechtigte Ehegatte von dem anderen grds nicht Zahlung einer Geldrente (§ 1361 Abs 4 S 1), sondern nach §§ 1435, 1451 nur **Mitwirkung** und notfalls nach §§ 1430, 1452 die Ersetzung der Zustimmung durch das Vormundschaftsgericht zu den Maßregeln verlangen, die zur ordnungsmäßigen Verwendung des Gesamtgutes für den Unterhalt erforderlich sind[14]. Denn es handelt sich um eine Maßnahme der Verwaltung des Gesamtguts. Insoweit hat die güterrechtliche Regelung hinsichtlich des Gesamtguts Vorrang vor dem unterhaltsrechtlichen Zahlungsanspruch[15]. Dies gilt auch bei Geltendmachung von Notunterhalt im Wege einer **einstweiligen Verfügung**[16].

5 Hieraus ergibt sich für die **Praxis:** Zunächst hat der unterhaltsberechtigte Ehegatte gegen den anderen eine Klage auf ordnungsgemäße Verwaltung bzw – bei gemeinschaftlicher Verwaltung – auf Mitwirkung bei der ordnungsgemäßen Verwaltung auf Grund seines Mitwirkungsanspruch nach §§ 1435, 1451 vor dem **Familiengericht** zu erheben (§ 23 b Abs 1 S 2 Nr 6 GVG, § 621 Abs 1 Nr 5 ZPO)[17]. Das so erstrittene Mitwirkungsurteil ist nach § 888 ZPO durch Androhung eines Zwangsgelds, ersatzweise einer Zwangshaft zu vollstrecken[18]. Alternativ dazu wird empfohlen, im Wege eines **„zweistufigen Verfahrens"** statt der Vollstreckung beim **Vormundschaftsgericht** nach §§ 1430, 1452 eine **Ersetzung** der Zustimmung des anderen Ehegatten zu bewirken, wenn zur Leistungserfüllung ein Rechtsgeschäft vorzunehmen ist, etwa weil der Unterhaltsschuldner mit dem Einbehalt eines bestimmten Teils seines Einkommens oder die Auszahlung eines bestimmten Betrags an den Unterhaltsberechtigten einverstanden sein muss[19]. Diesem Ersetzungsantrag fehlt dabei nicht das Rechtsschutzbedürfnis deshalb, weil das Mitwirkungsurteil nach § 888 ZPO vollstreckt werden könnte, denn das kann sehr langwierig sein[20]. Ob der direkte **Weg** einer sofortigen Ersetzung der Zustimmung möglich ist, ist umstritten. Der BGH hat dies in einem Fall verneint, in dem es nach seiner Auffassung keiner Vornahme eines Rechtsgeschäftes iS von § 1452 zur Vollziehung der geschuldeten Mitwirkungshandlung bedurfte, weil es nur um die Auszahlung vom Konto des Unterhaltspflichtigen ging[21]. Aus diesem Sonderfall und die vom BGH zum Rechtsschutzinteresse für die Mitwirkungsklage gemachten Äußerungen wird zT die generelle Unzulässigkeit des direkten Ersetzungsverfahrens hergeleitet[22], was uU

---

[8] *Staudinger/Thiele* Rn 3.
[9] OLG München FamRZ 1996, 166.
[10] AnwK-BGB/*Völker* Rn 3; MünchKommBGB/*Kanzleiter* Rn 3.
[11] *Staudinger/Thiele* Rn 9.
[12] AnwK-BGB/*Völker* Rn 4; *Staudinger/Thiele* Rn 5 mwN.
[13] *Staudinger/Thiele* Rn 8.
[14] BGHZ 111, 248, 255 ff = NJW 1990, 2252; AnwK-BGB/*Völker* Rn 15; FA-FamR/*Weinreich* IX Rn 178; *Staudinger/Thiele* Rn 3; vgl auch MünchKommBGB/*Kanzleiter* Rn 4.
[15] BGHZ 111, 248, 256 f; AnwK-BGB/*Völker* Rn 15; FA-FamR/*Weinreich* IX Rn 178; MünchKommBGB/*Kanzleiter* Rn 4; aA *Kleinle* FamRZ 1997, 1194, 1195 für unterhaltsrechtlichen, titulierbaren Anspruch nach § 1361 Abs 1 gegen den Unterhaltspflichtigen, für den § 740 Abs 2 ZPO auch bei gemeinschaftlicher Verwaltung des Gesamtguts nicht gilt; für rein unterhaltsrechtlichen Zahlungsanspruch auch OLG Düsseldorf OLGR 1999, 290: wenn Ehegatten nur noch über Renten und Wohnungsrechte verfügen; hierzu zust FA-FamR/*Weinreich* IX Rn 181.
[16] OLG München NJW-RR 1996, 903; juris-*Hausch* Rn 12; FA-FamR/*Weinreich* IX Rn 178; aA AnwK-BGB/*Völker* Rn 18; *Wendl/Staudigl/Paulig* § 4 Rn 12; *Erman/Heckelmann* Rn 1.
[17] OLG München FamRZ 1996, 166; FamRZ 1996, 903; AnwK-BGB/*Völker* Rn 16; FA-FamR/*Weinreich* IX Rn 178, 182 f, jeweils mit Klageantrag; zu Einzelheiten desselben s OLG Zweibrücken FamRZ 1998, 239: Zugriffsmöglichkeit auf Erlös aus Hausverkauf; OLG München FamRZ 1996, 166: wenn der Unterhaltsberechtigte bereits im Besitz von Teilen des Stammes des Gesamtguts ist.
[18] *Weinreich* FuR 1999, 49, 51.
[19] BayObLGZ 1996, 132 = FamRZ 1997, 422; AnwK-BGB/*Völker* Rn 16 m Klageantrag; FA-FamR/*Weinreich* IX Rn 180; *Ensslen* FamRZ 1998, 1077, 1079.
[20] AnwK-BGB/*Völker* Rn 16.
[21] BGHZ 111, 248, 259.
[22] AnwK-BGB/*Völker* Rn 17; FA-FamR/*Weinreich* IX Rn 181.

zur Beanspruchung von fünf Gerichtsinstanzen führt, während von der Gegenansicht zu Recht die Notwendigkeit eines solch zweistufigen Verfahrens als unnötige Spitzfindigkeit abgelehnt wird[23]. Zur Ersetzung der Zustimmung nach § 1452 zu der für die Unterhaltszahlung erforderlichen Überweisung durch das Vormundschaftsgericht s § 1451 Rn 4 und § 1452 Rn 4[24].

Nach Ansicht des OLG Bamberg kann der aus der Ehewohnung ausgezogene Unterhaltsberechtigte abweichend von der an sich erst später nach § 1468 eintretenden Fälligkeit und Abwicklung über das Gesamtgut unmittelbar die Leistung eines anteiligen **Nutzungsentgelts** an sich verlangen[25]. Zur Berücksichtigung des sog „Wohnvorteils", wenn der unterhaltspflichtige oder der unterhaltsberechtigte Ehegatte allein das zum Gesamtgut gehörende bisherige Familienwohnheim benutzen, s § 1472 Rn 5[26]. 6

§ 1421 Verwaltung des Gesamtguts

¹**Die Ehegatten sollen in dem Ehevertrag, durch den sie die Gütergemeinschaft vereinbaren, bestimmen, ob das Gesamtgut von dem Mann oder der Frau oder von ihnen gemeinschaftlich verwaltet wird.** ²**Enthält der Ehevertrag keine Bestimmung hierüber, so verwalten die Ehegatten das Gesamtgut gemeinschaftlich.**

I. Möglichkeiten der Gesamtgutsverwaltung

Die Vorschrift gilt für alle seit dem 1. 7. 1958 vereinbarten Gütergemeinschaften[1]. Sie bestimmt, wer das Gesamtgut verwaltet. Dafür bietet das Gesetz drei **Wahlmöglichkeiten** an: Alleinverwaltung durch den Ehemann oder die Ehefrau oder gemeinschaftliche Verwaltung durch beide Ehegatten gemeinschaftlich. Die Alleinverwaltung durch einen Ehegatten ist in den §§ 1422 bis 1449 näher geregelt, die gemeinschaftliche in den §§ 1450 bis 1470. 1

Die **Verwaltungsregelung** hat durch **Ehevertrag** zu erfolgen. Er ist notfalls auszulegen und zwar unter Berücksichtigung der bisherigen Übung[2]. Fehlt es an der erforderlichen Bestimmung, so gilt **Gesamtverwaltung** durch beide Ehegatten. Die vertragliche Verwaltungsregelung kann auch bedingt oder befristet getroffen werden. Aus Gründen der Rechtssicherheit besteht jedoch eine zwingende Typisierung der Verwaltungsmacht. Daher ist die Begründung partieller Alleinverwaltung für bestimmte Rechts- und Sachbereiche (Ressortprinzip)[3] und eines originären und unabhängigen Alleinverwaltungsrechts für jeden Ehegatten nicht möglich[4]. Auch eine periodisch wechselnde Alleinverwaltung ist nach hM aus Gründen des Verkehrsschutzes nicht möglich[5] und praktisch auch nicht empfehlenswert. Hier helfen Vollmachten. Eine zulässige **Abänderung** der Verwaltungsregelung ist nur durch Ehevertrag möglich; eine einseitige kann nicht erzwungen werden, allenfalls nach den §§ 1447, 1448, 1470 eine Beendigung der gesamten Gütergemeinschaft[6]. 2

II. Vollmachten

Solche sind auch neben der Verwaltungsregelung zulässig und gerade bei gemeinschaftlicher Verwaltung vielfach zweckmäßig (s auch § 1450 Rn 6)[7]. Daneben gilt § 1357[8]. 3

III. Güterrechtsregister

Nur wenn die Alleinverwaltung in das Güterrechtsregister eingetragen ist, wirkt sie gegen Dritte[9]. Ist im Register Gütergemeinschaft ohne Verwaltungsregelung eingetragen, so kann ein Dritter von gemeinschaftlicher Verwaltung ausgehen[10]. 4

---

[23] *Kleinle* FamRZ 1997, 1194, 1195; krit auch MünchKommBGB/*Kanzleiter* § 1451 Rn 9 Fn 8.
[24] BayObLGZ 1996, 132 = FamRZ 1997, 422.
[25] FamRZ 1987, 703; ebenso OLG München OLGR 1995, 9; zust *Ensslen* FamRZ 1998, 1077, 1082; zweifelnd OLG Köln NJW-RR 1993, 904; abl *Staudinger/Thiele* Rn 3, *ders* § 1452 Rn 13 aE.
[26] S auch OLG Bamberg FamRZ 1987, 703; AnwK-BGB/*Völker* Rn 9 f; *Ensslen* FamRZ 1998, 1077, 182.
[1] Bei einer zwischen dem 1 4.1953 und dem 1. 7. 1958 vereinbarten allgemeinen Gütergemeinschaft gelten die Vorschriften des BGB §§ 1450 ff idF des Gleichberechtigungsgesetzes, BayObLG NJW-RR 1990, 5; für die vor dem 1. 4. 1953 vereinbarten Gütergemeinschaften gilt die damalige gesetzliche Regelung der Gesamtgutsverwaltung durch den Mann bei Fehlen abweichender vertraglicher Vereinbarungen fort, s *Staudinger/Thiele* Rn 2 ff.
[2] BayObLG NJW-RR 1990, 5.
[3] Der Sache nach ebenso wohl *Gernhuber/Coester-Waltjen* § 38 Rn 46; aA *Staudinger/Thiele* Rn 12; AnwK-BGB/*Völker* Rn 3.
[4] BayObLGZ 1968, 15 = NJW 1968, 896; AnwK-BGB/*Völker* Rn 3; *Staudinger/Thiele* Rn 10; MünchKommBGB/*Kanzleiter* Rn 2; *Soergel/Gaul* Rn 3; *Dölle* I § 68 II; *Gernhuber/Coester-Waltjen* § 38 Rn 46; aA *Mikat*, FS Felgenträger, 1969, S 323, 327.
[5] *Palandt/Brudermüller* Rn 4; RGRK/*Finke* Rn 5; der Sache nach ebenso wohl *Gernhuber/Coester-Waltjen* § 38 Rn 46; aA MünchKommBGB/*Kanzleiter* Rn 2; *Staudinger/Thiele* Rn 11.
[6] *Soergel/Gaul* Rn 6; *Staudinger/Thiele* Rn 14. MünchKommBGB/*Kanzleiter* Rn 5 hält Anspruch auf Ehevertragsänderung auf Grund allgemeiner Treuepflicht jenseits dieser Fälle für möglich.
[7] MünchKommBGB/*Kanzleiter* Rn 3.
[8] AnwK-BGB/*Völker* Rn 3; MünchKommBGB/*Kanzleiter* Rn 3.
[9] AnwK-BGB/*Völker* Rn 4; *Soergel/Gaul* Rn 5; *Staudinger/Thiele* Rn 13.
[10] BayObLG FamRZ 1958, 219.

§ 1422

Unterkapitel 2. Verwaltung des Gesamtguts durch den Mann oder die Frau (§§ 1422-1449)

§ 1422 Inhalt des Verwaltungsrechts

¹Der Ehegatte, der das Gesamtgut verwaltet, ist insbesondere berechtigt, die zum Gesamtgut gehörenden Sachen in Besitz zu nehmen und über das Gesamtgut zu verfügen; er führt Rechtsstreitigkeiten, die sich auf das Gesamtgut beziehen, im eigenen Namen. ²Der andere Ehegatte wird durch die Verwaltungshandlungen nicht persönlich verpflichtet.

I. Normzweck

1   Die Vorschrift ist die zentrale Bestimmung für die Verwaltung des Gesamtguts, wenn Gesamtgutsverwaltung durch einen der Ehegatten allein vereinbart ist (§ 1421 S 1). Sie begründet ein umfassendes alleiniges Verwaltungsrecht für den Gesamtgutsverwalter.

II. Verwaltungsrecht des Gesamtgutsverwalters

2   **1. Rechtsstellung.** Der Verwalter handelt weder als Organ noch als gesetzlicher Vertreter des Gesamtguts (keine Teilrechtsfähigkeit) oder gar des anderen Ehegatten. Vielmehr führt er die Verwaltung **im eigenen Namen und aus eigenem Recht** kraft Gesetzes mit Wirkung für und gegen das Gesamtgut[1]. Aus dem Recht zur umfassenden Verwaltung ergibt sich für ihn umgekehrt die Pflicht zur ordnungsgemäßen Verwaltung (§ 1435; s Erl dort)[2]. Letztere hindert aber den Verwalter nicht, dem anderen Ehegatten für den Einzelfall **Vollmachten** oder **Ermächtigungen** zu erteilen, um über einzelne Gesamtgutsgegenstände zu verfügen oder für das Gesamtgut zu handeln, uU auch für den Verwalter persönlich[3].

3   **2. Reichweite und Grenzen des Verwaltungsrechts.** Der Verwalter ist nicht Vertreter des anderen Ehegatten; er handelt nicht für und gegen den anderen Ehegatten[4]; dieser wird auch durch die Verwaltungshandlungen nicht persönlich verpflichtet (S 2; zur Haftungsordnung s § 1437 Rn 2 ff). Eine **persönliche Verpflichtung** des anderen entsteht nur im Fall von § 1357 oder wenn in seinem Namen gehandelt und eine entsprechende Vollmacht erteilt oder die Handlung nachträglich genehmigt (§ 177) wurde. Eine solche Vollmacht wird idR nur bei ausdrücklicher Anordnung angenommen werden können[5], weil dies angesichts der Verwaltungsverteilung bei der Gütergemeinschaft die Ausnahme ist[6]. Eine Vollmacht kann wegen der unterschiedlichen Rechtsfolgen grds auch nicht in der nachträglichen Zustimmung zu einer Verwaltungshandlung nach §§ 1423 ff gesehen werden[7].

4   Mit **Wirkung** für und **gegen das Gesamtgut** kann der Verwalter Verpflichtungsgeschäfte eingehen und über Gegenstände des Gesamtguts verfügen. **Sachlich begrenzt** sind die Verwaltungsbefugnisse nach außen nur durch die §§ 1423 bis 1425 (zur Ersetzung der erforderlichen Zustimmung des anderen s § 1426) und die allgemeinen Verfügungsbeschränkungen der Gesamthand (§ 1419). Im Innenverhältnis gilt das Gebot ordnungsgemäßer Verwaltung (§ 1435, vgl auch § 1447 Nr 1 und 3); iÜ kann der Verwalter nach seinen Zweckmäßigkeitsvorstellungen handeln[8].

5   **3. Umfang der Verwaltungsbefugnisse.** Aus dem Kreis der **umfassenden Verwaltungsbefugnisse** (zu den Grenzen Rn 4) enthält S 1 eine **beispielhafte,** nicht erschöpfende **Aufzählung.** Auch wenn dort nicht erwähnt, kann der Verwalter das Gesamtgut **verpflichten** (arg § 1437)[9] und haftet damit auch persönlich (mit seinem Sonder- und Vorbehaltsgut), mag er im eigenen Namen oder ausdrücklich für das Gesamtgut handeln, es sei denn, die persönliche Haftung wird ausdrücklich ausgeschlossen[10]. Er ist auch zur Vornahme einseitiger Rechtsgeschäfte für das Gesamtgut befugt, auch zur Ausübung eines Rückerwerbsrechts[11], und zur Entgegennahme von Willenserklärungen. Betrifft ein Rechtsgeschäft, wie eine Darlehenskündigung, eine Verbindlichkeit des anderen Ehegatten, für die das Gesamtgut nur haftet, so muss es auch noch gegenüber diesem anderen Ehegatten vorgenommen werden, soll es ihm gegenüber persönlich wirksam sein[12]. Auch zu **Verfügungen** über das Gesamtgut ist der Verwalter innerhalb der Grenzen der §§ 1423 bis 1425 befugt[13], insbes dazu, Gesamtgutsforderungen zu kündigen (§ 488 Abs 3 S 1), Pfandrechte aufzugeben (§ 1255) oder auf ein gemeinschaftliches Wohnrecht zu verzichten[14].

---

[1] MünchKommBGB/*Kanzleiter* Rn 3; *Soergel/Gaul* Rn 4; *Staudinger/Thiele* Rn 5.
[2] *Staudinger/Thiele* Rn 7 f.
[3] MünchKommBGB/*Kanzleiter* Rn 5; *Staudinger/Thiele* Rn 8.
[4] RG SeuffA 71 Nr 31; KG JW 1935, 2515.
[5] RG Recht 1916 Nr 1725.
[6] MünchKommBGB/*Kanzleiter* Rn 3.
[7] MünchKommBGB/*Kanzleiter* Rn 5; *Staudinger/Thiele* Rn 24; *Palandt/Brudermüller* Rn 1.
[8] RGZ 54, 284; *Staudinger/Thiele* Rn 6.
[9] MünchKommBGB/*Kanzleiter* Rn 9.
[10] *Staudinger/Thiele* Rn 24.
[11] BayObLGZ 1993, 1, 4 = NJW-RR 1993, 472.
[12] MünchKommBGB/*Kanzleiter* Rn 9; *Palandt/Brudermüller* Rn 1.
[13] S iE *Staudinger/Thiele* Rn 21; *Soergel/Gaul* Rn 9; MünchKommBGB/*Kanzleiter* Rn 17 f.
[14] RG JW 1932, 3005.

Rechtsstreitigkeiten, die das Gesamtgut betreffen, führt der Gesamtgutsverwalter im eigenen Namen allein, und zwar sowohl hinsichtlich der Aktiv- wie Passivprozesse. Dies gilt auch bei Gegenständen, über die der Verwalter nach §§ 1423 bis 1425 nur mit Zustimmung des anderen Ehegatten verfügen kann; diese Beschränkungen berühren die Prozessführungsbefugnis nicht, sondern wirken sich erst aus, wenn eine Prozesshandlung zugleich eine materiell-rechtliche Verfügung ist, also etwa bei einem Vergleich[15]. Der Verwalter hat eine **gesetzliche Prozessstandschaft** für das Gesamtgut[16]. Daher kann der andere Ehegatte Zeuge sein[17]. Der Klageantrag bei einer Leistungsklage kann auch auf Leistung an den Verwalter gerichtet sein, wenn nur die Zugehörigkeit zum Gesamtgut zum Ausdruck gebracht wird[18]. Das Urteil wirkt hinsichtlich des Gesamtguts für und gegen den anderen Ehegatten **(Rechtskrafterstreckung)**[19]. Keine Rechtskrafterstreckung aber, wenn der nicht verwaltende Ehegatte persönlich in Anspruch genommen wird[20].

Mit Eintritt der Gütergemeinschaft erhält der Verwalter nicht grds kraft Gesetzes und automatisch den **Besitz,** sondern nach S 1 nur das Recht, die Sachen in Besitz zu nehmen, dieses aber gegenüber dem Ehegatten wie aus Dritten[21]. Nur den Erbenbesitz (§ 857) und den mittelbaren Besitz des anderen Ehegatten erhält er kraft Gesetzes[22]. Soweit er den unmittelbaren Besitz an den zum Gesamtgut gehörenden Gegenständen erlangt, so werden die Ehegatten in Gütergemeinschaft als solche mittelbare Besitzer[23]. S 1 scheint ein umfassendes **Besitzrecht** des Gesamtgutsverwalters zu gewähren. Dies ist jedoch durch verschiedene allgemeine Grundsätze **eingeschränkt,** und zwar[24]

– bei Betrieb eines **selbstständigen Erwerbsgeschäfts** (§ 1431) durch den anderen hat dieser das Besitzrecht am hierzu gehörigen Betriebsvermögen;
– aus der Verpflichtung zur ehelichen Gemeinschaft (§ 1353) ergibt sich das Recht des anderen auf unmittelbaren Mitbesitz an der **gemeinschaftlichen Ehewohnung und Hausrat**[25];
– durch das Recht zum alleinigen Besitz der für den anderen Ehegatten zu seinem **ausschließlichen persönlichen Gebrauch** bestimmten Sachen;
– durch Ansprüche auf **Verteilung des Hausrats** nach § 1361 a.

Das Besitzrecht des Gesamtgutsverwalters ist nach den allgemeinen Vorschriften geschützt: nach § 823 Abs 1 als sonstiges Recht[26], über die Besitzschutzklage nach § 861 gegen den Störer wie aber uU auch gegen den anderen Ehegatten, der etwa Gesamtgutsgegenstände wegschafft[27]. Das Besitzrecht bleibt auch bei Getrenntleben bestehen.

III. Rechtsstellung des nicht verwaltenden Ehegatten

Dieser ist grds **von der Verwaltung** des Gesamtguts **ausgeschlossen.** Er hat kein Widerspruchsrecht[28]. Wurde ihm keine besondere Vollmacht oder rechtsgeschäftliche Ermächtigung[29] erteilt, so kann er nur ausnahmsweise kraft ausdrücklicher gesetzlicher Ermächtigung für das Gesamtgut wirksame Handlungen vornehmen (§§ 1428 ff, zB § 1431: selbstständiges Erwerbsgeschäft, § 1428: Revokationsrecht, § 1429: Notverwaltungsrecht). Verfügt er außerhalb der dadurch eingeräumten Rechtsmacht, so handelt es sich um Verfügungen eines **Nichtberechtigten**[30]. Es gelten dann die §§ 182 bis 185, bei Handeln im fremden Namen die §§ 177 ff[31]. Bei einem Erwerb eines Grundstücks zum Gesamtgut ohne Mitwirkung des anderen (§ 1416 Rn 11) kann der nicht verwaltungsbefugte Ehegatte dieses jedoch allein belasten, weil es sich bei wirtschaftlicher Betrachtung dann um den Erwerb eines belasteten Objekts handelt[32].

---

[15] *MünchKommBGB/Kanzleiter* Rn 26; *Staudinger/Thiele* Rn 27 mwN.
[16] *Gernhuber/Coester-Waltjen* § 38 Rn 84; *Staudinger/Thiele* Rn 28; *Soergel/Gaul* Rn 10; *Musielak/Weth* § 51 ZPO Rn 21.
[17] RGZ 67, 262, 266.
[18] AnwK-BGB/*Völker* Rn 10; *Soergel/Gaul* Rn 10; MünchKommBGB/*Kanzleiter* Rn 27; *Erman/Heckelmann* Rn 4; aA *Staudinger/Thiele* Rn 29: keine Erkennbarkeit der Gesamtgutszugehörigkeit erforderlich.
[19] AnwK-BGB/*Völker* Rn 12; *Gernhuber/Coester-Waltjen* § 38 Rn 85; *Soergel/Gaul* Rn 10; *Staudinger/Thiele* Rn 31; allg zur Rechtskrafterstreckung bei gesetzlicher Prozessstandschaft *Musielak/Weth* § 51 ZPO Rn 36.
[20] AnwK-BGB/*Völker* Rn 12; *Staudinger/Thiele* Rn 31; *Meikel* BayZ 1903, 229.
[21] RGZ 85, 416, 420; *Soergel/Gaul* Rn 6.
[22] *Staudinger/Thiele* Rn 11; *Dölle* I S 904.
[23] RGZ 105, 19, 21; *Soergel/Gaul* Rn 6; MünchKommBGB/*Kanzleiter* Rn 14; *Dölle* I S 904.
[24] AnwK-BGB/*Völker* Rn 9; MünchKommBGB/*Kanzleiter* Rn 13; *Soergel/Gaul* Rn 7.
[25] Allg BGHZ 12, 380.
[26] RGZ 102, 346, 347; RG WarnR 1922 Nr 41.
[27] OLG Dresden OLGE 24, 224; *Staudinger/Thiele* Rn 19; *Soergel/Gaul* Rn 9.
[28] OLG Königsberg OLGE 2, 70.
[29] Auch wenn gegen eine „Verpflichtungsermächtigung" zu Recht grds Bedenken bestehen (abl etwa BGHZ 114, 96, 100; *Palandt/Heinrichs* § 185 Rn 3; in diesem Kommentar § 185 Rn 7), wird man diese hier für zulässig halten müssen (so MünchKommBGB/*Kanzleiter* Rn 6), damit der nicht verwaltungsberechtigte Ehegatte nicht nur dinglich über das Gesamtgut verfügen (§ 185), sondern dieses und damit letztlich auch den Gesamtgutsverwalter verpflichten kann (§§ 1437, 1438); hierfür besteht ein praktisches Bedürfnis und aus dem Offenkundigkeitsprinzip kann dagegen nichts hergeleitet werden; zust AnwK-BGB/*Völker* Rn 13.
[30] BGHZ 47, 266, 268 = NJW 1967, 1272.
[31] AnwK-BGB/*Völker* Rn 14; MünchKommBGB/*Kanzleiter* Rn 19.
[32] KGJ 30 A 207 betr Hypothek; OLG Saarbrücken FamRZ 1955, 138 betr Nießbrauch; *Soergel/Gaul* Rn 13; MünchKommBGB/*Kanzleiter* Rn 21; für Kaufpreisresthypothek *Jung* BayNotZ 1913, 14, *Staudinger/Thiele* Rn 40; dogmatisch unproblematisch bei reinen Vorbehaltsrechten (Nießbrauchvorbehalt).

9   Für die Einziehung einer Gesamtgutsforderung fehlt dem nicht verwaltenden Ehegatten die **Empfangszuständigkeit**; tritt jedoch durch den Erwerb nach § 1416 Abs 1 S 2 der geschuldete Leistungserfolg für das Gesamtgut vollständig ein, so kann nach der nunmehr herrschenden Theorie von der realen Leistungsbewirkung (§ 362 Rn 1 mwN) die Erfüllungswirkung bejaht werden[33]; s auch § 1434 Rn 2. Der nicht verwaltende Ehegatte kann allerdings uneingeschränkt **Verpflichtungsgeschäfte** eingehen und zwar auch über Verfügungen hinsichtlich des Gesamtguts. Doch wird dadurch nur er persönlich (mit seinem Sonder- und Vorbehaltsgut), nicht aber das Gesamtgut verpflichtet, wenn der Verwalter nicht zustimmt und auch sonst kein Ausnahmefall des § 1438 (dort Rn 2) vorliegt[34].

IV. Schutz gutgläubiger Dritter

10 Hier ist zu unterscheiden: Der gute Glaube an das **Alleineigentum** des verfügenden, aber nicht verwaltungsberechtigten Ehegatten wird nach den allgemeinen Bestimmungen der §§ 932 ff, 892 f geschützt[35], bei beweglichen Gegenständen aber oftmals an § 935 scheitern[36]. Dabei begründet auch die Eintragung der Gütergemeinschaft samt Verwaltungsregelung in das Güterrechtsregister keine Bösgläubigkeit, da nur ein Bruchteil der Eheverträge dort registriert wird. Für den Erwerb von Immobilien ist dies ganz überwiegende Meinung, weil hier nach § 892 nur positive Kenntnis den guten Glauben ausschließt[37], während bei beweglichen Sachen die hM hier auf Grund der Registereintragung zu Unrecht eine grobe Fahrlässigkeit iS von § 932 Abs 2 annimmt (eingehend § 1412 Rn 16)[38].

11 Der gute **Glaube**, dass der **Verfügende** der **Gesamtgutsverwalter** ist, wird nur nach § 1412 geschützt[39]. Wird zwar von diesem erworben, aber verkannt, dass es nach den §§ 1423 ff noch der Zustimmung des andern Ehegatten bedarf, so wird der gute Glaube nicht geschützt[40]. Bei Gesamtvermögensgeschäften, die nur einen Einzelgegenstand betreffen, hilft die dort geltende subjektive Theorie im gewissen Umfang dem Erwerber (§ 1423 Rn 2)[41].

V. Zwangsvollstreckung

12 Hierfür ist ein Urteil gegen den Gesamtgutsverwalter erforderlich und genügend (§ 740 ZPO). Dieser ist auch Schuldner iS von § 739 ZPO, so dass Besitz des anderen die Zwangsvollstreckung grds nicht hindert[42], bis die Gütergemeinschaft beendet ist (§ 743 ZPO). Der andere Ehegatte, gegen den ein Leistungs- oder Duldungstitel nicht vorliegt, ist zur Beantragung von Vollstreckungsschutz nach § 30 a ZVG, § 765 a ZPO im eigenen Namen jedenfalls dann berechtigt, wenn die Eheleute im Streit leben und zu besorgen ist, dass der verwaltungsberechtigte Ehegatte aus einer ihm gegenüber unsachlichen Einstellung einen Vollstreckungsschutzantrag nicht stellt[43]. Zu den Auswirkungen eines **Insolvenzverfahrens** s § 1437 Rn 8 f.

§ 1423 Verfügung über das Gesamtgut im Ganzen

¹Der Ehegatte, der das Gesamtgut verwaltet, kann sich nur mit Einwilligung des anderen Ehegatten verpflichten, über das Gesamtgut im Ganzen zu verfügen. ²Hat er sich ohne Zustimmung des anderen Ehegatten verpflichtet, so kann er die Verpflichtung nur erfüllen, wenn der andere Ehegatte einwilligt.

---

[33] *Staudinger/Thiele* Rn 41; AnwK-BGB/*Völker* Rn 14, dessen Hinweis auf BGH NJW 1991, 1294, 1295 nicht die Gütergemeinschaft betrifft, sondern allgemein die Erfüllungsfrage; aA noch BGH NJW 1957, 1635 zur früher geltenden Vertragstheorie und dem immer noch folgend MünchKommBGB/*Kanzleiter* Rn 19; juris-PK/*Hausch* Rn 10: nur Bereicherungsanspruch.

[34] AllgM, *Soergel/Gaul* Rn 13; *Staudinger/Thiele* Rn 40; *Bengel* MittBayNot 1975, 209, 210 mit eingehender Darstellung der Probleme des Immobilienerwerbs durch den nicht verwaltungsberechtigten Ehegatten.

[35] AnwK-BGB/*Völker* Rn 18; MünchKommBGB/*Kanzleiter* Rn 22; *Soergel/Gaul* Rn 14; Palandt/*Brudermüller* Rn 5; wohl auch *Mai* BWNotZ 2003, 55, 60; anders aber *Gernhuber/Coester-Waltjen* § 38 Rn 83: kein Rechtsscheinserwerb möglich, weil es hier um den Mangel des Verwaltungsrechts geht, und es sonst zu dem Wertungswiderspruch kommt, dass in der Zugewinngemeinschaft der Erwerb vom Alleineigentümer an § 1365 scheitern kann, beim Erwerb vom Miteigentümer bei der Gütergemeinschaft gutgläubiger Erwerb möglich ist.

[36] OLG Braunschweig OLGE 26, 176.

[37] *Soergel/Gaul* Rn 14; MünchKommBGB/*Kanzleiter* Rn 22; anders aber *Staudinger/Tiele* Rn 55 iVm § 1412 Rn 48 ff; eingehend zur Problematik AnwK-BGB/*Völker* Rn 19.

[38] So etwa, wenn auch praxisfremd, AnwK-BGB/*Völker* Rn 18; *Soergel/Gaul* Rn 14; Palandt/*Brudermüller* Rn 5; *Dölle* I S 917; wie hier aber MünchKommBGB/*Kanzleiter* Rn 22; wohl auch *Bengel* MittBayNot 1975, 209, 211 und RGRK/*Finke* Rn 26 für geringwertige Sachen.

[39] AnwK-BGB/*Völker* Rn 20; MünchKommBGB/*Kanzleiter* Rn 23.

[40] MünchKommBGB/*Kanzleiter* Rn 24.

[41] Zust AnwK-BGB/*Völker* Rn 21.

[42] *Soergel/Gaul* Rn 11; zu Ausnahmefällen bei bevorstehender Beendigung *Dölle* I S 907.

[43] LG Zweibrücken Rpfleger 1995, 222.

I. Normzweck

Die §§ 1423 bis 1425 enthalten für vermögensrechtlich besonders bedeutsame Geschäfte Ausnahmen vom Grundsatz des alleinigen und umfassenden Verwaltungsrechts des Gesamtgutsverwalters (§ 1422 S 1). Es bedarf hierfür der Einwilligung des nicht verwaltungsberechtigten Ehegatten. § 1423 ist dispositiv (str)[1]; im Einzelfall kann bei Vorliegen besonderer Umstände das Abbedingen allerdings sittenwidrig sein. Eine Erweiterung der Verfügungsbeschränkungen der §§ 1423 ff ist als Einschränkung des Rechtsverkehrs mit Außenwirkung aber nicht möglich[2]. 1

II. Einzelheiten

Von § 1423 erfasst werden nur Rechtsgeschäfte über das **Gesamtgut**; über sein Sonder- oder Vorbehaltsgut kann jeder Ehegatte uneingeschränkt und frei verfügen (§§ 1417 Abs 3, 1418 Abs 3). Andererseits unterfallen der Zustimmungspflicht nicht nur solche Rechtsgeschäfte, in denen über das gesamte Gesamtgut „en bloc" verfügt wird. Wie bei § 1365 gilt auch hier die **Einzeltheorie,** so dass auch Rechtsgeschäfte hierunter fallen, die einzelne Vermögensgegenstände betreffen, wenn diese das nahezu oder im Wesentlichen das ganze Gesamtgut ausmachen (§ 1365 Rn 10 ff). Allerdings muss nach hM der Vertragspartner wissen, dass es sich um das ganze Vermögen handelt (sog subjektive Theorie; s § 1365 Rn 17 f)[3]. 2

Einwilligungsbedürftig sind das schuldrechtliche Verpflichtungsgeschäft, mit dem sich der Verwalter zur Verfügung über das Gesamtgut verpflichtet (S 1), aber auch das erfüllende Verfügungsgeschäft (S 2) sowie die isolierten Verfügungsgeschäfte über die einzelnen Bestandteile des Gesamtguts ohne ein entsprechendes Verpflichtungsgeschäft[4]. Nicht einwilligungsbedürftig ist die Prozessführung über derartige Geschäfte oder gar die Errichtung einer Verfügung von Todes wegen. Die Einwilligung ist die vorherige Zustimmung (§ 183) und bedarf keiner Form, im Grundbuchverkehr ist jedoch der Nachweis in der Form des § 29 GBO zu erbringen; sie kann auch konkludent erteilt oder vom Vormundschaftsgericht nach § 1426 ersetzt werden. 3

Wird das Rechtsgeschäft **ohne** die **erforderliche Einwilligung** vorgenommen, so ist es nach § 1427 schwebend unwirksam; der Gesamtgutsverwalter wird, soweit nicht eine unerlaubte Handlung vorliegt, nicht persönlich verpflichtet[5]. Weitere Rechtsfolgen können sich aus den §§ 1427, 1428, 1434, 1435 S 3, 1447 Nr 1 ergeben. 4

§ 1424 Verfügung über Grundstücke, Schiffe oder Schiffsbauwerke

¹Der Ehegatte, der das Gesamtgut verwaltet, kann nur mit Einwilligung des anderen Ehegatten über ein zum Gesamtgut gehörendes Grundstück verfügen; er kann sich zu einer solchen Verfügung auch nur mit Einwilligung seines Ehegatten verpflichten. ²Dasselbe gilt, wenn ein eingetragenes Schiff oder Schiffsbauwerk zum Gesamtgut gehört.

I. Normzweck

Die Vorschrift ist eine Ausnahme von Grundsatz des umfassenden alleinigen Verwaltungsrechts des Gesamtgutsverwalters (§ 1422). In pauschalierender Weise bezweckt sie die Sicherung der Familie vor Verlust der genannten Gegenstände, weil diese idR ihre Existenzgrundlage oder zumindest der Lebensmittelpunkt, etwa bei der Wohnung, sind[1*]. 1

II. Zustimmungspflichtige Rechtsgeschäfte

Hierzu gehören Verfügungen[2*] über **Grundstücke**, Erbbaurechte (§ 11 ErbbauRG)[3*], Wohnungs- und Teileigentum (§ 1 WEG), Bergwerkseigentum[4*], landesrechtlich diesen gleichstehende Rechte (vgl Art 196 EGBGB[5*], selbstständige Fischereirechte)[6], eingetragene Schiffe und Schiffsbauwerke (für inländische s die SchRegO idF der Bek vom 26. 5. 1994, BGBl I S 1133). Nicht erfasst werden Verfügungen über bloßes Grundstückszubehör, beschränkt dingliche Rechte an Grundstücken, mit 2

---

[1] AnwK-BGB/*Völker* Rn 2; Staudinger/Thiele Rn 13; MünchKommBGB/*Kanzleiter* Rn 6; *Dölle* I S 909 Fn 27; *Mikat*, FS Felgentraeger, 1969, S 323, 333; nur bei entgeltlichen Geschäften Palandt/Brudermüller Rn 1; Planck/*Unzer* Anm 7; für zwingenden Charakter Soergel/*Gaul* Rn 2; *Zöllner* FamRZ 1965, 113, 118.
[2] *Gernhuber-Coester-Waltjen* § 32 Rn 27.
[3] AnwK-BGB/*Völker* Rn 4; juris-PK/*Hausch* Rn 8; Staudinger/Thiele Rn 4; Soergel/*Gaul* Rn 4; Erman/Heckelmann Rn 2; aA MünchKommBGB/*Kanzleiter* § 1422 Rn 24, der die subjektive Theorie wegen der anderen Normsituation ablehnt.
[4] Staudinger/Thiele Rn 6.
[5] AnwK-BGB/*Völker* Rn 6; Staudinger/Thiele Rn 10; Palandt/Brudermüller Rn 1.
[1*] AnwK-BGB/*Böhringer* Rn 2; Staudinger/Thiele Rn 2.
[2*] S etwa AnwK-BGB/*Böhringer* Rn 9.
[3*] BGH NJW 1968, 496.
[4*] *Dölle* I S 911.
[5*] Staudinger/Höhnle Art 196 EGBGB Rn 5 ff; für Bayern vgl etwa Art 40 AGGVG vom 23. 6. 1981, GVBl S 188.
[6] Zu den Übertragungsvorschriften hierfür Staudinger/*J. Mayer* Art 69 EGBGB Rn 83 ff.

§ 1424

Ausnahme des Erbbaurechts[7], subjektiv dingliche Rechte sowie Ansprüche auf Eigentumsverschaffung an Grundbesitz, auch wenn hierfür eine Auflassungsvormerkung eingetragen ist[8].

3   Zum **Verfügungsbegriff** wird überwiegend betont, dass hier der allgemeine[9] gelte[10], tatsächlich wird im Einzelfall aber stark nach teleologischen Gesichtspunkten argumentiert[11] und die Ergebnisse der hM zur Annahme einer Verfügung entsprechen vielfach nicht denen, die zu Verfügungen im anderen Zusammenhang vertreten werden (etwa zu § 51 BauGB)[12]. Angesichts des weiten Normzwecks erscheint dies nicht unbedenklich. Zustimmungsfrei sind aber **kraft Gesetzes** eintretende **Eigentumsübergänge**, etwa durch Enteignung, Flurbereinigung und Umlegung sowie die „Abwachsung" (§ 738) bei Eintritt eines Gesellschafters in eine Personengesellschaft[13].

4   **Zustimmungspflichtig** ist nach hM daher die Veräußerung eines ideellen Miteigentumsanteils an einem Grundstück[14], auch die Erbauseinandersetzung hinsichtlich eines Grundstücks[15], der Antrag auf Teilungsversteigerung eines den Ehegatten zusammen mit einem Dritten gehörenden Grundstücks nach § 180 ZVG[16], die Bewilligung einer Eigentumsvormerkung[17], entgegen der hM noch nicht die Belastung mit einer Eigentümerbriefgrundschuld[18], aber deren Abtretung, jede Inhaltsänderung eines Rechts, das die Belastung vermehrt, wie Erhöhung des Zinssatzes[19], die Bestandteilszuschreibung eines Grundstücks (§ 890 Abs 2) nur, wenn sie nach § 1131 zu einer Belastungserstreckung von Grundpfandrechten führt[20] sowie der Verzicht **materielle öffentliche Abwehrrechte**, die aus der Grenzbebauung auf dem Nachbargrundstück erwachsen[21].

5   **Nicht zustimmungspflichtig** ist der Erwerb von Grundstücken einschließlich der damit verbundenen Begründung einer Zahlungsverpflichtung des Gesamtguts samt persönlicher Zwangsvollstreckungsunterwerfung[22], die Inhaltsänderungen von Rechten, soweit damit keine neue Belastung des Gesamtguts entsteht, wie die Umwandlung der Grundschuld in eine Hypothek[23], die nachträgliche Zwangsvollstreckungsunterwerfung (§ 800 ZPO), da sie nur die rechtliche Durchsetzung erleichtert[24], Rangänderungserklärungen von Grundpfandrechten (§ 880 Abs 2)[25], die Abgabe diesbezüglicher Löschungsanträge[26], Abtretung eines Erbanteils (§ 2033), auch wenn zu diesem Grundbesitz gehört, denn die Verfügung über den Gesamthandsanteil ist keine (direkte) über einen Grundbesitz[27], die Vereinigung nach § 890 Abs 1[28], die Teilung eines Grundstücks im eigenen Besitz[29] oder nach § 8 WEG, da hierdurch kein unmittelbarer Rechtsverlust eintritt[30], die Vermietung oder Verpachtung[31] oder die

---

[7] Dölle I S 911; AnwK-BGB/*Böhringer* Rn 9.
[8] BGH LM Nr 1 = FamRZ 1971, 520; AnwK-BGB/*Böhringer* Rn 14 mw Einzelfällen.
[9] Palandt/*Heinrichs* Überbl § 104 Rn 16.
[10] AnwK-BGB/*Böhringer* Rn 7; MünchKommBGB/*Kanzleiter* Rn 3; Palandt/*Brudermüller* Rn 2; wohl auch Soergel/*Gaul* Rn 3; aA Planck/*Unzner* Anm 3.
[11] Etwa MünchKommBGB/*Kanzleiter* Rn 4 zur Verfügung über einen Erbteil.
[12] Dazu den Überblick bei Staudinger/*J. Mayer* Art 113 EGBGB Rn 42.
[13] AnwK-BGB/*Böhringer* Rn 13.
[14] Böttcher Rpfleger 1985, 1, 4.
[15] BayObLGZ 20, 319; KG JW 1938, 3115.
[16] OLG Koblenz NJW 1967, 1139 f; AnwK-BGB/*Böhringer* Rn 12 mwN; die Teilungsversteigerung eines Gesamtgutsgrundstücks ist iÜ wegen § 1419 erst nach Beendigung der Gütergemeinschaft, und damit erst zur Auseinandersetzung des Gesamtguts möglich; in diesem Stadium wird dann aber die Anwendung des § 1424 überwiegend verneint, weil der Schutzzweck der Norm, nämlich die Sicherung der wirtschaftlichen Grundlage der Gütergemeinschaft nun nicht mehr erfüllt werden kann, ausf Böttcher Rpfleger 1985, 1, 4 mwN.
[17] HM, KGJ 29 A 150; Staudinger/*Thiele* Rn 9; MünchKommBGB/*Kanzleiter* Rn 5; Soergel/*Gaul* Rn 5; aA BayObLG NJW 1957, 1521; jedoch bedarf bereits das entsprechende Verpflichtungsgeschäft der Zustimmung, MünchKommBGB/*Kanzleiter* aaO.
[18] Für Zustimmungspflicht bereits bei Bestellung KGJ 43, 256; MünchKommBGB/*Kanzleiter* Rn 5; Staudinger/*Thiele* Rn 9; Schöner/*Stöber* Grundbuchrecht Rn 3377; dies widerspricht nicht nur der Behandlung zu § 1365 (dort Rn 19), sondern verkennt auch, dass erst mit der Abtretung die potenzielle Gefährdung der geschützten Rechtsgüter entsteht.
[19] BayObLGZ 14, 501; aA OLG Hamburg OLGE 18, 264.
[20] MünchKommBGB/*Kanzleiter* Rn 5; Schöner/*Stöber* Grundbuchrecht Rn 656 f; Staudinger/*Thiele* Rn 9; vgl auch LG Augsburg Rpfleger 1965, 369.
[21] HessVGH ESVGH 55, 251 = BauR 2006, 732.
[22] Bengel MittBayNot 1975, 205; Schöner/*Stöber* Grundbuchrecht Rn 3377.
[23] Staudinger/*Thiele* Rn 10.
[24] BayObLGZ 14, 499, 502; MünchKommBGB/*Kanzleiter* Rn 7; Soergel/*Gaul* Rn 6.
[25] KGJ 22 A 134; Staudinger/*Thiele* Rn 10.
[26] KG OLGE 3, 226; MünchKommBGB/*Kanzleiter* Rn 7; Staudinger/*Thiele* Rn 10; soweit dies die Aufgabe eines Eigentümerrechts ist, unterliegt dies als Verfügung über ein Recht an einem Grundstück nicht § 1424.
[27] BayObLGZ 4, 22; Soergel/*Gaul* Rn 6; Gernhuber/*Coester-Waltjen* § 38 Rn 80 Fn 109; aA MünchKommBGB/*Kanzleiter* Rn 4; Staudinger/*Thiele* Rn 8; Schöner/*Stöber* Grundbuchrecht Rn 3377; Palandt/*Brudermüller* Rn 2 im Wege einer teleologischen (erweiternden) Auslegung, die aber der sonstigen Behandlung dieses Problems, etwa bei öffentlich-rechtlichen Genehmigungspflichten, nicht entspricht.
[28] Schöner/*Stöber* Grundbuchrecht Rn 631; Meikel/*Böttcher* § 6 GBO Rn 56; im Ergebnis auch LG Augsburg Rpfleger 1965, 369 m Anm Haegele; § 1131 gilt hier nicht.
[29] Schöner/*Stöber* Grundbuchrecht Rn 670.
[30] AnwK-BGB/*Böhringer* Rn 15; anders liegt es aber bei der Teilung nach § 3 WEG, weil die durch die Einräumung von Sondereigentum eintretende Beschränkung der Miteigentumsanteile zu einem Rechtsverlust führt, übersehen bei AnwK-BGB/*Böhringer* aaO.
[31] Staudinger/*Thiele* Rn 11.

reine Prozessführung[32], da schon nicht unter den allgemeinen Verfügungsbegriff fallend. Nicht zustimmungspflichtig sind (im Wege einer teleologischen Reduktion) Grundstücksbelastungen, die im Zusammenhang mit dessen **Erwerb** geschehen und sich bei wirtschaftlicher Betrachtungsweise als Erwerb eines bereits belasteten Grundstücks verstehen lassen[33]. Soweit es sich um Grundstücksbelastungen zu Gunsten Dritter in diesem Kontext handelt, insbes nachträglicher Art (Finanzierungsgrundschuld für Bank), ist diese Betrachtung problematisch und der Nachweis des Erwerbszusammenhangs in der Form des § 29 GBO kaum zu führen[34].

Zustimmungspflichtig sind auch **Verpflichtungen** zu solchen Verfügungen, da jede Verpflichtung des Gesamtgutsverwalters zugleich eine wirksame Gesamtgutsverbindlichkeit begründet (§ 1437) und damit letztlich doch zu einer Belastung des anderen Ehegatten führen würde. Zustimmungspflichtig daher die Verpflichtung zur Grundstücksübertragung[35], samt Nebenabreden, wie Zusicherungen von Eigenschaften[36]. Zustimmungsfrei ist aber der Weiterverkauf eines Grundstücks durch den Gesamtgutsverwalter vor Auflassung und Eintragung, da nur über schuldrechtlichen Anspruch verfügt wird[37]. Anders aber, wenn bereits ein Anwartschaftsrecht des Gesamtguts entstanden ist. Auch **Umgehungsgeschäfte** bedürfen – entspr dem Normzweck – der Zustimmung[38], zB die Übernahme einer Vertragsstrafe[39] oder eines Garantieversprechens über die Erteilung der Zustimmung. 6

III. Einwilligung, Rechtsfolgen

Sie ist materiell-rechtlich formlos möglich, bei Grundstücken bedarf sie jedoch des Nachweises in der Form des § 29 GBO. Zu den Folgen fehlender Zustimmung s §§ 1427, 1435 S 3, 1447 Nr 1, zum Revokationsrecht des anderen Ehegatten gegen Dritte s § 1428. 7

IV. Abweichende Vereinbarung

Die Verwaltungsbeschränkung des § 1424 kann durch Ehevertrag abbedungen oder eingeschränkt werden, die Grenze bildet nur § 138[40]; ob dies auch für unentgeltliche Geschäfte iS der Vorschrift gilt, ist umstritten[41]. 8

§ 1425 Schenkungen

(1) ¹Der Ehegatte, der das Gesamtgut verwaltet, kann nur mit Einwilligung des anderen Ehegatten Gegenstände aus dem Gesamtgut verschenken; hat er ohne Zustimmung des anderen Ehegatten versprochen, Gegenstände aus dem Gesamtgut zu verschenken, so kann er dieses Versprechen nur erfüllen, wenn der andere Ehegatte einwilligt. ²Das Gleiche gilt von einem Schenkungsversprechen, das sich nicht auf das Gesamtgut bezieht.

(2) Ausgenommen sind Schenkungen, durch die einer sittlichen Pflicht oder einer auf den Anstand zu nehmenden Rücksicht entsprochen wird.

I. Normzweck

Schenkungen stellen wegen der damit verbundenen Vermögensminderung regelmäßig keine ordnungsgemäße Verwaltung des Gesamtguts (§ 1435) dar und sollen als unübliche Rechtsgeschäfte nur mit Einwilligung des anderen Ehegatten wirksam sein. 1

II. Zustimmungsbedürftige Schenkungen

Einwilligungsbedürftig sind 2
– eine **Handschenkung** aus dem **Gesamtgut,**
– die **Erfüllung** eines Schenkungsversprechens aus dem Gesamtgut, das ohne Zustimmung des anderen Ehegatten abgegeben wurde (Abs 1 S 1),

---

[32] *Staudinger/Thiele* Rn 13; *Dölle* I S 912; anders, wenn zugleich mit Prozesshandlung materiell-rechtliche Erklärung abgegeben wird (Vergleich), vgl § 1422 Rn 6.
[33] BGH NJW 1957, 1187 betr Nießbrauch; RGZ 69, 177; KG JW 1934, 1367 betr Restkaufpreishypothek; OLG Saarbrücken FamRZ 1955, 138 betr *Nießbrauch*; KG OLGE 6, 283 betr Hypothek- und Schuldübernahme unter Anrechnung auf den Kaufpreis; AnwK-BGB/*Böhringer* Rn 19; *Staudinger/Thiele* Rn 12; MünchKommBGB/*Kanzleiter* Rn 6.
[34] *Schöner/Stöber* Grundbuchrecht Rn 3377.
[35] BGHZ 47, 266, 267 = NJW 1967, 1272 betr Übergabevertrag.
[36] RG Recht 1903 Nr 277; RGZ 103, 293, 297 f.
[37] RGZ 111, 187; BGH LM Nr 1 = FamRZ 1971, 520: selbst bei Vormerkungseintragung.
[38] MünchKommBGB/*Kanzleiter* Rn 8; *Staudinger/Thiele* Rn 17.
[39] OLG Posen OLGE 15, 407.
[40] RG JW 1927, 1192; RGZ 159, 363; KG HRR 1934 Nr 1122; AnwK-BGB/*Böhringer* Rn 42; MünchKommBGB/*Kanzleiter* Rn 10; *Staudinger/Thiele* Rn 20; *Palandt/Brudermüller* Rn 1; *Dölle* I S 912; aA *Soergel/Gaul* Rn 2.
[41] Bejahend LG Göttingen FamRZ 1956, 228; LG Siegen NJW 1956, 671; *Staudinger/Thiele* Rn 20; *Dölle* I S 912; aA KG NJW 1972, 1192; *Palandt/Brudermüller* Rn 1.

§ 1426

– ein **Schenkungsversprechen** des Gesamtgutsverwalters (Abs 1 S 2), ohne Rücksicht darauf, ob etwas aus Gesamt-, Sonder- oder Vorbehaltsgut betroffen ist, weil in allen Fällen nach den allgemeinen Bestimmungen für Verwaltungshandlungen des Gesamtgutsverwalters das Gesamtgut haften würde (§ 1437 Abs 1)[1]. Im Hinblick auf den Normzweck besteht kein Einwilligungserfordernis, soweit die Haftung des Gesamtguts vertraglich ausdrücklich ausgeschlossen oder das Versprechen nur aus dem Vorbehaltsgut des Verwalters erfüllt wird[2].

3 Unter **Schenkungen** sind solche iS des § 516 zu verstehen. Dies ist nach den Umständen des Einzelfalls zu beurteilen. So kann eine schenkungsweise Verbürgung[3], Verpfändung[4], Sicherungsabtretung einer Gesamtguthypothek[5] oder Löschung einer Eigentümergrundschuld[6] vorliegen. Eine bloße **objektive Unentgeltlichkeit** genügt aber nicht, sondern es muss entspr dem allgemeinen Schenkungsbegriff auch eine Schenkungsabrede vorliegen[7]. **Ausstattungen** fallen nach § 1624 nur hierunter, wenn sie das den Umständen entsprechende Maß übersteigen, also die Übermaßausstattungen[8]. Die **Prüfungspflicht** des Grundbuchamts erstreckt sich auch auf die Beachtung des § 1425[9]; für die Beurteilung der Entgeltlichkeit hat es dabei auch allgemeine Erfahrungstatsachen zu berücksichtigen und ist nicht auf Nachweise in der Form des § 29 GBO beschränkt[10].

4 **Ausgenommen** sind Pflicht- und Anstandsschenkungen (Abs 2, vgl § 534 m Erl).

III. Rechtsfolgen

5 Dazu s § 1424 Rn 7. Eine Ersetzung ist hier nicht möglich (§ 1426); auch Eltern, Vormund und Betreuer können für den anderen Ehegatten nicht als gesetzliche Vertreter die Zustimmung erteilen (§ 1804). Zum gutgläubigen Erwerb s § 1422 Rn 10 f; selbst wenn dieser eingreift, Herausgabepflicht nach § 816 Abs 1 S 2.

IV. Abweichende Vereinbarung

6 Nach hM ist die Vorschrift zwingend[11]. Dieser wird man wegen der bei Schenkung besonders weit reichenden Folgen für das Gesamtgut zustimmen müssen.

§ 1426 Ersetzung der Zustimmung des anderen Ehegatten

Ist ein Rechtsgeschäft, das nach den §§ 1423, 1424 nur mit Einwilligung des anderen Ehegatten vorgenommen werden kann, zur ordnungsmäßigen Verwaltung des Gesamtguts erforderlich, so kann das Vormundschaftsgericht auf Antrag die Zustimmung des anderen Ehegatten ersetzen, wenn dieser sie ohne ausreichenden Grund verweigert oder durch Krankheit oder Abwesenheit an der Abgabe einer Erklärung verhindert und mit dem Aufschub Gefahr verbunden ist.

I. Normzweck

1 Die Vorschrift soll die ordnungsgemäße Verwaltung des Gesamtguts erleichtern und stellt ein gewisses Korrektiv hinsichtlich der praktischen Schwierigkeiten dar, die durch die Zustimmungspflicht nach §§ 1423, 1424 begründet werden. Dadurch wird auch eine uU erforderliche klageweise Erzwingung der Zustimmung vermieden, die die eheliche Lebensgemeinschaft erheblich belasten würde[1*]. Der ehevertragliche Ausschluss der Norm ist daher weder zweckmäßig noch zulässig[2*].

II. Voraussetzungen und Gang des Verfahrens

2 **Antragsberechtigt** ist nur der Gesamtgutsverwalter, nicht aber der Geschäftspartner. Zur Verpflichtungserklärung gegenüber diesem, die Zustimmung einzuholen, s § 1365 Rn 26[3*]. Sachlich **zuständig**

---

[1] MünchKommBGB/*Kanzleiter* Rn 2; vgl auch BGH NJW 1984, 362.
[2] AnwK-BGB/*Böhringer* Rn 4; Staudinger/*Thiele* Rn 5; MünchKommBGB/*Kanzleiter* Rn 2; Soergel/*Gaul* Rn 3.
[3] RGZ 54, 281, 284.
[4] Staudinger/*Thiele* Rn 8; Soergel/*Gaul* Rn 3; anders BayObLGZ 8, 474.
[5] BayObLG HRR 1935 Nr 1314.
[6] KG OLGE 33, 341.
[7] Unklar MünchKommBGB/*Kanzleiter* Rn 3: im Hinblick auf den Normzweck auf alle unentgeltlichen Zuwendungen anwendbar.
[8] AnwK-BGB/*Böhringer* Rn 13.
[9] KG OLGE 33, 341; BayObLGZ 34, 409; eingehend AnwK-BGB/*Böhringer* Rn 25 ff.
[10] Staudinger/*Thiele* Rn 15; Dölle I S 914 mwN.
[11] RG JW 1927, 1193; KGJ 52, 105, 109; OLG Saarbrücken HEZ 1, 105; LG Siegen NJW 1956, 671; Palandt/*Brudermüller* Rn 1; Soergel/*Gaul* Rn 2; Zöllner FamRZ 1965, 113, 118; aA Staudinger/*Thiele* Rn 16; RGRK/*Finke* Rn 13; MünchKommBGB/*Kanzleiter* Rn 7; Erman/*Heckelmann* Rn 5; wohl auch Gernhuber/Coester-Waltjen § 38 Rn 27; Dölle I S 914: aber besondere Prüfung des § 138; ebenso AnwK-BGB/*Böhringer* Rn 33.
[1*] MünchKommBGB/*Kanzleiter* Rn 2.
[2*] Soergel/*Gaul* Rn 2; Erman/*Heckelmann* Rn 3; RGRK/*Finke* Rn 13: regelmäßig Verstoß gegen § 138; aA Staudinger/*Thiele* Rn 30; MünchKommBGB/*Kanzleiter* Rn 13; zweifelnd, aber letztlich für Zulässigkeit AnwK-BGB/*Böhringer* Rn 22.
[3*] MünchKommBGB/*Kanzleiter* Rn 8; AnwK-BGB/*Böhringer* Rn 18.

ist das Vormundschaftsgericht beim Amtsgericht, die örtliche ergibt sich aus § 45 FGG; funktionell entscheidet der Richter (§ 14 Abs 1 Nr 6 RPflG). **Statthaft** nur gegen die in §§ 1423, 1424 genannten Rechtsgeschäfte, nicht aber bei § 1425 (Schenkungen). Ersetzungsfähig ist nur die Zustimmung zu einem bestimmten Geschäft; dieses muss zwar noch nicht in der erforderlichen Form vorliegen, aber in seinen wesentlichen Einzelheiten bekannt sein[4]. Das **Verfahren** richtet sich nach dem FGG[5], also gilt insbes Amtsermittlungsgrundsatz (§ 12 FGG). Dabei ist unter umfassender Würdigung aller Umstände des Einzelfalls zu entscheiden. Verpflichtung zur Gewährung rechtlichen Gehörs ergibt sich verfassungsunmittelbar aus Art 103 Abs 1 GG[6]. Entscheidungsinhalt kann nur die Ersetzung oder die Antragsabweisung sein, teilweise Ersetzung ist nicht zulässig[7]. Unter Bedingungen oder Auflagen kann die Ersetzung nicht erteilt werden, auch wenn dadurch der Ersetzungsgrund oder die ordnungsgemäße Verwendung der Gegenleistung gesichert wird[8]. Bei Vorliegen der Tatbestandsvoraussetzungen muss ersetzt werden; es besteht – abweichend vom Normwortlaut („kann") – kein Versagungsermessen[9]. Die Entscheidung wird erst mit Rechtskraft wirksam (§ 53 FGG, zu Details vgl § 1365 Rn 25 ff)[10], bindet dann aber das Prozessgericht[11]. Sie hat die gleiche Wirkung wie die vom Ehegatten abgegebene Einwilligung, verpflichtet ihn also nicht persönlich[12].

III. Begründetheit des Antrags

Ersetzungsgrund ist zunächst, dass der andere Ehegatte die Zustimmung ohne ausreichenden 3 Grund **verweigert** oder durch (physische oder psychische) Krankheit[13] oder Abwesenheit an der **Abgabe** der Zustimmung **verhindert** und mit dem Aufschub Gefahr verbunden ist, etwa Fristablauf droht (eingehend § 1365 Rn 30 ff)[14]. Im Falle der **Einwilligungsverweigerung** ist eine Ersetzung nicht möglich, wenn nach **objektiven Gesichtspunkten** ein ausreichender Grund hierfür vorliegt. Dies ist der Fall, wenn das Rechtsgeschäft den Grundsätzen einer ordnungsgemäßen Verwaltung widerspricht[15]. Aber auch andere Gründe der berechtigten Verweigerung sind möglich, wobei dies wirtschaftliche wie ideelle sein können[16]. So etwa, wenn durch die Zustimmung eine Benachteiligung bei einer späteren Vermögensauseinandersetzung befürchtet wird[17], oder aus der besonderen Unverträglichkeit des Hofübernehmers Schwierigkeiten zu erwarten sind[18], der Familienfrieden[19] oder die Sicherstellung der Versorgung des verweigernden Ehegatten gefährdet würde[20], ja sogar, wenn der verweigernde Ehegatte dadurch in seinen moralischen Bindungen beeinträchtigt würde[21].

Weiter muss das Rechtsgeschäft zur **ordnungsgemäßen Verwaltung** des Gesamtguts **erforderlich** 4 sein. Durch das Tatbestandsmerkmal der „Erforderlichkeit" (nicht bloß Zweckmäßigkeit) sind die Anforderungen des Prüfungsmaßstabs hier strenger als bei § 1365. Das resultiert aus der stärkeren Bindung an die Interessen und Belange des anderen Ehegatten, die sich aus der Vergemeinschaftung des Gesamtguts ergibt[22]. Dies ist bei der Übernahme der zu § 1365 entwickelten Entscheidungskriterien zu beachten. Inwieweit die Ordnungsmäßigkeit der Verwaltung erfüllt ist, bestimmt sich nach den Umständen des Einzelfalls unter besonderer Berücksichtigung der wirtschaftlichen Interessen der Familie[23] und der persönlichen Interessen der Familienangehörigen. Hieran ist ein **objektiver Maßstab** anzulegen[24]. Die Einzelheiten sind Tatfrage und daher der Nachprüfung durch das Gericht der weiteren Beschwerde grds entzogen[25]. Die Verwendung eines zu erzielenden Entgelts ist dabei in die Beurteilung der Ordnungsmäßigkeit der Verwaltung einzubeziehen[26]. Bestehen mehrere Handlungsalternativen (zB Belastung oder Veräußerung von einzelnen Grundstücken zur Deckung anfallender Sanierungsmaß-

---

[4] BayObLG HRR 1935 Nr 1355; OLGE 43, 356; *Staudinger/Thiele* Rn 19 mwN.
[5] AnwK-BGB/*Böhringer* Rn 17; *Soergel/Gaul* Rn 6; *Staudinger/Thiele* Rn 23.
[6] Teilweise anders *Staudinger/Thiele* Rn 25: nur „regelmäßig angebracht".
[7] AnwK-BGB/*Böhringer* Rn 19; *Staudinger/Thiele* Rn 26.
[8] AnwK-BGB/*Böhringer* Rn 19 mN auch zur Gegenleistung.
[9] *Staudinger/Thiele* Rn 20; die aA von OLG Kassel OLGE 15, 403, 405 ist mit heutigem Verständnis von Privatautonomie und vormundschaftsgerichtlicher Kontrolle nicht mehr vereinbar; allg *J. Mayer* FamRZ 1994, 1007.
[10] AnwK-BGB/*Böhringer* Rn 20.
[11] OLG Kassel OLGE 15, 404.
[12] AnwK-BGB/*Böhringer* Rn 21.
[13] RGZ 103, 126.
[14] OLG Marienwerder LZ 1920, 398.
[15] AnwK-BGB/*Böhringer* Rn 5 ff; *Staudinger/Thiele* Rn 10.
[16] BayObLG NJW-RR 1990, 5; AnwK-BGB/*Böhringer* Rn 5; MünchKommBGB/*Kanzleiter* Rn 5; *Staudinger/Thiele* Rn 13 f; *Soergel/Gaul* Rn 4.
[17] BayObLG Recht 1920 Nr 2422.
[18] *Staudinger/Thiele* Rn 14.
[19] BayObLG NJW-RR 1990, 5 zu § 1452; OLG Celle FamRZ 1975, 622.
[20] BayObLG FamRZ 2001, 1214, 1215.
[21] BayObLGZ 1963, 183; BayObLG NJW 1975, 833, 834.
[22] MünchKommBGB/*Kanzleiter* Rn 3.
[23] BayObLG FamRZ 1983, 1127, 1128; KG OLGE 34, 250.
[24] AnwK-BGB/*Böhringer* Rn 7; MünchKommBGB/*Kanzleiter* Rn 4; *Staudinger/Thiele* Rn 5; vgl auch BayObLG FamRZ 1983, 1127, 1128.
[25] *Keidel/Kuntze/Holtz* § 27 FGG Rn 26 b; *Staudinger/Thiele* Rn 6.
[26] *Staudinger/Thiele* Rn 15.

nahmen eines landwirtschaftlichen Betriebs), so ist iS der Angemessenheit nur die weniger einschneidende Maßnahme gerechtfertigt, weil nur sie der Ordnungsmäßigkeit der Verwaltung entspricht[27]. Im Falle der Einwilligungsverweigerung kommt es letztlich zu einer Interessenabwägung mit den Belangen des verweigernden Ehegatten.

5 **Einzelfälle:** Die Veräußerung von Baugrund zur Abgeltung eines Pflichtteilsanspruchs und zur Gewinnung des Berechtigten als Hilfskraft für die Bewirtschaftung eines landwirtschaftlichen Anwesens kann zur ordnungsgemäßen Verwaltung des Gesamtguts erforderlich sein[28]. Die Gewährung einer Ausstattung kann ordnungsgemäßer Verwaltung entsprechen[29]. Auch eine Übergabe eines landwirtschaftlichen oder sonstigen Betriebs kann hierfür erforderlich sein, so wenn der bisherige Inhaber infolge von Krankheit oder Alter diesen nicht mehr selbst bewirtschaften kann. Dabei sind aber auch das Versorgungsinteresse des anderen Ehegatten und die angemessenen Belange der anderen Abkömmlinge zu berücksichtigen[30].

§ 1427 Rechtsfolgen fehlender Einwilligung

(1) Nimmt der Ehegatte, der das Gesamtgut verwaltet, ein Rechtsgeschäft ohne die erforderliche Einwilligung des anderen Ehegatten vor, so gelten die Vorschriften des § 1366 Abs 1, 3, 4 und des § 1367 entsprechend.

(2) ¹Einen Vertrag kann der Dritte bis zur Genehmigung widerrufen. ²Hat er gewusst, dass der Ehegatte in Gütergemeinschaft lebt, so kann er nur widerrufen, wenn dieser wahrheitswidrig behauptet hat, der andere Ehegatte habe eingewilligt; er kann auch in diesem Falle nicht widerrufen, wenn ihm beim Abschluss des Vertrags bekannt war, dass der andere Ehegatte nicht eingewilligt hatte.

I. Normzweck, Grundzüge

1 Die zwingende Vorschrift regelt die **Rechtsfolgen** eines Rechtsgeschäfts, das ohne die nach §§ 1423 bis 1425 erforderliche Einwilligung des anderen Ehegatten vorgenommen wurde. Dies geschieht in Anlehnung an die Regelungen der §§ 1366, 1367 (s Erl dort). Einseitige Rechtsgeschäfte, die der Verwalter ohne die erforderliche vorherige Zustimmung (Einwilligung) vorgenommen hat, sind endgültig (§ 1367), Verträge zunächst schwebend unwirksam. Während dieses **Schwebezustands** kann der Vertragsgegner den Gesamtgutsverwalter zur Beschaffung der erforderlichen Genehmigung auffordern oder aber widerrufen. An Stelle von § 1366 Abs 2 gilt § 1427 Abs 2. Anders als dort ist das Widerrufsrecht nicht schon bei Kenntnis von der bestehenden Ehe, sondern nur bei positivem Wissen vom Vorhandensein der Gütergemeinschaft ausgeschlossen. Die dadurch bestehende Erweiterung des Widerrufsrechts sollte aber (im Wege einer teleologischen Reduktion) dann nicht gelten, wenn auch beim gesetzlichen Güterstand eine Einwilligung des anderen Ehegatten erforderlich gewesen wäre[1].

II. Nachträgliches Wirksamwerden, endgültige Unwirksamkeit

2 Erteilt der zustimmungsberechtigte Ehegatte die Genehmigung, so wird der Vertrag ex tunc wirksam. Solange die Genehmigung nicht ausdrücklich verweigert ist oder als verweigert gilt, werden Verfügungen des Gesamtgutsverwalters nach § 185 Abs 2 dann wirksam, wenn er auf Grund einer Auseinandersetzung des Gesamtguts den betreffenden Gegenstand zu Alleineigentum erwirbt oder den anderen Ehegatten allein beerbt; dies gilt auch für das Verpflichtungsgeschäft[2]. Eine **Beendigung der Gütergemeinschaft** während des Schwebezustands beseitigt diesen nicht, so dass Ersetzung nach § 1426 möglich und notwendig bleibt[3]. — Ist der Vertrag **endgültig unwirksam**, so entsteht keine wirksame Verbindlichkeit, weder für den Gesamtgutsverwalter persönlich noch das Gesamtgut[4]. Beiderseits bereits empfangene Leistungen sind zurückzugewähren, aus dem Gesamtgut nach § 1434. Dem Vertragsgegner steht nach hM wegen der größeren Schutzbedürftigkeit des Gesamtguts kein Zurückbehaltungsrecht (§ 273) zu[5].

---

[27] MünchKommBGB/*Kanzleiter* Rn 4.
[28] BayObLG FamRZ 1983, 1127, 1128.
[29] BayObLGZ 30, 160.
[30] BayObLGZ 14, 624; 20, 256; 22, 5; 26, 23; *Staudinger/Thiele* Rn 7 ff mwN.
[1] MünchKommBGB/*Kanzleiter* Rn 2.
[2] *Staudinger/Thiele* Rn 15; MünchKommBGB/*Kanzleiter* Rn 3; *Soergel/Gaul* Rn 7.
[3] *Staudinger/Thiele* Rn 16 mit Details.
[4] *Soergel/Gaul* Rn 7; *Palandt/Brudermüller* Rn 1.
[5] *Palandt/Brudermüller* Rn 1; *Soergel/Gaul* Rn 7; *Erman/Heckelmann* § 1428 Rn 1; juris-PK/*Hausch* Rn 14; RGRK/*Finke* § 1428 Rn 8; aA MünchKommBGB/*Kanzleiter* Rn 5; anders auch AnwK-BGB/*Völker* Rn 6; *Staudinger/Thiele* Rn 10: nur bei Gesamtvermögensgeschäften gebiete Schutz der wirtschaftlichen Grundlagen der Ehe den Ausschluss des § 273, nicht aber bei §§ 1424, 1425, jedoch kann auch die Verfügung über das Familienwohnheim diesen Schutz erforderlich machen, zumal wenn § 1423 wegen Gutgläubigkeit des Erwerbers nicht anwendbar.

§ 1428 Verfügungen ohne Zustimmung

Verfügt der Ehegatte, der das Gesamtgut verwaltet, ohne die erforderliche Zustimmung des anderen Ehegatten über ein zum Gesamtgut gehörendes Recht, so kann dieser das Recht gegen Dritte gerichtlich geltend machen; der Ehegatte, der das Gesamtgut verwaltet, braucht hierzu nicht mitzuwirken.

I. Normzweck

Als Ausnahme von § 1422 gibt die zwingende[1] Vorschrift dem nicht verwaltungsberechtigten Ehegatten das Recht, Gesamtgutsansprüche aus nach den §§ 1423 bis 1425 unwirksamen Verfügungen des Verwalters geltend zu machen (sog Revokationsrecht). Denn der Verwalter ist hierzu oftmals nicht bereit[2]. Die Vorschrift ist § 1368 nachgebildet (s daher auch Erl dort). 1

II. Einzelheiten

Entspr dem Normzweck müssen Gegenstand des Revokationsrechts alle Ansprüche sein, die sich aus der unwirksamen Verfügung des Verwalters ergeben, also insbes auch Bereicherungsansprüche, besonders nach § 816 Abs 1 S 2 bei einem gutgläubigen Erwerb (§ 1422 Rn 10 f)[3]. Es handelt sich um einen Fall der **gesetzlichen Prozessstandschaft** mit Klage im eigenen Namen (aber mit Haftung des Gesamtguts nach § 1438 Abs 2), der zu allen Formen der gerichtlichen Geltendmachung, aber auch zu vorbereitenden außergerichtlichen Maßnahmen berechtigt[4]. Der **Klageantrag** hat bei Rückgabeansprüchen auf Herausgabe an den Verwalter zu lauten, nur bei Annahmeverweigerung hilfsweise an sich selbst (str, s § 1368 Rn 4)[5]. Das Urteil hat **keine Rechtskrafterstreckung** gegen den Gesamtgutverwalter wie auch umgekehrt nicht ein Urteil des Verwalters mit dem Dritten in dieser Sache; trotz der gesamthänderischen Beteiligung beider Ehegatten ist die Problematik nicht anders als bei § 1368 (dort Rn 7): Aus der nachlässigen Prozessführung oder unterlassenen Zwangsvollstreckung soll dem Gesamtgut kein Schaden entstehen[6]. Gegen das Revokationsrecht besteht kein Zurückbehaltungsrecht des Dritten wegen Leistungen an das Gesamtgut, um den Schutz der §§ 1423 bis 1425 nicht zu gefährden[7]. 2

§ 1429 Notverwaltungsrecht

[1]**Ist der Ehegatte, der das Gesamtgut verwaltet, durch Krankheit oder durch Abwesenheit verhindert, ein Rechtsgeschäft vorzunehmen, das sich auf das Gesamtgut bezieht, so kann der andere Ehegatte das Rechtsgeschäft vornehmen, wenn mit dem Aufschub Gefahr verbunden ist; er kann hierbei im eigenen Namen oder im Namen des verwaltenden Ehegatten handeln.** [2]**Das Gleiche gilt für die Führung eines Rechtsstreits, der sich auf das Gesamtgut bezieht.**

I. Normzweck, Grundsätzliches

Dadurch, dass der andere Ehegatte von der Verwaltung des Gesamtguts ausgeschlossen ist, besteht die Gefahr der Handlungsunfähigkeit, wenn der Gesamtgutsverwalter an der Ausübung seiner Befugnisse gehindert ist. Daher gibt ihm die zwingende[1*] Vorschrift in bestimmten Fällen ein Notverwaltungsrecht, das sich auf einzelne Rechtsgeschäfte, Rechtsstreitigkeiten aber auch (über den Wortlaut hinaus) Vornahme tatsächlicher Handlungen bezieht[2*], auch auf die in §§ 1423 bis 1425 genannten. Daraus ergibt sich eine allgemeine Vertretungsbefugnis[3*], aber auch keine Verpflichtung zur Notverwaltung[4*]. Hat sich der nicht verwaltungsberechtigte Ehegatte aber einmal auf einen Rechtsstreit eingelassen, so kann er nicht mehr zurück[5*]. Beruht die Verhinderung des Gesamtgutsverwalters allein auf einer Bestellung eines Vormunds oder Betreuers, gilt vorrangig § 1436; ist dieser verhindert, greift aber § 1429 ein[6*]. 1

---

[1] Soergel/Gaul Rn 2; Palandt/Brudermüller Rn 1; RGRK/Finke Rn 9; gegen zwingenden Charakter AnwK-BGB/Völker Rn 2; MünchKommBGB/Kanzleiter Rn 7; Staudinger/Thiele Rn 12.
[2] MünchKommBGB/Kanzleiter Rn 1.
[3] AnwK-BGB/Völker Rn 3; MünchKommBGB/Kanzleiter Rn 2; Palandt/Brudermüller Rn 1; Soergel/Gaul Rn 7; Lücke JuS 1986, 465, 467; aA Staudinger/Thiele Rn 3.
[4] Staudinger/Thiele Rn 4 f.
[5] Staudinger/Thiele Rn 6; aA AnwK-BGB/Völker Rn 4; Soergel/Gaul Rn 3; juris-PK/Hausch Rn 15; Palandt/Brudermüller Rn 1; MünchKommBGB/Kanzleiter Rn 3: Wahlrecht des nicht verwaltungsberechtigten Ehegatten, ob er Leistung an den Verwalter oder sich geltend macht.
[6] Staudinger/Thiele Rn 9; Soergel/Gaul Rn 6; aA MünchKommBGB/Kanzleiter Rn 6: hypertropher Rechtsschutz.
[7] Palandt/Brudermüller Rn 1; Soergel/Gaul Rn 4; aA Dölle I S 960; MünchKommBGB/Kanzleiter § 1427 Rn 5; diff, ohne Begr, Staudinger/Thiele Rn 8: nur bei § 1423 ausgeschlossen; ebenso iE AnwK-BGB/Völker Rn 6 iVm § 1427 Rn 6.
[1*] HM, juris-PK/Hausch Rn 2; anders AnwK-BGB/Völker Rn 2; MünchKommBGB/Kanzleiter Rn 8; Staudinger/Thiele Rn 14.
[2*] Staudinger/Thiele Rn 6.
[3*] RGZ 89, 360; Staudinger/Thiele Rn 7.
[4*] Staudinger/Thiele Rn 13; Palandt/Brudermüller Rn 1.
[5*] OLG Stettin OLGE 4, 404.
[6*] MünchKommBGB/Kanzleiter Rn 2; RGRK/Finke Rn 6; Soergel/Gaul Rn 4.

§ 1430

II. Einzelheiten

2 **Voraussetzung** für das Notverwaltungsrecht ist, dass der Gesamtgutsverwalter durch Krankheit oder Abwesenheit wenigstens vorübergehend verhindert ist (zum Begriff s § 1365 Rn 33). Ein bloßes Nichtwollen genügt nicht[7], hier hilft § 1430. Hinzukommen muss, dass mit dem Aufschub der Verwaltungsmaßnahme objektiv Gefahr im Verzuge droht, etwa Verjährung, Schäden oder Ablauf von Ausschlussfristen. Bei der Beurteilung ist kein zu strenger Maßstab anzulegen[8]. Soweit der Nachweis der Voraussetzungen im Grundbuchverkehr in der Form des § 29 GBO verlangt wird[9], geht das zu weit; es genügt Glaubhaftmachung durch entsprechende Erklärung des Ehegatten in dieser Form.

3 **Rechtsgeschäfte** kann der notverwaltungsberechtigte Ehegatte nach seiner Wahl im Namen des Gesamtgutsverwalters (§ 164 Abs 1 S 1) vornehmen, was diesen persönlich und über §§ 1438 Abs 1, 1437 Abs 1 das Gesamtgut verpflichtet, oder auch im eigenen Namen, dann wird zusätzlich auch der Handelnde persönlich verpflichtet (wenn die Haftung nicht ausdrücklich ausgeschlossen wird[10]), während das Erworbene in das Gesamtgut fällt[11]. Die von ihm neu aufgenommenen oder fortgeführten Prozesse wirken für und gegen das Gesamtgut, wobei hier – ebenso wie bei § 1428 – eine **Rechtskrafterstreckung** eintritt[12]. Die Kostenhaftung des Gesamtguts ergibt sich aus § 1438 Abs 2. Aber auch während der Verhinderung des Gesamtgutsverwalters muss dieser wegen § 740 Abs 1 ZPO verklagt werden, um die Zwangsvollstreckung in das Gesamtgut betreiben zu können[13].

§ 1430 Ersetzung der Zustimmung des Verwalters

Verweigert der Ehegatte, der das Gesamtgut verwaltet, ohne ausreichenden Grund die Zustimmung zu einem Rechtsgeschäft, das der andere Ehegatte zur ordnungsmäßigen Besorgung seiner persönlichen Angelegenheiten vornehmen muss, aber ohne diese Zustimmung nicht mit Wirkung für das Gesamtgut vornehmen kann, so kann das Vormundschaftsgericht die Zustimmung auf Antrag ersetzen.

I. Normzweck

1 Die zwingende Vorschrift[1] gibt dem nicht verwaltungsberechtigten Ehegatten die Möglichkeit, zur Sicherstellung seiner erforderlichen persönlichen Belange die Inanspruchnahme des Gesamtguts auch gegen den Willen des Gesamtgutsverwalters durchzusetzen, indem in einem förmlichen Verfahren dessen erforderliche Zustimmung ersetzt wird.

II. Voraussetzungen

2 Es muss sich um ein Rechtsgeschäft zur Besorgung der **persönlichen Angelegenheiten** handeln. Zu diesem Begriff s Erl zu § 1360 a Abs 4, wenngleich der Begriff in beiden Normen nicht völlig identisch ist. Die Abgrenzung zu den nichtpersönlichen ist schwierig. Dass Angelegenheit in der Person des anderen Ehegatten oder in der ehelichen Lebensgemeinschaft wurzelt, ist nicht ausreichend; auch bei Mischfällen genügt nicht allein ein Überwiegen des personenbezogenen Elements[2]. Hierzu gehören[3]: Kündigung eines Mietvertrags, um Ehestörer zu entfernen[4], Angelegenheiten zur Vorbereitung und Erledigung von Ehesachen, Auszahlung von Trennungsunterhalt[5], Honorarvereinbarung zu Scheidungen[6], von Abstammungssachen[7*], Unterhaltsansprüche gegen den Gesamtgutsverwalter oder Dritte[8*], rechtsgeschäftliche Maßnahmen zur Verhinderung oder Abwehr drohender Verletzungen von Körper, Gesundheit und Persönlichkeitsrechten oder Abschluss von Arzt-, Kur- und Krankenhausverträgen, Kauf von Medikamenten und Heilmitteln[9*]. Nicht dazu gehören aber Geltendmachung von

---

[7] RGZ 103, 126.
[8] MünchKommBGB/*Kanzleiter* Rn 3.
[9] AnwK-BGB/*Völker* Rn 4; *Staudinger/Thiele* Rn 4.
[10] MünchKommBGB/*Kanzleiter* Rn 6 lässt auch Ausschluss der persönlichen Haftung des Handelnden analog § 164 Abs 2 nach Umständen des Einzelfalls zu.
[11] *Staudinger/Thiele* Rn 8.
[12] AnwK-BGB/*Völker* Rn 6; juris-PK/*Hausch* Rn 12; *Staudinger/Thiele* Rn 10; MünchKommBGB/*Kanzleiter* Rn 7; RGRK/*Finke* Rn 10; *Stein/Jonas/Leipold* § 325 ZPO Rn 56; *Musielak* § 325 ZPO Rn 21; aA *Soergel/Gaul* Rn 8 mwN.
[13] MünchKommBGB/*Kanzleiter* Rn 7, dort auch zu weiteren prozessualen Fragen.
[1] *Staudinger/Thiele* Rn 16.
[2] *Staudinger/Thiele* Rn 5; MünchKommBGB/*Kanzleiter* Rn 2; zust AnwK-BGB/*Völker* Rn 2; ähnlich *Gernhuber/Coester-Waltjen* § 21 Rn 77; aA OLG Braunschweig FamRZ 1958, 418; *Soergel/Gaul* Rn 3; RGRK/*Finke* Rn 4. MünchKommBGB/*Kanzleiter* wendet § 1430 dort an, wo für den Ehegatten eintretende wirtschaftliche Nachteile nicht durch wirtschaftlichen Schadensersatz nach § 1435 kompensiert werden können.
[3] Ausf AnwK-BGB/*Völker* Rn 3 mit vielen Details.
[4] BayObLG NJW 1965, 348.
[5] MünchKommBGB/*Kanzleiter* Rn 2.
[6] KG JW 1934, 908.
[7*] *Staudinger/Thiele* Rn 8.
[8*] BayObLGZ 22, 61; KG Recht 1923 Nr 1016.
[9*] *Staudinger/Thiele* Rn 8.

Schadensersatzansprüchen[10], Aufhebung eines Güterstands[11], Auseinandersetzung einer Gesellschaft mit Dritten[12], erbrechtliche Fragen[13], Aufhebung von Zwangsvollstreckungsmaßnahmen[14].

Weiter muss das betreffende Rechtsgeschäft hierfür nicht nur zweckmäßig, sondern erforderlich, also **notwendig** sein. Ersetzung daher nicht möglich, wenn gleichwertige oder annähernd ähnlich wirksame Maßnahmen ohne eine Belastung des Gesamtguts möglich sind, also etwa aus den Vorbehalts- oder Sondergut[15]. Zulässig aber, wenn Anspruch auf Kostenvorschuss nach § 1360 a Abs 4 besteht. 3

Inwieweit das Rechtsgeschäft zur **ordnungsgemäßen Besorgung** erforderlich ist, betrifft nur das „wie" der Ausgestaltung. Die Entscheidung, ob eine persönliche Angelegenheit besorgt werden soll, steht dagegen in der alleinigen Entscheidung des anderen Ehegatten[16]. Eine Korrektur völlig unvernünftiger Entschlüsse erfolgt jedoch dadurch, dass unter den Voraussetzungen die Zustimmung **ohne ausreichenden Grund** verweigern muss. Dies ist nach objektiven Kriterien des Einzelfalls zu entscheiden, wobei der Verweigerungsgrund sowohl ein ideeller, ein wirtschaftlicher wie ein persönlicher sein kann[17]. Zu Einzelheiten s § 1426 Rn 3. 4

III. Verfahren, Wirkung

Zuständig ist das Vormundschaftsgericht, das nur auf Antrag tätig wird, der vor oder nach Vornahme des Rechtsgeschäfts gestellt werden kann. Zu Einzelheiten s § 1365 Rn 26. Die Ersetzung kann nur für das gesamte Rechtsgeschäft erfolgen[18], ansonsten ist sie abzulehnen. Der Ersetzungsbeschluss (zum Wirksamwerden s § 53 FGG) wirkt wie die Zustimmung des Gesamtgutsverwalters selbst. Das bereits abgeschlossene Rechtsgeschäft wirkt dann rückwirkend für und gegen das Gesamtgut (vgl iE § 1429 Rn 3 für das Handeln im eigenen Namen). 5

§ 1431 Selbständiges Erwerbsgeschäft

(1) ¹Hat der Ehegatte, der das Gesamtgut verwaltet, darin eingewilligt, dass der andere Ehegatte selbständig ein Erwerbsgeschäft betreibt, so ist seine Zustimmung zu solchen Rechtsgeschäften und Rechtsstreitigkeiten nicht erforderlich, die der Geschäftsbetrieb mit sich bringt. ²Einseitige Rechtsgeschäfte, die sich auf das Erwerbsgeschäft beziehen, sind dem Ehegatten gegenüber vorzunehmen, der das Erwerbsgeschäft betreibt.

(2) Weiß der Ehegatte, der das Gesamtgut verwaltet, dass der andere Ehegatte ein Erwerbsgeschäft betreibt, und hat er hiergegen keinen Einspruch eingelegt, so steht dies einer Einwilligung gleich.

(3) Dritten gegenüber ist ein Einspruch und der Widerruf der Einwilligung nur nach Maßgabe des § 1412 wirksam.

I. Normzweck

Der nicht verwaltungsberechtigte Ehegatte kann ein selbstständiges Erwerbsgeschäft zwar auch ohne Zustimmung des anderen eröffnen und betreiben (allenfalls begrenzt durch § 1356 Abs 2), die dabei vorgenommenen **einzelnen Rechtsgeschäfte** würden aber jeweils nur dann für und gegen das Gesamtgut wirken, wenn der Gesamtgutsverwalter jeweils im Einzelfall zustimmt. Dies würde ein Erwerbsgeschäft mit zum Gesamtgut gehörendem Betriebsvermögen praktisch unmöglich machen. Die Vorschrift bezweckt daher, dem anderen Ehegatten die Teilnahme am Wirtschaftsleben zu ermöglichen und ihm die erforderliche Bewegungsfreiheit zu verschaffen[1]. Daher wird die Zustimmung des Verwalters zu den einzelnen Rechtsgeschäften für entbehrlich erklärt, wenn er in den Betrieb des Erwerbsgeschäfts allgemein eingewilligt oder dem ihm bekannten Betrieb zumindest nicht widersprochen hat. Dadurch erlangt der andere Ehegatte eine selbstständige, auf den Bereich des Erwerbsgeschäfts **beschränkte Verwalterstellung**[2]. 1

II. Voraussetzungen

Es muss ein **selbstständiges Erwerbsgeschäft** vorliegen. Unter einem Erwerbsgeschäft ist jede planmäßige und fortgesetzte, auf Dauer angelegte und auf Erzielung von Einnahmen gerichtete Betätigung zu verstehen[3]. Dies muss kein Gewerbe sein und kann auch auf wissenschaftlichem oder 2

---

[10] MünchKommBGB/*Kanzleiter* Rn 2; *Staudinger/Thiele* Rn 5; aA *Soergel/Gaul* Rn 3; RGRK/*Finke* Rn 4.
[11] BayObLGZ 22, 62; aA LG Braunschweig FamRZ 158, 467.
[12] BGHZ 41, 104, 111 ff.
[13] *Staudinger/Thiele* Rn 9; str.
[14] BayObLGZ 22, 61.
[15] *Staudinger/Thiele* Rn 10.
[16] *Staudinger/Thiele* Rn 11.
[17] AnwK-BGB/*Völker* Rn 6; *Staudinger/Thiele* Rn 12; RGRK/*Finke* Rn 7; aA MünchKommBGB/*Kanzleiter* Rn 5: nur persönliche Gründe.
[18] KG JW 1934, 908.
[1] BGHZ 83, 76, 78 = NJW 1982, 1810.
[2] *Soergel/Gaul* Rn 2.
[3] MünchKommBGB/*Kanzleiter* Rn 3; *Staudinger/Thiele* Rn 3.

§ 1431

künstlerischem Gebiet liegen[4]. Auf Grund des gewandelten Erwerbslebens ist das Vorhandensein von besonderen sachlichen Mitteln nicht erforderlich, zB bei einer Werbeagentur mit geleastem Telefon[5]. Auch freiberufliche Tätigkeiten – Rechtsanwalt, Steuerberater, Ärzte[6] – fallen nach dem Normzweck hierunter[7], ebenso die Landwirtschaft[8]. Weiter muss das **Erwerbsgeschäft selbstständig betrieben** werden. Dies setzt die eigenverantwortliche Unternehmerstellung des Ehegatten voraus. Im Verhältnis der Ehegatten zueinander kann dabei nicht allein darauf abgestellt werden, wer das Geschäftsrisiko trägt oder den Nutzen hieraus zieht, da dies bei § 1431 gerade immer dem Gesamtgut zugerechnet wird[9]. Entscheidend muss sein, dass der das Geschäft führende Ehegatte nicht den Weisungen des Gesamtgutsverwalters unterworfen ist, der Gesamtgutsverwalter also insoweit gerade auf sein Verwaltungsrecht verzichtet hat[10]. Da die Norm auch den Schutz des Rechtsverkehrs bezweckt, wird es dabei aber ausreichen, wenn das Erwerbsgeschäft sich nach außen als selbstständig darstellt. Der Betrieb im Rahmen eines faktischen Konzerns reicht daher aus[11], nicht dagegen eine bloß nominelle Unternehmerschaft[12]. Auch die Führung eines Teilbetriebs (Filiale) kann genügen[13]; ebenso, wenn der Ehegatte sich eines Prokuristen oder Handlungsbevollmächtigten bedient, es sei denn, dies ist der Gesamtgutsverwalter[14]. Auch ein persönlich haftender **Gesellschafter** einer Personengesellschaft betreibt selbständig ein Erwerbsgeschäft;[15] dies soll auch dann gelten, wenn er von der Vertretung ausgeschlossen ist[16]. Nicht hierunter fällt aber die Stellung eines Kommanditisten, stillen Gesellschafters oder eine Beteiligung an einer Kapitalgesellschaft[17].

3 Die **Einwilligung** des Verwalters kann vor, bei oder nach Beginn des Betriebs erteilt worden sein. Eigentlich müsste es daher – entspr § 183 – Zustimmung heißen[18]. Sie kann auch formlos oder konkludent erteilt werden, jedoch wegen der damit verbundenen Unsicherheit nicht unter einer Bedingung oder inhaltlichen Einschränkung[19], wohl aber unter einer Befristung[20]. Ein Schweigen trotz Kenntnis vom Betrieb steht der Zustimmung nach **Abs 2** gleich.

III. Rechtsfolgen

4 Die ausdrückliche oder nach Abs 2 unterstellte Einwilligung bewirkt, dass alle Rechtsgeschäfte und Rechtsstreitigkeiten, die **der Geschäftsbetrieb mit sich bringt,** nicht mehr der Zustimmung des Gesamtgutsverwalters bedürfen. Sie wirken für wie gegen das Gesamtgut: Das durch den Geschäftsbetrieb Erworbene fällt ins Gesamtgut, Verpflichtungsgeschäfte bewirken eine Haftung des Gesamtguts und des Verwalters und des Handelnden je persönlich (§§ 1438 Abs 1, 1437 Abs 2), und zwar über die Beendigung der Gütergemeinschaft hinaus (§ 1442 S 2 iVm § 1437 Abs S 2). Über das gesamthänderische Betriebsvermögen kann der das Erwerbsgeschäft betreibende Ehegatte allein verfügen, **Rechtskrafterstreckung** tritt hinsichtlich des Verwalters bezüglich des Gesamtguts und auch persönlich ein[21]. Auf Grund eines Titels, der allein gegen den das Erwerbsgeschäft betreibenden Ehegatten gerichtet ist, kann in das Gesamtgut vollstreckt werden (§ 741 ZPO, mit Einschränkungen, wenn bei Rechtshängigkeit Maßnahme nach § 1431 Abs 3 im Güterrechtsregister eingetragen). Bei Eintragung einer Zwangshypothek müssen die Voraussetzungen des § 741 ZPO in der Form des § 29 GBO nachgewiesen werden[22]. Für § 741 ZPO ist dabei nicht erforderlich, dass es sich bei dem zu vollstreckenden Anspruch selbst um eine Geschäftsschuld handelt; dies ist vielmehr nach § 774 iVm § 771 ZPO geltend zu machen[23].

5 Der Gesamtgutsverwalter kann die fehlende Wirkung gegen das Gesamtgut mit der Widerspruchsklage nach §§ 774, 771 ZPO geltend machen. **Einseitige Rechtsgeschäfte,** die sich auf das Erwerbsgeschäft beziehen, können nur noch gegenüber dem betreibenden Ehegatten vorgenommen werden (Abs 1 S 2). Im Rahmen des Geschäftsbetriebs liegen auch außergewöhnliche Geschäfte, wie Ver-

---

[4] Soergel/Gaul Rn 3; Staudinger/Thiele Rn 3.
[5] AnwK-BGB/Völker Rn 3; Staudinger/Thiele Rn 3; aA MünchKommBGB/Kanzleiter Rn 3.
[6] BGHZ 83, 76, 78 = NJW 1982, 1810; LSG Berlin Breith 1984, 215.
[7] MünchKommBGB/Kanzleiter Rn 3; Soergel/Gaul Rn 3; Staudinger/Thiele Rn 3.
[8] BayObLGZ 1983, 187, 189 = FamRZ 1983, 1128; BayObLGZ 1995, 249, 252 = NJW-RR 1996, 80; Soergel/Gaul Rn 3.
[9] Staudinger/Thiele Rn 6; nicht ausreichend deutlich unterscheiden Außen- und Innenverhältnis insoweit Soergel/Gaul Rn 3; RGRK/Finke Rn 3.
[10] Staudinger/Thiele Rn 6.
[11] Zust AnwK-BGB/Völker Rn 5.
[12] Zu letzterem RG JW 1912, 32; RG WarnR 1935 Nr 148.
[13] RG WarnR 1923/24 Nr 15.
[14] Palandt/Brudermüller Rn 2.
[15] RGZ 87, 100, 102; 127, 110, 114; Staudinger/Thiele Rn 7 mwN.
[16] RGZ 127, 110, 114.
[17] Staudinger/Thiele Rn 7 mwN; MünchKommBGB/Kanzleiter Rn 4.
[18] Zum Anspruch auf Erteilung der Einwilligung MünchKommBGB/Kanzleiter Rn 7.
[19] AnwK-BGB/Völker Rn 6; juris-PK/Hausch Rn 9; Staudinger/Thiele Rn 14; Soergel/Gaul Rn 4; Erman/Heckelmann Rn 2; aA MünchKommBGB/Kanzleiter Rn 6.
[20] MünchKommBGB/Kanzleiter Rn 15; Dölle S 923; MünchKommBGB/Kanzleiter Rn 6; aA Soergel/Gaul Rn 4.
[21] MünchKommBGB/Kanzleiter Rn 11; Soergel/Gaul Rn 6 f; aA AnwK-BGB/Völker Rn 10 bezügl persönlichem Vermögen.
[22] BayObLGZ 1995, 249, 252 = NJW-RR 1996, 80; bei Bestätigung des Finanzamts aber großzügiger BayObLG Rpfleger 1984, 232.
[23] BayObLGZ 1983, 187, 189 f = Rpfleger 1983, 407.

fügung über Grundbesitz oder Übernahme anderer Unternehmen[24], nicht aber die Veräußerung desselben im Ganzen[25] oder die Auflösung der Gesellschaft oder Abtretung des ganzen Gesellschaftsanteils[26] (s die vergleichbaren Kriterien bei §§ 49, 54, 343, 344 HGB)[27]. Auf Grund seiner bloßen Zustimmung übt der Einwilligende aber noch nicht selbst eine selbstständige Erwerbstätigkeit im sozialrechtlichen Sinn aus[28].

IV. Einspruch und Widerruf der Einwilligung

Sie sind vom Gesamtgutsverwalter dem anderen Ehegatten gegenüber zu erklären, formlos möglich, bedürfen aber nach überwM wegen der ehelichen Treuepflicht eines sachlichen Grundes, wenn dadurch die Betriebsführung unmöglich wird; sie dürfen nicht rechtsmissbräuchlich sein[29]. Der Widerruf oder Einspruch gegen den Betrieb wirkt nur für die Zukunft und bewirkt den Ausschluss der Haftung des Gesamtguts und des Verwalters persönlich. Dritten gegenüber wirkt dies aber nur, wenn Einspruch oder Widerruf bekannt war oder dies im Güterrechtsregister eingetragen wurde und auch dann nur für die Zukunft (§§ 1431 Abs 3, 1412). 6

§ 1432 Annahme einer Erbschaft; Ablehnung von Vertragsantrag oder Schenkung

(1) ¹Ist dem Ehegatten, der das Gesamtgut nicht verwaltet, eine Erbschaft oder ein Vermächtnis angefallen, so ist nur er berechtigt, die Erbschaft oder das Vermächtnis anzunehmen oder auszuschlagen; die Zustimmung des anderen Ehegatten ist nicht erforderlich. ²Das Gleiche gilt von dem Verzicht auf den Pflichtteil oder auf den Ausgleich eines Zugewinns sowie von der Ablehnung eines Vertragsantrags oder einer Schenkung.

(2) Der Ehegatte, der das Gesamtgut nicht verwaltet, kann ein Inventar über eine ihm angefallene Erbschaft ohne Zustimmung des anderen Ehegatten errichten.

I. Normzweck

Die zwingende[1] Vorschrift enthält eine Ausnahme zu § 1422. Die in Abs 1 genannten Rechtsgeschäfte weisen eine stark persönliche Komponente auf; vor allem aber wird dadurch das vorhandene Gesamtgut nicht verringert, sondern allenfalls ein Zuwachs ausgeschlossen[2]. Dies rechtfertigt, dass diese Rechtsgeschäfte allein vom nicht verwaltungsberechtigten Ehegatten vorgenommen werden können; der Gesamtgutsverwalter bedarf zu ihrer Wahrnehmung einer ausdrücklichen Vollmacht[3]. 1

II. Die einzelnen Rechtsgeschäfte

Die Entscheidung über **Annahme** oder Ausschlagung einer **Erbschaft** oder eines Vermächtnisses (§§ 1945, 1953, 2176, 2180) kann ausschließlich der Bedachte selbst treffen (auch wenn kein Vorbehaltsgut in § 1418 Abs 2 Nr 1 bestimmt). Gleiches gilt für die **Anfechtung** von Annahme und Ausschlagung der Erbschaft (vgl die Gleichstellung in § 1957)[4]. Mit der Annahme einer in das Gesamtgut fallenden Erbschaft sind die Nachlassverbindlichkeiten Gesamtgutsverbindlichkeiten, für die das Gesamtgut und auch der Verwalter persönlich haften (§ 1437 Abs 1 und 2). Der Verwalter kann aber selbstständig die erforderlichen Maßnahmen zur **Beschränkung der Erbenhaftung** treffen (ausdrücklich geregelt in § 318 Abs 1 S 1 InsO, § 999 ZPO, §§ 1993, 2008 iVm § 1432 Abs 2; § 1994 iVm § 2008; für die übrigen Maßnahmen zur Haftungsbeschränkung gilt nach hM das Gleiche, so für §§ 1975 ff, 1990 ff, 2014, 2015, 2186 ff und § 780 ZPO)[5]. Auch der Erbverzicht (§ 2346 Abs 1) und der Verzicht auf das Pflichtteilsrecht (§ 2346 Abs 2) bedürfen nicht der Zustimmung des Gesamtgutsverwalters, da dieser künftige Erwerb noch nicht zum Gesamtgut gehört; dies musste daher in § 1432 nicht ausdrücklich geregelt werden[6]. Auch der Verzicht auf den bereits mit dem Erbfall entstandenen Pflichtteilsanspruch (§ 2317) und den aus einer früheren Ehe stammenden Zugewinnausgleich (§ 1378 Abs 3) ist zustimmungsfrei; da hier jedoch bereits ein Anspruch des Gesamtguts vorliegt, spricht dies Abs 1 S 2 ausdrücklich aus. Auch eine Nacherbenanwartschaft des einen Ehegatten begründet keine 2

---

[24] BayObLG OLGE 43, 356.
[25] KGJ 32 A 194, 197.
[26] RGZ 127, 115.
[27] MünchKommBGB/*Kanzleiter* Rn 9; *Staudinger/Thiele* Rn 23; *Soergel/Gaul* Rn 5.
[28] Bayerisches LSG vom 24. 3. 1981, L 6/Ar 123/80.
[29] AnwK-BGB/*Völker* Rn 7; MünchKommBGB/*Kanzleiter* Rn 8; *Soergel/Gaul* Rn 9; RGZ 84, 45, 47; wohl auch *Staudinger/Thiele* Rn 20; aA *Palandt/Brudermüller* Rn 4, unklar; *Erman/Heckelmann* Rn 4: nur Aufhebung der Gütergemeinschaft nach § 1447 Nr 1 oder Scheidung möglich.
[1] MünchKommBGB/*Kanzleiter* Rn 6; *Staudinger/Thiele* Rn 14 je für Abs 1; aA RGRK/*Finke* Rn 6.
[2] *Staudinger/Thiele* Rn 1.
[3] *Soergel/Gaul* Rn 2.
[4] MünchKommBGB/*Kanzleiter* Rn 2; *Staudinger/Thiele* Rn 4.
[5] *Staudinger/Thiele* Rn 6 f; MünchKommBGB/*Kanzleiter* Rn 2.
[6] Zust AnwK-BGB/*Völker* Rn 3.

§ 1434   Buch 4. Abschnitt 1. Bürgerliche Ehe

Mitwirkungsrechte des Verwalters bei Verfügungen des Vorerben (§§ 2113 ff), weil der Nacherbe auch allein ausschlagen könnte[7].

3   Auch die **Ablehnung** eines **Vertragsangebots** oder einer **Schenkung** bedarf nicht der Zustimmung des Gesamtgutsverwalters. **Annehmen** kann der nicht verwaltende Ehegatte ein Angebot zwar ebenfalls allein; das damit Erworbene fällt aber in das Gesamtgut (§ 1416, soweit nicht § 1418 Abs 2 eingreift); verpflichtet würde daraus auch nur der nicht verwaltende Ehegatte persönlich, nicht der Verwalter oder das Gesamtgut; letzteres haftet nur nach § 1434 für eine Bereicherung[8].

4   Nach **Abs 2** können beide Ehegatten, also auch der nichtverwaltende, ein **Inventar** selbstständig errichten. Das von dem einen errichtete wirkt auch für den anderen (§ 2008 Abs 1 S 3). Die Bestimmung der Inventarfrist hat auch gegen den Verwalter zu erfolgen (§ 2008 Abs 1 S 1).

§ 1433 Fortsetzung eines Rechtsstreits

Der Ehegatte, der das Gesamtgut nicht verwaltet, kann ohne Zustimmung des anderen Ehegatten einen Rechtsstreit fortsetzen, der beim Eintritt der Gütergemeinschaft anhängig war.

I. Grundsätze

1   Als weitere Ausnahme zu § 1422 kann der nicht verwaltungsberechtigte Ehegatte allein einen das Gesamtgut betreffenden Rechtsstreit (Aktiv- wie Passivprozess) weiterführen, der in seiner Person bei Begründung der Gütergemeinschaft anhängig war. Dies gilt für alle Arten von gerichtlichen Verfahren, auch schiedsgerichtliche[1], und berechtigt zu allen Prozesshandlungen (s auch § 1422 Rn 6), nicht aber zu materiell-rechtlichen Verfügungen (Vergleich, Anerkenntnis)[2]. Der Rechtsstreit wird im eigenen Namen fortgeführt. Das im fortgeführten Prozess ergehende Urteil wirkt für und gegen das Gesamtgut und auch gegen den Gesamtgutsverwalter persönlich **(Rechtskrafterstreckung)**, auch wenn dieser der Fortsetzung nicht zugestimmt hat[3]. Daher kann eine Umstellung des Klageantrags eines Aktivprozesses analog § 265 ZPO auf Leistung an den Gesamtgutsverwalter erfolgen, muss aber nicht, zumal Klauselumschreibung nach § 742 ZPO möglich[4]. Verbindlichkeiten aus dem Rechtsstreit sind Gesamtgutsverbindlichkeiten (§ 1438 Abs 1); zur Vollstreckung ins Gesamtgut bedarf es aber der Klauselumschreibung nach § 742 ZPO. Da der Verwalter die Fortführung des Prozesses durch den anderen Ehegatten nicht unterbinden kann, kann er sich gegen dessen nachlässige oder schlechte Prozessführung dadurch schützen, dass er als streitgenössischer **Nebenintervenient** (§ 69 ZPO) beitritt[5].

II. Entsprechende Anwendung

2   Analog gilt § 1433 bei Fortführung eines Rechtsstreits im Falle eines Notverwaltungsrechts nach § 1429, wenn während des Prozesses die Voraussetzungen hierfür wegfallen, und wenn im Fall von § 1431 der Verwalter die Einwilligung während eines Rechtsstreits widerruft[6].

§ 1434 Ungerechtfertigte Bereicherung des Gesamtguts

Wird durch ein Rechtsgeschäft, das ein Ehegatte ohne die erforderliche Zustimmung des anderen Ehegatten vornimmt, das Gesamtgut bereichert, so ist die Bereicherung nach den Vorschriften über die ungerechtfertigte Bereicherung aus dem Gesamtgut herauszugeben.

I. Normzweck

1   Alles was ein Ehegatte während des Bestehens der Gütergemeinschaft erwirbt, wird grds Gesamtgut (§ 1416 Abs 2). Demgegenüber kann das zu Grunde liegende **Verpflichtungsgeschäft** dem Gesamtgut gegenüber unwirksam sein, weil es nicht vom Gesamtgutverwalter vorgenommen wurde und auch kein Fall von §§ 1429, 1431, 1432 oder wenigstens eine Zustimmungsersetzung (§ 1430) vorlag oder der Gesamtgutsverwalter nicht die nach §§ 1423 bis 1425 erforderliche Zustimmung des anderen Ehegatten erhalten hat und auch keine Ersetzung nach § 1426 vorliegt. Die zwingende Vorschrift[1*] regelt den aus Billigkeitsgründen dann notwendigen Ausgleich einer so entstandenen Bereicherung des Gesamtguts.

---

[7] LG Frankenthal FamRZ 1983, 1130.
[8] *Staudinger/Thiele* Rn 10; AnwK-BGB/*Völker* Rn 5.
[1] *Staudinger/Thiele* Rn 2.
[2] MünchKommBGB/*Kanzleiter* Rn 4; *Staudinger/Thiele* Rn 4; aA *Planck/Unzner* § 1454 Anm 3: auch Anerkenntnis wirksam.
[3] AnwK-BGB/*Völker* Rn 4; *Hüffer* ZZP 85 (1972), 229, 234; *Soergel/Gaul* Rn 5; MünchKommBGB/*Kanzleiter* Rn 5; *Staudinger/Thiele* Rn 7.
[4] AnwK-BGB/*Völker* Rn 4; MünchKommBGB/*Kanzleiter* Rn 2; *Soergel/Gaul* Rn 2; *Staudinger/Thiele* Rn 5; aA – Umstellung zwingend – *Dölle* I S 925; *Erman/Heckelmann* Rn 1; *Palandt/Brudermüller* Rn 1.
[5] MünchKommBGB/*Kanzleiter* Rn 3; *Staudinger/Thiele* Rn 6; *Soergel/Gaul* Rn 3; aA *Palandt/Brudermüller* Rn 1: nur § 66 ZPO wegen § 265 Abs 2 S 3 ZPO, der aber nicht einschlägig, da Verwalter nicht Rechtsnachfolger ist.
[6] *Staudinger/Thiele* Rn 3; MünchKommBGB/*Kanzleiter* Rn 6.
[1*] AnwK-BGB/*Völker* Rn 1; *Staudinger/Thiele* Rn 12; MünchKommBGB/*Kanzleiter* Rn 6; RGRK/*Finke* Rn 9.

II. Voraussetzungen

Es muss eine **Bereicherung** des Gesamtguts iS des Bereicherungsrecht (§ 812) vorliegen. Diese muss auf einem Rechtsgeschäft beruhen, das ohne die erforderliche Zustimmung des anderen Ehegatten abgeschlossen wurde; erforderlich ist daher eine Leistungshandlung iS der Leistungskondiktion (rechtsgeschäftliche Kausalbeziehung)[2], während die Fälle der Eingriffskondiktion allein von § 812 Abs 1 S 1 Alt 2 erfasst werden[3]. Hinsichtlich des Fehlens der erforderlichen Zustimmung ist zu unterscheiden:

– Hat der **Gesamtgutsverwalter** das Rechtsgeschäft abgeschlossen, so sind dies die Fälle der §§ 1423 bis 1425, wenn die danach erforderlich Zustimmung des anderen Ehegatten nicht vorliegt und auch nicht nach § 1426 ersetzt wurde. Hier ist das entsprechende Verpflichtungsgeschäft unwirksam, es fehlt damit der Rechtsgrund. In Erweiterung der normalen Leistungskondiktion gibt § 1434 einen Bereicherungsanspruch gegen das Gesamtgut, an das nicht geleistet wurde, sondern das nach § 1416 kraft Gesetzes erworben hat[4].

– Bei Rechtsgeschäften des **nicht verwaltungsberechtigten Ehegatten** sind demgegenüber diese zunächst wirksam, sie wirken jedoch nicht gegen das Gesamtgut, wenn der Verwalter nicht zugestimmt hat und auch keiner der Ausnahmefälle der §§ 1429, 1431, 1432 vorliegt. Es liegt daher an sich ein Rechtsgrund für die Leistung vor. Zur Abschöpfung der trotzdem beim Gesamtgut eingetretenen Bereicherung dient § 1434, der insoweit eine Rechtsfolgenverweisung enthält[5]. Nach Ansicht des BGH[6] besteht ein Bereicherungsanspruch, wenn der nicht verwaltungsberechtigte Ehegatte bei einer Gesamtgutsforderung die entsprechende Leistung selbst entgegennimmt: denn die Leistung wird zwar nach § 1416 vom Gesamtgut erworben, die Forderung aber durch die Annahme des anderen Ehegatten nicht erfüllt. Dies beruht aber auf der mittlerweile überwiegend abgelehnten Vertragstheorie, während nach der heute herrschenden Theorie der realen Leistungsbewirkung der bloße Eintritt des Leistungserfolgs genügt[7].

III. Rechtsfolge

Für den **Bereicherungsanspruch** haftet das Gesamtgut (für die Vollstreckung gilt § 740 ZPO) und der Gesamtgutsverwalter persönlich (§ 1437 Abs 2), nicht aber der andere Ehegatte, mag er auch das Rechtsgeschäft abgeschlossen haben. Inhalt und Umfang der Herausgabepflicht bestimmen sich nach den §§ 818, 819 mit Herausgabepflicht von Nutzungen und Surrogaten. Für § 819 Abs 1 kommt es allein auf Kenntnis des Verwalters an[8].

Aus Rechtsgeschäften, die der **nicht verwaltungsberechtigte Ehegatte** ohne Zustimmung des Verwalters abgeschlossen hat, haftet der Handelnde persönlich (also mit Vorbehalts- und Sondergut) auf Erfüllung oder Schadensersatz, denn diese sind zunächst wirksam; der Verwalter haftet nicht. Bei Rechtsgeschäften des Verwalters, die wegen der fehlenden Zustimmung des anderen Ehegatten unwirksam sind, könnten Ansprüche des Vertragspartners aus Delikt oder culpa in contrahendo bestehen. In beiden Fällen wird dadurch ein Anspruch nach § 1434 nicht ausgeschlossen und umgekehrt; es besteht Anspruchskonkurrenz, soweit sich die Ansprüche decken[9]. Für den Ausgleich der verschiedenen Vermögensmassen der Ehegatten kann § 1445 bedeutsam werden.

§ 1435 Pflichten des Verwalters

¹Der Ehegatte hat das Gesamtgut ordnungsmäßig zu verwalten. ²Er hat den anderen Ehegatten über die Verwaltung zu unterrichten und ihm auf Verlangen über den Stand der Verwaltung Auskunft zu erteilen. ³Mindert sich das Gesamtgut, so muss er zu dem Gesamtgut Ersatz leisten, wenn er den Verlust verschuldet oder durch ein Rechtsgeschäft herbeigeführt hat, das er ohne die erforderliche Zustimmung des anderen Ehegatten vorgenommen hat.

I. Normzweck, Anwendungsbereich

Die Vorschrift regelt den Pflichtenkatalog des Gesamtgutsverwalters. Diese Pflichten sind das Korrelat der treuhänderischen Stellung des Verwalters, der eine gemischt **eigennützig-fremdnützige Tätigkeit** ausübt[1]. Diese dienen der Erhaltung des Gesamtguts. Die Vorschrift ist **entspr anzuwenden** auf

---

[2] *Staudinger/Thiele* Rn 5.
[3] AnwK-BGB/*Völker* Rn 3; *Palandt/Brudermüller* Rn 1; *Staudinger/Thiele* Rn 3; MünchKommBGB/*Kanzleiter* Rn 2.
[4] *Staudinger/Thiele* Rn 5.
[5] *Staudinger/Thiele* Rn 6.
[6] NJW 1957, 1635.
[7] Ebenso AnwK-BGB/*Völker* § 1422 Rn 14; zu den Erfüllungstheorien s § 362 Rn 1 mwN; MünchKommBGB/*Heinrichs* § 362 Rn 5 ff.
[8] MünchKommBGB/*Kanzleiter* Rn 3.
[9] MünchKommBGB/*Kanzleiter* Rn 4; *Staudinger/Thiele* Rn 10; vgl auch OLG Colmar OLGE 8, 336.
[1] *Gernhuber/Coester-Waltjen* § 38 Rn 58–60.

§ 1435 Buch 4. Abschnitt 1. Bürgerliche Ehe

den anderen Ehegatten, wenn dieser ihm zustehende Verwaltungsbefugnisse wahrnimmt (§§ 1428 bis 1433) oder unbefugt Verwaltungshandlungen für das Gesamtgut vornimmt[2].

II. Die einzelnen Pflichten

2   **1. Ordnungsgemäße Verwaltung.** Das Gesamtgut ist im Interesse beider Ehegatten vom Gesamtgutsverwalter treuhänderisch zu verwalten, zu erhalten und zu vermehren[3]. Dabei sind von ihm die Grenzen seiner rechtlichen Befugnisse und die Mitwirkungsrechte des anderen Ehegatten zu beachten[4]. Innerhalb dessen kommt ihm aber ein weiter Entscheidungsspielraum zu[5]. Er schuldet nicht die optimale Verwaltung und Entscheidung, sondern diejenige, die er nach den Umständen für erforderlich halten durfte[6]. Jedoch genügt nicht subjektive Mühewaltung, sondern dies ist nach objektiven Kriterien zu beurteilen. Seine Stellung wird vom Anforderungsprofil eher mit der eines Testamentsvollstreckers als mit der eines Vormunds zu vergleichen sein. **Details:** Die Gesamtgutsgegenstände sind ausreichend und im üblichen Umfang zu versichern (Brand, Diebstahl, Hagel, wohl nicht gegen Hochwasser)[7] und aufrechtzuerhalten; die dem anderen Ehegatten obliegende Unterhaltspflicht ist zu erfüllen (§ 1604)[8]. Über Einnahmen und Ausgaben sind nachvollziehbare Aufzeichnungen zu führen[9].

3   **2. Unterrichtungspflicht (S 2).** Zur Sicherung der Kontrolle der ordnungsgemäßen Verwaltung obliegt dem Gesamtgutsverwalter (in Ergänzung zu § 1353 Abs 1) die Pflicht, den anderen Ehegatten in angemessenen Zeitabständen unaufgefordert über die Verwaltung zu unterrichten, also „auf dem Laufenden zu halten"[10]. Die §§ 259 ff sind hier nicht anwendbar[11]. Entgegen der hM[12] und in Übereinstimmung mit der Rechtslage bei der Zugewinngemeinschaft (§ 1379 Rn 18) kann dieser Anspruch auch mit der normalen Leistungsklage durchgesetzt werden, da die vermögensrechtliche Komponente die persönliche überwiegt und sonst Rechtsschutzlücken drohen[13].

4   **3. Auskunftspflicht.** Diese besteht nur auf Verlangen und betrifft nicht das Vermögen (als Status), sondern den Stand der Verwaltung als solche, als einen dynamischen Entwicklungszustand[14], geht also über § 1379 wegen der weit reichenden Befugnisse des Alleinverwalters hinaus. Daher gilt § 260 nicht, wohl aber § 259, 261 analog[15]. Art und Umfang der Auskunftspflicht bestimmt sich nach dem Einzelfall, insbes nach dem Auskunftsverlangen. Dieses ist mit der Leistungsklage einklagbar und voll vollstreckbar (bei eidesstattlicher Versicherung § 889 ZPO); § 888 Abs 3 ZPO steht nicht entgegen[16]; zuständig ist das Familiengericht (§§ 23b Abs 1 S 2 Nr 9 GVG, 606 Abs 1 ZPO). Eines besonderen Rechtsschutzbedürfnisses bedarf es nicht, im Einzelfall genügt § 242, um einem zu weit gehenden Auskunftsverlangen Einhalt zu bieten[17].

5   **4. Ersatzpflicht (S 3).** Tritt durch das Verhalten des Gesamtgutsverwalters eine Vermögensminderung des Gesamtguts ein, so muss er den entstandenen Schaden ersetzen, und zwar bei Vornahme eines zustimmungspflichtigen Rechtsgeschäfts (§§ 1423 bis 1425) **verschuldensunabhängig**[18], ansonsten nur bei Vorliegen eines Verschuldens. Für das Verschulden gilt allerdings der mildere Haftungsmaßstab des § 1359[19]. Auch das Unterlassen kann Schadensersatzpflicht begründen, wenn eine Rechtspflicht zum Handeln begründet ist; jedoch besteht nach der scheidungsvorbereitenden Trennung keine Mitarbeitspflicht im landwirtschaftlichen Betrieb mehr, da eine solche eine intakte Ehe voraussetzt[20]. Inwieweit eine **Minderung des Gesamtguts** eintritt, bestimmt sich nach den Grundsätzen des Schadensrechts[21].

---

[2] AnwK-BGB/*Völker* Rn 1; *Soergel/Gaul* Rn 14; *Staudinger/Thiele* Rn 17; für direkte Anwendung sogar – dagegen aber der Wortlaut! – MünchKommBGB/*Kanzleiter* Rn 4.
[3] RGZ 124, 325, 327; BayObLG OLGE 34, 291.
[4] BGHZ 48, 369, 371 = NJW 1968, 496 zur Umgehung des § 1424 durch Unterwerfung unter die sofortige Zwangsvollstreckung.
[5] *Staudinger/Thiele* Rn 3.
[6] *Staudinger/Thiele* Rn 3.
[7] RGZ 76, 133, 136.
[8] RG WarnR 1916 Nr 21.
[9] BGHZ 111, 248 = NJW 1990, 2252 für gemeinschaftliche Verwaltung.
[10] OLG Stuttgart FamRZ 1979, 809, 810; ausf *Soergel/Gaul* Rn 5.
[11] AnwK-BGB/*Völker* Rn 6; *Staudinger/Thiele* Rn 4.
[12] Diese lässt nur Klage auf Herstellung der ehelichen Lebensgemeinschaft ohne Vollstreckung zu, § 888 Abs 3 ZPO; so OLG Stuttgart FamRZ 1979, 809, 810; AnwK-BGB/*Völker* Rn 7; *Dölle* I S 899 Fn 12; *Erman/Heckelmann* Rn 1; *Soergel/Gaul* Rn 5; *Staudinger/Thiele* Rn 4.
[13] MünchKommBGB/*Kanzleiter* Rn 6; *Gernhuber/Coester-Waltjen* § 38 Rn 58–60 Fn 81; *H. Müller* FamRZ 1971, 551; *Palandt/Brudermüller* Rn 3.
[14] MünchKommBGB/*Kanzleiter* Rn 7; *Gernhuber/Coester-Waltjen* § 38 Rn 58–60 Fn 80; *Staudinger/Thiele* Rn 5.
[15] MünchKommBGB/*Kanzleiter* Rn 8; *Gernhuber/Coester-Waltjen* § 38 Rn 58–60 Fn 81; anders die hM, die auch § 260 anwendet, vgl *Staudinger/Thiele* Rn 4; *Soergel/Gaul* Rn 8 mwN.
[16] OLG Stuttgart FamRZ 1979, 809, 810; AnwK-BGB/*Völker* Rn 10; *Staudinger/Thiele* Rn 7; *Soergel/Gaul* Rn 9; *Gernhuber/Coester-Waltjen* § 38 Rn 56 ff.
[17] AnwK-BGB/*Völker* Rn 10; MünchKommBGB/*Kanzleiter* Rn 9; *Staudinger/Thiele* Rn 5; aA *Erman/Heckelmann* Rn 2; *Soergel/Gaul* Rn 7; zu den Grenzen der Auskunftspflicht nach § 242 s § 260 Rn 10 ff sowie etwa *Palandt/Heinrichs* §§ 259–261 Rn 8 ff.
[18] MünchKommBGB/*Kanzleiter* Rn 11; *Soergel/Gaul* Rn 12; offen lassend BGHZ 48, 369, 372.
[19] AllgM, *Staudinger/Thiele* Rn 12.
[20] BGH FamRZ 1986, 40, 42.
[21] *Staudinger/Thiele* Rn 9.

Dabei wird die Haftung nicht dadurch ausgeschlossen, dass durch andere vorteilhafte Geschäfte im Laufe der Verwaltung die Verluste per Saldo ausgeglichen werden; es handelt sich um einzelfall- und nicht periodenbezogene Haftung[22]. Soweit auf Grund der schädigenden Maßnahme ein realisierbarer Ersatzanspruch gegen Dritte besteht, ist die Ersatzpflicht des Verwalters insoweit ausgeschlossen[23]. Die Fälligkeit des Ersatzanspruchs tritt erst mit Beendigung der Gütergemeinschaft ein (§ 1446 Abs 1).

III. Abweichende Vereinbarung

Die gesetzlichen Pflichten können durch Ehevertrag verschärft werden[24]. Die Ersatzpflicht bei Vorsatz kann nicht ausgeschlossen werden (Gedanke des § 276 Abs 3)[25]. Soweit nicht § 138 eingreift, können iÜ dagegen die Unterrichtungs- und Auskunftspflicht ausgeschlossen werden, wenn sie zumindest bei Missbrauchsverdacht bestehen bleiben[26]. 6

§ 1436 Verwalter unter Vormundschaft oder Betreuung

¹Steht der Ehegatte, der das Gesamtgut verwaltet, unter Vormundschaft oder fällt die Verwaltung des Gesamtguts in den Aufgabenkreis seines Betreuers, so hat ihn der Vormund oder Betreuer in den Rechten und Pflichten zu vertreten, die sich aus der Verwaltung des Gesamtguts ergeben. ²Dies gilt auch dann, wenn der andere Ehegatte zum Vormund oder Betreuer bestellt ist.

Wird für den Gesamtgutsverwalter ein Vormund (§§ 1773 ff, nur noch bei Minderjährigen möglich) oder ein **Betreuer** (§§ 1896 ff) oder Pfleger (§§ 1909, 1911, 1915 Abs 1) bestellt[1], so wird dadurch die Gütergemeinschaft nicht automatisch beendet, uU besteht allerdings die Möglichkeit der Aufhebungsklage (§ 1447 Nr 1, 4). Der Vormund, Pfleger oder Betreuer verwaltet im Rahmen seines Aufgabenkreises dann in Vertretung des Gesamtgutsverwalters das Gesamtgut, mit den gleichen Rechten und Pflichten (also auch § 1437), jedoch beschränkt durch die Pflicht zur vormundschaftsgerichtlichen Genehmigung in den Fällen der §§ 1821, 1822[2]. Für die Haftung gegenüber dem Mündel gilt § 1833, gegenüber dem Betreuten §§ 1833, 1908 i, ohne die Haftungserleichterung nach § 1359. Die Haftung gegenüber dem anderen Ehegatten ergibt sich aus § 1435 S 3[3]. Ist der Verwalter **geschäftsfähig,** so bleibt er trotz angeordneter Betreuung (wenn kein entsprechender Einwilligungsvorbehalt) daneben voll verwaltungsfähig[4], da die Betreuung auf die Geschäftsfähigkeit keinen Einfluss hat[5]; Gleiches gilt bei Pflegschaft. 1

Wird der **andere Ehegatte** zum Vormund oder Betreuer bestellt, so verwaltet er das Gesamtgut in gleicher Weise (S 2). Er verpflichtet dies (§ 1437 Abs 1) und den Gesamtgutsverwalter persönlich (§ 1437 Abs 2), daneben haftet er als Handelnder grds persönlich, soweit dies nicht durch Vereinbarung mit dem Geschäftspartner ausgeschlossen ist[6]. Er behält aber gleichzeitig auch alle Rechte, die ihm als nicht verwaltungsberechtigten Ehegatten zustehen (§§ 1423 bis 1425). Eine danach erforderliche Zustimmung kann er sich selbst erteilen, ohne dass § 181 eingreift, wie sich aus einer teleologische Reduktion der Vorschrift ergibt, da seine Schutzbedürftigkeit entfällt[7]; sie liegt regelmäßig bereits in der Vornahme des Rechtsgeschäfts[8]. Seine **Haftung** gegenüber dem Gesamtgutsverwalter richtet sich nach §§ 1833, 1908 i ohne die Beschränkung des § 1359, da er nun kraft Amtsstellung tätig wird[9]. 2

§ 1437 Gesamtgutsverbindlichkeiten; persönliche Haftung

(1) Aus dem Gesamtgut können die Gläubiger des Ehegatten, der das Gesamtgut verwaltet, und, soweit sich aus den §§ 1438 bis 1440 nichts anderes ergibt, auch die Gläubiger des anderen Ehegatten Befriedigung verlangen (Gesamtgutsverbindlichkeiten).

---

[22] *Staudinger/Thiele* Rn 9; *MünchKommBGB/Kanzleiter* Rn 12; *Soergel/Gaul* Rn 10; aA *Palandt/Brudermüller* Rn 4.
[23] *Soergel/Gaul* Rn 11; *Gernhuber/Coester-Waltjen* § 38 Rn 58–60; aA *MünchKommBGB/Kanzleiter* Rn 12; *Erman/Heckelmann* Rn 3: erst mit Leistung des Schadensersatzes durch Dritten entfällt Verwalterhaftung; noch weiter gehend *Staudinger/Thiele* Rn 13: Gesamtschuld zwischen Drittem und Verwalter, jedoch uU Regressmöglichkeit des Verwalters nach § 426.
[24] *Staudinger/Thiele* Rn 19; *MünchKommBGB/Kanzleiter* Rn 14.
[25] *MünchKommBGB/Kanzleiter* Rn 14; *Staudinger/Thiele* Rn 20; *Soergel/Gaul* Rn 2.
[26] *AnwK-BGB/Völker* Rn 2; dann nimmt *MünchKommBGB/Kanzleiter* Rn 14 einen gesetzlichen, unabdingbaren Anspruch an; ohne diese Einschränkung *Palandt/Brudermüller* Rn 1; *Staudinger/Thiele* Rn 20; generell gegen den Ausschluss der Rechte *Soergel/Gaul* Rn 2: regelmäßig nichtig; *Erman/Heckelmann* Rn 5; *Buschendorf,* Die Grenzen der Vertragsfreiheit im Ehevermögensrecht, 1987, S 219 f zum Informationsanspruch nach S 2.
[1] Zur Gleichstellung des Pflegers KJG 27 A 166; *Staudinger/Thiele* Rn 2.
[2] *Staudinger/Thiele* Rn 3; *MünchKommBGB/Kanzleiter* Rn 2.
[3] *AnwK-BGB/Völker* Rn 3; *Staudinger/Thiele* Rn 3; RGRK/*Finke* Rn 5; aA *MünchKommBGB/Kanzleiter* Rn 3; *Soergel/Gaul* Rn 4: hier nur Haftung des Gesamtgutsverwalters, der durch Betreuer/Vormund vertreten wird.
[4] *AnwK-BGB/Völker* Rn 3; *MünchKommBGB/Kanzleiter* Rn 3.
[5] Dazu etwa *G. Müller,* Betreuung und Geschäftsfähigkeit, 1998, bes S 49 ff.
[6] *MünchKommBGB/Kanzleiter* Rn 5.
[7] *AnwK-BGB/Völker* Rn 4; *MünchKommBGB/Kanzleiter* Rn 6; *Staudinger/Thiele* Rn 5 mwN.
[8] *MünchKommBGB/Kanzleiter* Rn 6; *Staudinger/Thiele* Rn 5; aA KG KJG 22 A 142.
[9] *AnwK-BGB/Völker* Rn 4; *MünchKommBGB/Kanzleiter* Rn 6; *Staudinger/Thiele* Rn 6.

§ 1437

(2) ¹Der Ehegatte, der das Gesamtgut verwaltet, haftet für die Verbindlichkeiten des anderen Ehegatten, die Gesamtgutsverbindlichkeiten sind, auch persönlich als Gesamtschuldner. ²Die Haftung erlischt mit der Beendigung der Gütergemeinschaft, wenn die Verbindlichkeiten im Verhältnis der Ehegatten zueinander dem anderen Ehegatten zur Last fallen.

I. Gesetzessystematik

1 Die §§ 1437 bis 1444 normieren die Schuldenhaftung bei der Gütergemeinschaft mit Einzelverwaltung und zwar für das Außenverhältnis zum Gläubiger in den §§ 1437 bis 1440, für das Innenverhältnis zwischen den Ehegatten in den §§ 1441 bis 1444. Dabei enthält § 1437 den **Grundsatz der Haftung des Gesamtguts:** Für sämtliche Verbindlichkeiten der Ehegatten haftet prinzipiell das Gesamtgut. Die §§ 1438 bis 1440 machen hierzu Ausnahmen für Verbindlichkeiten des nicht verwaltungsberechtigten Ehegatten, die während der Dauer der Gütergemeinschaft entstanden sind. Die in § 1437 Abs 2 angeordnete **persönliche** und gesamtschuldnerische **Haftung** des Verwalters für die Verbindlichkeiten des anderen Ehegatten, die Gesamtgutsverbindlichkeiten sind, ist das Korrektiv für sein umfassendes Verwaltungsrecht und soll Vermögensmanipulationen zu Lasten des Gesamtguts vorbeugen[1].

II. Haftungsordnung der Gütergemeinschaft bei Einzelverwaltung

2 **1. Grundlinien.** Da dem Gesamtgut keine (Teil-)Rechtsfähigkeit zukommt (§ 1416 Rn 1), kann es nicht Schuldner von Verbindlichkeiten sein und auch nicht als solches Verpflichtungen begründen. Daraus ergeben sich konzeptionelle Schwierigkeiten für den Aufbau eines **Haftungssystems.** Für das Entstehen der Haftung des Gesamtguts knüpft das Gesetz grds an das Bestehen bestimmter Verbindlichkeiten eines Ehegatten an und ordnet diesen entspr den verschiedenen Vermögensmassen der Gütergemeinschaft verschiedene Haftungsobjekte zu[2]. Nur für das Bestehen einer Bereicherungshaftung nach §§ 1434, 1445 Abs 2 wird dieses Konzept durchbrochen. Unter Berücksichtigung der verschiedenen Vermögensmassen der Gütergemeinschaft ergibt sich demnach[3]:
Haftung des Gesamtguts:
– für alle wirksamen (unter Beachtung von §§ 1423 ff) Verbindlichkeiten des **verwaltenden Ehegatten**,
– für alle Verbindlichkeiten des **nicht verwaltungsberechtigten Ehegatten**,
  – aus der Zeit vor Beginn der Gütergemeinschaft unbeschränkt,
  – aus der Zeit ab Beginn der Gütergemeinschaft mit Ausnahme der in §§ 1438 bis 1440 genannten,
– für alle Verbindlichkeiten aus **gemeinschaftlichen Rechtsgeschäften** der Ehegatten.
Das **Sonder- und Vorbehaltsgut des Verwalters** haftet
– für dessen eigene Verbindlichkeiten,
– für Verbindlichkeiten des nicht verwaltenden Ehegatten, sofern für sie das Gesamtgut haftet (s oben), mit der zeitlichen Einschränkung nach § 1437 Abs 2 S 2.
Das **Sonder- und Vorbehaltsgut** des **nicht verwaltungsberechtigten Ehegatten** haftet
– nur für dessen eigene Verbindlichkeiten.

Haftungsobjekt	Gesamtgut		Sonder- und Vorbehaltsgut des Verwalters	Sonder- und Vorbehaltsgut des nicht verwaltungsberechtigten Ehegatten
Art der Verbindlichkeiten	Des Verwalters	des anderen Ehegatten	– für dessen eigene Verbindlichkeiten – für Verbindlichkeiten des nicht verwaltungsberechtigten Ehegatten, sofern für sie das Gesamtgut haftet (s vorherige Spalte), zeitlich beschränkt nach § 1437 Abs 2 S 2	haftet nur für dessen eigene Verbindlichkeiten
	für alle, die wirksam begründet, hierzu gehört auch evtl Zustimmung nach §§ 1423 bis 1425	– aus der Zeit **vor Eintritt** der Gütergemeinschaft unbeschränkt – aus der **Zeit danach** mit Ausnahme der in §§ 1438 bis 1440 genannten		

3 **2. Gesamtgutsverbindlichkeiten (Abs 1).** Dies sind Verbindlichkeiten, wegen derer die Gläubiger Befriedigung aus dem Gesamtgut verlangen können, also wirksame Verbindlichkeiten des Gesamtgutsverwalters und solche des anderen Ehegatten, soweit sich aus §§ 1438 bis 1440 nichts anderes ergibt (Rn 2)[4]. Auf den Rechtsgrund kommt es nicht an, so dass diese auf Gesetz beruhen können, etwa auf

---

[1] MünchKommBGB/*Kanzleiter* Rn 1.
[2] AnwK-BGB/*Völker* Rn 4 ff m grafischer Übersicht; *Staudinger/Thiele* Vor §§ 1437–1440 Rn 5; MünchKommBGB/*Kanzleiter* Rn 2.
[3] Nach *Staudinger/Thiele* Vor §§ 1437–1440 Rn 8; vgl auch AnwK-BGB/*Völker* Rn 5 ff, grafische Übersicht Rn 8.
[4] BGH FamRZ 1986, 40, 41.

Delikt, auf Unterhaltspflichten (mit der haftungsverschärfenden Zuordnung des ganzen Gesamtguts zum unterhaltspflichtigen Ehegatten für die Bemessung der Leistungsfähigkeit des Unterhaltsschuldners nach § 1604)[5], oder auf einer Rückgabepflicht nach dem Anfechtungsgesetz[6], aber auch auf Vertrag.

Soweit die Ehegatten **gemeinschaftlich Verbindlichkeiten begründen,** gelten die allgemeinen Regeln, also gesamtschuldnerische Haftung bei rechtsgeschäftlicher Verpflichtung (§ 427) mit Haftung des jeweiligen Sonder- und Vorbehaltsguts, des Gesamtguts (§ 1437 Abs 1) und persönlicher Haftung des Gesamtgutsverwalters nach § 1437 Abs 2. 4

3. Persönliche Haftung des Verwalters (Abs 2). Diese betrifft sein Vorbehalts- und (soweit pfändbar) Sondergut für 5
– alle in seiner Person entstandenen Verbindlichkeiten, was allgemeinen Grundsätzen entspricht;
– die Verbindlichkeiten des anderen Ehegatten, die Gesamtgutsverbindlichkeiten sind, Abs 2 S 1 (Rn 3).

Für diese **Haftung** nach Abs 2 S 1 gilt: Auch soweit ein Gläubiger den Verwalter hierfür haftbar macht, ist es eine Familiensache (§ 23 b Abs 1 S 2 Nr 9 GVG, § 621 Abs 1 Nr 8 ZPO)[7]. Die Haftung umfasst auch Herausgabeansprüche an Sachen[8] und besteht gesamtschuldnerisch neben der des anderen Ehegatten; § 770 gilt analog[9]. Sie ist **zeitlich unbegrenzt,** wenn die Verbindlichkeiten des anderen Ehegatten im Verhältnis der Ehegatten zueinander dem Gesamtgut zur Last fallen. Ist dies nicht der Fall, sondern fallen die Verbindlichkeiten dem nicht verwaltungsberechtigten Ehegatten zur Last (§§ 1441 bis 1444), so entfällt die Haftung mit der Beendigung der Gütergemeinschaft, und zwar auch im Todesfall (Abs 2 S 2); § 1412 schützt den Dritten dagegen nicht[10]. Die Haftungsbeendigung ist gegen einen vollstreckbaren Titel nach § 767 ZPO geltend zu machen.

4. Persönliche Haftung des anderen Ehegatten. Sie besteht mit Vorbehalts- und (soweit pfändbar) Sondergut für 6
– die in seiner Person entstandenen Gesamtgutsverbindlichkeiten, also etwa bei Vollmachtserteilung[11] oder bei Notverwaltungshandlung (§ 1429) bei Handeln im eigenen Namen (§ 1429 Rn 3);
– die in seiner Person entstandenen Verbindlichkeiten, soweit sie nicht Gesamtgutsverbindlichkeiten sind;
– **nicht** aber für persönliche Verbindlichkeiten des Verwalters, und zwar auch nicht, wenn diese dem Gesamtgut zur Last fallen[12]. Eine Ausnahme bildet § 1480 nach der Teilung des Gesamtguts.

III. Zwangsvollstreckung in das Gesamtgut

Hierfür ist ein Leistungs-, nach dem Wortlaut des § 740 ZPO nicht aber Duldungstitel[13] gegen den 7 **Gesamtgutsverwalter** erforderlich und genügend (§ 740 Abs 1 ZPO), selbst wenn er materiell-rechtlich, etwa nach § 1424 nicht ohne Zustimmung des anderen verfügen dürfte[14] oder der andere nach § 1429 allein auf der Passivseite des Rechtsstreits befugt war oder es um die Prozesskostenhaftung (§ 1438 Abs 2) geht[15]. Ein Titel **gegen den anderen Ehegatten** genügt nur im Fall von § 1431 (selbstständiges Erwerbsgeschäft, § 741 ZPO; s § 1431 Rn 4), nicht aber bei der Notverwaltung nach § 1429[16]; eine Klauselumschreibung gegen ihn ist nur nach § 742 ZPO möglich (Eintritt der Gütergemeinschaft nach Rechtshängigkeit oder Entstehen des Titels). Nach Beendigung der Gütergemeinschaft gilt § 743 ZPO. Besitz oder Gewahrsam hindern im Hinblick auf § 739 ZPO die Zwangsvollstreckung nicht[17]. Wird die Gütergemeinschaft nachgewiesen (zum Erfordernis s § 1416

---

[5] OLG Darmstadt OLGE 1, 164; OLG Hamburg OLGE 6, 421. Die sich hieraus ergebenden Probleme angesichts exorbitanter Pflegeheimkosten und der hierfür geschuldeten Zuzahlung werden von *Behmer* FamRZ 1988, 339, 345 völlig unterschätzt (zur Vorsicht rät dagegen auch *Pantz* BWNotZ 1989, 33). Droht deswegen Sozialhilferegress, so kann die Gütergemeinschaft sicherlich nicht einfach folgenlos aufgehoben und zu Gunsten des nicht unterhaltspflichtigen Ehegatten entschädigungslos auseinander gesetzt werden, weil wegen § 528 eine Überleitung nach § 93 SGB XII möglich ist, zust AnwK-BGB/*Völker* Rn 9 Fn 11.
[6] RG Gruchot 48, 1017.
[7] BGHZ 76, 305 = NJW 1980, 1626.
[8] RG JW 1904, 176 Nr 20.
[9] AnwK-BGB/*Völker* Rn 10; *Dölle* I S 927; *Gernhuber/Coester-Waltjen* § 38 Rn 93 Fn 129; *Staudinger/Thiele* Rn 13.
[10] AnwK-BGB/*Völker* Rn 10; MünchKommBGB/*Kanzleiter* Rn 10; *Staudinger/Thiele* Rn 14 aE.
[11] OLG München OLGE 14, 228; AnwK-BGB/*Völker* Rn 12.
[12] RGZ 89, 360, 364; BayObLGZ 1927, 316; AnwK-BGB/*Völker* Rn 12; *Staudinger/Thiele* Rn 15.
[13] *Musielak/Lackmann* § 740 ZPO Rn 2; MünchKommZPO/*Hessler* Rn 20; *Zöller/Stöber* § 740 ZPO Rn 7; *Soergel/Gaul* Rn 7; *Staudinger/Thiele* Vor §§ 1437–1440 Rn 13; *Dölle* I S 931 Fn 25; *Rauscher* Rn 463; RGRK/*Finke* Rn 12; aA RG JW 1909, 321; RG SeuffA 65 A Nr 16; MünchKommBGB/*Kanzleiter* Rn 13; *Stein/Jonas/Münzberg* § 740 ZPO Rn 5: liegt Leistungstitel gegen anderen Ehegatten vor, genügt Duldungstitel gegen Verwalter.
[14] RGZ 69, 177, 181; *Staudinger/Thiele* Vor §§ 1437–1440 Rn 13.
[15] *Staudinger/Thiele* Vor §§ 1437–1440 Rn 13; MünchKommBGB/*Kanzleiter* Rn 12; *Musielak/Lackmann* § 740 ZPO Rn 3; *Thomas/Putzo* § 740 ZPO Rn 2.
[16] *Musielak/Lackmann* § 740 ZPO Rn 2; *Zöller/Stöber* § 740 ZPO Rn 7.
[17] *Soergel/Gaul* Rn 7; *Palandt/Brudermüller* Rn 8; iE ebenso MünchKommBGB/*Kanzleiter* Rn 14, der dies direkt aus § 740 Abs 1 ZPO ableitet.

§ 1438 Buch 4. Abschnitt 1. Bürgerliche Ehe

Rn 2) so ist für die **Zwangsvollstreckung** bis zum Beweis des Gegenteils allerdings vom gesetzlichen Regelfall der gemeinschaftlichen Verwaltung auszugehen[18].

IV. Insolvenz

8 Die Eröffnung eines Insolvenzverfahrens über das Vermögen eines Ehegatten beendigt die Gütergemeinschaft nicht; uU aber ist eine Aufhebungsklage nach §§ 1447 Nr 3, 1448 möglich[19]. Im **Insolvenzverfahren des Gesamtgutsverwalters** gehört das Gesamtgut zur Insolvenzmasse; eine Auseinandersetzung zwischen den Ehegatten findet nicht statt (§ 37 Abs 1 S 1 u. 2 InsO, der § 84 InsO vorgeht). Die Zustimmungserfordernisse der §§ 1423 ff gelten für den Insolvenzverwalter nicht[20].

9 Im **Insolvenzverfahren** über das Vermögen **des anderen Ehegatten** wird das Gesamtgut nicht berührt (§ 37 Abs 1 S 3 InsO). Der Anteil des anderen Ehegatten gehört auch nicht zur Insolvenzmasse (§ 36 Abs 1 InsO, § 860 Abs 1 ZPO)[21]; der Gesamtgutsverwalter kann die Gesamtgutsgegenstände aussondern (§§ 47, 48 InsO)[22]. Dies gilt auch für Fall, dass der nicht verwaltende Ehegatte ein Erwerbsgeschäft betreibt[23]. Demnach bleibt aber auch Einzelvollstreckung für eine nach § 1437 begründete Haftung möglich.

V. Beweislast

10 Da die Haftung des Gesamtguts die Regel ist, trägt die Beweislast für das Gegenteil der, der dies behauptet[24]. Zur Ausnahme bei § 1438 s dort Rn 5.

VI. Abweichende Vereinbarungen

11 Haftungsbeschränkende Vereinbarungen der Ehegatten untereinander sind nichtig, da es sich um zwingende Gläubigerschutzvorschriften handelt[25]. Jedoch kann auf Grund der Vertragsfreiheit mit dem jeweiligen Gläubiger eine beliebige Haftungsregelung vereinbart werden, etwa die Haftung auf das Gesamtgut beschränkt oder dessen Haftung ausgeschlossen werden[26].

§ 1438 Haftung des Gesamtguts

(1) Das Gesamtgut haftet für eine Verbindlichkeit aus einem Rechtsgeschäft, das während der Gütergemeinschaft vorgenommen wird, nur dann, wenn der Ehegatte, der das Gesamtgut verwaltet, das Rechtsgeschäft vornimmt oder wenn er ihm zustimmt oder wenn das Rechtsgeschäft ohne seine Zustimmung für das Gesamtgut wirksam ist.

(2) Für die Kosten eines Rechtsstreits haftet das Gesamtgut auch dann, wenn das Urteil dem Gesamtgut gegenüber nicht wirksam ist.

I. Normzweck

1 Die Bestimmung enthält die wichtigste Ausnahme vom Grundsatz des § 1437, dass die während der Gütergemeinschaft Verbindlichkeiten eines Ehegatten Gesamtgutsverbindlichkeiten sind. Für die während der Gütergemeinschaft rechtsgeschäftlichen begründeten Verbindlichkeiten des nicht verwaltungsberechtigten Ehegatten haftet das Gesamtgut nur in Ausnahmefällen, damit dieses nicht gegen den Willen des Verwalters mit solchen Verbindlichkeiten belastet und sein Verwaltungsrecht unterlaufen wird[1].

II. Gesamtgutshaftung für rechtsgeschäftliche Verbindlichkeiten (Abs 1)

2 Für die **während der Gütergemeinschaft** aus einem Rechtsgeschäft begründeten Verbindlichkeiten haftet das Gesamtgut[2]:

---

[18] *Musielak/Lackmann* § 740 ZPO Rn 5; *Zöller/Stöber* § 740 ZPO Rn 5.
[19] AnwK-BGB/*Völker* § 1416 Rn 28; MünchKommBGB/*Kanzleiter* Rn 15; *Soergel/Gaul* Rn 8; aM *Staudinger/Thiele* Vor §§ 1437–1440 Rn 19: grds keine Aufhebungsklage.
[20] AnwK-BGB/*Völker* § 1416 Rn 29; MünchKommBGB/*Kanzleiter* Rn 16; *Staudinger/Thiele* Vor §§ 1437–1440 Rn 22.
[21] *Staudinger/Thiele* Vor §§ 1437–1440 Rn 21.
[22] BGH WM 2006, 1343 = Rpfleger 2006, 564; AnwK-BGB/*Völker* § 1416 Rn 29; MünchKommBGB/*Kanzleiter* Rn 17; FK-InsO/*Schumacher* 4. Aufl § 37 Rn 6; *Jaeger/Henckel* § 37 InsO Rn 21; HK-InsO/*Eickmann* 4. Aufl § 37 Rn 2; *Kübler/Prütting/Holzer* § 37 InsO Rn 10; MünchKommInsO/*Schumann* § 37 Rn 9; MünchKommInsO/*Ganter* § 47 Rn 445; *Nerlich/Römermann/Andres* § 37 InsO Rn 10; *Uhlenbruck* 12. Aufl § 37 InsO Rn 8.
[23] BGH WM 2006, 1343 = Rpfleger 2006, 564; *Staudinger/Thiele* Vor §§ 1437–1440 Rn 21.
[24] *Staudinger/Thiele* Rn 10; MünchKommBGB/*Kanzleiter* Rn 9; *Baumgärtel/Laumen* Rn 1.
[25] *Staudinger/Thiele* Rn 17; *Palandt/Brudermüller* Rn 1.
[26] MünchKommBGB/*Kanzleiter* Rn 7; *Staudinger/Thiele* Rn 18.
[1] *Staudinger/Thiele* Rn 2.
[2] S etwa AnwK-BGB/*Völker* Rn 3.

– wenn das Rechtsgeschäft der **Gesamtgutsverwalter** vorgenommen hat (folgt bereits aus § 1437 Abs 1);
– wenn dies der **nicht verwaltungsberechtigte Ehegatte** vorgenommen hat, nur dann, wenn **(1)** der **Verwalter** diesem zustimmt (§§ 183, 184); dem steht Ersetzung durch das Vormundschaftsgericht gleich (§ 1430), oder **(2)** das Rechtsgeschäft auch **ohne die Zustimmung für das Gesamtgut wirksam** ist. Dies sind die Fälle der §§ 1429 (Notverwaltungsrecht), 1431 (selbstständiges Erwerbsgeschäft mit Zustimmung), 1432 (Ablehnung einer Schenkung, Erbschaft etc), 1434 (Bereicherungshaftung), 1357 (Geschäfte zur Deckung des Lebensbedarfs)[3].

Auf welche Vermögensmasse sich das Rechtsgeschäft bezieht, ist für die Anwendung des Abs 1 unerheblich[4]. Der Haftungsausschluss des Abs 1 muss entspr seinem Normzweck auch für die Haftung nach § 179[5], aus culpa in contrahendo (§§ 280 Abs 1, 311 Abs 2 und 3)[6], positiver Vertragsverletzung (§§ 280, 241 Abs 2)[7] und für Ansprüche aus einem Zwangsversteigerungszuschlag gelten[8]. **Rechtsfolge** des Abs 1 ist neben der Haftung des Gesamtguts die persönliche des Verwalters (§ 1437 Abs 2). Für die **vor Eintritt der Gütergemeinschaft** abgeschlossenen Rechtsgeschäfte haftet das Gesamtgut nach § 1437 Abs 1 uneingeschränkt, mögen diese auch nur von einem Ehegatten vorgenommen worden sein[9].

III. Kosten eines Rechtsstreits (Abs 2)

Für diese haftet das Gesamtgut immer. Unerheblich ist dabei, welcher Ehegatte den Rechtsstreit 4 geführt hat, ob Passiv- oder Aktivrechtsstreit, ob derselbe bei Eintritt der Gütergemeinschaft bereits anhängig war oder ob das Urteil auch gegenüber dem Gesamtgut wirksam ist[10]. Der Begriff des Rechtsstreits ist weit auszulegen[11]; daher fallen darunter Strafverfahren[12], Verfahren der freiwilligen Gerichtsbarkeit[13], Verwaltungsstreitigkeiten, einschließlich Vorverfahren. Kosten iS des Abs 2 sind (da Ausnahmevorschrift zum Schutz Dritter) nur die Gerichtskosten und die dem Gegner zu erstattenden Kosten, nicht aber die, die der Ehegatte selbst seinem Rechtsanwalt oder dem Gerichtsvollzieher schuldet (für letztere gilt § 1438 Abs 1)[14]. Für den Prozesskostenvorschuss gilt § 1360 a Abs 4.

IV. Abweichende Vereinbarungen, Beweislast

Zu abweichenden Vereinbarungen s § 1437 Rn 11. Die Beweislast für die Voraussetzungen des 5 Abs 1 trägt der Gläubiger, der das Gesamtgut in Anspruch nehmen will[15].

§ 1439 Keine Haftung bei Erwerb einer Erbschaft

Das Gesamtgut haftet nicht für Verbindlichkeiten, die durch den Erwerb einer Erbschaft entstehen, wenn der Ehegatte, der Erbe ist, das Gesamtgut nicht verwaltet und die Erbschaft während der Gütergemeinschaft als Vorbehaltsgut oder als Sondergut erwirbt; das Gleiche gilt beim Erwerb eines Vermächtnisses.

I. Normzweck, Grundzüge

Die Bestimmung enthält eine weitere **Ausnahme** vom Prinzip der Haftung des Gesamtguts für 1 Verbindlichkeiten des nicht verwaltungsberechtigten Ehegatten nach § 1437 Abs 1. Das Gesamtgut haftet nicht für Verbindlichkeiten, die durch den Erwerb einer Erbschaft oder eines Vermächtnisses entstehen, die dem nicht verwaltungsberechtigten Ehegatten während der Gütergemeinschaft als Vorbehalts- (§ 1418 Abs 2 Nr 2) oder Sondergut (§ 1417) zufallen. Wenn der Erwerb von Todes wegen nicht in das Gesamtgut fällt, ist es sachgerecht, dass dieses dadurch auch nicht belastet wird[1]. Die Vorschrift **gilt nicht,** wenn der Erwerb in das Gesamtgut fällt (dann auch keine Zustimmung des

---

[3] *Staudinger/Thiele* Rn 7; *Soergel/Gaul* Rn 2.
[4] RG Recht 1925 Nr 103.
[5] *Gernhuber/Coester-Waltjen* § 38 Rn 97 Fn 133; *Staudinger/Thiele* Rn 4; aA *Greiser* JW 1933, 1818.
[6] AnwK-BGB/*Völker* Rn 4; *Staudinger/Thiele* Rn 4; aA ohne Begr MünchKommBGB/*Kanzleiter* Rn 2, der übersieht, dass auch § 179 nur ein spezialgesetzlich geregelter Sonderfall der c. i. c. ist.
[7] *Staudinger/Thiele* Rn 4.
[8] MünchKommBGB/*Kanzleiter* Rn 2.
[9] AnwK-BGB/*Völker* Rn 5; *Staudinger/Thiele* Rn 6.
[10] *Soergel/Gaul* Rn 5.
[11] MünchKommBGB/*Kanzleiter* Rn 6; *Soergel/Gaul* Rn 5.
[12] RGSt 45, 408.
[13] KG OLGE 17, 247.
[14] OLG Hamburg OLGE 24, 36; *Staudinger/Thiele* Rn 11; *Soergel/Gaul* Rn 5; MünchKommBGB/*Kanzleiter* Rn 6; aA KG OLGE 21, 223.
[15] AnwK-BGB/*Völker* Rn 7; MünchKommBGB/*Kanzleiter* Rn 5; *Palandt/Brudermüller* Rn 1; *Baumgärtel/Laumen* Rn 1.
[1] *Staudinger/Thiele* Rn 2.

§ 1440　　　　　　　　　　　　　　　　　　　　　　Buch 4. Abschnitt 1. Bürgerliche Ehe

Verwalters zum Erwerb erforderlich) oder der **Gesamtgutsverwalter** erwirbt; im letztgenannten Fall haftet das Gesamtgut auch dann, wenn der Erwerb in das Vorbehalts- oder Sondergut fällt[2].

II. Einzelheiten

2　Der **Pflichtteilsanspruch** unterfällt nicht der Bestimmung, da dieser immer ein Nettogeldanspruch ohne damit verbundene besondere Haftungen ist, mit Ausnahme der hierfür anfallenden Erbschaftsteuer[3]. Ein Erwerb zum **Sondergut** wird wegen des begrenzten Bereichs der hierunter fallenden Vermögenswerte (§ 1417 Abs 2) nur selten der Fall sein; in Betracht kommt die Vererbung einer Beteiligung an einer Personengesellschaft[4]. Da hier eine erbrechtliche Sondernachfolge stattfindet (§ 1922 Rn 68 ff) stellt sich insoweit nicht die Frage, wie zu verfahren ist, wenn nur einzelne unübertragbare Werte (die ins Sondergut fallen) zum Nachlass gehören; ansonsten ist bei diesen Gemengelagen aus Gründen der Rechtsklarheit § 1439 nicht anwendbar[5].

3　Zu den Verbindlichkeiten, für die die Gesamtgutshaftung ausgeschlossen ist, gehören die eigentlichen Nachlassverbindlichkeiten (§§ 1967 ff), Vermächtnisse (§ 2147), Auflagen (§§ 2192 ff), Dreißigster (§ 1969), Pflichtteilsansprüche, Unterhaltspflichten (§§ 1586 b, 1615 l Abs 3 S 5, 1615 n), Herausgabepflicht des Vorerben (§ 2130)[6]. § 1439 ist auf Schenkungen unter Lebenden nicht analog anwendbar.

§ 1440 Haftung für Vorbehalts- oder Sondergut

[1]Das Gesamtgut haftet nicht für eine Verbindlichkeit, die während der Gütergemeinschaft infolge eines zum Vorbehaltsgut oder Sondergut gehörenden Rechts oder des Besitzes einer dazu gehörenden Sache in der Person des Ehegatten entsteht, der das Gesamtgut nicht verwaltet. [2]Das Gesamtgut haftet jedoch, wenn das Recht oder die Sache zu einem Erwerbsgeschäft gehört, das der Ehegatte mit Einwilligung des anderen Ehegatten selbständig betreibt, oder wenn die Verbindlichkeit zu den Lasten des Sonderguts gehört, die aus den Einkünften beglichen zu werden pflegen.

I. Normzweck, Grundsatz (S 1)

1　Die Vorschrift enthält die letzte Ausnahme vom Grundsatz der Gesamtgutshaftung für Verbindlichkeiten des nicht verwaltungsberechtigten Ehegatten nach § 1437 Abs 1. Keine Gesamtgutshaftung besteht für Verbindlichkeiten des nicht verwaltungsberechtigten Ehegatten, die während der Gütergemeinschaft infolge eines zu seinem Vorbehalts- oder Sondergut gehörenden Rechts oder des Besitzes einer dazu gehörenden Sache entstehen. Wenn das Gesamtgut hieraus keine Vorteile hat, soll es hierfür auch nicht haften. Voraussetzung für den Haftungsausschluss ist ein enger Zusammenhang mit dem Vorbehalts- oder Sondergut; auf die Rechtsnatur oder Entstehung der Verbindlichkeit kommt es dagegen nicht an. Unter § 1440 fallen daher Grundsteuern (nicht aber Personalsteuern, auch wenn auf Erträgnissen des Sonder- oder Vorbehaltsguts beruhend)[1], Erschließungskosten, Ansprüche aus dinglich daran abgesicherten Rechten (Reallast, Wohnungsrechte), Ansprüche auf Überbau- und Notwegerenten (§§ 912 ff, 917) sowie Leistungen an Sachversicherungen für die Sonder- und Vorbehaltsobjekte. Gleiches gilt für Gefährdungs- oder sonstige Haftungen, die ihre Ursache in diesen Objekten haben, wie Tierhalterhaftung (§ 833), Wildschadenshaftung (§§ 29 ff BJagdG), Haftung für Gebäudeeinsturz (§ 836)[2*].

II. Gesamtgutshaftung (S 2)

2　Trotz Vorliegens der Voraussetzungen des S 1 haftet das Gesamtgut (Unterausnahme zur Ausnahme):
– wenn das Recht oder die Sache, durch die die Verbindlichkeit entsteht, zu einem **Erwerbsgeschäft** gehört, das der Ehegatte mit Zustimmung des Verwalters betreibt (§ 1431). Dies beruht auf Gründen des Gläubigerschutzes;
– wenn die Verbindlichkeiten zu den **Lasten des Sonderguts** gehören, die aus dessen Einkünften beglichen zu werden pflegen (Konsequenz aus § 1417 Abs 3 S 2 – Gedanke des Vorteilsausgleichs)[3*]. Dies bestimmt sich nach der Verkehrsauffassung unter Berücksichtigung der Vermögens- und Einkommensverhältnisse der Ehegatten[4*]. In Betracht kommen Kosten für die Instandhaltung und Instandsetzung, für Gewinnung der Nutzungen, die laufenden privaten und öffentlichen Lasten, sowie Versicherungen.

---

[2] *Staudinger/Thiele* Rn 9.
[3] AnwK-BGB/*Völker* Rn 3; MünchKommBGB/*Kanzleiter* Rn 2.
[4] RGZ 146, 282, 283; nach einer Mindermeinung gehört auch die Vorerbschaft hierher, *Staudinger/Thiele* Rn 6, jedoch ist die Sondergutsfähigkeit abzulehnen, s § 1417 Rn 4 mwN.
[5] AnwK-BGB/*Völker* Rn 3; *Staudinger/Thiele* Rn 6; MünchKommBGB/*Kanzleiter* Rn 4 wendet § 1439 an, wenn die zum Sondergut gehörenden Gegenstände den wesentlichen Nachlass ausmachen.
[6] *Staudinger/Thiele* Rn 7.
[1] MünchKommBGB/*Kanzleiter* Rn 2.
[2*] MünchKommBGB/*Kanzleiter* Rn 2; *Staudinger/Thiele* Rn 5.
[3*] Zust AnwK-BGB/*Völker* Rn 4.
[4*] *Staudinger/Thiele* Rn 10; MünchKommBGB/*Kanzleiter* Rn 4.

III. Konkurrenzverhältnis zu § 1438

§ 1440 und § 1438 können miteinander konkurrieren. So etwa, wenn der nicht verwaltungsberechtigte Ehegatte für Sondergutsobjekte Reparaturaufträge ohne Zustimmung des Verwalters vergibt. Der Fall zeigt zugleich: Der Grundsatz der Gesamtgutshaftung gilt bereits dann, wenn eine der Unterausnahmen zu den Ausnahmetatbeständen der §§ 1438 ff vorliegt, hier nach § 1440 S 2[5]. 3

§ 1441 Haftung im Innenverhältnis

Im Verhältnis der Ehegatten zueinander fallen folgende Gesamtgutsverbindlichkeiten dem Ehegatten zur Last, in dessen Person sie entstehen:
1. die Verbindlichkeiten aus einer unerlaubten Handlung, die er nach Eintritt der Gütergemeinschaft begeht, oder aus einem Strafverfahren, das wegen einer solchen Handlung gegen ihn gerichtet wird;
2. die Verbindlichkeiten aus einem sich auf sein Vorbehaltsgut oder sein Sondergut beziehenden Rechtsverhältnis, auch wenn sie vor Eintritt der Gütergemeinschaft oder vor der Zeit entstanden sind, zu der das Gut Vorbehaltsgut oder Sondergut geworden ist;
3. die Kosten eines Rechtsstreits über eine der in den Nummern 1 und 2 bezeichneten Verbindlichkeiten.

I. Normzweck, Grundgedanke

Die §§ 1441 bis 1444 regeln die Verteilung der Gesamtgutsverbindlichkeiten allein im Innenverhältnis der Ehegatten untereinander[1]. Dabei gilt der Grundsatz, dass **Gesamtgutsverbindlichkeiten auch Gesamtgutslasten** sind und daher wirtschaftlich von den Ehegatten gemeinsam entspr ihrer Beteiligung am Gesamtgut zu tragen sind[2]. Davon machen die §§ 1441 (mit Unterausnahme nach § 1442), 1443, 1444 Ausnahmen. 1

II. Alleinige Lastentragung im Innenverhältnis

Nach § 1441 belasten die folgenden Verbindlichkeiten nur den einen Ehegatten, weil sie nach ihrem Entstehungsgrund stark personenbezogen sind[3], wertungsmäßig also ihm zur Last fallen sollen und weniger mit der Verwaltung des Gesamtguts zusammenhängen[4]: 2

Nach **Nr 1** hat aus dem Gesichtspunkt der Ingerenz ein Ehegatte allein die Verbindlichkeiten aus einer von ihm nach Eintritt der Gütergemeinschaft begangenen **unerlaubten Handlung** zu tragen (§§ 823 ff und Sondergesetze, soweit nicht reine Gefährdungshaftung, also nicht nach § 7 StVG, § 22 WHG[5*]). Das Gleiche gilt für Verbindlichkeiten aus einem gegen ihn gerichteten Strafverfahren wegen einer solchen Handlung. Hierzu zählen auch Verfahren wegen Ordnungswidrigkeiten[6], Privatklageverfahren[7]; zu den davon erfassten Verbindlichkeiten gehören auch Strafen, Geldbußen, Verfahrenskosten, Anwaltskosten[8], Haftkosten, letztere aber gekürzt um ersparte eigene Unterhaltskosten[9]. Wurden die Verbindlichkeiten vor Eintritt der Gütergemeinschaft begangen, sind diese Gesamtgutslasten (Regelungsbedarf im Ehevertrag). 3

Nach **Nr 2** hat jeder Ehegatte im Innenverhältnis die Gesamtgutsverbindlichkeiten selbst zu tragen, die sich auf sein **Vorbehalts- oder Sondergut** beziehen (Gedanke der Vorteilsausgleichung)[10]. Dabei kann es sich handeln um Verbindlichkeiten aus Rechtsgeschäften des Verwalters oder wenn er diesen zugestimmt hat oder diese auch ohne seine Zustimmung für das Gesamtgut wirksam sind (§ 1438), um dingliche Belastungen dieses Sondervermögens oder um Unterhaltspflichten, wenn diese durch das Vorbehalts- oder Sondergut begründet oder erweitert werden[11]. Verbindlichkeiten des nicht verwaltungsberechtigten Ehegatten, die nach §§ 1439, 1440 S 1 nicht gegen das Gesamtgut wirken, gehören nicht hierher, da § 1441 nur Gesamtgutsverbindlichkeiten betrifft. Weiter ist die Unterausnahme des 4

---

[5] AnwK-BGB/*Völker* Rn 2; MünchKommBGB/*Kanzleiter* Rn 5.
[1] Grafische Übersicht über das schwierige Normengefüge bei AnwK-BGB/*Völker* Rn 2.
[2] AnwK-BGB/*Völker* Rn 1; MünchKommBGB/*Kanzleiter* Rn 1; Soergel/*Gaul* Rn 2; zu § 138 näher *Dölle* I S 935 mwN.
[3] Dieser Einordnung zust AnwK-BGB/*Völker* Rn 4.
[4] Soergel/*Gaul* Rn 4.
[5*] Staudinger/*Thiele* Rn 6; Soergel/*Gaul* Rn 5.
[6] MünchKommBGB/*Kanzleiter* Rn 3.
[7] Staudinger/*Thiele* Rn 8; Palandt/*Brudermüller* Rn 2; aA Soergel/*Gaul* Rn 5; Erman/*Heckelmann* Rn 2: nur, soweit der Ehegatte Angeklagter war; zutr gegen diese Differenzierung AnwK-BGB/*Völker* Rn 5.
[8] MünchKommBGB/*Kanzleiter* Rn 3; differenzierend: Staudinger/*Thiele* Rn 9: soweit Verwalter Anwaltsvertrag zugestimmt hat oder diese ersetzt ist (§ 1430) haftet Gesamtgut; jedoch entspricht dies nicht dem Normzweck und ist daher abzulehnen; zust AnwK-BGB/*Völker* Rn 5 Fn 11.
[9] MünchKommBGB/*Kanzleiter* Rn 3; Staudinger/*Thiele* Rn 9: aA – fallen Unterhaltsverpflichteten zur Last – Palandt/*Brudermüller* Rn 2.
[10] AnwK-BGB/*Völker* Rn 6.
[11] Staudinger/*Thiele* Rn 12; MünchKommBGB/*Kanzleiter* Rn 7.

§ 1442 zu beachten, so dass der Anwendungsbereich der Vorschrift des § 1441 sehr begrenzt ist[12]. Demgegenüber gilt **Nr 2** (anders als Nr 1) auch für die Verbindlichkeiten, die vor Eintritt der Gütergemeinschaft entstanden sind oder bevor der betreffende Gegenstand Sonder- oder Vorbehaltsgut wurde[13].

5   Die **Kosten eines Rechtsstreits** über die in Nr 1 und Nr 2 genannten Verbindlichkeiten fallen allein dem betreffenden Ehegatten zur Last **(Nr 3)**. Dies sind etwa Gerichtskosten (einschließlich Schiedsgerichten), sowie die gegnerischen wie eigenen Anwaltskosten[14]. Diese Bestimmung ist weit auszulegen, so dass alle das Vorbehalts- und Sondergut betreffenden Rechtsstreitigkeiten davon erfasst werden[15]. Sie ist eine Sonderregelung zu § 1443 Abs 2[16].

III. Abweichende Vereinbarung

6   Die Lastenverteilung im Innenverhältnis und damit die §§ 1441 bis 1444 können durch Ehevertrag innerhalb der allgemeinen Grenzen, insbes unter Beachtung des § 138, abbedungen werden[17]. Der Wirksamkeit der Vereinbarung steht auch nicht entgegen, wenn sie bezweckt, die Beendigung der Haftung des Gesamtgutsverwalters nach § 1437 Abs 2 S 2 zu ermöglichen[18].

§ 1442 Verbindlichkeiten des Sonderguts und eines Erwerbsgeschäfts

¹Die Vorschrift des § 1441 Nr. 2, 3 gelten nicht, wenn die Verbindlichkeiten zu den Lasten des Sonderguts gehören, die aus den Einkünften beglichen zu werden pflegen. ²Die Vorschrift gilt auch dann nicht, wenn die Verbindlichkeiten durch den Betrieb eines für Rechnung des Gesamtguts geführten Erwerbsgeschäfts oder infolge eines zu einem solchen Erwerbsgeschäft gehörenden Rechts oder des Besitzes einer dazu gehörenden Sache entstehen.

1   Die Vorschrift enthält für die Tragung der Gesamtgutsverbindlichkeiten im Innenverhältnis eine **Ausnahme** von § 1441 Nr 2 und 3 und führt daher wieder zu dem Grundsatz zurück, dass Gesamtgutsverbindlichkeiten auch Gesamtgutslasten sind. Dies beruht in beiden Fällen auf der Überlegung, das die Belastung des Gesamtguts deswegen gerechtfertigt ist, weil dieses hier auch den Vorteile erhält (zum Sondergut s § 1417 Abs 3 S 2, zum Erwerbsgeschäft in S 2 ausdrücklich normiert). § 1442 S 1 gilt daher nicht, wenn durch ehevertragliche Vereinbarung bestimmt, dass der Ehegatte das Sondergut für eigene Rechnung verwaltet[1].

2   Demnach trägt das Gesamtgut (und damit wegen § 1476 die Ehegatten letztlich intern zu gleichen Teilen):
– nach **S 1** die Verbindlichkeiten, die zu den **Lasten des Sonderguts** gehören, welche aus den Einkünften beglichen zu werden pflegen (§ 1440 Rn 2).
– Verbindlichkeiten, die durch den Betrieb eines für Rechnung des Gesamtguts geführten **Erwerbsgeschäfts** oder infolge eines hierzu gehörigen Rechts oder des Besitzes einer dazu gehörenden Sache entstehen **(S 2)**. Für Rechnung des Gesamtguts wird das Erwerbsgeschäft nur geführt, wenn es selbst zum Gesamtgut oder zum Sondergut gehört (§ 1417 Abs 3 S 2), nicht aber, wenn es Vorbehaltsgut (§ 1418 Abs 3 S 2) ist, es sei denn, eine abweichende ehevertragliche Vereinbarung liegt vor[2].

§ 1443 Prozesskosten

(1) Im Verhältnis der Ehegatten zueinander fallen die Kosten eines Rechtsstreits, den die Ehegatten miteinander führen, dem Ehegatten zur Last, der sie nach allgemeinen Vorschriften zu tragen hat.

(2) ¹Führt der Ehegatte, der das Gesamtgut nicht verwaltet, einen Rechtsstreit mit einem Dritten, so fallen die Kosten des Rechtsstreits im Verhältnis der Ehegatten zueinander diesem Ehegatten zur Last. ²Die Kosten fallen jedoch dem Gesamtgut zur Last, wenn das Urteil dem Gesamtgut gegenüber wirksam ist oder wenn der Rechtsstreit eine persönliche Angelegenheit oder eine Gesamtgutsverbindlichkeit des Ehegatten betrifft und die Aufwendung der Kosten den Umständen nach geboten ist; § 1441 Nr. 3 und § 1442 bleiben unberührt.

---

[12] AnwK-BGB/*Völker* Rn 6.
[13] MünchKommBGB/*Kanzleiter* Rn 8.
[14] Soergel/*Gaul* Rn 7; MünchKommBGB/*Kanzleiter* Rn 9.
[15] MünchKommBGB/*Kanzleiter* Rn 10.
[16] *Staudinger*/*Thiele* Rn 14.
[17] AnwK-BGB/*Völker* Rn 3; MünchKommBGB/*Kanzleiter* Rn 11; *Staudinger*/*Thiele* Rn 17.
[18] MünchKommBGB/*Kanzleiter* Rn 11.
[1] AnwK-BGB/*Völker* Rn 2; MünchKommBGB/*Kanzleiter* Rn 2.
[2] AnwK-BGB/*Völker* Rn 2; MünchKommBGB/*Kanzleiter* Rn 3; übersehen bei *Soergel*/*Gaul* Rn 3.

I. Normzweck, Konkurrenzfragen

Während § 1438 Abs 2 die Haftung des Gesamtguts im Außenverhältnis regelt, betrifft § 1443 das Innenverhältnis der Ehegatten. Es ist eine weitere Ausnahme vom Grundsatz, dass Gesamtgutsverbindlichkeiten auch Gesamtgutslasten sind. Die §§ 1441, 1442 (Verbindlichkeiten iVm deliktischer Haftung, Sonder- und Vorbehaltsgut) gehen aber vor. Für den Prozesskostenvorschuss gilt allein § 1360 a Abs 4[1]. 1

II. Einzelheiten

Hinsichtlich der Kosten eines **Rechtsstreits der Ehegatten untereinander** gilt, dass diese demjenigen von ihnen zur Last fallen, der sie auch nach den allgemeinen Vorschriften zu tragen hat (Abs 1). Die Kostentragungslast ergibt sich somit aus der gerichtlichen Entscheidung selbst (§ 308 Abs 2 ZPO, § 13 a FGG), dem Gesetz (§§ 91 ff ZPO) oder der von den Ehegatten getroffenen Vereinbarung (etwa im Vergleich)[2]. 2

Bei **Rechtsstreitigkeiten des nicht verwaltungsberechtigten Ehegatten mit einem Dritten** gilt der **Grundsatz,** dass diese im Innenverhältnis diesem Ehegatten zur Last fallen (Abs 2 S 1). Dies ist ein Korrektiv dafür, dass nach § 1438 Abs 2 das Gesamtgut auch dann nach außen für diese Kosten haftet, wenn das Urteil nicht gegenüber dem Gesamtgut wirksam ist. Ausnahmsweise handelt es sich aber nach Abs 2 S 2 auch intern um **Gesamtgutslasten,** wenn 3

– das Urteil dem **Gesamtgut gegenüber wirksam** ist, also ein Fall der §§ 1428, 1429, 1431, 1433 vorliegt oder der Gesamtgutsverwalter der Prozessführung zugestimmt hat oder
– der Rechtsstreit eine **persönliche Angelegenheit** (§ 1430 Rn 2) oder eine **Gesamtgutsverbindlichkeit** des Ehegatten betrifft und (in beiden Fällen) die Aufwendung der Kosten den Umständen nach geboten ist; hierfür können auch die Kriterien des § 114 ZPO herangezogen werden[3]. Bei der ersten Variante soll der nicht verwaltungsberechtigte Ehegatte ohne internes Kostenrisiko Prozesse in persönlichen Angelegenheiten führen können, die nicht aussichtslos oder mutwillig sind. Im zweiten Fall nimmt er ohnehin Interessen des Gesamtguts war, jedoch sind dies nur die Fallgruppen, bei denen das Urteil nicht gegen das Gesamtgut wirkt und auch nicht § 1441 eingreift.

Die Kosten eines **Rechtsstreits des Gesamtgutsverwalters** mit Dritten sind grds Gesamtgutslasten, wenn nicht § 1441 Nr 3 eingreift[4]. Zum Begriff des Rechtsstreits s § 1438 Rn 4; zu den Kosten des Rechtsstreits s § 1441 Rn 5. 4

§ 1444 Kosten der Ausstattung eines Kindes

(1) Verspricht oder gewährt der Ehegatte, der das Gesamtgut verwaltet, einem gemeinschaftlichen Kind aus dem Gesamtgut eine Ausstattung, so fällt ihm im Verhältnis der Ehegatten zueinander die Ausstattung zur Last, soweit sie das Maß übersteigt, das dem Gesamtgut entspricht.

(2) Verspricht oder gewährt der Ehegatte, der das Gesamtgut verwaltet, einem nicht gemeinschaftlichen Kind eine Ausstattung aus dem Gesamtgut, so fällt sie im Verhältnis der Ehegatten zueinander dem Vater oder der Mutter zur Last; für den Ehegatten, der das Gesamtgut nicht verwaltet, gilt dies jedoch nur insoweit, als er zustimmt oder die Ausstattung nicht das Maß übersteigt, das dem Gesamtgut entspricht.

I. Normzweck, Anwendungsbereich

Die dispositive Vorschrift regelt, welchem der Ehegatten im Innenverhältnis die Ausstattung (§ 1624) eines gemeinschaftlichen (auch Adoptiv-) oder eines einseitigen Kindes (Abs 2) zur Last fällt. Sie enthält eine teilweise Ausnahme vom Grundsatz, das Gesamtgutsverbindlichkeiten auch Gesamtgutslasten sind. Die Regelung ist – insbes im Zusammenhang mit §§ 1624, 1425 und 1435 S 3 – sehr kompliziert. Zu differenzieren ist dabei nach der Art der Zuwendung und den Empfängern derselben. Soweit der **nicht verwaltungsberechtigte Ehegatte** aus dem Gesamtgut eine Ausstattung gewährt, die diesem gegenüber wirksam ist (§§ 1429, 1430, bei Zustimmung des Verwalters), gilt § 1444 entspr[1*]. 1

II. Ausstattungen an gemeinschaftliche Kinder (Abs 1)

Hier kommt es auf die Art der Zuwendung an: 2
– **Angemessene Ausstattungen** (also das dem Gesamtgut entsprechende Maß nicht übersteigend) sind Gesamtgutslasten, da solche Zuwendungen beide Ehegatten gleichermaßen angehen.

---

[1] BGH FamRZ 1986, 40, 42: auch wenn aus Gesamtgut gewährt, ist er nicht zu erstatten; AnwK-BGB/*Völker* Rn 1.
[2] *Staudinger/Thiele* Rn 5; MünchKommBGB/*Kanzleiter* Rn 2.
[3] MünchKommBGB/*Kanzleiter* Rn 5.
[4] *Soergel/Gaul* Rn 5.
[1*] AnwK-BGB/*Völker* Rn 10; MünchKommBGB/*Kanzleiter* Rn 8; *Staudinger/Thiele* Rn 16; einschränkend *Erman/Heckelmann* Rn 1: gilt nicht bei § 1430.

– Bei darüber **hinausgehenden Ausstattungen,** die keine Übermaßausstattungen sind, hat der Gesamtgutsverwalter diese Last allein zu tragen, es sei denn, der andere Ehegatte hat dem ausdrücklich zugestimmt und damit auf eine Ausgleichungspflicht verzichtet[2].

– Liegt aber eine Ausstattung vor, die das den Vermögensverhältnissen des Gesamtgutsverwalters entsprechende Maß übersteigt (mit Vergleichsmaßstab gesamtes Gesamtgut, Sonder- und das Vorbehaltsgut des Verwalters), so handelt es sich hinsichtlich des Mehrerwerbs um eine **Übermaßausstattung** iS des § 1624 Abs 1 und damit um eine Schenkung. Sie ist ohne Zustimmung des anderen Ehegatte unwirksam (§ 1425) und begründet Ersatzpflicht des Verwalters für Wertverluste nach § 1435 S 3. Die Zustimmung des anderen Ehegatten hat hier uU eine **doppelte Funktion:** Sie macht die Zuwendung überhaupt erst wirksam, lässt aber den Ausgleichsanspruch unberührt. Darüber hinaus kann darin die Einwilligung gesehen werden, dass die gesamte Zuwendung als Gesamtgutslast übernommen und auf eine Ausgleichungspflicht des Verwalters verzichtet wird. Wie weit die Zustimmung tatsächlich reicht, ist in Zweifelsfällen durch Auslegung zu ermitteln[3].

III. Ausstattungen an einseitige Kinder (Abs 2)

3   Für solche Ausstattungen gilt der Grundsatz, dass diese dem (leiblichen) Vater oder der Mutter zur Last fallen (Abs 2 HS 1). Hiervon besteht auch keine Ausnahme, wenn der Verwalter selbst Vater oder Mutter des Ausstattungsempfängers ist. Bei Ausstattungen des **Verwalters an** ein **einseitiges Kind des anderen Ehegatten** wird zur Sicherung des nicht verwaltungsberechtigten Ehegatten dessen Zustimmung zu einem Übermaß der Ausstattung verlangt (Abs 2 HS 2). Fehlt sie, so fällt der übermäßige Teil der Ausstattung dem Verwalter zur Last; zudem ist er nach § 1435 S 3 zum Ersatz verpflichtet[4]. Vergleichsmaßstab für die Angemessenheit der Zuwendung ist hier nur die Hälfte des Gesamtguts, da der leibliche Elternteil an diesem Sondervermögen nur mit diesem Anteil beteiligt ist[5]. Soweit eine Schenkung vorliegt (Übermaßausstattung), ist die Zuwendung unwirksam (vgl Rn 2).

§ 1445 Ausgleichung zwischen Vorbehalts-, Sonder- und Gesamtgut

(1) Verwendet der Ehegatte, der das Gesamtgut verwaltet, Gesamtgut in sein Vorbehaltsgut oder in sein Sondergut, so hat er den Wert des Verwendeten zum Gesamtgut zu ersetzen.

(2) Verwendet er Vorbehaltsgut oder Sondergut in das Gesamtgut, so kann er Ersatz aus dem Gesamtgut verlangen.

I. Normzweck

1   Die verschiedenen Vermögensmassen (Vorbehalts-, Sonder- und Gesamtgut) und die Alleinverwaltung durch einen Ehegatten bringen die Gefahr bewusster oder unbewusster Vermögensverschiebungen mit sich. Die dispositive Bestimmung gewährt hier einen selbstständigen Ausgleichsanspruch, der nicht verschuldensabhängig ist (anders als § 1435 S 3) und keinen Einwand der Entreicherung (§ 818 Abs 3) kennt. Durch Abs 1 wird insbes der nicht verwaltungsberechtigte Ehegatte geschützt[1]. Die Fälligkeit bestimmt sich nach § 1446. Durch Ehevertrag können die Ersatzpflichten allgemein abweichend von § 1445 geregelt werden; im Einzelfall ist eine formlose Regelung möglich[2*].

II. Ersatz des Gesamtgutsverwalters zum Gesamtgut (Abs 1)

2   Der Verwalter hat Ersatz zu leisten, wenn er Gesamtgut in sein Vorbehalts- oder Sondergut verwendet. Hier gilt nicht der enge Verwendungsbegriff der §§ 994 ff, sondern alle Aufwendungen, die den Sondervermögen zugute kommen, sind ersatzpflichtig[3*]. Zu ersetzen ist der Wert zur Zeit der Verwendung, wobei es auf ein Fortbestehen der Bereicherung im Sondervermögen nicht ankommt. Wegen der späten Fälligkeit des Anspruchs nach § 1446 erleidet der andere Ehegatte aber uU erheblichen Zinsverlust[4*], der bei Vorliegen eines Verwalterverschuldens aber nach § 1435 S 3 zu ersetzen ist[5*].

---

[2] MünchKommBGB/*Kanzleiter* Rn 5; *Staudinger/Thiele* Rn 7; *Dölle* I S 937.
[3] Vgl *Staudinger/Thiele* Rn 7; *Gernhuber/Coester-Waltjen* § 38 Rn 102 Fn 137; AnwK-BGB/*Völker* Rn 5 messen der Zustimmung im Zweifel einen Verzicht auf die Ausgleichung bei; ähnlich MünchKommBGB/*Kanzleiter* Rn 5, der ausdrücklichen Vorbehalt des Ausgleichsanspruchs verlangt.
[4] MünchKommBGB/*Kanzleiter* Rn 7; *Soergel/Gaul* Rn 5.
[5] AnwK-BGB/*Völker* Rn 8; *Staudinger/Thiele* Rn 12, 14.
[1] *Soergel/Gaul* Rn 3; MünchKommBGB/*Kanzleiter* Rn 1.
[2*] *Staudinger/Thiele* Rn 17; MünchKommBGB/*Kanzleiter* Rn 5.
[3*] AnwK-BGB/*Völker* Rn 2; *Staudinger/Thiele* Rn 4.
[4*] MünchKommBGB/*Kanzleiter* Rn 2.
[5*] AnwK-BGB/*Völker* Rn 2; vgl auch *Staudinger/Thiele* Rn 6.

III. Ersatz aus dem Gesamtgut (Abs 2)

Umgekehrt kann der Verwalter Ersatz aus dem Gesamtgut verlangen, wenn er sein Vorbehalts- oder 3
Sondergut in das Gesamtgut verwandt hat. Zu ersetzen ist der Wert zur Zeit der Verwendung[6].
Einschränkungen ergeben sich jedoch daraus, dass es sich um eine spezialgesetzliche Regelung der
Geschäftsführung ohne Auftrag handelt, weshalb § 685 Abs 1 entsprechend gilt[7]; auch § 1360 b findet
bei Verwendungen für den Unterhalt Anwendung[8].

IV. Verwendungen des nicht verwaltungsberechtigten Ehegatten

Hierfür besteht eine Regelungslücke. Nur wenn er als Notverwalter tätig wird, gilt § 1445 ent- 4
sprechend[9], ebenso im Fall des § 1357 oder im Fall von § 1431, wenn das vom Verwalter genehmigte
Geschäft zum Vorbehaltsgut gehört[10]. Im Übrigen gelten für seine Verwendungen die allgemeinen
Vorschriften, besonders §§ 677 ff, 812 ff, aber auch § 1360 b[11].

§ 1446 Fälligkeit des Ausgleichsanspruchs

(1) Was der Ehegatte, der das Gesamtgut verwaltet, zum Gesamtgut schuldet, braucht er
erst nach der Beendigung der Gütergemeinschaft zu leisten; was er aus dem Gesamtgut zu
fordern hat, kann er erst nach der Beendigung der Gütergemeinschaft fordern.

(2) Was der Ehegatte, der das Gesamtgut nicht verwaltet, zum Gesamtgut oder was er zum
Vorbehaltsgut oder Sondergut des anderen Ehegatten schuldet, braucht er erst nach der
Beendigung der Gütergemeinschaft zu leisten; er hat die Schuld jedoch schon vorher zu
berichtigen, soweit sein Vorbehaltsgut und sein Sondergut hierzu ausreichen.

I. Normzweck, Anwendungsbereich

Die dispositive Bestimmung regelt für bestimmte Fälle die Fälligkeit der gegenseitigen Ansprüche 1
und Verbindlichkeiten der Ehegatten, und zwar nicht nur der güterrechtlichen Ersatzansprüche
(§§ 1435 S 3, 1441 bis 1444, 1445), sondern aller obligatorischer Ansprüche, wie aus Darlehen und
Delikt[1]. Im Interesse der Erhaltung des Ehefriedens werden diese grds (Ausnahme Abs 2) erst mit
Beendigung der Gütergemeinschaft fällig[2]. Nicht von § 1446 erfasst werden dingliche oder possessorische Ansprüche[3]; nicht betroffen werden dadurch nach hM auch **vorsorgliche Rechtsbehelfe** wie
Feststellungsklagen (§ 256 ZPO) oder Klagen auf künftige Leistungen (§ 259 ZPO) sowie Arrest und
einstweilige Verfügung (§§ 916 ff ZPO) hinsichtlich der noch nicht fälligen Ehegattenansprüche, soweit
die jeweiligen besonderen Voraussetzungen hierfür vorliegen[4], was im Hinblick auf das Normzweck
der Erhaltung des Familienfriedens nicht unproblematisch ist. Mangels Fälligkeit läuft auch noch nicht
die **Verjährung**[5], die sich, wenn es sich um familienrechtliche Ansprüche handelt, nach § 197 bestimmt
und regelmäßig, wenn nicht § 197 Abs 2 eingreift, nach § 200 beginnt[6*].

II. Einzelheiten

Sowohl Schulden des **Verwalters** gegenüber dem Gesamtgut wie auch Forderungen des Verwalters 2
gegen dieses werden erst nach der Beendigung der Gütergemeinschaft fällig **(Abs 1)**.
Gleiches gilt für Verbindlichkeiten des **nicht verwaltenden Ehegatten** gegenüber dem Gesamtgut 3
und gegenüber dem Sonder- und Vorbehaltsgut des anderen Ehegatten (Abs 2 HS 1). Davon besteht
aber dann eine **Ausnahme,** wenn das Vorbehalts- oder Sondergut des nicht verwaltenden Ehegatten
bereits vorher zur Deckung der Verbindlichkeiten ausreicht: dann hat er diese sofort zu begleichen
(Abs 2 HS 2). Dass dies der Fall ist, hat der Verwalter schon im Rechtsstreit selbst, und nicht erst im
Zwangsvollstreckungsverfahren zu beweisen, da es sich nicht um eine Frage der Haftungsbeschränkung,
sondern eine solche des materiellen Rechts handelt[7*].

---

[6] *Staudinger/Thiele* Rn 11; AnwK-BGB/*Völker* Rn 3.
[7] MünchKommBGB/*Kanzleiter* Rn 3; *Staudinger/Thiele* Rn 10.
[8] BGHZ 50, 266, 269 = NJW 1968, 1780.
[9] MünchKommBGB/*Kanzleiter* Rn 4; *Staudinger/Thiele* Rn 13.
[10] AnwK-BGB/*Völker* Rn 4; *Staudinger/Thiele* Rn 13; RGRK/*Finke* Rn 5; aA MünchKommBGB/*Kanzleiter* Rn 4 zu § 1357, wobei es aber keinen entspr Differenzierungsgrund gibt.
[11] AnwK-BGB/*Völker* Rn 4; *Staudinger/Thiele* Rn 14.
[1] AnwK-BGB/*Völker* Rn 2; *Staudinger/Thiele* Rn 13.
[2] AnwK-BGB/*Völker* Rn 1.
[3] OLG Hamburg OLGE 7, 404; 21, 232 betr Herausgabe eines Sparbuchs.
[4] AnwK-BGB/*Völker* Rn 2; *Staudinger/Thiele* Rn 3; MünchKommBGB/*Kanzleiter* Rn 6; praktische Hinweise bei AnwK-BGB/*Völker* Rn 6; *Wieser* Prozessrechtskommentar Rn 1 und 3.
[5] Unzutr daher *Klüber* in: *Schröder/Bergschneider* FamVermR Rn 4.554, der Hemmung nach § 207 Abs 1 S 1 annimmt; dagegen zu Recht AnwK-BGB/*Völker* Rn 7 Fn 14; unklar in diesem Zusammenhang *Staudinger/Thiele* Rn 15.
[6*] Zu pauschal stellt AnwK-BGB/*Völker* Rn 7 auf den Beginn der Regelverjährung nach § 199 Abs 1 Nr 1 ab, was bei § 197 Abs 1 Nr 2 gerade nicht richtig ist.
[7*] OLG Hamburg OLGE 14, 228; AnwK-BGB/*Völker* Rn 8; MünchKommBGB/*Kanzleiter* Rn 4; *Gernhuber/Coester-Waltjen* § 38 Rn 107–109.

§ 1447

4   **Nicht geregelt** werden von § 1446 folgende Anspruchskonstellationen: Ansprüche des nicht verwaltenden Ehegatten zu seinem Vorbehalts- oder Sondergut gegen das Gesamtgut oder das Vorbehalts- und Sondergut des Gesamtgutsverwalters[8]. Insoweit verbleibt es für die Fälligkeit bei den allgemeinen Bestimmungen (§ 271), jedoch mit der Hemmung nach § 207 Abs 1 S 1 während der Ehe[9].

§ 1447 Aufhebungsklage des nicht verwaltenden Ehegatten

Der Ehegatte, der das Gesamtgut nicht verwaltet, kann auf Aufhebung der Gütergemeinschaft klagen,
1. wenn seine Rechte für die Zukunft dadurch erheblich gefährdet werden können, dass der andere Ehegatte zur Verwaltung des Gesamtguts unfähig ist oder sein Recht, das Gesamtgut zu verwalten, missbraucht,
2. wenn der andere Ehegatte seine Verpflichtung, zum Familienunterhalt beizutragen, verletzt hat und für die Zukunft eine erhebliche Gefährdung des Unterhalts zu besorgen ist,
3. wenn das Gesamtgut durch Verbindlichkeiten, die in der Person des anderen Ehegatten entstanden sind, in solchem Maße überschuldet ist, dass ein späterer Erwerb des Ehegatten, der das Gesamtgut nicht verwaltet, erheblich gefährdet wird,
4. wenn die Verwaltung des Gesamtguts in den Aufgabenkreis des Betreuers des anderen Ehegatten fällt.

I. Normzweck, andere Aufhebungsmöglichkeiten

1   Keiner der Ehegatten hat das Recht, die Gütergemeinschaft einseitig zu kündigen. Umgekehrt setzt die ungestörte Fortsetzung der Gütergemeinschaft ein ungestörtes Vertrauensverhältnis voraus. Auch ergibt sich aus der Machtfülle der Verwaltungsbefugnisse des Gesamtgutsverwalters (§ 1422) uU die Gefahr des Missbrauchs derselben; auch die Verwaltungsrechte können einseitig nicht beseitigt werden. § 1447 gibt daher dem nicht verwaltenden Ehegatten zu seinem Schutz bei Gefährdung seiner Rechte die Befugnis, auf Aufhebung der Gütergemeinschaft zu klagen. Aus diesem Schutzzweck ergibt sich zugleich, dass dieses Recht auch durch **Ehevertrag** weder ausgeschlossen noch eingeschränkt werden kann[1]. Eine Erweiterung der gesetzlich abschließend geregelten Auflösungsgründe ist nach hM ebenfalls unzulässig[2], was aber vom Schutzzweck nicht geboten ist, aber der Vertragstypizität entspricht. Auch § 1385 gilt nicht analog[3].

2   Neben den §§ 1447, 1448 kann Aufhebung der Gütergemeinschaft nicht nach allgemeinen Rechtsgrundsätzen, etwa wegen Wegfalls der Geschäftsgrundlage (§ 313), „aus wichtigem Grund" oder wegen positiver Vertragsverletzung verlangt werden[4]. Zu anderen Beendigungsgründen s § 1415 Rn 10.

II. Verfahren

3   Zuständig das **Familiengericht** (§ 23 b Abs 1 S 2 Nr 9 GVG, § 621 Abs 1 Nr 8 ZPO), jedoch keine Ehesache iS von § 606 ZPO und keine Scheidungsfolgesache nach § 623 ZPO, sondern vermögensrechtlicher Anspruch[5]. **Verbindung** mit anderen Familiensachen möglich, etwa mit einer Auskunftsklage (§ 1435 S 2), auch eine Widerklage des Gesamtgutsverwalters ist möglich[6], sowie Verbindung mit Klage auf Auseinandersetzung der Gütergemeinschaft, auch wenn diese nach § 1471 erst nach Beendigung der Gütergemeinschaft erfolgt[7]. Eine Klagefrist besteht nicht; Beklagter ist der Gesamtgutsverwalter, auch wenn über dessen Vermögen ein Insolvenzverfahren eröffnet ist[8*]. Das **Rechtsschutzinteresse** kann entfallen, wenn der Verwalter ernsthaft vor Klageerhebung die ehevertragliche Aufhebung der Gütergemeinschaft anbietet[9*]. Eine **einstweilige Verfügung** mit dem Ziel des

---

[8] AnwK-BGB/*Völker* Rn 5; MünchKommBGB/*Kanzleiter* Rn 5; *Staudinger/Thiele* Rn 11; OLG München SeuffBl 75, 785.
[9] *Staudinger/Thiele* Rn 15.
[1] BGHZ 29, 134 = NJW 1959, 625; AnwK-BGB/*Völker* Rn 2; *Soergel/Gaul* Rn 2; allgM.
[2] AnwK-BGB/*Völker* Rn 2; *Erman/Heckelmann* Rn 7; *Soergel/Gaul* Rn 2; RGRK/*Finke* Rn 20; aA *Staudinger/Thiele* Rn 29; MünchKommBGB/*Kanzleiter* Rn 21.
[3] AnwK-BGB/*Völker* Rn 2; *Gernhuber/Coester-Waltjen* § 38 Rn 136; *Soergel/Gaul* Rn 2; aA *Grassmann* FamRZ 1984, 957.
[4] MünchKommBGB/*Kanzleiter* Rn 3; *Staudinger/Thiele* Rn 11; zur Subsidiarität des § 313 AnwK-BGB/*Krebs* § 313 Rn 8 f; eine Kündigung aus wichtigem Grund nach § 314 scheidet aus, da der Güterstand kein Dauerschuldverhältnis ist.
[5] AnwK-BGB/*Völker* Rn 10; *Staudinger/Thiele* Rn 3; MünchKommBGB/*Kanzleiter* Rn 18.
[6] BGHZ 29, 129, 136; AnwK-BGB/*Völker* Rn 10.
[7] OLG Karlsruhe FamRZ 1982, 288; AnwK-BGB/*Völker* Rn 10; *Staudinger/Thiele* Rn 3; *Soergel/Gaul* Rn 2.
[8*] RGZ 15, 321, 322 zu Art 1443 Code civil; *Staudinger/Thiele* Rn 8.
[9*] RG Gruchot 53, 697; *Soergel/Gaul* Rn 16; nach *Staudinger/Thiele* Rn 7, *Erman/Heckelmann* Rn 6, *Wieser* Prozessrechtskommentar Rn 5 entfällt es immer; nach MünchKommBGB/*Kanzleiter* Rn 17 ist dieses Anerbieten unerheblich, jedoch ist es praktisch immer geboten, damit nicht der andere Ehegatte mit der Kostenfolge des § 93 ZPO sofort anerkennt, AnwK-BGB/*Völker* Rn 15.

§ 1447 ist unzulässig, da dies die Hauptsacheentscheidung vorwegnimmt (vgl § 1449)[10]. Möglich ist aber, dem Verwalter einstweilen bestimmte Befugnisse zu entziehen oder bestimmte Maßnahmen aufzugeben, um die Rechte des anderen Ehegatten zu sichern[11]. Der Prozess kann durch Vergleich beendet werden (steht Ehevertrag gleich, s § 127 a)[12]. **Erledigung** der Hauptsache durch Tod, rechtskräftige Scheidung, Aufhebung der Ehe durch Urteil nach § 1313 oder Ehevertrag[13]. Die Voraussetzungen des § 1447 müssen noch zum Zeitpunkt der letzten mündlichen Verhandlung vorliegen[14].

III. Aufhebungsgründe

1. Unfähigkeit des Verwalters oder Missbrauch des Verwaltungsrechts (Nr 1). Unfähigkeit zur Verwaltung setzt kein Verschulden voraus. Entscheidend, dass er seinen Verwalterpflichten (§ 1435) aus objektiv bestehenden Gründen nicht nachkommen kann, etwa wegen geistiger oder körperlicher Gebrechen, Krankheit, längerer Abwesenheit oder Verschollenheit[15]. Durch die Notverwaltungsmöglichkeit nach § 1429 wird dieser Aufhebungsgrund nicht ausgeschlossen, da keine Pflicht zu deren Übernahme besteht[16], wohl aber durch ausreichende Vollmacht[17]. **Missbrauch der Verwaltungsbefugnis** liegt vor, wenn der Verwalter die gesetzlichen Schranken seines Verwaltungsrechts (Maßnahmen nach §§ 1423 ff ohne Zustimmung des anderen) oder die allgemeinen Grundsätze der ordnungsgemäßen Verwaltung (§ 1435) nicht nur geringfügig überschreitet[18], insbes in Benachteiligungsabsicht handelt, aber nicht nur dann[19]. Hinzukommen muss in beiden Fällen eine **erhebliche Gefährdung** der Rechte des nicht verwaltenden Ehegatten für die Zukunft. Dies setzt voraus, dass der gefährdende Zustand andauert oder aber für gefährdende Handlungen Wiederholungsgefahr besteht. Im letzteren Fall genügt die abstrakte Möglichkeit einer zukünftigen Gefährdung[20]. Entscheidend sind das gesamte Verhalten des Verwalters und die Umstände des Einzelfalls[21]. Das Gewicht das Rechtsmissbrauchs beeinflusst das Ausmaß der Rechtsgefährdung[22]. Unter Rechte des Ehegatten sind bereits rechtlich geschützte Interessen zu verstehen, insbes die Gefahr der Minderung seines Auseinandersetzungsanspruchs[23].

2. Gefährdung der Verletzung der Unterhaltspflicht (Nr 2). Bei diesem verschuldensunabhängigen[24] Aufhebungsgrund wird auf die Unterhaltspflicht gegenüber der Familie, also gegenüber Ehegatten und gemeinsamen Abkömmlingen abgestellt, nicht aber gegenüber sonstigen unterhaltsberechtigten Eltern, einseitigen Kindern, hier eventuell nur Aufhebungsgrund nach Nr 1[25]. Die zu erfüllende Unterhaltspflicht ergibt sich aus den allgemeinen Bestimmungen (besonders §§ 1360 bis 1361, 1604, 1610). Die erforderliche Gefährdung des Unterhalts ist zu besorgen, wenn die Gefährdung der Unterhaltspflicht in nicht nur geringfügigem Maß in Zukunft nahe liegt[26].

3. Überschuldung des Gesamtguts (Nr 3). Die Verbindlichkeiten müssen in der Person des Gesamtgutsverwalters entstanden sein (§ 1437 Abs 1), wobei aber zu beachten ist, dass auch die sein Vorbehalts- und Sondergut betreffenden Schulden Gesamtgutsverbindlichkeiten sind (§ 1437 Rn 2)[27]. Überschuldung liegt vor, wenn die Verbindlichkeiten den Wert des Gesamtguts übersteigen (vgl auch § 19 Abs 2 S 1 InsO), nicht des Sonder- oder Vorbehaltsguts des Verwalters. Sie muss bereits eingetreten sein; dass dies auf einem Verschulden des Verwalters beruht, ist nicht erforderlich[28]. Ob diese Verbindlichkeiten im Verhältnis der Ehegatten zueinander dem Verwalter zur Last fallen (§§ 1441 bis 1444) ist zunächst für die Frage der Überschuldung unbeachtlich[29], jedoch wird dies bei der Prüfung relevant, ob der spätere Erwerb des anderen Ehegatten gefährdet ist[30]. Denn dies ist hier das weitere

---

[10] OLG Kassel JW 1930, 1012; *Staudinger/Thiele* Rn 9.
[11] RG Gruchot 46, 951; *Gernhuber/Coester-Waltjen* § 38 Rn 131 Fn 170; *Staudinger/Thiele* Rn 9; *Soergel/Gaul* Rn 18; für Zulässigkeit der völligen Untersagung der Verwaltung RGRK/*Finke* Rn 19; ähnlich MünchKommBGB/*Kanzleiter* Rn 19, was aber nicht möglich ist, denn wer verwaltet dann?; wie hier daher AnwK-BGB/*Völker* Rn 12; *Staudinger/Thiele* Rn 11.
[12] BGHZ 84, 333, 336 = NJW 1982, 2373.
[13] *Staudinger/Thiele* Rn 10.
[14] RG WarnR 1908 Nr 162; 1911 Nr 246; AnwK-BGB/*Völker* Rn 11 mwN.
[15] Vgl iE *Staudinger/Thiele* Rn 13; MünchKommBGB/*Kanzleiter* Rn 6.
[16] AnwK-BGB/*Völker* Rn 4.
[17] *Palandt/Brudermüller* Rn 3; aA AnwK-BGB/*Völker* Rn 4, der auf die „Zumutbarkeit" abstellt, aber nicht erklärt, was damit gemeint ist.
[18] AnwK-BGB/*Völker* Rn 5.
[19] BGHZ 48, 369 = NJW 1968, 496: Zwangsvollstreckungsunterwerfung zur Umgehung des § 1424; MünchKommBGB/*Kanzleiter* Rn 7; *Staudinger/Thiele* Rn 14 mwN.
[20] RGZ 126, 103, 105; BGHZ 1, 313, 316; MünchKommBGB/*Kanzleiter* Rn 9 mwN.
[21] AllgM, vgl MünchKommBGB/*Kanzleiter* Rn 10.
[22] BGHZ 48, 369, 372 = NJW 1968, 496; *Staudinger/Thiele* Rn 16; MünchKommBGB/*Kanzleiter* Rn 10.
[23] MünchKommBGB/*Kanzleiter* Rn 8.
[24] AllgM, RG JW 1924, 678; *Staudinger/Thiele* Rn 18 mwN.
[25] MünchKommBGB/*Kanzleiter* Rn 12.
[26] RG WarnR 1908 Nr 162; *Staudinger/Thiele* Rn 19; MünchKommBGB/*Kanzleiter* Rn 13.
[27] *Dölle* I S 939.
[28] OLG Hamburg OLGE 12, 313.
[29] AnwK-BGB/*Völker* Rn 8; *Soergel/Gaul* Rn 10; RGRK/*Finke* Rn 14; *Palandt/Brudermüller* Rn 5; *Rauscher* Rn 466; anders MünchKommBGB/*Kanzleiter* Rn 14: dann nicht zu berücksichtigen, wenn kein Zweifel daran besteht, dass sie aus Sondervermögen des Verwalters bestritten werden können; dagegen zutr AnwK-BGB/*Völker* Rn 8.
[30] AnwK-BGB/*Völker* Rn 8; *Staudinger/Thiele* Rn 22.

§ 1449 Buch 4. Abschnitt 1. Bürgerliche Ehe

Tatbestandsmerkmal. Auch hierfür genügt eine abstrakte Gefährdung, die idR bei der Überschuldung vorliegen wird[31], zumal hieran keine zu großen Anforderungen gestellt werden dürfen[32]. Anders liegt es aber bei Kompensationsmöglichkeit aus Vorbehaltsgut des Verwalters.

7 **4. Betreuung des Gesamtgutsverwalters (Nr 4).** Erforderlich ist hier, dass wirksam (s § 69a Abs 3 S 1 FGG) ein Betreuer bestellt wird, in dessen Aufgabenkreis die Gesamtgutsverwaltung fällt (§ 1896), was sich aus dem Anordnungsbeschluss des Vormundschaftsgerichts ergibt (§ 69 Abs 1 Nr 2 b FGG). Liegt nur teilweise Überschneidung vor (was angesichts des Erforderlichkeitsgrundsatzes möglich ist, § 1896 Abs 2), so kommt es darauf an, dass ein erheblicher Eingriff in das Verwaltungsrecht vorliegt[33]. Eine vorläufige Betreuung (§ 69 f FGG) genügt nicht, da Zweck dieses Aufhebungsgrunds ist, den anderen Ehegatten auf Dauer vor einer ihm nicht zumutbaren Fremdverwaltung zu schützen[34].

§ 1448 Aufhebungsklage des Verwalters

Der Ehegatte, der das Gesamtgut verwaltet, kann auf Aufhebung der Gütergemeinschaft klagen, wenn das Gesamtgut infolge von Verbindlichkeiten des anderen Ehegatten, die diesem im Verhältnis der Ehegatten zueinander zur Last fallen, in solchem Maße überschuldet ist, dass ein späterer Erwerb erheblich gefährdet wird.

1 Die Vorschrift gewährt wie dem anderen Ehegatten nach § 1447 Nr 3 dem Verwalter das Recht zur Aufhebungsklage, das hier noch weiter geht, da auch die Gefährdung seines künftigen Erwerbs hinsichtlich Sonder- und Vorbehaltsgut als Aufhebungsgrund genügt[1]. **Voraussetzung** ist, dass das Gesamtgut **überschuldet** ist
– ausschließlich[2] durch **Verbindlichkeiten** des nicht verwaltenden Ehegatten,
– für die im **Außenverhältnis** das Gesamtgut nach §§ 1437 bis 1440 haftet und
– die im **Innenverhältnis** der Ehegatten zueinander diesem zur Last fallen. Dies bestimmt sich nach den §§ 1441 bis 1444. In Betracht kommen insbes solche aus unerlaubter Handlung nach Eintritt der Gütergemeinschaft (§ 1441 Nr 1).

Für die weiter erforderliche erhebliche Gefährdung des Erwerbs kommt es allein auf den des **Verwalters** an[3]. Vgl iÜ § 1447 Rn 6, zum Verfahren § 1447 Rn 3. Weitere Aufhebungsgründe bestehen für den Verwalter nicht, weil er auch keinen weitergehenden Schutz benötigt: Die Einwilligung zum Betrieb eines Erwerbsgeschäfts kann nach § 1431 Abs 3 widerrufen, die Verpflichtungsbefugnis nach § 1357 entspr dessen Abs 2 ausgeschlossen werden[4].

2 Die Aufhebungsklage **beendet** hier nicht nur die Gütergemeinschaft (§ 1449), sondern **befreit** den Verwalter nach § 1437 Abs 2 S 2 auch von der **persönlichen gesamtschuldnerischen Haftung** für die Gesamtgutsverbindlichkeiten, die im Innenverhältnis dem anderen Ehegatten zur Last fallen.

§ 1449 Wirkung des Aufhebungsurteils

(1) Mit der Rechtskraft des Urteils ist die Gütergemeinschaft aufgehoben; für die Zukunft gilt Gütertrennung.

(2) Dritten gegenüber ist die Aufhebung der Gütergemeinschaft nur nach Maßgabe des § 1412 wirksam.

1 Das Aufhebungsurteil nach §§ 1447, 1448 ist Gestaltungsurteil, das erst mit der formellen Rechtskraft wirkt (§ 705 ZPO). Es hebt die Gütergemeinschaft auf und lässt für die Zukunft **Gütertrennung** eintreten (Abs 1). Dies gilt auch dann, wenn das Urteil im Wiederaufnahmeverfahren aufgehoben wird[1*]. Jedoch können die Ehegatten durch Ehevertrag die Zugewinngemeinschaft vereinbaren[2*]. Daneben erlischt nach § 1437 Abs 2 S 2 die persönliche Haftung des Verwalters für Gesamtgutsverbindlichkeiten, die im Innenverhältnis der Ehegatten dem anderen zur Last fallen. Das Gesamtgut muss allerdings erst auseinander gesetzt werden (§§ 1471 ff), jedoch auf Verlangen des Aufhebungsklägers nach den Verhältnissen bei Rechtshängigkeit der Aufhebungsklage (§ 1479).

---

[31] MünchKommBGB/*Kanzleiter* Rn 15; OLG Hamburg OLGE 8, 337; strengere Anforderungen bei *Staudinger/Thiele* Rn 24; AnwK-BGB/*Völker* Rn 8: konkrete Gefährdung, wegen des engeren Wortlauts der Nr 3, „erheblich gefährdet wird".
[32] *Soergel/Gaul* Rn 11.
[33] Zust AnwK-BGB/*Völker* Rn 9.
[34] *Staudinger/Thiele* Rn 26.
[1] *Staudinger/Thiele* Rn 1.
[2] *Staudinger/Thiele* Rn 2.
[3] AnwK-BGB/*Völker* Rn 3.
[4] AnwK-BGB/*Völker* Rn 1; *Staudinger/Thiele* Rn 5.
[1*] OLG Stuttgart SJZ 1949, 115 m Anm *Völker*.
[2*] AllgM, AnwK-BGB/*Völker* Rn 1; MünchKommBGB/*Kanzleiter* Rn 2.

Dritten gegenüber ist die Aufhebung nur nach Maßgabe des § 1412 wirksam (Abs 2)[3]. Dies gilt jedoch **nicht** für die befreiende Wirkung des **§ 1437 Abs 2 S 2**, da diese kraft Gesetzes eintritt; Dritte werden insoweit nicht geschützt[4]. Jeder Ehegatte kann allein die Eintragung in das Güterrechtsregister verlangen (§ 1561 Abs 2 Nr 1).

Unterkapitel 3. Gemeinschaftliche Verwaltung des Gesamtguts durch die Ehegatten (§§ 1450–1470)

§ 1450 Gemeinschaftliche Verwaltung durch die Ehegatten

(1) ¹Wird das Gesamtgut von den Ehegatten gemeinschaftlich verwaltet, so sind die Ehegatten insbesondere nur gemeinschaftlich berechtigt, über das Gesamtgut zu verfügen und Rechtsstreitigkeiten zu führen, die sich auf das Gesamtgut beziehen. ²Der Besitz an den zum Gesamtgut gehörenden Sachen gebührt den Ehegatten gemeinschaftlich.

(2) Ist eine Willenserklärung den Ehegatten gegenüber abzugeben, so genügt die Abgabe gegenüber einem Ehegatten.

I. Normzweck, Grundsätzliches

Die Bestimmung ist für die gemeinschaftliche Verwaltung das Gegenstück zu § 1422. Gemeinschaftliche Verwaltung des Gesamtguts ist der **Regelfall**; sie tritt ein, wenn die Ehegatten dies im Ehevertrag ausdrücklich vereinbaren oder dort keine Bestimmung über die Verwaltung getroffen haben (§ 1421 S 2). Auch für die Zeit nach Beendigung der Gütergemeinschaft bis zur endgültigen Auseinandersetzung verwalten die Ehegatten das Gesamtgut gemeinschaftlich, auch wenn vorher Einzelverwaltungsbefugnis bestand (§ 1472). Die gemeinschaftliche Verwaltung ist in den §§ 1450 bis 1470 geregelt.

II. Gemeinschaftliche Verwaltung

Das Erfordernis der gemeinschaftlichen Verwaltung ist in Abs 1 nur beispielhaft erwähnt. Es umfasst außer den dort genannten Fällen der Verfügung über Gesamtgutobjekte und Rechtsstreitigkeiten auch den Besitz und die Zuständigkeit zur Äußerung von Willenserklärungen, Verpflichtungs- (vgl § 1460) und Erwerbsgeschäften, ja Rechtsgeschäften aller Art und tatsächliche Handlungen[1]. Es gilt der **Grundsatz der Allzuständigkeit der gemeinschaftlichen Verwaltung**[2], der nur in bestimmten spezialgesetzlichen Fällen (Rn 6) durchbrochen ist.

Die **Art und Weise** der gemeinschaftlichen Verwaltung ist im Gesetz nicht ausdrücklich geregelt (arg §§ 1452 ff, 1460); gemeinschaftlich bedeutet daher nicht gleichzeitig[3], soweit spezialgesetzlich nichts anderes bestimmt (§ 925 Abs 1 S 1). Erforderlich aber ein gemeinschaftliches, eigenes Handeln beider Ehegatten, worin allerdings eine Vertretung des Gesamtguts liegt; sie handeln vielmehr für sich selbst[4]. Die **Offenlegung** des gemeinsamen Handelns gegenüber dem Vertragspartner ist aber grds nicht notwendig[5]; anderes gilt, wenn die Haftung auf das Gesamtgut beschränkt oder ein nicht übertragbares Recht in das Gesamtgut fallen soll (§ 1417 Rn 2)[6]. Als Rechtsgeschäft unter Lebenden kann die Zustimmung des anderen Ehegatten aber nicht durch Verfügung von Todes wegen erfolgen[7].

Dem Recht zur Mitwirkung an der gemeinschaftlichen Verwaltung entspricht die **Mitwirkungspflicht** nach § 1451, die notfalls durch die Ersetzung nach § 1452 erzwungen werden kann. Der **Besitz** am Gesamtgut steht den Ehegatten grds gemeinschaftlich zu (Abs 1; vgl § 866). Auf Grund allgemeiner Bestimmungen bestehen hiervon jedoch Ausnahmen (§ 1422 Rn 7).

Bei gemeinschaftlich vorgenommenen Rechtsgeschäften genügt es für eine Anfechtung (§§ 119 ff), wenn auch nur bei einem Ehegatten ein **Willensmangel** vorliegt[8]; dieser kann auch allein anfechten, was das gesamte Rechtsgeschäft beseitigt (§ 142). Kommt es nach dem Gesetz auf das Kennen oder Kennenmüssen an, so genügt, wenn dieses nur bei einem Ehegatten vorliegt[9].

---

[3] Näher MünchKommBGB/*Kanzleiter* Rn 6.
[4] AnwK-BGB/*Völker* Rn 3; MünchKommBGB/*Kanzleiter* Rn 4 mwN; *Soergel/Gaul* Rn 2.
[1] *Staudinger/Thiele* Rn 6; MünchKommBGB/*Kanzleiter* Rn 4; *Soergel/Gaul* Rn 3.
[2] Zust AnwK-BGB/*Völker* Rn 3.
[3] AnwK-BGB/*Völker* Rn 5; *Staudinger/Thiele* Rn 7.
[4] *Soergel/Gaul* Rn 4.
[5] *Staudinger/Thiele* Rn 9.
[6] *Staudinger/Thiele* Rn 9.
[7] AA *Palandt/Brudermüller* Rn 2; AnwK-BGB/*Völker* Rn 5, jeweils unter unzutr Bezug auf BGH NJW-RR 1989, 1225, wo die Frage gerade nicht entschieden wurde.
[8] MünchKommBGB/*Kanzleiter* Rn 16; *Staudinger/Thiele* Rn 15; *Soergel/Gaul* Rn 13; hat ein Ehegatte nur zugestimmt, so kann er nur seine Zustimmung bei Vorliegen eines Willensmangels anfechten, *Staudinger/Thiele* Rn 16.
[9] MünchKommBGB/*Kanzleiter* Rn 17; *Staudinger/Thiele* Rn 18.

III. Möglichkeit der alleinigen Handlung für das Gesamtgut

6 Ein Ehegatte kann allein mit Wirkung für das Gesamtgut handeln[10]:
- in den Fällen des **§ 1455** (s Erl dort);
- nach § 1357 bei **Geschäften zur angemessenen Deckung des Lebensbedarfs:** da sich hieraus eine persönliche Verpflichtung ergibt, haftet auch das Sonder- und Vorbehaltsgut beider Ehegatten;
- wenn der andere Ehegatte eine **Vollmacht** oder eine Ermächtigung (§ 185) erteilte: Hierfür gelten zunächst die allgemeinen Grundsätze (auch Anscheins- und Duldungsvollmacht). Nach verbreiteter Ansicht bedarf eine nicht nur für einzelne Rechtsgeschäfte[11], sondern über Teilbereiche oder die gesamte Verwaltung für längere Zeit erklärte unwiderrufliche Bevollmächtigung der **Form des Ehevertrags** (§ 1410), da dadurch in bindender Weise in die güterrechtlichen Verhältnisse eingegriffen und damit eine ehevertragsähnliche Änderung der Verwaltungsordnung bewirkt wird (Gedanke des § 1413)[12]. Dem kann zumindest bei der Generalvollmacht nicht gefolgt werden, da diese grds immer aus wichtigem Grund widerrufen werden kann und deshalb auch faktisch kein der alleinigen Verwaltung entsprechender Zustand geschaffen wird[13];
- beim **Erwerb,** da das Erworbene zwingend in das Gesamtgut fällt (§ 1416 Abs 1 S 2, Abs 2); daher Berichtigungsanspruch des anderen Ehegatten nach § 1416 Abs 3 (vgl auch § 1416 Rn 11, zur einseitigen Belastung anlässlich des Erwerbs § 1422 Rn 8);
- bei der **Entgegennahme von Willenserklärungen (Abs 2),** und zwar für Erklärungen aller Art, wie Kündigung, Anfechtung, Angebot oder Annahme[14], Verwaltungsakte[15]. Abs 2 gilt aber nicht für Zustellungen (eigenständige Regelung des Prozessrechts, auch § 171 Abs 3 ZPO gilt nicht)[16] und nicht für Erklärungen, die sich auf das Vorbehalts- und Sondergut des anderen beziehen;
- bei der Geltendmachung von **Besitzschutzrechten** (§§ 859, 861, 862)[17]. Das ergibt sich daraus, dass der Besitz als tatsächliche Sachherrschaft nicht der Gesamthand zusteht[18];
- im Fall von **§ 1458,** wenn ein Ehegatte unter **elterlicher Sorge** oder Vormundschaft steht.

IV. Fehlende Zustimmung eines Ehegatten

7 Auch bei der gemeinschaftlichen Verwaltung kann jeder Ehegatte zunächst allein **Verpflichtungsgeschäfte** eingehen. Sie sind jedoch ohne Zustimmung des anderen Ehegatten nur bei Vorliegen einer der in Rn 6 genannten Fälle für das Gesamtgut wirksam, nur dann haftet es (§ 1460 Abs 1). Der Handelnde haftet allerdings mit seinem Sonder- und Vorbehaltsgut persönlich, wobei es ohne Belang ist, ob er im eigenen Namen oder gleichzeitig in dem des anderen Ehegatten handelt[19]. Entgegen den Fällen der §§ 1423 bis 1425 bei der Einzelverwaltung ist das Rechtsgeschäft hier vielmehr wirksam; die Zustimmung des anderen entscheidet nur darüber, ob auch das Gesamtgut hieraus haftet. Beschränkung der Haftung auf § 179 greift daher nur dann ein, wenn der Handelnde seine persönliche Haftung (für Sonder- und Vorbehaltsgut) ausdrücklich ausgeschlossen, Vollmacht für das Gesamtgut aber behauptet hat[20]. Demgegenüber haftet das Gesamtgut stets für culpa in contrahendo (§§ 280 Abs 1, 311 Abs 2 und 3) und deliktisches Verhalten des handelnden Ehegatten (§ 1459 Rn 4)[21]. Bei **einseitigen Verfügungen** gilt § 1453.

V. Rechtsstreitigkeiten

8 In **Aktivprozessen** über Gesamtgutsvermögen sind beide Ehegatten **grds** nur gemeinschaftlich prozessführungsbefugt (§ 1450 Abs 1) und daher notwendige Streitgenossen (§ 62 Abs 2 Alt 2 ZPO)[22]. Erhebt daher nur ein Ehegatte die Klage ohne die erforderliche Zustimmung des anderen, so ist diese

---

[10] AnwK-BGB/*Völker* Rn 8; MünchKommBGB/*Kanzleiter* Rn 7.
[11] RGZ 133, 351, 353.
[12] BayObLG NJW-RR 1990, 5 ohne Begr; AnwK-BGB/*Völker* Rn 8; *Soergel/Gaul* Rn 5; ähnlich MünchKommBGB/*Kanzleiter* Rn 10; *Staudinger/Thiele* Rn 12 für Generalermächtigung; *Palandt/Brudermüller* Rn 2 nennt hierfür unwiderrufliche Generalvollmacht, die es aber nicht gibt.
[13] Anders „in Anwendung des Rechtsgedankens des § 1413" AnwK-BGB/*Völker* Rn 8, jedoch beruht die dortige Formbedürftigkeit gerade auf der damit verbundenen weitreichenden Bindung.
[14] AM insoweit *Erman/Heckelmann* Rn 4, jedoch kann dem Wortlaut des Abs 2 keine Beschränkung auf einseitige Willenserklärungen entnommen werden, zutr AnwK-BGB/*Völker* Rn 8 Fn 21.
[15] BayVGH NJW-RR 1988, 454.
[16] *Staudinger/Thiele* Rn 41; MünchKommBGB/*Kanzleiter* Rn 20; *Soergel/Gaul* Rn 14.
[17] MünchKommBGB/*Kanzleiter* Rn 21; *Staudinger/Thiele* Rn 27; *Soergel/Gaul* Rn 11; aA RGRK/*Finke* Rn 13.
[18] *Staudinger/Thiele* Rn 27.
[19] AnwK-BGB/*Völker* Rn 9; juris-PK/*Hausch* Rn 7; MünchKommBGB/*Kanzleiter* Rn 12; *Erman/Heckelmann* Rn 1; *Soergel/Gaul* Rn 6; aA *Gernhuber/Coester-Waltjen* § 38 Rn 122 Fn 161, *Ensslin* FamRZ 1998, 1078 f, *Staudinger/Thiele* Rn 20, wenn im Namen beider Ehegatten gehandelt wird, da hier Ehegatten erkennbar nicht persönlich auftreten will; daher bewirke Verweigerung der Genehmigung nach § 177 Teilnichtigkeit des Rechtsgeschäft, so dass sich Wirksamkeit der persönlichen Haftung des Handelnden nach § 139 bestimmt.
[20] Zutr MünchKommBGB/*Kanzleiter* Rn 13; generell gegen § 179 *Soergel/Gaul* Rn 6; RGRK/*Finke* Rn 5; für Haftung des Sondervermögens des Handelnden stets nur nach § 179 *Palandt/Brudermüller* Rn 2; *Hennecke*, Das Sondervermögen der Gesamthand, 1976, S 109.
[21] S auch MünchKommBGB/*Kanzleiter* Rn 13.
[22] *Zöller/Vollkommer* § 62 ZPO Rn 13.

mangels **Prozessführungsbefugnis** bereits als unzulässig abzuweisen[23]. Eine **einseitige Prozessführungsbefugnis** besteht aber bei **gewillkürter Prozessstandschaft**[24], wobei dann aber klar zum Ausdruck zu bringen ist, dass ein in den Eheleuten in Gütergemeinschaft – und nicht dem Kläger allein – zustehendes Recht geltend gemacht wird[25], oder in den Fällen der **§§ 1452 Abs 1, 1454 S 2, 1455 Nr 6 bis 10, 1456** sowie bei **Besitzschutzklagen**. § 2039 gilt nicht analog[26]. Auch § 432 ist nicht anwendbar[27]. Die Klage ist grds auf Leistung an beide Ehegatten zu richten, kann aber subsidiär auf Leistung an den Kläger lauten, wenn der andere zur Annahme nicht willens oder fähig ist (s auch § 1368 Rn 4)[28].

Bei **Passivprozessen** wegen Gesamtgutsverbindlichkeiten kann der Kläger wählen, ob er nur einen **Ehegatten allein** in Anspruch nimmt (wegen seiner Haftung nach § 1459 Abs 2 oder weil die Verbindlichkeit in seiner Person entstanden ist) oder ob er beide Ehegatten verklagt. IdR wird das letztere angezeigt sein, weil nur aus einem Urteil gegen beide Ehegatten in das Gesamtgut vollstreckt werden kann (§ 740 Abs 2 ZPO; Ausnahme: § 741 ZPO)[29] und weil, wenn keine gesetzliche Ausnahme eingreift, auch **keine Rechtskrafterstreckung** gegen den anderen Ehegatten eintritt[30]. Bei der Erhebung einer solchen **Gesamtschuldklage** gegen beide Ehegatten sind diese nicht notwendige Streitgenossen[31]; denn insbes die persönliche Haftung mit dem Sondervermögen kann für jeden Ehegatten unterschiedlich sein. Ist die Klage dagegen darauf beschränkt, Leistung nur aus dem Gesamtgut zu verlangen (sog **Gesamthandsklage**), sind die Ehegatten notwendige Streitgenossen und zwar nach § 62 Abs 1 Alt 2 ZPO aus materiell-rechtlichen Gründen, weil wegen der gemeinsamen Rechtszuständigkeit die Rechtslage nur einheitlich sein kann[32]. Hieraus ergibt sich aber nur die Notwendigkeit der einheitlichen sachlichen Entscheidung, nicht aber ein Zwang zur einheitlichen Klage[33]. Denn von dieser kann gegenüber demjenigen Schuldner abgesehen werden, der vor Klageerhebung erklärt hat, zur Leistung verpflichtet und erfüllungsbereit zu sein[34]. Zur **Zwangsvollstreckung** in das Gesamtgut s § 1459 Rn 6.

VI. Gutgläubiger Erwerb

Gutgläubige Dritte werden nach den **allgemeinen Bestimmungen** geschützt (§§ 932 ff, 892, 893; vgl § 1422 Rn 9 f). Beim Erwerb einer beweglichen Sache im Mitbesitz (hier Regelfall) scheitert dieser an § 935 Abs 1[35]. Der (auf Rechts- oder Tatsachenirrtum) beruhende Glaube des Erwerbenden, der Erwerb sei ohne Zustimmung des anderen Ehegatten wirksam, ist aber nicht geschützt[36]. Da hier (anders als bei Alleinverwaltung) das Verpflichtungsgeschäft wirksam ist (Rn 7), scheidet bei einem ausnahmsweise wirksamen gutgläubigen Erwerb ein Anspruch der Ehegatten gegen den Dritten nach § 812 aus[37]; jedoch besteht uU ein solcher nach § 816 (besonders nach Abs 1 S 2).

VII. Abweichende Vereinbarungen

Die Begründung partieller Alleinverwaltung für bestimmte Rechts- und Sachbereiche ist nicht möglich (umstr, s § 1421 Rn 2)[38].

§ 1451 Mitwirkungspflicht beider Ehegatten

Jeder Ehegatte ist dem anderen gegenüber verpflichtet, zu Maßregeln mitzuwirken, die zur ordnungsmäßigen Verwaltung des Gesamtguts erforderlich sind.

---

[23] BGH NJW 1994, 652, 653; AnwK-BGB/*Völker* Rn 13; *Stein/Jonas/Bork* Vor § 50 ZPO Rn 55; *Zöller/Volkommer* Vor § 50 ZPO Rn 64; *Soergel/Gaul* Rn 15; aA *Staudinger/Thiele* Rn 29, *Gernhuber/Coester-Waltjen* § 38 Rn 116: Klage wegen fehlender Aktivlegitimation unbegründet.
[24] *Staudinger/Thiele* Rn 31; *Dölle* I S 943; AnwK-BGB/*Völker* Rn 13.
[25] BGH NJW 1994, 652, 653.
[26] MünchKommBGB/*Kanzleiter* Rn 22; *Staudinger/Thiele* Rn 29; *Soergel/Gaul* Rn 15; *Gernhuber/Coester-Waltjen* § 38 Rn 116; aA *Rosenberg/Schwab* Zivilprozessrecht § 46 II 2.
[27] BGHZ 12, 308, 312; 17, 340; *Staudinger/Thiele* Rn 30 mwN.
[28] AnwK-BGB/*Völker* Rn 13; *Staudinger/Thiele* Rn 33; anders offenbar MünchKommBGB/*Kanzleiter* Rn 22, wonach Ersetzung nach § 1452 erforderlich.
[29] Zust AnwK-BGB/*Völker* Rn 14.
[30] AnwK-BGB/*Völker* Rn 14; MünchKommBGB/*Kanzleiter* Rn 24.
[31] BGH FamRZ 1975, 405, 406; *Tiedtke* FamRZ 1975, 538, 540; *Staudinger/Thiele* Rn 34; MünchKommBGB/*Kanzleiter* Rn 24; *Soergel/Gaul* Rn 16; *Zöller/Volkommer* § 62 ZPO Rn 17; aA RGRK/*Finke* Rn 16 bezüglich der Haftung aus dem Gesamtgut.
[32] AnwK-BGB/*Völker* Rn 14; *Soergel/Gaul* Rn 16; *Staudinger/Thiele* Rn 35; MünchKommBGB/*Kanzleiter* Rn 25; vgl auch BGH FamRZ 1975, 405, 406.
[33] Allg *Zöller/Volkommer* § 62 ZPO Rn 18; *Waldner* JR 1981, 185.
[34] Allg *Zöller/Volkommer* § 62 ZPO Rn 18; *Musielak/Weth* § 62 ZPO Rn 11; vgl auch BGH NJW 1992, 1102.
[35] Vgl etwa AnwK-BGB/*Völker* Rn 15; MünchKommBGB/*Kanzleiter* Rn 15.
[36] MünchKommBGB/*Kanzleiter* Rn 15.
[37] Missverständlich AnwK-BGB/*Völker* Rn 11, denn die Wirksamkeit des Verpflichtungsgeschäfts hängt wegen des Abstraktionsprinzips gerade nicht davon ab, dass ein Alleinbesitz des verfügenden Ehegatten den § 935 Abs 1 überwindet.
[38] AA AnwK-BGB/*Völker* Rn 2; *Staudinger/Thiele* Rn 44; MünchKommBGB/*Kanzleiter* Rn 27.

§ 1451

I. Normzweck

1 Aus dem gemeinschaftlichen Verwaltungsrecht beider Ehegatten nach § 1450 folgt die Mitwirkungspflicht des § 1451, um das Gesamtgut handlungsfähig zu erhalten und Schaden hiervon abzuwehren[1]. Sie besteht nur gegenüber dem anderen Ehegatten. Die Mitwirkungspflicht entspricht der Pflicht zur ordnungsgemäßen Verwaltung nach § 1435. Soweit auf Grund anderer Bestimmungen Mitwirkungspflichten bestehen (§ 1353), werden diese durch § 1451 nicht berührt[2].

II. Umfang und Inhalt der Mitwirkungspflicht

2 Der Umfang der Mitwirkungspflicht betrifft die gesamte Gesamtgutsverwaltung, also auch tatsächliche Handlungen[3] und die Führung von Rechtsstreitigkeiten. Begrenzt wird sie aber, weil sie nur besteht zur
– **ordnungsgemäßen Verwaltung,** hierzu gehört auch die Leistung des aus dem Gesamtgut zu erbringenden Unterhalts[4], vgl auch Erl zu § 1435 Rn 2.
– und was hierzu **erforderlich** ist. Bloße Zweckmäßigkeit genügt nicht (§ 1426 Rn 4).

3 Grds besteht die Pflicht zur persönlichen Mitwirkung. Unter Umständen genügt es (oder ist sogar erforderlich), Vollmachten und Ermächtigungen zu erteilen. **Keine Mitwirkungspflicht** besteht, wenn der eine Ehegatte allein handeln kann (§§ 1450 Abs 2, 1454, 1455, 1456) oder die Mitwirkung unzumutbar ist, insbes bei dauerndem Getrenntleben[5]. Aus der Mitwirkungspflicht kann sich im Einzelfall eine **Pflicht zur Alleinverwaltung** ergeben, wenn der andere Ehegatte an der Mitwirkung verhindert ist (Krankheit, Abwesenheit), das Gesetz aber das alleinige Handeln eines Ehegatten zulässt (§§ 1454, 1455 Nr 10). Abweichend von § 1435 S 2 besteht hier keine ausdrückliche Unterrichtungs- und Auskunftspflicht, weil die Ehegatten grds immer gemeinsam handeln und daher idR ausreichend informiert sind. Jedoch kann sich im Einzelfall eine solche Pflicht aus § 1353 ergeben, insbes wenn ein Ehegatte allein handeln kann (Vollmacht, gesetzliche Ausnahmebestimmung)[6].

III. Verletzung der Mitwirkungspflicht

4 Wird die Mitwirkungspflicht nicht erfüllt, kann der andere Ehegatte
– Klageweise den sich aus § 1451 ergebenden Anspruch auf **Mitwirkung zu Maßregeln** geltend machen, die zur ordnungsgemäßen Verwaltung des Gesamtguts erforderlich sind, etwa dass die Ehefrau aus dem Gesamtgut einen monatlichen **Trennungsunterhalt** bestimmter Höhe erhält[7].
– Zur Erfüllung dieses festgestellten, geschuldeten Anspruchs kann dann (1) Der Ehegatte beim Vormundschaftsgericht die **Ersetzung der Zustimmung** nach § 1452 für Vornahme eines bestimmten **Rechtsgeschäfts** oder Führung eines Rechtsstreits beantragen, etwa zur entsprechenden Überweisung eines Teils des Arbeitslohns des unterhaltspflichtigen Ehegatten durch den Arbeitgeber an den Unterhaltsberechtigten[8]. (2) Soweit dieses Verfahren nicht zulässig ist, so bei tatsächlichen Mitwirkungshandlungen oder nach § 1452 vertraglich ausgeschlossen, so kann **hilfsweise** die Mitwirkungshandlung vor dem **Familiengericht** (§ 23 b Abs 1 S 2 Nr 9 GVG, § 621 Abs 1 Nr 8 ZPO) **eingeklagt** werden. Überwiegt das vermögensrechtliche Moment[9], ist der Anspruch voll vollstreckbar; andernfalls handelt es sich um eine Klage auf Herstellung der ehelichen Lebensgemeinschaft ohne Vollstreckungsmöglichkeit (§ 888 Abs 3 ZPO)[10]. Der Klageantrag ist auf Mitwirkung bei den entsprechenden Entnahmen aus dem Gesamtgut zu richten[11].
– Die zur Erhaltung des Gesamtguts **notwendigen Maßnahmen** treffen, wenn mit deren Aufschub Gefahr verbunden ist (§ 1455 Nr 10).
– daneben kann bei beharrlicher Weigerung der **Aufhebungsgrund** nach § 1469 Nr 2 vorliegen,
– bei schuldhafter Minderung des Gesamtguts eine **Ersatzpflicht analog § 1435 S 3** geltend machen[12], wobei sich der Verschuldensmaßstab aber nach § 1359 bestimmt und die Fälligkeit nach § 1468.

---

[1] AnwK-BGB/*Völker* Rn 1.
[2] AnwK-BGB/*Völker* Rn 1; MünchKommBGB/*Kanzleiter* Rn 5.
[3] BGH FamRZ 1986, 40, 42 zur Landwirtschaft; AnwK-BGB/*Völker* Rn 3.
[4] BGHZ 111, 248, 255 = NJW 1990, 2252.
[5] BGH FamRZ 1986, 40, 42 zur Mitarbeit im landwirtschaftlichen Betrieb.
[6] MünchKommBGB/*Kanzleiter* Rn 8, der zT Analogie von § 1435 bei vergleichbaren Situationen befürwortet; Soergel/*Gaul* Rn 4; Staudinger/*Thiele* Rn 8 f; ausf AnwK-BGB/*Völker* Rn 5.
[7] Vgl etwa AnwK-BGB/*Völker* § 1420 Rn 16; OLG München FamRZ 1996, 166.
[8] BayObLGZ 1996, 132, 134 = FamRZ 1997, 422.
[9] Staudinger/*Thiele* Rn 13.
[10] AnwK-BGB/*Völker* Rn 6; juris-PK/*Hausch* Rn 24; Staudinger/*Thiele* Rn 13; MünchKommBGB/*Kanzleiter* Rn 9; ebenso für Unterhalt BGHZ 111, 248, 255; *Ensslen* FamRZ 1998, 1077, 1079; gegen einklagbaren Erfüllungsanspruch auf Mitwirkung in jedem Fall Soergel/*Gaul* Rn 5; Palandt/*Brudermüller* Rn 1, was aber zu Rechtsschutzlücken führt; zu dieser Abgrenzung s auch BGHZ 111, 248 = NJW 1990, 2252.
[11] BGHZ 111, 248, 255 = NJW 1990, 2252; *Ensslen* FamRZ 1998, 1077, 1079.
[12] BGH FamRZ 1986, 40, 42; AnwK-BGB/*Völker* Rn 6; Soergel/*Gaul* Rn 5; Staudinger/*Thiele* Rn 14; MünchKommBGB/*Kanzleiter* Rn 10; RGRK/*Finke* Rn 6.

§ 1452 Ersetzung der Zustimmung

(1) Ist zur ordnungsmäßigen Verwaltung des Gesamtguts die Vornahme eines Rechtsgeschäfts oder die Führung eines Rechtsstreits erforderlich, so kann das Vormundschaftsgericht auf Antrag eines Ehegatten die Zustimmung des anderen Ehegatten ersetzen, wenn dieser sie ohne ausreichenden Grund verweigert.

(2) Die Vorschrift des Absatzes 1 gilt auch, wenn zur ordnungsmäßigen Besorgung der persönlichen Angelegenheiten eines Ehegatten ein Rechtsgeschäft erforderlich ist, das der Ehegatte mit Wirkung für das Gesamtgut nicht ohne Zustimmung des anderen Ehegatten vornehmen kann.

I. Normzweck

Die Vorschrift dient der Erhaltung der Funktionsfähigkeit der Gesamtgutsverwaltung und damit der Sicherung der wirtschaftlichen Grundlagen der Familie[1]. Gegenüber § 1426 sind die Ersetzungsmöglichkeiten erweitert, da bei gemeinschaftlicher Verwaltung regelmäßig die Zustimmung beider Ehegatten zur Rechtswirksamkeit eines Rechtsgeschäfts und zur Führung eines Rechtsstreits mit Wirkung für und gegenüber dem Gesamtgut erforderlich ist (Grundsatz der gemeinschaftlichen Verwaltung). 1

II. Voraussetzung und Gang des Verfahrens

Antragsberechtigt ist nur der Ehegatte, der handeln möchte, nicht der andere und auch nicht der Geschäfts- oder Prozessgegner[2]. Das Verfahren richtet sich nach dem FGG[3]. Zuständig ist das Vormundschaftsgericht (§ 45 FGG), es entscheidet der Rechtspfleger (§ 3 S 1 Nr 2 a iVm § 14 Abs 1 Nr 6 HS 2 RPflG)[4]. Keine Ersetzung ist aber möglich bei **Maßnahmen tatsächlicher Art**[5], wie die Änderung der Nutzungsfestlegung eines zum Gesamtgut gehörenden Hauses[6]; jedoch wird sich oftmals alleinige Handlungsbefugnis aus § 1455 Nr 10 ergeben (vgl iÜ § 1426 Rn 2); für das Verfahren gilt dasselbe wie zu § 1365 Abs 2[7], vgl Erl dort Rn 25 ff. 2

III. Begründetheit des Antrags

1. Voraussetzung der Ersetzung nach Abs 1. Ersetzungsfähig sind nur ausreichend konkretisierte Rechtsstreitigkeiten und Rechtsgeschäfte aller Art (weiter als § 1426). Die Voraussetzungen stimmen iÜ mit denen des § 1426 überein, sind also strenger als die des § 1365 Abs 2[8]. Daher ist zunächst zu prüfen, ob das Rechtsgeschäft oder die Führung des Rechtsstreits zur **ordnungsgemäßen Verwaltung erforderlich,** dh notwendig ist[9]. Dies bestimmt sich nach den Umständen des Einzelfalls und ist daher Tatfrage und insoweit der Überprüfung durch das Gericht der weiteren Beschwerde entzogen[10]. Zur ordnungsgemäßen Verwaltung kann es auch erforderlich sein, das Guthaben eines gemeinschaftlichen Sparkontos zur Rückzahlung eines Kredits zu verwenden, wenn dadurch das Gesamtgut weniger belastet wird (vgl iÜ § 1426 Rn 4 f)[11]. Weiter ist erforderlich, dass die Zustimmung des anderen Ehegatten **ohne ausreichenden Grund verweigert** wird, was nach wirtschaftlichen, aber auch ideellen Gesichtspunkten[12] zu beurteilen und insbes bei Verletzung der Mitwirkungspflicht nach § 1451 der Fall ist (vgl auch § 1426 Rn 3). 3

Gegenstand der Ersetzung der Zustimmung kann jedes das Gesamtgut berührende **Rechtsgeschäft** sein, auch die Verfügung über eine zum Gesamtgut gehörende Forderung[13], nicht jedoch eine Schenkung, die über eine Pflicht- oder Anstandsschenkung hinausgeht, weil diese niemals zu einer ordnungsgemäßen Verwaltung erforderlich ist[14]. Verweigert der zur Bezahlung von **Unterhaltsleistungen** an seine Ehefrau aus dem Gesamtgut verurteilte **Ehemann** die Zustimmung zu entsprechenden Auszahlungen seines Arbeitslohns an die Ehefrau, kann das Vormundschaftsgericht seine Zustimmung ersetzen. Die Möglichkeit der Zwangsvollstreckung nach § 888 ZPO gibt keinen einfacheren und effektiveren Weg zur Befriedigung des so titulierten Unterhaltsanspruchs[15]. Anders als bei § 1426[16] ist auch die Ersetzung der Zustimmung zu einem **Rechtsstreit** möglich. Dies setzt voraus, dass hinrei- 4

---

[1] Soergel/Gaul Rn 2.
[2] AnwK-BGB/Völker Rn 9; Soergel/Gaul Rn 5; Staudinger/Thiele Rn 15; aA Palandt/Brudermüller Rn 1 ohne Begr.
[3] Weitere Einzelheiten bei AnwK-BGB/Völker Rn 8 ff.
[4] AnwK-BGB/Völker Rn 8; übersehen bei Palandt/Brudermüller Rn 1.
[5] MünchKommBGB/Kanzleiter Rn 8; Staudinger/Thiele Rn 3; RGRK/Finke Rn 4.
[6] OLG Düsseldorf FamRZ 1984, 1098, 1099.
[7] MünchKommBGB/Kanzleiter Rn 13.
[8] MünchKommBGB/Kanzleiter Rn 13.
[9] BayObLGZ 30, 309; KG OLGE 34, 250.
[10] BayObLGZ 2, 563; 5, 414; Staudinger/Thiele Rn 8.
[11] BayObLG FGPrax 2000, 200 = FamRZ 2001, 1214, 1215.
[12] BayObLG NJW-RR 1990, 5.
[13] BayObLG 1996, 132, 134 = FamRZ 1997, 422; Staudinger/Thiele Rn 4; RGRK/Finke Rn 2.
[14] MünchKommBGB/Kanzleiter Rn 4; Staudinger/Thiele Rn 5; Soergel/Gaul Rn 3.
[15] BayObLG 1996, 132, 134 = FamRZ 1997, 422; AnwK-BGB/Völker § 1420 Rn 16.
[16] Da der Gesamtgutsverwalter insoweit allein handeln kann, § 1422 Rn 6, bedurfte es dort keiner derartigen Regelung.

§ 1453

chende Erfolgsaussichten bestehen; dabei ist im Rahmen der anzustellenden wirtschaftlichen Überlegungen auch das Prozesskostenrisiko zu berücksichtigen[17].

5 **2. Ersetzung nach Abs 2.** Die Bestimmung ermöglicht bei Vorliegen der Voraussetzungen des Abs 1 (ordnungsgemäße Verwaltung, Verweigerung ohne ausreichenden Grund) die Ersetzung der Zustimmung des anderen Ehegatten zu einem **Rechtsgeschäft**, das zur ordnungsgemäßen Besorgung der **persönlichen Angelegenheiten** (§ 1430 Rn 2 ff) eines Ehegatten erforderlich ist. Auf die Führung eines **Rechtsstreits** erstreckt sich Abs 2 nicht; vielmehr kann jeder Ehegatte stets ohne Zustimmung des anderen Rechtsstreitigkeiten über persönliche Angelegenheiten führen[18], insbes den Scheidungsantrag stellen[19]. Zu Rechtsgeschäften, die im Zusammenhang mit dem Rechtsstreit abzuschließen sind, bedarf der Ehegatte aber der Zustimmung des anderen, die notfalls nach Abs 2 zu ersetzen ist; hierzu gehört bereits die Beauftragung eines Rechtsanwalts[20].

IV. Wirkung

6 Wird die Zustimmung zu einem Rechtsgeschäft ersetzt, so ist dies so anzusehen, als ob es von beiden Ehegatten vorgenommen wurde; daher haften sowohl Gesamtgut wie auch beide Ehegatten als Gesamtschuldner persönlich (§§ 1459, 1460). Wird die Ersetzung abgelehnt, so haftet aus dem abgeschlossenen Rechtsgeschäft der handelnde Ehegatte nur persönlich (mit Vorbehalts- und Sondergut)[21]. Wird die Zustimmung zur Führung eines Rechtsstreits ersetzt, begründet dies die alleinige Prozessführungsbefugnis des Ehegatten[22]; zum Klageantrag s § 1450 Rn 8. Soweit Prozesshandlungen auch materiell-rechtliche Rechtsgeschäfte enthalten, bedarf es einer gesonderten Ersetzung[23].

§ 1453 Verfügung ohne Einwilligung

(1) Verfügt ein Ehegatte ohne die erforderliche Einwilligung des anderen Ehegatten über das Gesamtgut, so gelten die Vorschriften des § 1366 Abs. 1, 3, 4 und des § 1367 entsprechend.

(2) ¹Einen Vertrag kann der Dritte bis zur Genehmigung widerrufen. ²Hat er gewusst, dass der Ehegatte in Gütergemeinschaft lebt, so kann er nur widerrufen, wenn dieser wahrheitswidrig behauptet hat, der andere Ehegatte habe eingewilligt; er kann auch in diesem Falle nicht widerrufen, wenn ihm beim Abschluss des Vertrags bekannt war, dass der andere Ehegatte nicht eingewilligt hatte.

1 Die zwingende Vorschrift[1] regelt nur die Wirksamkeit einer **Verfügung** über das Gesamtgut, die bei gemeinsamer Verwaltung der eine Ehegatte ohne die erforderliche Einwilligung (zu Ausnahmen §§ 1454 bis 1456) des anderen vornimmt. Gesetzestechnisch wird dabei im Wesentlichen auf die §§ 1366, 1367 verwiesen, nur an Stelle von § 1366 Abs 2 gilt § 1453 Abs 2. Von der Parallelvorschrift des § 1427 unterscheidet sich § 1453 nur dadurch, dass § 1453 sich **nur auf Verfügungsgeschäfte** und nicht auf Verpflichtungsgeschäfte bezieht. Der Unterschied beruht auf § 1460 Abs 1: Danach haftet das Gesamtgut für Verbindlichkeiten nur, wenn der andere Ehegatte zustimmt oder das Rechtsgeschäft ausnahmsweise auch ohne diese Zustimmung wirksam ist (vgl §§ 1454 bis 1456). Demgegenüber haftet bei der Einzelverwaltung das Gesamtgut für alle wirksamen Verbindlichkeiten des Gesamtgutsverwalters (§§ 1437, 1438), so dass es hier zur Sicherung des Schutzes des Gesamtguts mittels der Zustimmungspflicht nach §§ 1423 ff auch der Anordnung der Unwirksamkeit des Verpflichtungsgeschäfts bedurfte.

2 Unter **Verfügungen** iS von Abs 1 sind solche über einzelne wie aber auch über alle Gesamtgutsgegenstände zu verstehen[2]. **Einseitige Verfügungen** (wie eine Kündigung), die ohne die erforderliche Zustimmung vorgenommen werden, sind **unwirksam** (§§ 1453 Abs 1, 1367), **zweiseitige Verfügungsgeschäfte** gemäß § 1453 Abs 1 iVm § 1366 Abs 1 bis zu ihrer Genehmigung schwebend unwirksam[3]. Vgl iÜ die Erl zu der Parallelvorschrift des § 1427. Der Widerruf des **Dritten** kann wegen § 1450 Abs 2 beiden Ehegatten gegenüber erklärt werden[4]. Er erfasst aber nur das schwebend unwirksame Verfügungsgeschäft. Ein mit Wirkung gegen das Gesamtgut abgeschlossenes Verpflichtungsgeschäft bleibt wirksam; wirkte dagegen das Kausalgeschäft nicht gegenüber dem Gesamtgut, so haftet der handelnde Ehegatte nach schuldrechtlichen Grundsätzen mit seinem Vorbehalts- und Sondergut[5]. Liegt eine **gegenüber dem Gesamtgut wirksame Verpflichtung** vor, so wird diese nicht dadurch beseitigt, dass die Zustimmung zur entsprechenden Verfügung oder der Ersetzungsantrag (§ 1452)

---

[17] BayObLG NJW-RR 1990, 5; MünchKommBGB/*Kanzleiter* Rn 9; *Staudinger/Thiele* Rn 9.
[18] MünchKommBGB/*Kanzleiter* Rn 11; *Staudinger/Thiele* Rn 16.
[19] *Ensslen* FamRZ 1998, 1077, 1078.
[20] *Staudinger/Thiele* Rn 16; *Ensslen* FamRZ 1998, 1077, 1078.
[21] *Soergel/Gaul* Rn 4; MünchKommBGB/*Kanzleiter* Rn 12.
[22] *Soergel/Gaul* Rn 6.
[23] AllgM, *Staudinger/Thiele* Rn 9.
[1] AnwK-BGB/*Völker* Rn 1; *Staudinger/Thiele* Rn 15.
[2] AnwK-BGB/*Völker* Rn 2; *Soergel/Gaul* Rn 2; MünchKommBGB/*Kanzleiter* Rn 2.
[3] OHG Wien ZfRV 2004, 229; *Staudinger/Thiele* Rn 5.
[4] AnwK-BGB/*Völker* Rn 3; MünchKommBGB/*Kanzleiter* Rn 3; wohl auch *Staudinger/Thiele* Rn 9.
[5] OHG Wien ZfRV 2004, 229; AnwK-BGB/*Völker* Rn 3; *Staudinger/Thiele* Rn 10.

verweigert wird oder der Dritte nach Abs 2 den Widerruf erklärt[6]. Das dem § 1428 entsprechende **Revokationsrecht** zur Durchsetzung der Unwirksamkeit enthält § 1455 Nr 8.

§ 1454 Notverwaltungsrecht

¹Ist ein Ehegatte durch Krankheit oder Abwesenheit verhindert, bei einem Rechtsgeschäft mitzuwirken, das sich auf das Gesamtgut bezieht, so kann der andere Ehegatte das Rechtsgeschäft vornehmen, wenn mit dem Aufschub Gefahr verbunden ist; er kann hierbei im eigenen Namen oder im Namen beider Ehegatten handeln. ²Das Gleiche gilt für die Führung eines Rechtsstreits, der sich auf das Gesamtgut bezieht.

I. Normzweck, Konkurrenzfragen

Die Vorschrift enthält (ebenso wie § 1429 bei der Einzelverwaltung) ein **Notverwaltungsrecht,** um die Handlungsfähigkeit für das Gesamtgut zu erhalten, wenn ein Ehegatte infolge Krankheit oder Abwesenheit verhindert ist, bei der nach § 1450 Abs 1 grds erforderlichen gemeinschaftlichen Verwaltung mitzuwirken. Verweigert der andere Ehegatte die Mitwirkung, also in den Fällen des „Nichtwollens"[1], gilt § 1452, wenn der andere Ehegatte unter Vormundschaft oder elterlicher Sorge steht, § 1458. 1

II. Einzelheiten

Voraussetzung für das Notverwaltungsrecht ist, dass ein Ehegatte durch Krankheit oder Abwesenheit **verhindert** ist (§ 1429 Rn 2) und mit dem dadurch entstehenden Aufschub Gefahr verbunden ist (vgl § 1429 Rn 2). Es umfassend und bezieht sich auf Rechtsgeschäfte aller Art und auch auf solche, bei denen ein Einzelverwalter nach §§ 1423 bis 1425 die Zustimmung des anderen Ehegatten bedürfte; bei gemeinschaftlicher Verwaltung hat also bei Verhinderung des anderen ein Ehegatte mehr Befugnisse als ein alleinverwaltender Ehegatte nach den §§ 1422 ff[2]. Für tatsächliche Maßnahmen gilt § 1454 nicht[3]; da hier idR § 1455 Nr 10 weiterhilft, liegt auch keine Regelungslücke für eine Analogie vor. 2

Auf Grund des § 1451 ist jeder Ehegatte nicht nur berechtigt, sondern auch **verpflichtet,** das Notverwaltungsrecht im Bedarfsfall auch auszuüben; diese Pflicht geht weiter als bei der Einzelverwaltung, bei der eine Verpflichtung idR nur aus der allgemeinen ehelichen Treupflicht resultiert[4]. Unterlässt er dies pflichtwidrig, so haftet er – bei Vorliegen eines Verschuldens nach § 1359 – analog § 1435 S 3[5]. 3

Gegenüber dem **Gesamtgut wirken** die nach § 1454 geschlossenen Rechtsgeschäfte so, wie wenn beide Ehegatten gehandelt hätten. Dabei ist es unerheblich, ob der Ehegatte in beider Namen oder allein im eigenen Namen gehandelt hat[6*]. Daneben haften beide Ehegatten persönlich mit ihrem Sondervermögen (§ 1459 Abs 2 S 1). 4

Das Notverwaltungsrecht beinhaltet auch die **Prozessführungsbefugnis.** Ein Rechtsstreit kann daher von dem nicht verhinderten Ehegatten fortgeführt werden, unter den Voraussetzungen des § 1454 von ihm Klage erhoben oder ein Passivprozess für das Gesamtgut aufgenommen werden. Für die Zwangsvollstreckung ist wegen § 740 Abs 2 ZPO bedeutsam, ob der Passivprozess gegen beide Ehegatten geführt wurde; wurde er allein gegen den Notverwalter erhoben (was zulässig ist), so bedarf es eines zusätzlichen Leistungsurteils gegen den anderen Ehegatten[7]. Eine **Rechtskrafterstreckung** gegenüber dem verhinderten Ehegatten wird teilweise abgelehnt[8], sollte aber auf Grund des Notverwaltungsrechts bejaht werden, und zwar auch dann, wenn der Prozess im eigenen Namen und damit quasi in verdeckter Prozessstandschaft geführt wird[9]. Für die Kosten haftet das Gesamtgut (§ 1460 Abs 2); für das Innenverhältnis gilt § 1465. 5

§ 1455 Verwaltungshandlungen ohne Mitwirkung des anderen Ehegatten

Jeder Ehegatte kann ohne Mitwirkung des anderen Ehegatten
1. eine ihm angefallene Erbschaft oder ein ihm angefallenes Vermächtnis annehmen oder ausschlagen,

---

[6] AnwK-BGB/*Völker* Rn 3; *Staudinger/Thiele* Rn 10.
[1] AnwK-BGB/*Völker* Rn 1.
[2] *Staudinger/Thiele* Rn 8; MünchKommBGB/*Kanzleiter* Rn 3.
[3] AnwK-BGB/*Völker* Rn 4; *Staudinger/Thiele* Rn 10; *Soergel/Gaul* Rn 3; aA MünchKommBGB/*Kanzleiter* Rn 3.
[4] MünchKommBGB/*Kanzleiter* Rn 4; *Gernhuber/Coester-Waltjen* § 38 Rn 111.
[5] AnwK-BGB/*Völker* Rn 5; MünchKommBGB/*Kanzleiter* Rn 4; ohne Beschränkung des Verschuldens entsprechen § 1359 *Staudinger/Thiele* Rn 21.
[6*] AnwK-BGB/*Völker* Rn 6; *Staudinger/Thiele* Rn 15 eingehend zu den konstruktiven Fragen; *Soergel/Gaul* Rn 4; MünchKommBGB/*Kanzleiter* Rn 5.
[7] *Soergel/Gaul* Rn 4. *Staudinger/Thiele* Rn 17 hält Duldungstitel für ausreichend.
[8] *Soergel/Gaul* Rn 4; *Rosenberg/Schwab/Gottwald* Zivilprozessrecht § 46 V 3 b.
[9] AnwK-BGB/*Völker* Rn 7; MünchKommBGB/*Kanzleiter* Rn 7; *Staudinger/Thiele* Rn 17; *Wieser* Prozessrechts-Kommentar Rn 3.

§ 1455

2. auf seinen Pflichtteil oder auf den Ausgleich eines Zugewinns verzichten,
3. ein Inventar über eine ihm oder dem anderen Ehegatten angefallene Erbschaft errichten, es sei denn, dass die dem anderen Ehegatten angefallene Erbschaft zu dessen Vorbehaltsgut oder Sondergut gehört,
4. einen ihm gemachten Vertragsantrag oder eine ihm gemachte Schenkung ablehnen,
5. ein sich auf das Gesamtgut beziehendes Rechtsgeschäft gegenüber dem anderen Ehegatten vornehmen,
6. ein zum Gesamtgut gehörendes Recht gegen den anderen Ehegatten gerichtlich geltend machen,
7. einen Rechtsstreit fortsetzen, der beim Eintritt der Gütergemeinschaft anhängig war,
8. ein zum Gesamtgut gehörendes Recht gegen einen Dritten gerichtlich geltend machen, wenn der andere Ehegatte ohne die erforderliche Zustimmung über das Recht verfügt hat,
9. ein Widerspruchsrecht gegenüber einer Zwangsvollstreckung in das Gesamtgut gerichtlich geltend machen,
10. die zur Erhaltung des Gesamtguts notwendigen Maßnahmen treffen, wenn mit dem Aufschub Gefahr verbunden ist.

I. Normzweck

1 Die Vorschrift enthält als weitere Ausnahme zu § 1450 Abs 1 eine Reihe von Fällen, in denen jeder Ehegatte selbstständig ohne Mitwirkung des anderen mit Wirkung gegenüber dem Gesamtgut handeln kann. Für Verbindlichkeiten aus entsprechenden Verpflichtungsgeschäften haftet das Gesamtgut (§§ 1459 Abs 1, 1460) und damit auch der andere Ehegatte persönlich (§ 1459 Abs 2 S 1). Hieran hindert auch ein ausdrücklicher Widerspruch des anderen Ehegatten nichts.

II. Die Tatbestände der selbstständigen Verwaltungshandlung

2 Die Fälle der **Nr 1** (Annahme und Ausschlagung einer Erbschaft oder eines Vermächtnisses), **Nr 2** (Verzicht auf Pflichtteilsanspruch oder Ausgleich des Zugewinnausgleichs) und **Nr 4** (Ablehnung eines Vertragsantrags oder einer Schenkung) stimmen in Voraussetzung und Wirkung mit § 1432 Abs 1 überein (dort Rn 2 f). **Nr 3** (Inventarerrichtung zur Begrenzung der Erbenhaftung, § 2008) entspricht § 1432 Abs 2, jedoch kann jeder Ehegatte selbstständig ein Inventar nicht nur für die ihm, sondern auch für die dem anderen Ehegatten angefallene Erbschaft errichten, sofern diese zum Gesamtgut gehört (sonst keine Haftung desselben, § 1461). Das von einem errichtete Inventar wirkt auch für den anderen (§ 2008 Abs 1 S 3).

3 **Nr 5** und **Nr 6** betrifft Rechtsgeschäfte und Rechtsstreitigkeiten zwischen dem Gesamtgut und dem Sonder- oder Vorbehaltsgut des anderen Ehegatten. Der hier bestehende Interessengegensatz stünde einem gemeinschaftlichen Handeln entgegen[1]. In Betracht kommen insbes einseitige Rechtsgeschäfte, wie Kündigung eines Darlehens des Gesamtguts, das dem Vorbehaltsgut des Ehemannes gegeben wurde, Mahnung, Anfechtung, Aufrechnung[2]. Bei den Gesamtgutsprozessen klagt der Ehegatte im eigenen Namen, jedoch muss zum Ausdruck kommen, dass ein Gesamtgutsrecht geltend gemacht wird[3]. Dementsprechend ist Klageantrag auf Leistung an das Gesamtgut zu richten, was auch die entsprechenden rechtsgeschäftlichen Übertragungsakte zum Erwerb für das eheliche Gesamtgut erfordert[4].

4 **Nr 7** (Fortsetzung anhängiger Rechtsstreitigkeiten) entspricht § 1433 (s Erl dort). Nr 7 gilt entsprechend, wenn in den Fällen der §§ 1454, 1456 die Voraussetzungen für die selbstständige Prozessführung durch einen Ehegatten nach Rechtshängigkeit entfallen. **Nr 8** (Revokationsrecht gegen Dritte) entspricht § 1428 mit dem Unterschied, dass hier nur der übergangene Ehegatte die Unwirksamkeit der Verfügung allein geltend machen kann (gesetzliche Prozessstandschaft), nicht auch derjenige allein, der selbst verfügt hat (für ihn gilt § 1450 Abs 1)[5]. Das hierbei ergehende **Urteil** wirkt – ebenfalls anders als bei § 1428 – **für und gegen beide Ehegatten,** denn das nach § 1455 ausnahmsweise zulässige alleinige Handeln soll dieselben Wirkungen haben wie das gemeinschaftliche Handeln nach § 1450, das dadurch ersetzt werden soll[6]. Kostenhaftung des Gesamtguts nach § 1460 Abs 2. S iÜ Erl zu § 1428.

5 Widerspruch gegen Zwangsvollstreckung in das Gesamtgut **(Nr 9)** kann jeder Ehegatte selbstständig gerichtlich geltend machen. Hierunter fallen alle gegen Zwangsvollstreckungsmaßnahmen möglichen Rechtsbehelfe (§§ 732 ff, 765 a, 766 ff, 771 ff, 785 f ZPO)[7], aber auch die dem Gesamtgut im Insolvenzverfahren zustehenden Absonderungs- und Aussonderungsrechte (§§ 47 ff InsO)[8]. Nach Beendigung

---
[1] *Dölle* I S 951.
[2] *Staudinger/Thiele* Rn 23; *Dölle* I S 951.
[3] MünchKommBGB/*Kanzleiter* Rn 5.
[4] AnwK-BGB/*Völker* Rn 7; *Staudinger/Thiele* Rn 26; vgl auch *Soergel/Gaul* Rn 6; MünchKommBGB/*Kanzleiter* Rn 5 hält Klageantrag auf Leistung an das Gesamtgut nicht für erforderlich; zur Umwandlung von Vorbehaltsgut in Gesamtgut s § 1416 Rn 9.
[5] *Staudinger/Thiele* Rn 31; *Soergel/Gaul* Rn 8.
[6] AnwK-BGB/*Völker* Rn 9; *Staudinger/Thiele* Rn 33; *Soergel/Gaul* Rn 8; *Gernhuber/Coester-Waltjen* § 38 Rn 114; RGRK/*Finke* Rn 5; aA *Zöller/Vollkommer* § 50 ZPO Rn 36; MünchKommZPO/*Gottwald* § 325 Rn 39.
[7] MünchKommBGB/*Kanzleiter* Rn 8.
[8] *Staudinger/Thiele* Rn 39 zur KO.

der Zwangsvollstreckung kann auch der an Stelle einer Widerspruchsklage tretende Bereicherungsanspruch so geltend gemacht werden[9].

Nach **Nr 10** kann jeder Ehegatte allein die Maßnahmen treffen, die zur Erhaltung (nicht bloß Vermehrung)[10] des Gesamtguts erforderlich sind, wenn mit deren Aufschub Gefahr verbunden ist. Hierunter fallen im Wesentlichen tatsächliche Erhaltungsmaßnahmen, aber auch entspr geeignete Rechtsgeschäfte, Verfügungen (vgl auch die Anforderungen nach §§ 744 Abs 2 HS 2, 2038 Abs 1 S 1 HS 2) und Prozesshandlungen[11], aber auch die **Anfechtung** von rechtswidrigen Gesellschafterbeschlüssen, wenn zum Gesamtgut Anteile der Ehegatten an einer Gesellschaft mit beschränkter Haftung, gehören[12]. Inwieweit die Tatbestandsvoraussetzungen gegeben sind, ist nach objektiven Kriterien zum Entscheidungszeitpunkt zu beurteilen[13], jedoch darf kein zu strenger Maßstab angelegt werden[14], weil sonst die Handlungsbereitschaft zu sehr gelähmt wird und das Prognoserisiko zu Lasten des Handelnden ginge. Fehlt das Erfordernis der Gefahr, so kommt allenfalls Ersetzung nach § 1452 bei Rechtsgeschäften und -streitigkeiten in Betracht.

III. Praktische Fragen

Die Zulässigkeit **abweichender ehevertraglicher Vereinbarung** ist bei § 1455 umstritten. Teilweise wird sie generell abgelehnt[15], während sich zunehmend zu Recht eine differenzierte Auffassung durchsetzt: Danach sind die Nr 5 und 6 dispositiv, die anderen Bestimmungen aber zwingend[16]. Dies gilt insbs, soweit schutzwürdige Interessen Dritter betroffen sind (Nr 7) oder ein Verstoß gegen das Gebot ordnungsgemäßer Verwaltung (Nr 10) oder der Erhaltung des Gesamtguts (Nr 8 und 9) vorliegt[17]. Weil es sich bei den Fällen des § 1455 um Ausnahmen vom Grundsatz der gemeinschaftlichen Verwaltung handelt (§ 1450 Abs 1), trifft die **Beweislast** denjenigen, welcher die Wirksamkeit eines von einem Ehegatten allein vorgenommenen Rechtsgeschäfts gegenüber dem Gesamtgut behauptet[18].

§ 1456 Selbständiges Erwerbsgeschäft

(1) ¹Hat ein Ehegatte darin eingewilligt, dass der andere Ehegatte selbständig ein Erwerbsgeschäft betreibt, so ist seine Zustimmung zu solchen Rechtsgeschäften und Rechtsstreitigkeiten nicht erforderlich, die der Geschäftsbetrieb mit sich bringt. ²Einseitige Rechtsgeschäfte, die sich auf das Erwerbsgeschäft beziehen, sind dem Ehegatten gegenüber vorzunehmen, der das Erwerbsgeschäft betreibt.

(2) Weiß ein Ehegatte, dass der andere ein Erwerbsgeschäft betreibt, und hat er hiergegen keinen Einspruch eingelegt, so steht dies einer Einwilligung gleich.

(3) Dritten gegenüber ist ein Einspruch und der Widerruf der Einwilligung nur nach Maßgabe des § 1412 wirksam.

Die Vorschrift entspricht sinngemäß im Wesentlichen der bei der Einzelverwaltung in § 1431 getroffenen Regelung, wobei bei der gemeinschaftlichen Verwaltung für **jeden Ehegatten** das Recht eingeräumt wird, ein **selbstständiges Erwerbsgeschäft** mit Wirkung gegen das Gesamtgut zu betreiben[1]. Abweichend von § 1431 bestimmen sich jedoch die Haftungsfolgen im **Außenverhältnis** hier nach den **§§ 1459, 1460, 1462**, die Tragung der Verbindlichkeiten im Innenverhältnis nach §§ 1463, 1464[2]. **Abs 1 S 2** modifiziert die allgemeine Bestimmung des § 1450 Abs 2 dahingehend, dass einseitige Rechtsgeschäfte, die sich auf das Erwerbsgeschäft beziehen, gegenüber dem Ehegatten vorzunehmen sind, der dieses betreibt. Ob das Erwerbsgeschäft zum Gesamtgut oder Sonder- oder Vorbehaltsgut gehört, ist auch hier nur für diese Lastentragung im Innenverhältnis bedeutsam (vgl iÜ die Erl zu § 1431). Zum gemeinschaftlichen Betrieb eines Erwerbsgeschäfts durch beide Ehegatten *Beck* DNotZ 1962, 348.

§ 1457 Ungerechtfertigte Bereicherung des Gesamtguts

Wird durch ein Rechtsgeschäft, das ein Ehegatte ohne die erforderliche Zustimmung des anderen Ehegatten vornimmt, das Gesamtgut bereichert, so ist die Bereicherung nach

---

[9] BGHZ 83, 76, 77 f = NJW 1982, 1810.
[10] BGH JZ 1954, 708.
[11] MünchKommBGB/*Kanzleiter* Rn 10; *Staudinger/Thiele* Rn 42.
[12] OLG Saarbrücken FamRZ 2002, 1034.
[13] BGHZ 6, 76 = NJW 1954, 1088.
[14] MünchKommBGB/*Kanzleiter* Rn 9.
[15] RGRK/*Finke* Rn 12; Soergel/*Gaul* Rn 2.
[16] AnwK-BGB/*Völker* Rn 2; *Staudinger/Thiele* Rn 45 m ausf Begr; MünchKommBGB/*Kanzleiter* Rn 13, der jedoch auch die Nr 9 und 10 für dispositiv hält.
[17] *Staudinger/Thiele* Rn 45; zust AnwK-BGB/*Völker* Rn 2.
[18] AnwK-BGB/*Völker* Rn 12; Soergel/*Gaul* Rn 11; *Staudinger/Thiele* Rn 10.
[1] AnwK-BGB/*Völker* Rn 1; *Staudinger/Thiele* Rn 2.
[2] AnwK-BGB/*Völker* Rn 2; MünchKommBGB/*Kanzleiter* Rn 2.

§ 1458

den Vorschriften über die ungerechtfertigte Bereicherung aus dem Gesamtgut herauszugeben.

1 Die zwingende Vorschrift[1] entspricht wörtlich der Parallelbestimmung des § 1434 bei der Einzelverwaltung. Sie regelt die Rückabwicklung von rechtsgeschäftlichen Vermögensverschiebungen, die wegen der fehlenden Zustimmung des anderen Ehegatten für das Gesamtgut nicht wirksam sind. Fehlt es an der **erforderlichen Zustimmung** des anderen Ehegatten (§ 1450 Abs 1, zu Ausnahmen s §§ 1452, 1454 bis 1456), ist zwar das Rechtsgeschäft wirksam, verpflichtet aber nur das Sonder- und Vorbehaltsgut des handelnden Ehegatten, sofern dieser nicht seine persönliche Haftung ausgeschlossen hat. Alles was das Gesamtgut trotzdem auf Grund dieses Rechtsgeschäfts erlangt hat (§ 1416 Abs 1 S 2) ist dann nach den Vorschriften des Bereicherungsrechts herauszugeben. Der **Bereicherungsanspruch** nach § 1457 gegen das Gesamtgut besteht dabei neben dem Erfüllungsanspruch gegen den handelnden Ehegatten; erfüllt jedoch dieser, so entfällt Bereicherungsanspruch, da keine ungerechtfertigte Bereicherung mehr vorliegt[2].

2 Neben dem Gesamtgut haften für den Bereicherungsanspruch beide **Ehegatten persönlich** mit ihrem Sondervermögen (§ 1459 Abs 2 S 1); auch im Innenverhältnis fällt dieser dem Gesamtgut zur Last, da er in § 1463 nicht genannt ist[3]. § 1457 enthält eine **Rechtsfolgenverweisung** auf das Bereicherungsrecht (§§ 818 ff);[4] dabei greifen die **Haftungsverschärfungen** der §§ 818 Abs 4, 819 nur ein, wenn deren Voraussetzungen bei beiden Ehegatten vorliegen, es sei denn, der eine Ehegatte hat mit Zustimmung des anderen gehandelt[5]. Vgl iÜ die Erl zu § 1434.

§ 1458 Vormundschaft über einen Ehegatten

Solange ein Ehegatte unter elterlicher Sorge oder unter Vormundschaft steht, verwaltet der andere Ehegatte das Gesamtgut allein; die Vorschriften der §§ 1422 bis 1449 sind anzuwenden.

I. Normzweck

1 Steht bei der gemeinschaftlichen Verwaltung ein Ehegatte unter Vormundschaft oder elterlicher Sorge, so geht das Verwaltungsrecht kraft Gesetzes auf den anderen Ehegatten über und nicht – wie bei § 1436 – auf den gesetzlichen Vertreter des anderen. Der andere Ehegatte verwaltet also nicht zusammen mit dem gesetzlichen Vertreter des Ehegatten. Eine solche gemeinschaftliche Verwaltung mit einem Fremden wäre ihm nicht zumutbar; auch scheint Gewähr leistet, dass er auch allein das Gesamtgut ordnungsgemäß verwaltet[1*].

II. Einzelheiten

2 Voraussetzung für das Entstehen des Alleinverwaltungsrechts nach § 1458 ist, dass der mitverwaltende Ehegatte unter **elterlicher Sorge** (§§ 1626 ff) oder **Vormundschaft** (§§ 1773 ff) steht; dies ist seit Inkrafttreten des Betreuungsgesetzes vom 12. 9. 1990 nur noch bei Minderjährigen der Fall. Anders als bei der Einzelverwaltung (§ 1436) ist die Anordnung einer **Betreuung** (§ 1896) ohne Einfluss auf die gemeinschaftliche Verwaltung des Gesamtguts[2*]. Der Betreuer kann im Rahmen seines Wirkungskreises bei den Verwaltungsmaßnahmen also den betreuten Ehegatten gemäß § 1902 vertreten[3*]. Möglich ist aber eine Aufhebungsklage nach § 1469 Nr 5[4*].

3 § 1458 gibt dem anderen Ehegatten die **Stellung eines Gesamtgutsverwalters** wie bei der Einzelverwaltung mit den Rechten und Pflichten nach §§ 1422 bis 1449. Daher gilt insbes auch die Zustimmungspflicht nach §§ 1423 bis 1425, wobei die Zustimmung der gesetzliche Vertreter des anderen Ehegatten erteilen muss; ist der verwaltende Ehegatte dies selbst, so kann er sie selbst erteilen; § 181 gilt nicht[5*]. Auch die **Haftung** richtet sich allein nach § 1437 ff, nicht nach dem § 1459 ff. Daher haftet der Minderjährige für Gesamtgutsverbindlichkeiten, die in der Person des Verwalters entstanden sind, nicht persönlich (§ 1437 Abs 2)[6]. Auch mit Eintritt der Volljährigkeit haftet er nicht persönlich für die vorher entstandenen Verbindlichkeiten[7]. Jedoch haftet der jetzt allein verwaltende Ehegatte persönlich auch mit seinem Vorbehalts- und Sondergut (§ 1437 Abs 2 S 1).

---

[1] AnwK-BGB/*Völker* Rn 1; *Staudinger/Thiele* Rn 6.
[2] AnwK-BGB/*Völker* Rn 2; MünchKommBGB/*Kanzleiter* Rn 2; *Staudinger/Thiele* Rn 2.
[3] AnwK-BGB/*Völker* Rn 2; *Soergel/Gaul* Rn 2.
[4] AllgM, AnwK-BGB/*Völker* Rn 2; *Staudinger/Thiele* Rn 3.
[5] AnwK-BGB/*Völker* Rn 2; *Soergel/Gaul* Rn 3; *Staudinger/Thiele* Rn 3; *Behmer* FamRZ 1988, 339, 345.
[1*] *Staudinger/Thiele* Rn 1.
[2*] BayObLG Rpfleger 2005, 140: auch keine analoge Anwendung von § 1436; AnwK-BGB/*Völker* Rn 1; *Erman/Heckelmann* Rn 1; MünchKommBGB/*Kanzleiter* Rn 2.
[3*] *Staudinger/Thiele* Rn 1.
[4*] Zust AnwK-BGB/*Völker* Rn 1.
[5*] MünchKommBGB/*Kanzleiter* Rn 3; *Soergel/Gaul* Rn 4.
[6] AnwK-BGB/*Völker* Rn 5; *Staudinger/Thiele* Rn 14; MünchKommBGB/*Kanzleiter* Rn 4.
[7] MünchKommBGB/*Kanzleiter* Rn 4; *Soergel/Gaul* Rn 4; *Staudinger/Thiele* Rn 14.

Die Eintragung des sich aus § 1458 ergebenden alleinigen Verwaltungsrechts in das **Güterrechts-** 4
register ist unzulässig[8]. Zur **Zwangsvollstreckung** in das Gesamtgut genügt ein Titel gegen den nach § 1458 allein verwaltenden Ehegatten nur, wenn sowohl bei Erwirkung des Titels als auch dessen Vollstreckung die Voraussetzungen des § 1458 vorlagen[9]. Durch **Ehevertrag** kann nur die gemeinschaftliche Verwaltung des anderen Ehegatten mit dem gesetzlichen Vertreter des Minderjährigen vereinbart werden, iU ist die Vorschrift nicht dispositiv[10]. Dagegen betont die Gegenansicht, dass § 1458 nur eine Schutzvorschrift für den anderen Ehegatten ist, dass diesem nicht eine Verwaltung gemeinsam mit einem Dritten aufgezwungen werden soll, und daher eine Vereinbarung möglich ist, dass generell die Gesamtgutsverwaltung mit dem Vormund oder den Eltern erfolgt[11].

§ 1459 Gesamtgutsverbindlichkeiten; persönliche Haftung

(1) Die Gläubiger des Mannes und die Gläubiger der Frau können, soweit sich aus den §§ 1460 bis 1462 nichts anderes ergibt, aus dem Gesamtgut Befriedigung verlangen (Gesamtgutsverbindlichkeiten).

(2) ¹Für die Gesamtgutsverbindlichkeiten haften die Ehegatten auch persönlich als Gesamtschuldner. ²Fallen die Verbindlichkeiten im Verhältnis der Ehegatten zueinander einem der Ehegatten zur Last, so erlischt die Verbindlichkeit des anderen Ehegatten mit der Beendigung der Gütergemeinschaft.

I. Normzweck, Grundzüge

Die §§ 1459 bis 1466 regeln die Schuldenhaftung bei der gemeinschaftlichen Verwaltung des 1
Gesamtguts durch beide Ehegatten. Dabei enthält § 1459 Abs 1 für das Außenverhältnis zu den Gläubigern den Grundsatz, dass für alle Verbindlichkeiten der Ehegatten das Gesamtgut haftet (**Grundsatz der Haftung des Gesamtguts**) und für diese wiederum beide Ehegatten persönlich als Gesamtschuldner (Abs 2). Die §§ 1460 bis 1462 enthalten Ausnahmen von der Gesamtgutshaftung, weil sich sonst die Ehegatten durch konkurrierende Verwaltungsrechte gegenseitig unbeschränkt verpflichten könnten[1]. Insbes haftet das Gesamtgut nach § 1460 für während der Gütergemeinschaft entstandene **rechtsgeschäftliche Verpflichtungen** nur, wenn diese von beiden Ehegatten begründet oder wenigstens mit Zustimmung des anderen Ehegatten erfolgten oder diese nach §§ 1454 bis 1456 ausnahmsweise entbehrlich war.

Die §§ 1463 bis 1466 regeln den Ausgleich zwischen den verschiedenen Vermögensmassen für das 2
Innenverhältnis.

II. Haftungsordnung der Gütergemeinschaft bei gemeinschaftlicher Verwaltung

1. Grundlinien. Auch hier unterscheidet das Gesetz die Haftung des Gesamtguts (§§ 1459 Abs 1, 3
1460 bis 1462) und die persönliche Haftung eines jeden Ehegatten mit seinem Sondervermögen. Die Haftung mit den einzelnen Vermögensmassen hängt dabei davon ab, ob die Verbindlichkeiten in der Person beider Ehegatten oder nur in der Person des einen von ihnen entstehen und ob die Verbindlichkeiten vor oder nach Eintritt der Gütergemeinschaft entstanden sind[2]. Demnach ergibt sich:
Haftung des Gesamtguts, für sog Gesamtgutsverbindlichkeiten[3]:
– für alle Verbindlichkeiten, welche die **Ehegatten gemeinsam** eingingen, auch auf Grund Vollmacht oder nach § 1357,
– für die Verbindlichkeiten **eines einzelnen Ehegatten**
  – aus der Zeit **vor** Beginn der Gütergemeinschaft unbeschränkt,
  – aus der Zeit **nach** Eintritt der Gütergemeinschaft nur nach Maßgabe des § 1460 (insbes bei rechtsgeschäftlichen grds nur bei Zustimmung des anderen Ehegatten oder wenn diese nach §§ 1452, 1454 bis 1456 entbehrlich) und mit Ausnahme der in §§ 1461, 1462 genannten Fälle.
– Das **Sonder- und Vorbehaltsgut** eines jeden Ehegatten haftet:
  – für alle **Gesamtgutsverbindlichkeiten,**
  – für alle von dem **handelnden Ehegatten** allein und ohne Wirkung gegenüber dem Gesamtgut eingegangenen Verbindlichkeiten (Achtung: auch einseitig begründete Verbindlichkeiten sind gegenüber dem handelnden Ehegatten bei gemeinschaftlicher Verwaltung wirksam!).

2. Gesamtgutsverbindlichkeiten (Abs 1). Dies sind solche, für welche die Gläubiger Befriedigung 4
aus dem Gesamtgut verlangen können. Ob sie in der Person von Ehemann oder Ehefrau entstanden sind, unerheblich (zu den Entstehungsvoraussetzungen vgl Rn 3). Auf den Rechtsgrund (Vertrag,

---

[8] AnwK-BGB/*Völker* Rn 6; *Staudinger/Thiele* Rn 15; *Palandt/Brudermüller* Rn 1.
[9] AnwK-BGB/*Völker* Rn 8; *Staudinger/Thiele* Rn 17.
[10] MünchKommBGB/*Kanzleiter* Rn 5.
[11] AnwK-BGB/*Völker* Rn 2, 7; *Soergel/Gaul* Rn 2; für erweiterte vertragliche Regelungsmöglichkeit auch *Staudinger/Thiele* Rn 18.
[1] BT-Drucks 2/3409 S 25 f; AnwK-BGB/*Völker* Rn 2.
[2] *Staudinger/Thiele* Vor §§ 1459–1462 Rn 3.
[3] Vgl auch AnwK-BGB/*Völker* Rn 5 ff mit grafischer Übersicht; *Staudinger/Thiele* Vor §§ 1459–1462 Rn 3.

§ 1459

Delikt, Unterhalt, dazu besonders § 1604, Nachlassschulden nur, wenn Erbschaft nicht ins Vorbehaltsgut fällt, § 1461) und die Art (Geld, Sachen, sonstige vertretbare oder unvertretbare Leistung) kommt es nicht an[4]. Dazu gehört auch die Haftung aus der Tätigkeit als Vormund, Pfleger oder Betreuer nach §§ 1833, 1915), die auf einem gesetzlichen Schuldverhältnis beruht und für die sich keine Einschränkung aus § 1460 ergibt[5]. Vgl iÜ § 1437 Rn 3.

5   **3. Persönliche Haftung der Ehegatten (Abs 2).** Sie betrifft das jeweilige Vorbehalts- und (soweit pfändbar) Sondergut für[6]
– alle in der **Person des jeweiligen Ehegatten entstandenen Verbindlichkeiten,** mag auch geplante Verpflichtung des Gesamtguts an fehlender Zustimmung des anderen Ehegatten gescheitert sein,
– alle Verbindlichkeiten des anderen Ehegatten, die Gesamtgutsverbindlichkeiten sind (§§ 1459 Abs 2 S 1, 1460 bis 1462).

Der mitverwaltende Ehegatte ist somit hinsichtlich der persönlichen Haftung dem Gesamtgutsverwalter nach § 1437 völlig gleichgestellt (s daher § 1437 Rn 5). Die persönliche Haftung nach Abs 2 S 1 trifft die Ehegatten nebeneinander als Gesamtschuldner (§§ 421 ff), die **Ausgleichung** im Innenverhältnis bestimmt sich nach den §§ 1463 bis 1466. Auch soweit ein Gläubiger einen Ehegatten nach § 1459 Abs 2 in Anspruch nimmt, handelt es sich um eine Familiensache iS von § 23 b Abs 1 S 2 Nr 9 GVG[7]. Die **persönliche Haftung** des einen Ehegatten nach § 1459 Abs 2 S 1 ist **zeitlich beschränkt** bis zur Beendigung der Gütergemeinschaft (auch durch Tod, vgl § 1415 Rn 2) bei den Verbindlichkeiten, die im Innenverhältnis (vgl §§ 1463 bis 1466) dem anderen Ehegatten zur Last fallen (§ 1459 Abs 2 S 2). Wurde aber vorher bereits geleistet, so kann aber eine Rückforderung nach § 812 nicht verlangt werden[8]. Zur Möglichkeit der entsprechenden Anwendung Einrede der Anfechtbarkeit nach § 770 und weiteren anderen Details s § 1437 Rn 5.

III. Zwangsvollstreckung ins Gesamtgut

6   Hierfür ist bei gemeinschaftlicher Verwaltung grds ein Leistungstitel gegen beide Ehegatten erforderlich (§ 740 Abs 2 ZPO), der auch in getrennten Verfahren erwirkt sein kann[9]. Ein Leistungstitel nur gegen einen und ein bloßer Duldungstitel gegen den anderen genügt im Hinblick auf den klaren Gesetzeswortlaut („zur Leistung verurteilt") nicht[10]. Die Zwangsvollstreckung in das Gesamtgut **aus einem Titel nur gegen einen Ehegatten** ist nur im Fall des § 741 ZPO (selbständiges Erwerbsgeschäft, § 1456) möglich (§ 1431 Rn 4)[11]. Dies gilt auch dann, wenn einer der Ehegatten auf Grund seines Notverwaltungsrechts (§ 1454) verklagt wurde oder wegen der Kostenhaftung nach § 1460 Abs 2 vollstreckt oder eine Zwangssicherungshypothek[12] eingetragen werden soll. Selbst wenn man § 1454 eine materielle Rechtskrafterstreckung annimmt (str, s § 1454 Rn 5), so können und sollen die Vollstreckungsorgane dies nicht prüfen[13]. Eine **Umschreibung des Vollstreckungstitels** ist allerdings nach § 742 ZPO, also bei Fortsetzung eines bei Beginn der Gütergemeinschaft bereits anhängigen Rechtsstreits, (§ 1455 Nr 7) möglich; jedoch kann diese Bestimmung nicht analog auf die Kostenhaftung nach § 1460 Abs 2 oder gar die Fälle des Notverwaltungsrechts nach § 1454 angewandt werden, weil dies nicht nur dem gesetzlichen Regel-Ausnahme-Verhältnis widerspricht, sondern die Vollstreckungsorgane materiell-rechtliche Prüfung vornehmen müssten, was nicht ihre Aufgabe ist[14]. Die Vollstreckung **eines der Ehegatten** wegen einer ihm zustehenden Forderung in das Gesamtgut, zu der dann ein Titel gegen den anderen genügen müsste, ist im Gesetz nicht vorgesehen[15]. Daher muss, insbes bei Unterhaltsansprüchen Klage auf ordnungsmäßige Verwaltung des Gesamtguts zur Erfüllung dieses Anspruchs erhoben werden (eingehend § 1420 Rn 4 f). **Nach Beendigung** der Gütergemeinschaft gilt bis zur Auseinandersetzung § 743 ZPO.

---

[4] AnwK-BGB/*Völker* Rn 8; *Staudinger/Thiele* Rn 5.
[5] OLG Frankfurt FamRZ 1983, 172, 173.
[6] AnwK-BGB/*Völker* Rn 9.
[7] BGHZ 75, 305 = NJW 1980, 1626; *Soergel/Gaul* Rn 4 mwN.
[8] AnwK-BGB/*Völker* Rn 9; *Staudinger/Thiele* Rn 13.
[9] BGH FamRZ 1975, 405, 406; *Musielak/Lackmann* § 740 ZPO Rn 4; hierzu auch *Tiedtke* FamRZ 1975, 538.
[10] LG Deggendorf FamRZ 1964, 49, 50; OLG Stuttgart OLGZ 1987, 252 = FamRZ 1987, 304, 305; AnwK-BGB/*Völker* § 1416 Rn 21; juris-PK/*Hausch* Rn 17; *Soergel/Gaul* Rn 4; *Wassermann* FamRZ 1991, 507, 509; *Thomas/Putzo* § 740 ZPO Rn 3; *Musielak/Lackmann* § 740 ZPO Rn 4; *Staudinger/Thiele* § 1450 Rn 37; *Zöller/Stöber* § 740 ZPO Rn 9; aA *Tiedtke* FamRZ 1975, 538, 539; MünchKommBGB/*Kanzleiter* Rn 10; *Stein/Jonas/Münzberg* § 740 ZPO Rn 6; offen lassend *Gernhuber/Coester-Waltjen* § 38 Rn 117 Fn 158.
[11] OLG Frankfurt FamRZ 1983, 172; MünchKommBGB/*Kanzleiter* Rn 11.
[12] BayObLG NJW-RR 1996, 80, 81.
[13] AnwK-BGB/*Völker* § 1416 Rn 22; MünchKommBGB/*Kanzleiter* Rn 11; *Musielak/Lackmann* § 740 ZPO Rn 4; eingehend hierzu *Staudinger/Thiele* Vor §§ 1459–1462 Rn 6.
[14] OLG Stuttgart OLGZ 1987, 252 = NJW-RR 1987, 258; AnwK-BGB/*Völker* § 1416 Rn 22; MünchKommBGB/*Kanzleiter* Rn 11; aA OLG Nürnberg JurBüro 1978, 762; LG Ellwangen FamRZ 1976, 152; *Staudinger/Thiele* Vor §§ 1459–1462 Rn 6; *Soergel/Gaul* § 1460 Rn 4; *Palandt/Brudermüller* § 1460 Rn 2; *Stein/Jonas/Münzberg* § 740 ZPO Rn 7.
[15] BGHZ 111, 248, 257 = NJW 1990, 2252; *Musielak/Lackmann* § 740 ZPO Rn 4; für Zulässigkeit jedoch *Kleinle* FamRZ 1997, 1194, 1195 f; *Zöller/Stöber* § 740 ZPO Rn 9.

IV. Insolvenz

Die Eröffnung eines Insolvenzverfahrens über das Vermögen eines Ehegatten **berührt** das Gesamtgut 7
nicht (§ 37 Abs 2 InsO); uU ist dies aber ein Grund für Aufhebungsklage nach § 1469 Nr 4. Jedoch kann bei Vorliegen der entsprechenden übrigen Voraussetzungen bei Zahlungsunfähigkeit beider Ehegatten über das Gesamtgut ein **selbstständiges Insolvenzverfahren** nach den §§ 333, 334 InsO eröffnet werden[16]. Die Eröffnung eines solchen Insolvenzverfahrens führt nicht zur Beendigung der Gütergemeinschaft, jedoch liegt dann uU ein Grund für eine Aufhebungsklage nach § 1469 Nr 4 vor.

V. Beweislast

Da die Haftung des Gesamtguts die Regel ist, trägt die Beweislast dafür, dass keine Gesamtguts- 8
verbindlichkeit vorliegt, derjenige, der das Gegenteil behauptet[17]. Da § 1460 Abs 1 aber eine Durchbrechung des Grundsatzes der Gesamtgutsverbindlichkeiten bei rechtsgeschäftlichen Verpflichtungen enthält, gilt für solche Verpflichtungsgeschäfte, dass derjenige die Zustimmung des anderen Ehegatten beweisen muss, der sich auf eine solche beruft;[18] insoweit wird die Regel de facto zur Ausnahme.

VI. Abweichende Vereinbarungen

Da es sich um zwingende Gläubigerschutzvorschriften handelt, sind haftungsbeschränkende Verein- 9
barungen der Ehegatten untereinander nichtig[19]. Möglich aber, durch Einzelvereinbarung mit dem jeweiligen Gläubiger besondere Haftungsregelungen zu treffen (§ 1437 Rn 11).

§ 1460 Haftung des Gesamtguts

(1) Das Gesamtgut haftet für eine Verbindlichkeit aus einem Rechtsgeschäft, das ein Ehegatte während der Gütergemeinschaft vornimmt, nur dann, wenn der andere Ehegatte dem Rechtsgeschäft zustimmt oder wenn das Rechtsgeschäft ohne seine Zustimmung für das Gesamtgut wirksam ist.
(2) Für die Kosten eines Rechtsstreits haftet das Gesamtgut auch dann, wenn das Urteil dem Gesamtgut gegenüber nicht wirksam ist.

I. Normzweck

Die dem § 1438 entsprechende Vorschrift enthält für während der Gütergemeinschaft entstandene 1
Verbindlichkeiten aus Rechtsgeschäften nach **Abs 1** die wichtigste **Ausnahme** zu dem in § 1459 enthaltenen Grundsatz, dass das Gesamtgut und beide Ehegatten persönlich für alle Verbindlichkeiten der Ehegatten haften. Dadurch soll der mitverwaltende Ehegatte gegen eine eigenmächtige Verwaltungshandlung des anderen geschützt werden, was sonst de facto auf eine selbstständige Einzelverwaltung des Gesamtguts in diesem Bereich hinaus liefe[1]. Die uneingeschränkte Gesamtgutshaftung für Prozesskosten nach **Abs 2** beruht insbes auf der Rücksichtnahme auf die Interessen des Prozessgegners[2].

II. Gesamtgutshaftung für rechtsgeschäftliche Verbindlichkeiten (Abs 1)

Für Verbindlichkeiten aus einem Rechtsgeschäft, das **während der Gütergemeinschaft** vorgenom- 2
men wird, haftet das Gesamtgut nur, wenn
– das Rechtsgeschäft von **beiden Ehegatten gemeinsam** vorgenommen wurde oder
– ein Ehegatte das Rechtsgeschäft zwar im eigenen Namen vornimmt, der **andere** aber ausdrücklich **zustimmt,** wozu auch die Fälle einer Vollmachtserteilung gehören oder
– das von einem Ehegatten vorgenommene Rechtsgeschäft ausnahmsweise ohne Zustimmung des anderen für das Gesamtgut wirksam ist (§§ 1452, 1454 bis 1456; vgl auch § 1357)[3].
Zu Abgrenzungsfragen vgl § 1438 Rn 3. Rechtsfolge ist die Haftung des Gesamtguts und darauf 3
aufbauend die volle persönliche Haftung beider Ehegatten als Gesamtschuldner (§ 1459 Abs 2 S 1).
Die **Haftungsbeschränkung gilt nicht** 4
– für die **vor Eintritt der Gütergemeinschaft** abgeschlossenen Rechtsgeschäfte,
– für die auf **Gesetz** beruhenden Verbindlichkeiten, wie Delikt, auch im Rahmen von Rechtsgeschäften, und Unterhalt, vgl § 1604; gerade in dieser Haftung liegt die besondere Gefahr dieser Art von Gütergemeinschaft[4],

---

[16] Einzelheiten etwa AnwK-BGB/*Völker* § 1416 Rn 30; *Staudinger/Thiele* Vor §§ 1459–1462 Rn 9.
[17] MünchKommBGB/*Kanzleiter* Rn 8; *Baumgärtel/Laumen* Rn 1.
[18] *Staudinger/Thiele* Rn 9; *Baumgärtel/Laumen* Rn 1.
[19] AnwK-BGB/*Völker* Rn 3; MünchKommBGB/*Kanzleiter* Rn 13; *Staudinger/Thiele* Rn 15.
[1] AnwK-BGB/*Völker* Rn 1, *Staudinger/Thiele* Rn 1.
[2] *Staudinger/Thiele* Rn 1.
[3] Die Ausführungen von *Staudinger/Thiele* Rn 3 zu § 1357 sind auch in der Neubearbeitung 2007 überholt, zust AnwK-BGB/*Völker* Rn 3 Fn 3.
[4] Die Haftungsgefahr unterschätzt *Behmer* FamRZ 1988, 339, 344; dazu § 1415 Rn 3; § 1437 Rn 3.

§ 1463　　　　　　　　　　　　　　　　　Buch 4. Abschnitt 1. Bürgerliche Ehe

– **Bereicherungshaftung** nach § 1457,
– für **Kosten eines Rechtsstreits** eines oder beider Ehegatten (§ 1460 Abs 2; s die Erl in § 1438 Rn 4, die hier entspr gelten). Für die Vollstreckung gilt aber § 742 ZPO nicht analog (vgl § 1459 Rn 6). Die Haftung der Ehegatten im Innenverhältnis richtet sich nach §§ 1463 Nr 3, 1465.

III. Beweislast; abweichende Vereinbarung

5　S hierzu § 1459 Rn 8 und 9.

§ 1461 Keine Haftung bei Erwerb einer Erbschaft

Das Gesamtgut haftet nicht für Verbindlichkeiten eines Ehegatten, die durch den Erwerb einer Erbschaft oder eines Vermächtnisses entstehen, wenn der Ehegatte die Erbschaft oder das Vermächtnis während der Gütergemeinschaft als Vorbehaltsgut oder als Sondergut erwirbt.

1　Die Bestimmung schließt als zweite Ausnahme zu § 1459 eine Haftung des Gesamtguts für die Verbindlichkeiten aus, die auf einer **Erbschaft** oder einem Vermächtnis beruhen, das einem Ehegatten als Vorbehalts- oder Sondergut (§§ 1418 Abs 2 Nr 2, 1417 Abs 2) angefallen ist, wenn der Erwerb während der Gütergemeinschaft erfolgte; geschah dies vorher, dann ist dies eine Gesamtgutsverbindlichkeit[1]. Die Regelung entspricht § 1439 für die Alleinverwaltung mit der Abwandlung, dass die Haftungseinschränkung des § 1439 nur bei einem Erwerb des nicht verwaltungsberechtigten Ehegatten gilt, während § 1461 diesen Unterschied nicht macht[2]. Im Übrigen s Erl zu § 1439.

§ 1462 Haftung für Vorbehalts- oder Sondergut

[1]*Das Gesamtgut haftet nicht für eine Verbindlichkeit eines Ehegatten, die während der Gütergemeinschaft infolge eines zum Vorbehaltsgut oder zum Sondergut gehörenden Rechts oder des Besitzes einer dazu gehörenden Sache entsteht.* [2]*Das Gesamtgut haftet jedoch, wenn das Recht oder die Sache zu einem Erwerbsgeschäft gehört, das ein Ehegatte mit Einwilligung des anderen Ehegatten selbständig betreibt, oder wenn die Verbindlichkeit zu den Lasten des Sonderguts gehört, die aus den Einkünften beglichen zu werden pflegen.*

1　Die Bestimmung enthält die letzte **Ausnahme** vom Grundsatz der generellen Haftung des Gesamtguts nach § 1459 Abs 1. Für Verbindlichkeiten eines jeden Ehegatten, die infolge eines zum Vorbehalts- oder Sondergut eines Ehegatten gehörenden Rechts oder des Besitzes einer dazu gehörenden Sache während der Gütergemeinschaft entstanden sind, haftet das Gesamtgut – und damit auch der andere Ehegatte nach § 1459 Abs 2 S 1 – grds **nicht,** weil diese Verbindlichkeiten mit den betreffenden Sondervermögen untrennbar zusammenhängen[1*].

Dies gilt jedoch nach **S 2** nicht, wenn die Verbindlichkeiten
– in im Zusammenhang mit seinem Vorbehalts- oder Sondergut gehörenden selbstständigen Erwerbsgeschäft gehören, das mit Zustimmung des anderen Ehegatte betrieben wird (§ 1456),
– aus Einkünften des Sondervermögens beglichen zu werden pflegen.

Diese **Unterausnahmen** führen zum Grundsatz der unbeschränkten Haftung des Gesamtguts nach § 1459 zurück, und damit auch zur persönlichen Haftung des anderen Ehegatten nach § 1459 Abs 2 S 1.

2　Die Vorschrift entspricht **§ 1440** mit der Abweichung, dass § 1462 für beide Ehegatte gilt, nicht nur für das Sondervermögen des nicht verwaltungsberechtigten Ehegatten[2*].

§ 1463 Haftung im Innenverhältnis

Im Verhältnis der Ehegatten zueinander fallen folgende Gesamtgutsverbindlichkeiten dem Ehegatten zur Last, in dessen Person sie entstehen:
1. *die Verbindlichkeiten aus einer unerlaubten Handlung, die er nach Eintritt der Gütergemeinschaft begeht, oder aus einem Strafverfahren, das wegen einer solchen Handlung gegen ihn gerichtet wird,*
2. *die Verbindlichkeiten aus einem sich auf sein Vorbehaltsgut oder sein Sondergut beziehenden Rechtsverhältnis, auch wenn sie vor Eintritt der Gütergemeinschaft oder vor der Zeit entstanden sind, zu der das Gut Vorbehaltsgut oder Sondergut geworden ist,*
3. *die Kosten eines Rechtsstreits über eine der in den Nummern 1 und 2 bezeichneten Verbindlichkeiten.*

---

[1] AnwK-BGB/*Völker* Rn 2.
[2] MünchKommBGB/*Kanzleiter* Rn 2; *Staudinger/Thiele* Rn 2.
[1*] *Staudinger/Thiele* Rn 1.
[2*] AnwK-BGB/*Völker* Rn 3; MünchKommBGB/*Kanzleiter* Rn 2; *Staudinger/Thiele* Rn 1.

Die §§ 1463 bis 1467 regeln das Innenverhältnis der Ehegatten untereinander mit entsprechenden 1
Ausgleichsansprüchen, insbes im Fall der Auseinandersetzung des Gesamtguts[1]. Dabei gilt der Grundsatz,
dass **Gesamtgutsverbindlichkeiten auch Gesamtgutslasten** sind, also von den Ehegatten entspr
ihrer Beteiligung je zur Hälfte zu tragen sind (§ 1476)[2]. Hiervon macht § 1463 eine Ausnahme. Die
Vorschrift stimmt dem Wortlaut wie dem Inhalt nach mit § 1441 überein (s Erl dort). Zu § 1463 Nr 2
ist jedoch anzumerken, dass dies das Bestehen einer Gesamtgutsverbindlichkeit voraussetzt, also dass die
Ausnahmen der §§ 1460 bis 1462 nicht eingreifen[3].

§ 1464 Verbindlichkeiten des Sonderguts und eines Erwerbsgeschäfts

¹Die Vorschrift des § 1463 Nr. 2, 3 gilt nicht, wenn die Verbindlichkeiten zu den Lasten des
Sonderguts gehören, die aus den Einkünften beglichen zu werden pflegen. ²Die Vorschrift
gilt auch dann nicht, wenn die Verbindlichkeiten durch den Betrieb eines für Rechnung des
Gesamtguts geführten Erwerbsgeschäfts oder infolge eines zu einem solchen Erwerbsgeschäft
gehörenden Rechts oder des Besitzes einer dazu gehörenden Sache entstehen.

Die Bestimmung ist eine **Unterausnahme** zur Ausnahme des § 1463 Nr 2, 3. Damit gilt für die 1
Fälle des § 1464 wieder im Innenverhältnis der Ehegatten der **Grundsatz,** dass Gesamtgutsverbindlichkeiten auch Gesamtgutslasten sind. § 1464 stimmt wörtlich wie inhaltlich mit **§ 1442** überein, s daher
iÜ Erl dort. Betreiben beide Ehegatten gemeinschaftlich das Erwerbsgeschäft und sind daran in gleicher
Höhe beteiligt, so entfällt die Ausgleichspflicht, da sich die Ausgleichsverbindlichkeiten beider untereinander wieder neutralisieren[1*].

§ 1465 Prozesskosten

(1) Im Verhältnis der Ehegatten zueinander fallen die Kosten eines Rechtsstreits, den die
Ehegatten miteinander führen, dem Ehegatten zur Last, der sie nach allgemeinen Vorschriften zu tragen hat.

(2) ¹Führt ein Ehegatte einen Rechtsstreit mit einem Dritten, so fallen die Kosten des
Rechtsstreits im Verhältnis der Ehegatten zueinander dem Ehegatten zur Last, der den
Rechtsstreit führt. ²Die Kosten fallen jedoch dem Gesamtgut zur Last, wenn das Urteil dem
Gesamtgut gegenüber wirksam ist oder wenn der Rechtsstreit eine persönliche Angelegen-
heit oder eine Gesamtgutsverbindlichkeit des Ehegatten betrifft und die Aufwendung der
Kosten den Umständen nach geboten ist; § 1463 Nr. 3 und § 1464 bleiben unberührt.

Die Vorschrift regelt (soweit nicht § 1463 Nr 3 eingreift) die Ausgleichung von Prozesskosten im 1
Innenverhältnis der Ehegatten untereinander, während § 1460 Abs 2 das Außenverhältnis betrifft.
§ 1465 ist eine weitere Ausnahme vom Grundsatz, dass Gesamtgutsverbindlichkeiten auch Gesamtgutslasten sind. **Abs 1** betrifft die Kostentragung eines **zwischen den Ehegatten geführten Rechtsstreits**
und stimmt wörtlich wie inhaltlich mit § 1443 Abs 1 überein (s daher Erl dort). **Abs 2** betrifft die
Kostenfrage, wenn ein Ehegatte mit einem **Dritten** einen Prozess geführt hat. Die in § 1443 Abs 2
dort für einen Rechtsstreit des Nichtverwalters getroffene Regelung gilt hier für **jeden der Ehegatten**
(s daher auch insoweit § 1443 Rn 3).

§ 1466 Kosten der Ausstattung eines nicht gemeinschaftlichen Kindes

Im Verhältnis der Ehegatten zueinander fallen die Kosten der Ausstattung eines nicht
gemeinschaftlichen Kindes dem Vater oder der Mutter des Kindes zur Last.

Die Kosten für die Ausstattung eines **nicht gemeinschaftlichen Kindes** fallen im Innenverhältnis 1
der Ehegatten dem jeweiligen Vater oder Mutter des Kindes zu Last. Bei gemeinschaftlicher Verwaltung
können die Ehegatten eine Ausstattung aus dem Gesamtgut nur gemeinschaftlich gewähren, da Ersetzung nach § 1452[1**] und Notverwaltung nach § 1454[2*] praktisch nicht in Betracht kommen. Daher

---

[1] Grafische Übersicht bei AnwK-BGB/*Völker* Rn 2.
[2] AnwK-BGB/*Völker* Rn 1; MünchKommBGB/*Kanzleiter* Rn 1.
[3] AnwK-BGB/*Völker* Rn 4; MünchKommBGB/*Kanzleiter* Rn 2.
[1*] AnwK-BGB/*Völker* Rn 2; RGRK/*Finke* Rn 2.
[1**] Es besteht kein Rechtsanspruch auf Ausstattung, vgl *Soergel/Gaul* Rn 2; aA AnwK-BGB/*Völker* Rn 4; *Erman/Heckelmann* Rn 1; RGRK/*Finke* Rn 3; *Staudinger/Thiele* Rn 8: Gewährung einer Ausstattung kann ordnungsgemäße Verwaltungsmaßnahme sein, wenn den unterstattenden Ehegatten eine entsprechende sittliche Verpflichtung trifft und er diese nicht aus seinem Sonder- oder Vorbehaltsgut erfüllen kann.
[2*] Zust AnwK-BGB/*Völker* Rn 4; MünchKommBGB/*Kanzleiter* Rn 2: mit Aufschub ist wohl nie Gefahr ver-
bunden, die das Notverwaltungsrecht begründet; für Zulässigkeit aber *Soergel/Gaul* Rn 2 und *Staudinger/Thiele* Rn 9,
die für die Gefahrbeurteilung fälschlicherweise nicht auf die Sicht des Gesamtguts, sondern auf die Stellung des Kindes
abstellen; zurückhaltender RGRK/*Finke* Rn 3: „in Ausnahmefällen".

§ 1469   Buch 4. Abschnitt 1. Bürgerliche Ehe

besteht hier keine Notwendigkeit, für die Lastentragung (wie bei § 1444 Abs 2 für die Einzelverwaltung) danach zu differenzieren, ob die Ausstattung das dem Gesamtgut entsprechende Maß übersteigt.

2   Bei dem im Gesetz nicht geregelten Fall der Ausstattung **gemeinschaftlicher Kinder** bleibt es bei dem Grundsatz, dass Gesamtgutsverbindlichkeiten auch Gesamtgutslasten sind, da eine einseitige Ausstattung durch einen Ehegatten auch hier ausscheidet[3]. Vgl ergänzend auch die Erl zu § 1444.

§ 1467 Ausgleichung zwischen Vorbehalts-, Sonder- und Gesamtgut

(1) Verwendet ein Ehegatte Gesamtgut in sein Vorbehaltsgut oder in sein Sondergut, so hat er den Wert des Verwendeten zum Gesamtgut zu ersetzen.

(2) Verwendet ein Ehegatte Vorbehaltsgut oder Sondergut in das Gesamtgut, so kann er Ersatz aus dem Gesamtgut verlangen.

1   Die Bestimmung regelt den Ausgleich von Vermögensverschiebungen zwischen den verschiedenen Vermögensmassen des Vorbehalts-, Sonder- und Gesamtguts. Sie entspricht § 1445 bei der Einzelverwaltung mit der Maßgabe, dass bei der gemeinschaftlichen Verwaltung des Gesamtguts beiden Ehegatten Ersatzansprüche zustehen bzw beide diesbezüglich verpflichtet sein können[1]; vgl iÜ Erl zu § 1445. Wegen der entstehenden Ausgleichsansprüche liegt keine Schenkung vor, wenn Vorbehaltsgut in das Gesamtgut verwendet wird[2]. Zur Fälligkeit s § 1468.

§ 1468 Fälligkeit des Ausgleichsanspruchs

Was ein Ehegatte zum Gesamtgut oder was er zum Vorbehaltsgut oder Sondergut des anderen Ehegatten schuldet, braucht er erst nach Beendigung der Gütergemeinschaft zu leisten; soweit jedoch das Vorbehaltsgut und das Sondergut des Schuldners ausreichen, hat er die Schuld schon vorher zu berichtigen.

1   Die Vorschrift über die Fälligkeit der den Ehegatten obliegenden Verbindlichkeiten gegenüber dem Gesamtgut sowie gegenüber dem Sondergut oder Vorbehaltsgut des jeweils anderen Ehegatten entspricht dem für die Alleinverwaltung geltenden § 1446 Abs 2 (s daher Erl dort).

§ 1469 Aufhebungsklage

Jeder Ehegatte kann auf Aufhebung der Gütergemeinschaft klagen,
1. wenn seine Rechte für die Zukunft dadurch erheblich gefährdet werden können, dass der andere Ehegatte ohne seine Mitwirkung Verwaltungshandlungen vornimmt, die nur gemeinschaftlich vorgenommen werden dürfen,
2. wenn der andere Ehegatte sich ohne ausreichenden Grund beharrlich weigert, zur ordnungsmäßigen Verwaltung des Gesamtguts mitzuwirken,
3. wenn der andere Ehegatte seine Verpflichtung, zum Familienunterhalt beizutragen, verletzt hat und für die Zukunft eine erhebliche Gefährdung des Unterhalts zu besorgen ist,
4. wenn das Gesamtgut durch Verbindlichkeiten, die in der Person des anderen Ehegatten entstanden sind und diesem im Verhältnis der Ehegatten zueinander zur Last fallen, in solchem Maße überschuldet ist, dass sein späterer Erwerb erheblich gefährdet wird,
5. wenn die Wahrnehmung eines Rechts des anderen Ehegatten, das sich aus der Gütergemeinschaft ergibt, vom Aufgabenkreis eines Betreuers erfasst wird.

I. Normzweck

1   Kein Ehegatte hat die Möglichkeit, die Gütergemeinschaft einseitig durch eine Art Kündigung oder Ähnliches zu beenden. Daher gibt die Vorschrift jedem von ihnen das Recht, auf Aufhebung der Gütergemeinschaft zu klagen, wenn auf Grund bestimmter Umstände seine Rechte durch das Weiterbestehen der Gütergemeinschaft infolge eines Verhaltens des beklagten Ehegatten gefährdet würden[1*]. Die Vorschrift entspricht den §§ 1447, 1448 bei der Einzelverwaltung; im Unterschied zu dort behandelt § 1469 beide Ehegatten hinsichtlich der Ausgestaltung des Klagerechts aber gleich, was ihrer gemeinsamen Verwaltungsbefugnis entspricht. Allerdings orientiert sich das Klagerecht des § 1469 eher an dem des Nichtverwalters nach § 1447. Aus dem Schutzzweck ergibt sich zugleich, dass dieses Recht zur Aufhebung der Gütergemeinschaft durch **Ehevertrag** weder ausgeschlossen noch eingeschränkt

---

[3] MünchKommBGB/*Kanzleiter* Rn 2; ebenso iE AnwK-BGB/*Völker* Rn 2, der jedoch einseitige Ausstattung durch Ersetzung der Zustimmung für möglich hält, was aber abweichende Lastenverteilung rechtfertigen müsste.
[1] AnwK-BGB/*Völker* Rn 1; *Staudinger/Thiele* Rn 3.
[2] FG Münster EFG 1993, 589.
[1*] *Staudinger/Thiele* Rn 2; MünchKommBGB/*Kanzleiter* Rn 1.

werden kann². Auch eine Erweiterung der Auflösungsgründe ist nach hM unzulässig (s auch § 1447 Rn 1 mwN)³.

II. Verfahren

Hinsichtlich des Verfahrens s § 1447 Rn 3.

III. Die Aufhebungsgründe

§ 1469 enthält eine abschließende Aufzählung der Aufhebungsgründe (eingehend § 1447 Rn 4)⁴. Eine positive Vertragsverletzung (§§ 280, 241 Abs 2) oder ein Wegfall der Geschäftsgrundlage im Allgemeinen (§ 313) oder ein Rücktritt von einem Erbvertrag, der mit dem Ehevertrag verbunden ist, genügen daher nicht als Aufhebungsgrund⁵. § 1385 gilt auch nicht analog⁶. Auch durch ein Insolvenzverfahren wird die Gütergemeinschaft nicht aufgelöst (vgl § 37 Abs 2 InsO bei Insolvenzverfahren über das Vermögen eines Ehegatten und §§ 333, 334 InsO beim Sonderinsolvenzverfahren).

1. Eigenmächtige Verwaltungshandlungen (Nr 1). Konkreter gefasst als § 1447 Nr 1 setzt der Aufhebungsgrund voraus, dass der andere Ehegatte über seine Befugnisse durch eigenmächtiges Verwaltungshandeln (§ 1450 Abs 1) ohne die erforderliche Zustimmung seines Ehegatten hinausgeht. Ein Verschulden ist nicht erforderlich⁷. Des Weiteren müssen die Rechte des anderen Ehegatten für die **Zukunft erheblich gefährdet** sein. Dabei genügt bereits die Möglichkeit der Gefährdung, sie muss sich noch nicht realisiert haben (eingehend § 1447 Rn 4)⁸.

2. Weigerung zur Mitwirkung bei der Gesamtgutsverwaltung (Nr 2). Es muss eine **beharrliche Verweigerung** der Mitwirkung vorliegen. Die Weigerung kann ausdrücklich oder stillschweigend erfolgen und deckt sich mit dem Begriff der Weigerung iSv § 1452 (s Erl dort)⁹. Beharrlich ist sie, wenn es sich um ein wiederholtes, länger dauerndes, schwerwiegendes **Sichversagen** gegenüber dem Verlangen auf Zusammenarbeit handelt¹⁰. Bloße Gleichgültigkeit genügt daher nicht¹¹. Entscheidend ist, dass die Verweigerung ein solches Ausmaß angenommen hat, dass dem anderen Ehegatten eine Fortsetzung der Gütergemeinschaft nicht mehr zugemutet werden kann¹². Die Verweigerung berechtigt aber nur dann zur Aufhebung der Gütergemeinschaft, wenn sie ohne ausreichenden Grund vorgenommen wurde; dieses Tatbestandsmerkmal entspricht dem gleichen Begriff in § 1452 (s Erl dort). Ein Missbrauch des Verwaltungsrechts ist hier – anders als bei § 1447 Nr 1 – nicht erforderlich.

3. Gefährdung der Verletzung der Unterhaltspflicht (Nr 3). Dieser Aufhebungsgrund entspricht § 1447 Nr 2, wobei das Klagerecht hier allerdings beiden Ehegatten zusteht (Rn 1; vgl iÜ daher § 1447 Rn 5).

4. Überschuldung des Gesamtguts (Nr 4). Dieser Aufhebungsgrund entspricht § 1447 Nr 3 mit der Abweichung, dass auch er für beide Ehegatten gilt und die Verbindlichkeiten, auf denen die Überschuldung beruht, im Verhältnis der Ehegatten dem beklagten Ehegatten zur Last fallen müssen (§§ 1463 bis 1466). Die erforderliche Überschuldung muss auf Gesamtgutsverbindlichkeiten beruhen (§§ 1459, 1460). Vgl iÜ § 1447 Rn 6.

5. Betreuung des anderen Ehegatten mit Gütergemeinschaftsbezug (Nr 5). Die Aufhebung kann von jedem Ehegatte auch dann verlangt werden, wenn die Wahrnehmung eines Rechts des anderen Ehegatten, das sich aus der Gütergemeinschaft ergibt, vom Aufgabenkreis eines Betreuers (§ 1902) erfasst wird. Dieser Aufhebungsgrund entspricht inhaltlich dem § 1447 Nr 4¹³; s daher § 1447 Rn 7.

§ 1470 Wirkung des Aufhebungsurteils

(1) Mit der Rechtskraft des Urteils ist die Gütergemeinschaft aufgehoben; für die Zukunft gilt Gütertrennung.

(2) Dritten gegenüber ist die Aufhebung der Gütergemeinschaft nur nach Maßgabe des § 1412 wirksam.

---

² AnwK-BGB/*Völker* Rn 1; *Staudinger/Thiele* Rn 29.
³ AnwK-BGB/*Völker* Rn 1 iVm § 1447 Rn 2; *Soergel/Gaul* Rn 2; aA *Staudinger/Thiele* Rn 29; MünchKommBGB/*Kanzleiter* Rn 4.
⁴ RGRK/*Finke* Rn 1; *Staudinger/Thiele* Rn 3; *Palandt/Brudermüller* Rn 1.
⁵ BGHZ 29, 129, 135 = NJW 1959, 625 zu § 1469 aF.
⁶ *Gernhuber/Coester-Waltjen* § 38 IV 1; *Soergel/Gaul* Rn 2; aA *Grassmann* FamRZ 1984, 957.
⁷ AnwK-BGB/*Völker* Rn 2; *Staudinger/Thiele* Rn 7; allgM.
⁸ *Soergel/Gaul* Rn 3; *Staudinger/Thiele* Rn 5.
⁹ *Staudinger/Thiele* Rn 9.
¹⁰ AnwK-BGB/*Völker* Rn 3; RGRK/*Finke* Rn 7; *Soergel/Gaul* Rn 4.
¹¹ *Soergel/Gaul* Rn 4; aA AnwK-BGB/*Völker* Rn 3, der jedoch übersieht, dass nach dem Wortlaut der Norm ein „beharrliches Verweigern" erforderlich ist, das eben mehr ist, als bloße Gleichgültigkeit.
¹² *Staudinger/Thiele* Rn 11; MünchKommBGB/*Kanzleiter* Rn 6.
¹³ *Staudinger/Thiele* Rn 24.

§ 1471

1 Die Bestimmung regelt die **Rechtsfolgen** des rechtsgestaltenden, formell rechtskräftigen Aufhebungsurteils: Dies ist die Aufhebung der Gütergemeinschaft mit Eintritt der Gütertrennung **(Abs 1)**. Die Wirkung gegenüber Dritten tritt gemäß **Abs 2** jedoch nur nach § 1412 Abs 2 ein. Die Vorschrift entspricht wörtlich und inhaltlich § 1449 (s daher Erl dort). Die Beendigung der persönlichen Haftung für Gesamtgutsverbindlichkeiten tritt auch hier unabhängig von § 1412 nach § 1459 Abs 2 S 2 kraft Gesetzes ein.

Unterkapitel 4. Auseinandersetzung des Gesamtguts (§§ 1471-1482)

§ 1471 Beginn der Auseinandersetzung

(1) Nach der Beendigung der Gütergemeinschaft setzen sich die Ehegatten über das Gesamtgut auseinander.

(2) Bis zur Auseinandersetzung gilt für das Gesamtgut die Vorschrift des § 1419.

Schrifttum: *Ensslen*, Das Zusammentreffen von Gütergemeinschaft und Scheidungsverfahren, FamRZ 1998, 1077; *M. Klein*, Wegweiser zur Auseinandersetzung einer Gütergemeinschaft Teil 1, FuR 1995, 165; *ders*, Fälle und Lösungen zur Auseinandersetzung einer Gütergemeinschaft Teil 2, FuR 1995, 249; *Wittich*, Die Gütergemeinschaft und ihre Auseinandersetzung, 2000.

I. Grundsätzliches, Konkurrenzfragen

1 Mit Beendigung der Gütergemeinschaft (§ 1415 Rn 10) erlischt das gesamthänderisch gebundene **Gesamtgutsvermögen** nicht. Es bleibt vielmehr zum Zwecke der geordneten Liquidation bis zur Auseinandersetzung eine gesamthänderisch gebundene Vermögensmasse, vgl § 1471 Abs 2 iVm § 1419[1]. Diese **Liquidationsgemeinschaft** ist bis auf den unterschiedlichen Zweck mit der Gütergemeinschaft identisch[2]. Die §§ 1471 bis 1482 regeln die Auseinandersetzung der Gütergemeinschaft und zwar unabhängig davon, ob früher Einzelverwaltung oder gemeinschaftliche galt. Die §§ 1471 bis 1473 treffen dabei Bestimmungen von der Beendigung der Gütergemeinschaft bis zur Auseinandersetzung, die §§ 1474 bis 1481 regeln die Durchführung derselben. Hilfsweise gelten die allgemeinen Vorschriften über die Gemeinschaft (§§ 741 ff)[3].

2 Die Bestimmungen der **HausratsVO** über die Ehewohnung und den ehelichen Hausrat gehen in ihrem Anwendungsbereich den §§ 1471 ff vor (vgl auch § 16 Abs 1 HausratsVO)[4]; der Wert der zugewiesenen Gegenstände ist – falls noch kein Ausgleich erfolgte – bei der Auseinandersetzung zu berücksichtigen[5]. Für die Eigentumszuordnung gelten aber die §§ 1471 ff[6]. Die §§ 1471 ff enthalten hinsichtlich des **ehelichen Gesamtguts** eine grds abschließende Regelung über dessen Auseinandersetzung, so dass schon wegen des Grundsatzes des **Vorrangs des güterrechtlichen Ausgleichs** diesbezüglich die Anwendung der Grundsätze über die ehebezogenen Zuwendungen und deren Anpassung oder Wegfall (§ 313) bei Scheitern der Ehe (§ 1372 Rn 18) idR keine Anwendung finden[7]. Auch für die Annahme einer „stillschweigend" abgeschlossenen **Ehegatteninnengesellschaft** zur Sicherung eines angemessenen Interessenausgleichs besteht regelmäßig kein Raum (§ 1416 Rn 4). Jedoch sind in **sachlicher und zeitlicher** Hinsicht Ausnahmen möglich: Bei ehevertraglichen Zuwendungen aus dem ehelichen Gesamtgut in das **Vorbehaltsgut** eines Ehegatten besteht diesbezüglich eine der Gütertrennung vergleichbare Situation, so dass die dort für Rückabwicklung ehebezogener Zuwendungen entwickelten Grundsätze auch hier gelten (§ 1414 Rn 16 ff)[8]. Daneben kommen schuldrechtliche Rückgewähr- oder Ausgleichsansprüche auch in Betracht, wenn bereits **vor der Vereinbarung der Gütergemeinschaft**, insbes wenn damals Gütertrennung galt, eine Zuwendung gemacht wurde, hinsichtlich der nach zwischenzeitlicher Einbringung in die Gütergemeinschaft bei deren Beendigung das Übernahmerecht mit Wertersatz nach §§ 1477, 1478 ausgeübt und damit eine Vermögenszuordnung wiederhergestellt wird, die vor der Begründung der Gütergemeinschaft bestanden hat[9].

---

[1] BGH NJW 1985, 3066.
[2] *Soergel/Gaul* Vor § 1471 Rn 3.
[3] *Staudinger/Thiele* Vor §§ 1471–1482 Rn 3; MünchKommBGB/*Kanzleiter* Vor §§ 1471–1482 Rn 1.
[4] AnwK-BGB/*Völker* Rn 3; FA-FamR/*Weinreich* Kap 9 Rn 162 c; *Haußleiter/Schulz* 2 Rn 88; *Soergel/Gaul* Rn 9; *Staudinger/Thiele* Rn 17; RGRK/*Finke* Rn 8.
[5] *Staudinger/Thiele* Rn 17.
[6] BayObLG FamRZ 1971, 34, 36.
[7] AnwK-BGB/*Völker* Rn 4; *Kleinle* FamRZ 1997, 1383, 1389; *Wever* Vermögensauseinandersetzung Rn 533.
[8] Instruktiv der Fall von OLG München FamRZ 2006, 204, 205 bei sehr weitreichender Vereinbarung von Vorbehaltsgut aus steuerlichen Gründen; AnwK-BGB/*Völker* Rn 4; *Holzhauer* FuR 1995, 268, 271; *Lüderitz/Dethloff* § 5 Rn 236; *Rauscher* Rn 493; zurückhaltend *Wever* Vermögensauseinandersetzung Rn 534, wonach solche Zuwendungen im Zweifel unabhängig vom Bestand der Ehe erfolgen.
[9] BGH NJW-RR 1987, 69; *Haußleiter/Schulz* 2 Rn 89; *Wever* Vermögensauseinandersetzung Rn 535.

II. Anspruch auf Auseinandersetzung

Abs 1 gibt jedem Ehegatten nach Beendigung der Gütergemeinschaft (§§ 1447, 1448, 1469, 1564) 3 einen Anspruch auf Auseinandersetzung des Gesamtguts, und zwar in erster Linie durch vertragliche Einigung (§ 1474), uU unter **Vermittlung des Gerichts** (§§ 99, 86 bis 98, 193 FGG), notfalls durch Klage. Auf diesen Anspruch kann nicht einseitig verzichtet werden[10]. Er kann auch **vertraglich** weder vor noch nach Beendigung der Gütergemeinschaft ausgeschlossen oder beschränkt werden, denn die mit Beendigung der Gütergemeinschaft kraft Gesetzes entstehende Liquidationsgemeinschaft ist allein auf Abwicklung gerichtet und soll auseinander gesetzt werden (str)[11]. Die Geltendmachung des Anspruchs auf Auseinandersetzung ist grds **nicht** deswegen **sittenwidrig**, weil der Erwerb des Gesamtguts überwiegend oder gar ausschließlich auf der Tätigkeit des anderen Ehegatten beruht[12]. Auch gegen § 242 wird eine der Auseinandersetzung dienende Teilungsversteigerung nur in Ausnahmefällen verstoßen[13]. Jedoch kommt uU eine Anpassung des sich nach den gesetzlichen Bestimmungen ergebenden Auseinandersetzungsergebnisses nach Treu und Glauben in Betracht[14].

III. Fortbestehen der Gesamtgutsgemeinschaft (Abs 2)

Bis zur vollständigen Auseinandersetzung mit Teilung des Überschusses (§ 1477 Abs 1) und Über- 4 nahme der verschiedenen zum Gesamtgut gehörenden Gegenstände und Vermögensrechte (§ 1477 Abs 2) besteht die Gesamtgutsgemeinschaft unter Wahrung ihrer Identität fort, jedoch mit dem geänderten Zweck als Liquidationsgemeinschaft (Abs 2)[15]. Insbes gilt § 1419 weiter (s Erl dort); es erfolgt jedoch nun zwingend gemeinschaftliche Verwaltung (§ 1472). Weiter bestehen jedoch folgende **Unterschiede**, die zT zu einer Lockerung der gesamthänderischen Bindung führen und darin begründet liegen, dass mit der Beendigung der Gütergemeinschaft eine Trennung der gemeinsamen Vermögensmasse beabsichtigt wird[16]:
– Mit Beendigung der Gütergemeinschaft ist der Anteil jedes Ehegatten am Gesamtgut insgesamt **pfändbar** (§ 860 Abs 2 ZPO; nicht aber der Anteil an einzelnen Gesamtgutsgegenständen)[17].
– Der gesamte Gesamtgutsanteil unterliegt dem **Insolvenzverfahren**; § 37 Abs 2 InsO gilt nicht mehr[18]. Die Auseinandersetzung der Ehegatten untereinander erfolgt außerhalb des Insolvenzverfahrens (§ 84 Abs 1 S 1 InsO).
– Die in der Person eines oder beider Ehegatten entstehenden Verbindlichkeiten werden grds **nicht mehr Gesamtgutsverbindlichkeiten**[19]. Neue Verbindlichkeiten können nunmehr nicht mehr zu Lasten der Gesamthand begründet werden; vielmehr stellen diese nur noch persönliche Schulden des Handelnden; selbst gemeinsames Handeln beider Ehegatten begründet keine Gesamthandsschuld, sondern nur eine Gesamtschuld beider Ehegatten nach den §§ 426 ff. Nur die Kosten und Lasten des Gesamtguts sind noch Gesamthandsschulden[20].
– Der **Erwerb** wird nicht mehr Gesamtgut, wenn nicht Surrogation nach § 1473 (auch für Nutzungen) eintritt[21].

Die Beendigung der Gütergemeinschaft und ihre Fortsetzung als Liquidationsgemeinschaft ist angesichts der sich hieran knüpfenden weit reichenden Folgen, insbes der gemeinsamen Verwaltung (§ 1472) auf Antrag eines Ehegatten in das **Grundbuch einzutragen**[22]. Gleiches gilt für die Eintragung in das Güterrechtsregister[23].

IV. Erbengemeinschaft in der Gütergemeinschaft

Zur Auseinandersetzung verpflichtet sind auch die **Erben** des Ehegatten, sofern keine Fortsetzung der 5 Gütergemeinschaft vereinbart wurde (§§ 1483 ff); dann bestehen zwei sich überlagernde Gesamthandsgemeinschaften, für die jeweils die für sie geltenden gesetzlichen Bestimmungen maßgeblich sind[24]. Zum

---

[10] RGZ 79, 345, 351 f.
[11] AnwK-BGB/*Völker* Rn 5; *Staudinger/Thiele* Rn 3; *Gernhuber/Coester-Waltjen* § 38 Rn 141; aA RGZ 89, 292, 293; *Palandt/Brudermüller* Rn 1; juris-PK/*Hausch* Rn 2; für beschränkbar, aber Aufhebung aus wichtigem Grund (analog § 749 Abs 2, 3) immer möglich: MünchKommBGB/*Kanzleiter* Rn 13; *Soergel/Gaul* Rn 5.
[12] RG WarnR 1925 Nr 58; BayObLG NJW 1971, 2315.
[13] BGH NJW-RR 1988, 1156; *Staudinger/Thiele* Rn 4.
[14] BGH NJW-RR 1987, 69; eingehend zur Anpassung des Auseinandersetzungsanspruchs AnwK-BGB/*Völker* Rn 7 ff; s auch *Klüber* in: *Schröder/Bergschneider* FamVermR Rn 4.638.
[15] RGZ 79, 345, 351 f; 136, 19, 21; OLG Stuttgart NJW 1967, 1809; *Soergel/Gaul* Rn 6.
[16] AnwK-BGB/*Völker* Rn 10; *Staudinger/Thiele* Rn 6 ff.
[17] RG BayZ 1919, 80 f.
[18] AnwK-BGB/*Völker* Rn 10; MünchKommBGB/*Kanzleiter* Rn 8; *Palandt/Brudermüller* Rn 2; *Staudinger/Thiele* § 1472 Rn 27; dies war zur Vorgängervorschrift des § 2 Abs 2 KO hM, vgl *Soergel/Gaul* § 1472 Rn 9.
[19] RGZ 136, 19, 21; BGH FamRZ 1986, 40, 41; BayObLGZ 2003, 195 = NJW-RR 2004, 2; AnwK-BGB/*Völker* Rn 10; MünchKommBGB/*Kanzleiter* Rn 9; *Staudinger/Thiele* Rn 8 iVm § 1475 Rn 3.
[20] *Gernhuber/Coester-Waltjen* § 38 Rn 145.
[21] RG SeuffA 90, 303, 306.
[22] KGJ 50, 149, 151 ff; BayObLGZ 21, 10, 17; AnwK-BGB/*Völker* Rn 11; juris-PK/*Hausch* Rn 13; *Staudinger/Thiele* Rn 7; *Soergel/Gaul* Rn 7; aA MünchKommBGB/*Kanzleiter* Rn 10.
[23] AllgM, MünchKommBGB/*Kanzleiter* Rn 10.
[24] OLG Hamm DNotZ 1966, 774, 776; *Soergel/Gaul* Rn 4; *Staudinger/Thiele* Rn 9.

§ 1472

Nachlass gehört der Gesamtgutsanteil im Ganzen[25]. Daher erfasst eine Erbteilsübertragung (§ 2033) mittelbar auch diesen. Ansonsten kann wegen der fortbestehenden **gesamthänderischen Bindung** (§§ 1471 Abs 2, 1419) weder über diesen Gesamtgutsanteil insgesamt noch über die Anteile an den einzelnen Gesamtgutsgegenständen verfügt werden, auch nicht im Rahmen einer Erbauseinandersetzung. Die Auseinandersetzungsreihenfolge lautet daher: erst das Gesamtgut, dann der Nachlass[26]. Umgekehrt kann jeder der Erben die Auseinandersetzung des Gesamtguts verlangen (§ 2039)[27]. Soweit aber § 2039 nicht eingreift, bestimmt sich die Verwaltung der Gesamtgutsbeteiligung durch die Erbengemeinschaft nach den §§ 2038, 745, 2040[28].

§ 1472 Gemeinschaftliche Verwaltung des Gesamtguts

(1) Bis zur Auseinandersetzung verwalten die Ehegatten das Gesamtgut gemeinschaftlich.

(2) ¹Jeder Ehegatte darf das Gesamtgut in derselben Weise wie vor der Beendigung der Gütergemeinschaft verwalten, bis er von der Beendigung Kenntnis erlangt oder sie kennen muss. ²Ein Dritter kann sich hierauf nicht berufen, wenn er bei der Vornahme eines Rechtsgeschäfts weiß oder wissen muss, dass die Gütergemeinschaft beendet ist.

(3) Jeder Ehegatte ist dem anderen gegenüber verpflichtet, zu Maßregeln mitzuwirken, die zur ordnungsmäßigen Verwaltung des Gesamtguts erforderlich sind; die zur Erhaltung notwendigen Maßregeln kann jeder Ehegatte allein treffen.

(4) ¹Endet die Gütergemeinschaft durch den Tod eines Ehegatten, so hat der überlebende Ehegatte die Geschäfte, die zur ordnungsmäßigen Verwaltung erforderlich sind und nicht ohne Gefahr aufgeschoben werden können, so lange zu führen, bis der Erbe anderweit Fürsorge treffen kann. ²Diese Verpflichtung besteht nicht, wenn der verstorbene Ehegatte das Gesamtgut allein verwaltet hat.

Übersicht

	Rn		Rn
I. Normzweck, Konkurrenzverhältnis	1	III. Alleinverwaltung des gutgläubigen Ehegatten (Abs 2)	6
II. Gemeinschaftliche Verwaltung (Abs 1)	3	IV. Mitwirkungspflicht (Abs 3)	7
1. Grundsätzliches	3	V. Tod eines Ehegatten (Abs 4)	8
2. Verpflichtungsgeschäfte, Verfügungen	4	VI. Praktische Fragen	9
3. Zwangsvollstreckung, Haftung, Insolvenz	5		

I. Normzweck, Konkurrenzverhältnis

1   Die Vorschrift regelt die sog Auseinandersetzungsverwaltung in der Zeit zwischen Beendigung der Gütergemeinschaft und der vollständigen Auseinandersetzung des Gesamtguts. Für diesen Zeitraum gilt der **Grundsatz der gemeinschaftlichen Verwaltung**, mag während des Güterstands selbst auch Einzelverwaltung gegolten haben. Die §§ 1422 ff sind also nicht mehr anwendbar. Durch die gemeinschaftliche Verwaltung während der Liquidation trägt das Gesetz der **Schutzbedürftigkeit** des nicht verwaltungsberechtigten Ehegatten Rechnung. Dadurch wird zugleich kompensiert, dass – anders als bei der Zugewinngemeinschaft – auch im Scheidungsfall eine Vorverlegung der Bewertung des Gesamtguts auf den Zeitpunkt der Rechtshängigkeit des Scheidungsantrags nicht erfolgt; § 1384 ist daher nicht analog anwendbar[1].

2   Aber auch die §§ 1450 ff finden keine (direkte) Anwendung, da § 1472 eine abschließende Regelung enthält. Jedoch gelten die zur gemeinschaftlichen Verwaltung des Gesamtguts entwickelten Grundsätze entsprechend, soweit sich nicht aus der Besonderheit der Liquidationsgemeinschaft oder aus § 1472 selbst etwas anderes ergibt[2]. Entspr anwendbar ist § 1472 bei Auseinandersetzung der fortgesetzten Gütergemeinschaft (§ 1497 Abs 2).

II. Gemeinschaftliche Verwaltung (Abs 1)

3   **1. Grundsätzliches.** Die Auseinandersetzungsverwaltung steht ab Beendigung der Gütergemeinschaft beiden Ehegatten gemeinschaftlich zu oder – wenn der eine verstorben ist – dem überlebenden Ehegatten gemeinschaftlich mit den Erben des Verstorbenen[3]. Beide Ehegatten sind gleichberechtigt

---

[25] RGZ 79, 345, 355; 136, 19, 21.
[26] *Dölle* I S 79 Fn 15; MünchKommBGB/*Kanzleiter* Rn 12; *Staudinger/Thiele* Rn 11; vgl auch RGZ 108, 422, 424 zu § 749; eingehend zu den Auseinandersetzungsproblemen AnwK-BGB/*Völker* Rn 13 f.
[27] OLG Hamm Rpfleger 1958, 269; *Dölle* I S 79 Fn 15; *Gernhuber/Coester-Waltjen* § 38 Rn 128; *Staudinger/Thiele* Rn 12.
[28] RGZ 136, 19, 22.
[1] BGH FamRZ 1984, 254, 256.
[2] AnwK-BGB/*Völker* Rn 1; MünchKommBGB/*Kanzleiter* Rn 2.
[3] RGZ 136, 19, 21; *Dölle* I S 969.

zur Verwaltung befugt, und zwar auch der Ehegatte, der vor der Beendigung der Gütergemeinschaft von der Verwaltung des Gesamtguts ausgeschlossen war[4]. Die **Lasten** und Kosten des Gesamtguts, einschließlich derjenigen für die Erhaltung, tragen die Ehegatten im Innenverhältnis entspr § 748 je zur Hälfte[5]. Die Nutzungen fallen nach § 1473 in das Gesamtgut. Der bislang nicht zur Verwaltung berechtigte Ehegatte kann nunmehr vom anderen gemäß § 1450 Abs 1 S 2 die Einräumung des **Mitbesitzes**[6] und **Auskunft**[7], Einsicht in die Unterlagen des Gesamtguts sowie Vorlage eines Bestandsverzeichnisses über das Gesamtgut und, bei Vorliegen der Voraussetzungen des § 260 Abs 2, Abgabe einer entsprechenden eidesstattlichen Versicherung verlangen[8]. Jedoch soll kein **Auskunftsanspruch gegen Dritte**, etwa gegen eine Bank, bei welcher der andere Ehegatte ein Konto eröffnet hat, bestehen[9], was dann nicht richtig ist, wenn er Mitinhaber des Guthabens ist, weil dann Surrogationserwerb nach §§ 1416 Abs 1 S 2, 1473 Abs 1 eintrat. **Einseitige Rechtsgeschäfte**, die das Gesamtgut betreffen, sind gegenüber beiden Ehegatten abzugeben; § 1450 Abs 2 gilt nicht entspr[10].

2. Verpflichtungsgeschäfte, Verfügungen. Für **Verpflichtungsgeschäfte** gelten mit Beendigung 4 der Gütergemeinschaft die Beschränkungen der §§ 1423 bis 1425 nicht mehr[11]. Werden solche Geschäfte aber nur von einem Ehegatten abgeschlossen, so verpflichten sie nur diesen und nicht den anderen Ehegatten und begründen auch keine Haftung des Gesamtguts[12]. Über Gegenstände des Gesamtguts können nur beide Ehegatten gemeinschaftlich **verfügen;** bei fehlender Zustimmung des einen gelten die §§ 182 ff[13]; Ausnahmen ergeben sich aus Abs 3 und Abs 4 S 1. Zum Gesamtgut gehörende **Ansprüche** kann jedoch jeder Ehegatte analog § 2039 **geltend machen**[14]. Auch soweit ein Ehegatte noch zur alleinigen Verwaltung befugt ist (§ 1472 Abs 2 und 3 HS 2, Abs 4), ist er auch allein zur Prozessführung berechtigt[15]. Im Übrigen sind auf Grund des **gemeinschaftlichen Verwaltungsrechts** Aktiv- und Passivprozesse von beiden Ehegatten gemeinschaftlich zu führen[16]. Hinsichtlich der Passivprozesse ist allerdings zu beachten, dass mit der Beendigung der Gütergemeinschaft uU auch die persönliche Haftung eines Ehegatten nach den §§ 1437 Abs 2 S 2, 1459 Abs 2 S 2 endet; bei einer dann bereits anhängigen Leistungsklage ist daher durch Klageänderung (§ 264 Nr 2 ZPO) auf eine Duldungsklage überzugehen[17].

3. Zwangsvollstreckung, Haftung, Insolvenz. Zur **Zwangsvollstreckung** in das Gesamtgut ist 5 nach Beendigung der Gütergemeinschaft und vor der Auseinandersetzung ein Leistungstitel gegen beide Ehegatten oder zumindest ein Leistungstitel gegen den einen und ein Duldungstitel gegen den anderen erforderlich (§ 743 ZPO)[18]. Die Titel können in verschiedenen Verfahren erwirkt werden[19]. Handelt es sich um eine Gesamtgutsschuld, so ergibt sich die Duldungspflicht aus der gemeinschaftlichen Verwaltung (§ 1472 Abs 1)[20]. Der Gläubiger, der **nur** einen Leistungstitel gegen einen Ehegatten hat, kann nur dessen Anteil am Gesamtgut pfänden (§ 860 Abs 2 ZPO). Zur notwendigen Titelumschreibung eines bei Beendigung der Gütergemeinschaft mit Alleinverwaltung vorliegenden Titels hinsichtlich des Gesamtgutsverwalters auch gegen den anderen Ehegatten s § 744 ZPO. Für die **Haftung** der Ehegatten untereinander gilt § 1435 S 3 entsprechend, dh mit dem abgeschwächten Haftungsmaßstab des § 1359, solange die Ehegatten noch nicht verheiratet sind[21]. Für einen Anspruch auf Gewährung von Nutzungsentschädigung nach dem Auszug aus der zum Gesamtgut gehörenden Ehewohnung ist das Familiengericht zuständig[22]. Der **Wohnvorteil** ist dem im Haus verbliebenen **Unterhaltspflichtigen** auch nach der Scheidung wegen § 1473 Abs 1 nur zur Hälfte zuzurechnen, solange die Gütergemeinschaft nicht auseinander gesetzt ist[23]. Bei einer **Insolvenz** gelten nach Beendigung der Gütergemeinschaft keine

---

[4] *Staudinger/Thiele* Rn 2; *Dölle* I S 969.
[5] AllgM, AnwK-BGB/*Völker* Rn 3; *Staudinger/Thiele* Rn 20.
[6] OLG Hamm SeuffA 72 Nr 13; *Staudinger/Thiele* Rn 3; MünchKommBGB/*Kanzleiter* Rn 16.
[7] OLG Nürnberg BayZ 1913, 75; OLG Hamburg OLGE 34, 254; OLG Hamm FamRZ 1979, 810, 811; *Klüber* in: *Schröder/Bergschneider* FamVermR Rn 4.653.
[8] *Staudinger/Thiele* Rn 4; MünchKommBGB/*Kanzleiter* Rn 17; *Soergel/Gaul* Rn 3.
[9] LG Kleve FamRZ 2005, 275 m Anm *Hoppenz.*
[10] AnwK-BGB/*Völker* Rn 4; MünchKommBGB/*Kanzleiter* Rn 3; *Staudinger/Thiele* Rn 6; *Palandt/Brudermüller* Rn 1.
[11] AnwK-BGB/*Völker* Rn 5; *Soergel/Gaul* Rn 4.
[12] AnwK-BGB/*Völker* Rn 5; MünchKommBGB/*Kanzleiter* Rn 3; *Soergel/Gaul* Rn 4; *Staudinger/Thiele* Rn 25; vgl auch RGZ 136, 19, 23 zur Verpachtung.
[13] AllgM, *Staudinger/Thiele* Rn 5.
[14] RGZ 158, 40, 42; BGH FamRZ 1958, 459, jeweils zu § 1472 aF; AnwK-BGB/*Völker* Rn 6; *Staudinger/Thiele* Rn 7; MünchKommBGB/*Kanzleiter* Rn 9; *Soergel/Gaul* Rn 7; *Dölle* I S 971.
[15] MünchKommBGB/*Kanzleiter* Rn 18; *Staudinger/Thiele* Rn 8.
[16] RGZ 108, 281, 285; MünchKommBGB/*Kanzleiter* Rn 18; *Staudinger/Thiele* Rn 8; *Soergel/Gaul* Rn 7 f.
[17] AnwK-BGB/*Völker* Rn 11; MünchKommBGB/*Kanzleiter* Rn 18.
[18] Eingehend *Staudinger/Thiele* Rn 23.
[19] RGZ 89, 360, 367; *Musielak/Lackmann* § 744 ZPO Rn 3.
[20] RGZ 118, 126, 131.
[21] AnwK-BGB/*Völker* Rn 10; MünchKommBGB/*Kanzleiter* Rn 14; *Staudinger/Thiele* Rn 21.
[22] OLG Köln NJW-RR 1993, 904.
[23] OLG Nürnberg NJW-RR 1997, 1361. Dieser Wohnwert bestimmt sich bei der beendeten aber noch nicht auseinandergesetzten Gütergemeinschaft nicht nach dem objektiven Mietwert, sondern wegen der fehlenden wirtschaftlichen Verwertbarkeit nur nach 30% des Einkommens, das dem nutzenden Ehegatten zur Verfügung steht, OLG Karlsruhe FamRZ 1996, 1414, 1415; s auch AnwK-BGB/*Völker* § 1420 Rn 10; zum Zusammenspiel von Unterhalt und Güterrecht in diesem Zusammenhang *Ensslen* FamRZ 1998, 1077, 1082.

§ 1472

Besonderheiten mehr. Insbes ist § 37 Abs 2 InsO nicht, auch nicht entsprechend, anwendbar (s auch § 1471 Rn 4)[24]. Zur **steuerlichen Behandlung** der Gütergemeinschaft in diesem Stadium s BVerfG HFR 1993, 466.

III. Alleinverwaltung des gutgläubigen Ehegatten (Abs 2)

6   Das alleinige Verwaltungsrecht eines Ehegatten nach Abs 2 setzt eine **doppelte Gutgläubigkeit** voraus[25]: **(1)** Nach Satz 1 darf jeder Ehegatte das Gesamtgut in derselben Weise wie vor der Beendigung der Gütergemeinschaft verwalten, bis er die Beendigung der Gütergemeinschaft (zB durch Scheidung, nach §§ 1449, 1470) kannte oder kennen musste. Dabei schadet bereits leichte Fahrlässigkeit[26]. Auch gilt § 1359 hier nicht[27]. Durch den Fortbestand der Verwaltungsbefugnis sollen der gutgläubige Verwalter, aber auch seine Geschäftspartner geschützt werden[28]. **(2)** Daher kann sich ein Dritter hierauf nicht berufen, wenn er bei Vornahme des Rechtsgeschäfts die Beendigung der Gütergemeinschaft kennt oder kennen muss (Abs 2 S 2). Somit müssen sowohl der Verwalter wie der Dritte gutgläubig sein[29]. Dabei muss sich der gute Glaube auf den Wegfall einer einmal begründet gewesenen alleinigen Verwaltungsbefugnis beziehen; die irrtümliche Annahme, der Ehegatte handle kraft eines eigenen Verfügungsrechts, genügt nicht[30]. Handelt der Ehegatte nicht im guten Glauben, so gelten die allgemeinen Bestimmungen, insbes §§ 177, 677 ff[31], aber auch die §§ 892 f, 932 ff[32].

IV. Mitwirkungspflicht (Abs 3)

7   Auch im Liquidationsstadium ist jeder Ehegatte gegenüber dem anderen verpflichtet, bei Maßregeln mitzuwirken, die zur ordnungsgemäßen Verwaltung erforderlich sind. Der Begriff entspricht wörtlich dem des § 1451 (§ 1452 Rn 3) und ist daher grds gleich auszulegen[33], jedoch unter besonderer Berücksichtigung des Liquidationszwecks[34], so dass wirtschaftliche Gesichtspunkte in den Vordergrund treten, insbes die Erhaltung und Sicherung des Gesamtgutes. Die eheliche Gesinnung spielt dagegen nach der Ehescheidung keine entscheidende Rolle mehr[35]. Für das Verschulden im Rahmen von § 1435 S 3 gilt allerdings die Privilegierung des § 1359. Eine Ersetzung der Mitwirkungshandlung durch das Vormundschaftsgericht ist hier jedoch wegen der fehlenden Verweisung auf § 1452 nicht vorgesehen[36]. Es bleibt nur Klageerhebung[37].

V. Tod eines Ehegatten (Abs 4)

8   Beim Tod (oder Todeserklärung, § 9 Abs 1 VerschG) eines Ehegatten besteht im Interesse der Erben des Verstorbenen eine Verpflichtung des überlebenden Ehegatten zur Notverwaltung[38]. Diese entfällt, wenn die Erben selbst die erforderliche Vorsorge treffen können. Diese Verpflichtung besteht auch nicht, wenn der verstorbene Ehegatte das Gesamtgut allein verwaltet hat (Abs 4 S 2), wohl aber steht dem längerlebenden Ehegatten das allgemeine Notverwaltungsrecht nach Abs 3 HS 2 zu.

VI. Praktische Fragen

9   Der Grundsatz der **gemeinschaftlichen Verwaltung** nach **Abs 1** kann abbedungen werden[39]; das Gleiche gilt für die Regelung des Abs **2**, da es sich um eine reine Schutzvorschrift für den gutgläubigen Ehegatten handelt[40]. Auch **Abs 4** kann durch vertragliche Regelung ausgestaltet oder abbedungen werden, soweit dadurch nicht der Kernbereich der unabdingbaren Mitwirkungspflichten berührt wird[41]. Allerdings bedarf es für derartige, abweichende Vereinbarungen der Form des Ehevertrags (§ 1410), da trotz der Beendigung des Güterstandes bis zur Auseinandersetzung weiterhin noch güterrechtliche Beziehungen bestehen[42]. Dagegen ist Abs 3 in seinen beiden Alternativen einer Vereinbarung nicht zugänglich[43]; vgl auch § 1455 Rn 7.

---

[24] MünchKommBGB/*Kanzleiter* Rn 20; *Staudinger/Thiele* Rn 27.
[25] AnwK-BGB/*Völker* Rn 7.
[26] AnwK-BGB/*Völker* Rn 7; MünchKommBGB/*Kanzleiter* Rn 7.
[27] *Soergel/Gaul* Rn 12; *Palandt/Brudermüller* Rn 3.
[28] *Soergel/Gaul* Rn 12.
[29] AnwK-BGB/*Völker* Rn 7; MünchKommBGB/*Kanzleiter* Rn 15; *Soergel/Gaul* Rn 12.
[30] RGZ 136, 19, 23.
[31] *Staudinger/Thiele* Rn 12; *Soergel/Gaul* Rn 12.
[32] AnwK-BGB/*Völker* Rn 7; RGRK/*Finke* Rn 25; *Staudinger/Thiele* Rn 22.
[33] BayObLG NJW-RR 2004, 2, 3.
[34] Zust AnwK-BGB/*Völker* Rn 8.
[35] BayObLG FamRZ 2005, 109 m Anm *Völker* jurisPR-FamR 21/2004 Anm 4.
[36] BayObLG NJW-RR 2004, 2, 3; AnwK-BGB/*Völker* Rn 8; MünchKommBGB/*Kanzleiter* Rn 10; *Soergel/Gaul* Rn 10; *Staudinger/Thiele* Rn 9; übersehen von BayObLG FamRZ 2005, 109 m krit Anm *Völker* jurisPR-FamR 21/2004 Anm 4.
[37] *Soergel/Gaul* Rn 10.
[38] *Soergel/Gaul* Rn 14.
[39] AnwK-BGB/*Völker* Rn 2; MünchKommBGB/*Kanzleiter* Rn 21.
[40] AnwK-BGB/*Völker* Rn 2; MünchKommBGB/*Kanzleiter* Rn 23.
[41] AnwK-BGB/*Völker* Rn 2; MünchKommBGB/*Kanzleiter* Rn 23.
[42] MünchKommBGB/*Kanzleiter* Rn 21.
[43] AnwK-BGB/*Völker* Rn 2; aA MünchKommBGB/*Kanzleiter* Rn 22 für Abs 3 HS 3.

Hinsichtlich der **Beweislast** ist zu differenzieren: Bezüglich der **Alleinverwaltung** des gutgläubigen 10
Ehegatten nach Abs 2 trägt die Beweislast dafür, dass der verwaltende Ehegatte von der Beendigung der
Gütergemeinschaft Kenntnis erlangt hatte oder hätte erlangen müssen derjenige, der sich ihm gegenüber
auf den Fortfall seiner Verwaltungsbefugnis beruft[44]. Die Kenntnis oder grob fahrlässige Unkenntnis des
Dritten von der Beendigung der Gütergemeinschaft hat derjenige zu beweisen, der das Recht des
Dritten bestreitet, sich auf die dem Ehegatten nach Abs 2 zustehenden Befugnisse zu berufen[45]. Die
Erforderlichkeit einer **Maßnahme zur Erhaltung** des Gesamtguts nach **Abs 3 HS 2** hat derjenige zu
beweisen, der sich auf die Wirksamkeit der entsprechenden Maßnahme beruft[46]. Auch bei der Anwendung des **Abs 4** ist zu unterscheiden: Die Beweislast dafür, dass der überlebende Ehegatte ein zur
ordnungsgemäßen Verwaltung erforderliches Geschäft, das nicht ohne Gefahr aufgeschoben werden
kann, vorgenommen hat, trägt derjenige, der die Wirksamkeit des Verwaltungshandlung behauptet.
Demgegenüber trägt die Beweislast dafür, dass der Erbe anderweitig Fürsorge treffen kann, als Ausnahmetatbestand der **überlebende Ehegatte** ebenso wie für die Tatsache, dass der Verstorbene bislang
der alleinige Gesamtgutsverwalter (Abs 4 S 2) war[47].

§ 1473 Unmittelbare Ersetzung

(1) Was auf Grund eines zum Gesamtgut gehörenden Rechts oder als Ersatz für die Zerstörung, Beschädigung oder Entziehung eines zum Gesamtgut gehörenden Gegenstands oder durch ein Rechtsgeschäft erworben wird, das sich auf das Gesamtgut bezieht, wird Gesamtgut.

(2) Gehört eine Forderung, die durch Rechtsgeschäft erworben ist, zum Gesamtgut, so braucht der Schuldner dies erst dann gegen sich gelten zu lassen, wenn er erfährt, dass die Forderung zum Gesamtgut gehört; die Vorschriften der §§ 406 bis 408 sind entsprechend anzuwenden.

I. Normzweck

Die Vorschrift betrifft nur das **Liquidationsstadium** nach Beendigung der Gütergemeinschaft bis 1
zur vollständigen Auseinandersetzung. Sie enthält eine Ausnahme von dem in dieser Phase geltenden
Grundsatz, dass nach der Beendigung der Gütergemeinschaft das Gesamtgut nicht mehr vermehrt
werden soll[1].

II. Surrogationserwerb (Abs 1)

Ausnahmsweise fällt auch während des Liquidationsstadiums ohne besonderen Übertragungsakt auf 2
Grund **dinglicher Surrogation** kraft Gesetzes in das Gesamtgut und unterliegt damit den sich aus
§§ 1471 Abs 2, 1472 ergebenden Beschränkungen:
– was auf Grund eines zum Gesamtgut gehörenden **Rechtes** erworben wird, gleichgültig ob kraft Gesetzes (Früchte, Zinsen, Zuwachs, § 100) oder durch Rechtsgeschäft (Mietzins; während der Gütergemeinschaft auf Abzahlung gekaufte Gegenstände, auch wenn nach Beendigung erst vollständig bezahlt)[2], nicht aber originärer Erwerb auf Grund eines Ausschlussurteils;[3];
– was als **Ersatz** für die Zerstörung, Beschädigung oder Entziehung eines zum Gesamtgut gehörenden Gegenstandes erworben wird, zB Entschädigungsforderungen, Ansprüche aus Sachversicherungen oder nach §§ 812 ff;
– was durch **Rechtsgeschäft** erworben wird, das sich auf das Gesamtgut in objektiver wie subjektiver Richtung bezieht. Ein wirtschaftlicher Zusammenhang genügt, rechtlicher ist nicht erforderlich[4].

Vgl iÜ die Erl zur Parallelvorschrift des § 1418 Abs 2 Nr 3. Die Surrogationsvorschrift des § 1473 ist
bei Ausübung des Übernahmerechts nach § 1477 Abs 2 S 2 nicht anwendbar[5].

III. Schutz gutgläubiger Schuldner (Abs 2)

Abs 2 enthält eine Schutzvorschrift für den Schuldner einer Gesamtgutsforderung, um die Härten zu 3
überwinden, die sich für ihn aus der **dinglichen Surrogation** nach Abs 1 ergeben können. Denn sonst
müsste der Vertragspartner, selbst wenn die Beendigung der Gütergemeinschaft in das Güterrechtsregister eingetragen ist, die Zugehörigkeit der Forderung zum Gesamtgut gegen sich gelten lassen
(§ 1412 Abs 1), obgleich er nach der gesetzlichen Regel (§ 1471 Rn 4) ansonsten davon ausgehen

---

[44] AnwK-BGB/*Völker* Rn 12; *Staudinger/Thiele* Rn 13.
[45] AnwK-BGB/*Völker* Rn 12; *Staudinger/Thiele* Rn 13.
[46] OLG München OLGE 30, 49; *Staudinger/Thiele* Rn 10.
[47] AnwK-BGB/*Völker* Rn 12; *Staudinger/Thiele* Rn 17.
[1] *Soergel/Gaul* Rn 2.
[2] RG JW 1925, 353; AnwK-BGB/*Völker* Rn 2.
[3] Vgl RGZ 76, 357, 360 zu § 2111.
[4] *Staudinger/Thiele* Rn 5.
[5] OLG Düsseldorf FamRZ 1993, 194.

§ 1474

könnte, dass eine neu von den Ehegatten erworbene Forderung nicht mehr hierzu gehört[6]. Ist eine Forderung nach § 1473 Abs 1 durch Surrogation auf Grund eines Rechtsgeschäfts in das Gesamtgut gefallen, so muss sich der Schuldner dies erst dann entgegenhalten lassen, wenn er positiv von der Gesamtgutszugehörigkeit weiß; Kennenmüssen steht dem nicht gleich[7]. Daher schließt selbst die Eintragung der Beendigung der Gütergemeinschaft im Güterrechtsregister für sich allein die Gutgläubigkeit des Dritten nicht aus; insoweit verdrängt § 1473 Abs 2 die Wirkungen des § 1412[8]. Zum Schutz des Schuldners gelten die §§ 406 bis 408[9].

§ 1474 Durchführung der Auseinandersetzung

Die Ehegatten setzen sich, soweit sie nichts anderes vereinbaren, nach den §§ 1475 bis 1481 auseinander.

I. Normzweck

1   Die Vorschrift betont den Vorrang der privatautonomen Auseinandersetzungsvereinbarung der Ehegatten vor den gesetzlichen Bestimmungen der §§ 1475 bis 1481[1]. Nur die Gläubigerschutzvorschrift des § 1480 ist zwingend[2]. Erfolgt die Auseinandersetzung des Gesamtguts nach den gesetzlichen Bestimmungen, so ist dabei wie folgt vorzugehen[3]:
– **Feststellung** des Bestands des **Gesamtguts** (§ 1416), einschließlich der Surrogate nach § 1473
  • mit Bewertung aller Positionen des Gesamtguts, die grds nach dem Verkehrswert erfolgt, wobei Bewertungsstichtag der Tag der endgültigen Auseinandersetzung der Gütergemeinschaft ist, bei Übernahmerechten der Tag der Übernahme des entsprechenden Vermögensobjekts;
  • Feststellung der Gesamtgutsverbindlichkeiten (§§ 1437 bis 1440, 1459 bis 1462), wobei solche nach Beendigung der Gütergemeinschaft nicht mehr neu entstehen können;
– Tilgung der Gesamtgutsverbindlichkeiten (§ 1475);
– Ausübung von Übernahmerechten nach § 1477 Abs 2;
– Geltendmachung von Wertersatzansprüchen für das Eingebrachte, Ererbte und Geschenkte (§§ 1477 Abs 2, 1478);
– Herstellung der **Teilungsreife** durch Veräußerung/Teilungsversteigerung aller Gegenstände, die keinem Übernahmerecht unterliegen und nicht in Natur teilbar sind;
– Feststellung der **Teilungsmasse** und ihre Verteilung (§§ 1476, 1477 Abs 1).

II. Auseinandersetzungsvereinbarung

2   Als rein schuldrechtlicher Vertrag nach Beendigung der Gütergemeinschaft über die Auseinandersetzung der zum Gesamtgut gehörenden Gegenstände und Vermögenswerte bedarf er nicht der Form des Ehevertrags nach § 1410[4] und kann grds formlos getroffen werden. Eine Formbedürftigkeit ergibt sich aber dann, wenn darin Rechtsgeschäfte (Verpflichtungen wie Verfügungen) enthalten sind, die ihrerseits besonderen Formvorschriften unterliegen (§ 311b; § 15 GmbHG) oder darin neue güterrechtliche Vereinbarungen getroffen werden[5]. Dies bewirkt idR die Formbedürftigkeit für die gesamte Auseinandersetzungsvereinbarung (§ 139).

3   Entspr dem das BGB beherrschenden **Trennungsprinzip**[6*] muss der schuldrechtliche Auseinandersetzungsvertrag erst noch durch Vornahme der dinglichen Übertragungsakte zwischen Gesamthand und erwerbendem Gesamthänder erfüllt werden, wobei die Verfügung den gesamten Gegenstand erfassen muss, nicht nur den Gesamtgutsanteil des verlierenden Ehegatten[7*]. Erst dann ist die Auseinandersetzung vollzogen[8*]. Bei Grundstücken bedarf es daher der entsprechenden Auflassung und Eintragung in das Grundbuch (§§ 873, 925) und zwar auch dann, wenn Gesamthandseigentum in entsprechendes Bruchteileigentum beider Ehegatten umgewandelt wird[9*]. Soweit das Erfüllungsgeschäft keiner besonderen Form bedarf, kann jedoch vermutet werden, dass auch die dingliche Einigung mit abgegeben ist (§§ 398, 929 S 1)[10]. Bei Beendigung der Gütergemeinschaft durch den **Tod** des **einen Ehegatten**

---

[6] MünchKommBGB/*Kanzleiter* Rn 4; *Soergel/Gaul* Rn 4; *Staudinger/Thiele* Rn 6.
[7] RGZ 135, 247, 251; AnwK-BGB/*Völker* Rn 3.
[8] AnwK-BGB/*Völker* Rn 3; MünchKommBGB/*Kanzleiter* Rn 4; *Staudinger/Thiele* Rn 6.
[9] Eingehend *Staudinger/Thiele* Rn 9–13.
[1] RG SeuffA 62 Nr 234; WarnR 1922 Nr 55.
[2] AnwK-BGB/*Völker* Rn 2; MünchKommBGB/*Kanzleiter* Rn 2.
[3] *Haußleiter/Schulz* 2 Rn 55 f; AnwK-BGB/*Völker* § 1475 Rn 3, vgl auch dort das Schaubild in Rn 2.
[4] RGZ 89, 292, 293.
[5] AnwK-BGB/*Völker* Rn 2; MünchKommBGB/*Kanzleiter* Rn 3; *Soergel/Gaul* Rn 2.
[6*] Entgegen AnwK-BGB/*Völker* Rn 3 hat dies mit dem Abstraktionsprinzip nichts zu.
[7*] KGJ 33 B 35, 37; AnwK-BGB/*Völker* Rn 3; *Gernhuber/Coester-Waltjen* § 38 Rn 151; *Staudinger/Thiele* Rn 3.
[8*] OLG Hamm FamRZ 1979, 811; *Staudinger/Thiele* Rn 3; MünchKommBGB/*Kanzleiter* Rn 5.
[9*] RGZ 57, 432; RG DR 1944, 292.
[10] Weiter gehender BGHZ 2, 82, 86 = NJW 1951, 839; RGRK/*Finke* Rn 3 aE; juris-PK/*Hausch* Rn 10; wohl auch *Soergel/Gaul* Rn 4: Vermutung, dass Auseinandersetzung tatsächlich erfolgt ist; aA AnwK-BGB/*Völker* Rn 3; MünchKommBGB/*Kanzleiter* Rn 5: nur Vermutung, dass vollständige Einigung über die schuldrechtliche Auseinandersetzungsvereinbarung.

können dessen Erben ihre Erbanteile an den längerlebenden Ehegatten nach § 2033 übertragen. Geschieht dies durch alle, so führt auch dies, wenn auch mittelbar, zu einer vollständigen Auseinandersetzung des Gesamtguts, weil der Überlebende damit Alleineigentümer wird. Es bedarf dann keiner Einzelübertragung mehr, die Umschreibung im Grundbuch ist reine Berichtigung[11].

Ansprüche aus dem Auseinandersetzungsvertrag sind vor dem **Familiengericht** durchzusetzen (§ 23 b Abs 1 S 2 Nr 9 GVG)[12], und zwar auch dann, wenn es um den Wegfall der Geschäftsgrundlage (§ 313) des Vertrags geht[13]. Die **Kosten** für die Auseinandersetzung des Gesamtguts sind im einkommensteuerrechtlichen Sinn nicht als außergewöhnliche Belastung zu berücksichtigen[14]. 4

III. Auseinandersetzungsklage

Jeder Ehegatte kann seinen Anspruch auf Auseinandersetzung (§ 1471) auch im Wege der Klage vor dem Familiengericht (§ 23 b Abs 1 S 2 Nr 9 GVG) durchsetzen. Über die Auseinandersetzung kann bereits im **Verbundverfahren** (§§ 623 Abs 1, 621 Abs 1 Nr 8 ZPO) entschieden werden, auch wenn der Auseinandersetzungsanspruch erst mit Beendigung der Gütergemeinschaft und damit idR erst mit Scheidung entsteht[15]. Probleme ergeben sich hier allerdings hinsichtlich des Auseinandersetzungsstichtags und der Notwendigkeit der Teilungsreife[16]. Eine Lösung des Scheidungsverbunds bei mangelnder Entscheidungsreife durch ungeklärte Bewertungsfragen erfolgt dann wieder nach § 628 Abs 1 Nr 1 ZPO[17]. 5

Der **Klageantrag** lautet auf Zustimmung zu dem vom Kläger vorgelegten Auseinandersetzungsplan, der Grundlage des Auseinandersetzungsvertrags ist[18]. Das Gericht ist bei seiner Entscheidung an die gestellten Anträge gebunden und kann nur stattgeben oder abweisen, uU aber auch weniger zusprechen, wenn dies kein „aliud", sondern „minus" gegenüber dem gestellten Antrag ist[19]; daher ist Stellung von Hilfsanträgen zweckmäßig[20]. Eine eigene Gestaltungsfreiheit unter Zweckmäßigkeitsgesichtspunkten hat es nicht[21]. Jedoch kommt der richterlichen Hinweispflicht nach § 139 Abs 1 ZPO besondere Bedeutung zu[22]. Auch sollten die Klageanträge angesichts der praktischen Schwierigkeiten großzügig ausgelegt werden[23]. Die Klage ist begründet, wenn der verfolgte Auseinandersetzungsplan den gesetzlichen Teilungsregeln der §§ 1475 ff entspricht, gegebenenfalls in Verbindung mit bereits getroffenen Parteivereinbarungen über Einzelpunkte. Demnach sind Übernahmerechte zu beachten (§ 1477 Abs 2). Für die zur Begründetheit der Klage notwendige **Teilungsreife** ist erforderlich,[24] 6

– dass die **Berichtigung von Gesamtgutsverbindlichkeiten** nach § 1475 geregelt ist. Eine bedingte Haftentlassungserklärung genügt nicht (zur Ausnahme s 1475 Rn 4);
– da bei **Grundstücken** eine Teilung in Natur nach § 752 idR nicht in Betracht kommt, setzt dies – mangels abweichender Vereinbarungen – grds die Zwangsversteigerung zur Vorbereitung der Auseinandersetzung voraus;[25]
– dass **Übernahmerechte** nach § 1477 Abs 2 ausgeübt sind.

Zur Vorbereitung einer Teilungsklage ist in der Praxis eine Auskunfts- und Mitwirkungsklage (nach § 1472 Abs 2, auf Schuldentilgung, Verkauf von Grundbesitz etc) zweckmäßig und zwar gegebenenfalls als **Stufenklage**[26]. Teil der Stufenklage können auch die Zustimmung zum Auseinandersetzungsplan und die dinglich erforderlichen Erklärungen zu seinem Vollzug sein.

---

[11] RGZ 88, 116, 118; AnwK-BGB/*Völker* Rn 4; MünchKommBGB/*Kanzleiter* Rn 6; *Soergel/Gaul* Rn 2; RGRK/*Finke* Rn 2; unpräzise *Palandt/Brudermüller* Rn 1; *Erman/Heckelmann* Rn 1, die von Übernahme des Gesamtguts sprechen.
[12] BGH NJW 1980, 2477; NJW 1980, 193; AnwK-BGB/*Völker* Rn 5.
[13] BGH NJW 1980, 2477.
[14] BFH BStBl II 2006, 491 = NJW-RR 2005, 1597.
[15] BGHZ 84, 333 = NJW 1982, 2373 für Wertersatzanspruch; OLG Karlsruhe FamRZ 1982, 286; *Staudinger/Thiele* Rn 9; *Soergel/Gaul* Rn 3.
[16] *Klüber* in: *Schröder/Bergschneider* FamVermR Rn 4.770 ff; zu den Stichtagsproblemen s auch AnwK-BGB/*Völker* Rn 18, der auf die Möglichkeit einer „Stichtagsvereinbarung" hinweist.
[17] BGH FamRZ 1984, 254; AnwK-BGB/*Völker* Rn 8.
[18] AllgM, OLG Koblenz FamRZ 2006, 40 m Anm *Bergschneider*; *Staudinger/Thiele* Rn 9; *Soergel/Gaul* Rn 5; eingehend dazu *Wittich* S 89 ff, Muster hierzu S 95 f sowie *Klüber* in: *Schröder/Bergschneider* FamVermR Rn 4.773 ff sowie Muster zu einer Klageerhebung Rn 4.794.
[19] AnwK-BGB/*Völker* Rn 9.
[20] Eingehend AnwK-BGB/*Völker* Rn 8, 19; *Klüber* FPR 2001, 84, 90; *Wittich* S 109 ff betont dagegen, dass dies in der Mehrzahl der Fälle nur ein theoretischer Lösungsweg ist.
[21] BGH FamRZ 1988, 1156; OLG Koblenz FamRZ 2006, 40 m Anm *Bergschneider*; *Planck/Unzner* Anm 5; *Dölle* I S 974; *Meyer* JurBüro 1988, 973; ausf *Wittich* S 113 ff zu den sonstigen richterlichen Gestaltungsrechten, die jedoch nicht analogiefähig sind.
[22] AnwK-BGB/*Völker* Rn 9; ausf dazu und zu deren Grenzen *Wittich* S 143 ff.
[23] AnwK-BGB/*Völker* Rn 9; *Klüber* in: *Schröder/Bergschneider* FamVermR Rn 4.775; großzügig auch BGH NJW-RR 1988, 1156, 1157: pauschaler Antrag auf Übereignung der „Verlagsdruckerei samt Zeitungsverlag E-R in S".
[24] BGH NJW-RR 1988, 1156; AnwK-BGB/*Völker* Rn 10; *Wittich* S 58 ff; *Klüber* in: *Schröder/Bergschneider* FamVermR Rn 4.757 ff.
[25] *Staudinger/Thiele* § 1477 Rn 4; *Wittich* S 60 f.
[26] AnwK-BGB/*Völker* Rn 11 f mit Muster des Klageantrags; *Wittich* S 67 ff; *Klüber* in: *Schröder/Bergschneider* FamVermR Rn 4.776 ff.

§ 1475

7   Mit der **Rechtskraft** des zusprechenden Urteils kommt der (nur schuldrechtliche) Auseinandersetzungsvertrag zu Stande (§ 894 ZPO)[27]. Er muss dann noch dinglich erfüllt werden; daher kann Klageverbindung mit Zustimmung zu den dinglichen Übertragungsakten (§§ 929, 873, 925) sinnvoll sein[28]. In der Praxis ist eine Auseinandersetzungsklage schwierig zu führen und mit hohem Kostenrisiko verbunden[29].

IV. Andere Auseinandersetzungsmöglichkeiten

8   An anderen Möglichkeiten sind zu erwähnen:
- die **Amtliche Vermittlung** der Auseinandersetzung nach den §§ 99, 86 bis 98 FGG auf Antrag eines Ehegatten (§§ 86 Abs 2, 87 FGG). Zuständig für die Vermittlung sind die Amtsgerichte und – nach den auf Grund § 193 FGG erlassenen landesrechtlichen Vorschriften – in vielen Bundesländern auch mitunter auch nur die Notare[30]. Da ein Widerspruch eines Ehegatten gegen den Auseinandersetzungsplan das Vermittlungsverfahren vorzeitig beendet[31], ist seine praktische Bedeutung gering.
- die **Zuteilung nach der HausratsVO**. Dieses Verfahren ist insoweit vorrangig (§ 1471 Rn 2)[32].
- **Einseitiger Verzicht** auf den Gesamtgutsanteil: Dies ist bei der allgemeinen Gütergemeinschaft nicht möglich[33], jedoch bei der fortgesetzten Gütergemeinschaft (§ 1491).
- die **Teilungsversteigerung** (§ 180 ZVG) bei Grundstücken dient nicht unmittelbar der Auseinandersetzung, sondern schafft erst die erforderliche „Teilungsreife", bereitet sie also vor, weil der Erlös dann teilbar ist (§ 752)[34]. Einer Klage auf Zustimmung zur Teilungsversteigerung fehlt das Rechtsschutzbedürfnis, da hierfür kein Titel erforderlich (§ 181 ZVG)[35]. Einer Teilungsversteigerung kann ein Übernahmerecht (§ 1477 Abs 2) entgegen stehen, was durch eine Drittwiderspruchsklage (§ 771 ZPO) geltend gemacht werden kann; in besonderen Ausnahmefällen wird diskutiert, ob die Teilungsversteigerung wegen eines Verstoßes gegen § 242 unzulässig ist (§ 1471 Rn 3).
- bei unzureichenden Aktiva ein **Insolvenzverfahren** (§§ 37, 333 InsO), wozu allerdings zumindest drohende Zahlungsunfähigkeit erforderlich ist[36].

§ 1475 Berichtigung der Gesamtgutsverbindlichkeiten

(1) ¹Die Ehegatten haben zunächst die Gesamtgutsverbindlichkeiten zu berichtigen. ²Ist eine Verbindlichkeit noch nicht fällig oder ist sie streitig, so müssen die Ehegatten zurückbehalten, was zur Berichtigung dieser Verbindlichkeit erforderlich ist.

(2) Fällt eine Gesamtgutsverbindlichkeit im Verhältnis der Ehegatten zueinander einem der Ehegatten allein zur Last, so kann dieser nicht verlangen, dass die Verbindlichkeit aus dem Gesamtgut berichtigt wird.

(3) Das Gesamtgut ist in Geld umzusetzen, soweit dies erforderlich ist, um die Gesamtgutsverbindlichkeiten zu berichtigen.

I. Normzweck

1   Vor der Durchführung der Teilung des Gesamtguts zwischen den Ehegatten sind zunächst die Gesamtgutsverbindlichkeiten zu berichtigen (Abs 1 S 1). Diese Reihenfolge von Schuldenberichtigung und erst anschließender Überschussteilung bezweckt sowohl den Schutz der Gläubiger gegen den Verlust ihrer Haftungsgrundlage als auch den Schutz der Ehegatten selbst, die sonst nach §§ 1480, 1481 persönlich haften[1]. Die Regelungen des Abs 1 S 2, Abs 2 und Abs 3 betreffen dagegen nur das Innenverhältnis der Ehegatten zueinander[2]. Anders als uU bei der Zugewinngemeinschaft (§ 1372 Rn 24) findet vor der Auseinandersetzung kein **Gesamtschuldnerausgleich** statt[3].

---

[27] Vgl BGH NJW-RR 1986, 1066; NJW-RR 1988, 1156.
[28] MünchKommBGB/*Kanzleiter* Rn 9.
[29] BGH NJW-RR 1988, 1156; AnwK-BGB/*Völker* Rn 10; abratend daher *Haußleiter/Schulz* 2 Rn 101.
[30] *Staudinger/Thiele* Rn 6 ff; ausf AnwK-BGB/*Völker* Rn 6; eingehend zum Verfahren *Bracker* MittBayNot 1984, 114.
[31] AnwK-BGB/*Völker* Rn 6; *Wittich* S 43.
[32] *Haußleiter/Schulz* 2 Rn 88; *Wittich* S 9 ff.
[33] RGZ 79, 345, 352.
[34] BayObLG NJW 1971, 2314, 2315; BVerfG FamRZ 1976, 436, 438; zu taktischen Überlegungen, um eine ins Stocken gerate Auseinandersetzung wieder in Gang zu bringen, *Klüber* in: *Schröder/Bergschneider* FamVermR Rn 4.636 f.
[35] BGH NJW-RR 1988, 1156.
[36] *Klüber* in: *Schröder/Bergschneider* FamVermR Rn 4.641 f.
[1] BGH NJW 1985, 3063, 3068; OLG Bamberg FamRZ 1987, 825, 826; *Soergel/Gaul* Rn 2.
[2] So für Abs 1 S 2 AnwK-BGB/*Völker* Rn 14; *Staudinger/Thiele* Rn 6.
[3] OLG Zweibrücken FamRZ 1992, 821, 822; *Staudinger/Thiele* Rn 8.

II. Berichtigung der Gesamtgutsverbindlichkeiten (Abs 1)

Als erste Stufe der Auseinandersetzung sind die Gesamtgutsverbindlichkeiten zu berichtigen, ehe der 2 Überschuss geteilt wird[4]. Hierauf hat jeder Ehegatte entspr dem Normzweck einen einklagbaren Anspruch[5]. Zu den **Gesamtgutsverbindlichkeiten** (s §§ 1437, 1459) gehören nicht nur solche, die gegenüber außenstehenden Dritten bestehen[6], sondern auch Ausgleichsansprüche der Ehegatten untereinander[7], insbes nach den §§ 1445 Abs 2, 1446 Abs 1, 1467 Abs 2, so dass auch eine Ehegatte der Gläubiger sein kann[8]. Nach Beendigung der Gütergemeinschaft können keine Gesamtgutsverbindlichkeiten mehr begründet werden (§ 1471 Rn 4)[9], und zwar wegen des zwingenden Charakters der Haftungsbestimmungen auch nicht durch Vereinbarung der Ehegatten[10]. Auf die nach der Scheidung durch Umschuldung von Gesamtgutsverbindlichkeiten entstandenen Verbindlichkeiten kann aber § 1475 analog angewendet werden, soweit dadurch andere Gläubigerrechte nicht verkürzt werden[11]. Im Übrigen gilt für Kosten und Lasten des Gesamtguts ab Beendigung der Gütergemeinschaft § 748[12].

Keine Tilgungspflicht besteht bei **noch nicht fälligen** oder gerichtlich oder außergerichtlich **streiti-** 3 **gen Verbindlichkeiten;** das hierzu Erforderliche ist aber zurückzubehalten (Abs 1 S 2), wobei es sich nur um eine Verpflichtung der Ehegatten im Innenverhältnis handelt (Rn 1). Demnach dauert diesbezüglich die gemeinschaftliche Verwaltung (§ 1472 Abs 1) und die Schuldenhaftung fort[13]. Dieser – an sich nicht wünschenswerte Zustand – kann auch nicht durch Hinterlegung (§§ 372 ff) oder Sicherheitsleistung (§§ 232 ff) vermieden werden[14].

Die **Berichtigung** der Gesamtgutsverbindlichkeit erfolgt grds durch Erfüllung oder deren Surrogate 4 (§§ 362 ff, 372 ff, 387 ff, 397). Sie kann aber auch in der Weise geschehen, dass ein Ehegatte (bei Ausübung seines Übernahmerechts nach § 1477 Abs 2) die Verbindlichkeiten bei der Auseinandersetzung als Alleinschuldner übernimmt (§§ 414 ff) und der Gläubiger die Schuldübernahme genehmigt und den anderen Ehegatten aus der Haftung entlässt[15]. Auch dadurch wird dem Schutz von Gläubiger und anderem Ehegatten genügt (Rn 1). Jedoch fordert die Rspr die unbedingte, vorbehaltlose und uneingeschränkte Übernahme der Alleinschuld und eine entsprechende Haftentlassungserklärung des Gläubigers, und zwar spätestens bei der letzten Tatsachenverhandlung[16]. Vorbehaltlose Gläubigererklärungen sind aber in der Praxis vielfach nicht zu bekommen, da viele Banken die Wirksamkeit der Haftentlassungserklärung davon abhängig machen, dass der übernehmende Ehegatte als Alleineigentümer im Grundbuch eingetragen ist; daher sollte eine solche Bedingung der vorbehaltlosen Haftentlassung gleichgestellt werden, da die Schuldbefreiung des anderen Ehegatten damit gesichert ist[17]. Genügt das Gesamtgut **nicht zur Berichtigung aller Verbindlichkeiten,** so steht es im **Außenverhältnis** im Ermessen der Ehegatten, welche sie befriedigen, wenn diese nur die Bestimmungen des Anfechtungsgesetzes beachten[18]. Im **Innenverhältnis** untereinander kann jeder Ehegatte vom anderen nach § 1472 Abs 3 HS 1 verlangen, dass zunächst die Gesamtgutsverbindlichkeiten berichtigt werden, die eine besondere Belastung für das Gesamtgut befürchten lassen, also etwa titulierte oder hoch verzinsliche Forderungen[19].

III. Verbindlichkeiten, die nur einem Ehegatten zur Last fallen (Abs 2)

Abs 2 enthält eine weitere Ausnahme vom Grundsatz der Erforderlichkeit der Gesamtberichtigung 5 der Verbindlichkeiten nach Abs 1 S 2: Derjenige Ehegatte, dem die Gesamtgutsverbindlichkeiten im Innenverhältnis allein zur Last fallen (also bei der Einzelverwaltung nach §§ 1441 bis 1444, bei gemeinschaftlicher Verwaltung nach §§ 1463 bis 1466), kann keine Berichtigung der entsprechenden

---

[4] Ausf AnwK-BGB/*Völker* Rn 7 ff; *Wittich* S 44 ff; zur zweckmäßigen Erstellung einer Auseinandersetzungsbilanz, die auch die Verbindlichkeiten enthalten muss, eingehend *Klüber* in: *Schröder/Bergschneider* FamVermR Rn 4.643 ff.
[5] BGH FamRZ 1986, 40, 41; *Dölle* I S 974; AnwK-BGB/*Völker* Rn 7.
[6] Nach *Klüber* in: *Schröder/Bergschneider* FamVermR Rn 4.667 sog „echte Gesamtgutsverbindlichkeiten".
[7] *Klüber* in: *Schröder/Bergschneider* FamVermR Rn 4.675 spricht von „unechten Gesamtgutsverbindlichkeiten" und rechnet hierzu auch Wertersatzansprüche nach § 1478, was dogmatisch nicht zutr, da diese Vorschrift nicht die Teilungsmasse, sondern den Teilungsmaßstab betrifft, vgl AnwK-BGB/*Völker* Rn 4 m Fn 8.
[8] RG Recht 1909 Nr 1889; BayObLG NJW 1971, 2314, 2315; MünchKommBGB/*Kanzleiter* Rn 2; Soergel/*Gaul* Rn 2.
[9] BGH FamRZ 1986, 40, 41; BayObLGZ 1989, 169; *Staudinger/Thiele* Rn 3; *Gernhuber/Coester-Waltjen* § 38 Rn 145 mwN.
[10] AnwK-BGB/*Völker* § 1471 Rn 10; anders aber OLG München FamRZ 1996, 290.
[11] IE ebenso AnwK-BGB/*Völker* § 1471 Rn 10; *Palandt/Brudermüller* Rn 1; OLG München FamRZ 1996, 290.
[12] AnwK-BGB/*Völker* § 1471 Rn 10.
[13] Soergel/*Gaul* Rn 4.
[14] AnwK-BGB/*Völker* Rn 14; *Staudinger/Thiele* Rn 6.
[15] BGH NJW 1985, 3066, 3067 f = FamRZ 1985, 903; FamRZ 1986, 40; NJW-RR 1988, 1156; OLG Bamberg FamRZ 1987, 825, 826 f; OLG Frankfurt FamRZ 1984, 170; OLG Karlsruhe FamRZ 1982, 286, 289; AnwK-BGB/*Völker* Rn 10; *Haußleiter/Schulz* 2 Rn 61.
[16] BGH NJW-RR 1988, 1156; zust fast die ganz einhellige Kommentarliteratur, vgl etwa *Staudinger/Thiele* Rn 4; Soergel/*Gaul* Rn 4.
[17] Zust AnwK-BGB/*Völker* Rn 10; ebenso *Klüber* in: *Schröder/Bergschneider* FamVermR Rn 4.737 unter Hinweis auf BGH NJW 1985, 3066 = FamRZ 1985, 903, wo die entspr Revisionsrüge nicht weiter aufgegriffen wird.
[18] MünchKommBGB/*Kanzleiter* Rn 4; *Staudinger/Thiele* Rn 13.
[19] AnwK-BGB/*Völker* Rn 12; *Staudinger/Thiele* Rn 13.

§ 1476 Buch 4. Abschnitt 1. Bürgerliche Ehe

Gesamtgutsverbindlichkeit verlangen. Jedoch kann dies der andere Ehegatte, der zunächst bei diesen Verbindlichkeiten mit der Auseinandersetzung von der Haftung frei würde (§§ 1437 Abs 2 S 2, 1459 Abs 2 S 2), um ein Wiederaufleben seiner Haftung nach § 1480 zu verhindern[20]. Im Falle der erfolgten Berichtigung muss sich der Ehegatte, dem die Verbindlichkeiten im Innenverhältnis zur Last fallen, den Betrag auf seinen Anteil anrechnen lassen (§ 1476 Abs 2 S 1). Wird auf die Berichtigung solcher Gesamtgutsverbindlichkeiten **verzichtet**, muss der damit im Innenverhältnis belastete Ehegatte die Verbindlichkeiten aus seinem eigenen Vermögen (früheres Sonder- oder Vorbehaltsgut, nach der Beendigung der Gütergemeinschaft ohne Surrogation erworbenes Vermögen) bezahlen[21].

IV. Verwertung des Gesamtguts (Abs 3)

6   Soweit dies zur Berichtigung der Gesamtgutsverbindlichkeiten erforderlich ist, ist dies in Geld **umzusetzen,** mangels abweichender Einigung der Ehegatten nach §§ 753, 754 (vgl die Parallelvorschriften der §§ 733 Abs 3, 2046, § 149 HGB). Dies gilt auch für den von einem Ehegatten nach § 1476 Abs 2 zum Gesamtgut zu ersetzenden Betrag[22]. Die Reihenfolge der Verwertung bestimmt sich nach den Umständen des Einzelfalls; jedoch sind Gegenstände, an denen ein Ehegatte sein Übernahmerecht (§ 1477 Abs 2) ausüben möchte, zuletzt heranzuziehen[23]. Bei Grundstücken geschieht die Verwertung durch Teilungsversteigerung (§ 180 ZVG).

7   Die Verwertungspflicht nach Abs 3 hat **Vorrang vor dem Übernahmerecht** eines Ehegatten nach § 1477 Abs 2[24]. Jedoch muss die Verwertungspflicht zurücktreten, wenn der Normzweck des § 1475 diese nicht verlangt, weil die Verbindlichkeiten vom übernehmenden Ehegatten zur Alleinschuld übernommen werden (Rn 4) oder das verbleibende Gesamtgut zur Deckung ausreicht, wie sich aus der Wendung „soweit dies erforderlich ist" ergibt[25]. Dies ist im Falle der Teilungsversteigerung mit der Drittwiderspruchsklage vor dem Familiengericht geltend zu machen[26].

§ 1476 Teilung des Überschusses

(1) **Der Überschuss, der nach der Berichtigung der Gesamtgutsverbindlichkeiten verbleibt, gebührt den Ehegatten zu gleichen Teilen.**

(2) ¹**Was einer der Ehegatten zum Gesamtgut zu ersetzen hat, muss er sich auf seinen Teil anrechnen lassen.** ²**Soweit er den Ersatz nicht auf diese Weise leistet, bleibt er dem anderen Ehegatten verpflichtet.**

I. Normzweck

1   Die nicht zwingende[1] Bestimmung regelt, wie der sich nach der Berichtigung der Verbindlichkeiten ergebende Überschuss zu teilen ist (Abs 1) und wie Ersatzverpflichtungen des einen Ehegatten zu behandeln sind (Abs 2).

II. Teilungsgrundsatz (Abs 1)

2   **1. Teilungsmasse.** Zunächst ist die Teilungsmasse zu bestimmen[2]. Diese ergibt sich aus dem **Überschuss** des Gesamtguts nach Berichtigung der Gesamtgutsverbindlichkeiten (§ 1475 Abs 1) und Vornahme der Rückstellungen für noch nicht fällige oder streitige Gesamtgutsverbindlichkeiten (§ 1475 Abs 1 S 2). Hinzuzurechnen ist nach Abs 2 auch, was ein Ehegatte zum Gesamtgut schuldet (§§ 1435 S 3, 1441 bis 1444, 1445 Abs 1, 1446, 1463 bis 1466, 1467 Abs 1, 1468) sowie das, was ein Ehegatte als Wertersatz nach § 1477 Abs 2 zu leisten hat[3].

3   **2. Teilungsmaßstab.** Der sich so ergebende Überschuss steht entspr dem **Halbteilungsgrundsatz** den Ehegatten je zur Hälfte zu, ohne Rücksicht auf die Dauer der Ehe[4] oder darauf, was jeder von ihnen in die Ehe einbrachte oder während derselben erworben hat[5]. Eine **Ausnahme** hiervon macht § 1478 bei der Beendigung der Gütergemeinschaft durch Scheidung und das Übernahmerecht nach

---

[20] AnwK-BGB/*Völker* Rn 15; *Staudinger/Thiele* Rn 8; *Soergel/Gaul* Rn 5; MünchKommBGB/*Kanzleiter* Rn 6.
[21] AnwK-BGB/*Völker* Rn 15; MünchKommBGB/*Kanzleiter* Rn 6.
[22] AnwK-BGB/*Völker* Rn 17; *Staudinger/Thiele* Rn 9.
[23] AnwK-BGB/*Völker* Rn 17; MünchKommBGB/*Kanzleiter* Rn 8; *Kotzur* BWNotZ 1987, 134, 136 mwN.
[24] RGZ 73, 41; 85, 1, 10; AnwK-BGB/*Völker* Rn 18; *Klüber* in: *Schröder/Bergschneider* FamVermR Rn 4.735; *Staudinger/Thiele* Rn 11.
[25] BGH NJW 1985, 3066; NJW-RR 1988, 1154; RGZ 85, 1, 10; OLG Bamberg FamRZ 1987, 825, 826 f; OLG Frankfurt FamRZ 1984, 170; *Kotzur* BWNotZ 1987, 134, 135 f; AnwK-BGB/*Völker* Rn 18.
[26] BGH NJW 1985, 3066.
[1] AnwK-BGB/*Völker* Rn 1; *Staudinger/Thiele* Rn 10; *Dölle* I S 975.
[2] Zur Erstellung einer immer praktischen Auseinandersetzungsbilanz s eingehend *Klüber* in: *Schröder/Bergschneider* FamVermR Rn 4.643 ff; s auch *Haußleiter/Schulz* 2 Rn 84.
[3] *Staudinger/Thiele* Rn 3; *Palandt/Brudermüller* Rn 1.
[4] RG WarnR 1925 Nr 58; AnwK-BGB/*Völker* Rn 3.
[5] BayObLG Recht 1906 Nr 1655; *Staudinger/Thiele* Rn 1.

§ 1477 Abs 2, denn beide Bestimmungen verändern den Teilungsmaßstab⁶. Das Verlangen auf hälftige Teilung ist nur in Extremfällen treu- oder sittenwidrig (vgl auch § 1471 Rn 3)⁷.

III. Anrechnung von Ersatzverpflichtungen (Abs 2)

Abs 2 S 1 enthält eine Verrechnungsregelung. Auf den ihm zustehenden Teil des Überschusses (Abs 1) muss sich jeder Ehegatte das anrechnen lassen, was er zum Gesamtgut auf Grund einer in Geld zu erfüllenden Verpflichtung zu ersetzen hat (Rn 2). 4

Beispiel⁸: Reiner Gesamtgutsüberschuss 10.000, Ersatzpflicht von M zum Gesamtgut 6.000; Teilungsmasse 16.000 (denn die 6.000 sind ein Aktivposten des Gesamtguts). M stehen zu: 8.000 − 6.000 = 2.000. F stehen zu: 8.000. 4.1

Der zum Ersatz verpflichtete Ehegatte hat auch ein Recht darauf, dass seine Ersatzpflicht nur durch Verrechnung und nicht durch tatsächliche Zahlung erlischt⁹. Dies gilt auch in dem Fall, dass ein Übernahmerecht nach § 1477 Abs 2 ausnahmsweise (§ 1475 Rn 4) schon vor Berichtigung der Gesamtgutsverbindlichkeiten ausgeübt werden kann¹⁰. **Übersteigt** jedoch die dem Ehegatten obliegende Ersatzpflicht sein Teilungsguthaben, so bleibt er hinsichtlich des überschießenden Betrags dem anderen gegenüber persönlich mit seinem gesamten Vermögen (auch früheres Sonder- und Vorbehaltsgut) verpflichtet (Abs 2 S 2). Ein Anspruch auf Verzinsung besteht aber erst mit Rechtskraft des die Teilung vollziehenden Urteils¹¹. 5

Beispiel¹²: Reiner Gesamtgutsüberschuss nur 2.000, Ersatzpflicht M 10.000. Teilungsmasse 12.000. In Höhe von 6.000 erfolgt Anrechnung nach Abs 2 S 1 auf die hälftige Teilungssumme. In Höhe von 4.000 besteht für M Ersatzpflicht, für die er voll persönlich haftet. F erhält die vorhandenen 2.000. 5.1

§ 1477 Durchführung der Teilung

(1) Der Überschuss wird nach den Vorschriften über die Gemeinschaft geteilt.

(2) ¹Jeder Ehegatte kann gegen Ersatz des Wertes die Sachen übernehmen, die ausschließlich zu seinem persönlichen Gebrauch bestimmt sind, insbesondere Kleider, Schmucksachen und Arbeitsgeräte. ²Das Gleiche gilt für die Gegenstände, die ein Ehegatte in die Gütergemeinschaft eingebracht oder während der Gütergemeinschaft durch Erbfolge, durch Vermächtnis oder mit Rücksicht auf ein künftiges Erbrecht, durch Schenkung oder als Ausstattung erworben hat.

I. Normzweck

Die Vorschrift regelt die Durchführung der Teilung des Gesamtguts, die sich grds nach den Bestimmungen der Gemeinschaft richtet, jedoch durch das jedem Ehegatten nach Abs 2 eingeräumte Übernahmerecht wesentlich modifiziert wird. 1

II. Teilung des Überschusses

Die Teilung des Überschusses nach Berichtigung der Gesamtgutsverbindlichkeiten (§ 1475) erfolgt nach den Vorschriften über die Gemeinschaft, also nach den §§ 752 bis 757 mit Ausnahme des § 755 Abs 1, für den als Spezialvorschrift § 1475 gilt¹. Daher erfolgt die Teilung grds in Natur (§ 752), hilfsweise durch Verkauf und Teilung des Erlöses (§ 753). **Grundstücke** sind idR nicht idS in Natur teilbar, so dass die Zwangsversteigerung erforderlich ist, um einen teilbaren Erlös zu erzielen; bis zur Zwangsversteigerung fehlt es daher an der Teilungsreife². **Forderungen** sind einzuziehen, soweit möglich³. Soweit nach dem Tod eines Ehegatten eine Erbengemeinschaft an seine Stelle trat, muss eine Realteilung in zwei Teile möglich sein; dabei hat sich die Erbengemeinschaft dann anschließend hinsichtlich des ihr zugeteilten Objekts nach erbrechtlichen Grundsätzen auseinander zu setzen (vgl auch § 1471 Rn 5)⁴. 2

---

⁶ AnwK-BGB/*Völker* Rn 3.
⁷ RG WarnR 1925 Nr 58; *Staudinger/Thiele* Rn 2; MünchKommBGB/*Kanzleiter* Rn 3.
⁸ Vgl *Staudinger/Thiele* Rn 5; BGH NJW-RR 1988, 1154.
⁹ AllgM, BGH FamRZ 1988, 927; AnwK-BGB/*Völker* Rn 4; MünchKommBGB/*Kanzleiter* Rn 4.
¹⁰ BGH NJW-RR 1988, 1154 gegen OLG Bamberg FamRZ 1987, 825, 826 f, Vorinstanz; dem BGH zust etwa AnwK-BGB/*Völker* Rn 4; *Erman/Heckelmann* Rn 2; *Soergel/Gaul* Rn 4; vgl auch OLG München OLG München OLGR 1993, 212.
¹¹ BGHZ 109, 89, 96 = NJW 1990, 445.
¹² *Staudinger/Thiele* Rn 7.
¹ AllgM, *Soergel/Gaul* Rn 2; MünchKommBGB/*Kanzleiter* Rn 2.
² BGH FamRZ 1988, 813, 816; AnwK-BGB/*Völker* Rn 4.
³ RGZ 65, 5, 7 zur Erbengemeinschaft; hinsichtlich einer Beteiligung an einer OHG s RGZ 146, 282, 284.
⁴ MünchKommBGB/*Kanzleiter* Rn 2; *Soergel/Gaul* Rn 2.

III. Übernahmerecht (Abs 2)

3 1. Grundsätzliches. Als Ausnahme zur Teilung des Überschusses nach Abs 1 besteht für jeden Ehegatten ein **Übernahmerecht** hinsichtlich der in **Abs 2** genannten Vermögenswerte, jedoch keine Übernahmepflicht[5]. Das Übernahmerecht ist nicht höchstpersönlich und damit vererblich[6]. Es kann daher auch von einem Gläubiger ausgeübt werden, der den Gesamtgutsanteil seines Schuldners nach § 860 ZPO gepfändet und sich zur Einziehung hat überweisen lassen[7]. Es besteht nur, wenn die Voraussetzungen für den betreffenden Gegenstand im Ganzen, nicht aber nur teilweise vorliegen[8]. Das Übernahmerecht besteht nicht an bloßen Surrogaten eines Übernahmegegenstandes[9], jedoch an den in einem Flurbereinigungsverfahren zugeteilten Ersatzgrundstücken[10]. Liegen die Voraussetzungen zur Übernahme **bei beiden Ehegatten** vor (zB bei Hochzeitsgeschenken), so heben sich die Rechte gegenseitig auf[11].

4 **Gegenstand** des Übernahmerechts sind (Abs 2):
- (S 1) die nach ihrem Zweck und den Umständen ausschließlich zum **persönlichen Gebrauch** eines Ehegatten bestimmten Sachen (zB Kleider, Schmuck, Arbeitsgeräte; zum Begriff s Erl zu § 1362 Abs 2). Ein gelegentlicher Mitgebrauch durch den anderen Ehegatten schadet nicht.
- (S 2 Alt 1) die von einem Ehegatten, und zwar nicht nur teilweise, in die Gütergemeinschaft **eingebrachten Sachen**. Dazu gehören alle Vermögenswerte, also auch Grundstücke[12], einschließlich der während der Ehe erfolgten Um- und Neubauten[13], und bewegliche Sachen, nach hM nicht aber solche, die erst nach Begründung der Gütergemeinschaft aus dem Sonder- oder Vorbehaltsgut eingebracht werden[14], was für den Einbringenden zu erheblichen Wertverlusten führt, wenn ihm auch kein Wertersatz nach § 1478 Abs 1 zusteht, ist aber angesichts des klaren Wortlauts der Norm („eingebracht" statt „während der Gütergemeinschaft", wie in Abs 2 Alt 2) hinzunehmen.
- (S 2 Alt 2) die während der Gütergemeinschaft **durch Erbfolge**, Vermächtnis oder mit Rücksicht auf ein künftiges Erbrecht, durch Schenkung oder Ausstattung (§ 1624) erworbenen Gegenstände, wobei Unentgeltlichkeit nicht erforderlich ist[15]. Ein Nachlassgegenstand ist auch dann durch Erbfolge erworbe, wenn er einem Miterben im Zuge der **Erbauseinandersetzung** zugefallen ist und der Miterbe Ausgleichszahlungen an die übrigen Erben leisten musste[16]. Ebenso kann ein Erwerb mit Rücksicht auf ein künftiges Erbrecht auch dann vorliegen, wenn der Erwerber an erbberechtigte Geschwister Ausgleichszahlungen zu leisten hat[17]. In beiden Fällen besteht der Zweck der Privilegierung in der besonderen Nähebeziehung des Erwerbers zum früheren Eigentümer und in der Erhaltung im Familienbesitz[18].

5 2. Geltendmachung des Übernahmerechts. Das Übernahmerecht ist ein **Gestaltungsrecht**, dessen Geltendmachung durch einseitige, formlose[19], aber zugangsbedürftige und unwiderrufliche Willenserklärung gegenüber dem anderen Ehegatten oder dessen Erben erfolgt[20]. Sie kann auch bedingt erklärt werden, insbes nur für den Fall, dass der andere mit einem bestimmten Wertersatzbetrag einverstanden ist[21]. Wird bereits vom anderen Ehegatten die Teilungsversteigerung (§ 180 ZVG) betrieben, so ist das Übernahmerecht als ein die Veräußerung hinderndes Recht mittels der Drittwiderspruchsklage (§ 771 ZPO) geltend zu machen[22]; dabei handelt es sich um eine Familiensache (§ 621 Abs 1 Nr 8 ZPO)[23].

---

[5] Für weitere Übernahmerechte nach § 242 *Wittich*, Die Gütergemeinschaft, S 99 ff, 103 f, was sicherlich auf Ausnahmefälle beschränkt ist.
[6] RGZ 85, 1, 5: kann daher auch vom Testamentsvollstrecker ausgeübt werden; OLG Hamburg OLGE 24, 78; AnwK-BGB/*Völker* Rn 5; MünchKommBGB/*Kanzleiter* Rn 7.
[7] AnwK-BGB/*Völker* Rn 5; RGRK/*Finke* Rn 13.
[8] BGH LM Nr 5 = NJW-RR 1986, 1132; NJW-RR 1988, 1156.
[9] OLG Hamburg OLGE 7, 405; AnwK-BGB/*Völker* Rn 5; MünchKommBGB/*Kanzleiter* Rn 6.
[10] BGH NJW-RR 1998, 1009, 1010; OLG Bamberg FamRZ 1983, 72; MünchKommBGB/*Kanzleiter* Rn 6, obgleich das Flurbereinigungsverfahren vom Grundsatz der dinglichen Surrogation bestimmt ist.
[11] AnwK-BGB/*Völker* Rn 5; *Palandt/Brudermüller* Rn 2; *Staudinger/Thiele* Rn 21.
[12] RG JR 1925 Nr 780.
[13] OLG Nürnberg OLGZ 1982, 375.
[14] AnwK-BGB/*Völker* Rn 6; *Staudinger/Thiele* Rn 10; *Soergel/Gaul* Rn 4; RGRK/*Finke* Rn 10; *Erman/Heckelmann* Rn 2; aA MünchKommBGB/*Kanzleiter* Rn 2; *Klein* FuR 1995, 168; offen lassend *Gernhuber/Coester-Waltjen* § 38 Rn 156 Fn 209.
[15] AnwK-BGB/*Völker* Rn 6.
[16] BGH NJW-RR 1998, 1009, 1010; AnwK-BGB/*Völker* Rn 6; MünchKommBGB/*Kanzleiter* Rn 5; aA *Soergel/Gaul* Rn 9: dann, wenn im Rahmen der Erbauseinandersetzung Ausgleichszahlung an die anderen Miterben aus dem Vorbehalts- oder gar Gesamtgut zu zahlen war.
[17] BGH NJW-RR 1986, 1132; *Staudinger/Thiele* Rn 12.
[18] BGH NJW-RR 1998, 1009, 1010; NJW-RR 1986, 1132.
[19] OLG München FamRZ 1988, 1275: formlos auch dann, wenn Grundstücke betreffend; ebenso MünchKommBGB/*Kanzleiter* Rn 8.
[20] AnwK-BGB/*Völker* Rn 8; *Haußleiter/Schulz* 2 Rn 68; *Staudinger/Thiele* Rn 15; MünchKommBGB/*Kanzleiter* Rn 8.
[21] AnwK-BGB/*Völker* Rn 8; *Klein* FuR 1995, 165, 167; MünchKommBGB/*Kanzleiter* Rn 8.
[22] BGH LM § 1475 Nr 1 = NJW 1985, 3066; NJW-RR 1987, 69; BayObLGZ 1971, 293 = NJW 1971, 2315; AnwK-BGB/*Völker* Rn 8.
[23] BGH LM § 1475 Nr 1.

Da das Übernahmerecht erst bei Teilung des Überschusses besteht, setzt die Ausübung des Rechts **6** grds die **vorherige Berichtigung der Gesamtgutsverbindlichkeiten** voraus[24]. Ausnahmsweise besteht das Übernahmerecht bereits vorher, wenn der verbleibende Teil des Gesamtguts zur Deckung dieser Schulden ausreicht[25] oder wenn die Gesamtgutsverbindlichkeiten vom Übernahmeberechtigten zur Alleinschuld übernommen werden (s auch § 1475 Rn 4)[26]. Im letztgenannten Fall sind die übernommenen Verbindlichkeiten von dem nach § 1477 Abs 2 **vom** Übernehmer geschuldeten **Wertersatz** in Abzug zu bringen, nicht aber nochmals bei der Berechnung des nach § 1476 zu verteilenden Überschusses[27]. Soweit jedoch ein Gesamtgutsgläubiger einen Anspruch auf Herausgabe dieses Gegenstandes hat, ist ein Übernahmerecht ausgeschlossen[28]. Die Übernahmeerklärung ist **nicht fristgebunden** und kann daher solange erklärt werden, wie der betreffende Gegenstand noch zum Gesamtgut gehört[29]; zur Geltendmachung im Scheidungsverbund s § 1478 Rn 3.

3. Wirkungen des Übernahmerechts. Die Ausübung des Übernahmerechts wirkt **nicht ding- 7 lich,** sondern verpflichtet die Ehegatten nur zur Vornahme der Handlungen, die zur dinglichen Rechtsänderung erforderlich sind, damit der Übernahmeberechtigte Alleineigentümer bzw alleiniger Berechtigter der entsprechenden Vermögensobjekte wird. Es bedarf daher noch der entsprechenden Auflassung und Eintragung im Grundbuch (§§ 873, 925)[30]. Auch das Recht auf Mitbesitz und Mitverwaltung steht bis zur Übereignung grds beiden Ehegatten zu, unbeschadet der Möglichkeiten zur Erlangung des Alleinbesitzes[31], die sich aus der Verpflichtung zur ordnungsgemäßen Verwaltung nach § 1472 Abs 3 ergeben[32].

Mit der Ausübung des Übernahmerechts entsteht die Verpflichtung des übernehmenden Ehegatten **8** zum **Wertersatz** gegenüber dem Gesamtgut und ist sofort fällig[33]; zur Abzugsfähigkeit von zu übernehmenden Verbindlichkeiten s Rn 6. Maßgebend ist bei Fehlen einer vertraglichen Stichtagsvereinbarung nicht der **Wert** im Zeitpunkt der Ausübung des Übernahmerechts, sondern entspr dem Wortlaut der Norm der bei Vornahme der dinglichen Übertragungsakte[34], bei Grundstücken also der der Grundbucheintragung, bei einem Handelsunternehmen der, zu dem alle erforderlichen Übertragungsakte vollzogen sind[35]. Für die Bewertung ist nicht ein Affektionsinteresse oder der Ertragswert, sondern grds der **Verkehrswert** anzusetzen[36]. Dies gilt auch für einen **landwirtschaftlichen Betrieb;** § 1376 Abs 4 ist hier nicht entspr anzuwenden[37]. Die unterschiedliche Behandlung zur Zugewinngemeinschaft rechtfertigt sich aus der hier bestehenden dinglichen Mitberechtigung und wird durch die Neufassung des § 1376 durch Gesetz vom 14. 9. 1994 bestätigt, in der es der Gesetzgeber trotz Kenntnis der Problematik bewusst unterlassen hat, bei § 1477 eine Ertragswertklausel aufzunehmen[38]. Können sich die Ehegatten über den Wert nicht einigen, so ist dieser durch Sachverständige zu ermitteln, jedoch ist hierfür § 164 FGG nicht anwendbar[39]. Notfalls ist der Wert im Prozesswege zu klären. Dabei ist die Wahl der Bewertungsmethode Sache des Tatrichter (s auch § 1376 Rn 3)[40].

Der Wertersatz muss jedoch nicht unbedingt in bar bezahlt werden. Denn es greift auch hier § 1476 **9** Abs 2 S 1 ein: Die Leistung erfolgt durch **Anrechnung auf den Anteil** des ausgleichspflichtigen Ehegatten am Überschuss, der sich nach Hinzurechnung des Wertersatzes ergibt[41]. Dies gilt auch dann, wenn das Übernahmerecht ausnahmsweise schon vor der Teilung des übrigen Gesamtguts ausgeübt

---

[24] BGH LM § 1475 Nr 1 = NJW 1985, 3066; NJW-RR 1987, 69; RGZ 73, 41 f.
[25] RGZ 85, 1, 10.
[26] BGHZ 171, 24 = NJW 2007, 1879 Tz 13; BGH NJW 1985, 3066, 3068; OLG Saarbrücken vom 14. 1. 1993, 6 UF 10/92; AnwK-BGB/*Völker* Rn 7; *Staudinger/Thiele* Rn 19; MünchKommBGB/*Kanzleiter* Rn 9; s auch Musterklage bei *Klüber* in: *Schröder/Bergschneider* FamVermR Rn 4.798.
[27] *Kotzur* BWNotZ 1987, 134, 138; AnwK-BGB/*Völker* Rn 7.
[28] BGH NJW 1985, 3066, 3068; *Staudinger/Thiele* Rn 20.
[29] AnwK-BGB/*Völker* Rn 7; MünchKommBGB/*Kanzleiter* Rn 9; *Staudinger/Thiele* Rn 15. Zur Geltendmachung bereits vor Rechtskraft des Scheidungsurteils AG Aachen FamRZ 1990, 57; *Erman/Heckelmann* Rn 2.
[30] RG DR 1994, 292; *Staudinger/Thiele* Rn 16.
[31] OLG Hamm FamRZ 1979, 810; AnwK-BGB/*Völker* Rn 9; *Haußleiter/Schulz* 2 Rn 69.
[32] OLG Stuttgart NJW 1950, 70; OLG Hamm FamRZ 1979, 810; MünchKommBGB/*Kanzleiter* Rn 8.
[33] BGHZ 171, 24 = NJW 2007, 1879 Rn 22.
[34] BGHZ 171, 24 = NJW 2007, 1879 Rn 22: bei Grundstücken Eintragung im Grundbuch maßgebend; BGH NJW-RR 1986, 1066; FamRZ 1986, 40, 42; FamRZ 1984, 254, 256; AnwK-BGB/*Völker* Rn 12; *Haußleiter/Schulz* 2 Rn 71; juris-PK/*Hausch* Rn 29; *Klüber* FPR 2001, 84, 86; *Staudinger/Thiele* Rn 13; *Soergel/Gaul* Rn 10; aA MünchKommBGB/*Kanzleiter* Rn 11 mit berechtigtem Hinweis auf die sich aus der hM ergebenden Schwierigkeiten; zum Fall, dass die Wertentscheidung vor der Übernahme erfolgt, OLG Karlsruhe FamRZ 1982, 286, 288.
[35] BGH FamRZ 1984, 254, 256.
[36] AllgM, BGH NJW-RR 1986, 1066; AnwK-BGB/*Völker* Rn 13; *Haußleiter/Schulz* 2 Rn 70; *Staudinger/Thiele* Rn 13; *Soergel/Gaul* Rn 10.
[37] BGH NJW-RR 1986, 1066; *Bölling* FamRZ 1980, 754, 755 ff; *Soergel/Gaul* Rn 10; AK/*Fieseler* §§ 1471–1482 Rn 2; AnwK-BGB/*Völker* Rn 13; *Haußleiter/Schulz* 2 Rn 70; *Mai* BWNotZ 2003, 55, 63; *Palandt/Brudermüller* Rn 4; *Staudinger/Thiele* Rn 13; ausf zur Bewertung landwirtschaftlicher Betriebe *Klüber* in: *Schröder/Bergschneider* FamVermR Rn 4.690 ff; aA *Stumpp* Rpfleger 1979, 441, 442.
[38] AnwK-BGB/*Völker* Rn 13.
[39] BayObLG JW 1923, 759 f; *Staudinger/Thiele* Rn 13.
[40] AnwK-BGB/*Völker* Rn 13; *Staudinger/Thiele* Rn 13; vgl zur Bewertung landwirtschaftlicher Betriebe BGH NJW-RR 1986, 1066; *Soergel/Gaul* Rn 10.
[41] *Staudinger/Thiele* Rn 17.

§ 1478

wird[42]. Soweit allerdings eine Anrechnung nicht möglich ist, hat eine **Zahlung** des übernehmenden Ehegatten an den anderen in Höhe der Hälfte des Gegenwerts zu erfolgen[43]. Gegen den Anspruch auf Übernahme besteht wegen des Anspruchs auf Wertersatz ein **Zurückbehaltungsrecht** nach § 273 Abs 1[44], das allerdings gemäß § 273 Abs 3 durch Sicherheitsleistung, etwa mittels Bestellung einer Sicherungshypothek, abgewendet werden kann[45]. Bei einer vorzeitigen Geltendmachung des Übernahmerechts bereitet allerdings die Bestimmung der Höhe der Sicherheitsleistung oftmals Schwierigkeiten, weil die Höhe der Anrechnung nach § 1476 Abs 2 S 1 meist noch nicht bestimmt werden kann. Wird das Übernahmerecht **gerichtlich geltend gemacht,** so führt die Erhebung der Einrede des Wertersatzes zu einer Verurteilung Zug-um-Zug nach § 274[46].

10   Das **Übernahmerecht** nach § 1477 Abs 2 und **Wertersatzanspruch** nach § 1478 können nebeneinander ausgeübt werden (eingehend § 1478 Rn 5 f)[47].

IV. Praktische Fragen

11   **1. Abweichende Vereinbarungen.** Solche sind möglich[48], jedoch vor der Auseinandersetzung nur durch Ehevertrag (§ 1408), anlässlich der konkreten Auseinandersetzung sogar grds formfrei, soweit sich nicht aus § 311 b Abs 1 oder anderen besonderen Formvorschriften etwas anderes ergibt. So können andere Bewertungszeitpunkte oder Bewertungsmaßstäbe vereinbart, das Übernahmerecht eingeschränkt oder auch gegenständlich erweitert werden[49].

12   **2. Beweislast.** Hinsichtlich der Durchführung der Teilung nach Abs 1 trägt die Beweislast dafür, dass eine Teilung des Überschusses in Natur möglich und daher nicht der Verkauf nach § 753 erfolgen muss derjenige, der sich hierauf beruft[50]. Wer ein Übernahmerecht nach Abs 2 geltend macht, muss dessen Voraussetzungen beweisen[51].

§ 1478 Auseinandersetzung nach Scheidung

(1) Ist die Ehe geschieden, bevor die Auseinandersetzung beendet ist, so ist auf Verlangen eines Ehegatten jedem von ihnen der Wert dessen zurückzuerstatten, was er in die Gütergemeinschaft eingebracht hat; reicht hierzu der Wert des Gesamtguts nicht aus, so ist der Fehlbetrag von den Ehegatten nach dem Verhältnis des Wertes des von ihnen Eingebrachten zu tragen.

(2) Als eingebracht sind anzusehen
1. die Gegenstände, die einem Ehegatten beim Eintritt der Gütergemeinschaft gehört haben,
2. die Gegenstände, die ein Ehegatte von Todes wegen oder mit Rücksicht auf ein künftiges Erbrecht, durch Schenkung oder als Ausstattung erworben hat, es sei denn, dass der Erwerb den Umständen nach zu den Einkünften zu rechnen war,
3. die Rechte, die mit dem Tode eines Ehegatten erlöschen oder deren Erwerb durch den Tod eines Ehegatten bedingt ist.

(3) Der Wert des Eingebrachten bestimmt sich nach der Zeit der Einbringung.

Übersicht

	Rn		Rn
I. Normzweck	1	1. Geltendmachung	3
II. Voraussetzungen des Rechts auf Wertersatz	2	2. Gegenstand	4
		3. Rechtsfolgen des geltend gemachten Rechts auf Wertersatz	5
III. Inhalt des Rechts auf Werterstattung des Eingebrachten	3	IV. Abweichende Vereinbarungen	8

---

[42] BGH NJW-RR 1988, 1154; OLG Nürnberg FamRZ 1999, 855; AnwK-BGB/*Völker* Rn 14; MünchKommBGB/*Kanzleiter* Rn 12; *Staudinger/Thiele* Rn 17.
[43] BGHZ 171, 24 = NJW 2007, 1879; AnwK-BGB/*Völker* Rn 14; *Staudinger/Thiele* Rn 17; wohl auch MünchKommBGB/*Kanzleiter* Rn 12.
[44] BGHZ 171, 24 = NJW 2007, 1879 Rn 23; OLG München FamRZ 1996, 170; OLGR Zweibrücken 2004, 630 = MittBayNot 2005, 48; *Staudinger/Thiele* Rn 18; *Palandt/Brudermüller* Rn 5; *Erman/Heckelmann* Rn 2; RGRK/*Finke* Rn 16; *Haußleiter/Schulz* 2 Rn 68 und 95; *Klüber* in: *Schröder/Bergschneider* FamVermR Rn 4.797.
[45] BGHZ 171, 24 = NJW 2007, 1879 Rn 23; OLG München FamRZ 1996, 170; AnwK-BGB/*Völker* Rn 14; *Haußleiter/Schulz* 1 Rn 95; *Palandt/Brudermüller* Rn 5; *Klüber* in: *Schröder/Bergschneider* FamVermR Rn 4.797.
[46] AnwK-BGB/*Völker* Rn 14; *Staudinger/Thiele* Rn 18.
[47] AllgM, AnwK-BGB/*Völker* Rn 3; MünchKommBGB/*Kanzleiter* Rn 10.
[48] AnwK-BGB/*Völker* Rn 2; *Staudinger/Thiele* Rn 26; Formulierungsvorschlag für Ausschluss des Übernahmerechts bei *Münch,* Ehebezogene Rechtsgeschäfte, Rn 836; zum Ausschluss des Übernahmerechts durch Verfügung von Todes wegen *Walther* BayNotZ 1904, 172.
[49] Vgl etwa AnwK-BGB/*Völker* Vor § 1415 Rn 25.
[50] *Baumgärtel/Laumen* Rn 1.
[51] AnwK-BGB/*Völker* Rn 22; *Staudinger/Thiele* Rn 9 zum Übernahmerecht nach Abs 2 S 1.

I. Normzweck

Die Vorschrift enthält eine wichtige Ausnahme vom Halbteilungsgrundsatz des § 1476 und verändert den Teilungsmaßstab[1]. Wird die Ehe geschieden, kann jeder Ehegatte verlangen, dass beiden Ehegatten der Wert dessen erstattet wird, was sie jeweils in die Gütergemeinschaft einbrachten, und zwar unabhängig davon, wer die Scheidung verursacht hatte. Dadurch soll vermieden werden, dass durch die hälftige Teilung des Gesamtguts sich die Ehescheidung für denjenigen Ehegatten, der weniger einbrachte, als „Geschäft" erweist[2]. Zum Verhältnis des Wertersatzanspruchs nach Abs 1 mit dem Übernahmerecht nach § 1477 s Rn 5. 1

II. Voraussetzungen des Rechts auf Wertersatz

§ 1478 ist stets anwendbar, wenn die Ehe **vor der Beendigung** der Auseinandersetzung geschieden wird, also unabhängig davon, wann und aus welchem Grund die Gütergemeinschaft selbst beendet wurde[3]. Beendet ist die Auseinandersetzung allerdings bereits dann, wenn nur noch einzelne, im Verhältnis zu dem bereits auseinander gesetzten Teil aber unbedeutende Gegenstände noch zum Gesamtgut gehören[4]. Auch wenn die Gütergemeinschaft durch ein **Aufhebungsurteil** beendet (§§ 1449, 1470) und erst danach die Ehe geschieden wird, besteht das Wahlrecht nach § 1478, denn sonst würde der Ehegatte, der mehr in das Gesamtgut einbrachte, an seinem sachgemäßen Recht zur Erhebung der Aufhebungsklage gehindert, wenn er befürchten müsste, mit einem Erfolg der Aufhebungsklage vor der Scheidung sein Recht auf Wertersatz zu verlieren[5]. **Verstirbt ein Ehegatte** während des Scheidungsverfahrens, so ist § 1478 wegen seines Normzwecks entspr anzuwenden, wenn die Ehe ohne den Eintritt des Todesfalles geschieden worden wäre[6]. Dies führt zwar zur Notwendigkeit, inzident über den Ausgang des Scheidungsverfahrens entscheiden zu müssen. Jedoch würde der sonst eintretende Halbteilungsgrundsatz den einbringenden Ehegatten oder dessen Erben einseitig benachteiligen. Im Falle der **Aufhebung der Ehe** nach den §§ 1313 ff gilt § 1478 nicht, vgl § 1318 Abs 1[7]. Als Teil der Gesamtgutsauseinandersetzung setzt auch das Recht auf Wertersatz voraus, dass nach § 1475 die **Gesamtgutsverbindlichkeiten** berichtigt oder deren Befriedigung sichergestellt ist[8]. 2

III. Inhalt des Rechts auf Werterstattung des Eingebrachten

1. Geltendmachung. § 1478 gibt jedem der Ehegatten unabhängig vom anderen bei Vorliegen der Voraussetzungen des Abs 1 ein **Wahlrecht** („auf Verlangen"), ob er die Rückerstattung des von ihm in die Gütergemeinschaft Eingebrachten verlangt oder es beim Halbteilungsgrundsatz des § 1476 Abs 1 belässt[9]. Das Wahlrecht ist durch empfangsbedürftige Willenserklärung gegenüber dem anderen auszuüben, und zwar frühestens mit Rechtskraft des Scheidungsurteils, spätestens mit Beendigung der Auseinandersetzung[10]; es ist vererblich[11]. Es erlischt auch durch eine vorherige Auseinandersetzungsklage mit einem abweichenden Inhalt[12]. Die Ausübungserklärung ist unwiderruflich[13]. Über das Recht zum Wertersatz nach § 1478 Abs 1 kann bereits im **Verbundverfahren** für den Fall der Scheidung entschieden werden (§§ 623 Abs 1, 621 Abs 1 Nr 8, 629, 629 d ZPO)[14]. Jedoch ist nach § 628 Abs 1 Nr 1 ZPO die Entscheidung über das Auseinandersetzungsbegehren abzutrennen, wenn hierfür maßgebliche Bewertungsfragen noch streitig sind[15]. Für Klagen auf **Feststellung** bestimmter Werte des Eingebrachten besteht idR kein rechtliches Interesse iS von § 256 ZPO, da meist Ansprüche im Wege von Leistungsklagen aus §§ 1478 Abs 1 und Abs 2 Nr 1, 1477 Abs 2 geltend gemacht werden können[16]. 3

2. Gegenstand. Gegenstand des **Wertersatzanspruchs** sind die nach Abs 2 von einem Ehegatten in die Gütergemeinschaft eingebrachten Gegenstände, wozu Vermögenswerte aller Art gehören[17]. Dass 4

---

[1] Zust AnwK-BGB/*Völker* Rn 1.
[2] MünchKommBGB/*Kanzleiter* Rn 1; BT-Drucks 7/650 S 102 f.
[3] Staudinger/*Thiele* Rn 3; MünchKommBGB/*Kanzleiter* Rn 3.
[4] RGZ 89, 360, 366 f; MünchKommBGB/*Kanzleiter* Rn 3.
[5] BT-Drucks 7/650 S 103; *Klüber* in: *Schröder/Bergschneider* FamVermR Rn 4.599 mw taktischen Hinweisen; Palandt/*Brudermüller* Rn 1; AnwK-BGB/*Völker* Rn 10 und juris-PK/*Hausch* Rn 5 stellen darauf ab, dass die Auseinandersetzung bei Scheidung noch nicht beendet ist.
[6] AnwK-BGB/*Völker* Rn 4; juris-PK/*Hausch* Rn 8; Staudinger/*Thiele* Rn 5; MünchKommBGB/*Kanzleiter* Rn 4; Soergel/*Gaul* Rn 6; aA *Gernhuber/Coester-Waltjen* § 38 Rn 156 Fn 213; RGRK/*Finke* Rn 5; Erman/*Heckelmann* Rn 2.
[7] AnwK-BGB/*Völker* Rn 4; aA Staudinger/*Thiele* Rn 4 und offenbar Palandt/Brudermüller Rn 1, die jedoch die nur beschränkte Verweisung auf das Scheidungsfolgenrecht verkennen.
[8] AnwK-BGB/*Völker* Rn 4; Staudinger/*Thiele* Rn 6.
[9] OLG Hamburg OLGE 6, 280; AnwK-BGB/*Völker* Rn 6; Staudinger/*Thiele* Rn 7.
[10] AnwK-BGB/*Völker* Rn 6; Soergel/*Gaul* Rn 5.
[11] Staudinger/*Thiele* Rn 7.
[12] AnwK-BGB/*Völker* Rn 6; MünchKommBGB/*Kanzleiter* Rn 11.
[13] OLG Posen Recht 1906 Nr 3306.
[14] BGHZ 84, 333, 336 f = NJW 1982, 2373; Soergel/*Gaul* Rn 5; MünchKommBGB/*Kanzleiter* Rn 13; Staudinger/*Thiele* Rn 22.
[15] BGH LM ZPO § 628 Nr 7 = FamRZ 1984, 254, 255; Soergel/*Gaul* Rn 5.
[16] OLG Nürnberg FamRZ 1999, 854; Haußleiter/*Schulz* 2 Rn 102.
[17] BGHZ 1, 294, 305.

§ 1478

der eingebrachte Gegenstand sich nicht mehr im Gesamtgut befindet, etwa weil er untergegangen oder veräußert wurde, hat auf den Wertersatzanspruch keinen Einfluss[18]. Eingebracht sind

- die Gegenstände, die einem Ehegatten **beim Eintritt** der Gütergemeinschaft **gehört** haben (Abs 2 Nr 1). Maßgeblich ist dafür allein die dingliche Rechtslage, nicht wer dies finanziert hat[19]. Auch dann bestehende Anwartschaftsrechte fallen hierunter[20]. Eingebracht ist auch der **Zugewinnausgleichsanspruch** des einen Ehegatten gegen den anderen bei einem Wechsel vom gesetzlichen Güterstand zur Gütergemeinschaft; die entsprechende Zugewinnausgleichsschuld des anderen Ehegatten mindert zugleich den Wert des von diesem Eingebrachten[21]. Dies führt zu dem Ergebnis, dass nach §§ 1476 Abs 1, 1478 Abs 1 der **gesamte Vermögenszuwachs** beider Ehegatten von der Eheschließung bis zur Auseinandersetzung ausgeglichen wird[22]. Was bei Eintritt der Gütergemeinschaft zunächst zu **Vorbehaltsgut** erklärt und später in Gesamtgut umgewandelt wurde, fällt auch unter Abs 2 Nr 1[23] und – in Analogie wegen der Gleichheit der Interessenlage – auch, was erst während der Ehe zum Vorbehaltsgut erworben oder erklärt und später in das Gesamtgut eingebracht wurde[24]. Bestand zunächst Gütertrennung, so kommt für die damals von einem Ehegatten für das Vermögen des anderen im Vertrauen auf den Fortbestand der Ehe gemachten Aufwendungen ein Anspruch auf Anpassung der Vermögensverhältnisse nach § 313, insbes wegen Wegfalls der Geschäftsgrundlage, in Betracht[25].
- Gegenstände, die ein Ehegatte während der Gütergemeinschaft **von Todes wegen** oder mit Rücksicht auf ein künftiges Erbrecht, durch Schenkung oder Ausstattung (§ 1624) erworben hat (Abs 2 Nr 2), sofern der Erwerb in das Gesamtgut fiel (also nicht bei Vorbehaltsgut nach § 1418 Abs 2 Nr 2). Ausgenommen vom Wertersatz sind Zuwendungen, die den Umständen nach zu den Einkünften zu rechnen sind, wie Zuschüsse zu Urlaubsreisen, Kranken- und Kuraufenthalt und das laufende Haushaltsgeld[26], s auch § 1374 Rn 27. Vgl iÜ § 1477 Rn 4[27].
- **Rechte,** die mit dem **Tod eines Ehegatten erlöschen** oder deren Erwerb durch den **Tod** eines Ehegatten bedingt ist (Abs 2 Nr 3), wie Leibrenten, nicht aber ein Nießbrauch, weil dieser gemäß § 1059 S 1 grds nicht übertragbar ist[28]. Grund für den Wertersatzanspruch sind auch hier die engen persönlichen Beziehungen des berechtigten Ehegatten, die eine Ausnahme vom Halbteilungsgrundsatz rechtfertigen. **Lebensversicherungen** fallen daher nicht hierunter, weil bei diesen regelmäßig der wirtschaftliche Aspekt den persönlichen überwiegt (str)[29].

5 **3. Rechtsfolgen des geltend gemachten Rechts auf Wertersatz.** Der Anspruch nach § 1478 Abs 1 geht nur auf Wertersatz, nicht auf Rückgabe in Natur[30]. Jedoch besteht der Anspruch auf Wertersatz neben dem Übernahmerecht nach § 1477 Abs 2 und kann gleichzeitig geltend gemacht werden[31]. Dadurch kann der Wertersatzanspruch nach § 1478 Abs 1 mit der Wertersatzpflicht nach § 1477 Abs 2 bei Ausübung des Übernahmerechts verrechnet werden[32]. Allerdings gelten **unterschiedliche Bewertungszeitpunkte:** bei § 1477 der der dinglichen Übernahme (§ 1477 Rn 8), bei § 1478 der Wert bei der (ebenfalls dinglichen) Einbringung (§ 1478 Abs 3). Dies führt im Ergebnis dazu, dass hinsichtlich der iS von § 1478 Abs 2 Nr 1 und 2 eingebrachten Objekte nur der echte Wertzuwachs während des Bestehens der Gütergemeinschaft nach dem Halbteilungsgrundsatz aufzuteilen ist[33]; bei wirtschaftlicher Betrachtungsweise kommt dies bezüglich dieser Objekte der Zugewinngemeinschaft nahe[34].

---

[18] BGHZ 109, 89, 93 = NJW 1990, 445; AnwK-BGB/*Völker* Rn 5; *Klein* FuR 1995, 165, 169 f.
[19] BGH NJW-RR 1987, 69; AnwK-BGB/*Völker* Rn 5; *Soergel/Gaul* Rn 11.
[20] *Staudinger/Thiele* Rn 10; *Soergel/Gaul* Rn 11.
[21] BGHZ 109, 89, 94 = NJW 1990, 445.
[22] AnwK-BGB/*Völker* Rn 5; MünchKommBGB/*Kanzleiter* Rn 7; ausf *Klüber* in: *Schröder/Bergschneider* FamVermR Rn 4.722 ff mit Berechnungsbeispiel. Zu einer Abkoppelung des Zugewinnausgleichs kommt es dagegen, wenn ausdrücklich vereinbart wurde, dass der bis zum Güterstandswechsel entstandene Zugewinn „zusätzlich zum Wertersatz auszugleichen" sei. Er kann dann unabhängig von der gesetzlichen Gesamtgutsauseinandersetzung verlangt werden und wird durch etwaige Verluste während des Bestehens der Gütergemeinschaft nicht verringert, vgl OLG Bamberg FamRZ 2001, 1215, 1216.
[23] MünchKommBGB/*Kanzleiter* Rn 7.
[24] MünchKommBGB/*Kanzleiter* Rn 7; aA AnwK-BGB/*Völker* Rn 5; die hM sieht dies bezüglich des Übernahmerechts nach § 1477 Abs 2, s § 1477 Rn 4, jedoch wird man zumindest beim Wertersatz nach § 1478 anders entscheiden müssen, weil dies sonst auf Grund der Anwendung des Halbteilungsgrundsatzes zu einem ganz erheblichen Wertverlust für den Einbringenden führt und der uU entgegenstehende Wortlaut einer teleologischen Reduktion unterworfen werden kann.
[25] BGH NJW-RR 1987, 69; dazu auch *Wittich* S 104, 56 ff.
[26] AnwK-BGB/*Völker* Rn 5; *Soergel/Gaul* Rn 11.
[27] Eingehend *Staudinger/Thiele* Rn 11–16.
[28] *Staudinger/Tiele* Rn 17.
[29] So zu Recht MünchKommBGB/*Kanzleiter* Rn 7; anders die hM, wenn sie zum Gesamtgut gehören und das Bezugsrecht nicht unmittelbar einem Dritten zusteht, AnwK-BGB/*Völker* Rn 5; *Erman/Heckelmann* Rn 4; juris-PK/*Hausch* Rn 18; *Staudinger/Thiele* Rn 17; *Soergel/Gaul* Rn 11; RGRK/*Finke* Rn 9; *Ensslen* FamRZ 1998, 1077, 1084, wobei der Wertersatzanspruch teilweise auf den für den Erlebensfall geltenden Wertanteil begrenzt wird, so *Klüber* in: *Schröder/Bergschneider* FamVermR Rn 4.717, zust AnwK-BGB/*Völker* Rn 5.
[30] RG SeuffA 77, 2; MünchKommBGB/*Kanzleiter* Rn 8; *Soergel/Gaul* Rn 7.
[31] BGHZ 84, 333, 338 = NJW 1982, 2373; BGH FamRZ 1986, 40, 41; LM § 1477 Nr 5 = NJW-RR 1986, 1132; LM § 1477 Nr 1 = NJW 1952, 1330; *Klein* FuR 1995, 165, 167.
[32] BGH NJW-RR 1988, 1154, 1155 f; *Klüber* in: *Schröder/Bergschneider* FamVermR Rn 4.733.
[33] BGHZ 84, 333, 338 = NJW 1982, 2373; *Klüber* FPR 2001, 84, 88; *Soergel/Gaul* Rn 7; *Bölling* FamRZ 1980, 755.
[34] AnwK-BGB/*Völker* Rn 7; *Behmer* FamRZ 1988, 339, 342; *Wittich* S 53.

Beispiel[35]: Das Gesamtgut besteht nur aus dem bäuerlichen Hof mit einem derzeitigen Wert von 300.000. M brachte den Hof mit einem damaligen, inflationsbereinigten Wert von 200.000 ein. Gesamtgutsverbindlichkeiten sind keine vorhanden. M macht sein Übernahmerecht nach § 1477 Abs 2 geltend und zugleich seinen Wertersatzanspruch nach § 1478 Abs 1. Bei der Berechnung der Teilungsmasse ist zu beachten, dass die §§ 1477, 1478 den Teilungsmaßstab des § 1476 modifizieren. 5.1

Teilungsmasse:
Aktiva
Hof	300 000
Wertersatzpflicht des M nach § 1477 Abs 2	300 000
(hinzuzurechnen nach § 1476 Abs 2 S 1, vgl § 1476 Rn 4)	
Summe	600 000
Passiva	
Übernahmeverpflichtung nach § 1477 Abs 2	300 000
Wertersatzverpflichtung nach § 1478 Abs 1 für das Eingebrachte	200 000
Summe	500 000
Tatsächliche Teilungsmasse	100 000
Teilungsanspruch der F nach § 1476	50 000

Da im Gesamtgut keine Barmittel zur Bezahlung vorhanden sind, schuldet M diesen Betrag persönlich (§ 1476 Abs 2 S 2).

Bei der Berechnung ist der Wert des Eingebrachten um den **Kaufkraftverlust** zu berichten; dies geschieht nach den gleichen Grundsätzen, die der BGH beim Zugewinnausgleich hinsichtlich des Anfangsvermögens entwickelt hat (näher § 1376 Rn 39)[36]. Diese Grundsätze zur Inflationsbereinigung gelten auch für Geldforderung und -schulden[37]. 6

Für die Berechnung des Wertersatzanspruchs ist vom **Verkehrswert** auszugehen, und zwar auch bei landwirtschaftlichen Betrieben (§ 1477 Rn 8)[38]. Eingebrachte Schulden verringern dabei den Wert des Eingebrachten[39]. Soweit der Nettowert des Gesamtguts zur Rückerstattung des von beiden Ehegatten Eingebrachten nicht ausreicht, ist der Fehlbetrag nach dem Verhältnis des Werts des von ihnen Eingebrachten zu tragen (Abs 1 HS 2). 7

Beispiel[40]: Ehefrau F bringt 40.000 (bereits inflationsbereinigt) in die Gütergemeinschaft ein, Ehemann M 20.000. Der Wert des Gesamtguts beträgt bei der Scheidung 80.000. Der Überschuss (nach Erstattung des Eingebrachten von insgesamt 60.000) von 20.000 wird nach § 1476 Abs 2 hälftig geteilt. Daher bekommt F: (40.000 + 10.000) = 50.000; M erhält (20.000 + 10.000) = 30.000. 7.1

Abwandlung: Es sind Gesamtgutsverbindlichkeiten von 38.000 zu befriedigen. Demnach ist der Fehlbetrag von 18.000 im Verhältnis 2:1 zwischen F und M zu verteilen. F erhält demnach 40.000 – 12000 = 28.000; M erhält 14.000. 7.2

IV. Abweichende Vereinbarungen

Nach der Neufassung des § 1478 ist die Vorschrift grds im vollen Umfang dispositiv; nur ausnahmsweise wird eine abweichende Vereinbarung wegen besonderer Übervorteilung des anderen Ehegatten sittenwidrig sein[41]. Ja, eine vertragliche Regelung ist im Hinblick auf die generalisierende Regelung der §§ 1477, 1478 zur Verwirklichung eines angemessenen Ergebnisses oftmals erforderlich[42]. Im Auseinandersetzungsstadium nach Beendigung der Gütergemeinschaft bedürfen solche Vereinbarungen sogar nicht einmal der Form des Ehevertrags[43]. 8

---

[35] AnwK-BGB/*Völker* § 1477 Rn 10; weitere Beispiele bei *Klein* FuR 1995, 249.
[36] BGHZ 84, 333, 338 = NJW 1982, 2373; AnwK-BGB/*Völker* Rn 7; *Haußleiter/Schulz* 2 Rn 79; *Gernhuber/Coester-Waltjen* § 38 Rn 156 Fn 215; MünchKommBGB/*Kanzleiter* Rn 8; *Soergel/Gaul* Rn 7; Endstichtag für die Berechnung ist der Tag der Rückerstattung iS von § 1478 Abs 1, *Wittich* S 52; für Korrektur im Einzelfall, besonders bei Spekulationsobjekten RGRK/*Finke* Rn 10; *Wittich* S 52 Fn 328.
[37] BGHZ 109, 89, 95 = NJW 1990, 445 = LM Nr 5 zum eingebrachten Zugewinnausgleichsanspruch.
[38] AnwK-BGB/*Völker* Rn 8; *Staudinger/Tiele* Rn 9.
[39] BGHZ 109, 89, 95 = NJW 1990, 445; *Behmer* FamRZ 1988, 339, 342; auf dem eingebrachten Grundbesitz ruhende Grundpfandrechte und sonstige dingliche Belastungen sind wertmindernd in Abzug zu bringen, *Kotzur* BWNotZ 1987, 134, 138 f; aA *Planck/Unzer* Anm 7 unter Hinweis auf die Grundsätze der Schuldentragung im Innenverhältnis der Ehegatten.
[40] Nach *Staudinger/Thiele* Rn 19; vgl auch die ausf Berechnungsbeispiele bei *Behmer* MittBayNot 1989, 7, insbes wenn das Eingebrachte Wertverluste erleidet.
[41] AnwK-BGB/*Völker* Rn 2; *Soergel/Gaul* Rn 12; MünchKommBGB/*Kanzleiter* Rn 14; *Staudinger/Thiele* Rn 23; einschränkend RGRK/*Finke* Rn 16.
[42] *Soergel/Gaul* Rn 12; *Bölling* FamRZ 1980, 754, 757; *Stumpp* Rpfleger 1979, 441, 442; s auch AnwK-BGB/*Völker* Vor §§ 1415 ff Rn 25.
[43] AnwK-BGB/*Völker* Rn 2; *Soergel/Gaul* Rn 12; MünchKommBGB/*Kanzleiter* Rn 15.

§ 1479 Auseinandersetzung nach Aufhebungsurteil

Wird die Gütergemeinschaft auf Grund der §§ 1447, 1448 oder des § 1469 durch Urteil aufgehoben, so kann der Ehegatte, der das Urteil erwirkt hat, verlangen, dass die Auseinandersetzung so erfolgt, wie wenn der Anspruch auf Auseinandersetzung in dem Zeitpunkt rechtshängig geworden wäre, in dem die Klage auf Aufhebung der Gütergemeinschaft erhoben ist.

I. Normzweck, Grundsätzliches

1 Um Vermögensmanipulationen und Prozessverschleppungen zu vermeiden[1], gewährt § 1479 demjenigen Ehegatten, der ein Urteil zur Aufhebung der Gütergemeinschaft nach den §§ 1447, 1448, 1469 erwirkt hat, das Recht zur Wahl eines abweichenden Auseinandersetzungszeitpunkts:
– Beendigung der Gütergemeinschaft mit **Rechtskraft des Aufhebungsurteils** (§§ 1449 Abs 1, 1470 Abs 1) als Regelfall oder abweichend hiervon:
– Zeitpunkt der **Rechtshängigkeit der Aufhebungsklage** (§ 1479). Wurde diese durch Widerklage erhoben, ist deren Erhebung maßgeblich[2]. Dies bedeutet, dass später eintretende Vermehrungen oder Verminderungen des Gesamtguts außer Betracht bleiben, soweit nicht ein Surrogationsfall (§ 1473) vorliegt[3].

2 Für das Wahlrecht gilt grds das Gleiche wie für das nach § 1478 (vgl dort Rn 3). Die Wahl des abweichenden Auseinandersetzungszeitpunkts nach § 1479 wirkt jedoch nur zwischen den Ehegatten, nicht aber gegenüber Dritten[4]. Auch zwischen den Ehegatten hat die Zurückverlegung des Auseinandersetzungszeitpunkts **keine dingliche Wirkung**[5]; die Ehegatten sind nur schuldrechtlich verpflichtet, sich bei der Auseinandersetzung des Gesamtguts so zu stellen. Zur Auseinandersetzung bedarf es daher auch bezüglich der Gesamtgutsgegenstände, die seit Klageerhebung erworben wurden, der entsprechenden dinglichen Übertragungsakte[6]. Hierzu gehören wegen der nur intern schuldrechtlichen Wirkung des Wahlrechts auch die Gegenstände, die an sich nur von einem Ehegatten erworben wurden (§ 1416 Abs 1 S 2).

II. Abweichende Vereinbarungen

3 § 1479 kann im Voraus durch Ehevertrag weder ausgeschlossen noch abgeändert werden, da die Norm direkte Rechtsfolge der zwingenden Aufhebungsklage ist[7]. In einem konkreten Aufhebungsrechtsstreit sind jedoch abweichende Vereinbarungen möglich[8].

§ 1480 Haftung nach der Teilung gegenüber Dritten

[1]Wird das Gesamtgut geteilt, bevor eine Gesamtgutsverbindlichkeit berichtigt ist, so haftet dem Gläubiger auch der Ehegatte persönlich als Gesamtschuldner, für den zur Zeit der Teilung eine solche Haftung nicht besteht. [2]Seine Haftung beschränkt sich auf die ihm zugeteilten Gegenstände; die für die Haftung des Erben geltenden Vorschriften der §§ 1990, 1991 sind entsprechend anzuwenden.

I. Normzweck, Konkurrenzfragen

1 Vor der Teilung des Gesamtguts sind die Gesamtgutsverbindlichkeiten zu berichtigen (§ 1475 Abs 1). Wird dies nicht beachtet, so wäre ein Gläubiger benachteiligt, soweit ein Ehegatte Gesamtgutsgegenstände erhielte, die nicht bereits persönlich haften würde. Daher begründet § 1480 als Ausgleich eine **persönliche Haftung** des übernehmenden Ehegatten, die sich jedoch auf das beschränkt, was er aus dem Gesamtgut erlangt hat. Bei Gütergemeinschaft mit gemeinschaftlicher Verwaltung hat § 1480 nur Bedeutung, soweit die dort grds beiderseits bestehende persönliche Haftung nach § 1459 Abs 2 S 2 bei Beendigung der Gütergemeinschaft erlischt[1*]. Die Bestimmung ist als Gläubigerschutzvorschrift **zwingend**; jedoch kann der jeweilige Gläubiger durch Individualvereinbarung mit dem Haftenden hierauf verzichten[2*].

---

[1] *Heckelmann* FamRZ 1968, 59, 65.
[2] *Heckelmann* FamRZ 1968, 59, 65; MünchKommBGB/*Kanzleiter* Rn 2.
[3] *Staudinger/Thiele* Rn 2.
[4] AllgM, MünchKommBGB/*Kanzleiter* Rn 4; *Palandt/Brudermüller* Rn 1; *Soergel/Gaul* Rn 3.
[5] *Gernhuber/Coester-Waltjen* § 38 Rn 146; MünchKommBGB/*Kanzleiter* Rn 4; *Staudinger/Thiele* Rn 6 mwN; aA *Erman/Heckelmann* Rn 1; *Soergel/Gaul* Rn 3; *Palandt/Brudermüller* Rn 1.
[6] MünchKommBGB/*Kanzleiter* Rn 4; *Gernhuber/Coester-Waltjen* § 38 Rn 146; *Staudinger/Thiele* Rn 6; aA wegen einer aus § 1479 hergeleiteten Fiktion der Rückwirkung *Erman/Heckelmann* Rn 1; RGRK/*Finke* Rn 4; *Soergel/Gaul* Rn 3; wohl auch OLG Königsberg HRR 1938 Nr 1113.
[7] MünchKommBGB/*Kanzleiter* Rn 6; *Palandt/Brudermüller* Rn 1; aA *Staudinger/Thiele* Rn 7; *Heckelmann* FamRZ 1968, 59, 69.
[8] MünchKommBGB/*Kanzleiter* Rn 6; aA *Soergel/Gaul* Rn 6: Verzicht auf Wahlrecht erst nach dessen Ausübung möglich.
[1*] *Palandt/Brudermüller* Rn 1; *Staudinger/Thiele* Rn 12.
[2*] MünchKommBGB/*Kanzleiter* Rn 12; *Dölle* I S 978; *Staudinger/Thiele* Rn 20.

Neben der persönlichen Haftung besteht Möglichkeit der **Gläubigeranfechtung** (§ 3 AnfG oder nach der InsO)[3]. Wegen § 2 AnfG geht aber die persönliche Haftung vor, solange sie Aussicht auf eine Realisierung bietet[4].

II. Voraussetzungen der Haftung

1. Teilung des Gesamtguts. Diese ist erfolgt, wenn das Gesamtgut nicht mehr besteht und insgesamt oder in einzelnen Bestandteilen in das Alleineigentum eines oder das Bruchteilseigentum beider Ehegatten überführt wurde[5]. Ob das Gesamtgut idS aufgeteilt wurde, ist in qualitativer und quantitativer Hinsicht nach dem Normzweck zu beurteilen. Teilung liegt dafür vor, wenn für den Gläubiger Gefahr besteht, dass er aus dem geringfügigen Rest keine Befriedigung mehr erhält[6]. Dabei kommt es auch auf das Verhältnis der Gesamtgutsverbindlichkeiten zu dem restlichen Gesamtgut an. Im Falle der Zurückbehaltung des zur Deckung noch nicht fälliger oder strittiger Verbindlichkeiten Erforderlichen nach § 1475 Abs 1 S 2 liegt noch keine Teilung vor, ebenso bei einer Übernahme gegen Wertersatz nach § 1477 Abs 2, soweit sich die Gläubiger hieraus noch befriedigen können[7].

2. Restliche Gesamtgutsverbindlichkeiten. Die Gesamtgutsverbindlichkeiten (§ 1437 Rn 3 ff; § 1459 Rn 4) dürfen noch nicht vollständig befriedigt sein.

3. Übernahme eines Gesamtgutsgegenstands. Der bislang nicht persönlich haftende Ehegatte muss etwas aus dem Gesamtgut zugeteilt erhalten haben. Hat ein Ehegatte nichts erhalten, so haftet er auch nicht; in diesem Fall kommt auch eine Verurteilung unter Vorbehalt nicht in Betracht, die Klage ist abzuweisen[8]. Hat er jedoch etwas erlangt, so kann er sich von der Haftung nicht durch Rückgabe an das Gesamtgut oder Aufgabe des Zugeteilten befreien[9].

4. Keine persönliche Haftung des Ehegatten zum Zeitpunkt der Teilung. Dies ist der Fall bei dem nichtverwaltenden Ehegatten bei Gesamtgutsverbindlichkeiten, die nicht in seiner Person begründet sind (§ 1437 Rn 2, 6) oder wenn die persönliche Haftung durch Vereinbarung mit den Gläubiger ausgeschlossen ist oder wenn eine persönliche Haftung mit Beendigung der Gütergemeinschaft nach §§ 1437 Abs 2 S 2, 1459 Abs 2 S 2 endete[10].

III. Wirkungen (S 2)

Die persönliche Haftung als Gesamtschuldner (§§ 421 bis 425), die durch § 1480 neu entsteht, **beschränkt** sich **gegenständlich** auf das, was der Ehegatte aus dem Gesamtgut bei der Teilung erhalten hat. Dabei sind nach S 2 die §§ 1990, 1991 entspr anwendbar. Daher kann der Haftende die Befriedigung verweigern, soweit das ihm aus dem Gesamtgut Zugeteilte nicht ausreicht; er muss jedoch dann das Erlangte zum Zwecke der Befriedigung im Wege der Zwangsvollstreckung herausgeben, also die entsprechende Zwangsvollstreckung dulden[11]. Die Haftungsbeschränkung muss er sich jedoch im Urteil **vorbehalten** (§§ 786, 780 Abs 1 ZPO). Für den Ausgleich der Ehegatten im **Innenverhältnis** gilt § 1481 an Stelle des § 426[12].

§ 1481 Haftung der Ehegatten untereinander

(1) Wird das Gesamtgut geteilt, bevor eine Gesamtgutsverbindlichkeit berichtigt ist, die im Verhältnis der Ehegatten zueinander dem Gesamtgut zur Last fällt, so hat der Ehegatte, der das Gesamtgut während der Gütergemeinschaft allein verwaltet hat, dem anderen Ehegatten dafür einzustehen, dass dieser weder über die Hälfte der Verbindlichkeit noch über das aus dem Gesamtgut Erlangte hinaus in Anspruch genommen wird.

(2) Haben die Ehegatten das Gesamtgut während der Gütergemeinschaft gemeinschaftlich verwaltet, so hat jeder Ehegatte dem anderen dafür einzustehen, dass dieser von dem Gläubiger nicht über die Hälfte der Verbindlichkeit hinaus in Anspruch genommen wird.

(3) Fällt die Verbindlichkeit im Verhältnis der Ehegatten zueinander einem der Ehegatten zur Last, so hat dieser dem anderen dafür einzustehen, dass der andere Ehegatte von dem Gläubiger nicht in Anspruch genommen wird.

---

[3] BGHZ 57, 126; RG Gruchot 48, 958; 50, 382; *Staudinger/Thiele* Rn 19.
[4] MünchKommBGB/*Kanzleiter* Rn 10.
[5] RGZ 75, 295, 296; 89, 360, 366; MünchKommBGB/*Kanzleiter* Rn 3.
[6] MünchKommBGB/*Kanzleiter* Rn 4; vgl auch RGZ 89, 360, 366; demgegenüber stellt BGH FamRZ 1986, 41 darauf ab, ob das Gesamtgut im Wesentlichen auseinandergesetzt wurde, zust *Staudinger/Thiele* Rn 4.
[7] *Staudinger/Thiele* Rn 7; vgl auch *Kotzur* BWNotZ 1987, 136.
[8] RGZ 75, 295, 297; 89, 360, 366; MünchKommBGB/*Kanzleiter* Rn 5.
[9] RGZ 89, 360, 367.
[10] MünchKommBGB/*Kanzleiter* Rn 7; *Palandt/Brudermüller* Rn 5; *Staudinger/Thiele* Rn 12.
[11] RGZ 137, 50, 53, 55 zur ähnlichen Rechtslage bei § 419 aF; MünchKommBGB/*Kanzleiter* Rn 8; *Staudinger/Thiele* Rn 16 mw Einzelheiten.
[12] *Staudinger/Thiele* Rn 13.

§ 1482

I. Normzweck

1 Die Bestimmung regelt die Haftung für Gesamtgutsverbindlichkeiten im Innenverhältnis der Ehegatten (oder ihrer Erben) bei oder nach Inanspruchnahme durch einen Gläubiger und wer diese letztlich zu tragen hat. Sie ersetzt insoweit § 426[1]. Sie ist vertraglich hinsichtlich der Wirkung zwischen den Ehegatten abänderbar, während des Bestehens der Gütergemeinschaft aber nur durch Ehevertrag[2].

II. Inhalt der Freistellungsansprüche

2 Die in § 1481 begründete Einstandspflicht bedeutet, dass der in Anspruch genommene Ehegatte vom anderen Befreiung von den Verbindlichkeiten im geregelten Umfang (Freistellungsanspruch) oder, falls er diese selbst bereits erfüllt hat, Ersatz durch entsprechenden Rückgriff verlangen kann[3]. Jedoch findet kein gesetzlicher Forderungsübergang nach § 426 Abs 2 statt[4]. Der Anspruch nach § 1481 besteht erst bei Fälligkeit der entsprechenden Verbindlichkeit; vorher kann keine Sicherheitsleistung verlangt werden[5]. Erst recht ergibt sich daraus keine Einrede der Vorausklage gegen den Gläubiger selbst[6].

3 Nach Wortlaut und Gesetzessystematik setzt § 1481 die Inanspruchnahme nach der Teilung des Gesamtguts voraus. Eine **analoge Anwendung** ist aber wegen der gleichen Interessenlage geboten, wenn ein Ehegatte **vor der Teilung** auf Grund seiner persönlichen Haftung in Anspruch genommen wird und sein Ersatzanspruch aus dem unzulänglichen Gesamtgut nicht erfüllt werden kann oder wenn deshalb die Teilung ganz unterbleibt[7].

III. Die einzelnen Fälle des Freistellungsanspruchs

4 § 1481 beruht auf folgendem Grundgedanken: Fallen Verbindlichkeiten im Innenverhältnis nicht dem Gesamtgut, sondern **einem Ehegatten allein** zur Last (etwa nach §§ 1441 bis 1444, 1463 bis 1466 oder auf Grund besonderer Vereinbarungen der Ehegatten), so hat dieser sie im Innenverhältnis allein zu übernehmen **(Abs 3)**. Sind die Gesamtgutsverbindlichkeiten auch Gesamtgutslasten, so sind sie von beiden Ehegatten im Innenverhältnis je zur Hälfte zu tragen[8]. Wird der **nichtverwaltungsberechtigte Ehegatte** in Anspruch genommen **(Abs 1)**, so hat der Gesamtgutsverwalter dafür einzustehen, dass der andere Ehegatte nicht höher als bis zur Hälfte der Verbindlichkeiten in Anspruch genommen wird und nicht über das aus dem Gesamtgut Erlangte hinaus. Letzteres ist bedeutsam, wenn der andere Ehegatte auf Grund einer über § 1480 hinaus reichenden persönlichen Haftung in Anspruch genommen wird[9]. Genügt das Gesamtgut daher nicht zur Deckung der Verbindlichkeiten, so hat der Gesamtgutsverwalter letztlich die nicht gedeckten Verbindlichkeiten im Innenverhältnis allein zu tragen[10], was ein nicht zu unterschätzendes Risiko ist. Aus Abs 1 ergibt sich inzident, dass der Gesamtgutsverwalter, der über die Hälfte der Gesamtgutslasten hinaus von einem Gläubiger persönlich in Anspruch genommen wird, insoweit Freistellung durch den anderen Ehegatten verlangen kann, jedoch beschränkt auf den Wert, den der andere aus dem Gesamtgut erhielt[11]. Bei vorausgehender **gemeinschaftlicher Verwaltung** kann jeder Ehegatte nur Freistellung durch den anderen bis zur Hälfte verlangen **(Abs 2)**. Eine Beschränkung der Einstandspflicht auf den Wert des aus dem Gesamtgut Erlangten kommt hier nicht in Betracht[12].

§ 1482 Eheauflösung durch Tod

¹Wird die Ehe durch den Tod eines Ehegatten aufgelöst, so gehört der Anteil des verstorbenen Ehegatten am Gesamtgut zum Nachlass. ²Der verstorbene Ehegatte wird nach den allgemeinen Vorschriften beerbt.

1 Die Vorschrift enthält nur eine **Klarstellung**[1*] und schließt beim Tod eines Ehegatten den Eintritt der fortgesetzten Gütergemeinschaft (§§ 1483 ff) aus, wenn nicht eine dahingehend, ausdrückliche ehevertragliche Regelung getroffen wurde. Wird die Gütergemeinschaft durch den Tod des einen Ehegatten beendet, so fällt dessen Anteil am Gesamtgut in den Nachlass. Es gelten insoweit die allgemeinen erbrechtlichen Bestimmungen (§§ 1922 ff). Der überlebende Ehegatte hat keine Sonderstellung; der Nachlass des Verstorbenen besteht aus seinem Vorbehaltsgut, Sondergut (soweit vererblich)

---

[1] Vgl OLG Zweibrücken FamRZ 1992, 821, 822; *Staudinger/Thiele* Rn 1.
[2] *Soergel/Gaul* Rn 2; *Staudinger/Thiele* Rn 14.
[3] MünchKommBGB/*Kanzleiter* Rn 2; *Soergel/Gaul* Rn 2.
[4] *Staudinger/Thiele* Rn 8; MünchKommBGB/*Kanzleiter* Rn 2.
[5] *Soergel/Gaul* Rn 3; *Staudinger/Thiele* Rn 7: verhaltener Anspruch; MünchKommBGB/*Kanzleiter* Rn 2 hält aber vorher bereits vorläufige Sicherungsmaßnahmen (Arrest, einstweilige Verfügung) für möglich.
[6] *Staudinger/Thiele* Rn 3.
[7] OLG Zweibrücken FamRZ 1992, 821, 822; MünchKommBGB/*Kanzleiter* Rn 3; *Staudinger/Thiele* Rn 2.
[8] MünchKommBGB/*Kanzleiter* Rn 1.
[9] MünchKommBGB/*Kanzleiter* Rn 4.
[10] MünchKommBGB/*Kanzleiter* Rn 4.
[11] MünchKommBGB/*Kanzleiter* Rn 5; *Staudinger/Thiele* Rn 9.
[12] *Staudinger/Thiele* Rn 11; *Soergel/Gaul* Rn 5.
[1*] MünchKommBGB/*Kanzleiter* Rn 1.

und seinem Anteil am Gesamtgut[2], nicht aber an einzelnen Gesamtgutsgegenständen[3]. Der überlebende Ehegatte und der oder die Erben des Verstorbenen bilden die Abwicklungsgemeinschaft, die sich nach den §§ 1471 bis 1481 auseinander zu setzen hat[4]. Ist der überlebende Ehegatte alleiniger **Vollerbe** des Verstorbenen, erlischt mit dem Erbfall ohne besondere Auseinandersetzung die Gesamthandsgemeinschaft und der überlebende Ehegatte erhält die volle und alleinige Verfügungsbefugnis über die hierzu früher gehörenden Gegenstände[5].

Ist der überlebende Ehegatte nur alleiniger **Vorerbe**, entfällt mit dem Erbfall nicht die Gesamthandsgemeinschaft automatisch, sondern es bedarf hierüber einer entsprechenden Auseinandersetzung. Umstritten ist, welche Auswirkungen die für den Vorerben bestehenden Verfügungsbeschränkungen (§§ 2113 ff) und die Rechte der Nacherben (§§ 2116 ff) hier haben. Denn Nachlassgegenstand ist bis zu einer entsprechenden Auseinandersetzung des Gesamtguts nur der Gesamtgutsanteil, nicht aber sind dies die einzelnen Gesamtgutsgegenstände. Neben dieser mehr begrifflichen Unterscheidung spricht entscheidender gegen eine Anwendung der §§ 2113 ff, dass sonst der überlebende Ehegatte auch über seinen eigenen Gesamtgutsanteil nicht mehr ohne Zustimmung der Nacherben verfügen könnte (eingehend § 2113 Rn 4)[6]. Die Nacherben sind daher allein auf Schadensersatzansprüche nach § 2138 Abs 2 verwiesen. 2

Ist der überlebende Ehegatte nur **Miterbe** des Verstorbenen, so gelten hinsichtlich des Gesamtgutsanteils des Erblassers im Verhältnis der Miterben untereinander die §§ 2032 ff. Es bestehen dann zwei grds zu trennende und jeweils nach eigenen Regeln zu beurteilende Gesamthandsgemeinschaften (§ 1471 Rn 5)[7]. 3

Eine **Fortsetzung der Gütergemeinschaft** beim Tod eines Ehegatten (§§ 1483 ff) tritt hinsichtlich der seit dem 1. 7. 1958 vereinbarten Gütergemeinschaften nur noch ein, wenn die Ehegatten dies ausdrücklich vereinbaren. Zum Übergangsrecht für Altverträge s Art 8 I Nr 6 Abs 1 GleichberG und § 1483 Rn 7. 4

Unterkapitel 5. Fortgesetzte Gütergemeinschaft (§§ 1483–1557)

§ 1483 Eintritt der fortgesetzten Gütergemeinschaft

(1) ¹**Die Ehegatten können durch Ehevertrag vereinbaren, dass die Gütergemeinschaft nach dem Tod eines Ehegatten zwischen dem überlebenden Ehegatten und den gemeinschaftlichen Abkömmlingen fortgesetzt wird.** ²**Treffen die Ehegatten eine solche Vereinbarung, so wird die Gütergemeinschaft mit den gemeinschaftlichen Abkömmlingen fortgesetzt, die bei gesetzlicher Erbfolge als Erben berufen sind.** ³**Der Anteil des verstorbenen Ehegatten am Gesamtgut gehört nicht zum Nachlass; im Übrigen wird der Ehegatte nach den allgemeinen Vorschriften beerbt.**

(2) **Sind neben den gemeinschaftlichen Abkömmlingen andere Abkömmlinge vorhanden, so bestimmen sich ihr Erbrecht und ihre Erbteile so, wie wenn fortgesetzte Gütergemeinschaft nicht eingetreten wäre.**

Schrifttum: *App*, Die fortgesetzte Gütergemeinschaft im Einkommensteuerrecht und Erbschaftsteuerrecht, BWNotZ 1993, 11; *Ebbecke*, Fortgesetzte Gütergemeinschaft und Beerbung, Recht 1920, 198; *Rohr*, Die fortgesetzte Gütergemeinschaft unter Berücksichtigung ihres Verhältnisses zur Beerbung und anderer rechtlicher Ausgestaltungsmöglichkeiten, Diss Münster 1999; *Staudenmaier*, Beteiligung an fortgesetzter Gütergemeinschaft und Rechtsverkehr, BWNotZ 1965, 17; *van Venrooy*, Fortgesetzte Gütergemeinschaft: Überlegungen zum Vertrag nach §§ 1491 Abs 2 und 1492 Abs 2 BGB, FamRZ 1988, 561.

Übersicht

	Rn		Rn
I. Grundsätzliches	1	2. Voraussetzungen des Eintritts der fortgesetzten Gütergemeinschaft (Abs 1 S 1 und 2)	7
1. Gesetzesüberblick	1	3. Wirkungen der fortgesetzten Gütergemeinschaft	9
2. Grundzüge der fortgesetzten Gütergemeinschaft	2	a) Nur gemeinschaftliche Abkömmlinge	9
3. Wertung der fortgesetzten Gütergemeinschaft	4	b) Einseitige Abkömmlinge neben gemeinschaftlichen (Abs 2)	10
II. Zum Regelungsinhalt des § 1483	6		
1. Grundsätzliches	6		

---

[2] *Staudinger/Thiele* Rn 5.
[3] BGHZ 26, 378.
[4] MünchKommBGB/*Kanzleiter* Rn 3; *Soergel/Gaul* Rn 2.
[5] BGHZ 26, 378, 381 ff = NJW 1958, 708; BayObLG FamRZ 1988, 542.
[6] Gegen den analoge und direkte Anwendung der §§ 2113 ff daher zu Recht BGHZ 26, 378, 381 ff; BGH NJW 1976, 893; NJW 1978, 698 unter Aufgabe von BGH NJW 1970, 943; BayObLG Rpfleger 1996, 150 = ZEV 1996, 64 m krit Anm *Kanzleiter* = BWNotZ 1996, 144 m Anm *Chr. Schmid*; OLG Stuttgart ZErb 2006, 389; *Staudinger/Thiele* Rn 9; *Soergel/Gaul* Rn 2; aA MünchKommBGB/*Kanzleiter* Rn 5 mwN.
[7] *Staudinger/Thiele* Rn 8.

§ 1483

Buch 4. Abschnitt 1. Bürgerliche Ehe

I. Grundsätzliches

1 **1. Gesetzesüberblick.** Das Gesetz regelt in den §§ 1483 bis 1491 den Beginn, den sachlichen und persönlichen Umfang und die Verwaltung der fortgesetzten Gütergemeinschaft, § 1507 die Erteilung des Zeugnisses über die Fortsetzung der Gütergemeinschaft, die §§ 1492 bis 1496 behandeln die Beendigungs- und Aufhebungsmöglichkeiten, die §§ 1497 bis 1504 die Auseinandersetzung der fortgesetzten Gütergemeinschaft, sowie die §§ 1511 bis 1517 die Gründe, wann ein Abkömmling nicht oder in geringerem als dem gesetzlichen Umfang in die fortgesetzte Gütergemeinschaft eintritt. Die Vorschriften sind zwingendes Recht (§ 1518).

2 **2. Grundzüge der fortgesetzten Gütergemeinschaft.** Der fortgesetzten Gütergemeinschaft liegt der Gedanke der Erhaltung des gemeinschaftlichen Familienvermögens zu Grunde[1]. Dabei soll dem überlebenden Ehegatten die Auseinandersetzung des Gesamtguts mit den Abkömmlingen erspart und das gemeinsame Vermögen bis zum Tod des überlebenden Ehegatten zum gemeinsamen Nutzen der gemeinschaftlichen Abkömmlinge und des überlebenden Ehegatten erhalten werden[2]. Dies geschieht rechtstechnisch dadurch, dass der überlebende Ehegatte die Funktion des Gesamtgutsverwalters (§ 1487 Abs 1), die gemeinschaftlichen Abkömmlinge (mit gewissen Modifizierungen) die des nichtverwaltungsberechtigten Ehegatten erhalten. Die rechtliche Stellung des überlebenden Ehegatten ist **gegenüber der Erbengemeinschaft** (§§ 2032 ff) insbes dadurch erheblich verbessert, aber auch durch die strenge gesamthänderische Bindung (§§ 1487 Abs 1, 1419, mit Ausschluss der Verfügungs- und Pfändungsmöglichkeit der Gesamtgutsbeteiligung) und durch das Übernahmerecht nach § 1502 bei Beendigung der fortgesetzten Gütergemeinschaft. Dies wird damit erkauft, dass der überlebende Ehegatte an der Gesamtguthälfte des erstverstorbenen Ehegatten nicht beteiligt ist (§§ 1498 S 1, 1476, vgl § 1498 Rn 4), also nicht einmal seinen Pflichtteil erhält. Hinsichtlich des Vorbehalts- und Sonderguts des erstverstorbenen Ehegatten erfolgt demgegenüber die Beerbung nach allgemeinen Grundsätzen (vgl § 1483 Rn 9).

3 Die fortgesetzte Gütergemeinschaft tritt heute grds nur noch bei ausdrücklicher ehevertraglicher Vereinbarung ein (zum Übergangsrecht bei vor dem 1. 7. 1958 abgeschlossenen Eheverträgen s Rn 7) und **endet** durch Aufhebung (mittels einseitiger Erklärung des überlebenden Ehegatten oder durch Aufhebungsvertrag mit den Abkömmlingen, § 1492), durch Wiederverheiratung (§ 1493) oder Tod oder Todeserklärung (§ 1494) des überlebenden Ehegatten, durch Urteil auf Grund Aufhebungsklage eines Abkömmlings (§§ 1495, 1496) oder durch Tod oder Verzicht aller anteilsberechtigten Abkömmlinge (§§ 1490, 1491)[3]. In das Güterrechtsregister[4] und in das Handelsregister[5] wird die fortgesetzte Gütergemeinschaft nicht eingetragen, wohl aber in das Grundbuch (§ 1485 Rn 5).

4 **3. Wertung der fortgesetzten Gütergemeinschaft.** Da der längerlebende Ehegatte am Gesamtgutsanteil des erstverstorbenen nicht beteiligt ist, wird dies **erbschaftsteuerlich** konsequenterweise so behandelt, wie wenn der Anteil des Verstorbenen ausschließlich den anteilsberechtigten Abkömmlingen angefallen ist (§ 4 ErbStG); damit ergeben sich uU erhebliche erbschaftsteuerliche Vorteile, können doch die gemeinschaftlichen Abkömmlinge bereits beim Tod des ersten Elternteils die vollen Freibeträge nutzen (die gesamte Gesamtguthälfte wird nur einmal der Erbschaftsbesteuerung unterworfen (anders als etwa bei einem „Zwischenerwerb" des überlebenden Ehegatten, wie ihn beim Berliner Testament, § 2269, vorliegt). Weiter ergibt sich aus der fehlenden Beteiligung des überlebenden Ehegatten an der Gesamtguthälfte des Verstorbenen, dass die anteilsberechtigten Abkömmlinge auch keine Pflichtteilsansprüche hinsichtlich dieses Gesamtgutsanteils gegen den überlebenden Ehegatten geltend machen können[6].

5 Insgesamt überwiegen jedoch die **Nachteile** erheblich. Sie führt angesichts der stark gestiegenen Lebenserwartung und der abnehmenden Familienbindung zu einer auf Dauer unzumutbaren Vermögensgemeinschaft zwischen dem überlebenden Ehegatten und den Abkömmlingen[7] und stellt ein nicht zu unterschätzendes Konfliktpotenzial dar. Daher wird heute ganz überwiegend von der fortgesetzten Gütergemeinschaft abgeraten[8], und sie wird heute nicht mehr vereinbart. Sie ist in der Praxis fast ausgestorben.

---

[1] RGZ 125, 347, 351; Mot IV S 426 ff; AnwK-BGB/*Völker* Vor §§ 1483 ff Rn 5; *Gernhuber/Coester-Waltjen* § 39 Rn 2; *Soergel/Gaul* Vor §§ 1483 ff Rn 3.
[2] MünchKommBGB/*Kanzleiter* Vor §§ 1483 ff Rn 3; *Palandt/Brudermüller* Vor §§ 1483 ff Rn 1.
[3] *Staudinger/Thiele* Vor §§ 1483 ff Rn 10
[4] *Soergel/Gaul* Vor §§ 1483 ff Rn 6; s § 1558 Rn 12.
[5] BayObLGZ 1991, 283, 286 = NJW-RR 1992, 33.
[6] AnwK-BGB/*Völker* Vor §§ 1483 ff Rn 10; *Mai* BWNotZ 2003, 55, 64 befürwortet daher die fortgesetzte Gütergemeinschaft bei der Vererbung landwirtschaftlicher Betriebe, wenn keine anerbenrechtlichen Vorschriften eingreifen, verkennt jedoch damit das Ertragswertprivileg nach § 2312.
[7] AnwK-BGB/*Völker* Vor §§ 1483 ff Rn 9; *Behmer* FamRZ 1988, 339, 342; ähnlich *Dölle* I S 982 f.
[8] AnwK-BGB/*Völker* Vor §§ 1483 ff Rn 9 f; *Langenfeld* 4. Aufl Rn 501; *Dölle* I S 983: „senile Rechtsform"; *Behmer* FamRZ 1988, 339, 342: „kann überhaupt nicht mehr empfohlen werden"; für differenziertere Betrachtung MünchKommBGB/*Kanzleiter* Rn 10; geradezu konträr dazu findet sich in der erbrechtlichen Beratungspraxis ein starker Trend zu einer Vermögensperpetuierung durch mehrfach gestufte Nacherbfolge und Testamentsvollstreckung, mit der ähnliche Ergebnisse erreicht werden können, vgl AnwK-BGB/*Völker* Vor §§ 1483 ff Rn 9.

II. Zum Regelungsinhalt des § 1483

1. Grundsätzliches. Soweit die Ehegatten die Fortsetzung der Gütergemeinschaft **ausdrücklich** 6
vereinbart haben, findet nach dem Tod des einen Ehegatten keine Auseinandersetzung des Gesamtguts statt. Die Gesamthandsgemeinschaft wird vielmehr zwischen dem überlebenden Ehegatten und den gemeinschaftlichen, nach §§ 1923, 1924 erb- und anteilsberechtigten Abkömmlingen (§§ 1506, 1511, 1517) fortgesetzt, was der „beerbten Ehe" nach den früheren deutschrechtlichen Vorstellungen entspricht. Abs 1 S 1 und 2 regeln die Voraussetzungen der fortgesetzten Gütergemeinschaft, S 3 die erbrechtlichen Folgen, Abs 2 den Fall, dass auch einseitige Abkömmlinge vorhanden sind. Seit der Neufassung des § 7 LPartG durch das Gesetz zur Überarbeitung des Lebenspartnerschaftsrechts vom 15. 12. 2004 (BGBl I S 3396) mit der Übernahme des ehelichen Güterrechts ist nunmehr klargestellt[9], dass auch **gleichgeschlechtliche Lebenspartner** durch einen Lebenspartnerschaftsvertrag die fortgesetzte Gütergemeinschaft vereinbaren können (§ 7 S 2 LPartG mit Verweisung auf die §§ 1483 ff).

2. Voraussetzungen des Eintritts der fortgesetzten Gütergemeinschaft (Abs 1 S 1 und 2). 7
Diese sind:
1. ausdrückliche Vereinbarung in einem **Ehevertrag** (§ 1410) bei Begründung der Gütergemeinschaft oder später; bei gleichgeschlechtlichen Lebenspartnern erfolgt die Vereinbarung in einem **Lebenspartnerschaftsvertrag** (§ 7 LPartG). Anders als vor Inkrafttreten des Gleichberechtigungsgesetzes tritt die fortgesetzte Gütergemeinschaft mehr kraft Gesetzes ein. Lebten die Ehegatten vor dem **1. 7. 1958** in allgemeiner Gütergemeinschaft, so wird die Gütergemeinschaft fortgesetzt, sofern die Ehegatten dies nicht ehevertraglich ausgeschlossen hatten (Art 8 I Nr 6 Abs 1 GleichberG); dies kann nach Ansicht des BGH auch konkludent durch eine gegenseitige Erbeinsetzung in einem gleichzeitig vereinbarten Ehevertrag erfolgen[10].
2. **Tod** des einen Ehegatten, dem die Todeserklärung nach § 9 Abs 1 VerschG gleichsteht[11]. Bei gleichzeitigem Versterben (vgl auch § 11 VerschG) gibt es keine fortgesetzte Gütergemeinschaft[12].
3. **gemeinschaftliche Abkömmlinge,** die beim Tod des erstversterbenden Ehegatten vorhanden oder wenigstens erzeugt sind (§ 1923 Abs 2) und bei Eintritt der gesetzlichen Erbfolge zur Erbfolge berufen wären (Abs 1 S 2), und zwar in der von § 1924 vorgegebenen Rangordnung. Hierzu gehören nach § 1754 auch die gemeinsam adoptierten Kinder und Kinder eines Ehegatten, die vom anderen angenommen wurden[13]. Legitimierte Kinder gibt es seit Inkrafttreten des KindRG zum 1. 4. 1998 nicht mehr. Keine Fortsetzung aber mit einseitigen nichtehelichen Kindern eines Ehegatten, weil sie keine gemeinschaftlichen sind[14], jedoch mit dem (nichtehelichen) Enkel des vorverstorbenen gemeinschaftlichen Kindes bei Erbfällen nach dem 1. 4. 1998, weil das Erbrechtsgleichstellungsgesetz (vom 16. 12. 1997, BGBl I S 2968; vgl zur Überleitung Art 227 EGBGB) auch den nichtehelichen Abkömmlingen in männlichen Linien ein volles Erbrecht gibt[15]. Keine Fortsetzung auch mit den Abkömmlingen, die infolge eines Erbverzichts (§ 2346 Abs 1) von der Erbfolge ausgeschlossen oder für erbunwürdig (§§ 2339 ff) erklärt wurden (§ 1506).

Trotz des Vorliegens dieser Voraussetzungen tritt die **fortgesetzte Gütergemeinschaft nicht** ein, 8
sondern es verbleibt bei der Regelung des § 1482, wenn[16]
– der überlebende Ehegatte **ablehnt** (§ 1484),
– der verstorbene Ehegatte die Fortsetzung durch **letztwillige Verfügung** bei Vorliegen der Voraussetzungen des § 1509 ausgeschlossen hat (Berechtigung zur Pflichtteilsentziehung gegenüber dem Ehegatten oder zur Aufhebung der Gütergemeinschaft oder der Ehe),
– der **überlebende Ehegatte** hinsichtlich des Nachlasses des Erstverstorbenen für **erbunwürdig** erklärt wurde (§§ 2339 ff, also analog § 1506),
– **alle** gemeinschaftlichen **Abkömmlinge** hinsichtlich des Nachlasses des erstverstorbenen Ehegatten für **erbunwürdig** erklärt wurden (§§ 1506, 2340, 2342),
– **alle** gemeinschaftlichen Abkömmlinge durch **letztwillige Verfügung** des verstorbenen Ehegatten mit Zustimmung des anderen von der Fortsetzung der Gütergemeinschaft **ausgeschlossen** wurden (§§ 1511, 1516), s Erl dort,
– **alle** gemeinschaftlichen Abkömmlinge **durch Vertrag** mit den beiden Ehegatten oder mit dem verstorbenen Ehegatten mit Zustimmung des anderen auf ihren Anteil an der fortgesetzten Gütergemeinschaft (analog dem Erbverzicht) **verzichtet** haben (§ 1517).

---

[9] Früher war umstr, ob Gütergemeinschaft, und damit auch die fortgesetzte Gütergemeinschaft, vereinbart werden konnte, abl etwa *Grziwotz* DNotZ 2001, 280, 286; *N. Mayer* ZEV 2001, 169, 175; bejahend *Schwab* FamRZ 2001, 385, 388; *Dethloff* NJW 2001, 2601; *Leipold* ZEV 2001, 218, 220; vgl die Nachweise bei *Palandt/Brudermüller* 64. Aufl § 7 LPartG Rn 1.
[10] BGH FamRZ 1998, 229, 230 = NJW-RR 1998, 361 (ebenso LG Marburg Rpfleger 2000, 70 bei gegenseitiger Erbeinsetzung im gemeinschaftlichen Testament – zweifelhaft, da sich die gegenseitige Erbeinsetzung auch nur auf das Vorbehalts- oder Sondergut beziehen kann, vgl § 1511 Rn 2.
[11] AnwK-BGB/*Völker* Rn 3; *Staudinger/Thiele* Rn 5.
[12] AllgM, MünchKommBGB/*Kanzleiter* Rn 4.
[13] *Staudinger/Thiele* Rn 9.
[14] BGHZ 63, 35, 39 f = NJW 1974, 1764.
[15] AnwK-BGB/*Völker* Rn 4; zur früheren Rechtslage *Soergel/Gaul* Rn 3.
[16] AnwK-BGB/*Völker* Rn 5; *Staudinger/Thiele* Vor §§ 1483–1518 Rn 5

§ 1483

9 **3. Wirkungen der fortgesetzten Gütergemeinschaft. a) Nur gemeinschaftliche Abkömmlinge.** Sind nur gemeinschaftliche Abkömmlinge vorhanden, so gilt:
1. eine **Beerbung** des verstorbenen Ehegatten findet nur hinsichtlich seines bisherigen **Sonder- und Vorbehaltsguts** statt[17]. Pflichtteilsansprüche beziehen sich nur hierauf, Pflichtteilsergänzungsansprüche und Ausgleichspflichten (§§ 2050 ff, 2315, 2316) nur auf die daraus stammenden Zuwendungen[18]. Nur dieses Sondervermögen ist für die Nachlassgläubiger „der Nachlass" im haftungsrechtlichen Sinn[19]. Die Erbenhaftung kann nur hierauf beschränkt werden, was sich daraus rechtfertigt, dass Gläubiger, die keine Gesamtgutsforderung besaßen, auch zu Lebzeiten des verstorbenen Ehegatten nur auf Sonder- und Vorbehaltsgut zugreifen konnten[20].
2. hinsichtlich des bisherigen **Gesamtguts** wird die Gesamthand vom überlebenden Ehegatten mit gemeinschaftlichen, erbberechtigten Abkömmlingen fortgesetzt. Dabei treten diese Abkömmlinge kraft Gesetzes ohne besondere Übertragungsakte an die Stelle des verstorbenen Ehegatten (Abs 1 S 1 und 2, § 1487 Abs 1). Insoweit findet weder eine Auseinandersetzung noch – nach hM – eine Erbfolge[21] statt. Dogmatisch kann man von einer **gewillkürten Sonderrechtsnachfolge** außerhalb des Nachlasses sprechen[22]. Teilweise wird angenommen, dass unter Wahrung der Identität der Gesamthandsgemeinschaft (§ 1485 Abs 1) nur ein Mitgliederwechsel eintrete[23]. Jedoch findet eigentlich eine „Anwachsung" des gesamthänderischen Eigentums an allen Gesamtgutsgegenständen an die neu eintretenden Gesamthänder statt, die „universalsukzessorisch" ist, weil sie von selbst und uno actu geschieht, sich von einer echten Universalsukzession jedoch dadurch unterscheidet, dass nach § 1489 Abs 3 keine persönliche Haftung der eintretenden Abkömmlinge mit ihrem Eigenvermögen eintritt[24].
3. Einen **Erbersatz** bildet die **Auseinandersetzung nach Beendigung** der fortgesetzten Gütergemeinschaft (§§ 1497 ff, mit Anwendung erbrechtlicher Vorschriften, vgl §§ 1504, 1506, 1515)[25]. Dem überlebenden Ehegatten kommt aber die Stellung des Gesamtgutsverwalters zu (§§ 1487 Abs 1, 1422).

10 **b) Einseitige Abkömmlinge neben gemeinschaftlichen (Abs 2).** Die nicht gemeinschaftlichen Kinder sind von der Fortsetzung der Gütergemeinschaft hinsichtlich des bisherigen Gesamtguts ausgeschlossen. Nach Abs 2 bestimmen sich jedoch ihr Erbrecht und ihre Erbteile so, wie wenn die fortgesetzte Gütergemeinschaft nicht eingetreten wäre.

11 Dies ist hinsichtlich der **Höhe** ihrer Beteiligung noch klar: Der Anteil des verstorbenen Ehegatten am ehelichen Gesamtgut zählt insoweit noch zu seinem Nachlass, der also aus dem Sonder- und Vorbehaltsgut des Verstorbenen und der Hälfte des Gesamtguts besteht[26].

Beispiel[27]: M und F leben in Gütergemeinschaft mit Fortsetzungsvereinbarung. F hinterlässt den gemeinschaftlichen Sohn S und die Tochter T aus erster Ehe. Wert des Gesamtguts 120 000, des Vorbehaltsguts der F 20 000.

Nachlass F 60 000 (= ¹/₂ Gesamtgut) + 20 000 = 80 000

	Erbquote	Vorbehaltsgut	Gesamtgut	Erbteil total	Pflichtteil
M	¹/₄	5 000	15 000	20 000	10 000
S	³/₈	7 500	22 500	30 000	15 000
T	³/₈	7 500	22 500	30 000	15 000

12 Problematisch ist die **Art** der Beteiligung am Gesamtgut, wenn einseitige Abkömmlinge die Erben des verstorbenen Ehegatten werden. Hier stehen sich aber Abs 1 (Fortsetzung nur mit gemeinschaftlichen Abkömmlingen) und Abs 2 (keine Beeinflussung des „Erbrechts" durch die fortgesetzte Gütergemeinschaft) in einem unlösbaren Widerspruch gegenüber[28]. Teilweise wird ein Eintritt in die Gesamthand behauptet, was die Gefahr der Teilungsversteigerung (§§ 2042, 753, § 180 ZVG) heraufbeschwört[29]. Zu Recht wird jedoch der Auseinandersetzungsanspruch teilweise noch stärker einge-

---

[17] BayObLGZ 2003, 26 = NJW-RR 2003, 736.
[18] *Staudinger/Thiele* Rn 16, 18.
[19] MünchKommBGB/*Kanzleiter* Rn 12.
[20] MünchKommBGB/*Kanzleiter* Rn 12.
[21] AnwK-BGB/*Völker* Rn 6 unter unzutr Bezug auf KGJ 44, 108, 111 ff, wo es um das Schicksal des Gesamtgutsanteils eines Abkömmlings bei dessen Tod ging; *Soergel/Gaul* Rn 5; offenlassend KGJ 52, 134, 136.
[22] *Muscheler*, Universalsukzession und Vonselbsterwerb, 2002, S 85 ff; *Windel*, Über die Modi der Nachfolge in das Vermögen einer natürlichen Person beim Todesfall, 1998, S 100, bezeichnet die fortgesetzte Gütergemeinschaft als „funktionales Äquivalent der erbrechtlichen Nachfolgemodi".
[23] *Müller* FamRZ 1956, 339; *Dölle* § 81 IV; *Gernhuber/Coester/Waltjen* § 39 Rn 1; MünchKommBGB/*Kanzleiter* Rn 9; zu weitgehend AnwK-BGB/*Völker* Rn 6; *Staudinger/Thiele* Rn 14: neues Gesamtgut.
[24] *Muscheler*, Universalsukzession und Vonselbsterwerb, 2002, S 87 f.
[25] *Soergel/Gaul* Rn 5.
[26] *Staudinger/Thiele* Rn 21.
[27] Nach *Staudinger/Thiele* Rn 21; ebenso AnwK-BGB/*Völker* Rn 8.
[28] *Mai* BWNotZ 2003, 55, 64.
[29] *Dölle* I S 994; *Müller* FamRZ 1956, 339; AnwK-BGB/*Völker* Rn 10; jurisPK/*Hausch* Rn 7; *Palandt/Brudermüller* Rn 3; mit Einschränkungen *Staudinger/Thiele* Rn 22, *Erman/Heckelmann* Rn 4; *Soergel/Gaul* Rn 6: vorrangige Befriedigungspflicht des einseitigen Abkömmlings aus dem Sonder- und Vorbehaltsgut.

schränkt und insbes § 753 mit der Gefahr der Teilungsversteigerung unter Hinweis auf den Zweck der fortgesetzten Gütergemeinschaft ausgeschlossen[30]. Jedoch darf der richtige Lösungsansatz nicht aus der Alternativität von dinglicher Beteiligung oder schuldrechtlichem Auseinandersetzungsanspruch gesehen werden, da auch letzterer zu § 753 führt[31]. Vielmehr handelt es sich bei der fortgesetzten Gütergemeinschaft um eine universalsukzessorische Sonderrechtsnachfolge (s Rn 9 unter Nr 2), wobei als Erbersatz die Auseinandersetzung nach Beendigung der fortgesetzten Gütergemeinschaft gewährt wird. Ähnlich wie bei der erbrechtlichen Sondernachfolge in Gesellschaftsbeteiligungen (§ 1922 Rn 68 ff) sind daher die nicht zur Nachfolge zugelassenen einseitigen Abkömmlinge hier auf lediglich schuldrechtliche **Ausgleichsansprüche** gegen die Gesamtgutsnachfolger analog §§ 2050 ff verwiesen[32]. Wer ihnen mehr geben will, würde sie besser stellen, als sie gemeinschaftlichen Abkömmlinge, die nur in den Fällen des § 1495 die Auseinandersetzung des Gesamtguts zu Lebzeiten des längerlebenden Ehegatten verlangen können. Dies würde aber klar den Intentionen des § 1483 widersprechen, wonach im Interesse des überlebenden Ehegatten das Gesamtgut in seiner Hand mit weitgehendem Verwaltungs- und Nutzungsrecht vereinigt bleibt und nicht dem Interesse der Abkömmlinge dient[33]. Vielmehr müssen die einseitigen Abkömmlinge die sich aus der Vereinbarung der fortgesetzten Gütergemeinschaft ergebenden Nachteile genauso hinnehmen, wie wenn sie durch Verfügung von Todes wegen von der Erbfolge ganz ausgeschlossen wären[34]. Zumal auch das Anteilsrecht der Abkömmlinge am Gesamtgut sich der „Sache nach" als Erbrecht darstellt[35].

Nach hM kann der verstorbene Ehegatte zu seinen Lebzeiten über den den einseitigen Abkömmlingen zukommenden **Gesamtgutsanteil letztwillig verfügen,** insbes ihn auch Dritten zuwenden[36]. Dies widerspräche aber dem Zweck der fortgesetzten Gütergemeinschaft, nämlich der Erhaltung des Familienvermögens, zu dem Abs 2 eine nicht verallgemeinerungsfähige Ausnahme enthält. Werden die in Abs 2 genannten Rechte einseitiger Abkömmlinge gekürzt oder ausgeschlossen, so kommt dies dem Gesamtgut zugute[37]. 13

§ 1484 Ablehnung der fortgesetzten Gütergemeinschaft

(1) Der überlebende Ehegatte kann die Fortsetzung der Gütergemeinschaft ablehnen.

(2) ¹Auf die Ablehnung finden die für die Ausschlagung einer Erbschaft geltenden Vorschriften der §§ 1943 bis 1947, 1950, 1952, 1954 bis 1957, 1959 entsprechende Anwendung. ²Steht der überlebende Ehegatte unter elterlicher Sorge oder unter Vormundschaft, so ist zur Ablehnung die Genehmigung des Vormundschaftsgerichts erforderlich. ³Dies gilt auch für die Ablehnung durch den Betreuer des überlebenden Ehegatten.

(3) Lehnt der Ehegatte die Fortsetzung der Gütergemeinschaft ab, so gilt das Gleiche wie im Falle des § 1482.

I. Normzweck, Abgrenzung

§ 1484 gibt dem längerlebenden Ehegatten ein Recht zur Ablehnung der fortgesetzten Gütergemeinschaft, das entsprechend den Vorschriften zur Erbschaftsausschlagung ausgestaltet ist. Dieses ist von dem Recht zu unterscheiden, nach bereits eingetretener Fortsetzung der Gütergemeinschaft dieselbe durch Aufhebung einseitig zu beenden (§ 1492). Den **Abkömmlingen** steht kein Ablehnungsrecht zu; sie können sich nach §§ 1491, 1495, 1496, 1517 von der fortgesetzten Gütergemeinschaft befreien[1]. 1

II. Annahme und Ablehnung der fortgesetzten Gütergemeinschaft

Eine ausdrückliche **Annahme**[2] der fortgesetzten Gütergemeinschaft durch den längerlebenden Ehegatten ist nicht vorgeschrieben, auch wenn diese für ihn durchaus nachteilig sein kann. Wird sie 2

---

[30] MünchKommBGB/*Kanzleiter* Rn 14; *Rohr,* Die fortgesetzte Gütergemeinschaft, S 76 ff; *Gernhuber/Coester-Waltjen* § 39 Rn 5: „schuldrechtlicher Abschichtungs-Anspruch"; dem wohl zuneigend *Mai* BWNotZ 2003, 55, 64.
[31] Was MünchKommBGB/*Kanzleiter* Rn 14 Fn 10 einräumt.
[32] Diesen Systemzusammenhang deutet MünchKommBGB/*Kanzleiter* Rn 14 Fn 9 an; vgl auch RGZ 118, 388, 389, wo davon gesprochen wird, dass die einseitigen Abkömmlinge „außerhalb der Gemeinschaft" stehen; abl aber AnwK-BGB/*Völker* Rn 10 m ausf Begr, der in seiner Kritik aber verkennt, dass hier nur von einer Rechtsähnlichkeit zur erbrechtlichen Sondernachfolge gesprochen wird.
[33] Vgl etwa KGJ 25 A 228, 230; 26 A 55, 57.
[34] Diese zulässige Rechtsfolge privatautonomer Gestaltung übersieht AnwK-BGB/*Völker* Rn 10 aE, während *Staudinger/Thiele* Rn 22 zumindest auf diese letztwillige Regelungsmöglichkeit zu Lasten der einseitigen Abkömmlinge hinweist.
[35] So ausdrücklich KGJ 26 A 55, 57 f; s eingehender Rn 9.
[36] BayObLGZ 1950/51, 383; AnwK-BGB/*Völker* Rn 11; *Staudinger/Thiele* Rn 24; *Soergel/Gaul* Rn 7; *Erman/Heckelmann* Rn 4; RGRK/*Finke* Rn 5; *Dölle* I S 994.
[37] IE ebenso MünchKommBGB/*Kanzleiter* Rn 15; *Gernhuber/Coester-Waltjen* § 39 Rn 7; *Enneccerus/Kipp/Wolff* § 67 Fn 19.
[1] AnwK-BGB/*Völker* Rn 1.
[2] Eingehend zur Erbschaftsannahme nach § 1943, auf die § 1484 verweist, *Staudinger/Otte* § 1943 Rn 2 ff.

trotzdem erklärt, so ist sie entsprechend § 1943 unwiderruflich[3]. Jedoch bleiben die Rechte nach § 1492 unberührt. Auch besteht die Möglichkeit der Anfechtung der Annahme nach §§ 119 ff, in der Form und Frist der §§ 1954, 1955[4].

3 Auf die **Ablehnung** finden die erbrechtlichen Vorschriften über die Erbschaftsausschlagung entsprechende Anwendung, soweit sie passen (Abs 2 mit Verweisung auf §§ 1943 bis 1947, 1950, 1952, 1954 bis 1957, 1959). Formbedürftigkeit nach § 1945. Die **Ablehnungsfrist** beträgt demnach grds sechs Wochen (§ 1944 Abs 1, bei Auslandsaufenthalt nach Abs 3 sechs Monate). Sie beginnt nicht bereits mit der Kenntnis vom Tod des anderen Ehegatten, sondern erst mit Kenntnis vom Eintritt der fortgesetzten Gütergemeinschaft. Dabei schließt ein Rechtsirrtum bereits den Fristbeginn aus[5]. § 1944 Abs 2 S 2 gilt nicht entsprechend, da die Fortsetzung nicht durch Verfügung von Todes wegen angeordnet, sondern allenfalls ausgeschlossen wird[6]. Eine **verspätete Ablehnung** kann in eine Aufhebungserklärung nach § 1492 umgedeutet werden, wegen der unterschiedlichen Rechtsfolgen ist jedoch Zurückhaltung geboten[7].

4 Eine **vormundschaftsgerichtliche Genehmigung** ist erforderlich, wenn:
– die Ablehnung vom **gesetzlichen Vertreter** des unter elterlicher Sorge (§§ 1626 ff) oder Vormundschaft (§§ 1773 ff) stehenden überlebenden Ehegatten erklärt wird (Abs 2 S 2; §§ 1828 ff),
– die Ablehnung durch einen **Betreuer** (§ 1896) erfolgt, der mit entsprechendem Aufgabenkreis bestellt wurde (Abs 2 S 3),
– wenn der Betreuer auf Grund eines Einwilligungsvorbehalts (§ 1903) einer vom geschäftsfähigen Betreuten erklärten Ablehnung zustimmt[8].

III. Wirkungen der Ablehnung (Abs 3)

5 Die Rechtsfolgen der wirksamen Ablehnung bestimmen sich nach § 1482. Die Gütergemeinschaft endet daher (rückwirkend) mit dem Tod des erstversterbenden Ehegatten[9]. Sein Gesamtgutsanteil fällt in den Nachlass und wird nach den allgemeinen Bestimmungen vererbt (§§ 1922 ff, 2064 ff, 2265 ff). Für den Fall der Ablehnung kann jeder Ehegatte durch Verfügung von Todes wegen seine Beerbung auch insoweit vorsorglich regeln[10]. Für Verwaltungshandlungen bis zur Ablehnung oder im Falle der erfolgreichen Anfechtung der Annahme gilt § 1959 (Abs 2 S 1). In der vorbehaltlosen Vornahme von Verwaltungshandlungen ist aber idR eine Annahme zu sehen[11].

§ 1485 Gesamtgut

(1) Das Gesamtgut der fortgesetzten Gütergemeinschaft besteht aus dem ehelichen Gesamtgut, soweit es nicht nach § 1483 Abs. 2 einem nicht anteilsberechtigten Abkömmling zufällt, und aus dem Vermögen, das der überlebende Ehegatte aus dem Nachlass des verstorbenen Ehegatten oder nach dem Eintritt der fortgesetzten Gütergemeinschaft erwirbt.

(2) Das Vermögen, das ein gemeinschaftlicher Abkömmling zur Zeit des Eintritts der fortgesetzten Gütergemeinschaft hat oder später erwirbt, gehört nicht zu dem Gesamtgut.

(3) Auf das Gesamtgut findet die für die eheliche Gütergemeinschaft geltende Vorschrift des § 1416 Abs. 2 und 3 entsprechende Anwendung.

I. Umfang des Gesamtguts

1 Das Gesamtgut besteht (Abs 1)[1]:
– aus dem bisherigen **ehelichen Gesamtgut** der Gütergemeinschaft (§ 1416 Abs 1), einschließlich etwaiger Surrogate und etwaiger Ersatzansprüche (§§ 1435 S 3, 1445, 1446, 1467, 1468), aber **abzüglich** dessen, was ein einseitiger Abkömmling nach § 1483 Abs 2 (§ 1483 Rn 6) und ein von der Fortsetzung der Gütergemeinschaft ausgeschlossener gemeinschaftlicher Abkömmling nach § 1511 Abs 2 erhält;
– aus dem, was der überlebende Ehegatte aus dem **Nachlass des verstorbenen Ehegatten,** also aus dessen Sonder- und Vorbehaltsgut, auch durch Pflichtteil oder Vermächtnis, erhält;
– aus dem, was der **überlebende Ehegatte** während des Bestehens der fortgesetzten Gütergemeinschaft **erwirbt,** sofern dies nicht nach § 1486 sein Sonder- oder Vorbehaltsgut wird;

---

[3] *Soergel/Gaul* Rn 4; *Palandt/Brudermüller* Rn 1.
[4] *Staudinger/Thiele* Rn 9.
[5] BGHZ 31, 206, 209 = NJW 1960, 480; offenlassend KGJ 51, 168, 173.
[6] KGJ 51, 168, 173.
[7] *Dölle* I S 985; *Soergel/Gaul* Rn 5; MünchKommBGB/*Kanzleiter* Rn 2; aA AnwK-BGB/*Völker* Rn 3; *Staudinger/Thiele* Rn 7: wegen der unterschiedlichen Rechtsfolgen ganz ausgeschlossen.
[8] AnwK-BGB/*Völker* Rn 5; *Staudinger/Thiele* Rn 6; BT-Drucks 11/4528 S 106; aA MünchKommBGB/*Kanzleiter* Rn 3, wofür der Wortlaut des § 1484 Abs 2 spricht.
[9] *Muscheler*, Universalsukzession und Vonselbsterwerb, 2002, S 87.
[10] AllgM, AnwK-BGB/*Völker* Rn 5; MünchKommBGB/*Kanzleiter* Rn 7; RGRK/*Finke* Rn 9.
[11] *Staudinger/Thiele* Rn 11.
[1] AnwK-BGB/*Völker* Rn 2; *Staudinger/Thiele* Rn 3 ff.

- aus den **Surrogaten,** insbes den **Nutzungen** des Gesamtguts der fortgesetzten Gütergemeinschaft und den Nutzungen des Sonderguts (§§ 1486 Abs 2, 1417 Abs 3 S 2), nicht aber Nutzungen des Vorbehaltsguts (§§ 1486 Abs 1, 1418 Abs 2 Nr 3, Abs 3 S 2).

Nicht zum **Gesamtgut** gehört: 2
- das **Sonder- und Vorbehaltsgut** des überlebenden Ehegatten (§ 1486),
- das sonstige **Vermögen der Abkömmlinge,** und zwar unabhängig vom Zeitpunkt seines Erwerbs (Abs 2).

Aus all dem ergibt sich auch hier für das Vermögen des überlebenden Ehegatten der Grundsatz, dass 3 die **Zugehörigkeit zum Gesamtgut vermutet** wird[2].

II. Erwerb zum Gesamtgut (Abs 3)

Auch bei der fortgesetzten Gütergemeinschaft besteht die Gesamthandsgemeinschaft am Gesamtgut 4 fort[3]; nur ihre Mitglieder haben teilweise gewechselt. Abs 3 erklärt daher die für den Erwerb zum Gesamtgut der allgemeinen Gütergemeinschaft und die für die erforderliche Grundbuchberichtigung geltenden Vorschriften des § 1416 Abs 2 und 3 für entsprechend anwendbar. Der Übergang des Einzeleigentums auf das Gesamtgut vollzieht sich daher auch hier ohne besonderen Übertragungsakt kraft Gesetzes (§§ 1485 Abs 3, 1416 Abs 2; vgl iÜ Erl zu § 1416)[4].

III. Register, Verfahrensfragen

Eine Eintragung der fortgesetzten Gütergemeinschaft in das **Güterrechtsregister** erfolgt nicht, da 5 dieses nur Auskunft über die während der Ehe bestehenden guterrechtlichen Fragen geben soll[5]. Jedoch wird sie auf Antrag in das **Grundbuch** im Wege der Berichtigung eingetragen. Grundlage hierfür ist entweder ein Unrichtigkeitsnachweis nach § 22 GBO durch Vorlage eines Zeugnisses über die Fortsetzung der Gütergemeinschaft (§ 1507, § 35 Abs 2 GBO) oder aber eine Berichtigungsbewilligung aller Mitglieder der fortgesetzten Gütergemeinschaft, auch der Abkömmlinge[6], in der Form des § 29 GBO. Für letztere ergibt sich eine Mitwirkungsverpflichtung aus § 1416 Abs 3 S 1. Auch § 40 GBO (Entbehrlichkeit der Voreintragung) ist anwendbar[7].

§ 1486 Vorbehaltsgut; Sondergut

(1) Vorbehaltsgut des überlebenden Ehegatten ist, was er bisher als Vorbehaltsgut gehabt hat oder was er nach § 1418 Abs. 2 Nr. 2, 3 als Vorbehaltsgut erwirbt.

(2) Sondergut des überlebenden Ehegatten ist, was er bisher als Sondergut gehabt hat oder was er als Sondergut erwirbt.

I. Grundsätzliches

Auch der längerlebende Ehegatte kann bei der fortgesetzten Gütergemeinschaft Sonder- und Vor- 1 behaltsgut besitzen. § 1486 regelt dies in Anlehnung an die Grundsätze der ehelichen Gütergemeinschaft. Abweichend hiervon kann jedoch Vorbehaltsgut durch Vereinbarung nicht neu begründet werden.

II. Vorbehaltsgut (Abs 1)

Zum Vorbehaltsgut des überlebenden Ehegatten gehört[1], 2
- was er bereits bei Tod des anderen Ehegatten als Vorbehaltsgut besaß (§ 1418),
- was er nach Eintritt der fortgesetzten Gütergemeinschaft von Todes wegen oder von Dritten unentgeltlich mit der Bestimmung erwirbt, dass der Erwerb sein Vorbehaltsgut sein solle (§ 1418 Abs 2 Nr 2),
- was er nach Eintritt der fortgesetzten Gütergemeinschaft auf Grund eines zu seinem Vorbehaltsgut gehörenden Rechts oder als Ersatz für die Zerstörung, Beschädigung oder Entziehung eines zum

---

[2] MünchKommBGB/*Kanzleiter* Rn 5; *Staudinger/Thiele* Rn 7.
[3] RGZ 129, 120; *Soergel/Gaul* Rn 5; MünchKommBGB/*Kanzleiter* Rn 1.
[4] Dogmatisch sind die Einzelheiten umstr, praktisch hat dies keine Relevanz, vgl AnwK-BGB/*Völker* Rn 4 Fn 3. So nehmen etwa *Staudinger/Thiele* Rn 11 an, dass mit Eintritt der fortgesetzten Gütergemeinschaft das bisherige eheliche Gesamtgut auf den „neuen Rechtsträger" (überlebender Ehegatte und Abkömmlinge) übergeht. Betont man dagegen den Fortbestand der Gesamthandsgemeinschaft und damit – ausgehend von einer Art Rechtssubjektivität – mehr die Identität der Gesamthand und weniger die der dadurch verbundenen Gesamthänder, so ist ein solcher Rechtsübergang nicht erforderlich; eingehender § 1483 Rn 9.
[5] *Soergel/Gaul* Vor § 1483 Rn 6; *Palandt/Brudermüller* Rn 5.
[6] KGJ 48, 210; 212; AnwK-BGB/*Völker* Rn 5; MünchKommBGB/*Kanzleiter* Rn 8; *Soergel/Gaul* Rn 7; aA KG JW 1935, 2515.
[7] KGJ 1, 293; *Soergel/Gaul* Rn 7; MünchKommBGB/*Kanzleiter* Rn 8; *Muscheler,* Universalsukzession und Vonselbsterwerb, 2002, S 88.
[1] AnwK-BGB/*Völker* Rn 2.

§ 1487

Vorbehaltsgut gehörenden Gegenstands oder durch Rechtsgeschäft erwirbt, das sich auf das Vorbehaltsgut bezieht (§ 1418 Abs 2 Nr 3). Hierzu gehören besonders die Nutzungen.

3   Weder durch Ehevertrag noch durch **vertragliche Vereinbarung** zwischen dem Ehegatten und den gemeinsamen Abkömmlingen kann weiteres Vorbehaltsgut begründet werden (arg § 1518, auch fehlt Verweisung auf § 1418 Abs 2 Nr 1)[2]. Soweit die Ehegatten in einem Ehevertrag vereinbart haben, dass bestimmter künftiger Erwerb Vorbehaltsgut werden soll (zur Zulässigkeit s § 1418 Rn 3), so gilt diese Vereinbarung wegen der erschöpfenden Regelung des § 1486 Abs 1 über die Begründung von Vorbehaltsgut nicht mehr ab Eintritt der fortgesetzten Gütergemeinschaft[3]. Auch eine durch den Tod des erstversterbenden Ehegatten aufschiebend bedingte Vereinbarung von Vorbehaltsgut ist aus dem gleichen Grund unwirksam, fällt sie doch in ihrer Wirksamkeit mit dem Beginn der fortgesetzten Gütergemeinschaft in einer logischen Sekunde (§ 158 Abs 1) zusammen[4].

III. Sondergut (Abs 2)

4   Sondergut des überlebenden Ehegatten ist, was er bisher bereits als Sondergut besaß oder was er als Sondergut ab Eintritt des fortgesetzten Gütergemeinschaft erwirbt. Beides bestimmt sich letztlich nach § 1417. Die Nutzungen hieraus fallen jedoch in das Gesamtgut (§ 1417 Abs 3 S 2); Gewinne aus Gesellschaftsbeteiligungen aber erst mit der förmlichen Ergebnisfeststellung[5].

IV. Verwaltung und Nutzung des Sonder- und Vorbehaltsguts

5   Für die fortgesetzte Gütergemeinschaft enthält das Gesetz hierzu keine ausdrückliche Regelung, jedoch sind die § 1417 Abs 3 und § 1418 Abs 3 (aber nicht Abs 4) entsprechend anwendbar[6].

§ 1487 Rechtsstellung des Ehegatten und der Abkömmlinge

(1) Die Rechte und Verbindlichkeiten des überlebenden Ehegatten sowie der anteilsberechtigten Abkömmlinge in Ansehung des Gesamtguts der fortgesetzten Gütergemeinschaft bestimmen sich nach den für die eheliche Gütergemeinschaft geltenden Vorschriften der §§ 1419, 1422 bis 1428, 1434, des § 1435 Satz 1, 3 und der §§ 1436, 1445; der überlebende Ehegatte hat die rechtliche Stellung des Ehegatten, der das Gesamtgut allein verwaltet, die anteilsberechtigten Abkömmlinge haben die rechtliche Stellung des anderen Ehegatten.

(2) Was der überlebende Ehegatte zu dem Gesamtgut schuldet oder aus dem Gesamtgut zu fordern hat, ist erst nach der Beendigung der fortgesetzten Gütergemeinschaft zu leisten.

I. Normzweck

1   Abs 1 ist die zentrale Vorschrift über die praktische Durchführung der fortgesetzten Gütergemeinschaft. Im Interesse der Erhaltung des Familienbesitzes wird dabei die gesamthänderische Bindung des davon betroffenen Vermögens angeordnet und der überlebende Ehegatte dadurch erheblich gestärkt, dass er die Stellung eines Gesamtgutsverwalters besitzt (Abs 1 HS 2).

II. Gesamthänderische Bindung

2   Abs 1 verweist auf § 1419 und bringt damit zum Ausdruck, dass auch für die fortgesetzte Gütergemeinschaft die strenge Gesamthandsbindung dieser Norm gilt[1]. Keiner der Beteiligten kann daher über seinen Anteil am Gesamtgut verfügen oder gar über einzelne hierzu gehörende Gegenstände. Dies gilt sogar nach Beendigung der fortgesetzten Gütergemeinschaft bis zu deren Auseinandersetzung (§ 1497 Abs 2). Einzige Ausnahme ist der Verzicht eines Abkömmlings auf seinen Gesamtgutsanteil (§ 1491). Bis zur Beendigung der fortgesetzten Gütergemeinschaft ist auch eine Pfändung des Anteils am Gesamtgut ausgeschlossen (§ 860 Abs 1 S 2 ZPO). Eine **Verfügung von Todes wegen** durch den **überlebenden Ehegatten** über seinen Gesamtgutsanteil ist aber möglich[2*]; den Abkömmlingen ist dies grds nicht möglich (§ 1490, dort Rn 2). Vgl iÜ Erl zu § 1419.

III. Rechtsstellung des überlebenden Ehegatten

3   Dieser hat **grds** die Rechtsstellung eines Gesamtgutsverwalters, die anteilsberechtigten Abkömmlinge die des anderen Ehegatten (Abs 1 HS 2). Das zum Gesamtgut gehörende **Erwerbsgeschäft** des

---

[2] AllgM, *Staudinger/Thiele* Rn 8.
[3] HM, AnwK-BGB/*Völker* Rn 2; jurisPK/*Hausch* Rn 11; MünchKommBGB/*Kanzleiter* Rn 4; *Staudinger/Thiele* Rn 9; RGRK/*Finke* Rn 2; Soergel/*Gaul* Rn 4; aA Gernhuber/Coester-Waltjen § 39 Rn 31–33; Erman/*Heckelmann* Rn 1; Planck/Unzner Anm 2: Regelung gilt weiter.
[4] Zust AnwK-BGB/*Völker* Rn 2; aA ohne Begr MünchKommBGB/*Kanzleiter* Rn 5.
[5] BGH NJW 1984, 362.
[6] AnwK-BGB/*Völker* Rn 2, 3; MünchKommBGB/*Kanzleiter* Rn 7.
[1] RGZ 129, 119, 120.
[2*] BGH NJW 1964, 2298; BayObLGZ 1960, 254; KG JW 1931, 1369 mit der Einschränkung, dass die Rechte der anteilsberechtigten Abkömmlinge nicht beeinträchtigt werden; OLG Saarbrücken OLGR 2006, 108.

verstorbenen Ehegatten kann der überlebende Ehegatte im eigenen Namen und unter eigener Rechnung fortführen[3], aber auch unter der alten Firma[4]. Der Gewinn gehört zum Gesamtgut. Im Handelsregister wird aber nur der verwaltungsberechtigte Ehegatte, nicht aber die fortgesetzte Gütergemeinschaft eingetragen[5]. Bei einem landwirtschaftlichen Betrieb ist der überlebende Ehegatte Betriebsinhaber[6].

Im Einzelnen gilt: Da § 1422 anwendbar ist, ist der überlebende Ehegatte unmittelbarer Besitzer und **4** genießt Besitzschutz auch gegenüber den Abkömmlingen, die nur mittelbare Besitzer sind[7]. Er führt (Aktiv- wie Passiv-) Rechtsstreitigkeiten im Wege der gesetzlichen Prozessstandschaft; für die Aufnahme bereits anhängiger Rechtsstreitigkeiten gilt § 239 ZPO[8]. Die Beschränkungen der §§ 1423 bis 1425 sind von ihm zu beachten; eine Befreiung hiervon ist nicht möglich (§ 1518)[9]. **Zustimmung** durch alle an der fortgesetzten Gütergemeinschaft beteiligten Abkömmlinge erforderlich[10]. In den Fällen der §§ 1423, 1424 kann sie allerdings durch das Vormundschaftsgericht ersetzt werden (§ 1426; vgl Erl dort)[11]. Ist der überlebende Ehegatte zugleich der gesetzliche Vertreter der zustimmungsberechtigten Abkömmlinge ist umstritten, ob er auch die Zustimmung wegen § 181 für diese erteilen kann. Die hM bejaht dies zu Recht dann, wenn die Zustimmung nach § 182 gegenüber dem anderen Vertragsteil erklärt wird und zwar mit der Begründung, dass aus Gründen der Rechtssicherheit eine formale Auslegung des § 181 erforderlich ist[12]. Des Weiteren bedarf es in den Fällen des § 1821 (besonders Abs 1 Nr 1 bis 4), § 1643 Abs 1 der Genehmigung des Vormundschafts- oder (bei Minderjährigen) des Familiengerichts.

Der überlebende Ehegatte ist zur **ordnungsgemäßen Verwaltung** des Gesamtguts verpflichtet **5** (§ 1435 S 1; vgl Erl dort). Soweit er seine Befugnisse durch Vollmachten und Ermächtigungen an Dritte weitergibt, ist dies zwar zulässig[13], entbindet ihn aber nicht von seiner Verantwortung. Die Zuziehung von Hilfspersonen steht in seinem pflichtgemäßen Ermessen[14]. Die **Haftung** für verschuldete Minderung des Gesamtguts richtet sich nach § 1435 S 3 (§ 1435 Rn 5)[15]. Zur ordnungsgemäßen Verwaltung des Gesamtguts (mit der Möglichkeit der Ersetzung der Zustimmung nach § 1426) soll auch die Übergabe eines **landwirtschaftlichen Anwesens** an einen der Abkömmlinge unter Sicherung der anderen gehören[16]. Da jedoch damit der Zweck der fortgesetzten Gütergemeinschaft, nämlich das wesentliche Vermögen dem überlebenden Ehegatten zu erhalten, verfehlt wird, kann dies nur dann gelten, wenn das Anwesen auch sonst mit fremder Hilfe nicht mehr zu erhalten ist[17]. Eine **Verpflichtung zur Auskunft** und Unterrichtung der Abkömmlinge besteht grds nicht, da § 1487 Abs 1 nicht auf § 1435 S 2 verweist; sie kann sich uU aus den Umständen des Einzelfalls auf Grund der Pflicht zur ordnungsgemäßen Verwaltung ergeben[18].

IV. Rechtsstellung der anteilsberechtigten Abkömmlinge

Die Abkömmlinge sind direkt an der **Gesamthandsgemeinschaft** dinglich beteiligt[19]; sie haben **6** nicht nur ein bloßes Anwartschaftsrecht für den Fall der Auseinandersetzung[20]. Sie haben jedoch nur die Rolle, die bei der ehelichen Gütergemeinschaft dem nicht verwaltungsberechtigten Ehegatten zukommt. Ihre Mitwirkung an der Verwaltung beschränkt sich daher im Wesentlichen auf die Zustimmung nach §§ 1423 bis 1425 (Rn 4). Als Ausgleich haften sie nicht für Gesamtgutsverbindlichkeiten persönlich (§ 1489 Abs 3) und ihr sonstiges Vermögen ist vom Gesamtgut getrennt (§ 1485 Abs 2).

Das Revokationsrecht nach **§ 1428** hat nur der Abkömmling, der seine Zustimmung versagt hat;[21] **7** dabei muss er grds auf Leistung an das Gesamtgut klagen (zu abweichender Antragstellung s § 1428

---

[3] KG JFG 1, 341; *Soergel/Gaul* Rn 5.
[4] RG LZ 1931, 914.
[5] KG JW 1930, 1009 m Anm *Bondi*; *Soergel/Gaul* Rn 5; *Staudinger/Thiele* Vor §§ 1483 ff Rn 17.
[6] BSG HFR 1967, 513; BVerfG NJW 1971, 747; *Soergel/Gaul* Rn 5.
[7] *Soergel/Gaul* Rn 4; *Palandt/Brudermüller* Rn 3.
[8] RGZ 148, 243, 245; AnwK-BGB/*Völker* Rn 4.
[9] *Dölle* I S 998 Fn 14; AG Altona SchlHA 1929, 109.
[10] *Staudinger/Thiele* Rn 12; entgegen *Palandt/Brudermüller* Rn 4 betrifft BGH NJW-RR 1991, 1410 den Fall der bereits beendeten fortgesetzten Gütergemeinschaft, § 1497.
[11] KG JFG 8, 275.
[12] KGJ 39, 235; BayObLG DNotZ 1952, 163 m Anm *Lehmann*, m Hinweis auf RGZ 76, 89; 157, 29; *Dölle* I S 998 Fn. 16; RGRK/*Finke* Rn 19; *Palandt/Brudermüller* Rn 4; *Erman/Heckelmann* Rn 3; *Rohr* S 83 f; *Soergel/Gaul* Rn 9; aA – wegen der materiellen Interessenkollision Bestellung eines Ergänzungspflegers erforderlich – AnwK-BGB/*Völker* Rn 5; MünchKommBGB/*Kanzleiter* Rn 7; *Staudinger/Thiele* Rn 14; *Gernhuber/Coester-Waltjen* § 39 Rn 36; *Planck/Unzner* Anm 11; KG JFG 2, 283.
[13] AnwK-BGB/*Völker* Rn 7; MünchKommBGB/*Kanzleiter* Rn 6; anders wohl RG JW 1925, 2111.
[14] RGZ 60, 146.
[15] BGHZ 48, 373.
[16] BayObLG OLGE 42, 88; OLG München JFG 4, 14; die Abfindung der anderen Abkömmlinge soll sich nach dem Ertragswert bestimmen, OLG Stuttgart AgrarR 1991, 134.
[17] AnwK-BGB/*Völker* Rn 9; MünchKommBGB/*Kanzleiter* Rn 8; *Soergel/Gaul* Rn 6; vgl BayObLGZ 14, 624; noch enger *Gernhuber/Coester-Waltjen* § 39 Rn 37; bloße Erschwerung reicht nicht aus, BayObLGZ 22, 5.
[18] *Staudinger/Thiele* Rn 19.
[19] AnwK-BGB/*Völker* Rn 10.
[20] RGZ 75, 414, 418: Träger und Subjekte des das Gesamtgut bildenden Vermögens.
[21] *Staudinger/Thiele* Rn 27.

§ 1488

Rn 2). Ein **Notverwaltungsrecht** (entsprechend § 1429) wurde ihnen bewusst nicht zugebilligt; uU besteht des Recht zur Erhebung der Aufhebungsklage (§ 1495 Nr 1).

V. Fälligkeit der Ausgleichsforderungen (Abs 2)

8   Entsprechend der Parallelvorschrift des § 1446 Abs 1 wird die Fälligkeit von Ansprüchen und Verbindlichkeiten zwischen dem überlebenden Ehegatten und dem Gesamtgut bis zur Beendigung der Gütergemeinschaft hinausgeschoben (vgl Erl zu § 1446). Für die Fälligkeit von Forderungen und Schulden der Abkömmlinge gelten jedoch die allgemeinen Vorschriften[22].

§ 1488 Gesamtgutsverbindlichkeiten

Gesamtgutsverbindlichkeiten der fortgesetzten Gütergemeinschaft sind die Verbindlichkeiten des überlebenden Ehegatten sowie solche Verbindlichkeiten des verstorbenen Ehegatten, die Gesamtgutsverbindlichkeiten der ehelichen Gütergemeinschaft waren.

I. Grundsätzliches

1   Gesamtgutsverbindlichkeiten (also solche, wegen derer die Gläubiger Befriedigung aus dem Gesamtgut verlangen können, vgl § 1437 Abs 1) sind bei der fortgesetzten Gütergemeinschaft:
– **alle Verbindlichkeiten** des **überlebenden Ehegatten**, ohne Rücksicht auf den Schuldgrund[1], die Entstehungszeit oder deren Gegenstand und ohne Rücksicht darauf, ob sie bei Eintritt der fortgesetzten Gütergemeinschaft bereits solche waren oder nur sein Sonder- oder Vorbehaltsgut betrafen (§ 1488 Alt 1);
– die **Verbindlichkeiten des verstorbenen Ehegatten** grds nur, wenn sie **schon bei Eintritt der fortgesetzten Gütergemeinschaft Gesamtgutsverbindlichkeiten** waren (§§ 1437 bis 1440, §§ 1459 bis 1462; vgl Erl dort)[2]. Wem sie im Innenverhältnis zur Last fielen (§§ 1441 bis 1444, §§ 1463 bis 1466), ist unerheblich (§ 1488 Alt 2). Beerbt jedoch der überlebende Ehegatte den Verstorbenen, so werden wegen der Erbenhaftung nach § 1967 Abs 1 alle vom vorverstorbenen Ehegatten herrührenden Verbindlichkeiten nach § 1488 Alt 1 Gesamtgutsverbindlichkeiten. Verhindert werden kann dies, wenn der Überlebende ausschlägt oder die Erbenhaftung beschränkt, wobei sich beides nur auf das Sonder- und Vorbehaltsgut des Verstorbenen bezieht[3].

2   Verbindlichkeiten der **anteilsberechtigten Abkömmlinge** sind als Folge der Abtrennung ihres eigenen Vermögen (§ 1485 Abs 2) niemals Gesamtgutsverbindlichkeiten[4]. Die **persönliche Haftung** für Gesamtgutsverbindlichkeiten bestimmt sich nach § 1489, die Frage der Ausgleichung im Innenverhältnis nach den §§ 1499, 1500.

II. Zwangsvollstreckung, Insolvenzverfahren

3   Zur Zwangsvollstreckung in das Gesamtgut der fortgesetzten Gütergemeinschaft ist ein Titel gegen den überlebenden Ehegatten erforderlich aber auch genügend (§ 745 Abs 1 ZPO), was der Rechtslage der ehelichen Gütergemeinschaft bei Alleinverwaltung entspricht, an die die fortgesetzte Gütergemeinschaft angenähert ist (§ 1487 Abs 1). Die Abkömmlinge können aber auch auf Duldung der Zwangsvollstreckung verklagt werden[5]. Nach Beendigung der fortgesetzten Gütergemeinschaft ist ein zusätzlicher Duldungstitel gegen die anteilsberechtigten Abkömmlinge erforderlich (§§ 745 Abs 2, 743, 744 ZPO). Ein während des Bestehens der allgemeinen Gütergemeinschaft gegen den allein verwaltungsberechtigten Ehegatten entstandener Titel kann nach § 744 ZPO nach seinem Tod auf den längerlebenden Ehegatten umgeschrieben werden; bestand damals bereits ein entsprechender Leistungstitel gegen den längerlebenden Ehegatten als Gesamtgutsverwalter oder gegen beide gemeinsam verwaltenden Ehegatten, so ist dies nicht erforderlich[6].

4   Ein **Insolvenzverfahren** über den überlebenden Ehegatten erfasst gemäß § 37 Abs 3 iVm Abs 1 S 1 InsO das gesamte Gesamtgut, hat aber wenigstens keine Auswirkungen auf das Eigenvermögen der Abkömmlinge[7]. Ein Insolvenzverfahren über das Vermögen eines der anteilsberechtigten Abkömmlinge berührt dagegen das Gesamtgut nicht (vgl § 37 Abs 3 iVm Abs 1 S 3 InsO; § 1487)[8]. Daneben gibt es die Möglichkeit eines besonderen Insolvenzverfahrens nach § 332 InsO nur über das Gesamtgut nach den Grundsätzen des Nachlassinsolvenzverfahrens.

---

[22] AnwK-BGB/*Völker* Rn 11.
[1] KG JW 1937, 3159 betr Unterhaltsforderung des Kindes.
[2] *Staudinger/Thiele* Rn 4–9.
[3] MünchKommBGB/*Kanzleiter* Rn 3; *Soergel/Gaul* Rn 2.
[4] OLG Stettin OLGE 14, 233.
[5] RGZ 148, 243.
[6] *Staudinger/Thiele* Rn 11 f; *Soergel/Gaul* Rn 5.
[7] *Staudinger/Thiele* Rn 14.
[8] *Staudinger/Thiele* Rn 14.

§ 1489 Persönliche Haftung für die Gesamtgutsverbindlichkeiten

(1) Für die Gesamtgutsverbindlichkeiten der fortgesetzten Gütergemeinschaft haftet der überlebende Ehegatte persönlich.

(2) Soweit die persönliche Haftung den überlebenden Ehegatten nur infolge des Eintritts der fortgesetzten Gütergemeinschaft trifft, finden die für die Haftung des Erben für die Nachlassverbindlichkeiten geltenden Vorschriften entsprechende Anwendung; an die Stelle des Nachlasses tritt das Gesamtgut in dem Bestand, den es zur Zeit des Eintritts der fortgesetzten Gütergemeinschaft hat.

(3) Eine persönliche Haftung der anteilsberechtigten Abkömmlinge für die Verbindlichkeiten des verstorbenen oder des überlebenden Ehegatten wird durch die fortgesetzte Gütergemeinschaft nicht begründet.

I. Normzweck

§ 1488 regelt die Frage, welche Verbindlichkeiten zu den Gesamtgutsverbindlichkeiten gehören. Demgegenüber bestimmt § 1489, womit hierfür gehaftet wird. 1

II. Persönliche Haftung des überlebenden Ehegatten, Haftungsbeschränkung (Abs 1 und 2)

Nach Abs 1 haftet der überlebende Ehegatte für alle Gesamtgutsverbindlichkeiten (§ 1488) auch **persönlich**, also auch mit seinem Sonder- und Vorbehaltsgut. Die persönliche Haftung endet auch nicht mit Beendigung der fortgesetzten Gütergemeinschaft, da es an einer den §§ 1437 Abs 2 S 2, 1459 Abs 2 S 2 entsprechenden Regelung fehlt[1]. 2

Die volle persönliche Haftung würde den überlebenden Ehegatten dann ungerechtfertigt benachteiligen, wenn er ohne den Eintritt der fortgesetzten Gütergemeinschaft nicht persönlich haften würde, also insbes in den Fällen der Haftungsbeendigung nach §§ 1437 Abs 2 S 2, 1459 Abs 2 S 2. Als Ausgleich gewährt ihm daher Abs 2 die Möglichkeit der **Beschränkung der Haftung** auf das Gesamtgut nach den allgemeinen Bestimmungen der Erbenhaftung[2]. Bezweckt wird damit ein Schutz des Vorbehalts- und Sonderguts des überlebenden Ehegatten vor dem Zugriff von Gesamtgutsgläubigern wie aber auch der Schutz der Gesamtgutsgläubiger vor den bisherigen Eigengläubigern des Ehegatten, die erst durch den Eintritt der fortgesetzten Gütergemeinschaft Gesamtgutsgläubiger wurden (§ 1488)[3]. 3

Die Haftungsbeschränkung wirkt jedoch entsprechend dem Normzweck (Rn 1) **nicht** gegen die bereits vor Eintritt der fortgesetzten Gütergemeinschaft bestehende persönliche Haftung des überlebenden Ehegatten[4]. Davon muss man dann eine Ausnahme machen, wenn der überlebende Ehegatte nur auf Grund des **§ 1967 Abs 1** als Erbe persönlich haftet, denn sonst würde durch die sich aus § 1489 Abs 1 ergebende erweiterte Haftung die Möglichkeit der erbrechtlichen Haftungsbeschränkung umgangen (str)[5]. Dies gebietet daher eine analoge Anwendung von Abs 2 oder eine restriktive von Abs 1 des § 1489. 4

An Stelle des in den erbrechtlichen Haftungsbeschränkungen genannten Nachlasses tritt bei Abs 2 das **Gesamtgut** in seinem Bestand, den es zur Zeit des Eintritts der fortgesetzten Gütergemeinschaft hatte, einschließlich etwaiger Surrogate (§ 1473) und etwaiger Ersatzansprüche, jedoch gemindert um das nach § 1483 Abs 2 den einseitigen Abkömmlingen Zustehende und ohne einen etwaigen Zuerwerb iS von § 1485[6]. 5

Mittel der Haftungsbeschränkung sind[7]: Gesamtgutsverwaltung (entspr §§ 1975, 1981 bis 1988), Nachlassinsolvenzverfahren (entspr § 1975, §§ 315 bis 331 InsO), Dürftigkeitseinreden (§§ 1989, 1990, 1991), Überbeschwerungseinrede (§ 1992), Nachlassinventar (§§ 1993 ff), aufschiebende Einreden (§§ 2014, 2015), Aufgebot der Nachlassgläubiger (entspr §§ 1970 ff), Vorbehalt der beschränkten Haftung im Urteil (§ 305 Abs 2 ZPO), Geltendmachung in der Zwangsvollstreckung (§ 786 ZPO). Verlust der Haftungsbeschränkung kann nach §§ 2005, 2006 Abs 3 eintreten. 6

III. Keine persönliche Haftung der Abkömmlinge (Abs 3)

Die anteilsberechtigten Abkömmlinge haften nicht persönlich für Gesamtgutsverbindlichkeiten. Dadurch wird deutlich, dass es sich beim Eintritt der fortgesetzten Gütergemeinschaft nicht um eine vollständige Universalsukzession handelt[8]. Eine persönliche Haftung aus anderen Gründen wird durch Abs 3 nicht ausgeschlossen, so zB auf Grund Bürgschaft, Garantieversprechen, Steuerschulden[9]. 7

---

[1] MünchKommBGB/*Kanzleiter* Rn 2.
[2] *Dölle* I S 1001 unter aa.
[3] Soergel/*Gaul* Rn 2; MünchKommBGB/*Kanzleiter* Rn 5.
[4] Vgl RGZ 148, 243, 249; Staudinger/*Thiele* Rn 10; entgegen Palandt/*Brudermüller* Rn 2 ist dies nicht Voraussetzung, sondern eine Frage der Wirkung der Haftungsbeschränkung, zust zur hiesigen Auffassung AnwK-BGB/*Völker* Rn 3.
[5] AnwK-BGB/*Völker* Rn 3; MünchKommBGB/*Kanzleiter* Rn 4; Staudinger/*Thiele* Rn 10; Gernhuber/Coester-Waltjen § 39 Rn 39 Fn 47; Soergel/*Gaul* Rn 2; Planck/*Unzner* Anm II 1 a; aA *Dölle* I S 1001 unter bb, RGRK/*Finke* Rn 4, die den überlebenden Ehegatten zur Ausschlagung zwingen.
[6] Staudinger/*Thiele* Rn 5 ff.
[7] AnwK-BGB/*Völker* Rn 5.
[8] *Muscheler*, Universalsukzession und Vonselbsterwerb, 2002, S 87 f.
[9] BVerfG NJW 1971, 747; AnwK-BGB/*Völker* Rn 6.

§ 1490 Tod eines Abkömmlings

¹Stirbt ein anteilsberechtigter Abkömmling, so gehört sein Anteil an dem Gesamtgut nicht zu seinem Nachlass. ²Hinterlässt er Abkömmlinge, die anteilsberechtigt sein würden, wenn er den verstorbenen Ehegatten nicht überlebt hätte, so treten die Abkömmlinge an seine Stelle. ³Hinterlässt er solche Abkömmlinge nicht, so wächst sein Anteil den übrigen anteilsberechtigten Abkömmlingen und, wenn solche nicht vorhanden sind, dem überlebenden Ehegatten an.

I. Normzweck

1   Entsprechend dem Normzweck der fortgesetzten Gütergemeinschaft, das Vermögen innerhalb der Familie zu erhalten, ist der Gesamtgutsanteil eines Abkömmlings während des Bestehens der fortgesetzten Gütergemeinschaft unvererblich.

II. Unvererblichkeit des Gesamtgutsanteils

2   Der Anteil eines Abkömmlings an der noch nicht beendeten fortgesetzten Gütergemeinschaft fällt nicht in den Nachlass des verstorbenen Abkömmlings (S 1), der nur aus seinem sonstigen Vermögen besteht[1]. Seine Erben erhalten davon nichts, auch keinen Pflichtteil. Auch die Gläubiger des Verstorbenen können diesen nicht pfänden (§ 860 Abs 1 S 2 ZPO). Der Anteil des Verstorbenen fällt vielmehr zwingend kraft Gesetzes **in erster Linie** dessen Abkömmlingen zu, die im Zeitpunkt seines Todes nach § 1483 Abs 1 S 2 anteilsberechtigt (vgl zum Ausschluss §§ 1491, 1506, 1511, 1517) gewesen wären (S 2). Eintrittsberechtigt sind dabei auch solche Abkömmlinge, die erst nach dem Tod des Ehegatten erzeugt oder geboren wurden. Insoweit wird fingiert, dass der Ehegatte erst im Zeitpunkt des Todes des Abkömmlings verstorben ist[2]. Eintrittsberechtigt ist danach auch ein als Kind angenommener Minderjähriger, ein als Volljähriger Angenommener nur, wenn die Adoption starke Wirkungen nach § 1772 hatte, vgl sonst § 1770 Abs 1 S 1. Nach Inkrafttreten des Erbrechtsgleichstellungsgesetzes zum 1. 4. 1998 sind nunmehr auch **nichteheliche Kinder** männlicher Abkömmlinge voll eintrittsberechtigt, wenn sie nach dem 1. 7. 1949 geboren sind oder – bei Beitrittsbezug – Art 235 § 1 Abs 2 EGBGB eingreift[3].

3   Hinterlässt der verstorbene Abkömmling keine eintrittsberechtigten eigenen Abkömmlinge, so wächst sein Anteil am Gesamtgut **hilfsweise** den übrigen an der fortgesetzten Gütergemeinschaft **bereits beteiligten Abkömmlingen** zu, und zwar im Verhältnis ihrer gesetzlichen Erbteile am Nachlass des verstorbenen Ehegatten (§ 1503)[4]. Für die gesetzlichen Erben und Pflichtteilsberechtigten des Verstorbenen bestehen keinerlei erbrechtliche Ansprüche[5].

4   Sind auch derartige Abkömmlinge nicht vorhanden, so wächst der Anteil dem **überlebenden Ehegatten** alleine zu (S 3), wodurch die fortgesetzte Gütergemeinschaft ohne besondere Auseinandersetzung beendet ist[6]. Der Übergang des Anteils bzw die Anwachsung erfolgt **kraft Gesetzes** ohne besondere Übertragungsakte hinsichtlich der gesamthänderisch gebundenen Vermögensbestandteile. Im Grundbuch ist nur eine Berichtigung erforderlich (§ 22 GBO)[7]. Die Anwachsung erfolgt dinglich und ohne Ausschlagungsmöglichkeit[8]. Die Anwachsung ist nach Ansicht des Kammergerichts keine erbrechtliche Gesamtnachfolge, sondern eine eigenständige Regelung auf Grund Güterrechts[9]. Jedoch lassen sich güterrechtliche Bezüge nicht mehr erkennen; es handelt sich vielmehr um eine spezialgesetzlich geregelte, **erbfallbedingte Sondernachfolge** in eine Gesamthandsgemeinschaft[10].

5   § 1490 betrifft nur die Rechtsverhältnisse **während** des Bestehens der **fortgesetzten Gütergemeinschaft**. Verstirbt ein Abkömmling nach Beendigung derselben, so ist der Anteil des Verstorbenen an der dann bestehenden Auseinandersetzungsgemeinschaft nach den allgemeinen Grundsätzen vererblich[11].

---

[1] *Staudinger/Thiele* Rn 2; vgl auch KGJ 44, 108, 111 ff.
[2] *Soergel/Gaul* Rn 3; iE allgM, vgl *Staudinger/Thiele* Rn 6.
[3] AnwK-BGB/*Völker* Rn 4; MünchKommBGB/*Kanzleiter* Rn 2; anders nach der früheren Rechtslage OLG Stuttgart Rpfleger 1975, 433; jetzt auch *Staudinger/Thiele* Rn 7.
[4] *Staudinger/Thiele* Rn 11.
[5] MünchKommBGB/*Kanzleiter* Rn 3; der Sonderfall bei nichtehelichen Abkömmlingen besteht auf Grund des Erbrechtsgleichstellungsgesetzes nicht mehr, s Rn 2.
[6] *Staudinger/Thiele* Rn 13 spricht in Übereinstimmung mit der früheren Terminologie, insbes des Preußischen Rechts, von Konsolidation, was dem heutigen Sprachgebrauch nicht mehr entspricht, weil danach Konsolidation die Vereinigung von Recht und Belastung ist; krit daher AnwK-BGB/*Völker* Rn 6.
[7] MünchKommBGB/*Kanzleiter* Rn 4.
[8] *Staudinger/Thiele* Rn 11.
[9] KGJ 44, 108 ohne Begr; ähnlich *Dölle* I S 992; *Soergel/Gaul* Rn 4.
[10] *Muscheler*, Universalsukzession und Vonselbsterwerb, 2002, S 85 ff; eingehender § 1483 Rn 9; krit dazu AnwK-BGB/*Völker* Rn 7 iVm § 1483 Rn 10.
[11] BayObLG DNotZ 1968, 35 = Rpfleger 1968, 21 m Anm *Haegele*; *Staudinger/Thiele* Rn 4.

§ 1491 Verzicht eines Abkömmlings

(1) ¹Ein anteilsberechtigter Abkömmling kann auf seinen Anteil an dem Gesamtgut verzichten. ²Der Verzicht erfolgt durch Erklärung gegenüber dem für den Nachlass des verstorbenen Ehegatten zuständigen Gericht; die Erklärung ist in öffentlich beglaubigter Form abzugeben. ³Das Nachlassgericht soll die Erklärung dem überlebenden Ehegatten und den übrigen anteilsberechtigten Abkömmlingen mitteilen.

(2) ¹Der Verzicht kann auch durch Vertrag mit dem überlebenden Ehegatten und den übrigen anteilsberechtigten Abkömmlingen erfolgen. ²Der Vertrag bedarf der notariellen Beurkundung.

(3) ¹Steht der Abkömmling unter elterlicher Sorge oder unter Vormundschaft, so ist zu dem Verzicht die Genehmigung des Vormundschaftsgerichts erforderlich. ²Dies gilt auch für den Verzicht durch den Betreuer des Abkömmlings.

(4) Der Verzicht hat die gleichen Wirkungen, wie wenn der Verzichtende zur Zeit des Verzichts ohne Hinterlassung von Abkömmlingen gestorben wäre.

Schrifttum: *van Venrooy,* Fortgesetzte Gütergemeinschaft, Überlegungen zum Vertrag nach §§ 1491 Abs. 2 und 1492 Abs. 2 BGB, FamRZ 1988, 561.

I. Normzweck, Grundsätzliches

Während § 1517 den Verzicht auf den Anteil an der fortgesetzten Gütergemeinschaft vor Eintritt **1** derselben regelt, betrifft § 1491 denjenigen, der danach erklärt wird. Als einzige Ausnahme vom Verfügungsverbot (§§ 1487 Abs 1, 1419) wird damit bezweckt, eine Abschichtung von anteilsberechtigten Abkömmlingen durch Ausscheiden aus der Gesamthand zugunsten der verbleibenden anderen Abkömmlinge (Abs 4) zu ermöglichen. Dies kann auch gegen eine Abfindung (vgl § 1501 Abs 1) erfolgen¹, ja sogar noch nach Beendigung bis zur vollständigen Auseinandersetzung der fortgesetzten Gütergemeinschaft².

II. Verzicht

1. Zustandekommen, Form. Der Verzicht kann (auch durch Vertreter³) erfolgen: **2**
– durch **einseitige Verzichtserklärung** in öffentlich beglaubigter Form (§ 129) gegenüber dem zuständigen (§§ 72, 73 FGG) Nachlassgericht (Abs 1 S 2). Die Mitteilung nach Abs 1 S 3 ist nur Ordnungsvorschrift⁴ oder
– durch **Vertrag** mit dem überlebenden Ehegatten und den übrigen anteilsberechtigten Abkömmlingen (Abs 2).

Der Verzichtsvertrag bedarf ausdrücklich der notariellen Beurkundung (§ 128)⁵. Steht der Verzichtende unter elterlicher Sorge oder Vormundschaft, so ist zum Verzicht die Genehmigung des Vormundschaftsgerichts erforderlich (Abs 3 S 1); regelmäßig bedarf es bei einem Verzichtsvertrag hierzu noch der Bestellung eines Ergänzungspflegers (§§ 1629 Abs 2, 1795 Abs 2, 181)⁶, nicht aber bei der einseitigen Verzichtserklärung nach Abs 1 S 1⁷. Auch der Verzicht durch einen Betreuer bedarf der vormundschaftsgerichtlichen Genehmigung (Abs 3 S 2), ebenso, wenn der unter Einwilligungsvorbehalt stehende Betreute den Verzicht abgibt und der Betreuer zustimmt⁸. Dem entgeltlichen Verzicht liegt ein **obligatorischer Abfindungsvertrag** zu Grunde. Für diesen ist analog § 1491 Abs 2 notarielle Beurkundung erforderlich, da der Formzweck – insbes der Übereilungsschutz – dies gebietet⁹; jedoch tritt Heilung mit wirksamer Verzichtsvereinbarung nach § 1491 Abs 2 ein¹⁰.

2. Inhalt. Der Verzicht ist als Aufgabe eines Rechts ein abstraktes Verfügungsgeschäft¹¹. Er ist im **3** Kern eine **Willenserklärung;** daher gelten für ihn grds die allgemeinen Vorschriften der §§ 104 ff, §§ 116 ff¹². Er kann daher vom Verzichtenden selbst angefochten (§§ 119, 123)¹³ oder auch unter einer aufschiebenden **Bedingung** oder Befristung erklärt werden (§ 158 Abs 1), etwa der der Erbringung der Abfindungsleistung¹⁴. Eine auflösende Bedingung oder Befristung ist aber nicht möglich, weil der

---
¹ RGZ 75, 259, 263; BayObLG MDR 1952, 41.
² BayObLG MDR 1952, 41.
³ *Staudinger/Thiele* Rn 14.
⁴ *Palandt/Brudermüller* Rn 2; *Staudinger/Thiele* Rn 20.
⁵ Für eine Angleichung der unterschiedlichen Formvorschriften der beiden Verzichtsarten im Wege einer – aber nicht überzeugenden – teleologischen Reduktion *van Venrooy* FamRZ 1988, 561; abl aber zu Recht AnwK-BGB/*Völker* Rn 5 Fn 12; MünchKommBGB/*Kanzleiter* Rn 3; *Soergel/Gaul* Rn 6 Fn 1 b; *Rohr* S 50–53.
⁶ BGHZ 21, 229, 230 ff = NJW 1956, 1433 zur Erbauseinandersetzung; MünchKommBGB/*Kanzleiter* Rn 4.
⁷ *Staudinger/Thiele* Rn 14.
⁸ AnwK-BGB/*Völker* Rn 6; vgl auch § 1484 Rn 4; aA MünchKommBGB/*Kanzleiter* Rn 4 aE.
⁹ AnwK-BGB/*Völker* Rn 5; *Staudinger/Thiele* Rn 8 mwN.
¹⁰ *Staudinger/Thiele* Rn 8; *Gernhuber/Coester-Waltjen* § 39 Rn 24; dies entspricht der hM beim Erbverzicht, vgl § 2348 Rn 3.
¹¹ MünchKommBGB/*Kanzleiter* Rn 5; *Staudinger/Thiele* Rn 2; allg zum Verfügungsbegriff BGHZ 1, 294, 304.
¹² *Staudinger/Thiele* Rn 2.
¹³ BayObLGZ 1954, 79, 85 = NJW 1954, 928.
¹⁴ MünchKommBGB/*Kanzleiter* Rn 5; *Dölle* I S 993; *Staudinger/Thiele* Rn 2.

§ 1492

einmal wirksam gewordene Verzicht aus Gründen der Rechtssicherheit nicht mehr rückgängig gemacht werden kann[15]. Er kann nur hinsichtlich des ganzen Gesamtgutsanteils erklärt werden, ein Teilverzicht ist nicht zulässig, weil mit den Wirkungen des Verzichts nicht vereinbar[16]. Der Verzicht kann nach Beendigung der fortgesetzten Gütergemeinschaft wegen einer **Gläubigerbenachteiligung** (§§ 129 ff InsO, §§ 3 f AnfG) angefochten werden. Dies gilt auch dann, wenn er vor Beendigung der Gemeinschaft abgegeben wurde, weil dadurch eine dem Gläubiger bereits in diesem Stadium mögliche Pfändung des künftigen Auseinandersetzungsguthabens vereitelt würde[17]. Rechtsfolge der erfolgreichen Anfechtung ist die Pflicht zum Wertersatz, da der Verzicht nicht wieder beseitigt werden kann[18].

4   **3. Wirkung (Abs 4).** Der Verzicht hat die gleichen Wirkungen, wie wenn der Verzichtende zur Zeit des Verzichts ohne Hinterlassung von Abkömmlingen gestorben wäre[19]. Damit wird auf § 1490 S 3 Bezug genommen. Der Anteil des Verzichtenden wächst somit den übrigen an der fortgesetzten Gütergemeinschaft beteiligten Abkömmlingen zu gleichen Teilen, hilfsweise dem überlebenden Ehegatten zu. Im letztgenannten Fall endet die fortgesetzte Gütergemeinschaft. Der Verzicht erstreckt sich auf Grund der Fiktion des Abs 4 auch auf die Abkömmlinge des Verzichtenden[20]. Die **Anwachsung** tritt kraft Gesetzes ein; § 729 ZPO (und früher § 419) sind nicht anwendbar[21]. Sie kann weder durch Vertrag noch letztwillige Verfügung ausgeschlossen oder modifiziert werden (§ 1518 S 1). Insbes ist auch ein Verzicht zugunsten Dritter oder bestimmter Anteilsberechtigter ausgeschlossen[22].

§ 1492 Aufhebung durch den überlebenden Ehegatten

(1) ¹**Der überlebende Ehegatte kann die fortgesetzte Gütergemeinschaft jederzeit aufheben.** ²Die Aufhebung erfolgt durch Erklärung gegenüber dem für den Nachlass des verstorbenen Ehegatten zuständigen Gericht; die Erklärung ist in öffentlich beglaubigter Form abzugeben. ³Das Nachlassgericht soll die Erklärung den anteilsberechtigten Abkömmlingen und, wenn der überlebende Ehegatte gesetzlicher Vertreter eines der Abkömmlinge ist, dem Vormundschaftsgericht mitteilen.

(2) ¹**Die Aufhebung kann auch durch Vertrag zwischen dem überlebenden Ehegatten und den anteilsberechtigten Abkömmlingen erfolgen.** ²Der Vertrag bedarf der notariellen Beurkundung.

(3) ¹**Steht der überlebende Ehegatte unter elterlicher Sorge oder unter Vormundschaft, so ist zu der Aufhebung die Genehmigung des Vormundschaftsgerichts erforderlich.** ²Dies gilt auch für die Aufhebung durch den Betreuer des überlebenden Ehegatten.

1   Da die fortgesetzte Gütergemeinschaft in erster Linie im Interesse des längerlebenden Ehegatten eintritt, gibt das Gesetz ihm auch das **Recht,** diese entweder von Anfang an abzulehnen (§ 1484) oder aber später jederzeit durch entsprechende Aufhebungserklärung für die Zukunft wieder zu beenden. Eine **Verpflichtung** zur Aufhebung besteht für ihn nach § 1493 Abs 2 S 1 bei Wiederverheiratungsabsicht.

2   Die Aufhebung kann auch hier – wie beim Verzicht – erfolgen:
– durch **einseitige Aufhebungserklärung** („Kündigung") des überlebenden Ehegatten gegenüber dem zuständigen Nachlassgericht in öffentlich beglaubigter Form (Abs 1 S 2);
– durch **Aufhebungsvereinbarung** zwischen dem überlebenden Ehegatten und den anteilsberechtigten Abkömmlingen (Abs 2). Dieser bedarf der notariellen Beurkundung (Abs 2 S 2).

3   Bei elterlicher Sorge oder Vormundschaft bezüglich des längerlebenden Ehegatten oder wenn sein Betreuer handelt, ist Genehmigung des Vormundschaftsgerichts erforderlich (Abs 3). Beim Aufhebungsvertrag kann der überlebende Ehegatte seine Abkömmlinge nicht selbst vertreten, auch wenn er sonst ihr gesetzlicher Vertreter ist (§§ 1629 Abs 2, 1795, 1908 i 181); es bedarf der eigens Bestellung eines **Ergänzungspflegers,** bei mehreren Abkömmlingen für jeden einzelnen von ihnen[1]. Bei der einseitigen Verzichtserklärung bedarf es dessen aber nicht, weil diese nur gegenüber dem Nachlassgericht abgegeben wird, nicht gegenüber den Abkömmlingen[2]. Wegen Form und Inhalt vgl iÜ Erl zu

---

[15] MünchKommBGB/*Kanzleiter* Rn 5; *Staudinger/Thiele* Rn 2; RGRK/*Finke* Rn 1.
[16] *Staudinger/Thiele* Rn 2; MünchKommBGB/*Kanzleiter* Rn 5.
[17] OLG Stettin JW 1934, 921; *Soergel/Gaul* Rn 8; MünchKommBGB/*Kanzleiter* Rn 2 Fn 2; aA – vor Beendigung abgegebener Verzicht nicht anfechtbar, da wegen § 860 Abs 1 S 2 ZPO, § 36 Abs 1 InsO Anfechtung nicht zur Vermehrung der Insolvenzmasse führen würde – *Staudinger/Thiele* Rn 11; RGRK/*Finke* Rn 3; ohne Differenzierung *Dölle* I S 993 Fn 74.
[18] OLG Stettin JW 1934, 921; AnwK-BGB/*Völker* Rn 9; *Gernhuber/Coester/Waltjen* § 39 Rn 23 Fn 30; *Staudinger/Thiele* Rn 11; aA MünchKommBGB/*Kanzleiter* Rn 2 Fn 2.
[19] Sog „Vorverstrebensfiktion", AnwK-BGB/*Völker* Rn 8.
[20] *Soergel/Gaul* Rn 9; *Staudinger/Thiele* Rn 18; *Palandt/Brudermüller* Rn 3; für vertragliche Abänderbarkeit *Planck/Unzner* Anm 11.
[21] LG München I MDR 1952, 44.
[22] *Soergel/Gaul* Rn 10; MünchKommBGB/*Kanzleiter* Rn 5; *Staudinger/Thiele* Rn 17.
[1] AnwK-BGB/*Völker* Rn 3.
[2] AnwK-BGB/*Völker* Rn 3; aA *Staudinger/Thiele* Rn 4, der hier ohne jeden Unterschied die Bestellung von Ergänzungspfleger oder -betreuer verlangt, aber bei § 1491 (dort Rn 14) so wie hier differenziert.

§ 1491 Rn 2 ff, die entspr anwendbar sind. Die Aufhebung **beendet** die fortgesetzte Gütergemeinschaft und führt zwingend zur Auseinandersetzung nach §§ 1497 ff. Ist die fortgesetzte Gütergemeinschaft aufgehoben, so kann sie nicht wiederhergestellt werden[3]. Eine Aufhebung bezüglich **einzelner Abkömmlinge** ist nicht zulässig[4].

§ 1493 Wiederverheiratung oder Begründung einer Lebenspartnerschaft des überlebenden Ehegatten

(1) Die fortgesetzte Gütergemeinschaft endet, wenn der überlebende Ehegatte wieder heiratet oder eine Lebenspartnerschaft begründet.

(2) ¹Der überlebende Ehegatte hat, wenn ein anteilsberechtigter Abkömmling minderjährig ist, die Absicht der Wiederverheiratung dem Vormundschaftsgericht anzuzeigen, ein Verzeichnis des Gesamtguts einzureichen, die Gütergemeinschaft aufzuheben und die Auseinandersetzung herbeizuführen. ²Dies gilt auch, wenn die Sorge für das Vermögen eines anteilsberechtigten Abkömmlings zum Aufgabenkreis eines Betreuers gehört. ³Das Vormundschaftsgericht kann gestatten, dass die Aufhebung der Gütergemeinschaft bis zur Eheschließung unterbleibt und dass die Auseinandersetzung erst später erfolgt.

Mit der Wiederverheiratung des überlebenden Ehegatten **endet** die fortgesetzte Gütergemeinschaft zwingend (§ 1518 S 1) und endgültig (Abs 1). Dies gilt auch dann, wenn die Ehe später geschieden (§ 1564) oder nach § 1313 aufgehoben wird[1]. Die fortgesetzte Gütergemeinschaft endet ebenfalls, wenn der überlebende Ehegatte eine Lebenspartnerschaft nach dem Lebenspartnerschaftsgesetz begründet[2], mag diese später auch wieder nach § 15 LPartG aufgehoben werden[3*]. 1

Zum **Schutze** minderjähriger oder unter Betreuung mit Wirkungskreis Vermögenssorge stehender anteilsberechtigter Abkömmlinge werden dem überlebenden Ehegatten nach Abs 2 bei Vorliegen einer Wiederverheiratungsabsicht besondere **Verpflichtungen** auferlegt: 2
– **Anzeigepflicht** hinsichtlich der Heiratsabsicht gegenüber dem zuständigen Vormundschaftsgericht (§§ 36, 43 FGG; funktionell zuständig ist der Rechtspfleger, § 3 Nr 2 a RPflG);
– Einreichung eines **Verzeichnisses des Gesamtguts** an das Vormundschaftsgericht auf Kosten des Gesamtguts, das den derzeitigen Stand desselben vollständig enthalten muss, und zwar auch die Gesamtgutsverbindlichkeiten[4*]. Die Vorlage von Belegen oder ein Rechenschaftsbericht ist nicht erforderlich.
– Pflicht zur **Aufhebung der fortgesetzten Gütergemeinschaft** nach § 1492;
– Herbeiführung der **Auseinandersetzung** mit den anteilsberechtigten Abkömmlingen (§§ 1497 ff).

Nach dem Wortlaut der Norm treffen diese Pflichten nicht den Ehegatten, wenn er eine **eingetragene Lebenspartnerschaft** begründet will. Es handelt sich dabei aber offenbar um ein Redaktionsversehen, weil zwar Abs 1 entsprechend angepasst, dies jedoch bei Abs 2 unterblieben ist[5].

Das Vormundschaftsgericht kann jedoch gestatten, dass die Aufhebung bis zur neuen Eheschließung unterbleibt und die Auseinandersetzung erst später erfolgt (Abs 2 S 3). Dann Beendigung erst nach § 1493 Abs 1. Aufhebungs- und Auseinandersetzungspflicht entfallen, wenn alle Abkömmlinge auf ihre Anteile nach § 1491 verzichten[6] oder der einzige beteiligte Abkömmling infolge Eintritt der Nacherbfolge bei Wiederverheiratung den Gesamtgutsanteil des überlebenden Ehegatten erbt[7], da dann die fortgesetzte Gütergemeinschaft liquidationslos beendet wird. Die Verzeichnispflicht nach Abs 2 besteht auch, wenn die fortgesetzte Gütergemeinschaft zwar schon beendet, aber bei der Absicht der Wiederverheiratung noch nicht auseinander gesetzt ist[8]. Eine eidesstattliche Versicherung oder eine amtliche Mitwirkung bei der Aufstellung des Verzeichnisses kann nicht verlangt werden[9]. Früher bestand für das Vormundschaftsgericht die Möglichkeit, die Durchsetzung der Verpflichtungen nach Abs 2 dadurch zu sichern, dass sonst das Ehefähigkeitszeugnis nicht erteilt wurde und daher ein aufschiebendes Ehehindernis nach § 9 EheG bestand. Jedoch wurde diese Möglichkeit durch das zum 1. 7. 1998 in Kraft getretene **Eheschließungsrechtsgesetz** beseitigt. 3

Hinsichtlich des sonstigen Vermögens der beteiligten Abkömmlinge gilt § 1683 für die Eltern, den Vormund oder Betreuer (§§ 1845, 1908 i)[10]. 4

---

[3] *Staudinger/Thiele* Rn 7; *MünchKommBGB/Kanzleiter* Rn 3.
[4] *Soergel/Gaul* Rn 4; *MünchKommBGB/Kanzleiter* Rn 3.
[1] *AnwK-BGB/Völker* Rn 2; *Soergel/Gaul* Rn 1; *Staudinger/Thiele* Rn 2; *MünchKommBGB/Kanzleiter* Rn 2.
[2] § 1493 Abs 1 neu gefasst durch Art 2 des Gesetzes vom 16. 2. 2001, BGBl I S 266.
[3*] *AnwK-BGB/Völker* Rn 2.
[4*] *AnwK-BGB/Völker* Rn 3; *MünchKommBGB/Kanzleiter* Rn 3; *Soergel/Gaul* Rn 3; *RGRK/Finke* Rn 3; aA *Staudinger/Thiele* Rn 4.
[5] Von der Anwendbarkeit des Abs 2 geht ohne jede Erörterung *AnwK-BGB/Völker* Rn 3 aus.
[6] BayObLGZ 23, 74; *Staudinger/Thiele* Rn 6 f.
[7] KJG 43, 38, 40.
[8] BayObLGZ 22, 29; *MünchKommBGB/Kanzleiter* Rn 3.
[9] *Staudinger/Thiele* Rn 5; *Soergel/Gaul* Rn 4; *MünchKommBGB/Kanzleiter* Rn 3.
[10] *MünchKommBGB/Kanzleiter* Rn 3.

§ 1494 Tod des überlebenden Ehegatten

(1) Die fortgesetzte Gütergemeinschaft endet mit dem Tode des überlebenden Ehegatten.

(2) Wird der überlebende Ehegatte für tot erklärt oder wird seine Todeszeit nach den Vorschriften des Verschollenheitsgesetzes festgestellt, so endet die fortgesetzte Gütergemeinschaft mit dem Zeitpunkt, der als Zeitpunkt des Todes gilt.

1 Mit dem **Tod des überlebenden Ehegatten** endet zwingend (§ 1518 S 1) die fortgesetzte Gütergemeinschaft (Abs 1). Es entsteht eine Abwicklungsgemeinschaft; die Auseinandersetzung hat nach den §§ 1497 ff zu erfolgen[1]. Der Anteil der Verstorbenen am Gesamtgut gehört dann zu seinem allgemeinen Nachlass und wird auch von einem diesbezüglichen Nachlassinsolvenzverfahren erfasst[2]. Haben Ehegatten die Fortsetzung der Gütergemeinschaft vereinbart und angeordnet, dass eine Teilung nach Ableben des letztlebenden Teils erfolgen soll, so ist es eine Auslegungsfrage, ob damit nur die Bestimmung des § 1498 wiederholt werden sollte oder aber eine Schlusserbeneinsetzung gewollt war[3].

2 Der Tod eines anteilsberechtigten **Abkömmlings** beendet demgegenüber die fortgesetzte Gütergemeinschaft nur dann, wenn dies der einzige oder der letzte von ihnen war[4].

3 Die rechtskräftige Todeserklärung (§§ 3 bis 7 VerschG) beendet ebenfalls die fortgesetzte Gütergemeinschaft und zwar zu dem in Beschluss nach §§ 9, 23 VerschG angegebenen Zeitpunkt (Abs 2). Dies gilt auch dann, wenn der **Ehegatte in Wahrheit noch lebt**, zurückkehrt oder gar der Beschluss über die Todeserklärung aufgehoben wird (§ 30 VerschG). Dies ergibt sich aus dem klaren Wortlaut des Abs 2 und dem Umstand, dass die Wiederherstellung des Gesamtguts unpraktikabel ist (str)[5]. Der zu Unrecht für tot Erklärte ist auf schuldrechtliche Ansprüche angewiesen (§§ 2031, 2370, 816)[6]. Eine zu Unrecht ausgestellte Sterbeurkunde beendet die fortgesetzte Gütergemeinschaft nicht[7].

§ 1495 Aufhebungsklage eines Abkömmlings

Ein anteilsberechtigter Abkömmling kann gegen den überlebenden Ehegatten auf Aufhebung der fortgesetzten Gütergemeinschaft klagen,

1. wenn seine Rechte für die Zukunft dadurch erheblich gefährdet werden können, dass der überlebende Ehegatte zur Verwaltung des Gesamtguts unfähig ist oder sein Recht, das Gesamtgut zu verwalten, missbraucht,
2. wenn der überlebende Ehegatte seine Verpflichtung, dem Abkömmling Unterhalt zu gewähren, verletzt hat und für die Zukunft eine erhebliche Gefährdung des Unterhalts zu besorgen ist,
3. wenn die Verwaltung des Gesamtguts in den Aufgabenkreis des Betreuers des überlebenden Ehegatten fällt,
4. wenn der überlebende Ehegatte die elterliche Sorge für den Abkömmling verwirkt hat oder, falls sie ihm zugestanden hätte, verwirkt haben würde.

I. Normzweck, Grundsätzliches

1 Während der überlebende Ehegatte nach § 1492 jederzeit die Möglichkeit hat, die fortgesetzte Gütergemeinschaft aufzuheben, müssen die hieran beteiligten Abkömmlinge eine Aufhebungsklage nach § 1495 erheben. Sie können dies aber nur dann, wenn einer der in Nr 1 bis Nr 4 genannten Gründe vorliegt. Es handelt sich dabei um eine **erschöpfende Aufzählung** der Aufhebungsgründe, die auf dem Gedanken der **Unzumutbarkeit** der Fortsetzung der Gütergemeinschaft beruhen[1*]. Nicht genügend ist etwa ein Insolvenzverfahren über das Vermögen des überlebenden Ehegatten, Volljährigkeit oder Verheiratung der beteiligten Abkömmlinge[2*]. Die Aufhebungsgründe sind im Wesentlichen wie § 1447 für den nicht verwaltungsberechtigten Ehegatten ausgestaltet (s daher auch Erl dort). Dabei treten hier jedoch an die Stelle des Gesamtgutsverwalters der überlebende Ehegatte und an die Stelle des anderen (nicht verwaltenden) Ehegatte der anteilsberechtigte Abkömmling[3*].

---

[1] AnwK-BGB/*Völker* Rn 4; MünchKommBGB/*Kanzleiter* Rn 2; *Staudinger/Thiele* Rn 6.
[2] Vgl BayObLG OLGE 33, 341, 342; AnwK-BGB/*Völker* Rn 4.
[3] BayObLGZ 1986, 242, 246; *Staudinger/Thiele* Rn 6.
[4] AnwK-BGB/*Völker* Rn 1; *Staudinger/Thiele* Rn 4.
[5] AnwK-BGB/*Völker* Rn 3; MünchKommBGB/*Kanzleiter* Rn 3; *Staudinger/Thiele* Rn 5; *Gernhuber/Coester-Waltjen* § 39 Rn 47; aA *Erman/Heckelmann*; jurisPK/*Hausch* Rn 5; *Palandt/Brudermüller* Rn 1; RGRK/*Finke* Rn 2; *Rohr*, Die fortgesetzte Gütergemeinschaft, S 95; *Soergel/Gaul* Rn 7; *Dölle* I S 1006: mit Aufhebung der Todeserklärung werden deren Wirkungen rückwirkend völlig beseitigt.
[6] *Staudinger/Thiele* Rn 5; MünchKommBGB/*Kanzleiter* Rn 3.
[7] *Staudinger/Thiele* Rn 3.
[1*] *Staudinger/Thiele* Rn 1.
[2*] AnwK-BGB/*Völker* Rn 2; *Palandt/Brudermüller* Rn 1; *Staudinger/Thiele* Rn 1.
[3*] *Staudinger/Thiele* Rn 4.

II. Verfahren

Klagebefugt sind nur die anteilsberechtigten Abkömmlinge, in den Fällen der Nr 1, 2 und 4 nur derjenige, der auch betroffen ist[4]. Die Klage ist gegen den überlebenden Ehegatten zu richten, auch wenn das stattgebende Urteil gegen alle anderen Abkömmlinge wirkt (§ 1496 S 2)[5]. Wegen dieser Rechtskrafterstreckung sind mehrere Abkömmlinge, die den Rechtsstreit führen, notwendige Streitgenossen iS von § 62 Abs 1 Alt 1 ZPO[6], weshalb auch die anderen Abkömmlinge als streitgenössische Nebenintervenienten beitreten können (§§ 66, 69, 61 ZPO)[7]. Zuständig ist ausschließlich das **Familiengericht** (§ 23 b Abs 1 S 2 Nr 9 GVG, § 621 Abs 1 Nr 8 ZPO)[8]. Erledigung der Hauptsache tritt in jedem Fall der Beendigung der fortgesetzten Gütergemeinschaft ein, also auch bei Aufhebung durch den Ehegatten nach § 1492[9]. Ob § 93 ZPO eingreift, ist Frage des Einzelfalls[10]. Der Streitwert beträgt etwa die Hälfte des Gesamtgutsanteils des Klägers[11].

III. Aufhebungsgründe

Ein Verschulden ist grds nicht erforderlich. § 1495 **Nr 1** stimmt sachlich mit § 1447 Nr 1, § 1495 **Nr 2** mit § 1447 Nr 2 – wobei hier nur klagebefugt der Abkömmling ist, dessen Unterhaltsanspruch verletzt wurde[12] – und 1495 **Nr 3** mit § 1447 Nr 4 überein[13]. Vgl Erl dort. Da es ein Notverwaltungsrecht der Abkömmlings nicht gibt, kommt § 1495 Nr 1 jedoch eher in Betracht[14]. Bei der Prüfung der künftig erheblichen Gefährdung des Abkömmlings ist nicht nur auf die einzelne, missbräuchliche Verwaltungshandlung abzustellen, sondern auf das gesamte Verhalten des überlebenden Ehegatten[15].

Der Aufhebungsgrund nach **Nr 4** bei Verwirkung der elterlichen Sorge (früher § 1676 aF) ist **gegenstandslos**, da eine solche Verwirkung seit dem SorgeRG vom 18. 7. 1979 (BGBl I S 1061) nicht mehr möglich ist und die nach den §§ 1666 ff zulässigen anderen Maßnahmen zur Einschränkung des Sorgerechts durch das Familiengericht dem nicht gleichgestellt werden können[16].

§ 1496 Wirkung des Aufhebungsurteils

¹**Die Aufhebung der fortgesetzten Gütergemeinschaft tritt in den Fällen des § 1495 mit der Rechtskraft des Urteils ein.** ²**Sie tritt für alle Abkömmlinge ein, auch wenn das Urteil auf die Klage eines der Abkömmlinge ergangen ist.**

Entsprechend den §§ 1449 Abs 1, 1470 Abs 1 bei der ehelichen Gütergemeinschaft endet die fortgesetzte Gütergemeinschaft mit der formellen Rechtskraft (§ 705 ZPO) des Aufhebungsurteils (S 1). Dieses Gestaltungsurteil kann daher nicht für vorläufig vollstreckbar erklärt werden[1]; auch eine Aufhebung durch einstweilige Verfügung ist unzulässig, da dies die Hauptsache vorwegnehmen würde[2]. Der Zeitpunkt der Rechtshängigkeit der Klage kann allerdings für die Auseinandersetzung erheblich sein (§§ 1498, 1479).

S 2 ordnet eine **Rechtskrafterstreckung** hinsichtlich aller an der fortgesetzten Gütergemeinschaft beteiligten Abkömmlinge an, um widersprüchliche Entscheidungen in verschiedenen Prozessen zu verhindern[3]. Mehrere klagende Abkömmlinge sind daher notwendige Streitgenossen (§ 62 Abs 1 Alt 1 ZPO).

§ 1497 Rechtsverhältnis bis zur Auseinandersetzung

(1) Nach der Beendigung der fortgesetzten Gütergemeinschaft setzen sich der überlebende Ehegatte und die Abkömmlinge über das Gesamtgut auseinander.

(2) Bis zur Auseinandersetzung bestimmt sich ihr Rechtsverhältnis am Gesamtgut nach den §§ 1419, 1472, 1473.

---

[4] *Soergel/Gaul* Rn 2.
[5] *Staudinger/Thiele* § 1496 Rn 3.
[6] AnwK-BGB/*Völker* Rn 4; MünchKommBGB/*Kanzleiter* § 1496 Rn 3; *Zöller/Vollkommer* § 62 ZPO Rn 4; aA Prozessrechtskommentar/*Wieser* Rn 2.
[7] AnwK-BGB/*Völker* Rn 4; MünchKommBGB/*Kanzleiter* Rn 3; *Staudinger/Thiele* Rn 3.
[8] AnwK-BGB/*Völker* Rn 4; *Soergel/Gaul* Rn 3.
[9] MünchKommBGB/*Kanzleiter* Rn 3.
[10] *Soergel/Gaul* Rn 2; zu pauschal *Palandt/Brudermüller* Rn 1.
[11] BGH NJW 1973, 50.
[12] MünchKommBGB/*Kanzleiter* Rn 2.
[13] Vgl etwa MünchKommBGB/*Kanzleiter* Rn 2.
[14] *Staudinger/Thiele* Rn 5.
[15] BGHZ 1, 313; 48, 369, 373 = NJW 1968, 496 m Anm *Johannsen*; *Staudinger/Thiele* Rn 15.
[16] AnwK-BGB/*Völker* Rn 3; jurisPK/*Hausch* Rn 20; MünchKommBGB/*Kanzleiter* Rn 3; *Palandt/Brudermüller* Rn 4; aA *Soergel/Gaul* Rn 7; *Staudinger/Thiele* Rn 7.
[1] AnwK-BGB/*Völker* Rn 2; *Staudinger/Thiele* Rn 2.
[2] *Staudinger/Thiele* Rn 2; MünchKommBGB/*Kanzleiter* Rn 2.
[3] MünchKommBGB/*Kanzleiter* Rn 3; *Staudinger/Thiele* Rn 3.

§ 1497

I. Normzweck, Grundsätzliches

1 Nach der Beendigung der fortgesetzten Gütergemeinschaft wandelt sich diese in eine Auseinandersetzungsgemeinschaft, die sich im Wesentlichen durch ihre andere, nämlich auf die Auseinandersetzung gerichtete Zwecksetzung unterscheidet[1]. Die gesamthänderische Bindung besteht jedoch grds fort. Das hierzu gehörende **Gesamtgut** ist von den Beteiligten auseinander zu setzen. Dies regeln die §§ 1497 bis 1506 und zwar in enger Anlehnung an die §§ 1471 bis 1481 über die Auseinandersetzung der ehelichen Gütergemeinschaft. Erst mit der vollständigen Auseinandersetzung ist die Gesamthand beendet[2]. Erb- und Pflichtteilsrechte werden von der Auseinandersetzung nicht berührt. **Beteiligte** der Liquidationsgemeinschaft sind einerseits der überlebende Ehegatte oder seine Erben und andererseits die im Zeitpunkt der Beendigung an der fortgesetzten Gütergemeinschaft beteiligten Abkömmlinge oder wiederum deren Erben (§ 1490 gilt ab der Beendigung nicht mehr).

II. Anspruch auf Auseinandersetzung (Abs 1)

2 Nach Beendigung der fortgesetzten Gütergemeinschaft (vgl §§ 1492, 1493, 1494, 1495) hat jeder Beteiligte einen einklagbaren Anspruch auf deren Auseinandersetzung[3], der jedoch nicht abtretbar ist[4]. **Keiner** Auseinandersetzung bedarf es dann, wenn das Gesamtgut kraft Gesetzes bereits einem Beteiligten allein zugefallen ist, so wenn alle Abkömmlinge auf ihren Gesamtgutsanteil verzichtet haben (§ 1491) oder ohne Hinterlassung von anteilsberechtigten Abkömmlinge verstorben sind (§ 1490 S 3) oder der einzige noch beteiligte Abkömmling durch den Alleinerbe des letztversterbenden Ehegatten wurde oder in Folge einer Wiederverheiratungsklausel der einzige Abkömmling Nacherbe des erstversterbenden Ehegatten ist und durch die Wiederverheiratung sowohl die fortgesetzte Gütergemeinschaft beendet (§ 1493) als auch der Gesamtgutsanteil an ihn gefallen ist[5].

III. Rechtsverhältnisse am Gesamtgut (Abs 2)

3 Abs 2 verweist ausdrücklich auch für das Liquidationsstadium auf § 1419 (gesamthänderische Bindung), § 1472 (gemeinschaftliche Verwaltung) und § 1473 (Surrogation); s daher auch Erl dort.

4 **1. Gesamthänderische Bindung (§ 1419).** Da die Gesamthandsgemeinschaft bis zur vollständigen Auseinandersetzung noch fortbesteht, kann kein Teilhaber über seinen Anteil am Gesamtgut oder gar über einzelne Gesamtgutsgegenstände verfügen (§ 1419 Abs 1)[6]. Eine unwirksame Verfügung über den Gesamtgutsanteil kann aber in eine zulässige Abtretung des (künftigen) Auseinandersetzungsguthabens umgedeutet werden[7]. Jedoch ist die gesamthänderische Bindung im Liquidationsstadium gelockert: Der Anteil am Gesamtgut ist jetzt pfändbar (§ 860 Abs 2 ZPO) und fällt in die Insolvenzmasse des Teilhabers (§ 1471 Rn 4);[8] die Anteile der Abkömmlinge sind jetzt vererblich (§ 1490 Rn 5). Für die Zwangsvollstreckung bedarf es grds eines Leistungstitels gegen den überlebenden Ehegatten und eines Duldungstitels gegen die anteilsberechtigten Abkömmlinge (§ 745 Abs 2, §§ 743, 744 ZPO)[9].

5 **2. Gemeinschaftliche Verwaltung (§ 1472), Surrogation (§ 1473).** Während des Liquidationsstadiums steht die Verwaltung dem überlebenden Ehegatten und den anteilsberechtigten Abkömmlingen gemeinschaftlich zu[10]; Ausnahmen bestehen nach § 1472 Abs 2 und Abs 3 HS 2 (besonders Notverwaltungsrecht). Im Prozess bilden diese Teilhaber daher eine Streitgenossenschaft (§ 62 ZPO)[11], und üben auch gemeinschaftlich das Stimmrecht bei Aktien aus[12]. Inwieweit einer der anteilsberechtigten Abkömmlinge hierbei der Zustimmung seines Ehegatten bedarf, bestimmt sich nach dessen güterrechtlichen Beziehungen[13]. In der Auseinandersetzungsgemeinschaft haben auch die Abkömmlinge einen Anspruch auf Einräumung von **Mitbesitz**; minderjährige Abkömmlinge im Haushalt der Eltern behalten aber die Stellung als Besitzdiener[14]. Für **minderjährige Abkömmlinge** kann der überlebende Ehegatte als deren gesetzlicher Vertreter Verwaltungshandlungen auch in deren Namen gegenüber Dritten vornehmen; dies gilt unter Umständen auch für Rechtsgeschäfte im Rahmen der Auseinandersetzung (§§ 1629 Abs 2, 1795, 181). Eine persönliche Haftung der beteiligten Abkömmlinge für Gesamtgutsverbindlichkeiten besteht auch jetzt nicht, kann sich aber im Rahmen der Auseinandersetzung nach §§ 1498, 1480 ergeben[15].

---

[1] AnwK-BGB/*Völker* Rn 4.
[2] *Soergel/Gaul* Rn 2.
[3] Trotz des feststellenden Wortlauts von Abs 1 allgM, vgl AnwK-BGB/*Völker* Rn 3; *Staudinger/Thiele* Rn 4.
[4] KG JW 1931, 1371.
[5] AnwK-BGB/*Völker* Rn 3; *StaudingerThiele* § 1493 Rn 7.
[6] BGH LM Nr 1 = FamRZ 1966, 443; BayObLG MDR 1952, 41.
[7] BGH LM Nr 1.
[8] BayObLGZ 33, 341 zum Nachlassinsolvenzverfahren nach dem Tod des längerlebenden Ehegatten.
[9] RGZ 148, 243, 250; dazu auch *Hüffer* ZZP 85 (1972), 229, 232.
[10] RGZ 139, 118, 121; jedoch ist § 185 auf Verfügungen einzelner Teilhaber anwendbar, AnwK-BGB/*Völker* Rn 6.
[11] *Rosenberg/Schwab/Gottwald* Zivilprozessrecht § 50 III 2; *Soergel/Gaul* Rn 9.
[12] LG Nürnberg/Fürth JR 1949, 576 m krit Anm *Klaus*.
[13] RGZ 125, 347, 354: Gesamtgutsanteil eines Abkömmlings fällt in die mit seinem Ehegatten vereinbarte Gütergemeinschaft; str, s § 1416 Rn 3 mwN.
[14] Zu den Besitzverhältnissen vgl auch BGHZ 12, 380, 400, allerdings zur Gütertrennung.
[15] *Staudinger/Thiele* Rn 9.

Die Teilhaber sind auch einander verpflichtet, zu den erforderlichen tatsächlichen und rechtlichen 6
Maßnahmen mitzuwirken (§ 1472 Abs 3; s dort Rn 7). Dabei braucht nur derjenige Teilhaber, der seine Mitwirkung verweigert, verklagt werden[16]. Auch sind die Teilhaber untereinander zur Unterrichtung und **Auskunft** verpflichtet, der überlebende Ehegatte besonders hinsichtlich des Gesamtguts[17]. Mit Beendigung der fortgesetzten Gütergemeinschaft fällt auch der Erwerb des überlebenden Ehegatten sowie die Nutzungen seines Sonderguts wieder in sein freies Vermögen; Gesamtgut werden aber die **Surrogate** (§ 1473 m Erl dort). Die Beendigung der fortgesetzten Gütergemeinschaft wird auf Antrag eines Teilhabers in das **Grundbuch** eingetragen[18].

§ 1498 Durchführung der Auseinandersetzung

[1]**Auf die Auseinandersetzung sind die Vorschriften der §§ 1475, 1476, des § 1477 Abs. 1, der §§ 1479, 1480 und des § 1481 Abs. 1, 3 anzuwenden; an die Stelle des Ehegatten, der das Gesamtgut allein verwaltet hat, tritt der überlebende Ehegatte, an die Stelle des anderen Ehegatten treten die anteilsberechtigten Abkömmlinge.** [2]**Die in § 1476 Abs. 2 Satz 2 bezeichnete Verpflichtung besteht nur für den überlebenden Ehegatten.**

I. Grundzüge

Die Auseinandersetzung der fortgesetzten Gütergemeinschaft erfolgt im Wesentlichen nach den 1
Vorschriften, die auch für die Auseinandersetzung der ehelichen Gütergemeinschaft gelten (§§ 1475 bis 1481) Dabei treten hier an Stelle des alleinverwaltenden Ehegatten der längerlebende, an Stelle des anderen Ehegatten die Abkömmlinge (S 1 HS 2)[1]. Jedoch gelten **nicht**[2]: § 1474, das Übernahmerecht nach § 1477 Abs 2 (stattdessen §§ 1502, 1515), § 1478 (Scheidung vor Auseinandersetzung der Gütergemeinschaft) und § 1481 Abs 2 (Haftungsverteilung bei gemeinschaftlicher Verwaltung). **Vorrangig** ist aber auch hier die von den Beteiligten in einem konkreten Einzelfall getroffene Auseinandersetzungsvereinbarung; § 1518 steht dem nicht entgegen, da die Auseinandersetzungsvereinbarung nicht von den Ehegatten in einem Ehevertrag im Voraus getroffen wird. Auch aus der fehlenden Verweisung auf § 1474 ergibt sich nichts anderes[3].

II. Auseinandersetzungsvereinbarung

Sie kann auch hier unter Vermittlung des Nachlassgerichts oder Notars zu Stande kommen 2
(§§ 99, 86 ff FGG)[4] und bedarf grds keiner besonderen Form, soweit sich nicht auf Grund allgemeiner Vorschriften wegen besonderer Auseinandersetzungsgegenstände etwas anderes ergibt (§ 311b Abs 1, § 15 GmbHG)[5]. Für jeden beteiligten Abkömmling, der unter der **elterlichen Sorge** oder Vormundschaft des überlebenden Ehegatten steht, bedarf es der Bestellung eines Ergänzungspflegers (§§ 1629 Abs 2, 1795 Abs 2, 181, 1909, 1915 Abs 1); Entsprechendes gilt bei einer Betreuung (§ 1908 i). Eine generelle Pflicht zur vormundschaftsgerichtlichen Genehmigung ist nicht vorgesehen; sie besteht jedoch im Einzelfall bei Verfügung über Grundbesitz (§§ 1821 Abs 1 Nr 1, 1643 Abs 1, 1908 i)[6] oder wenn eine erbteilungsähnliche Vereinbarung nach § 1503 Abs 3 getroffen wird (§ 1822 Nr 2)[7]. Begrenzt wird die Vertragsfreiheit nur durch die Gläubigerschutzvorschrift des § 1480[8].

III. Auseinandersetzung nach den gesetzlichen Vorschriften

An Stelle einer gütlichen Auseinandersetzung kann auch jeder Teilhaber auf Auseinandersetzung 3
entsprechend den gesetzlichen Vorschriften **klagen**[9], und zwar vor dem Familiengericht (§ 23 b Abs 1 S 2 Nr 9 GVG, § 621 Abs 1 Nr 8 ZPO)[10]. Zu den Erfordernissen des (schwierig zu formulierenden) Klageantrags s § 1474 Rn 6. Zunächst sind die **Gesamtgutsverbindlichkeiten zu bezahlen** (§ 1475). Bei vorzeitiger Teilung trifft jeden Teilhaber die persönliche Haftung nach § 1480 (§ 1498 S 1).

---

[16] BGH NJW-RR 1991, 1410.
[17] AnwK-BGB/*Völker* Rn 7; MünchKommBGB/*Kanzleiter* Rn 3; Staudinger/*Thiele* Rn 14, der auch § 260 anwendet; RGRK/*Finke* Rn 5; vgl auch RG WarnR 1928 Nr 42 zur Auskunftspflicht der Erben des überlebenden Ehegatten nach §§ 681, 666.
[18] AnwK-BGB/*Völker* Rn 10; Staudinger/*Thiele* Rn 18; Soergel/*Gaul* Rn 5; aA MünchKommBGB/*Kanzleiter* Rn 3.
[1] Staudinger/*Thiele* Rn 5.
[2] AnwK-BGB/*Völker* Rn 2.
[3] AllgM, MünchKommBGB/*Kanzleiter* Rn 2; Staudinger/*Thiele* Rn 3.
[4] Soergel/*Gaul* Rn 3.
[5] AnwK-BGB/*Völker* Rn 3; MünchKommBGB/*Kanzleiter* Rn 3; vgl auch van Venrooy FamRZ 1988, 561, 565.
[6] Vgl zur Erbauseinandersetzung KGJ 38 A 219, 221.
[7] Staudinger/*Thiele* Rn 4; Soergel/*Gaul* Rn 3; RGRK/*Finke* § 1501 Rn 4; aA MünchKommBGB/*Kanzleiter* Rn 3 Fn 1.
[8] MünchKommBGB/*Kanzleiter* Rn 2.
[9] Eingehend AnwK-BGB/*Völker* Rn 4 ff; Rohr, Fortgesetzte Gütergemeinschaft, S 135 ff.
[10] BGH NJW-RR 1998, 1219.

§ 1499　　　　　　　　　　　　　　　　　　　Buch 4. Abschnitt 1. Bürgerliche Ehe

4　　Der verbleibende **Überschuss** ist nach dem Halbteilungsgrundsatz zwischen dem überlebenden Ehegatten einerseits und den beteiligten Abkömmlingen anderseits (unter sich nach § 1503) nach § 1476 Abs 1 zu verteilen[11]. Dabei ist dem überlebenden Ehegatten auch das anzurechnen, was er zum Gesamtgut zu ersetzen hat (§§ 1498 S 2, 1476 Abs 2, 1499)[12]. Die Abkömmlinge haben sich die Gesamtgutsverbindlichkeiten anrechnen zu lassen, die nach § 1500 ihnen zur Last fallen[13]. Die Durchführung der Auseinandersetzung erfolgt nach den §§ 752 ff. Der Halbteilungsgrundsatz bedeutet im Ergebnis für den längerlebenden Ehegatten den **Fortfall seines Ehegattenerbteils** am Gesamtgut zu Gunsten der beteiligten Abkömmlinge[14]; zudem wird sein Auseinandersetzungsanspruch auch noch dadurch eingeschränkt, dass er wirtschaftlich gesehen auch noch die Hälfte der Abfindung einseitiger Abkömmlinge des Erstversterbenden zu tragen hat (§ 1483 Abs 2)[15]. Das Gesetz geht dabei davon aus, dass diese Nachteile durch den Aufschub der Auskehrung der Erbanteile der Abkömmlinge kompensiert werden[16]. Ob dies wirklich so ist, erscheint – insbes bei baldiger Wiederheirat – zweifelhaft. Zudem bleibt das Erb- und Pflichtteilsrecht der Abkömmlinge gegen den längerlebenden Ehegatten unberührt. Der Ehegatte wird daher im Einzelfall überlegen müssen, ob er diese Belastung nicht durch Ablehnung der fortgesetzten Gütergemeinschaft (§ 1484 Abs 1) vermeidet[17].

5　　Bei einer Auseinandersetzung auf Grund eines **Aufhebungsurteils** (§§ 1495, 1496) gilt § 1479 entsprechend. Auf Verlangen desjenigen, der das Urteil erwirkt hat, findet eine Vorverlegung des Abrechnungszeitpunkts auf den Zeitpunkt der Rechtshängigkeit der Aufhebungsklage statt. Sind mehrere anteilsberechtigte Abkömmlinge vorhanden, kann nach hM dieses Wahlrecht nur von allen ausgeübt werden, was sich auch aus der ausdrücklichen Verweisung des § 1498 S 1 ergibt[18].

§ 1499 Verbindlichkeiten zu Lasten des überlebenden Ehegatten

Bei der Auseinandersetzung fallen dem überlebenden Ehegatten zur Last:
1. die ihm bei dem Eintritt der fortgesetzten Gütergemeinschaft obliegenden Gesamtgutsverbindlichkeiten, für die das eheliche Gesamtgut nicht haftete oder die im Verhältnis der Ehegatten zueinander ihm zur Last fielen;
2. die nach dem Eintritt der fortgesetzten Gütergemeinschaft entstandenen Gesamtgutsverbindlichkeiten, die, wenn sie während der ehelichen Gütergemeinschaft in seiner Person entstanden wären, im Verhältnis der Ehegatten zueinander ihm zur Last gefallen sein würden;
3. eine Ausstattung, die er einem anteilsberechtigten Abkömmling über das dem Gesamtgut entsprechende Maß hinaus oder die er einem nicht anteilsberechtigten Abkömmling versprochen oder gewährt hat.

I. Grundsatz, Normzweck

1　　Wie bei der ehelichen Gütergemeinschaft gilt der **Grundsatz**, dass **Gesamtgutsverbindlichkeiten** auch **Gesamtgutslasten** sind. Dies bedeutet[1],
– soweit Verbindlichkeiten aus dem Vorbehalts- oder Sondergut des überlebenden Ehegatten berichtigt wurden, ist diesem nach Beendigung der fortgesetzten Gütergemeinschaft Ersatz zu leisten (§§ 1487 Abs 1, 1445, 1487 Abs 2). Soweit ein anteilsberechtigter Abkömmling die Tilgung vornahm, kann er sofort Ersatz verlangen;
– dass bei der Auseinandersetzung der überlebende Ehegatte die Berichtigung der Verbindlichkeiten aus dem Gesamtgut verlangen kann (§§ 1498, 1475);
– dass bei vorzeitiger Teilung vor Berichtigung der Gesamtgutsverbindlichkeiten der überlebende Ehegatte dafür haftet, dass die anteilsberechtigten Abkömmlinge von den Gläubigern nicht über die Hälfte der Verbindlichkeiten oder über das aus dem Gesamtgut Erlangte in Anspruch genommen werden (§§ 1498, 1481 Abs 1, 3).

Die anlässlich der Auseinandersetzung abdingbare[2] Vorschrift enthält zu Lasten des längerlebenden Ehegatten für das Innenverhältnis der Teilhaber der fortgesetzten Gütergemeinschaft Ausnahmen von diesem Grundsatz.

---

[11] Zum Vorausverzicht eines Abkömmlings zu Gunsten des überlebenden Ehegatten nach § 1517 *Rohr,* Fortgesetzte Gütergemeinschaft, S 119; AnwK-BGB/*Völker* Rn 6 Fn 13.
[12] *Soergel/Gaul* Rn 5.
[13] Vgl eingehend *Staudinger/Thiele* Rn 9.
[14] *Staudinger/Thiele* Rn 7.
[15] MünchKommBGB/*Kanzleiter* Rn 5.
[16] *Gernhuber/Coester-Waltjen* § 39 Rn 59.
[17] Zust AnwK-BGB/*Völker* Rn 16.
[18] *Soergel/Gaul* Rn 7; *Staudinger/Thiele* Rn 10; Mot IV S 483 f; aA MünchKommBGB/*Kanzleiter* Rn 7: Jeder Abkömmling, der das Aufhebungsurteil erwirkte, kann für sich den anderen Abrechnungszeitpunkt verlangen, was zu einer temporären Relativität des Auseinandersetzungsanspruchs und damit zu erheblichen Bewertungserschwerungen führt; wie hier daher zust AnwK-BGB/*Völker* Rn 13.
[1] AnwK-BGB/*Völker* Rn 1; *Staudinger/Thiele* Rn 2 f.
[2] AnwK-BGB/*Völker* Rn 1; *Soergel/Gaul* Rn 2; *Staudinger/Thiele* Rn 13.

II. Vom überlebenden Ehegatten zu tragende Verbindlichkeiten

Nr 1 Alt 1 betrifft die Verbindlichkeiten, die erst nach § 1488 Alt 1 Gesamtgutsverbindlichkeiten geworden sind. Soweit der überlebende Ehegatte früher Gesamtgutsverwalter war, ist diese Alternative nicht anwendbar, weil nach § 1437 Abs 1 alle Verbindlichkeiten des Verwalters Gesamtgutsverbindlichkeiten waren[3]. Im Übrigen gilt die Bestimmung für alle Verbindlichkeiten, die nach §§ 1438 bis 1440, §§ 1460 bis 1462 oder auf Grund Vereinbarung mit dem Gläubiger nicht Gesamtgutsverbindlichkeiten waren. **Nr 1 Alt 2,** verweist auf die §§ 1441 bis 1444 bzw §§ 1463 bis 1466 (bei gemeinschaftlicher Verwaltung).

Nr 2 verweist im Ergebnis auf die §§ 1441 bis 1443 und erklärt sie insoweit auf die **während der Zeit** der fortgesetzten Gütergemeinschaft entstandenen Verbindlichkeiten für entsprechend anwendbar. Da der Längerlebende die Stellung des Gesamtgutsverwalters hat, sind die §§ 1463 bis 1465 nicht anwendbar[4].

Nach **Nr 3** hat der überlebende Ehegatte auch die Kosten einer **Ausstattung** (§ 1624) aus dem Gesamtgut zu tragen, wenn sie entweder einem nichtanteilsberechtigtem Abkömmling gewährt oder aber bei Zuwendung an einen anteilsberechtigte Abkömmling übermäßig war (lex specialis zu §§ 1444, 1466). Zur Ausgleichungspflicht einer dem Gesamtgut entsprechenden Ausstattung an den Anteilsberechtigten s § 1503 Abs 2.

III. Wirkung

Der überlebende Ehegatte kann im Rahmen der Auseinandersetzung eine Berichtigung der ihm zur Last fallenden Verbindlichkeiten aus dem Gesamtgut nicht verlangen (§§ 1498, 1475 Abs 2); soweit solche Verbindlichkeiten aus dem Gesamtgut getilgt wurden, ist er nach Beendigung der fortgesetzten Gütergemeinschaft zur Ersatzleistung an das Gesamtgut verpflichtet (§§ 1487 Abs 1 HS 1, 1445 Abs 1, 1487 Abs 2)[5]. **Beweispflichtig** ist, wer sich auf diese Ausnahmebestimmungen beruft[6].

§ 1500 Verbindlichkeiten zu Lasten der Abkömmlinge

(1) Die anteilsberechtigten Abkömmlinge müssen sich Verbindlichkeiten des verstorbenen Ehegatten, die diesem im Verhältnis der Ehegatten zueinander zur Last fielen, bei der Auseinandersetzung auf ihren Anteil insoweit anrechnen lassen, als der überlebende Ehegatte nicht von dem Erben des verstorbenen Ehegatten Deckung hat erlangen können.

(2) In gleicher Weise haben sich die anteilsberechtigten Abkömmlinge anrechnen zu lassen, was der verstorbene Ehegatte zu dem Gesamtgut zu ersetzen hatte.

I. Normzweck

Die Vorschrift bestimmt, welche Verbindlichkeiten den Abkömmlingen im Innenverhältnis bei der Auseinandersetzung zur Last fallen. Sie ist das Gegenstück zu § 1499, das den Ehegatten betrifft, und ebenso eine Ausnahme vom Grundsatz, dass Gesamtgutsverbindlichkeiten auch Gesamtgutslasten sind.

II. Anrechnungspflicht der Abkömmlinge

Den Abkömmlingen anzurechnende Verbindlichkeiten des verstorbenen Ehegatten sind nach **Abs 1** Gesamtgutsverbindlichkeiten, die dem Verstorbenen nach §§ 1441 bis 1444, 1463 bis 1466 zur Last fielen[1]. Nach **Abs 2** besteht die Anrechnungspflicht hinsichtlich der Ersatzpflicht, die den verstorbenen Ehegatten nach §§ 1445 Abs 1, 1446, 1467 Abs 1, 1468 wegen der Verwendung von Gesamtgut in sein Sonder- oder Vorbehaltsgut treffen würde. Jedoch **entfällt die Anrechnungspflicht,** wenn und soweit der überlebende Ehegatte von den Erben des verstorbenen Ehegatten Deckung erlangt hat oder zumindest hätte erlangen können. Auf den Grund für die fehlende Deckung kommt es nicht an; insbes ist kein Verschulden erforderlich[2]. Nach hM entfällt die Anrechnungspflicht infolge von Konfusion auch dann, wenn der überlebende Ehegatte Alleinerbe des Verstorbenen wurde[3*].

Eine **persönliche Haftung** für die beteiligten Abkömmlinge wird durch § 1500 nicht begründet (§ 1489 Abs 3). Es besteht nur eine reine Anrechnungspflicht (Abzugsposten) bei der Auseinandersetzung, keine Ersatzpflicht, denn § 1498 S 2 schließt § 1476 Abs 2 S 2 zu Lasten der Abkömmlinge gerade aus[4*]. Die allgemeine Erbenhaftung (§§ 1967 ff) der Abkömmlinge, die den verstorbenen Ehegatten beerbt haben (§ 1483 Abs 1 S 3 HS 2) bleibt von § 1500 unberührt[5*].

---

[3] *Soergel/Gaul* Rn 3; *MünchKommBGB/Kanzleiter* Rn 2.
[4] *AnwK-BGB/Völker* Rn 4; *Staudinger/Thiele* Rn 10; *MünchKommBGB/Kanzleiter* Rn 2.
[5] *AnwK-BGB/Völker* Rn 6; *Palandt/Brudermüller* Rn 5; *Staudinger/Thiele* Rn 4 f.
[6] *Staudinger/Thiele* Rn 12; *Baumgärtel/Laumen* Rn 1.
[1] *Staudinger/Thiele* Rn 5; *Soergel/Gaul* Rn 2.
[2] *Soergel/Gaul* Rn 3; *Staudinger/Thiele* Rn 7.
[3*] *Soergel/Gaul* Rn 3; RGRK/*Finke* Rn 5; *Palandt/Brudermüller* Rn 2; *Erman/Heckelmann* Rn 1; aA AnwK-BGB/ *Völker* Rn 3; jurisPK/*Hausch* Rn 7; MünchKommBGB/*Kanzleiter* Rn 2; *Staudinger/Thiele* Rn 8: Anrechnungspflicht entfällt nur soweit der Nachlass zur Deckung ausreicht; ansonsten würde man den Längerlebenden zur Ausschlagung zwingen.
[4*] AnwK-BGB/*Völker* Rn 4.
[5*] AllgM, AnwK-BGB/*Völker* Rn 4; *Staudinger/Thiele* Rn 10.

§ 1501 Anrechnung von Abfindungen

(1) Ist einem anteilsberechtigten Abkömmling für den Verzicht auf seinen Anteil eine Abfindung aus dem Gesamtgut gewährt worden, so wird sie bei der Auseinandersetzung in das Gesamtgut eingerechnet und auf die den Abkömmlingen gebührende Hälfte angerechnet.

(2) ¹Der überlebende Ehegatte kann mit den übrigen anteilsberechtigten Abkömmlingen schon vor der Aufhebung der fortgesetzten Gütergemeinschaft eine abweichende Vereinbarung treffen. ²Die Vereinbarung bedarf der notariellen Beurkundung; sie ist auch denjenigen Abkömmlingen gegenüber wirksam, welche erst später in die fortgesetzte Gütergemeinschaft eintreten.

I. Normzweck

1 Verzichtet ein Abkömmling auf seinen Gesamtgutsanteil, so kommt dies nur den anderen Abkömmlingen und nicht dem überlebenden Ehegatten zugute (§§ 1491 Abs 4, 1490 S 3). Daher soll eine aus dem Gesamtgut gewährte Abfindung bei einer Auseinandersetzung des Gesamtguts auch nur die Abkömmlinge und nicht den überlebenden Ehegatten belasten[1]. Die Vorschrift betrifft nicht einen Vorausverzicht nach § 1517, sondern nur den nach § 1491 nach Eintritt der fortgesetzten Gütergemeinschaft geleisteten, hier aber in seinen beiden Erscheinungsformen (einseitiger oder Verzichtsvertrag)[2].

II. Anrechnung auf die Hälfte der Abkömmlinge

2 Erforderlich ist, dass die Abfindung aus dem Gesamtgut[3], nicht aber aus dem Sonder- oder Vorbehaltsgut des längerlebenden Ehegatten, gewährt wurde. Wurde vom längerlebenden Ehegatten, als dem dazu berufenen Gesamtgutsverwalter, eine Abfindung gewährt, die über den Gesamtgutsanteil des Verzichtenden hinausging, so ist der überschießende Teil eine Schenkung oder Ausstattung[4]. Dabei ist eine ohne Zustimmung der anteilsberechtigten Abkömmlinge gewährte **Schenkung** zwar nicht anrechnungspflichtig, da § 1501 nur dann einen Ausgleich gewähren will, wenn nicht bereits Spezialvorschriften für die Auseinandersetzung eingreifen. Sie ist aber nach §§ 1487 Abs 1, 1425, 1428 zurückzugewähren; eine Übermaßausstattung fällt hinsichtlich des Übermaßes dem längerlebenden Ehegatten zur Last (§ 1499 Nr 3). Daneben bestehen uU Schadensersatzansprüche nach §§ 1487 Abs 1, 1435 S 3[5]. Wurde keine abweichende Vereinbarung bei der Abfindung getroffen, so ist die Abfindung zunächst dem Gesamtgut hinzuzurechnen und dann auf die den Abkömmlingen zustehende Hälfte anzurechnen[6]. Eine persönliche Haftung der Abkömmlinge besteht nicht, auch wenn die Abfindung größer ist als die den Abkömmlingen zustehende Hälfte[7].

III. Abweichende Vereinbarung (Abs 2)

3 Über die Art und Weise der Anrechnung können abweichende Vereinbarungen getroffen werden. Dies setzt einen Vertrag zwischen dem überlebenden Ehegatten und allen Abkömmlingen voraus. Wird er **vor** der Beendigung der fortgesetzten Gütergemeinschaft getroffen, so bedarf er der **notariellen Beurkundung** (Abs 2 S 2, § 128)[8]. Wird er bei der Auseinandersetzung abgeschlossen, so ist er grds formfrei[9], es sei denn eine Beurkundungspflicht aus der versprochenen Abfindung ergibt, etwa nach § 311 b Abs 1. Er ist auch gegenüber später in die fortgesetzte Gütergemeinschaft eintretenden Abkömmling (§ 1490) wirksam, hat also insoweit quasi dingliche Wirkung zu Lasten Dritter. Ist der überlebende Ehegatte gesetzlicher Vertreter, Vormund oder Betreuer eines Abkömmlings, so bedarf es nach §§ 1629 Abs 2, 1795 Abs 2, 181, 1908 i der Bestellung eines Ergänzungspflegers oder weiteren Betreuers. Die Abfindungsvereinbarung bedarf nach § 1822 Nr 2 der vormundschaftsgerichtlichen Genehmigung, wenn die gesetzliche Verrechnungsregelung nach § 1503 Abs 3 im Verhältnis zu minderjährigen Abkömmlingen geändert werden soll, weil dies einem Erbteilungsvertrag gleichkommt[10]; dies lässt sich dogmatisch problemlos dann begründen, wenn man in der fortgesetzten Gütergemeinschaft eine erbrechtliche Sondernachfolge sieht.

---

[1] MünchKommBGB/*Kanzleiter* Rn 1; *Soergel/Gaul* Rn 1.
[2] HM, AnwK-BGB/*Völker* Rn 1; MünchKommBGB/*Kanzleiter* Rn 2; *Soergel/Gaul* Rn 2; *Palandt/Brudermüller* Rn 1; RGRK/*Finke* Rn 2; aA *Planck/Unzner* Anm 2 c.
[3] AnwK-BGB/*Völker* Rn 3; MünchKommBGB/*Kanzleiter* Rn 2; *StaudingerThiele* Rn 1; aA *Rohr*, Fortgesetzte Gütergemeinschaft, S 127.
[4] MünchKommBGB/*Kanzleiter* Rn 2.
[5] AnwK-BGB/*Völker* Rn 3; MünchKommBGB/*Kanzleiter* Rn 2; *Staudinger/Thiele* Rn 4; teilweise anders *Soergel/Gaul* Rn 3.
[6] Zum Rechenschema AnwK-BGB/*Völker* Rn 2 m Beispiel.
[7] AnwK-BGB/*Völker* Rn 3.
[8] AnwK-BGB/*Völker* Rn 4; *Palandt/Brudermüller* Rn 2; *Rohr*, Fortgesetzte Gütergemeinschaft, S 125; *Staudinger/Thiele* Rn 7; *Soergel/Gaul* Rn 3; entgegen dem Wortlaut (der sich auf Abs 2 S 1 bezieht) für Formfreiheit bereits in diesem Stadium MünchKommBGB/*Kanzleiter* Rn 2, jedoch soll die formlose Vereinbarung nicht gegen einen später eintretenden Abkömmling wirken.
[9] AnwK-BGB/*Völker* Rn 4; *Staudinger/Thiele* Rn 7; *Soergel/Gaul* Rn 4.
[10] AnwK-BGB/*Völker* Rn 4; *Soergel/Gaul* Rn 4; *Staudinger/Thiele* Rn 8; *Palandt/Brudermüller* Rn 2; *Erman/Heckelmann* Rn 2; wohl auch RGRK/*Finke* Rn 4; aA MünchKommBGB/*Kanzleiter* § 1498 Rn 3 Fn 1.

§ 1502 Übernahmerecht des überlebenden Ehegatten

(1) ¹Der überlebende Ehegatte ist berechtigt, das Gesamtgut oder einzelne dazu gehörende Gegenstände gegen Ersatz des Wertes zu übernehmen. ²Das Recht geht nicht auf den Erben über.

(2) ¹Wird die fortgesetzte Gütergemeinschaft auf Grund des § 1495 durch Urteil aufgehoben, so steht dem überlebenden Ehegatten das im Absatz 1 bestimmte Recht nicht zu. ²Die anteilsberechtigten Abkömmlinge können in diesem Falle diejenigen Gegenstände gegen Ersatz des Wertes übernehmen, welche der verstorbene Ehegatte nach § 1477 Abs. 2 zu übernehmen berechtigt sein würde. ³Das Recht kann von ihnen nur gemeinschaftlich ausgeübt werden.

I. Grundsätzliches

Abs 1 gewährt dem längerlebenden Ehegatten gleichsam als Kompensation für die mit der Beendigung der fortgesetzten Gütergemeinschaft für ihn eintretenden Nachteile ein Übernahmerecht, das über das nach § 1477 Abs 2 weit hinausgeht. Dieses Gestaltungsrecht ändert die sonst bestehenden allgemeinen Teilungsgrundsätze[1]. Es geht auch dem Übernahmerecht vor, das auf einer letztwilligen Verfügung beruht[2]. Soweit es zu einer Aufhebung der fortgesetzten Gütergemeinschaft durch Urteil nach § 1495 kommt, entfällt das Übernahmerecht des Ehegatten und stattdessen steht ein solches den anteilsberechtigten Abkömmlingen gemeinsam zu (Abs 2).

1

II. Übernahmerecht des Ehegatten (Abs 1)

Der überlebende Ehegatte hat das Wahlrecht, ob er es zur Teilung kommen lässt (§§ 752 ff) oder das Gesamtgut im Ganzen oder bezüglich einzelner Gegenstände gegen Wertersatz übernimmt. Maßgebend ist der **Verkehrswert** zum Zeitpunkt der Übernahme, wobei er den Zeitpunkt aber wegen § 1492 uU selbst bestimmen kann[3]. Der (idR) niedrigere Ertragswert ist auch bei einem Landgut (vgl § 2312) nur in den Fällen des § 1515 Abs 2 und 3 anzusetzen[4]. Das Übernahmerecht kann formlos ausgeübt werden; es ist nicht vererblich (Abs 1 S 2) und besteht nur gegenüber den anteilsberechtigten Abkömmlingen[5]. Durch die Übernahmeerklärung werden die anteilsberechtigten Abkömmlinge zur Übereignung des Gesamthandeigentums an den Ehegatten zu Alleineigentum verpflichtet und umgekehrt dieser zur Leistung des Wertersatzes (vgl auch § 1477 Rn 7)[6]. Erst mit der Geltendmachung des Gestaltungsrechts ist der sich daraus ergebende Übereignungsanspruch vererblich[7]. Jedoch kann der überlebende Ehegatte im Rahmen seiner letztwilligen Verfügung bestimmen, dass eine Erbeinsetzung dadurch bedingt ist, dass der Erbe in die Übernahme von Gesamtgutsgegenständen zu einem bestimmten Übernahmepreis einwilligt[8].

2

III. Übernahmerecht der Abkömmlinge (Abs 2)

Wenn die fortgesetzte Gütergemeinschaft durch Aufhebungsurteil nach §§ 1495, 1496 aufgehoben wurde, so entfällt das Übernahmerecht des überlebenden Ehegatten. Stattdessen haben die anteilsberechtigten Abkömmlinge ein Übernahmerecht an den Gegenständen, die der vorverstorbene Ehegatte nach § 1477 Abs 2 hätte übernehmen können, also insoweit gegenständlich beschränkt (Abs 2 S 2). Dieses Übernahmerecht ist vererblich (arg e contrario Abs 1 S 2). Es kann auch von einem Testamentsvollstrecker[9] oder Gläubiger, der den Gesamtgutsanteil gepfändet hat, ausgeübt werden[10]. Es ist von allen Abkömmlingen gemeinschaftlich auszuüben (Abs 2 S 3); hierfür genügt jedoch Mehrheitsbeschluss, um die Abkömmlinge handlungsfähig zu machen[11]. Das Übernahmerecht nach Abs 2 gilt analog, wenn die an sich begründete Aufhebungsklage ohne Urteil sich erledigt, etwa durch Tod des Ehegatten oder einseitige Aufhebungserklärung[12].

3

---

[1] RGZ 85, 1, 4.
[2] *Soergel/Gaul* Rn 1.
[3] Zust AnwK-BGB/*Völker* Rn 3.
[4] *Soergel/Gaul* Rn 2; *Staudinger/Thiele* Rn 8 f.
[5] RGZ 118, 388, 389: einseitige Abkömmlinge stehen außerhalb der fortgesetzten Gütergemeinschaft, § 1483 Abs 1 S 2.
[6] *Staudinger/Thiele* Rn 8.
[7] MünchKommBGB/*Kanzleiter* Rn 2; AnwK-BGB/*Völker* Rn 3 verwechselt hier das Übernahmerecht und den daraus sich ergebenden Übernahmeanspruch.
[8] BGH NJW 1964, 2298.
[9] RGZ 85, 1, 6 allg zum Anspruch nach § 1477 Abs mit Hinweis auf § 1502 Abs 2.
[10] AnwK-BGB/*Völker* Rn 5.
[11] *Soergel/Gaul* Rn 6; aA AnwK-BGB/*Völker* Rn 5; *Staudinger/Thiele* Rn 17; MünchKommBGB/*Kanzleiter* Rn 3, der „de lege ferenda" für Gesamtberechtigung wäre; *Rohr*, Fortgesetzte Gütergemeinschaft, S 144.
[12] AllgM, AnwK-BGB/*Völker* Rn 4; MünchKommBGB/*Kanzleiter* Rn 3; *Soergel/Gaul* Rn 5.

§ 1503 Teilung unter den Abkömmlingen

(1) Mehrere anteilsberechtigte Abkömmlinge teilen die ihnen zufallende Hälfte des Gesamtguts nach dem Verhältnis der Anteile, zu denen sie im Falle der gesetzlichen Erbfolge als Erben des verstorbenen Ehegatten berufen sein würden, wenn dieser erst zur Zeit der Beendigung der fortgesetzten Gütergemeinschaft gestorben wäre.

(2) Das Vorempfangene kommt nach den für die Ausgleichung unter Abkömmlingen geltenden Vorschriften zur Ausgleichung, soweit nicht eine solche bereits bei der Teilung des Nachlasses des verstorbenen Ehegatten erfolgt ist.

(3) Ist einem Abkömmling, der auf seinen Anteil verzichtet hat, eine Abfindung aus dem Gesamtgut gewährt worden, so fällt sie den Abkömmlingen zur Last, denen der Verzicht zustatten kommt.

1 Die Teilung der den anteilsberechtigten Abkömmlingen zufallenden Gesamtgutshälfte regelt **Abs 1**: Sie bestimmt sich nach dem Verhältnis der Anteile, zu denen die Abkömmlinge im Falle der **gesetzlichen Erbfolge** als Erben des erstverstorbenen Ehegatten berufen wären, wenn dieser erst im Zeitpunkt der Beendigung der fortgesetzten Gütergemeinschaft verstorben wäre. An Stelle eines zu diesem Zeitpunkt nicht mehr lebenden anteilsberechtigten Abkömmlings treten also die durch ihn mit dem verstorbenen Ehegatten verwandten Abkömmlinge; vgl §§ 1924, 1927, 1930. Abweichende Bestimmungen konnte der erstversterbende Ehegatte mit Zustimmung des anderen (§ 1516 Abs 1) nach den §§ 1512 ff treffen.

2 **Abs 2** bestimmt, dass für die Berechnung der Anteilsverhältnisse bei der Teilung nach Abs 1 die erbrechtlichen Vorschriften der §§ 2050 ff entsprechende Anwendung finden. Die Ausgleichungspflicht besteht nur hinsichtlich der Vorempfänge aus dem Gesamtgut[1]. Abweichende Anordnungen sind unwirksam (§ 1518).

3 Die in **Abs 3** getroffene Regelung betrifft nur den Fall des Verzichts gegen Abfindung während der fortgesetzten Gütergemeinschaft (also nach § 1491, nicht § 1517)[2] und ergänzt § 1501 über die Anrechnung von Abfindungen auf den Gesamtgutsanteil der Abkömmlinge.

§ 1504 Haftungsausgleich unter Abkömmlingen

[1]Soweit die anteilsberechtigten Abkömmlinge nach § 1480 den Gesamtgutsgläubigern haften, sind sie im Verhältnis zueinander nach der Größe ihres Anteils an dem Gesamtgut verpflichtet. [2]Die Verpflichtung beschränkt sich auf die ihnen zugeteilten Gegenstände; die für die Haftung des Erben geltenden Vorschriften der §§ 1990, 1991 finden entsprechende Anwendung.

1 Die Vorschrift betrifft den Haftungsausgleich der Abkömmlinge im Innenverhältnis im Fall, dass sie nach § 1498 S 1 iVm § 1480 persönlich in Anspruch genommen werden. Denn soweit Gesamtgutsverbindlichkeiten vor der Teilung nicht berichtigt werden, haften die Abkömmlinge persönlich (§§ 1498 S 1, 1480). Im Innenverhältnis sind die Abkömmlinge im Verhältnis ihrer Anteile am Gesamtgut (§ 1503) verpflichtet. Hat einer mehr geleistet, so hat er gegen die anderen Abkömmlinge einen Ersatzanspruch[1*]. Insoweit handelt es sich um eine Sondervorschrift zu § 426. Jedoch beschränkt sich die Ersatzpflicht der übrigen Abkömmlinge in **doppelter Weise** und zwar auf das, was auf ihren Anteil (rechnerisch) entfällt und auf die ihnen zugeteilten Gegenstände (S 2). Diese haben sie allerdings zur Befriedigung des anderen herauszugeben[2*]. Diese Haftungsbeschränkung ist nach §§ 1990, 1991, § 786 ZPO geltend zu machen[3].

§ 1505 Ergänzung des Anteils des Abkömmlings

Die Vorschriften über das Recht auf Ergänzung des Pflichtteils finden zugunsten eines anteilsberechtigten Abkömmlings entsprechende Anwendung; an die Stelle des Erbfalls tritt die Beendigung der fortgesetzten Gütergemeinschaft; als gesetzlicher Erbteil gilt der dem Abkömmling zur Zeit der Beendigung gebührende Anteil an dem Gesamtgut, als Pflichtteil gilt die Hälfte des Wertes dieses Anteils.

I. Normzweck

1 Die Vorschrift bezweckt den Schutz des Auseinandersetzungsanspruchs der Abkömmlinge gegen Schenkungen noch zu Lebzeiten des erstverstorbenen Ehegatten durch entsprechende Anwendung der Vorschriften des Pflichtteilsergänzungsanspruchs (§ 2325). Für Schenkungen des überlebenden Ehegat-

---

[1] Zu Einzelheiten *Staudinger/Thiele* Rn 6.
[2] AnwK-BGB/*Völker* Rn 5; *Soergel/Gaul* Rn 6.
[1*] AnwK-BGB/*Völker* Rn 2; *Soergel/Gaul* Rn 2.
[2*] AnwK-BGB/*Völker* Rn 3; *Staudinger/Thiele* Rn 3.
[3] AnwK-BGB/*Völker* Rn 3.

ten gilt § 1505 nicht; diese sind unwirksam (§§ 1487 Abs 1, 1425), was von den Abkömmlingen geltend gemacht werden kann (vor Beendigung nach §§ 1487 Abs 1, 1428, danach nach §§ 1497 Abs 2, 1472).

II. Güterrechtlicher Ergänzungsspruch

Während hinsichtlich des Sonder- und Vorbehaltsguts der Ehegatten die §§ 2325 ff unmittelbar gelten, bedurfte es bezüglich der aus dem Gesamtgut erfolgten Schenkung einer Sondervorschrift zum Schutze des Gesamtgutsanteils der Abkömmlinge gegen Schenkungen. Dabei wird fingiert, dass der verstorbene Ehegatte erst im Zeitpunkt der Beendigung der fortgesetzten Gütergemeinschaft gestorben wäre. Da kein wirklicher Erbfall vorliegt, können die **§§ 2325 ff** nur **entsprechend** angewandt werden. Auch der sachliche Anwendungsbereich ist eingeschränkt: Da bei alleiniger Verwaltung durch einen Ehegatten Schenkungen, die ohne den anderen erfolgten, unwirksam sind und daher zurückgefordert werden können (§ 1425), unterfallen der Ergänzung nur die vom Gesamtgutsverwalter mit Zustimmung des anderen Ehegatten vorgenommenen Schenkungen oder solche, die bei gemeinschaftlicher Verwaltung von beiden Ehegatten vorgenommen wurden[1]. Die Schenkung wird im Allgemeinen beiden Ehegatte je zur Hälfte zugerechnet (§ 2331). Als maßgeblicher Nachlass gilt daher die **Hälfte des Gesamtguts** zum Zeitpunkt der Beendigung der fortgesetzten Gütergemeinschaft[2]. Den Anspruch kann jeder Abkömmling isoliert für sich geltend machen. Ergänzungsverpflichtet sind primär die übrigen anteilsberechtigten Abkömmlinge, jedoch steht ihnen analog § 2328 ein Leistungsverweigerungsrecht insoweit zu, dass ihnen selbst die Hälfte des Werts ihres Gesamtgutsanteils einschließlich ihres Ergänzungsanteils verbleibt[3]; hilfsweise haftet dann der Beschenkte analog § 2329[4].

§ 1506 Anteilsunwürdigkeit

¹Ist ein gemeinschaftlicher Abkömmling erbunwürdig, so ist er auch des Anteils an dem Gesamtgut unwürdig. ²Die Vorschriften über die Erbunwürdigkeit finden entsprechende Anwendung.

I. Normzweck, Anwendungsbereich

Die Erbunwürdigkeit (§§ 2339 ff) eines Abkömmlings bewirkt für sich nur, dass er seinen Erbteil am Nachlass des verstorbenen Ehegatten verliert, der aus dessen Sonder- und Vorbehaltsgut besteht. Dies führt aber noch nicht zum Verlust seines Anteils an der fortgesetzten Gütergemeinschaft. Denn der Gesamtgutsanteil des verstorbenen Ehegatten gehört gerade nicht zu seinem Nachlass (§ 1483 Abs 1 S 3). Jedoch rechtfertigen die **Gründe**, die eine Erbunwürdigkeit gebieten, dass auch bei Vorliegen eines solchen Tatbestands der Anteil an der fortgesetzten Gütergemeinschaft für den betreffenden Abkömmling verloren gehen soll, kommt der Fortsetzung der Gütergemeinschaft doch eine Art Erbersatzfunktion zu[1*]. S 2 enthält daher eine entsprechende Rechtsgrundverweisung auf die §§ 2339 bis 2345. Mit der **Erklärung der Erbunwürdigkeit** (§ 2344) verliert der Abkömmling auch seinen Gesamtgutsanteil an der fortgesetzten Gütergemeinschaft (S 1). Daneben ist aber auch ein **gesondertes Verfahren** auf bloße Erklärung der Anteilsunwürdigkeit möglich (S 2), das die Erbenstellung nicht berührt[2*].

§ 1506 regelt nur das **Verhältnis zum erstverstorbenen Ehegatten** und die Beteiligung des Abkömmlings am Gesamtgut nach dessen Tod. Ist die fortgesetzte Gütergemeinschaft durch den Tod oder die Todeserklärung des längerlebenden Ehegatten beendet (§ 1494), so wird dessen Anteil hieran nach den allgemeinen Grundsätzen vererbt, so dass die §§ 2339 ff direkte Anwendung finden[3*]. Entgegen seinem Wortlaut ist § 1506 auch auf den **überlebenden Ehegatten** entsprechend anwendbar, weil der Normzweck auch insoweit eine entsprechende Anwendung gebietet[4*]. Dann tritt aber eine Fortsetzung der Gütergemeinschaft nicht ein; der Gesamtgutsanteil des Verstorbenen wird nach der allgemeinen Erbfolge unter Ausschluss des überlebenden Ehegatten vererbt. Bei der Auseinandersetzung des Gesamtguts erhält der überlebende Ehegatte nur seine Gesamtgutshälfte (§§ 1498 Abs 1, 1476)[5].

II. Gesonderte Erklärung der Anteilsunwürdigkeit eines Abkömmlings (S 2)

Dieses Verfahren steht selbstständig neben dem auf Erklärung der Erbunwürdigkeit (§§ 2339 ff) und bewirkt nur die Feststellung der Anteils-, nicht aber der Erbunwürdigkeit. Die **Unwürdigkeitsgründe** ergeben sich aus § 2339 Abs 1 Nr 1 bis 4. Als Verfügung von Todes wegen im dort genannten Sinne sind auch solche nach den §§ 1511 bis 1515 zu verstehen. Auf die Zustimmung des anderen Ehegatten

---

[1] AnwK-BGB/*Völker* Rn 2; *Staudinger*/*Thiele* Rn 5.
[2] RG JW 1911, 996; eingehend zur Berechnung AnwK-BGB/*Völker* Rn 4.
[3] *Staudinger*/*Thiele* Rn 10.
[4] AnwK-BGB/*Völker* Rn 5; MünchKommBGB/*Kanzleiter* Rn 4; *StaudingerThiele* Rn 11.
[1*] MünchKommBGB/*Kanzleiter* Rn 1.
[2*] *Soergel*/*Gaul* Rn 2.
[3*] *Staudinger*/*Thiele* Rn 10; MünchKommBGB/*Kanzleiter* Rn 2.
[4*] AnwK-BGB/*Völker* Rn 1; *Dölle* I S 990; jurisPK/*Hausch* Rn 6; MünchKommBGB/*Kanzleiter* Rn 3; Palandt/*Brudermüller* Rn 1; *Soergel*/*Gaul* Rn 4; *Planck*/*Unzner* Anm 17; *Staudinger*/*Thiele* Rn 11; aA RGRK/*Finke* Rn 2.
[5] *Staudinger*/*Thiele* Rn 11.

§ 1507

nach § 1516 ist § 1506 analog anzuwenden, da deren widerrechtliche Verhinderung zugleich eine mittelbare Verhinderung einer Verfügung des vorverstorbenen Ehegatten darstellt[6]. Eine **Verzeihung** (§ 2343) kann aber nur der erstverstorbene Ehegatte erklären, da es um nur um die Anteilsbeteiligung nach seinem Tode geht[7].

4   Die Anteilsunwürdigkeit wird durch die Anfechtung des Anteilserwerbs am Gesamtgut der fortgesetzten Gütergemeinschaft geltend gemacht. Sie kann erst nach Eintritt derselben erfolgen, dann aber nur binnen **Jahresfrist** ab dem Zeitpunkt, in dem der Anfechtungsberechtigte vom Anfechtungsgrund Kenntnis erlangte (§§ 2340 Abs 3, 2082).

5   **Anfechtungsberechtigt** ist jeder, dem der Wegfall des anteilsunwürdigen Abkömmlings zugute kommt, sei es auch nur bei Wegfall eines anderen (§ 2341, weiter als § 2080 Abs 1), also[8]
– die an seine Stelle **tretenden Abkömmlinge** des anteilsunwürdigen Abkömmlings,
– jeder **bereits beteiligte** andere **Abkömmling**,
– der überlebende Ehegatte nur, wenn der **einzige Abkömmling anteilsunwürdig** ist,
– bei **Nichteintritt** der fortgesetzten Gütergemeinschaft (Anteilsunwürdigkeit des Ehegatten oder aller Abkömmlinge) jeder Erbe des verstorbenen Ehegatten.

6   Die Anfechtung erfolgt durch besondere Anfechtungsklage gegen den anteilsunwürdigen Abkömmling (oder Ehegatten) und ist auf Erklärung der Anteilsunwürdigkeit gerichtet. Die Wirkung tritt erst mit Rechtskraft des Urteils ein (§ 2342 Abs 2).

III. Wirkung der Anteilsunwürdigkeit

7   Mit der Erklärung der Anteilsunwürdigkeit gilt sein Anteil am Gesamtgut als nicht von ihm erworben (§ 2344 Abs 1). Der Anteil des Erbunwürdigen fällt auf Grund einer „Vorversterbensfiktion" demjenigen zu, der ihn nach § 1483 erworben hätte, wenn der anteilsberechtigte Abkömmling zur Zeit des Eintritts der fortgesetzten Gütergemeinschaft nicht gelebt hätte (§ 2344 Abs 2), also an die Anfechtungsberechtigten (Rn 5) in der oben genannten Reihenfolge[9].

§ 1507 Zeugnis über Fortsetzung der Gütergemeinschaft

[1]Das Nachlassgericht hat dem überlebenden Ehegatten auf Antrag ein Zeugnis über die Fortsetzung der Gütergemeinschaft zu erteilen. [2]Die Vorschriften über den Erbschein finden entsprechende Anwendung.

I. Normzweck

1   Das Zeugnis über die Fortsetzung der Gütergemeinschaft ermöglicht den **Nachweis** über Eintritt und Verwaltungsbefugnis am Gesamtgut der bisherigen Gütergemeinschaft und dient der Erleichterung des Rechtsverkehrs, insbes auch im Grundbuch- und Registerverfahren (§ 35 Abs 2 GBO, § 41 Abs 2 SchiffsRegO). Damit wird insbes dem überlebenden Ehegatten bei der Ausübung seiner Verwaltung der erforderliche Nachweis seiner Befugnisse erleichtert, aber auch seinen Geschäftspartnern eine Grundlage für die Vornahme der Rechtsgeschäfte ermöglicht[1]. S 2 erklärt die Vorschriften über den Erbschein (§§ 2353 ff) für entsprechend anwendbar (vgl daher auch Erl dort).

II. Verfahren

2   **1. Antrag.** Er selbst bedarf keiner Form. **Antragsberechtigt** ist **bei bestehender fortgesetzter Gütergemeinschaft** auf Grund des ihm allein zustehenden Verwaltungsrechts der überlebende Ehegatte[2] und der Gläubiger, der im Besitz eines vollstreckbaren Titels gegen ihn ist (§§ 792, 896 ZPO, § 35 Abs 2 GBO, § 41 Abs 2 SchiffsRegO). **Nach Beendigung der fortgesetzten Gütergemeinschaft** kann jeder anteilsberechtigte Abkömmling im Hinblick auf sein Mitverwaltungsrecht (§§ 1497 Abs 2, 1472 Abs 3 HS 2) für sich die Zeugniserteilung beantragen[3], aber auch jeder Erbe des längerlebenden Ehegatten[4]. Zuständig ist das Nachlassgericht (§§ 72, 73 FGG), ausnahmsweise aber das Landwirtschaftsgericht (§ 10 LwVG), wenn zum Nachlass ein im Geltungsbereich der Höfeordnung gelegener Hof gehört[5], und zwar dann auch hinsichtlich des hofsfreien Vermögens[6*].

3   Der Antrag muss bestimmt gefasst sein[7*] und den **Inhalt** des beantragten Zeugnisses beschreiben, die ihn rechtfertigenden Tatsachen aufführen und im Wesentlichen durch die erforderlichen Urkunden

---

[6] AllgM, *Gernhuber/Coester-Waltjen* § 39 Rn 16 Fn 23; MünchKommBGB/*Kanzleiter* Rn 2; *Rauscher* Rn 471 *Staudinger/Thiele* Rn 4.
[7] *Staudinger/Thiele* Rn 4, 8; *Soergel/Gaul* Rn 3; MünchKommBGB/*Kanzleiter* Rn 2.
[8] AnwK-BGB/*Völker* Rn 5; *Staudinger/Thiele* Rn 6.
[9] AnwK-BGB/*Völker* Rn 5.
[1] BGHZ 63, 35, 39 = NJW 1974, 1765; MünchKommBGB/*Kanzleiter* Rn 1.
[2] OLG Hamburg OLGE 14, 234.
[3] KG JW 1935, 1437; *Staudinger/Thiele* Rn 5.
[4] KG OLGE 40, 155.
[5] OLG Köln RdL 1960, 42.
[6*] OLG Hamm AgrarR 1991, 132; vgl auch *Steffen* RdL 1982, 144.
[7*] BayObLG OLGE 40, 156; Muster bei *Firsching/Graf* Nachlassrecht Rn 4366.

belegt sein, insbes durch den Ehevertrag mit der Fortsetzungsvereinbarung und die erforderlichen Standesamtsurkunden hinsichtlich des Todes der verstorbenen Ehegatten und über die Geburt der anteilsberechtigten Abkömmlinge (§§ 1507 S 2, 2354, 2356)[8]. Weiter ist an Eides statt in der erforderlichen Form (vgl etwa § 22 Abs 2 BNotO) zu versichern, dass die Fortsetzung der Gütergemeinschaft nicht durch einen anderen Ehevertrag oder eine Verfügung von Todes wegen nach §§ 1509 ff ausgeschlossen ist und dass über das Bestehen der fortgesetzten Gütergemeinschaft kein Rechtsstreit anhängig ist (§§ 1507 S 2, 2355, 2354 Abs 1 Nr 5, 2356 Abs 2)[9].

2. Verfahren. Es entspricht dem bei der Erteilung eines Erbscheins (s Erl dort), auch wenn es sich nicht um eine Nachlassbehandlung handelt[10]. Es entscheidet der Rechtspfleger (§§ 3 Nr 2 c, 16 RPflG). Es gilt der Amtsermittlungsgrundsatz (§ 2358, § 12 FGG). **Notwendiger Inhalt** des Zeugnisses sind genaue Angabe des verstorbenen und des längerlebenden Ehegatten (nach Name, Geburtsdatum, Wohnort), der Todestag des Verstorbenen und die Feststellung, dass die Gütergemeinschaft zwischen dem überlebenden Ehegatten und den gemeinschaftlichen Abkömmlingen fortgesetzt wird[11]. Wurde das Zeugnis erst nach Beendigung der fortgesetzten Gütergemeinschaft erteilt, so ist ein entsprechender Vermerk aufzunehmen[12].

Andere Angaben sind zwar möglich, aber nicht notwendig, so die über die Person der anteilsberechtigten Abkömmlinge oder die Größe der Anteile[13]. Solche **Zusatzangaben** nehmen **nicht am öffentlichen Glauben** teil[14]. Nach hM müssen allerdings erbberechtigte **einseitige Abkömmlinge** des verstorbenen Ehegatten im Zeugnis aufgeführt werden, um wegen ihrer Beteiligung am Gesamtgut Klarheit zu schaffen[15]. Ansonsten werde vermutet, dass solche neben den anteilsberechtigten nicht vorhanden seien[16]. Richtigerweise ist diese Frage danach zu entscheiden, welche Stellung man den einseitigen Abkömmlingen im Hinblick auf § 1483 Abs 2 einräumt. Da diese nach der hier vertretenen Ansicht auf rein schuldrechtliche Ansprüche gegen das Gesamtgut verwiesen sind (§ 1483 Rn 12), brauchen sie gerade nicht in das Zeugnis aufgenommen werden[17]. **Gebühren:** §§ 109 Abs 1 Nr 1, 107 KostO. Für die Einziehung und Kraftloserklärung gelten die Regelungen des Erbscheins entsprechend (s Erl zu § 2361). Im beschränkten Umfang lässt die Praxis auch eine **einfache Berichtigung** des Zeugnisses ohne die (förmliche) Einziehung und Neuerteilung zu, insbes, wenn ein anteilsberechtigter Abkömmling durch Tod oder Verzicht weggefallen ist[18]. Die dabei entstehenden Abgrenzungsfragen lassen sich dadurch vermeiden, dass man die Berichtigung nur hinsichtlich der nicht am öffentlichen Glauben teilnehmenden Verlautbarungen zulässt und diese, insbes die Person der anteilsberechtigten Abkömmlinge und zwischenzeitlich eingetretene Veränderungen, am besten gar nicht in das Zeugnis aufnimmt[19].

Auch ein **Negativzeugnis,** dass keine fortgesetzte Gütergemeinschaft eingetreten ist, ist zulässig[20]. **Erbschein** (bezüglich des Vorbehalts- und Sonderguts) und Fortsetzungszeugnis sind rechtlich voneinander zu trennen und voneinander unabhängig[21]. Sie können jedoch in einem Schriftstück verbunden werden[22], was aber nicht zweckmäßig ist, man denke an den Fall, dass das eine Zeugnis als unrichtig einzuziehen wäre[23].

---

[8] *Soergel/Gaul* Rn 2; *Palandt/Brudermüller* Rn 3.
[9] KG OLGE 18, 271; MünchKommBGB/*Kanzleiter* Rn 3.
[10] BayObLGZ 11, 219.
[11] Muster bei *Firsching/Graf* Nachlassrecht Rn 4.368; *Güthe/Triebel* 1936/37 § 35 GBO Anm A 61.
[12] AnwK-BGB/*Völker* Rn 4; *Soergel/Gaul* Rn 3; *Palandt/Brudermüller* Rn 4; *Firsching/Graf* Nachlassrecht Rn 4,365; *Dölle* I S 987; aA MünchKommBGB/*Kanzleiter* Rn 4: nur fakultative Eintragungsmöglichkeit.
[13] KG OLGE 43, 361 Fn 1; für eine fakultative Eintragung hält dies MünchKommBGB/*Kanzleiter* Rn 4; *Palandt/Brudermüller* Rn 4; *Dölle* I S 987 f; für erforderlich hält dies aber offenbar *Firsching/Graf* Nachlassrecht Rn 4.362: „aufzuführen sind ..."; zur Eintragung eines vermissten Abkömmlings und seiner Kinder LG Heidelberg NJW 1959, 295; *Müller* FamRZ 1956, 339.
[14] MünchKommBGB/*Kanzleiter* Rn 4.
[15] BGHZ 63, 35, 40 = NJW 1974, 1965 ohne nähere Begr über die Art der Teilhabe der einseitigen Kinder am Gesamtgut; KGJ 34 A 229, 232; AnwK-BGB/*Völker* Rn 4; *Staudinger/Thiele* Rn 8; *Palandt/Brudermüller* Rn 4; *Dölle* I S 988.
[16] KGJ 34 A 229, 232.
[17] Ebenso MünchKommBGB/*Kanzleiter* Rn 4, der allerdings eine Aufnahme für möglich hält. Die hM nimmt dagegen wegen § 1483 Abs 2 an, dass nur hinsichtlich eines Teils des Gesamtguts eine Fortsetzung der Gütergemeinschaft eintritt und im Übrigen die einseitigen Abkömmlinge direkt am ehelichen Gesamtgut beteiligt sind und insoweit die Verwaltungsbefugnis der längerlebenden Ehegatten ausschließen, so deutlich KGJ 34 A 229, 232; *Dölle* I S 988; auch die hM verneint aber eine Aufnahme nichtehelicher Abkömmlinge eines vorverstorbenen anteilsberechtigten Abkömmlings, denen vor dem 1. 4. 1998 idR nur ein schuldrechtlicher Wertabfindungsanspruch entsprechend dem Erbersatzanspruch (§ 1934 a aF) zustand, vgl LG Heilbronn ZblJR 1975, 315, 316; LG Stuttgart Rpfleger 1975, 433 = JR 1976, 196 m Anm *Bökelmann*; *Funk* BWNotZ 1971, 13; *Soergel/Gaul* Rn 3; zur neuen Rechtslage s § 1483 Rn 7.
[18] KG OLGE 7, 58; vgl auch BayObLGZ 1954, 79, 82; BayObLG DNotZ 1968, 35; zu Einzelheiten s *Staudinger/Thiele* Rn 15; Muster hierfür bei *Firsching/Graf* Nachlassrecht Rn 4.368; gegen die Berichtigung *Bergerfurth* NJW 1956, 1506; *Dölle* I S 987 Fn 41.
[19] AnwK-BGB/*Völker* Rn 5; MünchKommBGB/*Kanzleiter* Rn 5; zust *Gernhuber/Coester-Waltjen* § 39 Rn 13–15 Fn 20.
[20] KG RJA 13, 154; MünchKommBGB/*Kanzleiter* Rn 6; *Soergel/Gaul* Rn 6; *Firsching/Graf* Nachlassrecht Rn 4.362.
[21] KG OLGE 6, 319.
[22] KG OLGE 14, 237.
[23] Zust AnwK-BGB/*Völker* Rn 8.

§ 1509 Buch 4. Abschnitt 1. Bürgerliche Ehe

III. Wirkung

7 Auch hierfür gelten die Regeln des Erbscheins entsprechend. Es wird daher nur zu Gunsten der überlebenden Ehegatten und zu Gunsten Dritter vermutet, dass die **Gütergemeinschaft** über den Tod des erstverstorbenen Ehegatten hinaus **fortgesetzt** wurde (S 2, § 2365)[24]; der gute Glaube hieran wird geschützt, und zwar auch und gerade hinsichtlich des dort ausgewiesenen Alleinverwaltungsrechts des überlebenden Ehegatten (S 2, §§ 2366, 2367)[25]. Es wird aber nicht bezeugt, dass die zunächst eingetretene fortgesetzte Gütergemeinschaft tatsächlich noch fortbesteht;[26] angesichts der leicht herbeizuführenden Aufhebung der fortgesetzten Gütergemeinschaft nach § 1492 stellt dies ein erhebliches Risiko für den Rechtsverkehr dar[27].

§ 1508 *(weggefallen)*

§ 1509 Ausschließung der fortgesetzten Gütergemeinschaft durch letztwillige Verfügung

¹Jeder Ehegatte kann für den Fall, dass die Ehe durch seinen Tod aufgelöst wird, die Fortsetzung der Gütergemeinschaft durch letztwillige Verfügung ausschließen, wenn er berechtigt ist, dem anderen Ehegatten den Pflichtteil zu entziehen oder auf Aufhebung der Gütergemeinschaft zu klagen. ²Das Gleiche gilt, wenn der Ehegatte berechtigt ist, die Aufhebung der Ehe zu beantragen, und den Antrag gestellt hat. ³Auf die Ausschließung finden die Vorschriften über die Entziehung des Pflichtteils entsprechende Anwendung.

I. Normzweck, Grundsätzliches

1 Die Vorschrift ermöglicht bei schweren Störungen in der **ehelichen Lebensgemeinschaft** jedem Ehegatten eine einseitige Lösung von der ehevertraglich und damit einseitig grds unwiderruflich getroffenen Vereinbarung über die Fortsetzung der Gütergemeinschaft über den Tod hinaus. Dies stellt damit einen spezialgesetzlich geregelten Fall des Wegfalls der Geschäftsgrundlage dar[1].

2 Anders als die kraft Gesetzes eintretende Anteilsunwürdigkeit nach § 1506 S 1 bei einer Erbunwürdigerklärung (die auch für den Ehegatten analog gilt, vgl § 1506 Rn 2), bleibt es bei § 1509 jedem Ehegatten überlassen, ob er bei Vorliegen eines Ausschließungsgrundes eine entsprechende Ausschließungsanordnung auch treffen will. Die Ausschließung eines **Abkömmlings** bestimmt sich nach § 1511, die **Wirkung** nach § 1510.

II. Voraussetzungen

3 **Formell** erfolgt die Ausschließung der fortgesetzten Gütergemeinschaft durch **letztwillige Verfügung,** auch durch einseitige Verfügung in einem Erbvertrag[2]. Auch in diesem Formerfordernis zeigt sich die Nähe zum Erbrecht und der hier vertretenen Auffassung von einer erbrechtlichen Sondernachfolge (§ 1483 Rn 4). Bei der Ausschließungsverfügung muss jedoch nicht die genaue Verwendung der Gesetzesformulierung gewählt werden; es genügt, wenn irgendwie erkennbar wird, dass der Ehegatte die Fortsetzung der Gütergemeinschaft nicht mehr will[3]. Die §§ 2335 bis 2337 über die **Pflichtteilsentziehung** finden entsprechende Anwendung (S 3). Daher ist insbes der Grund der Ausschließung anzugeben; er muss zur Zeit der Errichtung bestehen. Durch eine Verzeihung (§ 2337) wird die Ausschließungsverfügung unwirksam.

4 **Materiell-rechtlich** nennt das Gesetz drei Ausschließungsgründe:
– Berechtigung zur **Pflichtteilsentziehung** dem Ehegatten gegenüber (§ 2335). Die Pflichtteilsentziehung bewirkt beim Fehlen einer anderweitigen Anordnung zugleich immer den Ausschluss der Fortsetzung der Gütergemeinschaft[4]; umgekehrt bedeutet die aus diesem Grund erfolgte Ausschließung der Fortsetzung der Gütergemeinschaft nicht notwendig eine Pflichtteilsentziehung, kann dies aber, was Auslegungsfrage ist[5];
– Berechtigung, auf **Aufhebung der Gütergemeinschaft** zu klagen (§§ 1447, 1448, 1469);

---

[24] BGHZ 63, 35, 39 = NJW 1974, 1765.
[25] BGHZ 63, 35, 39 = NJW 1974, 1765; *Soergel/Gaul* Rn 5; *Staudinger/Thiele* Rn 20–22; gutes Beispiel über das Zusammenwirken der Gutglaubensvorschriften von §§ 1507 S 2, 892 bei *Dölle* I S 988.
[26] KG NJW 1964, 1906; *Soergel/Gaul* Rn 5; *MünchKommBGB/Kanzleiter* Rn 8.
[27] Zust AnwK-BGB/*Völker* Rn 9.
[1] AnwK-BGB/*Völker* Rn 1; s auch *Staudinger/Thiele* Rn 6; *Soergel/Gaul* Rn 8.
[2] KGJ 51, 168, 170.
[3] RGZ 94, 317; KG DR 1939, 1684; AnwK-BGB/*Völker* Rn 3.
[4] AnwK-BGB/*Völker* Rn 2; *Palandt/Brudermüller* Rn 3; *Soergel/Gaul* Rn 5; für generellen Ausschluss der fortgesetzten Gütergemeinschaft bei Pflichtteilsentziehung wohl *Staudinger/Thiele* Rn 10; Mot IV S 441; aA *Gernhuber/Coester-Waltjen* § 39 I 8.
[5] *Soergel/Gaul* Rn 5; *Staudinger/Thiele* Rn 11.

– Erhebung der **Klage auf Aufhebung der Ehe** (jetzt §§ 1313 ff, früher §§ 28 ff EheG), wenn sie berechtigt gewesen wäre. Entgegen dem ausdrücklichen Wortlaut muss im Wege der Analogie auch ein **begründet** eingereichter **Scheidungsantrag** zum Ausschluss der Fortsetzung der Gütergemeinschaft berechtigen. Dies ist durch den Normzweck gerechtfertigt und ergibt sich auch aus den gesetzlichen Begründungen zum 1. EheRG, durch den S 2 geändert wurde, jedoch infolge eines Redaktionsversehens der Scheidungsfall nicht berücksichtigt wurde[6].

§ 1510 Wirkung der Ausschließung

Wird die Fortsetzung der Gütergemeinschaft ausgeschlossen, so gilt das Gleiche wie im Falle des § 1482.

Bezüglich der Folgen der Ausschließung der Fortsetzung der Gütergemeinschaft verweist das Gesetz auf § 1482. Die Gütergemeinschaft endet daher mit dem Tod des erstversterbenden Ehegatten[1]. Der Gesamtgutsanteil des Verstorbenen unterliegt daher der allgemeinen Beerbung und ist gewöhnlicher Nachlassbestandteil. Die Ausschließung wird allerdings nicht in das Güterrechtsregister eingetragen[2]. Die Nichtigkeit der ausschließenden Verfügung kann von jedermann geltend gemacht werden[3]. 1

§ 1511 Ausschließung eines Abkömmlings

(1) **Jeder Ehegatte kann für den Fall, dass die Ehe durch seinen Tod aufgelöst wird, einen gemeinschaftlichen Abkömmling von der fortgesetzten Gütergemeinschaft durch letztwillige Verfügung ausschließen.**

(2) [1]**Der ausgeschlossene Abkömmling kann, unbeschadet seines Erbrechts, aus dem Gesamtgut der fortgesetzten Gütergemeinschaft die Zahlung des Betrags verlangen, der ihm von dem Gesamtgut der ehelichen Gütergemeinschaft als Pflichtteil gebühren würde, wenn die fortgesetzte Gütergemeinschaft nicht eingetreten wäre.** [2]**Die für den Pflichtteilsanspruch geltenden Vorschriften finden entsprechende Anwendung.**

(3) [1]**Der dem ausgeschlossenen Abkömmling gezahlte Betrag wird bei der Auseinandersetzung den anteilsberechtigten Abkömmlingen nach Maßgabe des § 1501 angerechnet.** [2]**Im Verhältnis der Abkömmlinge zueinander fällt er den Abkömmlingen zur Last, denen die Ausschließung zustatten kommt.**

I. Normzweck

Kann nach § 1509 die Fortsetzung der Gütergemeinschaft im Ganzen durch einseitige letztwillige Verfügung eines Ehegatten nur bei Vorliegen besonderer Gründe ausgeschlossen werden, so gewährt § 1511 einem Ehegatten das Recht, mit Zustimmung des anderen (§ 1516) einen oder einzelne Abkömmlinge durch letztwillige Verfügung von der (im Übrigen stattfindenden) Fortsetzung der Gütergemeinschaft auszuschließen. Dies geschieht allerdings um den Preis eines dann entstehenden, gesetzlich geregelten Abfindungsanspruchs. § 1511 gewährt daher nur eine sehr beschränkte Gestaltungsfreiheit im Wege einer Art **persönlichen Abschichtungsmöglichkeit**. Bei der Ausschließung wird der betroffene Abkömmlinge von Anfang an nicht Teilhaber der fortgesetzten Gütergemeinschaft. Demgegenüber wird er bei der Entziehung eines Anteils nach § 1513 zunächst Teilhaber und erst bei Beendigung der fortgesetzten Gütergemeinschaft wird ihm sein Anteil entzogen[1*]. 1

II. Ausschließungsverfügung (Abs 1)

Die Ausschließung erfolgt durch letztwillige Verfügung, die auch in einem Erbvertrag[2*], dort aber als einseitige Verfügung (§ 2299) getroffen werden kann[3*]. Sie muss nicht ausdrücklich angeordnet sein, sondern kann sich erst im Wege der Auslegung ergeben[4], und zwar wenn eine Verfügung von Todes wegen mit dem Eintritt der fortgesetzten Gütergemeinschaft nicht vereinbar ist[5]. Dies kann auch darin liegen, dass der längerlebende Ehegatte zum Alleinerben (auch Vorerben) berufen wird, jedoch muss in diesem Fall berücksichtigt und die Vermutung widerlegt werden, diese Erbeinsetzung beziehe sich nur 2

---

[6] So *Soergel/Gaul* Rn 8 ausf zu den Gesetzesberatungen, s auch BT-Drucks 7/650 S 7, 103; 7/4361 S 27; 7/4694, S 17; AnwK-BGB/*Völker* Rn 2; *Staudinger/Thiele* Rn 6; MünchKommBGB/*Kanzleiter* Rn 2; jetzt dem ebenso zuneigend *Gernhuber/Coester-Waltjen* § 39 Rn 10; aA Erman/*Heckelmann* Rn 2; RGRK/*Finke* Rn 4; unklar Palandt/*Brudermüller* Rn 1, der den Scheidungsfall in Rn 2 nicht erörtert, in Rn 1 nur den Anwendungsbereich skizziert.
[1] AnwK-BGB/*Völker* Rn 1.
[2] KG OLGE 40, 79; *Staudinger/Thiele* § 1509 Rn 19.
[3] KG OLGE 6, 163.
[1*] *Staudinger/Thiele* Rn 2.
[2*] KGJ 26 A 55, 58.
[3*] KGJ 51, 168, 170; AnwK-BGB/*Völker* Rn 2.
[4] RGZ 94, 314, 317; RG Recht 1930 Nr 1720; KGJ 26 A 55, 57; BayObLG Rpfleger 2000, 70: weil der überlebende Ehegatte letztwillige Verfügungen treffen darf.
[5] KG OLGE 7, 62 ff; 40, 78; *Staudinger/Thiele* Rn 6.

auf das **Sonder- und Vorbehaltsgut** der Ehegatten[6]. Ausgeschlossen werden können auch nur bestimmte Abkömmlinge, auch ein nasciturus, ebenso bestimmte Gruppen und Stämme, auch soweit die Abkömmlinge noch nicht erzeugt sind[7], ja sogar alle Abkömmlinge, weshalb dann die fortgesetzte Gütergemeinschaft ganz entfällt[8]. Die Ausschließung kann auch unter einer bestimmten Bedingung erfolgen[9]. Der andere Ehegatte muss aber nach § 1516 **zustimmen**; stirbt er vorher, so ist die Ausschließung unwirksam[10].

III. Wirkung (Abs 2 und 3)

3   1. **Ausschließungswirkung.** Eine Wirkung hat die Ausschließung nur dann, wenn die Ehe durch den Tod des verfügenden Ehegatten aufgelöst wird. Die Rechtslage ist dann so, wie wenn der ausgeschlossene Abkömmling vor **Beendigung** der fortgesetzten Gütergemeinschaft verstorben wäre (**Vorversterbensfiktion**). An seine Stelle treten seine Abkömmlinge, sofern diese anteilsberechtigt gewesen wären und nicht ebenfalls ausgeschlossen wurden, und zwar auch solche, die erst nach Eintritt der fortgesetzten Gütergemeinschaft geboren wurden;[11] ersatzweise wächst sein Anteil den anderen anteilsberechtigten Abkömmlingen zu (vgl § 1490 S 2 und 3)[12]. Der Anteil des ausgeschlossenen Abkömmlings kann aber – anders bei §§ 1512, 1513 – nicht einem anderen beteiligten Abkömmling oder gar Dritten zugewandt werden[13].

4   2. **Quasi-Pflichtteil.** Der **Ausgeschlossene** erhält jedoch nach Abs 2 einen schuldrechtlichen Anspruch auf Bezahlung des Betrags, der ihm vom Gesamtgut der fortgesetzten Gütergemeinschaft als **Pflichtteil** gebühren würde, wenn die fortgesetzten Gütergemeinschaft nicht eingetreten wäre. Dabei ist jedoch der Erbteil des überlebenden Ehegatten mindernd zu berücksichtigen, wie sich aus dem Wortlaut der Vorschrift und dem Wesen der fortgesetzten Gütergemeinschaft ergibt, die dem Interesse des überlebenden Ehegatten zu dienen bestimmt ist[14]. Für diesen Anspruch gelten grds die §§ 2303 ff entsprechend (Abs 2 S 2), auch die Pflichtteilsentziehung (§ 2333), jedoch nicht die unpassenden §§ 2304 bis 2306, 2308, 2312, 2318 bis 2324[15]. Der Anspruch entsteht daher mit dem Eintritt der fortgesetzten Gütergemeinschaft, ist sofort fällig[16], übertragbar und vererblich und nach Maßgabe des § 852 Abs 1 ZPO pfändbar[17]. Hinsichtlich der Berechnung der Anteilsquote gilt § 2310 entsprechend, so dass Abkömmlinge außer Betracht bleiben, die nach § 1517 verzichtet haben[18], aber die berücksichtigt werden, die erst nach Eintritt der fortgesetzten Gütergemeinschaft auf ihren Anteil nach § 1491 verzichteten[19]. Daneben steht dem ausgeschlossenen Abkömmling aber am Vorbehalts- und Sondergut des erstverstorbenen Ehegatten sein Erb- oder gegebenenfalls Pflichtteilsrecht zu[20]. Abweichende Erblasseranordnungen sind unwirksam (§ 1518).

5   3. **Anrechnung bei der Auseinandersetzung (Abs 3).** Der dem ausgeschlossenen Abkömmling nach Abs 2 ausgezahlte „Quasi-Pflichtteil" wird bei der endgültigen Auseinandersetzung im Verhältnis zwischen dem überlebenden Ehegatten und den anderen anteilsberechtigten Abkömmlingen gemäß § 1501 Abs 1 angerechnet. Damit tragen im wirtschaftlichen Ergebnis die in der fortgesetzten Gütergemeinschaft verbleibenden Abkömmlinge den Ausgleichsbetrag im Endeffekt allein, unter sich nach Abs 3 S 2; der überlebende Ehegatte ist insoweit entlastet[21].

§ 1512 Herabsetzung des Anteils

Jeder Ehegatte kann für den Fall, dass mit seinem Tode die fortgesetzte Gütergemeinschaft eintritt, den einem anteilsberechtigten Abkömmling nach der Beendigung der fortgesetzten

---

[6] So richtig MünchKommBGB/*Kanzleiter* Rn 2; AnwK-BGB/*Völker* Rn 2; vgl auch die ausdrückliche Prüfung von RGZ 94, 314, 317; BayObLGZ 2003, 26 = NJW-RR 2003, 736. Übersehen wird dies aber von BayObLGZ 1986, 242, 246 = FamRZ 1986, 1151; LG Marburg Rpfleger 2000, 70 und BGH NJW-RR 1998, 361. Auch sich die Verfügung von Todes wegen auf den Gesamtgutsanteil des erstversterbenden Ehegatten beziehen, wenn der längerlebende die Fortsetzung der Gütergemeinschaft nach § 1484 ablehnt, vgl KGJ 51, 168, 171.
[7] *Staudinger/Thiele* Rn 7.
[8] KGJ 25 A 227, 231; 26 A 55, 58.
[9] RG LZ 1915, 1657 bei Widerspruch des Abkömmlings gegen eine Teilungsanordnung; OLG München JFG 13, 357; AnwK-BGB/*Völker* Rn 2.
[10] *Palandt/Brudermüller* Rn 2.
[11] AnwK-BGB/*Völker* Rn 3; MünchKommBGB/*Kanzleiter* Rn 3; *Staudinger/Thiele* Rn 15.
[12] *Staudinger/Thiele* Rn 15; MünchKommBGB/*Kanzleiter* Rn 3.
[13] *Staudinger/Thiele* Rn 9.
[14] AnwK-BGB/*Völker* Rn 4; MünchKommBGB/*Kanzleiter* Rn 4; aA *Staudinger/Thiele* Rn 17; *Soergel/Gaul* Rn 5; anders auch noch Vorauß.
[15] AnwK-BGB/*Völker* Rn 5; dazu eingehend *Staudinger/Thiele* Rn 18.
[16] BayObLGZ 13, 613, 617.
[17] *Soergel/Gaul* Rn 5; die Grundsätze von BGHZ 123, 183 über die erleichterte Pfändbarkeit (§ 2317 Rn 10) dürften auch hier entspr gelten; AnwK-BGB/*Völker* Rn 5 Fn 21.
[18] AllgM, AnwK-BGB/*Völker* Rn 5; MünchKommBGB/*Kanzleiter* Rn 4.
[19] AnwK-BGB/*Völker* Rn 5; *Erman/Heckelmann* Rn 3; jurisPK/*Hausch* Rn 11; MünchKommBGB/*Kanzleiter* Rn 4; *Erman/Heckelmann* Rn 3; aA *Staudinger/Thiele* Rn 18; *Planck/Unzner* Anm 12 d.
[20] *Staudinger/Thiele* Rn 17; *Soergel/Gaul* Rn 6.
[21] AnwK-BGB/*Völker* Rn 7; *Staudinger/Thiele* Rn 19.

Gütergemeinschaft gebührenden Anteil an dem Gesamtgut durch letztwillige Verfügung bis auf die Hälfte herabsetzen.

Neben der völligen Ausschließung eines Abkömmlings nach § 1511[1] haben die Ehegatten auch die Möglichkeit, den einem Abkömmling nach der Beendigung der fortgesetzten Gütergemeinschaft an sich zukommenden Anteil **ohne Angabe von Gründen** zu kürzen. Die Kürzung erfolgt durch letztwillige Verfügung des einen Ehegatten (§ 1511 Rn 2) mit Zustimmung des anderen (§ 1516), und zwar durch Herabsetzung des Gesamtgutsanteils bis auf die Hälfte (= Pflichtteilshöhe) oder Belastung mit entsprechenden Auflagen (etwa Auszahlung)[2], bis zu dieser Höhe. Werden die Grenzen des Kürzungsrechts überschritten, so ist die Herabsetzung analog § 2306 Abs 1 S 1 insoweit unwirksam, es sei denn, es liegen die Voraussetzungen des § 1513 vor[3]. Insoweit besteht auch hier ein pflichtteilsähnlicher Schutz. Nur die Herabsetzung des Umfangs und damit des Auseinandersetzungsanspruchs ist möglich, nicht aber eine Änderung seines Inhalts, etwa die bloße Zuweisung einer anteiligen Geldforderung[4].

Die Herabsetzung des Anteils wirkt sich erst bei der **Auseinandersetzung** des Gesamtguts durch die Kürzung des rechnerischen Auseinandersetzungsanspruchs aus, reduziert aber im gleichen Umfang auch die darauf ruhenden Belastungen, die sich aus §§ 1503 Abs 3, 1511 Abs 3 S 2, 1504, 1480, 1499, 1500 ergeben[5]. Die bis zur Auseinandersetzung bestehenden allgemeinen Teilhaberrechte bleiben für den Betroffenen uneingeschränkt bestehen (§§ 1419, 1472, 1473, 1497)[6]. Der **entzogene Teil** des Anteils wächst den anderen anteilsberechtigten Abkömmlingen, ersatzweise – soweit solche nicht vorhanden sind – dem Ehegatten an; er kann aber auch nach §§ 1514, 1516 einem Dritten zugewandt werden.

§ 1513 Entziehung des Anteils

(1) ¹Jeder Ehegatte kann für den Fall, dass mit seinem Tode die fortgesetzte Gütergemeinschaft eintritt, einem anteilsberechtigten Abkömmling den diesem nach der Beendigung der fortgesetzten Gütergemeinschaft gebührenden Anteil an dem Gesamtgut durch letztwillige Verfügung entziehen, wenn er berechtigt ist, dem Abkömmling den Pflichtteil zu entziehen. ²Die Vorschrift des § 2336 Abs. 2 bis 4 findet entsprechende Anwendung.

(2) Der Ehegatte kann, wenn er nach § 2338 berechtigt ist, das Pflichtteilsrecht des Abkömmlings zu beschränken, den Anteil des Abkömmlings am Gesamtgut einer entsprechenden Beschränkung unterwerfen.

Die Vorschrift knüpft an § 1512 an. Wie dort bleibt der anteilsberechtigte Abkömmling **bis zur Auseinandersetzung** der fortgesetzten Gütergemeinschaft **Teilhaber** des Gesamtguts mit allen einem Abkömmling zustehenden Rechten[1*] und mit den sich nach der Beendigung der fortgesetzten Gütergemeinschaft aus § 1497 ergebenden Rechten und Pflichten. Jedoch ermöglicht § 1513 einen noch stärkeren Eingriff. Stellt bei § 1512 die Hälfte des Gesamtgutsanteils des Abkömmlings die Grenze des Kürzungsrechts dar, so ermöglicht § 1513 einen noch stärkeren Eingriff, der der Pflichtteilsentziehung und -beschränkung entspricht, wegen der Verschiedenheit von Pflichtteil und Gesamtgutsbeteiligung aber extra angeordnet werden musste.
– Liegen die Voraussetzungen der **Pflichtteilsentziehung** vor (§ 2333), so kann der Ehegatte in einer letztwilligen Verfügung auch den Gesamtgutsanteil entziehen, was zum Verlust des Auseinandersetzungsanspruchs führt. Der entzogene Anteil kann einem Dritten nach § 1514 zugewandt werden; ansonsten wächst er den anderen anteilsberechtigten Abkömmlingen, ersatzweise dem längerlebenden Ehegatten zu[2*].
– Liegen die Voraussetzung des § 2338 für eine **Pflichtteilsbeschränkung in guter Absicht** vor, so können die dort genannten Maßnahmen (Anordnung Vor-/Nacherbfolge oder Nachvermächtnis, Testamentsvollstreckung) auch bezüglich dessen getroffen werden, was der entsprechende Abkömmling bei der Gesamtgutsauseinandersetzung erhält (Abs 2)[3*].
– Möglich ist auch eine **Kombination** der Maßnahmen durch Kürzung jenseits der von § 1512 verordneten Grenze und Anordnung der Beschränkungen des § 2338, wenn sowohl die Voraussetzungen des Abs 1 wie Abs 2 vorliegen[4*].

Formale Voraussetzung hierfür ist eine letztwillige Verfügung des erstverstorbenen Ehegatten (§ 1511 Rn 2), sowie Zustimmung des anderen nach § 1516. Trotz des fehlendes Verweises ist eine

---

[1] Zu den Unterschieden MünchKommBGB/*Kanzleiter* Rn 2.
[2] AnwK-BGB/*Völker* Rn 2; MünchKommBGB/*Kanzleiter* Rn 2; Palandt/*Brudermüller* Rn 1.
[3] AnwK-BGB/*Völker* Rn 2; Staudinger/*Thiele* Rn 2; Soergel/*Gaul* Rn 4; MünchKommBGB/*Kanzleiter* Rn 2.
[4] RGZ 105, 242, 244; *Wäntig* DNotV 1903, 166; Soergel/*Gaul* Rn 3.
[5] AnwK-BGB/*Völker* Rn 3 m Beispielen; eingehend Staudinger/*Thiele* Rn 8.
[6] RGZ 105, 242 ff; AnwK-BGB/*Völker* Rn 3.
[1*] Staudinger/*Thiele* Rn 5.
[2*] Staudinger/*Thiele* Rn 7.
[3*] Eingehend Staudinger/*Thiele* Rn 10–14.
[4*] AnwK-BGB/*Völker* Rn 3; Staudinger/*Thiele* Rn 15.

§ 1515

Verzeihung nach § 2337 möglich[5]. Da der Abkömmling bei der Auseinandersetzung nichts erhält, haftet er aber auch nicht für Gesamtgutsverbindlichkeiten und ist auch nicht mit Anrechnungspflichten nach §§ 1499, 1500 belastet[6].

§ 1514 Zuwendung des entzogenen Betrags

Jeder Ehegatte kann den Betrag, den er nach § 1512 oder nach § 1513 Abs. 1 einem Abkömmling entzieht, auch einem Dritten durch letztwillige Verfügung zuwenden.

1 Die Vorschrift eröffnet bei Zustimmung des anderen Ehegatten (§ 1516) eine Verfügungsmöglichkeit durch letztwillige Verfügung (§ 1511 Rn 2) über das, was in Ausübung der Kürzungs- und Entziehungsmöglichkeiten der §§ 1512, 1513 vom Gesamtgutsanteil eines Abkömmlings frei wird: Das danach einem Abkömmling entzogene Recht kann beliebigen Dritten zugewandt werden. Dadurch erhalten diese aber keine dingliche Beteiligung, was den Grundsätzen der fortgesetzten Gütergemeinschaft widerspräche. Denn disponiert wird damit nur über den schuldrechtlichen Auseinandersetzungsanspruch[1]. Zugewandt wird dementsprechend ein zahlenmäßig bestimmter oder dem Wert des entzogenen oder gekürzten Gesamtgutsanteils entsprechender Zahlungsanspruch. Auf diesen finden die Vorschriften über das Vermächtnis (§§ 2147 ff) entsprechende Anwendung[2]. Er wird erst mit Beendigung der fortgesetzten Gütergemeinschaft wirksam[3]. **Beschwert** mit der Zahlung sind bei fehlender abweichender Bestimmung im Fall des § 1513 diejenigen, denen der entzogene Anteil zufällt (anteilsberechtigte Abkömmlinge, ersatzweise der Ehegatte), im Falle der Kürzung nach § 1512 ebenfalls derjenige, der hiervon profitiert oder – wenn Kürzung durch belastete Auflage gewählt wird – der belastete Anteilsbesitzer selbst[4].

§ 1515 Übernahmerecht eines Abkömmlings und des Ehegatten

(1) Jeder Ehegatte kann für den Fall, dass mit seinem Tode die fortgesetzte Gütergemeinschaft eintritt, durch letztwillige Verfügung anordnen, dass ein anteilsberechtigter Abkömmling das Recht haben soll, bei der Teilung das Gesamtgut oder einzelne dazu gehörende Gegenstände gegen Ersatz des Wertes zu übernehmen.

(2) ¹Gehört zu dem Gesamtgut ein Landgut, so kann angeordnet werden, dass das Landgut mit dem Ertragswert oder mit einem Preis, der den Ertragswert mindestens erreicht, angesetzt werden soll. ²Die für die Erbfolge geltende Vorschrift des § 2049 findet Anwendung.

(3) Das Recht, das Landgut zu dem in Absatz 2 bezeichneten Werte oder Preis zu übernehmen, kann auch dem überlebenden Ehegatten eingeräumt werden.

1 Die Vorschrift ermöglicht, durch **Begründung eines Übernahmerechts** für einen Abkömmling die Auseinandersetzung des Gesamtguts der beendeten, aber noch nicht auseinandergesetzten fortgesetzten Gütergemeinschaft zu regeln. Da es auch der Zustimmung durch den anderen Ehegatten bedarf (§ 1516), geht es dem überlebenden Ehegatten nach § 1502 vor[1*]. Zur formalen Anordnung s § 1511 Rn 2.

2 Mehrere berechtigte Abkömmlinge müssen das **Übernahmerecht** gemeinschaftlich ausüben, soweit es den gleichen Gegenstand betrifft[2*]. Vgl zur Ausübung auch § 1477 Rn 3. Es kann nur gegen Ersatz des Wertes des übernommenen Gegenstandes ausgeübt werden. Dies ist grds der Verkehrswert zur Zeit der Übernahme[3*]. Bei einem **Landgut** kann jedoch entsprechend § 2049 bestimmt werden, dass nur der (niedrigere) Ertragswert oder ein Preis, der diesen mindestens erreicht, zu bezahlen ist, um die Erhaltung landwirtschaftlicher Betriebe im Familienbesitz zu ermöglichen (Abs 2); dies ist im Zweifel auch dann anzunehmen, wenn nur ein Übernahmerecht, nicht aber die Höhe des Wertersatzes bestimmt wird[4*]. Zum Begriff des Landguts s Erl zu 2312, zu den landesrechtlichen Bestimmungen über die Bemessung des Ertragswerts s Art 137 EGBGB sowie *Staudinger/J. Mayer* 2005 Art 137 EGBGB Rn 57 ff. Angesichts dessen, dass der landwirtschaftliche Ertragswert ganz erheblich unter dem sonst anzusetzenden Verkehrswert liegt, ist die dadurch bedingte Zurücksetzung der Abfindungsberechtigten nur dann verfassungsrechtlich zulässig, wenn die Kriterien beachtet werden, die deswegen zur Anwendung des Ertragswertprivilegs im Pflichtteilsrecht bei § 2312 entwickelt wurden (§ 2312 Rn 2).

---

[5] AnwK-BGB/*Völker* Rn 2; *Soergel/Gaul* Rn 1.
[6] *Soergel/Gaul* Rn 3; *Staudinger/Thiele* Rn 8.
[1] AnwK-BGB/*Völker* Rn 1; MünchKommBGB/*Kanzleiter* Rn 1; *Staudinger/Thiele* Rn 2, 5.
[2] BayObLG OLGE 1, 380; LZ 1925, 460; AnwK-BGB/*Völker* Rn 2; *Soergel/Gaul* Rn 2; ausf Übersicht bei *Staudinger/Thiele* Rn 6.
[3] *Staudinger/Thiele* Rn 5.
[4] Teilweise differierend *Soergel/Gaul* Rn 3; *Staudinger/Thiele* Rn 1; MünchKommBGB/*Kanzleiter* Rn 2; verkürzt AnwK-BGB/*Völker* Rn 3.
[1*] *Palandt/Brudermüller* Rn 1; MünchKommBGB/*Kanzleiter* Rn 2; *Soergel/Gaul* Rn 2; ebenso AnwK-BGB/*Völker* Rn 1, der jedoch in Fn 2 zu Unrecht behauptet, in diesem Kommentar würde „irrtümlich" die Gegenauffassung vertreten.
[2*] AnwK-BGB/*Völker* Rn 2; *Soergel/Gaul* Rn 3.
[3*] *Staudinger/Thiele* Rn 2.
[4*] AnwK-BGB/*Völker* Rn 3; *Staudinger/Thiele* Rn 6; *Soergel/Gaul* Rn 6.

Auch für den **längerlebenden Ehegatten** ist es möglich, das ihm nach § 1502 gesetzlich zugebilligte 3
Übernahmerecht nach **Abs 3** dahingehend zu modifizieren, dass er bei einem **Landgut** nur den
Ertragswert bezahlen muss. Jedoch kann nach Abs 3 nur der Übernahmepreis entsprechend geregelt,
nicht aber ein von § 1502 unabhängiges Übernahmerecht begründet werden[5], was dann bedeutsam ist,
wenn das Übernahmerecht des Ehegatten nach § 1502 Abs 2 ausgeschlossen ist, weil die fortgesetzte
Gütergemeinschaft auf Klage eines Abkömmlings nach § 1495 aufgehoben wird[6].

§ 1516 Zustimmung des anderen Ehegatten

(1) Zur Wirksamkeit der in den §§ 1511 bis 1515 bezeichneten Verfügungen eines Ehegatten ist die Zustimmung des anderen Ehegatten erforderlich.

(2) [1]**Die Zustimmung kann nicht durch einen Vertreter erteilt werden.** [2]**Ist der Ehegatte in der Geschäftsfähigkeit beschränkt, so ist die Zustimmung seines gesetzlichen Vertreters nicht erforderlich.** [3]**Die Zustimmungserklärung bedarf der notariellen Beurkundung.** [4]**Die Zustimmung ist unwiderruflich.**

(3) Die Ehegatten können die in den §§ 1511 bis 1515 bezeichneten Verfügungen auch in einem gemeinschaftlichen Testament treffen.

Die vom erstversterbenden Ehegatten hinsichtlich der Gesamtgutsbeteiligung nach den §§ 1511 bis 1
1515 angeordneten beschränkenden Maßnahmen bedürfen zu ihrer Wirksamkeit der Zustimmung des
anderen Ehegatten. Dies entspricht der Überlegung, dass die Fortsetzung der Gütergemeinschaft mit
allen gemeinschaftlichen Abkömmlingen auf einer gemeinsamen, eheverträglichen Vereinbarung beruht
(§ 1483 Abs 1 S 1), in die dadurch zum Nachteil eines betroffenen Abkömmlings eingegriffen wird[1].
Die Zustimmung kann nicht durch einen Vertreter abgegeben werden (Abs 2 S 1), sie bedarf grds der
notariellen Beurkundung (Abs 2 S 3, §§ 128, 125), kann aber auch in einem (eigenhändigen oder
öffentlichen) gemeinschaftlichen Testament erteilt werden (Abs 3, § 2265)[2], aber auch in einem Erbvertrag (dort als einseitige Verfügung, § 2299)[3]. Sie ist unwiderruflich (Abs 2 S 4) und muss zu
Lebzeiten des Verfügenden diesem zugegangen sein (§ 130)[4].

Weder ein **Geschäftsunfähiger** (§ 104), noch sein gesetzlicher Vertreter kann die Zustimmung 2
erteilen[5*], wohl aber ein in seiner Geschäftsfähigkeit beschränkter Ehegatte (§ 106) ohne Zustimmung
seines gesetzlichen Vertreters (Abs 2 S 2). Sie muss als Abweichung von der ursprünglichen eheverträglichen Vereinbarung zu einer bestimmten letztwilligen Verfügung der genannten Art erteilt werden[6*]. Sie
hindert den Zustimmenden nicht, die Fortsetzung der Gütergemeinschaft nach § 1484 abzulehnen[7]. Auf
die Zustimmung sind im Übrigen die §§ 182 bis 184 analog anwendbar, soweit nicht § 1516 Sonderregelungen enthält[8]. Sie ist nicht deshalb entbehrlich, weil die getroffene Anordnung für den anderen
Ehegatten **vorteilhaft** ist; dies gilt auch für die Einräumung eines Übernahmerechts hinsichtlich eines
Landguts zum Ertragswert nach § 1515 Abs 3[9]. Denn einer teleologischen Reduktion des § 1516 steht
die zwingende Vorschrift des § 1518 entgegen, die sich ausdrücklich auch auf § 1516 bezieht[10].

§ 1517 Verzicht eines Abkömmlings auf seinen Anteil

(1) [1]**Zur Wirksamkeit eines Vertrags, durch den ein gemeinschaftlicher Abkömmling einem der Ehegatten gegenüber für den Fall, dass die Ehe durch dessen Tod aufgelöst wird, auf seinen Anteil am Gesamtgut der fortgesetzten Gütergemeinschaft verzichtet oder durch den ein solcher Verzicht aufgehoben wird, ist die Zustimmung des anderen Ehegatten erforderlich.** [2]**Für die Zustimmung gilt die Vorschrift des § 1516 Abs. 2 Satz 3, 4.**

(2) Die für den Erbverzicht geltenden Vorschriften finden entsprechende Anwendung.

I. Grundsätzliches, Voraussetzungen

Die Vorschrift betrifft den vertraglichen Verzicht eines gemeinschaftlichen Abkömmlings **vor Ein-** 1
tritt der fortgesetzten Gütergemeinschaft (also noch zu Lebzeiten beider Ehegatten) auf seinen zukünftigen Gesamtgutsanteil. Der **nach Eintritt** der fortgesetzten Gütergemeinschaft erklärte Verzicht auf

---

[5] AnwK-BGB/*Völker* Rn 4; MünchKommBGB/*Kanzleiter* Rn 3.
[6] *Staudinger/Thiele* Rn 7.
[1] Zust AnwK-BGB/*Völker* Rn 1.
[2] *Staudinger/Thiele* Rn 8; MünchKommBGB/*Kanzleiter* Rn 3.
[3] MünchKommBGB/*Kanzleiter* Rn 3.
[4] MünchKommBGB/*Kanzleiter* Rn 2.
[5*] AnwK-BGB/*Völker* Rn 2; *Staudinger/Thiele* Rn 4.
[6*] Zust AnwK-BGB/*Völker* Rn 2.
[7] *Soergel/Gaul* Rn 5.
[8] MünchKommBGB/*Kanzleiter* Rn 2.
[9] AnwK-BGB/*Völker* Rn 3; jurisPK/*Hausch* Rn 8; *Soergel/Gaul* Rn 1; *Palandt/Brudermüller* Rn 1; RGRK/*Finke* Rn 1; *StaudingerThiele* Rn 5; aA MünchKommBGB/*Kanzleiter* Rn 2; *Planck/Unzner* Anm 17.
[10] Zutr AnwK-BGB/*Völker* Rn 3.

§ 1518

den bereits entstandenen Anteil ist in **§ 1491** geregelt. Für den „**Vorausverzicht**" nach § 1517 gelten grds die Bestimmungen über den Erbverzicht (§§ 2346 ff, s Erl dort) entsprechend (Abs 2); auch hier ist eine Abfindungsvereinbarung als Kausalgeschäft möglich[1], und erforderlich, da § 1511 Abs 2 nicht entsprechend gilt[2]. Allerdings bedarf der Vorausverzicht noch der **Zustimmung** des anderen Ehegatten, die notariell beurkundet sein muss und unwiderruflich ist (Abs 1 S 2, §§ 1516 Abs 2 S 3 und 4, 128). Die gesonderte Zustimmung ist allerdings dann entbehrlich, wenn der Verzichtsvertrag mit beiden Ehegatten abgeschlossen wird und sich aus dem Mitabschluss auch die Zustimmung des anderen entnehmen lässt[3]. Der Verzicht gegenüber beiden Ehegatten ist zudem regelmäßig geboten, da bei Vertragsabschluss nicht bekannt ist, welcher der Ehegatten der Erstversterbende sein wird. Der nur gegenüber dem längerlebenden Ehegatten erklärte Anteilsverzicht geht aber ins Leere[4].

II. Wirkungen

2   Durch den antizipierten Anteilsverzicht ist der verzichtende Abkömmling von der fortgesetzten Gütergemeinschaft so ausgeschlossen, wie wenn er zur Zeit des Eintritts derselben nicht mehr lebte (Vorversterbensfiktion, § 2346 Abs 1 S 2). Auch dieser Verzicht **wirkt** grds gegen die Abkömmlinge des Verzichtenden, soweit nichts anderes bestimmt ist, wie sich aus der ausdrücklichen Verweisung auf § 2349 ergibt[5]. Der Kreis der anteilsberechtigten Abkömmlinge bestimmt sich daher nach § 1483 Abs 1 S 2 ohne den Verzichtenden und seinen Stamm. Der Verzicht **aller gemeinschaftlichen Abkömmlinge** verhindert den Eintritt der fortgesetzten Gütergemeinschaft und führt nach § 1482 zur uneingeschränkten allgemeinen Vererbung[6]. Unter Bezug auf § 2350 nimmt die hM an, dass auch **zu Gunsten bestimmter anderer Anteilsberechtigter** verzichtet werden kann[7]. Dies ist jedoch in dieser Allgemeinheit nicht richtig, da § 2350 keine übertragende Wirkung eines Erbteils auf einen Begünstigten hat (§ 2350 Rn 4), sondern nur die Wirksamkeit des Erbverzichts unter die Bedingung stellt, dass die gewünschte Rechtsfolge eintritt, weshalb ein relativer Verzicht vorliegt[8]. Gleiches gilt erst recht für den Vorausverzicht an der künftigen Anteilsbeteiligung der fortgesetzten Gütergemeinschaft, die noch weniger einer Übertragung zugänglich ist (vgl §§ 1497 Abs 2, 1419). Der antizipierte Anteilsverzicht kann daher nur zu Gunsten derjenigen erklärt werden, denen er kraft Gesetzes zugute kommt[9], die also im Falle des Vorversterbens des Verzichtenden anteilsberechtigt sind oder werden, also zu Gunsten der eigenen Abkömmlinge (dann unter Ausschluss des § 2349) oder aber zu Gunsten der anderen anteilsberechtigten Abkömmlinge oder aber in seiner Wirksamkeit dadurch bedingt sein, dass auch andere gemeinschaftlichen Abkömmlinge solche Verzichte erklären[10].

3   Durch diesen Anteilsverzicht wird aber das **gesetzliche Erb- und Pflichtteilsrecht** am Sonder- und Vorbehaltsgut des erstversterbenden Ehegatten nicht berührt; jedoch enthält umgekehrt ein unbeschränkter allgemeiner Erbverzicht (§ 2346) wegen der Verweisung des § 1483 Abs 1 S 2 auf die gesetzliche Erbfolge auch einen Anteilsverzicht[11].

4   Die **Aufhebung** des Anteilsverzicht richtet sich nach den Bestimmungen, die auch für seinen Abschluss gelten, und nach den für die Aufhebung eines Erbverzicht geltenden (§ 2351)[12].

§ 1518 Zwingendes Recht

[1]**Anordnungen, die mit den Vorschriften der §§ 1483 bis 1517 in Widerspruch stehen, können von den Ehegatten weder durch letztwillige Verfügung noch durch Vertrag getroffen werden.** [2]**Das Recht der Ehegatten, den Vertrag, durch den sie die Fortsetzung der Gütergemeinschaft vereinbart haben, durch Ehevertrag aufzuheben, bleibt unberührt.**

I. Normzweck

1   Die Ausgestaltung der §§ 1493 ff als zwingende Vorschriften dient dem Schutz der gemeinschaftlichen Abkömmlinge[1*]: Die fortgesetzte Gütergemeinschaft stellt ohnehin schon eine Beeinträchtigung

---

[1] AnwK-BGB/*Völker* Rn 2; MünchKommBGB/*Kanzleiter* Rn 5; *Staudinger*Thiele Rn 7; dazu § 2346 Rn 28 ff.
[2] *Staudinger/Thiele* Rn 3.
[3] AnwK-BGB/*Völker* Rn 3; *Staudinger/Thiele* Rn 10; MünchKommBGB/*Kanzleiter* Rn 2.
[4] *Soergel/Gaul* Rn 3.
[5] AnwK-BGB/*Völker* Rn 4; *Staudinger/Thiele* Rn 3.
[6] AnwK-BGB/*Völker* Rn 4.
[7] AnwK-BGB/*Völker* Rn 5; *Rohr*, Fortgesetzte Gütergemeinschaft, S 44 ff; *Staudinger/Thiele* Rn 4; *Soergel/Gaul* Rn 2; *Palandt/Brudermüller* Rn 1; RGRK/*Finke* Rn 7; *Ott* ZBlFG 1915, 590; umstr ist innerhalb der hM aber, ob der Verzicht zu Gunsten des überlebenden Ehegatten erklärt werden kann; dagegen *Planck/Unzner* Anm 13.
[8] Wenn AnwK-BGB/*Völker* Rn 5 daher maßgeblich darauf abstellt, dass § 2350 Abs 2 auch den Ehegatten erwähnt, ist dies ein unzulässiger Zirkelschluss.
[9] Richtig MünchKommBGB/*Kanzleiter* Rn 4; *Dölle* I S 991.
[10] Zur Zulässigkeit s AnwK-BGB/*Völker* Rn 3.
[11] AnwK-BGB/*Völker* Rn 6; *Staudinger/Thiele* Rn 3.
[12] AnwK-BGB/*Völker* Rn 7; s dazu *Staudinger/Thiele* Rn 8.
[1*] Mot IV S 424; *Gernhuber/Coester-Waltjen* § 39 Rn 5; MünchKommBGB/*Kanzleiter* Rn 1; wenn AnwK-BGB/ *Völker* Rn 1 beklagt, dass die Abkömmlinge nicht ausschlagen könnten, übersieht er die Verzichtsmöglichkeit nach § 1491.

II. Unzulässige Anordnungen (S 1)

Nach § 134 nichtig sind alle Anordnungen der Ehegatten, die mit den §§ 1483 bis 1517 in Widerspruch stehen, mögen sie durch Verfügung von Todes wegen, Erbvertrag oder Ehevertrag getroffen worden sein. Auch Modifikationen sind nur zulässig, soweit das Gesetz sie ausdrücklich zulässt (§§ 1511 ff). Dies gilt auch dann, wenn die Abkömmlinge durch sie im Ergebnis besser gestellt werden[2]. Diese über den Normzweck hinausgehende Wirkung rechtfertigt sich aus Gründen der Rechtssicherheit[3]. Die Nichtigkeit kann von jedem geltend gemacht werden, der davon betroffenen ist[4].

Unzulässig sind daher Eingriffe in die gesetzlich vorgegebene Verwaltungs- und **Verfügungsbefugnis** des längerlebenden Ehegatten, sei es durch Befreiung des Ehegatten als Gesamtgutsverwalter von den für ihn (§ 1487) geltenden Beschränkungen der §§ 1423 bis 1425[5] oder durch die Einsetzung eines anderen, auch eines Testamentsvollstreckers, zum Gesamtgutsverwalter[6]. Unzulässig auch die Abänderung der **zeitlichen Dauer** der fortgesetzten Gütergemeinschaft, sei es, dass durch die Alleinerbeneinsetzung des überlebenden Ehegatten deren Eintritt verhindert[7], sei es, dass die Gütergemeinschaft entgegen § 1493 Abs 1 über den Zeitpunkt der Wiederverheiratung hinaus fortgesetzt werden soll[8]. Auch in die **dingliche Rechtsstellung** der anteilsberechtigten Abkömmlinge darf nicht eingegriffen werden, und zwar selbst nach Beendigung der fortgesetzten Gütergemeinschaft nicht, weder durch Bestellung eines Nießbrauchs[9] noch eine Beschränkung der Rechte der Abkömmlinge auf eine bloße Geldforderung entsprechend ihrem Pflichtteil[10].

III. Zulässige Anordnungen

Möglich ist dagegen die jederzeitige **Aufhebung** der Vereinbarung über die Fortsetzung der Gütergemeinschaft durch Ehevertrag (§ 1410) der Ehegatten (S 2) oder der Ausschluss der Fortsetzung durch Ausschließung aller Abkömmlinge nach §§ 1511, 1516[11]. Zulässig ist auch, dass die Fortsetzung der Gütergemeinschaft nur für den Fall des Vorversterbens eines Ehegatten (etwa des Mannes) vereinbart wird[12].

Auch **schuldrechtliche,** von den §§ 1483 ff abweichende Vereinbarungen zwischen dem überlebenden Ehegatten und den **anteilsberechtigten Abkömmlingen** sind möglich[13], besonders über die Auseinandersetzung des Gesamtguts[14], oder die Tragung von Gesamtgutslasten im Innenverhältnis (§§ 1499, 1500)[15]. Zulässig sind weiter auch schuldrechtliche Verträge **mit Dritten.** In all diesen Fällen darf aber dadurch nicht in dinglicher Weise in das sich aus den §§ 1487 ff ergebende gesetzliche Schuldverhältnis eingegriffen werden. So kann sich etwa der überlebende Ehegatte zwar gegenüber den Abkömmlingen oder auch Dritten verpflichten, dass er zu bestimmten Handlungen die Zustimmung des Testamentsvollstreckers erholt; tut er dies nicht, so sind dennoch seine Handlungen nach außen hin wirksam[16].

Auch kann der längerlebende Ehegatte über seinen Gesamtgutsanteil durch **Verfügung von Todes wegen** verfügen[17], ja sogar Verschaffungsvermächtnisse (§ 2169) über Gesamtgutsgegenstände anordnen[18].

§§ 1519 bis 1557 *(weggefallen)*

---

[2] RG JW 1916, 43 m Anm *Ullmann*; AnwK-BGB/*Völker* Rn 2; MünchKommBGB/*Kanzleiter* Rn 2.
[3] Gegen eine teleologische Restriktion auch *Gernhuber/Coester-Waltjen* § 39 Rn 5 Fn 5.
[4] KG OLGE 6, 146.
[5] AnwK-BGB/*Völker* Rn 3; *Gernhuber/Coester-Waltjen* § 39 Rn 5; MünchKommBGB/*Kanzleiter* Rn 3; und zwar auch dann, wenn er während der ehelichen Gütergemeinschaft – soweit zulässig – befreit war, OLG Köln LZ 1924, 47.
[6] RG JW 1916, 43; *Dölle* I S 984; *Gernhuber/Coester-Waltjen* § 39 Rn 5 Fn 6.
[7] RG WarnR 1908 Nr 163; KG OLGE 37, 399; jedoch kann darin uU eine Ausschließung aller Abkömmlinge nach § 1511 gesehen werden, wenn die erforderliche Zustimmung des anderen Ehegatten nach § 1516 vorliegt, s § 1511 Rn 2.
[8] AnwK-BGB/*Völker* Rn 3; *Staudinger/Thiele* Rn 6; *Dölle* I S 984; *Planck/Unzner* Anm 1.
[9] AnwK-BGB/*Völker* Rn 3; *Soergel/Gaul* Rn 3; *Staudinger/Thiele* Rn 9; *Erman/Heckelmann* Rn 3; aA *Staudenmaier* BWNotZ 1965, 210.
[10] RGZ 105, 242, 244.
[11] RGZ 94, 314, 317; MünchKommBGB/*Kanzleiter* Rn 4.
[12] AnwK-BGB/*Völker* Rn 4; *Soergel/Gaul* Rn 3; *v. Baligand*, Der Ehevertrag, S 92.
[13] *Dölle* I S 984; MünchKommBGB/*Kanzleiter* Rn 5; *Soergel/Gaul* Rn 5.
[14] MünchKommBGB/*Kanzleiter* Rn 5; *Staudinger/Thiele* Rn 11.
[15] AnwK-BGB/*Völker* Rn 6; *Staudinger/Thiele* Rn 11.
[16] AnwK-BGB/*Völker* Rn 6; *Dölle* I S 984; teilweise wird zwischen der Wirkung im Außen- und Innenverhältnis unter Bezug auf RG JW 1916, 45 nicht klar genug unterschieden, so etwa bei *Soergel/Gaul* Rn 5.
[17] BGH FamRZ 1985, 278, 279; NJW 1964, 2298; RG LZ 1915, 1657; JW 1916, 43; KG JW 1931, 1369 m Anm *Herzfelder*; OLG Tübingen DRZ 1950, 519 m Anm *Natter*; BayObLGZ 1960, 254, 257; AnwK-BGB/*Völker* Rn 6; MünchKommBGB/*Kanzleiter* Rn 5; *Staudinger/Thiele* Rn 12; entgegen *Soergel/Gaul* Rn 5 ist dies keine Frage der Testierfähigkeit, sondern der Testierfreiheit.
[18] BGH NJW 1964, 2298; OLG Tübingen DRZ 1950, 519; *Gernhuber/Coester-Waltjen* § 39 Rn 63–65.

§ 1558

Untertitel 3. Güterrechtsregister (§§ 1558–1563)

§ 1558 Zuständiges Registergericht

(1) Die Eintragungen in das Güterrechtsregister sind bei jedem Amtsgericht zu bewirken, in dessen Bezirk auch nur einer der Ehegatten seinen gewöhnlichen Aufenthalt hat.

(2) ¹Die Landesregierungen werden ermächtigt, durch Rechtsverordnung einem Amtsgericht für die Bezirke mehrerer Amtsgerichte die Zuständigkeit für die Führung des Registers zu übertragen. ²Die Landesregierungen können die Ermächtigung durch Rechtsverordnung auf die Landesjustizverwaltungen übertragen.

Schrifttum: *Dieterle,* Ehevertrag und Güterrechtsregister, BWNotZ 1963, 205; *Gottschalg,* Aufgabe und Inhalt des Güterrechtsregisters heute, Diss. Bonn 1966; *ders,* Zur Eintragungsfähigkeit der Gütertrennung im Güterrechtsregister, DNotZ 1969, 339; *ders,* Zur Bedeutung des § 1412 Abs 2 BGB im Hinblick auf das Güterrechtsregister, DNotZ 1970, 274; *Kanzleiter,* Zur Eintragungsfähigkeit in das Güterrechtsregister, DNotZ 1971, 453; *Keidel/Krafka/Willer,* Registerrecht, 6. Aufl 2003, Rn 2302 ff; *Keilbach,* Zu den im Güterrechtsregister eintragungsfähigen Tatsachen, FamRZ 2000, 870; *Lange,* Ehevertrag und Güterrechtsregister, FamRZ 1964, 547; *Reithmann,* Schutz des Rechtsverkehrs bei Geschäften mit verheirateten Personen, DNotZ 1961, 3; *ders,* Die Aufgabe öffentlicher Register, DNotZ 1979, 67; *Schmidt,* Die Bedeutung des Güterrechtsregistereintrags im Güterrecht, § 1412 BGB und die Schuldenhaftung, BWNotZ 1964, 184.

Übersicht

	Rn		Rn
I. Gesetzessystematik	1	b) Gütertrennung	8
II. Funktion und Bedeutung des Güterrechtsregisters	2	c) Gütergemeinschaft	9
		d) Ausländischer Güterstand, früherer DDR-Güterstand	10
1. Funktion	2	e) Einseitige Gestaltungserklärungen	11
2. Praktische Bedeutung; Abschaffung des Güterrechtsregisters?	4	3. Nicht eintragungsfähige Tatsachen	12
III. Eintragungsfähige Tatsachen	5	IV. Zuständigkeitsfragen	13
1. Grundsatz	5	1. Örtliche und sachliche Zuständigkeit	13
2. Details	6	2. Funktionelle Zuständigkeit	16
a) Gesetzlicher Güterstand	7		

I. Gesetzessystematik

1 Die §§ 1558 ff betreffen lediglich das Eintragungsverfahren, § 1412 dagegen die Eintragungswirkung des Güterrechtsregisters[1].

II. Funktion und Bedeutung des Güterrechtsregisters

2 **1. Funktion.** Das Güterrechtsregister hat eine umfassende Publikationsfunktion mit **doppelter Wirkung:** Zum einen dient es dazu, gutgläubige Dritte im praktischen Rechtsverkehr zu schützen (**„Verkehrsschutz"**). Zum anderen bezweckt es wegen der Auswirkung auf die Verfügungsbefugnis und Haftung der Ehegatten die Offenlegung der güterrechtlichen Verhältnisse zur Erleichterung des Geschäfts- und Rechtsverkehrs (**„Verkehrserleichterung"**), wie der BGH in rechtsfortbildender Erweiterung der klassischen Aufgaben[2] des Güterrechtsregisters betont hat[3]. Diese Funktionserweiterung hat zugleich erheblichen Einfluss auf den Umfang des Kreises der eintragungsfähigen Tatsachen[4]. In das Güterrechtsregister können nicht nur Ehegatten ihre güterrechtlichen Verhältnisse eintragen lassen, sondern seit der Neufassung des § 7 LPartG durch das Gesetz zur Überarbeitung des Lebenspartnerschaftsrechts vom 15. 12. 2004 (BGBl I S 3396) mit der Übernahme des ehelichen Güterrechts auch **gleichgeschlechtliche Lebenspartner**[5].

3 Zur Erfüllung der in Rn 2 genannten Aufgaben bedient sich das Gesetz im wesentlichen zweier Mittel[6]:
– Die **Eintragungen** im Güterrechtsregister sind nur **deklaratorisch.** Die Veränderung der güterrechtlichen Verhältnisse tritt also unabhängig von der Eintragung im Register ein.

---

[1] BGHZ 66, 203, 205 = NJW 1976, 1258.
[2] Darauf weist *Johannsen* LM § 1412 Nr 2 hin.
[3] BGHZ 66, 203, 207 = NJW 1976, 1258; BayObLGZ 1979, 583, 585; OLG Braunschweig FamRZ 2005, 903, 904; zust *Staudinger/Thiele* § 1412 Rn 4; AnwK-BGB/*Völker* Rn 2; *Palandt/Brudermüller* Einf § 1558 Rn 2; *Erman/Heckelmann* § 1558 Rn 1; MünchKommBGB/*Kanzleiter* Vor §§ 1558 ff Rn 6; *Gernhuber/Coester-Waltjen* § 33 Rn 3–5; RGRK/*Finke* § 1412 Rn 5; *Firsching/Graba* Rn 236; abl *Gottschalg* NJW 1976, 1741.
[4] *Staudinger/Thiele* § 1412 Rn 5.
[5] *Muscheler* Familienrecht Rn 850; früher war dies umstr, jedoch wurde teilweise die Eintragungsfähigkeit im Güterrechtsregister bejaht, etwa bezüglich der „Schlüsselgewalt" wegen der in § 1357 Abs 2 S 2 enthaltenen Verweisung auf das Güterrechtsregister, so etwa KG NJW 2003, 1610, bezüglich der Vermögenstrennung aber verneint; *Krafka/Willer* Registerrecht Rn 2304; *Rellermeyer* Rpfleger 2001, 381; *Grziwotz* DNotZ 2001, 280, 291; AnwK-BGB/*Völker* Vor §§ 1415 ff Rn 6 mwN auch zur Gegenmeinung.
[6] MünchKommBGB/*Kanzleiter* Vor § 1558 Rn 2 f; AnwK-BGB/*Völker* Vor §§ 1558 ff Rn 3.

– Es gibt keinen Schutz des guten Glaubens an die Richtigkeit des Güterrechtsregisters (anders als beim Grundbuch). Nach § 1412 besitzt das Güterrechtsregister nur **negative Publizität**.

2. Praktische Bedeutung; Abschaffung des Güterrechtsregisters? Im Hinblick auf die nur deklaratorische Wirkung wird von der Eintragung nur wenig Gebrauch gemacht[7]. Nach **Langenfeld**[8] ist es „gegenwärtig praktisch tot". Auch ist die Zahl der abweichenden güterrechtlichen Vereinbarungen relativ gering. All dies führt dazu, dass in der Praxis das Güterrechtsregister nur selten eingesehen wird. Damit wird die **Schutzfunktion** des Güterrechtsregisters **konterkariert**. Ist eine für den Dritten nachteilige Abweichung vom gesetzlichen Güterstand im Register eingetragen, wird dessen guter Glaube an den Fortbestand der gesetzlichen Regelung durch den Registereintrag zerstört, ohne dass aber ein Problembewusstsein für die Betroffenen besteht, das Güterrechtsregister einzusehen[9]. Daher wurde immer wieder die Abschaffung des Güterrechtsregisters gefordert[10]. Demgegenüber wird in der neueren Kommentarliteratur die Berechtigung des Güterrechtsregisters mit der umfassenden Publizitätsfunktion, insbes unter dem Gesichtspunkt der Verkehrserleichterung im Zusammenhang mit ausländischen Güterständen (Rechtswahl nach Art 15 Abs 2 EGBGB, Schutz Dritter nach Art 16 EGBGB) begründet[11]. Dabei sind die Verteidiger des Güterrechtsregisters eine überzeugende Begründung sowohl im theoretischen Ansatz wie in der praktischen Durchführung schuldig geblieben: Wie sollen in sicherer Weise die güterrechtlichen Verhältnisse nachgewiesen werden, wenn nur die negative Publizität gilt? Und auch bei Ehen mit Bezug zum ausländischen Güterstand ist die tatsächliche Güterrechtsregistrierung gering, zumal der Nachweis der Rechtswahl durch die notarielle Urkunde erbracht wird[12]. 4

III. Eintragungsfähige Tatsachen

1. Grundsatz. Auch unter Berücksichtigung des Funktionswandels des Güterrechtsregisters (Rn 1) sind eintragungsfähig nur solche güterrechtlichen Regelungen, die eine **Außenwirkung** entfalten, weil sie geeignet sind, die Rechtsstellung der Ehegatten zu Dritten zu beeinflussen[13]. Das sind sicherlich die Fragen der Eigentumszuordnung, Schuldenhaftung und Verfügungsbefugnis[14]. Der BGH nennt aber beispielhaft als Rechtfertigung für die Eintragungsmöglichkeit auch wirtschaftliche Gründe, wie die, die sich auf die Kreditgewährung auswirken[15]. 5

2. Details. Im Einzelnen ist die Abgrenzung mitunter schwierig[16]. In dubio sollte für die Eintragung entschieden werden[17]. 6

a) Gesetzlicher Güterstand. Modifizierungen des gesetzlichen Güterstands: Der Ausschluss oder abweichende Vereinbarungen zu den Verfügungsbeschränkungen (§§ 1365 ff) können eingetragen werden[18], **nicht** aber der ganze oder teilweise Ausschluss des Zugewinnausgleichs, da dadurch die Rechtslage zu Dritten nicht unmittelbar beeinflusst wird, sofern dies nicht ausnahmsweise nach § 1414 S 2 zur Gütertrennung führt[19]. Eintragungsfähig ist der Übergang zur Zugewinngemeinschaft, etwa von Gütertrennung oder Gütergemeinschaft oder sonst als Wahlgüterstand[20]. 7

---

[7] AnwK-BGB/*Völker* Vor §§ 1558 ff Rn 3 Fn 9 berichtet für das Saarland von 35 Eintragungen im Jahr 2002.
[8] 4. Aufl Rn 660; *Staudinger*/*Thiele* § 1412 Rn 6; ähnlich *Gernhuber*/*Coester-Waltjen* § 33 Rn 2.
[9] MünchKommBGB/*Kanzleiter* Vor § 1558 Rn 3.
[10] AnwK-BGB/*Völker* Vor §§ 1558 ff Rn 5; *Braga* FamRZ 1967, 652, 659; *Langenfeld* 4. Aufl Rn 660; *Mikat*, FS Felgenträger, 1969, S 350; *Palandt*/*Brudermüller* Einf §§ 1558–1561 Rn 8; *Reithmann* DNotZ 1961, 3, 16, sowie einschränkend DNotZ 1979, 67, 64, DNotZ 1984, 459; für ohne großen Nutzen hält es zu Recht Hk-BGB/*Kemper* Vor §§ 1558 ff Rn 2; lediglich referierend PWW/*Weinreich* Vor §§ 1558 ff Rn 6.
[11] MünchKommBGB/*Kanzleiter* Vor § 1558 Rn 3; *Soergel*/*Gaul* Vor § 1558 Rn 4.
[12] *Langenfeld* 4. Aufl Rn 660; wie hier auch AnwK-BGB/*Völker* Vor §§ 1558 ff Rn 5.
[13] BGHZ 66, 203, 207 ff = NJW 1976, 1258; AnwK-BGB/*Völker* Vor §§ 1558 ff Rn 6; PWW/*Weinreich* Vor §§ 1558 ff Rn 2; *Staudinger*/*Thiele* Vor § 1558 ff Rn 6, *ders* DNotZ 1971, 453, 469 f, wonach die güterrechtliche Drittwirkung „unmittelbar" eintreten müsse; dagegen OLG Köln FamRZ 1994, 1256, 1257 = NJW-RR 1995, 390; *Johannsen* LM § 1412 Nr 2 betont, dass die Außenwirkung eine „nicht nur unbedeutende" sein müsse; zum Meinungsstand s auch *Gernhuber*/*Coester-Waltjen* § 33 Rn 5 Fn 5.
[14] PWW/*Weinreich* Vor §§ 1558 ff Rn 2; *Reithmann* DNotZ 1979, 67, 78; *Langenfeld* 4. Aufl Rn 660.
[15] BGHZ 66, 203, 207.
[16] *Johannsen* LM § 1412 Nr 2.
[17] Zust AnwK-BGB/*Völker* Vor §§ 1558 ff Rn 6; strenger *Gernhuber*/*Coester-Waltjen* § 33 Rn 7–9.
[18] LG Bonn RNotZ 2001, 588; die Entscheidung BGHZ 41, 376 = NJW 1964, 1795 ist nun durch BGHZ 66, 203 überholt; vgl AnwK-BGB/*Völker* Vor §§ 1558 ff Rn 7; MünchKommBGB/*Kanzleiter* Vor § 1558 Rn 7; *Staudinger*/*Thiele* Vor §§ 1558 ff Rn 7.
[19] Ebenso AnwK-BGB/*Völker* Vor §§ 1558 ff Rn 8; MünchKommBGB/*Kanzleiter* Vor § 1558 Rn 7; *ders* DNotZ 1971, 453, 469 f; *Staudinger*/*Thiele* Vor §§ 1558 ff Rn 7; *Soergel*/*Gaul* Vor § 1558 Rn 5; für generelle Eintragungsfähigkeit OLG Köln NJW-RR 1995, 390, 391; LG Bonn RNotZ 2001, 588: für Herausnahme bestimmter Gegenstände aus Zugewinnausgleich; *Erman*/*Heckelmann* Vor §§ 1558 ff Rn 2; *Krafka*/*Willer* Registerrecht Rn 2329; *Keilbach* FamRZ 2000, 870, 871; *Palandt*/*Brudermüller* Einf § 1558 Rn 3; PWW/*Weinreich* Vor §§ 1558 ff Rn 4; AK/*Fieseler* §§ 1558–1563 Rn 2; *Lange* FamRZ 1964, 546, 550: wegen der Gefahren durch § 1390; für den Fall des Ausschlusses des Zugewinnausgleichs bei Eheauflösung (anders als durch den Tod), weil dadurch Kreditfähigkeit erhöht werde: RGRK/*Finke* § 1412 Rn 6; für Eintragungsfähig von Modifikationen OLG Schleswig FamRZ 1995, 1586, 1587, jedoch nur obiter dictum.
[20] BayObLG FamRZ 1979, 583, 584 f bei ausländischen Staatsangehörigen; AnwK-BGB/*Völker* Vor §§ 1558 ff Rn 7; *Soergel*/*Gaul* Vor § 1558 Rn 5.

§ 1558

8 b) Gütertrennung. Eintragungsfähig ist der Eintritt der Gütertrennung, und zwar unabhängig davon, auf welchem Rechtsgrund dies beruhte (Vertrag oder Urteil nach §§ 1388, 1449, 1470) und ohne Rücksicht darauf, welcher Güterstand vorher galt[21]. Wird der Güterstand der Gütertrennung jedoch unter einer (aufschiebenden oder auflösenden) **Bedingung** vereinbart, so steht der Eintragung nicht entgegen, dass der Bedingungseintritt nicht direkt dem Register zu entnehmen ist, sondern erst bei Verwirklichung bestimmter Umstände, wenn diese nur justiziabel sind, denn der Rechtsverkehr ist hinreichend dadurch geschützt, dass er nicht bedingungslos auf den vereinbarten Güterstand vertrauen darf[22].

9 c) Gütergemeinschaft. Eintragungsfähig ist auch die Vereinbarung der Gütergemeinschaft, die Regelung der Verwaltung des Gesamtguts und die Person des Gesamtgutsverwalters, die Vorbehaltsguteigenschaft (§ 1418 Abs 4), der Einspruch eines Ehegatten gegen den selbständigen Betrieb eines Erwerbsgeschäfts durch den anderen sowie der Widerruf einer hierzu erteilten Einwilligung (§§ 1431 Abs 3, 1456 Abs 3)[23].

10 d) Ausländischer Güterstand, früherer DDR-Güterstand. Eintragungsfähig sind auch diese Güterstände, und zwar sowohl gesetzliche wie vereinbarte (vgl auch Art 16 EGBGB). Auch eine Rechtswahl nach Art 15 Abs 2 EGBGB ist eintragungsfähig, mag sie auch nur vorsorglich getroffen sein[24]. Zur Zweckmäßigkeit s Rn 14. Die Fortgeltung des früher in der DDR geltenden Güterstands der Eigentums- und Vermögensgemeinschaft (§§ 13 ff FGB) durch entsprechende Option nach Art 234 § 1, § 4 EGBGB ist ebenfalls eintragungsfähig[25].

11 e) Einseitige Gestaltungserklärungen. Eintragungsfähig sind auch die Beschränkungen oder die Ausschließung der Befugnis eines Ehegatten nach **§ 1357 Abs 2** und auch wieder deren Aufhebung (durch das Vormundschaftsgericht oder durch den Ehegatten, wenn die Beschränkung oder Ausschließung bereits eingetragen waren[26].

12 3. Nicht eintragungsfähige Tatsachen. Nicht eintragungsfähig sind ehevertragliche Regelungen, die sich nur auf das Innenverhältnis der Ehegatten beziehen, also für den rechtsgeschäftlichen Verkehr ohne Bedeutung sind[27], so reine „Interna" wie die Verteilung des Hausgelds[28] oder mangels Außenwirkung auch der Ausschluss oder die Beschränkung des Widerrufs der Überlassung der Vermögensverwaltung.[29] Nicht eintragungsfähig ist auch das **Ruhen** der Befugnis nach **§ 1357 Abs 1** während des Getrenntlebens der Ehegatten (§ 1357 Abs 3), da dies ein rein tatsächlicher Umstand und daher eine Analogie zu § 1357 Abs 2 S 2 nicht möglich ist[30]. Nicht eintragungsfähig sind auch in sich widersprüchliche Regelungen[31], ein Vermögensverzeichnis[32], die Vereinbarung der **fortgesetzten Gütergemeinschaft** oder die Aufhebung derselben (§ 1483) sowie Eintritt der fortgesetzten Gütergemeinschaft, da das Güterrechtsregister nur über die güterrechtlichen Verhältnisse während der Ehe Auskunft geben soll[33] oder eine Sondergutseigenschaft (§ 1417)[34]. Nicht eintragungsfähig ist auch die Modifikation oder Ausschluss des Versorgungsausgleichs durch Ehevertrag (§ 1408 Abs 2), soweit durch den Ausschluss nicht nach § 1414 S 2 Gütertrennung eintritt[35]; das Gleiche gilt hinsichtlich Veränderung oder Ausschluss des Zugewinnausgleichs (Rn 7). Nicht einzutragen sind aber auch die Aufhebung oder Änderung von güterrechtlichen Regelungen, die ihrerseits nicht eingetragen waren[36].

---

[21] BGHZ 66, 203, 208; AnwK-BGB/*Völker* Vor §§ 1558 ff Rn 7; MünchKommBGB/*Kanzleiter* Vor § 1558 Rn 8; *Soergel/Gaul* Vor § 1558 Rn 5.
[22] Anders aber OLG Braunschweig FamRZ 2005, 903, 905 m Anm *Bergschneider*, der noch strengere Kriterien aufstellt.
[23] AllgM, AnwK-BGB/*Völker* Vor §§ 1558 ff Rn 7; MünchKommBGB/*Kanzleiter* Vor § 1558 Rn 9.
[24] AnwK-BGB/*Völker* Vor §§ 1558 ff Rn 7; MünchKommBGB/*Kanzleiter* Vor § 1558 Rn 14; *Soergel/Gaul* Vor § 1558 Rn 6.
[25] AnwK-BGB/*Völker* Vor §§ 1558 ff Rn 7; *Böhringer* DNotZ 1991, 223, 233 ff; *Staudinger/Thiele* Vor §§ 1558 ff Rn 15; *Staudinger/Rauscher* Art 234 EGBGB Rn 58 ff; MünchKommBGB/*Kanzleiter* Vor § 1558 Rn 10.
[26] AnwK-BGB/*Völker* Vor §§ 1558 ff Rn 7; MünchKommBGB/*Kanzleiter* Vor § 1558 Rn 11; *Staudinger/Thiele* Vor zu §§ 1558 ff Rn 10; *Soergel/Gaul* Vor § 1558 Rn 5; zur Aufhebung KG OLGE 30, 39 zu § 1357 aF.
[27] BGHZ 66, 203, 208.
[28] AnwK-BGB/*Völker* Vor §§ 1558 ff Rn 8; *Staudinger/Thiele* Vor §§ 1558 ff Rn 17.
[29] AnwK-BGB/*Völker* Vor §§ 1558 ff Rn 8; juris-PK/*Hausch* § 1413 Rn 20.
[30] OLG Hamm MDR 1951, 740; AnwK-BGB/*Völker* Vor §§ 1558 ff Rn 8; *Staudinger/Thiele* Vor §§ 1558 ff Rn 11; *Gernhuber/Coester-Waltjen* § 33 II 2; *Lüderitz/Dethloff* § 5 Rn 52; RGRK/*Finke* Rn 21; *Müller-Freienfels*, FS Lehmann I, S 388, 418; aM *Krafka/Willer* Registerrecht Rn 2329; MünchKommBGB/*Kanzleiter* Vor § 1558 Rn 11; MünchKommBGB/*Wacke* § 1357 Rn 47; *Lücke* AcP 178 (1978), 1, 21; ders, FS Bosch, 1976, S 629, 637; *Soergel/Gaul* Vor § 1558 Rn 5.
[31] OLG Schleswig FamRZ 1995, 1586, 1587; AnwK-BGB/*Völker* Vor §§ 1558 ff Rn 8.
[32] KG OLGE 12, 305; AnwK-BGB/*Völker* Vor §§ 1558 ff Rn 8; *Gernhuber/Coester-Waltjen* § 33 II 2.
[33] AnwK-BGB/*Völker* Vor §§ 1558 ff Rn 8; MünchKommBGB/*Kanzleiter* Vor § 1558 Rn 9; *Krafka/Willer* Registerrecht Rn 2330; PWW/*Weinreich* Vor §§ 1558 ff Rn 5; RGRK/*Finke* Rn 6.
[34] *Krafka/Willer* Registerrecht Rn 2330.
[35] *Krafka/Willer* Registerrecht Rn 2330; MünchKommBGB/*Kanzleiter* Vor § 1558 Rn 12; *Soergel/Gaul* Vor § 1558 Rn 5; jetzt auch *Jauernig/Schlechtriem* Rn 3; ohne die im Text gemachte Einschränkung PWW/*Weinreich* Vor §§ 1558 ff Rn 5 unter Bezug auf OLGR Braunschweig 2004, 383.
[36] AnwK-BGB/*Völker* Vor §§ 1558 ff Rn 8; *Staudinger/Thiele* Vor §§ 1558 ff Rn 19; *Soergel/Gaul* Vor § 1558 Rn 7.

IV. Zuständigkeitsfragen

1. Örtliche und sachliche Zuständigkeit. Die Vorschrift betrifft die örtliche und sachliche 13
Zuständigkeit für Eintragungen im Güterrechtsregister. Zuständig ist das Amtsgericht, in dessen Bezirk
auch nur einer der Ehegatten seinen **gewöhnlichen Aufenthalt** hat. Dies ist der Ort, in dem der
Schwerpunkt der Bindungen der Person, also ihr **Daseinsmittelpunkt** liegt; dies setzt eine gewisse
Dauer voraus[37]. Der Begriff des Aufenthaltsorts ist faktisch, nicht rechtlich geprägt[38]. Er entscheidet auch
bei mehreren Wohnsitzen[39]. Soweit die Ehegatten mehrere (gemeinsame oder getrennte) gewöhnliche
Aufenthalte haben[40], so ist im Interesse des Verkehrsschutzes Dritter die Eintragung bei **jedem**
Registergericht erforderlich[41]. Auch für die güterrechtlichen Verhältnisse von **Kaufleuten** ist allein das
Güterrechtsregister maßgeblich[42]. Bei Divergenz von Handelsniederlassung und Aufenthaltsort treten
die an die Eintragung im Güterrechtsregister geknüpften Wirkungen bezüglich des Handelsgewerbes
nur ein, wenn die Eintragung auch in dem für den Ort der Handelsniederlassung zuständigen Güterrechtsregister erfolgt ist[43]. Bei Verlegung des Aufenthaltsorts s § 1559.

Hat **keiner** der Ehegatten einen **inländischen Aufenthaltsort,** so ist mangels inländischer Zustän- 14
digkeit eine Eintragung nicht möglich, auch wenn beide Ehegatten Deutsche sind[44]. Einem Dritten
können dann eintragungsfähige Tatsachen nur bei dessen positiver Kenntnis entgegen gehalten werden
(§ 1412). Für Ehegatten mit **ausländischer Staatsangehörigkeit** oder für Staatenlose besteht keine
besondere Zuständigkeit. Vielmehr ergibt sich aus dem Grundsatz des Gleichlaufs zwischen örtlicher
und **internationaler Zuständigkeit**[45], dass es allein auf ihren gewöhnlichen Aufenthaltsort im Inland
ankommt[46]. Bei Auslandsberührung ist die Eintragung besonders empfehlenswert, da dadurch uU den
nach fremdem Recht zu wahrenden Publizitätserfordernissen genügt wird[47].

Die Eintragung ist **unwirksam,** wenn sie bei einem unzuständigen Gericht erfolgt (lex specialis zu 15
§ 7 FGG)[48] oder sich die Eintragungen in verschiedenen Güterrechtsregistern widersprechen[49] oder die
Eintragung nicht bei allen Gerichten erfolgte[50]. Sie ist nach §§ 161, 142, 143 FGG von Amts wegen zu
löschen.

2. Funktionelle Zuständigkeit. Funktionell zuständig ist der Rechtspfleger (§ 3 Nr 1 e RPflG), 16
jedoch mit Vorlagemöglichkeit nach § 5 Abs 2 RPflG, wenn die Anwendung von ausländischem
Recht in Betracht kommt[51]. Zum Verfahren s §§ 1560 bis 1562.

§ 1559 Verlegung des gewöhnlichen Aufenthalts

¹Verlegt ein Ehegatte nach der Eintragung seinen gewöhnlichen Aufenthalt in einen anderen Bezirk, so muss die Eintragung im Register dieses Bezirks wiederholt werden. ²Die
frühere Eintragung gilt als von neuem erfolgt, wenn ein Ehegatte den gewöhnlichen Aufenthalt in den früheren Bezirk zurückverlegt.

I. Verlegung des gewöhnlichen Aufenthaltsorts (S 1)

Bei einer Verlegung des gewöhnlichen Aufenthaltsorts (Aufgabe und Neubegründung) aus dem 1
bisherigen Registerbezirk wird die Eintragung im bisher zuständigen Güterrechtsregister unwirksam¹.
Dies gilt auch dann, wenn im Inland kein gewöhnlicher Aufenthaltsort mehr besteht². Die Wiederholung der Eintragung muss von zumindest einem Ehegatten bei dem für den neuen Aufenthaltsort
zuständigen Gericht ausdrücklich beantragt werden (§§ 1560, 1561 Abs 2 Nr 2), wollen sie auch
weiterhin die Schutzwirkungen des Güterrechtsregisters in Anspruch nehmen³. Dieses Gericht prüft die
Zulässigkeit der Eintragung selbstständig⁴. Da es schon keine Verpflichtung zur Eintragung im Güter-

---

[37] BGH FamRZ 1981, 135, 137: regelmäßig sechs Monate; NJW 1975, 1068; *Staudinger/Thiele* Rn 3; *Soergel/Gaul* Rn 2.
[38] BGH FamRZ 1981, 135; NJW 1975, 1068; *Henrich* FamRZ 1986, 841, 846.
[39] *Soergel/Gaul* Rn 2.
[40] Dies ist möglich, BayObLGZ 1980, 52, 56; KG FamRZ 1987, 603, 605; *Soergel/Gaul* Rn 2.
[41] AnwK-BGB/*Völker* Rn 2; MünchKommBGB/*Kanzleiter* Rn 2; *Staudinger/Thiele* Rn 3.
[42] RGZ 63, 245, 248; AnwK-BGB/*Völker* Rn 4; PWW/*Weinreich* Rn 4; *StaudingerThiele* Rn 4.
[43] *Staudinger/Thiele* Rn 4; MünchKommBGB/*Kanzleiter* Rn 4.
[44] AnwK-BGB/*Völker* Rn 2; MünchKommBGB/*Kanzleiter* Rn 2; PWW/*Weinreich* Rn 3; *Staudinger/Thiele* Rn 5; *Krafka/Willer* Registerrecht Rn 2306.
[45] AnwK-BGB/*Völker* Rn 1; Hk-BGB/*Kemper* Rn 1 f.
[46] AnwK-BGB/*Völker* Rn 3; *Staudinger/Thiele* Rn 6.
[47] *Lichtenberger* DNotZ 1986, 644, 663, 677 f; *Soergel/Gaul* Rn 3.
[48] AllgM, AnwK-BGB/*Völker* Rn 5; *Soergel/Gaul* Rn 5; RGRK/*Finke* Rn 14; PWW/*Weinreich* Rn 5; *Staudin-gerThiele* Rn 8; iE ebenso *Krafka/Willer* Registerrecht Rn 2308: zwar Anwendung von § 7 FGG, jedoch entfaltet Eintragung keine Wirkungen nach § 1412.
[49] AnwK-BGB/*Völker* Rn 5; PWW/*Weinreich* Rn 5; *Staudinger/Thiele* Rn 3.
[50] AnwK-BGB/*Völker* Rn 5; MünchKommBGB/*Kanzleiter* Rn 3; PWW/*Weinreich* Rn 5; *Staudinger/Thiele* Rn 2.
[51] AnwK-BGB/*Völker* Rn 1; ausf zur funktionellen Zuständigkeit *Krafka/Willer* Registerrecht Rn 2309 ff.
[1] AnwK-BGB/*Völker* Rn 2; *Staudinger/Thiele* Rn 2.
[2] MünchKommBGB/*Kanzleiter* Rn 2 Fn. 1; *Staudinger/Thiele* Rn 2.
[3] Antragsmuster bei *Krafka/Willer* Registerrecht Rn 2324.
[4] OLG Hamburg OLGE 12, 308; AnwK-BGB/*Völker* Rn 2.

§ 1560

rechtsregister gibt, besteht erst Recht bei der Verlegung des Aufenthaltsorts kein entsprechender Antragszwang[5]. § 1559 greift auch ein, wenn nur der **eine Ehegatte** seinen gewöhnlichen Aufenthaltsort verlegt oder wenn von mehreren Aufenthaltsorten nur einer verlagert wird[6]. Die bisherige Eintragung ist aber wegen der Möglichkeit einer Rückverlegung (S 2) im bisherigen Güterrechtsregister nicht von Amts wegen **zu löschen**[7]. Auf Antrag der Ehegatten kann aber die Eintragung bei dem ursprünglich zuständigen Registergericht gelöscht werden, um ein Wiederaufleben nach S 2 zu verhindern[8].

II. Zurückverlegung des gewöhnlichen Aufenthaltsorts (S 2)

2 Nach S 2 gilt die frühere Eintragung als von neuem erfolgt, wenn der gewöhnliche Aufenthaltsort in den Bezirk des früheren Registergerichts zurück verlegt wird. Dies gilt auch dann, wenn die dortige Eintragung nicht mehr mit den Eintragungen des Registers des Zwischenaufenthalts übereinstimmt[9]. Ein Wiederaufleben der alten Eintragung nach S 2 ist aber nicht möglich, wenn die dortige Eintragung auf ausdrücklichen Antrag gelöscht wurde[10]. Bei einer neuerlichen Zurückverlagerung des Aufenthaltsorts gilt S 2 abermals für die im Register des Zwischenaufenthaltsorts gemachten Eintragungen[11]. Das Wiederaufleben der alten Eintragung tritt auch dann ein, wenn eine Rückkehr aus dem Ausland erfolgt[12].

§ 1560 Antrag auf Eintragung

¹Eine Eintragung in das Register soll nur auf Antrag und nur insoweit erfolgen, als sie beantragt ist. ²Der Antrag ist in öffentlich beglaubigter Form zu stellen.

I. Eintragungsgrundsatz

1 **1. Inhalt des Antrags (S 1).** Eine Eintragung in das Güterrechtsregister erfolgt nur auf Antrag; es besteht kein behördlicher Eintragungszwang[1]. Den Ehegatten soll es selbst überlassen bleiben, ob sie die Wirkungen der Eintragung im Güterrechtsregister für sich in Anspruch nehmen wollen[2]. Der Antrag ist eine materiell-rechtliche, keine verfahrensrechtliche Erklärung[3]. Das Registergericht kann keine Eintragung von Amts wegen vornehmen, auch nicht auf Anweisung des Prozessgerichts[4] oder anderer Gerichte[5*] oder Behörden[6*]. Der **Antrag begrenzt** auch den Umfang der Eintragung, auch wenn noch andere Teile der güterrechtlichen Vereinbarung eintragungsfähig wären[7*]. Demnach genügt auch eine auszugsweise Vorlegung des Ehevertrags, wenn er nur hinsichtlich der einzutragenden Umstände in sich vollständig ist.

2 **2. Form des Antrags, Vollmacht.** Der Eintragungsantrag ist in öffentlich beglaubigter Form zu stellen (S 2, § 129, §§ 39 ff BeurkG). Andernfalls ist er nach § 125 nichtig[8*]. Der Antrag selbst kann bereits in dem Ehevertrag enthalten sein. Stellt der Urkundsnotar den Eintragungsantrag, so bedarf seine Unterschrift keiner öffentlichen Beglaubigung (§ 129 FGG), jedoch ist die Form des § 24 Abs 3 S 2 BNotO zu wahren, also zu unterschreiben und zu siegeln[9*]. Die gesetzlich vermutete Vollmacht des Notars nach § 129 FGG setzt allerdings voraus, dass in dem Ehevertrag der Eintragungsantrag des oder der Ehegatten enthalten ist; ansonsten bedarf auch der Notar einer ausdrücklichen Vollmacht, denn die Ehegatten sollen unabhängig davon selbst entscheiden, ob sie die Registereintragung wünschen[10*]. Wird der Antrag von einem **Bevollmächtigten** gestellt, so bedarf die Vollmacht der Form des S 2[11*]. Zur Eintragungsberechtigung eines Ehegatten § 1561 Abs 2.

---

[5] AnwK-BGB/*Völker* Rn 2; *Staudinger/Thiele* Rn 2.
[6] AnwK-BGB/*Völker* Rn 2; MünchKommBGB/*Kanzleiter* Rn 2; *Soergel/Gaul* Rn 2; *Krafka/Willer* Registerrecht Rn 2307.
[7] *Krafka/Willer* Registerrecht Rn 2307; *Soergel/Gaul* Rn 3; *Staudinger/Thiele* Rn 4.
[8] OLG Hamburg MDR 1975, 492; AnwK-BGB/*Völker* Rn 3; *Staudinger/Thiele* Rn 4.
[9] OLG Hamburg MDR 1975, 492; AnwK-BGB/*Völker* Rn 4.
[10] AnwK-BGB/*Völker* Rn 4; *Staudinger/Thiele* Rn 6.
[11] AnwK-BGB/*Völker* Rn 4; MünchKommBGB/*Kanzleiter* Rn 3.
[12] AnwK-BGB/*Völker* Rn 4; *Staudinger/Thiele* Rn 8.
[1] *Dölle* I S 727; allgM, vgl etwa AnwK-BGB/*Völker* Rn 1.
[2] Mot IV S 557 f; KJG 21 A 88, 91.
[3] OLG Köln OLGZ 1983, 267, 268 = Rpfleger 1983, 159; OLG Colmar OLGE 17, 368; OLG Celle NJWE-FER 2000, 109; PWW/*Weinreich* Rn 1.
[4] OLG Darmstadt KJG 24 D 13, 14; KJG 37 A 206, 207, je einstweilige Verfügung.
[5*] Nur die Anordnung des Beschwerdegerichts ist bindend, AnwK-BGB/*Völker* Rn 1 Fn. 3.
[6*] OLG Colmar ZBlFG 4, 637; *Soergel/Gaul* Rn 1.
[7*] KJG 21 A 88, 91; AnwK-BGB/*Völker* Rn 2; *Staudinger/Thiele* Rn 2; *Soergel/Gaul* Rn 2.
[8*] *StaudingerThiele* Rn 8.
[9*] AnwK-BGB/*Völker* Rn 3; MünchKommBGB/*Kanzleiter* Rn 3.
[10*] OLG Köln OLGZ 1983, 267, 268 = Rpfleger 1983, 159; OLG Celle NJWE-FER 2000, 109; OLG Colmar OLGE 17, 368 f; KJG 21 A 92; jurisPK/*Maurer* Rn 3; *Staudinger/Thiele* Rn 7; *Gernhuber/Coester-Waltjen* § 33 Rn 14 Fn. 11; *Krafka/Willer* Registerrecht Rn 2315; *Keidel/Winkler* FGG § 161 Rn 18; PWW/*Weinreich* Rn 2; aA AnwK-BGB/*Völker* Rn 3; MünchKommBGB/*Kanzleiter* § 1561 Rn 7.
[11*] MünchKommBGB/*Kanzleiter* Rn 4; *Soergel/Gaul* Rn 3.

Antrag auf Eintragung   § 1560

II. Eintragung und Prüfung

Prüfungsgegenstand ist der Eintragungsantrag. Für den Prüfungsmaßstab gilt: Der Registerrichter (§ 1558 Rn 16) prüft[12]: 3
– die Zuständigkeit (§§ 1558, 1559),
– die formellen Antragsvoraussetzungen, wie vollständiger und widerspruchsfreier Antrag[13], Antragsbefugnis (§ 1561), Wahrung der Form (§ 1560 S 2), Vorlage der erforderlichen Unterlagen (Ehevertrag, Urteil)[14], die Tatsache der Eheschließung[15],
– **Zulässigkeit** der **Eintragung** (§ 1558 Rn 6 ff)[16].

Das Registergericht prüft aufgrund der beschränkten formellen Prüfungspflicht grds aber nicht, ob 4 die beantragte Eintragung den tatsächlichen Verhältnissen entspricht, insbes ob sie materiell-rechtlich wirksam oder später wieder aufgehoben wurde[17]. So wird bei Eintragung der Entziehung der Befugnisse aus § 1357 nicht geprüft, ob die Voraussetzungen hierfür vorlagen[18], bei gemeinsamem Antrag nicht, ob die Ehegatten wirklich im angegebenen ausländischen Güterstand leben und keinen Ehevertrag haben[19]. Eine **Prüfungspflicht** besteht nur dann, wenn begründete Zweifel an der Richtigkeit der einzutragenden Tatsachen vorhanden sind oder gegen §§ 134, 138 verstoßen würde[20].

Die Fassung der **Eintragung** (§ 130 FGG) bestimmt der Registerrichter nach seinem pflichtgemäßen 5 Ermessen, ohne Bindung an den Wortlaut der Anträge[21]. Entsprechend seinem Zweck hat die Eintragung so umfangreich und genau zu erfolgen, wie der **Verkehrsschutz** des Registers dies erfordert[22]. Daher ist ihr eine sachgerechte Form zu geben und es sind die gebräuchlichen Gesetzesbegriffe zu verwenden. So genügt, dass Gütertrennung vereinbart wurde. Der Grund der Eintragung, also Ehevertrag oder Urteil ist anzugeben[23]. Eine **Bezugnahme** auf die Registerakten ist möglich, insbes wenn es um umfangreiche Sachbegriffe geht[24]. Eine Eintragung darf nicht wegen Nichtbezahlung eines Kostenvorschusses zurückgewiesen werden[25]. **Kosten** der Eintragung: §§ 29, 30 Abs 2, 39 Abs 3, 81 KostO[26].

Die **Benachrichtigung** von der Eintragung erfolgt stets an beide Ehegatten (§ 161 Abs 2 FGG) in 6 der vereinfachten Form des § 16 Abs 2 S 2, Abs 3 FGG[27]. Gegen die **Zurückweisung** des Eintragungsantrags ist die **Beschwerde** nach §§ 19, 20 FGG gegeben[28]. Hat der Notar den Eintragungsantrag gestellt, so kann er namens der Ehegatten auch Beschwerde gegen die Zurückweisung einlegen, hat jedoch kein selbstständiges Beschwerderecht[29]. Da der Eintragung keine positive Publizität zukommt (§ 1558 Rn 1 f), stehen – anders als bei einer Handelsregistereintragung – Publizitätsgründe[30] einer dagegen gerichteten Beschwerde nicht stehen; idR wird es sich um eine **Fassungsbeschwerde** handeln[31].

Unzulässige Eintragungen sind von Amts wegen zu löschen (§§ 161, 142, 143 FGG)[32] nicht aber 7 gegenstandslose, wie etwa durch Anfechtung des Ehevertrags. Amtslöschung ist auch möglich, wenn die Eintragung ohne ordnungsgemäßen Antrag erfolgte; da § 1560 aber reine Ordnungsvorschrift, ist bis zur Amtslöschung eine solche Eintragung zunächst wirksam[33].

---

[12] Vgl etwa *Krafka/Willer* Registerrecht Rn 2325 ff; AnwK-BGB/*Völker* Rn 4.
[13] OLG Colmar KGJ 30 A 313.
[14] *Krafka/Willer* Registerrecht Rn 2325.
[15] Grds Vorlage der Heiratsurkunde, hM: OLG Colmar KGJ 30 A 313; KGJ 45 A 192 = OLGE 30, 135; AnwK-BGB/*Völker* Rn 4; jurisPK/*Mauerer* Rn 9; *Staudinger*/*Thiele* Rn 9; *Soergel*/*Gaul* Rn 4; aA *Krafka/Willer* Registerrecht Rn 2319; MünchKommBGB/*Kanzleiter* Rn 7: Nachweisverlangen nur bei begründetem Zweifel; jedoch auf alle Fälle entbehrlich, wenn im Ehevertrag die Beteiligten als Ehegatten bezeichnet sind, KGJ 45 A 187.
[16] KGJ 37 A 206, 207.
[17] KGJ 45, 190, 194; BayObLGZ 1959, 89, 101; AnwK-BGB/*Völker* Rn 5; *Krafka/Willer* Registerrecht Rn 2326; *Palandt*/*Brudermüller* Rn 3; PWW/*Weinreich* Rn 3; *Staudinger*/*Thiele* Rn 10; *Gernhuber*/*Coester-Waltjen* § 33 Rn 15; MünchKommBGB/*Kanzleiter* Rn 6.
[18] OLG Schleswig NJW 1954, 155.
[19] BayObLGZ 1959, 89, 101.
[20] KG Rpfleger 2001, 589, 590: fehlende Vollmacht zum Abschluss des Ehevertrages; OLG Düsseldorf FamRZ 1959, 250; AnwK-BGB/*Völker* Rn 5; *Krafka/Willer* Registerrecht Rn 2326; MünchKommBGB/*Kanzleiter* Rn 6; offenbar weitergehend *Soergel*/*Gaul* Rn 4.
[21] BayObLGZ 3, 562; AnwK-BGB/*Völker* Rn 6; PWW/*Weinreich* Rn 4; *StaudingerThiele* Rn 11; *Krafka/Willer* Registerrecht Rn 2331 und Muster in Rn 2334 ff.
[22] MünchKommBGB/*Kanzleiter* Rn 5; zust AnwK-BGB/*Völker* Rn 6.
[23] AnwK-BGB/*Völker* Rn 6; *Krafka/Willer* Registerrecht Rn 2331.
[24] AnwK-BGB/*Völker* Rn 6; MünchKommBGB/*Kanzleiter* Rn 5.
[25] OLG Frankfurt FamRZ 1994, 254.
[26] Ausf *Krafka/Willer* Registerrecht Rn 2348 ff; AnwK-BGB/*Völker* Rn 11.
[27] *Krafka/Willer* RegisterrechtRn 2341; AnwK-BGB/*Völker* Rn 7.
[28] AnwK-BGB/*Völker* Rn 9; PWW/*Weinreich* Rn 5.
[29] KG Rpfleger 1977, 309; AnwK-BGB/*Völker* Rn 9; jurisPK/*Mauerer* Rn 9; nach *Soergel*/*Gaul* Rn 6 aber selbständiges Beschwerderecht, ebenso KG RJA 1, 54.
[30] BGHZ 104, 61, 63 mwN; *Krafka/Willer* Registerrecht Rn 2440, zur Zulässigkeit einer Fassungsbeschwerde dort Rn 2442 ff.
[31] Zur Zulässigkeit einer Fassungsbeschwerde in Registersachen *Krafka/Willer* Registerrecht Rn 2442 ff mwN.
[32] *Krafka/Willer* Registerrecht Rn 2342–2344; AnwK-BGB/*Völker* Rn 8.
[33] AnwK-BGB/*Völker* Rn 8; *Palandt*/*Brudermüller* Rn 3; PWW/*Weinreich* Rn 5; *Soergel*/*Gaul* Rn 2; zur Heilung bis zur Löschung *Keidel*/*Winkler* § 161 FGG Rn 13.

§ 1561 Antragserfordernisse

(1) Zur Eintragung ist der Antrag beider Ehegatten erforderlich; jeder Ehegatte ist dem anderen gegenüber zur Mitwirkung verpflichtet.

(2) Der Antrag eines Ehegatten genügt
1. zur Eintragung eines Ehevertrags oder einer auf gerichtlicher Entscheidung beruhenden Änderung der güterrechtlichen Verhältnisse der Ehegatten, wenn mit dem Antrag der Ehevertrag oder die mit dem Zeugnis der Rechtskraft versehene Entscheidung vorgelegt wird;
2. zur Wiederholung einer Eintragung in das Register eines anderen Bezirks, wenn mit dem Antrag eine nach der Aufhebung des bisherigen Wohnsitzes erteilte, öffentlich beglaubigte Abschrift der früheren Eintragung vorgelegt wird;
3. zur Eintragung des Einspruchs gegen den selbständigen Betrieb eines Erwerbsgeschäfts durch den anderen Ehegatten und zur Eintragung des Widerrufs der Einwilligung, wenn die Ehegatten in Gütergemeinschaft leben und der Ehegatte, der den Antrag stellt, das Gesamtgut allein oder mit dem anderen Ehegatten gemeinschaftlich verwaltet;
4. zur Eintragung der Beschränkung oder Ausschließung der Berechtigung des anderen Ehegatten, Geschäfte mit Wirkung für den Antragsteller zu besorgen (§ 1357 Abs. 2).

I. Grundsatz des gemeinsamen Antrags (Abs 1)

1 Grundsätzlich müssen beide Ehegatten den Antrag in der Form des § 1560 S 2 stellen. Dabei ist jeder aber dem anderen gegenüber zur Mitwirkung verpflichtet, was vor dem Familiengericht im Wege der **Leistungsklage**[1] durchgesetzt werden kann (§ 23b Abs 1 S 2 Nr 9 GVG, § 621 Abs 1 Nr 8 ZPO) mit der Vollstreckungsfolge des § 894 ZPO[2].

II. Einseitiges Antragsrecht eines Ehegatten (Abs 2)

2 Der Antrag eines Ehegatten genügt
– nach **Nr 1 Alt 1** zur Eintragung eines **Ehevertrags,** der in Urschrift oder Ausfertigung vorgelegt werden muss[3]; eine Zustimmung des bei Vertragsschluss vollmachtlos vertretenen Ehegatten ist dabei in öffentlich beglaubigter Form nachzuweisen[4];
– nach **Nr 1 Alt 2** zur Eintragung einer auf gerichtlicher **Entscheidung** beruhenden Änderung der güterrechtlichen Verhältnisse. Hierzu gehören nur die einer Rechtskraft fähigen, die die Entscheidung mit Rechtskraftzeugnis (§ 706 ZPO) vorzulegen ist[5]. In Betracht kommen insoweit Urteile nach §§ 1388, 1449, 1470, aber auch Beschlüsse nach §§ 53, 60 Abs 1 Nr 6, 41 FGG. Eintragungsgrundlage können wegen des Rechtskrafterfordernisses einstweilige Verfügungen nur sein, wenn sie als Urteile ergangen sind (§§ 936, 922 Abs 1 Alt 1 ZPO)[6], jedoch dürfte dies kaum in Betracht kommen, da einstweilige Verfügungen bei §§ 1388, 1449, 1470 wegen der Vorwegnahme der Hauptsache unzulässig sind[7];
– zur **Wiederholung** der Eintragung bei einem anderen Gericht nach Wechsel des Wohnsitzes **(Nr 2)**; da an § 1559 angeknüpft wird, muss es richtig Wechsel des Aufenthaltsorts heißen[8]; neben Vorlage einer öffentlich beglaubigten Abschrift der früheren Registereintragung ist dabei regelmäßig Bescheinigung der Meldebehörde über den Ortswechsel erforderlich[9];
– zur Eintragung eines **Einspruchs** gegen den selbstständigen Betrieb eines Erwerbsgeschäfts und zur Eintragung eines Widerrufs einer Einwilligung zu einem solchen Betrieb bei Ehegatten in Gütergemeinschaft **(Nr 3).** Damit sollen für den nicht betreibenden Ehegatten die sich aus §§ 1431, 1456 ergebenden Haftungsgefahren vermieden werden. In Analogie hierzu ist auch die Eintragung der Zurücknahme des Einspruchs oder des Widerspruchs auf einseitigen Antrag möglich[10];
– zur Einschränkung oder Ausschließung der Befugnisse aus § 1357 (angemessene Geschäfte zur Deckung des Lebensbedarfs, **Nr 4**). Ist die zugrundeliegende Beschränkung oder Ausschließung durch das Vormundschaftsgericht aufgehoben, kann der andere Ehegatte nach Abs 2 Nr 1 Löschung der gegenstandslosen Eintragung beantragen[11].

---

[1] AnwK-BGB/*Völker* Rn 2; Prozessrechtskommentar/*Wieser* Rn 2; PWW/*Weinreich* Rn 1.
[2] Staudinger/*Thiele* Rn 4; entgegen AnwK-BGB/*Völker* Rn 6 erfolgt daher keine Zwangsvollstreckung, sondern mit Rechtskraft des Urteils wird die Zustimmung fingiert.
[3] AnwK-BGB/*Völker* Rn 3; entgegen Staudinger/*Thiele* Rn 7 genügt eine beglaubigte Abschrift nicht, da nur die Ausfertigung die Urschrift im Rechtsverkehr vertritt.
[4] KG Rpfleger 2001, 589, 591.
[5] AnwK-BGB/*Völker* Rn 3.
[6] OLG Darmstadt KGJ 24 D 13, 16; KGJ 37 A 206, 208; AnwK-BGB/*Völker* Rn 3; PWW/*Weinreich* Rn 2.
[7] AnwK-BGB/*Völker* Rn 3.
[8] AnwK-BGB/*Völker* Rn 3; jurisPK/*Maurer* Rn 7; Staudinger/*Thiele* Rn 10; krit hierzu Hk-BGB/*Kemper* Rn 4; gegen Redaktionsversehen MünchKommBGB/*Kanzleiter* Rn 4 und der Sache nach *Krafka/Willer* Registerrecht Rn 2317.
[9] AnwK-BGB/*Völker* Rn 3; Soergel/Gaul Rn 3; Staudinger/*Thiele* Rn 10; aA *Krafka/Willer* Registerrecht Rn 2317; MünchKommBGB/*Kanzleiter* Rn 4: Vorlagepflicht nur bei Zweifel des Registergerichts am Wechsel.
[10] AnwK-BGB/*Völker* Rn 3; Staudinger*Thiele* Rn 11.
[11] AnwK-BGB/*Völker* Rn 3; Staudinger/*Thiele* Rn 12; MünchKommBGB/*Kanzleiter* Rn 6; wohl auch PWW/*Weinreich* Rn 3; der von *Erman/Heckelmann* Rn 3 befürworteten analogen Anwendung von Abs 2 Nr 4 bedarf es daher nicht.

§ 1562 Öffentliche Bekanntmachung

(1) Das Amtsgericht hat die Eintragung durch das für seine Bekanntmachungen bestimmte Blatt zu veröffentlichen.

(2) Wird eine Änderung des Güterstands eingetragen, so hat sich die Bekanntmachung auf die Bezeichnung des Güterstands und, wenn dieser abweichend von dem Gesetz geregelt ist, auf eine allgemeine Bezeichnung der Abweichung zu beschränken.

Jede Eintragung hat das Amtsgericht durch das für seine Bekanntmachungen bestimmte Blatt **zu veröffentlichen**[1]. Die Bekanntmachung ist auch erforderlich, wenn die Änderung auf einem Urteil oder einer Gesetzesänderung beruht[2] oder eine Rückverlegung des gewöhnlichen Aufenthaltsorts erfolgt (§ 1559 S 2)[3]. Nach Maßgabe des Abs 2 ist aus Gründen der Kostenersparnis eine Beschränkung der Bekanntmachung gegenüber der Eintragung möglich[4]. Von der Bekanntmachung sind beide Ehegatten zu benachrichtigen (§§ 161 Abs 1, 130 Abs 2 FGG). 1

Die Bekanntmachung ist für die **Wirksamkeit** der Eintragung **unerheblich**[5]. Wird die Bekanntmachung jedoch schuldhaft unterlassen, so kann dies zu einem Amtshaftungsanspruch nach § 839 BGB, Art 34 GG führen[6]. 2

§ 1563 Registereinsicht

[1]Die Einsicht des Registers ist jedem gestattet. [2]Von den Eintragungen kann eine Abschrift gefordert werden; die Abschrift ist auf Verlangen zu beglaubigen.

Entsprechend der Publizitätsfunktion des Güterrechtsregisters ist die Einsicht hierin jedermann auch ohne Vorliegen eines berechtigten Interessen gestattet. Dies gilt auch für die Aktenstücke, auf die in der Eintragung Bezug genommen wird[1*]. Datenschutzrechtlich bestehen gegen das umfassende Einsichtsrecht keine Bedenken[2*]. Für die Einsicht in die übrigen Registerakten bedarf es aber der Glaubhaftmachung eines berechtigten Interesses (§ 34 FGG), über das der Rechtspfleger entscheidet[3*]. 1

Auch die Erteilung von einfachen oder beglaubigten **Abschriften** über den Inhalt des Güterrechtsregisters kann jedermann verlangen (S 2). Auf Verlangen ist auch ein **Negativzeugnis** zu erteilen, dass hinsichtlich des Gegenstandes der Eintragung keine weiteren Eintragungen bestehen (§ 162 FGG)[4*]. Eine Bescheinigung mit einem „positiven Inhalt" kann nur bei Vorliegen einer spezialgesetzlichen Regelung erteilt werden[5*], etwa nach § 33 GBO, wenn ein Grundstück zum Vorbehaltsgut eines Ehegatten gehört. Die Einsicht ist **gebührenfrei** nach § 90 KostO, für die Fertigung von Abschriften, Zeugnissen und Beglaubigungen fallen Gebühren an (vgl §§ 89, 73 KostO). 2

Titel 7. Scheidung der Ehe (§§ 1564–1587 p)

Untertitel 1. Scheidungsgründe (§§ 1564–1568)

§ 1564 Scheidung durch Urteil

[1]Eine Ehe kann nur durch gerichtliches Urteil auf Antrag eines oder beider Ehegatten geschieden werden. [2]Die Ehe ist mit der Rechtskraft des Urteils aufgelöst. [3]Die Voraussetzungen, unter denen die Scheidung begehrt werden kann, ergeben sich aus den folgenden Vorschriften.

Schrifttum: *Büttner*, Änderungen im Familienverfahrensrecht durch das Kindschaftsrechtsreformgesetz, FamRZ 1998, 585; *Deubner*, Der Vorrang der Zerrüttungsvermutung im Scheidungsrecht, NJW 1978, 2585; *Diederichsen*, Das Verfahren vor den Familiengerichten nach dem 1. EheRG, NJW 1977, 649; *ders*, 25 Jahre reformiertes Scheidungsrecht, FF 2002, 149; *Eckebrecht*, Der vorläufige Rechtsschutz in Ehesachen, MDR 1995, 9 und 114; *van Els*, Die Schutzschrift im Verfahren vor dem Familiengericht, FamRZ 1996, 651; *Grziwotz/Hagengruber*, Das innere Maß des Scheidungsfolgenrechts – Teilhabegerechtigkeit in der Ehe, DNotZ 2006, 32; *Gerhardt/v. Heintschel-Heinegg/Klein*,

---

[1] *Krafka/Willer* Registerrecht Rn 2341.
[2] AnwK-BGB/*Völker* Rn 2; PWW/*Weinreich* Rn 1; Soergel/*Gaul* Rn 1.
[3] AnwK-BGB/*Völker* Rn 2; Soergel/*Gaul* Rn 1; MünchKommBGB/*Kanzleiter* Rn 1; Staudinger/*Thiele* Rn 6; aA Erman/*Heckelmann*: erneute Eintragung erforderlich.
[4] Zu Einzelheiten AnwK-BGB/*Völker* Rn 3.
[5] AllgM, AnwK-BGB/*Völker* Rn 4; Soergel/*Gaul* Rn 1; Staudinger/*Thiele* Rn 7.
[6] AnwK-BGB/*Völker* Rn 4; MünchKommBGB/*Kanzleiter* Rn 2; Staudinger/*Thiele* Rn 7.
[1*] *Krafka/Willer* Registerrecht Rn 2345; Soergel/*Gaul* Rn 1.
[2*] *Lücke* NJW 1983, 1407, 1408; AnwK-BGB/*Völker* Rn 2; Staudinger/*Thiele* Rn 1.
[3*] AnwK-BGB/*Völker* Rn 2; Keidel/*Krafka/Willer* Registerrecht Rn 2347.
[4*] *Krafka/Willer* Registerrecht Rn 2346; AnwK-BGB/*Völker* Rn 3; Staudinger/*Thiele* Rn 2.
[5*] AnwK-BGB/*Völker* Rn 3; MünchKommBGB/*Kanzleiter* Rn 2; Staudinger/*Thiele* Rn 2.

§ 1564

Handbuch des Fachanwalts Familienrecht, 3. Aufl 2001; *Hartung,* Das Mandat in der einverständlichen Scheidung, MDR 1999, 1179; *Hattenhauer,* Die Privatisierung der Ehe, ZRP 1985, 200; *Henrich,* Das internationale Eherecht nach der Reform, FamRZ 1986, 841; *Knütel,* Scheidungsverzicht und Scheidungsausschlussvereinbarungen, FamRZ 1985, 1089; *Lossen/Vergho,* Familienberatung bei Trennung und Scheidung im AmtsG, FamRZ 1998, 1218; *Münder,* Sozialrechtliche Aspekte bei Trennung und Scheidung, NJW 1998, 5; *Nave-Herz,* Verursachende Bedingungen für den zeitgeschichtlichen Anstieg der Ehescheidungen, FuR 1991, 318; *Roth,* Der Streitgegenstand der Ehescheidung und der Grundsatz der Einheitlichkeit der Entscheidung, FS Schwab, 2005, S 701; *Schlosser,* Die einverständliche Scheidung im Spannungsfeld der Streitgegenstandsdogmatik, FamRZ 1978, 319; *Schwab,* Elterliche Sorge bei Trennung und Scheidung der Eltern, FamRZ 1998, 457; *ders/Wagenitz,* Einführung in das neue Kindschaftsrecht, FamRZ 1997, 1377; *ders,* Probleme des materiellen Scheidungsrechts, FamRZ 1979, 14; *ders,* Das Recht der Ehescheidung nach dem 1. EheRG: Die Scheidungsgründe, FamRZ 1976, 491; *Wolf,* Das neue Eheverbot der pflichtenlosen Ehe, FamRZ 1998, 1477.

Übersicht

	Rn		Rn
I. Allgemeines	1	2. Ausspruch der Scheidung	24
II. Scheidung einer Ehe	7	3. Folgen der Scheidung	25
III. Scheidung durch Urteil	10	VII. Verfahren	26
IV. Scheidung auf Antrag	11	VIII. Beweislast	28
V. Scheidungsvoraussetzungen	19	IX. Internationales und innerdeutsches Recht	29
VI. Entscheidung über den Antrag	21		
1. Abweisung des Antrags	23	X. Reformvorhaben	31

I. Allgemeines

1 Seit dem 1. EheRG kann eine Ehe, die gemäß § 1353 Abs 1 S 1 „auf Lebenszeit geschlossen" wird, „geschieden werden, wenn sie gescheitert ist" (§ 1565 Abs 1 S 1). Die Beschränkung der Scheidungsgründe auf das **Scheitern der Ehe** wird kurz als **Zerrüttungsprinzip** bezeichnet. Vor der Reform trat noch das Verschulden an der Zerrüttung als weiteres Merkmal hinzu. Gleichwohl war auch damals schon die Zerrüttung der Ehe die wesentliche Grundlage der Ehescheidung. Selbst bei einem eklatant ehewidrigen Verhalten eines Ehegatten konnte die Ehe nicht geschieden werden, wenn der andere dadurch die Ehe nicht als zerrüttet ansah (§ 49 EheG).

2 Die Abkehr von der Erforschung des Verschuldens am Scheitern der Ehe betrifft auch weitgehend die Folgen der Scheidung. Doch lebt das **Verschulden als Beurteilungskriterium** einzelner Scheidungsfolgen fort. Dies gilt vor allem für die Billigkeitsklauseln des § 1579 zum Unterhalt, aber auch für den Versorgungsausgleich (§§ 1587 c, 1587 h Nr 3) und den Ausgleich des Zugewinns (§ 1381). Selbst im Rahmen der Scheidung kann ein Verschulden zur Begründung der besonderen Voraussetzungen nach § 1565 Abs 2 zu erörtern sein.

3 Anders als bei der Eheschließung führt allein der Konsens der Ehegatten (§ 1310 Abs 1 S 1) nicht zur Scheidung der Ehe, sondern nur die, den Gerichten vorbehaltene, **Feststellung des Scheiterns der Ehe**. Die Feststellung ist durch die Vermutungen des § 1566 erleichtert, hat aber stets durch ein **gerichtliches Urteil** zu erfolgen. Dem Standesbeamten ist also die Feststellung des Scheiterns der Ehe verwehrt, auch wenn dies für den Fall der sog einvernehmlichen Scheidung erwogen wird[1].

4 Die Scheidung führt, wie der Tod eines Ehegatten, zur **Auflösung der Ehe.** Daneben gibt es noch die Aufhebung der Ehe (§§ 1313 ff); ihre Folgen bestimmen sich nur noch eingeschränkt nach den Folgen der Scheidung (§ 1318). Unmittelbar **Folge der Scheidung** ist der Versorgungsausgleich (§§ 1587 ff), der zwingend im Verbund des Scheidungsverfahrens durchzuführen ist (§ 623 Abs 1 ZPO). Die weiteren Folgen betreffen den nachehelichen Unterhalt (§§ 1569 ff), die Fortführung des Ehenamens (§ 1355 Abs 5) und die Beendigung des gesetzlichen Güterstandes (§§ 1372 ff). Mit der Scheidung entfallen grds die allgemeinen Ehewirkungen nach den §§ 1353 ff, sofern nicht eine Fortwirkung der ehelichen Solidarität gerechtfertigt ist; dies betrifft vor allem das nunmehr überwiegend fortbestehende gemeinsame Sorgerecht der Ehegatten als Eltern ihrer gemeinsamen Kinder (§ 1671 BGB). Das Erb- und Pflichtteilsrecht nach dem anderen Ehegatten entfällt zT schon mit der Stellung des Scheidungsantrages (§§ 1933, 2077, 2268, 2279, 2303 Abs 2).

5 Die lebenslange Dauer der Ehe wird laut § 1353 Abs 1 S 1 immer noch als der Normalfall angesehen. Sie gehört nach der Rspr des BVerfG auch zu den durch **Art 6 Abs 1 GG** gewährleisteten Strukturprinzipien der Ehe[2]. Für die Rechtsordnung bleibt die **Scheidung** der Ehe daher die **Ausnahme,** die nur in einem geregelten Verfahren herbeigeführt werden kann. Bei der Regelung der Voraussetzungen für die Auflösung hat dabei der Gesetzgeber einen erheblichen Gestaltungsspielraum; das gesetzliche Scheidungsrecht muss aber auch eheerhaltende Elemente enthalten[3]. Vor diesem Hintergrund ist das geltende Recht verfassungsrechtlich unbedenklich. Insbes die unwiderlegliche Vermutung

---

[1] Vgl DRiZ 1999, 129.
[2] BVerfGE 53, 225, 245 = NJW 1980, 689 = FamRZ 1980, 319, 323.
[3] BVerfGE 53, 225, 245 = NJW 1980, 689 = FamRZ 1980, 319, 323.

des Scheiterns der Ehe nach dreijähriger Trennung gemäß § 1566 Abs 2 ist **verfassungsgemäß**[4]. Den Zweifeln an der Verfassungsmäßigkeit der Befristung der Härteklausel, die das BVerfG bestätigt hatte[5], trug der Gesetzgeber fünf Jahre später Rechnung, indem er § 1568 Abs 2 aF gänzlich gestrichen hat (Art 1 Nr 4 UÄndG vom 20. 2. 1986). Die Ansicht, dass der Wegfall der Befristung seinerseits nicht verfassungskonform sei[6], ist bis heute vereinzelt geblieben[7].

Ob sich die These von der Scheidung als Ausnahme noch lange wird halten lassen, muss angesichts von 201.700 Scheidungen im Jahre 2005 (2004: 213.691) gegenüber 388.451 Eheschließungen im gleichen Jahr (2004: 395.992) langsam bezweifelt werden. Die Quote der Ehescheidungen gegenüber den Heiratszahlen hat immerhin schon 51,9% erreicht, wenn auch damit im Jahr gerade knapp 11 von 1.000 bestehenden Ehen geschieden werden.

Das „neue" Scheidungsrecht gilt auch für die vor dem 1. 7. 1977 geschlossenen Ehen (Art 12 Nr 3 Abs 1 1. EheRG); für die vor diesem Tag geschiedenen Ehen bestimmt sich der Unterhaltsanspruch eines Ehegatten weiterhin nach altem Recht gemäß §§ 58 ff EheG. 6

II. Scheidung einer Ehe

Die Scheidung kann nur eine **bestehende Ehe** auflösen. Das Bestehen der Ehe ist vom Gericht von Amts wegen zu prüfen; kann der übliche Nachweis durch Urkunden (Heiratsurkunde, Eintrag in das Familienbuch) nicht geführt werden, hat das Gericht geeignete Ermittlungen anzustellen. Die Beweislast trägt aber die antragstellende Partei[8]. Auch eine **aufhebbare Ehe** kann, bevor die Aufhebung rechtskräftig wird (§ 1312 S 2), geschieden werden. Eine bereits geschiedene Ehe kann dagegen nicht mehr aufgehoben werden. Eine nichtige (richtiger: vernichtbare) Ehe gibt es seit dem EheschlRG vom 4. 5. 1998 nicht mehr. Eine **Nichtehe** kann nicht geschieden werden; wird sie gleichwohl geschieden, wird dadurch weder eine frühere Ehe fingiert noch treten die Scheidungsfolgen ein[9]. 7

Eine **Scheinehe** kann ebenfalls nur durch Scheidung beendet werden. Daran ändert auch nichts die neue Vorschrift des § 1310 Abs 1 S 2, nach der der Standesbeamte an der Schließung einer offenkundig „pflichtenlosen Ehe"[10] nicht mitwirken darf. Eine trotzdem geschlossene Ehe ist zwar aufhebbar (§ 1314 Abs 2 Nr 5), sogar auf Antrag einer zuständigen Verwaltungsbehörde (§ 1316 Abs 1 und 3), doch handelt es sich um eine wirksam geschlossene Ehe. Auch eine solche Ehe muss geschieden werden können[11]. Umstritten kann nur sein, ob auch bei einer Scheinehe die Jahresfrist nach § 1565 Abs 2 einzuhalten ist (dort Rn 21) und ob der antragstellenden Partei **Prozesskostenhilfe** bewilligt werden kann. Der Antrag auf Scheidung einer Scheinehe ist weder rechtsmissbräuchlich noch mutwillig[12]. Es ist auch nicht zu erwarten, dass mit der Verweigerung von Prozesskostenhilfe eine abschreckende Wirkung erreicht werden kann[13]. Es sind jedoch strenge Anforderungen an die Prüfung der Mittellosigkeit der Partei zu stellen, insbes wenn ihr für die Eingehung der Ehe ein Entgelt gezahlt wurde, selbst wenn es inzwischen verbraucht ist[14]. 8

Eine **nicht mehr bestehende Ehe** kann nicht mehr geschieden werden. Dies gilt für eine durch den Tod eines Ehegatten beendete Ehe ebenso wie für eine durch Wiederheirat eines Ehegatten nach Todeserklärung des anderen Ehegatten (§ 1319 Abs 2) aufgelöste Ehe. Auch eine bereits geschiedene Ehe kann nicht erneut geschieden werden. Wurde die **Scheidung im Ausland** ausgesprochen, steht dies hier einer Scheidung erst entgegen, wenn das Anerkennungsverfahren nach Art 7 § 1 FamRÄndG durchlaufen ist; dazu ggf das deutsche Verfahren gemäß §§ 148, 151 ZPO analog auszusetzen[15]. Erfolgte die Scheidung im gemeinsamen Heimatstaat der Ehegatten, so bedarf es keines förmlichen Anerkennungsverfahrens, so dass das Familiengericht über die Anerkennung gemäß § 328 ZPO bzw Art 14 Brüssel II-VO inzident entscheidet[16]. 9

III. Scheidung durch Urteil

S 1 stellt klar, dass im Inland eine Ehescheidung nur durch das **Urteil eines Gerichts** ausgesprochen werden kann. Dies gilt auch dann, wenn eine Ehe im Inland in Anwendung ausländischen Scheidungsrechts geschieden wird (Art 17 Abs 2 EGBGB). Das hat verfahrensrechtlich zur Konsequenz, dass **Privatscheidungen ausgeschlossen** sind. Materiell-rechtlich hat die Vorschrift vor allem eine ordnende Funktion, indem sie das Gericht an der von einem privaten Entschluss getragenen Scheidung der Ehe zwingend beteiligt[17]. 10

---

[4] BVerfGE 53, 225, 245 = NJW 1980, 689 = FamRZ 1980, 319, 323.
[5] BVerfGE 55, 134, 143 = NJW 1981, 108, 109 = FamRZ 1981, 15, 17.
[6] So Ramm JZ 1986, 164, 166.
[7] Vgl MünchKommBGB/*Wolf* Vor § 1564 Rn 23 aE; Staudinger/Rauscher (2004) Vor § 1564 Rn 18; *Johannsen/Henrich/Jaeger* Rn 20.
[8] *Johannsen/Henrich/Jaeger* Rn 21.
[9] Staudinger/Rauscher (2004) Rn 10.
[10] Vgl *Wolf* FamRZ 1998, 1477.
[11] *Johannsen/Henrich/Jaeger* § 1565 Rn 18.
[12] Staudinger/Rauscher (2004) Rn 141; *Erman/Graba* Rn 3; aA vor allem Schwab/Maurer/Borth, HdB Scheidungsrecht, Rn I 158 mwN.
[13] So aber OLG Köln FamRZ 1984, 278.
[14] BGH FamRZ 2005, 1477 = MDR 2005, 1230.
[15] BGH IPRax 1983, 281.
[16] Staudinger/Rauscher (2004) Rn 15.
[17] *Johannsen/Henrich/Jaeger* Rn 5.

IV. Scheidung auf Antrag

11 Der private Charakter der Scheidung wird dadurch betont, dass sie nur **auf Antrag** eines oder beider Ehegatten erfolgen kann. Eine Scheidung von Amts wegen ist nicht vorgesehen. Nur die Aufhebung einer Ehe kann auch eine Behörde oder, im Fall der Bigamie, die betroffene dritte Person beantragen (§ 1316 Abs 1 Nr 1). Verfahrensrechtlich wird das Verfahren auf Scheidung der Ehe gemäß § 622 ZPO durch Einreichung einer **Antragsschrift**, also nicht einer Klage, anhängig, ohne dadurch den Charakter eines streitigen Verfahrens nach der ZPO verloren zu haben[18].

12 **Antragsberechtigt** ist nicht nur die antragstellende Partei, sondern **auch** – mit gleichem Ziel – **der Antragsgegner**. Das Rechtsschutzbedürfnis für einen solchen Antrag entfällt nicht[19]. Denn dem Antragsgegner ist nicht zuzumuten, im weiteren Verfahren von den Entscheidungen der anderen Partei abhängig zu sein[20]. Ihm ist daher ggf auch Prozesskostenhilfe zu bewilligen[21]. Ist bereits ein Scheidungsantrag gestellt, kann der andere Ehegatte nicht in einem anderen Verfahren ebenfalls die Scheidung beantragen, auch nicht im Ausland; denn dort ergangenen Urteil wäre hier die Anerkennung zu versagen, da die frühere deutsche Rechtshängigkeit desselben Streitgegenstandes unter Verstoß gegen den ordre public nicht beachtet wurde[22].

13 Der **Antrag ist Prozesshandlung** und unterliegt dem Anwaltszwang (§ 78 Abs 2 ZPO). Auch der Antragsgegner kann nur durch einen zweiten Anwalt einen eigenen Antrag stellen; für die bloße Zustimmung zum Scheidungsantrag besteht jedoch kein Anwaltszwang.

Für einen **geschäftsunfähigen Ehegatten** stellt der gesetzliche Vertreter den Antrag, der dazu der Genehmigung des Vormundschaftsgerichts bedarf (§ 607 Abs 2 S 2 ZPO). Zum Scheitern der Ehe ist jedoch der geschäftsunfähige Ehegatte selbst anzuhören, da es insoweit wesentlich auf subjektive Umstände und hinsichtlich der Trennung auf den natürlichen Willen des betroffenen Ehegatten ankommt[23]. Ebenso sind – beschränkt geschäftsfähige – **minderjährige Ehegatten** persönlich anzuhören wie auch **unter Betreuung** stehende Personen. Sie gelten in der Ehesache als prozessfähig (§ 607 Abs 1 ZPO), nicht aber für die Folgesachen[24]. Ggf muss der Wirkungskreis einer bereits bestehenden Betreuung auf die Regelung der Folgen einer Scheidung erweitert werden. Parteifähig ist auch der verschollene Ehegatte, solange die Lebendvermutung des § 10 VerschG nicht widerlegt ist[25].

14 Der Scheidungsantrag ist nicht nur Prozesshandlung, sondern hat auch **materiell-rechtliche Wirkung**[26]. Wegen dieser Wirkungen ist es inzwischen überwM, dass den Ehegatten ein **subjektives Gestaltungsrecht auf Scheidung** zusteht[27]. Dem ist auch der BGH gefolgt[28]. Allein dies wird dem „verweltlichten bürgerlich-rechtlichen Ehebild"[29] gerecht, das in der Ehe vor allem anderen ein Rechtsverhältnis zwischen zwei Privatpersonen sieht.

15 Die **Wirkungen des Scheidungsantrages** ab seiner Rechtshängigkeit sind:
– der Anspruch auf Vorsorgeunterhalt setzt ein (§ 1361 Abs 1 S 2);
– die möglicherweise „kurze" Dauer der Ehe iS von § 1579 Nr 1 endet;
– über den Bestand des Endvermögens muss Auskunft erteilt werden (§ 1379 Abs 2);
– ein Zugewinn wird auf den Tag der Rechtshängigkeit des Scheidungsantrages errechnet (§ 1384);
– für den Versorgungsausgleich endet die Ehezeit mit dem Ende des Monats, der dem Eintritt der Rechtshängigkeit des Scheidungsantrages vorausgeht (§ 1587 Abs 2);
– ein Ausschluss des Versorgungsausgleichs wird unwirksam, wenn er weniger als ein Jahr zuvor vereinbart wurde (§ 1408 Abs 2);
– das Erbrecht eines Ehegatten wird ausgeschlossen, wenn der Erblasser einen – zugestellten[30] – Antrag auf Scheidung der Ehe gestellt oder dem Antrag des anderen Ehegatten zugestimmt hat (§ 1933 S 1).

16 Die **Wirkungen entfallen,** wenn der Scheidungsantrag zurückgenommen oder zurückgewiesen wird. Ein Verzicht (§ 306 ZPO) ist ebenfalls möglich. Die **Rücknahme** unterliegt dem Anwaltszwang. Nach Verhandlung zur Hauptsache bedarf sie auch der Zustimmung des anwaltlich vertretenen Gegners (§ 269 Abs 1 ZPO). Umstritten ist, ob der Gegner, der dem Scheidungsantrag zugestimmt hat, ohne anwaltlich vertreten zu sein (§ 630 Abs 2 ZPO), ebenfalls einer Rücknahme zustimmen muss[31]. Die Ausnahmevorschrift des § 630 Abs 2 S 2 ZPO sollte jedoch nicht weiter angewendet werden als ihr Wortlaut reicht. Die Partei, die auf anwaltlichen Beistand verzichtet hat, muss nicht vor dem Fortbestand der Ehe geschützt werden. Im Übrigen kann bereits materiell-rechtlich ein Scheidungsaus-

---

[18] MünchKommBGB/*Wolf* Rn 38.
[19] *Erman/Graba* Rn 8.
[20] MünchKommBGB/*Wolf* Rn 39 mwN.
[21] OLG Bamberg FamRZ 1995, 370.
[22] BGH NJW 1983, 514, 516; zu den Wirkungen der Brüssel II-VO siehe auch *Staudinger/Rauscher* (2004) Vor § 1564 Rn 79.
[23] OLG Hamm FamRZ 1990, 166, 168.
[24] MünchKommBGB/*Wolf* Rn 42.
[25] AG Hameln NJW 2006, 1441 = FamRZ 2006, 127.
[26] *Staudinger/Rauscher* (2004) Rn 29; *Johannsen/Henrich/Jaeger* Rn 30 f; MünchKommBGB/*Wolf* Rn 48.
[27] *Staudinger/Rauscher* (2004) Rn 38; *Johannsen/Henrich/Jaeger* Rn 31; zweifelnd MünchKommBGB/*Wolf* Rn 25.
[28] BGH FamRZ 1986, 655, 656.
[29] BVerfGE 53, 225, 245 = NJW 1980, 689 = FamRZ 1980, 319, 323.
[30] BGH NJW 1990, 2382 = FamRZ 1990, 1109.
[31] So OLG München NJW-RR 1994, 201; AG Kempten FamRZ 2003, 1117; aA OLG Köln FamRZ 1985, 1060, 1061; OLG Zweibrücken NJW-RR 1997, 833 = FamRZ 1997, 1226 f.

Scheidung durch Urteil **§ 1564**

spruch nicht mehr auf einen Antrag gestützt werden, der zwar prozessual nicht wirksam, aber inhaltlich zurückgenommen worden ist[32]. Ist der Antragsgegner anwaltlich nicht vertreten, kann der Antragsteller seinen Scheidungsantrag auch nach Verkündung des Scheidungsurteils bis zum Eintritt der Rechtskraft einseitig zurücknehmen[33].

Mit wirksamer **Rücknahme des Scheidungsantrages** entfallen alle seine Wirkungen. Im Verbund 17 anhängige Familiensachen sind jedoch auf Antrag als selbstständige Folgesachen fortzusetzen (§ 626 Abs 2 ZPO); Gleiches gilt im Falle einer Abweisung des Scheidungsantrages (§ 629 Abs 3 ZPO). Wird ein zuerst gestellter Scheidungsantrag zurückgenommen, während ein späterer Antrag des Gegners rechtshängig bleibt, so gilt für die Einsatzpunkte der §§ 1384, 1587 Abs 2 die Rechtshängigkeit des ersten, zurückgenommenen Antrags fort[34].

Hat der Antragsteller im Verfahren auf einen bereits entstandenen Scheidungsanspruch verzichtet 18 (§ 306 ZPO), kann er sich auf die bis dahin entstandenen Scheidungstatbestände nicht mehr berufen. Ebenso kann er schon vor Einleitung eines Scheidungsverfahrens materiell-rechtlich auf einen bereits entstandenen Scheidungsanspruch verzichten[35]. **Nach dem Verzicht** neu entstehende Scheidungsgründe berechtigen jedoch, später (erneut) die Scheidung zu beantragen. Umstritten ist dabei, ob dann die vor dem Verzicht liegende Trennungszeit mit zu berücksichtigen ist[36]. Dies dürfte pauschal nicht zu beantworten sein. Hatte der Antragsteller sich nur auf die Trennungszeit zur Begründung der Zerrüttungsvermutung in § 1566 berufen, hat er mit dem Verzicht auf eine darauf gestützte Scheidung auf die Geltendmachung dieser Trennungszeit verzichtet. Hatte er jedoch einen anderen Grund für die Zerrüttung der Ehe konkret benannt, insbes auch Umstände iS von § 1565 Abs 2, hat er mit einem Verzicht nicht ohne weiteres auch auf die Geltendmachung des Zeitablaufs als Scheidungsgrund verzichtet. Ein ausdrücklicher Verzicht ist aber ohnehin selten. In jedem Fall ist in der bloßen Rücknahme des Scheidungsantrages nicht schon ein Verzicht auf die Scheidung zu sehen[37].

V. Scheidungsvoraussetzungen

Die Voraussetzungen, unter denen dem Scheidungsbegehren stattgegeben werden kann, sind in den 19 §§ 1565 bis 1568 normiert (S 3). Das in diesen Vorschriften geregelte materielle Scheidungsrecht geht von dem Zerrüttungsprinzip aus. Zur Feststellung der Zerrüttung einer Ehe stellt das Gesetz Vermutungsregeln zur Verfügung, die an den Ablauf unterschiedlich langer Zeiten des Getrenntlebens der Eheleute anknüpfen (§§ 1565, 1566).

Die gesetzlichen Scheidungsvorschriften sind **zwingendes Recht**[38]. Private Vereinbarungen, mit 20 denen die Scheidungsmöglichkeiten erweitert oder um weitere Verschuldenselemente ergänzt werden, sind unwirksam[39]. Ebenso unwirksam sind **Vereinbarungen der Parteien,** mit denen sie eine Scheidung der Ehe erschweren oder gar ausschließen[40]. Eine indirekte Erschwernis der Scheidung etwa durch Zusage einer Abfindung muss in jedem Fall unwirksam sein[41]. Zulässig sind Vereinbarungen über die Folgen einer Scheidung (vgl § 1585 c zu Unterhaltsverträgen). Auch der Katalog des § 1579 ist nicht abschließend[42]. Die Grenze wird hier von der Sittenwidrigkeit nach §§ 134, 138 gezogen[43]. Nicht ausgeschlossen sind auch Absprachen der Ehegatten über den Beginn der Trennungszeit, um eine Scheidung zu beschleunigen[44].

VI. Entscheidung über den Antrag

Über die Scheidung der Ehe ist, auch wenn die Ehegatten jeweils anders begründete Anträge stellen, 21 **einheitlich zu entscheiden.** Ist sowohl die Aufhebung als auch die Scheidung der Ehe beantragt, ist ebenfalls einheitlich zu entscheiden, da die Ehe nur einmal beendet werden kann. Der Aufhebungsantrag geht dabei vor (§ 152 ZPO), es sei denn, der Antragsteller beantragt ausdrücklich vorrangig die Scheidung[45].

Hinsichtlich der Scheidungsgründe kann der Antragsteller dem Gericht die **Reihenfolge der** 22 **Prüfung** vorgeben. Insbes kann er konkrete Darlegungen zur Zerrüttung der Ehe unterlassen und sich allein auf die Voraussetzungen für die Vermutungen des § 1566 beschränken. Er kann die Begründung

---

[32] *Staudinger/Rauscher* (2004) Rn 57; *Johannsen/Henrich/Jaeger* Rn 34 aE; aA MünchKommBGB/*Wolf* Rn 51.
[33] OLG Zweibrücken NJW-RR 1997, 833 = FamRZ 1997, 1226 f.
[34] BGH FamRZ 1996, 1142, 1144 mwN; FamRZ 2006, 230 = NJW-RR 2006, 289.
[35] BGHZ 97, 304 = NJW 1986, 2046 = FamRZ 1986, 655, 656; *Knütel* FamRZ 1985, 1089, 1092 ff.
[36] Dafür eingeschränkt *Soergel/Heintzmann* Rn 44; aA BGHZ 97, 304 = NJW 1986, 2046 = FamRZ 1986, 655, 656; *Staudinger/Rauscher* (2004) Rn 58; MünchKommBGB/*Wolf* Rn 27; *Erman/Graba* Rn 18; *Johannsen/Henrich/Jaeger* Rn 38.
[37] *Staudinger/Rauscher* (2004) Rn 47; aA AG Holzminden FamRZ 1997, 1214 m abl Anm *Henrich*.
[38] BGHZ 97, 304 = NJW 1986, 2046 = FamRZ 1986, 655, 656.
[39] BGHZ 97, 304 = NJW 1986, 2046; *Staudinger/Rauscher* (2004) Rn 40; MünchKommBGB/*Wolf* Rn 20; *Erman/Graba* Rn 16; *Johannsen/Henrich/Jaeger* Rn 35; *Knütel* FamRZ 1985, 1090.
[40] AllgM; aA *Hattenhauer* ZRP 1985, 200.
[41] BGH FamRZ 1990, 372 = NJW 1990, 703; vgl OLG Hamm FamRZ 1991, 443.
[42] *Erman/Graba* Rn 19 aE.
[43] BGH NJW 1990, 703, 704 = FamRZ 1990, 372, 373; vgl dazu auch BVerfG NJW 2001, 2248 = FamRZ 2001, 985.
[44] *Erman/Graba* Rn 16.
[45] BGHZ 133, 227, 228 = NJW 1996, 2727, 2728 = FamRZ 1996, 1209.

§ 1564

seines Scheidungsbegehrens ohne weiteres wechseln. Das Gericht ist weitgehend an sein Vorbringen gebunden (§ 616 Abs 2 ZPO). Es hat aber seine Entscheidung stets vorrangig auf die Vermutungstatbestände des § 1566 zu stützen, auch wenn diese nicht ausdrücklich vorgetragen sind, sich aber aus dem zwischenzeitlichen Zeitablauf ergeben. Denn das Gericht ist gehalten, nur so gering als möglich in die eheliche Privat- und Intimsphäre einzugreifen[46]. Erst recht gilt dies, wenn besondere Umstände iS des § 1565 Abs 2 geltend gemacht werden, der Ausspruch der Scheidung inzwischen ohne weiteres auf den Grundtatbestand des § 1565 Abs 1 gestützt werden kann[47]. Bei **beiderseits gestellten Anträgen** ist das Gericht gehalten, auf Grund des schonenderen Sachverhalts die Scheidung auszusprechen[48]. Der andere Antrag ist damit regelmäßig erledigt, also nicht abzuweisen[49].

23   1. **Abweisung des Antrags.** Wird der Antrag auf Scheidung der Ehe **rechtskräftig abgewiesen,** bestimmen sich die Folgen allein nach § 322 ZPO, nachdem die präkludierende Vorschrift des § 616 ZPO aF gestrichen ist. Wie weit die Rechtskraft des abweisenden Urteils geht, ist dogmatisch äußerst umstritten, praktisch aber kaum relevant[50]. Letzten Endes schafft jeder weitere Tag des Getrenntlebens einen „neuen" Scheidungsgrund, der zusammen mit der „alten" Trennungszeit zu berücksichtigen ist[51]. Dass in dem zweiten Verfahren die Gesamtschau aller zum Scheitern der Ehe führenden Umstände zulässig ist, war schon nach dem früheren Recht anerkannt[52].

24   2. **Ausspruch der Scheidung.** Wird dem Antrag oder den Anträgen auf Scheidung der Ehe stattgegeben, ist die **Ehe mit Rechtskraft des Urteils aufgelöst** (S 2). Das Scheidungsurteil hat gestaltende **Wirkung für und gegen alle.** Die persönlichen und vermögensrechtlichen Beziehungen der Eheleute, soweit sie an den Bestand der Ehe anknüpfen, enden, vor allem der Anspruch auf (ehelichen) Unterhalt aus § 1361, auch wenn er auf kalendermäßig unbefristete Zeit tituliert ist. Dagegen besteht eine hierzu ergangene einstweilige Anordnung allein aus Gründen der Zweckmäßigkeit vorläufig fort, wenn und so lange keine anderweitige Regelung des Unterhalts erfolgt (vgl § 620 f ZPO).

25   3. **Folgen der Scheidung.** Die weiteren Folgen der Scheidung sind:
– Die Scheidung der Ehe ist in das **Familienbuch** einzutragen (§ 14 Abs 1 Nr 2 PStG). Das Familienbuch wird nach der Trennung der Eheleute nicht mehr am jeweiligen Wohnort des Mannes geführt, sondern verbleibt bei dem Standesamt des letzten gemeinsamen Wohnsitzes der Eheleute (§ 13 Abs 1 S 2, Abs 4 PStG).
– Die Ehegatten führen den **Familiennamen** weiter (§ 1355 Abs 5 S 1). Der Ehegatte, der den Ehenamen angenommen hat, kann wieder seinen früheren Namen annehmen oder seinen Geburtsnamen dem Ehenamen voranstellen (§ 1355 Abs 5 S 2).
– Die gemeinsame **elterliche Sorge** für gemeinsame Kinder besteht fort (§ 1671 Abs 1), es sei denn, sie wurde bereits nach der Trennung neu geregelt oder einer der Ehegatten beantragt im Verbund, für den Fall der Scheidung ihm die Sorge – teilweise – allein zu übertragen. Die Regelung der elterlichen Sorge wie auch des **Umgangs mit dem Kind** hat dann gemäß § 623 ZPO zugleich mit der Scheidung zu erfolgen.
– In jedem Falle ist zusammen mit der Scheidung der **Versorgungsausgleich** durchzuführen, sofern ihn nicht die Eheleute wirksam durch Ehevertrag ausgeschlossen hatten (§ 1408 Abs 2).
– Der **Güterstand** endet mit der Scheidung (vgl § 1384).
– Die Auseinandersetzung an **Hausrat und Ehewohnung** erfolgt, sofern dies nicht im Verbund beantragt wurde, in einem Verfahren nach der HausratsVO.
– Der wirtschaftlich schwächere Ehegatte kann **nachehelichen Unterhalt** beanspruchen, sofern die Voraussetzungen der §§ 1569 ff gegeben sind.

Mit der Scheidung entfallen die wechselseitigen Erb- und Pflichtteilsrechte, soweit sie noch nicht mit der Rechtshängigkeit des Scheidungsantrages bzw der Zustimmung hierzu geendet hatten (Rn 15).

VII. Verfahren

26   Das Verfahren auf Scheidung der Ehe wird durch einen **Antrag** eingeleitet, der zusätzlich zu den Erfordernissen einer Klageschrift die **besonderen Angaben** nach § 622 Abs 2 ZPO enthalten muss. Im Fall der auch formal verständlichen Scheidung sind weiter die Angaben nach § 630 ZPO nötig. Da der Pflichtenkatalog des § 630 ZPO jedoch auch und gerade von kooperationswilligen Ehegatten oft als Belastung empfunden wird, ist die Praxis bei den Familiengerichten in großem Umfang dazu übergegangen, die beiderseits scheidungswilligen Ehegatten im Wege der „formal streitigen Scheidung" zu scheiden. Zu diesem auch als „verdeckte Konventionalscheidung" bezeichneten Verfahren kommt es, wenn beide Ehegatten nach einem Jahr der Trennung weder die dreijährige Trennungsfrist abwarten noch die Pflichten nach § 630 ZPO erfüllen wollen. Der übereinstimmend geäußerte Scheidungswille wird dann von dem Familiengericht nicht nach der Vermutungsregel des § 1566 Abs 1, sondern nach

---

[46] *Johannsen/Henrich/Jaeger* Rn 44.
[47] *Staudinger/Rauscher* (2004) Rn 67.
[48] *Staudinger/Rauscher* (2004) Rn 68.
[49] *Staudinger/Rauscher* (2004) Rn 69; aA MünchKommBGB/*Wolf* Rn 58 mwN.
[50] So ausdrücklich *Staudinger/Rauscher* (2004) Rn 74 einerseits, MünchKommBGB/*Wolf* Rn 102 andererseits.
[51] Ebenso *Staudinger/Rauscher* (2004) Rn 72 aE.
[52] Vgl BGH FamRZ 1968, 139, 141.

dem Grundtatbestand des § 1565 Abs 1 als Scheitern der Ehe bewertet, ohne dass es zu einer eingehenderen Feststellung der Zerrüttung kommt[53]. Man mag diese Entwicklung bedauern[54], doch kommt sie einem verbreiteten Bedürfnis der betroffenen Parteien entgegen und zeigt nur zu deutlich, wie stark die Praxis der Konventionalscheidung – nunmehr ohne Schuldzuweisungen – alle Reformanstrengungen überdauert hat.

Die örtliche **Zuständigkeit des Familiengerichts** bestimmt sich nach § 606 ZPO, die internationale Zuständigkeit nach § 606a ZPO sowie Art 3 EheGVO II. Das **Verfahren in Ehesachen** entspricht grds dem vor den Landgerichten mit den Besonderheiten gemäß den §§ 607 ff, 622 ff ZPO. Mit Rechtshängigkeit der Ehesache wird das Familiengericht auch für weitere anhängige Familiensachen der Eheleute zuständig (§ 621 Abs 2 ZPO). Zusammen mit der Scheidung ist über Folgesachen, die für den Fall der Scheidung – bis zum Schluss der mündlichen Verhandlung – beantragt werden, grds im Verbund zu entscheiden (§ 623 ZPO). In der Verhandlung sind die Eheleute zum Scheitern der Ehe persönlich anzuhören (§ 613 ZPO). Sieht das Gericht danach Aussichten auf eine Fortsetzung der Ehe, soll es das Verfahren aussetzen (§ 614 ZPO). Das Gericht ist in Ehesachen zur Ermittlung von Amts wegen befugt, darf aber seine Erkenntnisse gegen den Widerspruch der antragstellenden Partei nur insoweit berücksichtigen, als sie der Aufrechterhaltung der Ehe dienen können (§ 616 ZPO). Mit dem Tod eines Ehegatten gilt das Verfahren als in der Hauptsache erledigt (§ 619 ZPO). Ab Anhängigkeit des Verfahrens kann das Gericht auf Antrag die Gegenstände von Verbundsachen durch **einstweilige Anordnung** regeln (§§ 620 ff ZPO). Die Scheidung der Ehe vor einer Entscheidung über die anhängig gemachten Folgesachen kann nur unter besonderen Voraussetzungen ergehen (§ 628 ZPO). Über die elterliche Sorge ist unter Umständen (§ 627 ZPO) oder auf Antrag (§ 623 Abs 2 S 2 ZPO) schon früher zu entscheiden; in jedem Falle ist eine Folgesache auf Regelung der elterlichen Sorge, des Umgangs oder auf Herausgabe eines Kindes auf Antrag einer Partei ohne weiteres abzutrennen[55]. 27

VIII. Beweislast

Die **Darlegungs- und Beweislast** für die Voraussetzungen der Scheidung trägt der Ehegatte, der die Scheidung beantragt. Falls das Gericht von der Amtsermittlung Gebrauch macht, hat es die Einschränkungen des § 616 Abs 2 ZPO zu beachten. Bei der Prüfung von Härtefällen iS von § 1568 darf das Gericht nur die Umstände berücksichtigen, auf die sich der die Scheidung ablehnende Ehegatte auch beruft (§ 616 Abs 3 ZPO). 28

IX. Internationales und innerdeutsches Recht

Welches Recht in Fällen mit **Auslandsberührung** auf die Scheidung der Ehe anzuwenden ist, bestimmt sich gemäß Art 17 Abs 1 S 1 EGBGB nach dem bei Rechtshängigkeit des Scheidungsantrages geltenden Ehestatut entspr den Regeln des Art 14 Abs 1 EGBGB. Ist nach dem anzuwendenden Recht eine Scheidung nicht möglich, ermöglicht Art 17 Abs 1 S 2 EGBGB die Scheidung nach deutschem Recht, wenn der Antragsteller Deutscher ist oder bei der Eheschließung war. Auch wenn ausländisches Recht anzuwenden ist, kann die Ehe im Inland nur durch ein Gericht geschieden werden (Art 17 Abs 2 EGBGB). Ob in diesen Fällen auch der Versorgungsausgleich durchzuführen ist, bestimmt sich nach Art 17 Abs 3 EGBGB. Der Anspruch auf nachehelichen Unterhalt ist nach dem Recht des (letzten) Ehestatuts zu bewerten (Art 18 Abs 4 EGBGB). Güterrechtlich sind die Ehegatten nach ihrem grds unwandelbaren Güterstatut bei Eheschließung zu behandeln (Art 15 Abs 1 EGBGB); zu einer möglichen Rechtswahl vgl Art 15 Abs 2 EGBGB. 29

In den **Neuen Bundesländern** gilt seit dem Beitritt das Familienrecht des BGB (Art 234 § 1 EGBGB). Eine vor dem Beitritt in der DDR ausgesprochene Scheidung bleibt gemäß Art 18 des Einigungsvertrages wirksam, es sei denn, dass ein Gericht der Bundesrepublik vor dem Beitritt rechtskräftig festgestellt hat, die geschiedene Ehe bestehe fort[56]. Für den Unterhaltsanspruch eines Ehegatten, dessen Ehe vor dem Beitritt geschieden worden ist, bleibt gemäß Art 234 § 5 EGBGB das frühere Recht des FGB maßgeblich[57]. 30

X. Reformvorhaben

Das geltende Scheidungsrecht selbst ist weitgehend akzeptiert; Reformüberlegungen zielen immer wieder auf eine Scheidung vor dem Standesbeamten, ohne jedoch Zustimmung gefunden zu haben. Die Verfahrensvorschriften für das Familiengericht aus ZPO und FGG sollen demnächst in einem einheitlichen Familienverfahrensgesetz (FamFG) zusammengeführt werden. 31

Im Rahmen der Bemühungen um Schaffung eines einheitlichen europäischen Rechtsraumes (Erklärung von Tampere vom 15./16. 10. 1999) stehen auf der Basis des Vertrages von Amsterdam vereinheitlichende Rechtsakte der EU an[58]. Die VO Nr 1347/2000/EG des Rates über die Zuständigkeit 32

---

[53] Vgl MünchKommBGB/*Wolf* Vor § 1564 Rn 15 ff.
[54] So *Staudinger/Rauscher* (2004) § 1566 Rn 11; *Erman/Dieckmann* Rn 16.
[55] OLG Stuttgart NJW-RR 2003, 795 = FPR 2003, 377; OLG Düsseldorf FamRZ 2000, 842; *Zöller/Philippi* § 623 ZPO Rn 32 f; aA OLG Köln FamRZ 2002, 1570 = MDR 2002, 1374; OLG Karlsruhe FamRZ 2005, 1495.
[56] BGH FamRZ 1999, 434.
[57] Zu den übergangsrechtlichen Problemen vgl *Erman/Hohloch* Art 17 EGBGB Rn 84 ff.
[58] Vgl auch *Pintens* FamRZ 2005, 1597.

§ 1565　　　　　　　　　　　　　　　　　　　　　　　Buch 4. Abschnitt 1. Bürgerliche Ehe

und die Anerkennung und Vollstreckung von Entscheidungen in Ehesachen und in Verfahren betr die elterliche Verantwortung für die gemeinsamen Kinder der Ehegatten trat zum 1. 3. 2001 in Kraft[59]. Sie wurde zum 1. 3. 2005 durch die erweiterte VO Nr 2201/2003/EG vom 27. 11. 2003 ersetzt[60]. Durch- und Ausführungsvorschriften zu diesen und anderen familienrechtlichen Abkommen enthält das Internationale Familienrechtsverfahrensgesetz (IntFamRVG) vom 26. 1. 2005 (BGBl I S 162).Weiter sind mehrere Europäische Übereinkommen hinsichtlich der gleichen Fragen zu weiteren Scheidungsfolgen wie Umgang, Unterhalt und Güterrecht in der Beratung.

§ 1565 Scheitern der Ehe

(1) ¹Eine Ehe kann geschieden werden, wenn sie gescheitert ist. ²Die Ehe ist gescheitert, wenn die Lebensgemeinschaft der Ehegatten nicht mehr besteht und nicht erwartet werden kann, dass die Ehegatten sie wiederherstellen.

(2) Leben die Ehegatten noch nicht ein Jahr getrennt, so kann die Ehe nur geschieden werden, wenn die Fortsetzung der Ehe für den Antragsteller aus Gründen, die in der Person des anderen Ehegatten liegen, eine unzumutbare Härte darstellen würde.

Schrifttum: *Ditzen*, Acht Thesen zum verfrühten Scheidungsantrag, FamRZ 1988, 1010; *Görgens*, Die Rechtsprechung der Oberlandesgerichte zu den Härteklauseln im neuen Scheidungsrecht, FamRZ 1978, 647; *Holzhauer*, Die Scheidungserschwernis des § 1565 Abs. 2 BGB, JZ 1979, 113; *Krause*, Der verfrühte Scheidungsantrag, FamRZ 2002, 1386; *Neuhaus*, Wann ist die Ehe zerrüttet?, ZRP 1982, 153. S auch bei § 1564.

Übersicht

	Rn		Rn
I. Allgemeines	1	2. Voraussetzungen	20
II. Scheitern der Ehe	5	3. Unzumutbare Härte	25
1. Keine Lebensgemeinschaft der Ehegatten	6	4. Einzelfälle	27
2. Keine Wiederherstellung der Lebensgemeinschaft zu erwarten	12	V. Verfahren	30
III. Trennungsjahr	14	1. Grundtatbestand	30
IV. Scheidung vor Ablauf des Trennungsjahres	18	2. Vorzeitige Scheidung wegen unzumutbarer Härte	31
1. Zweck der Vorschrift	18	3. Beweislast	32

I. Allgemeines

1　　Abs 1 definiert den **Grundtatbestand,** nach dem eine Ehe geschieden werden kann. Er postuliert das **Zerrüttungsprinzip** und kehrt damit vom Verschuldensprinzip ab. Gleichwohl sind Elemente des Verschuldens erhalten geblieben, so wenn nach Abs 2 ein Verhalten des Antragsgegners zu bewerten ist, ob es die Fortsetzung der Ehe für den anderen Ehegatten als eine unzumutbare Härte erscheinen lässt. Auch im Rahmen der Scheidungsfolgen kann ein Verschulden am Scheitern der Ehe immer noch eine Rolle spielen, vgl §§ 1579, 1587 c, 1381.

2　　Das Gesetz benutzt nicht mehr den Begriff der Zerrüttung (vgl §§ 43, 44, 48 EheG), sondern stellt darauf ab, ob die **Ehe gescheitert** ist. Abs 1 S 2 erklärt, wann die Ehe als gescheitert anzusehen ist. Zusätzlich erhebt Abs 2 den Ablauf einer **einjährigen Trennungszeit** zur weiteren Voraussetzung des Grundtatbestandes, indem er eine frühere Scheidung von besonderen Umständen abhängig macht. Mit dem Scheitern der Ehe knüpft das Gesetz weniger an einen Vorgang („zerrütten") als einen Zustand („gescheitert") an, der die Scheidung rechtfertigt, wobei gleichgültig ist, welche Ursachen diesen Zustand herbeigeführt haben. Die Ursachen stehen auch in keinem Rangverhältnis; der Richter hat lediglich den jeweils schonendsten Tatbestand seiner Entscheidung zu Grunde zu legen, also vor allem eine der Vermutungen des § 1566 (vgl § 1564 Rn 22).

3　　Ist das Scheitern der Ehe festgestellt, ohne dass Härtegründe nach § 1568 gegeben sind, **so ist die Scheidung der Ehe auszusprechen,** falls iÜ auch die verfahrensrechtlichen Voraussetzungen gegeben sind. Das Gericht hat dabei keinen Ermessensspielraum; insoweit täuscht die Formulierung „kann" in S 1¹.

4　　Obwohl der Gesetzgeber den Zerrüttungsvermutungen infolge Zeitablauf gemäß § 1566 eindeutig den Vorzug geben wollte, ist in der Praxis die Scheidung über den Grundtatbestand des Abs 1 von erheblicher Bedeutung. Sie kommt, außer in echten Streitfällen, vor allem dann zur Anwendung, wenn

---

[59] Text abgedruckt in FamRZ 2000, 1140 sowie NJW 2001, Beilage zu Heft 1; dazu *Gruber* FamRZ 2000, 1129; *Hau* FamRZ 2000, 1333; *Kohler* NJW 2001, 10.

[60] Abgedruckt in NJW 2004, Beilage zu Heft 18, sowie FamRZ 2004, 1443; dazu *Rausch* FuR 2004, 154; *Teixeira de Sousa* FamRZ 2005, 1612.

¹ *Erman/Graba* Rn 2.

zwischen den Eheleuten Konsens besteht, die Ehe schon nach einem Jahr Trennungszeit scheiden zu lassen ohne die weiteren Voraussetzungen nach § 630 ZPO erfüllen zu wollen (vgl § 1564 Rn 26)[2].

II. Scheitern der Ehe

Die Feststellung des Scheiterns der Ehe erfordert zweierlei: 5
– Die Lebensgemeinschaft der Ehegatten besteht nicht mehr (**Diagnose**).
– Es kann nicht erwartet werden, dass die Ehegatten sie wieder herstellen werden (**Prognose**).

1. Keine Lebensgemeinschaft der Ehegatten. Das Gesetz beschreibt nicht näher das Wesen der 6 **Lebensgemeinschaft**, deren Nichtbestehen hier festgestellt werden soll. Unstreitig ist die eheliche Lebensgemeinschaft mehr als eine nur häusliche Gemeinschaft. Die Betonung der *Lebens*gemeinschaft lässt auch erkennen, dass im Grunde ein lebenslanges „miteinander leben" gemeint ist, wie es § 1353 ausdrücklich betont. Die Abkehr von „einer dem Wesen der Ehe entsprechenden Lebensgemeinschaft" (§ 48 Abs 1 EheG) zeigt jedoch, dass die Lebensgemeinschaft nicht mehr dem objektiven Bild einer „normalen" Ehe entsprechen muss, sondern vor allem den **subjektiven Vorstellungen** der Ehepartner gemäß ihrer höchst persönlichen gemeinsamen Lebensplanung. Prägendes Element der ehelichen Lebensgemeinschaft ist damit die eheliche Gesinnung, die wechselseitige innere Bindung der Ehegatten[3]. Es geht darum, das Misslingen einer Personalgemeinschaft festzustellen und dabei den von den Ehegatten vereinbarten oder gelebten Zuschnitt der Ehe zu berücksichtigen[4]. Die Ehe als soziale und rechtliche Institution wird dagegen aus objektiven Gründen nur noch im Rahmen des § 1568 geschützt.

Die eheliche **Lebensgemeinschaft endet** nicht schon mit der Aufhebung der häusliche Gemein- 7 schaft. Die eheliche Lebensgemeinschaft kann ohne häusliche Gemeinschaft fortbestehen oder trotz häuslicher Gemeinschaft beendet sein[5]. Entscheidend ist vielmehr entspr dem Charakter der Ehe als personaler Gemeinschaft der Verlust der inneren Anteilnahme am Schicksal des Partners, die **innere Abwendung vom Partner,** letztlich die innere Entfremdung[6]. Somit kann schon die einseitige innere Abkehr vom Partner die Diagnose begründen, dass die Lebensgemeinschaft der Ehegatten, die eine beiderseitige innere Bindung aneinander voraussetzt, nicht mehr besteht: das so genannte **einseitige Scheitern** der Ehe[7].

Entscheidend für die Diagnose, dass die eheliche Lebensgemeinschaft nicht mehr besteht, ist also das 8 **Fehlen der ehelichen Gesinnung** und der wechselseitigen Bindung zumindest bei einem der Ehegatten. Nicht nur Abneigung oder gar Hass gegen den anderen Ehegatten begründen die Diagnose, sondern schon die Gleichgültigkeit gegenüber dem Partner lässt den Verlust der ehelichen Gesinnung erkennen. Diese inneren, höchst subjektiven Umstände lassen sich jedoch oft nur schwer objektiv eindeutig feststellen. Zur Objektivierung der Feststellung, dass die eheliche Lebensgemeinschaft nicht mehr besteht, wird daher, entspr den in § 1566 niedergelegten Vermutungen, überwiegend auf die schon äußerlich erkennbare Aufhebung der häuslichen Gemeinschaft abgestellt, da sie ein wesentliches Indiz für das Ende der Lebensgemeinschaft ist[8]. Ein bloßes Getrenntleben der Ehegatten reicht aber nicht aus, es muss auch der zumindest einseitige **Verlust der inneren Bindung** an den anderen Ehegatten hinzutreten[9]. Umgekehrt steht es der Annahme des Scheiterns der Ehe nicht entgegen, dass die Ehegatten weiter in häuslicher Gemeinschaft leben, wenn nur die eheliche Lebensgemeinschaft aufgehoben und ihre Wiederherstellung nicht zu erwarten ist[10]. Die Ehe kann daher gescheitert sein, wenn die Eheleute noch nicht getrennt leben[11]. Auch die Fortführung geschlechtlichen Verkehrs steht nicht in jedem Fall der Beendigung der ehelichen Lebensgemeinschaft iU entgegen[12].

Die Betonung der inneren Lösung von der Ehe ließ es problematisch erscheinen, ob auch der 9 Ehegatte sich von der Ehe abwenden kann, der infolge psychischer Erkrankung jegliche Empfindung für die eheliche Zuwendung verloren hat. Aber auch der in dieser Weise **geisteskranke Ehegatte** kann (durch seinen Vormund, § 1564 Rn 13) die Scheidung der Ehe begehren, da es auf die Ursache nicht ankommt, die zu dem Verlust der ehelichen Gesinnung geführt hat[13]. Die Vorstellungen des gesetzlichen Vertreters von der ehelichen Lebensgemeinschaft sind dabei ohne Belang[14]. Bei Demenz eines Ehegatten kann aber nicht ohne weiteres auf ein Scheitern der Ehe geschlossen werden[15].

---

[2] Zur Unschärfe der Scheidungsstatistik s auch MünchKommBGB/*Wolf* Vor § 1564 Rn 46 ff.
[3] BGH NJW 1989, 1988 = FamRZ 1989, 479; *Johannsen/Henrich/Jaeger* Rn 10; *Schwab/Schwab,* HdB Scheidungsrecht, Rn II 18 ff.
[4] BGH NJW 1995, 1082, 1083 = FamRZ 1995, 229; MünchKommBGB/*Wolf* Rn 21.
[5] Vgl BGH NJW 1981, 449 = FamRZ 1981, 127, 128; FamRZ 1978, 671; *Erman/Graba* Rn 5.
[6] *Johannsen/Henrich/Jaeger* Rn 11.
[7] AllgM, BGH FamRZ 1978, 671, 672; 1979, 1003; OLG Zweibrücken FamRZ 1997, 1212; *Staudinger/Rauscher* (2004) Rn 28, 41; *Johannsen/Henrich/Jaeger* Rn 12; *Erman/Graba* Rn 8; *Palandt/Brudermüller* Rn 3.
[8] BGH NJW 1978, 1810 = FamRZ 1978, 671; FamRZ 1979, 1003.
[9] Vgl OLG Stuttgart NJW 1978, 52; OLG Karlsruhe FamRZ 1978, 592, 593.
[10] Vgl BGH NJW 1981, 449 = FamRZ 1981, 127; s auch OLG München FamRZ 1998, 826 = MDR 1998, 51 m Anm *Wenger.*
[11] BGH NJW 1981, 449 = FamRZ 1981, 127; MünchKommBGB/*Wolf* Rn 29 mwN.
[12] Vgl OLG Zweibrücken FamRZ 1997, 1212 einerseits, OLG Oldenburg FamRZ 1997, 1213 andererseits.
[13] BGH NJW 1989, 1988, 1990 = FamRZ 1989, 479, 481; MünchKommBGB/*Wolf* Rn 30 mwN.
[14] OLG Hamm FamRZ 1990, 166, 167.
[15] BGH FamRZ 2002, 316 = NJW 2002, 671.

§ 1565

10 Die eheliche Lebensgemeinschaft und ihr Ende ist nach dem individuellen Lebensplan der Ehegatten zu beurteilen. Vermisst ein Ehegatte die von ihm erwartete besonders harmonische Ehe, so genügt es nicht, dass der andere Ehegatte weiter zur Gemeinsamkeit in einer „durchschnittlichen" Ehe bereit ist[16]. Entscheidend ist, ob die Ehegatten hinsichtlich der gemeinsamen Lebensführung noch einig sind[17]. So können sie sich auch einig sein, die **Ehe ohne Wohngemeinschaft** zu führen und sich auf eine überwiegend geistige Gemeinschaft zu beschränken[18]. Die Lebensgemeinschaft endet dann mit der inneren Abkehr eines Ehegatten von dieser Lebensform; dem Nachweis der Abwendung vom Partner kommt hier größere Bedeutung zu, da die Indizwirkung der äußeren Trennung fehlt[19].

11 Das Ende der ehelichen Lebensgemeinschaft kann auch bei den so genannten **Schein-, Zweck- oder Fehlehe** festgestellt werden. Eine solche nicht ernstlich gewollte Ehe soll zwar der Standesbeamte in offenkundigen Fällen nicht beurkunden (§ 1310 Abs 1 S 2); auch ist sie, falls der Nachweis geführt werden kann, aufhebbar (§ 1314 Abs 2 Nr 5). Gleichwohl sind diese Ehen wirksam geschlossen und wie andere Ehen scheidbar, weil sie mangels eines gemeinsamen Willens zur ehelichen Lebensgemeinschaft von vornherein als gescheitert anzusehen sind[20]. Umstritten ist nur, ob schon aus begrifflichen Gründen zu prüfen ist, die eheliche Lebensgemeinschaft könne „wieder" hergestellt werden[21]. Problematisch ist auch, welche Anforderungen hier an die Trennungszeit zu stellen sind (Rn 21) und ob in diesen Verfahren Prozesskostenhilfe gewährt werden kann (§ 1564 Rn 8).

12 **2. Keine Wiederherstellung der Lebensgemeinschaft zu erwarten.** Kann festgestellt werden, dass eine eheliche Lebensgemeinschaft nicht mehr besteht (Diagnose), so muss die **Prognose** des Richters hinzutreten, dass nicht mehr erwartet werden kann, dass die Ehegatten die Lebensgemeinschaft wieder herstellen werden, Abs 1 S 2 aE. Der Richter ist dabei nicht an die Wertung eines oder beider Ehegatten über die Unumstößlichkeit des Scheiterns der Ehe gebunden[22]. Das Gesetz selbst gibt aber mit den unwiderlegbaren Vermutungen in § 1566 über das tatsächliche Scheitern der Ehe eine nicht zu übersehende Vorgabe für die Bewertung allein der längeren **Trennungszeit** als einem starken **Indiz für das Scheitern der Ehe**[23]. Mit dem Ablauf der Trennungszeit von wenigstens einem Jahr ist jedoch keine Automatik hinsichtlich der Prognose gegeben[24]. Begehren die Eheleute übereinstimmend die Scheidung ihrer Ehe, lässt sich kaum noch eine positive Prognose für die Ehe stellen. Dies muss auch gelten, wenn beide Ehegatten vom Scheitern ihrer Ehe überzeugt sind, ohne nach einjähriger Trennungszeit die weiteren Voraussetzungen nach § 630 ZPO geschaffen zu haben[25]. Die bloße Behauptung beider Gatten vom Scheitern der Ehe reicht sicherlich nicht allein für die Prognose des Richters aus[26]. Kommen aber der Scheidungsantrag des Antragstellers und das Einverständnis des anderen Ehegatten hinzu, so kann der Richter als Außenstehender nur selten eine positive Prognose der künftigen ehelichen Lebensgemeinschaft dem auf intime Kenntnis der Ehe gegründeten ablehnenden Verhalten der Eheleute entgegenstellen. Denn es ist nicht richtig, dass bei einer Scheidung nach dem Grundtatbestand des Abs 1 die Intimsphäre der Eheleute nicht gewahrt bleiben könne[27]. Es muss genügen, dass die Überzeugung vom Scheitern der Ehe und der Wunsch, geschieden werden zu wollen, dem Gericht von den Parteien überzeugend vorgetragen wird[28].

13 Die Prognose wird erleichtert, wenn außer dem Ablauf der Trennungszeit **weitere Umstände** vorgetragen sind, die der Erwartung einer Wiederherstellung der ehelichen Lebensgemeinschaft entgegenstehen:

– **Neue Gemeinschaft** in einer ernsthaft und auf Dauer angelegten Verbindung, auch der antragstellenden Partei selbst[29], erst recht, wenn aus dieser Verbindung ein Kind hervorgegangen ist[30].
– **Einrichtung eines neuen Lebenskreises,** nachdem der eheliche Hausrat geteilt ist, die Ehewohnung aufgegeben wurde und jeder Ehegatte sich neu eingerichtet hat[31].
– Der Ablauf der Ehe, vor allem die **Dauer der Ehekrise,** können Hinweise auf Störungen in der Ehe geben, die bis weit in die Zukunft wirken. Die über lange Zeit gezeigte Duldsamkeit eines Ehepartners schließt nicht aus, dass auch für ihn das Maß des Zumutbaren überschritten ist.
– Das **Ende der sexuellen Beziehungen** ist, wenn nichts anderes vereinbart war (Josefsehe), regelmäßig ein Indiz für das Scheitern der Ehe[32]. Im Hinblick auf Alter und Gesundheit der Gatten kann die

---

[16] So aber RGRK/*Graßhof* Rn 20.
[17] *Staudinger/Rauscher* (2004) Rn 45; MünchKommBGB/*Wolf* Rn 28.
[18] *Johannsen/Henrich/Jaeger* Rn 16; MünchKommBGB/*Wolf* Rn 27.
[19] *Staudinger/Rauscher* (2004) Rn 46.
[20] AllgM; MünchKommBGB/*Wolf* Rn 31; *Staudinger/Rauscher* (2004) Rn 47; *Johannsen/Henrich/Jaeger* Rn 17.
[21] So OLG Zweibrücken FamRZ 1997, 1212; aA *Staudinger/Rauscher* (2004) Rn 47.
[22] BGH NJW 1978, 1810 = FamRZ 1978, 671; MünchKommBGB/*Wolf* Rn 46 mwN.
[23] Vgl BGH NJW 1981, 449, 451 = FamRZ 1981, 127, 129; *Staudinger/Rauscher* (2004) Rn 61.
[24] BGH NJW 1995, 1082, 1084 = FamRZ 1995, 229, 231.
[25] *Staudinger/Rauscher* (2004) Rn 62-67; *Johannsen/Henrich/Jaeger* Rn 34-38.
[26] OLG Köln FamRZ 1978, 26; OLG Zweibrücken FamRZ 1983, 1132; KG FamRZ 1994, 514; Erman/*Graba* Rn 7; *Palandt/Brudermüller* Rn 3; RGRK/*Graßhof* Rn 28; *Staudinger/Rauscher* (2004) Rn 51; MünchKommBGB/ *Wolf* Rn 52.
[27] So aber noch *Erman/Dieckmann* 10. Aufl Rn 8.
[28] MünchKommBGB/*Wolf* Rn 52.
[29] BGH NJW 1979, 1042; allgM.
[30] MünchKommBGB/*Wolf* Rn 54.
[31] AG Lörrach FamRZ 1978, 116.
[32] Vgl OLG Köln FamRZ 1978, 25; OLG Koblenz FamRZ 1978, 31.

Indizwirkung auch schwächer sein. Wird zum ehelichen Verkehr von den Parteien nichts vorgetragen, so hindert der Respekt vor der Intimsphäre der Ehegatten den Richter in aller Regel, hierzu Fragen zu stellen[33].

– **Krankheiten**, seien sie körperlich oder seelisch, können ehezerstörend sein. Der Ehegatte, dessen eheliche Gesinnung durch die Krankheit zerstört wird, darf nicht an der für ihn unerträglich gewordenen Ehe festgehalten werden[34].

– **Ehebruch** ist kein absoluter Scheidungsgrund mehr, aber nach wie vor ein Indiz für eine erhebliche Krise der Ehe[35].

– Ständiges eheunfreundliches, ja **grobes Verhalten** kann ebenfalls Auswirkungen auf die eheliche Gesinnung des anderen Ehegatten haben. Nicht die einzelne Handlung selbst muss ehewidrig sein, sondern ihre Wirkung, die meist erst zusammen mit anderen, oft unbedeutenden Lieblosigkeiten sich einstellt.

– Der **Antrag auf Scheidung der Ehe** wie auch die Zustimmung des Antragsgegners sind, wenn auch nur mittelbare, Indizien für das Scheitern der Ehe. Über ihre formale Funktion im Verfahren hinaus zeigen sie die innere Befindlichkeit des oder der Ehegatten an. Die hierin von den Ehegatten geäußerte Selbsteinschätzung der Zukunft ihrer Ehe ist eine maßgebliche Grundlage auch für die Beurteilung durch den Richter (Rn 12).

III. Trennungsjahr

Die Ehe ist zu scheiden, wenn sie gescheitert ist. Das Wort „kann" in Abs 1 S 1 räumt dem Gericht keinen Ermessensspielraum ein[36]. Doch muss zusätzlich, wie sich erst aus Abs 2 im Umkehrschluss ergibt, **mindestens ein Jahr des Getrenntlebens** als weiteres ungeschriebenes Tatbestandsmerkmal der Scheidung gegeben sein. Nur unter den besonderen Voraussetzungen des Abs 2 kann davon abgesehen werden. 14

Beginn und Ablauf **des Trennungsjahres** bestimmen sich nach § 1567. Auch Abs 2 dieser Vorschrift ist anzuwenden, obwohl er sich nur auf § 1566 bezieht[37]. 15

Es muss das **Trennungsjahr in der letzten mündlichen Verhandlung abgelaufen** sein. Der Scheidungsantrag kann also schon vor Ablauf des Trennungsjahres gestellt sein. Dies soll aber nicht die Möglichkeit eröffnen, das Trennungsjahr als Überlegungsfrist zu unterlaufen und zugleich den Einsatzzeitpunkt für die Scheidungsfolgen (§§ 1384, 1587 Abs 2, auch § 1579 Nr 1) zu manipulieren oder vereinbarte Folgen im Güterrecht und Versorgungsausgleich (§§ 1408 Abs 2 S 2, 1414 S 2) entfallen zu lassen. Ein verfrüht gestellter Scheidungsantrag ist daher, soweit dies ohne weiteres möglich ist, zu terminieren und abzuweisen[38]. Eine Verzögerung durch Ermittlungen des Gerichts in den Verbundsachen ist in aller Regel nicht hinnehmbar[39]. Für einen verfrühten Scheidungsantrag wird regelmäßig keine Prozesskostenhilfe bewilligt[40]. 16

Ist das Trennungsjahr, nach Abweisung des Antrags in 1. Instanz, bei der Verhandlung über die **Berufung** abgelaufen, so ist der Scheidungsantrag begründet. Die Mehrkosten hat allerdings der Antragsteller zu tragen[41]. 17

IV. Scheidung vor Ablauf des Trennungsjahres

1. Zweck der Vorschrift. Abs 2 stellt einen **eigenen Scheidungstatbestand** dar, der sich sowohl von dem Grundtatbestand als auch von den beiden Vermutungstatbeständen des § 1566 abhebt. Zusammen mit dem Absehen von einem Fristablauf löst sich der Tatbestand der unzumutbaren Härte von dem Zerrüttungsprinzip und nähert sich dem Verschuldensprinzip, ohne auf ein Verschulden des anderen Ehegatten an der Härtesituation abzustellen. Abs 2 stellt damit einerseits ein Ventil für grobe Fälle dar[42]. Zum anderen wehrt er frühzeitige Scheidungsanträge ab und unterstreicht das Trennungsjahr als Überlegungsphase[43]. 18

Die praktische Bedeutung des Abs 2 ist stark zurückgegangen. Nach der Kindschaftsrechtsreform zum 1. 7. 1998 dürfte der Anteil „vorzeitiger" Scheidungen weiter sinken, da die einvernehmliche Klärung der Vaterschaft nach § 1599 nF für die nach Anhängigkeit eines Scheidungsantrages geborenen Kinder einen der zuletzt noch häufig vorgetragenen Härtegründe entfallen lässt, nämlich die Notwendigkeit der Anfechtung der Vaterschaft zu dem von der Antragsgegnerin erwarteten Kind aus einer neuen Beziehung. 19

---

[33] *Schwab/Schwab*, HdB Scheidungsrecht, Rn II 35.
[34] Vgl MünchKommBGB/*Wolf* Rn 58; *Schwab/Schwab*, HdB Scheidungsrecht, Rn II 33.
[35] BGH NJW 1979, 1042 = FamRZ 1979, 422.
[36] *Erman/Graba* Rn 2.
[37] *Staudinger/Rauscher* (2004) Rn 93.
[38] KG FamRZ 1985, 1066; *Johannsen/Henrich/ Jaeger* Rn 47; *Staudinger/Rauscher* (2004) Rn 95; *Schwab/Schwab*, HdB Scheidungsrecht, Rn II 70.
[39] AA KG FamRZ 1983, 821 m abl Anm *Braeuer*.
[40] OLG Dresden FamRZ 2002, 890; OLG Köln MDR 2006, 1294.
[41] BGH NJW 1997, 1007, 1008 = FamRZ 1997, 347.
[42] MünchKommBGB/*Wolf* Rn 78.
[43] BGH NJW 1981, 449 = FamRZ 1981, 127; *Schwab/Schwab*, HdB Scheidungsrecht, Rn II 43–48; *Staudinger/Rauscher* (2004) Rn 15.

§ 1565

20 **2. Voraussetzungen.** Die Ehe der Parteien muss gescheitert sein und die Eheleute dürfen **noch nicht länger als ein Jahr getrennt** leben. Läuft das Trennungsjahr vor der Verhandlung in der Tatsacheninstanz ab, ist der Ausspruch der Scheidung ohne weiteres auf den Grundtatbestand des Abs 1 zu stützen (§ 1564 Rn 54)[44].

21 Umstritten ist, ob Abs 2 auch bei **Schein-, Zweck- und Fehlehen** angewendet werden kann. Grds ist auch hier das Trennungsjahr zu beachten[45], das erst ab Kundgabe des Trennungswillens gerechnet werden kann[46]. In dem Eingehen einer sonst folgenlosen Ehe kann nicht schon ein genereller Verzicht auf die Härtegründe iS des Abs 2 gesehen werden. Allein die Bewertung der Umstände als Härte kann sich verschieben. So scheidet der Vorwurf der Untreue in einer nie gelebten Ehe aus[47]; die Tatsache der Scheinehe begründet aus sich heraus keine Härte, zumal sie regelmäßig auch vom Antragsteller gewollt war[48].

22 Die Anwendung des Abs 2 ist **nicht auf streitige Fälle beschränkt.** Auch wenn der andere Ehegatte der Scheidung zustimmt, ist Abs 2 zu prüfen[49].

23 Die besonderen Umstände, die auch die unzumutbare Härte begründen, müssen **in der Person des anderen Ehegatten** liegen. Dies verhindert, dass sich der Antragsteller auf eigene gravierende Unzulänglichkeiten berufen kann. Gleichwohl ist es oft schwierig, einzelne Umstände einem Ehegatten allein zuzuschreiben.

24 In jedem Falle muss es sich um Umstände von erheblicher Bedeutung handeln. Nur unter **strengen Voraussetzungen** können solche Umstände bejaht werden[50], so dass nur gewichtige Verfehlungen gegen die eheliche Gemeinschaft beachtlich sind[51]. Diese Gründe brauchen nicht kausal zum Scheitern der Ehe geführt zu haben. Der andere Partner muss sie auch nicht schuldhaft herbeigeführt haben[52]; doch sind schuldhafte Verhaltensweisen idR am ehesten geeignet, auch eine unzumutbare Härte zu begründen. Ebenso spielt Verhalten eine Rolle, mit dem der andere Ehegatte die ehelichen Pflichten oder gar den Antragsteller selbst verletzte[53].

25 **3. Unzumutbare Härte.** Die aus den besonderen Gründen resultierende unzumutbare Härte muss sich auf das **fortbestehende Eheband**, das bloße „Weiter-miteinander-verheiratet-Sein" beziehen[54]. Auf die Unzumutbarkeit einer Fortsetzung der ehelichen Lebensgemeinschaft kommt es also nicht an. Die Unzumutbarkeit muss sich auch darauf beziehen, den Zustand der gescheiterten Ehe noch bis zum Ablauf des Trennungsjahres ertragen zu müssen[55].

26 Die besonderen Umstände muss der Antragsteller **subjektiv als Härte** empfinden. Entscheidend ist sein eigenes persönliches Empfinden[56]. Die subjektiv empfundene Härte muss sich aber obendrein als objektive Unzumutbarkeit des fortbestehenden Ehebandes darstellen[57]. Insoweit sind schon wegen der doppelten Einschränkung „unzumutbar" und „Härte" strenge Maßstäbe anzulegen. Abs 2 soll als Ausnahmetatbestand eine Scheidung vor Ablauf des Trennungsjahres zwar nicht verhindern, aber regelmäßig erschweren[58]. Das bloße Scheitern der Ehe ist allein noch keine unzumutbare Härte[59].

27 **4. Einzelfälle. Verstoß gegen die eheliche Treue:** War die Rspr anfangs noch geneigt, bei jedem Verstoß gegen die eheliche Treue die Scheidung vor Fristablauf zu gewähren[60], so lässt sie unterdessen selbst andauerndes eheähnliches Zusammenleben des anderen Ehegatten mit dem neuen Partner nicht immer ausreichen, wenn nicht weitere tiefgreifende oder gar entwürdigende Umstände hinzutreten[61]. Dies kann sein, wenn das ehebrecherische Verhältnis schon vor der Trennung über Jahre bestanden hat[62]; der ertappte Ehegatte den anderen zum Geschlechtsverkehr zu Dritt auffordert[63]; nach der

---

[44] MünchKommBGB/*Wolf* Rn 86, 117; aA *Johannsen/Henrich/Jaeger* Rn 87.
[45] BGH NJW 1981, 449 = FamRZ 1981, 127.
[46] KG NJW 1982, 112; OLG Karlsruhe FamRZ 1986, 680, 681.
[47] *Schwab/Schwab*, HdB Scheidungsrecht, Rn II 52.
[48] *Staudinger/Rauscher* (2004) Rn 112.
[49] HM; OLG Köln FamRZ 1977, 717; OLG München NJW 1978, 49 = FamRZ 1978, 29; *Johannsen/Henrich/Jaeger* Rn 48; MünchKommBGB/*Wolf* Rn 89.
[50] OLG Bremen FamRZ 1996, 489; OLG Rostock NJW-RR 1994, 450 = FamRZ 1993, 808; OLG Düsseldorf FamRZ 1993, 809, 810.
[51] OLG Schleswig NJW 1978, 51; OLG Düsseldorf FamRZ 1978, 26, 27.
[52] OLG Düsseldorf FamRZ 1978, 26, 27; MünchKommBGB/*Wolf* Rn 79; *Staudinger/Rauscher* (2004) Rn 125.
[53] *Johannsen/Henrich/Jaeger* Rn 55.
[54] BGH NJW 1981, 449 = FamRZ 1981, 127; OLG Köln FamRZ 1996, 108, 109; OLG Saarbrücken FamRz 2005, 809; *Staudinger/Rauscher* (2004) Rn 144; *Erman/Graba* Rn 12.
[55] OLG Köln NJW 1978, 645; KG NJW 1980, 1053; aA *Schwab/Schwab*, HdB Scheidungsrecht, Rn II 54.
[56] OLG München NJW 1978, 49 = FamRZ 1978, 29; OLG Oldenburg NJW 1978, 1266 = FamRZ 1978, 188, 190; MünchKommBGB/*Wolf* Rn 98.
[57] BGH NJW 1981, 449 = FamRZ 1981, 127; *Staudinger/Rauscher* (2004) Rn 164; MünchKommBGB/*Wolf* Rn 99.
[58] So auch MünchKommBGB/*Wolf* Rn 85; *Johannsen/Henrich/Jaeger* Rn 52.
[59] AllgM, BGH NJW 1981, 449 = FamRZ 1981, 127.
[60] Vgl die Nachweise bei MünchKommBGB/*Wolf* Rn 102 ff.
[61] Vgl OLG Saarbrücken NJW-RR 2005, 1305; OLG Stuttgart FamRZ 1999, 722; OLG Köln FamRZ 2003, 1565; OLG Bremen FamRZ 1996, 489; *Johannsen/Henrich/Jaeger* Rn 70; MünchKommBGB/*Wolf* Rn 102; aA *Staudinger/Rauscher* (2004) Rn 175 ff.
[62] OLG Karlsruhe FamRZ 1978, 592, 594.
[63] OLG Köln FamRZ 1996, 108.

Trennung eine Tätigkeit als Prostituierte aufgenommen wird[64]. Die Hinwendung zu einer homosexuellen Partnerschaft lässt die Rspr allein als Härte nicht genügen[65]; es dürfte im Einzelfall darauf ankommen, wie der andere Ehegatte den Wandel seiner Lebensauffassung dem Antragsteller nahe gebracht hat, auch im Hinblick auf eventuell vorhandene Kinder.

Weitere Fallgruppen sind schwere Beleidigungen, grobe Ehrverletzungen, demütigende Beschimpfungen, erst Recht Tätlichkeiten, auch gegen Kinder oder nahe Angehörige[66], es sei denn, es blieb bei einem Vorfall im Affekt[67]. Die Trunksucht eines Ehegatten kann Unzumutbarkeit zur Folge haben, vor allem wenn Tätlichkeiten und Unsauberkeit dazu kommen[68]. Das Verschweigen einer anstehenden Haftstrafe kann als Härte gesehen werden[69]. Gravierend kann auch das Verlassen des Ehegatten vor oder kurz nach der Geburt eines gemeinsamen Kindes sein. Ein Kind aus einer außerehelichen Beziehung wird nicht mehr ohne weiteres als Härte angesehen (s auch Rn 19)[70]. Im Falle einer Schwangerschaft der ehebrecherischen Gattin soll die Berufung auf einen Härtegrund zulässig sein, weil nur bei Anhängigkeit des Scheidungsverfahrens vor der Geburt des Kindes eine vereinfachte Korrektur der Vaterschaft nach § 1599 Abs 2 möglich sei[71]. Die Schwangere selbst kann sich darauf nicht berufen[72].

28

Im Übrigen sind besondere Umstände auch immer vor der Biographie der Ehe zu sehen und zu bewerten. Dies trifft vor allem auf unverschuldete **Krankheiten** zu, auch wenn sie früher als Scheidungsgrund normiert waren (§§ 44 bis 46 EheG). Selbst für den aufopferungswilligen Ehegatten kann schon vor Ablauf des Trennungsjahres das Maß des subjektiv wie objektiv Zumutbaren überschritten sein[73]. Keine besondere Härte ist dagegen in einer nachlässigen Versorgung des Haushalts[74] oder der Verweigerung von Unterhalt[75] zu sehen.

29

V. Verfahren

1. Grundtatbestand. Die **Scheidung der Ehe nach dem Grundtatbestand** wird im Eheverfahren nach den Regeln der §§ 606 ff, 622 ff ZPO beantragt. Soweit der Antragsteller auf die Vermutung des Scheiterns der Ehe nach § 1566 verzichten will, hat er das Scheitern der Ehe konkret vorzutragen[76]; er kann sich jedoch auf den Ablauf des Trennungsjahres und den – meist beiderseits – fehlenden Willen zur Wiederaufnahme der ehelichen Lebensgemeinschaft beschränken. Die Ehegatten vermeiden so die – als Erschwernis der frühen Scheidung gedachte – Pflicht zur förmlichen Regelung der meisten Scheidungsfolgen (zur Zulässigkeit dieser Vorgehensweise s § 1564 Rn 26; zum weiteren Verfahrensablauf ebenda Rn 27).

30

2. Vorzeitige Scheidung wegen unzumutbarer Härte. Wird das Scheidungsbegehren auf die unzumutbare Härte einer Fortsetzung der Ehe auch nur bis zum Ablauf des Trennungsjahres gestützt, so ist allein hierüber zu entscheiden. Umstritten ist, ob das Gericht gleichwohl die Scheidung auf den Grundtatbestand stützen kann, wenn inzwischen das **Trennungsjahr** abgelaufen ist (Rn 20); meist wird sich der Antragsteller auf eine Umstellung seines Antrages einlassen. Wird beiderseits Antrag auf vorzeitige Scheidung gestellt, ist aber nur der eine begründet, ist der andere abzuweisen[77]. Hat ein Antrag nach Abs 2 erst **in zweiter Instanz** Erfolg, weil inzwischen das Trennungsjahr abgelaufen ist, können dem Antragsteller insoweit die Kosten auferlegt werden (§ 97 Abs 2 ZPO)[78]. Sind die, auch in diesem Verfahren notwendigen, Verbundsachen noch nicht entscheidungsreif, ist das Verfahren an die erste Instanz zurück zu verweisen[79]; dies ist nicht erforderlich, wenn keine Verbundsachen zu regeln sind[80]. Ein Ausspruch der Scheidung in zweiter Instanz nach Ablauf des Trennungsjahres hat auch dann zu erfolgen, wenn der Antrag absichtlich verfrüht gestellt worden ist, um sich ungerechtfertigte Vorteile zu verschaffen; eine Korrektur ungerechtfertigter Folgen kann nur bei den einzelnen Folgesachen geprüft werden[81].

31

3. Beweislast. Im Rahmen des **Abs 1** hat der Antragsteller darzulegen und zu beweisen, dass die Ehegatten seit einem Jahr iS von § 1567 getrennt leben und ihre Ehe gescheitert ist. Der Sachvortrag

32

---

[64] OLG Bremen FamRZ 1996, 489.
[65] OLG Celle NJW 1982, 586; OLG Köln FamRZ 1997, 24; aA *Palandt/Brudermüller* Rn 10; *Johannsen/Henrich/Jaeger* Rn 75; *Staudinger/Rauscher* (2004) Rn 182.
[66] Vgl AG Hannover FamRZ 2004, 630; OLG Brandenburg FamRZ 2001, 1458; OLG München FamRZ 1978, 30; aA AG Landstuhl FamRZ 1996, 1287 nach Tötung beider Kinder und Selbstmordversuch; problematisch auch OLG Braunschweig FamRZ 2000, 287 nach Vergewaltigung.
[67] OLG Stuttgart FamRZ 2002, 239.
[68] OLG Bamberg FamRZ 1980, 577; OLG München NJW 1978, 49 = FamRZ 1978, 29.
[69] AG Ludwigsburg, NJW-RR 2007, 4.
[70] OLG Stuttgart FamRZ 1999, 722; MünchKommBGB/*Wolf* Rn 105; aA *Johannsen/Henrich/Jaeger* Rn 70 aE; *Staudinger/Rauscher* (2004) Rn 180.
[71] OLG Karlsruhe FamRZ 2000, 1417 = NJW-RR 2000, 1389; OLG Frankfurt FamRZ 2006, 625.
[72] Vgl OLG Naumburg NJW 2005, 1812.
[73] Ähnlich *Staudinger/Rauscher* (2004) Rn 193; MünchKommBGB/*Wolf* Rn 111.
[74] OLG Stuttgart NJW 1978, 546.
[75] KG FamRZ 2000, 288; OLG Stuttgart FamRZ 2001, 1458.
[76] OLG Saarbrücken MDR 2005, 37.
[77] MünchKommBGB/*Wolf* Rn 117.
[78] BGH NJW 1997, 1007 = FamRZ 1997, 347; diff OLG Hamm FamRZ 2000, 498.
[79] OLG Hamm FamRZ 1999, 726; FamRZ 1996, 1078.
[80] OLG Oldenburg FamRZ 1998, 1528.
[81] BGH NJW 1997, 1007 = FamRZ 1997, 347; *Johannsen/Henrich/Jaeger* Rn 90.

§ 1566   Buch 4. Abschnitt 1. Bürgerliche Ehe

muss das Gericht in die Lage versetzen, sowohl die Diagnose des Scheiterns der Ehe zu treffen als auch die Prognose, dass die Ehegemeinschaft nicht wieder hergestellt werden wird. Im Fall des **Abs 2** sind außer dem Scheitern der Ehe auch die Gründe in der Person des anderen Ehegatten und die daraus folgende unzumutbare Härte vorzutragen und zu beweisen.

§ 1566 Vermutung für das Scheitern

(1) Es wird unwiderlegbar vermutet, dass die Ehe gescheitert ist, wenn die Ehegatten seit einem Jahr getrennt leben und beide Ehegatten die Scheidung beantragen oder der Antragsgegner der Scheidung zustimmt.

(2) Es wird unwiderlegbar vermutet, dass die Ehe gescheitert ist, wenn die Ehegatten seit drei Jahren getrennt leben.

Schrifttum: *Deubner,* Der Vorrang der Zerrüttungsvermutung im Scheidungsrecht, NJW 1978, 2585; *Habscheid,* Vermutungen im neuen Scheidungsrecht, FS Bosch, 1976, S 355. S auch bei § 1564.

I. Allgemeines

1   Die Vorschrift enthält das Kerngerüst des **Fristenmodells der Scheidung,** indem sie, anknüpfend an den Ablauf unterschiedlich langer Fristen, Vermutungsregeln für das Scheitern der Ehe aufstellt. Problemlos ist dabei nur die Vermutung des Abs 2, dass die Ehe **nach drei Jahren** der Trennung endgültig gescheitert ist. Begehren dagegen die Eheleute zwar übereinstimmend die Scheidung schon **nach einem Jahr** (Abs 1), so ergibt sich aus § 630 ZPO, dass die **unwiderlegbare Vermutung** des Scheiterns der Ehe nur dann auf das übereinstimmende Begehren der Eheleute gestützt werden kann, wenn die Parteien zuvor oder zugleich mit der Scheidung über die wichtigsten Scheidungsfolgen Einigkeit erzielen. Diese **Erschwernis** der so genannten einverständlichen Scheidung ist gewollt[1]. Die Rechtswirklichkeit ist jedoch inzwischen die, dass die eigentlich schwierigere streitige **Scheidung nach dem Grundtatbestand** des § 1565 Abs 1 in der Praxis in der Weise erleichtert wird, dass die Gerichte die von beiden Eheleuten ausdrücklich erklärte Überzeugung vom Scheitern ihrer Ehe überwiegend nicht hinterfragen (§ 1564 Rn 26). Nach den Intentionen des Gesetzgebers, der die Ehe so weit wie nur möglich vor einer schnellen Scheidung bewahren wollte, ist diese Zurückhaltung der Gerichte nicht gerechtfertigt, auch nicht aus Respekt vor der Intimsphäre der Eheleute. Das Gesetz schützt aber vorrangig nur die Institution der Ehe. Für die Eheleute selbst ist ihre individuell gelebte Ehe vor allem eine private Angelegenheit. Sehen beide Ehegatten ihre Ehe als gescheitert an, kann es nicht Aufgabe eines staatlichen Gerichts sein, die beiden höchst persönlich Betroffenen an und in ihrer Ehe festzuhalten[2].

II. Einverständliche Scheidung (Abs 1)

2   Grundlage auch der einverständlichen Scheidung ist das Scheitern der Ehe. Dieses ist vom Gericht in jedem Falle festzustellen. Die Feststellung wird jedoch durch die **zwingenden Beweisregeln** der Vorschrift erleichtert.

3   **1. Einjähriges Getrenntleben.** Voraussetzung für die Vermutung des Abs 1 ist, dass die Ehegatten **ein Jahr getrennt** leben. Dieser Vortrag gehört zur Schlüssigkeit des Scheidungsantrages. Ein verfrüht gestellter Antrag unterliegt daher grds der Abweisung (iE bei § 1565 Rn 16). Für die Entscheidung letztlich erheblich ist, dass das Trennungsjahr in der letzten mündlichen Verhandlung abgelaufen ist (zum Ablauf der Frist in der zweiten Instanz s § 1565 Rn 17).

4   Das **Getrenntleben** beginnt, wenn die Merkmale des § 1567 Abs 1 erfüllt sind. Das Getrenntleben darf nicht durch einen länger dauernden Versöhnungsversuch unterbrochen sein, § 1567 Abs 2. Auch ohne vorhergehende häusliche Gemeinschaft der Ehegatten kann ein Getrenntleben beginnen, wenn nur der Wille zur Trennung erklärt wird (vgl § 1565 Rn 21). Soweit es hier um die einverständliche Scheidung geht, ist natürlich die Gefahr gegeben, dass sich die Eheleute auch über einen falschen Trennungszeitpunkt einigen und falsch vortragen. Dem beugt das Gesetz nicht durch prozessuale Erschwernisse vor[3]. Insbes scheidet eine Prüfung des Beginns der Trennung von Amts wegen aus, § 616 Abs 2 ZPO[4]. Auch darf das Gericht nicht das Verfahren aussetzen, um den Ablauf der Trennungsfrist zu erreichen[5].

5   **Nach Ablauf des Trennungsjahres** müssen entweder beide Ehegatten die Scheidung der Ehe beantragen oder der Antragsgegner stimmt der beantragten Scheidung zu. Werden zwei Anträge eingereicht, müssen beide ausdrücklich auf eine einverständliche Scheidung nach Abs 1 gerichtet sein; ein Antrag nach einem der anderen Scheidungstatbestände reicht nicht. Eine gemeinsame Antragsschrift beider Ehegatten ist nicht zulässig[6].

---

[1] MünchKommBGB/*Wolf* Rn 1.
[2] Vgl MünchKommBGB/*Wolf* Vor § 1564 Rn 18.
[3] MünchKommBGB/*Wolf* Rn 6.
[4] *Johannsen/Henrich/Jaeger* Rn 3; *Staudinger/Rauscher* (2004) Rn 21.
[5] OLG Bamberg FamRZ 1984, 897.
[6] *Johannsen/Henrich/Jaeger* Rn 7.

Die **Antragsschrift** muss außer den Angaben nach § 622 ZPO auch nach § 630 Abs 1 ZPO **6**
enthalten:
– die Mitteilung, dass der andere Ehegatte der Scheidung zustimmen oder in gleicher Weise die
  Scheidung beantragen wird;
– entweder übereinstimmende Erklärungen der Ehegatten, dass Anträge zur Übertragung der elterlichen Sorge oder eines Teils der elterlichen Sorge für die Kinder auf einen Elternteil und zur Regelung des Umgangs der Eltern mit den Kindern nicht gestellt werden, weil sich die Eltern über das Fortbestehen der elterlichen Sorge und über den Umgang einig sind, oder, soweit eine gerichtliche Regelung erfolgen soll, die entsprechenden Anträge und jeweils die Zustimmung des anderen Ehegatten hierzu;
– die Einigung der Ehegatten über die Regelung der Unterhaltspflicht gegenüber einem Kinde, die durch die Ehe begründete gesetzliche Unterhaltspflicht sowie die Rechtsverhältnisse an der Ehewohnung und am Hausrat.

Die Bedingungen nach § 630 ZPO sind bis zur letzten mündlichen Verhandlung zu erfüllen[7]. Das **7**
Gericht soll gemäß § 630 Abs 3 ZPO dem Scheidungsantrag erst stattgeben, wenn die Ehegatten über
die unter Nr 3 bezeichneten Gegenstände einen vollstreckbaren Titel herbeigeführt haben. Das Gericht
kann dabei den Parteien helfen, zu einer **gemeinsamen Scheidungsfolgenregelung** zu finden.
Die Parteien können es aber nicht dem Gericht überlassen, für die noch offenen Regelungen an Stelle der
fehlenden Vereinbarung eine streitige Entscheidung zu setzen[8]. Kommt es zu keiner Einigung, können
die Parteien mit ihrem Scheidungsbegehren ohne weiteres zur – insoweit einvernehmlichen – streitigen
Scheidung nach § 1565 Abs 1 oder, nach entsprechendem Zeitablauf, nach § 1566 Abs 2 übergehen[9].

An Stelle des eigenen förmlichen Antrags des Antragsgegners genügt es, dass **der andere Ehegatte** **8**
der beantragten Scheidung zustimmt, um die einverständliche Scheidung der Ehe zu erreichen.
Die Zustimmungserklärung muss nicht die Erfordernisse der Antragsschrift erfüllen. Die nötigen
Angaben muss und kann allein der Antragsteller vortragen. Die Zustimmung ist als Prozesshandlung
gegenüber dem Gericht zu erklären, nicht gegenüber dem anderen Ehegatten; sie kann zu Protokoll
der Geschäftsstelle oder in der mündlichen Verhandlung erklärt werden (§ 630 Abs 2 S 2 ZPO). Sie ist
damit vom Anwaltszwang befreit[10]. Ein **Widerruf der Zustimmung** kann bis zum Schluss der mündlichen Verhandlung erklärt werden (§ 630 Abs 2 S 1 ZPO). Der angestrebten einverständlichen
Scheidung fehlt damit die Basis. Der Antragsteller kann sein Begehren auf einen anderen Scheidungstatbestand umstellen (s auch Rn 7)[11]. Der Widerruf kann auch noch nach Ausspruch der Scheidung
und nach Berufung in der Rechtsmittelinstanz erklärt werden[12].

Wird der nur einseitig gestellte **Antrag zurückgenommen,** so kann der weiterhin scheidungs- **9**
willige Gegner, der nur zugestimmt hat, das Verfahren allein nicht fortsetzen. Bei wechselseitigen
Anträgen kann ein Antrag nach mündlicher Verhandlung nur mit Einwilligung des Gegners zurückgenommen werden (§ 269 Abs 1 ZPO). Umstritten ist, ob in der mangels Einwilligung wirkungslosen
Rücknahme des Antrags wenigstens ein wirksamer Widerruf der im Antrag enthaltenen Zustimmung
zur Scheidung zu sehen ist[13], so dass der für eine Scheidung nach Abs 1 nötige Konsens fehlt. Die
Scheidung kann in jedem Falle nur noch auf die Tatbestände der §§ 1565 Abs 1 oder 1566 Abs 2
gestützt werden.

Bleibt es bei dem einverständlichen Scheidungsbegehren, das von der Einigung über die Scheidungs- **10**
folgen gestützt wird, so wird **unwiderlegbar vermutet,** dass die Ehe der Parteien gescheitert ist.
Jegliche Untersuchung, ob die Ehe tatsächlich gescheitert ist, ist unzulässig. Gleichwohl darf das Gericht
das Verfahren **aussetzen,** wenn nach seiner Überzeugung Aussicht auf eine Fortsetzung der Ehe besteht
(§ 614 Abs 2 ZPO), aber nicht gegen den Willen beider Ehegatten, wenn das erste Trennungsjahr, wie
hier vorauszusetzen ist, bereits abgelaufen ist. In jedem Fall hat das Gericht, und zwar von Amts wegen,
auch bei der einverständlichen Scheidung zu prüfen, ob die **Kinderschutzklausel** des § 1568 aus
besonderen Gründen im Interesse der aus der Ehe hervorgegangenen Kinder ausnahmsweise die
Aufrechterhaltung der Ehe notwendig macht[14]. Dies wird wegen der vom Scheidungstatbestand vorausgesetzten Einigung der Eltern über die wichtigsten Belange der Kinder (Unterhalt, Umgang) in der
Praxis kaum in Betracht zu ziehen sein[15].

III. Scheidung nach drei Jahren (Abs 2)

An ein Getrenntleben der Eheleute über **mehr als drei Jahre** hin knüpft das Gesetz nunmehr die **11**
unwiderlegbare gesetzliche Vermutung des Scheiterns der Ehe. Diese Vermutung gilt ohne weitere
Umstände und vor allem ohne weitere Nachfrage bei den Parteien, sofern nur der Ablauf der drei

---

[7] MünchKommBGB/*Wolf* Rn 10 aE; Rn 12.
[8] MünchKommBGB/*Wolf* Rn 14.
[9] HM, vgl OLG Frankfurt FamRZ 1982, 809, 811; OLG Celle FamRZ 1982, 813, 816; *Erman/Graba* Rn 3.
[10] *Palandt/Brudermüller* Rn 2.
[11] MünchKommBGB/*Wolf* Rn 30.
[12] BGHZ 89, 325 = NJW 1984, 1302, 1303 = FamRZ 1984, 350, 351.
[13] So AG Charlottenburg FamRZ 1986, 704 f und die hM, vgl *Johannsen/Henrich/Jaeger* Rn 15; aA MünchKommBGB/*Wolf* Rn 22, der aber im Ergebnis auch auf den fehlenden Konsens abstellt.
[14] MünchKommBGB/*Wolf* Rn 37 f; *Staudinger/Rauscher* (2004) Rn 103.
[15] *Johannsen/Henrich/Jaeger* Rn 21; krit *Schwab/Schwab*, HdB Scheidungsrecht, Rn II 80.

§ 1567   Buch 4. Abschnitt 1. Bürgerliche Ehe

Trennungsjahre erwiesen ist. Der Antragsgegner kann sich völlig passiv verhalten. Der Antragsteller muss dann allein die dreijährige Trennung darlegen und beweisen. Danach kann der andere Ehegatte nur noch die Aussetzung auf 6 Monate gemäß § 614 Abs 4 ZPO beantragen[16] oder sich auf die ihn betreffenden Härtegründe iS von § 1568 berufen; die Kinderschutzklausel ist wie immer von Amts wegen zu beachten.

IV. Verfahren

12 **1. Verbund.** Im Falle der einverständlichen Scheidung nach **Abs 1** erzwingt § 630 ZPO ohnehin den **Verbund** der Scheidung mit den meisten der denkbaren Folgesachen. Die Kindschaftsrechtsreform von 1998 hat die zwingende Regelung der Sorge für die gemeinsamen Kinder entbehrlich gemacht, da es die Eltern bei der gemeinsamen Sorge belassen können. Von Amts wegen ist nur noch der Versorgungsausgleich durchzuführen. Auch bei der einverständlichen Scheidung ist der Verbund auflösbar, § 628 ZPO gilt uneingeschränkt[17]. In allen Folgesachen, die Kinder betreffen, auch ihren Unterhalt und – weil oft untrennbar damit verbunden – den Unterhalt des Ehegatten, ist sogar auf einseitigen Antrag abzutrennen (§ 623 Abs 2 S 2 ZPO). Die Scheidung nach **Abs 2** ist mit den normalen Verbundsachen zu betreiben (§ 1564 Rn 25).

13 **2. Beweislast.** Für beide Tatbestände ist vom Antragsteller der Ablauf der jeweiligen Trennungszeit darzulegen und zu beweisen. Im Falle der einverständlichen Scheidung müssen die antragstellenden Parteien auch die nach § 630 ZPO notwendigen Mitteilungen machen und das Gericht über die nötige Einigung zu den Scheidungsfolgen unterrichten oder diese Einigung wenigstens in Aussicht stellen.

§ 1567 Getrenntleben

(1) ¹Die Ehegatten leben getrennt, wenn zwischen ihnen keine häusliche Gemeinschaft besteht und ein Ehegatte sie erkennbar nicht herstellen will, weil er die eheliche Lebensgemeinschaft ablehnt. ²Die häusliche Gemeinschaft besteht auch dann nicht mehr, wenn die Ehegatten innerhalb der ehelichen Wohnung getrennt leben.

(2) Ein Zusammenleben über kürzere Zeit, das der Versöhnung der Ehegatten dienen soll, unterbricht oder hemmt die in § 1566 bestimmten Fristen nicht.

Schrifttum: S bei § 1564.

I. Allgemeines

1 Das **Getrenntleben** ist im Scheidungsrecht der zentrale Umstand, in dem das Scheitern der Ehe erkennbar wird, welches seinerseits die Voraussetzung für die Scheidung der Ehe ist. Alle Tatbestände, die eine Scheidung der Ehe begründen, sind mit dem Begriff des Getrenntlebens verknüpft. Das Getrenntleben wird als Gegenteil des die Ehe prägenden Zusammenlebens der Ehegatten begriffen und somit zum Indikator für die Zerrüttung der Ehe. Die gesetzliche Definition des Getrenntlebens stellt dabei nicht allein auf die auch äußerlich wahrnehmbare **Aufhebung der häuslichen Gemeinschaft** ab. Hinzu treten muss zum einen der **Wille** mindestens eines der Ehegatten, die **Gemeinschaft nicht wieder herstellen** zu wollen. Zum anderen muss dieser Wille sein **Motiv** darin haben, dass der trennungswillige Gatte die **eheliche Lebensgemeinschaft ablehnt**. Mit diesen subjektiven Erfordernissen soll erreicht werden, dass von den Ehegatten nicht erwünschte oder nur unfreiwillig hingenommene Trennungszeiten nicht als Getrenntleben iS der Scheidungsvoraussetzungen zu bewerten sind[1].

II. Keine häusliche Gemeinschaft

2 Ein Getrenntleben der Eheleute ist gegeben, wenn zwischen ihnen keine häusliche Gemeinschaft besteht (Abs 1 S 1). Das Fehlen der häuslichen Gemeinschaft muss zusätzlich, wenigstens von einem der Ehegatten, auch subjektiv gewollt sein. Doch knüpft das Gesetz zunächst an die äußerlich wahrnehmbaren Umstände an. Deutlich erkennbar ist die Trennung da, wo sie durch Auszug aus der bis dahin geführten Hausgemeinschaft und Einzug in eine andere Wohnung sichtbar wird. Hinzutreten muss jedoch, dass zwei weitgehend getrennte Haushalte geführt werden. Bestehen zwar zwei Wohnungen, werden aber weiterhin, über die Betreuung der gemeinsamen Kinder hinaus, eine nicht unerhebliche Zahl von häuslichen Aufgaben, und sei es nur abwechselnd, gemeinsam erledigt, so kann eine Beendigung der häuslichen Gemeinschaft nicht festgestellt werden[2]. Nicht nur gemeinsames Kochen und Waschen, auch nur gemeinsames Schlafen und Essen in einer der Wohnungen lassen eine Beendigung der häuslichen Gemeinschaft zweifelhaft erscheinen[3]. Auch gemeinsames Fernsehen weckt

---

[16] BVerfGE 53, 224 = NJW 1980, 689 = FamRZ 1980, 319, 324.
[17] *Johannsen/Henrich/Sedemund-Treiber* § 630 ZPO Rn 16.
[1] Vgl *Schwab/Schwab*, HdB Scheidungsrecht, Rn II 136.
[2] *Johannsen/Henrich/Jaeger* Rn 14; *Schwab/Schwab*, HdB Scheidungsrecht, Rn II 140.
[3] Vgl *Staudinger/Rauscher* (2004) Rn 48; MünchKommBGB/*Wolf* Rn 18.

Zweifel an der weitgehenden Trennung der Lebensbereiche[4]. Fortgesetzte Kontakte der Eheleute außerhalb einer der beiden Wohnungen sind dagegen unschädlich, da sie keine häusliche Gemeinsamkeit begründen[5].

Das Getrenntleben kann auch **innerhalb der Ehewohnung** organisiert werden (Abs 1 S 2). Dies ist dann problemlos, wenn die Wohnung oder das Einfamilienhaus genügend Raum bieten, um zwei weitgehend getrennte Lebensbereiche einrichten zu können. Die häusliche Gemeinschaft besteht aber auch dann nicht mehr, wenn die Ehegatten innerhalb der ehelichen Wohnung eine **weitestmögliche Trennung** herbeigeführt haben[6]. Dies bedeutet, dass kein gemeinsamer Haushalt mehr geführt werden darf, indem die jeweils privaten Bereiche, vor allem zum Wohnen und Schlafen, strikt aufgeteilt sind, wobei die gemeinsame Benutzung der nur einmal vorhandenen Funktionsräume und Einrichtungen (Küche, Diele, Bad, Toilette; auch Waschmaschine) erlaubt ist, auch die Absprache über die Benutzung[7]. Lediglich getrennte Schlafzimmer reichen nicht aus[8]. Die Organisation des Getrenntlebens innerhalb der Ehewohnung muss konkret dargelegt werden[9]. Zu **vermeidbaren Gemeinsamkeiten** darf es nicht mehr kommen, oder nur so selten, dass darin eine Fortsetzung der Haushaltsgemeinschaft in einem nennenswerten Restbestand nicht mehr erblickt werden kann[10]. So hindern gelegentliche Sorgetätigkeiten die Feststellung des Getrenntlebens nicht, erst recht nicht, wenn das vereinzelte Putzen und Waschen dem anderen Ehegatten aufgedrängt wird[11]. Ob eine so weitgehende Trennung auch in einer Einzimmerwohnung erreicht werden kann, kann nur im Einzelfall beurteilt werden[12]. 3

III. Wille zur Trennung

1. Keine Wiederherstellung der häuslichen Gemeinschaft gewollt. Die fehlende häusliche Gemeinschaft allein begründet noch kein Getrenntleben iS der Scheidungsvoraussetzungen. Hinzu treten muss der Wille eines oder beider Ehegatten, die häusliche Gemeinschaft nicht wieder herstellen zu wollen. Dieser subjektive Wille zum Getrenntleben soll die Trennung als Abkehr von der Ehe von den Fällen unterscheiden, in denen die Trennung ungewollt eintritt (Strafhaft) oder gar von beiden Eheleuten aus beruflichen oder persönlichen Gründen gewollt ist, ohne damit von der Ehe Abstand nehmen zu wollen. Zur rein äußerlichen Trennung muss also der subjektive **Trennungswille** des Ehegatten, der die Trennung aufrecht erhalten will, hinzukommen[13]. 4

Dies bedeutet, dass auch bei Eheleuten, die bis dahin ohne Trennungswillen **keine häusliche Gemeinschaft** hatten, durch Erklärung des subjektiven Trennungswillens ein Getrenntleben iS der Scheidungsvoraussetzungen herbeigeführt werden kann[14]. Dies gilt ebenso für die Abkehr vom Ehegatten während der Strafhaft[15] wie für die spätere Aufgabe einer bloßen Schein- oder Zweckehe, in der nie eine häusliche Gemeinschaft bestand. Mit der Kundgabe des Trennungswillens beginnen dann die Trennungsfristen[16]. Die Einstellung von Besuchen in der Haftanstalt reicht als Trennungserklärung nicht aus[17]. 5

Der Wille zur Trennung muss erkennbar sein. Er muss weder ausdrücklich erklärt werden noch muss dem anderen Ehegatten eine Erklärung zugehen; es genügt schlüssiges Verhalten[18]. Bei einem Geschäftsunfähigen kommt es auf seinen natürlichen Willen, nicht auf den Willen des gesetzlichen Vertreters an (s auch § 1564 Rn 13)[19]. Der Wille muss jedoch eindeutig und unmissverständlich zum Ausdruck gebracht worden sein; ein bloßes Einschlafen der Kontakte zwischen ohnehin schon getrennten Eheleuten genügt nicht. Die **deutliche Kundgabe des Trennungswillens** ist weniger ein Problem der Erkennbarkeit für den anderen Ehegatten[20] als des späteren Nachweises, wann der Wille zum Getrenntleben überhaupt, also auch etwa gegenüber Dritten, nach außen erkennbar wurde[21]. 6

2. Ablehnung der ehelichen Lebensgemeinschaft. Der Trennungswille soll nur dann bedeutsam sein, wenn damit auch als **Motiv** verbunden ist, dass der trennungswillige Ehegatte die eheliche Lebensgemeinschaft ablehnt. Dies stellt sicher, dass die Trennung nur dann als Getrenntleben iS der Scheidungsvoraussetzungen gewertet werden kann, wenn ein Ehegatte die Ehe derzeit als gestört ansieht, es also keine anderen (berufliche oÄ) Gründe für die Trennung gibt. Damit ist an dieser Stelle 7

---

[4] Vgl BGH NJW 1978, 1810 = FamRZ 1978, 671; OLG Köln FamRZ 1982, 807; *Johannsen/Henrich/Jaeger* Rn 24; *Staudinger/Rauscher* (2004) Rn 62; aA wohl OLG Düsseldorf FamRZ 1982, 1014.
[5] *Staudinger/Rauscher* (2004) Rn 81; *Johannsen/Henrich/Jaeger* Rn 16.
[6] BGH NJW 1979, 105 = FamRZ 1978, 884; OLG Köln FamRZ 1978, 34.
[7] BGH FamRZ 1978, 671, 672; FamRZ 1979, 469, 470; OLG München FamRZ 2001, 1457; vgl *Staudinger/Rauscher* (2004) Rn 55; MünchKommBGB/*Wolf* Rn 25.
[8] OLG Stuttgart FamRZ 2002, 239.
[9] OLG Bremen NJW-RR 2001, 3.
[10] So *Johannsen/Henrich/Jaeger* Rn 23 aE; vgl auch OLG Zweibrücken NJW-RR 2000, 1388.
[11] Vgl BGH NJW 1978, 1810; OLG München FamRZ 1998, 826, 827.
[12] *Staudinger/Rauscher* (2004) Rn 64; zweifelnd MünchKommBGB/*Wolf* Rn 29.
[13] BGH NJW 1978, 1810 = FamRZ 1978, 671; *Staudinger/Rauscher* (2004) Rn 85.
[14] BGH FamRZ 1989, 479, 480; MünchKommBGB/*Wolf* Rn 39 f.
[15] *Palandt/Brudermüller* Rn 5.
[16] KG NJW 1982, 112; OLG Karlsruhe FamRZ 1986, 680.
[17] OLG Dresden MDR 2002, 762.
[18] OLG Karlsruhe FamRZ 1986, 680; MünchKommBGB/*Wolf* Rn 44; *Staudinger/Rauscher* (2004) Rn 91.
[19] BGH NJW 1989, 1988 = FamRZ 1989, 479, 480.
[20] So aber *Johannsen/Henrich/Jaeger* Rn 30; *Palandt/Brudermüller* Rn 5.
[21] Vgl *Staudinger/Rauscher* (2004) Rn 103.

§ 1568 Buch 4. Abschnitt 1. Bürgerliche Ehe

jedoch keine „kleine Zerrüttungsprüfung" verbunden; auf das Fehlen ehelicher Gesinnung kommt es hier nicht an[22]. Erst recht muss der Ehegatte noch nicht zur Scheidung entschlossen sein[23].

IV. Unterbrechung der Trennung

8   Soweit das Gesetz die Zerrüttung der Ehe als Scheidungsgrund vor allem auf die für mindestens 1 Jahr durchgehaltene Trennung der Eheleute stützt, will es gleichwohl nicht unterbinden, dass die Ehegatten während der Trennungszeit die **Versöhnung versuchen.** Ist der Versuch erfolgreich, wird der Lauf der Trennungsfrist unterbrochen; eine spätere erneute Trennung setzt eine neue Trennungszeit in Gang[24].

9   Bleibt der **Versöhnungsversuch erfolglos,** so werden die Trennungsfristen des § 1566 weder unterbrochen noch gehemmt, wenn das Zusammenleben der Ehegatten nur kürzere Zeit angedauert hat, Abs 2. Voraussetzung ist also zunächst, dass der Versöhnungsversuch zu einem **Zusammenleben** der Eheleute führt; gelegentliche Besuche reichen nicht aus[25]. Das Zusammenleben muss dabei zumindest auch **der Versöhnung dienen** sollen, nicht nur der Pflege eines Kindes oder zur Linderung vorübergehender Wohnungsnot[26].

10 Der Versöhnungsversuch darf **nur kürzere Zeit** gedauert haben, um den Lauf der Trennungsfrist nicht zu unterbrechen. Die unschädliche Spanne der kürzeren Zeit ist jeweils nach den konkreten Umständen zu bemessen. Sie ist auch abhängig davon, ob die Jahresfrist nach § 1566 Abs 1 oder die Dreijahresfrist nach § 1566 Abs 2 gewahrt bleiben soll; in letzterem Fall kann auch ein Zusammenleben von mehr als drei Monaten unschädlich sein[27]. Grds dürften drei Monate die obere Grenze der noch kürzeren Zeit darstellen[28]. Vor allem während der längeren Trennungszeit von drei Jahren kann es auch zu mehreren Versöhnungsversuchen kommen, deren jeweilige Dauer zusammen zu rechnen ist; insgesamt sollten auch sie drei Monate nicht allzu sehr überschreiten[29]. Hat das Zusammenleben der Ehegatten länger gedauert, ohne eine Versöhnung bewirkt zu haben, so wird der Lauf der Trennungszeit schon durch das Zusammenleben unterbrochen.

V. Verfahren, Beweislast

11 **1. Darlegungen zur Trennung.** Da die Trennung der Eheleute eine der Grundvoraussetzungen für die Annahme des Scheiterns der Ehe bildet, ist sie im Verfahren regelmäßig vorzutragen. Da grds auch die Dauer der Trennungszeit von Bedeutung ist, weil vor Ablauf des Trennungsjahres idR nicht geschieden werden darf, ist auch der Beginn der Trennung mitzuteilen. Weil schließlich im Falle der streitigen Scheidung nach dem Grundtatbestand des § 1565 Abs 1 das Scheitern nur festgestellt werden kann, wenn eine Wiederherstellung der ehelichen Lebensgemeinschaft nicht erwartet werden kann, ist deshalb – und nicht wegen Abs 1 S 1 aE – auch vorzutragen, dass der Antragsteller – jetzt – die Fortsetzung der Ehe ablehnt.

12 **2. Wirkungen der Trennung.** Die Trennung der Eheleute wirkt sich auf ihre rechtliche Stellung in vielerlei Hinsicht aus, so auch im Steuerrecht. Die Bestimmung des Getrenntlebens muss dabei nicht immer mit § 1567 gleich laufen. Innerhalb des BGB kann jedoch regelmäßig an § 1567 angeknüpft werden (§ 1361 Rn 7)[30].

13 **3. Beweislast.** Die Tatsache des Getrenntlebens und seine Dauer hat der Antragsteller nicht nur darzulegen, sondern auch zu beweisen. Hingegen trägt der Antragsgegner die Beweislast, wenn er behauptet, dass das Zusammenleben nicht nur einem Versöhnungsversuch gedient oder zu einer Versöhnung geführt habe oder dass es länger als nur kürzere Zeit gedauert habe[31].

§ 1568 Härteklausel

(1) Die Ehe soll nicht geschieden werden, obwohl sie gescheitert ist, wenn und solange die Aufrechterhaltung der Ehe im Interesse der aus der Ehe hervorgegangenen minderjährigen Kinder aus besonderen Gründen ausnahmsweise notwendig ist oder wenn und solange die Scheidung für den Antragsgegner, der sie ablehnt, auf Grund außergewöhnlicher Umstände eine so schwere Härte darstellen würde, dass die Aufrechterhaltung der Ehe auch unter Berücksichtigung der Belange des Antragstellers ausnahmsweise geboten erscheint.

(2) *(weggefallen)*

---

[22] BGH NJW 1989, 1988 = FamRZ 1989, 479, 480; OLG Hamm FamRZ 1990, 166, 167; *Palandt/Brudermüller* Rn 1; *Johannsen/Henrich/Jaeger* Rn 11; *Schwab/Schwab,* HdB Scheidungsrecht, Rn II 144; aA MünchKommBGB/ *Wolf* Rn 49 f.
[23] So auch MünchKommBGB/*Wolf* Rn 54.
[24] BGH NJW 1982, 1870, 1872 = FamRZ 1982, 576, 578; OLG München FamRZ 1990, 885.
[25] Vgl OLG Köln FamRZ 2002, 1341.
[26] *Palandt/Brudermüller* Rn 7; *Erman/Graba* Rn 5.
[27] RGRK/*Graßhof* Rn 68: bis fünf Monate.
[28] Vgl OLG Köln FamRZ 1982, 1015; OLG Zweibrücken FamRZ 1981, 146; FamRZ 1997, 1213; Münch-KommBGB/*Wolf* Rn 65; *Staudinger/Rauscher* (2004) Rn 141; *Erman/Graba* Rn 5; *Palandt/Brudermüller* Rn 8.
[29] So *Johannsen/Henrich/Jaeger* Rn 34.
[30] Vgl *Staudinger/Hübner* (1993) § 1357 Rn 81.
[31] OLG Celle FamRZ 1979, 234; OLG München 1990, 885; vgl *Johannsen/Henrich/Jaeger* Rn 35.

Schrifttum: *Bosch*, Materialien zur scheidungsrechtlichen „Härteklausel", FamRZ 1971, 564; *Görgens*, Die Rechtsprechung der Oberlandesgerichte zu den Härteklauseln im neuen Scheidungsrecht, FamRZ 1978, 647; *Graßhof*, Die Härteklausel im Ehescheidungsrecht, FS Zeidler, 1987, S 837; *Ramm*, Scheidung zur Unzeit?, JZ 1981, 82; *Schwab*, Verhinderung der „Scheidung zur Unzeit"? Zur Funktion und Reform des § 1568 BGB, FamRZ 1984, 1171.

Übersicht

	Rn		Rn
I. Allgemeines	1	4. Aufrechterhaltung der Ehe geboten	17
II. Kinderschutzklausel	4		
III. Ehegattenschutzklausel	7	IV. Verfahren, Beweislast	18
1. Ablehnung der Scheidung	9	1. Verfahren	18
2. Außergewöhnliche Umstände	10	2. Beweislast	19
3. Schwere Härte	13	3. Neuer Scheidungsantrag	20

I. Allgemeines

So umstritten die Härteklauseln des § 1568 im Gesetzgebungsverfahren auch waren[1], so wenig praktische Bedeutung haben sie letzten Endes entfaltet. Auch die im Gefolge der Beanstandung durch das BVerfG[2] mit dem UÄndG zum 1. 4. 1986 in Kraft getretene Aufhebung des früheren Abs 2, der die Anwendung der Härteklausel auf die ersten fünf Jahre des Getrenntlebens beschränkt hatte, führte zu keiner verstärkten Berücksichtigung der nunmehr **unbefristeten Härteklauseln**[3]. Dabei haben die Härteklauseln erst durch den Wegfall der Befristung eine wesentlich wichtigere Bedeutung erhalten[4].

Die Härteklausel knüpft zwar an den Grundsatz der Ehe auf Lebenszeit (§ 1353 Abs 1 S 1) an, will aber die Scheidung nicht schlechthin verhindern, sondern allenfalls aus Gründen der Einzelfallgerechtigkeit eine **Scheidung „zur Unzeit"**[5]. Der in Anwendung der Härteklausel als unbegründet zurückgewiesene Scheidungsantrag kann deshalb jederzeit wieder neu gestellt werden[6]. Die Härteklausel soll die Handhabung ganz besonderer Einzelfälle erleichtern, in denen zwar das Scheitern der Ehe festgestellt wird, aber ausnahmsweise ganz besondere Gründe einen Aufschub der Scheidung notwendig machen, wie das Gesetz selbst in fast schon übertriebener Weise betont. Damit bleiben nur atypische und ungewöhnliche Folgen, die die Anwendung der Härteklauseln auslösen können[7].

Die Klauseln des § 1568 wollen in zwei Fällen helfen:
– als **Kinderschutzklausel**, wenn und solange die Aufrechterhaltung der Ehe im Interesse der aus der Ehe hervorgegangenen Kinder aus besonderen Gründen ausnahmsweise notwendig ist oder
– als **Ehegattenschutzklausel**, wenn und solange die Scheidung für den Antragsgegner, der sie ablehnt, auf Grund außergewöhnlicher Umstände eine so schwere Härte darstellen würde, dass die Aufrechterhaltung der Ehe auch unter Berücksichtigung der Belange des Antragstellers ausnahmsweise geboten erscheint.

Wird im Verfahren – nach Feststellung des Scheiterns der Ehe – das Vorliegen der besonderen Umstände bejaht, ist der Scheidungsantrag abzuweisen. Die Gründe, die zur Kinderschutzklausel führen, sind von Amts wegen zu prüfen[8], die für die Ehegattenschutzklausel wegen § 616 Abs 3 ZPO nur dann, wenn der scheidungsunwillige Ehegatte sie vorgebracht hat.

II. Kinderschutzklausel

Die Kinderschutzklausel schützt die gemeinsamen, auch die adoptierten **Kinder der Eheleute** in allen Scheidungsfällen, auch bei der einvernehmlichen Scheidung, vor schädlichen Folgen für das Kindeswohl, die über die gewöhnlichen trennungsbedingten Nachteile hinaus eintreten können. Die Folgen einer „normalen" Scheidung sind den Kindern zuzumuten[9]. Die Verweigerung der Scheidung muss im Einzelfall das einzige Mittel zum Schutz des Kindeswohls sein[10].

Fraglich erscheint dabei, ob bei einer gescheiterten Ehe – dies ist zunächst festzustellen – der **Fortbestand der Ehe dem Bande nach** dem Kind tatsächlich helfen kann. Eine Überhöhung des Kindeswohls ist hier völlig unangebracht. Dem Kind ist nur gedient, wenn es nach Möglichkeit von beiden Eltern in verlässlicher Weise betreut und versorgt wird. Dies ist vor allem der Fall, wenn die gemeinsame Sorge nicht nur de jure besteht, sondern auch de facto gelebt wird[11]; das eheliche Band

---

[1] Vgl zu den Einzelheiten *Johannsen/Henrich/Jaeger* Rn 1–3.
[2] BVerfGE 55, 134 = NJW 1981, 108 = FamRZ 1981, 15.
[3] Zur Statistik vgl MünchKommBGB/*Wolf* Rn 12.
[4] So treffend *Schwab/Schwab*, HdB Scheidungsrecht, Rn II 92.
[5] BVerfGE 55, 134 = NJW 1981, 108 = FamRZ 1981, 15; krit dazu *Schwab/Schwab*, HdB Scheidungsrecht, Rn II 97.
[6] Vgl BVerfG FamRZ 2001, 986; *Schwab/Schwab*, HdB Scheidungsrecht, Rn II 106.
[7] OLG Nürnberg FamRZ 1996, 35; *Palandt/Brudermüller* Rn 1; *Johannsen/Henrich/Jaeger* Rn 15; gegen diese Einschränkung *Schwab/Schwab*, HdB Scheidungsrecht, Rn II 105, 109, der die Schwere der Folgen betont.
[8] MünchKommBGB/*Wolf* Rn 18.
[9] Vgl MünchKommBGB/*Wolf* Rn 22.
[10] Vgl OLG Köln FamRZ 1998, 827; *Palandt/Brudermüller* Rn 2.
[11] Vgl *Staudinger/Rauscher* (2004) Rn 39.

§ 1568

zwischen den Eltern wird dann für das Kind bedeutungslos, wie bei allen anderen Kindern, deren Eltern ihrer gemeinsamen Verantwortung gegenüber dem Kind gerecht werden, ohne miteinander verheiratet zu sein (vgl § 1626 a). Es ist kaum ein Fall denkbar, in dem die Fürsorge der Eltern für das Kind dadurch gesteigert werden kann, dass dem scheidungswilligen Elternteil die Lösung des ehelichen Bandes versagt wird[12]. Es verwundert daher nicht, dass nur wenige Urteile zur Kinderschutzklausel veröffentlicht worden sind, die bis auf eines die Anwendung ablehnten[13]. Der Anwendung der Kinderschutzklausel zur Erzwingung des von der Antragstellerin vereitelten Umgangs der Kinder[14] ist das Berufungsgericht nicht gefolgt[15]. Es bleiben sicherlich fast nur die schon **pathologischen Situationen in der kindlichen Psyche,** die noch eine Abweisung des Scheidungsantrages rechtfertigen können[16], sofern der Zustand nicht therapierbar ist, was durch das meist ohnehin einzuholende Gutachten eines Sachverständigen geklärt werden kann[17].

6   Kein Anlass für die Anwendung der Kinderschutzklausel sind – ohne ganz besondere Umstände – die **wirtschaftlichen Interessen des Kindes,** sei es auch die Sorge um den Unterhalt oder das Erbe, falls der Vater eine neue Ehe eingehen und weitere Kinder zeugen sollte[18].

III. Ehegattenschutzklausel

7   Auch hier handelt es sich auf Grund der restriktiven Gesetzesfassung um eine **Ausnahmevorschrift,** die keineswegs dem Antragsgegner die Möglichkeit einräumen will, dem Scheidungsantrag den Einwand des Rechtsmissbrauchs entgegen zu halten. Das Zerrüttungsprinzip gilt auch für den Antragsteller, der selbst die Zerrüttung verursacht hat. Die Schutzklausel will nur verhindern, dass dieses Prinzip in besonderen Fällen zu einer unerträglichen Härte für den ehewilligen Partner führt.

8   Die Anwendung der Klausel erfordert **vier Voraussetzungen:**
– Der **Antragsgegner lehnt die Scheidung ab.**
– Es liegen **außergewöhnliche Umstände** vor, die bewirken, dass die Scheidung für ihn eine Härte bedeutet.
– Die Auswirkungen erreichen für den Gegner den Grad einer **schweren, ihm ausnahmsweise nicht zumutbaren Härte.**
– Wegen dieser Härte ist auch unter Berücksichtigung der Belange des Antragstellers die **Aufrechterhaltung der Ehe geboten.**

9   **1. Ablehnung der Scheidung.** Es erscheint selbstverständlich, dass der Ehegatte, der die Ehe aufrecht erhalten wissen will, zugleich die Scheidung ablehnt. Er muss aber nicht zusätzlich bereit sein, die eheliche Lebensgemeinschaft fortzusetzen[19]. Denn die Härteklausel will nicht die – ohnehin gescheiterte – Ehe in ihrer Gesamtheit schützen, sondern nur und gerade die **soziale Funktion der Ehe**[20]. Fehlt die innere Bindung des Antragsgegners an die Ehe, wird es im Einzelfall schwer fallen, in der Scheidung dieser Ehe eine unzumutbare Belastung zu sehen[21].

10   **2. Außergewöhnliche Umstände.** Die im Rahmen der Härteklausel zu prüfenden Auswirkungen der Scheidung müssen „auf außergewöhnlichen, **von den normalen Gegebenheiten abweichenden Umständen** beruhen"[22]. Der Vergleich ist nach objektiven Kriterien mit anderen gescheiterten Ehen zu ziehen[23].

11   **Außergewöhnliche Umstände** können sein:
– schwere Krankheit des Antragsgegners[24], auch psychische Probleme[25]
– Alleingelassenwerden in schwieriger Lebenslage[26]
– außergewöhnlicher Einsatz für den Antragsteller und die Familie[27]
– lange Dauer einer harmonisch verlaufenen Ehe[28]

---

[12] Dazu neigte noch *Erman/Dieckmann* 10. Aufl Rn 8; eingehend zur Kritik an der Kinderschutzklausel *Staudinger/Rauscher* (2004) Rn 35 ff.
[13] Bejahend OLG Hamburg FamRZ 1986, 469: Suizidgefahr beim Kind; abl OLG Celle FamRZ 1978, 508; OLG Schleswig FamRZ 1977, 802, 803; OLG Köln FamRZ 1998, 827: keine hinreichende Bindung ans Kind; auch OLG Köln FamRZ 1981, 959; OLG Zweibrücken FamRZ 1982, 293, 294; KG NJW-RR 2001, 1658: Betreuung eines behinderten Kindes.
[14] AG Korbach NJW-RR 2001, 1157.
[15] OLG Frankfurt NJW-RR 2002, 577.
[16] So auch *Staudinger/Rauscher* (2004) Rn 40, 64 ff.
[17] Vgl MünchKommBGB/*Wolf* Rn 26.
[18] So *Palandt/Brudermüller* Rn 2; MünchKommBGB/*Wolf* Rn 30 ff; *Staudinger/Rauscher* (2004) Rn 71 ff; *Johannsen/Henrich/Jaeger* Rn 16; aA noch *Erman/Dieckmann* 10. Aufl Rn 9; wohl auch *Schwab/Schwab,* HdB Scheidungsrecht, Rn II 111.
[19] BGH NJW 1984, 2353 = FamRZ 1984, 559; MünchKommBGB/*Wolf* Rn 40.
[20] MünchKommBGB/*Wolf* Rn 40.
[21] *Staudinger/Rauscher* (2004) Rn 150.
[22] BGH NJW 1979, 1042 = FamRZ 1979, 422.
[23] BGH NJW 1984, 2353 = FamRZ 1984, 559; *Staudinger/Rauscher* (2004) Rn 92.
[24] KG FamRZ 1983, 1133; OLG Hamm FamRZ 1989, 1188, 1190; OLG Stuttgart FamRZ 1992, 320; NJW-RR 2002, 1443.
[25] OLG Hamm FamRZ 2000, 1418.
[26] BGH NJW 1979, 1042 = FamRZ 1979, 422, 423: Tod des Sohnes.
[27] BGH NJW 1979, 1042 = FamRZ 1979, 422.
[28] BGH NJW 1979, 1042 = FamRZ 1979, 422; OLG Hamm FamRZ 1985, 189, 190.

Härteklausel **§ 1568**

– fortgeschrittenes Alter der Ehegatten oder auch nur des Antragsgegners[29]
– Krankheit oder Behinderung eines Kindes[30].

Als **nicht ausreichend** wurden angesehen: 12
– moralisches Versagen des Antragstellers[31]
– einseitiges Ausbrechen aus der Ehe[32]
– Verschlechterung des Ansehens des Antragsgegners am Wohnort[33]
– Wegfall der Beihilfe im Krankheitsfall[34]
– Trunksucht[35]
– drohende Ausweisung des ausländischen Antragsgegners[36],
– geringer nachehelicher Unterhalt[37]
– beabsichtigte neue Eheschließung des Antragstellers[38],
– Veräußerung des gemeinsamen Hauses[39].

3. Schwere Härte. Das Zerbrechen der Ehe und ihre Scheidung ist in aller Regel eine Härte für die 13 Ehegatten, weil sie die Ehe in der Hoffnung auf ihre lebenslange (§ 1353) Dauer begründet haben. Dies ist im Scheidungsfalle hinzunehmen. Der mit der Härteklausel bewirkte Aufschub der Scheidung darf daher nur erfolgen, wenn in dem Ausspruch der Scheidung im jetzigen Zeitpunkt eine **schwere, unzumutbare Härte** liegen würde, die über das übliche Maß hinausgeht[40]. Der Maßstab der schweren Härte enthält dabei ein subjektives Element, da die Härte nach der subjektiven Erlebnis- und Empfindungsfähigkeit des betroffenen Ehegatten zu beurteilen ist[41]. Die schwere Härte hindert aber die Scheidung nur, wenn es keine anderen Möglichkeiten zur Milderung oder gar Beseitigung der Härte gibt[42].

Auslöser für die besondere Härte kann vor allem eine schwere und langwierige **Erkrankung** des 14 Antragsgegners sein. Es müssen aber stets außergewöhnliche Umstände gegeben sein; nicht jede Erkrankung bewirkt eine schwere Härte[43]. Psychische Erkrankungen sind ebenfalls abgestuft zu bewerten. Selbstmordgefahr soll erst dann den Ausspruch der Scheidung hindern, wenn der Antragsgegner sein Verhalten nicht mehr verantwortlich steuern kann[44]. Noch schwieriger ist die Abwägung, wenn beide Ehegatten schwer erkrankt sind[45].

Eine schwere Härte wird nur selten durch die **religiösen Überzeugungen** eines Ehegatten begrün- 15 det werden können[46]. Denn der Staat darf zwar religiöse Bindungen nicht ignorieren, aber auch nicht kirchliche Rechtsvorstellungen über die Härteklausel in das bürgerliche Recht einfließen lassen[47].

Dem **Zeitmoment** ist stets Beachtung zu schenken, nicht nur im Hinblick auf die Dauer der Ehe. 16 Selbst nach dem Wegfall der Befristung der Härteklausel dürften viele Härtemomente sich mit dem Lauf der Zeit entschärfen. Im Übrigen hindert die Härteklausel eine Scheidung der Ehe „zur Unzeit" nur so lange, wie die Umstände die Aufrechterhaltung der Ehe gebieten[48].

4. Aufrechterhaltung der Ehe geboten. Die schwere Härte hindert die Scheidung letztlich nur 17 dann, wenn dies auch unter Berücksichtigung der Belange des Antragstellers ausnahmsweise geboten erscheint. Den besonderen Umständen, die das Gericht als schwere Härte ansieht, können vom Antragsteller **nur wichtige Belange** entgegen gestellt werden, die über sein Interesse an der Scheidung der Ehe hinausgehen[49]. Denkbar sind hier Situationen, in denen der ernstlich erkrankte Antragsteller bei Verweigerung der Scheidung mit einer erheblichen Verschlimmerung seiner Lage rechnen muss[50].

IV. Verfahren, Beweislast

1. Verfahren. Die Voraussetzungen der Kinderschutzklausel sind von Amts wegen zu prüfen, die der 18 Ehegattenschutzklausel nur, wenn der Antragsgegner sie selbst vorträgt (§ 616 Abs 3 ZPO). Dieser ist für

---

[29] KG FamRZ 1983, 1133, 1134.
[30] OLG Hamm FamRZ 1985, 189; FamRZ 1989, 1188, 1190; abl KG NJW-RR 2001, 1658; OLG Bamberg NJOZ 2005, 2064.
[31] OLG Celle FamRZ 1978, 508.
[32] BGH FamRZ 1981, 1161.
[33] OLG Nürnberg FamRZ 1979, 818, 819.
[34] BGH FamRZ 1981, 649, 650.
[35] OLG Köln NJW 1982, 2262 = FamRZ 1981, 959, 960.
[36] OLG Köln FamRZ 1998, 827, 828; OLG Karlsruhe FamRZ 1990, 630.
[37] OLG Düsseldorf FamRZ 1978, 36; OLG Bamberg NJOZ 2005, 2064.
[38] OLG Düsseldorf FamRZ 1978, 36; MünchKommBGB/*Wolf* Rn 59.
[39] BGH NJW 1984, 2353 = FamRZ 1984, 559.
[40] BGH NJW 1979, 1042 = FamRZ 1979, 422.
[41] BGH NJW 1981, 2808 = FamRZ 1981, 1161.
[42] BVerfG NJW 2001, 2874 = FamRZ 2001, 986.
[43] BGH FamRZ 1984, 559, 560; MünchKommBGB/*Wolf* Rn 48; *Schwab/Schwab*, HdB Scheidungsrecht, Rn II 127 f.
[44] BGH NJW 1981, 2808 = FamRZ 1981, 1161; zweifelnd *Schwab/Schwab*, HdB Scheidungsrecht, Rn II 129.
[45] Vgl OLG Hamm NJW-RR 1989, 1159.
[46] Vgl OLG Schleswig SchlHA 2001, 40; OLG Stuttgart FamRZ 1991, 334; AG Schorndorf FamRZ 1992, 568; eher befürwortend *Schwab/Schwab*, HdB Scheidungsrecht, Rn II 132.
[47] So auch *Schwab/Schwab*, HdB Scheidungsrecht, Rn II 132; vgl auch MünchKommBGB/*Wolf* Rn 47.
[48] *Johannsen/Henrich/Jaeger* Rn 35.
[49] Vgl OLG Hamm NJW-RR 1989, 1159; KG FamRZ 1983, 1133; *Johannsen/Henrich/Jaeger* Rn 36; Staudinger/ *Rauscher* (2004) Rn 153; MünchKommBGB/*Wolf* Rn 70 f.
[50] Vgl *Johannsen/Henrich/Jaeger* Rn 36.

§ 1569

Buch 4. Abschnitt 1. Bürgerliche Ehe

diesen Vortrag vom Anwaltszwang befreit[51]; er kann auch später allein erklären, dass er eine schwere Härte nicht mehr geltend mache[52]. Eine Aussetzung des Verfahrens, bis die Härte entfallen ist, ist unzulässig[53].

19 2. **Beweislast.** Die Umstände, die die Anwendung der Ehegattenschutzklausel begründen, hat der Antragsgegner wegen § 616 Abs 3 ZPO vorzutragen. Bleiben Zweifel, ob außergewöhnliche Umstände oder eine schwere Härte vorliegen, geht dies zu seinen Lasten[54]. Die Ehe ist dann zu scheiden. Der Antragsteller hat seine berücksichtigungswürdigen Belange vorzutragen.

20 3. **Neuer Scheidungsantrag.** Wurde der Scheidungsantrag aus Härtegründen abgewiesen, kann er ohne weiteres mit der Behauptung neu gestellt werden, die Umstände hätten sich seither verändert. Die Berufung auf die inzwischen abgelaufene weitere Zeit reicht aus[55].

Untertitel 2. Unterhalt des geschiedenen Ehegatten (§§ 1569–1586 b)

Kapitel 1. Grundsatz (§ 1569)

§ 1569 Grundsatz der Eigenverantwortung

[1]**Nach der Scheidung obliegt es jedem Ehegatten, selbst für seinen Unterhalt zu sorgen.** [2]**Ist er dazu außerstande, so hat er gegen den anderen Ehegatten einen Anspruch auf Unterhalt nach den folgenden Vorschriften.**

Schrifttum: s allg bei § 1361; *Borth*, Unterhaltsrechtsänderungsgesetz (UÄndG), 2007; *Maier*, Vom Unterhalt bei Vermögensauseinandersetzung, FamRZ 2006, 897; *Menne/Grundmann*, Das neue Unterhaltsrecht, 2008; *Reinken*, Die Änderung der Zumutbarkeitsanforderungen an die Aufnahme einer Erwerbstätigkeit im Reformgesetz, FPR 2005, 502; *Schröder*, Der Mythos von der Einheitlichkeit der nachehelichen Unterhaltsansprüche, FamRZ 2005, 320; *Vieflues/Mleczko*, Das neue Unterhaltsrecht 2008, 2. Aufl. 2008.

I. Normzweck

1 § 1569 bildet für den nachehelichen Unterhalt keine Anspruchsgrundlage, normiert aber den für den nachehelichen Unterhalt maßgeblichen **Grundsatz der Eigenverantwortung,** von dem die anschließenden nachehelichen Unterhaltstatbestände der §§ 1570 ff daher eine **Ausnahme** bilden. Dieser Grundsatz der Eigenverantwortung ist durch das **Gesetz zur Änderung des Unterhaltsrechts** vom 21. 12. 2007 (BGBl I S 3189) **verstärkt** worden, indem in der Überschrift der „Grundsatz der Eigenverantwortung" an die Stelle der bisherigen „abschließenden Regelung" tritt und in S 1 die Obliegenheit der Ehegatten, selbst für den Unterhalt zu sorgen, ausdrücklich formuliert wurde. Diese Obliegenheit zur Erwerbstätigkeit wurde durch das Reformgesetz auch in §§ 1570, 1574 und 1578 b neu eingefügt[1]. Die **Obliegenheit zur Erwerbstätigkeit** bildet daher den Hintergrund der Systematik und der Auslegung des gesamten nachehelichen Unterhaltsrechts.

II. Nachehelicher Unterhalt im System des Unterhaltsrechts

2 Der nacheheliche Unterhalt ist mit dem Trennungsunterhalt **nicht identisch** (§ 1361 Rn 1) und muss deshalb **neu tituliert** werden. Der Unterhaltsanspruch entsteht mit Rechtskraft der Ehescheidung[2]. Eine Mahnung muss sich daher auf die Zeit ab Rechtskraft der Scheidung beziehen. Aus einem Titel auf Trennungsunterhalt kann nach Rechtskraft der Scheidung (mit Ausnahme einer einstweiligen Anordnung gemäß § 620 f ZPO) nicht mehr vollstreckt werden[3]. Der nacheheliche Unterhalt schließt aber an den Trennungsunterhalt an und baut auf ihm auf. Durch die Scheidung erfolgt aber ein Schnitt in den ehelichen Lebensverhältnissen, wie sie sich prägend im Rahmen der Ehe und während der Trennung entwickelt haben.

III. Systematik des nachehelichen Unterhaltsrechts

3 Die Systematik des nachehelichen Unterhalts wird durch mehrere Grundgedanken geprägt, die durch das Gesetz zur Änderung des Unterhaltsrechts (Rn 1) neu akzentuiert sind[4] und sich in der Ausweitung von **Billigkeitsentscheidungen** insbes in dem neu gefassten § 1570 überschneiden.

---

[51] HM; aA *Johannsen/Henrich/Jaeger* Rn 38.
[52] So auch *Johannsen/Henrich/Jaeger* Rn 39.
[53] OLG Hamburg FamRZ 1986, 469, 470; aA *Staudinger/Rauscher* (2004) Rn 81.
[54] OLG Karlsruhe FamRZ 2000, 1418; *Johannsen/Henrich/Jaeger* Rn 42; MünchKommBGB/*Wolf* Rn 83.
[55] *Staudinger/Rauscher* (2004) Rn 178.
[1] Begr, BT-Drucks 16/1830.
[2] BGH NJW 1984, 2041.
[3] *Palandt/Brudermüller* Rn 11.
[4] Begr, BT-Drucks 16/1830 S 20.

Die **Stärkung des Kindeswohls** findet ihren Niederschlag in der ausdrücklichen Hervorhebung der 4
Kindesbelange in den §§ 1570, 1578 b und 1579.

Der bereits genannte Grundsatz der **nachehelichen Eigenverantwortung** führt dazu, dass die 5
einzelnen nachehelichen Unterhaltstatbestände als Ausnahme einer generellen nachehelichen Erwerbsobliegenheit ausdrücklich und abschließend in den §§ 1570 bis 1576 formuliert sind und grds im Zeitpunkt der Scheidung vorliegen müssen (sog **Einsatzzeitpunkt**). Durch die ausdrückliche Formulierung der **Obliegenheit zur Erwerbstätigkeit** wird er zusätzlich akzentuiert.

Eine **Vereinfachung des Unterhaltsrechts** ist durch die Vereinheitlichung der Einschränkungs- 6
möglichkeiten in dem neu eingeführten § 1587 b beabsichtigt und durch die Gesamtregelung der Rangfolge von Unterhaltsansprüchen im Mangelfall im Rahmen von § 1609 erfolgt.

Maßgeblichen Anteil an einer Vereinfachung hat aber auch die zwischenzeitliche Entwicklung der 7
Rspr des BGH im Hinblick auf eine bedarfsbezogene Berechnung des Unterhalts[5] einschließlich der Klarstellung, dass bei der Auslegung von § 1577 Abs 2 lediglich das unterhaltsrechtlich relevante Einkommen bei der Bedarfsfeststellung berücksichtigt wird (§ 1577 Rn 19 f) und die Vereinfachung der Mangelfallberechung (§ 1581 Rn 3, 5 und 10). Es bleibt abzuwarten, wie weit die genannte Ausweitung von Billigkeitsentscheidungen nicht zu einer einzelfallorientierten Rspr führt, die mit der beabsichtigten Vereinfachung des Unterhaltsrechts schwer zu vereinbaren wäre.

Unabhängig von diesem Ausgleich zwischen Mit- und Eigenverantwortung wird die Unterhalts- 8
berechnung beim nachehelichen Unterhalt wie beim Trennungsunterhalt durch die Trennung von Bedarfsfeststellung und -kontrolle kompliziert, die durch die zwischenzeitliche Änderung der Rspr als Folge der Umstellung auf eine bedarfsbezogene Unterhaltsberechnung vereinfacht ist[6].

Im Ergebnis steht dem Berechtigten zwar ein **einheitlicher Unterhaltsanspruch**[7], aber auf der ggf 9
zu differenzierenden[8] Grundlage **einzelner Unterhaltstatbestände** zu. Diese Differenzierung ist bei der **Titulierung** im Hinblick auf spätere Änderungen[9] und deren Berücksichtigung im Rahmen des § 323 ZPO[10] zu beachten.

IV. Anwendungsbereich und Auswirkungen des nachehelichen Unterhaltsrechts

Der nacheheliche Unterhalt ist eine **Spezialregelung,** die daher grundsätzlich auf andere vergleich- 10
bare Sachverhalte wie **eheähnliche Lebensverhältnisse** und **familienrechtliche Ausgleichsansprüche** nicht anwendbar ist. Abgrenzungsfragen können sich im Verhältnis von Unterhalt und Zugewinn ergeben[11].

Davon zu unterscheiden sind die **Auswirkungen** auf andere Rechtsgebiete wie Sozialrecht[12], vor 11
allem aber auch auf das Steuerrecht[13]. Eine systematischere Abstimmung bleibt bislang ein Desiderat.

V. Prozessuale Fragen

1. Darlegungs- und Beweislast. Die ausdrückliche Hervorhebung der eigenen Unterhaltsoblie- 12
genheit in Abs 1 müsste folgerichtig dazu führen, dass ihre Erfüllung grundsätzlich vom Unterhaltsgläubiger zur Begründung aller Unterhaltstatbestände dargelegt werden müsste.

2. Verfahrensfragen. Für nachehelichen Unterhalt ist das **Familiengericht** zuständig. Der Unter- 13
halt kann im **isolierten Verfahren** geltend gemacht werden, frühestens und während des Scheidungsverfahrens aber nur im Scheidungsverbund. Im **Eilverfahren** ist die Geltendmachung ab Rechtskraft der Scheidung möglich, dh nicht als einstweilige Anordnung im Scheidungsverbund. Von der Gesetzessystematik ist die isolierte **einstweilige Verfügung** nach §§ 935 ff ZPO und die **einstweilige Anordnung** nach § 644 ZPO im Rahmen eines anhängigen Unterhaltsverfahrens möglich. Dabei hat die einstweilige Anordnung den Vorrang. Eine **Auskunftsklage** ist nur isoliert möglich, als **Stufenklage** aber auch im Verbund.

Kapitel 2. Unterhaltsberechtigung (§§ 1570–1580)

§ 1570 Unterhalt wegen Betreuung eines Kindes

(1) ¹Ein geschiedener Ehegatte kann von dem anderen wegen der Pflege oder Erziehung eines gemeinsamen Kindes für mindestens drei Jahre nach der Geburt Unterhalt verlangen. ²Die Dauer des Unterhaltsanspruchs verlängert sich, solange und soweit dies der Billigkeit

---

[5] *Gerhardt* FamRZ 2007, 945.
[6] *Gerhardt* FamRZ 2007, 945.
[7] BGH FamRZ 1984, 353.
[8] BGH FamRZ 1994, 228 = NJW 1994, 935.
[9] BGH FamRZ 1995, 665 = NJW 1995, 1891.
[10] BGH FamRZ 1984, 353.
[11] Zur Abgrenzung von Unterhalt und Zugewinn jetzt BGH FamRZ 2003, 432 = NJW 2003, 1396; FamRZ 2003, 1544 = NJW 2003, 3339.
[12] *Heiß/Born/Schürmann* I. Teil S 17.
[13] *Heiß/Born* IV. Teil S 46 ff.

§ 1570

entspricht. ³Dabei sind die Belange des Kindes und die bestehenden Möglichkeiten der Kinderbetreuung zu berücksichtigen.

(2) Die Dauer des Unterhaltsanspruchs verlängert sich darüber hinaus, wenn dies unter Berücksichtigung der Gestaltung von Kinderbetreuung und Erwerbstätigkeit in der Ehe sowie der Dauer der Ehe der Billigkeit entspricht.

Schrifttum: Borth, Der Betreuungsunterhalt geschiedener Ehegatten und die Erwerbsobliegenheiten nach neuem Recht, FamRZ 2008, 2.

Übersicht

	Rn
I. Normzweck	1
II. Anspruchsvoraussetzungen	3
1. Pflege und Erziehung gemeinschaftlicher Kinder	3
a) Gemeinschaftliche Kinder	3
b) Pflege und Erziehung	7
2. Basisunterhalt (Abs 1 S 1)	11
3. Verlängerung der Dauer des Unterhaltsanspruchs, soweit und solange dies der Billigkeit entspricht (Abs 1 S 2 und 3)	12
a) Verlängerung als Billigkeitsentscheidung	12
b) Berücksichtigung der Kindesbelange	13
c) Berücksichtigung der bestehenden Möglichkeit der Kinderbetreuung	16
d) Erwerbsobliegenheiten trotz Eigenbetreuung	18
e) Übergangszeitraum	21
4. Verlängerung aus Billigkeit (Abs 2)	22
a) Gestaltung von Kinderbetreuung und Erwerbstätigkeit in der Ehe	23
b) Dauer der Ehe	25
5. Berücksichtigung überobligatorischer Einkünfte	26
6. Vertragliche Vereinbarungen	27
III. Einsatzzeitpunkt	28
IV. Konkurrenzen	29
V. Prozessuale Fragen	30
1. Darlegungs- und Beweislast	30
2. Titulierung einer befristeten Verlängerung	31

I. Normzweck

1 Der in § 1570 normierte Betreuungsunterhalt ist der praktisch wichtigste nacheheliche Unterhaltsanspruch. Die Vorschrift wurde durch das Gesetz zur Änderung des Unterhaltsrechts vom 21. 12. 2007 (BGBl I S 3189) völlig neu gefasst und normiert im Unterschied zum bisherigen Wortlaut einen in sich **zeitlich gestuften Unterhaltstatbestand,** der das in der bisherigen Auslegung entwickelte Altersphasenmodell der Erwerbsobliegenheiten ausdrücklich nach dem 3. Lebensjahr beginnen lässt und anschliessend als Kindesbelang- bzw eltern- und ehebezogene Billigkeitsentscheidung gliedert. Ausgangspunkt des Betreuungsunterhalts bildet allerdings nach wie vor die **Betreuung gemeinsamer Kinder,** um ihnen auch nach der Scheidung gleiche Entwicklungschancen wie Kindern in einer bestehenden Ehe zu geben¹. Der Unterhaltsanspruch gegen den anderen Elternteil nach § 1570 ist insoweit auch **Ausdruck der gemeinsamen Elternverantwortung.** Die ursprüngliche Fassung, nach der „ein geschiedener Ehegatte von dem anderen Unterhalt verlangen konnte, solange und soweit von ihm wegen der Pflege oder Erziehung eines gemeinschaftlichen Kindes eine Erwerbstätigkeit nicht erwartet werden kann", hat aber im Ergebnis zur Umkehr des Regel-Ausnahme-Verhältnisses von eigenverantworteter Erwerbsobliegenheit und nachehelicher Solidarität in diesem wichtigsten Fall des nachehelichen Unterhalts geführt. Der erste Entwurf zur Änderung des jetzt beschlossenen Unterhaltsänderungsgesetzes² betonte demgegenüber erneut den Grundsatz der **Eigenverantwortung** und wollte die Möglichkeit einer eigener Erwerbstätigkeit mit dem Zusatz erweitern, dass dabei auch **die bestehenden Möglichkeiten der Kinderbetreuung zu berücksichtigen** seien. Die jetzt verabschiedete Neufassung geht auf die Entscheidung des BVerfG vom 28. 2. 2007 zurück, nach der die **unterschiedliche Dauer** eines Unterhaltsanspruchs **für eheliche und nichteheliche Kinder,** den der Gesetzgeber einem Elternteil wegen der Betreuung eines Kindes gegen den anderen Elternteil einräumt, gegen **Art 6 Abs 5 GG verstößt**³.

2 In Anlehnung an der für den Betreuungsunterhalt nichtehelicher Kinder in § 1615l geltenden Regelung erhielt **§ 1570 seine jetzige grds neuartige Fassung.** Nach Abs 1 ist der Betreuungsunterhalt auf mindestens drei Jahre nach der Geburt des Kindes befristet und verlängert sich nach Billigkeit mit Rücksicht auf die Belange des Kindes und nach Abs 2 zusätzlich zur Vermeidung ehebedingter Nachteile. § 1570 bedeutet insoweit den Einstieg in ein System **fristenbezogener nachehelicher Unterhaltsansprüche** und hat über den speziellen Kindesschutz hinaus **Modellcharakter für den gesamten nachehelichen Unterhalt.**

II. Anspruchsvoraussetzungen

3 **1. Pflege und Erziehung gemeinschaftlicher Kinder. a) Gemeinschaftliche Kinder.** Dem Wortlaut nach handelt es sich zwar nur um gemeinschaftliche Kinder. Aus dem Sinn der Vorschrift und ihrem Zusammenhang ergibt sich jedoch, dass die Verpflichtung aus § 1570 auf einer Nachwirkung der

---

¹ BVerfG FamRZ 1981, 745.
² BT-Drucks 16/1830.
³ BVerfG FamRZ 2007, 965 m krit Anm Born.

Ehe beruht und deshalb eine Gleichstellung mit einem **nicht ehelich geborenen Kind** deshalb ausgeschlossen ist[4].

Der Anspruch auf Betreuungsunterhalt setzt aber nicht voraus, dass die Ehegatten begonnen haben, eine **eheliche Lebensgemeinschaft zu verwirklichen**[5]. 4

Ein **eheliches Kind** ist immer ein gemeinschaftliches Kind[6]. Gemeinschaftliche Kinder sind aber auch die nach Auflösung der Ehe innerhalb der Frist des § 1593 geborenen[7] und die adoptierten Kinder[8]. Nach Fristablauf und deshalb nicht ehelich geborene Kinder sind nach der Rspr des BGH gemeinschaftlich[9]. Pflegekinder sind keine gemeinschaftlichen Kinder[10]. 5

Wegen der Betreuung **nicht gemeinschaftlicher Kinder** besteht ggf ein Anspruch auf **Billigkeitsunterhalt**, allerdings ohne die Privilegierungen des § 1570[11]. 6

b) Pflege und Erziehung. aa) Betreuungsberechtigung. Der bedürftige Ehegatte muss zur Kindeserziehung berechtigt sein. Bei beiderseitiger Betreuung spielt dies für die Anspruchsberechtigung als solche keine Rolle, sondern nur für die Bemessung der Leistungsfähigkeit des Verpflichteten[12]. Beim Wechselmodell sind die Unterhaltsansprüche im Ergebnis zu verrechnen[13]. 7

bb) Betreuung als Ausnahme von der Erwerbsobliegenheit. Nach der bisherigen Fassung von §1570 bestand ein Anspruch auf Betreuungsunterhalt, solange und soweit wegen der Pflege und Erziehung eines gemeinschaftlichen Kindes eine Erwerbstätigkeit nicht erwartet werden konnte. Ob und in welchem Umfang dies der Fall war, hing nach der Rspr des BGH vom Einzelfall ab, neben den persönlichen Umständen des Bedürftigen wie Alter, Gesundheit, Berufsausbildung, vor allem vom Alter und von der Zahl der zu betreuenden Kinder, ihrem Betreuungsbedürfnis, der Möglichkeit der Hilfe Dritter, der Handhabung während der Ehe, der früheren beruflichen Tätigkeit sowie der Dauer der Ehe und den wirtschaftlichen Verhältnissen[14]. 8

Eine nicht überobligationsmäßige Betreuung kann nach Trennung und Scheidung zu einer **überobligationsmäßigen** werden, wenn die besondere Hilfe des Partners wegfällt, die bis dahin die Tätigkeit zB durch Kinderbetreuung ermöglicht hat[15]. Wenn zB die Ehefrau während des Zusammenlebens ein jetzt sechsjähriges Kind betreut hat, besteht für sie nach der Trennung grds keine Erwerbsobliegenheit mehr[16]. 9

Die **Neufassung von § 1570** begründet den Anspruch auf Betreuungsunterhalt vor dem Hintergrund der Obliegenheit zur Erwerbstätigkeit als **Basisunterhalt** für mindestens **drei Jahre nach der Geburt** und schließt daran eine **Verlängerung** an, **soweit dies der Billigkeit entspricht**. Dabei sind die Belange des Kindes und die bestehenden Möglichkeiten der Kinderbetreuung zu berücksichtigen. Eine **zusätzliche Verlängerung** besteht für den Fall **ehebedingter Nachteile**. Es handelt sich um einen einheitlichen Tatbestand, der für die Ausnahme von der Betreuungsobliegenheit zeitlich und von den Anforderungen gestaffelte Voraussetzungen enthält, die im Hinblick auf die zugrundeliegende Zeitperspektive zu einer Abnahme der Betreuungsobliegenheit führen und zu einer Verstärkung der Erwerbsobliegenheit führen müssten. 10

2. Basisunterhalt (Abs 1 S 1). Nach § 1570 Abs 1 S 1 besteht ein Anspruch auf Betreuungsunterhalt **mindestens bis zum dritten Lebensjahr nach der Geburt**. Das entspricht dem Unterhalt für nicht eheliche Kinder und orientiert sich daher grds an dessen Altersphasenmodell bei der zusätzlichen Berücksichtigung kindbezogener Belange[17]. Die Befristung des Anspruchs bis mindestens drei Jahre bedeutet, dass es mit Ablauf der drei Jahre weder automatisch erlischt noch sich verlängert, sondern bei Feststellung der genannten Billigkeitsgründe weiter besteht. Während der Dreijahresfrist besteht im Hinblick auf die Betreuung ohne weitere Prüfung keine Erwerbsobliegenheit. Das gesamte Einkommen aus eigener Erwerbstätigkeit wäre danach überobligatorisch und gemäß § 1577 Abs 2 nur im Hinblick auf den unterhaltsrechtlichen Anteil anzurechnen[18]. Im Hinblick auf die Zeitbefristung der Betreuung wäre zu überlegen, ob eine solche Anrechnung nicht ganz entfallen sollte. Das wurde vom BGH aber bei der entsprechenden Vorschrift des § 1615l bislang nicht angenommen[19]. 11

3. Verlängerung der Dauer des Unterhaltsanspruchs, soweit und solange dies der Billigkeit entspricht (Abs 1 S 2 und 3). a) Verlängerung als Billigkeitsentscheidung. Der nach Abs 1 bestehende Anspruch verlängert sich, **soweit und solange dies der Billigkeit entspricht**. Für die Auslegung der Billigkeit gelten die zur Auslegung der Unbilligkeit von der Rspr entwickelten allgemei- 12

---

[4] BGH FamRZ 1998, 426 = NJW 1998, 1065.
[5] BGH FamRZ 2005, 1979 = NJW 2005, 3639.
[6] BGH FamRZ 1985, 51 = NJW 1985, 428.
[7] BGH FamRZ 1985, 787.
[8] BGH FamRZ 1984, 361 = NJW 1984, 1538.
[9] BGH FamRZ 1998, 426 = NJW 1998, 1065; aA OLG Schleswig OLGR 1996, 202 mwN.
[10] BGH FamRZ 1984, 361.
[11] BGH FamRZ 1984, 361 = NJW 1984, 1538.
[12] BGH FamRZ 1983, 569 = NJW 1983, 1548.
[13] *Schilling* FPR 2006, 291.
[14] BGH FamRZ 1982, 148 = NJW 1982, 326; 1984, 364.
[15] *Stollenwerk* S 131.
[16] BGH NJW-RR 1995, 1089.
[17] Begr, BT-Drucks 16/1830 S 22 unter Hinweis auf *Puls* FamRZ 1998, 985.
[18] BGH FamRZ 2005, 1154; FamRZ 2005, 1817.
[19] BGH NJW 2005, 818.

§ 1570

nen Grundsätze. Danach ist die Abwägung aller in Betracht kommenden Gesichtspunkte Aufgabe des Tatrichters, die nur daraufhin überprüft werden kann, ob dieser die im Rahmen der Billigkeitsprüfung maßgebenden Rechtsbegriffe nicht verkannt und alle für die Einordnung unter diese Begriffe wesentlichen Umstände berücksichtigt hat[20]. Im Rahmen von § 1570 Abs 1 S 2 und 3 sind dabei insbes die **Kindesbelange** sowie die **bestehenden Möglichkeiten der Kinderbetreuung** zu berücksichtigen. Soweit die einzelnen Merkmale der Billigkeit erfüllt sind, besteht ein Unterhaltsanspruch nach § 1570 Abs 1 S 2[21]. Es handelt sich insoweit um einen eigenen Unterhaltstatbestand, der im Gegensatz zur Fristenregelung in Abs 1 S 1 ein differenziertes und an Billigkeitsmerkmalen orientiertes dogmatisches Anforderungsprofil enthält. Der Anschluss an den Basisunterhalt nach Abs 1 S 1 ist daher nicht konstitutiv, sondern entspricht lediglich der am Wortlaut des § 1615l orientierten Befristungssystematik. Im Hinblick auf den Anschlussunterhalt in Abs 2 ist er aber grds selbst befristet. Eine absehbare Befristung wäre ggf bei der Titulierung zu berücksichtigen (Rn 31).

13 **b) Berücksichtigung der Kindesbelange. aa) Systematische Stellung.** Die Berücksichtigung der Belange des Kindes orientiert sich am Wortlaut und an der bisherigen Rspr zu den „kindbezogenen Belangen" bei § 1615l Abs 2 S 2[22]. Im Vergleich dazu war die nach der bisherigen Fassung des § 1570 maßgebliche Pflege und Erziehung weitergehend, da sie auch die elternbezogenen Bestandteile einschloss. Auf der anderen Seite hat die bisherige Auslegung ebenfalls die Kindesbelange berücksichtigt und gilt insoweit auch entsprechend für die Auslegung der Neufassung des § 1570, allerdings mit der Maßgabe, dass nach Abs 1 S 3 HS 2 zusätzlich die bestehenden Fremdbetreuungsmöglichkeiten zu berücksichtigen sind. Davon sind die elternbezogenen Bestandteile zu unterscheiden, die gesondert und zusammen mit den ehebezogenen Bestandteilen im Rahmen von § 1570 Abs 2 zu berücksichtigen sind. Nach der Begründung zum Unterhaltsänderungsgesetz betreffen Kindesbelange insbes die Kinder, die unter der Trennung besonders leiden[23].

14 **bb) Alter und Anzahl der Kinder.** Die bisherige Auslegung verknüpft den Betreuungsbedarf mit dem Schulbesuch. eine Erwerbsobliegenheit kann danach erst beginnen, wenn das Kind die **Schule** besucht, weil es dann einen Teil des Tages durch die Schule in Anspruch genommen wird und in dieser Zeit keiner Betreuung bedarf[24]. Während bis zum **8. Lebensjahr** im Allgemeinen keine Erwerbsobliegenheit besteht[25], kommt es für die weiteren Grundschuljahre auf die persönlichen Verhältnisse und die Umstände des Einzelfalls an[26]. Dabei kann bei einer **Einschulung in die dritte Grundschulklasse** von einer **halbschichtigen Erwerbsobliegenheit** ausgegangen werden[27]. Vom **Ende des Grundschulalters bis zum vollendeten 16. Lebensjahr** besteht grds die Obliegenheit einer Teilzeitbeschäftigung, aber nicht immer zu einer Halbtagstätigkeit[28]. Bei einem **über 16 Jahre** alten Kind, ggf schon nach dem 15. Lebensjahr[29], wird im Allgemeinen eine volle Erwerbstätigkeit in Betracht kommen[30].

15 Bei der Betreuung von **mehr als einem Kind** ist eine Erwerbstätigkeit nur in geringerem Maße zumutbar[31], als wenn nur ein Kind zu betreuen ist[32], jedoch scheidet eine Obliegenheit zu einer **Teilzeitbeschäftigung** nicht von vornherein aus[33]. Es kommt im Einzelfall darauf an, ob und wie der Betreuende die **Mehrbelastung** auffangen kann[34].

16 **c) Berücksichtigung der bestehenden Möglichkeit der Kinderbetreuung.** Die Berücksichtigung von Alter und Anzahl der Kinder nach der bisherigen Rspr steht nach der Neuformulierung von § 1570 unter dem Vorbehalt, dass bereits nach dem 3. Lebensjahr die bestehenden Möglichkeiten der Kinderbetreuung zu berücksichtigen sind. Das verweist auf die bestehenden Einrichtungen und die Obliegenheit, von diesen Möglichkeiten der Kinderbetreuung Gebrauch zu machen. Die Entscheidung über eine mögliche Fremdbetreuung ist daher unter Berücksichtigung dieser Obliegenheit zu treffen, deren Auswahlt beide Elternteile betrifft[35].

17 Bei **mangelnder Unterstützung** kann die Zumutbarkeit der Erwerbstätigkeit entfallen[36]. Ob **freiwillige Hilfe,** die den Pflichtigen aber nicht entlasten soll, eine Teilerwerbstätigkeit zumutbar

---

[20] BGH FamRZ 2006, 1006; FamRZ 2007, 793.
[21] Begr, BT-Drucks 16/1830 S 22.
[22] Begr, BT-Drucks 16/6980 S 17 zu Nr 1.
[23] BT-Drucks 16/6980 S 17 zu Nr 1.
[24] BGH FamRZ 1998, 1501 = NJW-RR 1998, 721.
[25] BGH FamRZ 1989, 487 = NJW 1989, 1083; OLG Hamm FamRZ 1994, 1115; Kölner RL Nr 18.
[26] BGH FamRZ 1989, 487 = NJW 1989, 1083.
[27] BGH FamRZ 2001, 1687.
[28] BGH NJW 1981, 448; NJW 1981, 1782; NJW 1984, 2355; NJW 1997, 1851.
[29] OLG Celle FamRZ 1994, 563.
[30] BGH FamRZ 1997, 671 = NJW 1997, 1851; NJW 1984, 149; NJW 1985, 50; NJW 1988, 265; NJW 1990, 260, 476; OLG Zweibrücken FamRZ 1989, 1192; OLG Koblenz FamRZ 1989, 267; OLG Oldenburg FamRZ 1990, 170; OLG Düsseldorf FamRZ 1991, 192.
[31] BGH FamRZ 1999, 372 = NJW RR 1999, 297.
[32] BGH FamRZ 1997, 873 = NJW-RR 1997, 897; NJW 1990, 989.
[33] BGH FamRZ 1990, 283 = NJW-RR 1990, 323.
[34] BGH FamRZ 1988, 145 = NJW-RR 1998, 514; s auch OLG Hamm FamRZ 1998, 1518.
[35] Zur Neujustierung des bisherigen Altersphasenmodells Borth, Unterhaltsrechtsänderungsgesetz S 60 ff und mit Beispielen Menne/Grundmann S 52 ff und Vießhues/Mleczko S 61 ff.
[36] BGH FamRZ 1988, 145 = NJW-RR 1988, 514.

macht, ist umstritten[37], müsste aber jetzt im Hinblick auf die durch § 1570 Abs 1 S 3 gebotene Berücksichtigung der bestehenden Möglichkeiten der Kinderbetreuung bejaht werden.

d) Erwerbsobliegenheiten trotz Eigenbetreuung. Die Möglichkeit einer **Teilerwerbstätigkeit** 18 hängt vom Alter und Betreuungsbedarf ab. Bei der Betreuung eines Einzelkindes **unter zehn Jahren** dürfte regelmäßig nur eine stundenweise Tätigkeit zumutbar sein[38]. Bei einem **behinderten Kind** mit erhöhtem Betreuungsbedarf kann jedenfalls auch eine Halbtagstätigkeit zumutbar sein.

Betreuungsunterbrechungen (zB durch Internat, auch Ferien- oder Krankenhausaufenthalt des 19 Kindes) können bei absehbar längerer Dauer – zB bei mehr als drei Monaten – die Aufnahme einer Erwerbstätigkeit zumutbar machen, jedenfalls bei Aushilfstätigkeit und falls nicht Ersatzbetreuungsleistungen wie Krankenhausbesuche nötig sind[39].

Die **Umgestaltung des Arbeitsverhältnisses** kann mit Rücksicht auf die Kinderbetreuung auch 20 bei einer vorläufigen Sorgerechtsregelung[40] gerechtfertigt und geboten sein.

e) Übergangszeitraum. Nach Ende der Betreuungsbedürftigkeit muss sich der bisher teilzeit- 21 beschäftigte Betreuende um eine **Vollzeitarbeit** bemühen[41]. Der Beginn der **Obliegenheit zur Arbeitssuche** kann schon vor dem Ende der Betreuungsphase liegen, wenn bei einem gesunden Kind das Ende der Betreuungsbedürftigkeit klar absehbar ist[42].

4. Verlängerung aus Billigkeit (Abs 2). Abs 2 enthält eine weitere Verlängerungsmöglichkeit, 22 wenn dies unter Berücksichtigung der Gestaltung von Kinderbetreuung und Erwerbstätigkeit in der Ehe sowie der Dauer der Ehe der Billigkeit entspricht. Nach der Gesetzesbegründung[43] handelt es sich nicht um einen eigenen, sondern um einen Annexanspruch, der daher zur Verlängerung des ursprünglichen Anspruchs führt. Für die Auslegung der Billigkeit gelten daher die gleichen Grundsätze wie zu § 1570 Abs 1 S 2 (Rn 12). Dabei sind aber über die elternbezogenen Bestandteile iS von § 1615 l hinaus auch die ehebezogenen Bestandteile einer eingeschränkten Erwerbsobliegenheit zu berücksichtigen. Zu deren Auslegung lässt sich die Rspr des BGH zu den ehebezogenen Nachteilen beim Aufstockungsunterhalt heranziehen[44]. Die Charakterisierung des Anspruchs als Annextatbestand könnte zu der Annahme führen, dass er davon abhängt, dass zuvor ein Anspruch nach § 1570 Abs 1 S 2 bestand. Für eine solche Annahme spricht allerdings nicht allein der Begriff der Verlängerung, weil dies dann auch für den Anspruch nach § 1570 Abs 1 S 2 gelten würde, und eher wohl die systematische Abkoppelung von Abs 1 durch eine eigene Regelung in Abs 2. Richtigerweise handelt es sich um den zeitlich letzten Abschnitt betreuungsbedingter Einschränkungen der Erwerbsobliegenheit im Rahmen eines einheitlichen Betreuungsunterhaltstatbestandes, der dazu führt, dass mit zunehmender Dauer die Anforderungen an eine Verlängerung aus Gründen der Billigkeit erhöht werden. Allein das führt zu einer sinnvollen systematischen Verbindung mit den allgemeinen Einschränkungsmöglichkeiten in § 1587 b und deren Abhängigkeit davon, dass sie nicht unbillig sind. Im Hinblick darauf kann auch der Anspruch nach § 1570 Abs 2 befristet sein.

a) Gestaltung von Kinderbetreuung und Erwerbstätigkeit in der Ehe. Die Gestaltung von 23 Kinderbetreuung und Erwerbstätigkeit in der Ehe betrifft gemeinsame Absprachen, die auf der **Obligationssymmetrie** der Ehegatten beruhen (§ 1360 Rn 3, 5). Nach der bisherigen Rspr ist die Mutter, die ein aus einer nicht ehelichen Lebensgemeinschaft stammendes kleines Kind betreut, ist auch im Hinblick auf die Unterhaltsbedürftigkeit eines ehelichen minderjährigen Kindes nicht zu einer Haupt- oder Nebentätigkeit verpflichtet[45]. Aus dem Umstand, dass eine Ehefrau, die gemeinschaftliche Kinder betreut, einem Studium nachgeht, kann nicht gefolgert werden, dass sie stattdessen arbeiten könne und müsse[46].

Zu einer **Verschärfung der Anforderung an die Zumutbarkeit** kann das Vorliegen eines 24 Mangelfalls führen[47]. Ob bei grob rücksichtslosem Verhalten des Berechtigten die Erwerbsobliegenheit ebenfalls verschärft werden kann[48], ist vom BGH offen gelassen worden[49].

b) Dauer der Ehe. Die Dauer der Ehe war in der bisherigen Fassung von § 1570 kein gesondertes 25 Merkmal, spielt aber naturgemäß bei der Differenzierung des Betreuungsunterhalts nach ehebezogenen Bestandteilen eine wichtige Rolle. Es entspricht der systematischen Bedeutung, die Auslegung in der bisherigen und jetzigen Fassung der Einschränkungsmöglichkeiten in 1578 b heranzuziehen.

5. Berücksichtigung überobligatorischer Einkünfte. Für die Anrechnung von Einkünften aus 26 einer überobligatorischen Tätigkeit ist nur der unterhaltserhebliche Anteil zu berücksichtigen[50].

---

[37] Bejahend OLG Celle NJW-RR 1992, 776.
[38] OLG Hamm NJWE-FER 1997, 123.
[39] Kalthoener/Büttner/Niepmann Rn 487.
[40] BVerfG FamRZ 1996, 343 = NJW 1996, 915.
[41] OLG Celle NJW-RR 1994, 1354 – offen bleibt, wer das Risiko trägt, wenn die gesicherte Teilzeitarbeit aufgegeben wird und anschließend die Vollzeitarbeit verloren geht.
[42] BGH FamRZ 1995, 872 = NJW 1995, 3391.
[43] BT-Drucks 16/1830 S 22.
[44] BGH FamRZ 2007, 793, 799.
[45] BGH FamRZ 1995, 1405 = NJW-RR 1995, 449.
[46] OLG Frankfurt FamRZ 1995, 877.
[47] BGH FamRZ 1983, 569 = NJW 1983, 1548.
[48] OLG München FamRZ 1996, 1078.
[49] BGH FamRZ 1997, 671 = NJW 1997, 1851.
[50] BGH FamRZ 2005, 1154.

§ 1571

27 **6. Vertragliche Vereinbarungen.** Eine vertragliche Regelung des Beginns der Erwerbsobliegenheit kann aber die allgemeinen Zumutbarkeitsgrenzen verschieben[51]. Ein **Verzicht** auf Betreuungsunterhalt ist nur zulässig, wenn er nicht gegen den Kerngehalt der Ehe verstößt und keine einseitige Lastenverteilung darstellt (s auch bei § 1585 c). Insoweit enthält § 1570 eine eigene **Binnendifferenzierung nach Art des Betreuungsunterhalts.**

III. Einsatzzeitpunkt

28 Im Gegensatz zu den anderen Unterhaltstatbeständen mit Ausnahme des Billigkeitsunterhalts ist der Betreuungsunterhalt **nicht scheidungsabhängig.** Der Berechtigte darf aber nicht nur jederzeit auf Betreuungsunterhalt rechnen, sondern muss sich auch rechtzeitig auf seinen Fortfall einstellen.

IV. Konkurrenzen

29 Bei zumutbarer Teilerwerbstätigkeit gilt § 1570 nur bis zur Höhe des Mehreinkommens, das bei Vollerwerbstätigkeit erzielt werden könnte, iÜ bis zum vollen Unterhalt. § 1573 Abs 2 ist Anspruchsgrundlage[52]. Das gilt auch für fiktive Einkünfte[53]. Die Privilegierungen des Anspruchs aus § 1570 gelten auch nur für diesen Teilanspruch[54]. Der Rechtsgrund ist deshalb im Tenor getrennt auszuweisen[55]. Gegenüber § 1576 ist § 1570 vorrangig[56].

V. Prozessuale Fragen

30 **1. Darlegungs- und Beweislast.** Die anspruchsbegründenden Tatsachen sind vom Unterhaltsgläubiger darzulegen und zu beweisen. Das müsste bei Abs 1 S 2 auch dafür gelten, dass die bestehenden Möglichkeiten der Kinderbetreuung berücksichtigt sind.

31 **2. Titulierung einer befristeten Verlängerung.** Die Befristung einer Verlängerung nach Abs 1 S 2 und ggf auch Abs 2 ist bei **Absehbarkeit** (Rn 12, 21) auch schon vor ihrem Eintritt im Ersturteil zu berücksichtigen. Entsprechend der nachträglichen Befristung wäre eine nachträgliche Berücksichtigung in einem Abänderungsverfahren möglich, wenn sich die Umstände der Begrenzung erst nachträglich konkretisiert haben[57]. Sie kann aber nur durch Abänderungs- und nicht Vollstreckungsgegenklage geltend gemacht werden[58].

§ 1571 Unterhalt wegen Alters

Ein geschiedener Ehegatte kann von dem anderen Unterhalt verlangen, soweit von ihm im Zeitpunkt
1. der Scheidung,
2. der Beendigung der Pflege oder Erziehung eines gemeinschaftlichen Kindes oder
3. des Wegfalls der Voraussetzungen für einen Unterhaltsanspruch nach den §§ 1572 und 1573

wegen seines Alters eine Erwerbstätigkeit nicht mehr erwartet werden kann.

I. Normzweck

1 § 1571 soll als **Ausnahme der Eigenverantwortung** dem aus Altersgründen nicht arbeitsfähigen Ehepartner einen Anspruch auf Unterhalt gewähren, **um nicht der öffentlichen Fürsorge zur Last zu fallen**[1]. Der Anspruch ist **alters-**, aber **nicht ehebedingt**[2], dh er besteht auch dann, wenn ein Altersunterhaltsanspruch bereits bei Eheschließung bestand[3]. Maßgeblicher **Einsatzzeitpunkt** ist die Scheidung. Auch hier erfolgt aber eine Ausweitung auf den Anschlussunterhalt bei Einsatzzeiten für Kinderbetreuung und Aufstockungs-, aber auch für Ausbildungsunterhalt.

II. Anspruchsvoraussetzungen

2 **1. Altersbedingte Erwerbsunfähigkeit.** Die Erwerbsunfähigkeit ist altersbedingt, wenn typischerweise keine Erwerbstätigkeit mehr erwartet werden kann, wobei die Typisierung eben gerade schwierig ist[4]. Entscheidend dafür ist das maßgebliche Alter und die Angemessenheit der Erwerbstätigkeit nach § 1574 Abs 2, die sich vor allem nach den ehelichen Lebensverhältnissen bemisst.

---

[51] BGH FamRZ 1989, 150 = NJW-RR 1989, 256 noch zu § 58 EheG.
[52] BGH FamRZ 1990, 492 = NJW 1990, 1847.
[53] BGH FamRZ 1990, 981 = NJW-RR 1990, 578.
[54] BGH FamRZ 1991, 305 = NJW-RR 1991, 132; FamRZ 1990, 492 = NJW 1990, 1847.
[55] *Palandt/Brudermüller* Rn 21.
[56] BGH FamRZ 1984, 361; FamRZ 1984, 769.
[57] OLG Hamm FamRZ 1994, 1392.
[58] BGH FamRZ 2001, 905.
[1] *Jauernig/Berger* Rn 1.
[2] BGH FamRZ 1982, 28 = NJW 1982, 929.
[3] BGH FamRZ 1983, 150 = NJW 1983, 683.
[4] *Kalthoener/Büttner/Niepmann* Rn 487 mwN.

2. Maßgebliches Alter. Das maßgebliche Alter ist jedenfalls mit Erreichung der **gesetzlichen Altersgrenze** von 63 bzw 65 Jahren erreicht[5]. Im Übrigen gibt es **keine feste Altersgrenze**. So ist nach der Rspr zB auch für einen sechzigjährigen Unterhaltsgläubiger zu prüfen, ob für eine konkret in Betracht zu ziehende Erwerbstätigkeit ein Hindernis sich gerade aus dem Alter ergibt[6]. Auch bei Frauen ist in einem Alter zwischen 53[7] und 56 und auch bei langjähriger Ehe eine Erwerbstätigkeit nicht grds auszuschließen[8].

3. Angemessenheit der Erwerbstätigkeit. Auch im Rahmen des § 1571 ist nur eine angemessene Erwerbstätigkeit in Betracht zu ziehen[9]. Eine nicht angemessene Tätigkeit iS von § 1574 Abs 2 kann grds nicht erwartet werden[10]. Ist wegen Alters eine **Ausbildung** nicht mehr sinnvoll, kommt ein Anspruch nach § 1571 in Betracht, auch wenn das Rentenalter noch nicht erreicht ist[11]. Die Angemessenheit kann auch von der Dauer der Erwerbstätigkeit abhängen. Im Übrigen korrespondiert die altersangemessene Erwerbstätigkeit weitgehend mit der des § 1574 (dort Rn 5 ff).

III. Einsatzzeitpunkt

Die Voraussetzungen des Altersunterhalts müssen im Zeitpunkt der Scheidung vorliegen. **Anschlussunterhalt** wird nur geschuldet, wenn die einzelnen **Unterhaltstatbestände ohne zeitliche Lücke** aneinander anschließen. Liegen die Tatbestandsvoraussetzungen vor, wird Altersunterhalt als Anschlussunterhalt unabhängig von der zwischenzeitlichen Leistungsfähigkeit des Verpflichteten geschuldet[12]. Umstritten ist, ob ein Anspruch später auch noch besteht, wenn im letzten Einsatzpunkt keine Bedürftigkeit bestand[13]. Schon aus dem Zweck der gesetzlichen Regelung, die nacheheliche Solidarität einzuschränken, ist davon auszugehen, dass die Umstände im Einsatzzeitpunkt maßgeblich sind[14].

IV. Inhalt und Begrenzung

Eine Begrenzung des Anspruchs ist in § 1571 nicht vorgesehen, aber über § 1578 b möglich, um unbillige Ergebnisse bei relativ kurzen Altersehen auszuschließen[15]. Eine **Kürzung** kann auch nach § 1579 Nr 4 erfolgen, wenn in der Vergangenheit die Ausbildung mutwillig unterlassen wurde[16].

V. Konkurrenzen

Der Anspruch nach § 1571 geht dem Anspruch auf **Arbeitslosenunterhalt** vor, wenn typischerweise aus Altersgründen keine Erwerbsmöglichkeit besteht. Dagegen ist § 1573 Abs 1 anwendbar, wenn aus konkreten Gründen im Einzelfall eine sonst mögliche Erwerbstätigkeit wegen Alters ausscheidet[17]. Wegen späterer Abänderungsmöglichkeiten sind die Anspruchsgrundlagen im Urteil zu unterscheiden[18]. Bei altersbedingter Teilzeittätigkeit kann ein Anspruch auf Aufstockungsunterhalt in Betracht kommen[19].

§ 1572 Unterhalt wegen Krankheit oder Gebrechen

Ein geschiedener Ehegatte kann von dem anderen Unterhalt verlangen, solange und soweit von ihm vom Zeitpunkt
1. der Scheidung,
2. der Beendigung der Pflege oder Erziehung eines gemeinschaftlichen Kindes,
3. der Beendigung der Ausbildung, Fortbildung oder Umschulung oder
4. des Wegfalls der Voraussetzungen für einen Unterhaltsanspruch nach § 1573

an wegen Krankheit oder anderer Gebrechen oder Schwäche seiner körperlichen oder geistigen Kräfte eine Erwerbstätigkeit nicht erwartet werden kann.

I. Normzweck

§ 1572 schränkt den **Grundsatz der Selbstverantwortung** durch die nacheheliche Solidarität bei Erwerbsunfähigkeit als Folge einer Erkrankung ein. Der Anspruch ist krankheits-, aber **nicht ehebe-**

---

[5] *Stollenwerk* S 51.
[6] OLG Hamm FamRZ 1995, 1416.
[7] OLG Koblenz FamRZ 1992, 950; vgl aber OLG Hamburg FamRZ 1991, 445.
[8] OLG Bamberg FamRZ 1992, 950.
[9] BGH FamRZ 1985, 374.
[10] BGH NJW 1983, 1483.
[11] BGH FamRZ 1987, 691 = NJW 1987, 2739.
[12] *Kalthoener/Büttner/Nießmann* Rn 483.
[13] Dafür OLG München FamRZ 1993, 564.
[14] *Kalthoener/Büttner/Niepmann* Rn 483.
[15] *Kalthoener/Büttner/Niepmann* Rn 488.
[16] OLG Hamburg FamRZ 1991, 445.
[17] BGH FamRZ 1987, 691 = NJW 1987, 2739.
[18] BGH FamRZ 1988, 265 = NJW 1988, 2369.
[19] Vgl BGH FamRZ 1999, 708 = NJW 1999, 1547; FamRZ 1987, 691 = NJW 1987, 2739.

§ 1572

dingt[1], dh er besteht auch dann, wenn die Erkrankung bereits bei Eheschließung vorlag. Beim Einsatzzeitpunkt erfolgt auch hier eine Ausweitung auf den Anschlussunterhalt an Zeiten der Kinderbetreuung und Aufstockungs-, aber auch für Ausbildungsunterhalt.

II. Anspruchsvoraussetzungen

2   1. **Krankheitsbedingte Erwerbsunfähigkeit.** Die **Ursächlichkeit der Erkrankung** für einen Unterhaltsanspruch nach § 1572 setzt voraus, dass wegen einer konkreten Erkrankung keine reale Beschäftigungschance besteht[2]. Das ist bei bloßen **Erwerbsbehinderungen** zB wegen degenerativer altersmäßiger Veränderungen nicht automatisch der Fall. Diese schließen zwar regelmäßig schwere körperliche Arbeiten, aber nicht leichtere voll- oder halbschichtige Tätigkeiten ohne schweres Heben und Tragen aus[3]. Deshalb kann ggf auch die **Pflicht zu einer Teilzeitbeschäftigung** in Betracht kommen. Allerdings muss wegen § 1574 Abs 2 die auszuübende Tätigkeit angemessen sein, braucht es aber auch nur, so dass die Unmöglichkeit des früheren Berufs wegen Erkrankung eine zumutbare andere Tätigkeit nicht ausschließt.

3   2. **Maßgebliche Erkrankungen.** Der **Begriff der Krankheit** entspricht dem im Sozialversicherungs- und Beamtenrecht (§ 42 Abs 1 BBG)[4] und ist entsprechend auszulegen. **Alkoholsucht** und **Medikamentenabhängigkeit** können, müssen aber nicht als Krankheit iS von § 1572 anzusehen sein[5]. Das kann auch für erhebliches Übergewicht[6] oder andere durch die eigene Lebensführung herbeigeführte Krankheiten gelten, denn es kommt für den Krankheitsbegriff nicht darauf an, ob die Krankheit verschuldet ist[7]. Eine Einschränkung ergibt sich dann aber möglicherweise bei Verletzung der Obliegenheit zur Behandlung (Rn 4). Eine Erkrankung ist auch eine **seelische Störung.** Die Notwendigkeit, bestimmte Fälle der **Rentenneurose** nicht zu honorieren, stellt sich auch im Unterhaltsrecht. Die Störung ist unterhaltserheblich, wenn sie so übermächtig ist, dass sie auch nach Aberkennung eines (lebenslangen) Unterhaltsanspruchs nicht überwunden werden kann[8]. Der Bezug einer **Erwerbsunfähigkeitsrente** indiziert die Voraussetzungen eines Anspruchs auf Krankheitsunterhalt[9].

4   3. **Obliegenheit zur Behandlung und Information.** Den Unterhaltsberechtigten trifft eine Obliegenheit, die Krankheit behandeln zu lassen[10]. Bei Alkohol- und Tablettenabhängigkeit oder anderen Suchtkrankheiten müssen daher **Entziehungskuren** gemacht werden. Wird das unterlassen, kann § 1579 Nr 4 eingreifen[11]. Der Berechtigte ist verpflichtet, den Verpflichteten **ausreichend** über die Krankheit und die Behandlung **zu unterrichten**[12].

5   Hat der Unterhaltsberechtigte seine Erkrankung bis zur Eheschließung **verschwiegen,** kann ein Verwirkungsgrund nach § 1579 Nr 7 und 8 eingreifen[13].

III. Einsatzzeitpunkt

6   Maßgeblicher Zeitpunkt für die Erkrankung ist neben der Scheidung die Beendigung bzw der Wegfall der Pflege oder Erziehung eines gemeinschaftlichen Kindes, der Aus- und Fortbildung oder der Voraussetzungen für einen Unterhaltsanspruch nach § 1573. Der Anschlussunterhalt erfordert, dass sich die Unterhaltstatbestände **lückenlos aneinanderreihen**[14].

7   Die Voraussetzungen für einen Unterhaltsanspruch nach § 1573 entfallen, wenn ohne die Erkrankung ein Arbeitsplatz zur Verfügung stünde bzw den vollen Unterhalt ermöglichte. Hat **der Berechtigte im Vertrauen fortgesetzter Unterhaltszahlung** die erforderlichen Erwerbsbemühungen unterlassen, kann der Verpflichtete sich nach § 242 darauf uU nicht berufen[15].

8   Maßgeblich für die **Beendigung der Pflege oder Erziehung** ist wie beim Betreuungsunterhalt der Betreuungsbedarf und **nicht die Volljährigkeit**[16].

9   Voraussetzung ist eine **objektive Erkrankung im Einsatzzeitpunkt** unabhängig davon, ob der Pflichtige dies wusste[17], oder der Ausbruch erst später eintritt[18]. Die Erkrankung muss aber im Einsatzzeitpunkt absehbar gewesen sein[19]. Außerdem ist ein naher zeitlicher Zusammenhang erforderlich[20].

---

[1] BGH NJW-RR 1995, 449 = FamRZ 1995, 1405.
[2] OLG Frankfurt FamRZ 1994, 1265.
[3] BGH FamRZ 1991, 170.
[4] BT-Drucks 7/650 S 124.
[5] OLG Hamm FamRZ 1989, 631; OLG Düsseldorf FamRZ 1987, 1262.
[6] OLG Köln FamRZ 1992, 66.
[7] *Kalthoener/Büttner/Niepmann* Rn 495.
[8] BGH NJW 1984, 1817.
[9] OLG Nürnberg FamRZ 1992, 682; OLG Brandenburg FamRZ 1996, 866 betr Querschnittslähmung.
[10] BGH NJW 1994, 1593.
[11] BGH FamRZ 1988, 375 = NJW 1988, 1147.
[12] OLG Schleswig FamRZ 1982, 1018.
[13] BGH FamRZ 1994, 566 = NJW 1994, 1286.
[14] BGH FamRZ 2001, 1292.
[15] BGH FamRZ 1960, 496 = NJW 1990, 2752.
[16] BGH FamRZ 1990, 260 = NJW 1990, 1172.
[17] BGH FamRZ 1981, 1165 = NJW 1982, 41.
[18] OLG Karlsruhe FamRZ 1994, 104.
[19] OLG Düsseldorf FamRZ 1993, 331.
[20] OLG Karlsruhe FamRZ 1994, 104.

IV. Inhalt

Der Anspruch geht auf vollen Unterhalt bzw auf die Differenz zur Höhe des Mehreinkommens aus einer Vollzeittätigkeit bei Teilerwerbsunfähigkeit. Bestand bei Beginn des Anschlussunterhalts nach § 1572 Nr 4 aufgrund eines weggefallenen früheren Anspruchsgrundes aber nur ein Anspruch auf einen Teil des vollen Bedarfs, so entsteht auch der Anspruch auf Anschlussunterhalt nur als solcher auf Teilunterhalt[21]. 10

Krankheitsbedingte Lohnersatzleistungen (Krankengeld und Renten) sind bedarfsmindernd anzurechnen. Um Nachteile eines noch nicht entschiedenen Rentenantrags zu vermeiden, kann der Verpflichtete dem Berechtigten ein Darlehen anbieten und gegen die Abtretung des Rentenanspruchs von der Rückzahlungsverpflichtung bei Ablehnung des Antrags freistellen. Für den Berechtigten besteht eine Obliegenheit zur Annahme des Angebots nach Treu und Glauben[22]. 11

Eine **Begrenzung** des Anspruchs ist in § 1572 selbst nicht vorgesehen, kann sich aber aus § 1578 b und bei Verletzung von Behandlungsobliegenheiten aus § 1579 ergeben. 12

V. Konkurrenzen

Ist ein geschiedener Ehegatte zu einer **nach § 1574 angemessenen Vollzeitbeschäftigung** in der Lage, so kann er nicht nach § 1572 Unterhalt verlangen, auch wenn ihm aufgrund gesundheitlicher Beeinträchtigungen eine bestimmte andere Erwerbstätigkeit, die höhere Einkünfte erbrachte, verschlossen ist. Ein Anspruch auf Teilunterhalt nach § 1572 kommt hingegen in Betracht, wenn der Berechtigte wegen der gesundheitlichen Beeinträchtigungen nur einer Teilzeitbeschäftigung nachgehen kann[23]. Der restliche Unterhaltsanspruch kann dann auf § 1573 Abs 2 beruhen[24]. Reichen die Einkünfte aus einer vollschichtigen Tätigkeit zum vollen Unterhalt iS von § 1578 nicht aus, so kommt insoweit allein ein Anspruch auf Aufstockungsunterhalt in Betracht[25], so dass die zeitliche Begrenzung nach § 1573 Abs 5 eingreifen kann. Neben dem Unterhaltsanspruch nach § 1572 können auch Ansprüche aus §§ 1570, 1571 und 1575 gleichzeitig bestehen. 13

VI. Prozessuale Fragen

Der Bedürftige hat die Darlegungs- und Beweislast für seine krankheitsbedingte Erwerbsunfähigkeit[26]. Für die Beweiserhebung, dass er nach einer schweren Erkrankung genesen ist, bedarf es eines substantiierten Sachvortrags des Verpflichteten[27]. 14

§ 1573 Unterhalt wegen Erwerbslosigkeit und Aufstockungsunterhalt

(1) Soweit ein geschiedener Ehegatte keinen Unterhaltsanspruch nach den §§ 1570 bis 1572 hat, kann er gleichwohl Unterhalt verlangen, solange und soweit er nach der Scheidung keine angemessene Erwerbstätigkeit zu finden vermag.

(2) Reichen die Einkünfte aus einer angemessenen Erwerbstätigkeit zum vollen Unterhalt (§ 1578) nicht aus, kann er, soweit er nicht bereits einen Unterhaltsanspruch nach den §§ 1570 bis 1572 hat, den Unterschiedsbetrag zwischen den Einkünften und dem vollen Unterhalt verlangen.

(3) Absätze 1 und 2 gelten entsprechend, wenn Unterhalt nach den §§ 1570 bis 1572, 1575 zu gewähren war, die Voraussetzungen dieser Vorschriften aber entfallen sind.

(4) ¹Der geschiedene Ehegatte kann auch dann Unterhalt verlangen, wenn die Einkünfte aus einer angemessenen Erwerbstätigkeit wegfallen, weil es ihm trotz seiner Bemühungen nicht gelungen war, den Unterhalt durch die Erwerbstätigkeit nach der Scheidung nachhaltig zu sichern. ²War es ihm gelungen, den Unterhalt teilweise nachhaltig zu sichern, so kann er den Unterschiedsbetrag zwischen dem nachhaltig gesicherten und dem vollen Unterhalt verlangen.

(5) (aufgehoben)

Schrifttum: *Dieckmann,* Zur Einschränkung des nachehelichen Unterhaltsanspruchs nach dem UÄndG für „Berufstätigenehen", FamRZ 1987, 981; *Gerhardt/Gutdeutsch,* Haushaltsführung und Kindesbetreuung in der Ehe – ein ungelöstes Problem?, FuR 1999, 241; *Heumann,* Beschränkung des Aufstockungsunterhalts nach langer Kinderbetreuung, Vorwirkungen der Reform – und Präklusion?, FamRZ 2007, 178; *Jacob,* Integrierte Berechnung von Haftungsverteilung und Aufstockungsunterhalt, FamRZ 1989, 924; *Maier,* Die Bemessung des Aufstockungsunterhalts, FamRZ 1992, 1381; ders, Vom Wert des Aufstockungsunterhalt, FamRZ 2005, 1509; *Strohal,* Der Vorruhestand im Unterhaltsrecht, FamRZ 1996, 197; *Wagner,* Anspruchskonkurrenzen beim Betreuungsunterhalt, NJW 1998, 3097.

---

[21] BGH FamRZ 2001, 1292.
[22] BGH FamRZ 1983, 574 = NJW 1983, 1481.
[23] BGH FamRZ 1991, 170 = NJW 1991, 224.
[24] BGH FamRZ 1993, 789 = NJW-RR 1993, 898; KG Berlin FamRZ 1992, 948; aA *Graba* FamRZ 1989, 562.
[25] BGH FamRZ 1995, 869 = NJW-RR 1995, 835; FamRZ 1993, 789; FamRZ 1991, 170 = NJW 1991, 224; KG FamRZ 1992, 948; OLG Düsseldorf FamRZ 1987, 1254.
[26] BGH FamRZ 2005, 1897 = NJW-RR 2005, 1450.
[27] BGH FamRZ 2005, 1897 = NJW-RR 2005, 1450.

§ 1573

Übersicht

	Rn		Rn
I. Normzweck	1	III. Einsatzzeitpunkt	12
II. Anspruchsvoraussetzungen	4	1. Zusammenhang mit der Scheidung	12
1. Arbeitslosenunterhalt	4	2. Herausschieben des zeitlichen Zusammenhangs	14
a) Fehlen einer angemessenen Erwerbstätigkeit	4	a) Anschlussunterhalt	14
b) Angemessene eigene Bemühungen	5	b) Nachhaltige Sicherung	15
2. Aufstockungsunterhalt	7		
a) Angemessene Erwerbstätigkeit	7	IV. Konkurrenzen	16
b) Einkommensdifferenz zum vollen Unterhalt	10	V. Prozessuale Fragen	18

I. Normzweck

1 § 1573 begründet einen Unterhaltsanspruch des Berechtigten trotz bestehender Erwerbsobliegenheit, wenn er keine angemessene Tätigkeit erhalten kann (**Arbeitslosenunterhalt**) oder trotz angemessener Tätigkeit die Einkünfte nicht für einen den ehelichen Lebensverhältnissen angemessenen Unterhalt ausreichen (**Aufstockungsunterhalt**). Der Anspruch ist gegenüber den anderen Ansprüchen aus eingeschränkter Erwerbsobliegenheit **subsidiär** (Rn 17).

2 Der in § 1573 vorausgesetzte Begriff der **angemessenen Erwerbstätigkeit** ist allerdings nicht in § 1573, sondern in § 1574 normiert.

3 Im Rahmen von § 1573 ist das **Arbeitsplatz- und Lebensstandardrisiko,** bei dem den Berechtigten die Obliegenheit zu einer angemessenen Ausbildung trifft (§ 1574 Abs 3). Da das nacheheliche Unterhaltsrecht vom Grundsatz der Eigenverantwortung ausgeht, stellt sich hier besonders die Frage, wie das Risiko der (teilweisen) oder nicht ausreichenden Erwerbstätigkeit zwischen den geschiedenen Ehegatten **angemessen verteilt** wird. Der BGH hat in seiner neueren Rspr den Aufstockungsunterhalt auf den **Ausgleich ehebedingter Nachteile** beschränkt[1]. Das Unterhaltsänderungsgesetz 1985 ermöglichte in Abs 5 eine zeitliche Befristung. Nach dem Gesetz zur Änderung des Unterhaltsrechts vom 21. 12. 2007 (BGBl I S 3189) wurde der bisherige Abs 5 mit § 1578 Abs 2 in einem neuen § 1578 b zusammengefasst, der sowohl die Einschränkung der Lebensstandgarantie wie die zeitliche Begrenzung des Unterhaltsanspruchs vorsieht (s Anm zu § 1587 b).

II. Anspruchsvoraussetzungen

4 **1. Arbeitslosenunterhalt. a) Fehlen einer angemessenen Erwerbstätigkeit.** Ob eine Erwerbstätigkeit angemessen ist, ist mit Bezug auf § 1574 zu beurteilen und grds unabhängig von einer Erwerbstätigkeit während der Ehe[2].

5 **b) Angemessene eigene Bemühungen.** Da im Rahmen des nachehelichen Unterhalts eine grds Erwerbsobliegenheit besteht, muss der Berechtigte sich in angemessener Weise um einen Arbeitsplatz bemüht haben. Ob er eine geeignete Stelle zu finden vermag, ist von den persönlichen Umständen (Alter, Ausbildung, Berufserfahrung und Gesundheitszustand) und den objektiven Verhältnissen auf dem Arbeitsmarkt abhängig[3]. Dem Berechtigten kommt dabei nicht die Beweiserleichterung des § 287 Abs 2 ZPO zugute[4], er hat vielmehr die Darlegungslast dafür, welche Schritte er iE unternommen hat, einen zumutbaren Arbeitsplatz zu finden[5].

6 Für die entsprechenden Obliegenheiten gelten insoweit die gleichen Maßstäbe wie bei § 1361 Rn 50 ff. **Leichtfertig und schuldhaft unterlassene Bewerbungsbemühungen** lassen den Anspruch entfallen.

7 **2. Aufstockungsunterhalt. a) Angemessene Erwerbstätigkeit.** Der in Abs 2 geregelte Aufstockungsunterhalt bezweckt, den geschiedenen Ehegatten den in der Ehe erreichten **Lebensstandard nach der Scheidung** zu erhalten[6]. Das ist grds wie auch das Anknüpfen an die wirtschaftlichen Mittel im Augenblick der Scheidung[7] **verfassungsmäßig**[8].

8 Voraussetzung des Aufstockungsunterhalts ist auch, dass der geschiedene Ehegatte **bereits** eine angemessene Erwerbstätigkeit **ausübt**[9] und nicht aufgrund eines anderen Tatbestands Anspruch auf vollen Unterhalt hat[10]. Insoweit geht auch ein Anspruch nach Abs 1 und 3 dem nach Abs 2 vor[11].

---

[1] BGH FamRZ 2007, 793, 799.
[2] BGH FamRZ 1980, 126 = NJW 1980, 393.
[3] BGH FamRZ 1987, 144 = NJW 1987, 898; FamRZ 1987, 691 = NJW 1987, 2739; FamRZ 1986, 244 = NJW 1986, 718; OLG Hamm FamRZ 1992, 63.
[4] BGH FamRZ 1986, 885 = NJW 1986, 3080.
[5] BGH FamRZ 1996, 345 = NJW 1996, 517.
[6] BGH FamRZ 1982, 360 = NJW 1982, 1869.
[7] BGH FamRZ 1993, 171 = NJW 1993, 2926; NJW 1981, 745.
[8] BVerfG FamRZ 1983, 171.
[9] BGH FamRZ 1982, 360 = NJW 1982, 1869.
[10] BGH FamRZ 1988, 701 = NJW 1988, 2034; FamRZ 1988, 265 = NJW 1988, 2369; NJW 1987, 257.
[11] BGH FamRZ 1988, 265; FamRZ 1988, 701.

Die Vorschrift wird **analog** angewendet, wenn der Berechtigte keiner angemessenen Erwerbstätigkeit nachgeht, deren Einkünfte aber auch nicht zum angemessenen Bedarf ausreichen würden. Verletzt er seine Erwerbsobliegenheit, erreicht aber aus seiner Erwerbstätigkeit und der fiktiven Tätigkeit nicht den vollen Unterhalt, besteht gleichwohl Anspruch auf Aufstockungsunterhalt[12]. 9

b) Einkommensdifferenz zum vollen Unterhalt. Übt der Berechtigte bereits eine angemessene Tätigkeit aus und ist aus gesundheitlichen Gründen an höheren Einkünften gehindert, kommt nur ein Anspruch auf Aufstockungsunterhalt in Betracht[13]. 10

Der BGH hat in seiner neueren Rspr den Aufstockungsunterhalt auf den Ausgleich ehebedingter Nachteile beschränkt[14]. Der Aufstockungsunterhalt soll auch **nicht geringfügige Einkommensunterschiede ausgleichen**[15]. Nach der Rspr des BGH ist dies eine Frage des Einzelfalls[16], zT wird ein Mindestbetrag angenommen[17]. 11

III. Einsatzzeitpunkt

1. Zusammenhang mit der Scheidung. Voraussetzung ist grds, dass der Anspruch im Zeitpunkt der Scheidung besteht, und nur ausnahmsweise später[18]. Dass der Anspruch erst später geltend gemacht wird, ist ohne Bedeutung[19]. 12

Die Erwerbslosigkeit muss nicht eine Folge der Ehe sein[20], wohl aber in einem gewissen zeitlichen Zusammenhang mit der Scheidung stehen[21]. Sie kann schon in der Ehe bestanden haben oder daraus resultieren, dass nach der Scheidung eine nicht angemessene Tätigkeit aufgegeben wurde[22]. 13

2. Herausschieben des zeitlichen Zusammenhangs. a) Anschlussunterhalt. Der zeitliche Zusammenhang mit der Scheidung wird beim Arbeitslosen- und Aufstockungsunterhalt durch die ausdrücklich genannten Anschlusstatbestände der §§ 1570 bis 1572 und 1575 herausgeschoben. Im Wege des Umkehrschlusses gilt dies allerdings nicht bei nachhaltiger Sicherung des Unterhalts, da mit dieser der Unterhaltsanspruch erloschen ist[23]. Zu den Voraussetzungen der Nachhaltigkeit vgl Rn 15 f. 14

b) Nachhaltige Sicherung. Der Einsatzzeitpunkt wird nach Abs 4 auch dadurch herausgeschoben, dass der Anspruch nach § 1573 wieder auflebt, wenn er **nicht nachhaltig gesichert** wurde. Die nachhaltige Sicherung bezieht sich nicht auf den Arbeitsplatz, sondern nur den Unterhalt[24]. Abs 4 dient nur der Klarstellung, dass der geforderte Einsatzzeitpunkt bei nicht nachhaltiger Sicherung gewahrt bleibt und enthält keinen allgemeinen unterhaltsrechtlichen Grundsatz des Nichtwiederauflebens bei nicht nachhaltiger Sicherung[25]. Erfasst werden alle Fälle, in denen eine Erwerbstätigkeit vor oder während der Trennung oder auch erst nach der Scheidung aufgenommen wurde[26]. Der frühestmögliche Zeitpunkt der Beurteilung der nachhaltigen Sicherung ist die Scheidung[27]. 15

IV. Konkurrenzen

Für die **Nachhaltigkeit** spricht der **Zeitablauf** und die **Sicherheit des Arbeitsplatzes** unabhängig von der wirtschaftlichen Gesamtentwicklung. So wurde die Nachhaltigkeit bei dreijähriger[28] bzw vierjähriger[29] Berufstätigkeit, aber auch bei unerwarteter Insolvenz[30] bejaht, während sie während der Probezeit[31] und bei zeitlicher Begrenzung des Arbeitsverhältnisses (ABM-Maßnahme)[32] verneint wurde. Folgerichtig wurde sie auch trotz fünfjähriger Tätigkeit verneint, wenn abzusehen war, dass bis zum Eintritt des Rentenalters kein ausreichendes Altersruhegeld erzielt werden konnte[33] und bei Versorgungsleistungen für einen neuen Lebensgefährten, da darauf kein Rechtsanspruch besteht[34]. Praktisch beachtet werden sollte auch die Ablehnung einer nachhaltigen Sicherung bei Verlust einer Vollzeitstelle 16

---

[12] BGH FamRZ 1990, 499 = NJW 1990, 1477; FamRZ 1990, 979 = NJW-RR 1990, 578.
[13] BGH FamRZ 1991, 170.
[14] BGH FamRZ 2007, 793 m Anm *Büttner*.
[15] OLG Düsseldorf FamRZ 1996, 947: Unterschied unter 100 DM.
[16] BGH FamRZ 1984, 988.
[17] OLG München FamRZ 1997, 425; OLG Düsseldorf FamRZ 1996, 947.
[18] BGH NJW 1983, 2321.
[19] BGH FamRZ 2005, 1817 = NJW-RR 2005, 3277.
[20] BGH FamRZ 1980, 126 =NJW 1980, 393.
[21] BGH NJW 1987, 2229.
[22] BGH FamRZ 1985, 53 = NJW 1985, 430.
[23] BGH FamRZ 1985, 791 = NJW 1985, 1699.
[24] BGH FamRZ 1985, 53 = NJW 1985, 430.
[25] BGH FamRZ 1987, 689 = NJW 1987, 3129.
[26] BGH FamRZ 1985, 53 = NJW 1985, 430.
[27] *Palandt/Brudermüller* Rn 26.
[28] AG Hamburg FamRZ 1995, 1234.
[29] OLG Bamberg FamRZ 1997, 819.
[30] BGH FamRZ 1985, 1234.
[31] BGH FamRZ 1985, 1234.
[32] OLG Frankfurt FamRZ 1987, 1042.
[33] OLG Koblenz FamRZ 1986, 471 = NJW-RR 1986, 555.
[34] BGH FamRZ 1987, 689 = NJW 1987, 3129.

§ 1574

nach Aufgabe einer Teilzeittätigkeit auf Verlangen des Unterhaltsverpflichteten, wenn anschließend dann auch keine Teilzeittätigkeit mehr gefunden wird[35].

17 Da ein Anspruch nach § 1573 das Bestehen einer Erwerbsobliegenheit voraussetzt, ist er gegenüber allen nachehelichen Unterhaltsansprüchen, die die Erwerbsobliegenheit einschränken, **subsidiär**. Das sind nicht nur die ausdrücklich genannten §§ 1570 bis 1572, sondern auch § 1573 Abs 1 und 4[36], § 1575 und § 1576[37]. Mit einer Ausbildungsobliegenheit nach § 1574 Abs 3 ist ein Anspruch nach § 1573 dagegen vereinbar[38]. Bei Teilerwerbstätigkeit nach den §§ 1570 bis 1572 kommt ein ergänzender Anspruch nach § 1573 Abs 2 zum vollen Unterhalt in Betracht[39]. Übt der Berechtigte bereits eine angemessene Tätigkeit aus und ist aus gesundheitlichen Gründen an höheren Einkünften gehindert, kommt nur ein Anspruch auf Aufstockungsunterhalt in Betracht[40]. Die Erwerbslosigkeit als Folge der Erwerbsunfähigkeit fällt nicht unter § 1573, sondern unter § 1572[41] und unterliegt deshalb auch nicht den Einschränkungen des Abs 5[42].

V. Prozessuale Fragen

18 Sind die Gründe für eine zeitliche Begrenzung im Zeitpunkt der letzten mündlichen Verhandlung absehbar, können sie nicht nachträglich mit einer Abänderungsklage[43], in keinem Fall durch Vollstreckungsgegenklage[44] geltend gemacht werden.

§ 1574 Angemessene Erwerbstätigkeit

(1) Dem geschiedenen Ehegatten obliegt es, eine angemessene Erwerbstätigkeit auszuüben.

(2) Angemessen ist eine Erwerbstätigkeit, die der Ausbildung, den Fähigkeiten, einer früheren Erwerbstätigkeit, dem Lebensalter und dem Gesundheitszustand des geschiedenen Ehegatten entspricht, soweit eine solche Tätigkeit nicht nach den ehelichen Lebensverhältnissen unbillig wäre. Bei den ehelichen Lebensverhältnissen sind die Dauer der Ehe und die Dauer der Pflege oder Erziehung eines gemeinschaftlichen Kindes zu berücksichtigen.

(3) Soweit es zur Aufnahme einer angemessenen Erwerbstätigkeit erforderlich ist, obliegt es dem geschiedenen Ehegatten, sich ausbilden, fortbilden oder umschulen zu lassen, wenn ein erfolgreicher Abschluss der Ausbildung zu erwarten ist.

I. Normzweck

1 § 1574 normiert den Umfang der **nachehelichen Erwerbsobliegenheit** am Maßstab der angemessenen Erwerbstätigkeit. Als Folge der nachehelichen Eigenverantwortung sind deren Maßstäbe strenger als beim Trennungsunterhalt[1] und durch das Unterhaltsänderungsgesetz vom 21. 12. 2007 (BGBl I S 3189) im Hinblick auf die nacheheliche Eigenverantwortung durch den ausdrücklichen Hinweis auf die **Obliegenheit** zu einer angemessenen Erwerbstätigkeit in Abs 1, die Aufnahme des Merkmals einer früheren Erwerbstätigkeit als angemessen und die Berücksichtigung der **Unbilligkeit** beim insgesamt geltenden Maßstab der ehelichen Lebensverhältnisse verschärft worden. Sie gelten grds für beide Ehegatten und haben Folgen sowohl für die Bedarfsberechnung (§ 1578) als auch für die Begründung eines Unterhaltsanspruchs im Rahmen des § 1573. Werden Erwerbsobliegenheiten verletzt, führt dies idR zur Anrechnung fiktiver Einkünfte, ggf zu einer Einschränkung des Unterhaltsanspruchs nach § 1579 Nr 4. Bei einer unangemessen überobligatorischen Tätigkeit wird von den Einkünften nur der **unterhaltsrelevante Anteil** bei der Bedarfsfeststellung berücksichtigt. Ein darüber hinausgehendes Einkommen bleibt bei der Unterhaltsermittlung vollständig unberücksichtigt[2].

2 Zusätzlich zum Maßstab der Erwerbsobliegenheit begründet Abs 3 eine der angemessenen Erwerbstätigkeit entsprechende **Ausbildungsobliegenheit**.

II. Maßstäbe der angemessenen Erwerbstätigkeit

3 **1. Grundsätze.** § 1574 reflektiert die schwierige Gratwanderung zwischen nachehelicher Selbstverantwortung und der auch hier nachwirkender ehelicher Solidarität. Diese bindet die Angemessen-

---

[35] OLG Schleswig NJW-RR 1993, 837.
[36] BGH FamRZ 1988, 701 = NJW 1988, 2034.
[37] BGH FamRZ 1988, 265 = NJW 1988, 2369; FamRZ 1988, 927 = NJW-RR 1988, 1218.
[38] BGH FamRZ 1987, 795 = NJW 1987, 2233.
[39] BGH FamRZ 1999, 708 = NJW 1999, 1547.
[40] BGH FamRZ 1991, 170.
[41] BGH FamRZ 1988, 927 = NJW-RR 1988, 1218.
[42] OLG Nürnberg FamRZ 1992, 683.
[43] BGH FamRZ 2000, 1499 m Anm *Gottwald*.
[44] BGH FamRZ 2001, 905.
[1] BGH FamRZ 1989, 1160 = NJW 1989, 2809; FamRZ 1981, 242 = NJW 1981, 978.
[2] BGH FamRZ 2005, 1817 = NJW 2005, 327; FamRZ 2005, 1154 = NJW 2005, 2145; FamRZ 2006, 846, 848.

heit der Erwerbstätigkeit neben der Ausbildung, den Fähigkeiten, dem Lebensalter und dem Gesundheitszustand jetzt auch an eine frühere Erwerbstätigkeit, soweit sie nach dem Maßstab der ehelichen Lebensverhältnisse nicht unbillig sind. Dabei sind die Dauer der Ehe und der Pflege oder Erziehung eines gemeinschaftlichen Kindes nochmals ausdrücklich hervorgehoben. Sowohl bei der Auslegung dieser Begriffe wie ihrer gegenseitigen Zuordnung[3] hat im Rahmen der Angemessenheit **eine umfassende Abwägung** stattzufinden[4]. Als angemessen kommt **nicht allein eine der Ausbildung entsprechende Tätigkeit** in Betracht. Vielmehr sind **sämtliche Umstände** vom **Tatrichter** zu würdigen[5].

Trotz der Vielzahl der damit in Bezug genommenen Einzelelemente und einer entsprechend bunt wuchernden Kasuistik lassen sich einige **systematische Eckpunkte** zur Beurteilung der Angemessenheit markieren. Das sind insbes mit Bezug auf die ehelichen Lebensverhältnisse der soziale Status[6], im Hinblick auf das Verfassungsrecht die Freiheit der Berufswahl[7] und schließlich unter Berücksichtigung des Arbeitsmarktes die realen Beschäftigungschancen[8], deren Berücksichtigung am Maßstab der ehelichen Lebensverhältnisse allerdings nach dem Unterhaltsänderungsgesetz nicht unbillig sein darf. Diese mit zunehmenden Zeitablauf unter Umständen gegenläufigen Gesichtspunkte sollten daher bei der Angemessenheit einer Erwerbstätigkeit auch **gegeneinander abgewogen** werden. Demgegenüber hängt die Angemessenheit einer Erwerbstätigkeit nicht davon ab, ob die Einkünfte den vollen Unterhalt decken[9], da ggf ein Anspruch auf Aufstockungsunterhalt besteht. Auch die Aufnahme von **zwei Teilzeitbeschäftigungen** kann angemessen sein[10]. 4

2. Die einzelnen Elemente. a) Ausbildung. Die Erwerbstätigkeit in einem **bereits ausgeübten Beruf** ist grds immer angemessen, kann aber durch die gestiegenen Lebensverhältnisse eingeschränkt werden. Auch eine Tätigkeit unterhalb des Ausbildungsniveaus kann angemessen sein, wenn sich die Tätigkeit auf **qualitativ gleicher Ebene** bewegt wie die Tätigkeit einer ausgebildeten Kindergärtnerin in gehobenem Einrichtungshaus[11]. Das gilt aber nicht bei einer **untergeordneten Aushilfstätigkeit**[12]. Bei einer schon länger zurückliegenden Ausbildung ist der Verweis auf eine ungelernte Tätigkeit unzulässig[13] und kann die Entscheidung für eine andere angemessene Ausbildung rechtfertigen[14]. 5

b) Fähigkeiten. Die Fähigkeiten können **ohne** und **innerhalb einer Ausbildung** eine Rolle spielen. So kann für eine 42jährige Mutter von zwei erwachsenen Kindern, die über keine Berufsbildung verfügt, ein sozialpflegerischer Beruf als Kindererzieherin oder Schwesternhelferin angemessen[15] und unabhängig von der Ausbildung die Aufnahme einer Berufstätigkeit nach zB künstlerischen Fähigkeiten angemessen sein[16]. Unangemessen kann dagegen eine Tätigkeit sein, die zwar materiell ausreichen würde, aber keine angemessene Entfaltung der Kenntnisse und Fähigkeiten ermöglicht[17]. 6

c) Frühere Erwerbstätigkeit. Die Erwerbstätigkeit in einem bereits ausgeübten Beruf ist grds immer angemessen[18]. Ein Ehegatte, der während der Ehe über eine mehrjährigen Zeitraum hinweg eine geringer qualifizierte Tätigkeit ausgeübt hat, kann keinen Unterhalt wegen einer höheren Berufsqualifikation fordern[19]. 7

d) Lebensalter. Das Lebensalter als Maßstab der Angemessenheit lässt sich nicht absolut bestimmen. Vielmehr muss die konkret in Aussicht genommene Arbeit noch altersangemessen sein[20]. Wegen der Umstellungsschwierigkeiten kann bei einer erstmaligen Berufsausübung die Altersgrenze niedriger anzusetzen sein[21]. Der Maßstab des Lebensalters korrespondiert iÜ weitgehend der Einschränkung der Erwerbsobliegenheit beim Altersunterhalt in § 1571 (vgl dort). 8

e) Gesundheitszustand. Bezüglich des Gesundheitszustands kommt es darauf an, ob die konkret in Betracht kommende Berufstätigkeit gesundheitlich bewältigt werden kann[22]. Das ist zB bei einer Altenpflegerin, die an einem mit Bandscheibenschaden leidet, zu verneinen. Für Frauen, die nur stundenweise leichte Tätigkeiten ausüben können, kommen vor allem Arbeiten im Haushalt und in der 9

---

[3] BGH FamRZ 1986, 1085 = NJW-RR 1987, 196.
[4] BGH FamRZ 1991, 416 = NJW 1991, 1049.
[5] BGH FamRZ 2005, 23 = NJW 2005, 61.
[6] BGH FamRZ 1984, 501 = NJW 1984, 1685.
[7] BGH FamRZ 1988, 1145 = NJW-RR 1988, 1282.
[8] BGH FamRZ 1987, 912.
[9] BGH NJW 1985, 1695.
[10] BGH FamRZ 2007, 200, 202.
[11] BGH FamRZ 1991, 416 = NJW 1991, 1049.
[12] BGH FamRZ 1991, 416 = NJW 1991, 1049; NJW-RR 1992, 1282; OLG Hamm FamRZ 1992, 1184; OLG Koblenz FamRZ 1993, 199.
[13] Kalthoener/Büttner/Nießmann Rn 460.
[14] BGH FamRZ 1988, 1145 = NJW-RR 1988, 1282.
[15] MünchKommBGB/Richter Rn 7.
[16] Kalthoener/Büttner/Niepmann Rn 461.
[17] BGH FamRZ 1984, 988.
[18] Begr, BT-Drucks 16/1830 S 17 zu Nr 7.
[19] BGH FamRZ 2005, 23.
[20] Kalthoener/Büttner/Niepmann Rn 462.
[21] Vgl OLG Zweibrücken FamRZ 1983, 1138.
[22] BGH FamRZ 1986, 1085 = NJW-RR 1987, 196.

§ 1574

Kinderbetreuung in Betracht[23]. Allerdings ist zu berücksichtigen, dass solche Stellen fast ausschließlich auf der Basis sozialversicherungsfreier Arbeit angeboten werden. Die Verweisung auf mehrere solcher Stellen ist umstritten[24].

10 **3. Keine Unbilligkeit nach den ehelichen Lebensverhältnissen. a) Gesetzliche Systematik.** Während die ehelichen Lebensverhältnisse bislang ein weiteres Merkmal für die Beurteilung der Angemessenheit einer Erwerbstätigkeit bildeten, sind sie nach der durch das Unterhaltsänderungsgesetz neu formulierten Systematik des § 1574 Abs 2 ein für alle Tätigkeiten geltender Bezugspunkt, an dem gemessen sie nicht unbillig sein dürfen. Da durch die Neufassung die nacheheliche Eigenverantwortung verstärkt werden soll[25], kann dies nur bedeuten, dass der bisherige Maßstab der ehelichen Lebensverhältnisse durch den Bezug auf die Unbilligkeit relativiert wird. Systematisch wird der **Begriff der Unbilligkeit** bei den Einschränkungen des Unterhaltsanspruchs nach § 1587 b verwendet (§ 1578 b Rn 4 ff).

11 **b) Eheliche Lebensverhältnisse.** Für den Maßstab der ehelichen Lebensverhältnisse bildet nach der bisherigen Rspr der **soziale Status** einen systematischen Bezugspunkt. Durch seine Bezugnahme auf die Unbilligkeit durch das Unterhaltsänderungsgesetz wird dieser Maßstab relativiert[26]. Insoweit ist auch die bisherige Rspr zur Bedeutung des sozialen Status zu relativieren. Danach kommt es nicht darauf an, durch wessen Erwerbstätigkeit der gemeinsame soziale Status geschaffen wurde[27]. Es kommt auch nicht nur auf die Einkommensverhältnisse, sondern auf den in der Ehe erreichten qualitativen beruflichen und sozialen Status an. Bei guten Verhältnissen ist daher eine Verweisung des Bedürftigen auf eine seit Jahren nicht ausgeübte und erheblich unter dem Lebenszuschnitt der Ehe liegende Tätigkeit unangemessen (so die Verweisung einer Kindergärtnerin nach 23jähriger Ehe auf die Tätigkeit als Verkaufshilfe[28], die Verweisung der Ehefrau eines Bäckermeisters mit mehreren Filialen auf eine Angestelltentätigkeit[29], die Verweisung einer Erzieherin als Ehefrau eines Diplom-Ingenieurs auf eine Tätigkeit als Telefonistin[30] und die Verweisung der Ehefrau eines Oberarztes nach 20jähriger Ehe auf „leichte Frauenarbeit")[31].

12 Mit Bezug auf den sozialen Status wesentlich ist auch, ob die Tätigkeit Selbständigkeit und Gestaltungsmöglichkeiten bietet, die dem erreichten sozialen Status entsprechen. Für zumutbar gehalten wird die selbständige Verkaufstätigkeit in gehobenem Einrichtungshaus für ausgebildete Kindergärtnerin[32], das Dolmetschen für die Ehefrau eines Oberstudiendirektors[33] und eine eigenständige gehobene Tätigkeit für eine ehemalige Bankangestellte[34]. Dem sozialen Status entspricht auch nicht der Verweis auf den erlernten Beruf, wenn während der Ehe eine qualifiziertere Ausbildung erreicht worden ist[35], zB bei der Fortsetzung des ohne vorherige Ausbildung in der Ehe begonnenen Psychologiestudiums kurz vor dessen Ende[36]. Umgekehrt können sehr **einfache eheliche Lebensverhältnisse** die Übernahme von einfachen Hilfstätigkeiten zumutbar machen, auch wenn der Berechtigte eine Berufsausbildung hat, in seinem Beruf aber keine Arbeit finden kann[37]. Unabhängig vom sozialen Status in der Ehe ist die Fortsetzung einer früheren Erwerbstätigkeit, die auch während der Ehe trotz guter Verhältnisse ausgeübt wurde, stets zumutbar[38].

13 Bezüglich der Dauer der Ehe muss der Unterhaltspflichtige die lebensmäßigen Konsequenzen aus einem langjährigen von ihm mitverantworteten und mitgenutzten Zustand für die Zukunft mittragen[39]. Bei langer Ehedauer verengt sich der Kreis der als angemessen in Betracht kommenden Tätigkeiten weiter[40], so dass die übrigen Merkmale nachrangig sein – oder jedenfalls in der Auslegung beeinflusst werden. So muss eine 48jährige Ehefrau nach 25jähriger Ehe mit einem Professor nicht in ihren erlernten Beruf als Verkäuferin zurückkehren[41]. Dagegen wird bei kurzer Ehedauer die Rückkehr in den früher ausgeübten Beruf für angemessen gehalten[42]. Dass nach sechsjähriger Ehe die Verweisung der Frau eines Fabrikanten auf ungelernte oder angelernte Arbeit nicht zumutbar ist[43], dürfte aber ebenso auf den erreichten sozialen Status zurückzuführen sein.

---

[23] *Kalthoener/Büttner/Niepmann* Rn 463.
[24] *Kalthoener/Büttner/Niepmann* Rn 466, gegen OLG Hamm FamRZ 1994, 966; OLG Schleswig FamRZ 1993, 72.
[25] Begr, BT-Drucks 16/1830 S 20.
[26] Begr, BT-Drucks 16/1830 S 22.
[27] BGH FamRZ 1992, 454; NJW-RR 1992, 1282.
[28] BGH NJW-RR 1992, 1282.
[29] BGH FamRZ 1988, 1145 = NJW-RR 1988, 1282.
[30] OLG Koblenz FamRZ 1990, 751.
[31] OLG Hamm FamRZ 1983, 181.
[32] BGH FamRZ 1991, 416 = NJW 1991, 1049.
[33] BGH NJW 1996, 985.
[34] OLG Koblenz FamRZ 1993, 199.
[35] BGH FamRZ 1980, 126 = NJW 1980, 393 = JR 1980, 200 m Anm *Mutschler*; FamRZ 1981, 439.
[36] OLG Hamm FamRZ 1980, 1123.
[37] OLG Hamm FamRZ 1988, 840.
[38] OLG Celle FamRZ 1980, 581; OLG Köln FamRZ 1980, 1006; vgl auch BGH FamRZ 1981, 1159 = NJW 1981, 2804.
[39] BGH FamRZ 1983, 144 = NJW 1983, 1483.
[40] BGH FamRZ 1991, 416 = NJW 1991, 1049.
[41] BGH FamRZ 1983, 144 = NJW 1983, 1483.
[42] OLG Hamm FamRZ 1980, 258.
[43] OLG Schleswig FamRZ 1982, 703; vgl auch OLG Hamm FamRZ 1993, 970.

Bezüglich der Kinderbetreuung gelten grds und spiegelbildlich die gleichen Maßstäbe wie beim Betreuungsunterhalt (§ 1570). 14

III. Ausbildungsobliegenheit

Aus Abs 3 ergibt sich für den Ehegatten, der keine angemessene Erwerbstätigkeit zu finden vermag, eine Verpflichtung zu einer entsprechenden Ausbildung, Fortbildung oder Umschulung. Sie muss für eine angemessene Erwerbstätigkeit erforderlich sein[44] und begründet einen Unterhaltsanspruch nach § 1573[45]. Daneben kann ein ergänzender Anspruch auf Aufstockungsunterhalt bestehen[46]. 15

Die **Verletzung** der Ausbildungsobliegenheit kann zur **Kürzung des Anspruchs** nach § 1579 führen (vgl dort). 16

§ 1575 Ausbildung, Fortbildung oder Umschulung

(1) ¹Ein geschiedener Ehegatte, der in Erwartung der Ehe oder während der Ehe eine Schul- oder Berufsausbildung nicht aufgenommen oder abgebrochen hat, kann von dem anderen Ehegatten Unterhalt verlangen, wenn er diese oder eine entsprechende Ausbildung sobald wie möglich aufnimmt, um eine angemessene Erwerbstätigkeit, die den Unterhalt nachhaltig sichert, zu erlangen und der erfolgreiche Abschluss der Ausbildung zu erwarten ist. ²Der Anspruch besteht längstens für die Zeit, in der eine solche Ausbildung im allgemeinen abgeschlossen wird; dabei sind ehebedingte Verzögerungen der Ausbildung zu berücksichtigen.

(2) Entsprechendes gilt, wenn sich der geschiedene Ehegatte fortbilden oder umschulen lässt, um Nachteile auszugleichen, die durch die Ehe eingetreten sind.

(3) Verlangt der geschiedene Ehegatte nach Beendigung der Ausbildung, Fortbildung oder Umschulung Unterhalt nach § 1573, so bleibt bei der Bestimmung der ihm angemessenen Erwerbstätigkeit (§ 1574 Abs. 2) der erreichte höhere Ausbildungsstand außer Betracht.

I. Normzweck

§ 1575 gibt dem Berechtigten einen **nachehelichen Anspruch auf eine Aus- und Fortbildung**, die in der Ehe nicht realisiert werden konnte. Da **nur ehebedingte Nachteile ausgeglichen** werden sollen, setzt der Anspruch nicht voraus, dass ohne die Ausbildung keine angemessene Erwerbstätigkeit ausgeübt werden könnte[1]. Die praktische Bedeutung der Vorschrift ist bisher gering geblieben. 1

II. Anspruchsvoraussetzungen

1. Ehebedingte Ausbildungsnachteile. Ein Anspruch auf Ausbildungsunterhalt besteht, wenn der Berechtigte wegen der Ehe eine Ausbildung überhaupt nicht begonnen oder wenn er sie abgebrochen hat. Erforderlich ist nicht, dass die **Ehe der einzige Grund** dafür war. Die Kausalität setzt aber eine Konkretisierung der Ausbildungsplanung voraus[2]. Ein bloßer Ausbildungswunsch reicht dafür nicht aus[3]. Ein **Abbruch vor der Ehe** muss durch diese verursacht sein. Das ist daher nicht der Fall, wenn die Parteien sich noch nicht kannten oder noch keine Heiratsabsicht hatten. Bei einem **Abbruch während der Ehe** muss diese dagegen nicht ursächlich gewesen sein, so dass auch ein Abbruch wegen Krankheit und auch Unzufriedenheit mit der Ausbildung ausreicht[4]. 2

2. Anforderungen an die Ausbildung. a) Ausbildung oder Fortbildung. Die **Ausbildung** muss der abgebrochenen Ausbildung **gleichwertig** sein[5]. Sie setzt ein **Ausbildungsverhältnis** voraus. Die Ausübung einer selbständigen Tätigkeit reicht daher auch dann nicht, wenn danach eine Prüfung abgelegt werden kann[6]. Nach Abs 2 besteht ein Anspruch nicht nur im Hinblick auf eine Ausbildung, sondern auch für eine **Fortbildung**[7] oder **Umschulung**. Die Begriffe entsprechen denen des §§ 87, 92 Abs 3 SGB III (früher §§ 41 Abs 1, 47 Nr 1 AFG)[8]. Sie setzen daher eine abgeschlossene Berufsausbildung voraus und schließen ein Hoch- oder Fachschulstudium aus[9]. 3

---

[44] BGH NJW 1984, 1685.
[45] BGH FamRZ NJW 1985, 782 = NJW 1985, 1695.
[46] BGH FamRZ 1988, 297.
[1] BGH FamRZ 1987, 795 = NJW 1987, 2233.
[2] OLG Frankfurt FamRZ 1985, 712.
[3] OLG Frankfurt FamRZ 1995, 879.
[4] BGH FamRZ 1985, 782 = NJW 1985, 1695.
[5] OLG Schleswig SchlHA 1984, 163.
[6] BGH FamRZ 1987, 795, 797 = NJW 1987, 2233.
[7] BGH FamRZ 1986, 553 = NJW 1986, 985.
[8] BGH FamRZ 1987, 795 = NJW 1987, 2233; *Stollenwerk* S 86.
[9] BGH FamRZ 1987, 795 = NJW 1987, 2233.

4   Ein Anspruch auf **Umschulungsunterhalt** setzt voraus, dass wegen der Weiterentwicklung des Arbeitsmarktes im bisherigen Beruf keine angemessene Tätigkeit mehr zu finden ist[10].

5   **b) Alsbaldige Aufnahme.** § 1575 nennt keinen Einsatzzeitpunkt. Der Anspruch setzt aber eine alsbaldige Aufnahme (nach der Scheidung) voraus. Allerdings sind gewisse Überlegungsfristen und Verzögerungen zuzubilligen, in denen ehebedingt, zB wegen Kinderversorgung oder Krankheit[11], die Ausbildung nicht beginnen kann[12].

6   **c) Verbesserung der Erwerbschancen.** Die Ausbildung muss die Erwerbschancen verbessern und zu einer angemessenen Erwerbstätigkeit führen. Dazu reicht es aus, dass trotz bestehender Erwerbsfähigkeit eine Verbesserung nicht ausgeschlossen ist[13].

7   Eine **Zweitausbildung** zur Verbesserung der Chancen auf dem Arbeitsmarkt ist aber nicht zu finanzieren, wenn die vorhandene Berufsausbildung eine angemessene Erwerbstätigkeit nach den ehelichen Lebensverhältnissen ermöglicht[14].

8   **d) Erwartung eines erfolgreichen Abschlusses zur Unterhaltssicherung. aa) Erfolgreicher Abschluss.** Erwartet wird ein **baldiger Abschluss der Ausbildung,** wobei ehebedingte Verzögerungen ausdrücklich zu berücksichtigen sind. Maßgeblich ist die **durchschnittliche Ausbildungszeit.** Sie ist zB überschritten, wenn ein Vordiplom, das regelmäßig nach vier Semestern erreicht ist, am Ende des neunten Semesters noch nicht erfolgreich abgelegt ist[15]. Eine **zeitliche Befristung** des Unterhalts auf die voraussichtliche Ausbildungsdauer im Urteil ist möglich[16].

9   **bb) Zur Unterhaltssicherung geeignet.** Ob die Ausbildung zur Unterhaltssicherung geeignet ist, ist nach den Einzelfallumständen, vor allem bei fortgeschrittenem Alter, zu beurteilen. So wird es nicht für ausreichend gehalten, dass für eine 50jährige Absolventin eines Studiums der Archäologie abstrakt die Möglichkeit besteht, irgendwo eine Stelle zu finden[17]. Vielmehr müssen **konkrete Ermittlungen** über die Berufsaussichten angestellt werden[18].

10 **3. Auswirkungen der Ausbildung auf den Unterhaltsanspruch.** Durch die Ausbildung sollen die Erwerbschancen der Berechtigten, nicht aber seine Unterhaltsansprüche gegenüber dem Verpflichteten nach § 1573 verbessert werden. Nach Ende der Ausbildung darf für etwa ein Jahr ein Zugang zum Beruf mit dem erreichten Ausbildungsniveau gesucht werden, danach muss auf dem bisherigen Niveau Arbeit gesucht werden, das den ehelichen Lebensverhältnissen entspricht[19]. Auch bei der Berechnung der Höhe des Aufstockungsunterhalt bleibt die Ausbildung außer Betracht.

III. Anspruchsinhalt

11 Der Anspruchsinhalt richtet sich nach den ehelichen Lebensverhältnissen einschließlich des **ausbildungsbedingten Mehrbedarfs** nach § 1578 Abs 2.

12 Ansprüche aus **öffentlich-rechtlicher Ausbildungsförderung** sind, soweit sie nicht ausdrücklich subsidiär sind, anzurechnen.

13 **Altersvorsorgeunterhalt** ist gemäß § 1578 Abs 3 für den Ausbildungs- und Fortbildungsunterhalt nach §§ 1574, 1575 nicht zu zahlen, wohl aber Krankenvorsorgeunterhalt.

14 Eine **zeitliche Beschränkung** des Unterhalts für die voraussichtliche Ausbildungsdauer ist möglich[20]. Allerdings schließt sich typischerweise ein Anspruch nach §§ 1575 Abs 3, 1573 Abs 1 an, da nur ausnahmsweise nach Beendigung der Ausbildung ohne zeitliche Unterbrechung eine Erwerbstätigkeit aufgenommen werden kann[21].

IV. Konkurrenzen

15 Auch wenn eine nach § 1573 Abs 1 angemessene Tätigkeit möglich wäre, kann der Berechtigte zum Ausgleich ehebedingter Nachteile die Ansprüche aus § 1575 geltend machen[22].

16 Dagegen besteht kein Anspruch aus § 1575, sondern eine Obliegenheit nach § 1574 Abs 3, wenn eine vollständige Berufsausbildung vorliegt und nur die Berufsausübung nicht mehr angemessen iS von §§ 1573 Abs 1, 1574 Abs 2 ist[23].

---

[10] *Kalthoener/Büttner/Niepmann* Rn 520.
[11] BGH FamRZ 1980, 126 = NJW 1980, 393.
[12] Auch noch bei 14 Monaten zwischen Scheidung und Beginn der Ausbildung, OLG Köln FamRZ 1996, 867; OLG Hamm FamRZ 1983, 181.
[13] BGH FamRZ 1985, 782 = NJW 1985, 1695.
[14] BGH FamRZ 1985, 782 = NJW 1985, 1695.
[15] OLG Hamm FamRZ 1988, 1280.
[16] BGH FamRZ 1986, 553 = NJW 1986, 985.
[17] OLG Düsseldorf FamRZ 1991, 76.
[18] BGH FamRZ 1986, 553 = NJW 1986, 985.
[19] OLG Düsseldorf FamRZ 1987, 708.
[20] BGH FamRZ 1986, 553 = NJW 1986, 985.
[21] BGH FamRZ 1995, 869 = NJW-RR 1995, 835.
[22] BGH FamRZ 1987, 795 = NJW 1987, 2233; FamRZ 1985, 782 = NJW 1985, 1695.
[23] OLG Frankfurt FamRZ 1981, 150 zur Tätigkeit in einem Reisebüro nach mittlerer Reife; OLG Bamberg FamRZ 1981, 150: Ausbildung nicht dazu da, höherwertige Zweitausbildung zu gewährleisten.

§ 1576 Unterhalt aus Billigkeitsgründen

¹Ein geschiedener Ehegatte kann von dem anderen Unterhalt verlangen, soweit und solange von ihm aus sonstigen schwerwiegenden Gründen eine Erwerbstätigkeit nicht erwartet werden kann und die Versagung von Unterhalt unter Berücksichtigung der Belange beider Ehegatten grob unbillig wäre. ²Schwerwiegende Gründe dürfen nicht allein deswegen berücksichtigt werden, weil sie zum Scheitern der Ehe geführt haben.

I. Normzweck

§ 1576 bildet im System des nachehelichen Unterhaltsrechts einen **Auffangtatbestand,** wenn kein anderer Anspruchstatbestand vorliegt. Der Anspruch ist daher subsidiär und nicht ergänzend[1]. 1

§ 1576 soll insoweit den Bedürftigen schützen, der keinen Anspruch nach den §§ 1570 ff hat, andererseits aber auch den Verpflichteten vor einer zu weitgehenden Inanspruchnahme, indem er dem Grundsatz der Eigenverantwortung des Berechtigten angemessen Rechnung trägt. Das wird durch eine **eigene Billigkeitsabwägung** im Rahmen von § 1576 erreicht, die strenger ist als in anderen Vorschriften und deren zusätzliche Anwendung daher ausschließt. 2

Ob Bedürfnislage und grobe Unbilligkeit **ehebedingt** sein müssen, ist umstritten. Der Ausnahmecharakter der Vorschrift spricht für eine enge Auslegung[2], die Entstehungsgeschichte nach Auffassung des BGH gegen die Ehebedingtheit[3]. Die Ehebedingtheit ist jedenfalls ein Indiz für das Vorliegen der Anspruchsvoraussetzungen. 3

II. Anspruchsvoraussetzungen

1. Subsidiarität. Voraussetzung für einen Anspruch ist, dass kein anderer Unterhaltstatbestand vorliegt[4] und dass gleichwohl ein schwerwiegender Grund einen Unterhaltsanspruch rechtfertigt. Dieser darf mit dem der anderen Unterhaltstatbestände nicht identisch sein, muss aber zumindest ein vergleichbares Gewicht haben. Gegenüber dem Anspruch auf Krankheitsunterhalt nach § 1572 ist § 1576 subsidiär[5]. 4

2. Unmöglichkeit der Erwerbstätigkeit aus schwerwiegenden Gründen. Schwerwiegende Gründe können vor allem solche sein, die einen Anspruch nach den anderen Tatbeständen rechtfertigen würden, aber an einzelnen Merkmalen scheitern: so bei der Kinderbetreuung an der Gemeinschaftlichkeit des Kindes, beim Verlust des Arbeitsplatzes bzw seiner nachhaltigen Sicherung und dem Eintritt der Erwerbsunfähigkeit durch Krankheit und Alter am Eintritt außerhalb des maßgeblichen Einsatzzeitpunktes[6]. Es müssen dafür dann aber besondere Umstände für die Annahme eines Billigkeitsfalls hinzutreten. 5

Praktische Bedeutung hat § 1576 vor allem insoweit bei der **Kinderbetreuung** gewonnen. Seine Anwendung wird bejaht bei Betreuung von **Pflegekindern,** die während der Ehe einverständlich in den gemeinsamen Haushalt aufgenommen wurden[7], vor allem in einem besonders jungen Alter des Pflegekindes[8], aber nicht bei Aufnahme eines Pflegekindes kurz vor dem endgültigen Scheitern der Ehe[9], aber auch bei der Betreuung von Stiefkindern, weil es sich um eine besondere Leistung für den Verpflichteten handle[10]. 6

Bei der Betreuung von **„Ehebruchskindern"** ist ein Billigkeitsunterhalt umstritten. Er wird vor allem dann bejaht, wenn insbes der Verpflichtete insoweit einen schutzwürdigen Vertrauenstatbestand geschaffen hat[11], zB bei Aufnahme des nichtehelichen Kinder in den gemeinsamen Haushalt oder wenn die Ehe von langer Dauer war und der Verpflichtete sich in guten wirtschaftlichen Verhältnissen befindet[12]. 7

Umstritten ist auch die zumindest entspr Anwendung von § 1576 bei der Betreuung eines **gemeinsamen nichtehelichen Kindes**[13]. Dagegen spricht nach Auffassung des BGH, dass es an dem Anknüpfungspunkt der nachehelichen Solidarität fehlt und es iÜ für die Mutter kaum günstiger wäre, ihren Anspruch nach § 1576 statt nach § 1615 l zu beurteilen[14]. 8

Ein weiterer **schwerwiegender Grund** kann die Pflege von Angehörigen des anderen Ehegatten sein[15]. 9

Ob an die **Zumutbarkeit** einer Erwerbstätigkeit geringere Anforderungen zu stellen sind, ist ebenfalls umstritten. Dafür spricht der Ausnahmecharakter der Vorschrift und insoweit auch, dass der 10

---

[1] BGH NJW 1984, 1538.
[2] OLG Karlsruhe FamRZ 1991, 1449.
[3] BGH FamRZ 1983, 800 unter Berücksichtigung der Entstehungsgeschichte; FamRZ 2003, 1734 = NJW 2003, 3481.
[4] BGH NJW 1984, 1538.
[5] BGH FamRZ 2003, 1734 = NJW 2003, 3481.
[6] BGH FamRZ 1990, 496 = NJW 1990, 2752; OLG Karlsruhe FamRZ 1994, 104.
[7] BGH FamRZ 1998, 426 = NJW 1998, 1065.
[8] BGH FamRZ 1984, 361 = NJW 1984, 1538; FamRZ 1984, 769 = NJW 1984, 2355.
[9] OLG Hamm FamRZ 1996, 1417.
[10] OLG Bamberg FamRZ 1980, 587; OLG Köln FamRZ 1980, 886; OLG Stuttgart FamRZ 1983, 503.
[11] OLG Frankfurt FamRZ 1982, 299 = NJW 1981, 2069.
[12] BGH FamRZ 1983, 800.
[13] Dafür OLG Schleswig 1996, 202.
[14] BGH FamRZ 1998, 426 = NJW 1998, 1065.
[15] OLG Düsseldorf FamRZ 1980, 56.

§ 1577

Haftungsgrund für den Verpflichteten schwächer ist[16]. Dagegen spricht zumindest bei der Kinderbetreuung, dass der Betreuungsbedarf der Kinder der gleiche ist[17].

11 **3. Grobe Unbilligkeit der Unterhaltsversagung.** Neben die Unmöglichkeit der Erwerbstätigkeit tritt als Anspruchsvoraussetzung zusätzlich das Erfordernis der groben Unbilligkeit der Unterhaltsversagung. Wegen des **Ausnahmecharakters** muss die Ablehnung dem Gerechtigkeitsempfinden grob widersprechen[18]. Die beiderseitigen Interessen müssen abgewogen werden und bei der Abwägung das Interesse des Berechtigten eindeutig überwiegen[19].

12 Zu berücksichtigen sind deshalb insbes **besondere Leistungen des Berechtigten in der Ehe**, zB Aufgabe der Arbeit, Vermögensopfer, Pflege von Angehörigen des Verpflichteten, Ausbildungsfinanzierung[20]; Abwägungsgründe können aber auch die Schaffung von Vertrauenstatbeständen durch den Verpflichteten, die lange Ehedauer und die wirtschaftlichen Verhältnisse der Ehegatten sein. Ein Fehlverhalten des Berechtigten kann nicht über den Umfang des § 1579 hinaus berücksichtigt werden[21].

III. Einsatzzeitpunkt

13 Ob die Voraussetzung des Billigkeitsunterhalts **bei Scheidung** vorliegen muss, ergibt sich nicht aus dem Wortlaut[22] und wird damit begründet, dass die nacheheliche Solidarität sonst uferlos ausgeweitet und der Berechtigte im Vergleich zu den anderen nachehelichen Unterhaltstatbeständen ggf sogar besser gestellt würde[23]. Gegen eine zeitlich eingeschränkte Anwendung spricht gerade der Ausnahme- und Auffangcharakter der Vorschrift. Angemessen dürfte die Lösung sein, dass mit zunehmendem Abstand von der Scheidung das Interesse des Verpflichteten an einer Freistellung und entsprechenden Lebensplanung das des Berechtigten überwiegt[24].

IV. Anspruchsinhalt

14 Der Anspruch geht auf den „**angemessenen**" und deshalb nur ausnahmsweise auf den „vollen" Unterhalt nach § 1578 Abs 1 S 1. Höhe und Dauer des Anspruchs können daher nach Billigkeitsgesichtspunkten eingeschränkt werden. Auch der Mindestbedarf des Berechtigten kann unterschritten werden oder dem Verpflichteten kann ein höherer Selbstbehalt belassen werden[25].

V. Konkurrenzen

15 Wegen der **Subsidiarität** des Billigkeitsanspruchs gehen ihm alle anderen Unterhaltstatbestände vor. Davon zu unterscheiden ist das teilweise Bestehen anderer Unterhaltstatbestände, zB bei der Betreuung eines gemeinsamen und eines Pflegekindes. In diesem Fall bestehen die Ansprüche nebeneinander und müssen wegen ihrer unterschiedlichen Voraussetzungen und Folgen ausdrücklich beziffert werden[26].

16 § 1579 ist auf einen Anspruch nach § 1576 nicht anwendbar, da die Erwägungen nach § 1579 schon in der positiven Billigkeitsabwägung des § 1576 zu berücksichtigen sind[27].

§ 1577 Bedürftigkeit

(1) **Der geschiedene Ehegatte kann den Unterhalt nach den §§ 1570 bis 1573, 1575 und 1576 nicht verlangen, solange und soweit er sich aus seinen Einkünften und seinem Vermögen selbst unterhalten kann.**

(2) ¹**Einkünfte sind nicht anzurechnen, soweit der Verpflichtete nicht den vollen Unterhalt (§§ 1578 und 1578 b) leistet.** ²**Einkünfte, die den vollen Unterhalt übersteigen, sind insoweit anzurechnen, als dies unter Berücksichtigung der beiderseitigen wirtschaftlichen Verhältnisse der Billigkeit entspricht.**

(3) **Den Stamm des Vermögens braucht der Berechtigte nicht zu verwerten, soweit die Verwertung unwirtschaftlich oder unter Berücksichtigung der beiderseitigen wirtschaftlichen Verhältnisse unbillig wäre.**

(4) ¹**War zum Zeitpunkt der Ehescheidung zu erwarten, dass der Unterhalt des Berechtigten aus seinem Vermögen nachhaltig gesichert sein würde, fällt das Vermögen aber später weg, so besteht kein Anspruch auf Unterhalt.** ²**Dies gilt nicht, wenn im Zeitpunkt des**

---

[16] So wohl *Kalthoener/Büttner/Niepmann* Rn 533 unter Hinweis auf die größeren Anstrengungen des Berechtigten bei anderen Billigkeitsfällen; OLG Düsseldorf FamRZ 1980, 56.
[17] OLG Düsseldorf FamRZ 1981, 1070; OLG Stuttgart FamRZ 1983, 503.
[18] BGH FamRZ 1983, 800 unter Hinweis auf BGH FamRZ 1980, 877.
[19] BGH FamRZ 1983, 800.
[20] *Kalthoener/Büttner/Niepmann* Rn 457.
[21] BGH FamRZ 1984, 361 = NJW 1984, 1538.
[22] Offen gelassen von BGH FamRZ 1990, 496 = NJW 1990, 2752.
[23] *Kalthoener/Büttner/Niepmann* Rn 240 Fn 203 mwN.
[24] So jetzt auch BGH FamRZ 2003, 1734 = NJW 2003, 3481.
[25] OLG Düsseldorf FamRZ 1980, 56.
[26] BGH FamRZ 1984, 361 = NJW 1984, 1538.
[27] BGH FamRZ 1984, 361 = NJW 1984, 1538.

Vermögenswegfalls von dem Ehegatten wegen der Pflege oder Erziehung eines gemeinschaftlichen Kindes eine Erwerbstätigkeit nicht erwartet werden kann.

Schrifttum: *Büttner,* Das Zusammenleben mit einem neuen Partner und seine Auswirkungen auf den Unterhaltsanspruch, FamRZ 1996, 136; *Gerhardt,* Neubewertung der ehelichen Lebensverhältnisse, FamRZ 2003, 272; *Kroppenberg,* Die unterhaltsrechtliche Eigenverantwortung des Ehegatten, JZ 2006, 439; *Soyka,* Auswirkungen der Änderung der BGH-Rechtsprechung durch Urteil vom 13. 6. 2001 auf die Berechnung überobligationsmäßiger Einkünfte, die neben der Kindesbetreuung erzielt werden, FPR 2004, 561.

Übersicht

	Rn		Rn
I. Normzweck	1	III. Anrechnung von Einkünften aus unzumutbarer Erwerbstätigkeit	19
II. Berücksichtigung von Einkünften des Berechtigten bei der Unterhaltsberechnung	3	1. Anwendungsbereich von Abs 2	19
1. Zu berücksichtigende Einkünfte	3	a) Geltung für unzumutbare Einkünfte	19
a) Unterhaltserhebliches Einkommen	3	b) Maßstab der Unzumutbarkeit	20
b) Berücksichtigung von Verbindlichkeiten	5	c) Anrechnung bei Kindesbetreuung	21
2. Bedarf und Bedürftigkeit	6	2. Anrechnung nach Billigkeit im Mangelfall	24
3. Auswirkung und Abgrenzung prägender und nichtprägender Einkünfte	7	IV. Obliegenheit zur Vermögensverwertung	25
a) Grundsätze	7	V. Wiederaufleben des Unterhaltsanspruchs bei Vermögensverlust?	27
b) Einzelfälle	8		

I. Normzweck

§ 1577 regelt der Sache nach – ohne den Begriff ausdrücklich zu nennen – die **Bedürftigkeit** des 1 Berechtigten als Voraussetzung eines Unterhaltsanspruchs: nach Abs 1 kann der Berechtigte den Unterhalt nicht verlangen, solange und soweit er sich aus seinen Einkünften und seinem Vermögen selbst unterhalten kann. Entfällt der Unterhaltsanspruch mangels Bedürftigkeit, entfällt damit insoweit auch die Prüfung der Leistungsfähigkeit des Verpflichteten[1]. Dabei sind grds alle Einkünfte und Vermögen des Berechtigten zu berücksichtigen. Einschränkungen enthalten Abs 2 für die Anrechnung von Einkünften bis zum vollen Unterhalt und Abs 3 für die Vermögensverwertung. Ein späterer Vermögensfortfall lässt nach Abs 4 den Unterhaltsanspruch nur in Ausnahmefällen wiederaufleben.

Diese Systematik ist aber nur scheinbar stimmig. Die Anrechnung von Einkünften des Berechtigten 2 in Abs 2 mit Bezug auf den vollen Unterhalt setzt die Bedarfsfeststellung nach § 1578 voraus, bei der ebenfalls jedenfalls die prägenden Einkünfte des Berechtigten zu berücksichtigen sind. Zur Unterscheidung von prägenden und nicht prägenden Einkünften trifft § 1577 aber keine Aussage. Durch die Änderung der Rspr des BGH zur Berücksichtigung von Haushaltsführung und Kinderbetreuung als Einkommenssurrogat (§ 1578 Rn 17) dürfte die Unterscheidung praktisch an Bedeutung verloren haben. Dafür stellt sich die Frage nach der Bedeutung von Abs 2 neu, die schon in der Vergangenheit nicht klar beantwortet werden konnte. In der korrigierenden Auslegung des BGH gilt Abs 2 als spezielle Anrechnungsvorschrift für Einkünfte aus unzumutbarer Arbeit. Der BGH hat im Anschluss an seine Surrogations-Rspr folgerichtig solche Einkünfte im Wege der Differenzmethode nur bei der Bedarfsstellung und nur mit ihrem **unterhaltsrelevanten Anteil** berücksichtigt[2]. Darüber hinaus gehende Einkünfte bleiben danach bei der Unterhaltsberechnung gänzlich, dh auch bei der Bedürfnisprüfung, unberücksichtigt.

II. Berücksichtigung von Einkünften des Berechtigten bei der Unterhaltsberechnung

1. Zu berücksichtigende Einkünfte. a) Unterhaltserhebliches Einkommen. Unterhaltserheb- 3 lich sind grds alle Einkünfte des Berechtigten, soweit sie nicht von vornherein wegen ihrer Zwecksetzung als nicht unterhaltsbezogen unberücksichtigt bleiben wie die **Sozialhilfe** und speziell beim **Berechtigten** die **Arbeitslosenhilfe** (zu Einzelheiten vgl § 1361 Rn 31 ff).

Bei den Einkünften ist wegen der Auswirkung auf die Unterhaltsberechnung zwischen prägenden 4 und nicht prägenden Einkünften zu unterscheiden.

b) Berücksichtigung von Verbindlichkeiten. Verbindlichkeiten und auch Unterhaltslasten des 5 Berechtigten sind nach der zwischenzeitlichen Änderung der Rspr des BGH wie beim Trennungsunterhalt bei der Bedarfsfeststellung zu berücksichtigen, soweit sie nicht gegen Obliegenheiten verstoßen[3].

2. Bedarf und Bedürftigkeit. Der Unterscheidung prägender und nicht prägender Einkünfte 6 entspricht die Unterscheidung in Bedarf und Bedürftigkeit bei der Unterhaltsberechnung. Nach der Berechnung des Bedarfs auf der Grundlage bedarfsprägender Einkünften im Rahmen von § 1578 erfolgt eine Bedarfskontrolle unter Berücksichtigung nicht prägender Einkünfte. Erst der nach Anrechnung nicht prägender Einkünfte verbleibende Unterhaltsbedarf als Ergebnis der Bedürftigkeitskontrolle

---

[1] BGH FamRZ 1981, 1159 = NJW 1981, 2804.
[2] BGH FamRZ 2005, 1154 = NJW 2005, 2145; FamRZ 2006, 846, 848 = NJW 2006, 2182.
[3] BGH FamRZ 2006, 683.

§ 1577

ist der **„Restbedarf"** und mit dem Unterhalt identisch, auch wenn durch die zwischenzeitliche Entwicklung der Rspr des BGH (Rn 2, 7, 15) an Bedeutung verloren haben dürfte.

7 3. **Auswirkung und Abgrenzung prägender und nichtprägender Einkünfte. a) Grundsätze.** Die Abgrenzung prägender und nicht prägender Einkünfte hat sich durch die Rspr des BGH wesentlich verändert[4]. Einkünfte aus eigener Erwerbstätigkeit sind grundsätzlich prägend[5].

8 b) **Einzelfälle. aa) Leistungen zum Wohnbedarf.** Wird dem Berechtigten durch einen Dritten die Nutzung einer Wohnung **kostenlos** zur Verfügung gestellt, ist dies nur bei ausdrücklichem Wunsch der Anrechnung durch den Dritten oder beim Zusammenleben mit einem neuen Partner unterhaltserheblich. Freies Wohnen in einer **Wohngemeinschaft** ist nur dann bedarfsmindernd, wenn der neue Partner tatsächlich auch die Wohnungskosten allein übernimmt[6].

9 Mietfreies Wohnen auf Kosten des Verpflichteten ist idR direkt auf den von ihm zu zahlenden Unterhalt (§ 1361) anzurechnen[7]. **Wohngeld** ist nur anzurechnen, soweit es die zumutbare Mietbelastung, die nach dem Wohnbedarf zu berechnen ist, übersteigt (§ 1361 Rn 42).

10 bb) **Versorgungsleistungen in einer neuen Beziehung.** Versorgungsleistungen in einer neuen Beziehung sind als Folge der geänderten Rspr des BGH zur Differenzmethode[8] in deren Rahmen bei der Bedarfsberechnung als Einkünfte zu berücksichtigen[9].

11 Voraussetzung ist, dass solche Leistungen, da für sie keine Verpflichtung besteht, auch tatsächlich erbracht[10] und insoweit von dem, der sich darauf beruft, bewiesen werden. Allein die Vermutung kann dafür nur bei langjährigen eheähnlichen Verhältnissen ausreichen[11]. Geht man von dem Surrogatscharakter der Haushaltsführung auch in einer neuen Beziehung aus, müsste sich diese Vermutung umkehren. Versorgungsleistungen sind durch eine Erwerbstätigkeit oder Kinderbetreuung des Berechtigten nicht grds ausgeschlossen. Soweit sie unzumutbar sind, kann eine Anrechnung allerdings nur im Rahmen von Abs 2 erfolgen[12].

12 Die Annahme einer Bedarfsminderung durch Versorgungsleistungen für einen neuen Partner setzt aber dessen **tatsächliche Leistungsfähigkeit** voraus[13]. Bei dessen mangelnder Leistungsfähigkeit **des neuen Partners** kann allerdings bei gleichzeitig dadurch ermöglichter Freistellung des Berechtigten von anderen Betreuungsleistungen die Obliegenheit zu einer Erwerbstätigkeit mit der Folge einer entsprechenden Anrechnung bestehen[14].

13 Eine Bedarfsminderung ist nicht bezüglich der normalerweise **erbrachten** Versorgungsleistungen als Einkommen einzusetzen[15], dh nicht bei Beendigung der Beziehung, aber auch nicht als Grundlage für die Berechnung von Vorsorgeunterhalt (§ 1578).

14 cc) **Fiktive Einkünfte.** Fiktive Einkünfte, dh nicht erzielte Einkünfte bei bestehender Erwerbsobliegenheit, wären nach der geänderten Rspr des BGH folgerichtig ebenfalls im Wege der Differenzmethode zu berücksichtigen[16].

15 dd) **Einkünfte aus der Aufnahme einer neuen Erwerbstätigkeit.** Einkünfte aus der Aufnahme einer Erwerbstätigkeit nach der Scheidung sind als Surrogat zur Haushaltsführung und Kindererziehung nach der Surrogations-Rspr des BGH als Einkommenssurrogat im Wege der Differenzmethode zu berücksichtigen[17].

16 ee) **Renteneinkünfte.** Renteneinkünfte aus dem Versorgungsausgleich sind nach der Rspr des BGH als prägend im Rahmen der Differenzmethode zu berücksichtigen[18]. Das Gleiche gilt für die auf vorehelichen Rentenanwartschaften beruhenden Renteneinkünfte[19]. Renten, die der Berechtigte mit Mitteln des ihm geleisteten **Vorsorgeunterhalts** geleistet hat, sind nicht prägend[20].

17 ff) **Vermögenserträge.** Während die Vermögenswertung nur unter den speziellen Voraussetzungen des Abs 2 geboten ist (Rn 31 ff), sind **Vermögenserträge** als Folge der Scheidung, soweit sie an die Stelle eines bedarfsprägenden Vermögens, insbes die eheliche Wohnung, treten, im Wege der Differenzmethode zu berücksichtigen. Das gilt jedenfalls für den Erlös aus der **Veräußerung der ehelichen Wohnung**, soweit er den Wohnwert übersteigt[21]. Beim **Zuge-**

---

[4] BGH FamRZ 2001, 986.
[5] BGH FamRZ 2005, 967 = NJW-RR 2005, 945.
[6] BGH FamRZ 1995, 343 = NJW 1995, 962.
[7] BGH FamRZ 1998, 87 = NJW 1998, 753.
[8] BGH FamRZ 2001, 1693.
[9] BGH FamRZ 2004, 1173; nach OLG Oldenburg FamRZ 2002, 1489 und OLG München OLGR 2005, 74 sind sie als ersparte Aufwendungen zu behandeln.
[10] BGH FamRZ 1989, 487 = NJW 1989, 1083.
[11] OLG Koblenz FamRZ 1991, 469.
[12] BGH FamRZ 1995, 343 = NJW 1995, 962.
[13] BGH FamRZ 1989, 487 = NJW 1989, 1083; NJW-RR 1987, 1282; OLG Hamm NJW-RR 1994, 707.
[14] Wendl/Haußleiter § 1 Rn 374.
[15] BGH NJW-RR 1987, 1223 zur anderweitigen Deckung des Unterhaltsbedarfs.
[16] So jedenfalls für Einkünfte aus unzumutbarer Tätigkeit BGH FamRZ 2002, 24; in der Tendenz bejahend, aber offen gelassen von BGH FamRZ 2005, 23.
[17] BGH FamRZ 2001, 986.
[18] BGH FamRZ 2002, 91, 2101; s auch OLG Hamm FamRZ 2000, 25; aA KG FamRZ 2002, 460.
[19] BGH FamRZ 2002, 91, 2101.
[20] BGH FamRZ 2003, 848 m Anm *Hoppenz*.
[21] BGH FamRZ 2001, 1140.

Bedürftigkeit § 1577

winnausgleich ist zu differenzieren: weder kann generell davon ausgegangen werden, dass er unterhaltsneutral ist, noch, dass das dabei berücksichtigte Vermögen die ehelichen Lebensverhältnisse bestimmt hat. Es ist deshalb vor und nach der Scheidung (bzw bei vorzeitigem Ausgleich der Trennung die Einkommenssituation zu prüfen[22]. Eine **Doppelverwertung** im Unterhalt und Zugewinnausgleich ist ausgeschlossen[23]. Auch Erträge einer Leibrente[24] oder eines Schmerzensgelds[25] sind im Gegensatz zu ihrer Verwertung zu berücksichtigen[26]. Bei **Mieterträgen** sind Zinsen zur Finanzierung abzuziehen, und Tilgung nur, soweit die damit erfolgende Vermögensbildung unterhaltsrechtlich zu berücksichtigen ist (zB als Altersversorgung).

Bei einer **fiktiven Anrechnung** kann sich zB nach einem Hausverkauf auch die Obliegenheit zu einer anderen Anlage als dem Erwerb eines neuen Hauses ergeben[27]. Sie sollte dann **möglichst ertragsreich** sein[28]. Maßstab ist eine langfristig erzielbare Rendite, die sich an öffentlichen Anleihen orientiert[29]. Vor der Anrechnung ist eine fiktive Steuerlast abzuziehen[30]. Eine freie Verfügungssumme darf belassen werden[31]. Bei einem **Vermögensverlust** wären die Erträge ebenfalls entsprechend fiktiv zu berücksichtigen[32]. 18

III. Anrechnung von Einkünften aus unzumutbarer Erwerbstätigkeit

1. Anwendungsbereich von Abs 2. a) Geltung für unzumutbare Einkünfte. Eine Einschränkung für die Anrechnung von Einkünften enthält Abs 2. Danach sind Einkünfte nicht anzurechnen, soweit der Verpflichtete den **vollen Unterhalt** nicht leisten kann. Da die Feststellung des vollen Unterhalts aber die Berücksichtigung von Einkünften des Berechtigten voraussetzt, hat die systematische Unterscheidung von Bedarfsfeststellung und Bedürfnisprüfung bei Einkünften aus unzumutbarer Erwerbstätigkeit viel Kopfzerbrechen bereitet, solange diese Einkünfte bei der Bedürfnisprüfung angerechnet wurden[33]. Der BGH hat jetzt entschieden, dass bei überobligatorischen Einkünften der **unterhaltsrelevante Anteil** bei den Einkünften zur Bedarfsfeststellung berücksichtigt wird und das darüber hinausgehende Einkommen vollständig unberücksichtigt bleibt[34]. 19

b) Maßstab der Unzumutbarkeit. Gründe für die Unzumutbarkeit können sowohl darin liegen, dass überhaupt **keine Erwerbsobliegenheit** besteht (zB wegen Kinderbetreuung insbes in den ersten drei Jahren), als auch darin, dass **keine angemessene Tätigkeit** iS von § 1574 (vgl dort) gefunden wird. Die Unzumutbarkeit der Erwerbstätigkeit kann bereits vor der Trennung bestanden haben, wobei auch die längere Ausübung für die Zumutbarkeit sprechen kann[35], oder durch die Trennung verursacht sein[36]. Der Maßstab kann sich im Mangelfall verändern[37]. 20

c) Anrechnung bei Kinderbetreuung. Hauptanwendungsfall von § 1577 Abs 2 ist die Berücksichtigung von Einkünften aus Erwerbstätigkeit bei gleichzeitiger Kinderbetreuung durch den Berechtigten. Nach der Rspr des BGH ist insoweit nur der **unterhaltsrelevante Anteil** im Rahmen der Bedarfsberechnung und zu berücksichtigen[38]. 21

Bei der Bestimmung dieses Anteils kommt es darauf an, in welchem Umfang die Arbeitszeit mit dem Kindergarten/Schulbesuch zusammenfällt, sowie auf Arbeitsumfang, Fahrtzeiten und Entlastung durch Fremdbetreuung an[39]. Ob und in welchem Umfang ein Einkommen neben der Kinderbetreuung berücksichtigt wird, lässt sich aber nicht pauschal, etwa durch Anrechnung von 50% des Einkommens, beantworten, sondern ist nach den besonderen Verhältnissen des Einzelfalls nach Treu und Glauben vom Tatrichter zu entscheiden[40]. 22

Methode und Umfang der Berücksichtigung der Kosten für Kinderbetreuung bei unzumutbarer Arbeit sind iÜ uneinheitlich[41]. Teilweise wird eine Vollanrechnung der Einkünfte unter Abzug der Betreuungskosten[42] statt ihre Berücksichtigung bei der Billigkeitsabwägung befürwortet[43]. Unklar ist 23

---

[22] *Kalthoener/Büttner/Niepmann* Rn 596 mwN.
[23] BGH FamRZ 2003, 433 m Anm *Schröder* FamRZ 2003, 1544.
[24] BGH FamRZ 1994, 228 = NJW 1994, 935.
[25] BGH FamRZ 1988, 1031 = NJW-RR 1988, 1093; FamRZ 1989, 172 = NJW 1989, 1083.
[26] Dagegen *Kalthoener/Büttner/Niepmann* Rn 575; BVerwG FamRZ 1995, 1348.
[27] BGH FamRZ 1998, 87 = NJW 1998, 753.
[28] OLG Hamm FamRZ 1999, 233.
[29] OLG Hamm NJWE-FER 1999, 219.
[30] BGH FamRZ 1986, 441 = NJW-RR 1986, 682.
[31] OLG Celle FamRZ 1999, 508.
[32] OLG Hamm FamRZ 1999, 917.
[33] BGH FamRZ 2003, 518 im Anschluss an BGH FamRZ 2001, 986 = NJW 2001, 2254.
[34] BGH FamRZ 2005, 1817 = NJW 2005, 3277; FamRZ 2005, 1154 m Anm *Gerhardt* und *Maurer* 1823 = NJW 2005, 2145; FamRZ 2006, 846, 848.
[35] *Kalthoener/Büttner/Niepmann* Rn 537.
[36] BGH FamRZ 1998, 1401 = NJW 1998, 721; FamRZ 1983, 146; *Born* FamRZ 1997, 129.
[37] BGH FamRZ 2001, 350.
[38] BGH FamRZ 2005, 1154.
[39] BGH FamRZ 2005, 1154; FamRZ 2005, 1817; KG FamRZ 2006, 341.
[40] BGH FamRZ 2005, 967 = NJW-RR 2005, 945.
[41] *Kalthoener/Büttner/Niepmann* Rn 560.
[42] BGH FamRZ 1982, 779 = NJW 1982, 2664; OLG Düsseldorf FamRZ 1980, 685.
[43] *Kalthoener/Büttner/Niepmann* Rn 560.

§ 1578

weiter, ob Betreuungskosten vorweg beim anrechnungsfreien Einkommen[44] oder bei der Billigkeitsanrechnung[45] zu berücksichtigen oder die Anrechnung eines – pauschalierten – Betreuungsbonus von den besonderen Beschwernissen bei den Billigkeitsabwägungen zu trennen sind[46]. Der Gleichbehandlung unzumutbarer Arbeit entspricht allein der entsprechenden Anrechnung von Betreuungskosten im Rahmen von § 1577 Abs 2[47]. Pauschalierte oder nachgewiesene Betreuungskosten sind daher wie bei der sonst üblichen Unterhaltsberechnung vorweg abzuziehen. Zusätzliche Erschwernisse können dann im Rahmen der Billigkeit berücksichtigt werden[48].

24   **2. Anrechnung nach Billigkeit im Mangelfall.** Die Anrechnung nach Billigkeit im Mangelfall müsste nach der Rspr des BGH zu § 1581[49] im Rahmen der Bedarfsfeststellung erfolgen. Ist der unterhaltspflichtige Ehegatte außerstande, den nachehelichen Unterhaltsbedarf des Unterhaltsberechtigten ohne Gefährdung seines eigenen angemessenen Unterhalts zu decken, so ist in die nach § 1581 vorzunehmende Entscheidung auch die Frage einzubeziehen, ob es die Billigkeit erfordert, die Einkünfte aus unzumutbarer Tätigkeit über das in Abs 2 S 2 vorgesehene Maß hinaus anzurechnen (§ 1581 Rn 17 ff). Diese Billigkeitserwägung überlagert die nach § 1577 Abs 2 und ist auch wegen der klaren Abgrenzung beider Tatbestände auf Fälle wirklich **grober Unbilligkeit** zu beschränken[50]. Wegen der umfassenden Billigkeitsabwägung im Rahmen von § 1581 erscheint es allerdings zu eng, diese lediglich auf anrechenbare Einkünfte nach Abs 2 S 2 zu beschränken[51]. § 1581 geht insoweit als letzter Schritt der Bedarfskontrolle in Abs 2 insgesamt vor[52].

IV. Obliegenheit zur Vermögensverwertung

25   Über die Vermögenserträge hinaus ist nach Abs 3 auch das **Vermögen** selbst vom Berechtigten für seinen Unterhalt einzusetzen, soweit dies **nicht unwirtschaftlich** oder **unbillig** ist. Die **Unwirtschaftlichkeit** kann vor allem aus dem **Zeitpunkt der Verwertung** folgen, wenn der Erlös dem Verkehrswert nicht entspricht oder sich aufgrund des Alters des Berechtigten eine besondere Erhaltungsnotwendigkeit ergibt[53]. **Unbillig** kann insbes die Verwertung der frühren Ehewohnung bzw eines entsprechenden Hausgrundstücks sein. Entscheidend dafür sind nicht die Maßstäbe des Sozialhilferechts, sondern die persönlichen Verhältnisse[54]. Unbillig kann[55] auch die Verwertung eines Schmerzensgeldes[56] bzw einer Leibrente[57] sein.

26   Einen Grenzfall zwischen Vermögenserträgen und Vermögensverwertung bildet die Obliegenheit zur **Vermögensumschichtung:** ggf besteht die Verpflichtung zur wirtschaftlichen Anlage und Umschichtung[58] oder auch zur Verwertung eines Hausgrundstücks bzw der Mitwirkung daran (§ 1361)[59]. Die Obliegenheit zur zinsgünstigen Anlegung ertragslosen Vermögens ist weder unwirtschaftlich noch unbillig bis auf einen „Notgroschen" für plötzlich auftretenden Sonderbedarf, der allerdings nicht so eng wie im Sozialhilferecht zu bemessen ist[60]. Beim Verkauf eines Eigenheims tritt der Erlös nicht pauschal an die Stelle des bisherigen Wohnwerts, sondern ist konkret zu berechnen.

V. Wiederaufleben des Unterhaltsanspruchs bei Vermögensverlust?

27   War der Unterhalt des Berechtigten bei der Scheidung durch ein Vermögen gesichert, das groß genug war, um eine nachhaltige Sicherung erwarten zu lassen, lebt der Anspruch auch bei Verlust des Vermögens grds nicht wieder auf. Diese Regelung positiviert keinen allgemeinen Grundsatz, sondern dessen Ausnahme. Eine Ausnahme gilt auch hier für den Betreuungsunterhalt. Er lebt auch dann wieder auf, wenn eine nachhaltige Sicherung fortfällt. Ob darüber hinaus ein Billigkeitsanspruch nach § 1576 bestehen kann, ist streitig.

28   Die **Nachhaltigkeit der Unterhaltssicherung** durch das Vermögen muss bei objektiver Betrachtungsweise im Zeitpunkt der Scheidung bestanden haben. Streitig ist daher der Einsatzzeitpunkt, dh die Frage, ob Abs 3 auch anwendbar ist, wenn zunächst ein Unterhaltsanspruch bestand und erst durch ein später anfallendes nachhaltiges Vermögen weggefallen ist.

---

[44] OLG Koblenz FamRZ 2000, 288.
[45] *Kalthoener/Büttner/Niepmann* Rn 540.
[46] *Kalthoener/Büttner/Niepmann* Rn 540 mwN.
[47] *Kalthoener/Büttner/Niepmann* Rn 540.
[48] *Kalthoener/Büttner/Niepmann* Rn 540.
[49] BGH FamRZ 2005, 967.
[50] *Luthin* FamRZ 1997, 1391.
[51] So aber *Kalthoener/Büttner/Niepmann* Rn 539.
[52] Offen gelassen von BGH FamRZ 1983, 146.
[53] BGH FamRZ 1984, 364.
[54] BGH FamRZ 1989, 1160 = NJW 1989, 2809; OLG Köln FamRZ 1992, 935.
[55] Einschränkend BGH FamRZ 1989, 172 = NJW 1989, 1033.
[56] BGH FamRZ 1988, 1145.
[57] BGH FamRZ 1994, 228 = NJW 1994, 935.
[58] OLG Bamberg NJW-RR 1993, 68: bedarfsdeckende Anlage; OLG Oldenburg NJW-RR 1995, 453: ertragreiche Anlage – Festgeld; BGH NJW-RR 1986, 682.
[59] OLG Frankfurt NJW 1993, 7.
[60] BGH FamRZ 1985, 360 = NJW 1985, 907.

§ 1578 Maß des Unterhalts

(1) ¹Das Maß des Unterhalts bestimmt sich nach den ehelichen Lebensverhältnissen. ²Der Unterhalt umfasst den gesamten Lebensbedarf.

(2) Zum Lebensbedarf gehören auch die Kosten einer angemessenen Versicherung für den Fall der Krankheit und der Pflegebedürftigkeit sowie die Kosten einer Schul- oder Berufsausbildung, einer Fortbildung oder einer Umschulung nach den §§ 1574, 1575.

(3) Hat der geschiedene Ehegatte einen Unterhaltsanspruch nach den §§ 1570 bis 1573 oder § 1576, so gehören zum Lebensbedarf auch die Kosten einer angemessenen Versicherung für den Fall des Alters sowie der verminderten Erwerbsfähigkeit.

Schrifttum: s auch bei § 1361. *Borth,* Die ehelichen Lebensverhältnisse nach § 1578 BGB – ein Danaergeschenk des Gesetzgebers?, FamRZ 2001, 193; *ders,* Die Entscheidung des BGH v. 13. 6. 2001 zum nachehelichen Unterhalt, FamRZ 2001, 1653; *Brüchert,* Zum Verhältnis von Vorsorgeunterhalt und Elementarunterhalt, FamRZ 1985, 235; *Christl/Prinz,* Klage auf Vorsorgeunterhalt – zu kompliziert und riskant, FamRZ 1989, 347; *Gerhardt,* Bereinigung des Nettoeinkommens beim Ehegattenunterhalt nach der geänderten Rechtsprechung des BGH, FamRZ 2007, 945; *Gutdeutsch,* Zur integrierten Berechnung des Vorsorge- und Grundunterhalts, FamRZ 1989, 451; *Jacob,* Zur integrierten Berechnung des Vorsorge- und Grundunterhalts, FamRZ 1988, 997; *Schürmann,* generelle Befristung des nachehelichen Unterhalts – eine überfällige Reform?, FPR 2005, 492; *Spangenberg,* Die nachehelichen Lebensverhältnisse, DAVorm 1990, 507.

Übersicht

	Rn		Rn
I. Normzweck	1	c) Einkommensänderungen als Folgen der Scheidung	17
II. Maß des nachehelichen Unterhalts	3	4. Fiktive und überobligatorische Einkünfte	20
1. Grundlagen und Grundbegriffe	3		
a) Voller Unterhalt und gesamter Lebensbedarf	3	IV. Einkommensermittlung	23
b) Eheliche Lebensverhältnisse	5	V. Abzüge	24
c) Bedarf und prägendes Einkommen	6	1. Belastungen	24
2. Berechnung des Unterhalts	9	2. Veränderungen der Belastungen	25
III. Bedarfsprägendes Einkommen	11	VI. Bedarfsberechnung	27
1. Scheidung als maßgeblicher Ausgangspunkt	11	1. Grundsätze	27
2. Maßgebliches Einkommen	12	2. Wohnwert und Wohnvorteil	28
3. Einkommensänderungen nach der Scheidung	13	3. Kranken- und Vorsorgeunterhalt	29
a) Zusammenhang mit der Scheidung	13		
b) Einkommenserhöhungen und -verringerungen	14		

I. Normzweck

§ 1578 ist die Grundlage für die **Bedarfsberechnung des nachehelichen Unterhalts,** den sog **vollen Unterhalt** bei gegebenem Unterhaltsanspruch. Diese Bedarfsberechnung war in der Vergangenheit noch der Kontrolle der Bedürftigkeit und Leistungsfähigkeit der Parteien unterworfen, die im Gegensatz zu § 1261 nicht im Rahmen eines einheitlichen, sondern unterschiedlicher Tatbestände (§ 1577 bzw § 1581) erfolgt. Durch die geänderte Rspr des BGH ist auch diese Prüfung weitgehend in die Bedarfsfeststellung verlagert¹. 1

Der Bezug auf die ehelichen Lebensverhältnisse ist in der Vergangenheit auf die Einkommensverhältnisse im Zeitpunkt der Scheidung iS einer Lebensstandsgarantie ausgelegt worden. Durch das **Unterhaltsänderungsgesetz** 1985 wurde die Möglichkeit einer zeitlichen Begrenzung in Abs 1 S 2 aF eingeführt. Nach der zwischenzeitlichen Rspr des BGH enthält der Unterhalt nach § 1578 **keine Lebensstandsgarantie.** Die ehelichen Lebensverhältnisse sind unter Berücksichtigung der wahrscheinlichen Einkommensveränderungen zu beurteilen und gegebenenfalls auf den **Ausgleich ehedingter Nachteile** zu beschränken². Diese Rspr steht im Einklang mit den im **Gesetz zur Änderung des Unterhaltsrechts** vom 21. 12. 2007 (BGBl I S 3189) vorgesehenen Einschränkungsmöglichkeiten des Unterhalts in einem für alle Unterhaltsansprüche geltenden § 1578 b. Die bislang in § 1578 Abs 1 S 2 und S 3 geregelten Einschränkungsmöglichkeiten wurden aufgehoben. 2

II. Maß des nachehelichen Unterhalts

1. Grundlagen und Grundbegriffe. a) Voller Unterhalt und gesamter Lebensbedarf. § 1578 spricht vom Maß des Unterhalts und nicht vom angemessenen Unterhalt wie § 1361 beim Trennungsunterhalt. Das Maß des Unterhalts ist insoweit enger als der des angemessenen Unterhalts, als er sich im Gegensatz zu diesem nicht auf die Berechnung des gesamten Unterhalts, sondern auf die Bemessung 3

---

¹ *Gerhardt* FamRZ 2007, 945.
² BGH FamRZ 2006, 683, 686.

§ 1578

nach den ehelichen Lebensverhältnissen bezieht. Auf der anderen Seite wird der Unterhalt im Hinblick auf einzelne Elemente dieses Bedarfs gesetzlich genauer definiert: er umfasst nach Abs 1 S 2 den **„gesamten Lebensbedarf"**, von dem einzelne Elemente in Abs 2 und 3 aufgezählt werden. Der **Gesamtbedarf** ist der **volle Unterhalt,** auf den sich § 1578 selbst nicht ausdrücklich, aber über § 1577 Abs 2 bezieht.

4 Vom **Gesamtbedarf** ist ausdrücklich als Einschränkung unterschieden der **angemessene Lebensbedarf** in § 1578 b, der systematisch daher unter dem Gesamtbedarf liegen muss. Er ist zu unterscheiden von dem angemessenen und notwendigen Eigenbedarf im Rahmen der Kontrolle der Leistungsfähigkeit in § 1581.

5 b) **Eheliche Lebensverhältnisse.** Die ehelichen Lebensverhältnisse sind trotz dieser zentralen Bedeutung im Gesetz nicht ausdrücklich definiert[3]. Nach der Rspr des BGH sind sie mit denen des Trennungsunterhalts identisch und insofern ebenfalls durch das Einkommen geprägt (§ 1361 Rn 24). Maßgeblich für den nachehelichen Unterhalt sind grds die Lebensverhältnisse im Zeitpunkt der Scheidung[4]. Dazu gehören im Anschluss an die Surrogations-Rspr des BGH auch die Surrogate für Haushaltsführung und Kindesbetreuung[5].

6 c) **Bedarf und prägendes Einkommen.** Grundlage der Bedarfsberechnung in § 1578 und insoweit der Berechnung des Trennungsunterhalts vergleichbar ist das in der Rspr sog prägende Einkommen[6]. Im Gegensatz zum Trennungseinkommen bestimmt es sich nach den Verhältnissen im Zeitpunkt der Scheidung. Nur soweit diese auf der Einkommensentwicklung während der Trennung beruhen, schließt es an das bis dahin prägende Trennungseinkommen an (§ 1361 Rn 20 ff, 30 ff). Zu nachträglichen Veränderungen s Rn 13.

7 Dass für die Bedarfsberechnung vom BGH nur das **Geldeinkommen** als prägend angesehen wird[7], ist als Berechnungsschritt vor allem beim nachehelichen Unterhalt plausibel[8], schließt aber nach der Surrogations-Rspr des BGH[9] eine **obligationssymmetrische** Ersatzberechnung auch bei einem scheidungsbedingten Obligationswechsel nicht aus. Problematisch bleibt – mangels eines eindeutigen „Monetarisierungs"maßstabs – die Bewertung von Haushaltsführung und/oder Kindesbetreuung, soweit ihr kein Einkommenssurrogat entspricht[10].

8 **Nicht prägende Einkünfte** sind bei der Kontrolle der Bedürftigkeit und Leistungsfähigkeit in § 1577 bzw § 1581 zu berücksichtigen.

9 **2. Berechnung des Unterhalts.** Der **Bedarf** als das vermittelnde Element der Ableitung des Unterhaltsmaßes aus den ehelichen Lebensverhältnissen umfasst den **Gesamtbedarf** auf der Grundlage des sog **Elementarunterhalts,** der durch **Mehr- und Sonderbedarf** sowie **Vorsorge- und Ausbildungsunterhalt** ergänzt wird (Rn 28 ff).

10 Wird der Bedarf durch ausreichendem Einkommen konkret, idR als **Elementarunterhalt** grds auf der Grundlage der **Einkommensdifferenz** der Parteien nach deren Hälfte bemessen. Dieser sog **Halbteilungsgrundsatz** entspricht der bereits den Familienunterhalt konstituierenden Obliegenheitssymmetrie (§ 1360). Bei Erwerbseinkommen wird der Halbteilungsgrundsatz durch den **Erwerbstätigenbonus** zum sog **Quotenunterhalt** modifiziert. Davon zu unterscheiden ist die Berechnung des **angemessenen Lebensbedarfs** iS von § 1578 b.

III. Bedarfsprägendes Einkommen

11 **1. Scheidung als maßgeblicher Ausgangspunkt.** Bestimmt werden die für den nachehelichen Unterhalt maßgeblichen Lebensverhältnisse durch das bis zur Scheidung nachhaltig erreichte Einkommen. Maßgeblicher Zeitpunkt ist die **Rechtskraft** der Scheidung[11] und nicht der Trennung[12]. Erst mit der Scheidung tritt endgültig eine Zäsur in der beiderseitigen Teilhabe der Ehegatten an den wirtschaftlichen Verhältnissen ein[13]. Soweit im Verbundverfahren die künftige Einkommensentwicklung bis zur Rechtskraft der Scheidung nicht prognostiziert werden kann, ist die letzte mündliche Verhandlung maßgebend[14]. Entwicklungen nach der Scheidung waren daher nach der Rspr des BGH grds unbeachtlich[15]. Dass die Fachgerichte an die zum Zeitpunkt der Scheidung für die Unterhaltszwecke verfügbaren Mittel anknüpfen, war auch **verfassungsrechtlich** nicht zu beanstanden[16]. Zu nachträglichen Veränderungen s Rn 13.

---

[3] BGH FamRZ 1999, 367 = NJW 1999, 717.
[4] BGH FamRZ 1992, 1045 = NJW 1992, 2477.
[5] BGH FamRZ 2001, 861.
[6] Krit zum Begriff der Prägung *Büttner* FamRZ 2007, 2004; *Gerhardt* FamRZ 2007, 945.
[7] BGH FamRZ 1985, 161 = NJW 1985, 1026.
[8] Krit *Gerhardt* FamRZ 2000, 134.
[9] FamRZ 2001, 986.
[10] BGH FamRZ 2001, 986.
[11] BGH FamRZ 1994, 935; OLG Hamm NJW-RR 1995, 642.
[12] OLG Hamm FamRZ 1990, 1361.
[13] BGH FamRZ 1985, 471.
[14] BGH FamRZ 1982, 892.
[15] BGH FamRZ 1999, 367 = NJW 1999, 717.
[16] BVerfG FamRZ 1993, 171.

2. Maßgebliches Einkommen. Für die Bestimmung des maßgeblichen Einkommens, insbes die Einkunftsarten und die Einkünfte beider Parteien, gelten die gleichen Grundsätze wie beim Trennungsunterhalt, soweit sich keine Besonderheiten als Folge der Scheidung ergeben. 12

– Die Berücksichtigung einer **Abfindung** beim Zugewinn steht einer nochmaligen Berücksichtigung beim Unterhalt entgegen[17].
– **Arbeitslosengeld** ist im Fall der Wiederverheiratung als Einkommen auch zu berücksichtigen, soweit ein **erhöhter Leistungssatz wegen eines leiblichen Kindes** gewährt wird. Außer Betracht zu bleiben hat dagegen der Teil des Arbeitslosengeldes, der aufgrund der Wiederverheiratung gilt[18].
– Einkünfte aus einer **Erbschaft** nach der Scheidung dann, wenn sie über die tatsächlich betriebene Altersversorgung hinaus für eine angemessene Altersvorsorge erforderlich gewesen wären[19].
– Der **Familienzuschlag** nach § 40 Abs 1 BBesG ist bei der Bemessung des Unterhalts der geschiedenen Ehefrau nur hälftig anzusetzen, wenn er sowohl wegen des Unterhaltsanspruchs aus einer geschiedenen Ehe als auch für eine bestehende Ehe gezahlt wird[20].
– Die **Rente** des Unterhaltsberechtigten gehört zum eheprägenden Einkommen und ist nach der Additions- oder Differenzmethode zu berücksichtigen, gleich ob sie auf einer vor oder nach der Ehe ausgeübten Erwerbstätigkeit beruht. Gleiches gilt für den im **Versorgungsausgleich** erworbenen Anteil der Rente[21]. Renten, die der Berechtigte mit Mitteln des ihm geleisteten Vorsorgeunterhalts geleistet hat, sind nicht prägend[22].
– Wird das den Ehegatten gemeinsam gehörende **Familienheim nach der Scheidung von einem Ehegatten allein übernommen,** so treten für den veräußernden Ehegatten die **Erträge aus dem Erlös** als Surrogat an die Stelle des bisherigen Nutzungsvorteils. Bei dem übernehmenden Ehegatten bleibt es beim Wohnvorteil, und zwar in Höhe des vollen Wohnwerts gemindert um bereits bestehende Zins- und Tilgungsleistungen sowie der zusätzlichen Zinsbelastungen, nicht aber der Tilgungsbelastungen aus dem Erwerb der anderen Haushälfte[23].

3. Einkommensänderungen nach der Scheidung. a) Zusammenhang mit der Scheidung. Da die Scheidung den Endpunkt für die Entwicklung der ehelichen Lebensverhältnisse setzt und stärker als nach der Trennung der Grundsatz der wirtschaftlichen Eigenverantwortung jedes Ehegatten gilt[24], konnte Einkommen, das durch die Aufnahme einer Tätigkeit nach der Scheidung erzielt wird und nicht in unmittelbarem Zusammenhang mit ihr steht, die ehelichen Lebensverhältnisse nicht mehr prägen[25]. So hat der BGH den prägenden Charakter für Tätigkeiten, die erst zwei Jahre nach der Scheidung aufgenommen wurden, verneint[26]. Als nicht prägend sind auch angenommen worden eine Leistungsbeförderung von A12 nach A13 ca fünf Jahre nach der Scheidung[27], ein nicht geplanter Beschäftigungswechsel (vom Beamten zum Angestellten bei der Telekom) fast zwei Jahre nach der Scheidung[28] sowie der Aufstieg eines kaufmännischen Sachbearbeiters zum Abteilungsleiter drei Jahre nach der Scheidung[29]. Das galt aber nicht, wenn vor der Scheidung die Auswirkung der Aufnahme geplant war und die Durchführung in engem zeitlichen Zusammenhang mit der Scheidung steht[30]. Nach der zwischenzeitlichen Rspr des BGH sind aber auch nachträgliche Veränderungen zu berücksichtigen[31], soweit sie wahrscheinlich sind[32]. 13

b) Einkommenserhöhungen und -verringerungen. Trotz der Unterscheidung des zeitlichen Ausgangspunktes im Vergleich zum Trennungsunterhalt fanden sich bei der Einordnung nachträglicher Veränderungen nach der Ehe in der Praxis wenig Unterschiede. Nach der zwischenzeitlichen Rspr des BGH aber auch nachträgliche Veränderungen zu berücksichtigen[33], soweit sie wahrscheinlich bzw berücksichtigungswürdig sind[34]. 14

Berücksichtigt werden sollen alle Veränderungen, die so wahrscheinlich waren, dass die Ehegatten ihren Lebenszuschnitt bereits darauf einstellen konnten[35]. Die allgemeine Lebenskostenentwicklung ist in der Fortschreibung des prägenden Bedarfs zu berücksichtigen[36]. Geschuldet wird der Unterhalt einer Ehe aus heutiger Sicht, dh das „im Zuge der allgemeinen Einkommensentwicklung" gestiegene 15

---

[17] BGH FamRZ 2003, 432 = NJW 2003, 1396.
[18] BGH FamRZ 2007, 983.
[19] BGH FamRZ 2003, 590 = NJW 2003, 1518; FamRZ 2003, 848 = NJW 2003, 1796; NJW 2006, 1794.
[20] BGH FamRZ 2007, 793 m Anm *Büttner*.
[21] BGH FamRZ 2005, 1897 = NJW-RR 2005, 2077.
[22] BGH FamRZ 2003, 848 m Anm *Hoppenz*.
[23] BGH FamRZ 2005, 1159 = NJW 2005, 2077.
[24] BGH FamRZ 1986, 783 = NJW 1987, 58.
[25] BGH FamRZ 1988, 817 = NJW 1988, 2101.
[26] BGH FamRZ 2001, 986; FamRZ 1986, 783 = NJW 1987, 58.
[27] OLG Hamm FamRZ 1997, 1079.
[28] OLG Koblenz FamRZ 1997, 371.
[29] OLG Celle FamRZ 1990, 65.
[30] BGH FamRZ 1987, 459; OLG Hamburg FamRZ 1986, 1212.
[31] BGH FamRZ 2006, 683, 686.
[32] *Büttner* FamRZ 2007, 2004; *Gerhardt* FamRZ 2007, 945. Zum **Karrieresprung** s jetzt BGH NJW 2007, 1961.
[33] BGH FamRZ 2006, 683, 686.
[34] *Büttner* FamRZ 2007, 2004; *Gerhardt* FamRZ 2007, 945.
[35] BGH FamRZ 1988, 145.
[36] OLG München FamRZ 17, 613: 15% von 1992 bis 1996.

§ 1578

Einkommen[37], „wenn es nicht in einer von der allgemeinen Einkommensentwicklung und den gestiegenen Lebenshaltungskosten auffällig abweichenden Weise angestiegen ist"[38]. Es sind daher nicht nur die **Erhöhungen** als bedarfssteigernd zu berücksichtigen, die die „Disparität zwischen Einkommens- und Vermögensverhältnissen durch eine Indizierung ausgleichen"[39].

16 Ebenso sind **Einkommensverringerungen** nach der zwischenzeitlichen Rspr des BGH[40] zu berücksichtigen, soweit sie berücksichtigungswürdig sind[41].

17 c) **Einkommensänderungen als Folgen der Scheidung.** Einkünfte als Folge der Scheidung sind bei der Bedarfsberechnung zu berücksichtigen, soweit sie ein Surrogat für Leistungen in der Ehe darstellen[42]. Das gilt auch für Versorgungsleistungen für einen neuen Partner[43] sowie für Renten[44], sei es aus Versorgungsausgleich, sei es aufgrund vorehelicher Rentenanwartschaften.

18 Einkünfte aus dem Verkauf der ehelichen Wohnung stellen ebenfalls ein Surrogat[45], allerdings nicht für Haushaltsführung[46] dar und sind daher im Wege der Differenzmethode zu berücksichtigen. Auch der Zugewinn und damit Einkünfte aus dem Zugewinnausgleich müssten folgerichtig als Surrogat angesehen werden, jedenfalls soweit die Vermögensbildung für die ehelichen Lebensverhältnisse maßgebend war.

19 Auch für Einkünfte aus unzumutbarer Tätigkeit gilt nach der Rspr des BGH die Differenzmethode[47], allerdings nur für den unterhaltsrelevanten Anteil[48]. Fiktive Einkünfte müssten ebenfalls als Surrogate behandelt werden, soweit sie nicht wegen der besonderen Verletzung nachehelicher Obliegenheiten diesen Zusammenhang unterbrechen[49].

20 **4. Fiktive und überobligatorische Einkünfte.** Für fiktive Einkünfte und Einkünfte aus überobligationsmäßiger Tätigkeit gilt grds das gleiche wie beim Trennungsunterhalt (§ 1361) mit der Maßgabe, dass wechselseitige Obligationen sich nach der Scheidung und mit zunehmendem Zeitablauf eher abschwächen. Die Zurechnung fiktiver Einkünfte ist im Rahmen der durch das BVerfG gesetzten Grenzen[50] zulässig[51]. Das sollte vor allem für Nebentätigkeiten[52] und den Bezug von Erwerbsunfähigkeitsrente gelten. Ob eine Erwerbsobliegenheit weiterhin prägend ist, ist im übrigen für beide Parteien nach den §§ 1570 ff, insbes nach § 1574 zu beurteilen und daher auch beim Verpflichteten nicht nur nach Billigkeit entsprechend den Umständen des Einzelfalls[53]. Auf der anderen Seite ist beim Berechtigten die Erwerbsobliegenheit als Ausdruck der nachehelichen Eigenverantwortung verstärkt bzw im Rahmen der einzelnen Unterhaltstatbestände der §§ 1570 ff eingeschränkt. Die dauerhafte Verletzung dieser Obliegenheit könnte den Surrogatszusammenhang daher unterbrechen und ggf zur Anrechnung fiktiver Einkünfte führen.

21 Schwierig ist die Beurteilung nachehelicher Obliegenheiten in dem besonderen Fall nachehelicher Einkommensverringerung aus der **Übernahme der „Hausmannsrolle" bei Wiederverheiratung**. Nach Auffassung des BGH ist die Obliegenheit entsprechend der Unterhaltsverpflichtung gegenüber Kindern[54] jedenfalls am Mindestbedarf des Berechtigten zu orientieren und dem Verpflichteten durch den neuen Ehegatten ggf eine entsprechende (Neben)tätigkeit zu ermöglichen[55]. Der Rollenwechsel muss anerkennenswerte Gründe haben, zB zu einer wesentlichen Besserstellung führen[56]. Daran sind zB bei kinderloser Ehe strengere Anforderungen zu stellen. Diese Grundsätze sind nach Auffassung des BGH jetzt auch auf die Übernahme der Hausmannsrolle in einer **eheähnlichen Gemeinschaft** übertragbar[57].

22 Die **Höhe der fiktiv anrechenbaren Einkünfte** bei Verringerung des Einkommens richtet sich auch hier nach den fiktiv erzielbaren Einkünften aus einer obligationsgemäßen Tätigkeit (§ 1361).

IV. Einkommensermittlung

23 Für die Einkommensermittlung gelten die gleichen allgemeine Grundsätze wie beim Trennungs- (§ 1361) und Verwandtenunterhalt. Für die Ermittlung des Einkommens des wiederverheirateten Unterhaltspflichtigen ist ein **Splittingvorteil** außer Betracht zu lassen[58] und eine fiktive Steuerbe-

---

[37] BGH FamRZ 1985, 161 = NJW 1985, 1026.
[38] BGH FamRZ 1987, 257 = NJW-RR 1987, 516.
[39] BGH FamRZ 1987, 459 = NJW 1987, 1555.
[40] BGH FamRZ 2006, 683 = NJW 2006, 1654.
[41] Gerhardt FamRZ 2007, 945.
[42] BGH FamRZ 2001, 986; BVerfG FamRZ 2002, 527 = NJW 2002, 1185.
[43] BGH FamRZ 2001, 1693.
[44] BGH FamRZ 2002, 91.
[45] BGH FamRZ 2001, 1140.
[46] BGH FamRZ 2002, 91.
[47] BGH FamRZ 2002, 24.
[48] BGH FamRZ 2005, 1154 = NJW 2005, 2145.
[49] BGH FamRZ 2005, 23 = NJW 2005, 61.
[50] BVerfG FamRZ 2006, 469 = NJW 2006, 2317; FamRZ 2007, 273.
[51] BGH FamRZ 2005, 1154.
[52] OLG Schleswig FamRZ 1996, 217 in Anlehnung an die Rspr des BGH NJW 1985, 907.
[53] So aber BGH FamRZ 1983, 569 = NJW 1983, 1548.
[54] Zuletzt BGH FamRZ 2006, 1827 = NJW 2007, 139.
[55] BGH FamRZ 1996, 796 = NJW 1996, 1815.
[56] BGH FamRZ 1996, 796 = NJW 1980, 43 = NJW 1980, 340.
[57] BGH FamRZ 2001 614 m Anm *Büttner*; anders noch FamRZ 1995, 598.
[58] BVerfG FamRZ 2003, 1821 m Anm *Schürmann*.

rechnung anhand der Grundtabelle vorzunehmen[59]. Das gilt allerdings nicht für die Kinder aus der früheren Ehe[60]. **Freibeträge** für Kinder (Kinderfreibetrag sowie Freibeträge für den Betreuungs- und Erziehungs- oder Ausbildungsbedarf) nach § 32 Abs 6 S 1 EStG sind zu berücksichtigen[61], Freibeträge nach § 32 Abs 6 S 2 EStG nicht[62].

V. Abzüge

1. Belastungen. Prägend sind auch beim nachehelichen Unterhalt **Verbindlichkeiten** und **Un-** 24 **terhaltslasten,** mit der Maßgabe, dass die Verbindlichkeiten ehebedingt sind, dh bis zur Trennung einvernehmlich bestanden und auf einen vernünftigen Tilgungsplan zurückzuführen sind[63]. Das Abstellen auf die Scheidung führt dazu, dass bei den Unterhaltslasten nur vor Rechtskraft der Scheidung geborene Kinder als prägend zu berücksichtigen sind. Dass darunter dann auch Ehebruchskinder fallen, ist konsequent, aber umstritten[64]. Die ehelichen Lebensverhältnisse können auch durch **Unterhaltsansprüche nachrangig Berechtigter** – etwa durch die tatsächliche oder latente Unterhaltslast gegenüber einem Elternteil – eingeschränkt werden, soweit die sich aus einem entsprechenden Vorwegabzug ergebende Verteilung der zum Unterhalt zur Verfügung stehenden Mittel nicht zu einem Missverhältnis hinsichtlich des wechselseitigen Bedarfs der Beteiligten führt[65]. Leistungen für ein **Stiefkind** sind nicht zu berücksichtigen, allerdings auch nicht der steuerliche Vorteil durch einen Kinderfreibetrag[66]. **Vorsorgeaufwendungen** sind idR in Höhe von 20% des Bruttoeinkommens für eine primäre **Altersvorsorge** und zusätzlich in Höhe von 4% des Gesamtbruttoeinkommens des Vorjahres berücksichtigungsfähig[67]. Ist aber die Altersversorgung des Unterhaltspflichtigen bereits auf andere Weise gesichert, dient eine nach der Scheidung abgeschlossene Lebensversicherung der Vermögensbildung und hat deshalb bei der Unterhaltsbemessung außer Betracht zu bleiben[68].

2. Veränderungen der Belastungen. Nach der zwischenzeitlichen Rspr des BGH sind auch 25 Veränderungen der Belastungen nach der Scheidung grds zu berücksichtigten[69], soweit sie berücksichtigungsfähig sind[70].

Der **Fortfall einer Unterhaltsverpflichtung** ist grds prägend und deshalb einkommenserhöhend 26 zu berücksichtigen, soweit nicht im Ausnahmefall die entfallenden Belastungen nach den ehelichen Verhältnissen für Vermögensbildung verwandt werden sollten[71]. Auch der **Fortfall von Schuldverpflichtungen,** die die ehelichen Lebensverhältnisse bereits mitgeprägt haben[72], ist einkommenserhöhend zu berücksichtigen, auch wenn das dazu veräußerte Vermögen die Ehe nicht geprägt hat[73].

VI. Bedarfsberechnung

1. Grundsätze. Die Bedarfsberechnung entspricht der des Trennungsunterhalts. Insoweit ist auf die 27 Erläuterungen (§ 1361 Rn 88 ff) zu verweisen. Es gelten aber die nachstehenden Unterschiede.

2. Wohnwert und Wohnvorteil. Nach der Rspr des BGH ist der **Wohnvorteil** auch nach der 28 Scheidung nicht mit dem Wohnwert als objektivem Nutzungswert nach Abzug der Hausbelastungen identisch, sondern von dem Umfang der tatsächlichen Nutzung abhängig. Im Gegensatz zur Trennung trifft den Nutzungsberechtigten darüber hinaus aber eine **Obliegenheit zur wirtschaftliche angemessenen Nutzung** des für ihn zu großen Hauses, so dass er sich Einkünfte aus Teilvermietung zum Wohnvorteil hinzurechnen und ggf sogar einer zumutbaren Vollvermietung anrechnen lassen muss. Ist eine Teil- oder Vollvermietung nicht zumutbar, ist der Wohnvorteil – ähnlich wie beim Trennungsunterhalt – nach dem **Mietzins auf dem örtlichen Wohnungsmarkt** für eine den ehelichen Lebensstandard entsprechende angemessene kleinere Wohnung zu berechnen[74]. Wird das den Ehegatten gemeinsam gehörende Familienheim nach der Scheidung von einem Ehegatten allein übernommen, bleibt es bei dem übernehmenden Ehegatten beim **Wohnvorteil,** und zwar in Höhe des vollen Wohnwerts gemindert um bereits bestehende Zins- und Tilgungsleistungen sowie der zusätzlichen Zinsbelastungen, nicht aber der Tilgungsbelastungen aus dem Erwerb der anderen Haushälfte[75].

3. Kranken- und Vorsorgeunterhalt. Zum Lebensbedarf gehören beim nachehelichen Unterhalt 29 in jedem Fall auch die Kosten einer angemessenen Versicherung für den Fall der Krankheit (Abs 3) und für den Fall des Alters sowie der Berufs- und Erwerbsunfähigkeit (Abs 4). Dieser Anspruch auf sog

---

[59] BGH FamRZ 2005, 1817; BVerfG FamRZ 2003, 1821.
[60] BGH FamRZ 2005, 1817 = NJW 2005, 3277.
[61] BGH FamRZ 2007, 882.
[62] BGH FamRZ 2007, 882.
[63] BGH FamRZ 1987, 36.
[64] BGH FamRZ 1994, 87 = NJW 1994, 90.
[65] BGH FamRZ 2003, 860 = NJW 2003, 1660; FamRZ 2004, 186 = NJW-RR 2004, 186.
[66] BGH FamRZ 2005, 1817 = NJW 2005, 3277.
[67] BGH FamRZ 2005, 1817 = NJW 2005, 3277.
[68] BGH FamRZ 2006, 387 = NJW 2006, 1794.
[69] BGH FamRZ 2006, 683, 686 = NJW 2006, 1654.
[70] *Gerhardt* FamRZ 2007, 945.
[71] BGH FamRZ 1990, 1085 = NJW 1990, 2886.
[72] BGH FamRZ 1988, 701 = NJW 1988, 2034 zum Wegfall von Ratenzahlungsverbindlichkeiten.
[73] BGH FamRZ 1998, 899 = NJW 1998, 2821.
[74] BGH FamRZ 2000, 950.
[75] BGH FamRZ 2005, 1159 = NJW 2005, 2077.

Vorsorgeunterhalt gilt allerdings nicht für Ausbildungsunterhalt. Kranken- und Vorsorgeunterhalt ergänzen den Anspruch auf „Elementarunterhalt". Ihre Berechnung ist von der Höhe des Elementarunterhalts abhängig.

30 Bei der Berechnung ist zu unterscheiden: Der **Krankenunterhalt** bemisst sich bei einer Privatversicherung nach deren tatsächlichen Kosten, bei der gesetzlichen Krankenversicherung nach einem entsprechenden Prozentsatz des Elementarunterhalts, der als Bemessungsgrundlage anstelle des Bruttoeinkommens tritt, ggf ergänzt durch die Renteneinkünfte des Berechtigten[76]. In einem zweiten Berechnungsschritt ist der **Krankenvorsorgeunterhalt** vom bedarfsprägenden Einkommen des Verpflichteten abzuziehen und der endgültige Elementarunterhalt nach dem bereinigten Einkommen zu berechnen. Da der Krankenversicherungsschutz in der gesetzlichen Sozialversicherung unabhängig vom Beitragssatz besteht, entfällt ein Anspruch auf Krankenvorsorgeunterhalt bei bereits bestehender (Teil)Erwerbstätigkeit[77], ggf auch bei deren Fiktion[78]. Ggf besteht dann aber ein Anspruch auf private Zusatzversicherung[79]. Der Anspruch erstreckt sich auf die **Kosten einer Privatversicherung,** wenn nach dem scheidungsbedingten Wegfall der Beihilfe eine Aufnahme in die gesetzliche Rentenversicherung ausscheidet[80].

31 Der **Altersvorsorgeunterhalt** ist in **zwei Rechenschritten** nach einem fiktiven Einkommen zu berechnen: Zunächst ist der Elementarunterhalt auf ein fiktives Einkommen zu erhöhen und davon der Vorsorgebeitrag wie ein fiktiver Rentenbeitrag zu berechnen. Grundlage dafür ist in der Praxis die sog Bremer Tabelle in der Bearbeitung von *Gutdeutsch,* die vom BGH[81] übernommen wurde. Vor allem wegen des Halbteilungsgrundsatzes, der dem Verpflichteten insgesamt mindestens die Hälfte der Einkünfte belassen soll, ist der Altersvorsorgeunterhalt nicht dem zunächst errechneten Elementarunterhalt zu addieren. Vielmehr ist er vom Gesamtbedarf abzuziehen und der Elementarunterhalt in einem zweiten Durchgang neu zu berechnen. Trotz der Kritik[82] an dieser letztlich „endlosen Geschichte" wird das Berechnungsverfahren überwiegend praktiziert und auch vom BGH akzeptiert[83], soweit im Hinblick auf die günstigen Einkünfte der Parteien nicht auf den zweiten Durchgang verzichtet wird[84]. Das so gewonnene Ergebnis ist auf seine Angemessenheit und Billigkeit zu überprüfen[85], insbes darauf, ob dem unterhaltsbedürftigen Ehegatten für den laufenden Lebensbedarf ausreichend Mittel zur Verfügung stehen oder ob eine Kürzung des an sich nachrangigen Altersvorsorgeunterhalts erforderlich ist[86].

32 Ein Anspruch auf **Altersvorsorgeunterhalt entfällt,** wenn der Vorsorgebedarf bereits durch eigene Einkünfte[87] oder Anrechnungszeiten[88] gedeckt ist oder den des Verpflichteten übersteigt oder wenn der Berechtigte 65 Jahre alt ist[89]. Bei Leistungen, die nicht vorsorgebezogen sind, entfällt Vorsorgeunterhalt, zB bei Versorgungsleistungen in einer neuen Beziehung.

33 Ist neben dem Altersvorsorgeunterhalt Krankenvorsorgeunterhalt zu zahlen, ist der Gesamtelementarunterhalt nach Abzug von Kranken- und Altersvorsorgeunterhalt neu zu berechnen.

34 Der Vorsorgeunterhalt ist **Teil des Gesamtbedarfs** und kann deshalb auch nur – allerdings gesondert – in dessen Rahmen und nicht isoliert geltend gemacht werden. Anrechenbare Einkünfte des Berechtigten sind daher grds auf den Gesamtbedarf anzurechnen[90]. Soweit eine Ausnahme bei Einkünften gemacht wird, die keinen Versorgungswert haben[91], wären davon richtigerweise wohl nur noch versicherungspflichtige Eigeneinkünfte auszunehmen. Als Teil des Gesamtbedarfs bedarf der Vorsorgeunterhalt insoweit aber auch **keiner besonderen Mahnung**[92].

35 Im **Mangelfall** geht der Krankenvorsorgeunterhalt dem Altersvorsorgeunterhalt und der Elementarunterhalt beiden vor (§ 1581).

§ 1578 a Deckungsvermutung bei schadensbedingten Mehraufwendungen

Für Aufwendungen infolge eines Körper- oder Gesundheitsschadens gilt § 1610 a.

§ 1578 a stellt klar, dass bei der Bestimmung der Einkünfte im Rahmen des § 1578 der allgemeine Grundsatz Anwendung findet, dass Aufwendungen infolge eines Körper- und Gesundheitsschadens für sich die Vermutung haben, nicht als eheprägend angesehen zu werden. S iÜ bei § 1610 a.

---

[76] Da der Berechtigte für die Krankenversicherung einen Prozentsatz des aus Unterhalt und Rente bestehenden Einkommens aufwenden muss, BGH NJWE-FER 1998, 241.
[77] OLG Düsseldorf FamRZ 1991, 806.
[78] OLG Dresden FamRZ 1999, 232.
[79] OLG Köln FamRZ 1993, 711.
[80] BGH FamRZ 2005, 1897 = NJW 2005, 1480.
[81] BGH NJW-RR 1999, 297; *Gutdeutsch* FamRZ 2001, 80.
[82] *Möller* FamRZ 1998, 342.
[83] BGH FamRZ 1999, 372 = NJW-RR 1999, 297.
[84] BGH FamRZ 1999, 372 = NJW-RR 1999, 297.
[85] BGH NJW 1999, 717.
[86] BGH NJW 1987, 2229.
[87] BGH FamRZ 1992, 423 = NJW 1992, 1044.
[88] Zuletzt BGH NJW 2000, 284; FamRZ 1981, 442 = NJW 1981, 1556.
[89] OLG Frankfurt FamRZ 1990, 1363.
[90] BGH FamRZ 1999, 372 = NJW-RR 1999, 297.
[91] BGH FamRZ 1999, 367 = NJW 1999, 717.
[92] BGH FamRZ 2006, 683, 686.

§ 1578 b Herabsetzung und zeitliche Begrenzung des Unterhalts wegen Unbilligkeit

(1) ¹Der Unterhaltsanspruch des geschiedenen Ehegatten ist auf den angemessenen Lebensbedarf herabzusetzen, wenn eine an den ehelichen Lebensverhältnissen orientierte Bemessung des Unterhaltsanspruchs auch unter Wahrung der Belange eines dem Berechtigten zur Pflege oder Erziehung anvertrauten gemeinschaftlichen Kindes unbillig wäre. ²Dabei ist insbesondere zu berücksichtigen, inwieweit durch die Ehe Nachteile im Hinblick auf die Möglichkeit eingetreten sind, für den eigenen Unterhalt zu sorgen. ³Solche Nachteile können sich vor allem aus der Dauer der Pflege oder Erziehung eines gemeinschaftlichen Kindes, aus der Gestaltung von Haushaltsführung und Erwerbstätigkeit während der Ehe sowie aus der Dauer der Ehe ergeben.

(2) ¹Der Unterhaltsanspruch des geschiedenen Ehegatten ist zeitlich zu begrenzen, wenn ein zeitlich unbegrenzter Unterhaltsanspruch auch unter Wahrung der Belange eines dem Berechtigten zur Pflege oder Erziehung anvertrauten gemeinschaftlichen Kindes unbillig wäre. ²Absatz 1 Satz 2 und 3 gilt entsprechend.

(3) Herabsetzung und zeitliche Begrenzung des Unterhaltsanspruchs können miteinander verbunden werden.

Schrifttum: *Brudermüller*, Zeitliche Begrenzung des Unterhaltsanspruchs (§§ 1573 V, 1578 I S 2 BGB), FamRZ 1998, 649; *Dieckmann*, Zur Einschränkung des nachehelichen Unterhaltsanspruchs nach dem UÄndG für „Berufstätigenehen", FamRZ 1987, 981; *Gerhardt*, Eheliche Lebensverhältnisse bei Kindesbetreuung und Haushaltsführung, FamRZ 2000, 134; *Heumann*, Beschränkung des Aufstockungsunterhalts nach langer Kinderbetreuung, Vorwirkungen der Reform – und Präklusion?, FamRZ 2007, 178; *Maier*, Die Bemessung des Aufstockungsunterhalts, FamRZ 1992, 1381; *ders*, Vom Wert des Aufstockungsunterhalt, FamRZ 2005, 1509; *Schürmann*, generelle Befristung des nachehelichen Unterhalts – eine überfällige Reform?, FPR 2005, 492; *Schwab*, Zur Reform des Unterhaltsrechts, FamRZ 2005, 1417.

Übersicht

	Rn		Rn
I. Normzweck	1	c) Ehebedingte Nachteile	12
II. Einschränkung des Unterhalts bei Unbilligkeit	4	III. Herabsetzung auf den angemessenen Lebensbedarf	22
1. Maßstab der Unbilligkeit	4	IV. Zeitliche Begrenzung	24
a) Dauer des Unterhaltsanspruchs	4		
b) Billigkeitsentscheidung als Abwägung	6	V. Verbindung von Herabsetzung und zeitlicher Begrenzung	26
c) Einheitliche Anwendung	9		
2. Wahrung der Belange des Kindes und die Berücksichtigung ehebedingter Nachteile	10	VI. Prozessuale Fragen	27
a) Systematik	10	1. Darlegungs- und Beweislast	27
b) Wahrung der Kindesbelange	11	2. Titulierung der Einschränkung	28

I. Normzweck

§ 1578 b wurde durch das Unterhaltsänderungsgesetz vom 21. 12. 2007 (BGBl I S 3189) eingefügt. Die damit für alle nachehelichen Unterhaltsansprüche bestehende **Möglichkeit der Einschränkung** ist eine Folge der **nachehelichen Eigenverantwortung,** deren Stärkung eines der Ziele des Reformgesetzes ist[1]. **1**

Allerdings bestand die Möglichkeit einer Herabsetzung des Unterhalts schon generell im Rahmen des bisherigen § 1578 Abs 1 S 2 und die der zeitlichen Befristung für den Aufstockungsunterhalt in § 1573 Abs 5. Entgegen den im Schrifttum geäußerten Hoffnungen[2] hatten diese durch das Unterhaltsänderungsgesetz 1985 eingeführten Möglichkeiten keine entscheidenden praktischen Änderungen gebracht. Nachdem die BReg den GesE des Unterhaltsänderungsgesetzes vom 15. 6. 2006[3] vorgelegt hatte, hat der BGH mit seiner Rspr zur Berücksichtigung ehebedingter Nachteile einen Grundgedanken der jetzigen Reform aufgenommen[4]. Die bisherigen Einschränkungsmöglichkeiten in § 1578 Abs 1 S 2 und § 1573 Abs 5 sind durch die umfassende Einschränkungsregelung in § 1578 b gegenstandslos geworden und aufgehoben. **2**

Ob diese tatsächlich zu einer über diese bislang bestehenden Einschränkungsmöglichkeiten und ihre Auslegung in der Rspr hinausgehende Änderung führt, wird nicht nur ein Textvergleich, sondern auch die Auslegungspraxis zeigen. § 1578 b geht in Wortlaut und Systematik insoweit über die bisherigen Einschränkungsmöglichkeiten hinaus, als bei Unbilligkeit der Unterhalt **einzuschränken ist** und nicht wie bislang eingeschränkt werden kann. Dabei sind entsprechend dem Reformgedanken, das Kindes- **3**

---

[1] Begr, BT-Drucks 16/1830 S 20; s § 1569 Rn 1, 5 ff.
[2] *Gerhardt* FamRZ 2000, 134.
[3] BT-Drucks 16/1830.
[4] BGH FamRZ 2006, 1006 m Anm *Born* = NJW 2006, 2401; FamRZ 2007, 200 m Anm *Büttner*.

§ 1578 b

wohl zu stärken, die Belange eines gemeinschaftlichen Kindes zu wahren und dabei insbes ehebedingte Nachteile zu berücksichtigen. Entsprechend dem Grundsatz der Eigenverantwortung beziehen diese sich ausdrücklich und lediglich auf die Einschränkung der Möglichkeit, für den eigenen Unterhalt zu sorgen.

II. Einschränkung des Unterhalts bei Unbilligkeit

4 **1. Maßstab der Unbilligkeit. a) Dauer des Unterhaltsanspruchs.** Die Möglichkeit, den Aufstockungsunterhalt zu befristen, beruht auf dem Gedanken, dass eine lebenslange Beibehaltung des ehelichen Lebensstandards nur dann angemessen ist, wenn besondere Gründe für dauerhafte Lebensstandardgarantie sprechen[5]. Dieser Gedanke sollte durch die Neufassung von § 1587 b für alle Unterhaltstatbestände gelten.

5 Ein **persönliches Fehlverhalten** ist bei der Abwägung nicht zu berücksichtigen, da es in § 1579 abschließend geregelt ist[6].

6 **b) Billigkeitsentscheidung als Abwägung.** Bei der Billigkeitsabwägung ist die infolge der Ehedauer eingetretene wirtschaftliche Abhängigkeit vom Verpflichteten und bei dieser wiederum die Dauer der Ehe, die Gestaltung der Haushaltsführung und Erwerbstätigkeit sowie die Kindesbetreuung zu berücksichtigen[7]. Durch die Neufassung in § 1578 b erfolgt eine andere Gewichtung und Zuordnung, bei der die Wahrung der Belange des Kindes an erster Stelle stehen.

7 Die Abwägung aller in Betracht kommenden Gesichtspunkte ist Aufgabe des Tatrichters, die nur daraufhin überprüft werden kann, ob dieser die im Rahmen der Billigkeitsprüfung maßgebenden Rechtsbegriffe nicht verkannt und alle für die Einordnung unter diese Begriffe wesentlichen Umstände berücksichtigt hat[8].

8 Soweit die Abwägung ergibt, dass ein unbeschränkter Unterhalt unbillig ist, ist er nach der Neufassung des § 1578 b zu beschränken oder zeitlich zu begrenzen.

9 **c) Einheitliche Anwendung.** Die bisherige Rspr zur zeitlichen Befristung galt nur für den Aufstockungsunterhalt nach § 1573, während die Herabsetzungsmöglichkeit für alle Unterhaltstatbestände galt. In der Fassung des § 1578 b gelten Herabsetzung und Befristung für alle Unterhaltstatbestände. Auch wenn ihre Voraussetzungen in Abs 1 und 2 getrennt geregelt sind, sind sie im Wortlaut bzw durch den Verweis in Abs 2 S 2 identisch. Das schließt unterschiedliche Abwägungen bei unterschiedlichen Tatbeständen nicht aus und wäre insoweit auch bei der Übertragung der zu den bisherigen Einschränkungsmöglichkeiten ergangenen Rspr zu berücksichtigen. Die Abwägung zwischen Herabsetzung und zeitlicher Befristung ist im Rahmen von Abs 3 zu berücksichtigen.

10 **2. Wahrung der Belange des Kindes und die Berücksichtigung ehebedingter Nachteile. a) Systematik.** Mit dem Bezug auf die Wahrung der Belange des Kindes an erster Stelle wird der mit dem Unterhaltsänderungsgesetz vorrangig verfolgte Kindesschutz verdeutlicht, der über die bei den bisherigen Einschränkungsregelungen zu berücksichtigende Kindesbetreuung begrifflich hinausgeht, zumal diese weiterhin bei der Berücksichtigung der ehebedingten Nachteile zu berücksichtigen ist. Die vorrangige Bedeutung der Belange des Kindes kann insoweit an seine Verwendung in § 1570 anschließen. Im Unterschied zu der dort isoliert hervorgehobenen Bedeutung der Kindesbelange sind bei § 1578 b aber insbes die ehebedingten Nachteile und in deren Rahmen an erster Stelle die Kindesbetreuung zu berücksichtigen.

11 **b) Wahrung der Kindesbelange.** Die Wahrung der Kindesbelange knüpft begrifflich an § 1570 Abs 1 S 1 an. Seine Auslegung dort (§ 1570 Rn 13 ff) kann insoweit entsprechend herangezogen werden. Im Gegensatz zu § 1570 Abs 1 S 1 ist sie allerdings nicht an die bestehenden Möglichkeiten der Kindesbetreuung zurückgebunden. Das könnte im ersten Blick dafür sprechen, dass die Auswirkungen der Kindesbelange auf die Erwerbsobliegenheit bei der Prüfung von Unterhaltsbeschränkungen stärker zu berücksichtigen wären. Dagegen spricht aber die gleichzeitig in S 2 betonte Berücksichtigung ehebedingter Nachteile und die damit gebotene Abwägung bei der Auslegung der Belange des Kindes. § 1578 b greift insoweit die Unterscheidung von kindes-, eltern- und ehebezogenen Belangen zwar auf, gewichtet sie durch die gleichzeitige Bezugnahme aber anders als § 1570 Abs 1 S 2. Insoweit schließen sich die Begründung des Betreuungsunterhalts und die allgemeine Möglichkeit einer Unterhaltsbeschränkung im Hinblick auf die in beiden Fällen gebotene Berücksichtigung der Belange des Kindes nicht aus.

12 **c) Ehebedingte Nachteile.** Der Grundsatz der ehebedingten Nachteile kann im Grundsatz auf die zwischenzeitliche Rspr des BGH zur Begrenzung des Aufstockungsunterhalts zurückgreifen[9]. Danach rechtfertigen nur erheblich nachwirkende ehebedingte Nachteile auf die Erwerbstätigkeit einen dauerhaften unterhaltsrechtlichen Ausgleich zugunsten des unterhaltsbedürftigen Ehegatten[10],

---

[5] BGH FamRZ 2006, 1006 = NJW 2006, 2041.
[6] BGH FamRZ 1987, 572 = NJW 1987, 1761; *Brudermüller* FamRZ 1998, 649.
[7] BGH FamRZ 1990, 857 = NJW 1990, 2810.
[8] BGH FamRZ 2006, 1006; NJW 2007, 1961 = FamRZ 2007, 793 m Anm *Büttner*.
[9] BGH FamRZ 2007, 793, 799.
[10] BGH FamRZ 2006, 1006 m Anm *Born* = NJW 2006, 2401; FamRZ 2007, 200 m Anm *Büttner*.

dies allerdings nur in ihrem jeweiligen Umfang und bei entsprechender Leistungsfähigkeit des Unterhaltspflichtigen[11]. Diese Auslegung entspricht der Formulierung des § 1578 b, dass ehebedingte Nachteile im Hinblick auf die Möglichkeit zu berücksichtigen sind, für den eigenen Unterhalt zu sorgen.

aa) Kindesbetreuung. Eine zeitliche Begrenzung scheidet idR bei der Betreuung eines gemeinsamen Kindes aus[12]. Außerhalb der Regel liegt zB eine Betreuung gegen den Willen des anderen Elternteils oder eine Sorgerechtsentscheidung[13]. Ob der Anspruch allein auf die Dauer der Kindesbetreuung zu beschränken ist[14], ist fraglich. Eine Kindesbetreuung aus der Zeit der ersten Ehe ist dabei nicht zu berücksichtigen[15]. Die vorrangige Beachtung der Kindesbelange und damit die Bezugnahme auf § 1570 schließt dessen nachträgliche Einschränkung durch § 1578 b nicht aus. Bei dieser ist vielmehr auch im Hinblick auf die Regelungsstruktur des § 1570 die mit Zeitablauf wachsende Erwerbsobliegenheit und abnehmende Betreuungsobliegenheit zu berücksichtigen.

bb) Gestaltung der Haushaltsführung und Erwerbstätigkeit. Bei der Gestaltung der Haushaltsführung und Erwerbstätigkeit ist zu berücksichtigen, wie lange die Partner ihre Lebensdispositionen aufeinander eingestellt haben[16].

cc) Dauer der Ehe. Bemessungszeitraum ist der **Zeitraum zwischen Eheschließung und Zustellung** des Scheidungsantrags[17], bei einer zweimaligen Verheiratung ist nur die Dauer der zweiten Ehe maßgeblich[18]. Für die Dauer der Ehe gibt es **keine absolute Zeitgrenze**[19], vielmehr ist die Dauer abzuwägen gegen ehebedingte Nachteile: je mehr die Bedürftigkeit auf ehebedingten Nachteilen beruht, desto weniger kommt eine Begrenzung des vollen Unterhalts in Betracht[20]. Der Versuch, verbindliche Zeitrahmen aufzustellen, ist nicht sachgemäß, schon weil § 1569 keine Zeitgrenze enthält[21].

Der Grenzwert für den Beginn einer **langen Ehedauer** liegt nach der Rspr des BGH bei zehn Jahren[22]. Eine weiter zunehmende Ehedauer gewinnt nach und nach an Gewicht, das nur bei außergewöhnlichen Umständen eine zeitliche Begrenzung zulässt[23]. Der BGH hat jetzt aber noch bei einer 20 Jahren keine absolute Zeitgrenze gesehen[24]. Von einer langen Ehedauer wird man jedenfalls ab 15 Jahren sprechen können[25], doch soll nach der Rspr nicht nur nach 12 Jahren und 7 Monaten Ehedauer noch eine zeitliche Beschränkung möglich sein[26], sondern auch noch nach 16 Jahren, wenn der Berechtigte keine ehebedingten Nachteile bezüglich seiner Erwerbsmöglichkeiten erlitten hat und noch relativ jung ist[27].

Dagegen soll eine Ehedauer von 28 Jahren in dem Bereich liegen, in dem unter Billigkeitsgesichtspunkten grds eine dauerhafte Garantie des angemessenen Unterhalts geboten erscheint[28].

Beim **Arbeitslosenunterhalt** ist auch zu berücksichtigen, welche Zeit der Berechtigte benötigt, um sich beruflich auf die neue Situation nach Scheidung der Ehe einstellen zu können[29].

Bei geringem **Aufstockungsunterhalt** kommt bei einer Ehe von acht Jahren Dauer eine zeitliche Beschränkung jedenfalls im ersten Jahr nicht in Frage, wohl aber eine Herabsetzung gemäß § 1578 Abs 1 S 2 nach Ablauf von acht Jahren seit der Scheidung auf einen zwar unter den ehelichen Lebensverhältnissen liegenden, aber gehobenen Bedarf[30].

Die Verlängerungssystematik beim neu gefassten § 1570 spricht dafür, die Dauer der Ehe als einen sich abschwächenden Hinderungsgrund für die Aufnahme einer eigenen Erwerbstätigkeit anzusehen.

dd) Weitere Abwägungsgründe. Da die ausdrücklich genannten Abwägungsgründe nicht abschließend aufgezählt sind, können außer der Dauer der Ehe und der Kindesbetreuung weitere Gesichtspunkte zu berücksichtigt werden und gegen eine Begrenzung sprechen, wie aufopfernde Pflege während einer Krankheit des Verpflichteten[31], Annäherung an die Altersgrenze im Anschluss an einen anderen Unterhaltstatbestand, eine Erkrankung, die zwar nicht im Rahmen des § 1572

---

[11] BGH FamRZ 2007, 200; s auch BGH FamRZ 2007, 793, 799.
[12] OLG Bamberg FamRZ 1987, 727.
[13] *Kalthoener/Büttner/Niepmann* Rn 1082 mwN.
[14] OLG Hamm FamRZ 1995, 1204.
[15] OLG Düsseldorf FamRZ 1996, 1416.
[16] *Stollenwerk* S 524.
[17] BGH FamRZ 1986, 886 = NJW 1986, 2832.
[18] OLG Karlsruhe NJW-RR 1989, 1348.
[19] BGH FamRZ 2006, 1006 m Anm *Born* = NJW 2006, 2401; FamRZ 2007, 200 m Anm *Büttner*.
[20] BGH FamRZ 1989, 483 = NJW-RR 1989, 396.
[21] *Kalthoener/Büttner/Niepmann* Rn 1080 unter Bezug auf OLG Düsseldorf FamRZ 1988, 838.
[22] BGH FamRZ 1990, 857 = NJW 1990, 2810; FamRZ 2004, 1357 = NJW 2004, 3106.
[23] BGH FamRZ 2004, 1357 = NJW 2004, 3106.
[24] BGH FamRZ 2007, 793, 800 m krit Anm *Büttner*.
[25] OLG Düsseldorf FamRZ 1992, 1439: jedenfalls dann, wenn ein Kind weiterhin zu betreuen ist.
[26] OLG Köln FamRZ 1993, 565.
[27] OLG Hamm FamRZ 1995, 1204: Begrenzung auf zwölf Jahre.
[28] BGH FamRZ 1991, 307 = NJW-RR 1991, 130; OLG Hamburg FamRZ 1998, 295 zu zehnjähriger Ehedauer und Krankheit.
[29] OLG Frankfurt FamRZ 1986, 683; OLG Karlsruhe FamRZ 1989, 511.
[30] OLG Düsseldorf FamRZ 1992, 951; vgl auch BGH FamRZ 1988, 1031, 1034; FamRZ 1986, 483, 486.
[31] BGH FamRZ 1986, 886.

§ 1579

beachtlich, aber gleichwohl erheblich ist, Vermögensopfer und die Ermöglichung einer Ausbildung[32].

III. Herabsetzung auf den angemessenen Lebensbedarf

22 Anknüpfungspunkt für die **Billigkeitsprüfung** ist die Relation des vollen Unterhalts nach den ehelichen Lebensverhältnissen zu den dem Verpflichtenden verbleibenden Mitteln[33].

23 Zulässig ist nur eine Begrenzung auf den **angemessenen Lebensbedarf,** das ist mehr als das Existenzminimum oder der notwendige Bedarf[34], aber weniger als der volle Bedarf nach § 1578. Die Auffassung des BGH, dass der **voreheliche Lebensstandard** einen Maßstab bilden kann, der nicht unterschritten werden sollte[35], ist in der Lit umstritten[36].

IV. Zeitliche Begrenzung

24 Eine Begrenzung entspricht **nicht automatisch der Dauer der Ehe,** diese ist vielmehr nur ein Abwägungskriterium[37]. Beim Unterhalt wegen **Arbeitslosigkeit** wird man im Allgemeinen nach der Zielrichtung der Vorschrift und ihrem Ausnahmecharakter die **Ehedauer** als Mindestbegrenzungsdauer ansetzen können[38]. Die Rspr ist aber auch hier unterschiedlich: Bei einer dreijähriger Ehe wurde eine Begrenzung auf 16 Monate für zulässig gehalten[39]; bei einer kinderlosen Ehe, die neun Jahre und viereinhalb Monate gedauert hat, soll eine zeitliche Begrenzung des nachehelichen Unterhalts auf die Zeitdauer, die der Dauer der Ehe entspricht, in Betracht kommen[40]; bei einer sechzehnjähriger Ehe eine Begrenzung auf zwölf Jahre[41]. Demgegenüber wurde bei einer 13jähriger Ehe eine Reduzierung auf zwei Jahre plus zwei Jahre reduzierter Unterhalt für zulässig gehalten[42].

25 Beim **Aufstockungsunterhalt** dürfte es besonders bei hohem Einkommen des Berechtigten billig sein, ihm nur eine kurze Übergangsfrist zuzubilligen. Sie soll dem Berechtigten ermöglichen, sich wirtschaftlich und psychologisch auf den Wegfall des Unterhalts einzustellen[43]. Der Anspruch auf Aufstockungsunterhalt kann nach § 1573 Abs 5 auch dann zeitlich begrenzt werden, wenn die Unterhaltsbegehrende durch die Heirat die Witwenrente nach ihrem ersten Ehemann verloren hat und diese Rente nach der Scheidung ihrer nunmehr dritten Ehe nicht wiederauflebt[44].

V. Verbindung von Herabsetzung und zeitlicher Begrenzung

26 Eine Kombination von Herabsetzung und Befristung war nach der Rspr möglich, soweit die Voraussetzungen der Befristung (früher des § 1573 Abs 5) vorlagen[45]. Durch § 1578 b Abs 3 wird diese Möglichkeit jetzt ausdrücklich eröffnet. Da beide Folgen bei Vorliegen der Billigkeitsmerkmale geboten sind, ist die Auswahl zwischen ihnen im Rahmen der Billigkeitsentscheidung zu treffen. Dabei ist der verfassungsrechtliche Grundsatz der Verhältnismäßigkeit zu beachten.

VI. Prozessuale Fragen

27 1. **Darlegungs- und Beweislast.** Die Gründe für eine Einschränkung sind vom Unterhaltsschuldner darzulegen und zu beweisen[46].

28 2. **Titulierung der Einschränkung.** Die Einschränkung ist bei **Absehbarkeit** auch schon vor ihrem Eintritt im Ersturteil zu berücksichtigen. Eine nachträgliche Berücksichtigung in einem Abänderungsverfahren ist möglich, wenn sich die Umstände der Begrenzung erst nachträglich konkretisiert haben[47]. Sie kann aber nur durch Abänderungs- und nicht Vollstreckungsgegenklage geltend gemacht werden[48].

---

[32] *Kalthoener/Büttner/Niepmann* Rn 1073 a mwN; *Stollenwerk* S 525.
[33] BGH FamRZ 1987, 459 = NJW 1987, 1555.
[34] OLG Hamm NJW-RR 1988, 8.
[35] BGH FamRZ 1986, 886 = NJW 1986, 2832.
[36] Dagegen *Brudermüller* FamRZ 1998, 649.
[37] *Stollenwerk* S 525.
[38] OLG Koblenz FamRZ 1987, 160; OLG Hamm FamRZ 1986, 1108.
[39] OLG Hamm FamRZ 1987, 707.
[40] OLG Hamburg FamRZ 1987, 1250; vgl auch OLG Hamm FamRZ 1988, 840.
[41] OLG Hamm FamRZ 1995, 1204.
[42] OLG Düsseldorf FamRZ 1987, 945.
[43] OLG Düsseldorf FamRZ 1992, 951: nach acht Jahren Ehedauer auf ein Jahr begrenzt; OLG Hamm FamRZ 1990, 413.
[44] OLG Schleswig FamRZ 1988, 840.
[45] OLG Celle FamRZ 1987, 69.
[46] S auch Begr, BT-Drucks 16/1830 S 22.
[47] OLG Hamm FamRZ 1994, 1392.
[48] BGH FamRZ 2001, 905.

§ 1579 Beschränkung oder Wegfall der Verpflichtung

Ein Unterhaltsanspruch ist zu versagen, herabzusetzen oder zeitlich zu begrenzen, soweit die Inanspruchnahme des Verpflichteten auch unter Wahrung der Belange eines dem Berechtigten zur Pflege oder Erziehung anvertrauten gemeinschaftlichen Kindes grob unbillig wäre, weil
1. die Ehe von kurzer Dauer war; dabei ist die Zeit zu berücksichtigen, in welcher der Berechtigte wegen der Pflege oder Erziehung eines gemeinschaftlichen Kindes nach § 1570 Unterhalt verlangen kann,
2. der Berechtigte in einer verfestigten Lebensgemeinschaft lebt,
3. der Berechtigte sich eines Verbrechens oder eines schweren vorsätzlichen Vergehens gegen den Verpflichteten oder einen nahen Angehörigen des Verpflichteten schuldig gemacht hat,
4. der Berechtigte seine Bedürftigkeit mutwillig herbeigeführt hat,
5. der Berechtigte sich über schwerwiegende Vermögensinteressen des Verpflichteten mutwillig hinweggesetzt hat,
6. der Berechtigte vor der Trennung längere Zeit hindurch seine Pflicht, zum Familienunterhalt beizutragen, gröblich verletzt hat,
7. dem Berechtigten ein offensichtlich schwerwiegendes, eindeutig bei ihm liegendes Fehlverhalten gegen den Verpflichteten zur Last fällt oder
8. ein anderer Grund vorliegt, der ebenso schwer wiegt wie die in den Nummern 1 bis 7 aufgeführten Gründe.

Schrifttum: *Brudermüller,* Zeitliche Begrenzung des Unterhaltsanspruchs, FamRZ 1988, 650; *Büttner,* Die Härteklauseln (§§ 1578 b, 1579 BGB) im geplanten Unterhaltsrecht, FamRZ 2007, 773; *Dieckmann,* Zur Einschränkung des nachehelichen Unterhaltsanspruchs nach dem UÄndG für „Berufstätigenehen", FamRZ 1987, 981; *Diederichsen,* Die Ehedauer als Begrenzungskriterium für den nachehelichen Unterhalt, FS Müller-Freienfels, 1986, S 99; *Graba,* Beschränkung des nachehelichen Unterhalts wegen Unbilligkeit, FamRZ 2005, 2032; *Häberle,* Zum Einfluß persönlicher Ehevorfehlungen auf den Ehegattenunterhalt, FamRZ 1982, 557; *ders,* Die Erweiterung der negativen Härteklausel (§ 1579) durch das UÄndG FamRZ 1986, 311; *Henrich,* Die negative Härteklausel (§ 1579 nF) und die Belange des Kindes, FamRZ 1986, 401; *Lübbert,* Der Ausschluß des nachehelichen Unterhalts wegen „grober Unbilligkeit" – § 1579 –, 1982.

Übersicht

	Rn		Rn
I. Normzweck	1	7. Schwerwiegendes Fehlverhalten	19
		8. Generalklausel	24
II. Die einzelnen Härtegründe	4	III. Billigkeitsprüfung	30
1. Kurze Ehedauer	4	1. Grobe Unbilligkeit	30
2. Verfestigte Lebensgemeinschaft	5	2. Wahrung der Belange betreuter Kinder	32
3. Straftaten	6	IV. Überschneidungen	34
4. Mutwillige Bedürftigkeit	8	V. Prozessuale Fragen	37
5. Verletzung von Vermögensinteressen	12		
6. Unterhaltspflichtverletzung	16		

I. Normzweck

§ 1579 reflektiert den schwierigen Balanceakt, den Unterhaltsanspruch trotz nachehelicher, insbes betreuungsbedingter Solidarität bei **unsolidarischem Verhalten zu korrigieren,** ohne auf den mit der Eherechtsreform als allgemeines Abgrenzungskriterium entfallenen **Verschuldensgedanken** zurückgreifen zu können. 1

Die Lösung des Balanceaktes erfolgt in zwei Schritten: zunächst in der **Prüfung einzelner Härtegründe,** deren unterhaltsbeschränkende Wirkung in einem zweiten Schritt[1] einer umfassenden **Billigkeitsabwägung** unter vorrangiger Berücksichtigung der Kindesbetreuung unterliegt[2]. 2

Die Balance ist trotz Korrektur durch den Gesetzgeber durch das UÄndG 1985[3] auch unter Berücksichtigung der bisherigen Auslegung nicht überzeugend gelungen und hat in erster Linie zu einer reichen Kasuistik geführt, die kaum noch zu übersehen ist. „Die Zahl der teilweise bizarren Einzelfälle wächst ständig"[4]. Das Gesetz zur Änderung des Unterhaltsrechts vom 21. 12. 2007 (BGBl I S 3189) sieht in Nr 2 als eigenständigen neuen Härtegrund vor, dass „**der Berechtigte in einer verfestigten Lebensgemeinschaft lebt".** Damit soll der Bedeutung des **dauerhaften Zusammenlebens** des Unterhaltsberechtigten **mit einem neuen Partner** als dem **in der Praxis bedeutsamsten Härtegrund** Rechnung getragen werden, der die dazu bisher ergangene Rspr im Rahmen des Auffangtatbestands (Nr 8, früher Nr 7) berücksichtigt. Eine Änderung dieser Rspr ist mit der Verselbständigung nicht verbunden. 3

---
[1] *Kalthoener/Büttner/Niepmann* Rn 1101, 1102.
[2] BGH FamRZ 1992, 1045 = NJW 1992, 2477.
[3] Für die Anwendung auf Sachverhalte vor dem UÄndG BGH NJW-RR 1988, 70.
[4] *Jauernig/Berger* Rn 2.

Nach der Gesetzesbegründung[5] soll durch die Neuregelung aber auch der Auffangtatbestand (jetzt Nr 8) entlastet werden. Auch die Neuformulierung in Nr 1 trägt der bisher dazu ergangenen Rspr (Rn 5) Rechnung[6].

II. Die einzelnen Härtegründe

4 **1. Kurze Ehedauer.** Maßgeblich für die Beurteilung der Ehedauer ist die Zeit von der Eheschließung **bis zur Rechtshängigkeit des Scheidungsantrags,** dh nicht die Zeit bis zur Trennung[7] oder zur Anhängigkeit eines Prozesskostenhilfeantrags, auch nicht die Dauer der Trennung bzw die Kürze des tatsächlichen Zusammenlebens. Diese kann allerdings eine Verwirkungsgrund nach Nr 7 sein[8]. Bei einer Wiederverheiratung bleibt die Dauer der ersten Ehe außer Betracht[9]. Eine Ausweitung **bis zur Rechtskraft der Scheidung** ist im Hinblick auf die **Kindesbetreuung,** nicht aber auf andere Ausweitungstatbestände (wie § 1573 Abs 2 oder § 1575 Abs 1)[10] möglich[11]. Entgegen dem Wortlaut von Nr 1 ist auch nicht die Betreuungszeit der Ehedauer insgesamt hinzuzurechnen – da ansonsten der Tatbestand der Nr 1 kaum jemals in Kinderbetreuungsfällen anwendbar wäre[12], – sondern bei Bejahung der kurzen Ehedauer im Rahmen der Billigkeit zu berücksichtigen[13]. Dem trägt die Neuformulierung von Nr 1 durch das Unterhaltsänderungsgesetz Rechnung[14].

4 a Entscheidendes Kriterium für eine **kurze Ehedauer** in diesem Rahmen ist, wieweit die Ehegatten ihre **Lebensführung bereits aufeinander abgestellt** und in wechselseitiger Abhängigkeit auf ein gemeinsames Lebensziel ausgerichtet haben[15]. Die Rspr dazu ist fließend und kann nur zur Orientierung dienen: nach Auffassung des BGH sind zwei Jahre regelmäßig als kurz und drei Jahre nicht mehr als kurz zu bewerten[16]; zweieinhalb Jahre wären folgerichtig ein Grenzfall[17]. Nach dem OLG Köln kann sich die Frage der Kürze noch bei vier Jahren stellen[18]. Letztlich entscheidend sind die Umstände des Einzelfalls[19].

5 **2. Verfestigte Lebensgemeinschaft.** Die verfestigte Lebensgemeinschaft wurde durch das Unterhaltsänderungsgesetz als eigenständiger Ausschlusstatbestand normiert. Nach der Rspr des BGH erlischt der Unterhaltsanspruch durch Eingehung einer nichtehelichen Lebensgemeinschaft nicht ohne weiteres[20]. Nach einer Grundsatzentscheidung des BGH im Jahr 1989[21] ist dafür vielmehr eine **feste soziale Bindung Voraussetzung.** Diese besteht bei einer sozioökonomischen Gemeinschaft und ist bei einer gewissen Mindestdauer des Zusammenlebens anzunehmen, die länger als ein Jahr[22] und idR zwei bis drei Jahre betragen muss[23]. Von einer sozioökonomischen, auf Dauer angelegten Gemeinschaft kann dann ausgegangen werden, wenn der neue Partner des an sich unterhaltsberechtigten, geschiedenen Ehegatten wirtschaftlich in der Lage ist, diesen zu unterhalten, wobei es unerheblich ist, ob der neue Partner akzeptable Gründe hat, von einer Eheschließung abzusehen[24]. **Indizien** für eine feste soziale Bindung können ua sein: ein gemeinsamer Haushalt, das gemeinsame Verbringen der Wochenenden, gemeinsame Urlaube, ein gemeinsames Kind aus der neuen Verbindung[25] und das Tragen von Verlobungsringen. Auch ohne einen gemeinsamen Haushalt und bei Beibehaltung getrennter Wohnungen[26] sowie einem einverständlich unterbliebenen Zusammenleben[27] kann nach der Rspr des BGH bei einer anders gestalteten dauerhaften Verbindung je nach deren **Erscheinungsbild in der Öffent-**

---

[5] BT-Drucks 16/1830 S 21.
[6] Eine systematische Kommentierung ist daher auch unter Berücksichtigung der Gesetzesänderungen lediglich im Rahmen der Gesetzessystematik anhand wichtiger Beispielsfälle und unter Berücksichtigung der Überschneidungen insbes mit der Obliegenheitsverletzung und im Rahmen einzelner unterhaltsrechtlicher Tatbestände möglich. Dabei ist insbes das Verhältnis zur Regelung der Unbilligkeit in dem neu eingefügten § 1578 b zu berücksichtigen.
[7] BGH FamRZ 1981, 140 = NJW 1981, 754.
[8] BGH FamRZ 1988, 930 = NJW-RR 1988, 834; OLG Celle FamRZ 1990, 519.
[9] OLG Hamm FamRZ 1989, 1091.
[10] OLG Schleswig FamRZ 1984, 588.
[11] So OLG Schleswig FamRZ 1984, 588, 590 und 1099.
[12] *Kalthoener/Büttner/Niepmann* Rn 408.
[13] BVerfG FamRZ 1989, 941 = NJW 1989, 2807; BGH FamRZ 1990, 492 = NJW 1990, 847; zuletzt FamRZ 2005, 1979.
[14] Begr, BT-Drucks 16/1830 S 20.
[15] BGH NJW 1981, 754.
[16] BGH NJW 1981, 754.
[17] BGH NJW 1982, 2064.
[18] OLG Köln FamRZ 1992, 66.
[19] BGH FamRZ 1999, 710 = NJW 1999, 1630.
[20] BGH FamRZ 1980, 40 = NJW 1980, 124.
[21] Vgl insbes die grundlegende Entscheidung des BGH FamRZ 1989, 487 = NJW 1989, 1083, in welcher der BGH die verschiedenen Fallgruppen skizziert hat.
[22] OLG Hamm NJW-RR 1997, 963.
[23] BGH FamRZ 1995, 540 = NJW-RR 1994, 1154.
[24] BGH FamRZ 1983, 569 = NJW 1983, 1548.
[25] OLG Köln FamRZ 1998, 1236.
[26] BGH FamRZ 2002, 242; OLG Zweibrücken NJW 1993, 1660; OLG Hamm NJW-RR 1995, 389.
[27] BGH FamRZ 1994, 558 = NJW-RR 1994, 644.

lichkeit ein Grund zur Anwendung der Härteklausel bestehen[28]. Der BGH hat diese Rspr dann allerdings dahin modifiziert, dass das Erscheinungsbild in der Öffentlichkeit die Erkennbarkeit der Partnerschaft betrifft, nicht aber die Bewertung als dauerhafte Lebensbeziehung ersetzt[29]. Entscheidend für die Unzumutbarkeit der fortdauernden uneingeschränkten Unterhaltsbelastung ist, dass die Partner ihre Lebensverhältnisse so aufeinander abgestellt haben, dass sie wechselseitig füreinander einstehen, indem sie sich gegenseitig Hilfe und Unterstützung gewähren[30].

Bei Bejahung einer eheähnlichen Gemeinschaft ist es unerheblich, ob der neue Partner wirtschaftlich in der Lage ist, den geschiedenen, unterhaltsberechtigten Ehegatten zu unterstützen[31], es sei denn, dass dies die Betreuung gemeinsamer Kinder des Verpflichteten berührt[32]. **5 a**

Ob das Zusammenleben mit einem **gleichgeschlechtlichen Partner** im Hinblick auf das LPartG zu einer Verwirkung des Unterhaltsanspruchs – und insoweit zu einer verfestigten Lebensgemeinschaft iS von Nr 2 – führen kann, hat der BGH offen gelassen[33]. **5 b**

3. Straftaten. Die Begehung von Straftaten kann den künftigen Unterhalt entfallen lassen, bei vorsätzlichen schweren Verbrechen des Berechtigten aber auch für die Vergangenheit[34]. Bereits der Wortlaut von Nr 3 macht aber deutlich, dass es sich um **wirklich gravierende Straftaten** handeln muss. Wären alle Vergehen einbezogen, würden Einwände aus Nr 3 in sehr vielen Fällen gescheiterter Ehen erhoben, denn gerade in kriselnden Ehen sind Reibungen auch im Bereich strafrechtlicher Relevanz nicht selten[35]. Dem entspricht auch, dass ein **schuldhaftes Handeln** des Täters Voraussetzung ist, allerdings kann auch verminderte Schuldfähigkeit ausreichen[36]. **6**

Körperverletzungen zwischen Ehegatten sollen als Härtegrund über das übliche Maß ehelicher Auseinandersetzungen hinausgehen[37]. Ein Beispiel für schwere Verletzung gegenüber Angehörigen sind zB sexuelle Verfehlungen gegenüber der Stieftochter[38]. Als **Vermögensdelikte** können versuchter oder vollendeter Prozessbetrug[39] in Unterhaltssachen im Rahmen der Nr 3 eine praktisch bedeutsamere Rolle spielen[40]. Hauptanwendungsfall dürften falsche Angaben des Berechtigten über sein Eigeneinkommen[41] bzw seine Erwerbsmöglichkeiten im Unterhaltsprozess[42], aber auch unrichtige Angaben zu einer neuen Partnerschaft sein[43]. Auch die **Falschaussage** in einem Ehelichkeitsanfechtungsprozess kann die Verwirkung eines Unterhaltsanspruchs zur Folge haben[44]. Unter Nr 3 können schließlich auch **schwere Beleidigungen, Verleumdungen und schwerwiegende falsche Anschuldigungen** fallen, die nachteilige Auswirkungen auf den persönlichen, beruflichen oder sonstigen sozialen Bereich des Unterhaltsverpflichteten haben können[45]. **7**

4. Mutwillige Bedürftigkeit. Die Bedürftigkeit mutwillig herbeizuführen und sodann Unterhalt zu verlangen, verstößt offensichtlich gegen Treu und Glauben. **8**

Gründe für die Bedürftigkeit können die **Aufgabe der Erwerbstätigkeit**[46], die **unterlassene Ausbildung**[47] die **Verschwendung** vorhandenen Vermögens, aber nicht bei einer berechtigten Zweckverwendung[48], und die **zweckwidrige Verwendung** von Altersvorsorgeunterhalt[49] bzw die **Nichtverwendung für den Altersvorsorgeunterhalt**[50] sein. Das gilt jedoch nicht, wenn die Parteien vereinbart haben, sich bei Eintritt des Versorgungsfalls so behandeln zu lassen, als ob der öffentliche Versorgungsausgleich durchgeführt wäre[51]. **9**

Mutwillig ist schon **leichtfertiges Verhalten,** das Unterhaltsbedürftigkeit herbeiführt[52]. Der Wunsch nach „Selbstverwirklichung" ist kein Entschuldigungsgrund[53]. **10**

---

[28] BGH FamRZ 1989, 487 = NJW 1989, 1083; NJW 1986, 722; FamRZ 1984, 986; FamRZ 1983, 569; FamRZ 1983, 956; OLG Karlsruhe FamRZ 1994, 174; OLG Koblenz FamRZ 1989, 632 und 286.
[29] BGH FamRZ 1997, 671 = NJW 1997, 1851.
[30] BGH FamRZ 2002, 810 = NJW 2002, 1947.
[31] OLG Düsseldorf NJW 1992, 2302.
[32] *Luthin* FamRZ 1986, 1166.
[33] BGH FamRZ 2002, 1179 = NJW-RR 2002, 1513.
[34] BGH FamRZ 2004, 612 = NJW 2004, 3106.
[35] *Kalthoener/Büttner/Niepmann* Rn 418.
[36] OLG Hamm NJW 1990, 1119; FamRZ 2002, 242.
[37] OLG Koblenz FamRZ 1998, 745; iE *Kalthoener/Büttner/Niepmann* Rn 419.
[38] OLG Hamm FamRZ 1990, 887.
[39] OLG Hamm NJW-RR 1988, 8.
[40] BGH FamRZ 1981, 539 = NJW 1981, 1609.
[41] BGH FamRZ 1997, 483 = NJW 1997, 1439.
[42] OLG Düsseldorf FamRZ 1989, 61, 62.
[43] BGH FamRZ 1997, 483 = NJW 1997, 1439; NJW 1984, 32.
[44] OLG Bremen FamRZ 1981, 953.
[45] BGH NJW 1982, 100.
[46] OLG Hamm FamRZ 1996, 954, OLG Bamberg NJW-RR 1988, 132.
[47] BGH FamRZ 1986, 553 = NJW 1986, 985.
[48] BGH FamRZ 1990, 989 = NJW 1990, 3274; NJW 1990, 1538; OLG Frankfurt FamRZ 1990, 62.
[49] NJW 1990, 1095.
[50] BGH FamRZ 2003, 848 = NJW 2003, 1796.
[51] BGH FamRZ 2003, 848 = NJW 2003, 1796.
[52] BGH FamRZ 1981, 1042 = NJW 1981, 2805.
[53] OLG Köln FamRZ 1985, 930.

§ 1579

11   Bedürftigkeit infolge **Alkoholsucht**[54]**, Tabletten- oder Drogensucht**, aber auch eines Selbsttötungsversuchs[55] ist nicht schon allein als Tatbestand „**mutwillig**" herbeigeführt. Maßgebend ist das **Unterlassen von gegensteuernden Maßnahmen** bei noch vorhandener Einsichts- und Handlungsfähigkeit[56]. Beruht die **unterlassene Behandlung einer Schizophrenie** auf dieser Krankheit, ist sie nicht mutwillig[57].

12   **5. Verletzung von Vermögensinteressen.** Das mutwillige Hinwegsetzen des Berechtigten über schwerwiegende Vermögensinteressen des Verpflichteten in Nr 5 ist ein durch das UÄndG eingeführter Härtetatbestand. Er war zuvor durch Abs 1 Nr 4 aF erfasst und ist eine gesetzliche Ausformung bisheriger Härteklauselrechtsprechung[58].

13   Der Härtegrund setzt ein **besonders leichtfertiges Verhalten** des Berechtigten voraus, das sich auf die **Vermögensinteressen** des Verpflichteten zumindest **auswirkt**. Soweit es zur Bedürftigkeit des Berechtigten führt, dürfte Nr 4 vorrangig sein, soweit es sich um ein schuldhaftes schweres Vermögensdelikt handelt (Nr 3). Ein möglicher Anwendungsfall des Härtegrunds nach Nr 5 ist aber zB das Bestehlen des Verpflichteten[59].

14   Die anderen Anwendungsfälle betreffen einerseits **indirekte Auswirkungen** durch das Verhalten des Berechtigten wie das Anschwärzen beim Arbeitgeber[60], Schädigung der Geschäftsbeziehungen Selbstständiger[61] und wissentlich falsche oder leichtfertige Strafanzeigen[62]. Dabei ist allerdings zu differenzieren. Strafanzeigen wegen Unterhaltspflichtverletzung fallen nicht automatisch unter Nr 5[63]. Dagegen hat die Anzeige an den Staatssicherheitsdienst der DDR zum völligen Unterhaltsverlust geführt[64].

15   Auf der anderen Seite kann auch der **Verstoß gegen Obliegenheiten gegenüber dem Verpflichteten** zur Anwendung der Nr 5 führen, wie die Verletzung unterhaltsrechtlicher Mitteilungspflichten (§ 1580 Rn 15), der Abbruch einer Ausbildung[65], die Vereitelung oder Verzögerung von Maßnahmen der Vermögensverwertung im Rahmen scheidungsbedingter Auseinandersetzungen, aber auch die Nichtzustimmung zur steuerlichen Zusammenveranlagung bei hinreichender Intensität der Obliegenheitsverletzung[66].

16   **6. Unterhaltspflichtverletzung.** Die gröbliche Verletzung der Pflicht des Berechtigten bereits längere Zeit vor der Trennung, zum Familienunterhalt beizutragen, ist ein durch das UÄndG eingeführter und den § 1587 c Nr 3 und § 1587 h Nr 3 nachgebildeter Tatbestand[67], der bisher durch Abs 1 Nr 4 aF abgedeckt war und in der Praxis kaum eine Rolle spielte. Auch jetzt ist die praktische Bedeutung gering[68].

17   Der Familienunterhalt umfasst alle unterhaltsrechtlich relevanten Tatbestände. Die Verletzung muss „**gröblich**" sein, um zu vermeiden, dass die „Haushaltsvernachlässigung" verbreiteter Gegenstand gerichtlicher Auseinandersetzungen werden kann[69]. **Längere Zeit** hindurch ist ab einem Jahr anzunehmen[70].

18   Nach dem ausdrücklichen Wortlaut gilt Nr 6 **nicht für Unterhaltsverletzungen nach der Trennung**.

19   **7. Schwerwiegendes Fehlverhalten.** Nr 7 deckt früher zu Nr 4 aF entschiedene Fälle des schwerwiegenden und klar bei dem unterhaltsbedürftigen Ehegatten liegenden Fehlverhaltens und übernimmt insoweit die entsprechende Rspr des BGH[71]. Der Tatbestand kombiniert den **objektiven Tatbestand** des schwerwiegenden Fehlverhaltens mit dem **subjektiven Vorwurf** einseitiger Verfehlung des Berechtigten. Maßstab sind bis zur Scheidung die ehelichen Pflichten, nach der Scheidung die nachwirkende Mitverantwortung.

20   Wegen der Abschwächung der nachehelichen Mitverantwortung ist der **häufigste Anwendungsfall** der **Verstoß gegen eheliche Verpflichtungen bis zur Scheidung**. Voreheliche Verfehlungen sollen nur bedeutsam sein, wenn sie sich auf die ehelichen Lebensverhältnisse ausgewirkt haben[72]. Ein „**offensichtlich schwerwiegendes Fehlverhalten**" muss für einen objektiven Betrachter unerträglich sein. Für die Einseitigkeit des Fehlverhaltens ist dieses an dem Verhalten der anderen Partei zu messen[73]. Der Maßstab ist bei krankheitsbedingten und daher nicht steuerbaren Auffälligkeiten zu relativieren.

---

[54] BGH FamRZ 1988, 375 = NJW 1988, 1147.
[55] BGH FamRZ 1989, 1034 = NJW-RR 1989, 1218.
[56] BGH FamRZ 1987, 359; OLG Bamberg FamRZ 1998, 370.
[57] BGH FamRZ 2005, 1897 = NJW-RR 2005, 1450.
[58] BT-Drucks 10/2888 S 20.
[59] OLG Hamm FamRZ 1994, 168.
[60] OLG Karlsruhe FamRZ 1998, 747.
[61] OLG Düsseldorf FamRZ 1996, 1418, s auch *Häberle* FamRZ 1986, 311.
[62] OLG Karlsruhe FamRZ 1998, 746; OLG Bamberg FamRZ 1987, 1418.
[63] OLG Stuttgart FamRZ 1979, 40.
[64] OLG Köln NJW-RR 1986, 616.
[65] OLG Hamm FamRZ 1994, 1265.
[66] OLG Celle FamRZ 1994, 1324.
[67] Vgl *Bosch* FamRZ 1984, 1165, 1170; *Diederichsen* NJW 1986, 1283, 1289.
[68] *Kalthoener/Büttner/Niepmann* Rn 1135 mwN.
[69] *Kalthoener/Büttner/Niepmann* Rn 1135.
[70] OLG Celle FamRZ 1981, 576.
[71] FamRZ 1979, 569.
[72] BGH FamRZ 1995, 344 = NJW 1995, 665; OLG Köln FamRZ 1994, 1253.
[73] BGH FamRZ 1989, 1279 = NJW 1990, 253.

21 Ein **Beispiel** für ein offensichtliches und einseitiges Fehlverhalten ist nach der Rspr des BGH die **Abwendung** während des Bestehens der Ehe gegen den Willen des Unterhaltsverpflichteten und die **Zuwendung zu einem neuen Partner,** die zum Scheitern führt[74]. Das ist daher nicht der Fall, wenn die Parteien sich schon vorher von den ehelichen Bindungen losgesagt haben[75]. Für die Annahme eines Fehlverhaltens ist die Aufnahme einer eheähnlichen Lebensgemeinschaft nicht erforderlich, aber ausreichend[76]. Ausreichen können uU auch intime Kontakte zu wechselnden Partnern[77], und zwar vor oder nach der Trennung[78] und ggf auch eine neue Partnerschaft ohne sexuelle Beziehungen[79] sowie die gewerbsmäßige Ausübung von Telefonsex ohne Wissen des Ehegatten[80].

22 Andere Beispiele für ein schweres einseitiges Fehlverhalten können das „**Unterschieben**" eines Kindes[81] bzw das Verschweigen der Scheinehelichkeit[82], die **Vereitelung des Umgangsrechts**[83] und die **Weigerung einen gemeinsamen Wohnsitz zu begründen**[84] sein. Bei entsprechender Schwere und Einseitigkeit können auch Tätlichkeiten[85] und Obliegenheitsverletzungen wie das Verheimlichen eigener Einkünfte unter Nr 7 fallen. Auch die Anzeige beim östlichen Staatssicherheitsdienst wurde als schwerwiegendes Fehlverhalten angesehen[86].

23 Der Vorwurf einseitigen Fehlverhaltens kann nur durch **konkrete Gegenvorwürfe einigen Gewichts entkräftet** werden[87].

24 **8. Generalklausel.** Nr 8 ersetzt wortgleich den früheren Abs 1 Nr 4 aF und übernimmt die Funktion eines Auffangtatbestands, insbes wenn bei Nr 3 und 5 Verschulden nicht nachgewiesen werden kann[88] und wenn bei einem Verhalten nach Nr 7 keine Einseitigkeit[89] vorliegt.

25 Er setzt daher eine **objektiv unzumutbare Belastung des Verpflichteten**[90] und besondere kränkende oder anstößige Begleitumstände[91] oder ein schwerwiegendes Fehlverhalten voraus, ohne dass es entscheidend auf ein Verschulden des Berechtigten[92] ankäme.

26 Allerdings entspricht es der Rspr des BGH, dass ein Tatbestand, der die Voraussetzungen der Nr 1 bis 7 nicht erfüllt, grds nicht als „anderer Grund" iS der Auffangregelung des § 1579 Nr 8 berücksichtigt werden kann[93]. Ein Beispiel für die Anwendung von Nr 8 ist die **unterlassene Wiederheirat,** um den Unterhaltsanspruch nicht zu verlieren[94].

27 Die Auswirkung einer **unerkannten vorehelichen Erkrankung** wird unterschiedlich beurteilt. Nach Auffassung des BGH führt sie trotz Berufung auf die Unzumutbarkeit einer lebenslangen Verpflichtung grds zu keiner Verwirkung[95] und könnte deshalb nur durch die Herabsetzung nach § 1578 (jetzt § 1578 b) berücksichtigt werden[96]. In Einzelfällen, insbes bei kurzer kinderloser Ehe[97], sind Ausnahmen denkbar[98].

28 Die **Teilhabe am Splittingvorteil** zum Nachteil des neuen Ehegatten als Härtefall ist entfallen, da der Splittingvorteil dem wiederverheirateten Verpflichteten für die 2. Ehe ohnehin verbleibt[99]. Zu berücksichtigen ist auch das Absinken des Unterhaltsverpflichteten und seiner neuen Familie unter die Sozialhilfeschwelle[100].

29 Zu berücksichtigen ist auch das Absinken des Unterhaltsverpflichteten und seiner neuen Familie unter die **Sozialhilfeschwelle**[101].

---

[74] BGH FamRZ 1981, 752 = NJW 1981, 1782.
[75] BGH FamRZ 1986, 487 = NJW 1986, 722.
[76] BGH FamRZ 1989, 487 = NJW 1989, 1083; NJW 1989, 1279; OLG Hamm FamRZ 1994, 963.
[77] BGH FamRZ 1983, 670; OLG Celle FamRZ 1987, 603 = NJW-RR 1987, 580.
[78] OLG Frankfurt NJW-RR 1994, 456.
[79] KG FamRZ 1989, 868.
[80] OLG Karlsruhe FamRZ 1995, 1488.
[81] OLG Köln FamRZ 1998, 749.
[82] BGH FamRZ 1985, 51 = NJW 1985, 428.
[83] OLG München FamRZ 1998, 750; s aber BGH NJW-RR 2005, 759.
[84] BGH FamRZ 1987, 572 = NJW 1987, 1761.
[85] OLG Koblenz NJW-RR 1989, 5.
[86] OLG Köln NJW-RR 1986, 687.
[87] BGH FamRZ 1982, 463 = NJW 1982, 1461.
[88] OLG Hamm FamRZ 1998, 372.
[89] BGH FamRZ 1989, 487 = NJW 1989, 1083; NJW 1989, 1997, 620.
[90] OLG Celle FamRZ 86, 912.
[91] BGH FamRZ 1995, 344 = NJW 1995, 655.
[92] OLG Hamm FamRZ 1998, 372.
[93] OLG Hamm FamRZ 1997, 1485 mwN.
[94] BGH NJW 1984, 2692.
[95] BGH FamRZ 1995, 1405 = NJW-RR 1995, 449; FamRZ 1994, 566 = NJW 1994, 1286.
[96] OLG Hamburg FamRZ 1998, 294.
[97] BGH FamRZ 1988, 930 = NJW-RR 1988, 834; OLG Oldenburg FamRZ 1991, 827.
[98] OLG Karlsruhe FamRZ 1998, 751 = NJWE-FER 1998, 26: bei multipler Sklerose, kinderloser zehnjähriger Ehe ohne ehebedingte berufliche Nachteile und eingeschränkter Leistungsfähigkeit.
[99] S früher BGH FamRZ 1985, 66 = NJW 1985, 2268 und jetzt BVerfG FamRZ 2003, 1821 = NJW 2003, 3466.
[100] BGH FamRZ 1996, 1272 = NJW 1996, 2793.
[101] BGH FamRZ 1996, 1272 = NJW 1996, 2793.

III. Billigkeitsprüfung

30 **1. Grobe Unbilligkeit.** Das Vorliegen der Härtegründe schränkt die Inanspruchnahme des Pflichtigen nur dann ein, wenn sie auch unter Wahrung der Kindesbelange **grob unbillig** wäre. Das ist unter Abwägung aller Umstände des Einzelfalls zu beurteilen. Dabei sind die Schwere des Verwirkungsgrundes, das Mitverschulden des Verpflichteten, seine Belastung durch die Unterhaltsverpflichtung[102], die Angewiesenheit des Berechtigten auf den Unterhaltsanspruch und die Reaktion des Verpflichteten auf das Fehlverhalten (Billigung oder Verzeihung)[103] zu berücksichtigen. Die **Abwägung** ist primär dem **Tatrichter** überlassen, da es weitgehend um die Wertung tatsächlicher Umstände geht[104].

31 Bei der Auswahl zwischen **zeitlicher Beschränkung, Herabsetzung und Versagung** ist in dieser Reihenfolge die weniger einschneidende Möglichkeit zu wählen[105]. Die zeitliche Beschränkung ist an der Ehedauer zu orientieren[106]. Bei einer 30jährigen Ehe wurde die Herabsetzung des Unterhalts auf 2/3 für zulässig gehalten[107]. Eine Verwirkung ist aber selbst bei **Schwerbehinderung des Unterhaltsberechtigten** und in Ausnahmefällen rückwirkend über den Ausschlußtatbestand hinaus denkbar[108].

32 **2. Wahrung der Belange betreuter Kinder.** Die Einschränkung wegen grober Unbilligkeit wird ihrerseits bei der Betreuung gemeinschaftlicher Kinder eingeschränkt. Diese hat Vorrang gegenüber den Interessen des Unterhaltsverpflichteten[109]. Nur in besonders krassen Fällen ist trotz berücksichtigungswerter Kindesbelange[110] bei der Kindeserziehung eine völlige **Versagung** möglich[111].

33 Die Betreuung muss **rechtmäßig** und **notwendig** sein und eine Erwerbstätigkeit ausschließen. Zu Einzelheiten kann auf die Kommentierung zu § 1570 verwiesen werden. Für eine **angemessene Betreuung** kann ausreichen, dass die **Existenz des Betreuenden** gesichert ist, wobei idR der **Mindestbedarfsatz** notwendig und ausreichend ist[112] oder auf andere Weise für die Betreuung gesorgt ist, zB durch Erziehungsgeld[113] oder anderweitige Unterhaltsansprüche[114] bzw durch eine andere als durch die eigene Betreuung[115].

IV. Überschneidungen

34 Die Billigkeitsprüfung beim **Billigkeitsunterhalt** nach § 1576 ist ausschließlich und schließt daher die Beurteilung des Verhaltens des Berechtigten am Maßstab des § 1579 ein[116].

35 Die **Verletzung von Erwerbs- und Ausbildungsobliegenheiten** kann Einschränkungen nach § 1579 zur Folge haben. Dabei dürfen allerdings die Billigkeitsgründe, die bereits zur Annahme eines fiktiven Einkommens geführt haben, nicht erneut herangezogen werden.

36 Nach der Binnensystematik der Härtegründe kann **ein Verhalten mehrere Tatbestände** erfüllen. Die Exklusivität eines Härtegrundes würde die spätere Berufung auf einen anderen nicht ausschließen. Bei einer **neuen Beziehung** geht Nr 2 der Nr 6 und beide dem Auffangtatbestand der Nr 8 vor. Sind beide Tatbestände nicht erfüllt, kommt die **Anrechnung von Versorgungsleistungen im Rahmen der Bedarfsbemessung** in Frage (§ 1577 Rn 10 ff). Ob sie erfüllt sind, ist aber unabhängig von tatsächlich erbrachten Versorgungsleistungen. Auch ihre fiktive Anrechnung präjudiziert daher die Überprüfung des darauf bereits reduzierten Unterhalts im Rahmen des § 1579 nicht.

36a Von den nach § 1578 b möglichen Einschränkungen wegen Unbilligkeit unterscheiden sich die nach § 1579 nicht nur durch die jetzt in der Überschrift ausdrücklich aufgenommene Qualifikation der **groben** Unbilligkeit. Im Gegensatz zu § 1578 b stellt § 1579 auch auf das vorwerfbare Fehlverhalten des Unterhaltsberechtigten ab.

V. Prozessuale Fragen

37 § 1579 ist von Amts wegen zu beachten, es handelt sich insoweit um eine **Einwendung**[117].

38 Der Unterhaltsverpflichtete trägt die **Beweislast** für den Härtegrund[118]. Der Berechtigte muss die konkreten Vorwürfe widerlegen und ggf beweisen, dass die Vorwürfe zu Unrecht erhoben worden sind[119]. Der Vorwurf einseitigen Fehlverhaltens kann durch konkrete Gegenvorwürfe von einigem Gewicht entkräftet werden.

---

[102] BGH FamRZ 1986, 889 = NJW-RR 1986, 1194.
[103] OLG Düsseldorf FamRZ 1997, 1159.
[104] BGH FamRZ 1983, 670, 672.
[105] BGH FamRZ 1984, 364.
[106] OLG Hamm NJW-RR 1987, 518.
[107] OLG Hamm FamRZ 1990, 633.
[108] BGH FamRZ 1988, 930 = NJW-RR 1988, 834; OLG Zweibrücken FamRZ 2002, 242.
[109] BGH FamRZ 1990, 492 = NJW 1990, 1847.
[110] *Diederichsen* NJW 1986, 1290; OLG Düsseldorf NJW-RR 1988, 7.
[111] BGH FamRZ 1998, 541 = NJW 1998, 1309.
[112] BGH FamRZ 1997, 483 = NJW 1997, 1439.
[113] BGH FamRZ 1998, 541 = NJW 1998, 1309.
[114] ZB gegen den leiblichen Vater eines nichtehelichen Kindes, BGH FamRZ 1998, 541 = NJW 1998, 1309.
[115] BGH FamRZ 1997, 671 = NJW 1997, 1851; NJW 1997, 1439; OLG Köln FamRZ 1998, 1236.
[116] BGH NJW 1984, 1540.
[117] BGH FamRZ 1991, 670 = NJW 1991, 514.
[118] BGH FamRZ 1991, 670 = NJW 1991, 1291.
[119] BGH NJW-RR 1989, 1218, 1220 = FamRZ 1989, 1054.

Die Verwirkung eines Unterhaltstatbestandes ist idR endgültig, dieser kann aber unter besonderen 39
Umständen wieder aufleben[120]. **Bei Auflösung einer eheähnlichen Beziehung** ist aber neu und
umfassend zu prüfen, ob eine erneute Unterhaltsverpflichtung die Zumutbarkeitsgrenze überschreitet[121]. Auch eine erst nachträglich erforderlichen Kindesbetreuung schließt einen erneuten Unterhaltsanspruch nicht aus[122].

Der Einwand muss beim ersten Mal vorgetragen werden, weil er sonst im Abänderungsverfahren 40
präkludiert ist. Das gilt allerdings nicht, wenn noch nicht alle Tatbestandsvoraussetzungen vorlagen[123]
bzw wenn der Verpflichtete sich zunächst freiwillig verpflichtet hatte[124].

Der Einwand des § 1979 führt unabhängig von der Begründetheit regelmäßig nicht zum Verlust des 41
Auskunftsanspruchs[125].

§ 1580 Auskunftspflicht

¹**Die geschiedenen Ehegatten sind einander verpflichtet, auf Verlangen über ihre Einkünfte und ihr Vermögen Auskunft zu erteilen.** ²**§ 1605 ist entsprechend anzuwenden.**

I. Normzweck

Voraussetzung für die Unterhaltsberechnung ist die Kenntnis der Einkünfte der Parteien. Ihr korres- 1
pondiert beim nachehelichen Unterhalt das **Recht auf Auskunft** in § 1580, der auf die entsprechende
Vorschrift für den Verwandtenunterhalt in § 1605 verweist (§ 1605). Die Auskunft soll unnötige
Streitigkeiten vermeiden und durch den Auskunftsanspruch daher vor allem das **Prozessrisiko eingeschränkt** werden[1]. Der Anspruch ist Ausfluss eines allgemeinen Rechtsgedankens nach § 242.

II. Voraussetzungen des Auskunftsanspruchs

1. Allgemeine Voraussetzungen. Ein Auskunftsanspruch setzt voraus, dass die **materiell-recht-** 2
lichen Voraussetzungen des Unterhaltsanspruchs vorliegen, die von den wirtschaftlichen Verhältnissen der Parteien unabhängig sind[2]. Eine Verpflichtung zur Auskunftserteilung besteht nicht, wenn
feststeht, dass die begehrte Auskunft den Unterhaltsanspruch unter keinem Gesichtspunkt beeinflussen
kann[3], vor allem, wenn er eindeutig nicht besteht[4] oder ausgeschlossen ist.

Auf der anderen Seite steht der Verwirkungseinwand nach **§ 1579** dem Auskunftsanspruch regelmä- 3
ßig nicht entgegen[5], da für die zu treffende Billigkeitsentscheidung eine umfassende Abwägung aller
Umstände erforderlich ist[6].

2. Sperrfrist. Ein Anspruch auf eine erneute Auskunft besteht erst nach Ablauf einer Sperrfrist von 4
zwei Jahren nach der letzte Auskunftserteilung[7].

Wenn jedoch nach Auskunftserteilung ein Urteil ergangen ist oder ein gerichtlicher Vergleich abge- 5
schlossen ist, kommt es nach hM auf den **Zeitpunkt** des Schlusses der mündlichen Verhandlung oder
des Vergleichsabschlusses an[8].

Vor Fristablauf kann Auskunft jedoch verlangt werden, wenn glaubhaft gemacht wird, dass der 6
Verpflichtete später wesentlich höhere Einkünfte oder weiteres Vermögen erworben hat, aber auch bei
Fortfall hoher Schuldverpflichtungen[9].

Die Sperrfrist darf aber wegen der Nicht-Identität von Trennungs- und nachehelichem Unterhalt 7
auch nicht gelten[10], wenn **erstmals Auskunft wegen nachehelichen Unterhalts** trotz vorheriger
Auskunft wegen Trennungsunterhalts begehrt wird[11].

III. Verpflichtung zur ungefragten Information

In Ausnahmefällen, in denen das Schweigen über den Unterhaltsanspruch ersichtlich betreffen- 8
de und grundlegende Änderungen der wirtschaftlichen Verhältnisse evident unredlich ist, besteht
eine Verpflichtung zur ungefragten Information[12]. Sie kann sich aus vorangegangenem Tun er-

---

[120] BGH FamRZ 1987, 689 = NJW 87, 3129.
[121] BGH FamRZ 1997, 483 = NJW 1997, 1439.
[122] BGH FamRZ 1987, 1238, 1239 = NJW-RR 1987, 70.
[123] OLG Köln FamRZ 1998, 1236.
[124] OLG Frankfurt FamRZ 1999, 237.
[125] OLG München FuR 1997, 274.
[1] OLG Bamberg FamRZ 1986, 492; OLG Braunschweig FamRZ 1987, 741.
[2] BGH FamRZ 1982, 1189 = NJW 1982, 1547; NJW 1983, 996.
[3] BGH NJW 1994, 2618; OLG Jena FamRZ 1997, 1280; OLG Karlsruhe NJW-RR 2000, 1024.
[4] BGH NJW 1994, 558 = NJW-RR 1994, 644; OLG Düsseldorf FamRZ 1998, 1191.
[5] BGH NJW 1983, 1427.
[6] BGH FamRZ 1983, 456 = NJW 1983, 1427; OLG Frankfurt FamRZ 1993, 1241.
[7] BGH FamRZ 1997, 483 = NJW 1997, 1439.
[8] OLG München FamRZ 1993, 594; OLG Düsseldorf FamRZ 1993, 591.
[9] OLG Hamm FamRZ 1991, 596; OLG Bamberg FamRZ 1990, 775.
[10] OLG Hamm FamRZ 1996, 868.
[11] So aber OLG Jena FamRZ 1997, 1280.
[12] BGH NJW 1999, 2804; FamRZ 1986, 450, 453; FamRZ 1986, 794, 796; FamRZ 1988, 270.

§ 1580

geben[13] und gilt auch für eine Änderung der maßgebenden Verhältnisse während eines Rechtsstreits[14]. Bei Vergleichen erhöht sich die Verpflichtung im Hinblick auf die vertraglichen Treuepflichten – zB bei deutlicher Überschreitung eines vereinbarten anrechnungsfreien Betrags[15] – und kann bei einer Verletzung zu Schadensersatzansprüchen gemäß § 826 und einer Einschränkung des Unterhaltsanspruchs nach § 1579 Nr 3 führen. Gleichwohl kann aber das Risiko der grds beim Unterhaltsgläubiger liegenden Aktualisierung des Auskunftsanspruchs dem Schuldner nur ausnahmsweise aufgebürdet werden[16].

IV. Gegenstand der Auskunft

9   Zu unterscheiden ist zwischen Auskunft selbst, die sich auf Einkünfte und Vermögen richten kann, der Vorlage von Belegen und der eidesstattlichen Versicherung. Die Auskunft erfordert eine **geordnete Zusammenstellung** aller Angaben, die für den Berechtigten zur Einkommensberechnung erforderlich sind[17]. Das können auch Angaben zum Vermögen sein, soweit dessen Erträge oder Verwertung unterhaltsrelevant sind.

10 Ein Anspruch besteht nicht nur auf die Mitteilung eines **einmaligen Nettoeinkommens,** sondern auch seiner **Berechnungselemente,** bei abhängiger Arbeit über ein Jahr, bei Selbständigen idR über drei Jahre (§ 1361).

11 Der Auskunftsanspruch erstreckt sich auf **alle Einkommensarten,** bei Vermögen auf einen bestimmten Stichtag, idR den letzten Tag des Vorjahrs[18].

12 Die Auskunft ist grds **schriftlich** und einheitlich zu erteilen. Davon zu unterscheiden ist der Anspruch auf **Vorlage von Belegen**[19] gemäß § 1605 Abs 1 S 2 wie Gehaltsbescheinigungen, Lohnsteuerkarte, Einkommensteuerbescheid mit Steuererklärung[20] und bei Selbständigen Bilanzen mit Gewinn- und Verlustrechnung. Die Übersendung von Einnahme-Überschuss-Rechnungen reicht nicht aus[21]. Bei einer Gewinnermittlung sind die steuerrechtlichen von den unterhaltsrechtlich abzugsfähigen Aufwendungen abzugrenzen wie die Anschaffung und Veräußerung von Wirtschaftsgütern wegen der Abschreibung und die privaten Nutzungsanteile bei Pkw und Telefon[22]. Gewinn- und Verlustrechnungen sind ohne Rücksicht auf ein Geheimhaltungsinteresse vorzulegen, dessen Missbrauch über § 242 eingeschränkt wird[23].

13 Bei der Vermögensauskunft ist der Verpflichtete nicht zur Rechenschaftslegung über früher vorhandenes Vermögen verpflichtet[24], denn eine Verpflichtung zur Vorlage von Belegen zum Vermögen ergibt sich aus § 1605 Abs 1 S 2 im Gegensatz zu Einkünften nicht ausdrücklich[25], ohne dass bei gleicher Unterhaltserheblichkeit ein Grund für die Unterscheidung ersichtlich wäre.

14 Der Auskunftsanspruch umfasst auch die Verpflichtung zur **Abgabe einer eidesstattlichen Versicherung.**

V. Folgen der Auskunftspflichtverletzung

15 Die Verletzung der Auskunftspflicht kann wie bei der Informationspflicht zu **Schadensersatzansprüchen** (nach § 826) wegen überhöhtem Unterhalt und **Sanktionen nach § 1579** führen. Da die Auskunft Voraussetzung für den Verzug nach § 1585 b Abs 2 ist, kann bei nicht rechtzeitiger Auskunft auch insoweit ein Ersatz des Schadens in Betracht kommen[26], soweit er sich nicht zB durch Erhebung einer Stufenklage[27] vermeiden lässt, aber auch bei nicht rechtzeitiger Auskunft nach Verzug, wenn sich erst aus der verspäteten Auskunft ergibt, dass kein Unterhaltsanspruch besteht. Der Schaden besteht dann in Höhe der Verfahrenskosten[28].

VI. Prozessuale Fragen

16 Die Auskunftsklage kann als **isoliertes Verfahren** und als **Stufenklage** auch im **Scheidungsverbund** erhoben werden. Sie berührt nicht die Befugnis, nach § 643 ZPO Auskünfte **durch das Gericht** einzuholen. Für den **Wert und Beschwerdegegenstand** der Auskunft ist auf den **Aufwand an Zeit und Kosten** abzustellen, den die Erteilung der geschuldeten Auskunft erfordert[29].

---

[13] OLG Hamburg FamRZ 1987, 1044; OLG Bremen MDR 1999, 808.
[14] BGH NJW 1999, 2804.
[15] BGH NJW 1997, 1439.
[16] OLG Düsseldorf FamRZ 1995, 741.
[17] BGH FamRZ 1983, 996 = NJW 1983, 2243.
[18] OLG München FamRZ 1996, 738.
[19] OLG München FamRZ 1993, 202.
[20] BGH FamRZ 1982, 680 = NJW 1982, 1642.
[21] OLG München 1998, 82.
[22] KG FamRZ 1997, 360; OLG Koblenz FamRZ 2000, 605.
[23] BGH NJW 1982, 1642; OLG Bremen 1999, 152.
[24] OLG Karlsruhe FamRZ 1986, 272.
[25] OLG Bamberg FamRZ 1994, 1048.
[26] BGH FamRZ 1984, 163 = NJW 1984, 868.
[27] OLG Köln FamRZ 1996, 50.
[28] BGH FamRZ 1995, 348 = NJW 1994, 2895.
[29] BGH FamRZ 2005, 104 = NJOZ 2005, 906.

Kapitel 3. Leistungsfähigkeit und Rangfolge (§§ 1581–1584)

§ 1581 Leistungsfähigkeit

¹Ist der Verpflichtete nach seinen Erwerbs- und Vermögensverhältnissen unter Berücksichtigung seiner sonstigen Verpflichtungen außerstande, ohne Gefährdung des eigenen angemessenen Unterhalts dem Berechtigten Unterhalt zu gewähren, so braucht er nur insoweit Unterhalt zu leisten, als es mit Rücksicht auf die Bedürfnisse und die Erwerbs- und Vermögensverhältnisse der geschiedenen Ehegatten der Billigkeit entspricht. ²Den Stamm des Vermögens braucht er nicht zu verwerten, soweit die Verwertung unwirtschaftlich oder unter Berücksichtigung der beiderseitigen wirtschaftlichen Verhältnisse unbillig wäre.

Schrifttum: *Gerhardt*, Bereinigung des Nettoeinkommens beim Ehegattenunterhalt nach der geänderten Rechtsprechung des BGH, FamRZ 2007, 945; *v. Krog*, Unterhaltspflicht und verschuldete Leistungsunfähigkeit, FamRZ 1984, 539.

Übersicht

	Rn		Rn
I. Normzweck	1	3. Unterhaltsberechnung beim relativen Mangelfall	19
II. Maßstäbe der Leistungsfähigkeit	4	a) Beim Nachrang von Berechtigten	19
1. Bedarf der Berechtigten und Eigenbedarf des Verpflichteten	4	b) Bei einem oder mehreren gleichrangig Berechtigten	22
a) Bedarf der Berechtigten	4	4. Unterhaltsberechnung beim absoluten Mangelfall	25
b) Eigenbedarf des Verpflichteten	6	a) Anteilige Kürzung	25
2. Maßgebliches Einkommen	14	b) Unterschiedliche Selbstbehalte	27
III. Unterhaltsberechnung im Mangelfall	17	c) Billigkeitskontrolle	28
1. Feststellung des Mangelfalls	17		
2. Relativer und absoluter Mangelfall	18		

I. Normzweck

Der Anspruch auf Unterhalt wird nach § 1581 durch die **Leistungsfähigkeit** des Verpflichteten eingeschränkt. Der Unterhaltsschuldner soll nicht wegen einer Unterhaltsverpflichtung **Sozialhilfe** in Anspruch nehmen müssen[1]. Diese Kontrolle bildet aber wegen des tatsächlichen Mehrbedarfs und gleichzeitigen Verringerung der Einkünfte der Parteien als Folge von Trennung und Scheidung häufig den **praktischen Regelfall**[2]. Die Leistungsbeschränkung des § 1581 gilt wegen des Grundsatzes der Verhältnismäßigkeit auch für den Trennungsunterhalt[3].

Die Einschränkung des verfügbaren Einkommens nötigt zu einer **angemessenen Neuverteilung**. § 1581 ist in der Vergangenheit als eigener selbständiger Billigkeitsanspruch angesehen worden[4], der auf der Grundlage der bis dahin bereits differenzierten Bedarfs- und Unterhaltsberechnung diese durch eine vor allem bei mehreren Berechtigten komplexe zusätzliche Billigkeitskontrolle überlagerte. Die Praxis hilft sich gegenüber dieser Komplexität häufig durch eine **Schematisierung:** für Berechtigte und Verpflichtete werden fixe Mindestbedarfssätze angesetzt, die das verfügbare Einkommen auf Seiten des Verpflichteten und die Aufteilung nach anteiligen Quoten auf Seiten der Berechtigten bestimmen.

Der BGH hat zuletzt die Billigkeitsprüfung nach § 1581 beim Ehegattenunterhalt in die Stufe der Bedarfsfeststellung verlagert und eine zusätzliche Billigkeitskontrolle ausgeschlossen[5]. Zudem hat er feste Einsatzbeträge bei einer Mangelfallberechnung bei den Berechtigten[6] und grundsätzlich auch beim Verpflichteten[7] angenommen.

II. Maßstäbe der Leistungsfähigkeit

1. Bedarf der Berechtigten und Eigenbedarf des Verpflichteten. a) Bedarf der Berechtigten. Der Bedarf der Berechtigten wird aus den **prägenden** Einkünften der Parteien abgeleitet[8]. Ob bei mehreren Berechtigten Kindesunterhalt vorweg abzuziehen sei, wurde unterschiedlich beantwortet und vom BGH iS eines umfassenden Vorwegabzugs entschieden. Damit soll dem Betreuungsbedarf Rechnung getragen werden, wenn die sich hieraus ergebende Verteilung der Mittel nicht in einem Missverhältnis zum wechselseitigen Lebensbedarf der Beteiligten steht[9]. Nach Auffassung des BGH ent-

---

[1] BGH FamRZ 1980, 849 und BVerfG FamRZ 2001, 1685.
[2] OLG Düsseldorf FamRZ 1990, 1364.
[3] BVerfG FamRZ 2003, 1821 = NJW 2003, 3466 und BGH FamRZ 2005, 1154.
[4] BGH FamRZ 1990, 260 = NJW 1990,1727; zuletzt FamRZ 2004, 1357, 1359.
[5] BGH FamRZ 2006, 683, 685; krit dazu *Borth* FamRZ 2006, 849.
[6] BGH FamRZ 2003, 363 = NJW 2003, 1269.
[7] BGH FamRZ 2006, 683, 685.
[8] BGH FamRZ 1990, 260 = NJW 1990, 1172; OLG Nürnberg FamRZ 1996, 352 = NJW-RR 1996, 770.
[9] BGH FamRZ 1981, 241 = NJW 1981, 978.

spricht dies dem **vorrangigen Schutz minderjähriger Kinder.** Allerdings darf sich nach einer späteren Entscheidung des BGH aus dem Vorwegabzug „nicht ein Missverhältnis zum wechselseitigen Lebensbedarf der Beteiligten" ergeben[10].

Im **Mangelfall** ist nach der Rspr des BGH jetzt allerdings von festen Einsatzbeträgen auszugehen[11]. Nach der Düsseldorfer Tabelle (Stand 1. 1. 2008) sind dies falls erwerbstätig 900 Euro und falls nicht erwerbstätig 770 Euro.

b) Eigenbedarf des Verpflichteten. aa) Angemessener Eigenbedarf. Grenze der Leistungsfähigkeit ist nach dem Gesetzeswortlaut die „Gefährdung des eigenen angemessenen Unterhalts" des Verpflichteten. Dieser angemessene Eigenbedarf bzw Selbstbehalt markiert den Einstieg in die Mangelfallberechnung (sog Einstiegsgrenze).

Im Rahmen des Ehegattenunterhalts wird er auch als eheangemessener Selbstbehalt bezeichnet. Der BGH hat nunmehr seine Berücksichtigung in die Stufe der Bedarfsfeststellung verlagert und eine zusätzliche Billigkeitskontrolle ausgeschlossen[12].

Dieser Selbstbehalt soll idR zwischen angemessenem und notwendigem Selbstbehalt liegen, nach der Düsseldorfer Tabelle (Stand 1. 1. 2008) 1.100 Euro. Seine Feststellung im Einzelfall bleibt aber weiterhin tatrichterlichem Ermessen überlassen[13].

Dem angemessenen Eigenbedarf im Einzelfall entspricht in den Leitlinien im Verhältnis zum **Kindesunterhalt** der sog Bedarfskontrollbetrag, soweit er einen angemessenen Ausgleich zwischen den Beteiligten oberhalb des notwendigen Selbstbehalts ermöglicht.

bb) Notwendiger Selbstbehalt. Reicht der Eigenbedarf nicht aus, um den Unterhalt aller gleichrangig Berechtigten zu befriedigen, kann er bis zu einer untersten Grenze, dem sog notwendigen Selbstbehalt (sog Opfergrenze), reduziert werden. Der notwendige Selbstbehalt ist daher die unterste Grenze des Eigenbedarfs, der nicht unterschritten werden darf[14] und auf seine Verfassungsmäßigkeit überprüft werden kann[15]. Er ist nur ausnahmsweise mit dem angemessenen Eigenbedarf identisch, wenn zB der Ehegatte minderjährige Kinder zu betreuen hat[16].

Die Praxis und die **obergerichtlichen Leitlinien** gehen auch hier von fixen Einsatzbeträgen aus, die zwischen dem notwendigen Selbstbehalt **Erwerbstätiger** und Nicht-Erwerbstätiger unterscheiden, deren kleiner Selbstbehalt idR zugleich den notwendigen Selbstbehalt gegenüber minderjährigen Kindern markiert, nach der Düsseldorfer Tabelle (Stand 1. 1. 2008) sind dies bei Erwerbstätigkeit 900 Euro und bei Nichterwerbstätigkeit 770 Euro.

cc) Korrekturen von Eigenbedarf und Selbstbehalt. Der **Bedarfskontrollbetrag** korrigiert den angemessenen Bedarf zwischen Kindesunterhalt und Ehegattenunterhalt. Im Selbstbehalt ist ein **Wohnkostenanteil für Warmmiete** enthalten, der nach der Düsseldorfer Tabelle (Stand 1. 1. 2008) beim notwendigen Eigenbedarf (Selbstbehalt) 360 Euro und im angemessenen Eigenbedarf 450 Euro beträgt. Bei einem eheangemessenen Selbstbehalt zwischen angemessenem und notwendigem Eigenbedarf entspräche dem ein Betrag von 405 Euro. Geringere Wohnkosten führen nicht zur Verringerung des Selbstbehalts[17]. Höhere Kosten dürften danach auch nicht zu einer Erhöhung des Selbstbehalts führen[18]. Beim Zusammenleben von Verpflichtetem und Berechtigtem ist **kein Selbstbehalt** anzuerkennen.

Bei der für die Festsetzung des schematischen Selbstbehalts maßgeblichen Unterscheidung von **Erwerbstätigen und Nichterwerbstätigen** sollte im Einzelfall entscheidend sein, ob der Verpflichtete quantifizierbare Mehrkosten hat und die Belassung des Anreizes noch gerechtfertigt ist[19], nicht aber, ob er sich noch nicht ernsthaft um Arbeit bemüht hat[20] oder endgültig aus dem Arbeitsleben ausgeschieden ist (Hamburger Leitlinien Nr 2).

2. Maßgebliches Einkommen. Der Unterhalt im Mangelfall muss nach dem ausdrücklichen Wortlaut von S 1 aE der Billigkeit entsprechen. Das bedeutet, dass sich der Maßstab für die Ermittlung des unterhaltserheblichen Einkommens ändert. Nach der Rspr des BGH[21] wird die Billigkeitsprüfung beim Ehegattenunterhalt in die Bedarfsfeststellung verlagert. Maßstab ist auch das Einkommen des Berechtigten. Beide Einkünfte sollten nach dem Grundsatz der **Obligationssymmetrie** gleich behandelt werden.

Nach Billigkeitsgesichtspunkten[22] können im Rahmen des unterhaltserheblichen Einkommens sonst **nicht berücksichtigte Einkünfte** herangezogen und **Verbindlichkeiten** nicht berücksichtigt werden. Zum einen besteht die **Obliegenheit zur Vermögensverwertung**, soweit dies **wirtschaftlich**

---

[10] BGH FamRZ 1999, 367 = NJW 1999, 717.
[11] BGH FamRZ 2003, 363 = NJW 2003, 1269.
[12] BGH FamRZ 2006, 683, 685.
[13] BGH FamRZ 2006, 683, 685.
[14] BGH FamRZ 1990, 260 = NJW 1990, 117.
[15] BVerfG FamRZ 2003, 661.
[16] BGH FamRZ 1997, 806 = NJW 1997, 1919.
[17] BGH FamRZ 2006, 1664 m Anm *Schürmann*.
[18] Anders noch OLG Bamberg FamRZ 1993, 66 = NJW-RR 1992, 1413; OLG Koblenz FamRZ 1991, 1188.
[19] *Kalthoener/Büttner/Niepmann* Rn 54.
[20] OLG Hamm FamRZ 1984, 727 für Umschüler.
[21] FamRZ 2006, 683, 685.
[22] BGH FamRZ 1996, 345 = NJW 1996, 517; FamRZ 1990, 260 = NJW 1990, 1172; NJW 1983, 1733; NJW 1979, 1985; OLG Hamm FamRZ 1999, 512.

oder **nicht unbillig** ist (§ 1577). Zum anderen können über das unterhaltserhebliche Einkommen hinaus die **Zumutbarkeitsgrenzen** (zB bei Nebeneinkünften[23]) verschoben werden. Auch die **Einbeziehung nicht unterhaltsbezogener Einkünfte**, insbes von Fremdleistungen und hier vor allem von Versorgungsleistungen in einer neuen Beziehung[24] ist zulässig, soweit dies nicht ihrer ausdrücklichen Zwecksetzung widerspricht. Die frühere Rspr, dass der barunterhaltspflichtige Elternteil seinen – den Regelbetrag übersteigenden[25] – **Kindergeldanteil** im Mangelfall zur Aufstockung des Kindesunterhalts einzusetzen hat[26], ist durch die Anrechnung auf den Barbedarf des Kindes in der Neufassung von § 1612 b entfallen.

Auch die **Anforderungen an Abzüge und Verbindlichkeiten** können verschärft werden, zB Nichtberücksichtigung des Erwerbstätigenbonus neben dem Abzug von Fahrkosten zum Arbeitsplatz[27]; eingeschränkte Berücksichtigung von Vorsorgeaufwendungen; Streckung der Tilgung von Verbindlichkeiten im Rahmen eines vernünftigen Tilgungsplans. Der Verpflichtete kann sich auf seine Verbindlichkeiten mit der Folge einer Unterschreitung des Mindestbedarfs des Berechtigten nicht berufen, wenn er nicht darlegt, dass er bei der Entstehung der Schulden nicht leichtfertig gehandelt hat[28]. Demgegenüber muss sich bei einverständlich aufgenommenen Schulden der Berechtigte uU mit einer den notwendigen Unterhalt unterschreitenden Alimentierung zufrieden geben[29].

III. Unterhaltsberechnung im Mangelfall

1. Feststellung des Mangelfalls. Ob ein Mangelfall vorliegt, lässt sich erst auf der Grundlage der Unterhaltsberechnung nach den maßgeblichen Einkünften feststellen[30]. Dabei sind nach der Rspr des BGH dann allerdings § 1581[31] und entspr § 1577[32] bereits zu berücksichtigen. Reicht das verfügbare Einkommen unter Berücksichtigung des Eigenbedarfs nicht aus, alle Ansprüche zu befriedigen, sind ihr Rang und ihre Höhe im Rahmen der Mangelfallberechnung neu zu bestimmen. Bei der Berechnung ist zwischen relativem und absolutem Mangelfall zu unterscheiden.

2. Relativer und absoluter Mangelfall. Relativer und absoluter Mangelfall unterscheiden sich durch die Eigenbedarfsgrenze, das Verteilungseinkommen und das Verteilungsverfahren. Beim **relativen Mangelfall** wird das Verteilungseinkommen durch den angemessene Eigenbedarf des Verpflichteten begrenzt und reicht unter Berücksichtigung des Vorrangs der Berechtigten, andernfalls durch eine Korrektur nach Billigkeitsgesichtspunkten zur Befriedigung der vorrangig Berechtigten aus. Beim **absoluten Mangelfall** reicht das Verteilungseinkommen auch bei Herabsenkung auf den dem Verpflichteten in jedem Fall zu belassenden Bedarf (notwendigen Selbstbehalt) für die Befriedigung der vor- und gleichrangig Berechtigten nicht aus und macht eine anteilige Reduzierung ihres Unterhalts erforderlich.

3. Unterhaltsberechnung beim relativen Mangelfall. a) Beim Nachrang von Berechtigten. Bei mehreren Unterhaltsberechtigten werden nachrangig Berechtigte zurückgestellt[33], auch wenn sie bei den prägenden Einkünften berücksichtigt wurden[34]. Das Rangverhältnis bei **mehreren Ehegatten** richtet sich nach § 1582 iVm § 1609 (vgl dort). Der Unterhalt **minderjähriger Kinder** und der ihnen gleichgestellten **privilegierten Kinder** ist vorrangig, der Unterhalt **volljähriger Kinder** im Mangelfall nachrangig, auch wenn ihr Unterhaltsanspruch bei der Bedarfsberechnung als prägend eingesetzt wurde[35].

Im Verhältnis zum Ehegattenunterhalt ist der Kindesunterhalt minderjähriger und privilegierter Kinder nach der jetzt in § 1609 (vgl dort) geltenden Vorrangregelung vorrangig.

Soweit als Folge des Nachrangs trotz Befriedigung des Bedarfs aller vorrangig Berechtigten der angemessene Selbstbehalt nicht unterschritten wird, ist zu prüfen, ob nachrangig Berechtigte noch bis zum angemessenen Selbstbehalt anteilsmäßig befriedigt werden können.

b) Bei einem oder mehreren gleichrangig Berechtigten. Sind weitere nachrangige Unterhaltsberechtigte nicht vorhanden, ist das **Einkommen der Ehegatten nach Billigkeitsgesichtspunkten** zu überprüfen. Vor allem können Einkünfte aus unzumutbarer Tätigkeit berücksichtigt werden, auf Seiten des Verpflichteten nach § 242, auf Seiten des Berechtigten durch Erhöhung des unterhaltsrelevanten Anteils nach § 1577[36] nach Billigkeit.

Reicht dies nicht aus, ist beim Ehegattenunterhalt der Bedarf beider Parteien zugunsten des Elementarunterhalts[37] und proportional zur Verteilungsquote[38] zu kürzen.

---

[23] BGH FamRZ 1985, 360 = NJW 1985, 907; FamRZ 1983, 152 = NJW 1982, 1986.
[24] Einschränkend Palandt/Brudermüller Rn 22 mwN.
[25] BGH FamRZ 1997, 806 = NJW 1997, 1919; s auch BGH FamRZ 2005, 1154.
[26] BGH FamRZ 1992, 539 = NJW 1992, 1621.
[27] BGH FamRZ 1992, 539 = NJW 1992, 1621.
[28] OLG Hamm FamRZ 1996, 959.
[29] BGH FamRZ 1982, 678 = NJW 1982, 1641.
[30] BGH FamRZ 2003, 363.
[31] BGH FamRZ 2006, 683.
[32] BGH FamRZ 2005, 1154.
[33] BGH FamRZ 1988, 705 = NJW 1988, 1722.
[34] BGH FamRZ 1986, 553, 555 = NJW 1986, 985.
[35] BGH FamRZ 1985, 912 = NJW 1985, 2713.
[36] BGH FamRZ 2005, 1154.
[37] BGH FamRZ 1981, 442 = NJW 1981, 1556.
[38] OLG Frankfurt NJW 1999, 2374.

§ 1584

24 Wird der angemessene Eigenbedarf gleichwohl unterschritten, ist der **Haftungsvorrang von Verwandten** gegenüber dem Ehegatten gemäß § 1584 (dort Rn 3 f) zu prüfen.

25 **4. Unterhaltsberechnung beim absoluten Mangelfall. a) Anteilige Kürzung.** Beim absoluten Mangelfall ist trotz Billigkeitsabwägung bei der Einkommensermittlung die **Opfergrenze**, dh der notwendige Selbstbehalt des Verpflichteten erreicht. Obwohl das Verteilungseinkommen für die vorrangig Berechtigte(n) nicht ausreicht, kann der Selbstbehalt nicht weiter reduziert und das Verteilungseinkommen nicht weiter ergänzt werden. Es ist daher auf den Unterhalt der vorrangig Berechtigten quotenmäßig zu kürzen.

26 Diese Kürzung erfolgt nach der Praxis der Oberlandesgerichte anhand **fixer Einsatzbeträge** für den Mindestbedarf. Dem hat sich die früher abw Rspr des BGH[39] alle Einsatzbeträge aus dem prägenden Einkommen abzuleiten[40], inzwischen angeschlossen (Rn 5)[41]. Die danach ermittelten Einsatzbeträge sind unter Bezug auf das Verteilungseinkommen anteilig zu kürzen.

27 **b) Unterschiedliche Selbstbehalte.** Bei der anteiligen Kürzung ist der ggf unterschiedliche Selbstbehalt zu berücksichtigen[42], indem zunächst alle Ansprüche mit Bezug auf den gemeinsamen Selbstbehalt gekürzt und anschließend die Ansprüche auf Grund eines geringeren Selbstbehalts anteilig erhöht werden.

28 **c) Billigkeitskontrolle.** Das so gewonnene Ergebnis ist abschließend auf die **Angemessenheit** des Verhältnisses von Ehegatten- und Kindesunterhalt nach Billigkeit zu überprüfen und zu korrigieren, wenn die errechneten Beträge über den ohne Mangelfall ermittelten Beträgen liegen[43].

§ 1582 Rang des geschiedenen Ehegatten bei mehreren Unterhaltsberechtigten

Sind mehrere Unterhaltsberechtigte vorhanden, richtet sich der Rang des geschiedenen Ehegatten nach § 1609.

1 § 1582 regelte als Spezialvorschrift **im Mangelfall**[1] die **Rangfolge** zwischen Unterhaltsansprüchen des **geschiedenem („alten")** und des **neuen Ehegatten**. Durch das Gesetz zur Änderung des Unterhaltsrechts vom 21. 12. 2007 (BGBl I S 3189) wurde die Rangfolge von Unterhaltsansprüchen jetzt in § 1609 (s dort) umfassend geregelt, dh auch unter Einschluss der Rangfolge der Unterhaltsansprüche von Ehegatten. Insoweit verweist § 1582 jetzt auf § 1609. Die in § 1609 festgelegte Rangfolge hat auch Auswirkungen auf die Mangelfallberechnung im Rahmen von § 1581 (dort Rn 19 f).

§ 1583 Einfluss des Güterstands

Lebt der Verpflichtete im Falle der Wiederheirat mit seinem neuen Ehegatten im Güterstand der Gütergemeinschaft, so ist § 1604 entsprechend anzuwenden.

1 Die Vorschrift stellt sicher, dass ein **geschiedener unterhaltsverpflichteter Ehegatte** seine **Leistungsfähigkeit bei Wiederverheiratung nicht** durch Vergemeinschaftung seines Vermögens **schmälert**; das Gesamtgut und seine Erträgnisse werden deshalb entsprechend § 1604 mit Ausnahme einer Unterhaltsverpflichtung auch des anderen Ehegatten dem Verpflichteten bei Beurteilung seiner Leistungsfähigkeit allein zugerechnet.

2 Für die **Rangfolge** der Berechtigten bei der Unterhaltsverpflichtung beider Ehegatten gilt § 1609.

3 Bei **Beendigung der Gütergemeinschaft** durch Tod des Pflichtigen gilt § 1586 b.

§ 1584 Rangverhältnisse mehrerer Unterhaltsverpflichteter

¹Der unterhaltspflichtige geschiedene Ehegatte haftet vor den Verwandten des Berechtigten. ²Soweit jedoch der Verpflichtete nicht leistungsfähig ist, haften die Verwandten vor dem geschiedenen Ehegatten. ³§ 1607 Abs. 2 und 4 gilt entsprechend.

I. Bedeutung der Norm

1 § 1584 regelt die **Haftungskollision zwischen Geschiedenem- und Verwandtenunterhalt** aufgrund der engeren Beziehungen zwischen den Ehegatten **zu Lasten des verpflichteten Ehegatten**.

---

[39] BGH FamRZ 1997, 866 = NJW 1997, 1919.
[40] BGH FamRZ 1996, 345, 346 = NJW 1996, 517.
[41] BGH FamRZ 2003, 363 = NJW 2003, 1269.
[42] Dazu BGH FamRZ 1992, 539 = NJW 1992, 1621.
[43] OLG Hamm FamRZ 1999, 512; BGH FamRZ 2003, 363 = NJW 2003, 1269.
[1] BGH FamRZ 1983, 678 = NJW 1983, 1733.

II. Rangfolge

Nach § 1584 haftet der **geschiedene Ehegatte vorrangig vor den Verwandten** (zur Definition s § 1589). Ein Unterhaltsverzicht zu Lasten der Verwandten ist daher nichtig (§ 1585 c Rn 6). 2

Die Verwandtenhaftung greift erst bei **Leistungsunfähigkeit des Verpflichteten** gemäß § 1581 (§ 1581) ein. Bei Leistungsunfähigkeit der Verwandten geht wiederum die Haftung des geschiedenen Ehegatten als Billigkeitsunterhalt vor. Zur Leistungsunfähigkeit und zum Billigkeitsunterhalt vgl bei § 1581. Der **Selbstbehalt der Verwandten** bestimmt sich seinerseits nach den Grundsätzen des Verwandtenunterhalts (vgl bei § 1603) und nicht nach den – ggf höheren – des Ehegattenunterhalts. 3

§ 1584 findet bereits dann Anwendung, wenn der **angemessene Selbstbehalt** des Verpflichteten unterschritten ist. Die Haftung der Verwandten greift nur für den ggf **noch offenen Restbetrag** ein. 4

Eine Verpflichtung zur **Vermögensverwertung** besteht auch gegenüber den Verwandten nur unter den Voraussetzung des § 1581 S 2. 5

III. Anspruchsübergang

Nach S 2 gilt entspr § 1607 Abs 2 und 4 die Ersatzhaftung auch bei Leistungsfähigkeit des geschiedenen Ehegatten, wenn der **Anspruch nicht durchgesetzt** werden kann. Er geht dann im Gegensatz zur Ersatzhaftung bei Leistungsunfähigkeit auf die Verwandten über. Der Ersatzanspruch kann allerdings nicht zu Lasten des Berechtigten geltend gemacht werden, so dass dessen Anspruch gegen den Verpflichteten gegenüber dem der Verwandten vorgeht. 6

Kapitel 4. Gestaltung des Unterhaltsanspruchs (§§ 1585–1585 c)

§ 1585 Art der Unterhaltsgewährung

(1) ¹Der laufende Unterhalt ist durch Zahlung einer Geldrente zu gewähren. ²Die Rente ist monatlich im Voraus zu entrichten. ³Der Verpflichtete schuldet den vollen Monatsbetrag auch dann, wenn der Unterhaltsanspruch im Laufe des Monats durch Wiederheirat oder Tod des Berechtigten erlischt.

(2) Statt der Rente kann der Berechtigte eine Abfindung in Kapital verlangen, wenn ein wichtiger Grund vorliegt und der Verpflichtete dadurch nicht unbillig belastet wird.

I. Normzweck

Der laufende Unterhalt ist grds monatlich im Voraus durch eine **Geldrente** zu zahlen, an deren Stelle ausnahmsweise eine **Kapitalabfindung** treten kann (Rn 7 ff). Bei Tod und Wiederverheiratung gilt diese Regelung ebenfalls. Dem korrespondiert aus der Sicht des Berechtigten die Regelung des § 1586 Abs 2. 1

Da § 1585 nur laufenden Unterhalt regelt, kann **daneben Sonderbedarf** geltend gemacht werden. 2

II. Laufender Unterhalt

1. Begründung und Dauer des Anspruchs. Der Anspruch auf laufenden Unterhalt ist von der Bedürftigkeit (§ 1577 Rn 6) abhängig. Davon zu unterscheiden ist das Bestehen des Anspruches dem Grunde nach. Der Anspruch ist grds zeitlich unbegrenzt. Er erlischt bei der Kapitalabfindung nach Abs 3. Zu den zeitlichen Begrenzungen s § 1578 b. 3

2. Monatlich im Voraus. Die Zahlung monatlich im Voraus bezieht sich auf den **Leistungs-** und **nicht den Berechnungszeitpunkt**[1], für den das Entstehen des Unterhaltsanspruchs bzw die Regelung im maßgebenden Titel entscheidend ist[2]. Die in der Praxis häufige Formulierung „ab dem dritten Werktag eines jeden Monats im Voraus" bedeutet daher, dass der Kalendermonat die Unterhaltsperiode ist, mag auch die Unterhaltspflicht zu einem anderen Zeitpunkt im Laufe eines Monats begonnen haben. Monatlich im Voraus als Leistungszeitpunkt bedeutet, dass die Leistung bis zum angegebenen Zeitpunkt erbracht werden muss[3]. 4

3. Zeitpunkt der Leistung. Für die Rechtzeitigkeit der Leistung kommt es grds auf den **Zeitpunkt der Absendung** an[4]. Aus einer **Vereinbarung** zB in einem Prozessvergleich, nach der bis zu einem bestimmten Datum zu zahlen ist, ergibt sich als solche aber nicht, dass das Geld bis zu diesem Zeitpunkt beim Gläubiger eingegangen sein muss[5]. Vorauszahlungen sind nur für einen Zeitraum von sechs Monaten anzunehmen[6]. 5

---

[1] *Kalthoener/Büttner/Niepmann* Rn 231.
[2] KG FamRZ 1984, 1131; OLG Bamberg FamRZ 1980, 916.
[3] OLG Köln FamRZ 1990, 1243.
[4] OLG Köln FamRZ 1990, 1244.
[5] OLG Köln FamRZ 1990, 1243.
[6] *Palandt/Brudermüller* Rn 2.

§ 1585 b

6   **4. Titulierung.** Das **Rechtsschutzbedürfnis** für eine Titulierung ist immer **unabhängig vom Leistungsverhalten** des Verpflichteten gegeben[7]. Die Titulierung bezieht sich auf den ausgeurteilten Unterhaltstatbestand.

III. Kapitalabfindung

7   Statt laufenden Unterhalts kann der **Berechtigte** – nicht der Verpflichtete[8] – eine Kapitalabfindung verlangen, wenn ein wichtiger Grund vorliegt und der Verpflichtete nicht unbillig belastet wird. Der Unterhaltsanspruch erlischt mit Abschluss des Abfindungsvertrages bzw Rechtskraft des Urteils.

8   Der **wichtige Grund** kann auf Seiten des Berechtigten (zB eine Existenzgründung) und des Verpflichteten (Vermögensverschwendung) vorliegen. Eine unbillige Belastung liegt bei eigener Existenz- und Unterhaltsgefährdung, auch gegenüber anderen Unterhaltsberechtigen, vor.

9   Die Kapitalabfindung kann **vereinbart oder ausgeurteilt** werden. Bei der Bemessung der Höhe[9] sind auch steuerliche Nachteile (keine Berücksichtigung als außergewöhnliche Belastung[10] oder im Realsplitting) zu berücksichtigen. Bei der Vereinbarung einer **Abfindung** als abschließender Regelung ist der Fortbestand der unterhaltsrelevanten Umstände nicht Geschäftsgrundlage des Vergleichs[11].

§ 1585 a Sicherheitsleistung

(1) ¹Der Verpflichtete hat auf Verlangen Sicherheit zu leisten. ²Die Verpflichtung, Sicherheit zu leisten, entfällt, wenn kein Grund zu der Annahme besteht, dass die Unterhaltsleistung gefährdet ist oder wenn der Verpflichtete durch die Sicherheitsleistung unbillig belastet würde. ³Der Betrag, für den Sicherheit zu leisten ist, soll den einfachen Jahresbetrag der Unterhaltsrente nicht übersteigen, sofern nicht nach den besonderen Umständen des Falles eine höhere Sicherheitsleistung angemessen erscheint.

(2) Die Art der Sicherheitsleistung bestimmt sich nach den Umständen; die Beschränkung des § 232 gilt nicht.

I. Normzweck

1   Der Unterhaltsanspruch soll auch ohne sichtbare Gefährdung gesichert werden können. Der **Anspruch auf Sicherheitsleistung** ist deshalb akzessorisch und setzt eine Gefährdung nicht voraus. Ist der Unterhalt aber bereits tituliert, kann der Berechtigte auch bei einer Erhöhung Sicherheitsleistung nur beantragen, wenn sich die Vermögensverhältnisse des Verpflichteten verschlechtert haben. § 1585 a ist auf den Trennungs- (und Verwandten)unterhalt nicht analog anwendbar[1].

II. Einwendungen des Verpflichteten

2   Der Verpflichtete kann die **fehlende Gefährdung** oder **unbillige Belastung** nur anspruchsmindernd einwenden. Für die fehlende Gefährdung reicht idR der Nachweis der pünktlichen Zahlung aus. Ein Verlust der Arbeitsplatzes indiziert nicht automatisch eine Gefährdung. Eine unbillige Belastung ist vor allem bei Gefährdung der Existenz oder Kreditwürdigkeit eines Betriebs anzunehmen.

III. Höhe und Art der Sicherheitsleistung

3   Die Höhe der Sicherheitsleistung richtet sich gemäß § 1585 a Abs 1 S 2 grds nach dem **einfachen Jahresbetrag** der Unterhaltsrente. Unter konkreten Umständen wie einer verschwenderischen Lebensführung kann der Betrag aber erhöht werden. Dabei ist der Bezug auf eine Sicherungsdauer von bis zu fünf Jahren wie beim Arrestverfahren zulässig[2].

§ 1585 b Unterhalt für die Vergangenheit

(1) Wegen eines Sonderbedarfs (§ 1613 Abs. 2) kann der Berechtigte Unterhalt für die Vergangenheit verlangen.

(2) Im Übrigen kann der Berechtigte für die Vergangenheit Erfüllung oder Schadensersatz wegen Nichterfüllung nur entsprechend § 1613 Abs. 1 fordern.

(3) Für eine mehr als ein Jahr vor der Rechtshängigkeit liegende Zeit kann Erfüllung oder Schadensersatz wegen Nichterfüllung nur verlangt werden, wenn anzunehmen ist, dass der Verpflichtete sich der Leistung absichtlich entzogen hat.

---

[7] BGH NJW 1998, 3116.
[8] BGH FamRZ 1993, 1186 = NJW 1993, 2105.
[9] *Göppinger* § 5 Rn 250.
[10] BFH NJWE-FER 1998, 211.
[11] BGH FamRZ 2005, 1662.
[1] OLG Düsseldorf FamRZ 1980, 1116; FamRZ 1981, 67.
[2] OLG Düsseldorf FamRZ 1994, 111.

I. Bedeutung der Norm

§ 1585 b schützt den Verpflichteten vor Unterhaltsansprüchen für die Vergangenheit. Diese sind nur ausnahmsweise zulässig, wenn Sonderbedarf geltend gemacht wird (Abs 1) oder wenn nach dem Unterhaltsänderungsgesetz vom 21. 12. 2007 (BGBl I S 3189) jetzt entsprechend § 1613 Abs 1 (Abs 2) Erfüllung oder Schadensersatz gefordert wird, aber auch dann nur bis zu einem Jahr, falls die Leistung nicht willentlich entzogen wurde (Abs 3). Der Verweis auf die entsprechende Anwendung von § 1613 Abs 1 entspricht der Zielsetzung des Unterhaltsänderungsgesetzes, das Unterhaltsrecht zu vereinfachen. Ein Grund, die Voraussetzungen für die Geltendmachung von Unterhalt für die Vergangenheit in § 1585 Abs 2 anders zu gestalten als in § 1613 Abs 1, sei nicht ersichtlich[1]. Bei einer **vertraglichen Vereinbarung** ist § 1585 b Abs 2 **nicht anwendbar**, denn der Unterhaltsschuldner, der seine Verpflichtungen kennt, bedarf des Schutzes vor unerwarteter Inanspruchnahme nicht mehr[2]. 1

II. Verzug und Rechtshängigkeit

Eine **Mahnung** wegen nachehelichen Unterhalts **vor Rechtskraft der Scheidung** ist nach Auffassung des BGH nicht möglich[3]. Eine Lösung durch **Mahnung wegen Trennungsunterhalts** ist wegen der Nichtidentität mit dem Anspruch auf nachehelichen Unterhalt[4] nicht gangbar. Ob eine Lösung dieses Konflikts durch die Geltendmachung im Verbund möglich ist, ist umstritten[5]. 2

Rechtshängigkeit tritt mit Klagezustellung ein. Ein Prozesskostenhilfegesuch reicht nicht. Ausreichend kann nach der Rspr über § 167 ZPO die Einreichung der Klageschrift[6] oder die Rechtsverteidigung gegen eine Vollstreckungsgegenklage des Verpflichteten sein[7]. 3

III. Einschränkung der Rückwirkung

Die Beschränkung der Nachforderung auf ein Jahr ist eine Sonderform der **Verwirkung**[8]. 4

Die Beschränkung der Rückwirkung gilt für die Unterhaltsansprüche, dh auch bei übergegangenen Ansprüchen[9] und auch bei vertraglichen Vereinbarungen, obwohl diese in Abs 2 nicht genannt sind. Ob die Beschränkung auch auf titulierte Ansprüche[10] oder auf Verzugsschäden[11] anwendbar ist, ist streitig. Beim Ausgleich der steuerlichen Nachteile des Realsplitting ist sie nicht anzuwenden[12], auch nicht auf die Freistellung[13]. 5

Für einen **Verzicht** des Verpflichteten auf die Einjahresschranke bedarf es eindeutiger Anhaltspunkte[14]. 6

Bei **Aufrechnung** mit der Unterhaltsforderung ist für die Zeitschranke des Abs 3 der Zeitpunkt der Aufrechnungserklärung maßgebend[15]. 7

Für **absichtlichen Entzug** genügt jedes zweckgerichtete Verhalten, das die zeitnahe Realisierung der Unterhaltsschuld verhindert oder zumindest wesentlich erschwert[16]. Werden einzelne, in der Vergangenheit fällig gewordene Unterhaltsansprüche längere Zeit nicht verfolgt, kann ihrer Durchsetzung der Einwand der Verwirkung entgegenstehen. Der Verwirkung unterliegt aber nur der jeweilige Anspruch als solcher und nicht etwa der bloße Umstand, dass sich der Unterhaltsschuldner insoweit in Verzug befindet[17]. 8

§ 1585 c Vereinbarungen über den Unterhalt

¹**Die Ehegatten können über die Unterhaltspflicht für die Zeit nach der Scheidung Vereinbarungen treffen.** ²**Eine Vereinbarung, die vor der Rechtskraft der Scheidung getroffen wird, bedarf der notariellen Beurkundung.** ³**§ 127 a findet auch auf eine Vereinbarung Anwendung, die in einem Verfahren in Ehesachen vor dem Prozessgericht protokolliert wird.**

Schrifttum: *Bergschneider*, Zur Inhaltskontrolle bei Eheverträgen, FamRZ 2001, 1337; *ders*, Eheverträge und Scheidungsvereinbarungen – Wirksamkeit und richterliche Inhaltskontrolle – Überlegungen für die Praxis, FamRZ 2004, 1757; *ders*, Vereinbarungen im Vorfeld der Unterhaltsrechtsreform, FamRZ 2006, 153; *Büttner*, Grenzen

---

[1] *Gerhardt* FuR 2005, 529.
[2] BGH FamRZ 1989, 150 = NJW 1989, 526; OLG Bremen FamRZ 1996, 886; aA *Jauernig/Berger* Rn 9.
[3] BGH FamRZ 1992, 920 = NJW 1992, 1956.
[4] BGH FamRZ 1988, 370 = NJW 1988, 1137.
[5] *Spangenberg* FamRZ 1993, 23; *Bentert* FamRZ 1993, 890.
[6] OLG Düsseldorf FamRZ 2002, 327 zu § 270 Abs 3 ZPO aF.
[7] OLG Karlsruhe FamRZ 1988, 400; BGH FamRZ 2007, 453 = NJW 2007, 1273.
[8] *Palandt/Brudermüller* Rn 1.
[9] BGH FamRZ 1987, 1014.
[10] OLG Hamburg FamRZ 2002, 327.
[11] Bejahend *Palandt/Brudermüller* Rn 5; verneinend OLG Hamm FamRZ 1995, 613.
[12] BGH FamRZ 1986, 85 = NJW 1986, 254.
[13] BGH FamRZ 2005, 1162 = NJW 2005, 2223.
[14] BGH FamRZ 1989, 150 = NJW 1989, 526.
[15] BGH FamRZ 1996, 1067 = NJWE-FER 1996, 15.
[16] BGH FamRZ 1989, 150 = NJW 1989, 526.
[17] BGH FamRZ 2007, 453 m Anm *Büttner*.

§ 1585 c

ehevertraglicher Gestaltungsmöglichkeiten, FamRZ 1998, 1; *Derleder,* Unterhaltsanspruch und vertragliche Regelung, FuR 1991, 227; *Gageik,* Wirksamkeits- und Ausübungskontrolle von Eheverträgen unter Berücksichtigung der aktuellen Rechtsprechung vor der Entscheidung des BGH 11. 12. 2004, FPR 2005, 122; *Langenfeld,* Anpassung von Alt-Eheverträgen an die Inhaltskontrolle-Rechtsprechung des BGH, FPR 2005, 134; *Münch,* Inhaltskontrolle von Eheverträgen, FamRZ 2005, 570; *Sarres,* Fortschreibung der Kernbereichslehre in der aktuellen Rechtsprechung des BGH zur Inhaltskontrolle von Eheverträgen, FPR 2006, 4; *Schubert,* Wirksamkeit von Unterhaltsverzichts- und -freistellungserklärungen, FamRZ 2001, 733.

I. Bedeutung der Norm

1 Eine möglichst frühe und endgültige vertragliche Lösung unterhaltsrechtlicher Beziehungen der Ehegatten für die Zeit nach der Scheidung ist **zur Vermeidung unnötigen Streits** im Scheidungsverfahren und im Interesse des Ausschlusses späterer Unterhaltsstreitigkeiten anzustreben[1]. Dem entsprechend **verfahrensmäßig** die § 630 ZPO, § 1566 Abs 2, die bei einer Einigung über die Scheidungsfolgen die Scheidung nach Ablauf der einjährigen Trennungszeit erleichtern.

2 Auf der anderen Seite hat die Bedeutung des nachehelichen Unterhalts zu einer stärkeren Kontrolldichte, angestoßen durch die Rspr des BVerfG[2], insbes im Hinblick auf die Wirksamkeit eines Unterhaltsverzichts geführt.

3 Dieser Kontrolle entspricht die die durch das Unterhaltsänderungsgesetz vom 21. 12. 2007 (BGBl I S 3189) eingefügte **Notwendigkeit einer notariellen Beurkundung** für Unterhaltsvereinbarungen **vor Rechtskraft der Scheidung** in § 1585 c Abs 2.

4 Die notarielle Beurkundung kann nach S 3 gemäß § 127 a ZPO durch eine gerichtliche Protokollierung ersetzt werden.

II. Form und Inhaltskontrolle von Unterhaltsvereinbarungen

5 **1. Form.** Die Notwendigkeit einer notariellen Unterhaltsvereinbarung vor Rechtskraft der Scheidung berührt die formelle Wirksamkeit der vor der Gesetzesänderungen getroffenen Vereinbarungen nicht. Sie gilt auch nicht für Vereinbarungen nach Rechtskraft der Scheidung.

6 Wenn gemäß § 630 Abs 3 ZPO ein Vollstreckungstitel geschaffen werden muss, bedurfte der Vertrag auch bis jetzt schon der gerichtlichen oder notariellen Beurkundung[3].

7 Einer Form bedurfte es bei einer Gesamtregelung zB in einem Ehevertrag gemäß § 1410 oder zusammen mit formbedürftigen Einzelregelungen wie zum Versorgungsausgleich gemäß § 1587 o[4].

8 **2. Inhaltskontrolle. a) Entwicklung.** Die Inhaltsfreiheit ist nur durch die allgemein geltenden **Einschränkungen** des § 138 und § 242 begrenzt. Die **Berufung auf den Verzicht** kann vor allem **treuwidrig** sein, solange der Berechtigte durch die Betreuung eines gemeinsamen Kindes an einer Erwerbstätigkeit gehindert ist[5], aber auch sonst bei unerwarteten späteren Entwicklungen gegen § 242 verstoßen[6], insbes, wenn der Berechtigte ohne Unterhalt auf Sozialhilfe angewiesen wäre[7].

9 Im Anschluss an die Rspr des BVerfG[8] hat der BGH Maßstäbe zur Überprüfung eines vertragliche vereinbarten **Unterhaltsverzichts** entwickelt[9], die einerseits die Dispositionsfreiheit der Ehegatten betont, diese aber auf der anderen Seite durch den verfassungsrechtlichen Schutz der Ehe eingrenzt.[10] In der Praxis hat dies zu einer Fülle von Überprüfungen bereits geschlossener Eheverträge, aber auch zu neuen Fragen für den Abschluss von Verträgen geführt.

10 **b) Grundsätze.** Nach der Rspr des BGH darf grds **keine Benachteiligung** eines Ehegatten durch **einseitige Lastenverteilung** erfolgen, die gegen den **Kerngehalt der Ehe** verstößt[11]. Ob dies der Fall ist, ist sowohl im Hinblick auf den Zeitpunkt des Vertrages **(Wirksamkeitskontrolle)** wie auf den Zeitpunkt der Geltendmachung des Unterhalts **(Ausübungskontrolle)** zu überprüfen.

11 **c) Zeitpunkt.** Bei der **Wirksamkeitskontrolle** ist gemäß § 138 die Nichtigkeit bei Abschluss des Vertrages zu überprüfen. Bei der **Ausübungskontrolle** sind gemäß § 242 der tatsächliche Verlauf der Ehe und ihr ursprünglich geplanter Verlauf zu vergleichen. Dabei ist auch auf die Vorstellungen der Parteien abzustellen.

12 **d) Maßstäbe.** Nach der Rspr des BGH[12] wäre der Schutzzweck der gesetzlichen Regelungen unterlaufen, wenn dadurch eine **evident einseitige und durch die individuelle Gestaltung der ehelichen Lebensverhältnisse nicht gerechtfertigte Lastenverteilung** entstünde, die hinzunehmen für den belasteten Ehegatten – bei angemessener Berücksichtigung der Belange des anderen Ehegatten

---

[1] *Stollenwerk* S 476.
[2] FamRZ 2001, 343 = NJW 2001, 957; FamRZ 2001, 985 = NJW 2001, 2248, s auch BVerfG FamRZ 2002, 527 = NJW 2002, 1185.
[3] OLG Saarbrücken FamRZ 1985, 1071.
[4] BGH FamRZ 2002, 1179 = NJW-RR 2002, 513.
[5] BGH FamRZ 1997, 873 = NJW-RR 1997, 897.
[6] BGH FamRZ 1985, 788 = NJW 1985, 1388.
[7] BGH FamRZ 1992, 1403 = NJW-RR 1992, 1346.
[8] FamRZ 2001, 343 = 2001, 957; FamRZ 2001, 985 = NJW 2001, 2248, s auch BVerfG FamRZ 2002, 527 = NJW 2002, 1185.
[9] BGH FamRZ 2004, 601 = NJW 2004, 930.
[10] *Bergschneider* Anm zu BGH FamRZ 2007, 450 = NJW 2007, 907.
[11] BGH FamRZ 2005, 691 = NJW 2005, 1370.
[12] BGH FamRZ 2004, 601 = NJW 2004, 930.

und seines Vertrauens in die Geltung getroffener Abrede – bei verständiger Würdigung des Wesens der Ehe unzumutbar erscheint. Die Belastungen des einen Ehegatten werden dabei umso schwerer wiegen und die Belange des anderen Ehegatten umso genauerer Prüfung bedürfen, je unmittelbarer die vertragliche Abbedingung gesetzlicher Regelungen in den **Kernbereich des Scheidungsfolgenrechts** eingreift.

Dabei kann für die **Abdingbarkeit der Scheidungsfolgen** eine **Rangabstufung** vorgenommen werden. **Laufender Unterhaltsbedarf** ist für den Berechtigten idR wichtiger als etwa der Zugewinn- und später der Versorgungsausgleich. Innerhalb der Unterhaltstatbestände kommen nach dem Betreuungsunterhalt (§ 1570) der Krankheitsunterhalt (§ 1572) und der Altersunterhalt (§ 1571), dann der Arbeitslosenunterhalt (§ 1573 Abs 1), danach Krankenvorsorge- und Altersvorsorgeunterhalt (§ 1578 Abs 1 Alt 1, Abs 3) und schließlich Aufstockungs- und Ausbildungsunterhalt (§ 1573 Abs 2, § 1575). Zum **Altersvorsorgeunterhalt** ist zu differenzieren, soweit er Teil des Betreuungsunterhalts ist[13]. Der durch die Neufassung des § 1570 in Basisunterhalt und Billigkeitsunterhalt zum Kindesschutz sowie zum Ausgleich ehebedingter Nachteile gegliederte **Betreuungsunterhalt** (Rn 3; § 1570 Rn 11 ff) enthält insoweit eine eigene Rangabstufung. 13

e) **Folgen.** Soweit eine Bestimmung sittenwidrig ist, ist der gesamte Ehevertrag sittenwidrig[14]. Bei einer Abweichung vom ursprünglichen Vertragsinhalt als Folge der Ausübungskontrolle können die Grundsätze zum Fortfall der Geschäftsgrundlage (§ 313) Anwendung finden[15]. 14

f) **Einzelfälle.** Der Verzicht auf Betreuungsunterhalt führt nicht automatisch zur Unwirksamkeit, auch nicht bei einer **Schwangerschaft**[16]. Ein Unterhaltsverzicht, durch den sich ein Ehegatte von jeder Verantwortung für seinen aus dem **Ausland** eingereisten Ehegatten freizeichnet, wenn dieser seine bisherige Heimat verlassen hat, in Deutschland (jedenfalls auch) im Hinblick auf die Eheschließung ansässig geworden ist und schon bei Vertragsschluss die Möglichkeit nicht fernlag, dass er sich im Falle des Scheiterns der Ehe nicht selbst werde unterhalten können ist unwirksam[17]. Ein Ehevertrag, durch den der vereinbarte nacheheliche Unterhalt nach den Einkommensverhältnissen bei Vertragsschluss bemessen worden ist, ist nicht deshalb unwirksam, weil darin eine **Anpassung an künftige Einkommenssteigerungen des Unterhaltspflichtigen ausgeschlossen** wurde. Auch eine richterliche Vertragsanpassung nach § 242 ist im Fall späterer Einkommenssteigerungen nicht gerechtfertigt. Sie darf lediglich zum Ausschluss **nicht ehebedingter Nachteile** führen[18]. Beziehen die Parteien **Sozialhilfe,** bedeutet dies keine einseitige Lastenverteilung zwischen den Parteien und führt zur Unwirksamkeit im Hinblick auf den Träger der Sozialhilfe nur, wenn die Ehegatten die auf der Ehe beruhenden Familienlasten objektiv zum Nachteil der Sozialhilfe geregelt haben[19]. 15

3. **Auslegung.** Im Regelfall handelt es sich auch bei einer Vereinbarung über nacheheliche Unterhalt um die **Ausgestaltung des gesetzlichen Unterhaltsanspruchs.** Bei der Vereinbarung einer **Abfindung** als abschließender Regelung ist der Fortbestand der unterhaltsrelevanten Umstände nicht Geschäftsgrundlage des Vergleichs[20]. 16

Ein Prozessvergleich erfasst nicht ohne weiteres den Anspruch nach § 1586 a (vgl dort Rn 7)[21]. 17

4. **Abänderung.** Eine Abänderung von Unterhaltsvereinbarungen ist unter den Voraussetzungen des § 323 ZPO auch rückwirkend möglich. Das gilt auch für die Abänderbarkeit im Hinblick auf die Rspr des BGH zur Anwendung der Differenzmethode beim nachehelichen Unterhalt, allerdings erst ab dem Zeitpunkt des dazu ergangenen Urteils des BGH am 13. 6. 2001[22]. Die Abänderung ist zeitlich uneingeschränkt möglich mit Ausnahme einer Änderung der Rspr, bei der eine Abänderung erst für die Zeit ab der Verkündung der Entscheidung möglich ist[23]. Außer Einkommensveränderungen kann auch der Wegfall der Geschäftsgrundlage zu einer Abänderung führen, wenn die Parteien beide einen dafür maßgebenden Umstand angenommen haben[24]. 18

Die vereinbarte Unabänderbarkeit ist durch § 242 begrenzt, wenn Unterhalt des Verpflichteten selbst nicht mehr gesichert ist[25]. Bei einem für einen bestimmten Zeitraum vereinbarten Unterhalt sind die in dem Prozessvergleich getroffenen Regelungen weiterhin von Bedeutung, soweit sie nicht wegen Wegfalls ihrer Geschäftsgrundlage an die veränderten Verhältnisse anzupassen sind[26]. 19

---

[13] BGH FamRZ 2005, 1449 = NJW 2005, 2391.
[14] BGH FamRZ 2006, 1091.
[15] BGH FamRZ 2005, 1444, 1448.
[16] BGH FamRZ 2005, 1444, 1448. Zur Unwirksamkeit eines Verzichts wegen der Unterlegenheit der Ehefrau wegen der Schwangerschaft und der persönlichen Situation gegenüber dem Beklagten OLG Celle FamRZ 2004, 1489. Zur Unwirksamkeit wegen Unterschreitung des Existenzminimums BGH FamRZ 2006, 1359 m Anm *Bergschneider* 1437. Zur Zulässigkeit eines Verzichts bei voraussehbarer Kinderlosigkeit BGH FamRZ 2005, 691 betr Zahnarzt-Ehevertrag.
[17] BGH NJW 2007, 907 = FamRZ 2007, 450 m Anm *Bergschneider*.
[18] BGH FamRZ 2007, 174 m Anm *Bergschneider*. Zur Wirksamkeit des Ausschlusses von Aufstockungsunterhalt OLG Karlsruhe FamRZ 2004, 1789 m Anm *Bergschneider*.
[19] BGH FamRZ 2007, 197 = NJW 2007, 904.
[20] BGH FamRZ 2005, 1662 = NJW 2005, 3282.
[21] BGH FamRZ 1988, 46 = NJW 1988, 557.
[22] BGH FamRZ 2001, 1687 = NJW 2001, 3618.
[23] BGH FamRZ 2007, 793 = NJW 2007, 1961; FamRZ 2007, 882 = NJW 2007, 1969.
[24] OLG Zweibrücken FamRZ 1998, 1126 = NJW-RR 1998, 1680.
[25] OLG Köln FamRZ 1989, 637.
[26] BGH FamRZ 2007, 983.

§ 1586 a

III. Prozessuale Fragen

20 Im Regelfall einer Unterhaltsvereinbarung über die Ausgestaltung des gesetzlichen Anspruches bleibt das **Familiengericht** für Streitigkeiten über den Inhalt und die Abänderung dieser Vereinbarung zuständig, da sie den gesetzlichen Unterhalt iS von § 13 b GVG betreffen[27].

21 Im Scheidungsverbund ist eine Zwischenfeststellungsklage nach § 156 Abs 2 ZPO zur Feststellung der Nichtigkeit eines Ehevertrags wegen Sittenwidrigkeit zulässig, auch soweit die Wirksamkeit des Vertrags für etwaige nicht rechtshängige Ansprüche auf nachehelichen Unterhalt von Bedeutung ist[28].

22 Bei einem für einen bestimmten Zeitraum vereinbarten Unterhalt ist der für einen späteren Zeitraum behauptete Unterhalt mit der **Leistungsklage** geltend zu machen[29].

Kapitel 5. Ende des Unterhaltsanspruchs (§§ 1586-1586 b)

§ 1586 Wiederheirat, Begründung einer Lebenspartnerschaft oder Tod des Berechtigten

(1) Der Unterhaltsanspruch erlischt mit der Wiederheirat, der Begründung einer Lebenspartnerschaft oder dem Tode des Berechtigten.

(2) [1]Ansprüche auf Erfüllung oder Schadensersatz wegen Nichterfüllung für die Vergangenheit bleiben bestehen. [2]Das Gleiche gilt für den Anspruch auf den zur Zeit der Wiederheirat, der Begründung einer Lebenspartnerschaft oder des Todes fälligen Monatsbetrag.

1 Mit dem Tod oder der Wiederverheiratung bzw der Begründung einer Lebenspartnerschaft des Berechtigten **erlischt** das Unterhaltsrechtsverhältnis. Er kann ggf unter den Voraussetzungen des § 1586 a (dort Rn 2 ff) neu entstehen. Vorauszahlungen können gemäß §§ 812 ff zurückgefordert werden[1].

2 Eine **Ausnahmeregelung** enthält Abs 2: Ansprüche auf Erfüllung oder Schadensersatz für die Vergangenheit und für den vollen Monatsbetrag bis zum Erlöschen bleiben bestehen. Die Berechnung auf den vollen Monatsbetrag soll kleinliche Abrechnungen vermeiden, enthält aber keinen verallgemeinerungsfähigen Rechtsgedanken[2].

3 Eine **analoge Anwendung** auf die Eingehung einer eheähnlichen Gemeinschaft ist ausgeschlossen[3]. Mangels gesetzlicher Regelung werden Bestattungskosten auch nicht in analoger Anwendung von § 1615 Abs 2 erfasst. Die Vorschrift des § 1586 Abs 1, nach der ein Anspruch auf nachehelichen Ehegattenunterhalt bei Wiederheirat des Unterhaltsberechtigten entfällt, ist auf den Unterhaltsanspruch aus Anlass der Geburt nach § 1615 l und Abs 2 S 1 und 2 entspr anwendbar[4].

§ 1586 a Wiederaufleben des Unterhaltsanspruchs

(1) Geht ein geschiedener Ehegatte eine neue Ehe oder Lebenspartnerschaft ein und wird die Ehe oder Lebenspartnerschaft wieder aufgelöst, so kann er von dem früheren Ehegatten Unterhalt nach § 1570 verlangen, wenn er ein Kind aus der früheren Ehe oder Lebenspartnerschaft zu pflegen oder zu erziehen hat.

(2) [1]Der Ehegatte der später aufgelösten Ehe haftet vor dem Ehegatten der früher aufgelösten Ehe. [2]Satz 1 findet auf Lebenspartnerschaften entsprechende Anwendung.

I. Normzweck

1 Die Vorschrift ist Ausdruck der **nachehelichen Solidarität bei Betreuung eines gemeinsamen Kindes.** Trotz zwischenzeitlicher erneuter Eheschließung bzw Lebenspartnerschaft und dem damit verbunden Fortfall des Anspruchs auf Ehegattenunterhalt können der Anspruch auf Betreuungsunterhalt bei Auflösung der neuen Verbindung wiederaufleben. Durch das Gesetz zur Änderung des Unterhaltsrechts vom 21. 12. 2007 (BGBl I S 3189) wurde der Anspruch auf Anschlussunterhalt, der nach Abs 1 S 2 bestand, aufgehoben. Das entspricht der Neugewichtung der Eigenverantwortung, die im Gegensatz zu dem aus Gründen des Kindeswohls gebotenen Betreuungsunterhaltsanspruch gegen den früheren Ehegatten nach Abs 1 dem Wiederaufleben von Anschlussunterhaltsansprüchen entgegensteht[1*].

---

[27] BGH FamRZ 1987, 790; NJW 1979, 2518.
[28] BGH FamRZ 2005, 691= NJW 2005, 1370.
[29] BGH FamRZ 2007, 983.
[1] *Palandt/Brudermüller* Rn 3.
[2] BGH FamRZ 1988, 370 = NJW 1988, 1137.
[3] BGH FamRZ 1981, 753 = NJW 1980, 124.
[4] BGH FamRZ 2005, 347 m Anm *Schilling* und *Graba*.
[1*] Begr, BT Drucks 16/1830 S 22 zu Nr 4.

II. Voraussetzungen des Wiederauflebens

Voraussetzungen für das **Wiederaufleben** ist die **Auflösung** einer zwischenzeitlich geschlossenen Ehe. Das muss nicht nur die **Scheidung,** sondern kann auch die Auflösung **durch den Tod** des Unterhaltsverpflichteten sein[2].

Bei Unterhaltsansprüchen als Folge einer Scheidung sind die Unterhaltsansprüche als Folge der letzten Scheidung gleich welcher Art und unabhängig von der Zahl der zwischenzeitlich geschiedenen Ehen nach Abs 2 vorrangig[3].

Umstritten ist, ob die Haftung des früheren Ehegatten wiederauflebt, wenn der Unterhaltsanspruch gegen den späteren Ehegatten wegen **begrenzter oder mangelnder Leistungsfähigkeit** entfällt oder nicht oder nur **erschwert durchgesetzt** werden kann.

Bei **Eheaufhebung** lebt der Unterhaltsanspruch auch bei Ausschluss der Scheidungsfolgen gemäß § 1318 Abs 2 nicht wieder auf, da zunächst eine gültige Ehe bestanden hat.

Unklar ist der **Einsatzzeitpunkt** als Voraussetzung des Wiederauflebens. Entsprechend dem Einsatzzeitpunkt des unmittelbaren Anspruchs aus § 1570 unabhängig von der Scheidung reicht es aus, wenn die Voraussetzungen auch des Wiederauflebens nach der Auflösung eintreten.

III. Verhältnis zum Altanspruch

Es handelt sich um einen **neuen Unterhaltstatbestand**[4]. Ein Titel über den nachehelichen Unterhalt umfasst daher nicht den Anspruch nach Abs 1. Bei einem für die Zeit ab Ehescheidung geschlossenen Prozessvergleich gilt etwas anderes nur bei entsprechendem Parteiwillen[5].

Die Höhe des Anspruchs ist wegen der Subsidiarität durch den **in der letzten Ehe erreichten Lebensstandard** begrenzt[6].

IV. Haftungskollision

Trotz **Vorrangigkeit der Haftung des zuletzt geschiedenen Ehegatten** kann es zu einer teilweisen Kollision mit dem Anspruch aus § 1586a kommen, wenn der vorrangige Unterhaltsanspruch nur einen Teil des Betreuungsbedarfs deckt[7].

Voraussetzung der **Haftung des früheren Ehegatten** ist dann allerdings nicht die rechtskräftige Abweisung einer Unterhaltsklage gegen den vorrangig haftenden zweiten Ehegatten[8].

Die vorrangige Haftung gilt uneingeschränkt auch bei **Kindern aus verschiedenen Ehen.** Dadurch wird im Interesse einer klaren Regelung die gesamtschuldnerische Haftung mehrerer geschiedener Ehegatten vermieden[9]. Ein **Ausgleichsanspruch** des vorrangig haftenden Ehegatten ist insoweit nicht vorgesehen. Ob bei einer Teilerwerbsunfähigkeit wegen der Betreuung der Kinder aus der späteren Ehe gegenüber einer vollen Erwerbsunfähigkeit durch die zusätzliche Betreuung der Kinder aus der früheren Ehe eine proportionale Haftung gerechtfertigt ist, ist umstritten, lässt sich aber mit der nachwirkenden Mitverantwortung begründen[10].

§ 1586 b Kein Erlöschen bei Tod des Verpflichteten

(1) ¹Mit dem Tode des Verpflichteten geht die Unterhaltspflicht auf den Erben als Nachlassverbindlichkeit über. ²Die Beschränkungen nach § 1581 fallen weg. ³Der Erbe haftet jedoch nicht über einen Betrag hinaus, der dem Pflichtteil entspricht, welcher dem Berechtigten zustände, wenn die Ehe nicht geschieden worden wäre.

(2) Für die Berechnung des Pflichtteils bleiben Besonderheiten auf Grund des Güterstands, in dem die geschiedenen Ehegatten gelebt haben, außer Betracht.

Schrifttum: *Dieckmann,* Pflichtteilsverzicht und nachehelicher Unterhalt, FamRZ 1992, 633; *Grziwotz,* Pflichtteilsverzicht und nachehelicher Unterhalt, FamRZ 1991, 1258; *Schindler,* Probleme der Vererblichkeit der Unterhaltspflicht nach § 1586 b I Satz 3 BGB, FamRZ 2004, 1527.

I. Normzweck

Die **passive Vererblichkeit** des Unterhaltsanspruchs des geschiedenen Ehegatten stellt einen **Ausgleich** für den Verlust seiner erbrechtlichen Ansprüche als Folge der Scheidung dar. Der Unterhaltsanspruch wird anstelle des weggefallenen Erbrechts in eine Nachlassverbindlichkeit auf Unterhalt umgestellt.

---

[2] OLG Saarbrücken FamRZ 1987, 1046.
[3] *Palandt/Brudermüller* Rn 3.
[4] BGH FamRZ 1988, 46 = NJW 1988, 557.
[5] *Palandt/Brudermüller* Rn 5.
[6] *Palandt/Brudermüller* Rn 4.
[7] *Palandt/Brudermüller* Rn 3.
[8] OLG Hamm FamRZ 1986, 364.
[9] BT-Drucks 7/4361 S 35.
[10] *Palandt/Brudermüller* Rn 3.

§ 1587

II. Voraussetzung und Beschränkung der Erbenhaftung

2   Auf die Leistungsfähigkeit der Erben kommt es nicht an, weil es sich um eine Nachlassverbindlichkeit handelt und die Haftung des Erben schon nach allgemeinen Regeln auf den Nachlass beschränkt ist; sog kleiner Pflichtteil bei gesetzlichem Erbrecht nach § 1931 Abs 1 und 2[1]. Güterrechtliche Besonderheiten bleiben nach Abs 2 insoweit außer Betracht. Ein (fiktiver) Pflichtteilsergänzungsanspruch des Unterhaltsberechtigten gegen den Erben ist bei der Berechnung der Haftungsgrenze des § 1586 b Abs 1 S 1 zu berücksichtigen[2]. Gegenüber diesen (nur fiktiven) Pflichtteilsergänzungsansprüchen des Unterhaltsberechtigten können sich Erben, die selbst pflichtteilsberechtigt sind, nicht auf § 2328 berufen[3].

3   Die Anknüpfung an die **Fiktion der Nicht-Scheidung** führt aber nicht dazu, dass das Vermögen im Zeitpunkt der Scheidung maßgeblich wäre, sondern das Vermögen im Zeitpunkt des Todes, als ob die Ehe nicht geschieden wäre. Eine eventuelle **Wiederverheiratung** ist bei der Pflichtteilsberechnung daher nicht zu berücksichtigen, wohl aber Kinder aus einer neuen Ehe.

4   Ob die Erbenhaftung bei einem **vorhergehenden Verzicht** des überlebenden Ehegatten auf seinen Pflichtteil entfällt, ist str[4], aber im Hinblick auf den Ausgleichszweck (Rn 1) und die Fiktion der Nicht-Scheidung als Grund für den Ersatzanspruch zu bejahen: beide Gründe für einen Unterhaltsanspruch entfallen, wenn auf den Pflichtteil freiwillig verzichtet wurde.

5   Der nach § 1586 b haftende Erbe kann sich darauf berufen, dass der Unterhaltsanspruch nach § 1579 Nr 8 ausgeschlossen ist, etwa wegen eines seit zehn Jahren bestehenden eheähnlichen Verhältnisses[5]. Von einem ausdrücklichen oder stillschweigenden Verzicht auf die Rechtsfolgen des § 1579 Nr 8 kann nicht ausgegangen werden, wenn der verstorbene Ehegatte in Kenntnis einer langjährigen neuen eheähnlichen Gemeinschaft des Unterhaltsberechtigten weiterhin Unterhalt gezahlt hat, um nach § 5 VAHRG eine – sonst höhere – Kürzung seiner Rente zu verhindern[6].

III. Prozessuale Fragen

6   Es handelt sich um einen **familienrechtlichen Unterhaltsanspruch,** der als Familiensache zu behandeln ist. Unterhaltsrechtlich ist der Erbe zwar nicht Rechtsnachfolger des Pflichtigen. Der auf nachehelichen Unterhalt gerichtete Titel – gleich ob Urteil oder Vergleich – kann gegen den Erben des Unterhaltspflichtigen gemäß § 727 ZPO umgeschrieben werden. Dies dient der dauerhaften Sicherung des Unterhalts und der Prozessökonomie[7].

Untertitel 3. Versorgungsausgleich (§§ 1587–1587 p)

Kapitel 1. Grundsatz (§ 1587)

§ 1587 Auszugleichende Versorgungsanrechte

(1) ¹Zwischen den geschiedenen Ehegatten findet ein Versorgungsausgleich statt, soweit für sie oder einen von ihnen in der Ehezeit Anwartschaften oder Aussichten auf eine Versorgung wegen Alters oder verminderte Erwerbsfähigkeit der in § 1587 a Abs. 2 genannten Art begründet oder aufrechterhalten worden sind. ²Außer Betracht bleiben Anwartschaften oder Aussichten, die weder mit Hilfe des Vermögens noch durch Arbeit der Ehegatten begründet oder aufrechterhalten worden sind.

(2) Als Ehezeit im Sinne der Vorschriften über den Versorgungsausgleich gilt die Zeit vom Beginn des Monats, in dem die Ehe geschlossen worden ist, bis zum Ende des Monats, der dem Eintritt der Rechtshängigkeit des Scheidungsantrags vorausgeht.

(3) Für Anwartschaften oder Aussichten, über die der Versorgungsausgleich stattfindet, gelten ausschließlich die nachstehenden Vorschriften; die güterrechtlichen Vorschriften finden keine Anwendung.

Übersicht

	Rn		Rn
I. Grundsätzliches	1	3. Abdingbarkeit des VA	5
1. Normzweck	1	4. VA und Unterhalt	6
2. Vermögensrechtliche Trennung zum Ehezeitende	4	5. VA und Güterrecht	7

---

[1] BGH FamRZ 2003, 848 = NJW 2003, 1796.
[2] BGH FamRZ 2001, 282 = NJW 2001, 828; FamRZ 2003, 848 = NJW 2003, 1796.
[3] BGH FamRZ 2007, 1800 = NJW 2007, 3207.
[4] Palandt/*Brudermüller* Rn 8 mwN.
[5] BGH FamRZ 2003, 521 = NJW RR 2003, 505.
[6] BGH FamRZ 2004, 614 = NJW 2004, 1326.
[7] BGH FamRZ 2004, 1546 mwN und krit Anm *Bergschneider* NJW 2004, 2896.

	Rn		Rn
II. Die Gesetzeslage zum VA	8	1. Wechselseitiger Anwendungsausschluss	58
1. Regelungen mit dem 1. EheRG	8	2. Abgrenzungskriterien	59
2. Änderungen ua aufgrund von Entscheidungen des BVerfG	9	**VII. Prüfungsfolge und Ausgleichsformen**	60
a) VAHRG	10	1. Ermittlung des Ausgleichsanspruchs	61
b) Novellierung der BarwertVO	12	2. Ausgleich durch Splitting und Quasisplitting	62
c) Änderungen des VAHRG durch das VAwMG	13	3. Ausgleich nach dem VAHRG	65
d) VAÜG	15	a) Realteilung	66
e) Kindererziehungszeiten	16	b) Analoges Quasisplitting	67
3. Weitere für den VA wichtige Gesetze	17	c) Schuldrechtlicher Ausgleich	68
4. Verordnungen, Rechengrößen und Satzungen zum VA	19	d) Ersatzausgleich nach § 3 b VAHRG	69
		4. Zusammenfassung	71
III. Anwendungsbereich des VA	20	**VIII. Verfahrensrecht**	72
1. Zeitliche Geltung und Übergangsregelungen	20	1. Verfahrensgrundsätze	72
2. Persönlicher Anwendungsbereich	22	a) Amtsverfahren	73
3. Fälle mit Auslandsberührung	24	b) Antragsverfahren	74
a) Anwendbares materielles Recht	25	2. Verfahrensablauf und Beteiligte	79
b) VA nach ausländischem Recht	26	a) Verfahrensvorschriften	80
c) VA nach deutschem Recht	28	b) Verfahrensbeteiligte	81
d) Einbeziehung ausländischer Anrechte	31	c) Verfahrensablauf	82
4. Eheaufhebung	32	3. Anwaltliche Vertretung	101
IV. Auszugleichende Versorgungsanrechte (Abs 1)	33	4. Rechtsmittel gegen Entscheidungen über den VA	103
		a) Entscheidungen durch Verbundurteil	104
1. Versorgungen wegen Alters oder Erwerbsminderung	33	b) Isolierte Entscheidungen über den VA	106
2. Anwartschaften und Aussichten	40	c) Verbot der Schlechterstellung	107
3. Erwerb durch Arbeit oder Vermögen	41	d) Sonstige Rechtsbehelfe	108
V. Ehezeit im VA (Abs 2)	44	5. Kosten des Verfahrens über den VA	109
1. Bestimmung der Ehezeit	45	a) Gegenstandswert	110
2. Anderweitige Festsetzung und Teilausschluss	47	b) Kostenentscheidung	113
3. Einzelheiten zur Berechnung	48	c) Gerichtsgebühren	116
a) Rechtshängigkeit	49	d) Anwaltsgebühren	118
b) Sonderfälle	50	**IX. Auskunftspflichten zum VA**	120
4. Ehezeitbezug von Anrechten	53	1. Auskunftsansprüche der Ehegatten gegen Versorgungsträger	121
a) In- und Für-Prinzip	54	2. Auskunftspflicht gegenüber dem Gericht	122
b) Veränderungen nach Ende der Ehezeit	56	a) Verpflichtete	123
VI. VA und Güterrecht (Abs 3)	58	b) Umfang	124
		c) Rechtsfolgen bei Verweigerung	125

I. Grundsätzliches

1. Normzweck. Der Versorgungsausgleich (VA) wurde durch das Erste Eherechtsreformgesetz (1. EheRG) vom 14. 6. 1976 (BGBl I S 1421) mit Wirkung zum 1. 7. 1977 eingeführt. Er regelt die Vermögensauseinandersetzung zwischen den Parteien im Bereich der Versorgungsanrechte. Die Rechtsprechung des BGH[1] sah die Einbeziehung von Versorgungen in den Zugewinnausgleich nicht vor. Auch die Geschiedenenwitwenrente und der Unterhaltsbeitrag in der Beamtenversorgung erfassten den Zugewinn an Versorgungsanrechten nur unzureichend[2]. Das Unterhaltsrecht gewährte dem geschiedenen Ehegatten Ansprüche nur, wenn ihn kein Verschulden an der Scheidung traf, was zu erheblichen Versorgungslücken führte. 1

Der VA soll eine **gleichmäßige Verteilung der in der Ehe erworbenen Versorgungsanwartschaften** herbeiführen[3] zugunsten des Ehegatten, der insbes infolge Kindererziehung oder Haushaltsführung ganz oder teilweise am Erwerb eigener Anrechte gehindert war[4]. Zugleich bezweckt er eine **eigenständige Alterssicherung** des nicht berufstätigen Partners, indem für den Ausgleichsberechtigten regelmäßig eigene Anrechte begründet werden, so beim Splitting, Quasisplitting und bei der Realteilung (sog öffentlich-rechtlicher Wertausgleich). Nur ausnahmsweise erwirbt der Berechtigte einen Zahlungsanspruch gegen den Pflichtigen auf Auszahlung eines Teils der von diesem bezogenen Rente, wenn der Ausgleich nicht in anderer Weise erfolgen kann (schuldrechtlicher VA)[5]. Als Auffangtatbestand ist der schuldrechtliche VA verfassungsgemäß[6]. Der hierdurch bewirkte Schutz ist jedoch 2

---

[1] FamRZ 1983, 881 mwN.
[2] Zur Rechtslage nach altem Recht *Johannsen/Henrich/Hahne* Vor § 1587 Rn 1.
[3] BT-Drucks 10/5447 S 9.
[4] BT-Drucks 7/650 S 154; BT-Drucks 7/4361 S 18; vgl auch BVerfG FamRZ 1993, 1173.
[5] Zur Subsidiarität und Verfassungsmäßigkeit des schuldrechtlichen Ausgleichs vgl BGH FamRZ 1986, 543.
[6] Zu den Verfassungsfragen des VA ausf *Johannsen/Henrich/Hahne* Vor § 1587 Rn 38 ff.

§ 1587

lückenhaft, da der schuldrechtliche Ausgleich grds erst im beiderseitigen Rentenfall fällig ist[7]. Ein dem VA vergleichbares Rechtsinstitut ist bisher nur in wenigen ausländischen Rechtsordnungen vorgesehen[8]. Zu den Einzelheiten s auch Rn 27.

3 Durch den VA werden auch **nicht ehebedingte Unterschiede** des beiderseitigen Versorgungserwerbs ausgeglichen, zB aufgrund schlechterer Ausbildung eines Partners. Der das Unterhaltsrecht prägende **Grundgedanke einheitlicher ehelicher Lebensverhältnisse** gilt hier ebenso; der Gesetzgeber geht davon aus, dass beide Ehegatten durch Berufstätigkeit oder häusliche Arbeit in gleicher Weise zum Lebensstandard beigetragen haben[9]. Die wirtschaftliche Solidarität der Ehegatten rechtfertigt den VA danach auch bei unterschiedlichen Einkünften der Partner in einer **Doppelverdienerehe**[10].

4 2. **Vermögensrechtliche Trennung zum Ehezeitende.** Der VA soll die endgültige vermögensrechtliche Trennung der Ehegatten herbeiführen, so dass ab Rechtskraft der Entscheidung über den VA der Partner am wirtschaftlichen und persönlichen Schicksal des anderen nicht mehr teilhat. Zu diesem Zweck findet ein **einmaliger, endgültiger Ausgleich** zum Stichtag des Ehezeitendes statt, der nur unter den engen Voraussetzungen des § 10a VAHRG später abgeändert werden kann. Ist der Versorgungsfall bei Ende der Ehezeit noch nicht eingetreten, so wird ein **Versorgungsfall zum Ehezeitende fingiert.** Dem Vorschlag, den VA wegen der zahlreichen **Änderungen des Versorgungsrechts** erst im Rentenalter der Parteien zu regeln, ist der Gesetzgeber nicht gefolgt[11].

5 3. **Abdingbarkeit des VA.** Der VA unterliegt der **Dispositionsbefugnis** der Ehegatten, so dass sie diesen durch Ehevertrag oder Scheidungsvereinbarung ausschließen können (§ 1408 Abs 2 bzw § 1587o), wenn sie die vom Gesetzgeber für den Regelfall unterstellte Solidarität nicht aufbringen wollen. Der Ausschluss des VA durch notariell beurkundeten Ehevertrag wird vom Gericht im Scheidungsfall daraufhin überprüft, ob er einen Partner unangemessen benachteiligt. Vereinbarungen im zeitlichen Zusammenhang mit der Scheidung nach § 1587o unterliegen der gerichtlichen Genehmigung. Zum Schutz vor Übervorteilung in der Scheidungssituation wird die von den Ehegatten getroffene Regelung daraufhin überprüft, ob sie zur Sicherung für den Fall des Alters und der Invalidität des Ausgleichsberechtigten geeignet und die vereinbarte Leistung nicht offensichtlich unangemessen ist.

6 4. **VA und Unterhalt.** Der Anspruch auf VA besteht neben dem Unterhaltsanspruch. Dieser vermindert sich, soweit der Berechtigte aufgrund des VA eigene Versorgungsleistungen bezieht (§§ 1569, 1577 Abs 1). Dem VA kommt aber auch eine **Unterhaltsersatzfunktion** zu; er gilt den während der Ehezeit nicht geleisteten **Vorsorgeunterhalt** ab[12]. Der Anspruch auf VA erstreckt sich bis zur Rechtshängigkeit des Scheidungsantrags, während ab diesem Zeitpunkt der Anspruch auf Vorsorgeunterhalt eingreift. Beim **Unterhaltsprivileg** (§ 5 VAHRG) entfällt die durch den VA bedingte Kürzung der Versorgungsbezüge des Ausgleichspflichtigen, sofern der VA mit Unterhaltsansprüchen konkurriert oder zur Leistungsunfähigkeit führt. Beim schuldrechtlichen VA handelt es sich um einen **unterhaltsähnlichen Zahlungsanspruch,** der bei fehlender Bedürftigkeit des Berechtigten entfallen kann (§ 1587h S 1 Nr 1). Zu den Einzelheiten vgl auch § 1587h Rn 4ff.

7 5. **VA und Güterrecht.** Der VA ist **unabhängig vom jeweiligen Güterstand** der Ehegatten durchzuführen. Allerdings kann dem Güterstand im Einzelfall von Bedeutung sein bei der Frage, ob die Durchführung des VA grob unbillig wäre, weil hier eine Gesamtbetrachtung der wirtschaftlichen Verhältnisse nach der Scheidung vorzunehmen ist. Zu den Einzelheiten vgl auch § 1587c Rn 7ff. Anrechte unterliegen entweder nur dem VA oder dem Zugewinnausgleich. Ein Nebeneinander beider Ausgleichsarten ist ausgeschlossen (Abs 3). Insbes bei privaten Alters- und Invaliditätsversicherungen kann die Einordnung fraglich sein. Zur Abgrenzung iE vgl Rn 59.

II. Die Gesetzeslage zum VA

8 1. **Regelungen mit dem 1. EheRG.** Der VA wurde durch das **1. Eherechtsreformgesetz** (1. EheRG) vom 14. 6. 1976 (BGBl I S 1421) mit Wirkung zum 1. 7. 1977 eingeführt und in den §§ 1587 bis 1587p geregelt. Dabei wurde für die gesetzliche Rente und die Beamtenversorgung die Anwartschaftsteilung angeordnet, in allen übrigen Fällen erfolgte der Ausgleich durch Beitragszahlung in die gesetzliche Rentenversicherung. Nur subsidiär kam der schuldrechtliche VA in Betracht. Gleichzeitig trat die **Barwertverordnung (BarwertVO)**[13] in Kraft, die die Umrechnung nicht dynamischer Anwartschaften in **volldynamische** Anrechte ermöglicht, dh in Anrechte, deren Wert in gleicher Weise steigt wie die gesetzliche Rente oder die Beamtenversorgung.

---

[7] Vgl *Michaelis/Sander* DAngV 1997, 281 (319).
[8] Vgl die Nachweise bei *Wagner*, Versorgungsausgleich mit Auslandsberührung, Rn 31.
[9] BT-Drucks 7/650, 155; vgl auch BVerfG FamRZ 1980, 326.
[10] Nach BVerG FamRZ 1980, 326 ist diese Regelung verfassungsgemäß; Bedenken dagegen allerdings bei *Bergner* DRV 1977, 1, 26 und *Müller* NJW 1977, 1745.
[11] Dieser Vorschlag war bereits in den achtziger Jahren Gegenstand eines Reformentwurfes (sog Modell 87); vgl hierzu auch die Entschließung von Richtern des AG *Tempelhof/Kreuzberg* FamRZ 1997, 927.
[12] Zum Verhältnis von Unterhalt und VA iE vgl *Ruland*, Die Problemstruktur des VA, Berlin 1984.
[13] Vom 24. 6. 1977, BGBl I S 1014, zuletzt geändert durch die 3. VO zur Änderung der BarwertVO vom 3. 5. 2006, BGBl I S 1144.

Auszugleichende Versorgungsanrechte § 1587

2. Änderungen ua aufgrund von Entscheidungen des BVerfG. Das BVerfG hat die Rechts- 9
entwicklung zum VA maßgeblich mitgeprägt, da mehrere Entscheidungen Anlass für gesetzgeberische
Maßnahmen waren.

a) **VAHRG.** Durch Beschluss vom 28. 3. 1980[14] wurde die aufgrund des VA erfolgende **Anwart-** 10
schaftskürzung beim Ausgleichspflichtigen für **verfassungswidrig** erklärt, wenn ihr **keine entspre-**
chenden Zahlungen an den Berechtigten gegenüberstehen oder Unterhalt aus der gekürzten Rente
gezahlt werden müsste **(Härtefälle).** Weiter hat das BVerfG mit Beschluss vom 27. 1. 1983[15] die
generelle Verpflichtung zur Beitragsentrichtung zum Ausgleich sonstiger Anrechte nach § 1587b Abs 3
S 1 Hs 1 für verfassungswidrig erklärt.
   Im Versorgungsausgleichshärteregelungsgesetz (VAHRG) vom 21. 2. 1983 (BGBl I S 105), in 11
Kraft getreten zum 1. 4. 1983, hat der Gesetzgeber die Beitragszahlungspflicht beseitigt und durch
Realteilung, analoges Quasisplitting und schuldrechtlichen VA ersetzt (§§ 1, 2 VAHRG).
Zugleich wurde die Anwartschaftskürzung in bestimmten Härtefällen aufgehoben (**Heimfallprivileg,**
Unterhaltsprivileg, §§ 4, 5 VAHRG). Diese Regelung galt zunächst zeitlich beschränkt, später als
Dauerrecht.

b) **Novellierung der BarwertVO.** Durch Beschluss vom 27. 10. 1982[16] hat der BGH § 1 Abs 3 12
der BarwertVO für **verfassungswidrig** erklärt, weil auch Versorgungen, die vom Beginn der
Rentenzahlung an volldynamisch sind, als statisch behandelt wurden. Der Gesetzgeber hat daraufhin
mit Wirkung zum 1. 4. 1984 die **BarwertVO novelliert**[17] und drei weitere Tabellen eingeführt.
Durch Urteil vom 5. 9. 2001[18] hat der BGH die Verfassungswidrigkeit der BarwertVO festgestellt und
eine Neuregelung gefordert, die rückwirkend zum 1. 1. 2003 in Kraft getreten ist[19]. Inzwischen ist die
BarwertVO erneut novelliert worden (VO vom 3. 5. 2006, BGBl I S 1144). Zu den Einzelheiten vgl
auch § 1 BarwertVO Rn 10 ff.

c) **Änderungen des VAHRG durch das VAwMG.** Durch Urteil vom 8. 4. 1986[20] hat das BVerfG 13
die **Ausweitung des schuldrechtlichen VA** durch den Wegfall der Beitragszahlung beanstandet und
verbesserte Ausgleichsformen zugunsten des Berechtigten gefordert, um die Nachteile des schuldrechtlichen VA auszugleichen. Darauf hat der Gesetzgeber das **Gesetz über weitere Maßnahmen auf**
dem Gebiet des VA (VAwMG) vom 8. 12. 1986 (BGBl I S 2317) erlassen, in Kraft seit dem 1. 1.
1987. Nach dem neu eingefügten § 3a VAHRG kann der schuldrechtliche VA nach dem Tode des
Verpflichteten gegen den Versorgungsträger geltend gemacht werden, sofern die auszugleichende
Versorgung eine Hinterbliebenenrente vorsieht **(verlängerter schuldrechtlicher VA).** Zugleich wurde die Möglichkeit eröffnet, anstelle des schuldrechtlichen VA den **ergänzenden Ausgleich** mit Hilfe
der übrigen Ausgleichsformen durchzuführen. In § 10a VAHRG wurde eine **Abänderung des Wert-**
ausgleichs zugelassen für den Fall, dass sich wesentliche Entscheidungsgrundlagen seit Erlass der
Entscheidung zum VA geändert haben.
   Die Bagatellklausel des § 3c VAHRG, eingeführt durch das VAwMG, wonach ein VA unter- 14
blieb, wenn nur geringfügige Beträge zu übertragen waren, ist durch Art 30 des Renten-Überleitungsgesetzes vom 25. 7. 1991 (BGBl I S 1606) wieder beseitigt worden, da auch geringe Anwartschaften
ausschlaggebend dafür sein können, ob eine Rente gezahlt wird oder nicht[21].

d) **VAÜG.** Das Renten-Überleitungsgesetz vom 25. 7. 1991 (BGBl I S 1606) enthält in seinem 15
Art 31 das Gesetz zur Überleitung des VA auf das Beitrittsgebiet (VAÜG), in Kraft seit dem 1. 1. 1992.
Bis zur **Einkommensangleichung** wird der VA danach unter bestimmten Voraussetzungen auch in
den neuen Bundesländern durchgeführt. Insoweit gilt ein **Übergangsrecht,** dessen Einzelheiten im
VAÜG geregelt sind (vgl dazu §§ 1 ff VAÜG).

e) **Kindererziehungszeiten.** Durch **Beschluss** vom 12. 3. 1996[22] hat das BVerfG entschieden, dass 16
die Nichtberücksichtigung von Kindererziehungszeiten beim Zusammentreffen mit beitrags-
belegten Zeiten der gesetzlichen Rentenversicherung **verfassungswidrig** ist. Der Verpflichtung zur
Neuregelung ist der Gesetzgeber durch das **Rentenreformgesetz 1999** vom 16. 12. 1997 (BGBl I
S 2998) nachgekommen; aufgrund dessen ist eine stufenweise Höherbewertung der Kindererziehungs-
zeiten und die zusätzliche Berücksichtigung von Beitragszeiten bis zur Bemessungsgrenze erfolgt.
Soweit sich hierdurch der Wertunterschied der beiderseitigen Anrechte erheblich ändert, kommt eine
Abänderung des VA nach § 10a Abs 1 Nr 1 VAHRG in Betracht[23].

---

[14] BVerfG FamRZ 1980, 326.
[15] BVerfG FamRZ 1983, 342.
[16] BGH FamRZ 1983, 40.
[17] VO zur Änderung der BarwertVO vom 22. 5. 1984, BGBl I S 692, zuletzt geändert durch Art 22 Rentenreformgesetz 1999 vom 16. 12. 1997, BGBl I S 2998.
[18] FamRZ 2001, 1695; zu möglichen Ersatzlösungen vgl *Glockner/Gutdeutsch* FamRZ 1999, 896; FamRZ 2000,
270; *Bergner* FamRZ 1999, 1487 mwN.
[19] 2. VO zur Änderung der BarwertVO vom 26. 5. 2003, BGBl I S 728.
[20] BVerfG FamRZ 1986, 543.
[21] Frühere Entscheidungen, durch die ein VA wegen der Bagatellklausel unterblieb, können ggf über § 10a
VAHRG oder im Rahmen des schuldrechtlichen VA korrigiert werden; vgl auch MünchKommBGB/*Gräper* § 3c
VAHRG Rn 1.
[22] FamRZ 1996, 1137.
[23] Nach AG Groß-Gerau FamRZ 1998, 1363 soll diese auch außerhalb der Wertgrenzen des § 10a Abs 2
VAHRG zulässig sein.

§ 1587

17   **3. Weitere für den VA wichtige Gesetze.** Der VA ist auch auf nach dem 1. 1. 2005 geschlossene **Lebenspartnerschaften** anwendbar, sofern die Partner nicht den Ausschluss vereinbart haben (§ 20 LPartG – zu den Einzelheiten und der Übergangsregelung vgl die Kommentierung dort). Für den VA sind ferner eine Reihe von Gesetzen bedeutsam, die Regelungen über Altersversorgungen enthalten. Dazu gehören insbes
   – das **6. Buch des Sozialgesetzbuches (SGB VI)**[24], in dem die gesetzliche Rentenversicherung geregelt ist,
   – das **Beamtenversorgungsgesetz (BeamtVG)**[25], das Vorschriften über die Altersversorgung der Beamten enthält. Bei Landesbeamten gelten ergänzend landesrechtliche Bestimmungen.
   – Das für Parlamentarier des Bundes und der Länder geltende **Abgeordnetengesetz**[26] regelt die Altersversorgung des betroffenen Personenkreises.
   – Eine Sonderregelung gilt für in der Landwirtschaft Beschäftigte, deren Alterssicherung durch das **Gesetz über die Alterssicherung der Landwirte (ALG)**[27] mit Wirkung zum 1. 1. 1995 neu geordnet wurde.

18   Die gesetzliche Rentenversicherung ist durch das **Rentenreformgesetz 1992 (RRG)**[28] und durch das **Rentenreformgesetz 1999** grundlegend neu geregelt worden. Das **Wachstums- und** Beschäftigungsförderungsgesetz **(WFG)**[29] hat Einschnitte bei der gesetzlichen Rente gebracht, für die Beamtenversorgung sind vergleichbare Kürzungen zum 1. 7. 1997 und weitere zum 1. 1. 2002 in Kraft getreten[30].

19   **4. Verordnungen, Rechengrößen und Satzungen zum VA.** Für die Berechnung zahlreicher Werte des VA sind **amtliche Rechengrößen** und **Umrechnungsfaktoren** von Bedeutung, die von der Bundesregierung auf der Grundlage der §§ 69, 160, 188, 255 b und 275 b SGB VI bestimmt und im Bundesgesetzblatt sowie in den einschlägigen Fachzeitschriften veröffentlicht werden. Im Unterschied zur **BarwertVO** werden die amtlichen Rechengrößen für jedes Jahr bzw Halbjahr neu ermittelt und bekanntgemacht[31]; für alte und neue Bundesländer gelten bis zur Einkommensangleichung unterschiedliche Werte. Weiter ist der VA durch **autonomes Satzungsrecht** öffentlich-rechtlicher Versorgungswerke geregelt.

III. Anwendungsbereich des VA

20   **1. Zeitliche Geltung und Übergangsregelungen.** Der VA gilt für alle Ehescheidungen, die in den **alten Bundesländern** seit dem 1. 7. 1977 ausgesprochen werden, auch wenn die Ehe vor dem 1. 7. 1977 geschlossen wurde (Art 12 Nr 3 Abs 1, Abs 3 S 1 1. EheRG). Für vor diesem Zeitpunkt geschiedene Ehen ist er nicht anwendbar; seine Anwendung kann von den Parteien auch nicht wirksam vereinbart werden. Beide Regelungen sind verfassungsgemäß[32]. Haben die Ehegatten seinerzeit künftige Unterhaltsansprüche durch Vermögensübertragung endgültig abgefunden oder einen Vertrag über die Versorgungsanrechte geschlossen, die dem VA unterliegen würden, so findet kein VA statt (Art 12 Nr 3 Abs 3 S 1 und 2 1. EheRG). Lebten die Eheleute schon vor dem 1. 7. 1977 getrennt und war eine Scheidung nur wegen des Widerspruchs eines Partners nach § 48 Abs 2 EheG aF nicht möglich, so kann der VA bis zur Hälfte des auf die Ehezeit entfallenden Ausgleichsbetrages herabgesetzt werden (Art 12 Nr 3 Abs 3 S 3 und 4 1. EheRG)[33].

21   In den **neuen Bundesländern** ist der VA seit dem 1. 1. 1992 eingeführt (Art 234 § 6 Abs 1 EGBGB, Art 85 RRG 1992)[34]. Wurde die Ehe in der DDR bis zum 31. 12. 1991 nach dortigem Recht geschieden, so findet auch im Nachhinein kein VA statt[35].

22   **2. Persönlicher Anwendungsbereich.** Der VA findet auch statt, wenn die Ehegatten bereits **laufende Versorgungen** beziehen. Das Versicherungsfallprinzip gilt insoweit nicht, jedoch können Beiträge zur gesetzlichen Rentenversicherung für einen Ehegatten nicht mehr entrichtet werden, wenn ihm ein bindender Bescheid über eine Vollrente wegen Alters erteilt wurde (§ 1587 b Abs 3 S 1 HS 2). Wird die Ehe erst nach Eintritt des Rentenfalls geschlossen, so entfällt die Ausgleichspflicht, da kein ehezeitlicher Zuerwerb an Versorgungsrechten mehr stattgefunden hat. Die regelmäßige Anpassung des Rentenbetrages an die wirtschaftliche Entwicklung fällt nicht unter die Ausgleichspflicht. Auch in die Ehezeit fallende **Zurechnungszeiten** der Beamtenversorgung nach § 13 BeamtVG begründen keinen

---

[24] Vom 18. 12. 1989, BGBl I S 2261, neu bekanntgemacht am 19. 2. 2002, BGBl I S 754.
[25] Vom 16. 12. 1994, BGBl I S 3858.
[26] IdF des 17. ÄndG vom 4. 11. 1994, BGBl I S 3346.
[27] Art 1 des Gesetzes zur Reform der agrarsozialen Sicherung (Agrarsozialreformgesetz 1995) vom 29. 7. 1994, BGBl I S 1890, zuletzt geändert durch Gesetz vom 4. 4. 1997, BGBl I S 750; zu den Einzelheiten der Altersversorgung der Landwirte vgl *Greßmann/Klattenhoff* FamRZ 1995, 577.
[28] Vom 18. 12. 1989, BGBl I S 2261, berichtigt BGBl 1990 I S 1337.
[29] Vom 25. 9. 1996, BGBl I S 1461.
[30] Art 4 des Gesetzes zur Reform des öffentlichen Dienstrechts vom 24. 2. 1997, BGBl I S 322; Versorgungsänderungsgesetz vom 20. 12. 2001, BGBl I S 3926.
[31] Zuletzt durch Sozialversicherungs-Rechengrößengesetz 2008 vom 5. 12. 2008, BGBl I S 2797, und Bek der Umrechnungsfaktoren für den Versorgungsausgleich in der Rentenversicherung vom 21. 12. 2006, BGBl I S 3324.
[32] BVerfG FamRZ 1978, 173.
[33] Zu den Einzelheiten des Übergangsrechts vgl auch *Johannsen/Henrich/Hahne* Vor § 1587 Rn 30–36.
[34] Vom 18. 12. 1989, BGBl I S 2261, berichtigt 1990 I S 1337.
[35] Vgl aber OLG Zweibrücken FamRZ 2001, 33; *Borth* FamRZ 2001, 877, 891.

Ausgleichsanspruch, sofern die Dienstunfähigkeit bereits vor Eheschließung eingetreten ist, da der maßgebliche Erwerbstatbestand nicht der Ehezeit zuzuordnen ist. Diese stellen vielmehr nur Bewertungsfaktoren dar[36]. Für die Zurechnungszeiten der gesetzlichen Rentenversicherung ist dies streitig[37].

Bei **Wiederheirat des Partners** bleibt der Anspruch auf VA für die Zeit der ersten Ehe dennoch 23 bestehen. Wird die Versorgung des einen Ehegatten gekürzt, bevor der andere seinerseits Versorgungsleistungen aufgrund des VA bezieht, so kann ein Antrag auf Wegfall der Kürzung nach § 5 VAHRG an den Versorgungsträger gestellt werden, da das Unterhaltsprivileg auch für die eheliche Unterhaltspflicht gilt[38]. Der VA ist auch auf nach dem 1. 1. 2005 geschlossene Lebenspartnerschaften anwendbar, sofern sie diesen nicht ausdrücklich ausgeschlossen haben (§ 20 LPartG).

3. **Fälle mit Auslandsberührung.** Bei Fällen mit Auslandsberührung ist zu unterscheiden, ob 24 deutsches Recht oder ausländisches Recht zur Anwendung kommt. Auch bei Anwendbarkeit deutschen Rechts können ausländische Anrechte einzubeziehen sein.

a) **Anwendbares materielles Recht.** Das auf den VA anwendbare materielle Recht richtet sich 25 nach dem für die Scheidung maßgeblichen Recht (Art 17 Abs 3 EGBGB), während für das Prozessrecht die sog lex fori, also das am Gerichtsstand maßgebliche Recht gilt. Nach Art 17 Abs 1 EGBGB ist Scheidungsstatut das Recht, das bei Eintritt der Rechtshängigkeit des Scheidungsantrags die **allgemeinen Ehewirkungen** bestimmt. Zu der Stufenfolge der Prüfung und zur Möglichkeit der Rechtswahl vgl die Kommentierung zu Art 14 EGBGB. Bei **Eheaufhebung** ist das Recht maßgeblich, nach dem die Ehe aufgehoben wird (Art 11 und 13 EGBGB), bei sog hinkenden Ehen das Scheidungsstatut des Staates, in dem die Ehe anerkannt wird[39].

b) **VA nach ausländischem Recht.** Sind beide Ehegatten Ausländer und haben sie dieselbe Staats- 26 angehörigkeit, so ist der VA nach dem **Heimatrecht** der Ehegatten durchzuführen, wenn dieses den VA kennt. Dies gilt ebenso für den Fall der Rechtswahl durch die Ehegatten, wenn ein Recht mit VA Scheidungsstatut ist. Soll nach Scheidung im Ausland der VA im Inland durchgeführt werden, so ist die vorherige Anerkennung des Scheidungsurteils durch die jeweilige Landesjustizverwaltung nicht mehr erforderlich[40].

Derzeit bestehen **dem deutschen Recht vergleichbare Regelungen** in Irland, Schottland, der 27 Schweiz, den Niederlanden, Australien, Neuseeland und in einigen Provinzen Kanadas sowie Staaten der USA[41]. Ein VA iS des deutschen Kollisionsrechts liegt jedoch nur vor, soweit die Anrechte durch Arbeit oder Vermögen erworben werden, nicht bei einer jedermann zustehenden Grundversorgung (Volksrente). Dagegen sollte eine Versorgung, die grds auf Beiträgen beruht, bei der einkommenslose Personen aber von der Beitragspflicht befreit sind, in den VA einbezogen werden[42]. In der Schweiz wird nach dem Freizügigkeitsgesetz (FZG) ein Ausgleich nach Auflösung der Ehe vorgenommen, wenn beide Partner inländische Anwartschaften der betrieblichen Altersversorgung erworben haben. Durch das kürzlich in Kraft getretene Gesetz zur Reform des Ehescheidungsrechts ist der VA auf weitere Arten von Anrechten erweitert worden[43].

c) **VA nach deutschem Recht.** Sind beide Ehegatten Ausländer mit unterschiedlicher Staatsange- 28 hörigkeit, die ihren **gewöhnlichen Aufenthalt in der BRD** haben, so ist der VA nach Art 17 Abs 3 S 1 EGBGB nur durchzuführen, wenn ihn das **Heimatrecht** eines der Ehegatten vorsieht. Im Falle des Art 17 Abs 3 S 1 EGBGB ist kein Antrag erforderlich, sondern das Gericht hat **von Amts wegen** zu prüfen, ob die Voraussetzungen der Vorschrift erfüllt sind[44]. Findet ein VA nach Art 17 Abs 3 S 1 EGBGB statt, so richtet sich dieser nach deutschem Recht.

Liegen die Voraussetzungen für die Durchführung des VA nach Art 17 Abs 3 S 1 EGBGB nicht vor, so 29 ist der VA nach Abs 3 S 2 **auf Antrag** eines Ehegatten nach den §§ 1587 ff vorzunehmen,
– wenn der andere Ehegatte während der Ehezeit **inländische Versorgungen** erworben hat oder
– wenn für die allgemeinen Ehewirkungen während eines Teils der Ehezeit ein **Recht** maßgeblich war, das den **VA kennt**[45].

Ein **VA im kollisionsrechtlichen Sinn** wird nur angenommen, wenn der Scheidungsrichter oder 30 eine Behörde einem Ehegatten auf Kosten des anderen Versorgungsanrechte für die Ehezeit überträgt,

---

[36] Vgl Johannsen/Henrich/Hahne Rn 3 aE.
[37] Diese wirken sich wegen der Besitzstandswahrung erhöhend auf die Altersrente aus; zu den Einzelheiten Johannsen/Henrich/Hahne Rn 3 mwN.
[38] BGH FamRZ 1983, 461.
[39] Zu den Einzelheiten vgl MünchKommBGB/Coester Art 13 Rn 46 ff.
[40] Vgl Art 14 Abs 1 VO Nr 1347/2000/VO vom 29. 5. 2000, FamRZ 2001, 1140; zu den sog Heimatstaatenscheidungen vgl MünchKommBGB/Dörr Rn 26 mwN.
[41] Vgl die Nachweise bei Wagner, Versorgungsausgleich mit Auslandsberührung, Rn 31 und Rahm/Künkel/Paetzold Rn 1085.
[42] Dies gilt zB für die niederländische AOW-Pension; vgl OLG Hamm FamRZ 2001, 31; OLG Köln FamRZ 2001, 31; aA OLG Düsseldorf FamRZ 2001, 1461.
[43] Zu den Einzelheiten vgl Reusser FamRZ 2001, 595; Hausheer/Geiser/Kobel, Das Eherecht des schweizerischen Zivilgesetzbuches, Rn 10.58.
[44] OLG München FamRZ 2000, 165.
[45] In diesen Fällen ist der VA für die gesamte Ehezeit durchzuführen, hM, aA Palandt/Heldrich Art 17 EGBGB Rn 22.

§ 1587

die zum Aufbau einer eigenständigen Alterssicherung dienen[46]. Zu den Ländern, in denen derzeit **vergleichbare Regelungen** bestehen, s auch Rn 27. Der VA ist in diesen Fällen jedoch nur durchzuführen, wenn er im Hinblick auf die beiderseitigen wirtschaftlichen Verhältnisse auch während der im Inland verbrachten Zeit der **Billigkeit** entspricht[47]. Nach Scheidung im Ausland kann der VA im Inland nachgeholt werden, wenn für ihn deutsches Recht gilt[48]. Zur Bestimmung der Ehezeit bei Scheidung nach ausländischem Recht vgl auch Rn 52.

31 **d) Einbeziehung ausländischer Anrechte.** Die Einbeziehung ausländischer Anrechte in den VA hat dann zu erfolgen, wenn diese mit den in § 1587 a Abs 2 aufgeführten Versorgungen vergleichbar sind. Zum VA im kollisionsrechtlichen Sinne vgl auch Rn 30. Die **Ermittlung** ausländischer Anrechte ist oft mit Schwierigkeiten verbunden, für ihre **Bewertung** gilt die Auffangnorm des § 1587 a Abs 5. Hat der Ausgleichspflichtige ausländische Anrechte, dann kann bezüglich der inländischen Anrechte der öffentlich-rechtliche VA durchgeführt und iÜ der schuldrechtliche Ausgleich vorbehalten werden. Lässt sich die Ausgleichsrichtung nicht ohne weiteres feststellen oder bestehen ausländische Anrechte beim Ausgleichsberechtigten, so muss der Ausgleich oft insgesamt schuldrechtlich erfolgen[49].

32 **4. Eheaufhebung.** Der VA ist nicht nur im Falle der Scheidung durchzuführen, sondern auch bei Aufhebung der Ehe. Nach dem bis zum 1. 7. 1998 geltenden Recht konnte der gutgläubige Ehegatte im Fall der Ehenichtigkeit oder Eheanfechtung unter bestimmten Voraussetzungen die vermögensrechtlichen Wirkungen der Ehe für die Zukunft ausschließen (§§ 26 Abs 2, 37 Abs 2 EheG). Nach dem zum 1. 7. 1998 in Kraft getretenen **Gesetz zur Neuordnung des Eheschließungsrechts** vom 4. 5. 1998 (BGBl I S 833) sind die Vorschriften über den VA bei Aufhebung der Ehe entsprechend anwendbar, sofern dies nicht grob unbillig wäre (§§ 1314, 1318 Abs 3 nF). Allerdings gelten die Vorschriften über den Verfahrensverbund nicht für Klagen auf Aufhebung der Ehe (§ 631 ZPO)[50].

IV. Auszugleichende Versorgungsanrechte (Abs 1)

33 **1. Versorgungen wegen Alters oder Erwerbsminderung.** In den VA einzubeziehen sind alle Versorgungen, die für den Fall des **Alters** oder der **Invalidität** gewährt werden, und zwar auch dann, wenn sie zeitlich befristet sind. Anrechte auf Hinterbliebenenversorgung unterliegen grds nicht dem VA. Ist eine Hinterbliebenenversorgung mit einer Alters- oder Invaliditätsversorgung verbunden, so ist der auf die Alters- und Invaliditätsversorgung entfallende Wertanteil herauszurechnen und in den VA einzubeziehen[51]. Bei der gesetzlichen Rentenversicherung weisen die Auskünfte der Versicherungsträger jedoch nur den auf die Alters- und Invaliditätsversorgung entfallenden Anteil aus, so dass eine derartige Umrechnung entbehrlich ist.

34 In den VA fällt auch die dem Bereich der gesetzlichen Rente zuzurechnende **Altersversorgung der Landwirte** nach §§ 2 ff ALG[52], deren Ausgleich bei Anrechten beider Ehegatten durch Realteilung, ansonsten nach § 43 ALG durch analoges Quasisplitting erfolgt[53].

35 Ferner sind einzubeziehen **private Rentenversicherungen,** und zwar auch in Form betrieblicher Direktversicherungen, die auf eine Rentenleistung gerichtet sind. Erforderlich ist aber, dass das Bezugsrecht des Begünstigten unwiderruflich ist[54]. Dagegen fallen Lebensversicherungen, bei denen eine Kapitalleistung zugesagt ist, in den Zugewinnausgleich[55]. Zur Abgrenzung iE vgl auch Rn 59.

36 **Berufsunfähigkeitszusatzversicherungen** unterliegen als reine Risikoversicherungen nur dem VA, wenn der Versicherungsfall während der Ehezeit eingetreten ist und eine Berufsunfähigkeitsrente gezahlt wird. In diesen Fällen wird das für die Rente gebildete Deckungskapital der Bewertung zugrunde gelegt[56]. Eine Einbeziehung kommt auch in Betracht, wenn sich die Bemessungsgrundlagen einer gezahlten Rente während der Ehezeit wesentlich verändern. Dagegen stellt die normale Anpassung einer bei Eheschließung bereits bezogenen Rente an die wirtschaftlichen Verhältnisse keinen ehezeitlichen Erwerb dar.

37 **Leibgedinge** oder Altenteile, die als Gegenleistungen in Hofübergabeverträgen vereinbart werden, fallen idR in den VA, nicht jedoch Sachleistungen oder Wohnrechte, die in diesem Zusammenhang

---

[46] *Johannsen/Henrich* Art 17 EGBGB Rn 59 ff; zu weiteren Einzelheiten vgl *Wagner*, Versorgungsausgleich mit Auslandsberührung, Rn 28 ff.
[47] Vgl OLG Düsseldorf FamRZ 1994, 433 für italienische Staatsangehörige; OLG Frankfurt FamRZ 2000, 163; OLG Karlsruhe FamRZ 2000, 963.
[48] Vgl *Erman/Hohloch* Art 17 EGBGB Rn 63.
[49] OLG Düsseldorf FamRZ 1994, 903; MünchKommBGB/*Dörr* Rn 24; aA OLG Nürnberg FamRZ 1999, 1203; OLG Karlsruhe FamRZ 2000, 677.
[50] Vgl MünchKommBGB/*Dörr* Vor § 1587 Rn 18; anders OLG Zweibrücken FuR 1998, 215.
[51] BGH FamRZ 1992, 165.
[52] IdF des AgrarsozialreformG vom 29. 7. 1994, BGBl I S 1890, zuletzt geändert durch Gesetz vom 4. 4. 1997, BGBl I S 750.
[53] Zu den Einzelheiten vgl OLG Bamberg FamRZ 1998, 29; *Greßmann/Klattenhoff* FamRZ 1995, 577.
[54] Vgl BGH FamRZ 1992, 411.
[55] AA *Schmalz-Brüggemann* FamRZ 1996, 1053: für Einbeziehung aller Lebensversicherungen in den VA; diese Ansicht hat sich jedoch bisher nicht durchsetzen können.
[56] Zu den Einzelheiten und zur Bewertung vgl BGH FamRZ 1993, 299; FamRZ 1994, 559; *Johannsen/Henrich/Hahne* Rn 27 mwN.

gewährt werden[57]. Ebenso sind Geldrenten einzubeziehen, die als Gegenleistung für die Übertragung von Gesellschaftsanteilen gewährt werden[58].

Nicht in den VA fallen der **Ausgleichsbetrag** bei Doppelversorgungsbeamten und der Ausgleichsbetrag bei der Versorgungsanstalt des Bundes und der Länder (VBL)[59]. Bei beiden Anrechten steht die Bezugsdauer nicht fest, was eine Bewertung nicht zulässt. Jedoch kann auf Antrag der schuldrechtliche VA bezüglich dieser Anrechte durchgeführt werden. 38

Dem VA unterliegen auch nicht **Neben- oder Lohnersatzleistungen des Arbeitgebers** wie Treueprämien, Überbrückungsgelder und Abfindungen. Diese sind vielmehr bei der Unterhaltsberechnung zu berücksichtigen. **Leistungen mit Entschädigungscharakter** werden ebenfalls nicht in den VA einbezogen. Dazu zählen neben den Leistungen der Dienstunfallfürsorge und der Opferentschädigung auch die Leistungen nach dem Kindererziehungsleistungsgesetz[60] im Unterschied zu den Kindererziehungszeiten der gesetzlichen Rentenversicherung. 39

2. Anwartschaften und Aussichten. Neben **Vollrechten** werden im VA **Anwartschaften** und **Aussichten** auf eine Versorgung ausgeglichen. Dies gilt auch dann, wenn **Wartezeiten** noch nicht erfüllt wurden, im Versicherungsfall also möglicherweise keine Rente gezahlt wird (§ 1587 a Abs 7 S 1). Eine Ausnahme bildet die **Verfallbarkeit** einer Betriebsrente. Nach § 1587 a Abs 2 Nr 3 S 3 sind **verfallbare Betriebsrenten dem schuldrechtlichen VA vorzubehalten,** werden also erst ausgeglichen, wenn beide Parteien das Rentenalter erreicht haben und ein Partner dann eine Betriebsrente bezieht. 40

3. Erwerb durch Arbeit oder Vermögen. Nach § 1587 Abs 1 S 2 unterliegen dem VA nur Rechte, die durch Arbeit oder Vermögen eines Ehegatten in der Ehezeit erworben wurden; dabei ist unerheblich, ob das Vermögen zur Zeit der Eheschließung bereits vorhanden war oder später zB durch Erbschaft angefallen ist[61]. Eine Privilegierung bestimmter Vermögensmassen sieht der VA im Unterschied zum Zugewinnausgleich nicht vor. 41

Nach § 1587 Abs 1 S 2 werden in den VA folgende Anrechte **nicht einbezogen:** 42
– **geschenkte Versorgungen**[62] und wohl auch Versorgungen, die mit zu diesem Zweck geschenkten Mitteln erworben wurden[63], sowie
– **Renten mit Entschädigungscharakter,** wie zB Unfallrenten der gesetzlichen Rentenversicherung, Leistungen der Kriegsopferversorgung[64], nach dem Bundesentschädigungsgesetz und dem Opferentschädigungsgesetz.
– **Unterhaltsbeiträge** für Beamte, die wegen Disziplinarverstoßes entlassen wurden (§ 77 BDO) oder die vom Bundespräsidenten im Gnadenwege nach § 120 BDO zugebilligt wurden, da es sich dabei um reine Fürsorgeunterstützungen handelt[65].

Auch Versorgungen, die mit **Vermögen** erworben wurden, das dem **vorzeitigen Zugewinnausgleich** unterlag, werden nach § 1587 Abs 3 vom VA nicht erfasst[66]. Ebenso begründen ausländische Anrechte, die nicht durch Arbeit oder Vermögen erworben wurden, sondern nur Grundversorgungen darstellen (Volksrenten, zB in Schweden, Dänemark und Australien), keinen VA im kollisionsrechtlichen Sinn und sind daher nicht in den Ausgleich einzubeziehen[67]. Zum VA bei Auslandsbezug vgl auch Rn 27. 43

V. Ehezeit im VA (Abs 2)

Auszugleichen sind nur Versorgungen, die **in der Ehezeit begründet oder aufrechterhalten** wurden, und zwar mit ihrem **Ehezeitanteil.** Der Ehezeit gleichgestellt ist die Partnerschaftszeit bei Lebenspartnern, die in gleicher Weise berechnet wird. 44

1. Bestimmung der Ehezeit. Ehezeit im VA ist die Zeit vom Beginn des Monats der Eheschließung bis zum Ende des Monats, welcher der Zustellung des Scheidungsantrags vorausgeht (§ 1587 Abs 2). Zur Erleichterung der Berechnung knüpft das Gesetz pauschalierend an die Monatszeiten der gesetzlichen Rentenversicherung an. Das Gericht legt die Ehezeit formlos fest und teilt sie den Parteien mit. Diese Festsetzung stellt keine Zwischenentscheidung dar, so dass dagegen auch keine Beschwerde möglich ist[68]. 45

Handelt es sich allerdings um erhebliche Werte und werden Beiträge zum Erwerb eines Anrechts kurz vor der Eheschließung oder unmittelbar vor der Zustellung des Scheidungsantrags gezahlt, so ist 46

---

[57] BGH FamRZ 1993, 682.
[58] BGH FamRZ 1988, 936.
[59] Zu den Einzelheiten vgl *Johannsen/Henrich/Hahne* Rn 13.
[60] BGH FamRZ 1991, 675.
[61] KG FamRZ 1996, 1552; vgl auch OLG Köln FamRZ 2000, 157.
[62] BGH FamRZ 1987, 48; MünchKommBGB/*Dörr* Rn 23.
[63] OLG Köln FamRZ 1984, 64; OLG Nürnberg FamRZ 1996, 1550; *Schwab/Hahne,* HdB ScheidungsR, Rn VI 89.
[64] BGH FamRZ 1981, 239.
[65] MünchKommBGB/*Dörr* Rn 21 mwN.
[66] BGH FamRZ 1992, 790; OLG Köln FamRZ 1996, 1549.
[67] Vgl OLG Hamm und OLG Köln FamRZ 2001, 31 betr niederländische Volksrente; aA OLG Köln FamRZ 2001, 1460 und *Gutdeutsch* FamRB 2003, 63.
[68] OLG Düsseldorf FamRZ 1978, 515; OLG Hamburg FamRZ 1980, 1133; Gegenvorstellungen sind allerdings stets zulässig.

§ 1587

das genaue Datum der Eheschließung oder der Zustellung des Scheidungsantrags maßgeblich[69]. Anwartschaften, für die Beiträge erst nach Rechtshängigkeit des Scheidungsantrags gezahlt wurden, fallen nicht mehr in den VA[70].

47 **2. Anderweitige Festsetzung und Teilausschluss.** Bei offensichtlich verfrühter Stellung des Scheidungsantrags kommt nach § 242 eine anderweitige Festsetzung der Ehezeit durch das Gericht in Betracht[71]. Die **Regelung der Ehezeit** ist **zwingend** und kann nicht durch Vereinbarung der Parteien abgeändert werden[72]. Diese können lediglich für einen Teil der Ehezeit den VA ausschließen. Vereinbarungen, die die Ehezeit in Abweichung von der gesetzlichen Regelung festsetzen, sind ggf als teilweiser Ausschluss des VA auszulegen[73]. Zur Berechnung des VA in diesen Fällen vgl § 1587 o Rn 14.

48 **3. Einzelheiten zur Berechnung.** Bei der Berechnung der Ehezeit sind zahlreiche Besonderheiten zu beachten.

49 **a) Rechtshängigkeit.** Die Rechtshängigkeit der Scheidung ist für das Ende der Ehezeit auch dann bestimmend, wenn das Verfahren nach § 614 ZPO **ausgesetzt** war, längere Zeit ruhte oder tatsächlich nicht betrieben wurde. Dies gilt ebenso, wenn ein derartiges Verfahren später aufgrund eines neuen Scheidungsantrags weitergeführt wird[74]. Der Zeitpunkt der **Fortsetzung des Verfahrens** ist für die Ehezeit nur erheblich, wenn das Scheidungsverfahren infolge Versöhnung in Vergessenheit geraten war oder die Ehegatten die Lebensgemeinschaft langfristig wiederaufgenommen hatten. In diesen Fällen kommt es auf das Ende des der Wiederaufnahme vorangehenden Monats an[75]. Die Stellung des Scheidungsantrags auch gegenüber einer anwaltlich nicht vertretenen Partei ersetzt die Zustellung des Antragsschrift[76]. Zustellungsmängel können nach § 187 S 1 ZPO geheilt werden[77]. Die Zustellung eines Antrags auf Prozesskostenhilfe begründet keine Rechtshängigkeit[78]. Fehlt es an der Rechtshängigkeit des Scheidungsantrags, so bestimmt sich das Ende der Ehezeit nach dem Eintritt der Rechtskraft des Scheidungsurteils[79]. Bei Prozessführung durch einen nicht postulationsfähigen Anwalt ist diese erst nach Genehmigung durch einen postulationsfähigen Prozessbevollmächtigten wirksam[80]. Die Zustellung einer **Eheaufhebungsklage** begründet die Rechtshängigkeit auch dann, wenn später stattdessen Scheidung beantragt und auf letzteren Antrag hin geschieden wird[81].

50 **b) Sonderfälle.** Bei beiderseitigem Scheidungsantrag und bei Ausländerbeteiligung bedarf es der Bestimmung des maßgeblichen Anknüpfungstatbestandes.

51 **aa) Beiderseitiger Scheidungsantrag.** Stellen beide Ehegatten einen Scheidungsantrag, so ist zur Bestimmung der Ehezeit nur der Antrag maßgebend, der das zur Scheidung führende Verfahren ausgelöst hat. Dies gilt nicht, wenn der Scheidungsantrag vor Zustellung des Gegenantrags wirksam zurückgenommen wurde[82].

52 **bb) Ausländerbeteiligung.** Bei VA mit Ausländerbeteiligung auf Antrag gemäß Art 17 Abs 3 S 2 EGBGB nach im Ausland durchgeführter Scheidung richtet sich die Ehezeit nach dem für die Scheidung maßgeblichen ausländischen Prozessrecht. Auch bei vorangegangenem Trennungsurteil ist die Zustellung des Scheidungsantrags für das Ende der Ehezeit bestimmend[83].

53 **4. Ehezeitbezug von Anrechten.** Der Ehezeitanteil von Anrechten ist der der Ehezeit zuzuordnende Anteil einer Versorgung. Für die Berechnung des Ehezeitanteils bei den einzelnen Versorgungsarten enthält § 1587 a in den Abs 2 bis 8 detaillierte Vorschriften.

54 **a) In- und Für-Prinzip.** Für die Einbeziehung von Beiträgen in den VA ist grds der **Leistungszeitpunkt** maßgeblich. Dieser Grundsatz unterliegt jedoch Einschränkungen, die sich aus der unterschiedlichen Betrachtungsweise von Sozialrecht und Familienrecht ergeben. Hat ein Ehegatte während der Ehezeit freiwillig Beiträge zur gesetzlichen Rentenversicherung nachentrichtet[84], so gilt rentenrechtlich das **„Für-Prinzip"**, für den VA ist dagegen das **„In-Prinzip"** maßgeblich. Beiträge sind also auch dann der Ehezeit zuzuordnen, wenn sie während der Ehe für vor der Ehezeit liegende Zeiträume entrichtet wurden[85]. Dies gilt ebenso bei erneuter Belegung von Zeiten, für die Beiträge erstattet wurden[86]. Werden Beiträge für die Ehezeit erst nach Ehezeitende entrichtet, so unterliegen die hier-

---

[69] BGH FamRZ 1993, 292; aA OLG Koblenz FamRZ 1992, 825.
[70] BGH FamRZ 1981, 1169.
[71] BGH FamRZ 1997, 347; *Borth* FamRZ 1997, 1041.
[72] BGH FamRZ 1990, 273.
[73] OLG Frankfurt FamRZ 1996, 550.
[74] BGH FamRZ 2004, 1364 und FamRZ 1991, 1042.
[75] BGH NJW 1986, 1040.
[76] OLG Brandenburg FamRZ 1998, 1451.
[77] BGH FamRZ 1984, 368.
[78] BGH FamRZ 1987, 362 und 1999, 155.
[79] OLG Zweibrücken FamRZ 1999, 937.
[80] OLG Celle FamRZ 1996, 297.
[81] BGH FamRZ 1989, 153.
[82] Zu den Einzelheiten vgl auch MünchKommBGB/*Dörr* Rn 31.
[83] BGH FamRZ 1994, 825.
[84] ZB zur Auffüllung von Ausbildungszeiten, die nach dem Wachstums- und Beschäftigungsförderungsgesetz vom 25. 9. 1996, BGBl I S 1461, gekürzt wurden (§ 207 SGB VI), oder zur Wiederauffüllung nach vorausgegangener Heiratserstattung; zum letzteren Fall vgl auch OLG Hamm FamRZ 1998, 297.
[85] BGH FamRZ 1983, 683.
[86] BGH FamRZ 1997, 414.

durch erworbenen Anrechte nicht dem VA[87]. Dagegen gilt bei der **Nachversicherung durch einen Versorgungsträger** (zB beim Ausscheiden eines Beamten aus dem öffentlichen Dienst) das „Für-Prinzip". Zu den Einzelheiten vgl auch § 1587 a Rn 58 f und § 1587 b Rn 30.

Die **unterschiedliche Stichtagsregelung von VA und Zugewinnausgleich** führt dazu, dass 55 Beiträge, die zwischen dem Stichtag für den VA (der Zustellung des Scheidungsantrags vorausgehendes Monatsende) und für den Zugewinnausgleich (Zustellung des Scheidungsantrags) entrichtet werden, noch in den VA einbezogen werden, sofern sie nicht aus Mitteln eines vorzeitigen Zugewinnausgleichs gezahlt wurden[88]. Zur Einbeziehung in den VA genügt auch die Aufrechterhaltung eines Anrechts, das keinen Erhöhungen mehr unterliegt[89]. Ebenso ist eine Invaliditätsrente auszugleichen, deren Voraussetzungen bei Ehezeitende bereits vorlagen, die jedoch erst später bewilligt wurde[90].

b) Veränderungen nach Ende der Ehezeit. Nach der Ehezeit eintretende Veränderungen bleiben 56 grds beim VA unberücksichtigt und können allenfalls einen Abänderungsantrag nach § 10 a VAHRG rechtfertigen. Fallen allerdings Versorgungen nach Ende der Ehezeit, aber noch vor der Entscheidung über den VA weg, so sind sie in den VA nicht mehr einzubeziehen. Der Stichtag des Ehezeitendes gilt daher nur für die Wertermittlung, nicht für die Durchführung des VA[91]. Insoweit ist vielmehr der **Zeitpunkt der letzten mündlichen Verhandlung** maßgebend. Eine auszugleichende Versorgung liegt demnach nicht mehr vor, wenn zwischenzeitlich die zur Begründung eines Anrechts gezahlten Beiträge erstattet wurden[92]. Ab Rechtshängigkeit des Scheidungsantrags sind die Versorgungsträger allerdings verpflichtet, Zahlungen an den Versorgungsberechtigten zu unterlassen, die die Höhe eines im VA auszugleichenden Anrechts beeinflussen könnten (§ 10 d VAHRG).

Aus Gründen der Prozeßökonomie sind seit der Einführung der Abänderungsmöglichkeit nach 57 § 10 a VAHRG auch nacheheliche, auf den individuellen Verhältnissen beruhende Änderungen zu berücksichtigen, soweit sie zum Zeitpunkt der letzten mündlichen Verhandlung in der Tatsacheninstanz bereits bekannt sind und eine Abänderung rechtfertigen würden[93]. **Änderungen der Versorgungshöhe und Gesetzesänderungen** sind stets zu berücksichtigen, und zwar auch noch im Verfahren über die weitere Beschwerde[94]. Das Gleiche gilt für Änderungen der Versorgungssatzung oder Versorgungsordnung. Ebenso kommt es für die Wahl der **Ausgleichsform** auf den Zeitpunkt der letzten mündlichen Verhandlung in der Tatsacheninstanz an[95], im Verfahren nach § 10 a VAHRG dagegen auf den Zeitpunkt der Abänderungsentscheidung an.

VI. VA und Güterrecht (Abs 3)

1. Wechselseitiger Anwendungsausschluss. Der VA findet **unabhängig vom** jeweiligen **Güter-** 58 **stand** der Ehegatten statt, da Versorgungsanrechte nicht dem Zugewinnausgleich unterliegen (§ 1587 Abs 3). VA und Zugewinnausgleich schließen daher einander aus. Das kann im Einzelfall zu Härten führen, wenn zB bei Gütertrennung ein Ehegatte eine ausgleichspflichtige Versorgung begründet hat, der andere nicht, wohl aber sein Vermögen vermehrt hat. In derartigen Fällen kann ein Ausschluss des VA nach § 1587 c Nr 1 oder § 1587 h Nr 1 geboten sein[96]. Leben die Ehegatten im gesetzlichen Güterstand, so unterliegen ihre Anrechte entweder dem Zugewinnausgleich oder dem Versorgungsausgleich, soweit sie keinen vertraglichen Ausschluss vereinbart haben oder Anrechte von vorneherein aus dem Ausgleich ausscheiden, wie zB geschenkte Versorgungen.

2. Abgrenzungskriterien. Nach der Art des Anrechts unterliegen **Kapitalleistungen** dem **Zuge-** 59 **winnausgleich, Rentenansprüche** dem **VA**. Bei Versicherungsverträgen mit Wahlrecht ist deshalb zu unterscheiden, ob dieses bereits ausgeübt wurde oder nicht. Eine Kapitallebensversicherung mit Rentenwahlrecht ist infolgedessen im Zugewinnausgleich zu berücksichtigen, solange von dem Rentenwahlrecht kein Gebrauch gemacht wurde[97]. Umgekehrt scheidet eine private Rentenversicherung mit Kapitalwahlrecht aus dem VA aus, wenn die Kapitalauszahlung gewählt wurde[98]. Ist lediglich ein Wahlrecht eingeräumt, ohne dass bereits eine Konkretisierung erfolgt ist, so wird zumeist der Versorgungscharakter im Vordergrund stehen[99]. Für die Einbeziehung in den VA ist auf den Zeitpunkt der letzten Tatsachenentscheidung abzustellen[100].

---

[87] OLG Jena FamRZ 2000, 234.
[88] *Johannsen/Henrich/Hahne* Rn 20.
[89] *Johannsen/Henrich/Hahne* Rn 22 mwN.
[90] BGH FamRZ 1989, 35.
[91] BGH FamRZ 1986, 892.
[92] BGH FamRZ 1992, 45; vgl dazu BGH FamRZ 1995, 31: Beitragserstattung unter Verstoß gegen § 10 d VAHRG; anders OLG Karlsruhe FamRZ 1996, 673.
[93] BGH FamRZ 1988, 1148 und BGH FamRZ 1989, 1058; OLG Hamm FamRZ 1988, 625.
[94] MünchKommBGB/*Dörr* Rn 15.
[95] BGH FamRZ 1984, 565; FamRZ 1986, 892.
[96] Vgl KG FamRZ 1997, 28; OLG Bamberg FamRZ 2001, 162.
[97] BGH FamRZ 1993, 793.
[98] Zweifel gegen diese Zuordnung wegen der vielfältigen nach EU-Recht zulässigen Zwischenformen bei *Schmalz-Brüggemann* FamRZ 1996, 1053.
[99] *Glockner* FamRZ 2002, 282; *Borth* FamRZ 2001, 877, 883; aA OLG Bamberg FamRZ 2001, 997 und OLG Stuttgart FamRZ 2001, 998.
[100] OLG Celle FamRZ 1999, 1200; allg BGH FamRZ 1995, 31 für Anrechte der gesetzlichen Rente; anders OLG Hamburg FamRZ 1987, 721.

§ 1587

VII. Prüfungsfolge und Ausgleichsformen

60 Bei der Durchführung des VA ist aufgrund des Ineinandergreifens der gesetzlichen Vorschriften eine bestimmte **Prüfungsreihenfolge** einzuhalten, die insbes in komplexen VA-Fällen von Bedeutung ist. Deshalb soll dieses Prüfungsschema im folgenden zusammenhängend dargestellt werden.

61 **1. Ermittlung des Ausgleichsanspruchs.** Die Prüfung beginnt mit der Aufstellung der **VA-Bilanz**, dh der Erfassung der Anrechte beider Parteien, die bei nicht dynamischen Versorgungen zunächst die Umrechnung in dynamische Anwartschaften erfordert. Zur Ausgleichsbilanz vgl § 1587 a Rn 2 und Rn 91 und 114 zur Dynamisierung zB bei der Betriebsrente. Nach Erstellung der VA-Bilanz und Bewertung aller Anrechte nach § 1587 a Abs 2–8 ergibt sich der **Ausgleichsanspruch** nach **§ 1587 a Abs 1 S 2** dadurch, dass die jeweilige Summe der Anwartschaften beider Parteien gebildet und der Differenzbetrag halbiert wird. Dem Ehegatten, der in der Ehezeit weniger Anrechte erworben hat als der andere, steht die **Hälfte des Differenzbetrags** als Ausgleich des beiderseitigen Zuwachses an Versorgungsanrechten zu.

62 **2. Ausgleich durch Splitting und Quasisplitting.** Als nächster Schritt ist zu prüfen, inwieweit der geschuldete Betrag durch Splitting ausgeglichen werden kann. Nach **§ 1587 b Abs 1** hat der Ausgleich durch **Splitting** zu erfolgen, wenn der ausgleichspflichtige Ehegatte höhere Anwartschaften in der gesetzlichen Rentenversicherung erworben hat als der ausgleichsberechtigte Ehegatte in der gesetzlichen Rentenversicherung und in der Beamtenversorgung zusammen. In diesem Fall ist der Ausgleich durch Splitting in Höhe der Hälfte des Wertunterschiedes durchzuführen. Die Durchführung des Splitting erfolgt dadurch, dass auf ein bereits vorhandenes oder für den Berechtigten neu anzulegendes Rentenkonto Anrechte in Höhe der Hälfte des Wertunterschiedes übertragen werden. Zu den Einzelheiten s auch § 1587 b Rn 8.

63 Wurde hierdurch kein vollständiger Ausgleich vorgenommen, so ist anschließend zu untersuchen, in welchem Umfang ein **Quasisplitting** erfolgen kann. Das ist insoweit der Fall, als die Anwartschaften des ausgleichspflichtigen Ehegatten aus gesetzlicher Rente und Beamtenversorgung diejenigen des ausgleichsberechtigten Ehegatten aus gesetzlicher Rente und Beamtenversorgung übersteigen (**§ 1587 b Abs 2**). Die Hälfte dieses Wertunterschiedes abzüglich des durch Splitting übertragenen Betrages ist durch Quasisplitting auszugleichen, jedoch nicht mehr, als der Ausgleichsanspruch nach § 1587 a Abs 1 S 2 insgesamt beträgt. Das Quasisplitting erfolgt, indem auf einem Rentenkonto des Berechtigten zu Lasten der Versorgungsanwartschaften des Ausgleichspflichtigen Anrechte begründet werden.

64 Die Entgeltpunkte (Bewertungseinheiten für Anrechte in der gesetzlichen Rentenversicherung) durch Splitting und Quasisplitting dürfen für jeden Ehegatten zusammen mit den bereits vorhandenen Entgeltpunkten aus eigenen Anwartschaften nicht mehr als zwei für jedes Jahr der Ehezeit betragen (§ 1587 b Abs 5 iVm § 76 Abs 2 S 3 SGB VI). Zum **Höchstbetrag** nach § 1587 b Abs 5 s auch § 1587 b Rn 63.

65 **3. Ausgleich nach dem VAHRG.** Ist der Ausgleich durch Splitting oder Quasisplitting noch nicht vollständig durchgeführt, so sind die übrigen Versorgungen nach dem Verhältnis der Höhe der einzelnen Anrechte zum Ausgleich heranzuziehen (sog **Quotierungsmethode**)[101]. Nachdem die generelle Verpflichtung zur Beitragszahlung nach § 1587 b Abs 3 S 1 1. Hs. für unwirksam erklärt wurde, sind sodann für jedes so auszugleichende Anrecht die Ausgleichsformen des VAHRG in der durch die Paragraphenanordnung vorgegebenen Reihenfolge zu prüfen.

66 **a) Realteilung.** Lässt der Versorgungsträger die Realteilung (Aufteilung der Anwartschaft in selbständige Anrechte) zu und ist die Regelung nicht ausnahmsweise als unangemessene Benachteilung eines Partners zu verwerfen[102], so ist die betreffende Versorgung nach den vom Versorgungsträger hierfür getroffenen Regelungen in **zwei Einzelversorgungen** aufzuspalten (§ 1 Abs 2 VAHRG). Zur Realteilung s auch § 1587 b Rn 38.

67 **b) Analoges Quasisplitting.** Handelt es sich um einen inländischen **öffentlich-rechtlich** organisierten Versorgungsträger, so erfolgt der Ausgleich nach § 1 Abs 3 VAHRG durch Quasisplitting analog § 1587 b Abs 2. Zum Quasisplitting s auch § 1587 b Rn 27 f.

68 **c) Schuldrechtlicher Ausgleich.** Ist ein Ausgleich weder durch Realteilung noch durch Quasisplitting möglich, so findet der schuldrechtliche VA nach § 2 VAHRG statt. Im **beiderseitigen Rentenfall** hat der Ausgleichsberechtigte dann einen Zahlungsanspruch gegen den Pflichtigen auf Auskehrung eines entsprechenden Teils der gezahlten Rente. Ist der schuldrechtliche VA noch nicht fällig, weil die Parteien das Rentenalter noch nicht erreicht haben, so ist dessen Durchführung **vorzubehalten**[103].

69 **d) Ersatzausgleich nach § 3 b VAHRG.** Soweit der schuldrechtliche VA nach § 2 VAHRG durchzuführen wäre, kann im Wege der **Ermessensentscheidung** nach § 3 b VAHRG

---

[101] BGH FamRZ 1994, 90; FamRZ 1996, 482; FamRZ 2001, 477; zur Anwendung der Quotierungsmethode vgl auch OLG Karlsruhe FamRZ 1999, 925; OLG Celle FamRZ 1999, 936.
[102] Vgl OLG Karlsruhe FamRZ 1996, 1555; AG Mainz FamRZ 1999, 931.
[103] Nach BGH FamRZ 1995, 293 erwächst die Feststellung eines bestimmten Betrages im Tenor für den künftig durchzuführenden schuldrechtlichen VA nicht in Rechtskraft, so dass auf dessen Aufnahme verzichtet werden sollte.

– der **erweiterte Ausgleich** durchgeführt werden, indem ein anderes Anrecht zum Ausgleich herangezogen wird (§ 3 b Abs 1 Nr 1 VAHRG), oder
– die **Entrichtung von Beiträgen** zur gesetzlichen Rentenversicherung angeordnet werden, wenn dies dem Ausgleichspflichtigen wirtschaftlich zumutbar ist und noch kein bindender Altersruhegeldbescheid für den Ausgleichsberechtigten vorliegt (§ 3 b Abs 1 Nr 2 VAHRG).
– Ferner kann der Ersatzausgleich durch **vorrangige Heranziehung eines Anrechts** erfolgen, das aufgrund einer Gegenverrechnung nicht voll ausgeglichen wurde[104].

Zum erweiterten Ausgleich s auch § 1587 b Rn 41 ff, zur Zumutbarkeit der Beitragsentrichtung Rn 46 und zum Ersatzausgleich durch Quasivorrang § 3 b VAHRG Rn 17. Der **Höchstbetrag** nach § 1587 b Abs 5 ist auch hier – in den Fällen b) und d) – zu beachten. Zum Höchstbetrag nach § 1587 b Abs 5 s § 1587 b Rn 63 f. Im übrigen ist der erweiterte Ausgleich auf **inländische Anrechte** beschränkt (§ 3 b Abs 2, § 3 a Abs 5 VAHRG) und darf den **Höchstbetrag für den erweiterten Ausgleich** nach § 3 b Abs 1 Nr 1 S 2 VAHRG nicht überschreiten. Dieser entspricht zwei Prozent der Bezugsgröße nach § 18 Abs 1 SGB IV (2007: 49 Euro für die alten und 42 Euro für die neuen Bundesländer)[105].

4. Zusammenfassung. Zusammengefasst ist die **Prüfung** eines konkreten VA-Falles daher **in folgender Reihenfolge** vorzunehmen:
a) Ausgleichsanspruch (§ 1587 a Abs 1)
b) Splitting (§ 1587 b Abs 1)
c) Quasisplitting (§ 1587 b Abs 2)
d) Quotierung der sonstigen Anrechte (§ 1587 b Abs 3)
e) Realteilung (§ 1 Abs 2 VAHRG)
f) analoges Quasisplitting (§ 1 Abs 3 VAHRG)
g) schuldrechtlicher Ausgleich (§ 2 VAHRG)
h) begrenztes Ermessen (§ 3 b Abs 1 Nr 1, 2 VAHRG).

Beispiel:

Anwartschaften des M:		Anwartschaften der F:	
gesetzliche Rente:	800 Euro	gesetzliche Rente:	400 Euro
Beamtenversorgung:	300 Euro	Beamtenversorgung:	200 Euro
Betriebsrente:	200 Euro	Betriebsrente:	100 Euro
Leibrente:	150 Euro		
Summe:	1450 Euro	Summe:	700 Euro

1) Ausgleichsanspruch nach § 1587 a Abs 1 S 2: 375 Euro
2) Splitting nach § 1587 b Abs 1: 800 – 600 = 200: 2 = 100 Euro
3) Quasisplitting nach § 1587 b Abs 2: 1100 – 600 = 500 : 2 = 250 – 100 Euro Splitting = 150 Euro
4) Restausgleich: 125 Euro. Der Gesamtbetrag der Betriebsrente und der Leibrente, die zum Ausgleich herangezogen werden können, beträgt 350 Euro. Im Wege der Quotierung ist der auszugleichende Restbetrag wie folgt auf beide Anrechte zu verteilen:
Betriebsrente: 125 × 200 : 350 = 71,43 Euro
Leibrente: 125 × 150 : 350 = 53,57 Euro
Da es sich in beiden Fällen um privatrechtlich organisierte Träger handelt, erfolgt der Ausgleich nach § 1 Abs 2 VAHRG durch Realteilung, falls diese vom Versorgungsträger zugelassen wird, ansonsten schuldrechtlich nach § 2 VAHRG. Stattdessen kann der erweiterte Ausgleich nach § 3 b VAHRG durchgeführt werden, also zB durch Supersplitting der gesetzlichen Rente des M oder durch Beitragszahlung. Ein Supersplitting der gesetzlichen Rente ist jedoch, auch wenn der Höchstbetrag gemäß § 1587 b Abs 5 nicht überschritten wird, bei einem Ehezeitende im Jahr 2002 nur in Höhe von 46,90 Euro zulässig. Im Übrigen ist der schuldrechtliche Ausgleich im Tenor vorzubehalten.

VIII. Verfahrensrecht

1. Verfahrensgrundsätze. Der VA findet überwiegend von Amts wegen, in bestimmten Fällen dagegen nur auf Antrag statt.

a) Amtsverfahren. Das Amtsprinzip gilt wegen der Bedeutung einer eigenständigen Alterssicherung, die von den Parteien in der Scheidungssituation häufig unterschätzt wird, für den VA (§ 623 Abs 1 S 3 ZPO, § 12 FGG). Das Gericht ermittelt von sich aus die Anrechte der Parteien (**Amtsermittlungsgrundsatz,** § 12 FGG) und entscheidet über den VA ohne Sachantrag. § 138 Abs 3 ZPO findet keine Anwendung. Die Amtsermittlung ist eingeschränkt, wo die Parteien sich auf für sie günstige Umstände berufen können; dies gilt für Ausschlussgründe nach den §§ 1587 c und 1587 h[106] und Vereinbarungen über den VA nach § 1587 o sowie zu den Voraussetzungen der Genehmigungsfähigkeit von Vereinbarungen.

b) Antragsverfahren. Das Antragsprinzip durchbricht den Grundsatz der Amtsermittlung in einigen Fällen.

---

[104] BGH FamRZ 1994, 90 = NJW 1994, 48; *Johannsen/Henrich/Hahne* Rn 9.
[105] Vgl § 2 Sozialversicherungs-Rechengrößengesetz 2007 vom 2. 12. 2006, BGBl I S 2746 und FamRZ 2007, 259.
[106] BVerfG FamRZ 1992, 1151.

§ 1587

75 **aa) Anträge zur Verfahrenseinleitung.** Verfahrenseinleitend sind Anträge erforderlich
– bei **Ausländerbeteiligung** und hinreichendem Inlandsbezug, wenn das auf die Scheidung anwendbare Recht den VA nicht vorsieht (Art 17 Abs 3 S 2 EGBGB); zu den Einzelheiten s Rn 29.
– beim **schuldrechtlichen VA** in den in § 1587 f und § 2 VAHRG aufgeführten Fällen, ferner für den **verlängerten schuldrechtlichen VA** nach § 3 a VAHRG, die **Abtretung** der Rente nach § 1587 i und die **Abfindung** nach § 1587 l.

76 **bb) Anträge während des Verfahrens.** Während des Verfahrens kann nach § 1587 b Abs 4 ein Antrag auf **Durchführung des VA in anderer Weise** gestellt werden, wenn sich der öffentlich-rechtliche Wertausgleich voraussichtlich nicht zugunsten des Berechtigten auswirken würde. Zum Antrag nach § 1587 b Abs 4 s auch § 1587 b Rn 56.

77 **cc) Anträge nach dem Erstverfahren.** Nach dem Erstverfahren entfällt auf Antrag, der an den **Versorgungsträger** zu richten ist, die durch den VA bedingte Kürzung der Versorgungsbezüge des Ausgleichspflichtigen,
– wenn der Berechtigte aufgrund des VA keine oder höchstens zwei Jahresbeträge der Rente bezogen hat (**Heimfallprivileg,** § 4 VAHRG) oder
– wenn aus der gekürzten Rente Unterhalt gezahlt werden muss, bevor der Berechtigte eine eigene Rente erwirbt (**Unterhaltsprivileg,** § 5 VAHRG).

78 Nach § 10 a VAHRG kann unter bestimmten Voraussetzungen eine **Abänderung der Erstentscheidung zum VA durch das Gericht** beantragt werden.

79 **2. Verfahrensablauf und Beteiligte.** Für das VA-Verfahren gelten teilweise die Regelungen der ZPO, teilweise die Normen des FGG.

80 **a) Verfahrensvorschriften.** Die Verfahrensvorschriften für den VA sind den §§ 621 ff ZPO und der §§ 53 b bis 53 g FGG zu entnehmen. Weitere Verfahrensregeln enthalten die §§ 10 a und 11 VAHRG. Über den VA ist idR von Amts wegen und gleichzeitig mit der Scheidung zu verhandeln und zu entscheiden (**Verbundverfahren**). Das Verfahren über den VA ist auch im Scheidungsverbund ein Verfahren der **freiwilligen Gerichtsbarkeit** (§§ 621 a Abs 1 S 1, 621 Abs 1 Nr 6 ZPO). Ausnahmsweise ist über den VA im **isolierten Verfahren** zu entscheiden bei Eheaufhebung oder VA auf Antrag nach Scheidung im Ausland. Im selbständigen Verfahren sind auch der Abänderungsantrag und der aufgeschobene schuldrechtliche VA durchzuführen, wenn dessen Durchführung im Scheidungsurteil vorbehalten wurde und die Parteien erst später das Rentenalter erreichen.

81 **b) Verfahrensbeteiligte.** Verfahrensbeteiligte sind außer den **Ehegatten** die durch den VA betroffenen **Versorgungsträger,** im Falle des Splitting die Träger der gesetzlichen Rentenversicherung (§ 53 b Abs 2 S 1 FGG), beim Quasisplitting die Träger der Versorgungslast. Das gilt entsprechend beim erweiterten Splitting oder analogen Quasisplitting für öffentlich-rechtlich organisierte Versorgungsträger. Die fehlende Verfahrensbeteiligung des Versorgungsträgers stellt einen wesentlichen Verfahrensmangel dar, der allerdings nicht die Nichtigkeit der Entscheidung über den VA zur Folge hat, sondern nur ihre Anfechtbarkeit[107]. Bei Ausschluss des VA ist eine Verfahrensbeteiligung der Versorgungsträger nicht erforderlich. Die **privatrechtlich** organisierten Träger der **betrieblichen Altersversicherung** sind nur verfahrensbeteiligt, wenn eine in ihrer Satzung oder Versorgungsordnung begründete Verpflichtung zur Realteilung besteht; iÜ haben sie kein Recht auf Verfahrensbeteiligung[108].

82 **c) Verfahrensablauf.** Das Gericht holt die Auskünfte der Parteien und der Versorgungsträger zu den Anrechten ein und entscheidet idR aufgrund mündlicher Verhandlung über den VA.

83 **aa) Auskünfte der Parteien.** Zur Einleitung des VA-Verfahrens sind zunächst Angaben der Parteien zu den Anrechten erforderlich. Das Gericht teilt ihnen die Dauer der Ehezeit mit[109] und übermittelt ihnen die zur Einholung der Auskünfte erforderlichen amtlichen **Vordrucke** (Basisformular VA 1, Anträge auf **Kontenklärung**[110] der Träger der gesetzlichen Rentenversicherung, vom Arbeitgeber auszufüllende Entgeltbescheinigungen sowie ggf Unterlagen zur Anerkennung von Kindererziehungszeiten; beim Ausfüllen der Vordrucke können die Rentenberatungsstellen der Versicherungsträger oder die Versicherungsältesten in den Betrieben behilflich sein.)

84 **bb) Vorgehen bei Verweigerung der Mitwirkung.** Bei Verweigerung der Mitwirkung durch eine Partei kann das Gericht diese nach vorheriger Androhung durch die **Verhängung eines Zwangsgeldes** zur Mitteilung der erforderlichen Angaben anhalten (§ 33 Abs 1 und 3 FGG) oder **Termin** bestimmen und das **persönliche Erscheinen** der auskunftspflichtigen Partei anordnen. Bei fehlender Mitwirkung des Antragstellers kann stattdessen **das Verfahren zum Ruhen gebracht werden,** falls nicht auch der Antragsgegner die Scheidung beantragt[111]. Der Ehegatte kann den **Auskunftsanspruch**

---

[107] Vgl auch MünchKommBGB/*Dörr* Vor § 1587 Rn 22.
[108] BGH FamRZ 1989, 369.
[109] Diese Mitteilung ist nicht gesondert anfechtbar, da sie keinen unmittelbaren Eingriff in die Rechtsstellung der Parteien enthält.
[110] Nach OLG Brandenburg FamRZ 1998, 681 besteht im VA-Verfahren keine Verpflichtung der Parteien, einen Antrag auf Kontenklärung auszufüllen (selbständiges sozialrechtliches Verfahren mit Kontenklärungsfeststellungsbescheid); aA *Borth* FamRZ 2001, 877, 890.
[111] Zu den Entscheidungsmöglichkeiten des Gerichts bei hartnäckiger Verweigerung der Mitwirkung vgl auch OLG Jena FamRZ 2000, 673; OLG Hamm FamRZ 2000, 673; FamRZ 2000, 674; OLG Brandenburg FamRZ 2005, 47.

gegen seinen Partner auch durch gesonderten Antrag im Scheidungsverbund geltend machen[112]. Zu den Auskunftspflichten und deren Durchsetzung s auch Rn 120 ff.

cc) Einholung der Auskünfte. Die Einholung der Auskünfte erfolgt sodann durch das Gericht, das die ausgefüllten Unterlagen mit einem **gerichtlichen Auskunftsersuchen** an die Versorgungsträger übermittelt. Die Auskunft des Versorgungsträgers ist eine amtliche Auskunft; sie ersetzt die Zeugenvernehmung des Sachbearbeiters und enthält zugleich dessen gutachterliche Stellungnahme zur Berechnung der Anrechte[113]. Bei einer betrieblichen Altersversorgung schuldet der Arbeitgeber Auskunft über Grund und Höhe des Versorgungsanrechts. Er darf sich nicht auf die Mitteilung der Berechnungsgrundlagen beschränken, sondern muss selbst eine konkrete Berechnung der Versorgung vornehmen[114]. 85

Dem Versorgungsträger obliegt eine **Amtspflicht zur Auskunftserteilung** gegenüber seinem Versicherten sowie dessen Ehegatten, deren Verletzung ihn zum Schadensersatz verpflichtet. Bei fehlerhafter Auskunft ist er verpflichtet, den Geschädigten nach Art 34 GG, § 839 so zu stellen, wie er bei einer zutreffenden Auskunft stünde[115]. Allerdings entfällt die Schadensersatzpflicht, sofern der Geschädigte den Schadenseintritt durch die Einlegung von Rechtsbehelfen oder durch einen Antrag auf Abänderung nach § 10 a VAHRG hätte abwenden können (§ 839 Abs 3). 86

Auskünfte von den Trägern der **Zusatzversorgungen** können häufig erst dann eingeholt werden, wenn die Auskunft über die Grundversorgung (idR eines Trägers der gesetzlichen Rentenversicherung) vorliegt, da die Höhe der Zusatzversorgung bisher von dem Betrag der Grundversorgung abhängig war. Im Hinblick auf den Amtsermittlungsgrundsatz können bei **ungeklärtem Versicherungsverlauf** nicht unter dem Gesichtspunkt der Beweisvereitelung Anwartschaften fingiert und in den Ausgleich einbezogen werden[116]. Bei nur teilweiser Aufklärung der Anrechte des Ausgleichspflichtigen kann eine Teilentscheidung ergehen und iÜ die Durchführung des VA im Tenor vorbehalten werden[117]. Ein Absehen von einer Entscheidung über den VA wegen fehlender Mitwirkung der Beteiligten ist dagegen nicht zulässig[118]. Zu den Auskunftspflichten s auch Rn 120 ff. 87

dd) Ermittlung ausländischer Anrechte. Ausländische Anrechte werden bei einer Reihe von Staaten bereits aufgrund **zwischenstaatlicher Abkommen** oder **Gemeinschaftsrecht** der EU von den deutschen Rentenversicherungsträgern ermittelt und mitgeteilt. Dabei ist jeweils eine Landesversicherungsanstalt für Rentenanwartschaften eines bestimmten ausländischen Staates zuständig (zB die LVA Schwaben für Italien und die LVA Rheinland-Pfalz für Frankreich und Luxemburg). Dies gilt auch für Anwartschaften nach dem **Fremdrentengesetz**[119]. Gelingt es nicht, im Wege **internationaler Rechtshilfe** von ausländischen Behörden Rentenauskünfte zu erhalten, so empfiehlt sich die Beauftragung eines Rentenberaters, der aufgrund einer Vollmacht des Berechtigten eine Auskunft bei dem ausländischen Versorgungsträger einholt und sodann die Bewertung vornimmt[120]. Wegen der fehlenden Eingriffsmöglichkeit des deutschen Gerichts kann dieses die ausländischen Versorgungsträger nicht zu einer Aufteilung der Anrechte verpflichten. **Nicht realisierbare ausländische Anrechte** bleiben im VA außer Betracht[121]. 88

ee) Mündliche Verhandlung. Das Gericht überprüft die Auskünfte insbes daraufhin, ob ihnen die **zutreffende Ehezeit** zugrunde gelegt wurde, während es Aufgabe des **Anwalts** ist, mit seiner Partei die **Versicherungszeiten** der eigenen und der gegnerischen Partei[122] durchzusehen und dem Gericht etwaige Unrichtigkeiten mitzuteilen, das dann ergänzende Auskünfte einholt[123]. 89

Für das Verfahren über den VA gilt § 53 b Abs 1 FGG. Danach soll das Gericht mit den Beteiligten **mündlich verhandeln.** Dies geschieht zumeist gleichzeitig mit der mündlichen Verhandlung über die Ehescheidung (§ 623 Abs 1 S 1 ZPO). Die Auskünfte der Versorgungsträger sind den Parteien zur Gewährung rechtlichen Gehörs spätestens mit der Terminsladung zu übermitteln[124]. 90

ff) Entscheidung über den VA. Die Entscheidung über den VA wird idR unmittelbar im Scheidungsurteil getroffen (§ 629 Abs 1 ZPO). Wird der VA vom Scheidungsverbund abgetrennt (§ 628 Abs 1 ZPO), so fällt das Gericht häufig später im Einverständnis der Parteien eine Entscheidung im **schriftlichen Verfahren.** Die Entscheidung kann folgenden **Inhalt** haben: 91
– Übertragung und/oder Begründung von Anwartschaften,
– Realteilung, dh Aufteilung der Anwartschaft bei einem Versorgungsträger auf beide Parteien,
– Anordnung des schuldrechtlichen VA,

---

[112] Dieser ist Familiensache kraft Sachzusammenhangs, vgl *Thomas/Putzo* § 621 ZPO Rn 9.
[113] BGH FamRZ 1984, 159.
[114] OLG Frankfurt FamRZ 2000, 540; OLG Hamburg FamRZ 2000, 541.
[115] OLG Karlsruhe NJW 2005, 77.
[116] OLG Bamberg FamRZ 1996, 1421.
[117] OLG Hamm FamRZ 2000, 674.
[118] OLG Jena FamRZ 2000, 673; OLG Hamm FamRZ 2000, 673; aA OLG Brandenburg FamRZ 2005, 47.
[119] Für diese haben sich durch das Wachstums- und Beschäftigungsförderungsgesetz vom 25. 9. 1996, BGBl I S 1461, erhebliche Änderungen ergeben.
[120] Nähere Hinweise gibt *Rahm/Künkel/Paetzold* Rn 1085, insbes Fn 8.
[121] OLG Karlsruhe FamRZ 2000, 677 betr Kasachstan.
[122] Dazu ist insbes der Versicherungsverlauf bei den Auskünften der gesetzlichen Rentenversicherungsträger zu überprüfen.
[123] Zur Haftung des Anwalts im Rahmen des VA vgl *Christl/Sprinz* FuR 1997, 175.
[124] In schwierigen Fällen empfiehlt sich zugleich die Zuleitung eines – ggf alternativ abgefassten – Entscheidungsentwurfs, damit die Parteien bis zum Termin zB die Möglichkeit einer Beitragszahlung abklären können.

§ 1587

- Ausschluss des VA (§ 1587 c)
- oder Aussetzung des VA (insbes bei Ostanrechten, § 2 Abs 1 S 2 VAÜG).

92 Auch eine **Teilentscheidung** ist möglich, wenn nach der Rangordnung der Ausgleichsformen ein Teil des VA entscheidungsreif ist und die weiteren Ermittlungen das Ergebnis nicht beeinflussen können[125]. Die Entscheidung über den VA ist stets zu **begründen** (§ 313 ZPO, § 53 b Abs 3 FGG). Auch die Genehmigung einer **Vereinbarung der Parteien** nach § 1587 o stellt eine gerichtliche Entscheidung dar. Zu den Einzelheiten vgl § 1587 o Rn 31 ff. Die Entscheidung über den öffentlich-rechtlichen VA entfaltet keine Bindungswirkung für den späteren schuldrechtlichen VA. Vielmehr ist zur Entscheidung über den schuldrechtlichen VA das noch nicht vollständig ausgeglichene Anrecht mit seinem aktuellen Wert neu zu ermitteln und sodann der bereits ausgeglichene Teil herauszurechnen. Zu den Einzelheiten vgl auch § 1587 g Rn 21 ff. Deshalb besteht auch kein Feststellungsinteresse hinsichtlich des noch nicht ausgeglichenen Teils der Anrechte[126]. Allerdings ist zur Klarstellung ein Hinweis im Tenor empfehlenswert, dass iÜ der schuldrechtliche VA vorbehalten bleibt.

93 Die rechtsgestaltende Wirkung der VA-Entscheidung tritt erst mit deren **Rechtskraft** ein. Die Versorgungsträger merken die Entscheidung zunächst lediglich vor und vollziehen sie erst im Leistungsfall, dh frühestens, wenn ein Ehegatte Rente bezieht[127].

94 Über die Anwendung der Härtevorschriften nach den **§§ 4 bis 10 VAHRG** entscheidet dagegen nicht das Gericht, sondern der jeweilige **Versorgungsträger**.

95 **gg) Abtrennung und Aussetzung des VA.** Die **Voraussetzungen** der Abtrennung ergeben sich aus § 628 Abs 1 ZPO. Danach kann das Gericht das VA-Verfahren vom Scheidungsverbund abtrennen, wenn

- eine Entscheidung bei der Auflösung der Ehe nicht möglich ist,
- ein Rechtsstreit über den Bestand oder die Höhe einer auszugleichenden Versorgung vor einem anderen Gericht anhängig ist (in diesen Fällen ist die Entscheidung über den VA nach § 53 c FGG **auszusetzen**) oder
- wenn die gleichzeitige Entscheidung über den VA den Scheidungsausspruch so außergewöhnlich verzögern würde, dass der **Aufschub** auch unter Berücksichtigung der Bedeutung des konkret durchzuführenden VA eine **besondere Härte** darstellen würde. Die Rechtsprechung[128] sieht eine Verfahrensdauer von eineinhalb bis zwei Jahren noch als normal an.

96 Die **Entscheidung über die Abtrennung** liegt nach § 628 Abs 1 ZPO im **Ermessen** des Gerichts. Die Parteien sind hierzu **anzuhören**. Bei Einverständnis beider Parteien verfährt die Praxis meist großzügig. Abgetrennt wird zB häufig, wenn ausländische Anrechte aufzuklären sind oder wenn ein Partner wegen der bevorstehenden Geburt eines Kindes bald wieder heiraten will[129].

97 **Widerspricht** ein Ehegatte der Abtrennung, so ist diese insbes dann zu versagen, wenn für den betroffenen Partner bei der Vorabentscheidung über den Scheidungsantrag **Versorgungslücken** entstehen würden. Hier gebietet der **Verbundgedanke**, dem Interesse des Ehegatten an wirtschaftlicher Sicherung auch für den Fall der Scheidung den Vorrang zu geben[130].

98 Wird die Entscheidung über den VA abgetrennt oder ausgesetzt, so ist nach Fortführung des Verfahrens durch **Beschluss** zu entscheiden, da es sich um ein FGG-Verfahren handelt. Wird die Abtrennung durch Beschluss abgelehnt, so ist eine **Beschwerde** dagegen nicht zulässig[131]. Der Ausspruch der Abtrennung erfolgt durch Beschluß im Scheidungstermin oder im Scheidungsurteil, das mit der Berufung anfechtbar ist. Die Zustimmung zur Abtrennung schließt die Berufung nicht aus, dürfte der Annahme einer unzumutbaren Härte jedoch häufig entgegenstehen. Bei erfolgreicher Berufung wird das gesamte Verfahren einschließlich der Scheidung an das erstinstanzliche Gericht zurückverwiesen[132].

99 Sind **Ostanrechte** vorhanden, so ist der VA meist nach § 2 Abs 2 S 2 VAÜG bis zur Einkommensangleichung **auszusetzen**.

100 **hh) Ausgleich ausländischer Anrechte.** Hat der **Ausgleichspflichtige** ausländische Anrechte, so kommt als Ausgleichsform nur der **schuldrechtliche VA** nach § 3 b Abs 2 in Verbindung mit § 3 a Abs 5 S 1 VAHRG in Betracht. Hat der **ausgleichsberechtigte** Ehegatte während der Ehe ausländische Anrechte erworben, deren Wert sich nicht feststellen lässt, so muss der Ausgleich aller Anrechte der Parteien ebenfalls dem schuldrechtlichen VA vorbehalten bleiben[133]. Eine grds zulässige Teilentscheidung dürfte wegen der Unbestimmtheit des Ausgleichsanspruchs nur selten möglich sein. Fällt der Wert des

---

[125] BGH FamRZ 1983, 38 und 459; *Johannsen/Henrich/Hahne* Vor § 1587 Rn 27; aA wohl MünchKommBGB/*Dörr* Vor § 1587 Rn 21: Teilentscheidung nur bei Abtrennung analog § 301 ZPO, jedoch nicht im Verbund.
[126] BGH FamRZ 1995, 293.
[127] Zu den Einzelheiten vgl MünchKommBGB/*Dörr* Vor § 1587 Rn 8 f.
[128] BGH FamRZ 1986, 898; zur Abtrennung bei Scheidung vor Ablauf des Trennungsjahres nach § 1565 Abs 2 vgl auch AG Biedenkopf FamRZ 1999, 722; zur Aussetzung in entsprechender Anwendung des § 148 ZPO vgl OLG Brandenburg FamRZ 2000, 1423.
[129] Zur Zulässigkeit der Abtrennung in diesem Fall BGH FamRZ 1986, 898; vgl aber OLG Köln FamRZ 1997, 1487.
[130] Vgl *Zöller/Philippi* § 628 ZPO Rn 8 mwN.
[131] Bei ermessensfehlerhafter Entscheidung über den Abtrennungsantrag kommt nach OLG Karlsruhe FamRZ 1999, 98 und 304 jedoch eine außerordentliche Beschwerde in Betracht.
[132] BGH FamRZ 1991, 1043; 1996, 1071, 1333.
[133] Vgl OLG Düsseldorf FamRZ 1994, 903 m Anm *Kemnade*.

Auszugleichende Versorgungsanrechte   § 1587

ausländischen Anrechts dagegen kaum ins Gewicht, so können die Parteien auf dessen Ausgleich gemäß § 1587 o verzichten[134], so dass der VA aufgrund der übrigen Anwartschaften erfolgen kann. Allerdings dürfen durch Vereinbarung keine Anrechte in der gesetzlichen Rentenversicherung begründet oder übertragen werden, so dass eine Erhöhung des Ausgleichsanspruchs unzulässig ist (§ 1587 o Abs 1 S 2).

3. Anwaltliche Vertretung. Für die **Ehegatten** besteht in Ehe- und Folgesachen, also auch im Verfahren über den VA, **Anwaltszwang** (§ 78 Abs 2 S 1 Nr 1 ZPO), für die übrigen Verfahrensbeteiligten mit Ausnahme öffentlich-rechtlicher Versorgungsträger, die keiner Vertretung bedürfen, gilt dieser nur für die nach § 621 e Abs 2 ZPO zugelassene weitere Beschwerde zum BGH (§ 78 Abs 2 S 1 Nr 3 ZPO). Im Hinblick auf § 625 ZPO wird in der Praxis häufig der Antragsgegner vom Anwaltszwang ausgenommen; dieser kann ohne Anwalt der Scheidung zustimmen, aber keine eigenen Anträge stellen, keine gerichtlich protokollierten Vereinbarungen schließen und keinen Rechtsmittelverzicht erklären. Das Gericht kann dem anwaltlich nicht vertretenen Antragsgegner **von Amts wegen** für den VA auch dann keinen Rechtsanwalt beiordnen, wenn dies zu seinem Schutz unabweisbar erscheint (§ 625 Abs 1 S 1 ZPO). 101

Für das **abgetrennte Verfahren** gelten die gleichen Regeln wie für den Verbund. Dagegen gilt in **selbständigen VA-Verfahren** nach § 621 Abs 1 Nr 6 ZPO der Anwaltszwang nur für die weitere Beschwerde vor dem BGH (§ 78 Abs 2 S 1 Nr 3 ZPO). Die für das Scheidungsverfahren bewilligte **Prozesskostenhilfe** erstreckt sich ohne besonderen Ausspruch auch auf das Verfahren über den VA (§ 624 Abs 2, § 621 Abs 1 Nr 6 ZPO). Die Bewilligung gilt bei Abtrennung des VA weiter. 102

4. Rechtsmittel gegen Entscheidungen über den VA. Bezüglich der Rechtsmittel ist zwischen Entscheidungen durch Verbundurteil und isolierten Entscheidungen über den VA zu unterscheiden. 103

a) Entscheidungen durch Verbundurteil. Gegen eine im Verbundurteil ergangene Entscheidung über den VA ist die **befristete Beschwerde** zulässig, wenn nur der Ausspruch zum VA angefochten wird (§ 629 a Abs 2 in Verbindung mit § 621 e Abs 1 ZPO). Für die Einlegung gelten die Regeln für die Berufung entsprechend (§ 621 e Abs 3, §§ 517, 520 Abs 1 und 2 ZPO). Ist ein Versorgungsträger am Verfahren nicht beteiligt oder ihm die Entscheidung über den VA nicht zugestellt worden, so kann dieser auch nach Ablauf der ansonsten geltenden Ausschlussfrist von fünf Monaten Beschwerde gegen die Entscheidung über den VA einlegen[135], sofern er durch die Entscheidung beschwert ist[136]. Wird nach Einlegung der Beschwerde oder gleichzeitig mit dieser auch **Berufung** oder **Revision** eingelegt, so ist über das Rechtsmittel einheitlich als Berufung oder Revision zu entscheiden (§ 629 a Abs 2 S 2 ZPO). 104

Legt der **Versorgungsträger** Beschwerde gegen die Entscheidung über den VA ein, so ist eine **Anschlussbeschwerde** des Ehegatten dagegen nicht zulässig, da die Beschwerde zu einer vollständigen Überprüfung der Entscheidung führt[137]. Die Parteien können allerdings im Rahmen dieses Verfahrens Einwendungen erheben, die dann von Amts wegen zu berücksichtigen sind. Ein Rechtsmittelverzicht ist unwiderruflich[138]. 105

b) Isolierte Entscheidungen über den VA. Die befristete Beschwerde findet auch gegen im ersten Rechtszug ergangene isolierte Entscheidungen über den VA statt, also gegen Endentscheidungen, die außerhalb des Scheidungsverbundes ergangen sind. Gegen Beschwerdeentscheidungen des OLG ist die **weitere Beschwerde** eröffnet, wenn das OLG diese zugelassen oder die Beschwerde als unzulässig verworfen hat (§ 522 Abs 1 S 4 ZPO) oder wenn der BGH diese auf Nichtzulassungsbeschwerde zugelassen hat (§ 621 e Abs 2 S 1 und 2 ZPO). Die weitere Beschwerde kann nur auf eine Gesetzesverletzung gestützt werden. 106

c) Verbot der Schlechterstellung. Das Verschlechterungsverbot (reformatio in peius) gilt auch im Rechtsmittelverfahren über den VA[139]. Hat allerdings der Versorgungsträger Beschwerde eingelegt, so ist die der materiellen Rechtslage entsprechende Entscheidung zu treffen[140]. Das Verbot der reformatio in peius gilt in diesen Fällen nur, wenn sich die Entscheidung ausschließlich zu Lasten des Versorgungsträgers auswirken würde[141]. 107

d) Sonstige Rechtsbehelfe. Gegen die **Aussetzung des VA** ist die einfache Beschwerde nach § 19 FGG zulässig (Zwischenentscheidung)[142]. Anstelle der Einlegung von Rechtsmitteln kommt auch die **Berichtigung offenbarer Fehler von Amts wegen** nach § 319 ZPO, ggf auf Hinweis eines Beteiligten, in Betracht. 108

5. Kosten des Verfahrens über den VA. Bezüglich der Kosten und Gebühren des Verfahrens sind einige Besonderheiten zu beachten. 109

---

[134] Zur Zulässigkeit von Vereinbarungen über geringfügige Ostanrechte BGH FamRZ 2001, 1701; vgl OLG Dresden FamRZ 1996, 742; anders OLG Brandenburg FamRZ 1998, 1442 m Anm *Kemnade* und OLG Bamberg FamRZ 2000, 291.
[135] BGH FamRZ 1996, 740; vgl dazu auch OLG Celle FamRZ 1997, 760; OLG Köln FamRZ 1998, 169; OLG Naumburg FamRZ 2001, 550.
[136] Vgl BGH FamRZ 1996, 482; *Borth* FamRZ 1997, 1041, 1051 mwN.
[137] OLG München FamRZ 1993, 1320 im Anschluss an BGH FamRZ 1985, 59 und 267.
[138] BGH FamRZ 1985, 801.
[139] BGH FamRZ 1983, 44.
[140] Vgl *Zöller/Philippi* § 621 e ZPO Rn 34.
[141] BGH FamRZ 1985, 1240.
[142] OLG Brandenburg FamRZ 1996, 496.

§ 1587

110   a) **Gegenstandswert.** Für den Gegenstandswert im **Verbundverfahren** war bis zur Neuregelung § 17a GKG maßgeblich (**Jahresbetrag** der begründeten oder übertragenen Anwartschaften, beim schuldrechtlichen VA Jahresbetrag der Ausgleichsrente, **Mindestwert: 500 Euro**). Im Verbundverfahren wird der Gegenstandswert des VA zum Wert der Ehesache hinzugerechnet (§ 19a GKG). Durch **Kostenrechtsmodernisierungsgesetz** vom 5. 5. 2004 (BGBl I S 718) ist das GKG umfassend geändert worden. Für nach dem 1. 7. 2004 eingegangene Verfahren beträgt der Gegenstandswert für den VA nach § 49
   1000 Euro, wenn ausschließlich Anrechte aus gesetzlicher Rente, Versorgung nach beamtenrechtlichen Grundsätzen oder Alterssicherung der Landwirte vorhanden sind,
   1000 Euro, wenn ausschließlich sonstige Anrechte vorhanden sind,
   2000 Euro, wenn Anrechte beider vorgenannten Gruppen auszugleichen sind.

111   Ein Gegenstandswert im VA ist nur festzusetzen, wenn die Folgesache **VA eingeleitet** worden ist; das ist auch zu bejahen, wenn das Gericht die Wirksamkeit eines durch Ehevertrag vereinbarten Ausschlusses[143] oder bei ausländischen Ehegatten die Anwendbarkeit des VA im Termin erörtert hat[144]. Der geringe Gegenstandswert steht in keinem Verhältnis zu den Haftungsrisiken[145].

112   Im **isolierten Verfahren** bemisst sich der Gegenstandswert nach § 99 Abs 3 KostO, der die gleichen Werte wie § 49 GKG vorsieht.

113   b) **Kostenentscheidung.** Auch bezüglich der Kostenentscheidung ist zwischen Verbundverfahren und isoliertem Verfahren zu unterscheiden.

114   aa) **Verbundverfahren.** Im Scheidungsverbund ergeht eine **einheitliche Kostenentscheidung,** die auch die Kosten des VA umfasst (§ 93a ZPO). Eine abweichende Regelung für den VA kommt nur in Betracht, wenn die Parteien eine entsprechende Vereinbarung getroffen haben (§ 93a Abs 1 S 3 ZPO). Ob die im vorangegangenen Scheidungsverfahren ergangene Kostenentscheidung sich auch auf den abgetrennten VA bezieht oder ein neuer Kostenausspruch in der VA-Entscheidung zu erfolgen hat, ist streitig[146]. Zur Klarstellung sollte bei Unterbleiben eines erneuten Kostenausspruchs auf die Kostenregelung im Verbundurteil Bezug genommen werden.

115   bb) **Isoliertes Verfahren.** Im isolierten VA-Verfahren ist eine Kostenentscheidung nach § 13a FGG zu treffen. Dabei sind die Kosten erster Instanz idR in entsprechender Anwendung des § 93a ZPO gegeneinander aufzuheben mit der Folge, dass die Gerichtskosten von den Parteien hälftig getragen und außergerichtliche Kosten nicht erstattet werden. Für die Kosten der Rechtsmittelinstanz gilt dies bei Erfolg des Rechtsmittels. Erweist es sich als unbegründet, sind die Kosten dem Rechtsmittelführer aufzuerlegen (§ 13a Abs 1 S 2 FGG).

116   c) **Gerichtsgebühren.** Für die **Höhe der Gerichtsgebühren** ist im isolierten VA-Verfahren § 99 Abs 1 und 2 KostO maßgeblich; im Verbundverfahren werden die Gebühren nach dem zusammengerechneten Wert der Gegenstände berechnet (§ 46 Abs 1 GKG). Deren Höhe ergibt sich aus dem Kostenverzeichnis (Anlage 1 zum GKG – unterschiedlich für erste und zweite Instanz).

117   Ein **Gerichtskostenvorschuss** ist nur im isolierten Verfahren (mit Ausnahme des Abänderungsverfahrens nach § 10a VAHRG) zu leisten, und zwar aus dem Mindestwert von 1000 Euro, wenn sich nicht ein höherer Wert ergibt (§ 8 KostO). Für das **Abänderungsverfahren** nach § 10a VAHRG sieht die Kostenordnung keine Gebühr vor. Der **Tenor** erster Instanz kann daher wie folgt gefasst werden: „Die Entscheidung ergeht gerichtsgebührenfrei. Außergerichtliche Kosten werden nicht erstattet."

118   d) **Anwaltsgebühren.** Der Gegenstandswert nach § 34 GKG oder § 99 Abs 3 KostO ist regelmäßig auch für die Anwaltsgebühren maßgeblich (§ 23 Abs 1 RVG). Im Verbundverfahren und im isolierten Verfahren erhält der Anwalt je nach Verfahrensablauf die Gebühren nach dem Vergütungsverzeichnis zum RVG. Diese Gebühren fallen – ggf erhöht – ebenfalls im Verfahren über die **Beschwerde** nach § 629a Abs 2, § 621 Abs 1 ZPO sowie über die **weitere Beschwerde** nach § 629a Abs 2, § 621 e Abs 2 ZPO an.

119   Die Einholung der VA-Auskünfte stellt keine **Beweisaufnahme** dar und begründet daher ebenso wie die Vorlage von Urkunden keine Beweisgebühr (§ 34 BRAGO aF). Diese fällt jedoch an, wenn ein **Sachverständigengutachten** zum VA erstattet oder in Zweifelsfällen eine weitere Auskunft zu bestimmten Daten eingeholt wird[147]. Das RVG hat die Beweisgebühr zugunsten einer höheren Verhandlungsgebühr abgeschafft.

IX. Auskunftspflichten zum VA

120   Zur Vorbereitung von Verfahren über den VA bestehen umfangreiche Auskunftspflichten, und zwar der Ehegatten gegeneinander, der Ehegatten gegen die beteiligten Versorgungsträger und Auskunftspflichten gegenüber dem Gericht. Zu den Auskunftsansprüchen der Ehegatten gegeneinander vgl § 1587 u Rn 1 ff.

---

[143] KG FamRZ 1987, 727.
[144] OLG Karlsruhe FamRZ 1993, 458; zum Wert im Beschwerdeverfahren vgl *Gutdeutsch/Pauling* FamRZ 1998, 214.
[145] Zu typischen Haftungsfällen vgl *Christl/Sprinz* FuR 1997, 175.
[146] Für gesonderte Kostenentscheidung *Johannsen/Henrich/Sedemund-Treiber* § 93a ZPO Rn 15; aA *Korintenberg/Lappe/Bengel/Reimann* § 99 KostO Rn 11.
[147] *Gerold/Schmidt/v. Eicken/Madert* § 31 BRAGO Rn 121; OLG Koblenz FamRZ 2001, 781.

Ausgleichsanspruch § 1587 a

1. Auskunftsansprüche der Ehegatten gegen Versorgungsträger. Die Auskunftsansprüche der Ehegatten gegen die für sie zuständigen Versorgungsträger richten sich jeweils nach dem zugrunde liegenden Rechtsverhältnis. Bei der gesetzlichen Rente findet sie ihre Grundlage in § 109 Abs 3 SGB VI, bei Beamten folgt sie aus der in § 79 BBG geregelten Fürsorgepflicht, bei betrieblichen oder privaten Altersversorgungen aus dem jeweiligen Vertragsverhältnis. Auskunftsberechtigt ist in erster Linie der **Versicherte** selbst. Erfüllt dieser seine Auskunftspflicht nicht oder nicht vollständig, so kann auch dessen **Ehegatte** von dem Versorgungsträger Auskunft verlangen (§ 109 Abs 3 S 2 SGB VI). Die Rechtsbehelfe bei Verweigerung der Auskunft richten sich nach der für das jeweilige Versorgungsverhältnis maßgeblichen Verfahrensordnung (zB VwGO oder SGG)[148]. 121

2. Auskunftspflicht gegenüber dem Gericht. Gegenüber dem Gericht bestehen umfassende Auskunftspflichten aller, deren Angaben für den VA von Belang sein können. 122

a) Verpflichtete. Gegenüber dem Familiengericht sind **Ehegatten und Hinterbliebene** (§ 11 Abs 2 VAHRG), **Versorgungsträger** (§ 53 b Abs 2 S 2 und 3 FGG) und nach § 11 Abs 2 VAHRG auch **sonstige Stellen,** deren Angaben für die Durchführung des VA von Bedeutung sind, zur Auskunft verpflichtet. Zu den auskunftspflichtigen Stellen zählen jedoch nicht ausländische Versorgungsträger. Insoweit sieht das über- und zwischenstaatliche Sozialversicherungsrecht lediglich vor, dass „Verbindungsstellen" einander zur Amtshilfe verpflichtet sind[149]. Das Gericht kann sich jedoch an die deutsche Verbindungsstelle wenden mit dem Ersuchen, die ausländische Verbindungsstelle um Amtshilfe zu bitten. Zu den Einzelheiten s auch Rn 88. 123

b) Umfang. Die Versorgungsträger sind verpflichtet, dem Gericht die Höhe der bei ihnen bestehenden Versorgungsanrechte mitzuteilen. Dazu gehört die Berechnung der jeweiligen Anwartschaft; die bloße Angabe der Berechnungsgrundlagen genügt nicht[150]. Dies gilt auch für betriebliche Anrechte. Bei privaten Versicherungen, die in den VA fallen, ist das Deckungskapital mitzuteilen, sofern dieses für die Bewertung maßgeblich ist. 124

c) Rechtsfolgen bei Verweigerung. Soweit eine Auskunftspflicht besteht, kann die Auskunft nicht unter Berufung auf ein Zeugnisverweigerungsrecht oder eine Pflicht zur Amtsverschwiegenheit verweigert werden. Wird die Auskunft nicht erteilt, so kann sie durch Androhung und **Festsetzung eines Zwangsgeldes** im Wege richterlicher Verfügung erzwungen werden[151] (§ 33 FGG; § 53 g Abs 3 FGG, § 888 ZPO sind in diesen Fällen nicht anwendbar). Zwangsmittel sind erst dann durchsetzbar, wenn ein schlüssiger Scheidungsantrag vorliegt. Gegen die Verfügung von Zwangsmitteln ist nach § 19 FGG die **Beschwerde** zulässig. Wird die Auskunft falsch oder unvollständig erteilt, so besteht eine Pflicht zur **Berichtigung** und, wenn infolge der unzutreffenden Auskunft ein Schaden entstanden ist, zum **Schadensersatz**[152]. 125

Bei fehlender Mitwirkung eines Ehegatten an der Klärung seines Versicherungsverlaufs kann das Gericht nicht die Regelung des VA ablehnen[153]. Bei Weigerung des Ausgleichsberechtigten ist auch die Feststellung „Der VA findet zZ nicht statt." im Tenor unzulässig[154]. Können die Anrechte des Ausgleichspflichtigen wegen dessen fehlender Mitwirkung nur teilweise aufgeklärt werden, so kann allerdings eine **Teilentscheidung** ergehen und die Durchführung des VA iÜ im Tenor vorbehalten werden[155]. 126

Kapitel 2. Wertausgleich von Anwartschaften oder Aussichten auf eine Versorgung (§§ 1587a–1587e)

§ 1587 a Ausgleichsanspruch

(1) ¹Ausgleichspflichtig ist der Ehegatte mit den werthöheren Anwartschaften oder Aussichten auf eine auszugleichende Versorgung. ²Dem berechtigten Ehegatten steht als Ausgleich die Hälfte des Wertunterschieds zu.

(2) Für die Ermittlung des Wertunterschieds sind folgende Werte zugrunde zu legen:
1. Bei einer Versorgung oder Versorgungsanwartschaft aus einem öffentlich-rechtlichen Dienstverhältnis oder aus einem Arbeitsverhältnis mit Anspruch auf Versorgung nach beamtenrechtlichen Vorschriften oder Grundsätzen ist von dem Betrag auszugehen, der sich im Zeitpunkt des Eintritts der Rechtshängigkeit des Scheidungsantrags als Versorgung ergäbe. Dabei wird die bis zu diesem Zeitpunkt zurückgelegte ruhegehaltfähige

---

[148] Nach BSG EZFamR Nr 27 soll aber für das Auskunftsbegehren nach § 109 Abs 3 SGB VI das Familiengericht und nicht das Sozialgericht zuständig sein.
[149] Vgl *Wagner,* Versorgungsausgleich mit Auslandsberührung, Rn 49 mwN.
[150] OLG Frankfurt FamRZ 2000, 540; OLG Hamburg FamRZ 2000, 541.
[151] Zur Erzwingung der Auskunft eines Ehegatten vgl auch OLG Köln FamRZ 1998, 682.
[152] BGH FamRZ 1998, 89; FamRZ 2003, 1382.
[153] OLG Jena FamRZ 2000, 673.
[154] OLG Hamm FamRZ 2000, 673; aA OLG Brandenburg FamRZ 2005, 47 bei ungeklärtem Versicherungsverlauf.
[155] OLG Hamm FamRZ 2000, 674.

§ 1587 a

Dienstzeit um die Zeit bis zur Altersgrenze erweitert (Gesamtzeit). Maßgebender Wert ist der Teil der Versorgung, der dem Verhältnis der in die Ehezeit fallenden ruhegehaltfähigen Dienstzeit zu der Gesamtzeit entspricht. Unfallbedingte Erhöhungen bleiben außer Betracht. Insofern stehen Dienstbezüge entpflichteter Professoren Versorgungsbezügen gleich und gelten die beamtenrechtlichen Vorschriften über die ruhegehaltfähige Dienstzeit entsprechend.

2. Bei Renten oder Rentenanwartschaften aus der gesetzlichen Rentenversicherung ist der Betrag zugrunde zu legen, der sich am Ende der Ehezeit aus den auf die Ehezeit entfallenden Entgeltpunkten ohne Berücksichtigung des Zugangsfaktors als Vollrente wegen Alters ergäbe.
3. Bei Leistungen, Anwartschaften oder Aussichten auf Leistungen der betrieblichen Altersversorgung ist,
   a) wenn bei Eintritt der Rechtshängigkeit des Scheidungsantrags die Betriebszugehörigkeit andauert, der Teil der Versorgung zugrunde zu legen, der dem Verhältnis der in die Ehezeit fallenden Betriebszugehörigkeit zu der Zeit vom Beginn der Betriebszugehörigkeit bis zu der in der Versorgungsregelung vorgesehenen festen Altersgrenze entspricht, wobei der Betriebszugehörigkeit gleichgestellte Zeiten einzubeziehen sind; die Versorgung berechnet sich nach dem Betrag, der sich bei Erreichen der in der Versorgungsregelung vorgesehenen festen Altersgrenze ergäbe, wenn die Bemessungsgrundlagen im Zeitpunkt des Eintritts der Rechtshängigkeit des Scheidungsantrags zugrunde gelegt würden;
   b) wenn vor dem Eintritt der Rechtshängigkeit des Scheidungsantrags die Betriebszugehörigkeit beendet worden ist, der Teil der erworbenen Versorgung zugrunde zu legen, der dem Verhältnis der in die Ehezeit fallenden Betriebszugehörigkeit zu der gesamten Betriebszugehörigkeit entspricht, wobei der Betriebszugehörigkeit gleichgestellte Zeiten einzubeziehen sind.
   Dies gilt nicht für solche Leistungen oder Anwartschaften auf Leistungen aus einem Versicherungsverhältnis zu einer zusätzlichen Versorgungseinrichtung des öffentlichen Dienstes, auf die Nummer 4 Buchstabe c anzuwenden ist. Für Anwartschaften oder Aussichten auf Leistungen der betrieblichen Altersversorgung, die im Zeitpunkt des Erlasses der Entscheidung noch nicht unverfallbar sind, finden die Vorschriften über den schuldrechtlichen Versorgungsausgleich Anwendung.
4. Bei sonstigen Renten oder ähnlichen wiederkehrenden Leistungen, die der Versorgung wegen Alters oder verminderter Erwerbsfähigkeit zu dienen bestimmt sind, oder Anwartschaften oder Aussichten hierauf ist,
   a) wenn sich die Rente oder Leistung nach der Dauer einer Anrechnungszeit bemisst, der Betrag der Versorgungsleistung zugrunde zu legen, der sich aus der in die Ehezeit fallenden Anrechnungszeit ergäbe, wenn bei Eintritt der Rechtshängigkeit des Scheidungsantrags der Versorgungsfall eingetreten wäre;
   b) wenn sich die Rente oder Leistung nicht oder nicht nur nach der Dauer einer Anrechnungszeit und auch nicht nach Buchstabe d bemisst, der Teilbetrag der vollen bestimmungsmäßigen Rente oder Leistung zugrunde zu legen, der dem Verhältnis der in die Ehezeit fallenden, bei der Ermittlung dieser Rente oder Leistung zu berücksichtigenden Zeit zu deren voraussichtlicher Gesamtdauer bis zur Erreichung der für das Ruhegehalt maßgeblichen Altersgrenze entspricht;
   c) wenn sich die Rente oder Leistung nach einem Bruchteil entrichteter Beiträge bemisst, der Betrag zugrunde zu legen, der sich aus den für die Ehezeit entrichteten Beiträgen ergäbe, wenn bei Eintritt der Rechtshängigkeit des Scheidungsantrags der Versorgungsfall eingetreten wäre;
   d) wenn sich die Rente oder Leistung nach den für die gesetzlichen Rentenversicherungen geltenden Grundsätzen bemisst, der Teilbetrag der sich bei Eintritt der Rechtshängigkeit des Scheidungsantrags ergebenden Rente wegen Alters zugrunde zu legen, der dem Verhältnis der in die Ehezeit fallenden Versicherungsjahre zu den insgesamt zu berücksichtigenden Versicherungsjahren entspricht.
5. Bei Renten oder Rentenanwartschaften auf Grund eines Versicherungsvertrags, der zur Versorgung des Versicherten eingegangen wurde, ist,
   a) wenn es sich um eine Versicherung mit einer über den Eintritt der Rechtshängigkeit des Scheidungsantrags hinaus fortbestehenden Prämienzahlungspflicht handelt, von dem Rentenbetrag auszugehen, der sich nach vorheriger Umwandlung in eine prämienfreie Versicherung als Leistung des Versicherers ergäbe, wenn in diesem Zeitpunkt der Versicherungsfall eingetreten wäre. Sind auf die Versicherung Prämien auch für die Zeit vor der Ehe gezahlt worden, so ist der Rentenbetrag entsprechend geringer anzusetzen;
   b) wenn eine Prämienzahlungspflicht über den Eintritt der Rechtshängigkeit des Scheidungsantrags hinaus nicht besteht, von dem Rentenbetrag auszugehen, der sich als Leistung des Versicherers ergäbe, wenn in diesem Zeitpunkt der Versicherungsfall eingetreten wäre. Buchstabe a Satz 2 ist anzuwenden.

(3) Bei Versorgungen oder Anwartschaften oder Aussichten auf eine Versorgung nach Absatz 2 Nr. 4, deren Wert nicht in gleicher oder nahezu gleicher Weise steigt wie der Wert der in Absatz 2 Nr. 1 und 2 genannten Anwartschaften, sowie in den Fällen des Absatzes 2 Nr. 5 gilt Folgendes:
1. Werden die Leistungen aus einem Deckungskapital oder einer vergleichbaren Deckungsrücklage gewährt, ist die Regelaltersrente zugrunde zu legen, die sich ergäbe, wenn der während der Ehe gebildete Teil des Deckungskapitals oder der auf diese Zeit entfallende Teil der Deckungsrücklage als Beitrag in der gesetzlichen Rentenversicherung entrichtet würde;
2. werden die Leistungen nicht oder nicht ausschließlich aus einem Deckungskapital oder einer vergleichbaren Deckungsrücklage gewährt, ist die Regelaltersrente zugrunde zu legen, die sich ergäbe, wenn ein Barwert der Teilversorgung für den Zeitpunkt des Eintritts der Rechtshängigkeit des Scheidungsantrags ermittelt und als Beitrag in der gesetzlichen Rentenversicherung entrichtet würde. Das Nähere über die Ermittlung des Barwerts bestimmt die Bundesregierung durch Rechtsverordnung mit Zustimmung des Bundesrates.

(4) Bei Leistungen oder Anwartschaften oder Aussichten auf Leistungen der betrieblichen Altersversorgung nach Absatz 2 Nr. 3 findet Absatz 3 Nr. 2 Anwendung.

(5) Bemisst sich die Versorgung nicht nach den in den vorstehenden Absätzen genannten Bewertungsmaßstäben, so bestimmt das Familiengericht die auszugleichende Versorgung in sinngemäßer Anwendung der vorstehenden Vorschriften nach billigem Ermessen.

(6) Stehen einem Ehegatten mehrere Versorgungsanwartschaften im Sinne von Absatz 2 Nr. 1 zu, so ist für die Wertberechnung von den sich nach Anwendung von Ruhensvorschriften ergebenden gesamten Versorgungsbezügen und der gesamten in die Ehezeit fallenden ruhegehaltfähigen Dienstzeit auszugehen; sinngemäß ist zu verfahren, wenn die Versorgung wegen einer Rente oder einer ähnlichen wiederkehrenden Leistung einer Ruhens- oder Anrechnungsvorschrift unterliegen würde.

(7) ¹Für die Zwecke der Bewertung nach Absatz 2 bleibt außer Betracht, dass eine für die Versorgung maßgebliche Wartezeit, Mindestbeschäftigungszeit, Mindestversicherungszeit oder ähnliche zeitliche Voraussetzungen im Zeitpunkt des Eintritts der Rechtshängigkeit des Scheidungsantrags noch nicht erfüllt sind; Absatz 2 Nr. 3 Satz 3 bleibt unberührt. ²Dies gilt nicht für solche Zeiten, von denen die Rente nach Mindesteinkommen in den gesetzlichen Rentenversicherungen abhängig ist.

(8) Bei der Wertberechnung sind die in einer Versorgung, Rente oder Leistung enthaltenen Zuschläge, die nur auf Grund einer bestehenden Ehe gewährt werden, sowie Kinderzuschläge und ähnliche familienbezogene Bestandteile auszuscheiden.

Übersicht

	Rn		Rn
A. Allgemeines	1	4. Dynamik und Statik betrieblicher Anrechte	87
I. Normzweck	1	5. Bestimmung des Ehezeitanteils im VA (Abs 2 Nr 3)	92
II. Ausgleichsanspruch (Abs 1)	2	6. Sonderfälle	97
1. Ausgleichsbilanz	2	7. Verfallbarkeit betrieblicher Anrechte (Abs 2 Nr 3 S 3)	110
2. Anspruchshöhe	3	8. Umrechnung nicht volldynamischer Anrechte	114
B. Wertermittlung (Abs 2)	4	IV. Die sonstigen Versorgungen im VA (Abs 2 Nr 4)	115
I. Beamtenversorgung (Abs 2 Nr 1)	5	1. Allgemeine Grundlagen	115
1. Allgemeine Grundlagen	5	2. Bewertung der sonstigen Versorgungen (Abs 2 Nr 4)	116
2. Berechnung des Ruhegehalts	6	3. Einordnung der einzelnen Versorgungen	121
3. Ermittlung des Zeit-Zeit-Verhältnisses	13	4. Dynamik sonstiger Anrechte	122
4. Berechnung des Ehezeitanteils	22	5. Ausgleich sonstiger Anrechte	125
5. Sonderfälle	25	V. Die private Rentenversicherung im VA (Abs 2 Nr 5)	131
6. Ruhensvorschriften (Abs 6)	29	1. Allgemeine Grundlagen	131
II. Gesetzliche Rente (Abs 2 Nr 2)	36	2. Bewertung der privaten Rentenversicherung	139
1. Gesetzliche Grundlagen	36		
2. Träger	37		
3. Versicherungsnummer	38		
4. Berechnungsgrundlagen	39	3. Ausgleich der privaten Rentenversicherung	151
5. Rentenrechtliche Grundbegriffe	46	VI. Umrechnung nicht volldynamischer Versorgungsanrechte (Abs 3 und 4)	156
6. Bewertung in der gesetzlichen Rentenversicherung	73	1. Allgemeine Grundlagen	156
7. Bewertung der Versorgung von Rentnern	76	2. Ermittlung des Barwertes	158
8. Ostanrechte	77	3. Tabellen der BarwertVO	159
9. Höherversicherung	79	4. Anwendung der BarwertVO	162
III. Betriebliche Altersversorgung (Abs 2 Nr 3)	80		
1. Allgemeine Grundlagen	80		
2. Einzubeziehende Anrechte	83		
3. Träger	85		

§ 1587 a

	Rn		Rn
5. Fiktive Einzahlung des Barwerts in die gesetzliche Rentenversicherung.	163	VIII. Ruhensvorschriften (Abs 6)	168
		IX. Wartezeiten (Abs 7)	169
6. Umrechnung statischer betrieblicher Anrechte (Beispiel)	164	X. Familienbezogene Bestandteile (Abs 8)	172
VII. Andere Bewertung (Abs 5)	167		

A. Allgemeines

1 **I. Normzweck.** § 1587 a enthält die Grundlagen für die Durchführung des VA. Der Abs 1 ist die Grundnorm für die **Bestimmung des Ausgleichsanspruchs**. Abs 2 regelt für jede einzelne Versorgungsart die **Ermittlung des Ehezeitanteils**, die sich nach der jeweiligen Struktur des Versorgungsanrechts richtet. Für die **Bewertung** ist dabei jeweils von dem Betrag auszugehen, der sich zum Ehezeitende bei dem Ehegatten als Versorgung ergäbe. Es wird also ein **Versorgungsfall zum Ehezeitende** unterstellt. Abs 3 und 4 behandeln die **Umrechnung von Anrechten**, deren Wert nicht in gleicher Weise steigt wie die gesetzliche Rentenversicherung oder die Beamtenversorgung. Abs 5 enthält eine Auffangnorm für Anrechte, die nicht unter die in Abs 2 aufgeführten Bewertungsregeln fallen. Abs 6 sieht Anrechnungen beim Zusammentreffen mehrerer Versorgungsarten vor. Die Absätze 7 und 8 regeln die Nichtberücksichtigung von Wartezeiten für eine Versorgung und von personenbezogenen Zuschlägen im VA.

2 **II. Ausgleichsanspruch (Abs 1). 1. Ausgleichsbilanz.** Da der VA den Ausgleich des in der Ehe erzielten Zugewinns an Versorgungsanrechten bezweckt, ist der Ehegatte mit den werthöheren Anrechten ausgleichspflichtig (S 1). Dem ausgleichsberechtigten Ehegatten steht der Hälfte des Wertunterschiedes der beiderseitigen Anrechte als Ausgleichsanspruch zu (S 2). Zur Ermittlung des Ausgleichsanspruchs bedarf es zunächst einer **Ausgleichsbilanz**, in der die von den Ehepartnern während der Ehezeit erworbenen Versorgungen erfasst werden. Hierzu müssen die einzelne Anrechte bewertet und miteinander vergleichbar gemacht werden. Statische Anrechte, deren Wert nicht in gleicher Weise steigt wie die gesetzliche Rente oder die Beamtenversorgung, sind zuvor in volldynamische umzurechnen. Zur Dynamisierung statischer Anrechte vgl § 1 BarwertVO Rn 1 ff.

3 **2. Anspruchshöhe.** Zur Ermittlung des Ausgleichsanspruchs ist zunächst eine **Saldierung** vorzunehmen. Es sind daher bei jeder Partei die in der Ausgleichsbilanz aufgeführten Anrechte zu addieren und die Differenz zwischen den auf beiden Seiten vorhandenen Gesamtwerten zu bilden und zu halbieren. Nach § 1587 b Abs 3 S 3 HS 2 ist im Wege der Verrechnung nur ein einmaliger Ausgleich vorzunehmen. Die Höhe des Ausgleichsanspruchs entspricht der Hälfte der Differenz der beiderseitigen Anwartschaften.

3.1 **Beispiel:** M hat bei Ehezeitende eine Anwartschaft von 300 Euro monatlich in der gesetzlichen Rentenversicherung und von 1800 Euro aus Beamtenversorgung, F ein Anrecht von 1400 Euro in der gesetzlichen Rentenversicherung. Der Ausgleichsanspruch der F beträgt (1800 + 300) − 1400 : 2 = 350 Euro.

B. Wertermittlung (Abs 2)

4 Abs 2 regelt für jede einzelne Versorgungsart die Bestimmung **des Ehezeitanteils** nach der Struktur des jeweiligen Versorgungsanrechts. Dieser Vorgang wird auch als **Bewertung** bezeichnet. Dabei ist jeweils von dem Betrag auszugehen, der sich bei Eintritt der Rechtshängigkeit des Scheidungsantrags als Versorgung ergäbe. Entgegen dem Wortlaut kommt es nicht auf das Datum der Rechtshängigkeit an, sondern maßgeblicher Zeitpunkt ist das Ende der nach § 1587 Abs 2 berechneten Ehezeit (Ende des Monats, der der Zustellung des Scheidungsantrags vorausgeht)[1]. Es wird ein Versorgungsfall zum Ehezeitende fingiert, da zu diesem Zeitpunkt die vermögensrechtliche Gemeinschaft der Ehegatten endet.

5 **I. Beamtenversorgung (Abs 2 Nr 1). 1. Allgemeine Grundlagen.** Die Beamtenversorgung ist im **Beamtenversorgungsgesetz (BeamtVG)**[2] geregelt, das für Beamte und Richter in Bund und Ländern gilt[3]. Für Landesbeamte sind ergänzend landesrechtliche Bestimmungen zu beachten. In den Versorgungsausgleich ist lediglich das Ruhegehalt einzubeziehen; der Unterhaltsbeitrag, der gleichfalls Versorgungszwecken dient, unterliegt nicht dem Ausgleich[4]. Für die Berücksichtigung im Versorgungsausgleich ist weiter erforderlich, dass das Beamtenverhältnis während der Ehezeit bestanden hat. Es genügt nicht, dass eine sog Vordienstzeit in die Ehezeit fällt oder dass nach Ende der Ehezeit eine Berufung in das Beamtenverhältnis erfolgt. Das gilt auch dann, wenn bei der Bemessung einer solchen Versorgung in die Ehezeit fallende Zeiten berücksichtigt werden[5].

---

[1] Nach *Johannsen/Henrich/Hahne* Rn 3 handelt es sich bei der Textfassung um ein Redaktionsversehen im Gesetzgebungsverfahren.

[2] IdF der Bekanntmachung vom 16. 12. 1994, BGBl I S 3858, zuletzt grundlegend geändert durch das Gesetz zur Reform des öffentlichen Dienstrechts vom 24. 2. 1997 (Dienstrechtsreformgesetz), BGBl I S 322, und Versorgungsänderungsgesetz vom 20. 12. 2001, BGBl I S 3926.

[3] Zu den Personengruppen iE vgl *Johannsen/Henrich/Hahne* Rn 16 ff mwN.

[4] BGH FamRZ 1997, 158; OLG Köln FamRZ 1994, 1462; zum Unterhaltsbeitrag vgl auch MünchKommBGB/*Dörr* Rn 143 ff.

[5] BT-Drucks 7/650 S 155; MünchKommBGB/*Gräper* Rn 29.

2. Berechnung des Ruhegehalts. Das Ruhegehalt wird anhand der ruhegehaltsfähigen Dienstbezüge und des Ruhegehaltssatzes errechnet (§ 4 Abs 3 BeamtVG).

a) Ruhegehaltsfähige Dienstbezüge. Bestandteil der ruhegehaltsfähigen Dienstbezüge sind das Grundgehalt, der Familienzuschlag, der jedoch nach Abs 8 im Versorgungsausgleich außer Acht bleibt, und Stellenzulagen, soweit ihre Ruhegehaltsfähigkeit angeordnet ist. Das kann auch noch nach Ende der Ehezeit geschehen[6]. Einzubeziehen sind ferner Anpassungszuschläge nach altem Recht[7]. Bei der Berechnung der ruhegehaltsfähigen Dienstbezüge ist von der tatsächlich erreichten Besoldungsgruppe auszugehen unabhängig davon, ob die Bezüge hieraus schon mindestens zwei bzw drei Jahre gezahlt werden[8]. Für die **Kindererziehung** wird ein Zuschlag zu den Versorgungsbezügen gewährt, der nach Höhe und berücksichtigten Zeiten an die Kindererziehungszeiten in der gesetzlichen Rentenversicherung angeglichen ist (§ 50a BeamtVG, der das frühere Kindererziehungszuschlagsgesetz ersetzt).

b) Ruhegehaltssatz. Die ruhegehaltsfähigen Dienstbezüge werden mit dem Ruhegehaltssatz vervielfältigt, der sich nach der Dauer der anrechenbaren Dienstzeit ab der ersten Berufung in das Beamtenverhältnis richtet (§ 6 BeamtVG). Während nach dem bis zum 31. 12. 1991 geltenden Recht ein stufenweiser Anstieg des Ruhegehaltssatzes vorgesehen war[9], steigt nach geltendem Recht der Ruhegehaltssatz linear für jedes Jahr der Dienstzugehörigkeit um 1,875 Prozent bis zum Höchstsatz von fünfundsiebzig Prozent an (§ 14 Abs 1 BeamtVG), der nach vierzig Dienstjahren erreicht wird (ab 1. 1. 2002: 1,79375 Prozent jährlich bis zum Höchstsatz von 71,75 Prozent). Wehrdienst und Kriegsgefangenschaft sind auf die Dienstzeit anzurechnen. Phasen einer **Teilzeitbeschäftigung** sind nur zu dem Teil ruhegehaltsfähig, der dem Verhältnis der ermäßigten zur regelmäßigen Arbeitszeit entspricht (§ 6 Abs 1 idF des Art 4 Nr 3 a Dienstrechtsreformgesetz, s Rn 5). Bei der Berechnung des Ruhegehaltssatzes bleiben Zeiten vor Vollendung des siebzehnten Lebensjahres, einer nebenamtlichen Tätigkeit, einer nicht im öffentlichen Interesse liegenden Beurlaubung und Zeiträume, für die eine Abfindung aus öffentlichen Mitteln gewährt wurde, außer Betracht (§ 6 Abs 1 S 2 BeamtVG).

c) Einzubeziehende Zeiten. Zusätzlich einzubeziehen sind Anrechnungszeiten insbes wegen Ausbildung und Zurechnungszeiten, die die Nachteile vorzeitiger Dienstunfähigkeit ausgleichen sollen.

aa) Anrechnungszeiten. Als Dienstzeiten werden auch Zeiten der vorgeschriebenen **Ausbildung** oder der praktischen Vorbereitung auf die dienstliche Tätigkeit, insbes Studienzeiten und der Vorbereitungsdienst (Referendarzeit) gewertet, jedoch nur mit den jeweils vorgeschriebenen Mindest- bzw Regelzeiten (§ 12 Abs 1 S 1 BeamtVG). Zeiträume eines privatrechtlichen Arbeitsverhältnisses im öffentlichen Dienst **sollen** nach § 10 BeamtVG auf die Dienstzeit angerechnet werden; außerhalb des öffentlichen Dienstes geleistete Arbeitszeiten in bestimmten Berufen **können** nach § 11 BeamtVG gleichfalls berücksichtigt werden.

Für den VA wird ein entsprechender **Antrag** unterstellt, sofern mit dessen positiver Bescheidung zu rechnen ist. Dies gilt jedoch nicht, wenn Ausbildungszeiten alternativ bei der gesetzlichen Rentenversicherung oder bei der Beamtenversorgung berücksichtigt werden können. Hier ist ein Antrag erforderlich[10]. Die Berücksichtigung von Anrechnungszeiten wegen **Ausbildung** wird durch das Gesetz zur Reform des öffentlichen Dienstrechts (Rn 5) inzwischen auf drei Jahre begrenzt. Können Vordienstzeiten sowohl der Ehezeit wie der vor der Ehe liegenden Zeit zugeordnet werden, so muss das Gericht über die Zuordnung entscheiden, während es iÜ an die rechtliche Bewertung des Versorgungsträgers gebunden ist[11].

bb) Zurechnungszeiten und Dienstzeiten im Ruhestand. Wird der Beamte vor Vollendung des sechzigsten Lebensjahres vorzeitig in den Ruhestand versetzt, so wird die Zeit bis zur Vollendung des sechzigsten Lebensjahres für die Berechnung des Ruhegehaltes teilweise hinzugerechnet (**Zurechnungszeit** nach § 13 Abs 1 BeamtVG)[12]. Dienstzeiten, die ein im Ruhestand befindlicher Beamter während des Ruhestands oder einstweiligen Ruhestands geleistet hat, werden bis zu fünf Jahren zusätzlich berücksichtigt[13].

3. Ermittlung des Zeit-Zeit-Verhältnisses. Für den Versorgungsausgleich ist lediglich der auf die Ehezeit entfallende Teil der Versorgung zugrunde zu legen.

a) Erweiterung auf die Gesamtzeit. Zur Ermittlung des Ehezeitanteils ist die bis zum Ende der Ehezeit zurückgelegte Dienstzeit auf die Zeit bis zum Erreichen der regulären Altersgrenze (Gesamtzeit)

---

[6] BGH FamRZ 1995, 27.
[7] *Johannsen/Henrich/Hahne* Rn 42.
[8] Die Sperrfrist nach § 5 Abs 3 BeamtVG wird als „ähnliche zeitliche Voraussetzung" wie eine Wartezeit nach Abs 7 S 1 unberücksichtigt gelassen, BGH FamRZ 1982, 31; vgl auch *Johannsen/Henrich/Hahne* Rn 47.
[9] In den ersten zehn Jahren fünfunddreißig Prozent, in den nächsten fünfzehn Jahren dreißig Prozent und in weiteren zehn Jahren zehn Prozent, also insgesamt fünfundsiebzig Prozent in fünfunddreißig Jahren. Nach § 85 BeamtVG gilt für Dienstverhältnisse, die am 31. 12. 1991 bereits bestanden haben, ein Übergangsrecht (Besitzstandswahrung, bis das neue Recht zu günstigeren Ergebnissen führt).
[10] OLG Frankfurt FamRZ 1999, 862; vgl aber BGH FamRZ 2000, 749: doppelte Berücksichtigung.
[11] OLG Braunschweig FamRZ 1999, 1280.
[12] Bei späterer erneuter Dienstfähigkeit bleibt der durch die Zurechnungszeit erlangte versorgungsrechtliche Besitzstand bestehen.
[13] Die Erhöhung des Ruhegehaltssatzes beeinflusst allerdings nicht die Zeit-Zeit-Berechnung im Versorgungsausgleich, BGH FamRZ 1995, 28.

Margarethe Bergmann

§ 1587 a

zu erweitern und sodann die Versorgung zu errechnen (S 2). Der Ehezeitanteil ist sodann aus dem **Verhältnis der Ehezeit zur Gesamtzeit** zu bestimmen (S 3). Diese Regelung hat ihren Grund darin, dass nach dem bis zum 31. 12. 1991 geltenden Versorgungsrecht die Beamtenversorgung nicht linear, sondern in Stufen anstieg (Rn 8).

15   **b) Abweichende Altersgrenze.** Gilt für Beamte eine abweichende Altersgrenze, wie zB bei Kampfflugzeugführern der Bundeswehr, so ist diese der Berechnung zugrunde zu legen. Scheidet der Beamte später vor Erreichen der festen Altersgrenze aus, kann diese Veränderung des Ehezeitanteils eine Abänderung der Entscheidung über den VA nach § 10 a VAHRG rechtfertigen[14].

16   **c) Versorgung von Ruhestandsbeamten.** Bei Ruhestandsbeamten ist von der tatsächlich erlangten Versorgung und den tatsächlich berücksichtigten Dienstjahren auszugehen, und zwar auch dann, wenn der Beamte wegen Dienstunfähigkeit vorzeitig in den Ruhestand versetzt wurde. Die **Zurechnungszeit** nach § 13 BeamtVG, die nur einen Rechenfaktor bei der Ermittlung der Ruhestandsbezüge darstellt, bleibt bei der Berechnung des VA außer Betracht[15]. Zu den Einzelheiten s Rn 12. Ist die **Dienstunfähigkeit** hingegen vorübergehender Natur und der Beamte nur befristet in den Ruhestand versetzt worden mit dem Ziel einer baldigen Reaktivierung, wird auf das fiktive Altersruhegehalt abgestellt[16].

17   **d) Zurechnungszeiten und Dienstzeiten im Ruhestand.** Da auf die Regelaltersgrenze abzustellen ist, werden Zurechnungszeiten[17] und im Ruhestand geleistete Dienstzeiten[18] (zB durch Verwendung in den neuen Bundesländern) bei der Berechnung des Zeit-Zeit-Verhältnisses nicht mit einbezogen. Daraus können sich im Einzelfall Härten für einen Ehegatten ergeben, die nur über § 1587 c Nr 1 korrigiert werden können.

18   **e) Versorgungsabschläge und Kürzungen.** Ebenso bleiben Versorgungsabschläge nach § 14 Abs 3 BeamtVG[19] im Versorgungsausgleich außer Betracht, können allerdings bei Eintritt des Versorgungsfalls einen Antrag auf Abänderung des Versorgungsausgleichs begründen. Auch eine befristete Kürzung der Versorgung aufgrund eines Disziplinarverfahrens hat auf den Wert der Beamtenversorgung im VA keinen Einfluss, sondern kann allenfalls zur Bejahung eines Härtefalls nach § 1587 c Nr 1 führen. Dagegen ist die Absenkung des Versorgungssatzes auf 71,75% durch das Versorgungsänderungsgesetz im VA zu berücksichtigen[20].

19   **f) Kindererziehungszeiten.** Für die Kindererziehung wird ein **Zuschlag zu den Versorgungsbezügen** gewährt, der nach Höhe und berücksichtigten Zeiten an die Kindererziehungszeiten in der gesetzlichen Rentenversicherung angeglichen ist (Rn 7). Bei Kindererziehungszeiten ist, sofern sie nicht voll in die Ehezeit fallen, ggf eine gesonderte Zeit-Zeit-Berechnung entsprechend Abs 2 Nr 4 d) vorzunehmen, da sie keinen Bezug zur ruhegehaltsfähigen Dienstzeit haben[21]. Der Kindererziehungszuschlag ist als dynamischer Bestandteil des Ruhegehalts anzusehen[22].

20   **g) Sonderzuwendung.** Bei der Bestimmung des Ehezeitanteils ist zu berücksichtigen, dass das Ruhegehalt nicht nur zwölf Mal gezahlt wird, sondern eine jährliche Sonderzuwendung hinzukommt, die allerdings nicht mehr im Verhältnis der Löhne und Gehälter ansteigt, sondern seit 1994 auf dem Stand von Dezember 1993 festgeschrieben ist[23]. Inzwischen sind weitere Absenkungen erfolgt und künftige zu erwarten. Bei der Berechnung der zu erwartenden Versorgung ist daher ein Zwölftel der jährlichen Sonderzuwendung zusätzlich zu berücksichtigen (regelmäßig in den Auskünften bereits enthalten)[24]. Maßgebend ist der Bemessungsfaktor zum Zeitpunkt der letzten tatrichterlichen Entscheidung[25].

21   **h) Familienbezogene Bestandteile, Stellenzulagen.** Dagegen bleiben nach Abs 8 familienbezogene Bestandteile bei der Berechnung des Versorgungsausgleichs außer Betracht. Stellenzulagen sind zu berücksichtigen, sofern sie ruhegehaltsfähig sind, und zwar auch dann, wenn der Gesetzgeber die Ruhegehaltsfähigkeit erst nach Ende der Ehezeit angeordnet hat[26].

---

[14] Zu den Abänderungsvoraussetzungen in diesen Fällen vgl auch *Borth* Kap 2 Rn 62.
[15] BGH FamRZ 1996, 215.
[16] KG FamRZ 1986, 1005.
[17] BGH FamRZ 1996, 215.
[18] BGH FamRZ 1995, 28.
[19] Für Beamte, deren Dienstverhältnis bereits am 31. 12. 1991 bestanden hat, steigt der Versorgungsabschlag stufenweise um 0,6% für jedes Jahr des vorzeitigen Eintritts in den Ruhestand bis auf 3,6% im Jahr 2003 an (§ 85 BeamtVG idF des Art 4 Nr 14 Dienstrechtsreformgesetz), während er für danach verbeamtete Personen 3,6 Prozent jährlich beträgt. Für eine Berücksichtigung des Versorgungsabschlags im VA jetzt OLG Celle FamRZ 2004, 632 mwN.
[20] BGH FamRZ 2004, 256; OLG Bamberg FFE 2003, 70; OLG Karlsruhe FamRZ 2003, 1928; in Übergangsfällen ist der degressive Abschmelzungsteil der Versorgung schuldrechtlich auszugleichen, BGH FamRZ 2004, 259; OLG Celle FamRZ 2002, 823.
[21] OLG Celle FamRZ 1999, 861; RGRK/*Wick* Rn 82.
[22] RGRK/*Wick* Rn 69.
[23] Art 4 Bundesbesoldungs- und Versorgungsanpassungsgesetz 1996/97 vom 24. 3. 1997, BGBl I S 590.
[24] Die von einigen Gerichten vorgeschlagene Umrechnung der Sonderzuwendung als statisches Anrecht mit Hilfe der BarwertVO hat der BGH abgelehnt, vgl BGH FamRZ 1999, 713. Zur Bewertung der Sonderzuwendung vgl auch OLG Düsseldorf FamRZ 1999, 867.
[25] OLG Celle FamRZ 2002, 170.
[26] BGH FamRZ 1995, 27.

4. Berechnung des Ehezeitanteils. Der Ehezeitanteil errechnet sich daher nach folgender **Formel:** 22
Ehezeitanteil = (fiktives Ruhegehalt + $^1/_{12}$ Sonderzuwendung)
× Dienstzeit in Ehezeit/Gesamtzeit

Beispiel: M ist am 16. 3. 1950 geboren. Er hat am 14. 8. 1975 die Ehe mit F geschlossen. Der Scheidungsantrag 22.1
der F wurde ihm am 28. 8. 2005 zugestellt. Die Ehezeit beträgt daher nach § 1587 Abs 2 30 Jahre (1. 8. 1975–31. 7. 2005).
M ist seit dem 1. 4. 1970 im öffentlichen Dienst als Beamter tätig. Er wird voraussichtlich am 31. 3. 2015 in den Ruhestand treten. Die Gesamtzeit beträgt somit 45 Jahre. Davon fallen 30 Jahre in die Ehezeit. Am letzten Tag der Ehezeit betrugen die ruhegehaltsfähigen Dienstbezüge des M 3000 Euro, die Sonderzuwendung 1500 Euro. Für die Gesamtzeit ergibt sich ein Ruhegehaltssatz von 71,75%, also ein monatliches Ruhegehalt von 2152,50 Euro, dazu 1076,25 Euro Sonderzuwendung. Die Berechnung nach obiger Formel lautet daher: (2152,50+ (1076,25: 12 =) 89,69 x 30/45 = 1494,79 Euro Ehezeitanteil der Versorgung.

Nach Nr 1 S 4 bleiben unfallbedingte Erhöhungen der Versorgung außer Betracht, da sie weder 23
durch Arbeit noch durch Vermögen erworben wurden (vgl § 1587 Abs 1 S 2).

Für **Hochschullehrer** gelten nach Nr 1 S 5 der Vorschrift die beamtenrechtlichen Regelungen über 24
die Bestimmung der ruhegehaltsfähigen Dienstzeit und die Berechnung des Ehezeitanteils entsprechend[27].

5. Sonderfälle. Bei bestimmten Personengruppen sind im VA Sonderregelungen zu berücksichtigen. 25

a) Probebeamte und Abgeordnete. Beamte auf Probe werden im Versorgungsausgleich wie 26
Lebenszeitbeamte behandelt[28]. Dagegen darf die Versorgung der **kommunalen Wahlbeamten** nicht bis zur Regelaltersgrenze hochgerechnet werden, sondern nur bis zum Ende der jeweiligen Wahlperiode, da ihre Wiederwahl ungewiss ist[29]. Als Versorgungsanrecht ist in diesem Fall das Ergebnis einer fingierten Nachversicherung in der gesetzlichen Rentenversicherung zugrunde zu legen[30]. Über dessen Höhe erteilt der Rentenversicherungsträger auf Anfrage Auskunft. Wird der Wahlbeamte später wiedergewählt, rechtfertigt dies einen Abänderungsantrag nach § 10 a VAHRG. Das gleiche gilt für **Abgeordnete** des Bundes und der Länder[31].

b) Widerrufsbeamte und Zeitsoldaten. Widerrufsbeamte und Zeitsoldaten haben ein **alternati-** 27
ves Anrecht auf Beamtenversorgung, falls sie übernommen werden, oder ein Anrecht auf **Nachversicherung** in der gesetzlichen Rentenversicherung, wenn eine Übernahme in das Beamtenverhältnis unterbleibt. Ist die Nachversicherung bereits vorgenommen, so sind die hieraus erworbenen Entgeltpunkte in der Auskunft des Rentenversicherungsträgers mit erfasst[32]. Wurde die Nachversicherung hingegen aufgeschoben oder aus sonstigen Gründen noch nicht durchgeführt, so ist für den VA auf das **Ergebnis einer fingierten Nachversicherung**[33] abzustellen. Hierüber erteilen die Träger der gesetzlichen Rentenversicherung auf Anfrage Auskunft (zur Kennzeichnung als fiktive Berechnung meist als „Probe" bezeichnet). Zur Ausgleichsform vgl § 1587 b Rn 30.

c) Beamtenrechtliche Versorgungen bei privatrechtlichen Trägern. Die Anwartschafts- 28
bewertung nach beamtenrechtlichen Grundsätzen erfolgt auch bei privatrechtlich organisierten Arbeitsverhältnissen, die eine beamtenrechtliche Versorgung gewähren (wie zB bei Privatschulen oder der Max-Planck-Gesellschaft)[34]. Das setzt nicht zwingend voraus, dass diese Personengruppen von der Beitragspflicht in der gesetzlichen Rentenversicherung befreit sind[35]. Der Ausgleich kann jedoch hier nicht durch Quasisplitting erfolgen, da es sich nicht um öffentlich-rechtliche Versorgungsträger handelt. Zum schuldrechtlichen Ausgleich und zum Ausgleich in anderer Weise s § 1587 b Rn 36 ff.

6. Ruhensvorschriften (Abs 6). Die Ruhensvorschriften enthalten besondere Regeln, die beim 29
Vorhandensein mehrerer Versorgungsarten eine zu hohe Versorgung vermeiden sollen.

a) Allgemeines. Abs 6 regelt das Zusammentreffen mehrerer Versorgungsanwartschaften aus Beam- 30
tenversorgung und das Nebeneinander von Beamtenversorgung und gesetzlicher Rente bezüglich der Bestimmung des Ehezeitanteils. Nach dem sog **Alimentationsprinzip** stehen dem Beamten grds nicht mehr als 75% der letzten Dienstbezüge (nach dem ab 1. 1. 2002 – für pensionierte Beamte stufenweise – anwendbaren Recht 71,75%) als Versorgung zu. Darüber hinausgehende Versorgungsrechte bewirken, dass ein entsprechender Teil der Versorgung nicht ausgezahlt wird („ruht"), dh es findet eine **Anrechnung** statt. Dies gilt sowohl für das Nebeneinander mehrerer Beamtenversorgungen als auch entsprechend für das Zusammentreffen von Beamtenversorgung und gesetzlicher Rente (Abs 6 S 2).

---

[27] Zu den Einzelheiten vgl *Johannsen/Henrich/Hahne* Rn 21 ff.
[28] BGH FamRZ 1982, 362.
[29] BGH FamRZ 1995, 414; allg zur Bestimmung des Ehezeitanteils bei Beamten auf Zeit OLG Frankfurt FamRZ 1984, 182 m Anm *Minz/Kern* FamRZ 1984, 909.
[30] OLG Brandenburg FamRZ 2000, 538.
[31] BGH FamRZ 1992, 46.
[32] Der Versicherungsverlauf lässt jeweils erkennen, für welche Zeiten eine Nachversicherung in der angegebenen Höhe erfolgt ist. Zu dem für die Ausgleichsform maßgeblichen Zeitpunkt der letzten tatrichterlichen Entscheidung s auch BGH FamRZ 1999, 221.
[33] BGH FamRZ 1982, 362.
[34] Zu den einzelnen Personengruppen vgl auch *Johannsen/Henrich/Hahne* Rn 29 ff.
[35] *Johannsen/Henrich/Hahne* Rn 35.

§ 1587 a

31 **b) Zusammentreffen mit Ansprüchen aus gesetzlicher Rente.** Hat ein Beamter neben der Beamtenversorgung Ansprüche aus der gesetzlichen Rentenversicherung, so wird aufgrund des Alimentationsprinzips die Beamtenversorgung um den Betrag gekürzt, der aus der gesetzlichen Rentenversicherung gezahlt wird. Grundgedanke ist dabei, dass der Beamte aufgrund der Doppelversorgung nicht besser stehen soll, als wenn er die ganze Dienstzeit über Beamter gewesen wäre (§ 55 Abs 2 BeamtVG).

32 Im Versorgungsausgleich braucht sich der Ehegatte eine anzurechnende gesetzliche Rente nur insoweit entgegenhalten zu lassen, als sie **während der Ehezeit** erworben wurde. In diesen Fällen ist zunächst der Ehezeitanteil der ungekürzten Beamtenversorgung zu ermitteln und sodann der auf die Ehezeit entfallende Kürzungsbetrag hiervon in Abzug zu bringen[36].

33 Eine gesetzliche Rente bleibt bei der Anwendung von Ruhensvorschriften insoweit außer Ansatz, als sie allein auf Beiträgen des Versicherten beruht[37]. Ebenso ist eine aus dem VA resultierende gesetzliche Rente nicht anzurechnen, weil dies dem Zweck des VA zuwiderlaufen würde (§ 55 Abs 1 S 5 BeamtVG). Beim Ruhen der Beamtenversorgung wegen einer vor der Ehe erworbenen gesetzlichen Rente ist auch der Rentenversicherungsträger am Verfahren zu beteiligen[38].

34 **c) Zusatzversorgung des öffentlichen Dienstes.** Ist neben der gesetzlichen Rente auch eine Zusatzversorgung des öffentlichen Dienstes zu berücksichtigen, so ist diese nur mit dem dynamisierten Betrag zu Lasten des Berechtigten in die Höchstbetragsrechnung einzubeziehen[39].

35 **d) Sonstige Fälle.** Neben der gesetzlichen Rente zusätzlich zur Beamtenversorgung sind Fälle der **Ruhensvorschriften** nach §§ 54 bis 56 BeamtVG insbes das Zusammentreffen von Beamtenversorgungen mit Versorgungsbezügen zwischenstaatlicher oder überstaatlicher Einrichtungen. Beim Zusammentreffen von Anrechten der Beamtenversorgung mit Anwartschaften bei zwischenstaatlichen Einrichtungen gelten die Regeln über die Berücksichtigung von Ruhensvorschriften im VA entsprechend (Abs 6 HS 2)[40].

36 **II. Gesetzliche Rente (Abs 2 Nr 2). 1. Gesetzliche Grundlagen.** Die gesetzliche Rente ist im SGB VI[41] geregelt; einzelne Grundbegriffe enthält auch das SGB IV. Das Rentenrecht wurde durch das Rentenreformgesetz 1992[42] umfassend neugestaltet und durch das Wachstums- und Beschäftigungsförderungsgesetz vom 25. 9. 1996 (BGBl I S 1461) grundlegend geändert worden.

37 **2. Träger.** Durch das Gesetz zur **Organisationsreform der gesetzlichen Rentenversicherung** vom 9. 12. 2004 (BGBl I S 3242) wurde die organisatorische Struktur der Rentenversicherungsträger neu geregelt. Träger der gesetzlichen Rentenversicherung sind seit dem 1. 1. 2005
– die Deutsche Rentenversicherung Bund (bisher Bundesversicherungsanstalt) in Berlin,
– 23 Regionalanstalten der Deutschen Rentenversicherung Bund (bisher Landesversicherungsanstalten), für NRW zB die Deutsche Rentenversicherung Rheinland und die Deutsche Rentenversicherung Westfalen,
– die Deutsche Rentenversicherung Knappschaft-Bahn-See (bisher Seekasse in Hamburg und Bundesknappschaft in Bochum).

Neben Angestellten und Arbeitern sind zB auch selbständige Künstler in der gesetzlichen Rentenversicherung pflichtversichert (sog **Künstlersozialkasse**). Das Gleiche gilt für selbständige Handwerker, die in die Handwerksrolle eingetragen sind, Hebammen und weitere in § 2 SGB VI aufgeführte selbständig Tätige. Die **landwirtschaftliche Alterskasse** gehört ebenfalls zur gesetzlichen Rentenversicherung; für sie gelten die Sonderregeln des **ALG**[43].

38 **3. Versicherungsnummer.** Jeder Versicherte hat in der gesetzlichen Rentenversicherung ein **Versicherungskonto**, das unter einer bestimmten Versicherungsnummer geführt wird. Diese enthält die Kennziffer des Versicherungsträgers, der die Nummer vergeben hat, das Geburtsdatum des Versicherten, den Anfangsbuchstaben seines Geburtsnamens sowie eine Zählnummer, die für Männer unter 500 und für Frauen über 500 liegt. Bei einem späteren Wechsel des zuständigen Rentenversicherungsträgers bleibt die zunächst vergebene Versicherungsnummer erhalten. Die Organisationsreform der gesetzlichen Rentenversicherung lässt die vor dem 1. 1. 2005 vergebenen Versicherungsnummern unberührt.

39 **4. Berechnungsgrundlagen.** Die Höhe der gesetzlichen Rente stieg in der Vergangenheit aufgrund der jährlichen Rentenanpassungen entsprechend der Einkommensentwicklung der Beschäftigten

---

[36] BGH FamRZ 2000, 746 in Abweichung von dem bisherigen Rechenweg, der zu einer doppelten Quotierung führte, vgl zB BGH FamRZ 1983, 538, 1005; FamRZ 1986, 563; vgl dazu auch OLG Hamm FamRZ 2001, 161.
[37] BGH FamRZ 1995, 413; zur Anwendung der Ruhensvorschriften vgl auch *Johannsen/Henrich/Hahne* Rn 81 ff, auch zur Berechnung.
[38] OLG Zweibrücken FamRZ 1998, 678.
[39] BGH FamRZ 1988, 48; ausnahmsweise ist der Ehezeitanteil der Zusatzversorgung hier allerdings nicht nach den umlagepflichtigen Entgelten, sondern nach dem Zeit-Zeit-Verhältnis berechnet worden.
[40] Vgl BGH FamRZ 1996, 98 – Eurocontrol; zum VA bei Anwartschaften eines EG-Beamten vgl auch EUGH FamRZ 2000, 83.
[41] Vom 18. 12. 1989, BGBl I S 2261, berichtigt 1990 I S 1337, neu bekanntgemacht am 19. 2. 2002, BGBl I S 754, zuletzt geändert durch RV-Altersgrenzenanpassungsgesetz vom 20. 4. 2007, BGBl I S 554.
[42] Vom 18. 12. 1989, BGBl I S 2261, berichtigt 1990 I S 1337, auf die neuen Bundesländer erstreckt durch das Rentenüberleitungsgesetz vom 25. 7. 1991, BGBl I S 1606.
[43] Art 1 des Gesetzes zur Reform der agrarsozialen Sicherung vom 29. 7. 1994, BGBl I S 1890, zuletzt geändert durch Gesetz vom 4. 4. 1997, BGBl I S 750; zu den Einzelheiten vgl *Greßmann/Klattenhoff* FamRZ 1995, 577.

kontinuierlich an. Um diese **Dynamik der gesetzlichen Rente** rechnerisch darzustellen, wird der Wert einer Rentenanwartschaft nicht in Euro, sondern in **Entgeltpunkten**[44] ausgedrückt.

a) **Entgeltpunkte**. Ein Entgeltpunkt entspricht dem Anwartschaftswert aus dem **Durchschnitts-** 40 **entgelt** aller Versicherten, das jeweils am Jahresende für das Vorjahr durch Rechtsverordnung der Bundesregierung gemäß § 69 Abs 2 SGB VI bekanntgegeben wird[45]. Zugleich wird für das Folgejahr ein vorläufiger Wert (für 2007: 29488 Euro) festgesetzt, der auch für den VA gilt. Der vorläufige Wert ist für den VA auch dann noch maßgeblich, wenn der endgültige bereits festgesetzt wurde[46]. Zahlt ein Versicherter Beiträge nach dem Durchschnittsentgelt aller Versicherten für das entsprechende Jahr in die gesetzliche Rente ein, so erwirbt er eine Anwartschaft in Höhe eines Entgeltpunktes. Die Beitragspflicht[47] besteht allerdings nur bis zu der jeweiligen **Beitragsbemessungsgrenze** (vgl § 159 SGB VI, für 2007 5250 Euro West und 4550 Euro Ost)[48].

Die **Höhe der Entgeltpunkte** bemisst sich daher nach folgender **Formel**: 41

$$\text{Entgeltpunkte} = \frac{\text{versicherungspflichtiges Entgelt}^*}{\text{Durchschnittsentgelt}}$$

*bis zur Beitragsbemessungsgrenze

b) **Aktueller Rentenwert**. Um den jeweiligen Wert der Rente wiederzugeben, wird die Zahl der 42 Entgeltpunkte mit dem aktuellen Rentenwert multipliziert, der durch **Rechtsverordnung** jeweils zum 1.7. eines Jahres bekanntgegeben wird (§§ 65, 68, 69 Abs 1 SGB VI). Ab 1. 7. 2007 beträgt der aktuelle Rentenwert (West) für die alten Bundesländer 26,27 Euro, der aktuelle Rentenwert (Ost) 23,09 Euro (RentenwertbestimmungsVO vom 20. 6. 2007, BGBl I S 1113).

c) **Rentenberechnung**. Die **Rentenformel** lautet daher vereinfacht (vgl § 64 SGB): 43
Monatsrente in Euro = Entgeltpunkte × aktueller Rentenwert
Für den VA ist dabei der **für das jeweilige Ehezeitende geltende aktuelle Rentenwert** zugrunde zu legen. Im VA ist der Teil der Versorgung auszugleichen, der sich am Ende der Ehezeit aus den auf die Ehezeit entfallenden Entgeltpunkten als Altersrente ergäbe (**Ehezeitanteil**, Abs 2 Nr 2, neu gefasst durch das RRG)[49]. Es wird also für die Berechnung des VA ein **Versorgungsfall zum Ehezeitende fingiert**. Dabei bleibt unberücksichtigt, dass die Altersgrenze noch nicht erreicht ist.

Bei der Rentenberechnung spielt weiter der in der obigen Formel nicht berücksichtigte **Renten-** 44 **artfaktor** nach § 67 SBG VI eine Rolle. Dieser beträgt für die Altersrente, Rente wegen voller Erwerbsminderung und Erziehungsrente 1 (andere Werte gelten für die Witwen- und Waisenrente, die jedoch im VA keine Bedeutung haben), für die Knappschaftsrente jedoch 1,3333. Der nach der vorstehenden Formel errechnete Betrag wäre daher bei einer Knappschaftsversorgung mit 1,3333 zu multiplizieren.

Die Höhe der Rente hängt nach § 77 SGB VI außerdem noch von dem **Zugangsfaktor** ab, der zB 45 bei einem Rentenbeginn vor dem 65. Lebensjahr zu einer geringeren Rente führt. Im VA bleibt dieser jedoch außer Betracht (Abs 2 Nr 2).

5. **Rentenrechtliche Grundbegriffe**. Grundlage der gesetzlichen Rente ist das **Leistungsprinzip**, 46 dh für die Höhe der Rente sind in erster Linie die gezahlten Beiträge maßgeblich. Das Leistungsprinzip wird ergänzt durch **soziale Ausgleichsziele**, wie zB die Berücksichtigung von Krankheitszeiten und Kindererziehungszeiten. Die rentenrechtliche Bewertung geht jeweils von Kalendermonaten aus und unterscheidet dabei folgende Zeiten, die in den Auskünften der gesetzlichen Rentenversicherungsträger iE aufgeführt sind:

a) **Beitragszeiten**. Als Beitragszeiten werden Zeiten mit **vollwertigen Beiträgen** und **beitrags-** 47 **geminderte** Zeiten bezeichnet, dh Kalendermonate, die zugleich Beitragszeit und beitragsfreie Zeit sind. Scheidet zB ein Arbeitnehmer zum 15. 9. 1997 aus einem Arbeitsverhältnis aus und ist er danach arbeitslos, so ist der Monat September zugleich Beitragszeit und beitragsfreie Zeit.

Als Beitragszeiten werden nach § 55 SGB VI Zeiten eingestuft, in denen **Pflichtbeiträge** oder 48 **freiwillige Beiträge entrichtet** wurden oder für die aufgrund besonderer Vorschriften **Pflichtbeiträge als gezahlt gelten**.

aa) **Pflichtbeiträge**. Diese sind von den in §§ 1 bis 4 SGB VI aufgeführten Beschäftigten zu 49 entrichten, und zwar bis zur Höhe der jeweils festgesetzten Beitragsbemessungsgrenze. Zur Beitragsbemessungsgrenze vgl auch Rn 40. Die Beiträge werden anhand des jeweils geltenden Beitragssatzes aus dem sozialversicherungspflichtigen Bruttoeinkommen berechnet und jeweils hälftig vom Arbeitgeber und vom Arbeitnehmer getragen. Der Arbeitgeber behält den Arbeitnehmeranteil unmittelbar vom Lohn ein und führt ihn zusammen mit dem Arbeitgeberanteil an den zuständigen Rentenversicherungsträger ab.

---

[44] Bis zum RRG 1992 wurde die Rentenhöhe in Werteinheiten (WE) ausgedrückt; 1 EP entspricht 100 WE.
[45] Zuletzt geändert durch § 1 Abs 1 des Sozialversicherungs-Rechengrößengesetzes 2007 vom 2. 12. 2006, BGBl I S 2746.
[46] OLG Frankfurt FamRZ 1996, 1422.
[47] Im Jahr 2007 19,9% des sozialversicherungspflichtigen Bruttoentgeltes, von denen die eine Hälfte der Arbeitgeber und die andere Hälfte der Arbeitnehmer trägt.
[48] § 3 Rechengrößengesetz 2007.
[49] Vgl BGH FamRZ 1996, 406, auch zur Behandlung von Werteinheiten aus pauschalen Anrechnungszeiten.

§ 1587 a

50 Werden Pflichtbeiträge für Zeiten gezahlt, für die eine **flexible Arbeitszeitregelung** vereinbart ist, so sind die hieraus erworbenen Anwartschaften wie sonstige Pflichtbeiträge einzubeziehen ungeachtet der Tatsache, dass Zeiten der Beschäftigung mit Zeiten der Freistellung abwechseln und für letztere Wertguthaben angespart werden[50]. In Störfällen gilt das In-Prinzip, dh die Anwartschaften sind auszugleichen, wenn die Beiträge in der Ehezeit gezahlt worden sind[51].

51 Als **Pflichtbeitragszeiten wegen Berufsausbildung** gelten stets die ersten 36 Kalendermonate (bis zum 31. 12. 1996: 48 Kalendermonate) einer versicherungspflichtigen Beschäftigung oder selbständigen Tätigkeit bis zur Vollendung des 25. Lebensjahrs (§ 58 Abs 1 S 2 SGB VI). Die Anrechnung ist jedoch der Höhe nach auf **0,0625 Entgeltpunkte** pro Kalendermonat begrenzt (§ 74 Abs 1 S 2 SGB VI).

52 **bb) Kindererziehungszeiten.** Nach § 56 Abs 1 S 1 SGB VI gelten in den ersten drei Lebensjahren des Kindes bei dem erziehenden Elternteil Pflichtbeiträge als gezahlt. Diese Regelung wurde durch das Rentenreformgesetz 1992 vom 18. 12. 1989 (BGBl I S 2261, berichtigt 1990 I S 1337) eingeführt. Für ein vor dem 1. 1. 1992 geborenes Kind endete die Kindererziehungszeit zwölf Kalendermonate nach Ablauf des Monats der Geburt (§ 249 Abs 1 SGB VI). Der Ausschluss vor dem 1. 1. 1921 geborener Elternteile von der Anrechnung der Kindererziehungszeiten (§ 249 Abs 4 SGB VI) ist verfassungsgemäß[52], ebenso die Nichtberücksichtigung im Ausland geleisteter Kindererziehung[53]. Für Beamte wurden besondere Regelungen im Rahmen der Beamtenversorgung getroffen[54]. Neben der Bewertung als Pflichtbeitragszeiten werden Kindererziehungszeiten auch als Berücksichtigungszeiten betrachtet und für die Durchschnittsbildung mit fiktiven Entgeltpunkten belegt. Zu den Berücksichtigungszeiten vgl Rn 66 und zur Durchschnittsbildung Rn 73 ff.

53 Für einen Elternteil werden **auf Antrag** Kindererziehungszeiten angerechnet, wenn die Erziehung im Gebiet der BRD erfolgt ist oder einer solchen gleichsteht und der Elternteil nicht zu den Personengruppen gehört, die von der Anrechnung ausgeschlossen sind, wie zB Minister und Abgeordnete (§ 56 Abs 1 S 2 SGB VI). Haben Eltern ein Kind gemeinsam erzogen, so können sie durch übereinstimmende **Erklärung gegenüber dem Rentenversicherungsträger** bestimmen, wem die Erziehungszeit zuzuordnen ist. Die Erklärung kann auch im Rahmen des VA abgegeben werden. Haben die Eltern keine Bestimmung getroffen, so sind die Kindererziehungszeiten der Mutter zuzuordnen, wenn nicht der Vater das Kind überwiegend erzogen hat. Die Kindererziehungszeit beginnt nach Ablauf des Monats der Geburt und endet nach sechsunddreißig Kalendermonaten. Wird während dieser Zeit von dem Elternteil ein weiteres Kind erzogen, für das ihm Kindererziehungszeiten anzurechnen sind, so verlängert sich der Zeitraum um die Kalendermonate der gleichzeitigen Erziehung. Für jeden Monat der Kindererziehung sind **0,0833 Entgeltpunkte** (wie beim Durchschnittsentgelt) anzusetzen (seit 1. 7. 2000)[55]. Durch das Altersvermögensgesetz vom 26. 6. 2001 (BGBl I S 1310) haben sich in bestimmten Fällen Veränderungen bei der Bewertung für das dritte Kind ergeben.

54 Nach altem Recht waren Kindererziehungszeiten nur zu berücksichtigen, wenn nicht für den gleichen Zeitraum Pflichtbeiträge gezahlt oder freiwillige Beiträge entrichtet wurden, die zu einem höheren Wert führten (§ 70 Abs 2 SGB VI). Die **Nichtberücksichtigung neben beitragsbelegten Zeiten** der gesetzlichen Rentenversicherung hat das BVerfG als Verstoß gegen den Gleichheitssatz beanstandet[56]. Die Neuregelung durch das **Rentenreformgesetz 1999**[57] sieht eine volle Berücksichtigung von Kindererziehungszeiten neben Beitragszeiten bis zur Beitragsbemessungsgrenze mit Wirkung zum 1. 7. 1998 vor (§ 83 SGB VI nF), und zwar rückwirkend, soweit bei Verkündung der Entscheidung des BVerfG eine Rente noch nicht bindend bewilligt war. Die stufenweise Höherbewertung der Kindererziehung kann ggf durch eine Abänderung des VA nach § 10 a VAHRG berücksichtigt werden[58]. Bezieht die ausgleichsberechtigte Ehefrau bereits Rente und sind bei ihr Kindererziehungszeiten berücksichtigt, so sind diese Zeiten mit dem vollen Wert und nicht mit dem bis zum 30. 6. 2000 reduzierten Zahlbetrag anzusetzen[59].

55 **cc) Freiwillige Beiträge.** Freiwillig Beiträge entrichten können Personen, die nach den §§ 1 bis 4 SGB VI nicht versicherungspflichtig sind, für Zeiten von der Vollendung des sechzehnten Lebensjahres an (§ 7 Abs 1 SGB VI). Eine freiwillige Versicherung ist nicht mehr zulässig, wenn bereits ein bindender Altersruhegeldbescheid vorliegt („Ein abgebranntes Haus kann man nicht versichern", § 1587 b Abs 3 S 1 HS 2, § 7 Abs 3 SGB VI). Versicherungsfreie Personen (§ 5 SGB VI) wie zB

---

[50] Gesetz zur sozialrechtlichen Absicherung flexibler Arbeitszeitregelungen vom 6. 4. 1998, BGBl I S 688; zur Behandlung im Versorgungsausgleich vgl *Schmeiduch* FamRZ 1999, 1035.
[51] Vgl auch OLG Jena FamRZ 2000, 234.
[52] BVerfG FamRZ 1992, 1038; allerdings erhalten diese Leistungen nach dem Kindererziehungsleistungsgesetz, sog „Babygeld"; Letztere unterliegen aber nicht dem VA.
[53] BVerfG FamRZ 1998, 1293.
[54] § 50 a BeamtVG idF des Besoldungsänderungsgesetzes vom 20. 12. 2001, BGBl I S 3926, ersetzt das frühere Kindererziehungszuschlagsgesetz.
[55] Vgl Art 1 Nr 34, 95 Rentenreformgesetz (RRG) 1999 vom 16. 12. 1997, BGBl I S 2998.
[56] FamRZ 1996, 1137.
[57] Art 1 Nr 43 a RRG 1999 vom 16. 12. 1997, BGBl I S 2998; zu den Einzelheiten vgl *Schmeiduch* FamRZ 1998, 530.
[58] So OLG Frankfurt FamRZ 1997, 1220; für eine nachträgliche Berücksichtigung der Kindererziehungszeiten nach § 10 a VAHRG auch ohne Erreichen der Wesentlichkeitsschwelle AG Groß-Gerau FamRZ 1998, 1363; zur bisherigen Rechtslage vgl OLG Celle FamRZ 1997, 1218; *Borth* FamRZ 1997, 1041, 1043, und *Dörr/Hansen* NJW 1997, 2922.
[59] OLG Jena FamRZ 1999, 1282.

Ausgleichsanspruch § 1587 a

Beamte können nur dann freiwillig Beiträge leisten, wenn sie die allgemeine Wartezeit bereits erfüllt, also mindestens sechzig Monate lang Beiträge gezahlt oder Wartezeiten in entsprechender Höhe durch den VA erworben haben (§ 7 Abs 2 SGB VI). Zu den Wartezeiten vgl auch Rn 68.

Bei unbarer Zahlung ist frühestens der Zeitpunkt der Kontobelastung beim Versicherten als **Zah-** 56 **lungszeitpunkt** anzusehen[60]. Zur Zuordnung von Beiträgen zur Ehezeit und zum In- und Für-Prinzip vgl auch § 1587 Rn 54 f.

dd) Beitragsnachentrichtung. Bei der Öffnung der Rentenversicherung für Selbständige im Jahre 57 1972 wurde diesen gestattet, **freiwillig Beiträge** für frühere Zeiten nachzuentrichten. Auch Ehefrauen konnten die anlässlich der Eheschließung erstatteten Beiträge wieder einzahlen. Nach §§ 282 ff SGB VI ist eine Nachzahlung heute nur noch in eng begrenzten Fällen zulässig; allerdings können nach § 207 SGB VI **Ausbildungszeiten,** die nach dem Wachstums- und Beschäftigungsförderungsgesetz vom 25. 9. 1996 (BGBl I S 1461) nicht mehr als Anrechnungszeiten berücksichtigt werden, durch freiwillige Beiträge aufgefüllt werden. Durch die Entrichtung von Mindestbeiträgen nach § 167 SGB VI in Höhe von einem Siebtel der Bezugsgröße nach § 18 Abs 1 SGB IV (§ 2 Abs 1 Sozialversicherungs-Rechengrößengesetz 2007, s Rn 40) monatlich können in diesen Fällen Kürzungen der Versorgung abgewendet werden.

Die Berechnungen des Rentenversicherungsträgers bedürfen häufig in den Fällen der Korrektur, in 58 denen eine **Beitragsnachentrichtung** für vor der Ehe liegende Versicherungszeiten **während der Ehezeit** erfolgt ist. Diese sind rentenrechtlich nach dem Für-Prinzip dem versicherten Zeitraum zuzuordnen, nach dem für den VA geltenden **In-Prinzip**[61] aber in den Ausgleich einzubeziehen. Das In-Prinzip gilt auch für die Nachentrichtung von Beiträgen aufgrund einer Heiratserstattung nach § 282 SGB VI[62]. Zum In- und Für-Prinzip vgl auch § 1587 Rn 54. Die Zahl der durch die Nachentrichtung erworbenen Entgeltpunkte lässt sich zumeist der Auskunft entnehmen. Anderenfalls muss eine ergänzende Auskunft eingeholt werden. Durch Multiplikation mit dem für das Ehezeitende maßgeblichen aktuellen Rentenwert kann sodann der zusätzlich auszugleichende Betrag berechnet werden. In einzelnen Fällen nehmen die Rentenversicherungsträger bereits von sich aus die für den VA erforderliche Korrektur vor (zB dann, wenn ein Selbständiger ausschließlich freiwillige Beiträge entrichtet hat).

ee) Nachversicherung. Scheidet ein Beamter, Soldat oder Richter aus dem öffentlichen Dienst aus, 59 so verliert er seine öffentlich-rechtlichen Versorgungsanrechte. Zugleich ist der Dienstherr verpflichtet, ihn in der gesetzlichen Rentenversicherung nachzuversichern (§ 8 Abs 2 SGB VI). Eine Anwartschaft auf eine gesetzliche Rente liegt aber nur vor, wenn die **Nachversicherung** bereits durchgeführt wurde. Ansonsten ist der **Nachversicherungsanspruch** zu bewerten[63], ebenso bei Zeitsoldaten und Beamten auf Widerruf, die keine beamtenrechtliche Versorgung erworben haben. Über die Höhe des Nachversicherungsanspruchs erteilen die Rentenversicherungsträger in gleicher Weise Auskunft wie über die Höhe bereits bestehender Anwartschaften. Zu den Einzelheiten des Ausgleichs in diesen Fällen vgl auch § 1587 b Rn 30.

b) Beitragsfreie Zeiten. Beitragsfreie Zeiten sind Zeiten, für die aus rentenrechtlich triftigen 60 Gründen (im Unterschied zu den beitragslosen Zeiten), wie zB wegen **Krankheit** oder nach vorheriger Berufstätigkeit eingetretener **Arbeitslosigkeit,** keine Beiträge entrichtet werden (§ 54 Abs 4 SGB VI). Es handelt sich um Kalendermonate, in denen der Versicherte keine Beiträge entrichtet hat, die aufgrund bestimmter Umstände als leistungserhöhend anerkannt werden. Als beitragsfreie Zeiten kommen Anrechnungszeiten, Zurechnungszeiten und Ersatzzeiten in Betracht.

aa) Anrechnungszeiten. Als Anrechnungszeiten gelten nach § 58 SGV VI insbes Zeiten der krank- 61 heitsbedingten **Arbeitsunfähigkeit,** der **Schwangerschaft** und des Mutterschutzes, der **Arbeitslosigkeit** mit Berechtigung zum Bezug von Arbeitslosengeld oder -hilfe, sofern dadurch eine versicherungspflichtige Tätigkeit unterbrochen wurde und nicht die Bundesagentur für Arbeit Beiträge für den Versicherten entrichtet hat, sowie des Schul- oder Fachhochschulbesuches und Zeiten der **Berufsausbildung** nach Vollendung des sechzehnten Lebensjahrs. Weitere Anrechnungszeiten enthalten die §§ 252 ff SGB VI. Durch das zum 1. 1. 2005 in Kraft getretene **Rentenversicherungsnachhaltigkeitsgesetz** vom 21. 7. 2004 (BGBl I S 1791) werden Zeiten der Schul- und Hochschulausbildung nach dem 17. Lebensjahr von derzeit 36 Monaten auf null Monate bis zum 31. 12. 2008 abgeschmolzen.

Ersatzzeiten, zB wegen Kriegsdienst oder Gefangenschaft, die ebenfalls beitragsfrei sind, sind in den 62 §§ 250 und 251 SGB VI geregelt.

Die bisherige Höchstgrenze von sieben Jahren für die Ausbildungszeiten wurde durch das Wachs- 63 tums- und Beschäftigungsförderungsgesetz vom 25. 9. 1996 (BGBl I S 1461) auf drei Jahre begrenzt, soweit sich nicht nach den Sondervorschriften des 5. Kapitels des SGB VI wegen einer Lehre ausnahmsweise höhere Anrechnungszeiten ergeben. Bei Akademikern mit langen Studienzeiten kann die Neuregelung erhebliche **Kürzungen der Versorgungsanwartschaften** zur Folge haben. Deshalb kann es sinnvoll sein, diese durch Zahlung von Mindestbeiträgen wiederaufzufüllen. Zur Wiederauffüllung gekürzter Anrechnungszeiten s auch Rn 57. Zur weiteren künftigen Kürzung durch das Rentenversicherungsnachhaltigkeitsgesetz s Rn 61.

---

[60] Vgl BGH FamRZ 1996, 1538.
[61] Vgl auch KG FamRZ 1996, 1552.
[62] BGH FamRZ 1997, 414; OLG Nürnberg FamRZ 1996, 1550.
[63] BGH FamRZ 1982, 362.

§ 1587 a

64 Sind Auskünfte noch nach altem Recht erteilt worden, so muss ggf auch dann eine **neue Auskunft** eingeholt werden, wenn die Ausbildungszeiten vor der Ehe liegen, da ein Einfluss auf die Bewertung anderer rentenrechtlich bedeutsamer Zeiten infolge der zwischenzeitlichen Rechtsänderungen nicht auszuschließen ist, obgleich die Auswirkungen in manchen Fällen erst bei Eintritt der Rentenberechtigung abschließend beurteilt werden können. Zur Gesamtleistungsbewertung s auch Rn 73 ff.

65 **bb) Zurechnungszeiten.** Zurechnungszeiten nach § 59 SGB VI sind Zeiten, die bei einer Rente wegen Erwerbsminderung oder wegen Todes (Witwen- oder Witwerrente, Waisenrente oder Erziehungsrente) hinzugerechnet werden, wenn der Versicherte das 60. Lebensjahr noch nicht vollendet hat. Die Zeit bis zum 55. Lebensjahr wird voll und der Zeitraum bis zum 60. Lebensjahr zu einem Drittel berücksichtigt (§ 59 Abs 3 SGB VI), um die durch den vorzeitigen Rentenbezug entstehenden Nachteile auszugleichen. Die Zurechnungszeit ist bei der Berechnung der Altersrente eine Anrechnungszeit nach § 58 Abs 1 Nr 5 SGB VI, damit nicht die Altersrente niedriger ausfällt als zB eine zuvor bezogene Erwerbsminderungsrente. § 88 Abs 1 SGB VI sieht einen **Bestandsschutz der Entgeltpunkte** einer bereits bewilligten Erwerbsminderungsrente oder Erziehungsrente für die anschließend gewährte Altersrente vor[64].

66 **c) Berücksichtigungszeiten.** Neben den Beitragszeiten und beitragsfreien Zeiten sind rentenrechtlich die sog Berücksichtigungszeiten von Bedeutung. Darunter versteht man Zeiten, die rentenrechtlich nicht als Lücke gewertet werden, sondern für die Durchschnittsbildung mit **fiktiven Entgeltpunkten** belegt werden. Zur Gesamtleistungsbewertung in der gesetzlichen Rentenversicherung vgl auch Rn 73 ff.

67 Berücksichtigungszeiten sind insbes **Zeiten der Erziehung eines Kindes** bis zu dessen vollendetem zehnten Lebensjahr bei einem Elternteil, für den die Voraussetzungen für die Anerkennung einer Kindererziehungszeit vorliegen (§ 57 Abs 1 SGB VI). Berücksichtigungszeiten allein können keinen Rentenanspruch begründen, sondern wirken sich lediglich auf die Bewertung beitragsfreier Zeiten aus. Neben den Kindererziehungszeiten wird auch die Zeit der nicht erwerbstätigen **Pflege eines Pflegebedürftigen** auf Antrag bei der Pflegeperson unter bestimmten Voraussetzungen als Berücksichtigungszeit anerkannt. Nach § 71 Abs 3 SGB VI werden Berücksichtigungszeiten für die Durchschnittsbildung fiktiv mit **0,0833 Entgeltpunkten** pro Monat bewertet. Sind 25 Jahre mit rentenrechtlichen Zeiten vorhanden, so werden die Berücksichtigungszeiten bei nach 1991 geborenen Kindern in bestimmten Fällen effektiv Entgeltpunkte gutgeschrieben (§ 70 Abs 3 a SGB VI).

68 **d) Wartezeiten.** Nach § 50 SGB VI beträgt die **Mindestwartezeit** in der gesetzlichen Rentenversicherung sechzig Monate, dh der Versicherte muss fünf Jahre lang Beiträge entrichtet haben, damit eine Regelaltersrente, eine Rente wegen Erwerbsminderung oder wegen Todes (Witwen- oder Waisenrente) gezahlt werden kann. Neben dieser allgemeinen Wartezeit gibt es zahlreiche **weitere Wartezeiten**.

69 Die Erfüllung von Wartezeiten ist regelmäßig nicht nur durch Beitragszahlung, sondern **auch durch Übertragung von Wartezeiten im VA** möglich. Mit den Anwartschaften werden im VA nämlich zugleich Wartezeiten umgebucht, weil sonst die Zahlung einer Rente aus den übertragenen Entgeltpunkten nicht möglich wäre. Allerdings hat die Gutschrift von Wartezeiten beim Berechtigten keine Einbuße an Wartezeiten beim Ausgleichspflichtigen zur Folge; dieser verliert also nicht eine bereits eingetretene Rentenberechtigung.

70 Für die Bewilligung einer **Rente wegen Erwerbsminderung** ist neben der Erfüllung der Wartezeit erforderlich, dass in den letzten sechzig Monaten vor Rentenbeginn mindestens sechsunddreißig Pflichtbeiträge gezahlt wurden (§ 43 Abs 1 Nr 2 SGB VI). Wegen dieser besonderen Voraussetzungen kann eine Erwerbsminderungsrente nicht allein durch Übertragung von Wartezeiten im VA erworben werden.

71 **Ein im VA übertragener Entgeltpunkt** entspricht **zweiunddreißig Monaten Wartezeit** (§ 52 S 1 SGB VI) oder als Formel ausgedrückt:
1 Entgeltpunkt = 32 Monate Wartezeit[65]

72 Durch den VA können aber nicht mehr Wartezeiten übertragen werden, als der Ehezeit insgesamt zuzuordnen sind. Auf diesen Höchstwert sind überdies eigene, für die Ehezeit erworbene Wartezeiten des Berechtigten anzurechnen (§ 52 S 2 SGB VI).

73 **6. Bewertung in der gesetzlichen Rentenversicherung.** Damit sich das Leistungsprinzip auch auf die beitragsfreien Zeiten auswirkt, wird diesen der Durchschnittswert der Entgeltpunkte für die Beitragszeiten zugeordnet. Um den für die beitragsfreien Zeiten maßgeblichen Durchschnitt zu ermitteln, erfolgt eine sog **Gesamtleistungsbewertung**. Zu diesem Zweck werden zwei verschiedene Durchschnittswerte gebildet und miteinander verglichen.

74 **a) Grundbewertung.** Bei der Grundbewertung nach § 72 SGB VI werden **alle Entgeltpunkte** aus Beitragszeiten und Berücksichtigungszeiten addiert und durch die Zahl der **belegungsfähigen Monate** geteilt. Darunter ist die Zeit vom vollendeten 17. Lebensjahr bis zum Kalendermonat vor Beginn der

---

[64] Bei zwischenzeitlicher Rechtsänderung sind die Entgeltpunkte allerdings nach neuem Recht auf die Versicherungszeiten zu verteilen, vgl hierzu BGH FamRZ 1996, 406; FamRZ 1997, 160; zur Berechnung der im VA auszugleichenden Anwartschaft aus einer Erwerbsminderungsrente vgl *Schmeiduch* FamRZ 1998, 594; zum Bestandsschutz vgl auch *Johannsen/Henrich/Hahne* Rn 170.

[65] Der Wert ist durch das Altersvermögensergänzungsgesetz vom 21. 3. 2001, BGBl I S 403, verdoppelt worden! Vgl auch *Kemnade* FamRZ 2002, 289.

Rente oder des für die Rente maßgeblichen Ereignisses (bei Minderung der Erwerbsfähigkeit oder Tod) zu verstehen (§ 72 Abs 2 SGB VI). Sind **Versicherungslücken** vorhanden, also Zeiten, für die der Versicherte ohne rentenrechtlich anerkannte Gründe keine Beiträge entrichtet hat, so werden die gezahlten Beiträge auch auf die Lückenzeiten verteilt.

b) Vergleichsbewertung. Bei der Vergleichsbewertung wird der Durchschnittswert nur aus **vollwertigen Monatsbeiträgen** gebildet (§ 73 S 1 SGB VI). Dadurch soll verhindert werden, dass sich beitragsgeminderte Monate zu Lasten des Versicherten auswirken. Der jeweils günstigere Durchschnittswert wird für die Gesamtleistungsbewertung herangezogen. Beitragsfreie Zeiten erhalten nach § 71 Abs 1 S 2 SGB VI den höheren Durchschnittswert aus Grundbewertung oder Vergleichsbewertung, beitragsgeminderte Zeiten mindestens den Wert, der ihnen als beitragsfreien Zeiten zugeordnet würde (§ 71 Abs 2 S 1 SGB VI)[66]. § 74 SGB VI sieht eine **begrenzte Gesamtleistungsbewertung** vor, dh der sich aus der Gesamtleistungsbewertung ergebende Wert wird für Anrechnungszeiten wegen Krankheit und Arbeitslosigkeit und wegen des Besuchs einer Schule, Fachschule oder Hochschule auf 0,0625 Entgeltpunkte je Kalendermonat begrenzt. Die Auskünfte der Rentenversicherungsträger geben Grund- und Vergleichsbewertung und die sich hieraus ergebenden Entgeltpunkte detailliert an und legen den jeweils günstigeren Wert für die Ermittlung des Ehezeitanteils zugrunde. 75

7. Bewertung der Versorgung von Rentnern. Ist eine Rente zu bewerten, die bereits gezahlt wird, so kann der für den VA fiktiv ermittelte von dem tatsächlichen Zahlbetrag abweichen. In diesen Fällen ist von dem **tatsächlichen Zahlbetrag** auszugehen, wenn nicht eine Korrektur der Rentenberechnung zu erwarten ist[67]. Renten, die nach dem bis zum 31. 12. 1991 geltenden Rentenrecht bewilligt wurden, sind der Höhe nach **bestandsgeschützt,** wenn sie höher sind als bei fiktiver Berechnung nach neuem Recht. Das gilt auch dann, wenn der Ehezeitanteil geringer ist, wobei die Zuordnung der Entgeltpunkte nach dem ab 1. 1. 1992 geltenden Recht erfolgt[68]. Zum Bestandsschutz s auch Rn 65. 76

8. Ostanrechte. In den neuen Bundesländern gilt der VA seit dem 1. 1. 1992. Zur Einführung des VA in den neuen Bundesländern vgl auch § 1587 Rn 15. Alle in der ehemaligen DDR begründeten Versorgungsanrechte wurden in die gesetzliche Rentenversicherung überführt, und zwar vor der am 18. 5. 1990 eingetretenen Sozialunion **im Einzelfall** bei Übersiedlung in die alten Bundesländer **aufgrund des Fremdrentengesetzes**[69], wobei sie als normale Entgeltpunkte gutgeschrieben wurden. Seit dem Inkrafttreten der Sozialunion werden Ostanrechte nach dem **Rentenüberleitungsgesetz** (Art 2, 3 RÜG) vom 25. 7. 1991 (BGBl I S 1606) in Entgeltpunkten (Ost) gebucht. Wenn aufgrund interlokalen Rechts auf die Scheidung das Recht der alten Bundesländer anwendbar war, galt bis zum 31. 12. 1991 für diese Fälle Anlage I zum Einigungsvertrag vom 31. 8. 1990 (BGBl II S 889, 951). Hiernach war der VA auszusetzen oder teilweise durchzuführen, soweit eine Teilentscheidung möglich war. Im Rentenfall hatte eine vorläufige Regelung nach den Vorschriften des schuldrechtlichen VA zu erfolgen[70]. 77

Im Beitrittsgebiet sind gegenwärtig allerdings die Renten und Versorgungen noch niedriger als in den alten Bundesländern. Sie steigen in ihrem Wert stärker an (sog **angleichungsdynamische Anrechte**) und werden zu dem amtlich festzustellenden Zeitpunkt der **Einkommensangleichung** den Wert der im Westen erworbenen Versorgungen erreicht haben. Bis dahin gilt aufgrund des am 1. 1. 1992 in Kraft getretenen VAÜG[71] ein **Übergangsrecht**. Zu den Einzelheiten vgl die Kommentierung des VAÜG. 78

9. Höherversicherung. Bis zum Inkrafttreten des RRG 1999 vom 16. 12. 1997 (BGBl I S 2998) bestand für bestimmte Personengruppen die Möglichkeit, durch freiwillige Zahlungen Anrechte aus der sog Höherversicherung zu erwerben, die eine feste Rendite für die eingezahlten Beträge versprach. Eine Dynamisierung, dh Anpassung der Renten an die Einkommensentwicklung, fand demgegenüber nicht statt. Die Anrechte der Höherversicherung folgen nicht den für die Bewertung der gesetzlichen Rentenversicherung geltenden Regeln, sondern richten sich nach den sonstigen Anrechten (Nr 4 c)[72]. Nach Abs 4, Abs 3 S 2 ist daher eine Umrechnung mit Hilfe der BarwertVO erforderlich. Zu den Einzelheiten vgl auch § 1587 b Rn 10 und 37 ff. 79

III. Betriebliche Altersversorgung (Abs 2 Nr 3). 1. Allgemeine Grundlagen. Die betriebliche Altersversorgung ergänzt die Alterssicherung von Arbeitnehmern, die in einem privaten Arbeitsverhältnis stehen, aus der gesetzlichen Rente. Der Anspruch auf eine Betriebsrente kann auf Satzung, Tarifvertrag, Betriebsvereinbarung, Arbeitsvertrag oder bloßer betrieblicher Übung beruhen, die den Arbeitgeber zur Gleichbehandlung seiner Mitarbeiter verpflichtet. 80

---

[66] Zur Gesamtleistungsbewertung bei Entgeltpunkten Ost und West vgl auch AG Tempelhof-Kreuzberg FamRZ 1997, 427.
[67] Vgl BGH FamRZ 1994, 904 zum alten Recht; *Schwab/Hahne,* HdB ScheidungsR, Rn VI 100; nach OLG Karlsruhe FamRZ 1999, 921 ist der jeweils höhere Betrag maßgeblich.
[68] BGH FamRZ 1996, 406; FamRZ 1997, 160.
[69] Vom 25. 2. 1960, BGBl I S 93, zuletzt geändert durch Art 4 des Wachstums- und Beschäftigungsförderungsgesetzes vom 25. 9. 1996, BGBl I S 1461.
[70] Zum Übergangsrecht vgl auch *Johannsen/Henrich/Hahne* Rn 149.
[71] Gesetz zur Überleitung des VA auf das Beitrittsgebiet, geregelt in Art 4 des Rentenüberleitungsgesetzes vom 25. 7. 1991, BGBl I S 1606, Art 2, 3.
[72] Zur Bewertung einer Höherversicherung in der ehemaligen DDR vgl OLG Brandenburg FamRZ 2000, 676.

§ 1587 a

81 Das **Gesetz zur Verbesserung der betrieblichen Altersversorgung (BetrAVG)**[73] stellt Mindestanforderungen für Betriebsrenten auf, ua mit dem Ziel, die Mobilität der Arbeitnehmer zu fördern. Es regelt zB, unter welchen Voraussetzungen der Anspruch auf eine Betriebsrente auch bei Ausscheiden aus dem Betrieb bestehen bleibt (Unverfallbarkeit), und verpflichtet den Arbeitgeber, alle drei Jahre eine **Anpassung der laufenden Leistungen** unter Berücksichtigung der Belange des Versorgungsempfängers und der wirtschaftlichen Lage des Unternehmens zu prüfen (§ 16 BetrAVG)[74]. Die Anpassungsprüfungspflicht entfällt, wenn der Arbeitgeber die laufenden Leistungen der Betriebsrente jährlich um mindestens ein Prozent anpasst oder die Altersversorgung über eine Direktversicherung oder Pensionskasse erfolgt, bei der die Überschussanteile dem Berechtigten zu Gute kommen.

82 Weiter sind Betriebsrenten durch eine Pflichtversicherung des Arbeitgebers, gegen die sich der Anspruch im Konkursfall richtet, **insolvenzgesichert** (§ 7 BetrAVG). Das BetrAVG enthält außerdem detaillierte Regelungen darüber, unter welchen Voraussetzungen und in welcher Weise die **Abfindung** von Betriebsrenten erfolgen kann. Von den Bestimmungen des BetrAVG kann grds nur zugunsten des Arbeitnehmers abgewichen werden (§ 17 Abs 3 BetrAVG). Das Gesetz gilt auch für Personen, die nicht Arbeitnehmer sind, denen jedoch aufgrund ihrer Tätigkeit für ein Unternehmen eine betriebliche Altersversorgung zugesagt wurde[75].

83 **2. Einzubeziehende Anrechte.** Im VA werden nur **Rentenzahlungen,** dh wiederkehrende Leistungen berücksichtigt[76]. Auch Einmalzahlungen können eine betriebliche Altersversorgung iS des BetrAVG darstellen, jedoch unterliegen diese grds dem Zugewinnausgleich. Zur Abgrenzung iE s § 1587 Rn 59. Betriebliche Überbrückungszahlungen, die bei Ausscheiden vor Erreichen des niedrigsten Eingangsalters für den Ruhestand geleistet werden, unterliegen nicht dem VA, da bei ihnen die Einkommensersatzfunktion und nicht die Altersversorgung im Vordergrund steht[77]. Bei Anwartschaften aus betrieblicher Altersversorgung sind in die Bewertung auch das **Weihnachtsgeld und Treueprämien** einzubeziehen[78].

84 Im Unterschied zu anderen Versorgungsarten, bei denen die Erfüllung von Wartezeiten keine Rolle spielt, unterliegen dem VA keine betrieblichen Anrechte, die noch verfallbar sind (Abs 2 Nr 3 S 3). Das BetrAVG sieht Mindestzeiten der Betriebszugehörigkeit für die **Unverfallbarkeit** vor. Zu den Einzelheiten s auch Rn 110.

85 **3. Träger.** Als Träger der betrieblichen Altersversorgung kommen in Betracht:
– der **Arbeitgeber,** wenn er eine **unmittelbare Versorgungszusage** erteilt hat;
– eine **Versicherung,** die der Arbeitgeber als Versicherungsnehmer zugunsten des bezugsberechtigten Arbeitnehmers abgeschlossen hat **(Direktversicherung).** In den VA werden nur **Rentenversicherungen** einbezogen. Ist die Versicherung dagegen auf eine Kapitalleistung gerichtet, so fällt sie in den Zugewinnausgleich[79]. Zur Kapitalversicherung mit Rentenwahlrecht und zur Rentenversicherung mit Kapitalwahlrecht vgl auch § 1587 Rn 59.
– eine **Pensionskasse,** die meist als Versicherungsverein auf Gegenseitigkeit organisiert ist und durch Beiträge des Arbeitgebers und der Arbeitnehmer finanziert wird;
– die neu eingeführte Form des **Pensionsfonds**
– eine **Unterstützungskasse,** die nur durch den Arbeitgeber und Vermögenserträge unterhalten wird
– sowie die **Zusatzversorgung des öffentlichen Dienstes,** die eine Sonderform der betrieblichen Altersversorgung darstellt. Es handelt sich idR um Anstalten des öffentlichen Rechts, wie zB die Versorgungsanstalt des Bundes und der Länder (VBL) in Karlsruhe, oder um kommunale sowie kirchliche Versorgungseinrichtungen, die bisher eine an beamtenrechtliche Regeln angeglichene **Gesamtversorgung** gewährten[80]. Zur Gesamtversorgung s auch Rn 98 und zur Zusatzversorgung des öffentlichen Dienstes Rn 103. Die Zusatzversorgung des öffentlichen Dienstes unterliegt in jüngster Zeit zahlreichen Rechtsänderungen[81].

86 Bei Arbeitnehmern, die in der gewerblichen Wirtschaft tätig sind, liegen nicht selten mehrere Arten der betrieblichen Altersversorgung nebeneinander vor (zB eine Direktzusage des Arbeitgebers sowie Zusagen einer Pensions- und Unterstützungskasse).

87 **4. Dynamik und Statik betrieblicher Anrechte.** Für die Bewertung betrieblicher Anrechte ist danach zu differenzieren, ob diese statisch oder dynamisch sind.

88 **a) Begriff der Dynamik.** Versorgungen, die in gleicher Weise an die Einkommensentwicklung angepasst werden wie Anrechte der gesetzlichen Rentenversicherung oder der Beamtenversorgung,

---

[73] Vom 19. 12. 1974, BGBl I S 3610, zuletzt geändert durch Altersvermögensgesetz vom 26. 6. 2001, BGBl I S 1310, und Altersvermögensergänzungsgesetz vom 21. 3. 2001, BGBl I S 403, sowie das SMG.
[74] Wird die Anpassung verweigert, so kann Klage beim Arbeitsgericht erhoben werden. Zur Anpassungsprüfung vgl auch *Urbatsch,* Grundzüge der betrieblichen Alterversorgung und des Versorgungsausgleichs, S 88 ff.
[75] BGH FamRZ 1997, 285 betr Versicherungsvertreter.
[76] BGH FamRZ 1993, 793.
[77] OLG Karlsruhe FamRZ 1998, 629.
[78] OLG Hamm FamRZ 1998, 628.
[79] Vgl auch *Eißler* Rn 253.
[80] Zu den Einzelheiten s auch *Eißler* Rn 240 ff.
[81] Vgl auch *Kühling* ZRP 1999, 260; zur Unwirksamkeit der Berechnung der Versorgungsrente bei Teilzeitbeschäftigten vgl BVerfG FamRZ 1999, 1575; die notwendige Änderung ist durch Gesetz vom 21. 12. 2000, BGBl I S 1914 erfolgt: zu weiteren Änderungen vgl *Glockner* FamRZ 2002, 287.

werden als volldynamisch bezeichnet. Die Steigerungsraten bei diesen sog **Maßstabversorgungen** dienen als Bezugsgröße bei der Prüfung, ob andere Anrechte volldynamisch sind oder als statisch bezeichnet werden müssen. Zu den Einzelheiten s Rn 91. Betriebliche Anrechte werden regelmäßig nicht in gleichem Umfang wie die Maßstabversorgungen angepasst und müssen daher zunächst in ein dynamisches Anrecht umgewandelt werden, bevor sie in die VA-Bilanz eingestellt werden können. Zur VA-Bilanz s auch Rn 2 und zur Umrechnung mit Hilfe der BarwertVO § 1 BarwertVO Rn 1 ff.

b) Anwartschafts- und Leistungsdynamik. Bezüglich der Dynamik ist überdies zwischen der Anwartschaftsphase und der Leistungsphase zu unterscheiden (sog Anwartschafts- und Leistungsdynamik), also danach, ob in der Zeit, in der die Anrechte erworben werden, eine Anpassung an die Lohnentwicklung erfolgt oder später, wenn eine Betriebsrente gezahlt wird[82]. Die BarwertVO stellt für die Frage, welche Tabelle im konkreten Fall anwendbar ist, auf die Steigerungsrate der Versorgung in dem jeweiligen Zeitabschnitt ab. **89**

c) Gehaltsbezogene Versorgungen. Knüpfen Betriebsrenten hinsichtlich der Höhe der Versorgung an das Gehalt an, zB mit einem bestimmten Prozentsatz (sog gehaltsbezogene Versorgungen), so werden sie in der Praxis meist als anwartschaftsdynamisch bewertet[83], weil anzunehmen ist, dass die Gehälter entsprechend der wirtschaftlichen Entwicklung angepasst werden. Allerdings ist die **Dynamik** noch **teilweise verfallbar**, da die zukünftige wirtschaftliche Situation des Betriebes und die berufliche Entwicklung des Arbeitnehmers ungewiss sind, so dass nicht feststeht, ob und in welchem Umfang weiterhin Anpassungen erfolgen werden. Beim Wertausgleich wird deshalb nur der statische unverfallbare Anteil berücksichtigt; der noch verfallbare Teil der Anwartschaftsdynamik bleibt außer Betracht und kann erst beim schuldrechtlichen VA ausgeglichen werden. Im Leistungsfall bemisst sich die Rente meist nach dem Gehalt zum Zeitpunkt des Ausscheidens und steigt danach nicht weiter an, so dass die Versorgung im Leistungsstadium statisch ist. Zur Bewertung gehaltsbezogener betrieblicher Anrechte s auch Rn 108. **90**

d) Prüfung der Dynamik. Häufig teilt der Arbeitgeber bereits in seiner Auskunft mit, ob ein statisches oder ein dynamisches Anrecht vorliegt, in anderen Fällen gibt er die Steigerungsraten seiner Betriebsrenten in den letzten Jahren an. Dann muss durch **langfristigen Vergleich mit** den bisherigen Anpassungen der **Maßstabversorgungen** geklärt werden, ob die Betriebsrente in vergleichbarer Weise angestiegen ist. Zur Prüfung der Volldynamik von Anrechten wurde eine **Anpassungstabelle** entwickelt, die diesen Vergleich erleichtert[84] (bei § 1 BarwertVO Rn 7 abgedruckt). Zusätzlich zu der Vergleichbarkeit der Steigerungsraten ist zu prüfen, ob aus der wirtschaftlichen Leistungsfähigkeit des Unternehmens eine Anpassung der Versorgung auch in Zukunft erwartet werden kann[85]. Die Prüfung, ob eine volldynamische Versorgung vorliegt, hat in jedem Einzelfall gesondert und ohne Rückgriff auf frühere Entscheidungen anhand der aktuellen Situation zu erfolgen[86]. Dabei ist nicht der Rechtsanspruch des Arbeitnehmers maßgeblich, sondern die tatsächliche Übung des Betriebes bezüglich der Anpassungen[87]. Gelegentlich kann die Einholung eines **Gutachtens** darüber erforderlich werden, ob und ggf in welcher Phase der Versorgung eine Volldynamik vorliegt. Zur Anpassung nach dem BetrAVG s auch Rn 81. Der BGH[88] hat bei einer jährlichen Anpassung um 1% Volldynamik in der Leistungsphase bejaht. **91**

5. Bestimmung des Ehezeitanteils im VA (Abs 2 Nr 3). Wie bei allen übrigen Versorgungen ist auch bei der Betriebsrente im VA nur der **Ehezeitanteil** auszugleichen. Die Berechnung des Ehezeitanteils erfolgt analog der Berechnung des unverfallbaren Anteils betrieblicher Anwartschaften nach § 2 BetrAVG. Es sind also der auf die Ehezeit entfallende Anteil der Betriebszugehörigkeit und der diesem Prozentsatz entsprechende Anteil des unverfallbaren Anrechts festzustellen. **92**

Für die Berechnung des auf die Betriebszugehörigkeit entfallenden Anteils ist das **Datum des Eintritts in den Betrieb** auch dann maßgeblich, wenn die Versorgungszusage erst später erteilt wurde, und zwar auch bei mehreren betrieblichen Teilversorgungen[89]. Eine Ausnahme gilt nur dann, wenn gleichgestellte Zeiten (Rn 111) sich nicht nur auf den Eintritt der Unverfallbarkeit, sondern auch auf die Höhe der Versorgung auswirken[90]. Der Ehezeitanteil ist auch dann nach dem **Zeit-Zeit-Verhältnis** zu bestimmen, wenn die Berechnung der Betriebsrente sich nicht nach Anrechnungszeiten richtet[91]. Zur Bezifferung des Ehezeitanteils sind die **Bemessungsgrundlagen zum Zeitpunkt des Ehezei-** **93**

---

[82] Vgl die Tabellen der BarwertVO, die bezüglich der Dynamik zwischen Anwartschafts- und Leistungsphase differenzieren.
[83] Vgl aber BGH FamRZ 1995, 293 – Gruner & Jahr.
[84] Vgl *Gutdeutsch* FamRZ 2007, 522; zur Anwendung *Gutdeutsch* NJW 1995, 311; FamRZ 1994, 612.
[85] Bejaht zB beim Beamtenversicherungsverein (Altersversorgung der Bankangestellten) (BGH FamRZ 1992, 1051; vgl auch OLG München FamRZ 1997, 616); der Allgäuer Alpenmilch GmbH und der Nestlé-Pensionskasse (BGH FamRZ 1997, 166); der BASF (OLG Zweibrücken FamRZ 2000, 539; anders noch FamRZ 1988, 1288) und der Bosch & Siemens Haushaltsgeräte GmbH (OLG Düsseldorf FamRZ 2000, 829); verneint dagegen bei der RWE-AG (BGH FamRZ 1995, 88).
[86] BGH FamRZ 1998, 424.
[87] OLG Düsseldorf FamRZ 2000, 829.
[88] FamRZ 2004, 1474 m Anm *Glockner* 1476 und *Bergner* 1631.
[89] BGH FamRZ 1997, 166; FamRZ 1998, 420.
[90] BGH FamRZ 1997, 161; vgl auch OLG Köln FamRZ 1999, 1430.
[91] BGH FamRZ 1997, 285: Wertveränderung infolge Anwachsens des Vertragsbestandes bei einem Versicherungsvertreter.

§ 1587 a   Buch 4. Abschnitt 1. Bürgerliche Ehe

tendes zugrunde zu legen (Nr 3 a aE). Auf dieser Basis ist der Betrag zu errechnen, der sich bei Erreichen der Altersgrenze als Versorgung ergäbe.

94   **a) Andauernde Betriebszugehörigkeit (Abs 2 Nr 3 S 1 a).** Nach Abs 2 Nr 3 muss hierbei unterschieden werden, ob bei Rechtshängigkeit des Scheidungsantrags die **Betriebszugehörigkeit** noch **andauert** oder bereits **beendet** ist. Im ersten Fall ist die Versorgung hochzurechnen bis zu der in der Versorgungsordnung vorgesehenen festen Altersgrenze und der Ehezeitanteil im Verhältnis zu der so errechneten Gesamtzeit zu bestimmen.

94.4 **Beispiel:** M ist am 1. 4. 1960 geboren und am 1. 4. 1990 in den Betrieb eingetreten. Er hat am 17. 4. 2000 geheiratet. Der Scheidungsantrag wurde am 13. 4. 2005 zugestellt. Laut Auskunft des Arbeitgebers beträgt die ab Vollendung des 65. Lebensjahres zugesagte Betriebsrente unter Zugrundelegung des letzten Gehalts 2800 Euro.
Dauer der Betriebszugehörigkeit: 1. 4. 1990–1. 4. 2025 = 420 Monate
Dauer der Ehezeit (§ 1587 Abs 2): 1. 4. 2000–30. 3. 2005 = 60 Monate
Ehezeitanteil: $^{60}/_{420} = ^{1}/_{7}$ der Versorgung, also $^{2800}/_{7} = 400$ Euro.

95   **b) Beendete Betriebszugehörigkeit (Abs 2 Nr 3 S 1 b).** Bei bereits beendeter Betriebszugehörigkeit ist der auf die Ehezeit entfallende Teil ins Verhältnis zu der gesamten Zeit der Betriebszugehörigkeit zu setzen.

95.1 **Abwandlung:**
M ist am 30. 3. 2005 aus dem Betrieb ausgeschieden.
Dauer der Betriebszugehörigkeit: 1. 4. 1990–30. 3. 2005 = 180 Monate
unverfallbarer Anteil der Betriebsrente bei Ausscheiden:
$^{180}/_{420}$ Monate $= ^{3}/_{7}$ von 2800 Euro = 1200 Euro
Dauer der Ehezeit: 60 Monate (wie oben)
Ehezeitanteil: $^{60}/_{180} = ^{1}/_{3}$ der Versorgung, daher 400 Euro.

96   Die vorstehenden Regelungen über die Berechnung des Ehezeitanteils gelten nicht für die Zusatzversorgung des öffentlichen Dienstes. Für diese sind vielmehr nach Nr 3 S 2 die für sonstige Versorgungen (Nr 4 c) geltenden Bestimmungen für die Bewertung maßgeblich. Zu den Einzelheiten s Rn 103 ff.

97   **6. Sonderfälle.** Für einige Arten von betrieblichen Altersversorgungen gelten Besonderheiten, die im folgenden dargestellt werden.

98   **a) Gesamtversorgungen und limitierte Versorgungen.** Betriebliche Versorgungen können als Gesamtversorgung oder als limitierte Versorgung zugesagt sein. Bei der limitierten Versorgung wird das selbständig zu berechnende betriebliche Anrecht gekürzt, wenn bei Anrechnung anderer Versorgungsleistungen eine in der Versorgungsordnung festgelegte **Obergrenze** überschritten wird. Bei der Gesamtversorgung sagt der Betrieb von vorneherein Versorgungsleistungen unter **Berücksichtigung anderer anzurechnender Anrechte** zu. Dabei kann es sich zB um eine gesetzliche Rente oder eine andere betriebliche Anwartschaft handeln.

99   Die **Zusatzversorgung des öffentlichen Dienstes** war bisher eine Gesamtversorgung, bei der die **Grundversorgung** regelmäßig in einer **gesetzlichen Rente,** in Einzelfällen zB auch in einer Ärzteversorgung bestand. Sie gewährte jeweils nur den Betrag, der unter Berücksichtigung der gesetzlichen Rente zur Erreichung der zugesagten Gesamtversorgung noch erforderlich war. Seit 1. 1. 2002 wird die Zusatzversorgung nach einem Punktesystem berechnet, stellt also keine Gesamtversorgung mehr dar[92].

99.1 **Beispiel** (nach bisherigem Recht): Gesamtversorgung: Versorgungsfähiges Einkommen: 6000 DM; Versorgungssatz: 1,875% je Dienstjahr, bei 40 Dienstjahren daher 75% (Höchstsatz). Die Gesamtversorgung beträgt daher 4500 DM. Ist eine gesetzliche Rente in Höhe von 3200 DM anzurechnen, so beläuft sich die betriebliche Versorgung auf 1300 DM.

100 Ist ein **nicht dynamisches Anrecht als Grundversorgung** anrechenbar, so muss dieses zunächst mit Hilfe der BarwertVO in seinen dynamisierten Betrag umgerechnet werden, um die dann noch geschuldete **Differenzrente** zu ermitteln[93]. Zu den Einzelheiten vgl § 1 BarwertVO Rn 1 ff. Die Gesamtversorgung des öffentlichen Dienstes ist aus dem Bruttoentgelt bei Ehezeitende unter Abzug fiktiver Steuern und Versicherungsbeiträge zu berechnen[94].

101 Der **Ehezeitanteil einer Gesamtversorgung außerhalb des öffentlichen Dienstes** errechnet sich nach der sog **modifizierten VBL-Methode**[95]. Dabei ist von der Gesamtversorgung zunächst der vor Eintritt in den Betrieb erworbene Rentenbetrag abzuziehen, dann der Ehezeitanteil der Gesamtversorgung zu bilden und davon der auf die Betriebszeit entfallende Ehezeitanteil der gesetzlichen Rente in Abzug zu bringen, um die **Differenzrente** zu ermitteln[96].

---

[92] Zu den Einzelheiten der Neuregelung vgl *Glockner* FamRZ 2002, 287.
[93] BGH FamRZ 1994, 23.
[94] BGH FamRZ 1998, 94; nach OLG Köln FamRZ 1998, 1364 ist dabei die zum Ehezeitende geltende Steuerklasse maßgeblich.
[95] BGH FamRZ 1995, 88; vgl auch BGH FamRZ 1996, 157: Versorgungsrente wegen Berufsunfähigkeit; FamRZ 1996, 93: limitierte Gesamtversorgung; das gilt nach BGH FamRZ 1998, 420 auch bei fiktiver Berechnung einer gesetzlichen Rente; zur Anwendbarkeit der VBL-Methode bei der TÜV Süddeutschland Holding AG vgl OLG Karlsruhe FamRZ 2000, 674.
[96] Zu der Vielzahl der möglichen Zeitabschnitte vgl die Glosse von *Schwab* FamRZ 1996, 721.

Beispiel: Gesamtversorgungszusage monatlich: 3200 Euro 101.1
vor Betriebseintritt erworbene gesetzliche Rente: 200 Euro
verbleiben: 3000 Euro
Anfang der Ehezeit: 1. 9. 1998
Ende der Ehezeit: 31. 8. 2006
Anfang der Betriebszugehörigkeit: 1. 9. 1985
Betriebszugehörigkeit unbeendet
Geburtsdatum: 31. 8. 1960
Altersgrenze: 31. 8. 2025
Gesamtzeit: 480 Monate
davon in Ehezeit: 96 Monate
96 : 480 = 0,2
3000 × 0,2 = 600 Euro Ehezeitanteil der Betriebsrente
anzurechnende gesetzliche Rente in Ehe- und zugleich Betriebszeit laut Auskunft: 300 Euro
Ehezeitanteil der Differenzrente: 600 – 300 Euro = 300 Euro.

Im Unterschied zu sonstigen **laufenden Renten** ist bei einer Gesamtversorgung für den Ausgleich 102
im VA nicht auf den tatsächlichen Zahlbetrag der Rente abzustellen, sondern auf den Betrag der
Gesamtversorgung und den daraus zu errechnenden Wertunterschied zu der Grundversorgung[97]. Bei
sog mehrstufigen Versorgungen sind auch andere Anrechte der betrieblichen Altersversorgung vorab
gegenzurechnen[98].

b) Zusatzversorgung des öffentlichen Dienstes (Abs 2 Nr 3 S 2). Sonderregeln über die 103
Bewertung gelten ferner für die Zusatzversorgung des öffentlichen Dienstes. Sie hat den Zweck, die
Versorgung der Angestellten des öffentlichen Dienstes derjenigen der Beamten anzugleichen. Bis zur
Neuregelung durch Satzungsrecht zum 1. 1. 2002 handelte es sich um eine **Gesamtversorgung,** dh es
war lediglich eine **Differenzrente** unter Berücksichtigung anderer Anrechte zugesagt (zu den Einzelheiten der Gesamtversorgung s Rn 98 ff). Künftig wird die Zusatzversorgung nach einem Punktesystem
berechnet werden[99]. Die bisherige Anwartschaft zum 31. 12. 2001 wird ermittelt und als **Startgutschrift** in Form von Versorgungspunkten auf das Versorgungskonto übertragen[100].

Die Zusatzversorgung des öffentlichen Dienstes stellt eine besondere Form der Betriebsrente dar. 104
Nach dem bis zum 1. 1. 2002 geltenden Recht waren drei verschiedene Stufen der Rentenberechtigung vorgesehen:
– die sog **einfache Versicherungsrente,** die eine Wartezeit von sechzig Monaten voraussetzt und als
  statisch einzuordnen ist (§§ 37 Abs 1 b, 44 VBL-Satzung),
– die ebenfalls statische **qualifizierte Versicherungsrente** (§ 44 a VBL-Satzung), bei der neben einer
  Wartezeit von sechzig Monaten zusätzlich die Voraussetzungen der Unverfallbarkeit nach § 1 BetrAVG gegeben sein müssen, also regelmäßig eine mindestens zehnjährige Zugehörigkeit zum
  öffentlichen Dienst. Zur Unverfallbarkeit nach dem BetrAVG s auch Rn 110 f.
– die **volldynamische Versorgungsrente** (§ 37 VBL-Satzung), die fortdauernde Zugehörigkeit zum
  öffentlichen Dienst bis zum Erreichen der Altersgrenze voraussetzt. Vor Eintritt des Rentenfalls ist die
  volldynamische Versorgung somit noch verfallbar, unverfallbar ist nur ihr statischer Teil, also entweder die einfache oder die qualifizierte Versicherungsrente (sog **Teilverfallbarkeit**). Zur Teilverfallbarkeit s auch Rn 111. Der Ausgleich des noch verfallbaren Anteils bleibt dem schuldrechtlichen VA
  vorbehalten (§ 1587 f Nr 4). Wird dagegen bei Ehezeitende bereits eine Versorgungsrente bezogen,
  so ist diese in den VA einzubeziehen, auch wenn die Weiterzahlung bis zur Altersgrenze ungewiss
  ist[101]. Wesentliche nachträgliche Veränderungen müssen ggf durch eine Abänderung nach § 10 a
  VAHRG berücksichtigt werden. Die **einfache Versorgungsrente** der Zusatzversorgung des öffentlichen Dienstes wurde nicht nach den für die Betriebsrente geltenden Regeln bewertet, sondern nach
  den für beitragsbezogene Versorgungen geltenden Bestimmungen (§ 1587 a Abs 3 S 2 iVm Nr 4 c).
  Für die Bestimmung des Ehezeitanteils waren daher die in die Ehezeit fallenden umlagepflichtigen
  Entgelte maßgeblich. Im Unterschied zu sonstigen **laufenden Renten** war bei der Versorgungsrente
  der Zusatzversorgung des öffentlichen Dienstes nach dem bis zum 1. 1. 2002 geltenden Recht nicht
  auf den tatsächlichen Zahlbetrag der Rente abzustellen, sondern auf den Betrag der Gesamtversorgung und den daraus zu errechnenden Wertunterschied zu der Grundversorgung[102]. Bei sog mehrstufigen Versorgungen waren auch andere Anrechte der betrieblichen Altersversorgung vorab gegenzurechnen[103].

Seit der Neuregelung zum 1. 1. 2002 gilt ein Punktesystem, das auf einer tatsächlichen oder fiktiven 105
Beitragszahlung von 4% des Entgelts beruht[104]. Zur Berechnung wird das zusatzpflichtige Versorgungsentgelt ins Verhältnis zu dem satzungsmäßig festgelegten Referenzentgelt gesetzt und mit einem Alters-

---

[97] BGH FamRZ 1996, 157 (anders noch BGH FamRZ 1982, 33); OLG Zweibrücken FamRZ 1999, 928.
[98] BGH FamRZ 1994, 23; *Bergner* NZS 1993, 482.
[99] Zu den Einzelheiten vgl *Glockner* FamRZ 2002, 287.
[100] Nach OLG Karlsruhe NJOZ 2005, 4164, nicht rechtskräftig, sind die Vorschriften über die Startgutschrift verfassungswidrig, da sie für rentenferne Jahrgänge gegen Art 14 GG verstoßen.
[101] BGH FamRZ 1998, 94.
[102] BGH FamRZ 1996, 157; vgl jetzt aber BGH FamRZ 2005, 1664.
[103] BGH FamRZ 1994, 23.
[104] Vgl *Glockner* FamRZ 2002, 287; *Deisenhofer* FamRZ 2002, 288; zur Überleitung auf das Punktesystem BGH FamRZ 2005, 1664, 1666.

§ 1587 a

faktor multipliziert. Die so errechnete Zahl von Versorgungspunkten ergibt nach Multiplikation mit dem festgesetzten Messbetrag das Anrecht auf Betriebsrente. Die Anwartschaften werden mit einem Rechnungszins von 3,25% verzinst. Bei fortlaufender Zusatzversorgungspflicht werden die davor erworbenen Teilanrechte noch nach dem bisherigen Recht berechnet (sog Startgutschrift, s Rn 103).

106 Für die Bewertung der Zusatzversorgung des öffentlichen Dienstes nach der Neuregelung hat der BGH jetzt klargestellt, dass die Anrechte in der Anwartschaftsphase als statisch anzusehen sind[105], da der Rechnungszins von 3,25% in dieser Phase lediglich versicherungsmathematische Grundlage für die Bestimmung des jeweiligen Altersfaktors ist. In der **Leistungsphase** sind die Anrechte aufgrund der jährlichen Wertsteigerung um 1% als **volldynamisch** anzusehen[106].

107 Die Neuregelung der Zusatzversorgung auf der Grundlage gehaltsabhängiger Versorgungspunkte löst zugleich das Problem der Berechnung der Zusatzversorgung für die Beschäftigten mit einer konkreten Versorgungszusage[107] und der Teilzeitbeschäftigten des öffentlichen Dienstes[108].

108 c) **Gehaltsbezogene Versorgungen.** Bei gehaltsbezogenen Versorgungen ist wie bei der Zusatzversorgung des öffentlichen Dienstes nur der statische unverfallbare Anteil bei Ausscheiden im VA auszugleichen[109]. Zu den gehaltsbezogenen Versorgungen s auch Rn 90.

109 d) **Direktversicherung.** Die Direktversicherung folgt jedenfalls dann den für **private Rentenversicherungen** geltenden Regeln des Abs 2 Nr 5, wenn der Arbeitgeber die versicherungsvertragliche Lösung nach § 2 Abs 2 S 2 BetrAVG gewählt, dh die Ansprüche aus der Versicherung an den Arbeitnehmer abgetreten hat. Im Übrigen ist die Bewertung streitig, weil sowohl eine Rentenversicherung nach Abs 2 Nr 5 wie auch eine betriebliche Altersversorgung nach Abs 2 Nr 3 vorliegt[110]. Zur Direktversicherung s auch Rn 85 und zur Bewertung der privaten Rentenversicherung Rn 139 ff.

110 7. **Verfallbarkeit betrieblicher Anrechte (Abs 2 Nr 3 S 3).** Im Unterschied zu allen übrigen Arten von Versorgungsanwartschaften, bei denen die Erfüllung einer Wartezeit keine Rolle spielt, sind betriebliche Anrechte im VA nur dann auszugleichen, wenn sie **bereits unverfallbar** geworden sind (Abs 7 S 1 iVm Abs 2 Nr 3 S 3). Nach § 1 BetrAVG tritt die Unverfallbarkeit jedenfalls dann ein, wenn der Arbeitnehmer mindestens **das dreißigste Lebensjahr vollendet hat** und

– entweder die **Versorgungszusage** für ihn **mindestens fünf Jahre** bestanden hat oder
– der Beginn der **Betriebszugehörigkeit mindestens zwölf Jahre** zurückliegt und die Versorgungszusage mindestens drei Jahre bestanden hat.

Bei der durch das Altersvermögensgesetz neu eingeführten Möglichkeit der **Entgeltumwandlung** in Versorgungsguthaben tritt die Unverfallbarkeit sofort ein[111].

111 Die Versorgungsordnung kann für den Arbeitnehmer günstigere Zeitschranken und die Berücksichtigung außerhalb des Betriebes geleisteter Zeiten vorsehen (sog **gleichgestellte Zeiten**). Bei Unverfallbarkeit wird der bis dahin erworbene Anteil der Versorgung auch geschuldet, wenn der Arbeitnehmer aus dem Betrieb ausscheidet; in der Versorgungsregelung vorgesehene Wartezeiten nach Eintritt der Unverfallbarkeit können dann auch außerhalb des Betriebes zurückgelegt werden. Der **unverfallbare Teil** bemisst sich nach dem auf die Betriebszugehörigkeit entfallenden Anteil der bei Erreichen der Altersgrenze geschuldeten Rente, wobei das letzte Gehalt vor dem Ausscheiden zu Grunde gelegt wird (§ 2 Abs 1 BetrAVG). Nach diesem Zeitpunkt eintretende Änderungen der Versorgungsordnung und der Bemessungsgrundlagen bleiben bei der Berechnung außer Betracht (§ 2 Abs 5 BetrAVG).

112 In den Auskünften der Arbeitgeber zum VA wird jeweils mitgeteilt, ob das Versorgungsanrecht bereits unverfallbar geworden ist oder nicht. Bei der **Direktversicherung** hat die Unverfallbarkeit zur Folge, dass der Arbeitgeber die Versicherung nach Ablauf der oben genannten Fristen nicht mehr widerrufen darf. Entgegenstehende Vereinbarungen sind nach § 1 Abs 2 S 2 BetrAVG unwirksam. Scheidet der Arbeitnehmer nach Eintritt der Unverfallbarkeit aus dem Betrieb aus, so kann der Arbeitgeber nach § 2 Abs 2 BetrAVG seine Haftung auf die Versicherungsleistung beschränken, wenn er den Anspruch gegen die Versicherung an den Arbeitnehmer abtritt.

113 Zum Zeitpunkt der Entscheidung über den VA noch **verfallbare** Anrechte auf Betriebsrente unterliegen dem **schuldrechtlichen VA** (Abs 2 Nr 3 S 3), werden also erst im Rentenalter ausgeglichen, wenn feststeht, ob und in welcher Höhe eine Betriebsrente gezahlt wird (§ 1587 f Nr 4). Das Unverfallbarwerden betrieblicher Anrechte kann auch einen Antrag auf **Abänderung** der Entscheidung über den VA rechtfertigen (§ 10 a Abs 1 Nr 2 VAHRG).

114 8. **Umrechnung nicht volldynamischer Anrechte.** Betriebsrenten, deren Wert nicht in gleicher Weise steigt wie der Wert einer gesetzlichen Rente oder Beamtenversorgung, sind in ein dynamisches Anrecht umzurechnen, bevor sie in die VA-Bilanz eingestellt werden können. Abs 4 verweist für Leistungen der betrieblichen Altersversorgung generell auf Abs 3 Nr 2. Die **BarwertVO** sieht eine Umrechnung jedoch nur für nicht volldynamische Anrechte vor. Zur Umrechnung mit Hilfe der

---

[105] FamRZ 2004, 1474, 1706 und 1959; vgl auch OLG München FamRZ 2004, 636 und 639.
[106] BGH FamRZ 2004, 1474 m Anm *Glockner* 1476 und *Bergner* 1631; FamRZ 2005, 601 m Anm *Bergner* 602.
[107] Vgl BVerfG FamRZ 1999, 279 m Anm *Kemnade* FamRZ 1999, 568.
[108] Vgl BVerfG FamRZ 1999, 1575.
[109] BGH FamRZ 1989, 844; zur Anwartschaftsdynamik und zum Ausgleich gehaltsbezogener Versorgungen vgl auch OLG Hamm FamRZ 1999, 923.
[110] Zum Meinungsstand vgl *Soergel/Zimmermann* Rn 167; zur Unverfallbarkeit und Berechnung bei den Gruppenversicherungsverträgen des VBLU vgl OLG Celle FamRZ 1999, 926.
[111] Zum Altersvermögensgesetz s Rn 81; zu den Einzelheiten der Neuregelung vgl auch *Ruland* NJW 2001, 3505.

BarwertVO s auch Rn 128 und §§ 1 ff BarwertVO. Der so ermittelte Barwert ist mit Hilfe der Rechengrößen der RechengrößenVO fiktiv in die gesetzlichen Rentenversicherung einzuzahlen, um den dynamischen Wert des Anrechts zu ermitteln. Zu den Einzelheiten vgl auch Rn 144 (mit Umrechnungsbeispiel).

IV. Die sonstigen Versorgungen im VA (Abs 2 Nr 4). 1. Allgemeine Grundlagen. Neben 115 den Standardfällen der Altersversorgung, die in den vorangegangenen Kapiteln erläutert wurden, existiert eine Fülle sonstiger Versorgungen, die zusammenfassend in Abs 2 Nr 4 geregelt sind. Unter die sonstigen Versorgungen fallen insbes die Anrechte **berufsständischer Versorgungswerke** wie diejenigen der Ärzte, Zahnärzte, Tierärzte, Apotheker, Architekten, Rechtsanwälte, Notare, Steuerberater, Bezirksschornsteinfeger, Seelotsen, Musiker und anderer Berufsgruppen sowie ausländischer Versorgungseinrichtungen. Auch die Altersversorgung der **Landwirte** nach dem ALG (vgl Rn 38)[112], die Höherversicherung der gesetzlichen Rente nach § 234 SGB VI (vgl Rn 79)[113] und die Versorgung der Abgeordneten gehören in diese Gruppe. Die Versorgungsträger sind meist öffentlich-rechtlich organisiert.

2. Bewertung der sonstigen Versorgungen (Abs 2 Nr 4). Für die Bewertung der sonstigen 116 Versorgungen ist ebenfalls der jeweilige **Ehezeitanteil** maßgeblich und von einem **fiktiven Versorgungsfall zum Ehezeitende** auszugehen. Im einzelnen unterscheidet Abs 2 Nr 4 vier verschiedene Fallgruppen je nach der Struktur der einzelnen Versorgungsanrechte.

a) Bewertung nach Anrechnungszeit (Abs 2 Nr 4a). Zu den sonstigen Versorgungen gehören 117 zunächst Anrechte, bei denen sich der Betrag der Versorgung nach der Dauer einer **Anrechnungszeit** richtet; in diesem Fall ist die Zugehörigkeit zu einem Versorgungswerk für die Bemessung der Rente maßgeblich und der Ehezeitanteil nach der in die Ehe fallenden Dauer der Zugehörigkeit zu berechnen. In die Gruppe dieser Versorgungen gehört insbes die Alterssicherung der Landwirte nach dem ALG (Rn 37) seit der Neuregelung zum 1. 1. 1995[114].

b) Beitragsbezogene Anrechte (Abs 2 Nr 4c). Bei Anrechten, bei denen sich die Rente nach 118 einem Bruchteil der entrichteten Beiträge bemisst **(streng beitragsbezogene Anrechte)** ist der Bewertung der Betrag zugrunde zu legen, der sich aus den in der Ehezeit entrichteten Beiträgen als Altersrente ergäbe. Hierunter fallen zB die Ärzteversorgung Hessen[115] und die Höherversicherung der gesetzlichen Rente[116]. Zu den Einzelheiten der Höherversicherung s auch Rn 79. Auch die einfache Versicherungsrente der Zusatzversorgung des öffentlichen Dienstes gehört in diese Kategorie (vgl auch Rn 104).

c) Bewertung wie gesetzliche Rente (Abs 2 Nr 4d). Anrechte, bei denen sich die Leistung nach 119 den für die gesetzliche Rente geltenden Grundsätzen bemisst, gehen für die Bewertung von dem Verhältnis der in die Ehezeit fallenden Versicherungsjahre zu den insgesamt zu berücksichtigenden Versicherungsjahren aus. Auf diese Weise rechnet zB die Baden-Württembergische Ärzteversorgung[117]. Auch hier ist entsprechend Abs 2 Nr 2 der Zugangsfaktor außer Acht zu lassen. Der Bewertung ist daher die in der Ehezeit erworbene Anwartschaft auch dann zugrunde zu legen, wenn der effektive Zahlbetrag einer vorgezogenen Altersrente geringer ist[118].

d) Andere Bewertung (Abs 2 Nr 4b). Bei Anrechten, die in keine der vorbezeichneten Kategorien passen, ist für die Bewertung von dem Teilbetrag der vollen Rente auszugehen, der dem Verhältnis 120 der in die Ehezeit fallenden Zeit zu der voraussichtlichen Gesamtzeit bis zum Erreichen der für das Ruhegehalt maßgeblichen Altersgrenze entspricht. Es ist also eine zeitanteilige Berechnung wie bei der Beamtenversorgung vorzunehmen. Nach dieser Vorschrift sind zB die Niedersächsische Ärzteversorgung[119] sowie die Ärzteversorgung Westfalen-Lippe zu bewerten[120].

3. Einordnung der einzelnen Versorgungen. Zu der Einordnung der einzelnen Versorgungen in 121 das Regelungssystem des Abs 2 Nr 4 ist eine Fülle von Entscheidungen ergangen, die hier nicht iE dargestellt werden können[121]. Meist teilen die jeweiligen Versorgungswerke die für ihre Anrechte maßgebliche Berechnungsweise aufgrund früher ergangener Entscheidungen in ihren Auskünften mit. Sofern sich die Bemessungsgrundlagen in der Zwischenzeit nicht verändert haben, können diese der

---

[112] Art 1 des Gesetzes zur Reform der agrarsozialen Sicherung (Agrarsozialreformgesetz) vom 29. 7. 1994, BGBl I S 1890, zuletzt geändert durch Gesetz vom 4. 4. 1997, BGBl I S 750; zum Ausgleich der Anrechte aus der landwirtschaftlichen Alterskasse vgl auch OLG Köln FamRZ 1998, 1438.
[113] Zur Bewertung einer Höherversicherung in der ehem. DDR vgl OLG Brandenburg FamRZ 2000, 676.
[114] Zu den Einzelheiten vgl *Greßmann/Klattenhoff* FamRZ 1995, 577; die Altersversorgung der Landwirte nach der bis zum 31. 12. 1994 geltenden Regelung wurde dagegen nach Abs 2 Nr 4b bewertet, vgl BGH FamRZ 1988, 378.
[115] BGH FamRZ 1992, 165.
[116] OLG Brandenburg FamRZ 2000, 676 zur Höherversicherung in der ehemaligen DDR; *Schwab/Hahne*, HdB ScheidungsR, Rn VI 92.
[117] OLG Karlsruhe FamRZ 1990, 1252.
[118] OLG Stuttgart FamRZ 1999, 863; *Johannsen/Henrich/Hahne* Rn 171.
[119] OLG Bremen FamRZ 1995, 44; auch die Alterssicherung der Landwirte nach der bis zum 31. 12. 1994 geltenden Regelung fiel unter diese Vorschrift, BGH FamRZ 1988, 378.
[120] BGH FamRZ 1996, 95.
[121] Vgl die Zusammenstellungen bei *Schwab/Hahne*, HdB ScheidungsR, Rn VI 134 f. und MünchKommBGB/ *Glockner* Rn 412 ff.

§ 1587 a   Buch 4. Abschnitt 1. Bürgerliche Ehe

Einordnung zugrunde gelegt werden. Im übrigen ist zu prüfen, welche Faktoren nach der geltenden Versorgungsordnung für den Wert des Anrechts bestimmend sind.

122 **4. Dynamik sonstiger Anrechte.** Neben der Frage, wonach sich der jeweilige Ehezeitanteil bemißt, ist für die Bewertung sonstiger Anrechte von grundlegender Bedeutung, ob die Anwartschaften in gleicher Weise an die Einkommensentwicklung angepaßt werden wie die gesetzliche Rente oder die Beamtenversorgung.

123 **a) Volldynamische Anrechte.** Anrechte, die in gleicher Weise angepasst werden wie die **Maßstabversorgungen**[122], werden als volldynamisch bezeichnet und bedürfen keiner Umrechnung (zur Prüfung vgl die Tabelle bei § 1 BarwertVO Rn 7). Volldynamisch sind zB die Anwartschaften in der Altersversorgung der Landwirte seit dem 1. 1. 1995[123], die Rechtsanwaltsversorgung Schleswig-Holstein[124], die Apothekerversorgung Schleswig-Holstein[125], die Versorgung der Wirtschaftsprüfer und vereidigten Buchprüfer NRW[126] sowie die Anrechte bei der Versorgungsanstalt der deutschen Bezirksschornsteinfegermeister[127].

124 **b) Teildynamische und statische Anrechte.** Nur im Leistungsstadium dynamisch, im Anwartschaftsstadium dagegen statisch sind die Anrechte der Versorgungsanstalt deutscher Kulturorchester[128] sowie der Versorgungsanstalt deutscher Bühnen[129]. Teildynamische Versorgungen unterliegen der Umrechnung nach Abs 3.

125 **5. Ausgleich sonstiger Anrechte.** Volldynamische Anrechte bedürfen keiner Umrechnung, sondern können mit ihrem Nennwert in die VA-Bilanz eingestellt werden. Zur VA-Bilanz s auch Rn 2 und zur Prüfung der Volldynamik Rn 91. Nicht volldynamische Versorgungen dagegen müssen zunächst zum Zweck der Vergleichbarkeit in dynamische Anrechte umgewandelt werden. Für die Umrechnung unterscheidet das Gesetz danach, ob die Leistung aus einem Deckungskapital erbracht wird oder nicht (Abs 3).

126 **a) Umrechnung mit Hilfe des Deckungskapitals (Abs 3 Nr 1).** Bei vielen sonstigen Versorgungen wird für den einzelnen Bezugsberechtigten ein Deckungskapital gebildet, also eine Summe zurückgestellt, die der Finanzierung der konkreten Versorgungszusage dient, ggf auch erst dann, wenn der Leistungsfall bereits eingetreten ist[130]. Das Deckungskapital wird regelmäßig aus den vom Versicherten geleisteten Beiträgen gebildet. Zum Begriff des Deckungskapitals vgl auch Rn 141.

127 Wird die Leistung **aus einem Deckungskapital** oder einer vergleichbaren Deckungsrücklage erbracht, so ist zur Umrechnung der Ehezeitanteil des Deckungskapitals fiktiv in die gesetzlichen Rentenversicherung einzuzahlen. Für die Abgrenzung, ob die Leistung aus einem Deckungskapital erfolgt, ist entscheidend,
– ob ein Deckungskapital für den jeweiligen Versicherten gebildet wurde,
– der Überzins (zum Begriff vgl Rn 133) dem Berechtigten zugute kommt und
– vom Lebensalter abhängige Beiträge für die Höhe der Versorgung maßgeblich sind[131].

128 **b) Umrechnung anhand des Barwertes (Abs 3 Nr 2).** Wird die Leistung nicht oder nicht ausschließlich aus einem Deckungskapital oder einer vergleichbaren Deckungsrücklage erbracht, so ist der Barwert der Teilversorgung zum Ehezeitende fiktiv in die gesetzlichen Rentenversicherung einzuzahlen. Der Begriff Barwert bezeichnet den Gegenwartswert der Versorgung; dieser wird bestimmt, indem der Betrag der zugesagten Rentenleistung um den altersbezogenen Sterblichkeitsfaktor und einen Zinsfaktor von 4,5 Prozent für die Zeit bis zum Eintritt des Leistungsfalls vermindert wird. Die BarwertVO, deren Ermächtigungsgrundlage in Abs 3 Nr 2 S 2 enthalten ist, gibt Multiplikatoren für das jeweilige Alter zum Ehezeitende und je nach der Dynamik der Versorgung in verschiedenen Tabellen an. Allerdings hatte der BGH die frühere BarwertVO für verfassungswidrig erklärt und dem Gesetzgeber eine Frist zur Neuregelung gesetzt, da ihr überholte versicherungsmathematische Daten zugrunde lagen sowie ein Zinssatz von 5,5% . Eine Dynamik in dieser Höhe wird bei gesetzlicher Rente und Beamtenversorgung nicht annähernd erreicht[132]. Die zum 1. 1. 2003 rückwirkend in Kraft getretene Neuregelung beseitigte die Mängel nur teilweise, wurde jedoch vom BGH bestätigt[133]. Die jetzige BarwertVO vom 3. 5. 2006 (BGBl I S 1144) legt nur noch einen Zwischenzins von 4,5% zugrunde. Sie gilt im Hinblick auf die beabsichtigte umfassende Reform des VA befristet bis zum 30. 6.

---

[122] Zum langfristigen Vergleich der jeweiligen Steigerungsraten vgl *Gutdeutsch* FamRZ 2007, 522 mwN und zur Anwendung der Vergleichstabelle Gutdeutsch NJW 1995, 311; nach BGH FamRZ 1998, 424 ist die Entwicklung des Anrechts bis in die jüngste Zeit zu überprüfen und darf nicht auf ältere Entscheidungen abgestellt werden.
[123] Vgl *Greßmann/Klattenhoff* FamRZ 1995, 577.
[124] BGH FamRZ 1996, 97; vgl auch die Aufzählung bei *Schwab/Hahne*, HdB ScheidungsR, Rn VI 147 f.
[125] BGH FamRZ 1996, 1082.
[126] OLG Düsseldorf FamRZ 1996, 1483; zur Angleichungsdynamik der sächsischen Ärzteversorgung vgl OLG Dresden FamRZ 1998, 630.
[127] OLG München FamRZ 2000, 538.
[128] BGH FamRZ 1997, 164.
[129] BGH FamRZ 1997, 161.
[130] Zum Begriff des Deckungskapitals und zu den Einzelheiten vgl auch MünchKommBGB/*Rühmann* Rn 468 ff.
[131] BGH FamRZ 1991, 310.
[132] BGH FamRZ 2001, 1695; vgl dazu auch *Glockner/Gutdeutsch* FamRZ 1999, 896; *Bergner* FamRZ 1999, 1487 mwN; die Neuregelung ist durch VO vom 26. 5. 2003, BGBl I S 728, erfolgt.
[133] BGH FamRZ 2003, 1639.

2008. Zu den Einzelheiten vgl auch § 1 BarwertVO Rn 1 ff. Der BGH hat inzwischen die jetzige BarwertVO ausdrücklich für verfassungsgemäß und anwendbar erklärt[134].

Die Tabellen der BarwertVO sind auch dann anwendbar, wenn eine Versorgung nur im Anwartschaftsstadium oder nur im Leistungsstadium dynamisch ist (**Anwartschafts- und Leistungsdynamik**). Dagegen handelt es sich bei der **sog Beitragsdynamik** nicht um eine echte Dynamik, sondern nur um einen Steigerungsfaktor, der sich aus der Anknüpfung der Beitragshöhe an das jeweilige Gehalt ergibt. Eine regelmäßige Anpassung an die allgemeine Einkommensentwicklung ist dadurch nicht gewährleistet[135]. Die **fiktive Einzahlung in die gesetzliche Rentenversicherung** erfolgt mit Hilfe der Umrechnungsfaktoren der RechengrößenVO[136]. Zu den Einzelheiten s auch Rn 163. 129

c) Ausgleichsform. Bezüglich der Ausgleichsform gilt § 1 Abs 2 und 3 VAHRG. In erster Linie ist die **Realteilung** durchzuführen, wenn der Versorgungsträger diese zulässt[137]. Zur Realteilung s auch § 1587 b Rn 38. Die hierfür in der jeweiligen Versorgungssatzung enthaltenen Regelungen sind gerichtlich daraufhin zu überprüfen, ob sie angemessene Ergebnisse für die Beteiligten erbringen. Allerdings führt das Fehlen von **Härteregelungen** bei **öffentlich-rechtlichen Versorgungsträgern** nicht dazu, dass von der Durchführung der Realteilung abgesehen wird[138]. Bei einem **privaten Versorgungsträger** kann dies aber ein Grund sein, die Realteilung als unangemessen zu verwerfen und einen Ausgleich in anderer Weise vorzunehmen. Ist die Realteilung nicht zulässig, so ist nach § 1 Abs 3 VAHRG bei öffentlich-rechtlich organisierten Versorgungsträgern der Ausgleich durch **Quasisplitting** durchzuführen. Ein erweiterter Ausgleich kann in diesen Fällen nicht erfolgen, weil die Voraussetzungen des § 2 VAHRG nicht vorliegen und der erweiterte Ausgleich nach § 3 b VAHRG nur anstelle des schuldrechtlichen VA durchgeführt werden kann. Zu den Einzelheiten vgl die Kommentierung des VAHRG. 130

V. Die private Rentenversicherung im VA (Abs 2 Nr 5). 1. Allgemeine Grundlagen. Die private Rentenversicherung unterscheidet sich in ihrer Struktur sowohl von der gesetzlichen Rentenversicherung als auch von den im Zugewinnausgleich zu berücksichtigenden Kapitalversicherungen. 131

a) Abgrenzung von der gesetzlichen Rente. Die private Rentenversicherung muss im Unterschied zur gesetzlichen Rentenversicherung, bei der die laufenden Rentenzahlungen aus den Beiträgen der jüngeren Generation erbracht werden (sog Generationenvertrag), das für jede Rentenzahlung erforderliche Kapital (**Deckungskapital**) zurückstellen, um jederzeit die zugesagte Rente auszahlen zu können. Das Deckungskapital wird in ähnlicher Weise berechnet wie der Barwert der Versorgung. Der Betrag der zugesagten Rentenleistungen wird um die prozentuale Wahrscheinlichkeit des Erlebens vermindert und der zwischenzeitlich zu erzielende Zins als weiterer Abzugsposten berücksichtigt. Allerdings ist aus Sicherheitsgründen statt des Zinsfaktors von 4,5 Prozent ein niedrigerer Zins anzusetzen (derzeit etwa 3 Prozent). 132

IdR erzielt die Versicherung durch günstige Anlagen des eingezahlten Kapitals eine höhere Rendite, so dass ein sog **Überzins** entsteht. Dieser kommt meist dem Versicherten zusätzlich zugute, indem er über die fest zugesagte Rente hinaus eine sog Bonusbeteiligung oder Prämie erhält, deren genaue Höhe bei Vertragsschluss noch nicht feststeht. 133

b) Abgrenzung zum Zugewinnausgleich. Dem VA unterliegen nur private Rentenversicherungen, nicht private Kapitalversicherungen. Die Versicherung muss daher auf **wiederkehrende Leistungen** und nicht auf eine Einmalzahlung gerichtet sein[139]. In den VA fallen demnach nur die relativ seltenen Versicherungen auf Zahlung einer Rente wegen Alters oder Invalidität (**Leibrentenversicherungen**), während die wesentlich häufigeren Kapitallebensversicherungen im Zugewinnausgleich berücksichtigt werden. 134

Bei einer Rentenversicherung mit **Kapitalwahlrecht** oder einer Kapitalversicherung mit **Rentenwahlrecht** ist für die Einordnung maßgeblich, ob die jeweilige Option zum Ehezeitende ausgeübt wurde. Wurde die Rente gewählt, so liegt eine im VA auszugleichende Versorgung vor[140], bei Ausübung des Kapitalwahlrechts noch vor der letzten mündlichen Verhandlung ein Vermögensgegenstand iS der §§ 1373 ff[141]. Besteht keine konkrete Leistungszusage, sondern ein noch nicht ausgeübtes Wahlrecht, so dürfte der Versorgungszweck im Vordergrund stehen und die Anwendung des VA rechtfertigen[142]. 135

Unerheblich für die Einordnung ist dagegen, wer Versicherungsnehmer ist, sofern nur dem Ehegatten eine unwiderrufliche Bezugsberechtigung eingeräumt wurde. Eine private Lebensversicherung liegt 136

---

[134] BGH FamRZ 2007, 23 m abl Anm *Bergner* 28.
[135] BGH FamRZ 1996, 481; zum Meinungsstand vgl auch *Schwab/Hahne*, HdB ScheidungsR, Rn IV 146.
[136] Beitragsgesetz 2007 vom 2. 12. 2006, BGBl I S 2746.
[137] Zur Realteilung bei der landwirtschaftlichen Alterskasse OLG Celle FamRZ 1997, 1340; OLG Bamberg FamRZ 1998, 29; OLG Köln FamRZ 1998, 1438.
[138] BGH FamRZ 1993, 298; zu den Voraussetzungen der Realteilung vgl auch *Rahm/Künkel/Klattenhoff*, HdB Familiengerichtsverfahren, Teil V, Rn 331.
[139] Für die Berücksichtigung von Kapitallebensversicherungen im VA aber *Schmalz-Brüggemann* FamRZ 1996, 1053.
[140] BGH FamRZ 1984, 156.
[141] OLG Hamburg FamRZ 1987, 721.
[142] *Glockner* FamRZ 2002, 282; *Borth* FamRZ 2001, 877, 883; aA OLG Bamberg FamRZ 2001, 997; OLG Stuttgart FamRZ 2001, 998.

§ 1587a

daher auch dann vor, wenn der Arbeitgeber für den Arbeitnehmer eine sog **Direktversicherung** abgeschlossen hat. Zur Direktversicherung s auch Rn 85 und 109.

137 c) **Vertragstypen.** Die private Rentenversicherung unterscheidet verschiedene Vertragstypen, von denen die **sofort beginnende Leibrentenversicherung** gegen Einmalbeitrag den Grundtyp darstellt. Hier zahlt der Versicherte den zur Bildung des Deckungskapitals erforderlichen Betrag ein und erhält dafür monatlich die zugesagte Rente. Ein derartiger Fall liegt auch vor, wenn bei Fälligkeit einer Kapitallebensversicherung das Rentenwahlrecht ausgeübt wurde. Häufig ist auch die sog **aufgeschobene Leibrentenversicherung**, bei der die Rentenzahlung erst später einsetzt und entweder ein Einmalbeitrag fällig wird oder über einen längeren Zeitraum Beiträge entrichtet werden. Da für jede Versicherung aufgrund der vorbezeichneten Kalkulationsfaktoren ein Deckungskapital gebildet wird, kann eine Versicherungsart auch in eine andere umgewandelt werden, indem zB eine Freistellung von ursprünglich vereinbarten weiteren Beiträgen erfolgt und aufgrund des so verringerten Deckungskapitals der neue Leistungsumfang ermittelt wird. Von diesem Umwandlungsvorgang geht das Gesetz bei der Bewertung von Versicherungen mit fortbestehender Prämienzahlungspflicht aus (Nr 5 S 1 a).

138 Eine Sonderform der privaten Rentenversicherung ist die sog Berufsunfähigkeitsversicherung, die meist als **Berufsunfähigkeitszusatzversicherung** (gelegentlich auch BUZ abgekürzt) abgeschlossen wird. Bei dieser **Risikoversicherung** wird aufgrund der von der Versichertengemeinschaft gezahlten Beiträge für den Versicherten erst dann ein Deckungskapital gebildet, wenn die Berufsunfähigkeit eintritt. Vor Eintritt des Versicherungsfalls liegt daher kein im VA auszugleichender Wert vor.

139 2. **Bewertung der privaten Rentenversicherung.** Wie bei allen Anrechten ist auch bei der privaten Rentenversicherung im VA nur der **Ehezeitanteil** auszugleichen und zu dessen Berechnung nach Abs 2 Nr 5 von einem **fiktiven Versorgungsfall zum Ehezeitende** auszugehen.

140 a) **Ermittlung der Differenzrente.** Zur Ermittlung des Ehezeitanteils wird zunächst eine Versicherung mit fortdauernder Prämienzahlungspflicht rechnerisch in eine **ab Rechtshängigkeit des Scheidungsantrags beitragsfreie Versicherung** umgewandelt, um den Wert der künftig noch geschuldeten Beiträge außer Ansatz zu lassen (Abs 2 Nr 5 S 1 a). Da es sich um eine **fiktive Beitragsfreistellung** handelt, sind Stornokosten und Bearbeitungsgebühren nicht zu berücksichtigen[143]. Besteht keine Verpflichtung zur Prämienzahlung über die Rechtshängigkeit des Scheidungsantrags hinaus, so entfällt dieser Umwandlungsvorgang. Für die Bestimmung des Ehezeitanteils wird sodann der Wertanteil herausgerechnet, der auf die vor der Ehe gezahlten Prämien entfällt (Abs 2 Nr 5 a S 2 und b S 2). Dazu gehört auch der hierauf entfallende Zinsanteil[144]. Nach Abzug dieses Betrages ergibt sich die **Differenzrente**, die als Ehezeitanteil die Bewertungsgrundlage bildet[145].

141 b) **Bewertung nach dem Deckungskapital.** Nach Abs 3 ist für die Bewertung danach zu differenzieren, ob die Leistung aus einem Deckungskapital erbracht wird (Nr 1) oder nicht bzw nicht ausschließlich (Nr 2). Maßgeblich hierfür ist, ob ein Deckungskapital oder eine sonstige Deckungsrücklage für den jeweiligen Bezugsberechtigten gebildet und altersabhängige Beiträge entrichtet werden[146] und ob der **Überzins dem Versicherten zugute kommt.** Zum Deckungskapital vgl auch Rn 126 f und zum Überzins Rn 133. In diesem Fall ist das der Differenzrente entsprechende Deckungskapital der Bewertung zugrunde zu legen. Die Versicherungen teilen den Wert der beitragsfreien Differenzrente regelmäßig in ihren Auskünften mit und geben auch an, ob ein Deckungskapital gebildet wurde und welcher Betrag desselben auf die beitragsfreie Differenzrente entfällt. Nicht selten enthält die Auskunft auch Rechtsprechungsnachweise zur bisherigen Umrechnung der Anrechte.

142 Zumeist werden zwei verschiedene Beträge je nach **Berechnungsmethode** angegeben. In dem höheren Betrag ist der Zinszuwachs aus dem bereits vor der Ehe angesparten Deckungskapital mit enthalten, während bei dem niedrigeren Betrag lediglich die Zinsen aus dem auf die Ehezeit entfallenden Kapital einbezogen sind. Bei der Umrechnung ist der letztgenannte Betrag zugrunde zu legen, da die Zinsen auf das vor der Ehezeit gebildete Deckungskapital keine in der Ehezeit erworbenen Versorgungsanrechte darstellen, sondern der Deckung der bereits vorher bestehenden Versorgungszusage dienen.

143 c) **Bewertung nach dem Barwert.** Kommt der Überzins dem Versicherten nicht zugute, so ist der **Barwert des Ehezeitanteils** der Bewertung zugrunde zu legen, der anhand des Jahresbetrags der Differenzrente mit Hilfe der BarwertVO zu errechnen ist (Abs 3 Nr 2 S 1). Zum Begriff des Barwerts s auch Rn 128 und zur Anwendung der BarwertVO vgl § 1 BarwertVO Rn 1 ff. Bei der Ermittlung des Barwerts der Versorgung ist zu beachten, dass dieser nach § 4 Abs 2 S 3 BarwertVO (für laufende Renten: § 5 Abs 2 S 3) **nicht höher** sein darf **als die Summe der nach Ende der Ehezeit noch ausstehenden Rentenzahlungen,** wenn ein Versicherungsfall zum Ehezeitende fingiert wird. Ergibt sich nach der Tabelle ein höherer Betrag, so muss dieser auf die Gesamtsumme der noch zu erbringenden Versicherungsleistungen begrenzt werden. Insbes bei zeitlich beschränkten Renten, für die § 4 Abs 2 S 1 BarwertVO lediglich pauschale Abschläge und damit Näherungswerte vorsieht, sollte daher stets in einer Gegenrechnung überprüft werden, welche Summe an Versicherungsleistungen insgesamt noch offen steht.

---

[143] BGH FamRZ 1986, 344.
[144] Vgl auch *Borth* Kap 2 Rn 281 f.
[145] *Rahm/Künkel/Lardschneider* Teil V Rn 276.
[146] BGH FamRZ 1991, 310.

Ausgleichsanspruch § 1587 a

Beispiel: Einem bei Ehezeitende 67 Jahre alt gewordenen Mann ist eine Alters- und Erwerbsunfähigkeitsrente 143.1
zugesagt, die mit dem 65. Lebensjahr begonnen und eine Laufzeit von acht Jahren hat. Der Monatsbetrag der Rente
beläuft sich auf 500 Euro, der Überzins soll dem Berechtigten nicht zu Gute kommen. Nach Tabelle 7 der
BarwertVO ist der Jahresbetrag der Rente mit dem Faktor 10,2 zu multiplizieren. Das ergibt 6000 Euro × 10,2 =
61200 Euro. Wegen der zeitlichen Begrenzung der Rente ist gemäß § 5 Abs 2 S 2 BarwertVO hiervon ein Abschlag
von 20% vorzunehmen. Der so errechnete Barwert beträgt 40800 Euro. Bei Ehezeitende stehen aber nur noch 36000
Euro Rentenzahlungen insgesamt offen. Maßgeblich ist daher dieser niedrigere Wert.

d) Fiktive Einzahlung in die gesetzlichen Rentenversicherung. Der jeweilige Ehezeitanteil des 144
mitgeteilten Deckungskapitals oder des so errechneten Barwerts ist mit Hilfe der Faktoren der RechengrößenVO **fiktiv in die gesetzliche Rentenversicherung einzuzahlen.** Die Zahl der hierdurch
ermittelten Entgeltpunkte muss sodann mit dem für das Ehezeitende maßgeblichen aktuellen Rentenwert multipliziert werden, um den **dynamischen Betrag der Rentenanwartschaft** zu errechnen, der
in die VA-Bilanz eingestellt werden kann. Zur VA-Bilanz s auch Rn 2.

Beispiel: Der Jahresbetrag der ehezeitanteiligen Rente für einen 55jährigen Versicherten beträgt 6000 Euro. Es 144.1
handelt sich um eine lebenslange Rente wegen Alters und Invalidität. Der Beginn der Altersrente ist für das
65. Lebensjahr vorgesehen. Der Überzins soll dem Versicherten nicht zugute kommen. Der Bewertung ist daher der
Barwert zugrunde zu legen. Der Faktor der Tabelle 1 der BarwertVO beträgt 7,4, so dass der Barwert mit 44400 Euro
anzusetzen ist. Der Umrechnungsfaktor von Beiträgen in Entgeltpunkte beträgt nach der der Bekanntmachung der
Umrechnungsfaktoren für 2007 0,0001704126. Die Multiplikation beider Werte ergibt 7,57 Entgeltpunkte. Multipliziert mit dem derzeitigen aktuellen Rentenwert von 26,13 errechnet sich eine dynamische Rentenanwartschaft
von 197,71 Euro.

Die im Anhang bisher abgedruckten Ersatztabellen sind nach der Neufassung der BarwertVO nicht 145
mehr anwendbar. Die von Bergner wegen der von ihm weiterhin behaupteten Verfassungswidrigkeit
auch der jetzigen BarwertVO vorgeschlagenen Dynamisierungstabellen[147] hat der BGH nicht akzeptiert, sondern die BarwertVO gebilligt[148].

Kommt der Überzins im Wesentlichen dem Versicherten zugute, so ist das von der Versicherung 146
mitgeteilte, der Differenzrente entsprechende Deckungskapital für die Umrechnung maßgeblich. Dieses
ist mit dem für das jeweilige Ehezeitende geltenden Faktor aus § 4 der RechengrößenVO zu multiplizieren, um die Zahl der Entgeltpunkte zu ermitteln. Nach Multiplikation mit dem aktuellen Rentenwert ergibt sich der Betrag der dynamischen Anwartschaft.

e) Andere Bewertung. Ist ausnahmsweise weder eine Bewertung nach dem Deckungskapital noch 147
anhand des Barwertes möglich, so ist diese **nach Ermessen** in sinngemäßer Anwendung der Bewertungsregeln der Abs 1 bis 4 vorzunehmen (Abs 5). Die Vorschrift stellt eine Auffangnorm für die
Bewertung von Versorgungsrechten aller Art dar, die insbes auch bei ausländischen Anrechten mit
abweichender Struktur eingreift.

f) Bewertung der Berufsunfähigkeitszusatzversicherung. Eine Berufsunfähigkeitsversicherung 148
wird in den VA nur einbezogen, wenn der **Versicherungsfall bereits eingetreten** ist, der Versicherte
also berufsunfähig geworden ist und aufgrund dessen eine Rente gezahlt wird. Hat die **Berufsunfähigkeit** schon **vor der Eheschließung** vorgelegen, so ist ein auszugleichender Ehezeitanteil nur vorhanden, wenn der Rentenbetrag innerhalb der Ehezeit angehoben wurde. In diesem Fall ist der
Zahlbetrag der Rente in die VA-Bilanz einzustellen, vermindert um den vorehelich erworbenen Anteil
der Rente, der vom Versicherer mitgeteilt wird. Trat die Berufsunfähigkeit dagegen **während der Ehe**
ein, so ist der am Ende der Ehezeit gezahlte Rentenbetrag zugleich der Ehezeitanteil. Eine gezahlte
Rente aus einer privaten Berufsunfähigkeitsversicherung fällt auch dann in den VA, wenn die Rente
erst nach Ehezeitende gezahlt wird, sofern die Zahlung rückwirkend erfolgt und Bewilligungszeitpunkt innerhalb der Ehezeit liegt[149]. Die **Bewertung** der Berufsunfähigkeitsversicherung nimmt der
BGH **nach der BarwertVO** vor[150].

Da die Berufsunfähigkeitsrente regelmäßig nur für die Zeit bis zum Erreichen der Altersgrenze gezahlt 149
wird, führt dies angesichts der pauschalen Berücksichtigung zeitlich begrenzter Renten in der BarwertVO
gelegentlich zu einem Barwert, der das Deckungskapital überschreitet. Wegen des niedrigeren Zwischenzinses bis zum Erreichen der Altersgrenze muss das Deckungskapital jedoch begrifflich höher sein als
der Barwert. Im Hinblick auf die Ungenauigkeit der Barwertberechnung in diesen Fällen wird deshalb
vorgeschlagen, bei der Bewertung der Berufsunfähigkeitszusatzversicherung an das **Deckungskapital**
anzuknüpfen[151]. Zur begrifflichen Abgrenzung zwischen Barwert und Deckungskapital s auch Rn 126 ff.

g) Bewertung der Direktversicherung. Die vom Arbeitgeber zugunsten des Arbeitnehmers abge 150
schlossene Direktversicherung wird jedenfalls dann nicht wie eine Betriebsrente nach Abs 4 iVm Abs 3
Nr 2 bewertet, wenn der Arbeitgeber die versicherungsvertragliche Lösung gewählt, dh durch Abtretung des Versicherungsanspruchs an den Arbeitnehmer seine Haftung auf den Betrag der Versicherung
beschränkt hat. In diesen Fällen ist das Deckungskapital der Bewertung zugrunde zu legen. Im übrigen
ist die Bewertung streitig[152]. Zur Direktversicherung s auch Rn 85 und 109.

---

[147] NJW 2006, Beilage zu Heft 25.
[148] BGH FamRZ 2007, 23.
[149] OLG Brandenburg FamRZ 2007, 736.
[150] BGH FamRZ 1993, 299.
[151] So *Gutdeutsch*, Handbuch Fachanwalt Familienrecht, Kap 7 Rn 125.
[152] Zum Meinungsstand vgl *Soergel/Zimmermann* Rn 167.

§ 1587 a

151 **3. Ausgleich der privaten Rentenversicherung.** Der Ausgleich der privaten Rentenversicherung erfolgt mit Hilfe der Ausgleichsformen des VAHRG.

152 **a) Realteilung.** Im Unterschied zu den übrigen Versorgungsarten kommt bei der privaten Rentenversicherung bezüglich der **Ausgleichsform** nicht selten die Realteilung zum Tragen, da eine Reihe von privaten Rentenversicherern diese in ihrer Satzung vorsehen. Nach § 1 Abs 2 VAHRG sind für deren Durchführung die Regelungen maßgeblich, die der Versorgungsträger für diesen Fall getroffen hat. Fehlen den §§ 4 und 5 VAHRG entsprechende Vorschriften für Härtefälle, so führt dies bei **öffentlich-rechtlichen Versorgungsträgern** nicht zu einer Verwerfung der Realteilung[153]. Im übrigen kann jedoch das Familiengericht bei unangemessener Benachteiligung eines Ehegatten durch die Realteilung so entscheiden, als ob diese Ausgleichsform nicht bestünde[154]. Zu den Einzelheiten s auch § 1 VAHRG Rn 8 ff.

153 **b) Realteilung bei der Berufsunfähigkeitszusatzversicherung.** Bei der Berufsunfähigkeitszusatzversicherung kann die Realteilung zur Folge haben, dass auch für den nicht berufsunfähigen Ehepartner eine Berufsunfähigkeitsrente gezahlt wird. Wegen der unterschiedlichen Lebenserwartung von Männern und Frauen und des meist verschiedenen Lebensalters der Partner kann die Realteilung überdies aufgrund der Einbeziehung versicherungsmathematischer Faktoren unterschiedlich hohe Renten ergeben und dem Ausgleichspflichtigen weniger als die Hälfte seiner Rente verbleiben. Dies dürfte mit dem Halbteilungsgrundsatz nicht vereinbar sein. Für diesen Fall wird deshalb erwogen, jeweils die Hälfte des Deckungskapitals der Berechnung zugrunde zu legen[155]. Zu den Einzelheiten der Berechnung vgl auch § 1 VAHRG Rn 10 f.

154 **c) Tenorbeispiel.** Der Tenor lautet bei der Realteilung:
Zu Lasten des Anspruchs des Antragsgegners bei der XY Versicherung wird für die Antragstellerin ein Anspruch auf eine Rente gleicher Laufzeit in Höhe von 225,76 Euro monatlich begründet.

155 **d) Schuldrechtlicher Ausgleich oder Ersatzausgleich nach § 3 b VAHRG.** Ist eine Realteilung nicht vorgesehen, so sind nur der **schuldrechtliche VA** nach § 2 VAHRG oder anstelle dessen der **erweiterte Ausgleich** nach § 3 b VAHRG möglich[156]. Allerdings kommt der schuldrechtliche VA bei der Rente der Berufsunfähigkeitszusatzversicherung idR nicht in Betracht, da diese meist nur bis zu der regulären Altersgrenze gezahlt wird. Zu den Einzelheiten des erweiterten Ausgleichs und zur Ermessensausübung in diesen Fällen vgl § 1587 Rn 69 und § 3 b VAHRG Rn 16 ff.

156 **VI. Umrechnung nicht volldynamischer Versorgungsanrechte (Abs 3 und 4). 1. Allgemeine Grundlagen.** Für betriebliche Anrechte sieht Abs 4 aufgrund der Verweisung auf Abs 3 Nr 2 eine Umrechnung mit Hilfe der BarwertVO auch für volldynamische Anrechte vor. Diese dürfte jedoch auf der ursprünglich vom Gesetz angeordneten Beitragszahlung für alle betrieblichen Anrechte beruhen. Die Praxis stellt volldynamische Betriebsrenten deshalb ohne Umrechnung in die Ausgleichsbilanz ein[157]. Auch die BarwertVO schreibt für diese Fälle keine Umrechnung vor, da § 5 und die Tabelle 7 nur für Anrechte gelten, die im Leistungsstadium nicht volldynamisch sind. Zu den Bedenken gegen die Verfassungsmäßigkeit der BarwertVO vgl § 1 BarwertVO Rn 1 ff.

157 **Volldynamische Anrechte** sind mit ihrem **Nennwert** in die VA-Bilanz einzustellen. Steigt der Wert des Anrechts dagegen nicht in gleicher Weise wie der Wert einer gesetzlichen Rente oder Beamtenversorgung, so ist für die Bewertung die Regelaltersrente zugrunde zu legen, die sich ergäbe, wenn der **Barwert** der Teilversorgung zum Ehezeitende als Beitrag in die gesetzliche Rentenversicherung eingezahlt würde (Abs 4 in Verbindung mit Abs 3 Nr 2). Der Vergleich der Steigerungsraten mit denjenigen der sog Maßstabsversorgungen wird durch eine Tabelle zur Prüfung der Volldynamik (**Volldynamiktabelle**)[158] erleichtert (abgedruckt § 1 BarwertVO Rn 7). Bei Versorgungen, die nicht in gleichem Umfang angehoben werden, ist zunächst der Barwert zu ermitteln und dann dessen **fiktive Einzahlung** in die gesetzliche Rentenversicherung vorzunehmen[159].

158 **2. Ermittlung des Barwertes.** Der Begriff Barwert kennzeichnet den Gegenwartswert der Versorgung. Darunter ist die **Summe aller künftigen Rentenzahlungen** zu verstehen, vermindert um die Wahrscheinlichkeit des Rentenbezugs und abgezinst mit einem Rechnungszins in Höhe von 4,5 Prozent. Die Summe aller so berechneten Barwerte der einzelnen Rentenleistungen ergibt den Barwert der gesamten Versorgung. In der Praxis wird der Barwert pauschalierend anhand von **Barwertfaktoren** ermittelt, mit denen der jeweilige Jahresbetrag der Betriebsrente multipliziert wird.

159 **3. Tabellen der BarwertVO.** Zur Bestimmung des Barwerts einer Versorgung hat der Gesetzgeber die **BarwertVO**[160] erlassen, die **verschiedene Tabellen je nach der Art der Anrechte** vorsieht.

---

[153] BVerfG FamRZ 1980, 326.
[154] BGH FamRZ 1993, 298; FamRZ 1997, 1470; zum Absehen von der Realteilung im Einzelfall vgl auch BGH FamRZ 1999, 158 m Anm *Glockner* 575.
[155] Vgl *Gutdeutsch/Lardschneider* FamRZ 1983, 845.
[156] Vgl auch OLG Koblenz FamRZ 1998, 1365.
[157] Vgl BGH FamRZ 1992, 1051; OLG München FamRZ 1997, 616.
[158] Vgl auch *Gutdeutsch* FamRZ 2007, 522.
[159] Auch gegen die Anordnung einer fiktiven Einzahlung in die gesetzliche Rentenversicherung werden verfassungsrechtliche Bedenken erhoben, vgl *Gutdeutsch/Glockner* FamRZ 1999, 896; dafür auch *Bergner* FamRZ 1999, 1487; dagegen OLG München FamRZ 1999, 1432; dagegen BGH FamRZ 2001, 1695.
[160] Vom 24. 6. 1977, BGBl I S 1014, geändert durch VO vom 22. 5. 1984, BGBl I S 692 und Art 61 Rentenreformgesetz 1992 vom 18. 12. 1989, BGBl I S 2261; neu gefasst durch VO vom 3. 5. 2006, BGBl I S 1144.

Ausgleichsanspruch § 1587 a

Dabei ist zunächst zu unterscheiden, ob es sich um eine Versorgungsanwartschaft oder eine bereits laufende Versorgungsrente handelt. Auf **laufende Renten** ist die **Tabelle 7** anwendbar, die Werte für lebenslange, zumindest ab Leistungsbeginn nicht volldynamische Versorgungen enthält[161]. Volldynamische laufende Renten bedürfen nicht der Umrechnung nach der BarwertVO, sondern können mit ihrem Nennwert in die VA-Bilanz eingestellt werden. Handelt es sich um eine **zeitlich begrenzte Rente**, so ist nach § 5 Abs 2 S 2 BarwertVO ein prozentualer Abschlag von dem angegebenen Tabellenwert vorzunehmen.

Die **weiteren Tabellen,** die sich auf **Versorgungsanwartschaften** beziehen, unterscheiden danach, 160 ob eine reine **Altersversorgung** zugesagt ist (Tabellen 2 und 5), eine reine **Invaliditätsversorgung** (Tabellen 3 und 6) oder eine Versorgung für den Fall des **Alters und der Invalidität** (Tabellen 1 und 4).

Weiter wird zwischen **Anwartschafts-** und **Leistungsdynamik** differenziert. Zu dieser Unterschei- 161 dung s auch Rn 89. Die Tabellen 1 bis 3 gelten für Anrechte, die zumindest bis zum Leistungsbeginn nicht volldynamisch sind, die Tabellen 4 bis 6 für nur bis zum Leistungsbeginn volldynamische Anwartschaften. In den Anmerkungen zu den Tabellen sind **Zu- und Abschläge** für den Fall vorgesehen, dass die Rentenzahlung vor Vollendung des fünfundsechzigsten Lebensjahres oder erst danach einsetzt, und bei den Tabellen 1 bis 3 Zuschläge für den Fall, dass zu der Statik im Anwartschaftsstadium eine Volldynamik im Leistungsstadium hinzutritt.

4. Anwendung der BarwertVO. Die **Tabelle** wird in der Weise **angewandt,** dass der für das 162 jeweilige Alter des Versorgungsempfängers zum Ehezeitende angegebene **Vervielfacher** herausgesucht und **mit dem Ehezeitanteil** der Betriebsrente (Jahresbetrag) **multipliziert** wird. Die pauschalierende Umrechnung mit Hilfe der BarwertVO führt dazu, dass auch hohe **Betriebsrenten** mit einem **sehr niedrigen Wert** in die VA-Bilanz eingestellt werden. Die aktuelle BarwertVO ist nach BGH verfassungsgemäß[162]. Gelegentlich führt ihre Anwendung jedoch zu systemwidrigen Ergebnissen[163]. Deshalb wird erwogen, sie zumindest in Einzelfällen als untergesetzliche Norm außer Betracht zu lassen[164]; steht der Rentenfall unmittelbar bevor oder wirkt sich die Berechnung auf eine laufende Rente aus, sollte eine individuelle Barwertbestimmung erfolgen. Zu den Einzelheiten vgl auch § 1 BarwertVO Rn 1 ff.

5. Fiktive Einzahlung des Barwerts in die gesetzliche Rentenversicherung. Nach Abs 4 iVm 163 Abs 3 Nr 2 S 1 ist der Barwert der Versorgung sodann fiktiv in die gesetzliche Rentenversicherung einzuzahlen[165]. Zur Erleichterung dieser Umrechnung gibt die Bundesregierung regelmäßig **Umrechnungsfaktoren** bekannt (zuletzt durch VO vom 21. 12. 2006, BGBl I S 3324), mit deren Hilfe aus dem Barwert der Rente unmittelbar die Zahl der Entgeltpunkte errechnet werden kann. Diese legen den jeweiligen Beitragssatz zugrunde und werden daher jeweils im Dezember mit den für das Folgejahr geltenden Beitragssätzen zur Sozialversicherung durch Rechtsverordnung festgesetzt. Ausgehend von dem **Jahresbetrag der Betriebsrente** ergibt sich nach Umrechnung mit Hilfe der RechengrößenVO und Multiplikation mit dem aktuellen Rentenwert zum Ehezeitende der **dynamische Monatsbetrag der gesetzlichen Rente.**

6. Umrechnung statischer betrieblicher Anrechte (Beispiel). Die Umrechnung statischer be- 164 trieblicher Anrechte in dynamische Anrechte der gesetzlichen Rentenversicherung erfolgt in drei Schritten[166]:
– Ermittlung des **Ehezeitanteils** nach dem Verhältnis Ehezeit/Betriebszeit
– Ermittlung des **Barwerts** des so errechneten Ehezeitanteils mit Hilfe der BarwertVO
– Ermittlung des dynamischen Wertes des Anrechts durch **fiktive Einzahlung** des Barwerts mit Hilfe der Umrechnungsfaktoren der Rechengrößen-VO und **Multiplikation mit dem aktuellen Rentenwert** zum Ehezeitende.

Beispiel: M hat laut Auskunft des Arbeitgebers eine betriebliche Anwartschaft in Höhe von 50.000 Euro 165 jährlich erworben. Er hat am 17. 6. 1988 die Ehe mit F geschlossen. Der Scheidungsantrag wurde am 17. 6. 2002 zugestellt. M ist am 1. 1. 1955 geboren und am 1. 1. 1988 in den Betrieb eingetreten, dem er noch angehört. Die Altersgrenze für die Altersrente beträgt 65 Jahre, die Versorgung ist für den Fall des Alters und der Invalidität zugesagt.
Dauer Ehezeit (§ 1587 Abs 2): 1. 6. 1988 bis 31. 5. 2002
Dauer der Betriebszugehörigkeit (Abs 2 Nr 3 a): 1. 1. 1988 bis 31. 12. 2019 = 384 Monate
Betriebszugehörigkeit in der Ehezeit: 1. 6. 1988 bis 31. 5. 2002 = 168 Monate

---

[161] Die Frage, auf welchen Zeitpunkt es für die Frage, ob es sich um eine laufende Rente handelt, ankommt, ist streitig; die hM stellt auf das Ehezeitende ab, so zuletzt BGH FamRZ 1999, 218; OLG Düsseldorf FamRZ 1997, 87; OLG München FamRZ 1997, 89 sowie *Gutdeutsch* FamRZ 1997, 80; dagegen zB RGRK/*Wick* Rn 38; bei Bezug einer EU- oder BU-Rente ist Tabelle 7 nur anwendbar, wenn die EU oder BU dauerhaft vorliegt, OLG Nürnberg FamRZ 2000, 538.
[162] FmRZ 2007, 23 m abl Anm *Bergner* 28.
[163] Vgl *Gutdeutsch*, Handbuch Fachanwalt Familienrecht, Kap 7 Rn 125.
[164] Vgl OLG Karlsruhe FamRZ 1998, 298; *Schwab/Hahne*, HdB ScheidungsR, Rn VI 125.
[165] Zu den verfassungsrechtlichen Einwänden gegen die fiktive Einzahlung s auch Gutdeutsch FamRZ 2000, 145.
[166] Die Umrechnung wird durch Computerprogramme erleichtert; empfehlenswert sind vor allem die Programme von *Gutdeutsch*, Familienrechtliche Berechnungen, *Eißler*, Versorgungsausgleich, und *Hauß*.

§ 1587 b   Buch 4. Abschnitt 1. Bürgerliche Ehe

Ehezeitanteil der Betriebsrente: 168/384 Monate = 0,4375
50000 Euro × 0,4375 = 21875 Euro
Umrechnung mit Hilfe der BarwertVO: Alter zum Ehezeitende: 41 Jahre
Barwertfaktor nach Tabelle 1: 4,0
21875 Euro × 4,0 = 87500 Euro
fiktive Einzahlung in die gesetzliche Rentenversicherung:
87500 Euro × 0,0001835894 = 16,06 Entgeltpunkte
multipliziert mit dem aktuellen Rentenwert zum Ehezeitende: 16,06 × 25,31406 = 406,65 Euro dynamischer Wert der Betriebsrente.

166 Zur **Ausgleichsform** vgl § 1587 Rn 65 ff und §§ 1 ff VAHRG.

167 **VII. Andere Bewertung (Abs 5).** Abs 5 stellt eine **Auffangnorm** für die Bewertung von Versorgungsanrechten dar, auf die die in Abs 2 Nr 1 bis 5 genannten Strukturmerkmale nicht zutreffen. Darunter fallen insbes ausländische Versorgungsanwartschaften mit abweichenden Bewertungsgrundlagen. Bei diesen Anrechten hat das Gericht in sinngemäßer Anwendung der in Abs 2 Nr 1 bis 5 aufgestellten Grundsätze eine Bewertung nach billigem **Ermessen** vorzunehmen. Hierzu wird es nicht selten der Einholung eines Gutachtens bedürfen, sofern sich die Bewertungsgrundlagen der Versorgungsordnung nicht ohne weiteres entnehmen lassen.

168 **VIII. Ruhensvorschriften (Abs 6).** Zu den Ruhensvorschriften und ihren Auswirkungen auf den VA s Rn 29 ff.

169 **IX. Wartezeiten (Abs 7).** Bei der Bewertung im VA bleibt grds außer Betracht, dass einzelne Versorgungsarten Wartezeiten oder andere Mindestversicherungszeiten oÄ voraussetzen. Dies gilt insbes für die gesetzliche Rente. Hier werden im VA Entgeltpunkte unabhängig davon übertragen, ob die mit übertragenen Wartezeiten später die Zahlung einer Rente ermöglichen oder nicht. Zu den Wartezeiten in der gesetzlichen Rentenversicherung vgl auch Rn 68 ff. Ist jedoch absehbar, dass die Voraussetzungen für eine Rentenbewilligung nicht erfüllt sind, so ist ein Antrag auf Durchführung des VA in anderer Weise nach § 1587 b Abs 4 wegen **Unwirtschaftlichkeit** angebracht. Zu den Fallgruppen der Unwirtschaftlichkeit s auch § 1587 b Rn 56 f.

170 Eine Ausnahme von dem Grundsatz, dass die Erfüllung von Wartezeiten unbeachtlich ist, gilt für die Betriebsrente (Abs 7 S 1 HS 2 iVm Abs 2 Nr 3 S 3). Ist eine betriebliche Altersversorgung noch nicht unverfallbar, so bleibt ihr Ausgleich dem späteren schuldrechtlichen VA vorbehalten. Zur Unverfallbarkeit von Betriebsrenten s auch Rn 110.

171 Eine weitere Ausnahme betrifft die zeitlichen Voraussetzungen für eine **Rente nach Mindesteinkommen** der gesetzlichen Rentenversicherung. Nach § 262 Abs 1 SGB VI setzt die Gewährung zusätzlicher Entgeltpunkte bei geringem Arbeitentgelt voaus, dass mindestens 35 Jahre mit rentenrechtlichen Zeiten belegt sind und sich aus den Kalendermonaten mit vollwertigen Beiträgen ein Durchschnittswert von weniger als 0,0625 Entgeltpunkten ergibt. Diese Voraussetzungen müssen zum Zeitpunkt des Ehezeitendes erfüllt sein, wenn die zusätzlichen Entgeltpunkte im VA berücksichtigt werden sollen. Treten sie erst später ein, so rechtfertigt dies uU eine Abänderung des VA nach § 10 a VAHRG[167].

172 **X. Familienbezogene Bestandteile (Abs 8).** Leistungsbestandteile, die abhängig von der jeweiligen persönlichen Situation gezahlt werden, bleiben im VA außer Betracht. Bei Beamten wird zB der Bewertung jeweils das Gehalt der Stufe 1 zugrunde gelegt ohne Familien- und Kinderzuschläge. Eine Ausnahme gilt nach § 98 Abs 7 ALG für Renten, auf die bei Inkrafttreten des ALG bereits ein Anspruch bestand. Diese werden mit Ehegattenzuschlag bei der Bewertung berücksichtigt, wenn der Ehegatte keine eigene Anwartschaft erworben hat und die Rechtshängigkeit nach dem 31. 12. 1994 eingetreten ist[168].

§ 1587 b Übertragung und Begründung von Rentenanwartschaften durch das Familiengericht

(1) ¹Hat ein Ehegatte in der Ehezeit Rentenanwartschaften in einer gesetzlichen Rentenversicherung im Sinne des § 1587 a Abs. 2 Nr. 2 erworben und übersteigen diese die Anwartschaften im Sinne des § 1587 a Abs. 2 Nr. 1, 2, die der andere Ehegatte in der Ehezeit erworben hat, so überträgt das Familiengericht auf diesen Rentenanwartschaften in Höhe der Hälfte des Wertunterschieds. ²Das Nähere bestimmt sich nach den Vorschriften über die gesetzlichen Rentenversicherungen.

(2) ¹Hat ein Ehegatte in der Ehezeit eine Anwartschaft im Sinne des § 1587 a Abs. 2 Nr. 1 gegenüber einer Körperschaft, Anstalt oder Stiftung des öffentlichen Rechts, einem ihrer Verbände einschließlich der Spitzenverbände oder einer Arbeitsgemeinschaften erworben und übersteigt diese Anwartschaft allein oder zusammen mit einer Rentenanwartschaft im Sinne des § 1587 a Abs. 2 Nr. 2 die Anwartschaften im Sinne des § 1587 a

---

[167] Vgl MünchKommBGB/*Dörr* Rn 523 mwN; für eine analoge Anwendung dieser Vorschrift auf § 13 Abs 1 Nr 3 ALG *Greßmann/Klattenhoff* FamRZ 1995, 577, 579.
[168] Zu den Einzelheiten vgl auch MünchKommBGB/*Dörr* Rn 526.

Abs. 2 Nr. 1, 2, die der andere Ehegatte in der Ehezeit erworben hat, so begründet das Familiengericht für diesen Rentenanwartschaften in einer gesetzlichen Rentenversicherung in Höhe der Hälfte des nach Anwendung von Absatz 1 noch verbleibenden Wertunterschieds. ²Das Nähere bestimmt sich nach den Vorschriften über die gesetzlichen Rentenversicherungen.

(3) ¹*Soweit der Ausgleich nicht nach Absatz 1 oder 2 vorzunehmen ist, hat der ausgleichspflichtige Ehegatte für den Berechtigten als Beiträge zur Begründung von Anwartschaften auf eine bestimmte Rente in einer gesetzlichen Rentenversicherung den Betrag zu zahlen, der erforderlich ist, um den Wertunterschied auszugleichen* (Anmerkung: Dieser Halbsatz ist gemäß Urteil des Bundesverfassungsgerichts vom 27. 1. 1983, BGBl I S 375, nichtig); dies gilt nur, solange der Berechtigte die Voraussetzungen für ein Altersruhegeld aus einer gesetzlichen Rentenversicherung noch nicht erfüllt. ²Das Nähere bestimmt sich nach den Vorschriften über die gesetzlichen Rentenversicherungen. ³Nach Absatz 1 zu übertragende oder nach Absatz 2 zu begründende Rentenanwartschaften sind in den Ausgleich einzubeziehen; im Wege der Verrechnung ist nur ein einmaliger Ausgleich vorzunehmen.

(4) Würde sich die Übertragung oder Begründung von Rentenanwartschaften in den gesetzlichen Rentenversicherungen voraussichtlich nicht zugunsten des Berechtigten auswirken oder wäre der Versorgungsausgleich in dieser Form nach den Umständen des Falles unwirtschaftlich, soll das Familiengericht den Ausgleich auf Antrag einer Partei in anderer Weise regeln; § 1587 o Abs. 1 Satz 2 gilt entsprechend.

(5) Der Monatsbetrag der nach Absatz 1 zu übertragenden oder nach Absatz 2, 3 zu begründenden Rentenanwartschaften in den gesetzlichen Rentenversicherungen darf zusammen mit dem Monatsbetrag der in den gesetzlichen Rentenversicherungen bereits begründeten Rentenanwartschaften des ausgleichsberechtigten Ehegatten den in § 76 Abs. 2 Satz 3 des Sechsten Buches Sozialgesetzbuch bezeichneten Höchstbetrag nicht übersteigen.

(6) Bei der Übertragung oder Begründung von Rentenanwartschaften in der gesetzlichen Rentenversicherung hat das Familiengericht anzuordnen, dass der Monatsbetrag der zu übertragenden oder zu begründenden Rentenanwartschaften in Entgeltpunkte umzurechnen ist.

Übersicht

	Rn		Rn
I. Normzweck	1	3. Schuldrechtlicher Ausgleich	40
II. Grundsätzliches	2	4. Ausgleich in anderer Weise	41
		5. Höchstbetrag	43
III. Ausgleich der gesetzlichen Rente (Abs 1)	8	6. Beitragszahlung	44
		a) Grundsätzliches	45
1. Ausgleichsform	8	b) Zumutbarkeit	46
2. Ausgleich der Höherversicherung	10	c) Höhe	47
3. Ausgleich der Ostanrechte	11	d) Zahlungszeitpunkt	48
a) Getrennter Ausgleich	14	e) Ratenzahlung	49
b) Ausgleich im Rentenfall	15	f) Erlöschen der Zahlungspflicht	50
4. Tenor	18	7. Ermessensausübung	51
a) Umrechnung in Entgeltpunkte	19	8. Ersatzausgleich durch Quasivorrang	53
b) Ostanrechte	20		
5. Folgen des Ausgleichs	21	VI. Grundsatz des Einmalausgleichs (Abs 3 S 3)	54
a) Gutschrift und Kürzung	22		
b) Rentnerprivileg	25	VII. Quotierung der sonstigen Anrechte	55
IV. Ausgleich der Beamtenversorgung (Abs 2)	27	VIII. Unwirtschaftlichkeit (Abs 4)	56
1. Ausgleichsform	27	1. Voraussetzungen	56
2. Anwendungsbereich	29	2. Anwendungsbereich	57
3. Folgen des Ausgleichs	34	3. VA in anderer Weise	60
4. Zusammentreffen von gesetzlicher Rente und Beamtenversorgung	35	4. Verfahrensrechtliches	62
		IX. Höchstbetrag für die gesetzliche Rente und Beamtenversorgung (Abs 5)	63
V. Ausgleich des verbleibenden Anspruchs (Abs 3)	36	1. Berechnung und Anwendungsbereich	63
1. Realteilung	38	2. Rechtsfolgen bei Überschreitung	66
2. Analoges Quasisplitting	39	X. Umrechnung in Entgeltpunkte (Abs 6)	69

I. Normzweck

§ 1587 b regelt die **Ausgleichsformen** bei den einzelnen Versorgungsarten, dh in welcher Weise der nach § 1587 a Abs 1 S 2 bestehende Ausgleichsanspruch erfüllt wird. Auch bei mehreren verschiedenen Versorgungsanrechten besteht nur ein Ausgleichsanspruch desjenigen Ehegatten, der insgesamt

§ 1587 b

die geringeren Anrechte in der Ehezeit erworben hat. Dieser ist aufgrund einer **Bilanzierung**, dh Aufstellung und Saldierung der Anwartschaften beider Partner, zu ermitteln (§ 1587 b Abs 3 S 3). Zum Ausgleichsanspruch vgl auch § 1587 a Rn 2 f, zum **Grundsatz des Einmalausgleichs** und zur Bilanzierung s Rn 54.

II. Grundsätzliches

2   Die Erfüllung des Ausgleichsanspruchs geschieht regelmäßig nicht durch Zahlung, sondern im Wege des Realausgleichs, also durch Übertragung, Begründung oder Aufteilung von Anrechten. Das Gesetz sieht in erster Linie den Ausgleich über die gesetzliche Rentenversicherung vor. Dem Ausgleichsberechtigten werden Anrechte der gesetzlichen Rente gutgeschrieben mit dem Ziel, ihm eine eigenständige, vom Versorgungsschicksal des Verpflichteten unabhängige Alterssicherung zu verschaffen. Zum Zweck und zu den Grundprinzipien des Versorgungsausgleichs s auch § 1587 Rn 1 ff. Zum Ausgleich der Anrechte in der gesetzlichen Rentenversicherung schreibt das Gesetz das **Splitting**, dh die Übertragung von Anwartschaften, zum Ausgleich der Beamtenversorgung das **Quasisplitting**, also die Begründung von Anrechten in der gesetzlichen Rentenversicherung vor (Abs 1 und Abs 2).

3   Die ursprünglich für alle anderen Arten von Anrechten in Abs 3 angeordnete Beitragszahlung ist durch das BVerfG für unwirksam erklärt worden[1]. An die Stelle der in Abs 3 S 1 HS 1 geregelten Beitragszahlungspflicht zum Ausgleich aller weiteren Anrechte sind die **Ausgleichsformen des VAHRG** getreten, in erster Linie also die Realteilung und das analoge Quasisplitting, des weiteren der schuldrechtliche VA und die Formen des erweiterten Ausgleichs nach § 3 b VAHRG. Zum Katalog und zur Prüfungsreihenfolge der Ausgleichsformen vgl auch § 1587 a Rn 60 ff.

4   Maßgebender **Zeitpunkt** für die Ausgleichsform ist die letzte Tatsacheninstanz. Dies ist besonders bei der Nachversicherung von aus dem Beamten- oder Soldatenverhältnis ausgeschiedenen Bediensteten von Bedeutung. Ist die Nachversicherung bereits durchgeführt, so erfolgt der Ausgleich durch Splitting der gesetzlichen Rente, anderenfalls durch Quasisplitting zu Lasten des öffentlich-rechtlichen Versorgungsträgers. Zu den Einzelheiten s auch § 1587 a Rn 59.

5   Splitting und Quasisplitting können auch dann noch erfolgen, wenn der **Ausgleichsberechtigte** bereits eine **laufende Rente** bezieht. Dagegen ist ein Ausgleich durch Einzahlung von Beiträgen in die gesetzliche Rentenversicherung ab Eintritt des Rentenfalls nicht mehr möglich (Abs 3 S 1 HS 2: „ein abgebranntes Haus kann man nicht mehr versichern"). Ob die Realteilung auch noch beim Bezug einer laufenden Rente durchgeführt werden kann, richtet sich nach der Versorgungsordnung des jeweiligen Versorgungsträgers[2].

6   Dem Splitting oder Quasisplitting unterliegen nur **inländische Anrechte**, da ein deutsches Gericht wegen fehlender Hoheitsgewalt nicht in Rechte ausländischer Versorgungsträger eingreifen kann. Eine Ausnahme bilden die nach dem **Fremdrentengesetz** in die inländische Rentenversicherung überführten ausländischen Anrechte.

7   **Teilentscheidungen** über den VA sind in entsprechender Anwendung des § 301 ZPO zulässig, soweit sie einen aussonderbaren Teil zum Gegenstand haben und die Entscheidung durch die spätere Regelung des zurückgestellten Ausgleichs anderer Anrechte nicht berührt wird[3]. Vgl auch § 1587 Rn 92 und zum **Verfahrensrecht** Rn 72 ff.

III. Ausgleich der gesetzlichen Rente (Abs 1)

8   **1. Ausgleichsform.** Der Ausgleich von Anrechten der gesetzlichen Rentenversicherung erfolgt nach Abs 1 S 1 dadurch, dass Anwartschaften in Höhe der **Hälfte des Wertunterschiedes** von dem Konto des Berechtigten auf dasjenige des Verpflichteten **übertragen** werden (**Rentensplitting**). Für die Ermittlung des Wertunterschiedes sind die Anrechte des Verpflichteten mit denjenigen des Berechtigten **aus gesetzlicher Rente und Beamtenversorgung** zu vergleichen. Ein Splitting erfolgt nur, soweit die Anrechte des Verpflichteten diejenigen des **Berechtigten aus beiden Versorgungsarten** übersteigen, und zwar begrenzt auf die Höhe des Ausgleichsanspruchs insgesamt. Zu den Einzelheiten des Ausgleichs beim Zusammentreffen von Anrechten der gesetzlichen Rente und der Beamtenversorgung vgl auch unten Rn 35. Bei der Gegenüberstellung der Versorgungen sind auf Seiten beider Parteien die Anrechte der Altersversorgung der Landwirte außer Ansatz zu lassen[4]. Für diese gelten eigenständige Regeln, obgleich es sich ebenso um Anrechte der gesetzlichen Rentenversicherung handelt.

9   Der Ausgleich durch Splitting erfolgt auch dann, wenn bereits eine **laufende Rente** aus der gesetzlichen Rentenversicherung bezogen wird. Verfügt der Berechtigte noch nicht über ein **Rentenkonto**, so ist dieses bei der Deutschen Rentenversicherung Bund, auf Antrag auch bei der zuständigen Landesanstalt der Deutschen Rentenversicherung, einzurichten (§ 126 Abs 3 SGB VI).

---

[1] BVerfG FamRZ 1983, 342.
[2] Vgl *Johannsen/Henrich/Hahne* Rn 12.
[3] BGH FamRZ 1983, 39; FamRZ 1984, 572; OLG Hamm FamRZ 2000, 674.
[4] OLG Bamberg FamRZ 1991, 1065; zur Altersversorgung der Landwirte vgl auch *Greßmann/Klattenhoff* FamRZ 1995, 577.

Beispiel: M hat 35 Jahre lang soviel verdient wie der Durchschnitt der Versicherten, also 35 Entgeltpunkte 9.1 erworben. Ehezeitende ist der 30. 5. 2002. Der zum Ehezeitende geltende aktuelle Rentenwert belief sich auf 25,31406 Euro. Die Rentenhöhe beträgt daher 35 × 25,31406 Euro, also 885,99 Euro. Fällt die gesamte Versicherungszeit in die Ehezeit und hat F keine eigenen Anwartschaften erworben, so steht ihr die Hälfte des Betrages, mithin 442,99 Euro als VA zu. In dieser Höhe sind Rentenanwartschaften von dem Konto des M auf ein für F neu einzurichtendes Versicherungskonto zu übertragen.

Abwandlung: M hat laut Auskunft der DRV Bund Rentenanwartschaften für die Ehezeit in Höhe von 175 Euro, 9.2 F von 25 Euro. Die Differenz der beiderseitigen Anrechte beträgt 150 Euro. Die Hälfte dieses Betrages steht F als Ausgleichsanspruch im VA zu. Deshalb sind Rentenanwartschaften in Höhe von 75 Euro von dem Rentenkonto des M auf dasjenige der F zu übertragen.

2. Ausgleich der Höherversicherung. § 234 SGB VI sah für vor dem 1. 1. 1942 geborene 10 Personen und für solche, die bereits vor dem 1. 1. 1992 von dem Recht der Höherversicherung Gebrauch gemacht hatten, die Möglichkeit der Höherversicherung vor. Die durch die Höherversicherung erworbenen Rentenanrechte, die im Unterschied zu den gesetzlichen Renten nicht entsprechend der allgemeinen Einkommensentwicklung angepasst werden[5], sind nicht nach den für die gesetzliche Rente, sondern den für **sonstige Versorgungen** geltenden Vorschriften auszugleichen. Zur Bewertung sonstiger Anrechte vgl § 1587 a Rn 116 ff und zum Ausgleich Rn 36 ff. Die Möglichkeit der Höherversicherung wurde durch das Rentenreformgesetz 1999 vom 16. 12. 1997 (BGBl I S 2998) abgeschafft.

3. Ausgleich der Ostanrechte. Den Ausgleich von Ostanrechten regelt das Gesetz zur Überleitung 11 des VA auf das Beitrittsgebiet (VAÜG) (vom 25. 7. 1991 (BGBl I S 1606). Der VA ist bei Vorliegen **typischer Ostanrechte,**[6] also angleichungsdynamischer Anrechte der gesetzlichen Rentenversicherung und der Beamtenversorgung, nur durchzuführen:
- wenn dies **ohne Verrechnung von Westanrechten mit Ostanrechten** möglich ist. Dazu gehören zwei Fallgruppen:
  – Beide Ehegatten haben nur Ostanrechte erworben.
  – Der Ehegatte mit den höheren angleichungsdynamischen Ostanrechten hat auch die höheren regeldynamischen Westanrechte erworben.
- **im Leistungsfall,** dh wenn mindestens einer der Ehegatten bereits eine Versorgung bezieht (§ 2 Abs 1 VAÜG).

In allen übrigen Fällen ist bei Vorhandensein eines Ostanrechts der VA nach § 2 Abs 1 S 2 VAÜG 12 vom Scheidungsverbund **abzutrennen und auszusetzen**[7]. Zu den Einzelheiten vgl § 2 VAÜG Rn 1 ff.

Ein ausgesetztes Verfahren ist **wieder aufzunehmen,** wenn im Leistungsfall aus einem Anrecht 13 aufgrund des VA Leistungen zu erbringen oder zu kürzen wären, oder nach der Einkommensangleichung, und zwar auf Antrag eines Ehegatten, dessen Hinterbliebenen oder eines Versorgungsträgers, ansonsten von Amts wegen binnen fünf Jahren nach deren Eintritt (§ 2 Abs 2 und 3 VAÜG). Wegen des **Rentnerprivilegs** begründet der Eintritt des Rentenfalls allein beim Ausgleichspflichtigen keine Wiederaufnahme des Verfahrens[8]. Zum Rentnerprivileg s auch Rn 25.

a) Getrennter Ausgleich. Der getrennte Ausgleich nach § 3 Abs 1 VAÜG findet statt, wenn beide 14 Parteien **nur Ostanrechte** erworben haben; in diesen Fällen ist der hälftige Differenzbetrag auszugleichen. Bei der Umrechnung des Monatsbetrags in Entgeltpunkte (Ost) anzuordnen. Sind Ostanrechte und Westanrechte vorhanden und hat der ausgleichspflichtige Ehegatte jeweils die höheren Anrechte, so ist ein **doppelter Ausgleich** durchzuführen. Bei der Übertragung der angleichungsdynamischen Anrechte ist gemäß § 3 Abs 1 Nr 5 VAÜG die Umrechnung des Monatsbetrags in Entgeltpunkte (Ost) anzuordnen. Zu den Einzelheiten vgl § 3 VAÜG Rn 1 ff.

b) Ausgleich im Rentenfall. Der Ausgleich im Rentenfall ist durchzuführen, wenn der VA eine 15 laufende Rente beeinflusst. Hier müssen für die Erstellung der Ausgleichsbilanz Westanrechte und Ostanrechte miteinander vergleichbar gemacht werden. Zu diesem Zweck ist der Wert eines angleichungsdynamischen Anrechts mit einem **Angleichungsfaktor** zu vervielfältigen, um dem niedrigeren Rentenwert der Ostanrechte Rechnung zu tragen. Der Angleichungsfaktor knüpft an die aktuellen Rentenwerte zum Ehezeitende und zum Zeitpunkt der Entscheidung an und setzt diese ins Verhältnis zum Wert im übrigen Bundesgebiet erworbener Anrechte (§ 3 Abs 2 Nr 1 a VAÜG); die jeweils geltenden Werte werden regelmäßig veröffentlicht[9].

Beim reinen Ostausgleich, beim getrennten Ausgleich und beim Gesamtausgleich im Rentenfall 16 können **nichtangleichungsdynamische Rententeile** vorkommen, die wegen der Schwierigkeit der Bewertung schuldrechtlich auszugleichen sind (§ 3 Abs 1 Nr 6 und 7 VAÜG). Das gilt insbes bei Renten, deren Berechnung sich nach früherem DDR-Recht richtet (Bestandsrenten und Vergleichsrenten nach § 3 Abs 1 Nr 2 und 3 VAÜG), aber auch für Teile ansonsten in die gesetzliche Renten-

---

[5] Vgl *Schwab/Hahne*, HdB ScheidungsR, Rn VI 92.
[6] Die in § 1 Abs 3 VAÜG erwähnten angleichungsdynamischen Anrechte minderer Art kommen in der Praxis nicht vor und können deshalb hier außer Betracht bleiben.
[7] Nach BGH FamRZ 2001, 1701 kann in bestimmten Fällen durch Vereinbarung die Aussetzung vermieden werden; vgl auch OLG Dresden FamRZ 1996, 742; dagegen OLG Brandenburg FamRZ 1998, 1442; OLG Bamberg FamRZ 2000, 291.
[8] *Kemnade* FamRZ 1998, 1448.
[9] Abgedruckt in FamRZ 2007, 265.

§ 1587 b

versicherung überführter Anrechte (§ 3 Abs 1 Nr 7 VAÜG). Ein Ausgleich dieses Teilanrechts findet also erst statt, wenn beide Parteien im Rentenalter sind. Insoweit ist im Tenor der schuldrechtliche VA vorzubehalten.

17 Das BVerfG hat die Berechnung von DDR-Renten aus **Zusatz- und Sonderversorgungssystemen** für verfassungswidrig erklärt und dem Gesetzgeber aufgegeben, eine Neuregelung zu treffen[10]. In diesen Fällen kann eine Aussetzung eines anhängigen VA-Verfahrens oder nach Inkrafttreten der Neuregelung eine Abänderung eines bereits entschiedenen VA-Verfahrens nach § 10 a VAHRG veranlasst sein. Zum **Höchstbetrag** s auch Rn 63 f[11] und zur **Unwirtschaftlichkeit** sowie zu den Wartezeiten vgl auch Rn 56 ff und Rn 24.

18 **4. Tenor.** Da sich der jeweilige Betrag der Monatsrente aus dem sich jährlich ändernden aktuellen Rentenwert ergibt, muss im Tenor angegeben werden, auf welches **Ehezeitende** sich die angegebene Rentenhöhe bezieht.

19 a) **Umrechnung in Entgeltpunkte.** Weiter muss der Tenor nach Abs 6 die Anordnung enthalten, dass der **Monatsbetrag** der Anwartschaften **in Entgeltpunkte** umzurechnen ist. Das dient vor allem der Klarstellung, ob es sich bei dem Betrag um Entgeltpunkte (West) oder (Ost) handelt.

19.1 **Tenorbeispiel 1:** Von dem Versicherungskonto Nr 13 250447 M 125 des Antragsgegners bei der DRV Rheinland werden auf ein für die Antragstellerin bei der DRV Bund einzurichtendes Versicherungskonto in Entgeltpunkte umzurechnende Rentenanwartschaften in Höhe von 809,02 Euro, bezogen auf den 30. 4. 2002, übertragen.

19.2 **Tenorbeispiel 2:** Von dem Versicherungskonto Nr 53250447 M 125 des Antragsgegners bei der DRV Bund werden auf das Versicherungskonto Nr 53140249 F 524 der Antragstellerin bei der DRV Bund in Entgeltpunkte umzurechnende Rentenanwartschaften in Höhe von 75 Euro, bezogen auf den 30. 4. 2002, übertragen.

20 b) **Ostanrechte.** Hat der ausgleichspflichtige Ehegatte die höheren angleichungsdynamischen Anrechte, so hat das Gericht im Tenor die **Umrechnung in Entgeltpunkte (Ost)** und die **Vervielfältigung** des aktuellen Rentenwerts (Ost) für das Ehezeitende **mit dem jeweiligen Angleichungsfaktor**[12] anzuordnen (§ 3 Abs 2 Nr 2 VAÜG), der das Wertverhältnis zwischen Ost- und Westrenten für das jeweilige Ende der Ehezeit wiedergibt. Zur Formulierung des Tenors in diesen Fällen vgl § 3 VAÜG Rn 6[13].

21 **5. Folgen des Ausgleichs.** Der Ausgleich führt zu einer Gutschrift von Anrechten auf dem Rentenkonto des Berechtigten und zu einer Belastung in entsprechender Höhe beim Verpflichteten.

22 a) **Gutschrift und Kürzung.** Nach § 76 SGB VI hat die Übertragung von Rentenanwartschaften im VA zur Folge, dass das Rentenkonto des Ausgleichspflichtigen mit den Entgeltpunkten, die sich aus dem Ausgleich ergeben, belastet wird, während dem Rentenkonto des Berechtigten Entgeltpunkte in gleicher Höhe gutgeschrieben werden. Aufgrund der Angabe des Ehezeitendes im Tenor rechnet der Versorgungsträger den jeweiligen Euro-Betrag in Entgeltpunkte um. Durch den Zu- bzw Abschlag an Entgeltpunkten erhöht sich im Rentenfall die Rente des Berechtigten und vermindert sich die Rente des Verpflichteten. Die nach § 76 Abs 3 SGB VI erfolgende Kürzung kann durch **Beitragszahlung** abgewendet werden (Wiederauffüllung nach § 187 Abs 1 Nr 1 SGB VI). Die **Bereiterklärung,** durch die früher Zeitvorteile im Hinblick auf die Beitragszahlung gewonnen werden konnten, ist **weggefallen.**

23 Mit den Entgeltpunkten werden zugleich **Wartezeiten** in der gesetzlichen Rentenversicherung übertragen, da anderenfalls ein Rentenbezug aufgrund der im VA übertragenen Anrechte nicht möglich wäre. Für jeden Entgeltpunkt werden dem **Ausgleichsberechtigten** 32 Monate Wartezeit gutgeschrieben, wobei dessen eigene Wartezeiten für den gleichen Zeitraum anzurechnen sind. Die Wartezeiten werden aus den im VA übertragenen Entgeltpunkten berechnet, indem man den Zuschlag an Entgeltpunkten durch 0,0313, in der knappschaftlichen Rentenversicherung durch 0,0234 teilt[14]. Zur Berechnung iE vgl § 121 Abs 3 SGB VI. Zu den Wartezeiten s auch § 1587 a Rn 68. Die Erhöhung einer **laufenden Rente** des Ausgleichsberechtigten tritt erst mit Ablauf des Monats ein, in dem die Entscheidung über den VA wirksam wird, ansonsten nach § 99 SGB VI mit Ablauf des Monats, in dem der Versicherte die Voraussetzungen für einen Rentenbezug erfüllt[15].

24 Dagegen führt die Übertragung von Wartezeiten durch den VA beim **Verpflichteten** nicht zu einem Abschlag an Wartezeitmonaten, eine bereits erworbene Rentenberechtigung entfällt daher nicht.

25 b) **Rentnerprivileg.** Eine bereits an den Pflichtigen gezahlte Rente wird aufgrund des VA erst dann gekürzt, wenn der Berechtigte seinerseits aus dem VA eine Rente bezieht oder wenn dem Verpflichteten aus einem späteren Rentenfall eine Versorgung bewilligt wird (**Rentnerprivileg** und Besitzschutz nach § 101 Abs 3 SGB VI)[16]. Das Rentnerprivileg gibt dem Verpflichteten jedoch keine Klagebefugnis gegen eine Rentenbewilligung zugunsten des Berechtigten[17].

---

[10] BVerfG NJW 1999, 2493, 2505, 2512.
[11] Vgl auch MünchKommBGB/*Sander* Rn 82 und zur knappschaftlichen Rentenversicherung Rn 84.
[12] Die Angleichungsfaktoren werden jährlich durch die Rentenanpassungsverordnung neu bekanntgemacht.
[13] Zum sozialversicherungsrechtlichen Vollzug des Ausgleichs der Ostanrechte vgl auch MünchKommBGB/*Sander* Rn 186 ff und bei der knappschaftlichen Rentenversicherung Rn 71 ff.
[14] Werte geändert durch Altersvermögensergänzungsgesetz vom 21. 3. 2001, BGBl I S 403.
[15] *Johannsen/Henrich/Hahne* Rn 24.
[16] Zu den Einzelheiten des Besitzschutzes vgl auch MünchKommBGB/*Sander* Rn 120 ff.
[17] BVerfG FamRZ 1991, 413.

Hinweis: Ist der ausgleichsberechtigte Ehegatte noch nicht rentenberechtigt, für den ausgleichspflichtigen aber ein Rentenantrag gestellt, so sollte die Scheidung nach Möglichkeit bis zur Bewilligung der Rente hinausgeschoben werden, um Nachteile für die Parteien zu vermeiden. 26

IV. Ausgleich der Beamtenversorgung (Abs 2)

1. Ausgleichsform. Nach Abs 2 wird die Beamtenversorgung dadurch ausgeglichen, dass das Familiengericht für den ausgleichsberechtigten Ehegatten in Höhe der Hälfte des Wertunterschiedes Anwartschaften in der gesetzlichen Rentenversicherung **begründet (Quasisplitting).** Demgegenüber werden beim Splitting Anwartschaften der gesetzlichen Rentenversicherung übertragen. Der Ausgleich durch Quasisplitting erfolgt nur, soweit nicht bereits ein Ausgleich durch Splitting erfolgt ist, und auch nur in Höhe des nach Durchführung des Splitting noch verbleibenden Ausgleichsanspruchs. Zum Ausgleich beim Zusammentreffen von gesetzlicher Rente und Beamtenversorgung vgl auch Rn 35. 27

Der Ausgleich erfolgt auch dann durch Quasisplitting, wenn der andere **Ehegatte** ebenfalls in einem **beamtenrechtlichen Dienstverhältnis** steht, da eine Realteilung der Beamtenversorgung nicht vorgesehen ist. Erforderlichenfalls muss für diesen ein Konto der gesetzlichen Rentenversicherung bei der DRV Bund oder auf Antrag bei der zuständigen Landesanstalt der DRV eingerichtet werden. Zu den Einzelheiten s auch Rn 9. Ein Quasisplitting durch Begründung von Anrechten auf einem Konto der landwirtschaftlichen Alterskasse ist dagegen nicht möglich[18]. 28

Tenorbeispiel: Zu Lasten der für den Antragsteller bei dem Landesamt für Besoldung und Versorgung in Düsseldorf zu Personalnummer H 55334 bestehenden Versorgungsanwartschaften werden auf dem Konto Nr 13110254 W 513 der Antragsgegnerin bei der DRV Rheinland in Entgeltpunkte umzurechnende Rentenanwartschaften in Höhe von 237,56 Euro, bezogen auf den 31. 3. 2002, begründet. 28.1

2. Anwendungsbereich. Entgegen dem Wortlaut der Vorschrift geschieht der Ausgleich durch Quasisplitting auch bei **laufenden Renten**[19]. Der Anwendungsbereich der Vorschrift ist jedoch andererseits enger als derjenige des § 1587 a Abs 2 Nr 1. Er beschränkt sich nämlich auf den Schutz der gesetzlichen Rentenversicherung gegenüber ihren eigentlichen Erstattungsansprüche auf Anrechte, die bei **öffentlich-rechtlichen Versorgungsträgern** bestehen. Dazu gehören zB auch Versorgungsanrechte von anerkannten öffentlich-rechtlich organisierten Religionsgesellschaften[20]. Richtet sich eine Versorgung nach beamtenrechtlichen Grundsätzen gegen einen privatrechtlich organisierten Schulträger oder zB gegen die **Max-Planck-Gesellschaft** zur Förderung der Wissenschaften e. V., so hat der Ausgleich nach § 2 VAHRG schuldrechtlich zu erfolgen[21]. Auf Seiten des Ausgleichsberechtigten können dagegen auch beamtenähnliche Versorgungen bei privatrechtlichen Trägern in die Saldierung einbezogen werden[22]. Wird ein bei einem privatrechtlichen Träger angestellter Lehrer noch vor der Entscheidung über den VA in den Schuldienst des Landes übernommen, so erfolgt der Ausgleich auch dann durch Quasisplitting, wenn die Übernahme unter Anrechnung der privatrechtlichen Beschäftigungszeiten erfolgte[23]. 29

Der Ausgleich wird ebenso durch Quasisplitting zu Lasten des Trägers der Versorgungslast vollzogen, wenn ein Widerrufsbeamter nicht in das Beamtenverhältnis übernommen wurde, eine **Nachversicherung** jedoch noch nicht durchgeführt ist. In diesen Fällen ist zunächst eine Auskunft über das Ergebnis einer fiktiven Nachversicherung bei dem Träger der Rentenversicherung einzuholen und sodann die Ausgleich in dem vorstehenden Tenorbeispiel vorzunehmen, da die Versorgungsanwartschaften noch bei dem Dienstherrn bestehen[24]. Wurde die Nachversicherung dagegen bereits vorgenommen, so geschieht der Ausgleich durch Splitting der in der gesetzlichen Rentenversicherung begründeten Anrechte. Maßgeblicher Zeitpunkt für die Bestimmung der Ausgleichsform ist die letzte mündliche Verhandlung in der Tatsacheninstanz[25]. 30

Nach § 1 Abs 3 VAHRG ist der Ausgleich durch Quasisplitting auf alle gegen einen **öffentlich-rechtlich organisierten Versorgungsträger** gerichteten Versorgungsansprüche anwendbar, also zB bei der Zusatzversorgung des Bundes und der Länder (VBL) und kommunalen Versorgungseinrichtungen, die Sonderformen der betrieblichen Altersversorgung darstellen (sog analoges Quasisplitting). Zu den Einzelheiten vgl auch § 1 VAHRG Rn 21 ff. 31

Versorgungsansprüche bei **ausländischen und internationalen Behörden** können nur schuldrechtlich ausgeglichen werden, da der deutsche Richter wegen fehlender Hoheitsgewalt nicht in derartige Anrechte eingreifen kann[26]. 32

Zur **Unwirtschaftlichkeit** und zum **Höchstbetrag** s Rn 56 ff und 43. Beim Ausgleich der Versorgung höherer Beamter und längerer Ehedauer ist die Überschreitung des Höchstbetrags die Regel. 33

---

[18] OLG Bamberg FamRZ 1991, 1065 für das alte Recht; zum neuen Recht vgl § 1 VAHRG Rn 22.
[19] Nach *Johannsen/Henrich/Hahne* Rn 26 liegt ein Redaktionsversehen bei der Formulierung vor.
[20] Anders dagegen bei privatrechtlich organisierten Freikirchen; vgl auch *Johannsen/Henrich/Hahne* Rn 28.
[21] BGH FamRZ 1985, 794; FamRZ 1986, 248; FamRZ 1987, 918.
[22] *Johannsen/Henrich/Hahne* Rn 27.
[23] BGH FamRZ 1999, 221.
[24] BGH FamRZ 1988, 1253.
[25] BGH FamRZ 1983, 682.
[26] OLG München FamRZ 1984, 569.

§ 1587 b

Hier müssen andere Ausgleichsformen in Betracht gezogen werden. Zum Ausgleich in sonstiger Weise s Rn 36 ff.

34 **3. Folgen des Ausgleichs.** Mit Rechtskraft der Entscheidung über den VA wird die Versorgung des Beamten anteilig gekürzt (§ 57 BeamtVG). Bezieht der Beamte zu diesem Zeitpunkt bereits Ruhegeld, so wirkt sich die Kürzung erst aus, wenn der ausgleichsberechtigte Ehegatte seinerseits rentenberechtigt ist (sog **Pensionistenprivileg,** § 57 Abs 1 S 2 BeamtVG). Der Beamte kann die Kürzung durch Einzahlung eines Betrages abwenden, der nach den Vorschriften für die gesetzliche Rente zu berechnen ist (§ 58 BeamtVG). Der Träger der Versorgungslast hat dem Rentenversicherungsträger die durch den VA entstandenen Aufwendungen zu erstatten (§ 225 Abs 1 SGB VI)[27]. Bei geringfügigen Beträgen besteht stattdessen eine Pflicht des Versorgungsträgers zur Beitragszahlung (§ 225 Abs 2 SGB VI). Für die Einzelheiten des Verfahrens und des versicherungsrechtlichen Vollzugs gelten die gleichen Regeln wie beim Splitting (vgl Rn 21 f).

35 **4. Zusammentreffen von gesetzlicher Rente und Beamtenversorgung.** Der Ausgleich beim Zusammentreffen von Anrechten der gesetzlichen Rentenversicherung mit Anrechten auf Beamtenversorgung ist in § 1587 b abschließend geregelt. Danach ist ein Rentensplitting nur **insoweit** durchzuführen, als die Anwartschaften des ausgleichspflichtigen Ehegatten aus der gesetzlichen Rentenversicherung diejenigen des Ausgleichsberechtigten **aus gesetzlicher Rente und Beamtenversorgung** übersteigen (Abs 1). Der nach Durchführung des Splitting noch verbleibende Wertunterschied ist im Wege des Quasisplitting auszugleichen (Abs 2).

35.1 **Beispiel:**

Anwartschaften des M:
Gesetzliche Rente: 320
Beamtenversorgung: 600

Anwartschaften der F:
Gesetzliche Rente: 0
Beamtenversorgung: 300

Ausgleichsanspruch der F nach § 1587 a Abs 1 S 2: 920 – 300 = 620 : 2 = 310 Euro
Ausgleich durch Rentensplitting nach Abs 1: 320 – 300 = 20 : 2 = 10 Euro
Ausgleich durch Quasisplitting nach Abs 2: 310 – 10 (ausgeglichen durch Splitting) = 300 Euro!

35.2 **Abwandlung:**

Anwartschaften des M:
Gesetzliche Rente: 300
Beamtenversorgung: 640

Anwartschaften der F:
Gesetzliche Rente: 0
Beamtenversorgung: 320

Ausgleichsanspruch der F nach § 1587 a Abs 1 S 2: 940 – 320 = 620 : 2 = 310 Euro
Ausgleich durch Rentensplitting nach Abs 1: 0
Ausgleich durch Quasisplitting nach Abs 2: 310 Euro.

V. Ausgleich des verbleibenden Anspruchs (Abs 3)

36 Abs 3 S 1 sah ursprünglich für alle nicht in Abs 1 und Abs 2 erfassten Anrechte den Ausgleich durch Beitragszahlung vor. Diese Bestimmung ist durch das BVerfG für nichtig erklärt worden[28]. An die Stelle des Abs 3 S 1 sind die Ausgleichsformen der §§ 1 bis 3 b VAHRG getreten. Zur Rechtsentwicklung s auch § 1587 Rn 8 ff Dabei ist auch die Beitragsentrichtung wieder eingeführt worden, allerdings in einer engeren Fassung als früher.

37 Der Ausgleich nach dem VAHRG umfasst alle Versorgungen mit Ausnahme der gesetzlichen Rente und der Beamtenversorgung. Dazu gehören insbes Betriebsrenten, berufsständische Versorgungen, Lebensversicherungen, soweit sie nicht in den Zugewinnausgleich fallen, sowie nach Abs 5 zu bewertende Anrechte. Nach dem VAHRG auszugleichen sind aber auch beamtenrechtliche Versorgungen bei privatrechtlich organisierten Trägern[29] sowie die Anrechte der Höherversicherung der gesetzlichen Rente und der Altersversorgung der Landwirte, die die Realteilung bzw das analoge Quasisplitting vorsieht.

38 **1. Realteilung.** Nach § 1 Abs 2 VAHRG erfolgt der Ausgleich in erster Linie durch Realteilung, wenn die Versorgungsordnung dies vorsieht[30], was jedoch selten der Fall ist. Im Einzelfall kann die Realteilung allerdings auch dann erfolgen, wenn der Versorgungsträger ihr zustimmt[31]. Zu den Einzelheiten der Realteilung s auch § 1 VAHRG Rn 5 ff.

39 **2. Analoges Quasisplitting.** Kommt eine Realteilung nicht in Betracht, so ist **bei allen inländischen öffentlich-rechtlich organisierten Versorgungsträgern** das analoge Quasisplitting durchzuführen (§ 1 Abs 3 VAHRG). Es folgt den gleichen Regeln wie das Quasisplitting. Zu den Einzelheiten des Quasisplitting s Rn 27 und § 1 VAHRG Rn 21 ff. Bei der Kürzung einer Zusatzversorgung des öffentlichen Dienstes aufgrund des VA ist das für die Beamtenversorgung geltende **Pensionistenprivileg** entsprechend anwendbar[32]. Zu den Einzelheiten s auch Rn 34.

---

[27] Die Einzelheiten sind in der Versorgungsausgleichs-ErstattungsVO vom 11. 3. 1980, BGBl I S 280, idF vom 20. 12. 1985, BGBl I S 2553, geregelt, die für das neue Rentenrecht sinngemäß gilt; zu den Auswirkungen des Quasisplitting vgl auch *Johannsen/Henrich/Hahne* Rn 37 f.
[28] BVerfG FamRZ 1983, 342.
[29] MünchKommBGB/*Dörr* Rn 41.
[30] Zur subsidiären Realteilung bei der Pensionskasse des ZDF vgl OLG Frankfurt FamRZ 1998, 626.
[31] BGH FamRZ 1997, 169; zur Realteilung vgl auch BGH FamRZ 1997, 1470 und 1998, 421.
[32] BGH NJW 1995, 657.

Übertragung und Begründung von Rentenanwartschaften durch das Familiengericht § 1587 b

Tenorbeispiel: Zu Lasten der für den Antragsteller bei der Zusatzversorgungskasse der Stadt Köln zu Personalnummer H 593467 bestehenden Versorgungsanwartschaften werden auf dem Versicherungskonto Nr 13121146 W 512 der Antragsgegnerin bei der DRV Rheinland in Entgeltpunkte umzurechnende Rentenanwartschaften in Höhe von 26,40 Euro, bezogen auf den 31. 5. 2002, begründet. 39.1

3. Schuldrechtlicher Ausgleich. Kommen weder Realteilung noch analoges Quasisplitting in Betracht, weil die Versorgungsordnung die Realteilung nicht vorsieht und der Arbeitgeber privatrechtlich organisiert ist, so hat nach § 2 VAHRG der schuldrechtliche VA zu erfolgen, dessen Durchführung in den §§ 1587 f ff iE geregelt ist. 40

4. Ausgleich in anderer Weise. Nachdem die generelle Durchführung des schuldrechtlichen VA vom BVerfG beanstandet worden war, hat der Gesetzgeber mit dem Gesetz über weitere Maßnahmen auf dem Gebiet des VA (VAWMG) vom 8. 12. 1986 (BGBl I S 2317) in § 3 b Abs 1 VAHRG **anstelle des schuldrechtlichen VA** die Möglichkeit des Ausgleichs in anderer Weise eingeführt. Der erweiterte Ausgleich ist also nur für den Fall vorgesehen, dass die Voraussetzungen des schuldrechtlichen VA nach § 2 VAHRG vorliegen. 41

Der Ausgleich nach § 3 b VAHRG **kann** durchgeführt werden, wenn die **Heranziehung eines anderen Anrechts** zum Zwecke des Ausgleichs möglich ist. Er erfolgt durch Supersplitting, Superquasisplitting oder -realteilung eines anderen Anrechts; auf Anrechte ausländischer, zwischenstaatlicher oder überstaatlicher Einrichtungen ist er nicht anwendbar (§ 3 b Abs 2, § 3 a Abs 5 VAHRG). Sind Ostrechte vorhanden, so ist der erweiterte Ausgleich nur eingeschränkt zulässig (§ 4 VAÜG)[33]. Zum erweiterten Ausgleich können auch vor der Ehe erworbene Rentenanrechte des Verpflichteten herangezogen werden, sofern diese mangels Erfüllung der Wartezeit nicht zu einer Rentenzahlung führen werden[34]. Zu den Einzelheiten des erweiterten Ausgleichs vgl auch § 3 b VAHRG Rn 5 f. 42

Tenorbeispiel: Zusätzlich werden von dem Rentenkonto Nr 53170345 F 213 des Antragsgegners bei der BfA auf das Konto Nr 13241247 S 513 der Antragstellerin bei der DRV Rheinland in Entgeltpunkte umzurechnende Rentenanwartschaften in Höhe von 27,54 DM, bezogen auf den 31. 5. 1996, übertragen. 42.1

5. Höchstbetrag. Der erweiterte Ausgleich ist der Höhe nach **begrenzt auf zwei Prozent der jeweiligen Bezugsgröße** für die der gesetzliche Rentenversicherung (§ 3 b Abs 1 Nr 1 S 2 VAHRG in Verbindung mit § 18 SGB IV). Die Bezugsgröße nach § 18 SGB IV beträgt für das Jahr 2007 2450 Euro monatlich, der Höchstwert für den Ausgleich daher 49 Euro, die Bezugsgröße (Ost) 2100 Euro, der Höchstwert somit 42 Euro[35]. 43

6. Beitragszahlung. Eine weitere Ausgleichsform ist die nach § 3 b Abs 1 Nr 2 VAHRG erneut eingeführte Möglichkeit der Beitragszahlung, die allerdings nur bis zur bindenden Bewilligung einer Vollrente wegen Alters für den Berechtigten besteht (Abs 3 S 1 HS 2, § 187 Abs 4 SGB VI, „Ein abgebranntes Haus kann man nicht versichern"). Zu den Einzelheiten vgl auch § 3 b VAHRG Rn 7 ff. 44

a) Grundsätzliches. Dem Ausgleichspflichtigen kann, wenn ihm dies nach seinen wirtschaftlichen Verhältnissen zumutbar ist, aufgegeben werden, Beiträge zur Begründung von Anwartschaften der gesetzlichen Rentenversicherung für den Berechtigten einzuzahlen. Eine Verpflichtung zur Beitragszahlung kann auch durch Vereinbarung nach § 1587 o begründet werden. Zu den Einzelheiten vgl § 1587 o Rn 24. 45

b) Zumutbarkeit. Bei der Prüfung der wirtschaftlichen Zumutbarkeit sind zunächst die Unterhaltslasten infolge der Ehescheidung sowie den Kindesunterhalt zu berücksichtigen. Die Verwertung des weit überwiegenden Teils des Vermögensstamms, insbes eines Eigenheims, kann nicht verlangt werden. In Betracht kommt zB die Auflösung von Wertpapierdepots und anderer Vermögensanlagen. Ist die Abfindung durch einen Arbeitgeber bereits unterhaltsrechtlich berücksichtigt, so kann sie nicht erneut zur Begründung von Beitragszahlungen herangezogen werden[36]. Bei der Prüfung der Zumutbarkeit ist ein weniger strenger Maßstab anzulegen als bei der Beurteilung der Leistungsfähigkeit eines unterhaltspflichtigen Ehegatten[37]. Zu den Einzelheiten vgl auch § 3 b VAHRG Rn 8 ff. 46

c) Höhe. Um die Höhe der Beiträge zu ermitteln, muss anhand der Zahl der auszugleichenden Entgeltpunkte unter Berücksichtigung des jeweiligen Beitragssatzes und des maßgeblichen Durchschnittsentgelts aller Versicherten der einzuzahlende Betrag ermittelt werden[38]. Die **Umrechnung von Entgeltpunkten in Beiträge** wird durch Rechenfaktoren erleichtert, die jährlich bekanntgegeben werden[39]. Im Jahre 2007 entspricht 1 Entgeltpunkt einem Beitrag von 5868,1120 Euro (Ost: 5049,1413 Euro) und einem aktuellen Rentenwert von 26,13 Euro (Ost: 22,97 Euro) (Gesetz über die Weitergeltung des aktuellen Rentenwerts vom 15. 6. 2006, BGBl I S 1304). Zu den Einzelheiten der Beitragszahlung s auch § 3 b VAHRG Rn 7 ff. 47

---

[33] Art 30 des Renten-Überleitungsgesetzes vom 25. 7. 1991, BGBl I S 1606.
[34] OLG Celle FamRZ 1999, 926.
[35] Festgesetzt durch Sozialversicherungs-Rechengrößengesetz 2007 vom 5. 12. 2007, BGBl I S 2797; zu den Abänderungsvoraussetzungen in diesen Fällen vgl *Borth* Kap 2 Rn 62.
[36] OLG Hamm FamRZ 1999, 929.
[37] OLG Hamm FamRZ 1996, 171. Zu den bei der Prüfung zu berücksichtigenden Gesichtspunkten vgl auch BGH FamRZ 1997, 166; OLG München FamRZ 1998, 679; OLG Celle FamRZ 1999, 930.
[38] Zu den Einzelheiten der Beitragshöhe und des Zeitpunktes der Entrichtung vgl auch MünchKommBGB/*Sander* Rn 148, 161 sowie zu den Auswirkungen auf die Rentenhöhe Rn 581.
[39] Bekanntmachung der Umrechnungsfaktoren für den VA in der RV BGBl I S 3324 = FamRZ 2007, 260.

§ 1587 b

47.1 **Beispiel:** Nach Durchführung von Splitting und Quasisplitting verbleiben 0,60 Entgeltpunkte, die der Ehemann gegenüber der Ehefrau auszugleichen hat. Eheziehende ist der 31. 3. 2002. Dies entspricht einem Beitrag von 3268,16 Euro (0,60 × 5446,9380 Euro). Bezüglich der Beitragszahlung ist wie folgt zu tenorieren:

47.2 **Tenorbeispiel:** Außerdem hat der Antragsgegner zur Begründung von Rentenanwartschaften der gesetzlichen Rentenversicherung für die Antragstellerin auf deren Versicherungskonto Nr 13140347 M 527 bei der DRV Rheinland 3268,16 Euro zu zahlen.

48 d) **Zahlungszeitpunkt.** Für die Höhe der Beiträge ist auch maßgeblich, wann der Ausgleichsbetrag gezahlt wird. Der günstigste Zeitraum ist regelmäßig **binnen drei Monaten ab Rechtskraft des Scheidungsurteils,** weil dann für die Umrechnung der Beiträge in Entgeltpunkte noch die für das Eheziehende geltenden, im allgemeinen niedrigeren Werte zugrunde zu legen sind (§ 187 Abs 5 S 1 Nr 1 SGB VI). Für Personen, die ihren Wohnsitz im Ausland haben, gilt statt der Dreimonatsfrist eine Frist von sechs Monaten (§ 187 Abs 5 S 1 Nr 2 SGB VI). Wenn der VA ausgesetzt war, richtet sich die Höhe der erforderlichen Beiträge nicht nach dem Eheziehende, sondern nach dem Zeitpunkt der Wiederaufnahme des Verfahrens (§ 187 Abs 5 S 2 SGB VI). Eine Zahlung der Beiträge nach Ablauf dieser Frist ist nur dann günstiger, wenn die Beiträge zur Rentenversicherung in der Zwischenzeit gesenkt wurden[40]. Hier besteht eine **Hinweispflicht** der Rechtsanwälte bzw des Gerichts.

49 e) **Ratenzahlung.** Das Gericht kann nach § 3 b Abs 1 Nr 2 S 2 VAHRG dem Verpflichteten auch Ratenzahlung gestatten; die Anordnung der Ratenzahlung ist in den Tenor aufzunehmen. Allerdings ist für die Höhe der Beiträge, wenn die Zahlung nicht innerhalb von drei bzw sechs Monaten nach Eheziehende erfolgt, der jeweils zum Zahlungszeitpunkt geltende Wert der auszugleichenden Entgeltpunkte maßgeblich. Der zu zahlende Gesamtbetrag erhöht sich daher entsprechend dem Ansteigen des aktuellen Rentenwertes. Bei wesentlicher Veränderung der wirtschaftlichen Verhältnisse des Ausgleichspflichtigen kann die Höhe der Raten nachträglich abgeändert werden (§ 3 b Abs 1 Nr 2 S 2 VAHRG, § 1587 d Abs 2)[41].

50 f) **Erlöschen der Zahlungspflicht.** Die Beitragszahlungspflicht erlischt, sobald die Durchführung des schuldrechtlichen VA möglich ist (§ 3 b Abs 1 Nr 2 S 2 VAHRG, § 1587 e Abs 3). Umgekehrt hat der Berechtigte nach § 1587 f Nr 3 einen Anspruch auf Durchführung des schuldrechtlichen VA, wenn der Verpflichtete geschuldete Beiträge bis zum Vorliegen eines bindenden Altersruhegeldbescheides für ihn nicht entrichtet hat, weil ab diesem Zeitpunkt eine Beitragszahlung nicht mehr möglich ist (Abs 3 S 1 HS 2, § 187 Abs 4 SGB VI). Zum schuldrechtlichen VA in diesen Fällen s auch § 1587 f Rn 3.

51 7. **Ermessensausübung.** Die Durchführung des erweiterten Ausgleichs steht im **Ermessen** des Gerichts. Es ist daher Aufgabe des Rechtsanwalts oder der anwaltlich nicht vertretenen Partei, dem Gericht die für die Ausübung des Ermessens erforderlichen **Gesichtspunkte** vorzutragen. Der erweiterte Ausgleich darf **nicht gegen den Willen des Berechtigten** erfolgen, da er dessen Interessen dienen soll[42]. Eine eingehende Erörterung der maßgeblichen Kriterien mit den Parteien ist daher erforderlich. Zu den Einzelheiten der Ermessensausübung s § 3 b VAHRG Rn 16 ff.

52 Der erweiterte Ausgleich ist zB auch dann nachteilig, wenn die erworbene Rente nach § 93 Abs 1 SGB VI wegen einer laufenden Unfallrente ruhen oder nach § 90 SGB VI das Wiederaufleben einer Witwen- oder Witwerversorgung verhindern würde. Dagegen wird eine schuldrechtliche Rente hierauf nicht angerechnet. Die bei der **Unwirtschaftlichkeit** des Ausgleichs erörterten Gesichtspunkte sind daher auch hier zu beachten. Zur Unwirtschaftlichkeit s auch Rn 56 ff.

53 8. **Ersatzausgleich durch Quasivorrang.** Zu der vom BGH befürworteten Möglichkeit, ein wegen Gegenverrechnung nicht vollständig ausgeglichenes Anrecht bis zum vollen Ausgleich heranzuziehen, vgl § 3 b VAHRG Rn 21 f.

VI. Grundsatz des Einmalausgleichs (Abs 3 S 3)

54 Abs 3 S 3 bestimmt, dass nur ein einmaliger Ausgleich stattzufinden hat, in den neben den betrieblichen Anwartschaften auch die Anrechte der gesetzlichen Rente und der Beamtenversorgung nach Abs 1 und Abs 2 einzubeziehen sind. Hierdurch ist die Aufstellung einer **VA-Bilanz** vorgeschrieben, in der alle Anrechte beider Parteien erfasst sind, und bei der im Wege der **Verrechnung** der wechselseitigen Anrechte der Ausgleichsanspruch nach § 1587 a Abs 1 S 2 ermittelt wird. Zur VA-Bilanz und zum Ausgleichsanspruch s auch § 1587 a Rn 2 f.

VII. Quotierung der sonstigen Anrechte

55 Treffen mehrere nicht dem Ausgleich nach Abs 1 und Abs 2 unterliegende Anrechte derselben Ausgleichsform zusammen, so sind sie anteilig in Höhe des jeweiligen Prozentsatzes vom Gesamtanspruch zum Ausgleich heranzuziehen[43]. Dadurch soll die übermäßige Inanspruchnahme eines Anrechtes vermieden werden und der spezifische Versorgungscharakter der Einzelanrechte dem Ausgleichspflichtigen erhalten bleiben. Im übrigen entspricht dies dem Gebot der Gleichbehandlung der

---

[40] Zu den Einzelheiten vgl *Schmidbauer* FamRZ 2000, 932.
[41] Nach §§ 3 Abs 2, 14 Abs 1 Nr 2 a, b RPflG hat hierüber der Rechtspfleger des Familiengerichts zu entscheiden.
[42] BGH FamRZ 1993, 172.
[43] BGH FamRZ 2001, 477.

Übertragung und Begründung von Rentenanwartschaften durch das Familiengericht § 1587 b

jeweiligen Versorgungsträger[44]. Zur Quotierung der sonstigen Anrechte und zur Prüfungsfolge beim VA s auch § 1587 Rn 65 ff.

VIII. Unwirtschaftlichkeit (Abs 4)

1. Voraussetzungen. Würde sich die Durchführung des VA nach der im Gesetz vorgesehenen Weise nicht günstig für den Berechtigten auswirken, so soll das Gericht auf Antrag einer Partei den VA in anderer Weise regeln. Trotz des Wortlauts kommt die Sollvorschrift einer Mussvorschrift gleich, da der Antrag für das FamG bindend ist[45]. Abs 4 betrifft den Fall der sog Unwirtschaftlichkeit, bei der die Leistung des Ausgleichspflichtigen keine entsprechende Berechtigung des Begünstigten bewirkt. Bei der Bewertung ist eine **Gesamtbetrachtung** der Auswirkungen beim Berechtigten und beim Verpflichteten vorzunehmen[46]. Dagegen ist der Aufwand des Versorgungsträgers unbeachtlich. 56

2. Anwendungsbereich. Bei einem **Beamten** führt die Begründung oder Übertragung von Anrechten der gesetzlichen Rentenversicherung dann nicht zu einer Rentenberechtigung, wenn er auch mit den im VA erworbenen Entgeltpunkten keine Rente erwerben kann, weil die Mindestwartezeit von sechzig Beitragsmonaten nicht erfüllt und die Auffüllung durch freiwillige Beiträge daher nicht zulässig ist[47]. Die Durchführung des VA zu seinen Gunsten durch Splitting oder Quasisplitting ist daher unwirtschaftlich. Zur Mindestwartezeit und zur Übertragung von Wartezeiten im VA s auch Rn 23. Bei der Beurteilung der Unwirtschaftlichkeit ist nur auf die Voraussetzungen einer Regelaltersrente, nicht auf diejenigen einer Rente wegen Erwerbsminderung abzustellen[48]. Zu berücksichtigen ist jedoch auch, dass die geschiedene Ehefrau eines verstorbenen Beamten einen Anspruch auf **Unterhaltsbeitrag** nach § 22 Abs 2 BeamtVG nur noch hat, wenn wegen Überschreitung des Höchstbetrags der schuldrechtliche VA angeordnet war[49]. Neben dem Fehlen der Voraussetzungen für einen Rentenbezug sind weitere Fälle der Unwirtschaftlichkeit zB das Ruhen der Versorgung wegen einer Unfallrente oder die Nichtberücksichtigung eines Teils der persönlichen Entgeltpunkte bei einem im Ausland wohnenden Berechtigten, der **nicht deutscher Staatsangehöriger** ist (§ 113 Abs 3 SGB VI)[50]. 57

Ob Unwirtschaftlichkeit auch anzunehmen ist, wenn der Berechtigte seine Altersversorgung auf eine **private Lebensversicherung** aufgebaut hat und ihm die gesetzliche Rente wenig nutzt, ist streitig[51]. Mit Rücksicht darauf, dass die gesetzliche Rentenversicherung neben dem Altersrisiko auch das Invaliditätsrisiko unter Einschluss der Rehabilitation mit abdeckt, ist jedenfalls Zurückhaltung bei der Annahme der Unwirtschaftlichkeit geboten. 58

Dem Rechtsgedanken nach gilt die Unwirtschaftlichkeit nicht nur für Splitting und Quasisplitting, sondern auch für das analoge Quasisplitting nach § 1 Abs 3 VAHRG, die Realteilung außerhalb der gesetzlichen Rentenversicherung nach § 1 Abs 2 VAHRG sowie für die **Ausgleichsformen** nach § 3 b VAHRG. 59

3. VA in anderer Weise. Die Vorschrift ermöglicht nicht den Ausschluss des VA[52], sondern lediglich dessen anderweitige Regelung. In Betracht kommt zB die Durchführung des **schuldrechtlichen VA**, wobei zu beachten ist, dass dieser im Fall des Abs 4 nicht durch den verlängerten schuldrechtlichen Ausgleich gesichert ist (§ 3 a Abs 3 S 1 VAHRG, § 1587 f Nr 5). Haben die Parteien den schuldrechtlichen VA vereinbart, so gilt dies insoweit, als die vereinbarte Ausgleichsrente die gesetzlich geschuldete übersteigt und der Versorgungsträger nicht zugestimmt hat (§ 3 a Abs 3 S 2 VAHRG). Wird der schuldrechtliche VA durch eine Abfindung nach § 1587 l unmittelbar abgegolten, so ist dieser Gesichtspunkt dagegen unerheblich. Ansonsten sind **versicherungsvertragliche Lösungen** oder die **Übertragung sonstiger Vermögenswerte** zu bevorzugen. 60

Zu den Gestaltungsmöglichkeiten der Parteien durch Vereinbarung vgl auch § 1587 o Rn 17 ff und zu den in § 1587 o Abs 1 S 2 aufgeführten Beschränkungen § 1587 o Rn 2. 61

4. Verfahrensrechtliches. Bei Unwirtschaftlichkeit ist jede Partei berechtigt, einen **Antrag** auf Durchführung des VA in anderer Weise zu stellen. Der Antrag kann auch noch in zweiter Instanz gestellt werden[53]. Versorgungsträger sind nicht antragsberechtigt; jedoch steht ihnen ein Beschwerderecht zu, wenn sie durch den anderweitigen Ausgleich in ihren Rechten betroffen sind[54]. Eine Beschwerde des Versorgungsträgers mit der Begründung, der Ausgleich sei in anderer Weise durchzuführen, ist jedoch wegen des ausschließlichen Antragsrechts der Parteien nicht statthaft[55]. Ein bestimmter Antrag, gerichtet auf eine konkrete Ausgleichsform, ist nicht erforderlich. Wird er allerdings gestellt, so ist er für das Gericht bindend[56]. Im übrigen ist die Auswahl der konkreten Durchführung des VA in das **Ermessen des** 62

---

[44] Vgl dazu MünchKommBGB/*Gräper* § 1 VAHRG Rn 25.
[45] BGH FamRZ 1982, 998.
[46] BGH FamRZ 1980, 29; 1981, 152.
[47] BGH FamRZ 1980, 129.
[48] Zu den Einzelheiten vgl auch *Johannsen/Henrich/Hahne* Rn 45.
[49] Vgl dazu auch MünchKommBGB/*Dörr* Rn 53; Vor § 1587 Rn 13.
[50] BGH FamRZ 1998, 1029; vgl dazu auch MünchKommBGB/*Dörr* Rn 52.
[51] Für Unwirtschaftlichkeit in diesen Fällen *Johannsen/Henrich/Hahne* Rn 46 und *Soergel/Vorwerk* Rn 227; dagegen MünchKommBGB/*Dörr* Rn 55.
[52] Vgl MünchKommBGB/*Dörr* Rn 49.
[53] BGH FamRZ 1983, 163; *Johannsen/Henrich/Hahne* Rn 48.
[54] BGH FamRZ 1981, 132; FamRZ 1982, 155.
[55] OLG Koblenz FamRZ 1996, 1084.
[56] BGH FamRZ 1982, 998.

§ 1587 c   Buch 4. Abschnitt 1. Bürgerliche Ehe

Gerichts gestellt. Eine ordnungsgemäße Ausübung des Ermessens setzt regelmäßig voraus, dass das Gericht die für die Auswahl der Ausgleichsform maßgeblichen Gesichtspunkte mit den Parteien erörtert.

IX. Höchstbetrag für die gesetzliche Rente und Beamtenversorgung (Abs 5)

63   **1. Berechnung und Anwendungsbereich.** Abs 5 bestimmt, dass durch die im VA übertragenen oder begründeten Entgeltpunkte der in § 76 Abs 2 S 3 SGB VI festgelegte Höchstbetrag nicht überschritten werden darf, und zwar unter Einbeziehung der für den Berechtigten bereits vorhandenen Anrechte auf dessen eigenem Rentenkonto. Durch den VA sollen nicht mehr Rentenrechte erworben werden können, als bei voller Beitragspflicht während der gesamten Ehedauer höchstens hätten erreicht werden können. Deshalb ist der Höchstwert für ein Jahr der Ehezeit auf 2 Entgeltpunkte, also das Doppelte des Durchschittsverdienstes, beschränkt, also 1 Entgeltpunkt für sechs Monate. Daher wird der Höchstbetrag nach § 76 Abs 2 S 3 SGB VI ermittelt, indem man die Zahl der Kalendermonate in der Ehezeit durch sechs teilt.

Höchstbetrag nach § 1587 b V BGB =
Zahl der Kalendermonate der Ehezeit: 6 × aktueller Rentenwert zum Ehezeitende

64   Von dem so ermittelten Wert sind die bereits vorhandenen Anrechte des Berechtigten in Abzug zu bringen. Nicht anzurechnen sind dagegen Entgeltpunkte aus Beiträgen, die während der Ehe für Zeiten vor der Ehe nachentrichtet wurden[57]. Zu den Rundungsvorschriften vgl § 121 Abs 2 und 3 SGB VI. Der Höchstbetrag wird regelmäßig in den Auskünften der Träger der gesetzlichen Rentenversicherung gesondert ausgewiesen. Bei **Ostanrechten** ist der Höchstbetrag mit dem aktuellen Rentenwert Ost zu berechnen[58].

65   Der Höchstbetrag ist auch im Rahmen des **Ausgleichs nach dem VAHRG** anwendbar[59]. Er gilt jedoch nicht, wenn Anrechte außerhalb der gesetzlichen Rentenversicherung begründet werden[60]. Auch Vereinbarungen der Parteien haben den Höchstbetrag zu beachten (Rechtsgedanke des § 1587 o Abs 1 S 2)[61].

66   **2. Rechtsfolgen bei Überschreitung.** Würde durch die übertragenen oder begründeten Anrechte zusammen mit den bereits vorhandenen der Höchstbetrag überschritten, so findet anstelle des öffentlich-rechtlichen VA insoweit **allein der schuldrechtliche VA** statt (§ 1587 f Nr 2). Wird durch eine Vereinbarung der Höchstbetrag überschritten, so ist diese insoweit nach § 134 nichtig.

67   Spätere Änderungen der Bewertung sind in diesen Fällen nur beim schuldrechtlichen VA zu berücksichtigen und rechtfertigen keine Abänderung des VA[62]. Nach BGH (FamRZ 1995, 293) erwächst die Feststellung eine bestimmten Betrages im Tenor für den künftig durchzuführenden schuldrechtlichen VA nicht in Rechtskraft, so dass auf dessen Aufnahme verzichtet werden sollte. Jedoch ist zur Klarstellung die **Feststellung**: „Im übrigen bleibt der schuldrechtliche Ausgleich vorbehalten" im Tenor sinnvoll.

68   Bei Nichtbeachtung des Höchstbetrags hat der betroffene Versorgungsträger ein **Beschwerderecht**. Ergeht dennoch eine rechtskräftige Entscheidung unter Verstoß gegen Abs 5, so ist der Tenor insoweit unwirksam (§ 76 Abs 2 S 3 letzter HS)[63].

X. Umrechnung in Entgeltpunkte (Abs 6)

69   Abs 6 schreibt vor, dass der Tenor der Entscheidung über den VA bei der Übertragung oder Begründung von Anrechten der gesetzlichen Rentenversicherung jeweils die Anordnung enthalten müsse, dass der Monatsbetrag der zu begründenden oder übertragenen Anrechte in Entgeltpunkte umzurechnen sei. Bis zum 31. 12. 1991 erfolgte die Umrechnung in Werteinheiten, die auch noch in früheren Auskünften der Versorgungsträger aufgeführt sein können. Die Anordnung der Umrechnung in Entgeltpunkte macht deutlich, dass die Anrechte mit dem weiteren Anstieg der Renten dynamisiert werden, und dient vor allem der Unterscheidung von den Ostanrechten, deren geringerem derzeitigem Wert für einen Entgeltpunkt eine stärkere Dynamisierung in der Zukunft gegenübersteht. Bei Westanrechten ist daher die Umrechnung in **Entgeltpunkte**, iÜ in **Entgeltpunkte (Ost)** anzuordnen. Zu den Voraussetzungen für die Anordnung der Umrechnung in Entgeltpunkte (Ost) vgl auch Rn 14.

§ 1587 c Beschränkung oder Wegfall des Ausgleichs

Ein Versorgungsausgleich findet nicht statt,
1. soweit die Inanspruchnahme des Verpflichteten unter Berücksichtigung der beiderseitigen Verhältnisse, insbesondere des beiderseitigen Vermögenserwerbs während der Ehe oder

---

[57] BGH FamRZ 1991, 420; zu den Ungereimtheiten im Hinblick auf das In-Prinzip vgl auch MünchKommBGB/ *Sander* Rn 81.
[58] BGH FamRZ 2005, 432.
[59] BGH FamRZ 1989, 720; OLG Köln FamRZ 1988, 77.
[60] OLG Karlsruhe FamRZ 1989, 984.
[61] Vgl *Johannsen/Henrich/Hahne* Rn 49.
[62] BGH FamRZ 1995, 1481.
[63] AA BSG FamRZ 1991, 556 für das bis zum 31. 12. 1991 geltende Recht; *Johannsen/Henrich/Hahne* Rn 49; wie hier *Soergel/Vorwerk* Rn 231; MünchKommBGB/*Sander* Rn 86.

Beschränkung oder Wegfall des Ausgleichs § 1587 c

im Zusammenhang mit der Scheidung, grob unbillig wäre; hierbei dürfen Umstände nicht allein deshalb berücksichtigt werden, weil sie zum Scheitern der Ehe geführt haben;
2. soweit der Berechtigte in Erwartung der Scheidung oder nach der Scheidung durch Handeln oder Unterlassen bewirkt hat, dass ihm zustehende Anwartschaften oder Aussichten auf eine Versorgung, die nach § 1587 Abs. 1 auszugleichen wären, nicht entstanden oder entfallen sind;
3. soweit der Berechtigte während der Ehe längere Zeit hindurch seine Pflicht, zum Familienunterhalt beizutragen, gröblich verletzt hat.

Übersicht

	Rn		Rn
I. Normzweck	1	a) Allgemeines	29
		b) Einzelfälle	31
II. Abgrenzung zu anderen Härteregelungen	4	c) Besondere Rechtsfolge	32
		3. Grobe Verletzung von Unterhaltspflichten (Nr 3)	33
III. Härtegründe	7	a) Allgemeines	34
1. Grobe Unbilligkeit des VA (Nr 1)	7	b) Einzelfälle	36
a) Allgemeines	8	4. Eheaufhebung	38
b) Fehlende Wirtschaftsgemeinschaft	13		
c) Zweckverfehlung des VA	15		
d) Phasenverschobener Erwerb	22	IV. Verfahrensrechtliches	39
e) Eheliches Fehlverhalten	24	1. Amtsprinzip und Beweislast	39
f) Andere Gründe	26	2. Rechtsfolge und Tenor	43
2. Vereitelung eigenen Anwartschaftserwerbs (Nr 2)	28		

I. Normzweck

Das Gesetz enthält für den VA **besondere Härteregelungen,** neben denen § 242 als allgemeine Billigkeitsklausel nicht anwendbar ist[1]. § 1587 c regelt die Voraussetzungen, unter denen von der Durchführung des VA abzusehen oder der Ausgleichsbetrag herabzusetzen ist. Die Anwendung der Härteregelungen kommt in Betracht, wenn die Durchführung des VA einer Zweck einer gleichmäßigen Verteilung der in der Ehe erworbenen Versorgungsanwartschaften[2] in unerträglicher Weise widersprechen würde[3]. § 1587 c enthält die verfassungsmäßig notwendige Korrektur des VA für die Fälle, in denen dieser im Einzelfall zu einer schwerwiegenden Ungerechtigkeit oder Belohnung pflichtwidrigen Verhaltens führen würde[4]. 1

Da sich der Ausgleichsanspruch nach dem **Tod des Pflichtigen** gegen dessen Erben richtet, können diese bezüglich etwaiger Härten die gleichen Einwendungen geltend machen wie der ausgleichspflichtige Erblasser[5]. Bei der Abwägung der Voraussetzungen für die Anwendung der Härtevorschriften kann jedoch die durch den Tod des Verpflichteten entstandene Lage einbezogen werden[6]. Belange des betroffenen Versorgungsträgers sind hingegen nicht zu berücksichtigen[7]. 2

Die Vorschrift enthält **drei verschiedene Ausschlusstatbestände,** wobei die erste Alternative eine Art Generalklausel darstellt, während die beiden weiteren Tatbestände konkreter gefasst sind. 3

II. Abgrenzung zu anderen Härteregelungen

Für den **schuldrechtlichen VA** enthält § 1587 h eine eigenständige Härteregelung. Allerdings ist daneben § 1587 c Nr 1 entsprechend anwendbar (vgl § 1587 h Rn 2). Dagegen findet § 1587 c bei der **Abänderung** einer rechtskräftigen Entscheidung nach § 10 a VAHRG keine unmittelbare Anwendung im Hinblick auf die in § 10 a Abs 3 enthaltene Sonderregelung[8]. Die Berufung auf § 1587 c vermag auch allein keinen Abänderungsantrag nach § 10 a VAHRG zu begründen[9]. Ändert sich jedoch aufgrund der Abänderung die Ausgleichsrichtung, so kann sich der erstmals Ausgleichspflichtige auf § 1587 c berufen, da bei der Erstentscheidung über den VA Härtegründe in seiner Person nicht geprüft wurden[10]. Müsste der Ehegatte aufgrund des veränderten Wertunterschiedes zusätzliche Anrechte an den Berechtigten abgeben, so können Härtegründe nach § 1587 c BGB bezüglich dieses Teils der Anrechte berücksichtigt werden, auch wenn sie auf bereits abgeschlossenen Tatbeständen beruhen[11]. 4

---

[1] BGH FamRZ 1993, 176.
[2] BVerfG FamRZ 1993, 1173.
[3] BGH FamRZ 1995, 413; zur Anwendung der Vorschrift allg vgl auch *Bergner* NJW 1990, 678; *Eichenhofer* FuR 1994, 65.
[4] BVerfG FamRZ 1980, 326.
[5] BGH FamRZ 1984, 467; OLG Brandenburg FamRZ 1998, 682.
[6] BGH FamRZ 1984, 467; OLG Frankfurt FamRZ 1995, 299.
[7] OLG Frankfurt FamRZ 1995, 299.
[8] *Schwab/Hahne* HdB ScheidungsR Rn VI 270.
[9] BGH FamRZ 1989, 725.
[10] BGH FamRZ 1993, 175.
[11] BGH FamRZ 2007, 360.

§ 1587 c

Eine im Erstverfahren erfolgte Herabsetzung des VA ist bei der Abänderung desselben zu übernehmen, wenn sich nicht die maßgeblichen wirtschaftlichen Verhältnisse geändert haben[12].

5 **Art 17 Abs 3 S 2 EGBGB** enthält bei **Ausländerbeteiligung** und Scheidung im Inland auf Antrag einen eigenen Härtetatbestand. Danach kann der VA nicht nur aus Billigkeitsgründen ganz entfallen, sondern zB auch gekürzt werden, wenn ansonsten der Selbstbehalt des Verpflichteten gefährdet wäre[13].

6 Das **1. EheRG** vom 14. 6. 1976 (BGBl I S 1421) sieht in Art 12 Nr 3 Abs 3 S 3 und 4 eine **Übergangsregelung für Altfälle** vor. Danach kann der VA bis zur Hälfte ermäßigt werden, wenn die Eheleute schon vor Inkrafttreten des 1. EheRG getrennt gelebt haben und die Ehe allein wegen des Widerspruchs eines Ehegatten nicht geschieden werden konnte[14]. Soweit die Übergangsregelung des Art 12 Nr 3 Abs 3 S 3 und 4 1. EheRG eingreift, kann das Getrenntleben nicht zusätzlich als Ausschlussgrund nach Nr 1 berücksichtigt werden, jedoch können weitere Gründe die Anwendung der Vorschrift rechtfertigen[15].

III. Härtegründe

7 **1. Grobe Unbilligkeit des VA (Nr 1).** Nach Nr 1 ist der VA nicht durchzuführen, wenn die Inanspruchnahme des Ausgleichspflichtigen eine grob unbillige Härte darstellen würde.

8 a) **Allgemeines.** Bei der Prüfung der Voraussetzungen sind in erster Linie **die wirtschaftlichen Verhältnisse** beider Ehepartner während der Ehe und im Zusammenhang mit der Scheidung zu berücksichtigen. Die Vorschrift stellt auf die voraussichtlichen Folgen der Durchführung des VA ab; häufig ist eine **Prognose für den Zeitpunkt des beiderseitigen Rentenalters** erforderlich. Umstände, die bereits zum Zeitpunkt des Erstverfahrens voraussehbar waren, rechtfertigen keine Abänderung des VA nach § 10 a VAHRG. Deshalb ist die voraussichtliche Entwicklung der beiderseitigen wirtschaftlichen Verhältnisse nach der Scheidung bereits im Erstverfahren sorgsam abzuwägen[16]. Soweit Härtegründe jedoch erst nach der Scheidung entstanden sind, müssen sie noch im Nachhinein berücksichtigt werden können, da sich die unbillige Härte erst bei der Durchführung des VA auswirkt und damit der Verstoß gegen Art 14 GG eintritt[17].

9 Bei der Abwägung sind **Vermögensgegenstände** nur insoweit zu berücksichtigen, als sie dem Berechtigten nach Durchführung des Zugewinnausgleichs verbleiben[18], wobei der **Güterstand** für die Anwendung der Vorschrift unerheblich ist[19]. Mietfreie Wohnmöglichkeiten im eigenen Haus sind dabei ebenso einzubeziehen[20] wie Anrechte auf Versorgungsleistungen, die nicht dem VA unterliegen, zB voreheliche erworbene und Entschädigungsleistungen[21]. Allgemein sind sämtliche Verhältnisse von Belang, die sich zumindest mittelbar auf die wirtschaftliche Situation im Rentenalter auswirken können[22]. Neben Grundbesitz können dabei Kapitalanlagen berücksichtigt werden, aber auch Geldforderungen und Beitragserstattungen, sofern diese nicht in den Zugewinnausgleich fallen[23].

10 Auch **schicksalhafte Entwicklungen** können die Anwendung der Vorschrift rechtfertigen[24]. So sind zB Renteneinbußen aufgrund früherer Stasi-Tätigkeit[25] oder Erwerbsunfähigkeit aufgrund einer Aids-Erkrankung[26] von den Ehegatten gemeinsam zu tragen. Als Ausschlussgrund kommt weiter ein **persönliches Verhalten** in Betracht, das eine selbstverschuldete Lebenserschwernis zur Folge hat[27]. Dabei ist auch ein Verhalten zu berücksichtigen, das nach vorab durchgeführter Scheidung und vor der letzten mündlichen Verhandlung über den VA liegt[28].

11 Die **Unwirtschaftlichkeit** des VA ist grds nur nach § 1587 b Abs 4 und § 3 b VAHRG zu berücksichtigen und begründet für sich allein keinen Ausschluss nach § 1587 c[29]. Dass eine wiederaufgelebte Witwenversorgung bei Durchführung des VA gekürzt würde[30], kann aber im Einzelfall ebenso zur Anwendung der Härteklausel nach Nr 1 führen wie die Kürzung einer gesetzlichen Unfallrente aufgrund des VA[31].

12 Bei der Bewertung sind Sachverhalte, die zum **Scheitern der Ehe** geführt haben, nicht in erster Linie zu berücksichtigen, sie bleiben aber auch nicht völlig außer Betracht. Die Rechtsprechung hat in einer Vielzahl von Fällen das Vorliegen einer groben Härte **nach eingehender Prüfung des Einzel-**

---

[12] MünchKommBGB/*Dörr* Rn 8.
[13] OLG Frankfurt FamRZ 2000, 163.
[14] Zu den Einzelheiten vgl MünchKommBGB/*Dörr* Rn 9 mwN.
[15] Vgl RGRK/*Wick* Rn 9 und zum Inhalt der Übergangsregelung iE Rn 74.
[16] BGH FamRZ 1996, 1540.
[17] KG FamRZ 2005, 1487; gegen die einschränkende Rspr des BGH mit guten Gründen auch RGRK/*Wick* Rn 13.
[18] BGH FamRZ 1992, 47.
[19] RGRK/*Wick* Rn 3; vgl aber OLG Bamberg FamRZ 2001, 162: § 1587 c Nr 1 bei vereinbarter Gütertrennung.
[20] OLG München FamRZ 1995, 299.
[21] BGH FamRZ 1982, 909 und 1993, 682.
[22] MünchKommBGB/*Dörr* Rn 14.
[23] RGRK/*Wick* Rn 22.
[24] RGRK/*Wick* Rn 41 mwN.
[25] OLG Dresden FamRZ 1998, 375.
[26] OLG München FamRZ 1997, 752.
[27] RGRK/*Wick* Rn 41 mwN.
[28] *Johannsen/Henrich/Hahne* Rn 8.
[29] *Johannsen/Henrich/Hahne* Rn 14.
[30] BGH FamRZ 1989, 46; *Johannsen/Henrich/Hahne* Rn 11.
[31] OLG Celle FamRZ 1989, 1098.

falls bejaht[32]. Dabei ist insbes **in folgenden Fallgruppen** ein Ausschluss oder eine Herabsetzung des VA erfolgt:

b) Fehlende Wirtschaftsgemeinschaft. Nr 1 kommt in Betracht, wenn die den VA recht- 13 fertigende Grundlage der Wirtschaftsgemeinschaft fehlt[33]. Das ist zB dann der Fall, wenn die Ehegatten nur kurze Zeit oder gar **nicht zusammengelebt** und eine auf Dauer angelegte Wirtschaftsgemeinschaft von vorneherein nicht hergestellt haben[34]. Ebenso entsteht bei **Scheinehen** keine Versorgungsgemeinschaft. Bei **Auslandsbezug** kommt ein Ausschluss in Betracht, wenn der ausgleichsberechtigte Ehegatte erst kurz vor der Entscheidung über den VA die deutsche Staatsangehörigkeit erworben hat, die davor liegende Ehezeit daher keine Versorgungsgemeinschaft des deutschen Rechts darstellt[35].

Bei **langjährigem Getrenntleben** der Partner kann die Wirtschaftsgemeinschaft zwischenzeitlich 14 entfallen sein[36]. Das gilt aber jedenfalls nicht, wenn der ausgleichsberechtigte Partner bis zum Ehezeitende noch Erziehungsaufgaben wahrgenommen oder gemeinsame Kinder gepflegt hat[37], und bedarf iÜ der eingehenden Prüfung im Einzelfall[38]. Die Trennungszeit als Scheidungsvoraussetzung ist kein hinreichender Grund für die Anwendung der Härteklausel, und zwar auch nicht bei Trennung von Tisch und Bett nach ausländischem Recht[39], da das zu diesem Zeitpunkt noch schutzwürdige Vertrauen auf die Fortsetzung der Ehe einem Ausschluss des VA entgegensteht. Hat der Ausgleichspflichtige während langer Trennungszeit widerspruchslos Trennungsunterhalt gezahlt, ohne die Aufnahme einer Erwerbstätigkeit von dem anderen Partner zu verlangen, kann dessen Vertrauen auf Teilhabe an den bis zum Ende der Ehezeit erworbenen Anrechten schutzwürdig sein[40]. Dagegen kann die Verbüßung einer Strafhaft während bestehender Ehe ein Anlass für die Anwendung des § 1587 c Nr 1 sein[41]. Dies gilt jedoch nicht bei schuldloser Inhaftierung[42].

c) Zweckverfehlung des VA. Nr 1 ist auch dann anwendbar, wenn die Durchführung des VA im 15 Widerspruch zu seiner Zweckbestimmung das **wirtschaftliche Ungleichgewicht** der Ehepartner nicht ausgleichen, sondern vielmehr noch **verstärken** würde[43]. Bei der Prüfung dieser Voraussetzungen ist regelmäßig eine **Zukunftsprognose** erforderlich. Ein Ausschluss oder eine Herabsetzung des VA kommt hier nur in Betracht, wenn bei der Durchführung des VA ein grob unbilliges Ergebnis mit hinreichender Sicherheit eintreten wird[44].

Das ist zB zu bejahen, wenn der ausgleichsberechtigte Ehepartner ohnehin die wesentlich **höhere** 16 **Versorgung** im Alter zu erwarten hat[45]. Dabei kann auch berücksichtigt werden, dass die Differenz der beiderseitigen Nettoversorgungen für einen vorübergehenden Zeitraum besonders groß ist, weil eine der dem Ausgleichspflichtigen zustehenden Versorgungen erst später fällig wird[46]. Dass der berechtigte Ehegatte auf die Durchführung des VA wegen **anderweitiger Altersvorsorge** nicht angewiesen ist, reicht dagegen nicht aus[47]. Ebenso genügt nicht, dass der eine Ehegatte wegen Leistungsunfähigkeit des anderen ehebedingte Verbindlichkeiten nach der Scheidung allein tilgen muss[48]. Desgleichen kommt ein Ausschluss nicht schon deshalb in Betracht, weil der VA den notwendigen Eigenbedarf des Ausgleichspflichtigen beeinträchtigt und bei diesem zu Sozialhilfezahlung führt[49], weil der Verpflichtete erwerbsunfähig ist, während der Berechtigte noch Anrechte erwerben kann[50], oder weil der Berechtigte nach Durchführung des VA höhere Anrechte hätte als der Verpflichtete[51]. Würde der volle Ausgleich zur **Unterhaltsverpflichtung des Ausgleichsberechtig-**

---

[32] Vgl die Aufzählung der Härtegründe bei *Schöppe-Fredeburg/Schwolow* FuR 1997, 65; zu den geringeren Anforderungen an das Vorliegen einer groben Unbilligkeit bei Altehen in der ehemaligen DDR OLG Jena FamRZ 1997, 751.
[33] Zu der den VA rechtfertigenden Grundlage der Ehe als Versorgungsgemeinschaft vgl auch BGH FamRZ 1995, 413.
[34] BGH FamRZ 1981, 944; OLG Köln FamRZ 1998, 301; OLG Brandenburg NJW 1998, 766; zu den Einzelheiten vgl auch *Johannsen/Henrich/Hahne* Rn 27 und MünchKommBGB/*Dörr* Rn 29.
[35] BGH FamRZ 1982, 795; RGRK/*Wick* Rn 48.
[36] BGH FamRZ 1993, 302; FamRZ 2004, 1181; OLG Bamberg FamRZ 1999, 933; OLG Koblenz FamRZ 2004, 1580; OLG Brandenburg FamRZ 1998, 299; OLG Celle FamRZ 2001, 163; OLG Karlsruhe FamRZ 2001, 1223; OLG Hamburg FamRZ 2002, 755; aA OLG Bamberg FamRZ 2001, 1222 und *Deisenhofer/Erk* FamRZ 2003, 134.
[37] OLG Naumburg FamRZ 1997, 567.
[38] Vgl auch OLG Hamm FamRZ 2000, 160: keine Herabsetzung auch bei mehr als 14 Jahren Trennung, wenn die überdurchschnittlich arbeitende Frau nur 1300 DM Rentenanwartschaften hat.
[39] BGH FamRZ 1983, 35; FamRZ 1985, 45.
[40] BGH FamRZ 2006, 769.
[41] OLG Köln NJW-RR 1992, 67.
[42] OLG Koblenz FamRZ 1998, 1599.
[43] BGH FamRZ 1982, 258.
[44] BGH FamRZ 1996, 1540; zu den Berechnungsgrundlagen bei der Prognoseentscheidung s auch BGH FamRZ 1987, 49.
[45] BGH FamRZ 1996, 1540, auch zur Notwendigkeit einer Prognoseentscheidung, die im Erstverfahren zu erfolgen hat.
[46] BGH FamRZ 1999, 497.
[47] BGH FamRZ 1999, 714.
[48] OLG Schleswig FamRZ 1999, 865.
[49] RGRK/*Wick* Rn 25 mwN.
[50] OLG Köln FamRZ 2000, 158.
[51] BGH FamRZ 1986, 563; RGRK/*Wick* Rn 26.

§ 1587 c

ten gegenüber dem Ausgleichspflichtigen führen, so kann der Ausgleich (ggf befristet) herabgesetzt werden. Dies gilt nicht, wenn die Bedürftigkeit durch eine zumutbare Erwerbstätigkeit des Pflichtigen vermieden werden kann[52].

17 Die Tatsache, dass Versorgungsbezüge in unterschiedlicher Weise der **Besteuerung** unterliegen, indem zB gesetzliche Renten steuerfrei bleiben und Beamtenpensionen versteuert werden, vermag nur dann eine unbillige Härte zu begründen, wenn die Auswirkungen der unterschiedlichen Besteuerung mit hinreichender Sicherheit überschaubar sind[53]. Als Grund für die Annahme einer unbilligen Härte kommt dagegen in Betracht, dass dem Ausgleichspflichtigen nach Durchführung des VA keine oder nur eine völlig **unzureichende Versorgung** verbleiben würde, wie zB im Fall der Doppelehe[54] oder nach Anwendung von Ruhensvorschriften bei der Beamtenversorgung[55].

18 Sind beide Ehegatten Beamte mit etwa gleich hohen Pensionen und ergibt sich ein hoher Ausgleichsanspruch allein dadurch, dass **unterschiedliche beamtenversorgungsrechtliche Bestimmungen** für die Berechnung des Ehezeitanteils maßgeblich waren, kann dies zur Bejahung einer unbilligen Härte nach Nr 1 führen[56]. Dass sich aufgrund der Anwendbarkeit früheren Rechts bei einem Partner ein höherer Ausgleichsanspruch ergibt, begründet hingegen noch keine grobe Unbilligkeit[57]. In Einzelfällen kann auch die **Anwendung des In-Prinzips** zu grob unbilligen Ergebnissen führen, wenn zB Beiträge zur gesetzlichen Rentenversicherung für die Ehezeit noch nach Zustellung des Scheidungsantrags gezahlt werden und deshalb nicht in den Zugewinnausgleich fallen[58].

19 Fälle grober Unbilligkeit können ferner bei der Zusatzversorgung des öffentlichen Dienstes aufgrund der Berechnung des jeweiligen Ehezeitanteils auftreten[59].

20 Ein Ausschluss kommt weiter infrage, wenn der Ehegatte auch nach der Scheidung über die wesentlich höheren **Vermögenswerte** verfügt und durch deren Erträge hinreichend für sein Alter gesichert ist[60]. Das kann zB bei einem freiberuflich tätigen Ehemann der Fall sein, der durch Grundvermögen, Wertpapiere oder Kapitalversicherungen für sein Alter vorgesorgt hat, während die Ehefrau versicherungspflichtig war und die erworbenen Anwartschaften zur Alterssicherung benötigt[61]. Ein Ausschluss kann auch gerechtfertigt sein, wenn ein Selbstständiger es unterlässt, Altersvorsorge zu betreiben, und dies als illoyal und leichtfertig anzusehen ist[62]. Bei Abtrennung des VA kann auch nach der Scheidung erworbenes Vermögen eines Partners die Anwendung der Härteklausel nach Nr 1 rechtfertigen[63].

21 **Kindererziehungszeiten** sind grds in den VA einzubeziehen[64]. Dass ein Partner aufgrund der Kindererziehung höhere Anrechte hat als der andere, begründet daher noch keinen Ausschluss[65]. Allerdings kann ein Ausschluss im Einzelfall gerechtfertigt sein, wenn die ausgleichspflichtige Ehefrau während der Ehezeit nur geringe Anrechte aus Schwangerschaft und Kindererziehung erworben hat und auch nach der Scheidung wegen der Kindererziehung nur eingeschränkt erwerbstätig sein kann[66]. Die Verkürzung der jährlichen **Sonderzuwendung** bei Beamten nach § 4 a BSZG rechtfertigt grds nicht den Ausschluss oder die Herabsetzung des VA nach § 1587 c Nr 1[67].

22 **d) Phasenverschobener Erwerb.** Ein phasenverschobener Erwerb der Ehegatten ist insbes dann gegeben, wenn ein Ehepartner während der Ehe noch **studiert** hat, der andere hingegen erwerbstätig war und den Unterhalt für die Familie sichergestellt hat[68]. Das Gleiche gilt aber auch, wenn ein Ehepartner bereits in den **Ruhestand** getreten und auf die erworbenen Anrechte zur Alterssicherung angewiesen ist, während der andere Partner ausreichende eigene Einkünfte erzielt, aus denen er noch eine angemessene Altersvorsorge aufbauen kann[69].

23 Die durch die **Zurechnungszeit** bedingte Erhöhung des Ehezeitanteils bei vorzeitiger Dienstunfähigkeit eines Beamten kann im Einzelfall die Anwendung von Härteregelungen rechtfertigen[70].

24 **e) Eheliches Fehlverhalten.** Als Härtegrund kommt weiter eheliches Fehlverhalten in Betracht, das erhebliche Auswirkungen auf den anderen Ehepartner hatte[71]. Das **Unterschieben eines Kindes**

---

[52] BGH FamRZ 2005, 696.
[53] BGH FamRZ 2007, 627; FamRZ 1995, 29; OLG München FamRZ 2000, 161.
[54] BGH FamRZ 1982, 475.
[55] BGH FamRZ 1983, 358; zu den Ruhensvorschriften vgl auch BGH FamRZ 2000, 746.
[56] BVerfG FamRZ 1984, 653; FamRZ 1993, 405; RGRK/*Wick* Rn 33.
[57] BGH FamRZ 1982, 583.
[58] Zu den Einzelheiten vgl RGRK/*Wick* Rn 37.
[59] Vgl RGRK/*Wick* Rn 39 f; OLG Nürnberg FamRZ 2005, 36.
[60] BGH FamRZ 1988, 940.
[61] BGH FamRZ 2005, 1238; vgl auch OLG Brandenburg FamRZ 1998, 300.
[62] OLG Karlsruhe FamRZ 2006, 1457.
[63] BGH FamRZ 1988, 940.
[64] OLG Brandenburg FamRZ 2000, 891; OLG München FamRZ 2004, 1580; anders bei den Leistungen nach dem KLG, BGH FamRZ 1991, 675.
[65] OLG Zweibrücken FamRZ 2000, 890; OLG Bremen FamRZ 2002, 466.
[66] OLG Nürnberg FamRZ 2000, 891.
[67] OLG Nürnberg FamRZ 2005, 1749.
[68] BGH FamRZ 2004, 1181; FamRZ 1988, 600; FamRZ 1989, 1060; OLG Hamm FamRZ 1998, 684; OLG Schleswig FamRZ 2002, 1496.
[69] BGH FamRZ 1988, 489; OLG Köln FamRZ 2000, 158; zu den Berechnungsgrundlagen bei der Gegenüberstellung der beiderseitigen Versorgungen vgl BGH FamRZ 1999, 500.
[70] OLG Hamm FamRZ 1999, 933; AG Weilburg FamRZ 1999, 934.
[71] BGH FamRZ 1983, 32.

durch die Ehefrau wurde zB als Ausschlusstatbestand angesehen, sofern dieses nicht nur fahrlässig erfolgte[72]. Auch die Hervorrufung des Irrtums, der Vater des Kindes zu sein und die Veranlassung zur Fortsetzung der Ehe fällt unter die Vorschrift[73]. Das Gleiche gilt bei Verschweigen erheblicher Zweifel an der Vaterschaft, wenn diese tatsächlich nicht besteht[74]. Die Nichtvaterschaft muss jedoch in diesen Fällen festgestellt sein[75]. Bei Unklarheit ist das VA-Verfahren ggf bis zum Abschluss des Statusverfahrens über die Vaterschaft auszusetzen. Dass die Frau während der Ehe ein von einem anderen Mann abstammendes Kind geboren hat, reicht demgegenüber für einen Ausschluss allein nicht aus[76]. Für den Ausschluss genügt ein persönliches Fehlverhalten auch ohne unmittelbare wirtschaftliche Folgen[77]. Eine einmalige Verfehlung gegen den anderen Ehegatten reicht jedoch nur aus, wenn es sich um ein besonders schwerwiegendes Fehlverhalten handelt[78]. War der Ehegatte während der Ehezeit wegen schwerer Straftaten inhaftiert und hat er weder Anwartschaften erworben noch zum Familienunterhalt beigetragen, so kommt ein Ausschluss des VA in Betracht[79].

Die Voraussetzungen für einen Ausschluss des VA sind **strenger als die Verwirkungstatbestände des Unterhaltsrechts.** Dass ein Partner Ehebruch begangen und sich einem anderen Partner zugewandt hat, begründet noch nicht den Ausschluss des VA[80]. Vielmehr kommt dieser nur bei Verletzung einer Pflicht zur Gestaltung der ehelichen Lebens- und Versorgungsgemeinschaft in Betracht. Hatte das Fehlverhalten keinen Einfluss auf den Fortbestand der Ehe, so setzt der Ausschluss ein Verbrechen oder schweres vorsätzliches Vergehen gegen den Verpflichteten oder einen nahen Angehörigen voraus[81]. § 1587 c Nr 1 wurde zB bejaht bei Tötung des gemeinsamen Kindes[82] und bei Tötungsversuch gegen den Ehegatten[83]. Dies gilt jedoch nicht, wenn die Tat ohne Verschulden begangen wurde[84]. 25

f) Andere Gründe. Neben diesen Fällen kann eine Vielzahl anderer Gründe die Anwendung der Härteklausel nach Nr 1 im Einzelfall rechtfertigen[85]. Die Tatsacheninstanzen neigen dazu, die Vorschrift weit auszulegen und auch auf kinderlos gebliebene Ehen von kurzer Dauer anzuwenden, in denen beide Partner berufstätig waren, annähernd gleich viel verdient und **keine ehebedingten Nachteile** in ihrer Versorgung erlitten haben[86]. Insoweit ist jedoch zu bedenken, dass der VA nicht in erster Linie den Ausgleich ehebedingter Versorgungsnachteile bezweckt, sondern Ausdruck der ehelichen Solidarität ist. 26

Für eine weite Auslegung des § 1587 c Nr 1 wird seit der Abschaffung der Bagatellklausel, die ein Absehen vom VA **bei geringen Ausgleichsbeträgen** ermöglichte, ein Bedürfnis gesehen, da der mit der Durchführung des VA verbundene Aufwand häufig unverhältnismäßig erscheint[87]. In Zweifelsfällen sollten zur Vermeidung von Nachteilen für die Parteien zunächst die Auskünfte eingeholt werden, da wegen der erforderlichen Mindestwartezeit auch geringe Anwartschaften ausschlaggebend dafür sein können, ob eine Rente gezahlt wird oder nicht. Spielt dieser Gesichtspunkt keine Rolle, so kommt bei geringfügigem Ausgleichsbetrag auch eine Scheidungsvereinbarung nach § 1587 o in Betracht[88]. 27

2. Vereitelung eigenen Anwartschaftserwerbs (Nr 2). Nach Nr 2 ist der VA auszuschließen oder herabzusetzen, wenn der Berechtigte den Erwerb eigener Versorgungsanrechte grob fahrlässig unterlassen oder vereitelt hat. 28

a) Allgemeines. Die Vorschrift setzt **zielgerichtetes Handeln** voraus. Die Tatsache, dass sich ein Ehepartner mit Einverständnis des anderen ausschließlich der Haushaltsführung widmet und keine eigene Altersvorsorge trifft, reicht im Hinblick auf § 1360 nicht aus[89]. Es genügt jedoch jede treuwidrige Einflussnahme auf Versorgungsanwartschaften im zeitlichen Zusammenhang mit der Scheidung[90] oder – im Falle der Abtrennung – auch nach der Scheidung. Nr 2 erfasst nur **Manipulationen des Ausgleichsberechtigten,** nicht des Ausgleichspflichtigen. Eine entsprechende Anwendung auf treuwidrige Einflussnahmen des Ausgleichspflichtigen auf Versorgungsanrechte wird überwiegend abgelehnt[91]. 29

---

[72] BGH FamRZ 1987, 362; OLG Brandenburg FamRZ 1999, 932; AG Bochum FamRZ 2006, 428; vgl aber OLG Karlsruhe FamRZ 2000, 159.
[73] BGH FamRZ 1985, 267.
[74] OLG Hamm FamRZ 1992, 72; OLG Brandenburg FamRZ 1999, 932.
[75] BGH FamRZ 1983, 267 für § 1593 nach altem Recht.
[76] BGH FamRZ 1987, 362.
[77] BGH FamRZ 1984, 662; OLG Bamberg FamRZ 1998, 1369.
[78] OLG Bamberg FamRZ 1999, 932; AG Straubing FamRZ 1999, 932.
[79] OLG Nürnberg FamRZ 2004, 116.
[80] BGH FamRZ 1983, 267; FamRZ 1984, 662.
[81] OLG Hamm FamRZ 1981, 473.
[82] OLG Nürnberg FamRZ 1982, 308; KG FamRZ 2004, 643; OLG Brandenburg FamRZ 2003, 384 betr sexuellen Missbrauch des Kindes.
[83] OLG Frankfurt FamRZ 1990, 1259 unter Belassung einer Mindestabsicherung in der gesetzlichen Rentenversicherung.
[84] BGH FamRZ 1990, 985.
[85] Vgl die Rspr-Übersicht bei *Bergner* Rn 2.6.
[86] Nach BGH FamRZ 1986, 563 reicht das Vorliegen dieser Tatbestandsmerkmale für den Ausschluss des VA nicht aus.
[87] Für einen Ausschluss des VA in diesen Fällen *Eißler* Rn 470.
[88] Vgl RGRK/*Wick* Rn 28.
[89] OLG Karlsruhe FamRZ 1997, 567.
[90] BGH FamRZ 1984, 467.
[91] BGH FamRZ 1985, 687; *Johannsen/Henrich/Hahne* Rn 31; aA OLG Karlsruhe FamRZ 1986, 917, *Rolland* Rn 16; *Eichenhofer* FuR 1994, 65.

30 Erforderlich ist jedoch außerdem, dass die beeinträchtigende Handlung **in Erwartung der Scheidung** vorgenommen wurde. Dies setzt voraus, dass jedenfalls bei einem der Gatten bereits ein fester Entschluss zur Scheidung vorhanden ist[92]. Die Einflussnahme auf die anstehende Vermögensauseinandersetzung muss treuwidrig sein[93]. Dies ist nicht der Fall, wenn das Handeln zur Wahrnehmung sonstiger berechtigter Interessen erforderlich ist[94]. Ebenso entfällt der Härtegrund nach Nr 2, wenn die Auszahlung von Anrechten erfolgt, um gemeinsame Schulden aus der Ehezeit zu tilgen oder wenn der ausgezahlte Betrag in den Zugewinnausgleich fällt[95]. Bei der Abwägung ist auch ein Verhalten zu berücksichtigen, das nach vorab durchgeführter Scheidung und vor der letzten mündlichen Verhandlung über den VA liegt[96].

31 b) **Einzelfälle.** Die Vorschrift ist zB anwendbar, wenn ein Beamter sich ohne Dienstbezüge beurlauben lässt, soweit dies nicht auf einer einvernehmlichen Entscheidung der Ehegatten[97] oder einer Einschränkung seiner individuellen Leistungsfähigkeit beruht[98], wenn ein Ehepartner **ohne Not keine Vorsorge** für sein Alter trifft oder seiner Beitragszahlungspflicht nicht nachkommt[99]. Die Anwendung von Nr 2 kommt auch in Betracht, wenn ein Ehegatte nach Rechtshängigkeit des Scheidungsantrags von einem **Kapitalwahlrecht** Gebrauch macht und ihm der zur Begründung der Anwartschaft gezahlte Betrag, der nicht mehr in den Zugewinnausgleich fällt, erstattet wird[100]. Ebenso fällt der Verzicht auf eine Betriebsrente in Benachteiligungsabsicht unter diese Vorschrift[101] wie auch die Beitragserstattung nach § 210 SGB VI.

32 c) **Besondere Rechtsfolge.** Handelt es sich um die Vereitelung eines einzelnen Anrechts, so kommt als **Rechtsfolge** in erster Linie eine Herabsetzung des VA in Betracht, indem das weggefallene **Anrecht als fortbestehend fingiert** wird. Eine Erhöhung des für die Ehezeit bestehenden Ausgleichsanspruchs ist hierdurch allerdings nicht möglich. Bei vorwerfbarem Fehlen jeglicher Altersvorsorge kann statt einer Herabsetzung des VA auch dessen völliger Ausschluss gerechtfertigt sein. Ein vollständiger Ausschluss kommt jedenfalls dann in Betracht, wenn ohne die Manipulation die Anrechte beim Ausgleichsberechtigten höher gewesen wären als beim Ausgleichspflichtigen. Jedoch kann die Vorschrift nicht zu einer Umkehrung des Ausgleichsanspruchs führen[102].

33 **3. Grobe Verletzung von Unterhaltspflichten (Nr 3).** Nach Nr 3 findet ein VA nicht statt, wenn dem Berechtigten ein grober Verstoß gegen seine Unterhaltspflicht während der Ehe zur Last zu legen ist.

34 a) **Allgemeines.** Die Härteklausel greift ein, wenn ein Ehegatte über längere Zeit pflichtwidrig nicht oder nur unzureichend zum Familienunterhalt beigetragen und hierdurch in rücksichtsloser Weise eine schwerwiegende Beeinträchtigung des ausgleichspflichtigen Ehepartners über einen längeren Zeitraum verursacht hat[103]. Dabei ist jedoch nur das Verhalten bis zum Ehezeitende zu berücksichtigen. Danach begangene Unterhaltspflichtverletzungen bleiben bei der Bewertung außer Betracht[104]. Im Rahmen des § 1587 c Nr 3 ist nicht nur die Unterhaltspflicht bezüglich des Familienunterhalts von Belang, sondern auch die pflichtwidrige Nichtzahlung von Trennungsunterhalt nach § 1361 und von Kindesunterhalt gegenüber gemeinsamen Kindern nach § 1601[105].

35 **Rechtsfolge** ist zumeist die **Herabsetzung** des VA. Diese ist nicht auf die Anrechte beschränkt, die in der Zeit der Pflichtverletzung erworben wurden, und auch der Höhe nach nicht notwendig nach der Dauer der Pflichtverletzung im Verhältnis zur gesamten Ehezeit zu bestimmen[106].

36 b) **Einzelfälle.** Die Rechtsprechung nimmt eine Unterhaltspflichtverletzung zB an, wenn ein Ehepartner neben der Versorgung der Kinder und des Haushalts berufstätig war und die höheren Anwartschaften erworben hat, während der ausgleichsberechtigte Partner sich nicht um eine zumutbare Erwerbstätigkeit bemüht. Die Anwendung kommt auch in Betracht, wenn ein Ehegatte nur wenige Jahre ein Kind betreut hat, nicht erwerbstätig war und sich wegen einer neurotischen Störung nicht hat behandeln lassen[107]. Ein typischer Fall ist ferner der **alkoholkranke Ehepartner,** der weder zuverlässig berufstätig war noch sich in angemessener Weise an den häuslichen Pflichten beteiligt hat. War der Ehegatte dagegen bereits bei Eheschließung alkoholabhängig und schaffte er es während der Ehezeit

---

[92] BT-Drucks 7/4361 S 44 zum bewussten Zusammenhang mit der Scheidung; *Soergel/Vorwerk* Rn 8.
[93] BGH FamRZ 1986, 658.
[94] BGH FamRZ 1988, 709.
[95] Vgl MünchKommBGB/*Dörr* Rn 39.
[96] *Johannsen/Henrich/Hahne* Rn 33.
[97] BGH FamRZ 1986, 658.
[98] OLG Bamberg FamRZ 1999, 933.
[99] BGH FamRZ 1985, 687; vgl auch OLG Köln FuR 2002, 87 betr zweckwidrige Verwendung des Vorsorgeunterhalts.
[100] AA BGH FamRZ 2003, 664; dagegen mit guten Gründen *Deisenhofer* FamRZ 2003, 745.
[101] OLG Karlsruhe FamRZ 1986, 917; vgl auch *Soergel/Vorwerk* Rn 29.
[102] *Soergel/Vorwerk* Rn 26 und 32.
[103] BGH FamRZ 1986, 658; EZFamR § 1587 c Nr 13; FamRZ 1986, 658; OLG Brandenburg FamRZ 1998, 299; OLG Bamberg FamRZ 1999, 933.
[104] BGH Karlsruhe FamRZ 1983, 818; OLG Brandenburg FamRZ 1998, 299; *Soergel/Vorwerk* Rn 36.
[105] So MünchKommBGB/*Dörr* Rn 43; *Johannsen/Henrich/Hahne* Rn 37; bei BGH FamRZ 1986, 658 und FamRZ 1989, 1060 offen geblieben.
[106] BGH FamRZ 1987, 49.
[107] BGH FamRZ 1987, 49; OLG Düsseldorf FamRZ 2000, 162.

nicht, seine Krankheit zu überwinden, so begründet dies keinen Ausschluss des VA[108]. Eine **Scheinselbständigkeit**, aus der während eines längeren Zeitraums keine Gewinne erzielt wurden, kann ein Indiz für eine Verletzung von Unterhaltspflichten sein. Dies gilt jedoch nicht, wenn der Ehegatte aus gesundheitlichen Gründen nicht mehr erwerbstätig sein konnte[109]. Ebenso kann sich die **Hausfrau**, die entgegen ihrer aus § 1360 folgenden Verpflichtung ihre Familie über längere Zeit nicht ordnungsgemäß versorgt, einer derartigen Pflichtverletzung schuldig machen.

Hier ist jedoch zu beachten, dass die Ehegatten die **Gestaltung ihrer Lebensverhältnisse** im Rahmen zulässiger Grenzen frei **vereinbaren** können. Dies erlaubt auch atypische Rollenverteilungen, die der Richter zu respektieren hat und nicht durch eigene Wertungen ersetzen darf. Ein Ausschluss des VA kommt nur in Betracht, wenn zu der objektiv ungleichen Pflichtenverteilung ein Element der Vorwerfbarkeit hinzutritt. Entscheidend ist der Verstoß gegen die von den Partnern nach § 1356 vereinbarte Arbeitsteilung[110]. Handelt es sich um Anrechte, die vor dem 1. 7. 1977 erworben wurden, so ist für die Bewertung des Pflichtverstoßes das seinerzeit geltende Unterhaltsrecht maßgeblich[111]. Die objektive Nichtzahlung geschuldeten Unterhalts genügt nicht, sondern es muss als subjektives Element zumindest eine **unterhaltsbezogene Leichtfertigkeit** hinzukommen[112]. 37

4. Eheaufhebung. Bei Eheaufhebung und -nichtigkeit konnte der gutgläubige Ehegatte nach dem bis 1. 7. 1998 geltenden Recht die vermögensrechtlichen Wirkungen der Ehe und damit auch den VA ausschließen (§ 26 Abs 2, § 37 Abs 2 EheG). Seit dem 1. 7. 1998 gibt es nur noch den Tatbestand der Eheaufhebung und ist der VA durchzuführen, soweit dies nicht im Hinblick auf die Umstände bei der Eheschließung und auf die Belange des weiteren Ehepartners im Fall der Doppelehe grob unbillig wäre (§§ 1314, 1318 Abs 3 nF)[113]. Durch die Formulierung „soweit" ermöglicht die Vorschrift auch eine Herabsetzung des VA. Für die allgemeine Regelung des § 1587 c Nr 1 dürfte daneben kein Raum mehr sein. 38

IV. Verfahrensrechtliches

1. Amtsprinzip und Beweislast. Die Ausschlusstatbestände des § 1587 c sind **von Amts wegen zu prüfen.** Allerdings trifft die Parteien hierzu eine **gesteigerte Vortragspflicht** bezüglich der zugrunde liegenden Tatsachen[114]; das Gericht braucht also nicht von sich aus nachzuforschen. Die Pflicht zur Amtsermittlung gilt auch im Rechtsmittelverfahren; allerdings ist dort das **Verbot der reformatio in peius** zu beachten[115]. 39

Die Partei, die sich auf Ausschlussgründe beruft, trägt auch die **Beweislast** dafür, dass die Voraussetzungen hierfür vorliegen[116]; die Beweislast liegt also beim Ausgleichspflichtigen[117]. Die Nichterweislichkeit der Härtevoraussetzungen geht zu seinen Lasten[118]. Gemeinsame Vorstellungen der Parteien über die Anwendung von Härteklauseln sind nur maßgeblich, wenn sie in einem Ehevertrag nach § 1408 oder einer Scheidungsvereinbarung nach § 1587 o niedergelegt wurden[119]. Die Anwendung der Härteklauseln unterliegt der Würdigung der Tatsacheninstanzen. Das Gericht der weiteren Beschwerde darf nur noch auf Ermessensfehler hin überprüfen[120]. 40

Im Hinblick darauf, dass nur grobe Unbilligkeit oder schwerwiegende Pflichtverletzungen einen Ausschluss rechtfertigen, sind an das Vorliegen der Tatbestandsmerkmale **strenge Anforderungen** zu stellen. Der Richter muss daher bei entsprechendem Vortrag der Parteien die Tatsachen aufklären und notfalls Beweis erheben. Eine Teilentscheidung vorab über die Anwendung der Härteklausel ist nicht zulässig[121]. Vielmehr sind in den Gründen der Entscheidung über den VA die Tatbestandsvoraussetzungen des § 1587 c iE darzulegen. § 1587 c steht jedoch einer ansonsten zulässigen Teilentscheidung über den VA nicht entgegen, da die Härtegründe auch bei der späteren Entscheidung über den Restanspruch gesondert geprüft werden können[122]. Die Entscheidung ist den Ehegatten und Versorgungsträgern **zuzustellen**[123]. 41

Der Versorgungsträger ist durch die Anwendung der Härteklausel nicht beschwert. Er hat daher kein eigenes Beschwerderecht, ist jedoch am **Beschwerdeverfahren** zu beteiligen[124]. 42

---

[108] OLG Köln FamRZ 2004, 1581.
[109] OLG München FamRZ 1997, 753; OLG Köln NJWE-FER 1996, 4 und FamRZ 2004, 1581.
[110] BGH NJW-RR 1987, 578; vgl dazu auch OLG Bamberg FamRZ 2000, 892.
[111] BGH FamRZ 1987, 49; MünchKommBGB/*Dörr* Rn 45.
[112] OLG Karlsruhe FamRZ 1997, 567; OLG Schleswig FamRZ 1999, 867; zur subjektiven Seite vgl auch *Johannsen/Henrich/Hahne* Rn 37 und 39.
[113] Geändert durch Gesetz zur Neuordnung des Eheschließungsrechts vom 4. 5. 1998, BGBl I S 833.
[114] BGH FamRZ 1992, 1151.
[115] BGH FamRZ 1985, 267.
[116] BGH FamRZ 1996, 1540.
[117] OLG Köln FamRZ 1998, 1370.
[118] BGH FamRZ 1999, 499.
[119] BGH FamRZ 1985, 45.
[120] BGH FamRZ 1999, 499.
[121] OLG Oldenburg FamRZ 1992, 458; ebenso MünchKommBGB/*Dörr* Rn 2.
[122] *Johannsen/Henrich/Hahne* Rn 6.
[123] RGRK/*Wick* Rn 12.
[124] BGH FamRZ 1998, 1024.

§ 1587 d   Buch 4. Abschnitt 1. Bürgerliche Ehe

43   **2. Rechtsfolge und Tenor.** Rechtsfolge ist der **Ausschluss des VA oder dessen Herabsetzung.** Die Zulässigkeit eines teilweisen Ausschlusses wird aus der Formulierung „soweit" gefolgert[125]. Nicht selten wird zB der VA auf die Hälfte herabgesetzt, wenn Härtegründe vorliegen, der vollständige Ausschluss aber unbillig wäre. Bei unterschiedlich hohen Versorgungen kann der Halbteilungsgrundsatz als Maßstab für die Kürzung herangezogen werden[126]. Im Falle vorzeitiger Dienstunfähigkeit kommt eine Herabsetzung des Ausgleichsanspruchs auf den Betrag in Betracht, der ohne die Dienstunfähigkeit als Ausgleichsanspruch geschuldet wäre[127]. Wird der Ausgleichsanspruch gekürzt, so sind die betroffenen Versorgungsträger in dem Verhältnis zu entlasten, der dem Anteil der jeweiligen Versorgung am gesamten Ausgleichsanspruch entspricht[128]. Unzulässig ist demgegenüber eine Erhöhung des VA[129]; diese darf auch nicht indirekt dadurch erfolgen, dass Anrechte des Berechtigten außer Betracht bleiben[130]. Der Ausschluss kann jedoch auf einzelne Anrechte oder Ausgleichsformen beschränkt werden.

44   Der **Tenor** im Fall des Ausschlusses lautet:

   Tenorbeispiel: „Ein Versorgungsausgleich findet nicht statt."

§ 1587 d Ruhen der Verpflichtung zur Begründung von Rentenanwartschaften

(1) ¹Auf Antrag des Verpflichteten kann das Familiengericht anordnen, dass die Verpflichtung nach § 1587 b Abs. 3 ruht, solange und soweit der Verpflichtete durch die Zahlung unbillig belastet, insbesondere außerstande gesetzt würde, sich selbst angemessen zu unterhalten und seinen gesetzlichen Unterhaltspflichten gegenüber dem geschiedenen Ehegatten und den mit diesem gleichrangig Berechtigten nachzukommen. ²Ist der Verpflichtete in der Lage, Raten zu zahlen, so hat das Gericht ferner die Höhe der dem Verpflichteten obliegenden Ratenzahlungen festzusetzen.

(2) Das Familiengericht kann eine rechtskräftige Entscheidung auf Antrag aufheben oder ändern, wenn sich die Verhältnisse nach der Scheidung wesentlich geändert haben.

I. Normzweck

1   § 1587 d bezieht sich auf die Beitragszahlungspflicht nach § 1587 b Abs 3. Er sieht vor, dass das **FamG**, wenn der verpflichtete Ehegatte durch die Beitragszahlungspflicht unbillig belastet würde, auf seinen Antrag hin die **Beitragszahlung stunden** (Abs 1 S 1) oder **Ratenzahlung bewilligen** kann (Abs 1 S 2). Ferner ermöglicht die Vorschrift eine **Abänderung rechtskräftiger Entscheidungen** über das Ruhen der Zahlungsverpflichtung oder Zahlungserleichterungen, sofern sich die Entscheidungsgrundlagen im Nachhinein wesentlich verändert haben (Abs 2).

2   Nachdem § 1587 b Abs 3 S 1 HS 1, der für alle Anrechte, die nicht dem Splitting oder Quasisplitting unterlagen, die Beitragszahlung vorsah, vom BVerfG für verfassungswidrig erklärt wurde[1], bleibt die Bedeutung des § 1587 d im wesentlichen auf **Altfälle** beschränkt, in denen aufgrund des § 1587 b Abs 3 S HS 1 entschieden wurde, die Entscheidung noch nicht endgültig vollzogen ist und keine Vollstreckungsgegenklage erhoben wurde[2]. In diesen Fällen hat der Verpflichtete ein Rechtsschutzinteresse für einen Antrag nach § 1587 d, wenn er lediglich Zahlungserleichterungen anstrebt[3].

3   Durch das Gesetz über weitere Maßnahmen auf dem Gebiet des VA (**VAwMG**) vom 8. 12. 1986 (BGBl I S 2317) wurde zum 1. 1. 1987 die Beitragszahlung in § 3 b Abs 1 Nr 2 VAHRG wieder eingeführt. Sie kann jedoch nur insoweit stattfinden, als sie dem Verpflichteten nach seinen wirtschaftlichen Verhältnissen zumutbar ist. Auch die Möglichkeit der Ratenzahlung ist vorgesehen. Anordnungen nach § 3 b Abs 1 Nr 2 VAHRG sind entsprechend § 1587 d Abs 2 nachträglich abänderbar. Zu den Einzelheiten vgl auch unten Rn 9.

II. Ruhensanordnung oder Ratenzahlung (Abs 1)

4   § 1587 d Abs 1 erfordert, dass der Ausgleichspflichtige durch die Beitragszahlung **unbillig belastet** würde und nennt als Beispiel hierfür die Unfähigkeit, sich selbst angemessen zu unterhalten und seinen Unterhaltspflichten gegenüber dem geschiedenen Ehegatten und den gleichrangig Berechtigten nachzukommen. Die Altersvorsorge durch Beitragszahlung soll daher nicht zu Lasten des aktuellen Unterhaltsbedarfs gehen und der Begünstigte nicht durch Unterhaltsverzicht seine Altersvorsorge selbst finanzieren müssen[4]. Der Begriff „angemessener Unterhalt" ist weiter als die Pfändungsfreigrenzen in

---

[125] BGH FamRZ 1983, 890.
[126] Vgl AG Kelheim FamRZ 2000, 896.
[127] BGH FamRZ 1999, 499.
[128] OLG Düsseldorf FamRZ 1995, 1277; zur Berechnung der anteiligen Herabsetzung vgl *Johannsen/Henrich/Hahne* Rn 4 (für die gesetzliche Rente) und Rn 5 (bei der Beamtenversorgung); s hierzu auch RGRK/*Wick* Rn 5.
[129] BGH FamRZ 1985, 687.
[130] BGH FamRZ 1987, 364.
[1] BVerfG FamRZ 1983, 342.
[2] MünchKommBGB/*Gräper* Rn 4; *Johannsen/Henrich/Hahne* Rn 2 (auch zu den Einzelheiten des Übergangsrechts); *Palandt/Diederichsen* Rn 1.
[3] RGRK/*Wick* Rn 2.
[4] BT-Drucks 7/650 S 163.

der Zwangsvollstreckung. Der **Vorrang** bezieht sich nur auf den **gesetzlichen Unterhalt.** Ein vertraglich begründeter oder modifizierter Unterhalt, der über das Maß des gesetzlichen hinausgeht, bleibt demgegenüber unberücksichtigt. Der angemessene Unterhalt umfasst auch den Vorsorgeunterhalt nach § 1578 Abs 2 und 3. Der angemessene Unterhalt für den Ausgleichspflichtigen selbst ist mit dem sog großen Selbstbehalt gegenüber volljährigen Kindern anzusetzen[5]. Eine unbillige Belastung kann aber auch vorliegen, wenn der Verpflichtete seinen Betrieb oder seine selbständige Tätigkeit aufgeben oder Vermögen unwirtschaftlich verwerten müßte, sofern er nicht die mangelnde Leistungsfähigkeit selbst verschuldet hat (zB infolge Trunksucht) oder diese durch zumutbare Kreditaufnahme abwenden könnte[6]. Es ist jeweils eine Würdigung der wirtschaftlichen Umstände im Einzelfall vorzunehmen.

Die Anordnung nach § 1587 d Abs 1 ergeht nur auf **Antrag des Verpflichteten,** für den kein Anwaltszwang besteht, da es sich um ein selbständiges Verfahren handelt (§ 78 Abs 2 S 1 Nr 3 ZPO). Der Antrag kann auch auf Gründe gestützt werden, die bereits im Verfahren über den Wertausgleich hätten geltend gemacht werden können[7]. 5

Rechtsfolge ist das Ruhen der Beitragspflicht oder die Festsetzung von Raten, die den wirtschaftlichen Möglichkeiten des Berechtigten und den Bedürfnissen des Verpflichteten anzupassen sind. **Risiko** für den Ausgleichspflichtigen ist die Verteuerung der Leistung, da mit dem weiteren Hinausschieben regelmäßig die Beiträge zur ges. Rentenversicherung ansteigen und bei gleichbleibenden Raten immer weniger Entgeltpunkte für den Berechtigten erworben werden können. Für den Berechtigten besteht die Gefahr, dass die Beiträge noch nicht vollständig erbracht sind, wenn der Rentenfall bei ihm eintritt, und er wegen des restlichen Ausgleichsanspruchs auf den schuldrechtlichen Ausgleich angewiesen ist (§ 1587 b Abs 3 S 1 HS 2, § 1587 f Nr 3). Zuständig für die Entscheidung ist nach § 14 Abs 1 Nr 2 a, b RPflG der **Rechtspfleger;** gegen dessen Entscheidung ist die befristete Erinnerung nach § 11 Abs 1 S 2 RPflG, §§ 21, 22 FGG zulässig. Das OLG entscheidet in letzter Instanz (§ 53 g Abs 2 FGG). 6

§ 1587 d Abs 1 ist **entsprechend anwendbar** auf die Rückzahlung zuviel gezahlter Beträge durch den Berechtigten im Falle der Abänderung der VA-Entscheidung (§ 10 a Abs 8 S 3 VAHRG). 7

III. Abänderung der Entscheidung (Abs 2)

§ 1587 d Abs 2 ist anwendbar, wenn nach rechtskräftiger Entscheidung über den VA eine **wesentliche Änderung der Verhältnisse** eintritt. Eine vergleichbare Regelung findet sich in § 1382 Abs 6. Die zu § 323 ZPO entwickelten Grundsätze sind nicht unmittelbar anwendbar; insbes gilt hier nicht die Zehnprozentgrenze des § 10 a Abs 2 S 2 VAHRG[8]. Die Kriterien des § 323 ZPO zur Wesentlichkeit der Veränderung können jedoch entsprechend herangezogen werden[9]. 8

Über die Altfälle des § 1587 b Abs 3 hinaus gilt § 1587 d Abs 2 aufgrund Verweisung auch für die wieder eingeführte **Beitragszahlung** und für alle Formen des **schuldrechtlichen VA.** § 1587 d Abs 2 ist nämlich für **entsprechend anwendbar** erklärt in § 3 b Abs 1 Nr 2 VAHRG, § 1587 g Abs 3, § 1587 i Abs 3 und § 3 a Abs 6 VAHRG, also beim VA durch Beitragszahlung, beim schuldrechtlichen VA, bei der Abtretung und beim verlängerten schuldrechtlichen VA. Auch die Vorschriften über die Abänderung des VA enthalten in § 10 a Abs 8 S 3 eine Verweisung auf § 1587 d. Die entsprechende Anwendung ist weiter angebracht bei Vereinbarung der Beitragsentrichtung nach § 1587 o iVm § 187 Abs 1 Nr 2 SGB VI[10] sowie bei der Abfindung nach § 1587 l[11], wenn sich die maßgeblichen Verhältnisse nachträglich wesentlich geändert haben. Zur Anwendbarkeit bei der Abänderung von Entscheidungen über eine Abfindung vgl § 10 a VAHRG Rn 4. Für die Anpassung einer Vereinbarung oder gerichtlichen Festsetzung ist jetzt im Zweifel der Zumutbarkeitsmaßstab des § 3 b Abs 1 Nr 2 VAHRG zugrunde zu legen[12]. Kein Fall des § 1587 d Abs 2 liegt vor, wenn sich lediglich die Berechnungsgrundlagen für die Beitragszahlung geändert haben; vielmehr ist dann § 53 e Abs 3 FGG anwendbar[13]. 9

Rechtsfolge ist, dass nicht die Beitragszahlung selbst abgeändert, aber das Ruhen der Zahlungspflicht oder Ratenzahlung angeordnet werden kann. Im Unterschied zu Abs 1 können beide Parteien, der Berechtigte wie der Verpflichtete, den Antrag auf Abänderung stellen. Die Vorschrift ermöglicht daher zB auch die Heraufsetzung der Raten bei wesentlicher Verbesserung der wirtschaftlichen Verhältnisse[14]. Wegen der Rechtskraft der abzuändernden Entscheidung darf die Abänderung nur für die Zukunft vorgenommen werden[15]. 10

Für Entscheidungen nach § 1587 d Abs 2 besteht gleichfalls **Rechtspflegerzuständigkeit**[16]. Ist wegen der Abänderung einer Vereinbarung nach § 1587 o eine neue richterliche Genehmigung erforderlich, so hat der Rechtspfleger die Sache analog § 5 Abs 1 Nr 2 RPflG dem Richter vorzulegen. 11

---

[5] Vgl RGRK/*Wick* Rn 4; *Johannsen/Henrich/Hahne* Rn 4.
[6] BGH FamRZ 1981, 1051; RGRK/*Wick* Rn 4.
[7] BGH FamRZ 1981, 1051; OLG Düsseldorf FamRZ 1982, 81.
[8] BGH FamRZ 1990, 380.
[9] *Soergel/Vorwerk* Rn 21.
[10] *Johannsen/Henrich/Hahne* Rn 2.
[11] *Johannsen/Henrich/Hahne* Rn 7.
[12] RGRK/*Wick* Rn 10; *Johannsen/Henrich/Hahne* Rn 2.
[13] RGRK/*Wick* Rn 8.
[14] MünchKommBGB/*Gräper* Rn 8.
[15] *Johannsen/Henrich/Hahne* Rn 9; *Soergel/Vorwerk* Rn 22; aA *Rolland* Rn 11.
[16] Nach RGRK/*Wick* Rn 9 gilt dies nicht bei entsprechender Anwendung der Vorschrift.

§ 1587 e Auskunftspflicht; Erlöschen des Ausgleichsanspruchs

(1) Für den Versorgungsausgleich nach § 1587 b gilt § 1580 entsprechend.

(2) Mit dem Tode des Berechtigten erlischt der Ausgleichsanspruch.

(3) Der Anspruch auf Entrichtung von Beiträgen (§ 1587 b Abs. 3) erlischt außerdem, sobald der schuldrechtliche Versorgungsausgleich nach § 1587 g Abs. 1 Satz 2 verlangt werden kann.

(4) [1]Der Ausgleichsanspruch erlischt nicht mit dem Tode des Verpflichteten. [2]Er ist gegen die Erben geltend zu machen.

I. Auskunftsansprüche der Ehegatten gegeneinander (Abs 1)

1 **1. Rechtsnatur.** Die Ehegatten sind verpflichtet, einander über die bestehenden Versorgungsanwartschaften Auskunft zu erteilen (Abs 1, § 1580). Dieser **auf der ehelichen Lebensgemeinschaft beruhende zivilrechtliche Auskunftsanspruch** der Ehegatten gegeneinander ist zu unterscheiden von der in § 11 Abs 2 VAHRG geregelten Auskunftspflicht gegenüber dem Gericht und von dem Auskunftsanspruch eines Ehegatten gegen seinen Dienstherrn bzw Arbeitgeber sowie gegen den Träger der Rentenversicherung. Zur Systematik der Auskunftsansprüche vgl auch § 1587 Rn 120 ff.

2 Wegen der nach § 12 FGG bestehenden Amtsermittlungspflicht des Gerichts und der umfassenden Auskunftspflicht nach § 11 VAHRG gegenüber dem Gericht hat der zwischen den Ehegatten bestehende Auskunftsanspruch nach § 1587 e nur geringe praktische Bedeutung. Im Einzelfall kann jedoch ein Rechtsschutzinteresse an der Auskunftserteilung durch den anderen Ehegatten bestehen[1]. Über die Verweisung auf § 1580 ist auch § 1605 in Bezug genommen. Dementsprechend besteht eine Verpflichtung, auf Verlangen Belege vorzulegen. Über Abs 1 S 3 sind auch die §§ 260, 261 entsprechend anwendbar. Für den schuldrechtlichen VA enthalten § 1587 k Abs 1 und § 3 a Abs 8 VAHRG eigenständige Regelungen. Für die Abänderung gilt § 10 a Abs 11 VAHRG.

3 Die Auskunftspflicht nach Abs 1 ist **höchstpersönlicher Natur,** richtet sich aber nach dem Tod des Ehegatten auch gegen den Erben, der das erforderliche Wissen hat oder in zumutbarer Weise erwerben kann (Rechtsgedanke des Abs 4)[2], im Fall der Abänderung gegen den Hinterbliebenen. Sie dient der Vorbereitung und Abwicklung des VA und kann nach hM schon **vor Stellung des Scheidungsantrags** oder eines entsprechenden PKH-Gesuchs erhoben werden, wenn der Ehegatte ein berechtigtes Interesse daran hat[3]. Der hM ist zu folgen, weil auch die Entscheidung darüber, ob überhaupt ein Scheidungsverfahren anhängig gemacht wird, von dem Ergebnis der Auskunft zum VA anhängig sein kann. Allerdings gewährt Abs 1 keinen allgemeinen, zB der Vorbereitung einer Vereinbarung oder eines Ausschlusses dienenden Informationsanspruch.

4 Ein **Rechtsschutzinteresse** für einen Auskunftsantrag gegenüber dem Ehegatten besteht ungeachtet der Auskunftspflicht gegenüber dem Gericht jedenfalls dann, wenn das Gericht seiner Amtsermittlungspflicht nicht zügig oder nur unzureichend nachkommt[4]. Der Auskunftsanspruch besteht nicht, wenn der VA bereits nach Übergangsrecht abgefunden[5] oder wirksam durch Ehevertrag ausgeschlossen wurde oder über ihn bereits rechtskräftig entschieden ist. Bei fehlerhafter Prozessführung durch den verfahrensbevollmächtigten Rechtsanwalt lässt sich ein Auskunftsanspruch gegen den Ehegatten zur Bezifferung eines Schadensersatzanspruchs als Fortwirkung der ehelichen Lebensgemeinschaft nach § 1353 Abs 1 in Verbindung mit § 242 begründen[6].

5 **2. Umfang.** Der Auskunftsanspruch umfasst die Mitteilung **aller für die Durchführung des VA bedeutsamen Umstände,** die richtige und vollständige Ausfüllung der Formulare und die Einreichung von Belegen, nötigenfalls auch die Geltendmachung von Auskunftsansprüchen gegen den für den Ehegatten zuständigen Versorgungsträger oder die Zustimmung zur Erteilung einer Auskunft durch diesen. Können sich Vorehezeiten auf die Berechnung der Anrechte auswirken, so werden auch diese von dem Auskunftsanspruch erfasst[7]. Ob auch eine Pflicht zur Stellung eines Antrags auf Kontenklärung besteht, ist streitig[8]. Das Rechtsschutzinteresse bezieht sich auf eine vollständige Auskunft, auch wenn dem Anspruchsteller ein konkretes Beschäftigungsverhältnis des anderen Ehegatten bekannt ist[9]. Neben den für die Berechnung des Auskunftsanspruchs maßgeblichen Tatsachen sind Umstände mitzuteilen, die für einen Ausschluss oder die Herabsetzung des VA von Bedeutung sein könnten. Nach § 109 Abs 3 S 2 SGB VI besteht ein Auskunftsrecht gegenüber dem Versorgungsträger des anderen Ehegatten über dessen Anwartschaft bzw Rente, wenn dieser trotz Mahnung die geschuldete Auskunft nicht erteilt hat.

---

[1] OLG Nürnberg FamRZ 1995, 300.
[2] BGH FamRZ 1986, 253 ebenso für § 10 a Abs 11 VAHRG.
[3] OLG Koblenz FamRZ 1978, 702; MünchKommBGB/*Gräper* Rn 3; *Soergel/Vorwerk* Rn 3 mwN; *Johannsen/Henrich/Hahne* Rn 3; *Borth* S 374; aA OLG Köln FamRZ 1986, 918, das Rechtshängigkeit und Schlüssigkeit des Scheidungsantrags verlangt; ebenso wohl auch RGRK/*Wick* Rn 4: Rechtshängigkeit erforderlich, diese genügt jedoch nicht bei verfrühter Stellung des Scheidungsantrags.
[4] So auch MünchKommBGB/*Dörr* Vor § 1587 Rn 24; aA OLG München FamRZ 1998, 244.
[5] BGH FamRZ 1981, 533 zu Art 12 Abs 3 S 3 1. EheRG.
[6] BGH FamRZ 1984, 465.
[7] RGRK/*Wick* Rn 7.
[8] Zum Meinungsstand vgl RGRK/*Wick* Rn 7.
[9] OLG Frankfurt FamRZ 1982, 185.

3. Verfahren und Entscheidung. Der Auskunftsanspruch kann als **isolierte Familiensache** oder als **Stufenantrag im Verbundverfahren** auf Auskunft und auf eidesstattliche Versicherung ihrer Richtigkeit geltend gemacht werden. **Anwaltszwang** besteht nur für das Verbundverfahren; im isolierten Verfahren gilt dieser lediglich für die weitere Beschwerde. Eine mündliche Verhandlung ist nicht zwingend vorgeschrieben.

Über den Auskunftsantrag wird durch **Beschluss** entschieden, der bei einem Stufenantrag ohne Kostenentscheidung ergehen kann und mit der **befristeten Beschwerde** selbständig anfechtbar ist (§ 621 e ZPO). Im Verbundverfahren besteht auch hier Anwaltszwang. Der Beschluss über die Auskunftspflicht wird durch **Zwangsgeld** oder **Zwangshaft** vollstreckt (§ 53 g Abs 3 FGG, § 888 Abs 1 ZPO), deren vorherige Androhung nicht erforderlich ist. Gegen einen Beschluss, durch den ein Zwangsmittel angeordnet wird, ist nach § 793 Abs 1 ZPO die sofortige Beschwerde zulässig. **Die Vollstreckung des Zwangsgeldes** hat durch den **Gläubiger** zu erfolgen, eine Beitreibung von Amts wegen ist nicht vorgesehen.

II. Erlöschen mit dem Tod des Berechtigten (Abs 2)

Da der VA der Sicherung des Berechtigten für den Fall des Alters und der Invalidität dient, erlischt der Ausgleichsanspruch mit dessen Tod, da der Zweck des VA nicht mehr erreichbar ist. Bei Tod des Berechtigten **vor Rechtskraft der Scheidung** entsteht der Anspruch nicht, da der VA nur zwischen geschiedenen Ehegatten stattfindet (§ 1587 Abs 1). Das Verfahren ist durch den Tod in der Hauptsache erledigt (§§ 619, 629 d ZPO). Stirbt er **nach Rechtskraft der Scheidung,** aber vor Entscheidung über den VA (§ 628 ZPO), so tritt Erlöschen nach Abs 2 ein und entfällt der Verfahrensgegenstand. Das gilt auch, wenn der VA im Beschwerdeverfahren anhängig ist[10], desgleichen, wenn der VA nach § 2 Abs 2 VAÜG ausgesetzt war[11]. Stirbt der Berechtigte dagegen **nach Rechtskraft der Entscheidung über den VA,** so bleibt die Entscheidung wirksam und bewirkt eine Kürzung der Versorgungsbezüge des Ausgleichspflichtigen, soweit nicht § 4 VAHRG eingreift.

Auf Antrag des Verpflichteten oder seiner Hinterbliebenen können nach § 9 VAHRG Versorgungskürzungen aufgehoben werden, wenn die Voraussetzungen des § 4 VAHRG vorliegen. Eine noch nicht erfüllte **Beitragspflicht** nach § 3 b Abs 1 Nr 2 VAHRG oder aufgrund Vereinbarung der Parteien nach § 1587 o erlischt gleichfalls mit dem Tod des Berechtigten[12]. Ein Anspruch auf Rückerstattung geleisteter Beiträge besteht nur unter den Voraussetzungen des § 7 VAHRG. Zur Abänderbarkeit einer rechtskräftigen Entscheidung über den VA auf Antrag der Hinterbliebenen vgl § 10 a VAHRG Rn 42.

Das Erlöschen des Ausgleichsanspruchs nach § 1587 e Abs 2 kann **auf Antrag durch Beschluss** ausgesprochen werden[13]. Mit dem Erlöschen ist das Verfahren über den VA in der Hauptsache erledigt. Die Kosten sind zwischen dem Verpflichteten und den Rechtsnachfolgern des Berechtigten gemäß §§ 91 a, 93 a ZPO zu verteilen[14].

Bei **Wiederheirat** des Berechtigten ist § 1587 e Abs 2 nicht entsprechend anwendbar. Der VA bleibt auch dann durchzuführen, wenn der Berechtigte erneut den Verpflichteten geheiratet hat[15].

III. Erlöschen der Beitragszahlungspflicht (Abs 3)

Nach Abs 3 erlischt der Anspruch auf Entrichtung von Beiträgen, sobald die **Voraussetzungen des schuldrechtlichen VA** vorliegen. Durch diese Vorschrift soll der Verpflichtete vor einer doppelten Inanspruchnahme geschützt werden. Dem Wortlaut nach bezieht sich die Vorschrift auf die Beitragszahlung nach altem Recht (§ 1587 b Abs 3), die vom BVerfG[16] für unwirksam erklärt wurde. Es kommt jedoch eine analoge Anwendung der Vorschrift auf die Beitragszahlung nach neuem Recht und auf Beitragszahlungen der Parteien aufgrund Vereinbarung nach § 1587 o in Betracht[17].

Zu den Voraussetzungen des schuldrechtlichen VA vgl § 1587 f Rn 3. Mit der Entscheidung über den schuldrechtlichen VA hat das FamG von Amts wegen die Beitragszahlungsanordnung nach § 1587 b Abs 3 aufzuheben (§ 53 f FGG). Dies gilt nach § 11 Abs 1 VAHRG für eine Anordnung nach § 3 b Abs 1 Nr 2 VAHRG entsprechend[18].

IV. Tod des Verpflichteten (Abs 4)

Im Gegensatz zum schuldrechtlichen VA erlischt der Anspruch auf Durchführung des öffentlich-rechtlichen VA beim Tod des Ausgleichspflichtigen nicht, sondern richtet sich gegen dessen Erben. Beim Tod des Verpflichteten **vor Rechtskraft der Scheidung** entsteht der Ausgleichsanspruch nicht,

---

[10] Zur Kostenentscheidung in diesen Fällen vgl BGH FamRZ 1983, 683; KG FamRZ 1981, 381.
[11] *Götsche* FamRZ 2006, 513; aA KG FamRZ 2005, 986.
[12] RGRK/*Wick* Rn 13; *Soergel/Vorwerk* Rn 28.
[13] OLG Frankfurt FamRZ 1990, 296.
[14] BGH FamRZ 1983, 683; KG FamRZ 1981, 381.
[15] BGH FamRZ 1983, 461; RGRK/*Wick* Rn14; *Johannsen/Henrich/Hahne* Rn 8.
[16] BVerfG FamRZ 1983, 342.
[17] Vgl *Johannsen/Henrich/Hahne* Rn 10.
[18] RGRK/*Wick* Rn 24 mwN.

§ 1587 f

sondern das Scheidungsverfahren mit Folgesache VA ist nach § 619 erledigt[19]. Stirbt der Verpflichtete nach Durchführung der Scheidung, aber **vor Rechtskraft der Entscheidung über den abgetrennten VA,** so ist das Verfahren gegen die Erben als Prozessstandschafter fortzuführen, die dem Anspruch die gleichen Einwendungen entgegenhalten können wie der Verpflichtete selbst (zB § 1587 c)[20]. Dabei kann auch die durch den Tod des Verpflichteten entstandene Lage zusätzlich beim Berechtigten berücksichtigt werden. Die Erben sind von Amts wegen am Verfahren zu beteiligen[21]. Bei anwaltlicher Vertretung tritt keine Unterbrechung des Verfahrens ein, es kann jedoch auf Antrag ausgesetzt werden; die §§ 239, 246 ZPO sind entsprechend anzuwenden[22]. Ein ausgesetztes Verfahren ist nicht von Amts wegen, sondern nur auf Antrag wiederaufzunehmen, den bei einer Erbengemeinschaft auch der einzelne Miterbe stellen kann[23].

15   Mit dem Tod des Verpflichteten tritt bei der Zusatzversorgung des öffentlichen Dienstes die Unverfallbarkeit der Versorgungsrente ein, so dass diese durch Quasisplitting ausgeglichen werden kann.

16   Der Anspruch auf Durchführung des VA durch Beitragszahlung richtet sich als **Nachlassverbindlichkeit** gegen die Erben, die ihre Haftung nach den allgemeinen Regeln beschränken können[24]. Der Gesichtspunkt der wirtschaftlichen Zumutbarkeit spielt daneben keine Rolle. Die Erben können auch keine Ruhens- oder Ratenzahlungsanträge nach § 1587 d Abs 1 stellen. Dies gilt für die Beitragszahlungspflicht nach § 3 b Abs 1 Nr 2 VAHRG entsprechend[25]. Zur Auskunftspflicht der Erben s auch Rn 3.

17   Die Fiktion des Fortbestehens der von dem verstorbenen Ehegatten erworbenen Anrechte gilt für alle Formen des Wertausgleichs, also auch für die Realteilung, das analoge Quasisplitting und das erweiterte Splitting[26].

18   Der Tod des Ausgleichspflichtigen **nach rechtskräftiger Entscheidung** über den VA hat auf dessen Durchführung keinen Einfluss, da der Ausgleich mit Eintritt der Rechtskraft als vollzogen gilt. Lediglich die noch nicht vollständig erfüllte Beitragszahlungsanordnung erlischt.

Kapitel 3. Schuldrechtlicher Versorgungsausgleich (§§ 1587f-1587 n)

§ 1587 f Voraussetzungen

In den Fällen, in denen
1. die Begründung von Rentenanwartschaften in einer gesetzlichen Rentenversicherung mit Rücksicht auf die Vorschrift des § 1587 b Abs. 3 Satz 1 zweiter Halbsatz nicht möglich ist,
2. die Übertragung oder Begründung von Rentenanwartschaften in einer gesetzlichen Rentenversicherung mit Rücksicht auf die Vorschrift des § 1587 b Abs. 5 ausgeschlossen ist,
3. der ausgleichspflichtige Ehegatte die ihm nach § 1587 b Abs. 3 Satz 1 erster Halbsatz auferlegten Zahlungen zur Begründung von Rentenanwartschaften in einer gesetzlichen Rentenversicherung nicht erbracht hat,
4. in den Ausgleich Leistungen der betrieblichen Altersversorgung auf Grund solcher Anwartschaften oder Aussichten einzubeziehen sind, die im Zeitpunkt des Erlasses der Entscheidung noch nicht unverfallbar waren,
5. das Familiengericht nach § 1587 b Abs. 4 eine Regelung in der Form des schuldrechtlichen Versorgungsausgleichs getroffen hat oder die Ehegatten nach § 1587 o den schuldrechtlichen Versorgungsausgleich vereinbart haben,

erfolgt insoweit der Ausgleich auf Antrag eines Ehegatten nach den Vorschriften der §§ 1587 g bis 1587 n (schuldrechtlicher Versorgungsausgleich).

I. Normzweck und Wertung

1   Die Vorschrift bestimmt die **Grundvoraussetzungen** für den schuldrechtlichen Versorgungsausgleich und verweist auf die anwendbaren Vorschriften. Er ist eine **Notlösung** für alle Fälle, in denen das normale Ziel des Versorgungsausgleichs, durch Aufteilung des Stammrechts **dem Berechtigten eine eigenständige Versorgung zu verschaffen, wegen des Eigentumsschutzes des Versorgungsträgers** nach Art 14 GG nicht zu erreichen ist. Er vermeidet Eingriffe in die Rechtsstellung der Versorgungsträger und auch weitgehend Beitragsbelastungen des Ausgleichspflichtigen. Insoweit geht er zu **Lasten des Berechtigten,** dem keine eigenständige Versorgung, sondern nur ein **Anteil an**

---

[19] Zur Sonderregelung für Übergangsfälle nach Art 12 Nr 7 d 1. EheRG vgl *Johannsen/Henrich/Hahne* Rn 9.
[20] BGH FamRZ 1982, 473; 1984, 467.
[21] BGH FamRZ 1981, 245.
[22] BGH FamRZ 1984, 467.
[23] BGH FamRZ 1984, 467.
[24] Zu den Einzelheiten vgl auch RGRK/*Wick* Rn 18 mwN.
[25] *Johannsen/Henrich/Hahne* Rn 9; *Soergel/Vorwerk* Rn 37.
[26] BGH FamRZ 1985, 1240; FamRZ 1986, 894; OLG Karlsruhe FamRZ 1988, 1290.

der tatsächlich an den **Ausgleichspflichtigen gezahlten Rente** zugewiesen wird. Dadurch entstehen für diesen zwei **Versorgungslücken:**
– **Vor Eintritt des Versorgungsfalls** beim Verpflichteten kann der Berechtigte keine Rente erlangen, selbst wenn bei ihm selbst der Rentenfall gegeben ist.
– **Nach dem Tod** des Verpflichteten fließt ebenfalls keine Rente. Diese zweite Lücke ist teilweise durch die Heranziehung der Witwenrente im Wege des **verlängerten schuldrechtlichen Ausgleichs** nach VAHRG § 3a geschlossen worden.

Der **geringeren Versorgungsqualität** des schuldrechtlichen Versorgungsausgleichs steht vielfach 2 eine **größere Leistungsquantität** gegenüber, nämlich dann, wenn ein nicht volldynamisches Anrecht durch **Barwertbildung** und **fiktive Einzahlung** in die gesetzliche Rentenversicherung beim Wertausgleich eine erhebliche **Abwertung** erfährt[1]. Es wird im schuldrechtlichen Versorgungsausgleich nämlich die **wirkliche Versorgung** aufgeteilt, nicht ein fiktiver Wert.

II. Anwendungsbereich

Der schuldrechtliche Versorgungsausgleich findet statt in folgenden Fällen: 3
– Der **wichtigste Fall,** der des § 2 VAHRG, ist im Text nicht erwähnt: Eine sonstige, nach § 1587b Abs 3 auszugleichende Anwartschaft kann weder durch **Verrechnung** noch nach § 1 Abs 2, 3 VAHRG durch **Realteilung** oder analoges **Quasispitting** noch durch einen **Ersatzausgleich** nach § 3b VAHRG erfasst werden.
– Nr 1. Ein Wertausgleich durch Beitragszahlung scheidet aus, weil für den Berechtigten bereits ein **bindender Altersruhegeldbescheid** vorliegt (§ 233 Abs 2a RVO, § 10a Abs 2a AVG iVm § 1587b Abs 3 HS 2), VAHRG § 3b Abs 1 Nr 2). Die Regelung hat durch die Aufhebung der Beitragsentrichtung nach § 1587b Abs 3 aF und die Seltenheit der Beitragsentrichtung nach § 3b Abs 1 Nr 2 VAHRG **sehr an Bedeutung verloren.**
– Nr 2. Der Wertausgleich ist an der **Höchstbetragsgrenze** des § 1587b Abs 5 gescheitert (vgl § 1587b Rn 63 ff).
– Nr 3. Der Pflichtige hat ihm auferlegte **Beitragsleistungen nicht erbracht** (§ 1587b Abs 3; § 3b Abs 1 Nr 2 VAHRG), bevor der Berechtigte einen bindenden Altersruhegeldbescheid erhalten hat, gleichgültig, ob die Vollstreckung erfolglos war oder die Forderung nach § 1587d Abs 1 gestundet wurde.
– Nr 4. Eine Betriebsrente war bei der Entscheidung zum Versorgungsausgleich noch **nicht** oder nicht vollständig (zur Teilverfallbarkeit vgl § 1587a Rn 90) **unverfallbar** (§ 1587a Abs 2 Nr 3 S 3).
– Nr 5. Das Familiengericht hat auf Antrag nach § 1587b Abs 4 wegen **Unwirtschaftlichkeit** anstelle des Wertausgleichs eine Regelung in Form des schuldrechtlichen Versorgungsausgleichs angeordnet (vgl § 1587b Rn 56 ff) oder
– Nr 5. Die Parteien haben mit Genehmigung des Familiengericht gemäß § 1587o den schuldrechtlichen Versorgungsausgleich **vereinbart.**
– Ebenfalls im Gesetz nicht erwähnt ist der Fall, dass eine volldynamische Versorgung einen **Teilbetrag** enthält, welcher im Zusammenhang mit den Rentensteigerungen **allmählich abgeschmolzen** werden soll, und der im Wertausgleich unberücksichtigt bleibt (Rn 4).

Der BGH hat das für den abzubauenden **Ausgleichsbetrag** in der **Zusatzversorgung** des **öffent-** 4 **lichen Dienstes** (§ 97c VBLS) entschieden[2]. Er hat diesen Fall aber unter Nr 4 subsumiert. Damit wird jedoch der Begriff der Unverfallbarkeit nach § 1 BetrAVG verlassen. Derartige besitzstandswahrende Ausgleichsbeträge unbestimmter Dauer scheiden nicht nur bei Betriebsrenten aus dem öffentlich-rechtlichen Ausgleich aus. Vielmehr gilt dasselbe auch für den abschmelzbaren Betrag, welcher bei der Absenkung des Ruhegehaltssatzes von 75% auf 71,75% den Besitzstand wahrt[3] und den **Ausgleichsbetrag,** welcher einem **Doppelversorgungsbeamten** nach § 2 Abs 1 des 2. Haushaltsstrukturgesetzes vom 22. 12. 1981 (BGBl I S 1523) zusteht[4]. Auch dieser muss im schuldrechtlichen Versorgungsausgleich ausgeglichen werden können. Das ist aber in direkter Anwendung der Nr 4 nicht möglich. Inzwischen hat aber auch der Gesetzgeber in den Sonderfällen des § 3 Abs 1 Nr 6 und 7 VAÜG den schuldrechtlichen Ausgleich solcher besitzstandswahrender Rententeile angeordnet[5], so dass nunmehr besitzstandswahrende Ausgleichsbeträge im Wege der **Gesetzesanalogie** dem schuldrechtlichen Versorgungsausgleich zugewiesen werden können.

Der schuldrechtliche Versorgungsausgleich ist grds **subsidiär** gegenüber anderen Lösungen. Er findet 5 nur statt, wenn der Ausgleich nicht auf andere Weise, etwa durch Verrechnung mit einem Gegenrecht im Wertausgleich nach § 1587a Abs 1 oder durch erweiterten Ausgleich nach § 3b VAHRG stattgefunden hat. Ein Anrecht kann auch **teilweise im Wertausgleich ausgeglichen** sein. Dann fällt nur der nicht ausgeglichene Teil (vgl § 1587g Rn 15 ff) in den schuldrechtlichen Versorgungsausgleich. Er braucht nicht in der Entscheidung über den Wertausgleich anlässlich der Scheidung **vorbehalten** zu werden[6].

---

[1] Vgl *Glockner/Gutdeutsch* FamRZ 1999, 896.
[2] BGH FamRZ 1990, 276, 279; FamRZ 1990, 380.
[3] BGH FamRZ 2004, 259; vgl § 1587a Rn 8, 18.
[4] OLG Karlsruhe FamRZ 2001, 1375; BGH FamRZ 1984, 565, 568, 569.
[5] OLG Jena FamRZ 2001, 627.
[6] OLG Karlsruhe FamRZ 2005, 986.

§ 1587 g Buch 4. Abschnitt 1. Bürgerliche Ehe

6 Die Subsidiarität bedeutet **nicht,** dass der schuldrechtlicher Versorgungsausgleich **alle erkennbaren Gerechtigkeitsdefizite** im Versorgungsausgleich auszugleichen hätte. Vielmehr findet er nur in den **aufgezählten Fällen** statt und kommt auch **nicht** als **Zwischenlösung** für den Fall, dass die Ehe unter Abtrennung des Versorgungsausgleichs geschieden wurde[7] oder für die **Korrektur** eines **fehlgegangenen Wertausgleichs**[8], in Betracht. Viele Gerichte jedoch „**verweisen alle Versorgungen in den schuldrechtlichen Versorgungsausgleich**", wenn sie sich auf absehbare Zeit außerstande sehen, die Höhe von Auslandsanrechten des Ausgleichsberechtigten zu ermitteln[9]. Ob das der richtige Weg ist, ist allerdings zweifelhaft[10].

III. Verfahrensfragen

7 Obgleich der schuldrechtliche Versorgungsausgleich eine zivilrechtliche Forderung darstellt, ist er nach § 621 a Abs 1, § 621 Abs 1 Nr 6 ZPO im Verfahren des FGG geltend zu machen. Anders als der von Amts wegen durchzuführende Wertausgleich bedarf er aber eines **Antrags.** Das gilt auch für den Fall des § 2 VAHRG, obgleich diese Vorschrift weder das Amts- noch das Antragsverfahren vorschreibt. Das beruht jedoch wohl auf einem Redaktionsversehen, welches durch analoge Anwendung des § 1587 f zu schließen ist. Ein erstmals in der **Beschwerdeinstanz** gestellter Antrag ist unzulässig[11].

8 Der Antrag ist nur **Verfahrensantrag,** nicht Sachantrag. Er braucht daher die Höhe der verlangten Versorgung nicht anzugeben[12]. Jedoch ist im Hinblick auf § 1587 k Abs 1, § 1585 b Abs 2 zur Rechtswahrung eine Mahnung wie im Unterhaltsrecht erforderlich (vgl § 1587 k Rn 1).

9 Wenn die von Amts wegen durchzuführenden Ermittlungen ergeben, dass nicht der Antragsteller sondern der **Antragsgegner ausgleichsberechtigt** ist, so ist entspr zu entscheiden. Der Antragsteller ist durch die Möglichkeit, seinen **Antrag zurückzunehmen,** ausreichend geschützt.

10 **Feststellungsanträge** vor Eintritt der in § 1587 g geregelten Leistungsvoraussetzungen sind idR **unzulässig**[13], weil prinzipiell unsicher ist, ob der Anspruch entstehen wird und die gewünschten Feststellungen idR auch später noch getroffen werden können.

11 Trifft der Antrag auf schuldrechtlichen Versorgungsausgleich mit einem **Abänderungsantrag** nach § 10 a VAHRG zusammen, so ist über die Abänderung nach § 10 a VAHRG vorrangig zu entscheiden, weil der schuldrechtliche Ausgleich vom Ergebnis der Abänderung abhängen kann[14].

12 Im Wege der analogen Anwendung von § 3 a Abs 9 VAHRG können im isolierten Verfahren des schuldrechtlichen Versorgungsausgleichs auch **einstweilige Anordnungen** erlassen werden, weil durch den Fortfall der vorläufigen Anordnung analog § 24 FGG eine ungewollte Gesetzeslücke entstanden ist[15].

§ 1587 g Anspruch auf Rentenzahlung

(1) [1]**Der Ehegatte, dessen auszugleichende Versorgung die des anderen übersteigt, hat dem anderen Ehegatten als Ausgleich eine Geldrente (Ausgleichsrente) in Höhe der Hälfte des jeweils übersteigenden Betrags zu entrichten.** [2]**Die Rente kann erst dann verlangt werden, wenn beide Ehegatten eine Versorgung erlangt haben oder wenn der ausgleichspflichtige Ehegatte eine Versorgung erlangt hat und der andere Ehegatte wegen Krankheit oder anderer Gebrechen oder Schwäche seiner körperlichen oder geistigen Kräfte auf nicht absehbare Zeit eine ihm nach Ausbildung und Fähigkeiten zumutbare Erwerbstätigkeit nicht ausüben kann oder das fünfundsechzigste Lebensjahr vollendet hat.**

(2) [1]Für die Ermittlung der auszugleichenden Versorgung gilt § 1587 a entsprechend. [2]Hat sich seit Eintritt der Rechtshängigkeit des Scheidungsantrags der Wert einer Versorgung oder einer Anwartschaft oder Aussicht auf Versorgung geändert oder ist eine bei Eintritt der Rechtshängigkeit des Scheidungsantrags vorhandene Versorgung oder eine Anwartschaft oder Aussicht auf Versorgung weggefallen oder sind Voraussetzungen einer Versorgung eingetreten, die bei Eintritt der Rechtshängigkeit gefehlt haben, so ist dies zusätzlich zu berücksichtigen.

(3) § 1587 d Abs. 2 gilt entsprechend.

Übersicht

	Rn		Rn
I. Normzweck	1	III. Ehezeitanteil (Abs 2 S 1)	6
II. Entstehung und Fälligkeit (Abs 1)	2	IV. Bruttoprinzip	8

---

[7] BGH FamRZ 1987, 149, 150; OLG Brandenburg FamRZ 2004, 118.
[8] BGH FamRZ 1993, 304 = NJW 1993, 330.
[9] OLG Köln FamRZ 1986, 689 m Anm *Kemnade*; OLG Düsseldorf FamRZ 1994, 903 m Anm *Kemnade*; OLG Dresden FamRZ 2003, 1297; OLG München FamRZ 2005, 990.
[10] Vgl *Kemnade* aaO.
[11] BGH FamRZ 1990, 606; aA OLG Bamberg FamRZ 2001, 689 m krit Anm *Kemnade*.
[12] BGH FamRZ 1989, 950, 951.
[13] BGH FamRZ 1995, 1481 = NJW-RR 1995, 961.
[14] OLG Celle FamRZ 2004, 1215.
[15] *Wick* FamRZ 2005, 1030.

Anspruch auf Rentenzahlung § 1587 g

	Rn		Rn
V. Veränderungen nach Ehezeitende (Abs 2 S 2)	9	VII. Berechnungsweisen des Teilausgleichs.	23
1. Wertänderungen	9	1. Verhältnisrechnung	23 a
2. Andere Veränderungen	12	2. Dynamische Rückrechnung	24
VI. Schuldrechtliche Ausgleichsbilanz und Ausgleichsrente	14	3. Nominalverrechnung	27
		4. Problem Beamtenversorgung	30
1. Keine Bilanzierung über § 1587a Abs 1	15	VIII. Verfahrensrechtliches, Abänderung	31
2. Saldierung der aktuellen Nominalbeträge	16		

I. Normzweck

Diese Kernvorschrift ist die **Anspruchsgrundlage** des schuldrechtlichen Versorgungsausgleichs 1 und bestimmt den **Charakter**, die **Voraussetzungen** und die **Höhe** des Anspruchs: Der Pflichtige hat dem **Berechtigten**, wenn dieser der Versorgung bedarf (**Versorgungsfall** des **Berechtigten**, Rn 4), die Hälfte des Ehezeitanteils seiner **tatsächlich erlangten Rente** (**Versorgungsfall** des **Pflichtigen**, Rn 2), soweit sie noch nicht ausgeglichen wurde (Rn 19 f, § 1587 f Rn 5) zu bezahlen. Die Anknüpfung an die erlangte Versorgung vermeidet alle **Bewertungsprobleme** des am Stammrecht orientierten Wertausgleichs. Es bleibt nur das **Brutto-Netto-Problem** (vgl Rn 8), also die Frage der Berücksichtigung der die Rente belastenden Steuern und Krankenversicherungsbeiträge.

II. Entstehung und Fälligkeit (Abs 1)

Der Anspruch richtet sich auf **Zahlung einer Ausgleichsrente** durch den Pflichtigen. Sein Entstehen 2 hat neben den Grundvoraussetzungen (vgl § 1587 f Rn 3, 4) folgende weitere Bedingungen: Der **Ausgleichspflichtige** hat aus dem schuldrechtlich **auszugleichenden Anrecht** eine **Versorgung** erlangt, gleich ob Alters- oder Invalidenversorgung[1]. Auch eine vorgezogene Altersrente kann diese Voraussetzungen erfüllen, nicht aber ein Übergangsgeld. Die Versorgung ist auch dann erlangt, wenn wegen einer **Forderungsabtretung** oder -pfändung die Versorgung nicht an den Pflichtigen gezahlt wird[2]. Nach dem klaren Gesetzeswortlaut **genügt** es **nicht,** dass die Voraussetzungen für einen Rentenanspruch vorliegen, aber **kein Rentenantrag** gestellt ist[3]. **Ruht aber eine Versorgung** im Hinblick auf die Zahlung einer Unfallrente (zB nach § 93 SGB VI), so ist in Höhe des ruhenden Betrags die **Unfallrente als ausgleichspflichtige Versorgung zu behandeln**[4].

Rentenzahlungen auf Grund einer betrieblichen **Vorruhestandsregelung** sind verdeckte **Übergangsgelder** und unterliegen **nicht** dem **schuldrechtlichen Versorgungsausgleich.** Erst wenn das 3 nach der Verkehrsanschauung niedrigste Eingangsalter für den Ruhestand erreicht ist, entsteht der Ausgleichsanspruch[5].

Der **Berechtigte** hat entweder ebenfalls eine **Versorgung erlangt** oder ist **älter als 64 Jahre** oder 4 ist **erwerbsunfähig.** Eine **Rente wegen verminderter Erwerbsfähigkeit** (§ 43 Abs 1 SGB VI) genügt (anders als beim Verpflichteten) nur dann, wenn die **Minderung 100 %** beträgt, denn ohne die Rente entsteht der Ausgleichsanspruch auch erst mit voller Erwerbsunfähigkeit[6]. Doch schadet eine zeitliche Befristung der Rente nicht[7]. Die krankheits- oder schwächebedingte Erwerbsunfähigkeit auf nicht absehbare Zeit meint den entsprechenden Begriff des Sozialrechts (§ 43 Abs 2 SGB VI), wonach idR rückschauend nach sechs Monaten ununterbrochener Erwerbsunfähigkeit festgestellt wird, dass diese auf nicht absehbare Zeit vorlag[8].

Rückwirkend kann der schuldrechtliche Versorgungsausgleich nur mit den Beschränkungen des 5 § 1585 Abs 2, 3 geltend gemacht werden (vgl § 1587 k Rn 1).

III. Ehezeitanteil (Abs 2 S 1)

Für die Ermittlung der auszugleichenden Versorgung verweist Abs 2 S 1 auf § 1587 a. Damit sind 6 in erster Linie Abs 2, 5, 6 und 8 gemeint, der Ehezeitanteil einer Versorgung nach **beamtenrechtlichen** Grundsätzen (etwa eines Professors bei der Max-Planck-Gesellschaft zur Förderung der Wissenschaften eV) wird also nach § 1587a Abs 2 Nr 1, der Ehezeitanteil einer **Betriebsrente** nach § 1587a Abs 2 Nr 3, derjenige einer **sonstigen** Versorgung nach § 1587a Abs 2 Nr 4, derjenige einer **privaten Rentenversicherung** nach § 1587a Abs 2 Nr 5 und der einer **atypischen** Versorgung nach § 1587a Abs 5 bestimmt, wobei jeweils familienbezogene Bestandteile gemäß

---

[1] BGH FamRZ 1987, 145, 146.
[2] BGH FamRZ 1988, 936, 939.
[3] OLG Celle FamRZ 1995, 812; *Johannsen/Henrich/Hahne* Rn 7; MünchKommBGB/*Glockner* Rn 10; *Borth* Rn 633; *Staudinger/Eichenhofer* Rn 12; RGRK/*Wick* Rn 7; aA *Soergel/Vorwerk* Rn 4.
[4] *Johannsen/Henrich/Hahne* Rn 1.
[5] BGH FamRZ 2001, 25; FamRZ 2001, 27; OLG Karlsruhe FamRZ 1998, 629.
[6] *Johannsen/Henrich/Hahne* Rn 8; *Borth* Rn 634.
[7] OLG Düsseldorf FamRZ 2007, 225 LS.
[8] OLG Karlsruhe FamRZ 2005, 986.

§ 1587 g   Buch 4. Abschnitt 1. Bürgerliche Ehe

§ 1587 a Abs 8 außer Betracht bleiben. Auch die Anrechnungsregel der Beamtenversorgungen nach § 1587 a Abs 6 kann von Bedeutung sein (in Fällen der Höchstbetragsüberschreitung nach § 1587 b Abs 5).

7   Eine **Umrechnung** statischer Anrechte nach § 1587 a Abs 3, 4 ist jedoch für die Ermittlung des Ehezeitanteils eines schuldrechtlich auszugleichenden Anrechts **nicht erforderlich,** weil die Ausgleichsrente auf Zahlung der Hälfte des **Nominalbetrags** des Ehezeitanteils der tatsächlich bezahlten Rente gerichtet ist.

IV. Bruttoprinzip

8   Soweit eine **Betriebsrente** nicht auf eigenen Beitragszahlungen des Arbeitnehmers beruht, wird sie ebenso wie ein Arbeitslohn zu **Lohnsteuer** und vor allem oft zu **Krankenkassenbeiträgen** herangezogen, indem sie deren Beitragsbemessungsgrundlage erhöht. Bei der Lohnsteuer ist insoweit Vorsorge getroffen, als der Steuerpflichtige die Verpflichtung aus dem schuldrechtlichen Versorgungsausgleich nach § 10 Abs 1 EStG als **dauernde Belastung** absetzen kann. Hinsichtlich der Krankenkasse besteht das Problem fort. Nach Auffassung des Familienrechts liegt hier der Fehler bei der Krankenkasse, die zu hohe Beiträge fordert[9], während die Sozialgerichte meinen, der Fehler sei über den VA zu korrigieren[10]. Das BVerfG betrachtet die Heranziehung der ungekürzten Rente des Pflichtigen wegen des unterhaltsähnlichen Charakters des schuldrechtlichen Versorgungsausgleiches für verfassungsgemäß[11]. Deshalb ist weiterhin beim schuldrechtlichen Versorgungsausgleich auch wegen der Krankenkassenbeiträge vom **Bruttoprinzip** auszugehen, dh es ist die Rente **vor Abzug** des **Krankenkassenbeitrags** auszugleichen. Eine Billigkeitskorrektur kommt nur in den seltenen Fällen in Betracht, in denen die verbleibende Versorgung **insgesamt geringer** ist als diejenige der Berechtigten (§ 1587 h Rn 1; § 1587 c Rn 15 ff)[12]. Allerdings hat der BGH unter erleichterten Verhältnissen eine Kürzung des Anspruch um den anteiligen Krankenkassenbeitrag gebilligt, wenn der Beitragspflicht beim Pflichtigen eine Beitragsfreiheit beim Berechtigten gegenüberstand (§ 1587 h Rn 11 a)[13].

V. Veränderungen nach Ehezeitende (Abs 2 S 2)

9   1. **Wertänderungen.** Nach Abs 2 S 2 sind auch Wertänderungen der Versorgung nach Ehezeitende zu berücksichtigen. Das sind vor allem **generelle Anpassungen** der Renten[14] an den Geldwertverlust und die allgemeine wirtschaftliche Entwicklung oder die Erhöhungen eines an das Gehalt gekoppelten Anrechts durch allgemeine Gehaltserhöhungen, soweit kein beruflicher Aufstieg zu Grunde liegt[15]. Diese Veränderungen werden beim **Wertausgleich** nicht berücksichtigt, weil sie durch die Bewertung der **Dynamik** einer Versorgung bereits **erfasst** sind.

10 Von den Wertänderungen der Versorgung sind solche Veränderungen derselben zu unterscheiden, die auf einem **nachehelichen Zuerwerb** beruhen. Das ist etwa dann der Fall, wenn der Bemessung eine höhere Vergütungsgruppe als bei Ende der Ehezeit zu Grunde liegt[16].

11 Daher kann die **Höhe** der auszugleichenden Nominalrente auf **zwei Arten** berechnet werden:
   – Ausgehend von **Rente bei Ehezeitende** werden die zwischenzeitlichen Erhöhungen festgestellt, oder
   – ausgehend von der **tatsächlich gezahlten Rente** werden die Erhöhungen abgezogen, welche auf einem beruflichem Aufstieg beruhen.

11.1 **Beispiel 1:** M hat eine Betriebsrente auszugleichen, welche zu 50% in die Ehezeit fällt und bei Ehezeitende am 30. 6. 1987 sich auf 1000 DM monatlich belief. Am 1. 1. 1990 und 1. 1. 1995 wurden die Betriebsrenten jeweils um 10% angepasst. Am 1. 7. 1992 erhielt M in seinem Betrieb eine verantwortungsvollere Stellung. Dabei wurde seine durch die vorangegangene Erhöhung auf 1100 DM erhöhte Rentenzusage auf 1200 DM erhöht. Am 1. 1. 1999 tritt M in Ruhestand und erhält monatlich 1320 DM Rente.
Berechnung 1: Die Anwartschaft betrug bei Ehezeitende 1000 DM. Zweimalige Erhöhungen um je 10%: 1000 × 1,1 × 1,1 = 1210 DM. Davon 50%, also 605 DM ist der Ehezeitanteil und davon die Hälfte, also 302,50 DM die geschuldete Ausgleichsrente.
Berechnung 2: Bezahlt wird eine Rente von 1320 DM. Diese ist um den Zuerwerb durch den beruflichen Aufstieg am 1. 7. 1982 zu bereinigen, durch den M eine Erhöhung von 1100 DM auf 1200 DM erhielt: 1320 × 1100/1200 = 1210 DM, wovon wiederum der Ehezeitanteil 605 DM beträgt und sich eine Ausgleichsrente von 302,50 DM errechnet.

12 2. **Andere Veränderungen.** Auch der **Wegfall** einer Versorgung und der **Eintritt der Voraussetzungen** für den Bezug einer Versorgung nach Ehezeitende sind zu **berücksichtigen.** Die Gesetzesfassung stammt aus der Zeit, als eine Anpassung an spätere Veränderungen der Versorgung im Wert-

---

[9] BGH FamRZ 1994, 560 = NJW 1994, 1214.
[10] BSG FamRZ 1994, 1242 LS.
[11] BVerfG FamRZ 2002, 311.
[12] BGH FamRZ 2006, 323; OLG Hamm FamRZ 2004, 1213.
[13] BGH FamRZ 2005, 1982; FamRZ 2006, 323; FamRZ 2007, 120.
[14] OLG Celle FamRZ 2004, 1215.
[15] OLG Hamm FamRZ 2004, 1213; OLG Köln FamRZ 2004, 1728.
[16] OLG Hamm FamRZ 2005, 810.

ausgleich noch nicht möglich war und sollte klarstellen, dass im schuldrechtlichen Versorgungsausgleich die **tatsächlich erworbenen Renten** ausgeglichen werden sollten, auch wenn etwa die Unverfallbarkeit erst wesentlich später eingetreten ist.

Alle **Veränderungen des Ehezeitanteils**, welche nach § 10a VAHRG die **Abänderung des Wertausgleichs** rechtfertigen, müssen auch beim schuldrechtlichen Versorgungsausgleich berücksichtigt werden. Das gilt insbes für die Änderung des Ehezeitanteils bei einem vorzeitigen Rentenfall[17]. Grds tritt bei der Berechnung des Ehezeitanteils an die Stelle der allgemeinen Altersgrenze der tatsächliche Rentenbeginn. 13

VI. Schuldrechtliche Ausgleichsbilanz und Ausgleichsrente

Nach Abs 1 hat derjenige die Ausgleichsrente zu bezahlen, der die **höhere Versorgung** besitzt. Es wird also hier eine eigene **Bilanzierung** vorgeschrieben, ohne dass diese genauer bestimmt wäre. Hier kommen verschiedene Wege in Betracht: 14

1. Keine Bilanzierung über § 1587a Abs 1. Aus der Verweisung des Abs 2 S 1 auf § 1587a wurde früher geschlossen, dass die **Verrechnung grds nur in der Versorgungsausgleichsbilanz** nach § 1587a Abs 1, ggf mit Umrechnung auf einen dynamischen Wert, zu erfolgen habe[18]. Dem ist der BGH[19] jedoch nicht gefolgt. Er hat vielmehr den Nominalwert zweier statischer Betriebsrenten, welche beim Wertausgleich noch nicht unverfallbar gewesen waren, ohne Heranziehung der BarwertVO **mit ihrem Nominalwert zur Zeit des Ausgleichs gegeneinander saldiert.** 15

2. Saldierung der aktuellen Nominalbeträge. Damit hat der BGH eine **eigene Bilanz für den schuldrechtlichen Versorgungsausgleich** aufgestellt. Für diese Bilanz sind nicht die (ggf dynamisierten) Beträge bei Ehezeitende, sondern diejenigen zur Zeit des zu leistenden Ausgleichs, also die **tatsächlichen Zahlungsbeträge**, zugrunde zu legen[20]. Die unterschiedliche **Dynamik bleibt demgegenüber unberücksichtigt**, weil sie nach Abs 3 in einem eigenen Abänderungsverfahren (vgl Rn 32 f) erfasst wird. Das Prinzip der **Nominalbilanz** hat auch den Vorteil, die schwerwiegenden, verfassungsrechtlich bedenklichen (vgl § 1 BarwertVO Rn 10) **Bewertungsfehler** zu umgehen, welche sich aus der Umrechnung der nicht volldynamischen Anrechte in dynamische unter Anwendung der BarwertVO und der fiktiven Einzahlung ergibt. 16

Der **Ehezeitanteil** der schuldrechtlich auszugleichenden Versorgungen ist grds **ohne Bindung an die Berechnungen beim Wertausgleich** selbständig zu bewerten[21]. Einer vorherigen Abänderung nach § 10a Abs 1 Nr 1 VAHRG bedarf es deshalb für die schuldrechtlich auszugleichenden Werte nicht[22]. 17

Der BGH hat **offen gelassen**, welche Anrechte in die Nominalbilanz **einzustellen** sind. Definitiv **abgelehnt** hat er[23] die ältere Auffassung[24], **alle** Versorgungen seien in die Bilanz einzustellen und damit der **Wertausgleich ggf zu korrigieren**. Eine solche Korrektur ist nach Auffassung des BGH nach Einführung der Abänderungsmöglichkeit nach § 10a VAHRG nicht mehr erforderlich[25]. 18

Richtigerweise muss die Saldierung alle **nicht vollständig ausgeglichenen Anrechte** erfassen[26]. Deshalb sind Anrechte des Berechtigten, die mit schuldrechtlich auszugleichenden Versorgungen verrechnet wurden, auch dann einzubeziehen, wenn sie an sich (wenn sie nämlich beim Verpflichteten wären) im Wertausgleich auszugleichen wären[27]. 19

Beispiel 1a: 19.1

	F	M
gesetzliche Rente	100	
Betriebsrente (dynamisch)		2500

Der Ausgleich von 2500 − 100 = $^{2400}/_2$ = 1200 Euro könnte nur durch Ersatzausgleich nach § 3b VAHRG erfolgen. Fand dieser nach Billigkeit nicht statt, bleibt nur der schuldrechtliche Ausgleich für die beiderseitigen Anrechte[28].

---

[17] BGH FamRZ 1990, 605; FamRZ 1993, 304, 306 = NJW 1993, 330; FamRZ 2001, 25.
[18] Früher MünchKommBGB/*Glockner*, 3. Aufl 1993, Rn 31; *Glockner/Vouko-Glockner*, Versorgungsausgleich in der Praxis, 1996, § 3 Rn 23, 24.
[19] BGH FamRZ 1993, 304 = NJW 1993, 330.
[20] Vgl *Johannsen/Henrich/Hahne* Rn 2.
[21] BGH FamRZ 1984, 251, 253 f.
[22] Doch kann durch eine Abänderung ein bereits im Wertausgleich ausgeglichenes Anrecht in den schuldrechtlichen Versorgungsausgleich überführt werden oder aus dem schuldrechtlichen in den Wertausgleich.
[23] BGH FamRZ 1993, 304 = NJW 1993, 330.
[24] *Ruland/Tiemann*, Versorgungsausgleich und steuerliche Folgen der Ehescheidung, 1977, Rn 520 f; *Ruland*, Probleme des Versorgungsausgleichs in der betrieblichen Altersversorgung und der privaten Rentenversicherung, 1982, Rn 157; *Gernhuber*, Lehrbuch des Familienrechts, 3. Aufl 1980, § 28 VII 7, S 365 f.
[25] *Johannsen/Henrich/Hahne* Rn 2.
[26] *Kemnade* FamRZ 1999, 821 mwN; *Gerhardt/v. Heintschel-Heinegg/Klein/Gutdeutsch*, Handbuch des Fachanwalts Familienrecht, 3. Aufl 2001, Kap 7 Rn 204, 206; vgl auch OLG München FamRZ 1999, 869.
[27] OLG Frankfurt FamRZ 2004, 24; *Johannsen/Henrich/Hahne* Rn 2, 3; *Staudinger/Rehme* § 1587g Rn 9; *Palandt/Brudermüller* Rn 7; aA OLG Celle FamRZ 2006, 422.
[28] OLG Celle FamRZ 2005, 521.

§ 1587 g

20 Ein **vollständiger** Ausgleich könnte auf zwei Weisen erfolgt sein:
- Es handelt sich um ein Anrecht des (beim Wertausgleich) **Verpflichteten**, und der für den **vollen auszugleichenden Wert** des Anrechts ist ein Ausgleich nach § 1587 b Abs 1, 2; § 1 Abs 2, 3 VAHRG oder § 3 b VAHRG erfolgt oder
- es handelt sich um ein Anrecht des (beim Wertausgleich) **Berechtigten**, welches im Wege der Anrechnung dazu geführt hat, dass sich ein **Ausgleichsbetrag** zu Lasten des Verpflichteten **verminderte**.

20.1 Beispiel 2:

	F	M
gesetzliche Rente	200	400
Betriebsrente (dynamisch)	100	200

Der Ausgleich erfolgte durch Rentensplitting zu Lasten vom M in Höhe von $(400 - 200 - 100)/2 = 50$ DM. Hier sind alle Rechte ausgeglichen:
- Die gesetzliche Rente des M durch Splitting des ungekürzten Restanspruch von $400 - 200 - 100 = 100$ DM,
- die Renten der F, weil beide voll auf die Rente des M verrechnet wurden.

20.2 Beispiel 2 a:

	F	M
gesetzliche Rente	200	400
Betriebsrente (dynamisch)	100	200

Der Ausgleich erfolgte durch Rentensplitting zu Lasten von M in Höhe von $(400 - 200)/2 = 100$ DM. Die Betriebsrente von M blieb dem schuldrechtlichen Versorgungsausgleich überlassen.
- Ausgeglichen wurde die gesetzliche Rente des Pflichtigen M durch Splitting und die gesetzliche Rente von F durch Verrechnung die voll ausgeglichene Rente.
- Nicht ausgeglichen sind die beiderseitigen Betriebsrenten. Die Betriebsrente von F wurde zwar auf die von M verrechnet. Doch hatte das keine Wirkung, weil die Betriebsrente von M nicht (voll) ausgeglichen wurde.

20.3 Beispiel 2 b: wie Beispiel 2 a, jedoch war die Betriebsrente von M bei der Erstentscheidung noch nicht unverfallbar und blieb deshalb unberücksichtigt. Deshalb wurde die Betriebsrente von F wie im Beispiel 2 auf die gesetzliche Rente von M verrechnet, so dass das Splitting nur in Höhe von $(400 - 200 - 100)/2 = 50$ DM erfolgt ist.
- Ausgeglichen sind wie im Beispiel 2 die gesetzliche Rente von M sowie gesetzliche Rente und Betriebsrente von F.
- Nicht ausgeglichen blieb nur die Betriebsrente von M.

21 Versorgungsanrechte des **Verpflichteten**[29] können auch **teilweise** bereits in der Erstentscheidung ausgeglichen worden sein. Dann ist nur der **nicht ausgeglichene Teil** im schuldrechtlichen Versorgungsausgleich zu berücksichtigen.

22 Ein solcher **Teilausgleich** hat seine Ursache dann darin, dass der volle Ausgleich durch irgendeinen der folgenden Umstände gehindert wurde:
- Der Ausgleich durch Splitting, Quasisplitting oder analoges Quasisplitting nach § 1587 b Abs 1, 2, § 1 Abs 3 VAHRG wird durch den Höchstbetrag nach § 1587 b Abs 5 begrenzt.
- Der Ausgleich nach § 3 b Abs 1 Nr 1 VAHRG wurde durch die Höchstgrenze von 2% der Bezugsgröße oder durch den Betrag des verfügbaren Anrechts oder nach einem Ermessen des Richters eingeschränkt.
- Der Ausgleich nach § 3 b Abs 1 Nr 2 VAHRG wurde eingeschränkt durch begrenzte Leistungsfähigkeit des Verpflichteten oder den Höchstbetrag nach § 1587 b Abs 5.

Kein Teilausgleich liegt vor, wenn beim schuldrechtlich auszugleichende Anrecht teilweise mit einem Anrecht des Berechtigten verrechnet wurde[30]. Ein solches Anrecht ist stattdessen mit seinem aktuellen Wert zu ermitteln und im schuldrechtlichen Ausgleich zu verrechnen[31].

22.1 **Beispiel 3:** Ehezeitanfang 1. 1. 1979, Ehezeitende 1988. F ist am 1. 2. 1930 geboren.

	M	F
gesetzliche Rente	0	262,10
Beamtenversorgung	1589,97	0
Betriebsrente statisch mtl	0	300,00 (bei Scheidung noch verfallbar)

Der Versorgungsausgleich wäre durch Quasisplitting in Höhe von $(1589,97 - 262,10)/2 = 663,94$ DM durchzuführen. Wegen Überschreitung des Höchstbetrags nach § 1587 b Abs 5 wird das Quasisplitting jedoch auf 608,07 DM beschränkt, der Rest von 55,87 DM dem schuldrechtlichen Versorgungsausgleich überlassen. Am 1. 6. 1995 sind die Voraussetzungen des schuldrechtlichen Versorgungsausgleichs gegeben. Die Kürzung der Beamtenversorgung von 608,07 DM hat sich um 20,44% auf 732,36 DM erhöht, vergleichbar auch die restliche Versorgung. Diese Wertänderung ist nach Rn 5 ff auch für den nicht ausgeglichenen Teil zu berücksichtigen. Zur Berechnung iE vgl Rn 15, 16.

Wäre bei Ehezeitende ihre Rente bereits **unverfallbar** gewesen, dann wäre sie mit ihrem dynamisierten Wert von $300 \times 12 \times 6,6 \times 0,0001274876 \times 38,39 = 116,29$ DM zu berücksichtigen gewesen. Der Ausgleichsanspruch hätte dann $(1589,97 - 262,10 - 116,29)/2 = 606,79$ DM betragen. Der Höchstbetrag wäre unterschritten, der volle Ausgleich durch Quasisplitting möglich. Ein schuldrechtlicher Ausgleich entfiele. Wenn die Voraussetzungen einer Abänderung nach § 10 a VAHRG vorlägen, könnte dies Ergebnis auch im Wege der Abänderung erreicht werden. M würde die zu zahlende Ausgleichsrente gegen eine nur geringe Verminderung seines Ausgleichs durch Quasisplitting um $(608,07 - 606,79) + 20,44\% = 1,54$ DM eintauschen. Tatsächlich kann eine Abänderung nicht erfolgen,

---

[29] Das gilt nicht für Anrechte des Berechtigten, weil eine Teilverrechnung zugleich bedeutet, dass das Gegenrecht des Pflichtigen nicht öffentlich-rechtlich ausgeglichen wurde.
[30] *Kemnade* FamRZ 1999, 821 f; OLG Frankfurt FamRZ 2004, 24; *Johannsen/Henrich/Hahne* Rn 2, 3; *Staudinger/Rehme* Rn 9; *Palandt/Brudermüller* Rn7; aA OLG Celle FamRZ 2006, 422; diff BGH FamRZ 2007, 1805; dazu *Gutdeutsch* FamRB 2007, 357.
[31] Vgl aber BGH FamRZ 2007, 1805; dazu *Gutdeutsch* FamRB 2007, 357.

Anspruch auf Rentenzahlung § 1587 g

weil die Änderung von 1,54 DM die Wesentlichkeitsschwelle des § 10 a Abs 2 VAHRG unterschreitet. Der Wegfall des schuldrechtlichen Versorgungsausgleichs hat für die Wesentlichkeit keine Bedeutung.

Beispiel 4: Ehezeitanfang 1. 3. 1970, Ehezeitende 30. 9. 1990, M ist am 12. 4. 1940, F am 2. 9. 1941 geboren. 22.2

		M	F
gesetzliche Rente		1000	300
Betriebsrente	statisch	(1600)	360

Bei Ehezeitende ist die Betriebsrente des Mannes noch verfallbar. Ausgleich durch Splitting $(1000 - 300 - 80{,}66)/2 = 309{,}67$ DM. Kommt es nun zum schuldrechtlichen Versorgungsausgleich, ist nur die Rente von M zu teilen, weil die von F bereits ausgeglichen ist. Zu zahlen ist also eine Ausgleichsrente von $1600/2 = 800$ DM. Doch kann eine Abänderung nach § 10 a VAHRG verlangt werden, weil die unverfallbaren Betriebsrenten im Wertausgleich gegeneinander zu verrechnen wären. Dadurch würde sich das Splitting auf $(1000 - 300)/2 = 350$ DM erhöhen. Daneben führt der schuldrechtliche Ausgleich (wenn die Renten sich nach Ehezeit nicht verändert haben) zu einer Ausgleichsrente von $(1600 - 360)/2 = 620$ DM.

VII. Berechnungsweisen des Teilausgleichs

Aus dem Begriff des Teilausgleichs ergeben sich Berechnungsweisen, welche die nach den Berechnungsregeln des Wertausgleichs erfassten Teile des Anrechts vom schuldrechtlichen Versorgungsausgleich ausschließen. Das entspricht der **früheren Lehre und Praxis**[32] und der Berechnung, zu der sich inzwischen im Grundsatz auch der BGH bekannt hat[33]. Zur überwiegenden Praxis vgl Rn 27, zur vermittelnden Lösung des BGH vgl Rn 30. 23

1. Verhältnisrechnung. Die einfachste und immer verwendbare Methode besteht darin, den nicht ausgeglichenen Teil als **Prozentwert** der bei Ehezeitende vorhandenen Versorgung zu ermitteln und diesen Prozentwert auf den aktualisierten Wert der Versorgung anzuwenden[34]. Diese Methode hat das OLG Celle für die Beamtenversorgung angewandt[35]. Sie ist auch für Anrechte, denen ein Deckungskapital zugrunde liegt, die einzig verwendbare. 23 a

Beispiel 4 a: 23 a.1
Ende der Ehezeit: 30. 9. 1995, ab 1. 10. 2005 wird eine Rente von 310,00 Euro (606,31 DM) gezahlt, die zugleich Ehezeitanteil ist.
ehezeitliches Deckungskapital bei Ehezeitende: 74.321,54 DM entsprechend einer dynamischen Rente von $74.321{,}54 \times 0{,}0001054764 \times 46{,}23 = 362{,}41$ DM, auszugleichen, die Hälfte, also ein volldynamischer Wert von 181,21 DM. Ausgeglichen wurde nach Supersplitting nach § 3 b Abs 1 S 1 VAHRG der Höchstbetrag von 81,20 DM, nicht ausgeglichen damit 100,01 DM:
Anspruch auf Ausgleichsrente: $(310/2) \times (100{,}01/181{,}21) = 85{,}54$ Euro.

2. Dynamische Rückrechnung. Der Teilausgleich eines **mit Hilfe der BarwertVO umgerechneten Anrechts** kann in der Bilanz des schuldrechtlichen Versorgungsausgleichs auch dadurch berücksichtigt werden, dass 24
– die **dynamische Umrechnung** für den ausgeglichenen dynamischen Betrag **rückwärts durchgeführt** und anschließend
– das **Doppelte** (der Ausgleichsbetrag hat einen Wertunterschied in doppelter Höhe beseitigt) **des rückgerechneten statischen Betrags** von dem statischen Ehezeitanteil des teilausgeglichenen Anrechts bei Ehezeitende abgezogen wird.
– Das Ergebnis (nicht ausgeglichene Rente bei Ehezeitende) ist nach **Berücksichtigung späterer Veränderungen** in die schuldrechtliche **Ausgleichsbilanz** eingestellt.

Beispiel 5: Ehezeitanfang 1. 3. 1970, Ehezeitende 30. 9. 1990, M ist am 12. 4. 1940 geboren. 24.1

		M	F
gesetzliche Rente (GR)		1000	300
Berufsständische Versorgung		0	80
Betriebsrente	Statisch	1600	0
	Dyn	377,84	0

Ausgleichsanspruch $(1000 + 377{,}84 - 300 - 80)/2 = 498{,}92$ DM von F gegen M. Davon Splitting in Höhe von 350 DM, erweitertes Splitting nach § 3 b Abs 1 Nr 1 VAHRG in Höhe von 65,8 DM. Der Rest von $498{,}92 - 350 - 65{,}80 = 83{,}12$ DM dynamisch bleibt dem schuldrechtlichen Versorgungsausgleich. Am 1. 5. 1995 10%ige Erhöhung der Betriebsrente, am 1. 1. 1999 erwirbt M eine vorgezogene Altersrente aus der betrieblichen Altersversorgung, F ist arbeitsunfähig und bezieht eine Vollrente wegen Erwerbsminderung. M bezieht eine Betriebsrente von $1600 + 10\% = 1760$ DM Ehezeitanteil. Die berufsständische Versorgung von F hat sich inzwischen um 20% auf 96 DM erhöht. Der ausgeglichene Teil mit dem dynamischen Wert von 65,80 DM wird mit den Umrechnungsfaktoren bei Ehezeitende auf einen statischen Wert zurückgerechnet:
1. Rückrechnung des ausgeglichenen Teils:
$65{,}80/(39{,}58 \times 0{,}0001274876 \times 3{,}9)/12 = 278{,}64$
2. Doppelter Abzug des Teilausgleichs von der auszugleichenden Rente:
$1600 - 2 \times 278{,}64 = 1042{,}72$ DM
3. Ausgleichsrechnung mit Erhöhungen:
$(1042{,}72 + 10\% - 80{,}00 + 20\%)/2 = 525{,}50$ DM

---

[32] Zuletzt OLG Karlsruhe FamRZ 2005, 628.
[33] BGH FamRZ 2005, 1464.
[34] OLG Celle FamRZ 2006, 422.
[35] FamRZ 2006, 422.

§ 1587 g

25 Wenn eine Gegenverrechnung nicht stattfand, kann der nicht ausgeglichene dynamische Teil des Anrechts oft bereits der Erstentscheidung entnommen werden. Dann kann einfacher gerechnet werden:
Ausgleichsrente = Ehezeitanteil der aktuellen Nominalrente × nicht ausgeglichene dynamische Rente/Ehezeitanteil der dynamischen Rente

25.1 Beispiel 5a: Wie Beispiel 5, aber ohne berufsständische Versorgung:
Ausgleichsanspruch dann $(1000 + 377,84 - 300)/2 = 538,92$. Nach Splitting von 350 DM und Supersplitting von 65,80 DM blieb ein Betrag von $538,92 - 350 - 65,80 = 123,12$ DM unausgeglichen.
Vereinfachte Berechnung der Ausgleichsrente:
$(1600 × 110\%) × 123,12/377,84 = 573,50$ DM
gegenüber der obigen Berechnung:
1. Rückrechnung des ausgeglichenen Teils:
$65,80/(39,58 × 0,0001274876 × 3,9)/12 = 278,64$
2. Doppelter Abzug des Teilausgleichs von der teilausgeglichenen Rente:
$1600 - 2 × 278,64 = 1042,72$ DM
3. Ausgleichsrechnung mit Erhöhungen:
$(1042,72 + 10\%)/2 = 573,50$ DM

26 Entspr ist auch bei Überschreitung des Höchstbetrags nach § 1587 b Abs 5 zu rechnen. Demnach ist die um späteren Zuerwerb verminderte Versorgung, welche dem Quasisplitting unterlag, mit dem Ehezeitanteil ihres aktuellen Zahlbetrags heranzuziehen und das Doppelte des Kürzungsbetrags davon abzuziehen.

27 **3. Nominalverrechnung** Der BGH hat unter bestimmten Umständen aber auch die **Nominalverrechnung** gestattet :[36]. Diese Methode vermeidet erhebliche **Äquivalenzstörungen,** welche die Umrechnung verursacht.[37] Voraussetzung ist allerdings:
– dass das zum Ausgleich herangezogene Anrecht nicht ebenfalls umgerechnet worden war, denn in solchen Fällen erfolgt auch bei der Kürzung des Anrechts des Verpflichteten eine Umrechnung und führt zu unbilligen Ergebnisses der Nominalverrechnung[38],
– dass bei der Erstentscheidung eine vor dem 1. 6. 2006 geltende Fassung der BarwertVO zugrunde gelegt worden war, so dass die Rückrechnung nach anderen Regeln erfolgen müsste, als die Erstentscheidung,
– dass diese Lösung zu billigeren Ergebnissen führt.

28 Die **Nominalverrechnung** ist einfach zu handhaben und führt rechengenau zur erstrebten Halbteilung. Allerdings muss die Verrechnung auch dann erfolgen, wenn bei der Durchführung des schuldrechtlichen Versorgungsausgleichs **aus dem Teilausgleich keine Rente fließt**, etwa weil der Berechtigte nicht die Voraussetzungen nach § 43 Abs 1 Nr 2 SGB VI nicht erfüllt[39]. Unbegründet ist das Bedenken, die regelmäßige Anpassung des Teilausgleichs nach dem aktuellen Rentenwert könne zu einseitigen Verzerrungen zu Lasten des Ausgleichspflichtigen führen, weil eine Abänderung an der Wesentlichkeitsschwelle des Abs 3 iVm § 1587 d Abs 2 scheitern würde. Die schuldrechtlich ausgeglichenen Betriebsrenten unterliegen idR der Anpassung nach § 16 BetrAVG, welche die Anpassung des (meist geringen) Teilausgleichs nach dem aktuellen Rentenwert normalerweise übersteigen wird.

29 Die Nominalverrechnung muss lediglich den Teilausgleich mit Hilfe der aktuellen Rentenwerte aktualisieren. In den Beispielen 5 und 5a in Rn 15 ist also einheitlich der aktualisierte Betrag des Teilausgleichs zu berechnen (mit ARW bei Ehezeitende 39,58 DM, bei Rentenbeginn 47,65 DM) zu $65,80 × 47,65/39,58 = 79,22$ DM. Daraus folgt:

29.1 Beispiel 6: $(1600 × 110\% - 80 × 120\%)/2 - 79,22 = 752,78$ DM
29.2 Beispiel 6a: $1600 × 110\%/2 × 79,22 = 800,78$ DM

30 **4. Problem Beamtenversorgung.** Ist eine Beamtenversorgung wegen Überschreitung des Höchstbetrags nach § 1587 b Abs 5 nur teilweise durch Quasisplitting nach § 1587 b Abs 2 ausgeglichen worden, dann so soll nach Auffassung des OLG Celle FamRZ 2006, 422 die schuldrechtliche Ausgleichsrente in zwei Teile zerfallen, nämlich den degressive Abschmelzungsteil, welcher überhaupt nur schuldrechtlich ausgeglichen werden kann (§ 1587 a Rn 18 aE) und einen weiteren Teil, welcher wegen der Überschreitung des Höchstbetrags schuldrechtlich auszugleichen ist. Der Abschmelzungsteil sei wie eine neue Versorgung voll mit ihrem Ehezeitanteil auszugleichen, während nur der andere Teil mit einer Verhältnisrechnung (Rn 23 a) um den ausgeglichenen Teil zu bereinigen sei. Diese Aufteilung

---

[36] BGH FamRZ 2005, 1464; FamRZ 2005, 1982; FamRZ 2005, 2055; FamRZ 2007, 120; zur Nominalverrechnung: OLG Karlsruhe FamRZ 2000, 235; OLG Oldenburg FamRZ 2001, 1528; OLG Saarbrücken FamRZ 2003, 614; OLG Koblenz FamRZ 2004, 465; OLG Köln FamRZ 2004, 1728; eingehend OLG Celle FamRZ 2002, 244; FamRZ 2003, 1299; OLG Frankfurt FamRZ 2005, 623; OLG Nürnberg FamRZ 2005, 627; KG FamRZ 2005, 813; *Kemnade* FamRZ 2000, 827, 828 unter Hinweis auch auf BGH FamRZ 2000, 89; *Gutdeutsch* FamRZ 2000, 1201; *ders* FPR 2000, 317 f; *Wick* Versorgungsausgleich Rn 341.
[37] Zu diesen Äquivalenzstörungen, insbes der Verfassungswidrigkeit der BarwertVO, vgl OLG München FamRZ 1999, 1432; *Bergner,* Leitfaden des Versorgungsausgleichs, I.23.31; *ders* FamRZ 1999, 1487; *MünchKommBGB/Dörr* Rn 58 zu § 10 a VAHRG; *Glockner/Gutdeutsch* FamRZ 1999, 896; *dies* FamRZ 2000, 270; *Kemnade* FamRZ 2000, 827, 828.
[38] OLG Hamm FamRZ 2007, 218.
[39] Andernfalls könnte es geschehen, dass der Teilausgleich zu Lasten des Pflichtigen ganz unberücksichtigt bliebe, wenn letzterer zB eine reine Erwerbsunfähigkeitsrente schuldrechtlich auszugleichen hat.

der führt zu einer Erhöhung des Ausgleichs: Aus den Zahlen des Urteils FamRZ 2006, 422 für die Berechnung des Ausgleichs in der Zeit vom 1. 7. 2003 bis 31. 12. 2003 errechnet sich nach der Methode des OLG Celle für die beiden Anrechte getrennt: 151,61 × 3976,03/3652,5 + (4160,78 − 3973,03) × 43,79% / 2 = 206,15 Euro. Bei der einheitlichen Berechnung ergibt sich jedoch: 151,61 × 4160,78 / 3652,5 = 172,71 Euro[40]. Sie ist abzulehnen, zumal auch das Versorgungsrecht nicht mehrere Versorgungen, sondern nur eine Versorgung kennt. Richtigerweise ist in einer einheitlichen Proportionalrechnung der ausgeglichene Teil (Rn 23 a) zu berücksichtigen[41].

VIII. Verfahrensrechtliches, Abänderung

Die Entscheidung zum schuldrechtlichen Versorgungsausgleich schafft einen **Zahlungstitel**, in welchem **unabhängig vom einem Sachantrag** (vgl § 1587f Rn 7) sowohl die **Rückstände** nach § 1587k Abs 1, § 1585b Abs 2 ausgeurteilt werden, als auch die **laufende Ausgleichsrente** als Titel über **wiederkehrende Leistungen** entspr § 257 ZPO. Auch eine Entscheidung zu Lasten des Antragstellers ist möglich (§ 1587f Rn 7). Der Antrag kann mit einem Antrag auf Abtretung der Versorgung nach § 1587i BGB verbunden werden[42]. 31

Die Entscheidungen zum schuldrechtlichen Versorgungsausgleich wirken auch **materielle Rechtskraft**[43]. Sie können aber **jederzeit wegen veränderter Verhältnisse abgeändert** werden (Abs 3 iVm § 1587d Abs 2). Das ist bereits dann erforderlich, wenn sich die dem Ausgleichspflichtigen gezahlte Rente ändert. Wenn im schuldrechtlichen Versorgungsausgleich eine Rente des Berechtigten verrechnet wurde (Rn 19 ff), macht auch eine Änderung dieser Rente eine Abänderung der Entscheidung notwendig. Allerdings muss auch hier die **Veränderung wesentlich** sein, um die Abänderung zu rechtfertigen. Diese Wesentlichkeit wird regelmäßig in Anlehnung an § 10 a Abs 2 VAHRG mit einer Änderung der Größenordnung von 10% bestimmt[44]. 32

Abs 3 sieht keine **Abänderung fehlerhafter Entscheidungen** vor. Hier wird zu Recht eine **analoge Anwendung** von § 10a Abs 1 VAHRG vorgeschlagen[45], denn da die Partei keine Sachanträge zu stellen hat, trifft sie auch keine Verantwortung für die Richtigkeit der Entscheidung. 33

Eine Abänderung ist jedoch dann nicht erforderlich, wenn der **Tenor** bereits eine **Anpassungsklausel**[46] enthält. Das möglich durch eine feststellende Entscheidung, welche den **prozentualen Anteil** der **Ausgleichsrente** am **Rentenzahlbetrag** angibt[47]. Für den entsprechenden **Inzidentfeststellungsantrag** wird man das Rechtsschutzinteresse jedenfalls dann nicht absprechen können, wenn **keine Saldierung aktueller Nominalbeträge** stattfand, die Höhe der Ausgleichsrente also nur von der **aktuellen Höhe** der auszugleichenden **Versorgung** abhängt. Das **Zahlungsgebot** muss zwar auf einen festen Betrag lauten, um vollstreckbar zu sein, denn das Vollstreckungsorgan muss nicht die Höhe der gezahlten Betriebsrente kennen[48]. Die **Abtretung** nach § 1587i jedoch kann auf diese Feststellung analog § 3a Abs 1 S 4 VAHRG Bezug nehmen und dadurch **Abänderungsverfahren vermeiden** helfen. Für die Bewilligung von Ratenzahlungen für etwaige Rückstände bietet das Gesetz keine Grundlage[49]. Der BGH hat diese Lösung leider **abgelehnt**[50]. 34

§ 1587h Beschränkung oder Wegfall des Ausgleichsanspruchs

Ein Ausgleichsanspruch gemäß § 1587g besteht nicht,
1. soweit der Berechtigte den nach seinen Lebensverhältnissen angemessenen Unterhalt aus seinen Einkünften und seinem Vermögen bestreiten kann und die Gewährung des Versorgungsausgleichs für den Verpflichteten bei Berücksichtigung der beiderseitigen wirtschaftlichen Verhältnisse eine unbillige Härte bedeuten würde; § 1577 Abs. 3 gilt entsprechend;
2. soweit der Berechtigte in Erwartung der Scheidung oder nach der Scheidung durch Handeln oder Unterlassen bewirkt hat, dass ihm eine Versorgung, die nach § 1587 auszugleichen wäre, nicht gewährt wird;
3. soweit der Berechtigte während der Ehe längere Zeit hindurch seine Pflicht, zum Familienunterhalt beizutragen, gröblich verletzt hat.

---

[40] Ebenso der Vorschlag von *Glockner* FamRZ 2006, 626.
[41] *Glockner* FamRZ 2006, 626.
[42] OLG Köln FamRZ 2004, 1728.
[43] BGH FamRZ 1984, 669.
[44] Vgl *Johannsen/Henrich/Hahne* Rn 23.
[45] OLG Düsseldorf FamRZ 2005, 372; *Johannsen/Henrich/Hahne* Rn 24.
[46] So der Vorschlag von *Glockner/Vouko-Glockner*, Versorgungsausgleich in der Praxis, § 3 Rn 47; OLG Zweibrücken FamRZ 2002, 399 billigt einen reinen Prozenttitel.
[47] OLG Jena FamRZ 2001, 627.
[48] OLG Zweibrücken FamRZ 2003, 1290, welches daraus allerdings den falschen Schluss zieht, jede derartige Anpassungsklausel sei unzulässig; ebenso OLG Celle FamRZ 2004, 1215, welches mit fehlender Vollstreckbarkeit argumentiert.
[49] OLG Celle FamRZ 2003, 1299.
[50] BGH NJW 2008, 153 = FamRZ 2007, 2055.

§ 1587 h

Buch 4. Abschnitt 1. Bürgerliche Ehe

I. Normzweck, Verhältnis zu § 1587 c

1   Auch der schuldrechtliche Versorgungsausgleich kann in Einzelfällen als **ungerecht** erscheinen. Die **Härteregelung** soll es erlauben, ihn in diesen Fällen nicht durchzuführen.

2   **Verhältnis zu § 1587 c** und § 242: Obgleich § 1587 h als Spezialregel für den schuldrechtlichen Versorgungsausgleich erscheinen mag, **schließt er die Anwendung** des § 1587 c **nicht aus**. Die Tatbestände der Nr 1 und des § 1587 c Nr 1 unterscheiden sich zwar voneinander deutlich. Es ist jedoch nicht ersichtlich, dass der Gesetzgeber für den Ausschluss des Wertausgleichs und des schuldrechtlichen Versorgungsausgleichs bewusst unterschiedliche Voraussetzungen hätte schaffen wollen. Im Regierungsentwurf hatten beide Vorschriften nämlich noch gleiche Voraussetzungen, und erst der Rechtsausschuss hat § 1587 c Nr 1 zu einer Generalklausel umgestaltet[1]. Aus der Subsidiarität des schuldrechtlichen Versorgungsausgleichs schließt die hM deshalb zu Recht, dass dieser nicht durchgeführt werden dürfe, **wenn** der **öffentlich-rechtliche** Versorgungsausgleich **ausgeschlossen** sei[2]. In verfassungskonformer Auslegung ist neben den Tatbeständen des § 1587 h analog auch der Tatbestand des § 1587 c Nr 1 anzuwenden (vgl Rn 16)[3].

3   Die allgemeine Billigkeitsregel des § 242 (insbes der Verwirkungseinwand) wird jedoch durch die spezielleren[4] Vorschriften des Versorgungsausgleichs ersetzt. Über die Verweisung des § 3 a Abs 6 VAHRG gilt die Vorschrift auch zugunsten der **Witwe**[5].

II. Allgemeine wirtschaftliche Unbilligkeit (Nr 1)

4   Der Tatbestand ist zweigliedrig:
  – Es **fehlt** an der **Bedürftigkeit** und
  – der Ausgleich würde unter Berücksichtigung der beiderseitigen **Einkommens-** und **Vermögensverhältnisse** eine **unbillige Härte** bedeuten.

5   **Grobe Unbilligkeit** ist hier anders als bei § 1587 c Nr 1 nicht erforderlich.

6   Der **Wertausgleich** ist dann nicht durchzuführen, wenn **sicher zu erwarten** ist[6], dass im Rentenfall der Ausgleichsberechtigte wirtschaftlich besser stehen wird als der Ausgleichspflichtige[7]. Im Falle des **schuldrechtlichen** Versorgungsausgleichs bedarf es **keiner Prognose**, weil die Versorgungen idR bereits bezogen werden.

7   **1. Keine Bedürftigkeit.** Nach dem Wortlaut ist die fehlende Bedürftigkeit (Rn 4) nur insoweit zu berücksichtigen, als sie auf Einkommen oder Vermögen beruht. Fraglich ist, ob auch **Unterhaltsleistungen Dritter**[8], etwa des neuen Ehemannes, zu berücksichtigen sind. Die Frage ist zu **bejahen**. Der Interessenausgleich zwischen dem Ausgleichspflichtigen und unterhaltspflichtigen Dritten erfolgt in der **zweiten Stufe**, nämlich der Prüfung der unbilligen Härte (Rn 7). Im Ergebnis hat der **angemessene Bedarf** des Berechtigten gegenüber einer **Mangellage** des Ausgleichspflichtigen **absoluten Vorrang**. Das ist hinnehmbar, wenn im Rahmen eines billigen Ausgleichs auch auf den Unterhaltsanspruch gegenüber einem Dritten verwiesen werden kann und im Falle grober Unbilligkeit noch über § 1587 c Nr 1 geholfen werden kann. Auch sonst kommt es bei der Eingangsvoraussetzung der Bedarfsdeckung nur auf die **tatsächlichen Verhältnisse** an, so dass auch **Einkünfte aus unzumutbarer Tätigkeit** erst einmal zu berücksichtigen sind. Die Unzumutbarkeit gewinnt erst bei der folgenden Billigkeitsabwägung Bedeutung. Auch würde bei Beendigung einer unzumutbaren Erwerbstätigkeit eine etwa damit begründete Kürzung des schuldrechtlichen Versorgungsausgleichs entfallen müssen. (Das würde einen Antrag auf Abänderung nach § 1587 g Abs 3 rechtfertigen).

8   Dagegen unterliegt die **Verwertung des Vermögensstamms** nach § 2 in entsprechender Anwendung des § 1577 Abs 3 vorab einer **selbstständigen Zumutbarkeitsprüfung,** soweit die **Verwertung unwirtschaftlich** wäre. Die alternativ in der Vorschrift enthaltene Billigkeitsprüfung hat neben der ohnehin durchzuführenden Billigkeitsabwägung keine selbstständige Bedeutung.

9   Das **Maß des vorrangigen Bedarfs** richtet sich nach den Lebensverhältnissen des Berechtigten **zur Zeit** der Anspruchstellung[9], jedoch ist ein die **ehelichen Lebensverhältnisse übersteigender Bedarf nicht geschützt**[10].

10   **2. Billigkeitsabwägung.** Ist der Bedarf des Berechtigten gedeckt, so ist in der zweiten Stufe zu prüfen, ob eine **unbillige Härte** vorliegt. Eine **Härte für den Pflichtigen** liegt immer vor, wenn er in Not ist oder durch die Leistung in Not gerät, dh seinen eigenen Bedarf nicht decken und andere Unterhaltspflichten nicht erfüllen kann[11]. **Unbillig ist die Härte** dann, wenn sie nicht im Hinblick auf

---

[1] *Johannsen/Henrich/Hahne* Rn 1.
[2] MünchKommBGB/*Dörr* Rn 3; *Johannsen/Henrich/Hahne* Rn 1; *Borth* Rn 652; vgl auch OLG Köln FamRZ 2004, 1728.
[3] BGH FamRZ 1984, 251, 253.
[4] BGH FamRZ 1993, 176.
[5] OLG München FamRZ 2000, 1222, 1224.
[6] BGH FamRZ 1996, 1540, 1543 = NJW 1997, 56.
[7] BGH FamRZ 1982, 258.
[8] *Johannsen/Henrich/Hahne* Rn 7; MünchKommBGB/*Dörr* Rn 7; *Borth* Rn 654.
[9] BGH FamRZ 1984, 251, 253; OLG Zweibrücken FamRZ 2002, 399, 400; *Johannsen/Henrich/Hahne* Rn 5; MünchKommBGB/*Dörr* Rn 8; *Borth* Rn 654.
[10] *Johannsen/Henrich/Hahne* Rn 5; MünchKommBGB/*Dörr* Rn 8; *Borth* Rn 654; *Bergner* Rn 2.
[11] *Johannsen/Henrich/Hahne* Rn 8; *Borth* Rn 655; MünchKommBGB/*Dörr* Rn 9; *Bergner* Rn 2.

§ 1587 h

vorrangige andere Interessen hinzunehmen ist. Kann der Berechtigte seinen Bedarf aus **eigenen Einkünften** decken, ohne unzumutbar erwerbstätig zu sein, ohne Sozialhilfe in Anspruch zu nehmen[12] und ohne Dritte auf Unterhalt in Anspruch nehmen zu müssen, ist die **Härte regelmäßig nicht zu rechtfertigen,** der schuldrechtliche Versorgungsausgleich also entspr zu kürzen oder auszuschließen[13]. **Andernfalls hat eine Abwägung** stattzufinden. Einkommen aus **unzumutbarer** Erwerbstätigkeit ist analog § 1577 Abs 2 nur insoweit nach Billigkeit teilweise zu berücksichtigen, als es den angemessenen Bedarf übersteigt. Ein unterhaltspflichtiger **Dritter ist bei uneingeschränkter Leistungsfähigkeit vorrangig** heranzuziehen, falls nicht besondere Gründe dem entgegenstehen. Bei **eingeschränkter Leistungsfähigkeit des Dritten geht** jedoch die **Ausgleichspflicht** im Grundsatz **vor.** Nur soweit der **notwendige Selbstbehalt des Ausgleichspflichtigen** gefährdet ist[14], muss ein billiger Ausgleich gesucht werden.

Auch wenn der Eigenbedarf des Verpflichteten nicht gefährdet ist, er aber in **eingeschränkten** 11 **wirtschaftlichen Verhältnissen** lebt, ihm also nur wenig mehr als der angemessene Selbstbehalt bleibt, kann eine unbillige Härte dann vorliegen, wenn weitere **Umstände hinzutreten,** insbesondere wenn der Pflichtige aus der abzugebenden Rente **Krankenversicherungsbeiträge** leisten muss, der pflichtversicherte Berechtigte aber nur mit seiner Rente zur Beitragszahlung herangezogen wird[15]. Schließlich liegt eine unbillige Härte auch dann vor, wenn der Berechtigte in **evident günstigeren Verhältnissen** als der Verpflichtete lebt[16].

III. Vereitelung einer Versorgung (Nr 2)

Der Grundsatz des § 162, wonach niemand aus seinem **treuwidrigen Verhalten Vorteile** ziehen 12 darf, bewirkt den Ausschluss des schuldrechtlichen Versorgungsausgleichs, soweit der Berechtigte bewusst in Erwartung der Scheidung oder nach der Scheidung durch Handeln oder Unterlassen bewirkt hat, dass eine Versorgung nicht gewährt wird. Die Regelung ist **nicht analog** anwendbar auf den Fall, dass der **Pflichtige** den Verlust einer Anwartschaft bewirkt[17].

Falls jedoch der Verlust dadurch bewirkt wird, dass der Pflichtige bei einer Lebensversicherung ein 13 **Kapitalwahlrecht ausgeübt** hat oder sich wegen eines Rentenanspruchs hat **mit einer Kapitalleistung abfinden** lassen, so kann aus dem Grunde auch fortbestehende **Anspruch auf Abfindung** nach § 1587 I fortbestehen, zumal die Kapitalleistung meist die Zahlung der Abfindung als zumutbar erscheinen lassen wird. Das ist ein Gebot der Gerechtigkeit, weil die Kapitalversicherung oder die Abfindung im Prinzip dem Zugewinnausgleich unterläge. Unbillige Ergebnisse lassen sich dadurch vermeiden, dass man die Zumutbarkeit einer Ausgleichszahlung verneint, wenn das zu teilende Kapital verbraucht ist.

Im Übrigen wird auf die Kommentierung zu der wörtlich gleichen Vorschrift des § 1587 c Nr 2 14 Rn 28 ff hingewiesen.

IV. Unterhaltspflichtverletzung (Nr 3)

Der schuldrechtliche Versorgungsausgleich ist auch dann auszuschließen, wenn der Berechtigte 15 während der Ehe seine Unterhaltspflichten gröblich verletzt hat. Dazu gehört vor allem auch die Pflicht, nach § 1360 zum **Familienunterhalt beizutragen,** sei es durch finanzielle Beiträge oder persönlichen Einsatz. Eine Verletzung der **nachehelichen Unterhaltspflicht** kann nach dem Gesetzeswortlaut den Tatbestand **nicht erfüllen,** zumal es um den Ausgleich der in der Ehezeit erworbenen Anrechte geht (vgl insoweit § 1587 c Rn 33 ff).

V. Andere Ausschlussgründe

Der Ausschluss des schuldrechtlichen Versorgungsausgleichs ist auch nach § 1587 c Nr 1 möglich (vgl 16 Rn 1), welcher insoweit **analog anzuwenden** ist. Es gilt das dort Ausgeführte (vgl § 1587 c Rn 7 ff), insbes kann eine lange Trennungszeit oder grobes Fehlverhalten den Ausschluss rechtfertigen. Zu beachten ist, dass eine unbillige Härte nicht genügt. Vielmehr muss nach dieser Generalklausel der schuldrechtliche Versorgungsausgleich dem Grundgedanken des Versorgungsausgleichs **in unerträglicher Weise widersprechen.** Doch gilt es als Verfehlung des Zwecks des Versorgungsausgleichs, wenn im Ergebnis der **Ausgleichsberechtigte besser versorgt** ist, als der Ausgleichspflichtige[18], der Versorgungsausgleich ein bestehendes wirtschaftliches Ungleichgewicht also nicht ausgleicht, sondern verschärft.

Die Übergangsvorschrift des Art 12 Nr 3 Abs 3 S 3 und 4 des 1. EheRG ist im schuldrechtlichen 17 Versorgungsausgleich ebenfalls entspr anwendbar[19].

---

[12] Vgl OLG Hamm NJW 1991, 184.
[13] AA MünchKommBGB/*Dörr* Rn 9, wonach eine unbillige Härte erst dann vorliegen soll, wenn die wirtschaftliche Lage des Berechtigten so wesentlich günstiger ist, dass die Ausgleichsrechnung dem Grundgedanken des Versorgungsausgleichs in **unerträglicher Weise widersprechen** würde, dh, nur im Falle einer **groben** Unbilligkeit.
[14] Vgl OLG Hamm NJW 1991, 184.
[15] BGH FamRZ 2005, 1982, FamRZ 2006, 323, 325.
[16] BGH FamRZ 2007, 120, 122.
[17] Vgl OLG Hamburg FamRZ 1987, 721.
[18] BGH FamRZ 1996, 1540.
[19] MünchKommBGB/*Dörr* Rn 3.

VI. Verfahrensfragen

18 Die Härtegründe sind **von Amts wegen** zu beachten. Allerdings hat der Richter nicht nachzuforschen[20], ob derartige Gründe vorliegen. Er kann erwarten, dass sie vorgetragen werden. Es besteht auch eine **objektive Beweislast** des Ausgleichspflichtigen, weil die Härtegründe nur zu beachten sind, wenn sie feststehen. Im Zweifel ist der Ausgleich ungekürzt durchzuführen[21].

§ 1587 i Abtretung von Versorgungsansprüchen

(1) **Der Berechtigte kann vom Verpflichteten in Höhe der laufenden Ausgleichsrente Abtretung der in den Ausgleich einbezogenen Versorgungsansprüche verlangen, die für den gleichen Zeitabschnitt fällig geworden sind oder fällig werden.**

(2) **Der Wirksamkeit der Abtretung an den Ehegatten gemäß Absatz 1 steht der Ausschluss der Übertragbarkeit und Pfändbarkeit der Ansprüche nicht entgegen.**

(3) § 1587 d Abs. 2 gilt entsprechend.

I. Normzweck

1 Eine **Schwäche** des schuldrechtlichen Versorgungsausgleichs besteht darin, dass der Anspruch auf Ausgleichsrente sich **gegen** den **Ausgleichspflichtigen** richtet, dessen Zahlungsfähigkeit und -willigkeit zweifelhaft sein kann. Die Position des Berechtigten will die Vorschrift dadurch verstärken, dass sie ihm in Höhe des Ausgleichsanspruchs einen Anspruch auf Abtretung des Rentenanspruchs und dadurch einen **unmittelbaren Zugang** zu der **Rentenquelle** verschafft.

II. Anwendungsbereich

2 Die Vorschrift gilt grds auch für Ansprüche gegen **ausländische Versorgungsträger**. Da diese jedoch nicht der deutschen Jurisdiktion unterliegen, kann der Abtretung ein **Abtretungsverbot** entgegenstehen, welches durch Abs 2 nicht beseitigt wird, weil diese Vorschrift sich nur auf inländische Versorgungsträger beziehen kann.

III. Regelungsgehalt

3 Der Anspruch soll die Erfüllung des Ausgleichsanspruchs sichern (ohne ein Sicherungsbedürfnis vorauszusetzen). Die Abtretung erfolgt deshalb **erfüllungshalber**, nicht an Erfüllungs statt (vgl § 364)[1]. Sie betrifft die zukünftigen Rentenansprüche in Höhe der Ausgleichsrente, muss sich also mit dem Zahlungsanspruch decken[2]. Eine Sicherung vor Eintritt der Fälligkeit nach § 1587 g Abs 1 ermöglicht der Abtretungsanspruch daher nicht. Bei **mehreren** schuldrechtlich auszugleichenden Anrechten hat der **Berechtigte** die **Wahl**[3]. Soweit allerdings der verlängerte schuldrechtliche Versorgungsausgleich in Betracht kommt, sollte im Hinblick auf § 3a Abs 1 S 3, Abs 7 VAHRG die **anteilige Abtretung** verlangt werden. Es gelten die Schuldnerschutzvorschriften des § 407 aus zahlungstechnischen Gründen analog auch § 1587 p[4]. Der Versorgungsträger darf noch bis zum Ablauf des Monats, der auf den Monat der Zustellung an ihn folgt, an den alten Gläubiger leisten.

4 **Zweckmäßig** ist es jedoch, dass die **Abtretung** nicht (oder nicht nur) als Betrag, sondern als **Prozentsatz** der **laufenden Rente** bestimmt wird[5]. Diese Lösung hat zwar der BGH missbilligt[6], sie kann aber im Wege der Vereinbarung erreicht werden (vgl § 1587 g Rn 34)[7].

IV. Kein Abtretungsverbot

5 Rentenansprüche unterliegen vielfach gesetzlichen oder vertraglichen **Abtretungsverboten** oder **-beschränkungen** (§ 400 iVm § 850 Abs 2, 3 b, §§ 850 a bis 850 i ZPO; §§ 53, 54 SGB I). Diese gelten nicht für die Abtretungen nach § 1587 i (der Pflichtige wird insoweit durch § 1587 h Nr 1 geschützt). Bei vorheriger Abtretung oder Pfändung bleibt dem Berechtigten deshalb der **pfändungsfreie Teil** nach § 850 a ZPO. Abtretungsverbote bei ausländischen oder zwischenstaatlichen Versorgungen bleiben jedoch unberührt. Hier muss ggf die Zustimmung des Versorgungsträgers erwirkt werden.

---

[20] BGH FamRZ 1988, 709; FamRZ 1990, 1341, 1342; FamRZ 1996, 1540, 1542 = NJW 1997, 56.
[21] BGH FamRZ 1996, 1540, 1542 = NJW 1997, 56.
[1] *Johannsen/Henrich/Hahne* Rn 6; *Borth* Rn 658; MünchKommBGB/*Glockner* Rn 2.
[2] Abtretung für Rückstände kann nicht verlangt werden, OLG Hamm FamRZ 1987, 290, 292.
[3] *Johannsen/Henrich/Hahne* Rn 3; MünchKommBGB/*Glockner* Rn 7; *Borth* Rn 659; diff *Bergner* Rn 3.
[4] HM, zB *Johannsen/Henrich/Hahne* Rn 8.
[5] OLG München FamRZ 1999, 869; OLG Jena FamRZ 2001, 627; OLG Zweibrücken FamRZ 2002, 399; OLG Stuttgart FamRZ 2003, 455; *Glockner/Voucko-Glockner* § 3 Rn 47 (c); im gleichen Sinne auch *Bergner* Rn 6; *Staudinger/Rehme* Rn 13 zu § 1587 g; aA OLG Celle FamRZ 2004, 1215.
[6] BGH FamRZ 2007, 2055 = NJW 2008, 153.
[7] Selbst wenn eine solche Feststellung nicht möglich ist, kann eine Abtretung in Prozenthöhe zweckmäßig sein, wenn etwa bei vernünftiger Betrachtung der Fall unwahrscheinlich ist, dass die dadurch bewirkte Rentenanpassung zu einer überhöhten Ausgleichsrente führt.

Anspruch auf Abfindung künftiger Ausgleichsansprüche § 1587 l

Auch eine **außergerichtliche Einigung** über den schuldrechtlichen Versorgungsausgleich mit vertraglicher Abtretung nach § 398 ist möglich, allerdings nur **in Höhe der tatsächlich geschuldeten Ausgleichsrente**[8]. Im Streitfall über die Wirksamkeit der Abtretung entscheidet das für die jeweilige Versorgung zuständige Fachgericht, nicht wie nach § 3 a Abs 9 VAHRG das Familiengericht. 6

V. Verfahrenfragen

1. Antrag und Tenor. Die Verurteilung des Verpflichteten zur Abtretung seiner Rente erfolgt nur auf gesonderten **Antrag,** der im Hinblick auf die Möglichkeit des **verlängerten schuldrechtlichen Versorgungsausgleichs § 3 a Abs 7 VAHRG** auch dann zweckmäßig ist, wenn der Anspruch sonst nicht gefährdet ist. Sie wird nach § 53 g Abs 3 FGG, § 894 ZPO vollstreckt, dh mit Rechtskraft der Entscheidung gilt die Erklärung als abgegeben. Bei der Antragstellung sollte die Möglichkeit der Abtretung in Höhe eines Prozentwerts der gezahlten Rente (vgl Rn 4) beachtet werden. 7

Tenorbeispiel: Der Antragsgegner wird verpflichtet, an die Antragstellerin eine Ausgleichsrente von 334,70 Euro monatlich zu bezahlen. Er hat die vom Antragsgegner bei der Firma BMW bezogene Betriebsrente in Höhe von 334,70 Euro an die Antragstellerin abzutreten. 7.1

2. Abänderung (Abs 3). Ebenso wie die Entscheidung zum schuldrechtlichen Versorgungsausgleich überhaupt kann auch die Anordnung der Abtretung nach § 1587 d Abs 2 bei einer wesentlichen Veränderung der Verhältnisse **auf Antrag abgeändert** werden. Das gilt auch, soweit sich die Voraussetzungen nach § 1587 h Nr 1 ändern. Ebenso ist die **außergerichtliche Abänderung** der Abtretung möglich, nämlich durch **Rückabtretung** gemäß § 398. Die Korrektur von Fehlern der Erstentscheidung sieht das Gesetz zwar nicht vor. Das lässt sich jedoch als Gesetzeslücke verstehen, so das § 10 a VAHRG insoweit analog anzuwenden wäre[9]. 8

§ 1587 k Anwendbare Vorschriften; Erlöschen des Ausgleichsanspruchs

(1) Für den Ausgleichsanspruch nach § 1587 g Abs. 1 Satz 1 gelten die §§ 1580, 1585 Abs. 1 Satz 2, 3 und § 1585 b Abs. 2, 3 entsprechend.

(2) ¹Der Anspruch erlischt mit dem Tode des Berechtigten; § 1586 Abs. 2 gilt entsprechend. ²Soweit hiernach der Anspruch erlischt, gehen die nach § 1587 i Abs. 1 abgetretenen Ansprüche auf den Verpflichteten über.

Der schuldrechtliche Versorgungsausgleich ist in seinen Voraussetzungen durch § 1587 h Nr 1 dem **Unterhaltsanspruch** angenähert. § 1587 k wendet auch in seiner Ausgestaltung weitgehend Unterhaltsrecht an: 1

– Der **Auskunftsanspruch** (auch zur Vorbereitung eines Anspruchs auf Abfindung nach § 1587 l) folgt dem Unterhaltsrecht (§ 1580), wobei auch alle nach § 1587 h Nr 1 relevanten Tatsachen, insbes die **Vermögensverhältnisse,** erfasst sind. Auskunftsansprüche gegen die **Versorgungträger** sind dagegen **nicht** vorgesehen. Analog § 3 a Abs 8 S 2 VAHRG, § 10 a Abs 11 S 2 VAHRG wird man aber einen subsidiären Auskunftsanspruch annehmen müssen.
– Die Zahlung erfolgt **monatlich** im **Voraus** für den **ganzen Monat** (§ 1585 Abs 1 S 2, 3).
– Für die **Vergangenheit** kann der schuldrechtliche Versorgungsausgleich nur bei **Verzug** oder **Rechtshängigkeit**[1] verlangt werden, für mehr als **ein Jahr** vor **Rechtshängigkeit** nur, wenn sich der Pflichtige absichtlich der **Leistung entzogen** hat (§ 1585 b Abs 2, 3). Für den Verzug genügt die **Stufenmahnung**[2]. An die **Bestimmtheit** der Mahnung sind auch sonst nur **geringe Anforderungen** zu stellen[3].
– Der Anspruch erlischt **für die Zukunft** mit dem Tod des Berechtigten (nicht bei Wiederheirat, § 1587 k Abs 2, § 1586 Abs 2).

Soweit hiernach der Ausgleichsanspruch durch Tod erlischt, fällt durch **Legalzession** der nach § 1587 i abgetretene Rentenanspruch **an den Pflichtigen** zurück (§ 1587 k Abs 2 S 2). 2

§ 1587 l Anspruch auf Abfindung künftiger Ausgleichsansprüche

(1) Ein Ehegatte kann wegen seiner künftigen Ausgleichsansprüche von dem anderen eine Abfindung verlangen, wenn diesem die Zahlung nach seinen wirtschaftlichen Verhältnissen zumutbar ist.

---

[8] Unrichtig daher OLG Stuttgart FamRZ 2003, 455, welches einerseits eine gerichtliche Entscheidung über den schuldrechtlichen Ausgleich zur Voraussetzung macht, andererseits offenbar keine Bedenken dagegen hatte, dass die Parteien ein Gegenrecht außer acht ließen.
[9] OLG Zweibrücken FamRZ 2006, 276.
[1] Zugang der Antragsschrift beim Pflichtigen: *Bergner* Rn 4; MünchKommBGB/*Eißler* Rn 5.
[2] *Johannsen/Henrich/Hahne* Rn 3.
[3] KG FamRZ 1987, 287, 289; *Borth* Rn 664; *Johannsen/Henrich/Hahne* Rn 3.

§ 1587 l

(2) Für die Höhe der Abfindung ist der nach § 1587 g Abs. 2 ermittelte Zeitwert der beiderseitigen Anwartschaften oder Aussichten auf eine auszugleichende Versorgung zugrunde zu legen.

(3) ¹Die Abfindung kann nur in Form der Zahlung von Beiträgen zu einer gesetzlichen Rentenversicherung oder zu einer privaten Lebens- oder Rentenversicherung verlangt werden. ²Wird die Abfindung in Form der Zahlung von Beiträgen zu einer privaten Lebens- oder Rentenversicherung gewählt, so muss der Versicherungsvertrag vom Berechtigten auf seine Person für den Fall des Todes und des Erlebens des 65. oder eines niedrigeren Lebensjahrs abgeschlossen sein und vorsehen, dass Gewinnanteile zur Erhöhung der Versicherungsleistungen verwendet werden. ³Auf Antrag ist dem Verpflichteten Ratenzahlung zu gestatten, soweit dies nach seinen wirtschaftlichen Verhältnissen der Billigkeit entspricht.

Übersicht

	Rn		Rn
I. Regelungszweck	1	IV. Form der Abfindung (Abs 3)	15
II. Anspruchsvoraussetzungen (Abs 1)	2	1. Beiträge zur gesetzlichen Rentenversicherung	17
III. Anspruchshöhe (Abs 2)	4	2. Private Lebens- oder Rentenversicherung (S 2)	19
1. Zeitwert	4	3. Wirkung der Abfindung	20
2. Abfindungsbetrag	5	4. Ratenzahlungen (S 3)	22
3. Barwertbilanz	7	V. Prozessuales	24
4. Barwertberechnung	9		
5. Zur Abfindung der Ausgleichsrente	13		

I. Regelungszweck

1 Der schuldrechtliche Versorgungsausgleich ist wegen der auftretenden Sicherungslücken (vgl § 1587 f Rn 1) für den Berechtigten **deutlich weniger wert** als der Wertausgleich. Wenn die wirtschaftliche Lage des Pflichtigen es zulässt, soll dieser **Nachteil** durch **Begründung einer eigenen Versorgung** des Berechtigten im Wege der **Beitragsentrichtung** durch den Pflichtigen vermieden werden, wodurch der Ausgleichsanspruch **abgefunden** wird.

II. Anspruchsvoraussetzungen (Abs 1)

2 Die Abfindung des Ausgleichsanspruchs setzt voraus:
- Die Zahlung muss dem Pflichtigen **wirtschaftlich zugemutet** werden können. Das ist der Fall, soweit Geldvermögen vorhanden ist, das nicht für Bedarfszwecke, etwa den Kauf eines Eigenheims, bereitgehalten werden muss. Die Unzumutbarkeit kann sich auch aus einer unklaren Rechtslage ergeben, wenn zB der Berechtigte möglicherweise eine Geschiedenenwitwenrente erlangen kann[1]. Im Übrigen sind die tatsächlichen Voraussetzungen die gleichen wie diejenigen für die Beitragsentrichtung nach § 3 b Abs 1 Nr 2 VAHRG, so dass auf die dortige Kommentierung Bezug genommen wird (§ 3 b VAHRG Rn 7).
- Die Abfindung ist nur für die **zukünftigen Ansprüche** möglich. Es ist **streitig**, ob der Anspruch noch besteht, wenn bereits nach § 1587 g Abs 1 eine **Ausgleichsrente** geschuldet wird[2]. Der Gesetzeszweck, dem Berechtigten eine eigenständige Versorgung zu verschaffen, spricht **gegen** das **Erlöschen** des Abfindungsanspruchs nach Fälligkeit der Ausgleichsrente. Der Gesetzeswortlaut ist insoweit jedenfalls nicht eindeutig. Wenn der Berechtigte 65 Jahre alt ist, kann zwar keine Anwartschaft mit einer Altersgrenze von 65 Jahren mehr begründet werden, aber jedenfalls noch eine Leibrente (vgl Rn 19).
- Eine Betriebsrentenanwartschaft muss **unverfallbar** sein[3].
- Sind diese Voraussetzungen jedoch gegeben, so kann der Anspruch bereits **im Verbund** geltend gemacht werden.
- Der **Berechtigte** macht den **Anspruch** geltend. Der Verpflichtete kann gegen dessen Willen die Abfindung nicht bewirken[4].

3 Es besteht ein **Konkurrenzverhältnis** zu § 3 b Abs 1 Nr 2 VAHRG. Die **Unterschiede** sind in § 3 b VAHRG Rn 8 zusammenfassend dargestellt.

III. Anspruchshöhe (Abs 2)

4 **1. Zeitwert.** Nach dem Gesetzeswortlaut bestimmt sich die **Höhe der Abfindung** nach dem **Zeitwert** der **beiderseits auszugleichenden Anrechte.** Den Begriff „Zeitwert" verwendet der Gesetzgeber auch in § 176 Abs 3 VVG, wo er den versicherungsmathematisch für einen bestimmten

---
[1] OLG Hamm FamRZ 2002, 1568.
[2] Dafür MünchKommBGB/*Glockner* Rn 4; *Borth* Rn 672; dagegen *Johannsen/Henrich/Hahne* Rn 5.
[3] BGH FamRZ 1984, 668, 669.
[4] *Johannsen/Henrich/Hahne* Rn 3; MünchKommBGB/*Glockner* Rn 9.

Anspruch auf Abfindung künftiger Ausgleichsansprüche § 1587 l

Zeitpunkt berechneten Bilanzwert kennzeichnet, welcher einer Abfindung in Gestalt des Rückkaufswerts einer Lebensversicherung zugrunde zu legen ist. Es gibt keinen Grund für die Annahme, dass der Begriff in § 1587 l Abs 2 etwas anderes bedeuten sollte[5]. Dass **nicht** von **Barwert** wie in § 1587 a Abs 3 Nr 2 die Rede ist, erklärt sich wahrscheinlich daraus, dass die letztere Vorschrift erst später eingeführt wurde, ohne dass man einen Zusammenhang zu § 1587 l gesehen hätte.

2. Abfindungsbetrag. Der Abfindungsbetrag berechnet sich somit wie folgt: 5
– Es sind die **Barwerte** der Versorgungen, soweit sie im Wertausgleich nicht vollständig ausgeglichen wurden (§ 1587 g Rn 19), zu berechnen, wobei
– **Wertveränderungen** bis zum Zeitpunkt der Abfindung (vgl § 1587 g Rn 9–11) zu berücksichtigen sind, und schließlich sind
– die Barwerte etwaiger **Anrechte** des **Berechtigten** mit den Barwerten entsprechender Anrechte des **Verpflichteten** zu verrechnen.
  Der **Überschuss der Barwerte des Verpflichteten** bildet die zu zahlende Abfindung. 6

3. Barwertbilanz. Es ist also nach Abs 2 eine Bilanz der Barwerte aufzustellen, welche sowohl von 7 der volldynamischen **Wertausgleichsbilanz** des § 1587 a Abs 1 als auch von der **Nominalbilanz** des § 1587 g Abs 1 abweicht. Vor allem wird der **Barwert** der **auszugleichenden Anrechte** und **nicht** derjenige der später möglicherweise geschuldeten **Ausgleichsrente** nach § 1587 g Abs 1[6] (deren Wert durch die Versorgungslücken des schuldrechtlichen Versorgungsausgleichs beeinträchtigt ist) gebildet. **Zweck** der Abfindung ist es nämlich, die **Nachteile** des schuldrechtlichen Versorgungsausgleichs **auszugleichen,** dh aber auch, dem Berechtigten **mehr zu geben,** als dem unzureichenden **(Bar)wert der erwarteten Ausgleichsrente** entspricht. Wäre nur dieser als Abfindung geschuldet, ergäbe sich die Wertbestimmung bereits aus dem Begriff der Abfindung. Die Bewertungsregel des Abs 2 **wäre überflüssig.**

In der Kommentarliteratur[7] wird demgegenüber auch die Meinung vertreten, der **Abfindungs-** 8 **betrag** richte sich analog § 3 b Abs 1 Nr 2 VAHRG nach der zur Abfindung des festgestellten Zeitwerts des Ausgleichsanspruchs **erforderlichen Beitragssumme,** dh nach den jeweiligen Einkaufskosten für eine zu begründende Versorgung. Dagegen spricht bereits die Folge der gesetzlichen Regelungen: In **Abs 2** wird die **Höhe** der Abfindung als Betrag und in **Abs 3** die **Form,** in der dieser Betrag zu zahlen ist (als Beitragsleistung), geregelt. Nicht die Rentenhöhe bestimmt also die Abfindung, sondern die **Abfindung** bestimmt die Höhe der zu **begründenden Rente**[8].

4. Barwertberechnung. Die Barwertberechnung kann für statische oder teildynamische Versor- 9 gungen die Tabellen der **BarwertVO** verwenden, welche das Versterbens- und Invaliditätsrisiko sowie einen Rechnungszins von 5,5% berücksichtigen. Dagegen ist das Vorhandensein einer **Hinterbliebenenversorgung** nicht zu berücksichtigen, weil der Verpflichtete nur den Barwert der ihm selbst zukommenden Versorgung dem Berechtigten in Geld auszugleichen hat[9].

Die Verwendung der BarwertVO ist vom Gesetz wohl nur deshalb **nicht vorgeschrieben,** weil bei 10 der Formulierung des § 1587 l der Erlass einer BarwertVO noch nicht geplant war. Nach mehrfacher Novellierung wird man bei geringeren Ausgleichswerten die BarwertVO als geeignetes Hilfsmittel empfehlen können. Für **volldynamische Anrechte** liefert sie allerdings keine Barwerte und unterstellt, dass der **Einkaufspreis** einer entsprechenden Rente in der **gesetzlichen Rentenversicherung** diesem Barwert entspräche (vgl § 1 BarwertVO Rn 5).

Zu Vermeidung von Fehlbewertung wird sich bei **erheblichen Beträgen** daher die Erholung eines 11 **Wertgutachtens** empfehlen. Für **kleinere Ausgleichsbeträge** kann zur Kostenersparnis die BarwertVO verwendet werden, wobei nicht das **Alter** der Parteien bei Ehezeitende, sondern **zum Zeitpunkt der Abfindung (Zeit**wert!) zugrunde zu legen ist.

Beispiel: F ist am 5. 6. 1958 geboren und hat bei Erreichen der Altersgrenze von 65 Jahren eine Monatsrente mit 11.1 dem Ehezeitanteil von 400 DM zu erwarten, jährlich also 400 × 12 = 4800 DM. M ist am 4. 9. 1948 geboren und hat mit 65 eine Monatsrente mit dem Ehezeitanteil von 500,00 DM zu erwarten, jährlich also 500 × 12 = 6000 DM. Beide Versorgungen sehen auch eine Invalidenversorgung vor.
F verlangt von M Abfindung ihres Ausgleichsanspruchs. Die Abfindung wird für den 30. 9. 1998 berechnet, weil für diesen Zeitpunkt die Zahlung verlangt wird. Zu diesem Datum ist F 40 Jahre, M 50 Jahre alt. Beide sind noch nicht in Rente. Die Barwerte der Renten berechnet sich daher zu:

---

[5] Ebenso MünchKommBGB/*Glockner* Rn 11 ff.
[6] So aber *Bergner* Anm 4, ebenso *Bergner/Schneider* FamRZ 2004, 1766 mit Fortsetzung FamRZ 2004, 1838 sowie Tabellenanhang, der auch für die hier vorgeschlagene Lösung nützlich ist.
[7] *Johannsen/Hahne* Rn 11; *Borth* Rn 676; ebenso wohl *Staudinger/Eichenhofer* Rn 9; gegen MünchKommBGB/*Glockner* Rn 13.
[8] Auch würde bei der Gegenmeinung die Höhe des Abfindung von der Wahl der zu begründenden Versorgung abhängen. Die Konsequenz wäre, bei Wahl des Ausgleichs in der gesetzlichen Rentenversicherung der Berechtigte statt einer (durch die Abhängigkeit von den Rentenberechtigten eines anderen geminderten) statischen Rente eine volldynamische Vollrente erhielte. Weicht man dieser Konsequenz aus und rechnet die Rente vorher in eine dynamische Rente um, vgl zB *Johannsen/Henrich/Hahne* Rn 11, so kommt man zum selben Ergebnis wie hier vorgeschlagen im Wege einer wesentlichen komplizierteren Rechnung.
[9] Insofern liegt der Fall anders als bei der fiktiven Einzahlung nach § 1587 a Abs 3, welche nicht auf eine Beitragsentrichtung, sondern auf die Bildung einer Äquivalenz zur gesetzlichen Rente zum Ziel hat. Um diese Äquivalenz zu bestimmen, ist die Berücksichtigung der Hinterbliebenenversorgung unerlässlich, vgl § 1 BarwertVO Rn 10, 11, 14.

§ 1587 l

F: 4800 × 2,3 = 11040 DM
M: 6000 × 3,7 = 22200 DM
Die Differenz berechnet sich zu 22200 − 11040 = 11160 DM und der Ausgleichsanspruch von F zu 11160/2 = 5580 DM. Dieser Betrag ist in die von F gewählte Versorgung als Beitrag zu entrichten.

12 Bei **volldynamischen Anrechten** könnte – für kleinere Beträge – konsequent der **Einkaufswert in die gesetzliche Rentenversicherung** wie nach § 3 b Abs 1 Nr 2 VAHRG verwendet werden. Realistischer ist jedoch die Barwertberechnung mit einem Computer-Programm[10] unter Zugrundelegung einer Abzinsung von 2,5%[11].

13 **5. Zur Abfindung der Ausgleichsrente.** Die Abfindung erfolgt nach Abs 1 wegen des **Anspruchs** auf eine Ausgleichsrente. Es kann nun der Fall eintreten, dass die Barwertbilanz für die Abfindung und die Nominalbilanz für die Ausgleichsrente zu **gegensätzlichen Ergebnissen zur Ausgleichsrichtung** führen. Die nominell **geringeren Renten** des einen Gatten können nämlich wegen dessen **höherem Alter** oder **höherer Dynamik** einen **größeren Barwert** als die nominell höheren Renten des anderen Gatten haben.

13.1 **Beispiel:** M ist 60 Jahre alt und hat eine Rente von 500 DM monatlich auszugleichen, F ist 50 Jahre alt und hat eine Rente von 600 DM auszugleichen. Da beide Renten statisch sind, hat M eine Ausgleichsrente von 600 − 500 = 100/2 = 50 DM zu erwarten. Er kann jedoch keine Abfindung verlangen, denn bei Anwendung der BarwertVO ergibt sich für ihn eine Abfindung von 500 × 12 × 6,6 = 39600 DM, während sich der Barwert der Rente von F mit 600 × 12 × 3,9 = 28080 DM berechnet. Selbst wenn man nicht die BarwertVO, sondern die Sterbetafel 1986/88[12] verwendet und die geringere Sterblichkeit der Frauen berücksichtigt, kommt man bei einer Abzinsung von 5,5% zu keinem anderen Ergebnis: 500 × 12 × 6,379 = 39274 gegen 600 × 12 × 4,436 = 31939 DM.

14 Hier hat derjenige Gatte, der die Ausgleichsrente zu erwarten hat, keinen Anspruch auf Abfindung. Fraglich ist, ob der andere einen Abfindungsanspruch hat, obgleich er **keine Ausgleichsrente** erwarten könnte. Die stärkeren Gründe sprechen wohl dafür, diese Frage zu bejahen, weil der schuldrechtliche Ausgleich und seine Bewertungsregeln **gegenüber dem Wertausgleich subsidiär** sind und eine korrekte **Barwertbilanz** der **Bewertung im vorrangigen Wertausgleich** entspricht.

IV. Form der Abfindung (Abs 3)

15 Nach Abs 3 kann die Abfindung nur in Gestalt einer **Beitragszahlung** verlangt werden, und zwar **nach Wahl des Ausgleichsberechtigten** entweder zur gesetzlichen Rentenversicherung oder zu einer privaten Lebens- oder Rentenversicherung. Es handelt sich hier nur um eine Frage der Ausgleichsform, nicht der Ausgleichshöhe. Die Art der gewählten Versorgung hat daher auf die Höhe der Abfindung keinen Einfluss.

16 **Barabfindungen** sind dagegen nur auf Grund einer **Vereinbarung** möglich.

17 **1. Beiträge zur gesetzlichen Rentenversicherung.** Wird die Zahlung von Beiträgen zur gesetzlichen Rentenversicherung verlangt, so **müssen** die **Voraussetzungen** für die **Entgegennahme freiwilliger Beiträge**[13] gegeben sein, denn nach hM begründet § 1587 l Abs 3 keine selbstständige Verpflichtung der gesetzlichen Rentenversicherung zur Entgegennahme von Beiträgen[14]. Die Höhe der mit dem Abfindungsbetrag erworbenen Rente bestimmt sich nach dem Umrechnungsfaktor Barwerte in Entgeltpunkte und danach Multiplikation mit dem aktuellen Rentenwert (ebenso wie bei der fiktiven Beitragsentrichtung der Wertausgleichsbilanz, vgl § 1587 a Rn 163). Diese **Ausgleichsform konkurriert** mit § 3 b Abs 1 Nr 2 VAHRG. Wegen der **Unterschiede** vgl § 3 b VAHRG Rn 9.

18 Ein **Vorteil** dieser Ausgleichsform besteht darin, dass bei vorzeitigem Versterben des Berechtigten nach § 7 VAHRG die Beiträge zurückverlangt werden können (vgl § 7 VAHRG Rn 2). Auch hat sich die Rentenversicherung in Katastrophenzeiten als sicherer erwiesen. **Nachteilig** ist, dass die Dynamik der gesetzlichen Rentenversicherung die **Verzinsung in der Lebensversicherung** nicht erreicht.

19 **2. Private Lebens- oder Rentenversicherung (S 2).** Es kann sich um eine **Rentenversicherung,** aber auch um eine **Kapitallebensversicherung** handeln, für welche der Berechtigte einen Vertrag dem Familiengericht vorzulegen hat. Die Versicherung muss auf die Person des Berechtigten und für den Fall seines **Todes** oder des **Erreichens des 65.** oder geringeren **Lebensjahrs** abgeschlossen sein. Eine Absicherung für den Fall der **Invalidität** ist nach dem Gesetz nicht notwendig. Dieses verlangt jedoch nur ein Deckungskapital, aus dem beim **Gewinnanteile** zufließen, die zur **Erhöhung der Versicherungsleistungen** verwendet werden. Damit wird eine gewisse **Dynamik** der Versorgung gesichert. Die einschränkenden Regelungen dienen dem Schutz des Berechtigten. Daher ist eine Leistung im Todesfall **nicht obligatorisch.** Vielmehr ist auch eine solche Regelung, obgleich sie nur dem Hinterbliebenen nützt, als **zulässig** anzusehen, weil sie einem Standard entspricht. Die **Alters-**

---

[10] ZB *Gutdeutsch,* Familienrechtliche Berechnungen, Verlag C. H. Beck; *Hauß,* ADVO-Expert, Otto Schmidt Verlag.
[11] Vgl *Glockner/Gutdeutsch* FamRZ 1999, 896, 901.
[12] Vgl *Gutdeutsch,* Familienrechtliche Berechnungen, „versicherungsmathematischer Barwert".
[13] Nach § 7, § 157 SGB VI können Nicht-Versicherungspflichtige jährliche Beiträge nur bis zur Beitragsbemessungsgrenze leisten. Darüber hinaus kann ein Recht auf Beitragsnachentrichtung bestehen nach § 207 SGB VI (für Ausbildungszeiten) oder nach § 284 SGB VI (für Vertriebene). Über die Möglichkeiten der freiwilligen Beitragsentrichtung im Einzelfall erteilen die Träger der gesetzlichen Rentenversicherung gemäß § 14 SGB I Auskunft.
[14] *Bergner* Anm 5; *Borth* Rn 680; MünchKommBGB/*Glockner* Rn 17; *Johannsen/Henrich/Hahne* Rn 11.

begrenzung auf das Alter von 65 Jahren kann sich nach dem Schutzzweck nur auf Anwartschaften, **nicht** auf sofort fällige **Leibrenten** beziehen.

3. Wirkung der Abfindung. Erst mit Zahlung der geschuldeten Abfindung geht der **Anspruch** 20 auf Zahlung einer **Ausgleichsrente** unter. Dem Gesetz ist nicht zu entnehmen, dass bereits die Anerkennung oder Titulierung des Abfindungsanspruchs den Anspruch auf Ausgleichsrente beseitigen könnte. Falls aber die Abfindung noch nicht geleistet ist, wenn die Voraussetzungen des § 1587 g Abs 1 S 2 eintreten, insbes wenn Ratenzahlungen nachgelassen wurden (vgl Rn 22), können beide Ansprüche nebeneinander bestehen. Zahlungen auf den einen Anspruch sind dann auf den anderen anzurechnen (vgl Rn 23). Bei **verspäteter Zahlung** besteht ein Anspruch auf Ersatz des **Verzugsschadens** nach § 286, welcher jedoch in dem bei späterer Zahlung erhöhten Einkaufspreis für die gleiche Versorgung und ev. zusätzlich den entgangenen Gewinnanteilen besteht. Ist die geschuldete Beitragsentrichtung **nicht** (mehr) **möglich**, bleibt neben dem Anspruch auf Schadensersatz wegen zu vertretender Unmöglichkeit nach § 280 der Anspruch auf die Ausgleichsrente bestehen. Unabhängig davon kann ggf auch ein Anspruch auf verlängerten Versorgungsausgleich bestehen (§ 3 a VAHRG Rn 3). Bei einer **Teilleistung** geht ein entsprechender **Teil** des Anspruchs auf eine **Ausgleichsrente** unter. Mit dem Anspruch auf Ausgleichsrente **erlischt** auch der Anspruch auf Abfindung mit dem **Tode des Berechtigten** (§ 1587 m). Die abgefundene Ausgleichsrente ist bedarfsdeckend auf einen etwaigen **Unterhaltsanspruch anzurechnen** (vgl § 1587 n Rn 1). Verstirbt der Verpflichtete nach Erfüllung des Abfindungsanspruchs, so entsteht **kein Anspruch** auf den **verlängerten schuldrechtlichen Versorgungsausgleich** (vgl § 3 a VAHRG Rn 6).

Sind Beiträge zur gesetzlichen Rentenversicherung gezahlt worden, so sind bei vorzeitigem Ver- 21 sterben des Berechtigten nach § 7, § 4 VAHRG die **Beiträge** teilweise oder ganz **zu erstatten** (vgl § 7 VAHRG Rn 2)[15].

4. Ratenzahlungen (S 3). Wenn die Leistung nicht als Ganzes erbracht werden kann, können auf 22 Antrag einer der Parteien Ratenzahlungen gewährt werden. Das ist allerdings wenig praktisch, weil in diesen Fällen **meist** die Abfindung **nicht zumutbar** sein dürfte. Eine Verzinsung ist nicht vorgeschrieben. Da die Stundung jedoch zu einer **Veränderung** des **Werts** der **Leistung** führt, muss die gestundete Leistung so bestimmt werden, dass sie denselben Barwert wie die geschuldete Abfindung darstellt. Als Zinssatz bietet sich deshalb der **Rechnungszins** der BarwertVO von **4,5%** an.

Wenn vor Bezahlung aller Raten der Anspruch auf Ausgleichsrente nach § 1587 g Abs 1 S 2 23 fällig wird, entsteht eine **Anspruchskonkurrenz**, weil der Anspruch auf die Ausgleichsrente nur insoweit erloschen ist, als bereits die Abfindung geleistet wurde (Rn 20). Andererseits umfasst die berechnete Abfindung auch die noch geschuldete Ausgleichsrente. Eine Anpassung der Entscheidung über die Abfindung analog § 53 e FGG ist nicht vorgesehen. Auch fehlt jede Regelung des Verhältnisses der Ansprüche zueinander. Da beide Ansprüche aber denselben Grund haben, erscheint es gerechtfertigt, die Leistung auf den einen Anspruch auf den jeweils anderen **anzurechnen**.

Eine Stundung (etwa bis zum Zeitpunkt der Fälligkeit einer Kapitallebensversicherung) ist nicht 23 a vorgesehen. Sie hätte auch nur Sinn in Verbindung mit der hier fehlenden Abänderungsmöglichkeit.

V. Prozessuales

Die Entscheidung des Familiengerichts über die Abfindung setzt einen **Antrag des Berechtigten** 24 voraus[16], welcher jedoch lediglich **Verfahrensantrag** ist. Ein Sachantrag stellt lediglich eine Anregung dar. Er **kann** idR bereits im **Scheidungsverbund** gestellt werden und unterliegt dann aber nach § 78 Abs 2 ZPO dem Anwaltszwang. Es dürfte möglich sein, den Anspruch auf Abfindung auf einen **Teil der Ansprüche** zu beschränken[17]. Dagegen spricht bereits die Bilanzierungspflicht. Wird allerdings der Anspruch nur teilweise erfüllt, so bleibt im übrigen der Anspruch auf Ausgleichsrente bestehen (vgl Rn 20).

§ 1587 m Erlöschen des Abfindungsanspruchs

Mit dem Tode des Berechtigten erlischt der Anspruch auf Leistung der Abfindung, soweit er von dem Verpflichteten noch nicht erfüllt ist.

Die Vorschrift ist wegen § 1587 l Abs 3 an sich überflüssig und dient nur der Klarstellung, denn nach 1 dem **Tode des Versicherten** können **keine Versicherungsprämien** für ihn mehr geleistet werden[1]. Wegen der durch den Todesfall bewirkten Zweckverfehlung geht der Anspruch auch bei Verzug oder Rechtshängigkeit nicht auf die Erben über[2]. Auch Ansprüche aus Schadensersatz wegen Nichterfüllung gehen nach dem Sinn der Vorschrift nicht auf die Erben über[3]. Soweit die Zahlungspflicht bis zum

---

[15] *Johannsen/Henrich/Hahne* § 7 VAHRG Rn 1 mwN; aA MünchKommBGB/*Eißler* § 1587 m Rn 1.
[16] *Johannsen/Henrich/Hahne* Rn 3.
[17] OLG Oldenburg Beschluss vom 12. 4. 1983, 13 UF 9/82, zitiert nach MünchKommBGB/*Glockner* gegen Soergel/*Vorwerk* Rn 4; MünchKommBGB/*Glockner* Rn 5.
[1] Staudinger/*Eichenhofer* Rn 1.
[2] *Johannsen/Henrich/Hahne* Rn 1; MünchKommBGB/*Gräper* Rn 1.
[3] MünchKommBGB/*Gräper* Rn 2; aA *Johannsen/Henrich/Hahne* Rn 1.

§ 1587 o   Buch 4. Abschnitt 1. Bürgerliche Ehe

Tode des Berechtigten nicht erfüllt war, blieb zwar der Anspruch auf die Ausgleichsrente nach § 1587 g Abs 1 bestehen, erlosch aber nach § 1587 k Abs 2 mit dessen Tod für die Zukunft ebenfalls. Wurden **Beiträge** zur **gesetzlichen Rentenversicherung** bezahlt, können sie nach Maßgabe von §§ 7, 4 VAHRG **zurückverlangt** werden.

2   **Verstirbt** der **Verpflichtete,** so **erlischt** der Anspruch **nicht**[4]. Sein vorzeitiger Tod ist kein Abänderungsgrund, weil das Versterbensrisiko bereits in der Zeitwertberechnung nach § 1587l Abs 2 berücksichtigt ist (vgl § 1587l Rn 7) und der Eintritt dieses Risikos somit den Abfindungswert nicht verändern kann. Der Versorgungsbedarf des Berechtigten bleibt ebenfalls unverändert. Auch ist zu beachten, dass mit der Abfindung der Anspruch des Berechtigten auf den verlängerten schuldrechtlichen Versorgungsausgleich nach § 3 a VAHRG erlischt. Allerdings bleibt dieser Anspruch insoweit bestehen, als die Abfindung nicht gezahlt wurde.

§ 1587 n Anrechnung auf Unterhaltsanspruch

Ist der Berechtigte nach § 1587l abgefunden worden, so hat er sich auf einen Unterhaltsanspruch gegen den geschiedenen Ehegatten den Betrag anrechnen zu lassen, den er als Versorgungsausgleich nach § 1587 g erhalten würde, wenn die Abfindung nicht geleistet worden wäre.

1   Die Vorschrift gehört dem **Unterhaltsrecht** an[1]. Sie sichert die **Anrechnung** der durch die Abfindung erbrachten Leistung **auf den Unterhalt** des Berechtigten so, dass der Verpflichtete **nicht doppelt in Anspruch genommen** werden kann. Die zukünftige Ausgleichsrente wird als **Unterhalt** gedeutet und gilt als **abgefunden,** wie im Fall eines Unterhaltsverzichts. Die Verwendung der Abfindung für die Deckung seines Bedarfs bleibt dadurch in der **Risikosphäre des Berechtigten.** Ihm kommen **Nachteile und Vorteile** der Abfindung alleine zu.

1.1 **Beispiel:** M hatte ein prägendes Einkommen von 4000 DM und zahlte davon der erwerbsunfähigen F einen Unterhalt von 45%, also 1800 DM. Er hatte eine Rente von 3000 DM zu erwarten mit einem Ehezeitanteil von 2000 DM monatlich. Hieraus hätte F eine Ausgleichsrente von 1000 DM monatlich zu erwarten. Als M 58 Jahre alt wird, verlangt F die Abfindung ihres Anspruchs und erhält 1000 × 12 × 6,0/2 = 36000 DM, welche sie in eine Lebensversicherung mit Fälligkeit in 65. Lebensjahr einzahlt. Vor diesem Zeitpunkt wird jedoch M erwerbsunfähig und erhält nun die Rente von 3000 DM. Da F ebenfalls erwerbsunfähig ist, betrüge ihr Unterhaltsanspruch 3000/2 = 1500 DM. Sie muss sich jedoch darauf die abgefundene Ausgleichsrente von 1000 DM anrechnen lassen, so dass sich der Unterhaltsanspruch letztlich von 1800 DM auf 500 DM vermindert. Da F aus ihrer Lebensversicherung noch keine Leistungen bezieht, muss sie sich insoweit um eine Vertragsumwandlung bemühen.

2   Die auf den Unterhalt anzurechnende **fiktive Ausgleichsrente** berechnet sich in gleicher Weise, wie die **wirkliche Ausgleichsrente** (vgl § 1587 g Rn 6 ff). Wenn sich zwischen Abfindung und Unterhaltsberechnung die Rente geändert hat, so ist grds nach § 1587 g Abs 2 S 2 diese **Änderung** zu berücksichtigen.

Kapitel 4. Parteivereinbarungen (§ 1587 o)

§ 1587 o Vereinbarungen über den Ausgleich

(1) ¹Die Ehegatten können im Zusammenhang mit der Scheidung eine Vereinbarung über den Ausgleich von Anwartschaften oder Anrechten auf eine Versorgung wegen Alters oder verminderter Erwerbsfähigkeit (§ 1587) schließen. ²Durch die Vereinbarung können Anwartschaftsrechte in einer gesetzlichen Rentenversicherung nach § 1587 b Abs. 1 oder 2 nicht begründet oder übertragen werden.

(2) ¹Die Vereinbarung nach Absatz 1 muss notariell beurkundet werden. ²§ 127 a ist entsprechend anzuwenden. ³Die Vereinbarung bedarf der Genehmigung des Familiengerichts. ⁴Die Genehmigung soll nur verweigert werden, wenn unter Einbeziehung der Unterhaltsregelung und der Vermögensauseinandersetzung offensichtlich die vereinbarte Leistung nicht zu einer dem Ziel des Versorgungsausgleichs entsprechenden Sicherung des Berechtigten geeignet ist oder zu keinem nach Art und Höhe angemessenen Ausgleich unter den Ehegatten führt.

Übersicht

	Rn		Rn
I. Normzweck.............................	1	III. Abgrenzung zu Vereinbarungen durch Ehevertrag.................................	3
II. Grenzen der Dispositionsfreiheit	2	1. Form	3

---

[4] *Staudinger/Eichenhofer* Rn 6; aA *Soegel/Vorwerk* Rn 1; MünchKommBGB/*Gräper* Rn 3; RGRK/*Wick* Rn 3; *Johannsen/Henrich/Hahne* Rn 3.
[1] *Staudinger/Eichenhofer* Rn 1.

	Rn		Rn
2. Zeitpunkt	4	b) Geeignetheit zur Alterssicherung	35
3. Inhalt	7	c) Angemessenheit	38
IV. Anforderungen im Einzelnen	9	2. Prozessuale Anforderungen	41
1. Form	9	a) Verfahren	42
2. Zeitpunkt	10	b) Beteiligte	44
3. Inhalt	11	c) Zuständigkeit	45
a) Grenzen	12	d) Darlegungs- und Beweislast	46
b) Ausschluss oder inhaltliche Gestaltung	13	e) Entscheidung	47
c) Vollständiger oder teilweiser Ausschluss	14	f) Rechtsbehelfe	49
d) Modifizierung des Ausgleichs	17	VI. Formfrei zulässige Vereinbarungen	50
4. Einzelfälle	18	1. Vereinbarungen über den schuldrechtlichen Ausgleich	50
a) Ausschluss oder Herabsetzung mit Gegenleistung	19	2. Vereinbarungen über die Abänderung des VA	53
b) Modifikationen der Durchführung	23	3. Vereinbarungen nach Abschluss des VA-Erstverfahrens	54
c) Vereinbarungen zur Bewertung	27	VII. Rechtswirkungen	57
d) Vereinbarungen über Folgen der Durchführung	28	VIII. Abänderbarkeit	60
V. Genehmigungserfordernis	31	IX. Vereinbarungen nach Übergangsrecht	63
1. Inhaltliche Voraussetzungen	31		
a) Allgemeines	32		

I. Normzweck

§ 1587 o gewährt den Eheleuten in gewissem Umfang **Dispositionsfreiheit** bezüglich des VA. 1
Sie können ihn durch Vereinbarung ausschließen oder die Durchführung in bestimmten Grenzen regeln. Dies dient der Erleichterung und Beschleunigung des Scheidungsverfahrens und ermöglicht auch umfassende Regelungen der materiellen Scheidungsfolgen unter Einbeziehung güterrechtlicher und unterhaltsrechtlicher Fragen. Voraussetzung für eine Vereinbarung über den VA ist allerdings, dass überhaupt ein VA stattfinden könnte[1]. Vereinbarungen über die Durchführung des VA können für beide Parteien vorteilhaft sein. Die Einzahlung auf eine Lebensversicherung vermeidet zB die Nachteile der Umrechnung nicht dynamischer Anrechte und des schuldrechtlichen VA.

II. Grenzen der Dispositionsfreiheit

Die grundsätzliche Dispositionsfreiheit unterliegt in mehrfacher Hinsicht Beschränkungen: 2
- in **zeitlicher** Hinsicht: Vereinbarungen nach § 1587 o dürfen nur im Zusammenhang mit der Scheidung getroffen werden (Abgrenzung zum Ehevertrag nach § 1408).
- **inhaltliche Grenzen:** nach Abs 1 S 2 dürfen Anrechte der gesetzlichen Rentenversicherung durch Vereinbarung nicht übertragen oder begründet werden. Die Regelung enthält ein **Verbot des Supersplitting**, dessen Durchbrechung nur im Rahmen des § 3 b Abs 1 Nr 1 VAHRG zulässig ist. Insoweit sind auch Parteivereinbarungen wirksam[2]. Weiter darf der nach dem Gesetz bestehende Ausgleichsanspruch nicht erhöht werden, damit sich vertragliche Abreden nicht zu Lasten der Allgemeinheit auswirken. Die in § 1587 b Abs 1, 2, § 1 Abs 2 und 3, §§ 2, 3 b VAHRG festgelegte Rangfolge der Ausgleichsformen[3] und der Stichtag des Eheendes als Bewertungszeitpunkt[4] dürfen nicht geändert werden. Schließlich darf der durch Art 14 GG verfassungsrechtlich abgesicherte **Halbteilungsgrundsatz**[5] nicht verletzt werden, also nicht mehr als die Hälfte der vom Ausgleichspflichtigen erworbenen Anrechte auf den Ausgleichsberechtigten übertragen werden.
- Ferner sieht § 1587 o ein **gerichtliches Genehmigungserfordernis** vor zum Schutz der Ehegatten, die in der Scheidungssituation oft die Bedeutung einer angemessenen Alterssicherung verkennen, und der Allgemeinheit vor vertraglichen Regelungen zu Lasten der Versichertengemeinschaft[6].

III. Abgrenzung zu Vereinbarungen durch Ehevertrag

1. Form. Nach § 1408 können Regelungen über den VA auch durch Ehevertrag getroffen werden. 3
Der Ausschluss durch Ehevertrag bedarf nach § 1410 der notariellen Beurkundung, während die Scheidungsvereinbarung nach § 1587 o notariell oder durch gerichtlich protokollierten Vergleich erfolgen kann. Nach § 1414 S 2 tritt mit dem Ausschluss des VA durch Ehevertrag zugleich Gütertrennung ein, sofern die Parteien nicht Entgegenstehendes vereinbaren. Bei der Scheidungsverein-

---

[1] RGRK/*Wick* Rn 9.
[2] RGRK/*Wick* Rn 13; *Johannsen/Henrich/Hahne* Rn 17.
[3] *Göppinger/Wenz* Rn 370 b; MünchKommBGB/*Strobel* Rn 13.
[4] BGH FamRZ 1990, 273; OLG München FamRZ 1997, 1082; MünchKommBGB/*Strobel* Rn 13.
[5] Zu den Verfassungsfragen des VA vgl auch *Johannsen/Henrich/Hahne* Vor § 1587 Rn 38 ff.
[6] Zur Entstehungsgeschichte vgl RGRK/*Wick* Rn 1.

§ 1587 o

barung ist eine derartige Verknüpfung mit dem Güterrecht nicht vorgesehen, jedoch können die Parteien Vereinbarungen schließen, die beide Materien umfassen.

4   **2. Zeitpunkt.** Ein Ehevertrag kann auch erst nach der Trennung der Parteien geschlossen werden[7]; der Ausschluss des VA durch Ehevertrag ist nur wirksam, wenn er ausdrücklich erfolgt und nicht innerhalb eines Jahres nach Vertragsschluss ein Antrag auf Scheidung gestellt wird (§ 1408 Abs 2 S 2)[8]; ob ein wegen vorzeitig erhobener Scheidungsklage unwirksam gewordener Ausschluss bei Rücknahme des Scheidungsantrags wieder in Kraft tritt, ist streitig;[9] bei Abweisung oder Rücknahme des Scheidungsantrags und späterer erneuter Einreichung tritt kein Wiederaufleben einer zunächst unwirksam gewordenen Scheidungsvereinbarung ein[10]. Bei Nichtigkeit wegen Nichteinhaltung der **Jahresfrist** bleibt der Ausschluss durch Scheidungsvereinbarung nach § 1587 o möglich. In Notarverträgen ist gelegentlich für den Fall der Nichtigkeit die Aufrechterhaltung als Scheidungsvereinbarung vorgesehen.

5   Eine Umdeutung einer als Ehevertrag nichtig gewordenen Vereinbarung über den VA in eine Scheidungsvereinbarung ist jedoch nicht zulässig[11]. Die Abgrenzung zur Scheidungsvereinbarung ist nicht anhand der subjektiven Seite (Scheidungsabsicht oder nicht), sondern nur in zeitlicher Hinsicht möglich[12].

6   Nach **Rechtshängigkeit des Scheidungsverfahrens** ist ein genehmigungsfreier Ausschluss des VA durch Ehevertrag nach § 1408 nicht mehr zulässig. Das Genehmigungserfordernis nach § 1587 o dient dem Zweck, Übervorteilungen eines Partners in der Scheidungssituation zu verhindern[13]. Hierzu überprüft das Gericht, ob die von den Parteien vereinbarte Regelung zur Sicherung des Ausgleichsberechtigten im Alter und bei Erwerbsunfähigkeit geeignet und der Ausgleich nicht offensichtlich unangemessen ist. Ein durch Ehevertrag wirksam vereinbarter Ausschluss kann auch nicht nach Rechtskraft der Ehescheidung einvernehmlich aufgehoben werden mit der Folge, dass dann eine Entscheidung über den VA zu ergehen hätte[14].

7   **3. Inhalt.** Beide Arten von Vereinbarungen können den völligen oder teilweisen[15] Ausschluss des VA zum Gegenstand haben und dürfen nicht zu einer Erhöhung des gesetzlichen Anspruchs führen[16]. Sie können sich auf die Außerachtlassung einzelner Anrechte und die Einbeziehung von Anrechten bis zu einem bestimmten Zeitpunkt[17] beziehen[18]. Das Verbot des Supersplitting über die Grenzen des § 3 b Abs 1 Nr 1 VAHRG hinaus gilt auch beim Ehevertrag[19].

8   Im Unterschied zu § 1587 o findet bei Eheverträgen nach § 1408 eine **Inhaltskontrolle** nur in den Grenzen der §§ 134 und 138 statt. Der BGH hatte die Grenzen wirksamer Vereinbarungen allerdings sehr weit gezogen (Wirksamkeit des Ausschlusses auch bei Schwangerschaft der Frau und Abhängigmachen der Eheschließung[20] oder der Fortsetzung der Ehe von einer Vereinbarung[21] – auch bei erhöhtem Betreuungsbedarf der aus der Ehe hervorgegangenen Kinder)[22]. Das BVerfG hat Eheverträge einer strengeren Inhaltskontrolle unterworfen, insbes, soweit die Belange gemeinsamer Kinder betroffen sind[23]. Der BGH hat jetzt in einer Grundsatzentscheidung[24] Kriterien und Zeitpunkte der Inhaltskontrolle nach §§ 138 und 242 (Ausübungskontrolle) präzisiert. Danach gehört der VA zu dem besonders geschützten Kernbereich des Scheidungsfolgenrechts, der nicht uneingeschränkt zur Disposition der Ehegatten steht. Die Entscheidung dürfte Ausstrahlungswirkung auch auf Scheidungsvereinbarungen nach § 1587 o haben.

---

[7] BVerfG FamRZ 1985, 1007.
[8] Zur Anwendbarkeit des § 270 Abs 3 in diesen Fällen vgl BGH FamRZ 1995, 1588; nach BGH FamRZ 1999, 155 genügt die Einreichung eines PKH-Gesuchs hingegen nicht. Bei Rücknahme des Scheidungsantrags ist der Ausschluss wirksam, vgl BGH FamRZ 1986, 788; OLG Hamm FamRZ 1995, 40. Soll dagegen eine Vereinbarung zunichte gemacht werden, so ist ein Antrag auf sofortige Zustellung der Scheidungsantragsschrift nach § 65 Abs 7 Nr 3, 4 GKG mit entsprechender Begründung zweckmäßig, vgl BGH FamRZ 1995, 1588.
[9] Von der überwiegenden Meinung bejaht, vgl die Nachweise bei RGRK/*Wick* Rn 3.
[10] *Johannsen/Henrich/Hahne* Rn 9; MünchKommBGB/*Strobel* Rn 36; *Soergel/Vorwerk* Rn 9; aA *Langenfeld* Rn 463; *Ruland* DRV 1979, 84.
[11] BGH FamRZ 1983, 459; aA OLG Koblenz FamRZ 2004, 1970.
[12] Nach *Rolland* Rn 6 und MünchKommBGB/*Strobel* Rn 5 ist dagegen zum Abschluss einer Scheidungsvereinbarung eine konkrete, dem anderen Partner bekannte Scheidungsabsicht erforderlich; zur Abgrenzung vgl auch *Johannsen/Henrich/Hahne* Rn 6.
[13] BGH FamRZ 1987, 467.
[14] Vgl OLG Köln FamRZ 2000, 832; für Vereinbarungen nach § 1587 o aA OLG Karlsruhe FamRZ 2004, 1972.
[15] Zur Zulässigkeit eines teilweisen Ausschlusses vgl BGH FamRZ 1986, 890.
[16] BGH FamRZ 1990, 273.
[17] Zu der in diesem Fall vorzunehmenden Vergleichsberechnung *Gutdeutsch,* Handbuch Fachanwalt Familienrecht, Rn 134.
[18] Zum zulässigen Inhalt von Vereinbarungen vgl *Ruland* AnwBl 1982, 87; *Eichenhofer* DNotZ 1994, 213.
[19] BGH FamRZ 1990, 273; *Johannsen/Henrich/Hahne* Rn 16.
[20] BGH FamRZ 1996, 1536.
[21] BGH FamRZ 1997, 156.
[22] BGH FamRZ 1997, 192; vgl auch OLG Köln FamRZ 1997, 1539; zu weitgehend wohl auch OLG Hamm FamRZ 2000, 830; zutr dagegen OLG Köln FamRZ 2000, 832: Sittenwidrigkeit nicht bereits wegen mangelnder wirtschaftlicher Sicherung einer Partei.
[23] BVerfG FamRZ 2001, 343 und 985; vgl dazu auch *Bergschneider* FamRZ 2001, 1337.
[24] FamRZ 2004, 601 m Anm *Borth;* zu den Rechtsfolgen iE vgl BGH FamRZ 2005, 185 m Anm *Bergschneider* 188.

IV. Anforderungen im Einzelnen

1. Form. Scheidungsvereinbarungen bedürfen nach Abs 2 S 1 der **notariellen oder gerichtlichen Beurkundung** (Abs 2 S 1, § 127 a). Die gerichtliche Beurkundung hat in der gleichen Form zu erfolgen wie die Protokollierung eines Vergleichs (§ 53 b Abs 4 FGG, §§ 162 Abs 1, 160 Abs 3 Nr 1 ZPO). Dabei müssen **beide Parteien anwaltlich vertreten** sein[25]. 9

2. Zeitpunkt. Im zeitlichen Zusammenhang mit der Scheidung können Vereinbarungen der Parteien über den VA nur durch **Scheidungsvereinbarung** unter den Voraussetzungen des **§ 1587 o** erfolgen. Im Hinblick auf die Jahresfrist des § 1408 Abs 2 S 2 sind Vereinbarungen nach § 1587 o bereits frühestens ein Jahr vor Zustellung des Scheidungsantrags zulässig[26]. Sie können auch noch nach rechtskräftiger Scheidung im abgetrennten VA-Verfahren geschlossen[27] und bis zum Schluss der mündlichen Verhandlung im Beschwerdeverfahren oder bis zur Rechtskraft der Entscheidung über den VA in das Verfahren eingeführt werden[28]. Der Scheidung steht die Aufhebung der Ehe gleich[29]. Nach der Scheidung sind Vereinbarungen über den VA nicht mehr wirksam, sofern sie die rechtsgestaltende Wirkung eines durchgeführten VA rückgängig machen würden. Das gilt für alle Ausgleichsformen mit Ausnahme des schuldrechtlichen Ausgleichs[30]. 10

3. Inhalt. Der zulässige Inhalt von Scheidungsvereinbarungen ist im Gesetz nicht näher geregelt. 11

a) Grenzen. § 1587 o sieht Begrenzungen durch das Genehmigungserfordernis und das Verbot des Eingreifens in Anrechte der gesetzlichen Rentenversicherung sowie der Erhöhung des Ausgleichsanspruchs im Vergleich zu dem gesetzlich bestehenden vor. Ferner ist das Verbot des Supersplitting außerhalb der Grenzen des § 3 b Abs 1 Nr 2 VAHRG zu beachten. Verstößt eine Vereinbarung gegen das **Verbot des Supersplitting,** so ist sie trotz gerichtlicher Genehmigung nichtig[31]. Ebenso ist eine Vereinbarung unwirksam, die den **Höchstbetrag nach § 1587 b Abs 5** außer Acht lässt[32]. Im übrigen lässt § 1587 o den Parteien einen weiten Spielraum. 12

b) Ausschluss oder inhaltliche Gestaltung. Die Parteien können den Ausschluss oder die inhaltliche Gestaltung des VA regeln. Die Grenzen des Abs 1 S 2 sind jedoch auch hier zu beachten. Zu den Einzelheiten vgl auch Rn 2. Das Verbot der Begründung oder Übertragung von Anrechten der gesetzlichen Rentenversicherung und der Erhöhung des Ausgleichs gilt für die Ausgleichsformen des VAHRG entsprechend[33]. Die Parteien können zB die Außerachtlassung ausländischer Anrechte oder ungeklärter Versicherungszeiten beim Verpflichteten vereinbaren, da dies zu einer Verringerung des Ausgleichsanspruchs führt[34]. Insoweit handelt es sich um einen zulässigen Teilausschluss. Dagegen steht das Verbot des Supersplitting einer Vereinbarung entgegen, wonach Anrechte aus Kindererziehungszeiten der gesetzlichen Rentenversicherung beim Berechtigten ausgleichsfrei bleiben sollen[35]. 13

c) Vollständiger oder teilweiser Ausschluss. Der VA kann vollständig oder für einen Teil der Ehezeit ausgeschlossen werden[36]. Bei teilweisem Ausschluss ist eine zeitanteilige Kürzung des Ausgleichsanspruchs unzulässig, wenn in der ausgeschlossenen Zeit und in dem einzubeziehenden Zeitraum unterschiedlich hohe Anwartschaften erworben wurden[37]. Vielmehr ist eine konkrete Berechnung für den nicht von der vereinbarten Ausschluss erfassten Zeitraum erforderlich. Hierzu ist der Ausgleichsanspruch für die gesamte Ehezeit um den Ausgleichsanspruch für den Zeitraum des Ausschlusses, jeweils bezogen auf das Ende der Ehezeit, zu vermindern. Ist der Ausgleich aufgrund der Vereinbarung höher als er für die gesamte Ehezeit wäre, so ist er auf den Betrag zu begrenzen, der sich insgesamt für die Ehezeit ergäbe, da eine **Erhöhung des VA** aufgrund einer Vereinbarung **unzulässig** ist (Abs 1 S 2)[38]. 14

Beispiel: M und F haben am 6. 5. 1985 geheiratet. Der Scheidungsantrag wurde am 13. 5. 2000 zugestellt. Am 2. 5. 1995 haben die Ehegatten durch Ehevertrag den VA für die Zukunft ausgeschlossen. 14.1
M hat für die Zeit vom 3. 5. 1995 bis 30. 4. 2000 Rentenanwartschaften von 200 Euro erworben, für die Zeit vom 1. 5. 1985 bis 2. 5. 1995 400 Euro. F hat Rentenrechte von 300 Euro für die Zeit vom 1. 5. 1985 bis 2. 5. 1995 erworben, für die Zeit vom 3. 5. 1995 bis 30. 4. 2000 100 Euro
fiktiver Ausgleich für die gesamte Ehezeit: 600 − 400 = 200 : 2 = 100 Euro
Ausgleich für den Zeitraum des Ausschlusses: 200 − 100 = 100 : 2 = 50 Euro
aufgrund der Vereinbarung verbleibender Ausgleichsanspruch: 50 Euro.

---

[25] Bei nur einseitiger anwaltlicher Vertretung wird der Formmangel nach OLG Köln FamRZ 1998, 373 auch durch nachfolgende gerichtliche Genehmigung nicht geheilt.
[26] RGRK/*Wick* Rn 4; ebenso *Schwab/Hahne,* HdB ScheidungsR, Rn VI 289.
[27] Vgl *Eißler* Rn 486.
[28] BGH FamRZ 1982, 688.
[29] *Soergel/Vorwerk* Rn 19; MünchKommBGB/*Strobel* Rn 5.
[30] *Strobel/Vorwerk* Rn 7.
[31] BGH FamRZ 1988, 153; RGRK/*Wick* Rn 13.
[32] RGRK/*Wick* Rn 16.
[33] Vgl auch MünchKommBGB/*Strobel* Rn 10.
[34] Vgl RGRK/*Wick* Rn 17.
[35] OLG Düsseldorf FamRZ 1987, 839.
[36] Zum zulässigen Inhalt von Vereinbarungen vgl *Ruland* AnwBl 1982, 87; *Eichenhofer* DNotZ 1994, 213.
[37] Vgl auch OLG Bamberg FamRZ 2000, 292.
[38] Zur Berechnung im Fall des Teilausschlusses vgl BGH FamRZ 2001, 1444 m Anm *Bergmann* FamRB 2002, 10; *Gutdeutsch,* Handbuch Fachanwalt Familienrecht, Rn 234.

§ 1587 o

14.2 **Abwandlung:** Hätte F in der Zeit vom 1. 5. 1985 bis 2. 5. 1995 100 Euro Rentenanrechte erworben und in der Zeit vom 3. 5. 1995 bis 30. 4. 2000 300 Euro, so beträge der fiktive Ausgleich für die gesamte Ehezeit gleichfalls 100 Euro. Aufgrund der Vereinbarung ergäbe sich jedoch ein Ausgleich von 400 − 100 = 300 : 2 = 150 Euro, wäre also höher als der Ausgleich für die gesamte Ehezeit. Hier verbleibt es bei dem Ausgleichsbetrag von 100 Euro.

15 Zur Vermeidung von Fehlern ist es im Falle des Teilausschlusses erforderlich, dass die **jeweiligen Auskünfte auf das konkrete Ehezeitende bezogen** sind, da nur in diesem Fall der zutreffende aktuelle Rentenwert zugrunde gelegt wird.

16 Zulässig sind auch **Teilvereinbarungen über einzelne Anrechte**, sofern der Restausgleich hierdurch nicht berührt wird, zB bei ausländischen Anrechten oder Versorgungen, deren Bewertung zweifelhaft ist[39].

17 **d) Modifizierung des Ausgleichs.** Neben der **Vereinbarung einer anderen Ausgleichsform** kann auch eine Modifizierung der gesetzlichen Regelung vereinbart werden. So kann (genehmigungsfrei) auf die Geltendmachung von Härteklauseln gegen den Ausgleichsanspruch verzichtet werden[40]. § 1587 o ermöglicht zB auch die Einbeziehung noch verfallbarer betrieblicher Anrechte[41]. Ansonsten gelten die in Abs 1 S 2 aufgeführten Beschränkungen, dh der Ausgleich kann reduziert, jedoch nicht erhöht werden. Ebenso darf die Ehezeit verkürzt, aber nicht verlängert werden. Die Verkürzung darf allerdings nicht zu einer Umkehrung der Ausgleichsrichtung führen. Schließlich darf die Rangfolge der Ausgleichsformen nach § 1587 b Abs 1, 2 und §§ 1 Abs 2 und 3, 2, 3 b VAHRG nicht verändert werden[42].

18 **4. Einzelfälle.** Im folgenden sind Beispielsfälle für Vereinbarungen über den VA aufgeführt. Es handelt sich jedoch nicht um eine abschließende Aufzählung.

19 **a) Ausschluss oder Herabsetzung mit Gegenleistung.** Als Gegenleistung für die Nichtdurchführung oder Herabsetzung des VA können **alle Arten von Vermögenszuwendungen** vorgesehen werden. Dazu gehören zB Grundstücke, Wertpapiere, Lebensversicherungen und andere Vermögensgegenstände, deren Ertrag eine hinreichende Sicherheit für den Fall des Alters gewährt. Erforderlich ist jedoch, dass der Vermögensgegenstand **dauerhaft** dem Ausgleichsberechtigten **zur Verfügung** steht und der Disposition des Ausgleichspflichtigen entzogen ist.

20 **aa) Immobilien.** Zulässig ist zB die Übertragung von **Grundbesitz** oder grundstücksgleichen Rechten, sofern hieraus im Versorgungsfall laufende Erträge erzielt werden[43], ebenso die Bestellung eines Nießbrauchs oder einer subjektiven Reallast an sicherer Stelle. Die Zuweisung der Mietwohnung und des Hausrats genügen dagegen nicht.

21 **bb) Beteiligungen und Versicherungen.** Weiter sind geeignet die Übertragung von **Unternehmensbeteiligungen** und von **Wertpapieren,** sofern hieraus regelmäßig Erträge erfließen. Anstelle des VA kommt auch der Abschluss einer **Lebensversicherung** mit unwiderruflicher Bezugsberechtigung des Ausgleichsberechtigten[44], ersatzweise der gemeinsamen Kinder, in Betracht. Bezüglich der Ausgestaltung der Lebensversicherung auf Renten- oder Kapitalbasis ist § 1587 l Abs 3 S 2 entsprechend anzuwenden, dh die Fälligkeit muss spätestens auf das 65. Lebensjahr gestellt sein und die Gewinnanteile sollten dem Ausgleichsberechtigten zugute kommen. Weiter sollte das Risiko der Erwerbsunfähigkeit durch eine Berufsunfähigkeitszusatzversicherung (BUZ) abgesichert sein.

22 **cc) Unterhaltsleistung.** Die Verpflichtung, **Unterhalt** zu leisten, ist zur Alterssicherung nur dann geeignet, wenn sie den Fall des Alters des Berechtigten abdeckt und ihre Erfüllung auch für den Fall des Todes des Verpflichteten durch entsprechende Sicherheiten gewährleistet ist. Auch die Vereinbarung eines **Abfindungsbetrags** stellt grds eine zur Alterssicherung geeignete Leistung dar[45], da sich der Berechtigte hiermit selbst eine Altersversorgung aufbauen kann, sofern der Verpflichtete leistungsfähig ist und der Höhe zu nicht Versorgungszwecken dienen kann. Demgegenüber kann die Abfindung nach § 1587 l lediglich in Form einer Beitragszahlung zur gesetzlichen Rentenversicherung oder zu einer privaten Lebens- oder Rentenversicherung erfolgen. Streitig ist, ob im Falle der Barabfindung dem Berechtigten die Auflage erteilt werden kann, den Betrag zur Alterssicherung zu verwenden[46]. Zum Schutz der Allgemeinheit vor einem Vermögensverfall des Ausgleichsberechtigten erscheint diese Anordnung angebracht, sofern er nicht bereits über eine anderweitige Versorgung verfügt[47]. Ein in einer Vereinbarung geregelter Zahlungsanspruch ist gegen Pfändung und Aufrechnung geschützt[48].

23 **b) Modifikationen der Durchführung.** Neben dem Ausschluss oder Herabsetzung des VA kann auch dessen Durchführung durch Vereinbarung modifiziert werden. Zulässig sind zB die im folgenden aufgeführten Fallgestaltungen.

---

[39] RGRK/*Wick* Rn 17.
[40] BGH FamRZ 2001, 1447.
[41] BGH FamRZ 1987, 578.
[42] *Göppinger/Wenz* Rn 370 b; MünchKommBGB/*Strobel* Rn 13; dies steht jedoch zB der Vereinbarung des schuldrechtlichen VA im Falle der Unwirtschaftlichkeit nicht entgegen.
[43] Vgl *Soergel/Vorwerk* Rn 5; MünchKommBGB/*Strobel* Rn 27.
[44] BGH NJW 1982, 1463; OLG Düsseldorf FamRZ 1981, 804.
[45] Langenfeld DNotZ 1983, 152; Bedenken dagegen aber bei *Ruland/Tiemann* Rn 572.
[46] Dagegen *Johannsen/Henrich/Hahne* Rn 27; anders *Langenfeld* DNotZ 1983, 150.
[47] Vgl auch RGRK/*Wick* Rn 40; *Soergel/Vorwerk* Rn 5; *Langenfeld* Rn 478.
[48] OLG München FamRZ 1993, 814.

Vereinbarungen über den Ausgleich § 1587 o

aa) Beitragszahlung in die gesetzliche Rentenversicherung. Diese kann zur Begründung von 24 Anwartschaften für den Ausgleichsberechtigten vereinbart werden (§ 187 Abs 1 Nr 2 SGB VI), soweit er nicht bereits eine Vollrente wegen Alters bezieht (§ 187 Abs 4 SGB VI § 1587 b Abs 3 S 1 HS 2) oder der Höchstbetrag nach § 1587 b Abs 5 hierdurch überschritten wird. Zu den Einzelheiten s auch § 1587 b Rn 44 ff. Im Übrigen ist eine höhenmäßige Begrenzung der Möglichkeit zur Beitragszahlung, etwa auf den Höchstbetrag nach § 3 b Abs 1 Nr 1 VAHRG, nicht vorgesehen[49], sofern der Halbteilungsgrundsatz gewahrt wird. Die Vereinbarung der Beitragsleistung in die gesetzliche Rentenversicherung stellt nur dann eine zur Altersversorgung geeignete Leistung dar, wenn die Mindestwartezeit von sechzig Beitragsmonaten für eine gesetzliche Rente noch erfüllt werden kann. Die zu begründende Rente braucht nur als Monatsbetrag bezogen auf das Ende der Ehezeit festgelegt zu werden. Die Höhe der jeweils zu entrichtenden Beiträge wird ggf von Amts wegen bestimmt und angepasst (§ 53 e Abs 2 und 3 FGG). Die Beitragszahlung kann zB an die Stelle einer schuldrechtlich auszugleichenden Betriebsrente oder ausländischen Versorgung treten.

bb) Schuldrechtlicher VA. Auch eine Vereinbarung, dass der VA nur in schuldrechtlicher Form 25 erfolgen solle, ist zulässig[50]. Wegen der Beschränkungen des schuldrechtlichen Ausgleichs auf den Rentenfall des Ausgleichspflichtigen und dessen Lebenszeit ist eine hinreichende Sicherung des Ausgleichsberechtigten jedoch nur gegeben, wenn in der maßgeblichen Versorgungsordnung eine Verlängerung des schuldrechtlichen VA über den Todesfall des Pflichtigen hinaus als Anspruch gegen den Versorgungsträger vorgesehen ist, es sei denn, es werden zusätzliche Sicherheiten für Ausfallzeiten vereinbart[51]. Dabei ist jedoch § 3 a Abs 3 S 2 VAHRG zu beachten. Die Vereinbarung des schuldrechtlichen VA kommt zB in den Fällen der Unwirtschaftlichkeit in Betracht[52]. In diesem Fall ist der schuldrechtliche VA bei Vorversterben des Ausgleichspflichtigen allerdings nur durch den verlängerten Ausgleich gesichert, wenn die vereinbarte Rente den gesetzlichen Anspruch nicht übersteigt oder der Versorgungsträger zugestimmt hat. Zu den Einzelheiten vgl § 3 a VAHRG Rn 6. Zur Unwirtschaftlichkeit s § 1587 b Rn 56 ff. Der schuldrechtliche VA kann auch bei ungeklärten Fehlzeiten der gesetzlichen Rentenversicherung vereinbart werden[53]. Haben die Parteien den schuldrechtlichen VA vereinbart, so darf der erweiterte Ausgleich nach § 3 b VAHRG nicht durchgeführt werden[54]. Die Vereinbarung des schuldrechtlichen VA kann daher sinnvoll sein, um die Nachteile der Umrechnung von Betriebsrenten anhand der BarwertVO zu vermeiden. Zu den Einzelheiten vgl auch § 1 BarwertVO Rn 1 ff.

cc) Verlängerter schuldrechtlicher VA. Vereinbarungen über den verlängerten schuldrechtlichen 26 VA sind nur insoweit wirksam, als der Ausgleich an die Stelle des gesetzlichen tritt und diesen nicht übersteigt (vgl § 3 a Abs 3 S 2 VAHRG). Dieses Erfordernis soll Manipulationen zu Lasten des Versorgungsträgers verhindern[55].

c) Vereinbarungen zur Bewertung. Die Gleichbehandlung geringfügiger dynamischer mit **an-** 27 **gleichungsdynamischen Anrechten** beim Ausgleichsberechtigten kann vereinbart und dadurch eine Aussetzung des VA-Verfahrens bis zur Einkommensangleichung vermieden werden[56].

d) Vereinbarungen über Folgen der Durchführung. In bestimmten Fällen können auch die 28 Folgen der Durchführung des VA durch Vereinbarung abgewendet oder gemindert werden.

aa) Vermeidung der Rentenkürzung. Im Hinblick auf § 5 VAHRG (Unterhaltsprivileg) kann auch 29 eine Unterhaltszahlung aufgrund gesetzlicher Unterhaltspflichten vereinbart werden, um eine auf dem VA beruhende Rentenkürzung zu vermeiden. Zum Unterhaltsprivileg vgl auch § 5 VAHRG Rn 1 ff.

bb) Regelungen der Steuer- und Krankenversicherungspflicht. Die bislang unterschiedliche 30 steuerliche Belastung von gesetzlichen Renten und Beamtenversorgung, die bei der Durchführung des VA keine Berücksichtigung findet und nur in seltenen Fällen zur Anwendung von Härteregelungen führt (vgl § 1587 c Rn 17), kann durch Vereinbarung einer anteiligen Übernahme der Steuerlast gemildert oder aufgehoben werden. Das Gleiche gilt für die volle Beitragspflicht zur Kranken- und Pflegeversicherung, der die Betriebsrente auch nach Durchführung des schuldrechtlichen VA unterliegt. Zu den Einzelheiten vgl auch § 1587 g Rn 8.

V. Genehmigungserfordernis

1. Inhaltliche Voraussetzungen. In Abs 2 sind die Voraussetzungen genannt, unter denen eine 31 Vereinbarung der Parteien zum VA zu genehmigen ist.

---

[49] Vgl dazu auch MünchKommBGB/*Strobel* Rn 16; *Johannsen/Henrich/Hahne* Rn 26.
[50] BGH FamRZ 89, 602; nach den Empfehlungen des 13. Deutschen Familiengerichtstags sollte das Todesfallrisiko des Verpflichteten abgesichert werden, wenn dieser verstirbt, ohne dass dem Berechtigten bereits Leistungen aufgrund des VA zustehen, vgl FamRZ 2000, 275.
[51] HM, so zB *Langenfeld* DNotZ 1983, 154; *Rolland* Rn 20.
[52] Als Alternative zum Antrag nach § 1587 b Abs 4 auf anderweitige Durchführung des VA an das Gericht. Insoweit kann auch das Gericht die Durchführung des VA vorbehalten. In diesem Fall ist der Vorbehalt in den Tenor aufzunehmen.
[53] OLG Frankfurt FamRZ 1987, 494.
[54] BGH FamRZ 1989, 602; generell darf er nicht gegen den Willen des Berechtigten durchgeführt werden, da er dessen Interessen abgesichert werden, BGH FamRZ 1993, 172.
[55] Zur Unanwendbarkeit des verlängerten schuldrechtlichen Ausgleichs bei Vereinbarung einer über die gesetzliche Verpflichtung hinausgehenden Ausgleichszahlung durch die Parteien vgl BGH FamRZ 1989, 602.
[56] BGH FamRZ 2001, 1701; OLG Dresden FamRZ 1996, 742; OLG Brandenburg FamRZ 1998, 1441; *Dörr/Hansen* NJW 1999, 3237; anders *Borth* Kap 2 Rn 259 und OLG Bamberg FamRZ 2000, 291.

§ 1587 o

32 a) **Allgemeines.** Im Unterschied zu Eheverträgen bedürfen Scheidungsvereinbarungen der **Genehmigung des Familiengerichts** (Abs 2 S 3). Diese soll nur verweigert werden, wenn
- die Regelung zur Alterssicherung des Berechtigten nicht geeignet oder
- insgesamt nach Art und Höhe des Ausgleichs unangemessen ist (§ 1587 o Abs 2 S 4)[57].

Die Neuformulierung der Vorschrift zum 1. 1. 2000 betrifft lediglich die redaktionelle Fassung.

33 Abs 2 S 4 stellt eine **abschließende Regelung** dar. Eine Verweigerung der Genehmigung aus anderen Gründen ist nicht zulässig. Für die Genehmigungsfähigkeit von Vereinbarungen ist entscheidend, ob eine anderweitige, dem aus dem VA zu erwartenden Anrecht gleichwertige Absicherung vorliegt[58]. Hierbei ist das **wirtschaftliche Gesamtergebnis** der von den Parteien ins Auge gefassten Ausgleichsregelung zu würdigen; entgegen dem Wortlaut der Vorschrift kommt es nicht allein auf die Leistung des Ausgleichspflichtigen an[59].

34 Ein vollständiger **Ausschluss** des VA wird demnach vor allem dann **genehmigungsfähig** sein, wenn Gründe vorliegen, die auch einen Ausschluss nach § 1587 c rechtfertigen würden. Eine Prüfung der Tatbestandsvoraussetzungen dieser Vorschrift ist jedoch nicht erforderlich. Zum Ausschluss des VA s auch Rn 13. Zulässig ist zB ein Ausschluss für die Trennungszeit[60]. Zur Zulässigkeit eines teilweisen Ausschlusses und zum Berechnungsmodus s auch Rn 14. Anstelle des Ausschlusses können Ehegatten in diesen Fällen auch eine **Herabsetzung** des VA vereinbaren. Im Hinblick auf die Rechtsprechung zur Inhaltskontrolle von Eheverträgen[61] dürfte ein vollständiger Ausschluss des VA für Zeiten der Kinderbetreuung ohne Gegenleistung nicht genehmigungsfähig sein. Zulässig ist jedoch eine Beschränkung des VA auf den Ausgleich der durch die Haushaltsführung und Kinderbetreuung entstandenen Nachteile[62].

35 b) **Geeignetheit zur Alterssicherung.** Gegen die Erteilung der Genehmigung bestehen keine Bedenken, wenn der durch den VA begünstigte Ehegatte **in anderer Weise**, zB durch Übertragung von Vermögen oder Erträge eigenen Vermögens hinreichend für den Fall des Alters **gesichert** ist. Davon kann nur ausgegangen werden, wenn er bezüglich der ihm übertragenen Vermögenswerte eine eigenständige Berechtigung erwirbt und insoweit gegen Verfügungen des Ausgleichspflichtigen geschützt ist. Dagegen ist ein einverständlicher Ausschluss, der auf einen entschädigungslosen Verzicht eines Partners hinausläuft, nicht genehmigungsfähig[63].

36 Ein **Verzicht** ist aber genehmigungsfähig, wenn der berechtigte Ehegatte auf den VA für eine eigenständige Sicherung im Fall des Alters nicht angewiesen ist[64], zB weil er als Freiberufler seine Alterssicherung an Vermögenswerten aufgebaut hat, die nicht in den VA fallen, seine Versorgung in anderer Weise, etwa durch einen Dritten, gesichert ist[65] oder weil die Versorgungsanrechte der Ehegatten in etwa gleich hoch sind. Die Instanzgerichte genehmigen einen Ausschluss nicht selten auch dann, wenn beide Ehegatten durchgängig gearbeitet und eine ausreichende eigene Altersversorgung erworben haben und der Ausgleichsberechtigte die allgemeine Wartezeit erfüllt hat[66]. Jedenfalls bei kurzer Ehedauer und in Ehen ab einem sozialversicherungspflichtigem Einkommen dürften gegen eine Genehmigung keine Bedenken bestehen[67]. Eine generelle Abgeltungsklausel in einem umfassenderen Vertragswerk reicht für die Annahme eines Verzichts auf den VA nicht aus. Vielmehr ist eine ausdrückliche Verzichtserklärung erforderlich[68].

37 Für die Genehmigungsfähigkeit ist eine Absicherung des **Erwerbsunfähigkeitsrisikos** nicht zwingend notwendig, zahl im VA zu berücksichtigende Anrechte dieses nicht mit abdecken. Ist bereits eine volle eigene Altersversorgung beim Ausgleichsberechtigten vorhanden, so kann die Genehmigung nicht verweigert werden. In jedem Fall ist zu prüfen, ob die **Mindestwartezeit** für den Bezug einer gesetzlichen Rente bei Abschluß der Vereinbarung erfüllt wird[69].

38 c) **Angemessenheit.** Die Genehmigung ist weiter zu versagen, wenn die vereinbarte Regelung nicht zu einem **angemessenen Ausgleich** zwischen den Ehegatten führt. Das Gesetz geht daher nicht von einem entschädigungslosen Verzicht aus[70]. Dieser ist vielmehr nur zulässig, wenn auch die Voraussetzungen für einen Ausschluss des VA vorliegen oder aber der Verzicht im Hinblick auf Umstände erklärt wird, die im Rahmen des § 1587 c Nr 1 zu berücksichtigen sind, für sich allein aber nicht die Annahme der groben Unbilligkeit rechtfertigen[71]. Anstelle des Ausschlusses können Ehegatten in diesen Fällen auch eine **Herabsetzung** des VA vereinbaren.

39 Die Beurteilung, ob die vereinbarte Leistung zu einem angemessenen Aus**gleich** zwischen den Ehegatten führt, ist aufgrund eines **Vergleiches zwischen dem vereinbarten und dem gesetzlich**

---

[57] Zur Verfassungsmäßigkeit der Genehmigungspflicht vgl MünchKommBGB/*Dörr* Rn 21 mwN.
[58] BGH NJW 1982, 1463; NJW 1987, 1768.
[59] Vgl MünchKommBGB/*Strobel* Rn 25.
[60] BGH FamRZ 1990, 273.
[61] BGH FamRZ 2005, 26 m Anm *Bergschneider* 28; OLG Dresden FamRZ 2006, 1546.
[62] BGH FamRZ 2005, 185.
[63] OLG Zweibrücken FamRZ 1998, 1377.
[64] BGH NJW 1987, 1768.
[65] BGH NJW 1982, 1463.
[66] Vgl auch *Langenfeld* Rn 471; einschränkend aber BGH NJW 1987, 1768.
[67] Vgl RGRK/*Wick* Rn 46.
[68] BGH FamRZ 1989, 1062.
[69] MünchKommBGB/*Strobel* Rn 26.
[70] Vgl BGH NJW 1987, 1768.
[71] BGH NJW 1987, 1768.

geschuldeten Ausgleich vorzunehmen, zu dem das Gericht erforderlichenfalls die notwendigen Ermittlungen anzustellen und ggf Auskünfte der Rentenversicherungsträger einzuholen hat, sofern es den Wert nicht selbst feststellen kann. Das Merkmal der **Offensichtlichkeit** besagt dabei, dass kein bis ins Einzelne gehender Vergleich zwischen dem Ergebnis eines durchgeführten VA und der vereinbarten Leistung vorzunehmen ist[72], sondern eine überschlägige Berechnung genügt. Zum Vergleich kann auf den Barwert des ausgeschlossenen Anrechts oder den fiktiven Abfindungsbetrag nach § 1587 l abgestellt werden, der sich auch mit Hilfe von Computerprogrammen[73] berechnen lässt. Bei einer privaten Rentenversicherung ist eine Dynamisierung zur Wertsicherung erforderlich[74].

Die Genehmigung darf nur bei **auffälligem Missverhältnis** zwischen vereinbarter und gesetzlich geschuldeter Leistung abgelehnt werden. Bei der Prüfung ist nicht nur auf die Höhe der vereinbarten Leistung abzustellen, sondern auch darauf, in welcher Form die Versorgung des ausgleichsberechtigten Ehegatten erfolgen soll. Bei der vereinbarten Beitragsentrichtung in die gesetzlichen Rentenversicherung zugunsten des Ausgleichsberechtigten ist zB die Frage der Erfüllung von Wartezeiten in die Abwägung einzubeziehen. **40**

2. Prozessuale Anforderungen. Bei der Erteilung oder Verweigerung der Genehmigung sind verfahrensmäßige Anforderungen zu beachten. **41**

a) Verfahren. Das Verfahren über die Genehmigung einer Vereinbarung über den VA ist **FGG-Verfahren,** § 64 Abs 3 FGG, § 23 b Abs 1 Nr 7 GVG, § 621 Abs 1 Nr 6 ZPO. Jedoch sind die Vorschriften des FGG teilweise durch Regelungen der ZPO und des GVG ersetzt[75]. Die Genehmigung setzt **keinen Antrag** voraus; wird eine Vereinbarung über den VA vorgelegt, so ist dies regelmäßig als Ersuchen auf Erteilung der Genehmigung zu werten und hierüber zu entscheiden[76]. Bei Vorlage einer Vereinbarung durch die Parteien im Verbundverfahren ist über die Genehmigung vorrangig zu entscheiden. Eine derartige Entscheidung kann erst ergehen, wenn der Scheidungsantrag rechtshängig geworden ist, weil vorher der Stichtag für das Ende der Ehezeit nach § 1587 Abs 2 nicht bekannt ist[77]. Zur Prüfung der Angemessenheit einer vertraglichen Regelung kann das Gericht eine Auskunft des Rentenversicherungsträgers einholen[78]. **42**

Spätestens mit der Endentscheidung über den VA hat das Gericht auch über die Genehmigung der Vereinbarung zu befinden[79]. Die Parteien haben einen **Rechtsanspruch auf Genehmigung,** soweit kein Versagungsgrund vorliegt und die Versagung auch nicht nach dem Schutzzweck der Norm geboten ist[80]. **43**

b) Beteiligte. Verfahrensbeteiligt sind nur die Ehegatten. Die Versorgungsträger sind jedoch zu beteiligen, wenn der VA durch eine Vereinbarung lediglich modifiziert wird und das FamG die genehmigte Vereinbarung seiner Entscheidung über den VA zugrunde legt[81]. Ob dies auch gilt, wenn die Entrichtung von Beiträgen in die gesetzliche Rentenversicherung vereinbart und der Versorgungsträger lediglich zur Annahme der Beiträge verpflichtet wird, ist zweifelhaft, da dieser nicht in seiner Rechtsstellung betroffen ist[82]. Im Falle eines Ausschlusses des VA ist eine Beteiligung der Versorgungsträger nicht erforderlich[83]. **44**

c) Zuständigkeit. Über die Genehmigung hat das **FamG** zu entscheiden. Hat es die Genehmigung versagt und über den VA entschieden, so ist die Genehmigungsfähigkeit erneut zu prüfen, wenn gegen die Entscheidung Beschwerde eingelegt wurde[84]. Ist das Verfahren über den VA aufgrund eines zulässigen Rechtsmittels bereits in zweiter Instanz anhängig, so hat der Familiensenat des **OLG** über die Genehmigung zu entscheiden[85]. Dies gilt unabhängig davon, ob die Vereinbarung gerichtlich protokolliert oder notariell beurkundet wird. Ist dagegen das Verfahren über den VA als isoliertes Verfahren noch beim FamG anhängig, so bleibt dieses für die Genehmigung zuständig. **45**

d) Darlegungs- und Beweislast. Die Partei, die sich auf die Genehmigungsfähigkeit einer Vereinbarung beruft, hat die Darlegungslast für deren Voraussetzungen[86]. Dazu ist ausführlicher **anwaltlicher Vortrag** erforderlich, der auf die Gesamtsituation der Parteien nach der Scheidung, insbes nach Eintritt des Versorgungsfalls eingeht. Das Gericht hat hier nur eine begrenzte Ermittlungspflicht[87]. **46**

---

[72] BVerfG FamRZ 1982, 769; zu den Einzelheiten vgl auch MünchKommBGB/*Strobel* Rn 33 f.
[73] ZB *Gutdeutsch*, Familienrechtliche Berechnungen.
[74] RGRK/*Wick* Rn 39.
[75] Zu den Einzelheiten vgl MünchKommBGB/*Strobel* Vor § 53 b FGG Rn 7 ff.
[76] Vgl BGH FamRZ 1987, 578. Dies gilt auch dann, wenn einer der Ehegatten nach Vorlage der Vereinbarung an dieser nicht mehr festhalten will; vgl dazu auch RGRK/*Wick* Rn 26.
[77] Vgl *Friederici* FamRZ 1978, 655.
[78] RGRK/*Wick* Rn 39.
[79] RGRK/*Wick* Rn 25.
[80] RGRK/*Wick* Rn 2.
[81] *Rolland* Rn 38; Soergel/*Vorwerk* Rn 24; anders MünchKommBGB/*Strobel* Rn 38.
[82] Für eine Beteiligung RGRK/*Wick* Rn 26 mwN zum Meinungsstand.
[83] BGH FamRZ 1989, 602.
[84] Zum Genehmigungsverfahren s auch *Borth* Kap 8 Rn 25 ff; zur Anfechtbarkeit einer isolierten Entscheidung, durch die die Genehmigung einer Vereinbarung versagt wurde, vgl BGH FamRZ 1999, 576.
[85] BGH NJW 1982, 1464; FamRZ 1983, 461.
[86] OLG Bamberg FamRZ 1998, 374.
[87] BGH FamRZ 1994, 96.

§ 1587 o

47 e) **Entscheidung.** Die Genehmigung ist in **Beschlußform** oder im **Verbundurteil** auszusprechen und bedarf jedenfalls dann einer **Begründung,** wenn die Parteien über die Genehmigungsfähigkeit der Vereinbarung streiten[88]. Sie ist den Ehegatten förmlich zuzustellen, § 64 Abs 3 FGG iVm §§ 621 Abs 1 Nr 6, 329, 208 ff ZPO. In der bloßen Mitwirkung des Gerichts beim Abschluss der Vereinbarung kann eine Genehmigung nicht gesehen werden; jedoch kann im Einzelfall eine konkludente Genehmigung angenommen werden, wenn das Gericht ersichtlich eine Teilvereinbarung der Parteien seiner Entscheidung zugrunde legt. Die Genehmigung kann nicht unter einer **Bedingung, Befristung** oder mit einer Auflage erteilt werden;[89] dies würde zu Unklarheiten darüber führen, ob über den VA zu entscheiden ist oder nicht.

48 Die **Versagung der Genehmigung** erfolgt in Form eines isolierten Beschlusses oder zusammen mit der Endentscheidung über den VA[90]. Für den isolierten Beschluss genügt einfache Bekanntmachung nach § 16 Abs 1 FGG, weil hierdurch keine Rechtsmittelfristen in Lauf gesetzt werden. Wird die Genehmigung erst mit der Endentscheidung versagt, so reicht es aus, wenn die Verweigerung und die hierfür maßgeblichen Überlegungen aus den Gründen der Entscheidung hervorgehen. Versagt das Gericht die Genehmigung oder weist es die Parteien nach § 139 ZPO auf Bedenken gegen die Genehmigungsfähigkeit hin, so haben diese die Möglichkeit, bis zur Rechtskraft der Entscheidung über den VA eine anderweitige Vereinbarung zu schließen, die den Bedenken des Gerichts Rechnung trägt.

49 f) **Rechtsbehelfe.** Gegen die Erteilung der Genehmigung ist das **Rechtsmittel** der befristeten Beschwerde nach § 64 Abs 3 FGG, § 621 e ZPO statthaft[91]. Beschwerdeberechtigt sind die Ehegatten[92]. Für die Beschwer genügt die schlüssige Darlegung, dass die Genehmigung hätte versagt werden müssen[93]. Die Versagung der Genehmigung ist nach § 53 d S 2 FGG nicht selbständig anfechtbar. Jedoch kann mit dem Rechtsmittel über die Entscheidung gegen den VA geltend gemacht werden, dass die Genehmigung zu Unrecht verweigert worden sei. Teilt das OLG diese Rechtsauffassung, so kann es seinerseits genehmigen[94].

VI. Formfrei zulässige Vereinbarungen

50 1. **Vereinbarungen über den schuldrechtlichen Ausgleich.** Vereinbarungen über eine Änderung des schuldrechtlichen Ausgleichs fallen nicht unter § 1587 o, bedürfen also keiner gerichtlichen Genehmigung. Sie sind vielmehr formfrei möglich. Dies wird daraus gefolgert, dass der schuldrechtliche VA nur auf Antrag erfolgt. Wenn der Antrag überhaupt unterbleiben könne, dann seien die Parteien auch iÜ frei, einen schuldrechtlichen VA in anderer Weise zu regeln[95].

51 Ein durchgeführter oder vorbehaltener **schuldrechtlicher VA** kann deshalb genehmigungs- und formfrei vertraglich abgeändert werden. Ferner kann der Berechtigte darauf **verzichten,** zu Lebzeiten des Verpflichteten einen Antrag **auf Durchführung des schuldrechtlichen VA** zu stellen und sich dadurch nach dessen Tod die Möglichkeit des verlängerten schuldrechtlichen Ausgleichs erhalten. Zur beschränkten Dispositionsbefugnis über den verlängerten schuldrechtlichen VA s Rn 26. Auch der Verzicht auf den schuldrechtlichen VA kann formfrei abgeändert werden.

52 Ebenso kann **bei Ausländern** wegen des hier ebenfalls geltenden Antragsprinzips genehmigungsfrei über den VA verfügt werden, zB durch Vereinbarung des schuldrechtlichen VA oder durch Verzicht auf den VA. Auf entsprechenden Antrag hin ist der VA aus dem Verbund abzutrennen[96]. Nicht formbedürftig ist ferner ein Vertrag, durch den eine formgültige Vereinbarung über den VA ersatzlos aufgehoben wird[97].

53 2. **Vereinbarungen über die Abänderung des VA.** Da eine Abänderung des VA nur auf Antrag erfolgen kann (§ 10 a VAHRG), dürften auch Vereinbarungen über die Abänderung möglich sein (zB Verzicht auf die Stellung eines Abänderungsantrags gegen Übertragung von Vermögensgegenständen oder Abfindung). Ein derartiger Verzicht ist oft auch im Zusammenhang mit anderen Regelungen sinnvoll, da Vereinbarungen nach dem Willen der Parteien meist eine abschließende Regelung darstellen sollen. Der Verzicht auf die Abänderungsmöglichkeit muss jedoch ausdrücklich erklärt werden[98].

54 3. **Vereinbarungen nach Abschluss des VA-Erstverfahrens.** Nach Abschluss des Erstverfahrens über den VA können Vereinbarungen der geschiedenen Eheleute über den VA formfrei erfolgen und bedürfen nicht der Genehmigung des Gerichts[99]. In diesen Fällen entfällt eine Genehmigungspflicht, da

---

[88] AA *Schwab/Maurer,* HdB ScheidungsR, Rn I 114.
[89] Vgl *Göppinger/Wenz* Rn 424.
[90] BGH NJW 1987, 1768.
[91] HM, vgl zB OLG Düsseldorf FamRZ 1981, 804; OLG Frankfurt FamRZ 1983, 610; FamRZ 1985, 613; *Borth* Rn 800.
[92] Ob auch die Träger der gesetzlichen Rentenversicherung beschwerdeberechtigt sind, ist zweifelhaft, dürfte aber zu bejahen sein; dafür OLG Frankfurt FamRZ 1987, 494; dagegen OLG Köln FamRZ 1988, 182.
[93] OLG Stuttgart NJW 1980, 129; OLG Frankfurt FamRZ 1985, 613; *Borth* S 314; aA *Rolland* Rn 38; *Göppinger/Wenz* Rn 419.
[94] BGH NJW 1987, 1768.
[95] *Johannsen/Henrich/Hahne* Rn 12 mwN.
[96] OLG Schleswig FamRZ 1991, 96 m Anm *Schulze.*
[97] OLG Karlsruhe FamRZ 1995, 361; FamRZ 2004, 1972.
[98] Die auf grundlegende Änderungen beschränkte Anwendung der Regeln über den Wegfall der Geschäftsgrundlage wird hierdurch jedoch nicht ausgeschlossen.
[99] BayObLG FamRZ 1981, 560.

der **Schutzzweck** des § 1587 o, den schwächeren Ehegatten vor Übervorteilung in der Scheidungssituation zu schützen, nicht mehr berührt ist[100].

Allerdings können Anwartschaften in der **gesetzlichen Rentenversicherung** hierdurch nicht 55 übertragen und im Rahmen des VA vorgenommene Anwartschaftsübertragungen nicht rückgängig gemacht werden[101]. Dies gilt auch für Vereinbarungen, durch die die Wirkungen des VA nach rechtskräftiger Entscheidung rückgängig gemacht werden sollen.

Der Formzwang gilt ebenfalls nicht für Vereinbarungen über eine **gerichtlich angeordnete Bei-** 56 **tragszahlung**. Allerdings können die Parteien eine Beitragszahlung in die gesetzliche Rentenversicherung nach Rechtskraft des Scheidungsurteils nicht mehr vereinbaren, da eine Verpflichtung des Rentenversicherungsträgers zur Annahme derartiger Beiträge nur im Zusammenhang mit der Scheidung besteht (§ 187 Abs 1 Nr 2 SGB VI)[102]. Im Übrigen sind die **Grenzen** des Abs 1 S 2 auch hier zu beachten[103]. Ferner ist der **Halbteilungsgrundsatz** zu wahren, da ansonsten ein unzulässiger Eingriff in die nach Art 14 GG geschützten Rechtspositionen des Ausgleichspflichtigen vorliegt. Zum Halbteilungsgrundsatz s auch § 1587 a Rn 3.

VII. Rechtswirkungen

Scheidungsvereinbarungen können im Unterschied zu Eheverträgen nur für den Fall einer 57 konkreten Scheidung getroffen werden; ihre Rechtswirkungen treten daher frühestens mit der **Rechtskraft des Scheidungsurteils** ein. Bis zum Eintritt der Wirksamkeit sind die Ehegatten an die Vereinbarung gebunden, sofern kein Anfechtungsrecht besteht. Die Vereinbarung wird gegenstandslos, wenn der Antrag auf Scheidung rechtskräftig abgewiesen oder zurückgenommen bzw die Scheidungsabsicht endgültig aufgegeben wird, wenn noch kein Scheidungsverfahren anhängig war.

Die **Genehmigung** wird mit Eintritt der Rechtskraft wirksam. Da sie mit der befristeten Beschwerde 58 angreifbar ist, kann die Entscheidung durch das FamG nicht mehr abgeändert werden. Die Versagung der Genehmigung wird mit der Bekanntgabe an die beteiligten Ehegatten wirksam. Das FamG kann die Versagung der Genehmigung bis zum Erlass der Entscheidung über den VA ändern (§ 18 Abs 1 FGG). Im Falle der Verweigerung der Genehmigung wird die Vereinbarung über den VA erst dann endgültig unwirksam, wenn die Entscheidung über den VA rechtskräftig ist[104].

Soweit die Ehegatten den VA durch genehmigte Vereinbarung wirksam ausgeschlossen haben, ist 59 keine **Entscheidung über den VA** zu treffen (§ 53 d S 1 FGG). Ist die Wirksamkeit der Ausschlussvereinbarung eindeutig, so wird der VA nicht **Gegenstand des Scheidungsverfahrens**. Ein Ausspruch im **Tenor** hierzu unterbleibt; der Festsetzung eines Gegenstandswerts zum VA bedarf es nicht und es entstehen insoweit auch keine Anwalts- oder Gerichtsgebühren. Anderes gilt dagegen, wenn die Wirksamkeit des Ausschlusses zweifelhaft ist und einer näheren gerichtlichen Prüfung, ggf auch der Erörterung mit den Parteien im Scheidungstermin bedarf. In diesen Fällen sollte das Scheidungsurteil in den Gründen Ausführungen zur Wirksamkeit enthalten. Bei einer **Modifizierung** der gesetzlichen Regelung durch Vereinbarung hat das FamG die genehmigte Vereinbarung seiner Entscheidung über den Ausgleich zugrunde zu legen[105].

VIII. Abänderbarkeit

Hat die Vereinbarung der Parteien den Charakter eines materiell-rechtlichen Vergleichs nach § 779, 60 dann gelten für sie die Regeln über den **Wegfall der Geschäftsgrundlage**[106]. In diesem Fall unterliegt die Vereinbarung im Hinblick auf den Zweck der Genehmigungspflicht auf einen entsprechenden Antrag hin der **Abänderung** durch das Gericht.

Ergibt sich nach der rechtskräftigen Scheidung, dass die Vereinbarung als **Vergleich** nach § 779 BGB 61 unwirksam ist oder wird sie wirksam angefochten, so ist der VA im isolierten Verfahren nachzuholen[107]. Bis zur letzten mündlichen Verhandlung in der Tatsacheninstanz können die Ehegatten die Vereinbarung nach Abs 1 S 1 aufheben, auch wenn sie schon genehmigt ist[108]. Das FamG hat dann den VA durchzuführen[109]. Eine wirksame Vereinbarung kann vom FamG unter den gleichen Voraussetzungen wie eine Entscheidung zum VA nach § 10 a VAHRG abgeändert werden, sofern nicht die **Abänderung** ausdrücklich ausgeschlossen ist. Soweit eine Abänderung nach § 10 a Abs 9 VAHRG möglich ist, kommen die Grundsätze über den **Wegfall der Geschäftsgrundlage** nicht zur Anwendung. Für Vereinbarungen, die vor dem 1. 1. 1987 geschlossen wurden, gelten die Übergangsbestimmungen des § 13 Abs 1 Nr 2 VAHRG. Zu den Einzelheiten vgl auch § 10 a VAHRG Rn 37 f und § 13 VAHRG Rn 2.

---

[100] MünchKommBGB/*Strobel* Rn 8.
[101] Vgl OLG München FamRZ 1997, 1082 m Anm *Kemnade*; RGRK/*Wick* Rn 9.
[102] Vgl RGRK/*Wick* Rn 9.
[103] BGH FamRZ 1994, 234.
[104] *Rolland* Rn 33.
[105] OLG Frankfurt FamRZ 1987, 494; Soergel/*Vorwerk* Rn 30.
[106] BGH FamRZ 1994, 96.
[107] BGH FamRZ 1991, 679.
[108] RGRK/*Wick* Rn 51.
[109] Vgl *Rolland* Rn 11; MünchKommBGB/*Strobel* Rn 37.

§ 1587 p

62   Eine Verpflichtung zu wiederkehrenden Leistungen kann entsprechend § 323 Abs 1 und 4 ZPO bei wesentlicher Änderung der zugrunde liegenden Verhältnisse im isolierten Verfahren abgeändert werden[110].

IX. Vereinbarungen nach Übergangsrecht

63   Nach Übergangsrecht (**Art 12 Nr 3 Abs 3 S 1, 2 1. EheRG** vom 14. 6. 1976, BGBl I S 1421) entfällt der VA, wenn der Berechtigte für künftige Unterhaltsansprüche durch Vermögensübertragung abgefunden oder über die auszugleichenden Anwartschaften ein Vertrag zwischen den Parteien geschlossen wurde. Vereinbarungen hierüber waren nach altem Recht formfrei möglich[111]. Derartige Altfälle dürften heute allerdings nur noch selten vorkommen[112].

Kapitel 5. Schutz des Versorgungsschuldners (§ 1587 p)

§ 1587 p Leistung an den bisherigen Berechtigten

Sind durch die rechtskräftige Entscheidung des Familiengerichts Rentenanwartschaften in einer gesetzlichen Rentenversicherung auf den berechtigten Ehegatten übertragen worden, so muss dieser eine Leistung an den verpflichteten Ehegatten gegen sich gelten lassen, die der Schuldner der Versorgung bis zum Ablauf des Monats an den verpflichteten Ehegatten bewirkt, der dem Monat folgt, in dem ihm die Entscheidung zugestellt worden ist.

I. Normzweck

1   § 1587 p wurde als **Schutzvorschrift zugunsten der Versorgungsträger** in Anlehnung an § 407 geschaffen, weil dessen Anwendung auf Versorgungsträger ungewiss war. Im Unterschied zu § 407 schadet die bloße Kenntnis der Anwartschaftsübertragung hierbei noch nicht. Vielmehr wird dem Versorgungsträger mit Rücksicht auf die erforderliche Umstellung der Rentenleistungen eine **Nachfrist** gewährt. Auf den Rentenanspruch des Ausgleichsberechtigten dem Grunde nach und auf den Rentenbeginn hat § 1587 p keinen Einfluss[1]. Einschränkungen ergeben sich nur bezüglich der Rentenhöhe, und zwar längstens bis zum Ende der Schutzfrist.

II. Anwendungsbereich

2   **1. Voraussetzungen.** § 1587 p ist nur anwendbar, wenn der Verpflichtete im Zeitpunkt der Entscheidung über den VA bereits Rente bezieht und der Berechtigte ebenfalls die Voraussetzungen für den **Rentenbezug** erfüllt. In diesem Fall führt die Durchführung des VA zu einer Erhöhung der Rentenleistung beim Berechtigten. Die erhöhte Rentenleistung steht ihm ab Eintritt der Rechtskraft der Entscheidung über den VA, frühestens aber mit Rechtskraft der Scheidung zu (§ 629 d ZPO, § 53 g Abs 1 FGG). Die Rente ist gemäß § 99 SGB VI vom Ablauf des Monats an zu gewähren, in dem ihre Voraussetzungen erfüllt sind. § 1587 p räumt dem Versorgungsträger die nötige Zeit für die versicherungstechnische Umstellung der Rentenzahlungen ein und schützt ihn innerhalb der darin genannten Frist vor doppelter Inanspruchnahme, wenn er nach Eintritt der Rechtskraft der Entscheidung über den VA noch an den bisherigen Rechtsinhaber leistet. Der Schutz reicht jedoch nur, soweit eine Doppelzahlung überhaupt in Betracht kommt, nicht aber, wenn Erhöhungs- und Minderungsbetrag bei den geschiedenen Ehegatten wegen unterschiedlicher Rentenarten voneinander abweichen[2].

3   **2. Maßgeblicher Zeitpunkt.** Bezüglich des maßgeblichen Zeitpunktes ist zwischen erstinstanzlichen und weiteren Entscheidungen zu differenzieren.

4   **a) Erstinstanzliche Entscheidungen.** Der Wortlaut der Vorschrift stellt noch auf die frühere Fassung der Verfahrensvorschriften zum VA ab, nach denen der Versorgungsträger nicht Beteiligter des VA-Verfahrens sein sollte. Nachdem dies im Laufe des Gesetzgebungsverfahrens geändert wurde, wird dem Versorgungsträgern nur noch die rechtskräftige Entscheidung zugestellt und der Lauf der Rechtsmittelfrist hierdurch in Gang gesetzt. Dagegen wird die Rechtskraft der Entscheidung dem Versorgungsträger nicht zwingend mitgeteilt, da hierzu keine Rechtspflicht des FamG besteht. Nach dem Zweck der Vorschrift ist aber nicht auf die Zustellung der Entscheidung, sondern auf die **Kenntnis** vom Eintritt **der Rechtskraft der Entscheidung** abzustellen, da erst ab diesem Zeitpunkt eine Verpflichtung zu deren Vollziehung für die Versicherungsträger besteht[3]. Erhält der Versorgungsträger binnen angemessener Zeit keine Mitteilung über den Eintritt der Rechtskraft, so muss er sich selbst durch **Einholung eines Rechtskraftzeugnisses** vergewissern, ob die ihm mitgeteilte Entscheidung des FamG zwischenzeitlich rechtskräftig geworden ist. Das folgt aus seiner Beteiligtenstellung, insbes aber

---

[110] RGRK/*Wick* Rn 51.
[111] Vgl auch BGH FamRZ 1981, 533.
[112] Zu den Einzelheiten vgl *Johannsen/Henrich/Hahne* Vor § 1587 Rn 32 ff.
[1] MünchKommBGB/*Sander* Rn 21.
[2] Vgl MünchKommBGB/*Sander* Rn 19.
[3] BSG FamRZ 1983, 389; FamRZ 1985, 595.

Leistung an den bisherigen Berechtigten § 1587 p

aus der Fürsorgepflicht gegenüber dem Rentenberechtigten. Tut er dies nicht, so steht sein Kennenmüssen der Kenntnis gleich[4].

b) Weitere Entscheidungen. Der Zeitpunkt der Kenntnis oder des Kennenmüssens der **Wirksamkeit der Entscheidung über den VA** ist auch maßgeblich, wenn das OLG entschieden und eine weitere Beschwerde nicht zugelassen hat. In der Regel tritt dann die Rechtskraft mit dem Erlass des Beschlusses ein. Dies gilt jedoch nicht, wenn hiergegen ein an sich statthaftes, im konkreten Fall aber unzulässiges Rechtsmittel eingelegt wurde. Dann bewirkt die Verwerfungsentscheidung des BGH den Eintritt der Rechtskraft[5]. Auch hier gibt erst die Rechtskraftmitteilung des OLG dem Versorgungsträger die für die Vollziehung der Entscheidung nötige Sicherheit[6]. Hat der BGH über den VA entschieden, so tritt die Rechtskraft unmittelbar mit der Zustellung der Entscheidung ein und beginnt die Schutzfrist mit diesem Zeitpunkt. Im Verbund hat das Gericht bei der Bemessung des nachehelichen Unterhalts die Umsetzungsfrist des § 1587 p zu beachten[7]. 5

3. Rechtsfolgen bei Überschreitung der Schutzfrist. Bei Überschreitung der Schutzfrist muss der Versorgungsträger erneut an den Berechtigten zahlen, kann jedoch die ab Ende der Schutzfrist erfolgte Überzahlung an den Ausgleichspflichtigen von diesem zurückfordern, wenn die Überzahlung unverschuldet war und dieser seine Nichtberechtigung kannte oder kennen musste. Davon unberührt bleibt die zwischen den geschiedenen Ehegatten nach §§ 812, 816 Abs 2 bestehende Ausgleichspflicht[8]. 6

4. Entsprechende Anwendung der Vorschrift. Gemäß § 3 VAHRG sind die Vorschriften des BGB auf die Ausgleichsformen nach dem VAHRG **entsprechend anwendbar.** § 1587 p gilt daher auch bei der Realteilung nach § 1 Abs 2 VAHRG und beim Quasisplitting der Höherversicherungsanteile der gesetzlichen Rentenversicherung (§ 1 Abs 3 VAHRG), bei denen ebenfalls Identität des Versorgungsträgers bestehen kann. Für die weiteren Fälle des Quasisplittings wird die entsprechende Anwendbarkeit jedoch überwiegend verneint[9]. Dass verschiedene Träger der gesetzlichen Rentenversicherung beteiligt sind, hindert indessen die Anwendung der Vorschrift nicht. Für das **Abänderungsverfahren** enthält § 10 a Abs 7 S 2 VAHRG eine entsprechende Schutzvorschrift, die in ihrem Anwendungsbereich noch über § 1587 p hinausgeht (auch für das Quasisplitting nach § 1587 b Abs 2, § 1 Abs 3 und für den erweiterten Ausgleich nach § 3 b Abs 1 Nr 1 VAHRG). 7

---

[4] BSG FamRZ 1983, 699.
[5] GemS OGB FamRZ 1984, 975.
[6] BSG FamRZ 1985, 595; für eine Differenzierung danach, ob die Entscheidung verkündet wurde oder nicht, *Soergel/Schmeiduch* Rn 2.
[7] Vgl RGRK/*Wick* Rn 2.
[8] OLG Hamm FamRZ 1990, 528; RGRK/*Wick* Rn 10.
[9] *Soergel/Schmeiduch* Rn 5; MünchKommBGB/*Sander* Rn 7; dagegen mit beachtlichen Gründen *Johannsen/Henrich/Hahne* Rn 8; RGRK/*Wick* Rn 13.

Gesetz zur Regelung von Härten im Versorgungsausgleich (VAHRG)

vom 21. Februar 1983 (BGBl I S 105),
zuletzt geändert am 9. Dezember 2004 (BGBl I S 3242)
– Auszug –

I. Maßnahmen zur Beseitigung der Beitragszahlungspflicht im Versorgungsausgleich (§§ 1–3)

§ 1 Realteilung; Quasi-Splitting

(1) Sind im Versorgungsausgleich andere als die in § 1587 b Abs. 1 und 2 des Bürgerlichen Gesetzbuchs genannten Anrechte auszugleichen, so gelten an Stelle des § 1587 b Abs. 3 Satz 1 des Bürgerlichen Gesetzbuchs die nachfolgenden Bestimmungen.

(2) ¹Wenn die für ein Anrecht des Verpflichteten maßgebende Regelung dies vorsieht, begründet das Familiengericht für den anderen Ehegatten ein Anrecht außerhalb der gesetzlichen Rentenversicherung (Realteilung). ²Das Nähere bestimmt sich nach den Regelungen über das auszugleichende und das zu begründende Anrecht.

(3) Findet ein Ausgleich nach Absatz 2 nicht statt und richtet sich das auszugleichende Anrecht gegen einen öffentlich-rechtlichen Versorgungsträger, so gelten die Vorschriften über den Ausgleich von Anrechten aus einem öffentlich-rechtlichen Dienstverhältnis (Quasi-Splitting) sinngemäß.

Übersicht

	Rn		Rn
I. Normzweck	1	d) Kürzungsmodus und Härteregelungen	17
II. Anwendungsbereich (Abs 1)	2	3. Zustimmung im Einzelfall	18
		4. Bilanzwert und Gegenverrechnung	19
III. Realteilung (Abs 2)	5		
1. Bindung an die Zustimmung des Versorgungsträgers	5	IV. Analoges Quasisplitting (Abs 3)	21
2. Versorgungsordnung	7	1. Anwendungsbereich	21
a) Voraussetzungen der Realteilung	8	2. Vorschriften des Quasisplittings	23
b) Teilungsmodus	9		
c) Leistungsinhalt der begründeten Versorgung	16	V. Verfahrensfragen	25

I. Normzweck

1 Die Vorschrift will den Versorgungsausgleich durch **Beitragsentrichtung** nach § 1587 b Abs 3 aF BGB **beseitigen**, den das BVerfG[1] als ausschließliche Ausgleichsform in diesen Fällen missbilligt hatte. Die Vorschrift geht über diese Vorgabe hinaus. Sie beseitigt den Ausgleich durch Beitragsentrichtung insgesamt und ersetzt sie bei Einverständnis des Versorgungsträgers durch die **Realteilung** (Abs 2), bei öffentlich-rechtlich organisierten Versorgungsträgern durch ein **analoges Quasisplitting** (Abs 3) und belässt es iÜ beim **schuldrechtlichen Versorgungsausgleich** (§ 2). Die dabei gänzlich ausgeschlossene **Beitragsentrichtung** wurde nach Beanstandung durch das BVerfG[2] durch § 3 b Abs 1 Nr 2 **eingeschränkt wiedereingeführt** (eingefügt durch das VAwMG vom 8. 12. 1986, BGBl I S 1217).

II. Anwendungsbereich (Abs 1)

2 Die Vorschrift regelt den Wertausgleich derjenigen Anrechte, die nicht unter § 1587 b Abs 1, 2 BGB (gesetzliche Rente und Beamtenversorgung) fallen. Früher war allein § 1587 b Abs 3 BGB maßgebend (sonstige Versorgungen). Sind **mehrere** sonstige Versorgungen auszugleichen, so verteilt sich der Ausgleich auf diese **verhältnismäßig** (Quotierungsmethode)[3].

2.1 Nach der bis dahin herrschenden Rangfolgemethode sollten Gegenrechte zuerst auf schuldrechtlich auszugleichende, dann auf durch analoges Quasisplitting auszugleichende Anrechte verrechnet werden.

---

[1] Beschluss vom 27. 1. 1983, BVerfGE 63, 88 = FamRZ 1983, 342 = NJW 1983, 1471.
[2] Beschluss vom 8. 4. 1986, BVerfGE 71, 354 = FamRZ 1986, 543 = NJW 1986, 1321.
[3] BGH FamRZ 1994, 90 = NJW 1994, 48.

Realteilung; Quasi-Splitting § 1 VAHRG

Beispiel 1:

	F	M
gesetzliche Rente	500	1000
Betriebsrente	600	400
privater LV		1200
Insgesamt	1100	2600

Der Ausgleichsanspruch beträgt (2600 − 1100)/2 = 750. Der Ausgleich erfolgt durch Splitting in Höhe von (1000 − 500)/2 = 250 DM. Der Restanspruch von F beträgt: 750 − 250 = 500 DM, davon entfällt auf:

Betriebsrente: 500 × 400/(400 + 1200) = 125 DM
private Lebensversicherung: 500 × 1200/(400 + 1200) = 375 DM.

Auch andere Berechnungsweisen bei gleichem Ergebnis sind möglich.

Die **Quotierungsmethode** hat gegenüber der früher herrschenden **Rangfolgemethode** den 3 **Nachteil**, dass es häufiger zu dem für den Berechtigten nachteiligen schuldrechtlichen Versorgungsausgleich nach § 2 kommt. Deshalb hat der BGH[4] gestattet, **nach Ermessen** zur Vermeidung des schuldrechtlichen Versorgungsausgleichs den **Ausgleich bis zur Hälfte der erworbenen Rente zu erhöhen**. Das **setzt** allerdings **voraus**, dass auch durch den **erweiterten Ausgleich** nach § 3 b Abs 1 Nr 1 der schuldrechtliche Versorgungsausgleich **nicht vermieden** werden kann[5].

Fortsetzung des vorigen Beispiels: Die Betriebsrente von 125 DM kann nur schuldrechtlich nach § 2 3.1 ausgeglichen werden, die private Lebensversicherung hat jedoch die Realteilung nach Abs 2 (vgl Rn 4 ff) vorgesehen. Wenn ein erweiterter Ausgleich nach § 3 b nur in Höhe von 88,20 DM möglich ist, darf für die dem schuldrechtlichen Versorgungsausgleich verbleibenden 125 − 88,20 = 36,80 DM die private LV im Wege der Realteilung herangezogen werden (Realteilung insgesamt dann 375 + 36,80 = 421,80 DM), weil bei einer Rente von 1200 DM der Ausgleich bis zu 600 DM möglich wäre.

Bezogen auf **jede einzelne Versorgung** schafft die Regelung eine **Rangfolge** der Ausgleichs- 4 formen für sonstige Anrechte in der Weise, dass **zuerst** die Anwendung des Abs 2 **(Realteilung)**, danach des Abs 3 **(analoges Quasisplitting)** zu prüfen sind und nur dann, wenn beide vorrangigen Regelungen nicht einschlägig sind, die Rechtsfolge des § 2 **(schuldrechtlicher Ausgleich)** eintritt. Zur Anwendbarkeit der sonstigen Vorschriften zum Versorgungsausgleich bei sonstigen Anrechten vgl § 3 Rn 1 und 2.

III. Realteilung (Abs 2)

1. Bindung an die Zustimmung des Versorgungsträgers. Realteilung ist der Ausgleich durch 5 Begründung einer **eigenen Versorgung des Berechtigten** beim Versorgungsträger des Ausgleichspflichtigen oder bei einer anderen Versorgung **außerhalb der gesetzlichen Rentenversicherung**. Sie setzt das **Einverständnis** des Versorgungsträgers des Verpflichteten voraus und auch das Einverständnis des Versorgungsträgers, bei dem die Versorgung begründet werden soll, wenn er nicht mit ersterem identisch ist. Dieses Einverständnis kann sich darin ausdrücken, dass die **Versorgungsordnung** für bestimmte Fälle die Realteilung vorschreibt. Doch kann auch im **Einzelfall** das Einverständnis erklärt werden[6]. Ausnahmsweise wurde die Realteilung auch **gesetzlich geregelt** (§§ 43, 110 ALG). Eine **Vereinbarung** der Ehegatten nach § 1587 o BGB kann wegen des allgemeinen Verbots von Verträgen zu Lasten Dritter nur mit Zustimmung des betroffenen Versorgungsträgers die Realteilung anordnen[7].

Die Realteilung erfolgt durch **rechtsgestaltende richterliche Entscheidung**, welche **Anwart-** 6 **schaften** bei dem einwilligenden Versorgungsträger **begründet**[8]. Die Realteilung darf nur dann und nur in der Weise durchgeführt werden, wie sie vom Versorgungsträger angeordnet wurde. Ist die gerichtliche Entscheidung durch die Zustimmung des Versorgungsträgers nicht gedeckt, so beeinträchtigt das nicht die **Gültigkeit der Entscheidung**. Der Fehler ist im Rechtsmittelzug zu korrigieren. Andernfalls müssten die jeweiligen Fachgerichte (Arbeitsgericht, Sozialgericht, Verwaltungsgericht, Zivilgericht) über den Umfang der Realteilung entscheiden, was dem Ziel der Entscheidungskonzentration beim Familiengericht (§ 3 a Abs 9) widerspräche. Der Richter ist jedoch an die Regelung nur dann gebunden, wenn bestimmte **Mindestvoraussetzungen**, welche die Regelung als Versorgungsausgleich durch Teilung des Stammrechts kennzeichnen, erfüllt sind[9]. Fehlt es daran, so wird **nicht** etwa die **Regelung** der Realteilung **korrigiert**. Vielmehr darf dann die Realteilung nicht stattfinden. Der Versorgungsausgleich ist so durchzuführen, **als wenn** eine **Realteilung nicht vorgesehen** wäre[10]. Bei öffentlich-rechtlich organisierten Versorgungsträgern findet dann nach § 1 Abs 3 das analoge Quasisplitting statt, sonst nach § 2 der schuldrechtliche Versorgungsausgleich, an dessen Stelle ein Ersatzausgleich nach § 3 b Abs 1 treten kann.

---

[4] BGH FamRZ 1994, 90, 92.
[5] BGH FamRZ 1994, 90, 92; OLG Frankfurt FamRZ 2006, 274; *Johannsen/Henrich/Hahne* § 3 b Rn 9.
[6] BGH FamRZ 1997, 169 = NJW-RR 1997, 129.
[7] BGH FamRZ 2002, 1554.
[8] BGH FamRZ 1998, 421, 422.
[9] BGH FamRZ 1998, 421, 423.
[10] BGH FamRZ 1997, 169 = NJW-RR 1997, 129.

7 **2. Versorgungsordnung.** Ist die Realteilung **generell** durch eine Versorgungsordnung geregelt, so ist sie grds **in** den darin **vorgeschriebenen Fällen** und der **vorgeschriebenen Art** durchzuführen, denn das Einverständnis des Versorgungsträgers, welches den Eingriff in seine Rechte rechtfertigt, begrenzt die richterliche Entscheidung auf die in der Satzung vorgesehenen Maßnahmen.

8 **a) Voraussetzungen der Realteilung.** Die Realteilung wird von den Versorgungsträgern, insbes den berufsständischen Versorgungswerken, vielfach **beschränkt auf Fälle besonderer Nähe zum Versorgungsträger.** So gestatten nur die Ärzteversorgung und die Architektenversorgung[11] Baden-Württemberg, die erweiterte Honorarverteilung der kassenärztlichen Vereinigung Hessen und die Notarversorgung des Saarlands die Realteilung auch dann, wenn der ausgleichsberechtigte Gatte **nicht mitgliedsfähig** ist, die anderen verlangen mindestens Mitgliedsfähigkeit oder Mitgliedschaft in einer anderen Versorgungseinrichtung der freien Berufe, während die Zahnärzteversorgung Westfalen-Lippe, die Tierärzteversorgung Hessen und die Zahnärzteversorgung Hamburg die Realteilung nur dann zulassen, wenn **beide Gatten dem Versorgungswerk angehören**[12]. Auch die Beschränkung der Realteilung auf Ausgleichsbeträge, welche **2% der Bezugsgröße** nach § 18 SGB VI übersteigen, in denen ein erweiterter Ausgleich nach § 3b Abs 1 Nr 1 nicht möglich ist, muss beachtet werden[13]. Ebenso werden **Anrechte des anderen Gatten bei dem realteilungswilligen Versorgungsträger idR** vorrangig mit dem ausgleichspflichtigen Anrecht zu verrechnen sein. Ist die Realteilung erst ab einem bestimmten Mindestbetrag zugelassen, so muss sich das Gericht daran halten[14]. Besteht zwischen den Versorgungswerken eine Überleitungsregelung, so erlaubt das noch nicht eine entsprechende Realteilung[15]. Die Pensionskasse des ZDF hat in § 30 b Nr 1 der Satzung die Realteilung ausgeschlossen, soweit der Ausgleich nach § 3 b Abs 1 Nr 1 VAHRG möglich ist. Das bedeutet, dass die Realteilung nicht erfolgen darf, wenn der Ausgleichsbetrag unter der Höchstgrenze des § 3 b Abs 1 S 1 VAHRG liegt, nicht aber, dass die Realteilung immer um diesen Betrag zu mindern wäre[16].

9 **b) Teilungsmodus.** Der **Höhe nach beschränkt** ist die Realteilung durch den in der Satzung vorgesehenen Teilungsmodus. Dieser muss grds dem Prinzip der **Halbteilung** entsprechen, weil er sonst als unangemessen zu verwerfen wäre (vgl Rn 6). Doch ist Halbteilung auf unterschiedliche Weise möglich: Ein angemessener **prozentualer Abschlag für Verwaltungskosten** muss hingenommen werden[17], weil sonst ein privater Versorgungsträger die im Interesse des gerechten Ausgleichs zwischen den Parteien wünschenswerte Zustimmung aus wirtschaftlichen Gründen nicht erteilen wird.

10 **aa) Halbteilung der Nominalrente.** Die Halbteilung der Nominalrente[18] schafft für beide Parteien ein gleich hohes Versorgt-Sein und entspricht deshalb dem Regelfall des Versorgungsausgleichs in der gesetzlichen Rentenversicherung und der Beamtenversorgung. Bei **volldynamischen Anrechten,** zB in der Bayerischen Ärzteversorgung ab 1. 1. 1985, ist sie der übliche Teilungsmodus[19]. Auch für statische Anrechte bestehen dagegen keine Bedenken. Probleme können sich jedoch für den Versorgungsträger ergeben, wenn er für die aufzuteilende und die begründete Versorgung ein Deckungskapital oder eine vergleichbare Deckungsrücklage bucht. Die Teilung des Nominalwerts führt wegen des meist unterschiedlichen Alters der Parteien und der für Männer und Frauen unterschiedlichen Barwertfaktoren regelmäßig zu **veränderten Bilanzwerten.** Je nach dem Ergebnis dieser Änderung führt die Realteilung dann zu einem außerordentlichen Aufwand oder einem außerordentlichen Ertrag.

10.1 **Beispiel:** Ehezeitende ist der 31. 7. 1998. Der ausgleichspflichtige Ehemann, geboren am 4. 6. 55 hat bei Erreichen der Altersgrenze von 65 Jahren (also am 1. 7. 2020) eine Rente von 500 DM zu erwarten (zugleich Ehezeitanteil). Die ausgleichsberechtigte Ehefrau ist am 12. 4. 1957 geboren. Weitere Versorgungen sind nicht auszugleichen.
Der Ehefrau steht die Hälfte der Versorgung zu. Realteilung mit Teilung des Nominalwerts sei vorgesehen. Der Rentenanspruch des Ehemannes ist mit einer Abzinsung von 6% nach der allgemeinen Sterbetafel 1986/88 mit 11826 DM (Barwertfaktor 1,971) bilanziert. Die Teilung begründet eine Anwartschaft der Ehefrau von 250 DM für die Altersgrenze 65, also 1. 5. 2033, welche entspr mit 6939 DM (Barwertfaktor 2,313) bilanziert wird. Die Kürzung des Anrechts des Ehemanns auf die Hälfte vermindert dessen Bilanzwert auf 11826/2 = 5913 DM. Die Rentenverpflichtung des Versorgungsträgers beträgt nach der Realteilung deshalb 6939 + 5913 = 12852 DM. Es entstand ein Zusatzaufwand von 12852 − 11826 = 1026 DM[20].

11 **bb) Halbteilung von Deckungskapital oder Barwert.** Die Versorgungsträger versuchen diese Bilanzänderungen zu vermeiden und teilen deshalb vielfach nicht die Nominalrechte, sondern das **Deckungskapital** zwischen den Ehegatten auf[21]. Aber auch Versorgungen, die kein Deckungskapital bilden, verwenden diesen Teilungsmodus, indem sie den **Barwert** aufteilen.

---

[11] OLG Stuttgart FamRZ 2004, 1794.
[12] Vgl *Johannsen/Henrich/Hahne* Rn 20.
[13] OLG Karlsruhe FamRZ 1993, 1212.
[14] OLG Naumburg FamRZ 2001, 1305.
[15] OLG Naumburg FamRZ 2002, 102 m Anm *Kemnade*.
[16] Insoweit unrichtig AG Wiesbaden FamRZ 2006, 491.
[17] Vgl OLG Celle FamRZ 1985, 939, 942; *Johannsen/Henrich/Hahne* Rn 11; MünchKommBGB/*Gräper* Rn 59.
[18] Vgl OLG Stuttgart FamRZ 2004, 1794 zur Architektenversorgung Baden-Württemberg.
[19] Vgl OLG Celle FamRZ 2007, 221 aE.
[20] Entsprechende Veränderungen des Bilanzwerts ergäben sich auch bei Anrechten, die im Versorgungsausgleich als volldynamisch gewertet werden, denn Volldynamik bedeutet nicht ohne weiteres auch, dass der Versorgungsträger – wie die gesetzliche Rentenversicherung – seine Verpflichtungen nicht bilanziert.
[21] Da nach der Teilung die Summe der Teilwerte gleich dem ursprünglichen Deckungskapital oder sonstigem Bilanzwert (Rentenrückstellungen) ist, ändert die Aufteilung in diesem Fall nicht die Gesamtbilanz.

Realteilung; Quasi-Splitting § 1 VAHRG

Beispiel für Aufteilung des Barwerts: Bayerische Ärzteversorgung, teildynamisches Anrecht 11.1
Ehezeitende ist der 30. 9. 1997. Der ausgleichspflichtige M, geboren am 6. 4. 36 hat bei Erreichen der Altersgrenze von 65 Jahren (also am 1. 7. 2020) eine Rente von 3000 DM in der Bayerischen Ärzteversorgung auszugleichen, die nur im Rententeil volldynamisch ist. Weitere Versorgungen sind nicht auszugleichen. Da F kein Rentenkonto hat, ist die Realteilung in der Bayerischen Ärzteversorgung durchzuführen.

Aus dem Jahreswert von 36000 DM errechnet sich bei einem Alter von M bei Ehezeitende von 61 Jahren und einem Barwertfaktor der Tabelle 1 der Barwertverordnung von 7,0, erhöht wegen Teildynamik nach Anmerkung 2 um 60% auf 7,0 × 160% = 11,2 ein Barwert von 403200 DM.

Eine Versorgung mit der Hälfte dieses Barwerts, nämlich 201600 DM ist für F zu begründen. Bei einem Alter bei Ehezeitende von 53 Jahren findet sich für sie für eine nur im Rententeil dynamische Anwartschaft auf Versorgung wegen Alters und Invalidität ein Barwertfaktor von 4,6 + 60% = 7,36. Die zu begründende jährliche Rentenanwartschaft ergibt sich zu 201600/7,36 = 27391,30 oder monatlich 2282,61 DM (statt 1500 DM bei Teilung des Nominalbetrags)[22].

Dieser Teilungsmodus ist unproblematisch, weil der Verpflichtete immer die Hälfte seines Anrechts 12
behält und der vom Berechtigten erlangte Wert jedenfalls dem Wert entspricht, der nach Umrechnung gemäß § 1587a Abs 3, 4 BGB in ein dynamisches Anrecht der halben Anwartschaft des Pflichtigen entspräche. Deshalb wird er in der Praxis oft bevorzugt[23].

cc) Begründung nominal gleichhoher Anrechte. Die Vorteile der Teilung des Deckungskapitals 13
(bilanzneutral) und der Teilung der Nominalrente (gleiches Versorgt-Sein) soll eine Aufteilung, welche bei unverändertem Deckungskapital oder Barwert gleichhohe Renten liefert, vereinen.

Beispiel wie nach Rn 10: Werden im obigem Beispiel für beide Parteien Rentenanwartschaften in Höhe von 13.1
403200/(11,2 + 7,36) : 12 = 1810,34 DM (jährlich 21724,08 DM) begründet, so beträgt die Summe beider Barwerte 21724,08 × 11,2 + 21724,08 × 7,36 = 243309,70 + 159889,23 = 403199 DM, also rund 403200 DM, wie der Barwert des aufzuteilenden Anrechts von 3000 DM monatlich.

Dieser Teilungsmodus wird zT von privaten Lebensversicherungen gewählt, hat jedoch den Nachteil, 14
dass dem Pflichtigen nicht die Hälfte, sondern je nach Lage des Falles **mehr** (wie im Beispiel) oder **weniger** als die **Hälfte** bleibt. Bleibt ihm weniger als die Hälfte, dürfte das **Halbteilungsprinzip verletzt** sein.

Beispiel wie Rn 9: Erhalten beide Eheleute Rentenanwartschaften von 11826/(1,971 + 2,313) : 12 = 230,04 DM, 14.1
so beträgt das hierfür erforderliche Deckungskapital 230,04 × 12 × (1,971 + 2313) = 11815,90 DM, also rund 11826 DM, wie das aufzuteilende Anrecht. Jedoch behält der Pflichtige nur 230,04 DM, mithin weniger als die Hälfte seines Anrechts von 500 DM. Das wird man ihm nicht zumuten können. Der Ausgleichsanspruch wäre wegen Verstoßes gegen die Halbteilung zu kürzen auf (11826 − 250 × 12 × 1,971)/2,313 : 12 = 213,04 DM, was dem halben Deckungskapital entspricht.

Bei dieser Lösung erhält der **Berechtigte** also das **halbe** Deckungskapital oder **weniger.** Dennoch 15
wird man wegen dieses Teilungsmodus die Realteilung nicht ablehnen dürfen, weil er den Berechtigten jedenfalls besser stellt als ein Quasisplitting, bei der das aufzuteilende Anrecht vorher im Wege der **fiktiven Einzahlung** des Deckungskapitals in die gesetzliche Rentenversicherung in eine dynamische Rente **umgerechnet** wird.

Im vorigen **Beispiel** ergäbe nämlich die Umrechnung des Deckungskapitals eine dynamische Rente von 11826 × 15.1
0,0000916571 × 47,65 = 51,65 DM, deren Hälftebetrag von 25,88 DM im Wege des Splittings nach § 3b Abs 1 Nr 1 oder erweiterten Quasisplittings nach § 1 Abs 3 auf das Rentenkonto des Berechtigten zu übertragen wäre. Zukünftige Rentensteigerungen werden den Wert der Altersversorgung von 213,04 DM schwerlich erreichen (auch wenn diese keine Invaliditätsversorgung enthält). Damit erweist sich die Realteilung als in jedem Fall vorteilhafter für den Ausgleichsberechtigten.

c) Leistungsinhalt der begründeten Versorgung. Die Ausstattung der zu begründenden Ver- 16
sorgung folgt normalerweise denselben Regeln wie die auszugleichende Versorgung. Ist die Realteilung so geregelt, dass das aufzuteilende Anrecht eine **Invalidenversorgung** enthält, die zu begründende aber nicht, so kann deshalb die Realteilung abgelehnt werden[24]. Problematisch ist auch der Ausgleich einer zeitlich befristet laufenden Invalidenrente (zB aus der **Berufsunfähigkeitszusatzversicherung**)[25], wenn beim Berechtigten kein Rentenfall vorliegt. Erhält der Berechtigte eine **Rente mit derselben Laufzeit,** so erhält er eine Versorgung für eine Zeit, in der er möglicherweise nicht versorgungsbedürftig ist, während ihm diese zur Zeit seiner Bedürftigkeit möglicherweise fehlt. Hat der Versorgungsträger diese Art des Ausgleichs allerdings vorgesehen (zB die Bayernversicherung), wird man sie nicht ablehnen dürfen, weil die Alternative des schuldrechtlichen Ausgleichs keine bessere Sicherung brächte und die Realteilung durch erweitertes Quasisplitting nach § 1 Abs 3 oder durch Supersplitting nach § 3b Abs 1 Nr 1 wegen der vorherigen Umrechnung des Barwerts in ein dynamisches Anrecht zu einem wesentlich geringeren Wert für den Berechtigten führen würde (vgl das Beispiel in Rn 13).

d) Kürzungsmodus und Härteregelungen. Aus dem Teilungsmodus ergibt sich auch der Umfang 17
der Kürzung des Anrechts des Berechtigten. Wenn der Versorgungsträger **Härteregelungen** analog

---

[22] Dieser Rechenweg ist einfacher. Falls wegen Gegenverrechnung kein voller Ausgleich stattfindet, muss allerdings wie in der Satzung vorgeschrieben gerechnet werden, vgl das Beispiel in Rn 19.
[23] ZB OLG Celle FamRZ 2007, 221 zur Bayer Ärzteversorgung; OLG Nürnberg FamRZ 2005, 1486; OLG Karlsruhe FamRZ 2005, 1752.
[24] BGH FamRZ 1999, 158.
[25] Die Anwartschaft ist hier nicht ausgleichspflichtig, BGH FamRZ 1993, 299, sondern nur die laufende Rente.

Gutdeutsch

VAHRG § 1 Gesetz zur Regelung von Härten im Versorgungsausgleich

§§ 4, 5 nicht eingeführt hat, sind diese Vorschriften **nicht analog anwendbar** (vgl § 3 Rn 6). Handelt es sich um einen **öffentlich-rechtlichen Versorgungsträger** und hat dieser die Härteregelungen der §§ 4, 5 nicht ausdrücklich ausgeschlossen, so ist davon auszugehen, dass er diese Vorschriften entspr anwenden wird[26]. Hat er die Härteregelungen aber ausgeschlossen, ist idR anstelle der Realteilung das erweiterte Quasisplitting nach § 1 Abs 3 durchzuführen[27]. Bei **privaten Versorgungsträgern** hindert das Fehlen oder gar die Ablehnung von Härteregelungen bei der Kürzung die Realteilung nur in **Ausnahmefällen,** in denen das Fehlen der Härteregelung zu einer **unangemessenen Benachteiligung** führt und durch **Ablehnung** der **Realteilung** der Berechtigte erkennbar **besser stände**[28]. Das gilt auch dann, wenn ein öffentlich-rechtlicher Arbeitgeber sich eines privatrechtlich organisierten Versorgungsträgers bedient (vgl auch Rn 22 b)[29].

18 **3. Zustimmung im Einzelfall.** Bei Zustimmung des Versorgungsträgers im Einzelfall[30] muss der **Inhalt des begründeten Rechts** in der Zustimmungserklärung und in der Entscheidung **genau bestimmt werden,** wobei bei der letzteren eine Bezugnahme auf die Zustimmung genügt, aber auch zu empfehlen ist, weil sich dadurch Abweichungen zwischen gerichtlicher Entscheidung und Erklärung des Versorgungsträgers vermeiden lassen.

19 **4. Bilanzwert und Gegenverrechnung.** Ein realteilungsfähiges Anrecht ist nicht in voller Höhe aufzuteilen, wenn es nach § 1587 b Abs 3 S 2 BGB mit Versorgungsanrechten des Berechtigten zu verrechnen ist, wenn also der nach Durchführung des Ausgleichs nach § 1587 b Abs 1, 2 BGB verbleibende Ausgleichsanspruch nach § 1587 a Abs 1 BGB geringer ist als die Hälfte der ausgleichspflichtigen sonstigen Anrechte des Verpflichteten. Der durch Verrechnung ausgeglichene Teil ergibt sich aus der Versorgungsausgleichsbilanz und wird dort als **volldynamisches Äquivalent** bestimmt. Dieser **Bilanzwert** darf jedoch **nur dann in den Tenor eingehen,** wenn das Anrecht **volldynamisch** ist. Sonst muss der Ausgleichsbetrag gesondert berechnet werden. Vielfach bestimmen deshalb die Versorgungsordnungen den Ausgleichsbetrag **bezogen auf das dynamische Äquivalent des Ausgleichsanspruchs.** Das bedeutet, dass nach Feststellung des dynamischen Ausgleichsanspruchs der zu begründende Rentenbetrag mit einer umgekehrten Dynamisierungsrechnung **(Rückrechnung)** zu ermitteln ist.

19.1 **Beispiel:** Wie Beispiel Rn 11, jedoch hat zusätzlich die Ehefrau eine volldynamische Versorgung aus der Landwirtschaftlichen Alterskasse mit einem Ehezeitanteil von 100 DM monatlich.
Nunmehr ist zu bilanzieren und hierfür das nur im Rentenanteil volldynamische Anrecht des Ehemannes in eine dynamische Rente umzurechnen: Der Barwert (s oben) der Rente bei der Bayerischen Ärzteversorgung entspricht 403200 DM × 0,0000915531 = 36,9142 Entgeltpunkten und einer dynamischen Rente von 36,9142 × 47,44 = 1751,21 DM. Nach Verrechnung mit dem Gegenrecht von 100 DM bleiben restliche 1651,21 durch Begründung eines Anrechts mit dem hälftigen Wert, also 825,61 DM. Dieser Betrag ist umzurechnen in ein nur im Rentenanteil dynamisches Anrecht der Ehefrau. Es entspricht 825,61/47,44 = 17,4032 Entgeltpunkten und einem zurückgerechneten Barwert von 17,4032/0,0000915531 = 190088,59 DM. Geteilt durch den Barwertfaktor (s oben) ergibt sich die zu begründende jährliche Anwartschaft von 190088,59/7,36 (Barwertfaktor der Ehefrau s oben) = 25827,25 DM oder monatlich 2152,27 DM.

20 Wenn der Versorgungsträger den Ausgleichsbetrag nicht bezogen auf das dynamische Äquivalent bestimmt hat, kann dieser im Wege der **Verhältnisrechnung** bestimmt werden. Der Ausgleichsbetrag vermindert sich durch die Gegenverrechnung im gleichen Verhältnis wie sein dynamisches Äquivalent.

20.1 **Im vorherigen Beispiel mit Verhältnisrechnung:** Durch die Gegenverrechnung vermindert sich das dynamische Äquivalent des Ausgleichsanspruchs von 1751,21/2 = 875,61 DM auf 825,61 DM, also auf 825,61/875,61 = 94,29%. Das zu begründende Anrecht von 2282,61 DM (vgl Rn 11) verringert sich daher auf 2282,61 × 94,29% = 2152,67 DM, was bis auf Rundungsdifferenzen dem obigen Wert entspricht.

IV. Analoges Quasisplitting (Abs 3)

21 **1. Anwendungsbereich.** Die Vorschrift erweitert den Anwendungsbereich des Quasisplittings nach § 1587 b Abs 2 BGB auf alle **nach inländischem Recht öffentlich-rechtlich organisierten Versorgungseinrichtungen.** Das sind vor allem die Träger der **Zusatzversorgung** des öffentlichen Dienstes, insbes die Versorgungsanstalt des Bundes und der Länder sowie die **berufsständischen** Versorgungseinrichtungen. Da letztere aber vielfach die **vorrangige** (vgl Rn 4) **Realteilung** eingeführt haben, findet das Quasisplitting nur insoweit statt, als Realteilung nicht zugelassen ist. Auch einige Lebensversicherungen sind öffentlich-rechtlich organisiert, zB die Bayern-Versicherung. Schließlich ist auch die **Höherversicherung** der ges. Rentenversicherung in dieser Weise auszugleichen[31].

22 In vielen Fällen haben öffentlich-rechtlich organisierte Arbeitgeber, insbes die Landesbanken, ihren leitenden Angestellten Versorgungen **nach beamtenrechtlichen Grundsätzen** zugesagt, deren

---

[26] BGH FamRZ 1993, 298, 299 = NJW-RR 1993, 259.
[27] BGH FamRZ 1993, 298, 299 = NJW-RR 1993, 259.
[28] BGH FamRZ 1997, 1470 = NJW 1998, 64.
[29] BGH FamRZ 2005, 1063 zur Pensionskasse des ZDF.
[30] BGH FamRZ 1997, 169 = NJW-RR 1997, 129.
[31] *Johannsen/Henrich/Hahne* Rn 30.

Bewertung § 1587a Abs 2 Nr 1 BGB folgt. Da das Anstellungsverhältnis jedoch privatrechtlich ist, erfolgt der Ausgleich nicht nach § 1587b Abs 2 BGB, sondern nach § 1 Abs 3. Ist aber der Versorgungsträger **privatrechtlich organisiert,** wie die Max-Planck-Gesellschaft zur Förderungen der Wissenschaften eV, so findet trotz Zusage einer Versorgung nach beamtenrechtlichen Grundsätzen kein Quasisplitting statt[32]. Auch die Versorgungen der Abgeordneten nach § 25a AbgG[33] und der Landwirte nach dem ALG (soweit keine Realteilung in Betracht kommt) werden nach § 1 Abs 3 ausgeglichen.

Eine Mittelstellung nimmt zur Zeit die privatrechtlich organisierte **Deutsche Bahn AG** ein: Soweit 22 a ihre Beschäftigten vor dem 1. 1. 1994 eingestellt wurden, erhalten sie weiterhin eine Zusatzversicherung des öffentlichen Dienstes von der Bahnversicherungsanstalt Abteilung B, einer öffentlich-rechtlichen Körperschaft, deren Anrechte dem analogen Quasisplitting unterliegen[34]. Für später Eingestellte ist Versorgungsträger die privatrechtlich organisierte Deutsche Bahn AG, für welche bis zum 31. 12. 2003 die Bahnversicherungsanstalt Abteilung B die Verwaltung übernommen hatte. Hier wird wohl das analoge Quasisplitting ausscheiden[35], wenn auch der BGH aaO die Frage ausdrücklich offen gelassen hat.

Auch kann ein **öffentlich-rechtlich organisierter Arbeitgeber** sich eines **privatrechtlich organi-** 22 b **sierten Versorgungsträgers** bedienen. Dieser unterliegt dann **nicht** den Vorschriften des § 1 Abs 3[36].

2. Vorschriften des Quasisplittings. Die Vorschriften des Quasisplittings sind analog anzuwenden. 23 Damit folgt
– die Tenorierung § 1587b Abs 2 BGB,
– die Erstattung der Aufwendungen des Versorgungsträgers § 225 Abs 1 SGB VI in Verbindung mit der VAusgl-ErstattungsVO,
– die Kürzung § 57 Abs 1 S 1 BeamtVG,
– das Pensionistenprivileg § 57 Abs 1 S 2 BeamtVG und
– die Abwendung der Kürzung § 58 BeamtVG.

Allerdings passt diese Regelung schlecht zur Höherversicherung der gesetzlichen Rentenversiche- 24 rung. Die Versicherungsträger haben sich daher geeinigt, dass der Ausgleich sich insoweit nach den Beitragssätzen der Höherversicherung richtet[37]. **Unmittelbar anwendbar** sind § 1587b Abs 6 BGB und die nach § 3 (s dort) herangezogenen Vorschriften.

V. Verfahrensfragen

Bei der **Realteilung** ist bei der **Tenorierung** darauf zu achten, dass das begründete Anrecht 25 hinreichend genau bestimmt wird. Vor allem wird der Betrag vielfach vom Wert des in der Versorgungsausgleichsbilanz erscheinenden volldynamischen Äquivalents abweichen. Zum Inhalt des Rechts kann auf bestimmte Regelungen der Versorgungsordnung Bezug genommen werden.

Der Eingriff in ihre Rechte macht bei Realteilung und Quasisplitting die **Träger der auszuglei-** 26 **chenden und des zu begründenden Anrechts** zu **Betroffenen,** die nach § 53 Abs 2 S 1 FGG **zu beteiligen** hat. Die Versorgungsträger können nach § 78 Abs 2 ZPO auch **ohne Einschaltung eines Rechtsanwalts** sich am Verfahren beteiligen. Nur im Verfahren der weiteren **Beschwerde zum BGH** herrscht **Anwaltszwang.**

§ 2 Schuldrechtlicher Versorgungsausgleich

Soweit der Ausgleich nicht nach § 1 durchgeführt werden kann, findet der schuldrechtliche Versorgungsausgleich statt.

Die Vorschrift ergänzt § 1 und stellt klar, dass die Regeln des schuldrechtlichen Versorgungsaus- 1 gleichs anzuwenden sind, wenn in den Fällen des § 1 Abs 1 weder nach § 1 Abs 2 noch nach § 1 Abs 3 ein Wertausgleich stattfinden kann. Die **Durchführung des schuldrechtlichen Ausgleichs** setzt allerdings voraus, dass dessen weitere Voraussetzungen gegeben sind, nämlich **Antrag** nach § 1597f BGB und **doppelter Rentenfall** nach § 1587g Abs 1 S 2 BGB. Die Vorschrift ergänzt auch den Katalog des § 1587f BGB mit einem weiteren Anwendungsfall. Die angeordnete Rechtsfolge ist eingeschränkt durch § 3b Abs 1. Es müsste daher eigentlich heißen: „vorbehaltlich des § 3b Abs 1".

In der Entscheidung zum Wertausgleich bei der Scheidung wird vielfach in Anwendung der Vorschrift 2 der **schuldrechtliche Versorgungsausgleich vorbehalten.** Manchmal wird sogar der Betrag dabei angegeben. Das ist problematisch, weil der Eindruck einer Entscheidung zum schuldrechtlichen Ausgleich entsteht, welcher indessen einen Antrag und vor allem ein **Rechtsschutzinteresse** voraussetzt, das nach der Rspr des BGH **vor der Fälligkeit idR fehlt**[1].

---

[32] BGH FamRZ 1986, 248.
[33] BGH FamRZ 1988, 380, 381.
[34] BGH FamRZ 2005, 880.
[35] OLG Naumburg FamRZ 2003, 771 LS = OLGR 2003, 40.
[36] BGH FamRZ 2005, 1063 zur Pensionskasse des ZDF.
[37] *Bergner,* Der Versorgungsausgleich, Rn 4.53.
[1] BGH FamRZ 1984, 668, 669; FamRZ 1995, 1481, 1482 = NJW-RR 1995, 961. Die noch anders tendierende Rspr in BGH FamRZ 1984, 251 dürfte überholt sein, vgl *Johannsen/Henrich/Hahne* § 1587f Rn 21.

VAHRG § 3 a Gesetz zur Regelung von Härten im Versorgungsausgleich

§ 3 Geltung der Vorschriften über den Versorgungsausgleich

Soweit die Vorschriften des Bürgerlichen Gesetzbuchs über den Versorgungsausgleich auf einen Ausgleich nach diesem Gesetz nicht unmittelbar anzuwenden sind, gelten sie sinngemäß.

1 Der **Vorschrift bedarf es nicht,** soweit **Vorschriften des BGB** auf die **Ausgleichsformen** des § 1 **ohnehin anwendbar** sind.
2 Das sind die Vorschriften des BGB, die an den **Versorgungsausgleich allgemein** oder an die Übertragung und Begründung von Anrechten in der ges. Rentenversicherung anknüpfen, nämlich § 1587 BGB, § 1587 a BGB (Bilanz und Bewertung), § 1587 b Abs 3 S 2 BGB (Verbot des Ausgleichs in zwei Richtungen), § 1587 b Abs 4 BGB (bei Unwirtschaftlichkeit der Einbahnstraße in die gesetzliche Rentenversicherung), § 1587 b Abs 6 BGB und § 1587 c BGB.
3 Durch **unmittelbare Verweisung** in § 3 b Abs 1 Nr 2 sind bei Anordnung der Beitragsentrichtung § 1587 d BGB (Abänderung der Ratenbewilligung) sowie § 1587 e Abs 3 iVm § 1587 f Nr 3 BGB (Erlöschen der Ratenzahlungspflicht im Rentenfall und schuldrechtlicher Versorgungsausgleich in diesem Fall) anwendbar. § 2 ist als **Globalverweisung** auf §§ 1587 g bis 1587 n BGB aufzufassen. § 1587 o Abs 1 S 1, Abs 2 und § 1587 p BGB sind auch Ausgleichsformen des VAHRG anzuwenden, soweit Renten übertragen oder begründet werden.
4 Die **analoge Anwendung** nach dieser Vorschrift betrifft deshalb **nur einzelne Vorschriften des BGB,** nämlich
   – § 1587 b Abs 4 BGB (abweichender Ausgleich bei Unwirtschaftlichkeit) soweit durch Realteilung nach § 1 Abs 2 auszugleichen ist,
   – § 1587 b Abs 5 BGB (Höchstbetrag),
   – § 1587 e Abs 2, 4 BGB (Gründe für das Erlöschen des Ausgleichsanspruchs),
   – § 1587 o Abs 1 S 2 BGB (kein Splitting, Quasisplitting oder Realteilung durch Vereinbarung) und für den Fall der Realteilung auch § 1587 p BGB.
5 Die analoge Anwendung des § 1587 p BGB ist jedoch auch für die Fälle des Quasisplittings nach § 1587 b Abs 2 BGB am Platze, der vom Wortlaut der Vorschrift nicht erfasst ist[1].
6 **Keine analoge Anwendung** können nach dieser Vorschrift die Regelungen außerhalb des BGB finden, etwa die Härteregelungen in §§ 4, 5, soweit sie nicht unmittelbar anwendbar sind, oder das Rentnerprivileg (§ 57 Abs 1 S 1, 2 BeamtVG; § 101 Abs 3 SGB VI).

Ia. Verlängerung des schuldrechtlichen Versorgungsausgleichs (§ 3 a)

§ 3 a Verlängerung des schuldrechtlichen Versorgungsausgleichs

(1) ¹Nach dem Tod des Verpflichteten kann der Berechtigte in den Fällen des schuldrechtlichen Versorgungsausgleichs von dem Träger der auszugleichenden Versorgung, von dem er, wenn die Ehe bis zum Tode des Verpflichteten fortbestanden hätte, eine Hinterbliebenenversorgung erhielte, bis zur Höhe dieser Hinterbliebenenversorgung die Ausgleichsrente nach § 1587 g des Bürgerlichen Gesetzbuchs verlangen. ²Für die Anwendung des § 1587 g Abs. 1 Satz 2 des Bürgerlichen Gesetzbuchs ist nicht erforderlich, daß der Verpflichtete bereits eine Versorgung erlangt hatte. ³Sind mehrere Anrechte schuldrechtlich auszugleichen, so hat jeder Versorgungsträger die Ausgleichsrente nur in dem Verhältnis zu entrichten, in dem das bei ihm bestehende schuldrechtlich auszugleichende Anrecht zu den insgesamt schuldrechtlich auszugleichenden Anrechten des Verpflichteten steht. ⁴Eine bereits zu entrichtende Ausgleichsrente unterliegt den Anpassungen, die für die Hinterbliebenenversorgung maßgebend sind.

(2) Absatz 1 findet keine Anwendung, wenn die für das auszugleichende Anrecht maßgebende Regelung in dem Zeitpunkt, in dem der Anspruch nach Absatz 1 bei dem Versorgungsträger geltend gemacht wird,
1. für das Anrecht eine Realteilung vorsieht, oder
2. dem Berechtigten nach dem Tod des Verpflichteten einen Anspruch gewährt, der dem Anspruch nach Absatz 1 bei Würdigung aller Umstände allgemein gleichwertig ist.

(3) ¹Absatz 1 findet keine Anwendung in den Fällen des § 1587 f Nr. 5 in Verbindung mit § 1587 b Abs. 4 des Bürgerlichen Gesetzbuchs. ²In den Fällen des § 1587 f Nr. 5 in Verbindung mit § 1587 o des Bürgerlichen Gesetzbuchs gilt Absatz 1 insoweit nicht, als die vereinbarte Ausgleichsrente die nach dem Gesetz geschuldete Ausgleichsrente übersteigt und der Versorgungsträger nicht zugestimmt hat.

(4) ¹Eine an die Witwe oder den Witwer des Verpflichteten zu zahlende Hinterbliebenenversorgung ist in Höhe der nach Absatz 1 ermittelten und gezahlten Ausgleichsrente zu kürzen. ²Die Kürzung erfolgt auch über den Tod des Berechtigten hinaus. ³Satz 2 gilt nicht,

---

[1] *Johannsen/Henrich/Hahne* Rn 6.

wenn der Versorgungsträger nach Absatz 1 nur Leistungen erbracht hat, die insgesamt zwei Jahresbeträge der auf das Ende des Leistungsbezugs berechneten Ausgleichsrente nicht übersteigen. ⁴Hat er solche Leistungen erbracht, so sind diese auf die an die Witwe oder den Witwer des Verpflichteten zu zahlende Hinterbliebenenversorgung anzurechnen.

(5) ¹Ist eine ausländische, zwischenstaatliche oder überstaatliche Einrichtung Träger der schuldrechtlich auszugleichenden Versorgung, so hat die Witwe oder der Witwer des Verpflichteten auf Antrag die entsprechend den vorstehenden Absätzen ermittelte Ausgleichsrente zu entrichten, soweit die Einrichtung an die Witwe oder den Witwer eine Hinterbliebenenversorgung erbringt. ²Leistungen, die der Berechtigte von der Einrichtung als Hinterbliebener erhält, werden angerechnet.

(6) In den Fällen der Absätze 1, 4 und 5 gelten § 1585 Abs. 1 Sätze 2 und 3, § 1585 b Abs. 2 und 3, § 1587 d Abs. 2, § 1587 h und § 1587 k Abs. 2 Satz 1 des Bürgerlichen Gesetzbuchs entsprechend.

(7) ¹Der Versorgungsträger wird bis zum Ablauf des Monats, der dem Monat folgt, in dem er von der Rechtskraft der Entscheidung über die Ausgleichsrente nach Absatz 1 Kenntnis erlangt,
1. gegenüber dem Berechtigten befreit, soweit er an die Witwe oder den Witwer des Verpflichteten Leistungen erbringt, welche die um die Ausgleichsrente nach Absatz 1 gekürzte Hinterbliebenenversorgung übersteigen;
2. gegenüber der Witwe oder dem Witwer des Verpflichteten befreit, soweit er an den Berechtigten nach Maßgabe eines gegen den Verpflichteten gerichteten Vollstreckungstitels, der diesen wegen des bei dem Versorgungsträger begründeten Anrechts zur Zahlung einer Ausgleichsrente verpflichtete, oder auf Grund einer Abtretung nach § 1587 i Abs. 1 des Bürgerlichen Gesetzbuchs Leistungen erbringt, welche die Ausgleichsrente nach Absatz 1 übersteigen. ²Nach Ablauf des Monats, der dem Monat folgt, in dem der Berechtigte den Versorgungsträger zur Zahlung der Ausgleichsrente aufgefordert und ihm eine beglaubigte Abschrift des Vollstreckungstitels übermittelt hat, findet Nummer 1 keine Anwendung; Nummer 1 findet ferner insoweit keine Anwendung, als der Versorgungsträger in dem dem Tod des Verpflichteten vorangehenden Monat an den Berechtigten auf Grund einer Abtretung nach § 1587 i des Bürgerlichen Gesetzbuchs Leistungen erbracht hat;
3. gegenüber dem Berechtigten befreit, soweit er an die Witwe oder den Witwer des Verpflichteten nach Maßgabe einer gemäß Absatz 9 Satz 3 ergangenen einstweiligen Anordnung Leistungen erbringt, welche die um die Ausgleichsrente nach Absatz 1 gekürzte Hinterbliebenenversorgung übersteigen; gegenüber der Witwe oder dem Witwer des Verpflichteten wird er befreit, soweit er an den Berechtigten nach Maßgabe einer einstweiligen Anordnung Leistungen erbringt, welche die Ausgleichsrente nach Absatz 1 übersteigen. ³Nach Ablauf des Monats, der dem Monat folgt, in welchem dem Versorgungsträger die einstweilige Anordnung zugestellt worden ist, finden die Nummern 1 und 2 keine Anwendung.

(8) ¹Der Berechtigte und die Witwe oder der Witwer des Verpflichteten sind verpflichtet, einander und dem nach Absatz 1 verpflichteten Versorgungsträger die Auskünfte zu erteilen, die zur Feststellung eines Anspruchs nach den vorstehenden Absätzen erforderlich sind. ²Die Träger einer im schuldrechtlichen Versorgungsausgleich zu berücksichtigenden Versorgung sind einander, dem Berechtigten und Witwe oder dem Witwer des Verpflichteten verpflichtet, diese Auskünfte zu erteilen. ³Ist der Wert eines Anrechts von dem Wert eines anderen Anrechts abhängig, so hat der Träger des anderen Anrechts dem Träger des einen Anrechts die erforderliche Auskunft über den Wert des anderen Anrechts zu erteilen. ⁴§ 1605 des Bürgerlichen Gesetzbuchs gilt entsprechend.

(9) ¹Über Streitigkeiten entscheidet das Familiengericht. ²In den Fällen des Absatzes 1 hat das Gericht die Witwe oder den Witwer des Verpflichteten, in den Fällen des Absatzes 4 den Berechtigten zu beteiligen. ³Das Gericht kann auf Antrag des Berechtigten oder der Witwe oder des Witwers des Verpflichteten im Wege der einstweiligen Anordnung die Zahlung der Ausgleichsrente nach den Absätzen 1 und 5 und die an die Witwe oder den Witwer des Verpflichteten zu zahlende Hinterbliebenenversorgung regeln. ⁴Die Entscheidung nach Satz 3 ist unanfechtbar; im übrigen gelten die §§ 620 a bis 620 g der Zivilprozeßordnung entsprechend.

Übersicht

	Rn		Rn
I. Normzweck	1	VI. Anspruchshöhe	9
II. Anwendungsbereich	3	VII. Kürzung der Witwenrente	14
III. Ausschlussgründe (Abs 2 und 3)	6	VIII. Vertrauensschutz des Versorgungsträgers	15
IV. Anspruchsvoraussetzungen	7		
V. Anspruchsgegner	8	IX. Auskunftsansprüche	18
		X. Verfahrensfragen	19

VAHRG § 3 a   Gesetz zur Regelung von Härten im Versorgungsausgleich

I. Normzweck

1 § 3 a und § 3 b tragen gemeinsam der **Kritik** des **BVerfG** im Beschluss vom 8. 4. 1986[1] **Rechnung,** wonach die Anordnung des schuldrechtlichen Versorgungsausgleichs nach § 2 für alle Versorgungen, die nicht nach § 1587 b Abs 1, 2 BGB oder § 1 Abs 2, 3 ausgeglichen werden können, den **Halbteilungsgrundsatz** zu **Lasten** des **Ausgleichsberechtigten** verletzt. Einerseits werden durch die Verlängerung des schuldrechtlichen Ausgleichs in § 3 a dessen **Nachteile vermindert** und andererseits in § 3 b sein **Anwendungsbereich** durch Einführung des begrenzten Supersplittings und durch Wiedereinführung des Ausgleichs durch Beitragsentrichtung **eingeschränkt.**

2 Zur Verstärkung des schuldrechtlichen Versorgungsausgleichs wurde **die Hinterbliebenenversorgung** herangezogen, die der Versorgungsträger an den Berechtigten zu zahlen hätte, wenn die Ehe nicht geschieden worden wäre. Das war **ohne Verletzung der Eigentumsgarantie** des Art 14 GG möglich[2].

II. Anwendungsbereich

3 **Neben den Fällen** des § 2 erfolgt der verlängerte schuldrechtliche Ausgleich nach dem Tod des Verpflichteten auch im Falle des § 1587 f Nr 1 bis 4 BGB in denen der Verpflichtete ihm auferlegte **Zahlungen** vor einem bindenden Bescheid über ein Altersruhegeld des Berechtigten **nicht erbracht** hat oder in denen eine Betriebsrente bei Durchführung des Wertausgleichs **noch nicht unverfallbar** war.

4 **Unanwendbar** ist die Regelung, wenn der schuldrechtliche Ausgleich nach § 1587 b Abs 4 BGB wegen **Unwirtschaftlichkeit** des Wertausgleichs angeordnet worden war oder wenn er auf einer gerichtlich genehmigten **Vereinbarung** nach § 1587 o BGB beruht (§ 1587 f Nr 5 BGB). Damit soll die Umgehung sozialrechtlicher, den Berechtigten benachteiligender, Bestimmungen verhindert werden[3].

5 Die Regelung ist **auch anwendbar,** wenn die zugesagte Hinterbliebenenversorgung in einer **Kapitalleistung** besteht[4], weil andernfalls § 3 a durch Zusage einer Kapitalleistung an die Hinterbliebenen umgangen werden könnte. Zur Fälligkeit vgl Rn 7, zur Berechnung vgl Rn 11.

III. Ausschlussgründe (Abs 2 und 3)

6 Ein verlängerter schuldrechtliche Ausgleich findet **nicht statt:**
– wenn die auszugleichende Versorgung die **Realteilung** vorsieht. Maßgebend ist die Zeit des Zahlungsanspruchs[5].
– Wenn die auszugleichende Versorgung eine angemessene **Geschiedenenwitwenrente** gewährt. Die Angemessenheitsprüfung muss großzügig verfahren („bei Würdigung aller Umstände allgemein gleichwertig"), bejaht zB bei dem Anspruch aus § 22 Abs 2 BeamtVG[6]. Fehlt es aber an der Gleichwertigkeit, bleibt es beim Anspruch nach § 3 a.
– Wenn der schuldrechtliche Versorgungsausgleich **nicht auf dem Gesetz** sondern auf einer Ermessensentscheidung der **Gerichts** gemäß § 1587 b Abs 4 BGB oder einer Vereinbarung der Parteien nach § 1587 o BGB beruht. Liegt eine **Vereinbarung** vor, so findet der verlängerte Ausgleich **insoweit** statt, als er auch ohne die Vereinbarung hätte erfolgen müssen.
– Auch eine **Abfindung** des Anspruchs auf schuldrechtlichen Versorgungsausgleich nach § 1587 l BGB schließt den verlängerten schuldrechtlichen Versorgungsausgleich aus. Zwar ist das im Gesetz nicht ausdrücklich so geregelt. Jedoch wird dadurch der Versorgungsträger ohne eigene Leistung von seinen Verpflichtungen frei. Jedoch hat der Berechtigte in diesem Fall seinen vollen Anteil an der Versorgung des Verpflichteten erhalten[7]. Es besteht daher kein Bedürfnis mehr, den Versorgungsträger unmittelbar in Anspruch zu nehmen.

IV. Anspruchsvoraussetzungen

7 Voraussetzung des Anspruchs ist, dass
– der Verpflichtete **verstorben** ist,

---

[1] BVerfGE 71, 354 = FamRZ 1986, 543 = NJW 1986, 1321.
[2] BVerfG FamRZ 1993, 1173. Das gilt auch, soweit die Scheidung vor dem 1. 1. 1987 erfolgte.
[3] BT-Drucks 10/5447 S 12.
[4] HM, *Wagenitz* FamRZ 1987, 1, 6; *Bergner* Anm 3.3; *Johannsen/Henrich/Hahne* Rn 12.
[5] Wurde die Realteilung erst nach Durchführung des Wertausgleichs eingeführt und scheitert die Abänderung nach § 10 a an der Wesentlichkeitsschwelle des § 10 a Abs 2, so geht dem Berechtigten der Anspruch nach § 3 a ersatzlos verloren.
[6] OLG Düsseldorf FamRZ 2000, 829.
[7] Der Umstand, dass die Abfindung den Wert der Hinterbliebenenversorgung nicht umfasst, ändert daran nichts, denn der Berechtigte richtet sich nur auf die hälftige Teilhabe an der eigenen Versorgung des Verpflichteten. Deshalb wäre im Grunde auch nicht zu beanstanden, dass die BarwertVO den Wert der Hinterbliebenenversorgung nicht berücksichtigt. Nur soweit der Barwert im Wege der fiktiven Einzahlung in die gesetzliche Rentenversicherung zum Vergleich mit volldynamischen Anrechten herangezogen wird, muss er bei verfassungskonformer Auslegung des § 1587 a Abs 3 BGB die Hinterbliebenenversorgung berücksichtigen, § 1 BarwertVO Rn 14.

Verlängerung des schuldrechtlichen Versorgungsausgleichs § 3 a VAHRG

- die **Fälligkeitsvoraussetzungen** für den schuldrechtlichen Versorgungsausgleich gemäß § 1587 g Abs 1 BGB in der Person des Berechtigten erfüllt sind. Wenn noch keine Fälligkeit vorliegt, die Hinterbliebenenversorgung jedoch in einer **Kapitalleistung** besteht, sollte ein Anspruch analog § 1587 l BGB angenommen werden (vgl Rn 5).
- dass der Berechtigte ohne die Scheidung Anspruch auf eine **Hinterbliebenenversorgung** hätte. Dabei bleiben Anspruchsvoraussetzungen, welche ein geschiedener Gatte naturgemäß nicht erfüllt, zB Haushaltsführung für Verstorbenen, außer Betracht[8]. Im Falle einer **Wiederverheiratung** ist nach den Versorgungssatzungen ein solcher Anspruch meist nicht gegeben[9]. Ist für diesen Fall eine Abfindung zugesagt, so besteht jedenfalls dann kein Anspruch, wenn die Wiederverheiratung vor dem Tode des Ausgleichspflichtigen erfolgte[10].

V. Anspruchsgegner

Anspruchsgegner ist idR der **Versorgungsträger** (Abs 1). Ausländische oder zwischenstaatliche Versorgungsträger werden nicht verpflichtet, weil sie einem ausländischem Schuldrechtsstatut unterliegen. In diesem Fall richtet sich der Anspruch gegen die **Witwe** (Abs 5). Ist eine solche nicht vorhanden, besteht kein Anspruch auf einen verlängerten schuldrechtlichen Versorgungsausgleich. 8

VI. Anspruchshöhe

Die Anspruchshöhe richtet sich nach der **Ausgleichsrente** gemäß § 1587 g Abs 2 BGB, ist aber **begrenzt** auf die Höhe der **Hinterbliebenenversorgung**, die der Berechtigte erhielte, wenn die Ehe **nicht geschieden** worden wäre (Abs 1 S 1). 9

Hat der Verpflichtete zur **Zeit** seines **Todes** noch **keine Rente** bezogen, so muss die Ausgleichsrente fiktiv berechnet werden. Da durch den Tod das Arbeitsverhältnis geendet hat, ist über § 1587 g Abs 2 S 1, § 1587 a Abs 2 Nr 3 b BGB der zu diesem Zeitpunkt im Falle des Ausscheidens vom Arbeitgeber geschuldete **unverfallbare Rentenbetrag** und dessen zeitratierlich berechneter Ehezeitanteil, bereinigt um Erhöhungen nach Ehezeitende, die auf einem beruflichen Aufstieg beruhen, zugrunde zu legen. Die Ausgleichsrente besteht in der Hälfte dieses Betrags, begrenzt auf die fiktiv geschuldete Witwenrente. 10

Besteht die Hinterbliebenenversorgung in einem **Kapitalbetrag** (Rn 5), dann fehlt es an einer Regelung zur Bestimmung der Höhe des Ausgleichsanspruchs. Die **Berechnung** ist **streitig**[11]. Man wird hier den **Barwert** der **Ausgleichsrente** zugrunde zu legen haben, und zwar nach Tabelle 1 der BarwertVO, wenn der Berechtigte noch nicht die Voraussetzungen für eine Rente erfüllt, sonst Tabelle 7 der BarwertVO, und das Alter des Berechtigten zum Zeitpunkt des Todes des Verpflichteten, denn wegen der konkurrierenden Ansprüchs des Witwe muss ein sofortiger Anspruch des Berechtigten (entspr der Wertung des § 1587 l BGB) anerkannt werden[12]. Das Maß des Anspruchs kann nur die Ausgleichsrente sein, nicht die Kapitalleistung, welche lediglich die Obergrenze des Anspruch bestimmt[13]. 11

Sind **mehrere Anrechte** schuldrechtlich auszugleichen, so beschränkt sich die Verpflichtung des Versorgungsträgers auf den auf ihn **verhältnismäßig** entfallenden Anteil (Abs 1 S 3). 12

Die Rente ist wie eine andere Hinterbliebenenversorgung **anzupassen** (Abs 1 S 4). Diese Anpassungen dienen nur der **Vereinfachung** und schließen das Recht beider Seiten, wegen veränderter Umstände, etwa auch der Höhe eines damit verrechneten anderen Anrechts, **Abänderung** nach Abs 6 iVm § 1587 d Abs 2 BGB zu verlangen, nicht aus[14]. 13

VII. Kürzung der Witwenrente

Eine etwa vom Versorgungsträger ebenfalls gezahlte Witwenrente ist um die Ausgleichsrente zu kürzen (Abs 4), auch über den Tod des Berechtigten hinaus, wenn Leistungen von mehr als zwei Jahresbeträgen (berechnet nach der Rentenhöhe am Ende) an diesen erbracht wurden. Andernfalls entfällt die Kürzung nach dem Tode des Berechtigten; doch sind die Leistungen an den Berechtigten auf die Rente anzurechnen. Die Regelung entspricht der des Heimfallprivilegs nach § 4. Die Witwe kann sich über Abs 6 ggf auch auf die Härteklausel des § 1587 h BGB berufen[15]. 14

VIII. Vertrauensschutz des Versorgungsträgers

Hat der Versorgungsträger eine Ausgleichsrente und eine Witwenrente zu bezahlen, so ist er gegen doppelte Inanspruchnahme für die Zeit vor der gerichtlichen Entscheidung wie folgt geschützt: 15

---

[8] *Wagenitz* FamRZ 1987, 1, 5 f.
[9] BGH FamRZ 2006, 326.
[10] BGH FamRZ 2005, 189.
[11] MünchKommBGB/*Glockner* Rn 14: Hälfte des nach § 1587 a Abs 2 Nr 3 b BGB quotierten Kapitals; *Wagenitz* FamRZ 1987, 1, 6, welcher einen Anspruch auf Rentenzahlung bis zur Erschöpfung des Kapitals gibt.
[12] So zutr MünchKommBGB/*Glockner* Rn 14 gegen *Wagenitz* FamRZ 1987, 1, 6.
[13] AA MünchKommBGB/*Glockner* Rn 14.
[14] Vgl *Johannsen/Henrich/Hahne* Rn 19.
[15] OLG München FamRZ 2000, 1222, 1224.

VAHRG § 3 b   Gesetz zur Regelung von Härten im Versorgungsausgleich

a) liegt ihm eine **Abtretung** nach § 1587 i BGB oder ein vollstreckbarer Titel gegen den Ausgleichspflichtigen über die Ausgleichsrente vor, so kann er in dieser Höhe **an den Berechtigten** auch mit Wirkung gegen die Witwe leisten,
b) **andernfalls** kann er **an die Witwe** bis zur Höhe ihrer Rente mit befreiender Wirkung auch gegen den Berechtigten zahlen.
c) Besteht eine **einstweilige Anordnung des FamG**, befreit die Zahlung nach Maßgabe dieser Regelung.
d) Ab **Rechtskraft der Sachentscheidung** ist diese zu beachten.

16   **Kenntnis** des Titels, der Abtretung, der einstweiligen Anordnung oder der Rechtskraft der Sachentscheidung ändern die bis dahin bestehende Rechtslage erst nach **Ende des auf die Kenntnis folgenden Monats.**

17   Hat der Versorgungsträger hiernach mit Wirkung gegen den Berechtigten an die Witwe geleistet (oder umgekehrt), so ist ein Ausgleich über § 812 BGB möglich.

IX. Auskunftsansprüche

18   Abs 8 gibt **allen Beteiligten gegeneinander** die zur Durchsetzung ihrer Rechte erforderlichen Auskunftsansprüche:
– dem **Berechtigten** gegen die Witwe (den Witwer) und alle Versorgungsträger,
– der **Witwe** (dem Witwer) gegen den Berechtigten und die Versorgungsträger,
– jedem **Versorgungsträger** gegen den Berechtigten und die Witwe (den Witwer) und eingeschränkt auch untereinander, nämlich soweit die andere Rente in irgendeiner Weise anzurechnen ist.

X. Verfahrensfragen

19   Über Streitigkeiten betr die **Ausgleichsrente** und die **Kürzung** entscheidet das Familiengericht (Abs 9). Da **beide einander entsprechen,** ist die Witwe beim Streit um die Ausgleichsrente, der Ausgleichsberechtigte beim Streit um die Kürzung **zu beteiligen.** Das **Familiengericht** entscheidet **anstelle** des jeweiligen **Fachgerichts** auch über **Bestehen** und **Umfang** der **Versorgung** selbst. Es kann die Zahlung der Ausgleichsrente und auch diejenige der Witwenrente durch unanfechtbare **einstweilige Anordnung** regeln. §§ 620 a bis 620 g ZPO gelten entsprechend. Ein **Feststellungsinteresse** gegenüber dem Versorgungsträger hat der BGH[16] vor Eintritt der Fälligkeitsvoraussetzungen **verneint**, weil das **Rechtsverhältnis** von allzu vielen Unsicherheiten behaftet und damit **nicht** als **gegenwärtiges** anzusehen sei. War – wie meist – über den **schuldrechtlichen Versorgungsausgleich nach § 1587 f BGB** zwischen den Eheleuten entschieden worden, so besteht im Verhältnis zum Versorgungsträger **keinerlei Bindungswirkung** an diese Entscheidung[17].

20   In analoger Anwendung des § 3 a Abs 9 S 3 VAHRG kann das Familiengericht im Wege der einstweiligen Anordnung schon vorab Ausgleichszahlungen anordnen[18].

Ib. Regelung des Versorgungsausgleichs in anderer Weise (§§ 3b–3 c)

§ 3 b Regelungsmöglichkeiten des Familiengerichts

(1) [1]Verbleibt auch nach Anwendung des § 1587 b des Bürgerlichen Gesetzbuchs und des § 1 Abs. 2 und 3 noch ein unverfallbares, dem schuldrechtlichen Versorgungsausgleich unterliegendes Anrecht, kann das Familiengericht
1. ein anderes vor oder in der Ehezeit erworbenes Anrecht des Verpflichteten, das seiner Art nach durch Übertragung oder Begründung von Anrechten ausgeglichen werden kann, zum Ausgleich heranziehen. [2]Der Wert der zu übertragenden oder zu begründenden Anrechte darf, bezogen auf das Ende der Ehezeit, insgesamt zwei vom Hundert des auf einen Monat entfallenden Teils der am Ende der Ehezeit maßgebenden Bezugsgröße (§ 18 des Vierten Buches Sozialgesetzbuch) nicht übersteigen.
2. den Verpflichteten, soweit ihm dies nach seinen wirtschaftlichen Verhältnissen zumutbar ist, verpflichten, für den Berechtigten Beiträge zur Begründung von Anrechten auf eine bestimmte Rente in einer gesetzlichen Rentenversicherung zu zahlen; dies gilt nur, solange der Berechtigte die Voraussetzungen für eine Vollrente wegen Alters aus der gesetzlichen Rentenversicherung noch nicht erfüllt. [3]Das Gericht kann dem Verpflichteten Ratenzahlungen gestatten; es hat dabei die Höhe der dem Verpflichteten obliegenden Ratenzahlungen festzusetzen; § 1587 d Abs. 2, § 1587 e Abs. 3 und § 1587 f Nr. 3 des Bürgerlichen Gesetzbuchs gelten entsprechend.

(2) Absatz 1 findet auf die in § 3 a Abs. 5 bezeichneten Versorgungen keine Anwendung.

---

[16] BGH FamRZ 1996, 1465 = NJW-RR 1997, 67.
[17] OLG Düsseldorf FamRZ 2005, 372.
[18] *Wick* FamRZ 2005, 1034.

Regelungsmöglichkeiten des Familiengerichts **§ 3 b VAHRG**

Übersicht

	Rn		Rn
I. Normzweck	1	VI. Ausländische Anrechte	14
II. Anwendungsbereich	4	VII. Ermessensabwägung	16
III. Erweiterter Ausgleich (Abs 1 Nr 1)	5	VIII. Ersatzausgleich durch Quasivorrang	21
IV. Beitragsentrichtung (Abs 1 Nr 2)	7		
V. Einschränkungen; Wirkung	13	IX. Verfahrensfragen	23

I. Normzweck

§ 3 a und § 3 b tragen gemeinsam der **Kritik des BVerfG** im Beschluss vom 8. 4. 1986[1] gegen die **1 Benachteiligung** des **Berechtigten** durch den **schuldrechtlichen Ausgleich** nach § 2 Rechnung, indem einerseits durch die Verlängerung des schuldrechtlichen Ausgleichs in § 3 a dessen **Nachteile vermindert** und andererseits in § 3 b der **Anwendungsbereich** des § 2 durch begrenzte Heranziehung anderer Anrechte für den Ausgleich und durch Wiedereinführung des Ausgleichs durch Beitragsentrichtung **eingeschränkt** wurde.

Die Regelung ist eine **Schutzvorschrift** für den **Berechtigten**, gerichtet auf eine **eigenständige 2 Sicherung** und gegen die **Nachteile** des **schuldrechtlichen Ausgleichs** nach § 2. Diese Nachteile sind folgende:
– wenn beim Berechtigten ein Rentenfall eintritt, erhält er keine Rente, falls **der Verpflichtete selbst noch keine Rente** erhält;
– wenn der **Verpflichtete stirbt**, erlischt sein Rentenanspruch und damit auch der Anspruch auf den schuldrechtlichen Ausgleich, falls nicht die Voraussetzungen für die Verlängerung des schuldrechtlichen Ausgleichs nach § 3 a vorliegen;
– in bestimmten Fällen kann das Versorgungsanrecht des Verpflichteten durch **Abfindung** erlöschen.

Die **Interessen** des **Verpflichteten** werden dagegen durch die **einschränkenden Bedingungen 3** der Regelung berücksichtigt.

II. Anwendungsbereich

Damit ist **Voraussetzung der Anwendung** eine an sich **nach § 2 auszugleichende Anwart- 4 schaft**, dh dass nach Anwendung von § 1587 b Abs 1, 2 BGB und § 1 Abs 2, 3 (s dort) noch ein Anrecht auszugleichen bleibt. Daneben kommen nach dem Wortlaut auch die Ausgleichsbeträge in Betracht, welche wegen Überschreitung des Höchstbetrags nach § 1587 b Abs 5 BGB nicht bei der gesetzlichen Rentenversicherung begründet werden können. Deren Ausgleich kommt allerdings nur in den seltenen Fällen in Betracht, in denen realteilungsfähige Anrechte für eine Superrealteilung herangezogen werden können. Klarstellend[2] verlangt das Gesetz für eine Betriebsrente auch deren **Unverfallbarkeit**. Außerdem sind **ausländische** und **zwischenstaatliche Versorgungen** dabei **ausgeschlossen** (vgl Rn 12), weil deren Bestand und Höhe sich einer verlässlichen Bewertung entzieht[3].

Bei Vorhandensein von Ostanrechten sind die Einschränkungen des § 4 VAÜG zu beachten (dort Rn 1 ff).

III. Erweiterter Ausgleich (Abs 1 Nr 1)

Die erste Möglichkeit besteht in der **Heranziehung eines anderen Anrechts** des Verpflichteten 5 zum Ausgleich (während das auszugleichende Anrecht unangetastet bleibt). Zum Ausgleich kommen **alle Versorgungen des Verpflichteten** in Betracht, deren Ausgleich nach § 1587 b Abs 1, 2 oder § 1 Abs 2, 3 BGB möglich ist, vor allem also die gesetzliche Rente oder bei Beamten die Beamtenversorgung. Für die Realteilung nach § 1 Abs 2 gilt die weitere Einschränkung, dass der Versorgungsträger mit der **Realteilung** auch zum **Ausgleich** anderer **Anrechte einverstanden** sein muss. Das ist anzunehmen, wenn eine Versorgungsordnung (in Kenntnis der Möglichkeit) diese Ausgleichsform nicht ausschließt. Sonst kommt nur eine gesonderte Zustimmung in Betracht. Eine weitere Einschränkung liegt in der Beschränkung dieser Art des Ausgleichs auf **2% der allgemeinen Bezugsgröße** nach § 18 SGB IV[4] bei Ehezeitende. Dieser Grenzwert beträgt im Jahr 2008 im Westen 49,70 Euro, im Osten 42,00 Euro. Er hat den Zweck, zugunsten des Verpflichteten diesem seine **Grundversorgung** im Wesentlichen zu **erhalten**. Doch hindert er nicht, dass bei geringer Grundversorgung dieses dennoch aufgezehrt wird[5]. Das Anrecht darf **in** oder **vor der Ehezeit** erworben worden sein, nicht aber nach dem Ehezeitende.

Hat der **Verpflichtete mehrere Versorgungen,** welche zum ergänzenden Wertausgleich **heran- 6 gezogen** werden können, so besteht im Rahmen der **Ermessensausübung** ein Wahlrecht[6]. Es

---

[1] BVerfGE 71, 354 = FamRZ 1986, 543 = NJW 1986, 1321.
[2] *Johannsen/Henrich/Hahne* Rn 5.
[3] BT-Drucks 10/6369 S 20.
[4] Liegt das Ende der Ehezeit vor dem 1. 7. 1977, so beträgt nach Art 4 § 4 VAWMG die allgemeine Bezugsgröße 1850 DM.
[5] *Johannsen/Henrich/Hahne* Rn 18; MünchKommBGB/*Gräper* Rn 16.
[6] BGH FamRZ 1992, 921.

können auch mehrere Versorgungen teilweise herangezogen werden. In diesem Fall darf die Summe dieser Ausgleichsbeträge den Grenzwert nicht überschreiten. Daneben ist auch der **andere Fall** möglich, dass nämlich **mehrere Versorgungen** nach § 2 schuldrechtlich auszugleichen sind. Dann kann es wegen der Verlängerung des schuldrechtlichen Ausgleichs nach § 3a von Bedeutung sein, **welches** dieser **Anrechte** durch Heranziehung des anderen Anrechts **ausgeglichen** wurde. Auch insoweit besteht ein **Ermessen**. § 3a Abs 3 zwingt nicht zu einer gleichmäßigen Verteilung auf die Anrechte. In jedem Fall muss in diesem Fall **das ausgeglichene Anrecht deutlich gekennzeichnet** werden.

6.1 **Tenorbeispiel:** Zum Ausgleich der Anwartschaft des Antragstellers bei der Firma BMW werden weitere Rentenanwartschaften des Antragstellers von seinem Versicherungskonto Nr 54050745 H 011 bei der Bundesversicherungsanstalt für Angestellte auf das Rentenkonto der Antragsgegnerin Nr 14040250 G 503 bei der Landesversicherungsanstalt Oberbayern in Höhe von 76,20 DM monatlich bezogen auf den 31. 8. 1997 übertragen. Der Monatsbetrag der übertragenen Rentenanwartschaft ist in Entgeltpunkte umzurechnen.

IV. Beitragsentrichtung (Abs 1 Nr 2)

7 Die weitere Möglichkeit besteht in der Anordnung von Beitragszahlungen zur **Begründung** von **Anwartschaften** des Berechtigten in der **gesetzlichen Rentenversicherung**, die allerdings nur **solange** zulässig ist, als für den Berechtigten noch **keine Vollrente** wegen **Alters bindend** festgesetzt wurde (§ 187 Abs 4 SGB VI)[7]. Die Beitragszahlung ist für den Berechtigten wegen der Unsicherheit der tatsächlichen Leistung weniger sicher und wegen des Schutzzwecks der Vorschrift deshalb im Grundsatz **nachrangig** gegenüber **Abs 1 Nr 1**[8].

8 Die Vorschrift **konkurriert** mit der ebenfalls bestehenden Möglichkeit der Berechtigten, eine **Abfindung des schuldrechtlichen Versorgungsausgleichs** nach § 2 gemäß § 1587l BGB zu verlangen. In **beiden Fällen** darf die Beitragsentrichtung nur angeordnet werden, wenn sie für den Verpflichteten **wirtschaftlich zumutbar** ist, wobei auch **Ratenzahlungen** in Betracht kommen. In der Regel setzt die Zumutbarkeit das Vorhandensein von **Vermögen** oder **hohem Einkommen** voraus[9]. Die Verwertung von Grundvermögen kommt nur in Betracht, wenn es nicht für eigene Wohnzwecke gebraucht wird. Auch der Erlös aus dem Verkauf von Grundvermögen[10] kann nur dann herangezogen werden, wenn er nicht zum Erwerb von Wohneigentum für eigene Zwecke benötigt wird. Sind aber ein Eigenheim und eine angemessene Altersversorgung vorhanden, kann die Auflösung einer Lebensversicherung und eines Bausparvertrags zugemutet werden[11]. Es sollte nicht mehr als die **Hälfte** des **Vermögens** in Anspruch genommen werden[12]. Ratenzahlungen aus dem Einkommen setzen voraus, dass der **angemessene Unterhalt** dadurch nicht **beeinträchtigt** wird[13]. Ggf kann der Ausgleich auf einen **Teil** der **Ausgleichsforderung** beschränkt werden[14]. Die Möglichkeit der verlängerten schuldrechtlichen Ausgleichs nach § 3a VAHRG ist zu erwägen, schließt aber die Beitragsentrichtung nicht aus[15].

9 Daneben bestehen mehrere **Unterschiede** zwischen den Ausgleichsformen:
– Abs 1 Nr 2 wird **von Amts wegen** angeordnet, § 1587l BGB nur **auf Antrag**.
– Abs 1 Nr 2 gleicht die nach der Wertausgleichsbilanz geschuldete dynamische Rente aus, so dass sich der **Beitrag nach** der zu begründenden **Rente** richtet. § 1587l BGB dagegen bestimmt die zu zahlende Ausgleichssumme aus dem Barwert der auszugleichenden Anrechte. Die begründeten **Anrechte** berechnen sich **aus dem geschuldeten Beitrag** (vgl § 1587l BGB Rn 4 ff).
– Abs 1 Nr 2 lässt nur Beitragszahlungen in die gesetzliche Rentenversicherung zu, § 1587l BGB auch solche in **private Lebens-** oder **Rentenversicherungen**.
– Abs 1 Nr 2 schafft ein **eigenes Recht** zur **Beitragsentrichtung** in die gesetzliche Rentenversicherung, welches allerdings durch § 187 Abs 4 SGB VI auf die Zeit bis zur bindenden Bewilligung einer Vollrente wegen Alters beschränkt ist, während die Anordnung der Beitragszahlung in die gesetzliche Rentenversicherung nach § 1587l BGB **voraussetzt**, dass der Berechtigte zur **Zahlung** freiwilliger Beiträge oder zur Beitragsnachentrichtung in Höhe des angeordneten Betrags **berechtigt** ist (vgl § 1587l BGB Rn 17).
– § 3b Abs 1 Nr 2 erlaubt im Gegensatz zu § 1587l BGB **keinen Ausgleich ausländischer** oder **zwischenstaatlicher Anrechte**.

10 **Ratenzahlungen** sind **nur dann zumutbar**, wenn sie zu einer raschen Tilgung der Schuld führen, denn nur im Falle der Zahlung binnen drei Monaten (bei gewöhnlichem Aufenthalt des Zahlungspflichtigen im Ausland: sechs Monaten) nach Mitteilung der Rechtskraft der Entscheidung zum Versorgungsausgleich richtet sich die Beitragsschuld nach den idR **günstigeren Beitragssätzen bei Ehezeitende** (§ 187 Abs 5 SGB VI). Sonst erhöht sie sich für jedes Kalenderjahr mit den **neuen**

---

[7] *Bergner* Anm 7.4.
[8] Näheres bei *Johannsen/Henrich/Hahne* Rn 24.
[9] Vgl OLG Oldenburg FamRZ 2003, 768.
[10] OLG Karlsruhe FamRZ 2004, 1972.
[11] OLG Hamm FamRZ 2005, 988.
[12] BGH FamRZ 1997, 166 = NJW-RR 1997, 195; vgl auch KG FamRZ 2002, 467.
[13] OLG Hamm FamRZ 1989, 400.
[14] OLG Hamm FamRZ 1990, 1255.
[15] OLG Karlsruhe FamRZ 2004, 1972.

Umrechnungswerten. Der Zahlungstitel muss dann auf Antrag gemäß § 53 e Abs 3 FGG vom Rechtspfleger umgeschrieben werden.

Die **Höhe des Beitrags** berechnet sich aus der Anzahl der aus der zu begründenden Rente berechneten **Entgeltpunkte** und dem jährlich sich ändernden **Umrechnungsfaktor Entgeltpunkte in Beiträge**[16]. 11

Fall: Es sollen 120 DM monatliche Rente bezogen auf den 31. 5. 1996 begründet werden. 11.1

Lösung: 120 DM (Rente)/46,23 DM (aktueller Rentenwert) = 2,5975 Entgeltpunkte (West)
2,5975 Entgeltpunkte × 9812,736 (Umrechnungsfaktor Entgeltpunkte in Beiträge) = 25470,92 DM Beitrag, sofern die Zahlung binnen drei Monaten nach Wirksamwerden der Versorgungsausgleichsentscheidung erfolgt. Erfolgt nach Ablauf dieser Frist am 31. 10. 1997 die Zahlung, so erhöht sich der Umrechnungsfaktor auf 10922, 618 und der erforderliche Beitrag auf:
2,5975 Entgeltpunkte × 10922, 618 (Umrechnungsfaktor Entgeltpunkte in Beiträge) = 28351,84 DM.

Tenorvorschlag: Der Antragsgegner ist schuldig, zur Begründung einer monatlichen Rentenanwartschaft von 120 DM bezogen auf den 31. 5. 1996 einen Betrag von 25470,92 DM auf das Versicherungskonto Nr 51100155 H 504 der Antragstellerin bei der Landesversicherungsanstalt Rheinprovinz einzuzahlen. Dieser Betrag ist nur maßgebend bei Zahlung binnen 3 Monaten nach Bekanntgabe der Rechtskraft der Entscheidung zum Versorgungsausgleich. Die begründeten Rentenanwartschaften sind in Entgeltpunkte umzurechnen.

In **Ausnahmefällen** kann aber der **Beitrag** auch **sinken.** Wäre im obigen Fall Ehezeitende der 31. 5. 1997, so wäre für eine Rente von 120 DM ein Beitrag von 28084,24 DM zu bezahlen. Erfolgt die Zahlung nach den Sätzen des Jahres 1998, beträgt der Beitrag nur 28052,40 DM. 12

V. Einschränkungen; Wirkung

Bei **Heranziehung eines anderen Anrechts** und auch bei der **Beitragsentrichtung** gelten iÜ die Regelungen und Beschränkungen der jeweiligen Versorgungsart. Soweit der Ausgleich zur Übertragung oder Begründung von Anrechten in der **gesetzlichen Rentenversicherung** führt, ist deshalb die **Höchstgrenze** nach § 1587 b Abs 5 BGB zu beachten. Die Auswirkungen der Entscheidung entsprechen denen der jeweils angewandten Ausgleichsform, zB Gutschrift, Kürzung sowie die Härteregelungen. 13

VI. Ausländische Anrechte

Schließlich darf der erweiterte Ausgleich nicht erfolgen, wenn eine ausländische oder zwischenstaatliche Anwartschaft auszugleichen ist. Damit will der Gesetzgeber dem Umstand Rechnung tragen, dass der **Wert** solcher Anrechte nur **selten hinreichend genau festgestellt** werden kann. Wenn allerdings die Parteien das nach § 1587 o BGB **vereinbaren,** sollte auch in diesen Fällen der erweiterte Ausgleich möglich sein[17]. 14

Die Regelung ist **analog anwendbar,** wenn das auszugleichende Anrecht des Pflichtigen ähnlich unsicher ist, wie ein ausländisches Anrecht[18]. 15

VII. Ermessensabwägung

Auch wenn die gesetzlichen Voraussetzungen für Supersplitting oder Beitragsentrichtung gegeben sind, bedarf es zusätzlich noch einer Ermessensabwägung des Richters, welche auf weitere Beschwerde nur beschränkt nachgeprüft werden kann[19]. Dadurch wird dem Richter ermöglicht, im Rahmen des rechtlich Zulässigen die für den Berechtigten günstigste Lösung zu finden. Ist der Ausgleich nur sehr gering, dürfte die Zweckmäßigkeit immer den Ersatzausgleich nach § 3a Abs 1 S 1 erfordern[20]. Sonst darf eine Ausgleichsform des § 3 b **nicht gegen den erklärten Willen des Berechtigten** angeordnet werden[21] und auch dann nicht, wenn die Parteien den schuldrechtlichen Versorgungsausgleich vereinbart haben[22]. 16

Die in jedem Fall durchzuführende Abwägung hat die **Interessen des Verpflichteten** nur in dem Umfang zu berücksichtigen, wie sie **in den Tatbestandsmerkmalen berücksichtigt** sind. So darf zum Schutz der Grundversorgung des Verpflichteten die **2%-Grenze** des Abs 1 Nr 1 nicht überschritten werden und die Beitragsentrichtung muss **wirtschaftlich zumutbar** sein. Schließlich unterbleibt der Ausgleich analog Abs 2 dann, wenn die auszugleichende Versorgung **ähnlich unsicher** ist, wie eine ausländische Versorgung[23]. Im Übrigen sind (abgesehen von Fällen grober Unbilligkeit) **nur die Folgen** für den **Berechtigten abzuwägen**[24]. Hier ist zuerst zu prüfen, ob der Ersatzausgleich unwirtschaftlich iS von § 1587 b Abs 4 BGB wäre (vgl 1587 b BGB Rn 56 ff). 17

---

[16] § 4 der für das Jahr geltenden Bekanntmachung des Bundesarbeitsministers über die Bestimmung des Durchschnittsentgelts und den Rechengrößen der Sozialversicherung nach § 188 SGB VI.
[17] *Johannsen/Henrich/Hahne* Rn 30.
[18] BGH FamRZ 1999, 158.
[19] BGH FamRZ 2005, 1826.
[20] OLG Naumburg FamRZ 2001, 1527.
[21] BGH FamRZ 1993, 172, 173; OLG Karlsruhe FamRZ 2007, 53.
[22] BGH NJW 1989, 1859.
[23] BGH FamRZ 1999, 158 für die Betriebsrente des Geschäftsführers einer kleinen GmbH.
[24] *Johannsen/Henrich/Hahne* Rn 11.

18 Sodann sind die **Vor-** und **Nachteile** des schuldrechtlichen Ausgleichs gegeneinander abzuwägen:
- Das Risiko, dass der **Berechtigte** in **Rente** geht, während der **Verpflichtete** noch **keine Rente** erhält, kann fehlen oder gering sein, etwa weil der Verpflichtete bereits eine Invalidenrente bezieht oder weil er deutlich älter ist als der Berechtigte. Hier ist auch zu prüfen, ob der Ersatzausgleich für den Berechtigten eine **Rente** für den Fall der **Invalidität** erwarten lässt, oder nicht. In der ges. Rentenversicherung kann der Berechtigte eine Rente wegen Erwerbsminderung nur erwarten, wenn er in den letzten fünf Jahren vor dem Rentenfall mindestens **36 Monate pflichtversichert** war (§ 43 Abs 1 Nr 2, § 44 Abs 4 SGB VI).
- Das andere Risiko, nämlich nach dem **Versterben** des **Pflichtigen keine Rente** zu erhalten, hängt davon ab, ob eine **Verlängerung** des **schuldrechtlichen Ausgleichs** gegen den Versorgungsträger eingreift (vgl § 3 a Rn 7). Das wiederum hängt davon ab, ob der Versorgungsträger eine **Witwenrente** oder eine Geschiedenenwitwenrente vorgesehen hat. In vielen Fällen wird auch von Bedeutung sein, ob eine **Wiederverheiratung** der **Berechtigten** in Betracht zu ziehen ist, weil in den meisten Versorgungsordnungen eine Witwenrente und auch eine Geschiedenenwitwenrente bei Wiederverheiratung enden. Doch genügt allein die Möglichkeit des verlängerten Ausgleichs nicht, die Anordnung einer Beitragsentrichtung auszuschließen[25].
- Endlich muss auch die Möglichkeit in Betracht gezogen werden, dass dem schuldrechtlichen Ausgleich durch **Vereinbarung** einer **Abfindung** der **Boden entzogen** wird. Den unverfallbaren Anspruch auf eine Betriebsrente kann der Arbeitgeber **ohne Zustimmung** des Arbeitnehmers abfinden, wenn er **1%** der allgemeinen Bezugsgröße nach § 18 SGB IV nicht übersteigt, im **Einvernehmen** mit dem Arbeitnehmer, wenn er **2%** übersteigt. Wenn der Anspruch **4%** nicht übersteigt, ist eine einvernehmliche Abfindung dann möglich, wenn die Abfindung in die gesetzliche Rentenversicherung oder eine Pensionskasse oder Direktversicherung der betrieblichen Altersversorgung als **Beitrag eingezahlt** wird (§ 3 Abs 1, 2 BetrAVG).
- Ein **Vorteil des schuldrechtlichen Ausgleichs** besteht (abgesehen von einem etwa bestehenden Schutz im Falle der Invalidität s oben) vor allem darin, dass das idR nicht volldynamische Anrecht zum **Nennwert auszugleichen** ist, so dass eine **Umrechnung** über **Deckungskapital** oder **Barwert** unterbleibt. Der Ausgleich nach § 3 b erfolgt regelmäßig in Höhe des dynamischen Äquivalents der Versorgung. Das Prinzip der fiktiven Entrichtung von Beiträgen in die ges. Rentenversicherung führt bei Anwendung der **Barwertverordnung** zu einer starken Abwertung, weil die Dynamik der Rentenversicherung und der Kalkulationszins des Barwerts von 5,5% nicht entfernt erreicht. Erfolgt die Berechnung über das **Deckungskapital**, so kann die Dynamik die Summe von Rechnungszins und Überzins (vgl § 1587 a BGB Rn 126, 141) nicht erreichen. Die durch die **Umrechnung** erfolgende **Abwertung** kann man grob **abschätzen**, wenn man die **Barwerte** des **schuldrechtlich** auszugleichenden **Anrechts** und des **dynamischen Ersatzausgleichs** miteinander vergleicht. Eine einfache Methode besteht (unter Vernachlässigung einer etwaigen Invaliditätssicherung) in der Berechnung des Barwerts der jeweiligen Altersrente nach der Sterbetafel unter Zugrundelegung geeigneter Abzinsungsfaktoren mit einem Computerprogramm[26].

18.1 **Beispiel:** Eine **statische Rente** von monatlich 500 DM zum Ehezeitende 31. 5. 1996 entspricht bei einem Alter des Pflichtigen zur Ehezeitende von 53 Jahren nach Tabelle 1 einem Barwert von 27600 DM und einer **dynamischen Rente** von 130,03 DM. Wenn die Berechtigte zur Zeit der Barwertberechnung 50 Jahre alt ist und die Rente in 15 Jahren lebenslang erhält und wenn man dann für die statische Rente eine Kapitalabzinsung von 5% und für die volldynamische (unter Annahme einer Dynamik von 2%) eine solche von 5 − 2 = 3% wählt, ergibt sich bei lebenslänglicher Zahlung beider Renten für die statische Rente von 500 DM ein Barwert von 29724 DM und für die volldynamische von 130,03 DM ein Barwert 12203,58 DM. Ist ein verlängerter Ausgleich nach § 3 a nicht zu erwarten und der Ehemann zur Zeit der Entscheidung bereits 54 Jahre alt, so wäre für die statische Rente nur der Barwert der **Verbindungsrente**[27] anzusetzen mit 15744 DM. Sogar dieser überstiege den Wert der volldynamischen Anwartschaft[28].

- Schließlich erlaubt der schuldrechtliche Versorgungsausgleich auch die Erfassung einer Teildynamik unterhalb der Volldynamik, weil nach § 1587 g Abs 2 S 2 BGB alle späteren **Wertänderungen**, insbes Anpassungen im Hinblick auf die Geldentwertung, einbezogen werden[29].

19 Wenn von mehreren auszugleichenden Anrechten **bei einem** derselben die Nachteile **schwerer** wiegen **als bei anderen,** ist ein beschränkter Ersatzausgleich vorrangig zu dessen Ausgleich zu verwenden. Einen Vorteil stellt es auch dar, wenn der Ersatzausgleich zu einer **gänzlichen Trennung der Parteien** führt und kein im schuldrechtlichen Ausgleich verbleibenden **Rest die Parteien weiter miteinander verbindet**.

20 Weil die Grenzwerte für einen vollständigen Ausgleich nach § 3 b Abs 1 Nr 1 und für das **Risiko des Anwartschaftsverlusts durch Abfindung nach dem BetrAVG** vergleichbare Höhe haben (Rn 15), die Risiken des schuldrechtlichen Ausgleichs durch dessen Verlängerung nach § 3 a vermin-

---

[25] OLG Karlsruhe FamRZ 2004, 1972.
[26] ZB *Gutdeutsch*, Familienrechtliche Berechnungen bei Verlag C. H. Beck.
[27] Dh der Rente, welche gezahlt wird, solange beide Partner am Leben sind.
[28] Berechnet mit dem Programm *Gutdeutsch*, Familienrechtliche Berechnungen.
[29] Das betrifft aber **nur Fälle** der **Umrechnung** nach der **Barwertverordnung.** Eine Dynamik, welche aus dem **Deckungskapital** fließt, ist nämlich bereits erfasst, wenn dieses der Umrechnung in das dynamische Äquivalent nach § 1587 a Abs 3 Nr 1 BGB zu Grunde liegt.

dert wurden und die dynamische Umrechnung meist zu einer wesentlichen Abwertung führt, lässt sich **in erster Näherung** folgender **Grundsatz** rechtfertigen: Nach § 3 b Abs 1 Nr 1 ist nur auszugleichen, wenn kein Rest bleibt.

VIII. Ersatzausgleich durch Quasivorrang

Besteht neben dem nach § 2 auszugleichenden Anrecht ein weiteres, das nach § 1 Abs 2 oder § 1 Abs 3 ausgeglichen wurde und wurde dieses **nicht voll ausgeglichen,** weil eine **Gegenverrechnung** stattfand, dann kann nach der Rspr des BGH[30] der Richter nach seinem Ermessen die **Differenz** bis zum **vollen Ausgleich heranziehen,** um den schuldrechtlichen Ausgleich zu **vermeiden,** wenn das durch die Anwendung von § 3 b Abs 1 Nr 1 allein nicht möglich ist. Dieses Anrecht wird dann so behandelt, als ob es vorrangig auszugleichen wäre, wie es die vom BGH[31] abgelehnte Rangfolgemethode zum Ausgleich nach § 1 Abs 2, 3, § 2 tat. 21

Beispiel:	F	M	21.1
gesetzliche Rente von	300	500	
Betriebsrente dyn	200	300	
VBL dyn		400	
insgesamt	500	1200	

Der Ausgleichsanspruch nach § 1587 a Abs 1 BGB beträgt (1200 − 500)/2 = 350 DM. Davon entfällt nach § 1587 b Abs 1 **50 DM** auf das **Rentensplitting.** Der Restanspruch von 250 DM entfällt anteilig auf den Ausgleich der VBL-Rente nach **§ 1 Abs 3** in Höhe von 400 × 250/700 = **142,86 DM** und auf die andere Betriebsrente in Höhe von 300 × 250/700 = 107,14. Durch erweitertes Splitting der gesetzlichen Rente nach **§ 3 b Abs 1 Nr 1** kann ein Teilbetrag von **86,20 DM** ausgeglichen werden. Damit bleibt 107,14 − 86,20 = **20,94 DM** noch **auszugleichen.** Hierfür kann die VBL-Rente herangezogen werden, sie wurde nicht voll mit 400/2 = 200, sondern wegen Gegenverrechnung nur mit 142,86 ausgeglichen, so dass 200 − 142,86 = 57,14 DM zum **weiteren Ausgleich** der Betriebsrente herangezogen werden können. Da nur noch 20,94 DM auszugleichen sind, kann das **analoge Quasisplitting** von 142,86 um 20,94 **auf 163,80 erhöht** werden. Damit ist mit 100 + 86,20 + 163,80 = 350 DM der volle Ausgleich erreicht. Ein schuldrechtlicher Ausgleich findet nicht mehr statt.

Auch dieser **Ersatzausgleich** durch **Quasivorrang** dient nur dem **Interesse** des **Berechtigten** an der Vermeidung des schuldrechtlichen Ausgleichs. Die **Ermessensabwägung** hat in gleicher Weise zu erfolgen (Rn 16 bis 18). 22

IX. Verfahrensfragen

Die **Träger der** nach § 2 **schuldrechtlich** auszugleichenden **Versorgungen** haben kein Recht auf Beteiligung am Verfahren, weil nicht in ihre Rechte eingegriffen wird. Zwar kann von der Anwendung des § 3 b abhängen, ob sie später zur Verlängerung des schuldrechtlichen Ausgleichs herangezogen werden. Diese **mögliche mittelbare Folge** der Ermessensentscheidung nach § 3 b begründet aber **kein Beschwerderecht**[32], selbst wenn die Parteien mit einer gerichtlich genehmigten Vereinbarung den Ausgleich nach § 3 b ausgeschlossen haben[33]. 23

§ 3 c *(aufgehoben)*

II. Auswirkungen des Versorgungsausgleichs in besonderen Fällen (§§ 4–10)

§ 4 Tod des Berechtigten vor Empfang angemessener Leistungen

(1) Ist ein Versorgungsausgleich gemäß § 1587 b Abs. 1 oder 2 des Bürgerlichen Gesetzbuchs durchgeführt worden und hat der Berechtigte vor seinem Tod keine Leistungen aus dem im Versorgungsausgleich erworbenen Anrecht erhalten, so wird die Versorgung des Verpflichteten oder seiner Hinterbliebenen nicht auf Grund des Versorgungsausgleichs gekürzt.

(2) Ist der Berechtigte gestorben und wurden oder werden aus dem im Versorgungsausgleich erworbenen Anrecht Leistungen gewährt, die insgesamt zwei Jahresbeträge einer auf das Ende des Leistungsbezuges ohne Berücksichtigung des Zugangsfaktors berechneten Vollrente wegen Alters aus der Rentenversicherung der Arbeiter und der Angestellten aus dem erworbenen Anrecht nicht übersteigen, so gilt Absatz 1 entsprechend, jedoch sind die gewährten Leistungen auf die sich aus Absatz 1 ergebende Erhöhung anzurechnen.

(3) **Wurde der Verpflichtete** nach Durchführung des Versorgungsausgleichs vor dem **1. Januar 1992 nachversichert,** so sind insoweit dem Rentenversicherungsträger die sich aus

---

[30] BGH FamRZ 1994, 90 = NJW 1994, 48; OLG Frankfurt FamRZ 2006, 274; *Johannsen/Henrich/Hahne* Rn 9.
[31] BGH FamRZ 1994, 90 = NJW 1994, 48.
[32] BGH FamRZ 1989, 369; FamRZ 1991, 175.
[33] BGH NJW 1989, 1859.

Absatz 1 und 2 ergebenden **Erhöhungen vom Dienstherrn zu erstatten**; § 290 Satz 2 des Sechsten Buches Sozialgesetzbuch gilt entsprechend.

I. Normzweck

1   Das BVerfG hat mit Urteil vom 28. 2. 1980[1] zwar den Versorgungsausgleich als verfassungsgemäß anerkannt, jedoch die resultierende **Anwartschaftskürzung** dann als verfassungswidrig angesehen, wenn dieser Kürzung keine entsprechenden **Vorteile** für den **Berechtigten** gegenüberstanden. Damit hat es das Versicherungsprinzip, wonach der Vorteil des Berechtigten bereits im Vorhandensein des Versicherungsschutzes bestand, und die endgültige Trennung der Versorgungsschicksale der Parteien nur beschränkt anerkannt. Die vorliegende Regelung soll die nach dieser Entscheidung **verfassungswidrigen Folgen** unter Wahrung des Interesses der Versorgungsträger an einem **weitgehend kostenneutralen Versorgungsausgleich** vermeiden.

II. Anwendungsbereich

2   Die Regelung erfasst nur die Anwartschaftskürzung nach **Splitting** nach § 1587b Abs 1 BGB, § 76 SGB VI und nach **Quasisplitting** nach § 1587b Abs 2 BGB, § 57 Abs 1 BeamtVG, auch wenn sie im Wege des **erweiterten Ausgleichs** nach § 3b Abs 1 Nr 1 erfolgen. Über die Verweisung nach § 10 erstreckt sich die Anwendung auf den Ausgleich durch **analoges Quasisplitting** nach § 1 Abs 3. Dagegen kann nach Durchführung der **Realteilung** nach § 1 Abs 2 nur eine entsprechende Regelung der **Versorgungsordnung** oder eine **Billigkeitsentscheidung** des Versorgungsträgers den Verpflichteten schützen (vgl § 1 Rn 17). Nach § 4 Abs 3 ist auch eine vor dem 1. 1. 1992 nach den alten Regelungen durchgeführte **Nachversicherung** entspr zu korrigieren.

III. Heimfallprivileg

3   Wenn der **Berechtigte stirbt**, ohne dass er aus dem Wertausgleich Leistungen bezogen hat oder seine Hinterbliebenen[2] Leistungen daraus beziehen, **entfällt die Kürzung** der Versorgung des Ausgleichspflichtigen **rückwirkend**, so dass die Versorgung ab Zahlungsbeginn nachgezahlt werden muss[3]. Als **Leistungen** sind alle Regelleistungen anzusehen. Es ist nämlich derselbe Maßstab anzulegen wie bei der **Erstattung** von **Versorgungsleistungen** vom Versorgungsträger an die Rentenversicherung im Falle des **Quasisplittings** nach § 1587b Abs 2 BGB, § 225 Abs 2 S 1 SGB VI iVm der VAusgl-ErstattungsVO[4], also Rentenzahlungen an ihn oder seine Hinterbliebenen, darin enthaltene Kinderzuschüsse nach § 270 SGB VI, Rehabilitationsmaßnahmen an ihn oder seine Hinterbliebenen, Heiratsabfindung nach § 107 SGB VI, Beitragserstattung nach § 210 SGB VI und Beiträge zur Krankenversicherung der Rentner nach § 5 Abs 1 Nr 11, 12 SGB V, § 255 SGB V, Zuschüsse zu Kranken- und Pflegeversicherung nach § 106 SGB VI.

IV. Beschränkter Heimfall

4   Haben der Berechtigte (oder seine Hinterbliebenen) aus dem VA insgesamt nicht mehr als **zwei Jahresbeträge** aus der übertragenen oder begründeten **Rente** bezogen (gemessen an der Höhe der letzten Rente), so entfällt die Kürzung ebenfalls; auf die daraus resultierende Erhöhung (Nachzahlung) sind aber die erbrachten **Leistungen** (vgl Rn 3) **anzurechnen.** Der **Höchstbetrag** berechnet sich durch Multiplikation aus den **gutgeschriebenen Entgeltpunkten** und dem 24fachen **aktuellen Rentenwert** bei **Ende** der **Leistungen**[5]. Somit kommt auch ein **Heimfall vor** dem **Ende** dieser Leistungen nicht in **Betracht,** denn solange steht weder die Höchstgrenze fest noch ist ohne weiteres gesichert, dass es überhaupt zum Heimfall kommt[6]. Wenn die Versorgungsausgleichsrente auf verschiedenen Übertragungs- bzw Begründungsakten beruht, so muss der **Anrechnungsbetrag** auf die verschiedenen Anrechte und ggf die Beitragszahlung im Verhältnis der übertragenen bzw begründeten Anrechte **aufgeteilt werden**[7].

V. Beitragserstattung

5   Fand eine **Anwartschaftskürzung nicht statt,** weil die Anwartschaft des Berechtigten durch **Beitragszahlung** begründet oder die Kürzung durch **Kapitalleistung abgewendet** wurde, so werden die gezahlten **Beiträge erstattet,** ggf nach Abzug der auf Grund des Versorgungsausgleichs erfolgten Rentenzahlungen (vgl § 7, § 8).

---

[1] BVerfGE 53, 257 = FamRZ 1980, 326 = NJW 1980, 692.
[2] *Bergner* Rn 2.1; *MünchKommBGB/Gräper* Rn 8; *Johannsen/Henrich/Hahne* Rn 4; aA OVG Koblenz NJW-RR 1986, 373.
[3] HM, BSG DAngVers 1988, 324; FamRZ 2002, 1186; *Bergner* Rn 6; *MünchKommBGB/Gräper* Rn 23; *Johannsen/Henrich/Hahne* Rn 12; *Soergel/Schmieduch* Rn 22; aA *Rolland* Rn 14; *Sander* DAngVers 1988, 325: ab Todesfall.
[4] BSG FamRZ 1993, 1430; *Bergner* Rn 3.2; *Johannsen/Henrich/Hahne* Rn 8 mit Einschränkungen für seltene Ausnahmefälle.
[5] *Bergner* Rn 3.1.
[6] Vgl *Bergner* Rn 4; *Johannsen/Henrich/Hahne* Rn 13; abw *Palandt/Diederichsen* Rn 10; diff OVG Koblenz FamRZ 2005, 373 für den Fall, dass die Höhe der Leistungen an die Hinterbliebenen bereits feststeht.
[7] *Johannsen/Henrich/Hahne* Rn 10.

VI. Verfahrensfragen

Die Kürzung entfällt nur auf **Antrag** (§ 9 Abs 1) an den Versorgungsträger und ist nötigenfalls vor den für diesen zuständigen **Fachgerichten** zu bekämpfen. Vor Eintritt des Leistungsfalls kann **keine Feststellung,** dass die Voraussetzungen der Vorschrift vorliegen, verlangt werden[8]. Es besteht auch **kein Anspruch** auf **Rückübertragung** der Anwartschaften[9]. **6**

§ 5 Unterhaltsfälle

(1) Solange der Berechtigte aus dem im Versorgungsausgleich erworbenen Anrecht keine Rente erhalten kann und er gegen den Verpflichteten einen Anspruch auf Unterhalt hat oder nur deshalb nicht hat, weil der Verpflichtete zur Unterhaltsleistung wegen der auf dem Versorgungsausgleich beruhenden Kürzung seiner Versorgung außerstande ist, wird die Versorgung des Verpflichteten nicht auf Grund des Versorgungsausgleichs gekürzt.

(2) § 4 Abs. 3 gilt entsprechend.

I. Normzweck

Das BVerfG hat mit Urteil vom 28. 2. 1980[1] zwar den Versorgungsausgleich als verfassungsgemäß anerkannt, jedoch die resultierende **Anwartschaftskürzung** dann als verfassungswidrig angesehen, wenn der **Berechtigte** aus dem Versorgungsausgleich noch **keine Rente** bezieht und die Kürzung dem Verpflichteten die Zahlung von **Unterhalt an den Berechtigten** erschwert. Damit hat es das Versicherungsprinzip, wonach der Vorteil des Berechtigten bereits im Vorhandensein des Versicherungsschutzes bestand, und die endgültige Trennung der Versorgungsschicksale der Parteien nur beschränkt anerkannt. Die vorliegende Regelung soll die nach dieser Entscheidung **verfassungswidrigen Folgen** unter Wahrung des Interesses der Versorgungsträger an einer **praktikablen Handhabung** und einer möglichst **geringen Belastung** der **Solidargemeinschaft** vermeiden. **1**

II. Regelungsgehalt

Solange der Berechtigte **keine Rente aus dem Versorgungsausgleich** bezieht, aber dem Pflichtigen gegenüber **unterhaltsberechtigt** ist, entfällt die Kürzung von dessen Versorgung. **2**
– Streitig ist, ob dabei die Stellung des **Rentenantrags** unterstellt wird, ob also bereits die Möglichkeit, eine Rente zu erlangen, die Härte beseitigt[2], oder ob die Kürzung solange entfällt, als trotz materiellen Rentenanspruchs kein Rentenantrag gestellt wurde[3]. Richtigerweise ist ein Antrag nicht zu unterstellen. Die Norm orientiert sich am Unterhaltsrecht[4]. Dieses lässt grds dem Unterhaltsberechtigten die Freiheit, ob er einen Rentenantrag stellt oder weiterhin berufstätig bleibt. Maßgebend ist die Härte auf Seiten des Pflichtigen, wenn dessen Rente gekürzt würde. Ein Missbrauch zu Lasten der Versichertengemeinschaft durch Unterlassen des Rentenantrags lässt sich nur schwer vorstellen: im Unterhaltsfall ändert nämlich die Antragstellung nur den Zahlungsempfänger (Berechtigter als Rentenempfänger statt des Verpflichteten, dessen Rente gekürzt wird), nicht aber die Höhe der Rentenzahlungspflicht an sich. Deshalb besteht auch kein Anlass, mit der hM[5] bei einem Anspruch auf die Regelaltersrente oder sonst in Missbrauchsfällen einen Rentenantrag zu unterstellen. Vielmehr bleibt die Kürzung nur dann bestehen, wenn mangels Antragstellung der Unterhaltsanspruch und damit die Rechtsvoraussetzung für den Wegfall der Kürzung nach § 1579 BGB entfiele[6]. Der Unterhaltspflichtige wird iÜ normalerweise über § 1579 Nr 3, 4 BGB nur den Nachteil geltend machen können, der ihm als solcher trotz § 5 verbleibt, nämlich nicht wegen der Versorgungsausgleichsrente, welche durch die Kürzung kompensiert wird, sondern wegen der weiterhin erworbenen Rentenanrechte des Berechtigten.
– Auch eine Unterhaltspflicht, die nur **wegen der Kürzung** nicht entstünde, ist zu berücksichtigen (Gesetzeswortlaut). Es ist auch **nicht wesentlich,** ob der Unterhalt **tatsächlich bezahlt** wird[7]. Gerade für diesen Fall ist das Antragsrecht der Unterhaltsberechtigten vorgesehen (vgl Rn 3).
– Auf die **Höhe** des gesetzlichen Unterhaltsanspruchs **kommt es nicht an,** nur auf dessen Bestehen[8*]. Selbst wenn der Unterhaltsanspruch nach § 1585 c BGB durch eine **pauschale Leistung abgefunden** wurde, entfällt die Kürzung auf Antrag, solange ohne die Abfindung der Anspruch bestünde[9*]. Ein trotz Wiederverheiratung geleisteter **rein vertraglicher** Unterhalt **genügt nicht**[10].

---

[8] BVerwG NJW 1990, 1866.
[9] BSG FamRZ 1990, 619; FamRZ 1989, 971.
[1] BVerfGE 53, 257 = FamRZ 1980, 326 = NJW 1980, 692.
[2] So das OVG Lüneburg FamRZ 2004, 1111 mwN, aufgehoben durch das BVerwG, s unten.
[3] *Borth* 3. Aufl Rn 580; *Begner* Anm 4; *Johannsen/Henrich/Hahne* Rn 7; *Maier/Michaelis* Anm 3; MünchKommBGB/*Gräper* Rn 19.
[4] OVG Lüneburg FamRZ 2004, 1111.
[5] *Borth* 3. Aufl Rn 580; *Bergner* Anm 4; *Johannsen/Henrich/Hahne* Rn 7; *Maier/Michaelis* Anm 3; MünchKommBGB/*Gräper* Rn 19.
[6] So jetzt auch BVerwG FamRZ 2005, 709 sowie *T. Müller* FamRZ 2005, 1721 mwN.
[7] VGH Baden-Württemberg FamRZ 2001, 1149.
[8*] BVerwG FamRZ 1995, 929 = MDR 1995, 176.
[9*] BGH FamRZ 1994, 1171 = NJW 1994, 2481.
[10] OVG Münster FamRZ 2001, 1151.

VAHRG § 7   Gesetz zur Regelung von Härten im Versorgungsausgleich

– Der Anspruch braucht **nicht durchgängig bestanden** zu haben. Haben die Parteien bei Scheidung auf Unterhalt verzichtet, dann aber neu geheiratet, so liegt der Härtegrund ebenfalls vor[11].
– Der Anspruch entsteht **rückwirkend** zum Zeitpunkt der **Erfüllung** der **Tatbestandsmerkmale**[12]. Bei Wegfall der Voraussetzungen tritt die Kürzung wieder ein. Nach § 9 Abs 5 hat der Berechtigte den **Wegfall** der Anspruchsvoraussetzungen **ungefragt mitzuteilen**. Hat er das weder vorsätzlich noch grob fahrlässig unterlassen, darf die daraus folgende Rentenkürzung nur für die Zukunft erfolgen[13].

III. Verfahrensfragen

3   Die Kürzung entfällt nur auf **Antrag** an den Versorgungsträger § 9 Abs 1 und ist nötigenfalls vor den für diesen zuständigen Fachgerichten zu bekämpfen. Antragsberechtigt ist auch der **unterhaltsberechtigte Ehegatte** gemäß § 9 Abs 2 S 2 (vgl iE § 9 Rn 3). Wenn die Kürzung durch einen Antrag nach § 5 abgewendet werden kann, kann auf sie keine Unterhaltsherabsetzung nach § 323 ZPO gestützt werden.

§ 6 Nachzahlungen in den Unterhaltsfällen

Sind Nachzahlungen zu leisten, so erfolgen sie in den Fällen des § 5 an den Verpflichteten und an den Berechtigten je zur Hälfte.

I. Regelungsgehalt

1   Während die laufende Rente immer an den Rentenberechtigten auszuzahlen ist, ordnet diese Vorschrift an, dass **Rentennachzahlungen**, welche bei verspäteter Antragstellung oder verzögerter Bearbeitung anfallen können, je zur **Hälfte** an den **Berechtigten** und den **Verpflichteten** ausgezahlt werden. Mit Rückständigwerden der Rentenforderung geht der Anspruch also zur Hälfte auf den Berechtigten über (gesetzlicher Forderungsübergang), denn nur noch der Berechtigte kann Auszahlung dieses Teils des Rückstands verlangen. Das gilt auch dann, wenn der Unterhaltsanspruch abgefunden worden war[1]. Damit wird aber **keine Regelung des Unterhaltsverhältnisses** selbst getroffen. Dieses bestimmt, ob der Berechtigte den Betrag behalten kann. Soweit der Betrag dem Unterhaltsberechtigten bei fiktiver Berechnung des Unterhaltsanspruchs unter Berücksichtigung der fiktiven ungekürzten Rente nicht zusteht, kann der Pflichtige den überschießenden Betrag nach § 812 BGB erstattet verlangen[2]. In der Regel führt aber der Halbteilungsgrundsatz dazu, dass der Berechtigte den erhaltenen Betrag behalten kann[3].

II. Verfahrensfragen

2   Im Hinblick auf den eigenen Auszahlungsanspruch hat der Ausgleichsberechtigte auch ein **eigenes Antragsrecht** nach § 9 Abs 2 S 2. Zur Frage des daraus resultierenden Beschwerde- und Klagerechts vgl § 9 Rn 4 f. Aus der materiellen Berechtigung in Höhe der Hälfte des Rückstands ergibt sich in diesem Umfang in jedem Fall auch ein Klagerecht[4].

§ 7 Rückzahlungsanspruch bei Zahlungen an gesetzliche Rentenversicherung

Sind auf Grund des Versorgungsausgleichs für den Berechtigten Beiträge zu einer gesetzlichen Rentenversicherung geleistet worden, sind dem Leistenden vom Rentenversicherungsträger die Beiträge unter Anrechnung der gewährten Leistungen zurückzuzahlen, wenn feststeht, daß aus dem durch die Beitragszahlungen begründeten Anrecht keine höheren als die in § 4 Abs. 2 genannten Leistungen zu gewähren sind.

I. Regelungsgehalt

1   Die Vorschrift erweitert den Anwendungsbereich des **Heimfallprivilegs** nach § 4 (s dort) auf die Fälle des Versorgungsausgleichs durch Entrichtung von **Beiträgen** in die **gesetzliche Rentenversicherung**. Wenn nach Beitragsentrichtung **keine** oder nur **geringe Leistungen** an den **Berechtigten** oder seine **Hinterbliebenen** erfolgen, kann der Wegfall der Kürzung keine Lösung bringen, weil

---

[11] VerwG Bayreuth FamRZ 2000, 960.
[12] Vgl *Bergner* Rn 6.
[13] Vgl *Bergner* Rn 6.
[1] BGH FamRZ 1994, 1171 = NJW 1994, 2481.
[2] HM, *Bergner* Rn 3; *Johannsen/Henrich/Hahne* Rn 2; MünchKommBGB/*Gräper* Rn 3 f; *Soergel/Schmeiduch* Rn 5; *Friederici* NJW 1983, 785, 788; *Klauser* MDR 1983, 529, 533, wobei teilweise auch § 816 BGB herangezogen wird; abw *Rolland* § 6 VAHRG Rn 4.
[3] OLG Düsseldorf FamRZ 2003, 769.
[4] *Bergner* Rn 4; MünchKommBGB/*Gräper* Rn 10; *Johannsen/Henrich/Hahne* Rn 4.

keine Kürzung erfolgt ist. Vielmehr sind in diesem Fall die **gezahlten Beiträge** zu **erstatten**. Anzurechnen sind die erbrachten Leistungen (vgl § 4 Rn 4, 5). Überschreiten die Leistungen den Höchstbetrag, nach § 4 Abs 2, so findet keine Rückzahlung statt. Die **Rückerstattung** erfolgt, wenn die Höhe der Leistungen feststeht, also **nach Ende etwaiger Leistungen auch an Hinterbliebene.** Der Erstattungsbetrag ist zu **verzinsen**[1]. Zum Verfahren vgl § 4 Rn 6.

II. Anwendungsbereich

Das Heimfallprivileg gilt nicht nur für die **Beitragszahlungen neuen Rechts** gemäß § 3 b Abs 1 Nr 2 und für die **Altfälle** des § 1587 b Abs 3 S 1 aF BGB, sondern auch für die **Abfindung** des **schuldrechtlichen Versorgungsausgleichs** nach § 1587 l BGB[2], soweit er im Wege der Beitragsentrichtung zur gesetzlichen Rentenversicherung erfolgt ist.

§ 8 Rückzahlungsanspruch bei freiwilligen Zahlungen

Ein zur Abwendung der Kürzung gezahlter Kapitalbetrag ist unter Anrechnung der gewährten Leistung zurückzuzahlen, wenn feststeht, daß aus dem im Versorgungsausgleich erworbenen Anrecht keine höheren als die in § 4 Abs. 2 genannten Leistungen zu gewähren sind.

Hat der Verpflichtete zur **Abwendung** der **Kürzung Zahlungen** nach § 187 SGB VI oder nach § 58 BeamtVG an seinen Versorgungsträger geleistet, so kann, wenn aus dem Versorgungsausgleich keine oder geringe Leistungen an den Berechtigten erfolgten, das Heimfallprivileg nach § 4 nicht durch Wegfall der Kürzung, sondern nur durch **Rückzahlungen** der gezahlten **Beträge**, ggf unter **Anrechnung** der erbrachten **Leistungen** realisiert werden. Auf die Erläuterung zu § 4 wird Bezug genommen.

§ 9 Antrag; Vererblichkeit des Anspruchs; Auskunftsrecht; Mitteilungspflicht

(1) Über Maßnahmen nach §§ 4 bis 8 entscheidet der Leistungsträger auf Antrag.
(2) ¹Antragsberechtigt sind der Verpflichtete und, soweit sie belastet sind, seine Hinterbliebenen. ²In den Fällen des § 5 kann auch der Berechtigte den Antrag stellen.
(3) Ansprüche nach §§ 4 bis 8 gehen auf den Erben über, wenn der Erblasser den erforderlichen Antrag gestellt hatte.
(4) Der Antragsberechtigte und der Leistungsträger können von den betroffenen Stellen die für die Durchführung von Maßnahmen nach §§ 4 bis 8 erforderliche Auskunft verlangen.
(5) In den Fällen des § 5 hat der Verpflichtete dem Leistungsträger die Einstellung der Unterhaltsleistungen, die Wiederheirat des Berechtigten sowie dessen Tod mitzuteilen.

I. Zuständigkeiten (Abs 1)

Die Härteregelungen nach § 4 bis 8 setzen einen **Antrag** voraus, der nicht an das Familiengericht, sondern an den **Versorgungsträger** zu richten ist. Dementsprechend gehen auch die Streitigkeiten über die Härteregelungen ebenso wie andere Streitigkeiten wegen der Folgen des Versorgungsausgleichs nicht an das Familiengericht, sondern an die **jeweiligen Fachgerichte**: für die ges. Rentenversicherung also an die **Sozialgerichte**, für die Beamtenversorgungen an die **Verwaltungsgerichte**, für die öffentlich-rechtlich organisierten Arbeitgeber die **Arbeitsgerichte** und für die Versorgungsanstalt des Bundes und der Länder die **Zivilgerichte** oder das **VBL-Schiedsgericht**. Soweit der Versorgungsanspruch **zivilrechtlicher Natur** ist, bewirkt der Antrag die **Fälligkeit** und **Vererblichkeit** des Anspruchs (Abs 3). Sachlich genügt es, den Wegfall der Kürzung oder Rückzahlung der Beiträge aus den in §§ 4 bis 8 genannten Gründen zu verlangen. Nur für eine Mahnung ist die Angabe des verlangten Betrags erforderlich.

II. Antragsberechtigung (Abs 2)

Antragsberechtigt ist der **Ausgleichspflichtige** und nach seinem Tode seine **Hinterbliebenen**, also diejenigen, die nach dem Tode des Verpflichteten als Witwe/Witwer oder Waise Anspruch auf eine abgeleitete Rente haben. Jedoch reicht deren Antragsrecht nur soweit, als sie **belastet** sind. Nur die Kürzung hat aber Auswirkung auf die Hinterbliebenenrente. Daher gilt das **Antragsrecht der Hinterbliebenen** nur für die **Beseitigung** der **Kürzung** nach § 4 und § 5. Da eine eigene Belastung insoweit nicht besteht, als die Rente des Verpflichteten gekürzt wurde, beschränkt sich die Abwendung der Kürzung auf die Zeit nach dem Tode des Verpflichteten, wenn dieser keinen eigenen Antrag gestellt hatte. Die **Rückzahlungsansprüche** nach § 7 und § 8 richten sich auf Beitragserstattung, die nicht

---
[1] *Johannsen/Henrich/Hahne* Rn 4.
[2] BT-Drucks 10/6369 S 20; *Johannsen/Henrich/Hahne* Rn 2, wobei zu Recht nicht zwischen der Abfindung des schuldrechtlichen Ausgleichs nach § 2 und desjenigen nach § 1587 f Nr 1 bis 5 unterschieden wird.

VAHRG § 10 a   Gesetz zur Regelung von Härten im Versorgungsausgleich

den durch die Versorgungsordnung bestimmten Hinterbliebenen, sondern nach dem Tode des Verpflichteten den **Erben** zustehen. Diese aber haben **kein eigenes Antragsrecht**.

3   Das Antragsrecht des Verpflichteten ist nämlich **nicht vererblich** (vgl Rn 4). Sind **Erben zugleich Hinterbliebene,** so kann ihr Antrag zwar den Wegfall der Kürzung der Hinterbliebenenrente bewirken, nicht aber die Kürzung der Rente des Verpflichteten beseitigen oder einen Beitragserstattungsanspruch zum Entstehen bringen, denn § 9 Abs 3 verlangt ausdrücklich, dass der Erblasser vor seinem Tode den Antrag gestellt hat (höchstpersönlicher Anspruch)[1].

4   In den Fällen des **Unterhaltsprivilegs** nach § 5 ist nach Abs 2 S 2 auch der **Unterhaltsberechtigte antragsberechtigt**. Dieses Antragsrecht korrespondiert mit seinem Anspruch auf Zahlungen des hälftigen Rückstandsbetrags nach § 6.

5   Da das Antragsrecht hier über den Umfang der eigenen Berechtigung hinausgeht, kann zweifelhaft sein, inwieweit aus dem Antragsrecht auch ein **Klagerecht** (bzw Berechtigung zu **anderen Rechtsbehelfen,** Beschwerde, Widerspruch etc) folgt. Soweit die eigene Berechtigung nach § 6 reicht, besteht insoweit kein Problem. Das Interesse des Unterhaltsberechtigten geht jedoch über den Inhalt dieser Regelung (die ja nur rückständige Leistungen erfasst) hinaus. Das Unterhaltsprivileg soll nämlich nicht nur vergangene, sondern auch zukünftige Unterhaltsansprüche sicherstellen. Deshalb nimmt die Literatur zu Recht eine **Berechtigung, den Rentenanspruch auch gerichtlich durchzusetzen,** an[2]. Soweit es um Ansprüche des Ausgleichspflichtigen handelt, liegt im Prozess dann ein Fall der Prozessstandschaft vor; falls sich der Verpflichtete der Klage anschließt, ein Fall der notwendigen Streitgenossenschaft nach § 62 ZPO, weil nur einheitlich entschieden werden kann.

III. Vererblichkeit (Abs 3)

6   Nach Abs 3 sind Ansprüche aus Heimfall- und Unterhaltsprivileg höchstpersönlich und deshalb nur vererblich, wenn der **Erblasser** die **erforderlichen Anträge** bereits gestellt hatte. Ein Antrag der Hinterbliebenen genügt nicht (vgl Rn 2).

IV. Auskunftsrechte (Abs 4)

7   Die Antragsberechtigten und die Versorgungsträger haben Auskunftsansprüche **gegen alle betroffenen Stellen.** Das sind in erster Linie Versorgungsträger und Einrichtungen, welche die erforderliche Kenntnis besitzen. Es können aber auch Privatpersonen sein, die das erforderliche Wissen besitzen[3], insbes die Beteiligten.

V. Mitteilungspflichten (Abs 5)

8   In den Fällen des Unterhaltsprivilegs nach § 5 hat der Pflichtige das Erlöschen des Unterhaltsanspruch durch **Tod** oder **Wiederverheiratung** des **Berechtigten** mitzuteilen. Eine derartige Mitteilung fordert das Gesetz auch für den Fall, dass die **Unterhaltszahlungen eingestellt** werden. Maßgebend für den Wegfall der Kürzung ist aber nicht die Zahlung von Unterhalt, sondern das Bestehen (im Falle der Abfindung: fiktive Bestehen) eines Unterhaltsanspruchs. Die Verletzung der Mitteilungspflicht kann daher in diesem Fall nur dann zur erneuten Kürzung führen, wenn die **Unterhaltspflicht erloschen** ist[4].

§ 10 Quasi-Splitting

In den Fällen des § 1 Abs. 3 gelten die §§ 4 bis 9 sinngemäß.

1   Die **Härteregelungen** der §§ 4 bis 9 nehmen über § 4 Abs 1 nur auf die Ausgleichsformen der § 1587 b Abs 1, 2 BGB Bezug. Für das **analoge Quasispitting** nach § 1 Abs 3 war deshalb die analoge Anwendung dieser Vorschriften explizit anzuordnen.

IIa. Abänderung von Entscheidungen über den Versorgungsausgleich (§ 10 a)

§ 10 a Abänderung von Entscheidungen

(1) Das Familiengericht ändert auf Antrag seine Entscheidung entsprechend ab, wenn
1. ein im Zeitpunkt des Erlasses der Abänderungsentscheidung ermittelter Wertunterschied von dem in der abzuändernden Entscheidung zugrunde gelegten Wertunterschied abweicht, oder

---

[1] *Bergner* Rn 4; MünchKommBGB/*Gräper* Rn 12; abw *Johannsen/Henrich/Hahne* Rn 4; Abs 3 gilt nur für die Erben, die nicht zugleich Hinterbliebene sind.
[2] *Johannsen/Henrich/Hahne* § 6 Rn 4; MünchKommBGB/*Gräper* § 6 Rn 10; *Bergner* § 6 Rn 4.
[3] *Bergner* Rn 7; MünchKommBGB/*Gräper* Rn 16; *Johannsen/Henrich/Hahne* Rn 6.
[4] *Johannsen/Henrich/Hahne* § 5 Rn 10.

Abänderung von Entscheidungen § 10 a VAHRG

2. ein in der abzuändernden Entscheidung als verfallbar behandeltes Anrecht durch Begründung von Anrechten ausgeglichen werden kann, weil es unverfallbar war oder nachträglich unverfallbar geworden ist, oder
3. ein von der abzuändernden Entscheidung dem schuldrechtlichen Versorgungsausgleich überlassenes Anrecht durch Begründung von Anrechten ausgeglichen werden kann, weil die für das Anrecht maßgebende Regelung eine solche Begründung bereits vorsah oder nunmehr vorsieht.

(2) ¹Die Abänderung findet nur statt, wenn
1. sie zur Übertragung oder Begründung von Anrechten führt, deren Wert insgesamt vom Wert der durch die abzuändernde Entscheidung insgesamt übertragenen oder begründeten Anrechte wesentlich abweicht, oder
2. durch sie eine für die Versorgung des Berechtigten maßgebende Wartezeit erfüllt wird, und
3. sie sich voraussichtlich zugunsten eines Ehegatten oder seiner Hinterbliebenen auswirkt.
²Eine Abweichung ist wesentlich, wenn sie 10 vom Hundert des Wertes der durch die abzuändernde Entscheidung insgesamt übertragenen oder begründeten Anrechte, mindestens jedoch 0,5 vom Hundert des auf einen Monat entfallenden Teils der am Ende der Ehezeit maßgebenden Bezugsgröße (§ 18 des Vierten Buches Sozialgesetzbuch) übersteigt.

(3) Eine Abänderung findet nicht statt, soweit sie unter Berücksichtigung der beiderseitigen wirtschaftlichen Verhältnisse, insbesondere des Versorgungserwerbs nach der Ehe, grob unbillig wäre.

(4) Antragsberechtigt sind die Ehegatten, ihre Hinterbliebenen und die betroffenen Versorgungsträger.

(5) Der Antrag kann frühestens in dem Zeitpunkt gestellt werden, in dem einer der Ehegatten das 55. Lebensjahr vollendet hat oder der Verpflichtete oder seine Hinterbliebenen aus einer auf Grund des Versorgungsausgleichs gekürzten Versorgung oder der Berechtigte oder seine Hinterbliebenen auf Grund des Versorgungsausgleichs Versorgungsleistungen erhalten.

(6) Durch die Abänderungsentscheidung entfällt eine für die Versorgung des Berechtigten bereits erfüllte Wartezeit nicht.

(7) ¹Die Abänderung wirkt auf den Zeitpunkt des der Antragstellung folgenden Monatsersten zurück. ²Die Ehegatten und ihre Hinterbliebenen müssen Leistungen des Versorgungsträgers gegen sich gelten lassen, die dieser auf Grund der früheren Entscheidung bis zum Ablauf des Monats erbringt, der dem Monat folgt, in dem er von dem Eintritt der Rechtskraft der Abänderungsentscheidung Kenntnis erlangt hat. ³Werden durch die Abänderung einem Ehegatten zum Ausgleich eines Anrechts Anrechte übertragen oder für ihn begründet, so müssen sich der Ehegatte oder seine Hinterbliebenen Leistungen, die der Ehegatte wegen dieses Anrechts gemäß § 3 a erhalten hat, anrechnen lassen.

(8) ¹Hat der Verpflichtete auf Grund einer Entscheidung des Familiengerichts Zahlungen erbracht, gelten die Absätze 1 bis 7 entsprechend. ²Das Familiengericht bestimmt, daß der Berechtigte oder der Versorgungsträger den zuviel gezahlten Betrag zurückzuzahlen hat, der Versorgungsträger unter Anrechnung der dem Berechtigten oder seinen Hinterbliebenen zuviel gewährten Leistungen. ³§ 1587 d des Bürgerlichen Gesetzbuchs gilt zugunsten des Berechtigten entsprechend.

(9) Die vorstehenden Vorschriften sind auf Vereinbarungen über den Versorgungsausgleich entsprechend anzuwenden, wenn die Ehegatten die Abänderung nicht ausgeschlossen haben.

(10) ¹Das Verfahren endet mit dem Tod des antragstellenden Ehegatten, wenn nicht ein Antragsberechtigter binnen drei Monaten gegenüber dem Familiengericht erklärt, das Verfahren fortsetzen zu wollen. ²Nach dem Tod des Antraggegners wird das Verfahren gegen dessen Erben fortgesetzt.

(11) ¹Die Ehegatten oder ihre Hinterbliebenen sind verpflichtet, einander die Auskünfte zu erteilen, die zur Wahrnehmung ihrer Rechte nach den vorstehenden Vorschriften erforderlich sind. ²Sofern ein Ehegatte oder seine Hinterbliebenen die erforderlichen Auskünfte von dem anderen Ehegatten oder dessen Hinterbliebenen nicht erhalten können, haben sie einen entsprechenden Auskunftsanspruch gegen die betroffenen Versorgungsträger. ³Die Ehegatten und ihre Hinterbliebenen haben den betroffenen Versorgungsträgern die erforderlichen Auskünfte zu erteilen.

(12) Hat der Verpflichtete Zahlungen zur Abwendung der Kürzung seines Versorgungsanrechts geleistet, sind die unter Berücksichtigung der Abänderung der Entscheidung zuviel geleisteten Beträge zurückzuzahlen.

VAHRG § 10 a

Gesetz zur Regelung von Härten im Versorgungsausgleich

Übersicht

	Rn		Rn
I. Normzweck	1	**V. Grobe Unbilligkeit (Abs 3)**	28
II. Anwendungsbereich	2	**VI. Folgen**	30
III. Abänderungsgründe	6	1. Totalrevision	30
1. Änderung des Wertunterschieds	6	2. Wartezeiten (Abs 6)	31
a) Ausgleichsbilanz	6	3. Wirksamkeit (Abs 7)	32
b) Änderung von gesetzlichen Vorschriften oder Versorgungsordnungen	7	4. Rentnerprivileg	33
c) Änderung individueller Umstände	9	**VII. Beitragsleistungen (Abs 8)**	34
2. Unverfallbarwerden (Abs 1 Nr 2)	15	**VIII. Vereinbarungen (Abs 9)**	37
3. Neue Möglichkeit der Realteilung (Abs 1 Nr 3)	16	**IX. Auskunftsansprüche (Abs 11)**	39
4. Andere Gründe	17	**X. Verfahren**	41
IV. Wesentlichkeit (Abs 2)	18	1. Antrag (Abs 1)	41
1. Berechnung der Änderung und der Wesentlichkeitsgrenze	18	2. Antragsberechtigte (Abs 4)	42
2. Weitere Wesentlichkeitsmerkmale	24	3. Alter oder Rentenfall (Abs 5)	43
3. Kritik an der Wesentlichkeitsgrenze	26	4. Tod eines Ehegatten (Abs 10)	45
4. Vorteilhaftigkeit (Abs 2 Nr 3)	27	5. Verhältnis zum schuldrechtlichen Versorgungsausgleich	48

I. Normzweck

1 Durch vielfache **Eingriffe des Gesetzgebers** in das System des gesetzlichen Rentenversicherung und auch der Beamtenversorgung weichen die tatsächlich gezahlten Versorgungen in Berechnung und Ergebnis oft stark von den Berechnungen ab, die einem vorher durchgeführten Versorgungsausgleich zugrunde liegen. Ein weiteres Problem wird durch das Amtsverfahren im Versorgungsausgleich bewirkt. Der amtswegige Versorgungsausgleich wird auch dann durchgeführt, wenn sich **keine** der **Parteien** dafür **interessiert**. Dadurch wird auch die **Richtigkeitskontrolle** der **Entscheidung** durch interessierte Parteien **eingeschränkt**. Es ist schwer, den Parteien die Notwendigkeit der Rechtskraft verständlich zu machen, wenn sie nicht gestritten haben. Deshalb hat der Gesetzgeber mit dem VAwMG[1], in Kraft seit 1. 1. 1987, die nur durch Wesentlichkeitsgrenzen und Rentennähe eingeschränkte Möglichkeit einer **Korrektur** des Versorgungsausgleichs nach Art und Höhe **unabhängig** von der **Ursache** der **Abweichung vom Prinzip der Halbteilung** (Totalrevision) eingeführt.

II. Anwendungsbereich

2 Der Korrektur unterliegen hiernach:
– Entscheidungen über einen **Wertausgleich** nach § 1587 b Abs 1, 2 BGB, § 1 Abs 2, 3 und § 3 b Abs 1 Nr 1, 2,
– **Negativentscheidungen,** in denen ein **Wertausgleich** ganz oder teilweise **abgelehnt** wird, weil es an einer **Wertdifferenz** fehlt,
– **Negativentscheidungen,** in denen in Anwendung von § 1587 b Abs 5 BGB oder § 2 in den **schuldrechtlichen Ausgleich** verwiesen wird.
– Auch andere Entscheidungen, in denen auf Grund der bestehenden Verhältnisse Regelungen nicht zur Ausgleichsform sondern zur Ausgleichssystem insbes durch die **Verweisung** in den **schuldrechtlichen Ausgleich** nach § 1587 b Abs 4 BGB getroffen wurden, sollte abgeändert werden können, (wenn etwa durch Nachversicherung eines Beamten die Unwirtschaftlichkeit wegen Unerreichbarkeit der Wartezeit von 60 Monaten gegenstandslos wird). Auch hier handelt es sich um eine Änderung der Ausgleichsform, die entspr Abs 1 Nr 3 den schuldrechtlichen Versorgungsausgleich vermeidet[2].
– Durch Analogie gemäß Abs 9 können auch **Vereinbarungen,** in denen Versorgungsausgleich unter Voraussetzung eines bestimmten Ausgleichsanspruchs geregelt wurde, abgeändert werden.
– Entscheidungen, in denen das Gericht festgestellt hat, dass der Versorgungsausgleich derzeit nicht stattfindet, weil wesentliche Anrechte unaufklärbar sind[3].

3 **Nicht hiernach abzuändern** sind
– Entscheidungen über die **Ausgleichsrenten im schuldrechtlichen und den verlängerten schuldrechtlichen Versorgungsausgleich**[4], welche über § 1587 i Abs 3 BGB, § 3 a Abs 6 VAHRG über § 1587 d Abs 2 BGB abzuändern sind. Da hier ohnehin die jeweils aktuellen Verhältnisse maßgebend sind, bedarf es nicht der nachträglichen Korrektur der ohnehin nur auf Antrag ergehenden Entscheidung. Allerdings ist die Meinung im Vordringen, dass im Falle wesentlicher

---

[1] Gesetz über weitere Maßnahmen auf dem Gebiet des Versorgungsausgleichs vom 8. 12. 1986, BGBl I S 2317.
[2] MünchKommBGB/*Dörr* Rn 6.
[3] OLG Zweibrücken FamRZ 2003, 1752; OLG Oldenburg FamRZ 2003, 1752.
[4] *Johannsen/Henrich/Hahne* Rn 11.

Veränderung der Verhältnisse auch der schuldrechtliche Versorgungsausgleich ohne Bindung an die Erstentscheidung abgeändert werden könne[5].
– Entscheidungen in denen der Versorgungsausgleich **dem Grunde nach abgelehnt** wird, etwa weil nach dem **Versorgungsausgleichsstatut** des Art 17 Abs 3 EGBGB ein Versorgungsausgleich nicht in Betracht komme[6] oder weil der Versorgungsausgleich nach § 1587 c BGB **grob unbillig** sei. Umgekehrt kann auch nicht deshalb die Abänderung verlangt werden, weil sich nachträglich ein Ausschlussgrund nach § 1587 c BGB herausgestellt hat[7] oder sich herausstellt, dass Art 17 Abs 3 EGBGB, auf den der Versorgungsausgleich von Ausländern gestützt worden war, zur Zeit der Scheidung noch nicht gegolten hatte[8]. Auch eine nachträgliche Vereinbarung rechtfertigt keine Abänderung des Versorgungsausgleiches[9].

Problematisch ist, ob entspr einer in der **Lit** vertretenen Meinung[10] auch **Abfindungsentscheidungen** nach § 1587 l BGB abgeändert werden können. Die **stärkeren Gründe** dürften **dagegen** sprechen. 4

– Eine Abfindung soll nach dem üblichen Sprachgebrauch eine endgültige Trennung bringen, ist daher einer Vereinbarung mit Ausschluss der Abänderung ähnlich.
– Das Gesetz meint idR nicht den schuldrechtlichen Versorgungsausgleich, wenn es vom Versorgungsausgleich spricht. So besteht auch Einigkeit, dass die übrigen Regeln des § 10 a sich nicht auf den schuldrechtlichen Versorgungsausgleich beziehen, dass dessen Änderung vielmehr über § 1587 g Abs 3 und § 1587 i Abs 3 der Regel des § 1587 d Abs 2 BGB folgt.
– Die Anknüpfung an erbrachte Zahlungen spricht dafür, dass die Vorschrift des Abs 8 lediglich das Erstattungsverfahren betrifft und insoweit Abs 1 und Abs 2 ergänzen soll. Spricht man ihm eine eigenständige Bedeutung zu, besteht gleichheitswidrig lediglich den Pflichtigen das Recht, die Herabsetzung einer überhöhten Abfindung zu erwirken, nicht aber auch ein Recht des Berechtigten auf eine Erhöhung der Abfindung, falls sich diese als zu gering erweist.
– Die Analoge zu dem abänderungsfähigen § 3 b Abs 1 Nr 2 ist nicht gerechtfertigt, denn die beiden Vorschriften haben wenig Ähnlichkeit, insbes wenn man der hier vertretenen Meinung folgt, dass im einen Fall der Barwertsaldo (vgl § 1587 l BGB Rn 4 ff), im anderen (§ 3 b Abs 1 Nr 2) die dynamische Rente auszugleichen ist.
– Auch hätte die Abänderung zur Folge, dass auch die Fiktion des § 1587 n BGB, der abgefundene Anspruch decke den Bedarf, der Abänderung unterliegen müsste, und zwar auch zu Gunsten des Berechtigten, der dann im Unterhaltsprozess geltend machen könnte, die Abfindung sei wegen späterer Änderungen unzureichend gewesen und habe einen Teil des Ausgleichsrente unabgefunden gelassen.
– Schließlich dürfte wegen des ungünstigen Preis-Leistungsverhältnisses der Beitragsentrichtung zur ges. Rentenversicherung die Abfindung überwiegend durch Einzahlung in die private Lebensversicherung erfolgen, was bei einer Abänderung zu Gunsten des Pflichtigen unbillige Rückzahlungspflichten des Berechtigten zur Folge hätte.

Ist hiernach die Totalrevision nicht möglich oder scheitert sie an der Wesentlichkeitsgrenze des Abs 2 S 2, kommt nur noch die **Wiederaufnahmeklage** in analoger Anwendung des § 580 ZPO in Betracht, falls ausnahmsweise deren Voraussetzungen vorliegen[11]. 5

III. Abänderungsgründe

1. Änderung des Wertunterschieds. a) Ausgleichsbilanz. Wichtigster Abänderungsgrund ist die Änderung des Wertunterschieds der beiderseitigen Anrechte nach § 1587 a Abs 1 BGB. Maßstab ist hier immer die Bilanz zum Ehezeitende, nicht die für den Zeitpunkt der Abänderung. Es ist damit die **Auswirkung der späteren Änderung** auf die **ursprüngliche Bewertung** zu prüfen[12]. 6

b) Änderung von gesetzlichen Vorschriften oder Versorgungsordnungen. Grundmodell sind die Änderungen der gesetzlichen Vorschriften, nach denen in der Erstentscheidung die Versorgungsanwartschaft berechnet worden war. Wenn die tatsächliche Versorgung nach anderen Vorschriften berechnet wird, als dem Versorgungsausgleich zugrunde lagen, entsteht ein offener Widerspruch zwischen Erstentscheidung und Berechnung der Versorgung. 7

In der **gesetzlichen Rentenversicherung** wurden Umfang und Ausmaß von Rententeilen, die nicht nur teilweise auf Beiträgen beruhen, mehrmals geändert: Durch das ab 1. 1. 1992 geltende Rentenreformgesetz 1992 wurde die Materie dann im SGB VI vom 18. 12. 1989 (BGBl I S 2261) insgesamt neu geregelt. Durch das Rentenreformgesetz 1999 vom 16. 12. 1997 (BGBl I S 2998) wurde vor allem die verbesserte Bewertung von Kindererziehungszeiten geregelt, die teilweise bereits seit 1. 7. 1998 gilt. 7 a

---

[5] OLG Düsseldorf FamRZ 2005, 372.
[6] BGH FamRZ 1996, 282 = NJW-RR 1996, 642; OLG Stuttgart FamRZ 2002, 614.
[7] AG Melsungen FamRZ 2002, 1258; OLG Hamm FamRZ 2003, 236; OLG Celle FamRZ 2003, 1291.
[8] BGH FamRZ 2005, 1467.
[9] OLG Zweibrücken FamRZ 2002, 1410.
[10] *Johannsen/Henrich/Hahne* Rn 12; MünchKommBGB/*Dörr* Rn 8.
[11] *Johannsen/Henrich/Hahne* Rn 7.
[12] *Johannsen/Henrich/Hahne* Rn 16: bei der Neuberechnung zählen nur Umstände, die rückwirkend den Ehezeitanteil verändern.

VAHRG § 10 a

7 b   Auch das **Beamtenversorgungsgesetz** wurde zum 1. 1. 1992 wesentlich geändert (BeamtVGÄndG vom 18. 12. 1989, BGBl I S 2218), insbes die sog Beamtenstaffel auf einen jährlichen Versorgungserwerb von 1,875% linearisiert, wobei erst mit 40 Jahren der Höchstwert von 75% erreicht wird, allerdings mit längeren Übergangsfristen. Ab 1. 1. 2003 wurde durch das VersorgungsÄndG 2001 vom 20. 12. 2001 (BGBl I S 3926) der Versorgungssatz auf 1,79375% herabgesetzt und der Höchstsatz auf 71,75% (vgl § 1587 a BGB Rn 8, 18). Allerdings erfolgte dazu parallel die Absenkung des allgemeinen Rentenniveaus. Wenn man die Absenkung von 75% auf 71,75% als auf das Ende der Ehezeit zurückwirkenden Änderungsgrund akzeptiert, werden nicht nur die Beamtenversorgungen in der Übergangszeit, sondern auch alle vorher ausgeglichenen gegenüber der gesetzlichen Rente um 3 $1/3$% abgewertet. Es ist fraglich, ob das angesichts der Besitzschutzregelungen mit der durch § 1587 a Abs 3 S 1 BGB geregelten Äquivalenz von Beamtenversorgung und gesetzlicher Rente und dem Halbteilungsprinzip vereinbar ist. In den letzten zehn Jahren (dh seit 1997) erhöhte sich Beamtenversorgung um 13,1%, die gesetzliche Rente um 9,5%. Die generelle Abwertung lässt sich damit nicht gut vereinbaren (zur Härteregelung vgl Rn 29 b).

7 c   Die gesetzliche Regelung der Altersversorgung der Landwirte wurde durch das ALG vom 29. 7. 1994 (BGBl I S 1890) und das ASLG-ÄndG vom 15. 12. 1995 (BGBl I S 1814) reformiert.

7 d   Aber auch Änderungen der **Bewertungsregeln** des Versorgungsausgleichs verursachen Änderungen, insbes die Neufassungen der BarwertVO vom 22. 5. 1984 (BGBl I S 692), welche die Berücksichtigung einer Volldynamik nur im Anwartschaftsteil oder nur im Rententeil ermöglichte, sowie das Rentenreformgesetz 1992, welches zur rückwirkenden Anwendung neuer Umrechnungsfaktoren zur Bewertung nicht volldynamischer Anrechte führte[13], die Änderungen vom 26. 5. 2003 (BGBl I S 728) und vom 3. 5. 2006 (BGBl I S 1144), welche zu wesentlichen Erhöhungen der Barwertfaktoren führten.

8   Bedeutsam können aber auch Änderungen **untergesetzlicher Versorgungsordnungen** sein, insbes die Systemumstellung in der Neufassung der Satzung zum 1. 1. 2001 mit den folgenden Satzungsänderungen.

9   c) **Änderung individueller Umstände.** Die Änderungen individueller Umstände können ebenfalls den Ehezeitanteil der Versorgung verändern, wie der BGH zuerst in seinem Beschluss vom 6. 7. 1988[14] für den Fall des Ausscheidens eines Beamten aus dem öffentlichen Dienst anerkannt hat, weil es hier rückwirkend zu einer neuen Bewertung der Beamtendienstzeit im Wege der Nachversicherung kam. Hier trat das Problem auf, individuelle Änderungen mit Bezug zur Ehezeit von denen zu trennen, die diesen Bezug nicht haben. Kriterium ist nach der Regierungsbegründung die **Rückwirkung** auf den **Ehezeitanteil der Versorgung**[15]. Eine solche Rückwirkung tritt aber letztlich immer ein, wenn auf Grund geänderter Umstände die ursprünglich angenommene Rente nicht gezahlt wird und sich dadurch ein anderer Ehezeitanteil berechnet[16]. Letztlich ist deshalb auf Grund der festgestellten Änderungen, soweit für diese ein sachlicher Bezug zur Ehezeit anzuerkennen ist, die Versorgung neu zu berechnen. Der BGH hat deshalb bei einem nach Ehezeitende eintretenden **vorzeitigen Ruhestand** eines **Beamten** mit vollem Ruhegehalt einen durch die verkürzte Gesamtzeit **erhöhten Ehezeitanteil** berücksichtigt[17].

10   Ein **vorzeitiger Ruhestand** wird auch **bei Betriebsrenten** als Abänderungsgrund anerkannt[18]. Allerdings sollte bei Anwartschaften, die nach der BarwertVO bewertet werden, die **vorzeitige Invalidität nicht als Abänderungsgrund** gesehen werden, weil eine Abweichung von der Prognose nicht vorliegt. In der Barwertberechnung ist nämlich die Möglichkeit, bei Invalidität vorzeitig eine Rente zu erlangen, bereits durch Erhöhung des Barwerts berücksichtigt. Wollte man in diesem Fall das frühere Einsetzen des Rente ehezeitanteilerhöhend berücksichtigen, so müsste man konsequent auch in den Fällen, in denen keine Invalidität auftrat, sondern nur die Altersrente erlangt wurde, den Barwert im Wege der Abänderung statt nach der Tabelle 1 nach der Tabelle 2 berechnen und den Ehezeitanteil entspr vermindern[19].

11   **Einkommensbezogene Betriebsrenten** gelten zwar als im Anwartschaftsteil volldynamisch; jedoch ist die Dynamik noch verfallbar. Endet das Arbeitsverhältnis erst bei **Einsetzen der Altersrente**, so wird die **Dynamik** damit **unverfallbar**. Anstelle der Werte der Tabelle 1 der BarwertVO sind die höheren der Tabelle 4 zu verwenden, was eine Abänderung rechtfertigt[20]. Auch ein vorzeitiger Rentenfall **(Einsetzen einer Invalidenrente)** macht die Volldynamik im Anwartschaftsteil unverfallbar[21]. Es tritt aber an die Stelle der Tabelle 1 die Tabelle 4 mit einer entsprechenden Erhöhung des Barwerts. **Scheidet der Arbeitnehmer vorzeitig aus,** so wäre nach **BGH**[22] die zwischenzeitliche **Dynamik nicht** zu berücksichtigen. Demgegenüber wird vorgeschlagen, der Volldynamik bis zum Ausscheiden dadurch Rechnung zu tragen, dass diese Zeit gewissermaßen hinweggedacht und bei Anwendung der BarwertVO das Alter bei Ausscheiden zugrunde gelegt wird[23].

---

[13] Vgl BGH FamRZ 1993, 294 = NJW 1993, 465.
[14] FamRZ 1988, 1148.
[15] BT-Drucks 10/6369 S 21.
[16] Vgl *Bergner* Anm 4.1.
[17] BGH FamRZ 1991, 1415, 1416.
[18] BGH FamRZ 1990, 605, 606; OLG Düsseldorf FamRZ 1997, 87; OLG München FamRZ 1997, 89.
[19] Vgl *Gutdeutsch* FamRZ 1997, 80, 81; anders aber BGH FamRZ 1990, 605, 606.
[20] MünchKommBGB/*Dörr* Rn 57.
[21] Ebenso MünchKommBGB/*Dörr* Rn 59.
[22] BGH FamRZ 1991, 1421, 1424.
[23] Vgl *Johannsen/Henrich/Hahne* Rn 34; MünchKommBGB/*Dörr* Rn 60.

Soweit Anwartschaften als im Anwartschaftsteil statisch behandelt werden, würde es dem System 12
der BarwertVO am besten entsprechen, der **Barwertberechnung** den im **Rentenfall wirklich
erworbenen Betrag** zugrunde zu legen, soweit dessen Abweichung vom Betrag bei Ehezeitende
nur auf Wertänderungen und nicht auf einem Zuerwerb beruht[24]. Eine Modifikation der Barwert-
VO ist damit nicht verbunden, weil der reale Wert in die normale Berechnung eingeht. Allerdings
verlangt § 1587a Abs 2 Nr 3 BGB, die Bemessungsgrundlage bei Ehezeitende zugrunde zu legen.
Bei einer im Anwartschaftsteil volldynamischen Versorgung hat das einen guten Sinn, weil die
zwischenzeitliche Wertveränderung gesondert berücksichtigt wird. Sonst aber lässt sich dieser Bezug
auf das Ehezeitende nur mit der erreichten Vereinfachung begründen, welche sich bei Kenntnis des
wirklichen Wertes nicht mehr rechtfertigen lässt[25]. Daher ist hier eine **einschränkende Auslegung**
am Platz, welche bei **nicht volldynamischen Anrechten** die Höhe der Anwartschaft bei Ehezeitende nur dann zugrunde legt, wenn der **tatsächliche spätere Zahlungsbetrag unbekannt**
ist.

Auch wenn sich später herausstellt, dass eine Versicherungspflicht nicht bestand, und deshalb nach 12 a
§ 26 SGB IV die Beiträge erstattet werden, muss die Entscheidung auf Antrag abgeändert werden[26].
Zur Billigkeitskontrolle in diesem Fall vgl Rn 29 a.

Eine Abänderung sollte auch dann möglich sein, wenn feststeht, dass die **Wartezeit**, von deren 13
Erfüllung Leistungen einer Versorgung abhängen, **endgültig unerfüllbar** wird[27], denn letztlich wurde
in diesem Fall eine nicht vorhandene Versorgung ausgeglichen.

Demgegenüber bleiben Änderungen der Versorgung, welche **keinen Bezug zur Ehezeit** haben, 14
unberücksichtigt, also insbes die Übernahme als Beamter auf Lebenszeit, die Erhöhungen der Dienstbezüge, welche auf Beförderungen oder auch nur einer höheren Altersgruppe beruhen und anderes
mehr.

2. Unverfallbarwerden (Abs 1 Nr 2). Der Korrekturbedarf kann auch darin bestehen, dass durch 15
Unverfallbarwerden einer bisher verfallbaren Betriebsrente sich der Wertausgleich verändert, etwa
weil nun die Betriebsrente gegen den auszugleichenden Betrag verrechnet werden kann oder weil ein
erweiterter Ausgleich nach § 3 b möglich wird. Insbes wenn für eine **gehaltsbezogene Betriebsrente**
der **Rentenfall** eintritt, kommt eine Abänderung in Betracht. Dann ist die bisher verfallbare (s oben)
Anwartschaftsdynamik der Versorgung **unverfallbar geworden** und die Versorgung ist nicht nach
Tabelle 1, sondern nach Tabelle 4 der BarwertVO zu bewerten, was zu einem höheren Bilanzwert
dieser Rente führt (Rn 11). Entsprechendes gilt, wenn ein tatsächlich bereits unverfallbares Anrecht
fälschlich als verfallbar behandelt worden war. Weil verfallbare Anrechte nicht in die Ausgleichsbilanz
eingestellt werden, ändert ihr Unverfallbarwerden immer die Ausgleichsbilanz. Abs 1 Nr 2 ist daher ein
Unterfall von bs. 1 Nr 1.

3. Neue Möglichkeit der Realteilung (Abs 1 Nr 3). Durch Einführung der Realteilung (vgl 16
§ 3 b Rn 4 f) kann eine bisher dem schuldrechtlichen Ausgleich vorbehaltene Versorgung nunmehr in
den Wertausgleich einbezogen werden[28]. Die unrichtigerweise eine Realteilung unterlassende Entscheidung ist ebenfalls abzuändern. Dass der **schuldrechtliche Ausgleich** bereits durch Zuerkennung
einer Ausgleichsrente nach § 1587 g BGB **durchgeführt** wurde, hindert die Abänderung nicht.
Vielmehr ist dann zugleich die Anordnung des schuldrechtlichen Ausgleichs nach § 1587 i Abs 3,
§ 1587 d Abs 2 BGB aufzuheben.

4. Andere Gründe. Eine erst **später erkennbare grobe Unbilligkeit** nach § 1587 c BGB kann 17
nicht zur Abänderung führen, selbst wenn sie bei der Erstentscheidung vorbehalten wurde[29]. Auch
eine spätere Vereinbarung rechtfertigt keine Änderung. Soweit sich die Entscheidung mit der
Ehezeit ausdrücklich beschäftigt hat, soll auch insoweit eine abweichende Beurteilung **keine Änderung** der Entscheidung rechtfertigen[30]. Wurde zu Unrecht **kein erweiterter Ausgleich** nach
§ 3 b durchgeführt, kann das ebenfalls **nicht korrigiert** werden[31], selbst wenn eine wesentliche
Änderung der Verhältnisse eine Beitragszahlung zumutbar machen würde[32]. Doch kann dann oft eine
Abfindung verlangt werden (vgl § 1587 l BGB). Auch eine Änderung der Billigkeitserwägungen, wel-

---

[24] Vgl *Gutdeutsch* FamRZ 1997, 80, 81.
[25] Eine Rechtfertigung der Regelung dürfte früher in dem Ziel gelegen haben, durch Abzinsung der aktuellen Werte den Ausgleich durch Beitragszahlung neben dem inzwischen für verfassungswidrig erklärten § 1587 b Abs 3 S 1 BGB zu vermindern. Ebenso lässt sich auch § 1587 a Abs 4 BGB verstehen, wonach auch volldynamische Betriebsrenten nach der BarwertVO umzurechnen wären. Dieses Ziel des Gesetzes hat bereits § 1 BarwertVO abgelehnt, indem er insoweit eine Gesetzeslücke angenommen und sich auch für Betriebsrenten der BarwertVO auf nicht volldynamische Anrechte beschränkte (was schließlich zur Diskreditierung der Beitragszahlungen durch die skandalösen Verurteilungen VBL-versicherter Straßenbahnfahrer zu Zahlungen von über 100000 DM führte). Rspr und Lit sind der Auffassung der BarwertVO gefolgt.
[26] BGH FamRZ 2005, 2055.
[27] *Schwab/Hahne* Rn 312.
[28] Vgl BGH FamRZ 1998, 421 = NJWE-FER 1998, 74 für die Unterstützungskasse des Deutschen Gewerkschaftsbundes eV.
[29] BGH FamRZ 1996, 1540 = NJW 1997, 56; dagegen *Bergner* Anm 4.3, Stichwort: grobe Unbilligkeit; MünchKommBGB/*Dörr* Rn 11; eingehend *Kemnade*, FS Dieter Henrich, S 357–370.
[30] OLG München FamRZ 1997, 1082.
[31] BGH FamRZ 1997, 285 = NJW 1997, 863, 864; aA wohl OLG Köln FamRZ 1998, 169.
[32] OLG Nürnberg FamRZ 2007, 292.

cher einer Anwendung des § 3b nach Grund und Höhe zu Grunde liegen, rechtfertigen keine Abänderung.

IV. Wesentlichkeit (Abs 2)

18 1. **Berechnung der Änderung und der Wesentlichkeitsgrenze.** Die Abänderung darf nur dann erfolgen, wenn sie zur Begründung oder Übertragung von Anwartschaften in Höhe von mindestens **10% des Ausgleichsbetrags** führt.
Kommen keine Beiträge nach § 1587b Abs 3 BGB oder § 3b Abs 1 Nr 2 in Betracht, ist die Berechnung einfach:

19 Es wird die **Summe**[33] aller in der **Vorentscheidung** getroffenen **Regelungen** nach § 1587b Abs 1, 2, § 1 Abs 2 und 3 sowie § 3b Abs 1 Nr 1, sodann die Summe aller Regelungen nach der **Neuberechnung** gebildet. Dabei müssen **nicht volldynamische Realteilungsbeträge** mit ihrem volldynamischen Äquivalent angesetzt werden[34]. Die Differenz beider Summen ist der Unterschied, welcher 10% der Summe der Regelungen der Vorentscheidung übersteigen muss (mindestens um einen Cent).

19.1 **Beispiel:**
In der Erstentscheidung wurde angeordnet:
Splitting   150 Euro
Quasisplitting   720 Euro
Realteilung dyn   70 Euro (nominal 140 Euro)
insgesamt: 940 Euro, der Grenzwert von 10% beträgt also 94 Euro.
Die Neuberechnung führe zu folgendem Ausgleich:
Splitting   150 Euro
Quasisplitting   640 Euro
Realteilung dyn.   60 Euro (nominal 120 Euro)
insgesamt: 850 Euro, also um 90 Euro weniger als die Vorentscheidung. Damit ist die Grenze von 94 Euro nicht erreicht. Die Abänderung ist abzulehnen. Würde der Nominalbetrag der Realteilung zu Grunde gelegt, wäre der Grenzwert überschritten.

20 Auch gegenläufige Änderungen kommen in Betracht. Soweit sie unter den Tatbestand des Abs 1 Nr 1 (Wertunterschied) fallen, heben sie sich aber gegenseitig auf. Nur der Saldo der Änderungen ist dann von Bedeutung. Nur wenn § 10a Abs 1 Nr 1 und § 10a Abs 1 Nr 3 zusammentreffen, können die gegenläufigen Änderungen addiert werden:

20.1 **Beispiel:** Bilanz der Erstentscheidung:

	M	F
gesetzliche Rente	700	200
Betriebsrente	500	0
insgesamt	1200	200

Der Ausgleich erfolgte durch Splitting von (700 − 200)/2 = 250 Euro und Supersplitting von 70 Euro, während der Rest von 180 Euro dem späteren schuldrechtlichen Ausgleich überlassen wurde. Der Gesamtausgleich betrug also 320 Euro, der 10%-Grenzwert also 32 Euro.
Die Bilanz (Abs 1 Nr 1) änderte sich durch Erhöhung der ges. Rente von F von 200 Euro auf 380 Euro. Das Splitting verminderte sich deshalb auf (700 − 380)/2 = 160 Euro. Zugleich wurde nach Abs 1 Nr 3 die Realteilung wegen des dem schuldrechtlichen Ausgleich überlassenen Teils der Betriebsrente von 250 − 70 = 180 Euro möglich. Würden die gegenläufigen Änderungen verrechnet, so bliebe nur eine Änderung von 180 − 160 = 20 Euro, also weniger als der Mindestbetrag von 32 Euro. Wegen der unterschiedlichen Abänderungsgründe sind die Änderungen jedoch zu addieren. Es ergibt sich eine Änderung von 180 + 160 = 340 Euro, somit weit über dem Grenzwert.

21 Da Abs 1 Nr 2 nur ein Unterfall von Abs 1 Nr 1 ist (vgl Rn 15), können die Änderungen nach diesen Vorschriften nicht addiert werden.

22 Sind **Beiträge angeordnet** worden, die nur **teilweise** oder gar **nicht entrichtet wurden**, so ist zu unterscheiden, ob die nicht erfüllte Beitragspflicht fortbesteht oder nicht:

– Besteht die **angeordnete Beitragspflicht nicht** mehr, entweder weil sie nach § 1587b Abs 3 BGB angeordnet wurde und durch den Beschluss des BVerfG vom 27. 2. 1984 ihre Vollstreckbarkeit verloren hat, oder weil sie zwar nach der noch geltenden Regelung des § 3b Abs 1 Nr 2 angeordnet wurde, jedoch wegen eines bindenden Altersruhegeldbescheids des Berechtigten nicht mehr erfüllt werden kann, so gehört der **tatsächlich bezahlte Betrag** zur Summe der Vorentscheidung. In die Neuberechnung ist der Betrag einzusetzen, für welchen die **Beiträge nicht zu erstatten** sind.

– Ist jedoch eine **Beitragsanordnung** nach § 3b Abs 1 Nr 2 **weiterhin vollstreckbar**, so ist sowohl bei der Vorentscheidung als auch bei der Neuberechnung lediglich auf die Höhe der **angeordneten Zahlungen** abzustellen unabhängig davon, in welcher Höhe sie erbracht wurden.

---

[33] BGH NJW 1991, 1827.
[34] Bestand zB ein Ausgleichsanspruch von dynamisch 50 € monatlich, welcher durch Realteilung eines nur im Rententeil dynamischen Anrechts der Bayerischen Ärzteversorgung auszugleichen war, und führte die Rückrechnung zu einem rentendynamischen Wert von 120 € monatlich, so ist nicht der letztere, sondern das dynamische Äquivalent von 50 € zu Grunde zu legen.

Abänderung von Entscheidungen § 10 a VAHRG

Beispiel: Bilanz der Erstentscheidung: 22.1

	M	F
gesetzliche Rente	700	200
Betriebsrente	500	0
insgesamt	1200	200

Der Ausgleich erfolgte durch Splitting von (700 − 200)/2 = 250 Euro und Supersplitting von 70 Euro, während der Rest von 180 Euro durch Beitragsanordnung nach § 3 b Abs 1 Nr 2 ausgeglichen wurde.
Bis zum Zeitpunkt der Abänderung wurden für einen Teilbetrag von 100 Euro Beiträge bezahlt. Die Neuberechnung ergibt eine Bilanzänderung, weil die Betriebsrente statt mit 500 Euro nur mehr mit 300 Euro anzusetzen ist. Dementsprechend muss nur mehr eine Monatsrente von 300/2 − 70 = 80 Euro durch Beitragszahlung begründet werden.
Besteht die nicht erfüllte Beitragspflicht fort, so umfasst die Erstentscheidung einen Ausgleich von 250 + 70 + 180 = 500 Euro, welche sich auf 250 + 70 + 80 = 400 Euro vermindert, also um 20%.
Bezieht F jedoch bereits eine Rente, so ist die offene Beitragspflicht nicht mehr zu erfüllen. Die abzuändernde Entscheidung beläuft sich auf 250 + 70 + 100 = 420 Euro. Die Abänderung auf 400 Euro beträgt weniger als 10% und ist daher abzulehnen.

Weiter gilt für Beitragsanordnungen: 23
– Eine **Verminderung** einer **nicht erfüllten Beitragspflicht** ist **nicht** mit sonstigen Veränderungen zu **saldieren**, weil die Beitragspflicht dem Pflichtigen nur dann zugemutet werden darf, wenn andere Ausgleichswege ausscheiden. Soweit sie erfüllt war, hat es jedoch mit den begründeten Anrechten sein Bewenden (Art 4 § 1 Abs 1 S 2 VAwMG analog).
– **Billigkeits- und Zumutbarkeitserwägungen** nach § 3 b Abs 1 Nr 2 können **weder nachgeholt noch geändert** werden[35].

2. Weitere Wesentlichkeitsmerkmale. Ist die 10%-Grenze überschritten, so ist noch zu prüfen, ob 24 durch die Änderung auch die Grenze von **0,5% der Bezugsgröße** nach § 18 SGB IV unterschritten ist.

Scheitert die Abänderung an einer dieser Grenzen, so ist noch zu prüfen, ob durch die Abänderung 25 eine **Wartezeit** erfüllt werden würde. Das kommt nur dann in Betracht, wenn die Abänderung zu einer Erhöhung des Ausgleichs führt und der Ausgleichsberechtigte vorher die allgemeine Wartezeit der ges. Rentenversicherung nach § 50 Abs 1 SGB VI von 60 Monaten noch nicht erfüllt hatte. Je 0,0313 zusätzliche Entgeltpunkte liefern nach § 52 SGB VI einen Monat Wartezeit. Auch wenn die Wartezeiten nach § 50 Abs 2 bis 5 SGB VI von 15, 20, 25 und 35 Jahren durch die Abänderung erfüllt werden könnten, ist die Wesentlichkeit gegeben.

3. Kritik an der Wesentlichkeitsgrenze. Die Wesentlichkeitsgrenze ist zwar nicht verfassungs- 26 widrig[36]. Sie wird aber allgemein als **zu hoch** betrachtet. Es besteht nämlich ein Wertungswiderspruch. Die übliche Wesentlichkeitsgrenze von 10% passt, wenn wie bei § 323 ZPO wegen Prognoseabweichung die Rechtskraft durchbrochen werden soll. Da das Gesetz jedoch ohne Rücksicht auf die Rechtskraft die Korrektur jeder Unrichtigkeit erlaubt, sollten nur solche Änderungen ausgeschlossen werden, die den Aufwand der Abänderung nicht rechtfertigen.

4. Vorteilhaftigkeit (Abs 2 Nr 3). Die Abänderung muss sich zusätzlich voraussichtlich **zugunsten** 27 **eines Ehegatten** oder seiner Hinterbliebenen (nicht eines Versorgungsträgers) auswirken (Abs 2 Nr 3). Damit wird vermieden, dass ein Versorgungsträger nach dem Tod des Pflichtigen im Eigeninteresse die Herabsetzung des Ausgleichs betreibt. Ausnahme: Abänderung nach § 4 Abs 2 VAÜG (vgl § 4 VAÜG Rn 3).

V. Grobe Unbilligkeit (Abs 3)

Die **Abänderung** (nicht der Ausgleich) darf unter Berücksichtigung der beiderseitigen wirtschaftli- 28 chen Verhältnisse, insbes des Anwartschaftserwerbs nach der Ehe, nicht grob unbillig sein. Die Einschränkung ist als Einwendung formuliert, obgleich sie wegen des Amtsprinzips von Amts wegen zu beachten ist. Hier braucht das Gericht nicht nachzuforschen, sondern kann sich, ebenso wie im Fall von § 1587 c BGB (vgl dort Rn 39 ff), darauf verlassen, dass entsprechende Sachverhalte vorgetragen werden.

Die Gründe, die den Ausschluss nach § 1587 c BGB rechtfertigen, können **nur vorgetragen** 29 **werden,** wenn sie auf einem Sachverhalt beruhen, welcher zur Zeit der Erstentscheidung **noch nicht abgeschlossen war,** vorausgesetzt, dass durch einen Tatbestand nach Abs 1 und Wesentlichkeit der Änderung eine Abänderung der Vorentscheidung überhaupt eröffnet ist[37]. Wenn sich aber bei der Abänderung die **Ausgleichsrichtung umkehrt,** muss die vorher nicht mögliche Prüfung nach § 1587 c BGB **nachgeholt** werden[38]. Die Abänderung hat zu unterbleiben, wenn sich dadurch die Versorgung dessen verbessert, der ohnehin schon besser versorgt ist und auch bleiben wird, wobei neben den Versorgungsanrechten auch die Vermögenssituation zu beachten ist. Insbes. bei einem Fall der vorzeitigen Invalidität ist zu prüfen, ob die Unmöglichkeit, weitere Anrechte zu erwerben, die Abänderung im Einzelfall grob unbillig macht. Umgekehrt führt der **schuldhafte Verlust** von Anrech-

---

[35] Es kommt nur die erstmalige Anwendung der Vorschrift wegen Unverfallbarwerdens nach § Abs 1 Nr 2 in Betracht.
[36] BVerfGE 87, 348 = FamRZ 1993, 161 = NJW 1993, 1057.
[37] KG FamRZ 2005, 2487; offen gelassen von BGH FamRZ 1996, 1540, 1543 = NJW 1997, 56.
[38] BGH FamRZ 1993, 175.

VAHRG § 10 a   Gesetz zur Regelung von Härten im Versorgungsausgleich

ten noch nicht zur groben Unbilligkeit[39]. Analog §§ 162, 242 BGB wird aber die **Vereitelung** des **Anwartschaftserwerbs** auch hier Bedeutung haben müssen, obgleich Abs 3 als Spezialnorm vorgeht und die Anwendung anderer Billigkeitsregeln im Grundsatz ausschließt[40].

29 a   Wurden zu **Unrecht entrichtete Pflichtbeiträge** in der gesetzlichen Rentenversicherung erstattet, dann ist die **Billigkeitskontrolle eingeschränkt:** sie kann nicht dazu führen, dass Versorgungsanrechte übertragen wurden, welche überhaupt nicht bestanden. Weil aber der Ausgleichspflichtige nur den halben Beitrag erhalten hat, kann die Änderung um den Betrag vermindert werden, welcher sich bei Zahlung dieses Betrags als Beitrag zur gesetzlichen Rentenversicherung zum Ehezeitende ergäbe[41].

29 b   Die generelle Abwertung der Beamtenversorgung gegenüber der gesetzlichen Rente um 3 $^{1}/_{3}$% (vgl Rn 7 b) lässt sich so aber nicht korrigieren, denn die Abweichung ist zu gering, um eine wirtschaftliche Härte zu begründen.

VI. Folgen

30   1. **Totalrevision.** Ist ein **Abänderungsgrund** vorhanden, so erfolgt grds eine **vollständige Revision** der Entscheidung. Der Abänderungsantrag kann nicht auf einzelne Versorgungen beschränkt werden. Alle Änderungen bis zur Entscheidung sind einzubeziehen, Tatsachenänderungen bis zur Beschwerdeinstanz, eine Rechtsänderung auch noch beim Gericht der weiteren Beschwerde[42]. Allerdings darf nicht wegen inzwischen bekannt gewordener Umstände der Versorgungsausgleich nach § 1587 c BGB ausgeschlossen oder gekürzt werden[43].

31   2. **Wartezeiten (Abs 6).** Wenn der Ausgleich durch Begründung oder Übertragung von Anrechten in der ges. Rentenversicherung durch die Abänderung geringer wird, gehen dadurch zwar **Wartezeitmonate verloren.** Doch bleiben **Wartezeiten erhalten,** die bis dahin bereits erfüllt waren. War also etwa die kleine Wartezeit von fünf Jahren nach § 50 Abs 1 SGB VI erfüllt, geht sie nicht mehr verloren.

32   3. **Wirksamkeit (Abs 7).** Die Abänderung wird zum **Beginn** des **Monats** der **Antragstellung** wirksam (Datum des Eingangs bei Gericht)[44], was bei bereits laufenden Renten zu Nachzahlungen oder Rückforderungen des Versorgungsträgers führen kann. Kam es **nicht** zu einer **Kürzung,** weil der Verpflichtete sie durch **Zahlungen** nach § 187 SGB VI bzw § 58 BeamtVG **abgewendet hat,** so erfolgt statt der Nachzahlung nach Abs 12 die (unverzinsliche) **Erstattung** des nach der Abänderung **überzahlten Betrags.** Erhalten **beide Eheleute** bereits eine **Rente,** so braucht der Versorgungsträger Leistungen von bisher Berechtigten nicht zurückfordern, er war es bis zu dem Zeitpunkt berechtigt, an dem er von der **Rechtskraft** der **Abänderung Kenntnis** erhielt[45]. Er kann diese Zahlungen **auf den Anspruch** des **nunmehr Berechtigten verrechnen.** Allerdings ist er verpflichtet, sich diese Kenntnis, die ihm nicht von Amts wegen vermittelt wird, zu verschaffen. Andernfalls steht Kennenmüssen der Kenntnis gleich[46]. Soweit hiernach der Versorgungsträger an den Nichtberechtigten leisten durfte, kommt ein **Ausgleich** unter den Ehegatten nach **allgemeinen Regeln (§ 812 BGB)** in Betracht[47].

33   4. **Rentnerprivileg.** Das Rentnerprivileg nach § 101 Abs 3 SGB VI gilt seinem Wortlaut nach auch für Abänderungsentscheidungen und kann dazu führen, dass der Berechtigte eine Rente aus dem Versorgungsausgleich nach dessen Herabsetzung nach § 10 a weiter erhält, bis der Verpflichtete seinerseits in Rente geht. Entsprechendes muss auch für das **Pensionistenprivileg** der Beamtenversorgung gelten[48].

VII. Beitragsleistungen (Abs 8)

34   Hat der Pflichtige **zu Unrecht Beiträge geleistet,** so liegen die Voraussetzungen des Abs 2 nicht vor, weil die Korrektur nicht zur Übertragung oder Begründung von Anrechten führt. Die Abänderungsregelungen sind deshalb auf den Fall der Beitragsleistungen nach § 1587 b Abs 3 BGB aF und § 3 b Abs 1 Nr 2 entspr anzuwenden. Der Umstand, dass später eine **andere Ausgleichsform möglich** wurde, kann eine **Erstattung nicht begründen.** Weil Beiträge neue Rechtsverhältnisse begründen, kann nur eine aufgetretene Unrichtigkeit die Abänderung rechtfertigen (Art 4 § 1 Abs 1 S 2 VAwMG analog). Für die Berechnung der **Wesentlichkeitsgrenze** vgl Rn 19.

35   Es wird auch die Meinung vertreten, nach § 10 a könne eine Beitragsanordnung nach § 1587 l BGB geändert werden. Dem ist nicht zu folgen (iE vgl Rn 3, 4).

36   Die Frage, ob der **Versorgungsträger oder der Berechtigte** die Beiträge zu erstatten hat, klärt das Gesetz nicht, sondern überlässt sie dem Richter, der sie nach allgemeinen Regeln (§ 812 BGB) zu lösen

---

[39] BGH FamRZ 1988, 1148; FamRZ 1989, 1058, 1059.
[40] Im Ergebnis ebenso *Johannsen/Henrich/Hahne* Rn 43.
[41] BGH FamRZ 2005, 2055, 2057.
[42] BGH FamRZ 1982, 1193.
[43] OLG Celle FamRZ 2003, 1291.
[44] Zweifelnd *Johannsen/Henrich/Hahne* Rn 57.
[45] § 1587 p BGB wird hier analog angewendet werden können, dh erst für die Zahlung des folgenden Monats muss der Versorgungsträger die Änderung berücksichtigen.
[46] BSG FamRZ 1983, 699, 700; FamRZ 1983, 389; FamRZ 1985, 595.
[47] BT-Drucks 10/5447 S 21.
[48] *Johannsen/Henrich/Hahne* Rn 50.

hat. Wenn das Versorgungsrechtsverhältnis von der Abänderungsentscheidung sachlich nicht erfasst wird (der Berechtigte hatte zB einen Versicherungsvertrag abgeschlossen, in den der Verpflichtete einzahlte), kann nur der **Berechtigte rückzahlungspflichtig** sein. Soweit der Versorgungsträger rückzahlungspflichtig ist, aber bereits Leistungen (an den Berechtigten oder seine Hinterbliebenen) erbracht hat, kann er diese auf den Rückzahlungsanspruch anrechnen. Diesen Betrag hat dann wiederum der Berechtigte zurückzuzahlen. Der etwaige Anspruch gegen die Hinterbliebenen folgt allgemeinen Regeln (§ 812 BGB). Dem Berechtigten kann auf Antrag für diese Rückzahlungen **Stundung gemäß** § 1587 d BGB gewährt werden. Eine Verzinsung ist nicht vorgesehen.

VIII. Vereinbarungen (Abs 9)

Die Abänderung nach Abs 1 ist auch bei Vereinbarungen möglich, soweit sie nicht vertraglich 37 ausgeschlossen ist (etwa bei **Globalverträgen**, für welche § 139 BGB gilt). Es muss sich also immer feststellen lassen, welche Leistung zur Erfüllung des Anspruchs auf Versorgungsausgleich vereinbart wurde, damit diese ggf angepasst werden kann. Weitere Voraussetzung der entsprechenden Anwendung von Abs 1 Nr 1 ist auch, dass der Vereinbarung ein Rechenwerk zu Grunde lag, welches einen Vergleich mit dem Ergebnis der neuen Feststellungen ermöglicht. Lag der Vereinbarung nur eine **grobe Schätzung** zu Grunde, so wird eine Abänderung nur dann in Betracht kommen, wenn diese Schätzung sich als gänzlich falsch erweist, weil geringere Abweichungen vom Vertragswillen umfasst sind. Die analoge Anwendung von Abs 1 Nr 2 (Abänderung wegen **Unverfallbarwerdens** oder **-seins**) kommt nur in Frage, wenn die verfallbare Versorgung bei der Vereinbarung der Leistungshöhe keine Rolle gespielt hat, was der Begünstigte notfalls beweisen muss. Wenn sich eine Möglichkeit zum öffentlich-rechtlichen Ausgleich ergibt, welche bei Vertragsabschluss noch nicht bestand, so dürfte nach Abs 1 Nr 2, 3 auch die Möglichkeit bestehen, nicht die neue Ausgleichsform zu wählen, sondern nur eine entsprechende Abänderung des vereinbarten Ausgleichs[49]. Abs 9 geht als **Spezialregelung** den allgemeinen Regeln zur Vertragsanpassung wegen Fehlens oder Wegfalls der Geschäftsgrundlage vor[50].

Bei **Altverträgen** kann eine Kenntnis der Abänderungsmöglichkeit nicht vorausgesetzt werden. 38 Daher bestand auch kein Anlass, die Abänderung ausdrücklich auszuschließen. Die Abänderung ist nur dann möglich, wenn die **Bindung** an den **Vertrag** auch bei **besonderer Berücksichtigung** des **Vertrauensschutzes unzumutbar** ist und kein Zusammenhang mit anderen Regelungen besteht (§ 13 Abs 1 Nr 2).

IX. Auskunftsansprüche (Abs 11)

Wegen des allseitigen Antragsrechts (Rn 42) hat der Gesetzgeber einen allseitigen Auskunftsanspruch 39 normiert, der es den Antragsberechtigten ermöglichen soll, die Aussichten eines Abänderungsantrags abzuschätzen und damit das Familiengericht im Vorfeld zu entlasten. Die Versorgungsträger können aber nur dann vom anderen Gatten in Anspruch genommen werden, wenn der zwischen den Parteien bestehende **Auskunftsanspruch kein Ergebnis** bringt. Die Auskunftsrechte des Versorgungsinhabers richten sich nach dem Rechtsverhältnis, auf dem die Versorgung beruht.

Die Vorschrift sollte auf andere Versorgungsausgleichsverfahren, insbes den Wertausgleich im Amts- 40 verfahren nach § 623 Abs 1 S 3 ZPO **analog angewandt** werden, weil sie interessengerecht ist und nicht ersichtlich ist, warum der Gesetzgeber in den anderen Fällen den Eheleuten hätte weniger Rechte zugestehen wollen.

X. Verfahren

1. Antrag (Abs 1). Die Abänderung erfolgt nur auf Antrag. Dieser ist wegen des Prinzips der 41 Amtsermittlung nach § 12 FGG nur **Verfahrensantrag,** nicht Sachantrag. Dennoch müssen bestimmte **Mindesterfordernisse** gewahrt sein, weil nur der Tatsachenvortrag, der einen Abänderungsfall hinreichend wahrscheinlich macht, das Gericht zur Neuermittlung des gesamten Sachverhalts verpflichten kann. Wenn die Ermittlungen zu einem für den Antragsteller nachteiligen Ergebnis führen, kann er den Antrag zurücknehmen. Falls der andere Gatte nicht rechtzeitig Gegenantrag gestellt hat, kann dadurch zumindest der Änderungsbeginn nach Abs 7 hinausgeschoben werden. Allerdings könnte die Kostenentscheidung nach Billigkeit gemäß § 13 a FGG insoweit einen Ausgleich schaffen.

2. Antragsberechtigte (Abs 4). Antragsberechtigt sind nach Abs 4 beide Ehegatten, im Falle ihres 42 Todes ihre Hinterbliebenen (aus Gleichheitsgründen auch die des Berechtigten)[51] und die beteiligten Versorgungsträger, was Manipulationen zu ihren Lasten verhindern soll.

3. Alter oder Rentenfall (Abs 5). Eine Abänderung kann erst verlangt werden, sobald entweder 43 eine der VA-Parteien **55 Jahre alt** geworden ist oder ein **Rentenfall** eintritt, auf welchen der **durchgeführte Versorgungsausgleich Einfluss** hat. Außerdem muss ein Antrag möglich sein, wenn erst durch die Abänderung sich eine Wartezeit erfüllt und dadurch eine Rentenzahlung ermöglicht wird[52].

---

[49] *Johannsen/Henrich/Hahne* Rn 52.
[50] *Johannsen/Henrich/Hahne* Rn 52.
[51] Hat ein anderer den Antrag gestellt, sind die Hinterbliebenen zu beteiligen, OLG Köln FamRZ 1998, 169.
[52] *Johannsen/Henrich/Hahne* Rn 56.

44 Die **örtliche Zuständigkeit** richtet sich gemäß § 11 iVm § 621 Abs 2 ZPO, § 45 FGG nach dem letzten gemeinsamen Aufenthalt der Parteien, hilfsweise dem Aufenthalt des durch die Abänderung belasteten Ehegatten[53]. Sie ändert sich durch späteren Aufenthaltswechsel nicht (perpetuatio fori).

45 **4. Tod eines Ehegatten (Abs 10).** Stirbt der **antragstellende** Ehegatte, so endet das Verfahren, wenn nicht binnen drei Monaten seine Hinterbliebenen das Verfahren aufnehmen. Eine spätere Aufnahme kann ein neuer Antrag sein (mit entspr späterem Wirksamwerden der Entscheidung nach Abs 7). Erfolgt keine Aufnahme, bleiben die Erben verfahrensbeteiligt, die Hauptsache ist aber erledigt.

46 Stirbt **der Antragsgegner** (bei Antragstellung durch einen Versorgungsträger sind das beide Gatten)[54], so wird das Verfahren gegen seine Erben fortgesetzt. Auch die **Verfahrenseinleitung** setzt nicht voraus, dass der andere Ehegatte lebt. Die Abänderung kann auch von Anfang an gegen dessen Erben betrieben werden, die ggf auch zur Beitragszahlung nach § 3 b Abs 1 Nr 2 verpflichtet werden können, aber ihrerseits sich die beschränkte Erbenhaftung vorbehalten lassen können[55].

47 Der Gegenstandswert beträgt gemäß § 99 Abs 3 KostO 1000 Euro. Nur wenn sowohl der Ausgleich von Standardversorgungen (Beamtenversorgung, gesetzliche Rente oder Alterssicherung der Landwirte) als auch einer sonstigen Versorgung abgeändert wird, beträgt der Gegenstandswert 2000 Euro (§ 99 Abs 3 KostO).

48 **5. Verhältnis zum schuldrechtlichen Versorgungsausgleich.** Ist zugleich mit der Abänderung auch die Durchführung des schuldrechtlichen Versorgungsausgleichs (§ 2, § 1587 f BGB) beantragt, so ist vorab über die Abänderung zu entscheiden, weil die Höhe der laufenden Ausgleichsrente oft vom durchgeführten Wertausgleich abhängt[56].

IIb. Maßnahmen zur Verringerung des Verwaltungsaufwands (§§ 10b–10 d)

§§ 10 b, 10 c[1] *(aufgehoben)*

§ 10 d Zahlungen im Lauf des Versorgungsausgleichsverfahrens

Bis zum wirksamen Abschluß eines Verfahrens über den Versorgungsausgleich ist der Versorgungsträger verpflichtet, Zahlungen an den Versorgungsberechtigten zu unterlassen, die auf die Höhe eines in den Versorgungsausgleich einzubeziehenden Anrechts Einfluß haben können.

1 Beitragsrückzahlungen oder Abfindungen beseitigen den Versorgungsanspruch und deshalb auch den Ausgleichsanspruch des Berechtigten. Soweit der Ausgleichsberechtigte die Zahlung erhält, kann deshalb eine Vereitelung nach § 1587 c Nr 2 BGB vorliegen. Das Zahlungsverbot schützt den anderen Ehegatten und verpflichtet bei schuldhafter Verletzung zum Schadensersatz nach § 823 Abs 2 BGB.

III. Auskunftspflicht im Versorgungsausgleich (§ 11)

§ 11 Geltung der verfahrensrechtlichen Vorschriften über den Versorgungsausgleich; Auskunftspflicht

(1) Entscheidet nach diesem Gesetz das Familiengericht, so gelten die verfahrensrechtlichen Vorschriften über den Versorgungsausgleich entsprechend, soweit sie nicht unmittelbar anzuwenden sind.

(2) [1]**Das Gericht kann über Grund und Höhe der Versorgungsanwartschaften und Versorgungen von den hierfür zuständigen Behörden, Rentenversicherungsträgern, Arbeitgebern, Versicherungsunternehmen und sonstigen Stellen sowie von den Ehegatten und ihren Hinterbliebenen Auskünfte einholen.** [2]**Die in Satz 1 bezeichneten Stellen, die Ehegatten und ihre Hinterbliebenen sind verpflichtet, den gerichtlichen Ersuchen Folge zu leisten.**

I. Analoge Anwendung (Abs 1)

1 Die lediglich auf den Ausgleich nach § 1587 b BGB bezogenen **Verfahrensvorschriften** der
- § 623 Abs 1 S 3 ZPO,
- § 53 b Abs 2 S 1 FGG,
- § 53 d S 1 FGG,

---

[53] BGH FamRZ 1988, 1160; *Hoppenz* FamRZ 1987, 225, 426; *Johannsen/Henrich/Hahne* Rn 58.
[54] BGH FamRZ 1990, 1339, 1340.
[55] *Johannsen/Henrich/Hahne* Rn 60.
[56] OLG Celle FamRZ 2004, 1215.
[1] §§ 10 b und 10 c aufgehoben durch Art 62 Rentenreformgesetz 1992 vom 18. 12. 1989 (BGBl I S 2261).

Inkrafttreten; Außerkrafttreten **§ 13 VAHRG**

- § 53 e Abs 1, 3 FGG,
- § 53 f FGG iVm § 1587 f Nr 3 BGB

werden durch die Globalverweisung in Abs 1 auch für die Ausgleichsformen des VAHRG anwendbar. Insofern handelt es sich um das Gegenstück zu der materiell-rechtlichen Verweisung des § 3.

II. Auskunftspflicht (Abs 2)

Abs 2 ergänzt das Prinzip der Amtsermittlung nach § 12 FGG durch eine **Auskunftspflicht der Ehegatten** und **Versorgungsträger** dem Familiengericht gegenüber. Hinsichtlich der Versorgungsträger ist diese Auskunftspflicht auch durch § 53 b Abs 2 S 2 und 3 FGG angeordnet worden. Abs 2 wiederholt diese Regelung und geht über sie hinaus, indem auch die Ehegatten und ihre Hinterbliebenen in den Kreis der Auskunftspflichtigen aufgenommen werden. Dies Auskunftspflicht tritt mit Beginn des Versorgungsausgleichsverfahrens **neben** den **gegenseitigen Auskunftsanspruch** der **Parteien** nach § 1587 e Abs 1 iVm § 1580 BGB und beseitigt auch nicht das Rechtsschutzinteresse für den Auskunftsantrag der Partei[1]. Während dieser nach über § 53 g Abs 3 FGG nach § 888 ZPO mit Zwangsgeld oder Zwangshaft vollstreckt wird und der sofortigen Beschwerde nach § 793 ZPO unterliegt, wird die amtswegige Auskunftsanordnung des Familiengerichts nach § 33 FGG vollstreckt und unterliegt der einfachen Beschwerde nach §§ 19, 20 FGG[2]. Der Verfahrensbeginn löst auch dann die Auskunftspflicht aus, wenn eine dem Verfahren zu Grunde liegende Auslandsscheidung noch der Anerkennung nach § Art 7 § 1 FamRÄndG bedarf, diese aber bereits beantragt ist[3]. Ob die Auskunftserteilung an einen Versorgungsträger verlangt und erzwungen werden kann, ist umstritten[4]. Zulässig ist die Anordnung des persönlichen Erscheinens und dessen Erzwingung durch Androhung und Verhängung von Zwangsgeld[5]. Allerdings ist die Vorführung nicht zulässig[6]. Doch besteht die Möglichkeit, die Partei zur persönlichen Anhörung wegen der Scheidung vorzuladen und ggf nach § 613 Abs 2, § 380 Abs 2 ZPO auch vorzuführen. 2

Auch die **Hinterbliebenen** können zur Auskunft verpflichtet werden, weil sie in den Fällen von § 3 a, § 10 a anstelle des Verpflichteten betroffen sind bzw sein können. 3

Der **Umfang der Auskunftspflicht** bestimmt sich danach, welche Informationen das Gericht für die Feststellung des Anrechts benötigt. Die Rspr vertritt jetzt überwiegend die Auffassung, dass jedenfalls die **Versorgungsträger** nicht nur zur Auskunft über die **Berechnungsgrundlagen** verpflichtet sind, sondern auch nach dem Versicherungsfallprinzip des Versorgungsausgleichs die **Höhe des Anrechts berechnen** müssen[7]. Das ist aus praktischen Gründen zu begrüßen und entspricht auch einer lange Zeit unwidersprochenen Handhabung. 4

Die Parteien müssen vor allem die amtlichen Vordrucke ausfüllen[8]. Die Absicht, auf den Versorgungsausgleich zu verzichten, entbindet sie nicht von dieser Verpflichtung, weil die Aufklärung für die Genehmigungsentscheidung nach § 1587 o BGB erforderlich sein kann[9]. 5

Ein vertraglicher Verzicht auf den Versorgungsausgleich steht der Auskunftspflicht nicht entgegen, wenn dessen Wirksamkeit zweifelhaft ist[10]. 6

IV. Übergangs- und Schlußbestimmungen (§§ 12-13)

§ 12 Geltung im Land Berlin *(gegenstandslos)*

§ 13 Inkrafttreten; Außerkrafttreten

(1) Es treten in Kraft
1. die §§ 4 bis 10 mit Wirkung vom 1. Juli 1977;
2. die §§ 3 a, 3 b, 10 a und 10 d am 1. Januar 1987; § 10 a Abs. 9 gilt für vor dem 1. Januar 1987 geschlossene Vereinbarungen, jedoch mit der Maßgabe, daß sie nur abgeändert werden können, soweit die Bindung an die Vereinbarung auch unter besonderer Berücksichtigung des Vertrauens des Antragsgegners in die getroffene Vereinbarung für den Antragsteller unzumutbar ist; wurde im Zusammenhang mit der Vereinbarung über den Versorgungsausgleich auch anderes geregelt, findet eine Abänderung nicht statt, es sei

---

[1] OLG Hamm FamRZ 2002, 103; OLG Koblenz FamRZ 2004, 1217; OLG Zweibrücken FamRZ 2004, 1794; aA OLG München FamRZ 1998, 244.
[2] BGH FamRZ 1981, 25; OLG Koblenz FamRZ 2004, 1217; OLG Zweibrücken FamRZ 2004, 1794.
[3] OLG Frankfurt FamRZ 2005, 989.
[4] Dafür OLG Düsseldorf FamRZ 2005, 375 LS; dagegen OLG Hamburg FamRZ 1993, 350.
[5] OLG Stuttgart FamRZ 1986, 705.
[6] OLG Hamburg FamRZ 1983, 409.
[7] OLG Frankfurt FamRZ 2000, 540; OLG Hamburg FamRZ 2000, 541 gegen OLG Frankfurt FamRZ 1991, 579.
[8] KG FamRZ 2002, 960.
[9] KG FamRZ 2002, 960.
[10] OLG Koblenz FamRZ 2004, 1217.

VAHRG § 13   Gesetz zur Regelung von Härten im Versorgungsausgleich

denn, daß die Regelung im übrigen auch ohne den Versorgungsausgleich getroffen worden wäre;
3. die §§ *10b und 10c* am 1. Januar 1988;
4. die übrigen Vorschriften dieses Gesetzes mit Wirkung vom 1. April 1983.

(2) *(aufgehoben)*

1   Die Härteregelungen der §§ 4 bis 10 gelten rückwirkend ab **Einführung des Versorgungsausgleichs.** Deshalb sind entsprechende **Nachzahlungen** der **Versorgungsträger** möglich. Sie waren vom BVerfG[1] gefordert worden.

2   §§ 3a, 3b, 10a und 10d wurden durch Art 2 des am 1. 1. 1987 in Kraft getretenen VAwMG vom 8. 12. 1986 (BGBl I S 2317) eingeführt. Dieses enthält in Art 4 auf zwei Jahre nach Inkrafttreten **befristete Übergangsregelungen,** welche in gewissem Umfang die **Nachholung** von **Entscheidungen** nach § 3b ermöglichen. Soweit diese Möglichkeiten nicht wahrgenommen wurden, sind sie gegenstandslos geworden. Die Geltung des § 10a Abs 9, welcher auch die Abänderung von Vereinbarungen zum Versorgungsausgleich vorsieht, ist hinsichtlich der vor dem 1. 1. 1987 abgeschlossenen Vereinbarungen eingeschränkt (vgl § 10a Rn 32).

3   Die §§ 10b und 10c sind durch Art 62 Nr 3 RRG mit Wirkung ab 1. 1. 1992 gestrichen worden, so dass Nr 3 gegenstandslos geworden ist.

4   Die weiteren Vorschriften, nämlich §§ 1, 2, 3, 11 enthalten die Ausgleichsformen des Härteregelungsgesetzes in der ab 1. 4. 1983 geltenden Fassung.

---

[1] BVerfGE 53, 257 = FamRZ 1980, 326 = NJW 1980, 692.

Gesetz über weitere Maßnahmen auf dem Gebiet des Versorgungsausgleichs (VAwMG)

vom 8. Dezember 1986 (BGBl I S 2317),
zuletzt geändert am 19. April 2006 (BGBl I S 866)
– Auszug –

Art 4 § 1 *(weggefallen)*

Art 4 § 2 *(weggefallen)*

Art 4 § 3 *(weggefallen)*

Art 4 § 4

Liegt das Ende der Ehezeit vor dem 1. Juli 1977, so ist für die Anwendung des § 3 b Abs. 1 Nr. 1, der §§ 10 a Abs. 2 Satz 2 und des § 10 b des Gesetzes zur Regelung von Härten im Versorgungsausgleich als monatliche Bezugsgröße der Wert von 1850 Deutsche Mark zugrunde zu legen.

Weil § 3 b Abs 1 Nr 1 VAHRG auf die Bezugsgröße nach § 18 SGB IV Bezug nimmt, bedarf die Vorschrift für ein etwaiges Eheende vor dem 1. 7. 1977, für welches diese nicht definiert ist, der in dieser Vorschrift vorgenommenen Ergänzung. **1**

Versorgungsausgleichs-Überleitungsgesetz (VAÜG)

vom 25. Juli 2001 (BGBl I S 1606),
zuletzt geändert am 31. Oktober 2006 (BGBl I S 2407)

§ 1 Grundsatz, Begriff

(1) Endet die Ehezeit vor der Herstellung einheitlicher Einkommensverhältnisse im Gebiet der Bundesrepublik Deutschland (Einkommensangleichung) und hat ein Ehegatte in der Ehezeit ein angleichungsdynamisches Anrecht oder ein angleichungsdynamisches Anrecht minderer Art erworben, so gelten die nachfolgenden Vorschriften.

(2) Angleichungsdynamische Anrechte sind in dem in Artikel 3 des Einigungsvertrages genannten Gebiet (Beitrittsgebiet) erworbene oder ihnen gleichstehende
1. dynamische Anrechte der gesetzlichen Rentenversicherung, deren Wert bis zur Einkommensangleichung in stärkerer Weise steigt als der Wert entsprechender Anrechte, die im übrigen Bundesgebiet erworben worden sind;
2. sonstige Anrechte im Sinne des § 1587 Abs. 1 des Bürgerlichen Gesetzbuchs, deren Wert in einer dem Wert der in Nummer 1 bezeichneten Anrechte vergleichbaren Weise steigt.

(3) Angleichungsdynamische Anrechte minderer Art sind im Beitrittsgebiet erworbene Anrechte, deren Wert bis zur Einkommensangleichung in stärkerer Weise steigt als der Wert entsprechender Anrechte, die im übrigen Bundesgebiet erworben worden sind, aber in minderer Weise als der Wert der in Absatz 2 bezeichneten Anrechte.

(4) Als Zeitpunkt der Einkommensangleichung gilt der Zeitpunkt, von dem an Rentenansprüche aus der gesetzlichen Rentenversicherung allgemein auf der Grundlage des aktuellen Rentenwerts (§ 68 Sechstes Buch Sozialgesetzbuch) ermittelt werden.

I. Allgemeines zu den Anrechten im Beitrittsgebiet

1 Alle Versorgungsanrechte, die in der ehemaligen DDR begründet wurden, sind in die GR überführt worden. Vor der am 18. 5. 1990 abgeschlossenen Sozialunion geschah das bei Übersiedlung im Einzelfall auf Grund des Fremdrentengesetzes. Diese Anrechte werden nach den Sondervorschriften des Fremdrentengesetzes (FRG) als normale EP gebucht.

2 Seit der Sozialunion erfolgt die Überleitung nach dem RÜG vom 25. 7. 1991 (BGBl I S 1606; Art 2, 3). Diese Anwartschaften werden aber nicht in Entgeltpunkten, sondern Entgeltpunkten (Ost) gebucht. Auch soweit **nach** dem Beitritt, aber **vor** der Einkommensangleichung in den neuen Bundesländern Rentenanwartschaften erworben werden, berechnen sich die Entgeltpunkte (EP Ost) nicht nach der üblichen Formel; vielmehr werden zum Ausgleich für den Einkommensrückstand im Beitrittsgebiet die erworbenen **Entgeltpunkte um einen Faktor** aus Anlage 10 des SGB VI **erhöht** (§ 256 a Abs 1 SGB VI). Auf die damit erworbenen (höheren) Entgeltpunkte (Ost) entfällt im Rentenfall aber nicht der Rentenbetrag des aktuellen Rentenwerts (ab 1. 7. 2007: 26,27 Euro), sondern der **geringere ARW (Ost)** mit nur 23,09 Euro (ab 1. 7. 2007).

2 a Der **Höchstbetrag** von Anrechten in der gesetzlichen Rentenversicherung, welcher nach **§ 1587 b Abs 5 BGB** im Versorgungsausgleich erworben werden kann, bemisst sich nach den EP Ost, soweit diese zu übertragen oder zu begründen sind[1]. Wenn der Ausgleich nach § 3 Abs 1 teilweise angleichungsdynamisch und teilweise nicht angleichungsdynamisch erfolgt, dürfen die erworbenen EP beiderlei Art zusammen 1/6 der Anzahl der Ehezeitmonate nach § 76 Abs 2 S 3 SGB VI nicht überschreiten. Andernfalls ist zu kürzen und zwar anteilig der Erwerb von EP und EP Ost, denn zwischen diesen Ausgleichsformen besteht kein Rangverhältnis. Treffen aber innerhalb des Ausgleichs in EP (oder EP Ost) Splitting mit Quasisplitting oder erweitertem Quasisplitting zusammen, so ist das Quasisplitting zu kürzen, weil es nach der Methodik des Gesetzes nachrangig ist.

3 Der ARW (Ost) steigt aber stärker als der ARW und wird ihn zur Zeit der Einkommensangleichung erreicht haben. Deshalb haben die Ostrenten eine stärkere Dynamik als die Westrenten. Zur normalen Rentenanpassung kommt die Einkommensangleichung hinzu. Die Ostanrechte der GR heißen daher **angleichungsdynamische Versorgungen**.

II. Normzweck

4 Die Vorschrift beschreibt den Anwendungsbereich des Gesetzes, nämlich die Durchführung des Versorgungsausgleichs, soweit angleichungsdynamische Anrechte (Abs 2) oder minderdynamische Anrechte (Abs 3) vor der Einkommensangleichung (Abs 4) auszugleichen sind.

---

[1] BGH FamRZ 2005, 432.

III. Angleichungsdynamische Anrechte (Abs 2)

Angleichungsdynamische Anrechte sind in erster Linie solche, welche nach dem Recht der DDR erworben wurden und die nicht (bei Übersiedlung vor dem 18. 5. 1990) nach dem Fremdrentengesetz bewertet werden, weil diese alle in die gesetzliche Rentenversicherung überführt wurden (Rn 1). Es sind auch alle weiteren Anrechte in der gesetzlichen Rentenversicherung, welche nach dem 18. 5. 1990 im Beitrittsgebiet vor der Einkommensangleichung (Rn 5) erworben wurden. Weiterhin sind es Beamtenversorgungen im Beitrittsgebiet, wenn der Beamte dort zum ersten Mal ins Beamtenverhältnis berufen wurde, weil diejenigen, welche bereits im alten Bundesgebiet Beamte waren, nicht die nach dem Recht der neuen Bundesländer verminderten Beamtengehälter, sondern die auch im alten Bundesgebiet bezahlten vollen Gehälter beziehen. Schließlich können auch die seit der Wiedervereinigung gegründeten berufsständischen Versorgungen in den neuen Bundesländern angleichungsdynamisch sein, wenn sie eine der gesetzlichen Rente und der Beamtenversorgung im Beitrittsgebiet vergleichbare Dynamik haben.

Angleichungsdynamisch sind die Rechtsanwaltsversorgung Mecklenburg-Vorpommern[2], Zahnärzteversorgung Sachsen[3], die Sächsische Ärzteversorgung[4], die Rechtsanwaltsversorgung Mecklenburg-Vorpommern[5]. Zur Ärzteversorgung Thüringen[6]. Die Qualität der Versorgungen unterliegt nicht der Parteidisposition[7].

IV. Minderdynamische Anrechte (Abs 3)

Als minderdynamisch werden Anrechte bezeichnet, deren Dynamik zwischen Volldynamik und Angleichungsdynamik liegt und keinem der beiden Typen zugeordnet werden können. Anwendungsfälle könnten Betriebsrenten im Beitrittsgebiet sein, wenn deren Dynamik aus § 16 BetrAVG die Volldynamik der gesetzlichen Rentenversicherung übersteigen sollte[8].

V. Einkommensangleichung (Abs 4)

Als Zeitpunkt der Einkommensangleichung gilt der, zu dem der aktuelle Rentenwert (Ost) (§ 255a SGB VI) wegfällt und alle renteneinheitlich nach dem aktuellen Rentenwert berechnet werden. Damit entfallen die Unterschiede im Rentenrecht und damit auch diejenigen im Versorgungsausgleich unabhängig davon, ob bei anderen Anrechten die Einkommensangleichung noch ausstehen sollte.

§ 2 Durchführung, Aussetzung und Wiederaufnahme des Versorgungsausgleichs

(1) ¹Vor der Einkommensangleichung ist der Versorgungsausgleich nur durchzuführen, wenn
1. die Ehegatten in der Ehezeit keine angleichungsdynamischen Anrechte minderer Art erworben haben und
   a) nur angleichungsdynamische Anrechte zu berücksichtigen sind oder
   b) der Ehegatte mit den werthöheren angleichungsdynamischen Anrechten auch die werthöheren nichtangleichungsdynamischen Anrechte erworben hat;
2. die Voraussetzungen der Nummer 1 nicht vorliegen, aus einem im Versorgungsausgleich zu berücksichtigenden Anrecht aufgrund des Versorgungsausgleichs jedoch Leistungen zu erbringen oder zu kürzen wären.

²Anderenfalls ist der Versorgungsausgleich auszusetzen; § 628 Abs. 1 der Zivilprozeßordnung gilt entsprechend.

(2) ¹Vor der Einkommensangleichung ist ein nach Absatz 1 Satz 2 ausgesetzter Versorgungsausgleich auf Antrag nur wiederaufzunehmen, wenn die Voraussetzungen des Absatzes 1 Satz 1 Nr. 2 eintreten. ²Antragsberechtigt sind die Ehegatten, ihre Hinterbliebenen und die betroffenen Versorgungsträger.

(3) ¹Nach der Einkommensangleichung ist ein nach Absatz 1 Satz 2 ausgesetzter Versorgungsausgleich auf Antrag wiederaufzunehmen; Absatz 2 Satz 2 gilt entsprechend. ²Von Amts wegen soll ein nach Absatz 1 Satz 2 ausgesetzter Versorgungsausgleich binnen fünf Jahren nach der Einkommensangleichung wieder aufgenommen werden.

---

[2] OLG Rostock FamRZ 2005, 2074 LS.
[3] OLG Dresden FamRZ 1997, 615.
[4] BGH FamRZ 2006, 327; OLG Dresden FamRZ 1998, 630.
[5] OLG Rostock FamRZ 2204, 884, str, aA OLG Naumburg FamRZ 2004, 641; AG Ludwigslust FamRZ 2005, 376, welche keinen gesicherten Unterschied zu vergleichbaren Versorgungen im Westen finden können. Doch stellen sie den falschen Vergleich an: Das Gesetz fordert den Vergleich mit anderen angleichungsdynamischen Anrechten, denn mit diesen ist normalerweise im konkreten Fall zu saldieren, vgl auch BGH FamRZ 2006, 327; Gutdeutsch FamRZ 2004, 1114.
[6] OLG Jena FamRZ 2002, 397.
[7] OLG Dresden FamRZ 1996, 742; OLG Brandenburg FamRZ 1998, 1442.
[8] Leibrenten sind nicht minderdynamisch, OLG Brandenburg FamRZ 2001, 489.

I. Grundgedanke und Normzweck

1 Die Angleichungsdynamik schafft bei der Bilanzierung Schwierigkeiten, weil sich **angleichungsdynamische** Anrechte **nicht in volldynamische umrechnen** lassen.

2 Diese Schwierigkeiten können **umgangen werden** durch **Zerlegung** des Ausgleichs in einen angleichungsdynamischen und einen normalen Versorgungsausgleich. Allerdings ist das nur möglich, wenn es
   a) dabei **nicht** zum **Hin- und Her-Ausgleich** kommt, weil sonst der Einmalausgleich verlassen wird, und
   b) **keine minderdynamischen Anrechte** vorhanden sind, weil sich diese nicht ohne Umrechnung bilanzieren lassen.

3 Ist danach die **Umgehung** des Problems **nicht möglich,** so muss mit dem Ausgleich auf die Einkommensangleichung gewartet werden, denn dann fällt der Unterschied zwischen den Anrechten weg. Der **Versorgungsausgleich** wird also **ausgesetzt.** – Die Aussetzung würde jedoch den Beteiligten **Schaden** zufügen**, wenn** bereits **Renten** gezahlt werden, auf welche sich der **Ausgleich auswirkt.** In diesem Fall ist ein auf den gegenwärtigen Zeitpunkt bezogener **Ausgleich** durchzuführen. Bei diesem werden die Anrechte so umgerechnet, dass **für den Zeitpunkt der Entscheidung** die Bilanz **ausgeglichen** wird, beide also gleich hohe Anrechte erwerben. Durch den Ausgleich erreichen die ehezeitlichen Anrechte die gleiche Höhe. Verschiebt sich später die Bilanz durch die Angleichungsdynamik, kann nach § 10 a VAHRG die Abänderung beantragt werden.

4 Die Vorschrift definiert die **Bedingungen, unter denen die Aussetzung erfolgt** (Abs 1 S 1, 2) und wann das Verfahren wieder aufgenommen wird (Abs 2 und 3). Die Durchführung des Versorgungsausgleichs, falls keine Aussetzung erfolgt, regelt dann § 3.

II. Aussetzung

5 **Keine Aussetzung** erfolgt, wenn **keine minderdynamischen Anrechte** vorhanden sind (das ist die Regel) und ein **Hin- und Her- Ausgleich vermieden** werden kann (Abs 1 S 1 Nr 1). Letzteres ist dann der Fall, wenn entweder beide Gatten nur angleichungsdynamische Anrechte haben, oder wenn derselbe Gatte sowohl bei den angleichungsdynamischen als auch bei den anderen Anrechten ausgleichspflichtig ist, also **jeweils die höheren Anrechte**

Beispiel 1:

	M	F
regeldynamische Rente	0	0
angleichungsdynamische Rente	200	100

Nur angleichungsdynamische Anrechte, also keine Aussetzung.

Beispiel 2:

	M	F
regeldynamische Rente	300	200
angleichungsdynamische Rente	200	100

M hat mehr regeldynamische und mehr angleichungsdynamische Anrechte, deshalb keine Aussetzung.

Beispiel 3:

	M	F
regeldynamische Rente	150	200
angleichungsdynamische Rente	200	100

M hat mehr angleichungsdynamische und F mehr regeldynamische Anrechte. Ein getrennter Ausgleich liefe gegenläufig. Daher Aussetzung, wenn nicht wegen Rentenzahlungen der gegenwartsbezogene Ausgleich erfolgen muss.

Beispiel 4:

	M	F
regeldynamische Rente	200	200
angleichungsdynamische Rente	200	100

Nach dem Gesetzeswortlaut wäre hier auszusetzen, weil M nur bei den angleichungsdynamischen Anrechten ausgleichspflichtig ist. Nach dem Sinn der Vorschrift ist der Versorgungsausgleich aber durchzuführen, weil keine Verrechnung von regeldynamischen Anrechten mit angleichungsdynamischen zu erfolgen hat.

6 Eine Aussetzung darf auch dann nicht erfolgen, wenn der Ausgleich zur **Erhöhung oder Kürzung** laufender Renten – genügend: Rente wegen verminderter Erwerbsfähigkeit[1] – oder zu einer **erstmaligen Rentenzahlung** führt, denn dann würde durch die Aussetzung einem Beteiligten ein Schaden entstehen.

6.1 **Beispiel 4:**
Wie Beispiel 3, jedoch sind beide Gatten bereits in Rente. Hier ist nicht auszusetzen, weil der Ausgleich zu Kürzungen und Erhöhungen führt.

Beispiel 5:
Wie Beispiel 3, M ist bereits in Rente, nicht aber F. Hier wäre M ausgleichspflichtig, weil der Unterschied der angleichungsdynamischen Anrechte, den er auszugleichen hat, größer ist, als der Unterschied der regeldynamischen.

---

[1] OLG Brandenburg FamRZ 2002, 1256.

Durchführung des Versorgungsausgleichs vor der Einkommensangleichung § 3 VAÜG

Durchzuführen wäre der Versorgungsausgleich, wenn er zur Kürzung der Rente von M führen würde. Das ist jedoch wegen des **Rentnerprivilegs** des § 101 Abs 3 SGB VI (vgl § 1587 b BGB Rn 25) nicht der Fall. Deshalb ist der Versorgungsausgleich auszusetzen[2].

Beispiel 6:

	M	F
regeldynamische Rente	0	100
angleichungsdynamische Rente	200	0

F würde erst durch den Versorgungsausgleich die Wartezeit erfüllen und eine Rente erhalten. In diesem Falle wäre der Versorgungsausgleich durchzuführen, weil sonst F ein Schaden entstünde.

Werden **angleichungsdynamische Anrechte übersehen** und ein Versorgungsausgleich durchgeführt, obgleich das Verfahren ausgesetzt werden müsste, kann das Oberlandesgericht auf Beschwerde die Entscheidung ersatzlos aufheben und das Erstgericht anweisen, den Versorgungsausgleich auszusetzen[3]. Andere Oberlandesgerichte ersetzen einfach den unzutreffenden Ausspruch zum Versorgungsausgleich im Ersturteil durch den Satz: Der Versorgungsausgleich wird ausgesetzt. 7

Wurde irrtümlich ausgesetzt, obgleich dafür die Voraussetzungen nicht vorlagen, so unterliegt die Entscheidung der einfachen unbefristeten Beschwerde nach § 19 FGG[4]. 8

Durch **Vereinbarungen** nach § 1587 o BGB kann die **Aussetzung vermieden** werden. Das hat der BGH[5] bestätigt für die Vereinbarung, dass ein regeldynamisches Anrecht des Berechtigten als angleichungsdynamisch behandelt werden **und damit der Ausgleich vermindert** wird (näher § 1587 o BGB Rn 17, 27). Dasselbe muss gelten, wenn nur ein angleichungsdynamisches Anrecht des Pflichtigen die Aussetzung zur Folge hat. In diesem Fall kann vereinbart werden, dasselbe als regeldynamisch zu behandeln. Ist das störende Anrecht auf der falschen Seite, dann muss zugleich der Nominalwert dieses Anrechts durch Vereinbarung geändert werden. Hat der Berechtigte ein angleichungsdynamisches Anrecht, kann vereinbart werden, die ihm zugrunde liegenden Entgeltpunkte (Ost) wie normale Entgeltpunkte zu behandeln und die daraus resultierende höhere regeldynamische Rente mit den Anrechten des Pflichtigen zu verrechnen. Umgekehrt kann ein regeldynamisches Anrecht des Pflichtigen nur dann als angleichungsdynamisch behandelt werden, wenn man auch die zugrunde liegenden Entgeltpunkte wie Entgeltpunkte (Ost) behandelt und die entspr verminderte Versorgung in den Ausgleich der Ostanrechte einbezieht. 9

Die Aussetzungsentscheidung ist nicht mit der befristeten Beschwerde nach § 621 e Abs 1 ZPO, sondern der einfachen Beschwerde nach § 19 FGG anfechtbar[6]. Deshalb ist auch die weitere Beschwerde zum BGH nicht statthaft[7]. 9 a

Würde allein ein minimales Wertanrecht des Berechtigten die Aussetzung erzwingen, so soll auch ohne Vereinbarung dieses Anrecht wie ein angleichungsdynamisches behandelt werden können[8]. Das mag zwar den Interessen beider Parteien entsprechen, ist aber nicht aber dem Gesetz vereinbar[9].

III. Wiederaufnahme

Das Verfahren wird wieder aufgenommen, wenn die **Voraussetzungen des Abs 1 S 1 Nr 2** eintreten (Abs 2), der Versorgungsausgleich also zur erstmaligen Zahlung, Erhöhung oder Kürzung einer Rente führen würde. Wenn der Ausgleichspflichtige in Rente geht, ist das wegen des Rentnerprivilegs des § 101 Abs 3 SGB VI nicht der Fall[10]. 10

Antragsberechtigt sind die Ehegatten ihre Hinterbliebenen und die Versorgungsträger. Das Antragsrecht der Hinterbliebenen ist merkwürdig: die Hinterbliebenen des Ausgleichspflichtigen haben kein Interesse am Ausgleich, die des Ausgleichsberechtigten haben keinen Anspruch, weil nach § 1587 e Abs 2 BGB der Anspruch mit dem Tode des Berechtigten erlischt. Es wird vertreten, dass durch § 2 Abs 2 S 2 VAÜG die Geltung von § 1587 e Abs 2 BGB eingeschränkt werde[11]. Materiellrechtliche Vorschriften werden aber nicht durch Verfahrensregeln modifiziert. Wahrscheinlicher erscheint es daher, dass bei der Abfassung der Vorschrift § 1587 e Abs 2 BGB übersehen wurde. Das Antragsrecht der Hinterbliebenen hat deshalb keine praktische Bedeutung. 10.1

Ebenso ist nach der **Einkommensangleichung** (§ 1 Abs 4) das Verfahren aufzunehmen (Abs 3), und zwar **auf Antrag sofort,** von **Amts** wegen binnen **fünf Jahren.** 11

§ 3 Durchführung des Versorgungsausgleichs vor der Einkommensangleichung

(1) ¹In den Fällen des § 2 Abs. 1 Nr. 1 sind die allgemeinen Vorschriften über den Versorgungsausgleich mit folgenden Maßgaben anzuwenden:

---

[2] Vgl auch OLG Naumburg FamRZ 2003, 40 LS; OLG Naumburg FamRZ 2006, 1547 LS.
[3] OLG Köln FamRZ 1994, 1041.
[4] OLG Brandenburg FamRZ 1996, 496.
[5] FamRZ 2001, 1705; dazu *Gutdeutsch* FamRB 2002, 40.
[6] OLG Brandenburg FamRZ 1996, 497; OLG Dresden FamRZ 2002, 1053.
[7] BGH FamRZ 2003, 1005.
[8] OLG Naumburg FamRZ 2005, 116.
[9] OLG Naumburg FamRZ 2005, 2074 LS.
[10] OLG Brandenburg FamRZ 1998, 1441; OLG Nürnberg FamRZ 1995, 1362.
[11] KG FamRZ 2005, 986.

VAÜG § 3 Versorgungsausgleichs-Überleitungsgesetz

1. Für die Ermittlung des Werts eines Anrechts im Sinne des § 1 Abs. 2 Nr. 1
   a) sind Entgeltpunkte im Sinne des § 1587a Abs. 2 Nr. 2 des Bürgerlichen Gesetzbuchs Entgeltpunkte (Ost) (§ 254b Sechstes Buch Sozialgesetzbuch);
   b) ist von dem zum Ende der Ehezeit maßgebenden aktuellen Rentenwert (Ost) auszugehen; § 307b Abs. 5 Satz 1 und Abs. 6 Satz 1 des Sechsten Buches Sozialgesetzbuch findet keine Anwendung.
2. ¹Für die Ermittlung des Werts einer Rente der gesetzlichen Rentenversicherung, die aufgrund eines Versicherungsfalls vor dem 1. Januar 1992 nach dem Recht des Beitrittsgebiets berechnet worden ist (Bestandsrente), sind die Entgeltpunkte (Ost) zugrunde zu legen, die auf solche Arbeitsjahre entfallen, die für die Anpassung der Rente nach § 307a des Sechsten Buches Sozialgesetzbuch maßgebend sind und in die Ehezeit fallen; § 307a Abs. 8 Satz 1 des Sechsten Buches Sozialgesetzbuch findet keine Anwendung. ²Soweit Arbeitsjahre weder der Ehezeit noch der Zeit außerhalb der Ehezeit zugeordnet werden können, sind sie der Ehezeit in dem Verhältnis zuzurechnen, in dem die Lücken in der Ehezeit zu den Lücken im belegungsfähigen Gesamtzeitraum stehen. ³Die Ehezeit ist bis zum Kalendermonat vor dem Rentenbeginn, bei einem Rentenbeginn vor Ablauf des Kalendermonats der Vollendung des 55. Lebensjahrs, jedoch mindestens bis zu diesem Zeitpunkt, zu berücksichtigen. ⁴Als belegungsfähiger Gesamtzeitraum ist die Zeit vom Kalendermonat des Eintritts in die Versicherung, spätestens jedoch der Vollendung des 15. Lebensjahrs, bis zum Ende der zu berücksichtigenden Ehezeit zugrunde zu legen. ⁵Arbeitsjahre im Bergbau im Sinne des Satzes 2 sind der Ehezeit in dem nach Satz 2 bis 4 ermittelten Verhältnis zuzuordnen. ⁶Ein zu der Rente gezahlter Sozialzuschlag bleibt unberücksichtigt.
3. ¹Für die Ermittlung des Werts eines Anrechts aus der gesetzlichen Rentenversicherung, das aufgrund eines Rentenbeginns in der Zeit vom 1. Januar 1992 bis zum 31. Dezember 1996 nach dem Übergangsrecht für Renten nach den Vorschriften des Beitrittsgebiets zu berechnen ist (Vergleichsrente), ist von den auf die Ehezeit entfallenden Entgeltpunkten (Ost) auszugehen. ²Die Vorschriften über die Zahlung eines Sozialzuschlages zu Renten im Beitrittsgebiet bleiben unberücksichtigt.
4. Angleichungsdynamische und andere Anrechte sind unabhängig voneinander auszugleichen.
5. Sind zum Ausgleich angleichungsdynamischer Anrechte Rentenanwartschaften zu übertragen oder zu begründen, so hat das Familiengericht bei der Übertragung oder Begründung anzuordnen, daß der Monatsbetrag der Rentenanwartschaften in Entgeltpunkte (Ost) umzurechnen ist.
6. ¹Bei Bestandsrenten im Sinne der Nummer 2 und Vergleichsrenten im Sinne der Nummer 3 ist der nichtangleichungsdynamische Teil der Rente schuldrechtlich auszugleichen. ²Als nichtangleichungsdynamischer Teil der Rente gilt
   a) bei Bestandsrenten der Teil, der den für die Anpassung der Rente nach § 307a des Sechsten Buches Sozialgesetzbuch maßgebenden Teil der Rente übersteigt,
   b) bei Vergleichsrenten der Teil, der die Rente übersteigt, die sich nach den Vorschriften des Sechsten Buches Sozialgesetzbuch ohne Berücksichtigung eines Rentenzuschlags oder Übergangszuschlags bei Anspruch auf Rente nach dem Recht des Beitrittsgebietes ergibt.

   ³Der auf die Ehezeit entfallende Teil des schuldrechtlich auszugleichenden Betrags ist nach dem Verhältnis zu bestimmen, in dem die auf die Ehezeit entfallenden Entgeltpunkte (Ost) zu den der Rente insgesamt zugrundeliegenden Entgeltpunkten (Ost) stehen. ⁴Der in Satz 1 genannte Betrag bleibt bei Anwendung von § 1587a Abs. 1 und § 1587b Abs. 3 Satz 3 des Bürgerlichen Gesetzbuchs unberücksichtigt; er ist gesondert schuldrechtlich auszugleichen.
7. Nummer 6 Satz 1, 3 und 4 gilt entsprechend, soweit zu einer Rente aus der gesetzlichen Rentenversicherung ein mit den Rentenanpassungen abzubauender Rententeil gezahlt wird, der auf Anrechten beruht, die nach dem Anspruchs- und Anwartschaftsüberführungsgesetz oder dem Zusatzversorgungssystem-Gleichstellungsgesetz überführt worden sind.

(2) In den Fällen des § 2 Abs. 1 Nr. 2 sind die allgemeinen Vorschriften über den Versorgungsausgleich mit folgenden Maßgaben anzuwenden:

1. ¹Für die Ermittlung des Werts eines Anrechts
   a) im Sinne des § 1 Abs. 2 Nr. 1 gilt Abs. 1 Nr. 1, 2, 3, 6 und 7 entsprechend. ²Der so ermittelte angleichungsdynamische Wert des Anrechts ist mit einem Angleichungsfaktor zu vervielfachen, der sich aus dem Verhältnis der Wertentwicklung dieses Anrechts zur Wertentwicklung eines entsprechenden Anrechts, das im übrigen Bundesgebiet erworben worden ist, ergibt. ³Die Wertentwicklung ergibt sich aus dem Verhältnis des aktuellen Rentenwerts und des aktuellen Rentenwerts (Ost) in dem für die Entscheidung maßgebenden Zeitpunkt zum aktuellen Rentenwert und zum aktuellen Rentenwert (Ost) zum Ende der Ehezeit. ⁴Der Angleichungsfaktor wird unter Berücksichtigung der Berechnungsgrundsätze des § 121 Abs. 2 und 4 des Sechsten Buches Sozialge-

setzbuch auf sieben Dezimalstellen berechnet und vom Bundesministerium für Arbeit und Soziales im Rahmen der Rechengrößen zur Durchführung des Versorgungsausgleichs im Bundesgesetzblatt bekannt gemacht;
b) im Sinne des § 1 Abs. 2 Nr. 2 ist von den zum Ende der Ehezeit für das Anrecht maßgebenden Bemessungsgrundlagen auszugehen. ⁵Der danach ermittelte Wert ist um die zwischen dem Ende der Ehezeit und dem für die Entscheidung maßgebenden Zeitpunkt eingetretene, auf der Angleichung beruhenden Wertsteigerung zu erhöhen. ⁶Buchstabe a Satz 2 und 3 findet entsprechende Anwendung; dies gilt nicht, wenn die für das Anrecht maßgebende Regelung eine angemessene andere Ermittlung der Wertsteigerung vorsieht oder die entsprechende Anwendung des Buchstaben a Satz 2 und 3 zu unbilligen Ergebnissen führt;
c) im Sinne des § 1 Abs. 3 ist Buchstabe b Satz 1 und 2 entsprechend anzuwenden.
2. Hat der Ehegatte mit den werthöheren auszugleichenden Anrechten werthöhere angleichungsdynamische Anrechte als der andere Ehegatte, so hat das Familiengericht bei der Übertragung oder Begründung von Rentenanwartschaften anzuordnen, daß
a) der Monatsbetrag der zu übertragenden oder zu begründenden Rentenanwartschaften in Entgeltpunkte (Ost) umzurechnen ist,
b) der aktuelle Rentenwert (Ost) mit seinem Wert bei Ende der Ehezeit für die Ermittlung der Entgeltpunkte (Ost) mit dem Angleichungsfaktor zu vervielfältigen ist, der der Berechnung des Monatsbetrags der Rentenanwartschaften zugrunde liegt (Nummer 1 Buchstabe a Satz 2 und 3).

(3) In den Fällen des § 2 Abs. 2 gilt bis zur Einkommensangleichung Absatz 2 entsprechend.

(4) ¹Absatz 1 Nr. 5, Absatz 2 Nr. 2 und Absatz 3 gelten entsprechend, wenn es sich bei den angleichungsdynamischen Anrechten um Anrechte der Alterssicherung der Landwirte handelt. ²Hierbei treten an die Stelle der Entgeltpunkte (Ost) Steigerungszahlen, die auf der Grundlage des allgemeinen Rentenwerts (Ost) zu ermitteln sind, und an die Stelle des aktuellen Rentenwerts (Ost) der gesetzlichen Rentenversicherung der allgemeine Rentenwert (Ost) der Alterssicherung der Landwirte.

I. Normzweck

Es handelt sich um die zentrale Vorschrift für die Durchführung des Versorgungsausgleichs vor der Einkommensangleichung, wenn es nicht zur Aussetzung des Verfahrens nach § 2 Abs 1 S 2 kommt. Sie hat insofern zwei Teile, als sie einerseits die
– **Umgehung des Bewertungsproblems** in den Fällen des § 2 Abs 1 Nr 1 (in Abs 1), andererseits
– die **aktuelle Bilanz** bei der **Schadensabwendung** in Rentnerfällen nach § 2 Abs 1 Nr 2 (Abs 2 und 3) regelt.

Ergänzend wird die
– Realteilung des Alterssicherung der Landwirte bei Vorhandensein angleichungsdynamischer Anrechte (Abs 4) sowie die
– Bewertung angleichungsdynamischer Anrechte in der gesetzlichen Rentenversicherung (Abs 1 Nr 1 bis 3), insbes der bis 31. 12. 1991 (Abs 1 Nr 2) und bis 31. 12. 1995 (Abs 1 Nr 3) eingewiesenen Renten und
– die Zuweisung der abschmelzenden besitzstandswahrenden Anteile derselben an den schuldrechtlichen Versorgungsausgleich (Abs 1 Nr 6, 7) angeordnet.

II. Getrennter Ausgleich (Abs 1 Nr 4, 5)

In den Fällen des § 2 Abs 1 Nr 1 wird das Bewertungsproblem umgangen durch den getrennten Ausgleich, dh für die angleichungsdynamischen Anrechte wird ein selbständiger Versorgungsausgleich durchgeführt, die Bilanzierungsregelungen werden entspr verändert (Nr 4). Der „Einmalausgleich" bleibt erhalten, weil der Ausgleich in beiden Fällen in dieselbe Richtung geht. Die beim Ausgleich der angleichungsdynamischen Anrechte erworbene gesetzliche Rente ist in Entgeltpunkte (Ost) umzurechnen (Nr 5).

Beispiel 1:

	M	F
regeldynamische Rente	100	0
angleichungsdynamische Beamtenversorgung	200	0
angleichungsdynamische Rente	0	100

Wegen des getrennten Ausgleichs darf die Rente von M nicht gemäß § 1587 b Abs 1 BGB mit der Rente von F verrechnet werden, weil diese nicht regeldynamisch, sondern angleichungsdynamisch ist. Da F keine regeldynamische Rente hat, erfolgt nach § 1587 b Abs 1 BGB Splitting in Höhe von 100 – 0 = 100/2 = 50 DM. Die Beamtenversorgung von M ist ebenso wie die gesetzliche Rente vom F angleichungsdynamisch. Daher erfolgt der Ausgleich gemäß § 1587 b Abs 2 BGB durch Quasisplitting in Höhe von 200 – 100 = 100/2 = 50 DM. Für diesen zweite Betrag ist nach Abs 5 anzuordnen, dass die Rente in Entgeltpunkte (Ost) umzurechnen sind.

VAÜG § 3   Versorgungsausgleichs-Überleitungsgesetz

3.2   Also lautet der

Tenor: Vom Versicherungskonto Nr 54010150 Y 000 des Antragsgegners bei der Bundesversicherungsanstalt für Angestellte werden auf das Versicherungskonto Nr 54010150 X 500 der Antragstellerin bei der Bundesversicherungsanstalt für Angestellte Rentenanwartschaften in Höhe von 50 DM bezogen auf den … übertragen. Der Monatsbetrag dieser Rente ist in Entgeltpunkte umzurechnen.

Zu Lasten der Versorgung des Antragsgegners gegen den Freistaat Sachsen werden auf dem Versicherungskonto Nr 54010150 X 500 der Antragstellerin bei der Bundesversicherungsanstalt für Angestellte Rentenanwartschaften von monatlich 50 DM bezogen auf den … begründet. Der Monatsbetrag der Rente ist in Entgeltpunkte (Ost) umzurechnen.

III. Ausgleich mit Umrechnung auf den aktuellen Wert

4   **1. Umrechnung.** Ist eine **Verrechnung** von Anrechten unterschiedlicher Qualität (angleichungsdynamische oder minderdynamische Anrechte mit anderen Anrechten) **unvermeidbar**, so erfolgt der Ausgleich vor der Einkommensangleichung nur dann, wenn sonst einem Beteiligten ein Nachteil entstünde, also wenn sich durch den Ausgleich eine Rente verändert oder eine solche erstmals zu zahlen ist (vgl § 2 Rn 3, 6). Der Grundgedanke der vom Gesetz gewählten Lösung ist der, dass die **zum Zeitpunkt der Entscheidung** wirklich **gezahlten Renten** ausgeglichen werden und die späteren Veränderungen auf Grund der Angleichungsdynamik dem Abänderungsverfahren nach § 10 a VAHRG vorbehalten wird. Die **unterschiedlichen Wertänderungen** von angleichungs- und regeldynamischen Anrechten **während des Scheidungsprozesses** werden mit Hilfe von **Angleichungsfaktoren**[1] (für die angleichungsdynamischen Anrechte) berücksichtigt. Der Ausgleich wird also genau wie im Regelfall durchgeführt mit der Ausnahme, dass angleichungsdynamische Anrechte auf einen Tageswert (bezogen auf das Ehezeitende) umzurechnen sind. Hat zwischen Ehezeitende und Zeitpunkt der Entscheidung keine Rentenanpassung (oder Anpassung eines anderen angleichungs- oder minderdynamischen Anrechts) stattgefunden (welche über die Volldynamik hinausging), so kann diese Umrechnung unterbleiben[2].

5   **2. Sonstige angleichungsdynamische Anrechte.** Handelt es sich um ein sonstiges angleichungsdynamisches Anrecht (nicht gesetzliche Rente), so gelten nicht die veröffentlichten Angleichungsfaktoren, sondern die Steigerung dieser Versorgung, soweit sie über die normale volldynamische Steigerung hinausgeht (Abs 2 Nr 1 b). **Zur Vereinfachung** sind jedoch die Regeln der gesetzlichen Rentenversicherung anzuwenden, wenn nicht die Versorgung eine abweichende Regelung vorsieht und diese nicht offenbar unbillig ist. Bei minderdynamischen Anrechten darf diese Vereinfachung aber nicht gewählt werden. Eine individuelle Bewertung (meist mit Begutachtung) ist erforderlich.

Beispiel 2:

	M	F
regeldynamische Rente	100	0
angleichungsdynamische Rente	0	200

Das Ehezeitende war 31. 5. 1997 und die Entscheidung erging am 12. 8. 1999. Der ausgleichsberechtigte M beziehe bereits eine Rente, welche sich durch den Versorgungsausgleich erhöht. Deshalb ist der Versorgungsausgleich nicht auszusetzen, sondern durchzuführen.
Die angleichungsdynamische Rente von F ist hochzurechnen mit dem Anpassungsfaktor 1,0578603 (§ 5 RAV 1999 oder nach dem Doppelverhältnis des aktuellen Rentenwerte: (42,01/48,29)/(38,38/46,67) = 1,0578603) auf 211,57 DM. Der Ausgleich berechnet sich dann zu 211,57 - 100 = 111,57/2 = 55,79 DM. Tenor s Rn 6.

Beispiel 3:

	M	F
regeldynamische Rente	100	0
angleichungsdynamische Beamtenversorgung	80	0
angleichungsdynamische Rente	0	90

Das Ehezeitende war der 31. 8. 1991. Die Entscheidung erging am 14. 6. 1992.

Daher ist nach Abs 2 Nr 1 a die angleichungsdynamische Rente von F mit dem Faktor 1,1165324[3] auf 100,49 DM hochzurechnen. Die Beamtenversorgung wäre nach Abs 2 Nr 1 b hochzurechnen, wenn es zu einer Einkommensangleichung in der Zwischenzeit gekommen wäre. Da der Beamte bei Ehezeitende ebenso wie im Zeitpunkt der letzten mündlichen Verhandlung nur 60% der Besoldung eines entsprechenden Beamten in den alten Bundesländern bezog (2. BesÜV vom 21. 6. 1991, BGBl I S 1345), ist die Beamtenversorgung gleichbleibend mit 80 DM anzusetzen. Der Ausgleichsbetrag (in einer einzigen Bilanz berechnet) beträgt (100 + 80 - 100,47)/2 = 39,76 DM. Der Ausgleich erfolgt nach § 1587 b Abs 2 BGB durch Quasisplitting der Beamtenversorgung in Höhe von 39,76 DM, denn die gesetzliche Rente von M übersteigt nicht die gesetzliche Rente vom F. Tenor s Rn 6.

6   **3. Qualität des Ausgleichs.** Wenn der Ausgleichspflichtige die höheren angleichungsdynamischen Anrechte hat, werden auch angleichungsdynamische Anrechte begründet, dh im Tenor wird nach

---

[1] Sie werden in den jeweiligen Rentenanpassungsverordnungen, zB für 1. 7. 2000 RAV 2000 vom 31. 5. 2000, BGBl I S 788, in FamRZ 2000, 1010 veröffentlicht.
[2] Nur wenn sich zwischen Ehezeitende und Entscheidung die aktuellen Rentenwerte nicht geändert haben, erübrigt sich diese Umrechnung, OLG Brandenburg FamRZ 2005, 1488.
[3] § 4 RAV 1992 oder nach dem Doppelverhältnis des aktuellen Rentenwerte, wobei der aktuelle Rentenwert West unverändert blieb: (23,57/41,44)/(21,11/41,44) = 1,1165324.

Durchführung des Versorgungsausgleichs vor der Einkommensangleichung § 3 VAÜG

Abs 2 Nr 2 angeordnet, dass die übertragene oder begründete Rente in Entgeltpunkte (Ost) umzurechnen sei. Jedoch kann hierbei nicht der aktuelle Rentenwert (Ost) bei Ehezeitende verwendet werden, wenn die anpassungsdynamischen Renten mit einem Anpassungsfaktor hochgerechnet waren. Um zutreffende Ergebnisse zu erzielen, muss auch der aktuelle Rentenwert (Ost) mit demselben Anpassungsfaktor hochgerechnet werden.

Fortsetzung des Beispiels 2: Die ausgleichspflichtige F hat die höheren angleichungsdynamischen Anrechte. Daher lautet der   6.1

Tenor: Vom Versicherungskonto Nr 54010150 X 500 der Antragstellerin bei der Bundesversicherungsanstalt für Angestellte werden auf das Versicherungskonto Nr 54010150 Y 000 des Antragsgegners bei der Bundesversicherungsanstalt für Angestellte Rentenanwartschaften in Höhe von 55,79 DM bezogen auf den 31. 5. 1997 übertragen. Der Monatsbetrag dieser Rente ist in Entgeltpunkte (Ost) umzurechnen. Dabei ist der aktuelle Rentenwert (Ost) mit seinem Wert bei Ende der Ehezeit mit dem Angleichungsfaktor 1,0578603 zu vervielfältigen.

Fortsetzung des Beispiels 3: Der ausgleichspflichtige M hat die höheren regeldynamischen Anrechte. Obgleich das Quasisplitting zu Lasten seiner Beamtenversorgung (Ost) erfolgt, werden bei F regeldynamische Anrechte begründet[4].   6.2

Tenor: Zu Lasten der Versorgung des Antragsgegners bei dem Freistaat Sachsen werden auf dem Versicherungskonto Nr 54010150 X 500 der Antragstellerin bei der Bundesversicherungsanstalt für Angestellte Rentenanwartschaften von 39,76 DM monatlich bezogen auf den 31. 8. 1991 begründet. Der Monatsbetrag dieser Rente ist in Entgeltpunkte umzurechnen.

4. Qualitätsänderungen. Im Beispiel 3 wechselt das ausgeglichene Anrecht die Qualität, weil zu Lasten einer Beamtenversorgung (Ost) eine Westrente begründet wird. Auch der umgekehrte Fall ist möglich: 6 a

Beispiel 4: M hat in der Ehezeit eine Rente (Ost) von 200 Euro erworben und eine VBL-Rente mit einem dynamisierten (West-) wert von 20 Euro, F hat eine Westrente von 100 Euro in der Ehezeit erworben. Zwischen Ehezeitende und Entscheidung fand keine Rentenanpassung statt, daher Umrechnungsfaktor 1. Ausgleich durch Splitting der Renten: 200 – 100 = 100 /2 = 50 Euro, analoges Quasisplitting nach § 1 Abs 3 der VBL-Rente: 20 : 2 = 10 Euro. Da der Pflichtige die höheren angleichungsdynamischen Anrechte verfügt, ist die Umrechnung in Entgeltpunkte (Ost) anzuordnen, auch für das analoge Quasisplitting: die umgerechnete VBL-Versorgung verwandelt sich also in ein Ostrente[5].   6 a.1

IV. Bewertung der gesetzlichen Rente (Ost)

Die Bewertung der angleichungsdynamischen gesetzlichen Rente ist in Abs 1 Nr 1 bis 3 für den getrennten Ausgleich geregelt. Dieselben Vorschriften gelten über die Verweisung des Abs 2 Nr 1 a auch für den Ausgleich mit Umrechnung auf den aktuellen Wert. Hiernach treten an die Stelle der Entgeltpunkte und des aktuellen Rentenwerts Entgeltpunkte (Ost) und der aktuelle Rentenwert (Ost). Dabei ist für Pflichtbeiträge der Arbeitsplatz, für den Empfang von Sozialleistungen der Wohnort dafür entscheidend, ob Entgeltpunkte oder Entgeltpunkte (Ost) gebucht werden[6]. Bei Inkrafttreten des Rentenüberleitungsgesetzes (RÜG) am 1. 1. 1992 bereits laufende Renten wurden nach DDR-Recht berechnet (Bestandsrenten Abs 1 Nr 2). In verfassungskonformer Auslegung des Einigungsvertrags müssen die **Garantierenten** an die Lohn- und Einkommensentwicklung angepasst werden[7]. Bis 31. 12. 1996 galt außerdem ein Übergangsrecht, das den Vergleich mit dem alten Recht vorschrieb und eine höhere Vergleichsrente gewährte, wenn der Vergleich für den Berechtigten günstiger war (Abs 1 Nr 3). Der angleichungsdynamischen Anpassung unterliegt in beiden Fällen nur der Betrag, der sich nach neuem Rentenrecht berechnet[8]. Dieser ist daher dem Wertausgleich zugrunde zu legen. Der überschießende (abschmelzende) Betrag unterliegt dem schuldrechtlichen Versorgungsausgleich (vgl Rn 6). Der nach Übergangsrecht uU gewährte Sozialzuschlag ist eine pauschalisierte Sozialhilfe und bleibt beim Versorgungsausgleich überhaupt unberücksichtigt (Abs 1 Nr 3 S 2).   7

Wenn das Ehezeitende vor dem 1. 7. 1990 lag, fehlt es an einem aktuellen Rentenwert (Ost). In diesem Fall ist von einem Ehezeitende 31. 7. 1990 auszugehen[9].   8

V. Schuldrechtlicher Versorgungsausgleich

Soweit die Besitzstandsrente nach Abs 1 Nr 2 oder die Vertrauensschutzrente nach Abs 1 Nr 3[10] die dynamisch angepasste Rente übersteigt, erfolgt der Ausgleich im schuldrechtlichen Versorgungsausgleich Abs 1 Nr 6, 7[11]. Der Ehezeitanteil berechnet sich nach dem Verhältnis der Entgeltpunkte (Ost)   9

---

[4] Vgl zu dem Problem *Gutdeutsch* FamRZ 1992, 753.
[5] Vgl *Gutdeutsch* FamRZ 2005, 2037.
[6] OLG Karlsruhe FamRZ 1999, 1083.
[7] BVerfG NJW 1999, 2493.
[8] Die Bemessung der dynamischen Rente für Stasi-Mitarbeiter nach § 7 Abs 1 AAÜG ist verfassungswidrig, BVerfG NJW 1999, 2505.
[9] AG Tempelhof-Kreuzberg FamRZ 1997, 427.
[10] Die Begrenzung des Zahlbetrags dieser Renten nach § 10 AAÜG ist teilweise verfassungswidrig, BVerfG NJW 1999, 2493; NJW 1999, 2505.
[11] OLG Jena FamRZ 2001, 627.

VAÜG § 4

in der Ehezeit zur Gesamtheit der Entgeltpunkte (Ost). Obgleich das nicht ausdrücklich gesagt ist, muss der schuldrechtliche Ausgleich beantragt werden, weil nach § 623 Abs 1 S 3 ZPO nur der Wertausgleich keines Antrags bedarf.

VI. Alterssicherung der Landwirte

10 Seit 1. 1. 1995 führt der Ausgleich der Alterssicherung der Landwirte nicht mehr ohne weiteres in die gesetzliche Rentenversicherung. Deshalb werden die Vorschriften über den Ausgleich in die gesetzliche Rentenversicherung durch Analogie auf den Ausgleich in die Alterssicherung der Landwirte übertragen (Abs 4).

§ 4 Anwendung der §§ 3 b und 10 a des Härteregelungsgesetzes vor der Einkommensangleichung

(1) Vor der Einkommensangleichung ist § 3 b des Gesetzes zur Regelung von Härten im Versorgungsausgleich mit folgenden Maßgaben anzuwenden:
1. ¹Absatz 1 Nr. 1 gilt, wenn das dem schuldrechtlichen Versorgungsausgleich unterliegende oder das zum Ausgleich heranzuziehende Anrecht die Voraussetzungen des § 1 Abs. 2 oder Abs. 3 erfüllt, nur, wenn das dem schuldrechtlichen Versorgungsausgleich unterliegende und das zum Ausgleich heranzuziehende Anrecht in ihrer Dynamik vergleichbar sind. ²In Ansehung von Anrechten im Sinne von § 1 Abs. 2 oder Abs. 3 steht die im Zeitpunkt der Entscheidung maßgebende Bezugsgröße (Ost) der Bezugsgröße gleich.
2. ¹Absatz 1 Nr. 2 gilt nur in Ansehung solcher im Beitrittsgebiet erworbener Anrechte, welche die Voraussetzungen des § 1 Abs. 2 erfüllen. ²§ 3 Abs. 1 Nr. 5 gilt entsprechend.

(2) Vor der Einkommensangleichung ist § 10 a Abs. 2 des Gesetzes zur Regelung von Härten im Versorgungsausgleich mit folgenden Maßgaben anzuwenden:
1. Eine Abänderung findet auch statt, wenn sie sich voraussichtlich nicht zugunsten eines Ehegatten oder seiner Hinterbliebenen auswirkt.
2. In Ansehung von Anrechten im Sinne des § 1 Abs. 2 oder Abs. 3 steht die Bezugsgröße (Ost) der Bezugsgröße gleich.

I. Normzweck

1 Die Vorschrift spezifiziert die Anwendung von § 3 b VAHRG und § 10 a VAHRG für angleichungsdynamische Anrechte.

II. Anwendungsbereich von § 3 b VAHRG

2 Der Anwendungsbereich von § 3 b Abs 1 Nr 1 VAHRG wird dadurch eingeschränkt, dass angleichungsdynamische Anrechte für den Ausgleich vergleichbarer, also ebenfalls angleichungsdynamischer Anrechte im Wege des Supersplittings, Superquasisplittings oder der Superrealteilung herangezogen werden können[1], regeldynamische nur für ebenfalls regeldynamische (Abs 1 Nr 1 S 1)[2]. § 3 b Abs 1 Nr 2 VAHRG darf nicht für minderdynamische Anrechte herangezogen werden. Für angleichungsdynamische werden ebenfalls angleichungsdynamische Anrechte zu den für sie geltenden Preisen eingekauft (Abs 1 Nr 2 S 1).

2 a **Achtung!** Für im Beitrittsgebiet erworbene nichtangleichungsdynamische Anrechte darf **keine Beitragszahlung** angeordnet werden. Wenn also neben angleichungsdynamischen Anrechten der Parteien eine nicht angleichungsdynamische Lebensversicherung auf Rentenbasis auszugleichen ist, kann dies weder durch Supersplitting noch durch Beitragszahlung geschehen[3].

III. Erweiterte Abänderungsmöglichkeit

3 Die Abänderung nach § 10 a VAHRG ist auch möglich, wenn **nur** der **Versorgungsträger** daran **interessiert** ist, etwa wenn nur der Berechtigte eine Rente bezieht und wegen der zwischenzeitlichen Entwicklung der Rentenhöhe der Ausgleichsanspruch geringer geworden ist (Abs 1 Nr 1).

IV. Bezugsgröße (Ost)

4 Wegen der Höhe des möglichen Ausgleichs nimmt § 3 b Abs 1 Nr 1 VAHRG, wegen des Mindestbetrags der Abänderung § 10 a Abs 2 S 2 VAHRG auf die allgemeine Bezugsgröße Bezug. Soweit es sich um angleichungsdynamische Anrechte handelt, gilt hier statt dessen die Bezugsgröße (Ost). In

---

[1] Daher Ausgleich angleichungsdynamischer Anrechte der VAP durch Supersplitting von angleichungsdynamischen Anrechten bei der LVA, OLG Naumburg FamRZ 2001, 1527.
[2] Daher darf eine Leibrente, die nach ihrem Deckungskapital bewertet wird, nicht durch Supersplitting einer Rente Ost ausgeglichen werden, OLG Brandenburg FamRZ 2001, 489; OLG Brandenburg FamRZ 2005, 1489.
[3] OLG Brandenburg FamRZ 2005, 1489.

Mischfällen ist das regeldynamische Anrecht durch die Bezugsgröße und das angleichungsdynamische durch die Bezugsgröße (Ost) zu dividieren. Die Summe der beiden Ergebnisse darf im Falle des § 3b Abs 1 Nr 1 VAHRG den Betrag von 0,02 nicht überschreiten, im Falle von § 10a Abs 2 S 2 VAHRG den Betrag von 0,005 nicht unterschreiten.

Beispiel: Die Abänderung nach § 10a Abs 1 VAHRG betrage 10 DM volldynamischer Rente und 9 DM angleichungsdynamischer Rente. Die Wesentlichkeitsgrenze von 10% sei überschritten. Im Jahre 2001 beträgt die Bezugsgröße 4480 DM, die Bezugsgröße (Ost) 3780 DM. 10/4480 + 9/3780 = 00,002232 + 0,002381 = 0,004613, also weniger als der Grenzwert. Die Abänderung scheitert an der Wesentlichkeitsgrenze. **4.1**

§ 5 Durchführung des Versorgungsausgleichs nach der Einkommensangleichung

Nach der Einkommensangleichung sind die allgemeinen Vorschriften über den Versorgungsausgleich mit folgenden Maßgaben anzuwenden:
1. Für die Ermittlung des Werts eines Anrechts im Sinne des § 1 Abs. 2 Nr. 1 ist von dem Wert auszugehen, der sich aufgrund des zum Ende der Ehezeit maßgebenden aktuellen Rentenwerts (§ 68 Sechstes Buch Sozialgesetzbuch) ergibt.
2. ^{1}Für die Ermittlung des Werts eines Anrechts im Sinne des § 1 Abs. 2 Nr. 2 ist von dem Wert auszugehen, der sich aufgrund der zum Ende der Ehezeit maßgebenden Bemessungsgrundlage eines allgemein entsprechenden Anrechts, das im übrigen Bundesgebiet erworben worden ist, ergibt. ^{2}Die Bemessungsgrundlage wird ermittelt, indem die für das Anrecht maßgebende, unter Berücksichtigung der besonderen wirtschaftlichen Verhältnisse im Beitrittsgebiet bestimmte Bemessungsgrundlage im Zeitpunkt des Endes der Ehezeit mit dem Wert vervielfacht wird, der sich aus dem Verhältnis des aktuellen Rentenwerts zu dem aktuellen Rentenwert (Ost) (§ 255a Sechstes Buch Sozialgesetzbuch) ergibt. ^{3}Dies gilt nicht, wenn die für das Anrecht maßgebende Regelung eine angemessene andere Ermittlung der Wertsteigerung vorsieht oder die Anwendung des Satzes 2 zu unbilligen Ergebnissen führen würde.
3. Für die Ermittlung des Werts eines Anrechts im Sinne des § 1 Abs. 3 gilt Nummer 2 Satz 1 entsprechend.
4. Für die Wertermittlung und den Ausgleich einer Bestandsrente oder einer Vergleichsrente gilt § 3 Abs. 1 Nr. 2, 3, 6 und 7 entsprechend.

I. Normzweck und Anwendungsbereich

Nach der Einkommensangleichung **ändert** sich die **Bewertung angleichungsdynamischer Anrechte.** Das wird hier geregelt. Die Vorschrift kommt zur Anwendung, wenn der Versorgungsausgleich nach der Einkommensangleichung erfolgt, das Ehezeitende jedoch davor liegt (§ 1 Abs 1). Entweder hat sich das Verfahren über die Einkommensangleichung hinweg hingezogen oder es war vorher nach § 2 Abs 1 S 2 ausgesetzt. Die Wiederaufnahme des ausgesetzten Verfahrens nach der Einkommensangleichung regelt § 2 Abs 3. **1**

II. Umrechnung auf Volldynamik

Angleichungsdynamische Anrechte in der **gesetzlichen Rentenversicherung** (Nr 1) werden nach der Einkommensangleichung volldynamisch. Hier genügt es, die Entgeltpunkte (Ost) als **normale Entgeltpunkte** zu behandeln, weil es nach der Einkommensangleichung Entgeltpunkte (Ost) nicht mehr gibt. Dadurch erhöht sich die Rentenanwartschaft im gleichen Verhältnis, wie der aktuelle Rentenwert bei Ehezeitende den aktuellen Rentenwert (Ost) übersteigt. **2**

Andere angleichungsdynamische **Anrechte** (Nr 2) bedürfen einer Umrechnung, weil der Nominalwert bei Ehezeitende um die später verwirklichte Angleichungsdynamik zu erhöhen ist. Das geschieht zur Vereinfachung pauschal in der Weise, dass das Anrecht wie eine gesetzliche Rente durch den aktuellen Rentenwert (Ost) dividiert und mit dem aktuellen Rentenwert (jeweils zum Ehezeitende multipliziert wird. Jedoch kann die Versorgung andere Regelungen für die Umrechnung vorsehen, welche heranzuziehen sind, soweit sie nicht offenbar unbillig sind. Für die Beamtenversorgung ergibt sich ein solcher Maßstab durch die **Abweichung der Beamtengehälter (Ost)** von den Gehältern, welche Beamten gezahlt wird, die nicht **im Beitrittsgebiet erstmals in das Beamtenverhältnis berufen** wurden. **3**

Minderdynamische Anrechte müssen mit ihrer abweichenden Angleichungsdynamik individuell umgerechnet werden (evtl. mit Gutachten). Für **Bestands- und Vergleichsrenten** (§ 3 Rn 7) ist der dynamische Anteil zugrunde zu legen, während der abzuschmelzende Betrag, wenn er noch vorhanden sein sollte, weiterhin dem schuldrechtlichen Versorgungsausgleich verbleibt (§ 3 Rn 9). **4**

Barwertverordnung (BarwertVO)

vom 24. Juni 1977 (BGBl I S 1014),
zuletzt geändert am 3. Mai 2006 (BGBl I S 1144)

§ 1 Barwert zur Errechnung des Versorgungsausgleichs

(1) ¹Für die Ermittlung des Wertunterschiedes ist bei
a) den in § 1587a Abs. 2 Nr. 3 des Bürgerlichen Gesetzbuchs bezeichneten Leistungen oder Anwartschaften auf Leistungen der betrieblichen Altersversorgung,
b) den in § 1587a Abs. 2 Nr. 4 des Bürgerlichen Gesetzbuchs bezeichneten sonstigen Renten oder ähnlichen wiederkehrenden Leistungen, die der Versorgung wegen Alters oder verminderter Erwerbsfähigkeit zu dienen bestimmt sind, oder Anwartschaften hierauf

die Regelaltersrente zugrunde zu legen, die sich ergäbe, wenn ihr Barwert als Beitrag in der gesetzlichen Rentenversicherung entrichtet würde. ²Dies gilt nicht, wenn ihr Wert in gleicher oder nahezu gleicher Weise steigt wie der Wert der in § 1587a Abs. 2 Nr. 1 und 2 des Bürgerlichen Gesetzbuchs bezeichneten Versorgungen und Anwartschaften (volldynamische Versorgungen) und sie daher mit diesen unmittelbar vergleichbar sind; dies gilt ferner nicht in den Fällen des Buchstaben b, wenn die Leistungen ausschließlich aus einem Deckungskapital oder einer vergleichbaren Deckungsrücklage gewährt werden. ³Einer Anwartschaft steht die Aussicht auf eine Versorgung gleich.

(2) Absatz 1 ist entsprechend anzuwenden, wenn die Leistungen aus den in § 1587a Abs. 2 Nr. 5 des Bürgerlichen Gesetzbuchs bezeichneten Renten oder Rentenanwartschaften auf Grund eines Versicherungsvertrages nicht oder nicht ausschließlich aus einem Deckungskapital oder einer vergleichbaren Deckungsrücklage gewährt werden.

(3) Der Barwert ist nach Maßgabe der folgenden Vorschriften aus den Tabellen zu ermitteln, die dieser Verordnung anliegen.

Übersicht

	Rn		Rn
I. Normzweck und Regelungsinhalt	1	2. Regelungsinhalt und Ermächtigungsnorm	5
1. Allgemeine Grundlagen	1	II. Volldynamik	8
a) Historische Ausgleichsform	1		
b) Barwert und Deckungskapital	2	III. Praktische Bedeutung der Tabellen	11
c) Bilanzwert	3	IV. Zur Kritik an BarwertVO und fiktiver Einzahlung	12
d) Verfassungsmäßigkeit des Umrechnungssystems	4		
e) Vermeidung der BarwVO bei im Rententeil volldynamischen Versorgungen	4a		

I. Normzweck und Regelungsinhalt

1   **1. Allgemeine Grundlagen. a) Historische Ausgleichsform.** Die BarwertVO wurde geschaffen, um beliebige Versorgungen, die nicht mit Beamtenversorgung oder gesetzlicher Rente hinreichend vergleichbar sind, in den ganz auf die gesetzliche Rente zugeschnittenen Versorgungsausgleich einbeziehen zu können. Diese anderen Anrechte waren nach dem für verfassungswidrig[1] erklärten § 1587b Abs 3 S 1 BGB durch Beitragsentrichtung zur gesetzlichen Rentenversicherung auszugleichen. Als Maßstab des Ausgleichs wurde der wirtschaftliche Wert dieser Versorgungen gewählt, welcher sich bei kapitalgedeckten Versicherungsverträgen im Deckungskapitel, bei anderen Anrechten im Barwert ausdrückt.

2   **b) Barwert und Deckungskapital. Barwert** ist die **Summe** aller aus einer Versorgung zu erwartenden **Zahlungen,** wobei für jede einzelne Zahlung mathematisch Abschläge gemacht werden:
– im Hinblick auf die **unterschiedliche Wahrscheinlichkeit,** dass der Betrag tatsächlich gezahlt wird (dass insbes der Berechtigte zu dieser Zeit noch lebt, bei Erwerbsunfähigkeitsrenten auch, dass er erwerbsunfähig wird) und
– im Hinblick auf die bis zur Zahlung **noch verstreichende Zeit,** in welcher der für die Zahlung vorzuhaltende Betrag sich noch verzinsen kann.

Versicherungsunternehmen bilden zur Absicherung ihrer Risiken **Deckungskapitalien.** Diese unterscheiden sich vom Barwert vor allem durch den niedrigeren Rechnungszins: Der Wert zukünftiger Leistungen (Barwert) richtet sich nach dem **wahrscheinlich** erzielbaren Zins. Versicherungsunterneh-

---

[1] BVerfG FamRZ 1983, 342 = NJW 1983, 1417.

men bilden Deckungskapitalien, um fest zugesagte Leistungen abzusichern. Deshalb dürfen sie nur **den sicher zu erwartenden** Zins zugrunde legen, welcher notwendig niedriger ist. Da aber im Normalfall (definitionsgemäß) der höhere wahrscheinliche Zins erzielt wird, fällt ein **Überzins** (über den Rechnungszins hinaus) an, der großenteils an die Versicherten ausgekehrt wird und deshalb den Wert der Versorgung entspr erhöht. – Deshalb werden nach § 1587a Abs 3 Nr 1 BGB vorrangig die für eine Versorgung gebildeten **individuellen Deckungskapitalien** der Bemessung zugrunde gelegt und nur wenn solche nicht vorhanden oder nicht der Versorgung zuzuordnen sind, die **Barwerte** (vgl § 1587a BGB Rn 141).

Der BGH betrachtet das feststellbare **Deckungskapital als vorrangig,** weil es einer genaueren Bewertung entspricht. Wenn allerdings wesentliche Teil der Rente nicht aus diesem Deckungskapital gewährt werden, kann der Barwert der Rente höher sein, als das Deckungskapital. Dieses ist dann kein brauchbarer Maßstab. Es ist der **höhere Barwert** zugrunde zu legen[2].   **2 a**

c) Bilanzwert. Nach dem noch gültigen § 1587b Abs 3 S 3 BGB erfolgt der Ausgleich nur in einer Richtung. Daher müssen alle beiderseitigen Anrechte in eine Versorgungsausgleichsbilanz eingestellt werden, aus welcher sich die Ausgleichsrichtung ergibt. Aus der alten Regelausgleichsform ergab sich auch der Bilanzwert: Dieser entspricht der sich bei fiktiver Einzahlung von Deckungskapital oder Barwert ergebenden Rente (vgl § 1587a BGB Rn 144). Nach Abschaffung des Regelausgleichs durch Beitragsentrichtung bildet der auf fiktive Beitragsentrichtung gestützte Bilanzwert nach § 1587a Abs 3 BGB auch den Maßstab für den Ausgleich in den neuen Formen nach § 1 Abs 3 VAHRG und § 3b VAHRG.   **3**

d) Verfassungsmäßigkeit des Umrechnungssystems. Das geschilderte Umrechnungssystem durch fiktive Beitragsentrichtung führt zu erheblichen Abwertungen der umgerechneten Versorgungen, welche als verfassungswidrig kritisiert werden[3], vom BGH aber als verfassungsgemäß, wenn auch reformbedürftig, bestätigt wurde[4]. Allerdings hatte er die Fortgeltung bis zum 31. 12. 2002 begrenzt. Daraufhin hat der Gesetzgeber die BarwertVO zwei Mal novelliert (zum 1. 1. 2003 und zum 1. 6. 2006). In der ersten Novellierung wurden die biometrischen Grundlagen aktualisiert, in der zweiten zusätzlich der Rechnungszins von 5,5% auf 4,5% herabgesetzt[5]. Jedoch ist die Geltungsdauer der neuen BarwertVO bis zum 30. 6. 2009 begrenzt (vgl § 8). Bis zu diesem Zeitpunkt soll der Versorgungsausgleich in der Weise reformiert werden, dass die BarwertVO überflüssig wird. Das rechtfertigt es, die befristet geltende BarwertVO weiterhin als verfassungsgemäß zu betrachten[6].   **4**

e) Vermeidung der BarwVO bei im Rententeil volldynamischen Versorgungen. Bei im Rententeil volldynamischen Versorgungen, bei denen nach Ehezeitende aber vor der Entscheidung der Rentenfall eingetreten ist, haben einige Gerichte die unverhältnismäßige Abwertung der BarwertVO vermeiden wollen, indem sie den dynamischen Wert auf das Eheende mit den aktuellen Rentenwerten zurückgerechnet haben[7]. Das OLG Celle hat die Meinung aber – zu Recht – wieder aufgegeben[8].   **4 a**

Von anderen wird vorgeschlagen, von einer Umrechnung immer dann abzusehen, wenn der Ausgleich (ohne Einbeziehung der gesetzlichen Rentenversicherung) durch Realteilung erfolgt und die berücksichtigten Anrechte die gleiche Dynamik haben, zB Volldynamik im Rententeil. Dann ist mit Nominalwerten zu bilanzieren und Nominalwerte sind auszugleichen[9]. Dem kann nicht gefolgt werden. Die Umrechnung ist in diesen Fällen unschädlich, weil durch die Rückdynamisierung für die Realteilung die Abwertung wieder aufgehoben wird. Bei korrekter Berechnung bleiben nur die durch das verschiedene Alter der Eheleute verursachten Wertunterschiede der Versorgungen, welche durch die Nominalverrechnung verwischt werden, vom Gesetz aber berücksichtigt worden sind.   **4 b**

2. Regelungsinhalt und Ermächtigungsnorm. Die Vorschrift **wiederholt und modifiziert** die Regelungen der **Ermächtigungsnorm** (§ 1587a Abs 3, 4 BGB), und schreibt für die Barwertberechnung die Anwendung der beigefügten Tabellen vor, schließt damit eine selbstständige Barwertermittlung aus[10].   **5**

Hiernach gelten **folgende Grundsätze:**   **6**
– Alle volldynamischen Anrechte bedürfen keiner Umrechnung;
– private Lebensversicherungen nach § 1587a Abs 2 Nr 5 BGB und sonstige Versorgungen nach § 1587a Abs 2 Nr 4 BGB, welche ihre Leistungen aus einem individuellen Deckungskapital erbringen, werden bewertet, indem dieses Deckungskapital fiktiv als Beitrag in die gesetzliche Rentenversicherung eingezahlt wird.

---

[2] BGH FamRZ 2005, 600.
[3] *Bergner,* Leitfaden des Versorgungsausgleichs, I.23.31; ders FamRZ 1999, 1487; ders FamRZ 2002, 218; ders NJW 2002, 260; *Glockner/Gutdeutsch* FamRZ 1999, 896.
[4] BGH FamRZ 2001, 1695.
[5] *Bergner* FamRZ 2002, 218 hat eine vorläufige Regelung unter Abschaffung der BarwertVO vorgeschlagen.
[6] BGH FamRZ 2003, 1639; FamRZ 2003, 1648.
[7] OLG Oldenburg FamRZ 2002, 1408; OLG München FamRZ 2004, 642; ähnlich OLG Celle FamRZ 2006, 271.
[8] OLG Celle FamRZ 2006, 1041; zutr daher KG FamRZ 2006, 710, welches auch dann nach der BarwertVO umrechnet, wenn der Rentenfall einer volldynamischen Rente zwischen Ehezeitende und Entscheidung eintrat. Die neue Lösung könnte nur auf die Verfassungswidrigkeit von § 1587a Abs 3 BGB gestützt werden, was zur Vorlage an das BVerfG zwingen würde. Dieses betrachtet § 1587a Abs 3BGB aber als verfassungskonform, BVerfG FamRZ 2006, 1000.
[9] OLG Celle FamRZ 2006, 1453.
[10] BGH FamRZ 1983, 40, 44.

– Private Lebensversicherungen und sonstige Versorgungen gemäß § 1587a Abs 2 Nr 4 BGB, die nicht aus einem Deckungskapital ihre Leistungen erbringen sowie Betriebsrenten nach § 1587a Abs 2 Nr 3 BGB, werden bewertet, indem mit den Tabellen der BarwertVO ein Barwert ermittelt und dieser fiktiv als Beitrag in die gesetzliche Rentenversicherung eingezahlt wird.

7   Dieses System **weicht** von der **Ermächtigungsnorm** insoweit **ab,** als § 1587a Abs 3, 4 BGB nicht gestatten, volldynamische Betriebsrenten oder private Lebensversicherungen ohne Umrechnung und die Versorgungsausgleichsbilanz einzusetzen. Das hat vor allem Bedeutung für **volldynamische Betriebsrenten,** denn wahrscheinlich lag hier ein **Schutzgesetz** zugunsten der **Arbeitnehmer** vor, welches vor einer Überforderung durch die Beitragsentrichtung nach dem inzwischen verfassungswidrig erklärten § 1587b Abs 3 S 1 BGB schützen sollte[11]. Daher begegnet die hM[12] Bedenken, welche keinen Verstoß gegen die Ermächtigungsnorm annimmt, weil die Regelung der BarwertVO dem Sinn des Gesetzes entspreche. Durch die Beschränkung der Beitragsentrichtung auf die Fälle des § 3b Abs 1 Nr 2 VAHRG braucht der Arbeitnehmer allerdings nicht mehr vor einer Überforderung durch Beitragszahlungen geschützt zu werden. Doch bleibt der Unterschied zwischen den umlagegesicherten öffentlich-rechtlichen Versorgungen, welche der gesetzlichen Rente gleichstehen, einerseits und den durch das Betriebsvermögen gedeckten Betriebsrenten andererseits, welche eine unterschiedliche Behandlung weiterhin rechtfertigen könnten, bestehen.

II. Volldynamik

8   Die **bestehende BarwertVO** enthält **nur Tabellen** für **nicht volldynamische** Anrechte. Volldynamische Anrechte sollen ohne Umrechnung in die Versorgungsausgleichsbilanz eingestellt werden. Eine Versorgung ist **volldynamisch,** wenn sie sowohl in der Anwartschaftsphase **(Anwartschaftsdynamik)** als auch in der Leistungsphase **(Leistungsdynamik)** in vergleichbarer Weise angepasst wird wie die Maßstabsversorgungen, nämlich die **gesetzliche Rente** oder die **Beamtenversorgung** (§ 1587a Abs 4 iVm § 1587a Abs 3 Nr 2 BGB).

– Volldynamisch sind daher in erster Linie Anrechte, deren Wertentwicklung an die Entwicklung der Maßstabsversorgungen anknüpft, wie früher die Versorgungsrente des öffentlichen Dienstes, welche sich parallel der Beamtenversorgung entwickelte[13].
– Als volldynamisch gelten auch andere Versorgungen, deren Höhe an die **Einkommensentwicklung** anknüpft, insbes Betriebsrenten, welche an das Gehalt anknüpfen. Das galt bisher auch für die bereits eingewiesenen Versorgungsgrundrenten der Zusatzversorgung des öffentlichen Dienstes (insbes der VBL). Seit 1. 1. 2002 werden alle laufenden Renten dieser Versorgungen mit gleichbleibend 1% jährlich angepasst. Während anfangs dagegen noch Bedenken bestanden[14], hat sich die Rspr darauf eingerichtet, diese Renten als volldynamisch zu behandeln[15].
– Nicht als volldynamisch wurden bisher Versorgungen anerkannt, welche **nur** einen **Inflationsausgleich** gewähren. Deshalb wurde die gesetzliche Anpassung der Betriebsrenten nach § 16 BetrAVG, welche nur alle drei Jahre zu erfolgen hat, nicht als Volldynamik im Rententeil anerkannt[16]. Auch hier kommt es zu einem Umdenken: Wegen der meist 1% erreichenden oder übersteigenden Anpassungen der eingewiesenen Betriebsrenten werden sie immer häufiger als im Rententeil volldynamisch behandelt[17]. Richtigerweise wird die Anpassung nach § 16 BetrAVG in Zukunft als Volldynamik im Rententeil zu gelten haben[18]. Zu prüfen ist lediglich, ob das Unternehmen aller Voraussicht nach in Zukunft die Betriebsrenten weiterhin anpassen kann oder damit zu rechnen ist, dass zukünftige Anpassungen ausgesetzt werden (vgl Rn 7)[19].

9   Wenn **keine Strukturmerkmale** die Entscheidung erlauben, ob eine Versorgung volldynamisch ist, führt die Praxis einen **langfristigen Vergleich** der in der Vergangenheit **erfolgten Anpassungen** mit den entsprechenden Anpassungen der **Maßstabsversorgungen** durch (gesetzliche Rente und Beamtenversorgung). Die Anpassungswerte sind für Vergleichszwecke zusammengestellt bei *Gutdeutsch* FamRZ 2007, 522[20]. Dabei werden die folgenden Anpassungswerte der Maßstabsversorgungen zum Vergleich herangezogen:

---

[11] *Glockner/Gutdeutsch* FamRZ 1999, 896.
[12] *Johannsen/Henrich/Hahne* § 1587a Rn 232.
[13] BGH FamRZ 1990, 984.
[14] Zuletzt OLG Celle FamRZ 2004, 632.
[15] BGH FamRZ 2004, 1474 zur VBL, FamRZ 2004, 1706 zur ZVK Bayerische Gemeinden, FamRZ 2004, 1959 zur BVA Abt B, FamRZ 2005, 878 zum Kommunalen Versorgungsverband Baden-Württemberg, FamRZ 2005, 1532 zur Zusatzversorgungskasse Thüringen.
[16] BGH FamRZ 1985, 1235; FamRZ 1991, 1421, 1423; OLG Karlsruhe FamRZ 1998, 298; OLG Bamberg FamRZ 2001, 484; zuletzt OLG München FamRZ 2005, 115.
[17] OLG Zweibrücken FamRZ 2000, 539 und OLG Karlsruhe FamRZ 2002, 1568 zu BASF; OLG Nürnberg FamRZ 2004, 883; FamRZ 2005, 813 zur Siemens AG; OLG Nürnberg FamRZ 2005, 112 zu einer anderen Betriebsrente; AG Meldorf FamRZ 2003, 1756 zur Bayer AG; OLG Düsseldorf FamRZ 2005, 724 zur Pensionskasse der Bayer AG; OLG Koblenz FamRZ 2003, 1930 zu IBM-Deutschland; OLG Frankfurt FamRZ 2005, 1258 (LS) zu Merck KG aA; OLG Stuttgart FamRZ 2006, 270 zur ZV der DAK.
[18] So BGH FamRZ 2007, 23.
[19] Vgl *Glockner* FamRZ 2005, 115.
[20] Zu den Grundlagen vgl *Gutdeutsch* FamRZ 1994, 612; *ders* NJW 1995, 311.

Barwert zur Errechnung des Versorgungsausgleichs §1 BarwertVO

Jahr	Beamt vs gesetzliche Rente	gesetzliche Rente
	Anpassung in Prozent	
1966	8,16	8,00
1967	0,00	8,06
1968	4,00	8,32
1969	3,00	6,35
1970	13,40	5,50
1971	10,00	6,29
1972	6,00	9,49
1973	8,00	11,35
1974	11,00	11,21
1975	5,80	11,10
1976	5,00	11,00
1977	5,10	9,95
1978	4,50	4,50
1979	3,70	0,00
1980	6,10	4,00
1981	4,20	4,00
1982	3,50	5,76
1983	1,90	5,59
1984	0,00	3,40
1985	3,10	3,00
1986	3,40	2,90
1987	3,30	3,80
1988	2,30	3,00
1989	1,30	3,00
1990	1,60	3,10
1991	5,80	4,70
1992	5,30	2,88
1993	2,90	4,36
1994	1,90	3,39
1995	3,10	0,50
1996	0,00	0,95
1997	1,30	1,65
1998	1,50	0,44
1999	2,80	1,34
2000	0,00	0,60
2001	1,70	1,91
2002	2,10	2,16
2003	1,74	1,04
2004	1,25	0,00
2005	0,00	0,00
2006	0,00	0,00

Die jüngste Entwicklung muss mit einbezogen werden. Eine Bezugnahme auf ältere Entscheidungen genügt nicht[21]. Hinzu kommt die qualitative Prüfung, ob eine Fortsetzung der bisherigen Leistungen nach der wirtschaftlichen Lage des Versorgungsträgers wahrscheinlich ist. Auf Grund einer solchen Prüfung hat der BGH die Versorgungen des Beamtenversicherungsvereins (Versorgung der Bankangestellten)[22] und die der Allgäuer Alpenmilch GmbH und der Nestlé-Pensionskasse[23] als volldynamisch gewertet und zum Nennwert in die Bilanz eingesetzt (vgl aber Rn 9)[24]. Unter den sonstigen Versorgungen nach § 1587 a Abs 2 Nr 4 BGB gelten als volldynamisch: Ärzteversorgung Baden-Württemberg[25], Hamburg[26], Westfalen Lippe[27], Nordrhein[28], Niedersachsen[29], Apothekerversorgung Schleswig-Holstein[30], Zahnärzteversorgung Berlin[31], Notarversorgung München[32], Landwirtschaftliche Altershilfe[33], Seelotsenversorgung[34], Abgeordnetenversorgung[35], Rechtsanwaltsversorgung Saarland[36], **10**

[21] BGH FamRZ 1998, 424.
[22] BGH FamRZ 1992, 1051; vgl auch OLG München FamRZ 1997, 616.
[23] BGH FamRZ 1997, 166.
[24] Zur BASF vgl OLG Zweibrücken FamRZ 2000, 539: im Rententeil volldynamisch. Zu Siemens vgl OLG Nürnberg FamRZ 2001, 1377: weder im Anwartschafts- noch im Rententeil volldynamisch.
[25] OLG Karlsruhe FamRZ 1990, 1252.
[26] OLG Hamburg FamRZ 1980, 1028.
[27] BGH FamRZ 1983, 998.
[28] BGH FamRZ 1983, 265.
[29] OLG Celle FamRZ 1983, 933.
[30] OLG Schleswig FamRZ 1996, 1082.
[31] KG FamRZ 1982, 714.
[32] BGH FamRZ 1985, 1236.
[33] BGH FamRZ 1984, 41; vgl *Greßmann/Klattenhoff* FamRZ 1995, 577.
[34] BGH FamRZ 1988, 51.
[35] BGH FamRZ 1988, 380.
[36] BGH FamRZ 1990, 382.

BarwertVO § 1   Barwert-Verordnung

Nordrhein-Westfalen[37], Schleswig-Holstein[38], Versorgungsanstalt der Bezirksschornsteinfeger[39], Ärzteversorgung Thüringen[40].

1. Ärzteversorgungen. Baden-Württemberg: volldynamisch; § 1587 a Abs 2 Nr 4 d[41], § 1587 a Abs 2 Nr 4 c[42]
Bayern, Anrechte bis 31. 12. 1984: leistungsdynamisch, § 1587 a Abs 2 Nr 4 c[43]
Bayern, Anrechte ab 1. 1. 1985: volldynamisch, § 1587 a Abs 2 Nr 4 d[44]
Berlin: volldynamisch, § 1587 a Abs 2 Nr 4 b[45]
Hamburg: volldynamisch, § 1587 a Abs 2 Nr 4 b[46]
Hessen: leistungsdynamisch, § 1587 a Abs 2 Nr 4 c[47], Realteilung nach Nominalwerten[48]
Niedersachsen: volldynamisch, § 1587 a Abs 2 Nr 4 b[49]
Niedersachsen, Höherversicherung: Deckungskapital, § 1587 a Abs 2 Nr 4 c[50]
Nordrhein-Westfalen: volldynamisch, § 1587 a Abs 2 Nr 4 b[51]
Saarland: volldynamisch, § 1587 a Abs 2 Nr 4 b[52]
Sachsen: angleichungsdynamisch[53]
Thüringen: angleichungsdynamisch, § 1 Abs 2 VAÜG[54]
Trier: leistungsdynamisch[55]
Westfalen Lippe: volldynamisch, § 1587 a Abs 2 Nr 4 b[56]

2. Apothekerversorgungen. Bayern: leistungsdynamisch, § 1587 a Abs 2 Nr 4 c[57]
Hessen: statisch[58]
Niedersachsen: volldynamisch[59]
Nordrhein: leistungsdynamisch, § 1587 a Abs 2 Nr 4 c[60]
Schleswig-Holstein: volldynamisch, § 1587 a Abs 2 Nr 4 b[61]
Westfalen-Lippe: § 1587 a Abs 2 Nr 4 c[62]

3. Architektenversorgungen. Baden-Württemberg: volldynamisch, § 1587 a Abs 2 Nr 4 c[63]
Bayern: leistungsdynamisch, § 1587 Abs 2 Nr 4 c[64]
Nordrhein-Westfalen: volldynamisch[65]

---

[37] BGH FamRZ 1991, 1420.
[38] BGH FamRZ 1996, 97.
[39] OLG München FamRZ 2000, 538 LS.
[40] OLG Jena FamRZ 2002, 397: angleichungsdynamisch.
[41] BGH FamRZ 2005, 1455; OLG Karlsruhe FamRZ 1990, 1252; OLG Stuttgart FamRZ 2004, 378.
[42] OLG Stuttgart FamRZ 1999, 863.
[43] BGH FamRZ 1983, 40; 1995, 1583; OLG München FamRZ 1995, 816; aA OLG Karlsruhe FamRZ 1994, 902: als statisch zu behandeln.
[44] BGH FamRZ 1995, 1583; OLG Nürnberg FamRZ 1989, 1097.
[45] AG Charlottenburg FamRZ 1982, 306.
[46] OLG Hamburg FamRZ 1980, 1028; OLG Frankfurt FamRZ 1986, 1006.
[47] BGH FamRZ 2006, 397; FamRZ 1987, 361; FamRZ 1989, 951; FamRZ 1992, 165.
[48] OLG Frankfurt FamRZ 1989, 70.
[49] OLG Celle FamRZ 1983, 933; FamRZ 1999, 926; OLG Bremen FamRZ 1995, 44.
[50] OLG Celle FamRZ 1984, 293.
[51] BGH FamRZ 1983, 265.
[52] OLG Saarbrücken FamRZ 1988, 958.
[53] BGH FamRZ 2006, 327; OLG Dresden FamRZ 1997, 615; FamRZ 1998, 630; OLG Jena FamRZ 2002, 397; aA OLG Naumburg FamRZ 2004, 641, welches die Dynamik vergleichbarer Versorgungen in den alten Bundesländern vergleicht und keine relevanten Unterschiede findet. Damit stellt es aber den falschen Vergleich an: § 1 Abs 2 Nr 2 VAÜG schreibt für Anrechte in den neuen Bundesländern den Vergleich mit den dortigen angleichungsdynamischen Anrechten vor, nicht mit ähnlichen Anrechten der alten Bundesländer. Das hat einen guten Grund, denn die Bewertung dient dem Vergleich mit den Anrechten des anderen Ehegatten und diese sind mit überwiegender Wahrscheinlichkeit angleichungsdynamisch, der Ausgleich kann also zB nach § 1 Abs 3 VAHRG durch Quasisplitting in eine angleichungsdynamische Versorgung erfolgen. Dass die vergleichbaren Versorgungsträger der alten Bundesländer im Falle des Wechsels diese Anrechte ohne Umrechnung überleiten, sagt nichts dagegen. Es beruht nämlich darauf, dass sie im Gegensatz zur GRV nicht zwischen angleichungsdynamischen und anderen Anrechten unterscheiden. Erfolgt eine solche Überleitung, dann hat das nach dem Recht des VA, welches diesen Unterschied kennt, eine Wertänderung zur Folge, die uU eine Abänderung nach § 10 a VAHRG rechtfertigen kann.
[54] OLG Jena FamRZ 2002, 397.
[55] BGH FamRZ 1992, 47.
[56] BGH FamRZ 1983, 998; WM 1995, 2035.
[57] BGH FamRZ 2002, 1554; FamRZ 2003, 1639; OLG Koblenz FamRZ 2002, 1629.
[58] AG Friedberg FamRZ 1984, 1026.
[59] AG Peine FamRZ 1985, 298.
[60] OLG Köln FamRZ 1993, 1458.
[61] OLG Schleswig FamRZ 1996, 1082.
[62] OLG Hamm FamRZ 1986, 70.
[63] OLG Hamburg FamRZ 2001, 999; AG Besigheim FamRZ 2004, 178; OLG Stuttgart FamRZ 2005, 1258; OLG Karlsruhe FamRZ 2005, 2073; dazu BGH FamRZ 2005, 430.
[64] OLG München FamRZ 1985, 294; OLG Koblenz FamRZ 2002, 1631 (LS); OLG Nürnberg FamRZ 2003, 1757.
[65] OLG Düsseldorf FamRZ 1990, 1006.

4. Notarversorgungen. München: volldynamisch, § 1587 a Abs 2 Nr 4 b[66]

5. Rechtsanwaltsversorgungen. Bayern: § 1587 Abs 2 Nr 4 c
Mecklenburg-Vorpommern: angleichungsdynamisch[67]
Niedersachsen: § 1587 a Abs 2 Nr 4 b[68]
Nordrhein-Westfalen: volldynamisch[69]
Saarland: volldynamisch § 1587 a Abs 2 Nr 4 b[70]
Schleswig-Holstein: volldynamisch[71]

6. Zahnärzteversorgungen. Berlin: volldynamisch § 1587 a Abs 2 Nr 4 b[72]
Hessen: leistungsdynamisch, § 1587 a Abs 2 Nr 4 c[73]
Niedersachsen: Deckungskapital, § 1587 Abs 2 Nr 4 c[74]
Schleswig-Holstein: § 1587 a Abs 2 Nr 4 c, leistungsdynamisch[75]
Westfalen-Lippe: § 1587 a Abs 2 Nr 4 c, leistungsdynamisch[76]

7. Betriebsrenten. Adam Opel AG: mehrstufige limitierte Gesamtversorgung, als statisch zu behandeln[77]
Allianz-Versorgungskasse: statisch[78]
BASF: im Rententeil volldynamisch (str)[79]
Bayer AG: im Rententeil volldynamisch[80]
Boehringer Ingelheim: anwartschaftsdynamisch (Dynamik verfallbar)[81]
Bosch & Siemens Hausgeräte GmbH: alternative Versorgung: mit dem Zugewinn auszugleichen[82]
BVV, Beamtenversicherung des Deutschen Bank- und Bankiergewerbes: volldynamisch[83]
Commerzbank: statisch[84]
Daimler Benz Unterstützungskasse: im Leistungsteil volldynamisch (OLG Stuttgart FamRZ 2006, 709 LS; dagegen OLG Karlsruhe FamRZ 1998, 298: teildynamisch, als statisch zu behandeln.)
Degussa-Hüls: statisch[85]
Deutsche Kulturorchester § 1587 a Abs 2 Nr 4 c, leistungsdynamisch[86]
Dresdner Bank: Anwartschaftsdynamik (Dynamik verfallbar)[87]
Ford: Anwartschaftsdynamisch (verfallbar)[88]
Französische gesetzliche Rentenversicherung[89]
Hamburger Sparkasse: volldynamisch[90]
Hüttenknappschaftliche Zusatzversorgung Saarland: § 1587 Abs 2 Nr 4 d[91]
IBM-Deutschland: im Rententeil volldynamisch[92]
IBM-Deutschland VMA-Subvention: ausgleichspflichtig im schuldrechtlichen VA[93]
Kassenärztliche Vereinigung Hessen, erweiterte Honorarverteilung: § 1587 a Abs 2 Nr 4 b[94]
Merk KG volldynamisch im Rententeil[95]
Nestlé-Pensionskasse: volldynamisch[96]

---

[66] BGH FamRZ 1985, 1236.
[67] OLG Rostock FamRZ 2004, 884.
[68] BGH FamRZ 2005, 694.
[69] BGH FamRZ 1991, 1420.
[70] BGH FamRZ 1990, 382.
[71] BGH FamRZ 1996, 97.
[72] KG FamRZ 1982, 714.
[73] BGH FamRZ 1988, 488.
[74] BGH FamRZ 2005, 600; FamRZ 1989, 155; OLG Celle FamRZ 1986, 913.
[75] BGH FamRZ 1996, 481; OLG Schleswig Beschluss vom 17. 2. 2004, 12 UF 227/99.
[76] BGH FamRZ 1988, 488.
[77] OLG Zweibrücken FamRZ 1999, 928.
[78] OLG Frankfurt FamRZ 199, 1457.
[79] OLG Zweibrücken FamRZ 2000, 539 unter Aufgabe der gegenteiligen Rspr, FamRZ 1988, 1288; OLG Karlsruhe FamRZ 2002, 1568.
[80] OLG Düsseldorf FamRZ 2005, 724; AG Meldorf FamRZ 2003, 1756.
[81] OLG Koblenz FamRZ 1989, 293.
[82] OLG Bamberg FamRZ 2001, 997.
[83] BGH FamRZ 1992, 921; FamRZ 1992, 1051; OLG Düsseldorf FamRZ 1997, 87; OLG Hamm FamRZ 1994, 1526.
[84] OLG Hamm FamRZ 1994, 1526.
[85] OLG Bamberg FamRZ 2001, 689.
[86] BGH FamRZ 1997, 164; OLG Karlsruhe FamRZ 1996, 552; OLG München FamRZ 1995, 816.
[87] OLG Düsseldorf FamRZ 1997, 87.
[88] OLG Düsseldorf FamRZ 1997, 87.
[89] OLG Karlsruhe FamRZ 2002, 962.
[90] OLG Celle FamRZ 1993, 812.
[91] BGH FamRZ 1984, 573.
[92] OLG Koblenz FamRZ 2003, 1930.
[93] OLG Köln FamRZ 2002, 1496.
[94] BGH FamRZ 1989, 951.
[95] OLG Stuttgart FamRZ 2005, 1258.
[96] BGH FamRZ 1997, 166; OLG Celle FamRZ 1995, 366; aA OLG Hamm FamRZ 1994, 1465: statisch.

BarwertVO § 1 Barwert-Verordnung

Pensionskasse Deutscher Eisenbahnen und Straßenbahnen: volldynamisch[97]
Siemens AG: volldynamisch[98]
Siemens: Direktzusage statisch[99]
Südwestfunk volldynamisch § 1 Abs 3 VAHRG[100]
Telekom: Kapitalleistung mit Rentenwahlrecht des Arbeitgebers, kein VA[101]
TÜV Süddeutschland: volldynamisch, der Höhe nach aber verfallbar, nach VBL-Methode zu berechnen[102]
Versicherungsrente (einfache) der Zusatzversorgung des öffentlichen Dienstes (§ 44 VBL-Satzung): § 1587 Abs 2 Nr 4 c
Versorgung deutscher Bühnen: leistungsdynamisch, § 1587 Abs 2 Nr 4 c[103]
Versorgung deutscher Kulturorchester: leistungsdynamisch, § 1587 Abs 2 Nr 4 c[104]
VEW: anwartschaftsdynamisch (Dynamik aber verfallbar)[105]
VBLU Versorgungsverband bundes- und landesgeförderter Unternehmen, Gruppenversicherung[106]
Volksfürsorge: anwartschaftsdynamisch (Dynamik verfallbar), mehrstufige Gesamtversorgung[107]
VW AG: anwartschaftsdynamisch (Dynamik aber verfallbar)[108]
Westfälische Landesbank: § 1587 a Abs 2 Nr 1[109]
ZDF Pensionskasse: leistungsdynamisch mit Realteilung[110]
Zusatzversorgungskasse des Baugewerbes: statisch[111]

8. Sonstige. Abgeordnetenversorgung: volldynamisch[112]
Belgische gesetzliche Rentenversicherung[113]
Bezirksschornsteinfegerversorgung: § 1587 a Abs 2 Nr 4 b[114]
Höherversicherung der GRV: § 1587 a Abs 2 Nr 4 c, statisch
Landwirtschaftliche Alterssicherung nach dem ALG seit 1. 1. 1995: volldynamisch, § 1587 a Abs 2 Nr 4 a[115]
Ländernotarkasse Leipzig: statisch, Ehezeitanteil nach § 1587 a Abs 2 Nr 4 b, Altersgrenze 70 Jahre[116]
Landwirtschaftliche Altershilfe nach dem GAL bis 31. 12. 1994: volldynamisch, § 1587 a Abs 2 Nr 4 b[117]
Österreichische Pensionsversicherungsanstalt: volldynamisch, § 1587 a Abs 2 Nr 4 b[118]
Seelotsenversorgung: volldynamisch, § 1587 a Abs 2 Nr 4 b[119]

III. Praktische Bedeutung der Tabellen

11 Die BarwertVO ist nur in wenigen Konstellationen praktisch relevant. Bei ihrer Anwendung kann man nach folgendem Frageschema vorgehen:
– Wird aus einem Deckungskapital bezahlt? Dann ist die BarwVO nicht anwendbar (außer bei Betriebsrenten, str.)
– Handelt es sich um eine bereits bei Ehezeitende **laufende** Rente?

ja:	ist diese **volldynamisch?**		
	ja:	keine Umrechnung	
	nein:	Tabelle 7	
		ist sie **zeitlich begrenzt?**	ja	Einschränkung nach §§ 4, 5 BarwertVO

---

[97] OLG Hamm FamRZ 2006, 271 LS: jedenfalls im Leistungsteil; OLG Zweibrücken FamRZ 2006, 271 LS: im Leistungs- und Rententeil.
[98] OLG Nürnberg OLGR 2004, 87; FamRZ 2004, 883 LS; FamRZ 2005, 813 LS.
[99] OLG Nürnberg FamRZ 2001, 1377.
[100] OLG Koblenz FamRZ 1987, 717.
[101] OLG Stuttgart FamRZ 2001, 998.
[102] OLG Karlsruhe FamRZ 2000, 674.
[103] BGH FamRZ 1997, 161.
[104] BGH FamRZ 1997, 164.
[105] OLG Hamm FamRZ 1998, 628.
[106] OLG Celle FamRZ 1999, 926.
[107] BGH FamRZ 1994, 23.
[108] OLG Braunschweig FamRZ 1988, 74; FamRZ 1988, 406; dazu BGH FamRZ 1995, 157.
[109] BGH FamRZ 1994, 232.
[110] OLG Koblenz FamRZ 2006, 271 LS.
[111] OLG Celle FamRZ 1994, 1463.
[112] BGH FamRZ 1988, 380; OLG Brandenburg FamRZ 2002, 754.
[113] OLG Köln FamRZ 2000, 1632.
[114] OLG München FamRZ 2000, 538 (LS).
[115] Vgl *Gressmann/Klattenhoff* FamRZ 1995, 577; dazu OLG Köln FamRZ 1998, 1438.
[116] OLG Jena FamRZ 2006, 710.
[117] BGH FamRZ 1984, 42; FamRZ 1988, 378.
[118] BGH FamRZ 2006, 321.
[119] BGH FamRZ 1988, 51.

nein: ist die Versorgung im **Anwartschafts- und Rententeil volldynamisch?**

ja:	keine Umrechnung			
nein:	Anwartschaft **nur für Alter**?			
	ja:	Tabelle 2		
	nein (= auch Invalidität):	im **Anwartschaftsteil dynamisch?**		
		ja:	Tabelle 4	
		nein:	im **Rententeil dynamisch?**	
			ja:	Tabelle 1 + 65%
			nein:	Tabelle 1

Bei allen nicht volldynamischen Anwartschaften: Weicht die **Altersgrenze** ab von **65 Jahren**?
ja: **Zu- oder Abschläge** nach den Anmerkungen zu den jeweiligen Tabellen.
Die anderen Fallkonstellationen haben keine praktische Bedeutung erlangt.

IV. Zur Kritik an BarwertVO und fiktiver Einzahlung

Gründe für die Abwertung. Die Barwertbildung nach der BarwertVO zusammen mit der fiktiven Einzahlung des Barwerts in die gesetzliche Rentenversicherung bewirken eine erhebliche Abwertung der umgerechneten Anrechte gemessen an dem Wert der zu erwartenden Zahlungen: 12

– durch **veraltete** biometrische Rechnungsgrundlagen ergaben für die alte BarwertVO eine Abwertung gegenüber den individuellen Barwerten von 5% bis 35%. Das wurde durch die Novelle behoben.
– durch **Nichtberücksichtigung** der **Hinterbliebenenversorgung** ergibt sich eine weitere Abwertung um durchschnittlich 20% und
– durch die Ersetzung der **Kapitalverzinsung** durch die (geringere) **Einkommensdynamik** (vgl Tabelle in Rn 9) ergibt sich eine weitere Abwertung um 20% bis 60%[120]. Dieser Fehler wurde durch Herabsetzung des Rechnungszinses von 5,5% auf 4,5% verringert.
– durch **versicherungsfremde Leistungen,** welche die Versorgungsträger aus den Beiträgen finanzieren müssen. Diese sollen jedoch prinzipiell durch den Bundeszuschuss abgedeckt werden. Tendenziell sollen daraus langfristig daher **keine Abwertung** mehr ergeben[121].

Hieraus wurde die Verfassungswidrigkeit sowohl der fiktiven Einzahlung[122] als auch der BarwertVO[123] hergeleitet. 13

Der BGH hat die uneingeschränkte Anwendbarkeit der novellierten BarwertVO bestätigt[124]. Abweichende Berechnungen kommen aber noch vereinzelt vor[125]. 14

---

§ 2 Barwert einer zumindest bis zum Leistungsbeginn nicht volldynamischen Anwartschaft auf eine lebenslange Versorgung

(1) Der Barwert einer Anwartschaft auf eine lebenslange Versorgung, deren Wert zumindest bis zum Leistungsbeginn nicht in gleicher Weise steigt wie der Wert einer volldynamischen Versorgung, wird ermittelt, indem der Jahresbetrag der nach § 1587a Abs. 2 Nr. 3 oder 4 des Bürgerlichen Gesetzbuchs auszugleichenden Versorgung mit dem Kapitalisierungsfaktor vervielfacht wird, der sich aus den anliegenden Tabellen 1 bis 3 ergibt.

(2) ¹Ist eine Versorgung wegen Alters und verminderter Erwerbsfähigkeit zugesagt oder besteht aus sonstigen Gründen hierauf eine Anwartschaft, so ist die Tabelle 1 anzuwenden.

---

[120] *Glockner/Gutdeutsch* FamRZ 1999, 896, der dort angegebene Betrag von 40% statt 60% beruht auf einem Schreibversehen.
[121] *Glockner/Gutdeutsch* FamRZ 1999, 896, 898.
[122] *Bergner*, Leitfaden des Versorgungsausgleichs, I.23.31; *ders* FamRZ 1999, 1487; *ders* NJW 2002, 260; *Glockner/Gutdeutsch* FamRZ 1999, 896.
[123] OLG München FamRZ 1999, 1432; FamRZ 2001, 491; MünchKommBGB/*Dörr* § 10a VAHRG Rn 58, *Glockner/Gutdeutsch* FamRZ 1999, 896; FamRZ 2000, 270; *Kemnade* FamRZ 2000, 827, 828; abw – verfassungswidrig aber noch anzuwenden – OLG Stuttgart FamRZ 2001, 1019; OLG Oldenburg FamRZ 2001, 491; OLG Zweibrücken FamRZ 2001, 491; vgl dazu auch *Klattenhoff* FamRZ 2000, 1263.
[124] BGH FamRZ 2003, 1639; FamRZ 2003, 1648.
[125] OLG Oldenburg FamRZ 2002, 1408 und OLG München FamRZ 2004, 642 schlagen den Nominalwert der ausgewiesenen Rente, ggf mit den aktuellen Rentenwerten umgerechnet auf das Ehezeitende, vor; krit dazu *Klattenhoff/Schmeiduch* FamRZ 2003, 409, 421.

²Für jedes Jahr, um das der Beginn der Altersrente vor der Vollendung des 65. Lebensjahres liegt, sind die Werte der Tabelle 1 um 7,5 vom Hundert, mindestens jedoch auf die sich nach Absatz 3 Satz 1 und 2 ergebenden Werte, zu erhöhen. ³Für jedes Jahr, um das der Beginn der Altersrente nach der Vollendung des 65. Lebensjahres liegt, sind die Werte der Tabelle 1 um 5 vom Hundert, höchstens aber um 35 vom Hundert, zu kürzen. ⁴Steigt der Wert der Versorgung ab Leistungsbeginn in gleicher Weise wie der Wert einer volldynamischen Versorgung, so sind die Werte der Tabelle 1 um 50 vom Hundert zu erhöhen.

(3) ¹Ist nur eine Altersversorgung zugesagt oder besteht aus sonstigen Gründen hierauf eine Anwartschaft, so ist die Tabelle 2 anzuwenden. ²Für jedes Jahr, um das der Beginn der Altersrente vor der Vollendung des 65. Lebensjahres liegt, sind die Werte der Tabelle 2 um 10,5 vom Hundert zu erhöhen. ³Für jedes Jahr, um das der Beginn der Altersrente nach der Vollendung des 65. Lebensjahres liegt, sind die Werte der Tabelle 2 um 8,5 vom Hundert, höchstens aber um 65 vom Hundert, zu kürzen. ⁴Steigt der Wert der Versorgung ab Leistungsbeginn in gleicher Weise wie der Wert einer volldynamischen Versorgung, so sind die Werte der Tabelle 2 um 65 vom Hundert zu erhöhen.

(4) ¹Ist nur eine Versorgung wegen verminderter Erwerbsfähigkeit zugesagt oder besteht aus sonstigen Gründen hierauf eine Anwartschaft, so ist die Tabelle 3 anzuwenden. ²Für jedes Jahr, um das das Höchstalter für den Beginn der Rente wegen verminderter Erwerbsfähigkeit vor der Vollendung des 65. Lebensjahres liegt, sind die Werte der Tabelle 3 um 8,5 vom Hundert zu kürzen. ³Für jedes Jahr, um das das Höchstalter nach der Vollendung des 65. Lebensjahres liegt, sind die Werte der Tabelle 3 um 7 vom Hundert, höchstens aber um 25 vom Hundert, zu erhöhen. ⁴Steigt der Wert der Versorgung ab Leistungsbeginn in gleicher Weise wie der Wert einer volldynamischen Versorgung, so sind die Werte der Tabelle 3 um 55 vom Hundert zu erhöhen. ⁵Der erhöhte Wert darf bei Tabelle 3 jedoch nicht den Vervielfacher übersteigen, der sich bei der Anwendung der Tabelle 1 ergäbe. ⁶Bei einer steigenden Anwartschaft richtet sich der Jahresbetrag der auszugleichenden Rente nach der Versorgung, die sich bei Eintritt der verminderten Erwerbsfähigkeit im Höchstalter ergäbe.

(5) ¹Ist der Wert einer Tabelle zu erhöhen oder zu kürzen, weil der Beginn der Altersrente oder das Höchstalter für den Beginn der Rente vor oder nach Vollendung des 65. Lebensjahres liegt, so ist diese Erhöhung oder Kürzung zunächst ohne Rücksicht darauf durchzuführen, ob der Wert der Versorgung ab Leistungsbeginn in gleicher Weise steigt wie der Wert einer volldynamischen Versorgung. ²Steigt der Wert einer Versorgung ab Leistungsbeginn in gleicher Weise wie der Wert einer volldynamischen Versorgung, so ist der nach Satz 1 erhöhte oder gekürzte Wert um den maßgebenden Vomhundertsatz zu erhöhen.

1   Die Vorschrift regelt die Bewertung der im **Anwartschaftsteil statischen** Versorgungen (Abs 1). Ebenso sind dynamische Versorgungen zu bewerten, deren Dynamik die **Dynamik** der Maßstabsversorgungen auch **nicht annähernd erreicht.** Sie differenzieren nach Anwartschaften für den Fall des **Alters und** der **Invalidität** (Abs 2, Tabelle 1), nur für den Fall des **Alters** (Abs 3, Tabelle 2) oder nur für den Fall der **Invalidität** (Abs 4, Tabelle 3). Bei **abweichender Altersgrenze** sind prozentuale Zu- oder Abschläge vorgesehen, bei **Volldynamik im Rententeil** Zuschläge. Trifft Volldynamik im Rententeil mit einer abweichenden Altersgrenze zusammen, so ist erst die letztere zu berücksichtigen und der angepasste Wert dann im Hinblick auf die Volldynamik im Rententeil prozentual zu erhöhen.

2   Die Tabellenwerte stellen ab auf das Lebensalter bei Eheende, dh die Zahl der **vollendeten Lebensjahre.** Darin unterscheiden sie sich von den in der Versicherungsmathematik üblichen Barwerttabellen, welche auf das mittlere Alter abstellen, also je ein halbes Jahr vor und nach dem Geburtstag.

§ 3 Barwert einer nur bis zum Leistungsbeginn volldynamischen Anwartschaft auf eine lebenslange Versorgung

(1) Der Barwert einer Anwartschaft auf eine lebenslange Versorgung, deren Wert nur bis zum Leistungsbeginn in gleicher Weise steigt wie der Wert einer volldynamischen Versorgung, wird ermittelt, indem der Jahresbetrag der nach § 1587a Abs. 2 Nr. 3 oder 4 des Bürgerlichen Gesetzbuchs auszugleichenden Versorgung mit dem Kapitalisierungsfaktor vervielfacht wird, der sich aus den anliegenden Tabellen 4 bis 6 ergibt.

(2) ¹Ist eine Versorgung wegen Alters und verminderter Erwerbsfähigkeit zugesagt oder besteht aus sonstigen Gründen hierauf eine Anwartschaft, so ist die Tabelle 4 anzuwenden. ²Für jedes Jahr, um das der Beginn der Altersrente vor der Vollendung des 65. Lebensjahres liegt, sind die Werte der Tabelle 4 um 4 vom Hundert, mindestens jedoch auf die sich nach Absatz 3 Satz 1 und 2 ergebenden Werte, zu erhöhen. ³Für jedes Jahr, um das der Beginn der Altersrente nach der Vollendung des 65. Lebensjahres liegt, sind die Werte der Tabelle 4 um 3,5 vom Hundert, höchstens aber um 25 vom Hundert, zu kürzen.

(3) ¹Ist nur eine Altersversorgung zugesagt oder besteht aus sonstigen Gründen hierauf eine Anwartschaft, so ist die Tabelle 5 anzuwenden. ²Für jedes Jahr, um das der Beginn der Altersrente vor der Vollendung des 65. Lebensjahres liegt, sind die Werte der Tabelle 5 um 6 vom Hundert zu erhöhen. ³Für jedes Jahr, um das der Beginn der Altersrente nach der

Vollendung des 65. Lebensjahres liegt, sind die Werte der Tabelle 5 um 6,5 vom Hundert, höchstens aber um 60 vom Hundert, zu kürzen.

(4) ¹Ist nur eine Versorgung wegen verminderter Erwerbsfähigkeit zugesagt oder besteht aus sonstigen Gründen hierauf eine Anwartschaft, so ist die Tabelle 6 anzuwenden. ²Für jedes Jahr, um das das Höchstalter für den Beginn der Rente wegen verminderter Erwerbsfähigkeit vor der Vollendung des 65. Lebensjahres liegt, sind die Werte der Tabelle 6 um 10,5 vom Hundert zu kürzen. ³Für jedes Jahr, um das das Höchstalter nach der Vollendung des 65. Lebensjahres liegt, sind die Werte der Tabelle 6 um 10 vom Hundert, höchstens aber um 50 vom Hundert, zu erhöhen. ⁴Der erhöhte Wert darf bei Tabelle 6 jedoch nicht den Vervielfacher übersteigen, der sich bei der Anwendung der Tabelle 4 ergäbe. ⁵Bei einer steigenden Anwartschaft richtet sich der Jahresbetrag der auszugleichenden Rente nach der Versorgung, die sich ohne Berücksichtigung der Dynamik bei Eintritt der verminderten Erwerbsfähigkeit im Höchstalter ergäbe.

Die Vorschrift regelt die Bewertung der im **Anwartschaftsteil volldynamischen** Versorgungen (Abs 1). Im Rententeil sind sie statisch oder werden zumindest wegen nicht ausreichender Dynamik als statisch behandelt. Bestünde Volldynamik auch im Rententeil, so würde nach der Anwendungsvorschrift des § 1 keine Umrechnung erfolgen. Ebenso wie § 2 differenzieren die Tabellen (Tabelle 4 bis 6) nach Anwartschaften für den Fall des **Alters und** der **Invalidität** (Abs 2, Tabelle 4), nur für den Fall des **Alters** (Abs 3, Tabelle 5) oder nur für den Fall der **Invalidität** (Abs 4, Tabelle 6). Bei **abweichender Altersgrenze** sind prozentuale Zu- oder Abschläge vorgesehen. Zur Altersberechnung vgl § 2 Rn 1. 1

§ 4 Barwert einer Anwartschaft auf eine zeitlich begrenzte Versorgung

(1) ¹Zur Ermittlung des Barwertes einer Anwartschaft auf eine zeitlich begrenzte Versorgung ist zunächst nach § 2 oder § 3 zu verfahren. ²Der danach ermittelte Betrag ist gemäß Absatz 2 zu kürzen.

(2) ¹Für jedes Jahr, um das die in der Versorgungsregelung vorgesehene Laufzeit 10 Jahre unterschreitet, ist ein Abschlag von 10 vom Hundert vorzunehmen. ²Wird eine Versorgung allein wegen verminderter Erwerbsfähigkeit nur bis zu dem in der Versorgungsregelung vorgesehenen Höchstalter gewährt, ist ein Abschlag von 50 vom Hundert vorzunehmen, wenn sich nicht nach Satz 1 ein höherer Kürzungsbetrag ergibt. ³Der Barwert ist jedoch nicht höher als die Summe der vom Ende der Ehezeit an noch zu erwartenden Leistungen, wenn unterstellt wird, daß der Versorgungsfall zum Ende der Ehezeit eingetreten ist.

Die Vorschrift entspricht dem praktisch bedeutsameren § 5 Abs 2. Auch hier ist nach Abs 1 zuerst der Barwert einer entsprechenden Anwartschaft auf eine lebenslange Rente zu berechnen, danach bei einer kürzeren Laufzeit als zehn Jahre für jedes volle Jahr der Unterschreitung von zehn Jahren der Versorgung um 10% zu kürzen. Auch hier ist der Barwert auf die Summe der noch zu erbringenden Zahlungen beschränkt (Abs 2 S 3). 1

Einer zusätzlichen Einschränkung unterliegen Anwartschaften auf eine Erwerbsunfähigkeitsrente, welche nur bis zu einer bestimmten Altersgrenze, meist bis zum 65. Lebensjahr, gezahlt wird. Hier ist der für die Anwartschaft auf lebenslange Erwerbsunfähigkeitsrente berechnete Barwert auf die Hälfte zu kürzen. Wenn die mögliche Laufzeit fünf Jahre unterschreitet, findet statt dessen die weitergehende Kürzung nach S 1 statt. Die Regelung ist auf die Faktoren der Tabelle 3 abgestimmt und stellt deren Hauptanwendungsfall dar (Zusage einer Betriebsrente bei Invalidität, während bei Erreichen der Altersgrenze eine Kapitalleistung erfolgt). Trotzdem hat sie kaum praktische Bedeutung. 2

§ 5 Barwert einer bereits laufenden, zumindest ab Leistungsbeginn nicht volldynamischen Versorgung

(1) Der Barwert einer bereits laufenden lebenslangen Versorgung, deren Wert zumindest ab Leistungsbeginn nicht in gleicher Weise steigt wie der Wert einer volldynamischen Versorgung, wird ermittelt, indem der Jahresbetrag der nach § 1587a Abs. 2 Nr. 3, 4 oder 5 des Bürgerlichen Gesetzbuchs auszugleichenden Leistung mit dem Kapitalisierungsfaktor vervielfacht wird, der sich aus der anliegenden Tabelle 7 ergibt.

(2) ¹Zur Ermittlung des Barwertes einer bereits laufenden Versorgung, deren Wert zumindest ab Leistungsbeginn nicht in gleicher Weise steigt wie der Wert einer volldynamischen Versorgung und die zeitlich begrenzt ist, ist zunächst nach Absatz 1 zu verfahren. ²Von dem danach ermittelten Betrag ist für jedes Jahr, um das die Restlaufzeit 10 Jahre unterschreitet, ein Abschlag von 10 vom Hundert vorzunehmen. ³Der Barwert ist jedoch nicht höher als die Summe der vom Ende der Ehezeit an noch zu erwartenden Leistungen.

Wird **bei Ehezeitende** die Rente **bereits bezahlt**, so kommt es bei der Bewertung auf die Dynamik im Anwartschaftsteil nicht mehr an. Nur die **Dynamik im Rententeil** ist von Bedeutung. Bei Volldynamik (vgl § 1 Rn 8) der laufenden Rente ist die BarwertVO nicht anwendbar, sondern nur 1

BarwertVO § 7 Barwert-Verordnung

soweit dieselbe die Dynamik der gesetzlichen Rente und der Beamtenversorgung nicht erreicht. Nur für diesen Fall schreibt das Gesetz die Anwendung der **Tabelle 7** vor. Für die Frage, ob es sich um eine laufende Rente handelt, ist nicht auf den Zeitpunkt der Entscheidung[1], sondern auf das **Ende der Ehezeit** abzustellen[2].

2   Laufende Renten sind mitunter **von Anfang an befristet**, insbes die laufende Rente aus einer Berufsunfähigkeitszusatzversicherung **(BUZ)**. Abs 2 schreibt hier vor, dass zuerst der Barwert einer lebenslangen Rente berechnet wird (S 1) und anschließend der nach Abs 1 errechnete Barwert um 10% vor für jedes (ganze) Jahr, um welches die Restlaufzeit zehn Jahre unterschreitet, gekürzt wird (S 2). Renten, deren Restlaufzeit zehn Jahre übersteigt, bleiben ungekürzt. Hier ist zusätzlich S 3 von Bedeutung: Wenn, wie bei der BUZ die Regel, die noch ausstehenden Zahlungen den errechneten Barwert übersteigen, ist nur der Betrag der noch offenen Zahlungen (ohne Abzinsung!!) anzusetzen. Der BGH[3] rechnete daher bei einer BUZ wie folgt:

2 a   Gezahlt wird eine monatliche Rente von 300 DM, jährlich also 3600 DM, die nach Ehezeitende noch 62 Monate läuft. Alter des Berechtigten bei Ehezeitende: 60 Jahre.
   Nach Tabelle 7 ergibt sich mit dem Faktor 9,8 ein Barwert von 35 280 DM. Da die offene Laufzeit zehn Jahre um vier volle Jahre unterschreitet, ist dieser Betrag nach Abs 2 um 40% zu vermindern auf 21 168 DM. Die noch ausstehenden Zahlungen (§ 6) belaufen sich jedoch nur auf 62 * 300 = 18600 DM. Nach § 4 Abs 2 S 3 BarwertVO darf der Barwert die Summe der noch möglichen Zahlungen nicht überschreiten. Barwert also: 18 600 DM (so die Berechnung des BGH).

3   Das Ergebnis ist jedoch bedenklich. Ein mit 4% abgezinstes Deckungskapital für diese Versorgung beträge nach der allgemeinen Sterbetafel 1986/88 (für Männer) nur 16 134,20 DM. Der Barwert als Erwartungswert einer Rente (§ 1 Rn 1) soll aber definitionsgemäß geringer sein als das Deckungskapital, durch welches die Rente garantiert werden kann. Deshalb sollte hier das (bei der BUZ immer vorhandene) Deckungskapital verwendet werden.

4   Die **Zehnjahresregel** hält das OLG Stuttgart[4] für **verfassungswidrig**, weil sie zu einer Überbewertung führe und schlägt statt dessen vor, vom Barwert der vollen Versorgung den Barwert der fiktiven Anwartschaft nach Fristende abzuziehen (Lösung problematisch, weil die Barwerte für laufende Renten eine geringere Lebenserwartung zugrunde legen, als die Barwerte für Anwartschaften).

5   Nach der Erhöhung der Barwerte durch Verminderung des Rechnungszinses auf 4,5% wird man eine Verfassungswidrigkeit wohl nicht mehr annehmen müssen.

§ 6 Höchstbetrag des Barwerts

Der nach den vorstehenden Vorschriften ermittelte Barwert ist soweit zu kürzen, als im Einzelfall die Entrichtung des Barwerts als Beitrag in der gesetzlichen Rentenversicherung aus dieser zu einer höheren Rente führen würde, als sie der Berechnung des Barwerts zugrunde gelegen hat.

1   Die für seltene Fallkonstellationen sehr **groben Regeln** der Barwertberechnung können bewirken, dass die Umrechnung in eine dynamische Rente nicht zu einer geringeren, sondern zu einer **höheren dynamischen Rente** führt. Das ist nicht der Zweck der Umrechnung. Deshalb wird das Ergebnis durch diese Regelung ausgeschlossen. Es würde genügen, das Rechenergebnis unter Heranziehung der Monatsrente, von dem die Rechnung ausging, zu korrigieren. Da der Verordnungsgeber jedoch nur für die Barwertberechnung zuständig ist, wird das Ergebnis über eine entsprechende Begrenzung des Barwerts gesichert. Für die Praxis genügt es aber, darauf zu achten, dass das **Umrechnungsergebnis nicht höher** sein darf, **als die (statische) Monatsrente**, von welcher die Berechnung ausgegangen war.

§ 7 Inkrafttreten, Außerkrafttreten

[1]**Diese Verordnung tritt am 1. Juli 1977 in Kraft.** [2]**Sie tritt am 30. Juni 2008 außer Kraft.**

I. Erläuterung zu § 7

1   Der frühere 8 wurde (wieder) § 7, Satz 2 angefügt mWv 1. 1. 2003 durch VO vom 26. 5. 2003 (BGBl I S 728); Satz 2 geändert mWv 1. 6. 2006 durch VO vom 3. 5. 2006 (BGBl I S 1144).

II. Anlagen zur BarwertVO

2   Die BarwertVO schreibt die Verwendung der folgenden Barwerttabellen vor, welche allerdings verfassungsrechtlich bedenklich sind (§ 1 Rn 12 f). Die Tabellen wurden neu gefasst mWv 1. 6. 2006 durch VO vom 3. 5. 2006 (BGBl I S 1144).

---

[1] So aber noch OLG Hamm FamRZ 1994, 1526.
[2] BGH FamRZ 1999, 218, 220 gegen OLG Hamm FamRZ 1994, 1526; dazu iE *Gutdeutsch* FamRZ 1997, 80.
[3] BGH FamRZ 1993, 299, 302.
[4] OLG Stuttgart FamRZ 2001, 492.

§ 7 BarwertVO

Tabelle 1
Barwert einer zumindest bis zum Leistungsbeginn nicht volldynamischen Anwartschaft auf eine lebenslange Versorgung wegen Alters und verminderter Erwerbsfähigkeit (§ 2 Abs 2)

Lebensalter zum Ende der Ehezeit	Vervielfacher	Lebensalter zum Ende der Ehezeit	Vervielfacher
bis 25	2,0	45	4,8
26	2,1	46	5,0
27	2,2	47	5,2
28	2,3	48	5,4
29	2,4	49	5,7
30	2,5	50	5,9
31	2,6	51	6,2
32	2,7	52	6,5
33	2,8	53	6,8
34	3,0	54	7,1
35	3,1	55	7,4
36	3,2	56	7,7
37	3,4	57	8,0
38	3,5	58	8,3
39	3,7	59	8,7
40	3,8	60	9,0
41	4,0	61	9,4
42	4,2	62	9,8
43	4,4	63	10,2
44	4,6	64	10,7
		ab 65	11,0

Anmerkungen:
1. Für jedes Jahr, um das der Beginn der Altersrente vor der Vollendung des 65. Lebensjahres liegt, sind die Werte dieser Tabelle um 7,5 vom Hundert, mindestens jedoch auf die sich nach Tabelle 2 und der Anmerkung 1 hierzu ergebenden Werte, zu erhöhen; für jedes Jahr, um das der Beginn der Altersrente nach der Vollendung des 65. Lebensjahres liegt, sind die Werte dieser Tabelle um 5 vom Hundert, höchstens aber um 35 vom Hundert, zu kürzen.
2. Steigt der Wert der Versorgung ab Leistungsbeginn in gleicher Weise wie der Wert einer volldynamischen Versorgung, so sind die Werte dieser Tabelle um 50 vom Hundert zu erhöhen.

Tabelle 2
Barwert einer zumindest bis zum Leistungsbeginn nicht volldynamischen Anwartschaft auf eine lebenslange Versorgung wegen Alters (§ 2 Abs 3)

Lebensalter zum Ende der Ehezeit	Vervielfacher	Lebensalter zum Ende der Ehezeit	Vervielfacher
bis 25	1,6	45	4,0
26	1,7	46	4,2
27	1,8	47	4,5
28	1,9	48	4,7
29	1,9	49	4,9
30	2,0	50	5,1
31	2,1	51	5,4
32	2,2	52	5,7
33	2,3	53	6,0
34	2,4	54	6,3
35	2,5	55	6,6
36	2,7	56	7,0
37	2,8	57	7,3
38	2,9	58	7,7
39	3,1	59	8,1
40	3,2	60	8,6
41	3,4	61	9,1
42	3,5	62	9,6
43	3,7	63	10,1
44	3,9	64	10,7
		ab 65	11,0

Anmerkungen:
1. Für jedes Jahr, um das der Beginn der Altersrente vor der Vollendung des 65. Lebensjahres liegt, sind die Werte dieser Tabelle um 10,5 vom Hundert zu erhöhen; für jedes Jahr, um das der Beginn der Altersrente nach der Vollendung des 65. Lebensjahres liegt, sind die Werte dieser Tabelle um 8,5 vom Hundert, höchstens aber um 65 vom Hundert, zu kürzen.
2. Steigt der Wert der Versorgung ab Leistungsbeginn in gleicher Weise wie der Wert einer volldynamischen Versorgung, so sind die Werte dieser Tabelle um 65 vom Hundert zu erhöhen.

BarwertVO § 7

Tabelle 3
Barwert einer zumindest bis zum Leistungsbeginn nicht volldynamischen Anwartschaft auf eine lebenslange Versorgung wegen verminderter Erwerbsfähigkeit (§ 2 Abs 4)

Lebensalter zum Ende der Ehezeit	Vervielfacher	Lebensalter zum Ende der Ehezeit	Vervielfacher
bis 29	1,2	52–60	3,5
30–39	1,7	61–62	2,6
40–45	2,4	63	1,6
46–51	3,0	64	0,6
		ab 65	0,3

Anmerkungen:
1. Für jedes Jahr, um das das Höchstalter für den Beginn der Rente wegen verminderter Erwerbsfähigkeit vor der Vollendung des 65. Lebensjahres liegt, sind die Werte dieser Tabelle um 8,5 vom Hundert zu kürzen; für jedes Jahr, um das das Höchstalter nach der Vollendung des 65. Lebensjahres liegt, sind die Werte dieser Tabelle um 7 vom Hundert, höchstens aber um 25 vom Hundert, zu erhöhen.
2. Steigt der Wert der Versorgung ab Leistungsbeginn in gleicher Weise wie der Wert einer volldynamischen Versorgung, so sind die Werte dieser Tabelle um 55 vom Hundert zu erhöhen.
3. Der erhöhte Wert darf bei dieser Tabelle nicht den Vervielfacher übersteigen, der sich bei Anwendung der Tabelle 1 ergäbe.

Tabelle 4
Barwert einer nur bis zum Leistungsbeginn volldynamischen Anwartschaft auf eine lebenslange Versorgung wegen Alters und verminderter Erwerbsfähigkeit (§ 3 Abs 2)

Lebensalter zum Ende der Ehezeit	Vervielfacher	Lebensalter zum Ende der Ehezeit	Vervielfacher
bis 25	9,7	45	10,1
26	9,7	46	10,1
27	9,7	47	10,1
28	9,8	48	10,1
29	9,8	49	10,2
30	9,8	50	10,2
31	9,8	51	10,3
32	9,8	52	10,3
33	9,8	53	10,3
34	9,8	54	10,4
35	9,8	55	10,4
36	9,9	56	10,5
37	9,9	57	10,5
38	9,9	58	10,6
39	9,9	59	10,7
40	9,9	60	10,7
41	10,0	61	10,8
42	10,0	62	10,8
43	10,0	63	10,9
44	10,0	64	11,0
		ab 65	11,0

Anmerkung:
Für jedes Jahr, um das der Beginn der Altersrente vor der Vollendung des 65. Lebensjahres liegt, sind die Werte dieser Tabelle um 4 vom Hundert, mindestens jedoch auf die sich nach der Tabelle 5 und der Anmerkung hierzu ergebenden Werte, zu erhöhen; für jedes Jahr, um das der Beginn der Altersrente nach der Vollendung des 65. Lebensjahres liegt, sind die Werte dieser Tabelle um 3,5 vom Hundert, höchstens aber um 25 vom Hundert, zu kürzen.

Inkrafttreten, Außerkrafttreten § 7 BarwertVO

Tabelle 5
Barwert einer nur bis zum Leistungsbeginn volldynamischen Anwartschaft auf eine lebenslange Versorgung wegen Alters (§ 3 Abs 3)

Lebensalter zum Ende der Ehezeit	Vervielfacher	Lebensalter zum Ende der Ehezeit	Vervielfacher
bis 25	8,4	45	8,8
26	8,5	46	8,9
27	8,5	47	8,9
28	8,5	48	9,0
29	8,5	49	9,0
30	8,5	50	9,1
31	8,5	51	9,2
32	8,5	52	9,2
33	8,5	53	9,3
34	8,5	54	9,4
35	8,6	55	9,5
36	8,6	56	9,6
37	8,6	57	9,8
38	8,6	58	9,9
39	8,6	59	10,1
40	8,7	60	10,3
41	8,7	61	10,4
42	8,7	62	10,6
43	8,8	63	10,8
44	8,8	64	10,9
		ab 65	11,0

Anmerkung:
Für jedes Jahr, um das der Beginn der Altersrente vor der Vollendung des 65. Lebensjahres liegt, sind die Werte dieser Tabelle um 6 vom Hundert zu erhöhen; für jedes Jahr, um das der Beginn der Altersrente nach der Vollendung des 65. Lebensjahres liegt, sind die Werte dieser Tabelle um 6,5 vom Hundert, höchstens aber um 60 vom Hundert, zu kürzen.

Tabelle 6
Barwert einer nur bis zum Leistungsbeginn volldynamischen Anwartschaft auf eine lebenslange Versorgung wegen verminderter Erwerbsfähigkeit (§ 3 Abs 4)

Lebensalter zum Ende der Ehezeit	Vervielfacher	Lebensalter zum Ende der Ehezeit	Vervielfacher
bis 29	4,7	52–60	4,6
30–39	4,8	61–62	2,8
40–45	4,8	63	1,6
46–51	4,8	64	0,6
		ab 65	0,3

Anmerkungen:
1. Für jedes Jahr, um das das Höchstalter für den Beginn der Rente wegen verminderter Erwerbsfähigkeit vor der Vollendung des 65. Lebensjahres liegt, sind die Werte dieser Tabelle um 10,5 vom Hundert zu kürzen; für jedes Jahr, um das das Höchstalter nach der Vollendung des 65. Lebensjahres liegt, sind die Werte dieser Tabelle um 10 vom Hundert, höchstens aber um 50 vom Hundert, zu erhöhen.
2. Der erhöhte Wert darf bei dieser Tabelle jedoch nicht den Vervielfacher übersteigen, der sich bei Anwendung der Tabelle 4 ergäbe.

BarwertVO § 7

Tabelle 7
Barwert einer bereits laufenden lebenslangen und zumindest ab Leistungsbeginn nicht volldynamischen Versorgung (§ 5)

Lebensalter zum Ende der Ehezeit	Vervielfacher	Lebensalter zum Ende der Ehezeit	Vervielfacher
bis 25	11,5	55	12,3
26	11,6	56	12,3
27	11,6	57	12,3
28	11,7	58	12,2
29	11,7	59	12,1
30	11,8	60	12,0
31	11,8	61	11,8
32	11,8	62	11,6
33	11,9	63	11,4
34	11,9	64	11,1
35	11,9	65	10,8
36	11,9	66	10,5
37	11,9	67	10,2
38	11,9	68	9,8
39	12,0	69	9,5
40	12,0	70	9,2
41	12,0	71	8,9
42	12,0	72	8,5
43	12,0	73	8,2
44	12,1	74	7,9
45	12,1	75	7,5
46	12,1	76	7,2
47	12,1	77	6,9
48	12,2	78	6,6
49	12,2	79	6,3
50	12,2	80	6,0
51	12,3	81	5,7
52	12,3	82	5,5
53	12,3	83	5,2
54	12,3	84	4,9
		ab 85	4,7

Hausratsverordnung (HausratsVO)

vom 21. Oktober 1944 (RGBl I S 256),
zuletzt geändert am 11. Dezember 2001 (BGBl I S 3513)

1. Abschnitt. Allgemeine Vorschriften (§§ 1-2)

§ 1 Aufgabe des Richters

(1) Können sich die Ehegatten anläßlich der Scheidung nicht darüber einigen, wer von ihnen die Ehewohnung künftig bewohnen und wer die Wohnungseinrichtung und den sonstigen Hausrat erhalten soll, so regelt auf Antrag der Richter die Rechtsverhältnisse an der Wohnung und am Hausrat.

(2) Die in Absatz 1 genannten Streitigkeiten werden nach den Vorschriften dieser Verordnung und den Vorschriften des Zweiten und des Dritten Abschnitts im Sechsten Buch der Zivilprozeßordnung behandelt und entschieden.

Schrifttum: *Blank,* Zuweisung der Ehewohnung nach der HausratsVO, FRP 1997, 119; *Brötel,* Die Eigentumsverhältnisse am ehelichen Hausrat, Jura 1994, 470; *Brudermüller,* Die Zuweisung der Ehewohnung an einen Ehegatten, FamRZ 1987, 109; *ders,* Wohnungszuweisung und Ausgleichszahlung, FamRZ 1989, 7; *ders,* Rechtsschutz gegen den Partner bei gemeinsamer Miete der Wohnung, FuR 1995, 35; *ders,* Das Familienheim in der Teilungsversteigerung, FamRZ 1996, 1516; *ders,* Regelungen der Nutzungs- und Rechtsverhältnisse an Ehewohnung und Hausrat, FamRZ 1999, 129 und 193 sowie FamRZ 2003, 1705 und 2006, 1157; *Graba,* Das Familienheim bei Scheitern der Ehe, NJW 1987, 1721; *Hahne,* Das Familienheim im Falle von Trennung und Scheidung, AnwBl 1999, 520; *Hohloch,* Nutzungsentgelt für Alleinbenutzung der Ehewohnung, JuS 1986, 564; *Klein,* Rechtsverhältnisse an Ehewohnung und Hausrat – Systematische Übersicht für die Praxis, FuR 1997, 39, 73, 107, 142, 199, 239, 269; *Kobusch,* Die eigenmächtige Hausratsteilung, FamRZ 1994, 935; *Maurer,* Die Wirkung vorläufiger Benutzungsregelungen zum Hausrat und zur Ehewohnung, FamRZ 1991, 886; *Menter,* Verbotene Eigenmacht hinsichtlich der Ehewohnung bei getrennt lebenden Ehegatten, FamRZ 1997, 76; *Pauling,* Die unterhaltsrechtliche Behandlung der Kosten für die Ehewohnung nach Zuweisung der Ehewohnung, FPR 1997, 130; *Quambusch,* Zur rechtlichen Behandlung der Vorräte bei Ehescheidung und Getrenntleben, FamRZ 1989, 691; *Sander,* Prozessuales im Wohnungszuweisungsverfahren, FPR 1997, 127; *Schettler,* Die Stellung des Vermieters bei der gesetzlichen Regelung der Rechtsverhältnisse an der Wohnung geschiedener Ehegatten, ZMR 1983, 325; *Schmitz-Justen,* Hausratsverordnung, Ehewohnung und Mietrecht, MDR 1999, 495; *Schneider,* Die Rechtsstellung des getrennt lebenden Ehegatten gegenüber dem Vermieter der Wohnung, wenn der andere Ehegatte allein Mieter ist, FamRZ 2006, 10; *Schwab,* Zivilrechtliche Schutzmöglichkeiten bei häuslicher Gewalt, FamRZ 1999, 1317; *Smid,* Zum Verhältnis von Hausratsteilung und Zugewinnausgleich, NJW 1985, 173; *Walter,* Die eigenmächtige Hausratsteilung, JZ 1983, 5; *Wever,* Die Entwicklung der Rechtsprechung zur Vermögensauseinandersetzung der Ehegatten außerhalb des Güterrechts, FamRZ 2004, 1073 und 2006, 365. S auch das Schrifttum bei §§ 1361 a, 1361 b BGB.

Die Hausratsverordnung enthält seit der Streichung des Klammerzusatzes „(Sechste Durchführungs-VO zum EheG)" durch Art 11 des Eheschließungsrechtsgesetzes vom 4. 5. 1998 keinen Hinweis mehr auf ihre Rechtsgrundlage. Die Entstehungszeit im Jahre 1944 ist der Verordnung nicht abträglich, weil sich herausgestellt hat, dass Trennung und Scheidung immer mit Problemen beladen sind, die damals durch die äußere Not besonders deutlich wurden. Die Verordnung gilt deshalb uneingeschränkt fort und ist auch verfassungsrechtlich unbedenklich[1]. 1

§ 1 umreißt die **Aufgaben des Richters** hinsichtlich der Verteilung von Ehewohnung und Hausrat 2 anlässlich der Scheidung der Ehe (§§ 1564 ff BGB). Diese gelten sinngemäß auch bei einer Aufhebung der Ehe nach den §§ 1313 ff BGB, § 25. Ein Hausratsteilungsverfahren ist **ab Anhängigkeit der Ehesache** möglich, entweder als Folgesache im Verbund (§§ 621 Abs 1 Nr 7, 623, 629 ZPO) oder als selbstständiges isoliertes Verfahren. Vorher, **während des Getrenntlebens,** eröffnen die §§ 1361 a, 1361 b BGB Regelungsmöglichkeiten, für die über § 18 a auf die Verfahrensvorschriften der HausratsVO zurückgegriffen wird. Zuständig für alle diese Verfahren ist ausschließlich das **Familiengericht** (§§ 23 b Abs 1 GVG, 621 Abs 1 ZPO). Es handelt sich um sogenannte streitige Verfahren der freiwilligen Gerichtsbarkeit, die einen Verfahrensantrag voraussetzen, ohne dass das Gericht an die Anträge gebunden ist (§ 13 Rn 2).

Das Verfahren setzt voraus, dass eine **Einigung** der Ehegatten über die Verteilung von Wohnung 3 und Hausrat noch nicht erfolgt ist[2]. Eine Einigung als **Verfahrenshindernis** ist nur dann anzunehmen, wenn sie vorbehaltlos und vollständig erfolgt ist. Die fehlende Einigung über einen einzelnen Gegenstand lässt das Verfahren schon zulässig bleiben[3]; dies gilt auch, wenn der Vermieter einer Einigung der Ehegatten über die Wohnung nicht zugestimmt hat (§ 5 Rn 2).

---

[1] BVerfG FamRZ 1991, 1413 = NJW 1992, 106.
[2] OLG Köln FamRZ 2005, 1993; OLG Frankfurt FamRZ 2004, 875.
[3] OLG Naumburg FamRZ 2004, 889; OLG Hamm FamRZ 1990, 1126.

HausratsVO § 1

4   Ob eine Einigung der Ehegatten vorliegt, ist im Streitfall als **Vorfrage** vom Hausratsrichter zu klären. Zweifel gehen zu Lasten des Ehegatten, der die Vereinbarung behauptet[4]. Dieser kann zulässigerweise die Feststellung beantragen, dass der Hausrat abschließend verteilt sei[5]. Eine **teilweise Einigung** ist vom Gericht zu beachten[6]. Es darf die davon erfassten Teile nicht erneut verteilen, auch wenn es an die Sachanträge der Beteiligten nicht gebunden ist und bei der Verteilung von Wohnung und Hausrat den Sachverhalt immer insgesamt abwägen muss. Nur bei einer wesentlichen Änderung der Verhältnisse kann das Gericht analog § 17 die Teileinigung korrigieren. Auch eine zeitlich begrenzte Einigung bindet das Gericht für die spätere Zeit nicht[7].

5   Gegenstand des Verfahrens ist zum einen die **Ehewohnung.** Diese umfasst alle Räume, in denen die Ehegatten wohnen, gewohnt haben oder bestimmungsgemäß wohnen wollten[8], einschließlich aller Nebenräume bis hin zum Hausgarten[9]. Dies kann auch eine Ferienwohnung oder ein Wochenendhaus[10] sein, wenn sie nur den räumlichen Mittelpunkt der Ehe dargestellt haben[11], und sei es nur zeitweise[12]. Eine Gartenlaube könnte aber auch als Hausrat zu behandeln sein[13]. Der Auszug eines Ehegatten ändert nichts an dem Charakter der Wohnung als Ehewohnung, wenn er nur die Folge der ehelichen Spannungen ist. Erst wenn der ausgezogene Ehegatte die Wohnung endgültig aufgibt oder auch kündigt, verliert sie – eventuell erst nach Jahren – ihren Charakter als Ehewohnung[14].

6   Zum anderen sind der **Hausrat und die Wohnungseinrichtung** zu verteilen. Beide Begriffe sind weit zu verstehen. Hierzu zählen alle beweglichen Gegenstände, die nach den Vermögens- und Lebensverhältnissen der Ehegatten und ihrer Kinder üblicherweise für die Wohnung, die Hauswirtschaft und das Zusammenleben der Familie, einschließlich der Freizeitgestaltung bestimmt sind, also der gemeinsamen Lebensführung dienen[15]. Voraussetzung ist die Eignung und tatsächliche Verwendung der Gegenstände als Hausrat, ungeachtet der Anschaffungsmotive und des Wertes. Auch kostbare Kunstgegenstände können demnach bei entsprechendem Lebenszuschnitt der Eheleute Hausrat sein[16]. Im Übrigen umfasst der Hausrat die **Möbel** und andere Einrichtungsgegenstände wie Teppiche etc, die Haus- und Küchengeräte, Nahrungsmittel einschließlich der Vorräte bis hin zum Weinkeller, alle Geräte der **Unterhaltungselektronik**, Sport- und Freizeitgeräte. Eine **Einbauküche** und andere Einbauten sind nur dann Hausrat, wenn sie nicht wesentliche Bestandteile des Gebäudes geworden sind[17]; Letzteres wird regional unterschiedlich gesehen[18]. Bei Büchern, Musikinstrumenten und Computern kommt es darauf an, ob sie für die ganze Familie bestimmt sind oder von einem Ehegatten überwiegend beruflich genutzt werden. Ein **Kfz** kann Hausrat sein, wenn es nach Funktion und Zweckbestimmung auch der Familie dient[19]; dies gilt ggf auch für Wohnwagen und Wohnmobile[20] oder eine Motorjacht[21]. **Haustiere** sind zwar kein Hausrat, aber doch entspr zu behandeln und wie dieser zu verteilen[22]; der Umstand, dass Hausrat nur ganz oder gar nicht zugewiesen werden kann, rechtfertigt jedoch sicher nicht eine Umgangsregelung für einen Hund[23] oder gar eine Unterhaltsregelung zu Gunsten des Tieres[24].

7   **Hausratsgegenstände** können auch geliehen oder gemietet sein oder im Sicherungseigentum eines Dritten stehen, vgl § 10 Abs 2. Selbst die den Hausrat betreffenden Ersatzansprüche und Anwartschaften unterliegen dem Verfahren nach der HausratsVO. Nicht zum Hausrat zählen Gegenstände, die nur beruflichen oder lediglich persönlichen Zwecken und Interessen dienen.

8   Ist der genaue Umfang des Hausrats streitig, ist er von Amts wegen zu klären, § 12 FGG[25]. Gleichwohl ist der vorhandene Hausrat von den Parteien aufzulisten[26]. Die Gegenstände müssen im Hinblick auf eine spätere Vollstreckung ausreichend konkret bezeichnet sein[27]. Im Einzelfall kann einem Ehegatten gegen den anderen ein Auskunftsanspruch zuzubilligen sein, der sich auf § 242 BGB stützt, wenn

---

[4] *Soergel/Heintzmann* Rn 10.
[5] Vgl OLG Hamm FamRZ 1980, 901.
[6] OLG Naumburg FamRZ 2004, 889.
[7] OLG München FamRZ 1995, 1205, 1206 = FuR 1995, 237.
[8] BGH FamRZ 1990, 987, 988.
[9] OLG Frankfurt FamRZ 1956, 112.
[10] Vgl BGH FamRZ 1990, 987, 988; KG FamRZ 1974, 198, 199; OLG Frankfurt FamRZ 1982, 398.
[11] Vgl OLG München FamRZ 1994, 1331; krit dazu *Brudermüller* FamRZ 2003, 1705.
[12] OLG Frankfurt FamRZ 1982, 398; str, vgl die Nachweise bei *Johannsen/Henrich/Brudermüller* § 1361 b BGB Rn 8.
[13] Vgl *Neumann* FamRB 2005, 67.
[14] Vgl OLG Köln FamRZ 2005, 1993; FamRZ 1994, 632 re Sp; OLG München FamRZ 1986, 1019.
[15] BGH FamRZ 1984, 144, 146 = NJW 1984, 484, 486.
[16] BGH FamRZ 1984, 575 = NJW 1984, 1758, 1759.
[17] OLG Zweibrücken FamRZ 1993, 82, 84.
[18] Vgl *Johannsen/Henrich/Brudermüller* § 1361 a BGB Rn 16 aE.
[19] OLG Düsseldorf FamRZ 1992, 1445; KG FamRZ 2003, 1927 m Anm *Wever*; zum Streitstand vgl *Brudermüller* FamRZ 2006, 1157, 1160.
[20] Vgl *Johannsen/Henrich/Brudermüller* § 1361 a BGB Rn 12 ff.
[21] OLG Dresden FamRZ 2004, 273 = FPR 2003, 596.
[22] *Staudinger/Weinreich* Rn 30; *Soergel/Heintzmann* Rn 13; MünchKommBGB/*Müller-Gindullis* Rn 8 aE.
[23] AA AG Bad Mergentheim FamRZ 1998, 1432; dazu *Büttner* FamRZ 1999, 761; *Schneider* MDR 1999, 193; *Niepmann* MDR 1999, 653, 658.
[24] Vgl OLG Zweibrücken OLGR 2006, 753.
[25] OLG Zweibrücken FamRZ 1999, 672.
[26] OLG Brandenburg FamRZ 2004, 891.
[27] OLG Köln FamRZ 2001, 174.

der Auskunft begehrende Ehegatte in entschuldbarer Weise keine Kenntnis über Umfang und Bestand des Hausrats hat[28].

Für den Antrag auf Verteilung von Ehewohnung und Hausrat gibt es, bis auf den Teilaspekt des § 12, **keine Frist.** Dass ein Antrag erst spät gestellt ist, kann Einfluss auf die Billigkeitserwägungen haben[29]. Unter besonderen Umständen kann der Anspruch auch verwirkt sein[30]. Der Anspruch ist höchstpersönlich, weder abtretbar noch pfändbar und auch nicht vererblich. Ein anhängiges Verfahren erledigt sich daher durch den Tod eines Ehegatten. Stellt sich bei der Vollstreckung zugewiesener Gegenstände heraus, dass ein Gegenstand nicht mehr vorhanden ist, so kann Geldersatz im Prozesswege beansprucht werden[31]. Der Streit über die Durchsetzung eines vollzugsfähigen Vergleichs über Hausrat, zB eines vereinbarten Ausgleichsbetrages, ist ebenfalls bei den Zivilgerichten zu führen[32].

Gilt für ausländische Staatsbürger, die in Deutschland leben, gemäß Art 14 Abs 1 Nr 1 EGBGB ein **ausländisches Ehestatut,** so war umstritten, ob dies auch die Zuweisungen von Ehewohnung und Hausrat erfasst. Seit dem 1. 1. 2002 unterstellt jetzt Art 17 a EGBGB die Nutzung von Ehewohnung und Hausrat im Inland den deutschen Sachvorschriften.

§ 2 Grundsätze für die rechtsgestaltende Entscheidung

¹Soweit der Richter nach dieser Verordnung Rechtsverhältnisse zu gestalten hat, entscheidet er nach billigem Ermessen. ²Dabei hat er alle Umstände des Einzelfalls, insbesondere das **Wohl der Kinder und die Erfordernisse des Gemeinschaftslebens, zu berücksichtigen.**

§ 2 beschreibt die Grundregeln bei der rechtsgestaltenden Tätigkeit des Familiengerichts im Hausratsverfahren. Sie gelten sowohl für die Zuteilung der Ehewohnung (§§ 3 bis 7) als auch für die Verteilung des Hausrats (§§ 8 bis 10), nicht aber für das Verfahren (§§ 11 ff) und die Ermittlungen des Gerichts, etwa zur Vorfrage des Eigentums. Die dem Gericht eingeräumte **Ermessensfreiheit** besteht nur innerhalb der durch die Sachnormen der HausratsVO jeweils gesetzten Grenzen. Die Anträge der Beteiligten begrenzen das Ermessen nicht, da sie nur Vorschläge sind[1]. Sie sind aber in die Erwägungen über die billigerweise zu treffende Entscheidung einzubeziehen.

Zu berücksichtigen hat das Gericht **alle Umstände,** die das Verhältnis der geschiedenen Ehegatten zueinander, ihre gegenwärtigen Lebensbedingungen und ihre Beziehungen zur Wohnung und den einzelnen Hausratsgegenständen betreffen, sowie dies irgendwie bedeutsam sein kann für die Beurteilung, was im Einzelfalle billig, gerecht und zweckmäßig ist[2]. Die **Billigkeit** erfordert weder, dass beide Ehegatten gleiche Anteile erhalten, noch dass ein voller wertmäßiger Ausgleich erfolgt. Insbesondere das Wohl der Kinder (S 2) oder die wirtschaftlichen Verhältnisse der Beteiligten können im Einzelfall einem vollen Ausgleich zwingend entgegenstehen[3]. Maßgeblich sind die Umstände im **Zeitpunkt** der Beschlussfassung[4]; hinreichend sicher voraussehbare Entwicklungen sind aber schon zu berücksichtigen (§ 17 Rn 2).

Als besondere Ermessenskriterien hebt S 2 zweierlei hervor: einmal das **Wohl der Kinder,** die nicht unbedingt die gemeinsamen Kinder sein müssen[5]. Erfasst werden auch die noch im Haushalt lebenden volljährigen Kinder, auf jeden Fall, wenn sie die Kriterien des § 1603 Abs 2 S 2 BGB erfüllen. Das Wohl der Kinder wird regelmäßig gebieten, dem sie betreuenden Elternteil die Ehewohnung zuzuweisen[6] sowie den für die Betreuung der Kinder notwendigen Hausrat, weil ihnen das vertraute Umfeld möglichst erhalten bleiben soll[7] und der allein lebende Elternteil im Zweifel eher eine angemessene Ersatzwohnung finden kann[8].

Die daneben ausdrücklich noch genannten **Erfordernisse des Gemeinschaftslebens** können sicherlich nicht mehr auf die ursprünglich gemeinte „Volksgemeinschaft" bezogen werden. Heute würde man es eher mit dem **sozialen Umfeld** beschreiben[9]. Die Nähe zu Verwandten (gar im gleichen Haus), zu Betreuern der Kinder oder zur Arbeitsstelle sind immer noch erhebliche Kriterien. Ohne einen Bezug zu den Belangen der Kinder ist aber die Aufnahme von Dritten in die Wohnung, seien es die Eltern des Ehegatten oder gar die neue Lebensgefährtin oder der Lebensgefährte, für die Zuweisung der Ehewohnung unerheblich[10].

---

[28] Vgl OLG Frankfurt FamRZ 1988, 645.
[29] KG OLGZ 1977, 427.
[30] Beispiele: OLG Bamberg NJW-RR 1991, 1285 = FamRZ 1992, 332; AG Weilburg FamRZ 1998, 963, 964; OLG Naumburg FamRZ 2002, 672.
[31] BGH FamRZ 1988, 155.
[32] OLG Karlsruhe FamRZ 2007, 407; 2003, 621; str, vgl *Johannsen/Henrich/Brudermüller* Rn 8.
[1] BGHZ 18, 143, 148 = NJW 55, 1355.
[2] BGHZ 18, 143, 148 = NJW 55, 1355.
[3] BGH FamRZ 1984, 144, 146 = NJW 1984, 484, 486.
[4] BayObLG 1956, 370, 375.
[5] KG FamRZ 1991, 467.
[6] Vgl OLG Celle NJW-RR 2006, 505; OLG Bamberg FamRB 2003, 109; OLG Stuttgart FamRZ 2004, 876; OLG Köln FamRZ 1996, 492.
[7] OLG Karlsruhe FamRZ 1981, 1087, 1088.
[8] OLG Celle FamRZ 1992, 465, 466.
[9] So *Johannsen/Henrich/Brudermüller* Rn 6.
[10] Vgl KG FamRZ 1991, 467, 468.

5 Ganz allgemein sind in jedem Fall die **Umstände des Einzelfalls** zu berücksichtigen. Dazu zählen die Lebensverhältnisse der Ehepartner wie Alter und Krankheit ebenso wie ihre Einkommens- und Vermögensverhältnisse[11]. Dem wirtschaftlich stärkeren und gesundheitlich stabileren Ehepartner ist es idR eher zuzumuten, sich um eine Ersatzwohnung zu kümmern, und er wird eher in der Lage sein, Ersatz für Hausratsgegenstände aus der Ehezeit zu beschaffen[12]. Andererseits spielen Größe und Lage der Wohnung (Nähe zum Arbeitsplatz oder zum eigenen Betrieb) ebenso eine Rolle. Auch eine später notwendige Verwertung des Grundstücks ist zu bedenken oder die frühere Errichtung und Einrichtung der Wohnung durch einen der Ehegatten. Eine Abfindung kann aber auch diesen Aspekt ausgleichen. Grds ist es jedenfalls unerheblich, wie einzelne Hausratsgegenstände finanziert worden sind[13].

6 Die lange Dauer der Ehe ist kein tragfähiges Argument, da sie für beide Partner gleich ist; eher kann eine kurze Ehedauer herangezogen werden, sofern etwa ein Ehegatte von der ehelichen Lebenssituation noch nicht abhängig geworden ist. Die **„Ursache der Eheauflösung"** ist als Regelbeispiel aus S 2 gestrichen worden. Gleichwohl sind die Kriterien der §§ 1381, 1579 BGB auch im Hausratsverfahren zu bedenken, so dass ein schwerwiegendes und klar bei einem Ehegatten liegendes Fehlverhalten neben anderen Umständen angemessene Berücksichtigung finden kann[14].

2. Abschnitt. Besondere Vorschriften für die Wohnung (§§ 3–7)

§ 3 Wohnung im eigenen Hause eines Ehegatten

(1) Ist einer der Ehegatten allein oder gemeinsam mit einem Dritten Eigentümer des Hauses, in dem sich die Ehewohnung befindet, so soll der Richter die Wohnung dem anderen Ehegatten nur zuweisen, wenn dies notwendig ist, um eine unbillige Härte zu vermeiden.

(2) Das gleiche gilt, wenn einem Ehegatten allein oder gemeinsam mit einem Dritten der Nießbrauch, das Erbbaurecht oder ein dingliches Wohnrecht an dem Grundstück zusteht, auf dem sich die Ehewohnung befindet.

1 Die HausratsVO strebt in den §§ 3 bis 7 eine möglichst dauerhafte Regelung der Verhältnisse an der **Ehewohnung nach der Scheidung** der Ehe an. Damit sind diese Regeln nicht auf die Zuweisung der Ehewohnung für die **Zeit des Getrenntlebens** anwendbar; § 1361 b BGB stellt hierfür eigene Regeln auf. Eine auf Dauer angelegte Regelung wäre dort auch nicht angebracht, zumal wenn sie in Rechte Dritter eingreifen würde, selbst bei einer Einigung der Ehegatten über diese Folgen[1].

2 Die §§ 3 bis 7 stellen auf die unterschiedlichen **Eigentumsverhältnisse an der Ehewohnung** ab. Die Beachtung des Eigentums schränkt das grds gewährte Ermessen nach § 2 teilweise ein. Die Zuweisung der Ehewohnung erfolgt dabei nur **zum Gebrauch,** nicht zu Eigentum[2]. Ist bei einer im gemeinsamen Eigentum stehenden Ehewohnung deren künftige Nutzung – außer der freiwilligen Auszug eines Ehegatten – außer Streit, können Fragen der Verwaltung der gemeinschaftlichen Wohnung nicht im Hausratsverfahren, sondern nur nach den Regeln der **Gemeinschaft** (§ 745 Abs 2 BGB) geklärt werden[3]. Dies gilt auch für die Forderung nach einer Nutzungsentschädigung, erst recht für die Vergangenheit, da nach der HausratsVO nur für die Zukunft gestaltet wird[4].

3 § 3 gilt dann, wenn die Ehewohnung (§ 1 Rn 5) einem Ehegatten allein oder zusammen mit einem Dritten gehört. Ist ein Dritter Alleineigentümer, gilt § 5. Sind beide Ehegatten Miteigentümer, hat die Zuweisung nach den Regeln des § 2 zu erfolgen[5]. Dem **Eigentum** stehen die Rechte nach Abs 2 gleich. Das Eigentum und **dingliche Berechtigungen** sind von Amts wegen zu ermitteln; es gelten die Vorschriften des BGB über das Eigentum, also vor allem der Inhalt des Grundbuchs.

4 Konkurrieren **Eigentum** eines Ehegatten **und dingliche Berechtigung** des anderen, so ist umstritten, ob der Regelung nach § 3 oder nach § 2 jeweils der Vorrang gebührt. Entscheidend dürfte sein, ob das dingliche Recht den Eigentümer von der Nutzung der Wohnung ausschließt; dann geht der Nutzungsberechtigte vor[6]. Stehen die beiden (Nutzungs-)Rechte im Range gleich, ist eine Billigkeitsentscheidung nach § 2 zu treffen[7]. Schuldrechtliche Ansprüche des anderen Ehegatten sind unbeacht-

---

[11] OLG Bamberg FamRZ 1996, 1293; OLG Hamm FamRZ 1996, 1411, 1412.
[12] Vgl AG Mannheim ZMR 1983, 353, 355; BayObLG FamRZ 1965, 513.
[13] Vgl OLG Düsseldorf FamRZ 1987, 1055.
[14] KG FamRZ 1988, 182, 183 = NJW-RR 1989, 711; AG Weilburg FamRZ 1992, 191.
[1] Vgl OLG Köln FamRZ 1994, 632 li Sp.
[2] KG FamRZ 1986, 72.
[3] *Staudinger/Weinreich* Rn 2; KG FamRZ 2000, 304.
[4] Vgl OLG Hamburg FamRZ 1982, 941.
[5] BayObLG FamRZ 1974, 22; OLG Celle FamRZ 1992, 465, 466 = NJW-RR 1992, 1222.
[6] OLG Stuttgart FamRZ 1990, 1260, 1261; OLG Bamberg FamRZ 1996, 1085.
[7] Vgl OLG Naumburg FamRZ 1998, 1529; *Schwab/Maurer* HdB ScheidungsR Rn VIII 92; *Staudinger/Weinreich* Rn 10; *Johannsen/Henrich/Brudermüller* Rn 2.

lich[8], können aber im Falle einer Verpflichtung zur Übertragung von Eigentum beachtliche Vorwirkungen entfalten[9].

Die Zuweisung der Ehewohnung an den anderen Ehegatten kann nur erfolgen, wenn es gilt, für ihn 5 eine **unbillige Härte** zu vermeiden. An diesen Umstand sind strenge Anforderungen zu stellen[10]. Die bloße Unbequemlichkeit des Umzugs – selbst mit Kindern – oder die langwierige Suche nach einer der Ehewohnung vergleichbaren Unterkunft begründen noch keine unbillige Härte[11]. Auch der schon länger zurückliegende Auszug des Eigentümers rechtfertigt noch nicht die Zuweisung an den verbliebenen Ehegatten, wenn diese Situation dem Eigentümer nicht länger zugemutet werden kann[12]. Die Zuweisung der Ehewohnung kann auch nicht mit dem Zweck der Unterhaltssicherung begründet werden[13]. Selbst Verfehlungen des Alleineigentümers gegen den anderen Ehegatten rechtfertigen für sich noch nicht die Zuweisung der Ehewohnung an den anderen (gleichsam als Sanktion); die im § 1579 BGB aufgeführten unterhaltsbeschränkenden Gründe können aber im Einzelfall mit berücksichtigt werden[14].

Entscheidend kann sein, dass der andere Ehegatte die gemeinsamen **Kinder** betreut und für sich und 6 die Kinder keine angemessene Wohnung finden kann[15], oder dass er die Wohnung auch beruflich nutzt und seine Tätigkeit nicht alsbald verlagern kann. Auch Alter, Krankheit oder Behinderung können eine unbillige Härte begründen. Immer ist aber auch die Lage des Eigentümers zu beachten, sofern er die Wohnung überhaupt selbst nutzen will.

Mit der Zuweisung der Ehewohnung an den Nichteigentümer hat das Familiengericht ein **Miet-** 7 **oder Nutzungsverhältnis** zu begründen, § 5 Abs 2. Im Einzelfall kann auch eine Ausgleichszahlung (für entgangene Nutzung, nicht das Eigentum) geboten sein (str, vgl § 5 Rn 5). Die Höhe des von Amts wegen festzulegenden Mietzinses richtet sich nach der ortsüblichen Miete unter Beachtung der Verhältnisse der Parteien (näher § 5 Rn 6). In der Regel wird das Mietverhältnis zeitlich zu befristen sein[16]. Beansprucht der in der Wohnung verbliebene Ehegatte wegen seiner Verwendungen einen Ausgleich, ist dessen Höhe vorgreiflich für die vom anderen Ehegatten geltend gemachte Festsetzung einer Nutzungsentschädigung[17].

§ 4 Dienst- und Werkwohnung

Eine Wohnung, die die Ehegatten auf Grund eines Dienst- oder Arbeitsverhältnisses innehaben, das zwischen einem von ihnen und einem Dritten besteht, soll der Richter dem anderen Ehegatten nur zuweisen, wenn der Dritte einverstanden ist.

Abweichend von dem Grundsatz, dass im Hausratsverfahren vorrangig die Interessen der Ehegatten 1 und ihrer Kinder abzuwägen sind, wird durch diese Vorschrift das **Interesse des Arbeitgebers** geschützt, sofern die Wohnung mit Rücksicht auf ein Dienst- oder Arbeitsverhältnis zur Verfügung gestellt wurde. Der Arbeitgeber muss weder Eigentümer noch Vermieter der Wohnung sein. Es kommen also in Betracht: Werkmietwohnungen (§ 576 BGB), Werkdienstwohnungen (§ 576 b BGB), Bergarbeiterwohnungen sowie Dienstwohnungen, die auf Grund eines öffentlich-rechtlichen Nutzungsverhältnisses überlassen worden sind. Zum Zeitpunkt der Entscheidung muss das Dienst- oder Arbeitsverhältnis noch bestehen, oder zumindest die Bindung des Mietverhältnisses an das Arbeitsverhältnis[1].

Die **Werkswohnung** soll vorrangig dem beim Dienstherrn beschäftigten Ehegatten zugewiesen 2 werden; anders nur mit Einverständnis des Dritten. Das **Einverständnis** muss aber nicht zwingend gegeben sein („soll"), zumal, wenn besondere Belange des anderen Ehegatten schwerer wiegen als das Interesse des Arbeitgebers[2]. Ohne die Zustimmung des Dritten sollte dann die Wohnung an den anderen Ehegatten nur befristet überlassen werden. Sind beide Ehegatten Arbeitnehmer, zB ein Hausmeisterehepaar, gelten die Kriterien des § 2; soll das Arbeitsverhältnis nur mit einem fortgesetzt werden, gilt wieder § 4.

§ 5 Gestaltung der Rechtsverhältnisse

(1) ¹**Für eine Mietwohnung kann der Richter bestimmen, daß ein von beiden Ehegatten eingegangenes Mietverhältnis von einem Ehegatten allein fortgesetzt wird oder daß ein**

---

[8] OLG Düsseldorf FamRZ 1980, 171, 172.
[9] Vgl OLG Köln FamRZ 1992, 322, 323.
[10] OLG Naumburg FamRZ 2002, 672; OLG Köln FamRZ 1992, 322 = NJW-RR 1992, 1155, 1156.
[11] OLG München FamRZ 1995, 1205, 1206; OLG Köln FamRZ 1996, 492.
[12] OLG Köln NJW-RR 1994, 1160.
[13] OLG Hamm 2004, 888; OLG München FamRZ 1995, 1205, 1206.
[14] *Staudinger/Weinreich* Rn 13; *Johannsen/Henrich/Brudermüller* Rn 5.
[15] BayObLG FamRZ 1974, 17, 18.
[16] OLG Köln FamRZ 1996, 492, 493; *Brudermüller* FamRZ 1999, 129, 134 hält dies sogar für zwingend.
[17] OLG Köln FamRZ 2002, 1124.
[1] OLG Hamburg FamRZ 1982, 939, 940.
[2] OLG Frankfurt FamRZ 1992, 695; AG Ludwigshafen FamRZ 1995, 558 und 1207.

HausratsVO § 5

Ehegatte an Stelle des anderen in ein von diesem eingegangenes Mietverhältnis eintritt. ²Der Richter kann den Ehegatten gegenüber Anordnungen treffen, die geeignet sind, die aus dem Mietverhältnis herrührenden Ansprüche des Vermieters zu sichern.

(2) ¹Besteht kein Mietverhältnis an der Ehewohnung, so kann der Richter zugunsten eines Ehegatten ein Mietverhältnis an der Wohnung begründen. ²Hierbei setzt der Richter die Miete fest.

1   Handelt es sich bei der Ehewohnung um eine Mietwohnung, kann der Richter das **Mietverhältnis kraft Hoheitsakt neu regeln.** Der Vermieter ist Beteiligter (§ 7), hat aber grds kein Widerspruchsrecht[1], sondern erst nach Ablauf der Jahresfrist gemäß § 12. Die Beschränkung seines Verfügungsrechtes als Eigentümer ist verfassungsgemäß[2]. Doch sollte der Richter um eine Regelung bemüht sein, die auch den Interessen des Vermieters gerecht wird. So kann im Einzelfall nur das Innenverhältnis der Ehegatten zu regeln sein, ohne Eingriff in die Rechte des Vermieters, oder ihm wird auf andere Weise eine ausreichende Sicherheit geboten. § 5 gilt nicht im Verfahren nach § 1361 b BGB bei Getrenntleben der Eheleute[3].

2   Die Anordnung über die Fortsetzung des Mietverhältnisses an der Ehewohnung erfolgt **auf Antrag.** Denn einem Ehegatten kann die Wohnung nur zugewiesen werden, wenn er in ihr auch selbst wohnen will. Möchte keiner der Ehepartner in der Wohnung bleiben, müssen sie kündigen; notfalls muss ein Ehegatte gegen den anderen auf Zustimmung zur Kündigung klagen. Das Familiengericht kann das Mietverhältnis nicht für beide Ehegatten beenden.

3   Umstritten ist, ob ein Ehegatte, der bereits einvernehmlich die Ehewohnung verlassen hat, beantragen kann, dass das Mietverhältnis mit dem anderen allein fortgesetzt werden soll, insbes wenn der Vermieter in eine Entlassung des ausgezogenen Ehegatten aus dem Vertrag nicht einwilligt. Zum einen besteht zwischen den Ehegatten kein Streit (§ 1 Abs 1), zum anderen dient die HausratsVO generell nicht der **Vertragshilfe**[4]. Gleichwohl lassen die Gerichte inzwischen wohl überwiegend eine solche Vertragshilfe zu[5]. Der unwillige Vermieter soll sogar in die Kosten des von ihm veranlassten Verfahrens verurteilt werden können[6].

4   Die Anordnung nach § 5 ergeht nur, wenn ein **Mietverhältnis** an der Ehewohnung besteht. Pacht und Leihe stehen dem gleich. Selbst eine Genossenschaftswohnung, die satzungsgemäß nur an Mitglieder vergeben werden darf, kann dem Ehegatten zugewiesen werden, der nicht Mitglied ist[7]; dies ist verfassungsgemäß[8]. Wer Vertragspartner der Mietwohnung ist, beide Ehegatten oder nur einer allein, ist gleich. Das Mietverhältnis muss zum Zeitpunkt der Entscheidung noch bestehen. Hat jedoch der alleinige Vertragspartner das Mietverhältnis bereits beendet, lebt aber der andere Ehegatte noch in der Wohnung, so kann diese ihm noch rückwirkend zu den alten Bedingungen zugewiesen werden[9]; sonst greift Abs 2.

5   Die Zuweisung bestimmt die **Person** des künftigen Mieters. Alle anderen Parameter des Mietverhältnisses bleiben grds unberührt. Die Auswahl des in der Wohnung verbleibenden Ehegatten erfolgt nach den Grundsätzen des § 2 (dort Rn 2 ff). Der Richter kann jedoch von einem rechtsgestaltenden Eingriff in das Vertragsverhältnis mit dem Vermieter absehen und sich auf die Regelung des Innenverhältnisses der Ehegatten beschränken. Dies ist erst recht geboten, wenn der Vermieter nach Ablauf der Jahresfrist des § 12 einer Vertragsänderung widersprechen kann. Doch schon vorher ist auf die Interessen des Vermieters Rücksicht zu nehmen (Abs 1 S 2), indem etwa durch Mithaftung des weichenden Ehegatten oder eine andere taugliche Sicherheit die vertraglichen Ansprüche des Vermieters gesichert werden[10]. Eine Kaution verbleibt beim Vermieter.

6   Der Richter hat gemäß § 15 auch die zur Durchführung der Zuweisung erforderlichen **Anordnungen** zu treffen, namentlich den weichenden Ehegatten zum Auszug zu verpflichten und seine Räumung anzuordnen. Hierzu kann ihm auch eine Räumungsfrist bewilligt werden (§ 15 Rn 3). Umstritten ist, ob aus Billigkeitsgründen im Einzelfall die Festsetzung einer **Ausgleichszahlung** zulässig ist[11]. Dafür sprechen vor allem Vereinfachungsgründe; die vermeintliche Gesetzeslücke lässt sich aber auch auf anderem Wege schließen, vor allem unterhaltsrechtlich als Sonderbedarf iS von § 1613 Abs 2 BGB[12].

7   Bestand an der Ehewohnung kein Mietverhältnis (da etwa Eigentum eines oder beider Ehegatten) oder besteht keines mehr, kann gemäß Abs 2 ein **Mietverhältnis neu begründet** werden. Dies gilt auch für den Fall der Wohnungsteilung nach § 6. An Stelle der Miete kann im Einzelfall ein –

---

[1] OLG Karlsruhe FamRZ 1995, 45.
[2] BVerfG FamRZ 1991, 1413 = NJW 1992, 106.
[3] OLG Köln FamRZ 1994, 632 li Sp.
[4] OLG München FamRZ 1996, 1474 = NJW-RR 1995, 1474.
[5] So zuletzt OLG Köln FamRZ 2007, 46; FamRZ 1999, 672, 673; OLG Celle FamRZ 1998, 1530; OLG Karlsruhe FamRZ 1995, 45; OLG Hamm FamRZ 1994, 388; OLG Hamburg FamRZ 1990, 651 = NJW-RR 1990, 649; aA OLG Köln FamRZ 1989, 640.
[6] AG Detmold FamRZ 1996, 1292.
[7] KG FamRZ 1984, 1242.
[8] BVerfG FamRZ 1991, 1413 = NJW 1992, 106.
[9] OLG München FamRZ 1991, 1452, 1455; KG FamRZ 1984, 1242; vgl auch AG Hamburg-Altona MDR 1994, 1125.
[10] Vgl OLG Celle FamRZ 2002, 340; OLG Hamm FamRZ 1993, 574, 575; OLG Karlsruhe FamRZ 1999, 301 sieht dies sogar als zwingend an.
[11] So OLG Hamm FamRZ 1988, 745, 746; aA OLG Hamm FamRZ 1993, 1462.
[12] Zu allem eingehend *Brudermüller* FamRZ 1989, 7 ff; auch *Johannsen/Henrich/Brudermüller* Rn 25.

gesetzlich nicht näher geregeltes – Nutzungsverhältnis vorzuziehen sein, namentlich bei beabsichtigter Zwangsversteigerung des gemeinsamen Hauses im Hinblick auf § 57 ZVG[13]. Für das neu begründete Mietverhältnis gelten grds die §§ 535 ff BGB. Der Richter hat von Amts wegen[14] die **Miete festzusetzen**, der sich vor allem an der ortsüblichen Vergleichsmiete orientieren sollte, aber auch an den persönlichen und wirtschaftlichen Verhältnissen, so dass die Vergleichsmiete auch unterschritten werden kann[15]. Von einer Miete kann abgesehen werden, wenn der Mietvorteil schon im Rahmen des Unterhalts berücksichtigt wurde. Sind die Ehegatten hälftige Eigentümer der Mietwohnung, richtet sich ein Nutzungsentgelt nur nach dem halben Mietwert[16].

§ 6 Teilung der Wohnung

(1) ¹Ist eine Teilung der Wohnung möglich und zweckmäßig, so kann der Richter auch anordnen, daß die Wohnung zwischen den Ehegatten geteilt wird. ²Dabei kann er bestimmen, wer die Kosten zu tragen hat, die durch die Teilung und ihre etwaige spätere Wiederbeseitigung entstehen.

(2) ¹Für die Teilwohnungen kann der Richter neue Mietverhältnisse begründen, die, wenn ein Mietverhältnis schon bestand, an dessen Stelle treten. ²§ 5 Abs. 2 Sätze 2 und 3 gelten sinngemäß.

Eine **Teilung der Wohnung** war in Zeiten der Wohnungsnot sicher eher in Erwägung zu ziehen als 1 jetzt. Nur selten dürften heute die Umstände so gegeben sein, dass die Ehewohnung ohne größeren Aufwand derart geteilt werden kann, dass sie beiden Partnern **auf Dauer** eigenen angemessenen Wohnraum bietet. Entspr dem Grundsatz der Verhältnismäßigkeit ist aber in geeigneten Fällen die Teilung der Wohnung zu bedenken, am ehesten noch, wenn ein Haus zur Verfügung steht. In jedem Fall muss ein **friedliches Zusammenleben** zu erwarten sein, vor allem, wenn notwendige Räume wie Küche und Bad weiterhin gemeinsam genutzt werden sollen[1].

Die Notwendigkeit **baulicher Änderungen** schließt eine Teilung der Wohnung nicht aus (Abs 1 2 S 2). Die baulichen Maßnahmen müssen bauordnungsrechtlich zulässig sein. Das Gericht hat dabei zu regeln, wer die Kosten für den Umbau und späteren Rückbau trägt; keinesfalls können sie dem Vermieter auferlegt werden[2]. Umstritten ist, ob die Teilung der Zustimmung des Vermieters/Eigentümers bedarf[3].

Die Begründung neuer **Mietverhältnisse** durch den Richter ist nicht zwingend. Er kann auch, bei 3 fortbestehendem alten Mietvertrag, lediglich die Benutzung der Wohnung und die Anteile der Ehegatten am Mietzins festlegen oder gar ein Untermietverhältnis des einen Ehegatten begründen. Neu begründete Mietverhältnisse müssen inhaltlich dem bisherigen Vertrag entsprechen; der addierte Mietzins für beide Teilwohnungen sollte nicht den alten Mietzins übersteigen[4].

Die Aufteilung der Ehewohnung während des Getrenntlebens richtet sich allein nach § 1361 b BGB. 4

§ 7 Beteiligte

Außer den Ehegatten sind im gerichtlichen Verfahren auch der Vermieter der Ehewohnung, der Grundstückseigentümer, der Dienstherr (§ 4) und Personen, mit denen die Ehegatten oder einer von ihnen hinsichtlich der Wohnung in Rechtsgemeinschaft stehen, Beteiligte.

Die Vorschrift bezieht die Personen, die von der Entscheidung im Wohnungszuweisungsverfahren 1 betroffen sein können, in das Verfahren als **Beteiligte** ein. Die Aufzählung ist abschließend. Dem Grundstückseigentümer werden die Inhaber eines der in § 3 Abs 2 genannten Rechte gleichgestellt[1*]. Zu den Personen, die mit den Ehegatten hinsichtlich der Wohnung in Rechtsgemeinschaft stehen (Miteigentümer, Mitmieter, Untermieter), werden die nicht gezählt, die nur tatsächlich die Wohnung mit benutzen, wie vor allem die Kinder, aber auch ein neuer Partner des Ehegatten. Der Umstand, dass Kinder nicht formell beteiligt sind, bedeutet aber nicht, dass ihre Interessen nicht zu beachten wären (vgl § 2 Abs 2).

Die Beteiligten haben eine **parteiähnliche Stellung**[2*], aber kein Antragsrecht. Anträge der Parteien 2 (soweit einschlägig, § 624 Abs 4 ZPO) und die Entscheidung sind ihnen zuzustellen. Auch mit den

---

[13] Vgl OLG Celle FamRZ 1992, 465, 466 = NJW-RR 1992, 1223.
[14] OLG München FamRZ 1990, 530, 531.
[15] BayObLG FamRZ 1977, 467, 472.
[16] BayObLG FamRZ 1974, 22, 24.
[1] OLG Hamburg FamRZ 1991, 1317, 1319.
[2] *Johannsen/Henrich/Brudermüller* Rn 5.
[3] Grds bejahend *Johannsen/Henrich/Brudermüller* Rn 4; nur bei baulichen Veränderungen *Staudinger/Weinreich* Rn 6; MünchKommBGB/*Müller-Gindullis* Rn 2.
[4] *Staudinger/Weinreich* Rn 9.
[1*] *Staudinger/Weinreich* Rn 4.
[2*] BayObLG NJW 1957, 63; FamRZ 1970, 36, 37.

HausratsVO § 8

Beteiligten ist idR mündlich zu verhandeln (§ 13 Abs 2); für sie besteht kein Anwaltszwang, auch nicht im Verbundverfahren. Sie haben ein selbstständiges Beschwerderecht (§ 20 FGG). Die Entscheidung wird erst wirksam, wenn sie allen Beteiligten gegenüber Rechtskraft erlangt hat. Auch ein Vergleich der Parteien ist nur wirksam, wenn ihm die Beteiligten zugestimmt haben. Sonst ist aber die Zustimmung des Vermieters nur im Falle des § 12 erforderlich.

3. Abschnitt. Besondere Vorschriften für den Hausrat (§§ 8–10)

§ 8 Gemeinsames Eigentum beider Ehegatten

(1) **Hausrat, der beiden Ehegatten gemeinsam gehört, verteilt der Richter gerecht und zweckmäßig.**

(2) **Hausrat, der während der Ehe für den gemeinsamen Haushalt angeschafft ist, gilt für die Verteilung (Absatz 1) auch dann, wenn er nicht zum Gesamtgut einer Gütergemeinschaft gehört, als gemeinsames Eigentum, es sei denn, daß das Alleineigentum eines Ehegatten feststeht.**

(3) **[1]Die Gegenstände gehen in das Alleineigentum des Ehegatten über, dem sie der Richter zuteilt. [2]Der Richter soll diesem Ehegatten zugunsten des anderen eine Ausgleichszahlung auferlegen, wenn dies der Billigkeit entspricht.**

1 § 8 regelt die **Verteilung des gemeinsamen Hausrats** der Ehegatten, vorbehaltlich der §§ 9 (Alleineigentum eines Ehegatten) und 10 (Sicherung der Rechte von Gläubigern). Zum Begriff des Hausrats s § 1 Rn 6. In die Rechte Dritter darf bei der Verteilung des Hausrats nicht eingegriffen werden (vgl § 10 Abs 2), so dass Dritte auch nicht Beteiligte am Verfahren sein können. Das Hausratsteilungsverfahren ersetzt die sonst notwendige Auseinandersetzung der Gemeinschaft am Hausrat nach den Regeln der §§ 752 ff BGB, insbes durch Verkauf (§ 753 BGB).

2 Die Verteilung entzieht allen Hausrat, der nach der HausratsVO verteilt werden kann, dem Zugewinnausgleich; dies gilt auch für eine Ausgleichszahlung nach Abs 3 S 1[1].

3 Der Verteilung nach § 8 unterliegt nur der Hausrat, der – unabhängig vom Güterstand – im **gemeinsamen Eigentum** der Eheleute steht. Dazu gehört entspr der **Vermutung des Abs 2** idR aller während der Ehe angeschaffte Hausrat. In Gütergemeinschaft fallen alle während der Ehe angeschafften Sachen außer Sondergut und Vorbehaltsgut (§§ 1417, 1418 BGB) in das Gesamtgut und sind damit ebenfalls gemeinsames Eigentum. Selbst bei Gütertrennung soll man idR von einer „Gemeinschaft des Erwerbs und Verbrauchs" ausgehen können[2].

4 Die Eigentumsvermutung des Abs 2 gilt nur für die HausratsVO und ist widerleglich. Schon die Vorschrift des § 1370 BGB über das Eigentum an Surrogaten steht der Vermutung entgegen, selbst bei wesentlich höherem Wert der Ersatzstücke[3]. Im Übrigen ist im Streitfall das behauptete **Alleineigentum von Amts wegen zu ermitteln.** Art und Umfang der Ermittlungen bestimmt das Familiengericht nach pflichtgemäßem Ermessen; Beweisanregungen hat es nachzugehen, solange der Aufwand nicht außer Verhältnis zum Wert der Sachen steht[4]. Entspr der Vermutung des Abs 2 ist beim Erwerb die Einigungserklärung eines Ehegatten im Zweifel so zu verstehen, dass beide Ehepartner Miteigentümer werden sollen; das Gegenteil steht nicht schon fest, wenn der Ehegatte den Gegenstand im eigenen Namen kauft und mit eigenen Mitteln bezahlt[5]. Auch die Eintragung als Halter beweist noch kein Alleineigentum am Pkw[6].

5 Die Vermutung gilt nur für angeschaffte, also **entgeltlich erworbene Gegenstände,** aber auch für selbst hergestellte Sachen[7]. Doch wird für Geschenke, vor allem zur Hochzeit, allgemein vermutet, dass sie beiden Eheleuten gehören sollen[8]. Umstritten ist, ob sich Ehegatten gewöhnliche Hausratsgegenstände idR gegenseitig nur zu Bruchteilseigentum schenken[9]. Selbst wenn man zu dieser Vermutung neigen sollte, dürfte dann umso eher dem behaupteten Alleineigentum des beschenkten Ehegatten nachzugehen sein[10]. Für Anschaffungen vor der Ehe gilt richtigerweise die Vermutung des Abs 2

---

[1] BGHZ 89, 137, 142 ff = FamRZ 1984, 144, 146 = NJW 1984, 484, 486 = JZ 1984, 380 m zust Anm *Lange*; OLG Düsseldorf FamRZ 1992, 60; aA *Gernhuber* FamRZ 1984, 1053, 1054 ff.
[2] BVerfGE 61, 319, 345 = FamRZ 1983, 129, 132 = NJW 1983, 271, 272; so auch *Johannsen/Henrich/Brudermüller* Rn 7.
[3] BayObLG FamRZ 1970, 31.
[4] *Johannsen/Henrich/Brudermüller* Rn 8.
[5] BGHZ 114, 74, 79 = FamRZ 1991, 923, 924 = NJW 1991, 2283, 2284.
[6] OLG Hamburg FamRZ 1990, 1118, 1119.
[7] OLG Düsseldorf NJW 1959, 1046.
[8] OLG Düsseldorf FamRZ 1994, 1384 f.
[9] So OLG Celle NdsRpfl 1960, 231, 232; auch *Palandt/Brudermüller* Rn 4; *MünchKommBGB/Müller-Gindullis* Rn 10.
[10] So mit Recht *Johannsen/Henrich/Brudermüller* Rn 9; *MünchKommBGB/Müller-Gindullis* Rn 5 aE.

nicht[11]. Vorher angeschaffter Hausrat kann aber schon immer gemeinsamer Hausrat gewesen oder später geworden sein. Für nach der Trennung angeschafften Hausrat gilt Abs 2 nicht mehr[12].

Der Hausrat ist **gerecht und zweckmäßig zu verteilen.** Es gelten damit die Billigkeitsregeln des § 2. Eine teilweise Einigung der Ehegatten ist zu beachten[13]. Die schon erreichte Teilung von Hausrat ist vorzutragen[14]. Soweit es auf den Wert der verteilten Gegenstände ankommt, ist der aktuelle Verkehrswert maßgeblich[15]. Sollte die billige Verteilung des Hausrats wertmäßig ein erhebliches Ungleichgewicht zur Folge haben, kommt eine **Ausgleichszahlung** in Betracht (Abs 3 S 2). Haben die Parteien den Hausrat selbst geteilt, ist die Anordnung einer isolierten Ausgleichszahlung durch den Richter nicht mehr zulässig[16]. Es kann jedoch zulässig sein, dass ein Ehegatte im Laufe des Verfahrens an Stelle der Zuweisung eines Gegenstandes nur noch einen Ausgleichsbetrag beansprucht[17]. Die Höhe der Ausgleichszahlung bestimmt sich nach den konkreten Umständen; die wirtschaftlichen Verhältnisse, die Dauer der Ehe, der Grund ihres Scheiterns und die Betreuung der gemeinsamen Kinder sind im Einzelfall maßgeblich. Sie können einem vollen Wertausgleich sogar zwingend entgegenstehen[18]. Auch die Möglichkeiten der Parteien, sich anderweitig Hausrat zu beschaffen, sind zu bedenken. Ein Ausgleich kann eventuell auch durch die Übertragung von Alleineigentum des begünstigten Ehegatten nach § 9 erfolgen[19]. 6

Durch die Zuteilung des Hausrats erwirbt der begünstigte Ehegatte mit Rechtskraft der Entscheidung (§ 16) **Alleineigentum,** im Falle des § 10 Abs 2 das Anwartschaftsrecht. Einer Übergabe bedarf es nicht. Rechte Dritter bleiben jedoch unberührt, auch ein gutgläubiger Erwerb scheidet aus[20]. Der Eigentumsübergang erfolgt unbedingt und unbefristet. Besteht nur ein vorübergehender Bedarf, sollte nur eine vorläufige Benutzungsregelung erfolgen. Mit der Zuteilung hat das Gericht die nötigen Anordnungen zur Herausgabe und Ausgleichszahlung zu treffen (vgl § 15 Rn 2). Zu den Folgen einer nur unvollständigen Umsetzung einer (auch vergleichsweisen) Zuweisung von Hausrat vgl § 1 Rn 9. 7

§ 9 Alleineigentum eines Ehegatten

(1) Notwendige Gegenstände, die im Alleineigentum eines Ehegatten stehen, kann der Richter dem anderen Ehegatten zuweisen, wenn dieser auf ihre Weiterbenutzung angewiesen ist und es dem Eigentümer zugemutet werden kann, sie dem anderen zu überlassen.

(2) [1]Im Falle des Absatzes 1 kann der Richter ein Mietverhältnis zwischen dem Eigentümer und dem anderen Ehegatten begründen und die Miete festsetzen. [2]Soweit im Einzelfall eine endgültige Auseinandersetzung über den Hausrat notwendig ist, kann er statt dessen das Eigentum an den Gegenständen auf den anderen Ehegatten übertragen und dafür ein angemessenes Entgelt festsetzen.

Auch wenn die Vorschrift nach hM nicht gegen Art 14 GG verstößt[1], sollte den nicht ganz unberechtigten Zweifeln dadurch Rechnung getragen werden, dass die Vorschrift eng ausgelegt und auf wenige und seltene Ausnahmefälle beschränkt wird[2]. Je länger Trennung und Scheidung zurückliegen, umso weniger rechtfertigt die nachwirkende eheliche Solidarität einen Eingriff in das Eigentum eines Ehegatten. 1

Voraussetzung hierfür ist zum einen, dass einer der Ehegatten **Alleineigentümer** von Hausratsgegenständen ist. Dagegen spricht oft zunächst die Vermutung des § 8 Abs 2. Ist ein Dritter Miteigentümer, kann ein Eingriff nach der HausratsVO nicht erfolgen, es sei denn, der Dritte ist einverstanden[3]. Es muss sich weiter um **notwendige Hausratsgegenstände** handeln wie Bett, Tisch, Stuhl, Schrank, auch Wäsche und Geschirr. Schließlich muss die Zuweisung an den anderen dem betroffenen Ehegatten **zumutbar** sein. Persönliche Vorlieben oder Empfindsamkeiten sind dabei außer Betracht zu lassen. Die Möglichkeit, dass die notwendigen Dinge des Lebens auch vom Träger der Sozialhilfe gestellt werden können, sollte ebenfalls bedacht werden[4]. 2

Mit der Zuweisung wird das **Eigentum unmittelbar** kraft richterlicher Gestaltung dem Nichteigentümer **übertragen.** Die Übertragung darf nur gegen Entgelt erfolgen (Abs 2 S 2 aE), das nach billigem Ermessen festzusetzen ist (§ 2). Die Gegenleistung kann aber auch in der Übertragung von Hausratsgegenständen bestehen, die im Eigentum des begünstigten Ehegatten stehen[5]. 3

---

[11] MünchKommBGB/*Müller-Gindullis* Rn 6; aA – mit Ausnahmen – *Staudinger/Weinreich* Rn 7.
[12] BGH FamRZ 1984, 144, 147.
[13] BGHZ 18, 143, 145.
[14] OLG Bamberg MDR 2001, 820.
[15] OLG Stuttgart FamRZ 1993, 1461; OLG Zweibrücken FamRZ 1993, 82, 84.
[16] OLG Karlsruhe FamRZ 2004, 891; OLG Naumburg FamRZ 1994, 390.
[17] OLG Naumburg FamRZ 2004, 889.
[18] BGHZ 18, 143, 145; OLG München FamRZ 1997, 752.
[19] *Johannsen/Henrich/Brudermüller* Rn 16.
[20] OLG Saarbrücken OLGZ 1967, 1, 3.
[1] Nachweise bei *Johannsen/Henrich/Brudermüller* Rn 1.
[2] So *Johannsen/Henrich/Brudermüller* Rn 1; *Staudinger/Weinreich* Rn 1.
[3] *Soergel/Heintzmann* Rn 2.
[4] *Staudinger/Weinreich* Rn 1.
[5] BayObLG MDR 1951, 623.

HausratsVO § 11

4 Alternativ besteht die Möglichkeit, an dem benötigten Gegenstand ein **Mietverhältnis** bei Festsetzung der Miete zu begründen. Seine Dauer oder die Modalitäten der (frühesten) Kündigung sollten ebenfalls geregelt werden, iÜ gelten die §§ 535 ff BGB; im Streitfall ist das Prozessgericht zuständig[6].

5 Die Anordnungen werden mit Rechtskraft des Beschlusses wirksam (§ 16 Abs 1 S 1).

§ 10 Gläubigerrechte

(1) Haftet ein Ehegatte allein oder haften beide Ehegatten als Gesamtschuldner für Schulden, die mit dem Hausrat zusammenhängen, so kann der Richter bestimmen, welcher Ehegatte im Innenverhältnis zur Bezahlung der Schuld verpflichtet ist.

(2) Gegenstände, die einem der Ehegatten unter Eigentumsvorbehalt geliefert sind, soll der Richter dem anderen nur zuteilen, wenn der Gläubiger einverstanden ist.

1 Ein wichtiger Aspekt der Hausratsteilung sind die für die Anschaffung und Instandhaltung des Hausrats eingegangenen Schulden. In der Praxis ist aber die Berücksichtigung der Schulden bei der Bemessung des Unterhalts weitaus häufiger.

2 Die **Schulden**, die mit dem Hausrat zusammenhängen, sind nach billigem Ermessen (§ 2) aufzuteilen. Die Regelung wirkt nur **im Innenverhältnis** und verschafft dem Ehegatten, der gleichwohl vom Gläubiger in Anspruch genommen wird, einen **Freistellungsanspruch**[1]. Die teilweise Rückforderung bereits getilgter Schulden vom anderen Ehegatten ist dagegen keine Familiensache[2].

3 Abs 2 schränkt schon die Verteilung des Hausrats durch den Richter ein, wenn ein **Eigentumsvorbehalt** an Gegenständen besteht, die nur ein Ehegatte erworben hat. Hier soll der durch den Vorbehalt gesicherte Verkäufer von der Verteilung des Hausrats nur betroffen werden, wenn er einverstanden ist. Im Ausnahmefall kann das Familiengericht den Gegenstand auch ohne Einverständnis des Gläubigers dem anderen Ehegatten zuteilen, wenn dafür Sorge getragen wird, dass der Verkäufer keinen Nachteil erleidet, etwa der begünstigte Ehegatte den Kaufpreisrest sofort zu entrichten hat[3]. Der Gläubiger hat aber ein Beschwerderecht[4]. Die Einschränkung des Abs 2 gilt für sicherungsübereignete, gemietete und geliehene Gegenstände entspr[5].

4. Abschnitt. Verfahrensvorschriften (§§ 11-19)

§ 11 Zuständigkeit

(1) Zuständig ist das Gericht der Ehesache des ersten Rechtszuges (Familiengericht).

(2) [1]Ist eine Ehesache nicht anhängig, so ist das Familiengericht zuständig, in dessen Bezirk sich die gemeinsame Wohnung der Ehegatten befindet. [2]§ 606 Abs. 2, 3 der Zivilprozeßordnung gilt entsprechend.

(3) [1]Wird, nachdem ein Antrag bei dem nach Absatz 2 zuständigen Gericht gestellt worden ist, eine Ehesache bei einem anderen Familiengericht rechtshängig, so gibt das Gericht im ersten Rechtszug das bei ihm anhängige Verfahren von Amts wegen an das Gericht der Ehesache ab. [2]§ 281 Abs. 2, 3 Satz 1 der Zivilprozeßordnung gilt entsprechend.

1 Die Regelung der sachlichen wie örtlichen Zuständigkeit soll weitgehend einen Gleichlauf mit der Zuständigkeit in anderen Familiensachen der Ehegatten bewirken. Alle Hausratsverfahren nach der VO fallen in die **ausschließliche Zuständigkeit des Familiengerichts;** ein Prozessgericht hat die Sache an das Familiengericht abzugeben (§ 18 Abs 1). Umstritten ist, ob bei verbotener Eigenmacht an Hausrat und Ehewohnung das Zivil- oder das Familiengericht zuständig ist (§ 18 a Rn 5–7). Werden im Prozess Ansprüche nach der HausratsVO geltend gemacht, so hat auch dann das Prozessgericht (insoweit) das Verfahren an das Familiengericht abzugeben (§ 18 Abs 1). Das Familiengericht ist ebenfalls zuständig, wenn in Hausratsangelegenheiten das anzuwendende ausländische Recht keine der HausratsVO entsprechende Regelung kennt[1*], es sei denn, der geltend gemachte Anspruch wäre auch nach deutschem Recht keine Familiensache[2*]. Zur Anwendung deutschen Rechts in Hausratsangelegenheiten s Art 17 a EGBGB.

---

[6] MünchKommBGB/*Müller-Gindullis* Rn 6.
[1] Vgl OLG Koblenz NJW-RR 1999, 1093 = FamRZ 2000, 304.
[2] BayObLG FamRZ 1985, 1057, 1058 = NJW-RR 1986, 6, 7; OLG Hamburg FamRZ 1988, 299; vgl auch OLG Koblenz NJW-RR 1999, 1093.
[3] Str, wie hier *Palandt/Brudermüller* Rn 2; *Staudinger/Weinreich* Rn 8.
[4] MünchKommBGB/*Müller-Gindullis* Rn 4.
[5] *Staudinger/Weinreich* Rn 12.
[1*] So OLG Düsseldorf FamRZ 1995, 1280.
[2*] OLG Köln FamRZ 1994, 1476.

Die **örtliche Zuständigkeit** bestimmt sich nach dem Ort der (früheren) Ehewohnung; hilfsweise gelten die Gerichtsstände nach § 606 Abs 2 und 3 ZPO. Ist (Abs 1) oder wird eine Ehesache der Parteien rechtshängig, so geht das Gericht der Ehesache vor; ein in erster Instanz anhängiges Hausratsverfahren ist dann an das Gericht der Ehesache abzugeben (Abs 3 S 1). Der Abgabebeschluss ist nicht anfechtbar und für das Familiengericht bindend (zu den Ausnahmen s § 18 Rn 2). 2

§ 12 Zeitpunkt der Antragstellung

Wird der Antrag auf Auseinandersetzung über die Ehewohnung später als ein Jahr nach Rechtskraft des Scheidungsurteils gestellt, so darf der Richter in die Rechte des Vermieters oder eines anderen Drittbeteiligten nur eingreifen, wenn dieser einverstanden ist.

Die Vorschrift stellt keine allgemeine Befristung für das Hausratsverfahren dar; die Ehegatten sind bei der Antragstellung an keine Frist gebunden. Im Einzelfall kann jedoch Verwirkung gegeben sein (§ 1 Rn 9). Die **Jahresfrist** bewirkt lediglich, dass der ausgezogene Ehegatte sich danach nicht mehr gegen den Willen des Vermieters aus dem Mietverhältnis lösen kann[1]. Das Familiengericht kann gleichwohl auch dann noch die Ehewohnung einem Ehegatten allein zuweisen und den anderen zur Räumung verpflichten, dabei aber nur anordnen, dass der verbleibende Ehegatte den weichenden im Innenverhältnis gegenüber dem Vermieter freizustellen hat, da dies nicht in die Rechte des Vermieters eingreift[2]. Erteilt der Dritte – gegenüber einem Ehegatten oder dem Gericht – sein Einverständnis, kann er es bis zum Schluss des Verfahrens, auch in der Beschwerdeinstanz, frei widerrufen[3]. Im Falle der Abgabe des Verfahrens wird gemäß § 18 Abs 2 die Jahresfrist schon mit der Klageerhebung gewahrt. 1

§ 13 Allgemeine Verfahrensvorschriften

(1) Das Verfahren ist unbeschadet der besonderen Vorschrift des § 621 a der Zivilprozeßordnung eine Angelegenheit der freiwilligen Gerichtsbarkeit.

(2) Der Richter soll mit den Beteiligten in der Regel mündlich verhandeln und hierbei darauf hinwirken, daß sich diese gütlich einigen.

(3) Kommt eine Einigung zustande, so ist hierüber eine Niederschrift aufzunehmen, und zwar nach den Vorschriften, die für die Niederschrift über einen Vergleich im bürgerlichen Rechtsstreit gelten.

(4) Lebt ein Kind in einer Wohnung, die Gegenstand einer Entscheidung über die Zuweisung ist, teilt der Richter dem Jugendamt, in dessen Bereich sich die Wohnung befindet, die Entscheidung mit.

(5) *(gegenstandslos)*

Das **Verfahren in Hausratssachen** ist ein Verfahren der – streitigen – freiwilligen Gerichtsbarkeit, jedoch modifiziert nach Maßgabe des § 621 a ZPO, so dass es dem Verfahren in anderen Familiensachen angenähert ist. So gilt im Verbund mit einem Scheidungsverfahren Anwaltszwang (§ 78 Abs 2 ZPO), wie auch in einem solchen Verfahren die Kostenverteilung nach § 93 a ZPO Vorrang hat. 1

Das Hausratsverfahren wird nur **auf Antrag** betrieben. Eine Bindung des Gerichts an das Antragsbegehren besteht nicht[1*]. Der Antrag stellt im Wesentlichen nur klar, ob eine Regelung über die Wohnung und/oder den Hausrat begehrt wird. Das Gericht ist zur Amtsermittlung (§ 12 FGG) verpflichtet, so dass es eine formelle **Beweislast** zu Lasten der Partei, die sich auf einen ungeklärten Umstand beruft, nicht gibt. Lässt sich aber das Vorhandensein eines verlangten Gegenstands oder das Eigentum hieran nicht feststellen, so trifft den sich darauf berufenden Ehegatten die Feststellungslast[2*]. Die Vermutung in § 8 Abs 2 kann jedoch helfen. Auch § 1361 b Abs 2 BGB enthält eine widerlegbare Vermutung zu Gunsten des Gewalttopfers; dem Täter obliegt hier der Nachweis, dass keine Wiederholung zu befürchten ist[3*]. Zur Aufklärung können die Beteiligten, ggf unter Zwang nach § 33 FGG[4], persönlich angehört werden, unter Umständen auch die Kinder und das Jugendamt[5], insbes bei einer Wohnungszuweisung (wegen § 2: „Wohl der Kinder"; vgl jetzt § 49 a Abs 2 FGG). 2

Mit den Beteiligten ist die Sache idR in **mündlicher Verhandlung** zu erörtern, auch in der Beschwerdeinstanz. Die vorrangig herbeizuführende Einigung der Beteiligten ist nach den Regeln der ZPO (§§ 159 ff) zu protokollieren; der Vergleich kann sich auch auf Gegenstände und Ansprüche außerhalb der HausratsVO erstrecken. 3

---

[1] AG Charlottenburg FamRZ 1990, 532, 533.
[2] BayObLG FamRZ 1970, 33, 35 = NJW 70, 329; OLG München FamRZ 1986, 1019, 1020.
[3] BayObLGZ 1957, 33, 38.
[1*] BGH FamRZ 1992, 531, 532; OLG Celle FamRZ 1999, 672.
[2*] OLG Köln FamRZ 2000, 305.
[3*] OLG Stuttgart FamRZ 2004, 876.
[4] OLG Bremen FamRZ 1989, 306.
[5] *Thalmann* FamRZ 1984, 16; krit *Lempp* FamRZ 1984, 15.

HausratsVO § 15

4 Der Richter kann im anhängigen Verfahren ab Eingang des Antrags auf besonderen Antrag eine **einstweilige Anordnung** treffen, § 621 g ZPO (zum Wahlrecht der antragstellenden Partei s § 18 a Rn 3). Sie soll nur vorläufig die Benutzung von Wohnung und Hausrat regeln, ggf auch nur vorerst den Besitz sichern. Die Anordnung soll die Entscheidung weder vorwegnehmen noch endgültige Tatsachen schaffen, aber nach Möglichkeit die voraussichtliche Entscheidung in der Hauptsache berücksichtigen. Von der Entscheidung über die Ehewohnung ist das Jugendamt zu benachrichtigen, wenn Kinder in der Wohnung leben (Abs 4).

§ 14 Rechtsmittel

Eine Beschwerde nach § 621 e der Zivilprozeßordnung, die sich lediglich gegen die Entscheidung über den Hausrat richtet, ist nur zulässig, wenn der Wert des Beschwerdegegenstandes 600 Euro übersteigt.

1 Die HausratsVO regelt die zulässigen **Rechtsmittel** nicht selbst, sondern setzt sie voraus. Lediglich soweit eine im Verbund durch Urteil getroffene Entscheidung über den Hausrat mit der Beschwerde angefochten wird, regelt § 14, dass der **Wert der Beschwerde** 600 Euro übersteigen muss. Dieser Wert bemisst sich nach dem Verkehrswert (§ 21 Rn 3); wird die Entscheidung nur teilweise angegriffen, ist nur auf den Wert der noch betroffenen Teile abzustellen[1]. Bei einer einstweiligen Anordnung über Hausrat kann der Beschwerdewert mit 1/5 des Verkehrswertes der streitigen Hausratsgegenstände angesetzt werden[2].

2 Ein konkreter **Antrag** ist nicht erforderlich, zumal das Ziel des Beschwerdeführers für das Beschwerdegericht nicht bindend ist. Der Angriff kann auf selbstständige Teile der Entscheidung beschränkt werden, nicht aber im Falle der Hausratsteilung auf einzelne Gegenstände, da stets der gesamte Hausrat Gegenstand der Erwägungen ist[3]. Nebenentscheidungen wie die über eine Räumungsfrist, Ausgleichszahlung etc können selbstständig angefochten werden, auch ohne Rücksicht auf den Wert des Beschwerdegegenstandes[4].

3 Die zulässigen Rechtsmittel sind:
- Gegen Entscheidungen nach der HausratsVO im **Verbundurteil** ist die – befristete – **Beschwerde** gemäß §§ 629 a, 621 e Abs 1, 621 Abs 1 Nr 7 ZPO statthaft; für die Ehegatten – nicht Dritte – gilt Anwaltszwang (§ 78 Abs 2 Nr 1 ZPO). Das Beschwerdegericht hat das Verbot der Schlechterstellung zu beachten[5]; bei einer angefochtenen Teilung des Hausrats darf daher der Beschwerdeführer im Ergebnis nicht schlechter stehen als vorher[6].
- In **isolierten Verfahren** nach der HausratsVO ist die Entscheidung zur Hauptsache als Endentscheidung ebenfalls mit der Beschwerde nach § 621 e ZPO anfechtbar. Anders als im Verbundverfahren besteht auch für Ehegatten kein Anwaltszwang.
- **Einstweilige Anordnungen** sind nicht anfechtbar, soweit sie nur die vorläufige Verteilung des Hausrats betreffen. Dies gilt auch für den Fall der Anordnung einer Nutzungsentschädigung[7]. Mit der sofortigen Beschwerde angreifbar ist gemäß § 620 c ZPO die Aufteilung oder Zuweisung der Ehewohnung an einen Ehegatten auf Grund mündlicher Verhandlung; war diese unterblieben, ist zunächst nach § 620 b Abs 2 ZPO die mündliche Verhandlung zu beantragen.

4 Die Möglichkeit der weiteren Beschwerde ist in keinem Fall gegeben, auch nicht, wenn die Beschwerde als unzulässig verworfen wurde[8].

§ 15 Durchführung der Entscheidung

Der Richter soll in seiner Entscheidung die Anordnungen treffen, die zu ihrer Durchführung nötig sind.

1 Der Richter soll schon im Tenor seiner Entscheidung nicht nur den herzustellenden Endzustand beschreiben, sondern den Parteien erforderlichenfalls auch den Weg dahin aufzeigen und hierzu Hilfestellungen geben. Diese dienen vor allem der Erleichterung und **Sicherung der Vollstreckung** (§ 16 Abs 3), ohne dass es dazu eines besonderen Antrags bedarf. Die Anordnungen können sich auch gegen Dritte richten, etwa den Vermieter oder einen in der Ehewohnung lebenden Lebensgefährten.

---

[1] KG FamRZ 1960, 241; NJW 1961, 1028.
[2] OLG Brandenburg FamRZ 2000, 1102.
[3] OLG Zweibrücken FamRZ 1993, 83.
[4] BayObLG FamRZ 1975, 421, 422; OLG Bamberg FamRZ 2001, 691; zur Anfechtung einer Kostenentscheidung nach § 99 Abs 2 ZPO vgl OLG Brandenburg FamRZ 2002, 1356 m krit Anm *Gottwald*.
[5] AA OLG Zweibrücken FamRZ 1993, 83 für die Verteilung von Hausrat.
[6] MünchKommBGB/*Müller-Gindullis* Rn 6; *Johannsen/Henrich/Brudermüller* Rn 4.
[7] OLG Brandenburg FamRZ 2003, 1305.
[8] BGH NJW 1980, 402, 403.

Bei Hausrat ist oft die **Herausgabe** der zugewiesenen Gegenstände anzuordnen oder auch die 2
Rückgabe eigenmächtig entfernten Hausrats. Herauszugebende Gegenstände sind in „vollstreckbarer"
Weise zu beschreiben[1]. Im Falle einer Ausgleichszahlung können die Modalitäten (Raten, Zug-um-
Zug) näher geregelt werden.

Bei der Zuweisung der Ehewohnung ist an die Anordnung der **Räumung,** insbes auch einer 3
Räumungsfrist zu denken. Die Frist ist nach billigem Ermessen (§ 2) zu bestimmen, wobei zu bedenken
ist, dass eine Vollstreckung erst mit der Rechtskraft der Entscheidung (§ 16 Abs 1) erfolgen kann. Dem
Ehegatten, dem die Ehewohnung zugewiesen wird, kann aufgegeben werden, die Umzugskosten des
weichenden Ehegatten zu übernehmen, sofern dies billig erscheint. Dies alles gilt auch bei Verfahren
nach § 2 GewSchG, § 64 b Abs 2 S 3 FGG.

Erfolgt nur eine **Teilung der Ehewohnung** gemäß § 6, sind Anordnungen über die Benutzung 4
gemeinsamer Einrichtungen sinnvoll; selbst ein Rauchverbot ist denkbar[2].

Vor allem als vorläufige Maßnahmen sind Anordnungen zur **Sicherung der Verhältnisse** recht 5
häufig: das Verbot, den Ehegatten zu bedrohen, misshandeln oder zu belästigen; die Untersagung,
Hausrat wegzuschaffen oder die Wohnung zu betreten; die Aufgabe, neu eingebaute Schlösser wieder
zu entfernen oder einen Schlüssel zur Tür herzugeben[3].

§ 16 Rechtskraft und Vollstreckbarkeit

(1) [1]Die Entscheidungen des Richters werden mit der Rechtskraft wirksam. [2]Sie binden
Gerichte und Verwaltungsbehörden.

(2) Die Änderung und die Begründung von Mietverhältnissen durch den Richter bedarf
nicht der nach anderen Vorschriften etwa notwendigen Genehmigung.

(3) Aus rechtskräftigen Entscheidungen, gerichtlichen Vergleichen und einstweiligen Anordnungen findet die Zwangsvollstreckung nach den Vorschriften der Zivilprozeßordnung
statt.

Die **Entscheidungen** nach der HausratsVO werden nach den Regeln der ZPO vollstreckt. Zuvor 1
müssen jedoch die Entscheidungen erst, und zwar mit Rechtskraft, **wirksam** geworden sein (Abs 1
S 1). Dies bedeutet, dass es eine vorläufige Vollstreckbarkeit der Anordnungen nicht gibt. Auch eine
sofortige Wirksamkeit seiner Entscheidung kann das Familiengericht nicht anordnen, da § 26 FGG
nicht gilt, weil § 16 als spezielle Norm vorgeht[1*].

Die **formelle Rechtskraft** tritt ein, wenn die Rechtsmittelfrist – auch für die Beteiligten nach § 7 – 2
abgelaufen oder auf Rechtsmittel verzichtet worden ist. Auch wenn der Beschwerdewert nach § 14
nicht erreicht ist, ist der Rechtszug nicht als erschöpft anzusehen, weil die Zulässigkeit des Rechtsmittels
noch anders beurteilt werden kann[2*]. Erging die Entscheidung im Verbund als Folgesache, kann sie
nicht vor Rechtskraft der Scheidung wirksam werden (§ 629 d ZPO). Mit Eintritt der Rechtskraft wird
die Entscheidung wirksam und vollstreckbar; ein darin angeordneter Eigentumsübergang oder die
Begründung eines Mietverhältnisses treten damit in Kraft. Abweichend davon kann in Verfahren nach
§ 2 GewSchG die sofortige Wirksamkeit und Vollstreckung der Entscheidung angeordnet werden
(§ 64 b Abs 2 S 3, Abs 3 S 3 FGG).

Die Entscheidungen erwachsen darüber hinaus auch in **materielle Rechtskraft,** da ein echtes 3
Streitverfahren, wenn auch nach den Regeln der freiwilligen Gerichtsbarkeit, gegeben ist[3*]. Die
Möglichkeit einer **Abänderung** nach § 17 schränkt jedoch die Bedeutung der Rechtskraft ein.

Abs 2 ist mit dem Ende der Wohnraumbewirtschaftung bedeutungslos. 4

Für die **Vollstreckung** verweist Abs 3 auf die ZPO. Dies macht vor allem eine Vollstreckungsklausel 5
nach § 724 ZPO erforderlich. Für einstweilige Anordnungen wird vertreten, dass hier analog § 929
ZPO eine Klausel entbehrlich sei[4]. Falls das Familiengericht nicht in den Entscheidungsgründen klargestellt hat, dass es eine umgehende Vollstreckung der einstweiligen Anordnung auch ohne Vollstreckungsklausel für zulässig hält, empfiehlt es sich gleichwohl, die Klausel erteilen zu lassen, um Zweifeln
der Vollstreckungsorgane vorzubeugen. Die Räumungsklage aus einem im Wohnungszuweisungsverfahren geschlossenen Vergleich ist keine Familiensache[5].

Die Vollstreckung zur **Herausgabe von Hausrat** wird nach § 883 ZPO vollzogen. Die **Woh-** 6
nungszuweisung wird nach § 885 ZPO vollstreckt. Umstritten war, ob dies auch für eine vorläufige
Zuweisung der Ehewohnung für die Zeit des Getrenntlebens gilt[6]. Nunmehr ergibt sich dies aus § 885
Abs 1 S 3 ZPO[7]. Die Anordnung des Gerichts nach § 15 sollte nur klarstellen, dass § 885 Abs 2 ZPO

---

[1] BGH FamRZ 1988, 255; OLG Köln FamRZ 2001, 174.
[2] OLG Celle FamRZ 1977, 203.
[3] Vgl OLG Brandenburg FamRZ 2004, 477; OLG Köln FamRZ 2003, 319.
[1*] *Staudinger/Weinreich* Rn 2.
[2*] Vgl BGHZ 4, 294 = NJW 1952, 425; GemSenat OGB NJW 1984, 1027.
[3*] Vgl BGHZ 6, 248, 258.
[4] So MünchKommBGB/*Müller-Gindullis* Rn 4; aA OLG Zweibrücken FamRZ 1984, 716.
[5] OLG Karlsruhe FamRZ 1996, 36.
[6] Verneinend OLG Köln FamRZ 1983, 1231: § 888 ZPO.
[7] OLG Saarbrücken OLGR 2005, 905.

HausratsVO § 18

nicht gilt, der Schuldner also nur in Person und allenfalls mit seinen persönlichen Sachen zu räumen hat.

7 Die Verweisung auf die ZPO macht auch die **Vollstreckungsgegenklage** nach § 767 ZPO zulässig[8], soweit nicht die Abänderung wegen veränderter Umstände nach § 17 gangbar ist[9]. Grds kann den endgültigen Anordnungen im Verfahren nach der HausratsVO weder eine Aufrechnung noch ein Zurückbehaltungsrecht entgegengehalten werden[10].

§ 17 Änderung der Entscheidung

(1) ¹Haben sich die tatsächlichen Verhältnisse wesentlich geändert, so kann der Richter seine Entscheidung ändern, soweit dies notwendig ist, um eine unbillige Härte zu vermeiden. ²In Rechte Dritter darf der Richter durch die Änderung der Entscheidung nur eingreifen, wenn diese einverstanden sind.

(2) Haben die Beteiligten einen gerichtlichen Vergleich (§ 13 Abs. 3) geschlossen, so gilt Absatz 1 sinngemäß.

(3) Will der Richter auf Grund der Absätze 1 oder 2 eine Wohnungsteilung (§ 6) wieder beseitigen, so soll er vorher die Gemeinde hören.

1 Trennung und Scheidung sind dynamische Vorgänge, deren Entwicklung das Gericht auch später noch Rechnung tragen muss. Dies gilt für seine Entscheidungen ebenso wie für gerichtliche (Abs 2) und außergerichtliche[1] Vergleiche der Parteien. In allen Fällen ist jedoch ein **Antrag** erforderlich[2], der unbefristet gestellt werden kann. Er ist an das seinerzeit erkennende Familiengericht zu richten; im Falle der Abänderung eines außergerichtlichen Vergleichs ist die Zuständigkeit nach § 11 neu zu bestimmen. Lautete die Vereinbarung, dass an Stelle von Barunterhalt die frühere Ehewohnung überlassen wurde, so ist jedoch eine Abänderung dieses Vergleichs nach den Regeln über die Abänderung eines Unterhaltsvergleichs zu betreiben[3].

2 Voraussetzung für eine Abänderung ist, dass in den tatsächlichen Verhältnissen eine **wesentliche Änderung** eingetreten ist, die die früher gefundene Lösung **grob unbillig** erscheinen lässt. Die Änderung darf weder vorhersehbar noch bei einem normalen Ablauf der Dinge zu erwarten gewesen sein[4]. Das Gericht müsste bei Kenntnis der neuen Umstände mit großer Wahrscheinlichkeit anders entschieden haben[5]. Nur außergewöhnliche Umstände vermögen die grobe Unbilligkeit zu begründen[6], die einen nachträglichen Eingriff rechtfertigt. Das kann auch dann gegeben sein, wenn der berechtigte Ehegatte die ihm allein zugewiesene Wohnung nicht nutzt[7]. Das Gericht darf dabei die ursprüngliche Regelung nur insoweit ändern, wie es – unter Umständen wiederholt – erforderlich ist, um die unbillige Härte zu vermeiden. Soweit nur nachträglich eine **Räumungsfrist** gewährt oder verlängert werden soll (die Vorschriften der ZPO gelten nicht), sind jedoch keine strengen Anforderungen an eine wesentliche Änderung der Verhältnisse zu stellen[8*].

3 In die **Rechte Dritter** darf in diesem Verfahren nur mit ihrem Einverständnis eingegriffen werden (Abs 1 S 2). Abs 3 ist nach dem Ende der Wohnraumbewirtschaftung obsolet.

§ 18 Rechtsstreit über Ehewohnung und Hausrat

(1) ¹Macht ein Beteiligter Ansprüche hinsichtlich der Ehewohnung oder des Hausrats (§ 1) in einem Rechtsstreit geltend, so hat das Prozeßgericht die Sache insoweit an das nach § 11 zuständige Familiengericht abzugeben. ²Der Abgabebeschluß kann nach Anhörung der Parteien auch ohne mündliche Verhandlung ergehen. ³Er ist für das in ihm bezeichnete Gericht bindend.

(2) Im Falle des Absatzes 1 ist für die Berechnung der in § 12 bestimmten Frist der Zeitpunkt der Klageerhebung maßgebend.

1 Hierdurch wird in Angelegenheiten von Hausrat und Ehewohnung die **ausschließliche Zuständigkeit des Familiengerichts** gesichert, an das ein Prozessgericht die Sache von Amts wegen abzugeben hat. Eine Sache ist, unter Umständen nur teilweise („insoweit"), auch dann noch abzugeben,

---

[8] OLG Hamm FamRZ 1988, 745.
[9] So *Staudinger/Weinreich* Rn 16; *Johannsen/Henrich/Brudermüller* Rn 5.
[10] Zu Einzelfällen vgl *Johannsen/Henrich/Brudermüller* Rn 6.
[1] BGH FamRZ 1994, 98, 101.
[2] BGH FamRZ 1994, 98, 101; OLG Köln FamRZ 1997, 1345 f; aA *Soergel/Heintzmann* Rn 6, der eine Abänderung auch von Amts zulässt.
[3] OLG Karlsruhe FamRZ 1995, 1157 = NJW 1995, 709.
[4] *Staudinger/Weinreich* Rn 6; vgl OLG Hamm FamRZ 1988, 645 li Sp.
[5] OLG Naumburg OLGR 2004, 164 = FamRB 2004, 316.
[6] OLG Dresden FamRZ 2005, 1581; OLG Köln FamRZ 1997, 892, 893.
[7] AG Lemgo FamRZ 2006, 561.
[8*] So auch MünchKommBGB/*Müller-Gindullis* Rn 5 unter Hinweis auf OLG München FamRZ 1978, 196 = NJW 1978, 548.

wenn die Zuständigkeit des Familiengerichts erst später im Laufe des Verfahrens begründet wird[1]. Ggf verweist erst ein Berufungsgericht durch Urteil[2] an das Familiengericht. Umgekehrt kann der Familienrichter seinerseits die Sache an ein Prozessgericht abgeben.

Die **Abgabe** ist **bindend**, es sei denn, ihr fehlt jegliche Grundlage und sie ist daher als willkürlich 2 anzusehen, oder das rechtliche Gehör wurde verletzt[3]. Notfalls wechselt das Familiengericht von den Regeln der HausratsVO zu den Prozessvorschriften der ZPO, wenn dies der zu Unrecht verwiesenen Sache besser entspricht[4]. Der Abgabebeschluss ist für die Parteien nicht anfechtbar[5].

Das Verfahren beginnt nach der Abgabe vor dem Familiengericht neu; beide Verfahren bilden 3 kostenrechtlich eine Einheit (s Erl zu § 23). Auch die Jahresfrist nach Rechtskraft der Scheidung gemäß § 12 wird mit dem Beginn des ersten Verfahrens gewahrt.

§ 18 a Getrenntleben der Ehegatten

Die vorstehenden Verfahrensvorschriften sind sinngemäß auf die Verteilung des Hausrats im Falle des § 1361 a und auf die Entscheidungen nach § 1361 b des Bürgerlichen Gesetzbuchs anzuwenden.

Die schon ab Trennung der Eheleute zulässigen Anträge auf Grund der Sachnormen §§ 1361 a, 1 1361 b BGB werden hier mit den Verfahrensregeln der HausratsVO verknüpft; die Aufgaben nach den §§ 1 ff setzen erst „anlässlich der Scheidung" ein. Während der **Trennungszeit** sind jedoch nur **vorläufige Regelungen** zulässig, die sich auf das Innenverhältnis der Ehegatten begrenzen. Eine rechtsgestaltende Regelung mit Außenwirkung, insbes hinsichtlich der Rechtsverhältnisse an der Ehewohnung, ist damit ausgeschlossen[1*].

Ausdrücklich werden nur die **Verfahrensvorschriften** der §§ 11 bis 18 für **anwendbar** erklärt. 2 Daneben gelten aber auch das Antragserfordernis nach § 1, die Vermutung des Miteigentums am Hausrat, soweit er während der Ehe angeschafft wurde, nach § 8 Abs 2 sowie die Kostenvorschriften der §§ 20 ff. Umstritten ist, ob Dritte iS von § 7 wie der Vermieter auch hier zu beteiligen sind; richtigerweise sollte ihre Beteiligung nicht erforderlich sein, da die nur vorläufigen Regelungen nicht rechtsgestaltend wirken[2*].

Sind mehrere Verfahren der Parteien anhängig, ist die **Verbundzuständigkeit** bei dem Gericht der 3 (auch erst später) rechtshängigen Ehesache nach § 621 Abs 3 ZPO zu beachten durch Verweisung nach § 11 Abs 3. Verfahren auf Grund der §§ 1361 a, 1361 b BGB können auch noch eingeleitet werden, wenn eine Ehesache schon anhängig ist. Denn die antragstellende Partei kann wählen, ob sie ein summarisches Verfahren nach § 620 Nr 7 ZPO will, das einerseits gemäß § 620 c ZPO nur eingeschränkt anfechtbar ist, andererseits infolge § 620 f ZPO auch über die Scheidung hinaus fortgelten kann, oder ob sie in Hauptsacheverfahren will, das die Möglichkeit der Beschwerde bietet und nötigenfalls auch vorab eine einstweilige Anordnung nach § 621 g ZPO. Wegen der **Wahlmöglichkeit** kann der Antragsteller auch später noch von einer Verfahrensart – in erster Instanz – in die andere wechseln[3*], oder nach einem einstweiligen Anordnungsverfahren nach § 620 Nr 7 ZPO ein Hauptsacheverfahren einleiten[4*], denn allein dieses kann in Rechtskraft erwachsen[5*].

In den Verfahren nach §§ 1361 a, 1361 b BGB tritt **Erledigung** ein, wenn das Getrenntleben endet, 4 sei es durch Auflösung der Ehe oder durch Aufgabe der Trennung. Ein weiter gestellter Antrag wird unzulässig; im Falle der Scheidung kann jedoch jeder Ehegatte die Überleitung in ein Verfahren nach § 1 beantragen[6]. Eine bereits ergangene Entscheidung wird gegenstandslos[7], es sei denn, sie ist als einstweilige Anordnung nach § 620 Nr 7 ZPO ergangen und gilt über das Ende der Ehe hinaus fort, sofern sie nicht ausdrücklich auf die Zeit des Getrenntlebens beschränkt worden ist.

Zum **Besitzschutz** während des Getrenntlebens ist zunächst zu unterscheiden zwischen dem Prob- 5 lem der Zuständigkeit des Familien- oder Zivilgerichts und der Frage nach der anwendbaren Sachnorm. Ab Trennung der Eheleute ist in der Mehrzahl der Streitigkeiten um Wohnung und Hausrat die **Zuständigkeit** des Familiengerichts gegeben, aber auch nur, soweit seine Sachkompetenz reicht.

Bei Mobiliarsachen ist die Kompetenz des Familiengerichts im Falle von **Hausrat** gemäß § 1361 a 6 BGB von Beginn der Trennung an gegeben. Im Falle der manchmal nur schwer davon zu trennenden

---

[1] BGH FamRZ 1983, 794.
[2] KG FamRZ 1974, 195, 197.
[3] OLG Köln FamRZ 1992, 971.
[4] OLG Köln FamRZ 1980, 173, 174; OLG Hamburg FamRZ 1982, 941; aA OLG Karlsruhe Justiz 1986, 141.
[5] Str, so OLG Köln FamRZ 1998, 171 mwN; zu den Ausnahmen vgl BGH FamRZ 1988, 155; 1990, 987; 1991, 928; 1994, 98, 100.
[1*] OLG Köln FamRZ 1994, 632 li Sp; OLG München FamRZ 1996, 302.
[2*] *Johannsen/Henrich/Brudermüller* § 1361 b BGB Rn 51; OLG Hamm FamRZ 1987, 1277; OLG Koblenz FF 2000, 28.
[3*] *Brudermüller* FamRZ 1999, 193, 201.
[4*] OLG Köln FamRZ 1994, 632 re Sp.
[5*] OLG Köln FamRZ 1997, 892, 893.
[6] OLG Karlsruhe FamRZ 1988, 1305, 1306.
[7] OLG Hamm FamRZ 1992, 1455, 1456; *Maurer* FamRZ 1991, 886, 891; aA MünchKommBGB/*Müller-Gindullis* Rn 7.

HausratsVO § 20

persönlichen Sachen eines Ehegatten ist eine Zuständigkeit des Familiengerichts erst ab Einreichung des Scheidungsantrages begründet, § 620 Nr 8 ZPO. Bis dahin ist das Zivilgericht zuständig[8]. In eindeutigen Fällen sollten daher Anträge zu den persönlichen Sachen abgetrennt und an die Zivilabteilung verwiesen werden. Im Einzelfall kann es hinnehmbar sein, dass das Familiengericht im Hausratsverfahren während des Trennungsjahres auch den Streit um persönliche Sachen mit erledigt, vor allem in einem Verfahren auf vorläufigen Rechtsschutz. Das zulässigerweise vor Beginn eines Scheidungsverfahrens um einstweiligen Rechtsschutz angegangene Zivilgericht sollte seinerseits – gerade wegen der geltend gemachten Eilbedürftigkeit, erst recht im Falle verbotener Eigenmacht – das Verfahren nicht an das eventuell auch zuständige Familiengericht verweisen[9].

7 Der Streit um die **Ehewohnung** gehört ebenfalls grds ab der Trennung in die Kompetenz der Familiengerichte, aber auch nur, soweit der anfangs allein anwendbare § 1361 b BGB zu helfen vermag. Diese Vorschrift gewährt lediglich einen Anspruch auf Ausschluss des anderen Ehegatten von der weiteren Nutzung der Ehewohnung. Nur insoweit kann ein Familiengericht während der Trennungszeit die Verhältnisse an der Ehewohnung regeln (§ 621 Abs 1 Nr 7 ZPO). Erst ab Einreichung der Scheidung hat das Familiengericht die umfassende Kompetenz zur Regelung der Rechtsverhältnisse an der Ehewohnung nach der HausratsVO. Wird vorher der freiwillig ausgezogene Ehegatte, der aber persönliche Sachen oder Sachen der Kinder in der Ehewohnung zurückgelassen hat, vom anderen Ehegatten am **Zutritt zur Wohnung** gehindert, kann er seinen fortbestehenden Mitbesitz an der Ehewohnung nur im Wege des Besitzschutzes nach den §§ 858 ff BGB sichern. Dieses rein zivilrechtliche Petitum kann er konsequenterweise nur bei dem Zivilgericht verfolgen[10].

8 Abgesehen von diesen Spezialfällen tritt auch in den Verfahren des Familiengerichts nach den §§ 1361 a, 1361 b BGB gegenüber den Regeln dieser Normen das **Verbot der Eigenmacht** nicht zurück[11]. Der Anspruch auf Rückschaffung ist zwar im Hausratsverfahren geltend zu machen[12], doch besteht auch in diesem von dem Prinzip der Billigkeitsentscheidung geprägten Verfahren ein Bedürfnis nach einer schnellen Wiederherstellung des Rechtsfriedens und für einen Schutz vor Eigenmächtigkeiten[13]. Vor allem im Verfahren auf einstweiligen Rechtsschutz geht somit im Zweifel der possessorische Anspruch vor, es sei denn, dass das petitorische Begehren des eigenmächtigen Partners, das er als Widerklage oder Gegenantrag in das Verfahren einführen kann[14], ohne jeden Zweifel zu billigen ist[15]. Dies kann dann der Fall sein, wenn der eigenmächtige Gatte den Gegenstand dringend benötigt[16], nicht aber schon, wenn dessen Benutzung durch ihn (nur) der Billigkeit entspricht[17].

§ 19 *(aufgehoben)*

1 Die Vorschrift ließ einstweilige Anordnungen zu, die jetzt nach § 620 Nr 7 ZPO ab Anhängigkeit einer Ehesache möglich sind. Vorher ist einstweiliger Rechtsschutz über § 1361 a bzw § 1361 b BGB und §§ 621 Abs 1 Nr 7, 621 g ZPO gegeben.

5. Abschnitt. Kostenvorschriften (§§ 20–23)

§ 20 Kostenentscheidung

[1]**Welcher Beteiligte die Gerichtskosten zu tragen hat, bestimmt der Richter nach billigem Ermessen.** [2]**Dabei kann der Richter auch bestimmen, daß die außergerichtlichen Kosten ganz oder teilweise zu erstatten sind.**

1 § 20 betrifft die **Kostenentscheidung im isolierten Hausratsverfahren**. Als Sondervorschrift geht sie § 13 a FGG vor[1]. Sie berücksichtigt, dass Sachanträge nicht erforderlich sind und deshalb ein Obsiegen/Unterliegen dann kaum feststellbar ist. Bei **Erledigung** des Verfahrens, auch durch Tod eines Ehegatten, gilt ebenfalls § 20[2]. Gleiches gilt für das **Beschwerdeverfahren**[3].

---

[8] *Johannsen/Henrich/Brudermüller* § 1361 a BGB Rn 44.
[9] *Ewers* FamRZ 1999, 74, 76.
[10] *Johannsen/Henrich/Brudermüller* § 1361 a BGB Rn 43; MünchKommBGB/*Müller-Gindullis* § 1 Rn 14.
[11] BGH FamRZ 1982, 1200 = NJW 1983, 47.
[12] BGH FamRZ 1982, 1200 = NJW 1983, 47; OLG Karlsruhe FamRZ 2007, 59; OLG Köln FamRZ 1997, 1276.
[13] *Soergel/Lange* § 1361 a BGB Rn 13; MünchKommBGB/*Wacke* § 1361 a BGB Rn 16.
[14] *Staudinger/Hübner* § 1361 a BGB Rn 43.
[15] Vgl *Vogel* FamRZ 1981, 839, 840.
[16] So OLG Frankfurt FamRZ 2003, 47; auch OLG Köln FamRZ 2001, 174.
[17] So aber OLG Nürnberg FamRZ 2006, 486 = NJW-RR 2006, 149; dazu krit *Brudermüller* FamRZ 2006, 1157, 1161; *Miesen* FamRZ 2006, 488.
[1] Zuletzt OLG Bamberg NJW-RR 1995, 514 = FamRZ 1995, 560 mwN.
[2] OLG Karlsruhe FamRZ 1994, 918; OLG Hamm FamRZ 1969, 102.
[3] OLG Koblenz FamRZ 1987, 852.

Über die **Gerichtskosten** ist vom Richter in jedem Falle eine Entscheidung zu treffen. Er kann zugleich ganz oder teilweise eine **Erstattung der außergerichtlichen Kosten** anordnen, S 2. Er entscheidet nach billigem Ermessen. Maßgeblich ist vor allem der Ausgang des Verfahrens; auch die für die Entscheidung in der Sache bestimmenden Umstände nach § 2 sind zu beachten. Daneben spielen die wirtschaftlichen Verhältnisse der Parteien ebenso eine Rolle wie ihre Art der Verfahrensführung. Die Gründe, die zum Scheitern der Ehe führten, können für sich allein die Kostenverteilung nicht tragen[4]. Die Rücknahme des Antrags kann, aber muss nicht die Verpflichtung auslösen, die außergerichtlichen Kosten der anderen Beteiligten zu erstatten, je nachdem, ob die Rücknahme wegen fehlender Erfolgsaussicht oder etwa mit Rücksicht auf eine außergerichtliche Einigung erfolgte.

Auch am Verfahren **beteiligte Dritte** können ausnahmsweise ganz oder zum Teil mit Kosten belastet werden, insbes wenn durch ihr Verhalten zusätzlich Kosten entstanden sind, etwa weil bei Einigkeit der Eheleute der Vermieter außergerichtlich seine Mitwirkung verweigert[5]. Umgekehrt können auch die Kosten des grundlos in das Verfahren einbezogenen Vermieters von den Eheleuten zu erstatten sein[6].

Eine **Anfechtung der Kostenentscheidung** kann nicht isoliert erfolgen (§ 20a Abs 1 S 1 FGG). Ist eine **Entscheidung nur über die Kosten** – die ggf analog § 321 ZPO nachgeholt werden darf[7] – ergangen, kann sie gemäß § 20a Abs 2 FGG mit der sofortigen Beschwerde angefochten werden, sofern der Wert der Beschwerde 100 Euro übersteigt; es müsste jedoch ein Rechtsmittel in der Hauptsache zulässig gewesen sein[8]. Fehlt der Kostenentscheidung allerdings eine gesetzliche Grundlage, etwa weil von der Erhebung von Gerichtskosten abgesehen wurde, so ist der Betroffene – hier die Staatskasse – anfechtungsberechtigt[9].

Die **Kostenfestsetzung** richtet sich gemäß § 13a Abs 3 FGG nach §§ 103 bis 107 ZPO. Über eine sofortige Beschwerde (§ 104 Abs 3 ZPO) entscheidet, da Familiensache, das Oberlandesgericht[10]. **Kostenschuldner** ist außer dem Beteiligten, dem die Kosten auferlegt wurden, auch der Antragsteller (§ 2 Nr 1 KostO).

Für **Hausratsverfahren im Verbund** einer Scheidungssache (§ 623 ZPO), und einstweilige Anordnungen nach § 620 Nr 7 ZPO gelten die Kostenregelungen der §§ 93a Abs 1 und 2, 97 Abs 3, 626 ZPO. Soweit diese Vorschriften im Einzelfall, etwa nach Rücknahme des Antrags oder der Beschwerde, nicht eingreifen, ist angesichts § 621a Abs 1 S 1 ZPO wieder nach § 20 zu verfahren[11].

§ 21 *(aufgehoben)*

§ 100 KostO Wohnung, Hausrat

(1) ¹Für das gerichtliche Verfahren nach der Verordnung über die Behandlung der Ehewohnung und des Hausrats wird die volle Gebühr erhoben. ²Kommt es zur richterlichen Entscheidung, so erhöht sich die Gebühr auf das Dreifache der vollen Gebühr. ³Wird der Antrag zurückgenommen, bevor es zu einer Entscheidung oder einer vom Gericht vermittelten Einigung gekommen ist, so ermäßigt sich die Gebühr auf die Hälfte der vollen Gebühr.

(2) Sind für Teile des Gegenstands verschiedene Gebührensätze anzuwenden, so sind die Gebühren für die Teile gesondert zu berechnen; die aus dem Gesamtbetrag der Wertteile nach dem höchsten Gebührensatz berechnete Gebühr darf jedoch nicht überschritten werden.

(3) ¹Der Geschäftswert bestimmt sich, soweit der Streit die Wohnung betrifft, nach dem einjährigen Mietwert, soweit der Streit den Hausrat betrifft, nach dem Wert des Hausrats. ²Betrifft jedoch der Streit im Wesentlichen nur die Benutzung des Hausrats, so ist das Interesse der Beteiligten an der Regelung maßgebend. ³Der Richter setzt den Wert in jedem Fall von Amts wegen fest.

(4) Die Absätze 1 bis 3 gelten entsprechend für Lebenspartnerschaftssachen nach § 661 Abs. 1 Nr. 5 der Zivilprozessordnung.

Die durch das LPartG vom 16. 2. 2001 aufgehobenen Regelungen des § 21 über Gebühren und Geschäftswert im Hausratsverfahren finden sich jetzt unverändert (und um Abs 4 ergänzt) in § 100 KostO. Die in § 100 Abs 1 KostO genannten **Gerichtsgebühren** entstehen nur **im isolierten Hausratsverfahren**. Eine einstweilige Anordnung nach § 621g ZPO löst dabei keine besonderen –

---

[4] So auch *Staudinger/Weinreich* Rn 3; *Johannsen/Henrich/Brudermüller* Rn 2.
[5] AG Detmold FamRZ 1996, 1292.
[6] OLG Hamburg FamRZ 1994, 716, 717.
[7] OLG Hamburg FamRZ 1994, 716, 717.
[8] *Keidel/Kuntze/Winkler* § 20a FGG Rn 9; *Staudinger/Weinreich* Rn 7; MünchKommBGB/*Müller-Gindullis* Rn 5.
[9] OLG Koblenz FamRZ 1996, 1023, 1024.
[10] BGH FamRZ 1978, 585.
[11] Str, wie hier MünchKommBGB/*Müller-Gindullis* Rn 8 mwN zum Streitstand.

HausratsVO § 23

gerichtlichen – Gebühren aus. Als Entscheidung iS von S 2 gilt nicht die Abweisung eines Antrages (allgM). Ist jedoch das Begehren deshalb erfolglos, weil es nicht unter die HausratsVO fällt, sind gleichwohl die Gebühren nach Abs 1 in Ansatz zu bringen[1].

2 § 100 Abs 2 KostO ist § 36 Abs 3 GKG nachgebildet. Hier wie dort soll eine **teilweise Einigung** der Parteien belohnt werden. Die dreifache Gebühr für eine Entscheidung des Gerichts ist dann nur nach dem Wert des noch streitigen Gegenstandes zu berechnen, vorbehaltlich der durch eine Vergleichsberechnung zu ermittelnden Maximalgebühr nach dem Gesamtstreitwert[2].

3 Der **Geschäftswert** des isolierten Hausratsverfahrens bestimmt sich gemäß § 100 Abs 3 KostO grds nach dem Wert der gesamten Wohnung bzw des gesamten Hausrats, da bei der Entscheidung jeweils die Verhältnisse insgesamt zu erwägen sind. Beide Werte sind ggf zu addieren. Eine Ausgleichszahlung erhöht den Wert nicht[3]. Der einjährige **Mietwert der Wohnung** ist, falls nicht bekannt, zu schätzen. Wird die Zuweisung der ehelichen Wohnung nur für die Dauer des Getrenntlebens (§ 18a iVm § 1361b BGB) angestrebt, verbleibt es nach inzwischen herrschender Ansicht bei dem Jahreswert der Miete[4]. Für das Verfahren der einstweiligen Anordnung im Verbundverfahren gibt § 53 Abs 2 S 2 GKG einen festen Wert von 2000 Euro vor. Wurde die Wohnung nach § 2 GewSchG (idR befristet) zugewiesen, so verweist § 100a Abs 2 KostO auf § 30 Abs 2 KostO, also auf einen Regelwert von 3000 Euro; für einstweilige Anordnungen gilt hier wieder § 53 Abs 2 S 2 GKG. Für den Streit um die Verteilung des Hausrats ist der gegenwärtige **Verkehrswert des gesamten Hausrats** maßgeblich, nicht nur der begehrten Gegenstände[5]. Allerdings wirkt sich eine teilweise Einigung der Parteien wertmindernd aus (Rn 2). Als Verkehrswert kann dabei nicht der bei einem Verkauf erzielbare Erlös, der oft gegen Null tendieren würde, sondern der konkrete Nutzwert für die Ehegatten angesetzt werden. Ist nur die Benutzung des Hausrats während des Getrenntlebens streitig, ist der Wert zu ermäßigen (Abs 3 S 2) und nach § 30 KostO zu schätzen. Den Wert einer einstweiligen Anordnung im Verbund bemisst § 53 Abs 2 S 2 GKG auf den festen Betrag von 1200 Euro. Die Festsetzung des Geschäftswertes, die stets von Amts wegen zu erfolgen hat (Abs 3 S 3), kann gemäß § 31 Abs 3 KostO mit der Beschwerde angefochten werden.

4 Werden **Hausratsangelegenheiten im Verbund** des Scheidungsverfahrens behandelt, gelten gemäß § 1 Abs 2 GKG die Gebühren des GKG. Dort ist auch die einstweilige Anordnung nach § 620 S 1 Nr 7 ZPO mit einer halben Gebühr belegt (KV 1421), sofern sie auf Antrag ergangen ist. Für die Wertberechnung gilt hier § 48 GKG, bei einstweiliger Anordnung § 53 Abs 2 S 2 GKG.

5 Im **Beschwerdeverfahren** werden die gleichen Gebühren erhoben wie im ersten Rechtszug (§ 131a Nr 2 KostO). Ist nur eine eingeschränkte Überprüfung der angefochtenen Entscheidung erstrebt oder geboten, kann der Wert des Beschwerdeverfahrens entspr zu reduzieren sein.

§ 22 *(aufgehoben)*

1 Die Vorschrift betraf die **Gebühren des Rechtsanwalts.** Nach dem Wegfall der früheren Vorschrift des § 63 Abs 3 BRAGO erhält er auch im Verfahren nach der HausratsVO die vollen Gebühren nach Teil 3 VV RVG. Einstweilige Anordnungen gelten nunmehr als eigene Angelegenheiten (§ 17 Nr 4b RVG); zu wiederholten Anträgen in derselben Hauptsache siehe § 18 RVG. Der Gegenstandswert für die Verfahren auf Erlass einer einstweiligen Anordnung wird in § 24 S 1 RVG für Folgesachen grds auf 500 Euro begrenzt, doch verweist § 24 S 2 RVG für die Verfahren nach der HausratsVO auf die höheren Werte in § 53 Abs 2 S 2 GKG (§ 21 Rn 3).

§ 23 Kosten des Verfahrens vor dem Prozeßgericht

Gibt das Prozeßgericht die Sache nach § 18 an das nach dieser Verordnung zuständige Familiengericht ab, so ist das bisherige Verfahren vor dem Prozeßgericht für die Erhebung der Gerichtskosten als Teil des Verfahrens vor dem übernehmenden Gericht zu behandeln.

1 **Gerichtskosten** für das Verfahren werden, selbst nach vorangegangener Verweisung, nur **einheitlich** nach Maßgabe der §§ 20, 21 erhoben. Für die Gebühren des Rechtsanwalts ist Entsprechendes in § 20 RVG geregelt, jedoch mit der Besonderheit, dass das Verfahren vor dem Familiengericht gemäß § 20 S 2 RVG als neuer Rechtszug gilt, wenn erst das zweitinstanzliche Gericht verwiesen hat[1*].

---

[1] KG MDR 1984, 154.
[2] Rechenbeispiel bei *Hartmann* § 36 GKG Rn 9.
[3] KG Rpfleger 1972, 464.
[4] OLG Bamberg FamRZ 2003, 467; OLG Hamm FamRZ 2006, 141; OLG Dresden FamRZ 2007, 234; aA OLG Karlsruhe FamRZ 2003, 1767.
[5] OLG Köln FamRZ 2007, 234.
[1*] KG FamRZ 1974, 195, 197 zu § 14 BRAGO.

6. Abschnitt. Schlußvorschriften (§§ 24–27)

§ 24 *(aufgehoben)*

§ 25 Aufhebung und Nichtigerklärung der Ehe

Wird eine Ehe aufgehoben, so gelten die §§ 1 bis 23 sinngemäß.

Die Vorschriften der HausratsVO gelten nicht nur für den Fall der Scheidung, sondern auch der 1
Aufhebung der Ehe. Ihre sinngemäße Anwendung ist seit der Reform des Eheschließungsrechts zum 1. 7. 1998 durch § 1318 Abs 4 BGB nunmehr ausdrücklich dahin eingeschränkt, dass die Umstände bei der Eheschließung, die gemäß § 1314 BGB zur Aufhebung der Ehe führen, besonders zu berücksichtigen sind; ebenso sind bei Verstoß gegen § 1306 BGB (Bigamie) die Belange der dritten Person zu beachten. Das Aufhebungsverfahren nach den §§ 631 ff ZPO kennt aber keinen Verbund. Über die Folgen einer Aufhebung der Ehe kann also erst nach Rechtskraft des Urteils entschieden werden. Für den Fall einer Verbindung von Aufhebungsantrag und (hilfsweisem) Antrag auf Scheidung der Ehe geht die Aufhebung der Ehe vor (§ 631 Abs 2 S 1 ZPO); auch dann können die für den Fall der Scheidung bereits anhängig gemachten Folgesachen richtigerweise erst nach Rechtskraft des Aufhebungsurteils unter Beachtung der Einschränkungen des § 1318 BGB beschieden werden.

Bei Auflösung einer **eheähnlichen Lebensgemeinschaft** ist die HausratsVO, trotz vergleichbarer 2
Probleme, nicht entspr anwendbar[1]. Für gleichgeschlechtliche Lebenspartnerschaften sieht das LPartG bei Trennung (§§ 13, 14 LPartG) und Aufhebung der Partnerschaft (§§ 17 ff LPartG) eigene Regelungen vor, die zT auf die HausratsVO verweisen.

§ 26 *(aufgehoben)*

§ 27 Inkrafttreten

Diese Verordnung tritt am 1. November 1944 in Kraft.

---

[1] OLG Hamm NJW-RR 2005, 1168 = FamRZ 2005, 2085; aA LG München NJW-RR 1991, 83 = MDR 1990, 1014; eingehend *Brudermüller* FamRZ 1994, 207.

Gewaltschutzgesetz (GewSchG)

vom 11. Dezember 2001 (BGBl I S 3513)

§ 1 Gerichtliche Maßnahmen zum Schutz vor Gewalt und Nachstellungen

(1) [1]Hat eine Person vorsätzlich den Körper, die Gesundheit oder die Freiheit einer anderen Person widerrechtlich verletzt, hat das Gericht auf Antrag der verletzten Person die zur Abwendung weiterer Verletzungen erforderlichen Maßnahmen zu treffen. [2]Die Anordnungen sollen befristet werden; die Frist kann verlängert werden. [3]Das Gericht kann insbesondere anordnen, dass der Täter es unterlässt,
1. die Wohnung der verletzten Person zu betreten,
2. sich in einem bestimmten Umkreis der Wohnung der verletzten Person aufzuhalten,
3. zu bestimmende andere Orte aufzusuchen, an denen sich die verletzte Person regelmäßig aufhält,
4. Verbindung zur verletzten Person, auch unter Verwendung von Fernkommunikationsmitteln, aufzunehmen,
5. Zusammentreffen mit der verletzten Person herbeizuführen,

soweit dies nicht zur Wahrnehmung berechtigter Interessen erforderlich ist.

(2) [1]Absatz 1 gilt entsprechend, wenn
1. eine Person einer anderen mit einer Verletzung des Lebens, des Körpers, der Gesundheit oder der Freiheit widerrechtlich gedroht hat oder
2. eine Person widerrechtlich und vorsätzlich
   a) in die Wohnung einer anderen Person oder deren befriedetes Besitztum eindringt oder
   b) eine andere Person dadurch unzumutbar belästigt, dass sie ihr gegen den ausdrücklich erklärten Willen wiederholt nachstellt oder sie unter Verwendung von Fernkommunikationsmitteln verfolgt.

[2]Im Falle des Satzes 1 Nr. 2 Buchstabe b liegt eine unzumutbare Belästigung nicht vor, wenn die Handlung der Wahrnehmung berechtigter Interessen dient.

(3) In den Fällen des Absatzes 1 Satz 1 oder des Absatzes 2 kann das Gericht die Maßnahmen nach Absatz 1 auch dann anordnen, wenn eine Person die Tat in einem die freie Willensbestimmung ausschließenden Zustand krankhafter Störung der Geistestätigkeit begangen hat, in den sie sich durch geistige Getränke oder ähnliche Mittel vorübergehend versetzt hat.

Schrifttum: *Borchert,* Stalking – Ein rechtliches Phänomen, FPR 2004, 239; *Grizwotz,* Schutz vor Gewalt in Lebensgemeinschaften und vor Nachstellungen, NJW 2002, 872; *Hermann,* Die Umsetzung des „Gewaltschutzgesetzes" in das Landespolizeirecht, NJW 2002, 3062; *Kay,* Polizeiliche Eingriffsmöglichkeiten bei häuslicher Gewalt, FPR 2005, 28; *Löhnig,* Darlegung der Voraussetzungen des Anspruchs auf Wohnungsüberlassung, FPR 2005, 36; *Naucke-Lömker,* Überblick über die Umsetzung des Gewaltschutzgesetzes in den Bundesländern, NJW 2002, 3525; *Oberloskamp,* Der Schutz von Kindern nach dem Gewaltschutzgesetz und Kinderrechteverbesserungsgesetz einerseits und den Vorschriften der §§ 1666, 1666a BGB andererseits, FPR 2003, 285; *Peschel-Gutzeit,* Gesetz zur Verbesserung des zivilgerichtlichen Schutzes bei Gewalttaten und Nachstellungen sowie zur Erleichterung der Überlassung der Ehewohnung bei Trennung (Gewaltschutzgesetz), FPR 2001, 243; *Schumacher,* Der Regierungsentwurf eines Gesetzes zur Verbesserung des zivilgerichtlichen Schutzes bei Gewalttaten und Nachstellungen sowie zur Erleichterung der Überlassung der Ehewohnung bei Trennung, FamRZ 2001, 953; *dies,* Mehr Schutz bei Gewalt in der Familie, FamRZ 2002, 645; *v. Pechstaedt,* Zivilrechtliche Abwehrmaßnahmen gegen Stalking, NJW 2007, 1233; *Vießhues,* Einstweiliger Rechtsschutz bei Maßnahmen nach dem Gewaltschutzgesetz innerhalb und außerhalb eines Scheidungsverfahrens, FPR 2005, 32; *Weber-Hornig/Kohaupt,* Partnerschaftsgewalt in der Familie – Das Drama des Kindes und Folgerungen für die Hilfe, FPR 2003, 315; *Weinreich,* Das Stiefkind in der HausratsVO und im Gewaltschutzgesetz, FPR 2004, 88; *Will,* Gewaltschutz in Paarbeziehungen mit gemeinsamen Kindern, FPR 2004, 233. Zu den Gesetzesmaterialien s den RegE, BT-Drucks 14/5429.

Übersicht

	Rn		Rn
I. Vorbemerkung	1	1. Verletzungshandlung	9
1. Bedeutung des Gesetzes	1	a) Körperverletzung	11
2. Inhalt des Gesetzes	4	b) Gesundheitsverletzung	12
3. Inkrafttreten	5	c) Verletzung der Freiheit	13
		d) Verletzung weiterer in § 823 Abs 1 oder Abs 2 BGB geschützter Rechtsgüter	14
II. Bedeutung der Norm	6	2. Widerrechtlichkeit	15
III. Persönlicher Anwendungsbereich	7	3. Verschulden	16
		a) Vorsatz	17
IV. Gerichtliche Maßnahmen bei Verletzung des Körpers, der Gesundheit oder der Freiheit (§ 1 Abs 1)	8	b) Schuldfähigkeit	18
		4. Wiederholungsgefahr	19

	Rn		Rn
5. Erforderliche Maßnahmen	20	VI. Tathandlungen in einem die freie Willensbildung ausschließenden Zustand krankhafter Störung der Geistestätigkeit (Abs 3)	42
a) Betretungsverbot (Abs 1 S 3 Nr 1)	22		
b) Näherungsverbot (Abs 1 S 3 Nr 2)	23		
c) Aufenthaltsverbot (Abs 1 S 3 Nr 3)	24		
d) Kontaktverbot (Abs 1 S 3 Nr 4)	25	VII. Verfahrensrecht	43
e) Abstandsgebot (Abs 1 S 3 Nr 5)	26	1. Zuständigkeit	44
6. Schutz berechtigter Interessen	27	a) Familiengericht	44
7. Befristung (§ 1 Abs 1 S 2)	29	b) Zivilgerichte	46
8. Antrag	30	2. Verfahrensordnung	47
		a) Verfahren vor dem Familiengericht	47
V. Gerichtliche Maßnahmen bei angedrohter Verletzung des Lebens, des Körpers, der Gesundheit oder der Freiheit, widerrechtlich und vorsätzlichem Eindringen in die Wohnung oder in ein befriedetes Besitztum und bei unzumutbaren Belästigungen (Abs 2)	31	b) Verfahren vor dem Zivilgericht	48
		3. Rechtsmittel	49
		4. Vollstreckung	50
		VIII. Einstweiliger Rechtsschutz	57
		1. Zuständigkeit des Familiengerichts	58
1. Verletzungshandlung	32	a) Verbundverfahren	58
2. Eindringen in die Wohnung oder das befriedete Besitztum (Abs 2 S 1 Nr 2 a)	33	b) Hauptsacheverfahren nach dem GewSchG	59
		c) Rechtsmittel	60
3. Unzumutbare Belästigung (Abs 2 S 1 Nr 2 b)	34	2. Zuständigkeit der allgemeinen Zivilgerichte	61
4. Widerrechtlichkeit	37	a) Verfahren	61
5. Vorsatz	38	b) Rechtsmittel	62
6. Wiederholungsgefahr	39	IX. Gegenstandswert	63
7. Antrag	40		
8. Erforderliche Maßnahmen	41	X. Beweislast	65

I. Vorbemerkung

1. Bedeutung des Gesetzes. Das Gesetz zur Verbesserung des zivilrechtlichen Schutzes bei 1
Gewalttaten und Nachstellungen sowie zur Erleichterung der Überlassung der Ehewohnung bei Trennung vom 11. 12. 2001 (BGBl I S 3513) enthält in seinem Art 1 das Gesetz zum zivilrechtlichen Schutz vor Gewalttaten und Nachstellungen (Gewaltschutzgesetz – GewSchG). Es ist eine von mehreren Maßnahmen, die der Bekämpfung von Gewalt gegen Frauen und Kinder dienen sollen. Dabei geht es um Gewaltprävention im Allgemeinen. Das GewSchG ist daher kein speziell familienrechtliches Gesetz[1]. Das GewSchG ist Ausfluss des Aktionsplans der damaligen Bundesregierung vom 1. 2. 1999[2]. Die rechtliche Stellung der Frauen als typischen Opfern von Gewalttaten soll gestärkt[3], der zivilgerichtliche Schutz bei Gewalttaten und unzumutbaren Belästigungen verbessert werden.

Das GewSchG stellt die Schutzanordnungen, die bislang bei vorsätzlichen und widerrechtlichen 2
Verletzungen von Körper, Gesundheit oder Freiheit einer Person einschließlich der Drohung mit solchen Verletzungen auf der Grundlage von §§ 823, 1004 BGB analog getroffen worden sind, auf eine ausdrückliche gesetzliche Grundlage. Es schafft ferner eine deliktsrechtliche Anspruchsgrundlage für die – zumindest zeitweise – Überlassung einer gemeinsam genutzten Wohnung, wenn die verletzte Person mit dem Täter einen auf Dauer angelegten gemeinsamen Haushalt führt.

Das Verfahrensrecht will den betroffenen Opfern schnell und einfach zu ihrem Recht verhelfen. 3

2. Inhalt des Gesetzes. Das Gesetz zur Verbesserung des zivilrechtlichen Schutzes bei Gewalttaten 4
und Nachstellungen sowie zur Erleichterung der Überlassung der Ehewohnung bei Trennung besteht aus 13 Artikeln. In Art 1 ist das GewSchG ieS enthalten. Art 2 beinhaltet die Neuregelung des § 1361 b BGB zur Überlassung der Ehewohnung unter Ehegatten. Änderungen des GVG, der ZPO, des FGG, des GKG, der KostO, des GvKostG sowie der BRAGO aF finden sich in den Art 3 bis 9. In Art 10 ist mit **Art 17 a EGBGB** ausdrücklich klargestellt, dass die Nutzungsbefugnis für die im Inland belegene Ehewohnung und den im Inland befindlichen Hausrat sowie damit zusammenhängenden Betretungs-, Näherungs- und Kontaktverbote den **deutschen Sachvorschriften** unterliegen. Art 11 schafft mit § 14 LPartG eine Regelung der Wohnungszuweisung bei Getrenntleben der Lebenspartner. Schließlich führt Art 12 zu einer Änderung der HausratsVO. In § 13 Abs 9 wird die Verpflichtung des Gerichts begründet, das Jugendamt über eine Wohnungszuweisung zu unterrichten, wenn ein Kind in der Wohnung lebt, die Gegenstand einer Entscheidung über die Zuweisung ist. Bei **vorsätzlichen widerrechtlichen Verletzungshandlungen** verdrängt das GewSchG als **lex specialis** die bisherige analoge Anwendung von §§ 823, 1004 BGB.

3. Inkrafttreten. Das GewSchG ist nach Art 13 am 1. 1. 2002 in Kraft getreten. Im Folgenden wird 5
das GewSchG mit Ausnahme der zu § 1361 b getroffenen Regelungen behandelt.

---

[1] *Schwab* FamRZ 2002, 1, 2.
[2] BT-Drucks 14/2812.
[3] *Schumacher* FamRZ 2002, 645, 646.

II. Bedeutung der Norm

6 § 1 normiert die gerichtliche Befugnis, zur Abwendung weiterer Verletzungen von Körper, Gesundheit oder Freiheit der verletzten Person die erforderlichen Schutzmaßnahmen in Bezug auf den Täter zu treffen. Die Vorschrift stellt die schon bislang von den Gerichten zur Durchsetzung des aus §§ 823, 1004 BGB analog hergeleiteten Unterlassungsanspruchs ausgeübten Befugnisse auf eine ausdrückliche gesetzliche Grundlage. Die Norm gestattet dem Gericht, Eingriffe in Rechtspositionen des Täters anzuordnen. So kann insbes sein Recht auf „Kommunikations- und Bewegungsfreiheit" eingeschränkt werden.

III. Persönlicher Anwendungsbereich

7 Durch das GewSchG wird **jede natürliche Person** geschützt, die Opfer von Gewalt oder eines Gewalttäters geworden ist. Eine besondere Beziehung zwischen Opfer und Täter muss nicht bestehen. Erfasst werden **Gewalttaten im häuslichen wie außerhäuslichen Bereich**. Das GewSchG ist anwendbar, wenn Kinder ihren Eltern gegenüber Gewalt ausüben. Vor Gewaltanwendung ihrer Eltern oder durch sonstige Sorgerechtsinhaber schützen minderjährige Kinder §§ 1666, 1666 a BGB. Sie haben Vorrang[4].

IV. Gerichtliche Maßnahmen bei Verletzung des Körpers, der Gesundheit oder der Freiheit (§ 1 Abs 1)

8 Die Vorschrift regelt die **Zulässigkeit von gerichtlichen Schutzanordnungen**[5] für die Fälle der **vorsätzlichen Verletzung des Körpers, der Gesundheit und der Freiheit**.

9 **1. Verletzungshandlung.** Wer von einer Person vorsätzlich und widerrechtlich an Körper, Gesundheit oder in seiner Freiheit verletzt wird, hat einen Anspruch darauf, dass das zuständige Gericht alle erforderlichen Maßnahmen zur Abwendung weiterer Verletzungshandlungen trifft. Die Vorschrift erfasst aber nur die für Gewalttaten typischen Fälle der **vorsätzlichen Begehung** der Verletzungshandlung.

10 Für die Frage, ob im konkreten Fall eine Verletzung der genannten Rechtsgüter vorliegt, kann auf die zu § 823 Abs 1 BGB ergangene Rechtsprechung zurückgegriffen werden. Die Verletzungshandlungen sind detailliert darzulegen, allgemeine Formeln sind zu vermeiden.

11 a) **Körperverletzung.** Der Körper der geschützten Person wird verletzt durch jeden unbefugten – physischen oder psychischen – Eingriff in die körperliche Befindlichkeit, die eine Störung der körperlichen, geistigen oder seelischen Befindlichkeit bewirkt.

12 b) **Gesundheitsverletzung.** Das Rechtsgut der Gesundheit umfasst auch die medizinisch feststellbaren psychischen Gesundheitsschäden, die durch den Täter hervorgerufen worden sind. Beispiele sind Depressionen, Neurosen oder Psychosen.

13 c) **Verletzung der Freiheit.** Tatbestandsmäßig ist die Entziehung der körperlichen Bewegungsfreiheit durch Einsperren. Das bloße Aussperren ist keine Freiheitsverletzung iS des GewSchG[6].

14 d) **Verletzung weiterer in § 823 Abs 1 oder Abs 2 BGB geschützter Rechtsgüter.** Zum Schutz der anderen von § 823 Abs 1 oder Abs 2 BGB erfassten Rechtsgüter wie des allgemeinen Persönlichkeitsrechts ist auf die nach den von der Rechtsprechung entwickelten Grundsätze der analogen Anwendung des Unterlassungsanspruchs aus § 1004 BGB zurückzugreifen.

15 **2. Widerrechtlichkeit.** § 1 Abs 1 GewSchG lehnt sich an den Wortlaut von § 823 Abs 1 BGB an. Deshalb ist auch die Widerrechtlichkeit der Verletzungshandlung nach den für § 823 BGB geltenden Maßstäben zu beurteilen. Grundsätzlich ist von Widerrechtlichkeit auszugehen, wenn der Täter nicht einen Rechtfertigungsgrund, etwa Notwehr, darlegen kann.

16 **3. Verschulden.** Schutzmaßnahmen rechtfertigen sich nur, wenn der Täter **vorsätzlich** gehandelt hat. Im Fall **fahrlässigen Handelns** muss auf die Ansprüche nach §§ 1004, 823 BGB zurückgegriffen werden. Nach § 3 Abs 2 werden weitergehende Ansprüche der verletzten Person durch das GewSchG nicht berührt.

17 a) **Vorsatz.** Für den im Recht der unerlaubten Handlung erforderlichen Vorsatz genügt nach den allgemeinen Grundsätzen Wissen und Wollen der Verletzung des geschützten Rechts.

18 b) **Schuldfähigkeit.** Der Täter muss schuldfähig sein. Die verminderte Schuldfähigkeit, zB infolge Alkoholgenusses, lässt den Vorsatz unberührt.

19 **4. Wiederholungsgefahr.** Dem präventiven Charakter des Gesetzes trägt Rechnung, dass Schutzanordnungen nur „zur Abwendung weiterer Verletzungen" zu treffen sind. Eine Wiederholungsgefahr muss nicht „drohen" oder eine weitere Beeinträchtigung „zu besorgen" sein, wie es in § 1004 BGB formuliert ist. § 1 Abs 1 S 1 geht von einer **Vermutung** aus, dass in den Fällen, in denen es bereits zu Gewalttaten gekommen ist, weitere Taten zu erwarten sind. Es obliegt nicht der verletzten Person, diese tatsächliche Vermutung zu widerlegen, vielmehr trifft den Täter die Darlegungslast und Beweislast[7]. An die Widerlegung sollten im Interesse der verletzten Person hohe Anforderungen gestellt

---

[4] BT-Drucks 14/5429 S 17.
[5] BT-Drucks 14/5429 S 28.
[6] *Palandt/Brudermüller* Rn 5; *Viefhues* FPR 2005, 32, 35; dazu auch OLG Köln FamRZ 2003, 1281.
[7] OLG Koblenz ZFE 2003, 252.

werden[8]. Die verletzte Person kann dem Vortrag des Täters zudem durch konkrete, die Wiederholungsgefahr gerade indizierende Umstände entgegen treten. Kann der Täter die tatsächliche Vermutung nicht widerlegen, ist davon auszugehen, dass weitere Gewalttaten drohen. Einer drohenden **Erstbeeinträchtigung** kann nach § 1004 BGB begegnet werden.

5. Erforderliche Maßnahmen. Bei den von ihm zur Abwendung weiterer Gewalttaten zu treffenden Anordnungen hat das Gericht den **Grundsatz der Verhältnismäßigkeit** zu beachten[9]. Die Maßnahmen beinhalten nämlich einen Eingriff in grundrechtlich geschützte Rechtspositionen des Täters. Satz 3 enthält eine beispielhafte Aufzählung der Maßnahmen, die das Gericht nach Satz 1 treffen kann. Mit dem Wort „insbesondere" wird zum Ausdruck gebracht, dass es sich nicht um einen abschließenden Katalog handelt.

Bei der Anordnung der Maßnahme hat das Gericht die Besonderheiten des jeweiligen Einzelfalles zu berücksichtigen und gezielte Anweisungen zu geben, um den Schutz des Opfers sicher zu stellen. Dies bedeutet, dass das Gericht auf Antrag der verletzten Person auch mehrere der aufgezählten oder andere Maßnahmen anordnen kann, soweit es diese für den Schutz der verletzten Person erforderlich hält.

a) **Betretungsverbot (Abs 1 S 3 Nr 1).** Zum Schutz des Opfers kann das Gericht zum Beispiel anordnen, dass der Täter die Wohnung des Opfers nicht betreten darf. Eine solche Anordnung wird das Gericht idR im Zusammenhang mit einer Wohnungsüberlassung nach § 2 zu verhängen haben[10].

b) **Näherungsverbot (Abs 1 S 3 Nr 2).** Das Gericht kann dem Täter ferner untersagen, sich in einem bestimmten Umkreis der Wohnung der verletzten Person aufzuhalten. Den einzuhaltenden Abstand wird das Gericht nach den jeweiligen örtlichen Verhältnissen (zB dichte oder weitläufige Bebauung) zu bestimmen haben.

c) **Aufenthaltsverbot (Abs 1 S 3 Nr 3).** Eine weitere mögliche Schutzanordnung kann dahin gehen, dem Täter den Aufenthalt an bestimmten, von der verletzten Person regelmäßig aufzusuchenden Orten (wie zB Arbeitsstelle, Kindergarten, Wohnung des Lebensgefährten des Opfers) zu untersagen. Dabei kann es sich auch um öffentlich zugängliche Orte wie Sportstätten oder das Stammlokal der verletzten Person handeln. Nicht notwendig ist, dass sich die verletzte Person zwingend an diesen Orten aufhalten muss[11].

d) **Kontaktverbot (Abs 1 S 3 Nr 4).** Nr 4 sieht als Schutzmaßnahme die Verhängung eines Kontaktverbotes vor. Dieses kann sich auf alle Arten der Kontaktaufnahme erstrecken, wie auf die herkömmliche Art über Telefon und Telefax, als auch auf die unter Einsatz von modernen Kommunikationsmitteln wie Mobiltelefon, Internet oder E-Mail[12].

e) **Abstandsgebot (Abs 1 S 3 Nr 5).** Darüber hinaus ist in Nr 5 der Fall erwähnt, dass dem Täter aufgegeben werden kann, unverzüglich einen näher zu bestimmenden Abstand zur verletzten Person einzunehmen, wenn es zu zufälligen Zusammentreffen mit der verletzten Person kommt zB beim Einkaufen, im Fitnessstudio, in der Diskothek.

6. Schutz berechtigter Interessen. Anordnungen können bei „berechtigten Interessen" des Täters eingeschränkt werden. Macht der Täter etwa geltend, dass er zur Wahrnehmung berechtigter Interessen, wie zB Durchführung des Umgangsrechts mit gemeinsamen Kindern, Kontakt mit der verletzten Person aufnehmen muss, so kann das Gericht den Kontakt unter konkreter Bezeichnung der wahrzunehmenden Interessen des Täters zulassen. Es kann ihm die Kontaktaufnahme auch in der Form gestatten, dass sie nur über eine dritte, zur Vermittlung bereite Person möglich ist.

Bei einer Verletzung oder Drohung können die gerichtlichen Anordnungen eingeschränkt werden, wenn dies – zeitlich oder örtlich – zur Wahrnehmung berechtigter Interessen durch den Täter erforderlich ist.

7. Befristung (§ 1 Abs 1 S 2). Die Anordnungen sollen nach § 1 Abs 1 S 2 befristet werden; die Frist kann verlängert werden. Die Befristung ist Ausfluss des **Grundsatzes der Verhältnismäßigkeit**. Ausreichend für die Befristung ist die Begrenzung der vorläufigen Maßnahme bis zur Beendigung des Hauptsacheverfahrens[13]. Hat der Täter schon **wiederholt** die Rechtsgüter der verletzten Person verletzt oder die verletzte Person über einen längeren Zeitraum unzumutbar belästigt, kann eine längere Dauer der Schutzmaßnahm angeordnet werden als bei einer einmaligen Rechtsgutverletzung. Die **Schwere der Rechtsgutverletzung** kann ebenfalls eine längere Dauer der Verbote rechtfertigen. Eine **Fristverlängerung** kommt in Betracht, wenn auch nach Ablauf der ursprünglich gesetzten Frist weitere Verletzungen der Rechtsgüter der verletzten Person zu befürchten sind. Nach Lage des Falles können auch mehrmalige Fristverlängerungen angeordnet werden.

8. Antrag. Ein Antrag der **verletzten Person** ist erforderlich. Maßnahmen werden nicht von Amts wegen ergriffen. Der Antrag sollte stets den Anforderungen des § 253 Abs 2 Nr 2 ZPO entsprechen. Dies ist indes zwingend in den nach den Vorschriften der ZPO geführten Verfahren, sollte aber auch in den FGG-Verfahren beachtet werden. Prozessual wird dort ein unbestimmter Antrag zulässig sein, in

---

[8] OLG Brandenburg NJW-RR 2006, 220.
[9] OLG Stuttgart FPR 2004, 253 = FamRZ 2004, 876.
[10] Zum zeitlich begrenzten Platzverweis nach den Vorschriften des Polizeirechts *Kay* FPR 2005, 28; s nur § 34a PolG NRW.
[11] BT-Drucks 14/7279 S 4.
[12] Zum sog Stalking vgl die Beiträge in FPR 2006, Heft 5.
[13] OLG Naumburg FPR 2003, 376.

dem die anzuordnenden Maßnahmen in das Ermessen des Gerichtes gestellt werden. Doch sollte die verletzte Person stets die für notwendig erachteten Maßnahmen formulieren. Das Gericht ist grds an den Antrag der verletzten Person gebunden. Das schließt jedoch nicht aus, dass es bei der Anordnung von geeigneten Schutzmaßnahmen von seinen weiten Ermessensspielraum ergänzend Gebrauch macht.

V. Gerichtliche Maßnahmen bei angedrohter Verletzung des Lebens, des Körpers, der Gesundheit oder der Freiheit, widerrechtlich und vorsätzlichem Eindringen in die Wohnung oder in ein befriedetes Besitztum und bei unzumutbaren Belästigungen (Abs 2)

31 § 1 Abs 2 S 1 erstreckt die Möglichkeit gerichtlicher Schutzanordnungen nach Maßgabe des Abs 1 auf zwei weitere Fallkonstellationen: die widerrechtliche Drohung mit der Verletzung des Lebens, des Körpers, der Gesundheit oder der Freiheit und die widerrechtlich und vorsätzlich herbeigeführten unzumutbaren Belästigungen, die sich für das Opfer als schwerwiegende Belastung seiner Privatsphäre darstellen.

32 **1. Verletzungshandlung.** Ist es noch nicht zu einer Rechtsgutsverletzung, wohl aber zu einer **widerrechtlichen Drohung mit einer solchen gegen das Leben, den Körper, die Gesundheit oder die Freiheit gerichteten Tat** gekommen, kann das Gericht die zur Verhinderung der Gewalttat erforderlichen Maßnahmen anordnen. Unter Drohung ist das – ausdrückliche, schlüssige oder versteckte – Inaussichtstellen einer künftigen Verletzung der bezeichneten Rechtsgüter zu verstehen, auf dessen Eintritt der Drohende Einfluss hat oder zu haben vorgibt. Der Bedrohte muss diese Drohung ernst nehmen. Auf die Rechtsprechung und Literatur zu § 240 StGB wird verwiesen[14].

33 **2. Eindringen in die Wohnung oder das befriedete Besitztum (Abs 2 S 1 Nr 2 a).** Diese Bestimmung dient dem **Schutz des Hausrechts.** Für die Beschreibung der Verletzung des Hausrechts ist an die in § 123 StGB verwendeten Formulierungen[15] angeknüpft worden. Dazu gehören das Eindringen in die Wohnung oder das Haus, das dem Opfer zur ständigen Benutzung zu dienen bestimmt ist. Anders als in § 123 StGB sind die **Geschäftsräume der verletzten Person nicht geschützt.** Unter dem **befriedeten Besitztum** ist jedes „eingehegte"[16] Gelände zu verstehen. Erfasst werden der **umzäunte Garten** und der **Hofraum.**

34 **3. Unzumutbare Belästigung (Abs 2 S 1 Nr 2 b).** Abs 2 S 1 Nr 2 a erstreckt die Möglichkeit gerichtlicher Schutzanordnungen nach Abs 1 auf die Fälle unzumutbarer Belästigungen, die sich als wiederholtes Nachstellen oder Verfolgung unter Verwendung von Fernkommunikationsmitteln darstellen (sog **Stalking**)[17].

35 Tabestandsmäßig sind folgende Verhaltensweisen: die wiederholte Überwachung und Beobachtung des Opfers, die ständige demonstrative Anwesenheit des Täters in der Nähe des Opfers, die „körperliche" Verfolgung, Annäherung, Kontaktversuche sowie Telefonterror, die Belästigung durch Hinterlassung von Mitteilungen unter Einsatz von Fernkommunikationsmitteln wie Telefax, Internet oder Mobiltelefonen. Die Annahme einer unzumutbaren Belästigung macht es erforderlich, dass die belästigte Person gegenüber dem Täter ausdrücklich erklärt, mit ihm die Kontaktaufnahme, die Nachstellung oder das Verfolgen nicht zu wollen. Eine unzumutbare Belästigung liegt nach Abs 2 S 2 nicht vor, wenn die Handlung der Wahrnehmung berechtigter Interessen des Täters dient.

36 Für andere Beeinträchtigungen, wie etwa die Zerstörung von Sachen des Opfers durch Zerstechen von Autoreifen, das Opfer sexuell diskriminierende Maßnahmen im Internet etc, kann über das allgemeine Deliktsrecht Rechtsschutz erlangt werden.

37 **4. Widerrechtlichkeit.** Die Widerrechtlichkeit der Drohung wird indiziert. Ergänzend wird auf die Ausführungen zu § 1 Abs 1 verwiesen.

38 **5. Vorsatz.** Es wird auf die Ausführungen zu § 1 Abs 1 verwiesen.

39 **6. Wiederholungsgefahr.** Es wird auf die Ausführungen zu § 1 Abs 1 verwiesen.

40 **7. Antrag.** Es wird auf die Ausführungen zu § 1 Abs 1 verwiesen.

41 **8. Erforderliche Maßnahmen.** Es wird auf die Ausführungen zu § 1 Abs 1 verwiesen.

VI. Tathandlungen in einem die freie Willensbildung ausschließenden Zustand krankhafter Störung der Geistestätigkeit (Abs 3)

42 Soweit der Täter wegen des Genusses geistiger Getränke – insbes Alkohol – oder ähnlicher Mittel – insbes Drogen oder Psychopharmaka – bei der Tat nicht zurechnungsfähig gewesen ist, steht dies der Anordnung von Schutzmaßnahmen nach § 1 Abs 1 der Abs 2 nicht entgegen.

VII. Verfahrensrecht

43 Das Verfahrensrecht ist nach dem eindeutigen Willen des Gesetzgebers[18] dadurch gekennzeichnet, dass Verfahren nach dem GewSchG vor den Familiengerichten wie auch vor den allgemeinen Zivilge-

---

[14] *Tröndle/Fischer* 50. Aufl § 240 StGB Rn 31.
[15] *Dreher/Tröndle* 50. Aufl § 123 StGB Rn 5.
[16] *Dreher/Tröndle* 50. Aufl § 123 StGB Rn 7.
[17] S besonders *v. Pechstaedt* NJW 2007, 1233.
[18] BT-Drucks 14/5426 S 24; ferner *Schwab* FamRZ 2002, 1, 3.

richten stattfinden können. Dies wirkt sich auf die zu beachtenden Verfahrensvorschriften (FGG oder ZPO) aus.

1. Zuständigkeit. a) Familiengericht. Führen die verletzte Person und der Täter, unabhängig davon, ob sie verheiratet sind oder nicht, einen **auf Dauer angelegten gemeinsamen Haushalt** oder haben sie **innerhalb von sechs Monaten vor Antragstellung** einen solchen Haushalt geführt, sind nach § 23 a Nr 7 GVG die Amtsgerichte sachlich zuständig. Funktional sind dort die Familiengerichte unter den Voraussetzungen des § 23 b Abs 1 Nr 8 a GVG für die Verfahren nach dem Gewaltschutzgesetz zur Entscheidung berufen. Eine erweiternde Auslegung der gesetzlichen Regelung kommt nicht in Betracht[19]. Die Zuständigkeit der Familiengerichte kann kraft **Sachzusammenhangs** gegeben sein, wenn sich das Begehren des Antragstellers auf eine familienrechtliche Anspruchsgrundlage stützt oder zumindest der Schwerpunkt des Begehrens aus Rechtsgebieten herrührt, die in § 621 ZPO aufgeführt sind. Allein die Tatsache, dass ein antragsgemäß dem Antragsgegner aufzuerlegendes Kontaktverbot die Ausübung des Umgangsrechts mit dem gemeinsamen Kind erschwert, ist dazu nicht ausreichend[20]. Zur **Begründung der Zuständigkeit der Familiengerichte** genügt **schlüssiger Vortrag** zu den obigen Voraussetzungen[21]. 44

Für die **örtliche Zuständigkeit** der Familiengerichte gelten nach § 64 Abs 1 FGG die §§ 12 bis 16, 32 und 35 ZPO entsprechend; zuständig ist darüber hinaus das Familiengericht, in dessen Bezirk sich die gemeinsame Wohnung der Beteiligten befindet. 45

b) Zivilgerichte. Die Zuständigkeit der Zivilgerichte ist nach §§ 23, 71 GVG in allen anderen Fällen gegeben, auch wenn etwa Ehegatten länger als sechs Monate getrennte Haushalte führen[22]. Die Zuständigkeit zwischen dem Amts- und dem Landgericht beurteilt sich nach dem Streitwert. Die **örtliche Zuständigkeit** der allgemeinen Zivilgerichte ist in unmittelbarer Anwendung der §§ 12 bis 16, 32 und 35 ZPO zu bestimmen. 46

2. Verfahrensordnung. a) Verfahren vor dem Familiengericht. Zur Entscheidung ist der Richter berufen. Das Verfahren vor den Familiengerichten bestimmt sich nach dem FGG, §§ 621 Abs 1 Nr 13, 621 a Abs 1 S 1 ZPO, § 64 b Abs 2 S 4 FGG, § 2 GewSchG, 13 Abs 1 HausratsVO. In der Hauptsache sind die Verfahren selbständig zu führen; eine Aufnahme in den Scheidungsverbund ist nicht vorgesehen. Schutzmaßnahmen werden nur auf einen entsprechenden **Antrag** der verletzten Person getroffen. Im FGG-Verfahren ist eine den Erfordernissen des § 253 Abs 2 Nr 2 ZPO genügende Antragstellung nicht erforderlich. Doch sollte das Opfer stets die Zielrichtung seines Begehrens als Anregung an das Familiengericht ausdrücklich und ebenso konkret formulieren. Zum Schutz der verletzten Person kann die Mitteilung der Adresse in der Antragsschrift unterbleiben. Als **Zustelladresse** kann die der Verfahrensbevollmächtigten angegeben werden. **Anwaltszwang** besteht in Verfahren nach dem FGG grds nicht. Das Verfahren ist **nichtöffentlich** (§ 170 S 1 GVG). Es gelten der **Amtsermittlungsgrundsatz** des § 12 FGG und die Beweisregeln des § 15 FGG. Jede Partei ist gehalten, die ihre Rechtsposition tragenden Tatsachen vorzutragen, um die Amtsermittlung auf sie zu erstrecken. Die Partei trägt die **Feststellungslast** für die ihr günstigen Tatsachen. Es kann ohne mündliche Verhandlung entschieden werden. Die Entscheidung ergeht durch Beschluss. Es besteht eine **Mitteilungspflicht an das Jugendamt** nach §§ 11 Abs 1, 18 a HausratVO, wenn Kinder im Haushalt der Parteien leben. Nach § 49 a Abs 2 FGG ist in diesen Fällen das Jugendamt vor einer ablehnenden Entscheidung nach § 2 GewSchG anzuhören. Die in vollständiger Form abgefasste Entscheidung ist zuzustellen. 47

b) Verfahren vor dem Zivilgericht. Vor den Zivilgerichten folgt das Verfahren den Regelungen der ZPO. Es ist eine den Erfordernissen des § 253 Abs 2 Nr 2 ZPO genügende Antragstellung erforderlich. Darüber darf das Zivilgericht wegen § 308 ZPO nicht hinausgehen. 48

3. Rechtsmittel. Endentscheidungen der **Familiengerichte** in der Hauptsache sind nach § 64 Abs 3 S 1 FGG, §§ 621 Abs 1 Nr 13, 621 a Abs 1 S 1, 621 e Abs 1, 3, 517 ZPO mit der befristeten Beschwerde anfechtbar. Die Entscheidung der allgemeinen **Zivilgerichte** ist mit den Rechtsmitteln der ZPO anfechtbar. 49

4. Vollstreckung. Die Entscheidung des **Familiengerichts** in der Hauptsache wird erst mit der Rechtskraft wirksam. Erst mit der Rechtskraft ist sie auch vollstreckbar. Die Vollstreckung findet daher nur aus rechtskräftigen, aus gemäß § 64 b Abs 2 S2 FGG für sofort wirksam erklärten Entscheidungen, gerichtlichen Vergleichen und einstweiligen Anordnungen des Familiengerichts statt. Das **Familiengericht** kann nach § 64 b Abs 2 FGG anordnen, dass bereits vor der Zustellung an den Täter vollstreckt wird. In diesen Fällen wird die Entscheidung bereits in dem Zeitpunkt wirksam, in dem sie von dem Richter in vollständig abgefasster Form und von dem Richter unterzeichnet der Geschäftsstelle zum Zwecke der Bekanntmachung übergeben wird (§ 64 b Abs 2 S 3 FGG); dieser Zeitpunkt ist auf der Entscheidung zu vermerken. 50

Gemäß § 64 b Abs 4 FGG finden für die **Zwangsvollstreckung** die **Vorschriften der ZPO** Anwendung. Es handelt sich um Unterlassungsverpflichtungen, die nach den §§ 892 a, 890, 891 ZPO vollstreckt werden. 51

---

[19] OLG Hamm FamRZ 2004, 38.
[20] OLG Hamm NJOZ 2006, 3860 = FamRZ 2006, 1767.
[21] *Schumacher* FamRZ 2002, 645, 657; *Löhnig* FPR 2005, 36.
[22] OLG Hamm FamRZ 2004, 38; OLG Nürnberg FPR 2003, 378.

52 Für die **Entscheidungen der allgemeinen Zivilgerichte** sind die oben genannten Vorschriften unmittelbar anwendbar.

53 Handelt der Täter einer Verpflichtung aus einer Anordnung nach § 1 zuwider, eine Handlung zu unterlassen, kann die verletzte Person zur Beseitigung einer jeden andauernden Zuwiderhandlung einen Gerichtsvollzieher zuziehen (§ 892a S 1 ZPO). Dieser hat nach § 758 Abs 3 ZPO (Gewaltanwendung bei Widerstand) und nach § 759 ZPO (Zuziehung von Zeugen) zu verfahren. **Die Unterlassungsanordnung muss auf § 1 beruhen, dies muss sich aus dem Titel ergeben,** denn Unterlassungsanordnungen sind auch nach anderen Vorschriften möglich[23]. Daneben kann auch von den **Möglichkeiten der §§ 890, 891 ZPO** Gebrauch gemacht werden.

54 Gemäß § 890 Abs 1 ZPO ist, wenn der Täter der Verpflichtung zuwiderhandelt, eine Handlung zu unterlassen, wegen einer jeden Zuwiderhandlung auf Antrag der verletzten Person ein **Ordnungsgeld** festzusetzen; dem hat eine entsprechende Androhung vorauszugehen.

55 Die Verhängung eines Ordnungsmittels nach § 890 ZPO setzt **Verschulden** voraus; es genügt Fahrlässigkeit[24]. Dem Täter muss die Anordnung bekannt gewesen oder ihm schuldhaft unbekannt geblieben sein, um ihm Verschulden vorwerfen zu können. Schuldhafte Nichtkenntnis kann bei in deutscher Sprache ergehenden gerichtlichen Entscheidungen regelmäßig nicht mit mangelnder Sprachkenntnis des Täters begründet werden[25].

56 Für die Verhängung eines Ordnungsgeldes wegen Verstoßes gegen eine Unterlassungsanordnung ist der **Vollbeweis** für die behauptete Zuwiderhandlung zu erbringen. Es handelt sich um ein Ordnungsmittel mit strafrechtlichen und damit repressiven Elementen[26]. Dazu genügt die Glaubhaftmachung nicht, auch wenn Vollstreckungstitel eine einstweilige Anordnung ist[27].

VIII. Einstweiliger Rechtsschutz

57 Im Rahmen der Verfahren nach dem GewSchG können auf Antrag[28] vorläufige Regelungen ergehen. Hierbei ist zu unterscheiden.

58 **1. Zuständigkeit des Familiengerichts. a) Verbundverfahren.** Sobald eine Ehesache anhängig oder ein Antrag auf Prozesskostenhilfe eingereicht ist, kann das Familiengericht nach **§ 620 Nr 9 ZPO** durch einstweilige Anordnung die Maßnahmen nach §§ 1, 2 treffen, wenn die Parteien einen auf Dauer angelegten gemeinsamen Haushalt führen oder innerhalb von sechs Monaten vor Antragstellung geführt haben. Für den einstweiligen Rechtsschutz muss ein **Regelungsbedürfnis** bestehen[29]; die Tatsachen sind glaubhaft zu machen (eidesstattliche Versicherung). Das Verfahren richtet sich nach §§ 620a bis 620g ZPO. Nach § 661 Abs 2 ZPO gilt dies entsprechend für das Verfahren zur Aufhebung einer eingetragenen Lebenspartnerschaft.

59 **b) Hauptsacheverfahren nach dem GewSchG.** Ist ein Verfahren nach dem GewSchG anhängig oder ein Prozesskostenhilfeantrag eingereicht worden, können nach **§ 64b Abs 3 S 1 FGG** vorläufige Regelungen im Wege der einstweiligen Anordnung erlassen werden. Die §§ 620a bis 620g ZPO gelten hier entsprechend (§ 64b Abs 3 S 2 FGG). Liegen die Voraussetzungen des § 1 Abs. 2 Nr 1 und 2 vor, kann im Rahmen des einstweiligen Anordnungsverfahrens dahingestellt bleiben, auf welchen Ursachen die Verschlechterung der Beziehungen der zusammen wohnenden Personen und deren Auseinandersetzungen beruhen[30]. Wird dies gesondert angeordnet, kann die einstweilige Anordnung schon vor ihrer Zustellung an den Täter vollzogen werden (§ 64b Abs 3 S 3 FGG). Dies kann angezeigt sein, um neue Übergriffe zu verhindern.

60 **c) Rechtsmittel.** Gegen die auf Grund mündlicher Verhandlung ergangenen Entscheidungen nach § 1 GewSchG ist nach § 620c ZPO die sofortige Beschwerde gegeben. Nach § 568 S 1 ZPO ist grds der Einzelrichter zuständig[31]. Eine anderslautende Entscheidung in der Hauptsache kann die einstweilige Anordnung außer Kraft setzen.

61 **2. Zuständigkeit der allgemeinen Zivilgerichte. a) Verfahren.** Der einstweilige Rechtsschutz richtet sich nach den §§ 935, 940 ZPO. Gemäß § 940a ZPO darf die **Räumung von Wohnraum** durch einstweilige Verfügung nur wegen **verbotener Eigenmacht oder bei einer konkreten Gefahr für Leib oder Leben** angeordnet werden.

62 **b) Rechtsmittel.** Die einstweilige Verfügung ist mit dem Widerspruch anfechtbar, das auf den Widerspruch nach mündlicher Verhandlung ergehende Urteil mit der Berufung. Eine Ablehnung der beantragten einstweiligen Verfügung unterliegt der Anfechtung durch die sofortige Beschwerde nach § 567 Abs 1 ZPO.

---

[23] *Musielak/Lackmann* 4. Aufl § 892a ZPO Rn 2.
[24] *Zöller/Stöber* 26. Aufl § 890 ZPO Rn 5; vgl auch *Baumbach/Lauterbach/Albers/Hartmann* 64. Aufl § 890 ZPO Rn 21.
[25] OLG Brandenburg NJW-RR 2007, 70.
[26] BVerfG NJW 1981, 2457; NJW 1991, 3139.
[27] KG FPR 2004, 267 mwN.
[28] OLG Köln FamRZ 2003, 319.
[29] LG Kassel NJW-RR 2006, 370: kein Rechtsschutzbedürfnis für eine Unterlassungsanordnung nach dem Gewaltschutzgesetz bei vorhergehendem Vergleich mit gleichem Schutzumfang.
[30] OLG Schleswig FPR 2004, 266.
[31] OLG Schleswig NJW-RR 2004, 1565; *Feskorn* NJW 2003, 856 857.

IX. Gegenstandswert

Das Verfahren zur Hauptsache und das Verfahren zur einstweiligen Anordnung sind **verschiedene Angelegenheiten**; für die beiden Verfahrensgegenstände ist ein eigener Wert festzusetzen. Werden Anträge nach § 1 und § 2 gestellt, ist für jeden Antrag gesondert der Geschäftswert festzusetzen[32]. 63

Für das Hauptsacheverfahren wird der Geschäftswert von Amts wegen festgesetzt und nach freiem Ermessen geschätzt (§ 100a, 30 Abs 2 KostO). Der Regelwert beträgt für das isolierte Hauptsacheverfahren 3.000 Euro[33]; maximal kann ein Geschäftswert von 500.000 Euro festgesetzt werden. Bei anhängigem isoliertem Hauptsacheverfahren beträgt der Regelwert für eine einstweilige Anordnung nach § 1 gemäß § 24 S 3 iVm S 1 RVG 500 Euro[34]. 64

X. Beweislast

Die antragstellende Person hat die Voraussetzungen für die zu treffenden Schutzmaßnahmen darzulegen. Sie hat die Folgen fehlenden Beweises zu tragen. Dabei sind insbes die erhobenen Vorwürfe nach Art und Weise, Dauer und Intensität, Ort und Zeit konkret darzutun. Die gilt ferner für die Verletzungen und ihre Folgen, die durch Atteste und – vorsorglich – durch eidesstattliche Versicherungen von Zeugen belegt werden sollten. Bedeutsam ist stets, ob und wie sich Gewaltanwendung bei den anderen Familienangehörigen, insbes bei den Kindern, ausgewirkt hat. 65

§ 2 Überlassung einer gemeinsam genutzten Wohnung

(1) Hat die verletzte Person zum Zeitpunkt einer Tat nach § 1 Abs. 1 Satz 1, auch in Verbindung mit Abs. 3, mit dem Täter einen auf Dauer angelegten gemeinsamen Haushalt geführt, so kann sie von diesem verlangen, ihr die gemeinsam genutzte Wohnung zur alleinigen Benutzung zu überlassen.

(2) ¹Die Dauer der Überlassung der Wohnung ist zu befristen, wenn der verletzten Person mit dem Täter das Eigentum, das Erbbaurecht oder der Nießbrauch an dem Grundstück, auf dem sich die Wohnung befindet, zusteht oder die verletzte Person mit dem Täter die Wohnung gemietet hat. ²Steht dem Täter allein oder gemeinsam mit einem Dritten das Eigentum, das Erbbaurecht oder der Nießbrauch an dem Grundstück zu, auf dem sich die Wohnung befindet, oder hat er die Wohnung allein oder gemeinsam mit einem Dritten gemietet, so hat das Gericht die Wohnungsüberlassung an die verletzte Person auf die Dauer von höchstens sechs Monaten zu befristen. ³Konnte die verletzte Person innerhalb der vom Gericht nach Satz 2 bestimmten Frist anderen angemessenen Wohnraum zu zumutbaren Bedingungen nicht beschaffen, so kann das Gericht die Frist um höchstens weitere sechs Monate verlängern, es sei denn, überwiegende Belange des Täters oder des Dritten stehen entgegen. ⁴Die Sätze 1 bis 3 gelten entsprechend für das Wohnungseigentum, das Dauerwohnrecht und das dingliche Wohnrecht.

(3) Der Anspruch nach Absatz 1 ist ausgeschlossen,
1. wenn weitere Verletzungen nicht zu besorgen sind, es sei denn, dass der verletzten Person das weitere Zusammenleben mit dem Täter wegen der Schwere der Tat nicht zuzumuten ist oder
2. wenn die verletzte Person nicht innerhalb von drei Monaten nach der Tat die Überlassung der Wohnung schriftlich vom Täter verlangt oder
3. soweit der Überlassung der Wohnung an die verletzte Person besonders schwerwiegende Belange des Täters entgegenstehen.

(4) Ist der verletzten Person die Wohnung zur Benutzung überlassen worden, so hat der Täter alles zu unterlassen, was geeignet ist, die Ausübung dieses Nutzungsrechts zu erschweren oder zu vereiteln.

(5) Der Täter kann von der verletzten Person eine Vergütung für die Nutzung verlangen, soweit dies der Billigkeit entspricht.

(6) ¹Hat die bedrohte Person zum Zeitpunkt einer Drohung nach § 1 Abs. 2 Satz 1 Nr. 1, auch in Verbindung mit Abs. 3, einen auf Dauer angelegten gemeinsamen Haushalt mit dem Täter geführt, kann sie die Überlassung der gemeinsam genutzten Wohnung verlangen, wenn dies erforderlich ist, um eine unbillige Härte zu vermeiden. ²Eine unbillige Härte kann auch dann gegeben sein, wenn das Wohl von im Haushalt lebenden Kindern beeinträchtigt ist. ³Im Übrigen gelten die Absätze 2 bis 5 entsprechend.

---

[32] OLG Dresden FamRZ 2006, 803.
[33] OLG Koblenz FGPrax 2005, 180.
[34] OLG Dresden FamRZ 2006, 803.

GewSchG § 2

Übersicht

	Rn		Rn
I. Bedeutung der Norm	1	4. Berechtigung an der Wohnung auf Grund von Wohnungseigentum, eines Dauerwohnrechtes oder eines dinglichen Wohnrechtes	20
II. Überlassung einer gemeinsam genutzten Wohnung (Abs 1 und 6)	2	**V. Verbot der Erschwernis oder Vereitelung der Ausübung des Nutzungsrechts (Abs 4)**	21
1. Anwendungsbereich	2	**VI. Nutzungsvergütung (Abs 5)**	22
2. Überlassung der Wohnung nach einer Gewalttat gemäß § 1 Abs 1	4	**VII. Weitere Maßnahmen**	23
3. Überlassung der Wohnung nach einer Drohung gemäß § 1 Abs 2 S 1 Nr 1, Abs 6	5	**VIII. Verfahrensrecht**	24
4. Gemeinsam genutzte Wohnung	6	1. Zuständigkeit	24
III. Ausschluss des Anspruchs (Abs 3)	8	a) Zuständigkeit des Familiengerichts	25
1. Keine Wiederholungsgefahr (Abs 3 Nr 1)	9	b) Zuständigkeit des Zivilgerichts	27
2. Verwirkung des Anspruchs (Abs 3 Nr 2)	10	2. Verfahren	28
3. Besonders schwerwiegende Täterinteressen (Abs 3 Nr 3)	11	a) Verfahren des Familiengerichts	28
IV. Regelung der Wohnungsnutzung (Abs 2)	12	b) Verfahren vor den Zivilgerichten	32
1. Täter ohne Rechtsposition an der Wohnung	13	3. Rechtsmittel	33
2. Rechtsgemeinschaft des Täters und der verletzten Person an der Wohnung	14	4. Vollstreckung	34
3. Alleinige Berechtigung des Täters oder Rechtsgemeinschaft des Täters mit einem Dritten an der Wohnung	18	**IX. Einstweiliger Rechtsschutz**	35
		X. Geschäftswert	36
		XI. Beweislast	37

I. Bedeutung der Norm

1 Mit Art 1 § 2 GewSchG ist eine materiellrechtliche Norm[1] geschaffen worden, die die richterliche Regelung einer Wohnungszuweisung vorsieht, auch wenn die Bewohner weder verheiratete Eheleute noch eingetragene Lebenspartner sind. Sie findet daher auch Anwendung, wenn verletzte Person und Täter in einer nichtehelichen Lebensgemeinschaft leben. Aus § 2 ergibt sich ein **materiell-rechtlicher Anspruch auf Überlassung einer gemeinsam genutzten Wohnung** mit dem Ziel, dem Opfer – zumindest zeitweise – Schutz vor weiteren Gewalttaten zu bieten.

II. Überlassung einer gemeinsam genutzten Wohnung (Abs 1 und 6)

2 **1. Anwendungsbereich.** Die Vorschrift ist die allgemeine **materiell-rechtliche Grundlage** für die Wohnungsüberlassung in den Fällen, in denen Gewalttaten im Rahmen eines auf Dauer angelegten gemeinsamen Haushaltes begangen werden[2]. Der Anwendungsbereich des § 1361 b BGB beschränkt sich auf die Entscheidung zur Wohnungsnutzung in dem Fall, dass die Eheleute bereits getrennt leben oder einer von ihnen getrennt leben will[3]. Soweit Eheleute einen auf Dauer angelegten gemeinsamen Haushalt führen, können sie aber auch den Schutz des § 2 in Anspruch nehmen.

3 Im Fall einer möglichen Anspruchskonkurrenz zwischen § 2 GewSchG und § 1361 b BGB ist die Auswahl zwischen diesen Verfahren nach dem Ziel zu treffen, das erreicht werden soll (nur Wohnungsüberlassung oder Regelung mit Trennungs- oder Scheidungsabsicht).

4 **2. Überlassung der Wohnung nach einer Gewalttat gemäß § 1 Abs 1.** Liegt eine **Verletzung von Rechtsgütern nach § 1 Abs 1 (Körper, Gesundheit oder Freiheit)** vor, ist die Wohnungsüberlassung an keine weiteren Voraussetzungen geknüpft. Die Gewalttat muss nicht in der Wohnung stattgefunden haben. Die Überlassung der Wohnung an das Opfer einer Tat nach § 1 Abs 1 setzt nach S 1 – anders als bei § 1361 b BGB – nicht voraus, dass dies zur Vermeidung einer unbilligen Härte erforderlich ist[4]. Im Fall einer Gewalttat ist der Anspruch auf Wohnungsüberlassung zur alleinigen Benutzung durch die verletzte Person ohne weitere Darlegung begründet. Schützenswerte Belange des Täters finden über den Ausschlusstatbestand in § 2 Abs 3 Nr 3 Berücksichtigung.

5 **3. Überlassung der Wohnung nach einer Drohung gemäß § 1 Abs 2 S 1 Nr 1, Abs 6.** Wird mit einer Rechtsgutsverletzung nach § 1 Abs 2 S 1 Nr 1 gedroht, setzt die Überlassung der Wohnung voraus, dass sie erforderlich ist, um eine **unbillige Härte** für das Opfer zu vermeiden[5]. Der Begriff „unbillige Härte" ist mit den **Maßstäben des § 1361 b BGB** (s dort) auszufüllen.

6 **4. Gemeinsam genutzte Wohnung.** Verletzte Person und Täter müssen zum Zeitpunkt der Tat einen auf Dauer angelegten gemeinsamen Haushalt führen. Die Tat muss nicht in der Wohnung

---

[1] Palandt/Brudermüller Rn 1.
[2] BT-Drucks 14/5429 S 19.
[3] So Brudermüller FamRZ 2003, 1705, 1707; AG Tempelhof-Kreuzberg FPR 2003, 26, 27 = FamRZ 2003, 532.
[4] OLG Naumburg FPR 2003, 376; Palandt/Brudermüller Rn 3.
[5] OLG Naumburg FPR 2003, 376 = ZFE 2003, 158.

stattgefunden haben. Unter dem Begriff **auf Dauer angelegter gemeinsamer Haushalt** ist eine Lebensgemeinschaft zu verstehen, die auf Dauer angelegt ist, keine weiteren Bindungen gleicher Art zulässt und sich durch innere Bindungen auszeichnet, die ein gegenseitiges Füreinandereinstehen begründen und die über eine reine Wohn- und Wirtschaftsgemeinschaft hinausgehen[6]. Die Ausgestaltung der persönlichen Beziehung zwischen Täter und Opfer ist nicht entscheidend. Gleiches gilt für die rechtlichen Verhältnisse an der Wohnung. Einen auf Dauer angelegten Haushalt können hetero- und homosexuelle Partner, dauerhaft zusammenlebende alte Menschen oder zusammenlebende Verwandte unterschiedlicher Generationen, ferner Ehegatten und eingetragene Lebenspartner führen. Haben Ehegatten oder eingetragene Lebenspartner jedoch die Absicht, sich zu trennen, oder leben sie bereits getrennt, kommen § 1361 b BGB und § 14 LPartG als lex specialis gegenüber § 2 zur Anwendung[7].

§ 2 Abs 6 S 1 stellt mit dem Bezug auf § 1 Abs 3 klar, dass ein auf Dauer angelegter gemeinsamer Haushalt auch dann besteht, wenn der mit dem Opfer in einem gemeinsamen Haushalt lebende Täter die Tat nach § 1 Abs 1 S 1 in einem vorübergehenden Zustand der Unzurechnungsfähigkeit begangen hat.

III. Ausschluss des Anspruchs (Abs 3)

Abs 3 bezeichnet drei Ausnahmetatbestände für den Ausschluss des Anspruchs:

1. Keine Wiederholungsgefahr (Abs 3 Nr 1). Der präventive Charakter des § 2 verbietet es, den Anspruch zu gewähren, wenn keine weiteren Gewalttaten zu befürchten sind. Dies steht zur Darlegungs- und Beweislast des Täters[8]. Der Anspruch ist gleichwohl zu gewähren, wenn der verletzten Person das weitere Zusammenleben mit dem Täter wegen der Schwere der Tat nicht zuzumuten ist oder Belange der im Haushalt lebenden Kinder dies erfordern.

2. Verwirkung des Anspruchs (Abs 3 Nr 2). Die verletzte Person verwirkt ihren Anspruch, wenn sie nicht **innerhalb von drei Monaten** nach der Tat die Überlassung der Wohnung **schriftlich** vom Täter verlangt hat. Auf den Nachweis des Zugangs des schriftlichen Verlangens ist Wert zu legen. Der Fristablauf beginnt mit jeder Tat neu[9]. Der Ablauf der Frist kann der verletzten Person nicht entgegen gehalten werden, wenn es ihr weder möglich noch zumutbar war, den Zugang bei dem Täter zu bewirken. Diese Regelung schafft innerhalb eines angemessenen Zeitraums nach dem Vorfall Klarheit über die Nutzungsbefugnis hinsichtlich der Wohnung, gibt der verletzten Person andererseits hinreichend Überlegungszeit für die künftige Lebensgestaltung. Die verletzte Person muss zum Zeitpunkt der Geltendmachung des Anspruchs auf Wohnungsüberlassung nicht mit dem Täter in der bislang gemeinsam genutzten Wohnung leben. Hat sie anderweitig Schutz gesucht, bleibt ihr die Möglichkeit der Rückkehr in die gemeinsame Wohnung.

3. Besonders schwerwiegende Täterinteressen (Abs 3 Nr 3). Ausgeschlossen ist der Anspruch schließlich, soweit der Überlassung der Wohnung an die verletzte Person besonders schwerwiegende Interessen des Täters entgegenstehen. Solche können etwa eine Behinderung oder eine schwere Erkrankung sein. Das Merkmal „soweit" lässt zudem Einschränkungen bei der Wohnungsüberlassung zu. In Ausnahmefällen kann eine nur teilweise Überlassung der Wohnung in Betracht kommen. Der ausreichende Schutz der verletzten Person muss stets gewährleistet sein.

IV. Regelung der Wohnungsnutzung (Abs 2)

Nach Abs 2 S 1 kann – vergleichbar der Regelung in § 1361 b BGB – grds nur eine vorläufige Regelung über die Wohnungsbenutzung getroffen werden. Dies ist Ausfluss des Grundsatzes der Verhältnismäßigkeit. Die Dauer der Wohnungsüberlassung hängt von der jeweiligen Rechtsposition ab, die verletzte Person und Täter oder ein Dritter mit der verletzten Person oder dem Täter an dem Grundstück, auf dem sich die Wohnung befindet, oder an der Wohnung besitzen.

1. Täter ohne Rechtsposition an der Wohnung. Hat die an der Wohnung allein oder gemeinsam mit einem Dritten – dinglich oder schuldrechtlich – berechtigte verletzte Person den Täter in die Wohnung aufgenommen und leben sie dort in einer nichtehelichen Lebensgemeinschaft zusammen, hat der Täter regelmäßig keine Rechtsposition in Bezug auf die Benutzung der Wohnung. Ohne Weiteres kann nicht von der Begründung eines Mietverhältnisses, auch nicht eines Untermietverhältnisses ausgegangen werden. Die Verweisung des Täters aus der Wohnung nach § 2 führt dann sogar zu einer endgültigen Regelung der Benutzungsverhältnisse. Es bedarf auch in diesen Fällen aber einer gerichtlichen Entscheidung. Selbsthilfe der verletzten Person ist nicht zulässig[10].

2. Rechtsgemeinschaft des Täters und der verletzten Person an der Wohnung. Abs 2 S 1 sieht vor, dass die Überlassung der Wohnung an die verletzte Person in den Fällen zu befristen ist, in denen der verletzten Person mit dem Täter das Eigentum, das Erbbaurecht oder den Nießbrauch an dem Grundstück, auf dem sich die Wohnung befindet, zusteht oder die verletzte Person mit dem Täter die Wohnung gemietet hat.

Eine Höchstdauer ist nicht vorgesehen; es kommt auf die Einzelfallumstände an. Dabei wird Bedeutung gewinnen müssen, ob, in welcher Weise und in welchem Zeitraum ggf die Mitberechtigung

---

[6] S dazu die Begriffsbestimmung in der Mietrechtsreform, BR-Drucks 439/00 S 92 f.
[7] *Müller* FF 2002, 43.
[8] OLG Koblenz ZFE 2003, 252.
[9] *Palandt/Brudermüller* Rn 7.
[10] BT-Drucks 14/5429 S 19.

aufgelöst werden kann, wenn abzusehen ist, dass ein erneutes Zusammenfinden nicht mehr in Betracht kommt.

16 Besteht **Miteigentum** von Täter und der verletzten Person, so kann der verwiesene Miteigentümer nach § 749 Abs 1 BGB die Aufhebung der Gemeinschaft nach § 753 Abs 1 BGB im Wege der Teilungsversteigerung nach dem ZVG verlangen.

17 Im Falle eines **von beiden abgeschlossenen Mietvertrages** kann versucht werden, durch gemeinsame Kündigung mit dem Vermieter eine Aufhebung des mit beiden geschlossenen Vertrages zu erreichen, um einen (neuen) Mietvertrag nur mit dem in der Wohnung verbliebenen Mieter zu schließen. Dazu ist der Vermieter allerdings nicht verpflichtet. In dessen Rechte kann nicht durch eine Entscheidung nach § 2 eingegriffen werden.

18 **3. Alleinige Berechtigung des Täters oder Rechtsgemeinschaft des Täters mit einem Dritten an der Wohnung.** Die Wohnungsüberlassung an die verletzte Person ist auf höchstens sechs Monate zu befristen, wenn dem Täter allein oder gemeinsam mit einem Dritten das Eigentum, das Erbbaurecht oder der Nießbrauch an dem Grundstück zusteht, auf dem sich die Wohnung befindet, oder er die Wohnung allein oder mit einem Dritten gemietet hat. Das Gesetz geht davon aus, dass in dieser Fallkonstellation die verletzte Person letztendlich die Wohnung verlässt und ihr lediglich eine Übergangsfrist einzuräumen ist. Die konkrete Bestimmung der Frist hat auf die Verhältnisse auf dem örtlichen Wohnungsmarkt und den Zeitraum abzustellen, in dem die verletzte Person angemessenem Ersatzwohnraum zu zumutbaren Bedingungen erlangt haben könnte.

19 Eine Fristverlängerung um bis zu weitere sechs Monate ist möglich, setzt nach S 3 voraus, dass die verletzte Person anderen angemessenen Wohnraum fristgerecht nicht hat finden können. Die Bemühungen sind konkret darzulegen und tunlichst zu dokumentieren[11]. Die Fristverlängerung scheidet gleichwohl aus, wenn überwiegende Belange (zB schwere Erkrankung) des Täters oder des mit dem Täter in Rechtsgemeinschaft an der Wohnung stehenden Dritten der Fristverlängerung entgegenstehen.

20 **4. Berechtigung an der Wohnung auf Grund von Wohnungseigentum, eines Dauerwohnrechtes oder eines dinglichen Wohnrechtes.** Nach S 4 gelten die S 1 bis 3 auch in den Fällen, in denen die Berechtigung an der Wohnung auf dem Wohnungseigentum, einem Dauerwohnrecht oder einem dinglichen Wohnrecht beruht.

V. Verbot der Erschwernis oder Vereitelung der Ausübung des Nutzungsrechts (Abs 4)

21 Die Regelung entspricht § 1361 b Abs 3 S 1 BGB. Danach hat der zur Überlassung der Wohnung verpflichtete Täter alles zu unterlassen hat, was geeignet ist, die Ausübung des Nutzungsrechts durch die verletzte Person während seiner Dauer zu erschweren oder zu vereiteln. Das Gericht kann insoweit Anordnungen treffen, soweit nicht bereits solche nach § 1 ergangen und ausreichend sind. Es kann zB dem Täter untersagen, das Mietverhältnis zu kündigen, so lange das Nutzungsrecht des Opfers besteht. Da nur die jeweilige Nutzung der Wohnung geregelt werden soll und die Eigentumsverhältnisse unberührt bleiben, wird ein Veräußerungsverbot nicht nach Abs 4 getroffen werden können[12].

VI. Nutzungsvergütung (Abs 5)

22 Die verletzte Person kann – vergleichbar mit § 1361 b Abs 3 S 2 BGB – verpflichtet sein, aus Billigkeitsvergütung dem Täter eine Nutzungsvergütung zu zahlen. Eine Billigkeitsvergütung wird idR in den Fällen zu entrichten sein, in denen der Täter ein auf einem Mietvertrag oder einer dinglichen Berechtigung beruhende (Mit-)Nutzungsbefugnis an der Wohnung hat. Der Täter bleibt auch während der alleinigen Wohungsnutzung durch die verletzte Person weiterhin zur Mietzinszahlung verpflichtet; dies kann ebenfalls eine Billigkeitsvergütung rechtfertigen.

VII. Weitere Maßnahmen

23 Mit der Anordnung der Wohnungsüberlassung und Räumung können auf Antrag weitere Schutzanordnungen nach § 1 verbunden werden. Dies beurteilt sich nach den Umständen des Einzelfalls.

VIII. Verfahrensrecht

24 **1. Zuständigkeit.** Es bleibt auch hier bei der Zweigleisigkeit der Zuständigkeit zwischen Familiengericht und Zivilgericht.

25 **a) Zuständigkeit des Familiengerichts.** Das Familiengericht ist für die Verfahren über die Wohnungsüberlassung nach § 2 **ausschließlich** zuständig, wenn die Parteien zur Zeit der Antragstellung oder innerhalb von sechs Monaten vor Antragstellung einen auf Dauer angelegten gemeinsamen Haushalt führen bzw geführt haben (§§ 23 a Nr 7, 23 b Abs 1 S 2 Nr 8 a GVG, § 621 Abs 1 Nr 13 ZPO).

26 Die **örtliche Zuständigkeit** ist nach § 64 b Abs 1 FGG zu beurteilen. Die verletzte Person kann das Verfahren bei dem Familiengericht einleiten, in dessen Bezirk die gemeinsame Wohnung liegt (§ 64 b

---

[11] *Löhnig* FPR 2005, 37, 39.
[12] So *Weinreich* FuR 2007, 145, 148; auch *Haussleiter/Schulz,* Vermögensauseinandersetzung bei Trennung und Scheidung, 4. Aufl, Kap 4 Rn 111.

Abs 1 FGG), oder bei dem Familiengericht am allgemeinen Gerichtsstand des Täters (§ 64b Abs 1 FGG, §§ 12, 13 ZPO), oder bei dem Familiengericht am Gerichtsstand der unerlaubten Handlung (§ 64b Abs 1 FGG, § 32 ZPO), dies etwa, wenn sich die Antrag stellende Person an einem anderen Ort (Frauenhaus, Eltern, Freunde) aufhält und dort verletzt worden ist. Ist eine **Ehesache** anhängig, beurteilt sich die örtliche Zuständigkeit nach § 621 Abs 2 S 1 ZPO.

b) Zuständigkeit des Zivilgerichts. In allen anderen Fällen sind die Zivilgerichte, sachlich 27 überwiegend wegen der unter 10 000 Euro liegenden Gegenstandswerte der Verfahren die Amtsgerichte zuständig. Die örtliche Zuständigkeit folgt aus den allgemeinen Vorschriften (§§ 12 ff, 32 ZPO).

2. Verfahren. a) Verfahren des Familiengerichts. Das Verfahren beim Familiengericht richtet 28 sich nach den Vorschriften des FGG. Es genügt ein **verfahrenseinleitender Antrag**. Der Antrag sollte nicht nur auf die **Wohnungsüberlassung**, sondern auch auf die **Räumung** der Wohnung gerichtet sein. Bei der Antragstellung sollte kenntlich gemacht werden, dass § 885 Abs 2 ZPO (Wegschaffung beweglicher Sachen, die nicht Gegenstand der Zwangsvollstreckung sind) bei der Vollstreckung nicht zur Anwendung kommen soll.

Es gilt die **Amtsmaxime**. Der Familienrichter hat den Sachverhalt von Amts wegen zu ermitteln. 29 Sollte das Familiengericht die Voraussetzungen der §§ 1, 2 nicht annehmen können, kann es – anders als ein Zivilgericht – eine Wohnungszuweisung nach dem **Meistbegünstigungsprinzip** gemäß § 1361b BGB, §§ 15, 18a HausratVO, §§ 621g, 621 Abs 1 Nr 7, 890, 892 ZPO vornehmen[13].

Aus § 64b Abs 2 S 4 FGG folgt die Anwendung bestimmter Vorschriften der **HausratVO**. So ist 30 nach § 13 Abs 3 HausratVO über eine Einigung eine Niederschrift zu fertigen. Nach § 49a Abs 2 FGG soll das **Jugendamt** vor einer ablehnenden Entscheidung nach § 2 angehört werden, wenn Kinder in dem Haushalt leben. § 13 Abs 4 HausratVO verlangt die Mitteilung der Entscheidung an das Jugendamt zur Gewährleistung seiner Beratungs- und Unterstützungsfunktion nach § 18 SGB VIII, wenn ein Kind mit in dem von der Wohnungsüberlassung bzw -zuweisung betroffenen Haushalt lebt.

Die **Hauptsacheentscheidung** wird nach § 64b Abs 2 S 1 FGG grds erst mit der Rechtskraft 31 wirksam. Jedoch kann das Gericht nach § 64b Abs 2 S 2 FGG auf Antrag die sofortige Wirksamkeit der Entscheidung und die Zulässigkeit der Vollstreckung anordnen. So ist zu verfahren, wenn eine Zustellung mangels Kenntnis der Adresse des Täters nicht möglich ist. Die Entscheidung wird dann mit ihrer Übergabe – in vollständig abgefasster Form und vom Richter unterzeichnet – an die Geschäftsstelle wirksam (§ 64b Abs 2 S 3 FGG). Im Übrigen wird auf die Ausführungen zu § 1 verwiesen.

b) Verfahren vor den Zivilgerichten. Es gelten die Vorschriften der ZPO. Es ist Leistungsklage 32 auf Wohnungsüberlassung zu erheben. Die **Voraussetzungen des § 253 ZPO** müssen beachtet werden; dies verlangt eine genaue Bezeichnung der zu überlassenden Wohnung.

3. Rechtsmittel. Es wird auf die Ausführungen zu § 1 verwiesen. 33

4. Vollstreckung. Nach § 885 Abs 1 ZPO richtet sich die Vollstreckung eines Titels auf Überlas- 34 sung der Wohnung. Verletzt der Täter die gerichtliche Entscheidung mehrfach, indem er erneut in die Wohnung zurückkehrt, kann nach § 885 Abs 1 S 3 und 4 ZPO mehrfach vollstreckt werden; einer erneuten Zustellung an den Täter bedarf es nicht, auch keines neuen Verfahrens. Die verletzte Person kann den Täter durch den Gerichtsvollzieher aus der Wohnung setzen lassen; dieser darf dazu Gewalt nach §§ 758 Abs 3, 759 ZPO anwenden.

IX. Einstweiliger Rechtsschutz

Es wird auf die Ausführungen zu § 1 verwiesen. 35

X. Geschäftswert

Der Geschäftswert für das isolierte Hauptsacheverfahren nach § 2 beträgt nach §§ 100a, 30 Abs 2 36 KostO maximal 500 000 Euro, der Regelwert 3000 Euro[14]. Für das Verfahren der einstweiligen Anordnung betreffend die Nutzung der Wohnung nach § 64b FGG ist bei anhängigem Hauptsacheverfahren nach § 24 S 2 und 3 RVG, § 53 Abs 2 S 2 GKG ein Geschäftswert von 2000 Euro maßgebend[15].

XI. Beweislast

Die Antrag stellende Partei trägt die Darlegungs- und Feststellungslast. Sie hat daher den Sachverhalt 37 konkret vorzutragen und auch Beweismittel zu benennen. Es gilt der allgemeine Grundsatz, wonach jede Partei die ihr günstigen Tatsachen vorzutragen und ggf zu beweisen hat. Trotz der Amtsmaxime des FGG-Verfahrens ist es stets geboten, dem Gericht die notwendigen Tatsachen zu unterbreiten, damit es von Amts wegen vorgehen kann. Der Täter hat zu beweisen, dass keine Wiederholungsgefahr besteht[16]. Die verletzte Person hat den Zugang des Verlangens nach Abs 3 Nr 2 zu beweisen[17].

---

[13] OLG Köln FamRZ 2003, 319; *Schumacher* FamRZ 2002, 645, 653.
[14] OLG Koblenz FamRZ 2005, 1849.
[15] OLG Koblenz FGPrax 2005, 180; OLG Dresden FamRZ 2006, 803.
[16] BT-Drucks 14//5492 S 31.
[17] *Palandt/Brudermüller* Rn 7.

GewSchG § 4

§ 3 Geltungsbereich, Konkurrenzen

(1) Steht die verletzte oder bedrohte Person im Zeitpunkt einer Tat nach § 1 Abs. 1 oder Abs. 2 Satz 1 unter elterlicher Sorge, Vormundschaft oder unter Pflegschaft, so treten im Verhältnis zu den Eltern und zu sorgeberechtigten Personen an die Stelle von §§ 1 und 2 die für das Sorgerechts-, Vormundschafts- oder Pflegschaftsverhältnis maßgebenden Vorschriften.

(2) Weitergehende Ansprüche der verletzten Person werden durch dieses Gesetz nicht berührt.

I. Geltung von Sondervorschriften

1   Soweit die verletzte oder bedrohte Person zum Zeitpunkt der Tat unter elterlicher Sorge, Vormundschaft oder unter Pflegschaft stand, gelten im Verhältnis zu den Eltern und zu den sorgeberechtigten Personen nicht die Bestimmungen des GewSchG, vielmehr sind die für das Sorgerechts-, Vormundschafts- oder Pflegeverhältnis ergangenen Vorschriften maßgeblich. Im Fall der Gefährdung des Kindeswohls durch ein Handeln der Eltern gelangen nach § 3 Abs 1 die §§ 1666, 1666a BGB zur Anwendung[1]. Das GewSchG bleibt indes anwendbar, wenn das Kind von Geschwistern, Großeltern, Onkel und Tante bedroht oder verletzt wird, denn diesen Personen gegenüber steht es nicht unter elterlicher Sorge, Vormundschaft oder Pflegschaft.

II. Behandlung weitergehender Ansprüche

2   Andere Anspruchsgrundlagen bleiben gemäß § 3 Abs 2 von dem GewSchG unberührt. Dies gilt insbesondere für Schadensersatzansprüche aus § 823 BGB, etwa wegen Verletzung des Eigentums, Ersatz von ärztlichen Behandlungskosten und Medikamenten oder auch aller Ansprüche aus Verletzung des allgemeinen Persönlichkeitsrechts oder sonstiger durch § 823 BGB geschützter Rechtsgüter. In Betracht kommen auch ein Schmerzensgeldanspruch nach § 253 Abs 2 BGB oder Schadensersatzansprüche bei fahrlässiger Begehungsweise[2].

§ 4 Strafvorschriften

¹Wer einer bestimmten vollstreckbaren Anordnung nach § 1 Abs. 1 Satz 1 oder 3, jeweils auch in Verbindung mit Abs. 2 Satz 1, zuwiderhandelt, wird mit Freiheitsstrafe bis zu einem Jahr oder mit Geldstrafe bestraft. ²Die Strafbarkeit nach anderen Vorschriften bleibt unberührt.

1   Die effektive Durchsetzung wird dadurch gewährleistet, dass der Verstoß gegen eine auf § 1 Abs 1 S 1 oder 3 gestützte gerichtliche Schutzanordnung mit Strafe bewehrt wird. Anordnungen nach § 2 Abs 4 sind nicht strafbewehrt. Die Vorschrift ist ein Offizialdelikt, so dass nicht auf den Privatklageweg verwiesen werden kann. Die Strafbarkeit nach weiteren Vorschriften – wie Straftaten gegen die sexuelle Selbstbestimmung oder Körperverletzungsdelikte – bleibt unberührt.

2   Voraussetzung der Strafbarkeit nach § 4 ist die wirksame Zustellung einer im Beschlusswege ergangenen einstweiligen Verfügung[1*].

3   Die Strafbarkeit endet mit der förmlichen Aufhebung des Beschlusses, ebenso, wenn die verletzte Person dem Täter freiwillig wieder Zugang zur Wohnung gewährt[2*].

---

[1] S auch *Janzen* FamRZ 2002, 785.
[2] *Müller* FF 2002, 43, 46.
[1*] BGH FamRZ 2007, 812.
[2*] OLG Hamm vom 2. 6. 2004, 1 Ss 83/04, LSK 2005, 430383.

Titel 8. Kirchliche Verpflichtungen (§ 1588)

§ 1588

Die kirchlichen Verpflichtungen in Ansehung der Ehe werden durch die Vorschriften dieses Abschnitts nicht berührt.

Diese Vorschrift bekräftigt nur, was sich aus der Überschrift des 1. Abschnitts „Bürgerliche Ehe" (Vor § 1297) ohnehin ergibt. Sie entspricht einer ähnlichen Regelung in § 82 PStG 1875, die zwischen der bürgerlich-rechtlichen und religiös-rechtlichen Seite der Ehe trennte. Neuerdings wieder umstritten ist der zeitliche Vorrang der **Zivilehe**[1]. Nach § 67 PStG hat die kirchliche Einsegnung vor der standesamtlichen Trauung die Qualität einer (sanktionslosen) Ordnungswidrigkeit des Religionsdieners. Die anlässlich der Reform des Eheschließungsrechts zum 1. 7. 1998 bereits vorgesehene Aufhebung des § 67 PStG wurde letzten Endes doch nicht umgesetzt. Sie wird jedoch bei der Diskussion über die Tolerierung alternativer Lebensformen außerhalb der bürgerlichen Ehe erneut eine Rolle spielen, wenn es gilt, ua auch kirchliche Ehen ohne standesamtlichen Trauschein zuzulassen[2]. 1

---

[1] *Bosch/Hegnauer/Hoyer* FamRZ 1997, 1313; *Renck* NJW 1996, 907.
[2] Vgl zu allem *Becker*, FS Schwab, 2005, S 269.

Abschnitt 2. Verwandtschaft (§§ 1589–1772)

Titel 1. Allgemeine Vorschriften (§§ 1589–1590)

§ 1589 Verwandtschaft

(1) ¹Personen, deren eine von der anderen abstammt, sind in gerader Linie verwandt. ²Personen, die nicht in gerader Linie verwandt sind, aber von derselben dritten Person abstammen, sind in der Seitenlinie verwandt. ³Der Grad der Verwandtschaft bestimmt sich nach der Zahl der sie vermittelnden Geburten.

(2) (weggefallen)

Schrifttum: *Bausch,* Der Begriff des „Abkömmlings" in Gesetz und rechtsgeschäftlicher Praxis, FamRZ 1980, 413.

I. Bedeutung der Norm

1   Während die Überschrift des zweiten Abschnitts den Begriff Verwandtschaft iwS – umfassend Blutsverwandtschaft, Schwägerschaft (§ 1590) und Adoption (§§ 1741 bis 1772) – verwendet, definiert § 1589 die Verwandtschaft ieS im Kern als auf **Blutsverwandtschaft** – natürliche, leibliche Verwandtschaft – beruhendes **Rechtsverhältnis**[1]. Hiervon geht auch der Gesetzgeber nach Novellierung der §§ 1591 ff durch das Kindschaftsrechtsreformgesetz vom 16. 12. 1997 (BGBl I S 2942) aus[2]. Art 51 EGBGB sichert die gleichmäßige Anwendung des Begriffs Verwandtschaft (und Schwägerschaft) in BGB, GVG, ZPO und AnfG. Er gilt entspr auch für das gleichzeitig in Kraft getretene FGG[3] und grds für jüngere Gesetze[4].

2   **Abkömmlinge** sind alle (Bluts-)Verwandten absteigender Linie einschließlich Adoptivkindern[5]. Der Kreis der **Angehörigen** bzw „nahen Angehörigen" (§ 530), „Familienangehörigen" (§§ 564 b, 569 a, 1969, § 11 Abs 1 LPartG) geht zT über den der Verwandtschaft und Schwägerschaft hinaus und ist nach Sinn und Zweck der jeweiligen Vorschrift zu ermitteln[6].

3   Verwandtschaftsverhältnisse sind **Dauerrechtsverhältnisse**[7]. Sie können (außerhalb des Eltern-Kind-Verhältnisses) Gegenstand einer **Feststellungsklage** nach § 256 ZPO sein[8].

II. Einzelerläuterung

4   Für die **Abstammung** ist die (natürliche) (Bluts-)Verwandtschaft maßgebend[9]. Zwischen **ehelicher** und **nichtehelicher** Geburt wird nicht mehr unterschieden[10].

5   In **gerader Linie** verwandt sind die Vorfahren (Verwandte aufsteigender Linie, Aszendenten) und Nachkommen (Verwandte absteigender Linie, Deszendenten, Abkömmlinge), also Vater, Sohn, Enkel usw. In der **Seitenlinie** verwandt sind Personen, die nicht voneinander, aber von derselben dritten Person abstammen, also Geschwister, Onkel, Neffe usw.

6   Der **Verwandtschaftsgrad** bestimmt sich nach der Zahl der sie vermittelnden Geburten, die bei Verwandtschaft in der Seitenlinie über den gemeinsamen Elternteil hinweggezählt werden muss[11]. Es sind daher Eltern und Kinder im ersten Grad, Großeltern und Enkel im zweiten Grad in gerader Linie verwandt, Geschwister (gleich ob voll- oder halbbürtig) im zweiten, Onkel und Neffe im dritten Grad der Seitenlinie verwandt.

7   Das durch **Adoption** entstehende Rechtsverhältnis ist bei Minderjährigen gemäß §§ 1754, 1755 dem auf Abstammung beruhenden Verwandtschaftsverhältnis völlig gleichgestellt, bei Volljährigen ist es ihm angenähert (§§ 1770, 1772).

---

[1] *Staudinger/Rauscher* Rn 2; *Soergel/Gaul* Rn 1; MünchKommBGB/*Seidel* Rn 1.
[2] BT-Drucks 13/4899 S 82.
[3] BayObLGZ 1958, 159, 163.
[4] BVerwG FamRZ 1959, 215; BSG FamRZ 1960, 438.
[5] BayObLG NJW 1960, 965; OLG Frankfurt OLGZ 1972, 120; Bausch FamRZ 1980, 413.
[6] MünchKommBGB/*Seidel* Rn 5; *Soergel/Gaul* Vor § 1589 Rn 13.
[7] MünchKommBGB/*Seidel* Rn 17; *Staudinger/Rauscher* Rn 2; *Soergel/Gaul* Vor § 1589 Rn 17; *Erman/Holzhauer* Vor § 1589 Rn 5.
[8] BGH NJW 1957, 1067, 1069 m Anm *Schwoerer*; *Staudinger/Rauscher* Einl §§ 1589 ff Rn 74 ff; *Soergel/Gaul* Vor § 1589 Rn 22.
[9] *Soergel/Gaul* Rn 1; *Erman/Holzhauer* Rn 2; *Palandt/Diederichsen* Rn 1.
[10] § 1589 Abs 2 aF, demzufolge ein uneheliches Kind und dessen Vater als nicht verwandt galten, wurde durch Art 1 Nr 3 des Gesetzes über die rechtliche Stellung des nichtehelichen Kindes vom 19. 8. 1969, BGBl I S 1243, gestrichen.
[11] *Soergel/Gaul* Rn 4.

§ 1590 Schwägerschaft

(1) ¹Die Verwandten eines Ehegatten sind mit dem anderen Ehegatten verschwägert. ²Die Linie und der Grad der Schwägerschaft bestimmen sich nach der Linie und dem Grade der sie vermittelnden Verwandtschaft.

(2) Die Schwägerschaft dauert fort, auch wenn die Ehe, durch die sie begründet wurde, aufgelöst ist.

Schrifttum: *Conradi,* Zivilrechtliche Regelung des Stiefkindverhältnisses, Alternative zur Adoption des Stiefkindes?, FamRZ 1980, 103.

Schwägerschaft besteht zwischen einem Ehegatten und den Verwandten des anderen Ehegatten **(Abs 1 S 1),** einschließlich nichtehelicher Kinder, wobei in der (Klein-)Familie die Schwägerschaft als Stiefverhältnis bezeichnet wird (Stiefkind, -mutter, -vater). Schwägerschaft setzt eine **gültige Ehe** voraus. Auch eine aufhebbare Ehe ist bis zur rechtskräftigen Aufhebung gültig. Als verschwägert gelten auch die Verwandten eines Lebenspartners und der andere Lebenspartner (§ 11 Abs 2 LPartG). 1

Keine Schwägerschaft besteht zwischen den Verwandten und Verschwägerten des einen Ehegatten mit denjenigen des anderen Ehegatten, also auch nicht zwischen den beiderseitigen Geschwistern („Schwippschwäger") oder Kindern. 2

Linie und Grad der Schwägerschaft richten sich nach Linie und Grad der sie vermittelnden Verwandtschaft **(Abs 1 S 2),** so dass der Ehegatte mit den Schwiegereltern im ersten Grad aufsteigender Linie, mit einem Kind des Ehegatten im ersten Grad absteigender Linie und mit den Geschwistern des Ehegatten im zweiten Grad der Seitenlinie verschwägert ist. 3

Die Schwägerschaft **überdauert** die Ehe **(Abs 2).** Eine (durch Tod, Scheidung usw) aufgelöste Ehe kann weitere Schwägerschaftsverhältnisse nicht mehr begründen[1]. Der geschiedene Ehegatte ist daher nicht mit den Kindern des anderen Ehegatten aus einer weiteren Ehe verschwägert. 4

Die Schwägerschaft begründet **kein gesetzliches Erbrecht** und **keinen gesetzlichen Unterhaltsanspruch,** auch nicht für **Stiefkinder.** Auch mittelbar kann aus §§ 1360, 1360a kein Unterhaltsanspruch hergeleitet werden[2]. Lediglich § 1371 Abs 4 gibt dem Stiefkind einen Anspruch auf Gewährung von Mitteln zu einer angemessenen Ausbildung. 5

Nach § 11 Abs 2 LPartG gelten auch die Verwandten eines Lebenspartners als mit dem anderen Lebenspartner verschwägert. Eine Bestimmung ist inhaltlich § 1590 nachgebildet. 6

Titel 2. Abstammung (§§ 1591–1600 e)

§ 1591 Mutterschaft

Mutter eines Kindes ist die Frau, die es geboren hat.

Schrifttum: *Coester-Waltjen,* Ersatzmutterschaft auf amerikanisch, FamRZ 1988, 573; *dies,* Künstliche Fortpflanzung und Zivilrecht, FamRZ 1992, 369; *Deichfuß,* Recht des Kindes auf Kenntnis seiner blutsmäßigen (genetischen) Abstammung?, NJW 1988, 113; *Deutsch,* Artifizielle Wege menschlicher Reproduktion: Rechtsgrundsätze, Konservierung von Sperma, Eiern und Embryonen; künstliche Insemination und außerkörperliche Fertilisation; Embryotransfer, MDR 1985, 177; *Enders,* Das Recht auf Kenntnis der eigenen Abstammung, NJW 1989, 881; *Frank,* Recht auf Kenntnis der genetischen Abstammung?, FamRZ 1988, 113; *ders,* FamRZ 1992, 1365; *Frank/Helms,* Der Anspruch des nichtehelichen Kindes gegen seine Mutter auf Nennung des leiblichen Vaters, FamRZ 1997, 1258; *Gaul,* Die Neuregelung des Abstammungsrechts durch das Kindschaftsrechtsreformgesetz, FamRZ 1997, 1441; *Giesen,* Genetische Abstammung und Recht, JZ 1989, 364; *Harder,* Wer sind Vater und Mutter? – Familienrechtliche Probleme der Fortpflanzungsmedizin, JuS 1986, 505; *Kirchmeier,* Zivilrechtliche Fragen von homologen und heterologen Insemination de lege lata et ferenda, FamRZ 1989, 1281; *Koch,* Der Anspruch des Deszendenten auf Klärung der genetischen Abstammung; ein Paradigmenwechsel im Abstammungsrecht, FamRZ 1990, 569; *Mansees,* Jeder Mensch hat ein Recht auf Kenntnis seiner genetischen Herkunft, NJW 1988, 2984; *Quantius,* Die Elternschaftsanfechtung durch das künstlich gezeugte Kind, FamRZ 1998, 1145; *Weber,* Der Auskunftsanspruch des Kindes und/oder des Scheinvaters auf namentlichen Benennung des leiblichen Vaters gegen die Kindesmutter, FamRZ 1996, 1254; *Zierl,* Gentechnologie und künstliche Befruchtung in ihrer Anwendung auf den Menschen, DRiZ 1985, 337.

Übersicht

	Rn		Rn
I. Normzweck	1	3. Fortpflanzungsmedizin	9
II. Einzelerläuterung	2	4. Recht auf Kenntnis der eigenen Abstammung	16
1. Abstammung	2	5. Findelkinder	25
2. Rechtsentwicklung	3	6. Internationales Privatrecht	26

---

[1] *Staudinger/Rauscher* Rn 7; *Gernhuber/Coester-Waltjen* § 4 Rn 33.
[2] BGH FamRZ 1969, 599; *Staudinger/Rauscher* Rn 13; *Gernhuber/Coester-Waltjen* § 4 Rn 37.

§ 1591

Buch 4. Abschnitt 2. Verwandtschaft

I. Normzweck

1 Die durch das **KindRG**[1] eingefügte völlig neue Vorschrift enthält die Legaldefinition der „Mutter" und verhindert für Fälle der Ei- oder Embryonenspende eine „gespaltene" Mutterschaft. Die Vorschrift durchbricht insoweit § 1589, der auf die genetische Abstammung abstellt (§ 1589 Rn 1). Mutter ist **ausschließlich** und **von vornherein unverrückbar**[2] die **biologische (Geburts-)Mutter,** auch wenn sie lediglich die befruchtete Eizelle einer anderen Frau austrägt. Die Eispende ist zwar nach öffentlich-rechtlichen Vorschriften verboten (§ 1 Abs 1 Nr 1 Embryonenschutzgesetz), eine Klarstellung der Mutterschaft ist jedoch im Hinblick auf Fälle geboten, in denen eine Eispende im Ausland oder verbotenerweise im Inland vorgenommen wird. Die Zuordnung des Kindes zur Geburtsmutter ist auch keine bloße Scheinmutterschaft. Sie kann nicht durch Anfechtung beseitigt werden[3]. Zur genetischen Mutter kann daher auch nicht im Wege des Statusverfahrens ein Eltern-Kind-Verhältnis iS von § 640 Abs 2 Nr 1 ZPO begründet werden[4].

II. Einzelerläuterung

2 **1. Abstammung.** Abstammung ist definiert als die Herkunft aus einer Vorfahrenreihe, s § 1589. Der zweite Titel behandelt einen Teilaspekt hiervon, das **abstammungsrechtliche Eltern-Kind-Verhältnis.** Durch die Abstammung von bestimmten Personen als Mutter und Vater wird bei der Geburt des Kindes sein **Personenstand** (Status) bestimmt. **Dokumentiert** wird der Personenstand nach Maßgabe des **Personenstandsgesetzes**[5] durch das **Standesamt.** Der Standesbeamte führt die **Personenstandsbücher** (§ 1 Abs 2 PStG: Heiratsbuch, Familienbuch, Geburtenbuch, Sterbebuch). Die **Anzeigepflicht** bei Geburten ist eingehend geregelt. Der Standesbeamte ist befugt, das Vaterschaftsanerkenntnis und die Zustimmungserklärung der Mutter zu beurkunden (§ 29 a PStG); er hat die Anerkennung – ebenso wie die gerichtliche Feststellung der Vaterschaft – am Rande des Geburtseintrags zu vermerken (§ 29 Abs 1 PStG). Lehnt der Standesbeamte die Vornahme einer Amtshandlung ab, kann er auf Antrag der Beteiligten oder der Aufsichtsbehörde durch das Amtsgericht dazu angehalten werden. In Zweifelsfällen kann er von sich aus die Entscheidung des Amtsgerichts darüber einholen, ob eine Amtshandlung vorzunehmen ist (§ 45). Ihm gegenüber sind auch die Erklärungen zum **Ehenamen** (§ 15 c PStG) und zur **Namensführung des Kindes** (§ 31 a PStG) abzugeben.

3 **2. Rechtsentwicklung.** Seit Inkrafttreten des BGB am 1. 1. 1900 ist das Abstammungsrecht wiederholt geändert worden. Das Familienrechtsänderungsgesetz vom 12. 4. 1938 (RGBl I S 380) und die Angleichungsverordnung vom 6. 2. 1943 (RGBl I S 80) sind durch Art 9 Abs 1 FamRÄndG vom 11. 8. 1961 (Gesetz zur Vereinheitlichung und Änderung familienrechtlicher Vorschriften, BGBl I S 1221) aufgehoben worden. Letzteres hat ua zum Schutz von Ehe und Familie gegen Eingriffe von außen das bis dahin im öffentlichen Interesse oder im Interesse des Kindes bestehende Ehelichkeitsanfechtungsrecht des Staatsanwalts (§ 1595 a aF) beseitigt und ein eigenes Anfechtungsrecht des Kindes eingeführt (§ 1596 aF).

4 Das **NEhelG** vom 19. 8. 1969 (BGBl I S 1243) diente der Erfüllung des Verfassungsauftrags aus Art 6 Abs 5 GG. Es beinhaltete eine Neuordnung der Systematik des Abstammungsrechts[6]. Wesentlicher Teil war die Neuregelung der Vaterschaftsfeststellung bei nichtehelichen Kindern in den §§ 1600 a bis 1600 o aF. § 1589 Abs 2 aF, demzufolge ein uneheliches Kind und dessen Vater nicht als verwandt galten, wurde aufgehoben und dadurch klargestellt, dass das Rechtsverhältnis der Verwandtschaft[7] sowohl durch eheliche als auch durch nichteheliche Geburt begründet wird. Durch das **Sorgerechtsgesetz** vom 18. 7. 1979 (BGBl I S 1069) wurde die Gesetzesterminologie von „unehelich" zu „nichtehelich" geändert.

5 Durch das **Kindschaftsrechtsreformgesetz** (KindRG) vom 16. 12. 1997 (BGBl I S 2942) wurde in einem weiteren Schritt zur Erfüllung des in Art 6 Abs 5 GG formulierten Gleichstellungsauftrags der Statusunterschied zwischen ehelichen und nichtehelichen Kindern endgültig abgeschafft. Die bis dahin vorgenommene systematische Untergliederung in eheliche (§§ 1591 bis 1600 aF) und nichteheliche (§§ 1600 a bis 1600 o aF) Abstammung wurde aufgegeben und die Regelungen wurden vereinheitlicht. Das neue Recht kennt nur noch eine rechtlich einheitliche Abstammung des Kindes von seiner Mutter und seinem Vater, gleichgültig, ob diese miteinander verheiratet sind oder nicht[8]. Einige Regelungen wurden wegen der Entwicklung der Fortpflanzungsmedizin erforderlich. Außerdem enthält das KindRG eine Neuordnung des Rechts der elterlichen Sorge und des Kindesnamens sowie des Adoptionsrechts. Gleichzeitig sind am 1. 7. 1998 das **Kindesunterhaltsgesetz** vom 6. 4. 1998 (BGBl I S 666) und das **Beistandschaftsgesetz** vom 4. 12. 1997 (BGBl I S 2846) in Kraft getreten, die ebenso wie das bereits zum 1. 4. 1998 in Kraft gesetzte **Erbrechtsgleichstellungsgesetz** vom 16. 12. 1997 (BGBl I S 2968) weitere Regelungen zur Gleichstellung ehelicher und nichtehelicher Kinder enthalten.

---

[1] Kindschaftsrechtsreformgesetz vom 16. 12. 1997, BGBl I S 2942.
[2] BT-Drucks 13/4899 S 82.
[3] AllgM, BT-Drucks 13/4899 S 82.
[4] BT-Drucks 13/4899 S 83; FamRefK *Bäumel/Wax* Rn 5; *Palandt/Diederichsen* Rn 2; *Gaul* FamRZ 1997, 1442, 1464; *Schwab/Wagenitz* FamRZ 1997, 1377.
[5] PStG idF vom 3. 11. 1937, BGBl I S 1125.
[6] *Bosch* FamRZ 1969, 505, 510.
[7] *Staudinger/Rauscher* § 1589 Rn 5; *Erman/Holzhauer* Vor § 1589 Rn 2; *MünchKommBGB/Seidel* § 1589 Rn 1; *Soergel/Gaul* Vor § 1589 Rn 17.
[8] FamRefK/*Bäumel/Wax* Vor § 1591 Rn 1.

Es wurde jedoch nicht nur der Verfassungsauftrag – nach wiederholter Anmahnung durch das BVerfG[9] – erfüllt, sondern die Neuregelung des Abstammungsrechts trägt auch den **veränderten gesellschaftlichen Gegebenheiten** Rechnung. Im gleichen Maße wie die Zahl der Eheschließungen sich kontinuierlich verringert hat[10] ist die Zahl der nichtehelichen Lebensgemeinschaften und der nichtehelichen Geburten gestiegen[11]. Das Bild der nichtehelichen Familie hat sich gewandelt: Während früher überwiegend von einer jungen, unerfahrenen und hilfsbedürftigen Mutter und einem (unfreiwilligen) Zahlvater ausgegangen werden konnte, wird heute das nichteheliche Kind zunehmend in eine Gemeinschaft von Vater und Mutter hineingeboren[12]. Gleichzeitig leben infolge steigender Scheidungszahlen[13] immer mehr Kinder in unvollständigen Familien. Daneben sind infolge der Wiedervereinigung Deutschlands Regelungsunterschiede aufgetreten, da in der früheren DDR die Unterschiede zwischen ehelichen und nichtehelichen Kindern schon im FGB von 1965 beseitigt worden waren. Diese waren zu beseitigen.

Schließlich ergaben sich Anstöße für die Reform des Kindschaftsrechts auch aus dem internationalen Recht. Am 5. 4. 1992 ist das **Übereinkommen über die Rechte des Kindes** (UN-Kinderrechtskonvention, BGBl II S 990) aus dem Jahre 1989 in der Bundesrepublik Deutschland in Kraft getreten. Dieses Übereinkommen macht den Vertragsstaaten ganz allgemein zur Pflicht, dem Kind den Schutz und die Fürsorge zu gewährleisten, die zu seinem Wohlergehen notwendig sind, und zu diesem Zweck „alle geeigneten Gesetzgebungs- und Verwaltungsmaßnahmen" zu treffen[14].

Die Neuregelung des Abstammungsrechts ist **unvollständig**[15]. Der Gesetzgeber stellt nur auf Seiten des Vaters auf die genetische Abstammung ab, auf Seiten der Mutter dagegen – unabhängig von den genetischen Gegebenheiten – auf die Frau, die das Kind geboren hat. Dies wird damit gerechtfertigt, dass die Zulässigkeit der Samenspende nach wie vor umstritten sei. Hinsichtlich der Mutterschaft bestehe dagegen Einigkeit, dass eine „gespaltene" Mutterschaft vermieden werden solle. Die **„Leihmutterschaft"**, der schon durch §§ 13 c und 13 d AdVermiG[16] (was die Vermittlung von Leihmutterschaften angeht) und durch § 1 Abs 1 Nr 7 ESchG[17] (was die medizinische Assistenz betrifft) entgegengewirkt worden war, solle verhindert werden[18].

3. Fortpflanzungsmedizin. Die seit langem praktizierte **homologe Insemination**[19] und die **homologe in-vitro-Fertilisation** – IVF –[20] sind rechtlich unproblematisch und stehen der natürlichen Zeugung gleich. Das Kind wird ehelich geboren und seinen genetischen Eltern unabänderlich zugeordnet[21]. Die **postmortale Insemination**[22] ist durch § 4 Abs 1 Nr 3 ESchG unter Strafe gestellt.

Von einer **quasi-homologen** Insemination bzw IVF spricht man bei der nichtehelichen Lebensgemeinschaft, wenn die Partner genetische Eltern des Kindes sind[23]. Die Interessenlage unterscheidet sich von der heterologen Insemination insoweit, als der Mann die soziale Vaterrolle anstrebt. Schon vor der Geburt des Kindes kann er die Vaterschaft anerkennen (§ 1594 Abs 4), kann mit der Mutter gemeinsam eine Sorgerechtserklärung abgeben (§§ 1626 a Abs 1 Nr 1, 1626 b Abs 2) und bei der Geburt den Geburtsnamen des Kindes bestimmen (§ 1617 Abs 1). Die Zulässigkeit der artifiziellen Reproduktionsverfahren bei nichtehelichen Lebensgemeinschaften ist umstritten[24].

Die Zulässigkeit der **heterologen Insemination** bzw IVF ist bisher nicht gesetzlich geregelt. Die amtliche Begründung des KindRG führt hierzu aus, dass das Zivilrecht dieser ungelösten Problematik nicht iS einer vom geltenden Recht abweichenden Regelung der abstammungsrechtlichen Folgen einer Samenspende vorgreifen kann[25]. Ein Vorschlag des Europarats aus dem Jahre 1979[26], der vorsah, parallele Gesetzesinitiativen zur Regelung der heterologen Insemination zu unternehmen, ist erfolglos geblieben. Das **Embryonenschutzgesetz** enthält lediglich Teilregelungen, so grenzt es die missbräuchliche Anwendung von Fortpflanzungstechniken aus und enthält in § 9 einen Arztvorbehalt für alle Methoden der künstlichen Befruchtung. Nach **ärztlichem Standesrecht**[27] ist nur in engen Grenzen die Verwendung von Spendersamen zulässig.

---

[9] BVerfGE 79, 256 = NJW 1989, 891 = FamRZ 1989, 255; BVerfGE 85, 80 = NJW 1992, 1747 = FamRZ 1992, 157; BVerfGE 90, 263 = NJW 1994, 2475 = FamRZ 1994, 881; BVerfGE 92, 158 = NJW 1995, 2155 = FamRZ 1995, 789.
[10] Statistisches Jahrbuch 2006 für die Bundesrepublik Deutschland, S 50.
[11] Statistisches Jahrbuch 2006, S 47, 53.
[12] Statistisches Jahrbuch 2006, S 47.
[13] Statistisches Jahrbuch 2006, S 56.
[14] BT-Drucks 12/4168 S 2.
[15] *Mutschler* FamRZ 1996, 1381, 1385.
[16] Adoptionsvermittlungsgesetz vom 27. 11. 1989, BGBl I S 2016.
[17] Embryonenschutzgesetz vom 13. 12. 1990, BGBl I S 2746.
[18] BT-Drucks 13/4899 S 82.
[19] Künstliche Befruchtung im Rahmen einer Ehe durch Übertragung von Sperma des Ehemanns in die Fortpflanzungsorgane der Frau.
[20] Befruchtung einer Eizelle der Ehefrau mit Sperma des Ehemanns im Reagenzschälchen.
[21] *Gernhuber/Coester-Waltjen* § 53 Rn 1; *Kirchmeier* FamRZ 1998, 1281; *Quantius* FamRZ 1998, 1145, 1146; *Deutsch* MDR 1985, 177, 181; *Zierl* DRiZ 1985, 337, 339.
[22] Künstliche Befruchtung mit dem Sperma des verstorbenen Mannes ist mit Hilfe der Kryokonservierungstechnik möglich, bei der Sperma bei minus 196 Grad C eingefroren und lange Zeit aufbewahrt werden kann.
[23] *Quantius* FamRZ 1998, 1145, 1147.
[24] *Harder* JuS 1986, 505, 511 mwN.
[25] BT-Drucks 13/4899 S 52.
[26] *Deutsch* MDR 1985, 181.
[27] Richtlinien über ärztliche Maßnahmen zur künstlichen Befruchtung vom 14. 8. 1990, Deutsches Ärzteblatt 87 Heft 46 vom 15. 11. 1990.

§ 1591

12   Das durch heterologe Insemination gezeugte Kind, das während der Ehe geboren wird, gilt so lange als Kind des Ehemannes, wie nicht auf Grund einer Anfechtung rechtskräftig festgestellt ist, dass dieser nicht der Vater des Kindes ist. **Anfechtungsberechtigt** sind grds der Ehemann, die Mutter und das Kind (§ 1600 Abs 1 Nr 1, 3 und 4), unter bestimmten Voraussetzungen auch der leibliche Vater (§ 1600 Abs 1 Nr 2, Abs 2 und 4) und die zuständige Behörde (§ 1600 Abs 1 Nr 5, Abs 3 und 4). Durch die Zustimmung des Ehemannes und der Mutter zur heterologen Insemination verlieren diese ihr Anfechtungsrecht, § 1600 Abs 5[28]. Das Kind ist durchgängig zur Anfechtung berechtigt; solange es minderjährig ist allerdings nur, wenn die Anfechtung dem Kindeswohl dient (§ 1600 a Abs 4). Ein Anfechtungsrecht des Samenspenders besteht nicht, da es für die Anwendung des § 1600 Abs 1 Nr 2 an der dort vorausgesetzten Beiwohnung fehlt.

13   **Ersatzmutter**[29] ist gemäß § 13 a AdVermiG die Frau, die auf Grund einer Vereinbarung bereit ist, sich einer künstlichen oder natürlichen Befruchtung zu unterziehen oder einen nicht von ihr stammenden Embryo auf sich übertragen zu lassen oder sonst auszutragen und das Kind nach der Geburt Dritten zur Annahme als Kind oder zur sonstigen Aufnahme auf Dauer zu überlassen. § 1 Abs 1 Nr 7 **ESchG** stellt die medizinische Assistenz bei der Ersatzmutterschaft unter Strafe. § 13 c AdVermiG verbietet die Ersatzmuttervermittlung. § 1591 stellt bezüglich der Abstammung mütterlicherseits als Mutter auf die Frau ab, die das Kind geboren hat und **vermeidet** dadurch eine **Aufspaltung der Mutterschaft** in eine genetische und eine Geburtsmutterschaft. **Rechtsfolge** ist, dass die Ersatzmutter gemäß § 1591 immer als Mutter des Kindes gilt. Ist sie unverheiratet, so kann der Ehemann der Wunscheltern die Vaterschaft anerkennen oder im Statusverfahren als Vater festgestellt werden. Ist die Ersatzmutter verheiratet, kann die gemäß § 1592 Nr 1 bestehende Vaterschaft ihres Ehemannes durch die Anfechtungsberechtigten des § 1600 angefochten werden, so dass ebenfalls der Weg für ein Vaterschaftsanerkenntnis offensteht. Die bestehen bleibende Mutterschaft der Ersatzmutter kann nur durch **Adoption**[30] auf die Wunschmutter übergehen, lässt sich also, da zur Adoption die Einwilligung der Mutter erforderlich ist, nicht erzwingen.

14   Ein **Sorgerechtsentzug** nach § 1666 kommt allein wegen der Ersatzmuttervereinbarung nicht in Betracht[31]. Schuldrechtliche Vereinbarungen der Wuscheltern mit der Ersatzmutter und ggf deren Ehemann über Abgabe bzw Abnahme des Kindes oder Einwilligung in die Adoption sind gemäß § 138 sittenwidrig und daher nichtig[32]. Im Hinblick auf das Embryonenschutzgesetz dürften sie auch nach § 134 nichtig sein[33].

15   Eine **fehlgeschlagene Sterilisation** sowie ein **unterlassener** oder **fehlgeschlagener Schwangerschaftsabbruch** können zu einer Pflicht des Arztes zum Ersatz des Unterhaltsschadens führen. Die Ersatzpflicht aus dem Gesichtspunkt der positiven Vertragsverletzung oder der deliktischen Handlung gemäß § 823 Abs 1 setzt voraus, dass der Behandlungsvertrag – zumindest als Nebenpflicht – auch den Schutz der Frau und ggf ihres Ehemanns vor den Belastungen mit Unterhaltsaufwendungen für ein nicht gewolltes Kind zum Gegenstand hatte[34].

16   **4. Recht auf Kenntnis der eigenen Abstammung.** Der Gesetzgeber des KindRG hat es trotz einer entsprechenden Anregung des Bundesrates[35] abgelehnt, das Recht auf Kenntnis der eigenen Abstammung[36] ausdrücklich zu regeln[37], da diesem Recht durch die erweiterten Anfechtungsmöglichkeiten nach §§ 1600 ff Rechnung getragen worden sei und iÜ das Kind nach inzwischen gefestigter und vom BVerfG nicht beanstandeter Rspr gerichtlich Auskunft über den leiblichen Vater verlangen könne[38]. Dabei hat er auf den Kammerbeschluss des BVerfG vom 18. 1. 1988[39] Bezug genommen. In diesem (nicht bindenden) Nichtannahmebeschluss hat das BVerfG ausgeführt, dass zumindest das nichteheliche Kind ein aus **Art 6 Abs 5 und Art 2 Abs 1 GG** hergeleitetes Recht auf Kenntnis des leiblichen Vaters habe, denn nur so könne es in eine **persönliche Beziehung** zu ihm treten oder **unterhaltsrechtliche** und **erbrechtliche** Ansprüche durchsetzen. Im Beschluss vom 31. 1. 1989[40], in dem es um das Recht eines volljährigen Kindes ging, seine Ehelichkeit anzufechten und damit die Voraussetzungen für die gerichtliche Klärung seiner Abstammung zu schaffen, hat sich das BVerfG

---

[28] BGHZ 87, 169 = NJW 1983, 2059 = FamRZ 1983, 686; BGHZ 129, 297 = NJW 1995, 2028 = FamRZ 1995, 861, 862.
[29] *Coester-Waltjen* FamRZ 1988, 573.
[30] *Quantius* FamRZ 1998, 1145, 1151.
[31] KG NJW 1985, 2201; *Staudinger/Rauscher* § 1592 Anh Rn 33; *Soergel/Gaul* Rn 37; krit *Giesen* JZ 1985, 1055.
[32] OLG Hamm NJW 1986, 781; *Staudinger/Rauscher* § 1592 Anh Rn 33; *Kollhosser* JZ 1986, 446; *Giesen* JZ 1985, 1055, 1057.
[33] *Palandt/Diederichsen* Einf § 1591 Rn 20; *Staudinger/Rauscher* § 1592 Anh Rn 33; aA *Coester-Waltjen* FamRZ 1992, 369: Verstoß gegen § 134 nur insoweit als die engen Tatbestände der Verbotsnormen des Embryonenschutzgesetzes oder des AdopVermG erfüllt sind, nicht hinsichtlich der Ersatzmutterschaftsvereinbarung.
[34] Zum Unterhaltsschaden BVerfGE 88, 203 = NJW 1993, 1751 = FamRZ 1993, 899; BVerfGE 96, 375 = NJW 1998, 519 = FamRZ 1998, 149; BVerfG NJW 1998, 523 m Anm *Deutsch* 510 und *Laufs* 796; BGHZ 76, 259 = NJW 1980, 1452 = FamRZ 1980, 657; BGHZ 86, 240 = NJW 1983, 1371; BGH NJW 1992, 1556; BGHZ 124, 128 = NJW 1994, 788; OLG Düsseldorf NJW 1992, 1566; OLG Zweibrücken FamRZ 1998, 231.
[35] BT-Drucks 13/4899 S 147.
[36] Vgl *Giesen* JZ 1989, 364; *Koch* FamRZ 1990, 569; *Weber* FamRZ 1996, 1254; *Mansees* NJW 1988, 2984; *Deichfuß* NJW 1988, 113.
[37] BT-Drucks 13/4899 S 166.
[38] Zur früheren Rspr vgl BGH FamRZ 1982, 159; *Frank* FamRZ 1988, 113, 116; *Kleinike*, Das Recht auf Kenntnis der eigenen Abstammung, Diss Göttingen 1976, S 147 ff.
[39] BVerfG NJW 1988, 3010 = FamRZ 1989, 147.
[40] BVerfGE 79, 256 = NJW 1989, 891 = FamRZ 1989, 255.

näher mit diesem Recht auseinandergesetzt. Es wird als **Teil des allgemeinen Persönlichkeitsrechts** aus Art 2 Abs 1 iVm Art 1 Abs 1 GG abgeleitet. Das Recht auf freie Entfaltung der Persönlichkeit und die Menschenwürde sichere jedem Einzelnen einen autonomen Bereich privater Lebensgestaltung, in dem er seine Individualität entwickeln könne. Als **Individualisierungsmerkmal** gehöre die Abstammung zur Persönlichkeit, und die Kenntnis der Herkunft biete dem Einzelnen unabhängig vom Ausmaß wissenschaftlicher Ergebnisse wichtige Anknüpfungspunkte für das Verständnis und die Entfaltung der eigenen Individualität. Daher umfasse das Persönlichkeitsrecht auch die Kenntnis der eigenen Abstammung. Im Beschluss vom 6. 5. 1997[41] geht das BVerfG schließlich auf die **Grenzen** des Rechts auf Kenntnis der eigenen Abstammung ein und relativiert die Ausführungen im Beschluss vom 31. 1. 1989 insoweit, als es eine **umfassende und konkrete Abwägung** des aus Art 2 Abs 1 iVm Art 1 Abs 1 GG resultierenden Rechts des Kindes gegen das aus den gleichen Bestimmungen sich ergebende Recht der Mutter auf Achtung ihrer Privat- und Intimsphäre fordert, bei der nicht schon – etwa auf Grund der Tatsache dass die Mutter die nichteheliche Geburt des Kindes zu vertreten habe – ein bestimmtes Ergebnis vorgegeben sei.

Diese Rspr des BVerfG hat in der Literatur ein geteiltes Echo gefunden[42]. Für die Praxis dürfte 17 nunmehr der schon vorher herangezogene **§ 1618 a** als **Anspruchsgrundlage** gesichert sein[43]. Bei der erforderlichen **konkreten Interessenabwägung** ist zu beachten, dass der Auskunftsanspruch in erster Linie hergeleitet wird aus dem Recht des Kindes auf Entwicklung und Wahrung seiner Identität[44] und die Zumutbarkeit der Auskunft für die Mutter abhängt von der Schwere des Eingriffs in ihre ebenfalls grundrechtlich geschützte Privat- und Intimsphäre. Maßgebend ist daher eine **Grundrechtsabwägung**[45]. Reine Zweckmäßigkeitsgründe können daher die Auskunftspflicht kaum rechtfertigen[46]. Finanzielle Interessen dürften in ihrem Gewicht deutlich herabgestuft sein[47]. Sozialrechtliche Motive stützen sich nicht auf das Persönlichkeitsrecht des Kindes und sind daher unbeachtlich[48]. Dem Jugendamt als Pfleger steht der Anspruch nicht zu[49]. Andererseits reicht auf Seiten der Mutter die Behauptung, die Ehe des Vaters sei in Gefahr, zur Versagung des Auskunftsanspruchs nicht aus[50]. Der Anspruch richtet sich ggf auch auf die Benennung mehrerer Männer, wenn der Mutter nicht bekannt ist, welcher von ihnen der Vater ist[51]. Er ist auch gegeben bei (heterologer) **künstlicher Insemination**[52].

Der **Auskunftsanspruch** ist höchstpersönlicher Natur[53] und daher nicht abtretbar, so dass auch ein 18 gesetzlicher Übergang ausgeschlossen ist (§§ 413, 412, 399). **§ 1 Abs 3 UVG**, demzufolge Leistungen nach diesem Gesetz zu versagen sind, wenn es die Mutter ablehnt, Angaben über den Vater des Kindes zu machen, wird im Hinblick auf die Rspr des BVerfG zum Teil für problematisch gehalten[54].

Kein Auskunftsanspruch besteht für ein eheliches Kind, solange es einen gesetzlichen Vater hat[55]. 19 Dies gilt auch nach Wegfall des § 1593 aF, dessen Sperrwirkung[56] von § 1599 Abs 1 übernommen worden ist[57], unverändert, so dass sich insoweit an der bisherigen Rechtslage nichts geändert hat. Eine rechtsfolgenlose Vaterschaftsfeststellung wurde dementsprechend vom Gesetzgeber nicht in das KindRG aufgenommen[58].

Die **Auskunftsklage** ist angesichts des eindeutigen Wortlauts des § 640 ZPO **keine Kindschaftssache**[59]. Die speziellen Verfahrensvorschriften der §§ 640 ff ZPO (Amtsermittlungsgrundsatz, inter-omnes-Wirkung des Urteils) finden daher keine Anwendung. Zuständig ist das **Zivilgericht**[60]. 20

---

[41] BVerfGE 96, 56 = NJW 1997, 1769 = FamRZ 1997, 869.
[42] Zum Beschluss vom 31. 1. 1989 grds zust *Giesen* JZ 1989, 364; *Enders* NJW 1989, 881; abl *Ramm* NJW 1989, 1594; *Koch* FamRZ 1990, 569; *Frank* FamRZ 1992, 1365, 1367 rechtsvergleichend von französischem Recht; krit zum Beschluss des BVerfG vom 6. 5. 1997 *Frank/Helms* FamRZ 1997, 1258; *Starck* JZ 1997, 779.
[43] LG Münster FamRZ 1999, 1441; 1990, 1031; LG Passau NJW 1988, 144; AG Passau FamRZ 1987, 1309; AG Gemünden FamRZ 1990, 200; *Palandt/Diederichsen* Einf § 1591 Rn 3; *Staudinger/Rauscher* Einl §§ 1589 ff Rn 88; aA OLG Zweibrücken NJW 1970, 719: § 1618 a nur Leitbildnorm; AG Rastatt FamRZ 1996, 1299: allenfalls § 242.
[44] BVerfGE 79, 256, 268 = NJW 1989, 891 = FamRZ 1989, 255.
[45] BGH FamRZ 1982, 159 zur Güterabwägung bei der Frage der Aufhebung der Amtspflegschaft, wenn die Mutter den Namen des nichtehelichen Vaters verschweigt; *Staudinger/Rauscher* Einl §§ 1589 ff Rn 87.
[46] *Staudinger/Rauscher* Einl §§ 1589 ff Rn 90.
[47] OLG Hamm FamRZ 1991, 1229; LG Essen FamRZ 1994, 1347; *Weber* FamRZ 1996, 1254, 1257.
[48] *Staudinger/Rauscher* Einl §§ 1589 ff Rn 92.
[49] OLG Hamm FamRZ 1991, 1229.
[50] LG Bremen FamRZ 1998, 1039.
[51] LG Münster FamRZ 1999, 1441; FamRZ 1990, 1031.
[52] *Staudinger/Rauscher* Einl §§ 1589 ff Rn 96; *MünchKommBGB/Seidel* § 1589 Rn 40.
[53] OLG Hamm FamRZ 1991, 1229; OLG Zweibrücken NJW 1990, 719; LG Saarbrücken DAVorm 1996, 719; AG Rastatt FamRZ 1996, 1299; *Staudinger/Rauscher* Einl §§ 1589 ff Rn 93; *Weber* FamRZ 1996, 1254, 1262; aA LG Saarbrücken DAVorm 1991, 338; AG Gemünden FamRZ 1990, 200.
[54] *Staudinger/Rauscher* Einl §§ 1589 ff Rn 92.
[55] *MünchKommBGB/Seidel* § 1589 Rn 34; *Weber* FamRZ 1996, 1254, 1256; aA *Staudinger/Rauscher* Einl §§ 1589 ff Rn 95; *Mansees* NJW 1989, 2984, 2986.
[56] BGHZ 80, 218 = FamRZ 1981, 538.
[57] *Gaul* FamRZ 1997, 1441, 1448.
[58] BT-Drucks 13/4899 S 56 f.
[59] OLG Saarbrücken FamRZ 1990, 1371; OLG Zweibrücken FamRZ 1990, 719; LG Münster FamRZ 1990, 1031; LG Passau NJW 1988, 144; *Zöller/Philippi* § 640 ZPO Rn 2; *Staudinger/Rauscher* Einl §§ 1589 ff Rn 97; *MünchKommBGB/Seidel* § 1589 Rn 48; aA *Hilger* FamRZ 1988, 764.
[60] OLG Hamm FamRZ 2000, 38 mwN.

§ 1592

21 Die Frage der **Vollstreckbarkeit** des Auskunftsurteils wird unterschiedlich beurteilt[61]. Berücksichtigt man, dass der Verurteilung eine umfassende Güterabwägung voranzugehen hat, so ist letztlich ein Grund, der es rechtfertigen könnte, dennoch die Vollstreckung für unzulässig zu halten, nicht ersichtlich. Eine Analogie zu § 888 Abs 3 ZPO dürfte mangels vergleichbarer Interessenlage ausscheiden[62].

22 **Gegen den Arzt,** der eine heterologe Insemination vorgenommen hat, besteht nach der Rspr des BVerfG ebenfalls ein Auskunftsanspruch, denn Art 2 Abs 1 iVm Art 1 Abs 1 GG schützt das Kind gegen die Vorenthaltung insoweit erlangbarer Informationen[63]. Damit würden Verfahren, die darauf abzielen, Informationen über den Samenspender zu unterdrücken, verfassungswidrig sein[64]. Eine Anonymitätsvereinbarung zugunsten des Samenspenders wäre als Vertrag zu Lasten Dritter auch zivilrechtlich unzulässig[65]. Herzuleiten ist der Auskunftsanspruch aus § 242. Daneben dürfte bezüglich ärztlicher Unterlagen ein **Einsichtsanspruch** aus § 810 bestehen[66].

23 Dem Recht des Kindes auf Kenntnis der eigenen Abstammung will der Gesetzgeber[67] bei **Auseinanderfallen von Geburts- und genetischer Mutterschaft** durch eine Feststellungsklage gemäß § 256 ZPO Rechnung tragen. Ob dies angesichts der strikten Regelung des § 1591 möglich ist, muss bezweifelt werden[68]. Es stellt einen kaum zu rechtfertigenden Wertungswiderspruch dar, eine „rechtsfolgenlose" Vaterschaftsfeststellung abzulehnen[69], eine entsprechende Mutterschaftsfeststellung dagegen zuzulassen. Letztlich wird zu **differenzieren** sein: Dem Recht des Kindes auf Kenntnis der eigenen Abstammung ist durch den gegenüber der biologischen Mutter bzw dem Arzt, der die Fortpflanzungstechnik ausgeführt hat, gegebenen **Auskunftsanspruch** aus § 1618 a bzw § 242 ausreichend Rechnung getragen[70]. Nur im Ausnahmefall wird darüber hinaus ein Feststellungsinteresse iS von § 256 ZPO gegeben sein, nämlich dann, wenn die Auskunft für den verfolgten Zweck nicht ausreicht und die Feststellung **konkrete Rechtsfolgen** nach sich zieht. Im Hinblick auf die erforderlichen konkreten Rechtsfolgen fehlt es in diesem Fall auch nicht am „Rechtsverhältnis" iS von § 256 ZPO. Eine Feststellungsklage der genetischen Mutter dürfte in jedem Falle ausscheiden.

24 Ein Teilbereich des Rechts des Kindes auf Kenntnis der eigenen Abstammung ist bezüglich der **Adoption** geregelt in § 61 Abs 2 PStG. Danach ist dem über 16 Jahre alten Adoptivkind selbst die **Einsicht in den Geburtseintrag** bzw in das Familienbuch gestattet.

25 **5. Findelkinder. Steht die Mutterschaft nicht fest,** zB bei Findelkindern, ist diese Frage im personenstandsrechtlichen Verfahren der §§ 25, 27 PStG zu klären. Eine selbstständige Mutterschaftsfeststellung ist nicht zulässig[71].

26 **6. Internationales Privatrecht.** Zum Internationalen Privatrecht vgl Art 19 EGBGB.

§ 1592 Vaterschaft

Vater eines Kindes ist der Mann,
1. **der zum Zeitpunkt der Geburt mit der Mutter des Kindes verheiratet ist,**
2. **der die Vaterschaft anerkannt hat oder**
3. **dessen Vaterschaft nach § 1600 d oder § 640 h Abs. 2 der Zivilprozessordnung gerichtlich festgestellt ist.**

I. Normzweck

1 § 1592 sichert den Personenstand des Kindes auf Seiten des Vaters. Im Interesse der **Statusklarheit** wird die Vaterschaft an eindeutige Sachverhalte geknüpft (Ehe, Anerkenntnis, gerichtliche Feststellung). **Ausschließlich** unter den Voraussetzungen dieser Norm besteht eine Vater-Kind-Zuordnung im Rechtssinne. Losgelöst von diesen Voraussetzungen darf eine Vaterschaft grds nicht angenommen werden; Ausnahme: § 1615 o für den einstweiligen Unterhalt vor rechtskräftiger Feststellung der Vaterschaft[1].

---

[61] Bejahend OLG Bremen MDR 1999, 1271; LG Passau NJW 1988, 144; AG Passau FamRZ 1987, 1309; *Staudinger/Rauscher* Einl §§ 1589 ff Rn 100; aA LG Landau DAVorm 1989, 634, 636; AG Schwetzingen DAVorm 1992, 88; *Soergel/Gaul* ErgBd Vor § 1600 a Rn 2 f; *Zöller/Stöber* § 888 ZPO Rn 17; MünchKommBGB/*Seidel* § 1589 Rn 36; *Koch* FamRZ 1990, 569, 573; *Frank/Helms* FamRZ 1997, 1258, 1261; *Hilger* FamRZ 1988, 764.
[62] OLG Bremen MDR 1999, 1271; *Hilger* FamRZ 1988, 764, 765, Fn 11.
[63] BVerfG NJW 1988, 3010 = FamRZ 1989, 147; BVerfGE 79, 256 = NJW 1989, 891 = FamRZ 1989, 255; BVerfGE 96, 56 = NJW 1997, 1769 = FamRZ 1997, 869.
[64] *Giesen* JZ 1989, 364, 369; ders FamRZ 1981, 413, 415, Fn 42; *Mansees* NJW 1988, 2984, 2985; *Zimmermann* FamRZ 1981, 929, 932.
[65] *Giesen* JZ 1989, 364, 369, Fn 95.
[66] *Zimmermann* FamRZ 1981, 929, 932; zur Dokumentationspflicht *Schumacher* FamRZ 1987, 313, 319.
[67] BT-Drucks 13/4899 S 83.
[68] *Gaul* FamRZ 1991, 1442, 1464; *Schwab/Wagenitz* FamRZ 1997, 1377; FamRefK/*Bäumel/Wax* Rn 6 f; *Coester-Waltjen* FamRZ 1992, 369, 371; *Staudinger/Rauscher* Rn 19 ff.
[69] BT-Drucks 13/4899 S 56 f.
[70] *Staudinger/Rauscher* Rn 22.
[71] FamRefK *Bäumel/Wax* Rn 8.
[1] BT-Drucks 13/4899 S 83.

Eine **weitere Vereinheitlichung** des Abstammungsrechts dahin, bei den Vaterschaftsvoraussetzungen eine Regelung zu schaffen, die unabhängig davon ist, ob die Eltern des Kindes verheiratet sind oder nicht, hat der Gesetzgeber das KindRG **nicht für sinnvoll gehalten**[2]. Insbesondere hat er die nichteheliche Lebensgemeinschaft als Anknüpfungspunkt für die Vater-Kind-Zuordnung wegen ihrer tatsächlichen Vielgestaltigkeit verworfen[3]. Von besonderen Regelungen für den Fall der **heterologen Insemination** hat der Gesetzgeber abgesehen.

II. Einzelerläuterung

1. Eheliche Geburt. Wird während einer bestehenden Ehe ein Kind geboren, ist nach **Nr 1** der **Ehemann Vater des Kindes.** Während der Ehe ist das Kind geboren, wenn es nach dem Tag der Eheschließung und vor Auflösung der Ehe durch Ehescheidung oder Eheaufhebung – maßgebend ist die Rechtskraft des Scheidungs- bzw Aufhebungsurteils (§§ 1564 S 2, 1313 S 2) – zur Welt gekommen ist. Ob das Kind vor der Eheschließung gezeugt worden ist, ist unerheblich[4]. § 1592 Nr 1 gilt auch, wenn die Abstammung des Kindes vom Ehemann offenbar unmöglich ist. Seiner **Rechtsnatur** nach ist Nr 1 eine **gesetzliche Vermutung**, die im Vaterschaftsanfechtungsverfahren widerlegt werden kann. Bei Auflösung der Ehe durch Tod des Ehemannes gilt, wenn danach ein Kind geboren wird, § 1593. Wird das Kind während des Ehescheidungsverfahrens geboren, ist § 1599 Abs 2 zu beachten.

2. Vaterschaftsanerkennung. Nach **Nr 2** kann die Vater-Kind-Zuordnung in den Fällen, in denen die Eltern des Kindes zurzeit der Geburt nicht miteinander verheiratet sind, durch **Anerkennung** der Vaterschaft erfolgen, die iE in §§ 1594 bis 1598 geregelt ist. Dies gilt dementsprechend auch für Kinder, die nach rechtskräftiger Scheidung oder Aufhebung der Ehe geboren werden und auf die sich deshalb Nr 1 nicht mehr erstreckt. Die Anerkennung ist ein **einseitiges zustimmungsbedürftiges Rechtsgeschäft**[5]. Die Wirkung der Vaterschaft tritt ein, weil sie gewollt ist[6]. Auf die **biologische Richtigkeit** des Anerkenntnisses kommt es grds nicht an[7]. Auch eine bewusst unrichtige Anerkennung ist – wenn die übrigen Wirksamkeitsvoraussetzungen gegeben sind – wirksam, aber anfechtbar.

3. Vaterschaftsfeststellung. Wird das Kind weder in der Ehe geboren noch die Vaterschaft anerkannt, ist die **gerichtliche Feststellung der Vaterschaft** nach §§ 1600 d, 1600 e erforderlich. Im Falle der Anfechtung der Vaterschaft durch den leiblichen Vater nach § 1600 Abs 1 Nr 2 beinhaltet das rechtskräftige Anfechtungsurteil nach § 640 h Abs 2 ZPO auch die in den Tenor des Urteils aufzunehmende Feststellung der leiblichen Vaterschaft des Anfechtenden.

Die Vaterschaftsanerkennung wirkt ebenso wie die gerichtliche Feststellung **für und gegen alle.** An dem Grundsatz des § 1600 a S 1 aF hat sich nichts geändert. Für das Feststellungsurteil ergibt sich die inter-omnes-Wirkung aus § 640 h S 1 ZPO. Die Vaterschaftsanerkennung steht einer gerichtlichen Feststellung sowie einer weiteren Anerkennung entgegen[8]. Die Vaterschaftsanerkennung bzw -feststellung wird am Rande des Geburtseintrags des Kindes vermerkt (§ 29 PStG).

§ 1593 Vaterschaft bei Auflösung der Ehe durch Tod

¹§ 1592 Nr. 1 gilt entsprechend, wenn die Ehe durch Tod aufgelöst wurde und innerhalb von dreihundert Tagen nach der Auflösung ein Kind geboren wird. ²Steht fest, dass das Kind mehr als dreihundert Tage vor seiner Geburt empfangen wurde, so ist dieser Zeitraum maßgebend. ³Wird von einer Frau, die eine weitere Ehe geschlossen hat, ein Kind geboren, das sowohl nach den Sätzen 1 und 2 Kind des früheren Ehemannes als auch nach § 1592 Nr. 1 Kind des neuen Ehemannes wäre, so ist es nur als Kind des neuen Ehemannes anzusehen. ⁴Wird die Vaterschaft angefochten und wird rechtskräftig festgestellt, dass der neue Ehemann nicht Vater des Kindes ist, so ist es Kind des früheren Ehemannes.

I. Normzweck

Die Vorschrift ist im **Zusammenhang mit § 1592 Nr 1** zu sehen. Im Interesse der Statussicherheit des Kindes stellt der Gesetzgeber grds auf diejenige Vater-Kind-Zuordnung ab, die nach der Lebenserfahrung den tatsächlichen Gegebenheiten am ehesten entspricht. Während bei Ehescheidung oder -aufhebung die Vaterschaftsvermutung nur bei Geburt des Kindes vor Auflösung der Ehe durch rechtskräftiges Urteil gilt, erstreckt sie sich im Fall der Auflösung der Ehe durch Tod des Ehemannes **300 Tage über den Tod hinaus.** Denn in diesen Fällen liegen in aller Regel keine Zerwürfnisse der Eltern vor, die die Vaterschaft unwahrscheinlich erscheinen lassen[1]. Es ist daher sachgerecht, ebenso wie nach

---

[2] BT-Drucks 13/4899 S 52.
[3] BT-Drucks 13/4899 S 52; FamRefK *Bäumel/Wax* Rn 3.
[4] BT-Drucks 13/4899 S 83.
[5] *Gaul* FamRZ 1997, 1441, 1449; MünchKommBGB/*Wellenhofer-Klein* § 1594 Rn 6.
[6] *Staudinger/Rauscher* Rn 51; *Gernhuber/Coester-Waltjen* § 52 Rn 42.
[7] BGH FamRZ 1985, 271 = NJW 1985, 804; *Staudinger/Rauscher* Rn 53; MünchKommBGB/*Wellenhofer-Klein* § 1594 Rn 4.
[8] BGH FamRZ 1985, 271, 272 = NJW 1985, 804; FamRZ 1999, 716.
[1] BT-Drucks 13/4899 S 83.

§ 1594   Buch 4. Abschnitt 2. Verwandtschaft

§§ 1591, 1592 aF, das nachehelich geborene Kind dem verstorbenen Ehemann zuzuordnen, wenn die **Empfängniszeit** teilweise noch in der Ehe liegt. Insoweit gilt § 1592 Nr 1 entsprechend.

II. Einzelerläuterung

2   Dem Tod des Ehemannes steht die nach **§§ 9 oder 44 VerschG** festgestellte Todeszeit gleich. Solange die Lebensvermutung des § 10 VerschG für den Ehemann der Mutter gilt, besteht eine Vaterschaft nach § 1592 Nr 1. Liegt sein festgestellter Todeszeitpunkt innerhalb von 300 Tagen vor der Geburt des Kindes, ist er gemäß § 1593 S 1 als Vater anzusehen[2].

3   Der Beginn der **Empfängniszeit**[3] ist durch das KindRG im Interesse europäischer Rechtsvereinheitlichung auf 300 Tage (§ 1592 Abs 1 aF: 302 Tage) vor der Geburt festgelegt worden. S 2 trägt dem Umstand Rechnung, dass eine **Schwangerschaft länger als 300 Tage** dauern kann. Die **längere Tragzeit** muss **nachgewiesen** sein, was im Hinblick auf den eingeschränkten Beweiswert von Tragzeitgutachten schwierig ist. Ist sie nachgewiesen, was im Verfahren nach § 640 Abs 2 Nr 1 ZPO[4] oder § 47 PStG[5] möglich ist, so ergibt sich die Vaterschaft unmittelbar aus dem Gesetz. Eine analoge Anwendung von S 2 auf Fälle **kürzerer** Tragzeit dürfte angesichts der ausdrücklichen Differenzierung zwischen S 2 und § 1600 Abs 3 S 2 ausscheiden[6].

4   Erfolgt die Geburt innerhalb von 300 Tagen oder des nach S 2 maßgeblichen Zeitraums nach dem Tod des Ehemannes **und in einer neuen Ehe** der Frau, so wird dem Kind entspr der höheren Wahrscheinlichkeit der neue Ehemann der Mutter als Vater zugeordnet (wie § 1600 Abs 1 aF).

5   Wird die Vaterschaft des neuen Ehemannes **angefochten** und rechtskräftig festgestellt, dass dieser nicht der Vater des Kindes ist, so **verbleibt es** bei der Vaterschaft des verstorbenen früheren Ehemannes.

§ 1594 Anerkennung der Vaterschaft

(1) Die Rechtswirkungen der Anerkennung können, soweit sich nicht aus dem Gesetz anderes ergibt, erst von dem Zeitpunkt an geltend gemacht werden, zu dem die Anerkennung wirksam wird.

(2) Eine Anerkennung der Vaterschaft ist nicht wirksam, solange die Vaterschaft eines anderen Mannes besteht.

(3) Eine Anerkennung unter einer Bedingung oder Zeitbestimmung ist unwirksam.

(4) Die Anerkennung ist schon vor der Geburt des Kindes zulässig.

Schrifttum: *Gaul*, Die Neuregelung des Abstammungsrechts durch das Kindschaftsrechtsreformgesetz, FamRZ 1997, 1441; *Schwab/Wagenitz*, Einführung in das neue Kindschaftsrecht, FamRZ 1997, 1377.

I. Normzweck

1   Die Bestimmung regelt die grundsätzlichen Voraussetzungen und Wirkungen der Vaterschaftsanerkennung. Wie bei anderen einseitigen zustimmungsbedürftigen Rechtsgeschäften ist die Anerkennung nur wirksam, wenn alle gesetzlich vorgeschriebenen Zustimmungen vorliegen und die Formerfordernisse eingehalten sind.

2   Abs 1 und 2 enthalten die Grundgedanken der §§ 1600 a S 2 und 1600 b Abs 3 aF. Die **Abs 3 und 4** entsprechen § 1600 b Abs 1 und Abs 2 aF.

II. Einzelerläuterung

3   **1. Willenserklärung.** Die Anerkennung ist eine Willenserklärung[1]. Ihre **Rechtswirkungen** treten ein, weil sie vom Anerkennenden, der sich dem Kind als Vater zuordnet, **gewollt** sind[2*]. Auch die **biologisch unrichtige** Erklärung ist wirksam, lediglich nach Maßgabe der §§ 1600 bis 1600 b anfechtbar[3*]. Wird die Anerkennung im Vaterschaftsfeststellungsverfahren abgegeben, hat sie wegen §§ 640 Abs 1, 617 ZPO nicht die Wirkungen eines prozessualen Anerkenntnisses. Die Anerkennung wirkt **für und gegen alle** (§ 1592 Rn 6). Die **Rechtsfolgen** sind ua **gesetzliche Vaterschaft** (§ 1592 Nr 2), gegenseitige **Unterhaltsverpflichtung** (§§ 1601 ff), beiderseitige **Erb- und Pflichtteilsrechte** (§§ 1924 Abs 1, 1925 Abs 1, 2303).

4   **2. Wirksamkeitsvoraussetzungen.** Wirksam wird die Anerkennung, sobald die Anforderungen der §§ 1594 Abs 2 bis 4, 1595, 1596, 1597 Abs 1 oder diejenigen des § 1598 Abs 2 erfüllt sind. Bei

---

[2] BT-Drucks 13/4899 S 84.
[3] Tabelle bei *Schönfelder*, Deutsche Gesetze, § 1600 d Fn 2; *Herlan* FamRZ 1998, 1349.
[4] OLG Tübingen NJW 1952, 942.
[5] OLG Hamm FamRZ 1965, 222.
[6] AA *Palandt/Diederichsen* Rn 3.
[1] BGHZ 64, 129 = NJW 1975, 1069 = FamRZ 1975, 406; *Staudinger/Rauscher* § 1592 Rn 51; MünchKommBGB/*Wellenhofer-Klein* Rn 4; *Gernhuber/Coester-Waltjen* § 52 Rn 42 mwN; aA *Palandt/Diederichsen* Rn 4: Wissens- und Willenserklärung.
[2*] *Staudinger/Rauscher* § 1592 Rn 51; *Gernhuber/Coester-Waltjen* § 52 Rn 42.
[3*] *Staudinger/Rauscher* § 1592 Rn 53; MünchKommBGB/*Wellenhofer-Klein* Rn 4.

§ 1597 Abs 2 handelt es sich um eine bloße Ordnungsvorschrift, deren Verletzung nicht zur Unwirksamkeit der Anfechtung führt[4]. Vor Wirksamkeit der Anerkennung kann grds niemand aus der Vaterschaft Rechte herleiten[5]. Ausnahmsweise ergibt sich aus dem Gesetz etwas anderes für einstweilige Anordnungen auf Leistung von Unterhalt während eines Vaterschaftsfeststellungsverfahrens (§ 641 d ZPO), für einstweilige Verfügungen nach § 1615 o und zB für die Zustimmung der Eltern des Kindes zur Adoption gemäß §§ 1747, 1748. Ebensowenig kann, solange eine Vater-Kind-Zuordnung nach § 1592 besteht, auf die Vaterschaft eines anderen Mannes verwiesen werden.

Da das nach § 1592 begründete Vaterschaftsverhältnis notwendigerweise ein **Ausschließlichkeitsverhältnis** ist[6] und für und gegen Alle wirkt, kann eine Vaterschaftsanerkennung nicht wirksam sein, solange die Vaterschaft eines anderen Mannes besteht. Wird die Anerkennung dennoch erklärt, ist sie **schwebend unwirksam**[7] und entfaltet volle Wirksamkeit, sobald das bestehende Vaterschaftsverhältnis auf Grund eines rechtskräftigen Urteils im Anfechtungsverfahren beendet worden ist. Einer nochmaligen Vornahme der Anerkennung oder der erforderlichen Zustimmungen bedarf es nicht. Bei Anerkennungserklärungen **mehrerer Männer** ist maßgebend die Anerkennung, bei der die Wirksamkeitserfordernisse zuerst vorgelegen haben. Auch die mangelhafte, nach § 1598 Abs 2 wirksam gewordene Anerkennung geht einer späteren mangelfreien Anerkennung vor.

Auch nach einer **Adoption** ist eine Vaterschaftsanerkennung möglich[8]. Ein Bedürfnis dafür kann sich ua wegen Ansprüchen des Kindes aus der Zeit vor der Annahme (§ 1755 Abs 1 S 2) ergeben. Für die **Anerkennung** der Vaterschaft während der **Anhängigkeit eines Scheidungsverfahrens** gelten die besonderen Vorschriften des § 1599 Abs 2.

Die Anerkennung ist **bedingungsfeindlich** und darf nicht mit einer **Zeitbestimmung** gekoppelt werden. Zulässig ist die **Rechtsbedingung**, dass das bestehende Vaterschaftsverhältnis auf Grund rechtskräftigen Urteils im Anfechtungsverfahren beendet wird[9], und zwar auch schon vor Anhängigkeit des Anfechtungsverfahrens[10]. **Zusätze** können nach § 139 (iVm §§ 134, 138) die Nichtigkeit der Anerkennung zur Folge haben, wenn die Anerkennung nicht ohne die Zusätze abgegeben worden wäre[11].

Die **pränatale Anerkennung**, die mit einer pränatalen Sorgeerklärung nach § 1626 b Abs 2 verbunden werden kann, dient dem Interesse des Kindes an frühzeitig geklärten Abstammungsverhältnissen. Sie bezieht sich im Fall einer **Mehrlingsgeburt** auf alle Kinder[12]. Sie wird – wenn iÜ alle Voraussetzungen vorliegen – voll wirksam **mit der Geburt** des lebenden, rechtsfähigen Kindes, nicht bei **Tot- oder Fehlgeburt**[13]. Auch die postmortale Anerkennung ist möglich[14].

III. Übergangsrecht

Zum Übergangsrecht vgl Art 224 § 1 EGBGB. Nach Art 224 § 1 Abs 1 EGBGB richtet sich die Vaterschaft hinsichtlich eines vor dem 1. 7. 1998 geborenen Kindes nach den bisherigen Vorschriften. Soweit zur Begründung einer Vaterschaft im Rechtssinne bestimmte Voraussetzungen noch zu erfüllen sind – zB weil noch die erforderlichen Zustimmungen zur Vaterschaftsanerkennung fehlen – ist auch nach Inkrafttreten des KindRG altes Recht anzuwenden[15].

§ 1595 Zustimmungsbedürftigkeit der Anerkennung

(1) Die Anerkennung bedarf der Zustimmung der Mutter.
(2) Die Anerkennung bedarf auch der Zustimmung des Kindes, wenn der Mutter insoweit die elterliche Sorge nicht zusteht.
(3) Für die Zustimmung gilt § 1594 Abs. 3 und 4 entsprechend.

Schrifttum: *Gaul*, Die Neuregelung des Abstammungsrechts durch das Kindschaftsrechtsreformgesetz, FamRZ 1997, 1441.

I. Normzweck

Bis zum Inkrafttreten des KindRG am **1. 7. 1998** war zur Anerkennung die **Zustimmung des Kindes** erforderlich (§ 1600 c Abs 1 aF). Für ein Kind, das geschäftsunfähig oder noch nicht 14 Jahre

---

[4] *Staudinger/Rauscher* Rn 22; MünchKommBGB/*Wellenhofer-Klein* § 1597 Rn 9; aA *Palandt/Diederichsen* Rn 5, aber anders bei § 1597 Rn 4.
[5] BGHZ 85, 274 = FamRZ 1983, 377.
[6] *Gaul* FamRZ 1997, 1441, 1446.
[7] BT-Drucks 13/4899 S 84; BGHZ 99, 236 = NJW 1987, 899 = FamRZ 1987, 375; *Schwab/Wagenitz* FamRZ 1997, 1377, 1378; *Gaul* FamRZ 1997, 1441, 1449; *Staudinger/Rauscher* Rn 35, 44.
[8] *Staudinger/Rauscher* Rn 40; MünchKommBGB/*Wellenhofer-Klein* Rn 34.
[9] BGHZ 99, 236 = NJW 1987, 899 = FamRZ 1987, 375; *Staudinger/Rauscher* Rn 44; aA MünchKommBGB/*Wellenhofer-Klein* Rn 39.
[10] AG Tübingen DAVorm 1992, 363.
[11] BGHZ 64, 129 = NJW 1975, 1069 = FamRZ 1975, 406.
[12] *Staudinger/Rauscher* Rn 49; MünchKommBGB/*Wellenhofer-Klein* Rn 41.
[13] *Staudinger/Rauscher* Rn 50; MünchKommBGB/*Wellenhofer-Klein* Rn 41.
[14] BayObLG StAZ 2000, 369.
[15] BT-Drucks 13/4899 S 138.

§ 1595

alt war, konnte nur sein gesetzlicher Vertreter der Anerkennung zustimmen (§ 1600 d Abs 2 S 1 aF). Im Übrigen konnte ein Kind, das in der Geschäftsfähigkeit beschränkt war, nur selbst zustimmen, bedurfte aber der Zustimmung seines gesetzlichen Vertreters (§ 1600 d Abs 2 S 2 aF). Gesetzlicher Vertreter des Kindes war idR insoweit das Jugendamt als Pfleger (§ 1706 Nr 1 aF)[1]. Für das volljährige Kind war die Mitwirkung eines Dritten nicht erforderlich[2].

2   Durch das KindRG ist die **Rechtslage grundlegend geändert** worden. Die **Zustimmung der Mutter** ist **immer** erforderlich, diejenige **des Kindes** nur **ausnahmsweise** unter den Voraussetzungen des Abs 2. Zum Teil ist dies die logische Folge des Wegfalls der automatischen Eintritts der Amtspflegschaft, die gemäß § 1712 als Beistandschaft für die Feststellung der Vaterschaft und die Geltendmachung von Unterhaltsansprüchen nur noch auf Antrag eintritt. Aber auch darüber hinaus werden – zB hinsichtlich des volljährigen Kindes – die Rechte der Mutter auf Kosten der Rechte des Kindes erheblich gestärkt. Verschiedentlich sind insoweit verfassungsrechtliche Bedenken geäußert worden[3].

II. Einzelerläuterungen

3   **1. Willenserklärung.** Die **Zustimmung** ist eine **empfangsbedürftige Willenserklärung**[4]. Sie ist in der Form des § 1597 Abs 1 dem Anerkennenden oder dem Standesbeamten gegenüber abzugeben. Zwar fehlt eine dem § 1600 c Abs 2 aF entsprechende Vorschrift; in der Sache ist aber eine Änderung nicht eingetreten. Die Zustimmung kann **vor oder nach** der Anerkennung erklärt werden. Mit dem **Zugang** einer nachträglichen Zustimmung – wird sie nicht in Anwesenheit des Anerkennenden oder des Standesbeamten erklärt, muss eine **Ausfertigung** der beurkundeten Erklärung zugehen – wird die Anerkennung wirksam. Eine **Rückwirkung** auf den Zeitpunkt der Anerkennungserklärung findet nicht statt[5]. Die durch die Zustimmung wirksam gewordene **Anerkennung** dagegen wirkt **zurück auf die Geburt** des Kindes[6]. Insbesondere entstehen rückwirkend die auf dem Kindschaftsverhältnis beruhenden Ansprüche[6]. Sie ist **nicht** nach allgemeinen Vorschriften **anfechtbar**[7], da die allgemeinen Regeln durch § 1600 als lex specialis verdrängt werden.

4   **2. Zustimmung der Mutter.** Die Zustimmung der Mutter ist **ausnahmslos** erforderlich, selbst bei **Volljährigkeit** des Kindes[8]. Sie handelt auf Grund **eigenen Rechts,** nicht als gesetzliche Vertreterin des Kindes[9]. Mögliche Interessenkonflikte zwischen Mutter und Kind werden dabei in Kauf genommen[10]. Eine **Ersetzung** der Zustimmung ist **nicht vorgesehen**[11]. Der Gesetzgeber hält es für sinnvoller, den Mann auf das gerichtliche Vaterschaftsfeststellungsverfahren zu verweisen. Ist die Mutter **tot, unbekannten Aufenthalts** oder **geschäftsunfähig** kann mangels Zustimmung eine wirksame Anerkennung nicht erfolgen. Ob sie der Anerkennung zustimmt, entscheidet **allein** die Mutter. Auch wenn die Mutter gemeinsam mit ihrem Ehemann, der gemäß § 1592 Nr 1 als Vater gilt, die elterliche Sorge inne hat, ist ihre Zustimmung ausreichend[12], denn in einem solchen Fall kann die Anerkennung ohnehin nur wirksam werden, wenn die Vaterschaft des Ehemannes erfolgreich angefochten ist, § 1594 Abs 2.

5   **Verweigert** die Mutter die Zustimmung, so ist gemäß § 1629 Abs 2 S 3 ausgeschlossen, dass ihr für Zwecke der Vaterschaftsfeststellung die gesetzliche Vertretung nach § 1796 entzogen und einem Pfleger übertragen wird. Für den Fall konkreter Gefährdung des Kindeswohls hält der Gesetzgeber Maßnahmen nach § 1666 für möglich[13]. Zu bedenken ist aber, dass die Mutter hinsichtlich der Zustimmung ein **eigenes Recht** wahrnimmt, das unabhängig von der Inhaberschaft der elterlichen Sorge ist. Ihre Zustimmung bleibt also auch im Fall des (teilweisen) Entzugs des Sorgerechts erforderlich[14]. Maßnahmen nach § 1666 können daher nur den Zweck dienen, die Zustimmung des Kindes nach Abs 2 erforderlich zu machen, wenn die Mutter rechtsmissbräuchlich einem Mann, der nicht der Vater ist, die Anerkennung durch ihre Zustimmung ermöglicht und dadurch gleichzeitig dem wahren Vater die Möglichkeit, seine Vaterschaft gerichtlich feststellen zu lassen, verschließt[15].

6   Hinsichtlich der **Bedingungsfeindlichkeit** und der **pränatalen Zustimmung** vgl § 1594 Rn 7 und 8.

7   **3. Zustimmung des Kindes. Kumulativ** neben der Zustimmung der Mutter ist die Zustimmung des Kindes nur erforderlich, wenn der Mutter die elterliche Sorge insoweit nicht zusteht. Das ist der Fall, wenn die elterliche Sorge einem Vormund oder – unter Einschluss des Wirkungskreises der

---

[1] In den neuen Bundesländern ist gemäß Art 230 Abs 1 EGBGB § 1706 nicht anwendbar gewesen.
[2] *Staudinger/Rauscher* § 1600 d aF Rn 20; *MünchKommBGB/Mutschler* § 1600 d aF Rn 11.
[3] *Gaul* FamRZ 1997, 1441, 1450; *Palandt/Diederichsen* Rn 1; *Staudinger/Rauscher* Rn 5 ff.
[4] BGH FamRZ 1995, 1129, 1130; *Stenz* StAZ 1996, 109.
[5] BGHZ 103, 160, 166 = FamRZ 1988, 387; *Soergel/Gaul* § 1600 c Rn 5; *Gernhuber/Coester-Waltjen* § 52 Rn 46.
[6] *Staudinger/Rauscher* § 1594 Rn 9.
[7] *Staudinger/Rauscher* Rn 37; *MünchKommBGB/Wellenhofer-Klein* § 1594 Rn 12.
[8] BT-Drucks 13/4899 S 85; *FamRefK/Bäumel/Wax* Rn 5; *Palandt/Diederichsen* Rn 1; *Gaul* FamRZ 1997, 1441, 1450.
[9] BT-Drucks 13/4899 S 54.
[10] *Gaul* FamRZ 1997, 1441, 1450.
[11] BT-Drucks 13/4899 S 84; *FamRefK/Bäumel/Wax* Rn 7; *Palandt/Diederichsen* Rn 3.
[12] BT-Drucks 13/4899 S 84.
[13] Krit *FamRefK/Bäumel/Wax* Rn 7; *Gaul* FamRZ 1997, 1441, 1450.
[14] *FamRefK/Bäumel/Wax* Rn 7.
[15] *Palandt/Diederichsen* Rn 3.

Vaterschaftsfeststellung – einem Pfleger zusteht oder das Kind volljährig ist. Ist die Mutter nur Mitinhaberin der elterlichen Sorge, so ist die Zustimmung des Kindes nicht erforderlich.

§ 1596 Anerkennung und Zustimmung bei fehlender oder beschränkter Geschäftsfähigkeit

(1) ¹Wer in der Geschäftsfähigkeit beschränkt ist, kann nur selbst anerkennen. ²Die Zustimmung des gesetzlichen Vertreters ist erforderlich. ³Für einen Geschäftsunfähigen kann der gesetzliche Vertreter mit Genehmigung des Vormundschaftsgerichts anerkennen. ⁴Für die Zustimmung der Mutter gelten die Sätze 1 bis 3 entsprechend.

(2) ¹Für ein Kind, das geschäftsunfähig oder noch nicht 14 Jahre alt ist, kann nur der gesetzliche Vertreter der Anerkennung zustimmen. ²Im Übrigen kann ein Kind, das in der Geschäftsfähigkeit beschränkt ist, nur selbst zustimmen; es bedarf hierzu der Zustimmung des gesetzlichen Vertreters.

(3) Ein geschäftsfähiger Betreuter kann nur selbst anerkennen oder zustimmen; § 1903 bleibt unberührt.

(4) Anerkennung und Zustimmung können nicht durch einen Bevollmächtigten erklärt werden.

I. Normzweck

Die Vorschrift regelt die Fälle der beschränkten Geschäftsfähigkeit und der Geschäftsunfähigkeit von Vater, Mutter und Kind. Sie entspricht § 1600 d aF. Im Hinblick auf die durch das KindRG erforderlich gewordene Zustimmung der Mutter ist lediglich S 4 dem Abs 1 angefügt worden. Die Zustimmungsfrist des § 1600 e aF ist entfallen. Im Übrigen wird der Tatsache Rechnung getragen, dass Anerkennung und Zustimmung **höchstpersönlichen Charakter** haben. Sie können deshalb nicht durch einen Bevollmächtigten erklärt werden, Abs 4. Auch soweit der gesetzliche Vertreter tätig werden muss, ist eine Vertretung unzulässig[1].

1

II. Einzelerläuterung

Beschränkt geschäftsfähig ist ein Minderjähriger zwischen dem vollendeten 7. und dem vollendeten 18. Lebensjahr (§ 106). Er kann die Vaterschaft **nur selbst** anerkennen, allerdings ist die **Zustimmung** seines **gesetzlichen Vertreters** erforderlich. Wer gesetzlicher Vertreter ist, bestimmt sich grds nach § 1629 Abs 1, bei Vormundschaft gilt § 1793. Eine Beistandschaft nach § 1712 schränkt die elterliche Sorge der Mutter nicht ein (§ 1716). Stehen Personen- und Vermögenssorge verschiedenen Personen zu, ist die Zustimmung beider erforderlich.

2

Geschäftsunfähigkeit bestimmt sich nach § 104. Der gesetzliche Vertreter (Eltern, Vormund, Betreuer) des Geschäftsunfähigen bedarf zur Vaterschaftsanerkennung der vorherigen (§ 1831) **Genehmigung des Vormundschaftsgerichts**. Zuständig ist dort der **Rechtspfleger**, der bei Zweifeln nicht genehmigen, sondern auf das Vaterschaftsfeststellungsverfahren verweisen wird. Für die Zustimmung der beschränkt geschäftsfähigen Mutter gelten die S 1 und 2 entsprechend, für die Zustimmung der geschäftsunfähigen Mutter gilt S 3 entsprechend.

3

Abs 2 betrifft die im Fall des § 1595 Abs 2 erforderliche **Zustimmung des Kindes**. Für ein Kind, das geschäftsunfähig oder noch nicht 14 Jahre alt ist, muss die Zustimmung durch den gesetzlichen Vertreter erklärt werden. Das 14- bis 17-jährige Kind kann die Zustimmung nur selbst erklären, bedarf aber der Mitwirkung des gesetzlichen Vertreters.

4

Wer unter **Betreuung** steht, aber voll geschäftsfähig ist, kann nur selbst anerkennen und zustimmen (**Abs 3**). Ein Einwilligungsvorbehalt nach § 1903 kann angeordnet werden. Für geschäftsunfähige Betreute gilt Abs 1 S 3 und 4.

5

§ 1597 Formerfordernisse; Widerruf

(1) Anerkennung und Zustimmung müssen öffentlich beurkundet werden.

(2) Beglaubigte Abschriften der Anerkennung und aller Erklärungen, die für die Wirksamkeit der Anerkennung bedeutsam sind, sind dem Vater, der Mutter und dem Kind sowie dem Standesbeamten zu übersenden.

(3) ¹Der Mann kann die Anerkennung widerrufen, wenn sie ein Jahr nach der Beurkundung noch nicht wirksam geworden ist. ²Für den Widerruf gelten die Absätze 1 und 2 sowie § 1594 Abs. 3 und § 1596 Abs. 1, 3 und 4 entsprechend.

---

[1] *Palandt/Diederichsen* Rn 3.

§ 1598　　　　　　　　　　　　　　　　Buch 4. Abschnitt 2. Verwandtschaft

I. Normzweck

1　Die **Formvorschriften** für Anerkennung und Zustimmung dienen dem **Schutz** der Beteiligten vor übereilten Erklärungen, der **Statussicherheit** des Kindes und der **Beweiserleichterung**. Die Zustimmungsfrist nach § 1600 e Abs 3 aF ist entfallen und durch die Widerrufsmöglichkeit des Abs 3 ersetzt worden.

II. Einzelerläuterung

2　Die öffentliche Beurkundung ist auch erforderlich für die **Zustimmung des gesetzlichen Vertreters**[1]. **Zuständig** sind der Standesbeamte (§ 29 a PStG), die Urkundspersonen beim Jugendamt (§ 59 Abs 1 S 1 Nr 1 SGB VIII), der Notar (§ 20 BNotO), der Rechtspfleger beim Amtsgericht (§ 62 Abs 1 Nr 1 BeurkG, § 3 Nr 1 f RPflG), und zwar auch hinsichtlich der Zustimmungserklärung[2] und das Gericht, bei dem die Vaterschaftsklage anhängig ist (§ 641 c ZPO). Für das Gericht gelten dabei die Vorschriften der ZPO über das Sitzungsprotokoll, nicht diejenigen des Beurkundungsgesetzes[3]. Anerkennung und Zustimmung können auch in diesem Fall zu verschiedenen Zeitpunkten vor verschiedenen Urkundspersonen erklärt werden[4]. Im Ausland kann die Beurkundung durch einen deutschen Konsularbeamten erfolgen (§§ 2, 10 Konsulargesetz)[5].

3　Neben der Anerkennung sind auch die Zustimmung der Mutter (§ 1595 Abs 1) und (soweit erforderlich) die des Kindes (§ 1595 Abs 2) sowie eine etwaige Zustimmung des gesetzlichen Vertreters (§ 1596) in **beglaubigter Abschrift** zu übersenden. Die Beteiligten sollen so Kenntnis davon erlangen, ob und wann eine wirksame Vaterschaftsanerkennung vorliegt. Die Übersendung hat an den Vater, die Mutter und das Kind zu erfolgen, wenn sie die jeweilige Erklärung abgegeben haben[6]. Zur Übersendung verpflichtet ist die **beurkundende Stelle**[7]. Adressat ist der Standesbeamte, der die Geburt des Kindes beurkundet hat (§ 29 a Abs 2 PStG).

4　Zu unterscheiden von den Mitteilungen nach Abs 2 ist der durch Übersendung einer **Ausfertigung** der Zustimmungserklärung zu bewirkende Zugang dieser empfangsbedürftigen Willenserklärung (§ 1595 Rn 3)[8]. Ein Verstoß gegen die Benachrichtigungspflicht führt nicht zur Unwirksamkeit der abgegebenen Erklärung, da Abs 2 nur **Ordnungsvorschrift** ist (§ 1594 Rn 4).

5　Für die Dauer **eines Jahres** vom Tage der öffentlichen Beurkundung an gerechnet[9] ist der Mann an die Anerkennung gebunden. Ist sie bis dahin infolge Fehlens der erforderlichen Zustimmung(en) nicht wirksam geworden, kann er sie **widerrufen**. Da die Anerkennung unbefristet Bestand hat[10], können nicht widerrufene Anerkennungen auch nach Ablauf eines Jahres noch wirksam werden. Wird die Zustimmung erst erteilt, nachdem der Mann seine Anerkennung widerrufen hat, geht die Zustimmung ins Leere.

6　Die für die Anerkennung geltenden Vorschriften der Abs 1 und 2 sowie § 1594 Abs 3 und § 1596 Abs 1, 3 und 4 gelten für den Widerruf entsprechend. Er wird mit der **öffentlichen Beurkundung wirksam**[11]. Da die Anerkennung mit Vorliegen der erforderlichen Zustimmung(en) wirksam wird, entfaltet sie während des Schwebezustandes nicht die Sperrwirkung des § 1594 Abs 2 und hindert nicht die Vaterschaftsanerkennung eines anderen Mannes oder ein Verfahren auf gerichtliche Feststellung der Vaterschaft.

§ 1598 Unwirksamkeit von Anerkennung, Zustimmung und Widerruf

(1) Anerkennung, Zustimmung und Widerruf sind nur unwirksam, wenn sie den Erfordernissen der vorstehenden Vorschriften nicht genügen.

(2) Sind seit der Eintragung in ein deutsches Personenstandsbuch fünf Jahre verstrichen, so ist die Anerkennung wirksam, auch wenn sie den Erfordernissen der vorstehenden Vorschriften nicht genügt.

I. Normzweck

1　Im Interesse der **Statussicherheit** des Kindes genießt die Vaterschaftsanerkennung besonderen **Bestandsschutz**. Die Vorschrift entspricht im Wesentlichen § 1600 f aF. **Abs 1 verdrängt die allgemeinen Vorschriften** der §§ 117 bis 123, 134, 138[1*]. **Abs 2** enthält einen besonderen **Heilungstatbestand**.

---

[1] BT-Drucks 13/4899 S 85; § 1600 e Abs 1 S 2 aF sah insoweit lediglich eine öffentliche Beglaubigung vor.
[2] *Staudinger/Rauscher* Rn 9 mwN.
[3] OLG Hamm FamRZ 1988, 101, 102; *Staudinger/Rauscher* Rn 12; *Soergel/Gaul* ErgBd § 1600 e Rn 1.
[4] *Staudinger/Rauscher* Rn 12.
[5] Zur Beurkundung vor ausländischen Urkundspersonen vgl BayObLG StAZ 1979, 263; OLG Zweibrücken DAVorm 1979, 456.
[6] BT-Drucks 13/4899 S 85.
[7] *Staudinger/Rauscher* Rn 17; FamRefK/*Bäumel/Wax* Rn 4.
[8] AA *Palandt/Diederichsen* Rn 4.
[9] FamRefK/*Bäumel/Wax* Rn 5; *Palandt/Diederichsen* Rn 5.
[10] BT-Drucks 13/4899 S 85.
[11] FamRefK/*Bäumel/Wax* Rn 6.
[1*] *Staudinger/Rauscher* Rn 3; MünchKommBGB/*Wellenhofer-Klein* Rn 1.

II. Einzelerläuterung

Ausschließlich bei Nichterfüllung der Anforderungen der §§ 1594, 1595, 1596, 1597 Abs 1 und 3 – Abs 2 ist reine Ordnungsvorschrift (dort Rn 4 und § 1594 Rn 4) – sind Anerkennung, Zustimmung und Widerruf unwirksam. Andere Gründe für die anfängliche Unwirksamkeit gibt es nicht[2]. Auch die wider besseres Wissen erklärte Anerkennung oder Zustimmung ist wirksam. Die Anerkennung kann nur durch Klage nach §§ 1600 ff angefochten werden. **Willensmängel** spielen nur bei der Anfechtungsfrist (§ 1600 b Abs 6) und der Vaterschaftsvermutung (§ 1600 c Abs 2) eine Rolle.

Entsprechen Anerkennung, Zustimmung und Widerruf **nicht den gesetzlichen Anforderungen**, sind sie **wirkungslos**. Sie gelten als nicht vorhanden[3]. Die Frage der Wirksamkeit oder Unwirksamkeit einer Anerkennung kann Gegenstand einer Kindschaftssache sein (§ 640 Abs 2 Nr 1 ZPO). Ist die Vaterschaftsanerkennung trotz Unwirksamkeit am Rande des Geburtseintrags vermerkt worden, steht auch das Berichtigungsverfahren nach §§ 47 ff PStG zur Verfügung. Beide Verfahren können nur innerhalb der **Frist nach Abs 2** eingeleitet werden[4].

Im Interesse der Rechtssicherheit wird eine Anerkennung, die unter Mängeln nach den §§ 1594 bis 1597 leidet, nach Ablauf von fünf Jahren wirksam[5]. Es tritt eine **Heilung** ein, die zu einer **vollwertigen Vaterschaft** führt[6], und zwar mit Wirkung **ex tunc**[7]. Eine geheilte Anerkennung kann nur durch Anfechtung der Vaterschaft beseitigt werden. Die **Ausschlussfrist** beginnt mit der **Eintragung in ein deutsches Personenstandsbuch** und berechnet sich nach §§ 187 Abs 1, 188 Abs 2. Die Erhebung einer **Klage** nach § 640 Abs 2 Nr 1 ZPO oder ein **Berichtigungsantrag** nach § 47 Abs 2 PStG **unterbrechen** die Frist[8]. § 167 ZPO ist anwendbar[9].

§ 1598 a Anspruch auf Einwilligung in eine genetische Untersuchung zur Klärung der leiblichen Abstammung

(1) ¹Zur Klärung der leiblichen Abstammung des Kindes können
1. der Vater jeweils von Mutter und Kind,
2. die Mutter jeweils von Vater und Kind und
3. das Kind jeweils von beiden Elternteilen

verlangen, dass diese in eine genetische Abstammungsuntersuchung einwilligen und die Entnahme einer für die Untersuchung geeigneten genetischen Probe dulden. ²Die Probe muss nach den anerkannten Grundsätzen der Wissenschaft entnommen werden.

(2) Auf Antrag eines Klärungsberechtigten hat das Familiengericht eine nicht erteilte Einwilligung zu ersetzen und die Duldung einer Probeentnahme anzuordnen.

(3) Das Gericht setzt das Verfahren aus, wenn und solange die Klärung der leiblichen Abstammung eine erhebliche Beeinträchtigung des Wohls des minderjährigen Kindes begründen würde, die auch unter Berücksichtigung der Belange des Klärungsberechtigten für das Kind unzumutbar wäre.

(4) ¹Wer in eine genetische Abstammungsuntersuchung eingewilligt und eine genetische Probe abgegeben hat, kann von dem Klärungsberechtigten, der die Abstammungsuntersuchung hat durchführen lassen, Einsicht in das Abstammungsgutachten oder Aushändigung einer Abschrift verlangen. ²Über Streitigkeiten aus dem Anspruch nach Satz 1 entscheidet das Familiengericht.

Schrifttum: *Borth*, Das Verfahren zum Entwurf eines Gesetzes zur Klärung der Abstammung unabhängig vom Anfechtungsverfahren gemäß § 1598 a BGB-E und dessen Verhältnis zum Abstammungsverfahren nach dem FamFG.

I. Entstehungsgeschichte und Normzweck

§ 1598 a wurde durch das Gesetz zur Klärung der Vaterschaft unabhängig vom Anfechtungsverfahren eingefügt (vom 26. 3. 2008, BGBl I S 441)[1]. Durch Urteil des BVerfG vom 13. 2. 2007[2*] war dem Gesetzgeber aufgegeben worden, bis zum 31. 3. 2008 eine gesetzliche Regelung zur isolierten Feststellung der Abstammung eines Kindes von seinem rechtlichen Vater zu treffen, um das verfassungsrechtlich gewährleistete Recht auf Kenntnis der Abstammung zu konkretisieren. Zuvor war durch

---

[2] BGH NJW 1985, 804 = FamRZ 1985, 271.
[3] MünchKommBGB/*Wellenhofer-Klein* Rn 27.
[4] MünchKommBGB/*Wellenhofer-Klein* Rn 28.
[5] BGH NJW 1985, 804 = FamRZ 1985, 271.
[6] BT-Drucks 13/4899 S 86.
[7] *Staudinger/Rauscher* Rn 4, 17.
[8] *Staudinger/Rauscher* Rn 16; MünchKommBGB/*Wellenhofer-Klein* Rn 31.
[9] *Staudinger/Rauscher* Rn 16.
[1] RegE vom 10. 8. 2007, BR-Drucks 549/07; Beschlussempfehlung des Rechtsausschusses vom 20. 2. 2008, BT-Drucks 16/2819.
[2*] 1 BvR 421/05, NJW 2007, 753 = FamRZ 2007, 441; s Anm *Zuck* FPR 2007, 379.

§ 1599

Urteil des BGH vom 12. 1. 2005[3] die heimliche Einholung genetischer Abstammungsgutachten wegen Verletzung des Rechts des Kindes auf informationelle Selbstbestimmung für rechtswidrig und ihre gerichtliche Verwertung als Beweismittel für unzulässig erklärt worden.

II. Einzelerläuterung

2   Die Familienmitglieder (Vater, Mutter, Kind) haben untereinander einen **familienrechtlichen Anspruch auf Einwilligung** in eine genetische Abstammungsuntersuchung und auf Duldung der Entnahme der dafür geeigneten genetischen Proben. Dieser Anspruch soll es ermöglichen, die genetische Abstammung auf **offenem Wege** zu klären. Er bildet das notwendige Gegengewicht dazu, dass heimliche Tests wegen Verstoßes gegen das Recht auf informationelle Selbstbestimmung unzulässig sind. Das Recht auf Kenntnis der eigenen Abstammung und das Recht auf informationelle Selbstbestimmung sollen in einen **angemessenen Ausgleich** gebracht werden. Der Anspruch ist **unbefristet** und an **keine besonderen Voraussetzungen** geknüpft. Materiell-rechtlich gilt lediglich die Schranke der missbräuchlichen Rechtsausübung. Da das Interesse an der Klärung der Vaterschaft nicht nur beim Vater, sondern auch beim Kind und bei der Mutter bestehen kann, sind Vater, Mutter und Kind Anspruchsinhaber. **Nicht einbezogen** in den Kreis der Klärungsberechtigten ist der potentielle **leibliche Vater,** der nicht rechtlicher Vater des Kindes ist[4]. Der Gesetzgeber sieht für ihn ausschließlich den Weg über das Anfechtungsverfahren mit den besonderen Voraussetzungen des § 1600 Abs 1 Nr 2 vor. Dadurch soll auch gewährleistet werden, dass er ggf Verantwortung für das Kind übernimmt (§ 640 h Abs 2 ZPO). Solange das Kind keinen rechtlichen Vater hat, steht das Vaterschaftsfeststellungsverfahren der §§ 1600 d, 1600 e zur Verfügung. Der zweifelnde **rechtliche Vater** hat die **Wahl,** ob er unmittelbar Anfechtungsklage erhebt oder die Abstammungsfrage zunächst durch ein privates genetisches Abstammungsgutachten klären lässt und ggf dann das Anfechtungsverfahren betreibt. Der Anspruch richtet sich **auch gegen die Mutter,** die idR in die Untersuchung einbezogen werden sollte, da bei fehlender mütterlicher Genprobe (sog „Defizienzfall") ein nicht unerheblicher Unsicherheitsfaktor verbleiben kann. Gerichtet ist der Anspruch auf Duldung der Entnahme einer für die Untersuchung geeigneten genetischen Probe.

3   Die Probe muss nach den **anerkannten Grundsätzen der Wissenschaft** entnommen werden. Nach den Richtlinien der Bundesärztekammer für die Erstattung von Abstammungsgutachten[5] soll in der Regel eine **Blutprobe** als Untersuchungsmaterial dienen, da nur diese optimale Analysemöglichkeiten bietet. In begründeten Ausnahmefällen kann ein Mundschleimhautabstrich verwendet werden. Die Probenahme hat nach genauer **Prüfung und Dokumentation der Identität** des Probanden durch einen Arzt oder ein Labor zu erfolgen.

4   Auf Antrag eines Klärungsberechtigten **ersetzt** das Familiengericht eine nicht erteilte Einwilligung und spricht die Verpflichtung zur Duldung der Entnahme einer genetischen Probe aus. Für das minderjährige Kind kann der Antrag nur durch einen **Ergänzungspfleger** gestellt werden (§ 1629 Abs 2 a). Das Verfahren richtet sich nach **§ 56 FGG**. Die Entscheidung ergeht durch Beschluss. Vor der Entscheidung soll das Familiengericht beide Elternteile und ein Kind, welches das 14. Lebensjahr vollendet hat, **persönlich anhören**. Ein jüngeres Kind kann persönlich angehört werden. Die Anhörung des **Jugendamts** liegt im Ermessen des Gerichts (§ 49 a Abs 2 a FGG). Die Entscheidung wird mit der Rechtskraft wirksam. Anfechtbar ist sie mit der (befristeten) Beschwerde nach § 621 e ZPO. Die Vollstreckung in Bezug auf die Duldung der Probeentnahme richtet sich nach § 33 FGG, ergänzt durch § 56 Abs 4 FGG.

5   Im Interesse des Schutzes des Kindes in besonderen Lebenslagen und Entwicklungsphasen[6] sieht das Gesetz die Möglichkeit einer **Verfahrensaussetzung** vor. Die Aussetzung hat als Härteklausel **Ausnahmecharakter**. Vorausgesetzt wird, dass die Einholung des Abstammungsgutachtens aufgrund außergewöhnlicher Umstände atypische, besonders schwere Folgen für das Kind hat (zB Suizidgefahr). Die Dauer der Aussetzung ist vom Einzelfall abhängig.

6   Nach Abs 4 S 1 kann derjenige, der in eine Abstammungsuntersuchung eingewilligt und eine genetische Probe abgegeben hat, vom Klärungsberechtigten Einsicht in das Gutachten oder die Aushändigung einer Abschrift verlangen, da er naturgemäß ein Interesse am Ergebnis des Gutachtens hat, auch wenn sich die Zweifel des Klärungsberechtigten nicht bestätigt haben.

§ 1599 Nichtbestehen der Vaterschaft

(1) § 1592 Nr. 1 und 2 und § 1593 gelten nicht, wenn auf Grund einer Anfechtung rechtskräftig festgestellt ist, dass der Mann nicht der Vater des Kindes ist.

(2) [1]§ 1592 Nr. 1 und § 1593 gelten auch nicht, wenn das Kind nach Anhängigkeit eines Scheidungsantrags geboren wird und ein Dritter spätestens bis zum Ablauf eines Jahres nach Rechtskraft des dem Scheidungsantrag stattgebenden Urteils die Vaterschaft anerkennt;

---

[3] BGHZ 162, 1 = NJW 2005, 497 = FamRZ 2005, 340.
[4] *Borth* FPR 2007, 381.
[5] FamRZ 2002, 1159.
[6] BVerfG FamRZ 2007, 441 unter B I 3 b aa.

§ 1594 Abs. 2 ist nicht anzuwenden. ²Neben den nach den §§ 1595 und 1596 notwendigen Erklärungen bedarf die Anerkennung der Zustimmung des Mannes, der im Zeitpunkt der Geburt mit der Mutter des Kindes verheiratet ist; für diese Zustimmung gelten § 1594 Abs. 3 und 4, § 1596 Abs. 1 Satz 1 bis 3, Abs. 3 und 4, § 1597 Abs. 1 und 2 und § 1598 Abs. 1 entsprechend. ³Die Anerkennung wird frühestens mit Rechtskraft des dem Scheidungsantrag stattgebenden Urteils wirksam.

Schrifttum: *Wagner,* Unterhaltsrechtliche Folgen des scheidungsakzessorischen Statuswechsels nach dem Kindschaftsrechtsreformgesetz, FamRZ 1999, 7.

I. Normzweck

Abs 1 regelt die **Beendigung** der Vaterschaftszuordnung nach § 1592 Nr 1 und 2 und § 1593. Dabei werden die bisherigen Institute der Ehelichkeitsanfechtung und der Anfechtung der Vaterschaftsanerkennung durch das einheitliche Rechtsinstitut der Vaterschaftsanfechtung abgelöst. **Abs 2** ermöglicht ohne gerichtliches Anfechtungsverfahren einen **Statuswechsel** von der Vaterschaftszuordnung nach § 1592 Nr 1 und § 1593 zu derjenigen nach § 1592 Nr 2 während eines anhängigen Ehescheidungsverfahrens. 1

II. Einzelerläuterung

Die Vaterschaftszuordnung kraft Ehe oder Anerkennung (§ 1592 Nr 1 und 2) sowie die erweiterte Zuordnung nach § 1593 gelten **nur dann nicht,** wenn auf Grund einer Anfechtung **rechtskräftig festgestellt** ist, dass der Mann nicht der Vater des Kindes ist. Bis zur Rechtskraft der Entscheidung im Vaterschaftsanfechtungsverfahren besteht daher die rechtliche Vaterschaft des Ehemannes der Mutter fort und ist ein anderweitiges rechtliches Vaterschaftsverhältnis nicht existent. § 1599 Abs 1 übernimmt damit die **Sperrfunktion** des § 1593 aF¹. Eine vor Rechtskraft des im Anfechtungsprozess ergangenen Urteils erklärte Anerkennung ist **schwebend unwirksam** und wird – falls die Voraussetzungen der §§ 1594 bis 1597 gegeben sind – mit der Rechtskraft wirksam (§ 1594 Rn 5). Vor erfolgreicher Vaterschaftsanfechtung ist ein gerichtliches **Vaterschaftsfeststellungsverfahren unzulässig**². 2

Abs 2 normiert eine **Ausnahme von Abs 1** und lässt für den Fall der Geburt eines Kindes **während der Anhängigkeit eines Ehescheidungsverfahrens** einen **rechtsgeschäftlichen Statuswechsel** zu. Auf ein vorgeschaltetes gerichtliches Anfechtungsverfahren wird verzichtet, da nach der Lebenserfahrung gerade in diesen Fällen der (Noch-)Ehemann häufig nicht der wirkliche Vater ist³ und das Kind ein berechtigtes Interesse am nahtlosen Übergang der Vaterschaft hat. **Voraussetzung** ist, dass das Kind im **Zeitraum** von der Anhängigkeit des Scheidungsantrags bis zur Rechtskraft des Scheidungsurteils geboren wird. Außerdem muss ein Dritter spätestens bis zum Ablauf **eines Jahres** nach Rechtskraft des Scheidungsurteils die **Vaterschaft anerkannt** haben, wobei § 1594 Abs 2 der Wirksamkeit der Anerkennung nicht entgegensteht. **Zustimmen** müssen die **Mutter,** im Falle des § 1595 Abs 2 das **Kind** und der (bisherige) **Ehemann** der Mutter. Für dessen Zustimmung gelten die Vorschriften der § 1594 Abs 3 (Bedingungsfeindlichkeit), § 1594 Abs 4 (Zulässigkeit vor der Geburt), § 1596 Abs 1 S 1 bis 3 (Geschäftsfähigkeit), § 1596 Abs 3 (Autonomie des Betreuten), § 1596 Abs 4 (Unzulässigkeit der Vollmacht), § 1597 Abs 1 und 2 (öffentliche Beurkundung, beglaubigte Abschriften) und § 1598 Abs 1 (Unwirksamkeit) entsprechend. Die erforderlichen Zustimmungen sind nicht an die Jahresfrist geknüpft⁴. Weitere Wirksamkeitsvoraussetzung ist die **Rechtskraft** des dem Scheidungsantrag stattgebenden Urteils. 3

Die Neuregelung des Abs 2 ist auf erhebliche Kritik gestoßen⁵, bietet aber den erheblichen Vorteil der **Wirklichkeitsnähe.** Soweit die fehlende Beteiligung des Kindes gerügt wird, ist dies die Konsequenz aus dem Wegfall der gesetzlichen Amtspflegschaft⁶. Das Kind ist nicht schlechter gestellt als bei einer normalen Übernahme der Vaterschaft durch Anerkennung nach § 1592 Nr 2. 4

Zu den **unterhaltsrechtlichen Folgen** des Statuswechsels vgl *Wagner* FamRZ 1999, 7. 5

§ 1600 Anfechtungsberechtigte

(1) Berechtigt, die Vaterschaft anzufechten, sind:
1. der Mann, dessen Vaterschaft nach § 1592 Nr. 1 und 2, § 1593 besteht,
2. der Mann, der an Eides statt versichert, der Mutter des Kindes während der Empfängniszeit beigewohnt zu haben,
3. die Mutter,
4. das Kind und,
5. die zuständige Behörde (anfechtungsberechtigte Behörde) in den Fällen des § 1592 Nr. 2.

---

¹ *Gaul* FamRZ 1997, 1441, 1448.
² BGHZ 80, 218 = FamRZ 1989, 538.
³ BT-Drucks 13/4899 S 53.
⁴ OLG Zweibrücken FamRZ 2000, 546.
⁵ *Gaul* FamRZ 1997, 1441, 1448, 1454; *Diederichsen* NJW 1998, 1977, 1979.
⁶ FamRefK/*Bäumel/Wax* Rn 9.

§ 1600

(2) Die Anfechtung nach Absatz 1 Nr. 2 setzt voraus, dass zwischen dem Kind und seinem Vater im Sinne von Absatz 1 Nr. 1 keine sozial-familiäre Beziehung besteht oder im Zeitpunkt seines Todes bestanden hat und dass der Anfechtende leiblicher Vater des Kindes ist.

(3) Die Anfechtung nach Absatz 1 Nr. 5 setzt voraus, dass zwischen dem Kind und dem Anerkennenden keine sozial-familäre Beziehung besteht oder im Zeitpunkt der Anerkennung oder seines Todes bestanden hat und durch die Anerkennung rechtliche Voraussetzungen für die erlaubte Einreise oder den erlaubten Aufenthalt des Kindes oder eines Elternteiles geschaffen werden.

(4) ¹Eine sozial-familiäre Beziehung nach den Absätzen 2 und 3 besteht, wenn der Vater im Sinne von Absatz 1 Nr. 1 zum maßgeblichen Zeitpunkt für das Kind tatsächliche Verantwortung trägt oder im Zeitpunkt seines Todes getragen hat. ²Eine Übernahme tatsächlicher Verantwortung liegt in der Regel vor, wenn der Vater im Sinne von Absatz 1 Nr. 1 mit der Mutter des Kindes verheiratet ist oder mit dem Kind längere Zeit in häuslicher Gemeinschaft zusammengelebt hat.

(5) Ist das Kind mit Einwilligung des Mannes und der Mutter durch künstliche Befruchtung mittels Samenspende eines Dritten gezeugt worden, so ist die Anfechtung der Vaterschaft durch den Mann oder die Mutter ausgeschlossen.

(6) ¹Die Landesregierungen werden ermächtigt, die Behörden nach Absatz 1 Nr. 5 durch Rechtsverordnung zu bestimmen. ²Die Landesregierungen können diese Ermächtigung durch Rechtsverordnung auf die zuständigen obersten Landesbehörden übertragen. ³Ist eine örtliche Zuständigkeit der Behörde nach diesen Vorschriften nicht begründet, so wird die Zuständigkeit durch den Sitz des Gerichts bestimmt, das für die Klage zuständig ist.

Schrifttum: *Eckebrecht,* Schlüssigkeits- und Substantiierungsanforderungen bei der Vaterschaftsanfechtung, MDR 1999, 71; *Höfelmann,* Das neue Gesetz zur Änderung der Vorschriften über die Anfechtung der Vaterschaft und das Umgangsrecht von Bezugspersonen des Kindes, FamRZ 2004, 745; *Quantius,* Die Elternschaftsanfechtung durch das künstlich gezeugte Kind, FamRZ 1998, 1145; *Wanitzek,* Ergänzungen des Abstammungsrechts durch das Kinderrechteverbesserungsgesetz, FamRZ 2003, 730; *Wellenhofer,* Die prozessuale Verwertbarkeit privater Abstammungsgutachten, FamRZ 2005, 665; *Wieser,* Zur Anfechtung der Vaterschaft nach neuem Recht, FamRZ 1998, 1004; *ders,* Zur Anfechtung der Vaterschaft durch den leiblichen Vater, FamRZ 2004, 1773.

I. Normzweck

1   Das neue Recht des KindRG sieht nur noch eine **einheitliche auf Anfechtung der Vaterschaft gerichtete Gestaltungsklage** vor[1]. Es wird nicht mehr zwischen Anfechtung der Ehelichkeit und Anfechtung der Vaterschaftsanerkennung unterschieden. Entfallen ist das Anfechtungsrecht der Eltern des Mannes.

II. Einzelerläuterung

2   **1. Anfechtungsberechtigte.** Der Kreis der Anfechtungsberechtigten ist abschließend geregelt. Es sind der **Ehemann,** dem das Kind gemäß § 1592 Nr 1 oder § 1593 zugeordnet wird; der **Mann,** der die Vaterschaft wirksam anerkannt hat (§ 1592 Nr 2); der Mann, der an Eides Statt versichert, der Mutter des Kindes während der Empfängniszeit beigewohnt zu haben[2]; die **Mutter** aus eigenem Recht, ohne die bis zum Inkrafttreten des KindRG geltenden Einschränkungen und ohne die in § 1600 a Abs 4 vorgesehene Prüfung des Kindeswohls; das **Kind,** unabhängig davon, ob seine Eltern miteinander verheiratet sind oder waren oder ob das Kind minderjährig oder volljährig ist[3]. Durch den Wegfall der Einschränkungen des § 1596 aF wird dem Recht des Kindes auf Kenntnis der eigenen Abstammung Rechnung getragen; die zuständige **Behörde**[4]. Durch Abs 5 – angefügt durch Gesetz vom 9. 4. 2002 – wurde klargestellt, dass das Anfechtungsrecht des Ehemannes und der Mutter ausgeschlossen ist, wenn das Kind mit ihrer Einwilligung durch heterologe Insemination gezeugt wurde.

3   Der **Dritte,** der geltend macht, entgegen den Vaterschaftszuordnungen nach § 1592 Nr 1 und 2, § 1593 der **wirkliche Erzeuger** des Kindes zu sein, hatte bis zum 30. 4. 2004 kein Anfechtungsrecht. Ihm wurde im Interesse des Kindes zugemutet, die Nichtanfechtung durch die übrigen Anfechtungsberechtigten zu respektieren. Durch Beschluss vom 9. 4. 2003 hat das BVerfG festgestellt, dass § 1600 insoweit mit Art 6 Abs 2 S 1 GG unvereinbar ist, als der leibliche Vater eines Kindes ausnahmslos von der Anfechtung der für sein Kind anerkannten Vaterschaft zur Erlangung der eigenen rechtlichen Vaterschaft ausgeschlossen ist[5], da auch der Schutz der leiblichen Vater eines Kindes unter dem Schutz von Art 6 Abs 2 S 1 GG stehe. § 1600 Abs 1 Nr 2 erstreckt daher zur Umsetzung der Entscheidung des BVerfG den Kreis der zur Vaterschaftsanfechtung Berechtigten grds auch auf den leiblichen Vater. Der potenzielle leibliche Vater ist jedoch nur dann zur Anfechtung berechtigt, wenn er zunächst **glaubhaft macht, der Mutter während der Empfängniszeit beigewohnt zu haben.** Die Glaubhaftmachung dient der Schlüssigkeitsprüfung der Klage. Sie soll aus Gründen des Persönlichkeitsschutzes von Mutter,

---

[1] BGH FamRZ 1999, 716; MDR 1999, 678; *Wieser* FamRZ 1998, 1004, 1005.
[2] Eingefügt durch Gesetz vom 23. 4. 2004, BGBl I S 598, in Kraft getreten am 1. 5. 2004.
[3] Krit *Gaul* FamRZ 1997, 1441, 1459.
[4] Eingefügt durch Gesetz vom 13. 3. 2008, BGBl I S 313, in Kraft getreten am 1. 6. 2008.
[5] BVerfG FamRZ 2003, 816.

Kind und rechtlichem Vater als – wenn auch kleine – formelle Hürde eine Anfechtung „ins Blaue hinein" verhindern[6]. Außerdem wird dadurch, dass die Anfechtungsberechtigung des Dritten an die eidesstattliche Versicherung der „Beiwohnung" anknüpft, verhindert, dass bei **heterologer Insemination** ein samenspendender Dritter als „biologischer" Vater ein Anfechtungsrecht erhält[7]. Weiterhin setzt die Anfechtung durch den leiblichen Vater voraus (Abs 2), dass zwischen dem Kind und seinem rechtlichen Vater **keine sozial-familiäre Beziehung** besteht oder im Zeitpunkt des Todes des Vaters bestanden hat, also eine **tatsächliche Elternverantwortung** durch den rechtlichen Vater nicht wahrgenommen wird bzw wurde. Die Bestimmung, die dem bestehenden Familienverband den Vorrang vor den Interessen des Anfechtenden einräumt, ist verfassungsgemäß[8]. Es handelt sich dabei um eine **Frage der Begründetheit**, nicht der Zulässigkeit der Anfechtungsklage[9]. Dabei wird eine Übernahme tatsächlicher Verantwortung vermutet, wenn der Vater iS von Abs 1 Nr 1 mit der Mutter des Kindes verheiratet ist oder mit dem Kind längere Zeit in häuslicher Gemeinschaft zusammengelebt hat (Abs 4). Auf einen absoluten Schutz der Ehe iS eines Anfechtungsausschlusses bei bestehender Ehe wurde bewusst verzichtet, um einzelfallgerechte Lösungen auch im Fall von Scheinehen oder bei Getrenntleben der Ehegatten zu ermöglichen[10]. Wird eine sozial-familiäre Beziehung zwischen rechtlichem Vater und Kind positiv festgestellt, ist die Anfechtung durch den leiblichen Vater auch in Zukunft ausgeschlossen. Ein „Wiederaufleben" des Anfechtungsrechts ist nicht möglich. Darüber hinaus ist die **leibliche Vaterschaft** des Anfechtenden Prüfungsgegenstand, auch wenn sich die Anfechtung als Gestaltungsklage hinsichtlich ihres Streitgegenstandes nur auf die Beseitigung des Verwandtschaftsverhältnisses von rechtlichem Vater und Kind erstreckt. Der Amtsermittlungsgrundsatz nach §§ 616, 617 ZPO veranlasst das Gericht, über die leibliche Vaterschaft des Anfechtenden als Tatbestandsvoraussetzung Beweis zu erheben. Diese **ausdrückliche Feststellung der leiblichen Vaterschaft** im Anfechtungsverfahren ist notwendig, um dem rechtskräftigen Anfechtungsurteil die Feststellungswirkung nach § 640 Abs 2 ZPO mit den Folgewirkungen nach § 1592 Nr 3 zukommen lassen zu können. Ziel dieser rechtlichen Ausgestaltung ist, zu verhindern, dass das Kind im Falle der erfolgreichen Anfechtung vaterlos gestellt wird.

Durch das **Anfechtungsrecht der zuständigen Behörde** soll missbräuchlichen Vaterschaftsanerkennungen zur Erlangung von Aufenthaltstiteln (deutsche Staatsbürgerschaft des Kindes, § 4 Abs 1 und 3 StAG, Aufenthaltserlaubnis des Sorgeberechtigten aus § 28 Abs 1 Nr 3 AufenthG) und der damit verbundenen Sozialleistungen entgegengewirkt werden. Voraussetzung ist neben allen aufenthaltsrechtlichen Auswirkungen das Nichtbestehen einer sozial-familiären Beziehung zwischen Kind und Anerkennendem, da sich hieran der Missbrauchsverdacht knüpft und insoweit bei fehlender Abstammung auch keine Familie iS von Art 6 GG vorliegt. 3a

2. Schlüssigkeit. Zur Schlüssigkeit der Anfechtungsklage reicht – abgesehen von den besonderen Erfordernissen nach Abs 1 Nr 2 – nicht die Behauptung aus, das Kind stamme nicht vom rechtlichen Vater ab, was durch Sachverständigengutachten bewiesen werden könne. Der Kläger muss vielmehr die näheren Umstände, die gegen die Vaterschaft sprechen, **darlegen**[11], da nur dann die Regelung der Anfechtungsfrist sinnvoll gehandhabt werden kann[12]. Die Anforderungen dürfen allerdings **nicht zu hoch** angesetzt werden. Es genügt, Umstände vorzutragen, die bei **objektiver Betrachtung** geeignet sind, **Zweifel an der Vaterschaft** zu wecken und die Möglichkeit der anderweitigen Abstammung als nicht ganz fern liegend erscheinen (§ 1600 b Rn 3) lassen. Eine ohne Einverständnis des Kindes bzw seines gesetzlichen Vertreters eingeholte **DNA-Vaterschaftsanalyse** ist weder als Parteivortrag im Rahmen der Schlüssigkeit noch als Beweismittel verwertbar[13]. Auch die **Weigerung** der beklagten Partei, die Einholung des DNA-Gutachtens nachträglich zu genehmigen, begründet keinen die Anfechtungsklage schlüssig machenden Anfangsverdacht[14]. Räumt jedoch die Mutter als Reaktion auf dieses Gutachten möglichen Mehrverkehr ein, reicht dies für die Schlüssigkeit der Klage aus[15]. 4

3. Verfahren. Für das Verfahren gelten die speziellen Vorschriften der §§ 640 bis 641 i ZPO, für die Kosten § 93 c ZPO. Die Wirkung des stattgebenden Urteils besteht darin, dass die bestehende Vaterschaftszuordnung gelöst wird, und zwar rückwirkend von der Geburt an und mit Wirkung für und gegen alle[16]. Die Kosten des Anfechtungsverfahrens kann der eheliche Scheinvater vom Erzeuger erstattet verlangen[17]. Das gilt nicht ohne weiteres auch für den nichtehelichen Vater, der erst die Vaterschaft anerkennt und die Anerkennung dann anficht[18]. Das Verfahren, in dem die Kosten- 5

---

[6] BT-Drucks 15/2253 S 10.
[7] *Höfelmann* FamRZ 2004, 745, 749.
[8] BGH MDR 2007, 723.
[9] BGH MDR 2007, 723.
[10] BT-Drucks 15/2253 S 11.
[11] BGH FamRZ 1998, 955 mwN; OLG Dresden FamRZ 1997, 1297; OLG Hamm FamRZ 1982, 956; OLG Köln FamRZ 1998, 696; *Eckebrecht* MDR 1999, 71; aA OLG Hamburg FamRZ 1997, 1171; OLG München FamRZ 1987, 969; *Staudinger/Rauscher* § 1599 Rn 14 ff.
[12] BGH FamRZ 1998, 955.
[13] BGH FamRZ 2005, 340; krit *Wellenhofer* FamRZ 2005, 665; BVerfG NJW 2007, 753 = FamRZ 2007, 441.
[14] BGH FamRZ 2005, 342.
[15] OLG Koblenz OLGR 2006, 689.
[16] *Wieser* FamRZ 1998, 1004, 1006.
[17] BGHZ 57, 229 = FamRZ 1972, 33; BGHZ 103, 160 = FamRZ 1988, 387; LG Kempten FamRZ 1999, 1297; LG Lüneburg FamRZ 1991, 1095; LG Dortmund FamRZ 1994, 654; AG Aschaffenburg FamRZ 1992, 1342.
[18] LG Detmold FamRZ 1992, 98; AG Essen-Steele FamRZ 1999, 1296.

§ 1600 a   Buch 4. Abschnitt 2. Verwandtschaft

erstattung verlangt wird, ist Familiensache[19]. Zum Übergangsrecht Art 224 § 1, Art 229 § 10 EGBGB[20].

§ 1600 a Persönliche Anfechtung; Anfechtung bei fehlender oder beschränkter Geschäftsfähigkeit

(1) Die Anfechtung kann nicht durch einen Bevollmächtigten erfolgen.

(2) ¹Die Anfechtungsberechtigten im Sinne von § 1600 Abs. 1 Nr. 1 bis 3 können die Vaterschaft nur selbst anfechten. ²Dies gilt auch, wenn sie in der Geschäftsfähigkeit beschränkt sind; sie bedürfen hierzu nicht der Zustimmung ihres gesetzlichen Vertreters. ³Sind sie geschäftsunfähig, so kann nur ihr gesetzlicher Vertreter anfechten.

(3) Für ein geschäftsunfähiges oder in der Geschäftsfähigkeit beschränktes Kind kann nur der gesetzliche Vertreter anfechten.

(4) Die Anfechtung durch den gesetzlichen Vertreter ist nur zulässig, wenn sie dem Wohl des Vertretenen dient.

(5) Ein geschäftsfähiger Betreuter kann die Vaterschaft nur selbst anfechten.

I. Normzweck

1   Die Vorschrift enthält Regelungen über die Stellvertretung bei der Vaterschaftsanfechtung und fasst die bis zum 30. 6. 1998 geltenden Regelungen nach § 1595 Abs 1, Abs 2 S 1, § 1597, § 1600 k Abs 1 und 2 aF unter Anpassung an die Regelungen des KindRG iÜ zusammen. Mit Wirkung ab 30. 4. 2004 ist sie dem geänderten § 1600 angepasst worden. Sie korrespondiert mit § 1596. Ebenso wie die Vaterschaftsanerkennung hat die Vaterschaftsanfechtung **höchstpersönlichen Charakter**.

II. Einzelerläuterung

2   Wegen der **höchstpersönlichen Natur** der Anfechtung kann diese nicht durch einen Bevollmächtigten erfolgen **(Abs 1)**. Dies gilt für alle Anfechtungsberechtigten des § 1600.

3   Aus demselben Grund können der **Mann**, dessen rechtliche Vaterschaftszuordnung auf der Geburt des Kindes während der Ehe oder auf Anerkennung (§ 1592 Nr 1 und 2, § 1593 S 3) beruht, der Mann, der die leibliche Vaterschaft behauptet und die **Mutter** die Vaterschaft **nur persönlich anfechten**, und zwar auch, solange sie wegen Minderjährigkeit in der **Geschäftsfähigkeit beschränkt** sind **(Abs 2 S 1 und 2)**. Einer Mitwirkung ihres gesetzlichen Vertreters bedürfen sie nicht. Dieser ist allerdings ausschließlich zur Entscheidung über die Anfechtung und zur Durchführung des Anfechtungsverfahrens im Falle der **Geschäftsunfähigkeit** berufen. Beschränkte Geschäftsfähigkeit und Geschäftsunfähigkeit bestimmen sich nach § 106 und § 104¹. **Gesetzliche Vertreter** können sein die Eltern (§§ 1629, 1633), der Vormund (§ 1793), der Pfleger (§§ 1909, 1630), bei Volljährigen der Betreuer (§§ 1896, 1902) bei entsprechendem Aufgabenkreis. Ein Einwilligungsvorbehalt (§ 1903 Abs 2) ist ausgeschlossen. Im Übrigen steht die Anfechtung durch den gesetzlichen Vertreter unter dem **Vorbehalt des Abs 4** (Rn 6).

4   Das **nicht voll geschäftsfähige Kind** kann sein Anfechtungsrecht aus § 1600 nur durch seinen **gesetzlichen Vertreter** ausüben **(Abs 3)**. Damit soll vermieden werden, dass das minderjährige Kind – etwa in einer pubertären Konfliktlage – Unfrieden in die Familie trägt². Der **Vater** kann das Kind **im Anfechtungsprozess** nicht gesetzlich vertreten, da er bereits als Beklagter Partei des Verfahrens ist. Die **Mutter** ist gesetzliche Vertreterin, wenn sie **nach rechtskräftiger Eheauflösung allein die elterliche Sorge** inne hat³. Besteht ein **erheblicher Interessengegensatz** zwischen der vertretungsberechtigten Mutter und dem Kind, kann ihr die elterliche Sorge für den Teilbereich der Vertretung im Anfechtungsprozess entzogen und insoweit ein Ergänzungspfleger bestellt werden, § 1629 Abs 2 S 3 iVm § 1796⁴. Während des Bestehens einer gesetzlichen Vertretung des Kindes durch die Mutter das Vertretungshindernis nach § 1629 Abs 2 S 1, § 1795 Abs 1 Nr 3 entgegen⁵. In diesem Fall erhält das Kind einen **Ergänzungspfleger** (§ 1909 Abs 1 S 1). Gleiches gilt bei Fortbestehen des gemeinsamen Sorgerechts nach Ehescheidung⁶. Zuständig für die Pflegerbestellung ist das **Familiengericht**, § 1693⁷.

5   Von der Vertretung des Kindes im Prozess ist die vorher zu treffende Entscheidung zu unterscheiden, **ob die Vaterschaft angefochten werden soll**⁸. Diese Entscheidung steht dem Inhaber der elterlichen

---

[19] OLG Koblenz FamRZ 1999, 658; aA LG Kempten FamRZ 1999, 1297.
[20] BGH MDR 1999, 678.
[1] Zum Begriff der krankhaften Störung der Geistestätigkeit in § 104 Nr 2 BGH FamRZ 1966, 504.
[2] BT-Drucks 13/4899 S 87.
[3] BGH FamRZ 1972, 498; *Staudinger/Rauscher* Rn 29.
[4] BGH NJW 1975, 345; BayObLG NJW-RR 1994, 841; FamRZ 1989, 314; OLG Stuttgart FamRZ 1983, 831; LG Ravensburg DAVorm 1990, 467.
[5] *Staudinger/Rauscher* Rn 28; MünchKommBGB/*Wellenhofer-Klein* Rn 9; *Wieser* FamRZ 1998, 1004, 1005.
[6] OLG Köln FamRZ 2001, 245.
[7] OLG Zweibrücken OLGR 1999, 398.
[8] BGH NJW 1975, 345; BayObLG NJW-RR 1994, 841; KG NJW 1966, 1320; OLG Frankfurt FamRZ 1969, 106; LG Gießen FamRZ 1996, 1296.

Sorge zu. Das Vertretungshindernis nach § 1629 Abs 2 S 1, § 1795 steht nicht entgegen, da weder ein Rechtsgeschäft mit dem Kind (§ 1795 Abs 1 Nr 1) noch ein Rechtsstreit (§ 1795 Abs 1 Nr 3) vorliegt, so dass auch der sorgeberechtigte Scheinvater diese Entscheidung selbst treffen kann[9]. Besteht jedoch ein **erheblicher Interessengegensatz** zwischen Kind und Sorgeberechtigtem, so kann dem Kind auch für den Wirkungskreis der Entscheidung über die Erhebung der Anfechtungsklage ein Ergänzungspfleger bestellt werden, und zwar durch das Familiengericht.

Die Anfechtung durch den gesetzlichen Vertreter muss dem **Wohl des minderjährigen Kindes** bzw des **geschäftsunfähigen Elternteils** dienen **(Abs 4)**. Die Bestimmung ist, da das über die Anfechtung entscheidende Familiengericht die Kindeswohlprüfung aus eigener Sachkunde selbst vornehmen kann[10], an die Stelle der vor Inkrafttreten des KindRG erforderlichen Genehmigung des Vormundschaftsgerichts getreten. Die Kindeswohldienlichkeit ist als Sachurteilsvoraussetzung von Amts wegen **im Rahmen des Anfechtungsverfahrens**[11] zu prüfen. Wird sie verneint, ist die Klage durch Prozessurteil abzuweisen[12].

Die in der Vergangenheit für die vormundschaftsgerichtliche Genehmigung entwickelten **Grundsätze zum Kindeswohl** gelten fort. Es ist eine **Gesamtwürdigung** vorzunehmen unter sorgfältiger Abwägung der Vor- und Nachteile, die sich aus der Veränderung des rechtlichen Status ergeben. Hierbei ist in erster Linie auf das Interesse des durch Abs 4 geschützten Minderjährigen abzustellen[13], wobei dem Interesse an der wahren Abstammung[14] besondere, nicht jedoch vorrangige Bedeutung zukommt[15]. Die möglichen Auswirkungen des Anfechtungsverfahrens auf den Familienfrieden und die persönlichen Beziehungen zwischen Mutter und Kind sind in die Abwägung einzubeziehen[16].

Ist für einen **voll geschäftsfähigen Anfechtungsberechtigten** ein **Betreuer** bestellt (§ 1896), so kann nur der Anfechtungsberechtigte persönlich die Vaterschaft anfechten **(Abs 5)**.

§ 1600 b Anfechtungsfristen

(1) ¹Die Vaterschaft kann binnen zwei Jahren gerichtlich angefochten werden. ²Die Frist beginnt mit dem Zeitpunkt, in dem der Berechtigte von den Umständen erfährt, die gegen die Vaterschaft sprechen; das Vorliegen einer sozial-familiären Beziehung im Sinne von § 1600 Abs. 2 erste Alternative hindert den Lauf der Frist nicht.

(1 a) ¹Im Fall des § 1600 Abs. 1 Nr. 5 kann die Vaterschaft binnen eines Jahres gerichtlich angefochten werden. ²Die Frist beginnt, wenn die anfechtungsberechtigte Behörde von den Tatsachen Kenntnis erlangt, die die Annahme rechtfertigen, dass die Voraussetzungen für ihr Anfechtungsrecht vorliegen. ³Die Anfechtung ist spätestens nach Ablauf von fünf Jahren seit der Wirksamkeit der Anerkennung der Vaterschaft für ein im Bundesgebiet geborenes Kind ausgeschlossen; ansonsten spätestens fünf Jahre nach der Einreise des Kindes.

(2) ¹Die Frist beginnt nicht vor der Geburt des Kindes und nicht, bevor die Anerkennung wirksam geworden ist. ²In den Fällen des § 1593 Satz 4 beginnt die Frist nicht vor der Rechtskraft der Entscheidung, durch die festgestellt wird, dass der neue Ehemann der Mutter nicht der Vater des Kindes ist.

(3) ¹Hat der gesetzliche Vertreter eines minderjährigen Kindes die Vaterschaft nicht rechtzeitig angefochten, so kann das Kind nach dem Eintritt der Volljährigkeit selbst anfechten. ²In diesem Falle beginnt die Frist nicht vor Eintritt der Volljährigkeit und nicht vor dem Zeitpunkt, in dem das Kind von den Umständen erfährt, die gegen die Vaterschaft sprechen.

(4) ¹Hat der gesetzliche Vertreter eines Geschäftsunfähigen die Vaterschaft nicht rechtzeitig angefochten, so kann der Anfechtungsberechtigte nach dem Wegfall der Geschäftsunfähigkeit selbst anfechten. ²Absatz 3 Satz 2 gilt entsprechend.

(5) ¹Die Frist wird durch die Einleitung eines Verfahrens nach § 1598a Abs. 2 gehemmt; § 204 Abs. 2 gilt entsprechend. ²Die Frist ist auch gehemmt, solange der Anfechtungsberechtigte widerrechtlich durch Drohung an der Anfechtung gehindert wird. ³Im Übrigen sind die §§ 206 und 210 entsprechend anzuwenden.

(6) Erlangt das Kind Kenntnis von Umständen, auf Grund derer die Folgen der Vaterschaft für es unzumutbar werden, so beginnt für das Kind mit diesem Zeitpunkt die Frist des Absatzes 1 Satz 1 erneut.

---

[9] BGH NJW 1975, 345; BayObLGZ 1978, 251; BayObLG NJW-RR 1994, 841; KG NJW 1966, 1320; OLG Frankfurt FamRZ 1969, 106; *Staudinger/Rauscher* Rn 39; *MünchKommBGB/Wellenhofer-Klein* Rn 11.
[10] BT-Drucks 13/4899 S 87.
[11] *Firsching/Graba* Rn 762.
[12] *Staudinger/Rauscher* Rn 63.
[13] BGH FamRZ 1986, 970 = NJW 1986, 2829; BayObLG FamRZ 1995, 185, 186; OLG Hamm FamRZ 1984, 81; OLG Stuttgart FamRZ 1983, 831; LG Berlin DAVorm 1976, 640; LG Oldenburg FamRZ 1982, 833; LG Frankenthal FamRZ 1983, 733; LG Ravensburg DAVorm 1990, 467.
[14] BVerfGE 79, 256 = NJW 1989, 891; BVerfGE 96, 56 = NJW 1997, 1769 = FamRZ 1997, 869.
[15] BayObLG FamRZ 1995, 185; *Staudinger/Rauscher* Rn 54 ff.
[16] BT-Drucks 13/4899 S 87.

§ 1600 b

I. Normzweck

1 Die vor Inkrafttreten des KindRG am 1. 7. 1998 in verschiedenen Bestimmungen enthaltenen unterschiedlichen Anfechtungsfristen sind in Abs 1 durch eine **einheitliche Frist von zwei Jahren** ersetzt worden. Den Anfechtungsberechtigten wird dadurch einerseits eine angemessene Überlegungsfrist eingeräumt. Andererseits dient die Befristung der **Rechtssicherheit**[1] der **Bestandskraft des Status**[2], und dem **Schutz der sozialen Familie**[3]. Es handelt sich um eine von Amts wegen zu beachtende **Ausschlussfrist**[4]. Eine Wiedereinsetzung ist nicht möglich, jedoch dient funktional Abs 5 der Wahrung der Interessen des Anfechtungsberechtigten bei unverschuldeter Fristversäumung. Die **Beweislast** für die Nichteinhaltung der Frist trägt der jeweilige Beklagte[5]. Für eine Hemmung der Frist trägt derjenige die Beweislast, der sich auf sie beruft[6].

II. Einzelerläuterung

2 **1. Geltung und Wahrung der Frist.** Die Frist nach **Abs 1** gilt für die **Fälle der Vaterschaftsanfechtung** nach § **1600 Abs 1 Nr 1 bis 4** unabhängig davon, ob die Vaterschaftszuordnung auf der Geburt in der Ehe gemäß § 1592 Nr 1, auf einer Anerkennung nach § 1592 Nr 2 oder auf der erweiterten Vaterschaftszuordnung nach § 1593 beruht. Für den Mann, der behauptet, der leibliche Vater zu sein, läuft sie unabhängig davon, ob zwischen dem Kind und dem rechtlichen Vater eine sozial-familiäre Beziehung besteht. Für die **zuständige Behörde** ist die Frist im Hinblick auf die besondere Eilbedürftigkeit der aufenthaltsrechtlichen Klärung in **Abs 1a** gesondert geregelt und auf **ein Jahr** beschränkt worden. Im Gegensatz zum Anfechtungsrecht der übrigen Anfechtungsberechtigten besteht das Anfechtungsrecht der zuständigen Behörde nur **befristet** auf die Dauer von **fünf Jahren**. Die Fristen berechnen sie nach §§ 187 Abs 1, 188 Abs 2. Gewahrt wird die Frist durch **Erhebung der Anfechtungsklage** (§ 1600 e Abs 1) oder durch Antragstellung nach § 1600 e Abs 2 bei dem nach § 640 a ZPO zuständigen Familiengericht. Die **Einreichung der Klage** reicht aus, wenn die Zustellung demnächst erfolgt, § 167 ZPO[7]. Zustellungsmängel werden durch rügeloses Verhandeln über den Klageantrag geheilt, § 295 ZPO[8]. Wird die Klage beim unzuständigen Gericht eingereicht und verweist dieses die Sache an das zuständige Familiengericht, so ist für die Fristwahrung die Einreichung beim unzuständigen Gericht maßgebend[9].

3 **2. Fristbeginn.** Grds beginnt die Anfechtungsfrist mit der **Kenntnis von Umständen, die gegen die Vaterschaft sprechen (Abs 1 S 2).** Erforderlich ist das Wissen von Tatsachen, aus denen sich die **nicht ganz fern liegende Möglichkeit** einer mit der bestehenden Vaterschaftszuordnung nicht übereinstimmenden Abstammung ergibt[10]. Hinsichtlich der **konkreten Umstände** muss **Gewissheit** bestehen[11]. Gerüchte oder allgemeine Vermutungen reichen nicht aus[12]. Bei der Beurteilung, ob Umstände für das Nichtbestehen eines Vaterschaftsverhältnisses sprechen, ist grds nicht von medizinisch-naturwissenschaftlichen Spezialkenntnissen, sondern von dem Erkenntnisstand auszugehen, der bei einem **verständigen Laien** idR erwartet werden kann[13].

4 Zu den Umständen, deren Kenntnis die Anfechtungsfrist in Lauf setzt, gehört regelmäßig ein **Ehebruch** der Kindesmutter während der gesetzlichen Empfängniszeit, und zwar selbst dann, wenn auch der Ehemann in dieser Zeit Geschlechtsverkehr mit der Kindesmutter gehabt hat[14]. Es muss Kenntnis gegeben sein von Tatsachen, die bei **objektiver, verständiger Würdigung** den Schluss auf den Ehebruch erlauben[15]. Ein nicht durch Tatsachen untermauerter **Verdacht** des Ehebruchs reicht nicht aus[16], ebenso wenig unbestimmte Äußerungen der Mutter[17] oder Vermutungen Dritter[18]. Wohl aber ein glaubhaftes Eingeständnis der Mutter[19]. Ob empfängnisverhütende Maßnahmen oder sonstige

---

[1] MünchKommBGB/*Wellenhofer-Klein* Rn 2.
[2] *Staudinger/Rauscher* § 1600 h aF Rn 1.
[3] BT-Drucks 13/4899 S 87.
[4] OLG Köln OLGZ 1993, 351; *Staudinger/Rauscher* Rn 7; MünchKommBGB/*Wellenhofer-Klein* Rn 3.
[5] BGH NJW 1952, 302; NJW 1978, 1629; NJW 1980, 1335, 1337; KG FamRZ 1974, 380; OLG Düsseldorf DAVorm 1982, 596; *Staudinger/Rauscher* Rn 63; MünchKommBGB/*Wellenhofer-Klein* Rn 6.
[6] *Staudinger/Rauscher* Rn 65.
[7] BGHZ 31, 342 = NJW 1960, 766 = FamRZ 1960, 138; BGH NJW 1995, 1419 = FamRZ 1995, 1484; *Staudinger/Rauscher* Rn 9; MünchKommBGB/*Wellenhofer-Klein* Rn 5.
[8] BGH NJW 1972, 1373.
[9] BGHZ 35, 374 = NJW 1961, 2259; *Staudinger/Rauscher* Rn 11.
[10] BGHZ 9, 336; 61, 195 = NJW 1973, 1875 = FamRZ 1973, 592; BGH NJW 1978, 1629; OLG Hamm FamRZ 1994, 186; NJW-RR 1995, 643; FamRZ 1999, 1362; OLG Frankfurt FamRZ 2000, 108.
[11] BGHZ 61, 195 = NJW 1973, 1875 = FamRZ 1973, 592; BGH NJW 1978, 1629, 1630 = NJW 1978, 494: „volle Kenntnis"; *Staudinger/Rauscher* Rn 23; MünchKommBGB/*Wellenhofer-Klein* Rn 9.
[12] OLG Zweibrücken FamRZ 1984, 80.
[13] BGH FamRZ 2006, 771; NJW 1980, 1335, 1336; NJW-RR 1987, 898; *Staudinger/Rauscher* Rn 17; MünchKommBGB/*Wellenhofer-Klein* Rn 11; aA *Gernhuber/Coester-Waltjen* § 52 Rn 121.
[14] BGHZ 61, 195 = NJW 1973, 1875 = FamRZ 1973, 592; BGH NJW 1978, 1629.
[15] BGH LM § 1594 Nr 15 m Anm *Johannsen*; LM § 1600 h Nr 2; BGHZ 61, 195 = NJW 1973, 1875 = FamRZ 1973, 592; *Staudinger/Rauscher* Rn 23.
[16] BGHZ 61, 195 = FamRZ 1973, 592; BGH LM § 1600 h Nr 2; OLG München FamRZ 1987, 969.
[17] OLG Koblenz OLGR 2006, 689; KG DAVorm 1990, 943.
[18] OLG Zweibrücken FamRZ 1984, 80.
[19] OLG Braunschweig DAVorm 1982, 1086.

besondere Umstände die Abstammung des Kindes von dem Dritten so unwahrscheinlich machen, dass die Zeugung des Kindes ganz fern liegt, ist Frage des Einzelfalls[20]. Auch aus den **zeitlichen Gegebenheiten** können sich Umstände ergeben, die für eine anderweitige Vaterschaft sprechen, so wenn das Kind sieben Monate nach dem ersten Geschlechtsverkehr mit dem als Vater geltenden Mann voll ausgereift geboren wird[21] oder wenn das Kind elf Monate nach dem letzten Geschlechtsverkehr mit dem als Vater geltenden Mann geboren wird[22]. Unterschiede zwischen Vater und Kind im äußeren Erscheinungsbild (Haarfarbe, Augenfarbe, mangelnde Ähnlichkeit) reichen für den Fristbeginn idR nicht aus[23]. Die Kenntnis, welche die Frist in Lauf gesetzt hat, kann auf Grund neuer Umstände wieder entfallen, es sei denn, die aufgetretenen Widersprüche lassen sich durch entsprechende Nachforschungen ohne besondere Schwierigkeiten beheben[24].

Soweit die Anfechtung durch einen gesetzlichen Vertreter zu erfolgen hat (§ 1600a Abs 2 S 3, Abs 3), kommt es auf die **Kenntnis desjenigen gesetzlichen Vertreters an, der befugt ist, das Kind im Anfechtungsrechtsstreit zu vertreten**[25]. Die Existenz einer die Vertretung ausschließenden Interessenkollision hindert den Lauf der Frist[26]. Wenn im Scheidungsverbundurteil die elterliche Sorge der Mutter übertragen wird, so beginnt die Frist für die Anfechtung durch das Kind regelmäßig mit der Rechtskraft des Scheidungsurteils[27]. Bleibt nach Ehescheidung das gemeinsame Sorgerecht erhalten, beginnt diese erst mit der Bestellung eines Ergänzungspflegers[28].

Die **Anfechtungsfrist** beginnt nicht, bevor die Vaterschaftszuordnung nach § 1592 Nr 1 und 2 sowie § 1593 wirksam geworden ist, also **nicht vor der Geburt** des Kindes, **nicht vor Wirksamwerden der Anerkennung** (§§ 1594, 1595, 1598 Abs 2), **Abs 2 S 1**, im Falle des § 1593 S 4 **nicht vor Rechtskraft** der im Vaterschaftsanfechtungsverfahren ergangenen Entscheidung. Hat der Mann von der Geburt zunächst keine Kenntnis, so beginnt die Frist erst mit der **sicheren Kenntnis von der Geburt** des Kindes[29].

3. Gesetzlicher Vertreter. Abs 3 bezieht sich auf § 1600a Abs 3. Für den anfechtungsberechtigten gesetzlichen Vertreter des minderjährigen Kindes beginnt die Anfechtungsfrist mit seiner Kenntnis von Umständen, die gegen die bestehende Vaterschaftszuordnung sprechen (Rn 5). Versäumt **der gesetzliche Vertreter die Frist,** lebt sie in der Person des Kindes nach Eintritt der Volljährigkeit wieder auf. Die Frist von zwei Jahren beginnt frühestens mit der Volljährigkeit, jedoch nicht vor Kenntnis der die Vaterschaft in Frage stellenden (Rn 3, 4) Umstände. Durch den kenntnisabhängigen Fristbeginn wird dem Recht des Kindes auf Kenntnis der eignen Abstammung Rechnung getragen und dem Auftrag des BVerfG[30] Genüge getan.

Abs 4 trifft für **geschäftsunfähig gewesene Anfechtungsberechtigte** (Vater, Mutter, volljähriges Kind) eine dem Abs 3 entsprechende Regelung. Diesen bleibt die volle Anfechtungsfrist von zwei Jahren, die frühestens mit der Genesung beginnt, jedoch nicht vor Kenntnis der gegen die Vaterschaft sprechenden Umstände.

4. Hemmung der Frist. Die **Anfechtungsfrist** wird durch die Einleitung eines gerichtlichen Verfahrens nach § 1598a Abs 2 gehemmt (Wirkung: § 209), und zwar bis zum Ablauf von sechs Monaten nach Rechtskraft der Entscheidung oder anderweitiger Beendigung des Verfahrens (§ 204 Abs 2). Sie ist außerdem gehemmt, solange der Anfechtungsberechtigte durch **widerrechtliche Drohung** an der Anfechtung gehindert ist, zB Selbstmorddrohung, nicht aber Drohung mit Scheidungsantrag[31]. Gemäß § 206 läuft sie nicht bei **höherer Gewalt.** Als höhere Gewalt sind anzusehen vom Gericht verschuldete Verzögerungen bei der Entscheidung über einen Prozesskostenhilfeantrag oder bei der Klagezustellung[32] und Falschinformation des Anfechtungsberechtigten durch Gericht oder Behörde[33]. Keine höhere Gewalt ist dagegen gegeben bei Verschulden des Prozessbevollmächtigten[34], Rechtsunkenntnis[35] oder Strafhaft. Das OLG Dresden hält es für möglich, die Frist zur Vaterschaftsanfechtung durch die Einreichung eines Prozesskostenhilfegesuchs zu wahren[36]. Vgl iÜ § 206.

---

[20] BGH FamRZ 2006, 771; FamRZ 1978, 494 = NJW 1978, 1629 zum Geschlechtsverkehr während der Menstruation; BGH FamRZ 1989, 169 zur Zeugungsunfähigkeit infolge Alkoholismus; OLG Düsseldorf NJW 1989, 777 zur Einnahme der „Pille"; OLG Düsseldorf FamRZ 1995, 315 zum unterbrochenen Geschlechtsverkehr; OLG Hamm FamRZ 1999, 1362 zu Kondomen.
[21] BGHZ 9, 336; BGH LM § 1594 Nr 23; OLG München FamRZ 1984, 1128.
[22] OLG Köln MDR 1958, 165.
[23] BGH LM § 1594 Nr 20 = NJW 1980, 1335; OLG Düsseldorf FamRZ 1995, 315; OLG München NJW-FER 1997, 102; OLG Karlsruhe FamRZ 2000, 107; aA bezüglich Augenfarbe OLG Hamm NJW 1960, 2244.
[24] BGHZ 61, 195 = NJW 1973, 1875 = FamRZ 1973, 592; OLG Düsseldorf FamRZ 1995, 315; OLG Frankfurt DAVorm 1985, 1022; OLG Stuttgart DAVorm 1979, 356; *Staudinger/Rauscher* Rn 30.
[25] OLG Bamberg FamRZ 1992, 220; OLG Koblenz DAVorm 1983, 735; OLG Köln FamRZ 2001, 245; *Staudinger/Rauscher* Rn 33, 36; MünchKommBGB/*Wellenhofer-Klein* Rn 24; *Palandt/Diederichsen* Rn 6.
[26] BayObLGZ 1993, 45, 48; BayObLG FamRZ 1989, 314.
[27] OLG Bamberg FamRZ 1992, 220; OLG Frankfurt DAVorm 1996, 901.
[28] OLG Köln FamRZ 2001, 245.
[29] BGHZ 10, 111; BGH FamRZ 1982, 917; OLG Hamm FamRZ 1977, 551; OLG Stuttgart DAVorm 1985, 1015; *Staudinger/Rauscher* Rn 41.
[30] BVerfGE 90, 263 = NJW 1994, 2475 = FamRZ 1994, 881; BVerfGE 79, 256 = NJW 1989, 891.
[31] *Staudinger/Rauscher* Rn 51.
[32] BGH LM § 203 Nr 8; FamRZ 1995, 1484; KG FamRZ 1978, 927; OLG Köln DAVorm 1976, 348.
[33] BGHZ 24, 134, 136; BGH LM § 203 Nr 27.
[34] BVerfGE 35, 41; BGHZ 31, 342; 81, 353; BGH FamRZ 1960, 138; FamRZ 1972, 498.
[35] *Henrich* FamRZ 1999, 1369; aA AG Schweinfurt FamRZ 1999, 1368.
[36] JAmt 2006, 143.

10 § 210 – **Hemmung bei Fehlen des gesetzlichen Vertreters** – kommt nur zur Anwendung, wenn die Anfechtungsfrist überhaupt in Lauf gesetzt worden ist, da ohne eine dem Anfechtungsberechtigten zuzurechnende Kenntnis des gesetzlichen Vertreters die Frist nicht zu laufen beginnt (Rn 5).

11 **5. Wiederaufleben des Anfechtungsrechts des Kindes. Abs 6 erweitert das Anfechtungsrecht des Kindes,** das sich von seinem rechtlichen Vater lösen will, über Abs 3 hinausgehend auf Fälle, in denen die Folgen der Vaterschaft für es unzumutbar geworden sind. Das Anfechtungsrecht des Kindes lebt also wieder auf[37]. Damit wird der Rechtsgedanke des § 1596 aF, aus dem sich Anhaltspunkte zur Ausfüllung der Generalklausel ergeben können, fortgeführt. Danach war bis zum Inkrafttreten des KindRG die Anfechtung unbefristet möglich, wenn sie wegen ehrlosen oder unsittlichen Lebenswandels des Mannes, einer schweren Verfehlung des Mannes gegen das Kind (§ 1596 Abs 1 Nr 4 aF) oder wegen einer schweren Erbkrankheit des Mannes (§ 1596 Abs 1 Nr 5 aF) sittlich gerechtfertigt war. Man wird aber auch in den Fällen des § 1596 Abs 1 Nr 2 und 3 aF eine Unzumutbarkeit der entstandenen Situation bejahen können, also insbes bei Scheidung oder Aufhebung der Ehe und bei dauerhafter Trennung der Ehegatten oder nichtehelichen Lebensgefährten, da mit der Auflösung der sozialen Familie der Grund für das bisherige Absehen von einer Anfechtung – Rücksichtnahme auf den Familienfrieden – entfällt[38]. Maßstab ist die **persönliche Unzumutbarkeit einer Aufrechterhaltung der Vaterschaftszuordnung.** Die Anfechtungsfrist von zwei Jahren beginnt mit Kenntnis der Umstände, welche die unzumutbare Situation begründen.

12 **6. Übergangsrecht.** Zum Übergangsrecht vgl Art 224 § 1 EGBGB. Im Fall der Anfechtung nach § 1600 Abs 1 Nr 2 beginnt die Frist für eine Anfechtung nicht vor dem 30. 4. 2004.

§ 1600 c Vaterschaftsvermutung im Anfechtungsverfahren

(1) In dem Verfahren auf Anfechtung der Vaterschaft wird vermutet, dass das Kind von dem Mann abstammt, dessen Vaterschaft nach § 1592 Nr. 1 und 2, § 1593 besteht.

(2) Die Vermutung nach Absatz 1 gilt nicht, wenn der Mann, der die Vaterschaft anerkannt hat, die Vaterschaft anficht und seine Anerkennung unter einem Willensmangel nach § 119 Abs. 1, § 123 leidet; in diesem Falle ist § 1600 d Abs. 2 und 3 entsprechend anzuwenden.

Schrifttum: *Gaul*, Die Neuregelung des Abstammungsrechts durch das Kindschaftsrechtsreformgesetz, FamRZ 1997, 1441.

I. Normzweck

1 Die Bestimmung ist an die Stelle der §§ 1591 Abs 2, 1600 m aF getreten. Sie enthält **Beweisregeln.** Einen **Anfechtungstatbestand** formuliert das Gesetz im Gegensatz zu § 1591 Abs 1 S 2 aF[1] im Hinblick auf die verbesserten Methoden der Vaterschaftsfeststellung nicht mehr. Es ist gedanklich in dem Sinne zu ergänzen, dass die Vermutung widerlegt und die Anfechtung begründet ist, „wenn das Kind nicht von dem Mann abstammt"[2]. Dies ergibt sich aus der Umkehrung der in Abs 1 enthaltenen und an die Vaterschaftstatbestände der § 1592 Nr 1 und Nr 2, § 1593 anknüpfenden **„Abstammungsvermutung"** sowie aus der Grundnorm des § 1589, aus der für das Rechtsverhältnis der Verwandtschaft auf die blutsmäßige Abstammung abstellt (§ 1589 Rn 1, 4). Während § 1599 Abs 1 außerhalb des Anfechtungsprozesses die für den Status maßgebende Norm ist, gilt § 1600 c Abs 1 in diesem[3].

II. Einzelerläuterung

2 Die Vermutung nach **Abs 1** gilt **unabhängig von der Person des Anfechtenden**[4]. Sie kann nur durch den **vollen Beweis der Nichtvaterschaft** widerlegt werden[5]. Die Vaterschaft muss **mit an Sicherheit grenzender Wahrscheinlichkeit** ausgeschlossen sein[6]. Schwerwiegende Zweifel an der Vaterschaft reichen nicht aus. Wird die Nichtvaterschaft nicht bewiesen, geht dies zu Lasten des Anfechtenden, der die objektive Beweislast trägt, mit der Folge der Abweisung der Klage. Zuverlässigste Beweismittel sind **Abstammungsgutachten** (Blutgruppengutachten, HLA-Gutachten, DNA-Analyse, § 1600 d Rn 5, 6). Der Nachweis des Mehrverkehrs oder der Anwendung empfängnisverhütender Mittel oder Methoden reicht nicht aus[7]. Ob die Vermutung des Abs 1 durch den Beweis widerlegt ist, dass der rechtliche Vater mit der Mutter in der gesetzlichen Empfängniszeit keinen Geschlechtsverkehr gehabt hat, hängt von den Umständen des Einzelfalles ab[8].

---

[37] Krit *Gaul* FamRZ 1997, 1441, 1459.
[38] BT-Drucks 13/4899 S 56; OLG Celle JAmt 2006, 143.
[1] § 1591 Abs 2 S 1 aF: „Das Kind ist nichtehelich, wenn es den Umständen nach offenbar unmöglich ist, dass die Frau das Kind von dem Manne empfangen hat."
[2] *Gaul* FamRZ 1997, 1441, 1462.
[3] *Gaul* FamRZ 1997, 1441, 1462.
[4] *Staudinger/Rauscher* Rn 8.
[5] *Staudinger/Rauscher* Rn 11, 12; MünchKommBGB/*Wellenhofer-Klein* Rn 6; *Gaul* FamRZ 1997, 1441, 1462.
[6] *Staudinger/Rauscher* Rn 11, 12; MünchKommBGB/*Wellenhofer-Klein* Rn 7.
[7] *Staudinger/Rauscher* Rn 21.
[8] *Staudinger/Rauscher* Rn 20; *Soergel/Gaul* § 1600 m Rn 2; MünchKommBGB/*Wellenhofer-Klein* Rn 6.

Im Falle der Vaterschaft auf Grund Anerkennung (§ 1592 Nr 2) gilt die **Vermutung des Abs 1 ausnahmsweise nicht,** wenn **der Mann** die Vaterschaft anficht und seiner Anerkennung ein Inhaltsirrtum (§ 119 Abs 1), eine arglistige Täuschung oder eine rechtswidrige Drohung (§ 123) zugrunde lag. Ein Eigenschaftsirrtum nach § 119 Abs 2 oder ein Motivirrtum reicht nicht aus. Für die Täuschung kommt es nicht darauf an, von wem sie ausgeht[9], da die Anerkennung eine nicht empfangsbedürftige Willenserklärung ist[10]. Eine **arglistige Täuschung durch die Mutter** liegt idR vor, wenn diese durch die wissentlich unwahre **Behauptung**, keinen anderweitigen Geschlechtsverkehr gehabt zu haben, den Mann zur Anerkennung bewogen hat[11]. Eine ungefragte Offenbarungspflicht besteht für die Mutter nicht. Die objektive Beweislast für das Vorliegen eines Willensmangels trägt der anfechtende Mann. Entfällt infolge der Feststellung eines Willensmangels die Vermutung des Abs 1, so ergibt sich die gleiche Situation wie im Vaterschaftsfeststellungsverfahren: Vaterschaftsvermutung auf Grund Geschlechtsverkehrs in der gesetzlichen Empfängniszeit, Widerlegung bei schwerwiegenden Zweifeln an der Vaterschaft.

§ 1600 d Gerichtliche Feststellung der Vaterschaft

(1) Besteht keine Vaterschaft nach § 1592 Nr. 1 und 2, § 1593, so ist die Vaterschaft gerichtlich festzustellen.

(2) ¹Im Verfahren auf gerichtliche Feststellung der Vaterschaft wird als Vater vermutet, wer der Mutter während der Empfängniszeit beigewohnt hat. ²Die Vermutung gilt nicht, wenn schwerwiegende Zweifel an der Vaterschaft bestehen.

(3) ¹Als Empfängniszeit gilt die Zeit von dem 300. bis zu dem 181. Tage vor der Geburt des Kindes, mit Einschluss sowohl des 300. als auch des 181. Tages. ²Steht fest, dass das Kind außerhalb des Zeitraums des Satzes 1 empfangen worden ist, so gilt dieser abweichende Zeitraum als Empfängniszeit.

(4) Die Rechtswirkungen der Vaterschaft können, soweit sich nicht aus dem Gesetz anderes ergibt, erst vom Zeitpunkt ihrer Feststellung an geltend gemacht werden.

Schrifttum: *Herlan,* Gesetzliche Empfängniszeit, FamRZ 1998, 1349; *Hummel,* Der Beitrag des DNA-Gutachtens zur Klärung strittiger Blutsverwandtschaft, DAVorm 1994, 962; *Hummel/Mutschler,* Zum Umfang der Beweisaufnahme bei gerichtlicher Vaterschaftsfeststellung, NJW 1991, 2929; *Reichelt,* Anwendung der DNA-Analyse (genetischer Fingerabdruck) im Vaterschaftsfeststellungsverfahren, FamRZ 1991, 1265; *Ritter,* Die humangenetische Abstammungsbegutachtung, FamRZ 1991, 646 sowie Stellungnahmen dazu FamRZ 1992, 275; *Wieser,* Zur Feststellung der nichtehelichen Vaterschaft nach neuem Recht, NJW 1998, 2023.

I. Normzweck

Die gerichtliche Feststellung der Vaterschaft (§ 1592 Nr 3) steht den Beteiligten als subsidiäre Möglichkeit der Vaterschaftszuordnung gegenüber der Vaterschaft durch Geburt in der Ehe (§ 1592 Nr 1) bzw nach Auflösung der Ehe durch Tod des Mannes (§ 1593) sowie gegenüber der Anerkennung (§ 1592 Nr 2) zur Verfügung. Die Vorschrift fasst die §§ 1592, 1600 a, 1600 n Abs 1, 1600 o aF teils modifiziert aber ohne wesentliche sachliche Änderung zusammen. **Neu** durch das KindRG eingeführt ist die **Klagebefugnis der Mutter** (§ 1600 e Abs 1).

II. Einzelerläuterung

Klagen auf **Feststellung** oder **Anfechtung** der Vaterschaft sind **Kindschaftssachen** (§ 640 Abs 2 Nr 1 und Nr 2 ZPO), als solche Familiensachen (§ 23 b Abs 1 S 2 Nr 1 und Nr 12 GVG), für die die **Familiengerichte** (§ 621 Abs 1 Nr 10 ZPO) sachlich zuständig sind. Sie unterliegen den besonderen Verfahrensvorschriften der §§ 640 bis 641 i ZPO. **Berufungs-** und **Beschwerdegericht** ist das **OLG** (§ 119 Abs 1 Nr 1 und 2 GVG). Die **Revision** zum **BGH** findet nur statt, wenn das OLG sie im Urteil zugelassen oder die Berufung als unzulässig verworfen hat (§ 621 d ZPO). Stirbt derjenige, gegen den die Statusklage zu richten wäre, vor dem Verfahren (§ 1600 e Abs 2) gelten die besonderen Vorschriften der §§ 621 a und 621 e ZPO. Mit der Klage auf Feststellung der Vaterschaft kann eine Klage auf **Leistung des Regelunterhalts** verbunden werden (§§ 640 c Abs 1 S 3, 653 Abs 1 ZPO). Möglich ist – anders als vor dem Inkrafttreten des KindRG – eine Entscheidung sowohl dem Grunde als auch der Höhe nach. Allerdings kann in diesen Verfahren kein höherer Unterhaltsbetrag als der Regelbetrag, vermindert oder erhöht um die gemäß §§ 1612 b, 1612 c anrechenbaren Kindergeld- oder Kindergeldersatzleistungen, geltend gemacht werden. Eine Erhöhung oder Herabsetzung des Unterhalts kann nachträglich mit der **Korrekturklage** des § 654 Abs 1 ZPO verlangt werden, wobei die **Monatsfrist** des § 654 Abs 2 S 1 ZPO zu beachten ist. Ist an dem Statusverfahren ein Elternteil oder das Kind nicht als Partei beteiligt, so ist es unter Mitteilung der Klage zum Termin zu laden und kann der einen oder anderen Partei zu ihrer Unterstützung beitreten (§ 640 e Abs 1 ZPO).

---

[9] OLG Stuttgart DAVorm 1975, 548, 550.
[10] *Staudinger/Rauscher* § 1592 Rn 52; MünchKommBGB/*Wellenhofer-Klein* § 1594 Rn 6.
[11] *Staudinger/Rauscher* Rn 27; MünchKommBGB/*Wellenhofer-Klein* Rn 15; *Soergel/Gaul* § 1600 h Rn 5.

§ 1600 d

3   Die Feststellungsklage ist an **keine Frist** gebunden. Nichteheliche Kinder, die vor dem Wirksamwerden des Beitritts im Gebiet der ehemaligen DDR geboren wurden, können auch dann auf Feststellung der Vaterschaft klagen, wenn sie vor dem 3. 10. 1990 die Jahresfrist des § 56 Abs 2 FGB haben verstreichen lassen[1]. Ab Einreichung von Klage oder Prozesskostenhilfegesuch können der **Kindesunterhalt** und der **Unterhalt der Mutter** (§§ 1601 ff, 1615 l) durch einstweilige Anordnungen geregelt werden (§ 641 d ZPO). Die Vaterschaftsfeststellung ist nur einheitlich möglich, kann also nicht auf bestimmte Rechtswirkungen beschränkt werden[2]. Auch eine negative Abstammungsklage kann – trotz Klageabweisung – zur Vaterschaftsfeststellung führen (§ 641 h ZPO). Die **Parteiherrschaft** ist in Kindschaftssachen **eingeschränkt** (§§ 640 Abs 1, 617 ZPO). Es besteht keine Bindung an Geständnisse und Anerkenntnisse. Ein **Anerkenntnisurteil** darf **nicht** ergehen[3]. Es kann aber die Vaterschaftsanerkennung im Prozess zur Niederschrift des Gerichts erklärt werden (§ 641 c ZPO). Der Feststellungsantrag ist anschließend für erledigt zu erklären und nur noch über den eventuell gleichzeitig geltend gemachten Regelunterhalt und die Kosten zu entscheiden[4]. Urteile in Kindschaftssachen **wirken gegenüber jedermann** (inter-omnes-Wirkung), § 620 h ZPO. Die Rechtskraft erstreckt sich bei der Feststellung der Vaterschaft auch auf Männer, welche die nichteheliche Vaterschaft für sich in Anspruch nehmen, und zwar auch dann, wenn sie am Rechtsstreit nicht teilgenommen haben (§ 640 h S 3 ZPO).

4   **Zulässigkeitsvoraussetzung** für eine gerichtliche Vaterschaftsfeststellung ist das **Nichtbestehen einer Vaterschaftszuordnung** nach § 1592 Nr 1 und 2 und § 1593[5]. Ein bestehendes Adoptionsverhältnis steht der Feststellungsklage nicht entgegen[6]. Eine von der bestehenden Vaterschaftszuordnung unabhängige rechtsfolgenlose Vaterschaftsfeststellung hat der Gesetzgeber bewusst nicht vorgesehen[7]. Eine bestehende Vaterschaftszuordnung muss erst durch Anfechtung beseitigt werden. Festzustellen ist die **Vaterschaft**, also die **Abstammung** iS der Grundnorm des § 1589. Abs 1 hat also den **positiven Vaterschaftsnachweis** zum Inhalt[8]. Dieser ist geführt, wenn die Abstammung des Kindes von dem in Anspruch genommenen Mann mit **an Sicherheit grenzender Wahrscheinlichkeit** feststeht. Es gilt der Amtsermittlungsgrundsatz (§§ 640 Abs 1, 616 Abs 1 ZPO). Er gebietet – eingeschränkt durch § 640 d ZPO – die Berücksichtigung aller dem Gericht bekannten Tatsachen und die Erhebung **aller zulässigen und erreichbaren Beweise**, die eine Klärung der Abstammung versprechen[9]. Die Ermittlungen sind solange fortzusetzen, bis die Würdigung aller Umstände zuverlässig darauf schließen lässt, ob der Beklagte der Vater ist oder nicht und das Gericht die volle Überzeugung hiervon erlangt[10]. Auf die Vaterschaftsvermutung des § 1600 d Abs 2 darf erst zurückgegriffen werden, wenn alle verfügbaren Beweise erhoben sind[11]. In der Regel geben **Sachverständigengutachten** unter Einbeziehung der Beteiligten zuverlässigen Aufschluss über die Abstammung.

5   Ein **Blutgruppengutachten** (serologisches Gutachten) ist – zweckmäßigerweise nach Erschöpfung des Zeugenbeweises – praktisch immer einzuholen. Die große Zahl von Blutmerkmalen, deren Vererbung erforscht ist, führt zu zuverlässigen Ergebnissen über den Ausschluss eines Mannes als Vater (negativer Vaterschaftsbeweis). Führt es nicht zum Ausschluss des Mannes, ist es mit einer **biostatistischen Auswertung** zu verbinden, aus der positive Hinweise auf die **Vaterschaftswahrscheinlichkeit** gewonnen werden können. Die Bewertung der Vaterschaftsplausibilität erfolgt nach der Berechnungsmethode von **Essen-Möller**[12]. Bei einem Wahrscheinlichkeitswert von 99,73% und höher gilt die Vaterschaft als „praktisch erwiesen". Durch die Einholung eines **HLA-Gutachtens** (HLA = human leucocyte antigen)[13] erhöht sich die allgemeine Vaterschaftsausschlusschance für Nichtväter auf 99,97%. Bei der Begutachtung sind die **Richtlinien für die Erstattung von Abstammungsgutachten**[14] zu beachten, die Mindestanforderungen für die bei der Abstammungsbegutachtung vorzunehmenden Untersuchungen aufstellen. Sie schreiben für die Abstammungsuntersuchungen bei Kindern ein **Mindestalter** von **acht Monaten** vor. Auf die **Identitätsprüfung** der zur Blutuntersuchung erschienenen Personen ist besonderer Wert zu legen. Durch Fingerabdruck (bzw Fußabdruck bei Kleinkindern) auf dem Niederschriftsbogen und durch Beifügung eines **Lichtbildes** ist dem Auftraggeber die Prüfung zu ermöglichen, ob tatsächlich die zu untersuchende Person erschienen ist.

---

[1] BGH FamRZ 1997, 876.
[2] BGHZ 60, 247 = NJW 1973, 948.
[3] BGH FamRZ 2005, 514; KG FamRZ 1994, 909, 911 mwN.
[4] Zöller/Philippi § 641 c ZPO Rn 2 f.
[5] BGH FamRZ 1999, 716.
[6] OLG Celle DAVorm 1980, 940; OLG Hamm FamRZ 1999, 1365; Staudinger/Rauscher Rn 14.
[7] BT-Drucks 13/4899 S 56; OLG Hamm FamRZ 1999, 1365.
[8] BayObLG FamRZ 1999, 1363; FamRefK/Bäumel/Wax Rn 3; Palandt/Diederichsen Rn 10; krit Gaul FamRZ 1997, 1441, 1453; Mutschler FamRZ 1996, 1381, 1385.
[9] BGHZ 61, 168 = NJW 1973, 1924 = FamRZ 1973, 596; BGH NJW 1982, 2124 = FamRZ 1982, 691; FamRZ 1989, 1067; NJW 1994, 1348 = FamRZ 1994, 506; NJW 1996, 2501 = FamRZ 1996, 1001; FamRZ 2006, 1745; Staudinger/Rauscher Vor §§ 1591 ff Rn 54; Zöller/Philippi § 640 ZPO Rn 31.
[10] BGH NJW 1990, 2312 = FamRZ 1990, 615; NJW 1991, 2961 = FamRZ 1991, 426; NJW 1994, 1348 = FamRZ 1994, 506.
[11] BGH NJW 1991, 2961 = FamRZ 1991, 426.
[12] In der Praxis wird diese Methode anerkannt seit BGHZ 61, 165. Einzelheiten bei Soergel/Gaul § 1591 Rn 63 ff; Staudinger/Rauscher Vor §§ 1591 ff Rn 103 ff.
[13] MünchKommBGB/Seidel Fn 72; unter Berufung auf Mayr bei Prokop-Göhler, Die menschlichen Blutgruppen, 5. Aufl 1986, S 169.
[14] Deutsches Ärzteblatt 99, Heft 10 vom 8. 3. 2002, S A–665, abgedruckt in FamRZ 2002, 1159 ff.

Gerichtliche Feststellung der Vaterschaft § 1600 d

Die **DNA-Analyse** („genetischer Fingerabdruck")[15] ist verfassungsrechtlich zulässig[16]. Sie ermöglicht 6 den positiven und den negativen Abstammungsbeweis und vermag insbes Mutationen und dadurch vorgetäuschte Vaterschaftsausschlüsse aufzudecken[17]. Eine generelle Pflicht, von Amts wegen eine DNA-Analyse einzuholen, besteht nicht[18]. Insbesondere ist die Einholung einer DNA-Analyse nicht mehr geboten, wenn die Begutachtung iÜ bereits zu einer hohen Vaterschaftswahrscheinlichkeit geführt hat[19]. Wird die Einholung eines DNA-Gutachtens allerdings beantragt, so ist dem grds nachzugehen, es sei denn, es liegen in entsprechender Anwendung des § 244 StPO dessen Voraussetzungen für die Zurückweisung des Beweisantrags vor[20]. Heimlich eingeholte DNA-Analysen sind nicht verwertbar[21]. **Tragzeit-** und **anthropologische Gutachten** haben kaum noch Bedeutung. Hat die vorangegangene Begutachtung eine hohe Vaterschaftswahrscheinlichkeit ergeben, sind sie kaum geeignet, die Überzeugung des Gerichts zu erschüttern[22].

Die zur Abstammungsfeststellung erforderlichen Untersuchungen und Blutentnahmen können ge- 7 mäß § 372 a ZPO **zwangsweise** durchgesetzt werden. Ein **Weigerungsrecht** besteht nur aus Gründen der **Unzumutbarkeit** gemäß § 372 a Abs 1 aE ZPO. Ein **Zeugnisverweigerungsrecht** ist unbeachtlich, da § 372 a ZPO Beweis durch Augenschein und Sachverständigengutachten ist, kein Zeugenbeweis[23]. Über die **Rechtmäßigkeit der Weigerung** ist im Zwischenstreit gemäß § 387 ZPO durch Zwischenurteil zu entscheiden.

Letztlich entscheidend ist jedoch immer eine **Gesamtwürdigung der Beweisergebnisse im Einzel-** 8 **fall**, die auch sehr hohe Wahrscheinlichkeitswerte des biostatistischen Gutachtens in Frage stellen kann[24]. Regelmäßig erlauben nur W-Werte nach *Essen-Möller*[25] über 99,9% eine positive Vaterschaftsfeststellung, jedenfalls dann, wenn keine gegen die Vaterschaft sprechende Indizien gegeben sind[26].

Die **Vaterschaftsvermutung nach Abs 2** ist gegenüber Abs 1 **subsidiär**. Auf sie darf im Rahmen 9 der Beweiswürdigung[27] erst zurückgegriffen werden, wenn trotz Ausschöpfung aller verfügbaren Beweismittel die Vaterschaft mit Sicherheit weder bejaht noch verneint werden kann[28]. Abs 2 schafft eine **Beweiserleichterung** für den Kläger, indem an den Geschlechtsverkehr des Mannes mit der Mutter in der Empfängniszeit – der vom Kläger zu beweisen ist[29] – die Vermutung der Zeugung geknüpft wird. Das Kind soll rechtlich nicht vaterlos bleiben, wenn der Geschlechtsverkehr bewiesen ist[30]. Die **künstliche Insemination** steht dem Geschlechtsverkehr gleich.

Die Vermutung gilt allerdings nicht, wenn **schwerwiegende Zweifel** an der Vaterschaft bestehen. 10 Geringe Zweifel schaden nicht. Es genügt ein Grad von Gewissheit, der dem praktischen Lebensbedürfnis bei der Vaterschaftsfeststellung Rechnung trägt[31]. Nach Ausschöpfung aller Beweismittel spricht ein W-Wert des biostatistischen Gutachtens **unter 99%** jedenfalls zusammen mit anderen Zweifel begründenden Beweisergebnissen nur noch eingeschränkt für die Vaterschaft, während bei einem W-Wert deutlich **über 99%** ohne irgendwelche Anhaltspunkte für Mehrverkehr der Mutter kaum schwerwiegende Zweifel verbleiben[32]. Der Verdacht des **Mehrverkehrs** oder der erwiesene Mehrverkehr erhöht die Anforderungen an den Vaterschaftsnachweis. Auch aus dem **Aussageverhalten der Mutter** (Aussageverweigerung, wechselnde Aussagen) können sich schwerwiegende Zweifel ergeben[33]. Aus der Anwendung **empfängnisverhütender Mittel oder Methoden** können nur ausnahmsweise schwerwiegende Zweifel an der Vaterschaft hergeleitet werden[34]. Die Bedeutung der Vermutung nach Abs 2 dürfte zukünftig infolge der großen Fortschritte bei der Abstammungsbegutachtung erheblich an Bedeutung verlieren.

Der Beginn der **Empfängniszeit**[35] ist durch das KindRG im Interesse europäischer Rechtsverein- 11 heitlichung auf dreihundert Tage (§ 1592 Abs 1 aF: dreihundertzwei Tage) vor der Geburt festgelegt worden. Abs 3 S 2 trägt dem Umstand Rechnung, dass die Schwangerschaft auch länger als dreihundert

---

[15] Die Richtlinien des Bundesgesundheitsamts zur Erstellung von DNA-Abstammungsgutachten sind veröffentlicht im Bundesgesundheitsblatt 35, 11 (1992), 592, 593 = DAVorm 1993, 689; *Hummel* DAVorm 1994, 962.
[16] BVerfG NJW 1996, 771 zu § 81 a StPO.
[17] BGH NJW 1991, 749 = FamRZ 1991, 185; OLG Hamm DAVorm 1994, 109.
[18] BGH NJW 1991, 2961 = FamRZ 1991, 426.
[19] BGH NJW 1994, 1348 = FamRZ 1994, 506; OLG Brandenburg NJWE-FER 2001, 55; OLG Hamm FamRZ 1993, 472.
[20] *Staudinger/Rauscher* Vor §§ 1591 ff Rn 186; abl *Hummel/Mutschler* NJW 1991, 2929, 2931.
[21] BGH FamRZ 2005, 340, 342.
[22] OLG Celle NJW 1990, 2942.
[23] *Zöller/Philippi* § 372 a ZPO Rn 11 a mwN.
[24] BGH FamRZ 2006, 1745; LM § 1600 o Nr 20, 22; *Staudinger/Rauscher* Rn 25.
[25] In der Praxis anerkannt seit BGHZ 61, 165; Einzelheiten bei *Staudinger/Rauscher* Vor §§ 1591 ff Rn 103 ff; *Soergel/Gaul* § 1591 Rn 63 ff.
[26] *Staudinger/Rauscher* Rn 32.
[27] *Hummel/Mutschler* NJW 1991, 2929, 2931.
[28] BGH NJW 1991, 2961 = FamRZ 1991, 426; BayObLG FamRZ 1999, 1363.
[29] BGHZ 61, 168 = NJW 1973, 1924 = FamRZ 1973, 596.
[30] BT-Drucks 13/4899 S 88.
[31] BGHZ 61, 168 = NJW 1973, 1924 = FamRZ 1973, 596.
[32] BGH LM § 1600 o Nr 11: W = 99,89%; FamRZ 1974, 88: W = 99,85%; OLG Oldenburg FamRZ 1979, 969: ab 99%; *Staudinger/Rauscher* Rn 58.
[33] BGHZ 61, 165 = NJW 1973, 1924 = FamRZ 1973, 596; BGH NJW 1982, 2124; *Staudinger/Rauscher* Rn 61.
[34] BGH FamRZ 1974, 645; OLG München DAVorm 1994, 732; *Staudinger/Rauscher* Rn 62.
[35] Tabelle bei *Schönfelder*, Deutsche Gesetze, § 1600 d Fn 2 sowie *Herlan* FamRZ 1998, 1349.

§ 1600 e Buch 4. Abschnitt 2. Verwandtschaft

Tage und kürzer als einhunderteinundachtzig Tage sein kann. Ist die abweichende Tragezeit nachgewiesen, so ist diese für die Vermutung des Abs 2 maßgebend.

12   Die **Rechtswirkungen** der gerichtlichen Vaterschaftsfeststellung können erst ab **Rechtskraft** der Feststellungsentscheidung geltend gemacht werden. Eine entsprechende Regelung enthält § 1594 Abs 1 für die Vaterschaftsanerkennung. Abs 4 macht deutlich, dass auf Verwandtschaft beruhende Ansprüche zwischen Vater und Kind bzw kindbezogene Ansprüche zwischen dem Vater und Dritten zwar vor der Vaterschaftsfeststellung schon bestehen, aber nicht „geltend gemacht", also insbes nicht eingeklagt werden können. Die Bestimmung enthält eine **Rechtsausübungssperre**[36]. Dieses bezieht sich ua auf **Unterhaltsansprüche**[37], **Erbrechte** und **Pflichtteilsansprüche**[38] des Kindes und das **Umgangsrecht** des Mannes[39]. **Ausgenommen** von der Sperrwirkung sind **Maßnahmen der Unterhaltssicherung** nach § 1615 o, § 641 d ZPO. Einer Unterhaltsvereinbarung des Kindes mit dem biologischen Vater steht Abs 4 nicht entgegen[40]. Denkbar erscheint, dass bei sittenwidriger vorsätzlicher Schädigung nach § 826 die Sperrwirkung zurückzutreten hat[41].

§ 1600 e Zuständigkeit des Familiengerichts; Aktiv- und Passivlegitimation

(1) ¹Das Familiengericht entscheidet über die Feststellung oder Anfechtung der Vaterschaft
1. auf Klage des Mannes gegen das Kind,
2. auf Klage der Mutter oder des Kindes gegen den Mann,
3. im Fall der Anfechtung nach § 1600 Abs. 1 Nr. 2 auf Klage gegen das Kind und den Vater im Sinne von § 1600 Abs. 1 Nr. 1 oder
4. im Fall der Anfechtung nach § 1600 Abs. 1 Nr. 5 auf Klage gegen das Kind und den Vater im Sinne von § 1592 Nr. 2.

²Ist eine Person, gegen die die Klage im Fall der Anfechtung nach § 1600 Abs. 1 Nr. 2 oder 5 zu richten wäre, verstorben, so ist die Klage nur gegen die andere Person zu richten.

(2) Sind die Personen, gegen die die Klage zu richten wäre, verstorben, so entscheidet das Familiengericht auf Antrag der Person oder der Behörde, die nach Absatz 1 klagebefugt wäre.

I. Normzweck

1   Die Vorschrift tritt an die Stelle der §§ 1599 Abs 1 und 2, 1600 l Abs 1 und 2, 1600 n aF. Sie regelt die **Form**, in der Feststellung und Anfechtung der Vaterschaft zu betreiben sind, **Klagebefugnis** und **Parteistellung** im Verfahren, die **Zuständigkeit** sowie den Fall des **Todes eines Passivlegitimierten**. Durch Gesetz vom 23. 4. 2004 (BGBl I S 598) ist sie im Hinblick auf die Anfechtungsmöglichkeit des leiblichen Vaters ergänzt und durch Gesetz vom 13. 3. 2008 (BGBl I S 313) neu gefasst worden.

II. Einzelerläuterung

2   1. **Klageverfahren.** Feststellung und Anfechtung der Vaterschaft erfordern grds eine **Klage**. Die Klage des Mannes ist im Fall der Anfechtung nach § 1600 Abs 1 Nr 1 gegen das Kind, diejenige des Kindes gegen den Mann zu richten, ebenso die Klage der Mutter. Deren Klagebefugnis bezüglich der Vaterschaftsfeststellung ist durch das KindRG neu eingeführt worden. Bei der Feststellungsklage der Mutter besteht die Besonderheit, dass sie auf Feststellung eines Rechtsverhältnisses zwischen Dritten (Vater und Kind) gerichtet ist¹. Im Fall der Anfechtung nach § 1600 Abs 1 Nr 2 oder Nr 5 ist die Klage gegen das Kind und den rechtlichen Vater zu richten. Ist eine dieser beiden Personen vor Klageerhebung gestorben, so ist die Klage gegen die noch lebende Person zu richten.

3   Zur **Klagekonkurrenz**, zur **Widerklage** und zur **Beteiligung Dritter** am Verfahren s *Wieser* NJW 1998, 2023 (Feststellung) und FamRZ 1998, 1004 (Anfechtung).

4   2. **Zuständigkeit.** Die Verfahren sind Kindschaftssachen (§ 640 Abs 2 Nr 1 und 2 ZPO), als solche Familiensachen (§ 23 b Abs 1 S 2 Nr 12 GVG), für die die **Familiengerichte** (§ 621 Abs 1 Nr 10 ZPO) sachlich zuständig sind. Die örtliche und internationale Zuständigkeit ergibt sich aus § 640 a ZPO. Maßgebend sind die Verfahrensvorschriften in Kindschaftssachen (§§ 640 ff ZPO).

5   3. **Vertretung des Kindes.** Das **minderjährige Kind** wird im **Feststellungsverfahren** von der Mutter gesetzlich vertreten (§ 1626 a Abs 2). Dieser kann die Vertretung auch nicht gemäß § 1796 wegen erheblichen Interessengegensatzes entzogen werden (§ 1629 Abs 2 S 3 HS 2). Auf Antrag wird das Kind gemäß § 1712 Abs 1 Nr 1 durch das Jugendamt als Beistand unterstützt. Für das **Anfech-**

---

[36] BGH FamRZ 1993, 696; OLG Köln FamRZ 1978, 834; *Staudinger/Rauscher* § 1594 Rn 9: materiell-rechtliches Verbot der Geltendmachung.
[37] BGHZ 63, 219 = NJW 1975, 114 = FamRZ 1975, 26; BGH FamRZ 1993, 696.
[38] BGHZ 85, 274 = NJW 1983, 1485 = FamRZ 1983, 377.
[39] BayObLG FamRZ 1995, 827.
[40] BGHZ 64, 129, 136 = NJW 1975, 1069 = FamRZ 1975, 406; *Staudinger/Rauscher* § 1594 Rn 14.
[41] LG Halle FamRZ 1999, 1295; offen gelassen in BGH FamRZ 1993, 696; OLG Köln FamRZ 1978, 834.
¹ *Gaul* FamRZ 1997, 1441, 1452.

tungsverfahren ergibt sich die mangelnde Prozessfähigkeit des minderjährigen Kindes aus § 640 b ZPO. Zur Vertretung vgl § 1600 a Rn 4.

4. Tod des Passivlegitimierten. Abs 2 regelt den Fall des Todes der passiv legitimierten Partei **vor Prozessbeginn.** Mit dem Tod der vorgesehenen Beklagten entfällt die Möglichkeit der Durchführung eines Kindschaftsverfahrens nach Abs 1, § 640 Abs 1 ZPO. Statt dessen bestimmt § 621 a Abs 1 S 1 ZPO, dass in diesen Fällen ein Verfahren nach den Regeln der **freiwilligen Gerichtsbarkeit** (§§ 55 b, 55 c, 56 c FGG) stattfindet. Dies gilt auch für ein Restitutionsverfahren nach rechtskräftiger Abweisung der Vaterschaftsfeststellungsklage des Kindes[2]. Die sich aus dem Amtsermittlungsgrundsatz ergebenden Anforderungen an die Feststellung der biologischen Abstammung sind die gleichen wie bei der Feststellungsklage[3]. Für Rechtsmittel gilt § 621 e ZPO. 6

Stirbt **während des Verfahrens** die beklagte Partei (Mann oder Kind, im Fall des § 1600 Abs 1 Nr 2 Mann **und** Kind) oder der klagende Mann, so ist das Verfahren in der Hauptsache als erledigt anzusehen (§§ 640 Abs 1, 619 ZPO). Stirbt das klagende Kind oder die klagende Mutter, so kann der jeweils andere Klageberechtigte das Verfahren binnen eines Jahres aufnehmen (§ 640 g ZPO). Geschieht dies nicht, ist der Rechtsstreit ebenfalls in der Hauptsache als erledigt anzusehen. 7

5. Beschwerde. Andere als das Kind und die in § 55 b Abs 1 S 1 FGG genannten Personen sind im nachträglichen Vaterschaftsfeststellungsverfahren der freiwilligen Gerichtsbarkeit nicht **beschwerdeberechtigt.** Das gilt auch dann, wenn weitere Personen am Verfahren vor dem Familiengericht beteiligt waren, weil sie durch die Entscheidung in ihren rechtlich geschützten Interessen (zB Erbrecht) betroffen werden können[4]. 8

Titel 3. Unterhaltspflicht (§§ 1601–1615 o)

Untertitel 1. Allgemeine Vorschriften (§§ 1601–1615)

§ 1601 Unterhaltsverpflichtete

Verwandte in gerader Linie sind verpflichtet, einander Unterhalt zu gewähren.

Schrifttum: *Brudermüller*, Solidarität und Subsidiarität im Verwandtenunterhalt, FamRZ 1996, 129; *ders*, Elternunterhalt – Neue Entwicklungen in der Rechtsprechung des BGH, NJW 2004, 633; *Büttner*, Auswirkungen der Pflegeversicherung auf das Unterhaltsrecht, FamRZ 1995, 193; *Duderstadt*, Einsatz des Vermögensstammes des Pflichtigen beim Erwachsenenunterhalt, FamRZ 1998, 273; *Ehinger*, Die Leistungsfähigkeit des unterhaltspflichtigen Kindes beim Elternunterhalt, FPR 2003, 335; *Günther*, Unterhaltsansprüche der Eltern und ihre Berechnung, FuR 1995, 1; *Klinkhammer*, Elternunterhalt und Familienunterhalt in der Rechtsprechung des BGH, FPR 2004, 555; *Koritz*, Das Schonvermögen beim Elternunterhalt, NJW 2007, 270; *Künkel*, Unterhaltsrecht und Sozialrecht aus der Sicht des Familienrichters, FamRZ 1991, 14; *Menter*, Der Elternunterhalt, FamRZ 1997, 919; *Müller*, Der Bedarf des Elternteils, FPR 2003, 611; *Renn/Niemann*, Die Heranziehung verheirateter Kinder zu Unterhaltsleistungen, FamRZ 1994, 473; *Schibel*, Der Einsatz des Vermögens beim Elternunterhalt, NJW 1998, 3449; *Stoffregen*, Unterhaltsverpflichtung gegenüber pflegebedürftigen Eltern, FamRZ 1996, 1496.

Übersicht

	Rn		Rn
I. Bedeutung der Norm	1	c) Der angemessene Selbstbehalt des in Anspruch genommenen verheirateten Kindes	26
II. Personenkreis der Unterhaltspflichtigen	2	d) Einsatz des Vermögens	29
III. Voraussetzung und Dauer eines Unterhaltsanspruchs	3	4. Anteilige Haftung der Kinder	30
		5. Umfang des Unterhaltsanspruchs	31
IV. Elternunterhalt	4	6. Beschränkung oder Wegfall der Unterhaltspflicht	32
1. Bedarf	5		
2. Bedürftigkeit	9	7. Verwirkung des Anspruchs auf Zahlung rückständigen Unterhalts	33
3. Leistungsfähigkeit der Kinder	16		
a) Anrechenbares Einkommen des unterhaltspflichtigen Kindes	17	V. Beweislast	34
b) Angemessener Selbstbehalt	24	VI. Recht in den neuen Bundesländern	35

I. Bedeutung der Norm

Die Bestimmung legt fest, welche Personen kraft Gesetzes verpflichtet sind, einander Unterhalt zu gewähren. 1

---

[2] KG FamRZ 1998, 382; OLG Celle FamRZ 2000, 1510.
[3] BayObLG FamRZ 1999, 1363, 1365.
[4] BGH FamRZ 2005, 1067.

§ 1601

II. Personenkreis der Unterhaltspflichtigen

2 Unterhaltspflichtig sind alle Verwandten, die in gerader ab- und aufsteigender Linie miteinander verwandt sind. Der Grad der Verwandtschaft ist lediglich im Rahmen der §§ 1606 ff bedeutsam. Eltern haben ihren Kindern und Kinder ihren Eltern Unterhalt zu leisten. Die Unterhaltspflicht umfasst ebenso das Verhältnis der Großeltern zu ihren Enkeln und umgekehrt, wenngleich die Heranziehung zur Erstattung von Sozialhilfeleistungen in ihrem Verhältnis ausgeschlossen ist.

III. Voraussetzung und Dauer eines Unterhaltsanspruchs

3 Ein Unterhaltsanspruch besteht nur, wenn der Unterhaltsberechtigte bedürftig und der Unterhaltspflichtige leistungsfähig ist. Dies muss während der gleichen Zeit der Fall sein[1]. Die Unterhaltsverpflichtung unterliegt grds **keinen zeitlichen Beschränkungen.** Sie endet, wenn die Voraussetzungen des Unterhaltstatbestandes nicht mehr vorliegen. Die Unterhaltspflicht der Eltern ihren Kindern gegenüber endet idR, wenn sie ihnen die Ausbildung zu einem angemessenen Beruf (§ 1610 Abs 2) ermöglicht und sie dadurch wirtschaftliche Selbständigkeit erlangt haben. Erneute Bedürftigkeit kann zu einem **Wiederaufleben der Unterhaltspflicht** führen.

IV. Elternunterhalt

4 Die Verknappung öffentlicher Mittel und die große Zahl hilfsbedürftiger alter Menschen führen dazu, dass die Fälle zunehmen, in denen Kinder zur Erfüllung ihrer Unterhaltspflicht gegenüber ihren betagten Eltern herangezogen werden.

5 **1. Bedarf.** Das Maß des einem Elternteil geschuldeten Unterhalts richtet sich nach dessen eigener Lebensstellung und umfasst den gesamten Lebensbedarf (§ 1610 Abs 1). Der angemessene Unterhalt gemäß § 1610 Abs 1 richtet sich auf die Sicherstellung der Grundbedürfnisse (Mittel für Wohnen, Verpflegung, Kleidung, Kranken-, Pflege- und Unfallversicherung, Teilnahme am sozialen und kulturellen Leben). Hinzukommen können Mittel für individuelle Bedürfnisse. Umfasst sind ebenfalls Mehrkosten, die durch eine Behinderung eingetreten sind. Ferner zählt ein angemessenes **Taschengeld** (Barbetrag zur persönlichen Verfügung, §§ 21 Abs 3, 27 Abs 3 BSHG aF) hierzu[2]. In der Rspr ist das Taschengeld mit rund 300,00 DM bemessen worden[3].

6 Der Bedarf leitet sich nicht von demjenigen des Unterhaltspflichtigen ab. Die Lebensstellung ist eigenständig und beurteilt sich in erster Linie nach den Einkommens- und Vermögensverhältnissen des betreffenden Elternteils **(individuelle Bedarfsbemessung).**

7 Der konkret zu ermittelnde Bedarf bringt es mit sich, dass Eltern auch eine Minderung ihres Bedarfs hinzunehmen haben, wie sie idR mit dem Eintritt in den Ruhestand einhergeht **(keine Garantie des bisherigen Lebensstandards).** Der Bedarf besteht indes auch bei bescheidenen Lebensverhältnissen – neben der Kranken- und Pflegeversicherung – zumindest in den Mitteln, durch die das **sozialhilferechtliche Existenzminimum** sichergestellt werden kann; sie bilden denn gemäß die Untergrenze des Bedarfs. Diese Untergrenze des Bedarfs kann – so vom BGH gebilligt – an den in den Unterhaltstabellen enthaltenen Eigenbedarfssätzen eines unterhaltsberechtigten Ehegatten ausgerichtet werden (vgl Anm B V und VI der DT). Angesetzt werden kann der Betrag als Bedarf, der der jeweiligen Lebenssituation des Elternteils entspricht, etwa derjenige für einen erwerbstätigen/nicht erwerbstätigen Elternteil mit eigenem Haushalt, in einem Haushalt mit einem Ehegatten/Lebenspartner[4].

8 Der Bedarf eines pflegebedürftigen Elternteils kann sich nach den **Kosten der Unterbringung und Verpflegung** in einem Altenheim bestimmen und sich decken mit den dort anfallenden Kosten, soweit sie nicht aus dem Einkommen bestritten werden können[5]. Aufwand und Kosten für das Altenheim/Pflegeheim müssen indes mit den früheren Lebensverhältnissen in Einklang stehen[6]. Die Notwendigkeit der Unterbringung in einer – kostenintensiven – Altenwohngruppe mit verschiedenen Leistungsangeboten (Wohnen im Einzelzimmer, gemeinsame Nutzung der übrigen Wohnräume, ambulante Pflegeleistungen in Form von grundpflegerischen Leistungen, hauswirtschaftlicher Versorgung, Nachtbereitschaft und psychosozialer Versorgung) ist besonders zu begründen, wenn der angemessene Unterhaltsbedarf durch die Unterbringung in einem Alten- oder Pflegeheim seitens der Unterhaltsberechtigten durch ihre Einkünfte sichergestellt werden kann[7].

---

[1] Zur zeitlichen Kongruenz BGH NJW 2006, 3344 = FamRZ 2006, 1511; NJW 2004,769 = FamRZ 2004, 443; S auch BVerfG FamRZ 2005, 1051, 1053.
[2] BGH FamRZ 2004, 1370, 1371.
[3] OLG Düsseldorf NJW 2002, 1353; OLG München FuR 2000, 350; LG Duisburg FamRZ 1991, 1086, 1087.
[4] BGH NJW 2003, 1660 = FPR 2003, 378 = FamRZ 2003, 860: nicht pflegebedürftiger Elternteil lebt zu Hause; dazu Anm *Klinkhammer* NJW 2003, 1660; für Mindestbedarf auch OLG Koblenz FamRZ 2002, 1212 = NJW-RR 2002, 940; vgl auch *Müller* FPR 2003, 611.
[5] BGH NJW 2003, 128 = FamRZ 2002, 1698 = FPR 2003, 149 m Anm *Klinkhammer;* BGH FamRZ 1986, 48, 49 = NJW-RR 1986, 66; zur Kostenbeteiligung des Altenteilsverpflichteten bei Heimunterbringung des Berechtigten in Höhe der ersparten Aufwendungen vgl BGH NJW-RR 2003, 577; OLG Koblenz FuR 2000, 132; OLG Hamm FamRZ 1996, 116, 118; FamRZ 1992, 1336 in Anlehnung an BGH FamRZ 1986, 48, 49.
[6] Zur Frage der Angemessenheit der Heimkosten vgl *Diederichsen* FF 2003, 8, 9; FF Sonderheft 2001, 7, 13; OLG Schleswig NJW-RR 2004, 866 = FF 2004, 90 = OLGR 2003, 407 = FamRB 2003, 349: angemessen ist nur ein Pflegeheim mittlerer Art und Güte mit einem an den örtlichen Preisen ausgerichteten durchschnittlichen Pflegesatz.
[7] OLG Hamm (6. FamS) FamRZ 2006, 57.

2. Bedürftigkeit. Die Anspruchsberechtigung der Eltern setzt nach § 1602 Abs 1 voraus, dass sie 9
nicht in der Lage sind, sich selbst zu unterhalten. Einkünfte und Vermögen des Unterhaltsberechtigten
müssen nicht ausreichen, um den angemessenen Unterhalt zu decken.
 Bedarfsdeckend wirkt **Einkommen** unabhängig von seiner Herkunft. Dies können Erwerbseinkünfte 10
sein. Im Rahmen des Erwachsenenunterhalts gilt das Prinzip wirtschaftlicher Eigenverantwortung mit
einer grds bis zum Beginn des Rentenalters (§§ 35, 237 a SGB VI) bestehenden **Erwerbsverpflichtung.**
Sie beurteilt sich nach einem ähnlichen Maßstab, wie er für die Unterhaltspflicht gegenüber minderjährigen
Kindern gilt. Ferner besteht die Obliegenheit, vorrangig Ansprüche auf nicht subsidiäre Sozialleistungen
wie die Erwerbsunfähigkeitsrente oder Leistungen der Grundsicherung im Alter oder bei Erwerbsunfähigkeit
in Anspruch zu nehmen. Macht ein Sozialhilfeträger gegen ein Kind aus übergegangenem
Recht Unterhalt für einen Elternteil geltend, der das Rentenalter noch nicht erreicht hat, ist der Anspruch
nur dann schlüssig begründet, wenn iE die Gründe dargelegt werden, weshalb der Elternteil seinen Bedarf
nicht aus eigener Erwerbstätigkeit oder nicht subsidiären Sozialleistungen decken kann. Die Bedürftigkeit
ergibt sich nicht bereits daraus, dass der Elternteil seit seinem 40. Lebensjahr mit geringen Unterbrechungen
Sozialhilfe bezogen hat, obwohl eine Erwerbsfähigkeit bestanden und er jetzt ein Alter erreicht hat, in
dem er auf dem allgemeinen Arbeitsmarkt erfahrungsgemäß keine Beschäftigung mehr zu finden vermag[8].
Erwerbseinkünfte mindern die Bedürftigkeit aber nur in der nach Abzug konkreten beruflichen Aufwandes
verbleibenden Höhe. Bedarfsmindernd sind ferner Rentenzahlungen jeder Art wie auch Leistungen
aus der Pflegeversicherung (§ 37 SGB XI), Kapital- und Mieteinkünfte, Dienstleistungs- und Sachansprüche
aus Verträgen, zB Überlassungen aus Versorgungsleistungen, oder an deren Stelle tretende
Geldansprüche[9]. Reicht das Einkommen zur Sicherstellung des unterhaltsrechtlich ermittelten Bedarfs aus,
scheidet die Unterhaltspflicht des Kindes und damit ein Übergang des Unterhaltsanspruchs aus. Ein
Rückgriff des Sozialhilfeträgers, der einem Elternteil Hilfe zur Pflege gewährt hat, weil dessen
Einkommen – im Streitfall: Altersrente – mit Rücksicht auf die mit seinem Ehegatten bestehende Bedarfsgemeinschaft
durch den Sozialhilfeträger nur teilweise angerechnet worden ist, findet nicht statt. Es besteht
kein völliger Gleichklang zwischen dem privaten Unterhaltsrecht und dem Sozialhilferecht[10].
 Das zum 1. 1. 2003 in Kraft getretene **Gesetz zur bedarfsorientierten Grundsicherung – GSiG** 11
– (BGBl 2002 I S 1310), ab 1. 1. 2005 geregelt in §§ 41 bis 43 SGB XII, bringt für Menschen, die
65 Jahre alt oder dauerhaft voll erwerbsgemindert sind und nicht über eigene Mittel verfügen, eine
eigenständige Sozialleistung. Der Höhe nach entsprechen sie etwa dem Umfang der Sozialhilfe[11].
Diese Mittel sind vorrangig einzusetzendes unterhaltsrechtliches Einkommen und mindern – nach Lage
des Falles auch fiktiv – die Bedürftigkeit[12].
 Wohngeld wird zur Abdeckung eines unvermeidbar entstandenen erhöhten Wohnkostenbedarfs 12
gezahlt. Mit seinem nicht verbrauchten Restbetrag ist es als Einkommen zu behandeln[13].

 Beispiel in Anlehnung an BGH FamRZ 2003, 860: 12.1
 tatsächliche Wohnkosten des allein wohnenden Berechtigten: 550,00 Euro
 Warmmietanteil am notwendigen Selbstbehalt nach der DT (Stand: 1. 7. 2007): 360,00 Euro
 unvermeidbar entstandene erhöhte Wohnkosten: 190,00 Euro
 gezahltes Wohngeld: 230,00 Euro
 nicht verbrauchter Rest als bedarfsminderndes Einkommen: 40,00 Euro

 Die Bedürftigkeit entfällt im Umfang eines **Unterhaltsanspruchs des Unterhaltsberechtigten** 13
gegen seinen – auch geschiedenen – Ehegatten. Der Ehegatte des Unterhaltsberechtigten haftet nach
§ 1608 Abs 1 S 1 vor dessen Verwandten. Der Unterhaltsberechtigte muss deshalb die fehlende Unterhaltspflicht
des geschiedenen Ehegatten darlegen und beweisen[14].
 Zur Minderung der Bedürftigkeit hat der Unterhaltsberechtigte neben den Erträgen seines Ver- 14
mögens – zumindest nach den für ein volljähriges Kind geltenden Grundsätzen – auch den vorhandenen
Vermögensstamm, soweit ihm dies zumutbar ist, zur Gänze und nicht ratierlich, zu verwerten,
bevor das Kind auf Unterhalt in Anspruch genommen werden kann. Das Vermögen wird nämlich nicht
mehr zum Aufbau einer eigenen Lebensstellung benötigt. Dem Unterhaltsberechtigten ist jedoch eine
gewisse Vermögensreserve in Gestalt eines **Notgroschens** für plötzlich auftretende Bedürfnisse zu
belassen, die regelmäßig an dem Schonvermögen nach § 90 Abs 2 Nr 9 SGB XII orientiert werden
kann[15]. Nach den ab 1. 1. 2005 im SGB XII (BGBl 2003 I S 3060) zu findenden Regelungen beziffert
sich der sog Notgroschen bei 1600,00 Euro bei der Hilfe zum Lebensunterhalt, auf 2600,00 Euro bei
Personen über 60 Jahren oder erwerbsgeminderten Personen, auf 2600,00 Euro zuzüglich 614,00 Euro

---

[8] OLG Oldenburg NJW-RR 2006, 797.
[9] *Büttner* FamRZ 2000, 596; *Klinkhammer* FPR 2003, 640.
[10] BGH FamRZ 2004, 1370 m Anm *Schürmann* FamRZ 2004, 1557.
[11] *Münder* NJW 2002, 3661; *Klinkhammer* FamRZ 2002, 997; *Steymanns* FamRZ 2002, 1687.
[12] OLG Oldenburg FamRZ 2004, 295 = NJW-RR 2004, 364; OLG Hamm NJW 2004, 1604; s auch *Klinkhammer* FamRZ 2003, 1793.
[13] BGH FamRZ 2003, 860, 862 = NJW 2003, 1660 = FPR 2003, 378; FamRZ 1984, 772, 774; FamRZ 1982, 587, 589.
[14] OLG Hamm FamRZ 1996, 116.
[15] BGH NJW 2006, 2037 = FamRZ 2006, 935 m Anm *Hauß* 937; so schon zu § 88 BSHG aF BGH FamRZ 2004, 370 m Anm *Strohal* 441 = NJW 2004, 677, 678; aA OLG Köln FamRZ 2001, 437, selbst das sog Schonvermögen; s dazu *Paletta* FamRZ 2001, 1639; zum Einsatz des Vermögens durch das volljährige Kind nach Zumutbarkeitsgesichtspunkten vgl BGH FamRZ 1998, 367.

§ 1601

für den Ehegatten und 256,00 Euro für jede weitere unterhaltene Person bei der Hilfe in besonderen Lebenslagen. Der Ehegattenaufschlag beträgt 1534,00 Euro bei Pflegebedürftigen der Stufe III.

15 Es kommt auch die Verwertung eines Hausgrundstücks in Betracht, wenn es von den Eltern wegen der anderweitigen Unterbringung nicht mehr bewohnt wird. Als Form der Vermögensverwertung stellt sich auch die **Nutzung eines Erbauseinandersetzungsanspruchs als Kreditunterlage** dar[16]. Hat der Unterhaltsberechtigte **Vermögen verschenkt**, kommt die Rückforderung nach §§ 528, 530 – Rückforderung wegen Verarmung des Schenkers oder wegen groben Undanks – in Betracht (wohl durch den Sozialhilfeträger). Der Einsatz dieses rückholbaren Vermögens dürfte der unterhaltsrechtlichen Inanspruchnahme vorgehen.

16 **3. Leistungsfähigkeit der Kinder.** Im Verhältnis von Kindern zu ihren Eltern gilt gleichfalls, dass unterhaltspflichtig nicht ist, wer bei Berücksichtigung seiner sonstigen Verpflichtungen außerstande ist, ohne Gefährdung seines angemessenen Unterhalts den Unterhalt zu gewähren. § 1603 Abs 1 gewährleistet jedem Unterhaltspflichtigen vorrangig die Sicherung seines eigenen **angemessenen Unterhalts;** ihm sollen grds die Mittel belassen bleiben, die er zur Deckung des seiner Lebensstellung entsprechenden allgemeinen Bedarfs benötigt. Wie hoch der angemessene Unterhalt des Unterhaltspflichtigen zu bemessen ist, obliegt der tatrichterlichen Beurteilung des Einzelfalles[17].

17 **a) Anrechenbares Einkommen des unterhaltspflichtigen Kindes.** Leistungsfähigkeit kann sich nur aus **eigenen Einkünften** des unterhaltspflichtigen Kindes ergeben, nicht aus denen seines Ehegatten, der außerhalb des Unterhaltsrechtsverhältnisses steht und rechtlich nicht zum Unterhalt seiner Schwiegereltern beitragen, ebenso wenig seine Lebensführung einschränken muss[18].

18 Das **anrechenbare Einkommen** des unterhaltspflichtigen Kindes ist zunächst nach allgemeinen unterhaltsrechtlichen Gesichtspunkten des Kindes- und Ehegattenunterhalts zu ermitteln. **Überstundenvergütungen** werden beim Elternunterhalt nach den allgemeinen Maßstäben zum Einkommen gerechnet. Sie sind einzusetzen, wenn sie nur im geringen Umfang anfallen oder wenn deren Ableistung im ausgeübten Beruf üblich ist[19]. Geringer Umfang liegt vor bei bis zu zehn Stunden im Monatsdurchschnitt und weniger als 10% der regulären Arbeitszeit[20]. Geringfügige Einkünfte aus einer **Nebentätigkeit,** die neben einer vollschichtigen Erwerbstätigkeit ausgeübt wird, sind für den Unterhalt der Eltern nicht einzusetzen[21]. Die Einkommensermittlung hat grds auf die **tatsächliche Steuerbelastung** abzustellen. Hat das unterhaltspflichtige Kind im Innenverhältnis zu seinem Ehegatten die ungünstige **Steuerklasse V** gewählt, ist dies durch einen Abschlag zu korrigieren, durch den die Verschiebung der Steuerbelastung möglichst aufgehoben wird. Diese Korrektur kann durch Ansatz der Steuerbelastung nach Steuerklasse I oder IV geschehen[22]. Für die Bemessung der **Leistungsfähigkeit** des unterhaltspflichtigen Kindes ist die Lebensstellung maßgebend, die seinem Einkommen, Vermögen und sozialen Rang entspricht. Deshalb umfasst der gesamte Lebensbedarf auch eine **angemessene Altersversorgung,** die nicht aus dem Selbstbehalt zu leisten ist. Für die primäre Altersvorsorge eines **selbständigen oder eines wegen Überschreitens der Beitragsbemessungsgrenze nicht mehr sozialversicherungspflichtig Erwerbstätigen** kann in Anlehnung an die Beitragssätze, die für den abhängig Beschäftigten in der gesetzlichen Rentenversicherung gelten, grds ein **Anteil von etwa 20% des Bruttoeinkommens** als angemessen angesehen werden[23]. Die Absetzbarkeit setzt die **tatsächliche Zahlung** voraus; fiktive Abzüge kommen nicht in Betracht. Es steht dem unterhaltspflichtigen Kind jedoch frei, in welcher Art er – außerhalb der gesetzlichen Rentenversicherung – Vorsorge für das Alter trifft. So sind sonstige vermögensbildende Investitionen anzuerkennen, solange sie nur geeignet sind, den Vorsorgezweck zu erreichen, etwa die Anlage eines Sparvermögens, der Abschluss von Lebensversicherungen, der Erwerb von Immobilien, grds auch, aber wegen des Risikos wohl eher nicht, der Erwerb von Wertpapieren und Fondsbeteiligungen[24]. Über die Aufwendungen für die primäre Altersvorsorge hinaus wird weitere Altersvorsorge im Hinblick auf die Veränderungen im Rentenversicherungsrecht anzuerkennen sein, jedenfalls in Höhe des steuerlich zulässigen Sonderausgabenabzuges nach § 10a Abs 1 EStG (sog Riesterrente). Grds ist dem unterhaltspflichtigen Kind, auch dem beamteten, zuzubilligen, über die primäre Altersvorsorge in Höhe von etwa 20% hinaus weitere rund 5% seines Bruttoeinkommens für eine zusätzliche Altersvorsorge einzusetzen[25]. Eine Frage des Einzelfalles ist, ob zusätzliche Altersvorsorge noch in Betracht kommt, wenn Immobilieneigentum vorhanden ist. Eine umfassende Interessenabwägung entscheidet über die **Abzugsfähigkeit von Schulden.** Dabei gewinnt besonderes Gewicht, ob die Schulden in Kenntnis der bestehenden oder abzusehenden Inanspruchnahme eingegangen wurden. Ein Unterhaltspflichtiger darf eine **Vermögensbildung nicht auf Kosten des Unterhaltsberechtigten** beginnen, wenn er mit der Inanspruchnahme durch den Unterhaltsberechtigten rechnen muss. Dies ist nach Lage des Einzelfalles zu entscheiden. Gerät ihm die begonnene Vermögensbildung unterhaltsrechtlich nicht zum Vorwurf, darf er sie fortsetzen, wenn ihm ansonsten

---

[16] BGH NJW 2006, 2037 = FamRZ 2006, 935 m Anm *Hauß*.
[17] BGH NJW 1992, 1393 = FamRZ 1992, 795, 796; OLG Koblenz FuR 2000, 132, 133.
[18] BGH FamRZ 2004, 366 = NJW 2004, 674, 675 = FPR 2004, 153.
[19] BGH FamRZ 2004, 186, 187 m Anm *Schürmann*; FamRZ 1980, 984.
[20] OLG Köln FamRZ 1984, 1108, 1109.
[21] So AG Altena FamRZ 1993, 835.
[22] BGH FamRZ 2004, 443 m Anm *Schürmann* = NJW 2004, 769 = FPR 2004, 230.
[23] BGH FamRZ 2003, 860 m Anm *Klinkhammer* = NJW 2003, 1660.
[24] BGH FamRZ 2003, 860 m Anm *Klinkhammer* = NJW 2003, 1660.
[25] BGH FamRZ 2004, 792 m Anm *Borth*.

beiderseitigen unterhaltsrechtlich relevanten Nettoeinkommen. Wird das dem unterhaltpflichtigen Ehegatten zustehende Einkommen nicht für den angemessenen Familienunterhalt benötigt, steht es ihm selbst zur freien Verfügung und ist für Unterhaltszwecke einsetzbar, wenn sein angemessener Unterhalt gewahrt ist. Der nicht unterhaltspflichtige Ehegatte wird nicht mittelbar zum Unterhalt herangezogen, da sowohl sein angemessener Unterhalt wie der des unterhaltspflichtigen Ehegatten gewahrt ist, er also nicht die Unterhaltszahlung des anderen Ehegatten kompensieren muss (**keine mittelbare – verschleierte – Schwiegerkindhaftung**)[45].

Für Unterhaltszwecke verfügbares Einkommen kann das **Taschengeld des unterhaltspflichtigen, nicht erwerbstätigen, den Haushalt führenden Ehegatten** sein, das der verdienende Ehegatte aus seinem Gesamteinkommen schuldet. Der Anspruch auf Taschengeld ist Bestandteil des Familienunterhalts. Dieser Geldbetrag, üblicherweise in Höhe von 5–7% des zur Verfügung stehenden Nettoeinkommens des verdienenden Ehegatten, steht dem Ehegatten zur Befriedigung seiner persönlichen Bedürfnisse nach eigenem Gutdünken und freier Wahl ohne Mitsprache des anderen Ehegatten zur Verfügung[46]. Taschengeld ist für den Elternunterhalt einzusetzendes Einkommen, wenn und soweit der angemessene Selbstbehalt des unterhaltspflichtigen Ehegatten gewahrt ist. Ist der angemessene Unterhalt des – im entschiedenen Fall einkommenslosen – Ehegatten gesichert, kann das hälftige Taschengeld zum Unterhalt der Eltern herangezogen werden[47]. 27

Verfügt der unterhaltspflichtige Ehegatte über **Einkünfte unterhalb des ihm zuzubilligenden Selbstbehalts,** scheidet eine Haftung mangels Leistungsfähigkeit ebenfalls nicht aus. Entscheidend ist, ob der angemessene Selbstbehalt des unterhaltspflichtigen Ehegatten gedeckt ist und inwieweit er sein unter dem Selbstbehalt liegendes Einkommen für den vorrangigen angemessenen Familienunterhalt einsetzen muss. Leistungsfähigkeit ergibt sich nur in Höhe des Einkommens, das nicht zum Familienunterhalt zur Verfügung gestellt werden muss. Jeder Ehegatte hat grds nur so viel zum Familienunterhalt beizusteuern, wie es dem Verhältnis der beiderseitigen Einkünfte entspricht. Welche Mittel die Ehegatten für ihren angemessenen Familienunterhalt benötigen, bestimmt sich nach Lage des Einzelfalls unter Berücksichtigung der jeweiligen Lebensstellung, des Einkommens, Vermögens und sozialen Rangs[48]. Entscheidend sind die jeweiligen Konsum- und Spargewohnheiten, die von dem in Anspruch genommenen Ehegatten darzulegen und zu beweisen sind. Es kann nämlich nicht nur bei gehobenen Einkünften davon ausgegangen werden, dass ein Teil des Familieneinkommen der **reinen Vermögensbildung,** das ist der Bereich außerhalb der Finanzierung eines angemessenen Eigenheims und der Sicherstellung einer angemessenen Altersversorgung, zugeführt wird. Reine Vermögensbildung des unterhaltspflichtigen Kindes darf nicht zu Lasten des unterhaltsberechtigten Elternteils gehen. Deshalb ist für sie verwandtes Einkommen von dem unterhaltspflichtigen Ehegatten in Höhe des auf ihn entfallenden Anteils für den Elternunterhalt zu verwenden. Für den Elternunterhalt sind danach **Einkünfte aus einer Nebentätigkeit** einzusetzen, wenn der sie beziehende unterhaltspflichtige Ehegatte sie nicht für den Familienunterhalt deshalb benötigt, weil er durch seine alleinige Haushaltsführung bereits seinen vollen Beitrag zum Familienunterhalt leistet. Mittel können auch für den Unterhalt frei sein, wenn der unterhaltspflichtige Ehegatte sie zwar nach Absprache mit dem anderen Ehegatten aber **ohne Rechtspflicht zum Familienunterhalt beisteuert** und dieser Beitrag zu einem erheblichen Missverhältnis der beiderseitigen Beiträge zum Familienunterhalt führt. So kann es liegen, wenn der erwerbstätige unterhaltspflichtige Ehegatte ebenfalls noch die Hauhaltsführung und Kinderbetreuung übernommen hat. In dem Fall schuldet er nicht auch noch einen finanziellen Beitrag zum Familienunterhalt. Leisten die Ehegatten in etwa gleichwertige Beiträge zum Familienunterhalt, schuldet er im Hinblick auf die so zwischen ihnen gewollte Rollen- und Aufgabenverteilung seinen finanziellen Beitrag zum Familienunterhalt in Gestalt seiner Einkünfte. Ist der von dem Ehegatten zur Verfügung gestellte **Familienunterhalt aber so auskömmlich,** dass der unterhaltspflichtige Ehegatte daraus angemessen unterhalten wird, bedarf er seiner Einkünfte nicht. Eine solche Fallgestaltung kann vorliegen, wenn das bereinigte Einkommen des Ehegatten dem doppelten Selbstbehalt der Ehegatten entspricht oder im Bereich der letzten Einkommensgruppe der Düsseldorfer Tabelle liegt. 28

d) **Einsatz des Vermögens. Vermögenserträge** sind unterhaltsrechtliches Einkommen und für den Elternunterhalt zur Verfügung zu stellen. Das seinen Eltern unterhaltspflichtige Kind kann aber auch gehalten sein, den Stamm seines Vermögens zu verwerten, wenn der geschuldete Unterhalt aus laufenden Einkünften nicht geleistet werden kann. Anders als beim Ehegattenunterhalt nach § 1581 S 2 besteht im Verwandtenunterhalt zur Leistungsfähigkeit **keine gesetzliche Billigkeitsgrenze** für den Einsatz des Vermögensstamms[49]. Die Prüfung hat jedenfalls auf die Grundsätze abzustellen, die zum Deszendentenunterhalt entwickelt worden sind. Zudem sind **Zumutbarkeitsgesichtspunkte** zu berücksichtigen, die eine Verwertung bei Eintreten von wirtschaftlich nicht vertretbaren Nachteilen 29

---

[45] BGH FamRZ 2004, 366 = NJW 2004, 674; FamRZ 2004, 370 m Anm *Strohal* = NJW 2004, 677.
[46] BGH FamRZ 1998, 608, 609 = NJW 1998, 1553; zum Einsatz des Taschengeldes auch für den Unterhalt minderjähriger und volljähriger Kinder eines Ehegatten vgl BGH FamRZ 1987, 472.
[47] BGH FamRZ 2004, 366 = NJW 2004, 674, 677; vgl auch BGH NJW 1987, 1549, 1550 zur Berücksichtigung des Taschengeldanspruchs im Rahmen der Unterhaltspflicht gegenüber volljährigen Kindern; OLG Köln FuR 2000, 67.
[48] BGH FamRZ 2004, 795 m Anm *Strohal*; Revisionsentscheidung zu OLG Hamm NJW-RR 2001, 1659 = OLGR 2001, 348; BGH FamRZ 2002, 1698, 1700; FamRZ 2004, 366 = NJW 2004, 674, 677, Revisionsentscheidung zu OLG Frankfurt FamRZ 2000, 1391 = OLGR 2000, 261.
[49] BGH FamRZ 1998, 367, 369; FamRZ 1989, 170, 171; FamRZ 1986, 48, 50 = NJW-RR 1986, 66; OLG Köln FamRZ 2003, 471; OLG Koblenz NJW-RR 2000, 293, 294.

§ 1601

hindern sowie in dem Fall, in dem der Unterhaltspflichtige von laufenden Einkünften abgeschnitten wird, die er für den eigenen Unterhalt oder den von weiteren Unterhaltsberechtigten sowie zur Bedienung anerkennungswürdiger Verbindlichkeiten einschließlich einer angemessenen Altersvorsorge benötigt[50]. Der Unterhaltspflichtige muss regelmäßig eine angemessene selbstgenutzte Immobilie nicht einsetzen – geschütztes Vermögen nach § 90 Abs 2 Nr 8 SGB XII – § 88 Abs 2 Nr 7 BSHG aF –[51]. Dem Unterhaltspflichtigen ist ferner ein weiteres Vermögen zu belassen, das er für eine angemessene eigene Altersvorsorge vorgesehen hat. Die Höhe eines solchen Schonvermögens folgt aus dem Umfang der ihm neben der gesetzlichen Rentenversicherung unterhaltsrechtlich zuzubilligenden ergänzenden Altersvorsorge. Insoweit kann das seinen Eltern unterhaltspflichtige Kind bis zu 5% seines Bruttoeinkommens für eine zusätzliche private Altersvorsorge einsetzen[52]. Dem Kind ist dann ein Vermögen zu belassen, das er mit derartigen Aufwendungen im Laufe eines Erwerbslebens ansparen könnte[53]. In der früheren Rspr waren die Grenzen wie folgt aufgezeigt worden: Ist nur ein **einmaliger Betrag** zu zahlen – im entschiedenen Fall 22.400 DM – und steht eine weitere Inanspruchnahme nicht an, bestehen gegen die Inanspruchnahme bei einem verwertbaren Vermögen von 300.000 DM neben dem Eigentum an einer Immobilie keine Bedenken[53]. Geschütztes Vermögen nach § 88 Abs 2 Nr 7 BSHG aF (bewohntes Hausgrundstück) unterliegt nicht der Verwertung[54]. Die Verwertung des Vermögens kann nur soweit verlangt werden, dass dem Unterhaltspflichtigen noch eine Rücklagenbildung für unvorhergesehene Ausgaben möglich bleibt[55].

29 a Das Kind kann nicht verpflichtet werden, hinsichtlich der ihm gehörenden Grundstückshälfte die Zwangsversteigerung zu betreiben[56]. Im Rahmen der Unterhaltspflicht den Eltern gegenüber kann die Pflicht zur Verwertung von Grundbesitz, aus dem kein Einkommen erzielt wird, bestehen[57]. Das seinen Eltern unterhaltspflichtige Kind hat sein Vermögen, das im Wesentlichen aus den Rückkaufswerten seiner **Lebensversicherung** besteht, bis auf einen Freibetrag von 20.000 DM zur Deckung des Unterhaltsbedarfs seines im Altenheim lebenden Vaters einzusetzen[58]. Die wirtschaftliche Bewertung hat auf die **Wertverhältnisse zum Beginn des Unterhaltszeitraums** abzustellen[59]. Das kann Bedeutung gewinnen, wenn nach Rechtswahrungsanzeige durch den vorleistenden Sozialhilfeträger Unterhalt für rückwärtige Zeiträume verlangt wird.

29 b Kommt die Verwertung vorhandenen Vermögens in Betracht, ist es geboten, die voraussichtliche **Lebenserwartung** des Unterhaltspflichtigen zu prognostizieren und nach statistischen Mitteln zu errechnen[60].

30 **4. Anteilige Haftung der Kinder. Geschwister** unterliegen einer anteiligen Haftung nach ihren Erwerbs- und Vermögensverhältnissen (§ 1606 Abs 3 S 1)[61]. Wird lediglich ein Kind von mehreren in Betracht kommenden unterhaltspflichtigen Kindern in Anspruch genommen, bedarf es der Darlegung, dass und aus welchen Gründen die Inanspruchnahme der weiteren Kinder ausscheidet. Ansonsten ist die Klage unschlüssig[62]. Die Darlegungslast hat auch der Träger der Sozialhilfe. Dazu kann er sich seines Auskunftsrechts auch im Verhältnis zum Ehegatten des Geschwisterkindes nach § 117 Abs 1 S 1 SGB XII bedienen[63]. Das in Anspruch genommene Kind kann das Unterhaltsbegehren des Sozialamtes solange zurückweisen, bis der Anspruch ihm gegenüber schlüssig dargelegt wird[64]. Zur Ermittlung der Haftungsquoten kann auf die in der Praxis übliche Verfahrensweise beim Volljährigenunterhalt abgestellt werden[65]. Geschwister, die ihren Eltern anteilig zum Unterhalt verpflichtet sind, schulden untereinander nach § 242 **Auskunft** zu den eigenen Einkünften und auch zu denen des Ehegatten; das Einkommen des Ehegatten kann für die Höhe der anteiligen Haftung nämlich Bedeutung haben. Ein unmittelbarer Auskunftsanspruch gegen Schwager oder Schwägerin besteht indes nicht[66].

31 **5. Umfang des Unterhaltsanspruchs.** Der Unterhaltsanspruch der Eltern gegen ihre Kinder umfasst nicht den Anspruch auf Leistung eines **Prozesskostenvorschusses**. Eine analoge Anwendung des § 1360 a Abs 4 scheidet im Verhältnis von unterhaltspflichtigen Kindern zu unterhaltsberechtigten

---

[50] BGH NJW 2006, 3344 = FamRZ 2006, 1511 m Anm *Klinkhammer*; NJW 2004, 2306 = FamRZ 2004, 1184, Revisionsentscheidung zu OLG Hamm (8. FamS) FamRZ 2002, 1212; BGH FamRZ 2002, 1698; s auch OLG Köln (27. FamS) FamRZ 2003, 470 = NJW-RR 2003, 1, 2: Sparvermögen von rund 58.000 DM ist nicht einzusetzen; OLG Koblenz FamRZ 2000, 1176: im Streitfall zu belassen sind 76.700 Euro; OLG Hamm (8. FamS) FamRZ 2002, 1212.
[51] BGH NJW 2000, 3488 = FamRZ 2001, 21, 23; NJW 2003, 2306 = FPR 2003, 499 = FamRZ 2003, 1179, 1188; OLG Köln FamRZ 2003, 471.
[52] BGH NJW 2006, 3344 = FamRZ 2006, 1511 m Anm *Klinkhammer*: im entschiedenen Fall rund 100.000 Euro.
[53] BGH FamRZ 2003, 128, 132 = FPR 2003, 149, 153; s auch OLG Koblenz NJW-RR 2000, 293, 295.
[54] BGH FamRZ 2001, 21, 23 = NJW 2000, 3488; FamRZ 2003, 1179, 1188 = NJW 2003, 2306 = FPR 2003, 499; OLG Köln FamRZ 2003, 471.
[55] So AG Wetter FamRZ 1991, 852: Rücklage von 20.000 DM zugestanden.
[56] OLG Köln FamRZ 2001, 437, 438.
[57] So AG Ansbach FamRZ 1997, 766.
[58] AG Höxter FamRZ 1996, 752 m abl Anm *Zieroth* 753.
[59] OLG Köln FamRZ 2003, 471; OLG Hamm (8. FamS) FamRZ 2002, 1212.
[60] *Schibel* NJW 1998, 3449.
[61] OLG Köln FamRZ 2003, 860 m Anm *Klinkhammer* = NJW 2003, 1660.
[62] BGH FamRZ 2003, 1836, 1838 m Anm *Strohal*.
[63] LG Kiel FamRZ 1996, 753, 754; vgl auch AG Höxter FamRZ 1996, 752.
[64] BGH FamRZ 2003, 1836, 1838.
[65] OLG Hamm FamRZ 1996, 116, 117; vgl zu § 1606 unter III.
[66] BGH FamRZ 2003, 1836, 1838 m Anm *Strohal*; OLG München NJWE-FER 2000, 311.

Eltern aus, weil dieses Unterhaltsverhältnis nicht Ausdruck einer über das normale Maß hinausgehenden Verantwortung der Unterhaltspflichtigen für die Unterhaltsberechtigten ist[67]. Im Verhältnis der Eltern zu den Kindern besteht **kein Anspruch auf Ausbildungskosten**.

6. Beschränkung oder Wegfall der Unterhaltspflicht. Die Unterhaltspflicht des Kindes gegen- 32 über seinen Eltern – das Stammrecht – kann nach § 1611 Abs 1 S 1 unter den dort genannten Voraussetzungen eine Beschränkung erfahren; sie kann nach § 1611 Abs 1 S 2 gänzlich entfallen, wenn die Inanspruchnahme des Unterhaltspflichtigen grob unbillig wäre. Eine **gröbliche Vernachlässigung der Unterhaltspflicht** gemäß § 1611 Abs 1 S 1 Alt 2 gegenüber dem in Anspruch genommenen Kind kann sich auf die Barunterhaltsverpflichtung wie auf den geschuldeten Betreuungsunterhalt beziehen. Nach § 1611 Abs 1 S 1 Alt 3 kommt eine der Billigkeit entsprechende Beschränkung in Betracht, wenn sich die Eltern gegenüber dem auf Unterhalt in Anspruch genommenen Kind vorsätzlich einer schweren Verfehlung schuldig gemacht haben. Eine solche kann nur bei einer **tiefgreifenden Beeinträchtigung schutzwürdiger wirtschaftlicher Interessen oder persönlicher Belange des Unterhaltspflichtigen** angenommen werden. Die Voraussetzungen können durch aktives Tun und Unterlassen erfüllt sein. Im Fall des Unterlassens muss eine Rechtspflicht zum Handeln verletzt sein. Die **schuldhafte Verletzung elterlicher Pflichten durch Unterlassen** kann eine solche Verfehlung gegen das Kind sein, etwa die Verletzung der Pflicht zu Beistand und Rücksicht iS des § 1618 a. So liegt es, wenn eine Mutter ihr Kind im Kleinkindalter bei den Großeltern zurückgelassen hat und sich in der Folgezeit nicht mehr in nennenswertem Umfang um dieses gekümmert hat[68]. Fehlender Kontakt und Kränkungen durch die Mutter („Ich habe keine Tochter mehr") führen ohne weiteres nicht zur Kürzung des Unterhalts[69]. Handgreiflichkeiten gegenüber den Kindern sowie abfällige, rüde und beleidigende Äußerungen können im Rahmen der gebotenen Gesamtabwägung durch die Erfüllung der Unterhaltspflicht über einen längeren Zeitraum aufgewogen werden[70]. Die Unterhaltspflicht entfällt nach § 1611 Abs 1 S 2, wenn die Inanspruchnahme des Unterhaltspflichtigen grob unbillig wäre. Von grober Unbilligkeit ist auszugehen, wenn die Gewährung von Unterhalt dem Gerechtigkeitsempfinden in unerträglicher Weise widersprechen würde[71]. Ein solcher Fall ist gegeben, wenn der jetzt bedürftige Vater nach der Scheidung über mehrere Jahre keinerlei Kontakt mehr zu dem jetzt auf Unterhalt in Anspruch genommenen, damals erst zwölf Jahre alten Kind gehabt und auch nicht nachgesucht hat. Darin liegt ein grober Mangel an verwandtschaftlicher Gesinnung und menschlicher Rücksichtnahme, der die Inanspruchnahme auf Unterhalt als grob unbillig erscheinen lässt[72]. Die Unterhaltsverpflichtung kann ebenso entfallen, wenn der Vater seine Unterhaltszahlungen und das Sorgerecht dem Kind gegenüber stets vernachlässigt hat[73]. Sind mehrere Geschwister vorhanden, die nach § 1606 Abs 3 anteilig haften, kann der Unterhaltsbetrag nicht von den anderen Geschwistern verlangt werden, wenn der Unterhaltsanspruch gegen eines oder mehrere der Kinder nach § 1611 verwirkt ist (§ 1611 Abs 3).

7. Verwirkung des Anspruchs auf Zahlung rückständigen Unterhalts. Beim Elternunterhalt 33 gelten ebenfalls die zum Rechtsinstitut der Verwirkung nach § 242 entwickelten Grundsätze. Danach kann ein Anspruch auf Unterhalt für die Vergangenheit, nicht das Unterhaltsstammrecht, verwirkt sein, wenn der Unterhaltsberechtigte ihn längere Zeit nicht geltend gemacht hat und der Unterhaltspflichtige sich nach den gesamten Umständen darauf einrichten durfte und auch darauf eingerichtet hat, dass dieser sein Recht auch in Zukunft nicht mehr geltend machen werde. Der Verwirkung können nur fällige Unterhaltsansprüche unterliegen; eine Verwirkung zukünftiger Ansprüche scheidet aus[74]. An das **Zeitmoment** der Verwirkung sind **keine allzu strengen Anforderungen** zu stellen. Unterhalt ist möglichst zeitnah geltend zu machen. Dies rechtfertigt es, das Zeitmoment auch dann als erfüllt anzusehen, wenn die Rückstände Zeitabschnitte betreffen, die etwas mehr als ein Jahr zurückliegen. Nach §§ 1585 b Abs 3, 1613 Abs 2 Nr 1 verdient der Gesichtspunkt des Schuldnerschutzes bei Unterhaltsrückständen für eine mehr als ein Jahr zurückliegende Zeit besondere Beachtung. Das Verstreichenlassen von mehr als einem Jahr kann ausreichen[75]. Werden rückständige Unterhaltsansprüche (im entschiedenen Fall Trennungsunterhalt) nach Zurückweisung eines Prozesskostenhilfegesuches mehr als einem Jahr nicht weiterverfolgt, kann von Verwirkung ausgegangen werden[76]. Diese Grundsätze erfahren keine Änderung durch den Übergang von Unterhaltsansprüchen, denn durch den gesetzlichen Übergang werden deren Natur, Inhalt und Umfang nicht verändert. Deshalb ist auch der **Sozialhilfeträger** gehalten, übergegangene Unterhaltsansprüche zeitnah geltend zu machen[77]. Für das **Um-**

---

[67] OLG München FamRZ 1993, 821, 822; *Zöller/Philippi* 26. Aufl § 115 ZPO Rn 67 d; *Palandt/Diederichsen* 65. Aufl § 1610 Rn 13; aA BSG NJW 1970, 352; OLG Koblenz FamRZ 2000, 681; *Kalthoener/Büttner/Wrobel-Sachs,* Prozesskostenhilfe und Beratungshilfe, 3. Aufl, Rn 363.
[68] BGH FamRZ 2004, 1559 m Anm *Born* = FF 2004, 290; vgl zum Ausschluss des Übergangs des Unterhaltsanspruchs auf den Sozialhilfeträger wegen unbilliger Härte nach § 91 Abs 2 S 2 BSHG (aF) in der seit dem 1. 1. 2002 geltenden Fassung, der zu Gunsten des Unterhaltspflichtigen eingreifen kann, wenn die Voraussetzungen des § 1611 nicht vorliegen: BGH FamRZ 2004, 1097 m Anm *Klinkhammer* 1283.
[69] OLG Karlsruhe FamRZ 2004, 971.
[70] LG Bielefeld FamRZ 1999, 400.
[71] BGH FamRZ 2004, 1559 m Anm *Born* = FF 2004, 290.
[72] LG Hannover FamRZ 1991, 1094.
[73] AG Germersheim FamRZ 1990, 1387; vgl auch AG Leipzig FamRZ 1997, 965.
[74] OLG Hamm (5. FamS) OLGR 2004, 289.
[75] BGH NJW 2003, 128; NJW 1988, 1137; OLG Brandenburg FamRZ 2004, 972.
[76] OLG Hamm OLGR 2004, 20.
[77] BGH FamRZ 2002, 1698 m Anm *Klinkhammer* 1981 = NJW 2003, 128.

§ 1602

standsmoment sind nicht zwingend sog Vertrauensinvestitionen erforderlich. Zudem ist nicht Voraussetzung, dass der Unterhaltspflichtige durch die spätere Inanspruchnahme besondere Nachteile erlitten hat. In der Regel pflegt ein Unterhaltspflichtiger seine Lebensführung an die ihm zur Verfügung stehenden Mittel anzupassen und seine Einkünfte zu verbrauchen[78].

V. Beweislast

34 Nach allgemeinen Grundsätzen hat jede Partei die tatsächlichen Voraussetzungen der sie begünstigenden Norm darzutun und zu beweisen. Der Unterhaltsberechtigte hat danach das Bestehen eines Verwandtschaftsverhältnisses in gerader Linie mit dem auf Unterhalt Inanspruchgenommenen zu beweisen, ferner seine Bedürftigkeit, die Anspruchsdauer und die Anspruchshöhe. Der Unterhaltspflichtige trägt die Darlegungs- und Beweislast für seine eingeschränkte oder fehlende Leistungsfähigkeit, denn die Leistungsunfähigkeit ist als Einwendung ausgestaltet[79].

VI. Recht in den neuen Bundesländern

35 Für alle familienrechtliche Verhältnisse, die am Tag des Wirksamwerdens des Beitritts, am 3. 10. 1990, bestehen, gilt nach Art 234 § 1 EGBGB (s Erl dort) grds das Vierte Buch des BGB. Für das Kindesunterhaltsrecht sind danach §§ 1601 ff maßgeblich.

§ 1602 Bedürftigkeit

(1) Unterhaltsberechtigt ist nur, wer außerstande ist, sich selbst zu unterhalten.

(2) Ein minderjähriges unverheiratetes Kind kann von seinen Eltern, auch wenn es Vermögen hat, die Gewährung des Unterhalts insoweit verlangen, als die Einkünfte seines Vermögens und der Ertrag seiner Arbeit zum Unterhalt nicht ausreichen.

Schrifttum: *Arens,* Neue und alte Probleme im Zusammenhang mit dem sogenannten begrenzten Realsplitting, FamRZ 1999, 1558; *Büttner,* Auswirkungen der Pflegeversicherung auf das Unterhaltsrecht, FamRZ 1995, 193; *Fischer-Winkelmann/Maier,* Einkünfte aus der Beteiligung an einer Personen- oder Kapitalgesellschaft aus unterhaltsrechtlicher Perspektive, FamRZ 1996, 1391; *dies,* Ermittlung der unterhaltsrechtlich anrechenbaren Steuerlast bei Selbständigen: Faktische Steuerzahlung versus fiktive Steuerberechnung?, FamRZ 1993, 880; *Graba,* Fiktives Einkommen im Unterhaltsrecht, FamRZ 2001, 1257; *ders,* Die Abänderung von Unterhaltstiteln bei fingierten Verhältnissen, FamRZ 2002, 6; *ders,* Zur Mietersparnis im Unterhaltsrecht, FamRZ 1995, 385; *Griesche,* Zusätzliche private Altersvorsorge beim Ehegatten-, Kindes- und Elternunterhalt, FPR 2006, 337; *Kleffmann,* Der Selbständige im Unterhaltsprozess, FuR 1994, 159; *Klinkhammer,* Die bedarfsorientierte Grundsicherung nach dem GSiG und ihre Auswirkungen auf den Unterhalt, FamRZ 2002, 997; *ders,* Grundsicherung und Unterhalt, FamRZ 2003, 1793; *Kötter,* Übersicht über die Leistungen der Grundsicherung im Alter und bei Erwerbsminderung, FPR 2004, 689; *Miesen,* Der Unterhaltsanspruch des volljährigen Kindes gegen getrenntlebende oder geschiedene Eltern, FamRZ 1991, 125; *Münder,* Grundsicherungsgesetz, NJW 2002, 3664; *Oelkers,* Zur unterhaltsrechtlichen Bedeutung von Ferienarbeit von Schülern und Studenten, FuR 1997, 134; *Stein,* Entnahmen im Unterhaltsrecht, FamRZ 1989, 343.

Übersicht

	Rn		Rn
I. Bedeutung der Norm	1	5. Bedarfsdeckung	45
II. Bedürftigkeit (Abs 1)	2	a) Einkommen aus Erwerbstätigkeit	46
1. Voraussetzungen	2	b) Zurechnung von erzielbaren Einkünften	50
2. Zeitraum	3	c) Bedarfsdeckung durch Vermögenseinsatz	53
3. Eigenverantwortung	4	d) Bedarfsdeckung während des Wehrdienstes/Zivildienstes	57
4. Unterhaltsrechtliche Einkommen	5	e) Schulden des Unterhaltsberechtigten	59
a) Allgemeine Grundsätze	6	f) Anrechnung der Einkünfte	60
b) Einkünfte aus nichtselbständiger Erwerbstätigkeit	9	6. Wiederaufleben des Unterhaltsanspruchs	62
c) Einkünfte aus selbständiger Erwerbstätigkeit	22	III. Verstärkter Unterhaltsanspruch des minderjährigen unverheirateten Kindes (Abs 2)	63
d) Einkünfte aus Kapitalvermögen	28		
e) Sozialstaatliche Zuwendungen	30	IV. Beweislast	64
f) Freiwillige Zuwendungen von Dritten	38		
g) Fiktive Einkommenszurechnung	40	V. Recht in den neuen Bundesländern	65
h) Überobligatorische Einkünfte	42		

I. Bedeutung der Norm

1 Die Unterhaltspflicht im Verwandtenunterhalt entsteht, wenn ein Verwandter unterhaltsbedürftig und der in Anspruch genommene Verwandte leistungsfähig ist. § 1601 regelt die Unterhaltsberechti-

---

[78] BGH NJW 2003, 128, 129; NJW 1988, 1137; s aber zum Erfordernis von Vertrauensdispositionen BGH (VII. ZS) FamRZ 2003, 449 (nur LS) und die krit Anm zur Rspr der XII. ZS von *Büttner* FamRZ 2003, 449.
[79] BVerfG NJW 1985, 1211, 1212 = FamRZ 1985, 143, 146.

II. Bedürftigkeit (Abs 1)

1. Voraussetzungen. Unterhaltsberechtigt ist nur, wer außerstande ist, sich selbst zu unterhalten. Soweit und solange die zur Sicherstellung des angemessenen Lebensbedarfs (dazu § 1610) erforderlichen Mittel nicht zur Verfügung stehen, ist Bedürftigkeit gegeben. Dies kann darauf beruhen, dass eine Erwerbstätigkeit aus rechtlichen Gründen (§§ 2 Abs 3, 5 Abs 1, 7 Abs 1 JugArbSchG) nicht ausgeübt werden darf oder eine solche wegen Krankheit, Behinderung, Betreuungsbedürftigkeit eines Kindes oder einer Ausbildung zu einem Beruf (§ 1610 Abs 2) nicht in Betracht kommt. Auch kann der Einsatz vorhandenen Vermögens unzumutbar sein. **Selbst verschuldete Bedürftigkeit** steht grds nicht entgegen, es sei denn, es liegen die Voraussetzungen des § 1611 vor[1].

2. Zeitraum. Die Bedürftigkeit muss in dem Zeitraum vorliegen, für den Unterhalt verlangt wird. Anderes gilt nur für den Sonderbedarf nach § 1613 Abs 2 Nr 1; für den Sonderbedarf kommt es auf den Zeitpunkt der Entstehung an.

3. Eigenverantwortung. Der Verwandtenunterhalt ist gekennzeichnet durch das Prinzip der **Eigenverantwortung**. Nach dem Gebot des Zumutbaren und im Rahmen seiner Möglichkeiten obliegt es jedem Unterhaltsberechtigten, seinen Lebensbedarf selbst aufzubringen. Ist ihm dies nicht möglich, rechtfertigt sich die Inanspruchnahme dritter Personen.

4. Unterhaltsrechtliches Einkommen. Unterhaltsrechtlich relevante Einkünfte des Unterhaltsberechtigten haben Einfluss auf dessen Bedürftigkeit. In gleicher Weise bestimmen unterhaltsrechtlich relevante Einkünfte die Leistungsfähigkeit des Unterhaltspflichtigen. Die Unterhaltsberechnung vollzieht sich auf der Grundlage des **sog anrechenbaren Einkommens.** Dieses ist für den Unterhaltsberechtigten wie für den Unterhaltspflichtigen nach den gleichen Grundsätzen zu ermitteln. Um zu dem sog anrechenbaren Einkommen zu gelangen, sind die Bruttoeinkünfte der Unterhaltspartei um unterhaltsrechtlich relevante Abzugspositionen zu reduzieren.

a) Allgemeine Grundsätze. Als unterhaltsrechtlich relevantes Einkommen sind alle Einkünfte heranzuziehen, die dem Unterhaltsberechtigten wie dem Unterhaltspflichtigen zufließen, gleich welcher Art diese Einkünfte sind und aus welchem Anlass sie erzielt werden[2]. Maßgeblich ist, dass die Einkünfte geeignet sind, den **laufenden Lebensbedarf** der Unterhaltsparteien zu decken. Das Unterhaltsrecht führt nämlich nur zu einer Verteilung der dem allgemeinen Lebensbedarf der Unterhaltsgemeinschaft zur Verfügung stehenden Einkünfte. Einkommensbestandteile, die der **Vermögensbildung** zugeführt wurden, unterliegen deshalb nicht dem Ausgleich über den Unterhalt; die so geschaffenen Vermögenswerte sind dem Zugewinnausgleich zuzuordnen.

Unterhaltsrechtlich relevantes Einkommen sind neben Erwerbseinkünften aus abhängiger Beschäftigung, Einkünfte aus Land- und Forstwirtschaft, Gewerbebetrieb, selbständiger Tätigkeit, Kapitalvermögen, Vermietung und Verpachtung, sonstige Einkünfte nach § 22 EStG, vermögenswerte Vorteile, sozialstaatliche Zuwendungen und in entsprechender Anwendung der §§ 850h ZPO zuzurechnende angemessene Vergütungen für Haushaltsführung und die sonstige Versorgung eines Dritten.

Die Einkommensverhältnisse sind einer **durchschnittlichen Betrachtung** zu unterziehen. Sie sind bei einem abhängig Beschäftigten idR auf einen **Jahreszeitraum** darzustellen[3]. Dabei kann der Beginn des Jahreszeitraums beliebig gewählt werden. Entscheidend ist, neben den laufenden Bezügen alle unterjährigen weiteren Geldzuflüsse einzubeziehen. Eine unterhaltsrechtlich verlässliche Beurteilung des Einkommens eines selbständig Erwerbstätigen kann im Hinblick auf schwankende Einkünfte idR nur auf einem mehrjährigen, in vollem Umfang dargestellten Zeitraum beruhen, der nicht unter 3 Jahren liegen sollte. Im Einzelfall, etwa bei einem in der Gründungsphase befindlichem gewerblichen Betrieb, muss die Beurteilung auf einen kürzeren Zeitraum mit allen Unsicherheiten für die Zukunftsprognose abgestellt werden. Die Beurteilung der Einkommensverhältnisse ist in jedem Fall möglichst zeitnah vorzunehmen. Sie hat daher stets auf die unmittelbar vor dem Anspruchszeitraum liegende Zeit abzustellen.

b) Einkünfte aus nichtselbständiger Erwerbstätigkeit. Zu den Einkünften rechnen alle Leistungen, die dem Erwerbstätigen aus dem Arbeits- oder Dienstverhältnis als Ausdruck üblicher Entlohnung geleistet werden, unabhängig davon, ob sie laufend oder unregelmäßig erbracht werden[4]. In Betracht kommen alle Zusatzleistungen, wie Urlaubs- und Weihnachtsgeld, der beamtenrechtliche Familienzuschlag nach §§ 39, 40 BBesG[5], der Familienzuschlag[6], Kinderzuschläge, Kinderfreibeträge und Verheiratetenzuschlag[7], Leistungszulagen, Prämien, Gratifikationen, Jubiläumszuwendungen, Deputate,

---

[1] BGH FamRZ 1987, 931, 932.
[2] BGH NJW 1982, 822 = FamRZ 1982, 250, 251; NJW-RR 1986, 1002 = FamRZ 1986, 780; NJW 1994, 134; NJW 1994, 935 = FamRZ 1994, 228, 230.
[3] BGH FamRZ 1983, 996.
[4] BGH NJW 1982, 822 = FamRZ 1982, 250, 251.
[5] BGH FamRZ 2007, 793 und 882; zur Behandlung beim Unterhalt des geschiedenen Ehegatten vgl OLG Celle FamRZ 2005, 716; OLG Oldenburg FamRZ 2006, 1127; OLG Hamm FamRZ 2005, 1177.
[6] Zur Behandlung beim Unterhalt des geschiedenen Ehegatten vgl OLG Hamm FamRZ 2005, 1177; OLG Celle FamRZ 2005, 716.
[7] Zur Behandlung beim Unterhalt des geschiedenen Ehegatten vgl *Heinke/Viefhues* ZFE 2003, 356; *Schürmann* FamRZ 2003, 1826.

§ 1602

Spesen und Auslösungen sowie sonstige mit der Erwerbstätigkeit verbundenen Nebeneinnahmen wie etwa **Trinkgelder**. Wird dazu kein konkreter, der Beweisaufnahme zugänglicher Vortrag gehalten, kann deren Höhe nach § 287 ZPO geschätzt werden[8]. Jährlich in vergleichbarer Höhe wiederkehrende Einkünfte wie das Urlaubs- und Weihnachtsgeld, sind auf das Jahr umzurechnen[9]. Einkommen aus **Überstunden** und **Mehrarbeit** gehören ebenfalls dazu. Doch können diese Einkommensbestandteile nach Zumutbarkeitsgesichtspunkten außer Ansatz bleiben. Das kann erwogen werden, wenn das Maß der Mehrarbeit den in dem jeweiligen Berufszweig üblichen Rahmen in bedeutsamer Weise übersteigt[10]. Ein Überschreiten der Regelarbeitszeit um mehr als 10% ist bedeutsam[11]. Die vorstehenden Erwägungen sind auch für Einkünfte bestimmten, die aus einer **Nebentätigkeit** erzielt werden, insbes in den Fällen, in denen die Nebentätigkeit mit besonderem persönlichen Einsatz verbunden ist. Anderes muss gelten, wenn die Einkünfte aus der Nebentätigkeit mit dem Hauptberuf verbunden sind[12]. **Spesen** und **Auslösungen**, die teils steuerpflichtig sein können teils steuerfrei gezahlt werden, sind arbeitgeberseitige Leistungen für arbeitsbedingten Mehraufwand bei auswärtigen Tätigkeiten. Vielfach entsprechen die Zahlungen nicht den tatsächlichen Aufwendungen. Zudem tritt durch die auswärtige Tätigkeit eine Ersparnis in den häuslichen Kosten ein. In der Praxis wird deshalb vorbehaltlich der Lage des Einzelfalls ein Drittel der Nettobeträge als Einkommen behandelt (vgl die jeweiligen Leitlinien zum Unterhaltsrecht). Diese pauschale Handhabung entspricht dem Bedürfnis der Praxis. Doch muss in einem Unterhaltsrechtsstreit immer mit dem Einwand gerechnet werden, die Gelder seien vollständig vor Ort verbraucht worden, wie auch, die Ersparnis sei höher. Es empfiehlt sich, den Aufwand vor Ort soweit möglich vorsorglich zu konkretisieren. Leistet der Arbeitgeber Fahrtkostenzuschüsse, stellen die Zahlungen Einkommen dar, soweit sie nicht für berufsbedingte Aufwendungen verbraucht werden.

10 Im Rahmen des Arbeitsverhältnisses können dem Arbeitnehmer auch **Sachleistungen** zufließen, etwa in Gestalt kostengünstigen Wohnens und der privaten Nutzungsmöglichkeit eines **Firmenfahrzeugs**. Derartige Sachleistungen sind Einkommen, soweit sie entsprechende Aufwendungen ersparen. Sie sind zu bewerten und mit ihrem Nettoanteil dem Einkommen hinzuzurechnen. Die vom Umfang her konkret zu ermittelnde private Nutzungsmöglichkeit eines Firmenwagens ist nach unterhaltsrechtlichen Grundsätzen zu schätzen. Als Gehaltsbestandteil unterliegt der private Nutzungsvorteil grds der Besteuerung nach § 8 Abs 2 EStG (1% des inländischen Listenpreises). Die Nutzungsmöglichkeit zu Fahrten zwischen Wohnung und Arbeitsstätte ist unabhängig von der Nutzung zu Privatfahrten mit 0,03% des inländischen Listenpreises für jeden Kilometer der kürzesten Entfernung zwischen Wohnung und Arbeitsstätte zu bewerten. Die steuerrechtliche Bewertung des Nutzungsvorteils kann Anhalt für eine unterhaltsrechtliche Schätzung sein[13]. Die Steuermehrbelastung ist zu berücksichtigen, doch wird sie dem Nutzungsvorteil idR nicht gerecht. Je nach Art des Fahrzeugs und des Umfangs der eingeräumten Nutzungsmöglichkeit werden weitere Beträge als Einkommen zu behandeln sein[14]. Stellt der Arbeitgeber **Kost** und **Logis** unentgeltlich, ist dies gleichfalls Einkommen. Der Wert kann nach der Sozialversicherungsentgeltverordnung[15] angemessen geschätzt werden.

11 **Vermögenswirksame Leistungen** des Arbeitgebers sind wegen des Verbots der Vermögensbildung zu Lasten der anderen Unterhaltspartei Einkommensbestandteile. Dem Bezieher dieser Leistungen stehen diese Beträge indes tatsächlich nicht zur Verfügung. Deshalb sind etwaige Zusatzleistungen des Arbeitgebers für die vermögenswirksame Anlage dem Bezieher mit dem Nettobetrag zu belassen; dies gilt ebenso für die staatliche Sparzulage, die voll herauszurechnen ist[16]. Der von dem Arbeitgeber gezahlte Beitrag zu einer Direktversicherung ist Teil des Gesamtbruttoeinkommens. Da er dem Arbeitnehmer nicht zur Deckung seiner persönlichen Bedürfnisse zur Verfügung steht, ist er nicht als Einkommen zu behandeln, sondern als idR anerkennungsfähiger Vorsorgeaufwand abzugsfähig[17].

12 Arbeitseinkommen sind ebenso aus sog **Schwarzarbeit** erzielte Einkünfte. Sie sind jedenfalls für die Vergangenheit als Einkommen in Ansatz zu bringen. Für die Zukunft können sie nicht berücksichtigt werden, da sie gesetzwidrig sind und die Fortführung dieses Handelns nicht geschuldet wird.

13 **Abfindungen**, die im Wege eines Sozialplans oder wegen der Entlassung eines Arbeitnehmers gezahlt werden, haben Lohnersatzfunktion und dienen bis zum Erhalt einer gleichwertigen Arbeitsstelle zur Auffüllung des monatlichen Einkommens in der bisherigen Höhe. Sie sind mit ihrem Nettoanteil ohne Abzug eines Erwerbstätigenbonus auf einen längeren Zeitraum zu verteilen[18]. Für den zu wählenden Zeitraum ist von Bedeutung, in welcher Zeit etwa der Arbeitnehmer eine neue Arbeitsstelle

---

[8] BGH FamRZ 1991, 182.
[9] BGH NJW 1982, 822.
[10] BGH FamRZ 2004, 186, 187 m Anm *Schürmann*; NJW 1982, 2662 = FamRZ 1982, 779, 780.
[11] OLG Köln ZFE 2005, 133.
[12] Vgl OLG München FamRZ 1982, 801: Kommentatorentätigkeit eines Ministerialbeamten; OLG Köln FamRZ 1999, 113: Honorare eines Oberarztes aus Vorträgen und Publikationen.
[13] OLG Hamm FamRZ 2005, 297.
[14] Vgl *Romeyko* FamRZ 2004, 242; OLG München FamRZ 1999, 1350: 155 Euro monatlich; OLG Hamm FamRZ 1999, 513: 255 Euro für ein Geländewagen.
[15] Verordnung über die sozialversicherungsrechtliche Beurteilung von Zuwendungen des Arbeitgebers als Arbeitsentgelt vom 21. 12. 2006, BGBl I S 3385.
[16] S insoweit die jeweiligen unterhaltsrechtlichen Leitlinien, BGH NJW 1980, 2251, 2252.
[17] OLG Schleswig FamRZ 2005, 211.
[18] BGH NJW 2007, 2249; NJW 1990, 709, 711; NJW 1987, 1554; NJW 1982, 822; OLG Koblenz NJW-RR 2005, 1675; NJWE-FER 2000, 137; OLG Dresden NJWE-FER 2000, 256.

gefunden haben könnte[19]. Bei einem älteren Arbeitnehmer kann sie auf die Zeit bis zum Renteneintritt verteilt werden[20]. Bei beengten wirtschaftlichen Verhältnissen ist die Abfindung im Wege einer sparsamen Haushaltsführung zur Deckung des Unterhalts der Unterhaltsberechtigten einzusetzen[21]. Endet die Zeit der Arbeitslosigkeit vor Ablauf der prognostizierten Dauer, für die eine Abfindung umgelegt worden ist, ist der nicht verbrauchte Rest nicht dem Einkommen aus der neuen Erwerbstätigkeit hinzuzurechnen. Er ist wie gewöhnliches Vermögen zu behandeln, dessen in zumutbarer Weise erzielte oder erzielbare Erträgnisse als Einkommen zu behandeln sein können, während die Substanz im Regelfall außer Ansatz bleibt[22]. Eine Abfindung aus einem früheren Arbeitsverhältnis kann nicht zur Aufstockung des Einkommens aus einem neuen Arbeitsverhältnis bis zur Höhe des bisherigen Erwerbseinkommens herangezogen werden, wenn sich die durch den Arbeitsplatzwechsel eingetretene dauerhafte Absenkung der Erwerbseinkünfte als nicht abzuwendender Einkommensrückgang darstellt[23].

13 a Teile der Abfindung können für notwendige Anschaffungen und zur Tilgung von Schulden verbraucht werden, sofern nicht unterhaltsbezogenes Verschulden eine Berufung auf den Verbrauch entgegensteht[24]. So ist der **Verbrauch der Abfindung** in dem Umfang hinnehmbar, in dem Ausgaben zur Eingliederung in das Berufsleben gemacht oder sonstige notwendige Anschaffungen getätigt werden, die über die allgemeinen Lebenshaltungskosten nicht finanzierbar sind[25]. Nicht anzuerkennen sind Ausgaben für eine Urlaubsreise[26], eben so wenig der Einsatz für einen luxuriöse Lebensführung[27].

13 b Im Fall des gesetzlichen Güterstandes wird eine Abfindung dem Zugewinnausgleich zugeordnet, auch wenn deren Auszahlung nach dem für den Zugewinnausgleich maßgeblichen Stichtag fällt, sofern nur vor dem Stichtag eine gesicherte Position hinsichtlich der Abfindung erworben wurde[28]. Dies ist jedoch nicht zwingend. Nach dem maßgeblichen Parteiwillen kann sie auch zur Bemessung des Unterhalts – des Einkommens – dienen. Dies ist zwingend, wenn die Eheleute Gütertrennung vereinbart haben. Eine **zweifache Teilhabe an einer Abfindung** kommt jedoch nicht in Betracht, nämlich unterhaltsrechtlich und zugleich güterrechtlich. Ist die Abfindung unterhaltsrechtlich ausgeglichen, scheidet eine Berücksichtigung im Zugewinnausgleich oder Versorgungsausgleich aus[29].

13 c Nach vorstehenden Kriterien ist auch die – im Gegensatz zu den laufend gezahlten Übergangsgebührnissen – einmalige **Übergangsbeihilfe** eines ausgeschiedenen Angehörigen der Bundeswehr zu behandeln[30].

14 Die Unterhaltsberechnung berücksichtigt das **Nettoeinkommen** nach Abzug der jeweiligen steuerlichen Belastungen und der Sozialabgaben. **Steuern** sind in der tatsächlichen Höhe abzusetzen[31].

14 a Der **Steuervorteil aus der neuen Ehe,** also der **Splittingvorteil,** ist allein der neuen Ehe zuzuordnen. Bei der Bemessung des für den Unterhalt der geschiedenen Ehefrau maßgeblichen Einkommens ist fiktiv von dem Einkommen auszugehen, das der unterhaltspflichtige geschiedene Ehegatte nach der **Grundtabelle (Steuerklasse I)** erzielen würde[32]. Zur Ermittlung des **unterhaltsrelevanten Einkommens** des Unterhaltspflichtigen ist ein Splittingvorteil zu eliminieren. Von dem durch eine fiktive Steuerberechnung anhand der Grundtabelle ermittelten Einkommen ist somit sowohl bei der Bedarfsberechnung wie auch bei der Leistungsfähigkeit auszugehen. Dieses Einkommen ist ggf durch den Steuervorteil aus dem begrenzten **Realsplitting** zu erhöhen. Demgegenüber ist im Rahmen der **Bedarfsbemessung für minderjährige und ihnen gleichgestellte volljährige privilegierte Kinder sowie für die Leistungsfähigkeit des Unterhaltspflichtigen** grds von dem durch das Ehegattensplitting erhöhten Einkommen auszugehen[33]. Der nach erneuter Eheschließung beim **Arbeitslosengeld** eintretende Vorteil der Bemessung nach Leistungsgruppe C entspr der Steuerklasse III und kommt nur der neuen Ehe zugute. Zur Ermittlung des Unterhalts des geschiedenen Ehegatten ist das Arbeitslosengeld nach der Leistungsgruppe A entspr der Steuerklasse I einzustellen[34]. Der erhöhte Leistungssatz (67% statt 60%) für das Arbeitslosengeld ist zu berücksichtigen, denn er wird nicht wegen der Ehe sondern deshalb gezahlt, weil der Arbeitslose ein leibliches Kind hat; anders liegt es nur, wenn es sich um den erhöhten Leistungssatz für ein Stiefkind handelt[35]. Der **Steuerfreibetrag nach § 32 Abs 6 S 1 EStG** (Kinderfreibetrag von 1.824 Euro und der Freibetrag von 1.080 Euro für den Betreuungs- und Erziehungs- oder Ausbildungsbedarf des Kindes) wird für jedes zu berücksichtigende

---

[19] OLG Oldenburg FamRZ 1996, 672.
[20] OLG Karlsruhe NJWE-FER 2001, 113.
[21] OLG Hamm FamRZ 1997, 1169.
[22] OLG Frankfurt NJWE-FER 2001, 280; s aber OLG Köln FamRZ 2005, 211.
[23] BGH FamRZ 2003, 590.
[24] BGH FamRZ 1990, 269 = NJW 1990, 709; OLG Celle FamRZ 1992, 590; OLG Hamm FamRZ 1997, 1169 = OLGR 1997, 139; OLG München FamRZ 1995, 809.
[25] OLG München FamRZ 1998, 559; OLG Celle FamRZ 1992, 590.
[26] OLG Koblenz NJWE-FER 2000, 137.
[27] OLG Karlsruhe NJWE-FER 2001, 113.
[28] BGH FamRZ 1998, 362.
[29] BGH FamRZ 2003, 432, 433; FamRZ 2004, 1352 = MDR 2004, 1120.
[30] BGH FamRZ 1987, 930, 931; OLG Naumburg FamRZ 2003, 474, 475.
[31] BGH FamRZ 1980, 984; FamRZ 1985, 911; FamRZ 1988, 145.
[32] BVerfG FamRZ 2003, 1821 = FPR 2004, 41 = NJW 2003, 3466 = FuR 2003, 507; vgl Anm *Ewers* FamRZ 2003, 1913 und *Schürmann* FamRZ 2003, 1825; *Borth* FamRB 2004, 18; BGH FamRZ 2005, 1817.
[33] BGH NJW 2007, 1969; FamRZ 2005, 1817, 1822; OLG Köln FamRZ 2005, 650; OLG Hamm FamRZ 2004, 1575; aA OLG Oldenburg FamRZ 2006, 1223; vgl iE *Gutdeutsch* FamRZ 2004, 501.
[34] OLG Frankfurt NJW-RR 2006, 77 = FamRZ 2006, 792; OLG Koblenz FamRZ 2005, 720.
[35] BGH NJW 2007, 2249.

§ 1602

Kind gezahlt und braucht deshalb nicht der bestehenden Ehe vorbehalten zu werden[36]. Verdoppelt sich jedoch der Freibetrag nach § 36 Abs 6 S 2 EStG, weil die Eheleute nach den §§ 26, 26 b EStG zusammen zur Einkommensteuer veranlagt werden und das Kind zu beiden Ehegatten in einem Kindschaftsverhältnis steht, so ist **der der Ehefrau zukommende Freibetrag von 2.904 Euro der bestehenden Ehe zuzuweisen**[37]. Der **Kinderzuschlag**, den der Unterhaltspflichtige von seinem privaten Arbeitgeber erhält, ist Einkommen auch für den Geschiedenenunterhalt[38]. Dieser wird nicht wegen der Ehe, sondern deshalb gewährt, weil der Unterhaltspflichtige ein Kind hat. Der **Familienzuschlag für die Aufnahme eines Stiefkindes in der neuen Ehe** ist der neuen Ehe vorzubehalten[39]. Der **Verheiratetenzuschlag/Familienzuschlag** nach §§ 39, 40 BBesG wird hälftig berücksichtigt[40]. Der Verheiratetenzuschlag wird nicht durch die neue Ehe begründet. Er wird auch dann gezahlt, wenn der Unterhaltspflichtige an den geschiedenen Ehegatten Unterhalt zu leisten hat.

14 b Von besonderer Bedeutung sind nicht vermeidbare **Steuerklassenwechsel**[41]. Mit Ablauf des Kalenderjahres, in dem sich Ehegatten getrennt haben, entfällt der Vorteil des Ehegattensplittings, es tritt der mit einer erheblichen Einkommensreduzierung verbundene Wechsel von Steuerklasse III nach Steuerklasse I ein. Es besteht unter Zumutbarkeitsgesichtspunkten die Obliegenheit, zur Aufrechterhaltung des bisherigen Einkommens erzielbare Steuervorteile bereits unterjährig zu realisieren. Dazu kommt die **Eintragung eines Freibetrages** auf der Lohnsteuerkarte in Betracht[42]. Freibeträge können etwa bei hohen Werbungskosten, außergewöhnlichen Belastungen, bei negativen Einkünften aus Vermietung und Verpachtung eingetragen werden. Doch muss die Höhe der geltend zu machenden Beträge zweifelsfrei feststehen. Die wirtschaftlichen Folgen des Steuerklassenwechsels können zudem durch das **sog begrenzte Realsplitting** (§ 10 Abs 1 Nr 1 EStG), Geltendmachung von Unterhaltsleistungen als Sonderausgaben, gemildert werden. Als Unterhaltsleistung iS des Steuerrechts kann auch die unentgeltliche Wohnungsüberlassung anerkannt werden[43]. Den Unterhaltspflichtigen trifft eine Obliegenheit, diese steuerliche Möglichkeit zur Steigerung seiner Leistungsfähigkeit zu nutzen[44]. Dies kann bereits unterjährig durch den Eintrag eines Freibetrages geschehen, allerdings nur dann, wenn – zumindest ein Teil des Ehegattenunterhalts – anerkannt, rechtskräftig feststeht oder freiwillig gezahlt wird[45]. Der an den getrennt lebenden oder den geschiedenen Ehegatten gezahlte Unterhalt ist mit Zustimmung des Ehegatten (Unterzeichnung der **Anlage U**) bis zu 13.805 Euro im Kalenderjahr **als Sonderausgabe** abziehbar. Der Unterhaltspflichtige ist Zug um Zug zum vollen **Nachteilsausgleich** verpflichtet[46]. Es sollte stets geprüft werden, ob die Wahrnehmung des begrenzten Realsplittings im Ergebnis vorteilhaft ist. Der Abzug des Unterhalts auf Seiten des Zahlers als Sonderausgabe führt zur Versteuerung des Betrages beim Unterhaltsempfänger (§ 22 Nr 1 a EStG). Neben daraus erwachsenden steuerlichen Nachteilen können weitere finanzielle Nachteile eintreten, wenn das steuerliche – nicht das tatsächliche- Einkommen auch Maßstab für die Gewährung öffentlicher Leistungen ist (Sparprämie, Krankenversicherungsschutz/Familienversicherung, Arbeitnehmersparzulage, Wohnungsbauprämie, Kindergartenbeitrag, BAföG-Leistungen). Die Nachteile müssen stets Folge der Überschreitung der betreffenden Einkommensgrenzen sein[47]. Um dies überprüfen zu können, kann die Vorlage des Steuerbescheides verlangt werden[48]. Gegenüber dem Anspruch des unterhaltsberechtigten Ehegatten auf Erstattung der ihm als Folge des begrenzten steuerlichen Realsplittings entstandenen steuerlichen Nachteile kann grds nicht mit Gegenforderungen aufgerechnet werden[49]. § 1585 b Abs 3 ist weder unmittelbar noch analog auf den Anspruch auf Nachteilsausgleich anwendbar[50]. Die Klage auf Nachteilsausgleich ist Familiensache[51]. Steuerlich können Unterhaltsleistungen an eine Person auf Grund gesetzlicher Unterhaltspflicht auch als **außergewöhnliche Belastungen nach § 33 a Abs 1 EStG** geltend gemacht werden. Erfasst werden auch Unterhaltsleistungen nach § 1615l wie auch vertraglich geregelter Ehegattenunterhalt, soweit er auf gesetzlicher Grundlage beruht. Der Unterhaltsberechtigte muss dem nicht zustimmen. Mehrsteuern entstehen für den Unterhaltsberechtigten nicht, denn der Unterhalt wird nicht als Einkommen behandelt[52]. Im

---

[36] BGH NJW 2007, 1969 = FamRZ 2007, 882.
[37] BGH NJW 2007, 1969 = FamRZ 2007, 882.
[38] BGH NJW 2007, 1969 = FamRZ 2007, 882.
[39] BGH NJW 2007, 1961 = FamRZ 2007, 793; OLG Hamm FamRZ 2005, 1177 = FuR 2005, 332; OLG Celle NJW 2005, 1516 = FamRZ 2005, 716 = FuR 2005, 331.
[40] BGH NJW 2007, 1961 = FamRZ 2007, 793; OLG Hamm FamRZ 2005, 1177 = FuR 2005, 327; aA OLG Celle NJW 2005, 1516 = FamRZ 2005, 716 = FuR 2005, 326; OLG Oldenburg FamRZ 2006, 1127 = OLGR 2006, 513.
[41] BGH NJW 1985, 2268 = FamRZ 1985, 911; NJW-RR 1988, 514 = FamRZ 1988, 145.
[42] BGH NJW 1985, 195 = FamRZ 1984, 1211.
[43] BFH vom 18. 10. 2006, XI R 42/04.
[44] BGH FamRZ 1983, 670, 673.
[45] BGH FamRZ 2007, 793 m Anm *Büttner* 800.
[46] BGH NJW-RR 1998, 1153 = FamRZ 1998, 953; NJW 1985, 195 = FamRZ 1984, 1211; NJW 1983, 1545 = FamRZ 1983, 576.
[47] OLG Nürnberg FamRZ 2004, 1967.
[48] OLG Karlsruhe FamRZ 2001, 99, nur LS.
[49] BGH FamRZ 1997, 544.
[50] BGH FamRZ 2005, 1162.
[51] OLG Zweibrücken FamRZ 1992, 830.
[52] Einzelheiten auch zur Berücksichtigung von Unterhalt als außergewöhnliche Belastung bei *Meyer* in: *Rotax*, Praxis des Familienrechts, 2. Aufl, Teil 10, Rn 321 ff; vgl ferner *Krause* FamRZ 2003, 899; s auch die Tabelle zur Abschätzung des Realsplittingvorteils des Unterhaltspflichtigen FamRB 2005, 95, 96.

Bedürftigkeit § 1602

Trennungsjahr können die Eheleute noch die gemeinsame Veranlagung wählen, so dass der Abzug als außergewöhnliche Belastung nicht in Betracht kommt[53]. Der Unterhaltspflichtige kann von dem Unterhaltsberechtigten verlangen, dass konkrete Tatsachen zu möglichen sonstigen Nachteilen mitgeteilt werden, die aus dem Sonderausgabenabzug im Wege des begrenzten Realsplittings erwachsen können[54]. Kommt eine möglichst zeitnahe Umsetzung der Steuervorteile nicht in Betracht, sind diese jedenfalls im Jahressteuerausgleich geltend zu machen. **Steuererstattungen und -nachzahlungen** erhöhen oder ermäßigen das Einkommen in dem Jahr ihrer Zahlung (sog **In-Prinzip**)[55]. Dies gilt grds auch für den Fall, dass in einem Jahr Steuerbescheide für mehrere Jahre ergehen.

Die Erwerbstätigkeit kann mit **berufsbedingten Aufwendungen** verbunden sein, die das Einkommen teilweise aufzehren. Sie sind abzugrenzen von den privaten Lebenshaltungskosten. Berufsbedingte Aufwendungen entsprechen vielfach den Werbungskosten des Steuerrechts. Es besteht jedoch kein Gleichklang in der Behandlung von Werbungskosten und berufsbedingten Aufwendungen. Unterhaltsrechtlich sind sie nur abzugsfähig, wenn sie zur Erzielung des Einkommens erforderlich sind und eine Erstattung durch den Arbeitgeber nicht stattfindet[56]. Die Aufwendungen sollten konkret dargestellt und möglichst belegt werden, selbst wenn nach der Düsseldorfer Tabelle Anm A 3 (Stand: 1. 5. 2008: 5% des Nettoeinkommens – mindestens 50 Euro, bei geringfügiger Teilzeitarbeit auch weniger, und höchstens 150 Euro monatlich –) und den Leitlinien der Oberlandesgerichte grds ein pauschaler Abzug zugelassen wird. Überschreiten die berufsbedingten Aufwendungen die Pauschale, sind sie insgesamt nachzuweisen. Dabei dürfen an die Darlegung keine überspannten Anforderungen gestellt werden[57]. 15

Im Vordergrund stehen die Kosten der **Hin- und Rückfahrten zur Arbeitsstelle** mit dem privateigenen Pkw. Die Nutzung des privateigenen Pkw und die damit verbundenen Kosten sind nur abzugsfähig, wenn dies nach Lage des Falles notwendig ist[58]. So können die ungünstige Lage des Arbeitsortes[59], besondere Arbeitszeiten[60], ein unverhältnismäßiger Zeitaufwand[61] sowie eine gesundheitliche Behinderung[62] den Einsatz des privateigenen Pkw rechtfertigen. Zu berücksichtigen ist ebenfalls, wie die Nutzung des Pkw während des Zusammenlebens der Familie gepflegt wurde[63]. Anderenfalls ist auf die idR kostengünstigere Inanspruchnahme öffentlicher Verkehrsmittel zu verweisen. Entscheidend sind die Einzelfallumstände und die jeweiligen wirtschaftlichen Verhältnisse[64], die von der Unterhaltspartei darzulegen und zu beweisen sind, die sich auf die Abzugsfähigkeit beruft[65]. Die Aufwendungen für die Hin- und Rückfahrt können nach der Kostenpauschale des § 5 Abs 2 JVEG, vormals § 9 Abs 3 ZSEG, bemessen werden[66]. In der Praxis ist die konkrete Höhe der Pauschale uneinheitlich (s dazu Ziffer 10.2.2 der unterhaltsrechtlichen Leitlinien der Obergerichte), üblich ist indes die Berechnung nach folgender **Formel**: 16

Einfache Fahrtstrecke × 2 × 220 Tage (durchschnittliche Arbeitstage/Jahr) × jeweiliger Km-Satz : 12 Monate

Abgegolten sind nach dieser Berechnung sämtliche mit der Haltung, dem Betrieb, der Steuer, der Versicherung und der Wiederbeschaffung des Pkw verbundenen Kosten[67]. Bei größeren Entfernungen, etwa ab 30 km einfache Fahrtstrecke, kann die Pauschale reduziert werden[68]. Besonders hohe Fahrtkosten können einen **Wohnortwechsel** möglichst in der Nähe des Arbeitsplatzes zumutbar machen[69]. Ein aus schutzwürdigen persönlichen oder sonstigen Gründen veranlasster Wohnortwechsel kann aber auch den Abzug höherer Fahrtkosten als bisher rechtfertigen[70]. **Beiträge zu Gewerkschaften und Berufsverbänden, Aufwendungen für Arbeitsmittel** (Berufskleidung, Fachliteratur), ein beruflich genutztes **Arbeitszimmer, Fortbildungskosten** können bei unterhaltsrechtlicher – nicht schon bei steuerrechtlicher – Notwendigkeit abzugsfähig sein.

Als beruflicher Aufwand gelten auch die Kosten, die ein Erwerbstätiger aufwenden muss, um die nach Lage des Falles gebotene **Betreuung minderjähriger Kinder** während der berufsbedingten Abwesenheit zu gewährleisten[71]. Die Betreuungsbedürftigkeit orientiert sich an den nach § 1570 maßgeblichen Grundsätzen. Besteht nach dem Alter des Kindes keine Betreuungsnotwendigkeit mehr (15-jähriges Kind), verbietet sich also der Abzug. 17

---

[53] BFH NJW 1989, 2840 = FamRZ 1989, 385.
[54] BGH NJW 1983, 1545.
[55] BGH NJW 1980, 2251 = FamRZ 1980, 984, 985.
[56] BGH NJW 1988, 2371 = FamRZ 1988, 159.
[57] BGH NJW 2006, 369 = FamRZ 2006, 108: zu Fahrtkosten eines im gesamten Bundesgebiet eingesetzten Leiharbeitnehmers.
[58] BGH NJW-RR 1998, 721 = FamRZ 1998, 1501.
[59] OLG Dresden FamRZ 1999, 1351.
[60] OLG Naumburg FamRZ 1998, 558.
[61] OLG Dresden FamRZ 2001, 47; OLG Brandenburg NJWE-FER 1999, 236.
[62] OLG Hamm NJW-RR 1998, 724.
[63] BGH NJW 1984, 988.
[64] BGH NJW-RR 1989, 386 = FamRZ 1989, 483, 484.
[65] OLG Dresden FamRZ 2001, 47.
[66] BGH NJW 2006, 3344 = FamRZ 2006, 1511 m Anm *Klinkhammer*.
[67] BGH NJW 2006, 2182 = FamRZ 2006, 1182; FamRZ 2006, 846; OLG Hamm NJW-RR 2001, 433, 434; FamRZ 2000, 1367.
[68] OLG Hamm FamRZ 2001, 46; s etwa Ziffer 10.2.2 der unterhaltsrechtlichen Leitlinien der Obergerichte.
[69] BGH NJW-RR 1998, 721.
[70] BGH NJW-RR 1995, 129.
[71] BGH FamRZ 2001, 350; FamRZ 1983, 569; FamRZ 1982, 779.

§ 1602

17 a Vom Einkommen abzusetzen ist der konkrete finanzielle Aufwand in Gestalt des an die Betreuungsperson gezahlten Entgelts, sog **konkrete Betreuungskosten**. Kann der betreuende Elternteil wegen nur eingeschränkten Urlaubs die Betreuung in den Ferien nicht vollumfänglich leisten, können auch die Kosten für Ferienaufenthalte anerkannt werden[72]. Werden Kinder während der berufsbedingten Abwesenheit des Elternteils durch dritte Personen unentgeltlich – im Streitfall durch die Großeltern – betreut, kann diese freiwillige Leistung als berufsbedingter Aufwand mit einem an dem Umfang der Leistung zu orientierenden Geldbetrag vom Erwerbseinkommen des Elternteils abgesetzt werden[73].

17 b Es kann aber auch ein bestimmter Betrag des auf einer **überobligatorischen Tätigkeit** beruhenden Erwerbseinkommens als **nicht unterhaltsrelevant** anrechnungsfrei bleiben, wenn keine konkret bezifferbaren Mehraufwendungen anfallen, etwa weil die Ehefrau die Kinder aus der früheren Ehe mitbetreut oder die Betreuung durch die Großeltern gewährleistet wird[74]. Ohne diese Betreuungsleistungen wäre die Ausübung der Erwerbstätigkeit nicht möglich. Der im Rahmen des Bedarfs, der Bedürftigkeit und der Leistungsfähigkeit anrechnungsfrei bleibende Einkommensteil (vielfach als sog **Betreuungsbonus** bezeichnet) dient als Ausgleich für die Doppelbelastung durch die Betreuung kleinerer Kinder und der überobligatorischen Berufstätigkeit des betreuenden Elternteils[75]. Die Höhe des anrechnungsfrei zu stellenden Einkommens bemisst sich nach den besonderen Umständen des Einzelfalls[76]. Bedeutung gewinnt, ob und in welchem Umfang sich die Betreuung nach den Arbeitszeiten einrichten lässt, zu welchen Zeiten eine Betreuung in Einrichtungen (Kindergarten, Kindertagesstätte) möglich ist. Der Abzug konkreter Betreuungskosten schließt nicht aus, einen weiteren Teil des überobligatorisch erzielten Einkommen anrechnungsfrei zu lassen, dies vor allem dann, wenn allein die Betreuungskosten den gesamten Betreuungsaufwand nicht abdecken. Wegen der Unterschiedlichkeit der Sachverhalte wird sich eine pauschalierende Handhabung verbieten, wenngleich die unterhaltsrechtliche Praxis zu einer solchen neigt. Vorbehaltlich der Lage des Einzelfalls kann der Ansatz eines Betrages von 150 Euro je Kind im Vorschulalter, von 100 Euro je Kind im Grundschulalter und von 50 Euro je Kind bis zum 15. Lebensjahr zu angemessenen Ergebnissen führen. Die Praxis ist allerdings nicht einheitlich[77]. Hat der betreuende Elternteil zudem noch für den Barunterhalt des Kindes aufzukommen, weil der barunterhaltspflichtige Elternteil diesen nicht zahlt, kann zusätzlich noch der nach seinem Einkommen errechnete Kindesunterhalt abgezogen werden. Die konkrete Höhe des abzusetzenden Kindesunterhalts wird unter Berücksichtigung der Bedarfskontrollbeträge zu ermitteln sein, um eine angemessene Verteilung zwischen dem Einkommen des Unterhaltspflichtigen, dem Kindesunterhalt und dem Ehegattenunterhalt zu gewährleisten.

17 c Der **Kindergartenbeitrag** wird idR von dem für das Kind geleisteten Barunterhalt abgedeckt, es sei denn, der – vielfach einkommensabhängige – Kindergartenbeitrag steht außer Verhältnis zum geschuldeten Barunterhalt[78]. Die **Elternbeiträge** sind dann, wenn sie vom geleisteten Barunterhalt nicht abgedeckt werden, **Mehrbedarf des Kindes**. Diesen müssen die Eltern grds anteilig leisten[79]. Findet der Kindergartenbesuch statt, um die Erwerbstätigkeit zu ermöglichen, werden die Kosten als Erwerbsaufwand beim Ehegattenunterhalt berücksichtigt[80].

18 **Auslösungen** für Arbeitseinsätze in größerer Entfernung vom Arbeits- und Wohnort, **Spesen** und **Reisekosten** stehen vielfach vom Arbeitgeber nicht erstattete Kosten für die Hin- und Rückfahrt, Lebenshaltungskosten am Einsatzort oder sonstiger geldwerter Aufwand gegenüber. Sie sind nach § 287 ZPO zu schätzen und reduzieren das Einkommen entspr[81]. Die Schätzung macht jedoch die Darlegung und den Beweis der Schätzungsgrundlagen erforderlich, insbes in den Fällen, in denen eine Abweichung von einer grundsätzlichen Handhabung erstrebt wird.

19 **Auszubildenden** können **ausbildungsbedingte Aufwendungen** in Gestalt der Fahrten zur Ausbildungsstelle und zu den berufsbildenden Schulen entstehen. Schulischer Bedarf und Kosten der Beschaffung von Ausbildungsgerät mindern die Ausbildungsvergütung. Nach Anm A Ziff 8 der Düsseldorfer Tabelle, Stand: 1. 1. 2008, ist die Ausbildungsvergütung eines in der Berufsausbildung stehenden Kindes, das im Haushalt der Eltern oder eines Elternteils wohnt, vor ihrer Anrechnung idR um einen ausbildungsbedingten Mehrbedarf von monatlich 90 Euro zu kürzen. Der Mehrbedarf kann aber schon pauschal in dem Bedarf berücksichtigt werden. So enthält nach Ziff 13.1.2. der unterhaltsrechtlichen Leitlinien des OLG Hamm, Stand: 1. 1. 2008, der Bedarfssatz von 640 Euro für den Studenten und das Kind mit eigenem Hausstand pauschal bis zu 90 Euro für ausbildungs- bzw berufsbedingte Aufwendungen.

20 Nach der auf dem Rechtszustand vor Inkrafttreten des Kindschaftsreformgesetzes beruhenden Rspr des BGH kann der Unterhaltspflichtige weder dem unterhaltsberechtigten Ehegatten noch dem unterhaltsberechtigten Kind gegenüber grds die **Kosten zur Ausübung seines Umgangsrechtes** mit dem Kind, etwa die Fahrt-, Übernachtungs- und Verpflegungskosten, unterhaltsmindernd entgegen halten.

---

[72] OLG Hamm FamRZ 2002, 1708.
[73] OLG Hamm FuR 2007, 177: 1.000 Euro für Betreuung über Nacht und über mehrere Tage.
[74] BGH FamRZ 2001, 350, 352.
[75] OLG Koblenz NJW-RR 2003, 937; OLG Schleswig NJW-RR 2004, 151; dazu Scholz FamRZ 2002, 733, 734; Graba FamRZ 2002, 715, 720.
[76] BGH NJW 2005, 818 = FamRZ 2005, 442, 444.
[77] Vgl OLG Hamm FamRZ 2002, 1708: 128 Euro je Kind; OLG Koblenz NJW-RR 2003, 937: 300 Euro für ein Kind bis 6 Jahren, 200 Euro für ein Kind bis 10 Jahre und 150 Euro für ein Kind im Alter von 11 bis 14 Jahren.
[78] BGH FamRZ 2007, 882; OLG Nürnberg FamRZ 2006, 642: halbtägiger Kindergartenbesuch aus pädagogischen Gründen; s dazu Scholz FamRZ 2006, 737; Maurer FamRZ 2006, 663.
[79] OLG Celle FamRZ 2003, 323; s auch Scholz FamRZ 2006, 737.
[80] OLG Nürnberg FamRZ 2004, 1063.
[81] Vgl die Regelungen in den jeweiligen Leitlinien der Oberlandesgerichte.

Dies sind Kosten, die er im eigenen und im Interesse des Kindes grds selbst aufbringen muss, ohne den betreuenden Elternteil oder das Kind daran beteiligen zu können[82]. Eine Abänderung einer Umgangsregelung dahin, dass sich auch der betreuende Elternteil an den Kosten des Umgangs durch Abholen und Zurückbringen der Kinder beteiligt, kommt deshalb ohne weiteres nicht in Betracht[83]. Abweichend davon können Kosten einkommensmindernd Berücksichtigung finden, wenn durch den weit entfernt liegenden Wohnort des Kindes die Kostenbelastung nicht durch das staatliche Kindergeld aufgefangen werden kann und dadurch das Umgangsrecht in Gänze oder nur noch beschränkt wahrgenommen werden kann. Erfährt der Unterhaltspflichtige in Anwendung der Anrechnungsvorschrift des § 1612b Abs 5 aF nur geringe oder keine Entlastung, kann er auch aus dem ihm nach Abzug des Kindesunterhalts verbleibenden Einkommen nicht mehr die Kosten des Umgangsrechts bestreiten, sind diese durch eine maßvolle Erhöhung des Selbstbehalts zu berücksichtigen. Die Höhe der Kosten richtet sich danach, welcher Umgang angemessen ist. Dies beurteilt sich nach dem Wohl des Kindes. In der Regel dürften die betreffenden Kosten das anteilige Kindergeld nicht übersteigen[84].

Das Bruttoeinkommen ist um anerkennenswerte **Sozialabgaben** zu reduzieren. Dazu rechnen zunächst die **notwendigen Beiträge** zur Renten-, Kranken-, Pflege- und Arbeitslosenversicherung. Sie sind idR in den Lohn- und Gehaltsbescheinigungen ausgewiesen. Auf diesen Umfang ist der Abzug nicht notwendig begrenzt. Der gesamte Lebensbedarf schließt eine **angemessene Altersversorgung** ein, die nicht aus dem Selbstbehalt zu leisten ist. Maßstab ist die Lebensstellung, die dem Einkommen, Vermögen und sozialem Rang des Unterhaltspflichtigen/Unterhaltsberechtigten entspricht. Über die Aufwendungen für die **primäre Altersvorsorge** hinaus wird weitere Altersvorsorge im Hinblick auf die Veränderungen im Rentenversicherungsrecht anzuerkennen sein, jedenfalls in Höhe des steuerlich zulässigen Sonderausgabenabzuges nach § 10a Abs 1 EStG (sog Riesterrente). Für die **Altersvorsorge** eines **Selbständigen oder eines wegen Überschreitens der Beitragsbemessungsgrenze nicht mehr sozialversicherungspflichtig Erwerbstätigen** kann in Anlehnung an die Beitragssätze, die für den abhängig Beschäftigten in der gesetzlichen Rentenversicherung gelten, grds ein **Anteil von etwa 20% des Bruttoeinkommens** als angemessen für die **primäre Altersversorgung** angesehen werden[85]. Grds kann, auch dem Beamten, zugebilligt werden, über die primäre Altersvorsorge in Höhe von etwa 20% hinaus weitere rund 5% seines Bruttoeinkommens für eine zusätzliche Altersversorgung einzusetzen[86]. Im Rahmen des **Ehegattenunterhalts** können beide Unterhaltsparteien einen **Betrag von bis zu 4% ihrer jeweiligen Gesamtbruttoeinkommen des Vorjahres** für eine – über die primäre Altersversorgung hinaus betriebene – zusätzliche Altersvorsorge einsetzen[87]. Die Berücksichtigungsfähigkeit hängt davon ab, ob der als vorrangig anzusehende Elementarunterhalt und der der primären Altersversorgung dienende Altersvorsorgeunterhalt aufgebracht werden können. Zudem ist die Bemessung des auf diesen Grundlagen ermittelten Unterhalts einer abschließenden Angemessenheitsprüfung zu unterziehen[88]. Hinsichtlich des **Kindesunterhalts** kann tatsächlicher Aufwand für die sekundäre Altersvorsorge ebenfalls in Höhe von bis zu 4% anerkannt werden, es sei denn, der Unterhaltspflichtige kann dann nicht mehr den Regelbetrag/Mindestunterhalt leisten. Neben der sog „Riesterrente" kommen auch andere Anlagemodelle in Betracht. Es ist nämlich freigestellt, in welcher Art – außerhalb der gesetzlichen Rentenversicherung- Vorsorge für das Alter getroffen wird. So sind sonstige vermögensbildende Investitionen anzuerkennen, solange sie nur geeignet und dafür bestimmt sind, den Vorsorgezweck zu erreichen[89], etwa die Anlage eines **Sparvermögens**[90], der Abschluss von **Lebensversicherungen**, der Erwerb von **Immobilien**, grds auch, aber wegen des Risikos wohl eher nicht der Erwerb von Wertpapieren und Fondsbeteiligungen[91]. Dies gilt idR ferner für die vom Arbeitgeber angebotene betriebliche **Direktversicherung**. Sie ist eine Lebensversicherung auf das Leben des Arbeitnehmers, die durch den Arbeitgeber bei einem Versicherungsunternehmen abgeschlossen wird: Die Beiträge werden von Lohn/ Gehalt des Arbeitnehmers einbehalten. Häufig werden sie auch teilweise vom Arbeitgeber erbracht (§ 4b EStG). Die Beiträge reduzieren das Einkommen, soweit sie als angemessen anzuerkennen sind. Alterssicherung kann auch durch den Erwerb einer **Immobilie** betrieben werden. Die zur Finanzierung aufgewendeten Mittel (und zwar sowohl Zins- als auch Tilgungsanteile) können dann als zusätzliche Altersvorsorge in angemessener Höhe Berücksichtigung finden. Dieser Grundsatz gilt auch, wenn ein Ehegatte den Eigentumsanteil des anderen Ehegatten an der früheren gemeinsamen ehelichen Wohnung erwirbt und dessen Kauf durch Fremdmittel finanziert[92]. Eine Frage des Einzelfalles ist, ob zusätzliche Altersvorsorge noch in Betracht kommt, wenn Immobilieneigentum vorhanden ist. Die Absetzbarkeit

---

[82] BGH FamRZ 2002, 1099, 1200; Anm *Schwab* FamRZ 2002, 1297; FamRZ 1995, 215, 216m abl Anm *Weychardt* 539 f; OLG Nürnberg FamRZ 1999, 1008.
[83] OLG Hamm FamRZ 2004, 560; zum Schadensersatz bei Umgangsvereitelung – nutzlos aufgewendete Fahrtkosten, Stornokosten bei verhindertem Ferienaufenthalt – BGH FamRZ 2002, 1099m Anm *Schwab* 1297; s auch OLG Karlsruhe FamRZ 2002, 1056.
[84] BGH FamRZ 2005, 706 im Anschluss an BGH FamRZ 2003, 445, 449m Anm *Luthin* 708; s auch BVerfG FamRZ 2002, 809; s auch *Theurer* FamRZ 2004, 1619; *Söpper* FamRZ 2005, 503.
[85] BGH NJW 2003, 1660 = FamRZ 2003, 860 m Anm *Klinkhammer*.
[86] BGH FamRZ 2004, 792 m Anm *Borth* – zum Elternunterhalt entschieden.
[87] BGH NJW 2005, 3277 = FamRZ 2005, 1817, 1821.
[88] BGH NJW 2005, 3277 = FamRZ 2005, 1817, 1822.
[89] BGH NJW 2005, 3277 = FamRZ 2005, 1817, 1821.
[90] BGH NJW 2003, 1660.
[91] BGH FamRZ 2003, 860 m Anm *Klinkhammer* 866.
[92] BGH FamRZ 2005, 1817, 1822.

§ 1602

von Aufwendungen für die zusätzliche Altersvorsorge setzt die **tatsächliche Zahlung** voraus; fiktive Abzüge kommen nicht in Betracht[93]. Es ist jedoch zulässig, entsprechende Rücklagen in Höhe der beabsichtigten Aufwendungen, etwa auf einem Sparkonto, zu bilden, bis gerichtlich geklärt ist, ob und in welchem Umfang die Aufwendungen anerkannt werden. Auf diese Weise ist gewährleistet, dass nicht gerechtfertigte Rücklagenbildung wieder zur Verfügung steht.

22 c) **Einkünfte aus selbständiger Erwerbstätigkeit.** Das unterhaltsrechtlich relevante Einkommen des selbständig Erwerbstätigen drückt sich in dem erzielten **Gewinn** aus. Er entspricht dem Bruttoeinkommen. Deshalb sind von dem Gewinn die **Steuern** in tatsächlich entstandener Höhe und **Vorsorgeaufwendungen** in angemessenem Umfang abzusetzen. Die Angemessenheit der Altersvorsorgeaufwendungen kann nach dem Anteil bestimmt werden, den auch der abhängig Beschäftigte von seinem Einkommen aufzuwenden hat[94]. Zu den Vorsorgeaufwendungen rechnen ferner die Kosten einer privaten Krankenversicherung, nicht aber diejenigen zur Absicherung gegen Arbeitslosigkeit[95].

23 Der Gewinn wird in dem kaufmännischen Jahresabschluss nach § 4 Abs 1 EStG, der Bilanz und der Gewinn- und Verlustrechnung oder wie bei Freiberuflern und kleinen Gewerbetreibenden üblich in der Einnahmen- und Überschussrechnung nach § 4 Abs 3 EStG, die als Gewinn den jährlichen Überschuss der Betriebseinnahmen über die Betriebsausgaben erfasst, ausgewiesen. Eine unterhaltsrechtlich verlässliche Beurteilung des Einkommens kann im Hinblick auf **schwankende Einkünfte** idR nur auf einem mehrjährigen, in vollem Umfang dargestellten Zeitraum beruhen, der **nicht unter drei Jahren** liegen sollte[96]. Zudem hat die Beurteilung möglichst zeitnah zu erfolgen. Sie sollte daher auf die unmittelbar zurückliegenden Jahre abstellen. Nur die vollständige Darstellung unter **Vorlage der Unterlagen** erlaubt eine sachgerechte Ermittlung des Einkommens. Dies macht die Vorlage der Einkommensteuererklärungen nebst Anlagen, der zugehörigen Einkommensteuerbescheide, der Jahresabschlüsse mit den Kontennachweisen und den Anlageverzeichnissen unverzichtbar.

24 Die Praxis geht zur Vermeidung von Verzögerungen durch ein vorzuschaltendes Auskunftsverfahren folgenden Weg: Der Unterhaltsberechtigte behauptet unter Darlegung bisherigen Konsumverhaltens, gestützt auf ältere Einkommensunterlagen oder nach den Entnahmen ein Einkommen in bestimmter Höhe[97]. Ein ohne diese Substantiierung gegebener Vortrag kann als ins Blaue hinein aufgestellt unbeachtlich bleiben. Substantiiertem Vorbringen des Unterhaltsberechtigten muss der Unterhaltspflichtige zur Vermeidung der **Geständnisfiktion des § 138 Abs 4 ZPO** mit positiven Angaben entgegentreten; er kann sich nicht auf ein einfaches Bestreiten beschränken[98]. Der Unterhaltspflichtige hat zur Darstellung des Umfangs seiner Leistungsfähigkeit die Einnahmen und Ausgaben so darzustellen, dass die steuerlich beachtlichen Aufwendungen von den unterhaltsrechtlich relevanten abgegrenzt werden können[99]. Dem wird idR durch Vorlage der Gewinn- und Verlustrechnungen, der Einkommensteuererklärungen und der Steuerbescheide Genüge getan[100].

25 Der **Tatrichter** hat das Einkommen im Rahmen einer **umfassenden Beweiswürdigung nach § 286 Abs 1 ZPO** zu ermitteln. Dazu ist die Prüfung der vorgelegten Unterlagen auf ihre Vollständigkeit und Richtigkeit geboten. Die Vollständigkeit und Ordnungsmäßigkeit der Buchführung und der darauf aufbauenden steuerrechtlichen Unterlagen zur Gewinnermittlung streiten zunächst für den Vortrag des selbständig Erwerbstätigen. Es bedarf daher konkreter Angriffe des Prozessgegners, um diese Vermutung zu erschüttern. Zur Abgrenzung, welche Positionen für die Unterhaltsberechnung ganz oder teilweise ausscheiden, hat der Tatrichter notfalls einen Sachverständigen hinzuzuziehen. Kann gleichwohl anhand der Unterlagen die Abgrenzung nicht getroffen werden, oder ergeben sich wegen unvollständiger Aufzeichnungen und widersprüchlicher Angaben konkrete Zweifel an dem dargelegten Einkommen, kann der Tatrichter einzelne Positionen nach § 286 ZPO als unwahr zurückweisen oder diese unter Zuhilfenahme von Erfahrungswerten aus vergleichbaren Fällen nach § 287 Abs 2 ZPO schätzen. Die Schätzung setzt voraus, dass die Aufklärung und Beweisaufnahme unverhältnismäßig schwierig ist und zu dem Umfang der Unterhaltsforderung in keinem Verhältnis steht[101].

26 Die Unterschiede zwischen der an steuerlichen Gesichtspunkten orientierten und der unterhaltsrechtlichen Einkommensermittlung machen nach Lage des Falles eine Kontrolle und Korrektur erforderlich. Im Vordergrund stehen die **Betriebsausgaben,** in denen auch private Ausgaben enthalten sein können. Dies betrifft vielfach die Privatnutzung von Pkw und Telefon, die Rechts- und Steuerberaterkosten, die Personalkosten, Werbungskosten, Miet- und Raumkosten. Die **Kontennachweise** geben dazu Erkenntnismöglichkeiten, denn dort sind die Einzelausgaben ausgewiesen. Betriebskosten/Personalkosten müssen in einem angemessenen Verhältnis zu dem Betriebsergebnis stehen, ansonsten können sie nicht, jedenfalls nicht in vollem Umfang berücksichtigt werden[102]. Eine Vielzahl von steuerspezifischen Absetzungs- und Abschreibungsmöglichkeiten können unterhaltsrechtlich nicht hingenommen werden[103].

---

[93] BGH NJW 2007, 501.
[94] BGH NJW 2004, 793 = FamRZ 2004, 792; FamRZ 2003, 860 und 1179.
[95] BGH FamRZ 2003, 860.
[96] BGH FamRZ 2004, 1177, 1178.
[97] Vgl OLG Hamm FamRZ 1996, 1216, 1217.
[98] BGH NJW 1987, 1201 = FamRZ 1987, 259.
[99] BGH NJW 1980, 2083 = FamRZ 1980, 770, 771; FamRZ 1985, 471, 472.
[100] BGH NJW-RR 1993, 898 = FamRZ 1993, 789, 792.
[101] BGH FamRZ 1993, 789.
[102] BGH NJW 2006, 1794 = FamRZ 2006, 387.
[103] BGH NJW 1980, 2083 = FamRZ 1980, 770, 771; FamRZ 1985, 471, 472.

Die im Anlagespiegel ausgewiesenen steuerrechtlichen Ansätze für den Wertverzehr des Betriebsvermögens, die **Abschreibung für Abnutzung (AfA)**, sind nach unterhaltsrechtlichen Kriterien zu überprüfen. Die **lineare steuerliche Abschreibung** gemäß § 7 Abs 1 S 1 und 2 EStG nach den von der Finanzverwaltung herausgegebenen sog AfA-Tabellen für Gegenstände des beweglichen Anlagevermögens (BStBl 2000 I S 1533) kann hingenommen werden, denn sie entspricht regelmäßig dem tatsächlichen Wertverzehr[104]. Der Korrektur bedürfen **degressive Abschreibungen** nach § 7 Abs 2 EStG und **Sonderabschreibungen** mit Subventions- oder Prämiencharakter, soweit sie über den tatsächlichen Wertverzehr hinausgehen. Im Fall einer steuerrechtlich korrekt vorgenommenen Sonderabschreibung ist das bestimmte Wirtschaftsgut zu unterhaltsrechtlichen Zwecken fiktiv beginnend mit dem Jahr der Anschaffung und für die Folgezeit linear unter Heranziehung der AfA-Tabellen abzuschreiben[105]. Unterhaltsrechtlich nicht anzuerkennen ist die **Abschreibung auf das nichtbewegliche Anlagevermögen**. Bei Einkünften aus Vermietung und Verpachtung wirken sich die Abschreibungen erheblich für den Steuerpflichtigen aus. Abschreibungen für Gebäude berühren das unterhaltsrechtliche maßgebliche Einkommen nicht, denn ihnen liegt nur ein Verschleiß von Gegenständen des Vermögens zugrunde. Die Pauschalen übersteigen vielfach das Ausmaß der Wertminderung. Zudem ist der Ausgleich durch die günstige Entwicklung des Immobilienmarktes zu berücksichtigen[106]. Steuermindernd in Ansatz gebrachte Instandhaltungskosten können unterhaltsrechtlich nur von Bedeutung sein, wenn sie notwendigen Erhaltungsaufwand darstellen und nicht Aufwand für Vermögensbildung, der durch Ausbauten und wertsteigernde Verbesserungen vorgenommen wird[107]. Können Abschreibungen anerkannt werden, verbietet sich der zusätzliche Abzug von Tilgungsleistungen vom Einkommen[108].

Lassen sich Gewinne nicht feststellen, weisen die Unterlagen aber **Entnahmen** (§ 4 Abs 1 S 2 EStG) 27 aus, die der Selbständige für den privaten Verbrauch entnommen hat, werden diese vielfach als Bemessungsgrundlage für das Einkommen herangezogen[109]. Das ist jedoch nicht zu rechtfertigen. In einer solchen wirtschaftlichen Situation hat der selbständig Erwerbstätige von der Substanz seines Unternehmens gelebt. Der Unterhaltsanspruch kann nur aus der Substanz des Betriebsvermögens durch weitere Kreditaufnahme finanziert werden. Das wird idR nicht zumutbar sein, jedenfalls aber dann, wenn das Betriebsvermögen durch Kredite bereits übermäßig belastet und durch Verluste erschöpft ist, mithin eine Substanz nicht (mehr) vorhanden ist[110]. Privatentnahmen haben aber Indizwirkung für die Höhe des verfügbaren Effektiveinkommens des selbständig Erwerbstätigen[111].

d) Einkünfte aus Kapitalvermögen. Einkünfte aus Kapitalvermögen sind unterhaltsrechtliches 28 Einkommen. Auf die Herkunft des Vermögens kommt es nicht an[112]. Einkommen stellen die Vermögenserträge aber nur in der nach Abzug von Steuern und notwendigen Beschaffungskosten verbleibenden Höhe dar. Bei Kapitalzinsen kommt ein Ausgleich des Wertverlustes, den das Kapital durch die Geldentwertung erleidet, nicht in Betracht[113].

Gemäß § 1577 Abs 1 besteht die **Obliegenheit**, das vorhandene Vermögen so ertragreich wie möglich 29 und im Blick auf Anlagerisiken zumutbar zu nutzen und anzulegen. Werden Einkünfte tatsächlich nicht gezogen, die in zumutbarer Weise hätten erwirtschaftet werden können, ist es gerechtfertigt, erzielbare Einkünfte fiktiv zuzurechnen[114]. Eine Vermögensumschichtung kann geboten sein, wenn die gewählte Anlageform ersichtlich unwirtschaftlich ist[115]. Ist das Kapital vollständig oder teilweise verbraucht, kommt der Ansatz fiktiver Kapitaleinkünfte nur in Betracht, wenn sich der Verbrauch des Kapitals als **mutwillige Herbeiführung der Bedürftigkeit/Leistungsfähigkeit** iS des § 1579 Nr 3 darstellt[116].

e) Sozialstaatliche Zuwendungen. Sozialstaatliche Zuwendungen sind unabhängig von ihrer 30 Zweckbestimmung grds unterhaltsrechtliches Einkommen, soweit sie geeignet sind, den allgemeinen Lebensbedarf des Leistungsempfängers zu decken[117].

Sozialstaatliche Zuwendungen mit **Lohnersatzfunktion** sind unterhaltsrechtliches Einkommen. Sie 31 decken in Höhe der Leistung den unterhaltsrechtlichen Bedarf und bestimmen den Umfang der Leistungsfähigkeit. Dies gilt – für den Unterhaltsberechtigten wie den Unterhaltspflichtigen – für das **Arbeitslosengeld nach § 117 SGB III**[118]. Der nach erneuter Eheschließung beim **Arbeitslosengeld**

---

[104] BGH NJW 2003, 1734 = FamRZ 2003, 741; OLG Hamm FamRZ 1986, 1108; OLG Karlsruhe FamRZ 1990, 1234; OLG Bremen FamRZ 1995, 935, 936; OLG Köln FamRZ 1996, 966; OLG Bamberg FamRZ 1997, 1181; *Hommel* BB 2001, 247; *Laws* FamRZ 2000, 588; zur Behandlung von Ansparabschreibungen nach § 7 EStG vgl BGH FamRZ 2004, 1177.
[105] BGH NJW 2003, 1734 = FamRZ 2003, 741.
[106] BGH NJW 1984, 303 = FamRZ 1984, 39.
[107] BGH NJW 1980, 303, 304; NJW 1997, 735 = FamRZ 1997, 281, 283.
[108] OLG Düsseldorf FamRZ 1982, 1108, 1109.
[109] *Schürmann* FamRZ 2002, 1149.
[110] OLG Düsseldorf FamRZ 1983, 397, 399; OLG Hamm FamRZ 1997, 674.
[111] OLG Frankfurt FuR 2001, 370; OLG Dresden FamRZ 1999, 850; OLG Zweibrücken NJW 1992, 1902; *Wendl/Kemper*, Unterhaltsrecht, 6. Aufl, § 1 Rn 287.
[112] BGH FamRZ 1985, 354, 356 betr Erlös aus der Veräußerung eines Familienheims; NJW 1985, 909 = FamRZ 1985, 357 betr Zugewinnausgleich; NJW-RR 1988, 1093 = FamRZ 1988, 1031, 1034 betr Schmerzensgeld.
[113] BGH NJW-RR 1986, 682 = FamRZ 1986, 441.
[114] BGH FamRZ 1985, 145, 149; NJW 1988, 2799 = FamRZ 1988, 604; FamRZ 1995, 540, 541.
[115] BGH FamRZ 1992, 423.
[116] BGH NJW 1990, 3274 = FamRZ 1990, 989, 991.
[117] BGH NJW 1983, 1481 = FamRZ 1983, 574; NJW-RR 1988, 1093 = FamRZ 1988, 1031.
[118] BSG FamRZ 1987, 274, 275; BGH NJW 1987, 1551 = FamRZ 1987, 456; OLG Stuttgart FamRZ 1996, 415.

§ 1602

eintretende Vorteil der Bemessung nach Leistungsgruppe C entspr der Steuerklasse III kommt nur der neuen Ehe zugute. Zur Ermittlung des Unterhalts des geschiedenen Ehegatten ist das Arbeitslosengeld nach der Leistungsgruppe A entspr der Steuerklasse I einzustellen[119].

31a Nach Maßgabe der bis zum 31. 12. 2004 geltenden Bestimmungen des SGB III war **Arbeitslosenhilfe** wie die Sozialhilfe eine subsidiäre Sozialleistung mit Lohnersatzfunktion[120]. Auf Seiten des **Unterhaltspflichtigen** wurde sie gleichwohl als Einkommen behandelt[121]. Auf Seiten des Unterhaltsberechtigten wirkte sie sich grds nicht bedürftigkeitsmindernd aus, soweit dessen Unterhaltsanspruch auf den Leistungsträger übergegangen war oder noch übergeleitet werden konnte[122].

31b Durch das Vierte Gesetz für moderne Dienstleistungen am Arbeitsmarkt vom 24. 12. 2003 (BGBl I S 2954) ist das SGB II am 1. 1. 2005 in Kraft getreten. Es behandelt die Grundsicherung für erwerbsfähige, hilfsbedürftige Arbeitsuchende mit gewöhnlichem Aufenthalt in der Bundesrepublik Deutschland, die das 15. Lebensjahr vollendet und das 65. Lebensjahr noch nicht vollendet haben. Als passive Leistung gewährt das SGB II Leistungen zur Sicherung des Lebensunterhalts (**Arbeitslosengeld – ALG II**) nach § 19 SGB II. Nach § 20 Abs 2 SGB II wird eine monatliche Regelleistung geleistet. Hinzukommen nach § 22 SGB II Leistungen für Unterkunft und Heizung in Höhe der tatsächlichen Aufwendungen, soweit diese angemessen sind. Gemäß § 1 Abs 2 WoGG sind Empfänger von Leistungen nach dem SGB II (ALG II und Sozialgeld) von dem Bezug von Wohngeld nach dem Wohngeldgesetz ausgeschlossen. Nicht erwerbsfähige Familienangehörige, die mit dem erwerbsfähigen Hilfsbedürftigen in einer Bedarfsgemeinschaft leben (Eltern des erwerbsfähigen Hilfsbedürftigen; Mutter oder Vater eines minderjährigen, unverheirateten erwerbsfähigen Kindes, der nicht getrennt lebende Ehegatte des erwerbsfähigen Hilfsbedürftigen; der mit dem erwerbsfähigen Hilfsbedürftigen in einer eheähnlichen Lebensgemeinschaft Lebende), erhalten nach § 28 SGB II **Sozialgeld** in Höhe der Regelleistung nach § 19 SGB II, Kinder bis zur Vollendung des 14. Lebensjahres allerdings nur 60% der Regelleistung, Kinder ab dem 15. Lebensjahr bis zu Volljährigkeit 80% der Regelleistung.

31c Diese Leistungen sind ebenfalls als **subsidiäre Leistungen** ausgestaltet und somit kein unterhaltsrechtliches Einkommen des Unterhaltsberechtigten. Dies gilt jedoch nicht, wenn der Übergang des Unterhaltsanspruchs nach § 33 SGB II ausgeschlossen ist[123]. Der befristete Zuschlag nach § 24 SGB II hat Lohnersatzfunktion; er geht nicht auf den Leistungsträger über. Er ist deshalb ebenso Einkommen wie der Verdienst aus einem 1-Euro-Job[124]. Auf Seiten des Unterhaltspflichtigen sind alle Leistungen als Einkommen zu behandeln.

31d § 33 SGB II sieht den Rückgriff gegen Leistungsverpflichtete vor, die zur Sicherung des Lebensunterhaltes der Bezieher von Leistungen nach dem SGB II verpflichtet sind. Die Vorschrift enthält in der Fassung des Gesetzes zur Fortentwicklung der Grundsicherung für Arbeitsuchende vom 20. 7. 2006 (BGBl I S 1706), das zum 1. 8. 2006 in Kraft getreten ist, einen gesetzlichen Forderungsübergang analog zu § 94 SGB XII. Es gehen alle zum 1. 8. 2006 bestehenden Unterhaltsansprüche über, zudem der unterhaltsrechtliche Auskunftsanspruch. Die Rückabtretung des Unterhaltsanspruchs zur gerichtlichen Geltendmachung ist zulässig.

31e Unterhaltsrechtliches Einkommen stellen ferner das **Krankengeld, Krankentagegeld und Krankenhaustagegeld**[125], **Streikgeld, Schlechtwettergeld, Kurzarbeitergeld, Überbrückungsgeld nach § 57 SGB III; Mutterschaftsgeld nach § 13 MuSchG; Unterhaltsgeld nach §§ 153 ff SGB II**. Einkommen sind ferner die **Altersrenten** und **Pensionen** wie die **Erwerbsunfähigkeitsrente**[126], **Schwerstbehindertenrenten, Ausgleichsrenten, Schmerzensgeldrenten, Waisen- und Halbwaisenrenten**[127]. Dies gilt auch für Leistungen aus einer **privaten Krankentage und/oder Krankenhaustagegeldversicherung**. Sie sind um die Versicherungsprämien und die krankheitsbedingten Mehrkosten zu bereinigen[128].

32 **Sozialstaatliche Leistungen mit Unterstützungs- und Förderungsfunktion** werden einkommensabhängig gewährt und können deshalb gänzlich entfallen. Einkommen sind sie nur, wenn sie nicht subsidiär, also nicht nachrangig gegenüber Unterhaltsansprüchen sind.

33 **Sozialhilfe** nach den bis zum 31. 12. 2004 geltenden Bestimmungen des BSHG hatte grds subsidiären Charakter[129]. Zum 1. 1. 2005 ist das Gesetz zur Einordnung des Sozialhilferechts in das Sozialgesetzbuch vom 27. 12. 2003 (BGBl I S 3022) in Kraft getreten. Die sozialhilferechtlichen Regelungen finden sich nunmehr im SGB XII. Sozialhilfe in Gestalt der Hilfe zum Lebensunterhalt nach den §§ 27 bis 40 SGB XII erhalten nur noch hilfsbedürftige Personen unter 15 Jahren, die kein Sozialgeld beziehen, ferner

---

[119] OLG Frankfurt FamRZ 2006, 792; OLG Koblenz FamRZ 2005, 720.
[120] BGH FamRZ 1996, 1067, 1069.
[121] BGH FamRZ 1987, 456, 458.
[122] BGH FamRZ 1987, 456.
[123] OLG München OLGR 2006, 222.
[124] OLG München NJW-RR 2006, 439; s auch *Klinkhammer* FamRZ 2004, 1914; aA *Schürmann* FPR 2005, 448, 454.
[125] OLG Bremen FamRZ 1991, 86.
[126] OLG Köln NJWE-FER 2001, 67.
[127] BGH NJW 1981, 168 = FamRZ 1980, 1109.
[128] BGH NJW-RR 1987, 194 = FamRZ 1987, 36.
[129] BGH NJW-RR 2000, 1385 = FamRZ 2000, 1358; NJW 1999, 2365 = FamRZ 1999, 843; zu Möglichkeiten, in diesen Fällen eine doppelte Bedarfsdeckung zu vermeiden, vgl *Steymanns* FamRZ 2001, 672; *Levansky* FamRZ 2000, 1057; zum sozialhilferechtlichen Übergang von Ansprüchen gegen zivilrechtlich Unterhaltspflichtige vgl *Münder* NJW 2001, 2201.

Personen, die das 15. Lebensjahr vollendet und das 65. Lebensjahr noch nicht vollendet haben, die nicht erwerbsfähig iS des § 8 SGB II sind. Die Leistungen sind nach wie vor subsidiär ausgestaltet, denn nach § 94 SGB XII findet ein gesetzlicher Forderungsübergang von Unterhaltsansprüchen des Leistungsbeziehers auf den Leistungsträger statt. Der Grundsatz der Subsidiarität gilt auch für den Fall, dass der Übergang des Unterhaltsanspruchs auf den Träger der Sozialhilfe ausnahmsweise ausgeschlossen ist, wenn etwa der Unterhaltsanspruch auf der Grundlage eines fiktiven Einkommens aus zumutbarer Erwerbstätigkeit des Unterhaltspflichtigen ermittelt wurde. Der Sozialhilfebezug schließt in diesen Fällen den Unterhaltsanspruch nicht aus. Dem Unterhaltsbegehren für die Vergangenheit, in der Sozialhilfe bezogen wurde, kann in Mangelsituationen der Grundsatz von Treu und Glauben entgegenstehen und eine (Teil-)Anrechnung der Sozialhilfeleistungen rechtfertigen, wenn anderenfalls die Gefahr besteht, der Unterhaltspflichtige mit derart hohen Forderungen aus der Vergangenheit belastet würde, dass es ihm voraussichtlich auf die Dauer unmöglich gemacht wird, diese Schulden zu tilgen und daneben noch seinen laufenden Verpflichtungen nachzukommen. Vergangener Unterhalt ist derjenige bis zum Zeitpunkt der Zustellung der Klage. Für die Zukunft setzt sich der Nachrang der Sozialhilfe wieder durch[130].

Wohngeld ist Einkommen, soweit es nicht lediglich erhöhte Aufwendungen für den Wohnbedarf ausgleicht[131]. Der Wohngeldempfänger hat danach zur Vermeidung der Behandlung als Einkommen einen solchen Tatbestand darzulegen. Allerdings kann nach der Lebenserfahrung davon ausgegangen werden, dass Wohngeld gerade wegen erhöhter Wohnkosten gezahlt wird[132]. **33 a**

Pflegegeld wird nach den jeweiligen Landespflegegeldgesetzen, nach den §§ 23 Abs 3, 39 SGB VIII für die Tagespflege oder die Aufnahme fremder Kinder, nach § 64 SGB XII für eigene schwerbehinderte Kinder, nach den §§ 33, 37 Abs 1 SGB XI (Pflegeversicherung) geleistet. Bei der Behandlung des Pflegegeldes sind zunächst die jeweiligen gesetzlichen Grundlagen zu beachten. Sodann ist zu unterscheiden: Macht der Pflegebedürftige Unterhalt geltend, hat er sich das Pflegegeld jedenfalls auf seinen behinderungsbedingten Mehrbedarf anrechnen zu lassen[133]. Das Vierte Gesetz zur Änderung des Elften Buches Sozialgesetzbuch vom 21. 6. 1999 (BGBl I S 1656) hat mit § 13 Abs 6 SGB XI folgende Regelung für die Behandlung des an die Pflegeperson weitergeleiteten Pflegegeldes getroffen: Wird Pflegegeld nach § 37 SGB XI oder eine vergleichbare Geldleistung an eine Pflegeperson (§ 19 SGB XI) weitergeleitet, bleibt dies bei der Ermittlung von Unterhaltsansprüchen und Unterhaltsverpflichtungen der Pflegeperson unberücksichtigt. Dies gilt nicht in den Fällen des § 1361 Abs 3, der §§ 1579, 1603 Abs 2 und des § 1611 Abs 1 sowie für Unterhaltsansprüche der Pflegeperson, von der dieser erwartet werden kann, ihren Unterhaltsbedarf ganz oder teilweise durch eigene Einkünfte zu decken und der Pflegebedürftige mit dem Unterhaltspflichtigen nicht in gerader Linie verwandt ist[134]. Damit ist das Pflegegeld für die Pflegeperson grds kein unterhaltsrechtliches Einkommen[135]. **34**

Dem Pflegebedürftigen gezahltes Pflegegeld kann in den jeweiligen Ausnahmefällen mit dem durch die Versorgung des Pflegebedürftigen nicht verbrauchten Teil der Pflegeperson für Zwecke des Unterhaltsrechts als Einkommen zugerechnet werden[136]. Dieser Teil kann auf etwa 1/3 des Pflegegeldes veranschlagt werden[137]. Dann ist aber der Erwerbstätigenbonus zu berücksichtigen[138]. Die Bedürftigkeit des Gepflegten wird durch die Zahlung an die Pflegeperson nicht berührt. Für ihn streitet § 1610 a[139].

Das **Erziehungsgeld** hat keine Lohnersatzfunktion. Es wird deshalb auch an Eltern gezahlt, die nicht erwerbstätig waren. Es soll die Unterhaltsverpflichtungen nicht tangieren. Nach § 9 S 1 BErzGG ist es danach kein Einkommen[140]. Ausgenommen von der Nichtberücksichtigung sind gemäß § 9 S 2 BErzGG die Fälle gesteigerter Unterhaltspflicht gemäß § 1603 Abs 2[141], ferner der Billigkeitsregeln nach §§ 1361 Abs 3, 1579[142] und nach § 1611 Abs 1. Wenn es ausnahmsweise als Einkommen des Unterhaltspflichtigen berücksichtigt werden kann, ist es unterhaltsrechtlich nur einzusetzen, wenn und soweit der eigene Selbstbehalt des barunterhaltspflichtigen Elternteils sichergestellt ist[143]. Bei der Bemessung des Unterhaltsanspruchs des nach § 1609 Abs 2 aF mit den minderjährigen Kindern ranggleichen zweiten Ehefrau des gegenüber seinen Kindern aus erster Ehe Unterhaltspflichtigen ist das an seinen neuen Ehegatten gezahlte Erziehungsgeld nicht zu berücksichtigen, auch nicht im Mangelfall[144]. Während des Bezuges von Erziehungsgeld besteht grds keine **Erwerbsobliegenheit**[145]. **34 a**

---

[130] BGH FamRZ 1999, 843 = NJW 1999, 2365; FamRZ 2000, 1358, 1359.
[131] BGH NJW 2003, 1660 = FPR 2003, 378 = FamRZ 2003, 860; FamRZ 1984, 772, 774; NJW 1983, 684 = FamRZ 1982, 587.
[132] OLG Hamm FamRZ 1984, 783; OLG Hamburg FamRZ 1985, 291.
[133] BGH NJW-RR 1993, 322 = FamRZ 1993, 417, 418; vgl auch BGH NJW 1985, 2590 = FamRZ 1985, 917.
[134] Zur gesetzlichen Neuregelung Büttner FamRZ 2000, 596.
[135] S jetzt ausdrücklich BGH NJW 2006, 2182 = FamRZ 2006, 846 unter Aufgabe von BGH FamRZ 1996, 933, nur LS.
[136] BGH NJW 1984, 2355, 2357 = FamRZ 1984, 769; NJW 1987, 1201 = FamRZ 1987, 259, 261; OLG Hamm FamRZ 1988, 1430.
[137] OLG Zweibrücken OLGR 2002, 75.
[138] OLG Braunschweig FamRZ 1996, 1216.
[139] Büttner FamRZ 1995, 193, 196, 198; vgl auch Wendl/Dose § 1 Rn 463a; OLG Zweibrücken OLGR 2001, 108.
[140] BGH NJW 2006, 2404 = FamRZ 2006, 1011; BVerfG FamRZ 2000, 1149.
[141] Vgl Unterhaltsrechtliche Leitlinien zu Ziff 2.5; OLG Nürnberg FamRZ 1998, 981.
[142] OLG Zweibrücken OLGR 2000, 430.
[143] BGH FamRZ 2006, 1010.
[144] BGH NJW-RR 2006, 1225 = FamRZ 2006, 1182.
[145] BGH NJW 2007, 139 = FamRZ 2006, 1827; NJW 2006, 2404 = FamRZ 2006, 1010.

§ 1602

34 b Zum 1. 1. 2007 ist das Gesetz zum **Elterngeld** und zur Elternzeit Bundeselterngeld- und Elternteilzeitgesetz – BEEG) in Kraft getreten. Für Familien, deren Kind ab 1. 1. 2007 geboren wird, tritt das Elterngeld an die Stelle des Erziehungsgeldes nach dem BerzGG. Erziehungsgeld wird noch weiter gezahlt für Geburten, die bis zum 31. 12. 2006 erfolgt sind. Elterngeld wird unter den Voraussetzungen des § 1 BEEG an Mütter und Väter gezahlt, die ein neugeborenes Kind betreuen. Anspruchsberechtigt sind Erwerbstätige, Beamte, Selbständige, Erwerbslose, Studierende, Auszubildende, Adoptiveltern und ausnahmsweise auch Verwandte 3. Grades. Der Anspruch setzt voraus, dass der Anspruchsteller seinen Wohnsitz oder seinen gewöhnlichen Aufenthalt in Deutschland hat, mit seinem Kind in einem Haushalt lebt, dieses Kind selbst betreut und erzieht und keiner vollen Erwerbstätigkeit nachgeht. Nicht voll erwerbstätig ist der Anspruchsteller, wenn die wöchentliche Arbeitszeit im Monatsdurchschnitt 30 Wochenstunden nicht übersteigt, er eine Beschäftigung zur Berufsausbildung ausübt oder im Rahmen der Tagespflege iS des § 23 SGB VIII nicht mehr als fünf Kinder betreut (§ 1 Abs 6 BEEG). Nach § 2 Abs 1 BEEG beträgt das Elterngeld 67% des vor der Geburt erzielten Nettoeinkommens aus Erwerbstätigkeit, mindestens jedoch 300 Euro monatlich und höchstens 1800 Euro monatlich. Nach § 4 Abs 1 BEEG kann das Elterngeld in der Zeit von der Geburt bis zur Vollendung des 14. Lebensmonats des Kindes bezogen werden[146]. Im Rahmen von Unterhaltsverpflichtungen wird das Elterngeld nach § 11 BEEG bis zu 300 Euro monatlich als Einkommen grds nicht berücksichtigt. Das gilt nicht in den Fällen der §§ 1361 Abs 3, 1579, 1603 Abs 2 und 1611 Abs 1. Das Elterngeld ist **Einkommensersatz**, kein Erwerbseinkommen. Deshalb fallen berufsbedingte Aufwendungen nicht an. Ein Erwerbstätigenbonus ist nicht zu berücksichtigen. Es gilt der Selbstbehalt des Nichterwerbstätigen.

34 c **Leistungen nach dem Unterhaltsvorschussgesetz** sind wegen des gesetzlichen Forderungsübergangs gemäß § 7 UVG ebenfalls subsidiär und kein Einkommen[147]. Der Übergang findet aber ausnahmsweise nicht statt, wenn dem Unterhaltspflichtigen bei Zahlung des Kindesunterhalts weniger als der Bedarf nach dem Sozialhilferecht verbleiben würde[148].

35 **Leistungen nach dem BAföG** sind, auch wenn sie nur darlehensweise gewährt werden, Einkommen[149]. Die Kredite sind wegen ihrer Zinsfreiheit, den Rückzahlungsmodalitäten und den Teilerlassmöglichkeiten so günstig, dass es dem Studenten angesichts seiner Zukunftsperspektiven zumutbar ist, sie zur Entlastung der Eltern, die schon erhebliche Leistungen für das Kind erbracht haben, in Anspruch zu nehmen. Weiß der Unterhaltspflichtige von der Ablehnung des Darlehensantrages, obliegt es ihm, sich über den Fortgang des Verfahrens zu unterrichten, das Kind zur Einlegung eines Rechtsmittels zu veranlassen und es im weiteren Verfahren zu unterstützen, wenn er den ablehnenden Bescheid für rechtswidrig erachtet[150]. Bloße sog **Vorausleistungen nach § 36 BAföG** sind dagegen subsidiär und deshalb nicht als Einkommen des Bedürftigen einzusetzen. Die Unterhaltsansprüche des Leistungsempfängers können nach § 37 BAföG übergeleitet und die Leistungen vom Unterhaltsschuldner zurückgefordert werden[151].

36 Zum Kindergeld wird auf § 1612 b verwiesen. Wegen der öffentlich-rechtlichen Zweckbestimmung des Kindergeldes, das die Eltern im Rahmen ihrer Unterhaltspflichten entlasten soll, ist weder das **Kindergeld**[152] noch der für ein weiteres, nicht gemeinschaftliches Kind gezahlte Mehrbetrag, sog **Zählkindervorteil**[153], unterhaltsrechtliches Einkommen. Der **Kinderzuschlag nach § 6 a BKGG** ist nicht als Kindergeld anzusehen, sollte vielmehr als Einkommen des Elternteils behandelt werden, dem er gezahlt wird[154].

37 Als Art 12 des Altersvermögensgesetzes (AVmG) vom 26. 6. 2001 (BGBl I S 1310) ist das Gesetz über die bedarfsorientierte Grundsicherung im Alter und bei Erwerbsminderung (**Grundsicherungsgesetz – GSiG**) eingeführt worden. Es ist nach Art 35 Abs 6 AVmG am 1. 1. 2003 in Kraft getreten. Das Gesetz zur Einordnung des Sozialhilferechts in das Sozialgesetzbuch vom 27. 12. 2003 (BGBl I S 3022) hat mit Wirkung vom 1. 1. 2005 das Grundsicherungsgesetz in das SGB überführt. Maßgeblich sind die §§ 41 ff SGB XII. Personen, die das 65. Lebensjahr vollendet haben oder volljährige Personen, die dauerhaft voll erwerbsgemindert iS des § 43 Abs 2 SGB VI sind und bei denen unwahrscheinlich ist, dass die volle Erwerbsminderung behoben werden kann, steht Anspruch auf Grundsicherung zu. Ziel des Gesetzes ist, diesem Personenkreis eine eigenständige Leistung zukommen zu lassen, die den grundlegenden Bedarf für den Lebensunterhalt sicherstellt[155]. Die Grundsicherung soll die Inanspruchnahme von Sozialhilfe überflüssig machen. Der Höhe nach entsprechen die Leistungen der Grundsicherung etwa dem Umfang der Sozialhilfe (§ 42 SGB XII)[156]. Zusätzlich umfasst die Grundsicherung die angemessenen Aufwendungen für Unterkunft und Heizung. Die Leistungen werden nur auf **Antrag** gewährt. Die **Anspruchsberechtigung** setzt voraus, dass der Berechtigte nicht in der Lage ist,

---

[146] Zu Einzelheiten der Berechnung vgl *Mleczko* ZFE 2007, 49; *Götsche* FamRB 2007, 120; s auch *Scholz* FamRZ 2007, 7.
[147] BGH FamRZ 1986, 878.
[148] OLG Hamm NJW-RR 2000, 1462; OLG Düsseldorf FamRZ 1999, 1020.
[149] BGH NJW 1985, 2331 = FamRZ 1985, 916.
[150] BGH NJW-RR 1989, 578 = FamRZ 1989, 499, 501.
[151] OLG Düsseldorf FamRZ 1995, 957.
[152] BGH NJW 1997, 1919 = FamRZ 1997, 806.
[153] BGH NJW 2000, 3140 = FamRZ 2000, 1492.
[154] *Scholz* FPR 2006, 329, 333.
[155] BT-Drucks 14/5150 S 48.
[156] Vgl *Kötter*, Übersicht über die Leistungen der Grundsicherung im Alter und bei Erwerbsminderung, FPR 2004, 689; *Münder* NJW 2002, 3661; *Klinkhammer* FamRZ 2003, 1793; FamRZ 2002, 997; *Steymanns* FamRZ 2002, 1687.

seinen Lebensunterhalt aus eigenem Einkommen (§§ 41 Abs 2, 82 bis 84 SGB XII, s auch § 1 der Verordnung zu § 82 SGB XII) und Vermögen (§ 90 SGB XII) zu gewährleisten. Zu den zu berücksichtigenden **Einkünften** rechnen grds – anders als bloße Unterhaltsansprüche – auch tatsächlich geleistete **Unterhaltszahlungen**[157]. Unterhaltsansprüche gegenüber ihren Kindern und Eltern bleiben nach § 43 Abs 2 S 1 SGB XII jedoch unberücksichtigt, sofern deren jährliches Gesamteinkommen im Sinn des § 16 SGB IV unter einem Betrag von 100.000 Euro liegt. Werden Eltern in Anspruch genommen, kommt es auf das jeweilige Einkommen an[158]. Im Verhältnis der Kinder gegenüber ihren unterhaltsberechtigten Eltern gilt die Einkommensgrenze für jedes Kind. Da ein Übergang des Unterhaltsanspruchs in der überwiegenden Zahl der Fälle wegen der hohen Einkommensgrenzen nicht stattfindet und die Leistungen somit keinen subsidiären Charakter besitzen, sind sie unabhängig davon, ob sie zu Recht oder zu Unrecht bewilligt worden sind, unterhaltsrechtliches Einkommen und entfalten auf Seiten des Beziehers in vollem Umfang bedarfsdeckende Wirkung[159]. Ein **volljähriges, voll erwerbsgemindertes Kind** ist aus Rücksichtnahme auf die unterhaltspflichtigen Eltern und aus Loyalität ihnen gegenüber deshalb gehalten, vorrangig zur Minderung seiner Bedürftigkeit die neuen Sozialleistungen der Grundsicherung in Anspruch zu nehmen. Kommt es dieser Obliegenheit nicht nach, sind fiktiv mögliche Leistungen bedarfsmindernd zu berücksichtigen[160]. Übersteigt indes das Einkommen der Eltern den Betrag von 100.000 Euro, ist das volljährige Kind berechtigt, sogleich die unterhaltspflichtigen Eltern in Anspruch zu nehmen[161]. Die Privilegierung von Unterhaltsansprüchen nach § 43 Abs 2 S 1 SGB XII erstreckt sich **nur auf den Verwandtenunterhalt**[162], nicht auf andere Unterhaltsansprüche, etwa gegen den getrennt lebenden oder geschiedenen Ehegatten; § 43 Abs 2 S 1 SGB XII ist auf den Ehegattenunterhalt nicht anwendbar[163]. In dem Unterhaltsrechtsverhältnis sind die Leistungen subsidiär und nicht als bedarfsdeckendes Einkommen zu behandeln.

f) Freiwillige Zuwendungen von Dritten. Freiwillige Leistungen in Geld oder Natur, die von dritten Personen einer Unterhaltspartei erbracht werden, sind nicht als Einkommen zu behandeln. Sie berühren weder die Bedürftigkeit noch die Leistungsfähigkeit des Empfängers. Anderes gilt jedoch, wenn der Dritte seinen Willen zum Ausdruck bringt, mit seinen Leistungen nicht nur den Empfänger sondern auch die andere Unterhaltspartei zu entlasten[164]. Leistungen von Familienangehörigen sollen idR nur dem Zuwendungsempfänger zugedacht sein[165]. Dies gilt etwa für das mietfreie Wohnen des Unterhaltspflichtigen bei seinen Eltern[166]. In Mangelfällen kann sich allerdings eine –teilweise- Anrechnung auf den Bedarf eines Ehegatten aus Billigkeitsgesichtspunkten rechtfertigen[167]. Erhält der Unterhaltsberechtigte eine **zweckfreie Vermögenszuwendung** (Anteile an einem Investment-Fond im Wert von ca 50.000 DM), ist der Einsatz dieses Vermögens für den Unterhalt gerechtfertigt, selbst wenn es sich um eine Zuwendung eines Dritten handelt[168]. In Mangelfällen kann im Rahmen der Leistungsfähigkeit die Berücksichtigung dieser Leistungen auch gegen den Willen des Zuwendenden erwogen werden.

Freiwillige Leistungen, auf die ein Anspruch besteht, stehen Leistungen mit Anspruchsberechtigung gegenüber. So können grds auch auf gesetzlicher Grundlage geschuldete und geleistete **Unterhaltszahlungen** unterhaltsrechtliches Einkommen des Empfängers sein. Die Qualifizierung als Unterhaltsleistung schließt die Heranziehung zum Unterhalt für andere Unterhaltsberechtigte nicht aus.

g) Fiktive Einkommenszurechnung. Die Unterhaltsberechnung stützt sich grds auf tatsächlich erzieltes unterhaltsrechtliches Einkommen, das für den allgemeinen Lebensbedarf eingesetzt wird. Ausnahmsweise können die Parteien des Unterhaltsrechtsverhältnisses so behandelt werden, als erzielten sie zwar tatsächlich nicht oder nicht zu ihrer Verfügung stehendes, bei gutem Willen und weiteres erzielen könnten, **sog fiktive Einkünfte**[169]. Die Fiktion kann bei allen Einkunftsarten in Betracht kommen. Die Zurechnung fiktiver Einkünfte setzt das Bestehen einer **unterhaltsrechtlichen Obliegenheit** – einer an die eigene Person gerichteten und von ihr im eigenen Interesse zu erfüllenden Verpflichtung – und deren **schuldhafte Verletzung** voraus. Unterhaltsberechtigte wie Unterhaltspflichtige trifft die Obliegenheit, alle zumutbaren Anstrengungen zu unternehmen, um durch eigene Einkünfte ihren jeweiligen Lebensbedarf decken und die Unterhaltsansprüche bedienen zu können. Das jeweilige Unterhaltsrechtsverhältnis bestimmt die Ausprägung dieser Obliegenheit. Im Vordergrund steht die **Erwerbsobliegenheit**. Diese trifft beide Unterhaltsparteien in gleicher Weise. Der Unterhaltsberechtigte hat zur Behebung seiner Bedürftigkeit, der Unterhaltspflichtige zum Erhalt oder der

---

[157] BGH FamRZ 2007, 1158 m Anm *Scholz*.
[158] So *Klinkhammer* FamRZ 2003, 1793, 1799; *Scholz* in: *Scholz/Stein*, Praxishandbuch Familienrecht, Teil I Rn 140.
[159] BGH FamRZ 2007, 1158; OLG Hamm FamRZ 2004, 1061; OLG Oldenburg NJW 2004, 364 = FamRZ 2004, 295.
[160] OLG Hamm OLGR 2004, 192; OLG Nürnberg FamRZ 2004, 1988; s auch BGH FamRZ 2002, 1698, 1701.
[161] So AG Ludwigsburg FamRZ 2004, 899.
[162] BGH FamRZ 2007, 1158.
[163] OLG Hamm FamRZ 2006, 125: anders zu § 2 GSiG.
[164] BGH FamRZ 2000, 153, 154; NJW 1980, 124, 126 = FamRZ 1980, 40, 42; NJW-RR 1993, 322 = FamRZ 1993, 417, 419.
[165] BGH NJW-RR 1990, 578, 580 = FamRZ 1990, 979.
[166] OLG Hamm FamRZ 2001, 46.
[167] BGH FamRZ 2000, 153, 154; FamRZ 1999, 843.
[168] So OLG München FamRZ 1996, 1433.
[169] BGH NJW 1980, 393, 395 = FamRZ 1980, 126, 128.

Wiederherstellung seiner Leistungsfähigkeit in zumutbarer Weise seine Arbeitskraft einzusetzen[170]. Dies kann für die Unterhaltsparteien nach Lage des Falles die erstmalige Aufnahme einer Erwerbstätigkeit, deren Ausweitung oder Fortführung und auch die Aufnahme einer Nebentätigkeit bedeuten. Stets ist zu prüfen, ob der den Unterhaltsparteien zugemutete Umfang der Erwerbsobliegenheit unter Berücksichtigung der persönlichen Bindungen, insbes auch des Umgangsrechts mit den Kindern, der Umgangskosten und eventueller Umzugskosten zumutbar ist[171]. Bedeutsam ist ferner die Obliegenheit zur ertragreichen Nutzung vorhandenen Vermögens, zur Einziehung von Forderungen und zur Geltendmachung von Steuervorteilen.

41 Die Höhe fiktiv zuzurechnender Einkünfte ist im Einzelfall nach § 287 ZPO zu schätzen. Im wohlverstandenen Interesse hat die jeweilige Prozesspartei dem Tatrichter geeigneten Vortrag zu den Schätzungsgrundlagen zu unterbreiten. Dies gilt ganz besonders im Fall fiktiv zuzurechnender Erwerbseinkünfte, deren Höhe entscheidend von der Person des Erwerbspflichtigen und seiner Lebens- und Arbeitsbiographie zu bestimmen ist. Frühere Einkünfte, Tarifverträge mit den durchschnittlichen Stundenlöhnen, Arbeitszeiten und beruflichen Qualifikationsmerkmalen sowie erkennbare Entwicklungen des Arbeitsmarktes[172] gewinnen Bedeutung.

42 **h) Überobligatorische Einkünfte.** Im Unterhaltsrecht treffen den Unterhaltsberechtigten und den Unterhaltspflichtigen Obliegenheiten. So haben sie grds in gleicher Weise ihrer Erwerbsobliegenheit zu genügen, die sie anhält, einer ihrer Lebens- und Arbeitsbiographie entsprechenden zumutbaren Erwerbstätigkeit nachzugehen. Soweit ihre Erwerbstätigkeit über diese Anforderungen hinausgeht, ist sie – aus unterhaltsrechtlicher Sicht – überobligatorisch; überobligatorisch ist auch das hierdurch erzielte Erwerbseinkommen. Eine überobligatorische Erwerbstätigkeit kann ohne unterhaltsrechtliche Nachteile aufgegeben werden[173].

43 Die Behandlung überobligatorischen Erwerbseinkommens in der Unterhaltsberechnung hat auf die unterschiedliche Ausprägung der Erwerbsobliegenheit in dem jeweiligen Unterhaltsrechtsverhältnis abzustellen und differenziert zwischen dem Unterhaltsberechtigten und dem Unterhaltspflichtigen. Zumutbar und obligationsmäßig ist grds die Ausübung einer vollschichtigen Erwerbstätigkeit. Eine mit nicht mehr berufstypischen Überstunden und Mehrarbeit verbundene Erwerbstätigkeit ist überobligationsmäßig. Gleiches gilt idR für eine neben einer vollschichtigen Erwerbstätigkeit ausgeübte Nebentätigkeit[174] sowie für eine auf Kosten der Gesundheit ausgeübte Erwerbstätigkeit. Überobligationsmäßig ist eine Erwerbstätigkeit, die wegen gebotener Kindesbetreuung noch nicht geschuldet wird. Ein in der Schul- oder Berufsausbildung befindliches Kind erzielt überobligationsmäßige Einkünfte, wenn es daneben erwerbstätig ist[175]. Überobligatorisch erwerbstätig ist der bislang abhängig Beschäftigte wie der Selbständige im Fall einer Erwerbstätigkeit nach Eintritt in das gesetzliche Rentenalter[176].

44 Die Frage, ob und ggf in welchem Umfang Einkommen aus einer überobligatorischen Tätigkeit des Unterhaltsberechtigten bei der Unterhaltsberechnung zu berücksichtigen ist, lässt sich nach der Rspr des BGH nicht pauschal beantworten, sondern hängt von den besonderen **Umständen des Einzelfalles** ab[177]. Maßgebend ist dabei insbes, wie etwa die Kinderbetreuung mit den konkreten Arbeitszeiten unter Berücksichtigung erforderlicher Fahrzeiten zu vereinbaren ist und ob und ggf zu welchen Zeiten die Kinder infolge eines Kindergarten- oder Schulbesuchs zeitweise der Betreuung nicht bedürfen[178]. Im Rahmen der **Leistungsfähigkeit** des Unterhaltspflichtigen ist die Anrechnung überobligationsmäßigen Einkommens nach Treu und Glauben gemäß § 242 unter Berücksichtigung der Einzelfallumstände zu entscheiden[179].

44 a Das **überobligatorisch erzielte Einkommen** ist aufzuteilen in einen nicht unterhaltsrelevanten Anteil und in einen **unterhaltsrelevanten Anteil.** Der nicht unterhaltsrelevante Anteil der überobligatorischen Einkünfte bleibt bei der Unterhaltsberechnung im Rahmen des Bedarfs, der Bedürftigkeit und der Leistungsfähigkeit vollständig unberücksichtigt

44 b In unmittelbarer oder analoger Anwendung des § 1577 Abs 2 und des § 242 ist der für die Unterhaltsberechnung maßgebliche Anteil der überobligatorischen Einkünfte, dh der **unterhaltsrelevante Anteil,** zu ermitteln. Der unterhaltsrelevante Anteil ergibt sich zunächst nach Abzug des infolge der Berufstätigkeit notwendig gewordenen anderweitigen konkreten Betreuungsaufwandes von dem anrechenbaren Einkommen. Ein Absetzungsbetrag kann auch gerechtfertigt sein, wenn keine besonderen Betreuungskosten anfallen, etwa weil die zweite Ehefrau das Kind des Unterhaltspflichtigen aus dessen erster Ehe mitbetreut. Der letztlich als unterhaltsrelevant noch anzusetzende Anteil muss geeignet sein, dem überobligatorischen Einsatz der jeweiligen Unterhaltspartei angemessen Rechnung zu tragen; eine

---

[170] BVerfG FamRZ 2007, 273; NJW 2006, 2317 = FamRZ 2006, 469; NJW-RR 2005, 1448.
[171] BVerfG FamRZ 2007, 273; NJW 2006, 2317 = FamRZ 2006, 469; NJW-RR 2005, 1448.
[172] OLG Frankfurt NJW 2007, 382.
[173] BGH FamRZ 1998, 1501, 1983, 146.
[174] Zur Zumutbarkeit einer Nebentätigkeit BVerfG FPR 2003, 479; OLG Hamm FamRZ 2005, 649; OLG Oldenburg NJW-RR 2003, 1226.
[175] BGH NJW 1995, 1215, 1217 = FamRZ 1995, 475, 477; vgl ferner OLG Karlsruhe FamRZ 1994, 1278; OLG Hamm FamRZ 1992, 1279; FamRZ 1994, 1279; FamRZ 1997, 231; OLG Koblenz FamRZ 1989, 1219; FamRZ 1996, 382.
[176] OLG Hamm FamRZ 1997, 881.
[177] Vgl BGH NJW-RR 2005, 945 = FamRZ 2005, 967: Ehegattenunterhalt; NJW 2005, 818 = FamRZ 2005, 442, 444: Anspruch nach § 1615 l.
[178] BGH NJW 2001, 973 = FamRZ 2001, 350, 352.
[179] BGH FamRZ 1991, 182, 184; FamRZ 1982, 779.

Schlechterstellung ist stets zu vermeiden. Der Unterhaltspartei muss mehr verbleiben als im Rahmen der ansonsten üblichen Unterhaltsberechnung.

5. Bedarfsdeckung. Mittel, die dem Unterhaltsberechtigten zur Deckung des allgemeinen Lebensbedarfs zur Verfügung stehen, sind heranzuziehen und mindern den Unterhaltsbedarf. 45

a) Einkommen aus Erwerbstätigkeit. Die **Bedürftigkeit** entfällt im Umfang tatsächlich erzielten eigenen Einkommens. 46

Berufsbedingte Aufwendungen sind absetzbar. **Ausbildungsvergütungen** sind nach Abzug ausbildungsbedingten Aufwandes anzurechnen[180]. Ausbildungsbedingter Aufwand sollte substantiiert dargestellt werden. In Betracht kommen etwa Fahrtkosten zur Ausbildungsstelle und zur berufsbildenden Schule, Ausbildungs- und Schulbedarf. Wegen der Gleichwertigkeit von Bar- und Naturalunterhalt (§ 1606 Abs 3 S 2) wird der einem minderjährigen Kind gegenüber barunterhaltspflichtige Elternteil nur mit dem hälftigen Einkommen entlastet. Auf den Unterhaltsanspruch des volljährigen Kindes wird das Einkommen in vollem Umfang bedarfsdeckend angerechnet[181]. 47

Einkünfte aus Schülerarbeit sind grds als solche aus **überobligationsmäßiger Tätigkeit** anzusehen. Einen Schüler trifft neben dem Schulbesuch generell keine Erwerbsobliegenheit[182]. Die Anrechenbarkeit richtet sich nach dem entspr heranzuziehenden Rechtsgedanken des § 1577 Abs 2. Auch wenn sich der Schüler mit den Einkünften „Luxuswünsche" (Auto, Motorrad) erfüllt, erfordert die Billigkeit die teilweise Anrechnung erst dann, wenn der Unterhaltspflichtige dartut und beweist, dass ihn die Unterhaltspflicht hart trifft, ihm unterhaltsbezogene Vorteile (Kindergeld, Kindergeldanteil im Ortszuschlag) verloren gehen oder der Unterhaltszeitraum sich verlängert[183]. Als bedarfsdeckend kann der Teil der Einkünfte zu behandeln sein, der den Rahmen eines üblichen, auch großzügig bemessenen Taschengeldes wesentlich übersteigt, wobei auch die vermehrten Bedürfnisse eines volljährigen Kindes zu berücksichtigen sind. Darüber hinausgehende Einkünfte können nur dann anrechnungsfrei bleiben, wenn damit besondere, anzuerkennende Bedürfnisse gedeckt werden, die aus den übrigen dem Kind zur Verfügung stehenden Mitteln nicht bestritten werden können[184]. 48

Einkünfte eines Studenten aus einer neben der Ausbildung ausgeübten Erwerbstätigkeit stellen ebenfalls grds Einkommen aus überobligationsmäßiger Tätigkeit dar. Die Anrechnung solcher Einkünfte als überobligationsmäßiger Tätigkeit bestimmt sich auch im Verwandtenunterhaltsrecht nach dem – hier ebenfalls entspr heranzuziehenden – Rechtsgedanken des § 1577 Abs 2. Danach bleiben Einkünfte anrechnungsfrei, soweit der Unterhaltspflichtige nicht den vollen Unterhalt leistet (§ 1577 Abs 2 S 1). Darüber hinaus kommt eine Anrechnung insoweit in Betracht, als dies unter Berücksichtigung der beiderseitigen wirtschaftlichen Verhältnisse der Billigkeit entspricht, § 1577 Abs 2 S 2[185]. Eine Nebentätigkeit kann von einem Studenten ausnahmsweise wohl nur in den Semesterferien zu Beginn der Ausbildung erwartet werden, wenn diese notwendig ist, um die in finanziell beengten Verhältnissen lebenden Eltern zu entlasten[186]. 49

b) Zurechnung von erzielbaren Einkünften. Nach Abs 2 kann das **minderjährige unverheiratete Kind** von seinen Eltern, auch wenn es Vermögen hat, die Gewährung von Unterhalt insoweit verlangen, als die Einkünfte seines Vermögens und der Ertrag seiner Arbeit zum Unterhalt nicht ausreichen. Diese gesetzliche Regelung schließt nicht aus, auch ein minderjähriges Kind einer **Erwerbsobliegenheit** zu unterwerfen. Solange das Kind jedoch nach Maßgabe der jeweiligen Schulgesetze der Schulpflicht unterliegt, kommt dies nicht in Betracht. Während dieses Zeitraums tragen die Eltern die Verantwortung für die Einhaltung der Schulpflicht. Im Blick auf den Anspruch auf Ausbildungsunterhalt nach § 1610 Abs 2 kann sich die Obliegenheit zur Ausübung einer Erwerbstätigkeit erst einstellen, wenn das Kind sich nicht (mehr) in der beruflichen Ausbildung befindet, sei es, dass es diese erst gar nicht beginnt, sei es, dass es sie abbricht. Ist dem minderjährigen Kind vorzuwerfen, dass es sich nicht um eine angemessene Ausbildung oder eine mit den gesetzlichen Bestimmungen im Einklang stehende Erwerbstätigkeit bemüht, kann entspr den allgemeinen Grundsätzen ein fiktives Einkommen zugerechnet werden[187]. Dem steht nicht zwingend die Regelung des § 1611 Abs 2 entgegen, die eine Beschränkung oder den Wegfall der Unterhaltsverpflichtung von Eltern gegenüber ihren minderjährigen unverheirateten Kindern selbst bei dessen schwerem Fehlverhalten ausschließt[188]. Bestehen in der Person des Kindes keinerlei Gründe gegen die Ausübung einer Erwerbstätigkeit, ist es im Interesse der 50

---

[180] BGH NJW 1981, 2462, 2463 = FamRZ 1981, 541, 542.
[181] BGH FamRZ 2006, 99 m Anm *Vießhues* und *Scholz*.
[182] OLG Köln FamRZ 1996, 1101, 1102; KG FamRZ 1982, 516.
[183] OLG Zweibrücken NJWE-FER 2001, 4 = FamRZ 2001, 103.
[184] OLG Köln FamRZ 1995, 55, 56.
[185] BGH NJW 1995, 1215, 1217 = FamRZ 1995, 475, 477; vgl ferner OLG Karlsruhe FamRZ 1994, 1278; OLG Hamm FamRZ 1992, 1279; FamRZ 1997, 231; OLG Koblenz FamRZ 1989, 1219; OLG Schleswig FamRZ 1996, 382; OLG Schleswig FamRZ 1996, 814, nur LS; vgl auch OLG Hamm FamRZ 1994, 1279, wonach generell Einkünfte eines Studenten nicht auf den Regelbedarf des nicht bei den Eltern wohnenden Studenten anzurechnen sind, wenn die Eltern über überdurchschnittliche Einkünfte verfügen.
[186] OLG Hamm FamRZ 1988, 425, 426 betr Musikpädagogik: Student hat vier Stunden/Woche Musikunterricht zu erteilen.
[187] OLG Rostock FamRZ 2007, 1267; OLG Düsseldorf FamRZ 2000, 442; NJW 1990, 1798 = FamRZ 1990, 194; OLG Karlsruhe FamRZ 1988, 758; OLG Brandenburg FamRZ 2005, 2094.
[188] So aber OLG Stuttgart FamRZ 1997, 447; OLG Hamburg FamRZ 1995, 959.

§ 1602

51 Das **volljährige Kind** ist für sich selbst wie ein Erwachsener verantwortlich. Abs 1 räumt der wirtschaftlichen **Eigenverantwortung des Kindes** den Vorrang vor der Unterhaltspflicht der Eltern aus § 1601 ein[189]. Das volljährige gesunde Kind ist idR nur bedürftig, wenn und solange es sich in einer den Erfordernissen des § 1610 Abs 2 gerecht werdenden Ausbildung befindet. Dementsprechend haben volljährige Kinder, die sich nicht in der Ausbildung befinden, durch Erwerbstätigkeit ihren Lebensunterhalt sicherzustellen[190]. Ihre **Erwerbsobliegenheit** geht weiter als die von Ehegatten im Verhältnis zueinander. Es gelten ähnlich strenge Maßstäbe wie für Eltern im Verhältnis zu minderjährigen Kindern. Deshalb muss ein volljähriges Kind auch berufsfremde Tätigkeiten und Arbeiten unterhalb seiner gewohnten Lebensstellung aufnehmen, um seinen Lebensunterhalt sicherzustellen[191].

Eltern den jeden Unterhaltsberechtigten treffenden Obliegenheiten zu unterwerfen. Dies gebietet die Pflicht zur Rücksichtnahme nach § 1618 a.

51a Kurze zeitliche Lücken zwischen den einzelnen Ausbildungsabschnitten muss das volljährige Kind regelmäßig nicht durch eigene Erwerbstätigkeit überbrücken. Dies gilt etwa für die Zeit zwischen Abitur und Aufnahme des Studiums[192]. Für diesen Zeitraum, der der Ausbildung zugerechnet wird, erhalten die Eltern auch noch das Kindergeld. Eine Erwerbsobliegenheit kann indes bestehen, wenn die Ausbildung – im Streitfall die Teilnahme an einem einjährigen Volkshochschulabendkurs zur Erlangung des Abschlusses des zehnten Hauptschuljahres – genügend Zeit lässt, um den Bedarf durch eine Geringverdienertätigkeit zu erwirtschaften[193].

52 Die **volljährige, unverheiratete Mutter eines Kindes** trifft ebenfalls eine gesteigerte Erwerbsobliegenheit. Jedenfalls 18 Monate nach der Geburt des Kindes muss sie sich um eine anderweitige Versorgung des Kindes kümmern[194]. Ihr obliegt es zudem, vor Inanspruchnahme der Eltern den Versuch zu unternehmen, von dem Kindesvater gemäß § 1615 l Unterhalt zu erlangen[195].

53 c) **Bedarfsdeckung durch Vermögenseinsatz.** Der Unterhaltsbedarf kann auch durch Vermögen des Unterhaltsberechtigten gedeckt werden.

54 aa) **Vermögenserträge.** Aus § 1603 Abs 2 S 3 leitet sich ab, dass minderjährige Kinder **Einkünfte aus einem Vermögen** zur Reduzierung ihrer Bedürftigkeit einzusetzen haben. Dies gilt etwa für Zinseinkünfte und den Vorteil mietfreien Wohnens in einer eigenen Immobilie. Hat das **minderjährige Kind** Vermögen weggegeben oder eine an sich zumutbare Nutzziehung unterlassen, berechtigt diese Verfahrensweise nicht zur Anrechnung fiktiver Einkünfte. Ein derartiges Verhalten ist nach § 1611 zu beurteilen. Diese Vorschrift schließt in ihrem Geltungsbereich den Rückgriff auf allgemeine Grundsätze aus[196].

55 Erträgnisse des Vermögens hat das **volljährige Kind** ebenfalls einzusetzen. Es muss zur Verminderung seiner Bedürftigkeit **Forderungen einzuziehen**, die es in zumutbarer Weise einziehen kann, um so aus dem zugeflossenen Vermögen jedenfalls Erträge erzielen zu können[197]. Das voll erwerbsgeminderte Kind hat vorrangig die neuen Leistungen der Grundsicherung nach §§ 41 ff SGB XII in Anspruch zu nehmen[198].

56 bb) **Vermögensverwertung.** Das minderjährige unverheiratete Kind ist nicht darauf zu verweisen, zu seinem Unterhalt auch den Stamm seines Vermögens einzusetzen. Dies schuldet jedoch das **volljährige Kind,** wie sich im Umkehrschluss zu § 1603 Abs 2 S 3 ergibt. Inwieweit diese Verpflichtung jedoch greift, ist nach Lage des Einzelfalles im Rahmen einer **umfassenden Zumutbarkeitsabwägung** zu entscheiden, die alle bedeutsamen Umstände und insbes auch die Lage der Unterhaltspflichtigen berücksichtigt[199]. Danach braucht der Unterhaltsberechtigte den Stamm des Vermögens nicht zu verwerten, soweit die Verwertung unwirtschaftlich oder unter Berücksichtigung der beiderseitigen wirtschaftlichen Verhältnisse unbillig wäre. Unwirtschaftlich ist es nicht, ein Sparguthaben, das gerade für Ausbildungszwecke angelegt worden ist, bis auf den Notgroschen zu verwerten. Insoweit können die einzusetzenden Mittel auf die voraussichtliche Ausbildungsdauer aufgeteilt werden[200]. Von einem Sparvermögen in Höhe von rund 15.000 Euro hat ein Kind einen Teilbetrag von 4.000 Euro zur Finanzierung der restlichen Ausbildungsdauer von zwei Jahren einzusetzen[201].

---

[189] BGH BGHZ 93, 123, 127 = NJW 1985, 806, 807 = FamRZ 1985, 273, 274; FamRZ 1985, 1245, 1246; OLG Karlsruhe NJWE-FER 1999, 54.
[190] OLG Düsseldorf FamRZ 2004, 1890.
[191] OLG Zweibrücken FamRZ 1983, 291; FamRZ 1984, 291; NJW-RR 1986, 295; OLG Köln FamRZ 1983, 942; FamRZ 1986, 499; OLG Frankfurt FamRZ 1987, 408; OLG Oldenburg FamRZ 1991, 1090, 1091; OLG Hamm FamRZ 1990, 1385.
[192] So OLG Hamm FamRZ 2006, 1479, nur LS; strenger OLG Düsseldorf FamRZ 2006, 59: Erwerbsobliegenheit während der Wartezeit bis zur Aufnahme in die weiterführende Schule.
[193] OLG Köln FamRZ 2006, 504.
[194] OLG Hamm FamRZ 1996, 1494; OLG Frankfurt FamRZ 1982, 732; vgl auch OLG Oldenburg FamRZ 1991, 1090, 1091: Betreuung von drei Kindern.
[195] OLG Düsseldorf FamRZ 1989, 1226, 1228.
[196] BGH NJW 1988, 2371, 2374 = FamRZ 1988, 159, 163.
[197] BGH NJW 1993, 1920 = FamRZ 1993, 1065, 1067 und 1998, dort für den Anspruch des geschiedenen Ehegatten entschieden; NJW 1980, 393, 395 = FamRZ 1980, 126, 128: Anspruch auf Leistungen nach dem BAföG.
[198] OLG Hamm OLGR 2004, 192.
[199] BGH NJW 1998, 978, 980 = FamRZ 1998, 367, 368: keine entsprechende Heranziehung des § 1577 Abs 3.
[200] BGH FamRZ 1998, 367, 369; OLG Köln NJWE-FER 1999, 176; OLG Düsseldorf FamRZ 1990, 1137; FamRZ 1985, 1281.
[201] OLG Hamm FamRZ 2007, 929, nur LS.

d) Bedarfsdeckung während des Wehrdienstes/Zivildienstes. Das idR volljährige Kind, welches auf Grund der **Wehrpflicht** Wehrdienst leistet, hat im Normalfall, auch bei günstigen wirtschaftlichen Verhältnissen seiner Eltern, für diese Zeit keinen ergänzenden Unterhaltsanspruch gegen seine Eltern. Ihm stehen nämlich bei gedecktem Wohnbedarf mit dem Wehrsold und der Dezemberzuwendung zur Befriedigung seines Freizeit-, Freizeitkleidungs- und Reisekostenbedarfs Mittel in einer Höhe zur Verfügung, die diejenigen Beträge übersteigen, die ein auswärts studierendes Kind für die gleichen Zwecke aufwenden kann. Im Einzelfall kann jedoch ein **besonderer zusätzlicher Unterhaltsbedarf** bestehen, der jedoch konkret dargetan werden muss. Er kann etwa gegeben sein, wenn die Eltern dem Sohn vor dem Wehrdienst die Eingehung von nicht unbedeutenden, wiederkehrenden Verpflichtungen ermöglicht haben (zB Mitgliedschaft in einem Sportverein, Musikunterricht, Bezug von periodisch erscheinenden Veröffentlichungen) und eine Beendigung der Verpflichtung nicht möglich, wirtschaftlich unvernünftig oder unzumutbar wäre. An die Darlegungs- und Beweislast für diesen ergänzenden Unterhaltsanspruch sind hohe Anforderungen zu stellen[202]. 57

Bei **Zivildienstleistenden** sind die gleichen Grundsätze maßgeblich, wenn der Zivildienstleistende eine Unterkunft gestellt erhält, seine Wohnkosten also in voller Höhe durch den Bund getragen werden[203]. Wer den Zivildienst bei einer Beschäftigungsstelle leistet, die ihm keine dienstliche Unterkunft gewährt, kann wegen des Wohnbedarfs uU von den Eltern Unterhalt beanspruchen[204]. 58

e) Schulden des Unterhaltsberechtigten. Von dem Unterhaltsberechtigten eingegangene Kreditverpflichtungen führen grds nicht zu einer **Bedarfserhöhung.** Der Unterhaltspflichtige ist nicht gehalten, mit seiner Unterhaltsleistung einseitig begründete Schulden des Unterhaltsberechtigten zu tilgen[205]. Erzielt der Unterhaltsberechtigte jedoch Einkommen, können die damit verbundenen Ausgaben abgezogen werden; das danach verbleibende Einkommen mindert die **Bedürftigkeit.** 59

f) Anrechnung der Einkünfte. Wegen der regelmäßigen Gleichwertigkeit des seitens des betreuenden Elternteils gewährten Betreuungsunterhalts und des von dem anderen Elternteil geleisteten Barunterhalts (§ 1606 Abs 3 S 2) erfolgt die **Anrechnung von Einkünften auf den für das minderjährige Kind zu leistenden Barunterhalt** nur zur Hälfte[206]. 60

Einkommen des volljährigen Kindes lässt die Bedürftigkeit ganz oder teilweise entfallen. Es wirkt in vollem Umfang bedarfsmindernd. 61

6. Wiederaufleben des Unterhaltsanspruchs. Der Unterhaltsanspruch eines volljährigen Kindes kann wieder aufleben, wenn etwa die Bedürftigkeit nach erfolgreicher Ausbildung und Tätigkeit im erlernten Beruf infolge einer krankheitsbedingten Erwerbsunfähigkeit eintritt. Das Maß des nach § 1610 Abs 1 zu gewährenden Unterhalts richtet sich zwar nach der Lebensstellung des Unterhaltsberechtigten, wenn er bereits eine eigene Lebensstellung erlangt hat. Doch muss berücksichtigt werden, wenn das volljährige Kind wegen der längerfristigen Erwerbsunfähigkeit erneut in die Abhängigkeit von elterlichen Unterhaltszahlungen gerät. Bei durchschnittlichen wirtschaftlichen Verhältnissen der Eltern kann sich eine pauschale Bedarfsbemessung auf den Betrag rechtfertigen lassen, der einem nicht erwerbstätigen Unterhaltspflichtigen als notwendiger Selbstbehalt zugestanden wird; Krankenversicherungskosten sind hinzuzurechnen[207]. 62

III. Verstärkter Unterhaltsanspruch des minderjährigen unverheirateten Kindes (Abs 2)

Abs 2 verstärkt den Unterhaltsanspruch minderjähriger unverheirateter Kinder. Zwar hat es die Einkünfte aus seinem Vermögen unter Erhaltung der Substanz (§ 1649) zur Bedarfsdeckung einzusetzen, doch wird die **Vermögensverwertung** nicht geschuldet. Abs 2 privilegiert das minderjährige unverheiratete Kind. Eine Ausnahme gilt nach § 1603 Abs 2 S 2 im Fall der Leistungsunfähigkeit der Eltern. 63

IV. Beweislast

Der Anspruchsteller hat für den Unterhaltszeitraum seine Bedürftigkeit zu beweisen[208]. Die Beweislast erstreckt sich darauf, dass ihm weder anrechenbare Einkünfte noch verwertbares Vermögen zur Verfügung stehen. Für die Zeit nach Schluss der mündlichen Verhandlung ist eine Prognose anzustellen, ob und inwieweit sich die Bedürftigkeit fortsetzt. Kommen Möglichkeiten zur teilweisen oder vollständigen Bedarfsdeckung in Betracht, obliegt es dem Unterhaltsberechtigten darzutun, dass er alle Möglichkeiten in unterhaltsrechtlich gebotener Weise – erfolglos – ausgeschöpft hat. Im Rahmen des Abs 2 ist zu beweisen, dass der Ertrag des Vermögens und die Einkünfte aus einer zumutbaren Erwerbstätigkeit zum Unterhalt nicht ausreichen. 64

V. Recht in den neuen Bundesländern

Soweit dies noch von Bedeutung ist, wird auf die Kommentierung zu Art 234 EGBGB verwiesen. 65

---

[202] BGH NJW 1990, 713 = FamRZ 1990, 394, 395; OLG Hamburg FamRZ 1987, 409.
[203] OLG Hamburg FamRZ 1987, 409; OLG Hamm FamRZ 1993, 100.
[204] BGH NJW 1994, 938, 939 = FamRZ 1994, 303, 304.
[205] BGH NJW 1985, 2265 = FamRZ 1985, 902; NJW-RR 1990, 194 = FamRZ 1990, 280, 282.
[206] BGH NJW 1981, 2462, 2464 = FamRZ 1981, 541.
[207] OLG Bamberg FamRZ 1994, 255, 256; vgl auch OLG Düsseldorf FamRZ 1989, 1226, 1227.
[208] BGH NJW 1980, 393, 395 = FamRZ 1980, 126, 128.

§ 1603 Leistungsfähigkeit

(1) Unterhaltspflichtig ist nicht, wer bei Berücksichtigung seiner sonstigen Verpflichtungen außerstande ist, ohne Gefährdung seines angemessenen Unterhalts den Unterhalt zu gewähren.

(2) ¹Befinden sich Eltern in dieser Lage, so sind sie ihren minderjährigen unverheirateten Kindern gegenüber verpflichtet, alle verfügbaren Mittel zu ihrem und der Kinder Unterhalt gleichmäßig zu verwenden. ²Den minderjährigen unverheirateten Kindern stehen volljährige unverheiratete Kinder bis zur Vollendung des 21. Lebensjahrs gleich, solange sie im Haushalt der Eltern oder eines Elternteils leben und sich in der allgemeinen Schulausbildung befinden. ³Diese Verpflichtung tritt nicht ein, wenn ein anderer unterhaltspflichtiger Verwandter vorhanden ist; sie tritt auch nicht ein gegenüber einem Kind, dessen Unterhalt aus dem Stamme seines Vermögens bestritten werden kann.

Schrifttum: *Schumacher/Grün,* Das neue Unterhaltsrecht minderjähriger Kinder, FamRZ 1998, 778; *Wagner,* Zum Referentenentwurf eines Gesetzes zur Vereinheitlichung des Unterhaltsrechts minderjähriger Kinder (Kindesunterhaltsgesetz), FamRZ 1996, 705.

Übersicht

	Rn		Rn
I. Bedeutung der Norm	1	c) Leistungsfähigkeit des Hausmanns/der Hausfrau in nichtehelicher Lebensgemeinschaft	27
II. Unterhaltspflicht nach Leistungsfähigkeit (Abs 1)	2	d) Keine Anwendung auf volljährige Kinder	27 a
1. Allgemeines	2	III. Gesteigerte Unterhaltspflicht der Eltern (Abs 2)	28
2. Einkommen des Unterhaltspflichtigen	7	1. Das privilegierte volljährige Kind (Abs 2 S 2)	29
3. Arbeits- und Erwerbsfähigkeit des Unterhaltspflichtigen	15	2. Auswirkungen der gesteigerten Unterhaltspflicht	34
4. Minderung und Wegfall der Leistungsfähigkeit	19	IV. Fehlen der gesteigerten Unterhaltspflicht der Eltern (Abs 2 S 3)	40
a) Freiwillige Aufgabe einer versicherungspflichtigen Erwerbstätigkeit	20	1. Vorhandensein eines anderen unterhaltspflichtigen Verwandten (Abs 2 S 3 HS 1)	41
b) Verschuldeter, aber doch ungewollter Arbeitsplatzverlust	21	2. Kind mit eigenem Vermögen (Abs 2 S 3 HS 2)	45
c) Verbrauch von Einkünften	22	V. Beweislast	46
5. Sog Hausmann-/Hausfrau-Rspr	23		
a) Ehe ohne Kinder	26		
b) Haushaltführung in einer Ehe mit Kinderbetreuung	26 c		

I. Bedeutung der Norm

1 Die Vorschrift regelt, unter welchen Voraussetzungen ein Verwandter von seiner grundsätzlichen Verpflichtung, unterhaltsbedürftigen Verwandten Unterhalt zu leisten, befreit ist (zum Nachscheidungsunterhalt vgl § 1581). **Die Leistungsfähigkeit ist neben der Bedürftigkeit des Unterhaltsberechtigten weitere Voraussetzung des Unterhaltsanspruchs.** Trotz vorhandener Bedürftigkeit besteht der Unterhaltsanspruch nur nach Maßgabe der Leistungsfähigkeit des Unterhaltspflichtigen.

II. Unterhaltspflicht nach Leistungsfähigkeit (Abs 1)

2 **1. Allgemeines.** Dem Unterhaltspflichtigen müssen die Mittel verbleiben, die er unter Berücksichtigung seiner sonstigen Verpflichtungen zur Sicherstellung seines **angemessenen Unterhalts** benötigt. Von der Bedeutung der Unterhaltspflicht hängt es ab, welche **Opfergrenze** dem Unterhaltspflichtigen zugemutet werden kann. Die Opfergrenze wird durch den sog **Selbstbehalt** definiert. Darin drückt sich der Geldbetrag aus, der dem Unterhaltspflichtigen nach Abzug aller unterhaltsrechtlich anzuerkennenden Verpflichtungen einschließlich der vor- und gleichrangigen Unterhaltsverpflichtungen verbleiben muss.

3 Der **angemessene Selbstbehalt** gilt idR gegenüber den Unterhaltsansprüchen von volljährigen, nicht nach Abs 2 S 2 privilegierten Kindern und anderen Verwandten (Eltern). Nach der Düsseldorfer Tabelle (Stand: 1. 1. 2008) beträgt er idR 1100 Euro. Darin ist eine Warmmiete bis 450 Euro enthalten. Eine Unterscheidung danach, ob der Unterhaltspflichtige erwerbstätig ist oder nicht, findet nicht statt. Der angemessene Selbstbehalt gilt auch bei dem Anspruch auf Ausbildungsunterhalt von – nicht privilegierten – volljährigen Kindern[1]. Eine Erhöhung des angemessenen Selbstbehalts kann in Betracht kommen, wenn die Eltern von einem seit langem erwachsenen Kind erneut in Anspruch genommen werden[2].

---

[1] BGH NJW 1989, 523 = FamRZ 1989, 272.
[2] OLG Karlsruhe NJW 1999, 2680 = FamRZ 1999, 1532; *Wendl/Scholz* § 2 Rn 425.

Leistungsfähigkeit **§ 1603**

Auf den **notwendigen Selbstbehalt** können Unterhaltspflichtige verwiesen werden, die minderjährigen unverheirateten und ihnen nach Abs 2 S 2 gleichgestellten volljährigen Kindern gegenüber unterhaltspflichtig sind. Der notwendige oder kleine Selbstbehalt bildet die **absolute Opfergrenze**, denn dieser Betrag orientiert sich an den Mitteln, die eine Person auch in einfachsten Verhältnissen für den eigenen Unterhalt benötigt. Er liegt etwas höher als die Bedarfsätze der Sozialhilfe[3]. Den Unterhaltspflichtigen trifft nicht die Obliegenheit, Sozialhilfe in Anspruch zu nehmen. Die Unterhaltspflicht darf deshalb nicht dazu führen, dass der Unterhaltspflichtige infolge der Unterhaltsleistungen selbst sozialhilfebedürftig wird[4]. Dieser Grundsatz gilt nicht zu Gunsten von Unterhaltsberechtigten, die mit dem Unterhaltspflichtigen in einer Hausgemeinschaft leben[5]. 4

Die unterhaltsrechtliche Praxis stützt sich hinsichtlich der Höhe des Selbstbehalts auf die Beträge der Düsseldorfer Tabelle und die Leitlinien der jeweiligen Oberlandesgerichte. Diese Handhabung hat der BGH gebilligt, jedoch können Einzelfallumstände eine **Abweichung** erfordern[6]. Bei dem **notwendigen Selbstbehalt** ist zu unterscheiden: Dem **nichterwerbstätigen Unterhaltspflichtigen** steht nach Anm A 5 der Düsseldorfer Tabelle, Stand: 1. 1. 2008 ein Betrag von 770 Euro zu. Dem **erwerbstätigen Unterhaltspflichtigen** müssen 900 Euro verbleiben. Nach Anm 5 der Düsseldorfer Tabelle sind in dem notwendigen Selbstbehalt bis zu 360 Euro für Unterkunft einschließlich umlagefähiger Nebenkosten und Heizung (Warmmiete) enthalten. Der Selbstbehalt kann angemessen erhöht werden, wenn dieser Betrag im Einzelfall erheblich überschritten wird und dies nicht vermeidbar war. Bleiben die Wohnkosten hinter dem im Selbstbehalt ausgewiesenen **Mietanteil** zurück, weil der Unterhaltspflichtige besonders günstig wohnt, kann eine entsprechende Erhöhung der Leistungsfähigkeit nicht angenommen werden. Es ist dem Unterhaltspflichtigen unbenommen, wie er mit dem ihm belassenen Einkommen verfährt[7]. Dies gilt auch für den Selbstbehalt von Eltern gegenüber ihren minderjährigen Kindern[8]. Dem Unterhaltspflichtigen ist es andererseits auch nur unter besonderen Umständen gestattet, sich auf den Mietanteil übersteigende Wohnkosten zu berufen, nämlich nur dann, wenn er darlegt und beweist, dass die Überschreitung erheblich ist und unvermeidbar war. 5

Die Leistungsfähigkeit bestimmt sich vom Grundsatz her nach dem **tatsächlichen Einkommen** des Unterhaltspflichtigen sowie seiner **Arbeits- und Erwerbsfähigkeit**[9]. **Sie muss in dem Zeitraum gegeben sein, für den Unterhalt verlangt wird**[10]. Deshalb dürfen Rentennachzahlungen nicht dem Einkommen zurückliegender Zeiträume zugerechnet werden, auch wenn sie für diese bestimmt sind[11]. 6

2. Einkommen des Unterhaltspflichtigen. Für Unterhaltszwecke ist das den maßgeblichen Selbstbehalt übersteigende tatsächlich verfügbare Einkommen heranzuziehen. Die Ermittlung des unterhaltsrechtlich relevanten Einkommens vollzieht sich grds nach den gleichen Maßstäben, die auch für den Unterhaltsberechtigten gelten (vgl § 1602). 7

§ 1603 Abs 1 stellt auf die tatsächlichen Verhältnisse des Unterhaltspflichtigen ab. Bereits im Rahmen dieser Bestimmung – nicht erst im Fall der gesteigerten Unterhaltspflicht nach § 1603 Abs 2 – ist der **Anspruch des Unterhaltspflichtigen auf Familienunterhalt** zu berücksichtigen. Der Umstand, dass der Unterhaltspflichtige verheiratet ist und sein eigener Unterhalt in dieser Ehe sichergestellt sein kann, gewinnt Bedeutung, auch wenn dessen Ehegatte seinerseits in das Unterhaltsrechtsverhältnis des Unterhaltspflichtigen zu dem Kind nicht einbezogen ist. Der Familienunterhaltsanspruch nach §§ 1360, 1360 a kann, obschon er nicht auf Gewährung einer frei verfügbaren Geldrente gerichtet ist, in einem Geldbetrag veranschlagt werden. Er ist nach den ehelichen Lebensverhältnissen, wobei § 1578 Orientierungshilfe sein kann, in gleicher Weise wie der Unterhaltsbedarf eines getrennt lebenden oder geschiedenen Ehegatten zu ermitteln[12]. Das Zusammenleben des erwerbstätigen Unterhaltspflichtigen mit dem neuen Ehegatten, der ebenfalls erwerbstätig ist und sich deshalb an den Lebenshaltungskosten beteiligen kann, verringert den notwendigen Selbstbehalt. Die Ersparnis ist nach Lage des Falles gemäß § 287 ZPO zu schätzen; geeignete Schätzungsgrundlagen sind vorzutragen. Eine Ersparnis kann sich aus den verhältnismäßig gesunkenen Wohnkosten ergeben wie auch durch die mit einer gemeinsamen Haushaltsführung in einem größeren Haushalt idR einhergehenden Ersparnis einstellen. Vielfach wird auf Grund des Zusammenlebens eine pauschale Reduzierung zwischen 20% und 27% des Selbstbehalts vorgenommen[13]. 7a

---

[3] BGH NJW 1984, 1614; NJW 1989, 524 = FamRZ 1989, 170; NJW 1991, 697 = FamRZ 1991, 182.
[4] BGHZ 111, 194, 198 = NJW 1991, 356 = FamRZ 1990, 849, 850; FamRZ 1993, 1186, 1188.
[5] BGH FamRZ 1996, 1272, 1273.
[6] BGH NJW 1984, 1813 = FamRZ 1984, 683.
[7] BGH NJW-RR 2004, 212 = FamRZ 2004, 186; OLG Düsseldorf FamRZ 1999, 1020; OLG Hamm OLGR 2001, 79; OLG Frankfurt FamRZ 1995, 735; FamRZ 1999, 1522; aA OLG Dresden NJW-RR 1999, 1164 = FamRZ 1999, 1522 für den Mangelfall entschieden; s auch BGH FamRZ 1984, 683.
[8] BGH NJW 2006, 3561 = FamRZ 2006, 1664 m Anm *Schürmann*.
[9] BGH NJW 1981, 1609 = FamRZ 1981, 539; NJW-RR 1987, 514 = FamRZ 1987, 252.
[10] BGH NJW 1983, 814 = FamRZ 1983, 140.
[11] BGH NJW 1985, 486, 487 = FamRZ 1985, 155, 156; OLG Nürnberg FamRZ 1997, 961, 962.
[12] BGH FPR 2004, 27 im Anschluss an NJW 2002, 1646 = FPR 2002, 266 = FamRZ 2002, 742 und NJW 2003, 112 = FPR 2003, 211 = FamRZ 2003, 363.
[13] BGH FamRZ 2004, 443 = NJW 2004, 769, 772 = FPR 2004, 230; OLG Nürnberg FamRZ 2004, 300 = NJW 2003, 3138; OLG Hamm (8. FamS) FamRZ 2002, 1708 = NJW 2003, 223, 224; zur Pauschalierung vgl etwa Ziff 21.4.2./22.1. Hammer Leitlinien; OLG Hamm OLGR 2004, 289; OLG Hamm (11. FamS) FamRZ 2005, 53 = OLGR 2004, 264: Reduzierung um 13, 5% auf rund 727,00 Euro, da diese Ersparnis im Zweifel hälftig aufzuteilen ist.

§ 1603

8 Erhält der Unterhaltspflichtige **Zuwendungen von Dritten,** kommt es ebenso wie bei dem Unterhaltsberechtigten darauf an, ob der Wille des Dritten auf eine Begünstigung nur des Unterhaltspflichtigen oder auch des Unterhaltsberechtigten gerichtet war[14].

9 Der barunterhaltspflichtige Elternteil hat **Unterhaltsleistungen,** die er, etwa von dem geschiedenen Ehegatten, zur Sicherstellung des eigenen Lebensbedarfs erhält, gleichmäßig zu seinem und der minderjährigen unverheirateten sowie der privilegierten volljährigen Kinder Unterhalt einzusetzen. Dies beruht auf der gesteigerten Unterhaltspflicht nach § 1603 Abs 2[15]. Doch ist zu beachten, dass es an der gesteigerten Unterhaltspflicht im Blick auf besonders gute Einkommensverhältnisse des betreuenden Elternteils fehlen kann. Eine Rechtfertigung zum Einsatz eigener Unterhaltsleistungen fehlt zudem, wenn der Unterhalt des barunterhaltspflichtigen Elternteils bereits unter Vorwegabzug des Kindesunterhalts ermittelt wurde[16].

10 Einkünfte des Unterhaltspflichtigen, die dieser aus einer **unzumutbaren Erwerbstätigkeit** erzielt, können bei der Bemessung der Leistungsfähigkeit nach den Grundsätzen von **Treu und Glauben** teilweise oder völlig außer Ansatz bleiben. Unzumutbar ist eine Erwerbstätigkeit, deren Ausübung dem Unterhaltspflichtigen gegenüber dem Unterhaltsberechtigten nicht oder nicht in diesem Umfang obliegt[17]. Die Ausübung einer **vollschichtigen Erwerbstätigkeit trotz betreuungsbedürftiger Kinder** ist überobligationsmäßig. Entstehen durch die Erwerbstätigkeit Kosten, etwa die einer Hilfskraft, können sie von dem Erwerbseinkommen als berufsbezogener Aufwand abgesetzt werden. Lässt sich die Betreuung des Kindes während der berufsbedingten Abwesenheit nur unter besonderen Erschwernissen bewerkstelligen, rechtfertigt sich ein Abzug in den Umständen nach angemessener Höhe (sog **Betreuungsbonus),** auch wenn besondere Betreuungskosten nicht entstehen[18]. Als abzugsfähig ist auch eine angemessene Vergütung (Schätzung nach § 287 ZPO) für die notwendige Betreuung des Kindes aus erster Ehe seitens der neuen Ehefrau des Unterhaltspflichtigen anzusehen[19]. **Überstundenvergütungen** können in bestimmtem Umfang anrechnungsfrei bleiben, die das in dem Arbeitsbereich des Unterhaltspflichtigen übliche Maß in erheblicher Weise übersteigen[20]. Nach Treu und Glauben beurteilt sich ferner die Berücksichtigung von Einkünften aus **Nebentätigkeit**[21]. Bedeutsam wird in diesem Zusammenhang, ob die Nebentätigkeit mit der eigentlichen Erwerbstätigkeit vorteilhaft zu verbinden war; dann liegt die Anrechnung nahe. Treu und Glauben bestimmen auch die Anrechenbarkeit von Nebeneinkünften aus sog **Schwarzarbeit.** Sollen in der Vergangenheit erzielte Einkünfte aus sog Schwarzarbeit für Unterhaltszwecke herangezogen werden, sind sie zunächst um die nicht abgeführten öffentlichen Abgaben und Lasten zu bereinigen. Nach Lage des Falles kommt daneben der Abzug des mit der Tätigkeit verbundenen Erwerbsaufwandes in Betracht. Sodann entscheidet sich nach § 242, ob und in welchem Umfang das Einkommen anrechnungsfrei bleiben kann. Maßgeblich ist insoweit, ob die Einkünfte neben einer vollschichtigen Erwerbstätigkeit erzielt wurden, mit welchem Aufwand und persönlichem Einsatz die Tätigkeit verbunden war.

11 An die Notwendigkeit der Nutzung des privaten Pkw für die Fahrten zur Arbeitsstelle und den damit verbundenen Abzug der **Fahrtkosten** sind – insbes bei weiter Entfernung zum Arbeitsort – strenge Anforderungen zu stellen. Die übliche Berechnung der Fahrtkosten (vgl bei § 1602) mindert das Einkommen erheblich. Im Interesse des Unterhaltsberechtigten kann ein Umzug an oder in die Nähe des Arbeitsortes zumutbar sein. Gleichwohl noch entstehende notwendige Fahrtkosten müssen jedoch berücksichtigt werden[22]. Lebt der Unterhaltspflichtige während der Arbeitszeit am Arbeitsort und kehrt nur an den Wochenenden zu seiner Familie zurück, können die Kosten der Wohnung am Arbeitsort und die Kosten der Wochenendfahrten abzugsfähig sein; etwaige steuerliche Vorteile sind zu realisieren.

12 Die Leistungsfähigkeit des Unterhaltspflichtigen kann durch **Schuldverpflichtungen** begrenzt oder sogar ausgeschlossen sein. Die von den wirtschaftlichen Verhältnissen des Unterhaltspflichtigen abgeleitete Lebensstellung des Kindes richtet sich nämlich nach dessen verfügbaren Mitteln. Im Rahmen der Ermittlung des unterhaltsrechtlich relevanten Einkommens des Unterhaltspflichtigen sind nicht von vornherein sämtliche, sondern nur **unterhaltsrechtlich berücksichtigungsfähige Schulden** einzubeziehen[23]. Die Abzugsfähigkeit von Schulden ist im Rahmen einer **umfassenden Interessenabwägung** nach billigem Ermessen zu klären, wobei insbes der Zweck der Verbindlichkeit, der Zeitpunkt und die Art der Entstehung, die Kenntnis des Unterhaltspflichtigen von Grund und Höhe der Unterhaltsschuld Abwägungskriterien sind[24]. Auf Schulden, die leichtfertig, für luxuriöse Zwecke oder ohne verständigen Grund eingegangen sind, kann sich der Unterhaltspflichtige grds nicht beru-

---

[14] BGH FamRZ 1993, 417, 419.
[15] BGH NJW 1980, 934 = FamRZ 1980, 555, 556.
[16] OLG Hamm FamRZ 1992, 91, 92.
[17] BGH 1982, 2664 = FamRZ 1982, 779.
[18] BGH NJW 1991, 697 = FamRZ 1991, 182, 184.
[19] BGH NJW 1986, 2054 = FamRZ 1986, 790.
[20] BGH FamRZ 2004, 186, 187; NJW 1980, 2251 = FamRZ 1980, 984; OLG Köln FamRZ 1984, 1108; vgl auch die Handhabung der jeweiligen Leitlinien der Oberlandesgerichte.
[21] BGH NJW 1982, 1986 = FamRZ 1983, 152.
[22] OLG Koblenz FamRZ 1994, 1609, 1610.
[23] BGH NJW-RR 1996, 321 = FamRZ 1996, 160, 161.
[24] BGH NJW 1982, 157 = FamRZ 1982, 157, 158; FamRZ 1985, 254, 257; NJW-RR 1996, 321 = FamRZ 1996, 160, 161.

Leistungsfähigkeit **§ 1603**

fen[25]. Eltern haben auf die Unterhaltsbedürftigkeit eines **volljährigen studierenden Kindes** Rücksicht zu nehmen und dürfen keine Schuldverpflichtungen eingehen, die ihre Leistungsfähigkeit einschränken oder sogar erschöpfen[26]. Sie können gehalten sein, den Bau eines Familieneigenheims bis zum Abschluss der Ausbildung zurückzustellen oder eine Umschuldung vorzunehmen[27]. Dem Unterhaltsanspruch des **minderjährigen Kindes** gegenüber, dem die Möglichkeit nicht gegeben ist, durch eigene Erwerbstätigkeit zur Deckung des notwendigen Lebensbedarfs beizutragen, war es schon nach früherer Rspr zu rechtfertigen, Schulden idR jedenfalls insoweit außer Betracht zu lassen, als der Regelbedarf nach § 1610 Abs 3 S 1 aF unterschritten würde[28]. Diese Rspr beansprucht weiterhin Geltung, soweit durch die Berücksichtigung von Schulden nicht einmal der Regelbetrag/Mindestunterhalt geleistet werden könnte[29]. Allerdings kann der Abzug nach Lage des Falles selbst für den Fall gerechtfertigt sein, dass infolge der Berücksichtigung der Schulden die minderjährigen Kinder nicht einmal den Regelbetrag/Mindestunterhalt erhalten[30]. Dies kann der Fall sein, wenn die Nichtberücksichtigung der Schulden zu einer ständig weiter wachsenden Verschuldung des Unterhaltspflichtigen führen würde[31]. Die gesteigerte Unterhaltspflicht nach § 1603 Abs 2 verlangt von dem Unterhaltspflichtigen die Ausnutzung aller Möglichkeiten zur Steigerung seiner Leistungsfähigkeit. Ihn trifft deshalb grds die Obliegenheit zur Einleitung der **Verbraucherinsolvenz**, wenn das Verfahren zulässig und geeignet ist, den laufenden Unterhalt seiner minderjährigen Kinder dadurch sicherzustellen, dass ihm Vorrang vor sonstigen Verbindlichkeiten eingeräumt wird. Ob eine solche Obliegenheit besteht, ist nach Lage des Einzelfalls unter Zumutbarkeitsgesichtspunkten zu beurteilen[32]. Das Verbraucherinsolvenzverfahren mit Restschuldbefreiung für die Drittschulden nach §§ 286 ff, §§ 304 ff InsO gibt dem Unterhaltspflichtigen die Möglichkeit, den laufenden Unterhalt gegenüber dem Unterhaltsberechtigten ohne Berücksichtigung der Drittverbindlichkeiten zahlen und nach Maßgabe der Pfändungsfreigrenzen nach § 850c ZPO zur Verfügung stellen zu können[33]. Die Obliegenheit entfällt, wenn der Unterhaltspflichtige Umstände dartut und ggf beweist, die eine solche Obliegenheit im Einzelfall als unzumutbar darstellen. So kann es liegen, wenn der Unterhaltspflichtige sämtliche relevanten Schulden mit einem neuen, langfristig angelegten und in vertretbaren raten abzutragenden Kredit abgelöst hat[34].

Aufwendungen, die der **Vermögensbildung** dienen, sind grds nicht berücksichtigungsfähig. Dem **13** Unterhaltspflichtigen ist es nicht gestattet, auf Kosten des Unterhaltsberechtigten Vermögen zu bilden[35].

Der Unterhaltspflichtige kann dem unterhaltsberechtigten Kind regelmäßig nicht die üblichen **14** **Kosten des Umgangsrechts** im Wege der Einkommensminderung entgegen halten. Ein Anspruch auf Erstattung besteht gleichfalls nicht[36]. Die anfallenden Belastungen sind Kosten, die er im eigenen und im Interesse des Kindes grds selbst aufzubringen hat. Das Unterhaltsrecht darf dem Unterhaltspflichtigen jedoch nicht die Möglichkeit nehmen, sein Umgangsrecht auszuüben. Die damit verbundenen Kosten sind deshalb unterhaltsrechtlich zu berücksichtigen, wenn und soweit sie nicht anderweitig, insbes nicht aus dem anteiligen Kindergeld, bestritten werden können. Die angemessenen Kosten des Umgangs eines barunterhaltspflichtigen Elternteils mit seinem Kind können zu einer maßvollen Erhöhung des Selbstbehalts oder einer entsprechenden Minderung des unterhaltsrelevanten Einkommens führen, wenn dem Unterhaltspflichtigen das anteilige Kindergeld gemäß § 1612b Abs 5 aF ganz oder teilweise nicht zugute kommt und er die Kosten nicht aus Mitteln bestreiten kann, die ihm über den notwendigen Selbstbehalt hinaus verbleiben[37].

3. Arbeits- und Erwerbsfähigkeit des Unterhaltspflichtigen. Die Leistungsfähigkeit des Unter- **15** haltspflichtigen wird nicht allein durch sein tatsächlich vorhandenes Einkommen bestimmt, sondern auch durch seine **Erwerbsfähigkeit**. Ihn trifft, wenn die tatsächlich erzielten Einkünfte nicht ausreichen, die Obliegenheit, die ihm zumutbaren Einkünfte zu erzielen. Dies verlangt, die Arbeitskraft

---

[25] BGH NJW-RR 1996, 321 = FamRZ 1996, 160, 162 mwN; OLG Hamm FamRZ 1997, 1405: Anschaffung einer Musikanlage; FamRZ 1997, 1417: Anschaffung eines Autos, eines Motorrades, Finanzierung eines Urlaubs; OLG Hamburg FamRZ 1997, 574, 576: Leasing eines Staubsaugers mit einem Gesamtaufwand von 2900 DM.
[26] BGH NJW 1982, 380 = FamRZ 1982, 157; OLG Hamburg FamRZ 1989, 95, 96.
[27] OLG Frankfurt FamRZ 1994, 1611.
[28] BGH NJW 1984, 2351 = FamRZ 1984, 657, 659; NJW-RR 1986, 428 = FamRZ 1986, 254, 257.
[29] KG FamRZ 1999, 405; s auch BGH FamRZ 2003, 860 = FuR 2003, 268; NJW 2002, 1269 = FamRZ 2002, 536, 540.
[30] BGH FamRZ 1990, 266, 267.
[31] BGH NJW 1982, 1641 = FamRZ 1982, 678; NJW 1984, 2351, 2352 = FamRZ 1984, 657, 659; NJW-RR 1989, 900, 901 = FamRZ 1990, 266, 267; NJW-RR 1986, 428 = FamRZ 1986, 254, 257; OLG Bremen FamRZ 1997, 1418; OLG Nürnberg FamRZ 1997, 312; OLG Hamm FamRZ 1995, 1217; FamRZ 1996, 629.
[32] BGH NJW 2005, 1279 = FamRZ 2005, 608 Revisionsentscheidung zur OLG Stuttgart FamRZ 2003, 1216; umfassend zu diesem Problemkreis FPR 2006, Heft 3; OLG Dresden FamRZ 2003, 1028 m Anm *Schürmann* 1030; OLG Koblenz FamRZ 2002, 31, 32; OLG Hamm FamRZ 2001, 441 = NJW-RR 2001, 220; OLG Stuttgart (16. ZS – 2. FamS) FamRZ 2003, 1216 unter Aufgabe der bisherigen Rspr in FamRZ 2002, 982 = OLGR 2002, 146; AG Nordenham FamRZ 2002, 896 m Anm *Melchers* 897.
[33] BGH NJW 2008, 227: Zur Bemessung des unterhaltsrelevanten Einkommens eines Selbständigen nach Eröffnung der Verbraucherinsolvenz.
[34] OLG Hamm NJW-RR 2007, 866.
[35] BGH NJW-RR 1987, 194 = FamRZ 1987, 36; NJW 1992, 1624 = FamRZ 1992, 797, 798.
[36] AllgM, BGH NJW 1995, 717 = FamRZ 1995, 215 mwN.
[37] BGH NJW 2005 = FamRZ 2005, 706 m Anm *Luthin*; NJW 2003, 1177 = FamRZ 2003, 445; s auch BVerfG FamRZ 2002, 809.

§ 1603

so gut wie möglich einzusetzen und eine ihm mögliche Erwerbstätigkeit auszuüben[38]. Kommt er dieser Obliegenheit vorwerfbar nicht nach, kann dies die Zurechnung **fiktiven Einkommens** in einem Umfang nach sich ziehen, das er bei gutem Willen durch eine mögliche und zumutbare Erwerbstätigkeit erzielen könnte[39]. Bei der Beurteilung, ob einem gesteigert Unterhaltspflichtigen fiktives Einkommen zugerechnet werden kann, ist dem **Grundsatz der Verhältnismäßigkeit** Rechnung zu tragen[40].

15 a Nach Lage des Falles kann ein Wechsel des Arbeitsplatzes, des Arbeitsortes oder des bislang ausgeübten Berufes geboten sein. Wegen des Grundsatzes der Verhältnismäßigkeit muss sich der vollschichtig in seinem erlernten Beruf erwerbstätige Unterhaltspflichtige nicht überörtlich um eine besser bezahlte Erwerbstätigkeit bemühen, wenn – wie im entschiedenen Fall – einem möglichen Mehrverdienst Mehrkosten durch höhere Wohnungsmiete, Umzugskosten und Fahrtkosten zur neuen Lebenspartnerin und den Kindern gegenüberstehen[41].

15 b Die Ausübung einer Nebentätigkeit kann zumutbar sein. Insoweit ist ebenfalls dem Grundsatz der Verhältnismäßigkeit Rechnung zu tragen. Neben einer vollschichtig ausgeübten Erwerbstätigkeit scheidet eine solche Obliegenheit jedoch aus, zumal dann, wenn sie nur an den Wochenenden stattfinden und somit etwa Umgangskontakte behindern könnte. Die zwingenden Vorschriften nach dem ArbZG sind zu beachten. Bei einer **Nebentätigkeit** ist eine vertragliche Regelung zu beachten, die Nebentätigkeit verbietet, nachdem der Unterhaltspflichtige eine solche zuvor ausgeübt hatte. Die Nichtbeachtung dieser Vereinbarung könnte zu einer Kündigung führen und den Vorwurf unterhaltsrechtlich leichtfertigen Handelns begründen[42].

15 c Den **arbeitslos gewordenen Unterhaltspflichtigen** trifft die **Obliegenheit,** sich intensiv um eine ihm zumutbare Arbeitsstelle zu bemühen. Unzureichend sind allgemeine Hinweise auf die schwierige Arbeitsmarktlage und das Alter des Unterhaltspflichtigen[43]. Er hat neben der **Meldung beim Arbeitsamt** dauernde Anstrengungen zur Erlangung einer Arbeit durch Bewerbungen auf Stellenanzeigen, durch die Aufgabe eigener Annoncen, Vorsprache bei möglichen Arbeitgebern und Bemühungen über den örtlichen Bereich hinaus zu unternehmen. Die Unterhaltsverpflichtung einem minderjährigen Kind gegenüber kann es erforderlich machen, sich bundesweit um eine Erwerbsquelle zu bemühen. Doch muss stets bedacht werden, ob dies unter Berücksichtigung der persönlichen Bindungen, insbes des Umgangsrechts mit dem Kind, den Umgangskosten und der Umzugskosten zumutbar ist[44]. Selbst bei einem 57-jährigen Unterhaltspflichtigen sind beim Kindesunterhalt gesteigerte Anforderungen an die Erwerbsbemühungen zu stellen. Dies beruht auf der absoluten Priorität der Sicherstellung des Minderjährigenunterhalts. Blindbewerbungen können nicht generell als ungeeignet zum Nachweis ernsthafter Bewerbungsbemühungen angesehen werden[45]. Werden jedoch nur computermäßig gefertigte Blindbewerbungen oder Bewerbungen, die per Email versandt wurden, vorgelegt, sind diese ohne Weiteres nicht als den Anforderungen entspr zu bewerten[46]. Entscheidend ist, dass die Bemühungen einen von Ernsthaftigkeit getragenen Willen erkennen lassen und das Bemühen nachhaltig ist[47]. Dies macht mindestens 20 gezielte und ernsthafte Bewerbungen pro Monat notwendig[48]. Der Unterhaltspflichtige muss, um seiner Darlegungslast zu genügen, in nachprüfbarer Weise vortragen, welche Schritte er iE zu dem Zweck unternommen hat, einen zumutbaren, seinen Fähigkeiten entsprechenden Arbeitsplatz zu finden und sich bietende Erwerbschancen zu nutzen[49]. Insoweit gelten die für die Darlegungslast des Unterhaltsberechtigten maßgeblichen Anforderungen entspr[50]. Der barunterhaltspflichtige Elternteil kann sich nicht auf die nächste angebotene Arbeitsstelle bewerben, wenn er damit deutlich hinter seinen Fähigkeiten zurückbleibt. Dies ist nur hinzunehmen, wenn er eine andere Stelle trotz gebotener Bemühungen nicht hat finden können[51].

15 d Für die Zurechnung eines fiktiven Erwerbseinkommens reicht allein jedoch nicht aus, dass der Unterhaltspflichtige die von ihm zu verlangenden Bemühungen unterlassen oder unzureichend angestellt hat. Es muss ferner feststehen oder zumindest nicht auszuschließen sein, dass er bei den gebotenen Bemühungen eine **reale Beschäftigungschance** mit einem höheren erzielbaren Einkommen gehabt hätte. Die insoweit für den auf § 1573 Abs 1 gestützten Unterhaltsanspruch des Ehegatten geltenden Grundsätze gelten entspr auch für die Erwerbsobliegenheit eines auf Unterhalt in Anspruch Genommenen[52]. Die Beurteilung hat auf die Verhältnisse auf dem Arbeitsmarkt und die persönlichen Eigen-

---

[38] BGH NJW-RR 1987, 514 = FamRZ 1987, 252, 253; FamRZ 1993, 1304, 1306.
[39] BGH NJW 1981, 1609 = FamRZ 1981, 539; BVerfG NJW-RR 2005, 1448 = FamRZ 2005, 1893; zum fiktiven Einkommen im Unterhaltsrecht Graba FamRZ 2001, 1257.
[40] BVerfG NJW 2006, 2317 = FamRZ 2006, 469.
[41] OLG Hamburg FamRZ 2006, 503.
[42] OLG Hamburg FamRZ 2006, 503; OLG Düsseldorf OLGR 2006, 572; anders OLG Naumburg FamRZ 2007, 1038.
[43] OLG Hamm OLGR 2004, 303.
[44] BVerfG NJW 2006, 2317 = FamRZ 2006, 469.
[45] OLG Hamm FamRZ 1996, 1017.
[46] OLG Hamm FamRZ 2004, 298.
[47] OLG Dresden FamRZ 1997, 836, 837.
[48] OLG Hamm OLGR 2004, 43.
[49] BGH NJW 1996, 517 = FamRZ 1996, 345, 346; FamRZ 2000, 1358, 1359 = NJW-RR 2000, 1385.
[50] Vgl BGH NJW 1994, 1002 = FamRZ 1994, 372, 374.
[51] OLG Düsseldorf OLGR 2006, 310.
[52] BGH NJW 1994, 1002 = FamRZ 1994, 372, 374.

schaften des Bewerbers wie Alter, Ausbildung[53], Berufserfahrung, Gesundheitszustand[54], auch Schuldenstand und Vorstrafen[55], abzustellen[56]. Sie hat sich auf die jeweiligen Umstände zu stützen, die konkret dargestellt werden müssen[57]. Dabei wird der Vortrag des Unterhaltspflichtigen zum Fehlen einer realen Erwerbschance allein nicht zur Annahme verminderter oder nicht bestehender Leistungsfähigkeit führen können. Erst aus dem Zusammenhang mit ebenfalls darzulegenden erfolglosen Bewerbungsbemühungen wird sich die dem jeweiligen Einzelfall gerecht werdende Beurteilung sachgerecht treffen lassen[58]. Jeder ernsthafte Zweifel daran, dass bei angemessenen Bemühungen eine Beschäftigungschance von vornherein auszuschließen ist, geht zu Lasten des Unterhaltspflichtigen[59].

Nach den jeweiligen Einzelfallumständen ist der **Zeitraum** zu bemessen, der dem Unterhaltspflichtigen für die Bemühungen um eine seinen Verhältnissen entsprechende Arbeitsstelle zuzubilligen ist. Der Unterhaltspflichtige, der gesundheitsbedingt seine Arbeitsstelle verloren hat und wieder genesen ist, hat bei den gebotenen Bemühungen in einer **Übergangszeit** von drei Monaten eine neue Arbeitsstelle zu finden[60]. Nach Lage des Falles können auch sechs bis acht Monate für eine Erfolg versprechende Arbeitsplatzsuche eingeräumt werden[61]. In diesen Zeitraum tritt eine Beschränkung oder der Wegfall der Leistungsfähigkeit ein, wenn nicht sonstige Einkünfte (etwa Lohnersatzleistungen) ausgleichend zur Verfügung stehen. Der Unterhaltspflichtige ist bereits vor Beendigung eines Arbeitsverhältnisses gehalten, sich um eine Folgearbeitsstelle zu bemühen. Dies gilt etwa für zeitlich befristete Arbeitsverhältnisse oder in den Fällen, in denen das Arbeitsverhältnis einverständlich zu einem späteren Zeitpunkt aufgehoben wird. In derartigen Situationen weiß der Unterhaltspflichtige um den baldigen Wegfall der für die Unterhaltsverpflichtungen benötigten Einkünfte. Ein Zuwarten mit dem Bemühungen um eine neue Arbeitsstelle bis zur Beendigung des Arbeitsverhältnisses ist im Interesse der Sicherstellung der Unterhaltspflicht nicht hinnehmbar. Es kann sich dann verbieten, dem Unterhaltspflichtigen noch eine über das Ende des Arbeitsverhältnisses hinausgehende Suchzeit zuzubilligen. Der Unterhaltspflichtige kann, soweit es Art und Schwere der Krankheit zulassen, verpflichtet sein, sich bereits während einer Erkrankung um eine Arbeitsstelle zu bemühen[62]. 16

Im Rahmen der **Zurechnung der Höhe eines fiktiven Einkommens** kann nicht ohne weiteres an das Entgelt angeknüpft werden, das der Unterhaltspflichtige bislang erzielt hat. Entscheidend ist, welches Einkommen er bei gebotenen Bemühungen aus dem dann erlangten Arbeitsverhältnis voraussichtlich erhalten wird[63]. 17

So ist nach Lage des Einzelfalls zu prüfen, ob für eine ungelernten Arbeitnehmer überhaupt noch eine reale Erwerbschance auf eine Vollbeschäftigung mit einem Verdienst von mehr bereinigt netto 890 Euro besteht[64]. Vom Einzelfall ist es ebenfalls abhängig, ob einem Unterhaltspflichtigen nach einer Zeit der Arbeitslosigkeit ein Erwerbseinkommen in zuvor erzielter Höhe zugerechnet werden kann[65]. Die Ausübung einer Erwerbstätigkeit bringt regelmäßig beruflichen Aufwand, vornehmlich in Gestalt der Fahrten zur Arbeitsstelle und zurück, mit sich. Dies rechtfertigt es, im Rahmen fiktiver Zurechnung eines Erwerbseinkommens diesen **beruflichen Aufwand mit pauschal 5%** zu berücksichtigen. Von dem fiktiven Einkommen können die bislang gezahlten, berücksichtigungsfähigen Kreditraten abgesetzt werden[66]. Kommt es bei einem arbeitslosen Unterhaltspflichtigen zur Zurechnung fiktiven Erwerbseinkommens, ist auch der für den Erwerbstätigen maßgebliche Selbstbehalt zu berücksichtigen[67]. Die fiktive Zurechnung eines Erwerbseinkommens, das nur die Sicherstellung des Unterhalts in Höhe des Regelbetrages erlaubt, schließt eine Höherstufung wegen geringer Anzahl von Unterhaltsberechtigten aus[68]. 18

4. Minderung und Wegfall der Leistungsfähigkeit. Die Verminderung oder der Wegfall der Leistungsfähigkeit ist grds zu beachten. Dies gilt auch dann, wenn der Unterhaltspflichtige sie selbst – auch **schuldhaft** – herbeigeführt hat. Nur besondere, schwerwiegende Gründe können dem Unterhaltspflichtigen im Einzelfall die Berufung auf eine Leistungsunfähigkeit nach den Grundsätzen von **Treu und Glauben** verwehren[69]. Entspr den Voraussetzungen, unter denen ein Unterhaltsberechtigter 19

---

[53] OLG Karlsruhe NJWE-FER 1998, 246: ungelernte Kraft.
[54] OLG Hamm NJWE-FER 1998, 55: junger gesunder Unterhaltspflichtiger; NJWE-FER 1997, 26: gesundheitlich beeinträchtigter Hilfsarbeiter.
[55] OLG Köln NJWE-FER 1999, 84.
[56] BGH NJW 1986, 718 = FamRZ 1986, 244; NJW-RR 1987, 962 = FamRZ 1987, 912; NJW 1994, 1002 = FamRZ 1994, 372, 374; NJW 1996, 517 = FamRZ 1996, 345, 346.
[57] OLG Dresden FamRZ 1996, 1236.
[58] OLG Hamm NJWE-FER 1999, 32; FamRZ 2000, 1374.
[59] OLG Hamm OLGR 2004, 303.
[60] OLG Hamm FamRZ 1997, 1405, 1406.
[61] AG Leverkusen FamRZ 1997, 1105, 1106.
[62] BGH NJW 1994, 1002 = FamRZ 1994, 372.
[63] OLG Frankfurt FamRZ 1995, 1217.
[64] OLG Frankfurt NJW 2007, 382; s dagegen OLG Düsseldorf Beschluss vom 19. 4. 2006, 2/05: fiktive Zurechnung eines Einkommens von 1.045 Euro für eine unterhaltspflichtige Mutter ohne qualifizierte Ausbildung.
[65] Zum fiktiven Einkommen eines ungelernten Arbeiters OLG Frankfurt NJW 2007, 382; OLG Köln NJW 2007, 444; OLG Düsseldorf NJOZ 2007, 400: unterhaltspflichtige Mutter ohne qualifizierte Ausbildung – 10 Euro/Stunde.
[66] OLG Hamm FamRZ 1995, 1203, LS.
[67] OLG Hamm FamRZ 1995, 438.
[68] OLG Hamm FamRZ 1996, 629.
[69] St Rspr des BGH, NJW 1993, 1974 = FamRZ 1993, 1055, 1056 mwN.

§ 1603

nach den §§ 1579 Abs 1 Nr 3 oder 1611 Abs 1 bei selbst verschuldeter Herbeiführung seiner Bedürftigkeit den Unterhaltsanspruch verliert, ist es auch dem Unterhaltspflichtigen versagt, sich auf Leistungsunfähigkeit zu berufen, wenn ihm ein **verantwortungsloses, zumindest leichtfertiges Verhalten** vorzuwerfen ist; eine solche Bewertung wird sich vielfach aus dem Bezug seines Verhaltens zur Unterhaltspflicht ergeben[70].

20 **a) Freiwillige Aufgabe einer versicherungspflichtigen Erwerbstätigkeit.** Die Rspr des BGH hat diese Grundsätze für die Fälle freiwilliger Aufgabe einer versicherungspflichtigen Tätigkeit konkretisiert. Einem Ehegatten oder Elternteil ist danach die Berufung auf seine Leistungsunfähigkeit versagt, wenn er eine gesicherte und einkömmliche Erwerbstätigkeit in einem erlernten Beruf zugunsten einer weiteren Ausbildung aufgegeben hat, ohne den Unterhalt seiner Angehörigen sicherzustellen[71]. Gleiches gilt, wenn ein Arbeitnehmer eine ihm gebotene Möglichkeit, eine zumutbare andere versicherungspflichtige Arbeit aufzunehmen, nicht wahrgenommen hat und sich stattdessen ohne Versicherungsschutz als freier Vertreter betätigt und dann durch einen Arbeitsunfall keine Einkünfte aus Lohnfortzahlung oder Krankengeld erzielt. Übt die einem minderjährigen Kind unterhaltspflichtige Mutter eine Tätigkeit aus, die es ihr ermöglicht, den Mindestunterhalt zu zahlen, ist es ihr verwehrt, diese Tätigkeit zugunsten einer Ausbildung mit dem Ziel besserer Qualifizierung aufzugeben. Jedenfalls muss sie während der Ausbildung für die Sicherstellung des Unterhalts Vorsorge treffen[72]. Die Wahl **selbständiger Berufsausübung** ist unterhaltsrechtlich schon nicht zu rechtfertigen, wenn eine dauerhafte Verschlechterung der Leistungsfähigkeit aus der Sicht ex ante zu erwarten ist. Vor einem Wechsel hat der geschäftsunerfahrene Unterhaltspflichtige sich deshalb bezüglich der Risiken des geplanten Geschäftsbetriebes zu erkundigen[73]. Ist der Wechsel von einer angestellten in eine selbständige unternehmerische oder freiberufliche Tätigkeit zu akzeptieren, muss grds auch der damit zunächst verbundene erhebliche Einkommensverlust hingenommen werden; jedoch hat die Unterhaltspflichtige für eine Übergangszeit der zu erwartenden Entwicklung durch Bildung von Rücklagen oder Kreditaufnahmen Rechnung zutragen[74]. Konnte der Unterhaltspflichtige, der bislang Unterhalt nach Maßgabe einer höheren Einkommensgruppe gezahlt hat, in der Vergangenheit keine Rücklagen bilden, die es ihm ermöglicht hätten, auch nach dem Wechsel in die Selbständigkeit den Unterhalt wie bisher zu leisten, kann ihm ein fiktives Einkommen in bisheriger Höhe ohne weiteres nicht zugerechnet werden. Dies setzt den Vorwurf unterhaltsrechtlicher Leichtfertigkeit voraus. Die durch den Wechsel geschaffenen Nachteile haben die Unterhaltsberechtigten im Rahmen des Zumutbaren mitzutragen[75]. Soweit der Mindestunterhalt gesichert ist, kann der mit dem Wechsel in eine selbständige Tätigkeit verbundene – vorübergehende – Einkommensrückgang nicht als mutwilliges Verhalten angesehen werden. Im Gegensatz zum Ehegattenunterhalt gibt es im Recht des Kindesunterhalts keine sog **Lebensstandardgarantie**[76]. Die Aufgabe einer (noch) wenig erfolgreichen **selbständigen Erwerbstätigkeit** zu Gunsten einer abhängigen ist nicht zwingend zu verlangen, wenn sich die Chance einer auf Dauer erfolgreichen Tätigkeit abzeichnet. Macht die selbständige Tätigkeit bereits einen vollschichtigen Einsatz erforderlich, scheidet die Ausübung einer Nebentätigkeit aus[77]. Der Unterhaltspflichtige ist im Grundsatz unterhaltsrechtlich nicht berechtigt, seine Leistungsfähigkeit durch die Inanspruchnahme der lediglich aus arbeitsmarktpolitischen Gründen eingeführten **Altersteilzeit** einzuschränken. Keine zureichende Rechtfertigung ist, dem Drängen des Arbeitgebers auf Altersteilzeitregelungen, um Personal abzubauen, nachzugeben, ohne konkret eine Kündigung befürchten zu müssen[78]. Besondere Gründe, wie etwa Erschwernisse durch Krankheit oder Kündigungsandrohung des Auftraggebers, können jedoch den Wechsel rechtfertigen[79].

21 **b) Verschuldeter, aber doch ungewollter Arbeitsplatzverlust.** Die Vorwerfbarkeit einer durch verschuldeten, letztlich aber ungewollten Verlust der bisherigen Erwerbstätigkeit entstehenden Einkommensminderung ist auf **schwerwiegende Fälle** zu beschränken, Fälle leichteren Verschuldens sind auszunehmen, zumal wenn sich das Fehlverhalten nicht gegen den Unterhaltsberechtigten gerichtet hat[80]. Die maßgebliche unterhaltsbezogene Leichtfertigkeit ist nicht gleichbedeutend mit der Voraussetzung des bedingten Vorsatzes. Vielmehr kann auch bewusste Fahrlässigkeit die Voraussetzungen der unterhaltsrechtlichen Leichtfertigkeit erfüllen; dies wird sogar überwiegend der Fall sein[81]. Für den unterhaltsrechtlichen Bezug insbes einer **Straftat** reicht es nicht aus, dass sie für den Arbeitsplatzverlust kausal geworden ist. Es bedarf vielmehr einer auf den Einzelfall bezogenen Wertung dahin, ob die der Tat zugrunde liegenden Vorstellungen und Antriebe sich auch auf die Verminderung der unterhaltsrechtlichen Leistungsfähigkeit als Folge des strafbaren Verhaltens erstreckt haben[82]. Danach wird

---

[70] BGH NJW 1993, 1974 = FamRZ 1993, 1055, 1056.
[71] BGH NJW 1981, 1609 = FamRZ 1981, 539, 540.
[72] OLG Düsseldorf FamRZ 1995, 755.
[73] OLG Köln FamRZ 1994, 1406.
[74] BGH NJW-RR 1987, 770 = FamRZ 1987, 372, 374; OLG Hamm FamRZ 1996, 959.
[75] OLG Hamm FamRZ 1997, 310.
[76] OLG Zweibrücken FamRZ 1994, 1488; 1997, 310; OLG Hamm FamRZ 1997, 310.
[77] OLG Hamm FamRZ 2004, 1514.
[78] OLG Saarbrücken NJW 2007, 520.
[79] Vgl OLG Hamm NJW-RR 2001, 433.
[80] BGH NJW 1993, 1974 = FamRZ 1993, 1055, 1056; NJW 1994, 258 = FamRZ 1994, 240.
[81] BGH NJW 1994, 258 = FamRZ 1994, 240.
[82] BGH NJW 1993, 1974 = FamRZ 1993, 1055, 1057; FamRZ 1994, 240, 241; FamRZ 2000, 815 = FuR 2001, 472; NJW 2002, 1799 = FPR 2002, 319 = FamRZ 2002, 813.

jedenfalls die Feststellung zu treffen sein, dass sich der Unterhaltspflichtige der Unterhaltspflicht hat entziehen wollen oder dass ihm auch nur bewusst gewesen ist, infolge seines Verhaltens leistungsunfähig zu werden[83]. Zu bewerten ist auch, ob eine schwerwiegende Straftat oder nur ein leichteres Versagen vorliegt. Nach dieser Rspr ist es auch einem Strafgefangenen nicht verwehrt, sich auf die durch die Haft eingetretene Leistungsunfähigkeit zu berufen, soweit er nicht gerade wegen einer Verletzung seiner Unterhaltspflicht oder wegen schwerer Verfehlungen gegen das Leben oder die Gesundheit des Unterhaltsberechtigten oder seiner Angehörigen eine Freiheitsstrafe verbüßt[84]. Das während des Strafvollzuges erwirtschaftete Entgelt ist nicht als unterhaltsrechtliches Einkommen zu bewerten, denn es soll als **Überbrückungsgeld** für die erste Zeit nach der Haftentlassung dem Unterhaltspflichtigen zur Verfügung stehen[85]. Der wegen **sexuellen Missbrauchs** eines seiner Kinder zu einer mehrjährigen Freiheitsstrafe verurteilte Vater kann sich dem sexuell missbrauchten Kind gegenüber nicht auf Leistungsunfähigkeit berufen, denn insoweit handelt es sich um eine schwere Verfehlung gegen die Gesundheit des Kindes. Die Leistungsunfähigkeit ist jedoch den anderen Geschwisterkindern gegenüber beachtlich[86]. Unterhaltsrechtlich vorwerfbar handelt der Unterhaltspflichtige, der sich wegen einer allgemein nicht als schwerwiegend angesehenen Erhöhung der Leberwerte und gewissen nutritiven Störungen in das soziale Netz fallen lässt, ohne sich insbes in den Zeiten, in denen er nicht „krank gemeldet" war, um eine Wiedereingliederung in das Erwerbsleben zu bemühen[87]. Leichtfertig handelt der Arbeitnehmer, der sich eine nicht vorhandene Arbeitsunfähigkeit ärztlicherseits bescheinigen lässt und deshalb gekündigt wird[88], ferner, wenn er sich (Kraftfahrer) in der Probezeit weigert, eine Sonntagstour zu übernehmen und die am Montagmorgen an sich geschuldete Mitteilung von einem beabsichtigten Arztbesuch unterlässt[89]. Wird das Arbeitsverhältnis auf ausdrückliche Veranlassung des Arbeitnehmers und unter Verzicht auf eine mögliche und beachtliche Abfindung durch Abschluss eines Aufhebungsvertrages beendet, liegt darin ein unterhaltsbezogenes Fehlverhalten[90]. Unterhaltsrechtlich vorwerfbar ist es nicht ohne weiteres, wenn es der Unterhaltspflichtige unterlässt, sich mit der **Kündigungsschutzklage** gegen eine betriebsbedingte Kündigung zu wehren. Zum Vorwurf dürfte wohl nur ein unterlassener Rechtsbehelf gegen eine offensichtlich unbegründete Kündigung gereichen[91].

c) Verbrauch von Einkünften. Der Verbrauch einer **Abfindung** gereicht einem Unterhaltspflichtigen nur zum Nachteil, wenn ihn der Vorwurf eines verantwortungslosen, zumindest leichtfertigen Verhaltens trifft. Das ist nicht der Fall, wenn der Unterhaltspflichtige die Abfindung in Unkenntnis späterer Unterhaltspflichten zur Tilgung von Hauslasten eingesetzt hat[92].

5. Sog Hausmann-/Hausfrau-Rspr. Die Beurteilung der Leistungsfähigkeit des barunterhaltspflichtigen Elternteils hängt von dessen jeweiligen Lebensverhältnissen ab. Der barunterhaltspflichtige Elternteil kann eine neue Ehe eingehen oder eine nichteheliche Lebensgemeinschaft begründen. Darin können die Eheleute oder Partner ihre Lebensverhältnisse eigenverantwortlich neu regeln. Aus der neuen Beziehung gehen vielfach wieder Kinder hervor. Weitere Unterhaltspflichten treten dann in Konkurrenz zu bestehenden. Die sog Hausmann-/Hausfrau-Rspr versucht, auf der Ebene der Leistungsfähigkeit einen Interessenausgleich unter den Unterhaltsberechtigten herzustellen.

Die Tatsache der **Wiederheirat des barunterhaltspflichtigen Elternteils** ist unterhaltsrechtlich beachtlich, wobei gleich bleibt, ob die Leistungsfähigkeit nach § 1603 Abs 2 oder nach § 1603 Abs 1 zu beurteilen ist[93]. Sie kann zu einer Schmälerung des Unterhaltsanspruchs des erstehelichen Kindes führen, etwa durch Hinzutreten weiterer minderjähriger Kinder aus der neuen Ehe des Unterhaltspflichtigen. Sie kann von Vorteil sein, wenn und soweit die neue Ehe zu einer den Unterhaltsbedarf sicherstellenden Unterhaltspflicht des neuen Ehegatten geführt hat.

Die im Einvernehmen mit dem neuen Ehegatten übernommene Tätigkeit des Unterhaltspflichtigen als **Hausfrau** oder **Hausmann** ohne Arbeits- und Vermögenseinkommen indiziert noch keine Leistungsunfähigkeit im Verhältnis zu minderjährigen unverheirateten Kindern und den ihnen gleichstehenden volljährigen privilegierten Kindern aus einer früheren Ehe. Der Hausmann/die Hausfrau bleibt der früheren Familie auch nach Eingehung einer neuen Ehe unterhaltspflichtig[94]. Die Haushaltsführung entlastet den Ehegatten nur gegenüber den Mitgliedern der neuen Ehe.

---

[83] Vgl auch OLG Düsseldorf FamRZ 1994, 1049, 1050, Diebstahl einer ca 50000 DM teuren Computeranlage und dadurch bedingter Arbeitsplatzverlust.
[84] BGH NJW 1982, 1812 = FamRZ 1982, 792, 794; NJW 1982, 2491 = FamRZ 913, 914.
[85] OLG Karlsruhe FamRZ 1998, 45, 46; OLG Hamm OLGR 2004, 193 dort auch zum Hausgeld, Eigengeld und Selbstbehalt des Strafgefangenen; OLG Koblenz FamRZ 2004, 1989: Leistungsunfähigkeit nur bis zur Entlassung nach Verbüßung von 2/3 der Strafe.
[86] OLG Koblenz NJW 1997, 1588 = FamRZ 1998, 44; OLG Zweibrücken FamRZ 1990, 553, 554, dort auch zum unterhaltsrechtlichen Zugriff auf das sog Hausgeld des Strafgefangenen.
[87] OLG München FamRZ 1994, 1406.
[88] OLG Hamm NJWE-FER 1998, 55.
[89] OLG Schleswig NJW-RR 2007, 152.
[90] OLG Dresden FPR 2004, 32.
[91] Offen gelassen in BGH NLW 1994, 1002 = FamRZ 1994, 372, 374; OLG Hamm FamRZ 1996, 1017, 1018; OLG Dresden FamRZ 1997, 836, 837.
[92] OLG Frankfurt FamRZ 1996, 871; OLG Celle FamRZ 1992, 590.
[93] BGH FamRZ 2001, 1065, 1067; FuR 2002, 248, 249.
[94] BGH FamRZ 1982, 25: Übernahme der Hausfrauenrolle durch die barunterhaltspflichtige, in der früheren Ehe ebenfalls nicht erwerbstätige Mutter.

26 a) **Ehe ohne Kinder.** Sind in der neuen Ehe keine Kinder zu betreuen, besteht für den seinen Kindern aus der früheren Ehe Unterhaltspflichtigen keine Rechtfertigung, sich auf eine Einschränkung der Leistungsfähigkeit infolge der übernommenen Haushaltsführung zu berufen. Die Erwerbsobliegenheit beurteilt sich in diesen Fällen nach **§ 1603 Abs 2**. Der Unterhaltspflichtige ist gehalten, durch **zumutbare Erwerbstätigkeit** die für den Unterhalt der Kinder erforderlichen Mittel aufzubringen. Kommt er dieser unterhaltsrechtlichen Obliegenheit vorwerfbar nicht nach, kann in zumutbarer Weise erzielbares Einkommen fiktiv zugerechnet werden. Allerdings muss festgestellt werden, dass der Unterhaltspflichtige nach seinem Gesundheitszustand und unter Berücksichtigung der Verhältnisse auf dem Arbeitsmarkt imstande ist, einer (Teil-)Erwerbstätigkeit nachzugehen und eine entsprechende Stellung zu finden[95]. Für den Umfang der Unterhaltspflicht ist danach entscheidend, ob und in welcher Höhe er Erwerbseinkommen erzielen kann und in welcher Höhe der eigene Unterhaltsbedarf durch den von dem anderen Ehegatten geschuldete Unterhalt nach §§ 1360, 1360 a gedeckt ist.

26 a Macht der Unterhaltspflichtige geltend, das erzielte Einkommen zur **Deckung des eigenen Bedarfs** zu benötigen, obliegt es ihm, diesen Sachverhalt darzustellen und zu beweisen, denn er macht insoweit fehlende Leistungsfähigkeit geltend. Der unterhaltspflichtige Ehegatte wird daher einem Vortrag, er finde sein Auskommen durch den Familienunterhalt, den der neue Ehegatte sicherstelle, konkret entgegentreten müssen. Der unterhaltspflichtige Ehegatte ist auch gehalten, ein ihm zustehendes **Taschengeld** für den Unterhalt der Kinder einzusetzen[96]. Die Kenntnis der Ehegatten von den bestehenden Unterhaltspflichten und die Pflicht der Ehegatten, sich darauf einzustellen, wird danach die Berufung auf Leistungsunfähigkeit wegen der Wahl der „Hausmannrolle" ausschließen.

26 b Für die Leistungsfähigkeit des unterhaltspflichtigen Elternteils sind die realen Verhältnisse maßgebend. Deshalb kann der **Unterhaltsbedarf des unterhaltspflichtigen Ehegatten** nach Lage des Falles bei der Unterhaltsberechnung außer Ansatz bleiben, wenn und soweit dieser durch den Unterhalt gesichert ist, den ihm sein Ehegatte nach §§ 1360, 1360 a schuldet[97]. Obschon nicht auf Gewährung einer – frei verfügbaren – laufenden Geldrente gerichtet kann er nach den ehelichen Lebensverhältnissen unter Heranziehung des § 1578 als Orientierungshilfe in einem Geldbetrag bemessen werden[98]. An dem Familienunterhalt sind die Ehegatten hälftig zu beteiligen; der Abzug eines Erwerbstätigenbonus zugunsten des allein oder mehr verdienenden Ehegatten kommt nicht in Betracht[99]. Bei der Bedarfsbemessung kann die Ersparnis durch gemeinsame Haushaltsführung die Reduzierung des angemessenen Selbstbehalts rechtfertigen[100]. Den neuen Ehegatten trifft gegenüber den aus der früheren Ehe des Ehegatten hervorgegangenen Kindern keine, insbes keine gesteigerte Unterhaltspflicht. Er darf auch nicht mittelbar zum Unterhalt der Kinder herangezogen werden. Dem neuen Ehegatten hat daher der **volle Ehegattenselbstbehalt** zu verbleiben[101]. Nur im Rahmen des dann noch geschuldeten Familienunterhalts ist der notwendige Selbstbehalt des seinen Kindern aus früherer Ehe unterhaltspflichtige Ehegatten sichergestellt.

26 c b) **Haushaltführung in einer Ehe mit Kinderbetreuung.** Soweit der in der früheren Ehe erwerbstätige Unterhaltspflichtige in der neuen Ehe Kinder betreut, entlastet ihn dies nur gegenüber dem neuen Ehegatten und den Kindern aus der neuen Ehe, nicht dagegen gegenüber den Kindern aus der früheren Ehe. Aus dem **Gleichrang der Kinder** aus der alten und der neuen Ehe, nicht in Anwendung des § 1603 Abs 2 S 1 und 2 folgt, dass der Unterhaltspflichtige seine Arbeitskraft zum Unterhalt aller Kinder einsetzen muss[102]. Da der dogmatische Ansatz für die Erwerbsobliegenheit des in der neuen Ehe Kinder betreuenden Ehegatten nicht in § 1603 Abs 2 S 1 und 2 liegt, kann der Heranziehung zum Unterhalt nicht mit dem Hinweis auf § 1603 Abs 2 S 3 begegnet werden.

26 d aa) **Hinnehmbarkeit der Rollenwahl.** Betreut der geschiedene Ehegatte ein oder mehrere Kinder aus neuer Ehe, ist zunächst die von den Ehegatten getroffene Rollenwahl unter Zumutbarkeitsgesichtspunkten auf ihre unterhaltsrechtliche Hinnehmbarkeit zu prüfen. Es gilt ein strenger, auf enge Ausnahmefälle begrenzter Maßstab, der einen wesentlichen, den Verzicht auf die Aufgabenverteilung unzumutbar machenden Vorteil für die neue Familie voraussetzt. Das Interesse des Unterhaltspflichtigen und seiner neuen Familie muss das Interesse des Unterhaltsberechtigten an der Beibehaltung der bisherigen Unterhaltssicherung **deutlich übersteigen**[103]. Gegen die Rollenwahl bestehen ohne weiteres keine Bedenken, wenn sich der Familienunterhalt in der neuen Ehe durch die vollschichtige Erwerbstätigkeit des anderen Ehegatten **wesentlich günstiger** gestaltet als es der Fall wäre, wenn dieser die Kindesbetreuung übernehmen würde und der unterhaltspflichtige Elternteil voll erwerbstätig wäre[104]. Allerdings hat der BGH die Frage aufgeworfen, ob allein wirtschaftliche Gründe die Rollenwahl rechtfertigen können, wenn auf der einen Seite dadurch eine Erhöhung des Lebensstandards in der neuen Familie bewirkt und auf der anderen Seite durch die Berufung auf Leistungsunfähigkeit die wirtschaftliche Lage der erstehelichen Kinder verschlechtert werde. Zu erwägen sei, ob nicht der

---

[95] BGH FamRZ 2001, 1065.
[96] BGH FamRZ 2001, 1065, 1068; FamRZ 1986, 668.
[97] BGH FamRZ 2004, 364; FamRZ 2002, 742; FamRZ 2001, 1065.
[98] BGH FamRZ 2006, 1010; FamRZ 2004, 24, 25.
[99] BGH FuR 2002, 248, 249.
[100] BGH FuR 2002, 248, 250; FamRZ 1998, 286, 288.
[101] BGH NJW 2006, 2404 = FamRZ 2006, 1010.
[102] BGH FamRZ 1982, 590, 591; FamRZ 1987, 472; OLG Stuttgart FamRZ 1994, 1403.
[103] BGH FamRZ 2001, 614, 616.
[104] BGH FamRZ 2001, 614, 615; FamRZ 1980, 43.

unterhaltspflichtige Elternteil – ähnlich den Fällen des zulässigen Berufswechsels – zumutbare Vorsorge zur Sicherstellung des Unterhalts treffen müsse[105].

Wirtschaftlich günstiger dürften sich die Verhältnisse in den Fällen darstellen, in denen der nunmehr betreuende Ehegatte in der früheren Ehe ebenfalls die Betreuung der Kinder übernommen hatte oder angesichts seiner Lebens- und Arbeitsbiographie nur geringe, den Familienunterhalt ohnehin nicht sichernde Einkünfte erzielen könnte[106]. 26 e

Außer den wirtschaftlichen Gesichtspunkten können auch **sonstige Gründe,** die einen erkennbaren Vorteil für die neue Familie mit sich bringen, im Einzelfall einen Rollentausch rechtfertigen. Derartige Gründe müssen jedoch von einem solchen Gewicht sein, dass das Interesse des Unterhaltspflichtigen und seiner neuen Familie an der gewählten Aufgabenverteilung dasjenige der Unterhaltsgläubiger aus der alten Familie an der Beibehaltung der bisherigen Unterhaltssicherung **deutlich überwiegt**[107]. Im Rahmen der Prüfung der Rollenwahl wird zu berücksichtigen sein, dass dem bislang den Familienunterhalt sicherstellenden Elternteil eher zugemutet werden kann, auch in der neuen Beziehung erwerbstätig zu bleiben. Von Bedeutung kann auch sein, ob die angemessene, kindgerechte Betreuung des Kindes in der neuen Beziehung durch dritte Personen, wenn auch gegen Entgelt, gewährleistet werden kann. Der Wunsch des Unterhaltspflichtigen nach einer intensiveren Kindesbeziehung ist als solcher nicht ausreichend[108]. Die Rollenwahl ist aber zu akzeptieren, wenn ein Rollentausch nicht stattgefunden hat, der unterhaltspflichtige Elternteil wie in der früheren Beziehung Kinder betreut und den Haushalt führt[109]. 26 f

bb) Rollenwahl unterhaltsrechtlich nicht hinnehmbar. Ist die Rollenwahl nicht hinnehmbar, weil sich die Verhältnisse nicht wirtschaftlich günstiger darstellen und es ebenso auch an sonstigen erheblichen Gründen fehlt, die die konkrete Rollenwahl in der neuen Ehe rechtfertigen können, ist dem – in der früheren Ehe erwerbstätig gewesenen – Unterhaltspflichtigen weiterhin eine Vollerwerbstätigkeit zuzumuten; er gilt in diesem Umfang als leistungsfähig und ist entspr unterhaltspflichtig[110]. 26 g

cc) Rollenwahl unterhaltsrechtlich hinnehmbar. Ist die Rollenwahl hinnehmbar, wird der Unterhaltspflichtige gegenüber dem neuen Ehegatten berechtigt und angesichts der Unterhaltsverpflichtungen gehalten sein, trotz der Kinderbetreuung in der neuen Ehe seinen Beitrag zum Familienunterhalt auf das unbedingt notwendige Maß zu beschränken und wenigstens eine **Nebentätigkeit** aufzunehmen, um zum Unterhalt der Kinder aus der früheren Ehe beizutragen[111]. Darauf hat der neue Ehegatte im Rahmen der Aufgabenverteilung in der neuen Ehe gemäß § 1356 Abs 2 Rücksicht zu nehmen[112]. 26 h

Der BGH hat in diesen Fällen die obere Grenze der **Nebenerwerbsobliegenheit** des unterhaltspflichtigen Ehegatten so bestimmt, dass die unterhaltsberechtigten Kinder aus der früheren Ehe nicht schlechter, aber auch nicht besser gestellt werden, als wenn der Elternteil, statt in der neuen Ehe die Rolle des Hausmannes oder der Hausfrau zu übernehmen, erwerbstätig geblieben wäre[113]. Aus dem im Rahmen der sog Hausmann-Rspr herangezogenen Grundgedanken des § 1609 folgt zudem, dass der Ehegatte allen Kindern – gleichrangig – zum Unterhalt verpflichtet ist, die Kinder aber ungeachtet der von dem Ehegatten übernommenen Rolle in der neuen Ehe nicht vor einer Schmälerung ihrer Ansprüche durch den Hinzutritt weiterer Unterhaltsberechtigter geschützt sind[114]. 26 i

Aus diesen Erwägungen ist eine **Kontrollberechnung** für erforderlich gehalten worden. Der Unterhaltsanspruch der Kinder aus der früheren Ehe sollte in diesem Fall auf den Betrag begrenzt sein, den der Unterhaltspflichtige zu leisten hätte, wenn er – und nicht wie tatsächlich der neue Ehepartner – voll erwerbstätig wäre. Die dem unterhaltspflichtigen Elternteil in seiner Rolle als Hausmann/Hausfrau zur Verfügung stehenden Einkünfte sollten danach grds nur im Umfang der hypothetisch ermittelten Unterhaltsansprüche einzusetzen sein. Die Kontrollberechnung war jedoch nur in den Fällen angezeigt, in denen ein Ehegatte, der in seiner früheren Ehe voll erwerbstätig war, in einer neuen Verbindung wegen der Betreuung seines minderjährigen Kindes die Haushaltsführung übernommen hatte[115]. War eine geschiedene Ehefrau ihrem Kind aus erster Ehe barunterhaltspflichtig, schied eine Kontrollberechnung anhand des bei einem hypothetischen Rollentausch erzielbaren Erwerbseinkommens aus, wenn ein solcher Rollentausch tatsächlich nicht stattgefunden hatte, weil die Ehefrau wie schon zuvor in ihrer ersten Ehe die Führung des Haushalts und die Betreuung der Kinder übernommen hatte[116]. In Fortentwicklung dieser Rspr hat der BGH die Begrenzung der Unterhaltspflicht nach Maßgabe der Kontrollberechnung aufgegeben und den sich daraus ergebenden Betrag lediglich als Mindestbetrag des 26 j

---

[105] BGH NJW 1996, 1815 = FamRZ 1996, 796; FamRZ 2001, 614, 617.
[106] BGH NJW 2006, 2404 = FamRZ 2006, 1010, 1012.
[107] BGH FamRZ 1987, 252, 254.
[108] BGH FamRZ 1996, 796.
[109] BGH NJW 2006, 2404 = FamRZ 2006, 1010.
[110] BGH FamRZ 1982, 25; FamRZ 1987, 472.
[111] BGH FamRZ 1996, 796; FamRZ 1980, 44 OLG Köln FamRZ 1999, 1011, 1112.
[112] vgl BGH FamRZ 1980, 43; FamRZ 1982, 25; FamRZ 1986, 668, 669; FamRZ 1987, 252; s auch BVerfG FamRZ 1996, 343.
[113] BGH FamRZ 1996, 796; FamRZ 1982, 592; FamRZ 1987, 472, 474.
[114] BGH FamRZ 2001, 1065, 1067; FamRZ 1987, 472, 474.
[115] Vgl BGH NJW 1985, 318.
[116] BGH NJW 2004, 1160 = FPR 2004, 262 = FF 2004, 88 = MDR 2004, 511 in Abgrenzung zu BGH NJW 1982, 1590 = FamRZ 1982, 590 und NJW 1985, 318 zur „Hausmann-Rspr"; s ferner OLG Hamm NJW-RR 2003, 1160.

§ 1603 Buch 4. Abschnitt 2. Verwandtschaft

zu leistenden Barunterhalts angesehen, der durch das erzielte Nebeneinkommen überschritten werden kann. Der Einsatz der **Nebeneinkünfte** für den Kindesunterhalt in vollem Umfang ist immer dann möglich, wenn der Unterhaltsbedarf des Unterhaltspflichtigen in der neuen Ehe gesichert ist. In dieser Fallkonstellation wirkt sich die Verbesserung der wirtschaftlichen Situation zugunsten der Kinder aus erster Ehe aus[117]. Auch das **Taschengeld** steht dem Ehegatten für den Unterhalt der Kinder aus früherer Ehe zur Verfügung. Der unterhaltspflichtige Elternteil kann ferner gehalten sein, das **Erziehungsgeld** als einziges zur Verfügung stehendes Einkommen für den Unterhalt der Kinder aus früherer Ehe einzusetzen, wenn sein Unterhalt in der neuen Ehe gesichert ist[118]. **Während des Bezugs von Erziehungsgeld besteht keine Obliegenheit zu einer Nebentätigkeit.** Das Erziehungsgeld ersetzt im Interesse der Betreuung des neugeborenen Kindes die ansonsten nach Lage des Falles bestehende Erwerbspflicht des barunterhaltspflichtigen Elternteils.

27   c) **Leistungsfähigkeit des Hausmanns/der Hausfrau in nichtehelicher Lebensgemeinschaft.** Nach früherer Rspr[119] sollten die Grundsätze der sog Hausmann-/Hausfrau-Rspr angesichts der Unverbindlichkeit einer **nichtehelichen Lebensgemeinschaft** nicht herangezogen werden können, wenn der geschiedene Ehegatte ein nichteheliches Kind aus einer neuen Lebensgemeinschaft betreute. Im Blick auf die gesetzlichen Neuregelungen durch das Inkrafttreten des Kindschaftsreformgesetzes zum 1. 7. 1998 und die dadurch veränderte Rechtsstellung nicht ehelicher Eltern, die eine dem § 1356 vergleichbare Situation geschaffen hätten, wendet der BGH nunmehr die Grundsätze der sog Hausmann-/Hausfrau-Rspr auch auf nicht eheliche Lebensgemeinschaften an, wenn etwa der geschiedene Ehegatte ein nichteheliches Kind aus einer neuen Lebensgemeinschaft betreut[120]. In diesen Fällen muss die Wahl, die Erwerbstätigkeit zugunsten der Betreuung des Kindes aufzugeben, durch entscheidende Belange des anderen Partners gedeckt sein. Der seinen Kindern aus erster Ehe barunterhaltspflichtige, bislang erwerbstätige Vater darf seine Erwerbstätigkeit nicht deshalb aufgeben, weil die neue Lebensgefährtin nicht bereit ist, das aus dieser Beziehung hervorgegangene Kind zu betreuen. Dies gilt selbst dann, wenn der Vater durch Erklärung nach § 1626 a das gemeinsame Sorgerecht übernommen hat[121]. In diesen Fällen muss die Wahl, die Erwerbstätigkeit zugunsten der Betreuung des Kindes aufzugeben, durch entscheidende Belange des anderen Partners gedeckt sein. Der Bedarf des unterhaltspflichtigen Elternteils wird nach Lage des Falles und nach Maßgabe des **§ 1615 l Abs 1, 2** zu sichern sein.

27 a   d) **Keine Anwendung auf volljährige Kinder.** Die für die Unterhaltsansprüche minderjähriger, unverheirateter Kinder entwickelten Grundsätze der sogenannten Hausmann-/Hausfrau-Rspr des BGH finden gegenüber den Ansprüchen **volljähriger, nicht nach § 1603 Abs 2 S 2 privilegierter Kinder** keine Anwendung. Diese Rspr hat ihre Grundlage in dem Gleichrang der minderjährigen, unverheirateten und privilegierten volljährigen Kinder. Nicht privilegierte volljährige Kinder sind jedoch ihnen gegenüber nach § 1609 Abs 1 nachrangig. Dies gilt auch für volljährige Kinder, die wegen einer körperlichen oder geistigen Behinderung nicht erwerbsfähig sind. Nach dem Wortlaut des § 1609 bestimmt sich das Rangverhältnis ausschließlich nach dem Alter der Kinder[122].

III. Gesteigerte Unterhaltspflicht der Eltern (Abs 2)

28   Gemäß § 1603 Abs 2 S 1 unterliegen Eltern im Verhältnis zu ihren gemeinsamen minderjährigen unverheirateten Kindern einer gesteigerten Unterhaltspflicht. Sie sind verpflichtet, alle verfügbaren Mittel zu ihrem und der Kinder Unterhalte gleichmäßig zu verwenden. Gesteigert unterhaltspflichtig sind sie ebenso den nach Abs 2 S 2 **privilegierten volljährigen Kindern** gegenüber.

29   1. **Das privilegierte volljährige Kind (Abs 2 S 2).** Mit Wirkung vom 1. 7. 1998 hat das KindUG die gesteigerte Unterhaltspflicht der Eltern auch auf ihre volljährigen unverheirateten Kinder **bis zur Vollendung des 21. Lebensjahres** erstreckt, solange sie **im Haushalt der Eltern oder eines Elternteils** leben und sich in der **allgemeinen Schulausbildung** befinden. Eine Gleichstellung dieser Kinder mit minderjährigen unverheirateten Kindern ist gerechtfertigt, denn ihre Lebensstellung ist trotz der rechtlichen Beendigung der elterlichen Sorge vergleichbar[123]. Die zeitliche Beschränkung trägt dem Umstand Rechnung, dass idR die allgemeine Schulausbildung mit Vollendung des 21. Lebensjahres abgeschlossen ist, jedenfalls abgeschlossen sein kann. Die Altersgrenze korrespondiert zudem mit den Bestimmungen des Kinder- und Jugendhilferechts. Volljährige Kinder bis zur Vollendung des 21. Lebensjahres haben Anspruch auf Beratung bei der Geltendmachung von Unterhaltsansprüchen. Die Verpflichtung zur Erfüllung der Unterhaltsansprüche kann durch die Urkundsperson des Jugendamtes nach § 18 Abs 3 bzw § 59 Abs 1 Nr 3 SGB VIII beurkundet werden.

30   Privilegiert ist das volljährige Kind nur, wenn es **unverheiratet** ist. So liegt es, wenn das Kind niemals verheiratet war. Die gesteigerte Unterhaltspflicht soll die Eltern nach der Auflösung der Ehe

---

[117] BGH FamRZ 2006, 1827.
[118] So BGH NJW 2006, 2404 = FamRZ 2006, 1010; OLG Nürnberg FamRZ 1994, 1402; OLG Frankfurt FamRZ 1991, 594.
[119] BGH FamRZ 1995, 598; OLG Frankfurt FamRZ 1992, 979; OLG Düsseldorf FamRZ 1991, 592, 593; OLG Karlsruhe FamRZ 1996, 1238.
[120] BGH NJW 2001, 1488 = FamRZ 2001, 614 m Anm *Büttner*; so schon OLG München FamRZ 1999, 1526; OLG Koblenz NJW-RR 2001, 4.
[121] OLG München FamRZ 1999, 1526, 1527.
[122] BGH NJW 1984, 1813 = FamRZ 1984, 683, 685; OLG Hamburg FamRZ 1998, 41, 42.
[123] BT-Drucks 13/7338 S 21.

nicht erneut treffen. Die Verantwortung der Ehegatten wirkt nach Scheidung der Ehe fort. Ein Anspruch auf Unterhalt besteht indes nicht bei Auflösung der Ehe durch Tod eines Ehegatten und bei Aufhebung der Ehe. In diesen Fällen sollen die Kinder ebenfalls privilegiert sein[124].

Das volljährige Kind lebt im Haushalt der Eltern oder eines Elternteils, wenn es dort seinen Lebensmittelpunkt hat. Es muss eine **Wohn- und Wirtschaftsgemeinschaft** in einer gemeinsamen Familienwohnung bestehen[125]. 31

Das Kind muss sich ferner in der **allgemeinen Schulausbildung** befinden. Im Interesse einer einheitlichen Rechtsanwendung ist es sachgerecht, den Begriff der allgemeinen Schulausbildung unter Heranziehung der zu § 2 Abs 1 Nr 1 BAföG entwickelten Grundsätze auszulegen[126]. Die Schulausbildung muss das Ziel haben, nach dem Abschluss eine Berufsausbildung zu beginnen, eine Hochschule oder eine Fachhochschule zu besuchen. Dies ist bei dem Besuch der Hauptschule, der Gesamtschule, der Realschule, des Gymnasiums und der Fachoberschule immer der Fall. In einer allgemeinen Schulausbildung befindet sich ein Kind bei Besuch einer Fachoberschule, die zur Erlangung der allgemeinen Fachhochschulreife führt[127]. Anzuerkennen ist eine Schulausbildung, in der das Kind in Form von Privat- und Abendkursen unterrichtet wird, um eine staatlich anerkannte allgemeine Schulabschlussprüfung abzulegen. Die Rechtsform der Schule ist nicht entscheidend, ebenso nicht die Trägerschaft durch Staat, Gemeinden, Kirchen oder Private. Berufsschulen und Berufsfachschulen zählen idR nicht dazu, da sie neben allgemeinen Ausbildungsinhalten bereits berufsbezogene Ausbildungsinhalte vermitteln[128]. Nach Maßgabe der jeweiligen Bestimmungen ist zu entscheiden, ob als allgemeine Schulausbildung der Besuch der zweijährigen Höheren Berufsfachschule angesehen werden kann[129]. Die Teilnahme an einem Berufsfindungslehrgang rechnet nicht zur allgemeinen Schulausbildung[130]. Dies gilt auch für die von den Berufsfachschulen vermittelte Grundbildung in einem Berufsgrundschuljahr[131]. Die Schulausbildung muss die Zeit und Arbeitskraft des Kindes voll oder zumindest überwiegend in Anspruch nehmen. Davon kann ausgegangen werden, wenn die Unterrichtszeit 20 Wochenstunden beträgt. Eine anzuerkennende Schulausbildung setzt ferner die Teilnahme an einem kontrollierten Unterricht voraus, Stetigkeit und Regelmäßigkeit der Ausbildung müssen schulseitig gewährleistet sein, die Teilnahme darf nicht im Belieben der Schüler stehen[132]. Die Privilegierung setzt nicht voraus, dass sich das Kind über den Eintritt der Volljährigkeit ununterbrochen in der Schulausbildung befunden hat. Eine allgemeine Schulausbildung kann das Kind auch nach einer Unterbrechung einer früher begonnenen schulischen Ausbildung absolvieren. Entscheidend ist, ob sich das volljährige Kind im Unterhaltszeitraum in einer anzuerkennenden Schulausbildung aufhält[133]. 32

Gegenüber **behinderten volljährigen Kindern** und über den gesetzlichen Tatbestand hinaus besteht auch nach dem Inkrafttreten des KindUG die gesteigerte Unterhaltspflicht nicht[134]. 33

2. Auswirkungen der gesteigerten Unterhaltspflicht. Die gesteigerte Unterhaltspflicht führt dazu, dass an die **Erwerbsobliegenheit des Unterhaltspflichtigen** gesteigerte Anforderungen zu stellen sind. Sie legt dem Unterhaltspflichtigen eine **erhöhte Arbeitspflicht** unter gesteigerter Ausnutzung seiner Arbeitskraft auf. Unter Umständen verlangt sie in zumutbaren Grenzen einen Orts- oder Berufswechsel, wenn er nur auf diese Weise seine Unterhaltspflicht erfüllen kann[135]. Einem Unterhaltspflichtigen, der in den neuen Ländern einer vollschichtigen, tarifgerecht bezahlten und seiner Ausbildung sowie seinen Fähigkeiten entsprechenden Erwerbstätigkeit nachgeht, ist es aber nicht zumutbar, zugunsten der Unterhaltssicherung der minderjährigen Kinder in die alten Länder umzuziehen[136], es sei denn, er hat dort einen Arbeitsplatz konkret in Aussicht[137]. Er ist zur Aufnahme von Gelegenheits- und Aushilfsarbeiten verpflichtet[138]. Notfalls sind auch Tätigkeiten in dem nicht erlernten Beruf zu verrichten[139]. Der Unterhaltspflichtige genügt idR seiner Erwerbsobliegenheit, wenn er eine seinen Möglichkeiten und Fähigkeiten entsprechende **vollschichtige Erwerbstätigkeit** ausübt[140]. Die gestei- 34

---

[124] So auch FamRefK/*Häußermann* Rn 5.
[125] FamRefK/*Häußermann* Rn 6.
[126] BGH NJW 2001, 2633 = FamRZ 2001, 1068; OLG Zweibrücken FamRZ 2001, 1479.
[127] OLG Bremen FamRZ 1999, 879 LS.
[128] OLG Zweibrücken NJWE-FER 2000, 53; OLG Koblenz FamRZ 2000, 687.
[129] Bejahend OLG Hamm FamRZ 1999, 1528, 1529 unter Hinweis auf § 1 der Verwaltungsvorschriften zur „NRW-Verordnung über die Bildungsgänge und Abschlussprüfungen in der zweijährigen Höheren Berufsfachschule vom 28. 2. 1997; aA OLG Koblenz NJWE-FER 2001, 176; OLGR 1999, 284, das darauf abhebt, dass der Besuch der höheren Berufsfachschule mit der Fachrichtung Betriebswirtschaft nach § 2 BerufsfachschulVO eine auf ein konkretes Berufsbild bezogenen Ausbildung vermittele".
[130] OLG Hamm OLGR 2000, 253, 257.
[131] AA OLG Koblenz MDR 2000, 1016.
[132] BGH NJW 2001, 2633 = FamRZ 2001, 1068.
[133] BGH NJW 2001, 2633 = FamRZ 2001, 1068.
[134] BT-Drucks 13/7338 S 21; s jedoch OLG Dresden NJWE-FER 2001, 309, das eine analoge Anwendung auf volljährige, in allgemeiner Schulpflicht befindliche Kinder, die im Haushalt von Großeltern leben, befürwortet.
[135] BGH NJW 1980, 2414 = FamRZ 1980, 1113, 1114; vgl zusammenfassend OLG Brandenburg FamRZ 2001, 8 = FamRZ 2001, 372; NJWE-FER 2001, 70 = FamRZ 2001, 115.
[136] OLG Naumburg FamRZ 1997, 311.
[137] OLG Dresden FamRZ 1997, 836.
[138] BGH NJW-RR 2000, 1385 = FamRZ 2000, 1358, 1359; NJW 1994, 938 = FamRZ 1994, 303; OLG Hamburg FamRZ 1984, 924; OLG Hamm FamRZ 1996, 958, 959.
[139] OLG Hamm FamRZ 1995, 438; OLG Köln FamRZ 1997, 1104.
[140] OLG Naumburg FamRZ 1997, 311.

§ 1603

gerte Unterhaltspflicht stellt an die Erwerbstätigkeit des unterhaltspflichtigen Elternteils besondere Anforderungen. Ihm ist generell – einschließlich einer Nebentätigkeit – eine Arbeitszeit von jedenfalls **40 Stunden je Woche** zumutbar[141]. Unter Berücksichtigung des **Verhältnismäßigkeitsgrundsatzes** ist zu beurteilen, ob und in welchem Umfang dem Unterhaltspflichtigen eine **Nebentätigkeit** zumutbar ist. Es ist zu prüfen, ob die zeitliche und physische Belastung durch die ausgeübte und die zusätzliche Arbeit dem Unterhaltspflichtigen unter Berücksichtigung auch der Bestimmungen, die die Rechtsordnung zum Schutz der Arbeitskraft vergibt, abverlangt werden kann[142]. Die Aufnahme einer Nebentätigkeit scheidet aus, wenn diese nach Lage des Falles nur eingeschränkt oder überhaupt nicht ausgeübt wird. So kommt sie nicht in Betracht bei einer zwölfstündigen Abwesenheit von zu Hause, bei eingeschränkter körperlicher Leistungsfähigkeit[143]. Eine Nebentätigkeit unter Ausschöpfung der arbeitszeitlichen Grenzen mit durchschnittlich acht Stunden täglich, zudem in Gestalt von Untertage- und Wechselschichtarbeit lässt eine Nebentätigkeit auch im Fall gesteigerter Unterhaltspflicht nicht als zumutbar erscheinen[144]. Bei Verweigerung einer Nebentätigkeitsgenehmigung seitens des Arbeitgebers wird sie ebenfalls nicht geschuldet[145]. Einem jungen und gesunden Unterhaltspflichtigen kann indes abverlangt werden, zusätzlich zu einer vollschichtigen Erwerbstätigkeit einer ihn in zeitlicher Hinsicht maßvoll in Anspruch nehmenden **Nebentätigkeit** nachzugehen, um zumindest den Mindestunterhalt des Kindes leisten zu können[146]. Ohne weiteres bestimmt der Bezug einer zeitlich begrenzten Erwerbsunfähigkeitsrente nicht die Leistungsfähigkeit, denn daneben kommt eine Obliegenheit zur Ausübung einer Nebentätigkeit in Betracht. Es sind jedoch die Zuverdienstgrenzen nach § 44 SGB VI zu beachten[147].

35   Bei **Verlust der Arbeitsstelle** hat der Unterhaltspflichtige dauernde Anstrengungen zur Erlangung einer Arbeit durch **Bewerbungen** auf Stellenanzeigen, durch die Aufgabe eigener Annoncen, Vorsprache bei möglichen Arbeitgebern und Bemühungen über den örtlichen Bereich hinaus, ggf im ganzen Bundesgebiet zu unternehmen[148]. Ihm kann abverlangt werden, für die Arbeitssuche die Zeit aufzuwenden, die ein Erwerbstätiger für seinen Beruf aufwendet[149]. Es können etwa 20 Bewerbungen im Monat verlangt werden[150]. Zu berücksichtigen ist auch, welche Möglichkeiten dem Unterhaltspflichtigen eröffnet sind. Dem arbeitslosen Hilfsarbeiter kann es danach nicht zum Vorwurf gereichen, wenn er sich lediglich regional an seinem – von hoher Arbeitslosigkeit gekennzeichneten – Wohnort bewirbt und ihm auch ansonsten keine besseren Aussichten aufgezeigt werden können[151]. Während der **Dauer der Arbeitsplatzsuche** ist der Unterhaltspflichtige gehalten, zur Sicherstellung des Unterhalts eines minderjährigen Kindes einen Hinzuverdienst zu erzielen[152]. Es sind die jeweiligen Bestimmungen für die Anrechnung von Nebeneinkünften bei Bezug von Arbeitslosengeld zu beachten.

36   Das Interesse des Unterhaltspflichtigen, unter Zurückstellung bestehender Erwerbsmöglichkeiten eine **Aus- oder Weiterbildung** aufzunehmen, hat grds hinter dem Unterhaltsinteresse der Kinder zurückzutreten[153]. Das gilt vor allem dann, wenn der Unterhaltspflichtige bereits über eine Berufsausbildung verfügt, die ihm – wenn auch möglicherweise nach einem zumutbaren Ortswechsel – eine ausreichende Lebensgrundlage bietet[154]. Anders kann es liegen, wenn es darum geht, erstmals eine abgeschlossene Berufsausbildung zu erlangen oder sich durch die Umschulung wieder bessere Beschäftigungsmöglichkeiten zu verschaffen[155]. Dem Unterhaltspflichtigen wird zuzumuten sein, seinen Ausbildungswunsch zurückzustellen, wenn er bislang nur ungelernte Tätigkeiten verrichtet hat und sich der Anlass, seine Arbeits- und Verdienstchancen durch eine Aus- oder Weiterbildung zu verbessern, für ihn nicht verändert hat[156]. Der Unterhaltspflichtige, der zum Zwecke einer Zweitausbildung seine Erwerbstätigkeit ohne Rücksicht auf eine bereits bestehende Bedürftigkeit seiner Familienangehörigen und ohne deren Einverständnis aufgegeben hat, muss die Zweitausbildung auch dann abbrechen, wenn sie zwischenzeitlich weiter fortgeschritten ist[157]. Hat der Unterhaltspflichtige mit Einverständnis des gesetzlichen Vertreters und in Abstimmung des finanziellen Lebenszuschnitts für die weitere Zeit

---

[141] OLG Köln NJW 2007, 444; NJW-RR 2007, 291: grds 48 Stunden je Woche.
[142] BVerfG FamRZ 2003, 661, 662.
[143] OLG Oldenburg FamRZ 2003, 1207 = NJW-RR 2003, 1226.
[144] OLG Düsseldorf FamRZ 2004, 1514; weitaus strenger OLG Hamm (8. FamS) FamRZ 2004, 299.
[145] OLG Hamburg FamRZ 2003, 1205, LS.
[146] OLG Hamm FamRZ 1994, 1403; FamRZ 1996, 303, 304; OLG Karlsruhe FamRZ 1993, 1118; OLG Koblenz FamRZ 1991, 1475; OLG Hamburg FamRZ 1990, 784; OLG Dresden FamRZ 2003, 1206: Nebentätigkeit neben einer Umschulung; KG FamRZ 2003, 1208: keine fiktiven Einkünfte aus Nebentätigkeit bei Vollzeitbeschäftigung mit werktags acht Stunden.
[147] OLG Düsseldorf FamRZ 2001, 1477.
[148] BGH FamRZ 2000, 1358, 1359 = NJW-RR 2000, 1385; OLG Bremen FamRZ 1996, 957; OLG Hamm FamRZ 1996, 957, 958; FamRZ 1997, 356, 357.
[149] OLG Hamm FamRZ 1994, 1115; FamRZ 1996, 629 LS, 1218.
[150] OLG Naumburg FamRZ 1997, 311.
[151] OLG Hamm FamRZ 1998, 42, 43 m Anm *Born*; überregionale Bemühungen hingegen erforderlich nach OLG Hamm OLGR 1997, 232.
[152] OLG Schleswig FamRZ 1999, 1524, 1525.
[153] BGH NJW 1983, 814 = FamRZ 1983, 140; NJW 1994, 1002 = FamRZ 1994, 372, 374.
[154] OLG Bremen FamRZ 1996, 957.
[155] OLG Jena NJW-RR 2004, 76; OLG Hamm OLGR 2003, 173; FamRZ 1997, 1168; OLG Jena FamRZ 1999, 1523.
[156] BGH NJW 1994, 1002 = FamRZ 1994, 372; OLG Hamm NJWE-FER 1999, 55.
[157] BGH NJW 1980, 2414 = FamRZ 1980, 1113, 1115; NJW 1983, 814 = FamRZ 1983, 140.

eine Zweitausbildung begonnen, ist er nicht gehalten, darüber hinaus Vorsorge für die studienbedingte Einkommensreduzierung durch vorherige Bildung von Rücklagen zu treffen[158]. Tritt später nach Aufnahme der Zweitausbildung die Bedürftigkeit der Familienangehörigen ein, müssen sie uU den völligen, zeitweisen Wegfall der Unterhaltszahlungen hinnehmen. Dies gilt jedoch nur, wenn die Zweitausbildung bereits weit fortgeschritten ist, nur noch eine verhältnismäßig kurze Zeit bis zu deren Abschluss erfordert und erhöhte Aufstiegs- und Einkommenschancen bietet. Letztlich verbessert sich durch eine solche Zweitausbildung auch die Situation der Unterhaltsberechtigten[159]. Die Fortführung einer bislang ausgeübten Nebentätigkeit, durch deren Erträgnisse der Unterhalt zumindest teilweise sichergestellt wurde, ist in dieser Ausbildungsphase nicht mehr zumutbar, wenn sie den Abschluss der Ausbildung verzögern und gefährden würde[160]. Eine andere Beurteilung ist zu rechtfertigen, wenn der Unterhaltspflichtige sich noch im Anfangsstadium der Zweitausbildung befindet. Entweder ist die Ausbildung zugunsten der Wiederaufnahme der früher erlernten Erwerbstätigkeit aufzugeben oder neben der Ausbildung eine Erwerbstätigkeit auszuüben[161]. Neben der **Umschulungsmaßnahme** muss sich der Unterhaltspflichtige grds um **Aushilfstätigkeiten** jeder Art bemühen, um jedenfalls den Mindestunterhalt sicherzustellen[162]. Nimmt die Umschulung den Unterhaltspflichtigen im Umfang einer vollschichtigen Erwerbstätigkeit in Anspruch, besteht aber keine Pflicht, daneben noch eine Erwerbstätigkeit im versicherungsfreien Bereich auszuüben[163]. Wegen der Anrechnung von Einkommen aus Nebentätigkeit auf das Unterhaltsgeld nach §§ 47, 44 AFG wird die Leistungsfähigkeit wohl nicht entscheidend erhöht[164]. Es hängt von den Einzelfall ab, ob den Unterhaltspflichtigen bei einer Teilnahme an einer Umschulung der Selbstbehalt des Erwerbstätigen oder Nichterwerbstätigen zuzubilligen ist[165]. Die Bewilligung einer Umschulungsmaßnahme durch die Arbeitsagentur entbindet unterhaltsrechtlich grds nicht davon, intensive Bemühungen um einen Arbeitsplatz anzustellen. Sie belegt lediglich, dass die Arbeitsagentur ohne Umschulung keine Möglichkeit mehr zu einer Vermittlung des Unterhaltspflichtigen gesehen hat. Sie lässt nicht den zwingenden Schluss zu, dass der Unterhaltspflichtige auch bei gebotenen intensiven Bemühungen keine Arbeitsstelle hätte finden können[166].

Ohne Vorliegen von überwiegenden sachlichen Gründen steht die **Vereinbarung von Altersteilzeit,** die – für den Unterhaltspflichtigen erkennbar – mit erheblicher Reduzierung der Einkünfte verbunden ist, nicht im Einklang[167]. Wird ein gesunder Arbeitnehmer vorzeitig in den Ruhestand versetzt, wird er ebenfalls nicht von der gesteigerten Unterhaltspflicht zu entbinden sein. Reichen die Bezüge nicht einmal aus, den Regelbetrag/Mindestunterhalt zu leisten, schuldet er jedenfalls zur Sicherstellung des Unterhalts in diesem Umfang die Ausübung einer Nebentätigkeit[168].   36 a

Die gesteigerte Unterhaltspflicht hat Auswirkungen auf die **Höhe des Selbstbehaltes.** Der Unterhaltspflichtige kann auf die absolute Opfergrenze verwiesen werden. Ihm müssen jedoch auch im Rahmen der gesteigerten Unterhaltspflicht die zur Sicherung des unentbehrlichen Lebensbedarfs notwendigen Mittel verbleiben. Jede Unterhaltspflicht hat dort ihre Grenze, wo die Möglichkeit der Fortexistenz des Unterhaltspflichtigen in Frage gestellt würde[169]. Die Opfergrenze wird durch den **sog notwendigen oder kleinen Selbstbehalt** gezogen. Er beträgt nach der in der Praxis herangezogenen Düsseldorfer Tabelle für die Zeit ab 1. 1. 2008 gegenüber minderjährigen Kindern bei Erwerbstätigkeit des Unterhaltspflichtigen monatlich 900 Euro, bei nicht erwerbstätig, monatlich 770 Euro. Die unterschiedliche Höhe des Selbstbehalts beruht darauf, dass dem erwerbstätigen Unterhaltspflichtigen ein Arbeitsanreiz geschaffen und ein Ausgleich für nicht näher belegbare Aufwendungen im Zusammenhang mit der Berufstätigkeit geschaffen werden soll. Bei Fehlen dieser Intentionen kann der Selbstbehalt des Erwerbstätigen reduziert oder gar dem Selbstbehalt des nicht erwerbstätigen Unterhaltspflichtigen gleichgesetzt werden. In Betracht kommt dies nur bei einem – längerfristigen – Krankengeldbezug oder für die Dauer einer Umschulung, wenn sich die Lebenshaltungskosten günstiger gestalten[170]. Für Unterhaltszwecke zu verwenden ist nur das jeweils den notwendigen Selbstbehalt übersteigende Einkommen.   37

---

[158] BGH FamRZ 1982, 365, 367.
[159] BGH NJW 1983, 814 = FamRZ 1983, 140.
[160] BGH NJW 1983, 814 = FamRZ 1983, 140; 1980, 126, 127, entschieden für den Unterhaltsberechtigten; OLG Hamm FamRZ 1992, 469.
[161] OLG Hamburg FamRZ 1991, 106; 1992, 106; vgl auch OLG Bamberg FamRZ 1989, 93.
[162] OLG Köln NJW 1998, 3127; einschränkend OLG Jena FamRZ 1999, 1523: Der Erfolg der Umschulung darf nicht gefährdet werden.
[163] OLG Hamm FamRZ 1997, 1168; weitergehend noch OLG Hamm FamRZ 1995, 756; AG Duisburg FamRZ 1997, 1168; s auch OLG Dresden NJW-RR 2003, 512: Nebentätigkeit geschuldet und beim Selbstbehalt Gleichsetzung mit einem Nichterwerbstätigen.
[164] BGH NJW 1994, 1002 = FamRZ 1994, 372, 375; OLG Hamm FamRZ 1995, 756; OLG Dresden FamRZ 2003, 1206.
[165] OLG Hamm FamRZ 1999, 1015: für den Selbstbehalt von damals 1500 DM bei einer Vollzeit-Umschulungsmaßnahme; OLG Dresden FamRZ 1999, 1015: für den Selbstbehalt des Erwerbslosen.
[166] OLG Hamm (11. FamS) FamRZ 2004, 1574 = OLGR 2004, 134.
[167] OLG Hamm (13. FamS) FamRZ 2001, 1476; s auch OLG Hamm FamRZ 2001, 482 = NJW-RR 2001, 433 und FamRZ 1999, 1078.
[168] Zur Erwerbsobliegenheit bei vorgezogener Altersgrenze im Rahmen des Ehegattenunterhalts vgl BGH FamRZ 2003, 590.
[169] BGH NJW 1989, 524 = FamRZ 1989, 170, 171.
[170] OLG Köln FamRZ 1998, 480, 481.

§ 1603

38   Die mit dem notwendigen Selbstbehalt definierte unterhaltsrechtliche Opfergrenze gilt im Verhältnis der Eltern zu ihren minderjährigen Kindern und für die Zeit ab Inkrafttreten des KindUG am 1. 7. 1998 nach Maßgabe des dann geltenden § 1603 Abs 2 S 2 ebenso für die **privilegierten volljährigen Kinder**[171].

39   Der Unterhaltspflichtige hat auch den **Stamm des Vermögens** notfalls anzugreifen; eine dem § 1581 S 2 entsprechende Billigkeitsgrenze gibt es im Verwandtenunterhalt nicht[172]. Eine angestrebte Verwendung des Vermögens zur Schaffung von Wohneigentum hat zurückzustehen[173]. Doch scheidet eine Verwertung des Vermögensstammes aus, wenn diese dem Unterhaltspflichtigen die Nutzung des Vermögensstammes für den eigenen Unterhalt entziehen würde[174]. Trotz der gesteigerten Unterhaltspflicht muss dem Unterhaltspflichtigen der Vermögensstamm in einem Umfang verbleiben, der seinen notwendigen Eigenbedarf unter Einbeziehung etwa zu erwartender zukünftiger Erwerbsmöglichkeiten bis an das – voraussichtliche – Lebensende sichert[175].

IV. Fehlen der gesteigerten Unterhaltspflicht der Eltern (Abs 2 S 3)

40   Die gesteigerte Unterhaltspflicht tritt nicht ein bzw entfällt, wenn ein **anderer unterhaltspflichtiger Verwandter** vorhanden ist. Sie besteht ebenfalls nicht gegenüber einem Kind, dessen Unterhalt aus dem Stamm seines Vermögens bestritten werden kann. In diesen Fällen kann der baruntershaltspflichtige Elternteil eine Entlastung erfahren, jedoch keine Freistellung von der Unterhaltspflicht[176].

41   **1. Vorhandensein eines anderen unterhaltspflichtigen Verwandten (Abs 2 S 3 HS 1).** Als ein anderer Verwandter, der zum Barunterhalt beitragen kann, kommt der Elternteil in Betracht, der das unterhaltsberechtigte Kind betreut, sofern dieser seinerseits gemäß § 1603 Abs 1 leistungsfähig ist[177]. Der betreuende Elternteil – das kann nach der ab 1. 7. 1998 geltenden Gesetzeslage auch der Vater sein – leistet allerdings seinen Unterhaltsbeitrag bereits durch die Pflege und Erziehung des Kindes (§ 1606 Abs 3 S 2). Dessen Beteiligung an dem Barunterhalt kommt deshalb regelmäßig nicht in Betracht, selbst wenn er über eigenes, auch höheres Erwerbseinkommen verfügt[178]. Ausnahmsweise kann dem betreuenden Elternteil ein Beitrag zum normalen Unterhaltsbedarf des Kindes abverlangt werden.

41 a   So liegt es, wenn der baruntershaltspflichtige Elternteil nach Abzug des Barunterhalts zwar noch über den angemessenen Selbstbehalt verfügen würde, die wirtschaftliche Lage des betreuenden Elternteils aber besonders günstig ist und seine Einkünfte die des baruntershaltspflichtigen Elternteils **erheblich** übersteigen. Die alleinige Zahlungspflicht des baruntershaltspflichtigen Elternteils würde dann zu einem **erheblichen finanziellen Ungleichgewicht** zwischen den Eltern führen[179]. Diesen Ausnahmetatbestand hat der baruntershaltspflichtige Elternteil darzulegen und zu beweisen[180]. Ein derartiges Ungleichgewicht besteht noch nicht bei einer Einkommensdifferenz von wenigen 100 DM[181], auch nicht bei einem um 20% höheren Einkommen[182], wohl aber bei einem doppelt so hohen Einkommen des betreuenden Elternteils[183]. Es ist nicht schematisch zu verfahren und auch zu berücksichtigen, wenn der betreuende Elternteil in seinem Haus den Kindern das kostenlose Wohnen stellt[184].

41 b   Würde durch die Unterhaltszahlungen an das Kind der eigene angemessene Unterhalt des baruntershaltspflichtigen Elternteils gefährdet, jedoch der notwendige Selbstbehalt gewahrt, während dem betreuenden Elternteil die Zahlung des Barunterhalts ohne Gefährdung des angemessenen Selbstbehalts möglich wäre, so kann eine Beteiligung des betreuenden Elternteils nach § 1603 Abs 2 S 3 in Betracht kommen[185]. Der baruntershaltspflichtige Elternteil ist nur zu entlasten, nicht völlig freizustellen. Er hat in jedem Fall einen Beitrag zu leisten. Auf die Wahrung des angemessenen Selbstbehalts kann er sich generell nicht berufen. Verbleibt dem baruntershaltspflichtigen Elternteil noch der notwendige Selbstbehalt, ist trotz einer gebotenen Beteiligung des betreuenden Elternteils an dem Barunterhalt der von dem baruntershaltspflichtigen Elternteil zu leistende Beitrag nicht unter den Regelbetrag/Mindestunterhalt zu ermäßigen. Anderenfalls würde der Betreuungsunterhalt in nicht zu rechtfertigender Weise

---

[171] BGH NJW 2008, 227; NJW 2005, 2145 = FamRZ 2005, 1154.
[172] BGHZ 75, 272, 278 = FamRZ 1980, 44; BGH NJW 1989, 524 = FamRZ 1989, 170; NJW-RR 1993, 1283 = FamRZ 1993, 1304, 1306.
[173] OLG Dresden NJWE-FER 1999, 6.
[174] BGH NJW-RR 1986, 66 = FamRZ 1986, 48, 50.
[175] BGH NJW 1989, 524 = FamRZ 1989, 170, 172.
[176] BGH NJW 2008, 227, 230; *Büttner* FamRZ 2001, 1068.
[177] BGH NJW 1980, 934 = FamRZ 1980, 555, 556; NJW-RR 1998, 505 = FamRZ 1998, 286; NJW 1991, 697 = FamRZ 1991, 182, 183.
[178] BGH NJW 1980, 2306.
[179] BGH NJW 2008, 227, 230; NJW 2003, 3770 = FamRZ 2004, 24, 25; NJW 2002, 1646 = FamRZ 2002, 742 m Anm *Büttner*; NJW 1991, 697 = FamRZ 1991, 182, 183; NJW-RR 1998, 505 = FamRZ 1998, 286.
[180] BGH FamRZ 2002, 742; NJW 1981, 923 = FamRZ 1981, 347.
[181] So OLG Hamm FamRZ 1981, 487.
[182] OLG Hamm FamRZ 2003, 1964.
[183] So OLG Bamberg FamRZ 1995, 566; OLG Brandenburg NJW 2007, 85; s auch Ziff 12.3 der Unterhaltsgrundsätze des OLG Frankfurt FamRZ 2006, 1329, 1332: etwa bei dreifach höherem verfügbaren Einkommen und guten Vermögensverhältnissen.
[184] OLG Karlsruhe FamRZ 1993, 1116.
[185] BGH FamRZ 2002, 742.

Leistungsfähigkeit § 1603

entwertet[186]: Ist das Einkommen des betreuenden Elternteils mehr als doppelt so hoch wie das des an sich barunterhaltspflichtigen Elternteils, kann die Unterhaltsverpflichtung des Letztgenannten im Hinblick auf § 1603 Abs 2 S 3 ganz entfallen. Besteht ein erhebliches finanzielles Ungleichgewicht zwischen den Einkünften der beiden Elternteile, ist das Einkommen des betreuenden Elternteils aber noch nicht doppelt so hoch wie dasjenige des an sich barunterhaltspflichtigen Elternteils, so ist von einer anteiligen Barunterhaltspflicht beider Elternteile auszugehen. Der Haftungsanteil jedes Elternteils errechnet sich nach Abzug des angemessenen Selbstbehalts.

Es ist danach ein Vergleich der Einkünfte der Eltern anzustellen. Auf Seiten des barunterhaltspflichtigen Elternteiles sind nicht allein die tatsächlichen Einkünfte einzustellen, sondern auch fiktive Einkünfte, die dieser in Erfüllung seiner gesteigerten Unterhaltspflicht erzielen könnte[187]. Bei der Prüfung der Frage, ob der Elternteil, der das Kind betreut, gemäß § 1603 Abs 2 S 3 zum Barunterhalt beizutragen hat, darf von seinem Einkommen nicht im Hinblick auf die erbrachten **Betreuungsleistungen** ein Betrag in Höhe des von dem anderen Teil zu leistenden Barunterhalts nach der Düsseldorfer Tabelle abgesetzt werden. Diese in der Praxis vielfach angewandte Methode wird vom BGH nicht gebilligt, denn zum einen ist der Wert der Betreuungsleistungen rechnerisch nicht mit dem Barunterhalt gleichzusetzen und zum anderen würde durch ein solches Vorgehen die Beurteilung der weiteren Leistungsfähigkeit des betreuenden Elternteils im Hinblick auf § 1603 Abs 2 S 3 verzerrt[188]. Es ist zunächst vom tatsächlichen anrechenbaren Einkommen des betreuenden Elternteils auszugehen. Die konkret nachgewiesenen Kosten, die durch die notwendige Betreuung des minderjährigen Kindes während der berufsbedingten Abwesenheit des betreuenden Elternteils entstehen, sind vorweg von seinem Einkommen abzuziehen[189]. Als abzugsfähig ist auch eine angemessene Vergütung (Schätzung nach § 287 ZPO) für die Betreuung des Kindes aus 1. Ehe seitens der neuen Ehefrau anzuerkennen. Die Haushaltsführung schließt die Pflicht zur unentgeltlichen Betreuung eines Stiefkindes nicht ein[190]. Auch wenn keine konkreten Betreuungskosten entstehen, kann es gerechtfertigt sein, einen Abzug für Betreuungsleistungen **(sog Betreuungsbonus)** zu machen. Das ist der Fall, wenn die Betreuung des minderjährigen Kindes neben der Erwerbstätigkeit nur unter besonderen Erschwernissen bewerkstelligt werden kann[191]. Ist der betreuende Elternteil überobligationsmäßig erwerbstätig, etwa weil ihn im Hinblick auf das Alter des Kindes eine Erwerbsobliegenheit im Umfang der ausgeübten Tätigkeit nicht trifft, so ist zu erwägen, ob das Einkommen gemäß § 242 nur zum Teil anzurechnen ist. Dazu müssen die konkreten Umstände des Einzelfalles ermittelt und in die Beurteilung einbezogen werden. Geklärt werden muss, in welchem Umfang der betreuende Elternteil Einkommen erzielen könnte, ohne überobligationsmäßig erwerbstätig zu sein, welcher Einkommensteil also durch überobligationsmäßige Erwerbstätigkeit erwirtschaftet wird. Der durch überobligationsmäßige Erwerbstätigkeit erzielte Einkommensteil kann nach Lage des Falles unter Abwägung der Interessen der Eltern ganz oder teilweise unberücksichtigt bleiben.

Kommt danach eine Beteiligung auch des betreuenden Elternteils in Betracht, ist das Maß des zu gewährenden Unterhalts iS des § 1610 Abs 1 zu bestimmen. Bei beiderseitiger Unterhaltspflicht der Eltern wird dies durch die **Einkünfte beider Eltern** geprägt[192]. Es können die für den Unterhalt volljähriger Kinder maßgeblichen Grundsätze herangezogen werden. Für die Bemessung der Haftungsanteile ist sodann entspr § 1606 Abs 3 S 1 das für Unterhaltszwecke tatsächlich verfügbare Einkommen des jeweiligen Elternteils zu ermitteln. Maßgeblich sind die Nettoeinkünfte. Die Abzugsfähigkeit von beruflichen Aufwendungen und Verbindlichkeiten beurteilt sich nach den Grundsätzen, die für den Unterhaltsanspruch minderjähriger Kinder entwickelt worden sind. Vor Errechnung der Haftungsanteile ist bei den Einkünften der Eltern für deren eigenen Unterhalt ein Sockelbetrag in Ansatz zu bringen. Es gilt der **angemessene, nicht der notwendige Selbstbehalt,** denn dieser greift nur im Rahmen der verschärften Haftung nach Abs 2 S 1 ein. So liegt es jedoch nicht in Anwendung des Abs 2 S 3[193]. Der so ermittelte Haftungsanteil ist schließlich in tatrichterlicher Beurteilung nach Maßgabe der im Einzelfall tatsächlich erforderlichen und zu erbringenden Betreuungsleistungen wertend zu verändern. Für den Ausgleich des Kindergeldes gilt § 1612 b. Für ihren Anteil an dem Unterhalt des minderjährigen Kindes haften die Eltern als Teilschuldner[194].

Das Vorliegen der Voraussetzungen des § 1603 Abs 2 S 3 führt lediglich dazu, dass der Unterhaltspflichtige von der gesteigerten Unterhaltspflicht entbunden wird. Zur Erfüllung der Unterhaltspflicht gemeinsamen unverheirateten minderjährigen und unverheirateten privilegierten volljährigen Kindern gegenüber ist er nach wie vor gehalten, einer Erwerbstätigkeit nachzugehen[195].

Die Rspr zu § 1603 Abs 2 S 3 ist auf den Unterhaltsanspruch des minderjährigen Kindes bezogen und lässt sich nicht in gleicher Weise auf den Unterhaltsanspruch privilegierter volljähriger Kinder übertragen.[196]

42

43

44

44 a

---

[186] So OLG Koblenz FamRZ 2004, 1599; so auch *Büttner* FamRZ 2002, 743; anders aber OLG Brandenburg NJW 2007, 85 = FamRZ 2006, 1780.
[187] OLG Köln FamRZ 2004, 829.
[188] BGH NJW 1991, 697 = FamRZ 1991, 182, 183.
[189] BGH NJW 1982, 2664 = FamRZ 1982, 779.
[190] BGH NJW 1986, 2054 = FamRZ 1986, 790.
[191] BGH NJW 1991, 697 = FamRZ 1991, 182, 184.
[192] OLG Bamberg FamRZ 1995, 566; OLG Hamm FamRZ 1991, 104.
[193] OLG Hamm FamRZ 1991, 104, 106; im Ergebnis auch OLG Bamberg FamRZ 1995, 566, 568.
[194] *Wendl/Scholz* § 2 Rn 308.
[195] OLG Schleswig FamRZ 1994, 1404.
[196] BGH NJW 2008, 227, 230.

§ 1604

45   **2. Kind mit eigenem Vermögen (Abs 2 S 3 HS 2).** Gesteigert unterhaltspflichtig sind die Eltern ebenfalls nicht, wenn sich das Kind aus dem **eigenen Vermögen** unterhalten kann. Das Kind braucht den Stamm des Vermögens grds nicht anzugreifen, wie sich aus § 1602 Abs 2 ergibt. Dies gilt ausnahmsweise nicht, wenn die Eltern leistungsunfähig sind. Der Zugriff auf das Vermögen ist statthaft, jedoch sind unwirtschaftliche Maßnahmen zu Lasten des Kindesvermögens nicht zulässig[197].

V. Beweislast

46   Die Beweislast für den Umfang der Leistungsfähigkeit trägt der **Unterhaltspflichtige**. Er hat die Umstände zu beweisen, aus denen er die Berücksichtigung von Schuldverpflichtungen ableiten will[198]. Nach einer Ansicht[199] trägt der Unterhaltsberechtigte für unterhaltsrechtlich leichtfertiges Verhalten die Beweislast auf. Gibt der Unterhaltspflichtige konkrete Gründe für seine Leistungsunfähigkeit an, muss der Unterhaltsberechtigte sie widerlegen. Die andere Auffassung[200] überantwortet dem Unterhaltspflichtigen die Darlegungs- und Beweislast dahin, dass er bei konkreten Vorwürfen die sie tragenden Tatsachen auszuräumen hat. Der Unterhaltspflichtige trägt die Beweislast für das Vorhandensein anderer Verwandter. Hingegen gehört es zur Beweislast des Unterhaltsberechtigten, dass der andere Elternteil und andere Verwandte nicht leistungsfähig sind[201].

47   Die Pflicht, im Rahmen der **sog Hausmann-/Hausfrau-Rspr** aus dem erzielten Einkommen einen Beitrag für den Unterhalt der Kinder aus einer früheren Ehe zu leisten, kann deshalb entfallen, weil der Unterhaltspflichtige das Einkommen zur Deckung des eigenen Bedarfs benötigt. Ihm obliegt es, diesen Sachverhalt darzustellen und zu beweisen, denn er macht insoweit fehlende Leistungsfähigkeit geltend. Der Unterhaltspflichtige wird daher einem Vortrag, er finde sein Auskommen durch den Familienunterhalt, den der neue Ehegatte sicherstelle, konkret entgegentreten müssen.

48   Berufen sich die Eltern auf fehlende Leistungsfähigkeit sowie darauf, der Unterhalt des minderjährigen Kindes könne aus dem **Stamm seine Vermögens** bestritten werden, haben sie zu beweisen, dass dieses Vermögen für den Unterhalt des Kindes ausreicht[202].

§ 1604 Einfluss des Güterstands

¹Lebt der Unterhaltspflichtige in Gütergemeinschaft, bestimmt sich seine Unterhaltspflicht Verwandten gegenüber so, als ob das Gesamtgut ihm gehörte. ²Haben beide in Gütergemeinschaft lebende Personen bedürftige Verwandte, ist der Unterhalt aus dem Gesamtgut so zu gewähren, als ob die Bedürftigen zu beiden Unterhaltspflichtigen in dem Verwandtschaftsverhältnis stünden, auf dem die Unterhaltspflicht des Verpflichteten beruht.

Schrifttum: *Stüber,* Gesetz zur Überarbeitung des Lebenspartnerschaftsrechts, FamRZ 2005, 574.

I. Bedeutung der Norm

1   Die Vorschrift in der bis zum 31. 12. 2007 geltenden Fassung bezog sich auf in Gütergemeinschaft lebende Ehegatten. In der ab 1. 1. 2008 geltenden Fassung ist der durch das Gesetz zur Überarbeitung des Lebenspartnerschaftsgesetzes vom 15. 12. 2004 (BGBl I S 3396) geschaffenen Möglichkeit Rechnung getragen worden, dass Lebenspartner durch Lebenspartnerschaftsvertrag ebenfalls Gütergemeinschaft vereinbaren können (§ 7 LPartG); die §§ 1409 bis 1563 gelten für diesen Fall entsprechend. Dies wird für das Unterhaltsrecht nunmehr nachvollzogen. Die Vorschrift ist entsprechend überarbeitet worden, ohne dass dadurch sachliche Änderungen eingetreten sind[1]. Die Vorschrift trifft für die **Leistungsfähigkeit des in Gütergemeinschaft lebenden Unterhaltspflichtigen** eine Regelung dahin, dass neben dessen Vorbehalts- und Sondergut auch das Gesamtgut in vollem Umfang, nicht nur sein Anteil daran, herangezogen werden kann. Sie führt zu einer ansonsten nicht zulässigen **mittelbaren Unterhaltspflicht** des anderen Ehegatten/Lebenspartners. Die Möglichkeit des Zugriffs auf das von dem anderen Ehegatten/Lebenspartner eingebrachte und erworbene Gut wird eröffnet.

II. Haftung des Gesamtguts

2   Der unterhaltspflichtige Ehegatte/Lebenspartner wird als Alleineigentümer des Gesamtguts behandelt (S 1). Die Unterhaltsschulden zählen zu den **Gesamtgutsverbindlichkeiten** (§§ 1437 Abs 1, 1459 Abs 1). Nach § 1451 ist jeder Ehegatte/Lebenspartner dem anderen gegenüber verpflichtet, an Maßregeln mitzuwirken, die zur ordnungsgemäßen Verwaltung des Gesamtguts erforderlich sind. Dazu rechnet auch die Leistung des aus dem Gesamtgut zu erbringenden Unterhalts[2]. Die verweigerte Zustimmung des das Gesamtgut verwaltenden Ehegatten/Lebenspartners kann nach § 1430 ersetzt

---

[197] MünchKommBGB/*Köhler* Rn 40, 40 a.
[198] BGH NJW-RR 1990, 323 = FamRZ 1990, 283.
[199] OLG Düsseldorf FamRZ 1994, 926; so wohl auch OLG Stuttgart FamRZ 1993, 992, 993.
[200] OLG Hamm FamRZ 1994, 755.
[201] BGH NJW 1981, 923 = FamRZ 1981, 347; FamRZ 1982, 590; NJW 1984, 1614; OLG Köln FamRZ 1983, 714.
[202] *Baumgärtel/Laumen/Pruskowski* Rn 19; aA RGRK/*Mutschler* Rn 24.
[1] BT-Drucks 16/1830 S 22.
[2] BGH NJW 1990, 2252 = FamRZ 1990, 851, 852.

werden. Gemäß § 1451 ist bei gemeinsamer Verwaltung des Gesamtguts die Verurteilung des Ehegatten/Lebenspartners möglich, die Handlungen vorzunehmen, die erforderlich sind, damit der geschuldete Unterhalt geleistet werden kann[3].

Die Unterhaltsschuld haben im **Innenverhältnis** beide Ehegatten/Lebenspartner zu tragen, soweit sie durch den Besitz von Gesamtgut begründet ist (§§ 1441 Abs 1 Nr 2, 1463 Nr 2). 3

Werden beide Ehegatten/Lebenspartner von bedürftigen Verwandten auf Unterhalt in Anspruch genommen, gelten die Unterhaltsberechtigten als mit beiden Ehegatten/Lebenspartnern verwandt. Die beiderseitigen Unterhaltspflichten sind bei der Leistungsfähigkeit zu berücksichtigen. Für die Rangfolge der unterhaltsberechtigten Verwandten ist § 1609 maßgeblich. 4

Die Ehegatten/Lebenspartner können wegen dieser Wirkungen den Güterstand der Gütergemeinschaft durch Ehevertrag aufheben[4]. 5

§ 1605 Auskunftspflicht

(1) [1]Verwandte in gerader Linie sind einander verpflichtet, auf Verlangen über ihre Einkünfte und ihr Vermögen Auskunft zu erteilen, soweit dies zur Feststellung eines Unterhaltsanspruchs oder einer Unterhaltsverpflichtung erforderlich ist. [2]Über die Höhe der Einkünfte sind auf Verlangen Belege, insbesondere Bescheinigungen des Arbeitgebers, vorzulegen. [3]Die §§ 260, 261 sind entsprechend anzuwenden.

(2) Vor Ablauf von zwei Jahren kann Auskunft erneut nur verlangt werden, wenn glaubhaft gemacht wird, dass der zur Auskunft Verpflichtete später wesentlich höhere Einkünfte oder weiteres Vermögen erworben hat.

Schrifttum: *Büttner,* Durchsetzung von Auskunfts- und Rechnungslegungstiteln, FamRZ 1992, 629; *ders,* Ungefragte Information – Nutzen und Grenzen eines Rechtsinstituts, FF 2008, 15; *Brüne,* Informationspflichten im Unterhaltsrecht, FamRZ 1983, 657; *Hoppenz,* Die unterhaltsrechtliche Pflicht zur ungefragten Information, FamRZ 1989, 337.

Übersicht

	Rn		Rn
I. Bedeutung der Norm	1	VII. Belegpflicht (Abs 1 S 2)	17
II. Auskunftsberechtigte	4	VIII. Eidesstattliche Versicherung (Abs 1 S 3)	21
III. Inhalt der Auskunftspflicht	7	IX. Erneute Auskunftspflicht (Abs 2)	22
IV. Ausschluss des Auskunftsrechts	12	X. Prozessuales	27
V. Pflicht zur ungefragten Information	14	XI. Beweislast	36
VI. Verspätete Auskunft	15		

I. Bedeutung der Norm

§ 1605 regelt den Auskunftsanspruch für den **Verwandtenunterhalt.** Analog anwendbar ist die Vorschrift auf den Unterhaltsanspruch zwischen den Eltern des Kindes (§ 1615l Abs 3 S 1), zwischen getrennt lebenden (§ 1361 Abs 4 S 4) und geschiedenen Eheleuten (§ 1580 S 2) wie für den nachpartnerschaftlichen Anspruch nach § 16 LPartG. 1

Der Auskunftsanspruch ist Ausfluss des Grundsatzes von Treu und Glauben[1]. § 1605 wie auch § 1580 S 2 gewähren einen **Auskunftsanspruch für Unterhaltszwecke.** Die an einem Unterhaltsrechtsverhältnis Beteiligten, Unterhaltsberechtigter und Unterhaltspflichtiger, sollen in die Lage versetzt werden, sich die notwendigen Kenntnisse zu verschaffen, um den Unterhalt zutreffend berechnen und Einwendungen in begründeter Form vorbringen zu können. Der Auskunftsanspruch hat auch zum Ziel, einen Rechtsstreit zu vermeiden. Diesem Anliegen tragen zugleich die §§ 93 d, 269 Abs 3 ZPO Rechnung, die nach billigem Ermessen die völlige oder teilweise Kostenbelastung desjenigen Auskunftspflichtigen gestatten, der im gerichtlichen Verfahren dadurch Anlass gegeben hat, dass er seiner Verpflichtung, über die Einkünfte und das Vermögen Auskunft zu erteilen, nicht, nicht vollständig oder nicht rechtzeitig nachgekommen ist. Da §§ 1605, 1580 S 2 nur einen Teilbereich der Auskunftsrechte und -pflichten geregelt haben, in denen der Gesetzgeber die gegenseitigen Rechte und Pflichte präzisieren wollte, ist eine besondere, aus § 242 herzuleitende Auskunftspflicht auch im Familienrecht nicht ausgeschlossen. Aus § 242 leitet sich eine Auskunftspflicht in den Fällen ab, in denen zwischen den Beteiligten eine besondere rechtliche Beziehung vertraglicher oder außervertraglicher Art besteht, die es mit sich bringt, dass der Auskunftsbegehrende schuldlos über das Bestehen und den Umfang seines Rechts im Unklaren und deshalb auf die Auskunft des Verpflichten angewie- 2

---

[3] BGH NJW 1990, 2252 = FamRZ 1990, 851, 852 betr Unterhaltsanspruch des getrennt lebenden Ehegatten.
[4] AllgM, *Johannsen/Henrich/Graba* Rn 4.
[1] BGH NJW 1983, 279 = FamRZ 1982, 1189, 1192; NJW 1983, 1429 = FamRZ 1983, 473.

§ 1605

sen ist, dieser unschwer zur Auskunftserteilung in der Lage ist und dadurch nicht unbillig belastet wird[2].

3 Seiner Rechtsnatur nach ist der Auskunftsanspruch ein **unselbständiger Hilfsanspruch**. Die begehrte Auskunft muss deshalb für den Unterhaltsanspruch relevant sein. Er kann der Prüfung dienen, ob der Unterhaltsanspruch überhaupt besteht. Es genügt bereits, dass die Auskunft für die Bemessung des Unterhalts von Bedeutung sein kann[3]. Ein Zurückbehaltungsrecht kann gegenüber dem Auskunftsanspruch nicht geltend gemacht werden[4].

II. Auskunftsberechtigte

4 Auskunftsberechtigt sind die **Verwandten in gerader Linie** nach § 1601, und zwar altersunabhängig[5]. Der Auskunftsanspruch steht dem Unterhaltsberechtigten wie dem Unterhaltspflichtigen zu. Dem Unterhaltsberechtigten vermittelt er die Kenntnis des Einkommens des Unterhaltspflichtigen sowie des Vermögens, soweit das Vermögen für die Bemessung des Unterhalts von Bedeutung werden kann.

5 Kinder können von ihren Eltern, diese im Rahmen des Elternunterhalts von ihren Kindern, Auskunft verlangen. Ein gegenüber seinen Eltern Unterhaltspflichtiger kann von den Ehegatten seiner Geschwister keine Auskunft zu den Einkommens- und Vermögensverhältnissen verlangen[6]. Die Geschwister können jedoch gehalten sein, zu den Einkommens- und Vermögensverhältnissen ihrer Ehegatten Auskunft zu geben, wenn der Anspruch auf Familienunterhalt den Umfang der Leistungsfähigkeit beeinflussen kann. Ein Elternteil, der von einem volljährigen Kind auf Unterhalt in Anspruch genommen wird, ist im Blick auf die beiderseitige Barunterhaltspflicht nach § 242 berechtigt, zur Ermittlung der Haftungsanteile nach § 1606 Abs 3 S 1 Auskunft über das Einkommen von dem anderen Elternteil zu erhalten[7]. Das Unterhalt begehrende Kind ist deshalb nicht darauf zu verweisen, zunächst seinen gemäß § 1605 bestehenden Auskunftsanspruch gegen den anderen Elternteil geltend zu machen[8]. Der auf § 242 beruhende Auskunftsanspruch des in Anspruch genommenen Elternteils besteht dann nicht, wenn der andere Elternteil dem volljährigen Kind gegenüber die Bereitschaft erklärt hat, ihm für den zu führenden Unterhaltsrechtsstreit alle notwendigen Informationen zur Verfügung zu stellen. In einem derartigen Fall benötigt der in Anspruch genommene Elternteil nicht die Auskunft seitens des anderen Elternteils[9]. Einen Auskunftsanspruch gegen den minderjährigen Kind betreuenden Elternteil hat der auf Zahlung von Barunterhalt in Anspruch genommene Elternteil, wenn in Anwendung des § 1603 Abs 2 S 3 eine Beteiligung auch des betreuenden Elternteils am Barunterhalt in Betracht kommt[10].

6 Auskunftsberechtigt sind ebenfalls die **Träger der Sozialhilfe**. Nach § 94 Abs 1 S 1 SGB XII geht zugleich mit dem Unterhaltsanspruch auch der **unterhaltsrechtliche Auskunftsanspruch** über. Dies gilt nach § 7 UVG ebenfalls für die nach diesem Gesetz zuständigen Behörden. Daneben bestehen die Auskunftsansprüche des öffentlichen Rechts gemäß § 117 SGB XII[11]. Nach § 37 Abs 1 BAföG geht der Auskunftsanspruch auf das Land über. Die Arbeitsagentur hat nach §§ 315 ff SGB III eigene Auskunftsrechte.

III. Inhalt der Auskunftspflicht

7 Auskunft ist über **Einkünfte** aus allen Einkunftsarten und **Vermögen** – soweit dies für den Unterhaltsanspruch Bedeutung hat – zu erteilen. Sie wird umfassend geschuldet und hat alle Positionen zu enthalten, die für die Beurteilung der Bedürftigkeit/Leistungsfähigkeit von Bedeutung sein können. Die Auskunft hat sich auf alle Bezüge, Abzüge und Belastungen, auch das Vorhandensein von anderen vor- und gleichrangigen Unterhaltsberechtigten, zu erstrecken[12]. Sie muss auf einen entspr langen **Zeitraum** bezogen werden, um für eine **Durchschnittsberechnung** eine ausreichend sichere Grundlage zu erlangen[13]. Dies macht idR die Darstellung der gesamten Einkünfte für den Zeitraum eines Jahres erforderlich.

8 Der **unselbständig Erwerbstätige** hat sich über sein tatsächlich erzieltes Einkommen (Bruttogehalt, gesetzliche Abzüge wie Steuern und Sozialabgaben, unterjährige Sonderzahlungen, Spesen, Auslösungen, Tantiemen, Sachbezüge, Einkünfte aus Nebentätigkeit, Krankengeld und sonstige Sozialleistungen, Kapitaleinkünfte, Einkünfte aus Vermietung und Verpachtung, Wohnvorteil) zu erklären. Die Einkünfte sind für die jeweiligen Monate getrennt darzustellen[14]. Die Auskunft umfasst auch, ob und mit welchem Ergebnis ein Steuererstattungsverfahren durchgeführt wurde[15]. Der Auskunftspflichtige sollte

---

[2] BGH NJW 2003, 3624 = FamRZ 2003, 1836; NJW-RR 1987, 173.
[3] BGH NJW 1994, 2618 = FamRZ 1994, 1169, 1170.
[4] OLG Brandenburg FamRZ 2002, 1270.
[5] OLG Frankfurt FamRZ 1985, 481.
[6] BGH NJW 2003, 1624 = FamRZ 2003, 1836 m Anm *Strohal*.
[7] BGH NJW 1998, 1906 = FamRZ 1998, 268; OLG Hamm FamRZ 1987, 744; OLG Köln FamRZ 1992, 469.
[8] BGH NJW 2003, 1624 = FamRZ 2003, 1836 m Anm *Strohal*.
[9] AG Bayreuth FamRZ 1992, 715.
[10] OLG Köln FamRZ 1992, 469.
[11] BVerwG FamRZ 1993, 1067.
[12] OLG Köln FamRZ 2000, 622.
[13] BGH NJW 1982, 1642 = FamRZ 1982, 680.
[14] OLG Köln FamRZ 2003, 235, 236.
[15] OLG Düsseldorf FamRZ 1991, 1315.

zu einer Stellungnahme angehalten werden, wann ein Steuererstattungsverfahren zuletzt eingeleitet wurde oder aus welchen Gründen ein entsprechendes Verfahren unterblieben ist, um Manipulationen begegnen zu können.

Der **selbständig Erwerbstätige** schuldet Auskunft zu seinen Betriebseinnahmen und -ausgaben regelmäßig für einen **Dreijahreszeitraum**[16]. In Ausnahmefällen kann auch für mehr als drei Jahre Auskunft begehrt werden[17]. Das Einkommen des letzten Jahres kann herangezogen werden, wenn nach der Anlaufphase eine stabile Aufwärtsentwicklung eingetreten ist[18]. Er hat seine Einnahmen und Ausgaben so darzustellen, dass die allein steuerlich beachtlichen Absetzungen und Aufwendungen von solchen abgegrenzt werden können, die unterhaltsrechtlich von Bedeutung sind. Deshalb kann der Auskunftsberechtigte auch verlangen, dass ihm Auskunft über einzelne Titel der Bilanz, der Gewinn- und Verlustrechnung oder der Steuererklärung erteilt wird, um nachvollziehen zu können, wie sich die betreffende Position errechnet[19]. Der selbständig Erwerbstätige kommt seiner Auskunftspflicht **rechtzeitig** nach, wenn er den für die Ermittlung seines Einkommens erforderlichen Jahresabschluss innerhalb von sechs Monaten nach Ablauf des Geschäftsjahres (§ 243 HGB), ggf mit den notwendigen Erläuterungen, dem Auskunftsberechtigten übermittelt[20]. Wird Auskunft über Einkünfte aus einer GmbH-Beteiligung geschuldet, kann der Auskunftsberechtigte die Vorlage der GmbH-Bilanzen nebst Gewinn- und Verlustrechnungen verlangen[21]. Auskunft wird nicht nur für den streitbefangenen Zeitraum geschuldet, sondern auch für die Vergangenheit, soweit der Auskunftsberechtigte die Angaben benötigt, um seinen (gegenwärtigen) Anspruch dem Grund und der Höhe nach berechnen zu können[22].

Die Auskunft ist nach § 260 zu erteilen[23]. Sie hat die **systematische Zusammenstellung** aller erforderlichen Angaben zu umfassen, die notwendig sind, um dem Auskunftsberechtigten ohne übermäßigen Arbeitsaufwand eine Berechnung seiner Unterhaltsansprüche zu ermöglichen[24]. Die Auskunft ist eine Wissenserklärung, die der **Schriftform** bedarf und vom Auskunftspflichtigen **persönlich** in einem Schreiben zu erteilen ist[25]. Ist die Auskunft erkennbar dem Auskunftspflichtigen zuzuordnen, kann sie durch einen Dritten, etwa durch den bevollmächtigten Rechtsanwalt, übermittelt werden. Die schriftlich zu erteilende Auskunft muss in einer einheitlichen Erklärung erteilt werden. Es ist unzureichend, wenn der Auskunftspflichtige nur eine Reihe von Belegen vorlegt oder über mehrere Schriftsätze verteilt Einzelauskünfte abgibt[26]. In einfachen Fällen genügt auch eine mündliche Auskunft[27].

Die Pflicht zur Auskunftserteilung umfasst auch das **Vermögen**, soweit die Auskunft zur Feststellung eines Unterhaltsanspruchs oder einer Unterhaltsverpflichtung erforderlich ist. Sie wird danach geschuldet, wenn der Unterhaltspflichtige ausnahmsweise für den Unterhalt seinen Vermögensstamm einzusetzen hat[28]. Dazu muss der Auskunftsberechtigte ausreichenden Vortrag geben. Die Auskunft kann nur auf einen **bestimmten Zeitpunkt** bezogen erteilt werden. Eine Auskunft über den Verbleib oder die Verwendung eines Vermögensgegenstandes scheidet aus[29]. Dies kann anders zu beurteilen sein, wenn der Unterhaltspflichtige sich darüber schlüssig werden will, ob er gegen den Unterhaltsberechtigten, dem Vermögenserträge, etwa infolge des Zugewinns, zugeflossen sind, eine Abänderungsklage erheben will. Als darlegungspflichtige Partei bedarf er der Kenntnis darüber, ob und wie der Unterhaltsberechtigte mit den Kapitalbeträgen verfahren ist. Nur so ist er in der Lage, ggf die Voraussetzungen des § 1579 Nr 4 zu prüfen oder eine Entscheidung über die Einleitung eines Verfahrens nach § 323 ZPO zu treffen[30]. Der Unterhaltspflichtige ist dem Unterhalt begehrenden Kind gegenüber verpflichtet, über die Höhe und die Anlage des Verkaufserlöses eines Hausgrundstücks zu erklären, denn die **Zinseinkünfte** stellen unterhaltsrechtliches Einkommen dar und bestimmen den Umfang des Unterhaltsanspruchs des Kindes[31].

IV. Ausschluss des Auskunftsrechts

Das Auskunftsrecht wird nicht von den Aufklärungsmöglichkeiten des Familiengerichts nach § 643 ZPO berührt oder gar ausgeschlossen. Ausgeschlossen ist es lediglich, wenn die begehrte Auskunft den Unterhaltsanspruch **unter keinem Gesichtspunkt** beeinflussen kann[32]. Dies ist der Fall, wenn der

---

[16] BGH NJW 1982, 1645 = FamRZ 1982, 151; NJW 1982, 1642 = FamRZ 1982, 680.
[17] BGH NJW 1985, 909, 910 = FamRZ 1985, 357.
[18] OLG Hamm FamRZ 1997, 310.
[19] OLG Stuttgart FamRZ 1991, 84, 85.
[20] OLG Bamberg FamRZ 1989, 423; OLG München FamRZ 1992, 1207.
[21] OLG Schleswig NJW-FER 1999, 209.
[22] BGH NJW 1985, 909, 910 = FamRZ 1985, 357.
[23] OLG München FamRZ 1996, 738.
[24] BGH FamRZ 1983, 996, 998; OLG München FamRZ 1993, 202; 1996, 738; OLG Hamm FamRZ 1992, 1190; FamRZ 2004, 1105.
[25] BGH FamRZ 1984, 144; OLG München FamRZ 1995, 737; aA KG FamRZ 1997, 503: keine Unterschrift geboten, wenn die Auskunft zweifelsfrei dem Auskunftspflichtigen zugeordnet werden kann.
[26] OLG Hamm FamRZ 2004, 1105, nur LS.
[27] OLG Zweibrücken FuR 2000, 290.
[28] OLG Hamm FamRZ 1990, 657, 658.
[29] OLG Karlsruhe FamRZ 1986, 271, 272.
[30] OLG Karlsruhe FamRZ 1990, 756.
[31] OLG Nürnberg FamRZ 1994, 979.
[32] BGH NJW 1982, 2771 = FamRZ 1982, 996; NJW 1983, 279 = FamRZ 1982, 1189; NJW 1983, 1783 = FamRZ 1983, 674, FamRZ 1985, 791; OLG Düsseldorf FamRZ 1998, 1191.

§ 1605

Bedarf eines Kindes nach einem pauschalen Satz bemessen werden kann, für darüber hinausgehende Bedürfnisse kein Anhaltspunkt ersichtlich ist und die Leistungsfähigkeit des Unterhaltspflichtigen nicht in Frage steht. Ebenso ist der Fall zu beurteilen, wenn der Unterhaltspflichtige bereits Unterhalt in einer Höhe leistet, welche die in der Unterhaltstabelle in der höchsten Einkommensgruppe der jeweiligen Altersstufe festgesetzten Bedarfssätze übersteigt[33]. Unterhaltsgewährung für Kinder bedeutet stets Befriedigung ihres gesamten, auch gehobenen Lebensbedarfs, nicht aber Teilhabe am Luxus[34]. Vergleichbar ist die Situation beim Ehegattenunterhalt, wenn die Einkünfte des Unterhaltspflichtigen und damit die ehelichen Lebensverhältnisse ein derartiges Niveau erreichen, dass der Bedarf nicht nach einer Quote des eheprägenden Einkommens zu ermitteln ist, vielmehr der Bedarf konkret dargelegt werden kann und die Leistungsfähigkeit des Unterhaltspflichtigen auch für die Zahlung hoher Unterhaltsbeträge außer Streit steht[35]. Handelt es sich um die Abänderung einer **notariellen Unterhaltsvereinbarung** oder eines **Unterhaltsvergleichs**, entscheidet sich die Frage, ob die begehrte Auskunft den Unterhaltsanspruch beeinflussen kann, ohne weiteres nicht nach der gesetzlichen Regelung. Für die Abänderung sind die Grundsätze über den Wegfall der Geschäftsgrundlage heranzuziehen[36]. Entscheidend ist, welche Verhältnisse zur Grundlage der Einigung gemacht worden sind und wie die Parteien diese bewertet haben. Nach den jeweiligen Verhältnissen ist zu befinden, ob und in welchem Umfang die Auskunft erforderlich ist. Die gesetzliche Regelung wird nur maßgebend, soweit sich nicht Maßstäbe aus der Vereinbarung selbst oder dem zugrundeliegenden Parteiwillen entnehmen lassen[37].

13   Der Einwand der **Verwirkung des Unterhaltsanspruchs** steht dem Auskunftsanspruch regelmäßig nicht entgegen, denn die Beurteilung, ob der Unterhaltsanspruch verwirkt ist, lässt sich ohne Kenntnis der maßgeblichen Einkünfte nicht beurteilen; nach Lage des Falles kann der Unterhaltsanspruch auch nur teilweise verwirkt sein. Darüber kann sachgerecht erst befunden werden, wenn die Höhe des Unterhaltsanspruchs festgestellt ist[38].

V. Pflicht zur ungefragten Information

14   Auskunft ist idR nur auf Verlangen zu erteilen. In Ausnahmefällen besteht aber aus Treu und Glauben eine Pflicht zur ungefragten Information. So liegt es, wenn eine für den Unterhaltsanspruch ersichtlich grundlegende Veränderung der wirtschaftlichen Verhältnisse eingetreten und ein Schweigen darüber evident unredlich ist[39]. Eine erhöhte Pflicht zur Rücksichtnahme auf den anderen Teil wird begründet, wenn der Unterhalt in einem **Unterhaltsvergleich** vereinbart ist. Dies stellt zugleich höhere Anforderungen an die Pflicht zur ungefragten Information[40]. Macht ein Unterhaltsberechtigter Ansprüche geltend, hat er die der Begründung seines Anspruchs dienenden tatsächlichen Umstände wahrheitsgemäß anzugeben und darf nichts verschweigen, was seine Unterhaltsbedürftigkeit in Frage stellen könnte. Dies gilt erst recht während eines laufenden Rechtsstreits im Blick auf § 138 Abs 1 ZPO und die daraus resultierende **prozessuale Wahrheitspflicht;** Umstände, die sich auf den geltend gemachten Anspruch auswirken können, sind ungefragt zu offenbaren, unabhängig von der Einschätzung des Unterhaltsberechtigten, der einen Einfluss auf die Unterhaltsbedürftigkeit nach Lage des Falles verneint. Diese Entscheidung hat er dem Gericht zu überlassen[41]. Ungefragt zu offenbaren hat der Unterhaltsberechtigte einen Verdienst, der die Grenze des Einkommens überschreitet, das vereinbarungsgemäß für den Unterhaltsanspruch anrechnungsfrei bleiben sollte[42]. Die Erweiterung einer Erwerbstätigkeit hat der Unterhaltsberechtigte bereits bei Beginn einer Probezeit mitzuteilen[43]. Die Verletzung der Informationspflicht kann unterhaltsbegrenzende Folgen gemäß § 1579 nach sich ziehen.

VI. Verspätete Auskunft

15   Befindet sich der Auskunftspflichtige mit der Erfüllung seiner Auskunftspflicht in **Verzug,** kann er hinsichtlich des daraus entstehenden Schadens ersatzpflichtig sein[44]. Dem Gläubiger eines Anspruchs auf Auskunftserteilung und Rechnungslegung kann gegen den Schuldner der Auskunftsverpflichtung etwa ein unter dem rechtlichen Gesichtspunkt des Verzuges gemäß § 286 begründeter Schadensersatz-

---

[33] OLG Hamm FamRZ 1996, 736, 738.
[34] BGH NJW 1983, 1429 = FamRZ 1983, 473.
[35] BGH NJW 1994, 2618 = FamRZ 1994, 1169; OLG Hamm FamRZ 1996, 736, 737; OLG Zweibrücken NJWE-FER 1998, 77.
[36] BGH NJW 1995, 1891 = FamRZ 1995, 665, 666.
[37] BGH NJW 1997, 2176 = FamRZ 1997, 811, 813.
[38] BGH NJW 1983, 2243 = FamRZ 1983, 996; NJW-RR 1994, 644 = FamRZ 1994, 558 OLG München FamRZ 1989, 284, 286; OLG Frankfurt FamRZ 1993, 1241.
[39] BGH NJW 1986, 1751 = FamRZ 1986, 450, 453; NJW 1986, 2047 = FamRZ 1986, 794, 796; NJW 1988, 1965 = 1986, 270; NJW 1997, 1439 = 1997, 483 betr Ehegattenunterhalt; dazu auch *Büttner* FF 2008, 15.
[40] BGH NJW 1997, 1439 = FamRZ 1997, 483; OLG Hamm FamRZ 1994, 1265, 1266 zur unaufgeforderten Information über die Erzielung höherer als anrechnungsfrei gelassener Einkünfte; OLG Bremen OLGR 1999, 150.
[41] BGH NJW 1999, 2804 = FamRZ 2000, 153; zur Schadensersatzpflicht des Unterhaltspflichtigen nach § 826 bei erheblichen Einkommensveränderungen OLG Bremen FamRZ 2000, 256.
[42] BGH NJW 1997, 1439 = FamRZ 1997, 483.
[43] OLG Koblenz FamRZ 2002, 325; OLG Frankfurt FamRZ 2003, 1750.
[44] BGH NJW 1984, 868 = FamRZ 1984, 163, 164; NJW 1994, 2895 = FamRZ 1995, 348, 349.

anspruch wegen der Kosten einer unbegründeten Klage zustehen, die er infolge der Nichterteilung der Auskunft erhoben hat. Ein solcher Schadensersatzanspruch kann im Wege des Feststellungsantrages in demselben Prozess geltend gemacht werden; eine hierin liegende Klageänderung ist als sachdienlich zuzulassen. Die Klage ist begründet, wenn der Gläubiger erst durch die verspätete Auskunftserteilung Klarheit über das Nichtbestehen eines Leistungsanspruchs hatte und der Schuldner schuldhaft seiner Auskunftserteilungspflicht nicht oder nicht rechtzeitig nachgekommen ist[45]. Gemäß § 93 d ZPO können die Kosten des Rechtsstreits nach billigem Ermessen ganz oder teilweise der Partei auferlegt werden, die zum Rechtsstreit Anlass gegeben hat. So liegt es, wenn sie der ihr obliegenden Auskunftspflicht nicht, nur unvollständig oder verspätet nachgekommen ist. Die auskunftspflichtige Partei hat in dem Fall die Kosten zu tragen, wenn die Klage zurückgenommen wird. Der Gedanke des § 93 d ZPO ist ebenso bei einer Kostenentscheidung nach § 91 a ZPO heranzuziehen[46]. Für die Zeit ab 1. 7. 1998 kann der Weg der Klagerücknahme verbunden mit dem **Kostenantrag nach §§ 269 Abs 3 S 2, 93 d ZPO** beschritten werden.

Der **Schadensersatzanspruch** hat seine Wurzeln im Unterhaltsrechtsverhältnis und ist danach dem **Zuständigkeitsbereich der Familiengerichte** zuzuweisen[47]. 16

VII. Belegpflicht (Abs 1 S 2)

Um die Wirksamkeit des Auskunftsanspruchs zu verstärken, sind über die Höhe der Einkünfte auf Verlangen Belege, insbes Bescheinigungen des Arbeitgebers, vorzulegen. Von dem Anspruch auf Auskunft ist der auf Vorlage von Belegen zu trennen, der gesonderter Titulierung bedarf[48]. Die Trennung lässt das Verlangen auf Auskunft ohne Belege, aber auch das Verlangen von Belegen ohne Auskunft zu. Allerdings geht der Beleganspruch nicht über den Auskunftsanspruch hinaus[49]. In der Regel werden die Ansprüche verbunden. 17

Der **unselbständig tätige Unterhaltspflichtige** hat die Lohn- bzw Gehaltsbescheinigungen idR für den Jahreszeitraum (letztes Kalenderjahr oder die vergangenen zwölf Monate) vorzulegen[50]. Hinzukommen ggf Abrechnungen über Spesen und Auslösungen, Krankengeld-, Arbeitslosengeld-, Arbeitslosenhilfe- oder Rentenbescheide. Ergeben sich Zweifel, ob in diesen Bescheinigungen die tatsächliche Höhe der insgesamt bezogenen Einkünfte erfasst ist, kann die Vorlage des Arbeitsvertrages beansprucht werden[51]. Dies kommt auch bei einer Beschäftigung im Ausland in Betracht, die mit Spesen, Auslösungen, Auslagenersatz oÄ verbunden ist[52]. Die Vorlagepflicht umfasst ferner Steuerbescheide, die in dem von der Auskunft umfassten Zeitraum ergangen sind, sowie die Steuererklärung[53]. Bei **Zusammenveranlagung** mit dem neuen Ehegatten besteht für den Auskunftspflichtigen das Recht, solche Betragsangaben abzudecken oder unkenntlich zu machen, die ausschließlich dessen Lebensverhältnisse betreffen[54]. 18

Im Rahmen eines Auskunftsanspruchs kann von einem **Selbständigen** die Vorlage von Bilanzen nebst Gewinn- und Verlustrechnungen, der Einkommensteuererklärung und des Einkommensteuerbescheides verlangt werden[55]. Der Beleganspruch erstreckt sich ebenso auf die Einnahme- und Überschussrechnungen nach § 4 Abs 3 EStG, ferner auf die Belege zum Bestand und zur Entwicklung des Kapitalkontos sowie zur Höhe der Entnahmen[56]. Von einem Gesellschafter und Geschäftsführer einer GmbH sind die Bilanzen nebst Gewinn- und Verlustrechnungen der GmbH vorzulegen, wenn er vom Gewinn der GmbH abhängige Einkünfte erzielt[57]. Nicht ausreichend ist die Gestattung der **Einsicht** in die maßgeblichen Unterlagen[58]. Der Auskunftsberechtigte hat Anspruch auf **Überlassung der Belege,** indes im Regelfall nur in Kopie und **nicht im Original**[59]. 19

Eine Belegpflicht hinsichtlich des **Vermögens** besteht nicht[60]. 20

VIII. Eidesstattliche Versicherung (Abs 1 S 3)

Die Abgabe der eidesstattlichen Versicherung setzt den begründeten Verdacht voraus, dass die Auskunft in bestimmten Punkten nicht mit der gebotenen Sorgfalt erteilt worden ist (Abs 1 S 3 iVm § 260 Abs 2). Sie kann zudem erst nach **vollständiger Erfüllung des Auskunftsanspruchs** verlangt 21

---

[45] Vgl BGH NJW 1994, 2895 = FamRZ 1995, 348.
[46] OLG Brandenburg NJW-RR 2003, 795.
[47] Vgl BGH NJW 1994, 1416 = FamRZ 1994, 626.
[48] OLG Düsseldorf FamRZ 1978, 717.
[49] OLG München FamRZ 1993, 202.
[50] BGH NJW 1983, 2243 = FamRZ 1983, 996.
[51] BGH NJW 1994, 3262 = FamRZ 1994, 28, 29.
[52] OLG München FamRZ 1993, 202, 203.
[53] BGH NJW 1983, 2243 = FamRZ 1983, 996.
[54] BGH NJW 1983, 1554 = FamRZ 1983, 680; vgl auch OLG Düsseldorf FamRZ 1991, 1315.
[55] BGH NJW 1982, 1645 = FamRZ 1982, 151, 152; NJW 1982, 1642 = FamRZ 1982, 680, 682 unter 3; NJW 1983, 2243 = FamRZ 1983, 996; OLG Stuttgart FamRZ 1991, 84; OLG München FamRZ 1993, 202, keine Vorlagepflicht bezüglich einer noch nicht beim Finanzamt eingereichten Einkommensteuererklärung.
[56] OLG Stuttgart FamRZ 1983, 1267.
[57] BGH NJW 1982, 1624 = FamRZ 1982, 680, 681 unter 2; NJW 1983, 2243 = FamRZ 1983, 996.
[58] OLG Stuttgart FamRZ 1991, 84, 85.
[59] OLG Frankfurt NJWE-FER 1997, 30 = FamRZ 1997, 1296.
[60] OLG Hamburg FamRZ 1985, 394.

§ 1605

werden[61]. Besteht Grund zu der Annahme, dass die Auskunft unrichtig ist und dies auf nicht verschuldeter Unkenntnis oder einem entschuldbaren Irrtum beruht, hat der Auskunftsberechtigte lediglich **Anspruch auf eine ergänzende Auskunft**[62]. Nicht mit der erforderlichen Sorgfalt erteilt ist die Auskunft, wenn sich die Unvollständigkeit und/oder Unrichtigkeit bei gehöriger Sorgfalt hätte vermeiden lassen[63]. Indiz für fehlende Sorgfalt können widersprüchliche Angaben[64], mehrfache Berichtigungen[65], der beharrliche Versuch der Verhinderung der Auskunft sein[66]. Das Rechtsschutzinteresse für eine Klage auf Abgabe der eidesstattlichen Versicherung kann fehlen, wenn etwa ein vertragliches Einsichtsrecht besteht, das voraussichtlich schneller, besser und ohne Inanspruchnahme gerichtlicher Hilfe zum Ziel führt[67].

IX. Erneute Auskunftspflicht (Abs 2)

22   Vor Ablauf von **zwei Jahren** kann Auskunft erneut verlangt werden, wenn glaubhaft gemacht wird, dass der Auskunftsverpflichtete später **wesentlich höhere Einkünfte** oder **weiteres Vermögen** erworben hat (Abs 2).

23   Der **Schutzzweck der Vorschrift** besteht darin, überflüssige Abänderungsklagen gegenüber bestehenden Unterhaltstiteln zu vermeiden, da sich innerhalb eines Zweijahreszeitraums in aller Regel die Einkünfte nicht in dem nach § 323 ZPO vorausgesetzten Umfang ändern[68]. Nach den zu § 323 ZPO entwickelten Grundsätzen ist die Einkünfte wesentlich erhöht haben. Eine Einkommenssteigerung von etwa 10% ist danach wesentlich. Bei engen wirtschaftlichen Verhältnissen kann die Grenze auch darunter liegen[69]. Wegen fehlender Identität von Trennungs- und Nachscheidungsunterhalt findet Abs 2 keine Anwendung, wenn nach Erteilung der Auskunft zum Trennungsunterhalt vor Ablauf der Zweijahresfrist Auskunft zum Nachscheidungsunterhalt gefordert wird[70]. Dem Schutzzweck des Abs 2 widerspricht es nicht, wenn ein Kind nach Ablauf eines bis zum Eintritt der Volljährigkeit befristeten Vergleichs erneut Auskunft und Unterhalt verlangt[71]. Auch kann bei atypischen Einkommensentwicklungen (Wegfall hoher Schulden) eine vorzeitige Auskunft geschuldet sein[72]. Geringere Anforderungen an die Wesentlichkeit der Änderungen sind auch zu stellen, wenn sich nach der früheren Auskunft ein Mangelfall ergeben hat[73].

24   Unter dem Begriff des **Erwerbs weiteren Vermögens** ist ein solcher gemeint, welcher erst nach der Erteilung der Auskunft unterhaltsrechtlich relevant wird. Deshalb kann Auskunft über den Verkaufserlös eines Hausgrundstücks vor Ablauf von zwei Jahren verlangt werden, auch wenn der Kaufpreis bereits vor Schluss der mündlichen Verhandlung in dem vorangegangenen Auskunftsverfahren bekannt war, aber zu diesem Zeitpunkt noch keine wesentlichen Zinseinnahmen aus der Anlage des Verkaufserlöses erzielt wurden[74].

25   An den Nachweis der Abweichung von dieser Regel durch **Glaubhaftmachung** iS des Abs 2 sind in den neuen Ländern nicht die gleichen strengen Maßstäbe anzulegen wie in den alten Ländern, denn bei den Lebenshaltungskosten und bei den Einkommen ist im Ostteil Deutschlands ein wesentlich schnellerer Anstieg zu verzeichnen[75].

26   Der **Beginn der Zweijahresfrist** setzt grds die Erfüllung des vorausgegangenen Auskunftsbegehrens voraus. Wenn über den Auskunftsanspruch und/oder den Unterhaltsanspruch ein **gerichtlicher Titel** errichtet wurde, beginnt bei einer Verurteilung die Frist mit dem Tag der letzten mündlichen Verhandlung[76]. Ist über den Unterhaltsanspruch eine **vergleichsweise Regelung** getroffen worden, kommt es auf den Zeitpunkt des Vergleichsabschlusses an[77]. Ein in einem **einstweiligen Anordnungsverfahren geschlossener Unterhaltsvergleich** setzt die Zweijahresfrist nicht in Lauf, soweit er den Unterhaltsanspruch nur vorläufig regelt[78].

---

[61] BGH NJW 1983, 2243 = FamRZ 1983, 996; NJW 1984, 484 = FamRZ 1984, 144; OLG Hamm OLGR 2000, 380.
[62] OLG Köln FamRZ 2001, 423.
[63] BGH NJW 1984, 484 = FamRZ 1984, 144.
[64] OLG Düsseldorf FamRZ 1979, 808.
[65] OLG Köln NJW-RR 1998, 126.
[66] OLG Frankfurt NJW-RR 1993, 1483.
[67] BGH NJW 1998, 1636.
[68] BT-Drucks 7/650 S 172.
[69] OLG Karlsruhe FamRZ 2000, 1179; s zur – geringeren – Wesentlichkeitsgrenze bei der Abänderung von Urteilen und Vergleichen bei beengten wirtschaftlichen Verhältnissen OLG Hamm FamRZ 2004, 1051.
[70] OLG Düsseldorf FamRZ 2002, 1039; OLG Hamm FamRZ 2004, 377; 1996, 868.
[71] OLG Hamm FamRZ 1990, 657, 658.
[72] OLG Hamm FamRZ 1991, 594.
[73] OLG Karlsruhe FamRZ 2000, 1179.
[74] OLG Nürnberg FamRZ 1994, 979.
[75] BezG Erfurt FamRZ 1994, 719.
[76] OLG Hamburg FamRZ 1984, 1142; aA OLG Koblenz FamRZ 1979, 1021: Verkündung des Urteils.
[77] OLG OLGR 2002, 182; OLG Stuttgart FamRZ 1978, 717; OLG Karlsruhe FamRZ 1991, 1470 mwN; OLG Düsseldorf FamRZ 1993, 591; s auch *Palandt/Diederichsen* Rn 24: danach soll es für die Frist bei Auskünften zum Einkommen auf den Ablauf des Zeitraums ankommen, für den die Auskunft erteilt worden ist, und bei Auskünften zum Vermögen auf den der Auskunft zugrunde gelegten Stichtag.
[78] OLG Karlsruhe FamRZ 1992, 684.

X. Prozessuales

Bei der **Fassung des Klageantrages und des Tenors eines Auskunftsurteils** ist darauf Bedacht zu nehmen, dass die erbetene Auskunft konkret genug gefasst wird. Ansonsten drohen Probleme in der Zwangsvollstreckung. So ist ein Auskunftsverlangen „über die Einkommens- und Vermögensverhältnisse" nicht konkret genug[79]. Notwendig ist die Bezeichnung der Einkommensart, über die Auskunft zu geben ist, etwa Einkünfte aus nichtselbständiger Tätigkeit, aus selbständiger Tätigkeit, aus Kapitalvermögen, aus Renten. Der Zeitraum ist exakt zu bestimmen. Dieser ist von besonderer Bedeutung für das Einkommen eines Selbständigen, welches aus unterhaltsrechtlicher Sicht nach einem Mehrjahresdurchschnitt ermittelt wird. Wird eine Auskunft über die Vermögensverhältnisse geschuldet, ist der Stichtag festzulegen.

Beispiele:
Auskunft zu den Einkünften eines Nichtselbständigen:
... den Beklagten zu verurteilen,
Auskunft zu erteilen über die Einkünfte aus nichtselbständiger Tätigkeit für die Zeit vom 1. 1. 2006 bis zum 31. 12. 2006 sowie über eine im Jahr 2006 erhaltene Steuererstattung,
die Lohn-/Gehaltsabrechnungen der Monate Januar bis Dezember 2006
sowie einen im Jahr 2006 ergangenen Steuerbescheid vorzulegen.
Auskunft zu den Einkünften aus Vermietung und Verpachtung:
... den Beklagten zu verurteilen,
Auskunft zu erteilen über die Einkünfte aus Vermietung und Verpachtung im Jahr 2006,
Anlage V zur Einkommensteuererklärung 2006 vorzulegen.
Auskunft zu den Einkünften eines Selbständigen:
... den Beklagten zu verurteilen,
Auskunft zu erteilen zu den Einkünften aus Gewerbebetrieb in den Jahren 2004, 2005 und 2006 sowie zu den in den Jahren 2004, 2005 und 2006 erzielten Steuererstattungen,
die Jahresabschlüsse 2004, 2005 und 2006, und zwar die Bilanz und die Gewinn- und Verlustrechnung,
die Kontennachweise zur Bilanz und zur Gewinn- und Verlustrechnung, die Anlagenverzeichnisse,
die Einkommensteuererklärungen für die Jahre 2004, 2005 und 2006 nebst Anlagen,
die Einkommensteuerbescheide für 2004, 2005 und 2006 vorzulegen.

Bei einem **Beleganspruch** sind die verlangten Belege so genau wie möglich zu bezeichnen, damit die Frage, um welche Belege es sich handeln soll, nicht in das Vollstreckungsverfahren verlagert wird[80].

Im **Verbundverfahren** ist eine **isolierte Auskunftsklage** nicht möglich. Der Scheidungsverbund ist auf die Regelung der Scheidungsfolgen bezogen, nicht aber auf Entscheidungen, die diese erst vorbereiten. Geht es dem Antragsteller nur um eine Entscheidung über den Auskunftsanspruch, ist in einem gesonderten Verfahren außerhalb des Scheidungsverbundes zu entscheiden. Erstrebt er hingegen eine Entscheidung zugleich mit der Scheidung, kann er den Weg der Stufenklage beschreiten, auch wenn es sich um die Abänderung eines bereits bestehenden Titels handelt[81].

Auch wenn im Rahmen einer Leistungsklage die Bedürftigkeit des Klägers zu prüfen ist, hat der beklagte Unterhaltspflichtige ein schützenswertes Interesse daran, das Maß der Bedürftigkeit der klagenden Partei zuverlässig zu ermitteln; das **Rechtsschutzbedürfnis für eine Auskunftswiderklage** ist zu bejahen[82].

Der **Wert des Auskunftsanspruchs** bestimmt sich nach dem **wirtschaftlichen Interesses des Auskunftsberechtigten** an der Erteilung der Auskunft. Es beträgt idR einen Bruchteil des Leistungsanspruchs, den das Gericht gemäß § 3 ZPO nach freiem Ermessen zu schätzen hat. Anhaltspunkte können aus dem Tatsachenvortrag des Klägers gewonnen werden. Es ist zu fragen, welche Vorstellungen er sich von dem Wert des Leistungsanspruchs gemacht hat[83]. Angemessen kann ein Bruchteil von 1/10 bis zu 1/4 des Leistungsanspruchs sein[84].

Im Fall der **Einlegung eines Rechtsmittels** gegen die Verurteilung zur Erteilung einer Auskunft, zur Rechnungslegung, zur Einsichtgewährung in bestimmte Unterlagen bemisst sich der Wert des Beschwerdegegenstandes iS des § 511 Abs 2 Nr 1 ZPO nach dem Interesse des Rechtsmittelführers, die Auskunft nicht erteilen zu müssen. Dabei ist auf den Aufwand an Zeit und Kosten, den die Erfüllung des titulierten Anspruchs erfordert[85], nicht aber auf den Wert des Auskunftsanspruchs, abzustellen. Das Interesse des Verurteilten an der Vermeidung einer für ihn nachteiligen Kostenentscheidung bleibt außer Betracht[86]. Ein **Geheimhaltungsinteresse** des Verurteilten kann hinzutreten; ein durch die Auskunft entstehender konkreter Nachteil ist darzulegen[87]. Insoweit kann eine

---

[79] OLG Frankfurt FamRZ 1991, 1334.
[80] BGH NJW 1983, 1056 = FamRZ 1983, 454; OLG Stuttgart FamRZ 1991, 84.
[81] BGH NJW 1993, 1920 = FamRZ 1993, 1065; NJW 1997, 2176 = FamRZ 1997, 811, 812 mwN auf die bisherige Rspr und Literaturmeinung.
[82] OLG Koblenz FamRZ 1993, 1098; aA OLG Frankfurt FamRZ 1987, 839, 840.
[83] BGH NJW-RR 1993, 1154 = FamRZ 1993, 1189.
[84] BGH FamRZ 1999, 1497 = FuR 1999, 376; KG FamRZ 1996, 500.
[85] BGH Beschluss vom 20. 6. 2007, XII ZB 142/05, BeckRS 2007, 11522; NJOZ 2007, 1994 zu § 1379 Abs 1.
[86] BGHZ GSZ 128, 85; BGH NJW 1995, 664 = FamRZ 1995, 349; FamRZ 2003, 597.
[87] BGH NJW 2005, 3349 = FamRZ 2005, 1064; FamRZ 2005, 1986; NJW-RR 1997, 1089.

etwaige Ersatzpflicht des Arbeitnehmers gegenüber dem Arbeitgeber bei Offenlegung einer erhaltenen Abfindung nicht als ein die Beschwer erhöhendes Geheimhaltungsinteresse gelten[88]. Bei der Höhe der Beschwer können die Kosten der Zuziehung einer sachverständigen Hilfsperson nur berücksichtigt werden, wenn sie zwangsläufig entstehen, weil der Auskunftspflichtige zu einer sachgerechten Auskunftserteilung nicht in der Lage ist[89]. Nach Lage des Falles kann die Hinzuziehung eines Steuerberaters oder auch eines Rechtsanwaltes geboten sein. Deren Kosten können als beachtlicher Aufwand berücksichtigt werden[90]. So liegt es, wenn das Urteil keinen vollstreckungsfähigen oder einen auslegungsfähigen Inhalt hat. Dann darf der Auskunftspflichtige sachkundigen Rat einholen zur Entscheidung darüber, ob dem Urteil zu folgen ist oder ob erfolgreich Vollstreckungsversuchen begegnet werden kann. Die entstehenden notwendigen Kosten, um ungerechtpunkt der Einlegung des Rechtsmittels die von dem Auskunftspflichtigen vorzulegende Einkommensteuererklärung noch nicht erstellt, sind die Kosten der Erstellung in die Bewertung einzustellen, auch soweit sie später ohnehin angefallen wären[92]. Das Gericht hat nach diesen Kriterien eine Schätzung vorzunehmen und diese zu begründen[93].

33   Richtet sich das Rechtsmittel gegen die **Verurteilung zur Abgabe der eidesstattlichen Versicherung**, bemisst sich der Beschwerdewert nach den Regeln über die Beschwer des zur Auskunftserteilung Verpflichteten. Es kommt auf den voraussichtlichen Aufwand an Zeit und Kosten an, die dem Verpflichteten im Zusammenhang mit der Abgabe der eidesstattlichen Versicherung entstehen[94].

34   Die **Vollstreckung des Auskunftsanspruchs** richtet sich nach § 888 ZPO. Der **Belegungsanspruch** wird nach § 883 ZPO vollstreckt[95]. Ist die Belegpflicht als eine unwesentliche Nebenverpflichtung zur Auskunftspflicht anzusehen, kann im Interesse einer effektiven Vollstreckung auch sie nach § 888 ZPO vollstreckt werden[96].

35   Die **Kosten der Auskunftserteilung** trägt grds der Auskunftspflichtige. Dies gilt auch für die Übersetzung von fremdsprachigen Urkunden[97]. Wird die Wertermittlung durch einen Sachverständigen notwendig, fallen dessen Kosten dem Auskunftsberechtigten zur Last[98].

XI. Beweislast

36   Der Auskunftsberechtigte hat nur zu beweisen, dass die Auskunft für den Unterhaltsanspruch notwendig ist[99]. Die Rechtsmissbräuchlichkeit eines Auskunftsbegehrens hat der Auskunftspflichtige zu beweisen. Die Tatsachen, die vor Ablauf der Zweijahresfrist ein erneutes Auskunftsverlangen zulassen, hat die jeweilige Unterhaltspartei glaubhaft zu machen. Nach allgemeinen Grundsätzen trägt der Auskunftsberechtigte für den gegen den Auskunftspflichtigen gerichteten Schadensersatzanspruch die Beweislast für das Bestehen der Auskunftspflicht, den Verzug und den durch die verspätet erteilte Auskunft entstandenen Schaden.

§ 1606 Rangverhältnisse mehrerer Pflichtiger

(1) **Die Abkömmlinge sind vor den Verwandten der aufsteigenden Linie unterhaltspflichtig.**

(2) **Unter den Abkömmlingen und unter den Verwandten der aufsteigenden Linie haften die näheren vor den entfernteren.**

(3) ¹**Mehrere gleich nahe Verwandte haften anteilig nach ihren Erwerbs- und Vermögensverhältnissen.** ²**Der Elternteil, der ein minderjähriges unverheiratetes Kind betreut, erfüllt seine Verpflichtung, zum Unterhalt des Kindes beizutragen, idR durch die Pflege und die Erziehung des Kindes.**

Schrifttum: *Braun*, Der familienrechtliche Ausgleichsanspruch, FamRZ 1994, 793; *Gerhardt*, Die Kontrollberechnung beim Unterhalt Volljähriger, FamRZ 2006, 740; *Gießler*, Erlöschen der elterlichen Prozessführungsbefugnis mit Übergang zum familienrechtlichen Ausgleichsanspruch, FamRZ 1994, 800; *Miesen*, Der Unterhaltsanspruch des volljährigen Kindes gegen getrenntlebende oder geschiedene Eltern, FamRZ 1991, 125; *Vießhues*, Kindesunterhalt und Wechselmodell, FPR 2006, 287.

---

[88] BGH NJW 2005, 3349 = FamRZ 2005, 1064.
[89] BGH FamRZ 2002, 666.
[90] BGH NJW-RR 1993, 1154 = FamRZ 1993, 1189, 1190.
[91] BGH NJW-RR 2002, 145 = FamRZ 2002, 666.
[92] BGH NJW-RR 1992, 1474 = FamRZ 1993, 306, 307.
[93] BGH FamRZ 1982, 1200; FuR 2001, 234.
[94] BGH FamRZ 1999, 649.
[95] OLG Köln NJW-RR 1989, 567.
[96] *Büttner* FamRZ 1992, 629, 632.
[97] OLG Koblenz FamRZ 1990, 79.
[98] BGH NJW 1982, 1643 = FamRZ 1982, 682 zum Anspruch nach § 1379 Abs S 2 entschieden.
[99] BGH NJW 1982, 279 = FamRZ 1982, 1189.

Übersicht

	Rn		Rn
I. Bedeutung der Norm	1	5. Erwerbsobliegenheit der Eltern	15
II. Grundsätze	2	IV. Gleichwertigkeit von Betreuungs- und Barunterhalt (Abs 3 S 2)	16
III. Anteilige Barunterhaltsverpflichtung (Abs 3 S 1)	5		
1. Teilschuldnerschaft	5	V. Der familienrechtliche Ausgleichsanspruch	21
2. Beiderseitige Barunterhaltspflicht ab Eintritt der Volljährigkeit	6	1. Rechtsnatur	21
3. Bedarfsbemessung	7	2. Anspruchsvoraussetzungen	22
4. Verteilung der Unterhaltslast	8	3. Ausgleich für die Vergangenheit	24
a) Das volljährige nicht nach § 1603 Abs 2 S 2 privilegierte Kind	10	4. Verjährung des Anspruchs	25
b) Das volljährige nach § 1603 Abs 2 S 2 privilegierte Kind	13	5. Verhältnis zum Unterhaltsanspruch des Kindes	26
c) Zusammentreffen von minderjährigen, privilegierten volljährigen und sonstigen volljährigen Kindern	14	6. Prozessuales	27 a
		VI. Beweislast	28

I. Bedeutung der Norm

Die Norm verfolgt den Zweck, die **Reihenfolge der Unterhaltspflichtigen** zu bestimmen. **1**

II. Grundsätze

Nach Abs 1 haften unter Verwandten die Kinder und Enkel vor den Großeltern. Abs 2 legt die **2** Haftung der Kinder vor den Enkeln und der Großeltern vor den Urgroßeltern fest.

Mehrere gleich nahe Verwandte haften anteilig nach ihren Erwerbs- und Vermögensverhältnissen **3** (Abs 3 S 1). Diese Bestimmung prägt die Haftung der Eltern für volljährige Kinder und der Kinder für ihre Eltern (Elternunterhalt). Für den Unterhalt minderjähriger unverheirateter Kinder gilt Abs 3 S 2. Danach erfüllt der betreuende Elternteil idR seine Unterhaltspflicht durch die Betreuung des Kindes **(sog Naturalunterhalt)**, während den nicht betreuenden Elternteil die Verpflichtung zur Leistung des Barunterhalts trifft **(sog Barunterhalt)**. Natural- und Barunterhalt stellen den minderjährigen Kind geschuldeten (Gesamt) Unterhalt dar. Durch Art 1 Nr 4 KindUG hat Abs 3 S 2 zum 1. 7. 1998 eine Änderung erfahren. Die Rechtsstellung des nichtehelichen Vaters ist dadurch verbessert worden, dass auch ihm das Recht zur Betreuung des minderjährigen Kindes eingeräumt wird. Dies drückt sich in der gesetzlichen Formulierung aus, die nicht mehr nur der Mutter, sondern jetzt „dem Elternteil" das Recht zur Betreuung gewährt. Abs 3 S 2 ist nicht auf die nach § 1603 Abs 2 S 2 **privilegierten volljährigen Kinder** anwendbar. Ihnen haften die Eltern nach Abs 3 S 1[1] und in der verschärften Form des § 1603 Abs 2 S 2.

Nach §§ 1608 S 1, 1584 S 1 besteht die **vorrangige Haftung des Ehegatten,** auch des geschiede- **4** nen, vor den kraft Verwandtschaft Unterhaltspflichtigen. Dessen Haftung scheidet indes aus, wenn unter Berücksichtigung seiner sonstigen Verpflichtungen der eigene angemessene Unterhalt gefährdet ist (§§ 1608 S 2, 1584 S 2) oder die Rechtsverfolgung gegen ihn im Inland ausgeschlossen oder erheblich erschwert ist (§§ 1608 S 3, 1584 S 3, 1607 Abs 2).

III. Anteilige Barunterhaltsverpflichtung (Abs 3 S 1)

1. Teilschuldnerschaft. Die Eltern haften als gleichnahe Verwandte gleichrangig. Sie sind bezüglich **5** der Unterhaltsverpflichtung keine Gesamtschuldner. Sie sind Teilschuldner und haften nur für den Teil des Unterhalts, der auf sie entfällt[2]. Ein Elternteil braucht keinen höheren Unterhalt zu zahlen, als er auf der Grundlage seiner Einkünfte in Anwendung der Sätze der Düsseldorfer Tabelle zu zahlen hätte[3].

2. Beiderseitige Barunterhaltspflicht ab Eintritt der Volljährigkeit. Nach § 1606 Abs 3 S 2 **6** besteht **Gleichwertigkeit von Barunterhalt und Kindesbetreuung.** Sie gilt jedoch nur bis zum Eintritt der Volljährigkeit. § 1606 Abs 3 S 2 findet nach dem Eintritt der Volljährigkeit des Kindes keine entsprechende Anwendung und zwar auch nicht für eine Übergangszeit. Das erwachsene Kind benötigt keine nennenswerte Betreuung mehr, vielmehr entsteht ein erhöhter Barbedarf[4]. Das volljährige Kind hat keinen Anspruch darauf, dass ihm auf Kosten des barunterhaltspflichtigen Elternteils von den anderen Elternteil weiter Betreuungsleistungen erbracht werden. Dem Elternteil, der das volljährige Kind in seinem Haushalt weiterhin betreut, obliegt damit ebenfalls die Verpflichtung, anteilig zum Barunterhalt beizutragen, soweit er über Einkünfte verfügt, die ihm die Zahlung von

---

[1] BT-Drucks 13/7338 S 22; BGH NJW 2008, 227; NJW 2007, 1747 = FamRZ 2007, 542; NJW 2006, 57 = FamRZ 2006, 99; NJW 2002, 2026 = FamRZ 2002, 815.
[2] BGH NJW 1981, 923 = FamRZ 1981, 347.
[3] BGH FamRZ 1988, 1039; FamRZ 1986, 151; NJW 1984, 303 = FamRZ 1984, 39.
[4] BGHZ 164, 375, 378 = NJW 2006, 57 = FamRZ 2006, 99, 100; BGH NJW 1988, 2371 = FamRZ 1988, 159, 162; FamRZ 1988, 1039, 1040; NJW 1994, 1530 = FamRZ 1994, 696.

§ 1606

Unterhalt ermöglichen[5]. Dem ist durch Abänderungsklage Rechnung zu tragen, denn der Eintritt der Volljährigkeit berührt den Bestand eines zurzeit der Minderjährigkeit errichteten Unterhaltstitel – vorbehaltlich einer in dem Titel enthaltenen zeitlichen Begrenzung – nicht; für den Minderjährigen- wie den Volljährigenunterhalt gelten gleiche Anspruchsgrundlagen, die gesetzliche Unterhaltspflicht ist zudem nicht an Altersgrenzen gebunden[6].

7 3. **Bedarfsbemessung.** Haften danach die Eltern, die beide erwerbstätig sind, anteilig nach ihren Erwerbs- und Vermögensverhältnissen, wird bei der Bestimmung des **Unterhaltsbedarfs des volljährigen, auch des nach § 1603 Abs 2 S 2 privilegierten volljährigen Kindes, das im Haushalt der Eltern/eines Elternteils lebt,** die Summe der anrechenbaren Einkommen beider Elternteile zugrunde gelegt. Die Lebensstellung des volljährigen Kindes ist nämlich weiterhin von derjenigen der Eltern abhängig, solange das Kind nicht eine wirtschaftliche Unabhängigkeit von den Eltern erreicht hat[7]. Dies ist regelmäßig erst nach Abschluss einer Berufsausbildung und der Aufnahme einer Berufstätigkeit gegeben. Der **Bedarf des noch im Haushalt eines Elternteils wohnenden volljährigen Kindes** wird in der überwiegenden Praxis entspr den anrechenbaren Einkommen der Eltern der vierten Altersstufe der Düsseldorfer Tabelle Anm A 7, entnommen. Eine Höhergruppierung findet nicht statt[8]. § 1612b Abs 5 aF, der eine Anrechnung des Kindergeldes versagte, wenn das Existenzminimums eines Kindes gefährdet war, fand auf privilegierte volljährige Kinder weder direkte noch entsprechende Anwendung[9]. Zur **Sicherung des Existenzminimums volljähriger Kinder** sollte nach Auffassung des BGH eine entsprechende Bemessung des nach der ersten Einkommensgruppe in der vierten Altersstufe der Düsseldorfer Tabelle zu zahlenden Unterhalts vorzunehmen sein. Es sollte ein angemessenes Verhältnis zu dem Mindestunterhalt minderjähriger Kinder hergestellt werden, der das Existenzminimum sichern sollte. Auf diesen Ausführungen des BGH beruhte die auffällige Anhebung der Tabellensätze der ersten drei Einkommensgruppen der vierten Altersstufe der Düsseldorfer Tabelle (Stand: 1. 7. 2007). Sie war identisch mit dem sog Existenzminimum, das der 6. Einkommensgruppe zugeschrieben wurde. Ist **ein Elternteil leistungsunfähig,** wird der Bedarf des Kindes nur nach den anrechenbaren Einkommen des leistungsfähigen Elternteils bestimmt; dieser kann nicht zu höheren Unterhaltsleistungen verpflichtet werden, als sie allein aus seinem Einkommen hergeleitet werden können[10]. In einer solchen Fallkonstellation kann eine **Höherstufung** angezeigt sein.

7 a Die in dieser Rspr zugunsten eines Elternteils liegende Haftungsbegrenzung hatte ihre Rechtfertigung auch in den Fällen, in denen beide Elternteile leistungsfähig waren. Die Bedarfsberechnung nach den gesamten zusammengerechneten anrechenbaren Einkommen der Eltern konnte zu – überhöhten – Ansätzen gelangen, denn die Haftungsverteilung vollzog sich nur nach den über dem Selbstbehalt liegenden Einkünften der Eltern. Der besser verdienende Elternteil erfuhr durch die Bedarfsbemessung nach den zusammengerechneten Einkommen eine unverhältnismäßige Belastung, wenn der geringer verdienende Elternteil nur ein knapp über dem Selbstbehalt liebendes Einkommen hatte. Den besser verdienenden Elternteil traf eine sehr hohe Haftungsquote, die höher als der Unterhalt ausfiel, den er – im Fall der Leistungsunfähigkeit des anderen Elternteils – nur nach Maßgabe seines Einkommens zu leisten hätte. Nach der neuen Rspr mit der Anrechnung des vollen Kindergeldes auf den Bedarf und der bedarfsdeckenden Anrechnung von Einkünften des volljährigen Kindes wird diese **Kontrollüberlegung** jedoch entbehrlich sein[11].

7 b Lebt das **volljährige Kind in einem eigenen Haushalt** oder befindet es sich im **Studium,** wird der angemessene Gesamtunterhaltsbedarf in der Praxis regelmäßig nach einem **Pauschalsatz** bestimmt. So sieht die Düsseldorfer Tabelle (Stand: 1. 1. 2008, Anm A 7) einen pauschalen Betrag von 640 Euro vor. In dieser Höhe entspricht der Betrag etwa dem BAföG-Höchstsatz. In dem Pauschbetrag sind die Mehrkosten der getrennten Haushaltsführung in Gestalt der Miete für die Wohnung und die üblichen ausbildungsbedingten Mehrkosten –**ohne Studiengebühren** – enthalten. Da es sich um einen Bedarfssatz für den Regelfall handelt, kann bei konkreter Darlegung eines darüber hinausgehenden Bedarfs eine Erhöhung stattfinden. Auf diese Weise kann überwiegend auch die Diskrepanz zwischen dem Pauschalbetrag von 640 Euro für das auswärts untergebrachte Kind und dem Höchstsatz des im Haushalt eines Elternteils lebenden Kindes von 653 Euro (Düsseldorfer Tabelle, Stand: 1. 1. 2008), dessen Bedarf wegen der gemeinsamen Haushaltsführung niedriger zu bemessen sein dürfte, vermieden werden.

7 c Die pauschalierende Bedarfsbemessung schließt nach Lage des Falles notwendige Kosten für **Kranken- und Pflegeversicherung** nicht ein. Hinzutreten kann ferner ein von dem Kind konkret darzulegender und zu beweisender Mehrbedarf/Sonderbedarf. Bei sehr **günstigen Einkommensverhältnissen** kann das Kind seinen Bedarf auch konkret berechnen. Ist das Kind in einem Heim untergebracht, richtet sich sein Unterhaltsbedarf nach den durch die **Heimunterbringung** veranlassten und konkret feststehenden Kosten. Dieser Unterhaltsbedarf ist durch die mit der Heimunterbringung einhergehenden Jugendhilfeleistungen gedeckt[12]. Nach dem SGB VIII in der seit dem 1. 10. 2005 geltenden

---

[5] BGH NJW 2007, 1747 = FamRZ 2007, 542; OLG Oldenburg FamRZ 1996, 366.
[6] OLG Koblenz NJW-RR 2007, 438; OLG Hamm (2. FamS) NJOZ 2007, 402; OLG Zweibrücken FamRZ 2000, 907; s auch BGH FamRZ 1984, 682; aA OLG Hamm (9. FamS) FamRZ 2006, 48 m Anm *Otten* 48.
[7] BGH NJW 2008, 227, 228; NJW 1994, 1530 = FamRZ 1994, 696, 698.
[8] OLG Stuttgart NJW-RR 2007, 439; OLG Hamm FamRZ 1999, 1018; so auch *Strauß* FamRZ 1998, 993, 995.
[9] BGH NJW 2007, 1747 = FamRZ 2007, 542.
[10] BGHZ 164, 375, 378 = NJW 2006, 57 = FamRZ 2006, 99, 100.
[11] *Gerhardt* FamRZ 2006, 740.
[12] BGH NJW-RR 2007, 505 = FamRZ 2007, 377 m Anm *Doering-Striening*.

Fassung ist der Träger der Kinder- und Jugendhilfe auf einen öffentlich-rechtlichen Kostenbeitrag verwiesen. Solange keine Mangelfallsituation gegeben ist, hat jedes gleichrangige Kind Anspruch darauf, seinen vollen Bedarf zu erhalten. Es verbietet sich deshalb, außerhalb einer Mangelfallsituation zur Ermittlung des Bedarfs eines privilegierten volljährigen Kindes bei Zusammentreffen mit minderjährigen Kindern deren Bedarf vorweg abzuziehen[13].

Das **Kindergeld** ist unabhängig davon, wer öffentlich-rechtlich als Empfangsberechtigter bestimmt ist und wem das Kindergeld ausgezahlt wird, vorab bedarfsdeckend auf den gesamten (Bar-)Unterhaltsbedarf **aller volljährigen Kinder in vollem Umfang** anzurechnen. Mit dem Kindergeld soll die Unterhaltslast im Ganzen, die Unterhaltslast aller Unterhaltspflichtigen erleichtert werden. Ist nur ein Elternteil dem volljährigen Kind barunterhaltspflichtig, ist ihm das Kindergeld – jedenfalls bis zur Höhe seiner Unterhaltsleistung – allein zuzurechnen[14]. Mit der vollen Anrechnung des Kindergeldes geht ein Anspruch des Kindes gegen den das Kindergeld beziehenden Elternteil auf Auskehrung des Kindergeldes einher. **7 d**

Auf den Barbedarf eines volljährigen Kindes ist ferner **eigenes Einkommen in vollem Umfang** anzurechnen[15]. Dies gilt für **Ausbildungsvergütungen** nach Abzug ausbildungsbedingten Aufwandes. Die Düsseldorfer Tabelle (Stand: 1. 1. 2008, Anm 8) kürzt idR um monatlich 90 Euro. Konkret können Fahrtkosten zur Ausbildungsstelle und zur berufsbildenden Schule, Ausbildungs- und Schulbedarf anfallen. **7 e**

4. Verteilung der Unterhaltslast. Die Unterhaltslast ist zwischen den Eltern entspr ihrer **Leistungsfähigkeit**, also nach den für Unterhaltszwecke tatsächlich zur Verfügung stehenden Mitteln, zu verteilen. Dementsprechend können unterhaltsrechtlich anzuerkennende Verbindlichkeiten sowie der Unterhalt für vorrangig Unterhaltsberechtigte abgesetzt werden. Der für ein minderjähriges Kind gezahlte Unterhalt mindert das Einkommen des leistenden Elternteils, denn der Betrag steht für den Unterhalt des Elternteils und des volljährigen Kindes nicht mehr zur Verfügung[16]. Die Betreuung und Pflege eines minderjährigen Geschwisterkindes durch den barunterhaltspflichtigen Elternteil berechtigt beim Kindesunterhalt indes nicht zum Abzug eines fiktiven Betrages **(sog Betreuungsbonus)** von seinem Einkommen[17]. Tatsächlich bleibt das verfügbare Einkommen unangetastet[18]. Die Leistungsfähigkeit des erneut verheirateten Elternteils wird auch durch die Verpflichtung zum Familienunterhalt nach §§ 1360, 1360 a gegenüber seiner jetzigen Ehefrau reduziert. Die auf sie entfallende Unterhaltslast hat die Ersparnis durch die gemeinsame Haushaltsführung angemessen zu berücksichtigen[19]. **8**

Die **Haftungsanteile der Eltern** werden nach der überwiegenden tatrichterlichen Praxis sodann in der Weise ermittelt, dass nach dem Abzug des **angemessenen Eigenbedarfs** das rechnerische Verhältnis der jeweils verbleibenden Einkünfte ermittelt wird[20]. Zur Bestimmung des angemessenen Eigenbedarfs kann auf die Regelungen in der Düsseldorfer Tabelle und in den jeweiligen Leitlinien der Oberlandesgerichte abgestellt werden. Nach der Düsseldorfer Tabelle, Stand: 1. 1. 2008, Anm A 5, kann als angemessener Eigenbedarf ein Betrag von mindestens monatlich 1.100 Euro mit einem Anteil für die Warmmiete bis 450 Euro angesetzt werden. **9**

a) Das volljährige nicht nach § 1603 Abs 2 S 2 privilegierte Kind. Nach den in der Rspr entwickelten Grundlagen ergibt sich folgendes **Berechnungsbeispiel** für den Barunterhalt eines volljährigen nicht nach § 1603 Abs 2 S 2 privilegierten Kindes, das im Haushalt eines Elternteils wohnt: **10**

11

Einkommen der Eltern:		
Anrechenbares Nettoeinkommen des Vaters:		2900 Euro
Anrechenbares Nettoeinkommen der Mutter:		1600 Euro
Bedarf des Kindes:		662 Euro
Bemessen nach den Gesamteinkünften der Eltern von 4500 Euro entspr der 13. Einkommensgruppe und der vierten Altersstufe der Düsseldorfer Tabelle (Stand: 1. 7. 2007):		
Bedarfsdeckung durch Kindergeld (§ 1612 b Nr 2; BGH FamRZ 2006, 99; FamRZ 2006, 774)		154 Euro
Bedarfsdeckung durch anzurechnendes Einkommen:		
Hier: Ausbildungsvergütung nach Abzug ausbildungsbedingten Mehrbedarfs:		220 Euro
Nicht gedeckter Restbedarf:		288 Euro
Verfügbares Einkommen der Eltern nach Abzug des angemessenen Eigenbedarfs (vgl Düsseldorfer Tabelle, Stand: 1. 7. 2007, Anm A 5):		
Vater:	2900 Euro - 1100 Euro =	1800 Euro
Mutter:	1600 Euro - 1100 Euro =	500 Euro
insgesamt:		2300 Euro
Berechnung der Quote:		
Vater:	1800 Euro : 2300 Euro =	rd 78%
Mutter:	500 Euro : 2300 Euro =	rd 22%
Anteilige Barbeträge an dem Restbedarf von 288 Euro:		
Vater:		rd 225 Euro
Mutter:		rd 63 Euro

---

[13] OLG Stuttgart NJW-RR 2007, 439.
[14] S § 1612 b Nr 2; so schon BGHZ 164, 375, 383 = NJW 2006, 57 = FamRZ 2006, 99, 100.
[15] BGH NJW 2006, 57 = FamRZ 2006, 99, 100; FamRZ 1981, 541, 542.
[16] BGH NJW-RR 1986, 293 = FamRZ 1986, 153, 154.
[17] BGH FamRZ 2006, 1597, 1599 m Anm *Born*.
[18] BGH FamRZ 1988, 1039, 1041.
[19] BGH NJW-RR 1989, 578 = FamRZ 1989, 499, 503.
[20] BGH NJW 1994, 1530 = FamRZ 1994, 696, 698; NJW-RR 1986, 293.

§ 1606

12 Die Besonderheiten des Einzelfalles können es nahelegen, das so gewonnene rechnerische Ergebnis einer wertenden Überprüfung auf seine **Angemessenheit** zu unterziehen. Besondere Betreuungsleistungen eines Elternteils gegenüber einem volljährigen behinderten Kind können etwa zu einer Entlastung bei der Haftungsquote führen[21].

13 **b) Das volljährige nach § 1603 Abs 2 S 2 privilegierte Kind.** Der Haftungsanteil kann wie zuvor berechnet werden, jedoch sind die Elternteile wegen der verschärften Unterhaltspflicht auch diesen Kindern gegenüber idR auf den jeweiligen **notwendigen Selbstbehalt** zu verweisen[22].

14 **c) Zusammentreffen von minderjährigen, privilegierten volljährigen und sonstigen volljährigen Kindern.** Bestehen zeitgleich Unterhaltspflichten gegenüber minderjährigen und volljährigen Kindern, sind **Unterhaltsleistungen an vorrangig Unterhaltsberechtigte** bei dem Elternteil zu berücksichtigen, der sie zu bedienen hat. Nach § 1609 Nr 1 haben minderjährige Kinder Vorrang vor den volljährigen Kindern nach Nr 4. Wertungsfragen sind zu entscheiden, wenn **Unterhaltsansprüche von privilegierten volljährigen und minderjährigen Kindern** zusammentreffen[23]. Nach § 1609 Nr 1 iVm § 1603 Abs 2 stehen sich minderjährige und privilegiert volljährige Kinder im Rang gleich. Der betreuende Elternteil erfüllt seine Unterhaltspflicht dem minderjährigen Kind gegenüber durch die Betreuungsleistungen, während er dem privilegierten volljährigen Kind anteilig Barunterhalt schuldet. Der andere Elternteil hat für das minderjährige Kind idR allein Barunterhalt zu leisten und sich anteilig an dem Unterhalt des privilegierten volljährigen Kindes zu beteiligen. Folgende **Varianten** kommen für die Bemessung des Haftungsanteils des beiden Kindern barunterhaltspflichtigen Elternteils in Betracht[24]:

14.1 **1. Variante:** Als Haftungsmasse wird der sich bis zum notwendigen Selbstbehalt ergebende Betrag herangezogen. Das bei der Ermittlung der Haftungsquote maßgebliche Einkommen wird nur durch Unterhaltszahlungen an vorrangig Unterhaltsberechtigte gemindert[25].

Beispiel:
V verfügt über ein anrechenbares Nettoeinkommen von 2700 Euro, M über ein solches von 1800 Euro. Unterhaltsberechtigt sind die gemeinsamen Kinder K 1, 19 Jahre alt und Schüler an einem Gymnasium, K 2, ebenfalls Schüler und 14 Jahre alt. Das Kindergeld von je 154 Euro bezieht M, in deren Haushalt die Kinder leben.

Unterhaltsberechnung, zugrunde gelegt die Düsseldorfer Tabelle (Stand: 1. 7. 2007):
Bedarfsbemessung:
Bedarf K 1 nach den zusammengerechneten Einkünften der Eltern von 4500,00 Euro
entspr der 13. Einkommensgruppe und der 4. Altersstufe: 662,00 Euro
Bedarfsdeckung durch das Kindergeld (§ 1612 b Abs 1 Nr 2) 154,00 Euro
Nicht gedeckter Bedarf 508,00 Euro
Bedarf K 2 nach dem Einkommen des barunterhaltspflichtigen V von 2700 Euro entspr der 8. EGr. und der 3. Altersstufe: 432,00 Euro
Bedarfsdeckung durch hälftiges Kindergeld (§ 1612b Abs 1 Nr 1) 77,00 Euro
Nicht gedeckter Bedarf 355,00 Euro
Ermittlung der Haftungsanteile:
Haftung von V und M für den
Unterhalt des K 1:
Verfügbares Einkommen der Eltern:
V: 2700,00 Euro − 900,00 Euro = 1800,00 Euro
M: 1800,00 Euro − 900,00 Euro = 900,00 Euro
insgesamt: 2700,00 Euro
Haftungsquote:
V: 1800,00 Euro : 2700,00 Euro = rund 67%
M: 900,00 Euro : 2700,00 Euro = rund 33%
Zahlbeträge für K 1:
V: 508,00 Euro × 67% = gerundet 340,00 Euro
M: 508,00 Euro × 33% = gerundet 168,00 Euro

Angemessenheitskontrolle: V hat danach für K 1 monatlich 340,00 Euro und für K 2 monatlich 355,00 Euro, insgesamt 695,00 Euro zu zahlen. M hat sich mit 168,00 Euro an dem Unterhalt für K1 zu beteiligen. V zahlt für K 1 auch nicht mehr Unterhalt, als er nach Maßgabe seines Einkommens zu zahlen hätte; das wären – ohne Höherstufung – nach der 8. Einkommensgruppe und der 4. Altersstufe 497,00 Euro abzüglich 154,00 Euro = 343,00 Euro. Gegen diese Berechnungsvariante spricht, dass der Belastung des V durch den Barunterhalt im Verhältnis zu M nicht gebührend Rechnung getragen wird.

14.2 **2. Variante:** Als Haftungsmasse wird unter Vorwegabzug des dem minderjährigen Kind geschuldeten Barunterhalts das bis zum notwendigen Selbstbehalt verfügbare Einkommen des dem minderjährigen Kind allein barunterhaltspflichtigen V herangezogen[26].

---

[21] BGH NJW 1985, 2590 = FamRZ 1985, 917, 919; NJW-RR 1986, 293 = FamRZ 1986, 153, 154.
[22] BGH FamRZ 1988, 1039, 1041; OLG Koblenz FamRZ 2004, 829; OLG Hamm FamRZ 1999, 1528.
[23] Zur analogen Anwendung des § 642 Abs 3 ZPO analog in den Fällen, in denen ein volljähriges privilegiertes Kind gleichzeitig mit minderjährigen Kindern aus derselben Familie Unterhaltsansprüche geltend macht vgl OLG Oldenburg NJW-RR 2005, 1168; OLG Hamm FamRZ 2003, 1126; OLG Stuttgart FamRZ 2002, 1044.
[24] Vgl FamRefK/*Häußermann* Rn 3 und 4.
[25] So OLG Hamm (11. FamS) OLGR 2000, 253; wohl auch OLG Stuttgart NJW-RR 2007, 439.
[26] So Hammer Leitlinien Nr 13.3.2; OLG Hamm (13. FamS) FamRZ 1999, 1018, 1029; *Wendl/Scholz*, 6. Aufl § 2 Rn 470.

Rangverhältnisse mehrerer Pflichtiger   § 1606

Beispiel wie zu 1.:
Ermittlung der Haftungsanteile:
Haftung von V und M für den Unterhalt des K 1:
Verfügbares Einkommen der Eltern:
V: 2700,00 Euro – 355,00 Euro – 900,00 Euro = 1445,00 Euro
M: wie vor 900,00 Euro
insgesamt: 2345,00 Euro
Haftungsquote:
V: 1445,00 Euro : 2345,00 Euro = rund 62%
M: 900,00 Euro : 2345,00 Euro = rund 38%
Zahlbeträge für K 1:
V: 508,00 Euro × 62% = gerundet 315,00 Euro
M: 508,00 Euro × 38% = gerundet 193,00 Euro

Angemessenheitskontrolle: V zahlt für K1 315,00 Euro und für K2 355,00 Euro, insgesamt hier 670,00 Euro. M hat für K1 193,00 Euro einzusetzen. Mit dieser Berechnungsvariante wird für den Regelfall eine angemessene Verteilung der Unterhaltslast der Eltern erreicht. Der Vorwegabzug des Barunterhalts für das minderjährige Kind sollte unterbleiben, wenn er zu einem unbilligen Ergebnis führt, wie zB bei der Berücksichtigung nicht gemeinsamer minderjähriger Kinder.

3. Variante: Als Haftungsmasse wird das bis zum notwendigen Selbstbehalt zur Verfügung stehende Einkommen entspr dem Anteil des privilegierten Kindes an dem Gesamtunterhaltsbedarf herangezogen[27].   **14.3**

Beispiel wie zu 1.:
Unterhaltsberechnung:
Ermittlung des Gesamtunterhaltsbedarfs:
K 1 nach der Summe der Elterneinkünfte und nach Abzug des Kindergeldes 508,00 Euro
K 2 nach dem Einkommen des barunterhaltspflichtigen Vaters und nach Abzug des hälftigen
Kindergeldes 355,00 Euro
Insgesamt 863,00 Euro
Anteil von K 1 am Gesamtbedarf:
508,00 Euro : 863,00 Euro = 58,86%
Im Rahmen der gegenüber K 1 bestehenden beiderseitigen Barunterhaltspflicht von V und M einzusetzendes Einkommen:
V: 2700,00 Euro – 900,00 Euro = 1800,00 Euro × 58,86% = 1059,48 Euro
M: wie vor 900,00 Euro
Insgesamt 1959,48 Euro
Haftungsquote:
V: 1059,48 Euro : 1959,48 Euro: = 54,07%
M: 900,00 Euro : 1959,48 Euro: = 45,93%
Zahlbeträge für K 1:
V: 508,00 Euro × 54,07% = gerundet 275,00 Euro
M: 508,00 Euro × 45,93% = gerundet 233,00 Euro

V hat für K1 275.00 Euro und für K2 355,00 Euro, insgesamt 630,00 Euro, zu zahlen. M hat sich nach dieser Methode mit 233,00 Euro an dem Unterhalt von K1 zu beteiligen.

Diese Berechnung verdient jedenfalls den Vorzug in Mangelfällen. Der regelmäßige Vorwegabzug des Kindesunterhalts würde sich im Mangelfall zu Gunsten der minderjährigen Kinder auswirken; zudem würde der andere leistungsfähige Elternteil übermäßig belastet[28].

Beispiel für eine Berechnung im Mangelfall (Werte nach der Düsseldorfer Tabelle, Stand: 1. 7. 2007):
V verfügt über ein anrechenbares Einkommen von 1.200,00 Euro, M über ein anrechenbares Einkommen von 1.000,00 Euro. Unterhalt wird geschuldet für das volljährige privilegierte Kind K1 und das 14 Jahre alte Kind K2.
Unterhaltsberechnung:
Ermittlung des Gesamtunterhaltsbedarfs:
K 1 nach der Summe der Elterneinkünfte von 2.200,00 Euro, der 6. EGr., der 4. ASt. in Höhe von
447,00 Euro und nach Abzug des Kindergeldes von 154,00 Euro 293,00 Euro
K 2 nach dem Einkommen des allein barunterhaltspflichtigen V, 1. EGr., der 3. ASt. in Höhe von
365,00 Euro und nach Anrechnung des hälftigen Kindergeldes von 77,00 Euro 288,00 Euro
Insgesamt 581,00 Euro
Anteil von K 1 am Gesamtbedarf:
293,00 Euro : 581,00 Euro = 50,43%
Im Rahmen der gegenüber K 1 bestehenden beiderseitigen Barunterhaltspflicht von V und M einzusetzendes Einkommen:
V: 1.200,00 Euro – 900,00 Euro (notwendiger SB) = 300,00 Euro × 50,43% = 151,29 Euro
M: 1.000,00 Euro – 900,00 Euro 100,00 Euro
Insgesamt 251,29 Euro
Haftungsquote:
V: 151,29 Euro : 251,29 Euro = 60,21%
M: 100,00 Euro : 251,29 Euro = 39,79%
Zahlbeträge für K 1:
V: 293,00 Euro × 60,21% 176,41 Euro
M: 293,00 Euro × 39,79% 116,59 Euro
Gesamt 293,00 Euro

---

[27] BGH FamRZ 2002, 815, 818 unter 6 b; OLG Koblenz FamRZ 2004, 829; OLG Saarbrücken NJW-RR 2006, 1373.
[28] BGH FamRZ 2002, 815, 818.

§ 1606

V hat nach dieser Berechnung für K1 176, 41 Euro und für K2 den nach Abzug dieses Betrages bis zum notwendigen Selbstbehalt verbleibenden Einkommensrest, das sind 123, 59 Euro (1.200,00 Euro − 176, 41 Euro − 900,00 Euro) zu zahlen. Diese Berechnung wird dem Gleichrang der Kinder am besten gerecht. Würde nämlich der Barunterhalt für K2 vorweg abgezogen, verblieben für K1 lediglich 12,00 Euro (1.200,00 Euro − 288,00 Euro − 900,00 Euro). M muss in jedem Fall rund 100,00 Euro zum Unterhalt von K1 beitragen. K1 und K2 müssen sich mit einem gemangelten Unterhalt zufrieden geben.

15 **5. Erwerbsobliegenheit der Eltern.** Beide Elternteile trifft dem volljährigen, noch in der Ausbildung befindlichen Kind gegenüber eine Erwerbsobliegenheit. Ist das volljährige Kind privilegiert, beurteilt sich die Erwerbsobliegenheit nach den Grundsätzen zur gesteigerten Unterhaltspflicht gemäß § 1603 Abs 2. Die Eltern haben ihre Erwerbsobliegenheit auf eine anstehende oder bereits begonnene Ausbildung des Kindes auszurichten. Die erneute Eheschließung, die Haushaltsführung in der neuen Ehe und die Betreuung eines Kindes stehen der Erwerbsobliegenheit grds nicht entgegen. Stets ist nach Lage des Einzelfalles zu prüfen, ob und in welchem Umfang die Erzielung von Erwerbseinkommen zumutbar ist. Aus einem − im Fall der Verletzung der Erwerbsobliegenheit auch fiktiv zuzurechnenden − Erwerbseinkommen ist der den angemessenen Selbstbehalt übersteigende Teil für den Kindesunterhalt zur Verfügung zu stellen. Insoweit ist von Bedeutung, ob und in welchem Umfang der angemessene Unterhalt eines Elternteils durch das Einkommen des Ehegatten bereits gedeckt ist. Stehen einem Elternteil trotz Ausübung einer vollschichtigen Erwerbstätigkeit den angemessenen Eigenbedarf übersteigende Einkünfte nicht zur Verfügung, hat der in Anspruch genommene leistungsfähige Elternteil nach § 1607 Abs 2 S 1 ggf für den − vollen − Unterhalt des volljährigen Kindes allein einzutreten. Dies gilt auch, wenn das volljährige Kind von dem anderen Elternteil selbst mit einem − auf der Zurechnung eines fiktiven Einkommens beruhenden − Vollstreckungstitel keinen Unterhalt erlangen könnte. So ist es dem Kind nicht zumutbar, in das der Mutter gehörende Hausgrundstück zu vollstrecken, das sein eigentliches Zuhause war und in das es von Zeit zu Zeit zurückkehrt[29]. Auf eine lediglich fiktive Leistungsfähigkeit und damit real nicht zur Verfügung stehende Einkünfte des nicht beklagten Elternteils braucht sich das Kind nicht verweisen zu lassen. Darauf kann es nicht zugreifen und davon auch nicht leben. Der Rechtsgedanke des § 1607 Abs 2 − **Ersatzhaftung** − kommt zum Tragen. Danach tritt an die Stelle eines Unterhaltspflichtigen, gegen den der Unterhaltsanspruch nicht realisiert werden kann, der nach ihm Haftende mit der Möglichkeit des Regresses gegen den anderen Unterhaltspflichtigen[30]. Eine solche Fallgestaltung ist nicht gegeben, wenn der Taschengeldanspruch des Elternteils gegen den neuen Ehegatten eine Befriedigung des Unterhaltsanspruchs erlaubt[31].

IV. Gleichwertigkeit von Betreuungs- und Barunterhalt (Abs 3 S 2)

16 Die gesetzliche Regelung geht davon aus, dass ein Elternteil das Kind betreut und versorgt und der andere Elternteil die hierfür erforderlichen Barmittel zur Verfügung zu stellen hat. Durch die Betreuungsleistungen des einen und die Barleistungen des anderen Elternteils wird der **Gesamtbedarf** des minderjährigen Kindes sichergestellt. Es gilt der **Grundsatz der Gleichwertigkeit** zwischen den mit der Pflege und der Erziehung des minderjährigen unverheirateten Kindes erbrachten Leistungen und den Barleistungen des anderen Elternteils[32]. Der betreuende Elternteil hat die Pflege und Erziehung **grds in eigener Person** wahrzunehmen. Er kann jedoch einen Teil der Betreuung **dritten Personen**, etwa den Großeltern[33], anderen Verwandten oder sonstigen Personen, übertragen, ohne dass die Gleichwertigkeit von Bar- und Betreuungsunterhalt in Frage gestellt ist[34]. Es muss aber ein nennenswerter Rest an eigenen Betreuungsleistungen verbleiben. Daran fehlt es, wenn die Betreuung gänzlich in die Hände Dritter gelegt wird[35]. Für ein **auswärts untergebrachtes Kind** schulden die Eltern neben dem Barunterhalt auch Betreuungsunterhalt. Dieser richtet sich für diesen Fall pauschal nach der Höhe des Barunterhalts[36].

17 Der betreuende Elternteil leistet so lange dem Barunterhalt gleichwertigen Naturalunterhalt, wie das **deutliche Schwergewicht der Betreuung** bei ihm liegt, er also die Hauptverantwortung für ein Kind trägt. Insbes der zeitlichen Komponente kommt bei dieser Beurteilung indizielle Bedeutung zu. An der Gleichwertigkeit fehlt es nicht, wenn sich das Kind im Rahmen der **üblichen Umgangskontakte** an den Wochenenden und/oder in den Ferien, aber ebenso bei einer **großzügiger gehandhabten Umgangsregelung** bei dem anderen Elternteil aufhält[37]. Selbst wenn sich das Kind im Rahmen eines über das übliche Maß hinaus wahrgenommenen Umgangsrechts bei einem Elternteil aufhält und sich die Ausgestaltung des Umgangs bereits einer Mitbetreuung nähert, stellt dies die Hauptverantwortung

---

[29] OLG Koblenz FamRZ 1989, 307; OLG Karlsruhe FamRZ 1991, 971, 973.
[30] OLG Frankfurt FamRZ 1993, 231, 232: wohl familienrechtlicher Ausgleichsanspruch; FamRZ 1995, 244, 245; OLG Karlsruhe FamRZ 1991, 971, 973: Ersatzhaftung nach § 1607 Abs 2; OLG Koblenz FamRZ 1989, 307, 308; 1996, 756, 757: familienrechtlicher Ausgleichsanspruch.
[31] OLG Düsseldorf FamRZ 1992, 1099.
[32] BGH NJW 1980, 2306 = FamRZ 1980, 994.
[33] OLG Brandenburg FamRZ 2004, 396.
[34] BGH FamRZ 1981, 1559 = FamRZ 1981, 543.
[35] OLG Hamm NJW-RR 1990, 900: Betreuung durch die Großeltern; OLG München FamRZ 1985, 244: Unterbringung in einem Internat.
[36] BGH NJW 2006, 3421 = FamRZ 2006, 1597 m Anm *Born*.
[37] BGH NJW 2006, 2258 = FamRZ 2006, 1015; FamRZ 1984, 470.

des überwiegend betreuenden Elternteils nicht in Frage[38]. Es bleibt bei der Barunterhaltspflicht des nicht betreuenden Elternteils, dessen Einkommen den Bedarf des Kindes bestimmt. Dieser Bedarf kann jedoch nach Lage des Falles durch Naturalleistungen teilweise gedeckt sein. Wenn die Eltern jedoch abweichend von der in § 1606 Abs 3 S 2 angenommenen Betreuungssituation das **sog Wechselmodell** praktizieren, das Kind sich also zu gleichen Anteilen bei dem einen und dem anderen Elternteil aufhält, kann der Grundsatz der Gleichwertigkeit nicht gelten. Beide Eltern sind dann für den Unterhalt des Kindes heranzuziehen. Verfügen beide Eltern über Einkommen, bemisst sich der Bedarf nach den zusammengerechneten Einkünften der Eltern. Der Bedarf kann sich erhöhen, wenn wegen der Versorgung in getrennten Haushalten höhere Wohnkosten und/oder Fahrtkosten entstehen. Den so ermittelten Bedarf haben die Eltern anteilig nach ihren Einkommensverhältnissen und unter Berücksichtigung der erbrachten Naturalleistungen sicherzustellen[39]. Die Barunterhaltspflicht des betreuenden Elternteils entsteht nicht bei nur **vorübergehendem Aufenthalt** eines Kindes im Ausland auf Grund eines Schüleraustausches[40]. Der Grundsatz der Gleichwertigkeit gilt nicht für einen **erhöhten Barbedarf**, etwa eines behinderten Kindes[41]. Es ist Sache des Einzelfalles, wie der erhöhte Barbedarf des Kindes zu verteilen ist. Erhöhte Betreuungsleistungen eines Elternteils können bei der Verteilungsquote berücksichtigt werden. Kosten für die Betreuung durch einen Dritten sind bei dem Elternteil abzusetzen, der diese aufwendet, um die Erwerbstätigkeit zu ermöglichen.

Die **Beteiligung des betreuenden Elternteils** – das kann nach der ab 1. 7. 1998 geltenden Gesetzeslage auch der Vater sein – an dem Barunterhalt kommt idR nicht in Betracht, selbst wenn er über eigenes, auch höheres Erwerbseinkommen verfügt[42]. Ein Beitrag zum normalen Unterhaltsbedarf des Kindes kann dem betreuenden Elternteil aber abverlangt werden, wenn der barunterhaltspflichtige Elternteil geltend macht, es liege kein Regelfall der Gleichwertigkeit von Bar- und Naturalunterhalt gemäß § 1606 Abs 3 S 2 vor. So liegt es, wenn der barunterhaltspflichtige Elternteil nach Abzug des Barunterhalts zwar noch über den angemessenen Selbstbehalt verfügen würde, die wirtschaftliche Lage des betreuenden Elternteils aber besonders günstig ist und seine Einkünfte die des barunterhaltspflichtigen Elternteils **erheblich** übersteigen und die alleinige Zahlpflicht des barunterhaltspflichtigen Elternteils zu einem erheblichen finanziellen Ungleichgewicht zwischen den Eltern führen würde[43]. Diesen Ausnahmetatbestand hat der barunterhaltspflichtige Elternteil darzulegen und zu beweisen[44]. Das Ungleichgewicht besteht noch nicht bei einer Einkommensdifferenz von wenigen 100 DM[45], auch nicht bei einem um 20% höheren Einkommen[46], wohl aber bei einem doppelt so hohen Einkommen des betreuenden Elternteils[47]. Es ist nicht schematisch zu verfahren und nicht zu berücksichtigen, wenn der betreuende Elternteil in seinem Haus den Kindern das kostenlose Wohnen stellt[48]. Erwogen werden kann auch, zu Gunsten des allein barunterhaltspflichtigen Elternteils eine Herabstufung vorzunehmen oder von einer sonst gebotenen Höherstufung abzusehen[49].

Würde durch die Unterhaltszahlungen an das Kind der eigene angemessene Unterhalt des barunterhaltspflichtigen Elternteils gefährdet, jedoch der notwendige Selbstbehalt gewahrt, während dem betreuenden Elternteil die Zahlung des Barunterhalts ohne Gefährdung des angemessenen Selbstbehalts möglich wäre, so kann eine Beteiligung des betreuenden Elternteils nach § 1603 Abs 2 S 3 in Betracht kommen[50]. Anderer unterhaltspflichtiger Verwandter ist auch der betreuende Elternteil[51]. Der barunterhaltspflichtige Elternteil ist nur zu entlasten, **nicht völlig freizustellen.** Er hat in jedem Fall einen Beitrag zu leisten. Auf die Wahrung des angemessenen Selbstbehalts kann er sich generell nicht berufen[52]. Verbleibt dem barunterhaltspflichtigen Elternteil noch der notwendige Selbstbehalt, sollte trotz einer gebotenen Beteiligung des betreuenden Elternteils an dem Barunterhalt der von dem barunterhaltspflichtigen Elternteil zu leistende Beitrag nicht unter den Mindestunterhalt ermäßigt werden. Anderenfalls würde der Betreuungsunterhalt in nicht zu rechtfertigender Weise entwertet[53].

Die Gleichwertigkeit umfasst den **Zeitraum bis zur Volljährigkeit des Kindes.** Deshalb haften die Eltern für den Unterhalt der nach § 1603 Abs 2 S 2 privilegierten volljährigen Kinder gemäß

---

[38] BGH FamRZ 2007, 707 = NJW 2007, 1882 m Anm *Born* 1859.
[39] BGH NJW 2006, 2258 = FamRZ 2006, 1015; vgl auch OLG Düsseldorf NJW 2001, 3344; NJW-RR 2000, 74; *Viefhues* FPR 2006, 287.
[40] OLG Hamm FamRZ 1999, 1449.
[41] BGH NJW 1983, 2082 = FamRZ 1983, 689.
[42] BGH NJW 1980, 2306.
[43] BGH NJW 2008, 227; FamRZ 2002, 742 m Anm *Büttner*; NJW 1991, 697 = FamRZ 1991, 182, 183; NJW-RR 1998, 505 = FamRZ 1998, 286.
[44] BGH FamRZ 2002, 742; NJW 1981, 923 = FamRZ 1981, 347.
[45] So OLG Hamm FamRZ 1981, 487.
[46] OLG Hamm NJW-RR 2003, 1161 = FamRZ 2003, 1964.
[47] So OLG Bamberg FamRZ 1995, 566; s auch Ziff 12.3 der Unterhaltsgrundsätze des OLG Frankfurt FamRZ 2006, 1329, 1332: etwa bei dreifach höherem verfügbaren Einkommen und guten Vermögensverhältnissen; s auch OLG Brandenburg NJW 2007, 85.
[48] OLG Karlsruhe FamRZ 1993, 1116.
[49] So *Born* NJW 2007, 1859, 1861.
[50] BGH FamRZ 2002, 742.
[51] BGH FamRZ 1998, 286.
[52] *Büttner* FamRZ 2001, 1068.
[53] OLG Koblenz FamRZ 2004, 1599; so auch *Büttner* FamRZ 2002, 743.

§ 1606

§ 1606 Abs 3 S 1 anteilig entspr ihren Einkommens- und Vermögensverhältnissen[54]. Dies gilt selbst dann, wenn ein Elternteil weiterhin nur die Betreuung des Kindes leistet oder leisten kann.

20 Aus der Gleichwertigkeit leitet sich ab, **Einkünfte des minderjährigen unverheirateten Kindes** beiden Elternteile zu gleichen Anteilen gut zu bringen[55].

V. Der familienrechtliche Ausgleichsanspruch

21 1. **Rechtsnatur.** Der familienrechtliche Ausgleichsanspruch ist ein **Ausgleichsanspruch eigener Art**. Er ist für Fälle anerkannt, in denen ein Elternteil allein für den Unterhalt eines gemeinsamen ehelichen Kindes aufgekommen ist, obwohl der andere dem Kind unterhaltspflichtig war. Der Anspruch beruht auf der Unterhaltspflicht beider Eltern gegenüber ihrem Kind und ergibt sich aus der Notwendigkeit, die Unterhaltslast im Verhältnis zwischen ihnen entspr ihrem Leistungsvermögen gerecht zu verteilen[56]. Der Ausgleichsanspruch kann bei einem minderjährigen und ebenfalls bei einem volljährigen Kind zum Tragen kommen[57]. Ansprüche aus Geschäftsführung ohne Auftrag und ungerechtfertigter Bereicherung scheiden daneben aus[58].

22 2. **Anspruchsvoraussetzungen.** Der Anspruch ist an die Voraussetzung geknüpft, dass der den Unterhalt leistende Elternteil mit seiner Leistung eine im Innenverhältnis der Eheleute zueinander dem anderen Elternteil obliegende Verpflichtung gegenüber dem Kind erfüllt haben muss. Der den Unterhalt an Stelle des anderen leistende Elternteil muss mit seiner Leistung eine Verbindlichkeit erfüllt haben, die sich im Verhältnis zu dem Kind als Verpflichtung des anderen Elternteils darstellt[59]. Es muss ferner feststehen, dass der den Ausgleich fordernde Elternteil zur Zeit der Leistung die Absicht hatte, einen solchen Ausgleich/Ersatz zu beanspruchen. Leistungen zu Gunsten der engeren Familie werden um der Ehe willen erbracht. Es widerspricht deshalb ihrer Natur, deswegen von dem anderen Ehegatten Ersatz zu verlangen[60]. Ob diese Erwägungen, die im geltenden Recht in § 1360b Ausdruck gefunden haben, auch für den Ausgleichsanspruch zwischen geschiedenen Ehegatten gelten, hat der BGH bislang offen gelassen[61]. Ein Elternteil kann danach Erstattung seiner Unterhaltsleistungen nicht verlangen, wenn er freiwillig oder kraft einer Freistellungsvereinbarung Zahlungen geleistet hat und wenn er mit ihnen eine Unterhaltsverpflichtung gegenüber einem ehelichen Kind erfüllt, die ihm zuvor durch rechtskräftige Entscheidung auferlegt wurde[62]. In einem solchen Fall kommt er seiner eigenen, rechtskräftig festgestellten Unterhaltspflicht nach und erfüllt nicht an Stelle des anderen Elternteils eine Verbindlichkeit, die jenem gegenüber dem Kind oblegen hätte. Der Ausgleichsanspruch ist nicht dazu bestimmt, gerichtlich festgesetzte Unterhaltsverpflichtungen, die auf einer Abwägung der Leistungsfähigkeit beider Elternteile beruhen, durch Ausgleich von Unterhaltsanteilen im Verhältnis der Eltern zueinander abzuändern. Eine derartige Änderung ist dem Verfahren nach § 323 ZPO vorzubehalten[63]. In Fällen titulierter Unterhaltsansprüche ist daher auf der Grundlage der Rspr des BGH umgehend Abänderungsklage zu erheben, etwa nach Überwechseln des Kindes vom sorgeberechtigten zum barunterhaltspflichtigen Elternteil[64]. Der Ausgleichsanspruch kommt hingegen in Betracht, wenn der vormals sorgeberechtigte Elternteil Erstattung der Aufwendungen begehrt, die er anstelle des barunterhaltspflichtigen Elternteils für einen Zeitraum und in einer Höhe erbracht hat, die der seinerzeit barunterhaltspflichtige Elternteil kraft rechtskräftiger Verurteilung zu leisten hatte, tatsächlich jedoch nicht geleistet hat[65].

23 Ein Elternteil, der einem gemeinsamen Kind Betreuungs- und Barleistungen erbracht hat, kann vom anderen Elternteil im Wege des familienrechtlichen Ausgleichsanspruchs grds **nur Erstattung geleisteten Barunterhalts,** nicht dagegen Ersatz für geleistete Betreuung verlangen[66]. Der Berechnung des Ausgleichsanspruchs können pauschalierend die Tabellenbeträge der Düsseldorfer Tabelle zugrunde gelegt werden, obschon es sich nicht um einen Unterhaltsanspruch handelt. Dieses Vorgehen entbindet den ausgleichsberechtigten Elternteil von der oft schwierigen Berechnung der für das Kind aufgewendeten Beträge. Der maßgebliche Tabellenbetrag bemisst sich nach dem Alter des Kindes und den Einkommensverhältnissen des anspruchsberechtigten Elternteils. Es kann nämlich davon ausgegangen

---

[54] BGH NJW 2008, 227; NJW 2006, 57 = FamRZ 2006, 99; FamRZ 2002, 815 = NJW 2002, 2026; BT-Drucks 13/7388 S 22; BT-Drucks 13/7338 S 22; OLG Hamm FamRZ 1999, 1018; NJW-RR 2000, 217; OLG Bremen FamRZ 1999, 879 und 1529.
[55] BGH NJW 1981, 2462 = FamRZ 1981, 541.
[56] BGHZ 31, 329 = NJW 1960, 957 = FamRZ 1960, 194, 195; BGHZ 50, 266 = NJW 1968, 1780 = FamRZ 1968, 450; NJW 1984, 2158 = FamRZ 1984, 775; NJW 1988, 1720 = FamRZ 1988, 607; NJW 1988, 2375 = FamRZ 1988, 834; NJW 1989, 2816 = FamRZ 1989, 850; NJW 1994, 2234 = FamRZ 1994, 1102; OLG Köln NJWE-FER 1999, 176.
[57] OLG Köln NJW-FER 1999, 176.
[58] BGH NJW 1994, 2234 = FamRZ 1994, 1102.
[59] BGH NJW 1981, 2348 = FamRZ 1981, 761, 762.
[60] BGHZ 50, 266, 270 = NJW 1968, 1780 = FamRZ 1968, 450.
[61] BGH NJW 1989, 2816 = FamRZ 1989, 850, 852.
[62] BGH NJW 1981, 2461 = FamRZ 1981, 541.
[63] BGH NJW 1981, 2461; NJW 1988, 2375 = FamRZ 1988, 834, 835; NJW 1994, 2234 = 1994, 1102.
[64] AA *Scholz* FamRZ 1994, 1314, 1316, der in diesen Fällen zur Vermeidung der Sperre des § 323 Abs 3 ZPO nach § 767 ZPO verfahren will, da der nunmehr betreuende Elternteil durch Naturalunterhalt den Unterhaltsanspruch des Kindes erfüllt habe.
[65] BGH NJW 1981, 2348 = FamRZ 1981, 761.
[66] BGH NJW 1994, 2234 = FamRZ 1994, 1102.

werden, dass der ausgleichsberechtigte Elternteil den finanziellen Aufwand für das zu ihm übergewechselte Kind an seinen Einkommensverhältnissen ausgerichtet hat. In jedem Fall kann auf den Regelbetrag/Mindestunterhalt abgestellt werden[67]. Sind indes die Einkommensverhältnisse des Ausgleichspflichtigen geringer, sind dessen Einkommensverhältnisse heranzuziehen, denn diese würden die Höhe seiner Unterhaltsverpflichtung bestimmen und begrenzen.

3. Ausgleich für die Vergangenheit. Aus Gründen des **Schuldnerschutzes** ist die Geltendmachung des familienrechtlichen Ausgleichsanspruchs in entsprechender Anwendung des § 1613 Abs 1 den in dieser Bestimmung aufgerichteten Schranken unterworfen. Ausgleich kann nur von der Zeit an gefordert werden, zu welcher der Verpflichtete mit der Erfüllung des Ausgleichsanspruchs in Verzug gekommen oder dieser Anspruch selbst rechtshängig geworden ist[68]. Darüber hinaus kann Ausgleich auch von dem Zeitpunkt verlangt werden, zu dem der Ausgleichsberechtigte als gesetzlicher Vertreter des Kindes gegen den anderen Elternteil Klage auf Kindesunterhalt erhoben hat. Das berechtigte Interesse des ausgleichspflichtigen Elternteils, sich nicht unverhofft hohen fälligen Verbindlichkeiten gegenüberzusehen, wird auch in einer solchen Fallkonstellation nicht beeinträchtigt[69]. Eine **Verzinsung des Ausgleichsanspruchs** kommt erst ab Verzugseintritt oder Rechtshängigkeit in Betracht. 24

4. Verjährung des Anspruchs. Der familienrechtliche Ausgleichsanspruch richtet sich auf eine von Monat zu Monat zu bewirkende Geldleistung. Seit dem 1. 1. 2002, dem Zeitpunkt des Inkrafttretens des SMG, richtet sich die Verjährung nach § 197, dessen Abs 2 auf die regelmäßige Verjährungsfrist nach § 195 von drei Jahren verweist[70]. Solange die Ehe besteht, ist die Verjährung nach § 207 gehemmt. 25

5. Verhältnis zum Unterhaltsanspruch des Kindes. Das von einem Elternteil voll versorgte Kind behält seinen Unterhaltsanspruch gegen den anderen Elternteil. Zugleich kann der familienrechtliche Ausgleichsanspruch gegen den anderen Elternteil bestehen. Der andere Elternteil muss aber nur einmal leisten. Dieses Ergebnis kann folgendermaßen erreicht werden[71]: 26

Nach §§ 242, 1618a kann das Kind, etwa im Fall des Volljährigkeitseintritts, verpflichtet werden, den Unterhaltsanspruch für die Zeit, in der es von einem Elternteil mit Barmitteln voll versorgt wurde, an diesen Elternteil abzutreten, so dass sich der Unterhaltsanspruch und der Ausgleichsanspruch in einer Hand vereinigen. Beide Ansprüche erlöschen durch Leistung des barunterhaltspflichtigen Elternteils an den ausgleichsberechtigten Elternteil. Der ausgleichsberechtigte Elternteil kann zudem durch einseitige Erklärung gegenüber dem Kind bestimmen, dass durch die von ihm erbrachten Barleistungen die Barunterhaltsverpflichtung des anderen Elternteils getilgt werden sollte. Der kongruente Unterhaltsanspruch des Kindes erlischt. Es bleibt allein der Ausgleichsanspruch in der Hand des ausgleichsberechtigten Elternteils. 27

6. Prozessuales. Die Entscheidung über den Ausgleichsanspruch ist dem Familiengericht vorbehalten. Erfährt die elterliche Sorge in einem laufenden Unterhaltsverfahren des Kindes vertreten durch den Sorgerechtsinhaber eine Änderung – der bislang barunterhaltspflichtige Elternteil wird alleiniger Inhaber der elterlichen Sorge – wird die Klage unzulässig auch hinsichtlich der bis zu diesem Zeitpunkt aufgelaufenen Unterhaltsrückstände. Möglich ist ein Parteiwechsel dahingehend, dass nunmehr der bislang betreuende Elternteil gegen den bisherigen Beklagten und jetzigen Sorgerechtsinhaber den Ausgleichsanspruch geltend macht. Der Parteiwechsel ist jedoch von der Einwilligung des Prozessgegners abhängig, kann aber nach Lage des Falles auch als sachdienlich zugelassen werden. Nicht sachdienlich ist es, wenn völlig neuer Tatsachenstoff eingeführt werden müsste[72]. In der Prozessstandschaft nach § 1629 Abs 3 klagende Elternteil kann im Wege der Klageänderung den Ausgleichsanspruch einfordern, wenn das im Verlauf des Unterhaltsverfahrens volljährig gewordene Kind nicht in den Rechtsstreit eintritt. Die Fortführung des Rechtsstreits im Wege der Prozessstandschaft ist ihm nach Eintritt der Volljährigkeit des Kindes nicht mehr möglich; die Klage ist unzulässig, auch in diesem Fall hinsichtlich der Unterhaltsrückstände[73]. 27 a

VI. Beweislast

Das volljährige Kind trifft die Darlegungs- und Beweislast für die Höhe des Einkommens des nicht am Prozess beteiligten Elternteils, um die Haftungsanteile zu bestimmen[74]. Fehlt es daran, ist die Klage unschlüssig. Nichts anderes gilt, soweit etwa das Land als Träger der Ausbildungsförderung aus übergegangenem Recht klagt[75]. Das Kind genügt seiner Darlegungslast zur Berechnung des auf den beklagten Elternteil entfallenden Anteils an der Barunterhaltslast, wenn es dartut, dass es das, was ihm nach der 28

---

[67] OLG Rostock FamRZ 2003, 933; OLG Frankfurt FamRZ 1999, 1150; aA OLG Koblenz FamRZ 1997, 368: Einkommensverhältnisse des Ausgleichspflichtigen.
[68] BGH NJW 1984, 2158 = FamRZ 1984, 775; OLG Köln NJWE-FER 1999, 176.
[69] BGH NJW 1981, 2348 = FamRZ 1981, 761.
[70] Zur Verjährung nach altem Recht vgl BGHZ 31, 329 = NJW 1960, 957 = FamRZ 1960, 194; NJW 1989, 2816 = FamRZ 1989, 850, 853.
[71] So Gießler FamRZ 1994, 793, 805, 806 mwN.
[72] OLG Rostock FamRZ 2003, 933; OLG Hamm FamRZ 1990, 890.
[73] OLG München FamRZ 1996, 422.
[74] OLG Zweibrücken FamRZ 2001, 249; OLG Frankfurt FamRZ 1987, 839, 840; OLG Hamburg FamRZ 1982, 627; FamRZ 1987, 627; OLG Hamm FamRZ 2003, 1025; FamRZ 1987, 744 und 755.
[75] OLG Celle FamRZ 1993, 1235, 1236.

§ 1607

Sachlage möglich und zumutbar war, getan hat, um den Haftungsanteil des anderen Ehegatten zu ermitteln[76]. Das Kind kann nicht darauf verwiesen werden, seinerseits Auskunftsklage nach § 1605 gegen den nicht verklagten Elternteil zu erheben. Das volljährige Kind, das die Höhe der Einkünfte beider Eltern darzulegen hat, kann – auch ohne im Wege der Stufenklage vorzugehen – das Einkommen des in Anspruch genommenen Elternteils schätzen und dessen Höhe mit Nichtwissen behaupten. Dem in Anspruch genommenen Elternteil ist dann die Möglichkeit verwehrt, diese Behauptung schlicht zu bestreiten; denn das klagende Kind kennt das Einkommen nicht, aber er kennt es, und nähere Angaben sind ihm zuzumuten[77]. Legt der auf Zahlung des vollen Bedarf allein verklagte Elternteil die Grenzen seiner Leistungsfähigkeit nicht dar, kann, auch wenn eine anteilige Haftung des anderen Elternteils in Betracht kommt, sein Haftungsanteil nicht bestimmt werden mit der Folge, dass er den vollen Unterhalt zu zahlen hat[78]. Erhebt der Vater nach Eintritt der Volljährigkeit des Kindes Abänderungsklage auf Herabsetzung des Unterhalts, so trifft die Darlegungs- und Beweislast für den Fortbestand des Unterhaltsanspruchs das volljährig gewordene Kind[79].

§ 1607 Ersatzhaftung und gesetzlicher Forderungsübergang

(1) Soweit ein Verwandter auf Grund des § 1603 nicht unterhaltspflichtig ist, hat der nach ihm haftende Verwandte den Unterhalt zu gewähren.

(2) [1]Das Gleiche gilt, wenn die Rechtsverfolgung gegen einen Verwandten im Inland ausgeschlossen oder erheblich erschwert ist. [2]Der Anspruch gegen einen solchen Verwandten geht, soweit ein anderer nach Absatz 1 verpflichteter Verwandter den Unterhalt gewährt, auf diesen über.

(3) [1]Der Unterhaltsanspruch eines Kindes gegen einen Elternteil geht, soweit unter den Voraussetzungen des Absatzes 2 Satz 1 anstelle des Elternteils ein anderer, nicht unterhaltspflichtiger Verwandter oder der Ehegatte des anderen Elternteils Unterhalt leistet, auf diesen über. [2]Satz 1 gilt entsprechend, wenn dem Kind ein Dritter als Vater Unterhalt gewährt.

(4) Der Übergang des Unterhaltsanspruchs kann nicht zum Nachteil des Unterhaltsberechtigten geltend gemacht werden.

Schrifttum: *Günther*, Die Inanspruchnahme von Großeltern auf Enkelunterhalt, FPR 2006, 347; *Huber*, Der Unterhaltsregress des Scheinvaters; FamRZ 2004, 145; *Löhnig*, Unterhaltsrückgriff beim Betreuungsunterhalt nach § 1570 BGB, FamRZ 2003, 1354; *Reinken*, Die Ersatzhaftung von Großeltern, ZFE 2006, 4.

Übersicht

	Rn		Rn
I. Bedeutung der Norm	1	IV. Gesetzlicher Forderungsübergang auf nicht unterhaltspflichtige Verwandte, Stiefelternteile und Scheinvater (Abs 3)	17
II. Unterhaltspflicht des nachrangig haftenden Verwandten (Abs 1)	3	1. Übergang auf Verwandte und Stiefelternteile.	18
III. Unterhaltspflicht bei Erschwerung oder Unmöglichkeit der Rechtsverfolgung	12	2. Übergang auf den Scheinvater	19
1. Voraussetzung der Einstandspflicht (Abs 2 S 1)	12	V. Schutz des Unterhaltsberechtigten (Abs 4)	23
2. Folgen der Unterhaltsleistung (Abs 2 S 2)	16	VI. Beweislast	24

I. Bedeutung der Norm

1   Die Vorschrift regelt die **Ersatzhaftung** in Fällen der Leistungsunfähigkeit eines vorrangig haftenden Verwandten oder der Erschwerung/Unmöglichkeit der gegen ihn gerichteten Rechtsverfolgung im Inland. Der Unterhalt soll bei Ausfall eines nahen Verwandten durch den nachrangig haftenden sichergestellt, die Bereitschaft eines Dritten, den Unterhalt vorzuleisten, soll gefördert werden[1]. Die cessio legis verschafft dem nachrangig haftenden Verwandten die Möglichkeit des Ausgleichs.

2   Die Vorschrift gilt mit ihren Abs 1, 2 und 4 für alle unter Verwandten bestehenden Unterhaltsansprüche. Abs 3 hat Geltung nur für Unterhaltsansprüche Kindern gegenüber. Nach § 1584 S 3 sind die Abs 2 und 4 auf den nachehelichen Unterhalt anwendbar. Ferner greift die Vorschrift im Rahmen der Ansprüche nach § 1615 l ein[2].

---

[76] OLG Frankfurt FamRZ 1993, 231; FamRZ 1995, 244, 245.
[77] BGH NJW 1987, 1201 = FamRZ 1987, 259, 260; OLG Hamburg FamRZ 1991, 1092.
[78] OLG Hamburg FamRZ 1982, 627, 628.
[79] KG FamRZ 1989, 1206; FamRZ 1994, 765; aA OLG Hamburg FamRZ 1993, 1475, 1476: Darlegungslast des Abänderungsklägers.
[1] BGH FamRZ 2003, 444.
[2] OLG München FamRZ 1999, 1166 m Anm *Finger* 1298; OLG München FamRZ 2001, 1322: keine Haftung der Verwandten des Vaters, es haften allein die Verwandten der Mutter.

II. Unterhaltspflicht des nachrangig haftenden Verwandten (Abs 1)

Besteht die Unterhaltsverpflichtung des vorrangig haftenden Verwandten mangels Leistungsfähigkeit nach § 1603 nicht oder kann der vorrangig haftende Verwandte der Unterhaltspflicht infolge eingeschränkter Leistungsfähigkeit nur teilweise nachkommen, trifft den nachrangig haftenden Verwandten eine **eigene Unterhaltspflicht ohne Rückgriffsmöglichkeit** gegen den leistungsunfähigen/teilweise leistungsfähigen vorrangig haftenden Verwandten. Die Leistungsunfähigkeit eines von mehreren gleichrangig haftenden Verwandten führt zur anteiligen Haftung der anderen erstrangig haftenden Verwandten auf den vollen Unterhalt. Erst bei deren Leistungsunfähigkeit tritt die Haftung des nachrangigen Verwandten ein[3].

Der Unterhaltsanspruch richtet sich nach dem Unterhaltsrechtsverhältnis zu dem nachrangig haftenden Verwandten[4]. Dem zeitlichen Umfang nach haftet er nur für die Dauer der Leistungsunfähigkeit des vorrangig haftenden Verwandten. **Leistungsunfähigkeit der vorrangig haftenden Eltern** sollte erst angenommen werden, wenn ihnen nicht einmal der **notwendige Selbstbehalt** verbleibt. In § 1606 Abs 2 hat der Gesetzgeber den Vorrang der Haftung der näheren Verwandten vor den entfernteren angeordnet. Es entspricht dieser Wertentscheidung, die ersatzweise Haftung der Großeltern eng zu begrenzen und sie nicht bereits dann heranzuziehen, wenn der angemessene Selbstbehalt der Eltern nicht mehr gewahrt ist[5]. Beide Elternteile müssen leistungsunfähig sein. Der betreuende Elternteil kann sich nicht mit Hinweis auf den geleisteten Betreuungsunterhalt entlasten, der nach § 1606 Abs 3 S 2 idR dem Barunterhalt gleichwertig ist. Nach § 1606 Abs 2 haftet der betreuende Elternteil vorrangig vor den entfernteren Verwandten[6].

Die Höhe der Einstandspflicht des nachrangig Haftenden bestimmt sich nach dem Bedarf des Unterhaltsberechtigten. Der **Bedarf eines Kindes** orientiert sich an seiner Lebensstellung, die idR aus den Einkommens- und Vermögensverhältnissen des barunterhaltspflichtigen Elternteils abgeleitet wird (§ 1610 Abs 1). Nicht maßgebend sind deshalb diejenigen der ersatzweise haftenden Verwandten. Es findet keine Bedarfserhöhung statt, wenn deren Einkommens- und Vermögensverhältnisse weitaus besser als die des barunterhaltspflichtigen Elternteils sind[7]. Die Ersatzhaftung wird sich wegen der idR ungünstigen Einkommensverhältnisse der vorrangig haftenden Eltern auf die Zahlung des Regelbetrages beschränken[8]. **Mehrbedarf** kann indes hinzutreten[9]. Ersatzweise haftende **Großeltern** schulden dagegen den Enkeln keinen **Prozesskostenvorschuss**, da diese Verpflichtung eine besondere unterhaltsrechtliche Verantwortung dem Unterhaltsberechtigten voraussetzt[10], an der es hier im Verhältnis der Großeltern zu den Enkeln fehlt[11].

Sozialhilfeleistungen sind grds subsidiär und lassen die bürgerlich-rechtliche Unterhaltspflicht nicht entfallen[12]. Nur der gesetzliche Forderungsübergang wird nach § 94 Abs 1 S 3 HS 1 SGB XII ausgeschlossen. Deshalb kann das Kind den Unterhaltsanspruch trotz Sozialhilfebezuges gegen die Großeltern geltend machen. Die Großeltern können sich der Unterhaltspflicht gegenüber dem Enkelkind nicht dadurch entziehen, dass sie es auf den Bezug von Sozialhilfeleistungen verweisen. Dem Kind können einerseits nicht rückzahlbare Sozialhilfeleistungen und zugleich Unterhalt zufließen. Im Verhältnis von Großeltern zu ihren Enkelkindern sollten sich **in der Vergangenheit durch das Kind bezogene Sozialhilfeleistungen** in vollem Umfang bedarfsmindernd auswirken[13]. Jedenfalls sind bezogene Sozialhilfeleistungen im Rahmen von Treu und Glauben zu berücksichtigen[14]. **Für die Zukunft, ab Rechtshängigkeit der Unterhaltsklage,** kann der Unterhaltspflichtige die doppelte Befriedigung des Kindes durch Sozialhilfe und Unterhalt durch Zahlung verhindern (§ 94 Abs 1 S 2 SGB XII)[15].

Die **Leistungsfähigkeit der nachrangig haftenden Verwandten** ist – auch im Verhältnis zu minderjährigen und ihnen gleichgestellten volljährigen privilegierten Kindern – nicht dem Maßstab des § 1603 Abs 2 S 1 zu unterwerfen. So sind Großeltern nicht gesteigert unterhaltspflichtig. Im Fall ihrer Inanspruchnahme auf Unterhalt für ihre Enkel können ihnen zumindest die **höheren Selbstbehaltsbeträge** zugebilligt werden, die auch erwachsene Kinder gegenüber ihren unterhaltsbedürftigen Eltern verteidigen können[16]. Das gilt auch gegenüber **minderjährigen Enkeln.** Ob Großeltern das nach

---

[3] BGH NJW 1971, 2069.
[4] *Johannsen/Henrich/Graba* Rn 2.
[5] OLG Hamm FamRZ 2005, 57 mwN auf die andere Auffassung in der Literatur, die auf den angemessenen Selbstbehalt abstellen will, etwa *Wendl/Pauling* Unterhaltsrecht § 2 Rn 607 a.
[6] OLG Frankfurt FamRZ 2004, 1745, 1746.
[7] OLG Köln NJW-RR 2004, 869 = FamRZ 2005, 58, 59; OLG Karlsruhe FamRZ 2001, 782, 783; so auch die überwM in der Lit, vgl nur *Wendl/Pauling* Unterhaltsrecht, 6. Aufl, § 2 Rn 607 b.
[8] OLG Köln NJW-RR 2004, 869 = FamRZ 2005, 58, 59: für Haftung bis zur Höhe des Existenzminimums (135% des Regelbetrages).
[9] AG Wuppertal FamRZ 2004, 1746: Kosten des Besuchs einer Privatschule.
[10] BGH NJW 2005, 1722 = FamRZ 2005, 883; FamRZ 1984, 148.
[11] *Seidel* in: *Luthin*, HdB des Unterhaltsrechts, 10. Aufl 2004, Rn 5039; aA *Palandt/Diederichsen* § 1610 Rn 13; OLG Koblenz FamRZ 1997, 681.
[12] BGH FamRZ 1992, 41 = NJW 1992, 115.
[13] So *Palandt/Diederichsen* Vor § 1601 Rn 41; unentschieden gelassen von OLG Dresden FamRZ 2003, 1211.
[14] So *Scholz* FamRZ 2004, 751, 757; auch *Kalthoener/Büttner/Niepmann*, Die Rspr zur Höhe des Unterhalts, 9. Aufl, Rn 564 b.
[15] *Scholz* FamRZ 2004, 751, 757.
[16] BGH NJW-RR 2007, 433 = FamRZ 2007, 375 Revisionsentscheidung zu OLG Koblenz OLGR 2005, 22, 23; BGH FamRZ 2006, 1099; NJW 2006, 142 = FamRZ 2005, 26 – Revisionsentscheidung zu OLG Dresden FamRZ

§ 1607

8 Abzug des Selbstbehalts verbleibende bereinigte Einkommen wie beim Elternunterhalt grds nur zur Hälfte für den Unterhalt von Enkeln einzusetzen haben, hat der BGH nicht entschieden. Vertretbar erscheint jedoch, die Rspr zum Elternunterhalt heranzuziehen. Eine einheitliche Praxis besteht nicht[17].

8 Die Bemessung des anrechenbaren Einkommens der nachrangig haftenden Verwandten hat den allgemeinen unterhaltsrechtlichen Grundsätzen zu entsprechen. Indes gelten Besonderheiten. Bis zum Eintritt in das Renten/Pensionsalter wird den Großeltern in Entsprechung zum Elternunterhalt[18] eine **sekundäre Altersvorsorge** in Höhe von bis zu 5% des Bruttoeinkommens zuzubilligen sein. Bei der Inanspruchnahme auf Zahlung von Unterhalt für einen Enkel kann der **Wohnvorteil der Großeltern** unter Abzug von Darlehensraten mit ihrem Zins- und Tilgungsanteil bemessen werden, wenn und soweit sich die Verbindlichkeiten und die hieraus erwachsenen Annuitäten in einer zu den Einkünften angemessenen Höhe halten und sie zu einer Zeit begründet wurden, als mit einer Inanspruchnahme noch nicht gerechnet werden musste[19]. Ist der in Anspruch genommene Großelternteil verheiratet, ist das Maß des Unterhalts des mit ihm zusammenlebenden Ehegatten unter Heranziehung des § 1578 als Orientierungshilfe individuell nach den ehelichen Lebensverhältnissen und nicht sogleich mit einem Mindestbetrag anzusetzen[20]. Der Ehegatte ist –im Gegensatz zu der Fallgestaltung beim Elternunterhalt – dem mit ihm in gerader Linie verwandten Enkel entspr seiner Leistungsfähigkeit ebenfalls unterhaltspflichtig. Bei absehbarem Ausfall eines vorrangig Unterhaltspflichtigen muss der Ehegatte daher mit der Inanspruchnahme rechnen; sie prägt latent die ehelichen Lebensverhältnisse. Der Ehegatte kann deshalb in einem solchen Fall verlangen, dass auch für ihn der angemessene Eigenbedarf – unter Berücksichtigung der durch das Zusammenleben mit dem in Anspruch genommenen Großelternteil eintretenden Haushaltsersparnis – veranschlagt wird. Eigene Einkünfte sind hierauf anzurechnen[21]. Der Anspruch des Ehegatten auf Familienunterhalt geht dem Anspruch des Enkels vor. Vorrang vor den Enkeln haben auch der geschiedene Ehegatte, die nach § 1615l Unterhaltsberechtigten und die Kinder des in Anspruch genommenen Großelternteils (§ 1609 Nr 5).

9 Der Ersatzhaftung unterliegen die Großeltern mütterlicher- wie väterlicherseits. Sie sind nach § 1606 Abs 3 S 1 **Teilschuldner**[22]. Werden nur die Großeltern väterlicherseits in Anspruch genommen, ist zur Schlüssigkeit der Klage auch zu den Einkommensverhältnissen der Großeltern mütterlicherseits vorzutragen[23].

10 § 1607 Abs 2 S 1 findet **entsprechende Anwendung** auf gleichrangig haftende Unterhaltspflichtige[24]. Ist danach die Rechtsverfolgung gegen einen von mehreren gleichrangig Unterhaltspflichtigen – etwa gegen einen oder mehrere Großelternteile- ausgeschlossen oder erheblich erschwert, müssen die Verbleibenden ihre Haftungsanteile entspr erhöhen. Die **örtliche Zuständigkeit für eine Klage des Kindes gegen seine Großeltern** richtet sich nach §§ 12, 13 ZPO; die Zuständigkeitsbestimmung des § 642 Abs 1 ZPO gilt für den auf § 1607 Abs 1 gestützten Unterhaltsanspruch nicht[25].

11 Das Kind hat gegen ersatzweise haftende Verwandte einen **Auskunftsanspruch** nach § 1605. Er gewinnt insbes Bedeutung, um im Fall teilschuldnerischer Haftung die Haftungsanteile berechnen und schlüssig darlegen zu können.

III. Unterhaltspflicht bei Erschwerung oder Unmöglichkeit der Rechtsverfolgung

12 **1. Voraussetzung der Einstandspflicht (Abs 2 S 1).** Unter der Voraussetzung, dass die Rechtsverfolgung gegen einen Verwandten im Inland ausgeschlossen oder erheblich erschwert ist, geht der Unterhaltsanspruch gegen den vorrangig haftenden Verwandten auf den Verwandten über, der den Unterhalt geleistet hat. Im Gegensatz zu Abs 1 erfüllt der Leistende nicht eine eigene Unterhaltspflicht, denn der Unterhaltsanspruch des vorrangig haftenden Verwandten besteht, seine Durchsetzung ist indes gehindert. Ausgleich für das Eintreten ist hierauf der Forderungsübergang.

13 Die Rechtsverfolgung ist ausgeschlossen bei **Stillstand der Rechtspflege,** bei **Auslandswohnsitz** des Unterhaltspflichtigen und bei **unbekanntem Aufenthaltsort.**[26] Dies gilt auch, wenn und solange die Vaterschaft eines Kindes nicht anerkannt (§ 1594 Abs 1) oder gerichtlich festgestellt (§ 1600 d Abs 1) ist[27].

2003; OLG Schleswig FamRZ 2004, 1058, 1060 m Anm *Luthin*, und OLGR 2004, 429; OLG Hamm FamRZ 2005, 57, 58; *Lipp* NJW 2002, 2201, 2204 f; vgl auch *Luthin* FamRB 2005, 19, 21; für eine großzügige Bemessung des Selbstbehalts OLG Oldenburg NJW 2000, 2516 = FamRZ 2000, 688, LS.
[17] OLG Schleswig FamRZ 2004, 1058: 1150 Euro zuzüglich 700 Euro für den mit dem Inanspruchgenommenen zusammenlebenden Ehegatten; OLG Koblenz OLGR 2005, 22: Erhöhung wegen Wohnkosten von 1250 Euro auf 1460 Euro; für eine Erhöhung und nur hälftigem Einsatz des darüber liegenden Einkommens wie beim Elternunterhalt *Luthin* FamRB 2005, 19.
[18] BGH NJW 2006, 3344.
[19] BGH NJW 2006, 142 = FamRZ 2006, 26 unter Hinweis auf BGH FamRZ 2003, 1179, 1180 ff zum Elternunterhalt.
[20] BGH FamRZ 2003, 860, 865 zum Elternunterhalt.
[21] BGH FamRZ 2003, 860, 865.
[22] OLG Frankfurt FamRZ 2004, 1745; OLG Hamm Beschluss vom 28. 1. 2005, 11 WF 313/04, BeckRS 2005, 2444.
[23] OLG Frankfurt FamRZ 2004, 1745.
[24] BGH FamRZ 1971, 571.
[25] OLG Köln FamRZ 2005, 58; OLG Brandenburg FamRZ 2004, 560.
[26] BGH NJW 1989, 2816 = FamRZ 1989, 850.
[27] BGH NJW 1993, 1195 = FamRZ 1993, 696.

Ausgeschlossen oder zumindest erheblich erschwert ist die Rechtsverfolgung etwa, wenn 14 der Unterhaltsberechtigte mit einem – auf der Zurechnung fiktiven Einkommens beruhenden – Vollstreckungstitel keinen Unterhalt erlangen kann, weil der Unterhaltspflichtige kein vollstreckungsfähiges Vermögen besitzt oder von dem Berechtigten nicht erwartet werden kann, die Zwangsvollstreckung in auch ihm dienende Vermögenswerte (etwa ein von ihm mitbewohntes Haus) zu betreiben[28]. Eine erhebliche Erschwernis liegt auch vor bei häufigem Wohnsitzwechsel des Unterhaltspflichtigen[29], ebenso im Fall der Herbeiführung der Leistungsunfähigkeit durch Untersuchungshaft und Strafhaft[30].

Abs 2 S 1 findet **entsprechende Anwendung** auf gleichrangig haftende Unterhaltspflichtige[31]. 15

2. Folgen der Unterhaltsleistung (Abs 2 S 2). Die Unterhaltsleistung führt zum **Übergang des** 16 **Unterhaltsanspruchs,** jedoch nur auf solche Verwandte, die auf Grund einer nachrangigen Haftung zur Unterhaltsleistung verpflichtet sind[32]. Dies stellt Abs 2 S 2 durch den Verweis auf Abs 1 klar. Dem Anspruch gegenüber können analog § 404 alle im Zeitpunkt des Forderungsübergangs bestehenden Einwendungen geltend gemacht werden, etwa der Ablauf der dreijährigen Verjährungsfrist[33] oder das Vorliegen der Voraussetzungen des § 1611. Das Fehlen der Voraussetzungen des § 1613 kann der Unterhaltspflichtige grds ebenfalls einwenden[34]. Dies ist dem Unterhaltspflichtigen jedoch zu versagen, wenn er sich der Unterhaltspflicht absichtlich entzogen hat[35]. Der Anspruch kann abgetreten, verpfändet und ohne die Privilegien des § 850 d ZPO gepfändet werden. Gegen ihn ist die Aufrechnung zulässig (§ 394). Ansprüche aus GoA und Bereicherungsrecht sind im Umfang des gesetzlichen Forderungsübergangs ausgeschlossen.

IV. Gesetzlicher Forderungsübergang auf nicht unterhaltspflichtige Verwandte, Stiefelternteile und Scheinvater (Abs 3)

Durch Art 1 Nr 5 KindUG ist in Abs 3 die bisher nur für Kinder nicht miteinander verheirateter 17 Eltern geltende Regelung des § 1615 b Abs 1, Abs 2 aF auch für eheliche Kinder übernommen worden. Dies beruht auf dem Zweck des § 1615 b aF, die Bereitschaft anderer Verwandter zur **Sicherstellung des Kindesunterhalts** zu fördern. Diese Intention greift ebenso bei ehelichen Kindern. Die cessio legis verschafft dem nachrangig Haftenden die Möglichkeit des Ausgleichs.

1. Übergang auf Verwandte und Stiefelternteile. Abs 3 S 1 betrifft im Gegensatz zu Abs 2 den 18 Forderungsübergang bei **freiwilligen, nicht auf einer Rechtspflicht beruhenden Leistungen** von Verwandten und Stiefelternteilen. Der Forderungsübergang setzt voraus, dass die Rechtsverfolgung gegen den primär Unterhaltspflichtigen iS des Abs 2 S 1 ausgeschlossen oder erheblich erschwert ist[36]. Eine Unterscheidung zwischen minderjährigen und volljährigen Kindern ist nicht getroffen worden. In Erweiterung der bisherigen Regelung des § 1615 b aF erfasst Abs 3 nunmehr auch die Unterhaltsansprüche **gegenüber beiden Elternteilen**.

2. Übergang auf den Scheinvater. Der Unterhaltsanspruch geht auf einen Dritten über, der dem 19 Kind **als Vater** Unterhalt leistet (Abs 3 S 2). Dritter ist derjenige, der, ohne Vater zu sein, die Vaterschaft anerkannt oder als vermeintlicher Vater geleistet hat. Die Leistung muss darauf beruhen, dass die Rechtsverfolgung gegen den wirklichen Vater nach Abs 2 S 1 ausgeschlossen oder erheblich erschwert ist[37]. Dies ist gegenüber dem nichtehelichen Vater vor Anerkennung oder gerichtlicher Feststellung der Vaterschaft der Fall[38]. Regressansprüche kann der **Scheinvater** erst nach rechtskräftiger Feststellung der Vaterschaft des leiblichen Vaters gegen diesen geltend machen. Dies folgt aus §§ 1594 Abs 1, 1600 d Abs 4. Diese Beschränkung des Anspruchsrechts des Scheinvaters ist im Grundsatz nicht allein deshalb wegen Treuwidrigkeit ausgeschlossen, wenn die für das gerichtliche Vaterschaftsanerkennungsverfahren allein antragsberechtigten Personen, nämlich die Mutter des Kindes bzw das volljährige Kind sowie der biologische Vater, einen solchen Antrag auf Durchführung des gerichtlichen Verfahrens nicht stellen, obwohl allen Beteiligten klar ist, wer der wirkliche Vater des Kindes ist[39]. Der Scheinvater hat gegen das Kind, für das er Unterhalt gezahlt hat, einen **Auskunftsanspruch,** ob sein Vater die Vaterschaft anerkannt hat oder ob diese gerichtlich festgestellt und wer der Vater ist[40].

---

[28] BGH NJW 2006, 142 = FamRZ 2006, 26, Revisionsentscheidung zu OLG Dresden FamRZ 2003, 1211; OLG Hamm FamRZ 2005, 57; OLG Karlsruhe FamRZ 1991, 971, 973; OLG Koblenz FamRZ 1989, 307; *Palandt/Diederichsen* Rn 11.
[29] AG Alsfeld DAVorm 1974, 519.
[30] AG Bad Homburg FamRZ 1999, 1450.
[31] BGH FamRZ 1971, 571.
[32] BT-Drucks 13/7338 S 21.
[33] BGH FamRZ 1960, 194.
[34] BGH FamRZ 1984, 775.
[35] *Palandt/Diederichsen* § 1613 Rn 24.
[36] BT-Drucks 13/7338 S 21.
[37] BT-Drucks 13/7338 S 21; *Knittel* DAVorm 1998, 178, 188.
[38] BGH NJW 1993, 1195 = FamRZ 1993, 696.
[39] OLG Hamm vom 14. 2. 2007, 11 UF 210/05, BeckRS 2007, 9430; FamRZ 2005, 475; OLG Celle FamRZ 2007, 673, nicht rechtskräftig, Revision zu XII ZR 144/06; NJW-RR 2000, 451; OLG Düsseldorf FamRZ 2000, 1032; LG Halle FamRZ 1999, 1295: zur ausnahmsweisen Überwindung der Rechtsausübungssperre und zur Zulässigkeit der Inzidentfeststellung im Regressprozess; OLG Köln NJW-RR 1999, 1673: zu möglichen Schadensersatzansprüchen gegen die Mutter des Kindes nach § 826.
[40] OLG Köln FamRZ 2002, 1214.

§ 1608

20   Die Erstattung erstreckt sich auf die **Unterhaltsleistungen,** die der Scheinvater ab der Geburt des Kindes bis zur Einstellung der Zahlungen erbracht hat, jedoch nur in Höhe des Unterhaltsanspruchs des Kindes gegen den wirklichen Vater. Naturalleistungen sind in einen Geldanspruch umzurechnen[41]. Zu erstatten sind auch die verauslagten **Kosten einer Säuglingsausstattung**[42] sowie diejenigen für den von dem vermeintlichen Vater geführten **Ehelichkeitsanfechtungsprozess**[43]. Zuständig ist die allgemeine Prozessabteilung, eine Familiensache ist nicht gegeben[44].

21   Der übergegangene Unterhaltsanspruch kann gepfändet, verpfändet und, auch wieder an das Kind, abgetreten werden[45].

22   Die Verjährung bestimmt sich nach § 197, dessen Abs 2 auf die regelmäßige Verjährungsfrist nach § 195 von drei Jahren verweist. Nach der subjektiven Anknüpfung der gesetzlichen Neuregelung beginnt die Verjährung aber erst, nachdem der Gläubiger von den den Anspruch begründenden Umständen und der Person des Schuldners Kenntnis erlangt hat oder ohne grobe Fahrlässigkeit erlangt haben müsste.

V. Schutz des Unterhaltsberechtigten (Abs 4)

23   Der Übergang des Unterhaltsanspruchs kann **nicht zum Nachteil des Unterhaltsberechtigten** geltend gemacht werden. Die Unterhaltsansprüche des Unterhaltsberechtigten für die Zukunft sollen durch die Durchsetzung der übergegangenen Ansprüche nicht beeinträchtigt werden. Der Unterhaltspflichtige kann deshalb nicht verlangen, dass Zahlungen auf die übergegangenen Ansprüche bei der Ermittlung des für den Anspruch des Kindes maßgeblichen Einkommens berücksichtigt werden[46]. Ein Interessenausgleich kann durch § 1613 Abs 3 S 2 (Stundung und Erlass) herbeigeführt werden. Tritt im Regressverfahren deutlich zu Tage, dass der Unterhaltspflichtige die laufenden Unterhaltsansprüche des Kindes nicht erfüllen kann, können die übergegangenen Unterhaltsansprüche gleichwohl tituliert werden. Jedoch ist dem Schutz des unterhaltsberechtigten Kindes Rechnung zu tragen. Das Vollstreckungsorgan muss von der bevorrechtigten Unterhaltsforderung des Kindes in Kenntnis gesetzt werden. In dem Urteil, am besten im Tenor, ist zu vermerken, dass es nur vollstreckt werden darf, wenn und soweit das unterhaltsberechtigte Kind bei der Durchsetzung seiner Unterhaltsforderung nicht benachteiligt wird[47].

VI. Beweislast

24   Der Unterhaltsberechtigte hat die Beweislast für die fehlende Leistungsfähigkeit des vorrangig haftenden Unterhaltspflichtigen, wenn er einen nachrangig Unterhaltspflichtigen in Anspruch nehmen will[48]. Dies gilt auch für den Vortrag, die Rechtsverfolgung gegen den Unterhaltspflichtigen sei im Inland ausgeschlossen oder erheblich erschwert. Ausreichend ist der Vortrag, der durch den Nachweis erfolgloser Vollstreckungsversuche unterlegt werden sollte, dass der Titel gegen den vorrangig Haftenden nicht durchgesetzt werden kann[49]. Werden nur die Großeltern väterlicherseits in Anspruch genommen, ist zur Schlüssigkeit der Klage auch zu den Einkommensverhältnissen der Großeltern mütterlicherseits vorzutragen[50]. Der in Anspruch genommene Verwandte trägt die Beweislast für seine Einwendung, trotz der nach Abs 2 S 1 bestehenden Hindernisse erhalte der Unterhaltsberechtigte von dem vorrangig Haftenden Leistungen oder könne solche erhalten[51]. Wer aus übergegangenem Recht vorgeht, hat den Umfang der erbrachten Unterhaltsleistungen darzulegen und zu beweisen. Im Blick auf § 1360 b ist für den Rückgriff gegen den anderen Ehegatten wegen über das gebotene Maß geleisteten Unterhalts der Beweis zu führen, dass der Ehegatte schon bei der Leistung die Absicht hatte, Ersatz zu verlangen, diese Absicht dem anderen Ehegatten bekannt oder den Umständen nach erkennbar war[52].

§ 1608 Haftung des Ehegatten oder Lebenspartners

(1) ¹**Der Ehegatte des Bedürftigen haftet vor dessen Verwandten.** ²**Soweit jedoch der Ehegatte bei Berücksichtigung seiner sonstigen Verpflichtungen außerstande ist, ohne Gefährdung seines angemessenen Unterhalts den Unterhalt zu gewähren, haften die Verwandten**

---

[41] AG Köln FamRZ 1991, 1035.
[42] LG Heilbronn FamRZ 1990, 556.
[43] LG Lüneburg FamRZ 1991, 1095; LG Düsseldorf FamRZ 1993, 997.
[44] OLG Jena FamRZ 2003, 1125: Erstattung der für den Vaterschaftsanfechtungsprozess aufgewandten Kosten; *Wendl/Thalmann* Unterhaltsrecht § 8 Rn 4; *Musielak/Wittscher* § 23 a GVG Rn 3; aA OLG Brandenburg NJOZ 2007, 5616 mwN; OLG Koblenz FamRZ 1999, 658.
[45] BGH NJW 1982, 515, 516.
[46] *Palandt/Diederichsen* Rn 19.
[47] BGH NJW 2006, 3561 = FamRZ 2006, 1664 m Anm *Schürmann*; aA KG FamRZ 2000, 441; OLG Koblenz FamRZ 1977, 68: dieser Umstand muss bereits im Erkenntnisverfahren berücksichtigt und die Regressklage als zur Zeit unbegründet abgewiesen werden.
[48] BGH NJW 1981, 923 = FamRZ 1981, 347.
[49] OLG Koblenz OLGR 2005, 22.
[50] OLG Frankfurt FamRZ 2004, 1745.
[51] *Baumgärtel/Laumen/Pruskowski* Rn 3.
[52] *Baumgärtel/Laumen/Pruskowski* Rn 4.

vor dem Ehegatten. ³§ 1607 Abs. 2 und 4 gilt entsprechend. ⁴Der Lebenspartner des Bedürftigen haftet in gleicher Weise wie ein Ehegatte.

(2) (weggefallen)

Schrifttum: *Büttner,* Unterhaltsrecht der eingetragenen Lebenspartnerschaft, FamRZ 2001, 1105; *Schwab,* Eingetragene Lebenspartnerschaft – Ein Überblick, FamRZ 2001, 386.

I. Bedeutung der Norm

Die Vorschrift betrifft die **Rangordnung der Unterhaltspflichtigen** bei Verwandtschaft, bestehender Ehe und eingetragener Lebenspartnerschaft. § 1584 enthält die Regelung für das Zusammentreffen von Verwandten und geschiedenem Ehegatten. 1

II. Reihenfolge der Unterhaltspflichtigen

1. Vorrang der Ehegattenhaftung (S 1). Der Ehegatte des Unterhaltsberechtigten haftet für den Unterhalt nach §§ 1360, 1361 (Familien- und Trennungsunterhalt) grds vor dessen Verwandten. Die Unterhaltsverpflichtung bezieht auch die Kosten einer nach §§ 1361, 1575 geschuldeten Ausbildung mit ein[1]. Die Unterhaltspflicht der Eltern wird durch die Heirat abgelöst[2]. Die Heirat führt indes nicht sogleich zum Wegfall einer titulierten Unterhaltspflicht. Der durch die Heirat eingetretene Nachrang des bisher Unterhaltspflichtigen ist durch Abänderungsklage geltend zu machen[3]. Die Rangfolge für den Nachscheidungsunterhalt regelt § 1584 S 1. 2

2. Vorrangige Haftung der Verwandten im Fall der Leistungsunfähigkeit des Ehegatten (S 2). Die vorrangige Haftung der Verwandten setzt ein, wenn der Ehegatte bei Berücksichtigung seiner sonstigen Verpflichtungen außerstande ist, ohne Gefährdung seines angemessenen Unterhalts den nach §§ 1360, 1361 geschuldeten Unterhalt zu gewähren (S 2). Der eigene angemessene Unterhalt des unterhaltspflichtigen Ehegatten ist der eheangemessene Unterhalt nach § 1578 Abs 1 S 1[4]. Die vorrangige Haftung des Ehegatten bleibt so weit bestehen, wie er leistungsfähig ist. Im Übrigen tritt bei teilweiser Leistungsfähigkeit des Ehegatten die vorrangige Haftung der Verwandten ein. Die Leistungsfähigkeit des Ehegatten ist nach den für § 1603 geltenden Maßstäben zu beurteilen[5]. Eine Beschränkung der Haftung der Verwandten kann durch die unterschiedliche Bemessung des Unterhalts eintreten. Der geschuldete Ehegattenunterhalt wird von den ehelichen Lebensverhältnissen geprägt. Die Höhe des Verwandtenunterhalts folgt den Grundsätzen des § 1610. Anspruch besteht danach nur auf den angemessenen Unterhalt, der vielfach geringer ist als der nach § 1578 geschuldete. Die nachrangigen Verwandten haften nur bis zur Höhe des angemessenen Unterhalts nach § 1610[6]. Billigkeitsunterhalt nach § 1581 S 1 schuldet der Ehegatte nur nachrangig, wenn auch die Verwandten des unterhaltsberechtigten Ehegatten leistungsunfähig sind. 3

Innerhalb der Verwandten haften nach § 1606 Abs 1, 2 die Abkömmlinge vor den Verwandten der aufsteigenden Linie und dabei die jeweils näheren vor den entfernteren. Ein **Ersatzanspruch** steht den wegen Leistungsunfähigkeit des Ehegatten haftenden Verwandten nicht zu. Der in Anspruch genommene unterhaltspflichtige Verwandte erfüllt eine **eigene Unterhaltspflicht**[7]. 4

Eine Beschränkung oder den Wegfall der Unterhaltsverpflichtung nach § 1611 Abs 1 kann der Unterhaltsberechtigte nicht durch die Inanspruchnahme anderer Unterhaltspflichtiger ausgleichen, § 1611 Abs 3[8]. 5

3. Vorrangige Haftung der Verwandten im Fall des § 1607 Abs 2 S 2. Wenn die Rechtsverfolgung gegen den Ehegatten im Inland ausgeschlossen oder erheblich erschwert ist, haften die Verwandten gleichfalls vorrangig (S 3 iVm § 1607 Abs 2 S 1). Doch tritt nach § 1607 Abs 2 S 2 ein gesetzlicher Forderungsübergang ein. 6

4. Haftung des Lebenspartners des Bedürftigen. Mit Wirkung zum 1. 8. 2001 ist durch das Gesetz zur Beendigung der Diskriminierung gleichgeschlechtlicher Gemeinschaften: Lebenspartnerschaften vom 16. 2. 2001 (BGBl I S 266) – LPartG – S 4 eingefügt worden. Danach haftet der eingetragene Lebenspartner des Bedürftigen in gleicher Weise wie ein Ehegatte, grds also im Rang vor den Verwandten des bedürftigen Partners[9]. Die Verwandten haften jedoch vor dem eingetragenen Lebenspartner, soweit er leistungsunfähig ist. 7

---

[1] BGH NJW 1985, 803 = FamRZ 1985, 353; OLG Stuttgart FamRZ 1983, 1030; zur Unterhaltspflicht der Eltern gegenüber ihren volljährigen in der Ausbildung befindlichen Kindern OLG Hamburg FamRZ 1989, 95.
[2] BGH NJW 1985, 803 = FamRZ 1985, 353; MünchKommBGB/*Luthin* Rn 3; zur vorrangigen Haftung der Eltern für die Ausbildung der verheirateten Tochter vgl OLG Hamburg FamRZ 1989, 95.
[3] OLG Koblenz NJW-RR 2007, 439: dort auch zum Fortbestand eines zurzeit der Minderjährigkeit geschaffenen Unterhaltstitels nach Eintritt in die Volljährigkeit.
[4] BGHZ 109, 72 = NJW 1990, 1172 = FamRZ 1990, 260.
[5] BGHZ 41, 104, 113 = NJW 1964, 1129.
[6] MünchKommBGB/*Luthin* Rn 6.
[7] MünchKommBGB/*Luthin* Rn 11; *Schwab/Borth* IV Rn 1186.
[8] Zur Frage der entspr Anwendung des § 1611 Abs 3 bei Anwendung des § 1579 vgl *Schwab/Borth* IV Rn 1184.
[9] Bericht des Rechtsausschusses, BT-Drucks 14/4550 S 19.

III. Beweislast

8   Fehlende Leistungsfähigkeit des Ehegatten wie die eines gleichrangig haftenden Verwandten hat der Anspruchsteller zu beweisen, der einen Verwandten auf vollen Unterhalt in Anspruch nimmt[10]. Der unterhaltspflichtige Ehegatte hat darzulegen und zu beweisen, dass und in welchem Umfang er ohne Gefährdung seines eigenen angemessenen Unterhaltsbedarfs nicht leistungsfähig ist, wenn er die vorrangige Haftung von Verwandten einwendet.

§ 1609 Rangfolge mehrerer Unterhaltsberechtigter

Sind mehrere Unterhaltsberechtigte vorhanden und ist der Unterhaltspflichtige außerstande, allen Unterhalt zu gewähren, gilt folgende Rangfolge:
1. minderjährige unverheiratete Kinder und Kinder im Sinne des § 1603 Abs. 2 Satz 2,
2. Elternteile, die wegen der Betreuung eines Kindes unterhaltsberechtigt sind oder im Fall einer Scheidung wären, sowie Ehegatten und geschiedene Ehegatten bei einer Ehe von langer Dauer; bei der Feststellung einer Ehe von langer Dauer sind auch Nachteile im Sinne des § 1578 b Abs. 1 Satz 2 und 3 zu berücksichtigen,
3. Ehegatten und geschiedene Ehegatten, die nicht unter Nummer 2 fallen,
4. Kinder, die nicht unter Nummer 1 fallen,
5. Enkelkinder und weitere Abkömmlinge,
6. Eltern,
7. weitere Verwandte der aufsteigenden Linie; unter ihnen gehen die Näheren den Entfernteren vor.

Schrifttum: Zum alten Recht: *Büttner*, Unterhalt und Zwangsvollstreckung, FamRZ 1994, 1433; *ders*, Zur Mangelverteilung im Unterhaltsrecht, NJW 1987, 1855; *Fröschle*, Zur Unterhaltsberechnung in Mangelfällen, FamRZ 1999, 1241; *Graba*, Anmerkung zu BGH FamRZ 1992, 539, Berechnung der Unterhaltsansprüche minderjähriger unverheirateter Kinder, mit denen der Unterhaltsanspruch eines geschiedenen Ehegatten zusammentrifft, im Mangelfall, FamRZ 1992, 541; *Oelkers/Kraeft*, Der Mangelfall im Spiegel der Leitlinien der Oberlandesgerichte – eine kritische Bestandsaufnahme, FamRZ 1999, 1476; *Schumacher*, Familienlastenausgleich und Mangelfälle nach dem Kindesunterhaltsgesetz, FamRZ 1999, 699; *Strauß*, Probleme des Kindesunterhaltsgesetzes in der gerichtlichen Praxis, FamRZ 1998, 993.

Zum neuen Recht: *Borth*, Der Gesetzesentwurf der Bundesregierung zur Reform des Unterhaltsrechts, FamRZ 2006, 813; *Hohloch*, Der unterhaltsrechtliche Rang minderjähriger und ihnen gleichstehender Kinder, FPR 2005, 486; *Schwab*, Zur Reform des Unterhaltsrechts, FamRZ 2005, 1417; *Willutzki*, Die neue Rangfolge im Unterhaltsrecht, FPR 2005, 505.

Übersicht

	Rn		Rn
I. Bedeutung der Norm	1	1. Problemlage	13
II. Bedeutung und Auswirkungen der Rangordnung	2	2. Rangstufen	14
III. Mangelfall und Mangelfallberechnung	7	3. Exkurs: Rang des partnerschaftlichen Unterhaltsanspruchs	33
IV. Rangordnung der Unterhaltsberechtigten	13	V. Beweislast	34

I. Bedeutung der Norm

1   § 1609 enthält in einer **zentralen Grundnorm** eine Neuregelung der Rangfolge mehrerer Unterhaltsberechtigter. Das bisherige Rangfolgensystem ist aufgelöst worden. Die Vorschrift ersetzt das Zusammenspiel von § 1609, § 1582, § 1615 l Abs 3 und § 16 Abs 2 LPartG. § 1582 regelt den Rang des geschiedenen Ehegatten bei mehreren Unterhaltsberechtigten nunmehr dahin, dass sich sein Rang nach § 1609 richtet. § 1615 l Abs 3 S 3 aF ist aufgehoben worden. Insoweit gilt nach Abs 3 S 1 ebenfalls § 1609. In §§ 12 S 2, 16 Abs 1 S 2 LPartG ist auf § 1609 verwiesen. Bedeutung hat § 1609 auch für die **Zwangsvollstreckung** im Rahmen der Anwendung des § 850 d ZPO. Die Reihenfolge der Berechtigten entspricht der Reihenfolge des § 1609.

II. Bedeutung und Auswirkungen der Rangordnung

2   Die Rangordnung der Unterhaltsberechtigten gewinnt nur Bedeutung, wenn und soweit die Leistungsfähigkeit des Unterhaltspflichtigen nicht ausreicht, um den **angemessenen Bedarf aller Unterhaltsberechtigten** zu befriedigen. Dies kann der Unterhaltspflichtige gegenüber der Inanspruchnahme einwenden; entspr hat er Vortrag zum Umfang der Inanspruchnahme und seiner Leistungsfähigkeit zu halten und nach Lage des Falles Beweis zu führen. Die tatsächliche und noch mögliche Inanspruchnahme des Unterhaltspflichtigen durch die Unterhaltsberechtigten ist bedeutsam; allein das Vorhanden-

---

[10] OLG Frankfurt FamRZ 1984, 395; OLG Köln FamRZ 1990, 54; OLG Hamm FamRZ 1996, 116, 117.

sein von Unterhaltsberechtigten lässt die Leistungsfähigkeit demgegenüber unberührt. Die Unterhaltsansprüche sind von dem Zeitpunkt ihrer Geltendmachung (§§ 1613, 1585 b) oder Entstehung zu berücksichtigen. Die **materielle Rechtslage** ist entscheidend. Über die Unterhaltsansprüche der Unterhaltsberechtigten ist so zu befinden, wie es bei gleichzeitiger Entscheidung über alle Ansprüche zu geschehen hätte.

Selbst **titulierte Unterhaltsansprüche** nachrangiger Unterhaltsberechtigter können sich deshalb nicht zu Lasten vorrangiger Unterhaltsberechtigter auswirken[1]. Es kann nicht zu Lasten des vorrangig Unterhaltsberechtigten gehen, dass ein nachrangig Unterhaltsberechtigter früher einen Titel gegen den Unterhaltspflichtigen erwirkt hat. Der Unterhaltspflichtige ist zur Abhilfe auf die Abänderungsklage gegen den nachrangig Unterhaltsberechtigten zu verweisen. Die Sperre des § 323 Abs 3 ZPO kann allerdings dazu führen, dass der Unterhaltspflichtige mehr Unterhalt leistet als nach materiellem Recht geschuldet. Grds hindert jedoch der Vorrang eines Unterhaltsberechtigten die Berücksichtigung von Zahlungen an einen nachrangig Unterhaltsberechtigten bei der Bemessung der Leistungsfähigkeit des Unterhaltspflichtigen den Unterhaltsansprüchen des vorrangig Unterhaltsberechtigten gegenüber[2]. Die durch den Unterhaltspflichtigen geleisteten überschießenden Beträge können allenfalls entspr den Grundsätzen behandelt werden, die für die Berücksichtigung sonstiger Verbindlichkeiten eines Unterhaltspflichtigen gelten. Bedeutsam kann insoweit das Verhalten des Unterhaltspflichtigen im Vorprozess sein, ob er etwa die Höhe des nicht geschuldeten Unterhalts vermeiden konnte[3].

Die Rangordnung wirkt sich dahin aus, dass der nachrangig Unterhaltsberechtigte erst zum Zuge kommt, wenn der angemessene Unterhalt aller vorrangig Unterhaltsberechtigten voll befriedigt worden ist[4]. Innerhalb der jeweiligen Rangstufe genießen unterhaltsberechtigte Verwandte gleichen Rang. Der ausgefallene Unterhaltsberechtigte kann sich wegen seines Unterhaltsbedarfs an einen nachrangig Unterhaltspflichtigen wenden.

Die Rangordnung ist Ausdruck einer generellen Wertung der familienrechtlichen Beziehungen zu dem Unterhaltspflichtigen. Eine **vertragliche Änderung der Rangordnung** ist deshalb nur im Einverständnis aller Beteiligten zulässig, nicht zu Lasten eines nicht an der Vereinbarung Beteiligten und nicht zu Lasten des Sozialhilfeträgers[5].

Der **Verzicht auf den Vorrang** ist zulässig. So können sich Eltern dahin einigen, dass minderjährige und volljährige Kinder gleich (gleichrangig) behandelt werden sollen[6]. Dazu bedarf es einer eindeutigen Willensbekundung.

III. Mangelfall und Mangelfallberechnung

Wenn der Unterhaltspflichtige außerstande ist, allen Unterhaltsberechtigten den angemessenen Unterhalt ohne Wahrung seines eigenen angemessenen Unterhalts zu gewähren, liegt ein sog Mangelfall vor. In einer solchen Situation gilt es, die dem Unterhaltspflichtigen zur Verfügung stehenden Einkünfte möglichst gerecht unter den Unterhaltsberechtigten zu verteilen und ihnen nach Möglichkeit ein angemessenes Auskommen zu sichern. Nach bisheriger Praxis sind dazu Berechnungsmethoden entwickelt worden, die mit den gebotenen Anpassungen an das neue Recht fortgeschrieben und fortentwickelt werden müssen[7].

Auf der Grundlage einer **Bedarfsberechnung** nach den für den Verwandten- und Ehegattenunterhalt maßgeblichen Kriterien sind die **Unterhaltsansprüche aller Unterhaltsberechtigten** zu berechnen. Danach kann die Feststellung getroffen werden, ob ein Mangelfall vorliegt. Im Mangelfall sind zunächst die verteilungsfähigen Einkünfte des Unterhaltspflichtigen zu ermitteln. Diese sog **Verteilungsmasse** wird aus der Differenz zwischen den anrechenbaren Einkünften vor Berücksichtigung der Unterhaltsansprüche und dem für das jeweilige Unterhaltsrechtsverhältnis maßgeblichen Eigenbedarf des Unterhaltspflichtigen, sog **Selbstbehalt,** gebildet. Der Selbstbehalt bildet für den Unterhaltspflichtigen die jeweilige, unterhaltsrechtlich schützenswerte Grenze seiner Inanspruchnahme[8]. Der Selbstbehalt ist Unterhaltsansprüchen von minderjährigen unverheirateten und privilegiert volljährigen Kindern gegenüber anders als gegenüber denen von volljährigen Kindern, Ehegatten, betreuenden Elternteilen nach § 1615 l, Eltern und sonstigen Unterhaltsberechtigten iS § 1609.

Im Rahmen der Ermittlung des zur Verfügung stehenden Einkommens im **Mangelfall** ist der **Erwerbstätigenbonus** nicht zu berücksichtigen, wenn berufsbedingter Aufwand bereits konkret abgesetzt ist. Der dann im Wesentlichen noch auf dem Anreizgedanken beruhende pauschale Erwerbstätigenbonus ist bereits in dem notwendigen Selbstbehalt enthalten. Für eine weitere Privilegierung des Unterhaltspflichtigen besteht angesichts der (im Mangelfall regelmäßig) beengten Verhältnisse keine Veranlassung[9].

Für jeden Unterhaltsberechtigten ist ein sog **Einsatzbetrag** zu bilden. Das ist die Rechengröße, mit der der jeweilige Unterhaltsberechtigte an der Verteilungsmasse zu beteiligen ist. Der Einsatzbetrag

---

[1] BGH NJW 1987, 58 = FamRZ 1986, 783, 786; NJW 1992, 1624, 1625 = FamRZ 1992, 797, 798.
[2] BGH FamRZ 1985, 471.
[3] BGH NJW 1992, 1624, 1625 = FamRZ 1992, 797, 798.
[4] BGH NJW 1980, 934 = FamRZ 1980, 555, 557; BGHZ 104, 158 = NJW 1988, 1722, 1724 = FamRZ 1988, 705.
[5] *Büttner* NJW 1987, 1855, 1856.
[6] BGH FamRZ 1981, 341.
[7] BT-Drucks 16/1830 S 24.
[8] BVerfG FamRZ 2001, 1685.
[9] BGH FamRZ 1981, 341 mit Hinweis auf NJW 1992, 1621 = FamRZ 1992, 539, 541.

kann beim Kindesunterhalt der Mindestunterhalt iS der § 1612a Abs 1, § 36 Abs 4 EGZPO, iÜ eine pauschale Bedarfsgröße nach Maßgabe der Düsseldorfer Tabelle sein, von der nach Lage des Falles Einkünfte eines Unterhaltsberechtigten bedarfsdeckend abzuziehen sind.

11 Das Verhältnis des einzelnen Einsatzbetrages zur Verteilungsmasse und zur Summe der Einsatzbeträge bildet die sog **Verteilungsquote.** Die in Prozentsätzen ausgewiesene Verteilungsquote ergibt, in welcher Höhe der Unterhaltspflichtige den jeweiligen Einsatzbetrag eines Unterhaltsberechtigten durch Zahlung bedienen muss. Die Berechnung vollzieht sich nach folgender **Formel:**

Einsatzbetrag x Verteilungsmasse : Summe der Einsatzbeträge = gequotelter Unterhalt

12 Beginnend mit der ersten Rangstufe ist in jeder Rangstufe eine angemessene Verteilung unter den gleichrangig Unterhaltsberechtigten vorzunehmen. Schließlich ist das Endergebnis im Rahmen einer **Gesamtschau** darauf zu prüfen, ob es zu einem gerechten Ausgleich unter allen Unterhaltsberechtigten geführt hat[10]. Dies macht eine abschließende Aufstellung der finanziellen Mittel erforderlich, die etwa der Erstfamilie und der Zweitfamilie des Unterhaltspflichtigen zur Verfügung stehen.

IV. Rangordnung der Unterhaltsberechtigten

13 **1. Problemlage.** Rangfragen auf Seiten der Unterhaltsberechtigten sind erst bei eingeschränkter Leistungsfähigkeit des Unterhaltspflichtigen, dem sog **Mangelfall,** zu beantworten. Solange ausreichend finanzielle Mittel auf Seiten des Unterhaltspflichtigen vorhanden sind, verbleibt es bei der üblichen Bedarfsberechnung für alle, auch nachrangig Unterhaltsberechtigte. Das Rangfolgensystem gewährleistet, dass im Mangelfall das zur Verfügung stehende Einkommen des Unterhaltspflichtigen nach Rangstufen unter den Unterhaltsberechtigten verteilt wird. Die gesetzliche Rangfolge gewichtet das Unterhaltsinteresse der Unterhaltsberechtigten und setzt Prioritäten dort, wo die Sicherstellung der Unterhaltsansprüche besonders dringlich erscheint. **Grundsätzlich gilt,** dass zunächst der volle Bedarf eines vorrangig Berechtigten zu erfüllen ist, bevor die nachfolgende Rangstufe zum Zuge kommt. Verbleibt danach dem Unterhaltspflichtigen für die nachfolgende Rangstufe kein den maßgeblichen Selbstbehalt übersteigendes Einkommen mehr, scheidet ein Unterhaltsanspruch mangels Leistungsfähigkeit aus.

14 **2. Rangstufen.** Sind mehrere Unterhaltsberechtigte vorhanden und ist der Unterhaltspflichtige außerstande, allen Unterhaltsberechtigten ihren vollen Bedarf zu gewähren, gilt folgende Rangfolge:

15 **1. Rang: Im 1. Rang stehen minderjährige unverheiratete Kinder und Kinder iS des § 1603 Abs 2 S 2.** Erfasst werden leibliche und adoptierte, innerhalb und außerhalb einer bestehenden Ehe geborene Kinder, auch unabhängig davon, ob sie aus der ersten oder einer weiteren Ehe stammen[11]. Der bisherige Gleichrang mit den Ehegatten ist entfallen, der in einer Vielzahl von Fällen eine Mangelfallberechnung erforderte. Mit der **Rangfolge des § 1609** wird das erste Ziel der Unterhaltsreform umgesetzt, das ist die **Förderung und Sicherung des Kindeswohls.** Kinder sind die wirtschaftlich schwächsten Mitglieder der Gesellschaft und können idR nicht selbst für ihren Unterhalt sorgen[12]. Der Kindesunterhalt hat deshalb Vorrang vor allen anderen Unterhaltsprüchen. Dies bedeutet eine Abkehr vom „Gießkannenprinzip", das allen Unterhaltsberechtigten etwas brachte, ohne dass alle Unterhaltsberechtigten davon leben konnten.

16 Der Gleichrang wird nicht dadurch aufgehoben, dass ein Kind im Haushalt des Unterhaltspflichtigen lebt und dort betreut wird[13]. Es verbietet sich danach eine Einkommensberechnung, die den Kindesunterhalt des betreuten Kindes absetzt und die weiteren gleichrangig Unterhaltsberechtigten auf das verbleibende Einkommen des Unterhaltspflichtigen verweist.

17 Im Verhältnis zu den Unterhaltsansprüchen der Ehegatten im zweiten Rang werden sich die Kinder auf ihren Vorrang wohl nur hinsichtlich des Mindestunterhalts nach § 1612a Abs 1, § 36 Abs 4 EGZPO berufen können. Nach dem Willen des Gesetzgebers soll damit das Existenzminimum sichergestellt werden. In einer Mangelfalllage unter Einschluss von Unterhaltsberechtigten nach dem ersten und dem zweiten Rang iS des 1609 wird es überwiegend darum gehen, nach Möglichkeit allen Unterhaltsberechtigten das Existenzminimum zu verschaffen. Die Vorstellung des Gesetzgebers geht dahin, im Mangelfall nicht stringent zunächst nur auf die Unterhaltsinteressen der Unterhaltsberechtigten im ersten Rang zu schauen, sondern auch auf diejenigen im zweiten Rang, vielfach die betreuenden Elternteile, Bedacht zu nehmen[14]. Folgt aus dem den Bedarf der Kinder bestimmenden Einkommen des barunterhaltspflichtigen Elternteils in höherer Unterhaltsbetrag, den der Unterhaltspflichtige zusammen mit dem Unterhaltsbedarf eines im zweiten Rang stehenden Ehegatten nicht befriedigen kann, so kann das Kind nicht vorab seinen höheren Unterhaltsbetrag verlangen und den Ehegatten im zweiten Rang zudem noch auf das bis zum billigen Eigenbedarf des Unterhaltspflichtigen verbleibende Resteinkommen verweisen. Eine angemessene Lösung geht in diesen Fällen dahin, den Kindern nur den Mindestunterhalt zukommen zu lassen und das weitere verteilungsfähige Einkommen zur Sicherstellung des Existenzminimums des Ehegatten zu verwenden[15].

---

[10] BT-Drucks 16/1830 S 24; zum alten Recht BGH NJW 2005, 503 = FamRZ 2005, 345, 351; NJW 1997, 1919 = FamRZ 1997, 806, 811.
[11] Zum alten Recht BGH NJW 1984, 1176 = FamRZ 1984, 378; OLG Hamm FamRZ 1992, 321.
[12] BT-Drucks 16/1830 S 23.
[13] OLG Köln FamRZ 1995, 613.
[14] BT-Drucks 16/1830 S 29.
[15] *Scholz* FamRZ 2007, 2021, 2029; krit *Borth* FamRZ 2006, 813, 817; *Schwab* FamRZ 2005, 1417, 1423.

§ 1609

18 Im ersten Rang wird ein Mangelfall erst anzunehmen sein, wenn dem Unterhaltspflichtigen nicht einmal mehr die Mittel zur Verfügung stehen, um den Mindestunterhalt nach § 1612 a BGB, § 36 Abs 4 EGZPO abzüglich des jeweiligen Kindergeldes nach § 1612 b leisten zu können. Eine **Mangelfallberechnung** ist allein zwischen den Kindern durchzuführen. Dabei wird im Blick auf die engen wirtschaftlichen Verhältnisse des Unterhaltspflichtigen als **Einsatzbetrag** der Mindestunterhalt nach § 1612 a, in der Übergangszeit nach § 36 Abs 4 EGZPO, der jeweiligen Altersstufe nach Abzug des Kindergeldes gemäß § 1612 b einzustellen sein[16]. Dies folgt aus der bedarfsdeckenden Funktion des Kindergeldes (s bei § 1612 b). Entgegen der früheren Handhabung bedarf es nicht mehr eines höheren Einsatzbetrages (zuvor der 6. Einkommensgruppe der jeweiligen DT), denn das Existenzminimum ist nunmehr in § 1612 a, § 36 Abs 4 EGZPO festgelegt und eine Mangelfallverteilung unter Einbeziehung der Ehegatten findet nicht mehr statt, die einen Gleichklang der Einsatzbeträge verlangte. Die bisherige Rspr des BGH[17], die bei der Bemessung der Leistungsfähigkeit des Unterhaltspflichtigen auf den Tabellenbetrag und nicht auf den um das anteilige Kindergeld reduzierten Zahlbetrag abstellte, ist damit überholt

18.1 **Beispiel:** Ehemann (V) hat drei gemeinsame Kinder im Alter von 4 Jahren (K1), 9 Jahren (K2) und 13 Jahren (K3), die seit der Trennung bei der Ehefrau (M) leben; sie bezieht das gesetzliche Kindergeld für alle Kinder. M macht wegen ihrer Einkünfte in Höhe von monatlich 850,00 Euro netto keinen Unterhalt geltend. V erzielt aus vollschichtiger Erwerbstätigkeit ein anrechenbares Nettoeinkommen von 1.400,00 Euro.
Der Bedarf der Kinder bemisst sich nach der DT, Stand: 1. 1. 2008, nach der 1. Einkommensgruppe mit einem Einkommen bis zu 1.500,00 Euro und nach den gemäß § 1612 a Abs 1 maßgeblichen Altersstufen
für K1 nach der 1. Altersstufe in Höhe von 279,00 Euro,
für K2 nach der 2. Altersstufe in Höhe von 322,00 Euro,
für K3 nach der 3. Altersstufe in Höhe von 365,00 Euro.
Gemäß § 1612 b Abs 1 S 1 Nr 1, S 2 mindert das hälftige Kindergeld in Höhe von jeweils 77,00 Euro den Barbedarf der Kinder. Der Barbedarf beträgt
für K1 202,00 Euro,
für K2 245,00 Euro,
für K3 288,00 Euro.
Der Gesamtbarbedarf der Kinder von 735,00 Euro kann von M unter Wahrung des notwendigen Selbstbehalts von 900,00 Euro, auf den er wegen § 1603 Abs 2 zu verweisen ist, nicht sichergestellt werden. Es liegt ein Mangelfall vor. Dies führt zu einer quotalen Verteilung der zur Verfügung stehenden Barmittel des M in Höhe von 500,00 Euro (Verteilungsmasse) nach Maßgabe des jeweiligen Barbedarfs der Kinder (Einsatzbetrag) und ihres Gesamtbedarfs (Summe der Einsatzbeträge) nach folgender Formel:
Barbedarf x Verteilungsmasse : Summe der Einsatzbeträge = gequotelter Barunterhalt
K1: 202 x 500 : 735 = gerundet 137 Euro
K2: 245 x 500 : 735 = gerundet 167 Euro
K3: 288 x 500 : 735 = gerundet 196 Euro.

18.2 **Abwandlung:** Rechnet ein privilegiert volljähriges Kind zum 1. Rang kann als Einsatzbetrag – bei Leistungsunfähigkeit des anderen Elternteils – der Tabellenbetrag der 1. Einkommensgruppe und der 4. Altersstufe der DT abzüglich des vollen Kindergeldes (§ 1612 b Abs 1 Nr 2) herangezogen werden. Zusätzlich abzusetzen ist unterhaltsrechtlich einzusetzendes Einkommen des volljährigen Kindes unter Berücksichtigung einkommensspezifischer Aufwendungen, wie etwa ausbildungsbedingten Aufwandes.
K3 ist 19 Jahre alt, einkommens- und vermögenslos, lebt im Haushalt der M und besucht das Gymnasium in der Jahrgangsstufe 13.
Der Barbedarf von K3 bemisst sich bei grds bestehender beiderseitiger Barunterhaltsverpflichtung von V und M nach § 1606 Abs 3 S 1 wegen der Leistungsunfähigkeit von M nur nach dem anrechenbaren Einkommen von V in Höhe von 1.400,00 Euro, der 1. Einkommensgruppe und der 4. Altersstufe der DT, Stand: 1. 1. 2008, auf 408,00 Euro. Der Barbedarf wird gemäß § 1612 b Abs 1 Nr 2 S 2 durch das volle Kindergeld in Höhe von 154,00 Euro auf 254,00 Euro gemindert. Bei einem Gesamtbarbedarf von 701,00 Euro (202,00 Euro + 245,00 Euro + 254,00 Euro) und einer Verfügungsmasse von 500,00 Euro ist weiterhin eine Mangelfallverteilung vorzunehmen, die zu folgenden Zahlbeträgen führt:
K1: 202 x 500 : 701 = gerundet 144,00 Euro
K2: 245 x 500 : 701 = gerundet 175,00 Euro
K3: 254 x 500 : 701 = gerundet 181,00 Euro.

18.3 **Abwandlung:** M hat anrechenbare Einkünfte von monatlich 1.400,00 Euro zur Verfügung.
Der Barbedarf von K3 bemisst sich nach den zusammengerechneten anrechenbaren Einkünften der barunterhaltspflichtigen, leistungsfähigen Eltern in Höhe von 2.800,00 Euro nach der 5. Einkommensgruppe der DT, Stand: 1. 1. 2008, und der 4. Altersstufe auf 438,00 Euro. Das volle Kindergeld in Höhe von 154,00 Euro mindert den Barbedarf auf 361,00 Euro. Diesen haben V und M bei gleich hohen Einkünften jeweils hälftig in Höhe von 180,50 Euro sicherzustellen.
V hat danach als allein barunterhaltspflichtiger Elternteil für K1 202,00 Euro und für K2 245,00 Euro an M zu zahlen. Zudem schuldet er K3 im Wege der teilschuldnerischen Haftung nach § 1606 Abs 3 S 1 180,50 Euro. Seine Unterhaltsverpflichtungen summieren sich auf 627,50 Euro. Obschon sich auch im Verhältnis zum volljährigen, aber nach § 1603 Abs 2 privilegierten K3 auf den notwendigen Selbstbehalt in Höhe von 900,00 Euro verweisen lassen muss, ist er außerstande, mit den ihm zur Verfügung stehenden 500,00 Euro den Barbedarf aller Kinder sicherzustellen.
Die gebotene Mangelfallberechnung führt zu folgenden Zahlbeträgen:
K1: 202 x 500 : 627,50 = gerundet 161,00 Euro
K2: 245 x 500 : 627,50 = gerundet 195,00 Euro
K3: 180,50 x 500 : 627,50 = gerundet 144,00 Euro.

---

[16] BT-Drucks 16/1830 S 29; *Klinkhammer* FF 2007, 13, 14; *Scholz* FamRZ 2007, 2021, 2027; anders *Hütter* FamRZ 2006, 1577, 1578.
[17] NJW 2005, 503 = FamRZ 2005, 345, 351.

§ 1609

19 Der Vorrang des Kindesunterhalts vor dem Ehegattenunterhalt wird dazu führen, dass in engen wirtschaftlichen Verhältnissen die wirtschaftlichen Möglichkeiten des sog **begrenzten Realsplittings** nicht mehr wie bisher ausgeschöpft werden können[18]. Doch wird die bedarfsdeckende Funktion des Kindergeldes vielfach noch Raum für Ehegattenunterhalt und damit einhergehenden steuerlichen Gestaltungsspielraum bieten.

20 **2. Rang: Elternteile, die wegen der Betreuung eines Kindes unterhaltsberechtigt sind oder im Fall einer Scheidung wären, sowie Ehegatten und geschiedene Ehegatten bei einer Ehe von langer Dauer; bei der Feststellung einer Ehe von langer Dauer sind auch Nachteile iS des § 1578 b Abs 1 S 2 und 3 zu berücksichtigen.** Kinderbetreuende Elternteile sind im Interesse des Kindeswohls und der Sicherstellung von Pflege und Erziehung eines Kindes besonders schutzwürdig[19]. Dieser Personenkreis wird im Interesse des Kindeswohls deshalb privilegiert. Es kommt nicht darauf, ob der betreuende Elternteil mit dem Unterhaltspflichtigen verheiratet ist oder nicht. Der zeitlichen Abfolge des Entstehens von Unterhaltsansprüchen wegen Kindesbetreuung kommt keine entscheidende Bedeutung zu. Der geschiedene Ehegatte etwa ist nicht davor geschützt, dass durch weitere Unterhaltsberechtigte (neuer Ehegatte, Kinder betreuende neue Lebenspartnerin) das unterhaltsrechtliche Einkommen des Unterhaltspflichtigen reduziert wird[20]. Der Unterhaltsanspruch des verheirateten und des geschiedenen Ehegatten kann mit dem des betreuenden Elternteils nach § 1615 l Abs 2 S 2 im Rang gleichstehen[21]. Gleichrang besteht unter mehreren Unterhaltsberechtigten nach § 1615 l Abs 2 S 2.

21 Die Zugehörigkeit zum zweiten Rang setzt eine Unterhaltsberechtigung wegen Kindesbetreuung voraus. Diese kann für den getrennt lebenden Ehegatten aus § 1361, für den geschiedenen Ehegatten aus § 1570 und aus § 1576 wegen der Betreuung eines Pflegekindes folgen. Der neue Ehegatte des Unterhaltspflichtigen hat nach §§ 1360, 1360 a seine Unterhaltsberechtigung, wenn er in der neuen Ehe ein Kind betreut. Gleichrangig sind ferner Elternteile mit einer Anspruchsberechtigung nach § 1615 l Abs 2 S 2 und Abs 4. Soweit ein Anspruch nach § 1615 l Abs 1 oder Abs 2 S 1 bestehen sollte, wird dieser aus Gründen des Sachzusammenhangs und im Blick auf die Schutzwürdigkeit der Mutter ebenfalls dem zweiten Rang zuzuweisen sein. Nach der gewählten Formulierung werden Unterhaltsansprüche der Mutter nach § 1615 n im Fall einer Totgeburt von der Rangregelung nicht erfasst. Dem zweiten Rang unterfallen ferner Unterhaltsansprüche von Lebenspartnern, die ein adoptiertes Stiefkind betreuen (§ 9 Abs 7 LPartG).

22 Im Blick auf die Privilegierung der diesem Rang unterfallenden betreuenden Elternteile wird die Zugehörigkeit erst enden, wenn die Unterhaltsberechtigung gänzlich entfällt. Ebenso wird der Gleichrang im zweiten Rang für den betreuenden nicht verheirateten Elternteil so lange bestehen, wie dessen Unterhaltsberechtigung nach § 1615 l Abs 2 S 2, 3, 4 gegeben ist.

23 Gleichrang mit dem Unterhaltsanspruch wegen Kindesbetreuung haben die sich aus anderen Bedürfnislagen ergebenden Unterhaltsansprüche von Ehegatten und geschiedenen Ehegatten nach §§ 1571 bis 1576 bei einer Ehe, die von langer Dauer ist bzw war. Wegen der langen Ehedauer und des dadurch begründeten Vertrauens auf nacheheliche Solidarität sind sie schützwürdig. Wann eine Ehe von langer Dauer anzunehmen ist, definiert § 1609 Nr 2 nicht[22]. In § 1609 Nr 2 heißt es jedoch, dass bei der Feststellung einer Ehe von langer Dauer auch Nachteile iS des § 1578 b Abs 1 S 2 und 3 zu berücksichtigen sind. Die Bezugnahme auf Nachteile iS des § 1578 b Abs 1 S 2. und 3 weist den sog **ehebedingten Nachteilen** somit besonderes Gewicht zu. Sie können als Folge einer wirtschaftlichen Verflechtung der Ehegatten untereinander und einer Abhängigkeit voneinander eintreten. Ob und in welcher Intensität ein solches Geflecht besteht, beurteilt sich nach der tatsächlichen Dauer der Ehe, dem Alter des Ehegatten bei Heirat und Scheidung, der Aufgabenverteilung in der Ehe, der Dauer der Kindesbetreuung, der gesundheitlichen Verfassung, der in Gänze fehlenden oder nur unzureichend gegebenen Möglichkeit der Aufrechterhaltung oder Fortentwicklung der Erwerbsbiografie, der wirtschaftlichen Lage, dem vorhandenen Vermögen. Bedeutsam werden auch die für die Familie erbrachten Leistungen sein müssen[23]. Die zeitliche **Dauer der Ehe** ist danach nicht allein entscheidungserheblich. Darauf stellt auch die Gesetzesfassung nicht ab. Die Rspr des BGH hat es bislang ebenfalls stets abgelehnt, einen festen Zeitrahmen vorzugeben, nach dessen Ablauf eine Ehe von langer Dauer ist[24]. Die Ehezeit ist ein Abwägungskriterium neben weiteren. Der Rangordnung können danach Fallkonstellationen zuzuweisen sein, in denen die Ehegatte etwa nach einer langjährigen Betreuung gemeinsamer Kinder und einer klassischen Rollenverteilung in der Ehe als Folge einer anderen Bedürfnislage Unterhalt beanspruchen kann. Vielfach wird dann eine wirtschaftliche Abhängigkeit von dem unterhaltspflichtigen Ehegatten entstanden sein, die über die Scheidung hinaus dessen unterhaltsrechtliche Einstandspflicht rechtfertigt. Je stärker die wirtschaftliche Verflechtung der Ehegatten und die Abhängigkeit des unterhaltsberechtigten Ehegatten waren und noch sind, umso länger schuldet der andere

---

[18] *Borth* FamRZ 2006, 813, 817: zweifelhaft, ob dies im Verhältnis zu wirtschaftlich besser gestellten Unterhaltspflichtigen Art 3 Abs 2 GG Stand hält.
[19] BVerfG NJW 2007, 2735.
[20] BT-Drucks 16/1830 S 23.
[21] BT-Drucks 16/6980 S 21.
[22] Zur Kritik an dieser Regelung vgl *Schwab* FamRZ 2005, 1417, 1427; *Borth* FamRZ 2006, 813, 818; *Peschel-Gutzeit* FPR 2005, 177, 180.
[23] *Schwab* FamRZ 2005, 1417, 1424.
[24] BGH FamRZ 2006, 1006; FamRZ 2007, 2049 und 2052 m Anm *Hoppenz*.

Rangfolge mehrerer Unterhaltsberechtigter **§ 1609**

Ehegatte Solidarität durch Gewährung von Unterhalt. Auf die Rspr zu § 1582 aF, die den absoluten Vorrang des früheren Ehegatten vor dem neuen begründete, kann ohne weiteres nicht zurückgegriffen werden, denn hier geht es um die Wahrung des Gleichrangs.

Die Rangfolgenregelung kann dazu führen, dass ein Unterhaltsberechtigter nach den sich wandelnden Verhältnissen des Unterhaltsrechtsverhältnisses einen Gleichrang dauerhaft oder zeitweise verlieren kann, etwa nach Verlust eines Anspruchs auf Betreuungsunterhalt, ohne dass zeitgleich eine Ehe von langer Ehe anzunehmen sein kann. **24**

Auf der zweiten Rangstufe kann der unterhaltsberechtigte Ehegatte bereits durch den Abzug des vorrangigen Kindesunterhalts ohne Unterhalt bleiben. **25**

Beispiel: Ehemann (V) hat anrechenbare Erwerbseinkünfte von 1.400,00 Euro. Er ist der getrennt lebenden Ehefrau (M) und den gemeinsamen Kindern K1, 5 Jahre alt, und K2, 8 Jahre alt, unterhaltspflichtig. **25.1**
V hat nach seinen Einkünften an die Kinder Unterhalt nach der 1. EGr. der DT, Stand: 1. 1. 2008, in Höhe des Mindestunterhalt (in der Übergangszeit nach Maßgabe des § 36 Abs 4 EGZPO) zu zahlen. Für K1 macht dies nach der 1. Altersstufe 279,00 Euro aus. Das hälftige Kindergeld wirkt nach § 1612 b Abs 1 Nr 1 mit 77,00 Euro bedarfsdeckend. Der Zahlbetrag beträgt 202,00 Euro. Das gleiche gilt nach der 2. Altersstufe 322,00 Euro, nach Abzug des hälftigen Kindergeldes 245,00 Euro zu zahlen. Die vorrangige Unterhaltsverpflichtung der Kinder reduziert das Einkommen von V auf 953,00 Euro.
Gegenüber dem Unterhaltsanspruch von M kann sich V auf den sog billigen Selbstbehalt von 1.000,00 Euro berufen[25]. M gegenüber ist er nicht leistungsfähig. Anders könnte es nur sein, wenn im Verhältnis zur betreuenden M wie bei den minderjährigen unverheirateten und den ihnen gleichgestellten privilegierten volljährigen Kindern auf den notwendigen Selbstbehalt abzustellen wäre. Das dürfte indes im Widerspruch zu der vorgenannten Rspr des BGH stehen, der die Rspr zum sog billigen Selbstbehalt gerade an einer Anspruchslage des § 1615 l entwickelt hat[26]. Drückt sich in dem Selbstbehalt die schutzwürdige Grenze der Inanspruchnahme des Unterhaltspflichtigen aus, so muss eine weitergehende Inanspruchnahme ausscheiden.

An diesem Ergebnis ändert sich auch nichts für den Fall, dass neben einem gemeinsamen Kind ein **nichteheliches Kind** unterhaltsberechtigt wäre. Dieses hätte ebenfalls Vorrang. **26**

Eine Mangelfallberechnung in dieser Rangstufe wird unter Anwendung von pauschalen, an der jeweiligen Lebenssituation der Unterhaltsberechtigten orientierten Selbstbehaltssätzen nach der Düsseldorfer Tabelle iVm den jeweiligen Unterhaltsleitlinien zu angemessenen Ergebnissen führen können. Der durch erneute Heirat generierte **Splittingvorteil** kommt zwar allen Kindern zugute, doch ist er im Übrigen der neuen Familie vorzubehalten[27]. Auch im Mangelfall darf der geschiedene Ehegatte an diesem steuerlichen Vorteil nicht partizipieren. Die Folgerungen aus diesen Ansätzen zeigen nachfolgende Beispiele: **27**

Beispiel: Ehemann (V) verfügt über ein anrechenbares Erwerbseinkommen nach Steuerklasse 1 von 2.200,00 Euro. Die geschiedene Ehefrau (F1) ist während der Ehe erkrankt und kann nur Tätigkeiten im Geringverdienerbereich ausüben. Daraus erzielt sie nach Abzug berufsbedingter Aufwendungen monatlich 300,00 Euro netto. Aus der Ehe stammen die von F1 betreuten Kinder K1, 7 Jahre alt, und K2, 9 Jahre alt. V ist einem 2 Jahre alten Kind K3 unterhaltspflichtig. Er lebt mit der Mutter des Kindes M zusammen, die K3 betreut. **27.1**
V ist ersichtlich nicht in der Lage, unter Wahrung seines angemessenen Eigenbedarfs den Unterhalt **aller Unterhaltsberechtigten** sicherzustellen. Es ist deshalb in jeder Rangstufe zunächst zu prüfen, ob ein Mangelfall vorliegt.
1. Schritt: Sicherstellung des Unterhalts aller gleichrangigen Kinder auf der 1. Rangstufe
Mindestunterhalt nach § 1612a, in der Übergangszeit nach § 36 Abs 4 EGZPO, entspr der 1. EGr. und der jeweiligen Altersstufe der Düsseldorfer Tabelle (Stand: 1. 1. 2008) unter Abzug des hälftigen Kindergeldes
K1 (2. Altersstufe): 322,00 Euro – 77,00 Euro = 245,00 Euro
K2 (2. Altersstufe): 322,00 Euro – 77,00 Euro = 245,00 Euro
K3 (1. Altersstufe): 279,00 Euro – 77,00 Euro = 202,00 Euro
Gesamtunterhalt: 692,00 Euro
Die Unterhaltsansprüche der Unterhaltsberechtigten auf der 1. Rangstufe kann V ohne Gefährdung seines angemessenen Eigenbedarfs sicherstellen; auf dieser Rangstufe liegt ein Mangelfall nicht vor.
2. Schritt: Sicherstellung des Unterhalts aller gleichrangigen betreuenden Elternteile auf der 2. Rangstufe
Nach Vorwegabzug des Kindesunterhalts in Höhe von 692,00 Euro verbleiben V von seinem Erwerbseinkommen in Höhe von 2.200,00 Euro noch 1.508,00 Euro. Gegenüber dem Unterhaltsanspruch des geschiedenen Ehegatten F1 kann sich V nach der Rspr des BGH[28] auf den sog billigen Selbstbehalt in Höhe von 1.000,00 Euro berufen. F1 und M sind gleichrangig. Unter ihnen ist das verbleibende Erwerbseinkommen von 508,00 Euro zu verteilen.
Als Einsatzbetrag für F1 kann auf den notwendigen Selbstbehalt eines Erwerbstätigen nach der Düsseldorfer Tabelle (Stand: 1. 1. 2008); in Höhe von 900,00 Euro abgestellt werden (In der Praxis wird bei unvollschichtiger Erwerbstätigkeit auch ein Mittelbetrag zwischen dem notwendigen Selbstbehalt eines Erwerbstätigen und dem eines Nichterwerbstätigen in Höhe von 835,00 Euro eingestellt). Das bereinigte Erwerbseinkommen von 300,00 Euro ist abzuziehen. Es verbleiben für F1 600,00 Euro.
Als Einsatzbetrag für M kann wegen der Haushaltsersparnis durch das Zusammenleben mit V ein Betrag von 560,00 Euro gewählt werden.
Die Verteilung vollzieht sich wieder nach folgender **Formel:**
Barbedarf x Verteilungsmasse : Summe der Einsatzbeträge = gequotelter Unterhalt
F1: 600,00 Euro x 508,00 Euro : 1.160,00 Euro = 262,76 Euro
M: 560,00 Euro x 508,00 Euro : 1.160,00 Euro = 245,24 Euro

---

[25] BGH NJW 2006, 1654 = FamRZ 2006, 683; FamRZ 2005, 354; OLG Hamm FamRZ 2007, 289.
[26] BGH FamRZ 2005, 354.
[27] BVerfG NJW 2003, 3466 = FamRZ 2003, 1821.
[28] FamRZ 2006, 683; FamRZ 2005, 354.

§ 1609

27.2 Beispiel: Der Kindesvater (V) verfügt über anrechenbare Einkünfte vor Berücksichtigung von Unterhaltsverpflichtungen von 2.200 Euro (Erwerbseinkommen unter Versteuerung nach Steuerklasse III). Aus der geschiedenen Ehe stammen 2 einkommens- und vermögenslose Kinder, K1 im Alter von 4 Jahren, K2 im Alter von 7 Jahren. Sie leben im Haushalt der erwerbslosen geschiedenen Ehefrau (F1), die das Kindergeld für sie bezieht. V ist erneut verheiratet und Vater eines 6 Monate alten Kindes (K3), das von der einkommens- und vermögenslosen Ehefrau (F2) betreut wird.

1. Schritt: Feststellung eines Mangelfalls
Trotz der Einkünfte von 2.200,00 Euro ist V nicht in der Lage, alle Unterhaltsansprüche der Kinder sowie von F1 und F2 zu befriedigen. Für die Ermittlung des Bedarfs zur Feststellung des Mangelfalls ist im Blick auf die Vielzahl der Unterhaltsberechtigten eine Herabstufung hinsichtlich der Kinder auf den Mindestunterhalt (Tabellenbetrag der 1. Einkommensgruppe und der jeweiligen Altersstufe der DT, Stand: 1. 1. 2008) abzüglich des hälftigen Kindergeldes nach § 1612b Abs 1, § 36 Abs 4 EGZPO zu rechtfertigen.

2. Schritt: Sicherstellung des Unterhalts aller gleichrangigen Kinder auf der 1. Rangstufe
Einkommen V: 2.200,00 Euro
K1: (1. Altersstufe) 279,00 Euro – 77,00 Euro = 202,00 Euro
K2: (2. Altersstufe) 322,00 Euro – 77,00 Euro = 245,00 Euro
K3: (1. Altersstufe) 279,00 Euro – 77,00 Euro = 202,00 Euro
Verbleibendes Einkommen V: 1.551,00 Euro
Die Unterhaltsansprüche der Unterhaltsberechtigten auf der 1. Rangstufe kann V ohne Gefährdung seines angemessenen Eigenbedarfs sicherstellen; auf dieser Rangstufe liegt ein Mangelfall nicht vor.

3. Schritt: Sicherstellung des Unterhalts aller gleichrangigen betreuenden Elternteile auf der 2. Rangstufe
Bei der Ermittlung der Leistungsfähigkeit im 2. Rang ist hier zu berücksichtigen, dass V durch die Heirat ein steuerlicher Splittingvorteil nach § 26 EStG zur Verfügung steht. Nach der bisherigen Rspr kommt dieser allen Kindern gleich aus welcher Beziehung zugute und ist im Übrigen der neuen Ehe vorzubehalten. Die Verteilungsmasse im 2. Rang ist daher ausgehend von dem anrechenbaren Nettoeinkommen unter Berücksichtigung nach Steuerklasse 1 zu bestimmen. Ein Realsplittingvorteil ist einzurechnen. Da der Kindesunterhalt bereits mit dem Mindestunterhalt eingestellt ist, bedarf es dort keiner Korrektur. Im Beispielsfall soll das –fiktive – Nettoeinkommen nach den vorgenannten Kriterien mit 1.900,00 Euro angenommen werden.
Einkommen V: 1.900,00 Euro
K1: 279,00 Euro – 77,00 Euro = 202,00 Euro
K2: 322,00 Euro – 77,00 Euro = 245,00 Euro
K3: 279,00 Euro – 77,00 Euro = 202,00 Euro
Verbleibendes Einkommen V: 1.251,00 Euro
Als Verteilungsmasse verbleiben bis zum sog billigen Selbstbehalt von 1.000,00 Euro noch 251,00 Euro.
Als Einsatzbetrag kann der pauschale Mindestbedarf nach der DT, Stand: 1. 1. 2008 Anm B V, nach Maßgabe der jeweiligen Lebenssituation der Unterhaltsberechtigten herangezogen werden. Das ist der Mindestbedarf von 770,00 Euro, denn beide Unterhaltsberechtigten sind nicht erwerbstätig. Doch muss auf Seiten von F2 berücksichtigt werden, dass sie mit dem Unterhaltspflichtigen in einem gemeinsamen Haushalt lebt. Der dadurch eintretenden Ersparnis kann durch den Ansatz des pauschalen Mindestbedarfs von 560,00 Euro (DT, Stand: 1. 7. 2007, Anm B VI, in DT, Stand: 1. 1. 2008, nicht mehr ausgewiesen) angemessen Rechnung getragen werden. Die Einsatzbeträge summieren sich auf 1.330,00 Euro.
Daraus ergibt sich nach der üblichen Berechnung folgende quotale Aufteilung:
F1: 770,00 Euro x 251,00 Euro : 1.330,00 Euro = 145,32 Euro
F2: 560,00 Euro x 251,00 Euro : 1.330,00 Euro = 105,68 Euro

4. Schritt: Verteilung der Einkünfte
Erstfamilie: 202,00 Euro + 245,00 Euro + 145,32 Euro + 308,00 Euro Kindergeld = 900,32 Euro
Zweitfamilie: 202,00 Euro + 154,00 Kindergeld + 105,68 Euro + 300,00 Euro Splittingvorteil + 1.000,00 Euro = 1.761,68 Euro.

28 **3. Rang: Ehegatten und geschiedene Ehegatten, die nicht unter Nr 2 fallen.** Dies sind alle Ehegatten, die keine Kinder betreuen und deren Ehe nicht von langer Dauer ist. Ebenso sind diesem Rang Lebenspartner zuzuordnen, die nicht dem 2. Rang unterfallen.

29 **4. Rang: Kinder, die nicht unter Nr 1 fallen.** Darunter fallen alle volljährigen, nicht privilegierten Kinder sowie minderjährige verheiratete Kinder. Volljährige, nicht privilegierte Kinder befinden sich vielfach in der Ausbildung. Dort erhalten sie in unterschiedlicher Höhe Ausbildungsvergütungen, die entspr bedarfsdeckende Wirkung haben. Gleiches gilt für Studenten mit den Möglichkeiten staatlicher Ausbildungsförderung. Dies lässt sie zu Recht gegenüber den Ehegatten im dritten Rang zurückstehen[29]. Nachrang hat weiterhin auch das volljährige nicht privilegierte behinderte Kind[30].

30 **5. Rang:** Enkelkinder und weitere Abkömmlinge.
31 **6. Rang:** Eltern.
32 **7. Rang:** weitere Verwandte der aufsteigenden Linie; unter ihnen gehen die Näheren den Entfernteren vor.

33 **3. Exkurs: Rang des partnerschaftlichen Unterhaltsanspruchs.** Soweit Lebenspartner getrennt leben, kommt die Unterhaltsberechtigung nach § 12 S 2 LPartG in analoger Anwendung des § 1361 in Betracht: Analog anwendbar ist hinsichtlich der Rangverhältnisse § 1609. Nach § 16 S 2 LPartG obliegt es nach Aufhebung der Lebenspartnerschaft jedem Lebenspartner, selbst für seinen Unterhalt zu sorgen. Ist er dazu außerstande, hat er gegen den anderen Lebenspartner einen Anspruch auf Unterhalt nur entspr den §§ 1570 bis 1586b und 1609. In § 1609 sind jedoch die Unterhaltsansprüche ausdrück-

---

[29] *Willutzki* FPR 2005, 505, 507.
[30] BGH NJW 1984, 1813 = FamRZ 1984, 683; NJW 1987, 1549 = FamRZ 1987, 472 zum alten Recht.

lich nicht erwähnt. Es bietet sich aber an, sie den Unterhaltsansprüchen der Ehegatten rangmäßig zuzuordnen[31].

V. Beweislast

Die Leistungsunfähigkeit wegen Unterhaltsleistungen an vorrangig Berechtigte hat der Unterhaltspflichtige zu beweisen[32]. Die Beweislast erstreckt sich darauf, dass Unterhaltsansprüche im bestimmter Höhe tatsächlich geltend gemacht oder von dem Unterhaltspflichtigen von sich aus erfüllt werden. 34

§ 1610 Maß des Unterhalts

(1) Das Maß des zu gewährenden Unterhalts bestimmt sich nach der Lebensstellung des Bedürftigen (angemessener Unterhalt).

(2) Der Unterhalt umfasst den gesamten Lebensbedarf einschließlich der Kosten einer angemessenen Vorbildung zu einem Beruf, bei einer der Erziehung bedürftigen Person auch die Kosten der Erziehung.

Schrifttum: *Bissmeier,* Der Prozeßkostenvorschuß in der familiengerichtlichen Praxis, FamRZ 2002, 863; *Duderstadt,* Zum Prozeßkostenvorschuß minderjähriger und volljähriger Kinder, FamRZ 1995, 1305; *Klauser,* Beweislast und Beweismaß im Unterhaltsprozeß, MDR 1982, 529; *Miesen,* Der Unterhaltsanspruch des volljährigen Kindes gegen getrenntlebende oder geschiedene Eltern, FamRZ 1991, 125; *Oelkers/Kreutzfeldt,* Prozessuale und materiellrechtliche Gesichtspunkte bei der Geltendmachung von Volljährigenunterhalt, FamRZ 1995, 135.

Übersicht

	Rn		Rn
I. Bedeutung der Norm	1	3. Prozesskostenvorschuss	27
		a) Rechtsnatur	28
II. Angemessener Unterhalt (Abs 1)	2	b) Anspruchsberechtigung	29
1. Lebensstellung des Unterhaltsbedürftigen	2	c) Voraussetzungen	31
a) Lebensstellung des minderjährigen unverheirateten Kindes	3	d) Zeitliche Grenzen	36
b) Lebensstellung des volljährigen Kindes	6	e) Rückzahlung des Prozesskostenvorschusses	38
2. Bedarfsermittlung nach Tabellen und Leitlinien	7	f) Verhältnis zur Prozesskostenhilfe	39
3. Bedarfsermittlung	17	4. Ausbildungsunterhalt (Abs 2)	40
		a) Angemessene Ausbildung	41
III. Lebensbedarf (Abs 2)	23	b) Gegenseitigkeitsprinzip	42
1. Allgemeiner Lebensbedarf	24	c) Ausbildung in einem Beruf	43
2. Mehrbedarf	25	IV. Beweislast	56

I. Bedeutung der Norm

Die Norm setzt die Maßstäbe für die **Höhe des Unterhaltsanspruchs.** Abs 3 aF (gesetzlicher Mindestunterhalt für minderjährige Kinder orientiert an den Regelbedarfssätzen für nichteheliche Kinder) ist durch Art 1 Nr 8 KindUG aufgehoben worden. Für eheliche wie nichteheliche Kinder gilt § 1612 a. 1

II. Angemessener Unterhalt (Abs 1)

1. Lebensstellung des Unterhaltsbedürftigen. Für den **Verwandtenunterhalt** bestimmt § 1610 Abs 1, dass sich das **Maß des zu gewährenden angemessenen Unterhalts** grds nach der Lebensstellung des Unterhaltsbedürftigen bemisst. Kinder ohne Einkünfte haben aber idR keine eigene unterhaltsrechtlich relevante Lebensstellung, sondern haben an der Lebensstellung der Familie teil. Ihre Lebensstellung ist daher von der dieser Umgebung abzuleiten[1]. 2

a) Lebensstellung des minderjährigen unverheirateten Kindes. Die Lebensstellung eines minderjährigen unverheirateten Kindes getrennt lebender, geschiedener oder nicht miteinander verheirateter Eltern, das bei einem der Elternteile lebt, versorgt und betreut wird, richtet sich grds allein nach dem **Einkommen des barunterhaltspflichtigen Elternteils,** wenn die Einkünfte beider Eltern sich im mittleren Bereich halten und das Einkommen des betreuenden Elternteils nicht höher ist als das des anderen[2]. Der andere Elternteil leistet beim minderjährigen unverheirateten Kind seinen Beitrag zum Unterhalt idR durch die Pflege und Erziehung des Kindes (§ 1606 Abs 3 S 2). Der volle Unterhalt des 3

---

[31] *Borth* FamRZ 2006, 813, 817.
[32] *Baumgärtel/Laumen* Rn 1.
[1] BGH NJW 1981, 1559 = FamRZ 1981, 543, 544; NJW 1983, 1429 = FamRZ 1983, 473, 474.
[2] BGH NJW 1981, 1559 = FamRZ 1981, 543, 544; FamRZ 1987, 58; FamRZ 1989, 176, 177; NJW-RR 1996, 321 = FamRZ 1996, 160, 161.

§ 1610 Buch 4. Abschnitt 2. Verwandtschaft

minderjährigen unverheirateten Kindes wird durch den Bar- und den Naturalunterhalt sichergestellt. Bar- und Naturalunterhalt sind gleichwertig, wie sich aus § 1606 Abs 3 S 2 ergibt.

4 Der für die Unterhaltsbemessung maßgebende Lebensstandard wird durch die **tatsächlich verfügbaren Mittel** des barunterhaltspflichtigen Elternteils geprägt. Das minderjährige Kind nimmt danach nicht nur an Einkommenssteigerungen, sondern auch an dem wirtschaftlich geminderten Lebensstandard des barunterhaltspflichtigen Elternteils teil, wenn etwa dessen Einkommen durch unterhaltsrechtlich relevante Verbindlichkeiten oder hinzutretende weitere Unterhaltspflichten gemindert wird. Dies ist Folge seiner wirtschaftlichen Unselbständigkeit und der Abhängigkeit von den Einkommensverhältnissen der Eltern[3]. Soweit der sog Mindestunterhalt gesichert ist, haben Kinder auch den mit einem Wechsel in eine selbständige Tätigkeit verbundenen – vorübergehenden – Einkommensrückgang mitzutragen. Es gibt im Recht des Kindesunterhalts keine sog **Lebensstandardgarantie**[4]. Kinder nehmen ebenso an den wirtschaftlichen Folgen aus einer auswärtigen Erwerbstätigkeit (Mehrkosten einer doppelten Haushaltsführung) teil, wenn der Barunterhaltspflichtige aus anerkennenswerten persönlichen Gründen nicht an den Arbeitsort ziehen konnte[5].

5 Aus **fiktiven Einkünften,** die den Eltern tatsächlich nicht oder jedenfalls nicht so nachhaltig zur Verfügung gestanden haben, dass auch die Lebensstellung des unterhaltsberechtigten Kindes davon geprägt werden konnte, kann ein den Mindestunterhalt übersteigender Unterhaltsbedarf nicht hergeleitet werden[6]. Dieser Grundsatz schließt indes nicht aus, dass bei Verletzung der Erwerbsobliegenheit Unterhalt auf der Grundlage nicht den realen Erwerbsmöglichkeiten erzielbaren Einkommens zugesprochen werden kann[7]. Dies gilt erst recht, wenn dem Unterhaltspflichtigen ein unterhaltsrechtlich leichtfertiges Verhalten zur Last zu legen ist[8]. Ein über dem Mindestunterhalt eines Kindes hinausgehender Unterhaltsbedarf kann dann aus fiktiv zugerechneten Einkünften abgeleitet werden, wenn der Unterhaltspflichtige über längere Zeit tatsächlich Einkommen in entsprechender Höhe erzielt und daraus den Familienunterhalt bestritten hat. Der Bedarf des Kindes kann an den vormals erzielten Einkünften ausgerichtet werden, wenn der Unterhaltspflichtige nach tatrichterlicher Beurteilung ein solches Einkommen erzielen könnte[9].

6 b) **Lebensstellung des volljährigen Kindes.** Die Lebensstellung des volljährig gewordenen Kindes leitet sich zunächst auch weiterhin von den wirtschaftlichen Verhältnissen seiner Eltern ab, bis es durch eigene Einkünfte oder Vermögen zu wirtschaftlicher Selbständigkeit gelangt ist[10]. Dies wird idR erst mit dem Abschluss der Schul- und Berufsausbildung und der Aufnahme einer Berufstätigkeit der Fall sein. Der **Unterhaltsbedarf** kann nach der **Summe der Elterneinkommen** bemessen werden[11]; dabei kommt eine Begrenzung nach oben in Betracht[12]. Hat das Kind eine eigene Lebensstellung erreicht, orientiert sich im Fall einer **erneut eintretenden Unterhaltsbedürftigkeit** auch der Unterhaltsbedarf an dieser Lebensstellung. Insoweit kann auf Pauschalsätze (Bedarfssatz eines Alleinstehenden nach den DT/Unterhaltsleitlinien) und etwa hinzutretenden Mehrbedarf abgestellt werden[13].

7 **2. Bedarfsermittlung nach Tabellen und Leitlinien.** Für die Ermittlung des konkreten Bedarfsbetrages hat die Praxis Tabellen entwickelt, die den angemessenen Unterhalt im Interesse der Rechtssicherheit und Praktikabilität schematisierend in Gestalt der Einkommensgruppen und durch Einteilung in Altersstufen (§ 1612a Abs 1) bestimmen. Die Tabellensätze stellen Erfahrungssätze dar, die sich an den wirtschaftlichen Verhältnissen der Eltern, dem Lebensalter des Kindes und den durchschnittlichen Lebenshaltungskosten orientieren. Eine gemischte, konkret/pauschale Berechnung des Bedarfs ist danach nicht zulässig. Die Anwendung der **Tabellen** ist vom BGH anerkannt worden. Sie haben indes keine einer Rechtsnorm vergleichbare Verbindlichkeit, ihnen kommt jedoch die Bedeutung einer **richterlichen Entscheidungshilfe** zu[14]. In ihnen drücken sich die wirtschaftlichen Verhältnisse auf Seiten des Unterhaltsberechtigten wie auf Seiten des Unterhaltspflichtigen aus. Diese Wertung hat Bedeutung für ein auf die Änderung der Bedarfssätze gestütztes **Abänderungsbegehren.** Es enthält regelmäßig die Behauptung, dass sich die Einkommen und/oder die Lebenshaltungskosten seit der vorausgegangenen Fassung der Tabellen allgemein in einem Maße verändert haben, wie dies der

---

[3] BGH NJW-RR 1996, 321 = FamRZ 1996, 160, 161.
[4] OLG Zweibrücken FamRZ 1994, 1488; FamRZ 1997, 1420; FamRZ 2000, 765; OLG Hamm FamRZ 1997, 310.
[5] OLG Zweibrücken FamRZ 1997, 837.
[6] BGH NJW 1997, 735 = FamRZ 1997, 281, 283; OLG Karlsruhe FamRZ 1993, 1481, 1482; OLG Nürnberg NJWE-FER 1999, 86 = FamRZ 1999, 1452; dies gilt ebenfalls zum nachehelichen Unterhalt vgl BGH FamRZ 1992, 1045, 1047.
[7] BGH FamRZ 2000, 1358, 1359; *Kalthoener/Büttner* NJW 1997, 1818, 1819; vgl auch OLG Hamm FamRZ 1996, 629.
[8] OLG Zweibrücken NJWE-FER 1998, 198 = FamRZ 1999, 881; offen gelassen von OLG Bamberg FamRZ 1999, 883.
[9] BGH NJWE-FER 2001, 7.
[10] BGH NJW-RR 1986, 426 = FamRZ 1986, 151; NJW 1997, 735 = FamRZ 1997, 281.
[11] BGH NJW 2006, 57 = FamRZ 2006, 99 m Anm *Vießhues* 103 und *Scholz* 106.
[12] BGH NJW 1983, 1429 = FamRZ 1983, 473, 474; FamRZ 1986, 151; FamRZ 1988, 1039, 1040.
[13] OLG Hamm FamRZ 2004, 1061 betr 34 Jahre altes behindertes Kind; OLG Bamberg FamRZ 1994, 255; OLG Karlsruhe FamRZ 1986, 496; s auch *Oelkers* FamRZ 2002, 790.
[14] BGH NJW 2000, 3140, 3141; NJW-RR 1987, 516 = FamRZ 1987, 257, 258; FamRZ 1995, 221, 222.

Änderung der Bedarfssätze entspricht[15]. Der Vortrag ist danach geeignet, eine die Wesentlichkeitsschwelle des § 323 Abs 1 ZPO übersteigende Veränderung darzutun.

Die Tabellen und unterhaltsrechtliche Leitlinien der Obergerichte stellen auf den Fall ab, dass der Unterhaltspflichtige einem Ehegatten und 2 Kindern Unterhalt gewährt. Bei einer geringeren oder größeren Zahl Unterhaltsberechtigter sind daher **Höher- oder Herabstufungen** vorzunehmen. Auf weitere **Ab- und Zuschläge** in Höhe eines Zwischenbetrages sollte verzichtet werden. Es kommt auf den Einzelfall an, ob eine Höherstufung um eine, zwei oder – im Blick auf die bis zum 31. 12. 2007 bestehende Struktur der Düsseldorfer Tabelle mit einer größeren Anzahl der Einkommensgruppen – gar drei Einkommensgruppen angemessen ist. Hat der Unterhaltspflichtige lediglich den Unterhalt für ein Kind zu leisten, wird die Höherstufung um zwei Einkommensgruppen zu rechtfertigen sein[16]. Ebenso kann dies erwogen werden, wenn der Ehegattenunterhalt nicht anfällt oder später nicht mehr geschuldet wird. Liegt das Einkommen im unteren Grenzbereich einer Einkommensgruppe, wird die Höherstufung nur um eine Einkommensgruppe sachgerecht sein. In Anwendung von Anmerkung 6 der Düsseldorfer Tabelle ist darauf zu achten, dass der **Bedarfskontrollbetrag** gewahrt bleibt, der eine ausgewogene Verteilung des Einkommens zwischen dem Unterhaltspflichtigen und den unterhaltsberechtigten Kindern gewährleisten soll[17]. Ein ausgewogenes Verhältnis besteht nicht, wenn dem Unterhaltspflichtigen unter Berücksichtigung anderer Unterhaltspflichten der **Bedarfskontrollbetrag** der Einkommensgruppe nicht mehr verbleibt, welcher der Kindesunterhalt entnommen ist. Der Kindesunterhalt ist dann auf die Einkommensgruppe herabzusetzen, deren Bedarfskontrollbetrag nicht unterschritten wird.

Beispiel: Der Unterhaltspflichtige hat ein anrechenbares Nettoeinkommen von 2100 Euro. Danach ist der Kindesunterhalt für die 5, 8 und 14 Jahre alten Kinder der 3. Einkommensgruppe der Düsseldorfer Tabelle (Stand: 1. 1. 2008) zu entnehmen. Die Bedarfssätze von 307 Euro, 355 Euro und 402 Euro reduzieren das Einkommen auf 1036 Euro. Der Bedarfskontrollbetrag macht in dieser Einkommensgruppe 1100 Euro aus und ist nicht gewahrt. Die Bedarfssätze sind unter Herabstufung um 1 Einkommensgruppe der 2. Einkommensgruppe zu entnehmen. Sie betragen 293 Euro, 339 Euro und 384 Euro. Erst die Herabstufung auf diese Einkommensgruppe führt dazu, dass nach Abzug der Unterhaltsbeträge von dem Nettoeinkommen 1084 Euro verbleiben und damit der Bedarfskontrollantrag der 2. Einkommensgruppe von 1100 Euro nicht unterschritten wird.

Die **Höchstbeträge der Tabellen** können bei besonders günstigen Verhältnissen des Unterhaltspflichtigen überschritten werden; das Maß des Unterhalts bestimmt sich nach den Umständen des Einzelfalles. Eine **Sättigungsgrenze** iS einer Kappungsgrenze besteht für den Kindesunterhalt nicht. Der Unterhaltsberechtigte muss aber dann iE konkret dartun, aus welchen Gründen und in welchem Umfang sich eine Bedarfserhöhung über den Richtsatz der höchsten Einkommensgruppe hinaus rechtfertigt[18]. Eine schematische Fortschreibung der Sätze der Düsseldorfer Tabelle kommt nicht in Betracht[19]. Der Bedarf eines Kindes ist nach oben durch seine Situation, durch das Kindsein begrenzt. Es findet über den Unterhalt keine Teilhabe an besonders guten wirtschaftlichen Verhältnissen der Eltern statt[20].

Die Richtsätze berücksichtigen die **durchschnittlichen Lebenshaltungskosten** eines Kindes, welches bei einem Elternteil lebt, mithin die Kosten für Wohnung, Nahrung, Krankenvorsorge, Ferien und Freizeit, Pflege musischer und sportlicher Interessen sowie das Taschengeld[21].

Der nach den Richtsätzen ermittelte Barunterhaltsbedarf kann zu kürzen sein, wenn das Kind über einen längeren Zeitraum **Aufenthalt bei dem baruntherhaltspflichtigen Elternteil** hat und ihm dort Naturalleistungen erbracht werden. Der Sorgeberechtigte hat nicht die Aufwendungen, die ansonsten bestehen und durch den Barunterhalt ausgeglichen werden sollen. Der Barunterhaltspflichtige ist hingegen doppelt belastet. Gleichwohl verbleiben dem Sorgeberechtigten die Wohn- und Nebenkosten sowie Aufwendungen für Kleidung, Schule, Kindergarten oÄ, die mit etwa 1/3 der Lebenshaltungskosten für das Kind veranschlagt werden können[22]. Der Aufenthalt des Kindes im Rahmen der Umgangsregelung (Wochend- und Ferienbesuch) rechtfertigt eine Kürzung allerdings idR nicht[23]. Dies folgt aus der pauschalierten Natur des Unterhaltsanspruchs. Bedarfsminderungen, die gegenüber dem Umfang der laufenden Unterhaltsverpflichtung nicht besonders ins Gewicht fallen, müssen im Interesse einer Befriedung und Beruhigung des Verhältnisses zwischen den Unterhaltsparteien außer Betracht bleiben.

Ein Teil des nach den Richtsätzen der Düsseldorfer Tabelle bemessenen Kindesunterhalts kann dem **Wohnbedarf des Kindes** zugerechnet werden[24]. Ein konkreter Betrag ist in den Tabellenwerten nicht

---

[15] BGH FamRZ 1995, 221, 222.
[16] BGH FamRZ 1994, 696; OLG Frankfurt FamRZ 1990, 658.
[17] OLG Hamm FamRZ 1995, 1218, 1219; zur Notwendigkeit einer Angemessenheitskontrolle im Mangelfall vgl BGH FamRZ 1992, 539, 541.
[18] BGH NJWE-FER 2001, 253 = FamRZ 2001, 1603; NJW 2000, 954 = FamRZ 2000, 358; NJW 1983, 1429 = FamRZ 1983, 473, 474; NJW-RR 1986, 1261; OLG Frankfurt FamRZ 1993, 98, 99.
[19] BGH FuR 2001, 326.
[20] BGH FamRZ 1987, 58; FamRZ 1983, 473: keine Teilhabe am Luxus.
[21] BGH NJW 1983, 1429 = FamRZ 1983, 473.
[22] OLG Hamm FamRZ 1994, 529; KG FamRZ 1979, 327.
[23] BGH FamRZ 1984, 470, 472; OLG Hamm FamRZ 1994, 529.
[24] BGH NJW 2006, 57 = FamRZ 2006, 99; NJW 1992, 1044 = FamRZ 1992, 423, 424; NJW 1989, 2809 = FamRZ 1989, 1160, 1163.

§ 1610

festgelegt. Die Bestimmung ist dem Tatrichter vorbehalten[25]. Diese Rspr kann Bedeutung in den Fällen gewinnen, in denen der barunterhaltspflichtige Elternteil im Einvernehmen mit dem Sorgeberechtigten einem Kind durch Wohnungsgewährung (etwa in der ihm gehörenden Wohnung) teilweise Unterhalt in Natur gewährt. Der Richtsatz der Düsseldorfer Tabelle ist um einen entsprechenden Teil zu kürzen, der indes nicht mit dem Mietwert der bewohnten Räume, sondern nur mit einem maßvollen Anteil des sich aus der Tabelle ergebenden Bedarfssatzes zu bemessen ist[26]. Bedarfsmindernd wirkt sich ein Wohnvorteil des Kindes ebenso aus, wenn das Kind im eigenen Immobilienvermögen lebt. Bei der Bemessung des Wohnwertes ist der Schutzwürdigkeit des Kindes Rechnung zu tragen. Es verbietet sich der Ansatz eines Wertes, der das Kind zum Verkauf der Immobilie zwingen würde. Das **mietfreie Wohnen des Kindes bei dem Sorgeberechtigten** mindert den Bedarf nicht. Der Sorgeberechtigte genügt damit der eigenen Unterhaltspflicht; er beabsichtigt regelmäßig keine Entlastung des barunterhaltspflichtigen Elternteils. Bei Fremdunterbringung des Kindes kann der Wohnbedarf höher als in den Tabellenbeträgen vorgesehen liegen. Ein solcher Mehrbedarf ist gesondert geltend zu machen. Erhöhter Wohnbedarf kann jedoch durch Inanspruchnahme von Wohngeld zu decken sein.

13 In dem Tabellenbetrag der Düsseldorfer Tabelle und den von den Obergerichten zugrunde gelegten Unterhaltstabellen ist das staatliche **Kindergeld** nicht enthalten.

14 Im Rahmen der **Familienversicherung** sind die Kinder überwiegend für den Krankheitsfall mitversichert. Deshalb umfassen die Tabellenbeträge nicht die **Kosten einer Kranken- und Pflegeversicherung**[27]. Ist das Kind ausnahmsweise nicht mitversichert, besteht Anspruch auf den Beitrag zur Krankenversicherung/Pflegeversicherung[28]. Diese Kosten müssen gesondert verlangt werden; sie werden nicht von Amts wegen zugesprochen[29]. Die Aufwendungen für die Krankenversicherung und die Pflegeversicherung sind von dem Einkommen des barunterhaltspflichtigen Elternteils abzusetzen[30]. Minderjährige Kinder aus erster Ehe können indes verpflichtet sein, sich im Rahmen der Familienversicherung des Vaters beitragsfrei mitversichern zu lassen[31]. Es bedarf der Mahnung des Krankenvorsorgebedarfs. Diese ist allerdings dann entbehrlich, wenn der Unterhaltspflichtige ohne Vorankündigung die Kinder bei seiner Krankenversicherung abmeldet und so anderweitigen Krankenversicherungsbedarf begründet[32]. Den Unterhaltspflichtigen kann zudem eine Schadensersatzverpflichtung treffen, wenn er den Unterhaltsberechtigten nicht rechtzeitig von seiner Absicht, die von ihm bisher finanzierte Krankenversicherung zu kündigen, in Kenntnis setzt[33].

15 Die Tabellen gelangen **stichtagsbezogen** zur Anwendung. Dies gilt für deren Geltungsdauer wie für die den jeweiligen Altersgruppen zugeordneten Richtsätze. Mit der Vollendung des 6. und des 12. Lebensjahres findet ein Übergang in die höhere Altersstufe statt. Vielfach wird in der Praxis dieser Wechsel in die nächst höhere Altersstufe fehlerhaft, nämlich ein Jahr verspätet, umgesetzt. Das Kind gelangt bereits am Tage seines 6. und 12. Geburtstages in die höhere Altersstufe. Der Unterhalt der höheren Altersstufe wird ab dem Beginn des Monats geschuldet, in dem das Kind das betreffende Lebensjahr vollendet, § 1612 a Abs 3.

16 Aus der stichtagsbezogenen Anwendung folgt, dass das Erreichen der nächsten Altersstufe der Tabelle Abänderungsgrund iS des § 323 ZPO sein kann. Dem Abänderungskläger kann nicht entgegengehalten werden, bereits im Zeitpunkt der Vorentscheidung sei eine Änderung der allgemeinen wirtschaftlichen Verhältnisse vorhanden gewesen, wenn sein Unterhalt noch nach der zurzeit der Vorentscheidung geltenden Tabelle tituliert wurde und sich die Änderung erst in den nach der Vorentscheidung erfolgten Neufassung der Tabelle niedergeschlagen hat[34].

16 a **Unterschiedliche Wohnsitze** des unterhaltsberechtigten Kindes und des Unterhaltspflichtigen konnten nach dem bis zum 31. 12. 2007 geltenden Recht zur Anwendung verschiedener Tabellen führen. Dies kam in den Fällen zum Tragen, in denen eine Unterhaltspartei in den alten und die andere in den neuen Bundesländern lebte (sog **Ost-West-Fälle**). Der Bedarf des unterhaltsberechtigten Kindes wurde nach dem an seinem Wohnsitz maßgeblichen Tabellenwerk bestimmt, während sich der Selbstbehalt des Unterhaltspflichtigen nach dem Tabellenwerk seines Wohnsitzes richtete. Dies hatte seinen Grund darin, dass die jeweiligen örtlichen Verhältnisse das Unterhaltsrechtsverhältnis prägten. § 1612 a schafft ab dem 1. 1. 2008 für das gesamte Bundesgebiet einheitliche Verhältnisse.

17 **3. Bedarfsermittlung.** Der Barunterhaltsbedarf des **minderjährigen unverheirateten Kindes**, das im Haushalt eines Elternteils lebt und dort betreut und versorgt wird, ist abhängig von den Einkommens- und Vermögensverhältnissen des **barunterhaltspflichtigen Elternteils**. In der Praxis gewinnt somit das unterhaltsrechtlich relevante Einkommen entscheidende Bedeutung. Das Einkommen des barunterhaltspflichtigen Elternteils bestimmt allein den Barunterhaltsbedarf, auch wenn der betreuende Elternteil eigenes Einkommen erzielt. Dies gilt, soweit sich die Einkünfte der Eltern im mittleren Bereich halten und das Einkommen des betreuenden Elternteils nicht höher ist als dasjenige

---

[25] Vgl *Scholz* FamRZ 1993, 125, 132.
[26] OLG Düsseldorf FamRZ 1994, 1049, 1053; vgl auch *Graba* FamRZ 1995, 385, 389.
[27] OLG Naumburg FamRZ 2007, 1116.
[28] OLG Dresden NJW-RR 2003, 364.
[29] OLG Hamm FamRZ 1990, 541.
[30] OLG Dresden NJW-RR 2003, 364.
[31] OLG Düsseldorf FamRZ 1994, 396.
[32] OLG Hamm FamRZ 1995, 1219, 1220.
[33] OLG Koblenz FamRZ 1989, 1111.
[34] BGH FamRZ 1995, 221, 224.

des barunterhaltspflichtigen[35]. Nach Maßgabe des anrechenbaren Einkommens ist der Bedarf des Kindes unter Zuordnung zu der jeweiligen Einkommensgruppe und Altersstufe der maßgeblichen Unterhaltstabelle zu ermitteln. Im Fall **auswärtiger Unterbringung** des minderjährigen unverheirateten Kindes, etwa bei den Großeltern, kommt die anteilige Barunterhaltspflicht beider Elternteile zum Zuge, denn in diesem Fall leistet kein Elternteil Naturalunterhalt. Ist in den Fällen der Fremdunterbringung ein Elternteil verstorben, schuldet der überlebende Elternteil dem Kind zur Sicherstellung des gesamten Lebensbedarfs neben dem Barunterhalt auch den – in derartigen Fällen von Dritten geleisteten – Betreuungsunterhalt, der sich regelmäßig pauschal nach der Höhe des Barunterhalts richtet; es ist also der **doppelte Tabellenbetrag** zu leisten, auf den nach Lage des Falles Kindergeld und sonstige Einkünfte des Kindes in vollem Umfang anzurechnen sind[36].

Der Barunterhaltsbedarf des **volljährigen Kindes** bestimmt sich nach den Einkommens- und Vermögensverhältnissen **beider Elternteile**. Naturalunterhalt wird, auch dem nach § 1603 Abs 2 S 2 privilegierten volljährigen Kind gegenüber, nach Eintritt der Volljährigkeit von Gesetzes wegen nicht mehr geschuldet. Die Barunterhaltsverpflichtung trifft nunmehr beide Elternteile. Maßgebend für den Bedarf sind die zusammengerechneten Einkünfte der Eltern[37]. Auf das Einkommen eines Elternteils kann abgestellt werden, wenn der andere Elternteil kein auskömmliches, über dem Selbstbehalt liegendes eigenes Einkommen erzielt[38]. Dieser Elternteil schuldet dann höchstens den Unterhalt, der sich allein auf der Grundlage seines Einkommens aus der 4. Altersstufe der Düsseldorfer Tabelle ergibt[39]. Auf den Unterhalt wird auch in den Fällen, in denen das Kind bei dem leistungsunfähigen Elternteil wohnt und ihm dort Naturalunterhaltsleistungen erbracht werden, das volle Kindergeld und eine etwaige Ausbildungsvergütung angerechnet[40]. 18

Nach den unterhaltsrechtlichen Leitlinien kann der Bedarf des volljährigen Kindes den diesen beigefügten Tabellen entnommen werden. Der jeweiligen Lebenssituation des Kindes ist bei der Bedarfsbemessung Rechnung zu tragen. Der Unterhaltsbedarf eines **volljährigen, nach § 1603 Abs 2 S 2 privilegierten Kindes** wird entspr den zusammengerechneten Einkommen beider Elternteile nach der jeweiligen Einkommensgruppe und der 4. Altersstufe bestimmt. Die Düsseldorfer Tabelle weist seit ihrer Neufassung zum 1. 7. 1998 aus Vereinfachungsgesichtspunkten eine 4. Altersstufe aus. Die Lebenssituation dieser Kinder und ihr Gleichrang mit den minderjährigen Kindern rechtfertigen es, ihren Bedarf in angemessener Fortführung und Anpassung an die Regelbeträge für minderjährige Kinder zu bemessen. Um die mit § 1612b Abs 5 aF bezweckte Sicherung des Existenzminimums für volljährige Kinder zu gewährleisten, war der Tabellenunterhalt der 4. Altersstufe der Düsseldorfer Tabelle (Stand: 1. 7. 2007) in den ersten 3 Einkommensgruppen einheitlich mit 389 Euro aufgenommen worden. Dieser stimmte mit dem Tabellenbetrag der 6. Einkommensgruppe der 3. Altersstufe überein. Auf diese Höhe war das in § 1612b Abs 5 aF für jüngere Kinder geschützte Existenzminimum (135% des jeweiligen Regelbetrags) zu veranschlagen[41]. Mit dem Tabellenbetrag der 4. Einkommensgruppe wurde das sog Existenzminimum überschritten. Die Düsseldorfer Tabelle übernahm dann auch wieder die übliche Berechnung des sich für die 4. Altersstufe ergebenden Tabellenbetrages (Tabellenbetrag der 3. Altersstufe zuzüglich der Differenz zur 2. Altersstufe). Die Düsseldorfer Tabelle (Stand: 1. 1. 2008) hat diese Differenzierung aufgegeben; der Mindestunterhalt für minderjährige Kinder ist nunmehr in der 1. Einkommensgruppe enthalten. 19

Für ein **nicht im Haushalt eines Elternteils lebendes volljähriges Kind mit eigenem Hausstand,** ebenso für **ein im Studium befindliches volljähriges Kind** kann idR ein pauschaler, von den Einkünften der Eltern unabhängiger Bedarfssatz von 640 Euro (Düsseldorfer Tabelle, Stand: 1. 1. 2008, Anm 7) in Ansatz gebracht werden. Der Bedarfssatz deckt idR den gesamten Bedarf eines Studenten ab, also vor allem Verpflegung, Wohnen, Studienkosten, Fachliteratur, Fahrten am Studienort und Heimfahrten zu einem Elternteil. **Studiengebühren** sind nicht enthalten. War der Bedarf des volljährigen Kindes bislang schon infolge der guten Einkommensverhältnisse der Eltern an der höchsten Einkommensgruppe ausgerichtet und damit höher als der pauschale Bedarfssatz von 640 Euro, kann sich im Blick auf die guten Einkommensverhältnisse der Eltern und den mit dem Studium verbundenen Mehraufwand eine Fortführung der Bedarfsbemessung in bisheriger Höhe oder gar eine weitere angemessene Erhöhung rechtfertigen[42]. 20

Bei der **Heimunterbringung** eines minderjährigen wie eines volljährigen Kindes richtet sich dessen Bedarf grds nach den durch die Heimunterbringung anfallenden Kosten[43]. 21

Das idR volljährige Kind, welches auf Grund der Wehrpflicht **Wehrdienst** leistet, hat im Normalfall, auch bei günstigen wirtschaftlichen Verhältnissen der Eltern, für diese Zeit keinen ergänzenden Unter- 22

---

[35] BGH NJW 1981, 1559 = FamRZ 1981, 543.
[36] BGH NJW 2006, 3421 = FamRZ 2006, 1597.
[37] BGH NJW 2006, 57 = FamRZ 2006, 99 m Anm *Viefhues* 103 und *Scholz* 106.
[38] BGH NJW 1997, 735 = FamRZ 1997, 281, 283.
[39] BGH NJW 1997, 735; s auch Ziff 13.1.1 der unterhaltsrechtlichen Leitlinien.
[40] BGH NJOZ 2006, 1831 = FamRZ 2006, 774.
[41] BGH NJW 2007, 1747 = FamRZ 2007, 542.
[42] OLG Hamm FamRZ 1995, 1005, 1006; OLG Düsseldorf FamRZ 1999, 1452.
[43] BGH FamRZ 2007, 377 für minderjährige Kinder; dort auch zu den bedarfsdeckenden Leistungen der Kinder- und Jugendhilfe nach dem SGB VIII und zur Heranziehung der Eltern durch Erhebung eines Kostenbeitrags nach § 92 SGB VIII; s dazu die Kostenbeitragsverordnung vom 1. 10. 2005, BGBl I S 2907, iVm der Kostenbeitragstabelle, BGBl I S 2909; BGH NJW-RR 1986, 66 = FamRZ 1986, 48 für volljähriges behindertes Kind; OLG Oldenburg FamRZ 1996, 625.

haltsanspruch gegen seine Eltern. Ihm stehen nämlich bei gedecktem Wohnbedarf mit dem Wehrsold und der Dezemberzuwendung zur Befriedigung seines Freizeit-, Freizeitkleidungs- und Reisekostenbedarfs Mittel in einer Höhe zur Verfügung, die diejenigen Beträge übersteigen, die ein auswärts studierendes Kind für die gleichen Zwecke aufwenden kann. Im Einzelfall kann ein besonderer zusätzlicher Unterhaltsbedarf bestehen, der jedoch konkret dargetan werden muss. Er kann etwa gegeben sein, wenn die Eltern dem Sohn vor dem Wehrdienst die Eingehung von nicht unbedeutenden, wiederkehrenden Verpflichtungen ermöglicht haben (zB Mitgliedschaft in einem Sportverein, Musikunterricht, Bezug von periodisch erscheinenden Veröffentlichungen) und eine Beendigung der Verpflichtung nicht möglich, wirtschaftlich unvernünftig oder unzumutbar wäre[44]. An die Darlegungs- und Beweislast für diesen ergänzenden Unterhaltsanspruch sind hohe Anforderungen zu stellen[45]. Bei Zivildienstleistenden sind die gleichen Grundsätze maßgeblich, wenn der **Zivildienstleistende** eine Unterkunft gestellt erhält, seine Wohnkosten also in voller Höhe durch den Bund getragen werden[46]. Wer den Zivildienst bei einer Beschäftigungsstelle leistet, die ihm keine dienstliche Unterkunft gewährt, kann wegen des Wohnbedarfs unter Umständen von den Eltern Unterhalt beanspruchen[47].

III. Lebensbedarf (Abs 2)

23   Der Unterhalt umfasst den gesamten Lebensbedarf einschließlich der **Kosten einer angemessenen Vorbildung zu einem Beruf,** bei einer der Erziehung bedürftigen Person auch die **Kosten der Erziehung.**

24   **1. Allgemeiner Lebensbedarf.** Dem allgemeinen Lebensbedarf sind die Mittel für Ernährung, Kleidung, Wohnen, Gesundheitsfürsorge – nicht Alters- und Invaliditätsvorsorge –, Freizeitgestaltung, Erholung und die Teilnahme am kulturellen Leben zuzurechnen. Anspruch hat das Kind auch auf ein angemessenes Taschengeld.

25   **2. Mehrbedarf.** Der durch die Richtsätze der Tabellen bestimmte laufende Unterhalt deckt im Einzelfall den gesamten Lebensbedarf nicht ab. Treten Mehrkosten hinzu, die durch die Richtsätze nicht erfasst werden, sind diese neben dem laufenden Unterhalt zu zahlen. Voraussetzung der Zahlungspflicht ist, dass es sich bei den Mehrkosten um **vorhersehbare, regelmäßig anfallende Mehraufwendungen** handelt und die Mehraufwendungen im Interesse des Kindes zu Lasten des Unterhaltspflichtigen berechtigt sind. Zum **Sonderbedarf**s bei § 1613[48]. Krankheitsbedingter Mehrbedarf kann durch die Pflegebedürftigkeit eines behinderten Kindes entstehen[49]. Mehrbedarf stellen auch die für längere Zeit anfallenden einer psychotherapeutischen Behandlung dar[50]. Der Besuch einer Privatschule[51], eines Internats kann zu Mehrbedarf führen[52]. Der Kindergartenbeitrag ist bei dem Kind, bei dem er anfällt, Mehrbedarf, wenn er durch den Tabellenbedarf nicht mehr abgedeckt werden kann[53].

26   § 1606 Abs 3 S 2 hindert nicht die **Beteiligung des betreuenden Elternteils an dem Mehrbedarf,** insbes des behinderten Kindes. In Anwendung des § 1606 Abs 3 S 1 ist eine den Interessen gerecht werdende Lösung zu finden. Mit in Betracht zu ziehen ist bei der Verteilung der Mehrkosten, ob und inwieweit der betreuende Elternteil wegen der Behinderung des Kindes bereits erhöhte Betreuungsleistungen erbringt[54].

27   **3. Prozesskostenvorschuss.** Der Unterhaltsanspruch kann neben den Kosten des allgemeinen Lebensbedarf auch den Anspruch auf einen Prozesskostenvorschuss umfassen.

28   **a) Rechtsnatur.** Der Anspruch auf Prozesskostenvorschuss ist **unterhaltsrechtlicher Natur**[55]. Seine Rechtfertigung hat der Anspruch in den unterhaltsrechtlichen Beziehungen zwischen Eltern und Kindern und der besonderen Verantwortung des Unterhaltspflichtigen. In den Vorschriften zum Verwandtenunterhalt nach §§ 1601 ff findet sich eine den §§ 1360a Abs 4, 1361 Abs 4 S 4 entsprechende Bestimmung nicht.

29   **b) Anspruchsberechtigung.** Die **Prozesskostenvorschusspflicht besteht minderjährigen Kindern gegenüber**[56]. Eltern schulden ebenso ihren **volljährigen Kindern** einen Prozesskostenvorschuss, wenn sie sich in der Ausbildung befinden und noch keine selbständige Lebensstellung erreicht haben[57]. Der Anspruch beruht auf der analogen Anwendung des § 1360a Abs 4.

30   Eltern **volljähriger Kinder** haften im Rahmen ihrer Vorschusspflicht grds nach Maßgabe ihrer Einkommens- und Vermögensverhältnisse (§ 1606 Abs 3 S 1). Das volljährige Kind hat daher die

---

[44] BGH NJW 1990, 713 = FamRZ 1990, 394, 395.
[45] OLG Hamburg FamRZ 1987, 409.
[46] OLG Hamburg FamRZ 1987, 409; OLG Hamm FamRZ 1993, 100.
[47] BGH NJW 1994, 938 = FamRZ 1994, 303.
[48] BGH NJW 2006, 1509 = FamRZ 2006, 612.
[49] BGH NJW 1983, 2082 = FamRZ 1983, 689.
[50] OLG Düsseldorf FamRZ 2001, 444.
[51] OLG Düsseldorf FamRZ 1991, 806.
[52] BGH NJW 1983, 393 = FamRZ 1983, 48.
[53] OLG Stuttgart NJW 1998, 3129 = FamRZ 1999, 884.
[54] BGH NJW 1983, 2082 = FamRZ 1983, 689.
[55] BGHZ 89, 33, 38 = FamRZ 1984, 465, nur LS; BGH NJW 1990, 1479 = FamRZ 1990, 491.
[56] BGH FamRZ 2004, 1633; *Kalthoener/Büttner,* Prozesskostenhilfe und Beratungshilfe, Rn 360.
[57] BGH NJW 2005, 1722 = FamRZ 2005, 883 m Anm *Borth;* OLG Hamm NJW 1999, 798; OLG Düsseldorf FamRZ 1992, 1320.

Darlegungslast für den von dem jeweiligen Elternteil geschuldeten Anteil des Vorschusses. Ist der Anteil von einem Elternteil nicht oder nur unter großen Schwierigkeiten zu erlangen, kommt die Ersatzhaftung nach § 1607 Abs 2 S 2 in Betracht[58]. Das minderjährige Kind kann auch von dem betreuenden Elternteil bei entsprechender Leistungsfähigkeit[59] einen Prozesskostenvorschuss verlangen, wenn es einen solchen von dem barunterhaltspflichtigen Elternteil nicht erlangen kann[60].

c) **Voraussetzungen.** Im Unterhaltsrecht unter Verwandten, welches keine Regelung des Anspruchs auf Zahlung eines Prozesskostenvorschusses kennt, ist Voraussetzung, dass es sich um eine **persönlich lebenswichtige Angelegenheit** handelt[61]. Darunter fallen Unterhaltsverfahren, an denen das Kind auf der Aktiv- oder Passivseite beteiligt ist. 31

Der Anspruchsteller muss bei Einleitung des Verfahrens oder zu dem Zeitpunkt, in dem er in das Verfahren verwickelt wird, **bedürftig,** mithin nicht in der Lage sein, die Prozesskosten selbst zu tragen. Der Anspruchsteller kann auf den Einsatz seines Vermögens verwiesen werden, jedoch dürfte dies bei minderjährigen Kindern nur ausnahmsweise in Betracht kommen. 32

Die Inanspruchnahme setzt ferner die **Leistungsfähigkeit** des Pflichtigen voraus. Unterste Grenze ist bei der unterhaltsrechtlich gebotenen Prüfung der angemessene Unterhalt iS der §§ 1581, 1603[62]. Auf den notwendigen Selbstbehalt ist jedoch abzustellen, wenn es um die Prozesskostenvorschusspflicht von einem minderjährigen und einem gleichgestellten privilegierten volljährigen Kind geht[63]. Der Anspruch auf Prozesskostenvorschuss besteht nicht, wenn der Vorschusspflichtige selbst Prozesskostenhilfe ohne Raten erhalten würde[64]. Kann der Vorschusspflichtige wegen eingeschränkter Leistungsfähigkeit den gesamten Betrag nicht in einer Summe bezahlen, ist nach unterhaltsrechtlichen Maßstäben zu entscheiden, ob er den Prozesskostenvorschuss als eine Form von Sonderbedarf neben den sonstigen Verpflichtungen in Raten ohne Gefährdung seines eigenen Selbstbehalts leisten kann. Ist dies der Fall, gebietet es die Billigkeit allerdings, dass die Ratenzahlungsbelastung nicht weitergehend sein darf, als sie den Vorschusspflichtigen bei eigener Prozessführung treffen würde[65]. Die von dem Vorschusspflichtigen zu leistenden Raten sind Vermögen des Kindes gemäß § 115 ZPO. Dieses ist einzusetzen[66]. Im Rahmen der zu bewilligenden Prozesskostenhilfe sind ihm im Umfang der auf den Prozesskostenvorschuss zu leistenden Raten Ratenzahlungen aufzugeben[67]. 33

Die Vorschusspflicht muss der **Billigkeit** entsprechen[68]. 34

Die Rechtsverfolgung muss **hinreichende Aussicht auf Erfolg** bieten; sie darf nicht mutwillig sein[69]. Hierdurch soll vermieden werden, dass der Pflichtete zur Finanzierung eines von vornherein aussichtslosen Rechtsstreits herangezogen wird. Die Prüfung hat sich an den Grundsätzen des Prozesskostenhilferechts zu orientieren[70]. 35

d) **Zeitliche Grenzen.** Nach Beendigung des Verfahrens oder der Instanz kann der Prozesskostenvorschuss nicht mehr verlangt werden, wenn der Anspruch gegenüber dem Unterhaltspflichtigen noch nicht geltend gemacht war[71]. Nach Beendigung des Verfahrens kann aus einer einstweiligen Anordnung auf Zahlung eines Prozesskostenvorschusses, solange nicht die Voraussetzungen für eine Rückforderung des Vorschusses gegeben sind, die **Zwangsvollstreckung** betrieben werden. Dies gilt selbst dann, wenn der Anspruchsberechtigte nach der Entscheidung im Hauptsacheverfahren die Kosten insgesamt zu tragen hat[72]. 36

Die **Aufrechnung** des Vorschusspflichtigen mit dessen Kostenerstattungsanspruch aus dem Hauptsacheverfahren ist nicht statthaft. Dies folgt wegen der Zweckbindung des Prozesskostenvorschusses jedenfalls aus § 394 iVm § 851 Abs 1 ZPO, § 399. Der Anspruch kann nur an den Prozessbevollmächtigten oder das Gericht wegen dessen Kosten übertragen werden (§ 399). Er ist nicht pfändbar[73]. 37

e) **Rückzahlung des Prozesskostenvorschusses.** Der Anspruch auf Rückzahlung eines Prozesskostenvorschusses leitet sich gleichfalls aus den **unterhaltsrechtlichen Vorschriften** her. Mangels spezialgesetzlicher Regelung ist dabei der den §§ 1360 ff zugrundeliegende Rechtsgedanke heranzuziehen, und zwar unter Berücksichtigung des Vorschusscharakters der Leistung[74]. Die Rückforderung ist 38

---

[58] Vgl *Duderstadt* FamRZ 1995, 1305, 1310.
[59] OLG Schleswig FamRZ 1991, 855; OLG München FamRZ 1991, 347.
[60] OLG Karlsruhe FamRZ 1996, 1100; OLG Jena NJWE-FER 1999, 8; OLG Köln NJWE-FER 1999, 8 betr Vorschusspflicht für den Abstammungsprozess; *Wendl/Scholz* § 6 Rn 25; aA OLG München FamRZ 1991, 347; OLG Schleswig FamRZ 1991, 855.
[61] BGH NJW 1964, 2152; *Palandt/Diederichsen* Rn 14.
[62] OLG Koblenz FamRZ 1986, 284; *Schwab/Borth* IV Rn 77.
[63] BGH FamRZ 2004, 1634, 1635.
[64] BGH FamRZ 2004, 1634, 1635; OLG Oldenburg FamRZ 1994, 113; OLG Düsseldorf FamRZ 1993, 1474.
[65] BGH FamRZ 2004, 1634, 1635; OLG Dresden FamRZ 2002, 1412.
[66] *Bißmeier* FamRZ 2002, 863.
[67] So jetzt BGH FamRZ 2004, 1633.
[68] BGH FamRZ 2001, 1633.
[69] BGH FamRZ 2001, 1633; FamRZ 2001, 1363.
[70] BGH FamRZ 2001, 1263.
[71] BGH NJW 1985, 2263 = FamRZ 1985, 802; OLG Celle FamRZ 1992, 702; für einen Schadensersatzanspruch bei Schuldnerverzug vor Abschluss der Instanz OLG Köln FamRZ 1991, 842.
[72] BGH NJW 1985, 2263 = FamRZ 1985, 802; FamRZ 1986, 40, 42.
[73] BGH NJW 1985, 2263 = FamRZ 1985, 802.
[74] BGH FamRZ 1971, 360.

§ 1610

gerechtfertigt, wenn die Voraussetzungen, unter denen er verlangt werden konnte, nicht mehr bestehen, insbes weil sich die wirtschaftlichen Verhältnisse des Empfängers wesentlich verbessert haben, ferner, wenn die Rückzahlung aus anderen Gründen der Billigkeit entspricht. Aus Billigkeitsgründen lässt sich die Rückforderung grds dann rechtfertigen, wenn die Voraussetzungen für die Gewährung des Vorschusses nicht gegeben waren[75]. Die Vorschriften der §§ 814, 818 Abs 3 greifen nicht ein; es handelt sich nicht um einen bereicherungsrechtlichen Anspruch. Die Rückforderung eines Prozesskostenvorschusses richtet sich allein nach materiellem Recht. Mit dem Rückzahlungsanspruch kann gegen die Forderung auf Zahlung rückständigen Unterhalts aufgerechnet werden. Im **Kostenfestsetzungsverfahren** kann ein Anspruch auf Rückzahlung nicht durchgesetzt werden, denn dieses hat die einzige Aufgabe, die richterliche Kostengrundentscheidung ziffernmäßig auszufüllen bzw zu ergänzen[76]. Etwas anderes kann gelten, wenn der Vorschussempfänger mit der Anrechnung im Kostenfestsetzungsverfahren einverstanden ist[77].

39 f) **Verhältnis zur Prozesskostenhilfe.** Die Prozesskostenhilfebedürftigkeit besteht nicht, wenn nach materiellem Recht ein **unzweifelhaft bestehender und alsbald durchsetzbarer Anspruch auf Zahlung eines Prozesskostenvorschusses** besteht[78]. Ein derartiger Anspruch zählt zum Vermögen, welches ein Antragsteller gemäß § 115 Abs 2 ZPO vorrangig zur Bestreitung der Verfahrenskosten einzusetzen hat. Kann der Vorschusspflichtige den Prozesskostenvorschuss nicht auf einmal, sondern nur in Raten zahlen, gilt nichts anderes. Dem Antragsteller sind dann lediglich monatliche Raten nach § 120 ZPO aufzuerlegen nach Maßgabe der Leistungsfähigkeit des Vorschusspflichtigen, unter Berücksichtigung von Billigkeitsgesichtspunkten und in Anwendung der Tabelle zu § 115 Abs 1 ZPO[79]. Der Beginn der Ratenzahlung sollte auf den Zeitpunkt festgelegt werden, zu dem der Anspruch auf Prozesskostenvorschuss realisiert werden kann[80]. In einem Prozesskostenhilfegesuch ist darzutun, dass der Antragsteller nicht in der Lage ist, die Prozesskosten im Wege eines durchsetzbaren Anspruchs auf Prozesskostenvorschuss zu finanzieren[81].

40 4. **Ausbildungsunterhalt (Abs 2).** Der Unterhaltsanspruch eines Kindes erstreckt sich auf die Kosten einer angemessenen Vorbildung zu einem Beruf.

41 a) **Angemessene Ausbildung.** Angemessen ist eine Berufsausbildung, die der **Begabung und der Fähigkeit des Kindes,** seinem **Leistungswillen** und seinen **beachtenswerten Neigungen** am besten entspricht und deren Finanzierung sich in den Grenzen der **wirtschaftlichen Leistungsfähigkeit der Eltern** hält. Geschuldet wird die den Eltern wirtschaftlich zumutbare Finanzierung einer optimalen begabungsbezogenen und den beachtenswerten Neigungen des Kindes entsprechende Berufsausbildung[82].

42 b) **Gegenseitigkeitsprinzip.** Der Anspruch des Kindes und die Pflicht der Eltern sind von einem Gegenseitigkeitsprinzip geprägt. Aus dem Gegenseitigkeitsprinzip folgt, dass sich das Kind nach dem Abgang von der Schule binnen einer angemessenen, an dem Alter, dem Entwicklungsstand und den gesamten Lebensumständen ausgerichteten **Orientierungsphase** für die Aufnahme einer seinen Fähigkeiten und Neigungen entsprechenden Ausbildung entscheidet und diese Ausbildung zielstrebig angeht. Eine zu lange Verzögerung lässt den Unterhaltsanspruch entfallen. Die Eigenverantwortung tritt in den Vordergrund. Das Kind muss seinen Lebensunterhalt selbst mit ungelernten Tätigkeiten oder auf Grund seiner sonstigen Begabungen und Fertigkeiten verdienen[83]. Mit dem Anspruch des Kindes korrespondiert ferner die Pflicht, die Ausbildung mit gehörigem **Fleiß** und gebotener **Zielstrebigkeit** zu betreiben, um sie innerhalb angemessener und üblicher Dauer zu beenden und sich danach selbst zu unterhalten[84]. Verletzt das Kind **nachhaltig** diese Obliegenheit, führt dies zum Wegfall des Unterhaltsanspruchs, ohne dass die Voraussetzungen des § 1611 Abs 1 gegeben sein müssen[85]. Das Gegenseitigkeitsverhältnis begründet ebenfalls **Informationspflichten** des Kindes über den Gang der Ausbildung gegenüber dem auf Unterhalt in Anspruch genommenen Elternteil, deren Verletzung den Verlust des Unterhaltsanspruchs nach sich ziehen kann[86].

43 c) **Ausbildung in einem Beruf.** Im Normalfall besteht nur ein Anspruch des Kindes auf die Ausbildung in einem Beruf. Eltern, die ihrem Kind eine angemessene Berufsausbildung finanziert

---

[75] BGH NJW 1990, 1476 = FamRZ 1990, 491 in Fortführung von BGH FamRZ 1971, 360.
[76] OLG Düsseldorf FamRZ 1996, 1409; OLG Koblenz FamRZ 1996, 887; KG FamRZ 1981, 383; OLG Hamburg FamRZ 1981, 383; OLG Köln FamRZ 1980, 567; OLG Stuttgart FamRZ 1981, 36; OLG Karlsruhe JurBüro 1981, 1575.
[77] OLG Düsseldorf FamRZ 1996, 1409.
[78] AllgM, vgl *Kalthoener/Büttner*, Prozesskostenhilfe und Beratungshilfe, Rn 354, 355; OLG Köln FamRZ 1985, 1067; OLG Düsseldorf FamRZ 1990, 420; OLG München FamRZ 1996, 1021.
[79] BGH FamRZ 2004, 1633; OLG Nürnberg FamRZ 1996, 875.
[80] OLG Nürnberg FamRZ 1996, 875; OLG Bremen FamRZ 1984, 919, 920.
[81] OLG Köln FamRZ 1994, 1409.
[82] BGH NJW 1977, 1774 = FamRZ 1977, 629; NJW 1989, 2253 = FamRZ 1989, 853; NJW 1994, 2362; NJW-RR 2000, 593 = FamRZ 2000, 420.
[83] BGH NJW 2001, 2170 = FamRZ 2001, 757; NJW 1998, 1555 = FamRZ 1998, 671; OLG Hamm FamRZ 1989, 1219, 1220; FamRZ 1995, 1007, 1008.
[84] BGH NJW 1984, 470; FamRZ 1987, 470; NJW 1993, 2238 = FamRZ 1993, 1057; OLG Schleswig FamRZ 1986, 201.
[85] BGH NJW 2001, 2170; NJW-RR 2000, 593; OLG Hamm OLGR 2005, 5.
[86] OLG Köln NJWE-FER 1999, 178; FamRZ 1999, 1451.

haben, sind ohne Rücksicht auf die Höhe der Kosten, die sie für die Ausbildung haben aufwenden müssen, ihrer Unterhaltspflicht grds in ausreichendem Maße nachgekommen. Sie sind deshalb nicht verpflichtet, die Kosten einer zweiten Ausbildung zu tragen[87].

Eine Ausnahme hat der BGH für Fälle zugelassen, in denen ein **Berufswechsel** notwendig ist, die erste Ausbildung auf einer deutlichen Fehleinschätzung der Begabung des Kindes beruhte, wobei rechtserheblich nur eine Fehleinschätzung der Begabung des Kindes durch die Eltern, nicht jedoch durch das Kind selbst angesehen werden kann[88], das Kind von den Eltern in einen unbefriedigenden, seiner Begabung und Neigung nicht hinreichend Rechnung tragenden Beruf gedrängt worden war und sich diese Fehleinschätzung schon bis zum Ende der ersten Ausbildung gezeigt hatte[89]. Dass das Kind auf Drängen der Eltern die erste Ausbildung noch beendet, obwohl es während der Ausbildung festgestellt hat, dass diese Ausbildung seinen Fähigkeiten und Neigungen nicht entspricht, führt nicht dazu, dass ein Anspruch auf die Finanzierung einer Zweitausbildung nicht besteht[90]. Ein Anspruch auf Zweitausbildung ist auch zu bejahen, wenn sich ein Kind, dem von den Eltern eine angemessene Ausbildung zu dem erstrebten Beruf vorenthalten worden ist, zunächst für einen Beruf entschieden hatte, der seiner Begabung und seinen Neigungen nicht entsprach[91]. Ausnahmsweise ist auch eine Ausbildung zu finanzieren, die sich zweifelsfrei als bloße Weiterbildung darstellt und diese Weiterbildung von vornherein angestrebt war oder während der ersten Ausbildung eine besondere, die Weiterbildung erfordernde Begabung des Kindes deutlich wurde[92]. 44

aa) Abitur-Lehre-Studium-Fälle. Nach der Rspr des BGH gilt, dass es sich bei den sog Abitur-Lehre-Studium-Fällen nicht um eine Zweitausbildung handelt. Ein Kind, das nach dem Abitur bereits eine praktische Ausbildung erlangt hat, hat auch dann einen Anspruch auf die Finanzierung eines anschließenden Hochschulstudiums, wenn dieses nicht von vornherein angestrebt war, sofern das Studium mit der vorausgegangenen praktischen Ausbildung in einem **engen zeitlichen und sachlichen Zusammenhang** steht und die Kosten den Eltern **wirtschaftlich zumutbar** sind[93]. Dass der Studienentschluss von vornherein oder jedenfalls noch vor Beendigung der Lehre gefasst wird, ist nicht zu verlangen[94]. 45

Der **zeitliche Zusammenhang** zwischen Lehre und Studium muss derart bestehen, dass der Auszubildende nach dem Abschluss der Lehre das Studium mit der gebotenen Zielstrebigkeit aufnimmt. Übt er nach dem Abschluss der Lehre den erlernten Beruf aus, obwohl er mit dem Studium beginnen könnte, wird der Entschluss zum Studium auch sonst nicht erkennbar, wird der Zusammenhang und damit die Einheitlichkeit des Ausbildungsganges aufgehoben. In einem solchen Verhalten kann die Wertung zum Ausdruck kommen, die bisherige Ausbildung als angemessen zu akzeptieren[95]. Verzögerungen zwischen der Beendigung der Lehre und der Aufnahme des Studiums stehen nicht entgegen, wenn diese auf einem leichten, nicht vorwerfbaren Versagen beruhen[96]. Verzögert sich die Aufnahme eines Studiums um fünf Jahre nach dem Abitur, kann Ausbildungsunterhalt nur verlangt werden, wenn den Eltern in den Grenzen ihrer wirtschaftlichen Leistungsfähigkeit noch zumutbar ist[97]. 46

Voraussetzung für den gebotenen engen **sachlichen Zusammenhang** ist, dass praktische Ausbildung und Studium derselben Berufssparte angehören oder jedenfalls so zusammenhängen, dass das eine für das andere eine fachliche Ergänzung, Weiterführung oder Vertiefung bedeutet, oder dass die praktische Ausbildung eine sinnvolle Vorbereitung auf das Studium darstellt. Der gebotene enge sachliche Zusammenhang besteht bei einer Banklehre und einem Jurastudium[98], einem Studium der Wirtschaftswissenschaften oder einem Betriebswirtschaftsstudium[99], ferner bei einer Lehre zum Bauzeichner und einem Architekturstudium[100] sowie bei einer landwirtschaftlichen Lehre und einem Studium der Agrarwissenschaften[101]. Zwischen der Lehre zum Industriekaufmann und dem Medizinstudium besteht kein enger sachlicher Zusammenhang iS dieser Rspr[102]. Dies gilt in gleicher Weise für die Lehre zum Industriekaufmann und dem Studium des Maschinenbaus, denn die Ausbildung zum Industriekaufmann hat eine wesentlich andersartige Wissensvermittlung zum Gegenstand als das Studium des Maschinenbaus[103]. Der sachliche Zusammenhang fehlt ferner zwischen der Lehre zum Speditionskaufmann und dem Jurastudium[104]. 47

---

[87] BGH NJW 2006, 2984 = FamRZ 2006, 1100 m Anm *Luthin*; NJW 1992, 501 = FamRZ 1992, 170, 171.
[88] BGH NJW-RR 1991, 194 = FamRZ 1991, 322, 323; FamRZ 2000, 420.
[89] BGH NJW 1977, 1774 = FamRZ 1977, 629.
[90] BGH NJW-RR 1991, 770 = FamRZ 1991, 931, 932.
[91] BGH NJW-RR 1991, 194 = FamRZ 1991, 322.
[92] BGH NJW 1989, 2253 = FamRZ 1989, 853, 854.
[93] BGH FamRZ 1989, 853, 855; NJW-RR 1992, 1090 = FamRZ 1992, 1407, 1408.
[94] BGH NJW-RR 1990, 327 = FamRZ 1990, 149, 150 unter Aufgabe von BGH FamRZ 1989, 853, 855.
[95] BGH NJW 1994, 2362, 2363.
[96] BGH NJW-RR 1990, 327 = FamRZ 1990, 149, 150, NJW 1994, 2362, 2363.
[97] OLG Stuttgart FamRZ 1996, 181.
[98] BGH NJW 1992, 501 = FamRZ 1992, 170, 171; OLG Hamm NJW-RR 1991, 327.
[99] OLG Bremen FamRZ 1989, 892.
[100] BGH FamRZ 1989, 853, 855.
[101] BGH NJW-RR 1990, 327 = FamRZ 1990, 149.
[102] BGH NJW-RR 1991, 1156 = FamRZ 1991, 1044.
[103] BGH NJW 1993, 2238 = FamRZ 1993, 1057, 1058.
[104] BGH NJW-RR 1992, 1090 = FamRZ 1992, 1407.

§ 1610

48 Ein einheitlicher Ausbildungsgang iS dieser Rspr liegt auch in den Fällen vor, in denen nach den Ausbildungsgepflogenheiten in der ehemaligen **DDR** nach der Ausbildung zum Facharbeiter mit Abitur ein Studium angeschlossen wurde[105].

49 Voraussetzung für einen Unterhaltsanspruch ist in den Abitur-Lehre-Studium-Fällen nicht, dass der **Entschluss zum Studium** bereits zu Beginn der Ausbildung gefasst worden ist. Es reicht aus, wenn das Kind seine Entscheidung sukzessiv mit dem Erreichen der jeweiligen Ausbildungsstufe trifft und den Entschluss zur Weiterführung der Ausbildung durch ein Studium nach Beendigung der praktischen Ausbildung fasst[106].

50 Ist ein enger sachlicher Zusammenhang zwischen Abitur, Lehre und Studium zu verneinen, so besteht kein Anspruch auf Finanzierung eines späteren Studiums. Die bereits abgeschlossene Ausbildung stellt sich als diejenige angemessene Ausbildung dar, zu deren Finanzierung die Eltern allein verpflichtet sind. Die Vorstellung des Kindes allein, die von vornherein auf die Ausbildung zu zwei verschiedenen Berufen gerichtet ist, führt nicht zur Zahlungspflicht der Eltern nach § 1610 Abs 2 auch für beide Ausbildungen. Nur wenn die weitere Ausbildung als bloße Weiterbildung anzusehen ist, kann in den Fällen des vorgefassten Planes angenommen werden, dass die Eltern ihre Pflicht, die Kosten einer angemessenen Ausbildung zu tragen, noch nicht vollständig erfüllt haben[107].

51 Dass der Unterhaltspflichtige frühzeitig von den Berufsplänen des Kindes unterrichtet wird, ist für die Bejahung eines Anspruchs auf Ausbildungsunterhalt grds nicht notwendig. Allerdings kann es im Rahmen der Zumutbarkeitsprüfung von Bedeutung sein, wenn der Unterhaltspflichtige von dem Ausbildungsplan erst nachträglich zu einem Zeitpunkt erfährt, zu dem er nicht mehr damit rechnen musste, zu weiteren Ausbildungskosten herangezogen zu werden[108].

52 **bb) Realschule-Lehre-Fachoberschule-Fachhochschule-Fälle.** Eine Übertragung der für die Fälle „Abitur-Lehre-Studium" entwickelten Grundsätze auf die Fälle, in denen nach dem Realschulabschluss eine Lehre absolviert und der Besuch der Fachoberschule zur Erlangung der Fachhochschulreife und ein Fachhochschulstudium angeschlossen wird, lehnt der BGH nach wie vor ab[109]. Von einem einheitlichen Ausbildungsgang kann bei der Abfolge „**Realschule-Lehre-Fachoberschule-Fachhochschule**" nur ausgegangen werden, wenn das Kind von vornherein, also **bei Beginn der Lehre**, die Absicht hatte, nach der Lehre die Fachoberschule zu besuchen und anschließend zu studieren[110]. Die Absicht, über die Lehre hinaus eine berufliche Weiterbildung zu absolvieren, muss nach außen zumindest einem Elternteil gegenüber erkennbar gemacht worden sein[111].

53 Auch in dieser Konstellation des Ausbildungsganges ist die **Wahrung des zeitlichen Zusammenhangs** der Ausbildungsabschnitte von Bedeutung. Der Anspruch kann entfallen, wenn nach Abschluss der Lehre erst nach einjähriger Berufstätigkeit wieder die Fachoberschule besucht wird[112]. Eine mehr als 30-monatige Lücke zwischen den Ausbildungsabschnitten widerspricht der Pflicht des Kindes, die Ausbildung zielstrebig zu beginnen und durchzuführen, es sei denn, es liegen nachvollziehbare Gründe für die Verzögerung vor. Solche hat das Unterhalt begehrende Kind darzutun und zu beweisen[113].

54 Schließlich gewinnt die Frage der **wirtschaftlichen Zumutbarkeit** der Ausbildungsfinanzierung auch hier wesentliche Bedeutung. Im Rahmen der Zumutbarkeitsprüfung ist eine wirtschaftliche Disposition des Unterhaltspflichtigen zu berücksichtigen, die dieser zu einer Zeit getätigt hat, zu der er über die geplante Ausbildung des Kindes noch nicht informiert war und mit ihr nicht mehr rechnen musste[114]. Es empfiehlt sich also für das Kind, den Ausbildungsgang so früh wie möglich mit beiden Eltern abzusprechen und dies nach Möglichkeit zu dokumentieren.

55 **cc) Ausbildungsverhalten.** Unterhalt nach § 1610 Abs 2 kann für die Studiendauer nur insgesamt bejaht oder verneint werden. Besteht der Anspruch zu Beginn des Studiums, so dauert dieser jedenfalls bis zu dessen frühestmöglichem Abschluss[115]. Das volljährige Kind kann grds über die **Wahl des Studienfachs** eigenverantwortlich entscheiden[116]. Nur mit Einverständnis der Eltern kann das Kind ein fachfremdes **Parkstudium** aufnehmen und für diese Zeit Unterhalt beanspruchen[117]. Ein volljähriges Kind, das zu studieren beabsichtigt, aber für die gewünschte Fachrichtung noch keinen Studienplatz hat, kann darauf verwiesen werden, zu seinem Unterhalt durch Aufnahme einer Erwerbstätigkeit beizutragen[118]. Die Verpflichtung des Kindes, das Studium zielstrebig durchzuführen, lässt den Unterhaltsanspruch

---

[105] OLG Brandenburg FamRZ 1997, 1107.
[106] BGH FamRZ 1989, 853, 855; NJW 1992, 501 = FamRZ 1992, 170, 172.
[107] BGH NJW-RR 1991, 1156 = FamRZ 1991, 1044.
[108] BGH FamRZ 1989, 853, 855; NJW-RR 1992, 1090 = FamRZ 1992, 1407, 1408; dazu auch OLG Karlsruhe FamRZ 2000, 975.
[109] BGH NJW 2006, 2984 = FamRZ 2006, 1100; NJW 1991, 429 = FamRZ 1991, 320, 321.
[110] BGH NJW 1995, 718 = FamRZ 1995, 416, 417; NJW 1998, 1555; OLG Bamberg FamRZ 1998, 315, 316; OLG Köln NJWE-FER 1999, 178 = FamRZ 1999, 1451: aA OLG Frankfurt FamRZ 1995, 244.
[111] BGH NJW 1991, 429 = FamRZ 1991, 320, 321; OLG Hamm FamRZ 1992, 592; OLG Celle FamRZ 2007, 929.
[112] OLG Koblenz FamRZ 1995, 245 LS; OLG Hamm FamRZ 1994, 259 für 2½ Jahre zwischen Abschluss der Lehre und Besuch der Abendschule zum Erwerb des Fachabiturs.
[113] OLG Frankfurt FamRZ 1994, 1611, 1612.
[114] BGH NJW 1991, 429 = FamRZ 1991, 320, 321; OLG Hamm FamRZ 1990, 196.
[115] BGH FamRZ 1990, 149; NJW 1998, 1555 = FamRZ 1998, 671.
[116] BGH NJW 1996, 1817 = FamRZ 1996, 798, 799.
[117] OLG Köln FamRZ 1981, 809; OLG Koblenz FamRZ 1991, 108; OLG Frankfurt FamRZ 1994, 1611, 1612.
[118] OLG Frankfurt FamRZ 1990, 789.

entfallen, wenn das Kind die **Regelstudienzeit** erheblich überschreitet[119]. Dies gilt jedoch nicht, wenn die Verzögerung etwa krankheitsbedingt war oder nur auf einem leichten Ausbildungsversagen beruhte[120]. Will das Kind den Anspruch auf Ausbildungsunterhalt nicht verlieren, obliegt ihm die Darlegung, was es iE zum Fortgang des Studiums unternimmt[121]. Ein **zeitweiliges Versagen** des Kindes in der Ausbildung lässt den Anspruch ohne weiteres nicht entfallen[122]. Nach Lage des Falles schadet auch die Wiederholung einer Prüfung oder auch eines Semesters nicht[123]. Das zweimalige Nichtbestehen einer – medizinischen – Zwischenprüfung und der damit verbundene Verlust der Studienberechtigung an der Universität macht die Finanzierung des Weiterstudiums den Eltern aber unzumutbar[124]. Dem Kind steht ein gewisser Spielraum bei der selbständigen **Auswahl der Lehrveranstaltungen** und dem eigenverantwortlichen **Aufbau des Studiums** zu, sofern dadurch nicht der ordnungsgemäße Abschluss des Studiums innerhalb angemessener Frist gefährdet wird[125]. Zulässig ist ein **Wechsel des Studienortes** auch in das Ausland, wenn er der Ausbildung dient, insbes damit Kenntnisse erworben, vertieft oder erweitert werden, welche die fachliche Qualifikation und die Berufsaussichten fördern[126]. Ein durch den Studienortwechsel bedingter erhöhter Bedarf ist zu tragen, sofern sich die Finanzierung in den Grenzen der wirtschaftlichen Leistungsfähigkeit des Unterhaltspflichtigen hält. Auf den Unterschied der Lebenshaltungskosten an den in Frage stehenden Studienorten kommt es nur in Ausnahmefällen an[127]. Eine **Promotion** ist ohne weiteres nicht als Bestandteil einer angemessenen Vorbildung zum Beruf anzusehen[128]. Dies kann nach Lage des Einzelfalles anders sein, wenn etwa der Nichtpromovierte in dem gewählten Beruf dem Promovierten idR unterlegen ist[129]. Der Unterhaltsanspruch besteht nach Abschluss der Ausbildung noch weiter für die **Zeit der Arbeitssuche**[130].

IV. Beweislast

Der Unterhaltsberechtigte hat die Tatsachen zu beweisen, aus denen sich seine Bedürftigkeit und die Höhe des angemessenen Unterhalts ableitet. Die Unterhaltshöhe macht Vortrag zum Einkommen des Unterhaltspflichtigen notwendig, denn aus dessen Einkommen leitet sich der Bedarf ab. Das unterhaltsberechtigte Kind war der Beweislast für die Einkommens- und Vermögensverhältnisse des barunterhaltspflichtigen Elternteils enthoben, wenn es nur den sog Mindestunterhalt begehrte. In dieser Höhe wurde der Unterhaltsbedarf vom Gesetz zugrunde gelegt (§ 1610 Abs 3 aF). Da nach der Vorstellung des Gesetzgebers die **Regelbeträge** des § 1612a aF als Basiswerte der Unterhaltstabellen dienen sollten[131], war das Kind der Beweislast für die Einkommens- und Vermögensverhältnisse des barunterhaltspflichtigen Elternteils jedenfalls enthoben, wenn es den Regelbetrag als Unterhalt verlangte[132]. Mit der erneuten Einführung des Mindestunterhalts in § 1612a ist die bisherige Rspr fortzuführen. Wird darüber hinaus Unterhalt verlangt, ist es darlegungs- und beweispflichtig für die dem verlangten Unterhalt entsprechenden Einkommens- und Vermögensverhältnisse des barunterhaltspflichtigen Elternteils; Kenntnis kann es sich im Wege der Auskunft verschaffen[133]. Aus § 645 Abs 1 ZPO lässt sich kein allgemeiner Rechtsgedanke ableiten, dass auch in streitigen Unterhaltsverfahren der Unterhaltsberechtigte für einen über dem Mindestunterhalt liegenden Bedarf nicht darlegungs- und beweispflichtig ist[134]. Entbehrlich ist die Darlegung des Einkommens ferner, wenn das volljährige Kind mit eigenem Hausstand/das studierende Kind Unterhalt nach einem pauschal zu bestimmenden Bedarfssatz verlangt[135].

Zu beachten ist, dass der Vortrag zur Einkommenshöhe des barunterhaltspflichtigen Elternteils und damit zum Bedarf des Kindes zugleich Bedeutung für die Leistungsfähigkeit des Unterhaltspflichtigen (**sog doppelrelevante Tatsachen**) gewinnen kann[136].

Ohne Vorschaltung des Auskunftsverfahrens kann das Kind in einem Unterhaltsverfahren ein Einkommen des Unterhaltspflichtigen in bestimmter Höhe behaupten und den Unterhaltspflichtigen zur

---

[119] BGH NJW 1987, 1557 = FamRZ 1987, 470; OLG Hamm FamRZ 1994, 387, 388; vgl auch OLG Stuttgart FamRZ 1996, 1434: Anspruch grds nur für die Regelstudienzeit.
[120] BGH NJW 1998, 1555 = FamRZ 1998, 671; OLG Hamm FamRZ 1990, 904.
[121] OLG Zweibrücken FamRZ 1995, 1006.
[122] BGH NJW-RR 1990, 327 = FamRZ 1990, 149, 150.
[123] BGH NJW 1987, 1557 = FamRZ 1987, 470, 471; OLG Düsseldorf FamRZ 1981, 298, 299; OLG Hamm NJW-FER 1998, 148.
[124] OLG Karlsruhe FamRZ 1994, 1342.
[125] BGH NJW 1984, 1961 = FamRZ 1984, 777; NJW 1987, 1557 = FamRZ 1987, 470, 471; NJW-RR 1992, 1026 = FamRZ 1992, 1064 .
[126] BGH NJW-RR 1992, 1026 = FamRZ 1992, 1064 zum juristischen Auslandssemester.
[127] BGH NJW-RR 1992, 1026 = FamRZ 1992, 1064.
[128] OLG Hamm FamRZ 1990, 904, 905; AG Königstein FamRZ 1992, 594.
[129] OLG Karlsruhe OLGZ 1980, 209.
[130] OLG Hamm FamRZ 1990, 904, 905, im Streitfall drei Monate.
[131] BT-Drucks 13/7338 S 22.
[132] BGH FamRZ 2002, 536 m Anm *Büttner*; KG FamRZ 2000, 1174; OLG Koblenz FamRZ 2000, 313; OLG Dresden FuR 2000, 281.
[133] OLG München FamRZ 1984, 393; OLG Zweibrücken FamRZ 1994, 1488.
[134] BGH NJW 2002, 1269 = FamRZ 2002, 536, 538; OLG München FamRZ 1999, 884; OLG Karlsruhe FuR 2001, 37; eingehend zu diesem Problem *Luthin* FamRZ 2001, 334; vgl auch *Diwell* FuR 1998, 159, 160: Regelbeträge gleich Regelbedarf; *Kleinle* ZfJ 1998, 225, 226.
[135] OLG München FamRZ 1999, 884.
[136] OLG Karlsruhe NJW-RR 1997, 323 = FamRZ 1997, 1011, 1012.

§ 1610a

Vermeidung der **Geständnisfiktion** des § 138 Abs 3 ZPO zur konkreten Darlegung seines Einkommens zwingen[137]. Der Vortrag des Unterhaltsberechtigten muss jedoch bei dieser prozessualen Vorgehensweise das behauptete Einkommen plausibel darstellen. Dazu kann auf früher erzielte Einkünfte, ein bestimmtes Konsumverhalten, bei einem Selbständigen auf Geschäftsunterlagen vergangener Jahre oder Privatentnahmen abgestellt werden.

59 Für ein Unterhaltsbegehren, das die für durchschnittliche Fälle angelegten Tabellensätze überschreitet, sind die Umstände zu beweisen, die einen weitergehenden Bedarf rechtfertigen[138].

60 Da ein Anspruch auf Finanzierung nur für eine Ausbildung besteht, die mit den **Anlagen und Fähigkeiten des Kindes** vereinbar ist, trägt das Kind die Darlegungslast, dass die beabsichtigte Ausbildung nach den zurzeit der Ausbildung gegebenen Verhältnissen diesen Erfordernissen entspricht. Ist die Ausbildung begonnen, ist zur weiteren Rechtfertigung der Ausbildung der Nachweis des ordnungsgemäßen Ausbildungsganges geboten. Wendet der Unterhaltspflichtige eine nachhaltige Verletzung der Ausbildungsobliegenheiten des in der Ausbildung befindlichen Kindes ein, trägt er die Beweislast[139]. Kenntnis kann er sich verschaffen, denn das Kind schuldet ihm Auskunft über den Ausbildungsgang[140]. Auch der Einwand, die Ausbildung halte sich nicht mehr in den Grenzen seiner Leistungsfähigkeit, hat der Unterhaltspflichtige zu beweisen[141]. Besondere Bedeutung gewinnt der vom Unterhaltsberechtigten zu führende Beweis des einheitlichen Ausbildungsganges, der Notwendigkeit eines Berufswechsels, einer Weiterbildung, des Besuchs einer Privatschule, denn es handelt sich um Bestandteile des anspruchsbegründenden Tatbestandes.

61 Zur Durchsetzung eines Prozesskostenvorschussanspruches ist Darlegung und Beweis erforderlich für die Bedürftigkeit des Antragstellers sowie für die tatsächlichen Umstände, aus denen sich die Billigkeit der Vorschusszahlung ergibt. Wird der Prozesskostenvorschuss in Unterhaltssachen im Wege der einstweiligen Anordnung nach § 127a ZPO geltend gemacht, genügt Glaubhaftmachung (§§ 127a Abs 2 S 2, 620a Abs 2 S 3 ZPO)[142].

§ 1610a Deckungsvermutung bei schadensbedingten Mehraufwendungen

Werden für Aufwendungen infolge eines Körper- oder Gesundheitsschadens Sozialleistungen in Anspruch genommen, wird bei der Feststellung eines Unterhaltsanspruchs vermutet, dass die Kosten der Aufwendungen nicht geringer sind als die Höhe dieser Sozialleistungen.

Schrifttum: *Dreup,* Die Beweislastregel des neuen § 1610a BGB, NJW 1991, 683; *Kalthoener,* Gesetz zur unterhaltsrechtlichen Berechnung von Aufwendungen für Körper- und Gesundheitsschäden, NJW 1991, 1037; *Künkel,* Der neue § 1610a BGB, FamRZ 1991, 1131; *Straub,* Pflegegeld – Klarheit bei der Anrechnung, FamRZ 1993, 148; *Weichardt,* Konsequenzen aus dem neuen § 1610a BGB?, FamRZ 1991, 782.

I. Bedeutung der Norm

1 In die allgemeinen Vorschriften über die Unterhaltspflicht zwischen Verwandten ist durch das Gesetz zur unterhaltsrechtlichen Berechnung von Aufwendungen für Körper- und Gesundheitsschäden vom 15. 1. 1991 (BGBl I S 46) § 1610a eingefügt worden. Nach §§ 1361 Abs 1 S 1 HS 2, 1578a gilt die Vorschrift auch für den Ehegattenunterhalt, nach § 12 S 2 LPartG ferner für die eingetragene Lebenspartnerschaft. Hingegen fehlt eine Verweisung auf den Familienunterhalt. Die Vorschrift hat für die Bezieher von **Sozialleistungen**, die infolge eines **Körper- oder Gesundheitsschadens** gewährt werden, eine Erleichterung gebracht. Ihnen oblag es bislang, den durch die Behinderung verursachten Mehrbedarf konkret darzutun und zu beweisen. Gelang dies nicht, wurden die Sozialleistungen in vollem Umfang als unterhaltsrechtliches Einkommen behandelt. § 1610a hat eine **Umkehr der Darlegungs- und Beweislast** geschaffen[1]. Die Bezieher der Sozialleistungen des § 1610a sind nunmehr von der Darlegung entbunden, dass die Sozialleistung tatsächlich zur Deckung des behinderungsbedingten Mehraufwandes erforderlich ist und verwandt wird. Eine Analogie auf andere Leistungen ist nicht zulässig[2]. Die gesetzliche Vermutung führt idR dazu, dass die Sozialleistung im Rahmen der Unterhaltsbemessung außer Ansatz bleibt[3]. Das Gesetz hat indes nichts daran geändert, dass Sozialleistungen unterhaltsrelevantes Einkommen des Unterhaltsberechtigten wie des Unterhaltspflichtigen darstellen[4] und deshalb zu etwaigem Mehraufwand des Beziehers ohne die Hilfe einer gesetzlichen Vermutung Vortrag gehalten werden muss.

---

[137] BGH NJW 1987, 1201 = FamRZ 1987, 259.
[138] OLG Bamberg FamRZ 1981, 668; OLG Frankfurt FamRZ 1981, 1061, 1062.
[139] *Baumgärtel/Laumen/Pruskowski* Rn 6.
[140] OLG Celle FamRZ 1980, 914, 915.
[141] *Baumgärtel/Laumen/Pruskowski* Rn 5.
[142] *Baumgärtel/Laumen/Pruskowski* § 1360a Rn 3.
[1] BGH FamRZ 1994, 21, 22.
[2] BGH FamRZ 1995, 537, 538.
[3] BT-Drucks 11/6153 S 5 ff.
[4] BGH FamRZ 1981, 338; FamRZ 1982, 898; FamRZ 1994, 21, 22: Fliegeraufwandsentschädigung für Kampfflieger der Bundeswehr.

II. Sozialleistungen infolge eines Körper- und Gesundheitsschadens

Zu den von § 1610a erfassten Sozialleistungen rechnen solche, die der Staat im Rahmen der Daseinsvorsorge zum **Ausgleich von Aufwendungen** infolge eines Körper- oder Gesundheitsschadens gewährt. Es kann sich dabei um Geld- oder Sachleistungen handeln. Der Begriff „Körper- oder Gesundheitsschaden" entspricht dem des Deliktsrechts nach §§ 823 ff. Sozialleistungen können dazu dienen, neben einem schädigungsbedingten Mehraufwand auch immaterielle Belastungen auszugleichen[5]. Auch diese ideellen Bestandteile der Sozialleistung gelten durch den tatsächlichen Mehraufwand als verbraucht[6]. Nach der dem jeweiligen Leistungsgesetz innewohnenden Zweckbestimmung ist zu entscheiden, ob die Sozialleistung schädigungsbedingten Mehraufwand abdecken soll.

Sozialleistungen **mit dieser Zweckbestimmung** sind: die Führzulage nach § 14 BVG, der Pauschbetrag für Kleider- und Wäscheverschleiß nach § 15 BVG, Zuschüsse nach § 11 Abs 3 BVG iVm der OrthopädieVO, Kostenerstattung für Maßnahmen der Heil- und Krankenbehandlung oder einer Badekur nach § 18 BVG, die Grundrente nach § 31 BVG[7], das Blindengeld[8], die Schwerstbeschädigtenzulagen nach § 31 Abs 5 BVG, die Pflegezulage nach § 35 BVG, Leistungen nach anderen Gesetzen in analoger Anwendung des BVG: § 80 SVG, § 47 ZDG, §§ 4, 5 HHG, § 60 IfSG, Leistungen nach dem Rehabilitationsrecht[9], Mehrbetrag wegen Gehbehinderung als Leistung nach dem SGB II[10].

Sozialleistungen **ohne diese Zweckbestimmung** sind: das Versorgungskrankengeld nach §§ 16 ff BVG, die Ausgleichsrente nach § 32 BVG, die Berufsschadensausgleichsrente nach § 30 BVG[11], die Arbeitsunfallrente nach § 57 SGB VII[12], das Pflegegeld nach § 37 SGB XI, soweit es der Pflegeperson als Entgelt für dem Pflegebedürftigen zuteil werdende Pflege zugewandt wird[13], Steuervergünstigungen (Freibetrag für Schwerbehinderte nach § 33b EStG), die Rente wegen verminderter Erwerbsfähigkeit[14].

III. Widerlegung der Vermutung

Dem Gegner obliegt die Widerlegung der gesetzlichen Vermutung iS des § 292 ZPO[15]. Dazu hat er darzulegen und notfalls den vollen Beweis zu führen, dass die gewährte Sozialleistung den schädigungsbedingten Mehrbedarf übersteigt. Eine überwiegende Wahrscheinlichkeit gegen die Vermutung reicht nicht aus[16]. Es bedarf konkreter Darlegung, die an den jeweiligen Einzelfall orientiert sein muss. Erfahrungen und Kenntnisse aus der Zeit des Zusammenlebens mit dem Geschädigten können den Vortrag stützen. Stehen derartige Kenntnisse nicht oder wegen des zwischenzeitlichen Zeitablaufs und einer Veränderung auf Seiten des Geschädigten nicht mehr zur Verfügung, reicht die Behauptung des Gegners, es bestehe kein oder jedenfalls kein so hoher Mehrbedarf, aus. Der Geschädigte, der über die erforderliche eigene Kenntnis verfügt, hat dieser Behauptung mit substantiiertem Vortrag entgegenzutreten[17].

Ein **Auskunftsbegehren** nach §§ 1605, 1361 Abs 4 S 4, 1580 oder auf Grund des § 242 ist grds nicht ausgeschlossen, jedoch erst dann möglich, wenn die Vermutung in einem Maß erschüttert ist, dass nicht der vollständige Verbrauch, sondern der teilweise Nichtverbrauch der Sozialleistung hinreichend möglich erscheint[18]. Gelingt dem Gegner die Widerlegung der Vermutung, hat der Geschädigte wiederum die volle Darlegungs- und Beweislast für die Höhe des schädigungsbedingten Mehrbedarfs. Dem Gericht ist die Schätzung nach den Maßstäben des § 287 ZPO eröffnet. Einzubeziehen sind die Art der Beschädigung, das Maß der immateriellen Beeinträchtigung, der ideelle Ausgleichszweck der gewährten Sozialleistung, die allgemeinen Erfahrungssätze zur Höhe schadensbedingter Mehraufwendungen, wirtschaftliche Gesichtspunkte. Es gilt das **Gebot großzügiger Schätzung**[19].

Es verbleibt bei den allgemeinen Beweislastregeln, wenn Mehraufwendungen geltend gemacht werden, welche die erhaltenen Sozialleistungen übersteigen.

§ 1611 Beschränkung oder Wegfall der Verpflichtung

(1) ¹Ist der Unterhaltsberechtigte durch sein sittliches Verschulden bedürftig geworden, hat er seine eigene Unterhaltspflicht gegenüber dem Unterhaltspflichtigen gröblich vernachlässigt oder sich vorsätzlich einer schweren Verfehlung gegen den Unterhaltspflichtigen oder

---

[5] *Künkel* FamRZ 1991, 1131, 1132.
[6] BT-Drucks 11/6153 S 6.
[7] OLG Hamm FamRZ 1991, 1198.
[8] OLG Schleswig FamRZ 1992, 471.
[9] BT-Drucks 11/6153 S 7.
[10] OLG Hamm FamRZ 2004, 1061, 1062 zum früheren GSiG.
[11] OLG Hamm NJW 1992, 515 = FamRZ 1992, 186.
[12] OLG Schleswig FamRZ 1993, 712 = SchlHA 1994, 216; OLG Hamm FamRZ 2001, 441 zu § 547, 580 RVO aF.
[13] OLG Hamburg FamRZ 1992, 444, 446; OLG Hamm FamRZ 1994, 895 zu § 69a BSHG aF.
[14] OLG Köln FamRZ 2001, 1524 zu § 44 SGB VI aF; das hindert nicht den Abzug konkret darzulegenden krankheitsbedingten Aufwandes; wie die Unfallrente ist sie eine Rentenleistung mit Einkommensersatzfunktion.
[15] OLG Bamberg FamRZ 1992, 185.
[16] So wohl OLG Schleswig FamRZ 1992, 471.
[17] OLG Hamm FamRZ 1991, 1198, 1199; *Kalthoener* FamRZ 1991, 1037; *Künkel* FamRZ 1991, 1131, 1133.
[18] BT-Drucks 11/6153 S 6.
[19] BT-Drucks 11/6153 S 6.

§ 1611

einen nahen Angehörigen des Unterhaltspflichtigen schuldig gemacht, so braucht der Verpflichtete nur einen Beitrag zum Unterhalt in der Höhe zu leisten, die der Billigkeit entspricht. ²Die Verpflichtung fällt ganz weg, wenn die Inanspruchnahme des Verpflichteten grob unbillig wäre.

(2) Die Vorschriften des Absatzes 1 sind auf die Unterhaltspflicht von Eltern gegenüber ihren minderjährigen unverheirateten Kindern nicht anzuwenden.

(3) Der Bedürftige kann wegen einer nach diesen Vorschriften eintretenden Beschränkung seines Anspruchs nicht andere Unterhaltspflichtige in Anspruch nehmen.

Schrifttum: *Breiholdt*, Zur Verwirkung von Kindesunterhalt, NJW 1993, 305; *Finger*, Beschränkung und Ausschluss der Unterhaltspflicht nach § 1611 I BGB, FamRZ 1995, 969; *Landzettel*, Die allgemeine Härteregelung des § 91 II S 2 BSHG in der aktuellen Rechtsprechung- gleichzeitig Besprechung des Urteils des BGH v. 21. 4. 2004 – XII ZR 251/01 –, FamRZ 2004, 1097 –, FamRZ 2004, 1936; *Meder*, Verweigerung des Kontakts als schwere Verfehlung iS des § 1611 Abs 1 BGB, FuR 1995, 23.

I. Bedeutung der Norm

1   Diese Vorschrift schafft eine **unterhaltsrechtliche Sanktion gegen grobes Fehlverhalten** des Unterhaltsberechtigten gegenüber dem Unterhaltspflichtigen. Sie gilt für den gesamten Verwandtenunterhalt. § 1611 Abs 1 stellt keine Einrede, sondern eine **von Amts wegen** zu berücksichtigende **Einwendung** dar[1]. Es handelt sich um eine eng auszulegende **Ausnahmevorschrift**. Die Regelung ist erschöpfend und lässt in ihrem Anwendungsbereich einen Rückgriff auf andere Normen (etwa § 242) nicht zu[2]. In ihrem Anwendungsbereich bewirkt die Norm den teilweisen oder gänzlichen Verlust des Unterhaltsanspruchs. Davon zu unterscheiden ist die Verwirkung des Anspruchs auf Zahlung rückständigen Unterhalts auf der Grundlage des § 242.

II. Voraussetzungen und Rechtsfolgen (Abs 1)

2   **1. Eintritt der Bedürftigkeit durch sittliches Verschulden.** Vorausgesetzt wird ein **grobes, nicht schon ein einfaches Verschulden.** Das Verhalten, welches die Bedürftigkeit herbeigeführt hat, muss sittliche Missbilligung verdienen. In vorwerfbarer Weise muss der Unterhaltsberechtigte anerkannte Verbote der Sittlichkeit außer Acht gelassen haben[3]. Bedürftigkeit, die durch Nachlässigkeit oder ein einmaliges Versagen eingetreten ist, erfüllt nicht den Tatbestand. **Anwendungsfälle** sind hingegen Arbeitsscheu, Spiel-, Trunk- und Drogensucht, die zum Eintritt der Bedürftigkeit geführt haben[4]. Ohne weiteres ist die durch Schwangerschaft und Geburt eines Kindes außerhalb einer Ehe eingetretene Bedürftigkeit einer volljährigen Tochter kein Fall sittlichen Verschuldens[5].

3   **2. Unterhaltspflichtverletzung.** Der jetzt Unterhaltsberechtigte muss seine gegenüber dem Unterhaltspflichtigen bestehende Unterhaltspflicht **gröblich vernachlässigt** haben. So liegt es, wenn der in einem Alten- und Pflegeheim untergebrachte Vater Unterhalt von seinem Sohn begehrt, dem er infolge Trunksucht den geschuldeten Unterhalt nicht geleistet hat[6].

4   **3. Schwere Verfehlung.** Der Verwirkungsgrund setzt einen **vorsätzlichen und schuldhaften Verstoß** des Unterhaltsberechtigten gegen gewichtige, ihm auferlegte Pflichten und/oder Rechte des Unterhaltspflichtigen selbst oder seines nahen Angehörigen voraus. Es genügt danach nicht jede Verfehlung. Sie muss schwer wiegen. Tatbestandlich ist eine tiefgreifende Beeinträchtigung rechtsschutzwürdiger wirtschaftlicher Interessen oder persönlicher Belange des Unterhaltspflichtigen, etwa begründet in der schuldhaften Verletzung dem Kind nach § 1618a gegenüber bestehender elterlicher Pflichten – auch durch Unterlassen –. Das ist der Fall, wenn eine Mutter ihr Kind im Kleinkindalter bei den Großeltern zurückgelassen und sich in der Folgezeit nicht in nennenswertem Umfang um dieses gekümmert hat[7]. Als weitere Beispiele kommen in Betracht: **tätliche Angriffe, ständige grobe Beleidigungen und Bedrohungen, vorsätzliche Kränkungen**[8], **falsche Anschuldigungen und Schädigungen** des Unterhaltspflichtigen in seiner beruflichen und wirtschaftlichen Stellung[9], Verleumdung und Herbeiführen eines unberechtigten Ermittlungsverfahrens[10]. Das **Verschweigen von anrechenbaren Einkünften** im Unterhaltsrechtsstreit kann als versuchter Prozessbetrug die Verwirkung rechtfertigen[11]. Dies

---

[1] KG FamRZ 2002, 1357, 1358.
[2] BGH NJW 1985, 806, 808 = FamRZ 1985, 273.
[3] BGH NJW 1985, 806, 808 = FamRZ 1985, 273.
[4] OLG Celle FamRZ 1990, 1142, 1144; KG FamRZ 2002, 1357 betr Drogensucht.
[5] BGH NJW 1985, 806, 808 = FamRZ 1985, 273.
[6] AG Germersheim FamRZ 1990, 1387.
[7] Zum Elternunterhalt entscheidend: BGH NJW 2004, 3109 = FamRZ 2004, 1559 m Anm *Born*; vgl zur unbilligen Härte bei Forderungsübergang auf den Sozialhilfeträger nach § 91 Abs 2 S 2 BSHG aF: BGH FamRZ 2004, 1097 m Anm *Klinkhammer* 1283, der zu Gunsten des Unterhaltspflichtigen eingreifen kann, wenn die Voraussetzungen des § 1611 – Wegfall des Unterhaltsanspruchs – nicht vorliegen.
[8] OLG Celle FamRZ 1993, 1235, 1236; OLG Hamm FamRZ 1993, 468; OLGR 2000, 361, 362.
[9] OLG Celle FamRZ 1993, 1235, 1236; OLG Hamm FamRZ 2006, 1479, LS; FamRZ 1993, 468.
[10] OLG Hamm NJW-RR 2006, 509.
[11] OLG Hamm FamRZ 1995, 958; OLG Koblenz FamRZ 1999, 402; AG Berlin-Tempelhof FamRZ 2000, 1044; zum Erfordernis wahrheitsgemäßer Angaben der anspruchsbegründenden Umstände während eines laufenden Rechtsstreits BGH NJW 1999, 2804.

gilt ebenso für den Fall der unterbliebenen Unterrichtung des Unterhaltspflichtigen über den Schulabbruch, wenn der Unterhaltspflichtige ohne Grund seine vertragliche Unterhaltsverpflichtung weiter erfüllt und dadurch einen nicht unerheblichen Schaden erleidet[12]. Der Tatbestand ist nicht schon dann erfüllt, wenn das unterhaltsberechtigte Kind jeden **Kontakt** ablehnt und in einem Brief jegliche Anrede und Höflichkeitsfloskeln weglässt oder wenn das Kind die Beziehungen zu dem unterhaltspflichtigen Elternteil seit seinem 14. Lebensjahr hat einschlafen lassen[13]. Die Beurteilung hat alle maßgeblichen Umstände des Einzelfalles zu berücksichtigen, also auch, ob eigenes Verhalten des unterhaltspflichtigen Elternteils oder der Eltern Anlass zu missbilligendem Verhalten des Kindes gegeben hat. Zu würdigen ist das Verhalten des Unterhaltspflichtigen gegenüber dem Kind wie auch gegenüber dem die Betreuung leistenden Elternteil[14]. Eine **Verzeihung** des Fehlverhaltens ist zu beachten.

4. Rechtsfolgen. Aus dem Vorliegen des Verwirkungstatbestandes folgt, dass der Unterhaltspflichtige nach Abs 1 S 1 nur einen Beitrag zum Unterhalt in der Höhe leisten muss, welcher der Billigkeit entspricht **(sog Billigkeitsunterhalt)**. Die **Billigkeitsentscheidung** hat die Schwere der Verfehlung, auf Seiten des Unterhaltspflichtigen etwaige Erziehungsfehler, die finanziellen Verhältnisse und die Belastung durch die Unterhaltspflicht einzubeziehen. Unter Billigkeitsgesichtspunkten kann die Beschränkung der **Unterhaltspflicht zeitlich begrenzt** werden. Der Billigkeitsentscheidung hat die Feststellung der konkreten Höhe des Unterhaltsanspruchs vorauszugehen. Denn auch der Umfang der Belastung des Unterhaltspflichtigen ist für die zu treffende Entscheidung von Bedeutung. Es ist deshalb verfehlt, in einem Unterhaltsrechtsstreit einzig zum Verwirkungstatbestand vorzutragen. 5

Ist die Inanspruchnahme des Unterhaltspflichtigen nach Lage des Falles **grob unbillig**, sieht Abs 1 S 2 den **Wegfall der Unterhaltsverpflichtung** vor. Diese Folge sollte nur in besonders gelagerten Ausnahmefällen gezogen werden. Auch in einem derartigen Fall bleibt zu prüfen, ob nicht ein zeitlich begrenzter Ausschluss eine angemessene Reaktion auf das Fehlverhalten des Unterhaltsberechtigten darstellt. 6

III. Schutz minderjähriger unverheirateter Kinder (Abs 2)

Eine Beschränkung oder der Wegfall der Unterhaltspflicht von Eltern gegenüber ihren minderjährigen unverheirateten Kindern findet nicht statt. Der Verpflichtung der Eltern, das Kind zu erziehen und zu beaufsichtigen, würde es nicht entsprechen, wenn im Falle einer sittlichen oder sonstigen Fehlentwicklung des Kindes die Unterhaltspflicht der Eltern ganz oder teilweise wegfiele. **Tatbestandliche Handlungen eines minderjährigen unverheirateten Kindes** können deshalb dem Unterhaltsanspruch des nunmehr volljährigen, weiterhin bedürftigen Kindes nicht entgegengesetzt werden. Entscheidend ist, wann der Verwirkungstatbestand eingetreten ist[15]. Verletzt das minderjährige Kind seine Ausbildungs- und/oder Erwerbsobliegenheit, weil es sich nicht um eine Ausbildungsstelle oder eine Erwerbsquelle bemüht, kommt die Zurechnung eines fiktiven Einkommens in Betracht, soweit nicht gesetzliche Vorschriften, die Schulpflicht, das Alter oder der Gesundheitszustand des Kindes entgegenstehen[16]. 7

IV. Inanspruchnahme anderer Unterhaltspflichtiger (Abs 3)

Der Unterhaltsberechtigte kann nach Abs 3 die Beschränkung oder den Wegfall der Unterhaltspflicht nicht durch Inanspruchnahme anderer Unterhaltspflichtiger ausgleichen. 8

V. Verfahrensrecht und Beweislast

Die Voraussetzungen für den Ausschlusstatbestand hat der Unterhaltspflichtige darzulegen und zu beweisen, denn es handelt sich um eine **rechtsvernichtende Einwendung**. Jede Partei hat im Rahmen der Billigkeitsabwägung die zu ihren Gunsten sprechenden Umstände zu beweisen[17]. Den Beweis für eine **Verzeihung** eines Fehlverhaltens hat der Unterhaltsberechtigte zu führen. 9

Die Herabsetzung oder der Wegfall des Unterhaltsanspruchs infolge Verwirkung kann durch **Vollstreckungsgegenklage** geltend gemacht werden, wenn der Verwirkungstatbestand nach der Verurteilung zur Zahlung von Unterhalt erfüllt wurde[18]. Es kommt mit den Beschränkungen des § 323 ZPO für Zeiträume ab Rechtshängigkeit auch die **Abänderungsklage** in Betracht, wenn Umstände vor- 10

---

[12] OLG Köln FamRZ 2005, 301.
[13] BGH NJW-RR 1991, 194 = FamRZ 1991, 322, 323; NJW 1995, 1215, 1216 = FamRZ 1995, 475, 476; OLG Hamm FamRZ 1995, 1439; OLG Frankfurt FamRZ 1995, 1513; OLG Köln FamRZ 2000, 1043.
[14] BGH NJW-RR 1991, 194; NJW 1995, 1215, 1216; OLG Karlsruhe FamRZ 2004, 971 zum Elternunterhalt; OLG Stuttgart NJWE-FER 2000, 80; OLG Köln FamRZ 2000, 1043, nur LS.
[15] BGH NJW 1988, 2371, 2374 = FamRZ 1988, 159, 163.
[16] OLG Karlsruhe FamRZ 1988, 758; OLG Düsseldorf FamRZ 1990, 194; *Johannsen/Henrich/Graba* § 1602 Rn 6; aA OLG Saarbrücken FamRZ 2000, 40; OLG Stuttgart FamRZ 1997, 447, 448; OLG Hamburg FamRZ 1995, 959: Sinn und Zweck des § 1611 Abs 2 verbieten den Eltern infolge ihrer eigenen Verantwortung den Rückgriff auf die allgemeinen Grundsätze, die sich aus der Verletzung der Erwerbsobliegenheit herleiten lassen; vgl zum Wegfall des Anspruchs auf Ausbildungsunterhalt wegen Verletzung des Gegenseitigkeitsverhältnisses auch ohne Vorliegen des § 1611 Abs 1 BGH NJW 1998, 1555 = FamRZ 1998, 671; s § 1602 Rn 50.
[17] *Baumgärtel/Laumen/Pruskowski* Rn 2.
[18] BGH FamRZ 1987, 259, 261 zum nachehelichen Unterhalt; NJW-RR 1991, 1154 = FamRZ 1991, 1175.

§ 1612 Buch 4. Abschnitt 2. Verwandtschaft

liegen, die gegenüber fälligen Unterhaltsansprüchen eine Einwendung nach § 767 Abs 2 ZPO begründen[19].

11 Es verbietet sich in der Regel, eine **Stufenklage** bereits auf der Auskunftsstufe aus Gründen des § 1611 Abs 1 gänzlich abzuweisen. Es kommt dann die Aufhebung und Zurückverweisung nach § 538 Abs 2 S 1 Nr 4 ZPO in Betracht[20].

§ 1612 Art der Unterhaltsgewährung

(1) ¹Der Unterhalt ist durch Entrichtung einer Geldrente zu gewähren. ²Der Verpflichtete kann verlangen, dass ihm die Gewährung des Unterhalts in anderer Art gestattet wird, wenn besondere Gründe es rechtfertigen.

(2) ¹Haben Eltern einem unverheirateten Kind Unterhalt zu gewähren, können sie bestimmen, in welcher Art und für welche Zeit im Voraus der Unterhalt gewährt werden soll, sofern auf die Belange des Kindes die gebotene Rücksicht genommen wird. ²Ist das Kind minderjährig, kann ein Elternteil, dem die Sorge für die Person des Kindes zusteht, eine Bestimmung nur für die Zeit treffen, in der das Kind in seinen Haushalt aufgenommen ist.

(3) ¹Eine Geldrente ist monatlich im Voraus zu zahlen. ²Der Verpflichtete schuldet den vollen Monatsbetrag auch dann, wenn der Berechtigte im Laufe des Monats stirbt.

Schrifttum: *Buchholz*, Zum Unterhaltsbestimmungsrecht der Eltern gegenüber volljährigen Kindern nach § 1612 II BGB, FamRZ 1995, 705; *Erdrich*, § 1612 BGB: Die Unterhaltsbestimmung durch die Eltern nach neuem Recht, FPR 2005, 490.

Übersicht

	Rn		Rn
I. Bedeutung der Norm	1	3. Wirksamkeit der Unterhaltsbestimmung	12
II. Geldrente (Abs 1)	2	4. Wegfall des Verfahrens auf Abänderung einer wirksamen Unterhaltsbestimmung	19
III. Elterliches Bestimmungsrecht (Abs 2)	6		
1. Inhaltliche Anforderungen an die Unterhaltsbestimmung	8	IV. Fälligkeit des Unterhalts (Abs 3)	21
2. Bestimmungsberechtigte (Abs 2 S 1 und 2)	10	V. Beweislast	22

I. Bedeutung der Norm

1 Die Vorschrift regelt die Art des Unterhalts, der in Gestalt einer **Geldrente** oder als **Naturalunterhalt** erbracht werden kann.

II. Geldrente (Abs 1)

2 Unterhalt ist nach § 1612 Abs 1 S 1 grds in Form einer Geldrente zu leisten. Der Unterhaltspflichtige hat die Geldrente auf seine Kosten und seine (Verlust)Gefahr an den Wohnsitz des Unterhaltsberechtigten zu übermitteln. Es ist eine **Schickschuld**. Es entspricht der Üblichkeit, den geschuldeten Unterhalt durch Überweisung auf ein Konto des Unterhaltsberechtigten zu leisten. Erfüllungswirkung tritt ein, wenn der Unterhaltsberechtigte dazu seine Zustimmung erteilt. Ansonsten liegt nur eine Leistung an Erfüllung statt vor[1]. Vorbehaltlich anderer Vereinbarungen leistet der Unterhaltspflichtige rechtzeitig, wenn der Überweisungsauftrag vor Fristablauf bei dem Geldinstitut eingegangen ist und für das belastete Konto ausreichend Deckung bestand[2].

3 Auf ein Verlangen des Unterhaltspflichtigen kann ihm gestattet werden, den **Unterhalt in anderer Art** zu gewähren, wenn besondere Gründe es rechtfertigen (Abs 1 S 2). Der Unterhaltspflichtige hat das Verlangen an den Unterhaltsberechtigten zu richten und ihm die maßgeblichen Gründe vorzutragen. Nur **besondere Gründe** rechtfertigen eine andere Art der Unterhaltsgewährung. **Naturalunterhalt** leisten zu dürfen, kommt nicht allein deshalb in Betracht, weil diese Art der Unterhaltsgewährung für den Unterhaltspflichtigen billiger ist. Abzuwägen ist das Interesse des Unterhaltspflichtigen mit des Unterhaltsberechtigten, an seinem Wohnsitz zu bleiben und nicht in den Haushalt des Unterhaltspflichtigen zu ziehen. Dies ist vielfach mit beeinträchtigenden Begleiterscheinungen verbunden, die dem Unterhaltsberechtigten nicht zumutbar sind. Diese Problematik stellt sich für das Familiengericht bei Unterhaltsregelungen zwischen Kindern und Eltern sowie Enkeln und Großeltern.

4 Nach deutschem Recht sind Unterhaltsschulden **Geldwertschulden.** Sie müssen nicht notwendig in einer bestimmten Währung befriedigt werden. Der Forderung des Unterhaltsberechtigten, den Unterhalt statt in der Währung seines gewöhnlichen Aufenthaltsortes in derjenigen des Aufenthaltsortes

---

[19] BGH NJW-RR 1990, 1410 = FamRZ 1990, 1095 zu § 1579 im Fall des Verschweigens des Ausbildungsabbruchs im Vorprozess.
[20] OLG Hamm OLGR 2006, 764.
[1] OLG Hamm NJW 1988, 2115.
[2] OLG Köln FamRZ 1990, 1243.

des Unterhaltspflichtigen zu leisten, kann der Unterhaltspflichtige entgegen halten, ein besonderes Interesse zu besitzen, die Geldrente in der betreffenden Fremdwährung zu entrichten. Grund dafür kann sein, dass der Unterhaltspflichtige in dem Land, in dem der Unterhaltsberechtigte lebt, über für den Unterhalt einzusetzendes Vermögen verfügt[3]. Andererseits können devisenrechtliche Beschränkungen oder inflatorische Verhältnisse es dem Unterhaltsberechtigten unzumutbar machen, den Unterhalt in der Währung seines gewöhnlichen Aufenthaltsortes entgegen zu nehmen[4].

Fehlendes Einverständnis des Unterhaltsberechtigten führt idR zur Unterhaltsklage, wenn der Unterhaltspflichtige die Unterhaltszahlungen einstellt. In diesem Rechtsstreit ist zu klären, ob das Verlangen des Unterhaltspflichtigen gerechtfertigt ist. Er trägt die **Beweislast** für die Voraussetzungen des Abs 1 S 2. 5

III. Elterliches Bestimmungsrecht (Abs 2)

Unterhalt ist grds durch Entrichtung einer Geldrente zu gewähren (Abs 1 S 1). Haben jedoch Eltern einem **unverheirateten Kind,** auch einem volljährigen Kind, Unterhalt zu gewähren, so können sie bestimmen, in welcher Art (Geldrente oder Sachleistungen) und in welcher Zeit im Voraus (Zahlungsweise und Zahlungsperiode) der Unterhalt gewährt werden soll. Das Bestimmungsrecht besteht nicht gegenüber verheirateten Kindern, ebenfalls nicht gegenüber einer geschiedenen Tochter[5]. 6

Durch das **KindUG** hatte § 1612 Abs 2 S 1 aF die Ergänzung erfahren, dass auf die Belange des Kindes die gebotene Rücksicht zu nehmen war. Es handelte sich insoweit um eine gesetzliche Klarstellung, die insbes im Hinblick auf volljährige unverheiratete Kinder angebracht war[6]. Nach § 1612 Abs 2 S 1 in der ab dem 1. 1. 2008 geltenden Fassung können Eltern die Art und Weise der Unterhaltsgewährung nur bestimmen, sofern sie auf die Belange des Kindes die gebotene Rücksicht genommen haben. Fehlt es daran oder weist sie sonstige Mängel auf, ist sie unwirksam. 7

1. Inhaltliche Anforderungen an die Unterhaltsbestimmung. Die **Unterhaltsbestimmung** kann **ausdrücklich,** aber auch durch **schlüssiges Verhalten** erfolgen; es handelt sich, soweit das volljährige Kind betroffen ist, um eine empfangsbedürftige Willenserklärung[7]. Sie sollte den Elternwillen eindeutig zum Ausdruck bringen. Eine wirksame Bestimmung kann auch in einem Unterhaltsrechtsstreit abgegeben werden[8]. 8

Ihrem **Inhalt** nach muss eine Bestimmung den **gesamten Lebensbedarf** des unterhaltsberechtigten Kindes wie Wohnung, Verpflegung, Taschengeld, sonstige Geldleistungen für bestimmte Ausgaben umfassen[9]. Eine wirksame Bestimmung liegt deshalb nicht vor, wenn Eltern sich zu einzelnen Betreuungs- und Pflegeleistungen bereit erklären und diese erbringen, die Art der Erfüllung des übrigen Unterhalts aber offen lassen[10]. In dem entschiedenen Fall hatte die Mutter dem pflegebedürftigen Sohn mit dessen Einverständnis Unterhalt durch persönliche Fürsorge erbracht. Der gesamte Unterhaltsbedarf war jedoch nicht in vollem Umfang gedeckt. Unterhalt in Natur stellt es auch dar, wenn dem Kind neben Wohnen und Verpflegung Taschengeld und sonstige Barbeträge für Sachaufwendungen gestellt werden. Es besteht kein Anspruch darauf, den Unterhalt teilweise in Gestalt einer Geldrente zu erhalten. Die elterliche Bestimmung muss demgemäß immer neben den Sachleistungen auch die Befriedigung der übrigen Unterhaltsbedürfnisse umfassen[11]. 9

2. Bestimmungsberechtigte (Abs 2 S 1 und 2). § 1612 Abs 2 S 1 geht bei **intakter Familie** von einem **gemeinsamen Bestimmungsrecht der Eltern** aus. Das Bestimmungsrecht **gegenüber einem minderjährigen Kind** steht **nach der Trennung** dem sorgeberechtigten Elternteil als Teil der Personensorge zu (§ 1612 Abs 2 S 2). Eine während des Zusammenlebens von den Eheleuten stillschweigend getroffene Bestimmung, ihren Kindern Naturalunterhalt zu leisten, verliert mit der Trennung der Eltern ihre Wirksamkeit, da sie nicht mehr durchführbar ist[12]. Üben die Eltern das Sorgerecht nach der Trennung weiterhin gemeinsam aus, müssen sie einverständlich auch nach dem ab 1. 7. 1998 geltenden Rechtszustand – mit Hilfe des Familiengerichts nach § 1628 eine Regelung treffen[13]. 10

Das Bestimmungsrecht gilt auch **gegenüber unverheirateten volljährigen Kindern,** denn den Eltern muss auch nach Eintritt der Volljährigkeit die Möglichkeit zugestanden werden, ihren Einfluss auf die Lebensführung des Kindes auszuüben[14]. Da auf die Belange des Kindes die gebotene Rücksicht zu nehmen ist, wird den Interessen des volljährigen Kindes angemessene Bedeutung zukommen müssen. Gegenüber einem volljährigen Kind steht das Bestimmungsrecht idR dem Elternteil zu, den das Kind auf Barunterhalt in Anspruch nimmt[15]. Werden durch die einseitige Bestimmung Belange des 11

---

[3] BGH NJW 1990, 2197 = FamRZ 1990, 992.
[4] BGH NJW-RR 1993, 5 = FamRZ 1992, 1060.
[5] OLG Köln FamRZ 1983, 643.
[6] So BT-Drucks 13/9596 S 32.
[7] BGH NJW 1983, 2198 = FamRZ 1983, 369.
[8] BayObLG Rpfleger 1988, 527; OLG Celle FamRZ 1997, 966.
[9] OLG Celle FamRZ 2007, 762; OLG Frankfurt FamRZ 2001, 116; OLG Hamm FamRZ 1999, 404.
[10] BGH NJW-RR 1993, 322 = FamRZ 1993, 417, 420.
[11] BGH NJW 1983, 2198 = FamRZ 1983, 369.
[12] BGH NJW 1985, 1339 = FamRZ 1985, 584, 585; NJW 1992, 974 = FamRZ 1992, 426, 427.
[13] BGH NJW 1983, 2200 = FamRZ 1983, 892, 894.
[14] BGH NJW 1981, 574 = FamRZ 1981, 250, 251; NJW-RR 1993, 322 = FamRZ 1993, 417, 420; NJW 1996, 1817 = FamRZ 1996, 798, 799.
[15] BGH NJW 1988, 1974 = FamRZ 1988, 831.

§ 1612

anderen unterhaltspflichtigen Elternteils berührt, kann die Bestimmung unwirksam sein, es sei denn, die Gründe für die einseitige Unterhaltsbestimmung wiegen so schwer, dass in Abwägung der beiderseitigen Interessen diese gleichwohl hinzunehmen ist[16]. Haben getrennt lebende Eltern über die Art der Unterhaltsgewährung für ein Kind, für das die elterliche Sorge nicht geregelt oder welches volljährig ist, eine Vereinbarung getroffen, kann sich ein Elternteil davon nicht ohne besondere Gründe durch eine andere Art der Unterhaltsgewährung lösen[17].

12   **3. Wirksamkeit der Unterhaltsbestimmung.** Dem Familiengericht obliegt als **Vorfrage** die Prüfung, ob die Bestimmung wirksam ist[18]. Ist die Bestimmung offensichtlich unwirksam und ist die Unwirksamkeit ohne weitere Ermittlungen zweifelsfrei erkennbar, verbleibt es bei der Barunterhaltsverpflichtung nach Abs 1 S 1[19].

13   Die Bestimmung kann bereits **von Anfang an unwirksam** sein. So ist die Verweisung auf Naturalunterhalt nur wirksam, wenn diese Art der Unterhaltsgewährung für das berechtigte Kind tatsächlich erreichbar ist und es nicht ohne eigenes Verschulden außerstande ist, der Unterhaltsbestimmung Folge zu leisten[20]. Von minderjährigen Kindern, die bei der Mutter leben, kann nicht erwartet werden, dass sie diese auf Wunsch des Vaters verlassen, um bei ihm den Unterhalt in Natur entgegenzunehmen[21]. Unwirksam ist ferner eine Bestimmung, bei einem Elternteil Unterhalt in Natur entgegenzunehmen, wenn dem Kind durch die ZVS ein Studienplatz an einem weit entfernten Studienort zugewiesen wurde[22]. Deckt eine Naturalunterhaltsbestimmung nicht den gesamten Lebensbedarf ab, ist diese zwar unwirksam. Darauf kann sich das Kind aber dann nicht berufen, wenn es der Naturalunterhaltsbestimmung aus anderen Gründen nicht folgt und es die Eltern bislang noch nicht zu einer Ergänzung aufgefordert hat[23]. Außer in Fällen rechtlicher oder tatsächlicher Undurchführbarkeit kann die Bindung an die Bestimmung in – strengen Voraussetzungen unterliegenden – **Missbrauchsfällen** – Bestimmung aus sachfremden Motiven oder zu sachfremden Zwecken – entfallen[24]. Die Bestimmung gegenüber einem volljährigen Kind ist auch dann nicht bindend, wenn sie die Menschenwürde des Kindes oder sein Recht auf freie Entfaltung der Persönlichkeit in verletzender Weise tangiert[25].

14   Die zunächst wirksame Bestimmung kann **später unwirksam** werden. Wird die gewählte Art der Unterhaltsgewährung aus tatsächlichen und rechtlichen Gründen undurchführbar, entfaltet die zunächst wirksame Bestimmung von diesem Zeitpunkt keine Wirkungen mehr. Der Anspruch auf Barunterhalt lebt wieder auf und kann wieder geltend gemacht werden[26]. Eine Bestimmung des Sorgeberechtigten an die Kinder, Unterhalt weiterhin in Natur in seinem Haushalt entgegen zu nehmen, ist wegen Unerreichbarkeit unwirksam, wenn sie gegen die Aufenthaltsbestimmung des Elternteils verstößt, dem zwischenzeitlich das Aufenthaltsbestimmungsrecht übertragen wurde[27]. Eine während der Schulzeit getroffene Bestimmung, Unterhalt in Natur zu gewähren, kann ihre Bedeutung verlieren, wenn das Kind nach der Schulzeit einige Zeit wirtschaftlich selbständig war und auch noch den Zivildienst abgeleistet hat, bevor es in der Folge an einem auswärtigen Studienort das Studium aufnahm. Bei erneuter Inanspruchnahme des Unterhaltspflichtigen nach längerer zeitlicher Unterbrechung gebieten es Rechtsklarheit und -sicherheit, dass er sich erneut zu der Art der Unterhaltsgewährung äußert. Ansonsten hat er den Unterhalt in bar zu leisten[28].

15   Die Bestimmung kann ferner deshalb unwirksam sein, weil die Bestimmungsberechtigten auf die Belange des Kindes nicht die gebotene Rücksicht genommen haben.

16   Die Prüfung hat auf den jeweiligen Unterhaltszeitraum abzustellen. Es kann sich ergeben, dass erst ab einem bestimmten Zeitpunkt eine bislang wirksame Naturalunterhaltsbestimmung durch eine Barunterhaltsverpflichtung abgelöst werden muss.

17   Die Nichtinanspruchnahme des nach § 1612 Abs 2 S 1 wirksam angebotenen Naturalunterhalts führt, solange die Bestimmung besteht, zum **Verlust des Unterhaltsanspruchs**[29].

18   Eine wirksame Bestimmung erzeugt **Bindungswirkungen**[30]. Sie führt auch zu einer Bindung des Trägers der Ausbildungsförderung. Eine wirksame Naturalunterhaltsbestimmung hindert das Bestehen eines Barunterhaltsanspruchs, der nach § 37 Abs 1 S 1 BAföG hätte übergehen können.

---

[16] BGH NJW 1988, 1974 = FamRZ 1988, 831; OLG Hamm FamRZ 1990, 1028.
[17] BGH NJW 1983, 2200 = FamRZ 1983, 892, 895.
[18] BayObLG FamRZ 1987, 1298, 1301.
[19] So für die Prüfung eines Änderungsantrages nach § 1612 Abs 2 S 2 aF BayObLG NJW-RR 1989, 1487 = FamRZ 1989, 1222, 1224; KG NJW-RR 1989, 647 = FamRZ 1989, 780; OLG Hamm FamRZ 1999, 404.
[20] BGH FamRZ 1985, 584, 585; FamRZ 1988, 386; FamRZ 1992, 426, 427; NJW 1996, 1817 = FamRZ 1996, 798, 799.
[21] BGH NJW 1992, 974 = FamRZ 1992, 426, 427 in Fortführung von FamRZ 1988, 386.
[22] BGH NJW 1996, 1817 = FamRZ 1996, 798.
[23] OLG Köln NJW-RR 2001, 1442 = FamRZ 2002, 51.
[24] BGH NJW 1981, 574 = FamRZ 1981, 250; vgl auch BayObLG NJW-RR 1989, 1474, 1487; OLG Hamburg FamRZ 1989, 309; OLG Zweibrücken FamRZ 1986, 820.
[25] OLG Zweibrücken FamRZ 1988, 205, 206.
[26] BGH NJW 1985, 1339 = FamRZ 1985, 584, 585; NJW 1996, 1817 = 1996, 798, 799.
[27] OLG Köln NJW 1998, 320.
[28] OLG Hamm FamRZ 1990, 1389.
[29] BGH NJW 1981, 574 = FamRZ 1981, 250; OLG Frankfurt FamRZ 1976, 705; OLG Zweibrücken FamRZ 1979, 64.
[30] BGH NJW 1981, 574 = FamRZ 1981, 250.

4. Wegfall des Verfahrens auf Abänderung einer wirksamen Unterhaltsbestimmung. Aus 19
besonderen Gründen konnte nach § 1612 Abs 2 S 2 aF auf Antrag des Kindes eine wirksame[31]
Bestimmung über die Art der Unterhaltsgewährung durch das Familiengericht geändert werden[32]. Es
handelte sich um eine Familiensache nach § 621 Abs 1 Nr 4 ZPO[33] und ein von einem Unterhaltsrechtsstreit unabhängiges Verfahren[34]. Die Abänderung einer Unterhaltsbestimmung konnte daher grds
nicht im Unterhaltsrechtsstreit stattfinden[35]. Mit der Neufassung des § 1612 Abs 2 ist das gesonderte
Abänderungsverfahren beseitigt worden. Eine einheitliche Entscheidung durch das Familiengericht wird
damit möglich[36]. Innerhalb des Unterhaltsrechtsstreits wird die Frage der Wirksamkeit der Unterhaltsbestimmung geklärt. Zu ihrer Wirksamkeit muss festgestellt werden, ob auf die Belange des Kindes die
gebotene Rücksicht genommen wurde. An dem Abänderungsmaßstab hat die Neuregelung nichts
geändert[37]. Die besonderen Gründe des § 1612 Abs 2 S 2 aF sind nunmehr im Rahmen der Prüfung
der Belange des Kindes zu berücksichtigen. Danach gilt nachfolgende bisherige Rspr:

Die von dem Kind gegen die Unterhaltsbestimmung **vorgebrachten Gründe** müssen schwerer 20
wiegen als die Gründe, derentwegen das Gesetz den Eltern das Recht eingeräumt hat, zu bestimmen,
dass der Unterhalt in Natur statt durch eine monatliche Geldrente zu gewähren ist. Für die anzuleg-
den Maßstäbe ist zwischen minderjährigen und volljährigen Kindern zu unterscheiden[38]. Es ist ein
strenger Beurteilungsmaßstab anzulegen[39]. **Besondere Gründe** liegen vor, wenn – auch ohne
Verschulden oder eine überwiegende Ursache in der Sphäre der Eltern- zwischen ihnen und dem Kind
eine tiefgreifende Entfremdung eingetreten ist, die das Kind nicht verschuldet hat[40]. Der Wunsch des
Kindes ist allein nicht ausreichend für die Änderung einer Unterhaltsbestimmung[41]. Ebenso wenig
reicht ein Rechtsstreit zwischen den Eltern und dem Kind als Indiz für eine tiefgreifende Störung aus[42].
Versuchen die Eltern jedoch, die Generationskonflikte mit dem in ihrem Haushalt lebenden volljährigen Kind in mehr als nur einem einmaligen Ausnahmefall durch Gewalttätigkeiten zu lösen, kann
dieses Verhalten den Änderungsantrag rechtfertigen[43]. Ausreichend kann eine tiefgreifende Entfremdung zwischen einem Elternteil und dem Kind oder eine tiefe Abneigung zwischen beiden sein, ohne
dass es darauf ankommt, ob und ggf wem dies als Schuldvorwurf zuzurechnen ist[44]. Zu berücksichtigen
ist jedoch bei der Einzelwürdigung, ob das festgestellte tiefe Zerwürfnis durch rücksichtsloses oder
provozierendes Verhalten des Kindes hervorgerufen wurde[45]. Hat das Kind über mehrere Jahre bei
einem Elternteil gelebt, ohne zu dem anderen Kontakt gepflegt zu haben, ist dessen Unterhaltsbestimmung abzuändern, wenn das Kind den Studienort hätte wechseln und in einer weitgehend fremden
Familie leben müssen[46]. Eine Reisezeit von drei Stunden täglich zum Studienort und zurück rechtfertigt
eine Änderung der Naturalunterhaltsbestimmung[47].

IV. Fälligkeit des Unterhalts (Abs 3)

Die Geldrente ist **monatlich im Voraus** zu entrichten. Fälligkeit tritt danach zum Ersten eines 21
Monats ein[48]. Die Fälligkeit kann vereinbarungsgemäß oder kraft elterlichen Bestimmungsrechtes auf
einen anderen Zeitpunkt verlegt werden[49]. Zahlungen werden zunächst auf den laufenden Unterhalt
und danach auf Rückstände verrechnet. Der Unterhaltspflichtige schuldet den vollen Unterhalt, wenn
nur der Unterhaltsberechtigte den Monatsbeginn erlebt (Abs 3 S 2).

V. Beweislast

Der Unterhaltspflichtige hat die besonderen Gründe des Abs 1 S 2 zu beweisen, wenn er den 22
Unterhalt nicht als Geldrente erbringen will, denn er macht einen Ausnahmetatbestand geltend. Dies
gilt auch für eine abweichende Vereinbarung zur Fälligkeit des Unterhalts. Wie zu § 1612 Abs 2 S 2
aF das Kind den besonderen Grund für die begehrte Abänderung einer wirksamen Unterhaltsbestimmung seitens der Eltern zu beweisen hatte und Zweifel, die nach amtswegiger Ermittlung der

---

[31] BayObLG FamRZ 1989, 1222, 1223.
[32] Zu Zuständigkeitsfragen vgl KG FamRZ 2000, 256; OLG Frankfurt FamRZ 2001, 116, 117.
[33] BayObLG NJWE-FER 1999, 318.
[34] KG FamRZ 2000, 256.
[35] So KG (19. ZS, FamS) FamRZ 2000, 256; OLG Hamburg FamRZ 2000, 246 = NJW-RR 2000, 599; OLG Frankfurt FamRZ 2000, 1424; *Büttner/Niepmann* NJW 2000, 2547, 2549; aA KG NJW 2003, 977.
[36] BT-Drucks 16/1830 S 26.
[37] BT-Drucks 16/1830 S 26.
[38] OLG Düsseldorf FamRZ 1996, 235.
[39] BayObLG FamRZ 1991, 1224.
[40] OLG FuR 2006, 82; ausf OLG Hamm FamRZ 1999, 404 zu § 1612 aF; OLG Celle FamRZ 1997, 966 mwN; OLG Schleswig FamRZ 1998, 1195; OLG Koblenz NJWE-FER 2000, 81.
[41] KG FamRZ 1990, 791, 792.
[42] OLG Frankfurt FamRZ 1979, 955.
[43] OLG Köln FamRZ 1996, 963.
[44] OLG Celle FamRZ 1997, 966; OLG Düsseldorf NJW-RR 1996, 580 = FamRZ 1996, 235; OLG Hamburg FamRZ 1990, 1269, 1271; OLG Dresden FamRZ 2004, 209, 210.
[45] OLG Koblenz NJWE-FER 2000, 81; KG FamRZ 2000, 256.
[46] BayObLG FamRZ 1989, 1222, 1224.
[47] OLG Celle FamRZ 2001, 116.
[48] *Palandt/Diederichsen* Rn 4.
[49] Zur Auslegung vertraglicher Regelungen OLG Köln FamRZ 1990, 1243; AG Überlingen FamRZ 1985, 1143.

§ 1612 a

entscheidungserheblichen Tatsachen verbleiben, zu Lasten des Kindes gingen[50], so wird das Kind die Beweislast dafür zu tragen haben, dass die Eltern auf seine Belange nicht die gebotene Rücksicht genommen haben.

§ 1612 a Mindestunterhalt minderjähriger Kinder

(1) ¹Ein minderjähriges Kind kann von einem Elternteil, mit dem es nicht in einem Haushalt lebt, den Unterhalt als Prozentsatz des jeweiligen Mindestunterhalts verlangen. ²Der Mindestunterhalt richtet sich nach dem doppelten Freibetrag für das sächliche Existenzminimum eines Kindes (Kinderfreibetrag) nach § 32 Abs. 6 Satz 1 des Einkommensteuergesetzes. ³Er beträgt monatlich entsprechend dem Alter des Kindes
1. für die Zeit bis zur Vollendung des sechsten Lebensjahrs (erste Altersstufe) 87 Prozent,
2. für die Zeit vom siebten bis zur Vollendung des zwölften Lebensjahrs (zweite Altersstufe) 100 Prozent und
3. für die Zeit vom 13. Lebensjahr an (dritte Altersstufe) 117 Prozent
eines Zwölftels des doppelten Kinderfreibetrags.

(2) ¹Der Prozentsatz ist auf eine Dezimalstelle zu begrenzen; jede weitere sich ergebende Dezimalstelle wird nicht berücksichtigt. ²Der sich bei der Berechnung des Unterhalts ergebende Betrag ist auf volle Euro aufzurunden.

(3) Der Unterhalt einer höheren Altersstufe ist ab dem Beginn des Monats maßgebend, in dem das Kind das betreffende Lebensjahr vollendet.

Schrifttum: Zu der bis zum 31. 12. 2007 geltenden Rechtslage: *Schumacher/Grün*, Das neue Unterhaltsrecht minderjähriger Kinder, FamRZ 1998, 778; *Weber*, Das Gesetz zur Vereinheitlichung des Unterhaltsrechts minderjähriger Kinder, NJW 1998, 1992.

Zu der Reform des Unterhaltsrechts: *Born*, Das neue Unterhaltsrecht, NJW 2008, 1; *Dose*, Ausgewählte Fragen der Unterhaltsrechtsreform – Kindergeldanrechnung, Erwerbsobliegenheit und Beschränkungsmöglichkeiten, FamRZ 2007, 1289.

Übersicht

	Rn		Rn
I. Bedeutung der Norm	1	VI. Festsetzung des Kindesunterhalts	11
II. Mindestunterhalt für minderjährige Kinder (Abs 1 S 1)	3	1. Statischer Unterhalt	12
		2. Dynamisierter Unterhalt	13
III. Höhe des Mindestunterhalts (Abs 1 S 2)	5	3. Verfahren	15
IV. Altersstufen (Abs 1 S 3)	8	VII. Höherer Unterhalt bei Wechsel der Altersstufe (Abs 3)	16
V. Berechnung des Prozentsatzes (Abs 1 S 1 und Abs 2)	9	VIII. Beweislast	17

I. Bedeutung der Norm

1 Das zum 1. 7. 1998 in Kraft getretene KindUG hat zu einer Abschaffung des vormals gesetzlich geregelten Mindestunterhalts für minderjährige Kinder geführt. § 1612 a aF verschaffte allerdings allen minderjährigen Kindern seither die Möglichkeit, ihren Individualunterhalt gegenüber dem barunterhaltspflichtigen Elternteil nicht wie zuvor nur statisch, mit einem festen Betrag, geltend zu machen, vielmehr konnte der Unterhalt auch dynamisch festgesetzt werden. Maßgebliche Größe war der Regelbetrag nach der Regelbetrag-Verordnung, die zwischen den alten und den neuen Bundesländern unterschied. Der Unterhalt konnte als Prozentsatz des Regelbetrages tituliert werden, auch in einem vereinfachten Verfahren nach den §§ 645 ff ZPO. Die Anpassung war ohne ein Abänderungsverfahren nach § 323 ZPO automatisch nach Maßgabe der Regelbetrag-Verordnung zu erreichen. Nach § 1612 a Abs 4 aF und dem neu hinzugefügten Abs 5 aF in der durch das Gesetz zur Ächtung der Gewalt in der Erziehung und zur Änderung des Kindesunterhaltsrechts vom 2. 11. 2000 (BGBl I S 1479) zum 1. 1. 2001 geschaffenen Fassung wurden die Regelbeträge im Zweijahresrhythmus der durchschnittlichen Nettolohnentwicklung angepasst. Dementsprechend veränderten sich die Unterhaltsbeträge. Eröffnet war eine Anpassung des Unterhalts **nach oben, aber ebenso nach unten**[1].

2 § 1612 a hat diesen Ansatz beseitigt. Der Mindestunterhalt ist wieder Gesetz geworden. Er knüpft an den steuerlichen Kinderfreibetrag nach § 32 Abs 6 S 1 EStG an, der das sog. sächliche Existenzminimum darstellt. Dieser gilt bundeseinheitlich, so dass nunmehr keine Unterscheidung zwischen den alten und den neuen Bundesländern mehr stattfindet[2]. Der Regelbetrag-Verordnung bedarf es nicht mehr; § 1612 a Abs 3, 4 und 5 aF sind entfallen. Mit dieser Neuregelung kommt der Gesetzgeber dem

---

[50] *Baumgärtel/Laumen/Pruskowski* Rn 2.
[1] BT-Drucks 13/7338 S 25.
[2] BT-Drucks 16/1830 S 26.

Postulat des BVerfG[3] nach, eine Koordinierung zwischen dem Unterhalts-, Sozial- und Steuerrecht und bei der Ausgestaltung eines Familienlastenausgleichs Normenklarheit herbeizuführen.

II. Mindestunterhalt für minderjährige Kinder (Abs 1 S 1)

§ 1612 a Abs 1 S 1 definiert den Mindestunterhalt als den Barunterhaltsbetrag, auf den das **minderjährige Kind** grundsätzlich Anspruch hat und den der Unterhaltspflichtige grundsätzlich – bei vorhandener Leistungsfähigkeit nach § 1603 Abs 2 S 1 – zu leisten verpflichtet ist[4]. Das Gesetz enthält keine Festlegung eines **Mindestunterhalts für volljährige Kinder.** Bezugspunkt ist nunmehr der im Steuerrecht maßgebliche existenznotwendige Bedarf eines Kindes, der von der Einkommensteuer verschont bleiben muss[5]. Dessen Höhe ergibt sich aus dem alle zwei Jahre von der Bundesregierung erstellten Existenzminimumbericht, der auf den durchschnittlichen sozialhilferechtlichen Regelsätzen der Bundesländer und den statistischen Berechnungen der durchschnittlichen Aufwendungen für Wohn- und Heizkosten in den alten Bundesländern beruht. Das nach diesem Bericht festgelegte sog sächliche Existenzminimum drückt sich in dem Kinderfreibetrag aus. In dessen Höhe wird das Einkommen der Eltern von der Einkommensteuer freigestellt. Soweit sich auf diese Weise angesichts der geänderten Lebenshaltungskosten Veränderungen in der Höhe des Kinderfreibetrages ergeben, führen diese auch zu Änderungen des Mindestunterhalts. 3

Wenngleich sich die Anknüpfung geändert hat, so bleibt es dabei, dass der Mindestunterhalt wie vormals der Regelbetrag Rechengröße für die weiterhin mögliche Dynamisierung des Individualunterhalts minderjähriger Kinder und Bezugsgröße für die Statthaftigkeit des vereinfachten Verfahrens zur Festsetzung des Unterhalts minderjähriger Kinder nach §§ 645 ff ZPO ist. In diesem Verfahren kann der Unterhalt festgesetzt werden, soweit er vor Berücksichtigung der Leistungen nach den §§ 1612 b oder 1612 c das 1,2-fache des Mindestunterhalts nach § 1612 a Abs 1 nicht übersteigt (§ 645 Abs 1 ZPO). 4

III. Höhe des Mindestunterhalts (Abs 1 S 2)

Nach § 1612 a Abs 1 S 2 richtet sich der Mindestunterhalt nach dem doppelten Freibetrag für das sächliche Existenzminimum eines Kindes (Kinderfreibetrag) gemäß § 32 Abs 6 S 1 EStG. Das sog sächliche Existenzminimum wird durch die beiden Elternteilen zukommenden Kinderfreibeträge gebildet. Derzeit beträgt der Kinderfreibetrag für jeden einzelnen einkommensteuerpflichtigen Elternteil 1.824,00 Euro. Der Mindestunterhalt stellt sich somit auf 304 Euro monatlich (1.824,00 Euro x 2/12). 5

Nach dem zum 1.1. 2008 geltenden Rechtszustand macht der Mindestunterhalt in Höhe von 100%, maßgeblich für die 2. Altersstufe, monatlich 304,00 Euro aus. Für die 1. Altersstufe stellt sich der Mindestunterhalt gerundet auf 265,00 Euro und in der 3. Altersstufe gerundet auf 356,00 Euro. Nach der bis zum 31. 12. 2007 geltenden Rechtslage stellten sich 100% des Regelbetrages in den jeweiligen Altersstufen auf 202,00 Euro, 245,00 Euro und 288,00 Euro. Nach der Kindergeldregelung in § 1612 b hätten sich für die Zeit ab 1. 1. 2008 nunmehr Zahlbeträge von 188,00 Euro, 227,00 Euro und 279,00 Euro ergeben, mithin eine weitere Verminderung des Kindesunterhalts. Dieses Ergebnis hat der Gesetzgeber durch § 36 Abs 4 EGZPO verhindert (siehe dazu Beschlussempfehlung und Bericht des Rechtsausschusses v. 7. 1. 2007 BT-Drucks 16/6980 S 23). In dieser Vorschrift ist eine Übergangsregelung enthalten, die sichern soll, dass die bislang zu zahlenden Unterhaltsbeträge einstweilen auch weiterhin geschuldet werden. Der Mindestunterhalt iS des § 1612 a Abs 1 beträgt danach in der 1. Altersstufe 279,00 Euro, in der 2. Altersstufe 322,00 Euro und in der 3. Altersstufe 365,00 Euro. Diese Beträge ergeben sich unter Ansatz von 100% des bis zum 31. 12. 2007 geltenden Regelbetrages nach § 1 Regelbetrag-Verordnung zuzüglich des halben Kindergeldes. Nach neuem Recht folgen daraus in Anwendung der Kindergeldregelung in § 1612 b Abs 1 Zahlbeträge von 202,00 Euro, 245,00 Euro und 288,00 Euro. Diese Übergangsregelung gilt bis zu dem Zeitpunkt, in dem der Mindestunterhalt nach Maßgabe des § 1612 a Abs 1 den in § 36 Abs 4 EGZPO derzeit festgelegten Betrag übersteigt. 6

Auf dieser Übergangsregelung baut die Düsseldorfer Tabelle (Stand: 1. 1. 2008) ebenfalls auf. Der Mindestunterhalt entspricht dem Richtsatz der 1. Einkommensgruppe in den jeweiligen Altersstufen. Die Berliner Tabelle ist angesichts des bundeseinheitlich geltenden Mindestunterhalts obsolet geworden. 7

IV. Altersstufen (Abs 1 S 3)

Die gesetzliche Neuregelung hält daran fest, dass der Mindestunterhalt nach dem Alter eines Kindes abgestuft wird. Kinder benötigen je nach Alter unterschiedliche Barleistungen. Die 1. Altersstufe erfasst die Zeit bis zur Vollendung des sechsten Lebensjahres, die 2. Altersstufe die Zeit vom siebten bis zur Vollendung des zwölften Lebensjahres und die 3. Altersstufe die Zeit vom dreizehnten Lebensjahr an. In der 1. Altersstufe beträgt der Mindestunterhalt 87%, in der 2. Altersstufe 100% und in der 3. Altersstufe 117% eines Zwölftels des doppelten Kinderfreibetrages. 8

V. Berechnung des Prozentsatzes (Abs 1 S 1 und Abs 2)

Der Dynamisierung nach Abs 1 S 1 und Abs 2 kann jeder beliebige Unterhaltsbetrag unterzogen werden. Auf diese Weise wird erreicht, dass der **Unterhalt** den Änderungen des Kinderfreibetrages 9

---

[3] BVerfG FamRZ 2003, 1370.
[4] BT-Drucks 16/1830 S 27.
[5] BVerfGE 99, 216.

§ 1612a — Buch 4. Abschnitt 2. Verwandtschaft

angepasst wird. Kindergeld und andere kindbezogene Leistungen unterliegen der Dynamisierung nicht. Der Prozentsatz des Mindestunterhalts, der den dynamisierten Individualunterhalt ausdrückt, ist auf eine Dezimalstelle zu begrenzen; weitere Stellen werden nicht berücksichtigt.

9.1 Berechnungsweise nach § 1612a Abs 2 nach folgendem **Beispiel:** Der am 15. 5. 2007 geborene K verlangt von seinem Vater ab dem 1. 1. 2008 Unterhalt entspr dessen Nettoeinkommen von 3800,00 Euro nach der 7. Einkommensgruppe und der 1. Altersstufe der Düsseldorfer Tabelle (Stand: 1. 1. 2008) in Höhe von 380,00 Euro. Er lebt im Haushalt der M, die das gesetzliche Kindergeld bezieht, und möchte den Unterhalt dynamisch ausgewiesen haben.
Der Prozentsatz ist wie folgt zu ermitteln:
380,00 Euro (7. EGr.) : 279,00 Euro (1. EGr.) × 100 = 136,2007%
§ 1612a Abs 2 S 1 schreibt vor, den Prozentsatz auf eine Dezimalstelle zu begrenzen; jede weitere sich ergebende Dezimalstelle wird nicht berücksichtigt.
Der Prozentsatz macht 136, 2 aus.
Da sich bei dieser Berechnung kleine Ungenauigkeiten ergeben,
279,00 Euro × 136,2% = 379,998 Euro,
ist der sich bei der Berechnung des Unterhalts ergebende Betrag auf volle Euro, hier auf 380,00 Euro aufzurunden (§ 1612a Abs 2 S 2).

10 Diese Berechnung erübrigt sich, wenn Unterhalt nach den Richtsätzen der Düsseldorfer Tabelle gefordert wird. Die Düsseldorfer Tabelle (Stand: 1. 1. 2008) enthält in Spalte 5 eine **Arbeitshilfe**. Dort ist der Prozentsatz ausgewiesen, um den die Richtsätze der jeweiligen Einkommensgruppen von dem Richtsatz der 1. Einkommensgruppe, dem Mindestunterhalt, abweichen. Wegen der Begrenzung der Festsetzung des Kindesunterhalts auf das 1,2-fache des Mindestunterhalts im vereinfachten Verfahren nach § 645 Abs 1 ZPO ist für diese prozentuale Steigerung eine besondere Einstufung vorgenommen worden. Zur Arbeitserleichterung und Vermeidung von Zehnteldifferenzen weist die Düsseldorfer Tabelle in den jeweiligen Einkommensgruppen auf ganze Zahlen gerundete Prozentsätze aus. Dies ist hinnehmbar, denn der sich bei der Berechnung des dynamisierten Unterhalts ergebende Betrag ist auf volle Euro aufzurunden (Abs 2 S 2). Die oben aufgezeigte Berechnung ist aber geboten, wenn andere Unterhaltsbeträge als dynamisierter Unterhalt gefordert werden.

VI. Festsetzung des Kindesunterhalts

11 Das **minderjährige Kind** kann den Unterhalt **statisch** und **als Prozentsatz des Mindestunterhalts** verlangen.

12 **1. Statischer Unterhalt.** Das minderjährige Kind kann weiterhin den ihm nach §§ 1601 ff zustehenden Unterhalt als **Festbetrag** beanspruchen. Diese Art der Titulierung kann Sinn machen, wenn der Unterhaltsanspruch vertraglich auf höherem als dem gesetzlich geschuldeten Niveau festgelegt werden soll oder im Mangelfall, da sich jede Veränderung des anrechenbaren Einkommens des Unterhaltspflichtigen auswirkt[6]. Die Behandlung des Kindergeldes und anderer kindbezogener Leistungen erfolgt nach §§ 1612b und 1612c. Dem minderjährigen Kind entgeht allerdings der Vorteil der Dynamisierung. Eine Abänderung unterliegt zudem den Beschränkungen des § 323 ZPO.

13 **2. Dynamisierter Unterhalt.** Der Kindesunterhalt kann als **Prozentsatz des Mindestunterhalts der jeweiligen Altersstufe** ausgewiesen werden. Der Mindestunterhalt einer höheren Altersstufe ist **ab Beginn des Monats** maßgebend, in dem das Kind das betreffende Lebensjahr vollendet hat. Der Mindestunterhalt der dritten Altersstufe unterliegt keiner zeitlichen Beschränkung, denn es heißt in § 1612a Abs 1 „für die Zeit vom dreizehnten Lebensjahr an". Das volljährig gewordene Kind verfügt weiterhin über einen Unterhaltstitel (§ 798a ZPO)[7].

13.1 **Beispiel:** Der am 15. 5. 2005 geborene Sohn K lebt im Haushalt seiner Mutter M. Sie bezieht das Kindergeld. K verlangt von seinem Vater V ab dem 1. 1. 2008 Unterhalt entspr dessen anrechenbaren Nettoeinkommen von 2600,00 Euro nach der 4. Einkommensgruppe und der 1. Altersstufe der Düsseldorfer Tabelle (Stand: 1. 1. 2008) in Höhe von 321,00 Euro. Er möchte den Unterhalt dynamisch und nach den Altersstufen ausgewiesen haben
Berechnung des Prozentsatzes:
321,00 Euro (4. EGr.) : 279,00 Euro (1. EGr.) × 100 = 115,0537%
§ 1612a Abs 2 S 1 schreibt vor, den Prozentsatz auf eine Dezimalstelle zu begrenzen; jede weitere sich ergebende Dezimalstelle wird nicht berücksichtigt. Der Prozentsatz macht 115,0 aus.
Berechnung des Unterhaltsbetrages:
Die Berechnung führt zu einem Unterhaltsbetrag von 320,85 Euro (279,00 Euro × 115,0%). Der Betrag ist auf volle Euro, hier auf 321,00 Euro aufzurunden (§ 1612a Abs 2 S 2).
Berücksichtigung der jeweiligen Altersstufen
Wechsel in die 2. Altersstufe: 15. 5. 2011
Wechsel in die 3. Altersstufe: 15. 5. 2017

13.2 Vorschlag für den **Antrag**:
......den Vater zu verurteilen,
vom 1. 1. 2008 bis zum 30. 4. 2011 monatlich 115% des jeweiligen Mindestunterhalts **nach § 36 Abs 4 EGZPO/§ 1612a Abs 1 BGB** der zweiten Altersstufe abzüglich des hälftigen Kindergeldes oder der hälftigen regelmäßig wiederkehrenden kindbezogenen Leistungen für ein erstes Kind, das sind derzeit monatlich 244,00 (321,00 Euro − 77,00 Euro),

---

[6] Zum alten Recht *Schumacher/Grün* FamRZ 1998, 778, 781.
[7] Vgl auch BGH FamRZ 1994, 696; s auch *Pütz* FamRZ 2006, 1558 in Anm zu OLG Hamm FamRZ 2006, 48.

vom 1. 5. 2011 bis zum 30. 4. 2017 monatlich 115% des jeweiligen Mindestunterhalts der zweiten Altersstufe abzüglich des hälftigen Kindergeldes oder der hälftigen regelmäßig wiederkehrenden kindbezogenen Leistungen für ein erstes Kind,
ab 1. 5. 2017 monatlich 115% des jeweiligen Mindestunterhalts der dritten Altersstufe abzüglich des hälftigen Kindergeldes oder der hälftigen regelmäßig wiederkehrenden kindbezogenen Leistungen für ein erstes Kind, zu zahlen.

Da der Mindestunterhalt des minderjährigen Kindes derzeit in § 36 Abs. 4 EGZPO als Übergangsregelung normiert ist, wird auf diese Vorschrift und auf § 1612 a Abs 1 bei der Tenorierung abzustellen sein. So kann erreicht werden, dass der Titel in der Übergangszeit bis zur Anhebung der Kinderfreibeträge auf das Niveau des § 36 Abs 4 EGZPO die dort festgelegten Unterhaltsbeträge umfasst und nach dessen Fortfall den sich aus § 1612 a ergebenden Mindestunterhalt.

Um dem für die Vollstreckbarkeit erforderlichen **Bestimmtheitsgebot** zu genügen, muss auch angegeben werden, ob es sich um das Kindergeld für das erste, das zweite, das dritte oder ein weiteres Kind handelt[8]. **14**

3. Verfahren. Auf **Antrag** kann die Dynamisierung in jedem Unterhaltsrechtsstreit, auch in einem Abänderungsverfahren, und für jeden Unterhaltsbetrag vorgenommen werden. In dem vereinfachten Verfahren nach §§ 645 ff ZPO besteht für die Unterhaltsfestsetzung die Begrenzung bis zur Höhe von 120% des Mindestunterhalts ohne Berücksichtigung des bedarfsdeckendes Kindergeldes § 1612 b oder der kindbezogenen Leistungen des § 1612 c[9]. **15**

VII. Höherer Unterhalt bei Wechsel der Alterstufe (Abs 3)

Die Unterhaltsbeträge einer höheren Alterstufe werden **ab Beginn des Monats** geschuldet, in dem das Kind das betreffende Lebensjahr vollendet hat. Die gesetzliche Regelung beschränkt sich nicht nur auf den Mindestunterhalt, sie gilt vielmehr auch für darüber hinausgehende Unterhaltsansprüche[10]. **16**

VIII. Beweislast

Die Wiedereinführung des Mindestunterhalts zieht Folgerungen für die darlegungs- und Beweislast nach sich. In Höhe des Mindestunterhalts unterstellt das Gesetz für das einkommens- und vermögenslose Kind einen offenen Unterhaltsbedarf. Macht das minderjährige Kind lediglich den Mindestunterhalt geltend, ist es von der Darlegung eines Bedarfs in dieser Höhe entbunden. Es obliegt dem Unterhaltspflichtigen, darzulegen und zu beweisen, in welchem Umfang er leistungsfähig ist, denn er ist grds verpflichtet, den Mindestunterhalt zu zahlen[11]. Der Unterhaltspflichtige wird insbesondere dazu Vortrag halten müssen, dass er in der unterhaltsrechtlich gebotenen Weise seiner nach § 1603 Abs 2 gesteigerten Unterhaltspflicht mit den sich daraus ergebenden Wirkungen für die Erwerbsobliegenheit[12] nachgekommen ist, ferner, aus welchen Gründen den von ihm eingegangenen Verbindlichkeiten der Vorrang vor den Unterhaltsinteressen des Kindes einzuräumen ist[13]. Macht das Kind einen den Mindestunterhalt übersteigenden Unterhalt geltend, steht es zu seiner Darlegungs- und Beweislast, dass der Unterhaltspflichtige über ein diesem Bedarf entsprechendes Einkommen verfügt. **17**

§ 1612 b Deckung des Barbedarfs durch Kindergeld

(1) ¹Das auf das Kind entfallende Kindergeld ist zur Deckung seines Barbedarfs zu verwenden:
1. zur Hälfte, wenn ein Elternteil seine Unterhaltspflicht durch Betreuung des Kindes erfüllt (§ 1606 Abs. 3 Satz 2);
2. in allen anderen Fällen in voller Höhe.

²In diesem Umfang mindert es den Barbedarf des Kindes.

(2) Ist das Kindergeld wegen der Berücksichtigung eines nicht gemeinschaftlichen Kindes erhöht, ist es im Umfang der Erhöhung nicht bedarfsmindernd zu berücksichtigen.

Schrifttum: Zu dem bis zum 31. 12. 2007 geltenden Recht: *Becker,* Familienlastenausgleich und Mangelfälle nach dem Kindesunterhaltsgesetz, FamRZ 1999, 65; *ders,* § 1612 b V BGB n. F. – Ein Virus, FamRZ 2001, 1266; *Gerhardt,* Die neue Kindergeldverrechnung ab 1. 1. 2001, FamRZ 2001, 73; *Heger,* Die Änderung des § 1612 b V BGB – Schlußstein oder Neubeginn, FamRZ 2001, 1409; *Scholz,* Existenzminimum und Kindergeldverrechnung – Zur Neufassung des § 1612 b V BGB, FamRZ 2000, 1541; *ders,* Das Jahressteuergesetz und die Düsseldorfer Tabelle Stand: 1. 1. 1996, FamRZ 1996, 65; *Schumacher/Grün,* Das neue Unterhaltsrecht minderjähriger Kinder, FamRZ 1998, 778; *Vossenkämper,* Kindergeldabzug beim Kindesunterhalt ab 1. Januar 2001 im alten Bundesgebiet und Beitrittsgebiet, FamRZ 2001, 1547; *Wagner,* Zum Regierungsentwurf eines Gesetzes zur Vereinheitlichung des Unterhaltsrechts minderjähriger Kinder, FamRZ 1997, 1513; *Weisensee,* § 1612 b V BGB – Eine Herausforderung für

---

[8] Zum alten Recht OLG Jena NJW-RR 2000, 1027; OLG Stuttgart DAVorm 1999, 772.
[9] Beschlussempfehlung und Bericht des Rechtsausschusses vom 7. 11. 2007, BT-Drucks 16/6980 S 23, 24.
[10] Beschlussempfehlung und Bericht des Rechtsausschusses vom 7. 11. 2007, BT-Drucks 16/6980 S 21.
[11] Zum alten Recht vgl BGH FamRZ 1998, 357; FamRZ 2002, 536.
[12] Vgl schon OLG Schleswig FamRZ 1999, 1524.
[13] BGH FamRZ 1996, 160.

§ 1612 b

die Praxis, FamRZ 2001, 463; *Wohlgemuth,* Auswirkungen des § 1612 b Abs. 5 BGB auf den Volljährigen- und Ehegatten-Unterhalt, FamRZ 2001, 742.

Zum Unterhaltsrechtsänderungsgesetz: *Born,* Das neue Unterhaltsrecht, NJW 2008, 1; *Borth,* Der Gesetzesentwurf der Bundesregierung zur Reform des Unterhaltsrechts, FamRZ 2006, 813; *Dose,* Ausgewählte Fragen der Unterhaltsrechtsreform – Kindergeldanrechnung, Erwerbsobliegenheit und Beschränkungsmöglichkeiten, FamRZ 2007, 1289; *Scholz,* Die Neuregelung der steuerlichen Förderung von Kinderbetreuungskosten und ihre Auswirkungen auf den Unterhalt, FamRZ 2006, 737; *ders,* Der Kindesunterhalt nach dem Gesetz zur Änderung des Unterhaltsrechts, FamRZ 2007, 2021.

Übersicht

	Rn		Rn
I. Bedeutung der Norm	1	1. Das minderjährige Kind (Abs 1 Nr 1)	11
II. Das staatliche Kindergeld	4	2. Das volljährige Kind (Abs 1 Nr 2)	14
III. Bedarfsdeckung durch das Kindergeld	9	IV. Der Zählkindvorteil (Abs 2)	18

I. Bedeutung der Norm

1 § 1612 b regelt den Modus der Behandlung **des Kindergeldes** unmittelbar auf Unterhaltsansprüche von minderjährigen und volljährigen Kindern. Die Norm ersetzt eine gesetzliche Regelung, die durch das BVerfG[1] wegen ihrer Kompliziertheit der Kindergeldanrechnung und deren schwer durchschaubare Wechselwirkung mit den sozial- und steuerrechtlichen Bestimmungen im Hinblick auf das Gebot der Normenklarheit als bedenklich beurteilt wurde. Dies galt insbesondere für die komplizierte Regelung des § 1612 b Abs 5 aF, die bei engen wirtschaftlichen Verhältnissen des Unterhaltspflichtigen dazu geführt hat, dass dieser seinen gesamten oder nahezu gesamten Kindergeldanteil für den Kindesunterhalt hergeben musste. § 1612 b geht von der **bislang geltenden Anrechnungsregelung** über auf eine bedarfsdeckende Wirkung des Kindergeldes, die für den Unterhaltsanspruch des minderjährigen wie des volljährigen Kindes gleichermaßen gilt. Das **Kindergeld** wird wie **sonstiges unterhaltsrechtliches Einkommen des Kindes** behandelt[2]. Im Unterhaltsrecht kommen nunmehr die bereits im Sozialrecht geltenden Grundsätze zum Tragen. Im Sozialrecht wird das für minderjährige Kinder gezahlte Kindergeld gemäß § 11 Abs 1 S 3 SGB II und § 82 Abs 1 S 2 SGB XII dem jeweiligen Kind als Einkommen zugerechnet und mindert in diesem Umfang den individuellen Hilfebedarf.

2 § 1612 b bezweckt den internen Ausgleich des staatlichen Kindergeldes zwischen den Eltern. Der in den Vorschriften des EStG und des BKGG nicht geregelte Ausgleich des beiden Elternteilen zustehenden Anspruchs auf Kindergeld wird nach der Trennung der Eltern über den Unterhaltsanspruch eines Kindes vollzogen **(privatrechtlicher Ausgleich).** Dieser Ausgleich ist geboten, weil trotz beiderseitiger Anspruchsberechtigung aus Vereinfachungsgründen das Kindergeld nur an einen Elternteil gezahlt wird, nämlich denjenigen, der die **Bezugsberechtigung** besitzt.

3 Die gesetzliche Regelung gilt für das Klageverfahren und das vereinfachte Verfahren nach §§ 645 ff ZPO gleichermaßen.

II. Das staatliche Kindergeld

4 Das staatliche Kindergeld ist eine **zweckgebundene staatliche Leistung an die Eltern,** die ihrer beiderseitigen wirtschaftlichen Entlastung dienen soll, jedoch **kein unterhaltsrechtliches Einkommen der Eltern** darstellt.

5 Die Vorschriften zum Kindergeld finden sich in **§§ 62 ff EStG. Kindergeld auf der Grundlage des BKGG** wird nur noch an beschränkt steuerpflichtige Personen und an Vollwaisen gezahlt. Nach § 66 EStG beträgt das Kindergeld für die Zeit ab 1. 1. 2002: für das erste bis dritte Kind jeweils 154 Euro, für das vierte und jedes weitere Kind jeweils 179 Euro. Auf das Kindergeld haben nach § 63 Abs 1 Nr 1 EStG im Regelfall **beide Elternteile** Anspruch. Es wird aus Gründen der Verwaltungsvereinfachung für jedes Kind nach dem **Vorrangprinzip** des § 64 EStG indes nur an einen Elternteil gezahlt. Bei mehreren Kindergeldberechtigten wird es demjenigen gezahlt, der das Kind in seinen Haushalt aufgenommen hat (§ 64 Abs 2 S 1 EStG; **Obhutsprinzip**). Das Obhutsprinzip kann durch zivilrechtliche Vereinbarungen nicht außer Kraft gesetzt werden; Regelungen über das Kindergeld können nur über den Unterhalt (§ 1612 b) erfolgen[3]. Ist das Kind in den gemeinsamen Haushalt von Eltern, einem Elternteil und dessen Ehegatten, Pflegeeltern oder Großeltern aufgenommen worden, so bestimmen diese untereinander den Berechtigten (§ 64 Abs 2 S 2 EStG). Wird eine Bestimmung nicht getroffen, so bestimmt das Vormundschaftsgericht auf Antrag den Berechtigten. Dieses hat seine Entscheidung nach pflichtgemäßem Ermessen zu treffen und am Kindeswohl auszurichten[4]. Beim sog **Wechselmodell** wird der Bezugsberechtigte durch die Eltern, im Streitfall durch das Vormundschaftsgericht bestimmt. Den Antrag kann stellen, wer ein berechtigtes Interesse an der Zahlung des Kindergeldes hat (§ 64 Abs 2 S 3 und 4 EStG). Lebt ein Kind im gemeinsamen Haushalt von Eltern und

---

[1] BVerfGE 108, 52 = NJW 2003, 2733 = FamRZ 2003, 1371.
[2] BT-Drucks 16/1830 S 29.
[3] FG München vom 13. 7. 2006, 5 K 1243/05, BeckRS 2006, 26021866.
[4] OLG München NJOZ 2006, 1380.

Großeltern, so wird das Kindergeld vorrangig einem Elternteil gezahlt; es wird an einen Großelternteil gezahlt, wenn der Elternteil gegenüber der zuständigen Stelle auf seinen Vorrang verzichtet hat (§ 64 Abs 2 S 5 EStG). Ist das Kind nicht in den Haushalt eines Berechtigten aufgenommen, so erhält das Kindergeld derjenige, der dem Kind eine Unterhaltsrente zahlt (§ 64 Abs 3 S 1 EStG). Zahlen mehrere Berechtigte dem Kind eine Unterhaltsrente, so erhält das Kindergeld derjenige, der dem Kind die höchste Unterhaltsrente zahlt (§ 64 Abs 3 S 2 EStG). Werden gleich hohe Unterhaltsrenten gezahlt, so bestimmen die Berechtigten untereinander, wer das Kindergeld erhalten soll. Wird eine Bestimmung nicht getroffen oder zahlt keiner der Berechtigten dem Kind Unterhalt, so gilt § 64 Abs 2 S 3 und 4 EStG entsprechend.

Die Zahlung des Kindergeldes ist als **vorweggenommene Steuervergütung (§ 31 S 3 EStG)** auf den Kinderfreibetrag zu behandeln, der im Wege des Familienlastenausgleiches nicht zusammen veranlagten Eltern nach § 32 Abs 4 EStG je zur Hälfte gewährt wird. Das Kindergeld wird in dem Umfang als staatliche Leistung zur Förderung der Familie behandelt, in dem es die steuermindernde Leistung des Kinderfreibetrages übersteigt (§ 31 S 2 EStG). Wird die steuerliche Freistellung durch das Kindergeld nicht erreicht, wird bei der Einkommensteuerveranlagung der Kinderfreibetrag abgezogen (§ 31 S 3 und 4 EStG). Bereits gezahltes Kindergeld wird der Steuerschuld hinzugerechnet, soweit es dem Steuerpflichtigen im Wege des zivilrechtlichen Ausgleichsanspruch zusteht (§ 31 S 5 EStG). 6

Der Ausgleich des Kindergeldes nach § 1612 b beruht auf **einkommensteuerrechtlichen Vorgaben**. Das Jahressteuergesetz 1996 hat die verfassungsrechtlich gebotene[5] steuerliche Freistellung eines Einkommensbetrages in Höhe des Existenzminimums eines Kindes neu geregelt. Sie wird seither durch das Kindergeld oder den Kinderfreibetrag nach § 32 EStG gewährleistet. Das Steuerrecht geht von einem Ausgleich des Kindergeldes unter den Eltern aus. § 1612 b setzt diesen Ausgleich auf das Unterhaltsrechtsverhältnis um. 7

Kindbezogene Leistungen, auf die **nur ein Elternteil Anspruch** hat (Familienzuschlag nach Stufe 2 bei Beamten, kindbezogener Anteil im Ortszuschlag bei Arbeitnehmern des öffentlichen Dienstes, Kinderzuschuss seitens eines privaten Arbeitgebers) sind unter den Eltern nicht auszugleichen. Sie finden bei der Ermittlung ihres jeweiligen unterhaltsrechtlich relevanten Einkommens Berücksichtigung. 8

III. Bedarfsdeckung durch das Kindergeld

Das auf das Kind entfallende Kindergeld ist zur Deckung seines Barbedarfs zu verwenden. Diese Formulierung bringt zum Ausdruck, dass das Kindergeld auf den Mindestunterhalt anzurechnen ist. Es wird also nicht mehr erst auf einen etwa wegen geringer Einkünfte tatsächlich geschuldeten niedrigeren Unterhalt angerechnet. Nach neuem Recht erfährt das Kindergeld also eine **unterhaltsrechtliche Zweckbindung**[6]; es wird als **Einkommen des Kindes** behandelt. 9

§ 1612 b Abs 1 hält daran fest, dass bei mehreren Kindern auf das für das jeweilige Kind gezahlte Kindergeld abzustellen ist[7]. 10

1. Das minderjährige Kind (Abs 1 Nr 1). Diese Bestimmung betrifft den Ausgleich bei Unterhaltsansprüchen minderjähriger Kinder, wenn ein Elternteil gemäß § 1606 Abs 3 S 2 seine Unterhaltspflicht durch Betreuung des Kindes erfüllt. Dazu ist es ausreichend, wenn der Elternteil die Verantwortung für das Kind behält und sich persönlich um das Wohlergehen des Kindes kümmert; er darf die Betreuung nur nicht vollends auf Dritte übertragen[8]. 11

Es gilt der **Halbteilungsgrundsatz, der den gleichwertigen Unterhaltsleistungen der Eltern – Barunterhalt und Betreuungsunterhalt nach § 1606 Abs 3 S 2 – gerecht wird.** Betreut ein Elternteil das Kind, wird an diesen wegen des Vorrangprinzips nach § 64 Abs 2 S 1 EStG, § 3 Abs 2 S 1 BKGG das Kindergeld gezahlt. Der Ausgleich unter den Eltern vollzieht sich dadurch, dass von dem Unterhaltsbedarf des Kindes das hälftige Kindergeld vorweg abgezogen wird. Der barunterhaltspflichtige Elternteil wird um diesen Kindergeldanteil entlastet und hat lediglich den reduzierten Zahlbetrag zu leisten. So wird erreicht, dass der barunterhaltspflichtige Elternteil in gleichem Maß an dem Kindergeld teil hat. Der betreuende Elternteil hat den Kindergeldanteil für den Barunterhalt einzusetzen und behält den weiteren Kindergeldanteil zur Erleichterung und zum Ausgleich seiner gleichwertigen Naturalunterhaltsleistungen[9]. 12

Beispiel: Anrechenbare Einkünfte des barunterhaltspflichtigen Elternteils: 2.400,00 Euro. 12.1
Unterhaltsbedarf des 16 Jahre alten, im Haushalt von M lebenden Kindes nach der DT, Stand: 1. 1. 2008, wegen der unterdurchschnittlichen Unterhaltslast unter Höherstufung um eine Einkommensgruppe in die 5. Einkommensgruppe, 3. Altersstufe: 438,00 Euro
Bedarfsdeckung durch das hälftige Kindergeld: 77,00 Euro
Ungedeckter Restbedarf: 361,00 Euro.

§ 1612 Abs 1 setzt die Kindergeldberechtigung beider Elternteile voraus. Die für die Anrechnung des § 1612 b Abs 1 erforderliche Kindergeldberechtigung beider Elternteile kann sich aus dem nationalen Recht (§ 64 EStG und § 3 BKGG) und dem Gemeinschaftsrecht herleiten. Die hälftige Anrechnung 13

---

[5] BVerfG FamRZ 1995, 285.
[6] *Scholz* FamRZ 2007, 2021, 2024.
[7] Zum alten Recht OLG Celle FamRZ 1999, 1455.
[8] BGH FamRZ 2006, 1015.
[9] Zu den Auswirkungen dieser Regelung auf die Berechnung des Ehegattenunterhalts vgl *Dose* FamRZ 2007, 1289; zu den Auswirkungen im Mangelfall vgl BT-Drucks 16/1830 S 29.

§ 1612 b

des Kindergeldes auf den von einem **im Ausland lebenden barunterhaltspflichtigen Elternteil** geschuldeten Unterhalt kann danach erfolgen, wenn das Kindergeld an den in Deutschland lebenden Elternteil geleistet wird, der barunterhaltspflichtige Elternteil in dem ausländischen Staat kindergeldberechtigt wäre, sein dort begründeter Kindergeldanspruch nach den gemeinschaftsrechtlichen Antikumulierungsvorschriften wegen der sich aus deutschem Recht ergebenden Kindergeldberechtigung des betreuenden Elternteils ruht[10].

14   2. **Das volljährige Kind (Abs 1 Nr 2).** Diese Bestimmung regelt die Behandlung des Kindergeldes im Fall **beiderseitiger Barunterhaltsverpflichtung der Eltern.** Sie tritt ein, wenn das Kind volljährig ist. Den volljährigen – auch den privilegiert volljährigen – Kindern wird eine Betreuung gesetzlich nicht mehr geschuldet. Gleiches gilt, wenn eine Betreuung durch die Eltern nicht stattfindet, das minderjährige Kind etwa bei dritten Personen, in einer Einrichtung der Jugendhilfe oder in einem Internat aufwächst. Die volle bedarfsdeckende Wirkung des Kindergeldes kommt auch dann zum Tragen, wenn das Kindergeld an einen Dritten ausbezahlt wird[11].

15   Nach der jüngsten Rspr des BGH[12] kam dem Kindergeld im Rahmen von Unterhaltsansprüchen volljähriger Kinder bedarfsdeckende Wirkung zu. Daran knüpft die gesetzliche Neuregelung an. Das Kindergeld ist wie sonstiges Einkommen des volljährigen Kindes in vollem Umfang von seinem Unterhaltsbedarf abzuziehen; die anteilige Haftung der Eltern beschränkt sich auf den dann noch offenen Unterhaltsbedarf.

15.1   **Beispiel: Anrechenbare Einkünfte der Eltern:** Vater (V): 2.400,00 Euro, Mutter (M): 1.600,00 Euro. Gesamteinkünfte: 4.000,00 Euro.
Unterhaltsbedarf des volljährigen, im Haushalt von M lebenden, nicht privilegierten Kindes nach der DT, Stand: 1. 1. 2008, 8. Einkommensgruppe, 4. Altersstufe: 588,00 Euro
Bedarfsdeckung durch das volle Kindergeld: 154,00 Euro
Ungedeckter Restbedarf: 434,00 Euro
Haftungsverteilung nach den oberhalb des angemessenen Selbstbehalts jeweils verbleibenden Einkünften:
V: 2.400,00 Euro ./. 1.100,00 Euro = 1.300,00 Euro
M: 1.600,00 Euro ./. 1.100,00 Euro = 500,00 Euro
Gesamt für Unterhalt verfügbar: 1.800,00 Euro
Haftungsquote:
V: 1.300,00 Euro : 1.800,00 Euro = 72,22%
M: 500,00 Euro ./. 1.800,00 Euro = 27,78%
Anteilige Barunterhaltspflicht:
V: 434,00 Euro x 72,22% = 313,43 Euro, gerundet 313,00 Euro
M: 434,00 Euro x 27,78% = 120,57 Euro, gerundet 121,00 Euro.

16   Der volle Abzug des Kindergeldes gilt auch dann, wenn das Kind noch im Haushalt eines Elternteils lebt, der mangels Leistungsfähigkeit nicht unterhaltspflichtig ist[13].

16.1   **Beispiel:** Anrechenbare Einkünfte der Eltern: Vater (V): 2.400,00 Euro, Mutter (M): 1.000,00 Euro.
Unterhaltsbedarf des volljährigen, im Haushalt von M lebenden Kindes nach der DT, Stand: 1. 1. 2008, wegen der unterdurchschnittlichen Unterhaltslast unter Höherstufung um eine Einkommensgruppe in die 5. Einkommensgruppe, 4. Altersstufe: 490,00 Euro
Bedarfsdeckung durch das volle Kindergeld: 154,00 Euro
Ungedeckter Restbedarf: 336,00 Euro.

17   Das Kind hat einen **Anspruch auf die Auszahlung des Kindergeldes oder die Erbringung entsprechender Naturalleistungen** gegen den Elternteil, der das Kindergeld ausgezahlt erhält. Dies entsprach schon der jüngsten Rspr des BGH[14]. In der gesetzlichen Neuregelung kommt der Anspruch dadurch zum Ausdruck, dass das Kindergeld zur Deckung des Barbedarfs zu verwenden ist[15]. Deshalb kann das Kind die Auskehrung auch von dem nicht leistungsfähigen Elternteil beanspruchen. Da das Kindergeld für den Kindesunterhalt zu verwenden ist, wird eine **Klage auf Auskehrung des Kindergeldes** als Unterhaltssache iS des § 23 Abs 1 Nr 5 GVG zu behandeln sein[16]. Daneben besteht die die öffentlich rechtliche Auskehrungsmöglichkeit nach § 74 EStG.

IV. Der Zählkindvorteil (Abs 2)

18   Nach § 1612 b Abs 2 bleibt das Kindergeld in Abweichung von dem Grundsatz, dass das für das jeweilige Kind gezahlte Kindergeld anzusetzen ist, im Umfang der Erhöhung durch ein nicht gemeinschaftliches Kind (sog **Zählkindvorteil**) unberücksichtigt[17]. Ein Zählkindvorteil kann sich ergeben, wenn in einem Haushalt mehrere Kinder aus verschiedenen Ehen leben. Stammen drei ältere Kinder aus erster Ehe, erhält die betreuende Mutter für sie jeweils 154 Euro Kindergeld. Wegen der Berück-

---

[10] BGH FamRZ 2004, 1639 m Anm *Heimann*; zur Anspruchskonkurrenz von Kindergeld zu kindergeldähnlichen ausländischen Leistungen vgl § 65 Abs 1 Nr 2 EStG.
[11] BT-Drucks 16/1830 S 30.
[12] NJW 2006, 57 = FamRZ 2006, 99 m Anm *Viefhues*; FamRZ 2006, 774; FamRZ 2007, 542 m Anm *Schürmann*.
[13] BGH NJW 2006, 57 = FamRZ 2006, 99 und 774.
[14] NJW 2006, 57 = FamRZ 2006, 99; s auch *Scholz* FamRZ 2006, 106, 107 in Anm zu BGH FamRZ 2006, 99.
[15] BT-Drucks 16/1830 S 30.
[16] *Scholz* FamRZ 2007, 2021, 2026.
[17] So § 1612 b Abs 4 aF; zum alten Recht BGH NJW 1981, 170 = FamRZ 1981, 26.

sichtigung der nicht gemeinschaftlichen Kinder aus erster Ehe wird für das jüngste Kind ein Kindergeld von 179 Euro gezahlt.

Auf den Unterhaltsanspruch des gemeinsamen Kindes wird nur die Hälfte des – fiktiven – Kindergeldes angerechnet, das der Elternteil für das betreffende Kind erhalten würde, wenn die Kinder aus der neuen Ehe/Partnerschaft nicht vorhanden wären. Der Zählkindvorteil soll dem Elternteil zugute kommen, der die Unterhaltslast für nicht gemeinschaftliche Kinder zu tragen hatte[18]. Der Zählkindvorteil war nach der Rspr des BGH[19] nicht als unterhaltsrelevantes Einkommen in die Bedarfsberechnung des Ehegattenunterhalts einzubeziehen. Nach der Begründung des Gesetzgebers[20] soll vielmehr der Zählkindvorteil in der Regel dem bezugsberechtigten Elternteil als Einkommen verbleiben. Ausnahmsweise stellte der Zählkindvorteil auch bislang schon für Unterhaltszwecke verfügbares Einkommen dar, wenn der das erhöhte Kindergeld beziehende Elternteil dem anderweitig betreuten Zählkind keinen Unterhalt gewährte[21]. Im **Mangelfall** kann der Zählkindvorteil bei der Leistungsfähigkeit berücksichtigt werden, denn im Rahmen der Billigkeitsprüfung ist es gerechtfertigt, den Unterhaltspflichtigen auf den notwendigen Selbstbehalt zu verweisen und ihm nicht noch einen Betrag des Kindergeldes zu belassen[22]. 19

§ 1612 c Anrechnung anderer kindbezogener Leistungen

§ 1612 b gilt entsprechend für regelmäßig wiederkehrende kindbezogene Leistungen, soweit sie den Anspruch auf Kindergeld ausschließen.

Schrifttum: *Rühl/Greßmann*, Kindesunterhaltsgesetz 1998; *Schumacher/Grün*, Das neue Unterhaltsrecht minderjähriger Kinder, FamRZ 1998, 778.

I. Bedeutung der Norm

Diese Norm ist durch Art 1 Nr 11 KindUG unter Fortfall des § 1615 g aF iVm §§ 2 ff RegUnterhVO eingefügt worden und zum 1. 7. 1998 in Kraft getreten. In Konsequenz der Regelung des § 1612 b vollzieht sich der Ausgleich **Kindergeld ersetzender Leistungen** zwischen den Eltern auf dem Weg über den Unterhaltsanspruch. Kindergeld ersetzende Leistungen mindern nach Maßgabe des § 1612 b Abs 1 den Unterhaltsbedarf des Kindes. 1

II. Anwendungsbereich

Die Norm gilt lediglich für solche Leistungen, die als **Surrogat des Kindergeldes** gelten, den Anspruch auf Kindergeld also ausschließen. Im Gegensatz zum Anspruch auf Kindergeld handelt es sich bei den Leistungen des § 1612 c um solche, für die nur eine **einseitige Anspruchsberechtigung** besteht[1]. Erfasst werden die in § 65 EStG und § 4 Abs 1 BKGG bezeichneten Leistungen. 2

Kindergeld ersetzende Leistungen sind nach § 65 Abs 1 S 1 Nr 1 EStG die Kinderzulagen aus der gesetzlichen Unfallversicherung und die Kinderzuschüsse aus den gesetzlichen Rentenversicherungen. Soweit diese Leistungen geringer sind als das Kindergeld, wird ein Teilkindergeld nach § 65 Abs 2 EStG gezahlt, so dass immer die Höhe des Kindergeldes erreicht wird. 3

Nach § 65 Abs 1 S 1 Nr 2 EStG ist der Anspruch auf Kindergeld subsidiär gegenüber Leistungen für Kinder, die im Ausland gewährt werden und dem Kindergeld oder den Leistungen nach § 65 Abs 1 S 1 Nr 1 EStG vergleichbar sind. Betroffen sind Bezieher von Kindergeld oder Kindergeld ähnlichen Leistungen, die im Inland ihren Wohnsitz haben, aber im Ausland beschäftigt sind **(sog Grenzgänger)**, sowie Personen, die ausländische Alters-, Unfall- oder Invaliditätsrenten erhalten. Die Leistung muss auf Grund gesetzlicher Vorschriften erfolgen und ihrem Sinn und Zweck nach dem Familienlastenausgleich dienen[2]. 4

Unter § 65 Abs 1 S 1 Nr 3 EStG fallen ebenfalls Leistungen für Kinder, die von zwischen- oder überstaatlichen Einrichtungen erbracht werden und ebenfalls dem Kindergeld vergleichbar sein müssen. Betroffen sind Beschäftigte der NATO und der EU. 5

Sonstige kindbezogene Besoldungs- und Entgeltbestandteile, die dem Berechtigten nicht als Nettobeträge nach Abzug von Steuern und Sozialabgaben zufließen, unterfallen nicht der Anrechnung. Sie finden bei der Bemessung des unterhaltsrechtlich relevanten Einkommens Berücksichtigung[3]. Dies gilt auch für Sozialleistungen, die, wie etwa Waisenrenten, dem Kind unmittelbar zustehen[4]. 6

---

[18] BT-Drucks 13/7338 S 29, 30.
[19] NJW 2000, 3140, 3142 = FamRZ 2000, 1492.
[20] BT-Drucks 16/1830 S 30 unter Hinweis auf *Johannsen/Henrich/Graba* 4. Aufl Rn 9, 14.
[21] BGH FamRZ 1997, 806.
[22] *Johannsen/Henrich/Graba* Rn 14: Verteilung auf alle Unterhaltsberechtigten, jedenfalls auf den Kindesunterhalt.
[1] *Schumacher/Grün* FamRZ 1998, 778, 785.
[2] *Schumacher/Grün* FamRZ 1998, 778, 786.
[3] *Rühl/Greßmann* Rn 174.
[4] *Greßmann/Rühl* DAVorm 1997, 172.

§ 1613

III. Umfang der bedarfsdeckenden Anrechnung

7 Die bedarfsdeckende Anrechnung der Kindergeld ersetzenden Leistungen auf den Unterhaltsanspruch des Kindes wird der Höhe nach auf ein fiktives Kindergeld beschränkt. Soweit die Leistung diesen Betrag übersteigt, wird sie in Übereinstimmung mit der bisherigen Rspr[5] als Einkommen des Beziehers behandelt.

IV. Auskehrung der Kindergeld ersetzenden Leistung

8 Besteht nach § 1603 wegen Leistungsunfähigkeit des Barunterhaltspflichtigen ein Unterhaltsanspruch nicht, kann das Kind nach § 74 Abs 1 EStG die Auszahlung der Kindergeld ersetzenden Leistung in Höhe des verdrängten Kindergeldes an sich erreichen[6].

§ 1613 Unterhalt für die Vergangenheit

(1) ¹Für die Vergangenheit kann der Berechtigte Erfüllung oder Schadensersatz wegen Nichterfüllung nur von dem Zeitpunkt an fordern, zu welchem der Verpflichtete zum Zwecke der Geltendmachung des Unterhaltsanspruchs aufgefordert worden ist, über seine Einkünfte und sein Vermögen Auskunft zu erteilen, zu welchem der Verpflichtete in Verzug gekommen oder der Unterhaltsanspruch rechtshängig geworden ist. ²Der Unterhalt wird ab dem Ersten des Monats, in den die bezeichneten Ereignisse fallen, geschuldet, wenn der Unterhaltsanspruch dem Grunde nach zu diesem Zeitpunkt bestanden hat.

(2) ¹Der Berechtigte kann für die Vergangenheit ohne die Einschränkung des Absatzes 1 Erfüllung verlangen
1. wegen eines unregelmäßigen außergewöhnlich hohen Bedarfs (Sonderbedarf); nach Ablauf eines Jahres seit seiner Entstehung kann dieser Anspruch nur geltend gemacht werden, wenn vorher der Verpflichtete in Verzug gekommen oder der Anspruch rechtshängig geworden ist;
2. für den Zeitraum, in dem er
   a) aus rechtlichen Gründen oder
   b) aus tatsächlichen Gründen, die in den Verantwortungsbereich des Unterhaltspflichtigen fallen,
   an der Geltendmachung des Unterhaltsanspruchs gehindert war.

(3) ¹In den Fällen des Absatzes 2 Nr. 2 kann Erfüllung nicht, nur in Teilbeträgen oder erst zu einem späteren Zeitpunkt verlangt werden, soweit die volle oder die sofortige Erfüllung für den Verpflichteten eine unbillige Härte bedeuten würde. ²Dies gilt auch, soweit ein Dritter vom Verpflichteten Ersatz verlangt, weil er anstelle des Verpflichteten Unterhalt gewährt hat.

Schrifttum: *Büttner*, Auswirkungen des Gesetzes zur Beschleunigung fälliger Zahlungen auf das Familienrecht, FamRZ 2000, 921; *Kiesel*, Verzug durch Mahnung bei Geldforderungen trotz § 284 III BGB, NJW 2001, 108; *Löhnig*, Die Auswirkungen des neuen § 284 III BGB im Familienrecht, NJW 2000, 3548.

Übersicht

	Rn		Rn
I. Bedeutung der Norm	1	4. Verwirkung rückständigen Unterhalts	20
II. Anwendungsbereich	3	IV. Ausnahmeregelungen (Abs 2)	23
III. Auskunftsverlangen, Verzug, Rechtshängigkeit	4	1. Sonderbedarf (Abs 2 Nr 1)	23
1. Auskunftsverlangen	4	2. Rechtliche und tatsächliche Hinderungsgründe (Abs 2 Nr 2)	30
2. Verzug	5	a) Rechtliche Hinderungsgründe (Abs 2 Nr 2a)	30
a) Mahnung	6	b) Tatsächliche Hinderungsgründe (Abs 2 Nr 2b)	32
b) Mahnung nach Eintritt der Fälligkeit	12		
c) Eintritt der Mahnungswirkungen	13	V. Stundung und Erlass rückständigen Unterhalts	33
d) Wegfall der Mahnungswirkungen	14		
e) Entbehrlichkeit der Mahnung	15		
f) Folgen der Mahnung	18		
3. Rechtshängigkeit des Unterhaltsanspruchs	19	VI. Beweislast	38

I. Bedeutung der Norm

1 Normzweck ist der **Schutz des Unterhaltspflichtigen vor hohen Nachforderungen,** auf die er sich, weil er vom Unterhaltsberechtigten nicht in Anspruch genommen wurde, nicht durch seine

---

[5] BGH NJW 1981, 167 = FamRZ 1980, 1112; NJW 1981, 171 = FamRZ 1981, 26.
[6] BT-Drucks 13/7338 S 31; so auch zum früheren Kindergeldrecht BGH NJW 1984, 1614 = FamRZ 1984, 1000.

Lebensführung oder auf andere Weise eingerichtet hat. Unterhalt für die Vergangenheit kann deshalb nur unter Einschränkungen verlangt werden. Wenn der Unterhaltsberechtigte nicht besondere rechtswahrende Handlungen vornimmt, erlischt der Unterhaltsanspruch[1]. Nimmt hingegen der Unterhaltsberechtigte die Rechte nach § 1613 wahr, entfällt die Schutzwürdigkeit des Unterhaltpflichtigen. Von diesem Zeitpunkt muss er damit rechnen, auf Unterhalt in Anspruch genommen zu werden; hierzu kann er dann ggf Rücklagen bilden[2].

Durch **Art 1 Nr 12 KindUG** ist die Norm wesentlich geändert worden. Die Möglichkeiten zur Durchsetzung von Unterhaltsansprüchen für die Vergangenheit haben eine Erweiterung erfahren. Nunmehr kann Unterhalt auch ab Zugang eines **Auskunftsverlangens zum Zwecke der Unterhaltsbemessung** beansprucht werden. Die Vereinheitlichung der Rechtslage für eheliche und nichteheliche Kinder hat zur Einbeziehung der bislang nur für nichteheliche Kinder geltenden Regelungen der §§ 1615 d, 1615 i aF in den § 1613 geführt. 2

II. Anwendungsbereich

Die Norm betrifft **Unterhaltsansprüche von Verwandten** auf der Grundlage der §§ 1601 ff einschließlich des Unterhaltsanspruchs nach § 1607 Abs 2, durch Verweisung auf § 1613 in den §§ 1360 a, 1361 Abs 4 S 4 auch den **Anspruch auf Familienunterhalt**, den **Anspruch des getrennt lebenden Ehegatten**, über die Verweisung in § 1615l Abs 3 S 1, Abs 5 S 2 den **Unterhaltsanspruch der Mutter** nach § 1615l Abs 1, 2 und **des Vaters** nach § 1615l Abs 2 iVm Abs 2 S 2. Mangels Verweises auf § 1613 wurden **Ansprüche auf nachehelichen Unterhalt** von dieser Norm nicht erfasst[3]. § 1585 b Abs 2 in der ab 1. 1. 2008 geltenden Fassung beseitigt die unterschiedliche Regelung. Die Vorschrift verweist auf § 1613 Abs 1 und führt damit zu einer Vereinheitlichung und Vereinfachung des Unterhaltsrechts. Es gilt nach wie vor die einjährige Ausschlussfrist des § 1585 b Abs 3. Der **familienrechtliche Ausgleichsanspruch** unterliegt ebenso den Beschränkungen des § 1613[4]. Auf übergegangene/übergeleitete Ansprüche der Sozialhilfeträger ist § 1613 ebenfalls anwendbar. Die Norm hat Bedeutung für die **Abänderungsklage**; im Rahmen des § 323 Abs 3 S 2 ZPO kann der **Unterhaltsberechtigte** die Abänderung eines Urteils bereits ab dem Zeitpunkt begehren, zu dem die Voraussetzungen des § 1613 Abs 1 vorgelegen haben. 3

III. Auskunftsverlangen, Verzug, Rechtshängigkeit

1. Auskunftsverlangen. Auf Grund der Neuregelung durch das KindUG kann der Unterhaltsberechtigte Unterhalt für die Vergangenheit von dem Zeitpunkt an verlangen, zu dem der Unterhaltspflichtige zum Zwecke der Geltendmachung des Unterhaltsanspruchs aufgefordert worden ist, über seine Einkünfte und sein Vermögen Auskunft zu erteilen. Ein allgemeines Auskunftsverlangen ist nicht ausreichend. Die Auskunft muss **zum Zwecke der Geltendmachung eines bestimmten Unterhaltsanspruchs** verlangt werden. Der jeweilige Unterhaltsberechtigte ist genau zu bezeichnen, der sich eines Unterhaltsanspruchs berühmt[5]. Ein Auskunftsverlangen nur über die Einkünfte ist ausreichend, wenn nur diese, nicht auch das Vermögen, für die Bemessung des Unterhalts bedeutend sind. Das Auskunftsverlangen nach § 1613 Abs 1 S 1 ist ausreichend, um für die Zeit ab Zugang des Verlangens neben Elementarunterhalt auch **Altersvorsorgeunterhalt** beanspruchen zu können. Voraussetzung ist allerdings, dass das Scheidungsverfahren bereits rechtshängig war, da erst ab diesem Zeitpunkt Anspruch auf Altersvorsorgeunterhalt gemäß § 1361 Abs 1 S 2 besteht[6]. 4

2. Verzug. Unterhalt für die Vergangenheit kann der Unterhaltsberechtigte ferner von dem Zeitpunkt an verlangen, zu welchem der Unterhaltspflichtige in Verzug gekommen ist. Die Voraussetzungen beurteilen sich nach §§ 286, 287. 5

a) Mahnung. In Verzug kommt der Schuldner durch eine Mahnung. Sie hat als ernstliche und eindeutige[7] Aufforderung zur Leistung die geschuldete Leistung genau zu bezeichnen. Dem Unterhaltspflichtigen muss die Schuld nicht nur ihrem Grunde nach, sondern nach Umfang und Höhe bekannt gemacht werden. Es ist der Endbetrag zu beziffern und nicht etwa nur auf Tabellensätze zu verweisen[8]. Im Grundsatz ist daher eine **Bezifferung** notwendig[9]. Auch eine **unbezifferte Mahnung** kann ausreichend sein, wenn nach deren Inhalt und den gesamten Umständen für den Unterhaltspflichtigen klar ist, welchen konkreten Unterhaltsbetrag der Unterhaltsberechtigte von ihm fordert. Die Mahnung begründet Verzug nur hinsichtlich des **konkret angemahnten Betrages**. Eine Zuvielforderung ist unschädlich[10]. Wird Unterhalt für eine **Gläubigergemeinschaft** gefordert, hat bereits die Mahnung den für jeden Unterhaltsberechtigten beanspruchten Unterhaltsbetrag zu beziffern[11]. Der Unterhalts- 6

---

[1] BGHZ 43, 1, 6, 7 = NJW 1965, 581.
[2] BT-Drucks 13/7338 S 31.
[3] FamRefK/*Häußermann* Rn 5.
[4] BGH NJW 1984, 2158 = FamRZ 1984, 755.
[5] BT-Drucks 13/7338 S 53.
[6] BGH NJW 2007, 511 = FamRZ 2007, 193.
[7] BGH NJW 1998, 2132.
[8] OLG Hamm FamRZ 2001, 1395.
[9] BGH NJW 1984, 868 = FamRZ 1984, 163.
[10] BGH NJW 1982, 1983, 1985 = FamRZ 1982, 887.
[11] OLG Hamm NJW-RR 1997, 962; FamRZ 1995, 106.

§ 1613

berechtigte sollte zudem den **Zeitpunkt** konkret benennen, ab dem Unterhalt verlangt wird[12]. Verfügt der Unterhaltsberechtigte über eigene, dem Unterhaltspflichtigen unbekannte **Einkünfte,** ist dies mit der Mahnung mitzuteilen[13]. Ob und in welchem Umfang die Einkünfte unterhaltsrechtlich bedeutsam werden können, ist notfalls im Rechtsstreit zu klären.

7   Eine **Stufenmahnung,** ein entsprechendes Prozesskostenhilfegesuch wie bei einer Stufenklage und die Stufenklage gemäß § 254 ZPO entfalten die volle Mahnungswirkung[14]. Einer Stufenmahnung bedarf es, wenn über einen bereits bezifferten Betrag hinaus Verzugswirkungen auch hinsichtlich einer noch unbestimmten, über die erbetene Auskunft sodann bezifferbaren Mehrforderung begründet werden sollen[15]. Bezieht der Unterhaltsberechtigte eigenes Einkommen, welches zur Bestimmung der Unterhaltshöhe von Bedeutung ist, gerät der Unterhaltspflichtige durch eine Stufenmahnung nur in Verzug, wenn ihm vor oder mit der Stufenmahnung das Einkommen mitgeteilt wird, es sei denn, ihm ist die Höhe des Einkommens bereits bekannt[16]. Diese für den Ehegattenunterhalt entwickelte Rspr wird für den Unterhaltsanspruch eines Kindes entspr heranzuziehen sein, denn dessen Einkünfte beeinflussen die Höhe des Unterhalts ebenfalls.

8   Als Mahnung kann ebenso die formlose Übersendung einer **Klageschrift** oder eines **Prozesskostenhilfeantrages** angesehen werden[17]. Dies gilt ebenfalls für die Zustellung eines Antrages auf **einstweilige Anordnung**[18]. Sind **öffentlich-rechtliche Leistungsträger** beteiligt, bestehen für sie teils spezielle Möglichkeiten, rückständigen Unterhalt zu verlangen. Nach **§ 94 Abs 4 S 1 SGB XII** kann der Träger der Sozialhilfe den gemäß § 94 Abs 1 S 1 SGB XII übergegangenen Unterhaltsanspruch außer unter den Voraussetzungen des Bürgerlichen Rechts nur von der Zeit an fordern, zu welcher er dem Unterhaltspflichtigen die Gewährung der Hilfe schriftlich mitgeteilt hat. Ein nach Bürgerlichem Recht begründeter Verzug wirkt in zeitlicher und betragsmäßiger Hinsicht auch zugunsten des Sozialhilfeträgers. Daneben kann der Sozialhilfeträger selbst den Unterhaltspflichtigen in Verzug setzen. In zeitlicher Hinsicht kann er dies jedoch nur noch zu dem Zeitpunkt bewirken, zu welchem dem Unterhaltspflichtigen eine schriftliche Mitteilung von der Hilfegewährung zugegangen ist. Das **Unterhaltsvorschussgesetz (UVG)** idF der Bekanntmachung vom 2. 1. 2002 (BGBl I S 2, ber S 615) sieht in § 7 Abs 2 UVG hinsichtlich der Inanspruchnahme für die Vergangenheit vor, dass für die Vergangenheit ein Elternteil nur von dem Zeitpunkt an in Anspruch genommen werden kann, in dem die Voraussetzungen des § 1613 vorgelegen haben oder der Elternteil von dem Antrag auf Unterhaltsleistung Kenntnis erhalten hat und er darüber belehrt worden ist, dass er für den geleisteten Unterhalt nach diesem Gesetz in Anspruch genommen werden kann. Die **Träger der Leistungen nach dem SGB II** (Grundsicherung für Arbeitsuchende) können nach **§ 33 Abs 2 S 4 SGB II** den Übergang von Unterhaltsansprüchen für die Vergangenheit nur unter den Voraussetzungen des Bürgerlichen Rechts bewirken, der Unterhaltspflichtige muss also gemahnt werden. Nach **§ 37 Abs 4 BAföG** können die Eltern des Auszubildenden für die Vergangenheit nur von dem Zeitpunkt an in Anspruch genommen werden, in dem die Voraussetzungen des Bürgerlichen Rechts vorgelegen haben, die Eltern bei dem Antrag auf Ausbildungsförderung mitgewirkt oder von ihm Kenntnis erhalten haben und darüber belehrt worden sind, unter welchen Voraussetzungen dieses Gesetz eine Inanspruchnahme von Eltern ermöglicht.

9   Den Unterhalt für das **minderjährige Kind** hat der gesetzliche Vertreter anzumahnen. Steht die elterliche Sorge den Eltern gemeinsam zu, fällt die Berechtigung zur Mahnung dem Elternteil zu, der nach § 1629 Abs 2 S 2 zur Geltendmachung der Unterhaltsansprüche berechtigt ist. Die Alleinzuständigkeit eines Elternteils wird dadurch begründet, dass sich das Kind in seiner Obhut befindet. Der Begriff „**Obhut**" bezieht sich auf das tatsächliche Betreuungsverhältnis des Kindes[19]. Das Obhutsverhältnis wird zugunsten desjenigen Elternteils begründet, der sich zeitlich überwiegend um die Betreuung des Kindes kümmert. Es kommt darauf an, wo sich der Schwerpunkt der tatsächlichen Fürsorge und Betreuung befindet[20]. Lässt sich nach Lage des Falles eine eindeutige Bestimmung nicht treffen, hat der Elternteil eine Sorgerechtsregelung zu seinen Gunsten zu erwirken oder die Bestellung eines Pflegers (§ 1909) herbeizuführen. Wenn das Kind vom alleinsorgeberechtigten Elternteil zu dem nicht sorgeberechtigten Elternteil wechselt, wird dieser nicht sogleich gesetzlicher Vertreter des Kindes. Dazu muss erst eine abändernde Entscheidung des Familiengerichts herbeigeführt werden. Gleichwohl können die Voraussetzungen für eine möglichst zeitnahe rückwirkende Inanspruchnahme des bislang betreuenden Elternteils geschaffen werden. In der Zustellung einer Klage, die minderjährige Kinder durch einen zu diesem Zeitpunkt (noch) nicht vertretungsberechtigten Elternteil erheben, kann zugleich eine gemäß § 107 wirksame **Mahnung** der minderjährigen Kinder liegen. Dem beschränkt Geschäftsfähigen bringt die Mahnung nur Vorteile; sie löst die Verzugsfolgen aus[21].

---

[12] OLG Karlsruhe FamRZ 1998, 742.
[13] OLG Hamburg FamRZ 1997, 621.
[14] BGH NJW-RR 1990, 323 = FamRZ 1990, 283, 285.
[15] OLG Braunschweig FamRZ 1995, 875.
[16] KG FamRZ 1994, 1344.
[17] BGH NJW 1983, 2200 = FamRZ 1983, 892.
[18] BGH NJW 1984, 868 = FamRZ 1984, 163.
[19] OLG Düsseldorf FamRZ 1988, 1092; OLG Stuttgart FamRZ 1995, 1168.
[20] BGH NJW 2006, 2258 = FamRZ 2006, 1015; Oelkers FamRZ 1997, 779, 782.
[21] OLG Köln NJW 1998, 320; KG FamRZ 1989, 537; s auch OLG Koblenz NJW-RR 1992, 1093 zur Wirksamkeit der Mahnung des an sich nicht vertretungsberechtigten Elternteils nach §§ 180 S 2, 177 ff; OLG Frankfurt FamRZ 1986, 592; nach Auffassung des OLG Bremen FamRZ 1995, 1515 und des OLG Zweibrücken FamRZ

Das **volljährige Kind** hat selbst zu mahnen. Dies gilt auch, wenn zwischen dem gesetzlichen **10** Vertreter des damals minderjährigen Kindes und dem Unterhaltspflichtigen im Jahr 1971 ein Prozessvergleich geschlossen wurde und das dem Prozessvergleich nicht beigetretene Kind nunmehr volljährig geworden ist[22]. Eine auf Grund des § 18 Abs 1 SGB VIII entfaltete Tätigkeit des Jugendamtes zur Geltendmachung von Unterhaltsansprüchen kann Verzugswirkungen zu Gunsten von Unterhaltsansprüchen des Kindes erzeugen, die nicht oder nicht mehr auf den Träger der Jugendhilfe übergegangen sind. Bringt der Träger bei seinem Handeln ausdrücklich oder konkludent zum Ausdruck, im Namen des Unterhaltsberechtigten zu handeln, löst dies Verzugswirkungen auch bei fehlender oder unwirksamer Vollmacht aus, wenn nicht der Unterhaltspflichtige dem Handeln unverzüglich widerspricht (§ 180 S 2)[23]. Das **Jugendamt** kann, wenn es als **Beistand** und damit als gesetzlicher Vertreter eines minderjährigen Kindes tätig wird, eine wirksame Zahlungsaufforderung ausbringen[24]. Nach Eintritt der Volljährigkeit des Kindes kommt dies nicht mehr in Betracht[25].

Die Mahnung braucht **nicht monatlich wiederholt** zu werden[26]. Dies gilt jedenfalls bei fortwäh- **11** rend gleichen Verhältnissen. Durch Zeitablauf und Änderung der maßgebenden Verhältnisse kann eine Mahnung jedoch ihre verzugsbegründende Wirkung insofern verlieren, als es dem Unterhaltsberechtigten nach den Grundsätzen von Treu und Glauben verwehrt ist, sich ab Eintritt der wesentlichen Veränderungen auf die frühere Mahnung zu berufen. So bedarf es einer **erneuten Mahnung,** wenn der Unterhaltsberechtigte sich weiterhin eines Unterhaltsanspruchs berühmt, obschon die den Unterhaltsanspruch bislang bestimmenden Umstände weggefallen sind[27].

b) Mahnung nach Eintritt der Fälligkeit. Die Mahnung muss zu ihrer Wirksamkeit nach Eintritt **12** der Fälligkeit erfolgen. Eine Mahnung wegen nachehelichen Unterhalts, die vor dem Eintritt der Rechtskraft der Scheidung ausgesprochen wird, begründet keinen Verzug[28]. Die Zustellung einer Klage auf Zahlung nachehelichen Unterhalts in isolierten familiengerichtlichen Verfahren ist ebenso unzureichend; nachehelicher Unterhalt zugleich mit Rechtskraft der Scheidung kann nur im Verbundverfahren durchgesetzt werden. Wird der Unterhaltspflichtige vor Ablauf der Frist des § 1605 Abs 2 auf erhöhten Unterhalt in Anspruch genommen, werden die Verzugswirkungen für das noch unbezifferte, mit dem noch nicht fälligen Auskunftsanspruch verbundene Leistungsbegehren nicht ausgelöst[29].

c) Eintritt der Mahnungswirkungen. Die Mahnung – wie das Auskunftsverlangen – muss dem **13** Unterhaltspflichtigen zugehen. Der Zugang muss im Zweifel nachgewiesen werden. Das Mahnschreiben sollte deshalb durch Einschreiben mit Rückschein oder Einwurfeinschreiben übersandt werden. So kann der Zugang bewiesen werden. Behauptet der Unterhaltspflichtige, nicht das Mahnschreiben, sondern ein anderes Schreiben erhalten zu haben, trifft ihn für diesen Vortrag die Beweislast[30]. Im Anwendungsbereich des § 1613 Abs 1 S 2 wird der Unterhalt **ab dem Ersten des Monats,** in den die bezeichneten Ereignisse (Auskunftsverlangen, Mahnung, Rechtshängigkeit) fallen, geschuldet, wenn der Unterhaltsanspruch **dem Grunde nach** zu diesem Zeitpunkt bestanden hat.

d) Wegfall der Mahnungswirkungen. Die Mahnung kann nicht durch nachträgliche Rücknahme **14** rückwirkend ungeschehen gemacht werden. Die Folgen des durch sie eingetretenen Verzuges können nur durch einen Verzicht in der Form des **Erlassvertrages rückwirkend** beseitigt werden[31]. Es gilt ein allgemeiner Erfahrungssatz, dass der Verzicht auf ein Recht niemals zu vermuten ist[32]. Mit **Wirkung für die Zukunft** können die Mahnungswirkungen entfallen, wenn der Unterhaltsberechtigte seinen Anspruch ermäßigt, etwa durch eine Mahnung mit geringeren Beträgen oder durch eine teilweise Klagerücknahme[33].

e) Entbehrlichkeit der Mahnung. Eine Mahnung ist nach § 286 Abs 2 Nr 1 entbehrlich, wenn **15** für die Leistung durch Gesetz oder Rechtsgeschäft eine Zeit nach dem Kalender bestimmt ist **(Kalenderfälligkeit).** Dies ist der Fall, wenn die Parteien eine vertragliche Regelung des Unterhaltsanspruchs getroffen haben oder wenn der Unterhalt gerichtlich ausgeurteilt ist[34]. § 286 Abs 2 Nr 2 hat eine Neuregelung dahin gebracht, dass die kalendermäßige Bestimmung des Leistungszeitpunktes, die eine Mahnung entbehrlich macht, auch dann vorliegt, wenn ein „Ereignis" vorausgesetzt ist, von dem an sich der angemessene Zeitraum kalendermäßig bestimmen lässt, innerhalb dessen die Leistung spätestens zu erfolgen hat. § 284 Abs 2 S 2 aF nannte insoweit nur eine Kündigung.

1992, 1464 ist die den Kindesunterhalt betreffende Mahnung des nicht sorgeberechtigten Elternteils, in dessen Obhut sich das Kind befindet, grds unwirksam und nur in den Fällen des § 180 S 2 genehmigungsfähig. In der bloßen Mahnung ist nicht die Behauptung, gesetzliche oder rechtsgeschäftliche Vertretungsmacht zu besitzen, enthalten.

[22] OLG München FamRZ 1995, 1293; aA *Krause* FamRZ 1996, 307.
[23] OLG Celle ZFE 2003, 377.
[24] KG NJW-RR 2005, 155.
[25] OLG Brandenburg NJW-RR 2007, 75.
[26] BGH NJW 1983, 2318 = FamRZ 1983, 352.
[27] OLG Bamberg FamRZ 1990, 1235, 1237; dahingestellt gelassen BGH FamRZ 1988, 370, 371.
[28] BGH NJW 1992, 1956 = FamRZ 1992, 920; NJW 1988, 1138; OLG Hamm NJW-RR 2001, 433.
[29] OLG Köln FamRZ 2003, 1960; OLG Düsseldorf FamRZ 1993, 591.
[30] *Büttner* FamRZ 2000, 921, 922.
[31] BGH NJW 1987, 1546 = FamRZ 1987, 40, 41; FamRZ 1988, 478, 479.
[32] BGH FamRZ 1988, 478, 480.
[33] OLG Hamm FamRZ 1989, 1303; FamRZ 1990, 520.
[34] BGH NJW 1989, 526 = FamRZ 1989, 150, 152.

§ 1613

16 Bei ernsthafter und endgültiger **Erfüllungsverweigerung** bedarf es gleichfalls der Mahnung nicht[35]. Diese von der Rspr entwickelte Fallgestaltung hat nunmehr durch das SMG Eingang in § 286 Abs 2 Nr 3 gefunden. Die bisherige Rspr ist heranzuziehen. Danach kann die Erfüllungsverweigerung schon darin liegen, dass der Unterhaltspflichtige bisher freiwillig erbrachte Leistungen unvermittelt einstellt[36]. Sie kann nicht allein daraus hergeleitet werden, dass der bisher die Kinder betreuende Ehegatte aus der Ehewohnung unter Zurücklassung der Kinder auszieht[37]. Die Erfüllungsverweigerung vor Eintritt der Fälligkeit ist ausreichend, wenn etwa der Unterhaltspflichtige vor Rechtskraft des Scheidungsausspruchs erklärt, nachehelichen Unterhalt nicht zahlen zu wollen[38].

17 Nach § 286 Abs 2 Nr 4 ist die Mahnung schließlich entbehrlich, wenn aus besonderen Gründen unter Abwägung der beiderseitigen Interessen der sofortige Eintritt des Verzuges gerechtfertigt ist. Diese gesetzliche Neuregelung stützt sich auf bereits in der Rspr anerkannte Fallgruppen. Einer solchen unterfällt der Unterhaltspflichtige, der sich einer Mahnung entzieht[39]. Anwendbar ist diese Neuregelung auf den Unterhaltspflichtigen im Fall der sog **Selbstmahnung**. So liegt es, wenn der Unterhaltspflichtige zusagt, höhere Unterhaltsleistungen zu erbringen. Stellt der Unterhaltspflichtige die Zahlungen später ein, liegt darin noch keine „Rücknahme" der Selbstmahnung[40].

18 f) **Folgen der Mahnung.** Neben deren Zahlung kann der Unterhaltsberechtigte auch die **Verzinsung** der Unterhaltsansprüche gemäß §§ 286, 288 Abs 1 verlangen[41]. Die Verzinsung richtet sich nach § 288 Abs 1. Der Verzugszinssatz beträgt für das Jahr fünf Prozentpunkte über dem Basiszinssatz. Dessen Anpassung findet nach § 247 nur noch zweimal jährlich statt, zum 1.1. und 1.7. Bezugsgröße ist der Zinssatz für die jüngste Hauptrefinanzierungsoperation der Europäischen Zentralbank vor dem ersten Kalendertag des betreffenden Halbjahres.

19 **3. Rechtshängigkeit des Unterhaltsanspruchs.** Laufender Unterhalt für die Vergangenheit steht dem Unterhaltsberechtigten ab dem Zeitpunkt zu, zu dem der Unterhaltsanspruch rechtshängig geworden ist. Rechtshängigkeit ist in ihrem üblichen Sinne zu verstehen, nämlich Zustellung der Klageschrift nach § 261 ZPO. In den Fällen der Stufenklage ist die Zustellung des unbezifferten Klageantrages ausreichend. Eine **Rückwirkung** nach § 167 ZPO vom Zeitpunkt der Zustellung auf den Zeitpunkt der Einreichung der Klageschrift findet nicht statt, da § 167 ZPO nur eine Ausnahmeregelung zum Zwecke der Fristwahrung und zum Zweck der Verjährungsunterbrechung ist. Die Mahnungswirkung wird nicht generell vorverlegt.

20 **4. Verwirkung rückständigen Unterhalts.** Der Anspruch auf Zahlung rückständigen Unterhalts kann grds der Verwirkung unterliegen, wenn sich seine Geltendmachung unter dem Gesichtspunkt illoyal verspäteter Rechtsausübung als unzulässig darstellt[42]. Dies gilt trotz der Hemmung der Verjährung auch für den Unterhaltsanspruch eines minderjährigen Kindes. Die Hemmung der Verjährung des Anspruchs eines minderjährigen Kindes bis zu seiner Volljährigkeit nach § 207 S 2 steht dann nicht entgegen, wenn aus besonderen Gründen die Voraussetzungen des Zeit- und des Umstandsmoments für die Bejahung der Verwirkung erfüllt sind[43]. Es macht grds keinen Unterschied, ob die Unterhaltsansprüche noch nicht oder bereits tituliert sind[44].

21 Die Geltendmachung eines Anspruchs kann wegen **illoyaler Verspätung** gegen Treu und Glauben (§ 242) verstoßen, wenn der Unterhaltsberechtigte ihn längere Zeit nicht geltend gemacht hat (sog **Zeitmoment**) und der Unterhaltspflichtige sich darauf einrichten durfte und auch eingerichtet hat, dass der Unterhaltsberechtigte den Anspruch auch in Zukunft nicht mehr geltend machen werde (sog **Umstandsmoment**). Das **Zeitmoment** kann schon vorliegen, wenn die Rückstände Zeitabschnitte betreffen, die länger als ein Jahr zurückliegen. Grds sind jedoch strenge Anforderungen zu stellen[45]. Aus den §§ 1585 b Abs 3, 1613 Abs 2 Nr 1 folgt, dass das Gesetz dem **Schuldnerschutz** bei Rückständen für eine mehr als ein Jahr zurückliegende Zeit besondere Beachtung schenkt. Ein Unterhaltsberechtigter, der sich nicht zeitnah um die Durchsetzung seiner Ansprüche bemüht, erweckt den Eindruck, er sei nicht bedürftig. Die über dreijährige Nichtgeltendmachung erfüllt das Zeitmoment[46]. Zahlt der Unterhaltspflichtige mehr als zwei Jahre rügelos den geringeren titulierten Unterhalt, steht der Forderung auf Zahlung des kraft privater Vereinbarung geschuldeten höheren Unterhalts das Zeitmoment entgegen[47].

---

[35] BGH NJW 1993, 1974 = FamRZ 1993, 1055.
[36] OLG Brandenburg FamRZ 2002, 960; OLG Köln NJW-RR 1999, 4; OLG München FamRZ 1995, 1293.
[37] OLG München FamRZ 1995, 313.
[38] OLG Karlsruhe FamRZ 1990, 70.
[39] Vgl Begr RegE zum SMG zu § 286 Abs 2, abgedruckt in *Canaris*, Schuldrechtsmodernisierung 2002, S 691; OLG Köln NJW-RR 1999, 4.
[40] OLG Köln NJW-RR 2000, 73 = FamRZ 2000, 443.
[41] BGH NJW 1985, 486 = FamRZ 1985, 155, 158; FamRZ 1988, 478, 480; OLG Hamburg FamRZ 1984, 87; OLG München FamRZ 1984, 310; OLG Hamm FamRZ 1984, 478; FamRZ 1995, 613 zum nachehelichen Unterhalt.
[42] BGH NJW 2003, 128 = FamRZ 2002, 1698 m Anm *Klinkhammer*; FamRZ 1982, 898 = NJW 1982, 1999; FamRZ 1988, 370 = NJW 1988, 1137.
[43] BGHZ 103, 62, 68 = NJW 1988, 1137 = FamRZ 1988, 370; OLG München FamRZ 1986, 504, 505.
[44] BGHZ 84, 280, 282 = NJW 1982, 1999 = FamRZ 1982, 898; BGH NJW-FER 1999, 269 = FamRZ 1999, 1422; OLG Brandenburg NJW-RR 2002, 363; OLG Stuttgart FamRZ 1999, 859; OLG Frankfurt FamRZ 1999, 1163; OLG Hamm FamRZ 1998, 1189; KG FamRZ 1994, 771; OLG Karlsruhe FamRZ 1993, 1456, 1457.
[45] OLG Hamburg FamRZ 2002, 327.
[46] OLG Hamm FamRZ 1996, 1239.
[47] OLG Naumburg FamRZ 1996, 1239.

Der Unterhaltsberechtigte muss zur Aufrechterhaltung der Mahnungswirkungen den Unterhaltspflichtigen nach Erteilung der Auskunft zur Zahlung bezifferten Unterhalts auffordern[48]. Eine rechtshängige Stufenklage darf nicht längere Zeit ruhen[49]. Das **Umstandsmoment** kann erfüllt sein, wenn der Unterhaltsberechtigte die Trennungszeit und das Scheidungsverfahren hat verstreichen lassen, ohne nachhaltig Unterhalt zu fordern. Konkrete **Vertrauensinvestitionen** brauchen bei einem Unterhaltspflichtigen in beschränkten Verhältnissen nicht festgestellt zu werden, weil die Anpassung der Lebensführung an die zur Verfügung stehenden Einkünfte im Allgemeinen dazu führt, dass Ersparnisse bei unerwarteten Unterhaltsnachforderungen nicht zur Verfügung stehen[50].

Die Folgen der Verwirkung können eintreten, auch wenn der Unterhaltsanspruch bereits rechtshängig 22 gemacht worden war, denn bei § 1613 sind Verzug und Rechtshängigkeit in ihrer Wirkung gleichgestellt[51]. **Uneinheitlich** wird die Frage beantwortet, bis zu welchem Zeitpunkt Ansprüche auf Zahlung rückständigen Unterhalts verwirkt sein können. Nach einer Meinung werden diejenigen Ansprüche von der Verwirkung nicht erfasst, welche erst – kürzestens – ein Jahr vor der gerichtlichen Geltendmachung fällig geworden sind[52]. Nach anderer Ansicht beseitigt die eingetretene Verwirkung die anspruchsbegründenden Wirkungen von Inverzugsetzung und Rechtshängigkeit bis zu dem Zeitpunkt, zu dem der Unterhaltsanspruch erneut in verzugsbegründender Weise angemahnt oder rechtshängig gemacht wird[53]. Der Verwirkungstatbestand ist, ohne dass sich eine Partei darauf berufen muss, **von Amts wegen** zu beachten[54]. Stets sollte der Unterhaltspflichtige jedoch geeigneten Sachvortrag halten.

IV. Ausnahmeregelungen (Abs 2)

1. Sonderbedarf (Abs 2 Nr 1). Abs 2 Nr 1 enthält einen weiteren **Ausnahmetatbestand,** der die 23 Forderung rückständigen Unterhalts zulässt. Sonderbedarf kann der Unterhaltsberechtigte ohne die Einschränkungen nach § 1613 Abs 1 verlangen, nach Ablauf eines Jahres seit seiner Entstehung aber nur, wenn der Unterhaltspflichtige vorher in Verzug gekommen oder der Anspruch rechtshängig geworden ist.

Der nach den Sätzen der Düsseldorfer Tabelle bemessene Unterhalt berücksichtigt den allgemeinen 24 Lebensbedarf. Zusätzlicher Lebensbedarf (sog **Mehrbedarf**) kann etwa in Krankheitsfällen[55] und bei Heimunterbringung, durch den Besuch einer Kindertagesstätte, wenn die Unterbringung aus in der Person des Kindes liegenden Gründen erforderlich wird[56], auch durch den Kindergartenbeitrag zum Besuch eines Ganztageskindergartens[57] entstehen. Bei den Kosten für **Nachhilfeunterricht** kann es sich um Mehrbedarf handeln, wenn der Nachhilfeunterricht über einen längeren Zeitraum (im Streitfall von 17 Monaten) notwendig geworden ist. Die Notwendigkeit zeichnet sich vielfach über einen längeren Zeitraum ab (sog blauer Brief). Es besteht dann aber die Möglichkeit, Rücklagen zu bilden. Im Tabellenunterhalt nach der sechsten Einkommensgruppe der Düsseldorfer Tabelle (Stand: 1. 7. 2005) bereits ein Mehrbedarf in Höhe von 20 Euro monatlich enthalten. Für jede weitere Einkommensgruppe kommen zehn Euro hinzu[58]. Mehrbedarf gehört zum angemessenen Unterhalt und wirkt bedarfserhöhend. Er ist gesondert geltend zu machen und in verzugsbegründender Form einzufordern[59]. Der Mehrbedarf ist von beiden Eltern anteilig nach Maßgabe ihrer Einkünfte zu tragen.

Von diesem regelmäßig anfallenden Mehrbedarf zu unterscheiden ist der unregelmäßige außerge- 25 wöhnlich hohe Bedarf (sog **Sonderbedarf**). Es handelt sich um einen überraschenden, nicht mit Wahrscheinlichkeit voraussehbaren und der Höhe nach nicht abschätzbaren Bedarf, der bei dem laufenden Unterhalt nicht angesetzt werden konnte und deshalb eine zusätzliche Unterhaltsleistung rechtfertigt[60]. Die Geltendmachung von Sonderbedarf ist auf Ausnahmefälle zu beschränken. Von Fall zu Fall sind die Voraussetzungen für die jeweilige Aufwendung zu prüfen. Ob eine Aufwendung als außergewöhnlich hoch zu bewerten ist, entscheidet sich nach der jeweiligen Höhe des laufenden Unterhalts, den sonstigen Einkünften des Unterhaltsberechtigten, nach dem Lebenszuschnitt der Beteiligten sowie Art und Umfang der besonderen Aufwendungen. In Verhältnis zu setzen ist die Höhe der Aufwendung zu den Mitteln, die dem Unterhaltsberechtigten für den laufenden Unterhalt zur Verfügung stehen[61]. Unvorhergesehene Krankheitskosten[62], Erstausstattung eines Säuglings[63]; Kosten für

---

[48] OLG Karlsruhe NJW-RR 2006, 872 = FamRZ 2006, 1605.
[49] KG FamRZ 2006, 1292, nur LS.
[50] BGH FamRZ 1988, 370, 373; OLG Düsseldorf FamRZ 1994, 771; OLG Hamm FamRZ 1996, 1239.
[51] OLG Düsseldorf FamRZ 1989, 776.
[52] BGH FamRZ 1988, 370; OLG Düsseldorf FamRZ 1989, 776, 778.
[53] OLG Düsseldorf FamRZ 1999, 239; OLG Hamburg FamRZ 1990, 1271, 1273; AG Weilburg FamRZ 1992, 216, 217.
[54] BGH NJW 1966, 343; OLG Celle FamRZ 1989, 1195.
[55] OLG Düsseldorf FamRZ 2001, 444: länger andauernde psychotherapeutische Behandlung.
[56] OLG Karlsruhe NJW-RR 1999, 4.
[57] OLG Stuttgart NJW 1998, 3129; OLG Celle FamRZ 2003, 323.
[58] So OLG Düsseldorf NJW-RR 2005, 1529.
[59] OLG Düsseldorf FamRZ 2001, 444.
[60] BGH NJW 1966, 1509 = FamRZ 2006, 612 in Fortführung von FamRZ 2001, 1603; NJW 1982, 328 = FamRZ 1982, 145, 146; NJW 1983, 224 = FamRZ 1983, 29, 30; NJW 1984, 2826 = FamRZ 1984, 470, 472.
[61] BGH NJW 1982, 328 = FamRZ 1982, 145; OLG Dresden FuR 2000, 122, 123.
[62] BGH FamRZ 1983, 29.
[63] BVerfG FamRZ 1999, 1342; OLG Koblenz FamRZ 1989, 311; OLG Nürnberg FamRZ 1993, 995; OLG Oldenburg FamRZ 1999, 1685.

§ 1613

Nachhilfeunterricht, wenn sie vorübergehend wegen Schulschwierigkeiten erforderlich werden[64], stellen Sonderbedarf dar. Kosten der **Konfirmation** sind kein Sonderbedarf, denn sie sind spätestens mit Beginn des Konfirmandenunterrichts absehbar[65]. Gleiches wird für die Kosten der Kommunion gelten. Zum Sonderbedarf rechnen ebenfalls nicht die Kosten einer **Fahrschulausbildung**[66].

26 In jedem Fall ist die Prüfung geboten, ob die geltend gemachten Kosten aus der **Sicht des objektiven Beobachters** als **notwendig** erscheinen. Die Beteiligung des barunterhaltspflichtigen Elternteils an den Kosten eines halbjährigen Aufenthalts in Nordamerika im Wege des **Schüleraustauschs** kann danach nicht verlangt werden, denn ein solch langer Aufenthalt ist nach wie vor weder üblich noch für eine sinnvolle Ausbildung erforderlich. Insbesondere birgt die Teilnahme für einen weniger leistungsstarken Schüler Risiken, die möglicherweise das Bestehen in anderen Fächern gefährden können[67]. Gleiches gilt für den zehnmonatigen Aufenthalt eines Gymnasiasten in den USA zur Teilnahme an einem offiziellen Exchange Visitor Programms. Der einjährige Aufenthalt eines Schülers im Ausland (Aufenthalt in den USA mit Kosten von 3.000 Euro) rechnet nicht zum angemessenen Ausbildungsbedarf, denn er ist weder unabweisbar noch unterhaltsrechtlich ohne weiteres als berechtigt zu bewerten. Allein die mit dem Aufenthalt verbundene Persönlichkeitsentwicklung rechtfertigt nicht die unterhaltsrechtliche Unterstützung. Der Aufenthalt ist auch nicht Voraussetzung, um eine Note im oberen Notenbereich zu erlangen. Ein solcher Erfolg kann ebenso mit geringerem finanziellem Aufwand erreicht werden. Die deutlich überwiegende Anzahl der deutschen Schüler nimmt an solchen Auslandsaufenthalten zudem nicht teil[68].

27 Zu prüfen ist ferner, ob nach den **wirtschaftlichen Verhältnissen des barunterhaltspflichtigen Elternteils** dessen volle Inanspruchnahme zu rechtfertigen ist. Es kommt nämlich in Betracht, dass ein Teil der Kosten aus dem laufenden Unterhalt abgedeckt werden kann. Verfügt der betreuende Elternteil über Einkünfte, kann es zumutbar sein, dass dieser sich auch an den Kosten beteiligt[69].

28 **Richtige Klageart** für die Geltendmachung von Sonderbedarf ist die einfache Zusatzklage. Die Beweislast hat der Unterhaltsberechtigte. Sonderbedarf ist in einer Summe geltend zu machen[70].

29 Sonderbedarf kann für die Vergangenheit nach Maßgabe des § 1613 Abs 2 Nr 1 ohne die Beschränkungen des § 1613 Abs 1 verlangt werden, nach Ablauf eines Jahres seit seiner Entstehung nur bei vorheriger Anmahnung oder Eintritt der Rechtshängigkeit der Klage. Es gilt § 167 ZPO.

30 **2. Rechtliche und tatsächliche Hinderungsgründe (Abs 2 Nr 2). a) Rechtliche Hinderungsgründe (Abs 2 Nr 2 a).** Eine Einschränkung der Forderung von Unterhalt für die Vergangenheit besteht auch nicht für einen Zeitraum, in dem der Unterhaltsberechtigte aus **rechtlichen Gründen** (etwa: vor Rechtskraft der Vaterschaftsfeststellung) an der Geltendmachung des Unterhaltsanspruchs gehindert war.

31 Das **unterhaltsberechtigte Kind** kann von seinem Vater danach die vor Anerkennung (§ 1594 Abs 1) oder rechtskräftiger Feststellung (§ 1600 d Abs 4) der Vaterschaft fällig gewordenen Unterhaltsbeträge fordern. Eine Verwirkung rückständiger Unterhaltsansprüche kommt nur in absoluten Ausnahmefällen in Betracht. § 1613 Abs 2 gilt gemäß § 1615 l Abs 3 S 3 auch für die **Ansprüche der Mutter eines außerhalb einer bestehenden Ehe geborenen Kindes.** Aus der Begründung des Gesetzes[71] folgt jedoch, dass eine zeitlich zu weitgehende Inanspruchnahme zu vermeiden ist. Deshalb kann die Mutter Betreuungsunterhalt ohne die verzugsbegründenden Voraussetzungen des § 1613 Abs 1 rückwirkend nur für ein Jahr ab Entstehung des Unterhaltsanspruchs verlangen[72]. § 1613 Abs 2 Nr 2 a erfasst nicht nur Unterhaltsansprüche gegen den Vater, vielmehr auch gegen die nach § 1607 Abs 1 und 2 ersatzweise haftenden Verwandten. Die Inanspruchnahme der Verwandten kommt jedoch nur für Zeiträume ab Inkrafttreten des § 1613 Abs 2 Nr 2 a durch das KindUG am 1. 7. 1998 in Betracht[73]. Unabhängig von den Voraussetzungen des § 1613 Abs 1 können nach § 1613 Abs 2 Nr 2 a auch **Dritte,** die an Stelle des Unterhaltspflichtigen Unterhalt geleistet haben, den auf sie nach § 1607 Abs 2, 3 übergegangenen Anspruch geltend machen[74].

32 **b) Tatsächliche Hinderungsgründe (Abs 2 Nr 2 b).** Unterhalt kann ferner eingefordert werden für den Zeitraum, in dem der Unterhaltsberechtigte aus **tatsächlichen Gründen,** die in den **Verantwortungsbereich des Unterhaltspflichtigen** fallen, an der Geltendmachung des Unterhaltsanspruchs gehindert war. Tatsächliche Hinderungsgründe dauerhafter oder vorübergehender Art im Verantwortungsbereich des Unterhaltspflichtigen sind etwa gegeben bei einem Auslandsaufenthalt oder bei unbekanntem Aufenthalt, hingegen nicht, wenn der Unterhaltspflichtige in evident unredli-

---

[64] OLG Koblenz OLGR 2003, 32; OLG Köln FamRZ 1999, 531; zu Kosten eines Computers bei Lernschwierigkeiten eines Kindes OLG Hamm NJW 2004, 858 = FamRZ 2004, 830.
[65] BGH NJW 2006, 1509 = FamRZ 2006, 612.
[66] AG Arnstadt NJW-FER 1998, 248.
[67] OLG Naumburg FuR 1999, 476, 477.
[68] OLG Schleswig NJW 2006, 1601 = OLGR 2005, 646; zu den Mehrkosten eines einjährigen Studienaufenthalts eines Gymnasiasten im Ausland vgl OLG Dresden OLG-NL 2006, 109.
[69] BGH NJW 2006, 1509 = FamRZ 2006, 612.
[70] BGH FamRZ 1982, 145; OLG Köln FamRZ 1986, 593.
[71] BT-Drucks 5/2370 S 57.
[72] OLG Schleswig FamRZ 2004, 563; OLG Zweibrücken FamRZ 1998, 554.
[73] BGH NJW 2004, 1735 = FPR 2004, 394 = FamRZ 2004, 800.
[74] BT-Drucks 13/7338 S 31.

V. Stundung und Erlass rückständigen Unterhalts

Die nach Abs 2 Nr 2 erweiterten Möglichkeiten der Inanspruchnahme des Unterhaltspflichtigen können wegen der aufgelaufenen Unterhaltsbeträge zu **Härtefällen** führen. Ihnen begegnet Abs 3. **33**

Der Unterhaltsberechtigte kann Erfüllung nicht, nur in Teilbeträgen oder erst zu einem späteren Zeitpunkt verlangen, soweit die volle oder die sofortige Erfüllung für den Unterhaltspflichtigen eine **unbillige Härte** bedeuten würde. Ratenzahlungen können die unbillige Härte verhindern. Der Erlass kommt nur ausnahmsweise in Betracht, wenn die eigene Lebensführung des Unterhaltspflichtigen durch die Aufbringung der Rückstände auf Dauer in Frage gestellt und dem Dritten oder dem Kind der Verlust der Rückstände eher zumutbar ist[76]. **34**

Eine Härteregelung war bislang in § 1615 i Abs 1 und 2 sowie in den §§ 642 e, 642 f ZPO enthalten. § 1615 i aF und die besonderen Gestaltungsrechte des Gerichts nach §§ 642 e, 642 f ZPO sind entfallen. Nach der gesetzlichen Regelung sind Stundung und Erlass als **materielle Einwendungen,** die der Unterhaltspflichtige – gerichtlich und außergerichtlich – zur Geltung bringen muss[77]. **35**

Wenngleich die Regelung in Abs 3 Bedeutung in Fällen hat, in denen die Unterhaltspflicht erst später festgestellt wird, schließt dies nicht aus, auch in anderen Fällen ausnahmsweise den Unterhalt zu stunden oder zu erlassen. Die Zeitschranke des § 1615 i Abs 2 S 1 aF, nach der Erlass und Stundung nur für mehr als ein Jahr rückständigen Unterhalt möglich war, sieht Abs 3 nicht mehr vor. Der Zeitfaktor ist aber bei der Billigkeitsabwägung zu berücksichtigen[78]. Ein Erlass kommt nur ganz ausnahmsweise in Betracht[79]. **36**

Stundung und Erlass kommen nach Abs 3 S 2 ferner in Betracht, soweit ein Dritter von dem Unterhaltspflichtigen Ersatz verlangt, weil er an Stelle des Unterhaltspflichtigen den Unterhalt gewährt hat. Abs 3 ist in § 1615 l Abs 3 S 4 nicht in Bezug genommen, so dass Stundung und Erlass rückständigen Unterhalts der Mutter oder des Vaters nicht möglich sind. **37**

VI. Beweislast

Der Unterhaltsberechtigte trägt die Darlegungs- und Beweislast für das Auskunftsverlangen und das Bestehen des Unterhaltsanspruchs dem Grunde nach für den Zeitpunkt des Auskunftsverlangens (Abs 1 S 1), ebenso für den Eintritt des Verzuges und der Rechtshängigkeit[80]. Er hat Tatsachen vorzutragen und zu beweisen, aus denen sich die Entbehrlichkeit der Mahnung ableitet. Der Beweis fehlenden Verschuldens obliegt dem Unterhaltspflichtigen. Sonderbedarf hat der Unterhaltsberechtigte hinsichtlich der Entstehung und der Voraussetzungen zur Geltendmachung für die Vergangenheit darzulegen und zu beweisen. Die rechtlichen und tatsächlichen Hinderungsgründe des Abs 2 Nr 2 stehen als Ausnahmetatbestand zur Beweislast des Unterhaltsberechtigten, während die Härtegründe des Abs 3 von dem Unterhaltspflichtigen zu beweisen sind, denn es handelt sich um eine materielle Einwendung[81]. **38**

§ 1614 Verzicht auf den Unterhaltsanspruch; Vorausleistung

(1) Für die Zukunft kann auf den Unterhalt nicht verzichtet werden.

(2) Durch eine Vorausleistung wird der Verpflichtete bei erneuter Bedürftigkeit des Berechtigten nur für den im § 760 Abs. 2 bestimmten Zeitabschnitt oder, wenn er selbst den Zeitabschnitt zu bestimmen hatte, für einen den Umständen nach angemessenen Zeitabschnitt befreit.

I. Bedeutung der Norm

Die Norm will **Manipulationen zu Lasten Dritter** verhindern und auch im öffentlichen Interesse – zur Vermeidung der Inanspruchnahme von Sozialhilfeleistungen – gewährleisten, dass der **Familienunterhalt** jederzeit verfügbar ist. Der Anwendungsbereich erstreckt sich auf **Unterhaltsansprüche von Kindern verheirateter wie nicht miteinander verheirateter Eltern;** § 1615 e aF ist durch das KindUG aufgehoben worden. Gemäß §§ 1360 a Abs 3, 1361 Abs 4 S 4 gilt die Norm ebenfalls für den **Familien- wie den Ehegattentrennungsunterhalt,** jedoch im Blick auf § 1585 c nicht im **1**

---

[75] BT-Drucks 13/7338 S 31.
[76] LG Ulm FamRZ 1995, 633; zur Verwirkung des Anspruchs auf Zahlung rückständigen Unterhalts für ein nichteheliches Kind nach allgemeinen Grundsätzen vgl OLG Jena NJW-RR 2002, 1154.
[77] BT-Drucks 13/7338 S 32.
[78] BT-Drucks 13/7338 S 32.
[79] BT-Drucks 13/7338 S 32; s dazu OLG Karlsruhe NJWE-FER 2001, 147.
[80] OLG Brandenburg FamRZ 2001, 1078.
[81] *Baumgärtel/Laumen/Pruskowski* Rn 4.

Rahmen der Unterhaltspflicht für die Zeit nach Rechtskraft der Scheidung[1]. Der Verzicht auf den zukünftigen Unterhalt ist schließlich auch zwischen den Eltern und ihren Kindern sowie zwischen Großeltern und deren Enkeln unwirksam. Es handelt sich um **zwingendes Recht**[2]. Das Verbot gilt nur für den **gesetzlichen Unterhaltsanspruch**. Ein Verzicht auf vertragliche Unterhaltsansprüche ist zulässig[3].

II. Verzicht auf zukünftigen Kindesunterhalt

2 **Vereinbarungen über den Kindesunterhalt** dürfen keinen – auch nur teilweisen – Verzicht auf zukünftigen Unterhalt beinhalten oder auf einen solchen Verzicht hinauslaufen[4].

3 An die Feststellung des Willens, auf Unterhalt zu verzichten, sind **strenge Anforderungen** zu stellen. Es gilt auch im Unterhaltsrecht der Erfahrungssatz, dass der – unentgeltliche – Verzicht auf ein bestehendes Recht grds nicht zu vermuten ist. Macht der Unterhaltsberechtigte längere Zeit den Unterhalt nicht geltend, führt dies nicht ohne weiteres zur Annahme eines Verzichts durch konkludentes Verhalten. In einem solchen Fall ist zu prüfen, ob der Unterhaltsberechtigte einen triftigen Grund für einen Verzicht hatte oder eine andere Erklärung für die Unterlassung der Rechtsausübung näher lag[5]. Ein unzulässiger Verzicht nach § 1614 ist auch dann nicht anzunehmen, wenn das Kind für einen bestimmten Zeitraum auf die Rechte aus einem Unterhaltstitel zur Vermeidung einer Abänderungsklage des leistungsunfähigen Unterhaltspflichtigen verzichtet[6].

4 Unerheblich ist die Form der Verzichtsvereinbarung, auch, ob der Verzicht entgeltlich oder unentgeltlich erklärt worden ist. Entscheidend ist allein, ob der dem Unterhaltsberechtigten von Gesetzes wegen zustehende Unterhalt **objektiv** verkürzt wurde[7]. Nach Maßgabe des § 1610 Abs 1 besteht für die Bemessung des Kindesunterhalts ein **Angemessenheitsrahmen,** der von den Vertragsparteien ausgeschöpft werden kann[8]. Nur Vereinbarungen, die sich innerhalb dieses Rahmens halten und sich als Konkretisierung des gesetzlichen Unterhaltsanspruchs darstellen, sind gestattet. Zulässig ist ein Unterlassen der Höherstufung[9]. Keine Bedenken bestehen gegen eine Vereinbarung, durch die das unterhaltsberechtigte Kind auf zukünftigen Unterhalt von 50 DM monatlich verzichtet, wenn in dieser Höhe eine Ausbildungsversicherung zugunsten des Kindes bedient und der maßgebliche Tabellensatz nur um bis zu 20% unterschritten wird[10]. In der Unterschreitung der Tabellensätze um mehr als ein Drittel oder im Fall eines Abschlages von 20% liegt indes idR ein unzulässiger Verzicht[11]. Unwirksam ist eine Vereinbarung, die den an sich maßgeblichen Bedarfssatz um mehr als 120 DM unterschreitet[12]. Einen Verstoß gegen § 1614 stellt es ebenfalls dar, wenn der Kindesunterhalt unabhängig von den Einkommensverhältnissen des Unterhaltspflichtigen nur an bestimmte Mindestunterhalts-Tabellensätze gebunden sein soll[13]. Eine Vereinbarung, die zu einer Erschwernis eines Erhöhungsverlangens nach § 323 ZPO führt, kann zur Annahme eines unzulässigen Verzichts führen[14].

III. Verzicht auf Unterhalt für die Vergangenheit

5 Der Verzicht auf Unterhalt für die Vergangenheit ist zulässig[15].

IV. Freistellungsvereinbarungen

6 **1. Rechtsnatur.** Eine Freistellung von Unterhaltsansprüchen ist zulässig. Eltern können sich im Verhältnis zueinander über die von ihnen zu leistenden Unterhaltsbeiträge verständigen und sogar einen von ihnen von einer Unterhaltsleistung vollständig freistellen[16]. Bei einer Freistellung vom Kindesunterhalt sollte auch die Rspr des BVerfG zur richterlichen Inhaltskontrolle bedacht werden. Danach ist eine – auch nur teilweise – Freistellung vom Kindesunterhalt nur wirksam, wenn der an und für sich

---

[1] BGH NJW 1985, 1833 = FamRZ 1985, 788; FamRZ 1990, 372, 373; zur Inhaltskontrolle von Eheverträgen vgl BGH FamRZ 2007, 1310 m Anm *Bergschneider*; FamRZ 2005, 1444; FamRZ 2004, 601 m Anm *Borth*; s zuvor BVerfG FamRZ 2001, 343, 985; zur Sittenwidrigkeit eines Unterhaltsverzichts BGH NJW 1991, 913 = FamRZ 1991, 306, 307; NJW 1997, 126 = FamRZ 1996, 1536; NJW 1997, 192 = FamRZ 1997, 156; die Berufung auf einen wirksamen Unterhaltsverzicht kann auf Grund einer späteren Entwicklung mit Treu und Glauben unvereinbar sein: BGH FamRZ 1985, 788, 789; NJW 1992, 3164 = FamRZ 1992, 1403, 1404; NJW-RR 1997, 897, 898.
[2] MünchKommBGB/*Born* Rn 1.
[3] MünchKommBGB/*Born* Rn 3.
[4] OLG Hamm FamRZ 2001, 1023.
[5] BGH FamRZ 1981, 763; OLG München FamRZ 1982, 90.
[6] OLG Karlsruhe FamRZ 2002, 845, nur LS.
[7] BGH NJW 1985, 64 = FamRZ 1984, 997.
[8] OLG Brandenburg FamRZ 2004, 558.
[9] OLG Hamm FamRZ 1981, 869.
[10] OLG Celle FamRZ 1992, 94; so auch beim Trennungsunterhalt vgl OLG Düsseldorf FamRZ 2001, 1148.
[11] OLG Brandenburg FamRZ 2004, 558; OLG Hamm FamRZ 2001, 1023; OLG Celle FamRZ 1992, 94; OLG Köln FamRZ 1983, 750; OLG Oldenburg FamRZ 1979, 333; zu Amtshaftungsansprüchen gegen den Amtspfleger bei Teilverzicht auf Kindesunterhalt vgl OLG Hamm NJWE-FER 2001, 14; zu dem vergleichbaren Angemessenheitsrahmen beim Teilverzicht auf Trennungsunterhalt vgl OLG Düsseldorf NJWE-FER 2000, 307.
[12] KG FamRZ 1997, 627, 628.
[13] OLG Celle FamRZ 1994, 1131.
[14] BGH FamRZ 1981, 763.
[15] AllgM, *Palandt/Diederichsen* Rn 3.
[16] Zur Auslegung einer Freistellungsvereinbarung vgl OLG Brandenburg FamRZ 2003, 1965.

nicht barunterhaltspflichtige Elternteil, der die Verpflichtung aus der Freistellung übernimmt, über die finanziellen Mittel verfügt, den freigestellten Teil des Kindesunterhalts aufzubringen[17]. Die Elternvereinbarung sollte sich zudem zu den Voraussetzungen verhalten, unter denen eine Abänderung möglich sein soll.

Die Vereinbarung kann bereits vor der Geburt des Kindes und vor der Eheschließung der Vertragsparteien getroffen werden[18]. Ein unzulässiger Verzicht auf zukünftigen Unterhalt bedeutet diese Vereinbarung nicht, denn der Unterhaltsanspruch des Kindes wird durch die Vereinbarung nicht betroffen. Die Freistellung von Unterhaltsansprüchen stellt sich als **Erfüllungsübernahme** dar[19]. Zur Vermeidung von Unklarheiten sollte die Vereinbarung ausdrücklich als Erfüllungsübernahme bezeichnet werden. Der von dem Kind auf Unterhalt in Anspruch genommene Elternteil kann von dem anderen verlangen, dass er den Anspruch befriedigt, sei es durch unmittelbare Zahlung an das Kind, sei es durch Hergabe des Zahlbetrages an den Elternteil[20]. 7

2. Unwirksamkeit der Freistellungsvereinbarung. Eine Freistellungsvereinbarung kann nach § 138 **sittenwidrig** und damit nichtig sein. Eine derartige Fallkonstellation ist gegeben, wenn die Vereinbarung mit einem Verzicht des anderen Elternteils auf die Ausübung des Umgangsrechts oder mit einem dem Kindeswohl nicht entsprechenden Vorschlag zur elterlichen Sorge verbunden mit der Erlangung wirtschaftlicher Vorteile gekoppelt wird[21]. Unwirksam ist eine Vereinbarung, dass der Kindesunterhalt bis zum 18. Lebensjahr des Kindes auf ein Sperrkonto einzuzahlen ist[22]. Dies gilt auch für eine Regelung, die den Kindesunterhalt unabhängig von den Einkommensverhältnissen des Barunterhaltspflichtigen an bestimmte Mindestunterhalts-Tabellensätze bindet[23]. 8

3. Freistellungsvereinbarung im Rechtsstreit des Kindes. Die Vereinbarung einer Freistellung von Kindesunterhaltszahlungen zwischen den Eltern kann in dem Unterhaltsprozess des Kindes nicht im Wege der Widerklage gegen den das Kind gesetzlich vertretenden Ehegatten geltend gemacht werden. Insoweit handelt es sich um eine sogenannte isolierte Drittwiderklage, die durch § 33 ZPO nicht abgedeckt und grds unzulässig ist[24]. 9

4. Beweislast. Die Umstände, welche die Sittenwidrigkeit ausmachen, hat der Elternteil darzulegen und zu beweisen, der sich auf die Unwirksamkeit der Vereinbarung beruft[25]. 10

5. Zuständigkeit des Familiengerichts. Über Streitigkeiten aus Freistellungsvereinbarungen hat das Familiengericht zu entscheiden[26]. 11

V. Vorausleistungen (Abs 2)

Vorausleistungen auf den Unterhalt entlasten den Unterhaltspflichtigen nur in zeitlich beschränktem Umfang, idR nur für drei Monate. Vorausleistungen darüber hinaus unternimmt der Unterhaltspflichtige auf eigene Gefahr[27]. Haben Eltern nach § 1612 Abs 2 S 1 eine längere Frist bestimmt, leisten sie befreiend nur dann, wenn der bestimmte Zeitabschnitt angemessen war[28]. 12

§ 1615 Erlöschen des Unterhaltsanspruchs

(1) Der Unterhaltsanspruch erlischt mit dem Tode des Berechtigten oder des Verpflichteten, soweit er nicht auf Erfüllung oder Schadensersatz wegen Nichterfüllung für die Vergangenheit oder auf solche im Voraus zu bewirkende Leistungen gerichtet ist, die zur Zeit des Todes des Berechtigten oder des Verpflichteten fällig sind.

(2) Im Falle des Todes des Berechtigten hat der Verpflichtete die Kosten der Beerdigung zu tragen, soweit ihre Bezahlung nicht von dem Erben zu erlangen ist.

I. Bedeutung der Norm

Als **höchstpersönlicher Anspruch** erlischt der Unterhaltsanspruch mit dem Tod des Unterhaltsberechtigten oder des Unterhaltspflichtigen, in deren Personen die Voraussetzungen erfüllt sein müssen. Die Unterhaltsberechtigung und die Unterhaltsverpflichtung sind **unvererblich**. Ausnahmen gelten für die Unterhaltsverpflichtung des geschiedenen Ehegatten nach § 1586 b und für den Anspruch der Mutter nach § 1615 l Abs 3 S 4; ihr Anspruch erlischt nicht mit dem Tod des Vaters. Es haften seine Erben. 1

---

[17] Vgl BVerfG FamRZ 2001, 343, 348 m Anm *Schwab* 349.
[18] OLG Stuttgart FamRZ 1992, 716.
[19] Zur Auslegung einer Vereinbarung der Eltern als Erfüllungsübernahme vgl OLG Brandenburg FamRZ 2003, 1965 m Anm *Bergschneider*.
[20] BGH NJW 1986, 1167, 1168 = FamRZ 1986, 444, 445; NJW-RR 1989, 578 = FamRZ 1989, 499, 500.
[21] BGH NJW 1984, 1951 = FamRZ 1984, 778; NJW 1986, 1167 = FamRZ 1986, 444.
[22] OLG Frankfurt FamRZ 1994, 1131.
[23] OLG Celle FamRZ 1994, 1131.
[24] OLG Düsseldorf FamRZ 1999, 1165.
[25] OLG Stuttgart FamRZ 1992, 716, 717.
[26] BGH FamRZ 1978, 672; OLG Stuttgart FamRZ 1992, 716; OLG Zweibrücken NJW-RR 2000, 150 betr Schadensersatzklage wegen Verletzung der Freistellungsvereinbarung.
[27] MünchKommBGB/*Born* Rn 14.
[28] MünchKommBGB/*Born* Rn 15.

§ 1615 a Buch 4. Abschnitt 2. Verwandtschaft

II. Rechtsfolgen

2 Der Tod des Unterhaltsberechtigten oder -pflichtigen führt zum **Erlöschen der Unterhaltsansprüche**. Bei dem **Tod des Unterhaltsberechtigten** gilt dies nach § 1360 a Abs 3 auch unter Eheleuten, nach § 1615 a ebenso für das Kind nicht miteinander verheirateter Eltern und die Mutter dieses Kindes. Bis zum Tod entstandene, im Blick auf § 1613 durchsetzbare Rückstände sowie bereits fällige Vorausleistungen nach § 1612 Abs 3 bleiben bestehen. Sie müssen von den Erben des Unterhaltspflichtigen nachentrichtet werden. Die grds unbeschränkte Haftung der Erben kann auf den Nachlass beschränkt werden.

III. Beerdigungskosten

3 Die Kosten der Beerdigung des Unterhaltsberechtigten fallen nach § 1968 den **Erben** zur Last. Der **Unterhaltspflichtige** hat ausnahmsweise dafür einzustehen, wenn sie von dem Erben nicht zu erlangen sind oder der Fiskus Erbe und kein Nachlassvermögen vorhanden ist[1*]. Den Umfang bestimmt § 1610. Die Verhältnisse des Verstorbenen sind entscheidend. Zu einer angemessenen und würdigen Bestattung gehören der Erwerb der Grabstätte, deren Erstausstattung einschließlich eines Grabsteins und die Beisetzung[2]. Der Unterhaltspflichtige kann sich auf die Wahrung seines eigenen angemessenen Unterhalts berufen (§ 1603 Abs 1). Tritt der Unterhaltspflichtige in Vorlage, kann er von den Erben Erstattung nach §§ 1968, 677, 683 verlangen. Auf dieser Grundlage ist auch der geschiedene Ehegatte für die Beerdigungskosten des gemeinsamen Kindes dem anderen Elternteil ausgleichspflichtig[3].

IV. Beweislast

4 Die Voraussetzungen des Abs 1 hat der Anspruchsteller zu beweisen. Im Rahmen der Beweisführung für den Ausfall des Erben nach Abs 2 ist der Beweis ausreichend, dass dem Erben keine Mittel zur Verfügung stehen, auch der Nachlass nicht ausreicht, jedenfalls aber die Zwangsvollstreckung keine Aussicht auf Erfolg verspricht[4].

Untertitel 2. Besondere Vorschriften für das Kind und seine nicht miteinander verheirateten Eltern (§§ 1615 a–1615 o)

§ 1615 a Anwendbare Vorschriften

Besteht für ein Kind keine Vaterschaft nach § 1592 Nr. 1, § 1593 und haben die Eltern das Kind auch nicht während ihrer Ehe gezeugt oder nach seiner Geburt die Ehe miteinander geschlossen, gelten die allgemeinen Vorschriften, soweit sich nichts anderes aus den folgenden Vorschriften ergibt.

Schrifttum: *Schumacher/Grün*, Das neue Unterhaltsrecht minderjähriger Kinder, FamRZ 1998, 778.

I. Gleichstellung der ehelichen mit den nichtehelichen Kindern

1 Das Gesetz zur Reform des Kindschaftsrechts (Kindschaftsreformgesetz – KindRG) vom 16. 12. 1997 (BGBl I S 2942, ber 1998 I S 946) hat die **Unterscheidung zwischen ehelichen und nichtehelichen Kindern** vollständig und grds abgeschafft. Die Vorschrift setzt sprachlich das Anliegen des Gesetzgebers um, die Unterscheidung zwischen ehelichen und nichtehelichen Kindern soweit wie möglich zu beseitigen[1]. Nichteheliche Kinder sind seither solche, deren Eltern nicht miteinander verheiratet sind. Für sie gelten die allgemeinen Vorschriften der §§ 1601 ff, bis auf § 1615 o Abs 1 und Abs 3, welcher die einstweilige Verfügung zum Unterhalt des Kindes gegen den Mann regelt, der die Vaterschaft anerkannt hat oder der nach § 1600 d Abs 2 als Vater vermutet wird. Die §§ 1615 b bis 1615 i sind durch Art 1 Nr 16 des Gesetzes zur Vereinheitlichung des Unterhaltsrechts minderjähriger Kinder (Kindesunterhaltsgesetz – KindUG) vom 6. 4. 1998 (BGBl I S 666) aufgehoben worden. Einzelne Regelungen haben Eingang in die allgemeinen Vorschriften der §§ 1601 ff gefunden.

II. Besonderheiten für das Kind nicht miteinander verheirateter Eltern

2 Das Kind nicht miteinander verheirateter Eltern kann nach § 653 ZPO bei einer erfolgreichen Klage auf **Feststellung der Vaterschaft** zugleich beantragen, den beklagten Vater zu verurteilen, ihm

---

[1*] LG Dortmund NJW-RR 1996, 775.
[2] BGHZ 64, 238, 239; AG Neustadt FamRZ 1995, 731; zu sozialhilferechtlichen Regelungen vgl §§ 8, 74 SGB XII.
[3] AG Neustadt FamRZ 1995, 731.
[4] MünchKommBGB/*Born* Rn 12; *Baumgärtel/Laumen/Pruskowski* Rn 2.
[1] BT-Drucks 13/4899 S 29.

Unterhalt in Höhe des Mindestunterhalts und gemäß den Altersstufen nach § 1612a Abs 1 S 3 sowie unter Berücksichtigung der Leistungen nach den §§ 1612b oder 1612c zu zahlen². Das Urteil setzt den Unterhalt **dem Grunde und der Höhe** nach fest³. Dem Kind steht es frei, geringeren Unterhalt zu verlangen. Im Übrigen kann jedoch eine Herabsetzung oder Erhöhung des Unterhalts nicht verlangt werden. Dies ist nach Rechtskraft des Titels nur im Wege der Abänderungsklage nach § 654 ZPO möglich.

Dem beklagten Vater ist in dem Verfahren nach § 653 ZPO versagt, den Einwand der **Leistungsunfähigkeit** vorzubringen⁴. Dies gilt ebenso für den Einwand der **Erfüllung** rückständiger Unterhaltsbeträge⁵. 3

§§ 1615b bis 1615k *(weggefallen)*

§§ 1615b bis 1615k sind mit Wirkung vom 1. 7. 1998 durch Art 1 Nr 16 KindUG einschließlich 1 der Regelunterhalt-Verordnung vom 27. 6. 1970 (BGBl I S 1010) mit den dazu ergangenen Anpassungs-Verordnungen und der Verordnung zur Festsetzung des Regelbedarfs in dem nach Art 3 des Einigungsvertrages genannten Gebiet vom 25. 9. 1995 (BGBl I S 1190) aufgehoben worden.

§ 1615 l Unterhaltsanspruch von Mutter und Vater aus Anlass der Geburt

(1) ¹Der Vater hat der Mutter für die Dauer von sechs Wochen vor und acht Wochen nach der Geburt des Kindes Unterhalt zu gewähren. ²Dies gilt auch hinsichtlich der Kosten, die infolge der Schwangerschaft oder der Entbindung außerhalb dieses Zeitraums entstehen.

(2) ¹Soweit die Mutter einer Erwerbstätigkeit nicht nachgeht, weil sie infolge der Schwangerschaft oder einer durch die Schwangerschaft oder die Entbindung verursachten Krankheit dazu außerstande ist, ist der Vater verpflichtet, ihr über die in Absatz 1 Satz 1 bezeichnete Zeit hinaus Unterhalt zu gewähren. ²Das Gleiche gilt, soweit von der Mutter wegen der Pflege oder Erziehung des Kindes eine Erwerbstätigkeit nicht erwartet werden kann. ³Die Unterhaltspflicht beginnt frühestens vier Monate vor der Geburt und besteht für mindestens drei Jahre nach der Geburt. ⁴Sie verlängert sich, solange und soweit dies der Billigkeit entspricht. ⁵Dabei sind insbesondere die Belange des Kindes und die bestehenden Möglichkeiten der Kinderbetreuung zu berücksichtigen.

(3) ¹Die Vorschriften über die Unterhaltspflicht zwischen Verwandten sind entsprechend anzuwenden. ²Die Verpflichtung des Vaters geht der Verpflichtung der Verwandten der Mutter vor. ³§ 1613 Abs. 2 gilt entsprechend. ⁴Der Anspruch erlischt nicht mit dem Tode des Vaters.

(4) ¹Wenn der Vater das Kind betreut, steht ihm der Anspruch nach Absatz 2 Satz 2 gegen die Mutter zu. ²In diesem Falle gilt Absatz 3 entsprechend.

Schrifttum: Zu dem bis zum 31. 12. 2007 geltenden Recht: *Büdenbender*, Der Unterhaltsanspruch des Vaters eines nichtehelichen Kindes gegen die Kindesmutter, FamRZ 1998, 129; *Büttner*, Unterhalt für die nichteheliche Mutter, FamRZ 2000, 781; *Huber*, Unterhaltsverpflichtung des nichtehelichen Vaters gegenüber Kind und Mutter, FPR 2005, 189; *Puls*, Der Betreuungsunterhalt der Mutter eines nichtehelichen Kindes, FamRZ 1998, 865; *Schilling*, § 1615l BGB im Spiegel der höchstrichterlichen Rechtsprechung, FamRZ 2006, 1; *Wagner*, Anspruchskonkurrenzen beim Betreuungsunterhalt, NJW 1998, 3097; *Wever/Schilling*, Streitfragen zum Unterhalt nicht miteinander verheirateter Eltern wegen Kindesbetreuung, FamRZ 2002, 581; *Wellenhofer-Klein*, Die mittelbare Diskriminierung des nichtehelichen Kindes durch § 1615l BGB, FuR 1999, 448.

Zum Unterhaltsrechtsänderungsgesetz: *Meier*, Betreuungsunterhalt gemäß §§ 1570 und 1615l BGB nach der Unterhaltsreform, FamRZ 2008, 101; *Menne*, Der Betreuungsunterhalt nach § 1615l BGB im Regierungsentwurf zum Unterhaltsrechtsänderungsgesetz, FamRZ 2007, 173.

Übersicht

	Rn		Rn
I. Bedeutung der Norm	1	IV. Unterhalt wegen Erwerbslosigkeit (Abs 2)	10
II. Unterhalt der Mutter anlässlich der Geburt (Abs 1 S 1)	4	1. Erwerbslosigkeit wegen Schwangerschaft oder Krankheit (Abs 2 S 1)	11
III. Kosten der Schwangerschaft und der Entbindung (Abs 1 S 2)	8	2. Unterhalt wegen der Betreuungsbedürftigkeit des Kindes (Abs 2 S 2)	12

---

² Zur verfahrensrechtlichen Einordnung der Klage als Kindschaftssache und zu weiteren Verfahrensfragen vgl OLG Brandenburg NJW-RR 2003, 292 = FamRZ 2003, 617.
³ *Musielak/Borth* 4. Aufl § 653 ZPO Rn 2.
⁴ BGH FPR 2003, 216 = FamRZ 2003, 304, 305; OLG Hamm DAVorm 2000, 66; zum alten Recht vgl OLG Stuttgart FamRZ 1995, 621; OLG Karlsruhe FamRZ 1993, 712.
⁵ BGH FPR 2003, 490 = FamRZ 2003, 1095.

§ 1615 l

	Rn		Rn
3. Bedarfsbemessung	13	11. Verwirkung des Unterhaltsanspruchs	40
4. Anspruchszeitraum	16	12. Verzicht	41
5. Leistungsfähigkeit	26	V. Betreuungsunterhalt des Vaters (Abs 5)	42
6. Anspruchskonkurrenz unter mehreren Unterhaltspflichtigen	29	VI. Kostentragung für außergerichtliche Titulierung des Betreuungsunterhalts	43
7. Rangverhältnisse der Unterhaltsberechtigten	34		
8. Unterhalt für die Vergangenheit	35	VII. Beweislast	44
9. Tod des Vaters	38		
10. Verjährung	39	VIII. Recht in den neuen Bundesländern	48

I. Bedeutung der Norm

1 Die Vorschrift weist dem Erzeuger eines außerhalb einer bestehenden Ehe geborenen Kindes die Verantwortlichkeit für die daraus entstandenen Folgen zu. Sie bewirkt für die nicht mit dem Vater des von ihr geborenen Kindes verheiratete Mutter und das Kind einen besonderen Schutz, der durch die **finanzielle Sicherstellung des Lebensunterhalts der Mutter** zur Wahrnehmung der Betreuung des Kindes gewährleistet wird[1]. Das KindRG hat durch Art 1 Nr 5 lit b den Geltungsbereich im Blick auf Veränderungen in der sozialen Wirklichkeit erweitert. Der neu eingefügte Abs 5 gewährt auch dem das Kind betreuenden **Vater** den Unterhaltsanspruch nach Abs 2 S 2 gegen die Mutter.

2 § 1615 l regelt ausdrücklich und abschließend den Unterhaltsanspruch desjenigen Elternteils, der ein außerhalb einer bestehenden Ehe geborenes Kind betreut[2]. Auch wenn es sich um ein gemeinschaftliches Kind der geschiedenen Eheleute handelt, beurteilt sich der Unterhaltsanspruch nach § 1615 l.

3 In der zwischenzeitlich erfolgten Ausprägung in der Rspr des BGH hatte die Vorschrift bereits eine Annäherung an den Unterhaltsanspruch einer verheirateten Mutter nach § 1570 erfahren. Das zum 1. 1. 2008 in Kraft getretene Unterhaltsrechtsänderungsgesetz hat hinsichtlich des Unterhaltsanspruchs nach Abs 2 S 2 zu einer Gleichstellung mit dem Unterhaltsanspruch des geschiedenen Ehegatten nach § 1570 geführt.

II. Unterhalt der Mutter anlässlich der Geburt (Abs 1 S 1)

4 Der Vater hat der unverheirateten Mutter für die **Dauer von sechs Wochen vor und acht Wochen nach der Geburt des Kindes** Unterhalt zu gewähren. Diese Regelung bezweckt, in Anlehnung an die Mutterschutzvorschriften die Mutter in dieser Zeit von jeder Erwerbspflicht freizustellen und sie wirtschaftlich abzusichern[3].

5 Die rechtliche Vaterschaft muss gemäß §§ 1592 Nr 2, 1594 ff anerkannt oder gemäß §§ 1592 Nr 3, 1600 d Abs 1 und 2 rechtskräftig festgestellt sein. Diese Wertung entspricht der überwiegenden Auffassung[4]; sie findet ihre Stütze in §§ 1594 Abs 1, 1600 d Abs 4. Danach können die Rechtswirkungen der Vaterschaft erst von dem Zeitpunkt der wirksamen Anerkennung oder gerichtlichen Feststellung geltend gemacht werden. Dies bedeutet eine **Rechtsausübungssperre,** die es hindert, die durch die Geburt begründete Verwandtschaft vor dem genannten Zeitpunkt zu berücksichtigen.

6 Es handelt sich um einen **Unterhaltsanspruch,** der Bedürftigkeit der Mutter[5] und Leistungsfähigkeit (§ 1603) des Vaters voraussetzt. Bedürftigkeitsmindernd wirken sich **Lohnfortzahlungen des Arbeitgebers** nach § 11 MuSchG oder das **Mutterschaftsgeld** nach § 200 RVO aus[6]. **Erziehungsgeld** stellt lediglich unter den Voraussetzungen des § 9 S 2 BErzGG anrechenbares Einkommen der Mutter dar[7]. Eine vergleichbare Regelung sieht § 11 BEEG[8] für das **Elterngeld** vor. Lebt die Mutter des Kindes mit einem neuen Partner in eheähnlicher Lebensgemeinschaft, ist auf den Anspruch nach § 1615 l ein (fiktives) Betreuungsentgelt bedarfsmindernd anzurechnen[9].

7 Weitere Tatbestandsvoraussetzung ist lediglich die Schwangerschaft und die Geburt; Kausalität zwischen diesen und der Bedürftigkeit der Mutter ist nicht erforderlich. Dem Anspruch steht nicht

---

[1] BT-Drucks 13/1850 S 24.
[2] BGH NJW 1998, 1065 = FamRZ 1998, 426, 427.
[3] BGH NJW 1998, 1309 = FamRZ 1998, 541, 542.
[4] Vgl OLG Celle FamRZ 2005, 747; OLG Bremen NJW 2004, 1601; OLG Hamm FamRZ 1989, 619; *Palandt/Diederichsen* Rn 1; s auch zum – verneinen – Scheinvaterregress vor Feststellung der Vaterschaft OLG Hamm vom 14. 2. 2007, 11 UF 210/06; *Luthin/Seidel,* HdB des Unterhaltsrechts, 9. Aufl, Rn 4209; *Johannsen/Henrich/Graba* Rn 2; *Wendl/Pauling,* Das Unterhaltsrecht in der familienrichterlichen Praxis, 6. Aufl, § 6 Rn 752; aA OLG Zweibrücken NJW 1998, 318 = FamRZ 1998, 554: ausreichend ist, wenn unstr das in der Frist der §§ 1591, 1592 geborene Kind nicht vom Ehemann stammt und die als Vater in Betracht kommende Person die Vaterschaft nicht bestreitet.
[5] Vgl BGH NJW 1998, 1065 = FamRZ 1998, 426, 427.
[6] BGH NJW 2005, 818 = FamRZ 2005, 442.
[7] BVerfG NJW-RR 2000, 1529 = FamRZ 2000, 1149; OLG München NJW-RR 1999, 1677 = FamRZ 1999, 1166.
[8] Bundeselterngeld- und Elternzeitgesetz vom 5. 12. 2006, BGBl I S 2748.
[9] OLG Koblenz NJW-RR 2005, 1457; LG Oldenburg FamRZ 1990, 1034.

entgegen, dass die Mutter aus anderen Gründen, etwa wegen Krankheit, der Betreuung ihrer ehelichen Kinder oder fehlender Beschäftigungsmöglichkeiten bereits bedürftig ist[10] oder die Mutter vor der Schwangerschaft nicht erwerbstätig war[11].

III. Kosten der Schwangerschaft und der Entbindung (Abs 1 S 2)

Nach § 1615l Abs 1 S2 hat der Vater der Mutter die Kosten zu erstatten, die ihr infolge der Schwangerschaft oder der Entbindung außerhalb dieses Zeitraums entstehen. Dieser Erstattungsanspruch, nach früherer Gesetzeslage ein Ersatzanspruch eigener Art, ist gleichfalls ein **Unterhaltsanspruch,** der den Voraussetzungen der Bedürftigkeit und der Leistungsfähigkeit unterliegt[12]. Dies trägt den Interessen des Kindes Rechnung. Die vormals uneingeschränkte Erstattungspflicht des Vaters für die Entbindungskosten stand vielfach der Erfüllung des Kindesunterhalts entgegen[13]. Der **Bedarf der Mutter** und damit die Angemessenheit der Aufwendungen richtet sich gemäß §§ 1615a, 1610 nach ihrer Lebensstellung[14]. Dies hat insbes für die Art der Unterbringung im Krankenhaus und die medizinischen Leistungen Bedeutung. Erstattungsfähig sind alle mit der Entbindung unmittelbar zusammenhängenden Kosten wie auch durch die Schwangerschaft oder die Entbindung entstehenden weiteren notwendigen Aufwendungen. Aus dem unterhaltsrechtlichen Charakter des § 1615 Abs 1 S 2 folgt, dass Leistungen einer gesetzlichen oder privaten Versicherung oder des Arbeitgebers zu berücksichtigen sind. Es besteht eine Obliegenheit der Mutter, diese vorrangigen Leistungen geltend zu machen[15]. Eine freiberuflich tätige Mutter hat Anspruch auch auf die Kosten für die Einstellung eines Vertreters für den Betrieb oder die Praxis. Jedoch beschränkt sich der Anspruch auf Erstattung der entgangenen eigenen Erwerbseinkünfte und nicht auf Erstattung aller durch die Vertretung entstandenen Kosten[16].

Der Anspruch ist vererblich, übertragbar und bedingt pfändbar. Er unterliegt keinen zeitlichen Beschränkungen.

IV. Unterhalt wegen Erwerbslosigkeit (Abs 2)

Abs 2 weist die unterhaltsrechtliche Verantwortung für eine wegen der Schwangerschaft oder Krankheit bestehende Erwerbslosigkeit der Mutter dem Vater zu. Naturgemäß ist allein die Mutter Anspruchsberechtigte. Im Interesse der Vollbetreuung des Kindes erweitert Abs 2 S 2 den Unterhaltsanspruch des betreuenden Mutter wie auch den des betreuenden Vaters.

1. Erwerbslosigkeit wegen Schwangerschaft oder Krankheit (Abs 2 S 1). Geht die Mutter einer Erwerbstätigkeit nicht nach, weil sie infolge der **Schwangerschaft** oder einer durch die Schwangerschaft oder die Entbindung verursachten **Krankheit** dazu außerstande ist, ist der Vater über den Zeitraum des § 1615l Abs 1 S 1 hinaus verpflichtet, Unterhalt zu gewähren. In dieser Fallkonstellation muss **Kausalität** – Mitursächlichkeit ist ausreichend – zwischen unterbliebener Erwerbstätigkeit und den Folgen der Schwangerschaft oder der Entbindung bestehen. Die – vor der Geburt erwerbslose – Mutter muss darlegen und beweisen, dass die unterbliebene Erwerbstätigkeit auf der Schwangerschaft beruht, sie sich in angemessener und zumutbarer Weise um eine Arbeitsstelle bemüht hat, es aber gerade die Schwangerschaft war, die einer Erwerbstätigkeit im Wege gestanden hat[17]. Beruht die Nichtausübung der Erwerbstätigkeit aber bereits auf anderen Gründen – andere Erkrankung, Betreuung anderer Kinder –, ist der Vater des Kindes nicht unterhaltspflichtig, da er die Bedürftigkeit der Mutter nicht mit verursacht hat[18].

2. Unterhalt wegen der Betreuungsbedürftigkeit des Kindes (Abs 2 S 2). Die Unterhaltspflicht greift ein, soweit von der Mutter/von dem Vater **bei gegebener Erwerbsfähigkeit** wegen der Pflege oder Erziehung des Kindes **keine Erwerbstätigkeit** erwartet werden kann. Sinn und Zweck der gesetzlichen Regelung ist es, den „nichtehelichen" Kindern die gleichen Bedingungen für ihre leibliche und geistige Entwicklung sowie ihre Stellung in der Gesellschaft zu schaffen wie den ehelichen Kindern[19]. Der betreuende Elternteil muss entgegen der früheren Gesetzeslage[20] nicht mehr nachweisen, dass er nicht oder nur beschränkt erwerbstätig ist, „weil das Kind anderweitig nicht versorgt werden kann"[21]. **Kausalität** zwischen Bedürftigkeit und Kinderbetreuung ist nicht notwendig. Es kommt nicht darauf an, ob ohne Kinderbetreuung eine Erwerbstätigkeit ausgeübt würde. Das Gesetz will dem betreuenden Elternteil diesen nicht immer einfach zu führenden Beweis im Interesse des

---

[10] BGH NJW 1998, 1065 = FamRZ 1998, 426, 427.
[11] OLG Hamm NJW 1991, 176 = FamRZ 1991, 979.
[12] BT-Drucks 13/7388 S 32; *Weber* NJW 1998, 1992, 1998.
[13] BT-Drucks 13/7388 S 32; zur steuerlichen Behandlung von Aufwendungen des Vaters als außergewöhnliche Belastungen nach § 33a EStG vgl BFH FamRZ 2004, 1643.
[14] AllgM, *Palandt/Diederichsen* Rn 5.
[15] *FamRefK/Maurer* Rn 6.
[16] *Palandt/Diederichsen* Rn 7; LG Hamburg FamRZ 1983, 301; aA *Büttner* FamRZ 2000, 781, 783 Fn 25.
[17] OLG Koblenz NJW-RR 2000, 1531.
[18] BGH NJW 1998, 1065 = FamRZ 1998, 426, 427.
[19] BVerfG NJW 2007, 1735 = FamRZ 2007, 965 m Anm *Born*: unterschiedliche Regelung der Unterhaltsansprüche wegen der Pflege und Erziehung von Kindern nach § 1570 einerseits und § 1615l Abs 2 S 3 andererseits ist mit Art 6 Abs 5 GG nicht vereinbar.
[20] BGH NJW 1985, 806.
[21] Vgl BT-Drucks 13/1850 zu Art 6 S 24.

§ 1615 l

Kindes ersparen[22]. Der Unterhaltsanspruch nach § 1615 l Abs 2 S 2 ist ein **einheitlicher Unterhaltstatbestand**. Die Höhe des Unterhaltsanspruchs ist unabhängig von der Dauer der Unterhaltsverpflichtung[23].

13 **3. Bedarfsbemessung.** Die **Lebensstellung der Mutter** bestimmt ihren Bedarf (§§ 1615 l Abs 3, 1610). An der Lebensstellung des Vaters nimmt die Mutter grds nicht teil[24]. Im Gleichklang mit der Rspr zur Bedarfsbemessung beim Ehegattenunterhalt ist der Bedarf nach den individuellen Einkommens- und Vermögensverhältnissen zu bemessen[25]. Ausschlaggebend ist, in welchen wirtschaftlichen Verhältnissen die Mutter gelebt hat. Anknüpfungspunkt kann sein das von der Mutter vor der Geburt des Kindes nachhaltig erzielte Einkommen sein[26], bei der arbeitslosen Mutter das früher erzielte Einkommen, wenn dies später mit hoher Wahrscheinlichkeit erneut erzielbar erscheint[27], wie auch der einer Studentin bislang gezahlte Ausbildungsunterhalt. Bei einer als selbstständige Maklerin tätigen, nicht verheirateten Mutter ist der Gewinn maßgeblich. Dieser mindert sich um an freie Mitarbeiter zur Aufrechterhaltung des Geschäfts gezahlte Umsatzprovisionen[28]. Maßstab können auch die **ehelichen Lebensverhältnisse nach § 1578** sein, wenn die Mutter des Kindes zugleich eheliche Kinder betreut und Unterhaltsansprüche gegen deren Vater geltend macht[29]. Dies gilt auch für den Fall, dass der Bedarf unter den Mindestbedarfssätzen liegen sollte[30]. Hat die Mutter mit dem Vater nicht nur kurzfristig zusammen gelebt, bestimmen die wirtschaftlichen Lebensverhältnisse in dieser Lebensgemeinschaft analog § 1578 Abs 1 die Lebensstellung der Mutter und damit ihren Bedarf[31]. Der so ermittelte Bedarf gilt im Verhältnis zum Vater des Kindes wie auch – im Fall einer Anspruchskonkurrenz – zum Ehemann. Ein **Mindestbedarfssatz** in Höhe der dem Existenzminimum in etwa entsprechenden jeweiligen Bedarfssätze ist grds nicht anzuerkennen[32]. Auf einen Mindestunterhalt wird man jedoch in den Fällen abstellen müssen, in denen die Mutter vor der Geburt kein oder nur ein das Sozialhilfeniveau nicht übersteigendes Einkommen erzielt hat. Dann kann es gerechtfertigt sein, dass der Mutter Unterhalt in Höhe der Regelleistungen nach dem SGB II nebst den Kosten für ein angemessenes Wohnen zur Verfügung gestellt wird. Die **Düsseldorfer Tabelle** (Stand: 1. 1. 2008) stellt in Anmerkung D Nr 2 für die Bedarfsbemessung auf die Lebensstellung des betreuenden Elternteils ab, nimmt jedoch als Mindestbetrag 770 Euro an.

14 Der Unterhaltsbedarf ist wie im Fall des § 1570 zur Höhe durch den **Halbteilungsgrundsatz** begrenzt. Der Unterhaltsanspruch der Mutter wird also auch bei besonders guten wirtschaftlichen Verhältnissen auf ihrer Seite nicht allein durch die Leistungsfähigkeit des Vaters beschränkt. Der Mutter steht nicht mehr Unterhalt zu, als dem Vater selbst verbleibt[33]. Zum Bedarf sind die notwendigen Kosten der **Kranken- und Pflegeversicherung** zu rechnen[34], hingegen nicht der **Altersvorsorgeunterhalt**[35]. Wegen §§ 1615 l Abs 3, 1610 Abs 2 kommt auch ein **Prozesskostenvorschussanspruch** gegen den Vater zur Durchsetzung des eigenen Unterhaltsanspruchs in Betracht[36].

15 **Erziehungsgeld** darf auf den Unterhaltsanspruch nur unter den Voraussetzungen des § 9 S 2 BErzGG angerechnet werden[37]. Für das ab 1. 1. 2007 gezahlte Elterngeld gilt § 11 BEEG. **Einkommen** aus einer trotz Kindesbetreuung in den ersten drei Jahren fortgesetzten oder aufgenommenen Erwerbstätigkeit ist regelmäßig überobligatorisch und analog § 1577 Abs 2 nach den jeweiligen Umständen des Einzelfalles – nicht nach einer pauschalen Quote – anzurechnen. Bedeutsam ist, ob die Erwerbstätigkeit aus freien Stücken oder als Folge einer wirtschaftlichen Notlage aufgenommen wurde, ferner, wie sich die Betreuungssituation dargestellt hat, welche Hilfen zur Verfügung gestanden haben, welche Kosten angefallen sind[38]. Um **konkrete, wegen der Erwerbstätigkeit anfallende Betreuungskosten** ist das Einkommen vorab in jedem Fall zu reduzieren[39]. Die Mutter/der Vater ist wie ein

---

[22] BGH NJW 1998, 1065 = FamRZ 1998, 426, 427; OLG Hamm FamRZ 1997, 632, 633 für den Fall, dass die nichteheliche Mutter als Schülerin schon nicht erwerbstätig war.
[23] BGH NJW 2006, 2687 = FamRZ 2006, 1362, 1368.
[24] OLG Koblenz NJW 2000, 669; OLG Zweibrücken FamRZ 2001, 444; OLG Naumburg FamRZ 2001, 1321.
[25] BGH NJW 2005, 818 = FamRZ 2005, 442.
[26] BGH NJW 2005, 818 = FamRZ 2005, 442; OLG Köln NJW-RR 2001, 364.
[27] OLG Koblenz NJW-RR 2000, 1531; OLG Naumburg FamRZ 2001, 1321.
[28] OLG München NJW-RR 2006, 586 = FamRZ 2006, 812.
[29] BGH FamRZ 1998, 541, 544; OLG Hamm NJW 2005, 297, 298; OLG Zweibrücken FamRZ 2001, 444.
[30] BGH NJW 2007, 2409.
[31] OLG Düsseldorf FamRZ 2005, 1772; vgl auch die Empfehlungen des 14. Deutschen Familiengerichtstages, FamRZ 2002, 296, 297; *Wever/Schilling* FamRZ 2002, 581.
[32] Offen gelassen von BGH NJW 2007, 2409; gegen Mindestbedarf OLG Zweibrücken FamRZ 2001, 444; OLG Köln FamRZ 2001, 1322; für Mindestbedarfssatz aber OLG Hamm FF 2000, 137; *Fischer* FamRZ 2002, 634; *Wever/Schilling* FamRZ 2002, 581, 584; *Büttner* FamRZ 2000, 781; *Ehinger* FPR 2001, 25, 27.
[33] BGH NJW 2005, 818 = FamRZ 2005, 442.
[34] OLG München NJW-RR 2006, 586; OLG Karlsruhe NJW 2004, 523; OLG Bremen FamRZ 2000, 636; OLG Zweibrücken FamRZ 1999, 484; *Büttner* FamRZ 2000, 781, 784.
[35] OLG München NJW-RR 2006, 586 = FamRZ 2006, 812; OLG Hamm NJW 2005, 297; *Puls* FamRZ 1998, 865, 873.
[36] Str, bejahend OLG München FamRZ 2002, 1219; *Palandt/Diederichsen* Rn 19; diff *Schilling* FamRZ 2006, 1, 10; *Caspary* NJW 2005, 2577, 2578; verneinend *Büttner* FamRZ 2000, 781, 786; *Musielak/Borth* 4. Aufl § 127 a ZPO Rn 8.
[37] BVerfG NJW-RR 2000, 1529 = FamRZ 2000, 1149; OLG München NJW-RR 1999, 1677 = FamRZ 1999, 1166; OLG Naumburg FamRZ 2001, 1321.
[38] BGH NJW 2005, 818 = FamRZ 2005, 442.
[39] BGH FamRZ 2005, 1154.

volljähriges Kind gehalten, die Bedürftigkeit durch den **Einsatz vorhandenen Vermögens** zu mindern oder gar zu beseitigen[40]. Im Rahmen der gebotenen Interessenabwägung ist die Vorsorge für eine **angemessene Alterssicherung** zu berücksichtigen[41].

4. Anspruchszeitraum. Die Unterhaltspflicht beginnt frühestens **vier Monate vor der Geburt** und besteht für **mindestens drei Jahre nach der Geburt**. Sie **verlängert** sich, solange und soweit dies der **Billigkeit** entspricht. Dabei sind die **Belange des Kindes** und die bestehenden Möglichkeiten der **Kinderbetreuung** zu berücksichtigen. Die grundsätzliche zeitliche Befristung des Unterhaltsanspruchs nach § 1615 l Abs 2 S 2 aF hatte der BGH[42] verfassungsrechtlich nicht beanstandet, denn die Verlängerungsmöglichkeit nach § 1615 l Abs 2 S 3 lasse aus Gründen grober Unbilligkeit eine verfassungsgemäße Auslegung im Einzelfall zu. Die verfassungsrechtlichen Wertentscheidungen zur Sicherung des Kindeswohls seien zu berücksichtigen. Dies stehe einer restriktiven Auslegung entgegen. Eine verfassungswidrige Schlechterstellung des nichtehelichen Kindes gegenüber einem ehelich geborenen Kind sei nicht gegeben[43]. Der längere Anspruch nach § 1570 rechtfertige sich, weil dem geschiedenen Ehegatten wegen der nachehelichen Solidarität Unterhalt um seiner selbst willen gewährt werde; dies treffe auf den Partner einer nichtehelichen Lebensgemeinschaft nicht zu. Auf die Vorlage des OLG Hamm[44] und des KG[45] hat das BVerfG[46] die unterschiedliche Regelung der Unterhaltsansprüche wegen der Pflege und Erziehung von Kindern nach § 1570 einerseits und § 1615 l Abs 2 S 3 andererseits als mit Art 6 Abs 5 GG nicht vereinbar erklärt. Die Ausgestaltung der Unterhaltsansprüche der Dauer nach sei zu beanstanden. Die ungleiche Dauer des elterlichen Unterhaltsanspruchs setze das nichteheliche Kind zurück. Die Art der elterlichen Beziehung spiele für einen allein wegen der Betreuung eines Kindes gewährten Unterhaltsanspruch keine Rolle. Die nacheheliche Solidarität gewinne für einen allein am Kindesalter ausgerichteten Unterhaltsanspruch keine Bedeutung. Der Dreijahreszeitraum des § 1615 l sei indes zu billigen.

Das Unterhaltsrechtsänderungsgesetz hat den Unterhaltsanspruch der Mutter/des Vaters hinsichtlich seiner Dauer vollständig demjenigen nach § 1570 gleichgestellt. Es gelten dieselben Grundsätze. Die Mutter/der Vater können Unterhalt mindestens für drei Jahre nach der Geburt verlangen. Dies ist der sog Basisunterhalt. Der betreuende Elternteil soll in diesem Zeitraum das uneingeschränkte Recht haben, sich persönlich um das Kind kümmern zu können. Er kann nicht auf Fremdbetreuung verwiesen werden; eine Erwerbsobliegenheit besteht nicht. Die Unterhaltspflicht für den Zeitraum von drei Jahren soll die Vollbetreuung des Kindes durch den betreuenden Elternteil bis zum Kindergartenalter gewährleisten[47].

Der Anspruchszeitraum verlängert sich, solange und soweit dies der Billigkeit entspricht. Die Billigkeitsentscheidung hat vornehmlich auf die Belange des Kindes, also das Kindeswohl iS des 1671 Abs 2 Nr 2, abzustellen[48]. Eine konkret festzustellende besondere, also über die allgemeine Pflege oder Erziehung hinausgehende Betreuungsbedürftigkeit des Kindes wird die Verlängerung ohne weiteres rechtfertigen, das können die Fälle sein, in denen das Kind besonderen seelischen Belastungen ausgesetzt ist, die eine intensive Befassung des Elternteils mit dem Kind erfordert. Eine besondere Zuwendung durch den Elternteil bedarf ein entwicklungsgestörtes oder -verzögertes Kind. In gleicher Weise gilt dies für ein behindertes Kind. Trotz der Absage an das bisher in der Rspr praktizierte sog Altersphasenmodell und der Zuwendung auf eine am jeweiligen Einzelfall orientierten Beurteilung muss in der Billigkeitsabwägung auch die allgemein angezeigte, in den jeweiligen Altersphasen an den Bedürfnissen des Kindes orientierte Betreuungsintensität beachtet werden. Zudem kann die von den Eltern bislang gepflegte Betreuungs- und Erziehungskonzeption nicht außer Acht gelassen werden. Aus ihr kann nachwirkende unterhaltsrechtliche Verantwortung erwachsen, insbesondere dann, wenn der betreuende Elternteil im Hinblick darauf persönliche und berufliche Entscheidungen getroffen hat, die nicht oder nicht so schnell revidiert werden können.

Da die bestehenden Möglichkeiten der Kinderbetreuung mit zu berücksichtigen sind, kann eine Verlängerung des Anspruchszeitraums ausscheiden, wenn solche in verlässlicher Art und Weise zur Verfügung stehen und es ohne Folgen für die Kindesbelange zumutbar erscheint, diese auch in Anspruch zu nehmen und eine Erwerbstätigkeit neben der Kindesbetreuung/Haushaltsführung auszuüben. Von seinem dritten Lebensjahr an steht dem Kind – ab 1. 1. 1999 – gemäß § 24 SGB VIII ein Kindergartenplatz zu. Die Fremdbetreuung eines Kindes ab dem dritten Lebensjahr erscheint dem Gesetzgeber ohne Nachteil für seine persönliche Entwicklung möglich; sie wird tatsächlich auch praktiziert. § 10 Abs 1 Nr 3 SGB II verlangt von einem Hilfebedürftigen auch die Ausübung einer Erwerbstätigkeit, wenn die Betreuung eines Kindes, das das dritte Lebensjahr vollendet hat, in einer Tageseinrichtung sichergestellt ist. Trotz der Absicht des Gesetzgebers, das Unterhaltsrecht auch mit

---

[40] OLG Koblenz NJW 2000, 669, 670.
[41] BGH NJW 2006, 2687 = FamRZ 2006, 1362, 1368.
[42] NJW 2006, 2687 = FamRZ 2006, 1362 m Anm *Schilling*.
[43] So auch OLG Karlsruhe FamRZ 2004, 974: zu fragen ist, ob der mittelbaren Schlechterstellung des nichtehelichen Kindes, das ab dem dritten Lebensjahr auf eine Vollzeitbetreuung der Mutter verzichten muss, nicht durch eine Änderung der Rspr zu § 1570 zu begegnen ist.
[44] NJW 2004, 3512 = FamRZ 2004, 1893 m Anm *Mehrle* = FF 2004.
[45] NJW 2004, 3656 = FamRZ 2004, 1895.
[46] NJW 2007, 1735 = FamRZ 2007, 965 m Anm *Born*.
[47] BT-Drucks 13/1850 S 24; KG FamRZ 2000, 636; OLG Bremen FamRZ 2000, 636.
[48] BT-Drucks 16/1680 S 17.

§ 1615 l

dem Sozialrecht abzustimmen, bleibt zu berücksichtigen, dass die Gesetze keine identischen Zielrichtungen verfolgen und unterschiedliche Ansätze haben. Deshalb wird im Rahmen der Auslegung und Anwendung des § 1615 l Abs 2 S 4 der Maßstab des § 10 Abs 1 Nr 3 SGB II nicht auf den Unterhaltsanspruch nach § 1615 l Abs 2 S 4 anzulegen sein. Doch setzt auch aus unterhaltsrechtlicher Sicht nach dem dritten Lebensjahr des Kindes grds die Erwerbsobliegenheit ein; dies entspricht dem tragenden Anliegen der Unterhaltsreform, den Grundsatz der Eigenverantwortung stärker zu betonen. Der betreuende Elternteil wird sich darauf einstellen müssen, dass von ihm im Rechtsstreit die Darlegung rechtzeitiger Bemühungen um eine Betreuung, des Fehlens von geeigneten Betreuungsmöglichkeiten, der Gründe für die Erfolglosigkeit der Bemühungen erwartet wird. In dem Lebensabschnitt des Kindes nach Ablauf des Dreijahreszeitraums wird es überwiegend ausscheiden, dem betreuenden Elternteil eine Erwerbstätigkeit zuzumuten, die zu bedarfsdeckenden Einkünften führt. Dann verlängert sich der Anspruchszeitraum, doch kann sich die Unterhaltshöhe reduzieren.

20 Der Verweis auf Betreuungsmöglichkeiten wird nur dann beachtlich sein, wenn im konkreten Einzelfall solche zur Verfügung stehen. Dies wird von Ort zu Ort unterschiedlich sein. Die Betreuungsmöglichkeit muss zudem verlässlich und mit einer Erwerbsmöglichkeit vereinbar sein. Abzuwägen wird auch sein, in welchem Verhältnis sich Aufwand und Ertrag gegenüberstehen. Drittbetreuung ist in aller Regel mit Kosten verbunden. Sie können sich als berufsbedingte Aufwendungen des erwerbstätigen Elternteils darstellen oder als Mehrbedarf des Kindes, wenn die konkret gewählte Betreuung aus einer dem Kind zuzurechnenden Bedürfnislage entstanden ist.

21 Die Zumutbarkeit wird besonders zu prüfen sein, wenn dem betreuenden Elternteil Betreuungsangebote aus dem persönlichen oder verwandtschaftlichen Umfeld des Unterhaltspflichtigen unterbreitet werden. Zuvorderst ist hier die Vereinbarkeit mit den Belangen des Kindes zu beachten, ferner stets die Verlässlichkeit und Dauer. Die in der Praxis vielfach anzutreffende angespannte Lebenssituation wird es wohl schwerlich zumutbar erscheinen lassen, den betreuenden Elternteil auf die Annahme solcher Betreuungsangebote zu verweisen.

22 Wenngleich dies aus dem Gesetzestext unmittelbar nicht abzuleiten ist, so sind auch sog. **elternbezogene Gründe**[49] in die Billigkeitsabwägung einzubeziehen. Elternbezogene Gründe hat die bisherige Rspr bereits als Rechtfertigung für einen 3 Jahre überschreitenden Anspruchszeitraum angesehen, wenn diese als Ausdruck gegenseitigen Vertrauens auf fortwährende wirtschaftliche/unterhaltsrechtliche Solidarität gelten konnten. Indes gelten im Rahmen des § 1615 l Abs 2 S 4 nicht die besonderen, ehebezogenen weiteren Verlängerungsmöglichkeiten des § 1570 Abs 2.

23 Die bisherige Rspr zur Härteregelung des § 1615 l Abs 2 S 3 aF kann auch im Rahmen der Billigkeitsentscheidung herangezogen werden: Die Härteregelung greift ein, wenn der betreuende Elternteil ein behindertes und deshalb auch in zeitlicher Hinsicht besonders betreuungsbedürftiges Kind zu versorgen hat[50]. Allerdings ist die Härteregelung nicht auf diesen Fall beschränkt, sie ist auch für eine Anwendung auf andere gleichgewichtige Lebenssachverhalte gedacht[51]. Unterhalt kann über den Dreijahreszeitraum gewährt werden, wenn die Kindeseltern die Fortsetzung des Studiums der Mutter neben der Kindesbetreuung geplant hatten[52]. Die Schwierigkeiten der Mutter, eine mit der Kindesbetreuung vereinbare Arbeitsstelle zu finden, rechtfertigt allerdings keinen Unterhalt über den Dreijahreszeitraum hinaus[53]. Die Betreuung von Zwillingen ist ohne weiteres ebenfalls ein hinreichender Grund für einen über die Dauer von drei Jahren hinausgehenden Unterhaltsanspruch[54]. Die konkrete Ausgestaltung einer bestehenden Lebensgemeinschaft kann als elternbezogener Grund die Verlängerung des Anspruchszeitraums rechtfertigen. Von Bedeutung sind deren Dauer, die Art des gemeinsamen Wirtschaftens, die Vorstellungen der Partner von deren zukünftiger Gestaltung, das Bestehen eines Kinderwunsches und die daraus sich ergebende Betreuungssituation in der Lebensgemeinschaft. Die einzelfallbezogene Würdigung lässt es auch zu, den Unterhaltsanspruch der Höhe und der Dauer nach für die Zeit nach Ablauf des Dreijahreszeitraums zu begrenzen[55]. Lässt die Gesundheit der Mutter (psychische Erkrankung) nur eine Halbtagstätigkeit zu, während die Ausübung einer Ganztagstätigkeit mit Auswirkungen auf das Kindeswohl verbunden sein kann, so ist dies ein kindbezogener Umstand, der die Zubilligung von Unterhalt über den Dreijahreszeitraum hinaus rechtfertigt. Der Unterhalt kann aber bis zum siebten Geburtstag des Kindes (Eintritt in die Grundschule) befristet werden[56]. Hat die Mutter aus der mehrjährigen (im Streitfall etwa sechs Jahre) Beziehung mit dem Lebensgefährten zwei Kinder zu betreuen, rechtfertigt dies die Verlängerung des Unterhaltszeitraums bis zu dem Zeitpunkt, in dem das jüngste Kind sechs Jahre alt geworden ist; dann ist der Mutter eine Vollzeittätigkeit zumutbar[57].

24 Auf der Grundlage der früheren Härteregelung wurde der Betreuungsunterhaltsanspruch, soweit die Voraussetzungen für eine Verlängerung zum Zeitpunkt der Entscheidung nicht gegeben waren, im

---

[49] BGH NJW 2006, 2687 = FamRZ 2006, 1362.
[50] BT-Drucks 13/4899 S 89; OLG Düsseldorf FamRZ 2003, 184; OLG Celle FamRZ 2002, 636.
[51] BT-Drucks 13/4899 S 167.
[52] OLG Frankfurt FamRZ 2000, 1522.
[53] OLG Nürnberg FamRZ 2003, 1320.
[54] OLG Düsseldorf FamRZ 2005, 234.
[55] BT-Drucks 16/1830 S 31; s etwa BGH NJW 2006, 2687 = FamRZ 2006, 1362; OLG Hamm NJW 2005, 297 = FamRZ 2005, 1276; OLG Karlsruhe NJW 2004, 523 = FamRZ 2004, 974.
[56] OLG Schleswig FamRZ 2004, 975.
[57] OLG Düsseldorf FamRZ 2005, 1772, Revision zu XII ZR 109/05.

Urteil bis zur Vollendung des dritten Lebensjahres des Kindes zeitlich befristet[58]. Keine Befristung sollte bei fehlender Überschaubarkeit der Verhältnisse vorgenommen werden, wenn ein Anspruch noch über den Dreijahreszeitraum in Betracht kommen konnte[59]. Nach der ab 1. 1. 2008 geltenden Rechtslage scheidet eine Befristung auf den Dreijahreszeitraum aus; dieser stellt sich als Mindestzeitraum mit der grds in Betracht kommenden Verlängerungsmöglichkeit dar. In aller Regel lassen sich die Umstände, die für oder gegen eine Verlängerung sprechen, noch nicht abschätzen. Insbesondere gilt dies für die Entwicklung eines Kindes[60]. Es mag dann einem Abänderungsverfahren vorbehalten bleiben, ob, in welcher Höhe und bis zu welchem Zeitpunkt der Unterhaltsanspruch zuzuerkennen ist. Doch wird stets der Anspruchsteller die Darlegungs- und Beweislast für den Fortbestand des Unterhaltsanspruchs dem Grunde und der Höhe nach behalten. Der Fall ist dem vergleichbar, in dem der geschiedene Ehegatte nach Wegfall einer den Unterhaltsanspruch bislang tragenden Bedürfnislage die Fortdauer der Anspruchsberechtigung aus einen anderen Anspruchsnorm herleitet[61].

Nach § 1586 entfällt der nacheheliche Unterhaltsanspruch der nicht mehr verheirateten Mutter, die 25 wegen der Pflege und Erziehung ihrer ehelichen Kinder unterhaltsberechtigt ist, wenn sie erneut heiratet. Der Unterhaltsanspruch der nicht verheirateten Mutter aus Anlass der Geburt entfällt ebenfalls mit der Heirat, denn sie erwirbt einen Anspruch auf Familienunterhalt nach § 1360, der nach der gesetzlichen Wertung anderen Unterhaltsansprüchen vorgeht[62].

5. Leistungsfähigkeit. Die entsprechende Anwendbarkeit der Vorschriften über die Unterhalts- 26 pflicht zwischen Verwandten gemäß § 1615 l Abs 3 S 1 lässt die Unterhaltspflicht nur entstehen, wenn der Unterhaltspflichtige leistungsfähig ist (§ 1603 Abs 1). Es gelten die **allgemeinen Grundsätze** zur Ermittlung des anrechenbaren Einkommens. Der **Steuervorteil** nach § 32 a EStG kommt allein den Ehegatten zu, die nicht voneinander getrennt leben. Dies ist auch bei der Bemessung der Leistungsfähigkeit des Vaters im Rahmen des § 1615 l zu berücksichtigen[63]. Gegenüber einem Anspruch nach § 1615 l Abs 1 und 2 besteht eine Obliegenheit zur Einleitung eines **Verbraucherinsolvenzverfahrens** nicht. Der Unterhaltspflichtige ist ebenfalls nicht gehalten, sich auf den Pfändungsschutz der §§ 850 Abs 2, 850 c, 850 i ZPO zu berufen, wenn die Schuldverpflichtungen bei einer Aussetzung oder Verzögerung der Zahlungen weiter anwachsen würden[64]. **Vorsorgeaufwendungen für die primäre wie sekundäre Altersvorsorge** sollten wie beim Ehegattenunterhalt einkommensmindernd berücksichtigt werden. Der vorrangige **Kindesunterhalt** ist nicht mehr mit dem Tabellenbetrag[65], sondern mit dem Zahlbetrag abzusetzen. Dies folgt aus der bedarfsdeckenden Wirkung des Kindergeldes nach § 1612 b Abs 1.

Der **Selbstbehalt des Unterhaltspflichtigen** im Rahmen der Unterhaltsverpflichtung nach 27 § 1615 l ist idR zwischen dem angemessenen Selbstbehalt und dem notwendigen Selbstbehalt des § 1603 Abs 2 zu bemessen. Dies folgt aus der Angleichung der Unterhaltsansprüche der geschiedenen gemeinsame Kinder betreuenden Ehefrau nach § 1570 und der nicht verheirateten Mutter gemäß § 1615 l. Im Blick auf den gemeinsamen Schutzzweck der Vorschriften rechtfertigt sich keine Ungleichbehandlung der beiden Mütter. Beide Mütter gehen den volljährigen Kindern und den übrigen Verwandten des unterhaltspflichtigen Vaters vor. Somit ist es nicht vertretbar, dem Vater generell den angemessenen Selbstbehalt zu belassen[66]. Andererseits entspricht die Unterhaltsverpflichtung nicht der gesteigerten Unterhaltsverpflichtung nach § 1603 Abs 2, so dass der Unterhaltspflichtige nicht auf den notwendigen Selbstbehalt verwiesen werden kann. Der angemessene Selbstbehalt des Unterhaltspflichtigen beträgt nach der **Düsseldorfer Tabelle** (Stand: 1. 1. 2008) Anmerkung D Nr 2, unabhängig davon, ob er erwerbstätig oder nicht erwerbstätig ist, idR 1000 Euro.

Die **Erwerbsobliegenheit** des Unterhaltspflichtigen kann ausgehend von den Grundsätzen aus- 28 gestaltet werden, die für den Anspruch des volljährigen Kindes gegen seine Eltern gelten. Die Gleichstellung des Anspruchs nach § 1615 l mit denjenigen des § 1570 zwingt dazu, in Abweichung von diesem grundsätzlichen Ansatz die Erwerbsobliegenheit stärker an den Erfordernissen des § 1570 auszurichten.

6. Anspruchskonkurrenz unter mehreren Unterhaltspflichtigen. Mit dem Anspruch der be- 29 treuenden Mutter können weitere in Anspruchskonkurrenz treten. So kommt die **Unterhaltspflicht der Eltern der Mutter** in Betracht. Nach § 1615 l Abs 3 S 2 geht jedoch die Verpflichtung des Vaters des Kindes der Verpflichtung der Verwandten der Mutter vor. Vor Inanspruchnahme auf Verwandtenunterhalt durch die volljährige Mutter kann deren Vater sie deshalb auf ihre Obliegenheit verweisen, den Versuch zu unternehmen, vom Kindesvater gemäß § 1615 l Abs 2 Unterhalt zu erlangen, selbst wenn dem Kindesvater nur fiktive Einkünfte zuzurechnen sind, wenn nur der Versuch nicht von vornherein aussichtslos ist[67]. Den Eltern gegenüber kann sich die Mutter zwar auf die Betreuungs-

---

[58] So OLG Oldenburg NJW-RR 2000, 1249.
[59] So OLG Schleswig FuR 2001, 555, 558.
[60] S schon BGH FamRZ 1997, 873, 878.
[61] BGH FamRZ 1990, 496; OLG Zweibrücken FamRZ 2004, 1884.
[62] BGH NJW 2005, 503 = FamRZ 2005, 347.
[63] OLG Koblenz FamRZ 2004, 973.
[64] OLG Koblenz FamRZ 2006, 440; zur Obliegenheit der Durchführung eines Verbraucherinsolvenzverfahrens beim Unterhalt minderjähriger und ihnen gleichgestellter volljähriger Kinder vgl BGH FamRZ 2005, 608.
[65] So nach altem Recht BGH NJW 2005, 503 = FamRZ 2005, 347.
[66] BGH NJW 2007, 2409; NJW 2005, 500 = FamRZ 2005, 354; NJW 2005, 502 = FamRZ 2005, 357.
[67] OLG Düsseldorf FamRZ 1989, 1226.

§ 1615 l

30 Eine Anspruchskonkurrenz kann ferner auftreten, wenn der **Anspruch gegen den Vater** mit einem Unterhaltsanspruch der Mutter gegen den **getrennt lebenden**[69]**oder geschiedenen**[70]**Ehemann** nach §§ 1361, 1596 ff zusammentrifft, weil gemeinsame Kinder zu betreuen sind. Eine vorrangige Haftung des Ehemannes nach § 1608 scheidet aus, weil § 1615 l Abs 3 S 2 lex specialis zu § 1608 ist. Die **Aufteilung der Haftung** für den Unterhalt der Mutter ist vielmehr zwischen dem Ehemann und dem Vater des Kindes in entsprechender Anwendung des § 1606 Abs 3 S 1 vorzunehmen[71]. § 1606 Abs 3 S 1, der nach § 1615 l Abs 3 S 1 herangezogen werden kann, stellt auf die jeweiligen Erwerbs- und Vermögensverhältnisse ab. Es sind daher zunächst die jeweiligen bereinigten Nettoeinkommen zu ermitteln, davon der maßgebliche Selbstbehalt abzuziehen und die Ergebnisse zueinander ins Verhältnis zu setzen. Ist der Bedarf nach den ehelichen Lebensverhältnissen der Mutter bemessen, kann vom Einkommen des Vaters nicht noch ein **Erwerbstätigenbonus** abgesetzt werden[72]. Sodann ist auch anderen Umständen Rechnung zu tragen, um so der jeweiligen Verantwortung des Vaters und des Ehemannes gerecht zu werden[73]. Die Anzahl, das Alter und die Betreuungsbedürftigkeit der Kinder kann nach Lage des Falles ein Abweichen von der nach den Erwerbs- und Vermögensverhältnissen ermittelten Haftungsquote rechtfertigen. So kann der Vater in einer seine Haftungsquote übersteigenden Höhe für den Unterhalt der Mutter aufzukommen haben, wenn das Kind besonderer Betreuung bedarf, während die Betreuungsbedürftigkeit der Kinder aus der Ehe eine Erwerbstätigkeit bereits erlauben würde[74]. Ist die Mutter nur wegen der Betreuung des nichtehelichen Kindes an der Fortführung einer Teilzeittätigkeit gehindert, hat der Vater des Kindes bei gegebener Leistungsfähigkeit für den Ausfall des Erwerbseinkommens aufzukommen, bei fehlender oder eingeschränkter Leistungsfähigkeit jedoch der geschiedene Ehemann. Dessen Haftung ist jedoch auf den Unterhaltsbetrag zu begrenzen, der sich ohne die Geburt des nichtehelichen Kindes ergeben würde[75].

31 Die Aufteilung der Haftung nach § 1606 Abs 3 S 1 ist auch geboten, wenn aus der Ehe keine Kinder hervorgegangen sind, die getrennt lebende Ehefrau in der Trennungszeit ein von einem Dritten stammendes Kind gebiert und dies als Ausprägung der ehelichen Lebensverhältnisse den Unterhaltsanspruch gegen den Ehemann bestimmt[76].

32 Die anteilige Haftung greift auch, wenn **mehrere nach § 1615 l unterhaltspflichtige Väter** vorhanden sind[77].

33 Kann der geschuldete Unterhalt von dem Vater nicht erlangt werden, kommt die **Ersatzhaftung** in entsprechender Anwendung des § 1607 Abs 2 in Betracht[78]. Im Fall der **Leistungsunfähigkeit** des mit der Kindesmutter nicht verheirateten Vaters haften bei dessen Leistungsunfähigkeit nicht seine Eltern, denn diese sind nicht mit der Kindesmutter verwandt. Verwandt nach § 1601 sind mit der Kindesmutter deren Eltern, die eine **Ersatzhaftung** nach § 1607 trifft[79]. Der für den Unterhalt aufkommende Ehemann kann gegenüber dem Vater Rückgriff nehmen[80].

34 **7. Rangverhältnisse der Unterhaltsberechtigten.** Nach § 1609 gehen minderjährige und ihnen nach § 1603 Abs 2 S 2 gleichgestellte volljährige unverheiratete Kinder des Vaters der Mutter vor. Der Vorrang der Mutter gegenüber den übrigen Verwandten des Vaters besteht nicht mehr; § 1615 l Abs 3 S 3 ist aufgehoben worden. Es gilt die Rangfolgenregelung des § 1609. Der Anspruch des nichtehelichen Kindes gegen den Erzeuger geht dem der Mutter vor[81]. Ansprüche volljähriger Kinder aus einer früheren Ehe des Vaters treten hinter dem Unterhaltsanspruch einer nichtehelichen Mutter aus § 1615 l zurück[82].

---

[68] OLG München FamRZ 1999, 1166 = OLGR 1999, 74: Erwerbstätigkeit etwa ab 1,5–2 Jahren; OLG Hamm FamRZ 1996, 1493: ab 18 Monaten.
[69] BGH NJW 1998, 1065 = FamRZ 1998, 426, 427.
[70] OLG Bremen NJW-RR 2006, 723 = FamRZ 2006, 1207.
[71] BGH NJW 1998, 1309 = FamRZ 1998, 541; NJW 2005, 502 = FamRZ 2005, 357; NJW 2007, 240.
[72] BGH NJW 2007, 2409.
[73] OLG Bremen NJW-RR 2006, 723 = FamRZ 2006, 1207.
[74] BGH NJW 1998, 1309 = FamRZ 1998, 541, 542; s auch OLG Hamm NJW 2005, 297; OLG Zweibrücken FamRZ 2001, 29.
[75] OLG Bremen NJW-RR 2006, 723 = FamRZ 2006, 1207.
[76] So OLG Jena FamRZ 2006, 1205; KG FamRZ 2001, 29, 30; s auch OLG Hamm FamRZ 2000, 637: Gibt die Mutter eines in der Trennungszeit geborenen nichtehelichen Kindes mit Rücksicht auf die Betreuung des Kindes ihre bisherige Erwerbstätigkeit auf, so kann sie ihren Ehemann auf Trennungsunterhalt nur insoweit in Anspruch nehmen, als unter fiktiver Fortschreibung ihrer früheren Erwerbseinkommens im ungedeckter Unterhaltsbedarf besteht. In diesem Umfang haften der Ehemann und der Vater analog § 1606 Abs 3 S 1 als Teilschuldner, während hinsichtlich des bisher durch das eigene Einkommen gedeckten Bedarfs eine auch nur subsidiäre Haftung des Ehemannes ausscheidet; für eine alleinige Haftung des Vaters, wenn durch die Erwerbstätigkeit der Unterhaltsbedarf der Mutter gedeckt gewesen ist und erst die Geburt des Kindes den Unterhaltsanspruch ausgelöst hat, OLG Bremen NJW 2004, 1601; für den Vorrang des Betreuungsunterhalts nach § 1615 l *Kleffmann* FuR 1999, 205; *Büttner* FamRZ 2000, 781, 785.
[77] BGH NJW 2005, 502 = FamRZ 2005, 357.
[78] BGH NJW 2005, 502 = FamRZ 2005, 357.
[79] OLG Brandenburg NJW-RR 2003, 1515; OLG Nürnberg NJW-RR 2001, 1010 = FamRZ 2001, 1322.
[80] BGH NJW 1998, 1309, 1311 = FamRZ 1998, 541.
[81] So schon zum alten Recht OLG Hamm FamRZ 1997, 632, 633.
[82] So schon zum alten Recht OLG Celle FamRZ 1990, 1146.

8. Unterhalt für die Vergangenheit. § 1615 l Abs 3 S 1 verweist auf die Vorschriften zum Verwandtenunterhalt. Die Unterhaltsansprüche nach § 1615 l müssen, soweit nicht § 1613 Abs 2 zur Anwendung kommt, gemäß § 1613 Abs 1 geltend gemacht werden. Die Mutter kann jedoch **Betreuungsunterhalt** ohne die verzugsbegründenden Voraussetzungen des § 1613 Abs 1 rückwirkend jedenfalls für ein Jahr ab Entstehung des Unterhaltsanspruchs verlangen[83]. 35

Das **Jugendamt** hat nicht die gesetzliche Befugnis, die Mutter hinsichtlich ihres Unterhaltsanspruchs zu vertreten; eine Mahnung des Jugendamtes kann daher nur bei entsprechender Bevollmächtigung Rechtswirkungen erzeugen[84]. 36

§ 1613 Abs 2 ist nach § 1615 Abs 3 S 4 entspr anwendbar. § 1613 Abs 2 ist insgesamt in Bezug genommen und anzuwenden. Für den Anspruch auf **Sonderbedarf** ist § 1613 Abs 2 Nr 1 maßgeblich. Der besonderen Situation des nach § 1615 l Unterhaltsberechtigten vor Anerkennung oder rechtskräftiger Feststellung der Vaterschaft und bei tatsächlicher Verhinderung zur Realisierung von Unterhalt trägt § 1613 Abs 2 Nr 2 Rechnung. Einer zeitlich zu weitgehenden Inanspruchnahme des Unterhaltspflichtigen begegnet § 1613 Abs 3. § 1613 Abs 2 Nr 2 a erfasst nicht nur Unterhaltsansprüche gegen den Vater, vielmehr auch gegen die nach § 1607 Abs 1 und 2 ersatzweise haftenden Verwandten. Die Inanspruchnahme der Verwandten kommt jedoch nur für Zeiträume ab Inkrafttreten des § 1613 Abs 2 Nr 2 a durch das KindUG am 1. 7. 1998 in Betracht[85]. Ein zu langes Zuwarten des Unterhaltsberechtigten mit der Geltendmachung des Unterhalts kann – wie allgemein – zur **Verwirkung** des Anspruchs auf rückständigen Unterhalt führen. 37

9. Tod des Vaters. Der Anspruch erlischt nicht mit dem Tod des Vaters (§ 1615 l Abs 3 S 4). Nach § 1967 haften die Erben. 38

10. Verjährung. Mit dem zum 1. 1. 2002 in Kraft getretenen Schuldrechtsmodernisierungsgesetz sind Unterhaltsansprüche der nicht verheirateten Mütter und diejenigen verheirateter oder geschiedener Mütter gleichgestellt worden. Für sie gilt nach § 197 Abs 2 die regelmäßige Verjährung des § 195 Abs 2 von drei Jahren. 39

11. Verwirkung des Unterhaltsanspruchs. Maßgebliche Bestimmung für die Verwirkung des Anspruchs ist **§ 1611**, nicht § 1579[86]. 40

12. Verzicht. Ein Verzicht auf den künftigen Unterhaltsanspruch ist unwirksam, denn es gilt wegen der entspr anwendbaren Vorschriften über den Verwandtenunterhalt insoweit § 1614. 41

V. Betreuungsunterhalt des Vaters (Abs 5)

Betreuungsunterhalt nach Maßgabe des Abs 2 S 2 kann nunmehr auch der Vater beanspruchen, der das Kind betreut. Die Verweisung auf Abs 2 S 2 erfasst vom Wortlaut her nur den Anspruch für die Zeit nach Ablauf von acht Wochen nach der Geburt. Der Unterhaltsanspruch der Mutter für die ersten acht Wochen nach der Geburt ist in Abs 1 geregelt. Betreut der Vater jedoch das Kind bereits innerhalb der ersten acht Wochen, kann die Regelungslücke im Wege der Analogie geschlossen und dem Vater für die Dauer der Betreuung unter den Voraussetzungen des § 1615 Abs 2 S 2 Betreuungsunterhalt gewährt werden. Die zeitlichen Grenzen iÜ entsprechen denen des Anspruchs der Mutter[87]. Die Vorschriften über die Unterhaltspflicht zwischen Verwandten, die Bestimmungen zum Rangverhältnis und die sonstigen Regelungen finden entsprechende Anwendung (Abs 5 S 2). 42

VI. Kostentragung für außergerichtliche Titulierung des Betreuungsunterhalts

Beim Betreuungsunterhalt nach § 1615 l besteht kein Anspruch gegen den Unterhaltspflichtigen auf außergerichtliche Titulierung. Eine derartige Verpflichtung lässt sich wie beim Ehegattenunterhalt auch beim Betreuungsunterhalt nach § 1615 l weder aus dem Recht auf Titulierung des zukünftigen Unterhalts nach § 258 ZPO noch als Nebenpflicht zur Unterhaltsschuld herleiten[88]. 43

VII. Beweislast

Für den Anspruch nach § 1615 Abs 1 S 1 hat die Mutter lediglich ihre Bedürftigkeit zu beweisen. Im Rahmen des Anspruchs nach § 1615 l Abs 1 S 2 bedarf es des Beweises, dass die geltend gemachten Kosten und Aufwendungen infolge der Schwangerschaft und Entbindung entstanden sind und notwendig waren. 44

Der Anspruch nach Abs 2 S 2 setzt den Beweis der Betreuungsbedürftigkeit des Kindes voraus. Die Darlegungs- und Beweislast für den Fortbestand und die Höhe des Unterhaltsanspruchs trifft den Anspruchsteller. Wird der Unterhaltsanspruch, wie grds geboten, ohne zeitliche Begrenzung zugesprochen, bleibt es auch im Fall einer von dem Vater erhobenen Abänderungsklage bei dieser Beweislast- 45

---

[83] So OLG Schleswig FamRZ 2004, 563; OLG Zweibrücken FamRZ 1998, 554.
[84] OLG Brandenburg FamRZ 2006, 1784.
[85] BGH NJW 2004, 1735 = FPR 2004, 394 = FamRZ 2004, 800.
[86] Zur – verneinenden – Verwirkung des Anspruchs auf Trennungsunterhalt, wenn die Ehefrau in der Trennungszeit ein Kind von einem anderen Mann geboren hat vgl OLG Koblenz NJW-RR 2005, 803 = FamRZ 2005, 804; OLG Bremen NJW 2004, 1602.
[87] *Büdenbender* FamRZ 1998, 129, 133.
[88] OLG Hamm NJW 2007, 1758 mzN.

§ 1615 m Buch 4. Abschnitt 2. Verwandtschaft

verteilung, denn der betreuende Elternteil hat die Kenntnis der Umstände, die den Fortbestand des Unterhaltsanspruchs tragen können. Jedoch wird zur Schlüssigkeit der Abänderungsklage zu verlangen sein, dass der Abänderungskläger Gründe vorträgt, die den Fortbestand des Unterhaltsanspruchs nahe legen können; ein Vortrag allein ins Blaue hinein wird nicht ausreichen, denn der betreuende Elternteil muss sich sachgerecht verteidigen können. Verweist der Ehemann im Rahmen des gegen ihn geführten Unterhaltsrechtsstreits auf den Unterhaltsanspruch der Mutter gegen den Vater nach § 1615 l, obliegt es der Mutter, die Voraussetzungen des Unterhaltsanspruchs nach § 1615 l und die Leistungsfähigkeit des Vaters darzutun[89]. Die notwendige Kenntnis kann sie sich durch eine gegen den Vater zu richtende **Auskunftsklage** nach Abs 3 S 1, § 1605 verschaffen; ein Auskunftsanspruch des Ehemannes gegen den Vater besteht hingegen nicht[90].

46 Den Eintritt der Verjährung hat der in Anspruch Genommene, die Voraussetzungen der Hemmung, Ablaufhemmung und den Neubeginn der Verjährung (§§ 203 ff) der Unterhaltsberechtigte zu beweisen.

47 Nach allgemeinen Grundsätzen obliegt dem Unterhaltspflichtigen der Beweis eingeschränkter oder fehlender Leistungsfähigkeit.

VIII. Recht in den neuen Bundesländern

48 Die Vorschrift findet Anwendung, obschon ein Anspruch der nichtehelichen Mutter im FGB nicht vorgesehen war[91].

§ 1615 m Beerdigungskosten für die Mutter

Stirbt die Mutter infolge der Schwangerschaft oder der Entbindung, so hat der Vater die Kosten der Beerdigung zu tragen, soweit ihre Bezahlung nicht von dem Erben der Mutter zu erlangen ist.

I. Bedeutung der Norm

1 Die Bestimmung stellt ausdrücklich klar, dass die **Kosten der Beerdigung,** die durch den schwangerschafts- oder entbindungsbedingten Tod der Mutter verursacht sind, von dem Vater zu tragen sind, denn er hat die Kosten zu verantworten. Sie dient dem Schutz von anderen Unterhaltspflichtigen, soweit sie nicht zugleich Erben sind.

II. Anspruchsgrund und -höhe

2 Der Anspruch setzt voraus, dass der **Tod infolge der Schwangerschaft oder der Entbindung** eingetreten ist. Der erlaubte Schwangerschaftsabbruch beseitigt die Kausalität nicht. Der unerlaubte und vom Vater abgelehnte Schwangerschaftsabbruch durch die Mutter lässt den Ursachenzusammenhang entfallen[1].

3 Die **Höhe der zu erstattenden Kosten** ist nach den Lebensverhältnissen der Mutter und des Vaters zu bestimmen. Die Erstattung erfolgt im Rahmen der Angemessenheit. Der Anspruch richtet sich auf die Kosten eines Sarges, der Grabstätte einschließlich eines Grabsteines, nicht auf die Grabpflege[2].

III. Reihenfolge der Haftung

4 Für die Bestattungskosten hat grds der **Erbe der Mutter** nach § 1968 einzustehen mit der Möglichkeit des Zugriffs auf das Nachlassvermögen und der Haftungsbeschränkung. Soweit von ihm die Bezahlung nicht zu erlangen ist, ist der **Vater** nach § 1615 m erstattungspflichtig. Die spezialgesetzliche Regelung in § 1615 m lässt erst dann die Haftung des **Ehemannes der Mutter** nach §§ 1360 a Abs 3, 1361 Abs 4 S 4, 1608 zum Tragen kommen. Als weitere Pflichtige kommen die **Verwandten der Mutter** nach §§ 1606, 1615 Abs 2 in Betracht. Unter den Voraussetzungen des § 1607 Abs 2 geht der Anspruch auf den nachrangig Haftenden über. Anspruchsgrundlagen sind iÜ die Vorschriften über die Geschäftsführung ohne Auftrag und des Bereicherungsrechts.

IV. Beweislast

5 Der Anspruchsteller hat zu beweisen, dass die Mutter infolge der Schwangerschaft oder der Entbindung verstorben ist und von dem Erben Bezahlung nicht zu erlangen ist. Ausreichend ist, dass die Zwangsvollstreckung gegen den Erben aussichtslos erscheint[3].

---

[89] OLG Zweibrücken FamRZ 2001, 29; KG FamRZ 2001, 29, 30.
[90] BGH NJW 1998, 1309 = FamRZ 1998, 541, 542.
[91] *Palandt/Diederichsen* Art 234 EGBGB § 1 Rn 5.
[1] MünchKommBGB/*Born* Rn 8; AG Brühl FamRZ 1985, 107.
[2] RGZ 139, 393.
[3] *Baumgärtel/Laumen/Pruskowski* Rn 1.

§ 1615 n Kein Erlöschen bei Tod des Vaters oder Totgeburt

¹Die Ansprüche nach den §§ 1615 l, 1615 m bestehen auch dann, wenn der Vater vor der Geburt des Kindes gestorben oder wenn das Kind tot geboren ist. ²Bei einer Fehlgeburt gelten die Vorschriften der §§ 1615 l, 1615 m sinngemäß.

I. Bedeutung der Norm

Abweichend von dem Grundsatz des § 1615 sollen der Mutter bei Tod des Vaters und bei Tot- oder Fehlgeburt des Kindes ihre **schwangerschafts- oder entbindungsbedingten Ansprüche** erhalten bleiben. 1

II. Ansprüche bei Tod des Vaters

Der Tod des Vaters **vor der Geburt des Kindes** verpflichtet die **Erben**, der Mutter die Kosten der Schwangerschaft und der Entbindung nach § 1615 l Abs 1 S 2 zu erstatten sowie den nach § 1615 l Abs 1 S 1 und Abs 2 geschuldeten Unterhalt zu zahlen. Diese Pflichtenstellung setzt mit der Zeugung des Kindes ein[1]. Zu tragen haben die Erben ebenfalls die Kosten der Beerdigung der Mutter, wenn diese nicht von ihren Erben zu erlangen sind. 2

Ist die Vaterschaft nicht zu Lebzeiten des Vaters anerkannt, bedarf es der **Feststellung der Vaterschaft** nach § 1600 e Abs 1. Der Tod des Vaters, gegen den die Klage hätte gerichtet werden müssen, führt nach § 1600 e Abs 2 iVm § 621 a Abs 1 S 1 ZPO zu einer Entscheidung des **Familiengerichts** im Verfahren der freiwilligen Gerichtsbarkeit. 3

III. Ansprüche bei Totgeburt des Kindes

Die Totgeburt des Kindes lässt die Verpflichtung des Vaters, die Ansprüche der Mutter nach § 1615 l und § 1615 m zu befriedigen, unberührt. Es bedarf ebenfalls der **Feststellung der Vaterschaft**. Sie geschieht in dem Rechtsstreit der Mutter gegen den Vater auf Zahlung der Kosten nach § 1615 l Abs 1 S 2 und des Unterhalts nach § 1615 l Abs 1 S 1 und Abs 2 S 1[2]. Der Vater hat der Mutter die Kosten der Totgeburt selbst und die Bestattungskosten zu ersetzen[3]. Die Totgeburt infolge einer **unerlaubten Abtreibung** durch die Mutter begründet keine Haftung des Vaters[4]. Die Fristen für den Unterhalt der Mutter nach § 1615 l Abs 1 S 1 und Abs 2 S 1 sind nach dem Zeitpunkt der Totgeburt zu berechnen. 4

IV. Ansprüche bei Fehlgeburt des Kindes

Die Fehlgeburt ist der Totgeburt gleichgestellt. Das Alter des Embryos ist nicht entscheidend. Für die Berechnung der Fristen ist auf den Zeitpunkt der Fehlgeburt abzustellen. 5

§ 1615 o Einstweilige Verfügung

(1) ¹Auf Antrag des Kindes kann durch einstweilige Verfügung angeordnet werden, dass der Mann, der die Vaterschaft anerkannt hat oder der nach § 1600 d Abs. 2 als Vater vermutet wird, den für die ersten drei Monate dem Kind zu gewährenden Unterhalt zu zahlen hat. ²Der Antrag kann bereits vor der Geburt des Kindes durch die Mutter oder einen für die Leibesfrucht bestellten Pfleger gestellt werden; in diesem Falle kann angeordnet werden, dass der erforderliche Betrag angemessene Zeit vor der Geburt zu hinterlegen ist.

(2) Auf Antrag der Mutter kann durch einstweilige Verfügung angeordnet werden, dass der Mann, der die Vaterschaft anerkannt hat oder der nach § 1600 d Abs. 2 als Vater vermutet wird, die nach § 1615 l Abs. 1 voraussichtlich zu leistenden Beträge an die Mutter zu zahlen hat; auch kann die Hinterlegung eines angemessenen Betrags angeordnet werden.

(3) Eine Gefährdung des Anspruchs braucht nicht glaubhaft gemacht zu werden.

Schrifttum: *Büdenbender,* Der Unterhaltsanspruch des Vaters eines nichtehelichen Kindes gegen die Kindesmutter, FamRZ 1998, 129; *ders,* Der vorläufige Rechtsschutz im Nichtehelichenrecht nach dem Entwurf des Kindschaftsreformgesetzes, ZZP 110 (1997), 33.

I. Bedeutung der Norm

Im Wege des vorläufigen Rechtsschutzes soll eine **schnelle und formlose Möglichkeit zur Sicherstellung des Unterhalts für das Kind und die Mutter** für einen Zeitraum geschaffen 1

---

[1] MünchKommBGB/*Born* Rn 3.
[2] MünchKommBGB/*Born* Rn 5.
[3] MünchKommBGB/*Born* Rn 6.
[4] AG Bühl FamRZ 1985, 107; aA *Palandt/Diederichsen* Rn 2.

§ 1615 o

werden, in dem sie besonders schutzbedürftig sind. Das ist die Zeit unmittelbar vor und nach der Geburt.

II. Vorläufige Sicherstellung des Kindesunterhalts (Abs 1)

2 Nach § 1615 o Abs 1 ist es möglich, durch **einstweilige Verfügung** den Unterhalt des Kindes für die **ersten drei Monate** sicherzustellen. Dies setzt nicht voraus, dass die Vaterschaft bereits feststeht. Ausreichend ist, dass der Inanspruchgenommene die Vaterschaft nach §§ 1592 Nr 2, 1594 anerkannt hat oder er nach § 1600 d Abs 2 als Vater vermutet wird. Die Voraussetzungen der Vermutung sind glaubhaft zu machen. Dazu zählt die Angabe des voraussichtlichen Zeitpunktes der Geburt und der Beiwohnung innerhalb der daraus nach § 1600 d Abs 3 abzuleitenden Empfängniszeit[1]. Der Vermutung kann der Inanspruchgenommene seinerseits mit den Mitteln der Glaubhaftmachung entgegen treten. Eine Gefährdung des Anspruchs braucht nicht glaubhaft gemacht zu werden, § 1615 o Abs 3. Das Rechtsschutzbedürfnis fehlt aber, wenn der Unterhalt bereits hinterlegt ist oder freiwillig gezahlt wird. Der Antrag kann bereits vor der Geburt des Kindes durch die Mutter, einen nach § 1912 für die Leibesfrucht bestellten Pfleger oder das Jugendamt als Beistand nach §§ 1712 Abs 1, 1713 Abs 2 S 1, 1714 S 2 gestellt werden. In diesem Fall ist die Anordnung zulässig, dass der erforderliche Betrag angemessene Zeit vor der Geburt bei dem für die Mutter zuständigen Amtsgericht zu hinterlegen ist (§ 1615 o Abs 1 S 2). Nach Ablauf des Dreimonatszeitraums ist eine einstweilige Verfügung nicht mehr zulässig[2].

3 Dem **Umfang** nach beschränkt sich die einstweilige Verfügung auf den **Mindestunterhalt der ersten Altersstufe nach § 1612 a Abs 1** iVm § 35 Abs 4 EGZPO. Mit der einstweiligen Verfügung kann auch die **Säuglingserstausstattung** geltend gemacht werden[3].

III. Vorläufige Sicherstellung des Unterhalts der Mutter (Abs 2)

4 Auf **Antrag der Mutter** kann durch **einstweilige Verfügung** auch angeordnet werden, dass der Mann, der die Vaterschaft anerkannt hat oder der nach § 1600 d Abs 2 als Vater vermutet wird, die **nach § 1615 l Abs 1 voraussichtlich zu leistenden Beträge** an die Mutter zu zahlen hat; auch kann die Hinterlegung eines angemessenen Betrages angeordnet werden. Diese Fassung hat die Vorschrift durch das Kindesunterhaltsgesetz erhalten. Das Kindschaftsreformgesetz sah vor, die einstweilige Verfügung auf die nach § 1615 k aF und § 1615 l für die ersten drei Monate nach der Geburt des Kindes voraussichtlich zu leistenden Beträge zu erstrecken. Damit war der Anspruch der Mutter für die Dauer von sechs Wochen vor der Geburt nicht mehr erfasst. Mit der Gesetz gewordenen Fassung ist durch die einstweilige Verfügung der Anspruch nach § 1615 l Abs 1 für die Dauer von sechs Wochen vor und acht Wochen nach der Geburt umfasst. Er steht – anders als derjenige nach § 1615 l Abs 2 – der Mutter ohne Nachweis besonderer zusätzlicher Voraussetzungen zu. Eine Gefährdung des Anspruches nach § 1615 l muss nicht glaubhaft gemacht zu werden (§ 1615 o Abs 3). Die einstweilige Verfügung erstreckt sich etwa **auf den Zeitraum von drei Monaten**, für den auch das Kind die Sicherstellung seines Unterhalts im Wege der einstweiligen Verfügung erreichen kann[4].

5 Über diesen Zeitraum hinaus besteht nach **§ 641 d Abs 1 ZPO** jetzt ebenfalls für die Mutter die Möglichkeit, ihren Unterhalt **zeitlich ohne Beschränkung** durch **einstweilige Anordnung** regeln zu lassen, sobald ein Rechtsstreit auf Feststellung des Bestehens der Vaterschaft nach § 1600 anhängig oder ein Antrag auf Bewilligung der Prozesskostenhilfe eingereicht ist. Nach § 1600 e Abs 1 hat auch die Mutter ein eigenes Klagerecht auf Feststellung der Vaterschaft, aus der sich die Erweiterung ihres einstweiligen Rechtsschutzes ableitet. In einem seitens des Kindes nach Maßgabe des § 641 d Abs 1 ZPO eingeleiteten Verfahren kann neben dem Kind auch die Mutter ihren Anspruch im Wege der einstweiligen Anordnung durchsetzen. Ebenfalls ist einstweiliger Rechtsschutz dem Kind neben der Mutter in einem von ihr eingeleiteten Verfahren möglich[5].

6 Ist die Vaterschaft anerkannt, kann trotz der Möglichkeiten des § 1615 o Abs 2 eine **einstweilige Verfügung nach § 940 ZPO** auf laufenden Unterhalt ergehen. Das Rechtsschutzbedürfnis für eine Regelung nach § 940 ZPO und § 1615 o Abs 2 fehlt jedoch, wenn nach der Geburt des Kindes die **Vaterschaft noch nicht festgestellt** ist, denn die Mutter kann nach § 1600 e Abs 1 Klage auf Feststellung des Bestehens der Vaterschaft erheben und in diesem Verfahren ihre Ansprüche vorläufig bis zur Entscheidung im Hauptsacheverfahren durch einstweilige Anordnung nach § 641 d Abs 1 ZPO regeln[6].

7 Die einstweilige Anordnung nach § 641 d Abs 1 ZPO betrifft nur den **Unterhalt ab Zustellung der Antragsschrift**. Ein bereits zuvor rechtshängiges Verfahren nach § 1615 o bleibt danach weiterhin zulässig. Ab dem Zeitpunkt der Klage auf Feststellung des Bestehens der Vaterschaft oder ab Einreichung eines Antrages auf Bewilligung von Prozesskostenhilfe nach § 641 d Abs 1 ZPO entfällt das Rechtsschutzbedürfnis für das Verfahren nach § 1615 o[7].

---

[1] *Herlan* FamRZ 1998, 1349.
[2] *Palandt/Diederichsen* Rn 1.
[3] *Palandt/Diederichsen* Rn 2; LG Düsseldorf FamRZ 1975, 279 m abl Anm *Büdenbender*.
[4] BT-Drucks 13/9596 S 34.
[5] BT-Drucks 13/4899 S 127.
[6] FamRefK/*Maurer* Rn 4.
[7] FamRefK/*Maurer* Rn 6; *Zöller/Philippi* § 641 d Rn 3.

IV. Unterhalt des Vaters

Eine Möglichkeit vorläufigen Rechtsschutzes nach § 1615 o zu Gunsten des **Kindesvaters** ist nicht geschaffen worden[8]. Soweit ein Bedürfnis für eine Regelung zu seinen Gunsten eintritt, kann unter den dafür gültigen Voraussetzungen eine **einstweilige Verfügung** nach § 940 ZPO ergehen[9].

V. Verfahrensrecht

Die Entscheidung ist nach § 23 b Abs 1 Nr 13 GVG den Familiengerichten zugewiesen mit dem Instanzenzug zum OLG. Die ausschließliche Zuständigkeit des Familiengerichts folgt aus § 621 Abs 1 Nr 11 ZPO. § 640 a Abs 1 S 5 ZPO weist dem Gericht der Abstammungssache auch die Entscheidung über das einstweilige Verfügungsverfahren zu. Es ist nicht das Wohnsitzgericht des Mannes zuständig.

VI. Beweislast

Für das Verfahren gilt der **Beibringungsgrundsatz**[10]. Den Parteien kommt eine Beweiserleichterung zugute. Sie haben die Tatsachen nur glaubhaft zu machen. Die Glaubhaftmachung zum Grund des Anspruchs erstreckt sich für das **Kind** auf die Tatsachen, welche die Vermutung der Vaterschaft des in Anspruch genommenen Mannes nach § 1600 d Abs 2 wahrscheinlich machen. Die eidesstattliche Versicherung der Mutter oder amtsärztliche Zeugnisse sind geeignete Mittel der Glaubhaftmachung. Es obliegt dem in Anspruch genommenen Mann, die Vermutung zu entkräften. Geeignete Tatsachen müssen schwerwiegende Zweifel an seiner Vaterschaft begründen[11]. Dazu kann die eigene eidesstattliche Versicherung ausreichen, in der gesetzlichen Empfängniszeit nicht mit der Mutter verkehrt zu haben, oder die eines Dritten, die Aussagen über Mehrverkehr enthält[12]. Das Verlangen auf Zahlung des Mindestunterhalts bedarf nicht der Glaubhaftmachung, wohl aber die Forderung höheren Unterhalts. Eingeschränkte oder fehlende Leistungsfähigkeit steht zur Glaubhaftmachung des in Anspruch genommenen Mannes.

Die **Mutter** hat über die Vaterschaft des in Anspruch genommenen Mannes hinaus die den Anspruch nach § 1615 l Abs 1 S 1 und S 2 tragenden Tatsachen glaubhaft zu machen. Dies gilt für den Anspruchsgrund wie für den Umfang ihrer Bedürftigkeit[13].

Titel 4. Rechtsverhältnis zwischen den Eltern und dem Kind im Allgemeinen (§§ 1616–1625)

§ 1616 Geburtsname bei Eltern mit Ehenamen

Das Kind erhält den Ehenamen seiner Eltern als Geburtsnamen.

Schrifttum: *Arndt*, Die Geschichte und Entwicklung des familienrechtlichen Namensrechts in Deutschland unter Berücksichtigung des Vornamensrechts, 2004; *Bornhofen*, Die Reform des Familienrechts und die Neuordnung des Eheschließungsrechts, StAZ 1997, 362; *Coester*, Das neue Familiennamensrechtsgesetz, FuR 1994, 1; *Diederichsen*, Der Vorname – Identifikationssymbol oder Pseudonym?, StAZ 1989, 337, 365; *Gaaz*, Ausgewählte Probleme des neuen Eheschließungs- und Kindschaftsrechts, StAZ 1998, 246; *Gernhuber*, Kindeswohl und Elternwille im Recht des Vornamens, StAZ 1983, 265; *Henrich/Wagenitz/Bornhofen* Deutsches Namensrecht, 2000; *Hepting*, Regelungszwecke und Regelungswidersprüche im Namensrecht, StAZ 1996, 1; *Heuer*, Neue Entwicklungen im Namensrecht, Diss 2006; *Loos*, Kommentar zum Namensänderungsgesetz, 2. Aufl 1996; *Michalski*, Das Namensrecht des ehelichen Kindes nach den §§ 1616, 1616 a BGB unter Berücksichtigung eines Regierungsentwurfs eines Kindschaftsreformgesetzes, FamRZ 1997, 977; *Nelle*, Der Familienname – Perspektiven für eine rechtsvereinheitlichende Reform, FamRZ 1990, 810; *Nappenbach*, Das Recht der Vornamenerteilung. Zwischen Sturmwind und Sonne, StAZ 1998, 337; *v.Schorlemer*, Die zivilrechtlichen Möglichkeiten der Namensänderung, 1998; *Seibicke*, Ist „Frieden Mit Gott Allein Durch Jesus Christus" ein Vorname?, StAZ 1997, 99; *Spoenla-Metternich*, Namenserwerb, Namensführung und Namensänderung unter Berücksichtigung von Namensbestandteilen, 1997; *Wagenitz*, Neues Recht in alten Formen: Zum Wandel des Kindesnamensrechts, FamRZ 1998, 1545; *Westermann-Reinhardt*, Das Ehe- und Familiennamensrecht und seine Entwicklung – ein Beispiel für den Rückzug des Staates aus dem Bereich von Ehe und Familie?, Diss Hannover 1999; *Willutzki*, Kindesnamensrecht nach der Kindschaftsrechtsreform, Kind-Prax 1999, 83.

Übersicht

	Rn		Rn
I. Vorbemerkungen zu §§ 1616 bis 1618	1	3. Bestimmung und Änderung des Vornamens .	6
1. Vor- und Nachnamen im Namensrecht......	1	a) Erteilung des Vornamens	6
a) Entwicklung des Namensrechts...........	1	b) Berichtigung und Änderung des Vornamens	11
b) Grundstruktur des Rechts des Familiennamens	3	4. Öffentlich-rechtliche Namensänderung	12

---

[8] FamRefK/*Maurer* Rn 12; Palandt/*Diederichsen* Rn 4.
[9] *Büdenbender* FamRZ 1998, 129, 138.
[10] *Baumgärtel/Laumen/Pruskowski* Rn 2.
[11] *Baumgärtel/Laumen/Pruskowski* Rn 5.
[12] *Baumgärtel/Laumen/Pruskowski* Rn 5.
[13] *Baumgärtel/Laumen/Pruskowski* Rn 8.

§ 1616

	Rn		Rn
5. Internationales Privatrecht	14	2. Begriff des Ehenamens	18
6. Übergangsvorschriften	16	3. Zeitpunkt des Namenserwerbs/Bestand der Ehe	20
II. Einzelerläuterungen zu § 1616	17		
1. Normzweck	17		

I. Vorbemerkungen zu §§ 1616 bis 1618

1. Vor- und Nachnamen im Namensrecht. a) Entwicklung des Namensrechts. Die Erfassung der Namen durch das Recht ist erst jüngeren Datums[1]. Allgemeine namensrechtliche Normen finden sich im deutschen Recht im BGB, im PStG und im Gesetz über die Änderung von Familiennamen und Vornamen vom **(NamÄndG)** vom 5. 1. 1938. Spezielle Probleme des Namensrechts sind geregelt im Gesetz über die Angelegenheiten der Vertriebenen und Flüchtlinge – **Bundesvertriebenengesetz** (BVFG) vom 19. 5. 1953, BGBl I S 1953 (dort § 94), im Gesetz zur Ausführung des Art 11 Abs 1 des Rahmenübereinkommens des Europarats vom 1. 2. 1995 zum Schutz nationaler Minderheiten (Minderheiten-Namensänderungsgesetz), BGBl II S 1406, und im Gesetz über die Änderung der Vornamen und die Feststellung der Geschlechtszugehörigkeit in besonderen Fällen (**Transsexuellengesetz,** TSG) vom 10. 9. 1980, BGBl I S 1654. Die **Reichweite der Verpflichtung,** den personenstandsrechtlich festgelegten Namen zu führen, ist erheblich geringer als allgemein bekannt und beschränkt sich im Grundsatz auf die Angabe des richtigen Namens gegenüber Behörden, vgl vor allem § 111 OWiG[2].

Das Gesetz verwendet für den umgangssprachlich Nachnamen genannten Namen die Bezeichnungen **Familien-, Geburts- und Ehenamen.** Familienname ist der Oberbegriff (Rn 2.1); innerhalb des Familiennamens wird zwischen Geburtsnamen, Ehenamen und sonstigen Familiennamen unterschieden.

– Der **Geburtsname** ist nicht zwingend der Name, den das Kind im Zeitpunkt der Geburt erhält, sondern der Name, der in das Geburtenbuch einzutragen ist, arg § 1355 Abs 6[3]. Vielmehr kann sich der Geburtsname noch nachträglich ändern, wie sich insbes aus den Bestimmungen der §§ 1617c Abs 2 S 1, 1618 und 1757 Abs 1 S 1 ergibt[4]. Der Randvermerk zum ursprünglichen Eintrag ins Geburtenbuch vermerkt den gegenwärtig gültigen Geburtsnamen.

– Der Geburtsname wird zum **Ehenamen,** wenn die Ehegatten diesen Geburtsnamen als gemeinsamen Namen bestimmen (§ 1355 Abs 1 S 1).

– Der Begriff des **Familiennamens,** wie er in § 21 Abs 1 Nr 1 PStG verwendet wird, hat eine Art Auffangfunktion für alle sonstigen Nachnamen: Das sind Nachnamen, die weder Geburts- noch Ehenamen sind.

– Zum Familiennamen wird auch der **Begleitname** gerechnet[5], da insbes das PStG keine anderen Namen kennt als Familiennamen oder Ehenamen (§§ 12 Abs 2, 15 c Abs 1 PStG; Rn 2.2, Rn 2.3).

– **Adelsbezeichnungen** sind unselbständiger Bestandteil des Familiennamens und richten sich grds nach dem Geschlecht des Namensträgers[6].

2.1 In Hinblick auf die Tatsache, dass innerhalb einer Familie zunehmend keine Namenseinheit mehr besteht[7] und der Name immer mehr als Individualname des einzelnen gesehen wird, erscheint der Begriff des „Familien"namens überholt. *Seibicke*[8] schlägt daher zu Recht vor, in Zukunft den Begriff des Nachnamens zu verwenden.

2.2 Der Begriff des Familiennamens ist insoweit inhaltlich nicht gerechtfertigt, da der Begleitname keine familiäre Verbindung mehr bezeichnet, sondern nur noch der Selbstdarstellung dient[9]. Nachdem Begleitname auch ein früherer Ehename aus einer geschiedenen Ehe sein kann (§ 1355 Abs 4 S 1), soll er dem Namensträger nur die höchstpersönliche teilweise Namenskontinuität ermöglichen[10]. Entspr kann er nach deutschem Namensrecht nicht weitergegeben werden, vgl § 1617 Rn 5.1[11].

2.3 Am 1. 1. 2009 tritt der Hauptteil der **Reform des Personenstandsrechts** in Kraft (BGBl 2007 I S 147). Abgesehen von den inhaltlichen Änderung ändert sich meist die Folge der §§: hier werden §§ 12 Abs 2 und 15 c Abs 1 durch § 15 ersetzt: Eintragung in das Eheregister. Besonders von Interesse sind folgende Änderungen:

---

[1] *Hepting* StAZ 1999, 133 f zur geschichtlichen Entwicklung; *Spoenla-Metternich* S 27 bis 32, 76 ff; *Schwenzer* FamRZ 1991, 390 ff; *Westermann-Reinhardt* S 82 ff; *Arndt* S 33 f.
[2] BVerfGE 78, 388 = NJW 1988, 1577 mwN; weitere Beispiele für Namensführungspflichten bei *Arndt* S 50.
[3] BayObLGZ 1997, 253, 256; *Stenz* StAZ 1995, 296, 297.
[4] *Gernhuber/Coester-Waltjen* § 16 I 3.
[5] *Nelle* FamRZ 1990, 810; für das NamÄndG VGH München StAZ 1993, 20; aA *Loos* § 1 Anm 1; *Diederichsen* NJW 1976, 1169, 1171.
[6] OLG Düsseldorf FamRZ 1997, 1554, 1555 unter Hinweis auf die Überleitung der Adelsprädikate in bürgerlich-rechtliche Namensbestandteile durch die Weimarer Verfassung; zur Überleitungsfrage vgl OLG Hamm StAZ 2007, 147 ff. Aus dem männlichen Adelsprädikat „Ritter" wird das weibliche Adelsprädikat „von"; aus „Ritters und Edlen" wird „Edle von". Zu einer Ausnahme, wenn auf der Grundlage des TSG nur der Vorname, nicht aber das Geschlecht geändert wurde, BayObLG FamRZ 2003, 1016.
[7] *Gaaz* StAZ 2006, 157, 161 f zur Freiheit, keinen Ehenamen mehr zu bestimmen.
[8] StAZ 2006, 294.
[9] *Hepting* StAZ 1999, 133, 136.
[10] Ähnlich *Spoenla-Metternich* S 74.
[11] *Palandt/Diederichsen* Vor § 1616 Rn 6 und NJW 1976, 1169, 1171 f; sehr str.

– Der **Begriff des Personenstandes** wird in § 1 Abs 1 definiert. Damit wird gesetzlich geklärt, dass der Personenstand auch den Namen erfasst[12]. Jede Namensänderung ist damit auch eine Änderung des Personenstandes[13]. Die eingetragene Lebenspartnerschaft wird nun in das Personenstandsrecht integriert[14].
– Das **Familienbuch** wird nach einer längeren Übergangszeit abgeschafft; seine Funktion übernimmt im Wesentlichen das Eheregister[15]; ebenso nach einer längeren Übergangszeit werden die sonstigen Bücher durch elektronisch geführte Register ersetzt. Neu ist die zeitliche Befristung der Registereinträge.
– Für das Namensrecht ist die Einführung der der „**Angleichung**" in Art 47 EGBGB (Art 2 Abs 15 lit b PStRG)[16] von Bedeutung. Danach kann ein nach ausländischem Recht erworbener Name dem deutschen Recht angeglichen werden, wenn sich der Name nun nach deutschem Recht richtet. Die Vorschrift ist bereits in Kraft getreten (BGBl I S 748).
– Es ändert sich ua auch die **Terminologie**: Erklärungen werden idR nicht mehr gegenüber dem „Standesbeamten", sondern gegenüber dem „Standesamt" abgegeben[17].
– Der **Randvermerk** entfällt. An seine Stelle tritt die Folgebeurkundung[18].

b) Grundstruktur des Rechts des Familiennamens. Das deutsche Namensrecht – als Teil der kontinentaleuropäischen Rechtsfamilie – ist dadurch gekennzeichnet, dass es für jedermann, auf den das deutsche Namensrecht anwendbar ist, im Grundsatz mit Gesetzeskraft einen **Geburtsnamen bestimmt**[19], der nach außen zunächst die Abstammung, inzwischen aber immer mehr[20] die Zugehörigkeit zu einer Familie anzeigen soll. Veränderungen dieses Namens sind möglich (Rn 2), bedürfen aber wiederum einer gesetzlichen Grundlage und knüpfen im bürgerlich-rechtlichen Namenssystem als Teil des Familienrechts grds an Änderungen des Familiensystems an (Rn 3.1). Ziel der Namensänderung ist wiederum der Erhalt der **Namensverbundenheit in der Familie**[21]. Die mit diesem System angestrebte möglichst weitgehende Namensgleichheit in der Familie (Grundsatz des Gleichlaufs der Namensführung in der Familie) ist aber nur ein Zweck des Namensrechts. Die gesetzliche Fixierung des Namens und die nur in gesetzlich vorgesehenen Sachverhalten ermögliche Änderung des Namens zeigen auch die Tendenz des Gesetzes auf, den aktuellen Namen möglichst zu erhalten (**Grundsatz der Namenskontinuität**). Dass das Namensrecht auch von diesem Grundsatz geprägt wird, zeigt auch das öffentlich-rechtliche Namensrecht: nach § 3 NamÄndG kann der Name außerhalb der im bürgerlichen Recht vorgesehenen Tatbestände nur bei besonderen Gründen im Einzelfall („wichtiger Grund") geändert werden (Rn 12). 3

– Der Grundsatz der Namenskontinuität liegt zunächst im **Allgemeininteresse,** den Einzelnen über seinen Namen identifizieren zu können[22] und zwar im gesellschaftlichen[23] und im staatlichen[24].
– Ebenso betroffen ist das **Individualinteresse:** der Name soll die Individualität und Identität des Namensträgers ausdrücken[25]. Grundrechtlich ist dieses Individualinteresse durch das Allgemeine Persönlichkeitsrecht geschützt[26]. So wird auch der Ehename Ausdruck der eigenen Persönlichkeit mit der Folge, dass er auch nach Scheidung der Ehe weitergeführt wie als neuer Ehename bestimmt werden kann[27]. Im Einzelfall kann so ein objektiv unrichtiger Name zum rechtmäßigen Namen erstarken, wenn er gutgläubig über einen langen Zeitraum tatsächlich geführt wurde[28].

Wünscht der Einzelne eine Änderung des Namens aus subjektiven Gründen ohne Bezug zu Änderungen in der Namensverbindung zur Familie, ist er auf die öffentlich-rechtliche Namensänderung angewiesen (Rn 12 f). 3.1

Das OLG Hamm (StAZ 2007, 175, 177) akzeptiert grundsätzlich den Grundrechtsschutz für einen Vornamen, den der Betroffene gutgläubig über mehr als 20 Jahre tatsächlich geführt hatte. In sehr restriktiver Weise wird das OLG einer „Berichtigung" des Eintrags ab, solange noch eine andere Möglichkeit besteht, dem Interesse des Betroffenen, den bisherigen Namen als ordnungsgemäß geführten Namen zu erhalten, Rechnung zu tragen. Dazu gehöre vor allem das Namensänderungsverfahren (Rn 13), das für einen Ausländer ggf auch in seinem Heimatland durchgeführt werden müsste (vgl LG Flensburg 5 T 396/04: im konkreten Fall Vertrauensschutz abgelehnt). 3.2

Diese verschiedenen Zwecke des Nachnamens sind für den Einzelfall nicht immer kongruent zu realisieren. Das Namensrecht hat so die Aufgabe, Zielkonflikte zu entscheiden und den Vorrang der 4

---

[12] Vgl Bornhofen StAZ 2007, 33, 35 f.
[13] *Gaaz* FamRZ 2007, 1057, 1059.
[14] Vgl *Gaaz* FamRZ 2007, 1057, 1061; dort auch zur Länderöffnungsklausel.
[15] Vgl dazu *Gaaz* FamRZ 2007, 1057, 1058.
[16] *Henrich* StAZ 2007, 197 ff.
[17] *Gaaz* FamRZ 2007, 1057, 1059.
[18] *Gaaz* FamRZ 2007, 1057, 1060.
[19] *Staudinger/Hepting* Art 10 EGBGB Rn 17 f zu den verschiedenen Systemen.
[20] Vgl *Heuer* S 39.
[21] BVerfGE 78, 38 = NJW 1988, 1577; BVerfGE 84, 9, 22 = NJW 1991, 1602, 1603 zur Funktion des Ehenamens; BVerfGE 109, 256, 266 = NJW 2004, 1155; BVerfG NJW 2002, 1256, 1257 zum Geburts- und Ehenamen: keine freie Entscheidung des Einzelnen. Verfassungsrechtlich ist diese Vorgabe durch Art 6 Abs 1 GG legitimiert, BVerfGE 78, 38 = NJW 1988, 1577.
[22] BVerfGE 78, 38 = NJW 1988, 1577; *Hepting*, 2002, S 115.
[23] *Arndt* S 45.
[24] *Arndt* S 46 f.
[25] BVerfGE 97, 391, 399 = NJW 1998, 2889, 2890.
[26] BVerfGE 104, 385, 387 mwN = NJW 2002, 1256, 1257; für den Vornamen BVerwG StAZ 2003, 240, 241.
[27] BVerfGE 109, 256, 267 = NJW 2004, 1155, 1156.
[28] BVerfG StAZ 2001, 207, 208; daran anschließend OLG Köln StAZ 2004, 340, 341 für die Schreibweise eines Familiennamens; LG Köln StAZ 2003, 113 für einen Vornamen, Rn 3.2; *Heuer* S 42 f.

§ 1616

einzelnen Funktion zu bestimmen[29]. Die stärkste Kraft kommt nach wie vor dem **Geburtsnamen** zu, der von relativ großer Beständigkeit ist, während Ehe- und Begleitname gerade in Hinblick auf die hohen Scheidungszahlen nicht nur rechtlich, sondern auch faktisch leichter „untergehen"[30]. Die grundlegende Aufgabe des Namensrechts, den Namen des neugeborenen Kindes zu bestimmen[31], muss darauf reagieren, dass wegen der häufig unterschiedlichen Namen der Eltern, insbes bei nicht verheirateten Eltern, eine Namenseinheit in der Familie nicht zu erreichen[32] und daher eine Entscheidung zu treffen ist, die dem Gleichheitssatz und dem Elternrecht gerecht wird. Insgesamt lässt sich an Hand der häufig geänderten gesetzlichen Regelung erkennen, dass die ursprüngliche Aufgabe des Familiennamens, die familiale Zuordnung und die Abstammung des Kindes zu kennzeichnen, die soziale Funktion des Namens, gegenüber dem individuellen Interesse an der Namenskontinuität als Ausdruck der eigenen Identität zunehmend zurücktreten muss[33]. Dennoch bleibt beim Kindesnamen – im Gegensatz zum praktisch dem Individualinteresse freigegebenen Ehenamen – das Bestreben des Gesetzgebers erkennbar, den Kindesnamen so weit wie möglich mit der Namensführung der Eltern bzw eines Elternteils zu verbinden, wenn das bestehende Sorgerecht eine soziale Einheit zwischen Eltern und Kind vermuten lässt.

5 Sowohl bei der Erstbestimmung des Namens als auch bei den Möglichkeiten einer Namensbestimmung durch Erklärung knüpft das Gesetz vorwiegend – nicht ausschließlich – an der **elterlichen Sorge** an, die somit zu einer zentralen Kategorie des Namensrechts geworden ist[34]. Eine widerspruchsfreie und transparente Regelung ist dem Gesetzgeber wohl nicht geglückt[35]. Die zT großzügige Einräumung von Namensgestaltungen (wie etwa bei § 1617 a Abs 2) einerseits und das Beharren auf der Kontinuität der Namensführung insbes bei den sog Scheidungshalbwaisen (§ 1617 c Rn 8) andererseits ist – aus der Perspektive der betroffenen Kinder – nicht überzeugend (Rn 5.1). Insgesamt lässt sich aus den §§ 1616 bis 1618 doch erkennen, dass das System vom Grundsatz der Kontinuität eines einmal erworbenen Geburtsnamens dominiert wird. Veränderungen bedürfen daher einer ausdrücklichen Rechtsgrundlage, so dass gegenüber Analogieschlüssen zur Rechtfertigung einer Namensänderung Skepsis angebracht ist (zum System näher Rn 5.2).

5.1 Die Kompliziertheit[36] und auch Widersprüchlichkeit des geltenden Namensrechts führt inzwischen auch zu Forderungen, das ganze System grundlegend umzugestalten und die Namensführung zu liberalisieren, indem der Bürger selbst über seinen geltenden Namen befindet[37]. Die notwendige Personenkennzeichnung und Personenregistrierung werde ausreichend über eine Personenidentifikationsnummer erreicht[38].

5.2 Das **grundlegende System des Rechts des Kindesnamens**:
- An erster Stelle will der Gesetzgeber den **Ersterwerb des Geburtsnamens** des Kindes soweit möglich zwingend festlegen, um damit auch Abstammung und Zugehörigkeit zu einer Familie zu dokumentieren.
- Ist diese herbeizuführen, weil die Eltern des Kindes einen Ehenamen führen, so erhält das Kind diesen Namen ohne jede andere Gestaltungsmöglichkeit und ohne Rücksicht auf die Sorgerechtssituation (§ 1616).
- Führen die Eltern keinen Ehenamen, so soll wenigstens eine Namensverbindung zwischen einem Elternteil und dem Kind erreicht werden.
- Ist nur ein Elternteil sorgeberechtigt, erhält das Kind kraft Gesetzes (§ 1617 a Abs 1) den Namen des sorgeberechtigten Elternteils, wohl ausgehend von der Annahme, dass zwischen ihnen die prägende familiale Gemeinschaft besteht.
- Sind die Eltern des Kindes gemeinsam sorgeberechtigt, soll auf jeden Fall die Namenseinheit zu einem Elternteil begründet werden (§ 1617 Abs 1).

Eine **Änderung des erworbenen Geburtsnamens** sieht das Gesetz in folgenden Fallkonstellationen vor:
- **Kraft Gesetzes** soll sich gemäß § 1617 c der Name des Kindes grundsätzlich ändern, wenn sich der Name der Person ändert, von dem das Kind seinen Namen ableitet (Bezugsname). Das gilt aber nicht, wenn sich der Bezugsname durch Ehe oder Eingehung einer Lebenspartnerschaft ändert (Abs 2 Nr 2). Es entsteht eine Option in Gestalt der Einbenennung.
- Eine **Option, den Kindesnamen zu ändern**, enthalten die §§ 1617 a Abs 2, 1617 b Abs 1 (befristet), § 1617 b Abs 2 und 1618. Ihre gedankliche Grundlage ist nicht einheitlich.
  - § 1617 a Abs 2 gibt eine voraussetzungslose Gestaltungsmöglichkeit, ohne an Sorgerechtsänderungen oder vermutete Änderungen der familialen Einordnung des Kindes anzuknüpfen.
  - § 1617 b Abs 1 berücksichtigt den Wechsel vom alleinigen Sorgerecht zum gemeinsamen Sorgerecht und reagiert damit wohl auf eine Änderung der Familienstruktur.
  - § 1617 b Abs 2 trägt der vermuteten Auflösung einer Familiengemeinschaft aufgrund der Änderung der Vaterschaft im Rechtssinne Rechnung und ermöglicht eine Namensänderung, erzwingt sie aber nicht.

---

[29] *Hepting* StAZ 1996, 1, 3 ff zur nicht widerspruchsfreien Durchführung dieser Aufgabe am Beispiel des Ehenamensrechts.
[30] *Nelle* FamRZ 1990, 812.
[31] *Nelle* FamRZ 1990, 812.
[32] *Gaaz* StAZ 2006, 157, 163: halbierte Zuordnungsfunktion.
[33] *Arndt* S 138 f.
[34] *Hepting* 2002 S 117. Das BVerfG hat nun sehr deutlich die Bestimmung des Geburtsnamens als Teil der Elternverantwortung bezeichnet (NJW 2002, 1256, 1257) und Art 6 Abs 2 GG entspr als Prüfungsmaßstab für die Namensregelung herangezogen.
[35] *Hepting* 2002 S 120 f; zust *Roth* JZ 2002, S 651, 654; *Coester* Jura 2007, 348 f.
[36] *Coester* Jura 2007, 348, 354: „Regelungsbesessenheit".
[37] *Coester* Jura 2007, 348, 354 unter Hinweis auf das skandinavische System; für eine stärkere Liberalisierung und damit Annäherung zum Recht der USA *Sacksofsky* FPR 2002, 121, 123; *Heuer* S 53 ff.
[38] *Coester* Jura 2007, 348, 354; *v. Schorlemer* S 49; *Pintens*, Colloquia für Dieter Schwab zum 65. Geburtstag, 2000, S 38; skeptisch aber *Arndt* S 47 f.

— § 1618 soll eine Namenseinheit in einer neuen Familie ermöglichen, in der das Kind mit einem sorgeberechtigten Elternteil aufwächst.
— Die Änderungen bzw Änderungsoptionen, sei es kraft Gesetzes oder Erklärung, lassen das individuelle Interesse des Kindes, das sein fünftes Lebensjahr vollendet hat, unberührt. Voraussetzung für die vom Gesetz vorgesehene Änderung des Namens ist eine Anschlusserklärung des Kindes (§ 1617 c Abs 1 unmittelbar oder in entsprechender Anwendung) bzw sein eigener Antrag (§ 1617 b Abs 1 S 1).
— **Ungereimt ist das System** vor allem bei der Reichweite der Namensänderung. Unverständlich ist die „Freiheit" der Namensänderung durch die Erklärung des allein sorgeberechtigten Elternteils gemäß § 1617 a Abs 2, die weder eine Namensänderung noch eine vermutete Änderung der Familiensituation voraussetzt. Wenig überzeugend ist auch der Respekt vor der Zuteilung des Namens des Stiefelternteils im Vergleich zur sonst unbedingten Weitergabe eines erheirateten Namens an einen anderen Ehegatten bzw das Kind aus der Ehe des ehemaligen Ehegatten (§ 1617 c Rn 11.1). Die teilweise Änderungsresistenz des durch Einbenennung erhaltenen Namens kann ebenfalls nicht überzeugen (§ 1617 c Rn 12.1).

3. Bestimmung und Änderung des Vornamens. a) Erteilung des Vornamens. aa) Kompetenz zur Erteilung des Vornamens. Die Erteilung des Vornamens ist Pflicht und Recht der sorgeberechtigten Eltern[39] im Rahmen der Personensorge als Teil des verfassungsrechtlich gewährleisteten Elternrechts und kein Mittel der Persönlichkeitsentfaltung der Eltern[40]. Berechtigt, den Vornamen zu erteilen, ist der Personensorgeberechtigte. Abzustellen ist auf die tatsächliche Personensorge[41], da die Vornamenserteilung keine Erklärung im Namen des Kindes gegenüber dem Standesamt darstellt, sondern zur tatsächlichen Fürsorge gehört. Damit kann die **minderjährige Mutter** des Kindes, soweit sie neben einem Vormund oder Pfleger sorgeberechtigt ist, den Vornamen des Kindes selbstständig bestimmen (§ 1673 Abs 2 S 2, 3). Haben die Eltern die gemeinsame (tatsächliche) Personensorge, müssen sie den Vornamen gemeinsam bestimmen, auch wenn sie getrennt leben, da die Vornamenserteilung für das Kind von erheblicher Bedeutung ist, § 1687 Abs 1 S 1 (dort Rn 6.2); Rn 6.1. Die bei der Geburt nicht verheiratete Mutter erteilt den Vornamen allein, solange keine wirksamen Sorgeerklärungen vorliegen (§ 1626 a Abs 2). Ist die Identität und der **Personenstand der Mutter nicht geklärt**, ist von der Alleinsorge der Mutter auszugehen, so dass sie den Vornamen zu erteilen hat[42]. Im Personenstandsbuch ist hinsichtlich der Unklarheit insoweit ein entsprechender Vermerk anzubringen.

6

Können sie sich nicht einigen, kann das Familiengericht auf Antrag eines Elternteils einem Elternteil die Kompetenz zuweisen, den Vornamen zu bestimmen (§ 1628 S 1). Fehlt die erforderliche Einigung der Eltern und wurde der Name auf Grund einseitiger Bestimmung eingetragen, ist er nicht wirksam erteilt; der Geburteneintrag muss berichtigt werden[43].

6.1

Die Namenserteilung, die grundlegend auf der Entscheidung der Eltern beruht, wird **nach außen verbindlich,** wenn der Vorname nach Anzeige der Geburt gemäß § 21 Abs 1 Nr 4 PStG in das Geburtenbuch eingetragen wurde[44], Rn 7.1. Eine spätere Anzeige eines Vornamens ist gemäß § 22 Abs 1 PStG nur möglich, wenn in der Geburtsanzeige kein Vorname angegeben war[45]. Änderungen, zu denen auch die Erteilung eines weiteren Vornamens gehört, sind nur über das Verwaltungsverfahren nach dem NamÄndG möglich, Rn 12[46].

7

Wirksam wird die Vornamenserteilung aber bereits mit der Erklärung der bzw der Sorgeberechtigten. Die Anzeige beim Standesamt hat nur deklaratorische Wirkung[47]. Bis zur Eintragung wird man den Eltern aber einen Sinneswandel zugestehen. Besteht gemeinsames Sorgerecht, muss der Sinneswandel auch von beiden Sorgeberechtigten getragen sein.

7.1

bb) Grenzen der Bestimmung des Vornamens. Eine ausdrückliche Regelung der Grenzen der Bestimmung des Vornamens kennt das Gesetz nicht. In Hinblick auf die grundrechtliche Ableitung des Rechts der Namensbestimmung aus Art 6 Abs 2 S 1 GG (Rn 6) sind die Eltern in der Wahl des Vornamens nur noch insoweit beschränkt, als auch bei der Vornamensgebung die **Grenze des Kindeswohls** zu beachten ist (Rn 8.1)[48]. In diesen Grenzen steht den Eltern auch ein **Namenserfindungsrecht** zu (Rn 8.2). Soweit durch die Wahl des Vornamens das Kindeswohl gefährdet wird, ist die Namensbestimmung unwirksam[49]. Das Standesamt darf damit den Vornamen nicht eintragen. Er darf auch nicht mittelbar eine elterliche Handlung legitimieren, die mit dem Kindeswohl nicht vereinbar ist; insofern übernimmt das Standesamt zunächst das staatliche Wächteramt. Da die Namensgebung im

8

---

[39] BVerfG NJW 2006, 1414, 1415, nun in st Rspr; BVerfGE 104, 373, 385 = NJW 2002, 1256, 1258 mwN; BGHZ 73, 239, 240 = NJW 1979, 2469; zur grundrechtlichen Problematik *Gernhuber/Coester-Waltjen* § 54 I 9.
[40] BVerfGE 104, 373, 392 = NJW 1256, 1258; BVerfG NJW 2002, 1256, 1259; *Massfeller/Hoffmann* Rn 90.
[41] *Gernhuber/Coester-Waltjen* § 54 I 9; *Massfeller/Hoffmann/Gaaz* Rn 575.
[42] Fachausschuss StAZ 2006, 151, 152.
[43] BayObLG NJW-RR 1995, 647; AG Schöneberg StAZ 1997, 39; anders, wenn der Vorname im Jahre 1948 nach der damaligen Rechtslage vom Vater allein bestimmt worden war: BayObLG FamRZ 1994, 980.
[44] OLG Hamm StAZ 2007, 175, 176; *Erman/Michalski* Rn 15; *Massfeller/Hoffmann/Gaaz* Rn 74 mN zum Streitstand. Ab 1. 1. 2009 Eintragung in das Geburtenregister gem § 21 Abs 1 Nr 4 PStG; vgl Rn 2.3.
[45] BayObLG StAZ 1999, 331, 332.
[46] BayObLG StAZ 1999, 331, 332.
[47] *Arndt* S 169 mwN.
[48] BVerfG NJW 2006, 1414, 1415; FamRZ 2004, 522; BVerfGE 104, 373, 385 f = NJW 2002, 1256, 1257: obiter dictum; dem BVerfG folgend OLG München StAZ 2007, 122; OLG Hamm NJOZ 4297, 4298; NJW-RR 2005, 874; StAZ 2005, 75; AG Regensburg StAZ 2005, 234, 235; hL.
[49] *Lüderitz/Dethloff* Familienrecht, 2007, § 12 C VII Rn 27.

§ 1616

Augenblick der Erteilung noch keine konkreten Folgen für das Kind hat, müssen Wahrscheinlichkeitskriterien ausschlaggebend sein[50]. Spätere Probleme könnten nur auf Kosten der Namenskontinuität über eine Namensänderung bewältigt und von einem jüngeren Kind gegen den Willen der Eltern kaum durchgesetzt werden. Hinsichtlich der Anforderungen an die Intensität der Gefahr für das Kindeswohl ist zu berücksichtigen, dass die Vornamensgebung nicht zum Kernbereich der Personensorge, der Erziehung, gehört, so dass unnötige Belastungen für das Kind[51] nicht hingenommen werden können (Rn 8.3).

8.1 Die früher in der Fach-Rspr verwendete Formel, dass der Namensinhalt die allgemeine **Sitte und Ordnung** nicht verletzen darf[52] und der Rekurs auf öffentliche Interessen[53] ist mit der Rspr des BVerfG überholt. Auch auf anderweitige rechtliche Regelungen, die direkt oder indirekt die Namensbestimmung erfassen und die gesetzliche Ordnung repräsentieren[54], kann nur noch insoweit zurückgegriffen werden, als sie zumindest ebenfalls die Funktion haben, das Kindeswohl zu gewährleisten.

8.2 Das Namenserfindungsrecht war grds bereits in der Rspr anerkannt[55]. Die Eltern können auch Namen erteilen, die bisher nicht verwendet wurden. Es kommt nicht darauf an, dass sie im Internationalen Handbuch der Vornamen oder in einem anderen Handbuch erwähnt werden[56]. Ob die Forderung nach einem Tätigwerden des Gesetzgebers[57] in Hinblick auf die eindeutige Rspr des BVerfG noch aufrechterhalten werden kann, ist fraglich. Das BVerfG ist aber insoweit etwas missverständlich, als es in seiner Entscheidung vom 29. 11. 2005 (Abs Nr 14) die Freiheit für die Bestimmung des Vornamens mit dem Hinweis auf fehlende Bestimmungen im Namensrecht relativiert. Eine entspr dogmatische Unklarheit findet sich auch in der Entscheidung zum Verbot des Doppelnamens für Kinder[58]. Auch in der Entscheidung zu § 7 TSG[59] spricht das BVerfG von der Notwendigkeit einer Ausgestaltung des Namensrechts, womit wohl nur die nähere gesetzliche Regelung des Vornamensrechts gemeint sein kann.

8.3 Mit der abstrakt zu beurteilenden Gefahr für das Kindeswohl setzt sich diese Grenze für die Ausübung der elterlichen Sorge deutlich ab von Interventionen auf der Grundlage des § 1666, die an eine konkrete Gefahrenlage anknüpfen (§ 1666 Rn 5 f). Es bedarf keines vorgeschalteten familiengerichtlichen Verfahrens auf der Grundlage des § 1666, es genügt die richterliche Kontrolle im Verfahren nach dem PStG[60]; zum Verfahren Rn 10. Die – objektive – Beweislast für die Gefährdung des Kindeswohls liegt beim Staat, da Art 6 Abs 2 GG auch ein Freiheitsrecht ist; zudem nehmen die Eltern bei der Bestimmung des Vornamens auch das Persönlichkeitsrecht des Kindes als Treuhänder wahr[61]. Bestehen hinsichtlich des Namensinhalts deutliche Zweifel, ob er dem Kind in seiner Entwicklung Schwierigkeiten bereiten wird, ist die Namensbestimmung wirksam und der erteilte Name muss vom Standesamt eingetragen werden. Verfassungsrechtlich genügt es aber, wenn die vom erkennenden Gericht angenommene Erwartung einer Belastung der Namensgebung vertretbar erscheint[62].

9 **Dem Kindeswohl widerspricht** ein Vorname, der dem Kind erhebliche Schwierigkeiten bereiten kann, sich mit dem Namen zu identifizieren und damit seiner Aufgabe widerspricht, der Individualität des Menschen Ausdruck zu verleihen[63]. Damit sind maßgeblich entwicklungspsychologische Überlegungen. Das Kind identifiziert sich regelmäßig schon vor Kenntnis des vollen Namens und vor der Entwicklung eines Ich-Bewusstseins mit seinem Vornamen[64]. Die Selbstfindung wird in den meisten Fällen erschwert, wenn der Name geeignet ist, das Kind in eine Außenseiterposition zu bringen, wenn die Gefahr besteht, dass die übliche Identifikation des Kindes mit seiner Rolle in der familiären und sozialen Umwelt erheblich behindert wird. Der Vorname muss so auch als Name erkennbar sein, muss Namensqualität haben[65]. Regelmäßig geht es um **folgende Problemkreise:**

– Das Kind muss im Rahmen der allgemeinen Sprachentwicklung in der Lage sein, den Namen **ohne Schwierigkeiten auszusprechen**[66]. Der Name darf nicht dazu führen, dass das Kind in seiner Umgebung als „Exot" auffällt, zu Erklärungen über den „seltsamen" Namen gezwungen wird[67]. Fremdländische, völlig ungebräuchliche Vornamen sind dann zulässig, wenn der Name Herkunft und Familiennamen des Kindes entspricht (Rn 9.1). Auf eventuell mögliche negative Assoziationen allein

---

[50] OLG Zweibrücken NJW 1984, 1360, 1361.
[51] *Gernhuber* StAZ 1983, 265, 268 f: „Belästigungen"; ähnlich BVerfG FamRZ 2004, 522.
[52] BGHZ 73, 239, 240 = NJW 1979, 2469; BGHZ 30, 132, 134; OLG Frankfurt StAZ 1999, 173; OLG Karlsruhe FGPrax 1998, 180; OLG Düsseldorf FGPrax 1998, 144; OLG Hamm StAZ 1998, 322, 323; OLG Celle StAZ 1998, 321.
[53] OLG Schleswig StAZ 1998, 288.
[54] BayObLG StAZ 1999, 331, 332: das materielle Vornamensrecht wird vom Gewohnheitsrecht in den Grenzen des § 1666 beherrscht.
[55] OLG Karlsruhe FGPrax 1998, 180; OLG Schleswig StAZ 1998, 288; OLG Düsseldorf NJW-RR 1996, 197; BayObLGZ 1983, 305, 307 = NJW 1984, 1362; OLG Zweibrücken NJW 1984, 1360; *Staudinger/Coester* Rn 44; *Gernhuber/Coester-Waltjen* § 54 I 9; *Massfeller/Hoffmann* Rn 98; *Nappenbach* StAZ 1998, 337, 339 f; *Arndt* S 209 f; aA *Diederichsen* StAZ 1989, 337, 340: Gewohnheitsrecht stehe entgegen. Krit zum Namenserfindungsrecht erneut *Diederichsen*, FS Henrich, S 111 f.
[56] BayObLG StAZ 1997, 207, 208.
[57] *Diederichsen*, FS Henrich, S 117.
[58] *Sacksofsky* FPR 2002, 121, 122.
[59] BVerfG BVerfGE 115, 1, 14 = FamRZ 2006, 182, 184.
[60] *Diederichsen* StAZ 1989, 365, 370.
[61] BVerfG NJW 2006, 1414, 1415.
[62] BVerfG FamRZ 2004, 522.
[63] BVerfGE 104, 373, 385 = NJW 2002, 1256, 1257; vgl BVerfG BVerfGE 115, 1, 14 = FamRZ 2006, 182, 184.
[64] *Arndt* S 168.
[65] *Arndt* S 177.
[66] *Diederichsen* StAZ 1989, 365, 370.
[67] *Pintens*, Colloquia für Schwab, 2000, S 39. Zu möglichen Verbindungen von extravaganter Namensgebung und Psychostruktur der Eltern.

ist nicht abzustellen, da diese nie auszuschließen sind. Maßgeblich ist, ob der Namensinhalt allgemein[68] zu Spötteleien geradezu verführt und dem Kind die persönliche Identifikation erschwert.
– Erschwert wird die Identifikation auch, wenn der Name einen **Sachbegriff** wiedergibt. Gattungsbegriffe (Appellativa) sind grds namensuntauglich[69]. Dasselbe gilt, wenn der Vorname eine Assoziation zu einem Nachnamen einer in der Geschichte eindeutig **negativ beurteilten Person** nahe legt[70]. Das Kind hat ein Recht darauf, durch den Vornamen nicht in Verbindung mit einer bestimmten politischen Richtung gebracht zu werden. Das Kindeswohl wird nicht dadurch gewahrt, dass ein weiterer Vorname erteilt wird[71], da die Auswirkungen des Namens auf das Kindeswohl hinsichtlich Identifikationsmöglichkeit und Spötteleien in einem Alter auftreten, in dem das Kind faktisch kaum über die Führung des Vornamens entscheiden kann (zu Mädchennamen vgl Rn 9.2; zu Namen für Jungen vgl Rn 9.3).
– Unzulässig sind auch Vornamen, die mit dem bereits erteilten Vornamen anderer **Geschwister identisch** sind[72], da die Identifikation insbes des später geborenen Kindes mit seinem Vornamen erschwert wird. Anderes gilt, wenn der identische Vorname nur einer von mehreren ist[73]. Auch wenn wegen der fehlenden Namenshierarchie nicht erzwungen werden kann, dass die Eltern nur einen der mehreren Vornamen verwenden[74], kann im Zweifel davon ausgegangen werden, dass die Eltern schon aus praktischen Gründen und im Eigeninteresse nicht denselben Namen für mehrere Kinder verwenden werden. Die Namensdifferenz kann sich aus dem Zusatz einer römischen Ordnungszahl ergeben, wenn insoweit eine echte Familientradition bzw altes Herkommen vorliegt[75]. Der Vorname „Maria" kann den Geschwistern einheitlich gegeben werden, wenn die Kinder noch jeweils einen weiteren Namen erhalten[76].
– Eine **Mehrzahl von Vornamen**, für die keine rechtlich verbindliche Rangfolge besteht[77], erschwert ebenfalls die Selbstidentifikation des Kindes[78]; die Grenzziehung iE ist schwer[79], Rn 9.4.
– Mit der Rspr des BVerfG kann auch die Forderung, dass der Vorname das **Geschlecht des Kindes offenkundig** macht, nur auf Überlegungen des Kindeswohles, nicht mehr formal auf eine indirekte Vorgabe durch das PStG[80] oder des TSG[81] gestützt werden (Rn 9.5); zur dogmatischen Unklarheit der neuen Entscheidung des BVerfG vgl Rn 8.2. Freilich entspricht die Anforderung an den Vornamen, das Geschlecht des Kindes wiederzugeben, auch entwicklungspsychologischen Erkenntnissen. Schließlich ist der Vorname auch Ausdruck der geschlechtlichen Identität[82]. Ein Name, der das **Geschlecht eindeutig falsch** kennzeichnet, wird dem Kind mit großer Wahrscheinlichkeit Schwierigkeiten bereiten, wenn es um die bekanntlich nicht so selbstverständliche Aufgabe geht, die Geschlechterrolle zu finden. Da schließlich die Konkordanz von Geschlecht und Vornamen eine soziale Tatsache ist, werden bei falscher Geschlechterbezeichnung irrtümliche Vorstellungen über das Geschlecht im sozialen Umgang nicht zu vermeiden sein. Unzulässig ist damit ein Vorname, der das Geschlecht des Kindes falsch bezeichnet, auch wenn ihm ein richtiger Name beigefügt wird[83]. Mit der ausschließlichen Perspektive des Kindeswohl sind aber Namen hinzunehmen, die **geschlechtsoffen** sind (Rn 9.5)[84].
– **Nachnamen** können grds nicht als Vornamen gebraucht werden, da dies der Funktion des Vornamens als Ausdruck der eigenen Persönlichkeit des Kindes Schwierigkeiten bereiten wird, zudem Spötteleien unter Kindern geradezu provoziert. Der Name muss aber eindeutig als Nachname zu erkennen sein, ansonsten sind Probleme für das Kind nur sehr spekulativ zu prognostizieren (Rn 9.6). Auf eine bloße Ordnungsfunktion kann nicht abgestellt werden[85]. Eine Verwechslungsgefahr will das BVerfG mit der Überlegung vermeiden, dass ggf noch weitere eindeutige Vornamen erteilt werden. Ob damit dem in seiner Entwicklung betroffenen Kind gedient ist, erscheint recht spekulativ. Zwar sind verständige Eltern ggf in der Lage, den tatsächlich verwendeten Vornamen ohne formelle Prozeduren zu wechseln, aber ob sie das tun, bleibt reine Spekulation. Das mag dann anders sein, wenn der beigelegte Name als Zweitname im faktischen Sinne bezeichnet wird und die Wahl des Namens auf familiäre Motive zurückgeht.

---

[68] *Korb* StAZ 1997, 16.
[69] *Diederichsen*, FS Henrich, S 107 ff; *Schorlemer* S 48 f.
[70] AG Traunstein StAZ 1994, 317 „Heydrich"; wohl noch problematisch.
[71] AA OLG Köln NJWE-FER 2000, 85 „Büb"; AG Dortmund StAZ 1999, 150; *Korb* StAZ 1997, 16.
[72] BayObLGZ 1985, 362, 365.
[73] AG Freiburg NJW-RR 1986, 168, 169; aA *Diederichsen* StAZ 1989, 367, besonders Fn 110; *Arndt* S 187 f.
[74] BGHZ 30, 132, 137
[75] LG Frankfurt NJW-RR 1990, 1094.
[76] BayObLGZ 1985, 362, 365.
[77] *Massfeller/Hoffmann* Rn 81 mit Hinweisen zur praktischen Handhabung in Rn 84.
[78] *Arndt* S 191 f.
[79] Näher *Arndt* S 191 ff.
[80] BVerfG StAZ 1983, 70 hatte das früher noch akzeptiert; BGHZ 73, 239, 241 = NJW 1979, 2469; *Diederichsen*, FS Henrich, S 113; aA AG Duisburg StAZ 1997, 74, 75; *Spoenla-Metternich* 51 f.
[81] OLG Frankfurt NJW-RR 1995, 773.
[82] BVerfG BVerfGE 115, 1, 14 = FamRZ 2006, 182, 184 mwN; BVerfG FamRZ 2006, 1818, 1820.
[83] BGHZ 73, 240, 241 = NJW 1979, 2469; *Arndt* S 196.
[84] *Gernhuber/Coester-Waltjen* § 54 I 9; aA OLG München StAZ 2007, 122, 123: „Kiran" für ein Mädchen, gegen Vorinstanz.
[85] BVerfG NJW 2006, 1414, 1415; insofern unklar KG FGPrax 2006, 160, 161, das Kindeswohl und Ordnungsfunktion verbindet.

§ 1616

- Aus Kindeswohlüberlegungen heraus ist auch die **Struktur** des Vornamens nicht hermetisch vorgegeben, so die Vorstellung, dass der Vorname nur aus **einem Wort** bestehen darf, bestenfalls zwei Namen mit einem Bindestrich verbunden werden könnten (Rn 9.7)[86].

9.1 Die Identifikationsmöglichkeit bezieht sich insbes in den ersten Jahren auf die unmittelbare familiäre Umgebung, so dass die Fremdartigkeit des Namens keine Rolle spielt, vielmehr ihm gerade in seiner vermutlich bestimmenden Umgebung eine selbstverständliche Integration ermöglicht. In Hinblick auf diese Einbindung wird der Name auch von der weiteren Umwelt nicht als fremdartig empfunden werden[87]. Ob der Name die Integration des Kindes in die deutsche Umgebung erschwert, muss der Sorgeberechtigte entscheiden. Zu berücksichtigen ist die zunehmende Toleranz gegenüber ungebräuchlichen und ausländischen Namen. Zulässig ist damit der Vorname „Luu Minh Vinh"[88].

9.2 Für **Mädchennamen** wurden angesehen
- als **zulässig:** „Uragano" in Verbindung mit den Namen „Mary Sarah"[89], auch wenn der Name im Italienischen eine negative Bedeutung hat, da die ausländische Sachbezeichnung in Deutschland in den Hintergrund tritt[90], „Sonne"[91], da dieser Name nicht ausschließlich gegenstandsgebunden ist[91], „Biene"[92], Blumennamen, „Decembre Noelle"[93], „Sunshine"[94], „Prestige"[95], da die Verbindung zu einem französischen Sachwort nur selten von Kindern erfasst werden wird. Fragwürdig die Ablehnung von „Jenevje"[96] und „Rosenherz"[97], da die behauptete Gefahr von Hänseleien höchst spekulativ ist.
- als **unzulässig:** „Borussia"[98], „Mechipchamueh"[99], „Pfefferminze"[100], „Woodstock"[101].
- **Bedenklich** ist der Name „Fanta"[102], da der Produktname die Außenwirkung bestimmt und nicht die emotionale Verbindung der Eltern zum afrikanischen Kulturkreis.

9.3 Als Namen für **Jungen** wurden angesehen
- als **zulässig:** „Emanuele"[103], ebenso „Godot"[104], da die Annahme von nachteiligen Assoziationen zu sehr auf literarisch gebildete und böswillige Personen abstellt und der Beweislast somit nicht gerecht wird[105] „Leines"[106], „Pumuckl"[107], „Roi"[108], „Speedy"[109], „Sundance"[110]. Zulässig sind Namen, die mit **religiösen Vorstellungen** verbunden sind, zB für Mädchen „Galaxina" und „Cosma-Shiwa"[111], für Jungen „Jesus"[112].
- als **unzulässig:** „Lord"[113], „Martin-Luther-King"[114], „Mika"[115], „Navajo"[116], „November"[117], „Stompie"[118], „Stone"[119], „Verleihnix"[120], „Venus"[121].
- **Bedenklich** ist der Name „Jazz"[122], da nicht auf die Musikbegeisterung der Eltern und auf deren pädagogische Eignung abzustellen ist, Probleme mit der Namensgebung zu bewältigen.

9.4 **Mehr als fünf Namen** sind grds unzulässig und sachlich idR nicht mehr zu begründen[123]. Nach dem BVerfG[124] ist diese Begrenzung verfassungsrechtlich vertretbar, aber nicht zwingend. Das OLG Köln lässt sieben Namen zu[125],

---

[86] *Seibicke* StAZ 1995, 322.
[87] Vgl *Heuer* S 205 f.
[88] LG Tübingen StAZ 1999, 148, 149; *Diederichsen* StAZ 1989, 365, 372.
[89] BayObLG StAZ 1997, 207 f.
[90] BayObLG StAZ 1997, 207, 208.
[91] BayObLGZ 1994, 191; aA AG Nürnberg StAZ 1994, 118.
[92] AG Nürnberg StAZ 2001, 143, 144.
[93] OLG Hamm NJW-RR 1989, 1032 f = OLGZ 1989, 402 für ein am 24. Dezember geborenes(!) Mädchen.
[94] OLG Düsseldorf StAZ 1989, 280.
[95] OLG Schleswig StAZ 1998, 288; aA *Seibicke* StAZ 1998, 289.
[96] AG Kleve StAZ 1994, 288.
[97] AG Nürnberg StAZ 1994, 118.
[98] AG Kassel StAZ 1997, 240.
[99] LG Gießen StAZ 1999, 44 gegen die Vorinstanz.
[100] AG Traunstein StAZ 1997, 40.
[101] AG Ulm StAZ 1990, 74 f.
[102] LG Köln StAZ 1999, 147, 148 lässt ihn zu.
[103] AG Frankfurt/M StAZ 2006, 171.
[104] LG Hannover StAZ 1997, 15.
[105] *Korb* StAZ 1997, 16.
[106] OLG Celle StAZ 2001, 327.
[107] OLG Zweibrücken NJW 1984, 1360, 1361 = OLGZ 1983, 441, 444 f mit eingehender Begründung; aA LG Koblenz StAZ 1983, 280.
[108] LG Augsburg NJW-RR 1998, 1461.
[109] OLG Karlsruhe FGPrax 1998, 180.
[110] LG Saarbrücken StAZ 2001, 177 f.
[111] LG Duisburg StAZ 1994, 117.
[112] OLG Frankfurt StAZ 1999, 173 m zust Anm *Seibicke* StAZ 1999, 167; anders noch die frühere Rspr, vgl *Spoenla-Metternich* S 65 mwN.
[113] OLG Zweibrücken FamRZ 1993, 1242.
[114] LG Oldenburg NJW-RR 1991, 391.
[115] AG Flensburg NJOZ 2007, 4173.
[116] AG Tübingen StAZ 1995, 45, 46.
[117] AG Tübingen StAZ 1995, 176 zu Recht; aA LG Bonn StAZ 2006, 362, mit der fragwürdigen Begründung, dass es sich um einen weiteren Vornamen handle.
[118] AG Coburg StAZ 1990, 73 f.
[119] AG Ravensburg StAZ 1994, 195.
[120] AG Krefeld StAZ 1990, 200.
[121] LG Berlin StAZ 1999, 373, 374.
[122] AG Dortmund StAZ 1999, 149 lässt ihn zu.
[123] OLG Düsseldorf FGPrax 1998, 144.
[124] FamRZ 2004, 522.
[125] StAZ 1988, 82.

nach *Gernhuber*[126] sind vier Vornamen möglich. Nach *Massfeller/Hepting/Gaaz*[127] sind jedenfalls 13 Vornamen unzulässig. Vornamen, die mit einem Bindestrich verbunden sind, gelten als zwei Namen[128]. Der Fachausschuss[129] schlägt vor, darauf abzustellen, ob im Einzelfall besondere familiäre Faktoren eine größere Anzahl ermöglichen. Das wird aber für das Kind mit großer Wahrscheinlichkeit in seinen entwicklungspsychologisch wichtigen Jahren nicht gerade von Bedeutung sein. Ähnliche Überlegungen finden sich bei *Seibicke*[130], verbunden allerdings mit erheblich restriktiveren Folgen für die Zahl der Vornamen.

Auch wenn Auszüge aus dem Heirats-, Familien- und Sterbebuch das Geschlecht ausdrücklich[131] nur über den Vornamen erkennen lassen[132], ist ein eindeutiger Grund nicht ersichtlich, welchen Nachteil ein insoweit unklarer, aber nicht offen falscher Name haben soll. Ist das aber nicht ersichtlich, so fehlt die Legitimation für die Begrenzung des Elternrechts, soweit nicht entwicklungspsychologische Argumente gegen einen bestimmten **geschlechtsoffenen Namen** sprechen. Damit sind auch **ausländische Namen**, die nicht eindeutig nach deutschem Sprachgebrauch falsches Geschlecht bezeichnen, zu akzeptieren[133]. Auf die frühere Rechtsprechung, dass ein geschlechtsoffener Vorname erteilt werden kann, wenn ein weiterer Vorname das Geschlecht des Kindes richtig wiedergibt[134], ist nicht mehr zurückzugreifen, da dieser Anforderung eine Ordnungsfunktion zukam. Ob der Name geschlechtsoffen ist, bestimmt sich zunächst nach dem deutschen Sprachgebrauch[135], da das Kind den Namen infolge der Anwendung deutschen Namensrechts mit hoher Wahrscheinlichkeit im deutschen Sprachraum verwenden wird[136]. Besondere Verhältnisse im Einzelfall sind damit ebenfalls nicht mehr von Bedeutung, da auch diese eine nach deutschem Sprachgebrauch eindeutig falsche Geschlechtsbezeichnung im Interesse des Kindes, das voraussichtlich im Inland aufwachsen wird, nicht legitimieren können[137]. Der ausländische Sprachraum wird dann zusätzlich eine Rolle in Hinblick auf eine sehr wahrscheinliche Gefährdung des Kindeswohls spielen, wenn das Kind in dem entsprechenden Kulturkreis vorwiegend aufwachsen wird[138]. **Beispiele aus der neuen Rspr,** die in Kenntnis der Entscheidung des BVerfG (Rn 8) ergangen sind: Als **alleinige männliche Vornamen** können verwendet werden „Kai"[139], „Luka"[140], „Mete"[141]. Die Ablehnung von „Mete"[142] überzeugt nicht, da der Name keine eindeutig falsche Geschlechtsbezeichnung darstellt. Als **zweiten weiblichen Vornamen** akzeptiert das KG[143] zu Recht den Namen „Christiansdottir", Die Auffassung des OLG München[144] der Name „Kiran" sei als **alleiniger Vornamen für ein Mädchen** unzulässig, wird hier nicht geteilt, ebenso wenig die Auffassung des AG Flensburg[145], das „Mika" als alleinigen männlichen Vornamen ablehnt.

Ob die **Trennung zwischen Vor- und Familiennamen** eingehalten wird, entscheidet die Perspektive des deutschen Sprachraums[146], wobei der ausländische Gebrauch insofern von Bedeutung ist, als die Eigenschaft als Familienname auch im deutschen Sprachraum bekannt ist[147]. Es genügt, dass der Name als Vorname denkbar ist, der Gebrauch als Nachname darf nicht offensichtlich sein[148]. Nach der Rspr sind

– **zulässig** „Adermann"[149], „Anderson"[150], „Birkenfeld"[151], „Wannek"[152]. **Zulässig sind Familiennamen als Vornamen,** wenn der Vorname auf einen alten regionalen Brauch zurückgeht[153], vorausgesetzt der Brauch besteht auch noch, da dann das Kind nicht weiter irritiert werden wird,

---

[126] StAZ 1983, 265, 268 f.
[127] § 21 Rn 106.
[128] *Diederichsen*, FS Henrich, S 103 mwN.
[129] StAZ 2005, 20 f.
[130] StAZ 2005, 230.
[131] *Spoenla-Metternich* S 52 f zu indirekten Hinweisen.
[132] OLG Karlsruhe NJW-RR 1989, 1030, 1031.
[133] AA OLG München StAZ 2007, 122, 123: eindeutig falsch wird das weibliche Geschlecht durch den Namen „Kiran" nicht wiedergegeben.
[134] BGHZ 73, 239 = NJW 1979, 2469 unter Berufung auf *Massfeller/Hoffmann*: dort findet sich nur noch ein Hinweis auf die DA und andere Meinungen (Rn 101); weiterhin so OLG München StAZ 2007, 122, 123; ebenso *Arndt* S 198 f; aA AG Duisburg StAZ 1997, 75: „Laurence"; *Diederichsen*, FS Henrich, S 115, zu Recht auch unter Hinweis auf die jederzeit möglichen Wechsel der tatsächlichen Vornamensführung (S 117.
[135] OLG Hamm StAZ 1996, 208, 209; OLG Karlsruhe NJW-RR 1989, 1030, 1032 LG Gießen StAZ 1999, 44.
[136] OLG München StAZ 2007, 122, 123; *Arndt* S 202. AA OLG Frankfurt NJW-RR 1995, 773, 774: „Nicola Andrea" zulässig für Jungen, weil der Name in Italien eindeutig für Männer verwendet werde; ebenso aA KG FGPrax 2006, 160, 161.
[137] KG StAZ 1991, 45 f mN des Streitstandes lässt in Hinblick auf die besonderen Verhältnisse „Manal" als einzigen weiblichen Vornamen zu; für den Verzicht auf die Geschlechtsoffenkundigkeit auch Fachausschuss StAZ 2001, 149 f mit Hinweisen auf den Streitstand. Zur bisherigen Rspr vgl den Überblick 1. Aufl Vor § 1666 Rn 7.
[138] Vgl *Arndt* S 206 f.
[139] OLG Hamm StAZ 2005, 75.
[140] OLG Hamm NJW-RR 2005, 874.
[141] AG Regensburg StAZ 2005, 234: deutsch-türkisches Kind.
[142] LG Nürnberg-Fürth StAZ 2005, 18.
[143] FGPrax 2006, 160, 161.
[144] StAZ 2007, 122, 123.
[145] StAZ 2007, 179.
[146] OLG Celle StAZ 1992, 378.
[147] OLG Karlsruhe StAZ 1999, 298, 299; BayObLG StAZ 1992, 72.
[148] BayObLG StAZ 1992, 72.
[149] BayObLG StAZ 1991, 313.
[150] BVerfG NJW 2006, 1414; nun auch OLG Karlsruhe StAZ 2006, 265 in Abänderung von OLG Karlsruhe StAZ 2004, 76 f.
[151] OLG Frankfurt NJW-RR 2000, 1170; abl, da es sich um einen Familiennamen handelt, *Seibicke* StAZ 2000, 372 f.
[152] BayObLG StAZ 1992, 72.
[153] BGHZ 29, 256 für Ostfriesland: das Kind darf aber diese Möglichkeit nicht so gebrauchen, dass die wirkliche Familienzugehörigkeit falsch dargestellt wird; ebenso LG Frankfurt NJW-RR 1990, 1094.

§ 1616

– **unzulässig** dagegen „Cezanne"[154], „Lindbergh"[155], „Heydrich"[156], „Hemingway"[157], „Schröder"[158], „Schmitz"[159], „Martin-Luther-King"[160], „Singh"[161].

– **Fragwürdig sind die Ablehnung** von „Holgerson", weil er in Schweden ein typischer Familienname sei[162], was aber einem in Deutschland aufwachsenden Kind nicht besonders belasten wird, „Marey"[163], das nicht eindeutig den Charakter eines Familiennamens hat, „Rosenherz"[164], da eine eindeutige Zuordnung als Familienname nicht besteht. Auch der dem Ehenamen vorangestellte Geburtsname eines Elternteils kann nicht als Vorname gewählt werden[165]. Bei engen kulturellen Beziehungen der Familie zu einem anderen Staat, ggf auch über doppelte Staatsangehörigkeit des Kindes und einer anderen Staatsangehörigkeit eines Elternteils können ausländische Vorstellungen und Gebräuche bei der Vornamensgebung berücksichtigt werden[166]. So kann nach US-amerikanischem Brauch dem Kind der Mädchenname der Mutter, nicht aber der Ehename, als **weiterer Vorname** erteilt werden[167], wenn die Trennung von Vor- und Familiennamen iÜ erhalten bleibt[168].

9.7 Ein Vorname, der ohne Bindestrich aus zwei Namen besteht, mag manchem ungewohnt erscheinen, aber das gilt für alle Vornamen, die bisher nicht verwendet wurden. Gesicherte Erwartungen, dass dies zu größeren Belastungen für das Kind führen werden, bestehen nicht. Die Ablehnung von „Noah ben Abraham" als einheitlicher Vorname, aber Hinnahme von drei Vornamen „Noah", „Ben" und „Abraham"[169] ist damit nicht zu begründen. **Unzulässig** ist aber die Vergabe von zwei gleichlautenden Vornamen, da die rechtliche Unverbindlichkeit der Reihenfolge der Namen die doppelte Vergabe sinnlos macht („Tom" und „Tom")[170]. Eine korrekte **Schreibweise** wird man nicht verlangen, da sie im täglichen Umgang ohne Belang ist und Phantasienamen eben nicht ausgeschlossen sind (zum Namenserfindungsrecht vgl Rn 8.2). Zulässig daher der Name „LouAnn" für ein Mädchen[171].

10 **cc) Verfahren und Rechtsweg.** Gegen die Versagung der Eintragung des erteilten Vornamens kann das AG angerufen werden (§ 45 Abs 1 PStG). Auf das Verfahren sind die Vorschriften des FGG anwendbar (§ 48 Abs 1 PStG); Rn 10.1 f. Gegen eine ablehnende Entscheidung kann der Antragsteller Beschwerde und weitere Beschwerde einlegen (§§ 19 Abs 1, 27 Abs 1 S 1 FGG); gegen die Entscheidung, die das Standesamt anweist, den gewünschten Vornamen einzutragen, ist die sofortige Beschwerde vorgesehen (§ 49 Abs 1 PStG). Auch die Aufsichtsbehörde hat das Beschwerderecht (§ 49 Abs 2 PStG). **Gerichtsgebühren** werden in den Instanzen nicht erhoben, außergerichtliche Kosten werden nach § 13 a FGG nicht erstattet, wenn der Standesamt oder seine Aufsichtsbehörde „erörterungswürdige Zweifel" an der Zulässigkeit des gewählten Namens haben konnte[172].

10.1 Nach dem Entwurf zur Reform des Verfahrensrechts auch in Angelegenheiten der Freiwilligen Gerichtsbarkeit (§ 1752 Rn 13) wird das FGG durch das FamFG abgelöst. Als Rechtsmittel ist dann nur noch die befristete Beschwerde statthaft. Die Beschwerde ist beim AG einzureichen; zu entscheiden hat das OLG (§ 119 Abs 1 Nr 1 b GVG (idF von Art 22 Nr 14 FamFG-Entwurf).

10.2 Mit der **Reform des PStG** (Rn 2.3) ändert sich in der Sache nichts. Die Möglichkeit, das Gericht anzurufen, ergibt sich dann aus § 49 PStG; § 51 Abs 1 enthält den Verweis auf die Vorschriften des FGG (später FamFG). Das Beschwerderecht der Aufsichtsbehörde regelt § 53 Abs 2.

11 **b) Berichtigung und Änderung des Vornamens.** Von der Änderung des Vornamens zu unterscheiden ist die Berichtigung des Vornamens mit der Begründung, der Vorname sei so, wie er im Geburtenbuch eingetragen wurde, nicht wirksam erteilt worden, so dass der Eintrag im Geburtenbuch unrichtig wäre. Die Unrichtigkeit muss nachgewiesen sein[173]. Dies ist der Fall, wenn nicht feststeht, dass die gemeinsam sorgeberechtigten Eltern sich über den Vornamen geeinigt haben[174]. Dies soll – trotz jeglicher rechtlicher Unverbindlichkeit der Unterscheidung zwischen Rufnamen und sonstigen Vornamen – auch gelten, wenn die Reihenfolge anders als gewünscht eingetragen wurde[175]. Keine Berichtigung ist möglich, wenn der Eintrag den von den Eltern mitgeteilten Vornamen richtig wiedergibt, die Eltern jedoch die Schreibweise des (ausländischen) Vornamens falsch angegeben haben[176].

---

[154] OLG Karlsruhe StAZ 1999, 298 f auch ohne „accent aigu".
[155] AG München NJOZ 2007, 4173.
[156] AG Traunstein StAZ 1994, 317.
[157] OLG Düsseldorf StAZ 1985, 250.
[158] OLG Frankfurt OLGZ 1985, 154.
[159] OLG Köln FPR 2002, 571.
[160] LG Oldenburg NJW-RR 1991, 391.
[161] LG Leipzig StAZ 2001, 112.
[162] OLG Frankfurt OLGZ 1992, 45.
[163] AG Ellwangen StAZ 1995, 330.
[164] AG Nürnberg StAZ 1994, 118.
[165] OLG Frankfurt NJW-RR 1990, 585: „Siegner".
[166] KG FGPrax 1999, 101 mwN.
[167] OLG Frankfurt OLGZ 1976, 423; OLG Hamm OLGZ 1983, 42; OLG Frankfurt FGPrax 2000, 106, 107 für den dem Ehenamen vorangestellten Geburtsnamen der Mutter.
[168] KG FGPrax 1999, 101 f.
[169] AG Tübingen StAZ 1997, 381.
[170] AG Bremen StAZ 1991, 255.
[171] OLG Jena StAZ 2004, 45 f.
[172] BayObLG StAZ 1997, 207, 208.
[173] OLG München StAZ 2006, 295 mwN.
[174] BayObLG FamRZ 1995, 685, 686: nur ausnahmsweise Verwirkung eines Berichtigungsanspruches; AG Schöneberg StAZ 1997, 39.
[175] OLG Hamm OLGZ 1985, 307.
[176] LG Bremen StAZ 2000, 239, 240 für den türkischen Vornamen „Rüwyeda" statt richtig „Rüvyeda".

Eine allgemeine Änderung des Vornamens ist nur auf öffentlich-rechtlicher Grundlage nach dem NamÄndG möglich (Rn 12). Zivilrechtlich ist eine Änderung des Vornamens durch Entscheidung des Vormundschaftsgerichts im Falle der Adoption möglich, §§ 1757 Abs 4 Nr 1, 1772 Abs 1 (§ 1757 Rn 15).

4. Öffentlich-rechtliche Namensänderung. Unabhängig vom bürgerlich-rechtlichen Namensrecht wird die Namensführung vom Öffentlichen Recht der Namensänderung beeinflusst. Sowohl der Nachname (§ 1 NamÄndG) als auch der Vorname (§ 11 NamÄndG) können aus „wichtigem Grund" (§ 3 Abs 1 NamÄndG) geändert werden (Rn 12.1), freilich nur für deutsche Staatsangehörige bzw Staatenlose mit Wohnsitz oder Aufenthalt im Bundesgebiet[177]. Insoweit enthält das BGB keine geschlossene Regelung, die eine Änderung des Kindesnamens nur nach den Regeln des bürgerlichen Rechts erlaubt und ansonsten die Namenskontinuität festschreibt[178]. Für die Änderung des **Nachnamens** sind zuständig die höhere Verwaltungsbehörde (§ 6 NamÄndG), für die Änderung des **Vornamens** die untere Verwaltungsbehörde (§ 11 NamÄndG). Die Versagung der Namensänderung ist ein vor den Verwaltungsgerichten anfechtbarer Verwaltungsakt, der von den Gerichten in vollem Umfang überprüft werden muss. Nach rechtswirksamer Änderung muss ein entsprechender Randvermerk in das Geburtenbuch eingetragen werden (§ 30 Abs 1 S 1 PStG; Rn 2.2). 12

Ein **wichtiger Grund** für die Änderung des **Familiennamens** liegt nach der ständigen Rspr des BVerwG vor, wenn die privaten Interessen das öffentliche Interesse überwiegen[179], wenn ein atypischer Einzelfall vorliegt, der die Fortführung des bürgerlich-rechtlich (einschließlich der Übergangsvorschriften) vorgegebenen Namens als unzumutbar erscheinen lässt. Bloße Unzufriedenheit mit der bürgerlich-rechtlichen Regelung können auf Grund des geschlossenen Systems des Namensrechts nicht zu einer Änderung nach dem NamÄndG führen[180]. Der früher häufigste Fall der öffentlich-rechtlichen Namensänderung, die Namen eines Kindes aus einer geschiedenen Ehe in den neuen Ehenamen des sorgeberechtigten Elternteils zu ändern, ist durch die Neuregelung des § 1618 weitgehend hinfällig geworden (§ 1618 Rn 1). Im Übrigen bleibt grds die Möglichkeit der öffentlich-rechtlichen Namensänderung erhalten; so ist insbes die öffentlich-rechtliche Namensänderung bei den sog **Scheidungshalbwaisen** nicht ausgeschlossen (§ 1617 c Rn 8). Die dortige restriktive Interpretation im Falle der Namensänderung gegen den Willen eines Elternteils (Erforderlichkeit) gilt nicht ohne Weiteres für andere Fälle der Namensänderung[181]. 12.1

Mit der Reform des PStG, Rn 2.3, gibt es keinen Randvermerk mehr. An seine Stelle tritt hier die Folgebeurkundung gem §§ 27 Abs 3, 1 Abs 1 PStG. 12.2

Dem Interesse an der Fortführung des **Vornamens** misst das BVerwG ein geringeres öffentliches Interesse bei[182]. Dennoch ist auch bei der Änderung des Vornamens der wichtige Grund mehr als ein nur vernünftiger Grund (Rn 13.1)[183]. 13

So reicht es zur Änderung nicht aus, wenn die erteilten Vornamen „Hartmut Artur Eduard" im täglichen Umgang nicht gebraucht werden und durch den Kurznamen „Harry" ersetzt werden sollen. Die Divergenz zwischen Gebrauchsform und amtlicher Form des Vornamens ist hinzunehmen[184]. Ein wichtiger Grund für eine Ergänzung des Vornamens „Georg" besteht nicht, wenn ein weiterer Name gewünscht wird, weil der einzige Vorname sehr häufig vorkomme; der Vorname habe, anders als der Familienname, eine geringere Funktion zur Vermeidung von Verwechslungen[185]. Kein wichtiger Grund ist es, wenn die Eltern glauben, der Vorname passe nach einigen Jahren nicht mehr zu dem Kinde[186]. Dagegen kann ein wichtiger Grund angenommen werden, wenn einem Kind aus religiösen Gründen der Taufname dem amtlichen Vornamen vorangestellt werden soll[187]. Ein wichtiger Grund kann aber sicherlich angenommen werden, wenn das Kind gutgläubig über sehr lange Zeit einen Vornamen führte, der dem richtigerweise vom Standesbeamten eingetragenen Namen nicht entsprach[188]. 13.1

5. Internationales Privatrecht. Maßgebliche Kollisionsnorm für das Recht des **Familiennamens** ist Art 10 EGBGB[189]. Für den Sorgerechtsinhaber besteht auf dieser Grundlage unter den dort genannten Voraussetzungen für den Familiennamen die Möglichkeit der **Rechtswahl** (Art 10 Abs 3 S 1 EGBGB) und zwar ohne die Verbindung mit einer tatsächlichen Veränderung in der Familie (Art 10 EGBGB Rn 62, Rn 14.1). Die Rechtswahl kann beschränkt auf ein bestimmtes Kind ausgeübt werden mit der Folge, dass die Kinder in einer Familie unterschiedlichem Namensrecht unterliegen; § 1617 Abs 1 S 3 gilt für die kollisionsrechtliche Entscheidung nicht, Art 10 EGBGB Rn 75. Soweit das Kind oder – wie im Fall der Einbenennung der nicht sorgeberechtigte Elternteil (§ 1618 Rn 5) – der 14

---

[177] Vgl OLG Hamm StAZ 2007, 175, 177.
[178] VGH Mannheim FamRZ 2001, 1551, 1552; OVG Münster NJW 2001, 2565 f; OVG Lüneburg NJW 2000, 3151 f; VGH München StAZ 2001, 214 f; VG Ansbach AN 15 K 06.02984; VG Aachen BeckRS 2006, 25308 mwN; VG Frankfurt/O FamRZ 2000, 1438 (LS); *Gaaz* StAZ 1998, 246, 248; *Schmitz/Bauer* StAZ 2001, 99, 103; hM.
[179] *Loos* § 3 NamÄndG Anm 3.
[180] VGH München StAZ 1998, 211, 212; StAZ 1993, 20, 21.
[181] VG Aachen BeckRS 2006, 25308 für die Änderung des Namens eines Pflegekindes.
[182] BVerwG NJW-RR 1989, 643.
[183] BVerwG NJW-RR 1989, 771. Das BVerfG sieht in dieser Wertung keinen Verstoß gegen die Verfassung, Nichtannahmebeschluss vom 10. 10. 1989, 1 BvR 358/89.
[184] BVerwG NJW-RR 1989, 771.
[185] BVerwG NJW-RR 1989, 643.
[186] OVG Lüneburg FamRZ 1994, 1346: das „Risiko" müssten die Eltern tragen. Wird der Name für das Kind zum Risiko von einigem Gewicht, wird man einen „wichtigen Grund" annehmen.
[187] BVerwG StAZ 2003, 240, 241.
[188] Vgl OLG Hamm StAZ 2007, 175, 177.
[189] Anlage 2 zum Rundschreiben des BMI vom 22. 3. 2004, abgedruckt in StAZ 2004, 301 ff enthält eine Übersicht über die Namensführung des Kindes in ausländischen Rechtsordnungen.

§ 1616 Buch 4. Abschnitt 2. Verwandtschaft

Namenserteilung zustimmen müssen, gilt zusätzlich das Heimatrecht des Kindes (Art 23 S 1 EGBGB). An dessen Stelle kann im Einzelfall das deutsche Recht treten, wenn dies aus Gründen des Kindeswohls erforderlich ist (Art 23 S 2 EGBGB). Familiennamen, die nach ausländischem Recht rechtmäßig erworben sind, können in ein deutsches Personenstandsbuch nicht eingetragen werden, wenn nach deutschem IPR deutsches Recht anwendbar ist und der geführte Name nach deutscher Rechtsordnung unzulässig ist[190]. **Ist ausländisches Recht anzuwenden,** ggf auch nach einer späteren Rechtswahl, gelten dessen Namensregeln sowohl für die Frage, inwieweit für das Kind ein Doppelname gewählt werden kann (§ 1617 Rn 6) und inwieweit der Name eines Kindes auch den Namen eines anderen Kindes beeinflusst[191].

14.1 Wählbar ist nur das ausländische materielle Recht, nicht ein bestimmter Name. Ob das anders ist, wenn die Rechtswahl auf der Grundlage des Art 10 Abs 3 S 1 Nr 3 (**Einbenennung**) erfolgt, ist streitig. So wird vertreten, dass das ausländische Recht nur wählbar ist, wenn es zur Namensangleichung zwischen Kind und Stiefelternteil führt, Art 10 EGBGB Rn 67 mwN[192].

15 Für die **Erteilung des Vornamens** ist maßgeblich das nach Art 10 Abs 1 EGBGB berufene Recht[193]. Dieses gilt sowohl für die Frage der Befugnis zur Vornamenserteilung[194] als auch für die Grenzen der Vornamenserteilung[195]. Bei letzterem gilt aber der Vorrang des Kindeswohls[196]. Eine **Rechtswahl** ist für den Vornamen nicht möglich, Art 10 EGBGB Rn 65. Soweit das ausländische Recht eine Geschlechtszuordnung des Vornamens nicht vorsieht, ist damit der ordre public nicht verletzt[197]; dies dürfte aber dann der Fall sein, wenn der ausländische Namen nach deutschem Sprachempfinden das Geschlecht offensichtlich falsch bezeichnet. Vornamen, die **nach ausländischem Recht erworben** wurden, können in Deutschland (nur) in den Grenzen des ordre public weiter geführt werden[198]; das bedeutet aber nicht, dass derartige Namen nach deutschem Recht erteilt werden können[199]. Knüpft das nach den Regeln des IPR anwendbare deutsche Recht an Namen an, die auf ausländischem Recht beruhen und der Systematik von Vor- und Familiennamen nicht entsprechen, so ist der Konflikt über die **Angleichung** iwS zu lösen[200].

16 **6. Übergangsvorschriften.** Wesentliche Grundaussage der Übergangsvorschriften in Art 224 § 3 EGBGB ist, dass rechtmäßig erworbene Familiennamen dem Namensträger erhalten bleiben (Abs 1 S 1), dass aber die über die Neuregelung eröffneten Gestaltungsmöglichkeiten sowie die Auswirkungen von Namensänderungen sich nach dem ab 1. 7. 1998 geltenden Recht richten. Hinsichtlich der Namenserteilung nach § 1617 sieht das Gesetz eine Regelung vor, die der Einheit der Namensführung der Geschwister dient und an die in der Übergangszeit mögliche Bildung von Doppelnamen anknüpft (§ 1617 Rn 8).

II. Einzelerläuterungen zu § 1616

17 **1. Normzweck.** Die Bestimmung gibt die Grundidee des Familiennamens als Einheit der Namensführung innerhalb einer Familie wieder. Nach mehrfachen Änderungen des Namensrechts stellt die Vorschrift noch den Rest der früheren Namensklarheit und Namensstarrheit dar. Die frühere allgemeine Einheitlichkeit des Familiennamens wird für den Fall aufrechterhalten, dass die Eltern selbst sich für einen gemeinsamen Familiennamen (Ehenamen) entschieden haben. Die Reichweite der Bestimmung erschließt sich nur in Zusammenhang mit den eherechtlichen Vorschriften über die Führung eines Ehenamens, die den Ehegatten die Entscheidung überlassen, ob zwischen den Ehegatten eine ehebedingte Namensgleichheit begründet wird.

18 **2. Begriff des Ehenamens.** Der Begriff des Ehenamens bezieht sich auf die eherechtliche Regelung in § 1355 Abs 1 S 1. Gemeint ist ein gleich lautender Name der Ehegatten auf Grund der Eheschließung. Welcher Name nach deutschem Recht zum Ehenamen bestimmt werden konnte, ergibt sich aus § 1355 Abs 2. Ehename kann danach sein
– der Geburtsname der Frau oder des Mannes oder
– der Name des Mannes oder der Frau, der im Zeitpunkt der Wirksamkeit der Erklärung zur Bestimmung des Ehenamens personenstandsrechtlich geführt wird, sei es auf Grund der erstmaligen

---

[190] LG München StAZ 1999, 174 f.
[191] MünchKommBGB/*Birk* Art 10 EGBGB Rn 118.
[192] AA MünchKommBGB/*Birk* Art 10 EGBGB Rn 131.
[193] OLG Düsseldorf OLGZ 1989, 276; BayObLG StAZ 2000, 235: keine Rechtswahl nach Art 10 Abs 3 EGBGB für den Vornamen; *Henrich*, Internationales Familienrecht, § 7 I 2; *Staudinger/Hepting* Art 10 EGBGB Rn 309.
[194] *Staudinger/Hepting* Art 10 EGBGB Rn 315 f mwN, hM; dort auch zu der Beurteilung der Vorfragen von Elternschaft, gesetzliche Vertretung uÄ.
[195] *Staudinger/Hepting* Art 10 EGBGB Rn 310.
[196] *Staudinger/Hepting* Art 10 EGBGB Rn 311.
[197] OLG Düsseldorf NJW-RR 1989, 1033, 1034; OLG Frankfurt StAZ 2000, 258.
[198] *Staudinger/Coester* Rn 97; *Staudinger/Hepting* Art 10 EGBGB Rn 311 „kaum zumutbar". OLG Bremen StAZ 1996, 86 für „Frieden Mit Gott Allein Durch Jesus Christus": verneint einen Verstoß gegen den ordre public; aA insoweit *Staudinger/Coester* Rn 97.
[199] OLG Bremen StAZ 1996, 86; *Seibicke* StAZ 1997, 99.
[200] Näher *Hepting* StAZ 2001, 257.

Bestimmung, sei es auf Grund einer Neubestimmung nach der Übergangsregelung des Art 229 § 13 Abs 1 S 1 EGBGB.

Ein Ehename wird auch geführt, wenn ein Elternteil gemäß § 1355 Abs 4 S 1 von der Möglichkeit Gebrauch gemacht hat, seinen Geburtsnamen, der nicht Ehename wurde, dem Ehenamen voranzustellen oder anzufügen. Der **Begleitname** des Elternteils, dessen Geburtsname nicht Ehename wurde, ist jedoch nicht Bestandteil des Ehenamens, wird damit an das Kind nicht weitergegeben, § 1617 Rn 5.1[201].

19 Führt ein Ehegatte einen **echten Doppelnamen,** kann nur dieser zum Ehenamen bestimmt werden[202]; wird er Ehename, erhält das Kind zwingend diesen Doppelnamen[203]. Dasselbe gilt, wenn ein Elternteil im Zeitpunkt der Eheschließung einen unechten Doppelnamen führte und dieser gemäß § 1355 Abs 2 zum Ehenamen bestimmt wurde, da der unechte Doppelname mit der Bestimmung zum Ehenamen zum echten Doppelnamen erstarkte[204]. Vermeiden lässt sich die Bildung des Doppelnamens für das Kind nur, wenn der Elternteil nach Maßgabe des § 1355 Abs 5 S 3, Abs 4 S 4 noch vor der Bestimmung des Ehenamens die Beifügung des Begleitnamens widerruft. Ein Ehename besteht auch dann, wenn die Ehegatten einen gemeinsamen Namen auf Grund der Eheschließung nach ausländischem Recht führen[205].

20 **3. Zeitpunkt des Namenserwerbs/Bestand der Ehe.** Das Kind erhält den Ehenamen, wenn ihn die Eltern **im Zeitpunkt der Geburt** des Kindes führen. Dasselbe gilt, wenn die Eltern bei der Geburt des Kindes noch keinen gemeinsamen Ehenamen führen, diesen aber begründen, bevor die Geburt des Kindes beurkundet[206] oder der Name nach einer anderen Rechtsgrundlage (§ 1617 Abs 1) wirksam bestimmt wurde. Insoweit wird aus praktischen Gründen für den erstmaligen Erwerb des Geburtsnamens erst auf den Zeitpunkt der ersten Beurkundung abgestellt[207]. Bestimmen die Eltern einen Ehenamen erst nach dem erstmaligen Namenserwerb des Kindes, so gilt § 1617 c Abs 1; das gilt auch wenn auf der Grundlage des § 1617 Abs 1 das Kind den Namen eines Elternteils erhalten hatte. Ändert sich der auch für das Kind maßgebliche Ehename der Eltern nach der Geburt, gilt § 1617 c Abs 2 Nr 1.

21 Ein **anhängiges Scheidungsverfahren** im Zeitpunkt der Geburt des Kindes ändert an dem Erwerb des Namens nach § 1616 nichts, auch wenn ein Dritter mit Zustimmung der Mutter und des Scheinvaters die Vaterschaft vorgeburtlich anerkannt hat (vgl §§ 1594 Abs 4, 1599 Abs 2 S 1, 2). Bis zur Rechtskraft des Scheidungsurteils ist der Ehemann als Vater des Kindes, §§ 1592 Nr 1, 1599 Abs 2 S 3 anzusehen[208]. Wird das Scheidungsurteil rechtskräftig, entfällt die Vaterschaft des geschiedenen Ehemannes rückwirkend; es gilt dann in analoger Anwendung die Regelung des § 1617 b Abs 2 (§ 1617 b Rn 9).

22 Der **Bestand der Ehe** ist für den Namenserhalt nach § 1616 ohne Bedeutung. Wird der Ehename von beiden Eltern **nach der Scheidung der Ehe** im Zeitpunkt der Geburt des Kindes noch weitergeführt, so setzt sich die zwingende Nameneinheit ohne Rücksicht auf die Sorgerechtsverhältnisse im Zeitpunkt der Geburt des Kindes durch[209]. Hat sich der Ehename noch vor Geburt des Kindes geändert, gilt er ohne weiteres auch für das Kind[210]. Hat im Zeitpunkt der Geburt des Kindes ein Elternteil nach Scheidung der Ehe den **Ehenamen abgelegt,** ist § 1616 nicht anwendbar; maßgeblich für das Namensrecht ist nun die sorgerechtliche Situation[211].

23 Wird die **Ehe noch vor der Geburt des Kindes geschieden** und wird der Ehename in diesem Zeitpunkt noch geführt, kann § 1616 erst gelten, wenn die Vaterschaft zu dem Kind nach § 1592 Nr 2 oder Nr 3 rechtsverbindlich ist, da vorher die Elterneigenschaft des Vaters rechtlich nicht besteht (vgl § 1592 Nr 1). Wird die Vaterschaft rechtswirksam festgestellt, wirkt die förmliche Festlegung der Vaterschaft auch namensrechtlich auf den Zeitpunkt der Geburt des Kindes zurück. Das Kind erhält den Ehenamen seiner Eltern als Geburtsnamen, der ursprüngliche Eintrag, ist zu berichtigen[212]. Auch § 1617 b Abs 2 geht davon aus, dass die Änderung der rechtlichen Vaterschaft grds namensrechtlich zurückwirkt[213]. Die Möglichkeit, den zunächst erworbenen Namen weiter zu führen, rechtfertigt sich nur aus dem individuellen Interesse an der Namenskontinuität (§ 1617 b Rn 1); auf die Namensführung im Zeitpunkt der Feststellung der Vaterschaft kommt es nicht an[214].

24 Ohne Bedeutung ist es dabei, ob Geburtsname des Kindes **zunächst auf der Grundlage des § 1617 a Abs 1 beurkundet** wurde.

---

[201] *Erman/Michalski* Rn 11 mwN; zur Frage der Weitergabe bei Anwendung ausländischen Rechts vgl 1. Aufl Vor § 1616 Fn 8.
[202] LG Koblenz StAZ 1997, 343.
[203] *Wagenitz/Bornhofen* FamRZ 2005, 1425, 1427.
[204] *Wagenitz/Bornhofen* FamRZ 2005, 1425, 1427; *Bornhofen* StAZ 2005, 226, 229.
[205] Fachausschuss StAZ 2005, 110, 111.
[206] *Henrich/Wagenitz/Bornhofen,* Deutsches Namensrecht, § 1616 Rn 12.
[207] *Staudinger/Coester* Rn 10; *Michalski* FamRZ 1997, 977, 979; vgl zu dem allgemeinen Grundsatz Fachausschuss StAZ 1995, 246 mwN. Ähnlich BayObLG StAZ 1992, 241, 242 mwN für den Eintrag der Mutter mit ihrem nach der Geburt des Kindes aber vor der Beurkundung bestimmten Ehenamen.
[208] *Gaul* FamRZ 1997, 1441, 1448.
[209] BT-Drucks 13/4899 S 90; *Lipp/Wagenitz,* Das neue Kindschaftsrecht, 1999, Rn 2; *Staudinger/Coester* Rn 15; FamRefK/*Wax* Rn 2; *WillutzkiKind-Prax* 1999, 83 f; Fachausschuss StAZ 2005, 328, 329.
[210] *Palandt/Diederichsen* Rn 2.
[211] *Staudinger/Coester* Rn 16.
[212] Fachausschuss StAZ 2001, 180 mwN.
[213] *Henrich/Wagenitz/Bornhofen,* Deutsches Namensrecht, § 1617 b Rn 87 ff; *Gaaz* StAZ 2000, 357, 362.
[214] *Lipp/Wagenitz,* Das neue Kindschaftsrecht, 1999, Rn 2.

§ 1617 Buch 4. Abschnitt 2. Verwandtschaft

– Führt die Mutter den Ehenamen noch im Zeitpunkt der Vaterschaftsfeststellung, ändert sich für das Kind zwar nicht der Inhalt des Namens, jedoch die Ableitungsgrundlage (verdeckte Namensänderung); hierzu bedarf es auch keiner Anschlusserklärung[215].
– Hat sich der Name der Mutter, der zunächst mangels rechtsverbindlicher Vaterschaft den Namen des Kindes bestimmte, nach der Geburt des Kindes anders als durch Eheschließung bzw durch Begründung einer Lebenspartnerschaft (zB durch Wiederannahme des Geburtsnamens) geändert und erstreckte sich diese Änderung nach § 1617 c Abs 2 Nr 2 auf den Namen des Kindes, ist diese Namensführung durch den rückwirkenden Erwerb des (damaligen) Ehenamens unrichtig geworden und grds zu berichtigen[216]. Das Kind erhält den (damaligen) Ehenamen als Geburtsnamen (Rn 24.1).
– Hat sich der Name der Mutter nach der Geburt des Kindes durch Wiederheirat infolge der Bestimmung eines Ehenamens geändert, ändert sich der Name des Kindes nicht; die Anpassung des Namens des Kindes an den Namen der Mutter ist nur über die Einbenennung gemäß § 1618 mit Zustimmung des Vaters bzw deren Ersetzung möglich[217].

24.1 Faktisch handelt es sich um eine Namensänderung kraft Gesetzes, auf die im Interesse des individuellen Interesses an der Namenskontinuität § 1617 c Abs 1 entspr anzuwenden ist mit der Folge, dass die Rückwirkung nach Vollendung des fünften Lebensjahres des Kindes von einer Anschlusserklärung abhängig ist, § 1617 c Rn 4[218]. Der tatsächlich geführte Name ist vom Schutz des allgemeinen Persönlichkeitsrecht erfasst[219]; der Schutz erscheint besonders gerechtfertigt, wenn das Kind zunächst verpflichtet war, den Namen zu führen und die Berichtigung „nur" durch die Rückwirkung notwendig wird.

25 Wurde die **Ehe durch Tod des Vaters aufgelöst** und ergibt sich die Vaterschaft zu dem Kind aus § 1593 iVm § 1592 Nr 1, erhält das Kind ohne weiteres den Ehenamen, wenn der Ehename im Zeitpunkt der Geburt des Kindes noch von der Mutter geführt wird[220]. Führt die verwitwete Mutter den Ehenamen im Zeitpunkt der Geburt nicht mehr, gilt nicht § 1616, sondern § 1617 a Abs 1. Heiratet die Mutter und wird zum Ehenamen der Name des Ehemannes bestimmt, kann das Kind nach § 1618 S 1 einbenannt werden, ohne dass eine Zustimmung der Angehörigen erforderlich ist (§ 1618 Rn 5).

26 Aus Pietätsgründen kann gemäß § 21 Abs 2 S 2 PStG auch bei **Totgeburten** ein Vor- und Familiennamen eingetragen werden[221]. Zum Ausschluss einer Namensanpassung vgl § 1617 c Rn 2.

§ 1617 Geburtsname bei Eltern ohne Ehenamen und gemeinsamer Sorge

(1) ¹Führen die Eltern keinen Ehenamen und steht ihnen die Sorge gemeinsam zu, so bestimmen sie durch Erklärung gegenüber dem Standesbeamten den Namen, den der Vater oder die Mutter zur Zeit der Erklärung führt, zum Geburtsnamen des Kindes. ²Eine nach der Beurkundung der Geburt abgegebene Erklärung muss öffentlich beglaubigt werden. ³Die Bestimmung der Eltern gilt auch für ihre weiteren Kinder.

(2) ¹Treffen die Eltern binnen eines Monats nach der Geburt des Kindes keine Bestimmung, überträgt das Familiengericht das Bestimmungsrecht einem Elternteil. ²Absatz 1 gilt entsprechend. ³Das Gericht kann dem Elternteil für die Ausübung des Bestimmungsrechts eine Frist setzen. ⁴Ist nach Ablauf der Frist das Bestimmungsrecht nicht ausgeübt worden, so erhält das Kind den Namen des Elternteils, dem das Bestimmungsrecht übertragen ist.

(3) Ist ein Kind nicht im Inland geboren, so überträgt das Gericht einem Elternteil das Bestimmungsrecht nach Absatz 2 nur dann, wenn ein Elternteil oder das Kind dies beantragt oder die Eintragung des Namens des Kindes in ein deutsches Personenstandsbuch oder in ein amtliches deutsches Identitätspapier erforderlich wird.

Übersicht

	Rn		Rn
I. Normzweck	1	3. Form und Verbindlichkeit der Bestimmung (Abs 1 S 2)	11
II. Bestimmung des Namens durch die Eltern (Abs 1)	2	4. Bindungswirkung der Namensbestimmung für Geschwister des Kindes (Abs 1 S 3)	13
1. Voraussetzungen der Namensbestimmung: Fehlender Ehename und gemeinsames Sorgerecht (Abs 1 S 1)	2	**III. Pflicht zur Namensbestimmung durch die Eltern; Übertragung des Bestimmungsrechts durch das Familiengericht; gesetzliche Namenszuweisung nach Fristablauf (Abs 2, Abs 3)**	
2. Möglicher Namensinhalt (Abs 1 S 1)	5		
a) Aktuelle Regelung nach dem KindRG	5		
b) Übergangsregelung des KindRG	7		17

---

[215] *Gaaz* StAZ 2000, 357, 359 zu einem ähnlichen Fall der „verdeckten Namensänderung".
[216] *Wagenitz* FamRZ 1998, 1545.
[217] Fachausschuss StAZ 2001, 180; dort auch zur anderen Rechtslage bei Geburt des Kindes vor dem 1. 7. 1998.
[218] Fachausschuss StAZ 2001, 216.
[219] BVerfG StAZ 2001, 207, 208.
[220] *Lipp/Wagenitz*, Das neue Kindschaftsrecht, 1999, Rn 2; FamRefK/*Wax* Rn 3; *Palandt/Diederichsen* Rn 2; nicht eindeutig BT-Drucks 13/4899 S 90; aA *Staudinger/Coester* Rn 17: es gelte § 1617 a, um das Kind an Veränderung des Individualnamens der Mutter teilhaben zu lassen.
[221] AG Stuttgart StAZ 2003, 144; zum Problem der Bestimmung des Namens in Anknüpfung an ein hypothetisches Sorgerecht bzw eine entsprechende Vaterschaft DIJuF-Rechtsgutachten JAmt 2001, 479 f.

I. Normzweck

Führen die Eltern keinen Ehenamen und steht ihnen die gemeinsame Sorge über das Kind zu, müssen die Eltern den Namen des Kindes bestimmen. Das Namensbestimmungsrecht wird im Interesse einer Namenseinheit zumindest in einer Eltern-Kind-Beziehung und im Verhältnis der Geschwister zueinander inhaltlich begrenzt. Die Vorschrift sichert zugleich, dass durch Uneinigkeit der Eltern eine Namensbestimmung nicht verhindert werden kann.

II. Bestimmung des Namens durch die Eltern (Abs 1)

1. Voraussetzungen der Namensbestimmung: Fehlender Ehename und gemeinsames Sorgerecht (Abs 1 S 1). Das Bestimmungsrecht gilt für alle Eltern, die keinen Ehenamen führen und denen die elterliche Sorge gemeinsam zusteht. Ohne Bedeutung ist, ob die Eltern verheiratet sind, ob sie verheiratet waren, ob sie getrennt oder zusammen leben[1]. Die Namensbestimmung obliegt als Angelegenheit „von erheblicher Bedeutung" beiden Elternteilen (§ 1687 Abs 1 S 1; § 1687 Rn 6.2)[2], so dass eine Trennung der gemeinsam Sorgeberechtigten alleine ohne Auswirkung auf das bestehende Namensbestimmungsrecht ist. **Maßgeblicher Zeitpunkt** für die Beurteilung, ob das gemeinsame Sorgerecht vorliegt, ist der erstmalige Erwerb eines Geburtsnamens, damit grds die Geburt des Kindes[3].

– Sind bereits **vorgeburtlich** die **Sorge-** (§ 1626 b Abs 2) und **Anerkennungserklärungen** (§ 1594 Abs 4, 1595 Abs 3) wirksam abgegeben worden, ist der Name des Kindes nach § 1617 zu bestimmen. Die Namensbestimmung kann ebenfalls vorgeburtlich erfolgen[4].

– Ist die Mutter des Kindes im Zeitpunkt der Geburt noch mit einem **Scheinvater verheiratet**, können auch in diesem Fall Anerkennungs- und Zustimmungserklärung vorgeburtlich abgegeben werden[5]. Die Anerkennungserklärung wird mit Rechtskraft der Scheidungsurteils rückwirkend auf den Geburtszeitpunkt wirksam[6]. Das gilt aber nicht für die Sorgerechtserklärungen; das gemeinsame Sorgerecht kann frühestens mit Rechtskraft des Scheidungsurteils begründet werden[7]. Damit entfällt die Anwendung des § 1617 Abs 1. Einen anderweitigen Namen kann das Kind nur über § 1617 b Abs 1 oder § 1617 c Abs 1 erhalten.

– Wird die **gemeinsame Sorge erst nach der Geburt** begründet, die Erklärung zur Namenserteilung aber noch vor der Erstbeurkundung abgegeben, kann aus Gründen der Vereinfachungsgründen unmittelbar der erteilte Name eingetragen werden[8], vgl § 1616 Rn 20.

– **Fehlt** im Zeitpunkt der Geburt des Kindes **das gemeinsame Sorgerecht** und wird auch kein Ehename geführt, gilt § 1617 a. Wird die gemeinsame elterliche Sorge erst nach und nach einem anderweitigen Erwerb eines Geburtsnamens begründet, so gilt die Regelung des § 1617 b Abs 1.

– **Ist der Name nach § 1617 bestimmt** und ändert sich das maßgebliche Sorgerecht, hat dies auf den Fortbestand des Namens keinen Einfluss[9].

Keine Regelung trifft das Gesetz für den Fall, dass erst nach der Geburt des Kindes, aber noch vor der erforderlichen Bestimmung des Geburtsnamens das gemeinsame Sorgerecht beendet wird, sei es durch den Tod eines Elternteils (§ 1680 Abs 1), sei es durch Ruhen der elterlichen Sorge, durch Entziehung nach § 1666 Abs 1 oder durch die Übertragung auf einen Elternteil gemäß § 1671. Die Regelung des § 1617 a Abs 1 ist nicht anwendbar, da für die gesetzliche Namenszuweisung das alleinige Sorgerecht im Zeitpunkt der Geburt bestehen muss (§ 1617 a Rn 3). Am nächsten liegt die Lösung über die Regelung des § 1617 Abs 1: An die Stelle des gemeinsamen Sorgerechts tritt das anschließende Sorgerecht unabhängig von der Person des Sorgeberechtigten. Ggf haben der **Vormund oder Pfleger** den Namen des Kindes zu bestimmen[10].

Das Gesetz spricht nur allgemein vom **Sorgerecht,** ohne nach seinem Inhalt zu differenzieren. Gemeint ist der Teil des Sorgerechts, der für die Bestimmung des Namens ausschlaggebend ist[11], damit die Personensorge, § 1626 Rn 22. Es genügt die gemeinsame **tatsächliche Personensorge**. Die Erteilung des Namens geschieht durch eine Erklärung gegenüber dem Standesamt, ist jedoch kein Fall der gesetzlichen Vertretung des Kindes, sondern eine interne, tatsächlich geprägte Handlung, die nur nach außen dokumentiert werden muss. Die Eintragung in das Geburtenbuch hat nur deklaratorische Bedeutung[12]. Auch der **minderjährige Elternteil** hat an der Namensbestimmung gemäß § 1617

---

[1] Henrich/Wagenitz/Bornhofen, Deutsches Namensrecht, § 1617 Rn 3.
[2] *Wagenitz* FamRZ 1998, 1545, 1547.
[3] *Staudinger/Coester* Rn 9.
[4] *Staudinger/Coester* Rn 9, 34; MünchKommBGB/v. *SachsenGessaphe* Rn 21; aA *Kemper* DAVorm 1999, 87.
[5] BGHZ 158, 74, 76 f = NJW 2004, 1595, 1596.
[6] BGHZ 158, 74, 79 = NJW 2004, 1595, 1596 mwN; *Staudinger/Rauscher* § 1599 Rn 107; *Veit* FamRZ 1999, 902, 904.
[7] *Veit* FamRZ 1999, 902, 905.
[8] OLG Frankfurt FGPrax 2005, 122, 123 f: registerrechtliche Unschärfe.
[9] *Wagenitz* FamRZ 1998, 1545, 1546.
[10] *Wagenitz* FamRZ 1998, 1545, 1546; *Michalski* FamRZ 1997, 977, 980; MünchKommBGB/v. *Sachsen Gessaphe* Rn 13.
[11] *Staudinger/Coester* Rn 7.
[12] *Michalski* FamRZ 1997, 977, 981.

§ 1617

Abs 1 mitzuwirken[13], da ihm die tatsächliche Personensorge zusteht (§ 1673 Abs 2 S 2); einer Zustimmung seines gesetzlichen Vertreters bedarf er nicht[14].

5   **2. Möglicher Namensinhalt (Abs 1 S 1). a) Aktuelle Regelung nach dem KindRG.** Der Name des Elternteils, den das Kind erhält, muss nicht der Geburtsname des Elternteils sein. Es kommt alleine darauf an, welcher Name zurzeit der Namenserteilung aktuell geführt wird[15]. **Geburtsname** des Kindes kann auch ein früherer Ehename werden, der nach Auflösung der Ehe nicht abgelegt wurde, ebenso der Ehename aus einer bestehenden Ehe, auch wenn dies der Name des Ehegatten des Elternteils, und damit eines Dritten ist. Der bzw die Dritte kann sich gegen diesen Namenszugriff nicht wehren[16]. Die Bedenken aus der Systematik des Namensrechts müssen wegen des klaren Wortlauts und dem in den §§ 1616, 1617 enthaltenen Zweck einer zumindest teilweisen Namensidentität zurücktreten[17]. Die damit mögliche Namensgleichheit des Kindes mit einem früheren oder derzeitigen Ehegatten eines Elternteils wurde vom Gesetzgeber in Kauf genommen. Soll der Geburtsname des Elternteils weitergegeben werden, obwohl er einen Ehenamen aus einer früheren oder bestehenden Ehe führt, so muss er auf der Grundlage des § 1355 Abs 5 S 2 diesen (früheren) Ehenamen ablegen[18]. Der **Begleitname** eines Elternteils kann nicht zum Geburtsnamen des Kindes werden (Rn 5.1). Soweit es sich um einen **echten Doppelnamen** handelt, kann dieser nur insgesamt zum Kindesnamen werden. Nicht aber kann nur ein Teil des echten Doppelnamens gewählt werden[19], da dies einer im Gesetz nicht vorgesehenen indirekten Änderung des Namens bei der Weitergabe gleichkäme. Das gilt etwa für einen über § 1355 Abs 2 (§ 1616 Rn 19), über § 1757 Abs 4 Nr 2 oder über die öffentlich-rechtliche Namensänderung (§ 1616 Rn 12) begründeten Doppelnamen. Ist ein Elternteil **verstorben,** kann – in Hinblick auf den Normzweck (Rn 1) – nur noch der Name des überlebenden Elternteils zum Namen des Kindes werden[20].

5.1   Der **Begleitname eines Elternteils** ist höchstpersönlicher Natur und soll nur die Namensidentität des Ehegatten bestimmen[21]. Er soll daher ein Kind nicht weitergegeben werden[22]. Daran hat auch die Reform des Namensrechts der Ehegatten (BGBl 2005 I S 203) nichts geändert[23]. Dass der geführte Doppelname eines Ehegatten zum Ehenamen bestimmt werden kann (§ 1616 Rn 19) und damit auch als Doppelname zum Kindesnamen wird, zwingt nicht dazu, einen unechten Doppelnamen auf das Kind gemäß § 1617 zu übertragen. Schließlich kann sich der Elternteil – anders als bei einem echten Doppelnamen – von dem unechten Doppelnamen ohne weiteres wieder lösen und so die Namensverbindung zum Kind aufheben, es sei denn man ist der Meinung, dass sich dann auch der Kindesname nach § 1617 c Abs 2 Nr 2 ändert (§ 1617 c Rn 10). In Hinblick auf den höchstpersönlichen Charakter des bloßen Begleitnamens ist daher die Vorschrift des § 1617 Abs 1 so zu lesen, dass nur der familienorientierte, nicht aber der individuell bestimmte Name, der geführt wird, erteilt werden kann. Anders ist dies ggf, wenn aufgrund der Rechtswahl nach Art 10 Abs 3 S 1 Nr 1 EGBGB der Name des Sorgeberechtigten nach ausländischem Recht in vollem Umfang an das Kind weitergegeben wird[24].

6   **Unzulässig** ist, in Fortsetzung der Neuregelung ab 1. 4. 1994, die **Neubegründung eines Doppelnamens** aus den jeweiligen Namen der Eltern des Kindes, wie sie bis 1. 4. 1994 auf Grund einer Übergangsregelung des BVerfG möglich war[25]. Mit Entscheidung vom 30. 1. 2002 hat das BVerfG dieses Verbot als mit dem GG vereinbar bezeichnet[26]. Ein Doppelname ist **ausnahmsweise zulässig,** wenn ein Geschwisterkind auf Grund der Übergangsregelung bereits den Doppelnamen trägt (Rn 7 f). Ist nach **ausländischem Recht** ein Doppelname zulässigerweise gebildet worden, ist dieser Name für die deutsche Rechtsordnung nicht verbindlich, wenn nach deutschem IPR das deutsche Sachrecht anwendbar ist[27]. Ist für den Kindesnamen ausländisches Recht anwendbar, ggf auch nach einer Rechtswahl, kann nach Maßgabe der gewählten Rechtsordnung einen **Doppelnamen** erhalten[28].

---

[13] *Staudinger/Coester* Rn 8; DIJuF-Rechtsgutachten JAmt 2004, 188.
[14] *Staudinger/Coester* Rn 30: keine Enkelsorge; *Henrich/Wagenitz/Bornhofen*, Deutsches Namensrecht, § 1617 Rn 74.
[15] *Staudinger/Coester* Rn 22.
[16] *Wagenitz* FamRZ 1998, 1545, 1547.
[17] *Erman/Michalski* Rn 7 wohl aA mit ausf Darstellung der Problematik.
[18] *Coester* FuR 1994, 1, 5.
[19] *Wagenitz* FamRZ 1998, 1545, 1547; *Willutzki* Kind-Prax 1999, 83, 84.
[20] *Staudinger/Coester* Rn 21; aA *Henrich/Wagenitz/Bornhofen*, Deutsches Namensrecht, § 1617 Rn 50.
[21] *Coester* FuR 1994, 1, 2.
[22] MünchKommBGB/*v. Sachsen Gessaphe* Rn 17; FamRefK/*Wax* Rn 3; *Palandt/Diederichsen* Rn 5; wohl auch *Michalski* FamRZ 1997, 977, 980; aA *Sacksofsky* FPR 2004, 371, 375; *Staudinger/Coester* Rn 23; *Gernhuber/Coester-Waltjen* § 54 I 4; *Wagenitz* FamRZ 1998, 1545, 1547: möglich sei auch eine Aufspaltung des unechten Doppelnamens; *Willutzki* Kind-Prax 1999, 83, 84; ebenso *Staudinger/Coester* Rn 24; Fachausschuss Nr 3577 StAZ 2000, 278 f: aber gegen die Möglichkeit, den unechten Doppelnamen aufzuspalten; *Löhnig*, Das Recht des Kindes nicht verheirateter Eltern, 2004, S 99.
[23] AA *Wagenitz/Bornhofen* FamRZ 2005, 1425, 1427.
[24] LG Berlin StAZ 2000, 217 f betr Korea.
[25] BVerfGE 84, 9, 24. Diese Möglichkeit galt auch für nichtehelich geborene Kinder, die durch Eheschließung legitimiert wurden, BayObLG FamRZ 1996, 428.
[26] NJW 2002, 1256, 1257: kein Verstoß gegen Art 6 Abs 2 GG, S 1257, gegen das Persönlichkeitsrecht des Kindes bzw der Eltern, S 1259, gegen Art 3 Abs 3 S 1, Art 3 Abs 2 GG, S 1259.
[27] BayObLG StAZ 1999, 333, 334 mit Hinweisen zu aus verfassungsrechtlichen Gründen ggf nötigen Ausnahmen; LG München StAZ 1999, 174 f; zur europarechtlichen Problematik aber Schlussantrag des GA IPRax 2005, 440, 443 f; zur Anerkennungsproblematik *Coester-Waltjen* IPRax 2006, 392, 396 f.
[28] MünchKommBGB/*Birk* Art 10 EGBGB Rn 117.

Geburtsname bei Eltern ohne Ehenamen und gemeinsamer Sorge § 1617

b) Übergangsregelung des KindRG. Der Gesetzgeber wollte die Neuregelung des KindRG mit dem 1. 7. 1998 sofort in Kraft setzen, bereits erworbene Namen sollten nicht kraft Gesetzes der Neuregelung angepasst werden (Art 224 § 3 Abs 1 S 1 EGBGB), auch wenn sie auf Grund der verfassungsgerichtlich verfügten Übergangsregelung aus einem Doppelnamen bestanden, der aus dem Namen der Mutter und des Vaters gebildet worden war. Die damit verbundene Folge unterschiedlicher Geburtsnamen der Kinder innerhalb einer Familie nimmt das Gesetz einerseits hin, andererseits eröffnet es mit der Übergangsregelung die Möglichkeit einer Angleichung der Geschwisternamen durch die Bildung des ansonsten nicht zulässigen Doppelnamens oder die Änderung des bestehenden Doppelnamens in einen Einzelnamen entspr der geltenden Neuregelung in § 1617 Abs 1. Soweit die Neuregelung Änderungen des Familiennamens ermöglicht bzw kraft Gesetzes vorsieht, gelten die Neuregelungen auch für Kinder, die vor dem 1. 7. 1998 geboren wurden (Art 224 § 3 Abs 1 S 2 EGBGB). 7

Für Kinder, die **nach dem 31. 3. 1994 geboren** wurden oder werden, gilt für die **erstmalige Bestimmung** des Geburtsnamens grds die Regelung des § 1617 Abs 1: Sie können den Geburtsnamen des Vaters oder der Mutter erhalten. Tragen Geschwister, die vor dem 1. 4. 1994 geboren wurden, einen nach der verfassungsgerichtlich verfügten Übergangsregelung zulässigen Doppelnamen, der aus den Namen der Mutter und des Vaters gebildet wurde, so **kann** – zeitlich unbegrenzt – auch das nach dem 30. 3. 1994 geborene Kind diesen Doppelnamen durch Erklärung gegenüber dem Standesamt erhalten. Beruht der Doppelname auf einer anderweitigen Rechtsgrundlage, gilt die Option nicht[29], um die Einheit der Namensführung zwischen den Geschwistern zu ermöglichen, Art 224 § 3 Abs 3 S 1 EGBGB[30]. Konsequenterweise entfällt diese Möglichkeit, wenn mehrere vor dem 1. 4. 1994 geborene Kinder bereits unterschiedliche Geburtsnamen führen (Art 224 § 3 Abs 6 EGBGB). Wird von der Möglichkeit der Bildung eines Doppelnamens zulässigerweise Gebrauch gemacht, muss die Bestimmung für alle gemeinsamen Kinder wirksam sein (Art 224 § 3 Abs 3 S 2 HS 1 EGBGB); sie gilt dann auch für alle weiteren Kinder (Art 224 § 3 Abs 3 S 2 HS 2 EGBGB iVm § 1617 Abs 1 S 3). Machen die Eltern von der Möglichkeit der Namensangleichung keinen Gebrauch, so nimmt das Gesetz die unterschiedliche Namensführung zugunsten der Verwirklichung der Neuregelung hin. 8

Ist für Kinder, die **nach dem 31. 3. 1994 geboren** wurden, am 1. 7. 1998 bereits ein Geburtsname in ein deutsches Personenstandsbuch eingetragen der nach der damals geltenden Regelung (§ 1616 Abs 2 aF) ein Einzelname sein musste, so bleibt dieser dem Kind kraft Gesetzes erhalten (Art 224 § 3 Abs 4 S 1 EGBGB). Die Eltern konnten bis zum 30. 6. 1999 (Ausschlussfrist)[31] den Namen an den Doppelnamen des vor dem 1. 4. 1994 geborenen Kindes angleichen. Umgekehrt können die Eltern des minderjährigen Kindes den bereits bestehenden Doppelnamen zeitlich unbefristet in den Namen des Vaters oder der Mutter umändern (Art 224 § 3 Abs 5 S 1 EGBGB), wenn dies zur Namenseinheit der Geschwister führt (Art 224 § 3 Abs 5 S 2 iVm Abs 3 S 2 HS 1, Abs 5 S 3 EGBGB). Diese Regelung gilt auch, wenn das Kind im **Ausland geboren** wurde und rechtswirksam einen Namen erhalten hat, ohne dass dieser im deutschen Personenstandsbuch eingetragen ist[32]. Tragen vor dem 1. 7. 1998 geborene Kinder den Namen des Vaters oder der Mutter, so gilt für weitere Kinder, die nach dem 30. 6. 1998 geboren werden, unmittelbar die Regelung des § 1617 Abs 1 S 3. Die Übergangsbestimmungen sind in diesem Fall nicht maßgeblich[33]. 9

Maßgeblich für die **Entscheidungskompetenz** der „Eltern" ist jeweils die elterliche Sorge im Zeitpunkt der Entscheidung über die Neubestimmung[34], da, soweit Wahlmöglichkeiten bestehen, die Namensgebung nach der Neuregelung sich am Sorgerecht orientiert. Bei gemeinsamem Sorgerecht gilt, wenn sich die Eltern nicht einigen, die Regelung des § 1628. Besteht keine gemeinsame elterliche Sorge mehr, können die Optionen in entsprechender Anwendung auch vom inzwischen sorgeberechtigten Elternteil wahrgenommen werden[35]. In jedem Fall der Neubestimmung des Namens nach der Übergangsregelung gilt die einschränkende Bestimmung des § 1617 c Abs 1, der die Wirksamkeit der Namensbestimmung für ein Kind, das das 5. Lebensjahr vollendet hat, davon abhängig macht, dass sich das Kind der Namensbestimmung **anschließt** (Art 224 § 3 Abs 3 S 2 HS 2, Abs 4 S 3, Abs 5 S 2 EGBGB). 10

3. Form und Verbindlichkeit der Bestimmung (Abs 1 S 2). Die Bestimmung des Nachnamens durch Erklärung erfolgt gegenüber dem Standesamt (Abs 1 S 2). Zuständig zur Entgegennahme der Erklärungen ist das Standesamt, das die Geburt des Kindes beurkundet hat (§ 31 a Abs 2 S 1 PStG)[36]. Die Eintragung in das Geburtenbuch selbst hat nur deklaratorische Bedeutung. Eine gemeinsame Erklärung muss nicht abgegeben werden, es genügt, dass dem Standesamt zwei inhaltlich kongruente Erklärungen vorliegen[37]. Die Erklärung ist grds **formlos** möglich. Eine **öffentliche Beglaubigung** ist nur erforderlich, wenn die Eltern den Namen des Kindes erst nach der Beurkundung der Geburt bestimmen (§ 1617 Abs 1 S 2). Die Beglaubigung kann auch der Standesbeamte durchführen (§ 31 a 11

---

[29] Fachausschuss StAZ 2000, 23 f; aA OLG München ZKJ 2007, 420.
[30] BVerfGE 104, 373, 396 = NJW 2002, 1256, 1260: kein Verstoß gegen Art 3 Abs 1 GG.
[31] BayObLGZ 2004, 185, 188; FamRefK/*Wax* Art 224 § 3 EGBGB Rn 10.
[32] FamRefK/*Wax* Art 224 § 3 EGBGB Rn 13.
[33] FamRefK/*Wax* Art 224 § 3 EGBGB Rn 8.
[34] AA OLG Düsseldorf FamRZ 1997, 1557.
[35] FamRefK/*Wax* Art 224 § 3 EGBGB Rn 11.
[36] Ab 1. 1. 2009, § 1616 Rn 2.3, wird § 31 a Abs 2 PStG ersetzt durch § 45 Abs 2.
[37] FamRefK/*Wax* Rn 5.

§ 1617

Abs 1 S 1 Nr 1 PStG)[38] und zwar jeder deutsche Standesbeamte[39]. Die Eltern haben nachzuweisen, dass ihnen die Entscheidungskompetenz (Rn 4) zusteht. Beruht sie auf dem gemeinsamen Sorgerecht, genügen im Regelfall eine Heiratsurkunde bzw eine Ausfertigung der nach § 1616 d beurkundeten Sorgeerklärungen. Das Standesamt muss davon ausgehen, dass eine Veränderung im Sorgerecht nicht stattgefunden hat, solange ihm keine anderen Tatsachen bekannt sind. Es darf den Namen in das Geburtenbuch nur eintragen, wenn die Namensbestimmung rechtmäßig ist; bei Rechtswidrigkeit ist von der Unwirksamkeit der Namensbestimmung auszugehen. Dies gilt auch, wenn die Eltern einen unzulässigen Namen wählen. Ist innerhalb eines Monats kein Name wirksam bestimmt worden, hat das Standesamt dies dem Familiengericht mitzuteilen (Rn 17).

12 Ein **Widerruf** der Erklärung ist unzulässig, da der Gesetzgeber ansonsten den Widerruf ausdrücklich erlaubt wie in § 1355 Abs 4 S 4 HS 1. Ein Widerruf der Einigung dagegen ist solange möglich, als die öffentliche Beglaubigung noch nicht erfolgt ist[40]. Eine **Anfechtung** mit einer dann nötigen Berichtigung des Eintrags in das Geburtenbuch ist unzulässig, da aus Gründen der Rechtssicherheit Erklärungen zur Namensbestimmung keiner Anfechtung unterliegen, wenn sie in einem Familienbuch eingetragen sind (Rn 12.1)[41].

12.1 So OLG Zweibrücken NJWE-FER 2000, 4 für den Ehenamen mwN; OLG Naumburg FamRZ 1997, 1235, 1236: es handle sich um eine verfahrensrechtliche Erklärung, sei einer Prozesshandlung vergleichbar; BayObLG NJW-RR 1998, 1015, 1016 mwN. Diese für das Familienbuch getroffene Entscheidung muss auch für das Geburtenbuch gelten; ebenso AG Bremen FamRZ 2003, 1687, 1688 mit dem Hinweis auf Ausnahmen bei offensichtlichem Irrtum oder bei Vorliegen eines Restitutionsgrundes. Die Entscheidung des OLG Hamm FamRZ 1995, 439, 440, die alleine die Einigung der Ehegatten als maßgeblich ansah, betraf die Übergangsregelung und ist auf die Rechtslage ab 1. 1. 1994 nicht übertragbar.

13 **4. Bindungswirkung der Namensbestimmung für Geschwister des Kindes (Abs 1 S 3).** Um eine Namenseinheit zwischen Geschwistern mit derselben sorgerechtlichen Verbindung zu den Eltern zu erreichen, bestimmt Abs 1 S 3, dass die für ein Kind getroffene Namenserklärung auch für weitere Kinder verbindlich ist. Weitere Kinder sind regelmäßig die später geborenen Kinder[42]. Soweit früher geborene Kinder noch keinen Geburtsnamen erhalten haben, setzt sich das Ziel der Namenseinheit durch: die Namensentscheidung für das jüngere Kind gilt auch für sie[43]. Früher geborene Kinder, die bereits einen Namen führen, der nicht auf der Gestaltungserklärung des § 1617 Abs 1 S 3 beruht, behalten ihren Namen, auch wenn ein jüngeres Kind auf Grund der gemeinsamen Sorge über § 1617 Abs 1 S 3 seinen Namen erhält[44]. Die Bindungswirkung des 1617 Abs 1 S 3 begründet keine Änderung bereits bestehender Namen, sondern grenzt nur die Möglichkeit einer erneuten Namensbestimmung auf der Grundlage der gemeinsamen Sorge ein[45]. Besteht die Bindungswirkung, ist eine erneute Erklärung der Eltern gegenstandslos. Die früher getroffene Namensbestimmung **bestimmt unmittelbar den Namen** des später geborenen Kindes[46], so dass das Kind den Namen im Ergebnis kraft Gesetzes erhält. Vorausgesetzt ist, dass die Namensbestimmung für ein weiteres Kind ebenfalls auf der gemeinsamen elterlichen Sorge beruht (§ 1617 Abs 1 oder § 1617b Abs 1 S 1), da nur bei dieser besonderen sorgerechtlichen Beziehung die Namenseinheit erzwungen werden soll[47]. Ohne Bedeutung ist, ob der Name des früher geborenen Kindes auf der Entscheidung der Eltern oder der Kompetenzentscheidung des Familiengerichts und dem Ablauf der Frist für eine Entscheidung beruht[48].

14 **Ändert sich der Name des Elternteils,** der nach § 1617 zum Geburtsnamen des Kindes wurde und erstreckt sich diese Änderung gemäß § 1617 c Abs 2 Nr 2 auch auf das Kind, so gilt die Bindungswirkung ebenfalls; das jüngere Kind erhält mit seiner Geburt den neuen Namen des älteren Geschwisterkindes kraft Gesetzes. Hat ein Ehegatte auf Grund der **Übergangsregelung des Art 7 § 1 Abs 1 FamNamRG** vom 16. 12. 1993 (BGBl I S 2054)[49] seinen Geburtsnamen wieder angenommen und blieb der Name des bereits geborenen Kindes unverändert, haben die Eltern indirekt eine Wahl getroffen; das später geborene Geschwisterkind erhält in entsprechender Anwendung des Abs 1 S 3 zwingend den Familiennamen des bereits geborenen Kindes[50] und zwar unabhängig davon, ob damals die Eltern vom Standesamt über die Möglichkeit der Neubestimmung des Namens des Kindes belehrt wurden[51]. Kraft ausdrücklicher Verweisung gilt die Bindungswirkung für weitere Fälle der Namensbestimmung auf Grund gemeinsamer Sorge, so für die nachträgliche Namensbestimmung nach § 1617 b Abs 1 (§ 1617 b Rn 7), und die Namensbestimmung infolge einer Adoption, § 1757 Abs 2 S 1 HS 2 (§ 1757 Rn 4).

---

[38] Ab 1. 1. 2009 § 45 Abs 1; § 1616 Rn 2.3.
[39] BayObLG StAZ 1997, 10, 11.
[40] Michalski FamRZ 1997, 977, 981.
[41] AA Staudinger/Coester Rn 33; Henrich/Wagenitz/Bornhofen, Deutsches Namensrecht, § 1617 Rn 75; v. Schorlemer, Die zivilrechtlichen Möglichkeiten der Namensänderung, 1998, S 70–72.
[42] MünchKommBGB/v. Sachsen Gessaphe Rn 22.
[43] Staudinger/Coester Rn 37.
[44] OLG Hamm FGPrax 2005, 124 f dürfte auch in dieser Richtung zu verstehen sein.
[45] AA offenbar Fachausschuss StAZ 2005, 49.
[46] BayObLG StAZ 1997, 10, 11.
[47] OLG Hamm FGPrax 2005, 124 f.
[48] Palandt/Diederichsen Rn 7.
[49] Aufgehoben mit Gesetz vom 23. 11. 2007, BGBl I S 2617.
[50] OLG Stuttgart StAZ 1998, 81.
[51] BayObLG StAZ 1997, 8, 9 f.

Geburtsname bei Eltern ohne Ehenamen und gemeinsamer Sorge § 1617

Eine Bindungswirkung tritt nicht ein, wenn ein Geschwisterkind den Namen nicht auf Grund 15
der gemeinsamen Sorge der Eltern erhält, sondern kraft Gesetzes nach §§ 1616, 1617a Abs 1[52] oder
durch die Gestaltungserklärung der Mutter nach § 1617a Abs 2[53]. Dies zeigt einmal die fehlende
Verweisung auf § 1617 Abs 1 S 3 in diesen Vorschriften, zudem ist die Grundlage der Bindungswirkung die gemeinsame Gestaltungsentscheidung kraft gemeinsamen Sorgerechts. Besteht innerhalb
der Familie keine Namensgleichheit mehr, da sich das vorher geborene Kind einer Namensänderung
nicht angeschlossen hat, entfällt auch die Bindungswirkung dieses Namens[54]. § 1617 gibt nicht die
Möglichkeit, einem später geborenen Kind den Namen des früher geborenen Kindes zu erteilen. Keine
Bindung an den früher erteilten Namen besteht, wenn das ältere Kind inzwischen **verstorben** ist[55].

Eine **Einbenennung nach § 1618,** die dann zur Namensverschiedenheit führt, wenn nur ein Kind 16
einbenannt wird, wird durch § 1617 Abs 1 S 3 nicht ausgeschlossen, da die Einheit der Namensführung
in der neuen Familie für das Kind wichtiger ist als die Namensgleichheit mit einem Geschwisterkind, das
in einem anderen Familienband betreut wird. Aufgrund der fehlenden Verweisung in § 1618 auf § 1617
Abs 1 S 3 ist es auch nicht ausgeschlossen, dass nur ein Kind einbenannt wird, auch wenn mehrere
vollbürtige Geschwister in die neue (Stief-)Familie in den gemeinsamen Haushalt aufgenommen wurden.
Einen auch nur mittelbaren Zwang zur umfassenden Einbenennung aller Stiefkinder sieht das Gesetz
nicht vor. Die namensrechtliche Gestaltungsmöglichkeit ist individuell bestimmt, da schon die Frage der
eventuellen Ersetzung der Zustimmung des anderen Elternteils keine einheitliche Entscheidung erlaubt.

**III. Pflicht zur Namensbestimmung durch die Eltern; Übertragung des Bestimmungsrechts
durch das Familiengericht; gesetzliche Namenszuweisung nach Fristablauf (Abs 2, Abs 3)**

Das Gesetz bestimmt das Recht zur Namensbestimmung zugleich als Pflicht der Eltern, die innerhalb 17
eines Monats nach der Geburt des Kindes zu erfüllen ist. Liegt eine wirksame Erklärung innerhalb dieses
Zeitraums nicht vor, so teilt das Standesamt dies dem für den Wohnsitz oder gewöhnlichen Aufenthalt
des Kindes zuständigen Familiengericht mit (§ 64 c FGG). Eine im Gesetz an sich nicht vorgesehene
Fristverlängerung durch das Standesamt ist bei gewichtigen Gründen nicht ausgeschlossen[56]. Das
Familiengericht überträgt das Bestimmungsrecht einem Elternteil, wenn nicht noch vorher eine gemeinsame Erklärung gegenüber dem Standesamt abgegeben wurde. Um das Verfahren in Gang zu
setzen, ist ein **Antrag** eines Beteiligten nicht erforderlich, wenn das Kind im Inland geboren ist, ebenso
nicht, wenn das **Kind im Ausland geboren** ist und der Name muss in ein deutsches Personenstandsbuch oder in ein amtliches deutsches Identitätspapier eingetragen werden; andernfalls bedarf es eines
Antrages (§ 1617 Abs 3). Den erforderlichen Antrag kann ein Elternteil oder das Kind stellen; Voraussetzung ist, dass das Kind dem deutschen Namensrecht unterliegt[57], § 1616 Rn 14.

Das Gesetz gibt keine inhaltlichen Vorgaben für die Entscheidung des Gerichts. Da die Entscheidung 18
als Kompetenzentscheidung eine spezielle Regelung der allgemeinen Kompetenzentscheidung des
§ 1628 darstellt, gelten die dort entwickelten Grundsätze[58], vgl § 1628 Rn 5. Das Gericht entscheidet
auf der Grundlage des Kindeswohls, wobei es nicht das Ergebnis vorwegnehmen darf, sondern das
Bestimmungsrecht dem Elternteil überträgt, der nach Einschätzung des Gerichts von dem Bestimmungsrecht den vernünftigsten Gebrauch macht. Zu diesem Zweck hat das Familiengericht die Eltern
vor der Entscheidung anzuhören und auf eine einvernehmliche Regelung hinzuwirken (§ 46 a Abs 1
S 1 FGG)[59]. Da es hier um den Grundsatz des rechtlichen Gehörs geht, muss das „soll" als „ist"
verstanden werden; eine Abweichung gegenüber § 50 a FGG ist nicht zu rechtfertigen. Da regelmäßig
echte Probleme des Kindeswohls nicht vorliegen, bedarf es keiner **Beteiligung des Jugendamtes**
(§ 49 a FGG).

Fehlt es an objektiven Kriterien für eine Kompetenzentscheidung, kann das Familiengericht die 19
Entscheidung auf ein Losverfahren oder auf andere Kriterien stützen, die zufälliger Natur sind, wie zB
die alphabetische Reihenfolge der Namen[60]. Zuständig für die Entscheidung ist der Richter, nicht der
Rechtspfleger[61]. Um eine Namensunsicherheit zu vermeiden, ist die **Entscheidung des Familiengerichts unanfechtbar** (§ 46 a S 2 FGG), Rn 9.1; dafür spricht auch für die Zuständigkeit des
Richters, dass sonst verfassungsrechtliche Probleme aus Art 19 Abs 4 GG auftreten könnten. Die Entscheidung kann aber über § 18 FGG abgeändert werden[62]. Der zur Entscheidung ermächtigte Ehegatte

---

[52] AG Tübingen StAZ 1997, 17 für § 1617 Abs 1 aF; vgl DIJuF-Rechtsgutachten JAmt 2004, 188, 189; *Staudinger/
Coester* Rn 46; FamRefK/*Wax* Rn 4. AA für den Fall des § 1617a Abs 1 *Willutzki* Kind-Prax 1999, 83, 84; für beide
Fälle *Wagenitz* FamRZ 1998, 1545, 1547.
[53] OLG Hamm FGPrax 2005, 124; Fachausschuss StAZ 2005, 49.
[54] *Staudinger/Coester* Rn 43 mwN.
[55] *Palandt/Diederichsen* Rn 7; *Gernhuber/Coester-Waltjen* § 54 I 4 Fn 40.
[56] *Henrich/Wagenitz/Bornhofen*, Deutsches Namensrecht, Vor § 1616 Rn 37.
[57] Näher *Staudinger/Coester* Rn 86 f.
[58] Zur Anwendung des § 1628 bei scheinehelichen Kind und vor Wirkung der qualifizierten Anerkennung
gemäß § 1599 Abs 2 s Fachausschuss StAZ 2003, 217 f.
[59] *Henrich/Wagenitz/Bornhofen*, Deutsches Namensrecht, § 1617 Rn 115 zur förmlichen Bedeutung eines „Vergleichs".
[60] *Erman/Michalski* Rn 12; *Henrich/Wagenitz/Bornhofen*, Deutsches Namensrecht, § 1617 Rn 123.
[61] OLG Frankfurt FamRZ 1996, 819; LG Münster FamRZ 1995, 1516 unter entspr Anwendung des § 14 Abs 1
Nr 5 RPflG, auch wenn die Eltern gemeinsam beschließen, von dem eingeschränkten Namensbestimmungsrecht
keinen Gebrauch zu machen.
[62] *Erman/Michalski* Rn 13; *Liermann* FamRZ 1995, 199, 203.

§ 1617a

ist innerhalb des Rahmens des § 1617 Abs 1 in seiner Entscheidung frei. Er kann seinen Namen, aber auch den Namen des anderen Ehegatten zum Namen des Kindes bestimmen[63].

19.1 Die Verfahrensregeln ändern sich, wenn die **geplante Reform des Verfahrensrechts** (§ 1752 Rn 13) in Kraft tritt. Das es um die elterliche Sorge geht, handelt es sich um eine Kindschaftssache und selbständige Familiensache, für die das FamG zuständig ist. Eine dem § 46a S 2 FGG entsprechende Vorschrift über die Unanfechtbarkeit der Entscheidung sieht der Entwurf nicht vor, so dass die allgemeine Regelung über die befristete Beschwerde gelten muss (§ 1618 Rn 21.2).

20 Das Familiengericht muss[64] aus Gründen des Kindeswohls dem bestimmungsberechtigten Elternteil eine **Frist setzen**. Für diese Frist gelten die allgemeinen Vorschriften des FGG, damit auch §§ 16 und 17 FGG für die Bekanntmachung und Berechnung der Frist. Verläuft die Frist ergebnislos, so erhält das Kind zwingend kraft Gesetzes den Namen des bestimmungsberechtigten Elternteils (Abs 2 S 4). Es handelt sich um eine Ausschlussfrist; eine **Wiedereinsetzung in den vorigen Stand** ist nicht möglich[65]. Vgl zur Frist nach § 1617b dort Rn 6 aE. Dieser Name ist in gleicher Weise verbindlich wie der von den Eltern oder dem bestimmungsberechtigten Elternteil erteilte Name; er ist bindend auch für weitere Kinder nach Maßgabe des § 1617 Abs 1 S 3 (Rn 11). Bestimmen die Eltern noch vor Fristablauf einen Ehenamen, so gilt die Regelung des § 1616[66], vgl § 1616 Rn 20.

§ 1617a Geburtsname bei Eltern ohne Ehenamen und Alleinsorge

(1) Führen die Eltern keinen Ehenamen und steht die elterliche Sorge nur einem Elternteil zu, so erhält das Kind den Namen, den dieser Elternteil im Zeitpunkt der Geburt des Kindes führt.

(2) ¹Der Elternteil, dem die elterliche Sorge für ein unverheiratetes Kind allein zusteht, kann dem Kind durch Erklärung gegenüber dem Standesbeamten den Namen des anderen Elternteils erteilen. ²Die Erteilung des Namens bedarf der Einwilligung des anderen Elternteils und, wenn das Kind das fünfte Lebensjahr vollendet hat, auch der Einwilligung des Kindes. ³Die Erklärungen müssen öffentlich beglaubigt werden. ⁴Für die Einwilligung des Kindes gilt § 1617c Abs. 1 entsprechend.

Übersicht

	Rn		Rn
I. Normzweck	1	3. Formvorschriften für die Erklärung; Bindungswirkung und Verbindlichkeit der Erklärung	12
II. Gesetzliche Namensbestimmung (Abs 1)	2		
III. Namenserteilung durch sorgeberechtigten Elternteil (Abs 2)	7	4. Analoge Anwendbarkeit der Vorschrift auf andere Fälle des Sorgerechtswechsels	14
1. Allgemeine Voraussetzungen	7		
2. Erteilbarer Name	11		

I. Normzweck

1 Die Vorschrift zieht die Konsequenz aus der engen Verbindung des Namenserhalts des Kindes zum elterlichen Sorgerecht. Über Abs 1 wird die Namensgleichheit zwischen sorgeberechtigtem Elternteil und Kind kraft Gesetzes bestimmt. In Abs 2 berücksichtigt das Gesetz die Möglichkeit, dass im Einzelfall auch die Namensgleichheit zwischen Kind und nicht sorgeberechtigtem Elternteil sinnvoll sein kann. Die Entscheidung hierüber soll der allein sorgeberechtigte Elternteil treffen, nicht der Elternteil, dessen Namen das Kind erhalten soll[1]. Zur entsprechenden Anwendung, wenn der Vater das Sorgerecht über § 1672 Abs 1 erhalten hat, vgl Rn 9.

II. Gesetzliche Namensbestimmung (Abs 1)

2 Nach Abs 1 erhält das Kind kraft Gesetzes den Namen des sorgeberechtigten Elternteils, wenn im Zeitpunkt der Geburt des Kindes die Eltern

– keinen (gemeinsamen) Ehenamen führen und
– keine gemeinsame elterliche Sorge über das Kind haben,

unabhängig davon, ob die Eltern verheiratet oder unverheiratet sind bzw verheiratet waren. Sind die Eltern im Zeitpunkt der Geburt des Kindes verheiratet, kann eine Alleinsorge eines Elternteils bestehen, wenn der andere Elternteil geschäftsunfähig ist, wenn nur einem Elternteil die elterliche Sorge entzogen

---

[63] Michalski FamRZ 1997, 977, 982.
[64] Staudinger/Coester Rn 81
[65] OLG Hamm FamRZ 2004, 731, 732 mwN; oA MünchKommBGB/v. Sachsen Gessaphe § 1617b Rn 14.
[66] Erman/Michalski Rn 18.
[1] BT-Drucks 13/4899 S 90 f.

ist, wenn einem Elternteil nach der Trennung das Alleinsorgerecht übertragen wurde, wenn der Vater vor der Geburt des Kindes gestorben ist[2].

Maßgeblicher Zeitpunkt für den Bestand des alleinigen Sorgerechts ist die Geburt des Kindes. 3
– Eine später eintretende Alleinsorge kann die Namensfolge des § 1617a Abs 1 so wenig auslösen, wie eine spätere gemeinsame Sorge sie kraft Gesetzes aufhebt[3].
– Haben die Eltern, ggf nach einer pränatalen Sorgeerklärung, im Zeitpunkt der Geburt des Kindes die gemeinsame Sorge, so gilt § 1617 Abs 1 (§ 1617 Rn 2). Haben die Eltern im Zeitpunkt der Geburt des Kindes die gemeinsame Sorge, fällt diese aber noch vor der Namenserteilung weg, so gilt § 1617 mit der Folge, dass der allein Sorgeberechtigte den Namen zu bestimmen hat (§ 1617 Rn 3).
– Wird die gemeinsame Sorge nach der Geburt begründet, gilt die Regelung des § 1617b Abs 1; bestimmen die Eltern nach der Geburt des Kindes und dem erstmaligen Erwerb des Geburtsnamens einen Ehenamen gilt § 1617c Abs 1.
– Führen die Eltern im Zeitpunkt der Geburt des Kindes einen Ehenamen, wird dieser ohne Rücksicht auf die Sorgerechtsverhältnisse nach § 1616 zum Kindesnamen (§ 1616 Rn 22).

Ist die Identität der Mutter ungeklärt, damit idR auch die Sorgerechtsfrage, ist von der Alleinsorge der Mutter auszugehen: das Kind erhält den Namen der Mutter. Ist dieser nicht zweifelsfrei gegeben, ist der von der Mutter angegebene Name einzutragen, verbunden mit einem Vermerk, dass die Richtigkeit der Eintragung nicht urkundlich nachgewiesen ist[4].

Auf welcher Rechtsgrundlage der **Name des allein sorgeberechtigten Elternteils** beruht, spielt 4
keine Rolle. Es kann sich auch um einen Ehenamen aus einer früheren Ehe handeln (§ 1617 Rn 5), auch um einen echten Doppelnamen, den der sorgeberechtigte Elternteil führt. Der **Begleitname,** der dem Ehenamen angefügt oder vorangestellt wurde, wird nicht auf das Kind übertragen[5], vgl § 1617 Rn 5.1.

Die Vorschrift wird nicht verdrängt durch die Tatsache, dass bereits für ältere Geschwister ein Namen 5
auf der Grundlage des § 1617 (dort Rn 13) bestimmt wurde. Die Möglichkeit, dem Kind den Namen des anderen Elternteils zu erteilen **(Abs 2) verdrängt** im Ergebnis die Regelung des Abs 1, wenn die Namenserteilung vor der Geburt erfolgt[6]. Der nach Abs 2 erteilte Name wird zum Geburtsnamen des Kindes[7]; auf den Zeitpunkt der Beurkundung kommt es nicht an[8]. In der Sache handelt es sich aber um eine Namenserteilung (Rn 7).

Ist **kein Elternteil im Zeitpunkt der Geburt sorgeberechtigt,** trifft das Gesetz keine Regelung, 6
so bei Entzug der elterlichen Sorge bereits mit Wirkung für die Geburt[9] oder bei Geschäftsunfähigkeit beider Eltern. Die Lücke ist sinngemäß dadurch zu schließen, dass auf ein hypothetisches Sorgerecht abgestellt wird, indem die besonderen Gründe, die zum Verlust des Sorgerechts führen, ohne Bedeutung sind[10]. Sind die Eltern bei der Geburt des Kindes nicht verheiratet, so gilt § 1617a; das Kind erhält den Namen der Mutter, da hypothetisch nur ein Sorgerecht der Mutter angenommen werden kann; der Vormund bzw Pfleger kann das Namensbestimmungsrecht gemäß § 1617a Abs 2 ausüben. Sind die Eltern bei der Geburt des Kindes verheiratet, führen aber keinen Ehenamen, so gilt § 1617 mit der Maßgabe, dass der Vormund bzw Pfleger den Namen zu bestimmen hat. **Stirbt der allein sorgeberechtigte Elternteil nach der Geburt des Kindes,** sieht das Gesetz eine Anpassung des Namens des Kindes an den Namen des ggf nunmehr sorgeberechtigten Elternteils nicht vor; auch eine analoge Anwendung der Vorschrift (§ 1617a Abs 2) scheidet aus[11]. In Frage kommt nur die öffentlich-rechtliche Namensänderung, die aber einen wichtigen Grund „im Einzelfall" voraussetzt (§ 1616 Rn 12).

III. Namenserteilung durch sorgeberechtigten Elternteil (Abs 2)

1. Allgemeine Voraussetzungen. Die Möglichkeit, dem Kind den Namen des anderen Elternteils 7
zu erteilen, setzt voraus, dass das Kind auf Grund des § 1617a Abs 1 den Namen des allein sorgeberechtigten Elternteils erhalten würde oder nach Abs 1 erhalten hat[12], da Abs 2 den Zweck hat, die Modifikation der strikten gesetzlichen Namensfolge nach Abs 1 zu ermöglichen[13]. Der Sache nach handelt es sich, auch wenn die Erklärung vor der Geburt des Kindes abgegeben wird, um eine

---

[2] *Staudinger/Coester* Rn 7, der sowohl von der Möglichkeit eines pränatalen Sorgerechtsentzugs als auch einer pränatalen Sorgerechtsübertragung (*Staudinger/Coester* Rn 8) ausgeht; vorsichtiger aber für den Fall der tatsächlichen Verhinderung. AA *Erman/Michalski* Rn 3, 4.
[3] *Staudinger/Coester* Rn 6.
[4] Fachausschuss StAZ 2006, 151, 152: DA sollte entspr ergänzt werden.
[5] LG Kassel StAZ 2003, 173; *Erman/Michalski* Rn 10; aA *Staudinger/Coester* Rn 13; *Wagenitz* FamRZ 1998, 1545, 1548; *Willutzki* Kind-Prax 1999, 83, 85; Fachausschuss StAZ 2000, 278 f.
[6] *Palandt/Diederichsen* Rn 14; *Wagenitz* FamRZ 1998, 1545, 1548. Zur Zulässigkeit der pränatalen Namenserteilung *Staudinger/Coester* Rn 28 mwN des Streitstandes.
[7] *Wagenitz* FamRZ 1998, 1545, 1548.
[8] AA wohl FamRefK/*Wax* Rn 2.
[9] *Staudinger/Coester* Rn 7.
[10] AA *Staudinger/Coester* Rn 12: er nimmt allgemein ein Namensbestimmungsrecht des Vormunds bzw Pflegers an und bestimmt nur den Rahmen seines Entscheidungsrechts unterschiedlich.
[11] BGH NJW 2005, 3498 mN des Streitstandes; *Staudinger/Coester* Rn 18, 21; aA BayObLG NJOZ 2005, 261; MünchKommBGB/*v. Sachsen Gessaphe* Rn 22.
[12] *Wagenitz* FamRZ 1998, 1545, 1548.
[13] BGH NJW 2005, 3498.

§ 1617a

Änderung des Geburtsnamens[14], da die Namenserteilung nach Abs 2 zunächst voraussetzt, dass der Tatbestand des Abs 1 gegeben ist, der mit der Geburt des Kindes den Namenserwerb festlegt (Rn 7.1). Die Vorschrift gilt auch, wenn die Namenseinheit mit dem allein sorgeberechtigten Elternteil auf einer inzwischen eingetretenen Namensänderung dieses Elternteils mit entsprechender Erstreckung auf das Kind gemäß § 1617c Abs 2 Nr 2 beruht[15]. Es genügt, dass der zu modifizierende Name mittelbar auf § 1617a zurückgeht; § 1617c begründet keine neue Ableitungsgrundlage für den Namen. Entsprechendes gilt, wenn das Kind über § 1617b Abs 2 den Namen der Mutter erhalten hat, nachdem die Vaterschaft des Mannes, dessen Namen das Kind erhalten hat, erfolgreich angefochten und ein entsprechender Antrag die Namensänderung bewirkte. Die dort vorgesehene gesetzliche Zuweisung des Geburtsnamens löst das Namensbestimmungsrecht gemäß § 1617a Abs 2 aus[16], Rn 7.2. **Die Namensgestaltung ist nicht möglich,** wenn das Kind inzwischen durch **Einbenennung** nach § 1618 den Namen gewechselt hat[17]; es fehlt dann die Grundlage der Option, die gesetzliche Namenszuweisung nach Abs 1.

7.1 Eine **pränatale Namenserteilung** ändert daran nichts. Gegen ihre Zulässigkeit bestehen keine Bedenken, vgl § 1617 Rn 2. Schließlich kann auch die Anerkennung der Vaterschaft pränatal erklärt werden (§ 1594 Abs 4).

7.2 In diesem Fall kommt 1617b Abs 2 S 1 eine Art Sperrwirkung zu, da ohne die Namensänderung auf der Grundlage des § 1617b Abs 2 die notwendige Ableitung des Kindesnamens vom Geburtsnamen der Mutter nicht gegeben ist[18].

8 Das **alleinige Sorgerecht** muss nicht umfassend sein; es genügt die tatsächliche Personensorge (§ 1617 Rn 4), da es sich bei der Namenserteilung nicht um einen Fall der gesetzlichen Vertretung handelt. Damit kann auch die nicht geschäftsunfähige minderjährige Mutter, deren Kind unter Vormundschaft steht, die Namensentscheidung wirksam treffen (§ 1673 Abs 2)[19]. Ist der Mutter das Sorgerecht in vollem Umfang entzogen, so kann der Vormund dem Kind den Namen des Vaters erteilen[20].

9 Die Namenserteilung ist nur möglich, wenn das **Kind unverheiratet** ist. War das Kind früher verheiratet, so ist die Fixierung des Geburtsnamens an den Namen des allein sorgeberechtigten Elternteils bereits gelöst, eine Namenserteilung nach § 1617a Abs 2 nicht mehr erforderlich[21]. Keine Namenserteilung ist möglich, sobald das Kind **volljährig** ist[22], da Grundlage der Namenserteilung das bestehende Sorgerecht ist; das volljährige Kind bedarf der Namenseinheit nicht mehr, vorrangig ist die Kontinuität der Namensführung. **Maßgeblicher Zeitpunkt** für die Frage der Volljährigkeit ist der Zeitpunkt des Zuganges der Erklärung beim Standesamt[23]; die Zustimmungen des anderen Elternteils und des Kindes dagegen sind nur Wirksamkeitsbedingungen und können auch noch nach Eintritt der Volljährigkeit erklärt werden[24]. Das Kind selbst kann die Befugnis zur Namensänderung nicht übernehmen[25]. Ist das Kind **verstorben,** ist die Namenserteilung nicht mehr möglich[26], da die Regelung des § 21 Abs 2 PStG nur eine Namenslosigkeit des Kindes verhindern soll[27].

10 Das Kind kann den Namen des **nicht sorgeberechtigten Elternteils** nur erhalten, wenn letzterer **einwilligt** (Abs 2 S 2); die Zustimmung kann nicht ersetzt werden[28], da ein derartiger Eingriff in das Namensrecht einer gesetzlichen Grundlage bedürfte. Einwilligung bedeutet nicht, dass sie bereits vor der Erklärung des sorgeberechtigten Elternteils vorliegen muss[29]. Ist der andere – nicht sorgeberechtigte – Elternteil **verstorben,** ist ein objektives Interesse an einer Namenserteilung nicht mehr zu erkennen, so dass die Namenserteilung nach § 1617a Abs 2 ausgeschlossen ist[30]. Die Möglichkeit der Namenserteilung hat den Zweck, eine Namensverbindung zwischen lebenden Personen herbeizuführen. Der **minderjährige Elternteil** kann in analoger Anwendung des § 1617c Abs 1 S 2 die Einwilligung erklären, wenn er das 14. Lebensjahr vollendet hat; hierzu bedarf er nicht Zustimmung des gesetzlichen Vertreters[31], § 1617 Rn 4. Ist der andere Elternteil **geschäftsunfähig,** so käme eine Betreuerbestellung in Frage[32], da es aus der Sicht des nicht sorgeberechtigten Elternteils um die Wahrnehmung des eigenen

---

[14] DIV-Gutachten DAVorm 2000, 110, 111; Fachausschuss StAZ 2000, 53 f.
[15] *Wagenitz* FamRZ 1998, 1545, 1548; *Staudinger/Coester* Rn 24.
[16] *Wagenitz* FamRZ 1998, 1545, 1548.
[17] Fachausschuss StAZ 2005, 49, 50.
[18] *Gaaz* StAZ 2000, 357, 362 und StAZ 2001, 74; wohl auch *Staudinger/Coester* Rn 24; aA v. *Bargen* StAZ 2001, 73.
[19] Fachausschuss StAZ 2000, 23.
[20] OLG Zweibrücken ZfJ 2000, 434, 435: mindestens analoge Anwendung.
[21] *Palandt/Diederichsen* Rn 7.
[22] BayObLGZ 2004, 42, 45; 2002, 269, 272 mwN: keine verfassungsrechtlichen Bedenken gegen diese Regelung, S 273; *Staudinger/Coester* Rn 27; *Palandt/Diederichsen* Rn 9; *Willutzki* Kind-Prax 1999, 83, 85; aA FamRefK/*Wax* Rn 3.
[23] BayObLGZ 2004, 42, 46 f; LG München StAZ 2004, 72, 74.
[24] *Willutzki* Kind-Prax 1999, 83, 85 für die Zustimmung des anderen Elternteils.
[25] BayObLGZ 2002, 269, 272 mwN.
[26] BayObLG StAZ 2000, 370, 370 mwN: auch keine analoge Anwendung von § 21 Abs 2 S 2, 3 PStG.
[27] AA AG Regensburg StAZ 2005, 109.
[28] *Erman/Michalski* Rn 22.
[29] *Staudinger/Coester* Rn 39 mwN.
[30] *Staudinger/Coester* Rn 32; *Palandt/Diederichsen* Rn 10; aA FamRefK/*Wax* Rn 4.
[31] *Staudinger/Coester* Rn 37; aA *Henrich/Wagenitz/Bornhofen,* Deutsches Namensrecht, § 1617a Rn 73; Fachausschuss StAZ 2000, 23.
[32] Vgl *Henrich/Wagenitz/Bornhofen,* Deutsches Namensrecht, § 1617a Rn 71.

Persönlichkeitsrechts und nicht um die Ausübung des Sorgerechts geht. Das Zustimmungserfordernis entfallen zu lassen[33], wäre mit dem Persönlichkeitsrecht des Behinderten nicht zu vereinbaren und verfassungsrechtlich (Art 3 Abs 3 S 2 GG) bedenklich. Entspr dem allgemein vorgesehenen System der Altersstufen im Namensrecht, ist die Namenserteilung nur mit **Zustimmung des Kindes** zulässig, wenn das Kind das 5. Lebensjahr vollendet hat (§ 1617 a Abs 2 S 2). Hat das Kind das 14. Lebensjahr vollendet und ist es nicht geschäftsunfähig, kann das Kind die Erklärung nur selbst abgeben; es braucht hierzu die Zustimmung des gesetzlichen Vertreters (§§ 1617 a Abs 2 S 4, 1617 c Abs 1 S 2).

2. Erteilbarer Name. Der erteilbare Name ergibt sich aus dem Namen, den der nicht sorgeberechtigte Elternteil im Zeitpunkt der Erklärung, nicht der Geburt des Kindes, führt[34]. Dies kann auch ein Ehename sein, der auf dem Geburtsnamen des anderen Ehegatten beruht, ebenso ein durch Adoption erworbener Name[35]; eine Zustimmung des namensbetroffenen Ehegatten ist nach dem Gesetz nicht notwendig. Führt der andere Elternteil einen **echten Doppelnamen** als Geburtsnamen, so kann nur dieser Doppelname erteilt werden, die Beschränkung auf einen Namensteil ist nicht zulässig[36]. Führt der andere Elternteil einen **Ehenamen mit einem Begleitnamen**, kann in Hinblick auf den höchstpersönlichen Charakter des Begleitnamens nur der Ehename erteilt werden[37], § 1617 Rn 5.1. Die dann entstehende teilweise Namensverschiedenheit ist hinzunehmen, da sie auch bei verheirateten Eltern mit einem Ehenamen ohne weiteres möglich ist. Unzulässig ist es, aus den Namen der beiden Eltern einen Doppelnamen zu bilden[38]. 11

3. Formvorschriften für die Erklärung; Bindungswirkung und Verbindlichkeit der Erklärung. Die Erklärung des sorgeberechtigten Elternteils muss gegenüber dem **Standesamt** abgegeben werden (§ 1617 a Abs 2 S 1); die Erklärung kann bereits vor der Geburt des Kindes abgegeben und beurkundet werden[39]. Dieselbe Form ist für die Einwilligung des Kindes vorgegeben (§§ 1617 a Abs 2 S 4, 1617 c Abs 1 S 3), nicht jedoch für die Zustimmung des anderen Elternteils. Die Erklärungen des anderen Elternteils und des Kindes, ebenso wie die Zustimmung des gesetzlichen Vertreters müssen öffentlich **beglaubigt** werden. Die Zustimmung des nicht sorgeberechtigten Elternteils kann zusammen mit einer Anerkennungserklärung erteilt werden[40]. Die Beglaubigung kann auch der Standesbeamte vornehmen (§ 31 a Abs 1 S 1 Nr 7 PStG)[41]. Nicht ausreichend ist es, wenn der nicht sorgerechtigte Elternteil seinen Namen dem Kind erteilt, der sorgeberechtigte Elternteil dieser Erklärung nur zustimmt[42]. Hinsichtlich Widerruf und Anfechtung gelten die allgemeinen Grundsätze bei Erklärungen zur Bestimmung des Kindesnamens (§ 1617 Rn 12). Nicht ausgeschlossen ist jedoch eine Änderung des Namens nach dem **NamÄndG** (Rn 12.1). 12

Der Maßstab für einen wichtigen Grund iS des § 3 NamÄndG vorliegt, wird – wie bei der öffentlich-rechtlichen Namensänderung für Halbwaisen (§ 1617 c Rn 9.1) – davon beeinflusst, ob der Elternteil, dessen Name das Kind trägt, der beantragten Namensänderung zustimmt. Erteilt er die Zustimmung nicht, muss die Namensänderung erforderlich sein (VG Oldenburg vom 13. 12. 2005, 12 A 1047/05). 12.1

Eine **Bindungswirkung** für Namensbestimmungen von Geschwistern kommt der Erklärung nicht zu[43]. § 1617 a Abs 2 selbst sieht eine analoge Anwendung des § 1617 Abs 1 S 3 nicht vor. Sie verbietet sich auch in Hinblick auf die unterschiedliche sorgerechtliche Grundlage der jeweiligen Namensbestimmungen. Die Bindungswirkung in §§ 1617, 1617b beruht auf der gemeinsamen Sorge und binden dieselben Personen; dem kann die Namensbestimmung durch die Mutter auf der Grundlage ihres alleinigen Sorgerechts nicht gleichgestellt werden[44]. 13

4. Analoge Anwendbarkeit der Vorschrift auf andere Fälle des Sorgerechtswechsels. Trägt das Kind bereits einen Namen und wird dem bei der Geburt nicht sorgeberechtigten Vater auf der Grundlage des **§ 1672 Abs 1 das Sorgerecht übertragen,** ist vom Wortlaut her die Erteilung des Vatersnamens nicht möglich, obwohl die nunmehrige sorgerechtliche Verbindung die Namensgleichheit erst recht erfordern würde[45]. Eine analoge Anwendung scheidet aber aus[46]. Nach dem System des Familiennamensrechts folgt der Name nicht zwingend dem Sorgerecht. Abs 2 ist seiner Struktur nach eine Vorschrift, die gerade die Differenz von Sorgerecht und Namensverbindung begründet. Damit 14

---

[33] *Erman/Michalski* Rn 24.
[34] *Willutzki* Kind-Prax 1999, 83, 85; aA wohl *Palandt/Diederichsen* Rn 5.
[35] *Staudinger/Coester* Rn 35; *Palandt/Diederichsen* Rn 5.
[36] *Wagenitz* FamRZ 1998, 1545, 1548.
[37] *Erman/Michalski* Rn 20; *Palandt/Diederichsen* Vor § 1616 Rn 6; aA *Wagenitz* FamRZ 1998, 1545, 1548; *Gernhuber/Coester-Waltjen* § 54 I 5; *Staudinger/Coester* Rn 35: zulässig sei die Aufspaltung eines – unechten – Doppelnamens; *Heuer*, Neue Entwicklungen im Namensrecht, 2006, S 46.
[38] OLG Celle StAZ 2002, 11; *Staudinger/Coester* Rn 35; allgM.
[39] Fachausschuss StAZ 2000, 53, 54.
[40] DIV-Gutachten DAVorm 2000, 110, 112.
[41] Ab 1. 1. 2009, § 1616 Rn 2.3: § 45 Abs 1 S 1 Nr 7 PStG.
[42] BayObLG StAZ 2000, 235, 237.
[43] OLG Karlsruhe NJW-RR 2006, 441; Fachausschuss StAZ 2005, 49.
[44] OLG Karlsruhe NJW-RR 2006, 441, 442.
[45] *v. Sachsen Gessaphe* LMK 2006, 176266.
[46] OLG Bremen FamRZ 2003, 1687; *Staudinger/Coester* Rn 23, 21 unter Hinweis auf die Entstehungsgeschichte; aA BayObLG FamRZ 2000, 1435, 1436, bestätigt durch BayObLGZ 2004, 108, 110; OLG Celle StAZ 2002, 11; MünchKommBGB/*v. Sachsen Gessaphe* Rn 22; *v. Sachsen Gessaphe* LMK 2006, 176266; *Heuer*, Neue Entwicklungen im Namensrecht, 2006, S 49, Fn 318.

§ 1617 b

verbietet sich die analoge Anwendung, wenn die Namensänderung den Zweck hat, dem Kind den Namen des Sorgeberechtigten zu verschaffen. Ebenso scheidet eine analoge Anwendung des § 1618 aus, der eine völlig andere Zweckrichtung hat[47]. Eine analoge Anwendung scheidet auch aus, wenn die **Mutter des Kindes stirbt** und der Vater das Sorgerecht erhält (Rn 6). Ebenso unzulässig ist eine erneute Namenserteilung, wenn eine Namenserteilung nach Abs 2 bereits erfolgt war und das Sorgerecht wechselt[48]. Nicht ausgeschlossen ist es aber, in Einzelfällen die Namenserteilung über das **NamÄndG** wieder rückgängig zu machen[49]

§ 1617 b Name bei nachträglicher gemeinsamer Sorge oder Scheinvaterschaft

(1) ¹Wird eine gemeinsame Sorge der Eltern erst begründet, wenn das Kind bereits einen Namen führt, so kann der Name des Kindes binnen drei Monaten nach der Begründung der gemeinsamen Sorge neu bestimmt werden. ²Die Frist endet, wenn ein Elternteil bei Begründung der gemeinsamen Sorge seinen gewöhnlichen Aufenthalt nicht im Inland hat, nicht vor Ablauf eines Monats nach Rückkehr in das Inland. ³Hat das Kind das fünfte Lebensjahr vollendet, so ist die Bestimmung nur wirksam, wenn es sich der Bestimmung anschließt. ⁴§ 1617 Abs. 1 und § 1617 c Abs. 1 Satz 2 und 3 und Abs. 3 gelten entsprechend.

(2) ¹Wird rechtskräftig festgestellt, dass ein Mann, dessen Familienname Geburtsname des Kindes geworden ist, nicht der Vater des Kindes ist, so erhält das Kind auf seinen Antrag oder, wenn das Kind das fünfte Lebensjahr noch nicht vollendet hat, auch auf Antrag des Mannes und der Mutter im Zeitpunkt der Geburt des Kindes führt, als Geburtsnamen. ²Der Antrag erfolgt durch Erklärung gegenüber dem Standesbeamten, die öffentlich beglaubigt werden muss. ³Für den Antrag des Kindes gilt § 1617 c Abs. 1 Satz 2 und 3 entsprechend.

Übersicht

	Rn		Rn
I. Normzweck	1	III. Namensanpassung an die veränderte Vaterschaftssituation (Abs 2)	9
II. Nachträgliche Begründung der gemeinsamen Sorge (Abs 1)	2	1. Voraussetzungen der Anpassung	9
1. Voraussetzungen einer Neubestimmung. Abgrenzungen	2	2. Rechtsfolgen eines Antrages	12
		3. Intertemporales Recht	14
2. Namensbestimmung: Inhalt, Frist und Bindungswirkung	5		

I. Normzweck

1 In Abs 1 soll den mit den sorgerechtlichen Veränderungen meist verbundenen tatsächlichen Veränderungen in der Eltern-Kind-Beziehung Rechnung getragen werden, die eintreten, nachdem das Kind den Namen des bei der Geburt allein sorgeberechtigten Elternteils erhalten hat. Sie gibt Eltern, die später ein gemeinsames Sorgerecht begründet haben, eine befristete Möglichkeit, den Namen des Kindes neu zu bestimmen. Damit soll den Eltern dieselbe Möglichkeit der Namensbestimmung eingeräumt werden, wie sie gemäß § 1617 Abs 1 bei gemeinsamer elterlicher Sorge der Geburt besteht. Abs 2 reagiert auf die Veränderung der rechtlichen Vaterschaft des Mannes, dessen Name zum Geburtsnamen des Kindes wurde; ein Namenswechsel tritt nur auf Antrag ein, um dem individuellen Interesse des Kindes an der Namenskontinuität bzw dem Interesse des Mannes an einer Aufhebung der Namensgleichheit zwischen ihm und dem Kind Rechnung zu tragen.

II. Nachträgliche Begründung der gemeinsamen Sorge (Abs 1)

1. Voraussetzungen einer Neubestimmung. Abgrenzungen.

2 – Die befristete Neubestimmung des Geburtsnamens des Kindes ist möglich, wenn die Eltern die **gemeinsame elterliche Sorge erstmals erhalten.** Insoweit will § 1617 b Abs 1 die mit dem gemeinsamen Sorgerecht zu vermutenden Änderungen der Beziehung zwischen den Kindeseltern aufgreifen und eine Neubestimmung des Namens ermöglichen. Die **gemeinsame Sorge** kann auf übereinstimmenden Sorgeerklärungen oder auf späterer Heirat beruhen (Rn 2.1). Eine Änderung der gemeinsamen Sorge zur Alleinsorge und dann wieder zur gemeinsamen Sorge löst das Neubestimmungsrecht nicht mehr aus[1]. Eine Erweiterung auf Fälle, in denen der Name über die

---

[47] AA LG Bremen StAZ 1999, 337, 338 für einen Vater, der noch vor Geltung des KindRG als Vormund eines nichtehelichen Kindes nach dem 1. 7. 1998 seinen Namen dem Kind erteilte. Freilich kann über die Anwendung des § 1617 a Abs 2 eine verweigerte Zustimmung – anders als nach § 1618 S 4 – nicht ersetzt werden.
[48] *Henrich/Wagenitz/Bornhofen*, Deutsches Namensrecht, § 1617 a Rn 94.
[49] VG Ansbach AN 15 K 06.02984), § 1616 Rn 12.
[1] MünchKommBGB/*v. Sachsen Gessaphe* Rn 7; *Staudinger/Coester* Rn 6.

entsprechende Anwendung des § 1617 Abs 1 vom Vormund oder Pfleger bestimmt wurde[2] (§ 1617 Rn 3) ist mit der Systematik kaum vereinbar, da die Vorschrift keine „Wiedergutmachung" leisten soll.
- Auch eine vorhergegangene **Einbenennung nach § 1618** lässt das Neubestimmungsrecht der nun gemeinsam sorgeberechtigten Eltern unberührt[3], Rn 2.2.
- Beruht der Name des Kindes auf der **Verbindung zu einem Scheinvater,** dessen Scheinvaterschaft inzwischen festgestellt ist, bedarf es nicht eines vorherigen Namenswechsels auf der Grundlage des § 1617 b Abs 2 S 1 (§ 1617 c Rn 3.2). Abs 2 ist im Verhältnis zu Abs 1 eine weitere Möglichkeit der Namensänderung, keine Einschränkung iS einer objektiven Namenskontinuität, die nur durch einen entsprechenden Antrag aufgehoben werden kann.

Heiratet die Mutter nach der Geburt des Kindes den leiblichen Vater des Kindes, ohne dass der Vater auch als Vater im Rechtssinne gilt, kann § 1617 b Abs 1 noch nicht gelten, da die Begründung eines gemeinsamen Sorgerechts nach § 1626 a Nr 2 die Vaterschaft des Ehemannes voraussetzt. Wird die Vaterschaft später festgestellt, wirkt diese Feststellung auf den Zeitpunkt der Geburt des Kindes zurück[4]; durch die Eheschließung wird kraft Gesetzes das gemeinsame Sorgerecht ebenso grundsätzlich rückwirkend begründet, allerdings nur auf den Zeitpunkt der Eheschließung[5]. Damit können die Eltern eigentlich gemäß § 1617 b Abs 1 S 1 den Namen des Kindes neu bestimmen. Freilich wird in der Regel eine Neubestimmung des Namens nicht mehr möglich sein, da die 3-Monatsfrist bereits abgelaufen ist, Rn 6.1. Ob die Eltern im Zeitpunkt der Vaterschaftsfeststellung wieder geschieden sind, spielt dabei keine Rolle[6]. **2.1**

§ 1617 b Abs 1 setzt weder nach seinem Wortlaut noch nach seiner Systematik einen bestimmten Ausgangsnamen – etwa nach § 1617 a Abs 1 – voraus[7]. Ausgehend von dem Zielt des Kindesnamensrechts, die aufgrund des Sorgerechts vermutete soziale Beziehung zwischen Eltern und Kind auch im Kindesnamen zum Ausdruck zu bringen (§ 1616 Rn 4), kommt einer vorangegangenen anderweitigen Namensführung keine Sperrwirkung zu. Das gilt auch für den durch die Einbenennung erworbenen Namen. Zwar ist nicht ausgeschlossen, dass die mit der Einbenennung verbundene neue soziale Beziehung weiter besteht, auch wenn das gemeinsame Sorgerecht erst nach der Einbenennung begründet wurde. Wahrscheinlicher ist aber, dass die erstmalige Begründung des gemeinsamen Sorgerechts Folge der Auflösung der Stieffamilie ist. Die Änderungsresistenz des durch die Einbenennung erhaltenen Namens nach Auflösung der Ehe mit dem Stiefvater des Kindes (§ 1617 c Rn 12) beruht auf dem Vorrang der Namenskontinuität, der aus einer fehlenden Anpassungsregelung zu entnehmen ist[8]. Auf eine frühere Mitwirkung des im Zeitpunkt der Einbenennung nicht sorgeberechtigten Elternteils dürfte es nicht ankommen (In diese Richtung aber OLG Brandenburg StAZ 2007, 206, 208). In Hinblick auf das damals alleinige Sorgerecht kommt eine Mitwirkung nur aufgrund der gemeinsamen Namensführung in Frage. Diese könnte durch eine Namenserteilung nach § 1617 a Abs 2 herbeigeführt werden, wozu der Vater des Kindes seine Einwilligung zu erteilen hatte (§ 1617 a Rn 10). Dass dadurch das Namensbestimmungsrecht „verbraucht" worden sein konnte, ist nicht ersichtlich. Das Kindesnamensrecht schließt mehrfache Namensänderungen nicht aus; vgl § 1618 Rn 3 zur mehrfachen Einbenennung. **2.2**

Abs 1 gilt nicht, **3**
- wenn die gemeinsame Sorge zwar nach der Geburt aber noch vor deren Beurkundung begründet wird und die Eltern **vor der Beurkundung auch einen Ehenamen bestimmen:** es gilt § 1616 unmittelbar (§ 1616 Rn 20),
- wenn die Eltern einen **Ehenamen bestimmen, nachdem das Kind bereits einen Namen erhalten hatte.** Es gilt die Rechtsfolge des § 1617 c Abs 1; die Anpassung des Kindesnamens kraft Gesetzes (§ 1617 c Rn 2) mit der Folge einer Namenseinheit in der Familie (vgl § 1616) geht der Namensbestimmung vor[9],
- wenn die **Vaterschaft schon vor der Geburt anerkannt** (§ 1594 Abs 4) und beide Sorgeerklärungen vor der Geburt abgegeben wurden, (§ 1626 b Abs 2). Mit der Geburt des Kindes liegen die Voraussetzungen des § 1617 Abs 1 vor, da die Mutter des Kindes auch nicht für eine „logische Sekunde" die Alleinsorge erwirbt[10], § 1626 a Rn 16; § 1626 b Rn 2.
- wenn das Kind über **§ 1617 a Abs 2 den Vatersnamen erhalten** hatte[11], Rn 3.1.

Ohne Einfluss auf den Kindesnamen ist es, wenn nach der wirksamen Namensbestimmung ein Elternteil wiederum das alleinige Sorgerecht erwirbt[12]. Eine **analoge Anwendung** des § 1617 b Abs 1 auf den Fall des **Wechsels von der Alleinsorge** eines Elternteils **zur Alleinsorge** des anderen Elternteils ist nicht zulässig[13].

Hat das Kind bereits nach § 1617 a Abs 2 den Namen des Vaters erhalten, so hat der allein sorgeberechtigte Elternteil bewusst die Namensverbindung zu dem Kind im Konsens mit dem nicht sorgeberechtigten Elternteil **3.1**

---

[2] *Staudinger/Coester* Rn 6.
[3] OLG Brandenburg StAZ 2007, 206, 207; aA MünchKommBGB/*v. Sachsen Gessaphe* Rn 7; anders *Staudinger/Coester* Rn 8 für den Fall der nachziehenden Einbenennung, wenn die Ehe inzwischen geschieden ist.
[4] *Staudinger/Rauscher* § 1592 Rn 77.
[5] *Staudinger/Coester* § 1626 a Rn 16.
[6] Vgl Fachausschuss StAZ 2006, 239.
[7] *v. Bargen* StAZ 2001, 73.
[8] OLG Brandenburg StAZ 2007, 206, 208.
[9] FamRefK/*Wax* Rn 3.
[10] DIJuF-Rechtsgutachten DAVorm 2000, 482, 483.
[11] MünchKommBGB/*v. Sachsen Gessaphe* Rn 7; *Staudinger/Coester* Rn 7; *Wagenitz* FamRZ 1998, 1545, 1548; *Willutzki* Kind-Prax 1999, 83, 85; aA noch die vorherigende Aufl; *Palandt/Diederichsen* Rn 3.
[12] *Palandt/Diederichsen* Rn 1.
[13] BGH NJW 2005, 3498, 3499.

§ 1617 b   Buch 4. Abschnitt 2. Verwandtschaft

(§ 1617 a Rn 10) aufgelöst. Wenn nun ein gemeinsames Sorgerecht begründet wird, ist damit eine Veränderung der tatsächlichen familialen Situation nicht zu vermuten, so dass es nicht notwendig erscheint, den Namen des Kindes erneut an den Namen der Mutter anzupassen; die bei unterschiedlicher Namensführung der Eltern sinnvolle Namensgleichheit zwischen einem Elternteil und dem Kind ist sicher gestellt. § 1617 b Abs 1 soll dann eingreifen, wenn erstmals eine gleichberechtigte Entscheidung der Eltern über den Kindesnamen möglich ist; insoweit tritt der Grundsatz der Namenskontinuität zurück. Das ist nicht der Fall, wenn bereits früher eine gemeinsame Entscheidung der Eltern getroffen worden war. Andernfalls käme man über § 1617 b Abs 1 zu einer Art Widerruf der früheren Namensbestimmung nach § 1617 a Abs 2.

4   Wie in sonstigen Fällen der Neubestimmung des Kindesnamens durch einen Elternteil oder beide Eltern ist die **Zustimmung des Kindes** erforderlich, wenn es das 5. Lebensjahr vollendet hat (§ 1617 b Abs 1 S 3), § 1617 c Rn 4. Maßgeblich für die Altersgrenze ist der Zeitpunkt der Erklärung der Eltern, nicht die Veränderung im Sorgerecht, da es darauf ankommt, in welchem Alter sich der Kindesname ändert. Ist der Name des (minderjährigen) Kindes Ehename geworden, so wird die **Ehename** von der Namensänderung nur erfasst, wenn sich der Ehegatte der Änderung formgerecht anschließt (§ 1617 b Abs 1 S 4 iVm § 1617 c Abs 3); die Änderung des Geburtsnamens des Kindes aber bleibt davon unberührt (§ 1617 c Rn 14). Praktische Bedeutung wird dies nur höchst selten haben.

5   **2. Namensbestimmung: Inhalt, Frist und Bindungswirkung.** Der zulässige **Namensinhalt** ergibt sich aus § 1617 Abs 1 (§ 1617 b Abs 1 S 4). Die Eltern können den Namen des Elternteils erteilen, dessen Sorgerecht neu begründet wurde, damit auch einen Namen, den ein Elternteil noch aus einer früheren Ehe führt, nicht jedoch den Namens eines Stiefelternteils, wenn die Ehe noch besteht, da dies sonst einer vom Stiefelternteil nicht kontrollierbaren Einbenennung gleichkäme. Ist die Ehe wieder aufgelöst und begründen die Kindeseltern erstmals eine gemeinsame Sorge, kann auch der erheiratete Name des Elternteils gewählt werden[14]. Eine Bindung an den Geburtsnamen des Elternteils besteht nicht, würde auch nicht zur erwünschten Namensgleichheit führen (§ 1617 Rn 5). Der Name des Elternteils bestimmt sich nach dem **Zeitpunkt der Erklärung**. **Förmlich** ist die Erklärung gegenüber dem Standesamt abzugeben. Wird sie noch vor der Beurkundung der Geburt abgegeben, ist sie formlos möglich (§ 1617 b Abs 1 S 4 iVm § 1617 c Abs 1 S 2). Eine Erklärung nach der Beurkundung der Geburt muss **öffentlich beglaubigt** werden (§ 1617 b Abs 1 S 4 iVm § 1617 c Abs 1 S 3). Aus der Erklärung muss sich der Wille ergeben, den Namen des Kindes neu zu bestimmen. Die Geburtsanzeige mit einer Namensangabe selbst stellt noch keine Namensbestimmung dar[15].

6   Die Eltern können den Namen nur gemeinsam neu bestimmen; sie müssen sich hierzu einigen. Insofern gilt nichts anderes als bei der Bestimmung des Namens nach § 1617 Abs 1. Wird der Name nicht innerhalb der **Frist von drei Monaten** einvernehmlich bestimmt, bleibt es bei dem bisherigen Namen. Einer Kompetenzübertragung, auf einen Elternteil, wie sie in § 1617 Abs 2 S 1 vorgesehen ist, bedarf es nicht, da diese nur aus der Notwendigkeit resultierte, dem Kind einen ersten Namen zu geben[16]. Die **Frist beginnt** mit der Begründung der gemeinsamen elterlichen Sorge zu laufen, also mit dem Zeitpunkt der Eheschließung (vgl § 1626 Abs 1 Nr 2) bzw mit der wirksamen Begründung der gemeinsamen elterlichen Sorge auf Grund von entsprechenden Sorgeerklärungen[17]. Auf die **Kenntnis bzw Unkenntnis der Eltern** von der namensrechtlichen Folge der Begründung der gemeinsamen Sorge kommt es nicht an[18]. Insoweit fehlt eine entsprechende gesetzliche Anknüpfung, zudem soll innerhalb einer relativ kurzen Frist endgültig entschieden werden, ob der Name des Kindes sich ändert oder nicht. Es handelt sich um eine Ausschlussfrist, deren Versäumung auch durch **Wiedereinsetzung in den vorigen Stand** geheilt werden kann[19]. Zur Ausschlussfrist des § 1617 Abs 2 S 4, dort Rn 20[20], Rn 6.1.

6.1 Ob die Frist auch bei rückwirkender Begründung des gemeinsamen Sorgerechts auch rückwirkend zu laufen beginnt, erscheint freilich fragwürdig. Schließlich wäre dann in einem solchen Falle die Neubestimmung des Namens praktisch ausgeschlossen. Dennoch sollte an der Fristablauf festgehalten werden, da die Neubestimmung kein Gestaltungsrecht im Interesse der Eltern ist. Der Grund der Option, auf die mit der Änderung des Sorgerechts vermutete Änderung der Eltern-Kind-Beziehung reagieren zu können (Rn 1), entfällt letztlich, wenn der Zeitpunkt der Sorgerechtsänderung eine fiktiver Natur ist. Mit der Fortführung des Kindesnamens werden schließlich Fakten geschaffen, der rückwirkende Erwerb des Sorgerechts ist insoweit eine nicht mehr die folgenlose Fiktion, der Gesetzgeber hält eine Neubestimmung des Kindesnamens nach einem kurzen Zeitablauf bei erkennbarer Sorgerechtsänderung nicht mehr für nötig. Ergeben sich aus der Namensdifferenz Probleme im Einzelfall ist es Aufgabe der öffentlich-rechtlichen Namensänderung (§ 1616 Rn 12), darauf angemessen zu reagieren.

---

[14] *Staudinger/Coester* Rn 16 f.
[15] OLG Frankfurt FGPrax 2005, 122, 123.
[16] BT-Drucks 13/4899 S 91 f.
[17] Fachausschuss StAZ 2003, 86 f zur Wirksamkeit der Sorgeerklärungen und zum Beginn des Fristablaufs in Fällen der Anerkennung bei Begründung der rechtlichen Vaterschaft im Rahmen des § 1599 Abs 2.
[18] OLG Düsseldorf FamRZ 2006, 1226, 1227; FamRZ 2004, 1134, 1135; OLG Frankfurt StAZ 2004, 272, 273, jeweils mwN.
[19] OLG Düsseldorf FamRZ 2004, 1134, 1135; OLG Frankfurt StAZ 2004, 272, 273, jeweils mwN; allgM. Beide Gerichte weisen aber zu Recht darauf hin, dass nach den in der freiwilligen Gerichtsbarkeit geltenden Grundsätzen von Treu und Glauben eine Berufung auf den Fristablauf unzulässig sein kann, wenn eine falsche Belehrung zur Versäumung der Frist führte.
[20] LG Kassel StAZ 2003, 173; AG Regensburg StAZ 1999, 374, 375.

Eine Neubestimmung des Namens des Kindes hat **Bindungswirkung für weitere gemeinsame** 7
Kinder (§§ 1617 b Abs 1 S 4, 1617 Abs 1 S 3). Damit kann für ein anderes Kind kein anderer Name gewählt werden, wenn der Name von den Eltern bestimmt werden soll. Das Kind erhält den bereits festgelegten Namen kraft Gesetzes[21], § 1617 Rn 13. Die Bindungswirkung für die Namensbestimmung der weiteren Kinder tritt auch ein, wenn von der möglichen Neubestimmung des Kindesnamens kein Gebrauch gemacht wird[22], Rn 7.1. Da das Gesetz für die Bindungswirkung nicht auf den Zeitpunkt der Geburt, sondern auf die veränderte sorgerechtliche Situation abstellt, gilt die Bindung immer dann, wenn eine Neubestimmung eines Kindesnamens auf der Grundlage des Sorgerechts erfolgen soll. Ohne Belang ist es, ob das Kind älter oder jünger ist als das Kind, für das bereits ein neuer Name bestimmt wurde[23].

Das Gesetz gibt mit der Regelung der Bindungswirkung zu erkennen, dass die Geschwister bei gleichen Sor- 7.1
gerechtsverhältnissen den gleichen Geburtsnamen erwerben sollen und begrenzt entspr die Ausübung des sorgerechtlich fundierten Namensbestimmungsrechts. Weder das Sorgerecht der Eltern noch das Persönlichkeitsrecht des Kindes, für den eine Neubestimmung möglich (gewesen) wäre sind betroffen, wenn die Bindungswirkung an das Unterlassen einer Namensneubestimmung anknüpft. Daher kommt es auch nicht darauf an, ob das Kind beim Ablauf der Dreimonatsfrist bereits das 5. Lebensjahr vollendet hat[24]; die Anschlusserklärung des Kindes ist nur von Bedeutung, wenn der aktuell geführte Name des Kindes auf der Grundlage der Begründung der gemeinsamen Sorgerechts geändert werden soll, was im Falle des Unterlassens gerade nicht geschieht.

Die **Bindungswirkung gilt nicht,** wenn nach der Neubestimmung des Namens für ein früheres 8
Kind ein weiteres Kind geboren wird, das auf Grund des alleinigen Sorgerechts den Namen des allein sorgeberechtigten Elternteils gemäß § 1617 a Abs 1 erhält. Wird anschließend auch für dieses Kind eine gemeinsame elterliche Sorge begründet, so sind die Eltern nicht gezwungen, den Namens des Kindes neu zu bestimmen. Eine indirekte gesetzlich fixierte Namensänderung kommt der Verweisung des § 1617 b Abs 1 S 4 auf § 1617 Abs 1 S 3 nicht zu[25]. § 1617 b Abs 1 eröffnet eine Option für das Kind, für das die gemeinsame Sorge begründet wurde. Eine Namensstreckung kraft Gesetzes, die der gesetzliche Namensänderung gleichkäme, ist nur vorgesehen, wenn sich der Name eines Elternteils ändert. Entscheiden sich die Eltern für eine Neubestimmung, sind sie aber an einer frühere Namensbestimmung gebunden und können nicht den Namen des anderen Elternteils wählen. Keine Bindungswirkung entfaltet die Namenserteilung für ein Kind nach § 1617 a Abs 2 (§ 1617 a Rn 12).

III. Namensanpassung an die veränderte Vaterschaftssituation (Abs 2)

1. Voraussetzungen der Anpassung. Voraussetzung der Möglichkeit, den Namen des Kindes an 9
den Namen der Mutter anzugleichen ist, dass die im Rechtssinne bestehende Vaterschaft des namensgebenden Mannes auf Grund einer Anfechtung der Vaterschaft rechtskräftig beseitigt wird. Eine **qualifizierte Anerkennung** mit der Folge des rückwirkenden Wegfalls der Vaterschaft[26] des Ehemannes (§ 1599 Abs 2) ist der gerichtlichen Feststellung gleichzustellen[27], da die namensbezogene Interessenlage die gleiche ist. Die geringere Sicherheit für den Bestand der durch Anerkennung begründeten Vaterschaft muss wie für die Vaterschaft selbst auch für die Namensführung hingenommen werden. Ohne Bedeutung ist, ob die weggefallene Vaterschaft auf Nr 1 oder Nr 2 des § 1592 beruhte oder auf welcher Rechtsgrundlage (§§ 1616, 1617, 1617 a, 1617 b, 1617 c Abs 1) das Kind den Namen des Mannes erhalten hat. § 1617 b Abs 2 will in jedem Fall die Möglichkeit eröffnen, die unter falschen Voraussetzungen erfolgte Namensverbindung aufzulösen. Die Regelung greift auch, wenn die Mutter des Kindes und der Scheinvater einen Ehenamen führen[28], da bei Namensgleichheit die Vorschrift den bloßen Wechsel der Rechtsgrundlage bewirken soll. Dies kann von Bedeutung sein, wenn sich der Name der Mutter ändert; die Änderung wird sich auf den Namen des Kindes dann gemäß § 1617 c Abs 2 Nr 2 auswirken[29]. Führte die Mutter im Zeitpunkt der Geburt des Kindes einen (unechten) Doppelnamen, so geht der Begleitname auf Grund des höchstpersönlichen Charakters (§ 1617 Rn 5.1) nicht auf das Kind über[30].

Der Name des Scheinvaters wird durch den Namen der Mutter nur **auf Antrag** ersetzt. Dies 10
bedeutet, dass die Veränderung der Verwandtschaftsbeziehung kraft Gesetzes keine Folgen für das Kind hat, sich insofern also der Kontinuitätsgedanke durchsetzt. Das „Antragsrecht" steht zu
– dem Kind ohne jede zeitliche Begrenzung, also auch, wenn es bereits volljährig ist und

---

[21] OLG Hamm FGPrax 2005, 124, 125, LG Flensburg 5 T 396/04.
[22] OLG Hamm FGPrax 2005, 124, 125; BayObLGZ 2001, 1, 4 f für das Übergangsrecht; LG Flensburg 5 T 396/04.
[23] Fachausschuss StAZ 2003, 305 f.
[24] AA OLG Düsseldorf FamRZ 2006, 1226, 1227.
[25] AA die wohl HM, *Staudinger/Coester* Rn 14; *Lipp/Wagenitz*, Das neue Kindschaftsrecht, 1999, § 1617 b Rn 12; FamRefK/*Wax* Rn 7; Fachausschuss StAZ 2003, 305 f; Fachausschuss StAZ 2004, 179: Erwerb des Geschwisternamens kraft Gesetzes.
[26] *Staudinger/Rauscher* § 1599 Rn 104.
[27] *Henrich/Wagenitz/Bornhofen*, Deutsches Namensrecht, § 1617 b Rn 72 f; *Staudinger/Coester* Rn 29; Fachausschuss StAZ 1999, 340.
[28] *Staudinger/Coester* Rn 39; *Gaaz* StAZ 2000, 357, 362: verdeckte Namensänderung. Dort auch zum Verfahrensablauf im Fall der Scheidung der Mutter und Wiederannahme des Geburtsnamens.
[29] *Wagenitz* FamRZ 1998, 1545, 1549; *Willutzki* Kind-Prax 1999, 83.
[30] AA *Willutzki* Kind-Prax 1999, 83, 85; *Gaaz* StAZ 2000, 357, 362.

§ 1617 c   Buch 4. Abschnitt 2. Verwandtschaft

– dem Mann, dessen Vaterschaft wegfällt; das „Antragsrecht" des Scheinvaters endet aber, sobald das Kind das 5. Lebensjahr vollendet hat.

Die Mutter kann den Namenswechsel nur als gesetzliche Vertreterin des Kindes bewirken. Um einen echten Antrag handelt es sich insoweit nicht, da über den Antrag nicht entschieden wird; die Rechtsfolge tritt ein, sobald gegenüber dem Standesamt die öffentlich beglaubigte Erklärung abgegeben wird. Ohne Bedeutung ist für das Antragsrecht, wer die Vaterschaft angefochten hat. Ein beschränkt geschäftsfähiges Kind kann nach Vollendung des 14. Lebensjahres den Antrag nur selbst stellen; es braucht hierzu die Zustimmung des gesetzlichen Vertreters (§§ 1617 b Abs 2 S 3, 1617 c Abs 1 S 2). Vor diesem Alter stellt der gesetzliche Vertreter den Antrag.

11 Ist das **Kind verheiratet** und ist sein Name Ehename geworden, erstreckt sich die Namensänderung auf den Ehegatten nur, wenn sich der betroffene Ehegatte der Namensänderung anschließt. Dies ergibt sich aus der Verweisung in § 1617 b Abs 2 S 3 auf § 1617 c Abs 3[31]. Fehlt diese Zustimmung, so ändert sich jedoch der Geburtsname des Kindes (§ 1617 c Rn 15). **Antragsfristen** gelten nur für die Erklärung des Mannes, nicht des Kindes; auch das volljährige Kind kann die Antragserklärung abgeben. Der betroffene Scheinvater dagegen kann die Namensgemeinsamkeit mit dem Kind nur solange auflösen, als das Kind das 5. Lebensjahr noch nicht vollendet hat.

12 **2. Rechtsfolgen eines Antrages.** Das Kind erhält über den „Antrag" (Rn 10) **rückwirkend** den Namen der Mutter, den sie der Geburt führte, ohne Rücksicht auf die Namensführung der Mutter im Zeitpunkt des Antrages[32]. Hat die Mutter inzwischen – etwa nach Scheidung der Ehe mit dem Scheinvater – ihren in der Ehe geführten Namen geändert, so durch Wiederannahme ihres früheren Namens, der nicht Ehename geworden war, so führt das zunächst zur Namensdifferenz zwischen Kind und Mutter. Eine Namensanpassung sieht dann aber § 1617 c Abs 2 Nr 2 vor[33], so dass die Namenseinheit wieder hergestellt wird. Ob eine **Anschlusserklärung des Kindes** erforderlich ist, bestimmt sich danach, ob das Kind im Zeitpunkt der Wirksamkeit der Namensänderung nach § 1617 b Abs 2 das 5. Lebensjahr vollendet hat[34]. Nur so wird dem von § 1617 c Abs 1 S 1 geschützten Persönlichkeitsrecht des Kindes Rechnung getragen.

13 Die Auflösung der Namensverbindung muss nicht die **Änderung des Namensinhaltes** zur Folge haben, sie kann sich auch auf die rechtliche Ableitung beschränken, so wenn Mutter und (inzwischen festgestellter) Scheinvater des Kindes einen gemeinsamen Namen führen[35]. Dies wird vor allem dann von Bedeutung, wenn sich der Name der Mutter später ändert: nur bei entsprechender rechtlicher Verbindung kann sich diese Änderung gemäß § 1617 c Abs 2 Nr 2 auf den Namen des Kindes auswirken[36].

14 **3. Intertemporales Recht.** Erfolgt die Anfechtung der Vaterschaft für ein Kind, das noch vor Inkrafttreten des Gesetzes über die rechtliche Stellung der nichtehelichen Kinder, dh noch vor dem 1. 1. 1970 geboren wurde, gilt für die Namensführung eine gestufte Regelung, die zunächst davon abhängt, ob das Kind in den neuen oder in den alten Bundesländern geboren wurde[37].

§ 1617 c Name bei Namensänderung der Eltern

(1) ¹Bestimmen die Eltern einen Ehenamen, nachdem das Kind das fünfte Lebensjahr vollendet hat, so erstreckt sich der Ehename auf den Geburtsnamen des Kindes nur dann, wenn es sich der Namensgebung anschließt. ²Ein in der Geschäftsfähigkeit beschränktes Kind, welches das 14. Lebensjahr vollendet hat, kann die Erklärung nur selbst abgeben; es bedarf hierzu der Zustimmung seines gesetzlichen Vertreters. ³Die Erklärung ist gegenüber dem Standesbeamten abzugeben; sie muss öffentlich beglaubigt werden.

(2) Absatz 1 gilt entsprechend,
1. wenn sich der Ehename, der Geburtsname eines Kindes geworden ist, ändert oder
2. wenn sich in den Fällen der §§ 1617, 1617 a und 1617 b der Familienname eines Elternteils, der Geburtsname des Kindes geworden ist, auf andere Weise als durch Eheschließung oder Begründung einer Lebenspartnerschaft ändert.

(3) Eine Änderung des Geburtsnamens erstreckt sich auf den Ehenamen oder den Lebenspartnerschaftsnamen des Kindes nur dann, wenn sich auch der Ehegatte oder der Lebenspartner der Namensänderung anschließt; Absatz 1 Satz 3 gilt entsprechend.

---

[31] *Palandt/Diederichsen* Rn 18 weist zu Recht darauf hin, dass die Verweisung auf den Abs 2 S 3 sinnlos ist, so dass sich die Verweisung auf Abs 3 bezieht; ebenso *Staudinger/Coester* Rn 45 mwN.
[32] LG Köln StAZ 2002, 11.
[33] LG Köln StAZ 2002, 11; *Staudinger/Coester* Rn 40; MünchKommBGB/*v. Sachsen Gessaphe* Rn 27 ff; *Löhnig* Das Recht des Kindes nicht miteinander verheirateter Eltern 2004, 105; aA *Palandt/Diederichsen* Rn 19; *Gaaz* StAZ 1998, 241, 248, der offenbar § 1617 c Abs 2 Nr 2 nicht für anwendbar hält, da er die Namensangleichung über das NamÄndG ermöglichen will, S 249.
[34] *Staudinger/Coester* Rn 42; MünchKommBGB/*v. Sachsen Gessaphe* Rn 29 mN des Streitstandes.
[35] Näher *Staudinger/Coester* Rn 39; *Gaaz* StAZ 2000, 357, 362: verdeckte Namensänderung.
[36] *Gaaz* StAZ 2000, 357, 362, dort näher zur praktischen Durchführung.
[37] Einzelheiten zu den intertemporalen Problemen bei Fachausschuss StAZ 2006, 20 f.

§ 1617 c

Übersicht

	Rn		Rn
I. Normzweck	1	1. Änderung eines Ehenamens (Nr 1)	6
II. Grund und Wirkung der Namenserstreckung	2	2. Änderung des Familiennamens eines Elternteils, der Geburtsname des Kindes ist (Nr 2)	10
III. Nachträgliche Bestimmung eines Ehenamens (Abs 1)	3	V. Vorbehalt bei Auswirkung der Namensänderung auf einen Ehenamen oder Lebenspartnerschaftsnamen (Abs 3)	14
IV. Änderung des Namens der Eltern bzw eines Elternteils (Abs 2)	6		

I. Normzweck

Über die Vorschrift soll eine bestehende Namenseinheit zwischen Eltern bzw einem Elternteil und dem Kind auch dann grds aufrechterhalten werden, wenn sich der für das Kind bestimmende Name der Eltern bzw eines Elternteils ändert. Damit wird der Funktion des Namens, die Zuordnung des Kindes zu einer familialen Gemeinschaft darzustellen (§ 1616 Rn 3), Rechnung getragen. Durch den Vorbehalt der Zustimmung wird für über fünf Jahre alte Kinder und für den Ehegatten des Kindes, wenn eine Ehename betroffen ist, eine Automatik der Namensänderung verhindert, damit sich individuelle Interessen des Kindes bzw seines Ehegatten an der Namenskontinuität durchsetzen können. **1**

II. Grund und Wirkung der Namenserstreckung

Die Vorschrift ordnet – entgegen ihrem missverständlichen Wortlaut – die Änderung des Namens selbst an; sie ist keine Einschränkung einer anderweitig geregelten Namensänderung. Andernfalls wäre schon Abs 1 ohne Bedeutung, da die spätere Bestimmung des Ehenamens nach keiner anderen Vorschrift den Namen des Kindes beeinflusst. Daher muss die Vorschrift so verstanden werden, dass sie selbst den differenzierten Gleichlauf von geändertem Elternnamen und Kindesnamen anordnet[1]. Die Namensänderung tritt kraft Gesetzes ein, **zeitlich kongruent** mit der Wirksamkeit der Änderung des Namens der Eltern, also ohne Rückwirkung[2]. Diese zeitliche Kongruenz gilt auch dann, wenn eine Vaterschaft zum Kind erst nach Eheschließung und Bestimmung des Ehenamens anerkannt wird[3], da die Vaterschaftsanerkennung selbst zurückwirkt. Der Name des Kindes ändert sich zum Zeitpunkt der Bestimmung des Ehenamens; ein entsprechender Randvermerk mit lediglich deklaratorischer Bedeutung[4] ist einzutragen (§ 30 Abs 1 S 1 PStG)[5]. Die Vorschrift gilt auch, wenn sich nicht der Namensinhalt, jedoch der Bezugspunkt und die Ableitungsgrundlage des Kindesnamens ändert, Rn 12[6]. Eine Namenserstreckung ist nur möglich, solange der **Namensträger lebt**[7]; die Namensanpassung berührt nur die Interessen des Namensträgers, nicht aber der Hinterbliebenen. **2**

III. Nachträgliche Bestimmung eines Ehenamens (Abs 1)

Die Vorschrift gilt uneingeschränkt, wenn nach dem erstmaligen Erwerb eines Geburtsnamens durch das Kind die Eltern einen Ehenamen bestimmen, ohne Rücksicht auf das Alter des Kindes. Entspricht der Ehename inhaltlich dem vom Kind geführten Namen, so ändert sich der **Rechtsgrund des Geburtsnamens** des Kindes, der sich nun vom Ehenamen ableitet[8]. Da die **Rechtsfolge** – wie bei § 1616 – nicht an die sorgerechtliche Situation anknüpft, steht ein eventueller Entzug oder das Ruhen der elterlichen Sorge der Namenserstreckung nicht entgegen[9]. Ohne Bedeutung ist, ob die Eltern im Zeitpunkt der Geburt des Kindes verheiratet oder unverheiratet waren, auf welcher Rechtsgrundlage der Name des Kindes vor der Bestimmung des Ehenamens beruhte[10]. Die Vorschrift gilt so auch, wenn die Eltern nach der Begründung einer gemeinsamen elterlichen Sorge über Sorgeerklärungen oder Eheschließung (§ 1626a Abs 1) den Kindesnamen gemäß § 1617b Abs 1 neu bestimmt hatten; von einer weiteren Änderung des Namens über § 1617c Abs 1 ist das Kind nicht ausgeschlossen. **3**

– § 1617c Abs 1 ist auch anzuwenden, wenn die Eltern des Kindes die Ehe eingehen, nachdem das Kind bereits in einer vorherigen Ehe **einbenannt** worden war[11].

---

[1] FamRefK/*Wax* Rn 7; *Michalski* FamRZ 1997, 977, 982 f.
[2] *Henrich/Wagenitz/Bornhofen*, Deutsches Namensrecht, § 1617c Rn 11, 34.
[3] Fachausschuss StAZ 2000, 24.
[4] *Michalski* FamRZ 1997, 977, 983.
[5] Ab 1. 1. 2009, § 1616 Rn 2.3, Eintragung einer Folgebeurkundung in das Geburtenregister gem §§ 27 Abs 3 Nr 1, 1 Abs 1 S 1 PStG.
[6] *Coester* FuR 1994, 1, 4.
[7] AG Lübeck StAZ 2002, 244; AG Gießen StAZ 2006, 55 mwN.
[8] *Gaaz* StAZ 2000, 357, 359: verdeckte Namensänderung; dort auch zur Problematik der Eintragung eines Randvermerks.
[9] FamRefK/*Wax* Rn 3.
[10] *Henrich/Wagenitz/Bornhofen*, Deutsches Namensrecht, § 1617c Rn 9; insoweit zu eng Erman/*Michalski* Rn 2.
[11] MünchKommBGB/*v. Sachsen Gessaphe* § 1618 Rn 29; Fachausschuss StAZ 2000, 30.

§ 1617 c   Buch 4. Abschnitt 2. Verwandtschaft

— Erkennt der Einbenennende selbst später seine Vaterschaft zu dem Kinde an, ohne dass bisher eine anderweitige Vaterschaft im Rechtssinne bestand, wird dadurch die Einbenennung gegenstandslos[12]; die Anerkennung wirkt auf den Zeitpunkt der Geburt des Kindes zurück (§ 1617 Rn 2), so dass die wesentliche Voraussetzung einer Einbenennung, die Namenserteilung durch einen anderen als einen Elternteil, fehlt (Rn 3.1). Das Kind erhält so zunächst den Geburtsnamen der Mutter[13] und mit der Bestimmung eines Ehenamens gilt nun § 1617 c Abs 1.

— Leitet sich der Name des Kindes von einem Manne ab, der inzwischen rechtsverbindlich als Scheinvater festgestellt ist, bedarf es zur Wirkung des § 1617 c Abs 1 nicht eines vorherigen Namenswechsels auf der Grundlage des § 1617 b Abs 2[14], Rn 3.2.

3.1 Der entsprechende Randvermerk über die Einbenennung ist zu berichtigen, das Kind erhält zunächst den Geburtsnamen der Mutter[15]. 1617 b Abs 2 kommt dabei keine Sperrwirkung zu. Die Vorschrift beruht auf dem Wegfall einer rechtlichen, nicht biologischen Vaterschaft und kann auch nicht entspr auf den Fall der erstmaligen Begründung der Vaterschaft angewendet werden. Es gilt nun § 1617 c Abs 1, dem keine Rückwirkung auf den Zeitpunkt der Geburt des Kindes zukommt (Rn 2).

3.2 § 1617 c Abs 1 stellt nicht darauf ab, auf welcher Rechtsgrundlage das Kind seinen bisherigen Namen führt[16]; ihm liegt die in § 1616 niedergelegte Absicht des Gesetzgebers zugrunde, nach Möglichkeit eine einheitliche Namensführung in einer ehelichen Familie zu erreichen. Ein Hinweis auf eine Vermutung für eine besondere Stabilität des Scheinvaternamens ist dem Gesetz nicht zu entnehmen. Die Rechtsfolge des § 1617 c Abs 1 verdrängt das Interesse an der individuellen Namenskontinuität; es wird durch die notwendige Anschlusserklärung (Rn 4) gewahrt. Der Scheinvater selbst hat kein schutzwürdiges Interesse an einer Fortführung seines Name; insoweit ist sein Wille nach dem Gesetz auch ohne Relevanz, da es ihm jede Möglichkeit verwehrt, eine Änderung des von ihm abgeleiteten Namens zu verhindern. Coester[17] löst das Problem weitgehend, indem er in der Anschlusserklärung des Kindes auch den Antrag nach § 1617 b Abs 2 sieht. Freilich ist die Anschlusserklärung erst mit Vollendung des fünften Lebensjahres vorgesehen; das Problem wird daher über diese Konstruktion in den meisten Fällen nicht gelöst[18].

4 Die Bestimmung des Ehenamens wirkt sich auf den Namen des Kindes, das das **fünfte Lebensjahr vollendet** hat, nur aus, wenn es sich der **Namensänderung anschließt**[19]. Maßgeblich ist das Alter im Zeitpunkt der Erklärung der Eltern gegenüber dem Standesamt. Für jedes Kind ist individuell zu entscheiden, ob den Namenserstreckung zugestimmt wird. Eine eventuell eintretende Namensdifferenz zwischen Geschwistern wird hingenommen; der Zwang zur Namenseinheit gilt nur, wenn die Eltern unmittelbar den Namen des Kindes bestimmen (§§ 1617 Abs 1 S 3, 1617 b Abs 1 S 4). Der **Vorbehalt der Zustimmung des Kindes gilt nicht,** wenn Folge der Namenserstreckung nur die Änderung der Ableitungsgrundlage ist (Rn 4.1). **Wirksam** wird die Anschlusserklärung unmittelbar mit der formgerechten Abgabe; die Eintragung in das Geburtenbuch (ab 1. 1. 2009: Geburtenregister) hat nur deklaratorische Bedeutung[20]. Eine **Befristung** für die Anschlusserklärung ist nicht vorgesehen; ein „Anschluss" setzt aber voraus, dass im Zeitpunkt der Erklärung dieser Namen zumindest von einem Elternteil noch geführt wird[21]. Als personenstandsrechtliche Erklärung ist die Anschlusserklärung **unwiderruflich** und **nicht anfechtbar** (§ 1617 Rn 12).

4.1 Die Notwendigkeit der Anschlusserklärung beruht auf dem Persönlichkeitsrecht des Kindes iS einer Kontinuität des im Zeitpunkt der Bestimmung des Ehenamens geführten Namens als mögliches Identitätsmerkmal; es wird durch eine Änderung der Ableitungsgrundlage nicht betroffen und damit gilt die Rechtsfolge des § 1617 c Abs 1 unmittelbar[22]. Das Persönlichkeitsrecht erfasst nicht die Option, einer späteren Namensänderung eines Elternteils zu folgen, die dessen aktuell geführten Namen nicht betrifft.

5 Die Erklärung wird bis zum vollendeten **14. Lebensjahr** vom gesetzlichen Vertreter abgegeben (Rn 5.1). Entsprechendes gilt, wenn das minderjährige Kind zwar das 14. Lebensjahr vollendet hat, aber geschäftsunfähig ist[23]. Da weder inhaltlich noch formal ein Interessengegensatz zwischen Eltern und Kind besteht, kann das Kind ohne weiteres durch die sorgeberechtigten Eltern vertreten werden[24]. Mit Beginn des 15. Lebensjahres kann die Anschlusserklärung nur vom Kind selbst abgegeben werden, wenn es nicht geschäftsunfähig ist; es bedarf hierzu der Zustimmung des gesetzlichen Vertreters[25],

---

[12] Fachausschuss StAZ 2005, 268.
[13] Fachausschuss StAZ 2005, 268.
[14] *v. Bargen* StAZ 2001, 73; aA *Gaaz* StAZ 2000, 357, 362 f und StAZ 2001, 74; Fachausschuss StAZ 2002, 309, 310.
[15] Fachausschuss StAZ 2005, 268.
[16] *v. Bargen* StAZ 2001, 73.
[17] StAZ 2001, 229, 230.
[18] Fachausschuss StAZ 2002, 309 f.
[19] *Salzgeber/Stadler/Eisenhauer* FPR 2002, 133, 135 zur Begründung dieser Altersgrenze aus entwicklungspsychologischer Sicht.
[20] OLG Zweibrücken StAZ 1999, 115, 116 mwN.
[21] *Staudinger/Coester* Rn 20: anders nur, wenn die Ehe durch den Tod beider Eltern aufgelöst wurde. Gegen jede Beschränkung der Anschlusserklärung *Lipp/Wagenitz*, Das neue Kindschaftsrecht, § 1617 c Rn 13.
[22] *Staudinger/Coester* Rn 11; *Gaaz* StAZ 2000, 357, 359; aA nun Fachausschuss StAZ 2005, 345; StAZ 2005, 268.
[23] Ebenso im Ergebnis Fachausschuss StAZ 2006, 332.
[24] Fachausschuss StAZ 1999, 47.
[25] *Coester* FuR 1994, 1, 4 zum Problem der Meinungsverschiedenheiten zwischen Eltern und Kind bzw zwischen den Eltern selbst: es gilt § 1628. Zur möglichen Intervention des FamG auf der Grundlage von §§ 1666, 1629 Abs 2 S 3, 1796 bei einer Weigerung der Zustimmung *v. Schorlemer*, Die zivilrechtlichen Möglichkeiten der Namensänderung, 1998, S 127 f mwN.

Rn 5.1. Die Namenserstreckung ist nicht auf Minderjährigkeit beschränkt; § 1617 c gilt von seiner ratio her und aufgrund des insoweit offenen Wortlautes auch für **volljährige Kinder**[26]. Ist das Kind volljährig, aber geschäftsunfähig, so bedarf es der Einrichtung einer Betreuung mit entsprechendem Aufgabenkreis. Die Erklärung ist gegenüber dem **Standesamt** abzugeben; der Standesbeamte kann auch die vorgeschriebene öffentliche Beglaubigung vornehmen (§ 31 a Abs 1 S 1 Nr 2 PStG)[27]. Der Zugang beim Standesamt ist Wirksamkeitsvoraussetzung, vgl § 130 Abs 3[28]. Die Zustimmung des gesetzlichen Vertreters ist zwar nicht ausdrücklich als formbedürftige Erklärung bezeichnet; aus § 31 a Abs 1 S 2 PStG[29] ergibt sich jedoch, dass auch die Zustimmung öffentlich beglaubigt werden muss[30]. Der Gesetzgeber lässt, wenn auch mit etwas unklarer Formulierung, erkennen, dass sämtliche namensrelevanten Erklärungen formalisiert werden sollen. Aufgrund der Erklärungen trägt der Standesbeamte einen Randvermerk in das Geburtenbuch ein (§ 31 a Abs 2 S 2 PStG)[31].

Arndt (S 119) stellt zu Recht fest, dass daher für das Kind die in seinem Interesse begründete Regelung praktisch 5.1 kaum zum Zuge kommt, wenn die Eltern, die meist das maßgebliche Vertretungsrecht haben, eigene Zwecke mit der Entscheidung über die Anschlusserklärung verfolgen. Immerhin gibt es das Korrektiv, dass grundsätzlich beide sorgeberechtigte Eltern die Anschlusserklärungen abgeben müssen. Da Namensfragen grundsätzlich für das Kind von erheblicher Bedeutung sind, kann in Dissensfällen nach § 1628 S 1 das FamG eingeschaltet werden.

Auch hier wird man – trotz einer gesetzlichen Vertretungssituation – die tatsächliche Personensorge genügen 5.2 lassen. Kann der minderjährige Elternteil den Namen des Kindes selbst bestimmen (§ 1617 Rn 4, § 1617 a Rn 8; § 1618 Rn 2), so muss das auch für die Zustimmung zur Namenserstreckung gelten. Einer gerichtlichen Genehmigung der Anschlusserklärung bzw der Zustimmung zu ihr seitens des gesetzlichen Vertreters bedarf es nicht.

IV. Änderung des Namens der Eltern bzw eines Elternteils (Abs 2)

1. Änderung eines Ehenamens (Nr 1). Ändert sich ein Ehename, der 6
– als **Gemeinschaftsname**
– **beider Eltern**
zum Geburtsnamen des Kindes wurde, so auf der Grundlage der §§ 1616, 1617 c Abs 1 oder § 1757 Abs 1 S 1 (dort Rn 3 f)[32], gilt Abs 1 entsprechend mit der Folge, dass diese Namensänderung sich auf das Kind erstreckt. Auch hier gilt der Vorbehalt, dass sich das Kind der Änderung anzuschließen hat, wenn es das 5. Lebensjahr vollendet hat (Rn 4 f); zur Geltung **für Vertriebene** näher Rn 6.1. Beruht der Name des Kindes auf einem Ehenamen, der nicht von den Eltern abgeleitet ist, sondern durch eine **Einbenennung** erworben wurde, gilt § 1617 c Abs 2 Nr 1 nicht unmittelbar[33]. Das ergibt sich aus der Bezugnahme auf Abs 1, der den gemeinsamen Namen der Kindeseltern meint; über die Verweisung in § 1618 S 6 gilt die Regelung jedoch entsprechend[34], § 1618 Rn 18. Der **Ehename wird nicht geändert**, wenn ein Elternteil dem gemeinsamen Namen einen Begleitnamen hinzufügt bzw den Begleitnamen ändert[35].

Ein Sonderfall der Änderung eines Ehenamens findet sich für Vertriebene in § 94 BVFG. Die Auswirkung der 6.1 spezialgesetzlich vorgesehenen Änderung eines Familiennamens auf den Namen des Kindes ist dort in Anlehnung an § 1617 c geregelt (§ 94 Abs 1 S 3 BVFG). Die dort vorgesehenen Erklärungen können im Verteilungsverfahren auch gegenüber dem Bundesverwaltungsamt abgegeben werden.

Änderungen des Ehenamens ergeben sich vor allem aus einer Änderung des Geburtsnamens eines 7 Elternteils, dessen Name zum Ehenamen wurde. Rechtsgrund dieser Namensänderung kann sein die **Adoption** eines verheirateten Erwachsenen (§§ 1757 Abs 1 S 1, 1765 Abs 3, 1767 Abs 2), soweit die Namensfolge der Adoption bzw deren Aufhebung auch den Ehenamen erfasst (§§ 1757 Abs 3, 1765 Abs 3) oder eine Änderung auf der **Grundlage des § 1617 c**, wenn sich der andere Ehegatte dieser Änderung angeschlossen hat, § 1617 c Abs 3[36]. Die Änderung kann sich auch aus einer möglichen Neubestimmung des Ehenamens auf Grund der Übergangsvorschrift des Art 229 § 13 Abs 1 EGBGB ergeben. Die Vorschrift ist sinngemäß anzuwenden, wenn sich der Name der Eltern als Folge einer **Rechtswahlentscheidung** auf der Grundlage des Art 10 Abs 2 S 1 EGBGB ändert (Art 10 Abs 2 S 3

---

[26] Vgl OLG Frankfurt BeckRS 2007, 2910 mwN; KG FGPrax 2001, 193 f.
[27] Ab 1. 1. 2009, § 1616 Rn 2.3, gilt hier § 45 Abs 1 S 1 Nr 5 PStG.
[28] BayObLG FamRZ 1996, 431, 432.
[29] Ab 1. 1. 2009, § 1616 Rn 2.3, gilt hier § 45 Abs 1 S 2 PStG.
[30] *Palandt/Diederichsen* Rn 6; aA *Michalski* FamRZ 1997, 977, 983.
[31] Ab 1. 1. 2009, § 1616 Rn 2.3, Eintragung einer Folgebeurkundung in das Geburtenregister gemäß §§ 27 Abs 3 Nr 1, 1 Abs 1 S 1 PStG.
[32] *Staudinger/Coester* Rn 25 zu weiteren Erwerbstatbeständen.
[33] OLG Dresden StAZ 2000, 341, 342; *Palandt/Diederichsen* Rn 8; FamRefK/*Wax* Rn 4; aA die wohl hM, OLG Hamm FGPrax 2002, 176, 177; wohl auch BGH NJW 2004, 1108; MünchKommBGB/*v. Sachsen Gessaphe* Rn 14; *Lipp/Wagenitz*, Das neue Kindschaftsrecht, § 1617 c Rn 20; *Staudinger/Coester* Rn 27 für den Fall, dass Ehename der Geburtsname des Stiefelternteils wurde: „erteilende Einbenennung", ebenso bei § 1618 Rn 44; *Willutzki* Kind-Prax 1999, 83, 86.
[34] AA wohl OLG Dresden StAZ 2000, 341, 342; *Palandt/Diederichsen* § 1618 Rn 25.
[35] *Wagenitz* FamRZ 1998, 1545, 1550.
[36] *Staudinger/Coester* Rn 36 zur erweiterten Möglichkeit der abgeleiteten Änderung eines Ehenamens auch nach Tod eines Ehegatten.

§ 1617 c

EGBGB), Rn 7.1. **Nicht erfasst** durch § 1617 c Abs 2 Nr 1 ist die Änderung eines Familiennamens eines Elternteils auf der Grundlage des **NamÄndG** durch die Verwaltungsbehörde[37], Rn 7.2.

7.1 Die zulässige Rechtswahlentscheidung kann zu einer neuen Bestimmung des Namens der Eltern führen, ggf auch zu einer „Angleichung", für die § 1617 c entsprechend gilt (Art 47 Abs 3 EGBGB)[38]. Die Bedeutung der Verweisung auf § 1617 c dürfte sich aber nur anwendbar sein, wenn der Kindesnamen deutschem Recht unterliegt[39]; die Verweisung ist damit allerdings ohne eigene Aussagekraft[40]. Ist für den Kindesnamen ausländisches Recht anwendbar, so gilt das auch für die Auswirkung der Änderung des elterlichen Bezugsnamens auf den Kindesnamen; der Vorbehalt der Zustimmung des Kindes je nach seinem Alter ist dann eine Frage der ausländischen Rechtsordnung.

– Bestimmen die Eltern nun den Geburtsnamen des anderen Ehegatten zum neuen gemeinsamen Ehenamen, führen also weiter einen **Ehenamen, wechseln** ihn nur **inhaltlich**[41], so kann sich die Namensänderung auf den Namen des Kindes erstrecken. Hat das Kind das 5. Lebensjahr vollendet, muss eine entsprechende Anschlusserklärung abgegeben werden, wenn sich die Änderung des Ehenamens auf den Kindesnamen auswirken soll.
– Wollen die Eltern aufgrund der Rechtswahl den **Ehenamen ablegen und zu einer getrennten Namensführung übergehen** und hält man diese Option für zulässig[42], gilt folgendes:
– Ist das Kind im Zeitpunkt der Neubestimmung der Namen der Eltern **minderjährig**, ist eine bloße Anschlusserklärung des Kindes nicht ausreichend. Die Eltern müssen zunächst entscheiden, welchen Namen das Kind führen soll. Insofern ist auch § 1617 entsprechend anzuwenden[43] und zwar einschließlich der Obliegenheit, den Namen des Kindes zu bestimmen; vorausgesetzt ist auch hier, das sich der Kindesname nach deutschem Recht richtet. Eine Rückwirkung auf den Zeitpunkt der Geburt[44] ist aber aufgrund der nur für die Zukunft wirkenden Rechtswahl[45] nicht möglich. Infolge des Grundsatzes des deutschen Kindesnamensrechts, die Änderung des Kindesnamens von einer Anschlusserklärung des Kindes abhängig zu machen, wenn das Kind das 5. Lebensjahr vollendet hat, muss auch hier eine entsprechende Erklärung gefordert werden, damit sich die Neubestimmung des elterlichen Namens auf den Namen des Kindes auswirken soll. Das Kind hat ggf über seine Anschlusserklärung zu entscheiden, ob es dem von den Eltern gewünschten Namenswechsel folgt. Das ist bedeutsam vor allem, wenn das Kind das 14. Lebensjahr vollendet hat. Schließt das Kind sich der Namensbestimmung nicht an, so trägt es weiterhin den bisherigen Ehenamen der Eltern.
– Ist das Kind im Zeitpunkt der Neubestimmung der Namen der Eltern **volljährig**, so entfällt mangels eines Sorgerechts ein Namensbestimmungsrecht der Eltern. Das Kind hat über seine Anschlusserklärung selbst zu entscheiden, ob es seinen Namen wechseln und ggf welchem der beiden neuen Namen es sich anschließen will. Das Problem dürfte sich nur bei der Namenswahl nach Statutenwechsel stellen, da bei ursprünglicher Anwendung des deutschen Rechts ein Widerruf des einmal bestimmten Ehenamens nicht zulässig ist[46]. Schließt es sich der Namensbestimmung nicht an, so bleibt es auch hier bei dem bisherigen Ehenamen der Eltern.

7.2 Verwaltungsentscheidungen im Einzelfall beschränken ihre Wirkung grds auf den Adressaten der Verfügung[47]; dies gilt insbes für Verwaltungsakte, die nur auf Antrag erfolgen. Eine Erstreckung dieser Entscheidung auf dritte Personen bedarf einer ausdrücklichen Regelung, die in § 4 NamÄndG nur für minderjährige Kinder erfolgte, die unter der elterlichen Sorge des von der Namensänderung betroffenen Elternteils stehen. Insoweit handelt es sich um eine spezielle öffentlich-rechtliche Regelung, deren Grenzen nicht durch die allgemeine Regelung des bürgerlich-rechtlichen Namensrechts modifiziert werden, solange dies nicht ausdrücklich vorgesehen ist[48].

8 Nicht erfasst sind über § 1617 c Abs 2 die Fälle der **Scheidungshalbwaisen**. Das sind Kinder, die
– den Ehenamen der Eltern erhalten hatten,
– deren Eltern geschieden sind, woraufhin der sorgeberechtigte Elternteil nach der Scheidung der Ehe den Ehenamen auf der Grundlage des § 1355 Abs 5 S 2 wieder aufgibt.

Diese Namensänderung, auch wenn sie den allein sorgeberechtigten Elternteil betrifft, wirkt sich auf den Namen des Kindes nicht aus. Abs 2 Nr 1 trifft nicht zu: der Ehename hat sich nicht geändert, er wurde „nur" aufgegeben und durch einen anderen Namen ersetzt. Eine Anpassung des Kindesnamens erfolgt auch nicht über Abs 2 Nr 2, da die dort genannten Tatbestände nicht zutreffen[49].

9 Die Namensangleichung kann aber über die **öffentlich-rechtliche Namensänderung** nach dem NamÄndG erfolgen, wenn ein wichtiger Grund vorliegt (§ 3 NamÄndG)[50]. Diese scheitert als einzel-

---

[37] *Lipp/Wagenitz*, Das neue Kindschaftsrecht, § 1617 c Rn 18; Fachausschuss StAZ 2001, 21; nicht eindeutig, aber in diese Richtung *Staudinger/Coester* Rn 35.
[38] Vgl *Henrich* StAZ 2007, 197, 203.
[39] *Staudinger/Hepting* Art 10 EGBGB Rn 308 mN des Streitstandes.
[40] Vgl auch MünchKommBGB/*Birk* Art 10 EGBGB Rn 138.
[41] BGHZ 147, 159, 166 = NJW 2001, 2469, 2471; BGH NJWE-FER 2001, 307, 308 zur Zulässigkeit dieser Neubestimmung mit Wirkung für die Zukunft.
[42] So OLG Frankfurt FGPrax 2006, 262, 263; Art 10 EGBGB Rn 52 mit der Einschränkung, dass nach dem vorherigen Statut ein Ehename geführt werden musste; vgl *Heuer*, Neue Entwicklungen im Namensrecht, 2006, S 169 ff.
[43] *Staudinger/Hepting* Art 10 EGBGB Rn 248; *Heuer*, Neue Entwicklungen im Namensrecht, 2006, S 177 f, 179 f.
[44] So *Staudinger/Hepting* Rn 249 mwN.
[45] BGHZ 147, 159, 168 = NJW 2001, 2469, 2471.
[46] Vgl BGHZ 147, 159, 165 = NJW 2001, 2469, 2471; vgl OLG Frankfurt FGPrax 2006, 262, 264.
[47] BayObLGZ 1984, 147, 151 f.
[48] AG Bielefeld StAZ 2004, 369, 370; ebenso im Ergebnis *v. Schorlemer*, Die zivilrechtlichen Möglichkeiten der Namensänderung, 1998, S 138 f; aA KG FGPrax 2001, 193 f „hM" mwN; MünchKommBGB/*v. Sachsen Gessaphe* ErgBd Rn 15.
[49] OLG Düsseldorf FGPrax 2000, 145; BayObLG StAZ 2000, 299, 300: keine analoge Anwendung des § 1618, da keine planwidrige Gesetzeslücke, keine verfassungsrechtlichen Bedenken; *Gaaz* StAZ 2000, 357, 358 mwN; *Staudinger/Coester* Rn 32; unklar insoweit LG Bremen StAZ 1999, 337, 338: die Entscheidung betrifft den alleinsorgeberechtigten Vater eines nichtehelichen Kindes.
[50] *Schmitz/Bauer* StAZ 2001, 99, 103.

fallbezogene Verwaltungsentscheidung nicht an einem geschlossenen System des bürgerlichen Rechts, das besondere Verhältnisse im Einzelfall in § 1617 c nicht berücksichtigt (vgl § 1616 Rn 12). Die ebenfalls einzelfallorientierte Regelung in § 1618 S 4 knüpft an einen konkreten Konfliktfall zwischen den Eltern des Kindes an[51]. Welche Anforderungen an den „**wichtigen Grund**" gestellt werden, haben die Verwaltungsbehörden bzw die Verwaltungsgerichte zu klären (Rn 9.1).

Nach dem BVerwG muss die Namensänderung iS der Rspr der BGH zu § 1618 (dort Rn 9) erforderlich sein, wenn der andere Elternteil der Namensänderung nicht zustimmt[52]. Stimmt der andere Elternteil zu, dann B so das BVerwG B genügt es, wenn die Namensänderung dem Kindeswohl dient. Diese Dienlichkeit sei jeweils zu vermuten[53]. **9.1**

2. Änderung des Familiennamens eines Elternteils, der Geburtsname des Kindes ist (Nr 2). Die Namenserstreckung nach Abs 2 Nr 2 tritt nur ein, wenn das Kind den Geburtsnamen **10**
– über eine gesetzliche Zuweisung gemäß § 1617 a Abs 1 oder über die Namenserteilung gemäß §§ 1617, 1617 a Abs 2, 1617 b, nicht also über § 1616 (Rn 8) erhalten hat und
– wenn sich der Name des Elternteils ändert, ohne dass dies auf einer Eheschließung bzw die Begründung einer eingetragenen Lebenspartnerschaft beruht.

Ohne Bedeutung ist, auf welcher Rechtsgrundlage der Name des Elternteils beruht, ob er Geburtsname oder Ehename aus einer Ehe mit einem Dritten ist[54], Rn 10.1. Der **Grund der Änderung** des elterlichen Familiennamens ist grds ohne Bedeutung, zu den Ausnahmen Rn 11 f. **Mögliche Fälle der Namensänderung** sind vor allem die Änderung des Familiennamens eines Elternteils über § 1617 b Abs 2 (§ 1617 b Rn 9 ff), die Wiederannahme des Geburtsnamens nach Auflösung einer Ehe mit einem Dritten über Tod oder Scheidung (§ 1355 Abs 5 S 2) oder die Auswirkung der Adoption eines Elternteils bzw deren Aufhebung auf den Namen des Elternteils (§§ 1757 Abs 1 S 1, 1765). Keine für das Kind relevante Namensänderung ist die Hinzufügung eines **Begleitnamens** nach § 1355 Abs 2 S 2[55] oder der **Widerruf** eines Begleitnamens. Für die Änderung eines Namens nach dem NamÄndG (§ 1616 Rn 12) gilt die dortige Sonderregelung.

In entsprechender Anwendung gilt die Vorschrift aber auch, wenn auf Grund der **Übergangsregelung des Art 224 § 3 Abs 5 EGBGB** der Name des Kindes neu bestimmt wurde[56] und der auf dieser Grundlage erhaltene Familienname eines Elternteils sich später ändert. **10.1**

Keine Namenserstreckung tritt ein, wenn sich der Name des Elternteils, von dem das Kind seinen Geburtsnamen ableitet, durch **Eheschließung** oder Begründung einer **Lebenspartnerschaft** ändert. Dieser Fall der Namensänderung ist dem Regelungsbereich der Einbenennung nach § 1618 und damit einer individuellen Entscheidung im Einzelfall unter Einbeziehung des anderen Elternteils vorbehalten (Rn 11.1). Die Namensänderung muss sachliche Folge des Rechts des Ehenamens bzw des Lebenspartnerschaftsnamens sein; ein nur zeitlicher Zusammenhang zwischen Eheschließung und Begründung der Lebenspartnerschaft einerseits und der Namensänderung andererseits ist ohne Bedeutung. **Kein sachlicher Zusammenhang** besteht, wenn sich nach der Eheschließung der Name des Elternteils auf Grund der öffentlich-rechtlichen Namensänderung nach dem NamÄndG ändert. **Heiraten die (leiblichen) Eltern des Kindes** und bestimmen sie einen Ehenamen gilt Abs 1. **11**

Staudinger/Coester Rn 42 kritisiert zu Recht diese Regelung, da sie dem Stiefelternteil die Möglichkeit gibt, eine Namensangleichung zu verhindern. Der darin enthaltene punktuelle Persönlichkeitsschutz für den Ehegatten des sorgeberechtigten Elternteils sei schwer verständlich, wenn man bedenkt, dass die Weitergabe eines erheirateten Namens in anderen Fällen vom „ursprünglichen" Namensträger in keiner Weise verhindert werden kann. **11.1**

Keine Namensanpassung erfolgt nach Abs 2 Nr 2, wenn das Kind den Namen über eine **Einbenennung** erhalten hatte, der sorgeberechtigte Elternteil sich dann wieder von dem Ehenamen gelöst hat und seinen vorher geführten Namen wieder annimmt[57], Rn 12.1. Das Kind trägt auf Grund der Einbenennung als Geburtsnamen den neuen Ehenamen seines Elternteils und des Stiefelternteils als deren Gemeinschaftsnamen und nicht den individuellen Namen des sorgeberechtigten Elternteils. Dabei kommt es nicht darauf an, ob das Kind vor der Einbenennung den individuellen Namen des (auch) sorgeberechtigten Elternteils oder den Namen des anderen Elternteils trug, der mit der Einbenennung abgelöst wurde[58]. **12**

---

[51] Berth StAZ 97, 108 sieht dagegen in der bürgerlich-rechtlichen Regelung eine abschließende Regelung, die im Fall der Trennung der Eltern nicht über das NamÄndG abgeändert werden dürfe. Für den Fall des § 1355 Abs 5 S 2 offen gelassen von OVG Münster FamRZ 2000, 698; restriktiv auch VG Ansbach NJW 2000, 453.
[52] BVerwGE 116, 28, 35 f = NJW 2002, 1399, 2406, 2407 f; OVG Brandenburg FamRZ 2004, 1399, 1401; Wittinger NJW 2002, 2371, 2372; aA Schwerdtner NJW 2002, 735, 736. Zur Entwicklung der Rspr näher Beck FPR 2002, 138.
[53] BVerwG NJW 2002, 2410; vgl auch OVG Frankfurt/O FamRZ 2002, 259, 260.
[54] Staudinger/Coester Rn 38.
[55] LG Arnsberg NJW 1999, 336; vgl 1616 Rn 2.2; § 1617 Rn 5.1, dort auch zum Streitstand; aA für § 1617 c Abs 2 Nr 2 Staudinger/Coester Rn 40; Fachausschuss StAZ 2000, 246.
[56] Wagenitz FamRZ 1998, 1545, 1550.
[57] BGHZ 157, 277, 280 f = NJW 2004, 1108; OLG Hamm FGPrax 2002, 176, 177.
[58] BGHZ 157, 277, 280 f = NJW 2004, 1108; OLG Hamm FGPrax 2002, 176, 177.

§ 1618

12.1 Der BGH bestätigte auf Vorlage die entsprechende Entscheidung des OLG Hamm[59] gegen OLG Dresden[60]. Dem BGH folgte nun auch OLG Frankfurt[61]. *Staudinger/Coester*[62] und ebenso *Zwißler*[63] wenden § 1617 c Abs 2 Nr 2 an im Falle der „nachziehenden Einbenennung", wenn das Kind den vorehelichen Namen des sorgeberechtigten Elternteils als Geburtsnamen geführt hatte, die Eltern also keinen Ehenamen bestimmt hatten, der änderungsresistent wäre. Die Angleichung des Kindesnamens an den Namen des Elternteils über das NamÄndG (§ 1616 Rn 12) ist zwar nicht ausgeschlossen, es bedarf hierzu jedoch eines wichtigen Grundes im Einzelfall, der nicht schon allein wegen der Namensdifferenz zu dem Elternteil vorliegt[64]. Die Namensableitung von einem „Fremden" erhält auf diese Weise eine Änderungsresistenz, die der Realität der Scheidung von Stieffamilien nicht gerecht wird[65]. De lege lata lässt sich daran aber nichts ändern. Das Gesetz unterscheidet zwar, welche Namensänderung der namensrechtlichen Bezugsperson die Namensänderung beim Kind auslösen kann, differenziert dann aber nicht für die Bestandskraft des einmal erworbenen Namens nach dem früher geführten Namen.

13 Hat das Kind, dessen Name grds von der Namenserstreckung erfasst wird, das fünfte Lebensjahr vollendet, setzt die Namensänderung über die entsprechende Anwendung des Abs 1 (Rn 4) eine **Anschlusserklärung des Kindes** voraus. Vor der Vollendung des fünfte Lebensjahres tritt die Namensänderung zwingend ein, eine weitere Mitwirkung etwa des sorgeberechtigten Elternteils gibt es nicht[66]. Für die Kompetenz zur Erklärung und zur Form der Erklärung des Anschlusses gelten die Regelungen des Abs 1 S 2, 3 (Rn 5).

V. Vorbehalt bei Auswirkung der Namensänderung auf einen Ehenamen oder Lebenspartnerschaftsnamen (Abs 3)

14 Ändert sich der Geburtsname eines verheirateten Kindes, dessen Name zum **Ehenamen** wurde, über die Erstreckungsregelung des Abs 1 und 2, wirkt sich diese Änderung auf den Ehenamen nur aus, wenn sich der andere – mitbetroffene – Ehegatte, damit noch während bestehender Ehe, der Namensänderung anschließt[67], da der Ehename auf dem eigenständigen Rechtsgrund der Ehe beruht. Entsprechendes gilt, wenn das von der Erstreckung der Namenänderung betroffene Kind in einer Lebenspartnerschaft lebt und sein Geburtsname zum Lebenspartnerschaftsnamen wurde. Eine Anschlusserklärung – bezogen auf den Ehenamen – ist nur für den Ehegatten, nicht für das von der Änderung des Geburtsnamens betroffene Kind vorgesehen[68]; das betroffene Kind kann die Änderung des Ehenamens in ihrer Auswirkung auf sich verhindern, in dem es sich der Änderung des Namens, der seinen Geburtsnamens begründet, nicht anschließt. Eine **Frist** für die Anschlusserklärung des Ehegatten ist auch hier nicht vorgesehen.

15 **Schließt sich der Ehegatte** des Kindes der Änderung des Geburtsnamens **nicht an,** so ändert sich dennoch der Geburtsname des betroffenen verheirateten Kindes, soweit die Voraussetzungen des § 1617 c Abs 1 oder Abs 2 gegeben sind[69]. Auf diesen ist zurückzugreifen, soweit im Rechtsverkehr der Geburtsname eine Rolle spielt[70]. Die **Form der Anschlusserklärung** des anderen Ehegatten entspricht der Regelung in § 1617 c Abs 1 (Abs 3 HS 2). Die Beglaubigung der Erklärung kann durch den Standesbeamten erfolgen (§ 15 c Abs 1 S 2 PStG)[71].

§ 1618 Einbenennung

¹Der Elternteil, dem die elterliche Sorge für ein unverheiratetes Kind allein oder gemeinsam mit dem anderen Elternteil zusteht, und sein Ehegatte, der nicht Elternteil des Kindes ist, können dem Kind, das sie in ihren gemeinsamen Haushalt aufgenommen haben, durch Erklärung gegenüber dem Standesbeamten ihren Ehenamen erteilen. ²Sie können diesen Namen auch dem von dem Kind zur Zeit der Erklärung geführten Namen voranstellen oder anfügen; ein bereits zuvor nach Halbsatz 1 vorangestellter oder angefügter Ehename entfällt. ³Die Erteilung, Voranstellung oder Anfügung des Namens bedarf der Einwilligung des anderen Elternteils, wenn ihm die elterliche Sorge gemeinsam mit dem den Namen erteilenden Elternteil zusteht oder das Kind seinen Namen führt, und, wenn das Kind das fünfte Lebensjahr vollendet hat, auch der Einwilligung des Kindes. ⁴Das Familiengericht kann die Einwilligung des anderen Elternteils ersetzen, wenn die Erteilung, Voranstellung oder Anfü-

---

[59] FGPrax 2002, 176, 177.
[60] StAZ 2000, 341, 342.
[61] BeckRS 2005, 7642; ebenso schon LG Fulda FamRZ 2000, 689; Fachausschuss StAZ 2000, 309; § 1618 Rn 18; *Erman/Michalski* § 1618 Rn 12.
[62] Rn 27, § 1618 Rn 44, 45.
[63] FPR 2004, 64, 67.
[64] VG Hamburg 11 K 2066/04, juris-dok: für ein volljähriges Kind.
[65] Vgl *Coester* LMK 2004, 66.
[66] Fachausschuss StAZ 2000, 276 f.
[67] Nach *Staudinger/Coester* Rn 50 soll eine Ausnahme für die Auflösung der Ehe durch den Tod des betroffenen Kindes gelten.
[68] *Staudinger/Coester* Rn 48; v. *Schorlemer* S 125 f; aA *Lipp/Wagenitz*, Das neue Kindschaftsrecht, § 1617 c Rn 32, 33.
[69] *Gaaz* StAZ 2000, 357, 358: „verdeckte Namensänderung".
[70] *Michalski* FamRZ 1997, 977, 985; *Staudinger/Coester* Rn 46: „Reservename".
[71] Ab 1. 1. 2009, § 1616 Rn 2.3, § 41 Abs 1 S 2 PStG.

gung des Namens zum Wohl des Kindes erforderlich ist. [5]Die Erklärungen müssen öffentlich beglaubigt werden. [6]§ 1617 c gilt entsprechend.

Schrifttum: *Gaaz*, Probleme der Einbenennung nach § 1618 BGB, FPR 2002, 125; *Heistermann*, Sind durch das Kinderrechteverbesserungsgesetz alle Fragen zu § 1618 geklärt?, FamRZ 2003, 279; *Klüsener*, Der Rechtspfleger als Namensrichter des § 1618 S 4 BGB – Einbenennung des Stiefkindes, Rpfleger 2002, 233; *Oelkers/Kreutzfeldt*, Die Ersetzung der Einwilligung nach § 1618 S 4 BGB, FamRZ 2000, 645; *Oelkers/Oelkers*, Stiefkinder – Probleme der Einbenennung gemäß § 1618 BGB, MDR 2001, 1269; *Pieper*, Namensänderung von Stiefkindern und Scheidungshalbwaisen, FuR 2003, 394; *Willutzki*, § 1618 BGB – eine schwierige Aufgabe für alle!, Kind-Prax 2000, 76.

Übersicht

	Rn		Rn
I. Normzweck	1	III. Namenserteilung	15
II. Voraussetzungen der Einbenennung	2	1. Inhalt des Namens	15
1. Sorgerecht und Personenstand des Kindes	2	2. Form, Zeitpunkt und Eintragung der Einbenennung	16
2. Bestehende Ehe bzw Lebenspartnerschaft, Namensführung und gemeinsame Haushaltsführung im Zeitpunkt der Einbenennung	3	IV. Wirkung und Bestandskraft der Einbenennung	18
3. Zustimmungserfordernisse	5	V. Verfahrensrecht (Ersetzung der Zustimmung des anderen Elternteils)	19
a) Notwendige Erklärungen	5		
b) Ersetzung der Zustimmung des anderen Elternteils	9	VI. Übergangsregelung	23

I. Normzweck

Mit dieser Vorschrift soll die Namensgleichheit innerhalb der faktischen Familiengemeinschaft ermöglicht werden, wenn ein sorgeberechtigter Elternteil mit einem Dritten verheiratet ist und in dieser Ehe einen Ehenamen führt. Die Regelung verdrängt weitgehend die sonst mögliche öffentlich-rechtliche Namensänderung zur Angleichung der Familiennamen innerhalb der Stieffamilie[1]. Dem Interesse des Elternteils, dessen Familienname abgelöst werden soll, wird dadurch Rechnung getragen, dass seine Zustimmung grds Voraussetzung der Einbenennung ist[2]; das Interesse des Kindes an einer Änderung seines Familiennamens wird durch die Möglichkeit geschützt, in besonderen Fällen die Zustimmung gerichtlich zu ersetzen. Im Interesse einer biographischen Namenskontinuität und einer Erleichterung der Einwilligung des nicht sorgeberechtigten Elternteils sieht das Gesetz die Möglichkeit vor, einen Doppelnamen aus dem bisher geführten und dem neuen Namen zu bilden. Eine Ausweitung des Anwendungsbereiches erfährt die Vorschrift durch § 9 Abs 5 des LPartG; die Vorschriften des § 1618 S 2 bis 6 gelten entspr (§ 9 Abs 5 S 2 LPartG) und erlauben so auch die Einbenennung in der **eingetragenen Lebenspartnerschaft**. 1

II. Voraussetzungen der Einbenennung

1. Sorgerecht und Personenstand des Kindes. Die Möglichkeit der Einbenennung besteht nur für ein **minderjähriges und unverheiratetes** Kind, ohne Rücksicht darauf, ob seine Eltern verheiratet waren oder nicht. Der einbenennende Elternteil muss **allein** oder mit dem anderen Elternteil **gemeinsam sorgeberechtigt** sein. Worauf das maßgebliche Sorgerecht beruht, ob auf Gesetz oder richterlicher Entscheidung, ist ohne Belang. Auch der Vater des nichtehelichen Kindes, der über § 1672 das Alleinsorgerecht hat, kann so einbenennen, wenn er verheiratet ist und einen Ehenamen führt[3]. Hinsichtlich der inhaltlichen Reichweite des Sorgerechts genügt das **tatsächliche Personensorgerecht,** so dass auch ein **minderjähriger Elternteil,** der nicht geschäftsunfähig ist, ohne Zustimmung seines gesetzlichen Vertreters den Ehenamen erteilen kann (§ 1617 Rn 4). Ist der Elternteil **geschäftsunfähig,** ist eine Einbenennung nicht möglich[4], da für die elterliche Sorge kein Betreuer bestellt werden kann. War das **Kind bereits verheiratet,** so scheidet – wie im Falle des § 1617a Abs 2 (§ 1617a Rn 9) – eine Einbenennung aus[5]. Selbst wenn das Kind in seiner nun aufgelösten Ehe keinen Ehenamen führte, so fehlt dem sorgeberechtigten Elternteil auch nach der Scheidung das für die Einbenennung maßgebliche tatsächliche Personensorgerecht (§ 1633 Rn 2). Zudem hat sich das Kind schon wegen der Möglichkeit der Bestimmung eines Ehenamens in tatsächlicher Hinsicht soweit von der Bindung an den elterlichen Namen gelöst, dass eine Namensangleichung an einen neuen Ehenamen 2

---

[1] OVG Münster FamRZ 2000, 698; aA VG Koblenz StAZ 2001, 113, 114f ohne nähere Auseinandersetzung mit dem Konkurrenzproblem; krit *Schmitz/Bauer* StAZ 2001, 99, 106; für weitere Anwendbarkeit des NamÄndG und Änderung bei „Dienlichkeit" auch VG Frankfurt/M FamRZ 2000, 1438 LS.
[2] EGMR NJW 2003, 1921, 1922 zum Schutz der Namensidentität durch Art 8 Abs 1 EMRK.
[3] DIJuF-Rechtsgutachten DAVorm 2000, 480, 481.
[4] *Henrich/Wagenitz/Bornhofen*, Deutsches Namensrecht, § 1618 Rn 31: das Sorgerecht müsse einem Vormund übertragen werden, der nicht einbenennen könne; aA offenbar *Erman/Michalski* Rn 7: die Einbenennung könne vom Stiefelternteil allein erklärt werden.
[5] *Staudinger/Coester* Rn 6; *Henrich/Wagenitz/Bornhofen*, Deutsches Namensrecht, § 1618 Rn 7; aA FamRefK/*Wax* Rn 3.

§ 1618

Buch 4. Abschnitt 2. Verwandtschaft

seines – nur noch nach außen hin personensorgeberechtigten – Elternteils (§ 1633) nicht mehr sinnvoll ist.

3 2. **Bestehende Ehe bzw Lebenspartnerschaft, Namensführung und gemeinsame Haushaltsführung im Zeitpunkt der Einbenennung.** Der **einbenennende Elternteil** muss im Zeitpunkt der Erklärung eine Ehe[6] bzw eine eingetragene Lebenspartnerschaft und einen **Ehenamen** bzw einen Lebenspartnerschaftsnamen führen; es reicht nicht aus, wenn die Führung eines derartigen Namens nur geplant ist[7]. Unschädlich ist es, wenn ein Ehegatte einen Begleitnamen führt. **Welchen Namen das Kind** auf welcher Rechtsgrundlage führt, ist ohne Bedeutung; das Kind kann – wie bei der pränatalen Einbenennung oder bei einer Auslandsgeburt – auch noch ohne Namen sein[8]. Trägt das Kind einen Namen, muss er sich inhaltlich von dem Namen unterscheiden, den das Kind über die Einbenennung erhalten soll, da der bloße Wechsel der Rechtsgrundlage der Problemlage nicht entspricht. Das Kind kann seinen Namen auch über eine Einbenennung erhalten haben[9], das das Gesetz in § 1618 S 2 HS 2 die Möglichkeit einer **mehrfachen Einbenennung** ausdrücklich vorsieht. Die Einbenennung scheitert nicht daran, dass ein **Geschwisterkind** denselben Geburtsnamen führt, der über die Einbenennung geändert werden soll; die in § 1617 Abs 1 S 3 enthaltene Einschränkung des Rechts zur Namensbestimmung gilt nur für die Entscheidung nach § 1617. Da das Gebot der Namenseinheit um der faktischen Familieneinheit der Eltern und Kinder willen besteht, scheidet eine entsprechende Anwendung für die Einbenennung in der Stieffamilie aus[10].

4 Die Einbenennung ist nur zulässig, wenn das Kind **in den gemeinsamen Haushalt aufgenommen** ist; diese weitere Voraussetzung muss nach dem klaren Wortlaut auch gegeben sein, wenn der einbenennende Elternteil allein sorgeberechtigt ist. Der Gesetzgeber hat damit das sonst geltende Prinzip, Gestaltungsrechte im Kindesnamensrecht mit der Sorgerecht zu verbinden (§ 1616 Rn 5), aufgegeben und ein rein tatsächlich geprägtes Tatbestandsmerkmal begründet. Das Standesamt hat grds zu überprüfen, ob diese Voraussetzung gegeben ist, wird sich aber auf die Richtigkeit entsprechender Angaben verlassen können. Entspricht die Angabe nicht der Wirklichkeit, ist die Einbenennung unwirksam, ein Eintrag der Namensänderung im Geburtsbuch müsste berichtigt werden. Das Kind **ist in den gemeinsamen Haushalt nur aufgenommen**, wenn beide Ehegatten tatsächlich in einer gemeinsamen Wohnung den Mittelpunkt ihrer Lebensführung haben. Es genügt nicht, dass keine dauernde **Trennung** iS des Scheidungsrechts bzw des Sorgerechts (§ 1671 Rn 7 zur Geltung des § 1567 für § 1671) vorliegt, da es für den Zweck der Einbenennung – anders als für die Trennung (§ 1567 Rn 4) – nicht auf die subjektive Seite ankommt. Der Gesetzgeber hat darauf verzichtet, den sonst üblichen Begriff der Obhut wie in § 1629 Abs 2 zu verwenden, da es in Hinblick auf den Integrationszweck der Einbenennung auf eine tatsächliche Lebensgemeinschaft ankommt. Diese fehlt bei einer vom Elternteil organisierten Drittbetreuung oder alleiniger Betreuung durch einen der beiden Ehegatten. Die Aufnahme in den Haushalt muss rechtmäßig, dh mit Willen des anderen Elternteils oder auf Grund einer richterlichen Entscheidung erfolgt sein, da nur so von der für eine auf Dauer angelegten Namensänderung erforderlichen Beständigkeit der Lebenssituation des Kindes ausgegangen werden kann. Zudem soll die Einbenennung nicht einen rechtswidrigen Zustand verfestigen. Insoweit erhält der andere Elternteil mittelbar auch dann eine Kontrolle über eine Einbenennung, wenn seine förmliche Zustimmung mangels einer gemeinsamen Namensführung nicht erforderlich ist. Ist der Elternteil eine **Lebenspartnerschaft** nach dem LPartG eingegangen, gelten die Vorschriften über die Einbenennung in einer Ehe entspr (Rn 1).

5 3. **Zustimmungserfordernisse. a) Notwendige Erklärungen. aa) Zustimmung des anderen Elternteils.** Die Zustimmung des anderen Elternteils ist notwendig,
- wenn ihm zusammen mit dem einbenennenden Elternteil das gemeinsame Sorgerecht zusteht oder
- wenn das Kind den Namen des anderen Elternteils führt (Namensidentität), unabhängig von der Sorgerechtssituation.

Die **Namensidentität** muss im Zeitpunkt der Einbenennung bestehen[11]. Die Absicht, eine frühere, derzeit aber nicht bestehende Namensgleichheit wieder herzustellen, genügt dafür nicht[12]. Der Rechtsgrund der Namensgleichheit ist ohne Bedeutung, Namensgleichheit besteht auch, wenn die Namensidentität auf einer Namenserteilung nach § 1617 a Abs 2 beruht, ebenso wenn der andere Elternteil mit dem Ehenamen mit einem Begleitnamen führt[13]. **Keine Namensidentität besteht**, wenn der andere Elternteil nach einer Eheschließung den Namen des Kindes nur noch als Geburtsnamen weiterführt, etwa nach einer Heirat unter Annahme des Namens des Ehegatten als Ehenamen[14], da ausschlaggebend

---

[6] OLG Karlsruhe FamRZ 2000, 1437, 1438: vor der Eheschließung des einbenennenden Elternteils ist kein Verfahren zur Ersetzung der Zustimmung möglich.
[7] OLG Hamm FamRZ 2000, 1437 für den Ehenamen.
[8] *Staudinger/Coester* Rn 9 mwN.
[9] *Staudinger/Coester* Rn 9, 49; *Lipp/Wagenitz*, Das neue Kindschaftsrecht, § 1618 Rn 7: dort auch zur Möglichkeit, dass eine weitere Einbenennung nach einem Wechsel des alleinigen Sorgerechts zum anderen Elternteil erfolgt: „gegenläufige Einbenennung"; Fachausschuss StAZ 2007, 213 f.
[10] *Gaaz* FPR 2002, 125, 128; Fachausschuss StAZ 1999, 47.
[11] AG Lübeck StAZ 2003, 143.
[12] OLG Brandenburg FPR 2003, 91 f.
[13] *Wagenitz* FamRZ 1998, 1545, 1551.
[14] BT-Drucks 13/4899 S 92; aA Fachausschuss StAZ 1999, 47: die Verbindung zum Geburtsnamen des anderen Elternteils löse das Zustimmungserfordernis aus.

Einbenennung **§ 1618**

die erlebte Namensverbindung des Kindes zum nicht sorgeberechtigten Elternteil ist und nicht die rechtliche Verbindung zum Geburtsnamen. Ist der **andere Elternteil verstorben,** ist eine Zustimmung nicht mehr erforderlich (Rn 5.1), besteht damit auch kein Raum für eine gerichtliche Ersetzung. Kann die Zustimmung des anderen Elternteils nicht erlangt werden, da er **unbekannten Aufenthaltes** ist, entfällt die Erforderlichkeit der Einwilligung nicht, da sonst allein die Haltung des nicht sorgeberechtigten Elternteils ausschlaggebend wäre[15]. In diesem Fall wird regelmäßig der betreuende Elternteil über eine familiengerichtliche Entscheidung nach § 1674 Abs 1 das Sorgerecht allein haben (§ 1674 Rn 2.1). Verzichtet werden kann aber auf die persönliche Anhörung, wenn die Ermittlungen des Aufenthalts durch das Gericht ergebnislos geblieben sind[16].

Der Wegfall des Zustimmungserfordernisses für diesen Fall ist inzwischen fast allgM[17], da dann eine aktuelle Namensverbindung nicht mehr besteht. Unabhängig von dieser Rechtsfrage muss der Standesbeamte aber die namensrechtlichen Erklärungen beurkunden[18]. Ein besonderes Feststellungsverfahren ist im Verhältnis von FamG und Standesamt nicht vorgesehen, und eine Entscheidung könnte so auch keine bindende Rechtswirkung entfalten[19]. Das Kindesinteresse ist im Namensrecht relativ hoch bewertet; demgegenüber müssen Interessen von Angehörigen des verstorbenen Elternteils zurücktreten. Auch die Verfahrensvorschriften (Rn 19 f) gehen von einem streitigen Verfahren aus; die Berücksichtigung anderer Personen wie etwa von Geschwistern, die zu Lebzeiten des nicht sorgeberechtigten Elternteils keinerlei förmlichen Einfluss auf die Entscheidung haben, von Amts wegen erscheint überzogen und kommt einer im Gesetz nicht vorgesehenen informellen Pflegschaft gleich. Ist der andere Elternteil **geschäftsunfähig,** führt das Kind aber seinen Namen, könnte ein Betreuer mit dem entsprechenden Aufgabenkreis bestellt werden, der insoweit keine Teilaufgabe der elterlichen Sorge, sondern eine eigene Angelegenheit des Elternteils wahrnimmt[20], § 1617 a Rn 10. **5.1**

Die **Mitbeteiligung am gemeinsamen Sorgerecht** löst das Zustimmungserfordernis nur aus, wenn diese Mitberechtigung die Personensorge und dort die Verantwortung für die namensrechtlichen Interessen des Kindes umfasst. Erzielen die Eltern keine Einigung, entscheidet das FamG auf der Grundlage des § 1618 S 4 und nicht nach dem allgemein für sorgerechtliche Konflikte vorgesehenen § 1628. Wie dort (§ 1628 Rn 1) wird auch nach § 1618 S 4 eine Kompetenzentscheidung getroffen, da die gerichtliche Ersetzung der Einwilligung dem Ehepaar, das einbenennen will, nur die alleinige Entscheidungsmacht verschafft, ohne den Namen selbst zu bestimmen. **6**

Die Zustimmung des anderen Elternteils wird im Gesetz zwar als **Einwilligung** bezeichnet; es handelt sich jedoch nicht um eine Einwilligung iS des § 183 S 1, da für die Einbenennung die Reihenfolge der Erklärungen keinerlei sachliche Bedeutung hat. Die Zustimmung kann so auch nach der Einbenennungserklärung selbst erklärt werden[21]; die formgerecht erteilte Zustimmung ist jedoch **Wirksamkeitsvoraussetzung** (Rn 17). **7**

bb) **Einwilligung des Kindes.** Entspr der allgemeinen Linie des Namensrechts muss das **Kind** in die Einbenennung **einwilligen,** wenn es das 5. Lebensjahr vollendet hat (Abs 1 S 3). Hinsichtlich der Erklärungskompetenz gilt § 1617 c Abs 1 entspr (§ 1617 c Rn 5). Die Erklärung muss öffentlich beglaubigt werden (S 5), eine Mitteilung der Zustimmung durch das Jugendamt genügt nicht[22]. Soweit das Kind die Erklärung nicht selbst abgeben kann, wird es durch den sorgeberechtigten Elternteil vertreten; zur Vermeidung von formalen Schwierigkeiten sollte sich aus den Vorgängen ausdrücklich ergeben, dass der vertretungsberechtigte Elternteil neben seiner eigenen Erklärung auch für das Kind in die Einbenennung einwilligt[23]. § 1795 Abs 1 Nr 1 iVm § 1629 Abs 2 S 1 ist nicht anzuwenden, ein Ergänzungspfleger muss nicht bestellt werden (str)[24], vgl zum parallelen Problem bei der Adoption § 1746 Rn 3. **Sind beide Eltern sorgeberechtigt,** müsste formal gesehen dem einbenennenden Elternteil auf der Grundlage des § 1628 die Alleinvertretung zugesprochen werden, entweder hinsichtlich der Erklärung selbst für das **8**

---

[15] OLG Hamm FamRZ 2000, 695; AG Blomberg FamRZ 2002, 1836, 1837; *Klüsener* Rpfleger 2002, 233, 235.
[16] OLG Naumburg FPR 2003, 92, dort auch zum Umfang der Ermittlungen: Nachfrage bei Meldebehörden, Verwandten und ggf Sozialversicherungsbehörden.
[17] OLG Hamm NJOZ 2007, 542 f; BayObLG StAZ 2004, 335, 336; vgl auch Vorlagebeschluss BayObLGZ 2002, 288, 290; dazu BGH StAZ 2004, 335; OLG Koblenz OLGR 2004, 453 f; OLG Zweibrücken (5. Senat) NJWE-FER 2000, 113; OLG Stuttgart NJW-RR 2001, 366, 367; vgl auch OLG Frankfurt FGPrax 2001, 201, 203: neigt zu dieser im Entscheidenden Fall nicht erheblichen Auffassung; AG Limburg StAZ 2000, 81; AG Kiel StAZ 2000, 21 f; AG Lübeck StAZ 2000, 22 m Anm *Sachse*; AG Bremen StAZ 1999, 242 f; *Gaaz* FPR 2002, 125, 131; *Klüsener* Rpfleger 2002, 233, 234; *Staudinger/Coester* Rn 24; FamRefK/*Wax* Rn 5; aA OLG Zweibrücken (3. Senat) StAZ 1999, 241, 242; Erman/*Michalski* Rn 7; *Lipp/Wagenitz,* Das neue Kindschaftsrecht, § 1618 Rn 17; *Oelkers/Oelkers* MDR 2001, 1269, 1271 f; offen gelassen von BayObLG StAZ 1999, 263 (der Hinweis auf die obergerichtliche Klärung kann missverstanden werden, vgl *Sachse* StAZ 2000, 22, der eine Zustimmung des BayObLG zur Entscheidung des OLG Zweibrücken annimmt) und von LG Frankenthal FamRZ 1999, 1371, 1372.
[18] OLG Frankfurt FGPrax 2001, 201, 202; OLG Hamm FGPrax 2000, 190, 191.
[19] *Klüsener* Rpfleger 2002, 233, 237; aA OLG Stuttgart FamRZ 2000, 566, 567.
[20] *Henrich/Wagenitz/Bornhofen,* Deutsches Namensrecht, § 1618 Rn 56; aA FamRefK/*Wax* Rn 5: keine Zustimmung erforderlich.
[21] BayObLG StAZ 1999, 236, 237; MünchKommBGB/*v. SachsenGessaphe* Rn 18 mwN; aA AG München StAZ 2000, 268.
[22] OLG Köln FamRZ 1999, 735, 736.
[23] LG Rottweil FamRZ 2002, 1734.
[24] So wohl auch OLG Karlsruhe FamRZ 2000, 1437, 1438 ohne nähere Begründung; ebenso OLG Köln FamRZ 2000, 735, 736; AG Lübeck StAZ 2002, 309; *Gaaz* FPR 2002, 125, 129; *Klüsener* Rpfleger 2002, 233, 234; aA OLG Zweibrücken NJWE-FER 2000, 113, 114 mwN; OLG Frankfurt FGPrax 2001, 201, 203; MünchKommBGB/*Schwab* § 1795 Rn 16.

§ 1618

Kind oder für die Zustimmung der sorgeberechtigten Eltern zur Erklärung des über 14-jähriges Kindes[25]. Die damit verbundene Konsequenz zweier Verfahren erscheint aber wenig sinnvoll und vom Gesetzgeber nicht gewollt. Das Ersetzungsverfahren vor dem Familiengericht ist insofern umfassend und enthält auch die Übertragung der elterlichen Sorge für diese Einzelangelegenheit insgesamt[26].

9 **b) Ersetzung der Zustimmung des anderen Elternteils. aa) Erforderlichkeit der Einbenennung.** Die Zustimmung des anderen Elternteils kann vom **Familiengericht ersetzt** werden, wenn sie zum Wohle des Kindes „erforderlich" ist; es genügt nicht mehr, dass die Einbenennung dem Kindeswohl „dient" oder ihm „förderlich" ist (Rn 9.1). Zu berücksichtigen ist auch, dass mit dem Scheitern der Ehe und damit ggf mit einer erneuten Namensdifferenz gerechnet werden muss, wenn der betreuende Elternteil seinen früheren Namen wieder annimmt, § 1617 c Rn 12[27]. Entspr sind die Anforderungen nicht deshalb geringer, wenn von der Möglichkeit Gebrauch gemacht wird, einen (unechten) Doppelnamen zu führen (**additive Namenserteilung**)[28], Rn 9.2. **Zeitlich** kann die Ersetzung erst erfolgen, wenn die Ehe, in die einbenannt werden soll, bereits geschlossen ist[29], ein Ehename auch bestimmt ist. Die Anforderungen an die Erforderlichkeit gelten im selben Maße für den Fall einer Namensgleichheit zwischen Kind und anderem Elternteil einerseits und dem **Fall der gemeinsamen Sorge** andererseits[30]. Die Entscheidung des anderen, aber sorgeberechtigten Elternteils, dem Gesichtspunkt der Namenskontinuität Vorrang zu geben, darf nur dann korrigiert werden, wenn entspr dringliche Gründe vorliegen (Rn 13).

9.1 Diese Anforderung an die Voraussetzung einer Ersetzung ist inzwischen fast allgM[31]. Damit werden die Anforderungen an die Ersetzung der Zustimmung gegenüber der bisherigen Praxis der Verwaltungsgerichte bei der öffentlich-rechtlichen Namensänderung bewusst verschärft[32]. Die Einbenennung muss die Ausnahme sein, um die aufgrund der Aufhebung der häuslichen Gemeinschaft gefährdete Verbundenheit des Kindes zum nicht sorgeberechtigten Elternteil nicht zu gefährden[33]; insoweit ist der gemeinsame Namen auch ein äußeres Zeichen für die auch im Kindesinteresse bedeutsame Aufrechterhaltung der Beziehung zum anderen Elternteil[34]. Die Rspr des BGH ist entspr restriktiv: Es müssten „konkrete Umstände vorliegen, die das Kindeswohl gefährden[35] und die Einbenennung daher unerlässlich sein, um Schäden von dem Kind abzuwenden"[36] Abzustellen ist darauf, inwieweit ein verständiger Elternteil angesichts der tatsächlichen Probleme der gegenwärtigen Namensführung für das Kind seine Zustimmung nicht verweigern würde". Problematisch ist die Verwendung des Begriffs „triftiger Grund"[38], da dieser Begriff in § 1303 enthalten und dort erheblich weniger restriktiv zu interpretieren ist (vgl § 1303 Rn 13 f). Die immer wieder geforderte „umfassende Abwägung der Interessen der Beteiligten"[39] ist wenig hilfreich, da das Interesse des nicht sorgeberechtigten Elternteils im Wesentlichen kaum einzelfallbezogen bestimmt werden kann, die Erforderlichkeit der Einbenennung dagegen allein von der konkreten Problematik des Kindes abhängt[40]. Auch der vom BGH herangezogene Maßstab des verständigen Elternteils weist auf die objektive Problematik des Kindes, nicht auf Interessen des Elternteils hin, wenn diese nicht wieder über das Kindesinteresse bestimmt werden. Zudem ist das Tatbestandsmerkmal der „Erforderlichkeit" bereits das Ergebnis einer Einzelfall gelösten Interessenabwägung durch den Gesetzgeber, der den Grundsatz der – auch im Allgemeininteresse begründeten (§ 1616 Rn 3) – Namenskontinuität – im Falle des Elterndissenses nur aufgibt, wenn für das Kind die Änderung des Namens „erforderlich" ist. Insofern unterscheidet sich die Wortwahl in § 1618 auch deutlich von der Formulierung in § 1748 Abs 4. Dort erfordert die Voraussetzung des „unverhältnismäßigen Nachteils" eine konkrete Interessenabwägung zwischen den Interessen der Betroffenen (§ 1748 Rn 28).

---

[25] AA *Pieper* FuR 2003, 394, 395: § 1629 Abs 2 S 2 sei analog anzuwenden. Damit aber wird ein bewusst auf eine spezielle Materie gerichtete Regelung zu sehr verallgemeinert zur Vertretung schlechthin.
[26] *Heistermann* FamRZ 2003, 279, 280.
[27] OLG Oldenburg FamRZ 2000, 693, 694; zur Problematik dieser namensrechtlichen Verfestigung *Staudinger/Coester* Rn 4 f.
[28] OLG Frankfurt vom 5. 6. 2002, 5 UF 187/01, www.hefam.de; aA die wohl hM, OLG Stuttgart NJW-RR 2004, 1447, 1448; FamRZ 1999, 1375, 1376; OLG Köln OLGR 2006, 507, 508; FamRZ 2003, 630, 631; OLG Frankfurt FamRZ 1999, 1376, 1377; OLG Celle FamRZ 1999, 1374, 1375; aA wohl auch BGH NJW 2002, 300, 301.
[29] OLG Karlsruhe FamRZ 2000, 1437, 1438.
[30] OLG Rostock OLGR 2007, 53.
[31] BGH NJW 2002, 300, 301 unter Hinweis auf BT-Drucks 13/8511 S 73, 74; FPR 2002, 411; FPR 2002, 267; OLG Köln OLGR 2006, 507 f mwN; OLG Naumburg OLGR 2006, 392 und vom 19. 7. 2004, 14 WF 37/04; OLG Zweibrücken vom 8. 3. 2002, 6 UF 180/01; OLG Koblenz NJWE-FER 2000, 84; OLG Saarbrücken ZfJ 2000, 437, 438 mwN; aA FamRefK/*Wax* Rn 7.
[32] BT-Drucks 13/8511 S 74 f; *Wagenitz* FamRZ 1998, 1545, 1551; *Gaaz* StAZ 1998, 246, 248; *Willutzki* Kind-Prax 1999, 83, 87; der BGH – FPR 2002, 411, 412 – sieht darin keinen Verstoß gegen Verfassungsrecht.
[33] OLG München NJW-RR 2000, 667, 668.
[34] BGH NJW 2005, 1779, 1780.
[35] BGH NJW 2005, 1779, 1780.
[36] BGH FPR 2002, 267; OLG Brandenburg ZfJ 2003, 198; ähnlich OLG München FPR 2003, 139 „aus Gründen des Kindeswohls unabdingbar"; OLG Hamm FamRZ 2004, 1748, 1749; OLG Frankfurt vom 18. 5. 2004, 5 UF 41/04, www.hefam.de.
[37] BGH NJW 2002, 300, 301; OLG München FPR 2003, 139; OLG Düsseldorf FamRZ 2000, 691, 692; *Wagenitz* FamRZ 1998, 1545, 1552; *Willutzki* Kind-Prax 1999, 83, 87; der BGH – NJW 2005, 1781, 1783 – verwendet diesen Maßstab auch für die Ersetzung der Einwilligung des Vaters bei der Adoption – § 1748 Rn 23.
[38] OLG Frankfurt OLGR 2006, 69, 70: „dh vernünftige und nachvollziehbare Gründe"; OLG Naumburg FGPrax 2001, 240; ähnlich problematisch in der Begriffswahl OLG Köln OLGR 2006, 507, 508.
[39] BGH NJW 2002, 300, 301.
[40] OLG Köln OLGR 2003, 103: ohne erhebliche Bedeutung der Namensänderung für das Kind kommt es gar nicht zur Interessenabwägung.

Diese Option soll die Zustimmung des anderen Elternteils erleichtern, verändert aber nicht den Maßstab der Erforderlichkeit für deren Ersetzung[41]. Im Falle des Elterndissenses gilt auch hier wieder der Grundsatz der Namenskontinuität[42], zudem spricht für höhere Anforderungen an die Veränderung auch die grundsätzliche Skepsis des Gesetzgebers gegen die Bildung von Doppelnamen. Bei gemeinsamer Sorge ist auch die additive Namenserteilung ein Eingriff in die gleichberechtigte Ausübung des Sorgerechts, da jede Namensänderung für das Kind von erheblicher Bedeutung ist und daher eigentlich dem Verfahren nach § 1628 unterliegen würde (§ 1628 Rn 4). Im Einzelfall kann aber eine völlige Durchschneidung des Namensbandes den Belangen des Kindes nicht entsprechen, wohl aber eine additive Namenserteilung[43]. Zur Bildung dieses Namens vgl Rn 15).

Erforderlich sein kann die Einbenennung, um Probleme für das Kind zu lösen, die mit der **Namensdifferenz** in der gelebten Stieffamilie verbunden sind oder die auf der bestehenden **Namensgleichheit** zum nicht sorgeberechtigten Elternteil beruhen. Nennenswerte Probleme der Namensdifferenz im Verhältnis zur Außenwelt können angesichts der heutigen vielfältigen Namenskonstellationen innerhalb der Familien nicht mehr vermutet, sondern müssen im Einzelfall nachgewiesen werden[44], wobei gelegentliche Hänseleien in der Schule nicht ausreichen[45]. Der bloße **Wunsch der Kinder** des sorgeberechtigten Elternteils und dessen Ehegatten, einen einheitlichen Familiennamen zu führen, reicht zur Ersetzung der Zustimmung keinesfalls aus[46]. Auch der Wille des über 14 Jahre alten Kindes ist kein ausreichender Grund[47]. Probleme innerhalb der Stieffamilie wie eine behauptete Außenseiterposition des Kindes werden idR nicht auf der Namensdifferenz, sondern auf Erziehungs- bzw Beziehungsproblemen zu anderen Familienmitgliedern beruhen, die mit der Einbenennung nicht gelöst werden können[48]. Der Weg der Einbenennung kann geradezu den Blick auf die wirkliche Problemlage verstellen und notwendige pädagogisch-psychologische Hilfen verzögern. Eine unterschiedliche Namensführung von **Halbgeschwistern** allein kann die Einbenennung nicht begründen[49].

Probleme der **Namensverbindung** zum anderen Elternteil können dann die Einbenennung erforderlich machen, wenn die Beziehung des Kindes zu ihm erheblich gestört ist und die Namenseinheit einer – wünschenswerten – Lösung der Beziehung im Wege steht[50], so wenn der nicht sorgeberechtigte Elternteil die Integration des Kindes in die neue Familie des anderen Elternteils durch ständige Bemerkungen über einen künftigen Wechsel des Kindes zu ihm erschwert und das Kind damit erheblich verunsichert, das einen Kontakt zu ihm ablehnt[51], bei begründeter massiver Angst des Kindes vor dem anderen Elternteil auf Grund des Erlebnisses von Gewalttätigkeiten[52] oder massiver Ablehnung[53]. Auf ein **Verschulden des Elternteils** kommt es nicht an[54], da das objektive Wohl des Kindes auch bei sorgerechtsähnlichen Entscheidungen ausschlaggebend ist, § 1666 Rn 2[55]. Die Einbenennung ist zwar nicht als Sanktion für elterliches Fehlverhalten ausgestaltet[56], von Bedeutung kann das Verhalten des Elternteils insofern sein, als er die Beziehungsproblematik verursacht hat und deshalb die Namensverbindung im Interesse des Kindes gelöst werden soll.

Verweigerte Unterhaltszahlungen werden kaum relevant sein[57], eine angekündigte Anfechtung der Vaterschaft nur, wenn sie mit Kontaktabbruch verbunden ist[58]. Auch bei einem **fehlenden Kontakt** des Kindes zum nicht sorgeberechtigten Elternteil ist zu prüfen, ob aus der bestehenden Namensverbindung Probleme für das Kind erwachsen[59]. Der Ausschluss der Umgangsbefugnis lässt nicht den Schluss auf die Erforderlichkeit der Einbenennung zu. Begründet werden muss der Namenswechsel, nicht der Erhalt des bisherigen Namens[60]. Nicht übersehen werden darf, dass der Namenswechsel weitgehend endgültig ist (Rn 18), die Umgangssituation sich aber ändern kann. Die Pflicht eines Elternteils zum Umgang gemäß § 1684 Abs 1 HS 2 würde durch eine Namensänderung zumindest

---

[41] Willutzki Kind-Prax 1999, 83, 87.
[42] OVG Brandenburg FamRZ 2004, 1399, 1401 bezeichnet dies als „Leitprinzip" für Stiefkinder und Scheidungshalbwaisen.
[43] OLG Frankfurt NJWE-FER 2000, 205; OLG Celle FamRZ 1999, 1374, 1375; Staudinger/Coester Rn 28.
[44] OLG Bamberg NJW-RR 1999, 1451; OLG Oldenburg FamRZ 2000, 692, 693; OLG Stuttgart NJW-RR 2000, 1249, 1250; OLG Saarbrücken ZfJ 2000, 437, 438; so im Ergebnis auch OLG Naumburg FGPrax 2001, 240, das aber hinsichtlich des Grades der Probleme eine Kindesgefährdung verlangt.
[45] BGH FPR 2002, 267; OLG Hamm FamRZ 1999, 736; vgl auch OLG Düsseldorf NJWE-FER 2000, 204.
[46] BGH FPR 2002, 411, 412; FPR 2002, 267; OLG Oldenburg NJW 2000, 367 f; OLG Düsseldorf NJWE-FER 2000, 204; OLG Saarbrücken ZfJ 2000, 437, 438.
[47] Oelkers/Kreutzfeld FamRZ 2000, 645, 648 insoweit problematisch; anders OLG Naumburg FGPrax 2001, 240, das dem Willen eines 15Jährigen, auf das Beste integriert erhebliche Bedeutung zumisst.
[48] OLG Köln OLGR 2006, 507, 508; BeckRS 2003, 387; OLG Braunschweig MDR 1999, 873.
[49] BGH FPR 2002, 411, 412.
[50] Vgl VG Ansbach AN 06.02984 für die ähnlich zu bestimmende Erforderlichkeit iS des § 3 NamÄndG.
[51] OLG Nürnberg StAZ 1999, 240 f; OLG Bremen FamRZ 2001, 858 f.
[52] OLG Naumburg vom 19. 4. 2004, 14 WF 38/04.
[53] OLG Dresden FGPrax 2005, 26; OLG Frankfurt vom 1. 10. 2003, 5 WF 13/03, www.hefam.de.
[54] AA wohl OLG Hamm FamRZ 1999, 736.
[55] So für den Fall der faktischen Führung des Ehenamens durch ein neunjähriges Kind über drei Jahre OLG Koblenz NJWE-FER 2000, 112.
[56] OLG Saarbrücken ZfJ 200, 437, 438.
[57] OLG Frankfurt vom 18. 5. 2004, 5 UF 41/04, www.hefam.de; so für den „wichtigen Grund" – Parallele zur Erforderlichkeit – § 1617 c Rn 9 – iS des NamÄndG VG Stade vom 16. 7. 2003, 1 A 688/03; aA Oelkers/Kreutzfeld FamRZ 2002, 645, 647 f.
[58] OLG Köln NJW-RR 1999, 729, 730 insoweit nicht ganz klar.
[59] BGH FPR 2002, 267, 268; vgl BGH NJW 2002, 300, 301; OLG Köln OLGR 2006, 507, 508; OLG Saarbrücken ZfJ 2000, 437, 438.
[60] OLG Köln OLGR 2006, 507, 508; NJW-RR 2000, 1102, 1103.

§ 1618

symbolisch in Frage gestellt. Versteht das Kind die Namensdifferenz in der sozialen Familie oder die Namensverbundenheit mit dem nicht sorgeberechtigten Elternteil nicht, ist es Aufgabe des sorgeberechtigten Elternteils, das Kind entspr aufzuklären[61].

12 Hat das Kind – unberechtigt – den zu erteilenden Namen **bereits tatsächlich geführt,** gelten keine anderen Grundsätze; so auch nicht, wenn der betreuende Elternteil auf Grund einer nicht rechtskräftigen Ersetzungsentscheidung des FamG bereits die Umschreibung von Personalpapieren bewirkte und insofern vollendete Tatsachen schuf[62]. Es ist Aufgabe des hierfür verantwortlichen Elternteils, die Rückkehr zum rechtlich richtigen Namen für das Kind verständlich zu machen[63]. Zudem kann aus dem Verhalten des betreuenden Elternteils auch entnommen werden, dass nicht das Kindeswohl die vorschnelle Kappung der Namensverbindung motiviert, sondern das elterliche Interesse[64]. Ausgeschlossen ist die Einbenennung aber auch in diesem Fall nicht, wenn nur sie massive Entwicklungsprobleme lösen kann[65]. Wird die Ersetzung damit begründet, dass Probleme auftreten werden, wenn die bisherige Namensführung der Rechtslage angepasst wird, so handelt es sich um eine bloße Spekulation[66].

13 Beruht das Erfordernis der Zustimmung nur darauf, dass dem anderen Elternteil die **gemeinsame Sorge** zusteht, ist die Ersetzung der verweigerten Zustimmung trotz anderer Interessenlage nur zulässig, wenn die Einbenennung erforderlich ist. Die Ersetzung der Einwilligung kommt bei gemeinsamer Sorge inhaltlich einem Eingriff in das elterliche Sorgerecht des anderen Elternteils gleich, der nur deshalb nicht einer richterlichen Entscheidung über § 1628 S 1 unterstellt wird, weil S 4 den besonderen Maßstäben des § 1618 zuordnet. Es besteht daher kein Grund, die Erforderlichkeit anders als bei alleiniger Sorge des einbenennenden Elternteils zu bestimmen[67]. Die materielle Beweislast trägt der einbenennende Elternteil.

14 **bb) Ermittlung der Erforderlichkeit.** Im Interesse der Sachaufklärung (§ 12 FGG) und des rechtlichen Gehörs sind Eltern und Kind **persönlich anzuhören,** §§ 50 a, 50 b FGG (Rn 14.1). Nach § 12 FGG wird regelmäßig auch der **Stiefelternteil anzuhören** sein[68]. Die Alleinsorge des einbenennenden Elternteils macht die Anhörung des anderen Elternteils nicht gegenstandslos, da auch von ihm Informationen über das Kind erwartet werden können. Da er durch die mögliche Ersetzung in seinen Rechten betroffen ist, muss ihm rechtliches Gehör gewährt werden. Gemäß § 52 FGG ist auf ein Einvernehmen hinzuwirken[69]. Ist der Antrag schon nach dem tatsächlichen Vorbringen des sorgeberechtigten Elternteils abzulehnen, kann auf die Anhörung verzichtet werden[70], jedenfalls dann, wenn die Angaben in tatsächlicher Hinsicht sehr substantiiert sind und eine persönliche Anhörung keine weitere Aufklärung verspricht. Eine zwingende Beteiligung des Jugendamtes am familiengerichtlichen Verfahren ist in § 49 a FGG nicht vorgesehen[71]; im Einzelfall kann die Amtsermittlungspflicht die Beteiligung des Amtes notwendig machen[72], ebenso die Einholung eines **Sachverständigengutachtens**[73]. Bei einem zehn Jahre alten Kind kann die Bestellung eines **Verfahrenspflegers** notwendig sein, § 50 Abs 2 Nr 1 FGG[74]. Bleiben **Zweifel an der Erforderlichkeit,** muss auf Grund der materiellen Beweislast der Antrag auf Ersetzung der Zustimmung abgelehnt werden[75].

14.1 Auch der **nicht sorgeberechtigte Elternteil** ist anzuhören[76]. Die Eltern sind **persönlich anzuhören**[77]. Werden die Eltern nur schriftlich angehört, ist dies ein wesentlicher Verfahrensfehler[78]; Entsprechendes gilt, wenn das **verständigungsfähige Kind** nicht persönlich angehört wird[79].

---

[61] OLG Bremen MDR 1999, 1139; OLG Saarbrücken ZfJ 2000, 437, 438.
[62] BGH NJW 2005, 1779, 1780.
[63] OLG Saarbrücken Beschluss vom 1. 7. 2002, 9 UF 81/02.
[64] BGH NJW 2005, 1779, 1781.
[65] *Zwißler* FPR 2004, 64, 66.
[66] Vgl OVG Magdeburg 1 A 29/05.
[67] AA wohl MünchKommBGB/*v. Sachsen Gessaphe* ErgBd Rn 19.
[68] *Klüsener* Rpfleger 2002, 233, 239.
[69] OLG Köln NJW-RR 1999, 729; OLG Naumburg FamRZ 2001, 1161, 1162.
[70] BGH FPR 2002, 267; OLG Oldenburg FamRZ 2000, 692, 693 m Anm *Hohloch* JuS 2000, 921; aA wohl OLG Hamm JAmt 2003, 433 f.
[71] OLG Köln BeckRS 2003, 387; aA *Oelkers/Kreutzfeld* FamRZ 2002, 645, 646.
[72] OLG Naumburg DAVorm 2000, 178, 179 leitet nicht überzeugend die Beteiligungspflicht aus § 52 FGG ab.
[73] *Oelkers/Kreutzfeld* FamRZ 2000, 645, 648: dort auch zur Erforderlichkeit der Zustimmung des sorgeberechtigten Elternteils und der möglichen Ersetzung dieser Zustimmung.
[74] OLG Rostock FamRZ 2000, 695, 696; näher zur Erforderlichkeit *Klüsener* Rpfleger 2002, 233, 238.
[75] Vgl OLG Köln OLGR 2006, 507, 508.
[76] BGH ZfJ 2000, 476 mwN; OLG Bamberg FamRZ 2000, 691; OLG Karlsruhe FamRZ 2000, 1437.
[77] OLG Frankfurt FamRZ 1999, 1376; persönliche Anhörung der Eltern und des Kindes unter Einbeziehung des Jugendamtes, ggf auch Einholung eines familienpsychologischen Gutachtens, OLG Hamm FamRZ 2004, 1748, 1749; für die notwendige persönliche Anhörung aller Beteiligter OLG Koblenz StAZ 2000, 20, 21; OLG Celle NJW-RR 2000, 667.
[78] OLG Celle FamRZ 1999, 1377, 1378; OLG Frankfurt OLGR 2006, 69, 70.
[79] OLG Frankfurt OLGR 2006, 69, 70; Verfahrensfehler bei unterbliebener persönlicher Anhörung des nicht sorgeberechtigten Elternteils und des Kindes OLG Brandenburg FamRZ 2001, 570, 571; OLG Naumburg FamRZ 2001, 569, 570; OLG Frankfurt FamRZ 1999, 1379; OLG Bamberg ZfJ 2000, 435, 436 für ein siebenjähriges Kind; ebenso *Oelkers/Kreutzfeld* FamRZ 2000, 645, 646. Zur völkerrechtlichen Grundlage der Anhörung des Kindes *Salgo* Kind-Prax 1999, 179, 181. *Oelkers/Kreutzfeld* FamRZ 2000, 645, 646 für eine zwingende Anhörung des Kindes frühestens ab dem 6. Lebensjahr.

III. Namenserteilung

1. Inhalt des Namens. Nur der Ehename bzw Lebenspartnerschaftsname kann erteilt werden, nicht der Begleitname, da dieser Namenszusatz nicht Bestandteil des Ehenamen bzw Lebenspartnerschaftsnamen ist. Möglich ist die Ersetzung (substituierende Namenserteilung) oder die Ergänzung des bisher vom Kind geführten Familiennamens (additive Namenserteilung): der zu erteilende Ehename bzw Lebenspartnerschaftsnamen kann dem bisher geführten Namen vorangestellt oder angefügt werden (§ 1618 S 2 HS 1). Ist der Ehename ein echter Doppelname, entsteht zwingend ein Dreifachname. Ein echter Doppel- oder Dreifachname wird durch die additive Namenserteilung aber nicht begründet. Es entsteht ein Begleitname, der nicht Bestandteil des Geburtsnamens wird[80]; er kann nicht an spätere Kinder weitergegeben werden[81]. Vom Gesetz nicht ausgeschlossen ist die Entstehung von mehrgliedrigen Namensketten; die Übertragung der insoweit einschränkenden eherechtlichen Regelungen des § 1355 Abs 2 S 3, 4 auf die Situation des Kindes[82] erscheint fragwürdig. **15**

Gegen einen echten Doppelnamen sprechen die Regelung in S 2 HS 2, die den Namenszusatz wieder wegfallen lässt, wenn bei erneuter Einbenennung wieder die Namensergänzung gewählt wird, insbes aber der Wertungswiderspruch zum Verbot der Bildung eines echten Doppelnamens bei der Namensgebung nach § 1617. Wenn Eltern diese Entscheidung nicht treffen können, muss dies erst recht für die Stieffamilie gelten. **15.1**

2. Form, Zeitpunkt und Eintragung der Einbenennung. Die Einbenennung erfolgt durch entsprechende Erklärungen des sorgeberechtigten Elternteils und seines Ehegatten (§ 1618 S 1). Kern der Einbenennung ist die Erklärung des sorgeberechtigten Elternteils; die Erklärung des Ehegatten ist keine Erklärung für das Kind, sondern materiell die Zustimmung zur Namenserteilung[83]. Sämtliche Erklärungen, ebenso eine erforderliche Einwilligung des Kindes, müssen gegenüber dem **Standesamt** abgegeben (§ 1618 S 6 iVm § 1617 c Abs 1) und öffentlich beglaubigt werden (§ 1618 S 5). Wird der Lebenspartnerschaftsname erteilt, so muss die Erklärung gegenüber der „zuständigen Behörde" erklärt werden (§ 9 Abs 5 S 1 LPartG); die zuständige Behörde wird durch Landesrecht bestimmt (Rn 16.1). Die gerichtliche Niederschrift über die Anhörungen genügt nicht[84], wohl aber eine gerichtlich protokollierte Einwilligungserklärung im Rahmen des Ersetzungsverfahrens, wenn es dem Standesamt weitergeleitet wird[85], § 129 Rn 2, 127 a Rn 2. Die Beglaubigung kann auch der Standesbeamte durchführen (§ 31 a Abs 1 S 1 Nr 6 PStG)[86]. Die Beurkundung der Erklärung kann nicht deshalb abgelehnt werden, weil das Standesamt ihre materiell-rechtliche Wirksamkeit bespricht[87]. **16**

Die Einbenennungserklärung erfolgt nach § 9 Abs 1 S 1 LPartG vor der „zuständigen Behörde". Maßgeblich ist damit die Zuweisung der Aufgabe nach dem Landesrecht[88]. Bisher scheinen die Länder diese neue Zuständigkeitsnorm noch nicht ausgefüllt zu haben. Die Zuständigkeitsregelung für die Entgegennahme der Erklärungen zur Eingehung der Lebenspartnerschaft muss nicht zwingend auch für die Entgegennahme der Einbenennungserklärungen gelten. Soweit allerdings das Standesamt für die Entgegennahme der Erklärungen zur Eingehung der Lebenspartnerschaft zuständig ist, wird man auch dem Schweigen des Landesgesetzgebers entnehmen können, dass dies auch für die Einbenennung gilt. Das gilt nicht, wenn – wie in Bayern – der Notar zuständig ist. **16.1**

Die **Eintragung eines Randvermerks** in das Geburtenbuch über die namensrechtliche Folge der Einbenennung ist nur von deklaratorischer Bedeutung. Sie ist nur zulässig, wenn alle materiell-rechtlichen Voraussetzungen vorliegen, so auch die erforderliche Einwilligung des nicht sorgeberechtigten Elternteils oder deren gerichtliche Ersetzung[89]. In analoger Anwendung des 53 FGG wird die erforderliche gerichtliche Ersetzungsentscheidung erst mit **formeller Rechtskraft wirksam**[90]; zum Rechtsmittel der befristeten Beschwerde vgl Rn 21. Die Anknüpfung der Ersetzung an die psychische Situation des Kindes lässt eine spätere Rückkehr zum früheren Namen aus Gründen des Kindeswohls nicht zu, da regelmäßig mit der neuen Namensführung soziale und psychische Fakten geschaffen werden. Auf eine bestimmte zeitliche Reihenfolge von Einbenennungserklärung und Zustimmungserklärung bzw deren Ersetzung kommt es nicht an[91]. Ob die Voraussetzungen der Eintragung vorliegen, hat das Standesamt in eigener Verantwortung zu entscheiden[92], damit auch die Frage, ob eine Zustimmung des anderen Elternteils überhaupt notwendig ist[93]. Hat das FamG es abgelehnt, eine Zustimmung **17**

---

[80] *Palandt/Diederichsen* Rn 4; *Staudinger/Coester* Rn 19; *Löhnig*, Das Recht des Kindes nicht verheirateter Eltern, 2004, S 108; aA *Henrich/Wagenitz/Bornhofen*, Deutsches Namensrecht, § 1618 Rn 25; Fachausschuss StAZ 2004, 51 f; StAZ 2007, 244; *Heuer*, Neue Entwicklungen im Namensrecht, 2006, S 46 f: der Hinweis auf die Entscheidung des BVerfG überzeugt nicht, da dort der Gleichheitssatz nicht für die Bildung eines echten Doppelnamens eingesetzt wird, sondern nur auf die aktuelle unterschiedliche soziale Lage abgestellt wird.
[81] AA *Staudinger/Coester* Rn 41: aber keine Grundlage für einen Ehenamen.
[82] *Staudinger/Coester* Rn 18; aA *Lipp/Wagenitz*, Das neue Kindschaftsrecht, § 1618 Rn 9.
[83] *Wagenitz* FamRZ 1998, 1545, 1551; *Willutzki* Kind-Prax 1999, 83, 86.
[84] OLG Brandenburg FPR 2003, 91, 92; OLG Köln FamRZ 2002, 262, 264.
[85] Fachausschuss StAZ 2005, 212.
[86] Ab 1. 1. 2009, § 1616 Rn 2.3, gilt hier § 45 Abs 1 S 1 Nr 6 PStG.
[87] OLG Köln FamRZ 2002, 262, 263; OLG Hamm FGPrax 2000, 190, 191.
[88] AA offenbar Hk-LPartR § 9 LPartG Rn 19: Standesamt.
[89] OLG Zweibrücken FGPrax 1999, 106, 107.
[90] *Klüsener* Rpfleger 2002, 233, 240; Fachausschuss StAZ 2000, 116.
[91] BayObLG StAZ 1999, 236, 237; OLG Hamm FGPrax 2000, 190, 192; *Staudinger/Coester* Rn 40; *Gaaz* FPR 2002, 125, 130; aA AG München StAZ 2000, 268; Fachausschuss StAZ 1999, 375, 376 unter Hinweis auf die frühere Rspr.
[92] OLG Hamm FGPrax 2000, 190, 192.
[93] *Sachse* StAZ 2000, 22 f.

§ 1618 Buch 4. Abschnitt 2. Verwandtschaft

zu ersetzen, weil es sie nicht für erforderlich hält, ist das Standesamt an diese Rechtsauffassung nicht gebunden, da der Entscheidung des FamG keine materielle Rechtskraft zukommt[94].

IV. Wirkung und Bestandskraft der Einbenennung

18   Das Kind erhält mit der wirksamen Einbenennung für die Zukunft[95] einen neuen Geburtsnamen[96]; in das Geburtenregister ist ein entsprechender Randvermerk einzutragen, § 30 Abs 1 S 1 PStG[97].
– Ändert sich der Ehename in der Stieffamilie, gilt § 1617c Abs 2 Nr 1 zwar nicht unmittelbar (§ 1617c Rn 6); der Kindesname nimmt aber über die entsprechende Anwendung des § 1617c Abs 2 Nr 1 (§ 1618 S 6) an den Änderungen des Namens teil, von dem er sich ableitet.
– Keinen Einfluss auf die Namensführung des Kindes hat es, wenn nach der Einbenennung die **Ehe des sorgeberechtigten Elternteils bzw die Lebenspartnerschaft mit dem Stiefelternteil** aufgelöst wird und der sorgeberechtigte Elternteil seinen früheren Geburtsnamen wieder annimmt[98], § 1617c Rn 12.
– Begründen die **Eltern des Kindes** nach der Einbenennung die gemeinsame Sorge, ist eine Neubestimmung des Kindesnamens nicht ausgeschlossen (§ 1617b Rn 2).
– Ein Widerruf oder eine Anfechtung der Einbenennung ist nicht zulässig; grds sind Erklärungen im Personenstandsrecht nicht mehr anfechtbar (näher § 1617 Rn 12). Eine erneute Einbenennung kann den bisherigen durch Einbenennung erhaltenen Namen ersetzen bzw ergänzen (Rn 3).

V. Verfahrensrecht (Ersetzung der Zustimmung des anderen Elternteils)

19   **Eingeleitet wird das Verfahren** über die Ersetzung der Zustimmung des nicht sorgeberechtigten Elternteils durch einen Antrag des sorgeberechtigten Elternteils, der in Hinblick auf den FGG-Charakter des Verfahrens kein Sachantrag, sondern Verfahrensantrag ist[99]. Nicht Voraussetzung ist, dass die Einbenennungserklärungen formgerecht abgegeben wurden, da andernfalls unnötige Kosten entstehen würden, wenn die Ersetzung scheitert[100]. Das alleinige Antragsrecht steht ihm auch zu, wenn er mit dem anderen Elternteil gemeinsam sorgeberechtigt ist. Das Gesetz sieht für den anderen Elternteil nur ein Zustimmungserfordernis vor, an der Erklärung über die Namenserteilung selbst wird er förmlich nicht beteiligt, auch wenn materiell das Sorgerecht betroffen ist. Der Antrag begrenzt zugleich den möglichen Entscheidungsinhalt in Hinblick auf eine ersetzende oder additive Einbenennung. Wird die Zustimmung zur substituierenden Namenserteilung verweigert, kann sie nicht ohne ausdrückliche Erklärung des einbenennenden Elternteils für eine additive Einbenennung ersetzt werden; die Ersetzung muss sich auf eine konkrete Namenserteilung beziehen, deren Inhalt der sorgeberechtigte Elternteils bestimmt. Die additive Einbenennung ist kein minus, sondern ein aliud[101]. Zulässig ist es, den Hauptantrag auf eine ersetzende Einbenennung mit einem Hilfsantrag auf eine additive Namenserteilung zu verbinden[102].

20   **Zuständig** für die Entscheidung ist das Familiengericht (S 4). Es handelt sich um eine Familiensache gemäß § 23b Abs 1 S 2 Nr 2 GVG), da die elterliche Sorge betroffen ist[103]. Zur elterlichen Sorge gehört auch die Namenserteilung auf der Grundlage des § 1618, da sich die Entscheidung am Maßstab des Kindeswohles orientiert und aus dem Sorgerecht heraus legitimiert ist. Nach § 621a Abs 1 S 1 ZPO gelten grds die Verfahrensvorschriften des FGG (zur Anhörung der Betroffenen und Notwendigkeit eines Sachverständigengutachtens vgl Rn 14). Innerhalb des Familiengerichts hat der Rechtspfleger zu entscheiden, da ein Richtervorbehalt nicht angeordnet ist, §§ 3 Nr 2a, 14 Abs 1 RPflG[104]. Sind beide Eltern sorgeberechtigt, muss der Familienrichter entscheiden, da es sich inhaltlich um die Entscheidung von Meinungsverschiedenheiten zwischen den Sorgeberechtigten handelt (§ 14 Abs 1 Nr 5 RPflG)[105]. Es handelt sich um eine umfassende Entscheidung durch den Familienrichter, die auch hinsichtlich des Sorgerechts für die – über die entsprechende Anwendung des § 1617c Abs 1 S 1

---

[94] OLG Hamm FGPrax 2000, 190, 192 gegen die Vorinstanz unter Hinweis auf die Rspr des BayObLG zur materiellen Rechtskraft in der freiwilligen Gerichtsbarkeit.
[95] *Staudinger/Coester* Rn 41.
[96] BayObLGZ 1997, 253, 256.
[97] BayObLGZ 1983, 67, 72f; ab 1. 1. 2009, § 1616 Rn 2.3, Eintragung einer Folgebeurkundung gemäß §§ 27 Abs 3 Nr 1, 1 Abs 1 S 1 PStG.
[98] Anders, wenn die Namenserstreckung unter Geltung des bis 30. 6. 1998 geltenden Rechts erfolgte, OLG Zweibrücken StAZ 1999, 115, 116 mN des Streitstandes zum alten Recht.
[99] BGH FPR 2002, 267, 268.
[100] OLG Stuttgart NJW-RR 2004, 1447. Ob der BGH FPR 2002, 267, 268 formgerechte Einbenennungserklärungen fordert, bevor über die Ersetzung zu entscheiden ist, geht aus der Entscheidung nicht hervor. Vgl zum ähnlichen Problem im Adoptionsverfahren § 1748 Rn 33.
[101] BGH FPR 2002, 267, 268; NJW 2005, 1779, 1781; OLG Stuttgart FamRZ 1999, 1375, 1376; *Oelkers/Kreutzfeld* FamRZ 2000, 645, 646; problematisch OLG Frankfurt NJWE-FER 2000, 205.
[102] OLG Stuttgart NJW-RR 2004, 1447, 1448: Stellung des Hilfsantrags sei auch in der zweiten Instanz noch zulässig. So wohl auch BGH FPR 2002, 267, 268, der von einer Hinweispflicht des Gerichts ausgeht. AA wohl OLG Zweibrücken vom 8. 3. 2002, 6 UF 180/01: dort wird eine additive Einbenennung allein aus verfahrensrechtlichen Gründen abgelehnt.
[103] BGH NJW 2002, 300 zu § 621 Abs 1 Nr 1 ZPO; OLG Bamberg NJW-RR 2000, 600; OLG Dresden FamRZ 1999, 1378.
[104] BGH NJW 2002, 300, 301.
[105] *Pieper* FuR 2003, 394, 396.

notwendige – Anschlusserklärung des Kindes (Rn 8) gilt. Die Entscheidung ist näher zu begründen[106]. Bei Entscheidungsreife ist eine endgültige Entscheidung zu treffen; ein Vorbescheid ist in Hinblick auf das gegebene Rechtsmittel (Rn 21) nicht notwendig und damit auch nicht statthaft[107].

Als **Rechtsmittel** ist die befristete Beschwerde gegeben (Rn 21.1); zur geplanten Reform Rn 21.2. Die Beschwerde ist beim Beschwerdegericht einzureichen (§ 621 e Abs 3 S 1 ZPO); wird das Rechtsmittel fälschlicherweise nicht beim Beschwerdegericht eingereicht, sondern an das AG gerichtet, so ist Wiedereinsetzung in den vorigen Stand zu gewähren, wenn das AG seiner Fürsorgepflicht nicht nachgekommen und das Rechtsmittel nicht innerhalb der Beschwerdefrist an das OLG weitergeleitet hatte, obwohl ihm das möglich gewesen war[108]. Die **Begründung** der Beschwerde muss nicht den strengen Anforderungen der Begründung einer Berufung (vgl § 520 Abs 3 S 2 ZPO) entsprechen[109]. **21**

Der frühere Streit über das richtige Rechtsmittel, ob befristete Beschwerde nach § 621 ZPO[110] oder unbefristete Beschwerde nach § 19 FGG[111] hat sich mit der Entscheidung des BGH[112] wohl zugunsten der befristeten Beschwerde erledigt und ist mit Inkrafttreten der Reform des maßgeblichen Verfahrensrechts endgültig obsolet, Rn 21.2. Die Einbenennung betrifft die elterliche Sorge (§ 11 Abs 1 RPflG, § 621 e Abs 1, Abs 3 S 2 iVm §§ 516, 621 Abs 1 Nr 1 ZPO, § 23 b Abs 1 S 2 GVG). Die Anwendung des § 621 e ZPO ergibt sich zudem aus § 64 Abs 3 S 1 FGG. **21.1**

Nach dem **RegE-FGG-RG** (§ 1752 Rn 13) handelt es sich bei dem Verfahren zur Ersetzung der Einwilligung um eine selbständige Kindschaftssache, da die elterliche Sorge betroffen ist (§ 151 Nr 1) und damit um eine selbständige Familiensache (§ 111 Nr 2). Das es nach der geplanten Reform nur noch die befristete Beschwerde geben soll, wäre der Streit über das richtige Rechtsmittel endgültig erledigt. Anders als nach dem FGG ist die Beschwerde beim FamG selbst einzulegen (§ 67 Abs 2). **21.2**

Beschwerdeberechtigt sind im Falle der Ablehnung der Ersetzung der sorgeberechtigte Elternteil, nicht aber das Kind[113], im Falle der Ersetzung der nicht sorgeberechtigte Elternteil (§ 20 Abs 1 FGG). Der Ehegatte des sorgeberechtigten Elternteils ist nicht beschwerdeberechtigt[114], da seine Interessen nicht betroffen sind. Ein Beschwerderecht ergibt sich auch nicht aus § 57 Abs 1 Nr 9 FGG, da er berechtigte Interessen des Kindes nicht wahrzunehmen hat. Dem **Anwaltszwang** unterliegt die Beschwerde nicht (§ 78 Abs 2 S 1 Nr 3 ZPO)[115], da von einer selbstständigen Familiensache iS des § 621 Abs 1 Nr 1 ZPO auszugehen ist. Als Geschäftswert wird überwiegend ein Wert von 3000 Euro vorgeschlagen[116]. **22**

VI. Übergangsregelung

Gemäß Art 224 § 3 Abs 1 S 1 EGBGB behalten die Kinder, die vor dem 1. 7. 1998 geboren sind, ihren Familiennamen, den sie des Inkrafttretens des KindRG führen. Die Möglichkeit der Einbenennung nach der Neuregelung des § 1618 gilt aber auch für sie (Art 224 § 3 Abs 1 S 2 EGBGB), somit – anders als gegenüber der Rechtslage vor dem 1. 7. 1998 – auch, wenn die Eltern verheiratet waren. **23**

§ 1618 a Pflicht zu Beistand und Rücksicht

Eltern und Kinder sind einander Beistand und Rücksicht schuldig.

Schrifttum: *Coester*, 15 Jahre Beistand und Rücksicht im deutschen Kindschaftsrecht, Familie und Recht, FG Bernhard Schnyder, 1995; *Eidenmüller*, Der Auskunftsanspruch des Kindes gegen seine Mutter auf Benennung des leiblichen Vaters – BVerfGE 96, 56, JuS 1998, 789; *Frank/Helms*, Der Anspruch des nichtehelichen Kindes gegen seine Mutter auf Nennung des leiblichen Vaters, FamRZ 1997, 1258; *Knöpfel*, Beistand und Rücksicht zwischen Eltern und Kindern (§ 1618 a BGB), FamRZ 1995, 554; *Lenze*, Kriterien für eine Rechtsgüterabwägung zwischen dem Recht des Kindes auf Kenntnis der eigenen Abstammung und dem Schutz der Intimsphäre der Mutter, ZfJ 1998, 101; *Muscheler*, Das Recht auf Kenntnis der genetischen Abstammung und der Anspruch des Kindes gegen die Mutter auf Nennung des leiblichen Vaters, FPR 2002, 339; *Rotax*, Zum Recht des Kindes auf Information über seine leiblichen Eltern und zum Recht der Eltern auf Information über tatsächliche Mutter- bzw Vaterschaft, ZFE 2007, 9; *Schwab*, Beistand und Rücksicht. Zu den Außenwirkungen einer Rechtsmaxime, Familie und Recht, FG Bernhard Schnyder, 1995; *Sethe*, Die Durchsetzung des Rechts auf Kenntnis der eigenen Abstammung aus der Sicht des Kindes, 1995; *Weber*, Der Auskunftsanspruch des Kindes und/oder des Scheinvaters auf namentliche Benennung des leiblichen Vaters gegen die Kindesmutter, FamRZ 1996, 1254.

---

[106] OLG Rostock FamRZ 2000, 695 f.
[107] OLG Zweibrücken OLGR 2005, 536, 537.
[108] OLG Karlsruhe FamRZ 2004, 831; OLG Naumburg Beschluss vom 16. 5. 2001, 3 UF 58/01. Für den Fall einer falschen Rechtsmittelbelehrung bereits OLG Celle FamRZ 1999, 1374.
[109] BGH ZfJ 2000, 476.
[110] Vgl nur OLG Naumburg FamRZ 2001, 1161, 1162.
[111] Vgl nur OLG Köln FamRZ 1999, 735.
[112] FamRZ 1999, 1648.
[113] OLG Nürnberg NJWE-FER 2000, 279: ein dort nicht als ausgeschlossen bezeichnetes eigenes Beschwerderecht nach §§ 59 ff FGG, wenn das Kind das 14. Lebensjahr vollendet hat, setzt voraus, dass diese Vorschrift das Beschwerderecht nach § 20 Abs 1 FGG erweitern will; dagegen wohl *Keidel/Engelhardt* § 59 FGG Rn 13, 14.
[114] OLG Brandenburg FamRZ 2002, 1059.
[115] *Oelkers/Kreutzfeld* FamRZ 2000, 645, 647.
[116] *Pieper* FuR 2003, 394, 396 zur Auseinandersetzung; *Klüsener* Rpfleger 2002, 233, 240.

§ 1618a   Buch 4. Abschnitt 2. Verwandtschaft

Übersicht

	Rn		Rn
I. Normzweck	1	a) Allgemeine Rechte und Pflichten	4
II. Geltungsbereich	2	b) Auskunftspflicht der Mutter über den möglichen Vater des Kindes	5
III. Inhalt des Anspruchs	4	c) Verfahrensrecht	6
1. Beistand	4	2. Rücksicht	7

I. Normzweck

1   Die Bestimmung wurde durch Art 1 Nr 1 des Sorgerechtsgesetzes vom 18. 7. 1979 (BGBl I S 1061) eingeführt. Mit ihr sollte eine angeblich allzu starke rechtliche Emanzipation der Kinder über das Sorgerechtsgesetz verhindert[1], die (selbstverständliche) sittliche Pflicht zur Solidarität in eine rechtliche Verantwortung transformiert und einem Anspruchs- und Herrschaftsdenken in der Familiengemeinschaft entgegengewirkt werden[2]. Ähnlichkeiten weist die Norm mit der Bestimmung des § 242 auf: sie konkretisiert den allgemeinen Grundsatz von Treu und Glauben für das Eltern-Kind-Verhältnis[3]. Auch wenn nach der Begründung die Norm als bloße Leitlinie ohne Sanktion angesehen werden sollte[4], geht die hM davon aus, dass die Vorschrift auch Ansprüche begründen und begrenzen kann[5].

II. Geltungsbereich

2   Die Vorschrift erfasst die **Eltern-Kind-Beziehung** ohne Rücksicht auf das Alter der Beteiligten oder den Personenstand, einschließlich des Verhältnisses von Adoptiveltern zu Adoptivkindern[6]. Solange die Abstammung nach dem Gesetz festgelegt ist, gelten auch die Pflichten aus § 1618a[7]. **Andere familienrechtliche Beziehungen** können nur mittelbar über die Anbindung an das Eltern-Kind-Verhältnis erfasst werden (Rn 2.1).

2.1   Die **Geschwisterbeziehung** wird zumindest mittelbar von der Norm erfasst; das Verhältnis zwischen den Geschwistern kann nicht isoliert von sonstigen Familienverband gesehen werden, die Verantwortung gegenüber den Eltern ergibt mittelbar eine Verantwortung gegenüber den Geschwistern[8]. Soweit Ähnliches auch für die Großeltern/Enkelbeziehung gelten soll[9], müsste im Einzelfall das Eltern-Kind-Verhältnis deutlich betroffen sein; Entsprechendes gilt für das Verhältnis zwischen Stiefeltern und Stiefkindern[10]. Mit dem Betreuungsrechtsänderungsgesetz (BtÄndG) vom 25. 6. 1998 (BGBl I S 1580) wurde die Geltung der Vorschrift auch auf das Verhältnis zwischen **Vormund und Mündel** ausgedehnt.

3   Die Vorschrift gilt nicht nur innerhalb des Familienrechts, sondern erfasst **sämtliche Rechtsbereiche,** die sich auf das Eltern-Kind-Verhältnis beziehen. Methodisch ist zu beachten, dass die Vorschrift nicht die speziellen Regelungen in besonderen Rechtsbereichen abändern kann[11], insbesondere, wenn diese Regelung bereits an ein Verwandtschaftsverhältnis anknüpft. Rechtsansprüche dürfen über die Vorschrift nur begründet werden, soweit echte Lücken gefüllt werden müssen, dass nur die Verpflichtung als normgemäßes Verhalten iS des § 1618a erscheint[12]. Entsprechendes gilt für die Modifikation formal bestehender Rechtspositionen und der Interpretation unbestimmter Rechtsbegriffe unter Berücksichtigung der Solidarpflicht zwischen Eltern und Kind.

III. Inhalt des Anspruchs

4   **1. Beistand. a) Allgemeine Rechte und Pflichten.** Beistand bedeutet aktive Unterstützung in materieller und/oder psychischer Hinsicht[13]. Zu beachten sind die gesetzlich allgemein vorgegebenen Grenzen der Pflichten. So begrenzt das Unterhaltsrecht die Pflichten zwischen Eltern und erwachsenem Kind grds auf Geldleistungen. Ein volljähriges Kind hat über § 1618a kein Recht auf eine Aufnahme in die **elterliche Wohnung**[14] bzw auf Verbleib; eine angemessene Frist, um eine andere

---

[1] *Staudinger/Coester* Rn 1.
[2] *Staudinger/Coester* Rn 3.
[3] BeckRS 1999, 982654 IV 2.
[4] BT-Drucks 8/2788 S 43: „lex imperfecta".
[5] *Erman/Michalski* Rn 2; *Lüderitz*, FS Gaul, 1997, S 420; *Soergel/Strätz* Rn 3; *Staudinger/Coester* Rn 16. Kein Schutzgesetz is des § 823 Abs 2: *Abramenko*, Die von Annehmenden verschuldete Aufhebung einer Adoption (§ 1763 BGB) als vermögensrechtliches Problem, 2000, S 75 f.
[6] *Knöpfel* FamRZ 1995, 554, 559. Die Erweiterung auf Stiefkinder im LSG Rheinland-Pfalz (NZS 2002, 166, 167) ist falsch; so auch die Begr zu § 1754.
[7] AG Dieburg NJW 1987, 713, 715 für die Anfechtung der Vaterschaft in einem Falle der heterologen Insemination.
[8] MünchKommBGB/*v. Sachsen Gessaphe* Rn 4; *Soergel/Strätz* Rn 2; *Staudinger/Coester* Rn 27; abl für unmittelbare Rechtsbeziehungen *Knöpfel* FamRZ 1995, 554, 559 unter Hinweis auf die Gesetzessystematik und das Fehlen sonstiger Rechtsbeziehungen zwischen den Geschwistern im Familienrecht.
[9] *Erman/Michalski* Rn 3; *Staudinger/Coester* Rn 26.
[10] *Knöpfel* FamRZ 1995, 554, 560.
[11] *Knöpfel* FamRZ 1995, 554, 558.
[12] BeckRS 1999, 982654 IV 3.
[13] *Staudinger/Coester* Rn 35.
[14] AG Moers FamRZ 1992, 103 f ohne Hinweis auf § 1618a.

Unterkunft zu finden, ist ihm jedoch zu gewähren[15]. Nur in besonderen Notsituationen kann auch eine **persönliche Hilfe** zur Rechtspflicht werden, so bei Drogenproblemen, Strafentlassenen, die zur Verpflichtung werden kann, das Kind in den Haushalt aufzunehmen[16]. **Allgemeine Hilfe in schwierigen Lebenssituationen** lassen sich rechtlich kaum erfassen, so etwa (auch unerwünschte) Unterstützung bei schulischen Problemen. Insofern überzeugt auch die Berufung auf § 1618a zur Rechtfertigung eines Eingriffes in das Grundrecht auf informationelle Selbstbestimmung durch den VerfGH Koblenz[17] nicht. Die Anwendung zu Lasten eines Elternteils wäre kaum vorstellbar; die Vorschrift begründet keinen Anspruch, einen nicht erwünschten Beistand zu leisten. Auch das Kind kann im Einzelfall verpflichtet sein, einen Elternteil in seinen Haushalt aufzunehmen und zu **pflegen,** wobei jedoch kollidierende Pflichten gegenüber der eigenen Kernfamilie zu berücksichtigen sind[18]. Längerfristig besteht diese Pflicht jedoch nicht. Es ist Aufgabe der Sozialleistungsträger, für Pflegefälle Betreuungsmöglichkeiten bereit zu halten; bis zur Sicherstellung der Pflege ist von einer Beistandspflicht des Kindes auszugehen. Sanktioniert ist eine derartige Pflicht ggf durch die Garantenstellung mit strafrechtlichen und zivilrechtlichen Folgen. Nicht ausgeschlossen ist, dass sich die Beistandspflicht auch auf Rechtsbeziehungen **jenseits des Eltern-Kind-Verhältnisses** auswirkt, insbes dann, wenn die subjektiven Interessen eines der Beteiligten von rechtlicher Relevanz in einem Abwägungsprozess sind. In jedem Fall ist aber vorweg zu klären, ob das Eindringen der generalklauselartigen familienrechtlichen Beistandspflicht in einen anderen Rechtsbereich mit dessen speziellen Zielen zu vereinbaren ist. So kann die Beistandspflicht das Hausrecht eines Dritten zurückdrängen, damit die Erfüllung der Beistandspflicht ermöglicht wird[19]; sie kann ein berechtigtes Interesse zur Kündigung wegen Eigenbedarf begründen[20]. Eine Rechtsbetreuung kann wegen der Beistandspflicht im Einzelfall zur eigenen, nicht „fremden" Rechtsangelegenheit und damit zu einer nach dem **RDG** (früher RBerG) erlaubten Tätigkeit werden[21]. **Sozialhilfe** kann nicht mit der Begründung verwehrt werden, dass die Eltern zur Hilfe verpflichtet sind, so dass Sozialhilfe nicht nötig sei. Die Sozialhilfeträger sind darauf beschränkt, Unterhaltsansprüche geltend zu machen, soweit diese gemäß § 94 SGB XII auf sie übergegangen sind. Auch iÜ sieht das Sozialrecht durchgängig keine mittelbare Verpflichtung von Familienangehörigen zur Betreuung oder Pflege vor. **Haushaltshilfen, Behandlungspflege und Kinderbetreuung** können nicht deshalb verweigert werden, weil ein Kind die Betreuung leisten könnte. Maßgeblich ist die Haushaltsangehörigkeit ohne Rücksicht auf familiäre Verbindungen (§ 37 Abs 3 SGB V, § 38 Abs 3 SGB V, § 70 Abs 1 S 1 SGB XII). Selbst bei Haushaltszugehörigkeit bedarf es auch der Bereitschaft des Angehörigen[22]. **Pflegeleistungen** werden nur in eindeutigen Fällen als versicherungspflichtige Beschäftigungen angesehen werden können, soweit sie von Kindern geleistet werden; insofern verhindert § 1618a es meistens, von einer kommerziell geleisteten Pflege auszugehen[23]. Ein Beschäftigungsverhältnis kann aber insbes dann angenommen werden, wenn die Pflege an Stelle einer fremden Hilfskraft übernommen wird[24]. Die Aufwandsentschädigung für **Betreuer** scheitert nicht an einer aus § 1618a resultierenden Verpflichtung, eine Betreuung zu übernehmen (vgl ausdrücklich § 1835a Abs 3); eine **Pflicht zur Übernahme der Betreuung** ist auch über § 1618a nicht durchzusetzen[25]. Eine Schadensersatzpflicht dritter Personen gemäß § 845 greift nicht, wenn Eltern im Betrieb ihrer Kinder auf Grund einer Verletzung nicht mehr arbeiten können; § 1618a enthält keine entsprechende Pflicht zur Dienstleistung[26]. Eine Beistandspflicht müssen ggf auch die **Ausländerbehörden** bei ihren aufenthaltsrechtlichen Entscheidungen beachten, um die Realisierung nicht ohne Rücksicht auf einen konkreten Hilfebedarf zu unterbinden[27]. Die **Verweigerung von Dienstpflichten** eines Beamten kann § 1618a nur in eng begrenzten Eilfällen rechtfertigen, in denen eine anderweitige Hilfe nicht organisiert werden kann[28].

b) Auskunftspflicht der Mutter über den möglichen Vater des Kindes. § 1618a kann einen 5 Anspruch des Kindes, dessen Abstammung zum Vater nach dem System des Abstammungsrechts nicht

---

[15] AG Gladbeck FamRZ 1991, 980: auch kein Besitzschutz nach § 861; näher *Finger* WoM 1999, 8.
[16] *Staudinger/Coester* Rn 38.
[17] NJW 2005, 410, 413.
[18] *Erman/Michalski* Rn 10; *Staudinger/Coester* Rn 39.
[19] KG FamRZ 1998, 1044 f.
[20] LG Arnsberg WuM 1990, 19 f.
[21] BGH NJW 2001, 3541, 3543 zur entspr Wertung für die Beistandspflicht unter Ehegatten.
[22] BSG FEVS 2000, 533, 537 f.
[23] BSGE 84, 1, 5 f; BSG FamRZ 1990, 734; FamRZ 1990, 734 zum Unfallversicherungsschutz. Zum Versicherungsschutz für nicht erwerbsmäßige Pflege vgl § 2 Abs 1 Nr 17 SGB VII.
[24] LSG Rheinland-Pfalz NZS 2002, 166, 167. Zum Ausschluss der „Wie-Versicherung" auf der Grundlage des § 2 Abs 2 S 1 SGB VII wegen der Beistandsverpflichtung *Gallon,* Lehr- und Praxiskommentar SGB XI, 1998, § 44 Rn 67. Vgl zum Ausschluss eines Vertrages zwischen Pflegekasse und Angehörigem durch § 77 Abs 1 S 1 HS 2 SGB XI; dazu der Hinweis auf § 1618a von BSG NZS 2000, 35, 37. Entspr gilt für die steuerrechtlichen Folgen nach dem EStG, BFH NJW 2000, 1815, 1816.
[25] LG Duisburg FamRZ 1993, 851 zum Widerruf der Zustimmung ohne Rücksicht auf § 1618a m krit Anm *Luthin.*
[26] BGH VersR 1985, 290.
[27] BVerfG NJW 1990, 895. So auch VGH Mannheim Beschluss vom 9. 2. 2004, 11 S 1131/03, dort Abs Nr 8, BeckRS 2004, 21414. Der VGH weist zu Recht darauf hin, dass diese Beistandspflicht nur für akute Krisen ein Verbleiberecht begründen kann und auf Dauer eine andere Lösung gefunden werden muss. Die Abschiebung wurde daher nur zurückgestellt, Abs Nr 11, 14.
[28] BVerwG vom 7. 3. 2001, 1 D 14/00.

§ 1618 a

bereits bestimmt ist[29], gegen die Mutter begründen, ihm **Auskunft** über den Namen des ihr bekannten **Vaters** oder über die ihr bekannten Namen möglicher Väter zu geben[30]. Voraussetzung hierfür ist, dass die Mutter in der Lage ist, den bzw die Namen anzugeben; die **Beweislast** hierfür obliegt dem Kind, da die Mutter nicht zu einer ihr nicht möglichen Erklärung gezwungen werden darf[31]. Die rechtliche Begründung als § 1618 a ist strittig (Rn 5.1). Dem Grundrecht des Kindes steht ein grds gleichrangiges Grundrecht der Mutter auf Schutz der Intimsphäre gegenüber[32], zudem verpflichtet § 1618 a auch das Kind zur Rücksicht auf die Interessen der Mutter. Aus diesen Gründen ist jeweils eine Interessenabwägung geboten[33].

– **Interessen des Kindes** sind die Klärung der Herkunft, deren Bedeutung im Einzelfall dargelegt werden müsste[34], und die Möglichkeit, Unterhaltsansprüche und Erbansprüche geltend zu machen[35].
– Das **Interesse der Mutter** geht auf den Schutz ihrer Intimsphäre, deren Betroffenheit ebenfalls zumindest plausibel vorgetragen werden muss[36].
– Bei der **Interessenabwägung** ist das Interesse der Mutter ist im Einzelfall geringer zu werten, wenn die Umstände der Abstammung und Zeugung des Kindes bereits vorprozessual bekannt sind, damit die Namensaufdeckung für die Mutter keine besondere Belastung bedeuten würde[37]. Bloße finanzielle Interessen des Kindes sind dann geringer zu werten, wenn die Mutter durch die Bekanntgabe des Vaters besondere Nachteile erleiden würde, so ggf den Verlust des Arbeitsplatzes fürchten müsste[38]. Die Interessen des Kindes sind hoch anzusetzen, wenn die unbekannte Herkunft eine therapeutische Behandlung notwendig macht[39]. Sind die Interessen gleichwertig, bleibt es beim status quo.
– Die **Interessen eines Dritten,** so insbes des Kindsvaters, sind gegenüber den Kindesinteressen grds nicht zu berücksichtigen, da auch das System des Abstammungsrechts persönliche Interessen des Vaters an einer Verdeckung seiner Vaterschaft bei einer Feststellungsklage nicht berücksichtigt.

Mit Inkrafttreten des Beistandschaftsgesetzes kann der Anspruch grds nur noch von dem (volljährigen) Kind selbst, nicht mehr vom Jugendamt in seiner Eigenschaft als Amtspfleger geltend gemacht werden (§ 1712 Rn 29).

5.1 Der Anspruch wurde erstmals vom AG Passau[40] angenommen und vom LG Passau bestätigt[41]. Verfassungsrechtlich ist Art 2 Abs 1 iVm Art 1 Abs 1 GG betroffen: das allgemeine Persönlichkeitsrecht umfasst auch die Kenntnis der eigenen Abstammung[42]. Im Verhältnis zur Mutter ist die Annahme eines Auskunftsanspruchs zwar nicht unzulässig[43], ein bestimmtes Ergebnis ist aber nicht vorgegeben[44]. Art 8 EMRK ist – hinsichtlich des Rechts auf ein Privatleben – nach der Rspr des EGMR in Bezug auf den Auskunftsanspruch gegen die Mutter wohl betroffen, auch wenn es nicht um einen unmittelbaren staatlichen Eingriff geht[45]. Da über § 1618 a in der Auslegung der Gerichte im Einzelfall eine intensive Abwägung der Interessen des Kindes und der Mutter stattfindet, dürfte Art 8 (und Art 14) nicht verletzt sein[46], auch nicht nach der aA innerhalb des EGMR[47].

6 c) **Verfahrensrecht. Verfahrensrechtlich** sind Streitigkeiten, die unmittelbar § 1618 a betreffen, keine Kindschaftssachen[48], damit auch keine Familiensachen (§ 23 b Abs 1 S 2 GVG); zur geplanten Reform Rn 6.1. **Zuständig** ist das allgemeine Prozessgericht. **Beweisthema hinsichtlich des Auskunftsanspruches** ist alleine das Wissen der Mutter, nicht die Vaterschaft. Damit können bei Schweigen der Mutter dritte Personen nicht zu der Frage der Vaterschaft als Zeugen benannt werden[49]. Sie könnten aber zu der Frage vernommen werden, dass die Mutter die Identität des Vaters kennt. Wird die Mutter daraufhin zur Auskunft verurteilt, muss das Urteil gegen sie vollstreckt werden. **Vollstreckt** wird die **Pflicht zur Auskunft** als unvertretbare Handlung iS des § 888 Abs 1 ZPO über Zwangsgeld bzw Zwangshaft. Die Vollstreckung scheitert nicht an einer entsprechenden Anwendung des § 888 Abs 3

---

[29] OLG Oldenburg FamRZ 1992, 351 f; *Coester*, FS Schnyder, 1995, S 101, 108; *Eidenmüller* JuS 1998, 789, 793.
[30] LG Münster NJW 1999, 726, 727 näher zum Inhalt des Anspruchs.
[31] OLG Köln FamRZ 1994, 1197, 1198.
[32] MünchKommBGB/*v. Sachsen Gessaphe* Rn 14: Kindesinteressen seien grds vorrangig; ähnlich *Coester*, FS Schnyder, 1995, S 101, 106; *Eidenmüller* JuS 1998, 789, 791 f; so im Ergebnis auch *Muscheler* S 349 f.
[33] *Coester*, FS Schnyder, 1995, S 101, 105 f.
[34] Näher *Lenze* ZfJ 1998, 101, 107.
[35] LG Münster NJW 1999, 726, 727.
[36] *Lenze* ZfJ 1998, 101, 108; näher zu den einzelnen Interessen der Mutter *Muscheler* S 346 und *Rotax* S 14.
[37] LG Bremen NJW 1999, 729.
[38] OLG Hamm FamRZ 1991, 1229.
[39] LG Bremen NJW 1999, 729.
[40] FamRZ 1987, 1309.
[41] NJW 1988, 144; ebenso LG Münster NJW 1999, 726, 727; LG Duisburg DAVorm 1992, 1130, 1131; *Staudinger/Coester* Rn 47 ff; Ableitung aus dem Allgemeinen Persönlichkeitsrecht OLG Köln FamRZ 1994, 1197, 1198; *Weber* FamRZ 1996, 1254, 1255 f; gegen § 1618 a AG Rastatt FamRZ 1996, 1299, 1300 f: möglich nach § 242; für § 1618 a oder § 242 LG Bremen NJW 1999, 729; gegen einen Auskunftsanspruch LG Landau DAVorm 1989, 634, 635 f, AG Schwetzingen DAVorm 1992, 88, 89; *Frank/Helms* FamRZ 1997, 1258, 1263; *Eidenmüller* JuS 1998, 789, 790; ausf *Sethe* S 105 ff.
[42] BVerfGE 79, 256, 268 f = NJW 1989, 891, 892.
[43] BVerfG NJW 1997, 1769.
[44] BVerfG NJW 1997, 1769 f.
[45] EGMR NJW 2003, 2145, 2146.
[46] EGMR NJW 2145, 2147 f.
[47] EGMR NJW 2145, 2149.
[48] OLG Hamm FamRZ 2000, 38 mwN; OLG Saarbrücken FamRZ 1990, 1371, 1372.
[49] DIV-Gutachten vom 11. 1. 1993, ZfJ 1983, 191.

ZPO⁵⁰. Unzumutbarkeitsüberlegungen sind Teil des materiell-rechtlichen Anspruchs, nicht der Vollstreckung⁵¹. Neben der Vollstreckung des Anspruches kann die unberechtigte Weigerung auch **weitere rechtliche Sanktionen** auslösen, so ua für die elterliche Sorge⁵². Der Streitwert soll unabhängig von den ideellen Interessen auch durch finanzielle Interessen (Unterhalt/Erbschaft) beeinflusst werden⁵³.

Nach dem RegE zur Reform des Verfahrens in Familiensachen und in den Angelegenheiten der Freiwilligen Gerichtsbarkeit (**RegE-FGG-RG** – § 1752 Rn 13) sind Verfahren, die Ansprüche, die das Eltern-Kind-Verhältnis betreffen (Rn 1), „sonstige Familiensachen" (Art 1 §§ 111 Nr 10, 266 Abs 1 Nr 4 RegE-FGG-RG); sie sind „**Familienstreitsachen**" (Art 1 § 112 Nr 3 RegE-FGG-RG). Die Besonderheit besteht darin, dass einige Vorschriften des künftigen FamFG durch Vorschriften der ZPO ersetzt werden. Zuständig ist damit in erster Instanz das Amtsgericht (§§ 13 HS 1, 23 Abs 1 Nr 1 GVG idF von Art 22 RegE-FGG-RG) und innerhalb des AG die Abteilung für Familiensachen (Familiengericht) (§ 23 b Abs 1 GVG idF von Art 22 RegE-FGG-RG). Eine bedeutsame Folge der Zuweisung zum FamFG (§ 1) ist der grundsätzliche **Anwaltszwang** in allen Instanzen (Art 1 § 114 Abs 1 RegE-FGG-RG) und die Entscheidung des Rechtsstreits durch Beschluss (§ 116 Abs 1). Das Rechtsmittel ist die nun befristete Beschwerde, an die besondere Anforderungen hinsichtlich der Begründung gestellt werden (Art 1 § 117 RegE-FGG-RG). Hinsichtlich der **Vollstreckung** gelten die Vorschriften der ZPO (Art 1 § 120 Abs 1 RegE-FGG-RG). **6.1**

2. Rücksicht. Rücksicht bedeutet Unterlassen bestimmter Handlungen, Selbstbeschränkung⁵⁴. Wie im Falle des Beistands (Rn 5) muss eine Interessenabwägung erfolgen und die Durchsetzung der an sich gegebenen Rechtsposition unvereinbar mit der Beziehung zwischen Eltern und Kind sein. So kann im Einzelfall die Ausübung des Hausrechts unzulässig sein mit der Folge der Duldung des **Zutritts dritter Personen,** nicht nur der Geschwister⁵⁵, zur eigenen Wohnung, in die Eltern bzw die Kinder leben. Die in § 14 Nr 1 WEG enthaltene Pflicht zur Duldung von baulichen Veränderungen im Rahmen einer **Wohnungseigentümergemeinschaft** kann in Hinblick auf die Vorschrift des § 1618 a intensiver ausfallen als ohne die verwandtschaftliche Bindung; ein Dachgeschossausbau ist davon aber nicht mehr erfasst⁵⁶. Die in § 16 Abs 2 WEG begründete Verpflichtung zur Mitwirkung bei Maßnahmen der ordnungsgemäßen Verwaltung des Wohnungseigentums und anteilsmäßigen Zahlungen wird über § 1618 a nicht eingeschränkt⁵⁷. Das Kind kann aber verpflichtet sein, die dem Elternteil obliegende persönliche Räum- und Streupflicht zu übernehmen⁵⁸. Eltern dürfen ihre geschäftlich noch unerfahrenen Kinder nicht zu **Bürgschaften** drängen, die eine freie, selbstbestimmte Lebensgestaltung des Kindes aufs Spiel setzen⁵⁹. Lässt der Kreditgeber dieses rechtswidrige Verhalten zumindest grob fahrlässig außer Acht, kann die Bürgschaft gemäß § 138 nichtig sein⁶⁰. Entsprechendes gilt, wenn ein Elternteil sein Kind zur **Gründung einer KG veranlasst** und damit einem hohen finanziellen Risiko aussetzt. Ist dies für einen Gläubiger erkennbar, kann sein Anspruch über § 242 ausgeschlossen sein⁶¹. Bei Rechtsgeschäften zwischen Eltern und Kind ergeben sich ggf Aufklärungspflichten über die Bedeutung und Tragweite der geplanten Geschäfte. Werden diese unterlassen, kann bei grob fahrlässiger Verletzung dieser Aufklärungspflicht ein Anspruch auf Rückabwicklung des getätigten Geschäfts bestehen, das ohne die Unerfahrenheit des anderen nicht zustande gekommen wäre⁶². Rücksicht bestimmt insbes das **Unterhaltsrecht.** Insoweit handelt es sich bei diesem Rechtsbereich aber um ein geschlossenes System, das unterhaltsrechtliche Obliegenheiten im Eltern-Kind-Verhältnis ohne Rückgriff auf die allgemeine Klausel des § 1618 a enthält⁶³. Soweit die Obliegenheit zur Erwerbspflicht auf § 1618 a gestützt wird, kommen die Gerichte zu keinem Ergebnis, das von der unmittelbaren Anwendung der Anspruchsvoraussetzung der Bedürftigkeit nach § 1602 abweichen würde⁶⁴. Insbesondere kann die Pflicht zur Rücksicht keine darüber hinausgehenden Unterhaltspflichten begründen⁶⁵. Der BGH hat auf die Möglichkeit hingewiesen, dass ggf freiwillig erfolgende Zahlungen fortgesetzt werden müssen, konnte dies aber im entschiedenen Fall offen lassen⁶⁶. Die Pflicht zur Rücksicht kann zur Verpflichtung des Kindes führen, Zahlungen eines Elternteils an den anderen Elternteil weiterzuleiten bzw weitere Ansprüche an diesen abzutreten, wenn dieser insoweit einen **familienrechtlichen Ausgleichs- 7**

---

⁵⁰ OLG Hamm NJW 2001, 1870, 1871: danach sollen offenbar die Abwägungsüberlegungen für die Voraussetzungen des Anspruchs (Rn 5) auch im Vollstreckungsverfahren angestellt werden.
⁵¹ OLG Bremen NJW 2000, 963, 964 m zust Anm *Walker* JZ 2000, 316 f; *Eidenmüller* JuS 1998, 789, 792; *Rotax* S 15; aA LG Münster NJW 1999, 3787, 3788: zulässig sei noch die Androhung eines Zwangsgeldes; AG Schwetzingen DAVorm 1992, 88, 91; *Frank/Helms* FamRZ 1997, 1258, 1261 f mN des Streitstandes; aA wohl auch *Sethe* S 14 f.
⁵² Näher *Muscheler* S 351.
⁵³ *Rotax* S 15.
⁵⁴ *Staudinger/Coester* Rn 62 f.
⁵⁵ AG Arnsberg NJW-RR 1996, 1156, 1157; zust *Siedhoff* FPR 1997, 146.
⁵⁶ BayObLGZ 1992, 358, 361.
⁵⁷ BayObLG NJW-RR 1993, 1361.
⁵⁸ BayObLG NJW-RR 1993, 1361 f.
⁵⁹ BGH NJW 1997, 52, 53; NJW 1994, 1341, 1342 f.
⁶⁰ BGH NJW 1997, 52, 54; NJW 1994, 1341, 1343; *Schwab*, FS Schnyder, 1995, S 647, 654–656 stimmt dem Ergebnis zu, hält aber die Begründung für falsch, soweit die Sittenwidrigkeit des Verhaltens der Bank aus dem Verstoß des Hauptschuldners gegen § 1618 a abgeleitet wird; ähnlich *Coester*, FS Schnyder, 1995, S 101, 114 f.
⁶¹ OLG München NJW-RR 1995, 1439, 1431.
⁶² OLG Düsseldorf OLGR 2000, 265, 267 f für eine Übertragung eines Erbteils vom volljährigen Sohn auf den Vater.
⁶³ *Coester*, FS Schnyder, 1995, S 101, 112; *Knöpfel* FamRZ 1995, 554, 565.
⁶⁴ OLG Brandenburg 9 WF 157/04, BeckRS 2005, 14688; AG Kassel vom 22. 9. 2004, 512 F 1490/04 UE.
⁶⁵ *Lüderitz*, FS Gaul, 1997, S 419.
⁶⁶ BGH NJW-RR 2002, 1, 2.

§ 1619

anspruch hatte[67], Rn 7.1. Die Verletzung der Pflicht zur Rücksichtnahme und zum Beistand kann eine schwere Verfehlung mit der Folge eines (teilweisen) Verlustes des Unterhaltsanspruches gemäß § 1611 Abs 1 darstellen[68], da über § 1618a für das Eltern-Kind-Verhältnis andere Maßstäbe gelten als für das Unterhaltsverhältnis zwischen Verwandten allgemein[69]. Auch für die Auslegung des § 1612 Abs 2 kann auf die Bestimmung des § 1618a zurückgegriffen werden[70], ohne dass dies in der Praxis eine größere Rolle für das gewonnene Ergebnis spielt[71]. Entsprechendes gilt für die Anforderungen an die Erwerbsobliegenheit des Kindes, die sich selbstständig, ohne Rücksicht auf die Bestimmung des § 1618a aus den unterhaltsrechtlichen Vorschriften der §§ 1602 Abs 1, 1610 Abs 2 ergibt.

7.1 Ob die Obliegenheit aus § 1618a das gegen einen Elternteil klagende Kind verpflichtet, den beklagten Elternteil dadurch zu unterstützen, dass es – in Hinblick auf die Entlastung des beklagten Elternteils gemäß § 1606 Abs 3 – den anderen Elternteil dazu anhält, dessen Einkommensverhältnisse im Prozess vorzutragen[72], ist kaum zu vertreten. Erzwingen kann das Kind die Offenlegung der Einkommensverhältnisse außerhalb eines weiteren Prozesses nicht, jedenfalls nicht auf der Grundlage der Obliegenheit aus § 1618a. Mehr als eine Verständigung des anderen Elternteils ist nicht zu verlangen.

§ 1619 Dienstleistungen in Haus und Geschäft

Das Kind ist, solange es dem elterlichen Hausstand angehört und von den Eltern erzogen oder unterhalten wird, verpflichtet, in einer seinen Kräften und seiner Lebensstellung entsprechenden Weise den Eltern in ihrem Hauswesen und Geschäft Dienste zu leisten.

Schrifttum: *Enderlein,* Die Dienstpflicht des Hauskindes als Folge seiner Unterhaltsgemeinschaft mit den Eltern, AcP 200 (2000), 565; *Schäfer,* Mitarbeit von Angehörigen optimal regeln, FRP 2005, 11.

Übersicht

	Rn		Rn
I. Normzweck	1	IV. Gesetzliche Dienstleistungspflicht und vertragliche Leistungsverhältnisse	6
II. Voraussetzungen der gesetzlichen Dienstpflicht	2	V. Folgen der rechtlichen Grundlage der Dienstleistungen des Kindes	9
		1. Innenverhältnis	9
III. Umfang und Inhalt der Pflicht zur Dienstleistung	5	2. Außenverhältnis	11

I. Normzweck

1 Mit der Vorschrift soll die Funktion der Familie auch als Ort von Dienst- und Arbeitsleistungen berücksichtigt werden. Damit sollen sonst notwendige Formalisierungen des Eltern-Kind-Verhältnisses durch andere Rechtsformen verhindert werden, die dem Charakter der besonderen Beziehung zwischen Eltern und Kind, die im gemeinsamen Haushalt leben, häufig nicht gerecht würden. Dies gilt vor allem gegenüber einer grds möglichen arbeits-, sozial- und steuerrechtlichen Erfassung der Dienstleistungen der Kinder. Die Pflicht zur Dienstleistung soll nicht Gegenleistung für die Unterhaltsgewährung sein[1], sondern einen familienbezogenen Ausgleich eigener Art darstellen. Die Vorschrift erhält besondere praktische Relevanz im Schadensersatzrecht, wenn das Kind von einem Dritten getötet bzw verletzt wird (Rn 11).

II. Voraussetzungen der gesetzlichen Dienstpflicht

2 Die Pflicht zur Dienstleistung besteht in allen **Eltern-Kind-Verhältnissen** ohne Rücksicht auf das Alter der Beteiligten und den Grund des Verwandtschaftsverhältnisses. Die Vorschrift gilt auch für **Adoptivkinder**[2], nicht jedoch für Stiefkinder (Rn 2.1)[3] und auf Grund des klaren Wortlauts und des generellen Ausschlusses von personenrechtlichen Beziehungen **nicht** für das Verhältnis von **Enkelkindern und Großeltern**[4]. Die Annahme einer Dienstleistungspflicht der Eltern gegenüber den Kindern scheitert am klaren Wortlaut des Gesetzes[5]. Mit dem Betreuungsrechtsänderungsgesetz

---

[67] OLG Düsseldorf II-3 WF 190/02; OLG Naumburg NJW-RR 2007, 728.
[68] OLG Bamberg NJW 1992, 1112, 1113; *Finger* FamRZ 1995, 969, 970; krit AG Regensburg FamRZ 1993, 1240; *Breithold* NJW 1993, 305; *Lossen* FuR 1993, 108 f.
[69] *Lüderitz,* FS Gaul, 1997, S 420.
[70] OLG Schleswig NJW-RR 1991, 710.
[71] BayObLG NJWE-FER 1999, 318, 319.
[72] OLG Hamm NJOZ 2006, 3149, 3150.
[1] *Staudinger/Coester* Rn 12, hM; aA aber *Enderlein* S 565 f, der von einer Unterhaltsgemeinschaft ausgeht ähnlich der Unterhaltsgemeinschaft zwischen Ehegatten gemäß §§ 1360, 1360a.
[2] HM, *Staudinger/Coester* Rn 17.
[3] OLG Nürnberg FamRZ 1960, 119, 120 m insoweit zust Anm *Gernhuber* 120.
[4] *Erman/Michalski* Rn 2; aA *Staudinger/Coester* Rn 17.
[5] *Gernhuber/Coester-Waltjen* § 55 I 3 mwN.

(BtÄndG) vom 25. 6. 1998 (BGBl I S 1580) wurde die Geltung der Vorschrift auch auf das Verhältnis zwischen **Vormund und Mündel** ausgedehnt.

Dass Adoptivkinder ebenso erfasst werden, ergibt sich zwingend aus § 1754 Abs 1. Die Anwendung der Vorschrift auf Blutsverwandtschaft zu beschränken[6] mag darauf zurückzuführen sein, dass die Entscheidung zum früheren § 1617 und noch vor der Reform des Adoptionsrechts erging. Eine analoge Anwendung der Vorschrift ist in Hinblick auf die systematische Stellung der Vorschrift im Verwandtschaftsrechts nach wie vor abzulehnen. Im Einzelfall dürfte dies aber zu keinem unvertretbaren Ergebnis führen, wenn das Stiefkind Ausgleichsansprüche gegen den Stiefelternteil stellt[7]. **2.1**

Die Norm setzt eine soziale Gemeinschaft zwischen Eltern und Kind voraus. Es genügt, wenn sich das Kind im Haushalt **eines Elternteils** aufhält; die Pflicht zur Dienstleistung besteht dann nur gegenüber diesem Elternteil. Gegenüber einem **Stiefelternteil** besteht diese Pflicht nicht[8]. Maßgeblich für die Zugehörigkeit zu einem **gemeinsamen Haushaltes** ist, ob das Kind den Mittelpunkt seiner Lebensbezüge noch in der Wohnung der Eltern hat[9]. Eine eigene Wohnung des Kindes spricht nicht zwingend gegen die Zugehörigkeit zum Haushalt der Eltern[10]. Wird eine eigene Wohnung bezogen, um selbstständig zu werden, so ist die Haushaltsgemeinschaft mit den Eltern trotz weiterer regelmäßiger Hilfeleistungen (zwei Stunden täglich mit gelegentlichen Übernachtungen) bei den Eltern aufgehoben[11]. Bei einem **Auswärtsstudium** kann von einer derartigen Selbstständigkeit nicht ausgegangen werden, ebenfalls nicht, wenn sich der Sohn bei der Bundeswehr befindet[12]. Hilfreich kann hier die zu § 2 Abs 1 a S 1 BAföG ergangene Rspr sein. Verlässt das Kind den elterlichen Haushalt, so **endet die Pflicht** zur Dienstleistung, unabhängig vom Grund der Auflösung der Gemeinschaft; § 1619 verpflichtet das Kind nicht, im Haushalt der Eltern zu bleiben[13]. **3**

Weitere Voraussetzung ist, dass das Kind von den Eltern erzogen oder unterhalten wird. **Erziehung** kommt nur bei minderjährigen Kindern in Frage, auf die Frage einer ökonomischen Abhängigkeit des Kindes kommt es nicht an[14]. Die **Gewährung von Unterhalt** ist faktisch zu verstehen. Es kommt nicht darauf an, ob die Leistung auf einer gesetzlichen oder vertraglichen Pflicht beruht, ob das Kind iS des Unterhaltsrechts (§ 1602) bedürftig ist[15]. Ohne Bedeutung ist es, wenn die Mittel der Eltern im Wesentlichen auf die Arbeitsleistung des Kindes im elterlichen Betrieb zurückgehen[16]. Unterhalt iS der Vorschrift wird nur gewährt, wenn der Unterhalt des Kindes im Wesentlichen von den Eltern oder dem Elternteil sichergestellt wird[17]. Dies ergibt sich aus der Grundlage der Dienstleistungspflicht, die auf einer auch ökonomischen Einbindung des Kindes in die Familie beruht. Sie entfällt, wenn das Kind seine Arbeitskraft weitgehend außerhalb der Familie einsetzt und mit den Erträgen seiner Arbeit seine materielle Existenz im Ergebnis selbst sicherstellt. Eine Exklusivität von familienexterner Vollzeitarbeit und Dienstleistungspflicht besteht aber nicht[18]. Nach dem Gesetz muss das Kind nicht ökonomisch abhängig, es muss nicht auf die Unterhaltsleistungen zwingend angewiesen sein[19]. Die volle Erwerbstätigkeit schließt die Pflicht zu Dienstleistungen auch nicht ohne weiteres aus, da die Verwendung der „Freizeit" für Dienstleistungen im Haushalt oder Gewerbe weder unüblich noch unzumutbar ist[20]. Die Freizeit bezieht sich hier auf das Verhältnis zum Arbeitgeber, nicht aber bedeutet eine Freistellung von familienrechtlichen Pflichten, die aus der tatsächlichen ökonomischen Einbindung in die Familie resultieren. Unerwünschte Folgen, so eine doppelte Schadensersatzforderung[21] auf Grund unerlaubter Handlung sind im Schadensersatzrecht zu verhindern, nicht über die Reduktion des Anwendungsbereiches einer familienrechtlichen Vorschrift. **4**

III. Umfang und Inhalt der Pflicht zur Dienstleistung

Inhaltlich können nur Dienstleistungen gefordert werden, die für die Eltern selbst notwendig sind[22]. Damit kommen, soweit die Dienste nicht im Haushalt zu leisten sind, grds nur Dienste für eine selbstständige Tätigkeit der Eltern in Frage[23]. Die Dienstleistung muss sich auf die Tätigkeit der Eltern selbst beziehen, nicht darauf, die Fähigkeit zur Ausübung einer Tätigkeit zu ermöglichen, wie zB eine **5**

---

[6] OLG Nürnberg FamRZ 1960, 119, 120.
[7] *Gernhuber* FamRZ 1960, 120, 121.
[8] *Erman/Michalski* Rn 2; MünchKommBGB/*v. Sachsen Gessaphe* Rn 7.
[9] MünchKommBGB/*v. Sachsen Gessaphe* Rn 5.
[10] OLG Stuttgart VersR 1990, 902.
[11] OLG Nürnberg VersR 1992, 188, 189.
[12] OLG Saarbrücken VersR 1981, 542 f.
[13] BGH NJW 1972, 429, 430 aE; *Staudinger/Coester* Rn 24.
[14] BGH NJW 1991, 1126, 1227.
[15] *Gernhuber* JZ 1998, 365.
[16] BGH NJW 1991, 1226, 1227.
[17] OLG München OLGR 1994, 122; OLG Nürnberg VersR 1992, 188, 189; OLG Stuttgart VersR 1990, 902, 903; zum Streitstand BGHZ 137, 1, 4 f = NJW 1998, 307, 308.
[18] Wohl so OLG München OLGR 1994, 122; aA BGHZ 137, 1, 8 = NJW 1998, 307, 309; LG Trier Schaden-Praxis 1999, 341 f.
[19] *Coester-Waltjen* LM Nr 8.
[20] *Gernhuber* JZ 1998, 365, 366.
[21] BGHZ 137, 1, 9 = NJW 1998, 307, 309; krit *Gernhuber* JZ 1998, 366.
[22] *Staudinger/Coester* Rn 30.
[23] *Staudinger/Coester* Rn 30; *Fenn* DB 1974, 1062.

§ 1619

ärztliche Behandlung der Eltern durch das Kind[24]. Der **Umfang** der Pflicht zur Dienstleistung steht in Konkurrenz zum Recht des Kindes, seine berufliche Entwicklung grds selbst zu gestalten, auch wenn es noch im Haushalt der Eltern lebt. Vorrangig ist die **Ausbildung** des Kindes zu einem geeigneten Beruf, vgl schon § 1610 Abs 2[25]. Generelle Angaben zur Anzahl der wöchentlichen Stundenzahl sind kaum möglich, maßgeblich ist der Einzelfall[26]. Das **volljährige Kind** hat einen Anspruch auf Finanzierung einer angemessenen Ausbildung; angemessen ist eine Ausbildung, die das Kind wünscht und zu der es geeignet ist. Soweit die Kräfte des Kindes hiervon in Anspruch genommen sind, entfällt die Pflicht zu Dienstleistungen für die Eltern. Bei **minderjährigen Kindern** ist als Grenze immer das Kindeswohl zu beachten. Überschreitungen dieser Grenze können zu Eingriffen nach § 1666 führen. Das JArbSchG gilt zwar nicht für Beschäftigungen im Familienhaushalt (§ 1 Abs 2 Nr 2), bei Dienstleistungen im elterlichen Betrieb sind die Vorschriften aber zu beachten, soweit es sich nicht mehr um geringfügige Hilfeleistungen handelt, die nur gelegentlich erbracht werden (§ 1 Abs 2 Nr 1lit b).

IV. Gesetzliche Dienstleistungspflicht und vertragliche Leistungsverhältnisse

6   Umfangreiche Dienstleistungen des Kindes, das noch im elterlichen Haushalt lebt, müssen nicht auf der Grundlage der familienrechtlichen Dienstleistungspflicht des § 1619 erbracht werden, sondern können auch Gegenstand vertraglicher Regelungen sein, wie sie mit dritten Personen abgeschlossen werden. § 1619 ist keine Einschränkung der Vertragsfreiheit für das Eltern-Kind-Verhältnis. Gesetzliche Pflicht zur Dienstleistung und vertragliche Vereinbarungen können sich überlagern[27]. In Frage kommen vor allem Arbeits- und Gesellschaftsverträge[28].

7   Ob ein **Arbeitsvertrag** abgeschlossen wurde, ist eine Frage des Einzelfalls[29]. Ein Arbeitsvertrag kann auch konkludent abgeschlossen sein, da die Begründung eines Arbeitsverhältnisses grds nicht an Formvorschriften gebunden ist (§ 611 Rn 49). Eine **Vermutung**, dass Dienstleistungen im Eltern-Kind-Verhältnis auf der Grundlage der familienrechtlichen Verpflichtung gemäß § 1619 erbracht werden, gibt es nicht (mehr)[30], auch nicht bei einer Übernahme des Hofes[31]. Ebenso wenig gibt es aber eine Vermutung für eine arbeitsvertragliche Regelung, auch wenn die Tätigkeit des Kindes für die Eltern seine gesamte Arbeitskraft in Anspruch nimmt, er etwa den elterlichen Hof praktisch allein führt[32]. Im Einzelfall kann auch eine **Vollzeittätigkeit** der familienrechtlichen Dienstleistung zugeordnet werden, wenn die Arbeit spezifisch mit der familiären Situation verbunden ist, so die Tätigkeit eines Kindes in einem landwirtschaftlichen Betrieb, dessen Übernahme durch das Kind von allen Beteiligten erwartet wird[33].

8   Ausschlaggebend für die Frage, ob im Einzelfall die Dienstleistungen auf der Grundlage der familienrechtlichen Pflicht gemäß § 1619 oder eines Arbeitsvertrages erbracht werden, ist letztlich der **Wille der Beteiligten**, der im Einzelfall tatrichterlich zu ermitteln ist[34]. Maßgeblich ist, ob die Beteiligten die Konsequenzen eines abhängigen Beschäftigungsverhältnisses im Innenverhältnis wollten und damit eine weitgehende Lösung der Tätigkeiten aus dem Familienverband. **Subjektives Indiz** für den Abschluss eines entgeltlichen Arbeitsverhältnisses ist vor allem die Vereinbarung und Bezahlung eines periodischen Entgelts[35], das seiner Struktur nach den üblichen Leistungsvereinbarungen entsprechen muss (Rn 8.1)[36]. Es muss der Höhe nach nicht dem üblichen Arbeitsentgelt entsprechen[37], darf aber auch nicht extrem davon abweichen, da sonst die familiäre Verbindung wieder in den Vordergrund träte[38]. Ein **objektives Indiz**, aber keine Vermutung[39], stellen Art und Umfang der Leistungen dar. Handelt es sich um Dienstleistungen, die auch in dieser Form üblicherweise von einer dritten Person erbracht würden, die auf ein Entgelt und auf die Einbeziehung in das System der Sozialen Sicherung nicht verzichten würde, dann wird die Erklärung der Beteiligten, ein Arbeitsverhältnis abgeschlossen zu haben, auch nach außen akzeptiert werden müssen. Für die Annahme einer **gesellschaftsrechtlichen Vereinbarung** gelten ähnliche Überlegungen. Maßgeblich sind ebenfalls die Verhältnisse im Einzelfall[40].

8.1   Die **Anmeldung zur Sozialversicherung** und die Geltendmachung der Aufwendungen als **Betriebsausgaben** sind wenig aussagekräftig, da beide Handlungen nicht auf das Innenverhältnis, sondern auf gewollte Folgewirkungen eines Beschäftigungsverhältnisses im Außenverhältnis ausgerichtet sind.

---

[24] *Soergel/Strätz* Rn 7 mwN.
[25] *Gernhuber/Coester-Waltjen* § 55 I 2; *Enderlein* S 578.
[26] Nicht mehr als zehn Wochenstunden in der gymnasialen Oberstufe: OLG Celle NJOZ 2005, 4585; mindestens sieben Stunden bei einem Studenten: LSG NRW vom 26. 1. 2005, L 8 RA 5/01, BeckRS 1999, 9826 Abs 44.
[27] BFHE 173, 140, 142 = NJW 1994, 3374 f; MünchKommBGB/*v. Sachsen Gessaphe* Rn 34, 35; *Staudinger/Coester* Rn 62.
[28] *Fenn* DB 1974, 1065 f zu Vor- und Nachteilen einer arbeitsvertraglichen Regelung.
[29] BFHE 173, 140, 142 = NJW 1994, 3374; BFHE 153, 117, 118 = NJW 1989, 319.
[30] BGH NJW 1991, 1226, 1227; BGHZ 137, 1, 7 = NJW 1998, 307, 309; BSG NDV 1997, 422, 424; MünchKommBGB/*v. Sachsen Gessaphe* Rn 35; *Staudinger/Coester* Rn 64.
[31] OLG Celle NZV 1997, 232, 233: im Rahmen einer Prognose.
[32] BGH NJW 1991, 1226, 1227.
[33] BGH NJW 1991, 1226, 1227.
[34] BGH NJW 1991, 1226, 1227; OLG Stuttgart VersR 1990, 902, 903.
[35] BSG NDV 1987, 422, 424; BeckRS 1999, 982655 I 3 mwN.
[36] Näher *Schäfer* FPR 2005, 11, 12, 13 mwN.
[37] OLG Köln VersR 1991, 1292, 1293.
[38] BSG NDV 1987, 422, 424.
[39] BGH NJW 1991, 1226, 1228; aA OLG Celle NJW-RR 1990, 1478, 1480.
[40] Näher *Staudinger/Coester* Rn 67.

V. Folgen der rechtlichen Grundlage der Dienstleistungen des Kindes

1. Innenverhältnis. Im Verhältnis zwischen den Eltern und dem Kind spielt die Norm als realisierbarer Anspruch praktisch keine Rolle. **Zwangsweise** kann die Pflicht nur bei einem minderjährigen Kind über die elterliche Sorge (tatsächliche Personensorge)[41] durchgesetzt werden, wobei eine Unterstützung der Eltern durch das Familiengericht (§ 1631 Abs 3) theoretisch denkbar ist. Eine **Klage** gegenüber dem volljährigen Kind ist möglich, die Zwangsvollstreckung mittels eines Zwangsgeldes scheitert an der entsprechenden Anwendung von § 888 Abs 3 ZPO[42], zumal sich Zwangsgeldfestsetzung und Unterhaltsgewährung eher widersprechen. Mittelbar kann das Kind nur am Verlassen des Haushalts über die Bestimmung der **Form** des Unterhalts gehindert werden (§ 1612 Abs 2 S 1). Eine Zurückhaltung des Unterhalts selbst ist nicht zulässig[43]; insofern ist die unterhaltsrechtliche Folge rechtswidrigen Verhaltens eines Kindes abschließend in § 1611 geregelt. Eine eigene Unterhaltspflicht wird durch die Verweigerung der Dienste nicht verletzt, eine schwere Verfehlung gegenüber dem Berechtigten kann im Regelfall nicht angenommen werden. Unterhaltsrechtlich könnte dem Kind nur eine entgeltliche Arbeit angeboten werden, deren Verweigerung ggf zum Wegfall der Bedürftigkeit (§ 1602 Abs 1) als Voraussetzung eines Unterhaltsanspruches führen könnte.

Mittelbar kann die Norm die Anwendung anderer Rechtsnormen beeinflussen. Soweit die Dienste auf der Grundlage des § 1619 erbracht werden, entfallen Ansprüche auf Bezahlung eines Entgelts aus Vertrag oder ungerechtfertigter Bereicherung. Insoweit ist § 1619 eine **Rechtsgrundlage für die Dienstleistung** bzw den Vermögenszuwachs bei den Eltern[44]. Darüber hinausgehende Leistungen können grds zu Ausgleichsansprüchen führen[45]. Wenn – häufig in Erwartung eines Erbes (vgl § 2057 a zum eventuellen Ausgleich über das Erbrecht) oder der künftigen Betriebsübernahme – Dienstleistungen erbracht werden, die über den Bereich des § 1619 hinausgehen, kommen Entschädigungsansprüche in Frage. Rechtsgrundlage hierfür kann § 812 Abs 1 S 2 Alt 2 sein, aber auch § 612 Abs 2 könnte anzuwenden sein, wenn man von einem faktischen Arbeitsverhältnis ausgeht[46].

2. Außenverhältnis. Die Rspr gibt den Eltern des getöteten Kindes durchgehend einen **Schadensersatzanspruch nach § 845,** wenn für die Eltern Dienstleistungen des Kindes entfallen, die auf Grund der gesetzlichen Pflicht zur Dienstleistung und nicht auf der Grundlage eines Arbeitsvertrages erbracht wurden[47]. Wurde das Kind „nur" verletzt, so ist sein eigener Schadensersatzanspruch vorrangig schon in Hinblick auf die jederzeitige Möglichkeit der Beendigung der Dienstleistungen (Rn 3)[48]. Die Anerkennung von Zahlungen an das Kind als **Betriebsausgaben** entfällt, wenn die Leistungen als Unterhaltsleistungen nach § 1619 zu werten sind und ein Arbeitsverhältnis nicht vorliegt (Rn 6 f). Die familienrechtliche Dienstpflicht kann gegen ein Ausbildungsverhältnis spielen und so der Gewährung von **Kindergeld** entgegenstehen[49]. Sie kann auch dazu führen, dass eine **Hinterbliebenenrente** nach früherem Recht (§§ 46, 303 SGB VI) versagt wird, da wegen der Dienstleistungspflicht des Kindes eine überwiegende Bestreitung des Unterhalts durch den verstorbenen Ehegatten abzulehnen ist, wobei es auf die Pflicht zur Dienstleistung ankommt und nicht darauf, ob die Dienstleistung tatsächlich erbracht wurde[50].

Im Verhältnis zu den **Gläubigern des Kindes** ist die Annahme einer Vergütungspflicht gemäß § 850 h Abs 2 S 1 ZPO ausgeschlossen, wenn das Kind Dienstleistungen auf der Grundlage der familienrechtlichen Pflicht des § 1619 erbringt[51]. Gemäß § 850 Abs 2 S 2 ZPO ist beim „Ob" der Vergütungspflicht auf die verwandtschaftlichen Bindungen Rücksicht zu nehmen. Gewährt der Elternteil Unterhalt, wird man den Ausfall des Anspruchs auf ein Entgelt auch als üblich ansehen[52]. Damit wird der familienrechtlichen Pflicht zur Dienstleistung entsprechende Außenwirkung zuteil; die über § 1619 gewollte Entformalisierung in einer Haushaltsgemeinschaft ist auch von Dritten zu respektieren.

Eine **Sozialversicherungspflicht** auf der Grundlage abhängiger Beschäftigung (vgl § 7 Abs 1 SGB IV) entfällt, wenn Leistungen an das Kind als Unterhaltszahlungen zu werten sind. Für den praktisch bedeutsamen Bereich der **Familienpflege** gilt für die **Rentenversicherung** unabhängig von familienrechtlichen Pflichten eine selbstständige Regelung: Die Annahme eines Beschäftigungsverhältnisses ist ausgeschlossen, wenn der Umfang der Zahlungen an die Pflegeperson den Umfang der

---

[41] MünchKommBGB/*v. Sachsen Gessaphe* Rn 13.
[42] BeckRS 1999, 982655 I 2 mwN; hM.
[43] *Enderlein* S 581 mwN; aA *Erman/Michalski* Rn 10; *Staudinger/Coester* Rn 42: „knappe Bemessung".
[44] LG Freiburg FamRZ 1984, 76.
[45] LG Freiburg FamRZ 1984, 76, jedoch ohne Begründung beschränkt auf volljährige Kinder.
[46] BGH FamRZ 1960, 101, 102; zur Auseinandersetzung näher *Erman/Michalski* Rn 12, 13; MünchKommBGB/*v. Sachsen Gessaphe* Rn 27 ff, BeckRS 1999, 982655 I 4, die einen Ausgleich nach bereicherungsrechtlichen Grundsätzen versucht; für die Bereicherungsrecht auch *Enderlein* S 584 ff.
[47] *Enderlein* (S 589 f) wendet § 844 an, da er von unterhaltsrechtlichen Charakter der Vorschrift ausgeht, Fn 1; für das verletzte Kind gilt nach ihm § 842 (S 590 f, 593 f); die Eltern könnten nach § 845 gegen den Schädiger vorgehen; zur Konkurrenz der Ansprüche S 597 f.
[48] BGHZ 69, 380, 384 f = NJW 1978, 163.
[49] FG Rheinland-Pfalz EFG 2001, 1218, 1219: tendiert zu einer entsprechenden Vermutung in Verbindung mit der Verletzung einer Mitwirkungspflicht.
[50] LSG NRW vom 26. 1. 2006, L 8 RA 5/01, juris-dok Abs 44, 46.
[51] So wohl *Staudinger/Coester* Rn 60; aA die hM: MünchKommBGB/*v. Sachsen Gessaphe* Rn 33; *Musielak/Beck* § 850 h ZPO Rn 15; *Zöller/Stöber* § 850 h ZPO Rn 7; unklar MünchKommZPO/*Smid* § 850 h Rn 12 einerseits und Rn 18 andererseits. Für eine Anwendung bei der Mitarbeit des Kindes im Geschäft der Eltern *Enderlein* S 600 f.
[52] IdS wohl auch BAG NJW 1978, 343, das allerdings die Üblichkeit von einer Erfüllung einer Unterhaltspflicht und nicht der tatsächlichen Gewährung (Rn 4) abhängig macht.

gesetzlichen Leistungen der Pflegeversicherung nicht übersteigt (§ 3 S 2 HS 1 SGB VI); der Familienangehörige ist, soweit er Pflegeperson iS des § 19 SGB XI ist, nach Maßgabe des § 3 S 1 Nr 1 a SGB VI versicherungspflichtig.

§ 1620 Aufwendungen des Kindes für den elterlichen Haushalt

Macht ein dem elterlichen Hausstand angehörendes volljähriges Kind zur Bestreitung der Kosten des Haushalts aus seinem Vermögen eine Aufwendung oder überlässt es den Eltern zu diesem Zwecke etwas aus seinem Vermögen, so ist im Zweifel anzunehmen, dass die Absicht fehlt, Ersatz zu verlangen.

1   Die in der Bestimmung enthaltene Auslegungsregel soll der Vermutung gerecht werden, dass das Kind seine Leistungen an die Eltern idR in der Vorstellung erbringt, damit Vorteile aus seiner Eingliederung in den elterlichen Haushalt auszugleichen[1]. Damit soll eventuell Rechtsstreitigkeiten zwischen den Eltern und dem Kind vorgebeugt werden[2].

2   Das Kind muss dem elterlichen Haushalt angehören. Insofern gilt dasselbe wie bei § 1619 (dort Rn 3). **Volljährigkeit** ist zu ergänzen um Geschäftsfähigkeit. Der Ausschluss von Minderjährigen und der Charakter der Norm als Auslegungsregel zeigen, dass es nicht auf eine tatsächliche Handlung, sondern auf die Zurechenbarkeit einer Handlung im Rechtssinne ankommt.

3   Die Zu- bzw Aufwendung muss aus dem **Vermögen** des Kindes stammen. Dazu gehören der Stamm des Vermögens, aber auch Erträge aus Vermögen sowie laufende Einkünfte aus einer Erwerbstätigkeit des Kindes[3]. Soweit Dienstleistungen des Kindes gemäß § 1619 vom Kind zu erbringen sind, entfallen von vornherein Ersatzansprüche des Kindes. **Zweck** der Zuwendung muss es sein, die Kosten des Haushalts zu bestreiten, nicht Kosten geschäftlicher oder persönlicher Aktivitäten der Eltern. Die Zuwendungen können **freiwillig**, aber auch auf der Grundlage einer vertraglichen Abrede geleistet werden[4]. Die vertragliche Verpflichtung selbst muss ohne Rechtspflicht eingegangen worden sein, da sonst kein Grund für einen Rückforderungsanspruch des Kindes besteht, der über die Auslegungsregel erfasst werden könnte. Soll mit den Leistungen der **Unterhalt der Eltern** gewährleistet sein, so gilt als Sonderregelung die Bestimmung des § 685 Abs 2.

4   Die Anwendung des § 1620 setzt voraus, dass einerseits Rückforderungsansprüche objektiv und subjektiv aus der Sicht des Kindes in Frage kommen, andererseits die Ersatzpflicht der Eltern nicht bereits nach allgemeinen Auslegungskriterien feststeht oder entfällt[5]. Andernfalls fehlt es bereits an dem für die Anwendung des § 1620 notwendigen Zweifel[6]. Damit ist die Vorschrift nicht anwendbar, wenn das Kind **irrtümlicherweise** annimmt, dass es die Leistung erbringen musste[7], ebenso, wenn Anlass und Höhe der Aufwendung im Einzelfall für eine Ersatzpflicht sprechen[8]. Ist die Vorschrift bei unklarer Motivlage anwendbar, bewirkt sie den Ausschluss eventueller Ersatzansprüche, soweit die Zweifel bestehen. Der Ausschluss des Ersatzanspruches kann sich auf **Teile der Begünstigung** beziehen. So, wenn die Eltern von dem Kind zur Deckung der Kosten ein **Darlehen** erhalten haben. Die Rückzahlungspflicht bleibt bestehen, eine Anspruch auf Verzinsung entfällt[9].

§§ 1621 bis 1623 *(weggefallen)*

§ 1624 Ausstattung aus dem Elternvermögen

(1) Was einem Kind mit Rücksicht auf seine Verheiratung oder auf die Erlangung einer selbständigen Lebensstellung zur Begründung oder zur Erhaltung der Wirtschaft oder der Lebensstellung von dem Vater oder der Mutter zugewendet wird (Ausstattung), gilt, auch wenn eine Verpflichtung nicht besteht, nur insoweit als Schenkung, als die Ausstattung das den Umständen, insbesondere den Vermögensverhältnissen des Vaters oder der Mutter, entsprechende Maß übersteigt.

(2) Die Verpflichtung des Ausstattenden zur Gewährleistung wegen eines Mangels im Recht oder wegen eines Fehlers der Sache bestimmt sich, auch soweit die Ausstattung nicht als Schenkung gilt, nach den für die Gewährleistungspflicht des Schenkers geltenden Vorschriften.

Schrifttum: *Jakob*, Die Ausstattung (§ 1624 BGB) – ein familienrechtliches Instrument moderner Vermögensgestaltung?, AcP 207 (2007), 198.

---

[1] *Gernhuber/Coester-Waltjen* § 55 II 2.
[2] MünchKommBGB/*v. Sachsen Gessaphe* Rn 1.
[3] MünchKommBGB/*v. Sachsen Gessaphe* Rn 2.
[4] MünchKommBGB/*v. Sachsen Gessaphe* Rn 3.
[5] *Staudinger/Coester* Rn 6.
[6] *Gernhuber/Coester-Waltjen* § 55 II 3.
[7] *Gernhuber/Coester-Waltjen* § 55 II 3.
[8] *Staudinger/Coester* Rn 6.
[9] *Staudinger/Coester* Rn 7.

Ausstattung aus dem Elternvermögen **§ 1624**

Übersicht

	Rn		Rn
I. Normzweck...............................	1	**III. Angemessenheit der Ausstattung**.......	7
II. Ausstattung als Zuwendung besonderer Art..	2	**IV. Rechtsfolgen**.............................	8
1. Zuwendungsempfänger und Zuwendungszweck..	3	1. Grundsätzliche Unanwendbarkeit des Schenkungsrechts...................................	8
a) Zuwendungsempfänger...................	3	2. Relevanz des Begriffs der Ausstattung in anderen Rechtsnormen........................	10
b) Zuwendungszweck.......................	4		
2. Vermögensmehrung und Vermögenseinbuße	6		

I. Normzweck

Die Vorschrift trägt der Tatsache Rechnung, dass unentgeltliche Zuwendungen unter bestimmten Voraussetzungen zwar keine Erfüllung einer Rechtspflicht, eine freiwillige Leistung[1] darstellen, aber auf der besonderen Verantwortung der Eltern für eine Hilfe zu einer selbstständigen Lebensführung des Kindes beruhen können. Das Gesetz will diese Zuwendungen in differenzierter Weise dem Schenkungsrecht grundsätzlich entziehen (Abs 1) und nur einzelne Vorschriften dieses Rechtsbereichs angewendet sehen (Abs 2). Die Norm bestimmt zudem den Anwendungsbereich anderer Rechtsnormen, die den Begriff der Ausstattung als Zuwendung der Eltern an die Kinder verwenden. **1**

II. Ausstattung als Zuwendung besonderer Art

Eine Ausstattung liegt vor, wenn **2**
– Eltern einem Kind
– Eine Zuwendung machen und zwar
– Mit Rücksicht auf Verheiratung oder auf die Erlangung einer selbständigen Lebensstellung zur Begründung oder Erhaltung der Wirtschaft.

Die Höhe der Zuwendung, ob sie unter Beachtung der Lebensstellung der Eltern angemessen ist, ändert nichts daran, dass eine Ausstattung vorliegt. Sie beeinflusst aber den Gesetzeszweck, angemessene Ausstattungen weitgehend dem Schenkungszweck zu entziehen, Rn 6.

1. Zuwendungsempfänger und Zuwendungszweck. a) Zuwendungsempfänger. Nur Zuwendungen der Eltern an ihre Kinder[2] können eine Ausstattung sein. Unentgeltliche Zuwendungen dritter Personen, auch von Großeltern[3], sind Schenkungen, ebenso Zuwendungen der Eltern an dritte Personen, insbes an ein (künftiges) Schwiegerkind[4]. Eine Zuwendung an das Kind kann auch darin bestehen, dass die Eltern durch Vereinbarung mit einem Dritten für das Kind einen Anspruch begründen. **3**

b) Zuwendungszweck. Die im Gesetz geforderte **Rücksicht** entspricht dem Zweck der Zuwendung, sie muss das bestimmende Motiv des Gebers sein. Die Ausstattung soll dem Kind den Schritt in die Selbstständigkeit ermöglichen, erleichtern oder erhalten und zwar über eine Eheschließung oder eine wirtschaftliche Unabhängigkeit. Die Zuwendung muss weder wirtschaftlich notwendig[5] noch muss die Art der Verwendung der Mittel konkret bestimmt sein[6]. Damit ist aber keine chronologische Abfolge gemeint; in Rücksicht auf Eheschließung oder wirtschaftliche Selbstständigkeit kann die Zuwendung auch erfolgen, wenn die Ehe bereits geschlossen, die wirtschaftliche Existenz bereits begründet ist[7]. Weitere Motive der Zuwendung sind unschädlich[8], solange sie als Nebenzwecke gewertet werden können[9], Rn 4.1. **4**

Dass die Zuwendung – in Form eines **Übergabevertrages in der Landwirtschaft** – praktisch einer vorweggenommenen Erbfolge gleichkommt, steht der Beurteilung als Ausstattung nicht zwingend entgegen[10]. Eine andere Frage ist es, ob die Ausstattung genehmigt werden kann, wenn sie vom Betreuer gewährt bzw versprochen wird (§ 1908; Rn 10) bzw ob sie angemessen ist und damit nicht dem Schenkungsrecht unterliegt (Rn 8). Die Zuwendung kann auch mit der weiteren Absicht erfolgen, den Empfänger anderen bisher bevorzugten Kindern gleichzustellen[11]. **4.1**

---

[1] *Jakob* AcP 207 (2007), 198, 200.
[2] Vgl *Jakob* AcP 207 (2007), 198, 201.
[3] OLG Zweibrücken vom 18. 12. 1997, UF 166/95.
[4] *Staudinger/Coester* Rn 8; zum Problem der Unentgeltlichkeit bei der „belohnten Ehe" MünchKommBGB/ *v. Sachsen Gessaphe* Rn 3.
[5] BGHZ 44, 91, 93 = NJW 1965, 2056; OLG Düsseldorf NJW-RR 2004, 1082.
[6] OLG Düsseldorf NJW-RR 2004, 1082.
[7] LSG Bayern vom 25. 2. 2005, L 8 AL 376/04 mwN; *Gernhuber/Coester-Waltjen* § 56 I 2; vgl *Jakob* AcP 207 (2007), 198, 221.
[8] MünchKommBGB/*v. Sachsen Gessaphe* Rn 5.
[9] *Jakob* AcP 207 (2007), 198, 219.
[10] OLG Stuttgart MittBayNot 2005, 229, 231.
[11] BGHZ 44, 91, 92 mwN = NJW 1965, 2056.

§ 1624

5 Keine Ausstattung liegt vor,
- wenn der Zweck der Zuwendung im Wesentlichen darin besteht, Rechtsfolgen zu erreichen, die in anderen Vorschriften mit dem Begriff der Ausstattung verknüpft werden, so hinsichtlich Zugewinn- und Miterbenausgleich, §§ 1374 Abs 2, 2050 Abs 1[12]. Derartige Motive rechtfertigen die Ausgliederung der Zuwendung aus dem Schenkungsrecht nicht[13].
- wenn der Hauptzweck der Zuwendung durch **eigene Interessen** des zuwendenden Elternteils geprägt ist, so etwa der Erhalt des Hauses für die Eltern selbst[14].

6 **2. Vermögensmehrung und Vermögenseinbuße.** Eine **Zuwendung** liegt vor, wenn das Vermögen des Kindes vermehrt, das Vermögen der Eltern entspr gemindert ist; die Zuwendung kann auch im **Versprechen der Ausstattung** begründet sein (Rn 6.1). Beispiele für den weitgefassten Begriff der Vermögensmehrung sind Mitbenutzungsrechte an einer Wohnung, die Übernahme von Schulden[15] und die Beteiligung an einer Gesellschaft[16], auch die Übertragung eines Schadensfreiheitsrabatts in der Kfz-Versicherung[17]. Arbeitsleistungen der Eltern sind daher nur dann als Zuwendung zu verstehen, wenn eine sonst anfallende Vergütung für die Arbeit entfällt[18]. **Gegenleistungen des Empfängers** nehmen der Zuwendung nicht zwingend die Eigenschaft als Ausstattung; sie darf aber nicht dazu führen, dass von einem wesentlichen einseitigen Vorteil für das Kind in Hinblick auf den Zuwendungszweck nicht mehr die Rede sein kann, mit dem allein der Zuwendungszweck (Rn 4) erreicht werden kann.

6.1 So zB die Angabe des Kindes als Versicherter einer von den Eltern abgeschlossenen **Lebens- und Unfallversicherung** zum Zwecke der Sicherung der Ausbildung[19]. Eine derartige Verpflichtung ist formlos gültig[20], die gegenständliche Zuwendung ist nur Erfüllung der Verpflichtung[21] und kann ggf eingeklagt werden[22].

III. Angemessenheit der Ausstattung

7 Eine Ausstattung liegt unabhängig von der Größe der Zuwendung schon vor, wenn die Zuwendung freiwillig ist und von dem in Abs 1 genannten Zuwendungszweck geprägt ist[23]. Damit aber die wesentliche Rechtsfolge des § 1624 Abs 1, die Unanwendbarkeit wesentlicher Vorschriften des Schenkungsrecht (Rn 6), eintritt, darf die Zuwendung nicht das den „Umständen … entsprechende Maß" übersteigen; die Zuwendung muss angemessen sein. Bei der Angemessenheit kommt es besonders auf die Vermögensverhältnisse der Eltern an. Feste Größen gibt es nicht, maßgeblich sind die Verhältnisse des Einzelfalles. Den Eltern muss die Möglichkeit verbleiben, ihre bisherige Lebensführung im Wesentlichen weiterhin selbstständig zu gestalten; insbes darf auch die Alterssicherung nicht gefährdet sein[24]. Damit wird der Sicherung des gegebenen Lebensstandards der Eltern Vorrang gegenüber dem Bereicherungsinteresse des Kindes eingeräumt mit der Folge, dass die Zuwendung nach dem Schenkungsrecht (§ 528) wieder zurückgefordert werden kann (Rn 6), wenn der Lebensstandard der Eltern durch die Zuwendung nicht mehr gewährleistet ist. Unangemessen ist auch die Übertragung der Hälfte des Eigentums an einem Wohngebäude, wenn kein nennenswertes anderes Vermögen oder Einkommen zur Verfügung steht[25]. Insoweit ist auch der Vergleich mit einem fiktiven Erbteil des Zuwendungsempfängers kein hinreichender Anhaltspunkt[26]. Maßgeblich für diese Beurteilung ist der **Zeitpunkt der Zuwendung.** Ist in diesem Zeitpunkt objektiv erkennbar, dass der Zuwendende mit hoher Wahrscheinlichkeit, so etwa bei langandauernder Arbeitslosigkeit und vorgerücktem Altern, hilfebedürftig iS des SGB II oder SGB XII wird, so ist die Zuwendung – unabhängig von einer eventuellen Nichtigkeit nach § 138 – idR nicht mehr verhältnismäßig (Rn 7.1).

7.1 Das SG Dortmund[27] beurteilt eine Zuwendung im Umfang von knapp 39 000 Euro noch als Ausstattung, da die zuwendenden Eltern im Zeitpunkt der Zuwendung noch über ein Gesamtvermögen von 200 000 Euro verfügten. Ob hierbei das selbst genutzte Wohneigentum anzusetzen ist, kann aber wegen der Lebensstandardsicherung bezweifelt werden, da dieses Vermögen für den Ausgleich des Lohnverlustes nicht genutzt werden kann. Soweit das

---

[12] Vgl BGHZ 44, 91, 93 = NJW 1965, 2056; aA AG Stuttgart NJW-RR 1999, 1449, 1450.
[13] Vgl BGHZ 44, 91, 94 = NJW 1965, 2056.
[14] BayObLG BeckRS 2003, 07743 für die Genehmigung der Übertragung durch den Betreuer der Eltern, vgl Rn 8.
[15] MünchKommBGB/*v. Sachsen Gessaphe* Rn 4.
[16] BGH DB 1967, 1258.
[17] LG Münster vom 1. 2. 2005, 3 S 121/04 für ein Versprechen der Übertragung zwischen Ehegatten zugunsten des Kindes.
[18] Vgl BGH NJW 1987, 2816, 1817; *Gernhuber/Coester-Waltjen* § 56 I 5.
[19] OLG Düsseldorf NJW-RR 2004, 1082.
[20] OLG Düsseldorf NJW-RR 2004, 1082: die Angabe der Bezugsberechtigung im Lebensversicherungsvertrag betrifft nur das Außenverhältnis des Versicherungsnehmers zum Versicherung und ist kein notwendiger förmlicher Bestandteil der Ausstattung.
[21] *Gernhuber/Coester-Waltjen* § 56 I 5.
[22] *Soergel/Strätz* Rn 14; MünchKommBGB/*v. Sachsen Gessaphe* Rn 6.
[23] Vgl *Jakob* AcP 207 (2007), 198, 216 f.
[24] OLG Stuttgart MittBayNot 2005, 229, 231; *Böhmer* MittBayNot 2005, 232, 233.
[25] Vgl BayObLG BeckRS 2003, 7743.
[26] OLG Stuttgart DNotZ 1997, 148: allerdings für die Genehmigungsfähigkeit der Ausstattung zu Lasten eines Betreuten, vgl Rn 10.
[27] S 27 AL 109/02.

SG auf die damals geltenden relativ hohen Freibeträge abstellt, können diese für die Angemessenheit nur insoweit eine Rolle spielen, wenn das insoweit geschützte Vermögen noch zur Verfügung steht. Fiktive Freibeträge können die Fortführung des gewohnten Lebensstandards nicht gewährleisten, sondern schützen die Eltern nur davor, dass der Rückforderungsanspruch nach § 528 der gegen die Hilfebedürftigkeit als Anspruchsvoraussetzungen entgegensteht. Entsprechendes gilt für die Entscheidung des LSG Bayern[28]. Das wäre anders gewesen, wenn den Eltern nach der Zuwendung ein Vermögen im Umfang des Freibetrages zur Verfügung gestanden hätte. Dann wären sie zwar bedürftig gewesen, aber aus ihrer Sicht hätten sie den gegebenen Lebensstandard beibehalten können. Da inzwischen die Freibeträge aber erheblich abgesenkt wurden (§ 12 Abs 2 Nr 1 SGB II), sind die Eltern vor einer Gefährdung ihres Lebensstandards entspr weniger geschützt, da sie ihr Vermögen weitgehend einsetzen müssen, bevor sie die Grundsicherung beanspruchen können. Entspr ist die Unangemessenheit der Zuwendung früher anzunehmen, da nun in absehbarer Zeit die Gefahr einer Lebensführung auf dem Niveau der Grundsicherung auch bei Berücksichtigung des geschützten Vermögens droht.

IV. Rechtsfolgen

1. Grundsätzliche Unanwendbarkeit des Schenkungsrechts. Die Ausstattung, einschließlich 8 des Ausstattungsversprechens, wird, soweit sie angemessen ist (Rn 7) weitgehend dem Schenkungsrecht entzogen. Entsprechend kann die Frage der Qualifikation einer Zuwendung massive Folgen für die betroffenen Personen haben[29].

– So gelten vor allem nicht die schenkungsrechtlichen **Formvorschriften.** Zur Wirksamkeit bedarf es nicht der notariellen Beurkundung, wie in § 518 vorgeschrieben, so bei einem gesellschaftsrechtlichen Unterbeteiligungsvertrag zugunsten der Kinder[30]. Unberührt bleiben aber anderweitige Formvorschriften, die an den Gegenstand der Zuwendung anknüpfen, so § 311 b Abs 1 für Grundstücke, § 761 für die Leibrente[31].

– Hinsichtlich der **Bestandskraft der Ausstattung,** einschließlich eines entsprechenden Versprechens sind nicht anwendbar die Vorschriften über den Widerruf einer Schenkung (§ 530) und den Herausgabeanspruch bei Verarmung des Schenkers (§ 528), der sonst vor allem vom Träger der Sozialhilfe nach § 93 SGB XII auf sich übergeleitet werden könnte bzw als Vermögensbestandteil iS von § 12 Abs 1 SGB II die Hilfebedürftigkeit (§ 9 Abs 1 SGB II) entfallen lassen könnte[32], vgl Rn 7.1. Unberührt bleiben aber die Vorschriften über den Wegfall der Geschäftsgrundlage[33]. Das **Ausstattungsversprechen ist gegenstandslos,** wenn die beabsichtigte Ehe nicht eingegangen wurde, die Ehe vor der Zuwendung bzw der Erfüllung des Versprechens gescheitert oder der Versuch, eine wirtschaftliche Existenz aufzubauen, fehlgeschlagen ist. Anderes gilt, wenn die Zuwendung bereits abgewickelt ist, die Ehe später scheitert und geschieden wird[34]. Die Beurteilung des Fortbestandes der Ausstattung bzw des Ausstattungsversprechens ist auf Grund der flexibleren Handhabung nach den Grundsätzen des Wegfalls der Geschäftsgrundlage, nicht nach § 812 Abs 1 S 2 vorzunehmen. So kann das Versprechen aus unter einer stillschweigenden Voraussetzung gegeben sein, dass die Verhältnisse im Wesentlichen gleich bleiben[35], dass sich die finanziellen Verhältnisse nicht grundlegend ändern[36].

– Kraft ausdrücklicher Regelung in Abs 2 gelten jedoch die Vorschriften des Schenkungsrechts hinsichtlich der **Gewährleistung** des Zuwendenden (§§ 523, 524).

Soweit die **Zuwendung den Rahmen der Angemessenheit überschreitet,** ansonsten aber die 9 Voraussetzungen der Ausstattung vorliegen, gelten unmittelbar die Vorschriften des Schenkungsrechts[37]; der „verhältnismäßige" Teil dagegen bleibt Ausstattung und unterliegt den Schenkungsregeln grds nicht. Das gilt jedenfalls, soweit die Zuwendung problemlos teilbar ist. Handelt es sich um eine vorweggenommene Erbfolge, wird man regelmäßig von einer Unteilbarkeit ausgehen[38].

2. Relevanz des Begriffs der Ausstattung in anderen Rechtsnormen. Der **Begriff der Ausstattung** als Zuwendung der Eltern an ihr Kind wird in verschiedenen anderen Rechtsnormen als 10 Tatbestandsmerkmal verwendet und entfaltet entsprechende Rechtsfolgen.

– Er wird verwendet im ehelichen **Güterrecht** (§ 1374 Abs 2 für die Zugewinngemeinschaft, Rn 8.1), in §§ 1444, 1466, 1477, 1478 und 1499 für die Gütergemeinschaft) und in § 1625.

– Im **Erbrecht** wird bei gesetzlicher Erbfolge unter Abkömmlingen eine Ausgleichungsverpflichtung (§§ 2050, 2052) angenommen (§ 2050 Rn 1, 7).

– Im **Höferecht** wird gemäß § 12 Abs 6 S 1 HöfeO der Hoferbe verpflichtet, einem Miterben eine angemessene Ausstattung zu gewähren, wenn die an sich fällige Abfindung wegen Minderjährigkeit des Abfindungsberechtigten als gestundet gilt.

---

[28] L 8 AL 376/04.
[29] *Jakob* AcP 207 (2007), 198, 216.
[30] BGH DB 1967, 1258.
[31] *Lüderitz/Dethloff* Familienrecht, 2007, § 12 F III Rn 42; zur Abgrenzung der Leibrente von anderweitigen Renten *Gernhuber/Coester-Waltjen* § 56 II 2.
[32] SG Dortmund S 27 AL 109/02.
[33] *Gernhuber/Coester-Waltjen* § 56 I 7 mwN.
[34] *Soergel/Strätz* Rn 15; vgl *Jakob* S 204 Fn 20.
[35] BGHZ 44, 91, 95 mwN = NJW 1965, 2056, 2057.
[36] OLG Düsseldorf NJW-RR 2004, 1082.
[37] *Soergel/Strätz* Rn 13.
[38] *Böhmer* MittBayNot 2005, 232, 234; *Jakob* AcP 207 (2007), 198, 221 f.

§ 1625

– Eine **Zuwendung** durch den **Betreuer,** die als Ausstattung zu qualifizieren ist, unterliegt zwar nicht dem Schenkungsverbot, § 1908 i iVm § 1804[39], bedarf jedoch gemäß § 1908 der Genehmigung durch das Vormundschaftsgericht[40].

10.1 Im Gegensatz zu der grundsätzlichen Regelung des Ausstattungsrechts werden Ausstattung und Schenkung insoweit gleichbehandelt, als beide Zuwendungen dem Anfangsvermögen des Ehegatten zugerechnet werden, der nach Eintritt der Zugewinngemeinschaft eine Ausstattung erhalten hat. Strittig ist die Frage, inwieweit eine Ausstattung gemäß § 1375 Abs 2 Nr 1 als unentgeltliche Zuwendung dem Endvermögen des Ehegatten, der die Ausstattung gewährt hat, hinzugerechnet wird[41].

11 In weiteren Vorschriften ist zu entscheiden, ob die **Ausstattung als unentgeltliche Leistung** iS der jeweiligen Regelung zu bewerten ist.

– Nach § 4 Abs 1 **AnfG** kann eine „unentgeltliche Leistung des Schuldners", die bis zu vier Jahren vor der Anfechtung vorgenommen wurde, angefochten werden mit der Folge, dass sie für die Zwangsvollstreckung gegen den Schuldner wieder zur Verfügung steht (Rn 9.1).
– Im **Insolvenzrecht** kann gemäß § 134 Abs 1 InsO eine „unentgeltliche Leistung des Schuldners", die innerhalb vier Jahren vor Eröffnung des Insolvenzverfahrens gewährt wurde, angefochten werden (Ausnahme in § 134 Abs 2 InsO), Rn 10.1. Den Anspruch aus einem Ausstattungsversprechen behandelt die überwiegende Lit nicht als unentgeltliche Forderung, so dass er nicht unter die Nachrangigkeit des § 39 Abs 1 Nr 4 InsO[42], Rn 10.1.
– Im **Ehegüterrecht** sind unentgeltliche Zuwendungen ggf dem Endvermögen eines Ehegatten zuzurechnen (§ 1375 Abs 2 Nr 1). Die Ausstattung selbst wird man dann nicht hinzurechnen, wenn sie „angemessen" ist[43], § 1375 Rn 17.
– Im **Erbrecht** sind unentgeltliche Leistungen vor allem beim Pflichtteil auszugleichen, so in § 2325 (Rn 10.2) und in § 2329.
– Im **Erbschaftsteuerrecht** wird die Ausstattung grundsätzlich wie eine Schenkung behandelt[44]. Möglich ist die Berücksichtigung der (angemessenen) Ausstattung als außergewöhnliche Belastung iS des § 33 EStG[45].

11.1 Es ist wohl die sittliche Pflicht als Hintergrund der Ausstattung, der gegen die Qualifikation der als unentgeltliche Zuwendung sprechen soll. Damit dürfte in jedem Fall klar sein, dass nur die angemessene Ausstattung privilegiert werden kann[46].
– Für Ausgleichstatbestände innerhalb der Familie kann eine entsprechende Privilegierung der Ausstattung durchaus vertretbar sein. So gilt dies für die güterrechtlichen Tatbestände.
– Für das Außenverhältnis, wie im Insolvenz- und Anfechtungsrecht, sollte es aber auf Motive, die wie bei der Ausstattung allein das Innenverhältnis zwischen den Eltern bzw dem Elternteil und dem Kind, auf jeden Fall das familiäre Binnenverhältnis betreffen, nicht ankommen. Eine Ausstattung sollte daher nicht zu Lasten dritter Personen gehen, denen sonst Vermögenswerte als mögliche Grundlage ihrer Forderungen gegen den Zuwendenden entzogen werden. Daher erscheint es sachgerechter, die Ausstattung der Anfechtung nicht zu entziehen[47].

11.2 Inwieweit eine Ausstattung als „Schenkung" einen Pflichtteilergänzungsanspruch begründen bzw erhöhen kann, ist streitig. Die sehr differenzierte Begrifflichkeit des Gesetzgebers, der bei sonstigen erbrechtlichen Ausgleichsregelungen nur von Zuwendungen, nicht aber von Schenkungen spricht, sollte die (angemessene) Ausstattung aus dem Anwendungsbereich des § 2325 Abs 1 herausfallen lassen[48]. Auch hier geht es um Vermögensverschiebungen zu Lasten enger Familienangehöriger. Der Vorschlag, abhängig von der Interessenwertung im Einzelfall § 2325 Abs 1 analog anzuwenden[49], macht die Anwendung der Vorschrift recht unberechenbar, würde aber der ratio des Gesetzes entsprechen.

§ 1625 Ausstattung aus dem Kindesvermögen

¹**Gewährt der Vater einem Kind, dessen Vermögen kraft elterlicher Sorge, Vormundschaft oder Betreuung seiner Verwaltung unterliegt, eine Ausstattung, so ist im Zweifel anzunehmen, dass er sie aus diesem Vermögen gewährt. ²Diese Vorschrift findet auf die Mutter entsprechende Anwendung.**

---

[39] LG Traunstein MittBayNot 2005, 231 f hat das wohl übersehen; vgl *Böhmer* MittBayNotZ 2005, 232, 233.
[40] OLG Stuttgart BWNotZ 1997, 147, 148 zur Angemessenheit als Genehmigungsvoraussetzung, m Anm *Ziegler* S 149; § 1908 Rn 5.
[41] Näher *Jakob* AcP 207 (2007), 198, 205 f mwN, der von einer unentgeltlichen Zuwendung ausgeht, die Frage der sittlichen Pflicht aber der Einzelfallprüfung unterstellt.
[42] Vgl MünchKommInsO/*Ehricke* § 39 Rn 24.
[43] *Jakob* AcP 207 (2007), 198, 207 f will das nicht generell, sondern im Einzelfall danach entscheiden, ob eine sittliche Verpflichtung vorliegt.
[44] *Meincke,* Erbschafts- und Schenkungssteuergesetz, 2004, § 7 Rn 9; vgl *Jakob* AcP 207 (2007), 198, 200 Fn 7 mwN.
[45] MünchKommBGB/*v. Sachsen Gessaphe* Rn 17.
[46] Nerlich/Römermann/Andres § 39 InsO Rn 9.
[47] LG Tübingen 1 O 2/05 für § 4 AnfG; MünchKommBGB/*v. Sachsen Gessaphe* Rn 14; *Jakob* AcP 207 (2007), 198, 212 f mN des Streitstandes, für das Insolvenzrecht entsprechend MünchKommInsO/*Kirchhof* § 134 Rn 37.
[48] MünchKommBGB/*v. Sachsen Gessaphe* Rn 16.
[49] Ausf zur Streitfrage *Jakob* AcP 207 (2007), 198, 206 bis 208 mit guter Begründung.

Die Auslegungsregel entlastet die Eltern, soweit sie auf Grund elterlicher Sorge oder als Betreuer mit dem Aufgabenkreis der Vermögenssorge eine Zuwendung an das Kind gemacht haben[1]. Die Zuwendung wird auf das ggf herauszugebende Vermögen angerechnet, es ist im Zweifel keine Zuwendung auf Kosten der Eltern. Die Auslegungsregel gilt nicht, wenn die Vermögensverwaltung nicht auf Gesetz, sondern auf einer **Vereinbarung** beruht[2]. 1

Der Begriff der **Ausstattung** entspricht dem Begriff, wie er in § 1624 verwendet wird (§ 1624 Rn 2). Die Auslegungsregel gilt auch dann, wenn die Zuwendung das Kindesvermögen übersteigt. Soweit das Kindesvermögen reicht, ist im Zweifel darauf die Zuwendung anzurechnen[3]. 2

Titel 5. Elterliche Sorge (§§ 1626–1711)

§ 1626 Elterliche Sorge, Grundsätze

(1) ¹Die Eltern haben die Pflicht und das Recht, für das minderjährige Kind zu sorgen (elterliche Sorge). ²Die elterliche Sorge umfasst die Sorge für die Person des Kindes (Personensorge) und das Vermögen des Kindes (Vermögenssorge).

(2) ¹Bei der Pflege und Erziehung berücksichtigen die Eltern die wachsende Fähigkeit und das wachsende Bedürfnis des Kindes zu selbständigem verantwortungsbewusstem Handeln. ²Sie besprechen mit dem Kind, soweit es nach dessen Entwicklungsstand angezeigt ist, Fragen der elterlichen Sorge und streben Einvernehmen an.

(3) ¹Zum Wohl des Kindes gehört in der Regel der Umgang mit beiden Elternteilen. ²Gleiches gilt für den Umgang mit anderen Personen, zu denen das Kind Bindungen besitzt, wenn ihre Aufrechterhaltung für seine Entwicklung förderlich ist.

Schrifttum: *Badura*, Verfassungsfragen des Erziehungsrechts der Eltern, FS W. Lorenz, 2001, S 101; *Baer*, Übereinkommen der Vereinten Nationen über die Rechte des Kindes, NJW 1993, 2209; *Balloff*, Zur psychologischen Diagnostik und Intervention des psychologischen Sachverständigen in Familiensachen bei den Vormundschafts- und Familiengerichten Bestandsaufnahme und Perspektiven, ZfJ 1994, 218; *Balloff/Walter*, Möglichkeiten und Grenzen beratender Intervention am Beispiel der Mediation nach §§ 17, 28, 18 Abs. 4 KJHG, ZfJ 1993, 65; *Bauer*, Rechte und Pflichten, in: *Salgo/Zenz/Fegert/Bauer/Weber/Zitelmann* (Hrsg), Verfahrenspflegschaft für Kinder und Jugendliche. Ein Handbuch für die Praxis 2002; *Becker*, Weichendes Elternrecht – wachsendes Kindesrecht, RdJB 1970, 364; *Beitzke*, Betrachtungen zum neuen Kindschaftsrecht, FamRZ 1958, 7; *Belling*, Die Entscheidungskompetenz für ärztliche Eingriffe bei Minderjährigen, FuR 1990, 68; *Belling/Eberl*, Der Schwangerschaftsabbruch bei Minderjährigen. Mit Ausblick auf das amerikanische Recht, FuR 1995, 287; *Benda*, Verkehrtes zum Verkehrsrecht. Anmerkungen zu den EGMR-Urteilen Sommerfeld, Elsholz und Sahin gegen Bundesrepublik Deutschland, EuGRZ 2002, 1; *ders*, Die Bindungswirkung von Entscheidungen des Europäischen Gerichtshofs für Menschenrechte, AnwBl 2005, 602; *Bender*, Zeugen Jehovas und Bluttransfusion, MedR 1999, 260; *Bernard*, Der Schwangerschaftsabbruch aus zivilrechtlicher Sicht unter besonderer Berücksichtigung der Rechtsstellung des nasciturus, 1995; *Bernhardt*, Die Stimme des Kindes in der Trennungs- und Scheidungsberatung und in der Familienmediation, FPR 2005, 95; *Bienwald*, Verfahrenspflegschaft. Ein Handbuch, 2002; *Bork*, Sind §§ 50, 67 FGG verfassungskonform?, FamRZ 2002, 65; *Borth*, Erwartungen der Familienrichter an den Verfahrenspfleger, Kind-Prax 2000, 48; *ders*, Die Reform des Verfahrens in Familiensachen, FamRZ 2007, 1925; *Bosch*, Familiengerichtsbarkeit – Bewährung und weiterer Ausbau?, FamRZ 1980, 1; *ders*, Volljährigkeit – Ehemündigkeit – Elterliche Sorge, FamRZ 1973, 489; *Breidenbach*, Mediation: Struktur, Chancen und Risiken von Vermittlung im Konflikt, 1995; *Breuer*, Gemeinsame elterliche Sorge – Geltung für ausländische Staatsangehörige in Deutschland, FPR 2005, 74; *M. Breuer*, Karlsruhe und die Gretchenfrage: Wie hast Du's mit Straßburg?, NVwZ 2005, 412; *Bröte*l, Der Anspruch auf Achtung des Familienerbens, 1991; *ders*, Der Rechtsanspruch des Kindes auf seine Eltern, DAVorm 1996, 745, 843; *Brückner*, Die Überprüfung von Sorgerechtsentziehungen durch den Europäischen Gerichtshof für Menschenrechte – Das Verfahren bei Einlegung einer Individualbeschwerde und der Fall Kutzner –, FuR 2002, 385; *Büchner*, Entwurf aus der Sicht der Verfahrenspflege, ZKJ 2006, 412; Bundesarbeitsgemeinschaft Verfahrenspflegschaft für Kinder und Jugendliche e. V., Standards für VerfahrenspflegerInnen, Beil zum JAmt 9/01; *Büttner*, Änderungen im Familienverfahrensrecht durch das Kindschaftsrechtsreformgesetz, FamRZ 1998, 585; *Busch/Rölke*, Europäischer Kinderschutzrecht im offenen Fragen, FamRZ 2004, 1338; *Buschle*, Ein neues „Solange"? – Die Rechtsprechung aus Karlsruhe und Straßburg im Konflikt. Anmerkung zu BVerfG, Beschluß vom 14. 10. 2004 – 2 BvR 1481/04 – NJW 2004, 3407 (Görgülü), VBlBW 2005, 293; *Carl*, Im Familiengerichtsverfahren: Den Eltern die Verantwortung für die Lösung der Konflikte zurückgeben, FPR 2004, 187; *Carl/Eschweiler*, Kindesanhörung – Chancen und Risiken, NJW 2005, 1681; *Carl/Schweppe*, Der Streit um die Aufgaben des Verfahrenspflegers nach § 50 FGG, FPR 2002, 251; *Coester*, Zur sozialrechtlichen Handlungsfähigkeit des Minderjährigen, FamRZ 1985, 982; *ders*, Gütliche Einigung und Mediation in familienrechtlichen Konflikten (Teil 1), Kind-Prax 2003, 79; *ders*, (Teil 2), Kind-Prax 2003, 119; *Coester-Waltjen*, die elterliche Sorge – Inhaberschaft, Jura 2005, 97; *dies*, Die Berücksichtigung der Kindesinteressen in der neuen EU-Verordnung „Brüssel IIa", FamRZ 2005, 241; *Coester-Waltjen* ua, Neues elterliches Sorgerecht, Alternativ-Entwurf eines Gesetzes zur Neuregelung des Rechts der elterlichen Sorge mit Begründung und Stellungnahme, 1977 (zit: *Coester-Waltjen* ua, Neues elterliches Sorgerecht); *Cremer*, Zur Bindungswirkung von EGMR-Urteilen – Anmerkung zum Görgülü-Beschluß des BVerfG vom 14. 10. 2004, EuGRZ 2004, 741 –, EuGRZ 2004, 683; *Curtius/Schwarz*, Verordnete Mediation – Ein Erfahrungsbericht, FPR 2004, 191; *Cuvenhaus*, Das psychologische Sachverständigen-

---

[1] *Erman/Michalski* Rn 1: Der Vater kann nach heutiger Rechtslage nicht mehr Vormund sein.
[2] *Erman/Michalski* Rn 2.
[3] *Staudinger/Coester* Rn 2.

§ 1626

gutachten im Familienrechtsstreit. Zu den Voraussetzungen seiner gerichtlichen Anordnung, den Erwartungen und Anforderungen, die ein Familienrichter an ein psychologisches Gutachten und den Sachverständigen stellen sollte, Kind-Prax 2001, 182; *ders,* Rechtliche Grundlagen einer systemisch ausgerichteten Sachverständigenbeauftragung im familiengerichtlichen Verfahren, in: *Bergmann/Jopt/Rexilius* (Hrsg), Lösungsorientierte Arbeit im Familienrecht. Intervention bei Trennung und Scheidung 2002; Empfehlungen des 13. Deutschen Familiengerichtstages, FamRZ 2000, 273 (zit: Empfehlungen des 13. DFGT); Empfehlungen des 15. Deutschen Familiengerichtstags, FPR 2004, 9 (zit. Empfehlungen des 15. DFGT); 16. Deutscher Familiengerichtstag – Empfehlungen des Vorstands, FamRZ 2005, 1962 (zit: Empfehlungen des 16. DFGT); *Diederichsen,* Zur Reform des Eltern-Kind-Verhältnisses, FamRZ 1978, 461; *ders,* Die Neuregelung des Rechts der elterlichen Sorge, NJW 1980, 1; *ders,* Die Reform des Kindschafts- und Beistandschaftsrechts, NJW 1998, 1977; *ders,* Die Verfahrenspflegschaft für das minderjährige Kind als bloße Ergänzungspflegschaft, FS Gerhardt, 2004, S 119; DIV-Gutachten, Verfahrenspfleger – Bestellung eines Verfahrenspflegers für das Kind gem. § 50 FGG; zur Frage der Eignung des Jugendamtes als Verfahrenspfleger, DAVorm 1999, 39; *Dölitzsch,* Vom Kindesschutz zu Kindesrechten. Plädoyer für eine Handlungsfähigkeit in höchstpersönlichen Angelegenheiten, 2003; *Dolzer/Vogel* (Hrsg), Bonner Kommentar zum Grundgesetz, Stand: 90. Lieferung 1999 (zit: Bonner Kommentar/*Bearbeiter*); *Drischmann,* Das Sorgerecht in Stieffamilien. Gestern. Heute. Morgen, 2007; *Düring,* Der Vorwurf des sexuellen Mißbrauches in familiengerichtlichen Verfahren zur Regelung des Umgangs mit dem Kinde, 2000; *van Els,* Der Anwalt des Kindes, ZfJ 1984, 509; *ders,* Zu den Voraussetzungen einer vom Betreuer beantragten einstweiligen Anordnung auf Herausgabe des Betreuten gemäß § 1632 Abs 1 BGB, FamRZ 2003, 965; *Engler,* Zum Erfordernis der elterlichen Einwilligung in die Adoption, FamRZ 1969, 63; *Entringer,* Projekt gerichtsnahe Mediation in Niedersachsen – Praktische Erfahrungen mit Familienmediation, FPR 2004, 601; *Erichson/Reuter,* Elternrecht – Kindeswohl – Staatsgewalt. Zur Verfassungsmäßigkeit staatlicher Einwirkungsmöglichkeiten auf die Kindeserziehung durch und aufgrund von Normen des elterlichen Sorgerechts und des Jugendhilferechts, 1985; *Fegeler,* Der Maßstab des Wohls des Kindes, des Mündels, des Pfleglings und des Betreuten bei der gerichtlichen Kontrolle ihrer Interessenvertreter, 2000; *Fehmel,* Die Anhörung des Kindes im Sorgerechtsverfahren, DAVorm 1981, 169; *Fehnemann,* Zu den Fragen des Beweiswerts und der verfassungsrechtlichen Zulässigkeit von Tests für Gutachten vor dem Familiengericht, FamRZ 1979, 661; *Finger,* UN-Konvention über die Rechte des Kindes vom 20. 11. 1989 und deutsche Kindschaftsrechtsreform, ZfJ 1999, 451; *ders,* Das Internationale Familienverfahrensgesetz – ein erster Überblick, ZfJ 2005, 144; *ders,* Anerkennung und Vollstreckung ausländischer Sorge- und Umgangsregelungen; Kindesherausgabe; Kindesentführung – HKindEntÜ, FuR 2007, 67; *Finke,* Die rechtlichen Grundlagen der Sachverständigentätigkeit in der Familiengerichtsbarkeit des Kindschaftsrechtsreform vom 1. 7. 1998, FPR 2003, 503; *Fischer,* § 10 Mediation im Familienrecht, in: *Henssler/Koch* (Hrsg), Mediation in der Anwaltspraxis, 2000 (zit: Henssler/Koch/*Bearbeiter*); *Fricke,* Anhörungsumgebung und fachliche pädagogische Betreuung der Kinder im Familiengericht – und im Jugendamt, ZfJ 1998, 53; *dies,* Sozialarbeiter als Verfahrenspfleger gem. § 50 FGG, ZfJ 1999, 51; *Füchsle-Voigt,* Verordnete Kooperation im Familienkonflikt als Prozeß der Einstellungsänderung: Theoretische Überlegungen und praktische Umsetzung, FPR 2004, 600; *Geiger,* Zur Untersagung eines Schwangerschaftsabbruches durch das Vormundschaftsgericht, FamRZ 1987, 1177; *Gernhuber,* Elterliche Gewalt heute. Eine grundsätzliche Betrachtung, FamRZ 1962, 89; *Gießler,* Vorläufige Anordnungen in FGG-Familiensachen: noch oder nicht mehr statthaft?, FamRZ 2004, 419; *Goldstein/Freud/Solnit,* Jenseits des Kindeswohls, 1991; *Gruber,* Das neue Internationale Familienrechtsverfahrensgesetz, FamRZ 2005, 1603; *Grüttner,* Der Anwalt des Kindes in § 50 FGG – Grundkonzeption einer subjektiv-advokatorischen Interessenvertretung, ZKJ 2006, 61; *Gummersbach,* Die Subjektstellung des Kindes – Die verfahrensrechtliche Neuerung des Anwalts des Kindes in § 50 FGG –, 2005; *Hammerbacher,* Chancen und Risiken der Familienmediation am Beispiel des neuen Kindschaftsrechts, 2000; *Heilmann,* Kindliches Zeitempfinden und Umgangsrecht, FamRZ 1998; *Heiter,* Das Verfahren in Kindschaftssachen im Entwurf eines FamFG, Kind-Prax 2005, 219; *Helms,* Internationales Verfahrensrecht für Familiensachen in der Europäischen Union, FamRZ 2002, 1593; *Heumann,* Recht und Gerechtigkeit in der Kindeswohldebatte, JAmt 2004, 14; *Höfelmann,* Das Gesetz zur Umsetzung familienrechtlicher Entscheidungen des Bundesverfassungsgerichts, FamRZ 2004, 65; *Höfling/Dohmen,* Rechtsfragen der Neugeborenenscreenings, MedR 2005, 328; *Hoffmann,* Kann, darf oder muß man die Entscheidungen des Europäischen Gerichtshofs für Menschenrechte (EuGHMR) zu Pflegekindern ignorieren?, ZfJ 2005, 40; *Holzhauer,* Verwandtschaftliche Elternstellung, verfassungsmäßiges Elternrecht und elterliche Sorge, FamRZ 1982, 109; *Jayme/Hausmann,* Internationales Privat- und Verfahrensrecht, 2004; *Jestaedt,* Staatliche Rollen in der Eltern-Kind-Beziehung, DVBl 1997, 693; *Johnston,* Modelle fachübergreifender Zusammenarbeit mit dem Familiengericht in hochkonflikthaften Scheidungsfamilien, JAmt 2002, 378; *Jopt/Rexilius,* Systemorientierte Begutachtung am Familiengericht – Aufgaben des Psychologischen Sachverständigen nach der Kindschaftsrechtsreform, in: *Bergmann/Jopt/Rexilius* (Hrsg), Lösungsorientierte Arbeit bei Trennung und Scheidung 2002, 177; *Jopt/Zütphen,* Psychologische Begutachtung aus familiengerichtlicher Sicht: A. Entscheidungsorientierter Ansatz, ZfJ 2004, 310; *Kadelbach,* Der Status der Europäischen Menschenrechtskonvention im deutschen Recht. Anmerkungen zur neusten Rechtsprechung des Bundesverfassungsgerichts, Jura 2005, 480; *Kahl,* Reformbestrebungen – Amtsermittlungsgrundsatz statt Parteimaxime im familiengerichtlichen Verfahren?, FGPrax 2004, 160; *Kern,* Fremdbestimmung bei der Einwilligung in ärztliche Eingriffe, NJW 1994, 753; *Kilian,* Die Bindungswirkung von Entscheidungen des EGMR, 1994; *Koch,* § 1 Einführung, in: *Henssler/Koch* (Hrsg), Mediation in der Anwaltspraxis, 2000 (zit: Henssler/Koch/*Bearbeiter*); *Kodjoe,* Auswirkungen des Vater-Kind-Kontaktverlustes, der „immaterielle Schaden" aus psychologischer Sicht – Anmerkungen zur Elsholz-Entscheidung des Europäischen Gerichtshofs für Menschenrechte, DAVorm 2000, 641; *Kölner Fachkreis Familie,* Das Cochemer Modell – die Lösung aller streitigen Trennungs- und Scheidungsfälle?, Kind-Prax 2005, 202; *Koeppel,* Zur Bedeutung der „Elsholz-Entscheidung" für die Fortentwicklung des deutschen Kindschaftsrechts – Anmerkungen zum Minderheitenvotum aus Sicht des Verfahrensbevollmächtigten, DAVorm 2000, 639; *Kohlhaas,* Die Auswirkungen der Gleichberechtigung der Geschlechter auf Strafrecht und Strafverfahrensrecht, NJW 1960, 1; *Krüger,* Grundrechtsausübung durch Jugendliche (Grundrechtsmündigkeit) und elterliche Gewalt, FamRZ 1956, 329; *Künkel,* Neue Zuständigkeiten des Familiengerichts ab 1. 7. 1998, FamRZ 1998, 877; *Kunkel,* Der „Anwalt des Kindes" – deus ex machina im Hilfsplanungsverfahren, Kind-Prax 2000, 139; *Kuntze,* Referentenentwurf eines FGG-Reformgesetzes, FGPrax 2005, 185; *Lempp/Braunbehrens/Eichner/Röcker,* Die Anhörung des Kindes gemäß § 50 b FGG, 1987 (zitiert: *Lempp ua,* Die Anhörung); *Lenz,* „An die Gewährleistungen der Konvention gebunden". Zum Urteil des Bundesverfassungsgerichts in der Rechtssache Görgülü, FS Zuleeg, 2005, S 234; *Liermann,* Nationales Sorge- und Umgangsrecht im Lichte der Europäischen Menschenrechtskonvention – Anmerkung zur „Elsholz-Entscheidung" des Europäischen Gerichtshofs für Menschenrechte, DAVorm 2000, 629; *Lindacher,* Verfahrensgrundsätze in der Freiwilligen Gerichtsbarkeit, JuS 1978, 577; *Link,* Schwangerschaftsabbruch bei Minderjährigen. Eine vergleichende Untersuchung des deutschen und englischen Rechts, 2004; *Lins,* Leserbrief zu „Das Cochemer Modell…" (FF 2006, 215 ff), FF 2007, 41; *Lipp,* Das elterliche Sorgerecht für das nichteheliche Kind nach dem Kindschaftsrechtsreformgesetz (KindRG), FamRZ 1998, 65; *V. Lipp*, Freiheit und Fürsorge: Der Mensch als Rechtsperson, 2000; *Looschelders*, die Europäisierung des internationalen Verfahrensrechts für Entscheidungen über die elterliche Verantwortung, JR 2006, 45; *Lossen/Vergho*, „Familienberatung bei Trennung und Scheidung" – Modellprojekt im Familiengericht Regensburg, FamRZ 1993, 768; *dies*, Zwischenbericht zum Modellprojekt „Familienberatung bei Trennung und Scheidung" im Familiengericht Regensburg, FamRZ 1995, 781; *dies*, Familienberatung bei Trennung und Scheidung am AmtsG, FamRZ 1998, 1218; *Lüderitz*, Elterliche Sorge als privates Recht, AcP 178 (1978), 263; *Luthin*, Aus der Praxis zum Sorgerechtsgesetz, FamRZ 1981, 111; *Mähler/Mähler*, Mediation und Kindschaftsrechtspraxis, Kind-Prax 1998, 18; *dies*, Praktische Einsatzmöglichkeiten der Mediation. Mediation bei Familienkonflikten, in: *Breidenbach/Henssler* (Hrsg), Mediation für Juristen, 1997, S 121; *Malik*, Die Grenzen der elterlichen Vermögenssorge. Eine Bestandsaufnahme nach Inkrafttreten des Gesetzes zur Beschränkung der Haftung Minderjähriger (MHbeG), 1999; *Menne*, Die Vergütung des Verfahrenspflegers auf dem Prüfstand des Verfassungsgerichts, Kind-Prax 2004, 181; *ders*, Der Anwalt des Kindes – Entwicklungstendenzen und Perspektiven im Recht der Verfahrenspflegschaft, JAmt 2005, 274; *Meyer-Ladewig/Petzold*, Die Bindungswirkung deutscher Gerichte an Urteile des EGMR, NJW 2005, 15; *Meyer-Seitz/Kröger/Heiter*, Auf dem Weg zu einem modernen Familienverfahrensrecht – die familienverfahrensrechtlichen Regelungen im Entwurf eines FamFG, FamRZ 2005, 1430; *Mielitz*, Anonyme Kindesabgabe. Babyklappe, anonyme Übergabe und anonyme Geburt zwischen Abwehr- und Schutzgewährrecht, 2006; *Montada*, Nachhaltige Beilegung von Familienkonflikten durch Mediation, FPR 2004, 182; *Moritz*, Die (zivil-)rechtliche Stellung der Minderjährigen und Heranwachsenden innerhalb und außerhalb der Familie, 1989; *ders*, Bedeutung des Elternvotums für den Abbruch der Schwangerschaft Minderjähriger, ZfJ 1999, 92; *ders*, Rechte des Kindes? (Teil 1), ZfJ 2002, 405; *Motz*, Mediation – Vermittlung – als Alternative zum gerichtlichen Verfahren – dargestellt anhand der Familienmediation, FamRZ 2000, 857; *dies*, Kindeswohl vor Elternrecht – Das „Cochemer Modell", FamPra.ch 2007, 850; *Motzer*, Die gerichtliche Praxis der Sorgerechtsentscheidung seit der Neufassung des § 1671 BGB, FamRZ 1999, 1101; *ders*, Gesetzgebung und Rechtsprechung zur elterlichen Sorge und zum Umgangsrecht seit dem Jahr 2001, FamRZ 2003, 793; *Müller*, Die Problematik der unbegrenzten deliktischen Haftung Minderjähriger, in: Tradition und Fortschritt im Recht, Jahrbuch Junger Zivilrechtswissenschaftler 1999, 211; *Muscheler*, Das Recht des Vaters auf Kenntnis seiner Vaterschaft, FPR 2005, 185; *Ossenbühl*, Das elterliche Erziehungsrecht im Sinne des Grundgesetzes, 1981; *ders*, Treuhänderische Wahrnehmung von Grundrechten der Kinder durch die Eltern, FamRZ 1977, 533; *Papier*, Ehe und Familie in der neueren Rechtsprechung des BVerfG, NJW 2002, 2129; *Pawlowski*, Willenserklärungen und Einwilligungen in personenbezogene Eingriffe, JZ 2003, 66; *Pernice*, BVerfG, EGMR und die Rechtsgemeinschaft, EuZW 2004, 705; *Peetz*, Die Stellung des Verfahrenspflegers in gerichtlichen Verfahren zur Erzwingung der Herausgabe eines Kindes von einem Elternteil an den anderen und Wahrung der Rechte der Kinder, 2005; *Peters*, Schutz Minderjähriger vor deliktischen Verbindlichkeiten. Gibt es eine Verpflichtung der Eltern, für ihre Kinder eine Haftpflichtversicherung abzuschließen?, FamRZ 1997, 595; *Peters/Schimke*, Die Verfahrenspflegschaft nach § 50 FGG – erste Erfahrungen und Konsequenzen, Kind-Prax 1999, 143; *Pirrung*, Haager Kinderschutzübereinkommen und Verordnungsentwurf „Brüssel IIa", FS Jayme, 2004, S 701; *Prestien*, Praxisbericht: Gemeinsame elterliche Sorge, was hat sich seit der Kindschaftsrechtsreform verändert, was ist geblieben?, FPR 2005, 101; *Probst*, Gerichtliche Mediation in Schleswig-Holstein – zum Start eines neuen Projekts, SchlHA 2005, 317; *Rausch*, Aktuelles zur Reform des familiengerichtlichen Verfahrens, FuR 2006, 337; *Rauscher*, Das Umgangsrecht in der Kindschaftsrechtsreform, FamRZ 1998, 329; *Reichert*, § 165 FamFG – Entwurf aus der Sicht einer Familienrichterin an einem Großstadtgericht, ZKJ 2006, 230; *Reinecke*, Rechtsprechungstendenzen zur Verfahrenspflegschaft nach § 50 FGG, FPR 1999, 349; *Reiserer*, Schwangerschaftsabbruch durch Minderjährige im vereinten Deutschland, FamRZ 1991, 1136; *Reuter*, Kindesgrundrechte und elterliche Gewalt, 1968; *ders*, Elterliche Sorge und Verfassungsrecht, AcP 192 (1992), 108; *Rittner/Rittner*, Unerlaubte DNA-Gutachten zur Feststellung der Abstammung – Eine rechtliche Grauzone, NJW 2002, 1745; *Rixe*, Der Schutz des Familienlebens und das Verbot der Diskriminierung in der Rechtsprechung des Europäischen Gerichtshofes für Menschenrechte, ZKJ 2006, 276; *Röchling* (Hrsg), Handbuch Anwalt des Kindes 2001; *Roth*, Die Grundrechte Minderjähriger im Spannungsfeld selbständiger Grundrechtsausübung, elterlichem Erziehungsrecht und staatlicher Grundrechtsbindung, 2003; *Rudolph*, „Cochemer Praxis" – ein Handlungsmodell zur interdisziplinären Zusammenarbeit im Familienkonflikt, FF 2005, 167; *ders*, Vernetzung der mit Kindschaftssachen befaßten Professionen, Pfad 2005, 76; *Rüting*, Zum Stand der Verfahrenspflegschaft aus Sicht von Jugendhilfe/Jugendamt, Kind-Prax 2002, 193; *Salgo*, Der Anwalt des Kindes. Die Vertretung des Kindes in zivilrechtlichen Kindesschutzverfahren – Eine vergleichende Studie, 1993; *ders*, Die Implementierung der Verfahrenspflegschaft (§ 50 FGG), FPR 1999, 313; *ders*, Neue Perspektiven bei der Verfahrenspflegschaft für Kinder und Jugendliche – § 166 FamFG-E, FPR 2006, 12; *Salgo/Walter/Willutzki/Oevermann/Stötzel*, Statement der Expertenrunde v. 14. 12. 2004 in Berlin zur Zukunft der Verfahrenspflegschaft, FamRZ 2005, 777; *Salzgeber*, Familienpsychologische Gutachten. Rechtliche Vorgaben und Sachverständiges Vorgehen, 4. Aufl 2005; *ders*, Ein neuer psychologischer Sachverständiger?, Kind-Prax 2003, 92; *ders/Menzel*, Verfahrenspflegschaft und Ergänzungspflegschaft, Kind-Prax 2004, 15; *Sauer*, Verwertbarkeit eines im Betreuungsverfahren eingeholten psychiatrischen Gutachtens im Sorgerechtsentziehungsverfahren, FamRZ 2005, 1143; *Schade/Friedrich*, Die Rolle des psychologischen Gutachters nach Inkraftsetzen des neuen Kindschaftsrechts, FPR 1998, 237; *Scherer*, Schwangerschaftsabbruch bei Minderjährigen und elterliche Zustimmung, FamRZ 1997, 589; *dies*, Stellungnahme zur Anmerkung von Richter am AG Eckhardt Siedhoff, FamRZ 1998, 11; *Schieferstein*, Ehe auf Zeit – Eltern für immer? – Der Traum von der perfekten Scheidung, FPR 2000, 179; *Schlauß*, Neuordnung des internationalen Familienrechts – der Entwurf eines Familienrechts-Ausführungsgesetzes, FPR 2004, 279; *Schlund*, Zur Einwilligung in den Schwangerschaftsabbruch durch eine Minderjährige, JR 1999, 334; *Schmitt-Glaeser*, Die Eltern als Fremde – verfassungsrechtliche Erwägungen zum Entwurf eines Gesetzes zur Neuregelung der elterlichen Sorge, DÖV 1978, 629; *ders*, Das elterliche Erziehungsrecht in staatlicher Reglementierung, 1980; *Schön*, Verfahrenspflegschaft – Chance für Kinder und Jugendliche, JAmt 2001, 109; *dies*, Verfahrenspflegschaft – Chance für Kinder und Jugendliche? – Teil 2 – FuR 2001, 349; *Schulz*, Mediation aus richterlicher Sicht, FamRZ 2000, 860; *A. Schulz*, Die Verordnung (EG) Nr. 2201/2003 (Brüssel IIa) – eine Einführung, Beil zu Heft 18 der NJW 2004 und Heft 6 der FPR 2004, 1; *dies*, Internationale Regelungen zum Sorge- und Umgangsrecht, FPR 2004, 299; *dies*, Internationale Regelungen zum Sorge- und Umgangsrecht, FamRZ 2003, 336; *Schulze*, Trennung, Lebenskrise und das Recht: Professionelle Handlungsparadoxien und die Rolle von Verfahrenspflegschaft im familiengerichtlichen Umgangsverfahren, Kind-Prax 2005, 98; *Schumann*, Die nichteheliche Familie. Reformvorschläge für das Familienrecht, 1998; *Schwab*, Kindschaftsrechtsreform und Minderjährigenschutz, AcP 172 (1972), 266; *ders*, Kindschaftsrechtsreform und notarielle Vertragsgestaltung, DNotZ 1998, 437; *Schwab/Wagenitz*, Einführung in das neue Kindschaftsrecht, FamRZ 1997, 1377; *E. Schwab*, Zum Wohl des Kindes? Eine kritische Bilanz zur Wirkungsweise der Kindschaftsrechtsreform, JAmt 2004, 117; *Schwerdtner*, Mehr

Rechte für das Kind – Fluch oder Segen für die elterliche Sorge?, NJW 1999, 1525; *Schwoerer*, Der Einfluß von Störungen in der elterlichen Gewalt des einen Elternteils auf die elterliche Gewalt des anderen Elternteils nach altem Recht, Zwischenrecht und neuem Recht, FamRZ 1958, 41; *Siedhoff*, Anmerkung zu dem Aufsatz von Prof. Dr. Inge Scherer in FamRZ 1997, 589, FamRZ 1998, 8; *Sievers/Benisch*, Mediation in grenzüberschreitenden Sorge- und Umgangskonflikten. Probleme und Perspektiven, Kind-Prax 2005, 126; *Simitis*, Kindschaftsrecht – Elemente einer Theorie des Familienrechts, FS Müller-Freienfels, 1986, S 579; *Söhnen*, Die Cochemer Praxis in Umgangs- und Sorgeverfahren, ZFE 2005, 40; *Solomon*, „Brüssel IIa" – Die neuen europäischen Regeln zum internationalen Verfahrensrecht in Fragen der elterlichen Verantwortung, FamRZ 2004, 1409; *Spangenberg/Dormann*, Die Verfahrenspflegerin im Spannungsfeld: Eltern-Kind-Gericht, ZfJ 2002, 168; *Spangenberg/Spangenberg*, Zum Sinn der Verfahrenspflegschaft, Kind-Prax 2005, 135; *Spickhoff*, Die Patientenautonomie am Lebensende: Ende der Patientenautonomie?, NJW 2000, 2297; *Stadler*, Verfahrenspfleger und psychologischer Sachverständiger. Versuch einer formalen Abgrenzung, JAmt 2001, 382; *Stadler/Salzgeber*, Berufsethischer Kodex und Arbeitsprinzipien für die Vertretung von Kindern und Jugendlichen – Sprachrohr oder Interessenvertreter?, FPR 1999, 329; *Stern*, Das Staatsrecht der Bundesrepublik Deutschland, Band III/1, Allgemeine Lehren der Grundrechte, 1988; *Stöcker*, Die UNO-Kinderkonvention und das deutsche Familienrecht, FamRZ 1992, 245; *ders*, B. Schlußwort, FamRZ 1992, 895; *Strätz*, Elterliche Personensorge und Kindeswohl, vornehmlich in der zerbrochenen Familie, FamRZ 1975, 541; *Taupitz*, Empfehlen sich zivilrechtliche Regelungen zur Absicherung der Patientenautonomie am Ende des Lebens? 63. DJT, Leipzig 2000, Band I (Gutachten), A (zitiert: *Taupitz*, Gutachten A...); *ders*, Forschung mit Kindern, JZ 2003, 109; *Teixeira de Sousa*, Ausgewählte Probleme aus dem Anwendungsbereich der Verordnung (EG) Nr. 2201/2003 und des Haager Übereinkommens v. 19. 10. 1996 über den Schutz von Kindern, FamRZ 2005, 1612; *Ullmann*, Diskussion: Die UNO-Kinderkonvention und das innerstaatliche Recht. A. Erwiderung auf den Beitrag von Stöcker, FamRZ 1992, 245, 892; *Vennemann*, Zur Frage, ob das Vormundschaftsgericht befugt ist, zum Schutz des ungeborenen Lebens der – hier minderjährigen – Schwangeren und den Eltern Weisungen zu erteilen, einen Schwangerschaftsabbruch zu untersagen, FamRZ 1987, 1069; Verband alleinerziehender Mütter und Väter, Bundesverband e. V., Kritische Betrachtungen zum Arbeitskreis Trennung und Scheidung „Cochemer Weg", ZKJ 2006, 204; *Vergho*, Die Vorbereitung auf einen begleiteten Umgang – Ein Praxismodell unter besonderer Berücksichtigung des Umgangs im Kontext familiärer Gewalt, FPR 2007, 296; *Völker*, Zum guten Umgang, Kind-Prax 2004, 215; *Vosberg/Rockstroh*, Gerichtsnahe Mediation, FPR 2007, 1; *Walter*, Organentnahme nach dem Transplantationsgesetz: Befugnisse der Angehörigen, FamRZ 1998, 201; *Weber*, Verfahrenspflegschaft und Umgangsbegleitung, JAmt 2002, 161; *Weisbrodt*, Beteiligung von Kindern bei Trennung und Scheidung. Anhörung des Kindes in familiengerichtlichen Verfahren, JAmt 2001, 508; *Wever*, Das große Familiengericht – Zuständigkeit für alle vermögensrechtlichen Streitigkeiten der Ehegatten, FamRZ 2001, 268; *Wiesner*, Kinderrechte – Zur rechtlichen und politischen Bedeutung eines Begriffes, ZfJ 1998, 173; *ders*, Zur gemeinsamen Verantwortung von Jugendamt und Familiengericht für die Sicherung des Kindeswohls, ZfJ 2003, 121; *Will*, Der Anwalt des Kindes im Sorgerechtsverfahren – Garant des Kindeswohls?, ZfJ 1998, 1; *Willutzki*, Verfahrenspflegschaft im Spiegel einer widersprüchlichen Rechtsprechung, Kind-Prax 2004, 83; *ders*, Die FGG-Reform – Chance für ein stärker kindorientiertes Verfahren, ZKJ 2006, 224; *ders*, Zur Diskussion gestellt ... Eltern für Zwangsberatung bei Trennung und Scheidung, KindPrax 2004, 21; *de Witt*, Mediative Elemente in der familienrichterlichen Arbeit, FamRZ 1998, 211; *Witteborg*, Das gemeinsame Sorgerecht nichtverheirateter Eltern. Eine Untersuchung im soziologischen, rechtsgeschichtlichen, verfassungsrechtlichen, rechtsvergleichenden und internationalen Kontext, 2003; *Zimmermann*, Ist die Bestellung eines Verfahrenspflegers anfechtbar?, FamRZ 1994, 286.

Übersicht

	Rn		Rn
I. Begriff und allgemeine Kennzeichen der elterlichen Sorge	1	2. Vermögenssorge (§§ 1638 ff)	28
		a) Vermögen des Kindes	28
II. Elterliche Sorge und Grundgesetz	7	b) Handlungen der Vermögenssorge	29
1. Elternrecht iS von Art 6 Abs 2 S 1 GG	7	VI. Gesetzgeberische Vorgaben für die Pflege und Erziehung des Kindes (Abs 2)	30
2. Wächteramt des Staates (Art 6 Abs 2 S 2 GG)	13		
III. Persönlicher Anwendungsbereich der elterlichen Sorge	15	VII. Umgang des Kindes mit den Eltern und anderen Personen (Abs 3)	33
IV. Dauer der elterlichen Sorge	16	VIII. Kinder- und Jugendhilfe	35
1. Entstehung der gemeinsamen elterlichen Sorge	16	IX. Verfahrensrecht	36
2. Ende der elterlichen Sorge	19	X. Übergangsregelungen	49
V. Inhalt der elterlichen Sorge (Abs 1 S 2)	21	XI. Supranationaler Schutz von Grundrechten und -freiheiten	52
1. Personensorge (§§ 1631 bis 1633)	22		
a) Umfang	22		
b) Vertretung in Angelegenheiten der Personensorge	26	XII. Internationales Privat- und Verfahrensrecht	53

I. Begriff und allgemeine Kennzeichen der elterlichen Sorge

1   Der Begriff der elterlichen Sorge, eingeführt durch das Gesetz zur Neuregelung des Rechts der elterlichen Sorge (BGBl 1979 I S 1061), ersetzte den früheren Begriff der elterlichen Gewalt. Er sollte den Inhalt der Elternverantwortung gegenüber dem Kind verdeutlichen[1]. Das KindRG hat diesen Begriff beibehalten und nicht den Begriff der elterlichen Verantwortung übernommen, den das BVerfG vorzieht, um die Pflichtgebundenheit des Elternrechts in Art 6 Abs 2 S 1 GG hervorzuheben (näher Rn 9)[2].

---

[1] BT-Drucks 8/2788 S 36.
[2] BVerfGE 24, 119, 143; 72, 122, 137; BVerfG FamRZ 2003, 285, 289.

Elterliche Sorge, Grundsätze   § 1626

Die Begriffe elterliche Sorge und Elternverantwortung reichen unterschiedlich weit. Die elterliche Sorge umfasst 1.1
die Personen- sowie die Vermögenssorge (§ 1626 Abs 1 S 2), und zwar in beiden Fällen sowohl die tatsächliche
Sorge als auch das Vertretungsrecht (§ 1629). Der Begriff der elterlichen Verantwortung umfasst dagegen die
elterliche Sorge, den Umgang mit dem Kind, die Unterhaltspflicht sowie eine allgemeine Verantwortung (§ 1618a)[3];
wird also die elterliche Sorge einem Elternteil allein zugewiesen, so verliert zwar der andere die elterliche Sorge, er
wird damit aber nicht automatisch auch aus seiner elterlichen Verantwortung entlassen[4].

Die elterliche Sorge ist ein „dem Interesse des Kindes dienendes Schutzinstitut"[5] bzw **Schutzver-** 2
hältnis[6]. Da sie sowohl Schutz- als auch Fürsorgeaspekte umfasst, ist der Streit rein begrifflicher Natur.
Die elterliche Sorge steht nach Abs 1 S 1 den Eltern zu. Sie ist kein den beiden gemeinschaftlich
zustehendes Recht im Sinn einer Gesamthands- oder Bruchteilsgemeinschaft[7]. Vielmehr begründet sie
ein **subjektives Recht** jedes Elternteils[8], allerdings kein Herrschaftsrecht[9], sondern ein **Pflichtrecht**[10].
Diese Besonderheit des subjektiven Rechts entspricht der Struktur des grundrechtlichen Elternrechts
(Rn 9).

Das Recht der elterlichen Sorge ist ein **absolutes iS von § 823 Abs 1** („sonstiges Recht")[11]. Eine 3
Haftung der Eltern Dritten gegenüber kommt nach § 832, nicht aber nach § 823 iVm
§§ 1626 ff in Betracht, da die elterliche Sorge den Interessen des Kindes, nicht aber Dritter dient[12],
§ 1626 als Schutzgesetz mithin ausscheidet. Gegenüber dem Kind haften die Eltern nach § 1664. Die
Haftung des Kindes bestimmt sich nach den §§ 827, 828. Für ein Verschulden seiner Eltern haftet es im
Rahmen eines bestehenden Rechtsverhältnisses nach § 278, und zwar unabhängig davon, auf welche
Grundlage der Geschädigte seinen Anspruch stützt[13].

Bei Störungen durch Dritte können die Eltern einen Anspruch auf Herausgabe (§ 1632 Abs 1), auf Unterlassung 3.1
(§§ 12, 862, 1004 analog) sowie bei schuldhafter Verletzung einen Schadensersatzanspruch nach § 823 geltend
machen (§ 1632 Rn 8). Bei heimlichen Vaterschaftstests ohne Einwilligung der Kindesmutter kann diese nach § 823
Abs 1 wegen Verletzung ihres Sorgerechts vom Vater Schadensersatz verlangen[14]. Dagegen ist ein Anspruch aus
§ 280 Abs 1 wegen Verletzung von Kooperationspflichten aus einem gesetzlichen Rechtsverhältnis familienrechtlicher Art abzulehnen (näher § 1684 Rn 15.1).

Das Recht der elterlichen Sorge ist wegen seines Pflichtgehalts grds **unverzichtbar**[15] und als höchst- 4
persönliches Recht **nicht vererblich oder abtretbar**[16]. Demgegenüber kann das Sorgerecht der
Substanz nach **entzogen** werden[17], wie allein schon der Hinweis auf § 1666a Abs 2 („entzogen
werden") zeigt.

In der anonymen Kindesabgabe (Babyklappe, anonyme Geburt) liegt kein wirksamer Verzicht der Kindesmutter 4.1
auf ihr Sorgerecht[18]. Das Sorgerecht ist nur der Ausübung nach widerruflich auf den anderen Elternteil oder Dritte
übertragbar (zB Internatserziehung)[19]. Der Grundsatz der Unverzichtbarkeit erfährt allerdings Einschränkungen durch
§ 1626a Abs 2 (dort Rn 2 ff), § 1630 Abs 3 (dort Rn 11.1), § 1671 Abs 2 Nr 1 (dort Rn 13 f, 22), § 1687 (dort
Rn 2 ff), § 1687b (dort Rn 6.1) und § 1747 (s Erl dort).

Das Recht der elterlichen Sorge kann in Teilbereiche **aufgeteilt** werden, wie die §§ 1687 Abs 1 5
S 1, 2, 4, 1671 Abs 1, 1672 Abs 1 („einen Teil"), 1666 („die zur Abwendung der Gefahr erforderlichen
Maßnahmen"), 1628, 1630 Abs 3 („Angelegenheiten der elterlichen Sorge") zeigen.

Die elterliche Sorge ist **nicht mit dem Elternrecht identisch**[20]. Zwar beziehen sich sowohl die 6
grundgesetzliche als auch die einfachgesetzliche Regelung auf die Vermögens- und Personensorge[21]. Im
Unterschied zu § 1626 kann Adressat des Grundrechts aber nur der Staat sein. Die §§ 1626 ff enthalten
einfachgesetzliche Ausgestaltungen des Grundrechts[22].

---

[3] *Schwab* Familienrecht Rn 437.
[4] BT-Drucks 13/4899 S 58; beide Begriffe werden in § 52 Abs 1 S 2 FGG verwendet, dazu BT-Drucks 13/8511
S 79.
[5] Mot IV S 724.
[6] BGHZ 66, 334, 337.
[7] *Gernhuber* FamRZ 1962, 89, 95; aA OLG Schleswig FamRZ 1965, 224, 226 m Anm *Gernhuber*; missverständlich
Lipp/Wagenitz Rn 11.
[8] *Gernhuber* FamRZ 1962, 89 ff; *Gernhuber/Coester-Waltjen* § 57 Rn 3.
[9] RGZ 122, 24, 26; RG JW 1929, 870: Parallele zu § 985.
[10] BGH NJW 1974, 1947, 1949; *Badura*, FS W. Lorenz, 2001, S 101, 103 f, 107 f; *Gernhuber* FamRZ 1962, 89, 90.
[11] BGH NJW 1990, 2060, 2061 mwN; MünchKommBGB/*Huber* Rn 8.
[12] RGZ 75, 251, 254; *Gernhuber/Coester-Waltjen* § 57 Rn 43–45.
[13] BGHZ 9, 316, 319; diff *Gernhuber/Coester-Waltjen* § 57 Rn 33.
[14] *Rittner/Rittner* NJW 2002, 1745, 1749; aA *Muscheler* FPR 2005, 185, 187.
[15] RGZ 60, 266, 268; OLG Köln BeckRS 2005, 13577; KG FamRZ 1955, 295, 296; BayObLG FamRZ 1976,
232, 234; *Staudinger/Peschel-Gutzeit* Rn 25.
[16] OLG München JFG 14, 37, 38; *Gernhuber/Coester-Waltjen* § 57 Rn 15.
[17] MünchKommBGB/*Huber* Vor § 1626 Rn 26; *Gernhuber/Coester-Waltjen* § 5 Rn 41; aA *Beitzke* FamRZ 1958,
7, 9; *Bosch* FamRZ 1959, 379; *Soergel/Strätz* § 1626 aF Rn 5; *Erman/Michalski* Rn 14 ff.
[18] *Mielitz* S 68.
[19] OLG Frankfurt NJW 2007, 3580, 3581; *Palandt/Diederichsen* Rn 2; MünchKommBGB/*Huber* Rn 14.
[20] Bonner Kommentar/*Jestaedt* Art 6 Abs 2 und 3 GG Rn 277 ff; *Schwoerer* FamRZ 1958, 41; *Engler* FamRZ 1969,
63, 64; *Gernhuber/Coester-Waltjen* § 5 Rn 40.
[21] Bonner Kommentar/*Jestaedt* Art 6 Abs 2 und 3 GG Rn 104.
[22] BVerfGE 84, 168, 180; *v. Mangoldt/Klein/Starck/Robbers* Art 6 Abs 2 GG Rn 190; *Holzhauer* FamRZ 1982, 109,
113.

6.1 Der Schutzbereich von Art 6 Abs 2 GG reicht weiter als der des § 1626, weil er das Umgangsrecht[23] und weitere Rechte der Eltern auf anderen Gebieten als dem Bürgerlichen Recht (Kinder- und Jugendhilferecht, Jugendschutzrecht, Schul-, Berufsausbildungsrecht, Steuer-, Verfahrensrecht) umfasst[24]. Unterschiedlich ist auch der Kreis der Berechtigten: Art 6 Abs 2 GG weist jedem Elternteil eine unentziehbare Rechtsposition zu, den verheirateten Eltern, den Eltern, die nicht miteinander verheiratet sind[25], den Eltern, deren Sorge ruht oder entzogen wurde[26] sowie den Adoptiveltern[27]. Demgegenüber erlangen zB Eltern, die nicht miteinander verheiratet sind, nur unter den Voraussetzungen des § 1626 a Abs 1 das gemeinsame Sorgerecht.

II. Elterliche Sorge und Grundgesetz

7 **1. Elternrecht iS von Art 6 Abs 2 S 1 GG.** Nach Art 6 Abs 2 S 1 GG sind die Pflege und Erziehung der Kinder das natürliche Recht der Eltern. Dieses **grundrechtlich verbürgte Elternrecht** soll primär eine Freiheitssphäre der Eltern für die Kindererziehung gewährleisten, in der die Eltern frei von staatlichem Einfluss ihre Kinder nach eigenen Vorstellungen pflegen und erziehen können[28] und in die der Staat nur eingreifen darf, wenn es gesetzlich erlaubt ist. Das Grundrecht enthält also in erster Linie ein Abwehrrecht der Eltern gegen staatliche Maßnahmen[29]. Darüber hinaus ist es eine wertentscheidende Grundsatznorm[30], die bei Anwendung allen Rechts als verbindliche Richtlinie zu beachten ist[31], sowie eine Institutsgarantie[32] und ein Menschenrecht[33]. Mit der Umschreibung als **natürliches Recht der Eltern** trägt der Verfassungsgeber dem Umstand Rechnung, dass diejenigen, die einem Kind das Leben geben, von Natur aus bereit und berufen sind, die Verantwortung für seine Pflege und Erziehung zu übernehmen[34]. Das Elternrecht bedarf der gesetzlichen Ausgestaltung, denn die Pflege und Erziehung eines Kindes setzt rechtliche Befugnisse im Verhältnis zum Kind voraus[35].

8 **Träger des Elternrechts** sind die leiblichen Eltern[36] sowie die Adoptiveltern[37], wobei das Individualrecht jedem Elternteil zusteht[38], und der Vormund[39], nicht dagegen die Stiefeltern[40], die Pflegeeltern[41] und die Großeltern[42]. Diese Personen können sich allerdings auf Art 6 Abs 3 GG stützen, der Erziehungsberechtigten ein selbständiges Grundrecht verleiht[43].

8.1 Art 6 Abs 2 GG schützt auch den leiblichen, aber nicht rechtlichen Vater in seinem Interesse, rechtlicher Vater zu werden; ohne rechtliche Anerkennung ist er allerdings noch nicht Träger des Elternrechts[44].

9 Nach Art 6 Abs 2 S 1 GG sind **Pflege und Erziehung** des Kindes das natürliche **Recht** der Eltern und die zuvörderst ihnen obliegende **Pflicht.** Das Recht und die Pflicht sind unlöslich miteinander verbunden. Die Pflicht ist nicht eine das Recht begrenzende Schranke, sondern ein wesensbestimmender Bestandteil dieses „Elternrechts" (Pflichtrecht, dazu auch Rn 2). Das BVerfG spricht deshalb von „Elternverantwortung" (Rn 1)[45]. Die Freiheit der Eltern bei der Pflege und Erziehung ihres Kindes ist keine Freiheit iS einer Selbstbestimmung, sondern eine Freiheit zum Schutz des Kindes; oberste Richtschnur für die Ausübung des Elternrechts ist das Wohl des Kindes[46]. Das Elternrecht ist mithin ein **treuhänderisches oder fiduziarisches Recht**[47]. Die **Ausübung** elterlicher Befugnisse kann zwar **auf Dritte übertragen** werden; jedoch ist das **Elternrecht nicht disponibel,** wie sich schon aus dessen Pflichtbindung ergibt. Bezugspunkte der Elternverantwortung sind die **Pflege und Erziehung** des Kindes im umfassenden Sinn.

---

[23] BVerfGE 31, 194, 206.
[24] Bonner Kommentar/*Jestaedt* Art 6 Abs 2 und 3 GG Rn 278.
[25] BVerfGE 84, 168, 179; FamRZ 2003, 283, 287; 1995, 789, 792.
[26] BVerfGE 31, 194, 207.
[27] BVerfGE 24, 119, 150.
[28] BVerfGE 24, 119, 135, 138; FamRZ 2003, 296, 299; *Papier* NJW 2002, 2129.
[29] BVerfGE 4, 52, 57; BVerfG NJW 1999, 3623, 3624.
[30] BVerfGE 24, 119, 149 f; FamRZ 2004, 356.
[31] BVerfGE 2002, 601, 602; FamRZ 2004, 356; *Papier* NJW 2002, 2129, 2130; Bonner Kommentar/*Jestaedt* Art 6 Abs 2 und 3 GG Rn 10; *Ossenbühl* S 44.
[32] *Ossenbühl* S 43; *Papier* NJW 2002, 2129; Bonner Kommentar/*Jestaedt* Art 6 Abs 2 und 3 GG Rn 11.
[33] *Ossenbühl* S 47 f.
[34] BVerfGE 24, 119, 150; *v. Mangoldt/Klein/Starck/Robbers* Art 6 Abs 2 GG Rn 146.
[35] BVerfGE 84, 168, 179 f; 98, 218.
[36] BVerfGE 31, 194, 205; FamRZ 2002, 601, 603.
[37] BVerfGE 24, 119, 150.
[38] BVerfGE 47, 46, 76; 108, 82, 101 = FPR 2003, 471.
[39] BVerfG FamRZ 2004, 771, 772.
[40] *Drischmann* S 87 f.
[41] OVG Weimar NJW 2002, 3647, 3648; zur Möglichkeit der Pflegeeltern, sich auf Art 6 Abs 1 GG zu berufen BVerfGE 68, 176, 187; FamRZ 2005, 783, 784.
[42] BVerfGE 19, 323, 329; anders, wenn sie zum Vormund ihres Enkelkindes bestellt worden sind BVerfGE 34, 165, 200; BVerfG FamRZ 2004, 771, 772.
[43] BVerfGE 68, 176, 187; 79, 51, 60; BGH FamRZ 2000, 219; BayObLG NJW-FER 2000, 200, 201 für Pflegeeltern.
[44] BVerfGE 108, 82, 101 ff.
[45] BVerfGE 10, 59, 67; 24, 119, 143; 108, 82, 101.
[46] BVerfGE 61, 358, 372; NJW-RR 2004, 577.
[47] BVerfG FamRZ 2003, 296, 300; BVerfGE 84, 168, 180, 184; 56, 363, 384; *Ossenbühl* S 51; *Badura*, FS W. Lorenz, 2001, S 101, 103; *Moritz* ZfJ 2002, 105, 408; aA *Lüderitz* AcP 178 (1978), 263, 267: primär „eigennütziges" Recht; dagegen *Ossenbühl* S 53; krit *Jestaedt* DVBl 1997, 693, 697.

§ 1626

Das Elternrecht unterliegt der **Schranke des Art 2 Abs 1 GG,** wird also begrenzt durch die Rechte 10
anderer, die verfassungsmäßige Ordnung und das Sittengesetz[48]. Kollidieren kann das Elternrecht mit dem Grundrecht der Erziehungsberechtigten nach Art 6 Abs 3 GG (zB Pflegeeltern), mit dem Elternrecht des jeweils anderen Elternteils[49] sowie dem Elternrecht von Eltern anderer Kinder[50].

Umstritten ist, wie das **Spannungsverhältnis zwischen** den **Grundrechten des** eigenen **Kindes**[51] 11
und dem **Elternrecht** zu lösen ist[52]. Das BVerfG hat wiederholt betont, dass das Verhältnis des Elternrechts zum Persönlichkeitsrecht des Kindes durch die besondere Struktur des Elternrechts geprägt werde. Dieses sei im Wesentlichen ein Recht im Interesse des Kindes[53]. Dem entspreche es, dass mit abnehmender Pflege- und Erziehungsbedürftigkeit sowie zunehmender Selbstbestimmungsfähigkeit des Kindes die im Elternrecht wurzelnden Befugnisse zurückgedrängt werden, bis sie schließlich mit der Volljährigkeit erlöschen[54].

In der Lit wird zT darauf abgestellt, ob das Kind grundrechtsmündig[55], also fähig ist, Grundrechte selbst und damit 11.1
ggf auch gegen den Willen des gesetzlichen Vertreters auszuüben[56]. Diese Ansicht verkennt aber den besonderen Pflichtrechtscharakter des Elternrechts[57]. Dieses zielt darauf, dem Kind Hilfe und Schutz zu gewähren, um sich zu einer eigenverantwortlichen Persönlichkeit innerhalb der sozialen Gemeinschaft zu entwickeln[58]. Wenn die Eltern nach dem natürlichen Erziehungsauftrag aber auf die Entfaltung der Persönlichkeit des Kindes hinarbeiten, können die Erfolge einer solchen Persönlichkeitsentfaltung nicht als Gegenrechte formuliert werden[59]. Missachten die Eltern den Erziehungsauftrag, so wird das Elternrecht mit Hilfe des Staates beschränkt oder entzogen (§ 1666). Das Problem des „wachsenden Kindesrechts" und des „weichenden Elternrechts"[60] ist also keine Frage von Grundrechtskollisionen, sondern eine Frage der inhaltlichen Bindung und Begrenzung des elterlichen Erziehungsrechts[61].

Im Rahmen der Schulpflicht stößt das elterliche Erziehungsrecht auf den **Erziehungsauftrag des** 12
Staates (Art 7 Abs 1 GG). Der allgemeine Auftrag des Staates zur Bildung und Erziehung der Kinder in der Schule ist dem Elternrecht nicht nach-, sondern gleichgeordnet. Weder dem Elternrecht noch dem Auftrag des Staates kommt ein absoluter Vorrang zu[62]. Vielmehr sind das individualrechtliche Erziehungsrecht und der staatliche Erziehungsauftrag in der Schule nach dem Grundsatz der Herstellung praktischer Konkordanz mit dem Ziel aufeinander abzustimmen, die „eine" Persönlichkeit des Kindes zu bilden[63]. Der Staat muss deshalb in der Schule die Verantwortung der Eltern für den Gesamtplan der Erziehung ihrer Kinder achten und für die Vielfalt der Anschauungen in Erziehungsfragen so weit offen sein, wie es sich mit dem geordneten staatlichen Schulsystem verträgt[64]. Art 7 Abs 2 GG normiert das Recht der Erziehungsberechtigten, über die Teilnahme des Kindes am Religionsunterricht zu bestimmen.

2. Wächteramt des Staates (Art 6 Abs 2 S 2 GG). Der Staat hat darüber zu wachen, dass Pflege 13
und Erziehung des Kindes durch seine Eltern stattfinden, die Eltern also ihre Elternverantwortung wahrnehmen, und notfalls das Kind, das sich noch nicht selbst zu schützen vermag, davor zu bewahren, dass seine Entwicklung durch einen Missbrauch der elterlichen Rechte, eine Vernachlässigung oder durch unverschuldetes Versagen der Eltern oder ein Verhalten Dritter Schaden erleidet (§ 1666)[65]. Solange die Eltern ihr Pflichtrecht wahrnehmen, erschöpft sich die Garantenstellung des Staates für das Wohl des Kindes darin, den nach Art 6 Abs 2 S 1 GG verbürgten **Vorrang der Eltern** in Bezug auf Pflege und Erziehung des Kindes[66] mit den ihm zu Gebote stehenden Mitteln sicherzustellen[67]. Erst wenn die Eltern nicht willens und in der Lage sind, ihrer Elternverantwortung für das Wohl des Kindes nachzukommen, lebt die **Schutzpflicht des Staates** nach Art 6 Abs 2 S 2 GG auf[68]. Das staatliche

---

[48] BVerfG FamRZ 2003, 296, 299; *Gernhuber/Coester-Waltjen* § 5 Rn 47; aA Bonner Kommentar/*Jestaedt* Art 6 Abs 2 GG und 3 Rn 166.
[49] BVerfGE 31, 194, 204 ff, 208 f.
[50] Bonner Kommentar/*Jestaedt* Art 6 Abs 2 GG und 3 Rn 167.
[51] BVerfGE 24, 119, 144; 75, 201, 218 f zu Art 1 Abs 1 und Art 2 Abs 1 GG; NJW 2003, 3262, 3263: Verhältnis des Kindes zu Dritten.
[52] Bonner Kommentar/*Jestaedt* Art 6 Abs 2 und 3 GG Rn 132 mwN; *Roth* S 125 ff.
[53] BVerfG FamRZ 2001, 306, 308.
[54] BVerfGE 59, 360, 382; 80, 81, 82.
[55] *Krüger* FamRZ 1956, 329, 330 ff; *Reuter* AcP 192 (1992), 108, 119 ff; zum Meinungsstand *Roth* S 63 ff; *Reuter* S 19 ff; *Moritz* S 62 ff.
[56] *Stern* Staatsrecht S 1064 ff.
[57] *Diederichsen* FamRZ 1978, 461, 462.
[58] BVerfGE 24, 119, 144.
[59] *Diederichsen* FamRZ 1978, 461, 462 spricht vom „Mythos von der Grundrechtsmündigkeit"; abl auch *Ossenbühl* FamRZ 1977, 533 f; *ders* S 54.
[60] *Becker* RdJB 1970, 364 ff.
[61] *Ossenbühl* S 55; *Schmitt-Glaeser* DÖV 1978, 629, 633 f; *Diederichsen* FamRZ 1978, 461, 462; *v. Münch/Kunig/Coester-Waltjen* Art 6 GG Rn 81; *Fegeler* S 75.
[62] BVerfGE 34, 165, 183; JZ 1978, 305, 308; NJW 1998, 2515, 2518.
[63] BVerfGE 34, 165, 183 betr Hessische Förderstufe; 59, 360, 381 betr Schweigepflicht von Schülerberatern; s auch 52, 223, 235 ff betr Schulgebet; JZ 1978, 307 betr Sexualerziehung in der Schule; BVerfG NJW 1998, 2515, 2518 betr Rechtschreibreform.
[64] BVerfGE 34, 165, 183; JZ 1978, 305, 307; NJW 1998, 2515, 2518.
[65] BVerfGE 24, 119, 144; 60, 79, 88.
[66] BVerfG FamRZ 2003, 296, 299.
[67] OLG Hamburg JAmt 2001, 195, 197; BlnVerfGH NJW 2001, 3181 f.
[68] Bonner Kommentar/*Jestaedt* Art 6 Abs 2 und 3 GG Rn 173; *v. Mangoldt/Klein/Starck/Robbers* Art 6 Abs 2 GG Rn 243.

§ 1626
Buch 4. Abschnitt 2. Verwandtschaft

Wächteramt ist also **subsidiär** zum Elternrecht[69]. Der Staat darf nur auf Grund gesetzlicher Grundlage tätig werden[70]. Richtpunkt für den staatlichen Schutzauftrag nach Art 6 Abs 2 S 2 GG bildet das Kindeswohl[71]. Zudem ist der Grundsatz der Verhältnismäßigkeit zu beachten[72].

14 Gegen den Willen der Erziehungsberechtigten dürfen Kinder nur auf Grund eines Gesetzes von der Familie getrennt werden, wenn die Erziehungsberechtigten versagen oder wenn die Kinder aus anderen Gründen zu verwahrlosen drohen **(Art 6 Abs 3 GG)**. Voraussetzung ist ein elterliches Fehlverhalten von einem solchen Ausmaß, dass das Kind bei einem Verbleiben in der Familie in seinem körperlichen, geistigen oder seelischen Wohl nachhaltig gefährdet ist[73].

III. Persönlicher Anwendungsbereich der elterlichen Sorge

15 Die §§ 1626 ff regeln die elterliche Sorge für **Kinder** unabhängig davon, ob ihre Eltern miteinander verheiratet sind oder nicht. Die durch das KindRG neugefasste Regelung in § 1626 Abs 1 S 1 (vom 16. 12. 1997, BGBl I S 2942) hat die Begriffe „Vater und Mutter" durch den Begriff der **Eltern** ersetzt. Inhaltlich ändert sich dadurch nichts gegenüber der alten Fassung. Die Änderung sollte lediglich die Gemeinsamkeit der Sorge verdeutlichen[74]. Erfasst werden Mutter und Vater iS von §§ 1591 ff sowie die Adoptiveltern (§ 1754). Pflege- und Stiefeltern können nur einzelne Sorgebefugnisse erlangen (§§ 1630 Abs 3, 1687 b, 1688). Die sorgerechtlichen Befugnisse eingetragener Lebenspartner ergeben sich aus § 9 LPartG.

IV. Dauer der elterlichen Sorge

16 1. **Entstehung der gemeinsamen elterlichen Sorge.** Sind die **Eltern** bei der Geburt des gemeinschaftlichen Kindes miteinander **verheiratet,** so steht ihnen die gemeinsame Sorge ab **Vollendung der Geburt** zu.

16.1 Dieses Grundprinzip wird an keiner Stelle ausdrücklich geregelt. Vielmehr bestimmt der Gesetzgeber nur, unter welchen Voraussetzungen nicht miteinander verheiratete Eltern die elterliche Sorge erlangen können (§ 1626 a Abs 1). Das Grundprinzip lässt sich deshalb nur mittelbar der Regelung des § 1626 a Abs 1 HS 1 entnehmen[75].

17 Sind die **Eltern** bei der Geburt des Kindes **nicht miteinander verheiratet,** so erlangen sie die gemeinsame elterliche Sorge nur, wenn sie Sorgeerklärungen abgeben (§ 1626 a Abs 1 Nr 1) oder einander heiraten (§ 1626 a Abs 1 Nr 2). Andernfalls steht die elterliche Sorge allein der Mutter zu (§ 1626 a Abs 2).

17.1 Werden vorgeburtliche Sorgeerklärungen abgegeben (§ 1626 b Abs 2), erlangen die Eltern die gemeinsame Sorge mit der Geburt des Kindes. Werden die Sorgeerklärungen nach der Geburt abgegeben, so tritt mit deren Wirksamwerden die gemeinsame Sorge an die Stelle der elterlichen Sorge der Mutter (§ 1626 a Abs 2). Wären die Sorgeerklärungen nach § 1626 a Abs 1 Nr 1 nur die Konkretisierung eines kraft Gesetzes bestehenden personenrechtlichen Status[76], so würde in beiden Fällen die gemeinsame Sorge mit der Geburt beginnen. Gegen eine damit verbundene Rückwirkung im zweiten Fall spricht allerdings der Inhalt der Sorgeerklärungen. Mit ihnen bringen die Eltern den Willen zum Ausdruck, die elterliche Sorge „künftig gemeinsam innehaben zu wollen"[77]. Diese Sichtweise entspricht auch dem Elternrecht aus Art 6 Abs 2 S 1 GG, das zwei Personen das Elternrecht zuordnet, mit der damit verbundenen gemeinsamen Ausübung des Rechts auf Pflege und Erziehung des Kindes ein Mindestmaß an Übereinstimmung zwischen den Eltern und eine soziale Beziehung jedes Elternteils zu dem Kind voraussetzt[78]. Da diese Gemeinsamkeit zur Zeit der Geburt noch nicht vorliegt, können nach der Geburt abgegebene Sorgeerklärungen auch keine Rückwirkung haben. Sie können nur darauf zielen, das Sorgerechtsverhältnis für die Zukunft in dem Sinn zu verändern, dass sich die eingetretene alleinige Sorge der Mutter in eine gemeinsame Sorge beider Elternteile verwandelt[79].

18 Eine **Vorwirkung** der elterlichen Sorge ist in § 1912 Abs 2 enthalten (s Erl dort).

19 2. **Ende der elterlichen Sorge.** Gründe in der **Person des Kindes,** die zum Ende der elterlichen Sorge führen, sind die Volljährigkeit (§ 2) sowie der Tod des Kindes (§ 1698 b). § 1698 a gibt den Eltern das Recht, auch nach Beendigung der elterlichen Sorge die mit der Personen- und Vermögenssorge verbundenen Geschäfte fortzuführen, bis sie von der Beendigung der elterlichen Sorge Kenntnis erlangen oder sie kennen müssen. Mit der Eheschließung des minderjährigen Kindes tritt eine Beschränkung der Personensorge ein (§ 1633). Dies wird mit Einschränkungen auch schon bei einer Verlobung angenommen[80].

19.1 Beim Tod des Kindes haben die Eltern eine Geschäftsbesorgungsbefugnis und Vertretungsmacht für den Erben (§ 1698 b) sowie ein Totensorgerecht (§ 1631 Rn 14)[81].

---

[69] BVerfGE 10, 59, 84; 56, 363, 385.
[70] OLG Brandenburg FamRZ 2000, 1033, 1034.
[71] BVerfGE 34, 165, 184; FamRZ 1999, 641, 642.
[72] BVerfGE 24, 119, 145; FamRZ 1994, 223, 224.
[73] BVerfGE 60, 79, 91.
[74] BT-Drucks 13/4899 S 93.
[75] *Schwab/Wagenitz* FamRZ 1997, 1377, 1379 sprechen von „§ 1626 a Abs 1 vor Nr 1, 2". *Diederichsen* NJW 1998, 1977, 1990 f sieht in den Formulierungen des Gesetzgebers „sprachliche Verrenkungen", die „eine Schande für einen bürgerlichen Rechtsstaat" seien. Forderungen de lege ferenda erheben *Diederichsen* NJW 1998, 1977, 1990 und *Schumann* S 327.
[76] *Lipp* FamRZ 1998, 65, 71.
[77] BT-Drucks 13/4899 S 93.
[78] BVerfG NJW 1995, 2155, 2156; FamRZ 2003, 285, 287.
[79] *Schwab* DNotZ 1998, 437, 453.
[80] OLG Saarbrücken FamRZ 1970, 319, 321; *Palandt/Diederichsen* Rn 26.
[81] AG Berlin-Schöneberg FamRZ 1979, 633 f; LG Paderborn FamRZ 1981, 700 f; *Gernhuber/Coester-Waltjen* § 57 Rn 14; *Palandt/Edenhofer* Vor § 1922 Rn 9.

Elterliche Sorge, Grundsätze § 1626

Gründe in der **Person eines Elternteils oder beider Eltern,** die ebenfalls zum Ende der elterlichen 20 Sorge eines Elternteils/beider Eltern führen, sind der Tod (§ 1680), die Todeserklärung sowie die Feststellung des Todeszeitpunkts (§§ 1677, 1681), die Entziehung der elterlichen Sorge nach den §§ 1666, 1666a, die Annahme des Kindes durch einen Dritten (§ 1755) sowie eine Entscheidung des Gerichts nach den §§ 1671, 1672, 1696. Eine Beschränkung oder Entziehung der elterlichen Sorge kann sich auf die gesamte elterliche Sorge oder einzelne Teile beziehen. Ruht die elterliche Sorge eines Elternteils (§§ 1673–1675), so ist dieser nicht berechtigt, sie auszuüben (§ 1675). Die Auswirkungen der tatsächlichen Verhinderung eines Elternteils, des Ruhens seiner elterlichen Sorge, seines Todes, einer Todeserklärung, der Feststellung der Todeszeit oder einer Entziehung seiner elterlichen Sorge auf die sorgerechtliche Position des anderen Elternteils bestimmen sich nach den §§ 1678, 1680f. Das Wiedererlangen der elterlichen Sorge durch den (die) von der elterlichen Sorge ausgeschlossenen Elternteil (Eltern) setzt eine gerichtliche Entscheidung voraus (§§ 1696 Abs 1 und 2, 1681 Abs 2, 1764 Abs 4). In den Fällen des § 1626a Abs 1 verliert die Kindesmutter ihre Alleinsorge. Die Anordnung einer Betreuung bei einem (beiden) Elternteil (Eltern) hat keine Auswirkungen auf die elterliche Sorge (näher § 1630 Rn 10.1, § 1671 Rn 38, § 1673 Rn 5). Sind **keine Eltern** vorhanden, erhält das Kind einen Vormund (§ 1773 Abs 1).

V. Inhalt der elterlichen Sorge (Abs 1 S 2)

Die elterliche Sorge umfasst die Personensorge (§§ 1631 ff) sowie die Vermögenssorge (§§ 1638 ff). 21

1. Personensorge (§§ 1631 bis 1633). a) Umfang. Zur Personensorge gehören beispielsweise die 22 Geburtsanzeige (§ 17 PStG), die Bestimmung des Vornamens[82], des Geburtsnamens des Kindes (§§ 1616ff; §§ 16, 21, 22 PStG)[83], die Begründung sowie Aufhebung seines Wohnsitzes (§ 11), die Pflege, Erziehung, Beaufsichtigung des Kindes sowie die Aufenthaltsbestimmung (§ 1631), ua die Anwendung positiver Erziehungsmittel (arg § 1631 Abs 2), die religiöse Erziehung (§ 1631 Rn 4)[84], die Anmeldung des Kindes zur Schule, die Überwachung seines Schulbesuchs, die Auswahl einer der Eignung und Neigung des Kindes entsprechenden Schul-/Berufsausbildung (§ 1631a), die Beteiligung in Jugendstrafverfahren[85], der Schutz des Kindes vor sexueller Belästigung[86], der Anspruch auf Herausgabe des Kindes bei widerrechtlicher Vorenthaltung (§ 1632 Abs 1), die Bestimmung des Umgangs des Kindes mit Dritten (§ 1632 Abs 2), der Umgang mit dem Kind (§§ 1626 Abs 3 S 1, 1684) sowie die Zustimmung zur Vaterschaftsanerkennung nach § 1596 Abs 1 S 2. Zur Personensorge gehören weiter die Einwilligung in die Annahme als Kind (§§ 1746 Abs 1 S 2, 1747ff, 1762 Abs 1 S 2, 1768 Abs 2), die Zustimmung zur Eheschließung (§ 1303 Abs 3) sowie die Entscheidung über Bestattungsart, Bestattungsort sowie Gestaltung der Grabstätte[87].

Zur Personensorge zählt auch die **Einwilligung in ärztliche Eingriffe**, soweit der/die Minder- 23 jährige nach seiner/ihrer geistigen und sittlichen Reife die Bedeutung des Eingriffs und seiner Gestattung nicht zu ermessen vermag[88]. Zu den einwilligungspflichtigen Maßnahmen gehören etwa eine Organentnahme nach dem TPG[89], die Beendigung lebenserhaltender Maßnahmen[90], Untersuchungen zur Feststellung der Abstammung oder Entnahme von Blutproben (§ 81c StPO, § 372a ZPO)[91], die Durchführung eines Neugeborenenscreenings[92] sowie die Untersuchung von Körpermaterial des Kindes für eine DNA-Analyse[93].

Die Befugnis der Eltern umfasst nicht zwangsläufig die Befugnis, erforderliche Maßnahmen (zB Einnahme eines 23.1 Verhütungsmittels durch die Minderjährige) zwangsweise gegen den Minderjährigen durchzusetzen (arg § 1631 Abs 2)[94].

Umstritten ist, nach welchen Kriterien sich die Einsichtsfähigkeit des Minderjährigen richtet[95]. Ist der/die Minder- 23.2 jährige einwilligungsfähig, kommt es auf seine/ihre Einwilligung an; umstritten ist, ob es daneben noch der Einwilligung der Eltern bedarf[96]. Gegen ein Einwilligungs- oder Vetorecht der Eltern spricht in diesem Fall der Pflichtrechtscharakter ihres Sorgerechts (Rn 2, 11.1).

---

[82] BVerfG FamRZ 2005, 2049, 2050; FamRZ 2004, 522; FamRZ 2002, 306, 308; OLG Celle OLGR 2005, 31; OLG Hamm StAZ 2005, 75; StAZ 2005, 139; StAZ 2004, 75; OLG Schleswig StAZ 2003, 334, 335.
[83] BVerfG FamRZ 2002, 306, 308; BayObLG FamRZ 2004, 1227, 1229.
[84] Gesetz über die religiöse Kindererziehung vom 15. 3. 1921, RGBl S 939, 1263.
[85] BVerfG NJW 2003, 2004.
[86] BGH FamRZ 1984, 883 f.
[87] AG Biedenkopf FamRZ 1999, 736.
[88] BGHZ 29, 33, 36f; *Bernard* S 99ff; *Kern* NJW 1994, 753, 755 f; RGRK/*Wenz* § 1626 aF Rn 20; *Staudinger/Peschel-Gutzeit* Rn 58, 89 f; MünchKommBGB/*Huber* Rn 41 f.
[89] *Walter* FamRZ 1998, 201.
[90] OLG Hamm JAmt 2007, 443 ff = FamRZ 2007, 2098 ff = NJW 2007, 2704 f m Anm *Balloff,* dazu auch BVerfG FamRZ 2007, 2046 f m Anm *Spickhoff;* OLG Braunschweig DAVorm 2000, 345 zur Notwendigkeit einer familiengerichtlichen Genehmigung.
[91] BGH FamRZ 1959, 160, 161; zu § 372a ZPO OLG Karlsruhe FamRZ 1998, 563 f; OLG Naumburg DAVorm 2000, 495.
[92] *Höfling/Dohmen* MedR 2005, 328, 330 f.
[93] *Rittner/Rittner* NJW 2002, 1745, 1748.
[94] DIJuF-Rechtsgutachten JAmt 2006, 302, 303 für den Vormund.
[95] *Spickhoff* NJW 2000, 2297, 2299 mwN; *V. Lipp* S 84 ff: Reifegrad eines 14jährigen.
[96] Dafür BGH NJW 1991, 2344, 2345; MünchKommBGB/*Gitter* Vor § 104 Rn 88 f; *Palandt/Heinrichs/Ellenberger* Vor § 104 Rn 8; *Pawlowski* JZ 2003, 66, 71; dagegen *Belling* FuR 1990, 68, 76 f; *Kern* NJW 1994, 753, 755 f;

23.3   Sonderprobleme bilden die Einwilligung in Bluttransfusionen bei Kindern, deren Eltern Zeugen Jehovas sind[97], die medizinische Forschung mit Minderjährigen[98] sowie die Einwilligung in ärztliche Eingriffe durch minderjährige Mütter (§ 1673 Rn 3).

24   Die Einwilligung in einen **Schwangerschaftsabbruch**[99] bestimmt sich grds nach denselben Kriterien wie die Einwilligung in ärztliche Eingriffe.

24.1   Soweit eine Minderjährige die geistige und sittliche Reife besitzt, Bedeutung und Tragweite der ärztlichen Maßnahme einzusehen, bedarf der Schwangerschaftsabbruch nur ihrer Zustimmung, nicht der des gesetzlichen Vertreters[100]. Die Frage der Einwilligungsfähigkeit ist jeweils im Einzelfall zu entscheiden[101].

24.2   Ist die Zustimmung des gesetzlichen Vertreters in den Schwangerschaftsabbruch erforderlich, so kann die Verweigerung einen Sorgerechtsmissbrauch enthalten, der zur Ersetzung der Zustimmung durch das Familiengericht nach § 1666 Abs 3 führt[102]. Wann im Einzelfall eine Kindeswohlgefährdung iS von § 1666 vorliegt, bedarf einer Abwägung zwischen dem Abtreibungswunsch der Minderjährigen (Art 2 Abs 1 GG), den Bemühungen der Eltern um das künftige Wohl ihrer Tochter (Art 6 Abs 2 S 1 GG) sowie den Interessen des ungeborenen Kindes aus Art 1 Abs 1 GG[103]. Ein Sorgerechtsmissbrauch liegt idR nicht vor, wenn die Eltern ihre Zustimmung zu einem strafbaren Schwangerschaftsabbruch verweigern[104]. Das Gleiche wird man aber auch im Fall eines straffreien, aber unzulässigen Schwangerschaftsabbruchs nach § 218a Abs 1 StGB[105] annehmen müssen[106]; allerdings kann die Kindeswohlgefährdung dann in der Weigerung der Eltern liegen, ihrer Tochter die nötige und mögliche Unterstützung in seelischer, materieller und organisatorischer Hinsicht zu leisten[107]. Ein Sorgerechtsmissbrauch liegt idR auch vor, wenn die Eltern die Zustimmung zu einem nicht rechtswidrigen Schwangerschaftsabbruch nach § 218a Abs 2 oder 3 StGB verweigern[108], es sei denn, sie können die Konfliktlage der Tochter durch Hilfsmaßnahmen wesentlich entschärfen[109]. Rechtsmissbräuchlich handeln die Eltern regelmäßig auch im umgekehrten Fall, wenn die minderjährige Schwangere das Kind austragen will, sie dagegen zur Abtreibung drängen[110].

25   Von der Einwilligung in die ärztliche Behandlungsmaßnahme ist der Abschluss des **ärztlichen Behandlungsvertrags** zu unterscheiden[111]. Diesen schließen die Eltern idR im eigenen Namen ab; das Kind wird nach § 328 aus diesem Vertrag berechtigt[112]. Schließt dagegen das Kind den Vertrag ab, bedarf er zur Wirksamkeit der Zustimmung des gesetzlichen Vertreters (§ 107)[113].

25.1   Die Unterscheidung zwischen Behandlungsvertrag und Einwilligung in die Operation führt dazu, dass die wirksame Einwilligung des Kindes, das die Operation wünscht, ohne Wirkung bleibt, wenn die Eltern den Abschluss des Behandlungsvertrags verweigern, es sei denn, die Zustimmung der Eltern wird nach § 1666 Abs 3 ersetzt.

25.2   Eine gewisse Selbständigkeit erreichen lediglich die Jugendlichen, die in der gesetzlichen Krankenversicherung versichert sind und ab Vollendung des 15. Lebensjahres selbst Anträge auf Sozialleistungen (wie zB Krankenhausbehandlung nach § 21 Abs 1 Nr 2 lit d SGB I) stellen können (§ 36 Abs 1 SGB I)[114]. Sie haben auch einen Anspruch auf Übernahme der Beratungskosten im Fall eines Abbruchs der Schwangerschaft nach § 218 a Abs 1 StGB[115]. Im Fall eines nicht rechtswidrigen Schwangerschaftsabbruchs nach § 218 a Abs 2 StGB werden die Kosten vor und nach dem

---

MünchKommBGB/*Huber* Rn 42; *Dölitzsch* S 129 f, 287 ff; für einen Einwilligungsvorbehalt in Ausnahmefällen *Taupitz* Gutachten A 66; für eine zusätzliche Beteiligung der Eltern *Spickhoff* NJW 2000, 2297, 2299 f; zum Vetorecht des Minderjährigen gegen eine Einwilligung der gesetzlichen Vertreter BGH NJW 2007, 217 ff.

[97] *Bender* MedR 1999, 260, 265.
[98] *Taupitz* JZ 2003, 109.
[99] *Bernard* S 110 ff, 117 ff; *Link* S 83 ff; *Reiserer* FamRZ 1991, 1136; *Belling/Eberl* FuR 1995, 287; *Scherer* FamRZ 1997, 589 ff; *dies* FamRZ 1998, 11; *Siedhoff* FamRZ 1998, 8; *Moritz* ZfJ 1999, 92; *Staudinger/Coester* § 1666 Rn 101 ff.
[100] LG München FamRZ 1979, 850, 851; AG Schlüchtern FamRZ 1998, 968, 969. Das LG Berlin FamRZ 1980, 285 verneinte im konkreten Fall [17jährige Schwangere] die Einsichtsfähigkeit des Kindes. Das OLG Hamm NJW 1998, 3424 f verlangt in jedem Fall noch die Zustimmung des gesetzlichen Vertreters; zust *Palandt/Diederichsen* Rn 12; MünchKommBGB/*Olzen* § 1666 Rn 70; anders *Schlund* JR 1999, 334 f; *Moritz* ZfJ 1999, 92, 96; *Schwerdtner* NJW 1999, 1525; für eine ausschließliche Entscheidungsmacht der Schwangeren unabhängig vom Alter bei legalem Schwangerschaftsabbruch *Coester-Waltjen* ua, Neues elterliches Sorgerecht, S 14, 37.
[101] AG Schlüchtern FamRZ 1998, 968, 969; iE *Belling/Eberl* FuR 1995, 291 ff; aA – generalisierender Maßstab – OLG Naumburg FamRZ 2004, 1806; AG Celle FamRZ 1987, 738, 739 m zust Anm *Geiger* FamRZ 1987, 1177; abl Anm *Vennemann* FamRZ 1987, 1069; abl auch *Staudinger/Peschel-Gutzeit* Rn 101.
[102] OLG Hamm NJW 1998, 3424 f; AG Neunkirchen FamRZ 1988, 876; aA OLG Naumburg FamRZ 2004, 1806.
[103] LG Berlin FamRZ 1980, 285; *Siedhoff* FamRZ 1998, 8, 11; aA *Scherer* FamRZ 1997, 589, 592 f; *dies* FamRZ 1998, 11 f.
[104] LG Köln FamRZ 1987, 207; AG Celle NJW 1987, 2307, 2308 f; *Staudinger/Coester* § 1666 Rn 103.
[105] BVerfGE 88, 203, 273 ff.
[106] LG Hamm NJW 1998, 3424, 3425.
[107] OLG Naumburg FamRZ 2004, 1806, 1807; *Staudinger/Coester* § 1666 Rn 103; *Moritz* ZfJ 1999, 92, 98.
[108] LG Berlin FamRZ 1980, 285; *Moritz* ZfJ 1999, 92, 98; *Scherer* FamRZ 1997, 589, 593; *Staudinger/Coester* § 1666 Rn 103.
[109] *Staudinger/Coester* § 1666 Rn 103.
[110] AG Dorsten DAVorm 1978, 131 ff; *Scherer* FamRZ 1997, 589, 592 f; *dies* FamRZ 1998, 11; *Siedhoff* FamRZ 1998, 8; *Moritz* ZfJ 1999, 92, 99; *Belling/Eberl* FuR 1995, 287, 293; MünchKommBGB/*Huber* Rn 48.
[111] LG München FamRZ 1979, 850, 851; LG Berlin FamRZ 1980, 285, 286.
[112] RGZ 152, 175, 176 f; BGH VersR 1955, 279, 280; AG Saarbrücken FamRZ 2005, 797, 798, dort auch zum Anspruch auf Einsicht in die Behandlungsakte; MünchKommBGB/*Huber* Rn 46.
[113] BGHZ 29, 33, 37; diff *Moritz* ZfJ 1999, 92, 95; *Taupitz* Gutachten A 66; weitergehend *Coester-Waltjen* ua, Neues elterliches Sorgerecht, S 39.
[114] *Gernhuber/Coester-Waltjen* § 57 Rn 80; MünchKommBGB/*Olzen* § 1666 Rn 72; *Coester* FamRZ 1985, 982.
[115] § 1 SchKG vom 27. 7. 1992, BGBl I S 1398, idF vom 21. 8. 1995, BGBl I S 1050.

Elterliche Sorge, Grundsätze § 1626

Abbruch sowie für den Abbruch selbst nach § 24 b SGB V von der zuständigen Krankenkasse übernommen[116]; damit relativiert sich die Bedeutung des Behandlungsvertrags zum Abbruch einer Schwangerschaft von über 15jährigen als Mittel zur Durchsetzung des Elterneinflusses.

b) Vertretung in Angelegenheiten der Personensorge. Von Akten der Personensorge ist die **rechtsgeschäftliche Vertretung** zu unterscheiden (vgl §§ 1633, 1673 Abs 2 S 2, § 3 Abs 1 RelKErzG)[117]. Soweit die Eltern Zustimmungen zu rechtsgeschäftlichen oder rechtsgeschäftsähnlichen Handlungen des Kindes erteilen, fallen diese nicht unter § 1629, sondern unter § 1626 (§ 1629 Rn 4). Eine Vertretung in Angelegenheiten der Personensorge liegt zB vor, wenn ein Antrag auf Entlassung aus der Staatsangehörigkeit nach den §§ 3, 19 StAG[118] oder ein Strafantrag nach den §§ 77 Abs 3, 77 d Abs 2 StGB gestellt wird[119]. Das Gleiche gilt für die Ausübung eines Zeugnisverweigerungsrechts in einem zivil-, straf-, verwaltungs-, arbeits-, sozial- und finanzgerichtlichen Verfahren (§§ 383 ff ZPO; 52 ff StPO; 173 S 1 VwGO, § 46 Abs 2 S 1 ArbGG, § 118 Abs 1 S 1 SGG mit jeweiliger Bezugnahme auf § 383 Abs 1 Nr 3 ZPO; § 84 Abs 1 FGO; §§ 101 Abs 1, 103 S 1, 15 AO 1977), soweit dem Kind die Verstandesreife für die Einschätzung der Bedeutung des Zeugnisverweigerungsrechts noch fehlt (§ 1629 Rn 8)[120]. 26

Eine Vertretung in Personensorgeangelegenheiten liegt auch dann vor, wenn die Eltern (ein Elternteil) das Kind in **Rechtsstreitigkeiten** über Personensorgeangelegenheiten vertreten/vertritt (vgl §§ 1629 Abs 2 S 2, Abs 3)[121]. 27

Ausnahmen sehen § 607 ZPO für Ehesachen und § 640 b S 1 HS 1 ZPO für Anfechtungsklagen des minderjährigen Vaters oder der minderjährigen Mutter (§ 1600 a Abs 2 S 2) vor. Ausgenommen sind weiter Prozesse, die das Erwerbsgeschäft, das Arbeits- oder Dienstverhältnis betreffen; im Umfang der Ermächtigung nach den §§ 112, 113 ist der Minderjährige unbeschränkt geschäftsfähig und damit auch prozessfähig (§ 52 ZPO)[122]. Sind die Eltern vertretungsberechtigt und haben sie ein Rechtsmittel eingelegt, so können sie es auch nur einverständlich wieder zurücknehmen. Nimmt nur einer das Rechtsmittel zurück, bleibt das Verfahren in der Rechtsmittelinstanz anhängig und ist sachlich zu entscheiden[123]. Zur Vertretung in Personensorgeangelegenheiten gehört auch die Anfechtung der Vaterschaft nach § 1600 a Abs 3. 27.1

2. Vermögenssorge (§§ 1638 ff). a) Vermögen des Kindes. Unter die Vermögensverwaltung der Eltern fällt grds das gesamte Vermögen des Kindes wie Grundstücke, Wertpapiere, Renten[124], die Einkünfte aus diesem Vermögen, die Einnahmen, die das Kind durch seine Arbeit oder einen ihm nach § 112 gestatteten selbständigen Betrieb eines Erwerbsgeschäfts erzielt (vgl § 1649 Abs 1). Diese Einnahmen unterliegen allerdings dann nicht der Vermögenssorge der Eltern, sondern der Verwaltung durch das Kind, wenn sich die Zustimmung der Eltern nach § 112 auf die Entnahme von Einkünften für das selbständige Erwerbsgeschäft erstreckt[125]. Das Gleiche gilt für Arbeitseinkünfte, wenn die Zustimmung zur Eingehung eines Arbeits- oder Dienstverhältnisses nicht nur die Eröffnung eines Gehaltskontos, sondern auch die Verfügung hierüber erfasst[126]. Verwaltungsfrei sind weiter das von § 1638 erfasste Vermögen sowie die Mittel, die dem Kind nach § 110 zur Verfügung gestellt werden. 28

b) Handlungen der Vermögenssorge. Die Vermögenssorge umfasst alle tatsächlichen und rechtlichen Maßnahmen, die darauf gerichtet sind, das Kindesvermögen zu erhalten, zu verwerten und zu vermehren[127]. Dazu gehört die Inbesitznahme von Vermögensgegenständen (arg § 1698 Abs 1), wodurch ein gesetzliches Besitzmittlungsverhältnis zwischen Eltern und Kind entsteht, das auch für eine Übereignung nach §§ 929, 930 genügt[128]. Sie umfasst weiter die Anfertigung eines Vermögensverzeichnisses (§§ 1640, 1683), das Anlegen des Geldes nach den Grundsätzen einer wirtschaftlichen Vermögensverwaltung (§ 1642), die Verwendung der Einkünfte des Kindesvermögens nach § 1649 sowie die Rechenschaft über die Verwaltung (§ 1698). Zur Erhaltung des Vermögens gehört die Vermeidung von Schulden[129], im Einzelfall auch der Abschluss einer Haftpflichtversicherung[130]. Im rechtsgeschäftlichen Bereich können die Eltern im Namen des Kindes (§ 1629) oder im eigenen Namen tätig werden. Letzteres kommt vor allem bei Anschaffungen für den persönlichen Kindesbedarf in Betracht. Dagegen handeln die Eltern bei einer Verfügung über einen Gegenstand des Kindesvermögens oder bei der Geltendmachung von Rechten des Kindes idR im Namen des Kindes (§ 1629 Abs 2 S 2, Abs 3 S 1). Die Vertretungsmacht der Eltern unterliegt zahlreichen **Einschränkungen** 29

---

[116] *Moritz* ZfJ 1999, 92, 94.
[117] Abgrenzungsprobleme dargestellt bei *Staudinger/Peschel-Gutzeit* Rn 60 ff.
[118] Gesetz vom 22. 7. 1913, RGBl S 583, zuletzt geändert durch Gesetz vom 15. 7. 1999, BGBl I S 1618; dazu BayObLG FamRZ 1976, 161; KG FamRZ 1980, 625.
[119] BGH FamRZ 1960, 197; *Kohlhaas* NJW 1960, 1.
[120] OLG Stuttgart NJW 1971, 2237 f; *Palandt/Diederichsen* Rn 16; MünchKommBGB/*Huber* Rn 50.
[121] *Palandt/Diederichsen* Rn 16; *Erman/Michalski* Rn 16.
[122] *Thomas/Putzo* § 52 ZPO Rn 2.
[123] *Palandt/Diederichsen* 59. Aufl 2000, Rn 17; anders OVG Münster FamRZ 1975, 44.
[124] OLG Hamm FamRZ 1974, 31, 32.
[125] KGJ 37, 39, 43; MünchKommBGB/*Huber* Rn 56.
[126] BGH NJW 1962, 1056 f.
[127] KGJ 47, 39, 40.
[128] BGH NJW 1989, 2542, 2544.
[129] *Palandt/Diederichsen* Rn 20.
[130] BGHZ 77, 224, 228 für den Vormund; weitergehend *Peters* FamRZ 1997, 595, 598 ff; *Malik* S 185; dagegen *Müller* Jb Junger ZivR Wiss 1999, 211, 212 f.

§ 1626

(§§ 1629 Abs 2, 1795, 1796, 1638 bis 1649). Endet oder ruht die elterliche Sorge, haben die Eltern dem Kind das Vermögen herauszugeben (§ 1698 Abs 1).

VI. Gesetzgeberische Vorgaben für die Pflege und Erziehung des Kindes (Abs 2)

30 Abs 2 verpflichtet die Eltern[131], bei der Pflege und Erziehung die wachsende Fähigkeit und das wachsende Bedürfnis des Kindes zu selbständigem verantwortungsbewusstem Handeln zu berücksichtigen. Die Norm gibt damit das gesetzliche Leitbild[132] eines partnerschaftlichen **Erziehungsstils** wieder[133] und trägt dem Gedanken Rechnung, dass die elterliche Sorge ein auf die Selbständigkeit des Kindes abzielendes Recht, also auf die eigene Aufhebung angelegt ist[134]. Mit zunehmender Selbstbestimmungs- und Selbstverantwortungsfähigkeit des Kindes nehmen Pflege- und Erziehungsbedürftigkeit des Kindes ab und die im Elternrecht wurzelnden Befugnisse der Eltern werden zurückgedrängt[135]. Damit umschreibt Abs 2 zugleich das **Erziehungsziel,** das Kind zu einem selbstverantwortlichen und selbstständigen Menschen zu erziehen[136]. Abs 2 spielt bei jenen Verfahren eine Rolle, bei denen das Familiengericht eine Entscheidung nach dem Kindeswohl zu treffen hat (zB bei Entscheidungen nach §§ 1671, 1684 Abs 3, Abs 4, 1666)[137]. Die Norm hat ihre verfahrensrechtliche Ergänzung in § 50 b FGG[138].

30.1 Der Entwicklung des Kindes zu einer selbstbestimmten und selbstverantwortlichen Persönlichkeit trägt der Gesetzgeber in zahlreichen Einzelregelungen Rechnung, indem er dem Kind ab einem bestimmten Alter eigene Zuständigkeiten zuweist, die zT von der Zustimmung der Eltern abhängen (§§ 112, 113, 1303, 1411 Abs 1 S 1, 1596 Abs 1 S 2, 1617 a Abs 2 S 4, 1617 c Abs 1 S 2, 1618 S 6, 1626 a Abs 3 S 1, 1746 Abs 1 S 2, 2275 Abs 2), ihm zT aber auch ohne Zustimmung der Eltern zustehen (§§ 1671 Abs 2 Nr 1, 1746 Abs 2 S 3, 1750 Abs 3 S 2, 2229, 2233 Abs 1 und 2, 2290 Abs 2 S 2, 2296 Abs 1 S 2, 2347 Abs 2 S 1; § 607 ZPO, §§ 50 b Abs 2 S 1, 59, 70 a FGG, § 36 Abs 1 S 1 SGB I, §§ 3 Abs 2 S 5 und 5 des Gesetzes über die religiöse Kindererziehung, melderechtliche Handlungsbefugnisse)[139].

31 Nach **Abs 2 S 1** berücksichtigen die Eltern bei der Pflege und Erziehung die wachsende Fähigkeit und das wachsende Bedürfnis des Kindes nach selbständigem verantwortungsbewusstem Handeln. Berücksichtigung bedeutet nicht, dass die Eltern dem Kindeswillen folgen müssen[140]. Vielmehr ist das Kind an der Suche nach der geeigneten Pflege- und Erziehungsmaßnahme zu beteiligen[141]. Die Rücksichtnahme auf den Kindeswillen setzt voraus, dass das Kind zu einer Beurteilung der Angelegenheiten in der Lage ist[142]. **Abs 2 S 2** konkretisiert die Rücknahmepflicht. Die Eltern dürfen die beabsichtigten Maßnahmen der elterlichen Sorge nicht dem Kind aufzwingen, sondern müssen sie mit dem Kind besprechen, soweit es nach dessen Entwicklungsstand angezeigt ist. Ziel dieser Regelung ist nicht nur, beim Kind Verständnis und Einsicht für die beabsichtigten Maßnahmen zu wecken. Vielmehr sollen die Gegenargumente des Kindes berücksichtigt und eine Einigung angestrebt werden[143]. Diese Einigung ist eine tatsächliche, keine rechtliche iS eines Vertrags[144]. Lässt sich trotz des Bemühens der Eltern kein Einvernehmen mit dem Kind erzielen, müssen die Eltern aus ihrer Verantwortung heraus allein entscheiden[145]. Ein autoritärer Erziehungsstil ist mit Abs 2 jedoch ebenso wenig vereinbar wie die Abwälzung der Erziehungsverantwortung auf das Kind, indem seinem Willen überall nachgegeben wird[146].

31.1 Von Abs 2 S 2 werden alle Bereiche der elterlichen Sorge erfasst, also im Unterschied zu Abs 2 S 1 auch die Vermögenssorge[147]. Eine besondere Ausprägung des in Abs 2 enthaltenen Gedankens findet sich für elterliche Maßnahmen, die sich auf die Ausbildung und den Beruf des Kindes beziehen, in § 1631 a[148].

32 Die **Verletzung** des verfassungsrechtlich nicht ganz unbedenklichen sog „Intellektuellenparagraphen"[149] kann Sanktionen nach § 1666 zur Folge haben[150].

---

[131] *Lüderitz* AcP 178 (1978), 263, 275; aA BT-Drucks 8/2788 S 45.
[132] BT-Drucks 7/2060 S 16.
[133] OLG Karlsruhe FamRZ 1989, 1322.
[134] *Simitis,* FS Müller-Freienfels, 1986, S 579, 593; *Bosch* FamRZ 1973, 489, 498, 506; *Gernhuber* FamRZ 1962, 89, 93.
[135] BVerfGE 59, 360, 382, 387.
[136] BT-Drucks 8/2788 S 34.
[137] BT-Drucks 7/2060 S 16.
[138] *Palandt/Diederichsen* Rn 22.
[139] Teilmündigkeiten; für deren Ausweitung *Bosch* FamRZ 1973, 489, 499; s auch *Coester-Waltjen* ua, Neues elterliches Sorgerecht, S 13 ff; *Schwab* AcP 172 (1972), 266, 280 ff; gegen die Vorgabe strikter Regeln *Strätz* FamRZ 1975, 541, 549.
[140] OLG Karlsruhe FamRZ 1989, 1322.
[141] *Palandt/Diederichsen* Rn 22; *Staudinger/Peschel-Gutzeit* Rn 120.
[142] BT-Drucks 7/2060 S 16; BT-Drucks 8/2788 S 44.
[143] BT-Drucks 7/2060 S 17.
[144] *MünchKommBGB/Huber* Rn 66.
[145] BT-Drucks 7/2060 S 17; BT-Drucks 8/2788 S 45; *Erman/Michalski* Rn 25; *Soergel/Strätz* § 1626 aF Rn 40.
[146] *Palandt/Diederichsen* 59. Aufl 2000, Rn 22; *Soergel/Strätz* § 1626 aF Rn 40.
[147] *Staudinger/Peschel-Gutzeit* Rn 112 sieht dies anders.
[148] *Soergel/Strätz* § 1626 aF Rn 40.
[149] *Palandt/Diederichsen* 50. Aufl 1991, Rn 20; *Diederichsen* NJW 1980, 1, 3; *Soergel/Strätz* § 1626 aF Rn 38: „verfassungsrechtliche(r) Grenzbereich"; für Verfassungswidrigkeit *Ossenbühl* 84 f; *Schmitt-Glaeser* 65; *ders* DÖV 1978, 629, 633 ff; aA *Lüderitz* AcP 178 (1978), 263, 275; *Erichsen/Reuter* S 75 f; *MünchKommBGB/Huber* Rn 63; *Staudinger/Peschel-Gutzeit* § 1626 Rn 113 ff; *Erman/Michalski* Rn 24.
[150] *Erichsen/Reuter* S 78 f; aA *Soergel/Strätz* § 1626 aF Rn 39.

VII. Umgang des Kindes mit den Eltern und anderen Personen (Abs 3)

Abs 3 S 1 will einen Bewusstseinswandel erreichen und den Eltern verdeutlichen, dass der **Umgang** 33 **des Kindes mit beiden Elternteilen** Teil ihres elterlichen Pflichtrechts ist[151]. Die Norm enthält neben Abs 2 sowie den §§ 1627 und 1631 Abs 2 eine **weitere Erziehungsvorgabe** des Gesetzgebers[152]. Sie ist aber mehr als nur ein Programmsatz; vielmehr dient sie der **Konkretisierung des Begriffs des Kindeswohls**[153]. § 1684 regelt das subjektive Recht der Eltern und die Möglichkeiten des Familiengerichts, dieses Recht einzuschränken oder auszuschließen (dort Rn 30 ff). Wenn der sorgeberechtigte Elternteil den Umgang des anderen Elternteils mit dem Kind erheblich erschwert oder gar vereitelt, so kommt eine Entziehung der elterlichen Sorge oder einzelner Teile (Umgangsbestimmungsrecht) nach § 1666 wegen Erziehungsunfähigkeit in Betracht (§§ 1666 Rn 6.3, 20, 22; 1684 Rn 17).

Zum Wohl des Kindes gehört nach Abs 3 S 2 idR auch der **Umgang mit anderen Personen,** zu 34 denen das Kind Bindungen besitzt, wenn ihre Aufrechterhaltung für seine Entwicklung förderlich ist. Im Unterschied zu **§ 1685** sieht Abs 3 S 2 keine Begrenzung des Personenkreises vor. Zum Wohl des Kindes kann deshalb nicht nur der Umgang zu den in § 1685 genannten Personen, sondern auch zu denen gehören, die kein Umgangsrecht nach § 1685 geltend machen können. Maßgebend ist lediglich, ob das Kind zu diesen Personen Bindungen besitzt, deren Aufrechterhaltung für seine Entwicklung förderlich ist. Demgegenüber setzt das Umgangsrecht nach § 1685 ein Verwandtschaftsverhältnis (Abs 1) oder die Übernahme tatsächlicher Verantwortung durch die Bezugsperson des Kindes (Abs 2) voraus.

Die Funktion beider Normen ist unterschiedlich: Während Abs 3 S 2 eine Erziehungsvorgabe für die Eltern 34.1 enthält, regelt § 1685 ein einklagbares Recht bestimmter Bezugspersonen[154]. Ein gerichtlich durchsetzbares Umgangsrecht des Kindes wird durch § 1626 Abs 3 S 2 nicht geschaffen[155]. Das bedeutet aber nicht, dass beide Normen beziehungslos nebeneinander stehen. Abs 3 S 2 fordert, dass der Umgang mit den Bezugspersonen für die Entwicklung des Kindes förderlich ist. Dieses Tatbestandsmerkmal ist identisch mit dem der Dienlichkeit für das Wohl des Kindes in § 1685[156]. Zur Ausfüllung dieses Begriffs kann deshalb, ebenso wie bei § 1685, auf die frühere Rspr zu der Frage zurückgegriffen werden, wann ein Missbrauch des elterlichen Sorgerechts vorliegt, wenn die Eltern den Umgang mit Dritten verweigern (§ 1685 Rn 9.2).

VIII. Kinder- und Jugendhilfe

Die Kinder- und Jugendhilfe ist in Art 1 KJHG als SGB VIII geregelt[157]. Sie dient der Verwirk- 35 lichung des Rechts jedes jungen Menschen auf Förderung seiner Entwicklung und auf Erziehung zu einer eigenverantwortlichen und gemeinschaftsfähigen Persönlichkeit (§ 1 Abs 1, Abs 3 SGB VIII). Die Jugendhilfe umfasst Leistungen und andere Aufgaben zugunsten junger Menschen und Familien (§ 2 Abs 1 SGB VIII); die Leistungen der Jugendhilfe ergeben sich aus § 2 Abs 2 SGB VIII, die anderen Aufgaben aus § 2 Abs 3 SGB VIII[158].

IX. Verfahrensrecht

Für Verfahren über die elterliche Sorge, die Regelung des Umgangs mit dem Kind sowie die 36 Herausgabe eines Kindes, für das die elterliche Sorge besteht, ist das Familiengericht als Abteilung des Amtsgerichts **zuständig** (§ 23 b Abs 1 Nr 2 bis 4 GVG, § 621 Abs 1 Nr 1 bis 3 ZPO). Die örtliche Zuständigkeit in Verfahren nach den §§ 1626 ff richtet sich nach den §§ 621 a Abs 1 S 1 ZPO, 64 Abs 3 S 2, 43 Abs 1, 36 Abs 1 S 1 FGG, wenn keine Ehesache anhängig ist (§ 621 Abs 2 S 2 ZPO)[159]; während der Anhängigkeit einer Ehesache ist dagegen das Gericht zuständig, bei dem die Ehesache anhängig ist, soweit es um die in § 621 Abs 2 S 1 HS 2 Nr 1 bis 3 ZPO genannten Familiensachen geht. Die Zuständigkeit bei einer zunächst anhängigen Familiensache und einer später anhängig werdenden Ehesache bestimmt sich nach § 621 Abs 3 ZPO. In den in § 621 Abs 1 Nr 1 bis 3 ZPO genannten Familiensachen entscheidet der Richter nach § 14 Nr 6 a, 7, 8, 9, 15 und 16 RPflG.

Das KindRG hat eine Erweiterung der sachlichen Zuständigkeiten des Familiengerichts in Familiensachen ohne 36.1 Begrenzung auf eheliche Kinder gebracht[160]. Es ist jetzt zuständig für Verfahren nach den §§ 1626 c Abs 2, 1628, 1629 Abs 2, 1630 Abs 2 und 3, 1631 Abs 3, 1631 b, 1632 Abs 3 und 4, 1640 Abs 2, 1643, 1644, 1645, 1666, 1666 a, 1667, 1671, 1672, 1674, 1678 Abs 2, 1680 Abs 2 und 3, 1681 Abs 2, 1682, 1683, 1684 Abs 3 und 4, 1685 Abs 3, 1687 Abs 1 S 2 und Abs 2, 1688 Abs 3 und 4, 1693, 1696, 1697; eine Ausnahme bilden Streitigkeiten über

---

[151] BT-Drucks 13/8511 S 68; VerwG Schleswig FamRZ 2003, 1047, 1048.
[152] *Diederichsen* NJW 1998, 1977, 1984.
[153] BT-Drucks 13/4899 S 93; *Rauscher* FamRZ 1998, 329, 331; FamRefK/*Rogner* Rn 7; s auch MünchKommBGB/*Huber* Rn 68.
[154] *Palandt*/*Diederichsen* Rn 23.
[155] BT-Drucks 13/4899 S 93; OLG Bamberg FamRZ 1999, 810; *Erman*/*Michalski* Rn 26; aA *Lipp*/*Wagenitz* Rn 11.
[156] AnwK-BGB/*Peschel-Gutzeit* § 1685 Rn 15.
[157] *Wiesner*/*Wiesner* SGB VIII Einl Rn 32; MünchKommBGB/*Strick* Vor § 1 SGB VIII Rn 7 f.
[158] Überblickartige Darstellung der Aufgaben bei *Palandt*/*Diederichsen* Vor § 1626 Rn 13 ff und *Wiesner* ZfJ 2003, 121; Einzeldarstellung s Kommentierung zum SGB VIII.
[159] OLG Brandenburg FamRZ 2003, 1559.
[160] *Keidel*/*Kuntze* Vor § 64 FGG Rn 7 ff; *Büttner* FamRZ 1998, 585, 586 f; *Künkel* FamRZ 1998, 877 f.

§ 1626

religiöse Kindererziehung, für die das VormG zuständig ist[161]. Das „große Familiengericht"[162], dh die Ausdehnung der Zuständigkeit des Familiengerichts auf vermögensrechtliche Streitigkeiten außerhalb des Familienvermögensrechts und für Streitigkeiten zwischen Partnern einer nichtehelichen Lebensgemeinschaft ist allerdings nicht erreicht worden. In den beiden letztgenannten Fällen bleiben die allgemeinen Prozessgerichte zuständig (zum Reformvorhaben Rn 48).

37 Das KindRG hat kein einheitliches Familienverfahrensrecht geschaffen, sondern es bei einem **Nebeneinander von zivilprozessualem Verfahren und Verfahren der freiwilligen Gerichtsbarkeit** belassen (zum Reformvorhaben Rn 48)[163]. Jede der in § 621 Abs 1 Nr 1 bis 3 ZPO genannten Familiensachen kann **isoliert** oder, wenn ein Scheidungsverfahren (Ehesache, § 606 Abs 1 S 1 ZPO) anhängig ist, auf Antrag (§ 623 Abs 2 ZPO) und ausnahmsweise von Amts wegen (§ 623 Abs 3 S 1 ZPO) im **Verbund** mit diesem Verfahren entschieden werden. Das Gleiche gilt, wenn das Familienverfahren bereits vor der Rechtshängigkeit des Scheidungsverfahrens bei einem anderen Gericht im ersten Rechtszug rechtshängig ist und an das Gericht der Ehesache nach § 621 Abs 3 ZPO übergeleitet wird (§ 623 Abs 5 ZPO).

37.1 Für Familiensachen, die die elterliche Sorge für ein Kind, die Regelung des Umgangs mit dem Kind sowie die Herausgabe eines Kindes, für die die elterliche Sorge besteht, betreffen (§ 621 Abs 1 Nr 1 bis 3 ZPO), stellt § 621 Abs 1 S 1 ZPO sicher, dass sich das Verfahren nach dem FGG richtet, soweit sich nicht aus der ZPO und dem GVG etwas anderes ergibt. Solche Sonderregeln finden sich in den §§ 621 bis 630, 78 Abs 2, 93 a Abs 1, 2 und 5, 97 Abs 3, 233 ZPO, §§ 23 b, 119 Abs 1 Nr 2, 133 Nr 2, 170 S 1 GVG[164].

38 Das Verfahren in den genannten Familiensachen wird grds von Amts wegen eingeleitet (**Offizialprinzip**), es sei denn, das Gesetz macht die Einleitung des Verfahrens von der Stellung eines Antrags (Dispositionsgrundsatz) abhängig (§§ 1631 Abs 3, 1671, 1672, 1681 Abs 2).

38.1 Das Gericht ermittelt auch den Sachverhalt von Amts wegen, und zwar nicht nur in den Verfahren, die von Amts wegen, sondern auch in solchen, die auf Antrag eingeleitet werden und zwar selbst dann, wenn über den Antrag im Verbundverfahren entschieden wird[165]. Das Gericht hat dabei die zur Feststellung der Tatsachen erforderlichen Ermittlungen anzustellen und die geeignet erscheinenden Beweise aufzunehmen (§ 12 FGG). Der Amtsermittlungsgrundsatz enthebt jedoch die Beteiligten nicht der Pflicht, durch eingehende Tatsachendarstellung an der Aufklärung des Sachverhalts mitzuwirken[166]. Kann ein entscheidungserheblicher Punkt nicht geklärt werden, hat die Folgen dieser Ungewissheit der zu tragen, der die Feststellungslast hat[167].

39 Aus dem Rechtsstaatsprinzip (Art 2 Abs 1 iVm Art 20 Abs 3 GG) folgt das Gebot, einen wirkungsvollen Rechtsschutz für bürgerlich-rechtliche Streitigkeiten im materiellen Sinn zu gewährleisten[168]. Wirksamer Rechtsschutz bedeutet, Rechtsschutz innerhalb **angemessener Zeit**[169].

39.1 Dies ist gerade bei Streitigkeiten um das Sorge- und Umgangsrecht von besonderer Bedeutung, da hier jede Verfahrensverzögerung wegen der eintretenden Entfremdung des Kindes von einem Elternteil häufig faktisch zu einer (Vor-)Entscheidung führt, bevor ein richterlicher Spruch vorliegt[170].

40 Die Beteiligten haben nicht nur im zivilprozessualen, sondern auch im Verfahren der Freiwilligen Gerichtsbarkeit einen **Anspruch auf rechtliches Gehör** nach Art 103 Abs 1 GG[171]. Der gerichtlichen Entscheidung dürfen also nur solche Tatsachen und Beweisergebnisse zugrunde gelegt werden, zu denen die Beteiligten sich hinreichend äußern konnten[172].

40.1 Die Beteiligtenanhörung dient im Verfahren der Freiwilligen Gerichtsbarkeit nicht nur der Sicherstellung des rechtlichen Gehörs, sondern in erster Linie der Aufklärung des Sachverhalts (§ 12 FGG)[173]. Sie erfolgt unabhängig davon, ob es um ein Hauptsacheverfahren in Familiensachen geht oder der Gegenstand des Verfahrens der Erlass einer einstweiligen Anordnung ist, es sei denn, es liegen die Voraussetzungen der §§ 50 a Abs 2 HS 2, Abs 3, 50 b Abs 3 FGG vor. Die Anhörungspflicht besteht auch im Beschwerdeverfahren[174]. Eine Nichtbeachtung der Anhörungsvorschriften stellt einen Verfahrensverstoß dar, der zur Aufhebung der angefochtenen Entscheidung und Zurück-

---

[161] OLG Brandenburg ZfJ 2005, 83; zu den Versäumnissen des Reformgesetzgebers bei Regelung der Zuständigkeit *Schwab* FamRZ 1998, 345, 346.
[162] *Bosch* FamRZ 1980, 1, 9 f; *Wever* FamRZ 2001, 268.
[163] BT-Drucks 13/4899 S 74.
[164] *Keidel/Kuntze* § 64 FGG Rn 30.
[165] *Lindacher* JuS 1978, 577, 580; *Keidel/Schmidt* § 12 FGG Rn 55.
[166] *Lindacher* JuS 1978, 577, 580.
[167] *Keidel/Schmidt* § 12 FGG Rn 212 ff.
[168] BVerfGE 82, 126, 155; 74, 228, 234.
[169] BVerfG FamRZ 2004, 689; FamRZ 2001, 753; BVerfGE 55, 349, 369; 40, 272, 275; OLG Hamm ZfJ 2005, 408; wichtige Änderungen sieht insoweit das FGG-RG vor (Rn 48); s auch Beschleunigungsgebot in Art 6 Abs 1 S 1 EMRK sowie Art 7 des Europäischen Übereinkommens über die Ausübung von Kinderrechten, dazu Rn 52.
[170] BVerfG FamRZ 2004, 689; 2001, 753 f; NJW 1997, 2811, 2812; EGMR FamRZ 1995, 112 „Keegan gegen Irland" und DAVorm 2000, 679, 686 – Elsholz/Deutschland; OLG Karlsruhe FamRZ 2004, 53, 54; KG MDR 2005, 455; OLG Bamberg FamRZ 2003, 1310; *Rixe* FamRZ 2007, 1453, 1457 f; allg zum kindlichen Zeitempfinden und Verfahrensrecht *Heilmann* in seiner Dissertation mit dem gleichnamigen Titel, 1998; *Goldstein/Freud/Solnit* S 39 ff; *Simitis*, FS Müller-Freienfels, 1986, S 579, 612 ff.
[171] BVerfG NJW 1988, 125; *Thomas/Putzo/Reichold* ZPO Einl I Rn 9 ff.
[172] BVerfGE 6, 12, 14; 7, 275, 278; BayObLG FamRZ 1989, 415 f.
[173] BVerfG NJW 1988, 125; BGH FamRZ 1985, 169, 172; OLG Hamm FamRZ 1999, 36; FamRZ 1989, 203 f.
[174] BayObLG FamRZ 1984, 933, 934; NJW-RR 1991, 777, 778 f; OLG Zweibrücken FamRZ 1986, 1037, 1038; einschränkend BGH NJW 1987, 1024, 1025.

verweisung führt[175]. Auch eine fehlende oder ungeeignete Niederlegung des Ergebnisses der Anhörung stellt bereits einen solchen Verfahrensfehler dar[176].

§ 50 a FGG sieht die persönliche **Anhörung der Eltern** in einem Verfahren vor, das die Personen- oder Vermögenssorge betrifft. Abs 1 regelt dabei die Anhörung sorgeberechtigter Eltern, Abs 2 die Anhörung eines nicht sorgeberechtigten Elternteils. Nach Abs 3 darf das Gericht nur aus schwerwiegenden Gründen von der Anhörung absehen, so etwa bei Unerreichbarkeit[177]. Nach § 50 b Abs 1 FGG hört das Gericht das **Kind** persönlich an, wenn die Neigungen, Bindungen oder der Wille des Kindes für die Entscheidung von Bedeutung sind oder wenn es zur Feststellung des Sachverhalts angezeigt erscheint, dass das Gericht sich von dem Kind einen unmittelbaren Eindruck verschafft[178]; nach Abs 2 ist ein Kind, das das 14. Lebensjahr vollendet hat und nicht geschäftsunfähig ist, in einem Verfahren, das die Personensorge betrifft, stets persönlich anzuhören. Kinder unter 14 Jahren sind nach Abs 1 anzuhören[179]. Die Anhörung muss auch dann erfolgen, wenn die Eltern darum bitten, im Interesse des Kindes hiervon abzusehen[180]. Unterbleiben darf die Anhörung nur aus schwerwiegenden Gründen (§ 50 b Abs 3 FGG), etwa, wenn das Kind durch die Anhörung aus seinem seelischen Gleichgewicht gebracht wird und eine Beeinträchtigung seines Gesundheitszustands oder gar seines Lebens zu besorgen ist[181]. Unterhalb dieser Schwelle kann eine persönliche Anhörung nur unterbleiben, wenn die Voraussetzungen für eine Anhörung nach § 50 b Abs 1 FGG fehlen[182]. Die Anhörung verlangt die Herstellung eines unmittelbaren, grds mündlichen Kontakts, der einen persönlichen Eindruck ermöglicht (näher § 1671 Rn 63)[183]. Eltern und Anwälte haben kein Recht auf Anwesenheit bei der Anhörung. Den Betroffenen ist aber das Ergebnis der Anhörung mitzuteilen[184]. Lebt das Kind seit längerer Zeit in Familienpflege, so hat das Gericht in allen Personensorgeangelegenheiten nach § 50 c FGG auch die **Pflegeeltern** anzuhören. Die Anhörung des **Jugendamts** erfolgt nach § 49 a FGG. **41**

Eine Anhörung wird ab dem dritten Lebensjahr befürwortet; zwar kann ein Kind in diesem Alter seine Wünsche und Vorstellungen regelmäßig nur unvollkommen äußern, jedoch kann bereits das Verhalten des Kindes Aufschluss über dessen Wünsche geben[185]. **41.1**

Der Zweck der Anhörung nach § 49 a Abs 1 Nr 3 bis 12 FGG dient zum einen dazu, dem Gericht über die tatsächlichen Verhältnisse zu berichten, und zum anderen dazu, eine gutachtliche Stellungnahme zu den in Betracht kommenden gerichtlichen Maßnahmen abzugeben[186]. Dies liegt grds nicht nur im Interesse des Kindes, sondern auch im öffentlichen Interesse[187]. **41.2**

Das Gericht kann zur Aufklärung des Sachverhalts nach pflichtgemäßen Ermessen **Sachverständigengutachten** einholen. Es darf die Entscheidung aber nicht allein dem Sachverständigen überlassen[188], vielmehr muss es das Gutachten unter Wahrung der Grenzen des eigenen Beurteilungsvermögens selbständig bewerten und insbes auf fehlende Begründungen und innere Widersprüche hin überprüfen[189]. Will es von dem Gutachten abweichen, muss es sich mit ihm in fundierter Weise auseinandersetzen und erkennen lassen, dass es über genügend eigene Sachkunde verfügt[190]. Eine **psychologische Begutachtung des Kindes** ohne Zustimmung der Eltern ist unzulässig[191]. Liegt allerdings in der Weigerung ein Sorgerechtsmissbrauch nach § 1666, so ist die Zustimmung der Eltern nach § 1666 Abs 3 zu ersetzen (näher § 1666 Rn 20). **42**

---

[175] OLG Köln FamRZ 2004, 1301 f; FamRZ 1999, 530, 531; OLG Frankfurt FamRZ 1999, 617; OLG Zweibrücken FamRZ 1998, 960, 961; OLG Hamm DAVorm 1982, 988 f.
[176] BayObLG FamRZ 1994, 913, 914.
[177] BayObLG FamRZ 1987, 1080, 1082; FamRZ 1984, 205, 207; OLG Hamm FamRZ 1999, 36, 37: Verfahren nach §§ 1666, 1666 a; nicht ausreichend: einmaliges Nichterscheinen zum Gerichtstermin, OLG Frankfurt NJW 2007, 230.
[178] OLG Hamm FamRZ 2001, 850 f; näher Carl/Eschweiler NJW 2005, 1681; Weisbrodt JAmt 2001, 508.
[179] OLG Rostock FamRZ 2007, 1835; OLG Hamburg FamRZ 1983, 527.
[180] OLG Zweibrücken FamRZ 1999, 246 f; OLG Brandenburg FamRZ 2003, 624; zur Frage der Anfechtbarkeit der Anordnung OLG Karlsruhe FamRZ 2004, 712.
[181] BayObLG FamRZ 1995, 500, 501; OLG Hamm FamRZ 1999, 36, 37; OLG Köln FamRZ 1997, 1549.
[182] Beispiel: OLG Zweibrücken NJW 1986, 3033, 3034; Luthin FamRZ 1981, 111, 113; Keidel/Engelhardt § 50 b FGG Rn 9.
[183] OLG Hamm FamRZ 1999, 36, 37; Lempp ua, Die Anhörung, S 30 ff, 49 ff; Carl/Eschweiler NJW 2005, 1681, 1682 ff; Fricke ZfJ 1998, 53; Ewers FamRZ 1997, 689.
[184] OLG Karlsruhe FamRZ 2004, 712 m krit Anm Brehm; KG FamRZ 1980, 1156, 1157; Palandt/Diederichsen Vor § 1626 Rn 9; Soergel/Strätz § 1626 aF Rn 33.
[185] BVerfG NJW 2007, 1266, 1268: Anhörung des Kindes, zumindest seines Verfahrenspflegers; OLG Brandenburg FamRZ 2003, 624; OLG Saarbrücken JAmt 2003, 41 f; BayObLG FamRZ 1997, 223, 224; OLG Zweibrücken FPR 2000, 160; FamRZ 1999, 246, 247; OLG Frankfurt FamRZ 1999, 247 f; FamRZ 1997, 571; Fehmel DAVorm 1981, 169, 172 ff; Weisbrodt JAmt 2001, 508, 512; Empfehlungen des DFGT, FPR 2004, 9; weitergehend Moritz ZfJ 2002, 405, 414; Carl/Eschweiler NJW 2005, 1681, 1684; zur Bedeutung des Kindeswillens bei der Bestimmung des Kindeswohls § 1671 Rn 49; § 1684 Rn 32.
[186] OLG Hamm FamRZ 1968, 533, 534; zu den Änderungen von § 49 a Abs 1 Nr 9 FGG infolge des Gesetzes zur Umsetzung familienrechtlicher Entscheidungen, BGBl 2003 I S 2547, Höfelmann FamRZ 2004, 65, 69.
[187] BayObLG FamRZ 1975, 223, 226.
[188] OLG Stuttgart FamRZ 1978, 827, 828.
[189] Finke FPR 2003, 503, 506, 508.
[190] BVerfG NJW 2007, 1266, 1267; FamRZ 2007, 1625; FamRZ 2006, 605, 606; FamRZ 2001, 1285; FamRZ 1999, 1417, 1418; BayObLG FamRZ 1980, 482; überzeugende Zweifel äußert deshalb Zenz FamRZ 2007, 2060 ff an der Entscheidung des BGH FamRZ 2007, 1969 ff.
[191] OLG Zweibrücken ZFE 2003, 60, 61.

§ 1626   Buch 4. Abschnitt 2. Verwandtschaft

42.1   Umstritten ist die Stellung psychologischer Sachverständiger im familiengerichtlichen Verfahren[192].

42.2   Von den Ausnahmebestimmungen der §§ 372a ZPO und 68b Abs 3 und 4, 70e Abs 2 FGG abgesehen darf niemand von den Beteiligten und auch kein Dritter gezwungen werden, sich körperlich oder psychiatrisch/psychologisch untersuchen zu lassen und zu diesem Zweck bei einem Sachverständigen zu erscheinen[193].

42.3   Bei der Zulassung von psychometrischen Tests ist Zurückhaltung geboten[194]. Für unproblematisch werden soziometrische Tests angesehen[195]. Keinen Beweiswert haben „therapeutische" Sitzungen mit Kindern unter Verwendung sexualbezogener Puppen[196]. Im Verfahren nach § 1684 Abs 4 kann zur Entlastung des umgangsberechtigten Elternteils beim Vorwurf des sexuellen Missbrauchs ein Gutachten verwertet werden, das sich auf den Einsatz eines Polygraphen stützt[197]. Nicht zulässig ist der therapeutische Einsatz psychologischer Sachverständiger[198].

43   § 50 FGG sieht die Bestellung eines **Verfahrenspflegers** für ein die Person des Kindes betreffendes Verfahren vor, soweit dies zur Wahrnehmung seiner Interessen erforderlich ist. Mit dieser Regelung soll sichergestellt werden, dass das **Kind nicht zum Verfahrensobjekt** wird[199] und seinem Anspruch auf staatlichen Schutz seiner Grundrechte aus Art 103 Abs 1, 2 Abs 1, 6 Abs 1 GG Rechnung getragen wird[200]. Der Gesetzgeber brauchte deshalb das minderjährige Kind nicht zum **formell Verfahrensbeteiligten** zu machen, der ein eigenes Antragsrecht hat[201]. § 50 Abs 2 FGG listet einzelne Fälle auf, in denen wegen eines Interessenkonflikts zwischen den Eltern und dem Kind die Bestellung eines Verfahrenspflegers erforderlich ist[202]. Der Verfahrenspfleger tritt an die Stelle des gesetzlichen Vertreters und bringt die Interessen des Kindes in das Verfahren ein (sog **Anwalt des Kindes**)[203]. Er wird selbst formell Verfahrensbeteiligter, nicht dagegen das Kind, vertreten durch den Verfahrenspfleger[204]. Umstritten war dabei bislang, ob der Verfahrenspfleger **subjektiver Interessenvertreter** ist (**„Sprachrohr des Kindes")**[205] oder die **objektiven Kindesinteressen** vertritt[206]. Das BVerfG hat inzwischen in einem Nichtannahmebeschluss klargestellt, dass der Verfahrenspfleger nur die subjektiven Interessen des Kindes als Partei im Verfahren zu vertreten und somit neben dem Richter das Wohl des Kindes zu ergründen hat[207]. Die Bestellung des Verfahrenspflegers erfolgt für jeden Rechtszug gesondert (§ 67 Abs 2 FGG analog)[208]. Vor der Bestellung sind idR das Kind[209] und die Eltern anzuhören[210]. Als verfahrensleitende Zwischenverfügung des Gerichts ist die Bestellung eines Verfahrenspflegers nicht selbständig anfechtbar.

43.1   § 50 FGG ist verfassungsrechtlich nicht unproblematisch[211].

43.2   Die Pflegerbestellung wird dann für entbehrlich erachtet, wenn die Interessen des Kindes anderweitig gewahrt werden. Dies wird zT angenommen, wenn das Kind bei der richterlichen Anhörung seine Vorstellungen und

---

[192] *Salzgeber* S 77 ff; *ders* Kind-Prax 2003, 92; *Schade/Friedrich* FPR 1998, 237; *Finke* FPR 2003, 503; *Cuvenhaus* Kind-Prax 2001, 182; *ders* in: *Bergmann/Jopt/Rexilius* (Hrsg), Lösungsorientierte Arbeit im Familienrecht, S 225 ff; *Jopt/Zütphen* ZfJ 2004, 310 ff; 362 ff; *Jopt/Rexilius* in: *Bergmann/Jopt/Rexilius* (Hrsg), Lösungsorientierte Arbeit im Familienrecht, S 177 ff.
[193] BVerfG FamRZ 2004, 523; OLG Oldenburg NJW-RR 2007, 1515; OLG Karlsruhe FamRZ 1993, 1479, 1480; *Sauer* FamRZ 2005, 1143 ff.
[194] OLG München FamRZ 1979, 337, 338 m Anm *März*; OLG Frankfurt DAVorm 1979, 130 ff; *Fehnemann* FamRZ 1979, 661 ff.
[195] OLG Karlsruhe FamRZ 1995, 1001; zu den verschiedenen diagnostischen Strategien *Balloff* ZfJ 1994, 218, 221 f; zu projektiven Tests *Salzgeber* S 256 ff; krit OLG München NJW 1979, 603.
[196] OLG Bamberg NJW 1995, 1684 f.
[197] OLG München FamRZ 1999, 674 f; s auch OLG Hamburg FamRZ 2002, 566, 567; anders im Strafrecht BGH FamRZ 1999, 587; allg zur Stellung des Sachverständigen in diesen Verfahren *Düring* S 241 ff.
[198] BGH FamRZ 1994, 158, 160; OLG Hamm FamRZ 1996, 1098, 1099.
[199] BVerfG FamRZ 1999, 85, 87; NJW 2003, 3544, 3545.
[200] BVerfG FamRZ 2006, 1261, 1263; FamRZ 1999, 85, 87 = JZ 1999, 459, 462 m Anm *Coester-Waltjen*; BT-Drucks 13/8511 S 68; BT-Drucks 13/4899 S 76; BVerfG NJW 2003, 3544; BGH FamRZ 2000, 219, 220.
[201] BVerfG NJW 2003, 3544 f.
[202] OLG Celle FamRZ 2002, 121; OLG Dresden FamRZ 2000, 1296, 1297; OLG Düsseldorf DAVorm 2000, 75 f; OLG München FamRZ 1999, 667 zu § 50 Abs 2 Nr 1 und 2 FGG.
[203] BVerfG FamRZ 2006, 1261, 1263; FamRZ 2004, 1267, 1269; OLG Düsseldorf FamRZ 2003, 167, 168; OLG Dresden FamRZ 2002, 1211; FamRZ 2003, 877, 878; OLG Hamm FamRZ 2001, 1540, 1541; OLG Frankfurt FamRZ 2002, 335, 336; FamRZ 1999, 1293, 1294; OLG Saarbrücken JAmt 2003, 41, 42; OLG Celle FGPrax 2003, 128; OLG Karlsruhe FamRZ 2001, 1768 f; OLG Stuttgart FamRZ 2003, 934; FamRZ 2004, 1305, 1307; KG FamRZ 2003, 1478 f; zu den Auswirkungen der Bestellung eines Verfahrenspflegers auf die Verfahrensdauer *Heilmann* S 264 ff; *Will* ZfJ 1998, 1, 5; *van Els* ZfJ 1984, 509, 511.
[204] OLG Brandenburg FamRZ 2001, 692; FamRZ 2000, 1295, 1296; OLG Hamburg FamRZ 2001, 34; OLG Braunschweig FamRZ 2001, 776, 777; KG FamRZ 2000, 1300 f; *Keidel/Engelhardt* § 50 FGG Rn 43; *Peetz* S 185 ff.
[205] OLG Dresden FamRZ 2003, 877, 878; FamRZ 2002, 1211 f; OLG Brandenburg FamRZ 2001, 692 f; OLG Frankfurt FamRZ 2002, 335, 336; FamRZ 1999, 1295, 1296; KG FamRZ 2002, 1661; OLG Rostock FamRZ 2002, 969 f; *Gummersbach* S 272 ff; *Grüttner* ZKJ 2006, 61 ff.
[206] OLG Karlsruhe FamRZ 2001, 1166 f m Anm *Bienwald* und *Luthin*; OLG München OLGR 2000, 304; OLG Düsseldorf FamRZ 2003, 167, 168; *Salgo/Walter/Willutzki/Oevermann/Stötzel* FamRZ 2005, 777; *Willutzki* Kind-Prax 2004, 83, 88; *Spangenberg/Dormann* ZfJ 2002, 168, 169 ff; *Spangenberg/Spangenberg* Kind-Prax 2005, 135; *Prestien* FPR 2005, 101, 106.
[207] BVerfG FamRZ 2004, 1267, 1269 f; s auch BVerfG FamRZ 1999, 85, 87: Interessenwahrnehmung iS einer Parteivertretung; krit dazu *Diederichsen*, FS Gerhardt, 2004, S 122 f.
[208] OLG Hamburg FamRZ 1999, 248 f.
[209] OLG Frankfurt FamRZ 1999, 1293, 1294.
[210] OLG Dresden FamRZ 2000, 1296 f.
[211] *Bork* FamRZ 2002, 65, 72 f; Grundsatz des rechtlichen Gehörs, *Willutzki* Kind-Prax 2004, 83; *Menne* Kind-Prax 2004, 181; *ders* FamRZ 2005, 1035, 1036; *Weber* JAmt 2002, 161, 162: Bestimmtheit der Norm.

Wünsche unbeeinflusst von den Eltern zum Ausdruck bringen kann und nicht zu erwarten ist, dass ein Verfahrenspfleger zusätzlichen für die Entscheidung erheblichen Sachvortrag beibringen kann[212]. Andere gehen sogar noch einen Schritt weiter und halten die Bestellung des Verfahrenspflegers in einem Umgangsrechtsstreit dann für entbehrlich, wenn das objektive Interesse des Kindes nicht zu dem seiner gesetzlichen Vertreter in erheblichem Gegensatz steht und es nicht auf den subjektiven Willen der Kinder, sondern auf ihr objektives Interesse ankommt[213].

Von der Beantwortung der Frage, ob der Verfahrenspfleger nur subjektiver Interessenvertreter ist oder auch objektive Interessen des Kindeswohls zu beachten hat, hängt es ab, ob er befugt ist, über die bloße Ermittlung des Kindeswillens hinaus ermittelnd oder vermittelnd tätig zu werden[214] oder nicht[215]. **43.3**

Sieht man den Verfahrenspfleger mit dem BVerfG als reinen Interessenvertreter des Kindes, gehört eine allgemeine Sachverhaltsaufklärung ebensowenig zu seinen Aufgaben wie ein Vermittlungsversuch zwischen dem Kind und seinen Eltern[216]. Zu seinem Aufgabenkreis gehört auch nicht die Beantragung eines Vermittlungsverfahrens nach § 52a FGG[217] und schon gar nicht Aufgaben außerhalb eines familiengerichtlichen Verfahrens wie etwa die Begleitung des Kindes zu den Umgangsterminen mit dem nicht sorgeberechtigten Elternteil; hierzu bedarf es der Bestellung eines Umgangspflegers (§ 1684 Rn 17)[218]. Ob bei einer konkreten Beauftragung durch das Gericht mit diesen Aufgaben etwas anderes gilt, ist zweifelhaft[219]. Zu seinen Aufgaben gehören dagegen auf jeden Fall Gespräche mit dem vertretenen Kind, den Eltern, das Studium der Gerichtsakten, das Verfassen von Schriftsätzen sowie die Teilnahme an gerichtlichen Verhandlungen[220]. **43.4**

Die Auswahl des Verfahrenspflegers liegt im pflichtgemäßen Ermessen des Gerichts. In Betracht kommen, je nach den Besonderheiten des Falles, Sozialarbeiter, Sozialpädagogen, Kinderpsychologen, Rechtsanwälte sowie engagierte Laien[221]. Das Jugendamt kommt wegen seiner vorgerichtlichen Beratungsfunktion für die ganze Familie (§§ 17, 18 SGB VIII) und der Beteiligung im gerichtlichen Verfahren (§ 49a FGG) als Verfahrenspfleger allenfalls dann in Betracht, wenn eine organisatorische Trennung der Funktionen vorgenommen worden ist[222]. **43.5**

Die Verfahrenspflegerbestellung ist nach vielfacher Ansicht anfechtbar[223]. **43.6**

Unter **Mediation** versteht man die Einschaltung eines neutralen und unparteiischen Dritten in einen Konflikt, der die Parteien bei ihren Verhandlungs- und Lösungsversuchen unterstützt, ohne über eine eigene (Konflikt-)Entscheidungskompetenz zu verfügen[224]. Es handelt sich um ein von den Konfliktpartnern freiwillig gewähltes außergerichtliches Konfliktlösungsverfahren, das ihre Selbstverantwortung in den Vordergrund stellt und ihnen ermöglicht, selbständig Lösungen zu entwerfen[225]. Der Gesetzgeber hat die Mediation für Verfahren in Familiensachen nicht ausdrücklich geregelt; **44**

---

[212] OLG Koblenz FamRZ 2001, 515; näher *Diederichsen*, FS Gerhardt, 2004, S 139 ff.
[213] OLG Celle FamRZ 2002, 121 m abl Anm *Willutzki* Kind-Prax 2004, 83, 86.
[214] OLG Düsseldorf FamRZ 2003, 167, 168; OLG Naumburg FGPrax 2003, 264; OLG Stuttgart Justiz 2002, 411; FamRZ 2003, 934f; OLG München OLGR 2000, 304; FamRZ 1999, 667; *Salgo/Walter/Willutzki/Oevermann/ Stötzel* FamRZ 2005, 777; Abschlusserklärung der Verfahrenspflegertagung JAmt 2002, 448 = Kind-Prax 2002, 197; *Willutzki* Kind-Prax 2004, 83, 88; *Spangenberg/Dormann* ZfJ 2002, 168, 169f; *Carl/Schweppe* FPR 2002, 251, 252; *Prestien* FPR 2005, 101, 106; *Schulze* Kind-Prax 2005, 98, 101; *Dölitzsch* S 156 f mwN.
[215] OLG Dresden FamRZ 2003, 877, 880; FamRZ 2002, 968, 969; 1211, 1212; OLG Köln FamRZ 2003, 1853; OLG Stuttgart FamRZ 2004, 1305, 1307; FamRZ 2003, 322; OLG Brandenburg FamRZ 2002, 1353, 1354; FamRZ 2001, 692; OLG Frankfurt FamRZ 2003, 336; FamRZ 1999, 1295, 1296 m krit Anm *Dormann/ Spangenberg*; KG FamRZ 2002, 1661; OLG Zweibrücken FamRZ 2002, 627 m Anm *Luthin*; diff *Gummersbach* S 297 ff, 313 ff; zweifelnd *Bienwald* Verfahrenspflegschaft S 346 ff; krit zur Differenzierung nach objektiven und subjektiven Kriterien *Diederichsen*, FS Gerhardt, 2004, S 132 f.
[216] BVerfG FamRZ 2004, 1267, 1270.
[217] KG FamRZ 2003, 1039.
[218] OLG Dresden FamRZ 2003, 935; OLG Stuttgart FamRZ 2004, 1126; OLG München FamRZ 2003, 1955, 1956; *Willutzki* Kind-Prax 2004, 83, 87; *Gummersbach* S 327 ff; aA *Spangenberg/Dormann* ZfJ 2002, 168, 169 ff; zur Abgrenzung von Verfahrens- und Umgangspflegschaft *Weber* JAmt 2002, 161, 163; *Salzgeber/Menzel* Kind-Prax 2004, 15 ff.
[219] OLG Stuttgart FamRZ 2004, 1126; OLG Brandenburg FamRZ 2005, 1108 m Anm *Menne*; *ders* FamRZ 2005, 1035, 1040; *ders* Kind-Prax 2004, 181, 183 dafür; *Carl/Schweppe* FPR 2002, 251, 255 dagegen.
[220] BVerfG FamRZ 2004, 1267, 1270; *Carl/Schweppe* FPR 2002, 251, 254f; *Bauer* Rn 1060ff; *Röchling* (Hrsg) S 23 ff; s weiter *Menne* JAmt 2005, 275 ff; Empfehlungen des 13. DFGT FamRZ 2000, 273, 274; *Borth* Kind-Prax 2000, 48, 50f; Bundesarbeitsgemeinschaft, *Beil* zum JAmt 9/01, 9ff; *Schön* JAmt 2001, 109, 112; *Stadler/Salzgeber* FPR 1999, 329, 331 ff; *Motzer* FamRZ 1999, 1101, 1103 f; *Peters/Schimke* Kind-Prax 1999, 143; *Kunkel* Kind-Prax 2000, 139; *Weber* JAmt 2002, 161, 162.
[221] *Diederichsen*, FS Gerhardt, 2004, S 135; aA *Schön* FuR 2001, 349, 350.
[222] BT-Drucks 13/4899 S 130; generell abl OLG Naumburg FamRZ 2000, 300f; Bundesarbeitsgemeinschaft, Beilage zu JAmt 9/01, 9; DIV-Gutachten DAVorm 1999, 40 ff; *Salgo*, Der Anwalt des Kindes, S 38 ff, 496 ff; *ders* FPR 1999, 313, 318; *Rüting* Kind-Prax 2002, 193; *Kunkel* Kind-Prax 2000, 139; krit auch *Fricke* ZfJ 1999, 51, 53; *Stadler* JAmt 2001, 382, 383.
[223] Dafür OLG Hamm FamRZ 2003, 881; OLG Köln FamRZ 2003, 881; OLG Naumburg OLGR 2003, 68; OLG Saarbrücken OLGR 2003, 209 mwN zum Meinungsstand; OLG Zweibrücken FamRZ 2004, 1591; FamRZ 2001, 170; OLG Naumburg FamRZ 2001, 170 f; OLG Brandenburg FamRZ 2000, 1295 f; offen gelassen in OLG Naumburg FamRZ 2003, 393, 394; OLG Celle FGPrax 2003, 128; 1999, 180 f; *Keidel/Kayser* § 67 FGG Rn 18; *Menne* FamRZ 2005, 1035, 1038; aA OLG Köln FamRZ 2006, 282, 283; OLG Naumburg FGPrax 2003, 70; KG FamRZ 2003, 392, 1478 f; OLG Karlsruhe DAVorm 2000, 351, 353; OLG Hamburg FamRZ 2005, 221 f; FamRZ 2001, 34 f; OLG Dresden FamRZ 2000, 1296 f; OLG Düsseldorf FamRZ 2000, 1298; OLG Hamm FamRZ 1999, 41; OLG Düsseldorf FPR 1999, 355; OLG München FamRZ 1999, 667; *Zimmermann* FamRZ 1994, 286; zur Frage der Anfechtbarkeit einer Nichtbestellung des Verfahrenspflegers (§ 50 Abs 2 S 2 FGG) *Büttner* FamRZ 1998, 585, 591; *Reinecke* FPR 1999, 349, 352; *Schön* FuR 2001, 349, 352 f; *Peetz* S 177 ff.
[224] *Breidenbach* S 4, 137; *Breidenbach/Henssler/Breidenbach* S 1; *Henssler/Koch/Koch* § 1 Rn 7.
[225] *Mähler/Mähler* Kind-Prax 1998, 18; *Schieferstein* FPR 2000, 179, 183 f; zur verordneten Mediation *Curtins/ Schwarz* FPR 2004, 191.

§ 1626

jedoch finden sich vereinzelt mediative Elemente, so in §§ 17 SGB VIII, 52 und 52a FGG[226]. Nach § 52 FGG hat das Familiengericht in einem die Person des Kindes betreffenden Verfahren in jeder Lage des Verfahrens auf ein Einvernehmen der Beteiligten hinzuwirken. § 52a FGG sieht die Durchführung eines gerichtlichen Vermittlungsverfahrens vor Durchsetzung des Umgangsrechts vor. Dieses Vermittlungsverfahren soll den Eltern bei Vorliegen einer gerichtlichen Umgangsentscheidung im Vorfeld von Zwangsmaßnahmen oder weiteren Sorge- und Umgangsverfahren eine einverständliche Konfliktlösung ermöglichen, ohne dass sie sich bereits mit konträren Verfahrensanträgen gegenüberstehen[227]. § 17 SGB VIII sieht eine Beratung von Müttern und Vätern durch das Jugendamt in Fragen der Partnerschaft vor, wenn sie für ein Kind oder einen Jugendlichen zu sorgen haben oder tatsächlich sorgen.

44.1 Die allgemeinen Erkenntnisse und Erfahrungen zur Familienmediation[228] werden in jüngerer Zeit in verschiedenen Projekten fortentwickelt[229].

44.2 Die Beteiligung des Kindes an der Mediation birgt eigene Probleme[230].

44.3 Es gibt verschiedene praktische Versuche von Gerichten, die Eltern im Familienkonflikt zu einer eigenen Konfliktlösung zu veranlassen[231].

44.4 Im Interesse des Kindes sollen durch das Vermittlungsverfahren nach § 52a FGG die häufig emotionsbeladenen Verfahren über die Durchsetzung oder Änderung des Umgangs vermieden werden (näher § 1684 Rn 42)[232].

45 Ist eine Ehesache anhängig oder ein Antrag auf Bewilligung von Prozesskostenhilfe eingereicht, so kann in Angelegenheiten der elterlichen Sorge nach § 620 Nr 1 bis 3, 8 ZPO auf Antrag eine **einstweilige Anordnung** erlassen werden (§ 620a Abs 2 S 1 ZPO). Ist eine Ehesache noch nicht oder nicht mehr anhängig, so kommen in den selbständigen FGG-Familiensachen einstweilige Anordnungen unter den Voraussetzungen des § 621g ZPO in Betracht[233]. Daneben besteht bei diesen Rechtsfürsorgeangelegenheiten auch ein Bedürfnis nach amtswegigen Eilmaßnahmen. Für diese kommt seit Erlass des § 621g ZPO eine Analogie zu dieser Norm in Betracht[234], so dass es keines Rückgriffs auf das bisherige Richterrecht zur vorläufigen Anordnung bedarf. Ist die Entscheidung in der Hauptsache entscheidungsreif, besteht kein Raum mehr für eine einstweilige Anordnung[235].

46 Welches **Rechtsmittel** einschlägig ist, hängt davon ab, ob über die Folgesache im Scheidungsverbund oder in einem isolierten Verfahren entschieden wurde. Im Entscheidungsverbund wird über die Scheidung und die Folgesache einheitlich durch Urteil entschieden (§ 629 Abs 1 ZPO). Dieser Verbund bleibt auch in den Rechtsmittelinstanzen grds erhalten. Ergeht die Entscheidung über die Familiensache nach § 621 Abs 1 Nr 1 bis 3 ZPO dagegen in einem **isolierten Verfahren,** so richtet sich die Möglichkeit der Beschwerde nach § 621e Abs 1 ZPO und die der Rechtsbeschwerde nach § 621e Abs 2 ZPO. Das Beschwerderecht gegen einstweilige Anordnungen, die nach § 621g ZPO ergehen, richtet sich nach § 620c ZPO[236].

46.1 Gegen ein Verbundurteil des Familiengerichts kann Berufung beim OLG eingelegt werden (§§ 511 ZPO, 119 Abs 1 Nr 1 GVG), wenn neben dem Scheidungsausspruch auch die Folgesachen angefochten werden[237]. Die Möglichkeit der Revision bestimmt sich nach § 546 ZPO. Soll das Verbundurteil nur angefochten werden, soweit

---

[226] Mähler/Mähler Kind-Prax 1998, 18, 20; Coester Kind-Prax 2003, 79; de Witt FamRZ 1998, 211.
[227] BT-Drucks 13/4899 S 75 f, 133; Büttner FamRZ 1998, 585, 589 f; das OLG Zweibrücken FamRZ 2000, 299, 300 spricht von einer „Zwangsmediation"; s auch OLG Zweibrücken FamRZ 2000, 627.
[228] Hammerbacher S 45 ff; Balloff/Walter ZfJ 1993, 65 ff; Mähler/Mähler Kind-Prax 1998, 18; Breidenbach/Henssler/Mähler/Mähler S 121 ff mwN auf S 138 ff; Henssler/Koch/Fischer § 10; Motz FamRZ 2000, 857; Schulz FamRZ 2000, 860; Coester Kind-Prax 2003, 119 ff; Montada FPR 2004, 182 ff.
[229] Projekt „Gerichtsnahe Mediation" in Niedersachsen www.mediation-in-niedersachsen.com; Entringer FPR 2004, 196; in Niedersachsen gibt es inzwischen auch den Entwurf eines Gesetzes über die Einführung eines Mediations- und Gütestellengesetzes sowie zur Änderung anderer Gesetze, LT-Drucks 15/3708; zum Projekt „gerichtliche Mediation in Schleswig-Holstein" Probst SchlHA 2005, 317; zur Mediation in grenzüberschreitenden Sorge- und Umgangskonflikten Sievers/Benisch Kind-Prax 2005, 126.
[230] Bernhardt FPR 2005, 95.
[231] AG Eilenburg NJW-RR 2007, 154; Vosberg/Rockstroh FPR 2007, 1 f: sog „Eilenburger Praxis"; Lossen/Vergho FamRZ 1993, 768 ff; dies FamRZ 1995, 781 ff; dies FamRZ 1998, 1218 ff; Vergho FPR 2007, 296 ff; Regensburger Modell; Rudolph FF 2005, 167 ff; ders Pfad 2005, 74; Füchsle-Voigt FPR 2004, 600, 602; Verband alleinerziehender Mütter und Väter, Bundesverband e. V., ZKJ 2006, 204; Motz FamPra.ch 2007, 850 ff; www.ak-cochem.de: Cochemer Modell; Söhnen ZFE 2005, 40 f: Dresdner Pilotprojekt; krit zum Cochemer Modell OLG Stuttgart FamRZ 2007, 1266; Kölner Fachkreis Familie FamRZ 2005, 202 = FF 2006, 215; Arbeitskreis Familie Euskirchen FF 2006, 219 f; Carl FPR 2004, 187 ff; Wiesner/Mörsberger § 50 SGB VIII Rn 72; Lins FF 2007, 41 f; E. Schwab JAmt 2004, 117, 119; zust dagegen Heumann JAmt 2004, 14, 19; zu Wünschen der Eltern nach Unterstützung durch Dritte Willutzki Kind-Prax 2004, 21; Staudinger/Coester Rn 18; zu den Erfahrungen mit Modellen fachübergreifender Zusammenarbeit in den USA Johnston JAmt 2002, 378 ff.
[232] BT-Drucks 13/4899 S 133; zu den Voraussetzungen des Vermittlungsverfahrens iE Keidel/Brudermüller § 52a FGG Rn 5 ff.
[233] OLG Naumburg NJOZ 2005, 2988; dagegen BVerfG FamRZ 2005, 173 ff; 429 f; 1233 ff.
[234] OLG Frankfurt OLGR 2003, 153; OLG Dresden FamRZ 2003, 1306; Zöller/Philippi § 621g ZPO Rn 3; Johannsen/Henrich/Sedemund-Treiber § 621g ZPO Rn 1, 4; Gießler FamRZ 2004, 419, 420; van Els FamRZ 2003, 965.
[235] OLG Hamm OLGR 2004, 170, 171; OLG Frankfurt FamRZ 2000, 1037 f = DAVorm 2000, 1014.
[236] BVerfG FamRZ 2005, 173, 174; FamRZ 2005, 1233, 1235 gegen OLG Naumburg NJOZ 2005, 2988 (Gorgülü); OLG Dresden FamRZ 2002, 1498 f; OLG Köln FamRZ 2003, 548; Motzer FamRZ 2003, 793, 802.
[237] Thomas/Putzo/Hüßtege § 629a ZPO Rn 3.

darin über die Folgesachen elterliche Sorge, Umgang mit dem Kind, Herausgabe eines Kindes entschieden wurde, so ist die befristete Beschwerde zum OLG statthaft (§§ 629a Abs 2 S 1, 621e Abs 1 ZPO, § 119 Abs 1 Nr 2 GVG). Hiergegen ist die Rechtsbeschwerde zum BGH möglich (§§ 629a Abs 2 S 1, 621e Abs 2 ZPO, § 133 Nr 2 GVG).

Die Beschwerdeberechtigung folgt grds aus § 20 FGG; jedoch enthält § 57 FGG eine Sondervorschrift. In Familiensachen nach § 621 Abs 1 Nr 1 bis 3 ZPO sind § 57 Abs 1 Nr 8 und 9 FGG aber nicht anwendbar (§§ 64 Abs 3 S 3, 57 Abs 2 FGG). § 57 Abs 2 FGG steht einer Beschwerdeberechtigung des Jugendamts nicht entgegen (§ 64 Abs 3 S 3 letzter HS FGG). Das Recht des Kindes, sein Beschwerderecht auszuüben, richtet sich nach § 59 FGG[238]. **46.2**

Die **Vollstreckung einer gerichtlichen Verfügung,** mit der jemandem die Verpflichtung auferlegt wird, eine Handlung vorzunehmen, die ausschließlich von seinem Willen abhängt (zB Herausgabe eines Kindes), eine Handlung zu unterlassen oder die Vornahme einer Handlung zu dulden, richtet sich **nach § 33 FGG;** allerdings muß die Handlung erzwingbar sein, was nicht der Fall ist, wenn der gerichtlichen Verfügung, die zur Vornahme dieser Handlung verpflichtet, eine gesetzliche Grundlage fehlt wie zB bei Begutachtung eines Verfahrensbeteiligten durch einen Arzt oder Psychologen[239]. Die Anwendung von Gewalt neben Zwangsgeld und Zwangshaft (Abs 1) ist nur unter den Voraussetzungen von Abs 2 zulässig. Eine Gewaltanwendung gegen ein Kind darf jedoch nicht zugelassen werden, wenn das Kind herausgegeben werden soll, um das Umgangsrecht auszuüben (§ 33 Abs 2 S 2 FGG; s weiter § 1632 Rn 12; § 1684 Rn 46). Etwas anderes gilt dagegen bei gerichtlichem Vorgehen gegen massive Kindeswohlgefährdung des bislang sorgeberechtigten Elternteils. In diesem Fall kann die Entziehung des Aufenthaltsbestimmungsrechts, so das BVerfG, zulässigerweise mit einer Anordnung der Wegnahme des Kindes unter Gewaltanwendung verknüpft werden[240]. **47**

Eine vollständige Neuregelung des Rechts der freiwilligen Gerichtsbarkeit und des familiengerichtlichen Verfahrens enthält der Entwurf eines Gesetzes zur Reform des Verfahrens in Familiensachen und in Angelegenheiten der freiwilligen Gerichtsbarkeit **(FGG-Reformgesetz)** (FGG-RG)[241]. Dieses Gesetz sieht ua folgende Änderungen vor: eine erhebliche Erweiterung der familiengerichtlichen Zuständigkeit verbunden mit einer Auflösung des Vormundschaftsgerichts (Art 1 § 111, Art 22 Nr 7, 8), eine Änderung von § 33 FGG (Art 1 § 35) sowie des einstweiligen Rechtsschutzes (Art 1 §§ 49 ff), eine effizientere Gestaltung der Durchsetzung von Entscheidungen zur Herausgabe von Personen und zur Regelung des Umgangs (Art 1 § 89), eine Präzisierung der Funktionen des Verfahrenspflegers, zukünftig „Verfahrensbeistand" genannt (Art 1 § 174)[242], ein Vorrang- und Beschleunigungsgebot für bestimmte Kindschaftssachen (Art 1 § 155), in Verfahren nach § 1666 f die Erörterung mit den Eltern und ggf dem Kind, wie einer möglichen Kindeswohlgefährdung begegnet werden kann (Art 1 § 157), die Verpflichtung des Gerichts, auf ein Einvernehmen der Beteiligten hinzuwirken sowie die Möglichkeit für das Gericht anzuordnen, dass die Eltern an einer Beratung durch die Beratungsstellen und -dienste der Träger der Jugendhilfe teilnehmen (Art 1 § 156)[243]. Jüngste Vorschläge zur Änderung des noch geltenden FGG enthält für Verfahren nach §§ 1666 bis 1667 der Gesetzentwurf der Bundesregierung für ein Gesetz zur Erleichterung familiengerichtlicher Maßnahmen bei Gefährdung des Kindeswohls in den § 50e (Vorrang- und Beschleunigungsgebot) und § 50f (Erörterung des Kindeswohls)[244] (näher § 1666 Rn 25). **48**

X. Übergangsregelungen

Das KindRG ist am 1. 7. 1998 in Kraft getreten (Art 17 § 1 KindRG). Die Neuregelungen finden mithin ab diesem Zeitpunkt unmittelbar Anwendung[245]. Eine **materiell-rechtliche Übergangsvorschrift** findet sich in Art 224 § 2 EGBGB, eingefügt durch Art 12 Nr 4 KindRG. **49**

Nach Art 224 § 2 Abs 1 S 1 EGBGB ist eine Ehelicherklärung nach §§ 1723 ff aF als Entscheidung nach § 1672 nF anzusehen. Will die Mutter die elterliche Sorge wieder erlangen, so ist dies nur in einem Verfahren nach §§ 1696, 1666 möglich[246]. Die gemeinsame elterliche Sorge kann nicht durch Sorgeerklärungen wieder erlangt werden – dieser Möglichkeit steht § 1626b Abs 3 entgegen – sondern nur aufgrund Eheschließung (§ 1626 Abs 1 Nr 2) oder aufgrund einer gerichtlichen Entscheidung nach § 1672 Abs 2[247]. Wird das Kind auf seinen Antrag hin nach dem Tod seiner Mutter für ehelich erklärt (§§ 1740 a ff aF), so gilt dies als Entscheidung nach § 1680 Abs 2 S 2 (Art 224 § 2 Abs 2 EGBGB). **49.1**

---

[238] OLG Hamm FamRZ 2002, 1127.
[239] OLG Oldenburg NJW-RR 2007, 1515.
[240] BVerfG FamRZ 2006, 537, 539.
[241] BR-Drucks 309/07.
[242] *Salgo* FPR 2006, 12 zum RefE.
[243] *Büchner* ZKJ 2006, 412 zum RefE; in dieser Norm haben Elemente des Cochemer Modells (dazu Rn 44.3) ihren Niederschlag gefunden, so auch *Rausch* FuR 2006, 337, 339 f; *Heiter* Kind-Prax 2005, 219, 222; krit *Vosberg/Rockstroh* FPR 2007, 1, 2; *Reichert* ZKJ 2006, 230; zu entsprechenden Forderungen 16. DFGT FamRZ 2005, 1962, 1964; allg zur Reform des familiengerichtlichen Verfahrens *Borth* FamRZ 2007, 1925 ff; *Willutzki* ZKJ 2006, 224; *Kahl* FGPrax 2004, 160; *Meyer-Seitz/Kröger/Heiter* FamRZ 2005, 1430; *Heiter* Kind-Prax 2005, 219; zum gesamten Reformgesetz *Kuntze* FGPrax 2005, 185.
[244] BR-Drucks 550/07.
[245] BT-Drucks 13/4899 S 37; OLG Hamm FamRZ 1998, 1315, 1316; FamRefK/*Rogner* Rn 37.
[246] BT-Drucks 13/4899 S 139.
[247] BT-Drucks 13/4899 S 139 verweist auf § 1671 Abs 2 BGB.

§ 1626

50 Infolge der Forderung des BVerfG, eine Übergangsregelung zum Sorgerecht von Eltern zu schaffen, die nicht miteinander verheiratet waren, aber mit ihrem gemeinsamen Kind zusammengelebt und sich vor dem 1. 7. 1998 getrennt haben (§ 1626 a Rn 19)[248], hat der Gesetzgeber die Regelung des Art 224 § 2 Abs 3 EGBGB geschaffen (BGBl 2003 I S 2547). Haben danach nicht miteinander verheiratete Eltern längere Zeit in häuslicher Gemeinschaft gemeinsam die elterliche Verantwortung für ihr Kind getragen und sich vor dem 1. 7. 1998 getrennt, hat das Familiengericht auf Antrag eines Elternteils die Sorgeerklärung des anderen Teils nach § 1626 a Abs 1 Nr 1 zu ersetzen, wenn die gemeinsame elterliche Sorge dem Kindeswohl dient (Abs 3 S 1). Ein gemeinsames Tragen der elterlichen Verantwortung über längere Zeit liegt nach Abs 3 S 2 idR vor, wenn die Eltern mindestens sechs Monate ohne Unterbrechung mit dem Kind zusammengelebt haben.

51 Die verfahrensrechtlichen Regeln des KindRG sind mit Inkrafttreten des Gesetzes anzuwenden. Übergangsregelungen fanden sich in Art 15 § 1 und 2 KindRG. Diese sind am 1. 7. 2003 außer Kraft getreten (**Art 17 § 2 KindRG**).

XI. Supranationaler Schutz von Grundrechten und -freiheiten

52 Für das Eltern-Kind-Verhältnis relevante Grundrechte und -freiheiten enthält die Europäische Konvention zum Schutz der Menschenrechte und Grundfreiheiten (**EMRK**) vom 7. 8. 1952 (BGBl II S 685; BGBl 1995 II 578) in Art 3, 6, 8, 12 und 14[249]. Weiter zu nennen sind die Art 9, 24 und 33 der **Charta der Grundrechte der Europäischen Union** vom 14. 12. 2007 (ABl EG C 303/01)[250]. Wichtige Regeln finden sich zudem im UN-Übereinkommen über die Rechte des Kindes (**UN-Kinderkonvention**) vom 20. 11. 1989 (BGBl 1992 II S 121, 990) etwa in den Art 2, 6, 9, 12, 13, 14 und 19; diese Konvention hat nicht nur Anstöße für die Kindschaftsrechtsreform von 1998[251], sondern auch etwa für die jüngste Änderung von § 1631 Abs 2 gegeben[252]. Noch nicht ratifiziert ist die **Konvention des Europarates** vom 15. 5. 2003 **über den Umgang mit Kindern** (ETS Nr 192), die etwa in Art 4 und 5 wichtige Umgangsrechte enthält[253]. Einen Katalog von Verfahrensrechten, die von Kindern oder durch andere Personen oder Stellen ausgeübt werden können, enthält das **Europäische Übereinkommen über die Ausübung von Kinderrechten** (BGBl 2001 II S 1074).

52.1 In jüngerer Zeit sind auch für die nationale Rspr grundlegende Entscheidungen in kindschaftsrechtlichen Fragen vom EGMR zur **EMRK** getroffen worden[254].

52.2 In jüngster Zeit sind wiederholt Forderungen nach Aufhebung des bei Hinterlegung der Ratifikationsurkunde zur **UN-Kinderkonvention** erklärten Vorbehalts aufgestellt worden[255].

XII. Internationales Privat- und Verfahrensrecht

53 Die Frage, welches Recht bei der Regelung der elterlichen Sorge und des Umgangsrechts bei Sachverhalten mit einer Verbindung zum Recht eines ausländischen Staates anzuwenden ist, bestimmt sich grds nach **Art 21 EGBGB**. Vorrang gegenüber dieser Vorschrift haben nach Art 3 Abs 2 EGBGB Regelungen in völkerrechtlichen Verträgen, soweit sie unmittelbar anwendbares innerstaatliches Recht geworden sind. Dazu gehört das Haager Übereinkommen über die Zuständigkeit der Behörden und das anzuwendende Recht auf dem Gebiet des Schutzes von Minderjährigen (**MSA**) vom 5. 10. 1961 (BGBl 1971 II S 219), das die Bestimmungen anderer zwischenstaatlicher Übereinkommen, die im

---

[248] BVerfG FamRZ 2003, 285, 291.
[249] Relevanz im Rahmen der Auslegung nationalen Rechts EuGH MR 2004, 1456, 1459; BVerfG FamRZ 2005, 783, 784; BGH FamRZ 2007, 1969, 1973.
[250] ABl EU C 310/1 vom 16. 12. 2004.
[251] BT-Drucks 13/4899 S 29; *Finger* ZfJ 1999, 451.
[252] BT-Drucks 14/1247 S 3.
[253] http://conventions.coe.int/Treaty/GER/Treaties/html/192.htm.
[254] EGMR ZfJ 2005, 154, 159 f – Z and others/United Kingdom [**Art 3**]; EGMR NJW-RR 2007, 1225 ff – Bianchi/Schweiz; Görgülü/Deutschland: EGMR FamRZ 2004, 1456, 1458 m zust Anm *Rixe* 1460; abl *Hoffmann* ZfJ 2005, 44; BVerfG 111, 307 m Anm *Klein* JZ 2004, 1176; FamRZ 2005, 783 m Anm *Rixe* = NJW 2005, 1765; BGH FamRZ 2007, 1969, 1972 f, m abl Anm *Zenz* FamRZ 2007, 2060 ff; EGMR FamRZ 2004, 337, 338 ff – Sommerfeld/Deutschland; Sahin/Deutschland; EGMR FamRZ 2002, 381, 382 f – Sommerfeld/Deutschland m Anm *Rixe* 386; EGMR FamRZ 2001, 341 = NJW 2001, 2315 – Elsholz/Deutschland m Anm *Liermann* DAVorm 2000, 629; *Koeppel* DAVorm 2000, 639; *Kodjoe* DAVorm 2000, 641; *Benda* EuGRZ 2002, 1; EGMR FamRZ 2002, 1393 – Kutzner/Deutschland m krit Anm *Brückner* FuR 2002, 385; EGMR FamRZ 2005, 585 – Haase/Deutschland; EGMR NJW 2003, 809 – K. und T./Finnland m Anm *Scherpe* FamRZ 2002, 305; EGMR NJW 2006, 2241 – Süss/Deutschland; allg *Brötel*, Der Anspruch auf Achtung des Familienlebens, 1991; *ders* DAVorm 1996, 745, 751 ff; *Witteborg* S 165 [**Art 8**]; EGMR FamRZ 2004, 337, 341 – Sommerfeld/Deutschland; Sahin/Deutschland; *Witteborg* 173 [**Art 14**]. Zur Bindungswirkung von Entscheidungen des EGMR BVerfGE 111, 307 ff; FamRZ 2005, 173 ff; 783 ff m zust Anm *Rixe*; FamRZ 2005, 1233, 1235; *Meyer-Ladewig/Petzold* NJW 2005, 15 ff; *Rixe* Anm zu EGMR FamRZ 2004, 1456; *Kilian*, FS Zuleeg, 2005, S 234 ff; *Buschle* VBlBW 2005, 293 ff; *Kadelbach* Jura 2005, 480; *Rixe* ZKJ 2006, 276.
[255] BT-Drucks 14/1681; 14/4884; 15/1606; 15/1819; 15/2419; 15/4724; 15/5798; 15/5806; Annahme der Beschlussempfehlung des Ausschusses für Familie, Senioren, Frauen und Jugend, BT-Drucks 15/5806, in der 184. Sitzung am 30. 6. 2005, Sitzungsprotokoll des Deutschen Bundestags 17337; allg zur UN-Kinderkonvention *Witteborg* S 141 ff; *Dölitzsch* S 261 ff; *Baer* NJW 1993, 2209; *Stöcker* FamRZ 1992, 245 ff; *Uhlmann* FamRZ 1992, 892; *Wiesner* ZfJ 1998, 173.

Zeitpunkt seines Inkrafttretens am 17. 9. 1971 galten, unberührt lässt (Art 18 Abs 2 MSA). Hierzu zählen weiter das Haager Übereinkommen über die zivilrechtlichen Aspekte internationaler Kindesentführung (**HKiEntÜ**) vom 25. 10. 1980 (BGBl 1990 II S 207, 329) sowie das Europäische Übereinkommen über die Anerkennung und Vollstreckung von Entscheidungen über das Sorgerecht für Kinder und die Wiederherstellung des Sorgeverhältnisses (**ESÜ**) vom 20. 5. 1980 (BGBl 1990 II S 220, BGBl 1991 II S 392)[256]. Das Haager Übereinkommen über die Zuständigkeit, das anzuwendende Recht, die Anerkennung, Vollstreckung und Zusammenarbeit auf dem Gebiet der elterlichen Verantwortung und der Maßnahmen zum Schutz von Kindern (**KSÜ**) vom 19. 10. 1996[257], ist am 1. 4. 2003 von Deutschland gezeichnet, aber noch nicht ratifiziert worden[258]; es soll im Verhältnis zwischen den Vertragsstaaten das MSA (Art 51) ersetzen[259]. Auf gemeinschaftsrechtlicher Ebene gilt seit dem 1. 3. 2005 die VO Nr 2201/2003 über die Zuständigkeit und die Anerkennung und Vollstreckung von Entscheidungen in Ehesachen und in Verfahren betr die elterliche Verantwortung (**Brüssel IIa**)[260].

Diese Verordnung ersetzt die Verordnung 1347/2000 über die Zuständigkeit und die Anerkennung und Vollstreckung von Entscheidungen in Ehesachen und in Verfahren betr die elterliche Verantwortung für die gemeinsamen Kinder von Ehegatten vom 29. 5. 2000 (Brüssel II) (ABl EG Nr L 160 S 19). Am 1. 3. 2005 ist das Gesetz zum internationalen Familienrecht vom 26. 1. 2005 (BGBl I S 162), das der Durchführung der neuen VO dient, in Kraft und das Sorgerechtsübereinkommens-AusführungsG vom 5. 4. 1990 außer Kraft getreten (Art 3)[261]; näher dazu die Kommentierung zu Art 21 EGBGB.

§ 1626 a Elterliche Sorge nicht miteinander verheirateter Eltern; Sorgeerklärungen

(1) Sind die Eltern bei der Geburt des Kindes nicht miteinander verheiratet, so steht ihnen die elterliche Sorge dann gemeinsam zu, wenn sie
1. erklären, dass sie die Sorge gemeinsam übernehmen wollen (Sorgeerklärungen), oder
2. einander heiraten.
(2) Im Übrigen hat die Mutter die elterliche Sorge.

Schrifttum: *Becker*, Altfallregelung seit Januar 2004: Gemeinsames Dorgerecht für Väter nichtehelicher Kinder auch ohne Zustimmung der Mutter, FamRB 2004, 402; *Brambring*, Notarielle Beurkundung der Sorgeerklärung nach § 1626 a Abs 1 Nr 1 BGB, DNotI-Report 1998, 89; *ders*, Formulierungsvorschlag für die Sorgeerklärung der Eltern des nichtehelichen Kindes, FF 1998, 74; *Breithaupt*, Die Alleinsorge der Mutter nach § 1626 a II BGB und das Kindeswohl, FPR 2004, 488; *Büdenbender*, Elterliche Entscheidungsautonomie über die elterliche Sorge nach geltendem Recht und nach dem Entwurf eines Kindschaftsrechtsreformgesetzes, AcP 197 (1997), 197; *ders*, Der Unterhaltsanspruch des Vaters eines nichtehelichen Kindes gegen die Kindesmutter, FamRZ 1998, 129; *Burmeister*, Grundrechtliche Inhalts- und Schrankenbestimmung durch private Hand?, KJ 2005, 328; *Carl*, Über die Freiheit des Gesetzgebers bei der Ausgestaltung des Sorgerechts nicht miteinander verheirateter Eltern, FPR 2005, 165; *Coester*, Elternautonomie und Staatsverantwortung bei der Pflege und Erziehung von Kindern, FamRZ 1996, 1181; *ders*, Elternrecht des nichtehelichen Vaters und Adoption – Zur Entscheidung des Bundesverfassungsgerichts vom 7. 3. 1995, FamRZ 1995, 1245; *ders*, Neues Kindschaftsrecht in Deutschland, DEuFamR 1999, 1; *ders*, Verfassungsrechtliche Vorgaben für die gesetzliche Ausgestaltung des Sorgerechts nicht miteinander verheirateter Eltern, FPR 2005, 60; *ders*, Nichteheliche Elternschaft und Sorgerecht, FamRZ 2007, 1137; *Dethloff*, Reform des Kindschaftsrechts, NJW 1992, 2200; *dies*, Das Sorgerecht nicht miteinander verheirateter Eltern aus rechtsvergleichender Sicht, JAmt 2005, 213; Stellungnahme des Familienrechtsausschusses des Deutschen Anwaltvereins e. V. zum Entwurf eines Gesetzes zur Reform des Kindschaftsrechts vom 28. 2. 1996, FamRZ 1996, 1401 (zit: Deutscher Anwaltverein); Empfehlungen des 7. Deutschen Familiengerichtstages, FamRZ 1988, 468 (zit: Empfehlungen des DFGT); Stellungnahme des Deutschen Familiengerichtstages e. V. zu dem Entwurf eines Gesetzes zur Reform des Kindschaftsrechts (Kindschaftsrechtsreformgesetz – KindRG), FamRZ 1997, 337 (zit: Stellungnahme des DFGT); Beschlüsse des 59. Deutschen Juristentages 15.–18. 9. 1992 in Hannover, FamRZ 1992, 1275 (zit: 59. DJT, Beschluss Nr); Deutscher Juristinnenbund, Entwurf zur Reform des Kindschaftsrechts, FuR 4/92, 1; *Dickerhof-Borello*, Die Sorgeerklärung eines geschäftsunfähigen Elternteils – eine Lücke im Kindschaftsreformgesetz? – Teil 1, FuR 1998, 70; Teil 2, FuR 1998, 157; *Dickmeis*, Strukturen des deutschen Kindschaftsrechts im Kontext zur europäischen Rechtsentwicklung, ZfJ 1998, 41; *Diederichsen*, Die Reform des Kindschafts- und Beistandschaftsrecht, NJW 1998, 1977; *Ewers*, Kindeswohl und Verfassung, FamRZ 2000, 787; *Finger*, Das Kindschaftsrecht des nichtehelichen Vaters – verfassungswidrige Reform?, ZfJ 2000, 183; *ders*, §§ 1626 a ff., 1672 BGB – verfassungswidrig?, FamRZ 2000, 1204; *ders*, Sorgeerklärungen – eine Umfrage bei hessischen Standes- und Jugendämtern, StAZ 2003, 225; *ders*, Nichteheliche Kindschaft und Auslandsbezug, ZfJ 2004, 134; *ders*, Alleinige Elternsorge der nichtehelichen Mutter – gerichtliche Antragsbefugnisse des Vaters, FamRB 2002, 335; *ders*, Nichtehelicher Vater und Annahme des/seines Kindes, JR

---

[256] S auch Art 1 des Gesetzes vom 5. 4. 1990 BGBl I S 701, zuletzt geändert durch Art 2 Abs 6 des Gesetzes vom 19. 2. 2001, BGBl I S 288, 436.
[257] Abdruck bei *Jayme/Hausmann*, Internationales Privat- und Verfahrensrecht, 12. Aufl 2004, S 125 ff.
[258] *Schulz* FPR 2004, 299, 301; *Solomon* FamRZ 2004, 1409, 1414; *Breuer* FPR 2005, 74, 77.
[259] Überblick über die internationalen Abkommen *Schulz* FamRZ 2003, 336 ff.
[260] ABl EG Nr L 338 S 1, in Kraft seit 1. 8. 2004 (Art 72 S 1), mit Ausnahme der Art 67 bis 70 anwendbar seit 1. 3. 2005 (Art 72 S 2); *Coester-Waltjen* FamRZ 2005, 241; *Solomon* FamRZ 2004, 1409; *Schulz* FPR 2004, 299; *Busch/Rölke* FamRZ 2004, 1338; *Looschelders* JR 2006, 45; zum Verhältnis der VO zu den genannten multilateralen Übereinkommen Art 60 ff der EG-VO Nr 2201/2003; *Schulz* Beilage zu NJW Heft 18/2004 und FPR Heft 6/2004, 15; *dies* FPR 2004, 299 ff; *Helms* FamRZ 2002, 1593, 1600 ff; *Solomon* FamRZ 2004, 1409, 1414 ff; *Breuer* FPR 2005, 74 ff; *Pirrung*, FS Jayme, 2004, S 701, 707 f; *Finger* ZfJ 2005, 144; *ders* FuR 2007, 67, 70 ff; *Teixeira de Sousa* FamRZ 2005, 1612 ff.
[261] Gesetzesbegr, BT-Drucks 15/3981; Art 1 dieses Gesetzes enthält das Internationale Familienrechtsverfahrensgesetz; dazu *Gruber* FamRZ 2005, 1603; *Schlauß* FPR 2004, 279.

§ 1626 a

2005, 138; *Fink,* Die Verwirklichung des Kindeswohls im Sorgerecht für nichtverheiratete Eltern, 2004; *dies,* Verfassung und das Sorgerecht für nichteheliche Kinder: Das Kindeswohl als Maßstab gesetzlicher Regelungen, JAmt 2005, 485; *Frank,* Rechtsvergleichende Betrachtungen zur Entwicklung des Familienrechts, FamRZ 2004, 841; *Groß,* Zur Problematik der §§ 1626 a und 1672 BGB, FPR 2002, 176; *Grziwotz,* Partnerschaftsvertrag für die nichteheliche Lebensgemeinschaft, 3. Aufl 1998; *ders,* Rechtsprechung zur nichtehelichen Lebensgemeinschaft, FamRZ 1999, 413; *Hammer,* Die rechtliche Verbindlichkeit von Elternvereinbarungen, FamRZ 2005, 1209; *Heumann,* Eltern ohne Sorgerecht – Gedanken zu „Recht und Familie", FuR 2003, 293; *Höfelmann,* Das „Gesetz zur Umsetzung familienrechtlicher Entscheidungen des Bundesverfassungsgerichts", FamRZ 2004, 65; *Humphrey,* Das Sorgerecht des nichtehelichen Vaters in rechtsvergleichender Kritik, FPR 2003, 578; *Jonas,* Typisierung contra Einzelfallgerechtigkeit. Anmerkung zum Urteil des Bundesverfassungsgerichts vom 29. Januar 2003 [1 BvL 20/99 und 1 BvR 933/01], JAmt 2003, 332; *Kinderrechtekommission des Deutschen Familiengerichtstags e. V.,* JAmt 2005, 490; *Knittel,* Die Beurkundung von Sorgeerklärungen nicht miteinander verheirateter Eltern, ZfJ 2000, 140; *Kropholler,* Kritische Bestandsaufnahme im Nichtehelichenrecht, AcP 185 (1985), 244; *Liermann,* Auswirkungen der Rechtsprechung des BVerfG zu § 1626 a BGB auf § 1748 IV BGB im Adoptionsrecht, FamRZ 2003, 1523; *M.Lipp,* Das elterliche Sorgerecht für das nichteheliche Kind nach dem Kindschaftsrechtsreformgesetz (KindRG), FamRZ 1998, 65; *Machulla,* Das gemeinsame Sorgerecht für nichteheliche Kinder – Die Verfassungsmäßigkeit des § 1626 a BGB, ZFE 2003, 105; *Mattfeldt-Kloth,* Diskussion zum 59. DJT (1992), Bd 2, Sitzungsberichte, M 148; *Mohr/Wallrabenstein,* Elterliche Sorge als ein Sorgenkind des Bundesverfassungsgerichts, Jura 2004, 194; *Motzer,* Die neueste Entwicklung von Gesetzgebung und Rechtsprechung auf dem Gebiet von Sorgerecht und Umgangsrecht, FamRZ 2001, 1034; *ders,* Gesetzgebung und Rechtsprechung zur elterlichen Sorge und zum Umgangsrecht seit dem Jahr 2001, FamRZ 2003, 793; *Müller,* Elterliches Sorgerecht des unverheirateten Vaters auch gegen den Willen der Kindesmutter? – Anmerkungen zur Entscheidung des Bundesverfassungsgerichts vom 29. Januar 2003, ZfJ 2004, 7; *Niepmann,* Die Reform des Kindschaftsrechts – Die wichtigsten Neuerungen für die Praxis, MDR 1998, 565; *Oberloskamp,* Staatliche Rechtsfürsorge, Sorge- und Umgangsrecht beim nichtehelichen Kind, ZfJ 1989, 118; *Ollmann,* Sorgeerklärung der nach § 1666 BGB im Sorgerecht beschränkten Mutter, JAmt 2001, 515; *Ramm,* Kindschaftsreform?, JZ 1996, 987; *Rauscher,* Das Umgangsrecht im Kindschaftsrechtsreformgesetz, FamRZ 1998, 329; *Regler,* Das Rechtsverhältnis der nicht verheirateten Eltern bei gemeinsamer Sorgerechtsausübung für nichteheliche Kinder, 1999; *Richter,* Die Alleinsorge der Mutter nach § 1626 a II und das Kindeswohl, FPR 2004, 484; *Schlüter,* Elterliches Sorge- und Umgangsrecht bei nichtehelicher Elternschaft – eine ungelöste Aufgabe für den Gesetzgeber, FuR 1994, 341; *Schumann,* Die nichteheliche Familie. Reformvorschläge für das Familienrecht, 1998; *dies,* Erfüllt das neue Kindschaftsrecht die verfassungsrechtlichen Anforderungen an die Ausgestaltung des nichtehelichen Vater-Kind-Verhältnisses?, FamRZ 2000, 389; *dies,* Sorgerecht nicht miteinander verheirateter Eltern, FuR 2002, 59; *Schwab,* Kindschaftsrechtsreform und notarielle Vertragsgestaltung, DNotZ 1998, 437; *Schwab/Wagenitz,* Einführung in das neue Kindschaftsrecht, FamRZ 1997, 1377; *Schwenzer,* Die Rechtsstellung des nichtehelichen Kindes, FamRZ 1992, 121; *Spangenberg/Spangenberg,* Zur nichtehelichen Müttern das letzte Wort? – Anmerkung zur Entscheidung des Bundesverfassungsgerichts vom 29. 1. 2003, ZfJ 2003, 332; *Veit,* Verwandtschaftliche Elternstellung und elterliche Sorge bei Scheidungskindern, FamRZ 1999, 902; *Wegmann,* Auswirkungen des Kindschaftsreformgesetzes und des Erbrechtsgleichstellungsgesetzes auf die notarielle Tätigkeit, MittBayNot 1998, 308; *Weiß,* Die Sorgeerklärungen gemäß § 1626 a I Nr. 1 BGB. Unter besonderer Berücksichtigung ihrer Rechtsnatur, 2005; *Willutzki,* Umsetzung der Kindschaftsreform in der Praxis, Kind-Prax 2000, 45; *Wolf,* Die Verfassungsmäßigkeit von § 1626 a BGB, FPR 2002, 173; *Zimmermann,* Das neue Kindschaftsrecht, DNotZ 1998, 404.

Übersicht

	Rn		Rn
I. Normzweck	1	2. Rechtsfolge	13
II. Entstehen der gemeinsamen elterlichen Sorge von nicht miteinander verheirateten Eltern	2	**III. Beendigung der gemeinsamen elterlichen Sorge**	15
1. Voraussetzungen	2	**IV. Alleinige elterliche Sorge der Mutter des Kindes (Abs 2)**	16
a) Eltern, die bei der Geburt des Kindes nicht miteinander verheiratet sind	2		
b) Sorgeerklärungen (Abs 1 Nr 1)	4		
c) Heirat der Eltern (Abs 1 Nr 2)	12	**V. Alleinsorge des Vaters**	23

I. Normzweck

1   Die Neuregelung, eingefügt durch Art 1 Nr 10 KindRG, gibt den Eltern eines Kindes, die im Zeitpunkt der Geburt nicht miteinander verheiratet sind, die Möglichkeit, durch Abgabe von Sorgeerklärungen (Abs 1 Nr 1) oder durch Eheschließung (Abs 1 Nr 2) die gemeinsame elterliche Sorge zu erlangen. § 1626 a ergänzt insoweit § 1626[1]. Damit wird dem Gebot des Art 6 Abs 5 GG Rechnung getragen, den Kindern von nicht miteinander verheirateten Eltern durch positive Regeln die gleichen Bedingungen für ihre seelische und körperliche Entwicklung zu verschaffen wie ehelichen Kindern[2]. Ein gemeinsames Sorgerecht ist zudem geeignet, den Eltern ihre gemeinsame Verantwortung für das Kind deutlich zu machen, und genügt dem Interesse des Kindes an einer rechtlichen Absicherung seiner emotionalen Bindungen zu beiden Eltern[3]. Liegen weder Sorgeerklärungen noch eine Eheschließung der Eltern des Kindes vor, steht die elterliche Sorge nur der Mutter des Kindes zu (Abs 2).

---

[1] BT-Drucks 13/4899 S 93.
[2] BVerfGE 84, 162, 185.
[3] BVerfGE 84, 162, 182; BGH FamRZ 2004, 802, 803.

II. Entstehen der gemeinsamen elterlichen Sorge von nicht miteinander verheirateten Eltern

1. Voraussetzungen. a) Eltern, die bei der Geburt des Kindes nicht miteinander verheiratet sind. Eltern des Kindes sind seine Mutter (§ 1591) und sein Vater (§ 1592 Nr 2, 3). Dem Vater, der nicht mit der Mutter des Kindes verheiratet ist, kommt der volle Elternstatus iS von Art 6 Abs 2 S 1 GG nur zu, wenn er die Vaterschaft des Kindes anerkannt hat (§§ 1592 Nr 2, 1594, 1599 Abs 2)[4] oder seine Vaterschaft gerichtlich festgestellt worden ist (§§ 1592 Nr 3, 1600 d). Davor hat er nur das „natürliche Recht" auf Zuweisung der Elternposition[5]. Anerkennung und Feststellung der Vaterschaft wirken auf den Zeitpunkt der Geburt zurück[6]. Die Rückwirkung erstreckt sich allerdings nicht automatisch auf den Sorgerechtserwerb nach Abs 1 Nr 1 oder 2[7]. Wird auf Grund einer Anfechtung rechtskräftig festgestellt, dass der Mann nicht der Vater des Kindes ist (§ 1599 Abs 1), so entfällt mit dieser Entscheidung rückwirkend die Elternstellung. Die von diesem Scheinvater abgegebene Sorgeerklärung ist unwirksam. Ebenso unwirksam ist die Sorgeerklärung, die für ein Kind abgegeben wird, das nach § 1592 Nr 1 oder 2 noch als Kind eines anderen Mannes gilt[8].

Voraussetzung ist weiter, dass die Eltern bei der Geburt des Kindes **nicht miteinander verheiratet sind.** Dies ist dann der Fall, wenn zurzeit der Geburt des Kindes eine Eheschließung zwischen ihnen fehlt, diese nicht wirksam geworden ist, weil der Tatbestand einer Nichtehe vorliegt (§ 1310 Rn 1), oder die Ehe mit Rechtskraft eines Urteils aufgelöst ist (§§ 1313 S 2, 1564 S 2).

b) Sorgeerklärungen (Abs 1 Nr 1). Die elterliche Sorge tritt nicht kraft Gesetzes mit Begründung der verwandtschaftlichen Stellung von Vater und Mutter ein, sondern erst **durch Bekundung des gemeinsamen Willens der Eltern,** die Elternverantwortung zu übernehmen. Bis dahin steht die elterliche Sorge allein der Mutter zu. Dadurch unterscheiden sich die nicht miteinander verheirateten Eltern eines Kindes von den miteinander verheirateten, bei denen ein übereinstimmender Wille, die gemeinsame Elternverantwortung wahrzunehmen, auf Grund der Eheschließung vermutet wird[9].

Die Sorgeerklärungen zielen auf die gemeinsame elterliche Sorge. Diese Folge tritt mit Abgabe der wirksamen Erklärungen ein. Es handelt sich deshalb um **Willenserklärungen,** die höchstpersönlich (§ 1626 c Abs 1), ohne Befristung oder Bedingung (§ 1626 b Abs 1) von den Eltern abgegeben werden. Sie sind nicht empfangsbedürftig.

Die Sorgeerklärung wird überwiegend als Willenserklärung eingeordnet[10].
Die Sorgeerklärungen weisen wegen ihres **personenrechtlichen** Charakters ebenso wie die Anerkennungserklärung nach den §§ 1592 Nr 2, 1594 Besonderheiten auf. So richtet sich die Unwirksamkeit dieser Willenserklärungen im Interesse der Rechtssicherheit[11] nur nach § 1626 e, so dass die Anwendbarkeit der allgemeinen Vorschriften der §§ 104 ff ausgeschlossen ist (näher § 1626 e Rn 3). Die gleichzeitige Abgabe der Erklärungen ist nicht notwendig (arg § 1311 S 1); die Erklärungen können also an verschiedenen Orten oder zu verschiedenen Zeitpunkten abgegeben werden[12]. Die Rechtsfolge (Rn 13) tritt erst ein, wenn beide Sorgeerklärungen vorliegen[13].

Die Sorgeerklärungen müssen **inhaltlich** übereinstimmen, nicht notwendig gleichlauten[14]. Sie enthalten die Erklärungen der beiden Eltern, die Sorge für das gemeinsame Kind gemeinsam übernehmen zu wollen[15]. Aus den Erklärungen muss auch hervorgehen, auf welches Kind sich die gemeinsame Sorge beziehen soll[16]. Damit ist die Möglichkeit eröffnet, dass für **mehrere Kinder** in der Familie unterschiedliche Sorgerechtsstrukturen gelten; eine Analogie zu § 1617 Abs 1 S 3 ist nicht möglich[17]. Nach der amtlichen Begründung können darüber hinausgehende Erklärungen, etwa über Einzelheiten der künftigen Wahrnehmung der elterlichen Sorge (**sog Sorgeplan),** nicht Bestandteil von Sorgeerklärungen sein[18]. Für die Sorgeerklärungen enthält Abs 1 S 1 eine abschließende Inhaltsbestimmung. Nicht möglich ist es, die Sorge, die beide Eltern gemeinsam übernehmen wollen, auf **einen Teil** zu beschränken[19].

---

[4] BGH FamRZ 2004, 802, 803; s auch OLG Stuttgart JAmt 2007, 545 f.
[5] BVerfG FamRZ 2003, 816, 819 ff; *Coester* FamRZ 1995, 1245, 1246.
[6] *Johannsen/Henrich/Jaeger* Rn 8.
[7] *Veit* FamRZ 1999, 902, 905; aA *Gernhuber/Coester-Waltjen* § 57 Rn 139.
[8] *Johannsen/Henrich/Jaeger* Rn 2.
[9] BVerfG FamRZ 2003, 285, 289.
[10] *Schwab/Wagenitz* FamRZ 1997, 1377, 1379; *Schwab* DNotZ 1998, 437, 451; *Palandt/Diederichsen* Rn 4; MünchKommBGB/*Huber* Rn 12; *Johannsen/Henrich/Jaeger* Rn 3; *Zimmermann* DNotZ 1998, 404, 416; *Dickerhof-Borello* FuR 1998, 70; *Büdenbender* AcP 197 (1997), 197, 214; *Lipp* FamRZ 1998, 65, 70; DIJuF-Rechtsgutachten JAmt 2004, 315; *Lipp/Wagenitz* Rn 4: statuskonkretisierende Willenserklärungen; dagegen: *Staudinger/Coester* Rn 29 statusaktivierende Bedeutung; *Staudinger/Coester* Rn 31; *Gernhuber/Coester-Waltjen* § 57 Rn 138: rechtsgeschäftsähnliche Willenserklärungen; *Ramm* JZ 1996, 987, 989: Familienrechtsgeschäft; *Diederichsen* NJW 1998, 1977, 1983: reine Absichtserklärungen; *Weiß* S 208 ff: Verpflichtungs- und Verfügungsvertrag.
[11] BT-Drucks 13/4899 S 95.
[12] *Lipp* FamRZ 1998, 65, 69; *Büdenbender* AcP 197 (1997), 197, 206; *Schwab* DNotZ 1998, 437, 450.
[13] DIV-Gutachten DAVorm 1999, 217, 218.
[14] MünchKommBGB/*Huber* Rn 10.
[15] Formulierungsvorschlag für Sorgeerklärungen bei *Brambring* DNotI-Report 1998, 89, 92; *ders* FF 1998, 74.
[16] *Schwab* DNotZ 1998, 437, 450.
[17] *Palandt/Diederichsen* Rn 3; *Staudinger/Coester* Rn 58.
[18] BT-Drucks 13/4899 S 93; krit dazu *Diederichsen* NJW 1998, 1977, 1983.
[19] MünchKommBGB/*Huber* Rn 6; *Lipp* FamRZ 1998, 65, 71; aA *Staudinger/Coester* Rn 60; *Gernhuber/Coester-Waltjen* § 57 Rn 138; offen gelassen von BGH FamRZ 2001, 907, 909.

§ 1626 a

Damit werden die nicht miteinander verheirateten Eltern den Verheirateten und das außereheliche dem ehelichen Kind gleichgestellt[20].

6.1 In einem Sorgeplan enthaltene Vereinbarungen sind zulässig und verbindlich[21]. Um allerdings zu vermeiden, dass die Sorgeerklärungen an § 1626 b Abs 1 scheitern, darf deren Wirksamwerden nicht an den Abschluss dieser Vereinbarungen geknüpft werden. Vielmehr muss die Vereinbarung von den Sorgeerklärungen getrennt bleiben[22].

6.2 Die Entscheidung des Gesetzgebers, keine Sorgeerklärungen über Teilbereiche der elterlichen Sorge zuzulassen, ist nicht konsequent. § 1687 Abs 1 S 2 setzt inzident voraus, dass die Eltern, die nicht nur vorübergehend getrennt leben, eine Einigung darüber erzielen, bei wem sich das Kind gewöhnlich aufhält. Damit ist nach der Trennung eine Vereinbarung der Parteien über einen Teil des Personensorgerechts möglich. Unklar ist nun, warum eine solche Möglichkeit bei Begründung der elterlichen Sorge – insbes für den Fall, dass die Eltern nicht zusammenleben – nicht besteht[23]. Der Gesetzgeber zwingt die nicht miteinander verheirateten Eltern zu dem Umweg, zunächst die volle elterliche Sorge durch Sorgeerklärungen zu erlangen und dann eine teilweise gemeinsame elterliche Sorge oder eine Beschränkung über eine gerichtliche Entscheidung nach § 1671 oder § 1628 zu erreichen[24]. Nicht zuletzt impliziert aber die Regelung des § 1672 Abs 2 S 1 („soweit ..."), dass Sorgeerklärungen sich auf einen Teil der elterlichen Sorge beziehen können. Mit der Befürwortung einer teilweisen gemeinsamen elterlichen Sorge könnte auch den verfassungsrechtlichen Bedenken gegen Abs 2 (Rn 18 ff) zum Teil Rechnung getragen werden. Eine Mutter, die die volle Beteiligung des Vaters an der elterlichen Sorge ablehnt, kann durchaus bereit sein, ihn teilweise in die Pflege und Erziehung des Kindes einzubinden[25].

7 Die **Form der Erklärung** richtet sich nach § 1626 d. Die Erklärungen sind an keine **Frist** gebunden. Sie können bereits vor der Geburt (§ 1626 b Abs 2) und nach der Geburt bis zur Vollendung des 18. Lebensjahres des Kindes abgegeben werden[26]. Da die Sorgeerklärung eine Willenserklärung darstellt, ist **Geschäftsfähigkeit** Voraussetzung für eine wirksame Abgabe der Erklärung. Der minderjährige Elternteil braucht die Zustimmung des gesetzlichen Vertreters (§ 1626 c Abs 2), der geschäftsunfähige kann selbst keine wirksame Erklärung abgeben, sondern nur sein gesetzlicher Vertreter (§ 1626 c Rn 5).

8 Der gemeinsamen Sorge darf keine **gerichtliche Entscheidung** entgegenstehen (näher § 1626 b Rn 4 f).

9 Ebensowenig wie bei Eltern, die miteinander verheiratet sind, die gemeinsame elterliche Sorge vom **Zusammenleben der Eltern** abhängig gemacht wird, ist dies bei Eltern erforderlich, die nicht miteinander verheiratet sind[27]. Zwar hat das BVerfG hervorgehoben, dass es regelmäßig dem Kindeswohl entspricht, dass Vater und Mutter das Sorgerecht zuerkannt wird, wenn beide mit dem Kind zusammenleben und beide bereit und in der Lage sind, die Elternverantwortung zu übernehmen[28]. Es hat weiter betont, dass die gemeinsame Ausübung des Rechts auf Pflege und Erziehung des Kindes ein Mindestmaß an Übereinstimmung zwischen den Eltern und eine soziale Beziehung jedes Elternteils zu dem Kind voraussetzt[29]. Dieses Mindestmaß setzt aber kein Zusammenleben voraus, wie sich aus § 1687 ergibt. Andernfalls bliebe auch Eltern, die beruflich bedingt nicht zusammenleben[30] oder die im Interesse des Kindeswohls die Suche nach einer kindgerechten Wohnung nicht übereilt betreiben[31], die Möglichkeit versagt, die gemeinsame elterliche Verantwortung auszuüben, obwohl sie den gemeinsamen Willen dazu haben. Zudem könnte ein Zusammenleben von den Eltern fingiert werden[32]. Inhaltlich gestaltet sich die gemeinsame elterliche Sorge nach § 1687, wenn die Eltern schon bei Geburt des Kindes getrennt leben (dort Rn 5)[33].

10 Eine Prüfung, ob die Sorgeerklärungen **mit dem Kindeswohl vereinbar** sind, erfolgt nicht. Weder das Jugendamt noch der Notar als mögliche beurkundende Stellen (§ 1626 d Rn 1) haben eine diesbezügliche Kompetenz. Eine solche Regelung wäre nicht nur Ausdruck eines ungerechtfertigten Misstrauens gegenüber den Müttern und Vätern, welche die elterliche Verantwortung teilen wollen und dies auch zum Ausdruck bringen[34]. Vielmehr würde auch die erstrebte Gleichstellung der außer-

---

[20] FamRefK/*Rogner* Rn 12; *Johannsen/Henrich/Jaeger* Rn 4.
[21] Wirkung inter partes *Schwab* DNotZ 1998, 437, 455; *Staudinger/Coester* Rn 62, 76; für eine Außenwirkung *Zimmermann* DNotZ 1998, 404, 419; diff MünchKommBGB/*Huber* Rn 8 f; gegen eine Verbindlichkeit wohl *Wegmann* MittBayNot 1998, 308, 311; *Knittel* ZfJ 2000, 140; Vertragsmuster für einen „nichtehelichen Elternvertrag" *Regler* S 178 ff.
[22] *Schwab* DNotZ 1998, 437, 455; *Brambring* DNotI-Report 1998, 89, 90; AnwK-BGB/*Rakete-Dombek* § 1626 b Rn 2.
[23] Forderung des DFGT FamRZ 1997, 336, 338; Deutscher Anwaltverein FamRZ 1996, 1401, 1402; s dazu auch den im DIJuF-Rechtsgutachten JAmt 2004, 126 geschilderten Fall.
[24] Stellungnahme des DFGT FamRZ 1997, 336, 338; *Coester* DEuFamR 1999, 1, 8.
[25] Stellungnahme des DFGT FamRZ 1997, 336, 338; *Coester* DEuFamR 1999, 1, 8; *Staudinger/Coester* Rn 59; *Zimmermann* DNotZ 1998, 404, 418 f; *Lipp* FamRZ 1998, 65, 72; *Heumann* FuR 2003, 293, 295.
[26] *Schwab* DNotZ 1998, 437, 451.
[27] BT-Drucks 13/4899 S 58; BT-Drucks 13/1752 S 4 Ziff 13–14; *Dethloff* NJW 1992, 2200, 2201; *Schwab* DNotZ 1998, 437, 451; *Diederichsen* NJW 1998, 1977, 1983; *Niepmann* MDR 1998, 565, 566; FamRefK/*Rogner* Rn 10; *Staudinger/Coester* Rn 50 f; so bereits *Schlüter* FuR 1994, 341, 345; aA *Mattfeldt-Kloth* M 148 f; *Oberloskamp* ZfJ 1989, 118, 122.
[28] BVerfG FamRZ 1991, 913, 916.
[29] BVerfG NJW 1995, 2155, 2156.
[30] *Dethloff* NJW 1992, 2200, 2201.
[31] BT-Drucks 13/4899 S 58.
[32] Deutscher Juristinnenbund FuR info 1/92, 1, 9.
[33] MünchKommBGB/*Huber* Rn 16.
[34] BT-Drucks 13/4899 S 59; MünchKommBGB/*Huber* Rn 17; *Schwenzer* FamRZ 1992, 121, 125.

Elterliche Sorge nicht miteinander verheirateter Eltern; Sorgeerklärungen   § 1626 a

halb der Ehe geborenen Kinder mit den ehelichen Kindern nicht erreicht, bei denen die gemeinsame elterliche Sorge ohne vorherige gerichtliche Prüfung mit der Geburt des Kindes eintritt[35]. Der Erziehungserfolg lässt sich weder bei ehelichen noch bei nichtehelichen Kindern gerichtsförmig prognostizieren[36]. Lediglich im Rahmen von § 1626 c Abs 2 S 3 erfolgt eine Überprüfung der Sorgeerklärung, allerdings nur auf Vereinbarkeit mit dem Wohl eines beschränkt geschäftsfähigen Elternteils. Nur dann, wenn die gemeinsame Sorge eine Gefährdung des Kindeswohls nach § 1666 darstellt, sind die Sorgeerklärungen unwirksam. In diesem Fall hat das Familiengericht die zur Abwendung der Gefahr erforderlichen Maßnahmen zu ergreifen[37].

Der Gesetzgeber hat Forderungen nach Einführung einer gerichtlichen Kindeswohlprüfung von Sorgeerklärungen[38] nicht übernommen[39]. **10.1**

Das Gesetz erfasst alle Eltern, die nicht miteinander verheiratet sind. Ob **sie noch oder inzwischen anderweit verheiratet** sind, spielt keine Rolle[40]. **11**

c) Heirat der Eltern (Abs 1 Nr 2). Durch Eheschließung nach der Geburt des Kindes erlangen die Eltern ebenfalls die gemeinsame elterliche Sorge. Auch hier darf der elterlichen Sorge eines Elternteils keine gerichtliche Entscheidung entgegenstehen (§ 1626 b Abs 3)[41]. Diese Regelung tritt an die Stelle der Legitimation nichtehelicher Kinder nach § 1719 aF[42]. **12**

2. Rechtsfolge. Liegen die Voraussetzungen von Abs 1 Nr 1 oder 2 vor, so wandelt sich die Alleinsorge der Mutter in die gemeinsame elterliche Sorge beider Elternteile, allerdings nur in dem Umfang, wie sie vorher der Mutter allein zustand. Ist dieser zuvor ein Teil der elterlichen Sorge oder die gesamte elterliche Sorge nach § 1666 entzogen worden, kann der Vater nur nach § 1680 Abs 3, Abs 2 S 2 allein für diesen Bereich sorgeberechtigt werden[43]. Fehlt es an einer solchen positiven Entscheidung zugunsten des Kindesvaters, kann die elterliche Sorge des Kindesvaters in dem der Kindesmutter entzogenen Bereich der Sorge auch nicht durch Abgabe von Sorgeerklärungen oder durch Heirat begründet werden[44]. Eine Sorgeerklärung nach vorangegangener Entziehung des Sorgerechts nach § 1666 ist danach erst wieder zulässig, wenn die gerichtliche Entscheidung zuvor nach § 1696 Abs 2 wieder aufgehoben worden ist (§ 1626 b Rn 4). Gleiches gilt für die Möglichkeit der Erlangung des gemeinsamen Sorgerechts durch Heirat nach § 1626 a Abs 1 Nr 2[45]. **13**

Auf die gemeinsame Sorge finden die §§ 1626, 1627 ff uneingeschränkt Anwendung. Die Pflege und Erziehung eines gemeinschaftlichen Kindes löst weiter nicht nur Unterhaltsansprüche der Mutter gegen den Vater (§ 1615 l Abs 1, 2), sondern bei gemeinsamer Sorge und Betreuung des Kindes durch den Vater auch einen Unterhaltsanspruch des Vaters gegen die Mutter nach § 1615 l Abs 4, Abs 2 S 2 aus. Weiter kommt ein Anspruch analog § 1615 l Abs 1 S 1 in Betracht, wenn der Vater während der ersten acht Wochen nach der Geburt die Betreuung des Kindes übernommen hat[46]. Es ist keine Voraussetzung für den Anspruch des Vaters, dass er Mitinhaber der gemeinsamen elterlichen Sorge ist; vielmehr genügt die tatsächliche Betreuung des Kindes[47]. Mit Begründung der gemeinsamen elterlichen Sorge sind hinsichtlich des Namens des Kindes die §§ 1617, 1617 b, 1617 c zu beachten. Die Abgabe von Sorgeerklärungen kann Auswirkungen auf den Erlass aufenthaltsrechtlicher Maßnahmen haben[48]. **14**

III. Beendigung der gemeinsamen elterlichen Sorge

Die gemeinsame elterliche Sorge kann nicht durch **Widerruf, Verzichtserklärung** oder **Anfechtung** einer Sorgeerklärung wieder beseitigt werden[49]. Auch Trennung oder Scheidung ändern nichts am Tatbestand der gemeinsamen Sorge. Vielmehr kann diese nur durch Volljährigkeit des Kindes, **15**

---

[35] BT-Drucks 13/4899 S 59.
[36] *Lipp* FamRZ 1998, 65, 70.
[37] *Dickerhof-Borello* FuR 1998, 157, 161.
[38] SPD BT-Drucks 13/1752 S 4; Erklärung der Bundesregierung bei der Hinterlegung der Ratifikationsurkunde zum Übereinkommen vom 20. 11. 1989 über die Rechte des Kindes, FamRZ 1992, 266, 267; *Schlüter* FuR 1994, 341, 345; 59. DJT, Beschluss Nr D. I.3, FamRZ 1992, 1275, 1276.
[39] BT-Drucks 13/4899 S 59; *Coester* DEuFamR 1999, 1, 8; *Schwab* DNotZ 1998, 437, 451; *Dickerhof-Borello* FuR 1998, 157, 161; *Dethloff* NJW 1992, 2200, 2201; Empfehlungen des DFGT FamRZ 1988, 468, 471; *Kropholler* AcP 185 (1985), 244, 274 f; *Palandt/Diederichsen* Rn 6; *Staudinger/Coester* Rn 64.
[40] BT-Drucks 13/4899 S 59; *Grziwotz* S 76; *Schwab* DNotZ 1998, 437, 451; *Schwab/Wagenitz* FamRZ 1997, 1377, 1379; MünchKommBGB/*Huber* Rn18; krit *Schumann* S 321, 322, 325.
[41] Fallkonstellationen bei MünchKommBGB/*Huber* Rn 24 ff; *Staudinger/Coester* Rn 20 ff.
[42] BT-Drucks 13/4899 S 94.
[43] BGH NJW 2005, 2456, 2457; KG JAmt 2003, 606, 607; OLG Nürnberg FamRZ 2000, 1035 = NJW 2000, 3220; AnwK-BGB/*Rakete-Dombek* Rn 13; *Staudinger/Coester* Rn 26: Heirat; krit auch *Ollmann* JAmt 2001, 515.
[44] BGH NJW 2005, 2456, 2457.
[45] BGH NJW 2005, 2456, 2457; *Johannsen/Henrich/Jaeger* Rn 7, 8; MünchKommBGB/*Huber* Rn 22; *Staudinger/Coester* Rn 26: Heirat; aA *Staudinger/Coester* Rn 49, 73: Sorgeerklärung.
[46] Büdenbender FamRZ 1998, 129, 133 f.
[47] *Palandt/Diederichsen* § 1615 l Rn 25; anders *Schwab* DNotZ 1998, 437, 454.
[48] BVerfG FamRZ 2002, 601, 604, im Ergebnis offen gelassen.
[49] Möglichkeit des Widerrufs der einzelnen Sorgeerklärung, bevor die des anderen Elternteils vorliegt, *Hammer* FamRZ 2005, 1209, 1216; MünchKommBGB/*Huber* Rn 13; *Johannsen/Henrich/Jaeger* Rn 5; *Staudinger/Coester* Rn 55; zum Formerfordernis BGH FamRZ 2004, 802, 803.

§ 1626 a   Buch 4. Abschnitt 2. Verwandtschaft

durch eine gerichtliche Entscheidung nach § 1671, Sorgerechtsentziehung nach § 1666, Tod (§ 1680 Abs 1) oder Todeserklärung eines Elternteils (§ 1677) ihr Ende finden. Das Ruhen der elterlichen Sorge nach den §§ 1673, 1674 genügt nicht (§ 1675).

IV. Alleinige elterliche Sorge der Mutter des Kindes (Abs 2)

16   Mit der Geburt des Kindes **erlangt** die Mutter **die Alleinsorge**, es sei denn, es wurden pränatale Sorgeerklärungen (§ 1626 b Abs 2) abgegeben. Mit dem Wegfall der Amtspflegschaft des Jugendamts (§§ 1706 ff aF) ist die elterliche Sorge der Mutter unbeschränkt. Sie kann jedoch eine Beistandschaft des Jugendamts beantragen (§§ 1712 f). Daneben hat sie einen Anspruch auf Unterstützung durch das Jugendamt (§ 18 Abs 2 SGB VIII). Zum Nachweis ihrer Alleinsorge kann sie vom zuständigen Jugendamt (§ 87 c Abs 6 S 1 iVm Abs 1 SGB VIII) die Erteilung eines Negativattestes verlangen (§ 1626 d Rn 3). Wird nach der Geburt die Alleinsorge der Mutter nach Abs 1 Nr 1 oder 2 oder durch gerichtliche Entscheidung nach § 1672 Abs 1 oder 2 beendet, so erlangt sie diese wieder auf Grund einer gerichtlichen Entscheidung nach § 1671, nach § 1696, von Gesetzes wegen nach Ausfall des Vaters durch Tod (§ 1680 Abs 1) sowie Todeserklärung (§§ 1681 Abs 1, 1680 Abs 1) oder nach gerichtlicher Entziehung des Sorgerechts des anderen Elternteils (§ 1680 Abs 3, 1).

17   Die alleinige elterliche Sorge der Mutter **endet** mit Abgabe von Sorgeerklärungen (Abs 1 Nr 1), Heirat (Abs 1 Nr 2), einer gerichtlichen Entscheidung nach § 1672 Abs 1, einer Entziehung der elterlichen Sorge nach § 1666[50], einem dauernden Ruhen derselben und einer Übertragung ihrer Sorge auf den Vater (§ 1678 Abs 2) sowie dem Tod (§ 1680 Abs 1) oder einer Todeserklärung der Mutter (§§ 1681 Abs 1, 1680 Abs 1).

18   Die bessere sorgerechtliche Position der Mutter des Kindes, bei der im Fall ihrer Zustimmungsverweigerung die elterliche Sorge verbleibt, wird mit der unmittelbar nach der Geburt entwickelten engen Bindung des Kindes zu seiner Mutter und dem Erfordernis einer verlässlichen Bezugsperson ab Geburt des Kindes begründet[51]. Die damit verbundene Zurücksetzung des Vaters des Kindes ist mit Blick auf seine Elternstellung nach Art 6 Abs 2 S 1 GG sowie Art 3 Abs 2 und Art 6 Abs 5 GG für **verfassungsrechtlich problematisch** angesehen worden[52].

19   Das BVerfG hat inzwischen für Neufälle (Trennung der Eltern nach Inkrafttreten des KindRG am 1. 7. 1998) die vom BGH und in der Lit vertretene Ansicht[53] bestätigt, dass sowohl die Regelung von Abs 2 als auch das Einigungserfordernis nach Abs 1 grds verfassungsgemäß sind[54]. Das Kindeswohl verlange, dass das Kind ab seiner Geburt eine Person habe, die für das Kind rechtsverbindlich handeln könne. Angesichts der Unterschiedlichkeit der Lebensverhältnisse, in die nichteheliche Kinder hineingeboren würden, sei es gerechtfertigt, das Kind bei seiner Geburt sorgerechtlich grds der Mutter zuzuordnen; sie sei die einzige sichere Bezugsperson, die das Kind bei seiner Geburt vorfinde[55]. Mit dem Konsenserfordernis nach Abs 1 trage der Gesetzgeber dem Umstand Rechnung, dass die Ausübung der gemeinsamen Verantwortung ein Mindestmaß an Übereinstimmung zwischen den Eltern erfordere; durch übereinstimmende Sorgeerklärungen könnten die nicht miteinander verheirateten Eltern zum Ausdruck bringen, dass sie willig und bereit seien, gemeinsam für ihr Kind zu sorgen[56].

19.1   Das Konsenserfordernis ist nach Sicht des BVerfG verfassungsrechtlich nicht zu beanstanden. Der Gesetzgeber habe davon ausgehen dürfen, dass die Eltern die gesetzliche Möglichkeit der gemeinsamen Sorgetragung idR nutzen und ihre tatsächliche Sorge durch Sorgeerklärungen auch rechtlich absichern. Eine Mutter verweigere sich, gerade wenn sie mit dem Vater und dem Kind zusammenlebt, nur ausnahmsweise und gegen den Wunsch des Vaters nach einer gemeinsamen Sorge, wenn sie dafür schwerwiegende Gründe hat, die von der Wahrung des Kindeswohls getragen werden. Die Regelung wäre nur dann verfassungswidrig, wenn diese Prämissen des Gesetzgebers nicht zuträfen und sich herausstellen würde, dass es auch bei Zusammenleben der Eltern mit dem Kind in größerer Zahl aus Gründen nicht zu einer gemeinsamen Sorgetragung nach Abs 1 Nr 1 komme, die nicht vom Kindeswohl

---

[50] OLG Frankfurt FamRZ 2003, 1314 m Anm *Klenner* und *Spangenberg* FamRZ 2004, 132 f.
[51] BT-Drucks 13/4899 S 59; *Büdenbender* AcP 197 (1997), 197, 215; *Staudinger/Coester* Rn 10.
[52] OLG Stuttgart FamRZ 2000, 632 f; offen gelassen in OLG Düsseldorf DAVorm 1999, 629; AG Korbach FamRZ 2000, 629; AG Groß-Gerau FamRZ 2000, 631 f; *Diederichsen* NJW 1998, 1977, 1983; MünchKommBGB/ *Huber* Rn 37 ff; *Lipp* FamRZ 1998, 65, 70; *Grziwotz* S 76; *ders* FamRZ 1999, 413, 420; *Büdenbender* AcP 197 (1997), 197, 214; *Rauscher* FamRZ 1998, 329, 335 Fn 74, 336; *Dickmeis* ZfJ 1998, 41, 48; *Schumann* FamRZ 2000, 389, 393 f; *dies* FuR 2002, 61; *Willutzki* Kind-Prax 2000, 45, 48; *Finger* ZfJ 2000, 289, 290, 1204; *ders* FamRZ 2000, 1217; *ders* FamRB 2002, 335; anders OLG Hamm Kind-Prax 1999, 97; *Zimmermann* DNotZ 1998, 404, 416; *Ewers* FamRZ 2000, 787; zum alten Recht BVerfG FamRZ 1981, 429, 434 f.
[53] BGH FamRZ 2001, 907, 909 m krit Anm *Luthin* FamRZ 2001, 911 f; *Coester* LM Nr 1; *Schumann* FuR 2002, 59, 61 ff; *Wolf* FPR 2002, 173, 175; zust OLG Naumburg EzFamR aktuell 10/2003, 153; OLG Frankfurt FamRZ 2003, 1314 m Anm *Klenner* und *Spangenberg* FamRZ 2004, 132 f; *Groß* FPR 2002, 176, 177.
[54] BVerfG FamRZ 2003, 285, 287 m zust Anm *Henrich* FamRZ 359; *Breithaupt* FPR 2004, 488, 491; *Weiß* S 199; krit dagegen *Richter* FPR 2004, 484; *Frank* FamRZ 2004, 841, 845 f; *Humphrey* FPR 2003, 578; *Jonas* JAmt 2003, 332; *Heumann* FuR 2003, 293, 294 ff; *Finger* JR 2005, 138; *Mohr/Wallrabenstein* Jura 2004, 194; *Becker* FamRB 2004, 402; BVerfG FamRZ 2003, 1447 f m abl Anm *Coester* FamRZ 2004, 87 f; BVerfG 2004, 356, 357; zu den Auswirkungen der Entscheidung des BVerfG auf § 1748 Abs 4 *Liermann* FamRZ 2003, 1523; *Finger* JR 2005, 138, 141.
[55] BVerfG FamRZ 2003, 285, 288; BGH FamRZ 2001, 907, 909; abl *Motzer* FamRZ 2001, 1034, 1038; Münch-KommBGB/*Finger* § 1672 Rn 12 f; *Richter* FPR 2004, 484, 486; *Frank* FamRZ 2004, 841, 846; zust *Breithaupt* FPR 2004, 400, 490; *Spangenberg/Spangenberg* ZfJ 2003, 332, 333; *Burmeister* KJ 2005, 328, 332 ff; *Machulla* ZFE 2003, 105, 109.
[56] BVerfG FamRZ 2003, 285, 289; weitergehend *Henrich* FamRZ 2003, 359.

getragen würden[57]. Der Gesetzgeber sei verpflichtet, die tatsächliche Entwicklung zu beobachten und zu prüfen, ob seine Prämissen vor der Wirklichkeit Bestand haben. Sollte sich herausstellen, dass dies nicht der Fall sei, müsse er mit einer Korrektur der Regelung dafür sorgen, dass Vätern nichtehelicher Kinder, die mit der Mutter und dem Kind als Familie zusammenlebten, ein Zugang zur gemeinsamen Sorge eröffnet werde[58].

Nach Ansicht des BVerfG ist die gesetzliche Regelung nur insoweit verfassungsrechtlich unzureichend, **20** als der Gesetzgeber keine Übergangsregelung für die Fälle getroffen hat, in denen Eltern mit ihrem nichtehelichen Kind zusammengelebt und gemeinsam für das Kind gesorgt, sich aber noch vor Inkrafttreten des KindRG am 1. 7. 1998 getrennt haben, sog „Altfälle"[59]. Wenn der Vater in diesen Fällen nunmehr die gemeinsame Sorge mit der Mutter erhalten wolle, diese aber keine Sorgeerklärung abgebe, sei vom Gesetzgeber eine gerichtliche Einzelfallprüfung zu eröffnen, ob das Kindeswohl einer gemeinsamen Sorgetragung entgegenstehe[60]. Der BGH hatte zur Lösung des Problems für eine verfassungskonforme Auslegung von § 1666 plädiert. Im Rahmen der Prüfung des Merkmals einer „missbräuchlichen Ausübung der elterlichen Sorge" durch die Mutter müsse die Frage einbezogen werden, ob und inwieweit die Mutter das Elternrecht des Vaters angemessen zur Geltung bringe[61]. Dieser Lösungsansatz stieß in der Literatur auf Kritik, weil er die hohe Eingriffsschwelle des § 1666 nicht veränderte und mit der Formel, die eher eine Leerformel[62] darstelle, den strikten Kindeswohlbezug sorgerechtlicher Entscheidungen verlasse[63]. Auch das BVerfG lehnt den Lösungsansatz des BGH ab, weil die Missbrauchsschwelle das Elternrecht des Vaters in Widerspruch zu Art 6 Abs 2 GG gegenüber dem der Mutter unverhältnismäßig zurücksetze, wenn der Vater erst bei einer Kindeswohlgefährdung durch die Mutter und nicht schon dann an der Sorge für das Kind beteiligt werde, wenn dies dem Kindeswohl diene[64].

Der Gesetzgeber hat inzwischen zur Beseitigung des verfassungswidrigen Zustands mit Art 1 des **21** Gesetzes zur Umsetzung familienrechtlicher Entscheidungen des Bundesverfassungsgerichts eine Übergangsregelung für die Eltern geschaffen, die mit ihrem nichtehelichen Kind zusammengelebt, sich aber vor dem 1. 7. 1998 getrennt haben (Art 224 § 2 Abs 3 bis 5 EGBGB; dazu § 1626 Rn 50)[65]. Damit besteht jetzt die Möglichkeit, eine gemeinsame elterliche Sorge kraft gerichtlicher Entscheidung auf Antrag eines Elternteils hin zu begründen, wenn diese dem Kindeswohl dient. „Altfälle" unterliegen auf diese Weise aber einer großzügigeren Regelung als „Neufälle"[66]. Die Ungleichbehandlung zwischen ehelichen und nichtehelichen Kindern sowie von ehelichen und nichtehelichen Eltern in Bezug auf die elterliche Sorge bleibt bestehen und damit auch die Diskussion um die Korrekturbedürftigkeit der Sorgeregelungen, insbes von Abs 2[67] über die vom BVerfG aufgestellten Anforderungen hinaus[68]. Diese Bedenken werden auch nicht ganz durch den in der Literatur gemachten Vorschlag ausgeräumt, nur die Regelung des § 1672 zu ändern und eine Norm zu schaffen, die für bestimmte Fallgestaltungen eine am Kindeswohl orientierte gerichtliche Sorgerechtsübertragung auf den nichtehelichen Vater vorsieht, die nicht von der Zustimmung der Kindesmutter abhängt[69]. Vielmehr sind beide Normen korrekturbedürftig[70]. Zudem wirft die Regelung des Art 224 § 2 Abs 3 EGBGB die Frage auf, ob es dem Kindeswohl dient, wenn durch gerichtliche Entscheidung den Eltern ein gemeinsames Sorgerecht nach der Trennung den Eltern aufoktroyiert wird[71]. Allerdings relativiert sich dieses Problem, wenn man bei der Frage, ob die gemeinsame Sorge von nicht miteinander verheirateten Eltern dem Kindeswohl dient (Art 224 § 2 Abs 3 S 1 HS 2 EGBGB), von vornherein ein Mehr an Kooperationsbereitschaft und -fähigkeit verlangt als von Eltern, die bereits beide vor der Trennung Inhaber der elterlichen Sorge waren und nach der Trennung nur in Angelegenheiten kooperieren müssen, deren Regelung für das Kind von erheblicher Bedeutung ist (§ 1687)[72]. Diesen besonderen Anforderungen werden in der Praxis wahrscheinlich nur die Eltern genügen können, die die Kommunikationsschwierigkeiten infolge Trennung, denen gerade § 1687 Rechnung tragen will (dort Rn 1), bereits überwunden haben. Diese

---

[57] BVerfG FamRZ 2003, 285, 290; krit zu dieser Argumentation *Frank* FamRZ 2004, 841, 846; *Spangenberg/Spangenberg* ZfJ 2003, 332, 333; *Jonas* JAmt 2003, 332, 333 f; *Müller* ZfJ 2004, 7, 11; *Machulla* ZFE 2003, 105, 109 ff.
[58] BVerfG FamRZ 2003, 285, 291; zu den daraufhin gesetzlich vorgeschriebenen Erhebungen § 1626 d Rn 2.1.
[59] *Finger* FPR 2003, 341; *ders* JR 2005, 138; *Müller* ZfJ 2004, 7, 11; *Mohr/Wallrabenstein* Jura 2004, 194, 196; *Motzer* FamRZ 2003, 793, 803.
[60] BVerfG FamRZ 2003, 285, 291.
[61] BGH FamRZ 2001, 907, 910.
[62] *Coester* Anm zu BGH LM Nr 1; *Staudinger/Coester* BGB § 1666 Rn 86.
[63] *Coester* Anm zu BGH LM Nr 1; *Wolf* FPR 2002, 173, 175; für eine Herabsetzung des Maßstabs von der „Gefährdung" auf den § 1696 *Coester* FamRZ 1996, 1181, 1184; *Groß* FPR 2002, 176, 178.
[64] BVerfG FamRZ 2003, 285, 291 f.
[65] BGBl 2003 I S 2547; näher *Höfelmann* FamRZ 2004, 63, 68 f; krit *Richter* FPR 2004, 484, 487.
[66] Kritik üben *Motzer* FamRZ 2003, 793, 803; *Jonas* JAmt 2003, 332, 333; *Müller* ZfJ 2004, 7, 11.
[67] *Carl* FPR 2005, 165 ff.
[68] Kinderrechtekommission des Deutschen Familiengerichtstags JAmt 2005, 490; *Coester* FamRZ 2007, 1137, 1140 ff; *ders* FPR 2005, 60, 62 ff; *Carl* FPR 2005, 165; *Burmeister* KJ 2005, 328, 334 ff; *Finger* StAZ 2003, 225; *ders* ZfJ 2004, 134; *Jonas* JAmt 2003, 332, 333 ff; *Spangenberg* FamRZ 2004, 122, 133; *Humphrey* FPR 2003, 578, 580 ff; *Richter* FPR 2004, 484, 485, 487; *Müller* ZfJ 2004, 7, 10 ff; *Machulla* ZFE 2003, 105, 109 ff; *Mohr/Wallrabenstein* Jura 2004, 194; *Hebeler* JA 2003, 750; *Fink* S 41 ff; 132 ff; *dies* JAmt 2005, 485, 488 ff; *Staudinger/Coester* Rn 3, 8; *Dethloff* JAmt 2005, 213, 215; *Gernhuber/Coester-Waltjen* § 57 Rn 141 f.
[69] *Humphrey* FPR 2003, 578, 585; weitergehender Vorschlag von *Spangenberg/Spangenberg* ZfJ 2003, 332, 333; Kinderrechtekommission des Deutschen Familiengerichtstags JAmt 2005, 490.
[70] *Coester* FamRZ 2007, 1137, 1140 ff.
[71] *Henrich* FamRZ 2003, 359.
[72] OLG Stuttgart FamRZ 2004, 1397, 1398 f; anders *Coester* FPR 2005, 60, 64.

§ 1626 b

Eltern können aber auch über Sorgeerklärungen die gemeinsame Sorge erlangen. Der Antrag eines Elternteils nach Art 224 § 2 Abs 3 S 1 HS 2 EGBGB wird zudem auch dann erfolglos sein, wenn man zwar für die positive Kindeswohlprüfung nur ein Mindestmaß an Kooperationsbereitschaft zwischen den Eltern verlangt, dieses Mindestmaß aber gerade deshalb verneint, weil die Eltern nicht mehr willens und auch nicht mehr in der Lage sind, die für ihr Kind notwendigen Entscheidungen gemeinsam zu treffen[73]. Es ist deshalb zu erwarten, dass die Übergangsregelung in der Praxis nur selten zur Verbesserung der Position des Kindesvaters führen wird[74].

22 Art 2 Nr 4 bis 6 des genannten Gesetzes sehen Änderungen und Ergänzungen der §§ 98 ff SGB VIII (Kinder- und Jugendhilfestatistik) vor, um die gesellschaftliche Entwicklung im Bereich der elterlichen Sorge verfolgen zu können[75].

V. Alleinsorge des Vaters

23 Der Vater hat nur unter den Voraussetzungen der §§ 1671, 1672, 1678 Abs 2, 1680 Abs 1, Abs 2 S 2 und Abs 3 die Möglichkeit, die alleinige elterliche Sorge zu erlangen. Die Alleinsorge des Vaters endet mit gerichtlicher Begründung der gemeinsamen Sorge beider Eltern (§§ 1672 Abs 2, 1696 Abs 1, 2), einer Entziehung seiner elterlichen Sorge nach § 1666, seinem Tod oder einer Todeserklärung.

§ 1626 b Besondere Wirksamkeitsvoraussetzungen der Sorgeerklärung

(1) Eine Sorgeerklärung unter einer Bedingung oder einer Zeitbestimmung ist unwirksam.

(2) Die Sorgeerklärung kann schon vor der Geburt des Kindes abgegeben werden.

(3) Eine Sorgeerklärung ist unwirksam, soweit eine gerichtliche Entscheidung über die elterliche Sorge nach den §§ 1671, 1672 getroffen oder eine solche Entscheidung nach § 1696 Abs. 1 geändert wurde.

Schrifttum: *Brambring*, Notarielle Beurkundung der Sorgeerklärung nach § 1626 a Abs. 1 Nr. 1 BGB, DNotI-Report 1998, 89; *Coester*, Neues Kindschaftsrecht in Deutschland, DEuFamR 1999, 1; *ders*, Elternautonomie und Staatsverantwortung bei der Pflege und Erziehung Kindern, FamRZ 1996, 1181; Stellungnahme des Deutschen Familiengerichtstages e. V. zu dem Entwurf eines Gesetzes zur Reform des Kindschaftsrechts (Kindschaftsrechts-reformgesetz – KindRG), FamRZ 1997, 337 (zit: Stellungnahme des DFGT); *Krömer*, Frist bei einer Namensneubestimmung nach § 1617 b Abs 1 BGB, StAZ 2003, 86; *Schwab*, Kindschaftsrechtsreform und notarielle Vertragsgestaltung DNotZ 1998, 437; *Veit*, Verwandtschaftliche Elternstellung und elterliche Sorge bei Scheidungskindern, FamRZ 1999, 902.

I. Normzweck

1 Die durch Art 1 Nr 10 KindRG eingefügte Vorschrift weist gewisse Parallelen zur Anerkennungserklärung (§§ 1592 Nr 2, 1594) auf. Wegen der einschneidenden Bedeutung der Sorgeerklärungen für die Eltern und das Kind sind sowohl Zeitbestimmungen als auch Bedingungen unzulässig (Abs 1); in Ergänzung zur Möglichkeit einer vorgeburtlichen Anerkennungserklärung (§ 1594 Abs 4) können auch schon vor der Geburt des Kindes Sorgeerklärungen abgegeben werden (Abs 2). Um ein mit dem Kindeswohl unvereinbares „Hin und Her" der elterlichen Sorge zu vermeiden[1], sieht Abs 3 vor, dass Sorgeerklärungen nicht mehr wirksam abgegeben werden können, wenn bereits eine gerichtliche Entscheidung über die elterliche Sorge nach §§ 1671, 1672 oder eine Änderung einer solchen Entscheidung nach § 1696 Abs 1 vorliegt.

II. Zeitpunkt der Abgabe (Abs 2)

2 Ebenso wie die Anerkennungserklärung (§ 1594 Abs 4) und die Zustimmung der Mutter (§ 1595 Abs 3) kann auch die Sorgeerklärung bereits **vor der Geburt** des Kindes abgegeben werden (Abs 2)[2]; diese Erklärung steht unter der Bedingung der Lebendgeburt. Damit wird den Eltern die Möglichkeit gegeben, bereits mit der Geburt des Kindes die gemeinsame elterliche Sorge innezuhaben. Diese personenrechtlichen Erklärungen sind unproblematisch, soweit sie sich auf einen nasciturus beziehen. Dagegen kann ein non conceptus weder Gegenstand einer Anerkennungs- noch einer Sorgeerklärung sein, da beide Erklärungen unter einer unzulässigen (§§ 1594 Abs 3, 1626 b Abs 1) Bedingung (Eintritt der Empfängnis) stünden.

2.1 Problematisch ist die Fallgestaltung, dass pränatale Vaterschaftsanerkennung und Sorgeerklärungen für das Kind einer minderjährigen Mutter abgegeben werden. Die Vaterschaftsanerkenntnis ist in diesem Fall nur wirksam, wenn das Kind nach § 1592 Abs 2 zugestimmt hat. Diese Zustimmung kann vom Jugendamt als Beistand abgegeben werden (§ 1712 Abs 1 Nr 1), soweit die Kindesmutter nach § 1713 Abs 2 einen Antrag stellt. Die Beistandschaft tritt ein, sobald der Antrag dem Jugendamt zugeht (§ 1714 S 1). Damit ist die Voraussetzung für die Zustimmung nach

---

[73] OLG Karlsruhe FamRZ 2005, 831.
[74] *Motzer* FamRZ 2003, 793, 803; erfolgreiches Antragsverfahren AG Frankfurt FamRZ 2005, 387.
[75] BGBl 2003 I S 2547 f; zur Begründung BT-Drucks 15/1552 S 11; krit *Coester* FamRZ 2007, 1137 f.
[1] BT-Drucks 13/4899 S 94
[2] BGH FamRZ 2004, 802, 803 = NJW 2004, 1595 m zust Anm *Coester* LMK 2004, 107 f, DIJuF Rechtsgutachten JAmt 2002, 240 f m Anm *Schulz* 341.

§ 1595 Abs 2 geschaffen. Danach kann auch die Vaterschaftsanerkennung wirksam werden, sie entfaltet allerdings bis zur Geburt keine Rechtswirkungen; das Gleiche gilt auch für die Sorgeerklärungen.

III. Unwirksamkeitsgründe

Nach **Abs 1** ist eine Sorgeerklärung unwirksam, die unter einer Bedingung oder Zeitbestimmung steht. Mit dieser Regelung soll eine Elternverantwortung auf Zeit oder in Abhängigkeit von einem künftigen, ungewissen Ereignis im Interesse des Kindes verhindert werden[3]. Das Kindeswohl erlaubt keine Ungewissheit hinsichtlich der Betreuungs- und Vertretungskompetenz[4]. Die §§ 158 bis 163 finden also keine Anwendung[5]. Eine unter der Bedingung einer wirksamen Anfechtung der Vaterschaft abgegebene Sorgeerklärung ist unwirksam; eine Konvaleszenz durch die Beseitigung der Scheinvaterschaft findet nicht statt[6]. Die Eltern können also mit Ausnahme von Abs 2 keinen Anfangszeitpunkt für den Eintritt der gemeinsamen elterlichen Sorge bestimmen. Sie können auch keine auf den Bestand der nichtehelichen Lebensgemeinschaft befristete Sorgeerklärung abgeben[7]. Unzulässig ist weiter die Abgabe von Sorgeerklärungen **auf Probe**, also zB unter der Bedingung, dass der Vater genügend Verantwortungsbereitschaft zeigt. In diesem Fall müssen die Eltern nach Ablauf der „Probezeit" die Sorgeerklärungen abgeben[8]. Werden die Sorgeerklärungen mit begleitenden Vereinbarungen verknüpft, so muss vermieden werden, dass die Wirksamkeit der Erklärungen unter die Bedingung des Abschlusses solcher Vereinbarungen gestellt wird (näher § 1626 a Rn 6.1)[9].

3

Eine Sorgeerklärung kann mit einer Anerkennungserklärung nach § 1599 Abs 2 verknüpft werden. Sie ist dann ebenso wie die Anerkennung der Vaterschaft zunächst schwebend unwirksam und wird mit Rechtskraft des dem Scheidungsantrag stattgebenden Urteils wirksam[10]. Ist allerdings im Verbundverfahren auch eine Sorgerechtsentscheidung nach § 1671 ergangen, so wird der Weg für Sorgeerklärungen nur nach Aufhebung der Sorgeentscheidung nach § 1696 frei (näher dort Rn 9).

3.1

Liegt eine gerichtliche Entscheidung nach **§ 1671** vor oder wurde eine solche nach **§ 1696** geändert, so kann nach **Abs 3** eine Sorgeerklärung nicht mehr wirksam abgegeben werden; möglich bleibt die Begründung der gemeinsamen Sorge durch Eheschließung (§ 1626 a Abs 1 Nr 2) oder durch eine (weitere) Änderungsentscheidung nach § 1696. Stand der Mutter die alleinige elterliche Sorge zu und wird diese nach **§ 1672 Abs 1** auf den Vater übertragen, so können die Eltern die gemeinsame elterliche Sorge ebenso wenig durch Sorgeerklärungen herstellen. Vielmehr bedarf es einer gerichtlichen Entscheidung nach § 1672 Abs 2 S 1, die erst ergehen kann, wenn feststeht, dass die gemeinsame Sorge dem Wohl des Kindes nicht widerspricht. Wurde eine Entscheidung nach § 1672 Abs 1 nach § 1696 Abs 1 rückgängig gemacht und streben die Eltern jetzt die gemeinsame elterliche Sorge an, bedarf es ebenfalls einer gerichtlichen Entscheidung nach § 1672 Abs 2 S 1 (§ 1672 Abs 2 S 2).

4

Ändert das Gericht andere Erstentscheidungen als die nach §§ 1671, 1672 ab, hebt es etwa die Entziehung der elterlichen Sorge nach §§ 1666, 1667 unter den Voraussetzungen des § 1696 Abs 2 wieder auf, so schließt diese Entscheidung die Abgabe von Sorgeerklärungen nicht aus (s weiter § 1626 a Rn 13)[11]. Voraussetzung für das Wirksamwerden der Sorgeerklärungen ist in diesem Fall lediglich die Aufhebung der gerichtlichen Entscheidung.

4.1

Abs 3 führt zu einer starken Einschränkung der **Autonomie der Eltern.** Zwar kann damit einem mit dem Kindeswohl unvereinbaren „Hin und Her" der elterlichen Sorge entgegengewirkt werden. Jedoch bleibt außer Betracht, dass die Eltern idR am ehesten wissen, was für das Wohl ihres Kindes das Beste ist. Sorgeerklärungen sind deshalb auch nach Erlass einer gerichtlichen Entscheidung nach §§ 1671, 1672, 1696 zuzulassen.

5

Dass gerichtliche Entscheidungen nicht vereinbarungsfest sein müssen, zeigt § 52 a Abs 4 S 3 FGG. Es müsste lediglich eine Anhörung des Kindes, die in gerichtlichen Verfahren nach § 50 b FGG vorgesehen ist, sichergestellt werden[12]. Dies könnte durch das Hilfsangebot des Jugendamts nach § 17 Abs 2 SGB VIII erreicht werden. Auf diese Weise würde eine unterschiedliche Reichweite der Autonomie, je nachdem, ob eine gerichtliche Entscheidung über die elterliche Sorge bereits ergangen ist oder nicht, vermieden werden. Im letzteren Fall ist der gemeinsame Elternvorschlag nach § 1671 Abs 2 Nr 1 bis zur Grenze des § 1666 für das Gericht bindend (§ 1671 Rn 22). Es bleibt unerfindlich, warum dies nach Erlass der Entscheidung anders sein soll. Das hinter Abs 3 steckende Misstrauen gegenüber den Eltern, deren elterliche Sorge einmal gerichtlich entschieden worden ist, lässt sich nicht rechtfertigen, wenn diese Eltern zu einer gemeinsamen Übernahme der Elternverantwortung (wieder) bereit sind. Die Regelung des Abs 3 enthält damit eine im Hinblick auf Art 6 Abs 2 S 1 GG bedenkliche Regelung[13].

5.1

---

[3] BT-Drucks 13/4899 S 94.
[4] *Palandt/Diederichsen* Rn 1.
[5] FamRefK/*Rogner* Rn 2.
[6] *Palandt/Diederichsen* Rn 1; *Johannsen/Henrich/Jaeger* Rn 3; aA *Staudinger/Coester* Rn 4.
[7] *Coester* DEuFamR 1999, 1, 8; *Brambring* DNotI-Report 1998, 89, 91.
[8] BT-Drucks 13/4899 S 94; *Brambring* DNotI-Report 1998, 89, 90.
[9] *Schwab* DNotZ 1998, 437, 455; MünchKommBGB/*Huber* Rn 5 f; *Staudinger/Coester* Rn 5.
[10] BGH FamRZ 2004, 802, 803 m zust Anm *Coester* LMK 2004, 107, 108; *Staudinger/Coester* Rn 11; für eine Analogie zu § 1599 Abs 2 S 1 HS 2 *Palandt/Diederichsen* Rn 1; ob die Sorgeerklärung ebenso wie die Anerkennungserklärung rückwirkend auf den Zeitpunkt der Geburt wirksam wird, hat das Gericht offen gelassen; dazu *Veit* FamRZ 1999, 902, 905; *Krömer* StAZ 2003, 86 f.
[11] BT-Drucks 13/4899 S 94; BGH NJW 2005, 2456, 2457; KG JAmt 2003, 606, 608; *Palandt/Diederichsen* Rn 5; *Staudinger/Coester* Rn 15.
[12] Stellungnahme des DFGT FamRZ 1997, 337, 339.
[13] Stellungnahme des DFGT FamRZ 1997, 337, 339; krit auch *Palandt/Diederichsen* 59. Aufl 2000, Rn 7, 11; *Coester* FamRZ 1996, 1181, 1185 f; *Staudinger/Coester* Rn 13; *Johannsen/Henrich/Jaeger* Rn 4; aA *Lipp/Wagenitz* Rn 3; MünchKommBGB/*Huber* Rn 19.

§ 1626 c Persönliche Abgabe; beschränkt geschäftsfähiger Elternteil

(1) Die Eltern können die Sorgeerklärungen nur selbst abgeben.

(2) ¹Die Sorgeerklärung eines beschränkt geschäftsfähigen Elternteils bedarf der Zustimmung seines gesetzlichen Vertreters. ²Die Zustimmung kann nur von diesem selbst abgegeben werden; § 1626 b Abs. 1 und 2 gilt entsprechend. ³Das Familiengericht hat die Zustimmung auf Antrag des beschränkt geschäftsfähigen Elternteils zu ersetzen, wenn die Sorgeerklärung dem Wohl dieses Elternteils nicht widerspricht.

Schrifttum: *Dickerhof-Borello,* Die Sorgeerklärung eines geschäftsunfähigen Elternteils – eine Lücke im Kindschaftsrechtsreformgesetz? Teil 1, FuR 1998, 70; *Keller,* Das gemeinsame Sorgerecht nach der Kindschaftsrechtsreform. Ein Leitfaden für die Praxis, 1995; *Knittel,* Die Beurkundung von Sorgeerklärungen nicht miteinander verheirateter Eltern, ZfJ 2000, 140; *Lipp,* Das elterliche Sorgerecht für das nichteheliche Kind nach dem Kindschaftsrechtsreformgesetz (KindRG), FamRZ 1998, 65; *Schwab,* Kindschaftsrechtsreform und notarielle Vertragsgestaltung, DNotZ 1998, 437; *Walter,* Betreuung und elterliche Sorge, FamRZ 1991, 765.

I. Normzweck

1   Die durch Art 1 § 10 KindRG eingefügte Norm regelt die Höchstpersönlichkeit der Sorgeerklärung (Abs 1) sowie die Voraussetzungen, unter denen ein beschränkt geschäftsfähiger Elternteil die Sorgeerklärung abgeben kann (Abs 2). Damit wird für den minderjährigen Elternteil die Möglichkeit eröffnet, mit dem anderen volljährigen Elternteil die gemeinsame Sorge zu begründen und im Rahmen der tatsächlichen Personensorge (§ 1673 Abs 2 S 2) selbst an dieser Sorge beteiligt zu werden[1].

II. Höchstpersönlichkeit der Sorgeerklärung (Abs 1)

2   Die Sorgeerklärung ist höchstpersönlich. Die Eltern können sie deshalb nur selbst abgeben (Abs 1), dh Vertretung ist ebensowenig zulässig wie Botenschaft[2]. Ein Verstoß hiergegen führt zur Unwirksamkeit der Sorgeerklärung (§ 1626 e).

III. Sorgeerklärung eines beschränkt geschäftsfähigen Elternteils (Abs 2)

3   Die Sorgeerklärung eines Minderjährigen bedarf der **Zustimmung seines gesetzlichen Vertreters** (Abs 2 S 1). Die Anforderungen an diese Zustimmungserklärung entsprechen denen an die Sorgeerklärung (§§ 1626 b bis 1626 e). Die Zustimmungserklärung (§ 182) muss also vom gesetzlichen Vertreter selbst abgegeben werden **(Abs 2 S 2)**; sie ist bedingungs- und befristungsfeindlich (Abs 2 S 2 HS 2, § 1626 b Abs 1), kann vor der Geburt des Kindes abgegeben werden (Abs 2 S 2 HS 2, § 1626 b Abs 2) und muss ebenso wie die Sorgeerklärung öffentlich beurkundet werden (§ 1626 d Abs 1). Wird die Zustimmung vom gesetzlichen Vertreter verweigert, so kann der beschränkt Geschäftsfähige – nicht auch der andere Elternteil[3] – die **Ersetzung der Zustimmung** durch das Familiengericht beantragen **(Abs 2 S 3)**. Das Gericht hat dem Antrag stattzugeben, wenn die Sorgeerklärung dem Wohl des Antragstellers nicht widerspricht (Abs 2 S 3 HS 2). Wann dies der Fall ist, bestimmt sich nach dem in § 1303 Abs 3 (früher § 3 Abs 3 EheG) enthaltenen Grundgedanken. Maßgebend ist also, ob triftige Gründe gegen die Wirksamkeit der Sorgeerklärung des beschränkt Geschäftsfähigen sprechen[4]. Solche Gründe können in der Person des Minderjährigen oder des anderen Elternteils liegen[5]. Maßgebend sind vor allem die Fähigkeit und Reife des Minderjährigen, die Elternverantwortung zu übernehmen[6].

4   **Versagt** der gesetzliche Vertreter die **Zustimmung** und wird sie auch vom Familiengericht nicht ersetzt, so ist die Sorgeerklärung des Minderjährigen unwirksam (§ 1626 e). Wird die **Zustimmung** dagegen **erteilt** oder vom Familiengericht ersetzt und gibt auch der andere Elternteil eine Sorgeerklärung ab (bei Minderjährigkeit ebenfalls mit Zustimmung seines gesetzlichen Vertreters oder Ersetzung durch das Familiengericht), so erlangen beide die elterliche Sorge.

4.1   Ist die **Mutter minderjährig**, der **Vater dagegen volljährig**, so wird die Mutter zwar mit der Geburt des Kindes Sorgerechtsinhaberin (§ 1626 a Abs 2). Ihre elterliche Sorge ruht jedoch (§ 1673 Abs 2 S 1, Abs 1). Nach § 1673 Abs 2 S 2 ist sie nur zur Ausübung der tatsächlichen Personensorge befugt. Daneben ist der Vormund des Kindes nach den §§ 1773, 1793 sorgeberechtigt. Geben nun die Mutter mit Zustimmung ihres gesetzlichen Vertreters und der volljährige Vater die Sorgeerklärungen nach § 1626 a Abs 1 Nr 1 ab, so wandelt sich dort nicht zwar die Alleinsorge der Mutter in die gemeinsame Sorge beider Eltern. Die Mutter kann jedoch nach § 1673 Abs 2 S 2 nur die tatsächliche Sorge ausüben; daneben hat der volljährige Vater die Personen- und Vermögenssorge einschließlich der Vertretung inne (§ 1678 Abs 1); das Amt des Vormunds erlischt (§ 1882).

4.2   Ist dagegen der **Vater minderjährig**, die **Mutter aber volljährig** und geben der Vater mit Zustimmung des gesetzlichen Vertreters und die Mutter wirksam Sorgeerklärungen ab, so ist die Sorge der Mutter unbeschränkt (§ 1678); die des Vaters ruht (§ 1673 Abs 2 S 1, Abs 1), er kann nur die tatsächliche Personensorge ausüben (§ 1673 Abs 2 S 2)[7].

---

[1] *Palandt/Diederichsen* 59. Aufl 2000, Rn 11.
[2] BT-Drucks 13/4899 S 94; *Schwab* DNotZ 1998, 437, 450.
[3] FamRefK/*Rogner* Rn 10; *Palandt/Diederichsen* Rn 3.
[4] BT-Drucks 13/4899 S 95; MünchKommBGB/*Huber* Rn 12; aA *Staudinger/Coester* Rn 4, 11.
[5] *Palandt/Diederichsen* Rn 3; enger *Johannsen/Henrich/Jaeger* Rn 3; *Staudinger/Coester* Rn 10; MünchKommBGB/*Huber* Rn 13.
[6] FamRefK/*Rogner* Rn 11; *Palandt/Diederichsen* Rn 3; MünchKommBGB/*Huber* Rn 12.
[7] *Palandt/Diederichsen* 59. Aufl 2000, Rn 6; MünchKommBGB/*Huber* Rn 5 f.

Form; Mitteilungspflicht § 1626 d

Sind **beide Eltern minderjährig**, so bedürfen beide Sorgeerklärungen der Zustimmung des jeweiligen gesetzlichen Vertreters (Abs 2 S 1). Die elterliche Sorge beider ruht, sie haben nur ein auf die tatsächliche Sorge beschränktes tatsächliches Personensorgerecht (§ 1673 Abs 2 S 2). Die tatsächliche Vermögenssorge sowie die gesetzliche Vertretung in allen Bereichen der elterlichen Sorge werden vom Vormund des Kindes ausgeübt (§ 1773 Abs 1). Bei Meinungsverschiedenheiten der minderjährigen Eltern mit dem Vormund geht die Meinung der minderjährigen Eltern der des Vormunds vor (§ 1673 Abs 2 S 3 HS 1). 4.3

IV. Sorgeerklärung eines geschäftsunfähigen und eines unter Betreuung stehenden Elternteils

Die **Sorgeerklärung eines Geschäftsunfähigen** ist bei strikter Normanwendung wirksam, da ein Rückgriff auf § 104 Nr 2 durch § 1626 e gesperrt ist. Die elterliche Sorge kann nur nicht wahrgenommen werden, weil sie ruht (§ 1673 Abs 1). Es ist aber zweifelhaft, ob allein der Umstand, dass die elterliche Sorge keine Belastung für den Inhaber der elterlichen Sorge darstellt, das Ergebnis rechtfertigt, dass der Geschäftsunfähige die Sorgeerklärung wirksam abgeben kann[8]. Zur Lösung des Problems liegt es nahe, im Hinblick auf die parallele Ausgestaltung der Anforderungen an eine Anerkennungserklärung (§§ 1594 bis 1596) und an eine Sorgeerklärung (§§ 1626 b, 1626 c) zur Lückenfüllung auf § 1596 Abs 1 S 3 zurückzugreifen. Danach kann der Geschäftsunfähige zwar selbst keine wirksame Sorgeerklärung abgeben. Jedoch kann dies für ihn der Betreuer als gesetzlicher Vertreter (§ 1902) mit Genehmigung des Vormundschaftsgerichts tun[9]. Dagegen kommt eine Analogie zu § 1626 c Abs 2[10] nicht in Betracht, da dort nur die Sorgeerklärung eines Minderjährigen geregelt ist. 5

Die Ansicht, die von der Wirksamkeit der Sorgeerklärung ausgeht, vermeidet zwar Dissonanzen zwischen der geschäftsunfähigen Mutter, die Sorgerechtsinhaberin mit der Geburt des Kindes wird (§ 1626 a Abs 2) und dem geschäftsunfähigen Vater des außerehelichen Kindes[11]. Jedoch übersehen sie, dass der Gesetzgeber sich bewusst dagegen entschieden hat, dem Vater ebenso wie der Mutter automatisch mit der Geburt des Kindes die elterliche Sorge einzuräumen. Zudem benachteiligt ein solches Ergebnis den beschränkt geschäftsfähigen Elternteil, dessen Sorgeerklärung unter dem Vorbehalt der Zustimmung des gesetzlichen Vertreters steht (Abs 2). Dieser Unterschied lässt sich nicht mit dem Hinweis rechtfertigen, die elterliche Sorge des Geschäftsunfähigen ruhe, wogegen dem beschränkt Geschäftsfähigen die tatsächliche Personensorge zustehe (§ 1673 Abs 2 S 2)[12]. Vielmehr ist § 1673 die Unterscheidung zwischen dem Entstehen der elterlichen Sorge und ihrer Ausübung immanent. Das gegenteilige Ergebnis – Unwirksamkeit der Sorgeerklärung – wird zT mit einer teleologischen Reduktion des § 1626 e des Inhalts begründet, dass dessen Ausschlusswirkung sich nicht auf § 105 beziehe[13]. Dieser Lösungsansatz vermag allerdings nicht zu erklären, warum gerade der Normzweck des § 1626 e eine Reduktion des Wortlauts verlangt und warum die Ausschlusswirkung auf § 105 begrenzt wird. Zur Lösung des Problems lassen sich auch keine Parallelen zur Ehefähigkeit (§ 1304) ziehen und die Sorgeerklärung dann als wirksam betrachten, wenn eine Sorgegeschäftsfähigkeit[14] iS einer Einsicht in das Wesen der Sorgeerklärung und der elterlichen Sorge, also in die Bedeutung der Elternverantwortung und ihre Folgen[15] vorliegt. Liegt diese Einsicht nämlich vor, so greift der Ruhenstatbestand des § 1673 Abs 1 nicht ein, weil sich der Elternteil dann nicht vollständig in einem Zustand gemäß § 104 Nr 2 befindet, sondern nur partiell geschäftsunfähig ist[16]; näher § 1673 Rn 2.1. Zudem kann auf diese Weise auch keine Gleichbehandlung mit dem geschäftsunfähigen Vater eines ehelichen Kindes erreicht werden, der mit der Geburt des Kindes oder mit nachfolgender Eheschließung (§ 1626 a Abs 1 Nr 2) gemeinsame elterliche Sorge erlangt. 5.1

Liegt kein Fall des § 104 Nr 2 vor, wird aber auf Grund von § 1896 eine **Betreuung** angeordnet, so führt diese Anordnung nicht zu einer Einschränkung der sorgerechtlichen Kompetenz des betreuten Elternteils (§ 1673 Rn 5)[17]. Dies gilt auch für die Abgabe einer Sorgeerklärung, die zur gemeinsamen elterlichen Sorge der Kindeseltern führt. Daran kann auch die Anordnung eines Einwilligungsvorbehalts nichts ändern[18]. 6

§ 1626 d Form; Mitteilungspflicht

(1) Sorgeerklärungen und Zustimmungen müssen öffentlich beurkundet werden.

(2) Die beurkundende Stelle teilt die Abgabe von Sorgeerklärungen und Zustimmungen unter Angabe des Geburtsdatums und des Geburtsorts des Kindes sowie des Namens, den das Kind zur Zeit der Beurkundung seiner Geburt geführt hat, dem nach § 87 c Abs. 6 Satz 2 des Achten Buches Sozialgesetzbuch zuständigen Jugendamt zum Zwecke der Auskunftserteilung nach § 58 a des Achten Buches Sozialgesetzbuch unverzüglich mit.

Schrifttum: *Brambring*, Notarielle Beurkundung der Sorgeerklärung nach § 1626 a Abs. 1 Nr. 1 BGB, DNotI-Report 1998, 89; Stellungnahme des Deutschen Familiengerichtstages e. V. zu dem Entwurf eines Gesetzes zur

---

[8] *Dickerhof-Borello* FuR 1998, 70, 72; *Keller* S 47; *Erman/Michalski* § 1626 c Rn 2.
[9] *Palandt/Diederichsen* 59. Aufl 2000, § 1626 a Rn 7; anders *ders* 67. Aufl 2008, Rn 2.
[10] *Staudinger/Coester* Rn 20; *Johannsen/Henrich/Jaeger* Rn 5; AnwK-BGB/*Rakete-Dombek* Rn 9; *Gernhuber/Coester-Waltjen* § 57 Rn 138 (§ 1626 c Abs 2 und § 1596 Abs 2).
[11] *Lipp* FamRZ 1998, 65, 71.
[12] *Keller* S 47.
[13] MünchKommBGB/*Huber* § 1626 e Rn 16; iE auch *Erman/Michalski* § 1626 e Rn 2.
[14] *Lipp* FamRZ 1998, 65, 71; *ders/Wagenitz* Rn 7; *Knittel* ZfJ 2000, 140, 141.
[15] *Dickerhof-Borello* FuR 1998, 70, 72; s auch *Lipp/Wagenitz* § 1626 a Rn 7.
[16] *Staudinger/Coester* BGB § 1673 Rn 11.
[17] *Staudinger/Coester* § 1673 Rn 8 f; zur elterlichen Sorge von Betreuten *Walter* FamRZ 1991, 765.
[18] *Staudinger/Coester* Rn 21; *Johannsen/Henrich/Jaeger* Rn 6.

§ 1626 d

Reform des Kindschaftsrechts (Kindschaftsrechtsreformgesetz – KindRG), FamRZ 1997, 337 (zit: Stellungnahme des DFGT); Deutscher Juristinnenbund, Entwurf zur Reform des Kindschaftsrechts, FuRinfo 4/92, 1; *Dickmeis*, Das neue Kindschaftsrecht und seine Bedeutung für die sozialen Dienste, ZfJ 1998, 193; *Fleischer/Kalnbach*, Erste Erfahrungen und statistische Zahlen bei der praktischen Umsetzung der §§ 1626 a ff BGB iVm §§ 58 a, 59, 87 c KJHG auf EDV-Basis, DAVorm 1998, 771; *Knittel*, Die Beurkundung von Sorgeerklärungen nicht miteinander verheirateter Eltern, ZfJ 2000, 140; *Küperkoch*, Notarielle Mitteilungspflichten, RNotZ 2002, 297; *Schwab*, Kindschaftsrechtsreform und notarielle Vertragsgestaltung, DNotZ 1998, 437; *Wiesner*, Die Reform des Kindschaftsrechts – Anmerkungen für die Praxis der Kinder- und Jugendhilfe, ZfJ 1998, 269.

I. Öffentliche Beurkundung von Sorgeerklärungen (Abs 1)

1 Nach Abs 1 dieser zuletzt durch das Gesetz zur Umsetzung familienrechtlicher Entscheidungen des BVerfG vom 13. 12. 2003 (BGBl I S 2547, 2548) geänderten Regelung müssen Sorgeerklärungen und Zustimmungen öffentlich beurkundet werden. **Zuständig** für die Beurkundung sind der Notar (§ 20 Abs 1 S 1 BNotO), die Urkundsperson bei jedem inländischen Jugendamt, unabhängig vom tatsächlichen Aufenthalt von Eltern und Kind (§§ 59 Abs 1 Nr 8, 87 e SGB VIII) sowie die deutschen Auslandsvertretungen, wenn der gewöhnliche Aufenthalt des Kindes im Geltungsbereich des Haager Minderjährigenschutzabkommens (MSA) liegt und das Kind ausschließlich die deutsche Staatsangehörigkeit hat (Art 3 Abs 2 EGBGB, Art 3 MSA)[1]. Nicht für die Beurkundung zuständig ist dagegen der Standesbeamte. Ihm wird vom Gesetzgeber die Kompetenz abgesprochen, hinreichend über Bedeutung und Tragweite der Sorgeerklärungen belehren zu können[2]. Die öffentliche Beurkundung von Sorgeerklärungen und Zustimmungen ist **konstitutiv** für die Wirksamkeit der Erklärungen[3]. Fehlt es daran, sind die Willenserklärungen unwirksam (§ 1626 e) und die elterliche Sorge verbleibt bei der Mutter (§ 1626 a Abs 2).

1.1 Die öffentliche Beurkundung (§ 415 Abs 1 ZPO) der Sorgeerklärungen soll die Betroffenen vor übereilten Bindungen bewahren (Warnfunktion)[4]. Sie ist wegen der für die Beurkundung vorausgehenden Beratung und Belehrung der Beteiligten (§ 17 Abs 1 BeurkG) auch unverzichtbar (Beratungsfunktion)[5]. Zudem wird klargestellt, welchen Inhalt die Sorgeerklärungen haben. Die Urkunde erbringt den Nachweis der gemeinsamen elterlichen Sorge (Klarstellungs- und Beweisfunktion)[6].

II. Mitteilungspflicht (Abs 2)

2 Die beurkundende Stelle teilt die Abgabe von Sorgeerklärungen und Zustimmungen dem für den Geburtsort des Kindes **zuständigen Jugendamt** (§ 87 c Abs 6 S 2 SGB VIII) mit (Abs 2). Diese Mitteilung umfasst weiter die Angabe von Geburtsdatum und Geburtsort des Kindes sowie des Namens, den das Kind zurzeit der Beurkundung seiner Geburt geführt hat. Durch das letzte Erfordernis soll im Fall eines späteren Namenswechsels die Zuordnung der Sorgeerklärungen zu dem Kind ermöglicht werden[7]. Die Mitteilung muss unverzüglich, dh ohne schuldhaftes Zögern erfolgen (§ 121 Abs 1 S 1). Das für den Geburtsort des Kindes zuständige Jugendamt wird weiter vom Familiengericht über die rechtskräftige Ersetzung einer Sorgeerklärung nach Art 224 § 2 Abs 3 EGBGB (Art 224 § 2 Abs 5 EGBGB) unterrichtet. Es führt ein **Register** über abgegebene und ersetzte Sorgeerklärungen (§ 58 a Abs 2 SGB VIII)[8] und erteilt der Mutter des Kindes die Auskunft nach § 58 a Abs 1 SGB VIII.

2.1 Die so zusammengeführten Informationen über Sorgeerklärungen bilden auch die Grundlage für laufende Erhebungen über Sorgeerklärungen, die aufgrund einer Forderung des BVerfG[9] inzwischen von den Jugendämtern nach §§ 98 Abs 2, 99 Abs 6 a, 101 Abs 1 SGB VIII durchzuführen sind[10].

2.2 Die Mitteilungspflicht nach Abs 2 enthält lediglich eine Ordnungsvorschrift, so dass ihre Verletzung die Wirksamkeit der Sorgeerklärungen oder der Zustimmung unberührt lässt[11].

2.3 Die Erfüllung der Mitteilungspflicht bereitet Probleme bei pränatalen Sorgeerklärungen[12].

3 Sind keine Sorgeerklärungen abgegeben oder durch rechtskräftige familiengerichtliche Entscheidung ersetzt worden, so kann die Mutter vom Jugendamt darüber eine schriftliche Bescheinigung verlangen (sog **Negativattest,** § 58 a SGB VIII)[13]. **Zuständig** für die Auskunft ist nach § 87 c Abs 6 S 1 iVm Abs 1 S 1 SGB VIII das Jugendamt, in dessen Bereich die Mutter ihren gewöhnlichen

---

[1] *Knittel* ZfJ 2000, 140, 141.
[2] BT-Drucks 13/4899 S 95.
[3] *Palandt/Diederichsen* Rn 2; MünchKommBGB/*Huber* Rn 2.
[4] Deutscher Juristinnenbund FuR info 4/92, 1, 9.
[5] BT-Drucks 13/4899 S 95; FamRefK/*Rogner* Rn 2; *Staudinger/Coester* Rn 3.
[6] *Brambring* DNotI-Report 1998, 89, 91.
[7] BT-Drucks 13/4899 S 95.
[8] *Fleischer/Kalnbach* DAVorm 1998, 771, 773; krit DFGT FamRZ 1997, 337, 339; BT-Drucks 13/4899 S 164; hiergegen BT-Drucks 13/4899 S 173.
[9] FamRZ 2003, 285, 291.
[10] Kritik an der Effizienz dieser Erhebungen zu Recht von *Staudinger/Coester* § 1626 a Rn 3.
[11] FamRefK/*Rogner* Rn 7; *Palandt/Diederichsen* Rn 3; MünchKommBGB/*Huber* Rn 10; *Staudinger/Coester* Rn 8.
[12] *Küperkoch* RNotZ 2002, 297, 316 f; *Staudinger/Coester* Rn 10; AnwK-BGB/*Rakete-Dombek* Rn 5; *Wiesner* ZfJ 1998, 269, 274.
[13] *Wiesner* ZfJ 1998, 269, 274; krit zu der fehlenden positiven Nachweismöglichkeit der gemeinsamen Sorge nach § 1626 a Abs 1 Nr 1 *Palandt/Diederichsen* Rn 1; *Staudinger/Coester* Rn 12.

Aufenthalt hat. Ist dieses Jugendamt nicht identisch mit dem, das für den Geburtsort des Kindes zuständig ist, so teilt das letztere dem ersteren mit, ob eine Mitteilung nach Abs 2 und eine solche nach Art 224 § 2 Abs 5 EGBGB vorliegen (§ 87 c Abs 6 S 3 SGB VIII). Liegt der Geburtsort des Kindes im Ausland oder ist er nicht zu ermitteln, so ist für die Erteilung der Auskunft nach § 58 a SGB VIII das Land Berlin zuständig (§ 87 c Abs 6 S 2 HS 2, § 88 Abs 1 S 2 SGB VIII)[14]. Diese Auskunft soll der Mutter einen **Nachweis** darüber geben, dass zur Zeit der Auskunftserteilung keine gemeinsame elterliche Sorge besteht. Dagegen wird nicht nachgewiesen, dass die Mutter tatsächlich die elterliche Sorge innehat oder sie ihr nicht etwa aufgrund gerichtlicher Entscheidung entzogen worden ist[15].

Die Auskunft legitimiert die Mutter im allgemeinen Rechtsverkehr also nicht positiv als alleinige Inhaberin der elterlichen Sorge[16]. Kann ein solches Negativattest nicht vorgelegt werden, so muss der allgemeine Rechtsverkehr von der gemeinsamen elterlichen Sorge ausgehen. Damit entsteht durch die Auskunft nach § 58 a SGB VIII ein umgekehrtes Regel-Ausnahme-Verhältnis, obwohl die Alleinsorge vom gesetzgeberischen Ansatz her der Regelfall ist[17]. 3.1

§ 1626 e Unwirksamkeit

Sorgeerklärungen und Zustimmungen sind nur unwirksam, wenn sie den Erfordernissen der vorstehenden Vorschriften nicht genügen.

I. Normzweck

Die durch Art 1 Nr 10 KindRG eingefügte Norm dient der Rechtssicherheit und soll sicherstellen, dass Sorgeerklärungen und Zustimmungen aus anderen als den in den §§ 1626 a bis 1626 d genannten Gründen nicht unwirksam sind[1]. 1

II. Fallgestaltungen für unwirksame Sorgeerklärungen/Zustimmungen

Die Gründe für die Unwirksamkeit ergeben sich aus den §§ 1626a-d. Solche sind: Abgabe von Sorgeerklärungen, ohne Eltern zu sein (§§ 1591, 1592 Nr 2, 3); Verknüpfung der Sorgeerklärungen mit einer Bedingung oder Befristung (§ 1626 b Abs 1); Abgabe von Sorgeerklärungen, obwohl eine gerichtliche Entscheidung nach § 1671, § 1672 oder eine diese Entscheidung ändernde Entscheidung nach § 1696 vorliegt (§ 1626 b Abs 3; krit dort Rn 5); Abgabe der Sorgeerklärungen durch Stellvertreter oder Erklärungsboten (§ 1626 c Abs 1); Abgabe einer Sorgeerklärung durch einen beschränkt geschäftsfähigen Elternteil ohne Zustimmung des gesetzlichen Vertreters (§ 1626 c Abs 2 S 1); keine höchstpersönliche Abgabe der Zustimmung durch den gesetzlichen Vertreter und/oder Abgabe der Zustimmung unter einer Bedingung oder Zeitbestimmung (§§ 1626 c Abs 2 S 2, 1626 b Abs 1); Verweigerung der Zustimmung zur Sorgeerklärung des beschränkt geschäftsfähigen Elternteils durch gesetzlichen Vertreter, kein Antrag des beschränkt Geschäftsfähigen auf Zustimmungsersetzung oder Verweigerung derselben durch das Gericht (§ 1626 c Abs 2 S 3); fehlende öffentliche Beurkundung der Sorgeerklärungen und/oder der Zustimmung des gesetzlichen Vertreters (§ 1626 d Abs 1). 2

III. Ausschluss der allgemeinen Unwirksamkeitsgründe

§ 1626 e enthält im Interesse der Rechtssicherheit eine **abschließende Auflistung** der Unwirksamkeitsgründe („nur") mit der Folge, dass eine Unwirksamkeit nach §§ 104 Nr 2 (zur Sorgeerklärung eines Geschäftsunfähigen § 1626 c Rn 5), 117, 118, 138 sowie auf Grund einer Anfechtung nach §§ 142 Abs 1, 119, 123 ausscheidet[2]. Ebensowenig fällt die Sorgeerklärung auf Grund eines Widerrufs, einer Kündigung des Sorgerechtsverhältnisses oder nach § 313 weg. 3

IV. Folge der Unwirksamkeit

Bei Unwirksamkeit einer oder beider Sorgeerklärungen der Eltern bzw bei Unwirksamkeit der erforderlichen Zustimmung des gesetzlichen Vertreters erlangen die Eltern keine gemeinsame elterliche Sorge. Diese verbleibt vielmehr ganz bei der Mutter (§ 1626 a Abs 2) oder teilweise bei ihr und teilweise beim Vater (§ 1672 Abs 1; zu dieser Fallgestaltung § 1672 Rn 9). Die Unwirksamkeit wirkt grds ex tunc. Dennoch wird man entspr den zu den „faktischen Rechtsverhältnissen" entwickelten Grundsätzen die von den Eltern in Ausübung einer vermeintlich gemeinsamen Sorge vorgenommenen Rechtshandlungen als wirksam ansehen können[3]. 4

---

[14] Hinsichtlich der Adresse der dort zuständigen Senatsverwaltung für Schule, Jugend und Sport s DAVorm 1998, 585, 837.
[15] BT-Drucks 13/4899 S 164.
[16] *Schwab* DNotZ 1998, 437, 452; aA amtliche Begr, BT-Drucks 13/4899 S 60, 173; zur diskriminierenden Wirkung eines solchen Attestes *Dickmeis* ZfJ 1998, 193, 197.
[17] *Schwab* DNotZ 1998, 437, 452.
[1] BT-Drucks 13/4899 S 95.
[2] BT-Drucks 13/4899 S 95.
[3] *Staudinger/Coester* Rn 4; *Palandt/Diederichsen* Rn 2.

§ 1627

§ 1627 Ausübung der elterlichen Sorge

¹Die Eltern haben die elterliche Sorge in eigener Verantwortung und in gegenseitigem Einvernehmen zum Wohl des Kindes auszuüben. ²Bei Meinungsverschiedenheiten müssen sie versuchen, sich zu einigen.

Schrifttum: *Bosch,* Grundsatzfragen des Gleichberechtigungsgesetzes vor dem Bundesverfassungsgericht, FamRZ 1959, 265; *Diederichsen,* Die Reform des Kindschafts- und Beistandschaftsrechts, NJW 1998, 1977; *Lange,* Die Lücke im Kindschaftsrecht, NJW 1961, 1889; *Paulick,* Das Eltern-Kind-Verhältnis gemäß den Bestimmungen des Gleichberechtigungsgesetzes vom 18. Juni 1957, FamRZ 1958, 1; *Siebert,* Elterliche Gewalt und Gleichberechtigung, NJW 1955, 1.

I. Normzweck

1   Die durch Art 1 Nr 22 des Gleichberechtigungsgesetzes vom 18. 6. 1957 (BGBl I S 609) eingefügte Regelung bringt zum Ausdruck, dass es in erster Linie Aufgabe der Eltern ist, die Elternverantwortung für ihre Kinder auszuüben und bei Meinungsverschiedenheiten eine Einigung herbeizuführen[1]. Die Norm enthält ebenso wie § 1626 Abs 2 (dort Rn 30) eine **Erziehungsrichtlinie** für die Eltern[2]. Sie erfasst alle Eltern, die gemeinsam sorgeberechtigt sind, also auch die, die nicht nur vorübergehend getrennt leben[3], soweit keine Zuweisung an einen Elternteil nach §§ 1671, 1672 erfolgt ist.

II. Kriterien für die Ausübung der elterlichen Sorge (S 1)

2   Die Verpflichtung, die elterliche Sorge **in eigener Verantwortung** zum Wohl des Kindes wahrzunehmen, umfasst die selbständige Prüfung aller Maßnahmen und Entscheidungen elterlicher Sorge auf ihre Vereinbarkeit mit dem Kindeswohl[4]. Sie erfasst das Auftreten der Eltern Dritter gegenüber wie auch das Verhältnis der Eltern untereinander[5]: So kann sich kein Elternteil seines Pflichtrechts dadurch entledigen, dass er die Elternverantwortung dem anderen Elternteil oder einem Dritten überträgt (zur Aufgabenverteilung Rn 3)[6]. Das **gegenseitige Einvernehmen** verlangt ein elterliches Zusammenwirken in gemeinsamer Beratung und gemeinsamer Entscheidung. Liegt ein gegenseitiges Einvernehmen der Eltern vor, so genügt nach außen das Tätigwerden eines Elternteils. Handelt es sich bei der Maßnahme um eine rechtsgeschäftliche Handlung, so greifen die Regeln über die wechselseitige Bevollmächtigung ein (iE § 1629 Rn 11.1)[7].

3   Die Pflicht, die elterliche Sorge in gegenseitigem Einvernehmen wahrzunehmen, schließt eine **Aufgabenteilung** nicht aus[8]. Dies folgt aus dem Wortlaut der Norm, der eine einvernehmliche, aber keine gemeinsame Ausübung verlangt[9]. Die Aufgabenwahrnehmung kann vereinbart werden (§ 1356 Abs 1 S 1)[10] oder eine natürliche sein[11]; so richtet sich etwa der Anspruch des Kleinkinds auf Pflege idR vorrangig gegen den haushaltsführenden Elternteil[12]. Im Rahmen der Aufgabenteilung hat jeder die Macht, allein zu handeln (vgl § 1356 Abs 1 S 2)[13]. Sie enthebt die Eltern nicht von der Pflicht, sich wechselseitig zu überwachen[14] sowie in Angelegenheiten, deren Regelung für das Kind von erheblicher Bedeutung ist, Einvernehmen zu erzielen (näher § 1628 Rn 4)[15]. Die Aufgabenteilung kann wegen des Pflichtcharakters des Sorgerechts nur **widerruflich** vorgenommen werden; jeder Elternteil kann also die Aufgabenteilung rückgängig machen, wenn er das im Kindesinteresse für erforderlich hält[16]. Es besteht sogar eine Pflicht zum Widerruf, wenn die Gefahr pflichtwidriger Ausübung durch den anderen droht[17]. Für die Ausübung des Widerrufsrechts gelten die allgemeinen Grenzen (zB § 226)[18]. Ist die ursprünglich gemeinsam beschlossene Maßnahme, die für das Kind von erheblicher Bedeutung ist (zB Schule, Berufsausbildung), bereits umgesetzt, so bleibt die Bindungswirkung bis zur Entscheidung des Familiengerichts nach § 1628 oder einer neuen Elternvereinbarung erhalten[19].

---

[1] LG Berlin FamRZ 1982, 839 f.
[2] *Staudinger/Peschel-Gutzeit* Rn 3: Leitbild, und MünchKommBGB/*Huber* Rn 2: Leitbildfunktion; *Diederichsen* NJW 1998, 1977, 1983: gut gemeinte pädagogische Maximen und Ratschläge.
[3] OLG Saarbrücken FamRZ 1983, 1054; BT-Drucks 13/4899 S 107.
[4] MünchKommBGB/*Huber* Rn 4.
[5] *Palandt/Diederichsen* Rn 1.
[6] *Soergel/Strätz* Rn 5; *Staudinger/Peschel-Gutzeit* Rn 6.
[7] MünchKommBGB/*Huber* Rn 9; *Erman/Michalski* Rn 5.
[8] *Palandt/Diederichsen* Rn 1; zu § 1356 aF *Lange* NJW 1961, 1889, 1890; *Bosch* FamRZ 1959, 265, 266 f.
[9] RGRK/*Wenz* Rn 6; MünchKommBGB/*Huber* Rn 5.
[10] *Lange* NJW 1961, 1889, 1890 Fn 16.
[11] OLG Köln FamRZ 1967, 293; *Bosch* FamRZ 1959, 265, 266.
[12] *Gernhuber/Coester-Waltjen* § 58 Rn 2.
[13] *Palandt/Diederichsen* Rn 2.
[14] BGH NJW 1976, 2344, 2345; *Erman/Michalski* Rn 6; RGRK/*Wenz* Rn 5; MünchKommBGB/*Huber* Rn 8.
[15] *Soergel/Strätz* Rn 5; *Palandt/Diederichsen* Rn 1.
[16] *Soergel/Strätz* Rn 5; für freie Widerruflichkeit *Lange* NJW 1961, 1889, 1890. *Erman/Michalski* Rn 6 und *Paulick* FamRZ 1958, 1, 3 fordern einen „begründeten Anlass" bzw einen „zwingenden Grund" für den Widerruf.
[17] *Gernhuber/Coester-Waltjen* § 58 Rn 2.
[18] MünchKommBGB/*Huber* Rn 10; zu den Beweisproblemen *Erman/Michalski* Rn 6.
[19] *Soergel/Strätz* Rn 5.

Die elterliche Sorge ist zum **Wohl des Kindes** auszuüben. Darin kommt der fiduziarische Charakter des Pflichtrechts der Eltern (§ 1626 Rn 2) zum Ausdruck. **4**

III. Meinungsverschiedenheiten (S 2)

Bei **Meinungsverschiedenheiten** müssen die Eltern versuchen, sich zu einigen (S 2). Maßstab ist auch hier das Kindeswohl. Ist ein Einvernehmen nicht zu erzielen, kann jeder Elternteil einen Antrag nach § 1628 stellen, soweit es sich um eine Angelegenheit der elterlichen Sorge handelt, deren Regelung für das Kind von erheblicher Bedeutung ist. In Angelegenheiten von geringerer Bedeutung bleibt es im Elternstreit beim status quo, das Familiengericht wird nicht tätig; es setzt sich letztlich der forschere, wirtschaftlich oder psychisch stärkere Elternteil durch[20]. Die von einem Elternteil ohne Einvernehmen mit dem anderen vorgenommene Maßnahme stellt eine Pflichtwidrigkeit gegenüber dem anderen Elternteil dar[21], es sei denn, er ist allein handlungsbefugt (§ 1629 Abs 2, 3; § 1687 Abs 1 S 2), oder diese Maßnahme ließe sich als zulässiger Widerruf eines früher einmal getroffenen elterlichen Einvernehmens auslegen. Gegenüber dem Kind tritt jeder Elternteil als selbständige Erzieherpersönlichkeit mit einer individuell ausgeprägten Erzieherautorität auf[22]; der Alleingang eines Elternteils führt nur unter den Voraussetzungen des § 1666 zur Rechtswidrigkeit der Maßnahme dem Kind gegenüber[23]. **5**

§ 1628 Gerichtliche Entscheidung bei Meinungsverschiedenheiten der Eltern

¹Können sich die Eltern in einer einzelnen Angelegenheit oder in einer bestimmten Art von Angelegenheiten der elterlichen Sorge, deren Regelung für das Kind von erheblicher Bedeutung ist, nicht einigen, so kann das Familiengericht auf Antrag eines Elternteils die Entscheidung einem Elternteil übertragen. ²Die Übertragung kann mit Beschränkungen oder mit Auflagen verbunden werden.

Schrifttum: *Bienwald,* Zur Beteiligung des Mannes bei der Entscheidung über den straffreien Schwangerschaftsabbruch seiner Ehefrau – Bemerkungen zum Beschluß des AmtsG Köln vom 15. 3. 1984, FamRZ 1985, 519 –, FamRZ 1985, 1096; *Coester,* Neues Kindschaftsrecht in Deutschland, DEuFamR 1999, 3; *Coester-Waltjen,* Der Schwangerschaftsabbruch und die Rolle des zukünftigen Vaters, NJW 1985, 2175; *Ehinger,* Bedeutung des Streits der Eltern über die Religionszugehörigkeit ihres Kindes im Zivilprozeßverfahren, FPR 2005, 367; *Haußleiter,* Umzug des Minderjährigen bei gemeinsamer Sorge, NJW-Spezial 2004, 151; *Mittenzwei,* Die Rechtsstellung des Vaters zum ungeborenen Kind, AcP 187 (1987), 247; *Roth-Stielow,* Nochmals: Der Schwangerschaftsabbruch und die Rolle des künftigen Vaters, NJW 1985, 2746; *Schilling,* Rechtliche Probleme bei der gemeinsamen Sorge nach Trennung bzw. Scheidung, NJW 2007, 3233; *Schwab,* Elterliche Sorge bei Trennung und Scheidung der Eltern – Die Neuregelung des Kindschaftsrechtsreformgesetzes, FamRZ 1998, 457; *Streitwieser,* Sorgerechtsregelung bei Uneinigkeit der Eltern über die religiöse Erziehung ihrer Kinder, ZKJ 2006, 141; *Stürner,* Der Schutz des ungeborenen Kindes im Zivilrecht, Jura 1987, 75.

Übersicht

	Rn		Rn
I. Normzweck	1	III. Inhalt der Entscheidung	5
II. Voraussetzungen für die Übertragung der Entscheidungsbefugnis auf einen Elternteil	2	1. Sachentscheidung nach § 1628	5
		2. Konkurrenzen	8
		IV. Verfahren	12

I. Normzweck

Die Norm, die zuletzt durch Art 1 Nr 11 KindRG geändert wurde, trifft Vorsorge für den Fall, dass ein Einigungsversuch der Eltern bei einer Meinungsverschiedenheit über Angelegenheiten, deren Regelung für das Kind von erheblicher Bedeutung ist, nach § 1627 S 2 erfolglos geblieben ist[1]. Sie regelt den Konflikt zwischen den Eltern im Sinn einer Familienautonomie, indem sie dem Gericht keine Kompetenz zuweist, in der Sache den Konflikt zu entscheiden, sondern nur dahingehend, einem Elternteil die Entscheidungsbefugnis zu übertragen. **1**

II. Voraussetzungen für die Übertragung der Entscheidungsbefugnis auf einen Elternteil

Voraussetzung für eine gerichtliche Übertragung der Entscheidungsbefugnis auf einen Elternteil ist der **erfolglose Versuch einer Einigung der Eltern** in einer einzelnen oder einer bestimmten Art von Angelegenheiten der elterlichen Sorge. Damit wird ebenso wie in § 1627 (dort Rn 1) die Subsidiarität **2**

---
[20] RGRK/*Wenz* Rn 8.
[21] *Siebert* NJW 1955, 1, 4; MünchKommBGB/*Huber* Rn 14.
[22] *Siebert* NJW 1955, 1, 4.
[23] *Soergel/Strätz* Rn 9; MünchKommBGB/*Huber* Rn 15; *Siebert* NJW 1955, 1, 5.
[1] MünchKommBGB/*Huber* Rn 1.

§ 1628

des staatlichen Handelns unterstrichen[2]. Aus dem Zusammenhang zu § 1627 folgt, dass **beiden Eltern** das Sorgerecht in der streitigen Angelegenheit zustehen muss[3]. Dabei ist gleichgültig, ob die gemeinsame Sorge auf einer Ehe oder auf Sorgeerklärungen beruht, ob die Eltern zusammen oder getrennt leben[4]. Eine interne Aufgabenverteilung ändert an der gemeinsamen Sorge nichts (§ 1627 Rn 3). Die Meinungsverschiedenheit muss weiter eine **Angelegenheit der gemeinsamen Sorge** betreffen. Dies ist nicht der Fall, wenn die Eltern unterschiedlicher Ansicht darüber sind, ob die Mutter ein ungeborenes Kind gegen den Willen des Vaters abtreiben lassen darf. Die gemeinsame elterliche Sorge umfasst nicht die Entscheidung über Leben und Tod des Kindes oder der Leibesfrucht[5]. Das ändert aber nichts an der Verantwortung der Eltern für das werdende Leben, die in § 1912 Abs 2 zum Ausdruck kommt[6]. Ebensowenig handelt es sich um eine Frage der elterlichen Sorge, wenn die Eltern darum streiten, wer von beiden dem Kind bar- und wer ihm naturalunterhaltspflichtig ist[7]. In diesem Fall ist zwar die elterliche Verantwortung betroffen, aber nicht die elterliche Sorge (näher § 1626 Rn 1.1); allerdings kommt im Interesse der Elternautonomie eine analoge Anwendung der Norm in Betracht[8]. Die Vorschrift ist auch nicht einschlägig bei einem Streit der Eltern mit ihrem Kind[9].

3 Die Meinungsverschiedenheit der Eltern muss sich auf eine **einzelne Angelegenheit** oder eine **bestimmte Art von Angelegenheiten** der elterlichen Sorge beziehen. Ersteres liegt etwa vor bei einem Streit um die Anmeldung in einer bestimmten Schule oder die Durchführung einer Impfung[10]. Eine **bestimmte Art von Angelegenheiten** ist betroffen, wenn sich die Meinungsverschiedenheiten auf einen bestimmten umgrenzbaren Bereich von Fragen beziehen[11]. Dabei muss vermieden werden, dass über eine Entscheidung nach § 1628 mittelbar ein Teilentzug der elterlichen Sorge herbeigeführt wird und die einschränkenden Voraussetzungen der §§ 1666, 1666 a, 1667 umgangen werden[12].

3.1 Mit einem Antrag nach § 1628 kann also keine Entscheidungsbefugnis für alle medizinischen Maßnahmen erlangt werden, sondern nur für eine bestimmte Maßnahme oder einen bestimmten Maßnahmenkatalog[13] (zB Therapie), bei Angelegenheiten der Berufsausbildung nicht für alle während der Ausbildung anfallenden Entscheidungen, sondern beispielsweise nur für die Beteiligung beim Abschluss eines Ausbildungsvertrags; hier ist zudem die Spezialregelung des § 1631 a zu beachten[14]. Die dauernde Aufenthaltsbestimmung als zentrales Element des Sorgerechts kann ebensowenig über § 1628 erreicht werden[15]. Eine bestimmte Art von Angelegenheiten liegt dagegen bei einer als dauerhaft geplanten Regelung des Umgangs mit Bezugspersonen vor (§ 1685 Rn 13).

4 Die Zuweisung der Entscheidungsmacht in Angelegenheiten der elterlichen Sorge kann nur für **Angelegenheiten von erheblicher Bedeutung für das Kind** verlangt werden (dazu auch § 1687 Rn 6 ff). Mit dieser Einschränkung soll verhindert werden, dass die Eltern wegen belangloser Meinungsverschiedenheiten das Gericht anrufen und ihre Verantwortung auf dieses abzuwälzen suchen[16]. Meinungsverschiedenheiten sind grds innerhalb der Familie beizulegen (arg § 1627 S 2). Ob die Angelegenheit von erheblicher Bedeutung für das Kind vorliegt, bestimmt sich nach den Auswirkungen auf das Kind[17].

4.1 Dazu gehören Streitigkeiten über den Vornamen des Kindes[18], die Aufenthaltsbestimmung, soweit es nicht um eine dauerhafte Entscheidung geht[19], das Ob einer längeren Auslandsreise mit dem Kind[20], die Ausstellung und Aushändigung von Kinderausweisen[21], die Anmeldung in einer Kindertagesstätte[22], die Schul- und Berufsausbildung (§ 1631 a)[23], die erste Festlegung des Religionsbekenntnisses (§ 2 Abs 1 RKEG, anders bei Änderung des bisherigen Bekenntnisses nach § 2 Abs 2 und 3 und § 7 RelKErzG)[24], die Kindtaufe[25], eine ärztliche Behandlung (Wahl der

---

[2] BVerfG FamRZ 1959, 416.
[3] *Staudinger/Peschel-Gutzeit* Rn 14.
[4] *Schwab* FamRZ 1998, 457, 467.
[5] *Coester-Waltjen* NJW 1985, 2175; im Ergebnis auch *Jagert* Anm zu AG Köln FamRZ 1985, 1173; *Stürner* Jura 1987, 75, 79 f; MünchKommBGB/*Huber* Rn 5; aA AG Köln FamRZ 1985, 519; *Mittenzwei* AcP 187 (1987), 247, 274 ff, 277; *Roth-Stielow* NJW 1985, 2746 f; *Bienwald* FamRZ 1985, 1096, 1098 ff.
[6] *Lüderitz* Familienrecht Rn 823; zur Schutzpflicht der Mutter BVerfGE 39, 1, 45; 88, 203, 252 f.
[7] MünchKommBGB/*Huber* Rn 8.
[8] LG Bielefeld FamRZ 1981, 74 f; *Soergel/Strätz* § 1628 aF Rn 4.
[9] *Soergel/Strätz* § 1628 aF Rn 4.
[10] KG FamRZ 2006, 142.
[11] BT-Drucks 8/2788 S 46.
[12] MünchKommBGB/*Huber* Rn 10; *Palandt/Diederichsen* Rn 2; *Schwab* FamRZ 1998, 467.
[13] *Palandt/Diederichsen* 59. Aufl 2000, Rn 3.
[14] OLG Hamm FamRZ 1966, 209, 210.
[15] *Palandt/Diederichsen* Rn 2.
[16] BT-Drucks 8/2788 S 46.
[17] MünchKommBGB/*Huber* Rn 13; *Palandt/Diederichsen* Rn 3.
[18] OLG Frankfurt FamRZ 1957, 55, 56; OLG Dresden OLG-NL 2004, 164, 165.
[19] *Palandt/Diederichsen* Rn 2; zum Problem des Umzugs *Haußleiter* NJW-Spezial 2004, 151 f.
[20] OLG Frankfurt FamRZ 2007, 753; OLG Köln FamRZ 2005, 644, 645; AG Rosenheim FamRZ 2004, 49, 50; AG Heidenheim FamRZ 2004, 1404; zweifelnd OLG Naumburg EzFamR aktuell Nr 1/2000.
[21] OLG Köln FamRZ 2005, 644, 645; OLG Karlsruhe FamRZ 2005, 1187, 1188 m Anm *van Els* FamRZ 2005, 2076 f.
[22] OLG Brandenburg JAmt 2005, 47, 48.
[23] BVerfG FamRZ 2003, 511; BayObLG FamRZ 1959, 293; OLG Hamm FamRZ 1966, 209; AG Wennigsen/Deister FamRZ 1961, 485; AG Lemgo FamRZ 2004, 49.
[24] AG Weilburg FamRZ 2003, 1308, 1309; Einzelheiten zum RelKErzG § 1631 Rn 4, 4.1.
[25] BGH NJW 2005, 2080, 2081 m zust Anm *Ehinger* FPR 2005, 367 f; krit *Streitwieser* ZKJ 2006, 141, 144 f; unklar OLG Schleswig FamRZ 2003, 1948; deutlich *Ewers* FamRZ 2004, 394 f; *Britz* FPR 2004, 511, 512; nicht von erheblicher Bedeutung ist dagegen der bloße Tauftermin, AG Lübeck FamRZ 2003, 549 m Anm *Söpper* 1035 f.

Behandlungsmethode, Entscheidung über eine Operation, Impfung)[26], die Einwilligung des Kindes in eine gendiagnostische Abstammungsuntersuchung und die Gewinnung der hierfür erforderlichen genetischen Probe (näher Rn 12), die Entscheidung über professionelle Lernhilfe wie Nachhilfeunterricht[27], die Anlegung eines größeren Kindesvermögens[28], das Verwendungsrecht hinsichtlich der Einkünfte aus dem Kindesvermögen nach § 1649 Abs 2 (dort Rn 6 ff)[29] sowie die Ausschlagung einer Erbschaft[30]. Ist eine Angelegenheit nicht erheblich, so erlangt sie nicht dadurch Bedeutung, dass sich die Eltern nicht einigen können[31].

III. Inhalt der Entscheidung

1. Sachentscheidung nach § 1628. Das Gesetz gibt dem Gericht nicht die Befugnis, eine Sachentscheidung zu treffen, dies wäre ein unzulässiger Eingriff in das Recht der Eltern aus Art 6 Abs 2 S 1 GG; vielmehr hat es nur die Kompetenz, einem Elternteil die Entscheidungsbefugnis in bestimmten Angelegenheiten zuzusprechen[32]. Für die Entscheidungsfindung gibt § 1697a den Entscheidungsmaßstab vor. Das Gericht hat danach die Entscheidung zu treffen, die dem Wohl des Kindes am besten entspricht. Dabei fällt unter den Begriff des Kindeswohls nicht nur das körperliche, geistige oder seelische Wohl des Kindes; vielmehr ist die Übertragung von Entscheidungsbefugnissen in Vermögensangelegenheiten an den Vermögensinteressen des Kindes zu orientieren[33]. § 1697a gibt dabei auch einen Maßstab für die Frage vor, ob die Entscheidung überhaupt einem Elternteil zugewiesen werden soll[34]. Wird keiner der Elternvorschläge dem Kindeswohl gerecht[35], oder hält das Gericht die Angelegenheit für unwesentlich[36], so wird es den Antrag ablehnen und zwar auch dann, wenn die Eltern zu keiner Einigung gelangen[37]. Gefährden beide Vorschläge oder die Nichteinigung der Eltern das Kindeswohl, so hat das Gericht nach den §§ 1631 a S 2, 1666, 1666 a, 1667 eine Sachentscheidung zu treffen[38]. Will das Gericht die Entscheidung einem Elternteil überlassen, so hat es das Entscheidungsrecht dem Elternteil zuzuweisen, dessen Lösungsvorschlag dem Wohl des Kindes am besten entspricht. Wegen des elterlichen Erziehungsvorrangs ist nicht maßgebend, ob der Richter selbst anders entscheiden würde[39].

Die Zuweisung der Entscheidungsbefugnis kann mit einer Beschränkung oder Auflage verknüpft werden. Als **Beschränkung** kommt eine zeitliche Beschränkung der Entscheidungsbefugnis, etwa des Aufenthaltsbestimmungsrechts in Betracht, als **Auflage** die Verpflichtung, die Einleitung einer bestimmten Maßnahme (wie zB die Schulanmeldung, die Impfung) dem Gericht anzuzeigen[40]. Beide Gestaltungsmittel haben im Elternvorschlag ihre Grundlage[41] und müssen sich deshalb an diesem orientieren[42]. Die Beschränkung oder Auflage darf nicht dazu führen, dass der Elternvorschlag soweit abgeändert wird, dass das Gericht im Ergebnis eine Sachentscheidung iS einer von den Eltern nicht erwogenen Konfliktlösung trifft[43]. Mit dieser Einschränkung ist die Regelung von S 2 auch verfassungsrechtlich nicht bedenklich[44].

Die Kompetenzzuweisung durch das Familiengericht führt zur **Übertragung der alleinigen elterlichen Sorge** in einer bestimmten Angelegenheit oder in einer bestimmten Art von Angelegenheiten an den durch die Entscheidung des Gerichts begünstigten Elternteil[45]. Dieser hat dann allein die tatsächliche und rechtliche Sorge (§ 1629 Abs 1 S 3) in dieser Angelegenheit bzw dieser Art von Angelegenheiten.

2. Konkurrenzen. Soweit durch die Uneinigkeit der Eltern das Kindeswohl gefährdet wird, muss das Gericht nach den §§ 1666, 1666 a, 1667 von Amts wegen tätig werden und eine Sachentscheidung treffen. Eine Entscheidung nach § 1628 kommt daneben nicht in Betracht[46]. Das Gleiche gilt, soweit der Umfang des Umgangsrechts und seine Ausübung auch Dritten gegenüber im Raum stehen (**§ 1684 Abs 3**)[47]. Weitere Sonderregeln, die vom Gericht eine Sachentscheidung abverlangen, finden sich in den **§ 2 Abs 3 RKEG** (vgl § 1631 Rn 4) und **§ 1303 Abs 3**[48].

---

[26] KG FamRZ 2006, 142; *Staudinger/Peschel-Gutzeit* Rn 29.
[27] OLG Naumburg FamRZ 2006, 1058.
[28] MünchKommBGB/*Huber* Rn 14.
[29] MünchKommBGB/*Huber* Rn 14.
[30] OLG Hamm FamRZ 2003, 172 m Anm *van Els*.
[31] OLG Köln FamRZ 1967, 293; *Palandt/Diederichsen* Rn 3.
[32] BVerfGE 10, 59, 86; BVerfG FamRZ 2003, 511; AG Heidenheim FamRZ 2003, 1404; AG Lemgo FamRZ 2004, 49; BT-Drucks 7/2060 S 20; *Erman/Michalski* Rn 14; für die Schaffung einer eigenen richterlichen Sachentscheidung in besonderen Fällen *Staudinger/Peschel-Gutzeit* Rn 48.
[33] MünchKommBGB/*Huber* Rn 18.
[34] BT-Drucks 13/4899 S 95.
[35] MünchKommBGB/*Huber* Rn 18; *Palandt/Diederichsen* Rn 6.
[36] OLG Köln FamRZ 1967, 293.
[37] LG Fulda FamRZ 1960, 281; *Schilling* NJW 2007, 3233, 3235.
[38] MünchKommBGB/*Huber* Rn 18; *Palandt/Diederichsen* Rn 6; *Schilling* NJW 2007, 3233, 3235.
[39] *Staudinger/Peschel-Gutzeit* Rn 43.
[40] BT-Drucks 13/4899 S 95; BT-Drucks 8/2788 S 46.
[41] BT-Drucks 7/2060 S 20.
[42] MünchKommBGB/*Huber* Rn 19.
[43] BT-Drucks 8/2788 S 46.
[44] Gegenstandpunkt *Coester* DEuFamR 1999, 3, 12.
[45] MünchKommBGB/*Huber* Rn 16.
[46] *Palandt/Diederichsen* Rn 6.
[47] *Soergel/Strätz* § 1628 aF Rn 5; *Schilling* NJW 2007, 3233, 3235.
[48] *Palandt/Diederichsen* Rn 1.

9 Die Wirkung der Kompetenzzuweisung (Rn 7) kann mit einer Übertragung der partiellen Alleinsorge nach **§ 1671** kollidieren[49]. Um zu vermeiden, dass durch einen Antrag nach § 1628 die höheren Anforderungen ausgehebelt werden, die § 1671 Abs 2 Nr 2 stellt, bedarf es einer genauen Abgrenzung des Anwendungsbereichs der Normen voneinander. Zudem hat das Gericht unterschiedliche Entscheidungsmöglichkeiten. Nach § 1628 kann es auf Antrag eines Elternteils dem anderen ein Alleinentscheidungsrecht zuweisen, wenn es zu der Erkenntnis gelangt, dass dieser eher im Interesse des Kindeswohls entscheidet als der Antragsteller. Diese Möglichkeit ist dem Gericht nach § 1671 versperrt (dort Rn 10).

9.1 Praktisch relevant wird die Konkurrenzfrage vor allem dann, wenn die Eltern um den Aufenthalt des Kindes streiten. Sie zeigt sich aber auch, wenn Eltern über die religiöse Erziehung des Kindes streiten und es um die Frage geht, ob die einzelnen Anliegen (zB Taufe, Genuss von Schweinefleisch) im Vordergrund stehen, oder die religiöse Erziehung als ganzes[50].

10 Die Konkurrenzfrage stellt sich ab dem Zeitpunkt, in dem die Eltern **nicht nur vorübergehend getrennt leben,** da dann die zeitliche Voraussetzung für einen Antrag nach § 1671 vorliegt. Bis zu diesem Zeitpunkt (dazu iE § 1671 Rn 7 ff) ist nur § 1628 einschlägig. Das bedeutet, dass der Elternteil, der sich unter Mitnahme der Kinder von dem anderen Elternteil trennen will, nach § 1628 einen Antrag auf Zuweisung des Aufenthaltsbestimmungsrechts stellen muss[51]. Eine Konfliktsituation kommt auch nicht auf, wenn die Eltern etwa die Frage des Aufenthalts des Kindes zusammen mit der Scheidung im Verbund entscheiden wollen, da § 623 Abs 2 Nr 1 ZPO einen Antrag nach § 1671 voraussetzt.

11 Besteht eine Konkurrenzsituation, so lässt sich nur schwer eine Abgrenzung vornehmen, da alle Abgrenzungskriterien Defizite aufweisen. Im Hinblick darauf, dass die Entscheidung nach § 1671 weitergehende Wirkungen als nach § 1628 hat, ist nach dem Verhältnismäßigkeitsgrundsatz **in Zweifelsfällen** die Norm heranzuziehen, die die gemeinsame elterliche Sorge beibehält, also § 1628[52]. Kommt es wiederholt zu Entscheidungen nach § 1628, so indiziert dies den Zerfall einer Kooperationsbereitschaft, die Voraussetzung für das Funktionieren der gemeinsamen Sorge nach der Trennung ist (§ 1671 Rn 28).

11.1 Eine Unterscheidung danach, ob die Meinungsverschiedenheit konkret, situativ, konflikt- und einzelfallbezogen (dann § 1628) oder grundsätzlich, dauerhaft und personenorientiert ist (dann § 1671)[53], ist nicht immer durchzuhalten, da diese Kriterien sich überlappen können. Wenig greifbar ist auch das Kriterium, dass es um Entscheidungen für einen kurzen überschaubaren Zeitraum geht[54]. Eine Abgrenzung danach, ob sich die Entscheidung auf einen mit einem bestimmten Lebensverhältnis zusammenhängenden Fragenkomplex bezieht, der bei einem vorhersehbaren elterlichen Dauerstreit auch Folgeentscheidungen miterfasst[55], birgt ebenfalls Abgrenzungsprobleme. Zudem wird bei dieser Differenzierung davon ausgegangen, dass das Gericht eine Zukunftsprognose hinsichtlich des Verhaltens der Eltern trifft, obwohl sich diese Anforderung dem Wortlaut des § 1628 nicht entnehmen lässt (anders in § 1671 Abs 2 S 2 [„soweit zu erwarten ist"]). In Betracht kommt allenfalls eine Differenzierung danach, ob die gemeinsame elterliche Sorge in dem Bereich, dem die konkrete Angelegenheit zuzuordnen ist, noch „funktioniert" oder nicht[56]; allerdings ist auch diese Abgrenzung äußerst schwierig, wie sich an den Anforderungen für die Aufhebung der gemeinsamen Sorge nach § 1671 Abs 2 Nr 2 ersehen lässt (§ 1671 Rn 25 ff).

IV. Verfahren

12 **Zuständig** für die Entscheidung ist das Familiengericht (§ 621 Abs 1 Nr 2 ZPO, § 23 b Abs 1 S 2 Nr 2 GVG)[57], und zwar der Richter nach § 14 Abs 1 Nr 5 RPflG. Das Gericht wird nur auf **Antrag** tätig; dieser enthält lediglich einen Verfahrens- und keinen Sachantrag[58]. Das Gericht ist nicht an diesen Antrag gebunden, kann also auch dem Antragsgegner die Entscheidungsbefugnis zuweisen[59]. Da der Antrag nach § 1628 der Unterstützung der Eltern bei der Ausübung der elterlichen Sorge dient, ist nur jeder Elternteil, nicht aber das Kind antragsberechtigt[60]. Die **Anhörung** der Eltern erfolgt nach § 50 a FGG, die des Kindes nach § 50 b FGG. **§ 52 Abs 1 S 1 FGG,** der für die frühere Regelung des § 1628 Abs 2 entbehrlich macht[61], verpflichtet das Gericht, in jeder Lage des Verfahrens auf ein Einvernehmen der Beteiligten hinzuwirken. Damit soll dem Umstand Rechnung getragen werden, dass Eltern idR

---

[49] *Staudinger/Coester* § 1671 Rn 55 ff; *Palandt/Diederichsen* Rn 6; *Schwab* FamRZ 1998, 457, 467.
[50] BGH NJW 2005, 2080.
[51] BT-Drucks 13/4899, 95; FamRefK/*Rogner* Rn 3; § 1671 Rn 6; *Johannsen/Henrich/Jaeger* § 1671 Rn 15; *Schwab* FamRZ 1998, 457, 461; *Palandt/Diederichsen* Rn 3, 6.
[52] BGH NJW 2005, 2080 f m Anm *Ehinger* FPR 2005, 367 f; insoweit zust *Luthin* FamRZ 2005, 1167, 1168; *Schwab* FamRZ 1998, 457, 468; *Staudinger/Coester* § 1671 Rn 58; unklar *Palandt/Diederichsen* Rn 6; aA *Schilling* NJW 2007, 3233, 3235.
[53] OLG Köln FamRZ 2005, 644, 645; OLG Zweibrücken NJW-RR 2001, 506; MünchKommBGB/*Huber* Rn 10; *Palandt/Diederichsen* Rn 2; *Schilling* NJW 2007, 3233, 3235; *Coester* DEuFamR 1999, 3, 12.
[54] OLG Bamberg FamRZ 2003, 1403; s auch AG Holzminden FamRZ 2002, 560, 561.
[55] MünchKommBGB/*Hinz* 3. Aufl 1992, § 1628 aF Rn 9.
[56] BGH NJW 2005, 2080, 1646, 1647.
[57] Ausnahme: § 7 RKEG, dazu AG Weilburg FamRZ 2003, 1308, 1309; s auch § 1631 Rn 4.
[58] *Palandt/Diederichsen* 59. Aufl 2000, Rn 4.
[59] *Palandt/Diederichsen* Rn 4.
[60] *Gernhuber/Coester-Waltjen* § 58 Rn 23; krit *Staudinger/Peschel-Gutzeit* Rn 34.
[61] BT-Drucks 13/4899 S 95.

besser mit den Verhältnissen in der Familie und den Bedürfnissen ihrer Kinder vertraut sind als ein außenstehender Dritter[62]. Darüber hinaus ist es dem Familienfrieden idR dienlicher, wenn Meinungsverschiedenheiten der Eltern zwischen den Eltern ohne förmliche Entscheidung geregelt werden, so dass kein Elternteil als „Sieger" oder „Verlierer" erscheint[63]. Während dieses Einigungsprozesses kann das Gericht nach § 52 Abs 3 FGG einem Elternteil im Wege einer einstweiligen Anordnung die Entscheidungskompetenz übertragen; iÜ richtet sich die Möglichkeit vorläufigen Rechtsschutzes nach § 620 Nr 1, § 620a Abs 1 sowie § 621g ZPO (§ 1626 Rn 45). Da die Entscheidung nach § 16 FGG mit Bekanntmachung wirksam wird, ist der Beschluss des Familiengerichts mit der **einfachen Beschwerde** und zwar der befristeten (§ 621e ZPO), nicht dagegen mit der sofortigen Beschwerde nach § 60 Abs 1 Nr 6 FGG anfechtbar[64]. Die Beschwerdeberechtigung ergibt sich aus § 20 FGG, das Recht des Kindes, das Beschwerderecht auszuüben, aus § 59 FGG. Eine **Abänderung** der gerichtlichen Entscheidung durch die Eltern ist jederzeit möglich, da die gerichtliche Konfliktlösung nur der Ersatz für die fehlende Einigung der Eltern ist[65]. Das Gericht hat unter den Voraussetzungen des § 1696 eine Abänderungsmöglichkeit[66].

§ 1629 Vertretung des Kindes

(1) ¹Die elterliche Sorge umfasst die Vertretung des Kindes. ²Die Eltern vertreten das Kind gemeinschaftlich; ist eine Willenserklärung gegenüber dem Kind abzugeben, so genügt die Abgabe gegenüber einem Elternteil. ³Ein Elternteil vertritt das Kind allein, soweit er die elterliche Sorge allein ausübt oder ihm die Entscheidung nach § 1628 übertragen ist. ⁴Bei Gefahr im Verzug ist jeder Elternteil dazu berechtigt, alle Rechtshandlungen vorzunehmen, die zum Wohl des Kindes notwendig sind; der andere Elternteil ist unverzüglich zu unterrichten.

(2) ¹Der Vater und die Mutter können das Kind insoweit nicht vertreten, als nach § 1795 ein Vormund von der Vertretung des Kindes ausgeschlossen ist. ²Steht die elterliche Sorge für ein Kind den Eltern gemeinsam zu, so kann der Elternteil, in dessen Obhut sich das Kind befindet, Unterhaltsansprüche des Kindes gegen den anderen Elternteil geltend machen. ³Das Familiengericht kann dem Vater und der Mutter nach § 1796 die Vertretung entziehen; dies gilt nicht für die Feststellung der Vaterschaft.

(2a) ¹Der Vater und die Mutter können das Kind in einem gerichtlichen Verfahren nach § 1598a Abs. 2 nicht vertreten.

(3) ¹Sind die Eltern des Kindes miteinander verheiratet, so kann ein Elternteil, solange die Eltern getrennt leben oder eine Ehesache zwischen ihnen anhängig ist, Unterhaltsansprüche des Kindes gegen den anderen Elternteil nur im eigenen Namen geltend machen. ²Eine von einem Elternteil erwirkte gerichtliche Entscheidung und ein zwischen den Eltern geschlossener gerichtlicher Vergleich wirken auch für und gegen das Kind.

Schrifttum: *Beitzke*, Die elterliche Gewalt nach dem Urteil des Bundesverfassungsgerichts, JR 1959, 401; *Becker-Eberhard*, In Prozeßstandschaft erstrittene Leistungstitel in der Zwangsvollstreckung, ZZP 104 (1991), 413; *Bischopink*, Die gesetzliche Prozeßstandschaft des § 1629 III, 1 BGB, 1997; *Böttcher*, Abschied von der „Gesamtbetrachtung" – Sieg des Abstraktionsprinzips! Immobilienschenkungen an Minderjährige, Rpfleger 2006, 156; *Bürger*, Die Beteiligung Minderjähriger an Gesellschaften mit beschränkter Haftung, RNotZ 2006, 156; *Czeguhn/Dickmann*, Der Minderjährige in der BGB-Gesellschaft, FamRZ 2004, 1534; *Diederichsen*, Änderungen des Verfahrensrechts nach dem Unterhaltsrechtsänderungsgesetz, NJW 1986, 1462; *Gießler*, Erlöschen der elterlichen Prozeßführungsbefugnis und Übergang eines familienrechtlichen Ausgleichsanspruch, FamRZ 1994, 800; *Hennemann*, § 1629 II und III BGB – Probleme der gesetzlichen Vertretung und der Prozeßstandschaft beim Wechselmodell, FPR 2006, 295; *Hertwig*, Verfassungsrechtliche Determinanten des Minderjährigenschutzes – Zugleich eine Besprechung der Entscheidung des BVerfG vom 13. 5. 1986 – 1 BvR 1542/84 –, FamRZ 1986, 769 ff, FamRZ 1987, 124; *Hochgräber*, Zur Vollstreckung in Prozeßstandschaft von einem Elternteil erwirkten Kindesunterhaltstiteln, FamRZ 1996, 272; *Ivo*, Die Übertragung von Kommanditanteilen an minderjährige Kinder, ZEV 2005, 193; *Jauernig*, Noch einmal: Die geschenkte Eigentumswohnung – BGHZ 78, 28, JuS 1982, 576; *Kirchner*, Zur Erforderlichkeit eines Ergänzungspflegers bei (Mit-)Testamentsvollstreckung durch den gesetzlichen Vertreter des Erben – Zugleich Anmerkung zum Beschluß des OLG Nürnberg vom 29. 6. 2001 – 11 UF 1441/01 –, MittBayNot 2002, 368; *Klein/Meinhardt*, Zum Verlangen minderjähriger Kinder, den Guthabensbetrag eines auf sie laufenden Kontos auf ein Konto ihrer Eltern zu überweisen – Zugleich Anmerkung zu OLG Frankfurt a. M., Urt v 9. Mai 2003, Az 24 U 128/01(BKR 2003, 999 f) –, BKR 2004, 180; *Kropholler*, Gemeinsame elterliche Sorge nach der Ehescheidung im deutschen und ausländischen Recht, JR 1984, 89; *Künne*, Die Beistandschaft – ein eigenständiges Rechtsinstitut –, 2002; *Lange*, Die Lücke im Kindschaftsrecht, NJW 1961, 1889; *Larenz/Wolf*, Allgemeiner Teil des Bürgerlichen Rechts, 8. Aufl 1997; *Maier-Reimer/Marx*, Die Vertretung Minderjähriger beim Erwerb von Gesellschaftsbeteiligungen, NJW 2005, 3025; *Maurer*, Gemeinsames Sorgerecht nach Scheidung und Streit über den Kindesunterhalt, FamRZ 1993, 263; *Menzel/Führ*, Die Grundstücksschenkung an Minderjährige – Eine Problemdar-

---

[62] LG Berlin FamRZ 1982, 839, 840.
[63] BT-Drucks 8/2788 S 46 zu § 1628 Abs 2 aF.
[64] *Keidel/Engelhardt* § 53 FGG Rn 7; MünchKommBGB/*Huber* Rn 27; aA OLG Frankfurt FamRZ 1991, 1336, 1337; *Erman/Michalski* Rn 18.
[65] *Gernhuber/Coester-Waltjen* § 58 Rn 24.
[66] *Erman/Michalski* Rn 18; aA *Staudinger/Peschel-Gutzeit* Rn 51.

§ 1629

stellung an Hand von Fällen, JA 2005, 859; *Müller*, Gesetzliche Vertretung ohne Vertretungsmacht, AcP 168 (1968), 113; *Müller-Freienfels*, Die Vertretung beim Rechtsgeschäft, 1955; *Nagel*, Familiengesellschaften und elterliche Gewalt, 1968; *Norpoth*, Der Obhutswechsel während des laufenden Kindesunterhaltsprozesses – ein gelöstes Problem?, FamRZ 2007, 514; *Pluskat*, Der entgeltliche Erwerb eines GmbH-Geschäftsanteils eines beschränkt geschäftsfähigen Minderjährigen, FamRZ 2004, 677; *Ramm*, Die gesetzliche Vertretung durch die Eltern: überholt und verfassungswidrig, NJW 1989, 1708; *Röthel/Krackhardt*, Lediglich rechtlicher Vorteil und Grunderwerb, Jura 2006, 161; *Rust*, Die Beteiligung von Minderjährigen im Gesellschaftsrecht – Vertretung, familien-/vormundschaftliche Genehmigung und Haftung des Minderjährigen (Teil I), DStR 2005, 1942; (Teil II), DStR 2005, 1992; *K. Schmidt*, Die gesetzliche Vertretung durch die Eltern: notwendig und verfassungsmäßig, NJW 1989, 1712; *Schmitt*, Der Begriff der lediglich rechtlich vorteilhaften Willenserklärung i. S. des § 107 BGB, NJW 2005, 1090; *Schwab*, Kindschaftsrechtsreform und notarielle Vertragsgestaltung, DNotZ 1998, 437; *Siebert*, Elterliche Gewalt und Gleichberechtigung, NJW 1955, 1; *Staudinger*, Abschied von der Gesamtbetrachtungslehre, Jura 2005, 547; *Stürner*, Der lediglich rechtliche Vorteil, AcP 173 (1973), 402; *Tiedtke*, Unentgeltliche Beteiligung eines Kindes als stiller Gesellschafter, DB 1977, 1064; *Vielhues*, Prozessuale Fragen beim Unterhaltsanspruch minderjähriger Kinder, ZFE 2003, 76; *Wax*, Einzelheiten der Prozeßkostenhilfe für familiengerichtliche Verfahren, FPR 2002, 471; *Wojcik*, Abschied von der Gesamtbetrachtung bei Schenkung an Minderjährige?, DNotZ 2005, 655; *Zimmermann*, Das neue Kindschaftsrecht, DNotZ 1998, 404.

Übersicht

	Rn		Rn
I. Normzweck	1	5. Ausschlussgrund nach § 1795 Abs 1 Nr 3	30
II. Gesetzliche Vertretung als Teil der elterlichen Sorge (Abs 1 S 1)	2	6. Ausschlussgrund nach Abs 2 a	32
1. Vertretungsmacht und elterliche Sorge	2	**VI. Entzug der Vertretungsmacht durch das Familiengericht (Abs 2 S 3, § 1796)**	33
2. Umfang der Vertretungsmacht, Abgrenzungsfragen	3	1. Entzug der Vertretungsmacht (Abs 2 S 3 HS 1)	33
3. Beschränkungen/Ausschluss der Vertretungsmacht	6	2. Ausnahme: Vaterschaftsfeststellung (Abs 2 S 3 HS 2)	39
4. Haftung des Vertretenen, des gesetzlichen Vertreters	9	**VII. Geltendmachung von Unterhaltsansprüchen**	40
III. Grundsatz der gemeinschaftlichen Vertretung (Abs 1 S 2)	10	1. Alleinvertretung nach Abs 2 S 2	40
IV. Alleinvertretungsrecht (Abs 1 S 2 HS 2, S 3, 4, Abs 2, 3)	14	a) Regelungsinhalt, Systematik	40
		b) Voraussetzungen	41
		c) Rechtsfolge	43
V. Ausschluss der Vertretungsmacht (Abs 2 S 1, § 1795)	19	d) Wegfall des Alleinvertretungsrechts	45
1. Allgemeines	19	2. Prozessstandschaft nach Abs 3	46
2. Ausschlussgrund nach §§ 1795 Abs 2, 181	22	a) Normzweck	46
3. Ausschlussgrund nach § 1795 Abs 1 Nr 1	26	b) Voraussetzungen	47
4. Ausschlussgrund nach § 1795 Abs 1 Nr 2	29	c) Rechtsfolgen	48
		VIII. Verfahrensrecht	52

I. Normzweck

1   Die durch Art 1 Nr 12 KindRG geänderte Norm regelt die Macht der Eltern, Rechtsbeziehungen zu Dritten mit Wirkung für und gegen das Kind zu begründen und zu gestalten. Ihre Vertretungsmacht ist damit eine gesetzliche. Die Norm stellt klar, dass die Vertretung des Kindes Ausfluss der elterlichen Sorge ist (Abs 1 S 1) und umschreibt den Grundsatz der gemeinschaftlichen Vertretung durch beide Eltern (Abs 1 S 2). In bestimmten Fällen ist nur ein Elternteil zur Vertretung des Kindes berechtigt (Abs 1 S 2, 3, Abs 2, 3). Dabei kommt der Geltendmachung von Unterhaltsansprüchen eine besondere Bedeutung zu (Abs 2 S 2, Abs 3). Neu durch das KindRG in das Gesetz aufgenommen wurde ein Notvertretungsrecht jedes Elternteils nach Abs 1 S 4. Fallgestaltungen, in denen die gesetzliche Vertretungsmacht ausgeschlossen ist, sind in Abs 2 aufgelistet. Lex specialis zu § 1629 ist § 1629 a (Rn 6).

II. Gesetzliche Vertretung als Teil der elterlichen Sorge (Abs 1 S 1)

2   **1. Vertretungsmacht und elterliche Sorge.** Die gesetzliche Vertretung des Kindes ist **Teil der elterlichen Sorge** (Abs 1 S 1); die Vertretungsmacht teilt also das Schicksal der elterlichen Sorge (Ausnahmen: § 1633, rein erzieherische Maßnahmen)[1]. Im Übrigen bestehen Alleinvertretungsrechte eines oder beider Eltern.

2.1   Steht die elterliche Sorge beiden Eltern gemeinsam zu, sei es aufgrund Eheschließung, Abgabe von Sorgeerklärungen (§ 1626 a Abs 1 Nr 1) oder einer gerichtlichen Entscheidung nach § 1671 (näher dort Rn 51), § 1672 Abs 2 (näher dort Rn 14 ff) oder § 1696 (näher dort Rn 10), so sind beide auch zur Vertretung berechtigt (Abs 1 S 2 HS 1). Die gemeinsame Sorge nach nicht nur vorübergehender Trennung ist eine gespaltene (§ 1687 Rn 1), und mithin ist auch beim Vertretungsrecht zwischen Entscheidungen in Angelegenheiten, die für das Kind von erheblicher Bedeutung sind (§ 1687 Abs 1 S 1), und Angelegenheiten des täglichen Lebens (§ 1687 Abs 1 S 2) zu

---
[1] OLG Naumburg FamRZ 2001, 1319.

unterscheiden (näher dort Rn 10). Wird aufgrund einer gerichtlichen Entscheidung nach den §§ 1671, 1696 die elterliche Sorge aufgespalten oder werden nach § 1666 Teilbereiche der elterlichen Sorge einem Elternteil entzogen, so erstreckt sich die Gesamtverantwortung beider Eltern nur noch auf die Bereiche, die der gemeinsamen elterlichen Sorge unterliegen.

Ruht die elterliche Sorge nach den §§ 1673-1675 oder nach den §§ 112, 113, so ruht auch die Vertretungsmacht. Bei **tatsächlicher Verhinderung** (§ 1678) kann auch das Vertretungsrecht nicht ausgeübt werden. Die Vertretungsmacht **entfällt** mit gerichtlichem Entzug der elterlichen Sorge nach §§ 1666, 1671, 1672 Abs 1, 1696, mit gerichtlicher Übertragung der Entscheidung in einer Angelegenheit der elterlichen Sorge nach § 1628 auf einen Elternteil, dem Tod (§ 1680) oder der Todeserklärung eines Elternteils (§ 1681) sowie mit Volljährigkeit des Kindes. Werden beiden Eltern Teilbereiche der **elterlichen Sorge entzogen**, ist insoweit ein **Ergänzungspfleger** zu bestellen, der dann die elterliche Sorge und auch das Vertretungsrecht ausübt (§§ 1909, 1630 Abs 1). Die Notwendigkeit einer Pflegerbestellung besteht weiter in den Fällen der §§ 1629 Abs 2, 1638 Abs 2. Zu einer Beschränkung der elterlichen Sorge und des Vertretungsrechts führt im Fall der Familienpflege auch die gerichtliche Übertragung von Angelegenheiten der elterlichen Sorge auf die Pflegeperson (§ 1630 Abs 3). **Übt nur ein Elternteil die elterliche Sorge aus**, sei es kraft Gesetzes (§§ 1626a Abs 1, 1678 Abs 1, 1680 Abs 1, 1681 Abs 1), sei es aufgrund gerichtlicher Entscheidung (§§ 1666, 1671, 1672 Abs 1, 1678 Abs 2, 1680 Abs 2, 3, 1681, 1696), so ist dieser allein vertretungsberechtigt (Abs 1 S 3). Umgekehrt kann trotz Bestehens der elterlichen Sorge die gesetzliche Vertretung eingeschränkt oder sogar ausgeschlossen sein (Rn 19 ff). 2.2

2. Umfang der Vertretungsmacht, Abgrenzungsfragen. Die gesetzliche Vertretungsmacht umfasst die Vornahme von Rechtsgeschäften und rechtsgeschäftsähnlichen Handlungen im Bereich der Personensorge (§ 1626 Rn 26) und im Bereich der Vermögenssorge (§ 1626 Rn 29) sowie die Vertretung im Prozess (§§ 52 f ZPO). Von der Vertretung erfasst wird auch die Stellung eines **Strafantrags** (§ 77 Abs 3 StPO)[2] sowie die Abgabe einer **eidesstattlichen Versicherung** (§ 807 ZPO)[3]. 3

Vertretung bedeutet, dass die Eltern das Rechtsgeschäft oder die rechtsgeschäftsähnliche Handlung **im Namen des Kindes** vornehmen. Nur dann treten die Rechtswirkungen unmittelbar in der Person des Kindes ein (§ 164 Abs 2). Nimmt dagegen das Kind das Rechtsgeschäft oder die rechtsgeschäftsähnliche Handlung selbst vor, so bedarf es hierzu idR der Zustimmung des gesetzlichen Vertreters (nach den §§ 107, 112 f, 1595, 1596 Abs 1 S 2, 1617a Abs 2 S 4, 1617c Abs 1 S 2, 1626c Abs 2 S 1, 1746 Abs 1 S 3, 2275 Abs 2 S 2). Diese Zustimmung erklären die Eltern aber **nicht** in ihrer Eigenschaft als gesetzliche Vertreter des Kindes[4], sondern in Erfüllung ihrer Rechte und Pflichten aus der elterlichen Sorge (§ 1626 Abs 1)[5]. Das Gleiche gilt für den Widerspruch nach § 1303 Abs 3 sowie die Erfüllung öffentlich-rechtlicher Pflichten, wie zB der polizeilichen Meldepflicht, der Anzeigepflicht nach § 16 PStG oder der Anmeldung eines Kindes zur Schule[6]. 4

Ebensowenig handelt es sich um eine gesetzliche Vertretung, wenn die Eltern das Rechtsgeschäft **im eigenen Namen** abschließen; das gilt vor allem für den Abschluss eines Arztvertrags[7] oder für Rechtsgeschäfte des täglichen Lebens[8]. Das Kind wird aus einem solchen Vertrag entweder nach § 328 oder über die Figur des Vertrags mit Schutzwirkung für Dritte berechtigt[9]. Bei Bargeschäften des täglichen Lebens kommt eine unmittelbare Verpflichtung des Kindes über das Institut des Geschäfts für den, den es angeht in Betracht[10]. Auch Verfügungen über das Vermögen des Kindes kann der gesetzliche Vertreter, soweit nicht Abs 2 oder § 1643 entgegenstehen, im eigenen Namen vornehmen[11]. Im Prozess ist, mit Ausnahme der Fälle der Prozessstandschaft nach Abs 3, ein Handeln im Namen des Kindes erforderlich[12]. 5

3. Beschränkungen/Ausschluss der Vertretungsmacht. Die Vertretungsmacht der Eltern ist grds unbeschränkt. Jedoch sieht das Gesetz zahlreiche Einschränkungen vor, vereinzelt sogar den Ausschluss der Vertretungsmacht. Eine Beschränkung der Vertretungsmacht liegt vor, wenn die Vornahme des Rechtsgeschäfts der **vormundschaftsgerichtlichen Genehmigung** bedarf (§§ 112 Abs 1 S 1, 2, 113 Abs 1 S 2, 1484 Abs 2 S 2, 1491 Abs 3 S 1, 1492 Abs 3 S 1, 1517 Abs 2, 1596 Abs 1 S 1, 1631b S 1, 1639 Abs 2, 1643 bis 1645, 1803 Abs 2, 2290 Abs 3 S 2, 2291 Abs 1 S 2, 2347 Abs 1 S 1 HS 2, Abs 2 S 2, 19 Abs 1 StAG) oder die Vertretungsmacht durch **familiengerichtliche Entscheidung** beschränkt wird (§§ 1666, 1667, 1683, 1693). **§ 1629a** sieht aus Gründen des Überschuldungsschutzes im Anschluss an eine Entscheidung des BVerfG[13] eine wichtige Beschränkung der Möglichkeit vor, dass die Eltern während des Bestehens der elterlichen Sorge Rechtsgeschäfte tätigen können, die den Minderjährigen über die Volljährigkeit hinaus binden. Soweit ein Pfleger bestellt wird oder § 1630 Abs 3 einschlägig ist (Rn 2.2), sind die Eltern nicht nur im rechtsgeschäftlichen Verkehr, sondern auch im Prozess von der Vertretung ausgeschlossen. Das Gleiche gilt, wenn das Gericht unter den Voraussetzungen des § 50 FGG einen **Verfahrenspfleger** 6

---

[2] BGH FamRZ 1960, 197; OLG Hamm VRS 106, 192, 193.
[3] *Staudinger/Peschel-Gutzeit* Rn 90; *Soergel/Strätz* § 1629 aF Rn 5; *Thomas/Putzo* § 807 ZPO Rn 14.
[4] *Palandt/Diederichsen* Rn 2.
[5] Das wird deutlich in der Entscheidung LG Düsseldorf RRa 2003, 173 m Anm *Ruhwedel*.
[6] *Siebert* NJW 1955, 1, 2, 6; *Staudinger/Peschel-Gutzeit* Rn 17 ff, 78.
[7] RGZ 152, 175, 177 f; BGHZ 89, 263, 266; *Palandt/Diederichsen* Rn 7.
[8] *Erman/Michalski* Rn 7; *Lange* NJW 1961, 1889, 1893.
[9] RGZ 152, 175, 177 f; *Soergel/Strätz* § 1629 aF Rn 3.
[10] *Staudinger/Peschel-Gutzeit* Rn 27.
[11] *Soergel/Strätz* § 1629 aF Rn 4; *Dölle* II § 94 I.
[12] RGZ 146, 232; *Erman/Michalski* Rn 7; *MünchKommBGB/Huber* Rn 16.
[13] BVerfGE 72, 155 ff = FamRZ 1986, 769 f m Anm *Hertwig* FamRZ 1987, 124 ff; *Emmerich* JuS 1986, 806; *Ramm* NJW 1989, 1708 ff; *Schmidt* NJW 1989, 1712 ff.

§ 1629

für das Kind bestellt hat[14]. Der Eintritt einer **Beistandschaft** (§§ 1712 ff) schränkt die elterliche Sorge dagegen nicht ein (§ 1716 S 1); eine Ausnahme gilt insoweit für die Vertretung des Kindes im Prozess (§ 53 a ZPO). Ausgeschlossen ist die gesetzliche Vertretung weiter in den Fällen von Abs 2 S 1, 3 und § 1641 S 1.

7 Bei **höchstpersönlichen Rechtshandlungen** oder **rechtsgeschäftsähnlichen Handlungen** ist die Vertretungsmacht der Eltern zugunsten einer eigenen Handlungsbefugnis des Kindes beschränkt.

7.1 In bestimmten Fällen ist das beschränkt geschäftsfähige Kind selbst zur Abgabe der Erklärung befugt (§§ 1617 a Abs 2 S 2, 4, 1617 b Abs 1 S 3, 1618 S 3, 1757 Abs 2 S 2 [vollendetes 5. Lebensjahr], §§ 1596 Abs 1 S 1, Abs 2 S 2 HS 1, 1617 c Abs 1 S 2, 1746 Abs 1 S 2 [vollendetes 14. Lebensjahr], § 2229 Abs 1 [vollendetes 16. Lebensjahr], §§ 1626 c Abs 2 S 1, 2275 Abs 2 S 1, 2290 Abs 1 S 2, 2347 Abs 2 S 1 [ohne zeitliche Beschränkung]). In der Regel bedarf es hierzu allerdings noch der Zustimmung des gesetzlichen Vertreters (§§ 1596 Abs 1 S 2, Abs 2 S 2, 1617 a Abs 2 S 4, 1617 b Abs 1 S 4, 1617 c Abs 1 S 2, 1618 S 6, 1626 c Abs 2 S 1, 1746 Abs 1 S 3, 2275 Abs 2 S 2, Ausnahme: §§ 1516 Abs 2 S 2, 2229 Abs 2, 2282 Abs 1 S 2, 2296 Abs 1 S 2, 2290 Abs 2 S 2, 2347 Abs 2 S 1).

8 In welchem Verhältnis das Selbstbestimmungsrecht des Kindes zum Sorgerecht der Eltern bei einer **Einwilligung in eine Heilbehandlung** steht, ist im Gesetz, mit Ausnahme der Einwilligung in eine Sterilisation (§ 1631 c), nicht geregelt. Die Eltern sind zur Erteilung der Einwilligung in eine Heilbehandlung nur befugt, soweit die Einwilligungsfähigkeit des Minderjährigen fehlt (näher § 1626 Rn 23). Die **Zeugnisverweigerungsrechte** nach den §§ 383 Abs 1 Nr 3 ZPO, 52 Abs 1 Nr 3 StPO, 173 S 1 VwGO, 46 Abs 2 S 1 ArbGG sind ebenfalls höchstpersönliche Rechte, die vom Minderjährigen selbst ausgeübt werden, wenn feststeht, dass er die zum Verständnis des Zeugnisverweigerungsrechts erforderliche geistige Reife besitzt[15].

9 **4. Haftung des Vertretenen, des gesetzlichen Vertreters.** Das Kind haftet für ein Fehlverhalten seiner Eltern im Rahmen eines bestehenden Schuldverhältnisses nach §§ 278, 254 Abs 2 S 2[16], nicht jedoch für deliktisches Verhalten derselben, weil das Kind seine Eltern nicht zu einer Verrichtung bestellt hat (§ 831)[17]. Eine Haftung der Eltern kommt nach § 1664 gegenüber dem Kind und nach § 832 gegenüber Dritten in Betracht. Bei Handeln eines Elternteils ohne Vertretungsmacht ist § 179 analog anwendbar[18].

III. Grundsatz der gemeinschaftlichen Vertretung (Abs 1 S 2)

10 Der Gesetzgeber hat sich für das Prinzip der **Gesamtvertretung** entschieden und damit dem in § 1626 Abs 1 S 1 enthaltenen Grundsatz, dass die Eltern die elterliche Sorge gemeinschaftlich ausüben, ebenso Rechnung getragen wie der in § 1627 enthaltenen Regelung, wonach die Eltern die elterliche Sorge im gegenseitigen Einvernehmen wahrzunehmen haben[19]. Damit wird jedem Elternteil die Möglichkeit genommen, vom Partner nicht gebilligte Außenwirkungen zu erzielen; das Kind wird gleichzeitig vor Schäden aus einem gegensätzlichen Verhalten seiner Eltern bewahrt[20]. Gesamtvertretung bedeutet, dass beide Eltern grds nur zusammen befugt sind, im Namen des Kindes rechtsgeschäftliche und rechtsgeschäftsähnliche Handlungen vorzunehmen sowie Rechtsstreitigkeiten zu führen[21]. Auch die Zustimmung als Ausfluss der elterlichen Sorge (Rn 4) muss von beiden gemeinsam abgegeben werden. Stimmt nur einer zu, während der andere sie verweigert, liegt keine wirksame Zustimmung vor, es sei denn, zugunsten des einen liegt eine gerichtliche Entscheidung nach § 1628 vor.

11 Gesamtvertretung erfordert nicht die gleichzeitige Abgabe von Willenserklärungen[22]; sie erfordert ebenso wenig, dass die Eltern selbst oder beide tätig werden. Vielmehr können sie **einem Dritten** widerruflich **Vollmacht,** sogar in Form der Generalvollmacht, erteilen[23]. Der bevollmächtigte Elternteil handelt dann als gesetzlicher Vertreter des Kindes und zugleich in Vertretung des anderen Elternteils (als Unterbevollmächtigter)[24].

11.1 Nach überwM kann **jeder Elternteil** auch **den anderen** zur Vornahme einzelner Geschäfte oder für einen Kreis von Rechtsgeschäften bevollmächtigen, soweit er (Mit-)Inhaber der elterlichen Sorge ist[25]. Die Bevollmächtigung kann ausdrücklich oder konkludent erfolgen und in der vereinbarten Aufgabenverteilung der Eltern liegen[26]. So ist

---

[14] BT-Drucks 13/4899 S 130.
[15] BGHSt 14, 21, 24.
[16] RGZ 149, 6, 7 f.
[17] RGZ 62, 346, 349; *Erman/Michalski* Rn 9; *Staudinger/Peschel-Gutzeit* Rn 182.
[18] MünchKommBGB/*Hinz* 3. Aufl 1992, § 1629 aF Rn 15; *Staudinger/Peschel-Gutzeit* Rn 160; aA *Müller* AcP 168 (1968), 113, 139 ff.
[19] BT-Drucks 7/2060 S 21; 8/2788 S 47.
[20] MünchKommBGB/*Huber* Rn 11; *Staudinger/Peschel-Gutzeit* Rn 30.
[21] BGH NJW 1987, 1947, 1948; OVG Münster FamRZ 1975, 44, 45; AG Nürtingen FamRZ 2004, 50, 51; MünchKommBGB/*Huber* Rn 11.
[22] *Siebert* NJW 1955, 1, 6; *Gernhuber/Coester-Waltjen* § 58 Rn 30.
[23] DIJuF-Rechtsgutachten JAmt 2006, 243 f; *Palandt/Diederichsen* Rn 9.
[24] *Schwab* DNotZ 1998, 437, 447 f; für die Zulässigkeit dieser Art der Untervollmacht BGHZ 32, 250, 253.
[25] BGHZ 105, 45, 48; *Siebert* NJW 1955, 1, 6; *Beitzke* JR 1959, 401, 404; *Lange* NJW 1961, 1889, 1892 f; *Johannsen/Henrich/Jaeger* Rn 1; *Palandt/Diederichsen* Rn 9.
[26] BGHZ 105, 45, 49; LG Itzehoe FamRZ 1993, 1211; *Erman/Michalski* Rn 3; MünchKommBGB/*Huber* Rn 34; *Staudinger/Peschel-Gutzeit* Rn 45 ff.

Vertretung des Kindes § 1629

etwa der bei der ärztlichen Behandlung eines minderjährigen Kindes beim Arzt vorsprechende Elternteil bevollmächtigt, für den abwesenden Elternteil die erforderliche Einwilligung in den ärztlichen Heileingriff mitzuerteilen und den Arztvertrag abzuschließen. Der Arzt kann bei der Behandlung leichterer Erkrankungen und Verletzungen – anders als bei schwierigen und weitreichenden Entscheidungen für das Kind – auf eine solche Bevollmächtigung vertrauen, soweit ihm keine entgegenstehenden Umstände bekannt sind[27]. Eine unwiderrufliche Generalvollmacht des anderen Teils ist allerdings nicht zulässig[28], da ein genereller Verzicht auf die gesetzliche Vertretung ebenso unzulässig ist wie ein Verzicht auf die elterliche Sorge (§ 1626 Rn 4).

Nach einer MM handelt es sich dagegen um eine Ermächtigung analog § 125 Abs 2 S 2 HGB[29]; die Gesamtvertretungsmacht wird dadurch zu einer Alleinvertretungsmacht[30]. Der Streit kann letztlich dahinstehen, da die Alleinvertretungsmacht einer Vollmacht iS von § 167 nahe steht, so dass die allgemeinen Regeln, vor allem die §§ 177, 178[31] und die Grundsätze über Duldungs- und Anscheinsvollmacht entspr Anwendung finden[32]. **11.2**

Durch das KindRG ist die Autonomie der Eltern im Bereich der elterlichen Sorge ausgeweitet worden (vgl § 1671 Rn 20, § 1687 Rn 4 ff). Im Fall des gespaltenen Sorgerechts nach § 1687 können die Eltern nicht nur Einigungen über den Aufenthaltsort des Kindes treffen (vgl § 1687 Abs 1 S 2), sondern auch den Kreis der Alleinentscheidungsrechte des Elternteils erweitern, bei dem sich das Kind mit Einwilligung des anderen Elternteils aufhält. Umgekehrt können dem anderen Elternteil über das Gesetz hinaus (Mit-)Entscheidungsbefugnisse in Angelegenheiten des täglichen Lebens eingeräumt werden[33]. Eine unzulässige Disposition über die gesetzliche Vertretungsmacht[34] kann darin nicht gesehen werden; vielmehr teilt die Vertretungsmacht das Schicksal der elterlichen Sorge. **12**

Ausnahmen vom Grundprinzip der Gesamtvertretung sieht das Gesetz in Abs 1 S 3 für den Fall vor, dass ein Elternteil die elterliche Sorge allein ausübt oder ihm die Entscheidung nach § 1628 übertragen ist, in Abs 1 S 4 für Eil- und Notfälle sowie in Abs 2 S 2 und Abs 3 S 1 für die Geltendmachung von Unterhaltsansprüchen gegen den anderen Elternteil. **13**

IV. Alleinvertretungsrecht (Abs 1 S 2 HS 2, S 3, 4, Abs 2, 3)

Ein Elternteil vertritt das Kind allein, soweit er die **elterliche Sorge allein ausübt (Abs 1 S 2 HS 1)**. Die alleinige Ausübung der elterlichen Sorge kann darauf beruhen, dass er Alleininhaber der elterlichen Sorge ist, er bei gemeinsamer Sorge die elterliche Sorge nach § 1678 Abs 1 allein ausübt oder er nach der Trennung die tatsächliche Betreuung des Kindes übernommen hat und damit die Befugnis zur Alleinentscheidung von Angelegenheiten des täglichen Lebens hat (§ 1687 Abs 1 S 2). **14**

Nach **Abs 1 S 3 HS 2** vertritt ein Elternteil das Kind allein, soweit ihm eine **Alleinentscheidungsbefugnis nach § 1628 übertragen** wurde; damit wird eine notwendige Ergänzung zu § 1628 für den Außenbereich geschaffen[35]. **15**

Wird eine Willenserklärung dem Kind gegenüber abgegeben, so genügt nach **Abs 1 S 2 HS 2** die Abgabe gegenüber einem Elternteil (**Empfangsvertretung**); mit dieser Regelung der passiven Vertretung, die den § 28 Abs 2 BGB, §§ 125 Abs 2 S 3, 150 Abs 2 S 2 HGB, § 78 Abs 2 S 2 AktG, § 35 Abs 2 S 3 GmbHG und § 170 Abs 3 ZPO entspricht[36], wird einem Bedürfnis des Rechtsverkehrs Rechnung getragen[37]. Der in § 1629 Abs 1 S 2 HS 2 enthaltene Gedanke gilt auch für die Zurechnung von Willensmängeln, die Kenntnis oder das Kennenmüssen bestimmter Umstände, für die nach § 166 Abs 1 auf die Person des Vertreters abzustellen ist; es genügt also der Willensmangel, die Kenntnis oder das Kennenmüssen **eines** am Geschäft beteiligten Gesamtvertreters[38]. Dieser Gedanke gilt entspr im Rahmen der §§ 852 Abs 1, 254 Abs 2 S 2, 122 Abs 2[39]. **16**

Abs 1 S 4 HS 1 sieht ein Notvertretungsrecht vor. Es steht **jedem leiblichen Elternteil** zu, unabhängig davon, ob die Eltern miteinander verheiratet sind oder nicht und wer Inhaber der elterlichen Sorge ist (arg Abs 1 S 1, 3); es gilt also auch für den sorge- und vertretungsberechtigten Elternteil sowie bei nur vorübergehendem Getrenntleben der Eltern und Fortbestehen der gemeinsamen Sorge (§§ 1687 Abs 1 S 5, 1687a). Nach § 1688 Abs 1 S 3 und Abs 4 gilt es auch für Pflegepersonen und Stiefeltern bei Vorliegen einer Verbleibensanordnung; ohne diese Einschränkung steht dem Stiefelternteil nunmehr ein solches Recht nach § 1687b Abs 2 und nach § 9 Abs 2 LPartG auch dem Lebenspartner eines Elternteils zu. Das Notvertretungsrecht greift nur bei **Gefahr im Verzug**, also einer Situation, die angesichts der zu erwartenden Gefährdung des Kindeswohls das Einholen einer Entscheidung des anderen Elternteils nicht mehr **17**

---

[27] BGHZ 105, 45, 49 f.
[28] RGRK/*Wenz* § 1629 aF Rn 15.
[29] *Staudinger/Peschel-Gutzeit* Rn 42 ff; MünchKommBGB/*Huber* Rn 33; Siebert NJW 1955, 1, 6.
[30] BGHZ 64, 73, 75; VG BW InfAuslR 4/2004, 169, 170; *Baumbach/Hopt* HGB § 125 Rn 17.
[31] *Beitzke* JR 1950, 401, 404; *Gernhuber/Coester-Waltjen* § 58 Rn 31; MünchKommBGB/*Huber* Rn 40.
[32] BGH FamRZ 1988, 1142, 1143; *Soergel/Strätz* § 1629 aF Rn 13; *Kropholler* JR 1984, 89, 97; einschränkend LAG Düsseldorf FamRZ 1967, 47, 49 f.
[33] *Zimmermann* DNotZ 1998, 404, 424.
[34] *Schwab* DNotZ 1998, 437, 447 f.
[35] BT-Drucks 7/2060 S 21.
[36] BGHZ 20, 149, 152 f; 62, 166, 173; *Lange* NJW 1961, 1889, 1892.
[37] BT-Drucks 7/2060 S 21.
[38] RGZ 78, 347, 354; 134, 33, 36; BGHZ 20, 149, 152 f; 62, 166, 173; *Müller-Freienfels* S 388.
[39] OLG Frankfurt FamRZ 1992, 181, 182 zu § 852.

§ 1629   Buch 4. Abschnitt 2. Verwandtschaft

erlaubt[40]. Nicht ausreichend ist die Befürchtung einer Beeinträchtigung des Kindeswohls. Vielmehr ist erforderlich, dass dem Kind gesundheitlich oder wirtschaftlich Nachteile von erheblichem Ausmaß drohen, deren Abwendung ein sofortiges Eingreifen erforderlich macht[41]. Geht der handelnde Elternteil irrtümlich von einer Gefahr im Verzug aus, obwohl diese objektiv nicht besteht, so kommt seine Alleinvertretungsrecht analog § 680 in Betracht, wenn der Irrtum nicht auf grober Fahrlässigkeit beruht[42]. Trifft ein Elternteil eine Eilentscheidung, so hat er den anderen nach **Abs 1 S 4 HS 2** unverzüglich (§ 121 Abs 1 S 1) davon zu unterrichten. Die Kostentragung für die Notaufwendungen richtet sich nach Unterhaltsrecht, GoA, Bereicherungsrecht oder ausnahmsweise nach Abs 1 S 4 selbst. Im Verhältnis der Eltern zueinander ist § 1357 lex specialis[43].

17.1   Diese Voraussetzungen liegen vor allem bei unaufschiebbaren ärztlichen Eingriffen vor. Ist die Notwendigkeit der ärztlichen Maßnahme dagegen vorher bekannt, so ist die Zustimmung des anderen Elternteils erforderlich[44]. Die Regelung greift weiter, wenn eine Beteiligung des anderen Elternteils umstandsbedingt (zB im Urlaub, auf Reisen) nicht möglich ist. Der obhutführende Elternteil kann das Kind bei Einlegung einer Verfassungsbeschwerde bis zur Bestellung eines Ergänzungspflegers vertreten, um es vor Schäden infolge einer Rückführungsentscheidung, die sich auf seinen tatsächlichen Aufenthalt auswirkt, zu bewahren[45].

18   Für die **Geltendmachung von Unterhaltsansprüchen des Kindes** gegen einen Elternteil enthalten **Abs 2 S 2 und Abs 3** Sonderregeln zum Alleinvertretungsrecht des anderen Elternteils (Rn 40 ff). Bei Meinungsverschiedenheiten der gemeinsam sorge- und vertretungsberechtigten Eltern über die Einlegung einer Beschwerde kann auf Grund einer analogen Anwendung von **§ 58 Abs 1 FGG** jeder Elternteil das **Beschwerderecht** selbständig ausüben[46].

V. Ausschluss der Vertretungsmacht (Abs 2 S 1, § 1795)

19   **1. Allgemeines.** Nach Abs 2 S 1 sind die Eltern kraft Gesetzes von der Vertretung des Kindes ausgeschlossen, wenn ein Ausschlussgrund nach § 1795 vorliegt.

19.1   Mit dieser Regelung will der Gesetzgeber die Gefahr für die vertretenen Interessen des Kindes eindämmen, die darin besteht, dass ein Elternteil oder beide Eltern in den von § 1795 erfassten Fällen in einen Interessenkonflikt geraten kann/können, weil er/sie selbst oder Verwandte am Rechtsgeschäft bzw am Rechtsstreit mit dem Kind beteiligt ist/sind, das von einem Elternteil/den Eltern vertreten wird[47]. Ob tatsächlich ein Interessengegensatz besteht, ist im Interesse der Rechtssicherheit ebensowenig entschieden wie bei § 181[48]. Der Regelung des § 1795 Abs 1 liegt also derselbe Gedanke zugrunde, der auch das Selbstkontrahierungsverbot des § 181 prägt[49]. Die Geltung dieser Norm wird über § 1795 Abs 2 sichergestellt.

20   Das Vertretungsverbot erfasst beide sorgeberechtigten Eltern und zwar auch dann, wenn nur in der Person eines Elternteils ein in § 1795 genannter Ausschlussgrund vorliegt. Aufgrund der Verweisungsnorm in § 1629 Abs 2 S 1 („Vater und Mutter") wird auch der andere Elternteil von der Vertretung ausgeschlossen[50] und es wird die Bestellung eines Ergänzungspflegers erforderlich (§§ 1909, 1693). § 1678 ist nicht einschlägig, da er nur tatsächliche, nicht aber rechtliche Verhinderungen erfasst (näher dort Rn 2 f). Das Vertretungsverbot gilt unabhängig davon, ob die Eltern miteinander verheiratet sind oder nicht[51], ob sie getrennt leben oder die Ehe aufgelöst wurde. Anknüpfungspunkt für die gesetzliche Vertretung und damit auch den Ausschluss ist die Inhaberschaft der elterlichen Sorge. Ist dagegen nur ein Elternteil sorgeberechtigt (zu den Fällen s Rn 2.2), so gilt das Vertretungsverbot nur für ihn.

21   Greift ein Vertretungsverbot nach § 1795 ein, so ist das Rechtsgeschäft nach den **§§ 177 ff** bis zur Genehmigung durch den Ergänzungspfleger oder durch den Minderjährigen nach Eintritt der Volljährigkeit (§ 108 Abs 3) schwebend unwirksam[52]. Eine Genehmigung durch das Familiengericht ist nicht möglich[53].

22   **2. Ausschlussgrund nach §§ 1795 Abs 2, 181.** § 1795 stellt eine Ergänzung zu § 181 dar[54]. Für die Eltern gilt zunächst das Selbstkontrahierungsverbot des § 181 (§ 1795 Abs 2). Das bedeutet, dass Eltern im Namen des Kindes mit sich im eigenen Namen oder als Vertreter eines Dritten ein Rechtsgeschäft nicht vornehmen können. Entscheidend ist immer, ob der gesetzliche Vertreter zugleich Erklärender und Erklärungsempfänger ist. Unzulässig ist mithin eine Abhebungsvereinbarung, mit der

---

[40] *Wiesner/Wiesner* § 38 SGB VIII Rn 31.
[41] *Palandt/Diederichsen* Rn 17.
[42] *Johannsen/Henrich/Jaeger* Rn 4; *Palandt/Sprau* § 680 Rn 2.
[43] *Palandt/Diederichsen* Rn 18.
[44] *Palandt/Diederichsen* Rn 17.
[45] BVerfG FamRZ 2006, 1261, 1262.
[46] OLG Stuttgart NJW 1955, 1721, 1722; *Keidel/Engelhardt* § 58 FGG Rn 2; aA RGRK/*Wenz* § 1629 aF Rn 19; Staudinger/*Peschel-Gutzeit* Rn 73.
[47] BayObLG FamRZ 1974, 659, 660.
[48] BGHZ 21, 229, 231; 56, 97, 101; OLG Hamm FamRZ 1978, 439.
[49] BGH FamRZ 1975, 480, 481; s auch BGHZ 94, 232, 235.
[50] BGH FamRZ 1972, 498, 499; BayObLG FamRZ 1976, 168; OLG Zweibrücken FamRZ 1980, 911.
[51] *Palandt/Diederichsen* Rn 20.
[52] RGZ 119, 114, 116.
[53] BayObLG FamRZ 1959, 125, 126; *Soergel/Strätz* Rn 24; *Erman/Michalski* Rn 16.
[54] *Palandt/Diederichsen* § 1795 Rn 1; MünchKommBGB/*Hinz* 3. Aufl 1992, § 1629 aF Rn 22.

der gesetzliche Vertreter eines Kindes dessen Unterhaltsansprüche an sich abtritt[55]. Das Verbot des Insichgeschäfts gilt auch im Prozessrecht, so dass zB die allein sorgeberechtigte Mutter in einem Unterhaltsprozess des Kindes gegen sie kein Vertretungsrecht hat[56]. Es greift entgegen dem Wortlaut von § 181 auch dann ein, wenn zwar keine Personenidentität, wohl aber ein Interessengegensatz besteht (zB beim Abschluss eines Vertrags zwischen dem Kind, vertreten durch einen Elternteil und diesem, vertreten durch einen Dritten)[57]. Würde man die Vorschrift in diesem Fall nicht (analog) anwenden, so liefe dies dem Zweck der Norm zuwider, den Interessenwiderstreit zwischen mehreren vom Vertreter repräsentierten Personen zu vermeiden (näher bei § 181).

Die Anwendung von § 181 scheidet von vornherein aus bei Überweisungen von Eltern minderjähriger Kontoinhaber auf ein Konto der Eltern[58]. Das gleiche gilt, wenn eine alleinsorgeberechtigte Mutter, die mit ihren Kindern in einer Erbengemeinschaft lebt, die Kinder beim Verkauf eines Nachlassgrundstücks an einen Dritten vertritt[59]. **22.1**

Das Selbstkontrahierungsverbot **greift nicht,** wenn dem Elternteil etwas anderes gestattet ist (§ 181 HS 2). Eine solche Gestattung kann zwar nicht vom Kind, nach vielfacher Ansicht jedoch vom Vormundschaftsgericht ausgesprochen werden[60]. Eine weitere Ausnahme bilden die Rechtsgeschäfte, die ausschließlich in der Erfüllung einer Verbindlichkeit bestehen (§ 181 letzter HS). Voraussetzung ist in diesem Fall die Gültigkeit des Grundgeschäfts. Die Auflassung (§§ 925, 873) kommt also nur dann als Erfüllungsgeschäft in Betracht, wenn ihr ein wirksames Kausalgeschäft wie zB ein formwirksamer Kaufvertrag (§ 311 b Abs 1) oder ein formwirksamer Schenkungsvertrag (§ 518 Abs 1 S 1) zugrunde liegt[61]. Das Verbot des Selbstkontrahierens kommt auf Grund einer teleologischen Reduktion des § 181 auch dann nicht zum Tragen, wenn trotz der Personenidentität kein Interessenkonflikt besteht. In diesem Fall ist eine teleologische Reduktion des § 181 notwendig. Kriterium der Reduktion ist der Tatbestand des § 107[62]; § 181 greift also nicht, wenn eine Gefährdung der Kindesinteressen von der Natur des Rechtsgeschäfts her nicht besteht, weil dieses dem Kind lediglich einen rechtlichen Vorteil verschafft[63]. Ebensowenig greift er nach § 3 Abs 3 BBiG bei Abschluss eines Berufsausbildungsvertrags zwischen den Eltern und ihrem Kind. **23**

Der Abschluss eines **Schenkungsvertrags** der Eltern mit ihrem minderjährigen Kind unterfällt danach nicht dem Vertretungsverbot, wenn er lediglich rechtlich vorteilhaft ist[64]. Nicht lediglich rechtlich vorteilhaft ist ein Schenkungsvertrag, der mit einer Auflage (§ 525) verbunden wird[65] oder unter einem Rücktrittsvorbehalt des Schenkers steht[66]. In diesen Fällen kann nur ein Ergänzungspfleger den Vertrag abschließen. **24**

Ist der Schenkungsvertrag lediglich rechtlich vorteilhaft, sind aber mit dem dinglichen Rechtsgeschäft Nachteile verbunden (zB Übertragung von Wohnungseigentum an den Minderjährigen, die für ihn zu weit über die aus dem WEG resultierenden Pflichten führt), so steht einer Anwendung von § 181 letzter HS an sich nichts entgegen. Um aber der damit verbundenen Gefahr zu begegnen, dass der durch § 107 angestrebte Minderjährigenschutz unterlaufen wird, plädierte der BGH 1980 für eine Gesamtbetrachtung von schuldrechtlichem und dinglichem Rechtsgeschäft[67]. Ist also mit der Übertragung des dinglichen Rechts ein Nachteil verbunden[68], so schlägt dieser Nachteil nach diesem Ansatz auf den Schenkungsvertrag durch, so dass auch das Selbstkontrahierungsverbot des § 181 greift[69]. Dieser Lösungsansatz ist zu Recht in der Literatur auf Kritik gestoßen, weil er mit dem Trennungs- und Abstraktionsprinzip nicht vereinbar ist[70] und wird inzwischen selbst vom BGH nicht mehr vertreten[71]. Vielmehr lässt sich das vom BGH 1980 gefundene Ergebnis über eine teleologische Reduktion von § 181 letzter HS am Schutzzweck von § 107 erreichen. § 181 letzter Halbs ist danach nicht anwendbar, wenn das Erfüllungsgeschäft für den Minderjährigen nachteilig ist[72]. Danach bedürfte es im Fall des BGH von 1980 nur für die Vornahme des Verfügungsgeschäfts der Bestellung eines Ergänzungspflegers. **24.1**

---

[55] OLG Brandenburg JAmt 2003, 556, 557.
[56] OLG Koblenz NJW 2006, 3649 f.
[57] BGHZ 64, 72, 74; OLG Hamm NJW 1982, 1105.
[58] BGH NJW 2004, 2517, 2518 = WuB 2004, 913 m Anm *Look*; OLG Frankfurt WM 2003, 2092 f = BKR 2003, 999 f m Anm *Klein/Meinhardt* BKR 2004, 180; aA LG Darmstadt WuB 2002, 1021 f m Anm *Roth*; *Streißle* EWiR § 181 I/02, 891 f.
[59] OLG Frankfurt NJW-RR 2007, 1308, 1309; OLG Stuttgart Rpfleger 2003, 501 f.
[60] *Erman/Holzhauer* § 1795 Rn 10; *Larenz/Wolf* § 46 Rn 132; aA BGHZ 21, 229, 234; *Staudinger/Peschel-Gutzeit* Rn 191; *Palandt/Diederichsen* § 1795 Rn 11.
[61] BGH FamRZ 1961, 473, 475; aA *Gernhuber/Coester-Waltjen* § 61 Fn 57.
[62] *Stürner* AcP 173 (1973), 402, 442.
[63] BGHZ 59, 236, 240; BGH FamRZ 1975, 480, 481; BayObLG FamRZ 2004, 1055, 1056.
[64] BGHZ 59, 236, 240; 94, 232, 235.
[65] OLG München JFG 23, 231, 234; *Staudinger/Knothe* § 107 Rn 10.
[66] BGH 161, 170, 173 = NJW 2005, 415, 416.
[67] BGHZ 78, 28, 35.
[68] Schwierig zu bestimmen ist dies vor allem bei Grunderwerb, grundlegend BGH NJW 2005, 415, 417 ff mwN; zust *Schmitt* NJW 2005, 1090, 1092 f; *Sonnenfeld* NotBZ 2005, 154 ff; krit *Staudinger* Jura 2005, 547, 551 f; BGH NJW 2005, 1430 f; BayObLG DNotZ 2003, 711 ff; NJW 2003, 1129 f.
[69] Der BGH hat diese Folgerung allerdings nicht gezogen, sondern lehnte die Anwendung von § 181 letzter HS ab, BGHZ 78, 28, 35.
[70] *Jauernig* JuS 1982, 576 f; wN in BGHZ 161, 170, 174.
[71] BGH NJW 2005, 1430, 1431: im Rahmen von § 1795 Abs 1 Nr 1; *Böttcher* Rpfleger 2006, 293, 299; krit *Menzel/Führ* JA 2005, 859, 863.
[72] *Jauernig* JuS 1982, 576, 577; *Gernhuber/Coester-Waltjen* § 61 Rn 33; *Müßig* JZ 2006, 150; *Röthel/Krackhardt* Jura 2006, 161, 164 mwN.

§ 1629

24.2 Für den Fall, dass der Schenkungsvertrag bereits bei isolierter Betrachtung mit Rechtsnachteilen für den Minderjährigen verbunden ist und deshalb gemäß §§ 107, 108 Abs 1 schwebend unwirksam ist, besteht dagegen nach einer neueren Entscheidung des BGH keine Veranlassung für eine Gesamtbetrachtung. Vielmehr fehle es in diesem Fall von vornherein an einer Verpflichtung, die der gesetzliche Vertreter nach § 181 letzter Halbs erfüllen könne, so dass eine Umgehung des von § 107 intendierten Schutzes nicht möglich sei[73]. Vielmehr bleibe es bei dem auch im Rahmen von § 107 geltenden Grundsatz, wonach Verfügungen als abstrakte Geschäfte unabhängig von dem zugrunde liegenden Kausalgeschäft zu beurteilen seien[74].

25 Bei Abschluss eines **Gesellschaftsvertrags** zur Gründung einer Familiengesellschaft zwischen Eltern und ihren Kindern in Form einer OHG, KG oder GmbH greift das Selbstkontrahierungsverbot für die Eltern, so dass jedes am Vertrag beteiligte Kind einen Ergänzungspfleger braucht, damit der Vertrag wirksam zustande kommt[75]. § 181 greift auch bei Gesellschafterbeschlüssen, die eine Änderung des Gesellschaftsvertrags zum Gegenstand haben[76]. Etwas anderes gilt dagegen für die Vertretung des Kindes bei der Stimmabgabe zu einem Gesellschafterbeschluss über Maßnahmen der Geschäftsführung oder sonstigen gemeinsamen Gesellschaftsangelegenheiten, der sich im Rahmen des geltenden Gesellschaftsvertrags bewegt. In diesem Fall geht es nicht um die Austragung individueller Interessengegensätze, sondern um die Verfolgung eines gemeinsamen Gesellschaftszwecks[77].

25.1 Sieht der Gesellschaftsvertrag den Betrieb eines Erwerbsgeschäfts vor, bedarf das Handeln des Pflegers zusätzlich der vormundschaftsgerichtlichen Genehmigung (§§ 1909, 1915 Abs 1, 1822 Nr 3, ggf Nr 10)[78]. Etwas anderes gilt nur dann, wenn der Gesellschaftsvertrag die Erfüllung eines Schenkungsversprechens darstellt, das dem Kind ausschließlich einen rechtlichen Vorteil bringt[79]. Eine Gesellschaftsgründung ohne Beteiligung eines Ergänzungspflegers ist danach nur möglich bei unentgeltlicher Beteiligung des Kindes als stiller Gesellschafter[80], bei Errichtung einer KG mit Kommanditistenstellung des Kindes oder Errichtung einer GmbH jeweils mit bereits erfolgter vollständiger Einzahlung des Anteils[81].

26 **3. Ausschlussgrund nach § 1795 Abs 1 Nr 1.** Nach § 1795 Abs 1 Nr 1 kann kein Elternteil das Kind bei einem Rechtsgeschäft vertreten, das der andere Elternteil oder einer seiner Verwandten in gerader Linie mit dem Kind abschließt, es sei denn, dieses besteht in der Erfüllung einer Verbindlichkeit.

26.1 Unter den Begriff des **Rechtsgeschäfts** fallen nicht nur Verträge, sondern auch einseitige empfangsbedürftige Willenserklärungen wie etwa die Zustimmung des gesetzlichen Vertreters nach den §§ 182[82] sowie Erklärungen, die gegenüber dem Gericht abgegeben werden[83]. Etwas anderes wird allerdings für die Einwilligung in eine Adoption nach § 1746 Abs 1 S 2 angenommen; diese soll die Mutter als gesetzliche Vertreterin des Kindes bei der Adoption durch den Stiefvater selbst gegenüber dem Vormundschaftsgericht (§ 1750 Abs 1 S 1) erteilen können, ohne dass die Bestellung eines Ergänzungspflegers erforderlich würde[84]. Das gleiche gilt für die **Ausschlagung einer Erbschaft**, die der gesetzliche Vertreter gegenüber dem Nachlassgericht erklärt[85]. Der Schutz des Vermögens des Minderjährigen erfolgt im letzteren Fall nach § 1643 Abs 2 (s dort Rn 4 f). Kein Rechtsgeschäft ist die Entscheidung des gesetzlichen Vertreters darüber, ob Rechte des Kindes geltend gemacht werden sollen. Für die Geltendmachung von Unterhaltsansprüchen eines gemeinschaftlichen Kindes durch einen Elternteil gegenüber dem anderen gelten die Sonderregeln des § 1629 Abs 2 S 2, Abs 3 S 1.

27 Die **Ehegatten**eigenschaft eines Elternteils nach § 1795 Abs 1 Nr 1 entfällt mit rechtskräftiger Auflösung der Ehe (§§ 1313 S 2, 1564 S 2)[86]. Erfasst danach das Vertretungsverbot nur einen Elternteil (etwa nach §§ 1795 Abs 2, 181), so werden nach § 1629 Abs 2 S 2 trotzdem beide erfasst (Rn 20). Wer **Verwandter** in gerader Linie ist, ergibt sich aus § 1589 S 1; nicht erfasst werden also Verwandte in Seitenlinie (§ 1589 S 2) und miteinander Verschwägerte (§ 1590). Die verwitwete Mutter als Alleininhaberin der elterlichen Sorge kann mithin ihre Kinder beim Abschluss eines Vertrags vertreten, den diese mit einem Kind des verstorbenen Mannes aus dessen früherer Ehe abschließen[87].

---

[73] BGHZ 161, 170, 174 f m zust Anm *Schmitt* NJW 2005, 1090, 1093; *Röthel/Krackhardt* Jura 2006, 161, 164; nach Ansicht von *Emmerich* JuS 2005, 457, 459 hat der BGH in dieser Entscheidung die Gesamtbetrachtungsweise aufgegeben; aA *Böttcher* Rpfleger 2006, 293, 296; *Wojcik* DNotZ 2005, 655, 659; zum Problem der Genehmigungspflichtigkeit des Schenkungsvertrags nach §§ 1821 Abs 1 Nr 4, 1643 s bei § 1821.
[74] BGHZ 161, 170, 175; zur Bewertung der Vorteilhaftigkeit der abstrakten Geschäfte s näher bei § 107.
[75] BayObLG FamRZ 1959, 125, 126; *Gernhuber/Coester-Waltjen* § 61 Rn 35; zur Familiengesellschaft allg *Nagel* S 1 ff; *Czeguhn/Dickmann* FamRZ 2004, 1534 ff; *Bürger* RNotZ 2006, 156, 158; zur Beteiligung eines Minderjährigen an einer bereits bestehenden Gesellschaft *Bürger* RNotZ 2006, 156, 161 ff; *Pluskat* FamRZ 2004, 677 ff betr GmbH; *Rust* DStR 2005, 1942 ff.
[76] BGH NJW 1961, 724; BGHZ 52, 316 ff für die Auflösung der Familien-GmbH.
[77] BGHZ 65, 93, 98 ff; *Staudinger/Peschel-Gutzeit* Rn 249 f mwN; *Pluskat* FamRZ 2004, 677, 679; *Rust* DStR 2005, 1992, 1993; enger *Bürger* RNotZ 2006, 156, 171 ff.
[78] *Rust* DStR 2005, 1942, 1943; *Bürger* RNotZ 2006, 156, 158 ff.
[79] *Gernhuber/Coester-Waltjen* § 61 Rn 35.
[80] *Tiedtke* DB 1977, 1064 ff; *Stürner* AcP 173 (1973), 402, 436; aA BFH DB 1974, 365; *Rust* DStR 2005, 1942, 1944.
[81] *Gernhuber/Coester-Waltjen* § 61 Rn 35; aA *Maier-Reimer/Marx* NJW 2005, 3025 f; *Bürger* RNotZ 2006, 156, 162; *Ivo* ZEV 2005, 193, 194.
[82] BayObLG FamRZ 1960, 33, 34.
[83] RGZ 143, 350, 352 betr Testamentsanfechtung; *Soergel/Strätz* § 1629 aF Rn 29.
[84] BGH FamRZ 1980, 675 ff; BayObLG FamRZ 1981, 93; OLG Stuttgart FamRZ 1979, 1077 ff.
[85] BayObLGZ 77, 163, 167.
[86] OLG Düsseldorf NJW 1965, 400.
[87] OLG Hamm FamRZ 1965, 86, 87.

Das Vertretungsverbot greift **nicht** ein, wenn das Rechtsgeschäft lediglich in der Erfüllung einer 28
Verbindlichkeit besteht (Abs 1 Nr 1 HS 2) oder dem Minderjährigen **lediglich einen rechtlichen
Vorteil** bringt (Rn 23 f)[88].

Folglich bedarf der Abschluss eines Schenkungsvertrags zwischen der Großmutter eines Kindes und dem Kind über 28.1
ein unbelastetes Grundstück nicht der Bestellung eines Ergänzungspflegers für das Kind. Vielmehr wird dieses
wirksam von seinen Eltern vertreten[89]. Das Gleiche gilt, wenn der Großvater seinen Enkelkindern schenkweise eine
Rückzahlungsforderung aus einem nicht gewährten Darlehen einräumt[90] oder in Erfüllung eines Vermächtnisanspruchs Miteigentumsanteile an einem Wohnungseigentumsrecht an seine Enkelkinder überträgt[91]. Etwas anderes
gilt dagegen, wenn das in der Erfüllung einer Verbindlichkeit bestehende Rechtsgeschäft über den Erfüllungserfolg
hinaus zu rechtlichen Nachteilen für den Vertretenen führt. Deshalb kann ein Großvater nicht ohne Ergänzungs-
pflegerbestellung ein verpachtetes Grundstück an seine Enkel auflassen, und zwar auch dann nicht, wenn er sich den
Nießbrauch an dem zu übertragenden Grundstück vorbehalten hat und der Eigentumsübertragung ein Schenkungsvertrag zugrunde liegt[92]. Insoweit gilt hier das zu §§ 1795 Abs 2, 181 Gesagte entspr (Rn 24).

4. Ausschlussgrund nach § 1795 Abs 1 Nr 2. Von § 1795 Abs 1 Nr 2 erfasst werden Rechts- 29
geschäfte, die die Übertragung oder Belastung einer durch Pfandrecht, Hypothek, Schiffshypothek oder
Bürgschaft gesicherten Forderung des Kindes gegen seine Eltern betreffen; darunter fallen auch die
Rechtsgeschäfte, die die Aufhebung oder Minderung dieser Sicherheit zum Gegenstand haben oder die
Verpflichtung des Kindes zu einer solchen Übertragung, Belastung, Aufhebung oder Minderung
begründen. Die Eltern können demnach nicht im Namen des Kindes auf die Hypothek verzichten
(§ 1168) oder sie aufheben (§ 1183). Da Erfüllungsgeschäfte im Unterschied zu § 1795 Abs 1 Nr 1
vom Vertretungsverbot des § 1795 Abs 1 Nr 2 nicht ausgenommen sind, können Eltern eine durch
Hypothek gesicherte Forderung ihres Kindes gegen sie auch nicht kündigen und einziehen, weil durch
Erfüllung die gesicherte Forderung erlischt[93]. Erfasst wird auch die Genehmigung einer die persönliche
Schuld der Eltern aufhebenden Schuldübernahme durch einen Dritten[94]. Die Regelung lässt sich
entgegen ihrem Wortlaut wegen der Funktionsidentität von Hypothek und Sicherungsgrundschuld
auch auf eine Verfügung über letztere übertragen[95]. Unter den Begriff des Rechtsgeschäfts (Rn 26.1)
fallen weiter Erklärungen, die die Eltern wahlweise an sich oder ein Amt richten müssen (§§ 875
Abs 1 S 2, 876 S 3, 880 Abs 2 S 3, 1168 Abs 2 S 1, 1183 S 2).

5. Ausschlussgrund nach § 1795 Abs 1 Nr 3. Nr 3 erfasst Rechtsstreitigkeiten zwischen den in 30
Nr 1 erfassten Personen sowie bei einem Rechtsstreit über eine Angelegenheit der in Nr 2 bezeichneten Art. Unter Abs 1 Nr 3 fällt etwa die Anfechtung der Vaterschaft. Der (Schein-)Vater ist im
Anfechtungsprozess stets von der Vertretung ausgeschlossen, und zwar gleichgültig, ob er oder das Kind
klagt (§§ 1629 Abs 2 S 1, 1795 Abs 2, 181)[96]. Ausgeschlossen ist auch die Mutter unabhängig davon,
ob sie mit dem (Schein-)Vater verheiratet ist oder nicht, solange die beiden Mitinhaber der elterlichen
Sorge sind (Rn 20). Zur Vertretung des Kindes ist ein Ergänzungspfleger zu bestellen. Wird die Mutter
dagegen auf Grund einer Entscheidung nach § 1671 allein sorgeberechtigt oder war sie dies nach
§ 1626a Abs 2 immer, so kann sie auch das Kind im Anfechtungsprozess des Mannes gegen das Kind
oder des Kindes gegen den Vater vertreten[97], es sei denn, es ist eine gerichtliche Entscheidung nach
§ 1796 ergangen (Rn 34).

Nicht als Rechtsstreitigkeit iS von § 1795 Abs 1 Nr 3 verstanden werden Verfahren der freiwilligen 31
Gerichtsbarkeit, es sei denn, es handelt sich um echte Streitverfahren. So können die Eltern in einem
Erbscheinverfahren die Erbschaft ausschlagen, auch wenn sie selbst danach als Erben berufen sind[98]. Bei
einem konkreten Interessenwiderstreit greift § 1796 ein[99].

6. Ausschlussgrund nach Abs 2 a. Mit Gesetz vom 26. 3. 2008 (BGBl I S 441) wurde Abs 2 a 32
eingefügt, wonach Vater und Mutter das Kind in einem gerichtlichen Verfahren nach dem
neu eingefügten § 1598a nicht vertreten können[100]. Zu § 1598a, in dem iE ein Anspruch auf Einwilligung in eine genetische Untersuchung zur Klärung der leiblichen Abstammung geregelt ist, vgl Erl
dort.

VI. Entzug der Vertretungsmacht durch das Familiengericht (Abs 2 S 3, § 1796)

1. Entzug der Vertretungsmacht (Abs 2 S 3 HS 1). Nach Abs 2 S 3 HS 1 kann das Familien- 33
gericht dem Vater und der Mutter wegen der Gefahr eines Interessenwiderstreits die Vertretung für

---

[88] BGH NJW 1985, 2407 f; FamRZ 1975, 480, 481 = JZ 1976, 66 f m Anm *Stürner*; OLG Hamm NJW-RR 2001, 437; BayObLG FamRZ 1974, 659, 660.
[89] BGH FamRZ 1975, 480, 481; BayObLG FamRZ 1974, 659, 660.
[90] OLG Hamm FamRZ 1978, 439 f.
[91] BayObLG DNotZ 2004, 925 ff.
[92] BGH NJW 2005, 1430 f = ZEV 2005, 209, 210 f m abl Anm *Everts*; *Böttcher* Rpfleger 2006, 293 ff.
[93] KGJ 24 A 17; *Staudinger/Peschel-Gutzeit* Rn 276; aA *Gernhuber/Coester-Waltjen* § 61 Rn 47.
[94] RGZ 68, 37, 38 f.
[95] *Erman/Holzhauer* § 1795 Rn 17; *Palandt/Diederichsen* § 1795 Rn 14; aA *Gernhuber/Coester-Waltjen* § 61 Rn 46.
[96] BGH NJW 1975, 345, 346; OLG Hamm FamRZ 1969, 548, 549; OLG Zweibrücken FamRZ 1980, 911.
[97] OLG Celle FamRZ 1976, 97; *Staudinger/Peschel-Gutzeit* Rn 95.
[98] BayObLG FamRZ 1983, 834, 835; FamRZ 1962, 36, 37; *Staudinger/Peschel-Gutzeit* Rn 109.
[99] BayObLG FamRZ 1962, 36, 38.
[100] Gesetzesmaterialien: BR-Drucks 549/07; der Gesetzesvorschlag des Bundesrates, BR-Drucks 193/07, ist vom Rechtsausschuss, BT-Drucks 16/2819, und Bundestag, BR-Drucks zu 139/07 (Beschluss), abgelehnt worden.

§ 1629

einzelne Angelegenheiten oder für einen bestimmten Kreis von Angelegenheiten entziehen (§ 1796). Im Unterschied zu § 1795 ist für eine Entscheidung nach § 1796 ein **konkreter Interessengegensatz** Voraussetzung[101]. Grund für die Entziehung ist der Schutz des Kindes vor den sich aus diesem Interessenkonflikt der Eltern bzw des Elternteils ergebenden Gefahren[102].

34 Von § 1796 werden die Angelegenheiten erfasst, die nicht schon zu einem Vertretungsausschluss nach §§ 1629 Abs 2 S 1, 1795 führen[103]. Darunter fällt etwa die Entscheidung darüber, ob Ersatzansprüche des Kindes gegen den gesetzlichen Vertreter wegen nicht ordnungsgemäßer Verwendung von Rentenansprüchen[104] oder Pflichtteilsansprüche gegen den als Alleinerben eingesetzten überlebenden Elternteil[105] geltend gemacht werden sollen, ob die Nacherbschaft ausgeschlagen[106] oder die Vaterschaft eines Mannes angefochten werden soll[107].

35 Eine Entziehung der Vertretungsmacht darf nur erfolgen, wenn das Interesse des Kindes zu dem Interesse des gesetzlichen Vertreters oder eines von diesem vertretenen Dritten oder einer der in § 1795 Abs 1 Nr 1 bezeichneten Personen in **erheblichem Gegensatz** steht (Abs 2 S 3 HS 1, § 1796 Abs 2). Dies ist anzunehmen, wenn die Eltern/der Elternteil wegen des Widerstreits der Interessen objektiv betrachtet gehindert sind/ist, eine auch dem Wohl des Kindes gerechte Entscheidung zu treffen[108]. Dies ist vor allem dann der Fall, wenn die Wahrnehmung der eigenen Interessen nur auf Kosten des anderen geschehen kann[109]. Dagegen kann ein erheblicher Interessengegensatz nicht schon bei jeder denkbaren Vermögensgefährdung angenommen werden, weil damit die engen Voraussetzungen der §§ 1666, 1667 für eine Entziehung der Vermögenssorge umgangen würden[110].

35.1 Ein erheblicher Interessenwiderstreit wurde in folgenden Fallgestaltungen bejaht: Interesse des Kindes an einer ordnungsgemäßen Verwaltung seines Vermögens (im konkreten Fall Impfschadensrente) und Interesse der sorgeberechtigten Mutter, die Rente ganz für den Unterhalt der Familie und die Tilgung der auf dem Haus ruhenden Lasten zu verwenden[111], Doppelstellung der sorgeberechtigten Mutter als gesetzliche Vertreterin der Erbin und Testamentsvollstreckerin[112], Interesse des Kindes an einer Klärung seiner Abstammung und Interesse der Mutter, ihre jetzige Ehe nicht zu gefährden[113], Auffassung eines Elternteils im Erbscheinverfahren, das Testament des Erblassers sei dahin zu verstehen, dass seine Kinder nicht neben ihm zu Miterben berufen seien[114], Interesse des Kindes an einer Ersetzung der Einwilligung des sorgeberechtigten Elternteils in eine Adoption und Interesse dieses Elternteils, das Sorgerecht zu behalten, obwohl in seiner Person die Voraussetzungen des § 1666 vorliegen[115]. Ein erheblicher Interessenwiderstreit wurde dagegen verneint bei einer Entscheidung des alleinvertretungsberechtigten Elternteils darüber, ob die mit dem Tod des anderen Elternteils entstandenen und gegen ihn gerichteten Pflichtteilsansprüche der gemeinsamen Kinder geltend gemacht werden sollen[116], sowie bei einer isolierten Abstammungsfeststellungsklage des Mannes nach §§ 1600 e Abs 1, 1600 Abs 1 Nr 2 gegen den rechtlichen Vater und das 4jährige Kind, das mit dem rechtlichen Vater in einer sozial-familiären Beziehung iS von § 1600 Abs 2 lebt, das ein Interesse an der Abstammung auch noch nach Erreichen der Volljährigkeit selbst wahrnehmen kann[117].

36 Ob ein erheblicher Interessengegensatz vorliegt, entscheidet das Gericht im Einzelfall nach **pflichtgemäßen Ermessen**[118]. Liegt ein solcher vor, so muss das Gericht die Vertretungsbefugnis für einzelne Angelegenheiten oder für einen bestimmten Kreis von Angelegenheiten zeitweise oder dauernd[119] entziehen (§ 1796 Abs 1) und einen Ergänzungspfleger, ggf als **Überlegungspfleger** (in den in Rn 34 genannten Fallgestaltungen)[120] bestellen. Ist der gesetzliche Vertreter dagegen in der Lage, trotz des Interessenwiderstreits eine dem Wohl des Kindes gerecht werdende Entscheidung zu treffen, so ist ein Einschreiten des Familiengerichts nach § 1796 nicht zulässig[121]. Besteht ein Interessengegensatz nur zwischen dem Kind und einem Elternteil, so hat das Gericht diesem die Vertretungsmacht zu entziehen. Es muss diese Maßnahme aber entgegen dem Wortlaut des § 1629 Abs 2 S 3 („dem Vater und der Mutter") nicht automatisch auch auf den anderen Elternteil erstrecken, sondern nur dann, wenn auch in dessen Person ein erheblicher Interessengegensatz

---

[101] OLG Hamm NJW-RR 1986, 79, 80; BayObLG Rpfleger 1982, 180, 181; OLG Karlsruhe FamRZ 1991, 1337, 1338.
[102] *Palandt/Diederichsen* Rn 24.
[103] BayObLGZ 17, 107, 108.
[104] OLG Hamm FamRZ 1974, 31, 32 f.
[105] BayObLG FamRZ 1963, 578, 579.
[106] *Erman/Michalski* Rn 22.
[107] BayObLG FamRZ 1999, 737, 738; KG FamRZ 1966, 239, 240.
[108] OLG Karlsruhe FamRZ 2004, 51; OLG München JFG 23, 217, 222.
[109] OLG Köln FamRZ 2001, 430, 431; OLG Hamm FamRZ 1963, 580; FamRZ 1974, 31, 33; NJW-RR 1986, 79 f.
[110] OLG Frankfurt NJW-RR 2005, 1382.
[111] OLG Hamm FamRZ 1974, 31, 33.
[112] OLG Nürnberg MittBayNot 2002, 403, 404 m krit Anm *Kirchner* 368 ff.
[113] OLG Hamm FamRZ 1963, 580, 581.
[114] OLG Köln FamRZ 2001, 430 f.
[115] OLG Nürnberg FamRZ 2001, 573.
[116] BayObLG FamRZ 1963, 578, 579.
[117] BGH NJW 2007, 1678, 1679.
[118] BGH NJW 1975, 345, 347; OLG Hamm FamRZ 1963, 580; OLG Stuttgart FamRZ 1983, 831; *Staudinger/Peschel-Gutzeit* Rn 283.
[119] *Staudinger/Peschel-Gutzeit* Rn 281.
[120] *Gernhuber/Coester-Waltjen* § 61 Rn 50; *Soergel/Strätz* 1629 aF Rn 37; *Palandt/Diederichsen* Rn 25.
[121] BGH FamRZ 1955, 100, 101; OLG Karlsruhe FamRZ 2004, 51, 52; BayObLG FamRZ 1994, 1196, 1197; OLG Stuttgart FamRZ 1983, 831.

besteht[122]; bei gutem Einvernehmen der Eltern sind allerdings häufig beide befangen[123]. Fehlt es daran, so ist der andere Elternteil zur Alleinvertretung befugt (§ 1680 Abs 3, 1)[124]. Der Ausschluss dieses Elternteils kommt dann nur noch unter den Voraussetzungen des § 1666 in Betracht[125].

Das Familiengericht kann die Vertretungsmacht ausdrücklich oder konkludent durch Anordnung einer Ergänzungspflegschaft entziehen[126]. Erfasst werden von der Entziehung einzelne Angelegenheiten oder ein bestimmter Kreis von Angelegenheiten, nicht aber die gesamte Vertretungsmacht. Auch der Entzug der elterlichen Sorge in einem Teilbereich[127] geht über den Wortlaut der Norm hinaus; vielmehr ist dies nur unter den Voraussetzungen des § 1666 möglich[128]. Fällt der Interessengegensatz später weg, so ist die Entziehung aufzuheben, es sei denn, diese war von vornherein zeitlich beschränkt. 37

Soweit den Eltern/einem Elternteil die Vertretungsmacht entzogen worden ist, sind sie/ist er von der Vertretung ausgeschlossen. Handeln sie/handelt er trotz fehlender Vertretungsmacht, greifen die §§ 177 ff ein[129]. Die Erklärungen werden mit Genehmigung des Ergänzungspflegers oder des inzwischen volljährigen Kindes wirksam. 38

2. Ausnahme: Vaterschaftsfeststellung (Abs 2 S 3 HS 2). Nach dem durch Art 1 Nr 2 des BeistandschaftsG eingefügten Zusatz (BGBl 1997 I S 2846) kommt eine Entziehung der Vertretung nicht in Betracht, wenn es um die Feststellung der Vaterschaft geht. Die Regelung zieht die Konsequenz daraus, dass es nach Abschaffung der Amtspflegschaft in der Hand des allein sorgeberechtigten Elternteils, vor allem der Mutter des außerehelichen Kindes liegt, ob sie zur Feststellung der Vaterschaft eine Beistandschaft beantragt (§ 1712 Abs 1 Nr 1), selbst das Verfahren betreibt oder dies nicht tut. 39

Bleibt sie untätig, entsteht ein beachtlicher Interessengegensatz zwischen ihrem Interesse und dem des Kindes auf Kenntnis seiner Abstammung. Wäre in dieser Fallkonstellation § 1796 anwendbar, müsste in allen Fällen, in denen die Mutter die Vaterschaftsfeststellung nicht nachdrücklich betreibt, die Vertretungsmacht entzogen werden. Dies widerspräche aber dem Sinn des BeistandschaftsG[130]. Deshalb wurde die Feststellung der Vaterschaft in § 1629 Abs 2 S 3 vom Anwendungsbereich des § 1796 ausgenommen. Zum Schutz der Kindesinteressen genügt die Möglichkeit, die elterliche Sorge unter den Voraussetzungen des § 1666 zu entziehen (§ 1666 Rn 6.5) und die Entscheidung über das Betreiben eines Vaterschaftsfeststellungsverfahrens sowie seine Durchführung einem Pfleger zu übertragen[131]. In diesem Verfahren muss eine konkrete Abwägung aller Umstände stattfinden, die für und gegen die Änderung des bisherigen Status des Kindes sprechen[132]. Im Normalfall ist von einem Interesse des Kindes an der Feststellung der wirklichen Abstammung auszugehen[133]. Es kann aber auch beachtliche Gründe geben, die selbst aus der Sicht des Kindes gegen die Erhebung einer Vaterschaftsfeststellungsklage sprechen, zB die Zeugung des Kindes im Inzest oder durch Vergewaltigung[134] sowie die Erhaltung einer vorteilhaften Unterhaltssituation im geltenden Statusverhältnis[135]. 39.1

VII. Geltendmachung von Unterhaltsansprüchen

1. Alleinvertretung nach Abs 2 S 2. a) Regelungsinhalt, Systematik. Der durch Art 1 Nr 12b aa KindRG geänderte Abs 2 S 2 sieht vor, dass bei gemeinsamer elterlicher Sorge der Elternteil, in dessen Obhut sich das Kind befindet, dessen Unterhaltsansprüche gegen den anderen Elternteil geltend machen kann. Die Norm begründet also trotz gemeinsamer Sorge ein Alleinvertretungsrecht; sie enthält damit eine Ausnahme zu Abs 1 S 2 HS 1. Sie enthält zugleich eine Ausnahme von Abs 2 S 1[136], da die Geltendmachung von Unterhaltsansprüchen des Kindes gegen den anderen Elternteil ohne diese Regelung zum Ausschluss der Vertretungsmacht bei beiden Eltern nach Abs 2 S 1, § 1795 Abs 1 Nr 1, 3 führen würde. 40

b) Voraussetzungen. Das Alleinvertretungsrecht setzt die **gemeinsame Sorge der Eltern** voraus. Erfasst werden alle Eltern, die die gemeinsame Sorge innehaben, unabhängig davon, ob sie miteinander verheiratet sind, Sorgeerklärungen abgegeben haben (§ 1626a), nicht nur vorübergehend getrennt leben oder geschieden wurden[137]. 41

---

[122] *Gernhuber/Coester-Waltjen* § 61 Rn 52; *Erman/Michalski* Rn 23; *Staudinger/Peschel-Gutzeit* Rn 318; aA Münch-KommBGB/*Huber* Rn 71.
[123] OLG Köln FamRZ 2001, 430, 431.
[124] *Gernhuber/Coester-Waltjen* § 61 Rn 52; *Erman/Michalski* Rn 23; MünchKommBGB/*Huber* Rn 71; *Staudinger/Peschel-Gutzeit* Rn 318 f.
[125] *Palandt/Diederichsen* 59. Aufl 2000, Rn 38.
[126] OLG Hamm FamRZ 1963, 580, 581; KG FamRZ 1966, 239, 240; aA OLG Stuttgart NotBZ 2002, 268 m Anm *Schreiber*: Zuständigkeit des Vormundschaftsgerichts zur Anordnung der Ergänzungspflegschaft.
[127] *Gernhuber/Coester-Waltjen* § 61 Rn 49.
[128] OLG Frankfurt FamRZ 1980, 927, 928; *Staudinger/Peschel-Gutzeit* Rn 280; RGRK/*Wenz* § 1629 aF Rn 26.
[129] *Gernhuber/Coester-Waltjen* § 61 Rn 54–56.
[130] BT-Drucks 13/892 S 30; *Palandt/Diederichsen* Rn 28.
[131] BT-Drucks 13/892 S 34.
[132] BT-Drucks 13/892 S 34.
[133] BVerfGE 79, 256, 268 f; BVerfG FamRZ 1997, 869.
[134] BT-Drucks 13/892 S 34 f.
[135] OLG Hamm NJW-RR 1986, 79, 80 f.
[136] BGH FamRZ 1965, 38, 39.
[137] BT-Drucks 13/4899 S 96; FamRefK/*Rogner* Rn 4.

§ 1629

42 Das Alleinvertretungsrecht steht nur dem Elternteil zu, in dessen **Obhut** sich das Kind befindet. Der Begriff der Obhut (vgl § 42 SGB VIII) bestimmt sich nach den tatsächlichen, nicht nach den rechtlichen Verhältnissen[138]; diese hat der Elternteil inne, der sich tatsächlich des Wohls des Kindes annimmt, etwa indem er sich um dessen Unterhalt (Pflege, Verköstigung, Kleidung, emotionale Zuwendung) kümmert[139]. Nicht notwendig ist die eigene Betreuung; es genügt die Organisation und Überwachung einer Drittbetreuung[140].

42.1 Bei Zusammenleben der Eltern befindet sich das Kind in der Obhut beider Eltern, wenn sich beide um das Wohl des Kindes kümmern; Abs 2 S 2 kommt in diesem Fall nicht zur Anwendung. Etwas anderes gilt, wenn die Eltern zwar in der gemeinsamen Wohnung leben, aber nur ein Elternteil im Schwerpunkt die tatsächliche Fürsorge innehat[141]. Lässt sich dies aber nicht eindeutig ermitteln, so bleibt es beim Grundprinzip des § 1629 Abs 2 S 1[142]. Das Gleiche gilt, wenn kein Elternteil die tatsächliche Obhut über das Kind innehat[143].

42.2 Leben die Eltern räumlich voneinander getrennt und haben sie die gemeinsame Sorge inne, so liegt es nahe, zur Bestimmung des Begriffs der Obhut eine Parallele zum gewöhnlichen Aufenthalt iS von § 1687 Abs 1 S 2 zu ziehen. Um dies zu vermeiden, empfiehlt es sich, die tatsächliche durch eine rechtliche Obhutstellung ersetzt wird, ergänzend darauf abzustellen, bei welchem Elternteil der Schwerpunkt der tatsächlichen Betreuung liegt[144]. Der Elternteil, bei dem sich das Kind nicht gewöhnlich aufhält, kümmert sich zwar auch um das Wohl des Kindes, wenn dieses sich tatsächlich, etwa für die Zeit der Ferien, im Rahmen des Umgangsrechts bei ihm aufhält (§§ 1687 Abs 1 S 4, 1684)[145]. Jedoch führt dies nicht zu einem Obhutswechsel[146], der ihn sogar berechtigen würde, Unterhaltsansprüche gegen den anderen geltend zu machen. Dies ergibt sich bereits daraus, dass § 1687 Abs 1 S 5 nur auf § 1629 Abs 1 S 4, nicht aber auf § 1629 Abs 2 S 2 verweist. Wurde zwischen den Parteien nicht das Residenz-, sondern das **Wechselmodell** mit ungefähr gleich langen Betreuungsphasen vereinbart (zu den einzelnen Modellen § 1687 Rn 3), fällt keinem Elternteil die Alleinobhut zu mit der Folge, dass die Grundregel des Abs 2 S 1, § 1795 Abs 1 Nr 3 eingreift und beide Eltern von der Vertretung ausgeschlossen sind; es muss also ein Ergänzungspfleger zur Geltendmachung der Unterhaltsansprüche bestellt oder der Entscheidung nach § 1628 herbeigeführt[147]. Etwas anderes gilt dagegen dann, wenn sich feststellen lässt, dass der Anteil eines Elternteils an der Betreuung und Versorgung des Minderjährigen den Anteil des anderen übersteigt[148]. Ein Betreuungsvorsprung von 1/3 genügt[149].

43 **c) Rechtsfolge.** Der obhutführende Elternteil kann Unterhaltsansprüche des Kindes gegen den anderen Elternteil im Namen des Kindes geltend machen; der Bestellung eines Ergänzungspflegers bedarf es nicht[150]. Er kann zur Geltendmachung von Unterhaltsansprüchen auch die Hilfe des Jugendamts als **Beistand** (§ 1712 Abs 1 Nr 2) beanspruchen (§ 1713 Abs 1 S 2). Sind die Eltern miteinander verheiratet, leben sie aber getrennt oder ist eine Ehesache zwischen ihnen anhängig, so kann der obhutführende Elternteil den Unterhaltsanspruch nur im eigenen Namen geltend machen (Abs 3).

44 Unter **Geltendmachen** ist die Klage oder der Antrag auf Erlass einer einstweiligen Anordnung über die Unterhaltspflicht gegenüber dem Kind (§ 620 Nr 4 ZPO) zu verstehen. Abs 2 S 2 greift nicht nur, wenn das Kind auf der Aktivseite, sondern auch dann, wenn es auf der Passivseite des Prozesses steht (zB bei einer negativen Feststellungsklage oder Abänderungsklage des Barunterhaltspflichtigen)[151]. Da Abs 2 S 2 eine Ausnahme zu Abs 2 S 1 darstellt, fällt darunter auch die außergerichtliche Geltendmachung des Kindesunterhalts[152]. Nicht erfasst wird dagegen der Abschluss einer Abtretungsvereinbarung für ein Kind mit einem Sozialhilfeträger, auf den der Unterhaltsanspruch des Kindes übergegangen war[153].

45 **d) Wegfall des Alleinvertretungsrechts.** Das Alleinvertretungsrecht entfällt mit Wegfall der gemeinsamen elterlichen Sorge, mit Verlust der tatsächlichen Obhut (etwa beim Wechsel des Kindes in die Obhut des anderen Elternteils), mit Wegfall der Elternstellung auf Grund einer Anfechtung der Vaterschaft oder auf Grund einer Einigung nach § 1599 Abs 2 sowie mit einer gerichtlichen Entziehung

---

[138] OLG Naumburg OLGR 2005, 465; OLG Zweibrücken FamRZ 1997, 570, 571; OLG Düsseldorf FamRZ 1988, 1092; *Palandt/Diederichsen* Rn 31.
[139] BT-Drucks 7/650 S 175; BT-Drucks 13/4899 S 176; OLG Düsseldorf FamRZ 1988, 1092; OLG Frankfurt FamRZ 1992, 575; AG Groß-Gerau FamRZ 1991, 1466; *Maurer* FamRZ 1993, 263, 265.
[140] OLG Düsseldorf NJW 2001, 3344, 3345; OLG Bamberg FamRZ 1985, 632, 633; *Johannsen/Henrich/Jaeger* Rn 6.
[141] OLG Hamburg FamRZ 2001, 1235; OLG Frankfurt FamRZ 1992, 575.
[142] OLG Zweibrücken FamRZ 2001, 290 f; AG Groß-Gerau FamRZ 1991, 1466.
[143] OLG Stuttgart NJW-RR 2005, 1382.
[144] BGH FamRZ 2007, 707, 708; OLG München FamRZ 2003, 248, 249; OLG Düsseldorf NJW 2001, 3344, 3345; OLG Stuttgart NJW-RR 1996, 67; *Palandt/Diederichsen* Rn 31.
[145] *Johannsen/Henrich/Jaeger* Rn 6.
[146] OLG Köln OLGR 2005, 609.
[147] BGH FamRZ 2006, 1015, 1016; OLG München FamRZ 2003, 248; KG FamRZ 2003, 53; OLG Zweibrücken FamRZ 2001, 290 f; MünchKommBGB/*Huber* Rn 88; *Hennemann* FPR 2006, 295, 297.
[148] BGH FamRZ 2007, 707, 708; FamRZ 2006, 1015, 1016; OLG München FamRZ 2003, 248, 249; KG FamRZ 2003, 53; OLG Düsseldorf NJW 2001, 3344 f; FamRZ 2006, 1015, 1016, 295, 298; *Vogel* FamRZ 2003, 1316; *Viefhues* ZFE 2003, 76; *Palandt/Diederichsen* Rn 31 f; *Johannsen/Henrich/Jaeger* Rn 6.
[149] BGH FamRZ 2007, 707, 708; FamRZ 2006, 1015, 1016; aA KG FamRZ 2003, 53; großzügiger OLG Düsseldorf NJW 2001, 3344; AG Freiburg FamRZ 2006, 567 f; *Hennemann* FPR 2006, 295, 298.
[150] LG München FamRZ 1999, 875, 876.
[151] *Johannsen/Henrich/Jaeger* Rn 7.
[152] OLG Hamburg FamRZ 1981, 490; *Staudinger/Peschel-Gutzeit* Rn 341.
[153] AG Lüdenscheid FamRZ 2002, 1207.

Vertretung des Kindes § 1629

der Vertretungsmacht nach §§ 1629 Abs 2 S 3, 1796. Zur Geltendmachung des Unterhaltsanspruchs muss dann ein Ergänzungspfleger bestellt werden, soweit das Alleinvertretungsrecht nicht wegen Volljährigkeit des Kindes weggefallen ist. Fehlt die Vertretungsmacht zurzeit der Geltendmachung des Unterhaltsanspruchs, so ist die Klage insgesamt unzulässig[154]. Der bisher klagende Elternteil muss die Klage für erledigt erklären[155].

Nach dem Wegfall des Alleinvertretungsrechts infolge Obhutswechsels kann der nicht allein sorgeberechtigte Elternteil auch keine Zwangsvollstreckungsmaßnahmen mehr gegen den anderen Elternteil wegen rückständigen Kindesunterhalts für den Zeitraum verlangen, in dem sich das Kind in seiner Obhut befunden hat[156]. **45.1**

2. Prozessstandschaft nach Abs 3. a) Normzweck. Der durch Art 1 Nr 12 c KindRG neu **46** gefasste Abs 3 S 1 enthält eine verfahrensrechtliche Ergänzung und ist lex specialis zu Abs 2 S 2 für den Fall, dass die Eltern des Kindes miteinander verheiratet sind, aber getrennt leben oder eine Ehesache zwischen ihnen anhängig ist. In diesem Fall kann ein Elternteil Unterhaltsansprüche des Kindes gegen den anderen Elternteil nur im eigenen Namen geltend machen. Damit soll, ebenso wie bereits nach Abs 3 S 1 aF verhindert werden, dass das Kind in den Streit seiner Eltern (bei sonstigen Ehesachen oder bei Getrenntleben) oder in das Scheidungsverbundverfahren als Partei hineingezogen wird[157]. Abs 3 S 2 hat durch das KindRG keine Änderung erfahren. Er regelt die Wirkung einer von einem Elternteil erwirkten gerichtlichen Entscheidung oder eines zwischen den Eltern geschlossenen gerichtlichen Vergleichs gegenüber dem Kind.

b) Voraussetzungen. Im Unterschied zu Abs 2 S 2 ist das Vorliegen einer gemeinsamen elterli- **47** chen Sorge nicht Voraussetzung für die Anwendbarkeit von Abs 3. Vielmehr genügt die Alleinsorge des klagenden Elternteils, etwa auf Grund einer Sorgerechtsentscheidung nach § 1671[158]. Maßgebend ist ein Alleinvertretungsrecht, das auch nur auf der tatsächlichen Obhut nach Abs 2 S 2 beruhen kann[159]. Weiter ist ein Getrenntleben der Eltern oder die Anhängigkeit einer Ehesache Voraussetzung. Erfasst werden also nur die noch miteinander verheirateten Eltern. Das **Getrenntleben der Eltern** bestimmt sich nach § 1567[160]; sind die Eltern nicht miteinander verheiratet und leben sie getrennt, so greift für die Geltendmachung von Unterhaltsansprüchen § 1629 Abs 2 S 2. Die **Anhängigkeit einer Ehesache** richtet sich nach den §§ 622, 606 Abs 1 S 1 ZPO. Der Unterhaltsanspruch kann, muss aber nicht im Verbund mit dem Scheidungsverfahren geltend gemacht werden (§§ 623 Abs 1 S 1, 621 Abs 2 S 1 Nr 4 ZPO)[161]. Ist eine Ehesache noch nicht oder nicht mehr anhängig, greift wieder die Grundregel des § 1629 Abs 2 S 2 ein. Die Regelung gilt nur für **gemeinschaftliche minderjährige Kinder**[162].

c) Rechtsfolgen. Der obhutführende Elternteil kann im eigenen Namen Unterhaltsansprüche des **48** Kindes gegen den anderen Elternteil **geltend machen (Abs 3 S 1) (gesetzliche Prozessstandschaft)**[163]. Inhaber der Unterhaltsansprüche bleibt das Kind, so dass der Prozessstandschafter nicht mit diesen Forderungen gegen Zugewinnausgleichsansprüche des Unterhaltsschuldners aufrechnen kann[164]. Die gesetzliche Prozessstandschaft bezieht sich ebenso wie die Alleinvertretungsmacht nach Abs 2 S 2 nicht nur auf Aktiv-, sondern auch auf Passivprozesse (negative Feststellungsklage)[165]. Es besteht keine Möglichkeit, zwischen einem Handeln in eigenem Namen oder im Namen des Kindes zu wählen (arg „nur"). Die Unterhaltsklage in Prozessstandschaft ist allerdings mangels Rechtsschutzbedürfnisses unzulässig, wenn zwischen dem klagenden und barunterhaltspflichtigen Elternteil eine Freistellungsvereinbarung getroffen worden ist[166].

Ebenfalls von Abs 3 S 1 erfasst wird die Abänderungsklage[167], nicht dagegen das vereinfachte Verfahren (§§ 645 ff **48.1** ZPO)[168], die Vollstreckungsgegenklage (etwa nach Sorgerechtsänderung)[169] sowie die Klage aus ungerechtfertigter Bereicherung wegen zuviel gezahlten Unterhalts[170]. Diese sind im Namen des Kindes geltend zu machen oder gegen dieses zu richten (§ 1629 Abs 2 S 2).

---

[154] OLG Köln FamRZ 2005, 1999; OLG Hamm FamRZ 1990, 890, 891; *Johannsen/Henrich/Jaeger* Rn 8, 11; *Norpoth* FamRZ 2007, 514, 516 ff spricht sich für eine Analogie zu den §§ 672 S 2, 168 aus.
[155] OLG Köln FamRZ 2005, 1999; *Johannsen/Henrich/Jaeger* Rn 8.
[156] AG Schöndorf Rpfleger 2003, 600.
[157] BT-Drucks 13/4899 S 96; BT-Drucks 7/650 S 176; BT-Drucks 10/4514 S 23 re Sp.
[158] *Johannsen/Henrich/Jaeger* Rn 9.
[159] *Palandt/Diederichsen* Rn 33; *Staudinger/Peschel-Gutzeit* Rn 349; MünchKommBGB/*Huber* Rn 97.
[160] *Palandt/Diederichsen* Rn 34; aA *Staudinger/Peschel-Gutzeit* Rn 351.
[161] BGH FamRZ 1983, 474, 475.
[162] *Palandt/Diederichsen* Rn 35; aA AG Groß-Gerau FamRZ 1988, 1070.
[163] BT-Drucks 13/4899 S 96.
[164] OLG Naumburg FamRZ 2001, 1236.
[165] OLG Naumburg FamRZ 2003, 1115; KG FamRZ 1988, 313, 314; *Johannsen/Henrich/Jaeger* Rn 10; *Palandt/Diederichsen* Rn 38; *Staudinger/Peschel-Gutzeit* Rn 344.
[166] AG Ludwigslust FamRZ 2005, 1915, 1916.
[167] OLG Naumburg FamRZ 2007, 1334, 1335; *Palandt/Diederichsen* Rn 33; aA OLG Naumburg ZFE 2007, 37, 38; OLG Frankfurt FamRZ 1980, 1059; OLG Karlsruhe FamRZ 1980, 1059 f; enger OLG Brandenburg FamRZ 2002, 1270 f.
[168] *Palandt/Diederichsen* Rn 38, 33.
[169] OLG Köln FamRZ 1985, 626.
[170] *Staudinger/Peschel-Gutzeit* Rn 393; aA KG FamRZ 1979, 327.

§ 1629

49 Die **Prozessstandschaft endet** mit Volljährigkeit des Kindes[171], mit Verlust der elterlichen Sorge[172], mit einem Obhutswechsel des Kindes durch Übersiedeln zum anderen Elternteil sowie einem rechtskräftigen Vaterschaftsanfechtungsurteil[173]. Tritt nach § 1714 eine Beistandschaft des Jugendamts für die Geltendmachung von Unterhaltsansprüchen (§ 1712 Abs 1 Nr 2) ein, so wird das Kind vom Beistand im Prozess vertreten; der betreuende Elternteil verliert insoweit die Fähigkeit, den Prozess als gesetzlicher Vertreter des Kindes zu führen (§ 53 a ZPO)[174]. Wird die Ehe während der Prozessstandschaft rechtskräftig geschieden, so führt eine analoge Anwendung von § 265 Abs 2 S 1 ZPO zu einer Fortdauer der Prozessstandschaft bis zum Ende des Unterhaltsprozesses. Voraussetzung ist allerdings, dass sich am Obhuts- und Sorgerechtsverhältnis nichts ändert oder dass der prozessführende Elternteil im Scheidungsverbundverfahren die elterliche Sorge erhalten hat[175]. Zulässig ist dabei nicht nur die Fortführung eines in Prozessstandschaft begonnenen Unterhaltsverfahrens, sondern auch die Einlegung von Rechtsmitteln und Anschlussrechtsmitteln[176]. Endet die elterliche Sorge oder die Obhut des klagenden Elternteils, so wird die Unterhaltsklage insgesamt unzulässig[177]. Der klagende Elternteil muss die Hauptsache für erledigt erklären oder die Klage auf einen familienrechtlichen Ausgleichsanspruch[178] umstellen[179].

49.1 Auch bei Eintritt der Volljährigkeit des Kindes während des Unterhaltsprozesses tritt nicht automatisch ein Parteiwechsel ein[180]. Vielmehr hat das Kind das Recht, aber nicht die Pflicht, selbst als Partei in den Prozess einzutreten (etwa durch Einlegen von Rechtsmitteln)[181]. Tritt es nicht in den Prozess ein, so kann der bisherige Prozessstandschafter den Rechtsstreit für erledigt erklären oder im Wege der Klageänderung einen eigenen familienrechtlichen Ausgleichsanspruch geltend machen[182]. Tritt dagegen das Kind in den Rechtsstreit ein, der bislang als Folgesache geführt worden war, so ist dieser abzutrennen (§ 623 Abs 1 S 2 ZPO).

50 Da der Elternteil, der in Prozessstandschaft klagt, auch die Kosten des Prozesses zu tragen hat, kommt es im **Prozesskostenhilfeverfahren** nach §§ 114 ff ZPO auf seine wirtschaftlichen Verhältnisse und nicht auf die des Kindes an[183].

51 Nach **Abs 3 S 2** wirkt eine von einem Elternteil erwirkte **gerichtliche Entscheidung** auch für und gegen das Kind. Darunter fallen Urteile ebenso wie einstweilige Anordnungen nach § 620 Nr 4 ZPO[184]. **Vollstrecken** kann aus dem Titel der Elternteil, der ihn als Prozessstandschafter erwirkt hat. Ihm ist deshalb auf Antrag die Vollstreckungsklausel (§§ 724 f ZPO) zu erteilen[185] oder die Eintragung einer Zwangssicherungshypothek verlangen[186]. Die beigetriebenen Unterhaltsleistungen unterliegen einer treuhandartigen Zweckbindung zugunsten des Kindes[187] und können zur Unpfändbarkeit dieser Forderung führen (§ 399 BGB, § 851 Abs 1 ZPO); die Nichtbeachtung dieser Unpfändbarkeit kann vom obhutführenden Elternteil im Zwangsvollstreckungsverfahren geltend gemacht werden[188]. Fällt die Prozessstandschaft weg (Rn 49), so ist dem Kind als dem materiell Berechtigten die Klausel zu erteilen (analog § 727 Abs 1 ZPO)[189]. § 727 ZPO ist auch analog auf das Land anzuwenden, auf das nach § 7 UnterhVG die Unterhaltsforderungen eines Kindes übergegangen sind[190]. Vollstreckt der frühere Prozessstandschafter trotz Wegfalls der Prozessstandschaft aus dem Titel, so kann der nach dem Titel barunterhaltspflichtige Elternteil Vollstreckungsgegenklage analog § 767 ZPO gegen den früheren Prozessstandschafter geltend machen[191].

---

[171] BGH FamRZ 1985, 471, 473; OLG Brandenburg FamRZ 1997, 509; OLG Hamm FamRZ 1992, 843; OLG Zweibrücken FamRZ 1997, 1166, LS.
[172] OLG Nürnberg FamRZ 2002, 407, 408; OLG Schleswig FamRZ 1990, 189; OLG Köln FamRZ 1985, 626.
[173] OLG Düsseldorf FamRZ 1987, 1162, 1163.
[174] BT-Drucks 13/892 S 47; OLG Stuttgart JAmt 2007, 40; *Künne* S 104 ff; MünchKommBGB/*Huber* Rn 97.
[175] BGH FamRZ 1990, 283, 284; OLG Hamm FamRZ 1998, 379, 380; OLG Hamburg DAVorm 1989, 96, 98 f; OLG Köln OLGR 2005, 167; *Gießler* FamRZ 1994, 800, 801; Palandt/*Diederichsen* Rn 35; *Johannsen/Henrich/Jaeger* Rn 11.
[176] OLG Hamm FamRZ 1988, 187, 188; aA OLG München FamRZ 1997, 169 f.
[177] OLG Hamm FamRZ 1990, 890 f.
[178] BGH FamRZ 1989, 850 ff; OLG Koblenz FamRZ 2005, 993.
[179] *Johannsen/Henrich/Jaeger* Rn 12.
[180] AA OLG München FamRZ 1996, 422; *Gießler* FamRZ 1994, 800, 802; wohl auch BGH FamRZ 1985, 471, 473; MünchKommBGB/*Huber* Rn 102; Palandt/*Diederichsen* Rn 37; *Bischopink* S 110 f; unklar Soergel/*Strätz* § 1629 aF Rn 44.
[181] BGH FamRZ 1983, 474, 475.
[182] *Johannsen/Henrich/Jaeger* Rn 12.
[183] BGH FamRZ 2006, 32, 33; FamRZ 2005, 1164, 1166; OLG Bamberg NJW 2005, 1287 = FamRZ 2005, 1101 f; OLG Karlsruhe FamRZ 2001, 1080; OLG Köln FamRZ 1984, 304, LS; OLG Koblenz FamRZ 1988, 637; Zöller/*Philippi* § 114 ZPO Rn 8 a; aA OLG Dresden FamRZ 2002, 1412, 1413; FamRZ 1997, 1287; OLG Hamm MDR 2003, 458; KG FamRZ 1989, 82; OLG Bamberg FamRZ 1994, 635; *Wax* FPR 2002, 471, 474 f.
[184] *Diederichsen* NJW 1986, 1462, 1465; MünchKommBGB/*Huber* Rn 106; Staudinger/*Peschel-Gutzeit* Rn 377.
[185] DIJuF-Rechtsgutachten JAmt 2004, 80, 81; LG Konstanz NJW-RR 2002, 6; *Hochgräber* FamRZ 1996, 272.
[186] LG Konstanz NJW-RR 2002, 6 f.
[187] BGH FamRZ 2006, 860, 861; BGHZ 113, 90, 94 = FamRZ 1991, 295, 296.
[188] BGH FamRZ 2006, 860, 861 unter Offenlassen der Frage, ob § 1629 Abs 2 S 2 oder Abs 3 eingreift.
[189] OLG Düsseldorf FamRZ 1997, 826, 827; OLG Frankfurt FamRZ 1983, 1268; DIJuF-Rechtsgutachten JAmt 2004, 80, 81; Musielak/*Lackmann* § 724 ZPO Rn 5.
[190] DIJuF-Rechtsgutachten JAmt 2002, 252 f.
[191] OLG Nürnberg NJW-RR 2002, 1158; OLG Köln FamRZ 1985, 626 f; OLG Schleswig FamRZ 1990, 189; OLG Brandenburg FamRZ 1997, 509; OLG München FamRZ 1997, 1493, 1494; Erman/*Michalski* Rn 20 b;

Auch gerichtliche Vergleiche zwischen den Eltern über den Unterhalt wirken für und gegen das Kind; das Kind wird nicht genötigt, diesem Vergleich beizutreten. Nicht unter Abs 3 S 2 fällt ein außergerichtlicher Vergleich zwischen den Eltern[192]. Die Eltern können diesen Vergleich nur im eigenen Namen abschließen; einem Vertreterhandeln stehen §§ 1629 Abs 2 S 1, 1795 Abs 1 Nr 1, Abs 2 entgegen. Ob das Kind hieraus eigene Ansprüche nach § 328 Abs 1 ableiten kann, ist durch Auslegung zu ermitteln[193].

VIII. Verfahrensrecht

Für eine Entscheidung nach §§ 1629 Abs 2 S 3, 1796 Abs 2 ist das Familiengericht zuständig (§ 621 Abs 1 Nr 1 ZPO, § 23 b Abs 1 Nr 2 GVG). Das Gericht wird auf Grund einer Anzeige der Eltern tätig, zu der diese nach § 1909 Abs 2 verpflichtet sind. Das Prozessgericht kann den nicht schon kraft Gesetzes von der Vertretung ausgeschlossenen Elternteil nicht von sich aus wegen eines Interessenkonflikts von der Vertretung ausschließen. Es muss vielmehr das Kind bis zur Bestellung eines Ergänzungspflegers als ordnungsgemäß vertreten ansehen[194]. Die Entscheidung, die der Rechtspfleger trifft (§§ 14, 3 Nr 2 a RPflG)[195], wird mit Bekanntmachung an den betroffenen Elternteil wirksam (§ 16 FGG). Das Kind kann unter den Voraussetzungen des § 59 Abs 1 FGG selbst das Beschwerderecht ausüben. In diesem Fall ist die Entscheidung auch dem Kind selbst bekanntzugeben (§ 59 Abs 2 FGG). Die Eltern können ihre Beschwerde (§§ 19, 20 FGG) sowohl gegen die Pflegerbestellung als auch gegen die Auswahl oder die Ablehnung der Entlassung des Pflegers richten[196]. Der Pfleger hat gegen die Aufhebung der Pflegschaft kein eigenes Beschwerderecht[197]. Die Kosten bestimmen sich nach § 95 Abs 1 S 1 Nr 2, Abs 2 KostO.

Taucht der erhebliche Interessengegensatz zwischen dem Kind und seinem gesetzlichen Vertreter in einem die Person des Kindes betreffenden Verfahren auf, so ermöglicht § 50 Abs 2 Nr 1 FGG dem mit der Sache befassten Gericht die Bestellung eines **Verfahrenspflegers**. Im Unterschied zum Verfahren nach den §§ 1629 Abs 2 S 3, 1796 geht das Verfahren nach § 50 FGG nicht mit einer ausdrücklichen Entziehung der Vertretungsmacht einher[198]; es vermeidet dadurch Verzögerungen, die die Bestellung eines Ergänzungspflegers nach § 1909 mit sich bringen kann, etwa dann, wenn der von der Entziehung betroffene Elternteil zunächst gegen die gerichtliche Entziehung der Vertretungsmacht Rechtsmittel einlegt[199].

§ 1629 a Beschränkung der Minderjährigenhaftung

(1) ¹Die Haftung für Verbindlichkeiten, die die Eltern im Rahmen ihrer gesetzlichen Vertretungsmacht oder sonstige vertretungsberechtigte Personen im Rahmen ihrer Vertretungsmacht durch Rechtsgeschäft oder eine sonstige Handlung mit Wirkung für das Kind begründet haben, oder die auf Grund eines während der Minderjährigkeit erfolgten Erwerbs von Todes wegen entstanden sind, beschränkt sich auf den Bestand des bei Eintritt der Volljährigkeit vorhandenen Vermögens des Kindes; dasselbe gilt für Verbindlichkeiten aus Rechtsgeschäften, die der Minderjährige gemäß §§ 107, 108 oder § 111 mit Zustimmung seiner Eltern vorgenommen hat oder für Verbindlichkeiten aus Rechtsgeschäften, für die die Eltern die Genehmigung des Vormundschaftsgerichts erhalten haben. ²Beruft sich der volljährig Gewordene auf die Beschränkung der Haftung, so finden die für die Haftung des Erben geltenden Vorschriften der §§ 1990, 1991 entsprechende Anwendung.

(2) Absatz 1 gilt nicht für Verbindlichkeiten aus dem selbständigen Betrieb eines Erwerbsgeschäfts, soweit der Minderjährige hierzu nach § 112 ermächtigt war, und für Verbindlichkeiten aus Rechtsgeschäften, die allein der Befriedigung seiner persönlichen Bedürfnisse dienten.

(3) Die Rechte der Gläubiger gegen Mitschuldner und Mithaftende, sowie deren Rechte aus einer für die Forderung bestellten Sicherheit oder aus einer deren Bestellung sichernden Vormerkung werden von Absatz 1 nicht berührt.

(4) ¹Hat das volljährig gewordene Mitglied einer Erbengemeinschaft oder Gesellschaft nicht binnen drei Monaten nach Eintritt der Volljährigkeit die Auseinandersetzung des Nachlasses verlangt oder die Kündigung der Gesellschaft erklärt, ist im Zweifel anzunehmen, dass die aus einem solchen Verhältnis herrührende Verbindlichkeit nach dem Eintritt der

---

MünchKommBGB/*Huber* Rn 107; diff nach den einzelnen Beendigungsgründen *Becker-Eberhard* ZZP 104 (1991), 413, 431; anders OLG Koblenz FamRZ 2005, 993; OLG Frankfurt FamRZ 1983, 1268: Erinnerung nach § 766 ZPO.
[192] *Johannsen/Henrich/Jaeger* Rn 9 mit einer Ausnahme für eine außergerichtliche Mahnung.
[193] OLG Hamburg FamRZ 1985, 624, 625; *Erman/Michalski* Rn 20 b.
[194] OLG Celle FamRZ 1976, 97.
[195] Verfassungsrechtliche Bedenken äußert *Erman/Michalski* Rn 24.
[196] *Erman/Michalski* Rn 24.
[197] OLG Zweibrücken FamRZ 1989, 772.
[198] BT-Drucks 13/4899 S 129.
[199] *Keidel/Engelhardt* § 50 FGG Rn 3.

§ 1629 a

Volljährigkeit entstanden ist; Entsprechendes gilt für den volljährig gewordenen Inhaber eines Handelsgeschäfts, der dieses nicht binnen drei Monaten nach Eintritt der Volljährigkeit einstellt. ²Unter den in Satz 1 bezeichneten Voraussetzungen wird ferner vermutet, dass das gegenwärtige Vermögen des volljährig Gewordenen bereits bei Eintritt der Volljährigkeit vorhanden war.

Schrifttum: *Ahrens,* Existenzvernichtung Jugendlicher durch Deliktshaftung? – zu einer Fehlentscheidung des LG Dessau, VersR 1997, 1064; *Behnke,* Das neue Minderjährigenhaftungsbeschränkungsgesetz, NJW 1998, 3078; *Bittner,* Die Einrede der beschränkten Haftung auf das Volljährigkeitsvermögen aus § 1629 a BGB, FamRZ 2000, 325; *Bürger,* Die Beteiligung Minderjähriger an Gesellschaften mit beschränkter Haftung, RNotZ 2006, 156; *Christmann,* Die Geltendmachung der Haftungsbeschränkung zugunsten Minderjähriger – Weitere Anwendungsfälle des § 1629 a –, ZEV 2000, 45; *Dauner-Lieb,* Der Entwurf zur Beschränkung der Minderjährigenhaftung – ein Fremdkörper im Haftungssystem der Unternehmensrechte?, ZIP 1996, 1818; *Eckebrecht,* Praktische Folgen des Minderjährigenhaftungsbeschränkungsgesetzes, MDR 1999, 1248; *Glöckner,* Die Haftung des Minderjährigen. Von § 1629 a BGB zu einer Gesamtregelung der Minderjährigenhaftung, FamRZ 2000, 1397; *Goecke,* Unbegrenzte Haftung Minderjähriger?, NJW 1999, 2305; *Grunewald,* Haftungsbeschränkungs- und Kündigungsmöglichkeiten für volljährig gewordene Personengesellschafter, ZIP 1999, 597; *Habersack,* Das neue Gesetz zur Beschränkung der Haftung Minderjähriger, FamRZ 1999, 1; *Habersack/Schneider,* Haftungsbeschränkung zugunsten Minderjähriger – aber wie?, FamRZ 1997, 649; *Klüsener,* Das neue Minderjährigenhaftungsbeschränkungsgesetz, Rpfleger 1999, 55; *Konz,* Die Möglichkeit der Haftungsbeschränkung volljährig Gewordener gem. § 1629 a i. V. mit §§ 1990, 1991 BGB, 2006; *Lamm/Dylla-Krebs,* Der Minderjährige mit beschränkter Haftung?, FS Vieregge, 1995, S 513; *Löwisch,* Beschränkungen der Minderjährigenhaftung und gegenseitiger Vertrag, NJW 1999, 1002; *Looschelders,* Verfassungsrechtliche Grenzen der deliktischen Haftung Minderjähriger – Grundsatz der Totalreparation und Übermaßverbot, zugleich Anmerkung zum Beschluß des BVerfG vom 13. 8. 1998 (1 BvL 25/96) VersR 98, 1289 –, VersR 1999, 141; *Ludyga,* Die Beschränkung der Minderjährigenhaftung – Zur analogen Anwendbarkeit von § 1629 a BGB auf deliktische Ansprüche, FPR 2006, 460; *Malik,* Die Grenzen der elterlichen Vermögenssorge. Eine Bestandsaufnahme nach Inkrafttreten des Gesetzes zur Beschränkung der Haftung Minderjähriger (MHbeG), 1999; *Müller-Feldhammer,* Mißbrauchsrisiken im Anwendungsbereich des § 1629 a BGB, FamRZ 2002, 13; *Muscheler,* Haftungsbeschränkung zugunsten Minderjähriger (§ 1629 a BGB), WM 1998, 2271; *Nicolai,* Minderjährigenschutz: Keine zeitliche Beschränkung der Haftungsbeschränkung?, DB 1997, 514; *Peschel-Gutzeit/Jenckel,* § 1629 BGB oder: Vom langen Leben einer Gesetzeslücke, FuR 1997, 34; *Rolfs,* Neues zur Delikthaftung Minderjähriger, JZ 1999, 233; *Rust,* Die Beteiligung von Minderjährigen im Gesellschaftsrecht – Vertretung, familien-/vormundschaftsgerichtliche Genehmigung und Haftung des Minderjährigen (Teil II), DStR 2005, 1992; *Schmidt,* Zum Prozeßrecht der beschränkten Erbenhaftung, JR 1989, 45; *ders,* § 1629 a BGB oder: Über den Umgang mit einer rechtstechnisch misslungenen Vorschrift, FS Derleder, 2005, S 601; *ders,* Die Minderjährigen-Haftungsbeschränkung im Unternehmensrecht: Funktioniert das? – Eine Analyse des § 1629 a BGB mit Rückblick auf BGHZ 92, 259 = NJW 1985, 136, JuS 2004, 361; *Schwartze,* Die Minderjährigen-Insolvenz. Eine Alternative zu § 1629 a Abs 1 BGB-E für den Schutz von Kindern vor Verpflichtungen durch ihre gesetzlichen Vertreter, FS Pieper, 1998, S 527; *Steenbuck,* Haftungsrechtliche Konsequenzen des Mißbrauchs elterlicher Vertretungsmacht, FamRZ 2007, 1064; *Stürner,* Zivilrechtliche Haftung junger Menschen – fortbestehender Reformbedarf im deutschen Recht?, GS Lüderitz, 2000, S 789; *Thiel,* Finanzierung minderjähriger Sportler und die Einrede nach § 1629 a BGB, SpuRt 2002, 1.

Übersicht

	Rn		Rn
I. Normzweck	1	IV. Rechtsfolgen bei Geltendmachung der Haftungsbeschränkung (Abs 1 S 2, Abs 3)	12
II. Von der Haftungsbeschränkung erfasste Verbindlichkeiten (Abs 1 S 1)	2	1. Beschränkung der Haftung auf das bei Eintritt der Volljährigkeit vorhandene Vermögen	12
1. Im Wege der Vertretung für das Kind begründete Verbindlichkeiten	2	2. Rechtsstellung des volljährig Gewordenen	13
		3. Rechtsstellung des Gläubigers	17
2. Durch Erwerb von Todes wegen begründete Verbindlichkeiten	5	4. Wirkung der Haftungsbeschränkung auf Mitschuldner, Mithaftende und Sicherheiten (Abs 3)	19
3. Durch eigenes Rechtsgeschäft des Minderjährigen mit Zustimmung der Eltern begründete Verbindlichkeiten	6	V. Vermutungen zum Schutz der Gläubiger (Abs 4)	21
		1. Allgemeines	21
4. Durch familiengerichtlich genehmigte Rechtsgeschäfte begründete Verbindlichkeiten	7	2. Voraussetzungen der Beweisvermutungen (Abs 4 S 1)	22
III. Von der Haftungsbeschränkung nicht erfasste Verbindlichkeiten (Abs 2)	8	3. Vermutung für eine Neuverbindlichkeit (Abs 4 S 1)	26
1. Verbindlichkeiten aus dem selbständigen Betrieb eines Erwerbsgeschäftes	8	4. Vermutung der Zugehörigkeit des gegenwärtigen Vermögens zum Altvermögen (Abs 4 S 2)	27
2. Verbindlichkeiten aus Rechtsgeschäften zur Befriedigung persönlicher Bedürfnisse	10	VI. Missbrauch der Haftungsbeschränkung	29
3. Verbindlichkeiten aus nicht-rechtsgeschäftlichem Handeln des Minderjährigen	11	VII. Verfahrensrecht	30
		VIII. Übergangsregelungen	34

I. Normzweck

Die Vorschrift, die durch das MHbeG[1] eingefügt wurde und zum 1. 1. 1999 in Kraft getreten ist, trägt dem Gesetzgebungsauftrag des BVerfG in seinem Beschluss vom 13. 5. 1986[2] Rechnung, geht aber erheblich über diese Vorgabe, die lediglich die Frage der Haftung bei der Fortführung eines ererbten Handelsgeschäftes betraf, hinaus[3], indem sie dem volljährig Gewordenen die umfassende Möglichkeit gibt, seine Haftung auf sein bei Eintritt der Volljährigkeit vorhandenes Vermögen zu beschränken. 1

Das Kind wird davor geschützt, sein mit dem Eintritt der Volljährigkeit selbstbestimmtes Leben mit fremdverantworteten, sein Vermögen übersteigenden und daher unzumutbaren finanziellen Belastungen beginnen zu müssen. Insofern bezweckt § 1629 a den Schutz seines Rechtes auf freie Entfaltung seiner Persönlichkeit gemäß Art 2 Abs 1 iVm Art 1 Abs 1 GG. Um den volljährig Gewordenen auch vor den zukünftigen Risiken einer während der Minderjährigkeit erlangten Gesellschafterstellung in einer Personengesellschaft zu schützen, wurde durch das MHbeG zugleich das Recht begründet, sich mit Eintritt der Volljährigkeit aus einer Personengesellschaft zu lösen, das für die GbR im neu gefassten § 723 Abs 1 S 3 Nr 2 (Art 1 Nr 1 MHbeG) ausdrücklich geregelt ist und sich für die Auflösung einer OHG (§ 133 HGB) bzw Auseinandersetzung einer Erbengemeinschaft (§§ 2044 Abs 1 S 2, 749 Abs 2 S 1) durch Auslegung des Tatbestandsmerkmals „wichtiger Grund"[4] im Lichte des MHbeG ergibt. Die bürgerlichrechtliche Haftungsbeschränkung steht neben der Möglichkeit einer Restschuldbefreiung nach §§ 286 ff InsO und der Schuldenbereinigung nach §§ 304 ff InsO[5]. 1.1

II. Von der Haftungsbeschränkung erfasste Verbindlichkeiten (Abs 1 S 1)

1. Im Wege der Vertretung für das Kind begründete Verbindlichkeiten. Von der Haftungsbeschränkung werden nach Abs 1 S 1 Verbindlichkeiten erfasst, die die Eltern im Rahmen ihrer gesetzlichen Vertretungsmacht oder sonstige vertretungsberechtigte Personen im Rahmen ihrer Vertretungsmacht durch Rechtsgeschäft oder eine sonstige Handlung mit Wirkung für das Kind begründet haben. Neben den Eltern als gesetzliche Vertreter des Kindes (§ 1629 Abs 1) kommen als sonstige vertretungsberechtigte Personen zB Testamentsvollstrecker[6] oder rechtsgeschäftlich Bevollmächtigte des Kindes[7] in Betracht. Nach dem ausdrücklichen Willen des Gesetzgebers sollen zu diesem Kreis aber auch ein Mitgesellschafter bzw Komplementär, Prokurist oder Handlungsbevollmächtigter einer OHG oder KG, der das Kind angehört, gerechnet werden[8]. Obwohl diese Personen allein zur Vertretung der Gesellschaft berechtigt sind und daher dem Wortlaut nach sie nicht unterfallen, sind sie im Hinblick auf die Zielsetzung des § 1629a als sonstige vertretungsberechtigte Personen anzusehen, weil das Kind für die Gesellschaftsverbindlichkeiten kraft Gesetzes (§§ 128, 161 Abs 2 HGB) haften muss[9]. 2

Rechtsgrund der von Abs 1 S 1 erfassten Verbindlichkeiten kann gleichermaßen ein im Namen des Kindes abgeschlossenes Rechtsgeschäft oder eine sonstige Handlung sein. Ein **Rechtsgeschäft** muss innerhalb der dem Handelnden zustehenden Vertretungsmacht vorgenommen sein; anderenfalls wird das Kind nicht verpflichtet (§§ 177, 179)[10]. Durch Rechtsgeschäft begründet sind die Primärverbindlichkeiten (Erfüllung) ebenso wie daraus folgende Sekundärverbindlichkeiten (zB Schadensersatz wegen Verzuges)[11]. Unter den Begriff der **sonstigen Handlungen** sind insbes zu Schadensersatz verpflichtende Realakte zu fassen, für die das Kind nach § 278, unter Umständen auch nach § 831, einzustehen hat[12], zB die verspätete Erfüllung einer deliktischen Verbindlichkeit des Kindes durch die Eltern[13]. Da der gesetzliche Vertreter nicht Verrichtungsgehilfe des Kindes ist, kommt § 831 nur bei Bevollmächtigten in Betracht. 3

Von der Haftungsbeschränkung werden allerdings nur Verbindlichkeiten „für das Kind" erfasst, also solche, die vor Eintritt der Volljährigkeit begründet wurden; entscheidend ist, dass der Rechtsgrund vor Eintritt der Volljährigkeit gelegt wurde; insoweit können die Grundsätze zur Nachhaftung des ausgeschiedenen Gesellschafters entspr herangezogen werden[14]. 4

Betroffen sind auch **Dauerschuldverhältnisse**, die vor Eintritt der Volljährigkeit eingegangen wurden; eine Sonderregelung hat der Gesetzgeber ausdrücklich abgelehnt[15]. Die Haftungsbeschränkung kann daher auch einer erst nach Eintritt der Volljährigkeit fällig gewordenen Einzelforderung aus einem Dauerschuldverhältnis entgegengehalten 4.1

---

[1] Gesetz zur Beschränkung der Haftung Minderjähriger (Minderjährigenhaftungsbeschränkungsgesetz – MHbeG) vom 25. 8. 1998, BGBl I S 2487.
[2] BVerfGE 72, 155, 174.
[3] *Habersack* FamRZ 1999, 1; *Lamm/Dylla-Krebs*, FS Vieregge, 1995, S 513, 531; *Bittner* FamRZ 2000, 325, 326; *Glöckner* FamRZ 2000, 1397, 1403; *Staudinger/Coester* Rn 27.
[4] BT-Drucks 13/5624 S 10; *Habersack* FamRZ 1999, 1, 6; krit *Peschel-Gutzeit/Jenckel* FuR 1997, 34, 37; *Behnke* NJW 1998, 3078, 3082 f.
[5] *Stürner*, GS Lüderitz, 2000, S 789, 791; *Jauernig/Berger* Rn 2.
[6] *Habersack/Schneider* FamRZ 1997, 649, 652; *Grunewald* ZIP 1999, 597, 598; *Glöckner* FamRZ 2000, 1397, 1402; Palandt/*Diederichsen* Rn 7; MünchKommBGB/*Huber* Rn 15.
[7] *Behnke* NJW 1998, 3078, 3079; MünchKommBGB/*Huber* Rn 15.
[8] BT-Drucks 13/5624 S 8, 12 f.
[9] *Habersack* FamRZ 1999, 1, 3; *Rust* DStR 2005, 1992, 1995; *Christmann* ZEV 2000, 45, 46; *Behnke* NJW 1998, 3078, 3079; *Staudinger/Coester* Rn 20; *Konz* S 42 f.
[10] *Behnke* NJW 1998, 3078, 3079; *Erman/Michalski* Rn 4.
[11] Palandt/*Diederichsen* Rn 4; *Habersack/Schneider* FamRZ 1997, 649, 652.
[12] *Behnke* NJW 1998, 3078, 3079; *Habersack* FamRZ 1999, 1, 4; *Eckebrecht* MDR 1999, 1248, 1250.
[13] *Habersack* FamRZ 1999, 1, 4.
[14] *Habersack* FamRZ 1999, 1, 4.
[15] BT-Drucks 13/5624 S 9.

§ 1629 a

werden, soll dann aber den Gläubiger zur Kündigung aus wichtigem Grund berechtigen[16]. Beruft sich der volljährig Gewordene allerdings erst auf die Haftungsbeschränkung, nachdem er zunächst die Einzelforderungen noch erfüllt hat, kann sein Verhalten als Neuvornahme des Rechtsgeschäfts anzusehen sein[17].

5 **2. Durch Erwerb von Todes wegen begründete Verbindlichkeiten.** Die Haftungsbeschränkung erfasst auch Verbindlichkeiten, die während der Minderjährigkeit durch Erwerb von Todes wegen entstanden sind. Dazu gehören solche, die dem Nachlass selbst anhaften, also bei seinem Erwerb auf das Kind übergehen. Das Gesetz trägt insoweit dem Umstand Rechnung, dass der Erwerb des Nachlasses weder eines Rechtsgeschäftes noch einer sonstigen Handlung der Eltern für das Kind bedarf (vgl §§ 1943, 1944)[18], aber das Kind auch insoweit geschützt werden soll. Die Möglichkeit, im Wege der Nachlassverwaltung und Nachlassinsolvenz (§§ 1975 ff) eine Haftungsbeschränkung für Nachlassverbindlichkeiten herbeizuführen, wird von § 1629 a nicht tangiert. Ggf stehen dem volljährig Gewordenen beide Wege zur Haftungsbeschränkung offen.

6 **3. Durch eigenes Rechtsgeschäft des Minderjährigen mit Zustimmung der Eltern begründete Verbindlichkeiten.** Verbindlichkeiten, die der Minderjährige durch ein eigenes Rechtsgeschäft mit Zustimmung der Eltern nach §§ 107, 108 oder 111 begründet hat, unterfallen ebenfalls der Haftungsbeschränkung nach Abs 1 S 1. Damit soll vermieden werden, dass die Haftungsbeschränkung dadurch umgangen wird, dass der Geschäftspartner ein Eigengeschäft des Kindes mit Zustimmung der Eltern verlangt[19]. Genehmigt der volljährig Gewordene dagegen das Geschäft nach § 108 Abs 3, so ist eine daraus resultierende Verbindlichkeit weder vom Wortlaut noch vom Schutzzweck des § 1629 a Abs 1 S 1 erfasst.

7 **4. Durch familiengerichtlich genehmigte Rechtsgeschäfte begründete Verbindlichkeiten.** Schließlich erfasst Abs 1 S 1 auch solche Verbindlichkeiten, die die Eltern durch ein Rechtsgeschäft mit Genehmigung des Familiengerichtes begründet haben; die Nennung des Vormundschaftsgerichts ist ein Redaktionsversehen, da die Vorschrift ausdrücklich auf Geschäfte der Eltern und damit auf § 1643 Bezug nimmt[20]. Der Kreis der genehmigungsbedürftigen Rechtsgeschäfte ergibt sich aus § 1643 (s Erl dort). Zwar ist die gerichtliche Genehmigung selbst bereits ein Instrument zum Schutz des Kindes, doch können durch nachträgliche Änderungen der ursprünglichen Sachlage bis zum Eintritt der Volljährigkeit Schutzlücken entstehen. Diese sollen durch die Einbeziehung der aus solchen Geschäften resultierenden Verbindlichkeiten geschlossen werden[21].

III. Von der Haftungsbeschränkung nicht erfasste Verbindlichkeiten (Abs 2)

8 **1. Verbindlichkeiten aus dem selbständigen Betrieb eines Erwerbsgeschäftes.** Nach Abs 2 sind von der Haftungsbeschränkung solche Verbindlichkeiten ausgenommen, die aus dem selbständigen Betrieb eines Erwerbsgeschäftes resultieren, soweit der Minderjährige nach § 112 dazu ermächtigt war. Da er insoweit nach § 112 Abs 1 als unbeschränkt geschäftsfähig anzusehen und damit selbst für die Wahrnehmung seiner Vermögensinteressen verantwortlich ist, mutet ihm das Gesetz auch die unbeschränkte Haftung zu[22].

8.1 Soweit es um Rechtsgeschäfte geht, die vom Minderjährigen selbst wirksam vorgenommen wurden, hat Abs 2 lediglich klarstellende Funktion, da diese Verbindlichkeiten keiner der vier von der Haftungsbeschränkung in § 1629 a Abs 1 S 1 erfassten Gruppen unterfallen. Nicht geregelt ist der Fall des § 113. Hier kommt mit Blick auf die gleiche Rechtsfolge wie bei § 112 (Teilgeschäftsfähigkeit) eine Analogie zu Abs 2 in Betracht[23].

9 Abs 2 findet keine Anwendung auf Verbindlichkeiten aus Geschäften, die zwar zu dem Betrieb des Erwerbsgeschäfts gehören, aber nach § 112 Abs 1 S 2 der gerichtlichen Genehmigung unterworfen sind. Solche Geschäfte sind nach § 112 Abs 1 S 2 von der Ermächtigung nach § 112 Abs 1 S 1 gerade ausgenommen. Erst recht findet Abs 2 keine Anwendung, wenn der Minderjährige zwar Inhaber oder Gesellschafter eines Erwerbsgeschäftes ist, aber nicht nach § 112 ermächtigt ist.

10 **2. Verbindlichkeiten aus Rechtsgeschäften zur Befriedigung persönlicher Bedürfnisse.** Ebenfalls von der Haftungsbeschränkung ausgenommen sind Verbindlichkeiten aus Rechtsgeschäften, die allein der Befriedigung persönlicher Bedürfnisse des Minderjährigen dienen. Zur Befriedigung der Bedürfnisse des Minderjährigen dienen nur solche Geschäfte, bei denen ihm die Gegenleistung unmittelbar zugute kommt[24].

---

[16] BT-Drucks 13/5624 S 9.
[17] *Lamm/Dylla-Krebs*, FS Vieregge, 1995, S 513, 534.
[18] *Habersack* FamRZ 1999, 1, 5; *Behnke* NJW 1998, 3078, 3079.
[19] BT-Drucks 13/5624 S 13; *Palandt/Diederichsen* Rn 6; MünchKommBGB/*Huber* Rn 21.
[20] BT-Drucks 13/5624 S 13; *Muscheler* WM 1998, 2271 Fn 3; eine Beseitigung dieses Versehens ist vorgesehen in Art 50 Nr 26 FGG-RG, allg § 1626 Rn 48.
[21] BT-Drucks 13/5624 S 8, 13; *Behnke* NJW 1998, 3078, 3079; *Malik* S 158 f; MünchKommBGB/*Huber* Rn 23; *Staudinger/Coester* Rn 22; *Christmann* ZEV 2000, 45, 46; *Konz* S 47 f; krit *Habersack* FamRZ 1999, 1, 4; *Glöckner* FamRZ 2000, 1397, 1403; zu den Auswirkungen der Haftungsbeschränkung auf die Genehmigungsfähigkeit *Bürger* RNotZ 2006, 156, 178.
[22] BT-Drucks 13/5624 S 13; *Konz* S 55 f; krit *Klüsener* Rpfleger 1999, 55, 57; *Glöckner* FamRZ 2000, 1397, 1403 f.
[23] Dafür *Gernhuber/Coester-Waltjen* § 16 Rn 62; aA *Staudinger/Coester* Rn 33; AnwK-BGB/*Kaiser* Rn 23; § 115 des Gesetzesantrags der Freien und Hansestadt Hamburg, BR-Drucks 623/92.
[24] BT-Drucks 13/5624 S 13; *Habersack* FamRZ 1999, 1, 5; krit zum Begriff *Staudinger/Coester* Rn 35.

Als persönliches Bedürfnis kommt vor allem das elementare Lebensbedürfnis Gesundheit[25] in Betracht. Aufwendige Heilbehandlungen, für die keine oder nur eine teilweise Vergütung durch die Krankenkasse erfolgen, fallen allerdings nicht darunter[26]. Zu den persönlichen Bedürfnissen gehören weiter Nahrung, Kleidung und Schulutensilien. Darüber hinaus fallen die Konsumbedürfnisse darunter, die für die jeweilige Altersgruppe typisch oder jedenfalls nicht außergewöhnlich sind und deren Befriedigung nicht völlig unüblich ist; Maßstab ist die Verkehrsanschauung. Erfasst sind daher auch größere Geschäfte, zB den Kauf eines Fahrrades oder Computers[27]. Das Gesetz geht für diese Geschäfte davon aus, dass sie von vornherein keine unzumutbaren Belastungen für den volljährig Gewordenen begründen können. Soweit der Minderjährige einer Gesellschaft angehört, deren Zweck ausschließlich der Befriedigung seiner persönlichen Bedürfnisse dient, so sind auch solche Verbindlichkeiten von der Haftungsbeschränkung nach Abs 1 ausgenommen, die ein Mitgesellschafter, Prokurist usw für die Gesellschaft und damit mittelbar auch für den Minderjährigen begründet[28].

3. Verbindlichkeiten aus nicht-rechtsgeschäftlichem Handeln des Minderjährigen. Schon vom Wortlaut des Abs 1 S 1 letzter HS sind schließlich solche Verbindlichkeiten von der Haftungsbeschränkung nicht erfasst, die durch nicht-rechtsgeschäftliches Handeln des Minderjährigen begründet wurden.

In erster Linie sind dies Schadensersatzpflichten aus eigenem deliktischen Handeln (§§ 823 ff). Die Herausnahme aus der Haftungsbeschränkung ist folgerichtig. Da hier bereits über §§ 828, 829 Verantwortlichkeits- und Zumutbarkeitsgesichtspunkte berücksichtigt werden, tritt eine Ersatzpflicht nur ein, wenn sie vom Minderjährigen selbst verantwortet oder ihm zumutbar ist; beide Fälle erfasst der Schutzzweck des § 1629 a gerade nicht[29]. Als selbstverantwortete Verbindlichkeiten unterfallen auch sonstige nicht-rechtsgeschäftlich begründete Verpflichtungen etwa auf Unterhalt (§§ 1601 ff) oder Herausgabe (§§ 985, 812 ff) nicht der Haftungsbeschränkung[30]. Bei Bereicherungsschulden ist der Minderjährige schon durch § 818 Abs 3 vor unzumutbaren Belastungen geschützt.

IV. Rechtsfolgen bei Geltendmachung der Haftungsbeschränkung (Abs 1 S 2, Abs 3)

1. Beschränkung der Haftung auf das bei Eintritt der Volljährigkeit vorhandene Vermögen. Während das Kind für die Dauer seiner Minderjährigkeit unbeschränkt haftet[31], gibt das Gesetz ihm die Möglichkeit, sich mit Volljährigkeit auf die Haftungsbeschränkung zu berufen. In diesem Fall wird seine Haftung für Verbindlichkeiten, die von ihr erfasst sind, auf das bei Eintritt der Volljährigkeit vorhandene Vermögen **gegenständlich beschränkt**. Den Gläubigern dieser Verbindlichkeiten (Altgläubiger) haftet also das nach Eintritt der Volljährigkeit erworbene Neuvermögen grds nicht[32]. Damit hat der Minderjährige – vorbehaltlich der nicht beschränkbaren, selbst verantworteten Verbindlichkeiten – bei Eintritt der Volljährigkeit auch im ungünstigsten Fall keinen negativen Vermögenssaldo. Zur Durchführung der Haftungsbeschränkung verweist Abs 1 S 2 auf die §§ 1990, 1991. Dabei handelt es sich um eine Rechtsfolgenverweisung; ein der Nachlassverwaltung oder -insolvenz entsprechendes Liquidationsverfahren findet daher nicht statt[33].

2. Rechtsstellung des volljährig Gewordenen. Die Geltendmachung der Haftungsbeschränkung erfolgt nach § 1990 Abs 1 S 1 als **Einrede** des volljährig Gewordenen gegen den vom Altgläubiger erhobenen Anspruch. Sie hat zur Folge, dass dieser sich nur noch aus dem Altvermögen befriedigen kann. Anders als das Lösungsrecht von der Gesellschaft aus wichtigem Grund (§ 723 Abs 1 S 4), unterliegt die Einrede keiner Frist[34]. Ebensowenig ist die Ausübung dieses Lösungsrechtes Voraussetzung für eine Haftungsbeschränkung hinsichtlich der Altschulden aus der Gesellschaftszugehörigkeit (vgl § 1629 a Abs 4)[35].

Gegen die von einem Altgläubiger erhobene Klage auf Befriedigung muss der volljährig Gewordene die Haftungsbeschränkung innerhalb dieses Verfahrens geltend machen, sie wird dann in das Urteil aufgenommen (näher Rn 32). Anderenfalls ist die Geltendmachung im **Vollstreckungsverfahren** ausgeschlossen (§§ 780 Abs 1, 786 ZPO). Betreibt der Gläubiger aus einem während der Minderjährigkeit erlangten Titel erst nach Eintritt der Volljährigkeit die Vollstreckung, kann die Einrede auch noch im Vollstreckungsverfahren erhoben werden[36].

---

[25] AG Norderstedt MDR 2001, 513.
[26] AG Leipzig FamRZ 2008, 84 f m zust Anm *Bischof/Löscher*.
[27] BT-Drucks 13/5624 S 13; *Steenbuck* FamRZ 2007, 1064, 1065; *Palandt/Diederichsen* Rn 11; MünchKommBGB/*Huber* Rn 28; zu Kreditverträgen *Thiel* SpuRt 2002, 1, 3; *Christmann* ZEV 2000, 45, 48 f mwN.
[28] *Habersack* FamRZ 1999, 1, 6.
[29] Damit entstehen aber Wertungswidersprüche zwischen dem Tatbestand des § 1629 a und den Grundsätzen der grds unbeschränkten deliktischen Haftung *Ahrens* VersR 1997, 1064, 1065; *Looschelders* VersR 1999, 141, 148; *Goecke* NJW 1999, 2305 ff; *Rolfs* JZ 1999, 233, 241; *Stürner*, GS Lüderitz, 2000, S 789 ff; *Glöckner* FamRZ 2000, 1397 ff; für eine analoge Anwendung des § 1929 a *Ludyga* FPR 2006, 460 ff.
[30] *Palandt/Diederichsen* Rn 12.
[31] *Bittner* FamRZ 2000, 325; *Palandt/Diederichsen* Rn 8; krit *Schmidt*, FS Derleder, 2005, S 607.
[32] Kritik von *Schmidt*, FS Derleder, 2005, S 601, 608, 618 ff; *ders* JuS 2004, 361, 366.
[33] *Behnke* NJW 1998, 3078, 3080; *Habersack* FamRZ 1998, 1, 5; *Bittner* FamRZ 2000, 325, 327 ff; *Steenbuck* FamRZ 2007, 1064, 1065; aA *Schwartze*, FS Pieper, 1998, S 527, 546 ff.
[34] *Habersack* FamRZ 1999, 1, 5; *Staudinger/Coester* Rn 49; krit *Dauner-Lieb* ZIP 1996, 1818, 1823; *Schmidt*, FS Derleder, 2005, S 601, 607 f; zu den Auswirkungen der Haftungsbegrenzung auf den Rechtsverkehr *Bittner* FamRZ 2000, 325, 333 f und auf die Abwicklung gegenseitiger Verträge *Löwisch* NJW 1999, 1002 ff.
[35] BT-Drucks 13/5624 S 13; *Habersack* FamRZ 1999, 1, 6.
[36] BT-Drucks 13/5624 S 15; *Habersack* FamRZ 1999, 1, 5; MünchKommBGB/*Huber* Rn 34; *Rust* DStR 2005, 1992, 1995; *Konz* S 104 ff.

15 Nach §§ 1991 Abs 1, 1978 Abs 1, 662 ff haftet der volljährig Gewordene für die Verwaltung seines Altvermögens seit dem Eintritt der Volljährigkeit wie ein Beauftragter. Wenn auch der Gesetzgeber von einer Verpflichtung zur **Inventarerrichtung** (§§ 1993 ff) bewusst abgesehen hat[37], empfiehlt sich dennoch die freiwillige Anfertigung eines Vermögensverzeichnisses, da der volljährig Gewordene für die Vermögensverwaltung gegenüber den Gläubigern rechenschaftspflichtig (§ 666)[38] und für die Voraussetzungen der Haftungsbeschränkung beweispflichtig ist. Pflichtwidrige Schmälerungen des Altvermögens muss er den Altgläubigern aus seinem Neuvermögen ersetzen[39].

16 Die Reihenfolge, in der der volljährig Gewordene seine Altgläubiger befriedigt, steht ihm grds frei, eine **Gleichbehandlungspflicht** trifft ihn dabei nicht[40]. Soweit der volljährig Gewordene allerdings zur Befriedigung eines Altgläubigers bereits rechtskräftig verurteilt ist, muss dieser vorrangig befriedigt werden (§ 1991 Abs 3). Ist das Altvermögen aufgebraucht, ist der volljährig Gewordene von der Haftung gegenüber den verbleibenden Altgläubigern frei. Eine Billigkeitshaftung unter bestimmten Umständen auch mit dem Neuvermögen sieht das Gesetz nicht vor.

17 **3. Rechtsstellung der Gläubiger.** Nach Geltendmachung der Haftungsbeschränkung ist den Altgläubigern der **Zugriff auf das Neuvermögen** verwehrt; das Altvermögen ist ihnen jedoch nicht zur vorrangigen Befriedigung reserviert[41]. Die Neugläubiger bzw Gläubiger solcher Verbindlichkeiten, die von der Haftungsbeschränkung nicht erfasst sind, können daher auch in das Altvermögen des volljährig Gewordenen vollstrecken[42]. Für sie hat die Haftungsbeschränkung keine Wirkung.

18 Soweit die Altgläubiger mit ihren Forderungen **ausfallen**, stehen ihnen auch keine Ersatzansprüche gegen die Eltern bzw sonstige Vertreter aus direkter oder analoger Anwendung der §§ 179, 177 zu[43], da § 1629 a nicht die Vertretungsmacht beschränkt. Zu Ersatzansprüchen wegen Missbrauchs der Haftungsbeschränkung s Rn 29.

19 **4. Wirkung der Haftungsbeschränkung auf Mitschuldner, Mithaftende und Sicherheiten (Abs 3).** Nach Abs 3 bleiben die Rechte der Gläubiger gegen Mitschuldner und Mithaftende oder aus ihnen bestellten Sicherheiten von der Haftungsbeschränkung unberührt. Mitschuldner und Mithaftende sind insbes Gesamtschuldner, Bürgen sowie Schuldner aus einem Schuldbeitritt oder einem Garantieversprechen[44]. Der Gläubiger kann sie also in vollem Haftungsumfang in Anspruch nehmen.

19.1 Abs 3 dient der Klarstellung insbes hinsichtlich der akzessorischen Sicherheiten (Bürgschaft; Sicherungshypothek); der **Sicherungszweck** besteht trotz Nichtdurchsetzbarkeit der Hauptforderung gegen den volljährig Gewordenen infolge der Haftungsbeschränkung fort[45].

19.2 Abs 3 lässt die Möglichkeit unberührt, dass sich der Mitschuldner oder Mithaftende auf Abs 1 S 1 berufen kann, weil er bei Begründung seiner eigenen Verbindlichkeit selbst noch minderjährig war. Ebenso kann die Sicherungsabrede rechtsgeschäftlich so ausgestaltet werden, dass entgegen Abs 3 die Haftungsbeschränkung auch für den Sicherungsgeber wirkt[46].

20 Dem Gläubiger bleibt es weiterhin unbenommen, die bestellten Sicherheiten zu **verwerten,** auch wenn die gesicherten Forderungen der Haftungsbeschränkung unterfallen.

20.1 Als Sicherheiten kommen etwa Hypotheken oder Grundschulden, Pfandrechte, Sicherungsübereignungen oder -zessionen in Betracht. Dabei ist gleichgültig, ob ein Dritter oder der volljährig Gewordene selbst Sicherungsgeber ist[47]. Soweit die Bestellung durch Vormerkung (§ 883) gesichert werden kann, ist auch die Vormerkung von Abs 3 geschützt. Der Gläubiger kann den Anspruch auf Einräumung der Sicherheit ohne Einschränkungen auch gegen den volljährig Gewordenen durchsetzen und die Sicherheit zur Befriedigung verwerten.

V. Vermutungen zum Schutz der Gläubiger (Abs 4)

21 **1. Allgemeines.** Zwar hat das volljährig gewordene Mitglied einer Gesellschaft oder Erbengemeinschaft das Recht, die Mitgliedschaft wegen des Eintritts der Volljährigkeit zu beenden (vgl Rn 1). Das Gesetz macht dies jedoch nicht zur Bedingung für die Haftungsbeschränkung hinsichtlich der Altverbindlichkeiten aus dieser Mitgliedschaft. Ebensowenig muss der volljährig gewordene Einzelkaufmann den Betrieb einstellen, um die Haftungsbeschränkung geltend machen zu dürfen[48]. Verzichtet der volljährig Gewordene aber darauf, auf diese Weise eine eindeutige Haftungszäsur herbeizuführen, so stellt Abs 4 zum Schutz der Gläubiger zwei **widerlegliche Vermutungen** auf[49]. Die Vermutung des

---

[37] BT-Drucks 13/5624 S 9 f.
[38] BGH NJW 1992, 2694, 2695; MünchKommBGB/*Siegmann* § 1990 Rn 16.
[39] *Habersack/Schneider* FamRZ 1997, 649, 654.
[40] *Habersack* FamRZ 1999, 1, 6; MünchKommBGB/*Huber* Rn 43.
[41] *Habersack/Schneider* FamRZ 1997, 649, 655; *Konz* S 216.
[42] *Behnke* NJW 1998, 3078, 3081; *Eckebrecht* MDR 1999, 1248, 1251; aA *Dauner-Lieb* ZIP 1996, 1818, 1820; *Staudinger/Coester* Rn 62 mwN.
[43] BT-Drucks 13/5624 S 8 f.
[44] Palandt/*Diederichsen* Rn 14; MünchKommBGB/*Huber* Rn 64.
[45] *Habersack* FamRZ 1999, 1, 2.
[46] MünchKommBGB/*Huber* Rn 66.
[47] BT-Drucks 13/5624 S 13.
[48] BT-Drucks 13/5624 S 13; krit dazu *Habersack/Schneider* FamRZ 1997, 649, 650 f.
[49] BT-Drucks 13/5624 S 14; Erman/*Michalski* Rn 11; krit zum Nutzen der Vermutungen *Nicolai* DB 1997, 514; *Klüsener* Rpfleger 1999, 55, 59 Fn 31; *Müller-Feldhammer* FamRZ 2002, 13, 16 f.

Abs 4 S 1 führt zum Verlust der Haftungsbeschränkung. Kann sie widerlegt werden, so greift die Vermutung des Abs 4 S 2 ein, wonach das gegenwärtige Vermögen des volljährig Gewordenen als Haftungsmasse für die Zwangsvollstreckung aus Altverbindlichkeiten zur Verfügung steht[50]. Da es dem volljährig Gewordenen im Prozess ohnehin obliegt, die Voraussetzungen der Haftungsbeschränkung zu beweisen, haben beide Vermutungen lediglich klarstellende Funktion[51].

2. Voraussetzungen der Beweisvermutungen (Abs 4 S 1). Die Beweisvermutungen greifen nur ein, wenn der volljährig Gewordene bei Eintritt der Volljährigkeit Mitglied einer Erbengemeinschaft oder Gesellschaft (BGB-Gesellschaft, OHG, KG oder Partnerschaftsgesellschaft) (Abs 4 S 1 HS 1) oder Inhaber eines Handelsgeschäftes, also Einzelkaufmann, gewesen ist und diese Position bereits als Minderjähriger erlangt hat (Abs 4 S 1 HS 2). 22

Weiter ist Voraussetzung, dass der volljährig Gewordene diese Position nicht innerhalb der ersten drei Monate nach Eintritt der Volljährigkeit aufgegeben hat. Um die Position aufzugeben, müsste er im Falle der Erbengemeinschaft die Auseinandersetzung verlangen (§ 2042), im Falle der Mitgliedschaft in einer Gesellschaft diese kündigen (§ 723, § 133 HGB bei OHG). In beiden Fällen wäre die rechtzeitige Abgabe der Erklärung ausreichend, um die Anwendung des Abs 4 auszuschließen, auch wenn der endgültige Vollzug nicht mehr innerhalb der Frist erfolgte[52]. Als Einzelkaufmann müsste er hingegen sein Handelsgeschäft endgültig aufgeben. In diesem Fall kann es nur auf den rechtzeitigen Beginn der Liquidation ankommen, nicht dagegen auf die endgültige Löschung der Firma im Handelsregister[53]. 23

Im Verkehrsschutzinteresse **beginnt** die Dreimonatsfrist starr mit Eintritt der Volljährigkeit – anders als in § 723 Abs 1 S 4, der auf den Zeitpunkt der Kenntniserlangung von der Gesellschafterstellung abstellt, und auch anders als in §§ 2043 ff, 132, 134 HGB. Erlangt ein volljährig Gewordener erst nach Ablauf der Frist Kenntnis von seiner Gesellschafterstellung, so finden die Vermutungen des Abs 4 zu seinen Lasten Anwendung, obwohl er noch nach § 723 Abs 1 S 2 bis 6 kündigen kann. Der Grund liegt darin, dass der Gläubiger nicht auch noch mit Unwägbarkeiten aus dem Risikobereich der Gesellschaft belastet werden soll. 24

Nach Abs 4 S 1 erfassen die Beweisvermutungen keinesfalls die Haftungsbeschränkung im Ganzen, sondern nur solche **Verbindlichkeiten,** die den volljährig Gewordenen **auf Grund seiner unternehmerischen Position** belasten. 25

Im Falle der gesellschaftlichen Zugehörigkeit zu einer Erbengemeinschaft oder Gesellschaft fallen unter Abs 4 S 1 zunächst alle die Gemeinschaft im Außenverhältnis gegenüber Dritten treffenden Verbindlichkeiten, für die der volljährig Gewordene kraft seiner Mitgliedschaft einzustehen hat (zB §§ 2058, 421; § 128 HGB); daneben aber auch seine Verbindlichkeiten gegenüber anderen Gemeinschaftsmitgliedern, die ihre Grundlage in diesem gesellschaftlichen Verhältnis haben (zB §§ 2034, 109 ff HGB). Im Falle der einzelkaufmännischen Betätigung des volljährig Gewordenen sind alle seine Verpflichtungen, die aus Handelsgeschäften (§§ 343 ff HGB) herrühren, erfasst. Nicht erfasst sind diese Verbindlichkeiten, wenn der volljährig Gewordene bezüglich des Gegenstandes der Gesellschaft oder als Inhaber des Handelsgeschäftes nach § 112 ermächtigt war; für solche Verbindlichkeiten kommt eine Haftungsbeschränkung von vornherein nicht in Betracht (Rn 8). 25.1

3. Vermutung für eine Neuverbindlichkeit (Abs 4 S 1). Liegen die Voraussetzungen von Abs 4 S 1 vor, so kann sich der volljährig Gewordene nur noch dann auf die Haftungsbeschränkung berufen, wenn er beweisen kann, dass die Verbindlichkeit vor dem Eintritt der Volljährigkeit begründet wurde, also eine Altverbindlichkeit ist. Kann er den Beweis nicht führen, haftet er unbeschränkt, selbst wenn es sich tatsächlich um eine Altverbindlichkeit handelt. Ist das gegenwärtige Vermögen **geringer** als das bei Eintritt der Volljährigkeit, so darf aus dem insoweit missverständlichen Wortlaut des Abs 4 S 1 nicht der Schluss gezogen werden, der volljährig Gewordene brauche nur im Umfang seines gegenwärtigen Vermögens zu haften; damit würde der Gläubigerschutz in sein Gegenteil verkehrt[54]. 26

4. Vermutung der Zugehörigkeit des gegenwärtigen zum Altvermögen (Abs 4 S 2). Unter den gleichen Voraussetzungen wird nach Abs 4 S 2 vermutet, dass die gegenwärtig vorhandenen Vermögensgegenstände des volljährig Gewordenen auch schon bei Eintritt der Volljährigkeit vorhanden waren, also als Altvermögen dem Vollstreckungszugriff der Altgläubiger zur Verfügung stehen, sofern er nicht das Gegenteil beweisen kann. Auf diese Vermutung kommt es erst an, wenn feststeht, dass es sich um eine Altverbindlichkeit handelt, denn aus Neuverbindlichkeiten kann ohne weiteres in das gesamte Vermögen des volljährig Gewordenen vollstreckt werden. 27

Soweit dem volljährig Gewordenen der Beweis des Gegenteils (§ 292 ZPO) gelingt, sind diese Vermögensgegenstände dem Zugriff der Altgläubiger in der Zwangsvollstreckung entzogen; für die Verbindlichkeiten, die vom verbleibenden Altvermögen ungedeckt sind, haftet er nicht mehr. Praktisch wird ein solcher Beweis meist nur anhand eines Verzeichnisses des bei Eintritt der Volljährigkeit vorhandenen Vermögens (zur Inventarerrichtung s Rn 15) zu führen sein. 28

---

[50] *Behnke* NJW 1998, 3078, 3081; *Palandt/Diederichsen* Rn 20.
[51] *Habersack* FamRZ 1999, 1, 6; *Behnke* NJW 1998, 3078, 3081; krit *Staudinger/Coester* Rn 76: „letztlich bedeutungslos".
[52] *Palandt/Diederichsen* Rn 18; MünchKommBGB/*Huber* Rn 72.
[53] *Palandt/Diederichsen* Rn 19; MünchKommBGB/*Huber* Rn 77.
[54] *Nicolai* DB 1997, 514, 515.

VI. Missbrauch der Haftungsbeschränkung

29 § 1629 a enthält keine Regelung, die einen Missbrauch der Haftungsbeschränkung verhindert[55]. Allerdings ist ein Missbrauch durch den volljährig Gewordenen nur in besonderen Ausnahmefällen denkbar, etwa dann, wenn sich der volljährig Gewordene erst nach langer Zeit auf die Haftungsbeschränkung beruft. Missbrauchen die Eltern die Haftungsbeschränkung, indem sie ihr Kind als Strohmann für riskante Geschäfte gebrauchen, so entspricht ein solches Geschäft nicht dem Wohl und Interesse des Kindes; ggf hat das Kind einen Schadensersatzanspruch aus § 1664[56]. Der volljährig Gewordene muss sich zwar nach dem Schutzzweck des § 1629 a auch in diesem Fall auf diese Norm berufen können, aber der zum Altvermögen gehörende Ersatzanspruch aus § 1664 steht den Altgläubigern zur Pfändung zur Verfügung. Bei evidentem Missbrauch der Vertretungsmacht bzw bei Kollusion haften die Eltern darüber hinaus selbst analog § 177 bzw nach § 826[57].

29.1 Dem volljährig Gewordenen darf nicht eine Mitverantwortung für die während seiner Minderjährigkeit begründeten Verbindlichkeiten bzw Minderungen des Haftungsvermögens zugeschrieben werden, weil er wegen seiner beschränkten Geschäftsfähigkeit insoweit gerade nicht selbstverantwortlich handeln konnte, sondern auf die Zustimmung des gesetzlichen Vertreters angewiesen war. Die Warnung vor dem bequemen „privaten Konkursdurchgang", dem ggf mit dem Einwand des Rechtsmissbrauchs begegnet werden müsse[58], ist berechtigt, soweit es um das Verhalten der Eltern geht. Dagegen würde eine Mithaftung des Minderjährigen eine eigene Verantwortung des volljährig Gewordenen für seine Vermögenslage unterstellen, die dieser nur mit Hilfe seiner Eltern begründen konnte. Entscheidend ist deshalb in jedem Fall, ob den Eltern ein Missbrauch der Haftungsbeschränkung vorzuwerfen ist.

VII. Verfahrensrecht

30 Macht der Gläubiger eine Forderung mittels Leistungsklage geltend und erhebt der volljährig Gewordene die Einrede der Haftungsbeschränkung, kann sie ohne Prüfung ihrer sachlichen Berechtigung als Vorbehalt in das Urteil aufgenommen werden (Rn 14)[59]. Ist jedoch unstreitig kein Altvermögen mehr vorhanden, ist die Klage abzuweisen[60]. Prüft und verneint das Gericht die Haftungsbeschränkung, etwa weil die Verbindlichkeit erst nach Eintritt der Volljährigkeit begründet wurde, ergeht ein vorbehaltloses Urteil, das in den Gründen die Ablehnung der Haftungsbeschränkung darlegt[61].

31 Weist der volljährig Gewordene den Bestand des Altvermögens im Prozess nach, so kann der Gläubiger zur Vermeidung von Kostenlast seine Klage auf Duldung der Zwangsvollstreckung in diese Gegenstände beschränken bzw ändern; darin liegt keine unzulässige Klageänderung (§ 264 Nr 3 ZPO)[62]. Der Gläubiger kann auch schon von vornherein auf Duldung der Zwangsvollstreckung in die noch vorhandenen, ggf näher zu bezeichnenden Gegenstände des Altvermögens klagen[63].

32 Wird der volljährig Gewordene unter dem Vorbehalt der Haftungsbeschränkung zur Leistung verurteilt, so kann er Zugriffe der Altgläubiger auf das Neuvermögen durch Vollstreckungsabwehrklage (§§ 786, 785, 767 ZPO) verhindern. Den Zugriff auf die Gegenstände des Altvermögens kann er jedoch nicht durch Zahlung des Wertes abwenden; auf § 1992 wird in § 1629 a Abs 1 S 2 gerade nicht Bezug genommen[64]. Erfolgte die Verurteilung ohne Vorbehalt, kann die Haftungsbeschränkung im Vollstreckungsverfahren nur dann noch geltend gemacht werden, wenn der volljährig Gewordene zum Zeitpunkt des Urteils noch minderjährig war (Rn 14); ansonsten haftet er mit seinem ganzen Vermögen[65].

33 Im Erkenntnis- und im Vollstreckungsverfahren trägt der volljährig Gewordene, sofern dabei über die Haftungsbeschränkung eine Beweiserhebung stattfindet, die **Beweislast** dafür, dass die Voraussetzungen der Haftungsbeschränkung vorliegen[66].

VIII. Übergangsregelungen

34 Ab dem 1. 1. 1999 kann sich jeder Volljährige ohne zeitliche Zäsur auf die Haftungsbeschränkung in § 1629 a berufen. Wird aus einem Titel vollstreckt, der bis zum 1. 7. 1999 ergeht oder ergangen ist, bedarf es keines Vorbehalts nach § 780 Abs 1 ZPO (Art 3 Abs 1 MHbeG). Hat der volljährig Gewordene bis zum 1. 1. 1999 Verbindlichkeiten erfüllt oder wurden diese im Wege der Zwangsvollstreckung befriedigt, so ist eine Rückforderung nach den §§ 812 ff ausgeschlossen (Art 3 Abs 2 MHbeG).

---

[55] Kritik von *Lamm/Dylla-Krebs*, FS Vieregge, 1995, S 513, 533 f.
[56] *Behnke* NJW 1998, 3078, 3082; *Müller-Feldhammer* FamRZ 2002, 13, 15.
[57] *Palandt/Diederichsen* Rn 23; *Behnke* NJW 1998, 3078, 3082; Gläubigerschutz *Steenbuck* FamRZ 2007, 1064, *Müller-Feldhammer* FamRZ 2002, 13, 15 f; aA *Staudinger/Coester* Rn 14.
[58] *Eckebrecht* MDR 1999, 1248, 1251; *Glöckner* FamRZ 2000, 1397, 1400.
[59] BGHZ 122, 297, 305; *Steenbuck* FamRZ 2007, 1064, 1066.
[60] BGH NJW 1983, 2378, 2379; RGZ 137, 50, 54 f; s auch BT-Drucks 13/5624 S 9.
[61] *K. Schmidt* JR 1989, 45, 46.
[62] *Erman/Schlüter* § 1990 Rn 7.
[63] BGH NJW 1984, 794.
[64] BGHZ 66, 217, 224.
[65] *Baumbach/Lauterbach/Hartmann* § 780 ZPO Rn 6.
[66] *Behnke* NJW 1998, 3078, 3081; *Nicolai* DB 1997, 514, 515.

§ 1630 Elterliche Sorge bei Pflegerbestellung oder Familienpflege

(1) Die elterliche Sorge erstreckt sich nicht auf Angelegenheiten des Kindes, für die ein Pfleger bestellt ist.

(2) Steht die Personensorge oder die Vermögenssorge einem Pfleger zu, so entscheidet das Familiengericht, falls sich die Eltern und der Pfleger in einer Angelegenheit nicht einigen können, die sowohl die Person als auch das Vermögen des Kindes betrifft.

(3) ¹Geben die Eltern das Kind für längere Zeit in Familienpflege, so kann das Familiengericht auf Antrag der Eltern oder der Pflegeperson Angelegenheiten der elterlichen Sorge auf die Pflegeperson übertragen. ²Für die Übertragung auf Antrag der Pflegeperson ist die Zustimmung der Eltern erforderlich. ³Im Umfang der Übertragung hat die Pflegeperson die Rechte und Pflichten eines Pflegers.

Schrifttum: *Baer,* Die neuen Regelungen der Reform des Rechts der elterlichen Sorge für das „Dauerpflegekind", FamRZ 1982, 221; *Brüggemann,* Elterliche Vermögenssorge – Alte und neue Fragen, ZfJ 1980, 53; 16. Deutscher Familiengerichtstag – Empfehlungen des Vorstands, FamRZ 2005, 1962 (zit: Empfehlungen des 16. DFGT); *Gleißl/Suttner,* Zur Rechtsstellung der Pflegeeltern nach neuem Recht, FamRZ 1982, 122; *Groß,* Darf das Familiengericht gem. § 1630 III BGB sorgerechtliche Befugnisse ohne Zustimmung des Betreuers (§ 1903 I BGB) übertragen?, Kind-Prax 2001, 50; *dies,* Die Stellung der Pflegeeltern im Grundgesetz und im Zivilrecht FPR 2004, 411; *Holzhauer,* Die Neuregelung des Pflegekindverhältnisses, ZRP 1982, 222; *Mielitz,* Anonyme Kindesabgabe. Babyklappe, anonyme Übergabe und anonyme Geburt zwischen Abwehr- und Schutzgewährrecht, 2006; *Schlüter/Liedmeier,* Das Verbleiben eines Kindes in der Pflegefamilie nach § 1632 Abs. 4 BGB, FuR 1990, 122; *Schwab,* Zur zivilrechtlichen Stellung der Pflegeeltern, des Pflegekindes und seiner Eltern – Rechtliche Regelungen und rechtspolitische Forderungen, 54. DJT, Nürnberg 1982, Band I (Gutachten), A 65 (zit: *Schwab,* 54. DJT); *Schwenzer,* Empfiehlt es sich, das Kindschaftsrecht neu zu regeln?, Gutachten A für den 59. Deutschen Juristentag in: Verhandlungen des 59. Deutschen Juristentages, Band I (Gutachten), A 9 (zit: *Schwenzer,* 59. DJT); *Windel,* Zur elterlichen Sorge bei Familienpflege, FamRZ 1997, 713.

Übersicht

	Rn		Rn
I. Normzweck	1	IV. Einschränkung der elterlichen Sorge bei Familienpflege (Abs 3)	6
II. Einschränkung der elterlichen Sorge durch Pflegerbestellung (Abs 1)	2	1. Familienpflege	6
		2. Übertragung von Angelegenheiten der elterlichen Sorge auf die Pflegeperson	9
III. Nebeneinander von elterlicher Sorge und Sorgerecht des Pflegers in „gemischten Angelegenheiten" (Abs 2)	4	3. Aufhebung der Sorgerechtsentscheidung	15
		V. Verfahren	16

I. Normzweck

Die durch Art 1 Nr 13 und Nr 46 KindRG geänderte Norm regelt in Abs 1 die Auswirkungen einer Pflegerbestellung auf die elterliche Sorge, in Abs 2 die familiengerichtliche Entscheidung von Meinungsverschiedenheiten zwischen den Eltern und dem Pfleger in Angelegenheiten, die unter die Sorgerechtszuständigkeit der Eltern und des Pflegers fallen. Abs 3 soll die ordnungsgemäße Betreuung des Kindes sicherstellen, das sich seit längerer Zeit in Familienpflege befindet[1]; zu diesem Zweck kann das Familiengericht Angelegenheiten der elterlichen Sorge auf Antrag auf die Pflegeperson übertragen. **1**

II. Einschränkung der elterlichen Sorge durch Pflegerbestellung (Abs 1)

Nach Abs 1 erstreckt sich die elterliche Sorge nicht auf Angelegenheiten des Kindes, für die ein Pfleger bestellt worden ist. Mit der Bestellung eines Pflegers werden die **Eltern von der Wahrnehmung der elterlichen Sorge** einschließlich der Vertretung in den Angelegenheiten **ausgeschlossen,** für die der Pfleger bestellt worden ist. Das kann die gesamte Personen- und/oder Vermögenssorge, das können aber auch Teile derselben oder nur die Vertretungsmacht sein[2]. Der Ausschluss der elterlichen Sorge **dauert** von der Bestellung des Pflegers (§§ 1915, 1789) bis zur Beendigung der Pflegschaft (§§ 1918, 1919), und zwar unabhängig von der Berechtigung derselben[3]. Werden die Eltern in dem Bereich tätig, in dem sie von der Vertretung des Kindes ausgeschlossen sind, so gelten die §§ 177 ff[4]. **2**

Der Bestellung eines Ergänzungspflegers (§ 1909) bedarf es, wenn die Voraussetzungen für die Anordnung einer Vormundschaft vorliegen, ein Vormund aber noch nicht bestellt worden ist (§ 1909 Abs 3), wenn beide Eltern verhindert sind, Teile der elterlichen Sorge auszuüben (§§ 1909 Abs 1, 1629 Abs 2 S 1, 3, 1795, 1796, 1638 Abs 1, 2), die Sorge den Eltern teilweise entzogen wurde (§ 1666) oder die Eltern die elterliche Sorge nicht ausüben wollen (§ 1630 Abs 3). Der Bestellung eines Ergänzungspflegers bedarf es weiter dann, wenn nur ein Elternteil sorgeberech- **2.1**

---

[1] BT-Drucks 8/2788 S 47.
[2] RGZ 144, 246, 250 f; MünchKommBGB/*Huber* Rn 4.
[3] BayObLGZ 6, 553, 558.
[4] *Soergel/Strätz* § 1630 aF Rn 3; *Palandt/Diederichsen* Rn 4.

§ 1630 Buch 4. Abschnitt 2. Verwandtschaft

tigt ist (§§ 1626a Abs 2, 1671, 1672), dieser aber an der Ausübung der Sorge verhindert ist oder die elterliche Sorge ruht, eine Übertragung auf den anderen Elternteil (§§ 1678 Abs 2, 1680 Abs 2, 3, 1681) aber nicht in Betracht kommt. Keines Ergänzungspflegers bedarf es dagegen, wenn nur ein Elternteil von der elterlichen Sorge oder der Vertretung ausgeschlossen ist, diese aber vom anderen Elternteil wahrgenommen wird (§§ 1629 Abs 2 S 3, 1796, 1638 Abs 3, 1666, 1671, 1672, 1678 Abs 1 HS 1, 1680, 1681). Wird die Bestellung eines Ergänzungspflegers erforderlich, so müssen die Eltern dies dem Vormundschaftsgericht anzeigen (§ 1909 Abs 2).

3   Im Umfang der übertragenen Angelegenheiten hat der **Pfleger für die Person und/oder das Vermögen des Kindes** unter Berücksichtigung der Erziehungsgrundsätze des § 1626 Abs 2 (§§ 1915 Abs 1, 1793 Abs 1 S 2) zu **sorgen,** insbes das Kind zu vertreten (§§ 1915 Abs 1, 1793 Abs 1 S 1). Er ist von der Vertretung in gleichem Umfang wie der Vormund ausgeschlossen (§§ 1915 Abs 1, 1795, 1796). Besteht die Pflegschaft im Bereich der Vermögenssorge, so sind die Beschränkungen der §§ 1802 ff und vor allem die der §§ 1821, 1822 (§ 1915 Abs 1) zu beachten; § 1643 gilt dagegen nicht. Im Bereich der Personensorge gelten für den Pfleger ebenso wie für den Vormund die Beschränkungen der §§ 1800, 1801 (§ 1915 Abs 1).

III. Nebeneinander von elterlicher Sorge und Sorgerecht des Pflegers in „gemischten Angelegenheiten" (Abs 2)

4   Sind die Eltern im Bereich der Personen- oder Vermögenssorge noch sorgeberechtigt und hat der Pfleger ein Sorgerecht in dem Bereich, der den Eltern nicht zusteht, so bedarf es bei Angelegenheiten, die sowohl die Person als auch das Vermögen des Kindes betreffen (sog **„gemischte Angelegenheiten")**[5], einer gemeinsamen Entscheidung der Eltern und des Pflegers.

4.1   Eine „gemischte Angelegenheit" liegt etwa bei einem Streit darüber vor, in welcher Höhe Einkünfte des Kindesvermögens für den eigenen Unterhalt[6] oder zur Verwirklichung von Entscheidungen der Personensorge (zB Heimunterbringung)[7] zu verwenden sind. Abs 2 gilt weiter, wenn dem Pfleger etwa die Verwaltung einer besonderen Vermögensmasse (§ 1638 Abs 1, 2) übertragen worden ist und diese Vermögensmasse von der Meinungsverschiedenheit betroffen ist[8].

4.2   Keine „gemischte Angelegenheit" liegt dagegen vor, wenn die Meinungsverschiedenheit **nur** die Personen- oder nur die Vermögenssorge betrifft. So sind die Schulbildung und Berufswahl Angelegenheiten der Personensorge, wenn sie das gegenwärtige Vermögen des Kindes nicht berühren; unerheblich sind die späteren Auswirkungen auf das Vermögen des Kindes[9]. Ebensowenig liegt eine „gemischte Angelegenheit" vor, wenn ein Elternteil Unterhalt vom Kind verlangt und der Pfleger sich weigert, die hierzu erforderlichen Mittel dem Kindesvermögen zu entnehmen. In diesem Fall geht es um die Unterhaltspflicht des Kindes und die Haftung des Kindesvermögens für den Unterhalt; der Elternteil muss also gegen das Kind klagen[10].

5   Bestehen **Meinungsverschiedenheiten zwischen den** (untereinander einigen) **Eltern und dem Pfleger** über eine „gemischte Angelegenheit", so findet § 1673 Abs 2 S 3 keine Anwendung, weil dieses Konfliktlösungsmodell nur bei Meinungsverschiedenheiten im Bereich der Personensorge gilt (dort Rn 4). Vielmehr müssen die Beteiligten zunächst versuchen, sich zu einigen **(§ 1627 S 2 analog).** Kommt keine Einigung zustande, so kann das angerufene Familiengericht im Unterschied zu § 1628 nicht die Entscheidung über die Angelegenheit entweder dem Pfleger oder den Eltern übertragen. Vielmehr muss es selbst entscheiden **(Abs 2),** und zwar bei jeder Meinungsverschiedenheit über Sorgeangelegenheiten und nicht nur solchen, deren Regelung für das Kind von erheblicher Bedeutung ist (anders § 1628 S 1). Das Gericht darf aber keine eigene Entscheidung treffen, sondern kann nur der einen oder anderen streitenden Teil beitreten und dadurch die Zustimmung des jeweils anderen Teils ersetzen[11]. Etwas anderes gilt dagegen, wenn eine Entscheidung des Gerichts nach § 1666 erforderlich ist oder wenn der Streit zwischen den Eltern und dem Pfleger nicht qualitativer, sondern nur quantitativer Natur ist[12]. Bei ständigem Streit zwischen Eltern und Pfleger muss das Gericht prüfen, ob es gegenüber dem Pfleger Ge- oder Verbote erlässt (§§ 1915 Abs 1, 1837 Abs 2 S 1), ihn notfalls entlässt (§§ 1915 Abs 1, 1886) und einen neuen bestellt, oder ob es umgekehrt Maßnahmen nach § 1666 ergreift und die Befugnisse des Pflegers um den Sorgebereich der Eltern ausdehnt[13].

IV. Einschränkung der elterlichen Sorge bei Familienpflege (Abs 3)

6   **1. Familienpflege.** Nach Abs 3 kann das Familiengericht auf Antrag Angelegenheiten der elterlichen Sorge auf eine Pflegeperson übertragen. Voraussetzung ist die **freiwillige Inpflegegabe** des Kindes durch die Eltern, denen die elterliche Sorge oder zumindest die Personensorge gemeinsam

---

[5] *Gernhuber/Coester-Waltjen* § 60 Rn 36.
[6] BayObLG FamRZ 1975, 219, 220 f.
[7] *Gernhuber/Coester-Waltjen* § 60 Rn 36; *Erman/Michalski* Rn 3.
[8] *Soergel/Strätz* § 1630 aF Rn 8; RGRK/*Wenz* § 1630 aF Rn 5.
[9] RGZ 129, 18 ff; MünchKommBGB/*Huber* Rn 9; *Staudinger/Peschel-Gutzeit* Rn 20; aA *Soergel/Strätz* § 1630 aF Rn 5.
[10] *Palandt/Diederichsen* Rn 6.
[11] MünchKommBGB/*Huber* Rn 10; *Staudinger/Peschel-Gutzeit* Rn 28; *Soergel/Strätz* § 1630 aF Rn 6; RGRK/*Wenz* § 1630 aF Rn 6; zu den Fallgestaltungen, in denen die Eltern uneins sind und es damit zu einem Zusammenspiel von Abs 2 und § 1628 kommt *Staudinger/Peschel-Gutzeit* Rn 26 ff.
[12] KG RJA 8, 7, 10 f; BayObLG FamRZ 1975, 219, 220 f.
[13] *Erman/Michalski* Rn 3; *Palandt/Diederichsen* Rn 6.

zusteht[14]. Die Regelung ist entspr anzuwenden, wenn der allein sorgeberechtigte Elternteil das Kind in Pflege gibt; es genügt, dass ihm das Personensorgerecht allein zusteht[15]. Mit der freiwilligen Inpflegenahme kommt zwischen der Pflegeperson und den Eltern ein Pflegevertrag zustande, der formlos wirksam ist und die Dauer des Verbleibs des Kindes, das Entgelt sowie die Versorgung des Kindes regelt[16].

Pflegeperson ist die Person, die das Kind oder den Jugendlichen außerhalb des Elternhauses betreut. **7** Findet die Betreuung über Tag und Nacht statt, so liegt eine Vollzeitpflege (§ 33 SGB VIII), ansonsten eine Tagespflege (§ 23 SGB VIII) vor. Wer ein Kind oder einen Jugendlichen außerhalb des Elternhauses in seiner Familie regelmäßig betreuen oder ihm Unterkunft gewähren will, bedarf nach § 44 Abs 1 S 1 SGB VIII der Pflegeerlaubnis. Erst mit dieser öffentlich-rechtlichen Erlaubnis wird das Pflegeverhältnis rechtlich wirksam[17]. Unter den Begriff der Familienpflege iS von § 1630 Abs 3 fallen grds nur Pflegeverhältnisse, bei denen eine solche Pflegeerlaubnis vorliegt[18]. Für diese enge Auslegung spricht, dass die Entscheidung nach Abs 3 im Unterschied zu der nach § 1632 Abs 4 nicht der Abwehr einer konkreten Gefahr für das Kind dient und deshalb nicht alle faktischen Pflegeverhältnisse mitumfassen muss (zum Begriff der Familienpflege bei § 1632 Abs 4 dort Rn 20). Dennoch kann bei der Begriffsbestimmung die Zweckrichtung der zivilrechtlichen Norm nicht außer Betracht bleiben.

Die Orientierung des zivilrechtlichen Begriffs der Familienpflege am Maßstab des § 44 SGB VIII führt dazu, dass **7.1** zB Pflegeverhältnisse bis zu einer Dauer von acht Wochen (§ 44 Abs 1 S 2 Nr 4 SGB VIII) nicht erfasst werden. Hier fehlt es auch an dem von § 1630 Abs 3 aufgestellten Erfordernis einer Familienpflege über längere Zeit (Rn 8). Ebensowenig genügt die Betreuung von Kindern oder Jugendlichen in Tagespflege (§ 44 Abs 1 S 3 Nr 2 SGB VIII)[19]. Nicht unter den Begriff der „Familien"-Pflege fällt weiter idR die Heimerziehung (arg § 1688 Abs 2 [„der Pflegeperson steht eine Person gleich"]) sowie die Betreuung des Kindes im **Internat**[20]. Bei formaler Bestimmung des Begriffs der Familienpflege können auch **Verwandte oder Verschwägerte** bis zum dritten Grad keine rechtliche Rechtsstellung nach Abs 3 erreichen, weil auch sie keiner Pflegeerlaubnis bedürfen (§ 44 Abs 1 S 2 Nr 3 SGB VIII). Der Grund für die Herausnahme dieser Personengruppe aus dem Erlaubnisvorbehalt liegt darin, dass familiäre Erziehungsverhältnisse vom staatlichen Eingriff möglichst freigehalten werden sollen und dass ein Kind, das sich bei Verwandten oder Verschwägerten im genannten Sinn befindet, regelmäßig des Schutzes durch den Staat in Form einer von Anfang an bestehenden Kontrolle nicht bedarf[21]. Die Notwendigkeit, eine ordnungsgemäße Betreuung des Kindes sicherzustellen, besteht aber auch hier, so dass diese Pflegeverhältnisse ebensowenig vom Anwendungsbereich des Abs 3 ausgenommen werden können[22] wie die Betreuung von Kindern und Jugendlichen in Adoptionspflege (§ 1744)[23]. Insoweit gilt hier dasselbe wie bei § 1632 Abs 4 (dort Rn 20).

Abs 3 setzt weiter voraus, dass die Eltern das Kind für **längere Zeit** in Familienpflege geben. Wann **8** dies der Fall ist, bestimmt sich nach den Vorstellungen der Eltern bei der Antragstellung[24]. Zu diesem Zeitpunkt kann und wird das Kind idR bereits eine Zeit lang in Pflege sein; erforderlich ist dies aber nicht (anders in § 1632 Abs 4)[25]. Nicht ausreichend ist ein Aufenthalt von bis zu 8 Wochen in der Pflegefamilie (arg § 44 Abs 1 S 2 Nr 4 SGB VIII)[26]. Zum Teil wird eine Dreimonatsfrist als Maßstab angegeben[27] oder ganz allgemein von mehreren Monaten gesprochen[28]. Eine feste Zeitvorgabe ist nicht möglich. Vielmehr ist die Entscheidung von den Umständen des Einzelfalls, insbes dem Alter, der körperlichen und seelischen Verfassung des Kindes sowie dem kindlichen Zeitempfinden abhängig[29].

2. Übertragung von Angelegenheiten der elterlichen Sorge auf die Pflegeperson. Die Pflege- **9** person hat grds die in § 1688 genannten Entscheidungsrechte (dort näher Rn 6 f). Abs 3 sieht eine weitere Verbesserung ihrer Rechtsposition vor. Danach kann der Pflegeperson, bei Pflegeeltern beiden Elternteilen[30], Angelegenheiten der elterlichen Sorge übertragen werden.

Voraussetzung ist ein **Antrag**. Antragsberechtigt sind die Eltern (Abs 3 S 1 Alt 1), denen die **10** elterliche Sorge zusteht. Sie stellen damit die elterliche Sorge zumindest zum Teil zur Disposition des Familiengerichts[31]. Den Antrag müssen beide Eltern stellen. Bei Meinungsverschiedenheiten zwischen den Eltern genügt der Antrag eines Elternteils nur dann, wenn das Familiengericht ihm vorher nach

---

[14] *Baer* FamRZ 1982, 221, 229.
[15] MünchKommBGB/*Huber* Rn 16.
[16] *Windel* FamRZ 1997, 713, 716.
[17] MünchKommBGB/*Hinz* 3. Aufl 1992, § 1630 aF Rn 13.
[18] Zum Teil wird für eine eigenständige, vom SGB VIII unabhängige Bestimmung des Begriffs der Familienpflege plädiert, so *Schwab*, 54. DJT, A 71 Fn 15; *Staudinger/Peschel-Gutzeit* Rn 37, 40; AnwK-BGB/*Rakete-Dombek* Rn 14; *Windel* FamRZ 1997, 713 Fn 5, *Groß* FPR 2004, 411, 413.
[19] *Schlüter/Liedmeier* FuR 1990, 122, 123; *Staudinger/Peschel-Gutzeit* Rn 38; MünchKommBGB/*Huber* Rn 18; AnwK-BGB/*Rakete-Dombek* Rn 14.
[20] *Erman/Michalski* Rn 10; *Staudinger/Peschel-Gutzeit* Rn 38; MünchKommBGB/*Huber* Rn 18; AnwK-BGB/*Rakete-Dombek* Rn 14.
[21] BVerwGE 52, 214, 217.
[22] *Staudinger/Peschel-Gutzeit* Rn 39; AnwK-BGB/*Rakete-Dombek* Rn 14.
[23] *Soergel/Strätz* § 1630 aF Rn 9; *Palandt/Diederichsen* Rn 10.
[24] *Gleißl/Suttner* FamRZ 1982, 122, 125; MünchKommBGB/*Huber* Rn 19.
[25] *Schwab*, 54. DJT, A 95.
[26] MünchKommBGB/*Hinz* 1630 aF Rn 14.
[27] *Soergel/Strätz* § 1630 aF Rn 9.
[28] OLG Braunschweig FamRZ 2002, 118: 2 Jahre; RGRK/*Wenz* § 1630 aF Rn 13.
[29] *Gleißl/Suttner* FamRZ 1982, 122, 125; *Groß* FPR 2004, 411, 413; *Staudinger/Peschel-Gutzeit* Rn 41 f.
[30] *Gleißl/Suttner* FamRZ 1982, 122, 124.
[31] *Gernhuber/Coester-Waltjen* § 60 Rn 34.

§ 1630   Buch 4. Abschnitt 2. Verwandtschaft

§ 1628 das alleinige Entscheidungsrecht über die Antragstellung nach § 1630 Abs 3 zugewiesen hat[32]. Antragsberechtigt ist weiter der allein (Personen-)Sorgeberechtigte. Das neue Recht gibt auch der Pflegeperson ein Antragsrecht (Abs 3 S 1 Alt 2), das aber an die Zustimmung der Eltern geknüpft ist (Abs 3 S 2); es genügt die Zustimmung eines Elternteils, wenn nur dieser sorgeberechtigt ist[33]. Der Gesetzgeber reagiert mit einem Antragsrecht der Pflegeperson auf den Umstand, dass die Eltern in der Vergangenheit von ihrem Antragsrecht nach § 1630 Abs 3 S 1 aF mangels Interesse in der Praxis kaum Gebrauch gemacht haben[34]. Kein Antragsrecht hat das **Kind**.

10.1 Wurde den Eltern nach § 1666 die elterliche Sorge ganz oder zum Teil entzogen und ein Vormund oder Pfleger bestellt, so erlangt nicht der Vormund oder Pfleger ein Antragsrecht (arg §§ 1800, 1915 Abs 1, die nicht auf § 1630 verweisen). Vielmehr besteht in diesem Fall nur die Möglichkeit, die Pflegeperson selbst zum Vormund oder Pfleger zu bestellen[35]. Wurde bei einem Elternteil Betreuung (§ 1896) angeordnet, führt dies nicht dazu, dass der Antrag von der Zustimmung des Betreuers abhängt (zur Begründung § 1673 Rn 5). Daran ändert auch die Anordnung eines Einwilligungsvorbehalts nichts (arg § 1903 Abs 2 Alt 3)[36].

11 Der Antrag muss sich auf **Angelegenheiten der elterlichen Sorge** beziehen. Dies können Angelegenheiten der Vermögens- und/oder der Personensorge sein. Der Wortlaut der Norm erfasst Angelegenheiten des täglichen Lebens (vgl §§ 1687 Abs 1 S 2, 3, 1688 Abs 1 S 1) ebenso wie Angelegenheiten, deren Regelung für das Kind von erheblicher Bedeutung sind (vgl §§ 1628 S 1, 1687 Abs 1 S 1). Er deckt auch die Übertragung der gesamten elterlichen Sorge[37]. Unberührt von der Sorgerechtsübertragung bleibt die Möglichkeit der Eltern, die Herausgabe des Kindes nach § 1632 Abs 1 zu verlangen, weil das Herausgabeverlangen eine Änderungsentscheidung des Familiengerichts erfordert (näher Rn 15.1). Ob die Pflegeperson diesem Begehren Folge zu leisten hat, bestimmt sich nach § 1632 Abs 4[38].

11.1 Für die Möglichkeit der Übertragung der gesamten Sorge spricht, dass der Grundsatz der Unverzichtbarkeit der elterlichen Sorge nicht verlangt, dass „Grundentscheidungen" der elterlichen Sorge (etwa solche im Bereich der Schul- und Berufsausbildung, Religionswahl) unübertragbar sind[39]. Da die Pflege und Erziehung des Kindes nicht nur ein Recht der Eltern, sondern die zuvörderst ihnen obliegende Pflicht ist (Art 6 Abs 2 GG, § 1626 Abs 1 S 1), können die Eltern aus ihrer Verantwortung aber nur entlassen werden, wenn die Übertragung der gesamten Sorge unter Berücksichtigung der tatsächlichen Gegebenheiten und Möglichkeiten sowie der berechtigten Interessen der Beteiligten dem Wohl des Kindes am besten entspricht (§ 1697 a). Die Übertragung der Vollsorge auf die Pflegeeltern wird faktisch von Dauer sein, wenn die Voraussetzungen des § 37 Abs 1 S 4 SGB VIII vorliegen[40].

12 Das **Rechtsschutzbedürfnis** für einen Antrag nach Abs 3 entfällt nicht wegen der Regelung des § 1688[41]. Das Entscheidungsrecht nach § 1688 erfasst nämlich nur die Angelegenheiten des täglichen Lebens und ist vom Willen der sorgeberechtigten Eltern abhängig (§ 1688 Abs 3 S 1). Insoweit räumt § 1630 Abs 3 der Pflegeperson eine etwas festere Rechtsposition ein, da sie nicht frei widerruflich ist (Rn 15.1).

13 Das **Familiengericht** kann dem Antrag ganz oder teilweise stattgeben oder ihn ganz zurückweisen[42]. Über den Antrag darf es grds aber nicht hinausgehen, es sei denn, es liegen die Voraussetzungen der §§ 1666, 1666 a, 1667 vor[43]. Das Gericht hat die Entscheidung zu treffen, die unter Berücksichtigung der tatsächlichen Gegebenheiten und Möglichkeiten sowie der berechtigten Interessen der Beteiligten **dem Wohl des Kindes am besten entspricht** (§ 1697 a)[44].

13.1 Wichtige Aspekte für den Antrag stattgebende Entscheidung sind der Wille des Kindes[45] sowie das Vorliegen einer Pflegeerlaubnis, weil darin zum Ausdruck kommt, dass das Wohl des Kindes in der Pflegestelle gewährleistet ist (arg § 44 Abs 2 SGB VIII), sowie die Übereinstimmung von Eltern und Pflegeperson. Diese ist unabhängig davon notwendig, wer den Antrag auf Übertragung von Angelegenheiten der elterlichen Sorge stellt: Stellt die Pflegeperson den Antrag, so ist nach Abs 3 S 2 die Zustimmung der Eltern erforderlich. Umgekehrt kann aber auch dem Antrag der Eltern nur stattgegeben werden, wenn die Pflegeperson mit der Übertragung einverstanden ist[46].

---

[32] *Groß* FPR 2004, 411, 413; MünchKommBGB/*Huber* Rn 20; aA *Staudinger/Peschel-Gutzeit* Rn 46; AnwK-BGB/*Rakete-Dombek* Rn 15.
[33] KG FamRZ 2006, 1291, 1292; OLG Braunschweig FamRZ 2002, 118.
[34] BT-Drucks 13/4899 S 152; BT-Drucks 13/8511 S 74. Zu dieser Forderung bereits *Schwab*, 54. DJT, A 96; *Holzhauer* ZRP 1982, 222, 224; *Schwenzer*, 59. DJT, A 84, 110.
[35] *Baer* FamRZ 1982, 221, 229.
[36] *Groß* Kind-Prax 2001, 50 f; *dies* FPR 2004, 411, 414; zum Fall der Minderjährigkeit eines antragstellenden Elternteils *dies* FPR 2004, 411, 413 f.
[37] KG FamRZ 2006, 1291, 1293; VG Sigmaringen InfAuslR 2004, 205, 207; AG Weilburg FamRZ 2002, 118; *Eisele* FamRZ 2003, 954, 955; *Groß* FPR 2004, 411, 414; *Erman/Michalski* Rn 12; *Staudinger/Peschel-Gutzeit* Rn 53; *Palandt/Diederichsen* Rn 12; enger *Baer* FamRZ 1982, 221, 229; *Brüggemann* ZfJ 1980, 53, 63.
[38] *Schwab*, 54. DJT, A 102 f; *Staudinger/Peschel-Gutzeit* Rn 54.
[39] MünchKommBGB/*Huber* Rn 26; so aber *Soergel/Strätz* § 1630 aF Rn 9; *Windel* FamRZ 1997, 713, 722; *Mielitz* S 69.
[40] Der 16. DFGT FamRZ 2005, 1962, 1964 plädierte für eine Annäherung von § 1630 Abs 3 an § 37 Abs 1 S 4 SGB VIII.
[41] *Windel* FamRZ 1997, 713, 721; aA *Erman/Michalski* Rn 12.
[42] *Erman/Michalski* Rn 9; *Staudinger/Peschel-Gutzeit* Rn 50.
[43] RGRK/*Wenz* § 1630 aF Rn 15.
[44] KG FamRZ 2006, 1291, 1292; MünchKommBGB/*Huber* Rn 25; *Staudinger/Peschel-Gutzeit* Rn 51; AnwK-BGB/*Rakete-Dombek* Rn 18; aA *Erman/Michalski* Rn 12: erforderlich im Interesse des Kindeswohls.
[45] *Staudinger/Peschel-Gutzeit* Rn 48.
[46] *Gleißl/Suttner* FamRZ 1982, 122, 123; *Schwab*, 54. DJT, A 95; RGRK/*Wenz* § 1630 aF Rn 17; MünchKommBGB/*Huber* Rn 23; *Staudinger/Peschel-Gutzeit* Rn 47; aA *Windel* FamRZ 1997, 713, 721: §§ 1915, 1785.

In dem Umfang, in dem das Familiengericht Sorgeangelegenheiten überträgt, erhält die Pflegeperson die Rechte und Pflichten eines Pflegers (**Abs 3 S 3**). Damit sind die Vorschriften über Rechte und Pflichten eines Pflegers anwendbar, soweit sie nicht die förmliche Stellung desselben betreffen; anzuwenden ist danach ua § 1835 a[47]. Bei Meinungsverschiedenheiten gilt Abs 2 entsprechend.

3. Aufhebung der Sorgerechtsentscheidung. Mit dem Tod der Pflegeperson oder des Kindes, dem Wechsel des Kindes zu einer anderen Pflegefamilie oder der Rückkehr des Kindes zu den Eltern endet die Familienpflege. In diesen Fällen ist die Übertragung von Angelegenheiten der elterlichen Sorge rückgängig zu machen (Abs 1, 3 S 3, § 1919). Das Gleiche gilt, wenn die Pflegeperson die Aufhebung der Übertragung von Angelegenheiten beantragt[48] oder die Eltern ihren Antrag bzw ihre Zustimmung zum Antrag der Pflegeperson nach Abs 3 S 2 zurücknehmen. Verlangen die Eltern das Kind von der Pflegeperson heraus, so liegt in dem Herausgabeverlangen auch die Rücknahme des Antrags oder der Zustimmung nach Abs 3 S 2. Liegt noch keine Entscheidung nach Abs 3 S 1 vor, so ist in diesem Fall der Antrag der Pflegeperson zurückzuweisen.

Ist bereits eine gerichtliche Entscheidung ergangen, so stellt sich das Problem, ob die Sorgerechtsübertragung auf Antrag der Eltern in jedem Fall rückgängig zu machen ist, soweit nicht § 1666 entgegensteht[49], oder ob dies nur unter den Voraussetzungen des § 1696 möglich ist. Berücksichtigt man, dass die Pflege und Erziehung des Kindes das natürliche Recht der Eltern ist (Art 6 Abs 2 S 1 GG) und jedes Pflegeverhältnis im Grundsatz auf die Rückkehr des Kindes in der Herkunftsfamilie angelegt ist (vgl § 37 Abs 1 S 2 SGB VIII), so spricht einiges für die erste Sichtweise. Zwar wollte Abs 3 den Pflegeeltern eine bessere Rechtsposition einräumen, als sie ihnen nach § 1688 zusteht (vgl § 1688 Abs 3); die Pflegeeltern haben ein Interesse an einer während der Dauer des Pflegeverhältnisses nicht beliebig entziehbaren Sorgerechtsposition[50]. Zugunsten der Eltern ist jedoch zu berücksichtigen, dass die Pflegeperson einem Herausgabeverlangen der Eltern nach § 1632 Abs 1 mit einer Entscheidung nach § 1632 Abs 4 entgegensteuern kann. Dem Antrag der Eltern auf Sorgerechtsrückübertragung ist deshalb stattzugeben, es sei denn, es liegen die Voraussetzungen des § 1666 vor.

V. Verfahren

Die sachliche **Zuständigkeit des Familiengerichts** richtet sich nach den §§ 621 Abs 1 Nr 1 ZPO, 23 b Abs 1 S 2 Nr 2 GVG, die örtliche nach den § 621 a Abs 1 S 1 ZPO, §§ 64 Abs 3 S 2, 43 Abs 2 FGG (Entscheidung nach Abs 2) bzw § 621 a Abs 1 S 1 ZPO, §§ 64 Abs 3 S 2, 43 Abs 1, 36 FGG (Entscheidung nach Abs 3). Es entscheidet sowohl im Fall von Abs 2 als auch von Abs 3 der Richter (§§ 14 Abs 1 Nr 5, 6 a RPflG). Sowohl das Verfahren nach Abs 2 als auch das nach Abs 3 sind **Antragsverfahren.** Der Antrag nach Abs 3 hat nicht nur verfahrenseinleitenden Charakter, sondern ist auch ein Sachantrag (Rn 13). Vor einer Entscheidung nach Abs 3 sind das Jugendamt nach § 49 a Nr 3 FGG, die Pflegeperson nach § 50 c FGG, die Eltern nach § 50 a FGG und das Kind nach § 50 b FGG **anzuhören.** Eltern und Kind sind auch vor einer Entscheidung nach Abs 2 anzuhören, das Jugendamt nach § 12 FGG[51]. Eine Entscheidung des Familiengerichts nach Abs 2 wird mit Rechtskraft wirksam (in Analogie zu § 53 Abs 1 S 2 FGG), so dass hiergegen die sofortige **Beschwerde** nach § 60 Abs 1 Nr 6 FGG möglich ist[52]. Gegen die Ablehnung einer Entscheidung nach Abs 2 ist die einfache Beschwerde (§§ 19 ff FGG) möglich[53].

§ 1631 Inhalt und Grenzen der Personensorge

(1) Die Personensorge umfasst insbesondere die Pflicht und das Recht, das Kind zu pflegen, zu erziehen, zu beaufsichtigen und seinen Aufenthalt zu bestimmen.

(2) ¹Kinder haben ein Recht auf gewaltfreie Erziehung. ²Körperliche Bestrafungen, seelische Verletzungen und andere entwürdigende Maßnahmen sind unzulässig.

(3) Das Familiengericht hat die Eltern auf Antrag bei der Ausübung der Personensorge in geeigneten Fällen zu unterstützen.

Schrifttum: *Becker,* Die Kindesmißhandlung – ein familien-pathologisches Syndrom, ZBlJR 1975, 66; *Benkert,* Die „bösen" Kinder – Zu Umfang und Inhalt der Personensorge aus Sicht der Eltern, 2004; *Beulke,* Neufassung des § 1631 Abs 2 BGB und Strafbarkeit gemäß § 223 StGB. Darf der Erziehungsberechtigte in Ausnahmefällen eine „maßvolle Ohrfeige" erteilen?, FS Schreiber, 2003, S 29; *Bussmann,* Verbot familialer Gewalt gegen Kinder. Zur Einführung rechtlicher Regelungen sowie zum (Straf-)Recht als Kommunikationsmedium, 2000; *ders,* Das Recht auf gewaltfreie Erziehung aus juristischer und empirischer Sicht, FPR 2002, 289; *ders,* Ergebnisse der Begleitforschung zum Recht auf gewaltfreie Erziehung, JAmt 2004, 400; *Coester,* Elterliche Gewalt, FS Schwab, 2005, S 747;

---

[47] OLG Stuttgart OLGR 2006, 187, 189 f = FamRZ 2006, 1290, 1291; für eine analoge Anwendung der §§ 1712 ff DIJuF-Rechtsgutachten JAmt 2002, 116.
[48] MünchKommBGB/*Huber* Rn 29; *Staudinger/Peschel-Gutzeit* § 1630 aF Rn 60; *Gleißl/Suttner* FamRZ 1982, 122, 124; *Erman/Michalski* Rn 12; aA *Windel* FamRZ 1997, 713, 722.
[49] *Gleißl/Suttner* FamRZ 1982, 122, 124; *Baer* FamRZ 1982, 221, 229; *Holzhauer* ZRP 1982, 222, 224; *Windel* FamRZ 1997, 713, 722; *Palandt/Diederichsen* Rn 12; *Staudinger/Peschel-Gutzeit* Rn 59.
[50] *Schwab,* 54. DJT, A 104.
[51] *Keidel/Engelhardt* § 49 FGG Rn 11; *Staudinger/Peschel-Gutzeit* Rn 29.
[52] *Keidel/Engelhardt* § 53 FGG Rn 6; *Soergel/Strätz* § 1630 aF Rn 10; *Erman/Michalski* Rn 8.
[53] BayObLG FamRZ 1975, 219.

§ 1631

Diederichsen, Die Neuregelung des Rechts der elterlichen Sorge, NJW 1980, 1; *Erhardt-Rauch*, Das Recht des Kindes auf gewaltfreie Erziehung und seine Auswirkungen auf die soziale Arbeit, ZfJ 2004, 59; *Gernhuber*, Kindeswohl und Elternwille, FamRZ 1973, 229; *Göbel*, Vom elterlichen Züchtigungsrecht zum Gewaltverbot. Verfassungs-, straf- und familienrechtliche Untersuchung zu § 1631 Abs 2 BGB, 2005; *Gounalakis/Rhode*, Der virtuelle Rosenkrieg. Persönlichkeitsverletzungen im Internet und ihre familienrechtlichen Implikationen, FF 2002, 202; *Holzhauer*, Aktuelles Familienrecht vor rechtsgeschichtlichem Hintergrund, JZ 2000, 1076; *Hoyer*, Im Strafrecht nichts Neues? – Zur strafrechtlichen Bedeutung der Neufassung des § 1631 II BGB –, FamRZ 2001, 521; *Huber/Scherer*, Die Neuregelungen zur Ächtung der Gewalt in der Erziehung, FamRZ 2001, 797; *Hummel*, Trotz aller Erfolge geht es Millionen von Kindern nach wie vor schlecht, FAZ v 20. 11. 1999, 11; *Kargl*, Das Strafunrecht der elterlichen Züchtigung (§ 223 StGB), NJ 2003, 57; *Kellner*, Die Ächtung der Gewalt in der Erziehung nach neuem Recht, NJW 2001, 796; *Kindler/Salzgeber/Fichtner/Werner*, Familiäre Gewalt und Umgang, FamRZ 2004, 1241; *Knödler*, „Das hat noch keinem geschadet". Vom Mythos der zulässigen elterlichen Gewalt gegenüber Kindern, ZKJ 2007, 58; *Kühl*, Strafgesetzbuch, Kommentar, 25. Aufl 2004; *Lüderitz*, Elterliche Sorge als privates Recht, AcP 178 (1978), 263; *Noak*, Zur „Abschaffung" des elterlichen Züchtigungsrechts aus strafrechtlicher Sicht, JR 2002, 402; *Oberloskamp*, Rechtlicher Schutz für Kinder bei häuslicher Gewalt, ZfJ 2004, 267; *Ostendorf/Hinghaus/Kasten*, Kriminalprävention durch das Familiengericht, FamRZ 2005, 1514; *Pfeiffer* ua, Ausgrenzung, Gewalt und Kriminalität im Leben junger Kinder und Jugendliche als Opfer und Täter, 3. Aufl 1999; *Riemer*, Mutter ohrfeigt Tochter – 75 Euro Geldstrafe. Das elterliche Züchtigungsrecht nach dem „Gesetz zur Ächtung von Gewalt in der Kindererziehung", ZJJ 2005, 403; *ders*, Auswirkung des Gewaltverbots in der Erziehung nach § 1631 II BGB auf das Strafrecht, FPR 2006, 387; *Röchling*, Überlegungen zum Entwurf eines Gesetzes des Freistaates Bayern vom 3. 5. 2006 zur Änderung des § 1666 BGB und weiterer Vorschriften, FamRZ 2006, 1732; *Rohmann*, Leichte körperliche Bestrafung. Teil 2. Rechtspolitische Reform und Implikationen für die psychologische Sachverständigen-Tätigkeit, Kind-Prax 2004, 170; *Rothe*, Medienwirklichkeit und Familienalltag, ZfJ 1994, 8; *Roxin*, Die strafliche Beurteilung der elterlichen Züchtigung, JuS 2004, 177; *Rüping/Hüsch*, Abschied vom elterlichen Züchtigungsrecht des Lehrers, GA 1979, 1; *Schnitzerling*, Die vormundschaftsgerichtlichen Erziehungsaufgaben, FamRZ 1957, 291; *Schwab*, Die Gretchenfrage vor Gericht – Ein Märchen, FamRZ 1998, 345, 346; *Söpper*, Kinder und häusliche Gewalt aus dem Blickwinkel der Verfahrenspflegschaft, FPR 2001, 269; *Thomas*, Der Kinderdelinquenz Einhalt gebieten – aber wie?, ZRP 1999, 193; *Weimar*, Die Durchsetzung von Anordnungen kraft elterlicher Gewalt, MDR 1964, 21; *Will*, Gewaltschutz in Paarbeziehungen mit gemeinsamen Kindern, FPR 2004, 233.

Übersicht

	Rn		Rn
I. Normzweck	1	1. Recht auf gewaltfreie Erziehung	16
II. Inhalt des Personensorgerechts (Abs 1)	2	2. Unzulässigkeit entwürdigender Maßnahmen	18
1. Pflichtrecht	2	a) Entwürdigende Maßnahmen	19
2. Pflege und Erziehung des Kindes	3	b) Körperliche Bestrafungen	20
3. Beaufsichtigung des Kindes	6	c) Seelische Verletzungen	23
4. Aufenthaltsbestimmungsrecht	11	d) Weitere Fälle entwürdigender Maßnahmen	24
5. Weitere Angelegenheiten	14	3. Sanktionen	25
6. Folgen der Verletzung des Pflichtrechts	15	4. Zulässige Erziehungsmittel	26
III. Recht auf gewaltfreie Erziehung und Verbot entwürdigender Maßnahmen (Abs 2)	16	5. Einsatz von Erziehungsmitteln durch Dritte	27
		IV. Unterstützung der Eltern bei der Ausübung der Personensorge (Abs 3)	28

I. Normzweck

1 § 1631, geändert durch Art 1 Nr 14 und Nr 46 KindRG und Art 1 Nr 3 des Gesetzes zur Ächtung der Gewalt in der Erziehung und zur Änderung des Kindesunterhaltsrechts konkretisiert einzelne (nicht alle, vgl „insbesondere") Aspekte der Personensorge als rechtliche Verpflichtung und Berechtigung der Eltern[1]. Abs 2 scheidet die erlaubten von den verbotenen Erziehungsmaßregeln und präzisiert den Begriff der entwürdigenden Erziehungsmaßnahmen[2]. Der Gesetzgeber will damit einen Beitrag zur **Verhinderung und Bekämpfung von Gewalt gegen Kinder** leisten[3]. Abs 3 sieht eine Unterstützung der Eltern durch das Familiengericht für den Fall vor, dass sie den Widerstand des Kindes gegen ihre Maßnahmen auch durch Einsatz geeigneter Erziehungsmittel (Abs 2) nicht überwinden können[4].

II. Inhalt des Personensorgerechts (Abs 1)

2 **1. Pflichtrecht.** Abs 1 wiederholt den in § 1626 Abs 1 S 1 umschriebenen Pflichtrechtscharakter des elterlichen Sorgerechts für die Personensorge[5]. Das Personensorgerecht steht den Eltern grds gemeinsam zu, Verheirateten ab der Geburt des Kindes, nicht miteinander verheirateten Eltern unter den Voraussetzungen des § 1626a Abs 1. Daran ändert sich durch das Getrenntleben der Eltern grds nichts (arg §§ 1687, 1671).

---

[1] Palandt/Diederichsen 59. Aufl 2000, Rn 1.
[2] BT-Drucks 13/4899 S 153; BT-Drucks 13/8511 S 65, 74.
[3] BT-Drucks 13/4899 S 153; BT-Drucks 14/1247 S 3; BT-Drucks 14/3781 S 6 f; zu den Funktionen des Rechts *Bussmann* JAmt 2004, 400, 403 ff.
[4] KG FamRZ 1965, 390, 391.
[5] BT-Drucks 13/4899 S 152, 168; BT-Drucks 13/8511 S 74.

2. Pflege und Erziehung des Kindes. Das Personensorgerecht umfasst die Pflege und Erziehung 3 des Kindes, die Beaufsichtigung sowie die Aufenthaltsbestimmung. Unter **Pflege** fallen die Sorge für das leibliche Wohl des Kindes, seine Unterbringung, Verpflegung, Bekleidung sowie die Sorge für seine Gesundheit[6]. Die **Erziehung** umfasst die Einwirkung[7] auf die geistige, seelische und sittliche Entwicklung des Kindes in einer seinen Fähigkeiten, Anlagen und sonstigen Verhältnissen entsprechenden Weise[8].

Eine strikte Trennung der Begriffe Erziehung und Pflege ist nicht möglich, da die Fragen, wie das Kind ernährt, 3.1 wie es gekleidet wird usw., nicht nur die Pflege, sondern auch die Erziehung des Kindes betreffen[9]. Zur Erziehung gehört die Bestimmung der Schulausbildung sowie die Vorbereitung auf das Berufsleben (vgl § 1631 a)[10], aber auch die Vermittlung eines verantwortungsbewussten Umgangs mit den Medien[11] sowie die Auseinandersetzung mit Beschuldigungen und Beschwerden Dritter[12].

Ein wichtiger Teil der Erziehung ist die **religiöse Erziehung des Kindes**, über die die Eltern in 4 freier Einigung entscheiden (§§ 1 und 5 RelKErzG)[13], die ggf durch Vermittlung des Vormundschaftsgerichts erzielt wird (§ 2 Abs 3 S 1 RelKErzG)[14].

Ohne Zustimmung des anderen Elternteils darf kein Elternteil das Bekenntnis des Kindes ändern oder es vom 4.1 Religionsunterricht abmelden (§ 2 Abs 2 RelKErzG), es sei denn, das nach § 7 S 1 RelKErzG zuständige Vormundschaftsgericht hat auf Antrag (§ 2 Abs 3 S 1 RelKErzG) oder unter den Voraussetzungen des § 1666 eine Entscheidung getroffen (§ 7 S 2, § 2 Abs 3 S 1 RelKErzG). Im Meinungsstreit zwischen dem personensorgeberechtigten Elternteil und einem dem Kind bestellten Vormund oder Pfleger über die Bestimmung des religiösen Bekenntnisses geht die Meinung des Vaters oder der Mutter grds vor, es sei denn, dass dem Vater oder der Mutter das Recht der religiösen Erziehung aufgrund von § 1666 entzogen ist (§ 3 Abs 1 RelKErzG). Steht dagegen dem Vormund oder Pfleger das Personensorgerecht allein zu, so umfasst dieses auch die Bestimmung der religiösen Erziehung, sofern noch keine Bestimmung getroffen worden ist (§§ 3 Abs 2 S 1, 6 RelKErzG). Die Bestimmung bedarf der Genehmigung des Vormundschaftsgerichts (§ 3 Abs 2 S 2 RelKErzG). Nach der Vollendung des 14. Lebensjahres steht dem Kind die Entscheidung darüber zu, zu welchem religiösen Bekenntnis es sich halten will (§ 5 S 1 RelKErzG). Ab der Vollendung des 12. Lebensjahres kann es nicht mehr gegen seinen Willen in einem anderen Bekenntnis als bisher erzogen werden (§ 5 S 2 RelKErzG).

Da den Eltern nach Art 6 Abs 2 GG der Erziehungsprimat zusteht, gibt der Bundesgesetzgeber, im 5 Unterschied zu einzelnen Landesverfassungen[15] und zu §§ 3 Abs 1 S 2, 42 Abs 2 FGB der DDR (GBl 1966 I S 1), keine materiellen Erziehungsziele vor[16]. Das BGB kennt nur ein **formales Erziehungsziel**: Wenn die private Rechtsordnung an die Vollendung des 18. Lebensjahres die volle Geschäfts- und Deliktsfähigkeit knüpft, so setzt sie voraus, dass die Eltern das Kind zu einem mündigen, selbständig handlungsfähigen Menschen erziehen (§ 1 Abs 1 SGB VIII)[17]. Ebensowenig wie die Erziehungsziele werden **Erziehungsmittel** vorgeschrieben; das Gesetz kennt in den §§ 1626 Abs 2, 1631a lediglich Erziehungsleitbilder[18]; eine gewisse Ausnahme bildet hier allerdings Abs 2[19]. § 1619 enthält die allgemeine Pflicht, nur solche Anforderungen an das Kind zu stellen, denen das Kind gewachsen ist[20]. Wichtige **Einschränkungen** des Sorgerechts ergeben sich aus § 5 RelKErzG, der Schulpflicht, dem Impfzwang und der Strafhaft sowie der Jugendhilfe nach dem SGB VIII[21].

3. Beaufsichtigung des Kindes. **Zweck** der Beaufsichtigung des Kindes ist es, das Kind vor 6 Gefahren und Schäden zu bewahren, die es sich selbst zufügt oder ihm von Dritten zugefügt werden sowie Dritte vor Gefahren und Schäden zu schützen, die vom Kind ausgehen (s § 832)[22]. Die Aufsichtspflicht trifft **jeden Elternteil**[23]; die Aufgabenverteilung enthebt die Eltern nicht von der Pflicht einer wechselseitigen Überwachung[24]. Sie trifft weiter den **Stiefelternteil**, den **Lebenspartner** und die **Pflegeeltern**, weil diese Personen die Befugnis zur (Mit-)entscheidung in Angelegenheiten des täg-

---

[6] *Lüderitz* Familienrecht Rn 836; *ders* AcP 178 (1978), 263, 276.
[7] *Erman/Michalski* 9. Aufl 1993, § 1631aF Rn 7.
[8] Mot IV S 750.
[9] *Lüderitz* Familienrecht Rn 843; zT wird sowohl die Pflege als auch die Erziehung auf Körper, Seele und Geist eines Kindes bezogen, MünchKommBGB/*Huber* Rn 3 f; *Dölle* II § 92 I 2 a; für einen einheitlichen Begriff *v. Münch/Kunig/Coester-Waltjen* Art 6 I GG Rn 63.
[10] OVG Münster FamRZ 2002, 232; *Erman/Michalski* Rn 7.
[11] *Rothe* ZfJ 1994, 8 ff.
[12] AG Prüm NJW-RR 2001, 1469, 1470.
[13] Gesetz vom 15. 7. 1921, RGBl S 939, 1263.
[14] AG Weilburg FamRZ 2003, 1308.
[15] Art 12 der Verfassung des Landes Baden-Württemberg, BWGVBl 1953 S 173; Art 28 der Verfassung des Landes Brandenburg, BbgGVBl 1992 S 298; Art 26 der Verfassung der Freien Hansestadt Bremen, BremGVBl 1947 S 251; 1986 S 283; Art 55 der Verfassung des Landes Hessen, HGVBl 1946 S 229; Art 22 der Verfassung des Freistaats Thüringen, ThürGVBl 1993 S 625.
[16] *Lüderitz* AcP 178 (1978), 263, 274; zur verfassungsrechtlichen Beurteilung solcher Ziele *Benkert* S 141 ff.
[17] BT-Drucks 7/2788 S 34; OLG Hamm FamRZ 1974, 136, 137; *Benkert* S 149 ff; *Lüderitz* AcP 178 (1978), 263, 275; *Gernhuber* FamRZ 1973, 229, 233.
[18] *Holzhauer* JZ 2000, 1076, 1078 f; anders *Benkert* S 155 ff: Erziehungsmittel.
[19] *Benkert* S 162 f; enger *Holzhauer* JZ 2000, 1076, 1078 f.
[20] *Gernhuber* FamRZ 1973, 229, 234.
[21] AnwK-BGB/*Rakete-Dombek* Rn 5; *Palandt/Diederichsen* Rn 2.
[22] *Gernhuber/Coester-Waltjen* § 62 Rn 25 f.
[23] BGH FamRZ 1962, 116.
[24] OLG Nürnberg FamRZ 1963, 367, 368.

§ 1631   Buch 4. Abschnitt 2. Verwandtschaft

lichen Lebens haben (§§ 1688, 1687b, § 9 LPartG)[25]. Wird eine nicht von Gesetzes wegen mit Sorgerechtsbefugnissen ausgestattete **dritte Person** mit der Aufsicht über das Kind betraut, so hängt es vom Einzelfall ab, ob die Eltern (bzw der sorgeberechtigte Elternteil) ihrer (seiner) Aufsichtspflicht dadurch genügen (genügt), dass eine zuverlässige Person ausgewählt wird oder ob mehr erforderlich ist, zB die Erteilung von konkreten Weisungen je nach Eigenart oder Spielgewohnheiten des Kindes[26].

6.1   In der Einladung zu einem von den Eltern veranstalteten Kindergeburtstag liegt zB ein Angebot auf vertragliche Übernahme der Aufsicht (§ 832 Abs 2) durch die Eltern oder eine von diesen eingesetzte Hilfsperson[27].

7   Die Aufsichtspflicht erfasst den Schulbesuch sowie die Freizeit des Kindes[28] und dabei vor allem den Umgang mit gefährlichen Gegenständen, weiter die Teilnahme am Straßenverkehr, das Sexualverhalten des Kindes sowie den Umgang mit Dritten (näher § 1632 Rn 14ff). Der **Umfang** der Aufsichtspflicht richtet sich ua nach dem Alter und der körperlichen sowie geistigen Entwicklung des zu beaufsichtigenden Kindes sowie nach der örtlichen Situation[29], nach vereinzelter Ansicht auch nach den wirtschaftlichen Verhältnissen und den beruflichen Pflichten der Eltern[30]. Maßgebend ist, was verständige Eltern nach vernünftigen Anforderungen im konkreten Fall unternehmen müssen, um die Schädigung Dritter durch das Kind zu verhindern[31]. Der Erziehungserfolg und das Maß der erforderlichen Aufsicht stehen dabei in einer Wechselbeziehung. Je geringer der bisherige Erziehungserfolg war, desto intensiver muss die Aufsicht sein[32]. Ein im 17. Lebensjahr stehender Jugendlicher bedarf grds nur noch einer sehr eingeschränkten Aufsicht[33]. Einem fast 18jährigen kann nicht mehr verboten werden, Gaststätten und Parties zu besuchen und zwar selbst dann nicht, wenn er schon straffällig geworden ist[34].

8   Beim **Spielen** von Kleinkindern wird eine regelmäßige Kontrolle in kurzen, etwa halbstündigen Zeitabständen für erforderlich gehalten[35]; dagegen wird bei normal entwickelten, etwas größeren Kindern (etwa ab sechs Jahren) eine Überwachung auf Schritt und Tritt ebenso wie eine regelmäßige, in kurzen Abständen erfolgende Kontrolle abgelehnt[36]. In diesem Fall genüge es, wenn die Eltern sich über das Tun der Kinder in groben Zügen einen Überblick verschaffen, sofern nicht konkreter Anlass zur Besorgnis besteht[37]. Nur so können die Kinder langsam den Umgang mit der Gefahr erlernen und die eigene Verantwortung allmählich ausweiten[38].

9   Beim Umgang mit **gefährlichen Gegenständen** werden an die Belehrung und die Überwachung des Kindes strenge Anforderungen gestellt.

9.1   Dies gilt beim Umgang mit **Waffen**[39] oder mit **gefährlichem Spielzeug**[40] ebenso wie beim Umgang mit **Medikamenten** oder sonstigen **chemischen Mitteln**[41]. **Fahrzeuge** sind unter bestimmten Umständen besonders zu sichern[42]. Beim Umgang mit **Streichholz** oder **Feuerzeug**[43] sind kleinere Kinder nicht nur eindringlich über die Gefährlichkeit des Spiels mit dem Feuer zu belehren; vielmehr müssen die Eltern auch streng darauf achten, dass die Kinder nicht unerlaubt in den Besitz von Streichhölzern und anderen Zündmitteln gelangen[44]. Die Kinder sind davor zu warnen, andere Kinder beim Entfachen und Unterhalten eines Feuers in irgendeiner Weise zu helfen oder sie dazu anzustiften[45]. Eine tägliche Kontrolle der Taschen des Kindes auf den Besitz von Streichholz oder Feuerzeug ist aber bei Kindern ab dem 7. bzw 8. Lebensjahr nicht erforderlich, wenn kein besonderer Anlass besteht[46]. Mit zunehmendem Alter genügt idR eine Belehrung und Ermahnung über die Risiken. Eine aufsichtsführende Begleitung auf Schritt und Tritt kann nicht zugemutet werden[47]. Etwas anderes gilt dagegen, wenn das Kind zum Zündeln oder zu sonstigen gefährlichen Streichen neigt[48]. Ebenso trifft die Eltern eines geistig retardierten Kindes, das schwere Verhaltensstörungen mit ausgeprägter Aggressionsbereitschaft aufweist, eine erhöhte Sorgfaltspflicht[49].

---

[25] *Staudinger/Salgo* Rn 31.
[26] *Staudinger/Salgo* Rn 42.
[27] OLG Celle FamRZ 1988, 58, LS = NdsRPfl 1987, 232, 233 f.
[28] BGH FamRZ 1958, 274.
[29] BGH NJW FamRZ 1997, 799, 800; FamRZ 1984, 2574.
[30] *Dölle* II § 92 I 2b; *Gernhuber/Coester-Waltjen* § 62 Rn 26.
[31] BGH NJW 1993, 1003; NJW 1984, 2574, 2575.
[32] BGH NJW 1984, 2574, 2575; NJW 1980, 1044, 1045; OLG Dresden NJW-RR 1997, 857, 858; krit *Staudinger/Salgo* Rn 45.
[33] OLG Celle FamRZ 2000, 1214.
[34] BGH NJW 1980, 1044, 1045; OLG Karlsruhe VersR 1975, 430.
[35] BGH FamRZ 1997, 799, 800; FamRZ 1964, 84, 85; OLG München FamRZ 1997, 740, 741; OLG Düsseldorf FamRZ 1980, 181, 182; einschränkend LG Nürnberg FamRZ 1997, 742, 743.
[36] BGH FamRZ 1997, 799, 800; NJW 1984, 2574, 2575; FamRZ 1957, 207, 208; OLG Frankfurt NJW-RR 2002, 236; OLG Hamburg FamRZ 1984, 254, LS; OLG Köln FamRZ 1962, 124, 125.
[37] BGH NJW 1984, 2574, 2575.
[38] BGH NJW 1984, 2574, 2575; OLG Dresden NJW-RR 1997, 857, 858.
[39] RG WarnR 1929 Nr 10; BGH FamRZ 1962, 116; OLG Nürnberg FamRZ 1963, 367, 368.
[40] OLG Düsseldorf FamRZ 1998, 234 betr Spielzeugpistole; BGH FamRZ 1958, 274 betr Gummischleuder; BGH FamRZ 1966, 228 betr Wurfpfeil; KG FamRZ 1992, 550 betr Plastikflugzeug.
[41] BGH FamRZ 1976, 330.
[42] BGH NJW 1952, 578 betr 19½jährigen unter Alkoholeinfluss; OLG Celle NJW 1966, 302 betr fast 20jährigen im Ausland, m abl Anm *Dunz*.
[43] BGH FamRZ 1996, 600; NJW 1993, 1003; NJW 1990, 2553, jeweils mzN; LG Limburg FamRZ 1972, 471.
[44] BGH NJW 1993, 1003; NJW-RR 1987, 13, 14; NJW 1983, 2821.
[45] BGH NJW 1990, 2553, 2554 betr 7jähriges Kind.
[46] BGH NJW-RR 1987, 13, 14.
[47] BGH NJW 1993, 1003 betr fast 12jähriges Kind.
[48] BGH FamRZ 1996, 600, 601; FamRZ 1997, 799, 800.
[49] BGH FamRZ 1996, 29, 30.

Zur Aufsichtspflicht gehört auch, das Kind zum richtigen Verhalten im **Straßenverkehr** anzuleiten. 10

Bei 7–10jährigen Kindern genügen die Eltern ihrer Aufsichtspflicht, wenn sie die Kinder über die Verkehrsregeln 10.1 belehren und ihnen die Gefahren aufzeigen, die Fahrrad und Roller für die übrigen Verkehrsteilnehmer mit sich bringen; eine ständige Aufsicht kann dagegen nicht verlangt werden. Befindet sich aber ein 7jähriges Kind in einer fremden Umgebung innerhalb einer größeren Gruppe in unbekannten Gefahrensituationen, so bedarf es einer elterlichen Begleitung dergestalt, dass ein Elternteil das Verhalten des Kindes überblicken kann[50]. Bei 5–6jährigen ist eine ständige Beaufsichtigung erforderlich, soweit sie sich auf der Fahrbahn befinden[51].

4. Aufenthaltsbestimmungsrecht. Das Aufenthaltsbestimmungsrecht umfasst die Festlegung von 11 Wohnort und Wohnung des minderjährigen Kindes (zum Wohnsitz s Rn 14)[52]. Die Bestimmung des Aufenthaltsortes erfolgt idR stillschweigend durch Versorgung in der Familie[53]. Ist die Unterbringung des Kindes mit einem Freiheitsentzug verbunden, bedarf die Aufenthaltsbestimmung der Zustimmung des Familiengerichts (§ 1631 b). Ausfluss des Aufenthaltsbestimmungsrechts ist der Herausgabeanspruch nach § 1632 Abs 1.

Der Aufenthaltsort kann auch durch Freiheitsbeschränkungen in Form von Hausarrest, Verboten, sich an einen 11.1 bestimmten Ort zu begeben, einer Festlegung von Ausgehzeiten oder durch Wegnahme des Personalausweises, um eine Ausreise ins Ausland zu vermeiden, bestimmt werden[54]. Die Eltern können weiter einen anderen Aufenthaltsort als die elterliche Wohnung festlegen, so etwa bei Unterbringung des Kindes im Kinderheim, Internat, an einem Kurort, kurzfristig bei Verwandten[55] oder bei Pflegepersonen iS von § 44 SGB VIII.

Inhaber des Aufenthaltsbestimmungsrechts sind bei gemeinsamer Sorge beide sorgeberechtigten 12 Eltern. Leben sie nicht nur vorübergehend getrennt, so müssen sie ein gegenseitiges Einvernehmen über den gewöhnlichen Aufenthalt des Kindes erzielen, da es sich hierbei um eine Angelegenheit von erheblicher Bedeutung für das Kind handelt (arg § 1687 Abs 1 S 2 HS 1). Dagegen entscheidet über den täglichen Aufenthalt des Kindes der Elternteil allein, bei dem sich das Kind mit Einwilligung des anderen Elternteils oder auf Grund einer gerichtlichen Entscheidung aufhält (§ 1687 Rn 10.1). Dieses Recht steht während der Ausübung des Umgangsrechts dem anderen Elternteil zu (§ 1684 Rn 10). Steht die elterliche Sorge nur einem Elternteil zu, so übt er allein das Aufenthaltsbestimmungsrecht aus.

Das Aufenthaltsbestimmungsrecht kann durch gerichtliche Entscheidungen **beschränkt** (§§ 1632 13 Abs 4, 1666) oder **entzogen** (§ 1666) werden. Eine weitere Einschränkung findet sich in § 43 SGB VIII, wonach das Jugendamt das Kind unter bestimmten Voraussetzungen von der Person wegnehmen oder aus einer Einrichtung herausnehmen kann, bei der oder in der sich das Kind mit Zustimmung des Sorgeberechtigten aufhält. Das Aufenthaltsbestimmungsrecht ist weiter eingeschränkt durch die Schulpflicht sowie Maßnahmen nach dem JGG.

5. Weitere Angelegenheiten. Da eine vollständige und abschließende Konkretisierung des Inhalts 14 der Personensorge nicht möglich ist, hat der Gesetzgeber in Abs 1 nur Regelbeispiele aufgelistet („insbesondere")[56]. Weitere Angelegenheiten der Personensorge sind die Erteilung des **Vornamens**[57] und Geburtsnamens (§§ 1616 ff), die Beteiligung bei einer **Eheschließung** eines Minderjährigen (§ 1303 Abs 3, 4)[58], die Festlegung des **Wohnsitzes** (§ 11)[59], **Zustimmungen nach §§ 107 ff**[60], nicht dagegen die Unterhaltsgewährung sowie die Bestimmung der Art des Unterhalts und der Zeitraum der Gewährung (§ 1612 Abs 2)[61]. Ebensowenig gehört die Organentnahme bei Tod des Minderjährigen dazu, weil mit dem Tod die elterliche Sorge endet; vielmehr liegt darin ein Anwendungsfall des Totensorgerechts (§ 1626 Rn 19.1).

6. Folgen der Verletzung des Pflichtrechts. Bei Verletzung des Personensorgerechts kommt eine 15 **Haftung** der Eltern gegenüber dem Kind nach § 1664 sowie Maßnahmen nach §§ 1666, 1667 in Betracht; möglich ist auch eine Strafbarkeit nach §§ 223, 229, 171 StGB. Bei Verletzung der Aufsichtspflicht haften die Eltern Dritten gegenüber nach § 832.

III. Recht auf gewaltfreie Erziehung und Verbot entwürdigender Maßnahmen (Abs 2)

1. Recht auf gewaltfreie Erziehung. Der Gesetzgeber hat in Abs 2 S 1 ein Gebot gewaltfreier 16 Erziehung und ein Recht des Kindes auf eine solche Erziehung aufgenommen. Das **Gewaltverbot** ist jetzt auch in § 1631 Abs 2 S 2 sowohl aus entwicklungspsychologischen, soziologischen, medizinischen, pädagogischen als auch verfassungsrechtlichen Gründen aufgenommen worden. Gewaltanwendung ist mit der Würde des Menschen (Art 1 Abs 1 GG) und der freien Entfaltung der Persönlichkeit

---

[50] BGH NJW-RR 1987, 1430, 1432.
[51] OLG Düsseldorf ZFE 2002, 385 f; OLG Köln VersR 1969, 44, 45; anders in einer Spielstraße, OLG Hamm NJW-RR 2002, 237, 238; LG Frankfurt/O SP 04/05, 120.
[52] Dölle II § 92 I 2.
[53] Lüderitz Familienrecht Rn 855; zum Anspruch des Kindes auf Aufnahme im Elternhaus Palandt/Diederichsen 60. Aufl 2001, Rn 8; Staudinger/Salgo Rn 58.
[54] RGRK/Wenz § 1631 aF Rn 6.
[55] OLG Frankfurt FamRZ 1996, 1351, 1352 betr Großeltern.
[56] BT-Drucks 7/2060 S 21.
[57] BGHZ 29, 256, 257.
[58] BayObLGZ 82, 363 zu § 3 EheG aF.
[59] BGH NJW-RR 1992, 1154.
[60] Soergel/Strätz § 1631 aF Rn 20.
[61] Mot IV S 750.

(Art 2 Abs 1 GG) nicht vereinbar[62]. Mit diesem Gewaltverbot soll aber kein absolutes Verbot aller körperlichen Erziehungsmaßnahmen aufgestellt werden. Darin läge ein mit Art 6 Abs 2 S 1 GG nur schwer zu vereinbarender Eingriff in die elterliche Autonomie[63]. Zudem hätte ein solches Verbot eine nicht gewollte Kriminalisierung des Familienlebens zur Folge[64]. Es ist jedoch nicht Aufgabe des Strafrechts, zur Durchsetzung pädagogischer Auffassungen oder weltanschaulicher Postulate kriminalisierend in den familiären Bereich einzugreifen[65]. Jedes andere Ergebnis würde zu bedenklichen Ergebnissen führen: so würde bereits eine strafbare Freiheitsberaubung vorliegen, wenn Eltern ihr Kind daran hindern, die Wohnung zu verlassen, bevor es seine Hausaufgaben erledigt hat[66]. Weiter wäre jedes Festhalten des Kindes, um Gefahren abzuwenden, mit der Gefahr der Strafverfolgung wegen § 240 StGB verbunden[67]. Diesen Konsequenzen will man zT mit einer restriktiven Auslegung des Begriffs der „Erziehung" in Abs 2 S 1 begegnen. Elterliche Züchtigungen, die darauf abzielen, Rechtsgüter des Kindes oder Dritter zu schützen, fielen danach nicht unter den Begriff der Erziehung, sondern unter den der „Beaufsichtigung" in Abs 1[68]. Abgesehen davon, dass diesem Lösungsansatz eine genaue Definition des Erziehungsbegriffs fehlt[69], ist die künstliche Aufspaltung der gesamten Personensorge mit der rechtspolitischen Zielsetzung des Abs 2 nur schwer vereinbar[70].

16.1 Gewalterfahrung des Kindes kann Angst, Aggressionen, Neurosen und letztlich Gewaltkriminalität zur Folge haben[71]. Das Kind erlebt Gewalt als ein öffentlich gebilligtes und geduldetes Mittel, um Dinge durchzusetzen und zu bewirken, die auf freiwilliger Basis nicht durchsetzbar sind[72]. Den damit angelegten Teufelskreis sich ewig reproduzierender Gewalt gilt es zu durchbrechen[73].

17 Weiter formuliert Abs 2 S 1 ein **Recht des Kindes** auf gewaltfreie Erziehung. Das Kind erhält damit nach dem Wortlaut ein subjektives Recht, kann also Erfüllungs-, Unterlassungs- und Schadensersatzansprüche gegen seine Eltern geltend machen. Dieser Wortlautinterpretation steht aber entgegen, dass ein gerichtlicher Eingriff in das Eltern-Kind-Verhältnis nur unter den Voraussetzungen des § 1666 zulässig ist. Diese Form des Rechtsschutzes muss für das Kind als grds an die Stelle des allgemeinen Zivilrechtsschutzes treten[74]. Dies gilt jedenfalls für Erfüllungs- und Unterlassungsansprüche, da insoweit § 1666 ein Äquivalent für den Primärrechtsschutz bietet. Dagegen verdrängt § 1666 nicht Schadensersatzansprüche, etwa solche aus § 823 Abs 1 und Abs 2 iVm § 1631 Abs 2[75].

18 **2. Unzulässigkeit entwürdigender Maßnahmen.** Korrespondierend zum Recht des Kindes auf gewaltfreie Erziehung enthält Abs 2 S 2 ein Verbot an die Eltern, bei der Ausübung der Personensorge körperliche Bestrafungen, seelische Verletzungen und andere entwürdigende Maßnahmen einzusetzen[76].

19 **a) Entwürdigende Maßnahmen.** Der gegenüber der körperlichen Bestrafung und seelischen Verletzung übergeordnete Begriff der entwürdigenden Maßnahme[77] ist neu in das Gesetz aufgenommen worden. Seit dem Gesetz zur Neuregelung des Rechts der elterlichen Sorge von 1979 war dort das Verbot entwürdigender Erziehungsmaßnahmen geregelt. Dieser Begriff war aber irreführend[78]; eine Maßnahme, die entwürdigend ist, kann keine Erziehungsmaßnahme sein, da Erziehung gerade zur Achtung der Würde anderer anzuhalten hat[79]. Klarer ist die nunmehrige Verwendung des Begriffs der Maßnahme. **Entwürdigend** sind Maßnahmen, die das Ehr- und Selbstwertgefühl des Kindes in einem vom Anlass der Erziehungsmaßnahme nicht zu rechtfertigenden Maß verletzen[80]. Das Gesetz regelt zwei Fälle entwürdigender Maßnahmen, und zwar die körperlichen Bestrafungen sowie die seelischen Verletzungen.

---

[62] BT-Drucks 14/1247 S 5.
[63] BT-Drucks 13/8511 S 65; *v. Mangoldt/Klein/Starck/Robbers* Art 6 Abs 2 GG Rn 154; s auch *v. Mangoldt/Klein/Starck* Art 2 Abs 2 GG Rn 239; *Noak* JR 2002, 402, 406 ff; aA *v. Münch/Coester-Waltjen* Art 6 GG Rn 65.
[64] BT-Drucks 8/2788 S 35; BT-Drucks 13/8511 S 65; *Lüderitz* AcP 178 (1978), 263, 288.
[65] LK/*Hirsch* 10. Aufl 1989, § 223 StGB Rn 22; *Schönke/Schröder/Eser* § 223 StGB Rn 20.
[66] BR-Drucks 519/1/00 S 3; BT-Drucks 13/8511 S 65.
[67] BT-Drucks 8/2788 S 35.
[68] *Hoyer* FamRZ 2001, 521, 524.
[69] *Beulke*, FS Schreiber, 2003, S 29, 38.
[70] *Coester*, FS Schwab, 2005, S 747, 753; *Staudinger/Salgo* Rn 84; *Göbel* S 266 ff; *Roxin* JuS 2004, 177, 179; *Noak* JR 2002, 402, 407.
[71] *Bussmann* S 75 ff; *Pfeiffer* S 94 f; *Becker* ZBlJR 1975, 66 f, 69; *Thomas* ZRP 1999, 193, 195; *Kargl* NJ 2003, 57, 61; *Ostendorf/Hinghaus/Kasten* FamRZ 2005, 1514, 1515; zur Relevanz von Zuwendungserfahrung im Verhältnis zur Züchtigungserfahrung *Rohmann* Kind-Prax 2004, 170, 171 f.
[72] BT-Drucks 11/7135 S 3; BT-Drucks 12/6783 S 4; *Reichert-Hammer* JZ 1988, 617, 619; *Rüping/Hüsch* GA 1979, 1, 6; *Kargl* NJ 2003, 57, 61 mwN.
[73] BT-Drucks 12/6783 S 4; *Diederichsen* NJW 1980, 1, 3; krit zu den Grundannahmen des Gesetzgebers *Rohmann* Kind-Prax 2004, 170, 172.
[74] BT-Drucks 14/1247 S 5; *Staudinger/Coester* § 1666 Rn 7; iE auch *Göbel* S 299.
[75] *Huber/Scherer* FamRZ 2001, 797, 801; MünchKommBGB/*Huber* Rn 36 ff; *Palandt/Diederichsen* Rn 6; *Göbel* S 300 ff; weitergehend *Benkert* S 162.
[76] BT-Drucks 14/1247 S 5.
[77] *Staudinger/Salgo* Rn 89.
[78] MünchKommBGB/*Hinz* § 1631 aF Rn 19.
[79] *Gernhuber/Coester-Waltjen* 4. Aufl 1994, § 57 VIII 2.
[80] BT-Drucks 8/2788 S 34; *Reichert-Hammer* JZ 1988, 617, 620.

§ 1631

b) Körperliche Bestrafungen. Der Begriff der körperlichen Misshandlung, der wegen seines hohen Maßes an Flexibilität durch das KindRG in das Gesetz aufgenommen worden war[81], ist inzwischen dem Begriff der körperlichen Bestrafung gewichen (BGBl 2000 I S 1479 f). Darin liegt eine Verschärfung gegenüber der früheren Rechtslage. Sie hat ihren Grund nach Ansicht des Gesetzgebers darin, dass die körperliche Bestrafung nach Erkenntnissen in der Pädagogik und Kinderpsychologie, auch wenn sie nicht die Intensität der Misshandlung erreicht, für das Kind eine Demütigung bedeutet[82]. Die Begrenzung auf Bestrafungen macht allerdings deutlich, dass nicht jede körperliche Einwirkung verboten sein soll[83]. Generell unzulässig ist also jede Einwirkung auf den Körper des Kindes zur Sanktionierung vergangenheitsbezogenen Verhaltens[84]. Umgekehrt liegt keine Bestrafung vor, wenn durch die körperliche Einwirkung auf das Kind dieses oder Dritte vor Schäden bewahrt oder Gefahren von dem Kind abgewehrt werden sollen[85]. Auch eine vorsorglich verabreichte Ohrfeige zur generellen Erhöhung der Folgebereitschaft stellt keine Bestrafung, jedoch eine entwürdigende Maßnahme iS von Abs 2 S 2 dar[86]. 20

Am Merkmal der körperlichen Bestrafung fehlt es aber nach vielfacher Ansicht auch dann, wenn es um die Durchsetzung einer erlaubten Erziehungsmaßnahme geht[87]. Die Ge- und Verbote würden von den Eltern durch eigene Handlungen unmittelbar durchgesetzt[88]; ein zulässiges Mittel zur Durchsetzung sei dabei die körperliche Gewaltanwendung[89]. Diese Sicht ist unproblematisch, soweit es um die Abwehr von Gefahren und den Schutz des Kindes geht. Fraglich ist aber, wie es mit dem Einsatz von Gewalt zur Durchsetzung sonstiger Erziehungsmaßnahmen steht. Alle elterlichen Reaktionen müssen strikt am Kindeswohl ausgerichtet sein[90]. Damit sind körperliche Misshandlungen, die den Tatbestand des § 223 StGB bzw des § 823 erfüllen, von vornherein unzulässig[91]. Problematisch ist aber, ob die darunter liegenden körperlichen Einwirkungen, wie etwa der **Klaps auf den Po** oder die **leichte Ohrfeige**, als Mittel zur Durchsetzung eines Ge- oder Verbots in Betracht kommen. Dabei geht es um die Abgrenzung eines zulässigen Vollzugs einer elterlichen Sorgemaßnahme von einer unzulässigen körperlichen Bestrafung. Sowohl der Klaps auf den Po als auch die leichte Ohrfeige sind idR ebenso wie das zuvor ausgesprochene elterliche Ge- oder Verbot erst die Reaktion auf ein bestimmtes Verhalten des Kindes, stellen also eine unzulässige Bestrafung dar. Das Gleiche gilt aber auch für das zwangsweise Herausnehmen eines Kindes aus einer bestimmten Umgebung oder das zwangsweise Verbringen des Kindes in eine andere Umgebung[92]. Zulässige Erziehungsmittel bleiben bei diesem Ansatz nur noch präventive Maßnahmen wie etwa das Fest- oder Zurückhalten[93]. Dieses Ergebnis führt aber zu einem erheblichen Eingriff in das Erziehungsrecht der Eltern, der verfassungsrechtlich nicht ganz unproblematisch ist[94]. 21

Um dieses Ergebnis zu vermeiden, kommt in Betracht, den Begriff der körperlichen Bestrafung aus seinem systematischen Zusammenhang zu S 1 zu bestimmen und den Einsatz von Gewalt zu verlangen. Dann scheiden geringfügige Einwirkungen auf den Körper des Kindes aus[95]. Eine restriktive Auslegung des Tatbestandsmerkmals in diese Richtung wird auch vom dargelegten Zweck des Gewaltverbots nahegelegt, einen Bewusstseinswandel bei den Eltern, aber keine Kriminalisierung des elterlichen Verhaltens zu erreichen. Diese Sichtweise entspricht zudem der vielfach vertretenen strafrechtlichen Bewertung[96]. Zwar distanziert sich der Gesetzgeber mit dem Begriff der körperlichen Bestrafung von 22

---

[81] BT-Drucks 13/8511 S 65.
[82] BT-Drucks 14/1247 S 8; *Göbel* S 73 ff.
[83] BT-Drucks 14/1247 S 8.
[84] *Coester*, FS Schwab, 2005, S 747, 753; MünchKommBGB/*Huber* Rn 22.
[85] BT-Drucks 14/1247 S 8; MünchKommBGB/*Huber* Rn 22; *Palandt/Diederichsen* Rn 7; *Staudinger/Salgo* Rn 85; *Staudinger/Coester* § 1666 Rn 93; *Gernhuber/Coester-Waltjen* § 57 Rn 91; *Riemer* ZJJ 2005, 403, 407; *Ehrhardt-Rauch* ZfJ 2004, 59, 60; *Kellner* NJW 2001, 796, 797.
[86] MünchKommBGB/*Huber* Rn 24; *Huber/Scherer* FamRZ 2001, 797, 799; *Göbel* S 65; iE *Coester*, FS Schwab, 2005, S 747, 753 f.
[87] *Palandt/Diederichsen* Rn 7, 9; *Staudinger/Coester* § 1666 Rn 93; *ders*, FS Schwab, 2005, S 747, 753 ff.
[88] *Palandt/Diederichsen* Rn 9.
[89] *Palandt/Diederichsen* Rn 7, 9; *Coester*, FS Schwab, 2005, S 747, 754 ff; *Riemer* ZJJ 2005, 403, 407; *Gernhuber/Coester-Waltjen* § 57 Rn 91; in diese Richtung wohl auch *Dreier/Gröschner* Art 6 GG Rn 114.
[90] BVerfG FamRZ 1982, 1179, 1182; auf den Verhältnismäßigkeitsgrundsatz stellen ab *Staudinger/Salgo* Rn 85; *Huber/Scherer* FamRZ 2001, 797, 799; *Coester*, FS Schwab, 2005, S 747, 756 ff.
[91] OLG Jena FamRZ 2003, 1319 f betr Pobisse; LG Berlin ZKJ 2006, 103 ff m Anm *Riemer* betr Misshandlungen verschiedenster Art; AG Burgwedel JAmt 2005, 50 betr kräftiger Ohrfeige; AG Köln 18. 4. 2003 zitiert von *Riemer* ZJJ 2005, 403 f betr mehrfacher Schläge ins Gesicht, heftigen Schüttelns einer Zweijährigen; *Roxin* JuS 2004, 177, 179; *Soergel/Spickhoff* § 823 Rn 136.
[92] *Coester*, FS Schwab, 2005, S 747, 755 f, 757 hält dagegen in diesen Fällen die Gewaltanwendung grds für zulässig, die Grenzen sieht er in den beiden anderen Tatbestandsmerkmalen von Abs 2 S 2; weiter AG Koblenz FamRZ 2006, 1141.
[93] MünchKommBGB/*Huber* Rn 24; *Göbel* S 62.
[94] *v. Mangoldt/Klein/Starck/Robbers* Art 6 Abs 2 GG Rn 154; *Noak* JR 2002, 402, 406; dagegen *Riemer* ZJJ 2005, 403 f.
[95] *Soergel/Spickhoff* § 823 Rn 136; *Staudinger/Salgo* Rn 86; *Schwab* Familienrecht, 15. Aufl 2007, Rn 548; so auch *v. Mangoldt/Klein/Starck/Starck* Art 2 Abs 2 GG Rn 239; *Maunz/Dürig/Herzog/Scholz/di Fabio* Art 2 Abs 2 GG Rn 74 (spontan abklingende Schmerzreaktion); aA *Erhardt-Rauch* ZfJ 2004, 59, 60; *Palandt/Diederichsen* Rn 7; *Knödler* ZKJ 2007, 58, 59; *Kellner* NJW 2001, 796, 797; *Noak* JR 2002, 402, 405, AnwK-BGB/*Rakete-Dombek* Rn 12.
[96] *Tröndle/Fischer* § 223 StGB Rn 17; LK/*Lilie* § 223 StGB Rn 10; weitergehend *Beulke*, FS Schreiber, 2003, S 29, 40; aA *Bussmann* FPR 2002, 289, 292; für einen persönlichen Strafausschließungsgrund *Roxin* JuS 2004, 177, 180; aA *Kargl* NJW 2003, 57, 62 ff; *Bussmann* FPR 2002, 289, 290 mwN; *Riemer* ZJJ 2005, 403, 407; *ders* FPR 2006, 387, 389; *Knödler* ZKJ 2007, 58, 65.

der strafrechtlichen Terminologie der körperlichen Misshandlung iS von § 223 StGB; der Gedanke der Einheit der Rechtsordnung legt aber eine einheitliche Bewertung nahe[97]; auf diese Weise kann auch ein Wertungswiderspruch zwischen einem möglichen Schadensersatzanspruch des Kindes gegen seine Eltern aus § 823 Abs 2 iVm § 1631 Abs 2 als Schutzgesetz und § 823 Abs 1 vermieden werden, der für eine Körper- und Gesundheitsverletzung verlangt, dass die Schwelle der Erheblichkeit überschritten wird[98]. Etwas weiter geht die Ansicht, die den Begriff der körperlichen Bestrafung mit Blick auf den der entwürdigenden Maßnahme auslegt. Danach sind nur solche Bestrafungen unzulässig, die entwürdigend sind[99]. Dieser Ansatz stellt wieder einen stärkeren Bezug zum Erziehungsrecht der Eltern her und ermöglicht eine Abwägung im Einzelfall unter strikter Berücksichtigung des Verhältnismäßigkeitsgrundsatzes, birgt allerdings die Gefahr, wieder zur Gesetzesfassung des KindRG zurückzukehren und ist deshalb abzulehnen.

23 **c) Seelische Verletzungen.** Der Begriff der seelischen Verletzung löst den als zu eng empfundenen Begriff der seelischen Misshandlung ab[100]. Unzulässig sind alle Maßnahmen von Eltern oder von Dritten mit Duldung der Eltern, die das Kind dem Gespött und der Verachtung anderer Personen preisgeben und so seine Selbstachtung in unverhältnismäßiger Weise verletzen, zB wenn ein Kind von seinen Eltern gezwungen wird, sich in der Öffentlichkeit vor seinen Kameraden mit einem Schild um den Hals zu zeigen, welches auf seine Verfehlung hinweist[101]. Eine seelische Misshandlung liegt aber auch dann vor, wenn ein Kind vor seinen Freunden oder anderen Dritten herabgesetzt, wenn es wegen jeder Kleinigkeit kritisiert und nie gelobt wird oder die Eltern kaltherzig und lieblos mit ihm umgehen[102]. Erfasst wird auch das Miterleben von häuslicher Gewalt der Eltern (mittelbare Gewalt)[103]. Maßgebend ist immer der Verletzungserfolg, nicht wie in der ersten Tatbestandsalternative der Zweck der Handlung[104].

24 **d) Weitere Fälle entwürdigender Maßnahmen.** Entwürdigend können außer körperlichen Bestrafungen und seelischen Verletzungen auch andere Maßnahmen sein, die das Ehr- und Selbstwertgefühl des Kindes in einem durch den Anlass der Maßnahme nicht zu rechtfertigenden Maß verletzen. Dies ist zum Beispiel der Fall, wenn die Eltern sich über das Kind hinter dessen Rücken in Gesprächen mit Freunden des Kindes laufend verächtlich und herabsetzend äußern[105]. In diesem Fall liegt mangels Verletzungserfolgs keine seelische Verletzung, wohl aber eine entwürdigende Maßnahme iS von Abs 2 S 2 Alt 3 vor. Entwürdigend kann auch die Einstellung von Fotos des Kindes in die Webseite eines Elternteils sein[106]. Die Entwürdigung kann in der Art der Strafe (zB Nacktausziehen) oder in Ausmaß oder Dauer der Maßnahme liegen (zB lang andauerndes Nichtansprechen, Einsperren)[107].

25 **3. Sanktionen.** Das Gewaltverbot ist nicht unmittelbar sanktionsbewehrt. Das Kind hat keinen Unterlassungs-, wohl aber einen Schadensersatzanspruch nach §§ 823 Abs 1 und Abs 2 iVm § 1631 Abs 2 und § 223 StGB (Rn 17) und unter bestimmten Voraussetzungen kann der Staat Maßnahmen nach den §§ 1666, 1666a ergreifen (§ 1666 Rn 6.1); eine Strafverfolgung kommt in Betracht, wenn ein Straftatbestand erfüllt ist (§§ 223 ff, 239, 249, 185 StGB)[108]. Ziel der Reform ist jedoch die Ächtung der Gewalt in der Erziehung ohne Kriminalisierung der Familie; in erster Linie soll ein Bewusstseinswandel der Eltern erreicht werden[109]. Nicht die Strafverfolgung oder der Entzug der elterlichen Sorge dürfen deshalb in Konfliktfällen im Vordergrund stehen, sondern Hilfen für die Familie[110]. Diesem Ziel dient vor allem § 16 Abs 1 S 3 SGB VIII, wonach die Maßnahmen der allgemeinen Förderung der Erziehung in der Familie auch Wege aufzeigen sollen, wie Konfliktsituationen in der Familie gewaltfrei gelöst werden können.

26 **4. Zulässige Erziehungsmittel.** Als zulässige Erziehungsmittel kommen nach alledem in Betracht: Lob, Vorbild, Erklärung, Verständnis, aber auch das Kürzen von Taschengeld[111], das Verbot gegenüber

---

[97] *Beulke*, FS Schreiber, 2003, S 29, 36 f.
[98] *Soergel/Spickhoff* Rn 33, 37, 136.
[99] *Beulke*, FS Schreiber, 2003, S 29, 39 f; *Kühl* § 223 StGB Rn 11; aA *Palandt/Diederichsen* Rn 7; *Fischer* § 223 StGB Rn 18 b; Bussmann FPR 2002, 289, 291.
[100] BT-Drucks 14/1247 S 8.
[101] BT-Drucks 8/2788 S 48.
[102] BT-Drucks 12/6343 S 15; einschränkend gar BT-Drucks 14/1247 S 8: extreme Kälte; nach den Angaben des von den Vereinten Nationen eingesetzten Ausschusses für die Rechte des Kindes leiden in Deutschland viele Kinder unter dem Mangel an Zuwendung und Fürsorge, vor allem nach der Trennung der Eltern, *Hummel* FAZ vom 20. 11. 1999 S 11.
[103] *Söpper* FPR 2001, 269, 273 f; *Kindler/Salzgeber/Fichtner/Werner* FamRZ 2004, 1241, 1245; *Oberloskamp* ZfJ 2004, 267, 270; *Will* FPR 2004, 233 f.
[104] *Huber/Scherer* FamRZ 2001, 797, 799.
[105] BT-Drucks 14/1247 S 8; BT-Drucks 12/6343 S 16.
[106] *Gounalakis/Rhode* FF 2002, 202, 204 f; zahlreiche weitere Beispiele bei *Staudinger/Salgo* Rn 88 f.
[107] *Diederichsen* NJW 1980, 1, 3; *Palandt/Diederichsen* Rn 7.
[108] BT-Drucks 14/1245 S 5; *Erhardt-Rauch* ZfJ 2004, 59, 61 f; zum rechtlichen Schutz für Kinder bei häuslicher Gewalt iE *Oberloskamp* ZfJ 2004, 267 ff; *Will* FPR 2004, 233 ff; zu den strafrechtlichen Sanktionen iE *Staudinger/Salgo* Rn 76 ff; s Rn 21.
[109] BT-Drucks 14/1247 S 7; zu den Auswirkungen des neuen Gesetzes *Bussmann* FPR 2002, 289, 292 f; ders JAmt 2004, 400 ff.
[110] BT-Drucks 14/1247 S 5 f.
[111] BT-Drucks 14/1247 S 7; MünchKommBGB/*Huber* Rn 5; einschränkend FamRefK/*Rogner* Rn 8.

dem Kind, eine ihm sonst gestattete Fernsehsendung anzuschauen[112], das zeitweilige Verbot von Lieblingsspielen (zB Fußballspielen)[113], Ermahnungen, Erklärungen, Verweise, der Entzug von Spielgeräten[114], Ausgeh- und Umgangsverbote[115] oder etwa das festere Packen am Arm, um Gefahren zu vermeiden[116].

5. Einsatz von Erziehungsmitteln durch Dritte. Ein Züchtigungsverbot für **Lehrherren** enthält § 31 JArbSchG. **Lehrern** steht ebenfalls kein Züchtigungsrecht zu[117]. 27

IV. Unterstützung der Eltern bei der Ausübung der Personensorge (Abs 3)

Auf Antrag hat das Familiengericht die Eltern bei der Ausübung der Personensorge zu unterstützen. 28
Dies gilt auch für **ausländische Staatsangehörige**, wenn das Kind seinen Aufenthalt im Inland hat, die Maßnahmen im Interesse des Kindes liegen und die Unterstützungsmaßnahme dem Heimatrecht des Sorgeberechtigten entspricht[118]. Die Unterstützung durch das Familiengericht setzt voraus, dass die Maßnahme der Eltern dem Wohl des Kindes entspricht[119]. Hält das Gericht ein Tätigwerden für unzweckmäßig oder im Interesse des Kindes nicht für geboten, so kann es ein Tätigwerden ablehnen[120].

Will es dagegen die Eltern unterstützen, so kommen als **Unterstützungsmaßnahmen** Ermahnungen, Weisungen[121], Verwarnungen, eine Vorladung[122], die Hilfe bei der Ermittlung des Kindesaufenthalts[123], nicht jedoch der Jugendarrest in Betracht, weil hierfür das Jugendgericht nach §§ 15 f JGG zuständig ist[124]. Als Unterstützungsmaßnahme wird weiter die Anordnung einer Rückkehr in das Elternhaus gewertet[125]. Dabei ist umstritten, ob diese Anordnung mittels Gewaltanwendung nach § 33 Abs 2 FGG vollstreckt werden kann. Zum Teil wird Abs 3 als Grundlage für die Anordnung und Durchführung staatlicher Gewaltanwendung gegenüber dem Kind herangezogen[126]. Gegen diese Sichtweise sprechen aber die im Rahmen von § 1632 genannten Bedenken (dort Rn 12). Keine Unterstützungsmaßnahmen iS von Abs 3 sind solche, die nach Spezialregelungen (§§ 1631 b, 1632) ergehen[127]. Das Tätigwerden des Gerichts steht neben Unterstützungsmaßnahmen der **Jugendhilfe** nach § 18 sowie § 27 SGB VIII, die ebenfalls von den Eltern beansprucht werden können. Das Familiengericht wird nach § 50 SGB VIII bei seinen Tätigkeiten vom Jugendamt unterstützt. Mit der Heirat des Kindes werden Unterstützungsmaßnahmen des Gerichts gegenstandslos (vgl § 1633)[128]. 29

Das Familiengericht wird nur auf einen jederzeit widerruflichen **Antrag** tätig. Dabei genügt der Antrag eines Elternteils[129]; liegen aber Meinungsverschiedenheiten der Eltern vor, so geht das Verfahren nach § 1628 dem nach Abs 3 vor[130]. Das Gericht darf bei seiner Entscheidung nicht über den Antrag hinausgehen, wohl aber kann es dahinter zurückbleiben[131]. 30

§ 1631 a Ausbildung und Beruf

¹In Angelegenheiten der Ausbildung und des Berufs nehmen die Eltern insbesondere auf Eignung und Neigung des Kindes Rücksicht. ²Bestehen Zweifel, so soll der Rat eines Lehrers oder einer anderen geeigneten Person eingeholt werden.

Schrifttum: *Bosch,* Volljährigkeit – Ehemündigkeit – Elterliche Sorge, FamRZ 1973, 489; *Coester-Waltjen* ua, Neues elterliches Sorgerecht. Alternativ-Entwurf eines Gesetzes zur Neuregelung des Rechts der elterlichen Sorge mit Begründung und Stellungnahmen, 1977; *Dölitzsch,* Vom Kindesschutz zu Kindesrechten. Plädoyer für eine Handlungsfähigkeit in höchstpersönlichen Angelegenheiten, 2003; *Franz,* Zur Frage eines eigenen Antragsrechts des Jugendlichen gegenüber dem Vormundschaftsgericht, FamRZ 1974, 571; *Friedrichs,* Ausbildungs- und Berufskonflikte in der Eltern-Kind-Beziehung (§ 1631 a BGB), ZBlJR 1980, 313; *Knöpfel,* Zur Neuordnung des elterlichen Sorgerechts, FamRZ 1977, 600; *Kramer,* Elterliches Sorgerecht und Berufsausbildung von Minderjähri-

---

[112] BT-Drucks 14/1247 S 7; BT-Drucks 12/6343 S 13.
[113] *Weimar* MDR 1964, 21.
[114] *Jauernig/Berger* Rn 2.
[115] *Palandt/Diederichsen* Rn 14; *Erman/Michalski* Rn 8.
[116] BT-Drucks 12/6343 S 13; *Hoyer* FamRZ 2001, 520, 524.
[117] BGH NStZ 1993, 591 betr § 90 Abs 3 S 2 BWSchulG; *Maunz/Dürig/di Fabio* Art 2 Abs 2 GG Rn 475 f mwN; *Staudinger/Salgo* Rn 91.
[118] KG JW 1939, 350; *Soergel/Strätz* § 1631 aF Rn 27.
[119] KG FamRZ 1965, 390, 391; *Staudinger/Salgo* Rn 95.
[120] BT-Drucks 8/2788 S 49.
[121] OLG Weimar MDR 1952, 21, 22.
[122] BayObLG MDR 1952, 240.
[123] KG KJG 47, 35 ff.
[124] BayObLG MDR 1952, 240, 241; *Schnitzerling* FamRZ 1957, 291, 292; *Dölle* II § 92 I 2 a Fn 14.
[125] *Staudinger/Salgo* Rn 100; *Soergel/Strätz* § 1632 aF Rn 26; *Schnitzerling* FamRZ 1957, 291, 292; *Dölle* II § 92 I 2 a Fn 14; wohl auch *Röchling* FamRZ 2006, 1732, 1736 mwN.
[126] *Soergel/Strätz* Nachtrag § 1631 aF Rn 26; wohl auch *Röchling* FamRZ 2006, 1732, 1736; aA *Staudinger/Salgo* § 1631 Rn 100.
[127] MünchKommBGB/*Huber* Rn 43.
[128] BayObLG FamRZ 1962, 77, LS.
[129] *Gernhuber/Coester-Waltjen* § 57 Rn 95.
[130] BT-Drucks 8/2788 S 49; aA MünchKommBGB/*Huber* Rn 41.
[131] *Staudinger/Salgo* Rn 94; MünchKommBGB/*Huber* Rn 41.

§ 1631 a

gen, JZ 1974, 90; *Münder,* Die Berufswahl des Jugendlichen, ZBlJR 1975, 286; *Natzel,* Das neue Recht der elterlichen Sorge und seine Bedeutung für das Berufsbildungsrecht, DB 1980, 1023; *Schwab,* Mündigkeit und Minderjährigenschutz, AcP 172 (1972), 266; *Zenz,* Elterliche Sorge und Kindesrechte. Zur beabsichtigten Neuregelung, StAZ 1973, 257.

I. Normzweck

1 Mit dieser durch Art 1 Nr 48 KindRG zuletzt geänderten Regelung soll das Kind im Hinblick auf die für das ganze Leben besonders wichtigen Entscheidungen in Angelegenheiten der Ausbildung und des Berufs vor einer Über- oder Unterforderung durch die Eltern geschützt werden[1]. § 1631 a konkretisiert somit das staatliche **Wächteramt** (Art 6 Abs 2 S 2 GG) und ergänzt die allgemeinen Verhaltensnormen der §§ 1626 Abs 2, 1618 a[2]. Durch die Rücksichtnahme der Eltern auf Eignung und Neigung des Kindes soll die Entwicklung des jungen Menschen zur eigenverantwortlichen Persönlichkeit unterstützt[3] und persönliche Zufriedenheit sowie Selbstverwirklichung im beruflichen Bereich erreicht werden[4].

II. Angelegenheiten der Ausbildung und des Berufs

2 Die Gebote der Rücksichtnahme (S 1) und der Inanspruchnahme fachkundiger Hilfe in Zweifelsfällen (S 2) bestehen in Angelegenheiten der Ausbildung und des Berufs. Unter **Beruf** ist dabei jede erlaubte Tätigkeit anzusehen, die auf Dauer angelegt ist und der Schaffung und Erhaltung einer Lebensgrundlage dient[5]. **Ausbildung** meint die Entwicklung von Begabungen und Anlagen zu speziellen Fertigkeiten, die für die Ausübung bestimmter Tätigkeiten Voraussetzung sind, und geht damit über die Vorbildung zu einem Beruf hinaus[6].

2.1 Die Ausbildung umfasst im Wesentlichen die schulische Bildung[7] und die Berufsausbildung, aber auch die Entfaltung musischer, intellektueller, sportlicher oder technischer Fähigkeiten (Maschinenschreiben, Computerbenutzung, Führerschein, Erlernen von Sprachen usw)[8]. Zu den Angelegenheiten der Ausbildung und des Berufs gehören insbes die Entscheidungen über Ausbildungsziel, -gang und -stätte sowie Berufswahl, Wechsel der Arbeitsstätte und des Berufs[9].

III. Pflicht zur Rücksichtnahme insbes auf Eignung und Neigung des Kindes (S 1)

3 Die Eltern haben in Ausbildungs- und Berufsangelegenheiten insbes auf Eignung und Neigung des Kindes Rücksicht zu nehmen (S 1). Die **Eignung eines Kindes** liegt vor, wenn es die Begabung, Fähigkeit, Fertigkeit sowie die physischen und psychischen Eigenschaften hat, die zur Erreichung des angestrebten Ausbildungszieles und für die spätere Bewährung im Beruf erforderlich sind[10]. Unter **Neigung** sind die Vorlieben und Interessen des Kindes iS von emotionaler Zuwendung zu verstehen[11]. Außer Eignung und Neigung des Kindes können **weitere Gesichtspunkte** eine Rolle spielen („insbesondere"), wie zB die wirtschaftliche Leistungsfähigkeit der Eltern[12], Verdienstmöglichkeiten, Arbeitsmarktchancen, Fortführung des Betriebes im Interesse der Familie, Entfernung und Zustand der vorhandenen Ausbildungsstätten, Unfallgefahren bei der Tätigkeit, der Gesundheitszustand des Kindes[13]. Die **Pflicht**[14] zur Rücksichtnahme insbes auf Eignung und Neigung bedeutet, dass die Eltern die Wahl des Bildungsweges des Kindes unter Zugrundelegung aller Fertigkeiten und Bestrebungen des Kindes treffen müssen[15].

3.1 Die Eignung lässt sich ua mit Hilfe von (Schul-)Zeugnissen, Auskünften von Lehrern oder Ausbildern, medizinischen oder psychologischen Gutachten oder Tests feststellen[16].

3.2 Bei den Neigungen sind in jedem Fall nur solche verständiger und schutzwürdiger Art zu berücksichtigen, die sich nicht als nur flüchtig und vorübergehend erweisen (beständiges Hingezogensein) und die nicht im Widerspruch zur Eignung des Kindes stehen[17]. Erforderlichenfalls ist die Neigung mit Hilfe eines psychologischen Sachverständigen zu ermitteln[18].

---

[1] BT-Drucks 8/2788 S 37; *Knöpfel* FamRZ 1977, 600, 608.
[2] *Friedrichs* ZBlJR 1980, 313, 315; *Soergel/Strätz* § 1631 a aF Rn 2.
[3] BT-Drucks 7/2060 S 16 zu § 1626 Abs 2; BT-Drucks 8/2788 S 37, 49 zu § 1631 a aF.
[4] *Staudinger/Salgo* § 1631 a Rn 2, 4.
[5] Diese weite Begriffsbestimmung entspricht der zu Art 12 GG; dazu BVerfGE 7, 377, 397; BVerfG NJW 1991, 1766, 1767.
[6] *Palandt/Diederichsen* Rn 1; MünchKommBGB/*Huber* Rn 4; aA *Erman/Michalski* Rn 2.
[7] *Münder* ZBlJR 1975, 286, 287 f.
[8] *Palandt/Diederichsen* Rn 1.
[9] MünchKommBGB/*Huber* Rn 4; *Erman/Michalski* Rn 2.
[10] *Soergel/Strätz* § 1631 a aF Rn 6.
[11] MünchKommBGB/*Huber* Rn 5.
[12] BGHZ 69, 190, 192 f betr Unterhaltsanspruch eines volljährigen Kindes gegen seine Eltern.
[13] *Friedrichs* ZBlJR 1980, 313, 315 f; *Staudinger/Salgo* § 1631 a Rn 13.
[14] *Soergel/Strätz* § 1631 a aF Rn 7; *Staudinger/Salgo* § 1631 a Rn 9.
[15] *Zenz* StAZ 1973, 257, 263.
[16] BayObLG FamRZ 1982, 634, 636; *Natzel* DB 1980, 1023, 1027.
[17] BT-Drucks 8/2788 S 49; BayObLG FamRZ 1982, 634, 636; BGHZ 69, 190, 192 f zu § 1610.
[18] MünchKommBGB/*Huber* Rn 6.

Mit Freiheitsentziehung verbundene Unterbringung **§ 1631 b**

Die Pflicht zur Rücksichtnahme fordert nicht nur ein einfaches Gewährenlassen oder die Erlaubniserteilung, 3.3
sondern eine aktive Unterstützung des Kindes[19]; wichtig sind vor allem Gespräche mit dem Kind, bei denen die
Eltern ernsthaft ihre Vorstellungen mit denen des Kindes abwägen[20]. Eine gesetzliche Ausformung des Beteiligungs-
gedankens findet sich in § 4 Abs 2 BBiG.

IV. Beratungspflicht der Eltern (S 2)

Sind die Eltern bei einer derartigen Entscheidung, die oft eine Prognose verlangt, überfordert, 4
unsicher[21], untereinander uneinig oder uneins mit dem Kind, wird zur Entscheidungsfindung emp-
fohlen („soll"), fachkundige Hilfe in Anspruch zu nehmen (S 2)[22]. Je nach der Art der bestehenden
Zweifel können geeignete Personen zur Beratung zB Verwandte, Lehrer, Ausbilder, den betreffenden
Beruf ausübende Personen, Berufsberater (vgl §§ 29 ff SGB III), Ärzte, Psychologen oder sonstige
Sachverständige sein[23].

V. Rechtsfolgen bei Verstoß gegen das Rücksichtnahmegebot

Ein Verstoß gegen das Gebot der Rücksichtnahme kann einen Sorgerechtsmissbrauch darstellen, der 5
zu Maßnahmen des Familiengerichts nach § 1666 führt. Da mit der Aufhebung des § 1631 a Abs 2 aF
durch das KindRG in der Sache keine Änderung verbunden ist[24], ist die gegenüber § 1666 niedrigere
Eingriffsschwelle, die dort geregelt war[25], jetzt im Rahmen von § 1666 zu beachten (näher § 1666
Rn 5.1). Die Verletzung des Gebots hat unterhaltsrechtlich zur Folge, dass die Eltern ihre Verpflichtung
zur Finanzierung einer angemessenen Ausbildung (§ 1610 Abs 2) noch nicht in rechter Weise erfüllt
haben und eine weitere Ausbildung finanzieren müssen[26]. Die Nichtbeachtung des Rates einer geeigneten Person iS von S 2 kann ein Indiz für die Korrekturbedürftigkeit der Elternscheidung und
Maßnahmen nach § 1666 sein[27].

§ 1631 b Mit Freiheitsentziehung verbundene Unterbringung

¹**Eine Unterbringung des Kindes, die mit Freiheitsentziehung verbunden ist, ist nur mit Genehmigung des Familiengerichts zulässig.** ²**Ohne die Genehmigung ist die Unterbringung nur zulässig, wenn mit dem Aufschub Gefahr verbunden ist; die Genehmigung ist unverzüglich nachzuholen.** ³**Das Gericht hat die Genehmigung zurückzunehmen, wenn das Wohl des Kindes die Unterbringung nicht mehr erfordert.**

Schrifttum: *Benkert,* Die „bösen" Kinder – Zu Umfang und Inhalt der Personensorge aus Sicht der Eltern, 2004; *Bode,* Änderungsbedarf bei § 1666 BGB? Stellungnahme zum Gesetzesantrag des Freistaates Bayern zum Entwurf eines Gesetzes zur Änderung des § 1666 BGB und weiterer Vorschriften, Kind-Prax 1998, 183; *Czerner,* Probleme bei der Inobhutnahme gemäß § 42 SGB VIII, ZfJ 2000, 372; *ders,* Die elterliche Unterbringung gemäß § 1631 b BGB: ein familienrechtliches Fragment im vormundschaftsgerichtlichen und verfassungsrechtlichen Spannungsfeld, zugleich ein Beitrag zur Gesetzesanalogie, AcP 202 (2002), 72; 16. Deutscher Familiengerichtstag – Empfehlungen des Vorstands, FamRZ 2005, 1962 (zit: Empfehlungen des 16. DFGT); *Fahl,* Schlaf als Zustand verminderten Strafrechtsschutzes?, Jura 1998, 456; *Gerstein,* Der Familienrichter als Erzieher und „Jugendrichter light". Weitere Anmerkungen zum bayerischen „Entwurf eines Gesetzes zur Änderung des § 1666 BGB und weiterer Vorschriften", Kind-Prax 1999, 48; *Gollwitzer/Rüth,* § 1631 b BGB – Die geschlossene Unterbringung Minderjähriger aus kinder- und jugendpsychiatrischer Sicht, FamRZ 1996, 1388; *Helle,* Freiheitsentziehung und Freiheitsbeschränkung bei der bürgerlich-rechtlichen Unterbringung Minderjähriger, ZfJ 1986, 40; *Hinz,* Strafmündigkeit ab vollendetem 12. Lebensjahr, ZRP 2000, 107; *Koritz,* Der Verfahrenspfleger im Unterbringungsverfahren nach § 1631 b BGB – das Spannungsfeld zwischen einer Bestellung nach § 50 und § 70 b FGG, FPR 2006, 42; *Kunkel,* Das Zusammenspiel von Jugendamt und Familiengericht nach § 42 SGB VIII, Kind-Prax 2002, 159; *ders,* Geschlossene Unterbringung nach § 42 SGB VIII zum Schutz des Kindes, FPR 2003, 277; *Moritz,* Genehmigungspflicht nach § 1631 b bei Unterbringung des Kindes – Zugleich zu J. Helle, ZfJ 1986, 40, ZfJ 1986, 440; *Sack/Denger,* Freiheitsberaubung bei ungenehmigter Unterbringung von Kindern in jugendpsychiatrischen Kliniken?, MDR 1982, 972; *Thomas,* Der Kinderdelinquenz Einhalt gebieten – aber wie?, ZRP 1999, 193; *Trauernicht,* Eine erneute Positionsbestimmung zu einem alten Thema: Geschlossene Unterbringung von Kindern und Jugendlichen, ZfJ 1991, 520; *Wille,* Freiheitsentziehung bei Kindern und Jugendlichen nach § 1631 b BGB in der familiengerichtlichen Praxis, DAVorm 2000, 449; *ders,* § 1631 b BGB in der amtsgerichtlichen Praxis, ZfJ 2002, 85.

---

[19] *Palandt/Diederichsen* 61. Aufl 2002, Rn 5; *Kramer* JZ 1974, 90, 93; *Staudinger/Salgo* § 1631 a Rn 9; krit zur geltenden Regelung *Dölitzsch* 132 f; weitergehend für ein Vetorecht des Kindes *Bosch* FamRZ 1973, 489, 499; *Schwab* AcP 172 (1972), 267, 286, 288; *Coester-Waltjen* ua Neues elterliches Sorgerecht, 14, 79; für ein eigenes Antragsrecht *Franz* FamRZ 1974, 571, 573 f; *Knöpfel* FamRZ 1977, 600, 608; dagegen BT-Drucks 8/2788 S 37.
[20] *Soergel/Strätz* § 1631 a aF Rn 7; *Staudinger/Salgo* § 1631 a Rn 8.
[21] BT-Drucks 8/2788 S 37; *Schwab* AcP 172 (1972), 266, 284.
[22] BT-Drucks 8/2788 S 37, 49; *Knöpfel* FamRZ 1977, 600, 607; aA *Erman/Michalski* Rn 7 a; s auch *Staudinger/Salgo* § 1631 a Rn 16.
[23] BT-Drucks 8/2788 S 49; *Soergel/Strätz* § 1631 a aF Rn 8; *Erman/Michalski* Rn 7; *Kramer* JZ 1974, 90, 93; *Friedrichs* ZBlJR 1980, 313, 315.
[24] BT-Drucks 13/4899 S 65, 115; abl gegenüber der Abschaffung von § 1631 a Abs 2 aF FamRefK/*Rogner* Rn 2.
[25] BT-Drucks 8/2788 S 50; BayObLG FamRZ 1982, 634, 636; MünchKommBGB/*Hinz* § 1631 a aF Rn 18; zweifelnd *Soergel/Strätz* § 1631 a aF Rn 9; MünchKommBGB/*Hinz* § 1631 a aF Rn 20.
[26] BGHZ 69, 190, 194; BGH NJW-RR 2000, 593.
[27] OLG Karlsruhe FamRZ 1974, 661, 662 zu § 1666aF; MünchKommBGB/*Huber* Rn 14.

§ 1631 b

Übersicht

	Rn		Rn
I. Normzweck.............................	1	III. Rücknahme der Genehmigung (S. 3)...	7
II. Genehmigungsbedürftige Unterbringung..................................	2	IV. Unterbringung ohne Genehmigung, Nachholungspflicht (S. 2)..................	8
1. Mit Freiheitsentziehung verbundene Unterbringung................................	2	V. Verfahren..............................	9
2. Genehmigung durch das Familiengericht....	6	VI. Reformvorhaben.......................	10

I. Normzweck

1 Die Norm, die zuletzt durch Art 1 Nr 46 KindRG geändert wurde, stellt die Unterbringung eines Kindes, die mit Freiheitsentziehung verbunden ist, unter den Vorbehalt einer gerichtlichen Kontrolle, weil sie einen besonders schweren Eingriff in die persönliche Freiheit des Kindes darstellt[1]. Das Genehmigungserfordernis soll verhindern, dass die Eltern ihr Aufenthaltsbestimmungsrecht missbrauchen[2] und das Kind unterbringen, obwohl bei sinnvoller Wahrnehmung des Erziehungsrechts eine Problemlösung auf weniger schwerwiegende Weise erreicht werden könnte[3]. § 1631 b beschränkt damit das elterliche Sorgerecht[4]. Ein Verstoß gegen Art 6 Abs 2 S 1 GG ist darin wegen der staatlichen Kontrollpflicht nach Art 104 Abs 2 GG (analog) nicht zu sehen[5].

II. Genehmigungsbedürftige Unterbringung

2 **1. Mit Freiheitsentziehung verbundene Unterbringung.** Genehmigungsbedürftig ist eine Unterbringung des Kindes, die mit Freiheitsentziehung verbunden ist. **Unterbringung** ist die Fremdplatzierung eines Kindes, also die Zuweisung eines bestimmten umgrenzten Aufenthaltsortes außerhalb des Elternhauses[6]. Der Zweck der Unterbringung ist ebenso irrelevant[7] wie die Dauer der Unterbringung[8]. Unerheblich ist auch, ob die Unterbringung durch Eltern, Vormund bzw Pfleger oder durch einen Träger öffentlicher Gewalt erfolgt, zB Inobhutnahme nach § 42 SGB VIII[9]. Die häusliche Ausgangssperre („Stubenarrest") stellt mangels Aufenthalts außerhalb des Elternhauses ebenso wenig eine Unterbringung dar[10] wie begrenzte Ausgangszeiten oder Hausarbeitsstunden.

3 Die Unterbringung muss mit einer **Freiheitsentziehung** iS von Art 104 Abs 2 GG verbunden sein; eine bloße Freiheitsbeschränkung (Art 104 Abs 1 GG) genügt nicht[11]. Die hM nimmt eine Freiheitsentziehung dann an, wenn das Maß der in einem **bestimmten Alter üblichen Freiheitsbeschränkungen** an Dauer oder Stärke überschritten wird[12]. Andere stellen dagegen auf **Qualität** (Stärke, Intensität) und **Quantität** (insbes Dauer) des Eingriffs ab[13]. Für die letztere Sichtweise spricht der Normzweck.

3.1 Freiheitsentziehend ist eine Maßnahme, wenn sie einem Menschen **umfassend** den Gebrauch der persönlichen Freiheit nimmt, indem sie ihm die Bewegungsfreiheit, dh die Möglichkeit[14] entzieht, nach seinem natürlichen Willen[15] einen Raum zu verlassen; dabei ist der eingetretene Erfolg bzw Zustand, nicht das eingesetzte Mittel oder der Zweck der Maßnahme maßgebend[16]. Wird die körperliche Bewegungsfreiheit nur partiell, in eine Richtung

---

[1] BT-Drucks 7/2060 S 21; BT-Drucks 8/2788, 38 S 50; zum besonderen Schutzbedürfnis fremdplatzierter Minderjähriger s auch Art 20 UN-Kinderkonvention, BGBl 1992 II S 121, 129 f.
[2] AG Glückstadt FamRZ 1980, 824; *Staudinger/Salgo* § 1631 b Rn 5.
[3] BT-Drucks 8/2788 S 38.
[4] *Soergel/Strätz* § 1631 b aF Rn 2.
[5] *Gernhuber/Coester-Waltjen* § 62 Rn 20 Fn 35; *Staudinger/Salgo* § 1631 b Rn 4; aA Ausschussminderheit, BT-Drucks 8/2788 S 38, 51; *Helle* ZfJ 1986, 40, 43; *Gerstein* Kind-Prax 1999, 48, 49; offen gelassen in BVerfGE 74, 236, 243; *Soergel/Strätz* § 1631 b aF Rn 2.
[6] RGRK/*Wenz* § 1631 b aF Rn 5; *Soergel/Strätz* § 1631 b aF Rn 4.
[7] OLG Hamm FamRZ 1962, 397, 398; RGRK/*Wenz* § 1631 b aF Rn 5.
[8] *Staudinger/Salgo* § 1631 b Rn 11; *Czerner* AcP 202 (2002), 72, 85 f; aA OLG Düsseldorf NJW 1963, 397, 398; AG Wennigsen/Deister FamRZ 1980, 42; OLG Hamm FamRZ 1962, 397, 398; *Erman/Michalski* Rn 4.
[9] *Staudinger/Salgo* § 1631 b Rn 10. Eine mit Freiheitsentziehung verbundene Inobhutnahme durch das Jugendamt ist nur eine vorläufige Maßnahme (s § 42 Abs 5 S 2 SGB VIII); die notwendigen sorgerechtlichen Maßnahmen nach §§ 1666, 1666 a sind vom Familiengericht zu treffen; bis dahin sind die Eltern die Aufenthaltsbestimmungsberechtigten (BVerfG FamRZ 2007, 1627, 1628 f).
[10] MünchKommBGB/*Huber* Rn 2; *Staudinger/Salgo* § 1631 b Rn 12; *Soergel/Strätz* § 1631 b aF Rn 4; AnwK-BGB/*Rakete-Dombek* Rn 4.
[11] RGRK/*Wenz* § 1631 b aF Rn 6; MünchKommBGB/*Huber* Rn 5; zum Freiheitsgrundrecht aus Art 2 Abs 2 S 2, 104 GG näher BVerfG FamRZ 2007, 1627 ff.
[12] BT-Drucks 8/2788 S 51; *Gernhuber/Coester-Waltjen* § 62 Rn 21; *Gollwitzer/Rüth* FamRZ 1996, 1388; *Damrau* FamRZ 1983, 1060, 1061; *Soergel/Strätz* § 1631 b aF Rn 4; *Benkert* S 167; für eine feste Altersgrenze von zehn Jahren *Helle* ZfJ 1986, 40, 46; unklar *Staudinger/Salgo* § 1631 b Rn 7 einerseits, Rn 13 andererseits.
[13] LG Berlin FamRZ 1991, 365, 367; *Moritz* ZfJ 1986, 440, 441 f; *Benkert* S 169.
[14] BGHSt 14, 314, 315 f; OLG Köln NJW 1986, 333, 334; *Tröndle/Fischer/Tröndle* § 239 StGB Rn 2.
[15] BVerfGE 10, 302, 309.
[16] AG Wennigsen/Deister FamRZ 1962, 40, 41; AG Recklinghausen FamRZ 1988, 653, 656; OLG Hamm FamRZ 1962, 397 f; *Gernhuber/Coester-Waltjen* § 62 Rn 23; aA AG Hamburg NJW 1961, 2160, 2162; RGRK/*Wenz* § 1631 b aF Rn 6 aE, 7; anders wohl auch BGHZ 82, 261, 270.

weisend eingeschränkt (Hinderung, einen bestimmten Ort aufzusuchen), handelt es sich nur um eine Freiheitsbeschränkung; wird sie dagegen in jeder Hinsicht beeinträchtigt (tatsächliche Einschränkung der allseitigen körperlichen Bewegungsfreiheit), liegt eine Freiheitsentziehung vor[17].

Weder das Alter noch der Grad der Behinderung des Betroffenen können ausschlaggebend dafür sein, ob eine Freiheitsentziehung vorliegt[18]. Bei Kleinstkindern, Gelähmten oder schwer hirngeschädigten Minderjährigen, die sich ohne fremde Hilfe nicht fortbewegen können, ist eine geschlossene Unterbringung gerade wegen ihrer Bewegungsunfähigkeit nicht erforderlich, eine solche freiheitsentziehende Unterbringung also unzulässig. Nur begrenzt brauchbar sind die vielfach genannten Kriterien Festhalten an einem bestimmten beschränkten Raum, ständige Überwachung des Aufenthalts sowie Verhinderung der Aufnahme eines Kontakts mit Personen außerhalb des Raumes durch Sicherungsmaßnahmen[19]. Die räumliche Beschränkung ist dem Begriff Freiheitsentziehung immanent; das Element der ständigen Überwachung hat dagegen mit der Freiheitsentziehung iS eines Entzugs der körperlichen Bewegungsfreiheit nichts zu tun. Ungeeignet ist auch das Kriterium der Kontaktbeschränkung, weil eine Freiheitsentziehung auch vorliegen kann, wenn ein solcher Kontakt möglich ist[20]. **3.2**

Eine mit Freiheitsentziehung verbundene Unterbringung liegt jedenfalls bei **geschlossenen Heimen und Anstalten** sowie geschlossenen Abteilungen von Heimen und Anstalten vor[21]; sie kann jedoch auch bei sogenannter halboffener Unterbringung gegeben sein[22]. Die Einweisung zu einer stationären Kur oder zur längeren Beobachtung (in einer Trinkerheilanstalt, Anstalt für Drogensüchtige oder einer sonstigen Heil- und Pflegeanstalt) wird regelmäßig mit einer Freiheitsentziehung verbunden sein[23]. Die Entscheidung ist jeweils von den Umständen im Einzelfall abhängig. Nicht mit Freiheitsentziehung verbunden ist dagegen grds die Unterbringung in einer Pflegefamilie oder bei Bekannten bzw Verwandten, in einem Internat mit gewöhnlicher Bewegungsfreiheit, in einem sog offenen Heim[24], in einem Kindergarten oder einem Krankenhaus[25]. **Unterbringungsähnliche Maßnahmen** wie die Beschränkung der Freiheit durch mechanische Vorrichtungen, Medikamente oder auf andere Weise, gleichgültig, ob sie in einer offenen, halboffenen oder einer geschlossenen Anstalt vorgenommen werden, genehmigungspflichtig, aber nicht nach § 1631 b[26], sondern nach § 1906 Abs 4 analog[27]. **4**

Das **Einverständnis des Kindes** macht die familiengerichtliche Genehmigung nicht entbehrlich[28]. Der Schutz des § 1631 b könnte ansonsten unterlaufen werden[29]. Zudem spricht das Persönlichkeitsprofil der betreffenden Minderjährigen in aller Regel gegen das Vorhandensein der entsprechenden Einsichtsfähigkeit, über deren Vorliegen ausschließlich das Gericht als unabhängige Kontrollinstanz urteilen sollte[30]. **5**

2. Genehmigung durch das Familiengericht. Eine Unterbringung des Kindes, die mit einer Freiheitsentziehung verbunden ist, ist nur zulässig, wenn das Familiengericht sie genehmigt hat. Maßgebliches Kriterium für die Entscheidung ist das **Wohl des Kindes** (§ 1697 a)[31], nicht das Interesse der Eltern (oder sonstiger Unterbringender)[32]. Für eine solche Unterbringung können gesundheitliche, erzieherische oder andere Gründe sprechen; der Schutz des Kindes vor sich selbst oder auch der Schutz Dritter (vgl § 42 Abs 3 S 2 SGB VIII) kann bezweckt sein[33]; zur Konkretisierung des Kindeswohlbegriffs kann § 1906 Abs 1 entspr herangezogen werden[34]. Immer (besonders im letztgenannten Fall) ist **6**

---

[17] OLG Düsseldorf NJW 1963, 397, 398; *Maunz/Dürig-Dürig* Art 104 GG Rn 5, 12.
[18] Überzeugend *Moritz* ZfJ 1986, 440, 441 f; ähnlich *Fahl* Jura 1998, 456, 461: Freiheitsberaubung bei Schlafenden; anders Stellungnahme der BReg, BT-Drucks 8/1299 S 12; *Sack/Denger* MDR 1982, 972, 974.
[19] OLG Hamm FamRZ 1962, 397, 398; OLG Düsseldorf NJW 1963, 397, 398; BT-Drucks 8/2788 S 51; *Palandt/Diederichsen* Rn 3.
[20] *Staudinger/Salgo* § 1631 b Rn 12; *Soergel/Strätz* § 1631 b aF Rn 6; AnwK-BGB/*Rakete-Dombek* Rn 3.
[21] BT-Drucks 8/2788 S 38, 51; BVerfG FamRZ 2007, 1627 ff; OLG Brandenburg FamRZ 2004, 815, 816; OLG Düsseldorf NJW 1963, 397, 398; *Wille* ZfJ 2002, 85, 86; MünchKommBGB/*Huber* Rn 4; weitergehend RGRK/*Wenz* § 1631 b aF Rn 6; zur pädagogischen Bewertung der geschlossenen Anstalt *Trauernicht* ZfJ 1991, 520, 521 ff; *Wiesner/Kaufmann/Mörsberger/Oberloskamp/Struck/Wiesner* § 34 SGB VIII Rn 18 ff.
[22] AG Kamen FamRZ 1983, 299 m krit Anm *Damrau* 1060 f; *Staudinger/Salgo* § 1631 b Rn 12; AnwK-BGB/*Rakete-Dombek* Rn 3.
[23] MünchKommBGB/*Huber* Rn 4; *Palandt/Diederichsen* Rn 3.
[24] BT-Drucks 8/2788 S 38; *Soergel/Strätz* § 1631 b aF Rn 6.
[25] *Staudinger/Salgo* § 1631 b Rn 11.
[26] LG Essen FamRZ 1993, 1347, 1348; *Soergel/Strätz* Nachtrag § 1631 b aF Rn 6; aA LG Berlin FamRZ 1991, 365, 367; AG Frankfurt/M FamRZ 1988, 1209 f; MünchKommBGB/*Huber* Rn 8; *Erman/Michalski* Rn 4.
[27] *Palandt/Diederichsen* Rn 2; MünchKommBGB/*Huber* Rn 8; *Staudinger/Salgo* § 1631 b Rn 14 f; *Wille* DAVorm 2000, 449, 453; näher *Czerner* AcP 202 (2002), 72, 92 ff; aA LG Essen FamRZ 1993, 1347, 1348; *Dodegge* FamRZ 1993, 1348; OLG Karlsruhe JAmt 2002, 418, 419.
[28] *Gollwitzer/Rüth* FamRZ 1996, 1388, 1389 f; *Staudinger/Salgo* § 1631 b Rn 8; anders die hM, BayObLGZ 1954, 298, 302; LG Berlin FamRZ 1991, 365, 367; AG Recklinghausen FamRZ 1988, 653, 655; *Moritz* ZfJ 1986, 440, 441; *Wille* ZfJ 2002, 85, 86; Bonner Kommentar/*Rüping* Art 104 GG Rn 59 f; *Maunz/Dürig/Dürig* Art 104 GG Rn 9 f; *Soergel/Strätz* § 1631 b aF Rn 7; *Erman/Michalski* Rn 4.
[29] *Gollwitzer/Rüth* FamRZ 1996, 1388, 1390; *Staudinger/Salgo* § 1631 b Rn 8.
[30] *Staudinger/Salgo* § 1631 b Rn 8 und 24; *Gollwitzer/Rüth* FamRZ 1996, 1388, 1389 f; *Czerner* AcP 202 (2002), 72, 78; *Gernhuber/Coester-Waltjen* § 62 Rn 24.
[31] BVerfGE 74, 236, 240; BayObLG NJW 1988, 2384; AG Glückstadt FamRZ 1980, 824; MünchKommBGB/*Huber* Rn 11.
[32] *Staudinger/Salgo* § 1631 b Rn 22; *Czerner* AcP 202 (2002), 72, 76 f.
[33] BayObLG NJW 1988, 2384; FamRZ 1982, 199; *Staudinger/Salgo* § 1631 b Rn 24; anders bei unterbringungsähnlichen Maßnahmen, *Czerner* AcP 202 (2002), 72, 123 f mwN.
[34] *Wille* DAVorm 2000, 449, 451 f; *ders* ZfJ 2002, 85, 88.

§ 1631 b   Buch 4. Abschnitt 2. Verwandtschaft

der **Grundsatz der Verhältnismäßigkeit** zu beachten[35]. Das Familiengericht hat sowohl die Erforderlichkeit einer Unterbringung als auch die Angemessenheit gerade der geplanten Unterbringung zu kontrollieren[36], jedoch nicht über den Unterbringungsort zu entscheiden[37]. Dabei ist das Alter des Kindes zu berücksichtigen[38]. Demzufolge ist eine freiheitsentziehende Unterbringung nur in begrenzten Ausnahmefällen zu genehmigen; geringfügige Gesundheitsbeschädigungen, Straferwartungen oder gar Vermögenseinbußen reichen allein nicht aus[39]. Unterbringung in eine geschlossene Anstalt kommt nicht in Betracht, wenn die Unterbringung in eine halboffene oder eine offene oder freiwillige Hilfen zur Erziehung ohne Freiheitsentziehung nach §§ 27 ff SGB VIII genügen. Die Genehmigung zur Unterbringung ist eine Schutzmaßnahme iS des **Art 1 MSA;** sie ist somit auch bei Ausländern erforderlich[40].

III. Rücknahme der Genehmigung (S 3)

7   Erfordert das Kindeswohl die Unterbringung nicht mehr, so ist sie vom Familiengericht zurückzunehmen (S 3; § 70 i Abs 1 S 1 FGG). Das Gericht hat seine Entscheidung in regelmäßigen Abständen auch ohne besonderen Anlass von Amts wegen zu überprüfen, zB durch die Einholung von Berichten, Gutachten oder die Verschaffung eines persönlichen Eindrucks[41]. Kind, Anstalt oder Jugendamt können die Überprüfung anregen, die Personensorgeberechtigten (Eltern) können die Unterbringung jederzeit von sich aus beenden (Grenze: §§ 1666, 1666 a)[42].

IV. Unterbringung ohne Genehmigung, Nachholungspflicht (S 2)

8   Eine freiheitsentziehende Unterbringung ohne vorherige familiengerichtliche Genehmigung ist grds unzulässig (widerrechtlich) und strafbar nach § 239 StGB[43]. Ausnahmsweise zulässig ist sie nur, wenn mit ihrem Aufschub Gefahr für das Kind oder Dritte verbunden ist (S 2 HS 1). Dies ist bei konkreten Gefahren (Selbstmordgefahr, schizophrenem Schub, suchtindizierten Delikten usw), nicht dagegen bei allgemeinen Befürchtungen der Fall[44]. Weiter ist Voraussetzung, dass selbst die Genehmigung einer vorläufigen Unterbringung durch eine einstweilige Anordnung (§ 70 h FGG) nicht rechtzeitig zu erlangen ist[45]. Die Genehmigung ist unverzüglich (§ 121 Abs 1 S 1) nachzuholen (S 2 HS 2).

V. Verfahren

9   Das Verfahren richtet sich nach den **§§ 70 bis 70 n FGG.** Eine **vorläufige** Unterbringung kann durch einstweilige Anordnung getroffen werden (§ 70 h FGG)[46]. Die **Kostenfrage** ist in § 128 b KostO geregelt.

9.1 Das nach §§ 43 Abs 1, 36 Abs 1 S 1 FGG örtlich **zuständige** (Familien-)Gericht (arg § 70 Abs 1 S 3 FGG) am Wohnsitz des Kindes[47] wird **von Amts wegen** tätig, wenn es Informationen über eine Unterbringung des Kindes erhält, die mit einer Freiheitsentziehung verbunden ist. Es erhält diese idR von den um die Genehmigung nachsuchenden Eltern; es können aber auch das Jugendamt oder im Fall des § 1631 b S 2 der Arzt oder der Leiter der Einrichtung sein, in der das Kind untergebracht wurde[48]. Vor Erlass der Entscheidung, die vom Richter zu treffen ist (Art 104 Abs 2 GG, § 4 Abs 2 Nr 2 RPflG) sind das Kind nach § 70 c FGG, das Jugendamt nach § 49 a FGG, die Elternteile, denen die Personensorge zusteht, der gesetzliche Vertreter in persönlichen Angelegenheiten und die Pflegeeltern nach § 70 d Abs 2 FGG **anzuhören**[49]. Nach § 70 e FGG ist ein **Sachverständigengutachten** über die Frage einzuholen, ob durch die Unterbringung wirksame Möglichkeiten für eine Heilung des Minderjährigen eröffnet werden, die ohne eine solche Unterbringung nicht bestehen[50]. § 70 b FGG regelt, unter welchen Voraussetzungen zur Wahrnehmung der Kindesinteressen ein **Verfahrenspfleger** zu bestellen ist[51]. Das Kind ist ab Vollendung des 14. Lebensjahres **verfahrensfähig** (§ 70 c FGG). Die Entscheidung (zum Inhalt iE § 70 f FGG) ist grds dem Kind selbst **bekanntzugeben** (§ 70 g Abs 1 S 1 FGG), weiteren Personen unter den Voraussetzungen des § 70 g Abs 2 FGG. Sie wird erst mit Rechtskraft wirksam (§ 70 g Abs 3 FGG). Gegen eine Entscheidung des Familiengerichts richtet sich die Beschwerdemöglichkeit nach § 621 e ZPO[52].

---

[35] BVerfG FamRZ 2007, 1627; MünchKommBGB/*Huber* Rn 14; *Soergel/Strätz* § 1631 b aF Rn 10; *Wille* DAVorm 2000, 449, 450; *ders* ZfJ 2002, 85, 87.
[36] *Czerner* AcP 202 (2002), 72, 80.
[37] OLG Brandenburg FamRZ 2004, 815, 817.
[38] *Soergel/Strätz* § 1631 b aF Rn 10.
[39] *Soergel/Strätz* § 1631 b aF Rn 10.
[40] AG Glückstadt FamRZ 1980, 824 m Anm *Kropholler*; *Soergel/Strätz* § 1631 b aF Rn 2 aE; MünchKommBGB/*Huber* Rn 15.
[41] *Moritz* ZfJ 1986, 440, 442; *Czerner* AcP 202 (2002), 72, 82; *Erman/Michalski* Rn 24; aA *Soergel/Strätz* § 1631 b aF Rn 12: Überprüfung nur aus gegebenem Anlass bei Vorliegen neuer Gesichtspunkte.
[42] RGRK/*Wenz* § 1631 b aF Rn 13.
[43] *Soergel/Strätz* § 1631 b aF Rn 11; *Czerner* AcP 202 (2002), 72, 79, 124 ff; AnwK-BGB/*Rakete-Dombek* Rn 7.
[44] *Soergel/Strätz* § 1631 b aF Rn 11; *Staudinger/Salgo* § 1631 b Rn 19; AnwK-BGB/*Rakete-Dombek* Rn 7.
[45] RGRK/*Wenz* § 1631 b aF Rn 8; MünchKommBGB/*Huber* Rn 16.
[46] *Czerner* AcP 202 (2002), 72, 126 ff; OLG Karlsruhe FamRZ 2002, 1127 f.
[47] OLG Brandenburg FamRZ 2003, 175.
[48] *Staudinger/Salgo* § 1631 b Rn 19 f.
[49] Zur Anhörungspflicht von Kind und Eltern näher BVerfG FamRZ 2007, 1627, 1628 ff.
[50] *Staudinger/Salgo* § 1631 b Rn 27.
[51] Unterschiede zu § 50 FGG bei *Koritz* FPR 2006, 42 ff.
[52] OLG Bamberg FamRZ 2003, 1854; MünchKommBGB/*Huber* Rn 19.

Herausgabe des Kindes; Bestimmung des Umgangs; Verbleibensanordnung bei Familienpflege § 1632

VI. Reformvorhaben

Der Freistaat Bayern hat einen Gesetzesantrag in den Bundesrat eingebracht, in dem er eine 10 Ergänzung des § 1631 b vorschlägt. Danach soll eine Kindeswohlgefährdung (und damit ein Grund für die Genehmigung der Unterbringung) dann zu vermuten sein, wenn das Kind in erheblicher Weise gegen Strafgesetze verstoßen hat oder Anzeichen einer drohenden Abhängigkeit von Betäubungsmitteln oder anderen Suchtmitteln erkennen lässt[53]. Er ist allerdings, ebenso wie schon der erste Entwurf, als zu weitgehend und verfassungsrechtlich problematisch abzulehnen (s auch § 1666 Rn 25)[54]. Eine Neufassung iS einer klareren Regelung und Konkretisierung der geltenden Norm schlägt der Gesetzentwurf der Bundesregierung für ein Gesetz zur Erleichterung familiengerichtlicher Maßnahmen bei Gefährdung des Kindes (näher § 1666 Rn 25). Weitere Änderungen (Aufhebung des bisherigen S 3 wegen Neufassung von § 1696 Abs 2) sieht Art 50 FamFG Nr 27 vor (§ 1626 Rn 48).

§ 1631 c Verbot der Sterilisation

[1]Die Eltern können nicht in eine Sterilisation des Kindes einwilligen. [2]Auch das Kind selbst kann nicht in die Sterilisation einwilligen. [3]§ 1909 findet keine Anwendung.

Die Sterilisation Minderjähriger ist ausnahmslos **verboten**[1] und erfasst männliche wie weibliche, 1 gesunde und kranke Minderjährige, auch wenn für sie schon ein Betreuer nach § 1908 a bestellt worden ist[2]. Der Grund für dieses Verbot liegt darin, dass sich bei Minderjährigen die dauerhafte Einwilligungsunfähigkeit ebenso wie die Erforderlichkeit und die Auswirkungen einer Sterilisation nur schwer feststellen lassen, weil ihre Entwicklung noch nicht abgeschlossen ist[3]. Zudem soll verhindert werden, dass die Vorschriften über die eingeschränkten Ausnahmefälle zulässiger Sterilisation einwilligungsunfähiger Volljähriger (§§ 1899 Abs 2, 1905) durch eine „vorsorgliche" Sterilisation während der Minderjährigkeit des Betroffenen umgangen werden[4].

S 1 begrenzt das Personensorgerecht der **Eltern**[5]. Die Eltern können, ebenso wenig wie ein **Vor-** 2 **mund** (§ 1800), in eine Sterilisation einwilligen. Nach S 3 darf auch kein **Ergänzungspfleger** (§ 1909) mit dem Aufgabenkreis der Einwilligung in eine Sterilisation des Kindes bestellt werden. Eine solche Bestellung ist nichtig[6]. S 2 bestimmt die **Einwilligungsunfähigkeit des Kindes** für die Zeit der Minderjährigkeit[7]. Darin liegt eine Ausnahme von der sonst maßgeblichen Einwilligungsfähigkeit des Minderjährigen bei Vornahme ärztlicher Heileingriffe (§ 1626 Rn 23). Da weder das Kind noch der gesetzliche Vertreter in die Sterilisation eines Minderjährigen einwilligen können, ist ein trotzdem vorgenommener ärztlicher Eingriff nach den §§ 223 ff StGB (insbes § 226 Abs 1 Nr 1 Var 5 StGB) strafbar und begründet eine Schadensersatzpflicht nach § 823. Nicht vom Verbot des § 1631 c erfasst sind dagegen Heilbehandlungen, die lediglich mittelbar eine Sterilität zur Folge haben (können) (zB Behandlung eines Hodenkarzinoms, einer Bauchhöhlenschwangerschaft)[8].

§ 1632 Herausgabe des Kindes; Bestimmung des Umgangs; Verbleibensanordnung bei Familienpflege

(1) Die Personensorge umfasst das Recht, die Herausgabe des Kindes von jedem zu verlangen, der es den Eltern oder einem Elternteil widerrechtlich vorenthält.

(2) Die Personensorge umfasst ferner das Recht, den Umgang des Kindes auch mit Wirkung für und gegen Dritte zu bestimmen.

(3) Über Streitigkeiten, die eine Angelegenheit nach Absatz 1 oder 2 betreffen, entscheidet das Familiengericht auf Antrag eines Elternteils.

(4) Lebt das Kind seit längerer Zeit in Familienpflege und wollen die Eltern das Kind von der Pflegeperson wegnehmen, so kann das Familiengericht von Amts wegen oder auf Antrag der Pflegeperson anordnen, dass das Kind bei der Pflegeperson verbleibt, wenn und solange das Kindeswohl durch die Wegnahme gefährdet würde.

---

[53] BR-Drucks 645/98, 2, 8 f; für erledigt erklärt in BR-Drucks 297/06; neuer wortgleicher Antrag BR-Drucks 296/06; allg Forderung in diese Richtung Empfehlungen des 16. DFGT FamRZ 2005, 1962, 1964.
[54] *Bode* Kind-Prax 1998, 183 ff; *Gerstein* Kind-Prax 1999, 48; *Czerner* AcP 202 (2002), 72, 134 ff; zust dagegen *Thomas* ZRP 1999, 193, 196; *Hinz* ZRP 2000, 107, 113.
[1] BT-Drucks 11/4528 S 107; *Finger* DAVorm 1989, 11, 23. Verfassungsrechtliche Bedenken äußert *Soergel/Strätz* Nachtrag Rn 3 f mit Hinweisen zu einer verfassungskonformen Auslegung in Rn 5; aA *Staudinger/Salgo* Rn 5.
[2] *Staudinger/Salgo* Rn 7.
[3] BT-Drucks 11/4528 S 76; *Finger* DAVorm 1989, 11, 22.
[4] BT-Drucks 11/4528 S 76.
[5] BT-Drucks 11/4528 S 107; MünchKommBGB/*Huber* Rn 2; *Soergel/Strätz* Nachtrag Rn 3.
[6] *Staudinger/Salgo* Rn 7.
[7] *Staudinger/Salgo* Rn 1.
[8] *Staudinger/Salgo* Rn 7; *Soergel/Strätz* Nachtrag Rn 6.

Barbara Veit

§ 1632

Schrifttum: *Bach,* Das Haager Kindesentführungsübereinkommen in der Praxis, FamRZ 1997, 1051; *ders,* Internationale Kindesentführung: das Haager Kindesentführungsübereinkommen und das Europäische Sorgerechtsübereinkommen, 1999; *Baer,* Die neuen Regelungen der Reform des Rechts der elterlichen Sorge für das „Dauerpflegekind", FamRZ 1982, 221; *Balloff,* Rückführung des Kindes in die Herkunftsfamilie oder Verbleibensanordnung nach § 1632 IV BGB aus familienrechtspsychologischer Sicht?, FPR 2004, 431; *Carl,* Möglichkeiten der Verringerung von Konflikten in HKÜ-Verfahren, FPR 2001, 211; *Carl/Veitland/Gallo,* Die Vollstreckung nach dem Gewaltschutzgesetz und andere Vollstreckungsmaßnahmen, die im Beisein von Kindern erfolgen oder gegen diese gerichtet sind, DGVZ 2005, 145; 16. Deutscher Familiengerichtstag – Empfehlungen des Vorstands, FamRZ 2005, 1962 (zit: Empfehlungen des 16. DFGT); *Diercks,* Ist bei der Herausgabevollstreckung Gewalt gegen Kinder zulässig?, FamRZ 1994, 1226; *Gernhuber,* Kindeswohl und Elternwille, FamRZ 1973, 229; *Groß,* Die zivilrechtliche Stellung der Pflegeeltern nach neuem Recht, 1999; *dies,* Grenzen des unmittelbaren Zwangs gegen Kinder (§ 33 II 2 FG nF), Kind-Prax 2001, 148; *Gruber,* Neue Regeln zur Rückgabe entführter Kinder, AnwBl 2005, 209; *Haß,* Internationale Kindesentführungen durch einen Elternteil, 1997; *Heilmann,* Kindliches Zeitempfinden und Verfahrensrecht, 1998; *Hohloch/Mauch,* Die Vollstreckung umgangsrechtlicher Entscheidungen vor dem Hintergrund europäischer Rechtsvereinheitlichung und des HKÜ, FPR 2001, 195; *Holzhauer,* Die Neuregelung des Pflegekindverhältnisses, ZRP 1982, 222; *Jopt,* Anmerkungen zum Referentenentwurf zur Reform des Kindschaftsrechts aus psychologischer Sicht, ZfJ 1996, 203; *Kindler,* Umgangskontakte bei Kindern, die nach einer Kindeswohlgefährdung in einer Pflegefamilie untergebracht werden: Eine Forschungsübersicht, JAmt 2005, 541; *Klocke,* Elterliche Gewalt, Umgangsverbote und Freizeitverhalten des heranwachsenden Kindes, JuS 1974, 75; *Kloeckner,* Die Durchsetzung der Kindesherausgabe und des Umgangsrechts im Elternstreit, 2002; *Klosinski,* Kinderpsychiatrische Begutachtung im Rahmen des Haager Kindesentführungsübereinkommens (HKi EntÜ), FuR 2000, 408; *Knöpfel,* Rechtsnecht, Kindesrecht und Zwang gegen Jugendliche – zugleich Anmerkung zum Beschluß des BayObLG vom 18. 4. 1985, FamRZ 1985, 1211; Leitsätze des *Runden Tisches* beim Familiengericht Freising für Pflegekindverhältnisse, ZKJ 2007, 310 (zit: Leitsätze des *Runden Tisches*); *Lempp,* Kinder- und jugendpsychiatrische Anmerkungen zur Frage, wieweit das Erziehungsrecht der Eltern durchgesetzt werden kann und darf – Zu den Stellungnahmen von G. Knöpfel und H. Schütz zur Entscheidung des BayObLG vom 18. 4. 1985 (FamRZ 1985, 737 ff), FamRZ 1986, 1061; *Lenz,* Die Vorgaben der EMRK zum Umgangsrecht und ihre Konkretisierung in der neueren Rechtsprechung des Gerichtshofs, FF 2001, 190; *Mansel,* Neues internationales Kindesentführungsrecht, NJW 1990, 2176; *Marx,* International Kindesentführung: Ursachen, Prävention, Rückführung, 1998; *Münder,* Die Zulässigkeit elterlich angeordneter Umgangsverbote, RdJB 1975, 146; *ders,* Der Anspruch auf Herausgabe des Kindes, NJW 1986, 811; *Muscheler,* Das Recht der Stieffamilie, FamRZ 2004, 913; *Peschel-Gutzeit,* Die Herausgabe der zum persönlichen Gebrauch eines Kindes bestimmten Sachen – Probleme des materiellen und formellen Rechts unter besonderer Berücksichtigung des Kinderausweises, MDR 1984, 890; *dies,* Schützt die Verbleibensanordnung das Kind wirksam?, FPR 2004, 428; *Reuter,* Die Grundrechtsmündigkeit – Problem oder Scheinproblem?, FamRZ 1969, 622; *Rieck,* Kindesentführung – Rechtsregeln und Normenkonkurrenz –, FPR 2001, 183; *Scherer,* Aufenthalts- und Umgangsbestimmungsrecht der Eltern contra Selbstbestimmungsrecht des Kindes?, ZfJ 1999, 86; *Schindler,* Pflegeerlaubnis: ein Thema für das Jugendamt! Zu Systematik und Kriterien einer verkannten Regelung, JAmt 2004, 169; *Schlüter/Liedmeier,* Das Verbleiben eines Kindes in der Pflegefamilie nach § 1632 Abs 4 BGB, FuR 1990, 122; *Schüler,* Die Kindesherausgabevollstreckung seit dem 1. 1. 1980, DGVZ 1980, 97; *Schütz,* Das Recht der Eltern auf Erziehung ihrer Kinder in der Familie – abgehandelt anhand der Entscheidung des BayObLG vom 18. 4. 1985 (FamRZ 1985, 737 ff), FamRZ 1986, 528; *ders,* Die Erreichung des 13. Lebensjahres befreit die Eltern das Kind nicht von der Pflicht, sich erziehen zu lassen, FamRZ 1987, 438; *Schumann,* Biologisches Band oder soziale Bindung? – Vorgaben der EMRK und des deutschen Rechts bei Pflegekindverhältnissen, RdJB 2006, 165; *Schwab,* Elterliche Sorge bei Trennung und Scheidung der Eltern – Die Neuregelung des Kindschaftsrechtsreformgesetzes, FamRZ 1998, 457; *Schweppe,* Das Haager Übereinkommen über die zivilrechtlichen Aspekte internationaler Kindesentführungen und die Interessen der betroffenen Kinder. Anmerkungen zur Konzeption und Anwendung des „Haager Übereinkommens über die zivilrechtlichen Aspekte internationaler Kindesentführungen vom 25. Oktober 1980" (HKÜ), ZfJ 2001, 169; *Schwerdtner,* Kindeswohl oder Elternrecht? Zum Problem des Verhältnisses von Grundrechtsmündigkeit und Elternrecht, AcP 173 (1973), 227; *Siedhoff,* Probleme im Spannungsfeld zwischen Elternrecht und Kindeswohl im Rahmen des § 1632 Abs 4 BGB, NJW 1994, 616; *ders,* Konkurrenzprobleme zwischen § 1666 Abs 1 S 1 BGB und § 1632 Abs 4 BGB, FamRZ 1995, 1254; *Vomberg/Nehls,* Rechtsfragen der internationalen Kindesentführung, 2002; *Walter,* Umgang mit dem in Familienpflege untergebrachten Kind, §§ 1684, 1685 BGB – psychologische Aspekte, FPR 2004, 415; *Winkler von Mohrenfels,* Internationale Kindesentführung: Die Problematik des gewöhnlichen Aufenthalts, FPR 2001, 189; *Wieser,* Die gewaltsame Rückführung eines Kindes zu seinen Eltern, FamRZ 1990, 693; *Windel,* Zur elterlichen Sorge bei Familienpflege, FamRZ 1997, 713; *Zenz,* Zur Bedeutung der Erkenntnisse von Entwicklungspsychologie und Bindungsforschung für die Arbeit mit Pflegekindern, ZfJ 2000, 321.

Übersicht

	Rn		Rn
I. Normzweck	1	a) Erziehungsauftrag	17
II. Anspruch auf Herausgabe des Kindes (Abs 1)	2	b) Umgangsrechte	18
		3. Verfahren (Abs 3)	19
1. Voraussetzungen des Anspruchs	2	**IV. Schutz der Pflegekinder (Abs 4)**	20
a) Herausgabeberechtigter	2	1. Voraussetzungen für eine Verbleibensanordnung	20
b) Herausgabeverpflichteter	3	a) Familienpflege seit längerer Zeit	20
c) Widerrechtliches Vorenthalten des Kindes	4	b) Mutwillewille der Eltern	22
2. Inhalt des Anspruchs, Konkurrenzen	8	c) Gefährdung des Kindeswohls durch die Wegnahme	23
3. Erlöschen des Anspruchs	9		
4. Verfahren bei Herausgabe des Kindes (Abs 3)	10	2. Rechtsfolge	25
5. Internationale Kindesentführung	13	a) Keine Ermessensentscheidung	25
III. Recht, den Umgang zu bestimmen (Abs 2)	14	b) Inhalt der Entscheidung	26
		c) Verhältnis von Abs 4 zu den §§ 1666, 1682 und 1630 Abs 3	31
1. Inhalt des Umgangsbestimmungsrechts	14		
2. Grenzen des Umgangsbestimmungsrechts	17	3. Verfahren	33

Herausgabe des Kindes; Bestimmung des Umgangs; Verbleibensanordnung bei Familienpflege § **1632**

I. Normzweck

§ 1632, geändert durch Art 1 Nr 15 KindRG, regelt den Anspruch der Eltern auf Herausgabe **1** des Kindes von jedem, der es den Eltern widerrechtlich vorenthält (Abs 1) sowie die Zuständigkeit des Familiengerichts für Streitigkeiten in dieser Angelegenheit (Abs 3 Alt 1). Nach Abs 2 umfasst die Personensorge das Recht, den Umgang des Kindes auch mit Wirkung für und gegen Dritte zu bestimmen (Abs 2). Mit der Aufnahme dieses Rechts durch das Gesetz zur Neuregelung des Rechts der elterlichen Sorge vom 18. 7. 1979 sollte vor allem das verfahrensrechtliche Ziel erreicht werden, die Auseinandersetzung zwischen den Eltern und einem Dritten um dessen Umgang mit dem Kind vor dem Familiengericht auszutragen (Abs 3 Alt 2) (bis zum 30. 6. 1998 vor dem Vormundschaftsgericht)[1]. Abs 4 dient dem Schutz des Pflegekindes[2] und seiner Bindungen zur Pflegefamilie. Das Personensorgerecht der Eltern muss dann zurücktreten, wenn das Kind seinen leiblichen Eltern entfremdet ist, in der Pflegefamilie seine Bezugspersonen gefunden hat und durch die Herausnahme zur Unzeit sein persönliches, insbes sein seelisches Gleichgewicht gefährdet würde[3]. In diesem Fall kann das Familiengericht eine Verbleibensanordnung zugunsten der Pflegeperson erlassen.

II. Anspruch auf Herausgabe des Kindes (Abs 1)

1. Voraussetzungen des Anspruchs. a) Herausgabeberechtigter. Nach Abs 1 umfasst die Per- **2** sonensorge das Recht, das Kind von jedem herauszuverlangen, der es den Eltern oder einem Elternteil widerrechtlich vorenthält. Herausgabeberechtigter ist der Inhaber des Personensorgerechts. Das sind idR **beide Elternteile**. Ist nur **einer personensorgeberechtigt** (nach §§ 1626 a Abs 2, 1671, 1672, 1696, 1666, 1666 a, 1678 Abs 2, 1680, 1681 Abs 1, 1751), so ist nur er herausgabeberechtigt[4]. Entscheidend ist, wem das Aufenthaltsbestimmungsrecht zusteht[5]. Herausgabeberechtigt ist weiter der Vormund (§ 1800) bzw der Pfleger (§§ 1909, 1915 Abs 1), soweit ihm die tatsächliche Personensorge übertragen worden ist[6]. Haben die Eltern gemeinsam das elterliche Sorgerecht inne, so müssen beide oder einer mit Zustimmung des anderen die Herausgabe an beide verlangen[7]. Die Formulierung in Abs 3 („auf Antrag eines Elternteils") ist insoweit irreführend[8]. Ist ein Elternteil mit dem Aufenthalt des Kindes beim Dritten einverstanden, der andere dagegen nicht, so ist das Herausgabeverlangen des Widerstrebenden abzuweisen[9]. Er muss vielmehr zunächst ein Verfahren nach § 1628 beim Familiengericht anstrengen[10].

b) Herausgabeverpflichteter. Der Herausgabeanspruch richtet sich gegen jeden, der das Kind den **3** Eltern oder einem Elternteil widerrechtlich vorenthält. „Jeder" iS von Abs 1 ist jeder Dritte; erfasst wird auch der andere Elternteil[11], wenn er nicht sorgeberechtigt oder zwar sorgeberechtigt ist, aber das Aufenthaltsbestimmungsrecht nicht hat (sei es auf Grund einer Entscheidung nach den §§ 1628, 1671, 1666 oder nach § 1696) oder wenn er einer während des Zusammenlebens getroffenen Einigung über den Lebensmittelpunkt des Kindes zuwiderhandelt[12].

c) Widerrechtliches Vorenthalten des Kindes. Ein widerrechtliches Vorenthalten liegt vor, wenn **4** jemand das Kind ohne Rechtfertigungsgrund in seiner Gewalt hat und die Wiedererlangung durch den Berechtigten verhindert[13]. Das **Vorenthalten** kann in der Verheimlichung des Kindesaufenthalts, in der Verweigerung des Zutritts[14], in der Weitergabe des Kindes[15] oder in der nachhaltigen Beeinflussung des Kindes liegen, mit der die Rückkehr zum personensorgeberechtigten Elternteil unterbunden werden soll[16]. Kein Vorenthalten liegt dagegen vor, wenn jemand den Aufenthalt des Kindes in der eigenen Wohnung duldet und selbst passiv bleibt[17].

An der **Widerrechtlichkeit** fehlt es, wenn die Eltern in die Vorenthaltung eingewilligt haben (zB **5** bei Inanspruchnahme freiwilliger Erziehungshilfe nach den §§ 27 ff SGB VIII[18], bei Verbringen des Kindes zu einer Pflegeperson oder ins Internat). Allerdings kann die Einwilligung wegen der Unverzichtbarkeit des Elternrechts jederzeit widerrufen werden. Der Widerruf liegt in dem Herausgabever-

---

[1] BT-Drucks 8/2788 S 51; BT-Drucks 7/2060 S 22.
[2] BVerfG FamRZ 1987, 786, 790; *Soergel/Strätz* § 1632 aF Rn 23.
[3] BT-Drucks 8/2788 S 40, 52; BVerfG FamRZ 1987, 786, 789; BayObLG FamRZ 1998, 1040, 1041; FamRZ 1984, 817, 818.
[4] MünchKommBGB/*Huber* Rn 8.
[5] BayObLG FamRZ 1990, 1379, 1381; MünchKommBGB/*Huber* Rn 5; *Soergel/Strätz* § 1632 aF Rn 5.
[6] BayObLG FamRZ 1990, 1379, 1381; weiter OLG Brandenburg FamRZ 2000, 1038.
[7] *Gernhuber/Coester-Waltjen* § 57 Rn 48; MünchKommBGB/*Huber* Rn 15.
[8] MünchKommBGB/*Huber* Rn 15.
[9] BayObLG FamRZ 1984, 1144, 1146.
[10] MünchKommBGB/*Huber* Rn 70; *Soergel/Strätz* § 1632 aF Rn 5.
[11] BGH FamRZ 1990, 966, 968; OLG Brandenburg FamRZ 2007, 1350 f; *Gernhuber/Coester-Waltjen* § 57 Rn 48; *Palandt/Diederichsen* Rn 4; MünchKommBGB/*Huber* Rn 28 ff.
[12] AG Bad Iburg FamRZ 2000, 1036; diff MünchKommBGB/*Huber* Rn 30.
[13] RG WarnR 1933 Nr 43; *Palandt/Diederichsen* Rn 4.
[14] *Soergel/Strätz* § 1632 aF Rn 6.
[15] RG WarnR 1933 Nr 43.
[16] OLG Zweibrücken FamRZ 1983, 297.
[17] LG Köln FamRZ 1972, 376, 377; MünchKommBGB/*Huber* Rn 10; *Staudinger/Salgo* Rn 14.
[18] *Münder* NJW 1986, 811, 812 Fn 9; *Palandt/Diederichsen* Rn 5.

§ 1632

langen[19]. Die Widerrechtlichkeit fehlt auch, wenn die Vorenthaltung auf öffentlich-rechtlichen Regeln beruht (zB Schulpflicht, erzwungene Heimerziehung, jugendgerichtliche Maßnahmen, gerichtliche Entscheidungen, die das Aufenthaltsbestimmungsrecht beschränken, wie zB eine Verbleibensanordnung nach Abs 4, dazu Rn 20)[20].

6 Im **Verhältnis der gemeinsam sorgeberechtigten Eltern zueinander** entscheidet allein das Kindeswohl über die Rückgabepflicht[21]; es gibt keinen Grundsatz, wonach das von einem Elternteil weggenommene Kind ohne Rücksicht auf sein Wohl dem anderen wieder herauszugeben ist[22]. Es gibt aber auch keinen Grundsatz, dass dieses Kind nur deshalb bei dem widerrechtlich handelnden Elternteil verbleiben muss, weil nicht feststellbar ist, dass ein weiterer Verbleib bei diesem Elternteil dem Kindeswohl widerspräche. Vielmehr ist das Kind in seine bisherige Umgebung zurückzuführen, wenn nicht erhebliche Kindesinteressen dem entgegenstehen[23].

6.1 Ist die elterliche Sorge demjenigen zugesprochen worden, der den Herausgabeanspruch geltend macht, so ist eine Überprüfung des Herausgabeverlangens auf seine Vereinbarkeit mit dem Kindeswohl nur noch eingeschränkt erforderlich, wenn im Sorgerechtsverfahren die Belange des Kindeswohls bereits ausgiebig erörtert worden sind[24]. Die am Kindeswohl orientierte sachliche Prüfung beschränkt sich in diesem Fall darauf, ob der Zeitpunkt richtig gewählt oder das Herausgabeverlangen rechtsmissbräuchlich ist[25]. Darüber hinaus hat das Gericht zu prüfen, ob neue Gesichtspunkte vorliegen, die das Kindeswohl nachhaltig berühren und eine Änderungsentscheidung nach § 1696 erforderlich machen. Dem Herausgabeverlangen nach § 1632 kann dann nicht mehr stattgegeben werden[26].

7 Die Widerrechtlichkeit ist ausgeschlossen, wenn das Herausgabeverlangen einen **Missbrauch der elterlichen Sorge** darstellt[27]. Dies gilt sowohl im Verhältnis der Eltern untereinander als auch im Verhältnis der Eltern bzw eines Elternteils zu Dritten[28]. Ein Missbrauch liegt dann vor, wenn die Durchführung des Herausgabeanspruchs zu einer ernstlichen Gefährdung des Kindes in seiner körperlichen, seelischen oder geistigen Entwicklung führen würde[29], so etwa, wenn infolge starker Entfremdung zwischen Eltern und Kind eine Störung der psychischen Entwicklung des Kindes zu befürchten ist[30], wenn die Wegnahme des Kindes eine schwere gesundheitliche Schädigung des Dritten herbeiführen würde, gegen den sich der Herausgabeanspruch richtet (zB Großeltern)[31], oder wenn die Eltern mit dem Herausgabeverlangen vorwiegend eine Kränkung des Antragsgegners oder sonstige unlautere Zwecke verfolgen[32]. Wird dem Herausgabebegehren dagegen stattgegeben, so liegt darin zugleich die Ablehnung eines Missbrauchs.

8 **2. Inhalt des Anspruchs, Konkurrenzen.** Der Anspruch zielt auf Herausgabe des Kindes, nicht der dem Kind gehörenden Sachen. Neben dem Herausgabeanspruch nach Abs 1 kann ein Schadensersatzanspruch nach § 823 Abs 1, § 823 Abs 2 iVm § 235 StGB geltend gemacht werden[33]. Zu dem nach §§ 249 ff zu ersetzenden Schaden gehören die Kosten, die die Eltern aufwenden müssen, um die Wirkungen des Eingriffs rückgängig zu machen (zB Kosten für eine psychotherapeutische Behandlung des Kindes, Kosten für die Ermittlung des Aufenthalts des Kindes [Detektivkosten][34], Kosten für die Rückführung des Kindes zu den Eltern)[35]. Die Entziehung Minderjähriger ist zudem nach § 235 StGB strafbar.

8.1 Obwohl der Anspruch vom Gesetz als Herausgabeanspruch bezeichnet wird, hat er nichts mit dem Vindikationsanspruch nach § 985 gemeinsam[36]. Der Herausgabepflichtige hat deshalb auch kein Recht zum Besitz am Kind nach § 986[37], ebensowenig nach § 273 (etwa wegen eines über einen längeren Zeitraum nicht geleisteten Unterhalts)[38]. Eine Analogie zu den Besitzschutzregeln würde den Persönlichkeitsrechten des Kindes zuwiderlaufen[39]. Ein Elternteil kann deshalb bei eigenmächtiger Wegnahme durch den anderen während des Scheidungsverfahrens auch keinen

---

[19] *Soergel/Strätz* § 1632 aF Rn 7; MünchKommBGB/*Huber* Rn 11; *Staudinger/Salgo* Rn 17.
[20] *Palandt/Diederichsen* Rn 5; MünchKommBGB/*Huber* Rn 11; *Staudinger/Salgo* Rn 16.
[21] OLG Brandenburg FamRZ 2007, 1350, 1351; OLG Düsseldorf FamRZ 1974, 99; FamRZ 1981, 601; OLG Hamm FamRZ 1991, 102; *Palandt/Diederichsen* Rn 6.
[22] OLG Brandenburg FamRZ 2007, 1350, 1351; KG NJW 1970, 148, 149.
[23] OLG Hamm FamRZ 2002, 44; AG Bad Iburg FamRZ 2000, 1036 f.
[24] OLG Hamm FamRZ 1991, 102.
[25] OLG Düsseldorf FamRZ 1981, 601; *Erman/Michalski* Rn 9; *Palandt/Diederichsen* Rn 6; *Staudinger/Salgo* Rn 10; MünchKommBGB/*Huber* Rn 32.
[26] OLG Düsseldorf FamRZ 1981, 601; s auch OLG Brandenburg FamRZ 2007, 1350, 1351.
[27] BayObLG FamRZ 1990, 1379, 1381; OLG Hamm FamRZ 1970, 95, 96; OLG Düsseldorf FamRZ 1981, 601; *Soergel/Strätz* § 1632 aF Rn 7.
[28] BT-Drucks 8/2788 S 51 f; *Staudinger/Salgo* Rn 18.
[29] OLG Hamm FamRZ 1970, 95, 96.
[30] OLG Hamm FamRZ 1991, 102.
[31] OLG Stuttgart FamRZ 1972, 264, 266.
[32] OLG Celle FamRZ 1970, 201, 202.
[33] *Staudinger/Salgo* Rn 13; *Gernhuber/Coester-Waltjen* § 57 Rn 61–64.
[34] BGH NJW 1990, 2060, 2063.
[35] LG Aachen FamRZ 1986, 713 f.
[36] *Gernhuber/Coester-Waltjen* § 57 Rn 47; für eine Analogie zu § 985 *Blume* JW 1924, 539.
[37] Anders sah dies noch das RG RGZ 122, 24, 27.
[38] OLG Stuttgart FamRZ 1972, 264, 266; *Soergel/Strätz* § 1632 aF Rn 7; *Staudinger/Salgo* Rn 17.
[39] OLG Düsseldorf FamRZ 1974, 99.

Herausgabe des Kindes; Bestimmung des Umgangs; Verbleibensanordnung bei Familienpflege § **1632**

Besitzschutz analog § 861 geltend machen. Vielmehr hat er nur die Möglichkeit, eine einstweilige Anordnung nach § 620 Nr 3 ZPO zu beantragen[40].

3. Erlöschen des Anspruchs. Der Anspruch erlischt mit Verheiratung des Minderjährigen (§ 1633), auch wenn die Eltern der Heirat nicht zustimmen[41], ansonsten mit Vollendung des 18. Lebensjahres. 9

4. Verfahren bei Herausgabe des Kindes (Abs 3). Während das bisherige Recht das Herausgabeverlangen unter Eltern dem Familiengericht und das Herausgabeverlangen der Eltern gegen Dritte dem Vormundschaftsgericht zuwies (§ 1632 Abs 3 aF), ist nach dem neuen Recht in beiden Fällen das **Familiengericht zuständig** (§ 23b Abs 1 S 2 Nr 4 GVG, § 621 Abs 1 Nr 3 ZPO). Die Entscheidung ergeht nur auf **Antrag** (mindestens) eines Elternteils; bei gemeinsamer elterlicher Sorge ist grds der Antrag beider Eltern gegen den Dritten erforderlich (näher Rn 2). Nach dem Wortlaut des § 1632 Abs 1 zielt der Antrag auf Herausgabe an bzw auf Duldung des Abholens[42] durch beide Eltern. Vor Erlass der Entscheidung hat das Familiengericht das Jugendamt (§ 49a Abs 1 Nr 6 FGG), die Eltern (§ 50a FGG) und das Kind (§ 50b FGG) **anzuhören.** Hat der Sorgeberechtigte wieder geheiratet und beabsichtigt er, das Kind in die neue Familie aufzunehmen, so ist zusätzlich der Ehegatte des sorgeberechtigten Elternteils anzuhören[43]. In der Regel ist die Bestellung eines **Verfahrenspflegers** für das Kind nach § 50 Abs 2 Nr 1 FGG erforderlich, wenn dieses den Wunsch geäußert hat, beim Dritten zu bleiben. Die **Kosten** richten sich nach §§ 94 Abs 1 Nr 6, Abs 3 S 2 KostO. Hinsichtlich der **Rechtsmittel** gegen die Herausgabeentscheidung gilt das § 1626 Rn 46.1 Gesagte. 10

Bei Anhängigkeit einer Ehesache zwischen den Ehegatten kann das Familiengericht die Herausgabe des Kindes an den anderen Elternteil nach §§ 620 Nr 3, 620a Abs 2 ZPO auch durch **einstweilige Anordnung** unter den Voraussetzungen der §§ 621g, 621 Abs 1 Nr 3 ZPO unmittelbar oder analog bestimmen[44] (näher zum einstweiligen Rechtsschutz § 1626 Rn 45). Auch die Herausgabe der zum persönlichen Gebrauch des Kindes bestimmten Sachen kann durch einstweilige Anordnung geregelt werden (§ 50d FGG). Die endgültige Klärung der Eigentumsverhältnisse bleibt dem ordentlichen Prozess vorbehalten[45]. Gegen den Erlass einer einstweiligen Anordnung, nicht gegen ihre Ablehnung (§ 620c S 2 ZPO), ist die sofortige Beschwerde zulässig (§ 620c S 1 ZPO); die Voraussetzungen für die weitere Beschwerde finden sich in den §§ 621e Abs 2 S 1, 629a Abs 2 S 1 ZPO. 11

Die **Vollstreckung der Herausgabeentscheidung** richtet sich nach **§ 33 FGG**[46]. Nach § 33 Abs 1 S 1 FGG kann das Gericht zur künftigen Befolgung seiner Anordnungen[47] den Herausgabepflichtigen durch Festsetzung von Zwangsgeld, in besonderen Fällen durch Anordnung von Zwangshaft anhalten[48]. Aufgrund einer besonderen Verfügung des Gerichts darf auch **Gewalt** gebraucht werden (Abs 2 S 1 FGG)[49]. Vollstreckungsschuldner ist der Herausgabepflichtige oder ein Dritter, der auf seine Weisung hin das Kind in Obhut hat, so dass ihnen gegenüber Gewalt angewendet werden darf[50]. Eine **Gewaltanwendung gegen ein Kind** ist dagegen unzulässig, wenn es herausgegeben werden soll, um das Umgangsrecht auszuüben (Abs 2 S 2 FGG). Diese Vorschrift bezieht sich nach ihrem Wortlaut also nur auf die §§ 1684, 1685, nicht dagegen auf das Herausgabeverlangen nach § 1632. Während die Möglichkeit der Gewaltanwendung gegenüber dem Kind im letzteren Fall deshalb zum Teil bejaht wird, wenn eine besondere Verfügung des Gerichts vorliegt (Abs 2 S 1 FGG)[51], wird vielfach die Ansicht vertreten, die Gewalt dürfe nach § 33 Abs 2 S 1 FGG nur als äußerstes Mittel eingesetzt werden, wenn andere Mittel keinen Erfolg versprechen oder ein sofortiges Einschreiten geboten ist[52]. Bei der Entscheidung dieser Frage ist zu beachten, dass die Erziehung des Kindes eine Wechselbeziehung zwischen Eltern und Kind ist (vgl § 1626 Abs 2), die nur wirksam werden kann, wenn sie auf einer positiven emotionalen Bindung gründet; sie ist deshalb gegen den Willen des Kindes nicht möglich[53]. Beachtlich ist demnach auch der Widerstand eines 11jährigen Kindes gegen die Herausgabe an die Mutter. Sein Wille darf vom Gerichtsvollzieher nicht mit Gewalt gebrochen werden[54]. Jedes andere Ergebnis würde auch der Erziehungsvorgabe des § 1631 Abs 2 zuwiderlaufen, da es widersprüchlich wäre, den Eltern 12

---

[40] *Palandt/Diederichsen* Rn 8.
[41] *Soergel/Strätz* § 1632 aF Rn 9.
[42] *Soergel/Strätz* § 1632 aF Rn 17; MünchKommBGB/*Huber* Rn 16.
[43] BayObLG FamRZ 1987, 619, 620; MünchKommBGB/*Huber* Rn 17.
[44] OLG Zweibrücken FamRZ 2005, 745.
[45] BT-Drucks 7/2060 S 22; BT-Drucks 7/2788 S 74; *Soergel/Strätz* § 1632 aF Rn 17; *Palandt/Diederichsen* Rn 7; iE zum Verfahren nach § 50d FGG *Peschel-Gutzeit* MDR 1984, 890.
[46] *Kloeckner* S 17 ff; zu den Kosten der Vollstreckung einer Herausgabeanordnung im Unterschied zu den Kosten der eigenständigen Rückholung des Kindes OLG Bremen FamRZ 2002, 1720 f.
[47] OLG Karlsruhe FamRZ 1998, 1131.
[48] OLG Brandenburg FamRZ 2001, 1315 f.
[49] *Kloeckner* S 55 ff.
[50] OLG Zweibrücken FamRZ 2004, 1592, 1593.
[51] OLG Zweibrücken ZfJ 2002, 72 f; OLG Celle FamRZ 1994, 1129; BayObLG FamRZ 1974, 534, 536; AG Koblenz FamRZ 2006, 1141; *Knöpfel* FamRZ 1985, 1211, 1215; *Schütz* FamRZ 1986, 528, 529 f; *ders* FamRZ 1987, 438 ff; *Wieser* FamRZ 1990, 693, 695; *Scherer* ZfJ 1999, 86, 89.
[52] BGH FamRZ 1977, 126, 128; OLG Düsseldorf FamRZ 1994, 1541, 1542; *Schüler* DGVZ 1980, 97, 100; MünchKommBGB/*Huber* Rn 20 ff.
[53] *Lempp* FamRZ 1986, 1061, 1062; gegen Gewaltanwendung auch *Diercks* FamRZ 1994, 1226, 1227 ff; *Jopt* ZfJ 1996, 203, 205; *Erman/Michalski* Rn 18.
[54] AG Springe NJW 1978, 834; *Groß* Kind-Prax 2001, 148, 151.

§ 1632

12.1 die Gewaltanwendung als Erziehungsmittel zu verbieten, sie aber mit dem Ziel einer Zuführung des Kindes zum Sorgeberechtigten zur Ermöglichung der Erziehung zuzulassen[55].

Der BGH hatte bereits 1975 die gewaltsame Wegnahme gegen den Willen eines Kindes, welches das 14. Lebensjahr überschritten hatte, im Hinblick auf Art 2 Abs 1 GG „für verfassungsrechtlich bedenklich" angesehen[56]. Das BayObLG räumte dem Persönlichkeitsrecht eines 15jährigen Kindes, das sich der gewaltsamen Herausgabe widersetzte, gegenüber dem Elternrecht den Vorrang ein[57]. Das BVerfG hat allerdings jüngst die Anordnung von Gewalt gegenüber dem Kind in einem Verfahren nach § 1666 gebilligt (§ 1626 Rn 47).

13 **5. Internationale Kindesentführung.** Handelt es sich um eine grenzüberschreitende Entführung des Kindes, so sollen die Regeln der VO Nr 2201/2003 des Rates über die Zuständigkeit und die Anerkennung und Vollstreckung von Entscheidungen in Ehesachen und in Verfahren betr der elterlichen Verantwortung, des Haager Übereinkommens über die zivilrechtlichen Aspekte internationaler Kindesentführung (HKiEntÜ) vom 25. 10. 1980 sowie des Europäischen Abkommens über die Anerkennung und Vollstreckung von Entscheidungen über das Sorgerecht für Kinder und die Wiederherstellung des Sorgeverhältnisses (ESÜ) die Ausübung des Umgangsrechts und die rasche Rückführung entführter Kinder unter 16 Jahren sichern (allg zu diesen Regeln § 1626 Rn 53)[58].

III. Recht, den Umgang zu bestimmen (Abs 2)

14 **1. Inhalt des Umgangsbestimmungsrechts.** Das Umgangsbestimmungsrecht gibt den Eltern das Recht, den Umgang des Kindes mit anderen Personen zu überwachen, schädliche Einflüsse Dritter nach Möglichkeit zu verhindern und das Kind vor Belästigungen zu schützen. Zu diesem Zweck können sie Weisungen sowie **Umgangsverbote** gegenüber dem Kind und/oder gegenüber Dritten erteilen[59]. Dabei bilden die §§ 1631 Abs 1 und 1632 Abs 2 („auch") die Grundlagen für Maßnahmen gegenüber dem Kind, § 1632 Abs 2 für Maßnahmen gegenüber Dritten[60]. Als Dritte kommen Verwandte und dritte Personen in Betracht, nicht jedoch der andere Elternteil; soweit es um einen Streit über die Ausgestaltung des Umgangsrechts mit dem Kind geht, haben die §§ 1684 Abs 3, 4, 1685 Abs 3 Vorrang[61]. Die Eltern können den persönlichen, brieflichen, telefonischen sowie computergestützten Verkehr regeln[62]. Umgekehrt fallen unter Abs 2 auch **Umgangsgebote und -erlaubnisse.** Eine solche Erlaubnis kann konkludent zB in der Finanzierung des Musikunterrichts oder der Zustimmung zum Vereinsbeitritt zum Ausdruck kommen[63]. Nicht unter Abs 2, sondern unter § 1631 Abs 1 fällt die Bestimmung von Ort und Zeit des Umgangs[64].

15 Das Umgangsbestimmungsrecht steht bei gemeinsamer Sorge **beiden Eltern** zu[65]. Dies gilt auch dann, wenn die Eltern getrennt leben. Da aber jeder Elternteil dem Kind als selbständige Erzieherpersönlichkeit gegenüber tritt, kann auch jeder dem Kind gegenüber ein Umgangsverbot aussprechen. Etwas anderes gilt nur für Umgangsverbote gegenüber Dritten. Hierüber muss zwischen den Eltern Einvernehmen bestehen oder erzielt werden (§ 1627)[66]. Fehlt es daran, muss eine gerichtliche Entscheidung nach § 1628 darüber getroffen werden, wer das Umgangsbestimmungsrecht ausübt. Die Erklärung nur eines Elternteils genügt, wenn dieser **allein sorgeberechtigt** ist (§§ 1626a Abs 2, 1671, 1672 Abs 1, 2 S 2, 1678 Abs 2, 1680, 1681 Abs 1, 1696)[67]. Das Recht des **umgangsberechtigten Elternteils,** während der Dauer des Umgangs das Umgangsbestimmungsrecht nach § 1632 Abs 2 auszuüben, lässt sich nach der Streichung von § 1634 Abs 2 S 1 HS 2 aF aus den §§ 1687a, 1687 Abs 1 S 4 ableiten (näher § 1687 Rn 13.2, § 1684 Rn 10.1)[68].

---

[55] *Kloeckner* S 75 f.
[56] BGH FamRZ 1975, 273, 276.
[57] BayObLG FamRZ 1985, 737: 15 Jahre; zust *Wieser* FamRZ 1990, 693 ff; krit *Knöpfel* FamRZ 1985, 1211 ff; *Schütz* FamRZ 1986, 528 ff.
[58] Entscheidungen zu Art 12 und 13 HKiEntÜ: BVerfG FamRZ 1999, 85 ff = EuGRZ 1998, 612 = JZ 1999, 459 ff m Anm *Coester-Waltjen;* BVerfG FamRZ 1999, 641 f, 642 f; OLG Hamm FamRZ 2004, 723 ff; OLG Nürnberg FamRZ 2004, 726 f; OLG Karlsruhe Kind-Prax 2002, 134 ff; OLG Celle FamRZ 2002, 569 f; OLG Dresden FamRZ 2002, 1136 ff; OLG Hamm FamRZ 2002, 44 f; OLG Zweibrücken FamRZ 2001, 643 ff; OLG Rostock NJW-RR 2001, 1448 f; OLG Bamberg FamRZ 2000, 371 ff; AG Nürnberg FamRZ 2004, 725 ff; AG Saarbrücken FamRZ 2003, 398 f; Lit zur internationalen Kindesentführung [allg, Einzelaspekte]: *Bach,* Internationale Kindesentführung, 1999; *ders* FamRZ 1997, 1051 ff; *Vomberg/Nehls,* Rechtsfragen der internationalen Kindesentführung, 2002; *Marx,* Internationale Kindesentführung, 1998; *Haß,* Internationale Kindesentführungen durch einen Elternteil, 1997; *Mansel* NJW 1990, 2176 ff; *Gruber* AnwBl 2005, 209 f; *Klosinski* FuR 2000, 408 ff; *Carl* FPR 2001, 211 ff; *Hohloch/Mauch* FPR 2001, 195 ff; *Rieck* FPR 2001, 183; *Schweppe* ZfJ 2001, 169 ff; *Winkler v. Mohrenfels* FPR 2001, 189 ff; *Carl/Veitland/Gallo* DGVZ 2005, 145 ff; *Kloeckner* S 80 ff.
[59] BayObLG FamRZ 1995, 497; *Palandt/Diederichsen* Rn 22; *Münder* RdJB 1975, 146 ff; enger OLG Bremen FamRZ 1977, 555 f.
[60] *Jauernig/Berger* Anm zu den §§ 1631–1633 Rn 22 wendet im Verhältnis zum Kind nur § 1631 an.
[61] *Schwab* Familienrecht Rn 592.
[62] BayObLG FamRZ 1995, 497; *Palandt/Diederichsen* Rn 22; *Soergel/Strätz* § 1632 aF Rn 14.
[63] *Palandt/Diederichsen* Rn 22.
[64] *Soergel/Strätz* § 1632 aF Rn 14; *Palandt/Diederichsen* Rn 22.
[65] MünchKommBGB/*Huber* Rn 63.
[66] OLG Schleswig FamRZ 1965, 224, 226 m Anm *Gernhuber; Erman/Michalski* Rn 22; *Staudinger/Salgo* Rn 20.
[67] OLG Nürnberg FamRZ 1959, 71; OLG Hamm FamRZ 1974, 136, 137; LG Tübingen FamRZ 1967, 108, 109.
[68] *Johannsen/Henrich/Jaeger* § 1684 Rn 31.

Herausgabe des Kindes; Bestimmung des Umgangs; Verbleibensanordnung bei Familienpflege § **1632**

Als absolutes Recht genießt das Umgangsbestimmungsrecht den Schutz der §§ 823 Abs 1 und 1004[69]. **16**

2. Grenzen des Umgangsbestimmungsrechts. a) Erziehungsauftrag. Bei der Festlegung der Schranken für das Umgangsbestimmungsrecht ist zu berücksichtigen, dass der Umgang mit Dritten unerlässlich zur Erlangung sozialer Mündigkeit ist (vgl §§ 1626 Abs 3, 1684, 1685); der Umgang mit Dritten birgt aber auch Gefahren (Ansteckung mit Krankheiten, Abgleiten in die Kriminalität, Drogenabhängigkeit, Prostitution, psychische Abhängigkeit von religiösen, politischen und ideologischen Grundhaltungen)[70]. Umstritten ist vor diesem Hintergrund die Reichweite der Elternautonomie. Vielfach wird diese bis zur Schranke des § 1666 anerkannt[71]. Andere fordern, dass ein dem Kindeswillen zuwiderlaufendes Umgangsverbot in den Jahren vor der Volljährigkeit auf triftige und sachliche Gründe gestützt werden müsse[72]. Für die letztere Sichtweise spricht die Regelung des **§ 1626 Abs 2**, wonach die Eltern bei der Pflege und Erziehung die wachsende Fähigkeit und das wachsende Bedürfnis des Kindes zu selbständigem verantwortungsbewusstem Handeln zu berücksichtigen haben. Zudem gehört nach § 1626 Abs 3 S 2 zum Wohl des Kindes idR der Umgang mit anderen Personen, zu denen das Kind Bindungen besitzt, wenn ihre Aufrechterhaltung für seine Entwicklung förderlich ist. Ein Umgangsverbot bedarf also der Begründung, wenn das Kind zur betreffenden Person eine positive soziale Beziehung aufgebaut hat[73]. Weitere Grenzen ergeben sich aus § 1631 Abs 2 und § 1631 a. Danach darf die Umgangsregelung für das Kind auch nicht entwürdigend sein und es muss auf Eignung und Neigung des Kindes Rücksicht genommen werden, wenn der Umgang im Zusammenhang mit der Ausbildung und dem Beruf des Kindes steht. **17**

Als Gründe für ein Umgangsverbot wurden in der Rspr anerkannt: die lesbische Veranlagung der Bezugsperson[74]; vor Herabsetzung des Volljährigkeitsalters das Verhältnis eines 18jährigen zu einer 7 Jahre älteren geschiedenen Frau mit zwei Kindern[75]; der Verkehr einer Minderjährigen mit einem wesentlich älteren verheirateten Mann[76]; der Verkehr einer 15jährigen mit einem älteren Mann selbst nach deren Verlobung mit einem anderen Mann[77]; der voreheliche Intimverkehr von zwei 19jährigen Verlobten[78]; der Umgang einer 18jährigen mit einem 26jährigen Mann, der einen leichten Kontakt zum Rauschgiftmilieu hat[79]; der Umgang mit einem wegen Raubes verurteilten Mannes[80]; die ausbildungsbedingte wirtschaftliche Abhängigkeit der Minderjährigen, die den Eltern größere Pflichten und Lasten auferlegt[81]; nach Herabsetzung des Volljährigkeitsalters das Verhältnis einer noch nicht 18jährigen zu einem 23jährigen geschiedenen Mann[82]. Als **nicht ausreichende** Gründe wurden angesehen: ein negatives graphologisches Gutachten über einen 28jährigen[83] sowie das Abschneiden jeglichen Kontakts aus schulischen Gründen[84]. Die genannten Entscheidungen sind allerdings zum Teil wegen Herabsetzung des Volljährigkeitsalters sowie gewandelten Auffassungen über sexuelle Beziehungen als überholt anzusehen. **17.1**

b) Umgangsrechte. Eine weitere Grenze bilden vor allem die Umgangsrechte Dritter. Da der umgangsberechtigte Elternteil nicht Dritter iS von Abs 2 ist (Rn 14), scheidet § 1684 als Grenze aus; dagegen ist § 1685 zu beachten, wonach Großeltern und Geschwistern (§ 1685 Abs 1) sowie Stiefeltern, Lebenspartnern und Pflegepersonen (§ 1685 Abs 2) ein Umgangsrecht zusteht, wenn dieses dem Wohl des Kindes dient[85]. **18**

3. Verfahren (Abs 3). Dem Kind gegenüber können die Eltern das Umgangsverbot durch erzieherische Maßnahmen in den Grenzen der §§ 1631 Abs 2, 1666 unmittelbar durchsetzen, zB durch Ermahnungen, Entzug von Taschengeld usw. Sie können aber auch das Gericht nach §§ 1631 Abs 3, 1632 Abs 3[86] anrufen. Dieser Weg spielt vor allem bei Streitigkeiten zwischen den Eltern und dem Dritten eine Rolle[87]. Voraussetzung ist ein **Antrag** (idR beider Eltern [näher Rn 10]). Nicht unter **19**

---

[69] OLG Schleswig FamRZ 1965, 224, 225.
[70] *Gernhuber/Coester-Waltjen* § 57 Rn 85; *Palandt/Diederichsen* Rn 23; *Klocke* JuS 1974, 75, 80.
[71] OLG Frankfurt NJW 1979, 2052, 2053; OLG Bremen FamRZ 1977, 555, 556; LG Tübingen FamRZ 1967, 108, 109 f; BT-Drucks 8/2788 S 51; RGRK/*Wenz* § 1632 aF Rn 36; *Scherer* ZfJ 1999, 86, 88; *Jauernig/Berger* Anm zu den §§ 1631–1633 Rn 23 f.
[72] OLG Schleswig FamRZ 1965, 224, 226 f; OLG Koblenz FamRZ 1958, 137, 139; LG Wiesbaden FamRZ 1974, 663; AG Bad Säckingen FamRZ 2002, 689, 690; BT-Drucks 7/2060 S 22; MünchKommBGB/*Huber* Rn 67; *Soergel/Strätz* § 1632 aF Rn 15; *Staudinger/Salgo* Rn 22; *Palandt/Diederichsen* Rn 23 bei einem Umgangsverbot gegenüber dem Kind, anders bei einem Umgangsverbot gegenüber dem Dritten; weitere Ansätze: *Reuter* FamRZ 1969, 622 ff; *Schwerdtner* AcP 173 (1973), 227, 241, 244, 247 f; *Klocke* JuS 1974, 75, 80.
[73] *Schwab* Familienrecht Rn 591.
[74] LG Berlin FamRZ 1985, 519 f.
[75] OLG Nürnberg FamRZ 1959, 71 ff.
[76] LG Hamburg FamRZ 1958, 141.
[77] LG Tübingen FamRZ 1967, 108, 109.
[78] LG Saarbrücken FamRZ 1970, 319 f m krit Anm *Klocke* JuS 1974, 75, 81; s auch LG Hamburg FamRZ 1981, 309.
[79] OLG Hamm FamRZ 1974, 136.
[80] KG MDR 1960, 497 m abl Anm *Klocke* JuS 1974, 75, 81.
[81] OLG Hamm FamRZ 1974, 136; *Palandt/Diederichsen* Rn 23; aA LG Wiesbaden FamRZ 1974, 663; *Soergel/Strätz* § 1632 aF Rn 15; MünchKommBGB/*Huber* Rn 68.
[82] OLG Bremen FamRZ 1977, 555, 556.
[83] OLG Koblenz FamRZ 1958, 137.
[84] LG Wiesbaden FamRZ 1974, 663.
[85] *Schwab* FamRZ 1998, 457, 469 versteht die §§ 1684, 1685 als Sondervorschriften zu § 1632 Abs 2.
[86] *Palandt/Diederichsen* Rn 26.
[87] BayObLG FamRZ 1995, 497.

§ 1632

Abs 3 fallen Schadensersatzklagen der Eltern nach § 823 Abs 1 oder Unterlassungsklagen nach § 1004 gegen den Dritten[88]. **Zuständig** für ein Verfahren über das Umgangsbestimmungsrecht der Eltern nach Abs 3 ist das Familiengericht (§§ 23b Abs 1 S 2 Nr 3 GVG, 621 Abs 1 Nr 2 ZPO). Es entscheidet der Richter (§ 14 Abs 1 Nr 16 RPflG). **Anzuhören** sind das Jugendamt nach § 49a Abs 1 Nr 7 FGG, das Kind nach § 50b FGG, der Dritte nach § 12 FGG und die Eltern nach § 50 FGG. Für das Kind ist nach § 50 Abs 2 Nr 1 FGG ein **Verfahrenspfleger** zu bestellen. Die **Kosten** der Entscheidung bestimmen sich nach § 94 Abs 1 Nr 6 KostO. **Vorläufiger Rechtsschutz** kann durch vorläufige Anordnungen gewährt werden. Bei der **Vollstreckung** gegenüber dem Dritten ist § 33 FGG zu beachten; gegenüber dem Kind ist eine Gewaltanwendung unzulässig (Rn 12).

IV. Schutz der Pflegekinder (Abs 4)

20 **1. Voraussetzungen für eine Verbleibensanordnung. a) Familienpflege seit längerer Zeit.** Eine Verbleibensanordnung nach Abs 4 kann nur ergehen, wenn das Kind seit längerer Zeit in Familienpflege gelebt hat. Eine **Familienpflege** liegt in jedem Fall dann vor, wenn das Pflegeverhältnis die Voraussetzungen der §§ 33, 44 ff SGB VIII erfüllt[89]. Sie ist aber auch dann anzunehmen, wenn das Pflegeverhältnis keinen rechtlichen Bestand hat, weil nur so dem Zweck des Abs 4 Rechnung getragen werden kann, Schäden durch unzeitiges Herauslösen des Kindes aus einem solchen Verhältnis zu verhindern. Es genügt also, dass seit längerer Zeit ein faktisches Pflegeverhältnis familienähnlicher Art besteht[90]. Demnach findet die Vorschrift auch auf Verwandte Anwendung, für die eine Erlaubnis nach § 44 Abs 1 S 1 SGB VIII nicht erforderlich ist (§ 44 Abs 1 S 2 Nr 3 SGB VIII). Für Großeltern, Geschwister und Stiefelternteile gilt allerdings nicht mehr § 1632 Abs 4, sondern die speziellere Regelung des § 1682 (dort Rn 2)[91].

20.1 § 1632 Abs 4 gilt weiter, wenn das Kind sich in Adoptivpflege (§ 1744) befindet[92]. Die Regelung findet darüber hinaus Anwendung, wenn das Pflegekind aus seiner bisherigen Pflegestelle herausgenommen wurde[93] oder nach seiner Rückkehr zu den leiblichen Eltern wieder zu den Pflegeeltern geflüchtet ist[94]. Die Unterbringung des Kindes in einem Kinderheim stellt keine Familienpflege dar[95]. Vielmehr fällt unter diesen Begriff nur die Unterbringung eines Kindes bei einer oder mehreren natürlichen Personen in der Weise, dass familienähnliche Beziehungen begründet werden können[96]. Bedenken bestehen auch gegenüber der Anwendung von Abs 4 auf die Tagespflege, da das Kind in diesem Fall nicht in der Familienpflege „lebt"[97], sowie auf die Inobhutgabe des Kindes zwecks Heilbehandlung[98].

21 Bei der Frage, ob die Familienpflege **seit längerer Zeit** besteht, ist nicht von einer bestimmten absoluten Zeitspanne auszugehen[99]. Auszugehen ist vielmehr von den Zeitvorstellungen des Kindes oder des Jugendlichen[100]; deshalb scheidet eine Analogie zu Art 224 § 2 Abs 3 EGBGB, der auf die Verantwortungsgemeinschaft der Eltern abstellt, von vornherein aus. Je jünger ein Kind ist, desto länger wird ihm eine Zeitspanne erscheinen, und desto länger ist auch die Zeit in der Relation zur Dauer seines bisherigen Lebens. So dass es sich schon einen recht langen Zeitraum darstellt, wenn ein einjähriges Kind seit einem halben Jahr in einer Pflegefamilie gelebt hat[101]. Entscheidend ist, ob die Pflegezeit dazu geführt hat, dass das Kind in der Pflegefamilie seine Bezugswelt gefunden hat[102].

21.1 So haben das OLG Hamm und das OLG Naumburg eine längere Familienpflege bei ca drei Jahren (ab dem achten Lebensjahr bzw kurz nach der Geburt)[103], das OLG Brandenburg bei mehr als zwei Jahren[104], das OLG Frankfurt bei 18 Monaten (Pflegezeit für die gesamte Dauer des bisherigen Lebens)[105], das OLG Celle bei elf Monaten (vom 6.–17. Lebensmonat des Kindes) und bei 7,5 Monaten (vom 24.–30. Lebensmonat) Pflegezeit[106], das BayObLG bei 14 Monaten im Fall einer zur Zeit der Entscheidung 16jährigen Jugendlichen[107], das AG Löbau bei sieben Jahren Pflegezeit (ab elftem Lebensmonat)[108] bejaht. Dagegen hat das letztgenannte Gericht bei einem kurz nach der Geburt in Pflege

---

[88] *Soergel/Strätz* § 1632 aF Rn 19; zur Bedeutung dieser Ansprüche neben dem aus § 1632 Abs 2 *Jauernig/Berger* Anm zu den §§ 1631–1633 Rn 25.
[89] *Schindler* JAmt 2004, 169 ff; zu den Parteien des Pflegevertrags bei Vollzeitpflege BGH NJW 2006, 2553 ff.
[90] BGH NJW 2001, 3337, 3338; OLG Hamm FamRZ 2004, 1396; NJW 1985, 3029, 3030; BayObLG FamRZ 1984, 817, 818; s auch AG Fulda FamRZ 2002, 900 m Anm *Doukkani-Bördner, Peschel-Gutzeit* FPR 2004, 428, 429.
[91] *Muscheler* FamRZ 2004, 913, 921 plädiert für eine Anpassung des § 1632 Abs 4 und 1682 an § 1685.
[92] OLG Brandenburg FamRZ 2000, 1038, 1039.
[93] OLG Frankfurt FamRZ 1983, 1164, 1165.
[94] BayObLG FamRZ 1982, 1239.
[95] LG Frankfurt FamRZ 1984, 729 f; *Groß* S 86; *Soergel/Strätz* § 1632 aF Rn 24; aA *Schlüter/Liedmeier* FuR 1990, 122, 123.
[96] LG Frankfurt FamRZ 1984, 729, 730.
[97] BGH NJW 2001, 3337, 3339, im Ergebnis offen gelassen.
[98] BVerfG FamRZ 2006, 1593, 1595.
[99] BayObLG FamRZ 1998, 1040, 1041; *Palandt/Diederichsen* Rn 13.
[100] OLG Köln FamRZ 2007, 658; BayObLG FamRZ 1998, 1040, 1041; FamRZ 1991, 1080, 1082; OLG Celle FamRZ 1990, 191, 192; *Balloff* FPR 2004, 431, 436; *Peschel-Gutzeit* FPR 2004, 428, 429; allg zum kindlichen Zeitempfinden *Heilmann* S 16 ff.
[101] BayObLG FamRZ 1991, 1080, 1082.
[102] BayObLG FamRZ 1998, 1040, 1041; *Palandt/Diederichsen* Rn 13.
[103] OLG Hamm FamRZ 2004, 1396; OLG Naumburg FamRZ 2002, 1274, 1275.
[104] OLG Brandenburg ZKJ 2006, 557.
[105] OLG Frankfurt FamRZ 2005, 720 f.
[106] OLG Celle FamRZ 1990, 191, 192.
[107] BayObLG FamRZ 1998, 1040, 1041.
[108] AG Löbau FPR 2004, 479 f.

Herausgabe des Kindes; Bestimmung des Umgangs; Verbleibensanordnung bei Familienpflege § **1632**

gegebenen und zur Zeit der Ausgangsentscheidung sechs Monate alten Kind eine längere Familienpflege verneint[109]. Ebenso sieht es das OLG Frankfurt bei einem 11monatigen Kind, das seit neun Monaten bei Pflegeeltern lebt[110].

Bei der Bestimmung der Dauer der kindlichen Bindung an die Pflegeeltern ist zugunsten der leiblichen Eltern und ihren grundrechtlich gleichgestellten Personen der Umstand zu berücksichtigen, dass eine fehlerhafte gerichtliche Entscheidung zu einer Verlängerung des Aufenthalts in der Pflegefamilie beigetragen hat[111]; auch das Unterlassen einer gerichtlichen Entscheidung kann zu einer Verfestigung der Beziehung des Kindes zu den Pflegeeltern führen[112]. **21.2**

b) Wegnahmewille der Eltern. Das Kind ist vor einer Wegnahme durch die **leiblichen Eltern** zu schützen. Erforderlich ist, dass den Eltern der Herausgabeanspruch zusteht, sie also das uneingeschränkte Personensorgerecht, zumindest das Aufenthaltsbestimmungsrecht, haben[113]. Die Vorschrift gilt aber auch dann, wenn ein Vormund (§ 1800) oder ein Pfleger (§§ 1915 Abs 1, 1800) das Kind von der Pflegeperson wegnehmen will[114]. Der Wegnahmewille muss in allen Fällen **ernstlich** zum Ausdruck gebracht werden. Nicht erforderlich ist, dass bereits ein Verfahren nach § 1632 Abs 1, 3 eingeleitet wurde[115]. **22**

c) Gefährdung des Kindeswohls durch die Wegnahme. Der **Gefahrbegriff** nach dem neuen Recht entspricht dem des § 1666 (vgl dort Rn 4 f). Erforderlich ist also eine begründete gegenwärtige Besorgnis, dass eine Änderung des Aufenthalts, der Betreuung und Erziehung zu schweren und nachhaltigen körperlichen oder seelischen Schäden beim Kind führen kann[116]. Ob durch die Wegnahme des Kindes das **Kindeswohl** gefährdet ist, hängt von einer Gesamtabwägung zwischen den Kindesinteressen, den Rechten der Pflegeperson, der leiblichen Eltern oder des als Vormund bestellten Großelternteils ab[117]. Im Rahmen dieser Abwägung muss das Kindeswohl letztlich bestimmend sein[118]. Maßgebend sind das Ausmaß der Integration des Kindes in der Pflegefamilie und der Umfang der Gefahr seelischer Entwurzelung beim Kind durch seine Rückkehr zu den leiblichen Eltern[119]. In die Abwägung sind vor allem die in der alten Fassung des Abs 4 noch genannten Kriterien einzubeziehen[120]. **23**

Entscheidende Kriterien bei der Abwägung sind also der Grad der Verwurzelung des Kindes in die Pflegefamilie[121], **die Dauer der Familienpflege**[122], die Rahmenbedingungen, die das Kind in der Familie seiner leiblichen Eltern vorfinden wird[123], die **Persönlichkeit** des Kindes[124], der **Wille** des Kindes[125], **persönliche Defizite der leiblichen Eltern** wie zB Überforderung[126], Erkrankung[127], die Unfähigkeit aufgrund der eigenen Biographie, eine enge Beziehung zu ihrem durch einen vorausgegangenen Beziehungsabbruch besonders gestörten Kind aufzubauen[128] oder eine eingeschränkte Erziehungseignung[129]. Ausreichend ist eine drohende Misshandlung durch den Stiefvater[130]. Unzureichende Lebensverhältnisse bei den Eltern können genügen[131]. Dagegen reichen weder ein soziales Gefälle zwischen den leiblichen Eltern und den Pflegeeltern noch eine möglicherweise bessere erzieherische Eignung der Pflegeeltern, um die Trennung der Eltern von ihren Kindern zu rechtfertigen[132]. In die Waagschale einzuwerfen sind weiter die **Belange und Wünsche der Pflegeeltern**[133]. Ist eine gewachsene Bindung zwischen dem Kind und den Pflegeeltern entstanden, ist diese Familie von Art 6 Abs 1 GG geschützt, so dass Art 6 Abs 3 GG bei der Entscheidung über die Herausnahme des Kindes aus seiner sozialen Familie auch auf Seiten der Pflegeeltern **23.1**

---

[109] BayObLG DAVorm 1985, 911, 913 f.
[110] OLG Frankfurt JAmt 2003, 39, 40.
[111] BVerfG FamRZ 2004, 771, 772.
[112] In dem tragischen Fall EGMR NJW 2003, 809 – K. und T./Finnland wurde über die Menschenrechtsbeschwerde erst nach sechs Jahren entschieden, *Lenz* FF 2001, 190, 193.
[113] BayObLG FamRZ 1990, 1379, 1382; OLG Hamburg FamRZ 1983, 1271; *Münder* NJW 1986, 811, 813; *Palandt/Diederichsen* Rn 14.
[114] BVerfG FamRZ 2004, 771 f; OLG Brandenburg ZKJ 2006, 12; KG FamRZ 2006, 278; DIJuF-Rechtsgutachten JAmt 2002, 296 f; BayObLG FamRZ 1991, 1080, 1082.
[115] *Schlüter/Liedmeier* FuR 1990, 122, 124.
[116] BVerfG FamRZ 2006, 1593, 1594; OLG Hamm FamRZ 2004, 1396; OLG Frankfurt OLGR 2003, 44; FamRZ 1980, 826, 827; FamRZ 1983, 297, 298; FamRZ 1983, 1163, 1164; *Peschel-Gutzeit* FPR 2004, 428, 430; *Groß* S 110.
[117] BVerfG FamRZ 2005, 783, 784; FamRZ 2004, 771, 772; NJW 1985, 423, 424; BayObLG FamRZ 1998, 1040, 1041.
[118] BVerfG FamRZ 2005, 783, 784; FamRZ 2004, 771; BVerfGE 75, 201, 218; NJW 1985, 423, 424; OLG Karlsruhe FamRZ 2004, 722, 723; *Schwab/Motzer* HdB ScheidungsR III Rn 201.
[119] OLG Hamm FamRZ 2004, 1396; *Gernhuber* FamRZ 1973, 229, 238 f; *Lipp/Wagenitz* Rn 2.
[120] BT-Drucks 13/4899 S 96; nach Abs 4 aF konnte eine Verbleibensanordnung nur ergehen, wenn außer der Gefährdung des Kindeswohls die weiteren Voraussetzungen des § 1666 vorlagen.
[121] OLG Frankfurt FamRZ 2004, 720 f; OLG Hamm FamRZ 2004, 1396; BayObLG FamRZ 1995, 626, 628; AG Frankfurt DAVorm 1982, 366 f, 638 f.
[122] BVerfG FamRZ 2004, 771, 772; OLG Frankfurt FamRZ 2004, 720 f; JAmt 2003, 39, 40; FamRZ 1983, 1163, 1164; MünchKommBGB/*Huber* Rn 52; *Palandt/Diederichsen* Rn 16, 13; *Lipp/Wagenitz* Rn 2.
[123] OLG Hamm FamRZ 2004, 1396, 1397; BayObLG FamRZ 1995, 626, 628.
[124] BayObLG FamRZ 1995, 626, 628.
[125] OLG Stuttgart JAmt 2007, 371, 374; OLG Karlsruhe FamRZ 2004, 722 f; OLG Frankfurt FamRZ 2002, 1277, 1278; OLG Köln FamRZ 1972, 144 ff; BayObLG FamRZ 1998, 1040, 1041; *Balloff* FPR 2004, 431, 436.
[126] OLG Brandenburg JAmt 2003, 603, 605; BayObLG DAVorm 1985, 335; OLG Schleswig DAVorm 1980, 574.
[127] OLG Hamm FamRZ 2007, 659, 660; AG Fulda FamRZ 2002, 900 f.
[128] OLG Frankfurt FamRZ 2004, 720, 721.
[129] OLG Frankfurt FamRZ 2004, 722, 723.
[130] OLG Frankfurt FamRZ 1981, 308 f.
[131] *Palandt/Diederichsen* Rn 16.
[132] EGMR FamRZ 2002, 1393, 1396 f – Kutzner/Deutschland; OLG Frankfurt OLGR 2003, 44; JAmt 2002, 39, 40; OLG Düsseldorf FamRZ 1994, 1541, 1542; zur Berücksichtigung gesellschaftlicher Verhältnisse im Heimatland (Afghanistan) OLG Hamm FamRZ 2004, 1396 f, aufgehoben durch BVerfG FamRZ 2006, 1593 ff.
[133] OLG Köln FamRZ 2007, 658, 659; *Palandt/Diederichsen* 60. Aufl 2001, Rn 26.

§ 1632   Buch 4. Abschnitt 2. Verwandtschaft

nicht gänzlich außer Acht bleiben darf[134]; allerdings kann nur in Ausnahmefällen ein Verstoß gegen die Grundrechte der Pflegeeltern angenommen werden[135]. Wichtig sind weiter der **Anlass** der Familienpflege[136] und die Frage, ob bereits eine **Entfremdung** zwischen den leiblichen Eltern und dem Kind eingetreten ist oder ob das Eltern den Kontakt zu dem Kind nicht haben abreißen lassen[137]. Auch das **Ziel des Herausgabeverlangens** (Rückkehr in die eigene Familie oder Wechsel der Pflegestelle) ist zu berücksichtigen[138]. Die dem Kind zumutbare Risikogrenze ist dabei weiter zu ziehen, wenn es um die Rückführung zu den leiblichen Eltern geht[139]. Dabei ist ein Wechsel zu einem Großelternteil des Kindes, der Vormund geworden ist, einer Rückkehr in die Herkunftsfamilie und nicht einem Wechsel der Pflegestelle vergleichbar[140]. Etwas anderes gilt dagegen dann, wenn der Großelternteil nicht Vormund ist[141].

23.2   Das Pflegeverhältnis kann, wenn es acht oder gar elf Jahre gedauert hat, eine Beziehung begründen, die alle psychologischen Elemente einer gut funktionierenden Eltern-Kind-Beziehung enthält. Die Herauslösung des Kindes aus seiner Pflegefamilie ist in diesem Fall nur vertretbar, wenn ein Wechsel in der Unterbringung des Kindes aus triftigen Gründen angezeigt ist, etwa bei Vernachlässigung in der Pflegestelle[142]; sind diese Voraussetzungen nicht gegeben, entspricht eine (befristete) Verbleibensanordnung dem Kindeswohl am besten[143]. Demgegenüber rechtfertigt allein der Umstand, dass das Kind acht Jahre lang bei den Pflegeeltern verblieben ist, nach Ansicht des BayObLG nicht den Erlass einer Verbleibensanordnung, wenn das Kind eine dauerhafte und tiefergehende Beziehung zur Mutter hat, in der Person und Familie der Mutter geeignete Voraussetzungen für eine weitere gedeihliche Entwicklung des Kindes gegeben sind, sowie bei einer Herausgabe an die Mutter schwere und nachhaltige Schädigungen des körperlichen oder seelischen Wohlbefindens des Kindes nicht zu erwarten sind[144].

24   Ob im Einzelfall durch die Herausnahme des Kindes aus der Familie eine Gefährdung des Kindeswohls eintritt, kann grds nur mit Hilfe eines **kinderpsychologischen Gutachtens** entschieden werden[145]. Es genügt also nicht, zur Begründung einer Verbleibensanordnung allein auf allgemeine Erkenntnisse der psychologischen Wissenschaft zu verweisen[146]. Die Heranziehung eines Gutachtens wird allerdings dann abgelehnt, wenn sich die Gefährdung des Kindeswohls bereits daraus ergibt, dass der Minderjährige die Rückkehr zu seinen Eltern entschieden ablehnt[147].

25   **2. Rechtsfolge. a) Keine Ermessensentscheidung.** Das Familiengericht kann eine Verbleibensanordnung erlassen. Im Rahmen der genannten Abwägung (Rn 23) kommt dem Interesse der sorgeberechtigten Eltern grds der Vorrang zu[148]. Allerdings muss eine Verbleibensanordnung ergehen, wenn und solange das Kindeswohl durch die Wegnahme gefährdet würde; ein Ermessensspielraum besteht, entgegen dem missverständlichen Wortlaut der Norm, nicht[149]. Lässt sich diese Frage nicht mit letzter Sicherheit beantworten, so schadet dies nicht, wenn die leiblichen Eltern die Pflege des Kindes übernehmen wollen. Soll das Kind dagegen aus der Pflegefamilie herausgenommen und in einer anderen Pflegefamilie untergebracht werden, so kann dem Herausgabeverlangen der leiblichen Eltern nur stattgegeben werden, wenn mit hinreichender Sicherheit auszuschließen ist, dass die Trennung des Kindes von seinen Pflegeeltern mit psychischen oder physischen Schädigungen verbunden sein kann[150].

26   **b) Inhalt der Entscheidung.** Liegen die Voraussetzungen von Abs 4 vor, so ordnet das Familiengericht an, dass das Kind bei den Pflegeeltern verbleibt **(Verbleibensanordnung)** oder, wenn die Eltern das Kind den Pflegeeltern vorenthalten, dass das Kind den Pflegeeltern herauszugeben ist[151]

---

[134] BVerfG FamRZ 2006, 1593, 1594; FamRZ 1999, 1417, 1418; FamRZ 1985, 39, 41; BGH FamRZ 2005, 975, 976; BayObLG NJWE-FER 2000, 200, 201; NJW 1988, 2381, 2383.
[135] OLG Brandenburg ZKJ 2006, 557.
[136] BayObLG NJWE-FER 2000, 200, 201; OLG Frankfurt FamRZ 1983, 1163, 1164; OLG Celle FamRZ 1990, 191, 192; MünchKommBGB/*Huber* Rn 51; *Holzhauer* ZRP 1982, 222, 225.
[137] BayObLG FamRZ 1974, 137, 139; *Palandt/Diederichsen* Rn 16.
[138] BVerfG FamRZ 2005, 783, 784; FamRZ 2004, 771, 772; FamRZ 1987, 786, 790; BGH FamRZ 2007, 1969, 1973 m abl Anm *Zenz* FamRZ 2007, 2060 ff; OLG Köln FamRZ 2007, 658 f; OLG Hamm FamRZ 2007, 659 f; OLG Brandenburg ZKJ 2006, 557 f; OLG Karlsruhe FamRZ 2005, 1501, 1502; OLG Bremen FamRZ 2003, 54, 55; AG Löbau FPR 2004, 479, 480; BayObLG NJWE-FER 2000, 200, 201.
[139] BVerfG FamRZ 2004, 771, 772; FamRZ 1987, 786, 790; BGH FamRZ 2007, 1969, 1973 m abl Anm *Zenz* FamRZ 2007, 2060 ff; OLG Köln FamRZ 2007, 658; OLG Hamm FamRZ 2007, 659, 660; OLG Bremen FamRZ 2003, 54, 55; Leitsätze des *Runden Tisches*, ZKJ 2007, 310, 311.
[140] BVerfG FamRZ 2004, 771, 772; aA OLG Hamm FamRZ 2003, 1858, 1859.
[141] BVerfG NJW-RR 2005, 657 f; aA OLG Karlsruhe FamRZ 2005, 1501, 1502.
[142] OLG Karlsruhe NJW 1979, 930 f; BayObLG NJWE-FER 2000, 200, 201; AG Frankfurt FamRZ 1982, 1120, 1122.
[143] OLG Stuttgart JAmt 2007, 371, 374.
[144] BayObLG FamRZ 1995, 626, 628.
[145] OLG Frankfurt FamRZ 2002, 1277, 1278; FamRZ 1983, 297, 298; FamRZ 1981, 308, 309; *Palandt/Diederichsen* Rn 20; *Peschel-Gutzeit* FPR 2004, 428, 430.
[146] OLG Frankfurt FamRZ 1983, 297, 298.
[147] BayObLG FamRZ 1998, 1040, 1041.
[148] BVerfG FamRZ 2006, 1593, 1595; OLG Hamm FamRZ 1998, 447, 448; *Peschel-Gutzeit* FPR 2004, 428, 439; dem entspricht in § 37 Abs 1 S 2 und 3 SGB VIII zum Ausdruck kommende Vorrang der Rückkehroption, *Wiesner* § 37 SGB VIII Rn 14 f; *Schumann* RdJB 2006, 165, 169; grds zur Problematik der Rückkehroption *Zenz* ZfJ 2000, 321, 323 ff.
[149] MünchKommBGB/*Huber* Rn 55; *Gernhuber/Coester-Waltjen* § 57 Rn 52, Fn 109; diff *Balloff* FPR 2004, 431, 436 f.
[150] BVerfG FamRZ 2005, 783, 784; NJW-RR 2005, 657 f; FamRZ 2004, 771, 772; 1987, 786, 790; OLG Hamm FamRZ 2003, 1858, 1859, aufgehoben durch Entscheidung des BVerfG FamRZ 2004, 771 f; OLG Bremen FamRZ 2003, 54 f; BayObLG NJWE-FER 2000, 200, 201; FamRZ 1991, 1080, 1082; AG Kamenz FamRZ 2005, 124, 125.
[151] OLG Düsseldorf FamRZ 1994, 1541.

Herausgabe des Kindes; Bestimmung des Umgangs; Verbleibensanordnung bei Familienpflege § **1632**

(Rückführungsanordnung). Die Verbleibensanordnung nimmt der Weigerung der Pflegeperson, das Kind den Eltern herauszugeben, die Widerrechtlichkeit[152].

Behalten die Eltern nach Einleitung eines Verfahrens nach Abs 4 durch die Pflegeeltern das Kind bei sich, so erledigt sich dadurch nicht der Antrag auf Erlass einer Verbleibensanordnung. Vielmehr kann der Erlass der Verbleibensanordnung mit der Anordnung einer Rückführung des Kindes zu den Pflegeeltern verbunden werden. Dies gilt jedenfalls dann, wenn die Beendigung des Aufenthalts des Kindes bei den Pflegeeltern in einem unmittelbaren (insbes zeitlichen) Zusammenhang mit dem Verfahren über die Verbleibensanordnung steht[153]. War dagegen das Kind bereits eine Zeit lang vor dem von den Pflegeeltern nach Abs 4 eingeleiteten Verfahren von der Pflegeperson mit deren Einverständnis getrennt worden, so fehlt es an einem unmittelbaren zeitlichen Zusammenhang zwischen der Trennung und dem Antrag der Pflegeperson. Eine Anordnung nach Abs 4 käme in diesem Fall einem Herausgabeanspruch der Pflegeperson gleich, der nach Wortlaut und Stellung dieses Absatzes nicht besteht[154]. **26.1**

Bei der inhaltlichen Ausgestaltung ist dem **Verhältnismäßigkeitsgrundsatz** Rechnung zu tragen[155]. Der in der Verbleibensanordnung liegende Eingriff in das Elternrecht (Einschränkung des Aufenthaltsbestimmungsrechts nach § 1631 Abs 1)[156] ist also so gering wie möglich zu halten. Dabei ist zu beachten, dass die gerichtliche Entscheidung, die den Verbleib des Kindes gegen den Willen seiner Eltern in der Pflegefamilie anordnet, zu einer weiteren Entfremdung des Kindes von seinen Eltern unter gleichzeitiger Verfestigung seiner Beziehung zu den Pflegeeltern führen kann[157]. Pflegeverhältnisse dürfen aber mit Blick auf Art 6 Abs 2 GG nicht so verfestigt werden, dass die Eltern bzw die ihnen grundrechtlich gleichgestellten Personen mit der Weggabe in jedem Fall den dauernden Verbleib des Kindes in der Pflegefamilie befürchten müssen[158]. Um dieser Gefahr zu begegnen, kann nicht ein endgültiges Verbleiben des Kindes bei den Pflegeeltern nach Abs 4 angeordnet werden; vielmehr kann nur die **Herausgabe zur Unzeit** abgewehrt werden[159]. Die Anordnung soll dem Kind Zeit und Gelegenheit geben, sich gedanklich an einen Wechsel in die Herkunftsfamilie vorzubereiten und den Weg für eine schrittweise Heranführung des Kindes an diese Familie ebnen[160]. Nur in engen Ausnahmefällen können unbefristete Verbleibensanordnungen getroffen werden[161]. **27**

Ist eine Rückkehr in die Herkunftsfamilie innerhalb eines in § 37 Abs 1 S 2 SGB VIII näher umschriebenen Zeitraums nicht möglich, soll das Jugendamt nach § 37 Abs 1 S 4 SGB VIII mit den beteiligten Personen eine andere dem Wohl des Kindes oder des Jugendlichen förderliche und auf Dauer angelegte Lebensperspektive erarbeiten. Der 16. DFGT plädierte zur Verbesserung der Lebenssituation von Pflegekindern für eine Annäherung von Abs 4 und § 37 Abs 1 S 4 SGB VIII[162]. **27.1**

In der Regel ist die Verbleibensanordnung mit einer **Besuchsregelung** zugunsten der Eltern zu verbinden (s auch § 1684 Rn 28)[163]. So kann letztlich erreicht werden, dass die Beziehung der Eltern zum Kind langsam an die Stelle der bislang gewachsenen Beziehungen zu den jetzigen Pflegeeltern tritt[164]. Ein dem Umgangsrecht entgegenstehender Wille des Kindes kann aber zum Ausschluss des Umgangsrechts führen[165]. **28**

Die Entscheidung nach Abs 4 darf nur ergehen, **„wenn und solange"** das Kindeswohl durch die Wegnahme gefährdet würde. Ob eine Gefährdung des Kindeswohls vorliegt, kann nur für den **29**

---

[152] RGRK/*Wenz* § 1632 aF Rn 30; s auch *Siedhoff* FamRZ 1995, 1254 ff.
[153] BayObLG FamRZ 1997, 223, 224.
[154] OLG Hamm NJW 1985, 3029, 3030.
[155] OLG Stuttgart JAmt 2007, 371, 374; OLG Hamburg FamRZ 1989, 420, 421; *Siedhoff* NJW 1994, 616, 619; MünchKommBGB/*Huber* Rn 56.
[156] OLG Karlsruhe JAmt 2005, 40, 42.
[157] *Peschel-Gutzeit* FPR 2004, 428, 430.
[158] BVerfG FamRZ 2006, 1593, 1594; FamRZ 2004, 771, 772; FamRZ 1985, 39, 42; s auch OLG Hamm FamRZ 2006, 1476, 1477; OLG Karlsruhe FamRZ 2005, 1501, 1502; BayObLG NJWE-FER 2000, 200, 201; OLG Hamm FamRZ 1998, 447, 449.
[159] BT-Drucks 8/2788 S 40, 52; KG NJW-RR 2005, 878, 880 f; OLG Koblenz FamRZ 2005, 1923; *Peschel-Gutzeit* FPR 2004, 428, 429; Leitsätze des *Runden Tisches*, ZKJ 2007, 310, 311.
[160] BVerfG FamRZ 2004, 771, 772; OLG Stuttgart JAmt 2007, 371, 374 (Befristung der Verbleibensanordnung bis zum 14. Lebensjahr des Kindes).
[161] OLG Brandenburg ZKJ 2006, 557, 559; BayObLG NJWE-FER 2000, 200, 201; OLG Hamm FamRZ 2003, 1858 f; dagegen BVerfG FamRZ 2004, 771, 772.
[162] Empfehlungen des 16. DFGT FamRZ 2005, 1962, 1964.
[163] BVerfG FamRZ 2004, 771, 772; OLG Stuttgart JAmt 2007, 371, 374; OLG Karlsruhe FamRZ 2005, 1501, 1502; BayObLG FamRZ 1984, 817, 818; OLG Hamburg FamRZ 1989, 420, 421; BayObLG NJW 1988, 2381, 2383; FamRZ 1998, 1040, 1042; OLG Hamm FamRZ 1998, 446, 449; *Peschel-Gutzeit* FPR 2004, 428, 430: juristische Sicht; *Walter* FPR 2004, 415 ff; *Kindler* JAmt 2005, 541 ff: psychologische Sicht; zur Bedeutung des Umgangsrechts der leiblichen Eltern bei bestehenden (Adoptiv-)Pflegeverhältnissen EGMR FamRZ 2004, 1456, 1459; BVerfG NJW 2004, 3407, 3411 f; FamRZ 2005, 173, 175 f gegen OLG Naumburg FamRZ 2004, 1510, 1511 f; OLG Naumburg vom 20. 12. 2004, 14 WF 234/04, unveröffentlicht, I. 3. der Gründe, alle Entscheidungen zum Fall Görgülü; EGMR NJW 2003, 809, 811 – K. und T./Finnland m Anm *Scherpe* FamRZ 2002, 305; BVerfG FamRZ 2004, 771, 772; OLG Hamm FamRZ 2006, 1476 f; gegen eine Heranziehung der Vermutung in § 1626 Abs 3 in diesem Fall Empfehlungen des 16. DFGT FamRZ 2005, 1962, 1964; *Balloff* FPR 2004, 431, 436; generell krit zu den Umgangsrechten der leiblichen Eltern *Zenz* ZfJ 2000, 321, 325 ff; zu den Förderpflichten der Pflegeeltern BVerfG FamRZ 2007, 335, 336.
[164] BayObLG NJW 1988, 2381, 2383.
[165] BGH FamRZ 1980, 131, 132 f; BayObLG FamRZ 1998, 1040, 1042.

§ 1633

jeweiligen Prüfungszeitpunkt, nicht aber für eine bestimmte, in die Zukunft reichende Zeitspanne geklärt werden[166]. Das Familiengericht hat deshalb in angemessenen Zeitabständen von Amts wegen zu prüfen, ob die notwendigen Bemühungen aller Beteiligten nunmehr eine Rückführung des Kindes zu seinen leiblichen Eltern zulassen. Ist das der Fall, so hat das Familiengericht die Verbleibensanordnung aufzuheben; die Entscheidung ergeht, da Abs 4 eine Sonderregelung zu § 1666 enthält (näher Rn 23, § 1666 Rn 31), auf Grund von § 1696 Abs 2 und 3[167]. Danach können die Eltern erfolgreich ihr Herausgabeverlangen durchsetzen[168].

30   Liegen die **Voraussetzungen des Abs 4 nicht** vor, so gibt das Gericht dem Herausgabeantrag der Eltern nach Abs 1 statt. In diesem Fall haben die Pflegeeltern unter den Voraussetzungen von § 1685 Abs 2 ein Umgangsrecht (näher dort Rn 4).

31   c) **Verhältnis von Abs 4 zu den §§ 1666, 1682 und 1630 Abs 3.** Besteht der Missbrauch des Sorgerechts bzw das unverschuldete Versagen der Eltern nur in einem dem Kindeswohl zuwiderlaufenden Rückführungsverlangen, so genügt idR eine Verbleibensanordnung nach Abs 4. Eine Entziehung oder Einschränkung des Sorgerechts, vor allem des Aufenthaltsbestimmungsrechts nach § 1666, ist dagegen nicht erforderlich[169]. Etwas anderes gilt nur dann, wenn mit Hilfe einer Verbleibensanordnung eine Kindeswohlgefährdung nicht vermieden werden kann (näher § 1666 Rn 5.2). Wird also das Pflegeverhältnis auf eine andere Art und Weise als durch ein Herausgabeverlangen gestört[170], kann das Familiengericht die störenden Eingriffe nach § 1666 untersagen und den Eltern das Aufenthaltsbestimmungsrecht[171], das Umgangsrecht[172] oder das Sorgerecht ganz entziehen[173]. Im letzteren Fall kann die Pflegeperson als Vormund bestellt werden. Im Einzelfall genügt, dass das Familiengericht von der Ersetzungsbefugnis nach § 1666 Abs 3 Gebrauch macht[174].

32   Im Unterschied zu § 1632 Abs 4 erfordert **§ 1682**, dass das Kind mit einem Elternteil, der bisher Inhaber der Sorge war, und dessen Ehegatten, Lebenspartner oder einer nach § 1685 Abs 1 umgangsberechtigten volljährigen Person in einem Haushalt gelebt hat. Demgegenüber bezieht sich die Verbleibensanordnung nach § 1632 Abs 4 auf die Fälle des Zusammenlebens des Kindes in einem Haushalt, dem nicht mindestens ein Elternteil angehört. § 1682 enthält auch für Stiefeltern, Lebenspartner, Großeltern und Geschwister eine Sonderregelung für den Erlass einer Verbleibensanordnung. Ist zugunsten der Pflegeeltern, denen die Eltern das Kind für längere Zeit in Familienpflege gegeben hatten, eine Entscheidung nach § 1630 Abs 3 ergangen und trifft dann das Familiengericht eine Verbleibensanordnung nach § 1632 Abs 4, so ist zweifelhaft, ob danach hinsichtlich des Sorgerechts der Pflegeeltern noch die frühere sorgerechtliche Entscheidung des Familiengerichts genügt oder nicht eine solche nach § 1666 ergehen müsste[175].

33   3. **Verfahren.** Das Gericht wird **von Amts wegen oder auf Antrag** der Pflegeeltern tätig. Das Kind hat kein eigenes Antragsrecht. Beschwerdeberechtigt gegen eine Rückführungsanordnung sind die Pflegeeltern[176]. Diese haben dagegen kein Beschwerderecht gegenüber Entscheidungen, die die elterliche Sorge über ihr Pflegekind bzw das Umgangsrecht der leiblichen Eltern betreffen[177]. Die Verbleibensanordnung kann auch durch **einstweilige Anordnung** ergehen; hiergegen ist kein Rechtsmittel gegeben[178]. Die **Kosten** bestimmen sich nach § 94 Abs 1 Nr 3 KostO.

§ 1633 Personensorge für verheirateten Minderjährigen

Die Personensorge für einen Minderjährigen, der verheiratet ist oder war, beschränkt sich auf die Vertretung in den persönlichen Angelegenheiten.

Schrifttum: *Hummel*, Abschluß von Wohnungsmietverträgen durch minderjährige Ehefrauen, ZMR 1968, 257; *Weimar*, Mietverträge mit minderjährigen Ehefrauen, ZMR 1967, 353.

---

[166] *Siedhoff* NJW 1994, 616, 619.
[167] BayObLG NJW 1988, 2381, 2383.
[168] *Palandt/Diederichsen* Rn 19.
[169] BVerfG FamRZ 1989, 145, 146; OLG Koblenz FamRZ 2005, 1923 und 1501 f; OLG Bremen FamRZ 2003, 54 f; OLG Naumburg FamRZ 2002, 1274, 1276; BayObLG NJWE-FER 2000, 231 = FamRZ 2001, 563; FamRZ 1997, 223, 224; FamRZ 1984, 817, 818; OLG Frankfurt DAVorm 2000, 1014, 1016; OLG Hamm FamRZ 1998, 447, 448; AG Tübingen FamRZ 1988, 428 ff; *Palandt/Diederichsen* Rn 17; MünchKommBGB/*Huber* Rn 59; *Soergel/Strätz* § 1632 aF Rn 28; *Gernhuber/Coester-Waltjen* § 57 Fn 104; aA *Windel* FamRZ 1997, 713, 723: für gleichzeitigen Erlass von Verbleibensanordnung und Sorgerechtsregelung gegenüber den Eltern.
[170] OLG Bamberg DAVorm 1987, 664, 667; BayObLG FamRZ 1983, 78, 81; Beispielsfälle für störende Eingriffe der Eltern bei *Baer* FamRZ 1982, 221, 230 f.
[171] BayObLG DAVorm 1983, 78, 81.
[172] AG Karlsruhe DAVorm 1978, 386, 387.
[173] *Palandt/Diederichsen* Rn 17; *Siedhoff* FamRZ 1995, 1254, 1255.
[174] OLG Hamm FamRZ 1998, 447, 448.
[175] *Windel* FamRZ 1997, 713, 724.
[176] OLG Köln FamRZ 2000, 635; FamRZ 1999, 871; BayObLG FamRZ 2000, 1235, 1236; OLG Hamm FamRZ 1994, 391, 392; OLG Frankfurt FamRZ 1983, 1164.
[177] BGH FamRZ 2005, 975, 976 f m krit Anm *Leis* juris PR-FamR 16/2005 v 9. 8. 2005; FamRZ 2004, 102; FamRZ 2000, 219, 220 m zust Anm *Kaufmann*; OLG Naumburg FamRZ 2006, 1292.
[178] OLG Hamm FamRZ 2005, 814 f; FamRZ 2003, 54; AG Kamenz FamRZ 2005, 124 f.

Die Vorschrift **bezweckt** den Schutz einer jungen Ehe zwischen einer/m Volljährigen und einem/r **1** Minderjährigen vor störenden erzieherischen Maßnahmen der Eltern[1]. Sie greift auch dann ein, wenn die Ehe aufhebbar ist, etwa, weil das Familiengericht vom Erfordernis der Volljährigkeit keine Befreiung erteilt hat (§§ 1314 Abs 1, 1303 Abs 2)[2].

Heirat macht nicht mündig; die elterliche Sorge für den minderjährigen Ehegatten dauert trotz der **2** Eheschließung grds bis zu seiner Volljährigkeit fort[3]. Hiervon macht § 1633 eine Ausnahme, soweit es um das **tatsächliche Personensorgerecht** der Eltern (§§ 1631 Abs 1, 1632) geht. Es geht nicht auf den volljährigen Ehegatten über; jedes andere Ergebnis wäre mit den §§ 1353 ff nicht vereinbar[4]. Vielmehr erlischt es[5]. Die Eltern des minderjährigen Ehegatten bleiben aber zur gerichtlichen wie außergerichtlichen Vertretung des Minderjährigen in persönlichen Angelegenheiten berechtigt. Soweit es sich um eine Ehesache handelt, ist der Minderjährige jedoch selbst prozessfähig (§ 607 ZPO). Da § 620 ZPO zu den allgemeinen Vorschriften für Verfahren in Ehesachen gehört[6], kann der Minderjährige auch selbst einen Antrag auf Erlass einer solchen Anordnung gegen den anderen Ehegatten auf Zahlung von Unterhalt (§ 620 Nr 6 ZPO) stellen[7]. Die Prozessfähigkeit erstreckt sich dagegen nicht auf Folgesachen, so dass nur die Eltern den Unterhaltsanspruch (Familiensache nach § 621 Abs 1 Nr 5 ZPO) geltend machen können[8]. Sie behalten auch das **Umgangsrecht** (§ 1684)[9], das selbständig neben dem Personensorgerecht steht (näher § 1684 Rn 6); sie sind bei der Ausübung dieses Rechts jedoch nach § 1618 a zur Rücksichtnahme auf die Ehe des Kindes verpflichtet. Wird die **Ehe** vor Eintritt der Volljährigkeit des minderjährigen Ehegatten **wieder aufgelöst** (§§ 1313 S 2, 1564 S 2), so führt dies nicht zum Wiederaufleben des tatsächlichen Personensorgerechts[10].

Die **Vermögenssorge** steht den Eltern auch nach der Eheschließung grds weiter in vollem Umfang **3** zu. Zu Rechtsgeschäften, die nicht lediglich rechtlich vorteilhaft sind, bedarf der Minderjährige also der Zustimmung des gesetzlichen Vertreters (§ 107 Abs 1). Bedarf der volljährige Ehegatte zur Vornahme von Rechtsgeschäften der Zustimmung seines Ehepartners (§§ 1365 f, 1367, 1369), so kann dieser nur mit Einwilligung seiner Eltern diese Zustimmung erklären. Will der minderjährige Ehegatte einen Ehevertrag abschließen, so kann er dies nur mit Zustimmung seines gesetzlichen Vertreters tun (§ 1411); insoweit ist das Vermögenssorgerecht der Eltern auf ein Zustimmungsrecht beschränkt. In der Zustimmung der Eltern zur Eheschließung (vgl § 1303 Abs 3) liegt nicht von vornherein eine Zustimmung zu den Rechtsgeschäften, die der Minderjährige während der Ehe tätigt[11]. Darüber hinaus verlieren die Eltern mit der Eheschließung ihres Kindes nach § 1649 Abs 2 S 2 das Recht, Einkünfte aus dem Kindesvermögen für den Familienunterhalt zu verwenden. Bei Meinungsverschiedenheiten zwischen dem Minderjährigen und seinen Eltern sowie bei gemischten Angelegenheiten (zum Begriff § 1630 Rn 5) gilt § 1630 Abs 2 analog[12].

§ 1634 bis 1637 *(weggefallen)*

§ 1638 Beschränkung der Vermögenssorge

(1) Die Vermögenssorge erstreckt sich nicht auf das Vermögen, welches das Kind von Todes wegen erwirbt oder welches ihm unter Lebenden unentgeltlich zugewendet wird, wenn der Erblasser durch letztwillige Verfügung, der Zuwendende bei der Zuwendung bestimmt hat, dass die Eltern das Vermögen nicht verwalten sollen.

(2) Was das Kind auf Grund eines zu einem solchen Vermögen gehörenden Rechts oder als Ersatz für die Zerstörung, Beschädigung oder Entziehung eines zu dem Vermögen gehörenden Gegenstands oder durch ein Rechtsgeschäft erwirbt, das sich auf das Vermögen bezieht, können die Eltern gleichfalls nicht verwalten.

(3) ¹**Ist durch letztwillige Verfügung oder bei der Zuwendung bestimmt, dass ein Elternteil das Vermögen nicht verwalten soll, so verwaltet es der andere Elternteil.** ²**Insoweit vertritt dieser das Kind.**

Schrifttum: *Beitzke,* Betrachtungen zum neuen Kindschaftsrecht, FamRZ 1958, 7; *Frenz,* Familienrechtliche Anordnungen, DNotZ 1995, 908; *Merkel,* Beschränkung des elterlichen Verwaltungsrechts über ererbtes Kindes-

---

[1] AG Hamburg FamRZ 1964, 532, 533; OLG Stuttgart FamRZ 1967, 161; *Staudinger/Peschel-Gutzeit* Rn 10.
[2] *Staudinger/Peschel-Gutzeit* Rn 6.
[3] Ausnahme: Das Kind heiratet eine[n] Ausländer[in] und wird nach dem maßgebenden ausländischen Recht infolge der Heirat mündig, RGZ 91, 403, 407.
[4] LG Darmstadt NJW 1965, 1235.
[5] OLG Hamm FamRZ 1973, 148, 150; LG Darmstadt NJW 1965, 1235; OLG Stuttgart FamRZ 1967, 161.
[6] *Zöller/Philippi* § 620 ZPO Rn 1.
[7] *Soergel/Strätz* Rn 4.
[8] *Zöller/Philippi* § 607 ZPO Rn 1; *Johannsen/Henrich/Sedemund-Treiber* § 607 ZPO Rn 1.
[9] *Palandt/Diederichsen* Rn 3; *MünchKommBGB/Huber* Rn 2; aA *Erman/Michalski* Rn 2; *RGRK/Wenz* Rn 4; *Staudinger/Peschel-Gutzeit* Rn 10; *Soergel/Strätz* Rn 4.
[10] *Palandt/Diederichsen* Rn 1; *Staudinger/Peschel-Gutzeit* Rn 7; *MünchKommBGB/Huber* Rn 1.
[11] LG Flensburg SchlHA 1965, 35, 36; *Hummel* ZMR 1968, 257; weiter *Weimar* ZMR 1967, 353, 354.
[12] *Palandt/Diederichsen* Rn 2; *Staudinger/Peschel-Gutzeit* Rn 15.

§ 1638

vermögen, MDR 1964, 113; *Muscheler,* Entziehung der elterlichen Vermögenssorge beim Vertrag zugunsten Dritter auf den Todesfall – Zugleich Anmerkung zur Entscheidung OLG Naumburg WM 2004, 830 –, WM 2004, 1009.

I. Normzweck

1   Die Vermögenssorge umfasst die tatsächliche Verwaltung sowie die Vertretung des Kindes (§ 1626 Rn 29). Sie ist grds unverzichtbar und unübertragbar (§ 1626 Rn 4); die Ausübung, etwa die Verwaltung, kann aber einem Elternteil oder einem Dritten (zB Instandsetzen eines Gebäudes durch einen Handwerker) überlassen werden (§ 1626 Rn 4.1). Der Vermögenssorge unterliegt grds das gesamte Kindesvermögen. § 1638 enthält Ausnahmen von diesem Grundsatz. Vermögenswerte, die dem Kind von Todes wegen oder unter Lebenden unentgeltlich zugewendet werden, können vom Zuwendenden mit der Bestimmung verbunden werden, dass die Eltern/ein Elternteil das Vermögen nicht verwalten sollen/soll. Damit wird die Vermögenssorge der Eltern/des Elternteils eingeschränkt. Die Berechtigung hierfür findet sich in der Freiwilligkeit der Zuwendung.

II. Ausschluss der Vermögenssorge (Abs 1)

2   Vom Ausschluss der Vermögenssorge wird zum einen der Erwerb von Todes wegen erfasst; dazu gehört das, was das Kind auf Grund testamentarischer, erbvertraglicher oder gesetzlicher Erbfolge, durch Vermächtnis oder als Pflichtteil erlangt[1]. Zum anderen wird die unentgeltliche Zuwendung unter Lebenden erfasst. Diese liegt vor, wenn das Kind keine Gegenleistung erbringt und keinen Rechtsanspruch auf die Zuwendung hat[2]. Dazu gehört zB die Ausstattung (§ 1624)[3]. Auch beim Erwerb eines Bezugsrechts des Kindes aus einem Lebensversicherungsvertrag auf den Todesfall handelt es sich um eine unentgeltliche Zuwendung unter Lebenden in diesem Sinne, obwohl das Kind gegen den Versprechenden einen eigenen Anspruch nach den §§ 328 ff hat[4].

3   Voraussetzung ist weiter, dass der Zuwendende die Eltern von der Vermögenssorge ausschließt. Zuwendender kann ein Dritter, aber auch ein Elternteil sein[5]. Bei einem Erwerb von Todes wegen muss sich der Ausschluss in einer letztwilligen Verfügung (§ 1937) finden[6]; bei einer unentgeltlichen Zuwendung unter Lebenden kann er dagegen formlos sein, muss aber bei der Zuwendung erfolgen (Abs 1), kann also nicht nachträglich getroffen werden[7]. Eine bestimmte Ausdrucksform ist nicht vorgeschrieben. Bei einer Anordnung durch letztwillige Verfügung genügt, dass der Wille des Erblassers, die Eltern/einen Elternteil von der Verwaltung auszuschließen, in der Verfügung einen, wenn auch unvollkommenen Ausdruck, gefunden hat. Ob dies der Fall ist, ist durch Auslegung zu ermitteln[8].

3.1   Der Ausschluss kann in der Bitte um eine Pflegerbestellung liegen[9]. Er kann bei dem dem Enkel kraft Gesetzes zufallenden Vermögen in der Enterbung der Eltern durch die Großeltern liegen[10]. Wird in einer Verfügung von Todes wegen die Verwaltung des Nachlasses einem **Testamentsvollstrecker** übertragen, so kommt es auf die Umstände des Einzelfalls an, ob damit die Eltern von der Verwaltung ausgeschlossen oder nur in der Verwaltung eingeschränkt werden sollen (§§ 2205, 2211)[11]. Werden sie ausgeschlossen, so nimmt der Ergänzungspfleger die Rechte des Kindes gegenüber dem Testamentsvollstrecker (§§ 2215, 2216) wahr. Nur er kann den Antrag auf Entlassung des Testamentsvollstreckers (§ 2227) stellen[12]. Bei einer Zuwendung unter Lebenden liegt ein Ausschluss vor, wenn sich der Zuwendende selbst die Verwaltung des Vermögens vorbehält[13]. Werden die Eltern von der Nutznießung des Vermögens ausgeschlossen, so liegt darin eher eine Beschränkung iS von § 1639 durch Ausschluss der Verwendungsbefugnis nach § 1649 Abs 2[14].

4   Der Ausschluss kann schon **vor der Geburt** des Kindes erfolgen; er kann mit einer **Zeitbestimmung** oder **Bedingung** (zB Geltung des Ausschlusses ab Wiederheirat des anderen Elternteils)[15] verknüpft werden. Er steht im Belieben des Zuwendenden[16]; die Eltern können die Bestimmung nicht anfechten[17]. Ein gewisses Kontrollrecht über die Bestimmung hat das Vormundschaftsgericht bei der Bestellung des Ergänzungspflegers[18].

---

[1] BayObLG FamRZ 1964, 522 betr gesetzlicher Erbteil; OLG Hamm FamRZ 1969, 662, 663 betr Pflichtteil; zust *Frenz* DNotZ 1995, 908, 914; *Staudinger/Engler* Rn 7.
[2] OLG München JFG 21, 181, 187.
[3] RGZ 80, 217, 218 zu § 1369 aF.
[4] OLG Naumburg FamRZ 2003, 1406, 1407 m zust Anm *Bülow* WuB IV A § 331 2.04; MünchKommBGB/*Huber* Rn 4; *Staudinger/Engler* Rn 16; aA *Muscheler* WM 2004, 1009 ff, der einen solchen Vorgang als Erwerb von Todes wegen iS von § 1638 Abs 1 Alt 1 begreift.
[5] *Staudinger/Engler* Rn 3; *Palandt/Diederichsen* Rn 2.
[6] Ein Erbvertrag gemäß § 2274 genügt nicht (*Dölle* II § 94 II 5 a), es sei denn, es handelt sich um eine einseitige Verfügung in einem Erbvertrag (§ 2299).
[7] OLG Naumburg FamRZ 2003, 1406, 1407; KG FamRZ 1962, 433, 435.
[8] BayObLG FamRZ 1964, 522; Rpfleger 1989, 411 f.
[9] OLG München JFG 21, 181, 187; *Erman/Michalski* Rn 8; *Soergel/Strätz* 1638 aF Rn 6.
[10] BayObLG FamRZ 1964, 522.
[11] BayObLG FamRZ 2004, 1304; FamRZ 1989, 1342, 1343; LG Dortmund NJW 1959, 2264 ff; *Gernhuber/Coester-Waltjen* § 61 Rn 6.
[12] OLG Frankfurt MDR 1966, 414 f.
[13] OLG München JFG 21, 181, 187 f.
[14] BayObLGZ 76, 67, 70; BayObLG Rpfleger 1982, 180; LG Dortmund NJW 1959, 2264.
[15] KG FamRZ 1962, 432, 435.
[16] BayObLG FamRZ 1964, 522, 523.
[17] *Erman/Michalski* Rn 4.
[18] KGJ 22 A 25, 26; BayObLG Rpfleger 1989, 411 f.

§ 1638

Der Ausschluss muss sich auf die **Verwaltung** beziehen. Dazu gehört der Antrag auf Entlassung des für das zugewendete Vermögen eingesetzten Testamentsvollstreckers[19], der Antrag auf Erteilung eines Erbscheins[20], nicht dagegen die Annahme oder Ausschlagung des Zugewendeten[21]. Für die Ausschlagung einer Erbschaft oder eines Vermächtnisses sowie den Verzicht auf einen Pflichtteil bedürfen die Eltern allerdings der familiengerichtlichen Genehmigung (§ 1643 Abs 2).

III. Dingliche Surrogation (Abs 2)

Der Verwaltungsausschluss erstreckt sich auch auf das, was das Kind auf Grund eines Rechts erwirbt, das zu dem Vermögen gehört, von dessen Verwaltung die Eltern ausgeschlossen sind. Ob der Erwerb rechtsgeschäftlich oder kraft Gesetzes eintritt, ist unerheblich. Unter den Ausschluss fallen deshalb die unmittelbaren und mittelbaren Sach- und Rechtsfrüchte einer Sache (§ 99) ebenso wie Nutzungen (§ 100)[22]. Der Verwaltungsausschluss bezieht sich weiter auf alles, was das Kind als Ersatz für die Zerstörung, Beschädigung oder Entziehung eines Gegenstands erhält, der zu dem Vermögen gehört, von dessen Verwaltung die Eltern ausgeschlossen sind. Dazu gehören zB Ansprüche gegen Dritte aus den §§ 823 ff, 812 ff, 989 ff[23]. Der Verwaltungsausschluss erstreckt sich zudem auf das, was das Kind durch ein Rechtsgeschäft erwirbt, das sich auf das Vermögen bezieht, von dessen Verwaltung die Eltern ausgeschlossen sind. Das Geschäft muss sich dabei objektiv und subjektiv auf das verwaltungsfreie Vermögen beziehen[24].

IV. Folgen des Verwaltungsausschlusses

Die Bestimmung des Zuwendenden führt dazu, dass **beide Eltern** gänzlich von der Ausübung der Vermögenssorge für das zugewendete Vermögen **ausgeschlossen** sind, und zwar einschließlich der Vertretung **(Abs 1)**[25]. Der Ausschluss erstreckt sich folglich auf die Verwendungsbefugnis nach § 1649 Abs 2. Der Verwaltungsausschluss hat zur Folge, dass eine Ergänzungspflegschaft anzuordnen ist (sog Zuwendungspflegschaft, § 1909 Abs 1 S 2)[26]. Im Hinblick auf § 1693 ist für eine solche Anordnung das Familiengericht funktionell zuständig[27]. Diesem ist nach § 1909 Abs 2 ein die Voraussetzungen des § 1638 erfüllender Vermögenserwerb unverzüglich anzuzeigen[28]. Bereits mit dem Vermögenserwerb und nicht erst mit der Pflegerbestellung entsteht verwaltungsfreies Vermögen[29]. Wer Pfleger werden soll, kann der Zuwendende bestimmen (§ 1917), nicht aber die Eltern[30]. Ein Beschwerderecht gegen die Auswahl des Pflegers steht nur dem Kind, vertreten durch die Eltern, zu[31].

Wird nur **ein Elternteil** von der Verwaltung **ausgeschlossen** – dies kann auch durch den anderen Elternteil erfolgen, wenn er dem Kind Vermögen zuwendet[32] –, so verwaltet der andere Elternteil das Vermögen **(Abs 3 S 1)** und vertritt insoweit auch das Kind **(Abs 3 S 2)**. Einer Pflegerbestellung bedarf es in diesem Fall nicht[33]; diese soll mangels Interessengegensatzes aber auch dann nicht notwendig sein, wenn dieser Elternteil vom Erblasser als Testamentsvollstrecker eingesetzt wurde[34]. Etwas anderes gilt nur dann, wenn auch dieser Elternteil, etwa nach § 1667, von der Vermögenssorge ausgeschlossen ist.

Sind die Eltern/ein Elternteil von der Verwaltung ausgeschlossen und werden sie trotzdem hinsichtlich der ausgeschlossenen Vermögensmasse rechtsgeschäftlich tätig, so bestimmt sich die Wirksamkeit dieses Handelns gegenüber Dritten nach den **§§ 177 ff**[35]; im Innenverhältnis gelten die §§ 677 ff[36].

Für die Rechtsgeschäfte, die die Eltern als gesetzliche Vertreter des Kindes ordnungsgemäß abschließen, **haftet** das Kind auch mit seinem verwaltungsfreien Vermögen[37].

---

[19] BGH FamRZ 1989, 269, 270.
[20] OLG Frankfurt NJW-RR 1997, 580.
[21] OLG Frankfurt NJW-RR 1997, 580; OLG Karlsruhe FamRZ 1965, 573 f; *Dölle* II § 94 II 5 a; *Erman/Michalski* Rn 9; *Staudinger/Engler* Rn 16; *RGRK/Adelmann* § 1638 aF Rn 10; *Palandt/Diederichsen* Rn 2; *Gernhuber/Coester-Waltjen* § 61 Rn 5; *Merkel* MDR 1964, 113; aA *Frenz* DNotZ 1995, 908, 914.
[22] *Staudinger/Engler* Rn 34.
[23] *Erman/Michalski* Rn 15; weitere Beispiele Mot IV S 501.
[24] Mot IV S 177 f.
[25] BGH FamRZ 1989, 269, 270; *Palandt/Diederichsen* Rn 8; dagegen wird nicht in die Substanz des Elternrechts eingegriffen, *Beitzke* FamRZ 1958, 7, 9.
[26] BayObLG FamRZ 1964, 522, 523; zur Rechtsstellung des Pflegers *Frenz* DNotZ 1995, 908, 917 f.
[27] BayObLG FamRZ 2000, 568, 569; OLG Stuttgart FamRZ 1999, 1601; anders OLG Stuttgart FamRZ 2001, 364, 365; *Zorn* FamRZ 2000, 719, 720; AnwK-BGB/*Rakete-Dombek* Rn 7; *Bülow* WuB IV A § 331 2.04: Vormundschaftsgericht, Zuständigkeit des Familiengerichts nur in Eilfällen.
[28] *Palandt/Diederichsen* Rn 7.
[29] OLG Karlsruhe FamRZ 1965, 573; BayObLG Rpfleger 1989, 411, 412; OLG Frankfurt FamRZ 1997, 1115, 1116; *Soergel/Strätz* § 1638 aF Rn 10.
[30] Der Zuwendende kann einen Elternteil zum Pfleger bestellen; ein Elternteil kann sich bei einer Zuwendung unter Lebenden selbst als Pfleger benennen, OLG München JFG 21, 181, 187; *Gernhuber/Coester-Waltjen* § 61 Rn 7.
[31] BayObLG Rpfleger 1977, 253; *Erman/Michalski* Rn 10; *Soergel/Strätz* § 1638 aF Rn 9.
[32] MünchKommBGB/*Huber* Rn 21; *Staudinger/Engler* Rn 3.
[33] OLG Karlsruhe NJW-RR 2004, 370.
[34] OLG Zweibrücken ZKJ 2007, 162; aA OLG Nürnberg FamRZ 2002, 272.
[35] BGH FamRZ 1989, 269, 270; *Dölle* II § 94 II 5 f.
[36] MünchKommBGB/*Huber* Rn 13.
[37] *Erman/Michalski* Rn 12; *RGRK/Adelmann* § 1638 aF Rn 16; *Gernhuber/Coester-Waltjen* § 61 Rn 5.

§ 1639 Anordnungen des Erblassers oder Zuwendenden

(1) Was das Kind von Todes wegen erwirbt oder was ihm unter Lebenden unentgeltlich zugewendet wird, haben die Eltern nach den Anordnungen zu verwalten, die durch letztwillige Verfügung oder bei der Zuwendung getroffen worden sind.
(2) Die Eltern dürfen von den Anordnungen insoweit abweichen, als es nach § 1803 Abs. 2, 3 einem Vormund gestattet ist.

Schrifttum: *Zöllner,* Die Verwendung der Einkünfte des Kindesvermögens, FamRZ 1959, 393.

I. Normzweck

1   Die Vorschrift, geändert durch Art 1 Nr 48 KindRG, dient der Ergänzung von § 1638. Wenn der Erblasser durch letztwillige Verfügung oder der Zuwendende bei einer unentgeltlichen Zuwendung unter Lebenden bestimmen kann, dass die Eltern das dem Kind zugewendete Vermögen nicht verwalten dürfen, dann muss der Zuwendende erst recht die Möglichkeit haben, die Eltern bei der Verwaltung des Vermögens zur Beachtung bestimmter Anordnungen zu verpflichten.

II. Anordnungen des Zuwendenden (Abs 1)

2   Ebenso wie bei § 1638 ist Voraussetzung, dass das Kind von Todes wegen oder durch unentgeltliche Zuwendung unter Lebenden Vermögen erlangt hat. Die Anordnungen des Zuwendenden müssen durch letztwillige Verfügung oder bei der Zuwendung getroffen worden sein (Abs 1). Es muss erkennbar sein, dass der Zuwendende oder der Erblasser eine bindende Anordnung treffen wollte[1]. Bloße Wünsche des Zuwendenden genügen nicht[2]. Stellt sich die Anordnung als Bedingung oder Auflage dar, so gelten die allgemeinen Grundsätze (zB §§ 525 ff)[3].

3   Als möglicher **Inhalt der Anordnung** kommt der Ausschluss der Verwendungsbefugnis nach § 1649 Abs 2 in Betracht[4]. Der Surrogationsgrundsatz des § 1638 Abs 2 gilt auch hier[5]; dies hat zur Folge, dass die Anordnungen des Zuwendenden oder des Erblassers entspr seinem mutmaßlichen Willen anzupassen und auf den an die Stelle des ursprünglichen Vermögensgegenstands getretenen Ersatzgegenstand anzuwenden sind.

4   Die Anordnungen des Zuwendenden **wirken** nicht dinglich, das Verwaltungsrecht der Eltern bleibt also bestehen, so dass eine Pflegerbestellung (§ 1909) nicht erforderlich ist[6]. Durch die Anordnungen werden den Eltern lediglich Verpflichtungen auferlegt, bei deren Verletzung sie sich nach § 1664 schadensersatzpflichtig machen[7]. Dagegen bleiben Rechtsgeschäfte der Eltern, die der Anordnung zuwiderlaufen, wirksam (§ 137 S 1)[8].

5   Bei **Zuwiderhandlungen** gegen die Anordnungen des Zuwendenden konnte vor Erlass des KindRG nach Abs 1 S 2 aF das Vormundschaftsgericht die erforderlichen Maßnahmen treffen. Die zentrale Vorschrift für gerichtliche Eingriffe in die Vermögenssorge findet sich jetzt in § 1666, so dass die Regelung in Abs 1 S 2 aF gestrichen werden konnte[9]. Das bedeutet aber auch, dass im Unterschied zum alten Recht eine Gefährdung des Kindesvermögens nach § 1666 Abs 1, 2 vorliegen muss[10]. Das Gericht trifft die erforderlichen Maßnahmen nach billigem Ermessen unter Berücksichtigung des Verhältnismäßigkeitsgrundsatzes (näher § 1666 Rn 19)[11].

5.1   Als gerichtliche Maßnahme kommen in Betracht: eine mündliche oder schriftliche Aufforderung zur Beachtung der Anordnung, die Verpflichtung der Eltern zur Sicherheitsleistung, zur Erstellung eines Vermögensverzeichnisses, die Androhung und Verhängung von Ordnungsstrafen, äußerstenfalls die Entziehung der Verwaltung der dem Kind zugewendeten Gegenstände und Übertragung der Verwaltung auf einen Pfleger[12].

III. Abweichungen von den Anordnungen (Abs 2)

6   Von den Anordnungen des Erblassers durch letztwillige Verfügung dürfen die Eltern nur mit gerichtlicher Genehmigung insoweit abweichen, als die Befolgung der Anordnung das Kindesinteresse gefährden würde (Abs 2, § 1803 Abs 2). Das bloße mit der Befolgung der Anordnung verbundene Entgehen eines Gewinns für das Kind genügt nicht[13]. Bei einer Zuwendung unter Lebenden dürfen die Eltern

---

[1] RGRK/*Adelmann* § 1639 aF Rn 3.
[2] *Palandt/Diederichsen* Rn 1; *Soergel/Strätz* § 1639 aF Rn 2; MünchKommBGB/*Huber* Rn 3.
[3] *Staudinger/Engler* Rn 7; RGRK/*Adelmann* § 1639aF Rn 3.
[4] BayObLG Rpfleger 1982, 180; *Zöllner* FamRZ 1959, 393, 395; *Staudinger/Engler* Rn 8; *Soergel/Strätz* § 1639 aF Rn 2.
[5] *Staudinger/Engler* Rn 9; *Erman/Michalski* Rn 1; MünchKommBGB/*Huber* Rn 7.
[6] BayObLG Rpfleger 1982, 180; *Soergel/Strätz* § 1639 aF Rn 2; *Erman/Michalski* Rn 1; *Palandt/Diederichsen* Rn 1.
[7] *Erman/Michalski* Rn 1; *Palandt/Diederichsen* Rn 1; *Staudinger/Engler* Rn 10.
[8] *Soergel/Strätz* § 1639 aF Rn 2.
[9] BT-Drucks 13/4899 S 115.
[10] MünchKommBGB/*Huber* Rn 8; anders *Staudinger/Engler* Rn 4, 11; zum alten Recht *Soergel/Strätz* § 1639 aF Rn 3.
[11] *Soergel/Strätz* § 1639 aF Rn 3; *Staudinger/Engler* Rn 12; *Erman/Michalski* Rn 1; RGRK/*Adelmann* § 1639 aF Rn 7.
[12] OLG Stettin OLGZ 30, 78, 79; *Staudinger/Engler* Rn 12.
[13] *Staudinger/Engler* Rn 16.

Vermögensverzeichnis § 1640

nur mit Zustimmung des Zuwendenden von seinen Anordnungen abweichen (Abs 2, § 1803 Abs 3 S 1, §§ 182 ff). Dessen Zustimmung kann jedoch durch vormundschaftsgerichtliche Genehmigung ersetzt werden, wenn er zur Abgabe einer Erklärung dauernd außerstande oder sein Aufenthalt unbekannt ist (§ 1803 Abs 3 S 2). Verweigert der Zuwendende die Zustimmung zur Abweichung von seinen Anordnungen und liegen auch die Voraussetzungen des § 1803 Abs 3 S 2 nicht vor, so dürfen die Eltern dann nicht von den Anordnungen abweichen, wenn durch ihre Befolgung das Vermögen des Kindes gefährdet wird[14].

Für Maßnahmen nach § 1666 ist das **Familiengericht** zuständig; es entscheidet der Richter nach 7 § 14 Abs 1 Nr 8 RPflG. Über Genehmigungen nach § 1803 Abs 2, Abs 3 S 2 entscheidet das **Vormundschaftsgericht**; hier entscheidet der Rechtspfleger nach § 3 Nr 2 a RPflG. Diese missliche Aufgabenspaltung, die es nach dem alten Recht nicht gab, lässt sich mit Gründen des jeweiligen Sachzusammenhangs rechtfertigen, soll aber mit dem FGG-RG (allg § 1626 Rn 48) wieder beseitigt werden (Art 50 Nr 37). Die **Kosten** für Entscheidungen nach Abs 1 bestimmen sich nach § 94 Abs 1 Nr 3, Abs 3 KostO, die für Maßnahmen nach Abs 2 nach § 95 Abs 1 S 1 Nr 3 KostO.

§ 1640 Vermögensverzeichnis

(1) ¹Die Eltern haben das ihrer Verwaltung unterliegende Vermögen, welches das Kind von Todes wegen erwirbt, zu verzeichnen, das Verzeichnis mit der Versicherung der Richtigkeit und Vollständigkeit zu versehen und dem Familiengericht einzureichen. ²Gleiches gilt für Vermögen, welches das Kind sonst anlässlich eines Sterbefalls erwirbt, sowie für Abfindungen, die anstelle von Unterhalt gewährt werden, und unentgeltliche Zuwendungen. ³Bei Haushaltsgegenständen genügt die Angabe des Gesamtwerts.

(2) Absatz 1 gilt nicht,
1. wenn der Wert eines Vermögenserwerbs 15000 Euro nicht übersteigt oder
2. soweit der Erblasser durch letztwillige Verfügung oder der Zuwendende bei der Zuwendung eine abweichende Anordnung getroffen hat.

(3) Reichen die Eltern entgegen Absatz 1, 2 ein Verzeichnis nicht ein oder ist das eingereichte Verzeichnis ungenügend, so kann das Familiengericht anordnen, dass das Verzeichnis durch eine zuständige Behörde oder einen zuständigen Beamten oder Notar aufgenommen wird.

Schrifttum: *Brüggemann,* Elterliche Vermögenssorge. Alte und neue Fragen, ZBlJugR 1980, 53; *Diederichsen,* Die Neuregelung des Rechts der elterlichen Sorge, NJW 1980, 1; *Engelhardt,* Die Tätigkeit des Vormundschaftsgerichts für pflichtteilsberechtigte Kinder, DFG 1939, 73.

I. Norminhalt und Normzweck

Die Norm regelt die Inventarisierungspflicht der Eltern. Erwirbt das unter elterlicher Sorge stehende 1 Kind von Todes wegen (Abs 1 S 1), anlässlich eines Sterbefalls (Abs 1 S 2 Var 1), als Unterhaltsabfindung (Abs 1 S 2 Var 2) oder als unentgeltliche Zuwendung (Abs 1 S 2 Var 3) Vermögen, das der Verwaltung der vermögenssorgeberechtigten Eltern unterliegt, so haben die Eltern ab einer bestimmten Größe des Vermögens (Abs 2 Nr 1) und wenn sie davon nicht durch den Erblasser oder Zuwendenden durch abweichende Anordnungen befreit worden sind (Abs 2 Nr 2) ein Vermögensverzeichnis zu erstellen und dem Familiengericht einzureichen. Handeln die Eltern dieser Verpflichtung zuwider oder ist das Verzeichnis ungenügend, so kann das Familiengericht anordnen, dass das Verzeichnis durch eine zuständige Behörde oder einen zuständigen Beamten oder Notar aufgenommen wird (Abs 3).

Die Inventarisierungspflicht dient dazu, dass die Eltern sich klarmachen, welche Gegenstände zu 2 ihrem Vermögen und welche zu dem des Kindes gehören **(Klarstellung des Kindesvermögens)**[1]. Sie soll zugunsten des Kindes ein gewichtiges, wenn auch widerlegbares Beweismittel für das schaffen, was ihm zusteht[2], sowie bei Wiederverheiratung eines Elternteils als Grundlage für das nach § 1683 beim Familiengericht einzureichende Vermögensverzeichnis dienen. Auf diese Weise wird eine eventuelle Vermögensauseinandersetzung erleichtert **(Sicherstellung des Kindesvermögens)**[3].

II. Voraussetzungen der Inventarisierungspflicht (Abs 1, 2)

Die Inventarisierungspflicht trifft nur den Elternteil, dem die **Vermögenssorge** (§ 1626 Abs 1) 3 zusteht[4]. Demzufolge entfällt sie, wenn die elterliche Sorge oder auch nur die Vermögenssorge ruht (§§ 1673 bis 1675), entzogen (§§ 1666 Abs 1, 2, 1667 Abs 3 S 4, 1671 Abs 1, 1672 Abs 1), ausgeschlossen (§ 1638), beendet (§§ 2, 1677, 1680, 1681, 1755 Abs 1 S 1) oder diesbezüglich beschränkt ist (§§ 1630 Abs 1, 3, 1667 Abs 2). Darüber hinaus entfällt die Inventarisierungspflicht auch,

---

[14] *Staudinger/Engler* Rn 17.
[1] KG JFG 11, 48, 52 = JW 1934, 1293; *Engelhardt* DFG 1939, 73, 74.
[2] RGZ 80, 65, 67 f; KG JFG 11, 48, 52 = JW 1934, 1293; *Erman/Michalski* Rn 2.
[3] *Soergel/Strätz* § 1640 aF Rn 2.
[4] KG JFG 11, 48, 49 f = JW 1934, 1293; MünchKommBGB/*Huber* Rn 8.

§ 1640

wenn über den Nachlass, hinsichtlich dessen das Kind Erbe geworden ist, Nachlassverwaltung angeordnet wurde (§§ 1975, 1981), denn mit dieser verliert das Kind und damit auch der sorgeberechtigte Elternteil das Verwaltungs- und Verfügungsrecht über den Nachlass (§ 1984 Abs 1 S 1)[5]. Ist ein Vormund (§ 1773) oder Pfleger (§ 1909) eingesetzt, so trifft diesen nach der Vermögensherausgabe durch die Eltern (§ 1698) gemäß §§ 1802, 1915 Abs 1 eine Verzeichnispflicht[6].

4 Die Pflicht zur Anfertigung eines Verzeichnisses gilt nur für **Vermögen, das das Kind** von Todes wegen (Abs 1 S 1), sonst anlässlich eines Sterbefalls (Abs 1 S 2 Var 1), als unentgeltliche Zuwendung (Abs 1 S 2 Var 3) oder als Unterhaltsabfindung (Abs 1 S 2 Var 2) **erwirbt**. Ein Erwerb **von Todes wegen** liegt vor bei einem Erwerb als gesetzlicher, vertraglicher Erbe oder auf Grund eines Vermächtnisses oder Pflichtteils (vgl §§ 1922, 1924 ff, 1937, 1939, 1941, 2274 ff, 2303 ff)[7]. **Anlässlich eines Sterbefalls** erwirbt das Kind Vermögen beispielsweise auf Grund von Renten- oder Schadensersatzansprüchen (zB § 10 Abs 2 StVG, § 844), als Leistung aus einer Lebensversicherung[8] oder in Erfüllung einer einem Dritten gemachten Auflage (§ 1940)[9]. Ein Erwerb aus **unentgeltlicher Zuwendung** (Abs 1 S 2 Var 3) liegt insbes bei einer Schenkung (§§ 516 ff) oder Ausstattung (§ 1624 Abs 1) vor. Die Schenkung von Todes wegen (§ 2301) lässt sich hierunter oder unter Abs 1 S 2 Var 1 fassen[10]. **An Stelle von Unterhalt gewährte Abfindungen** können sich beispielsweise in den Fällen der §§ 1615 e aF, 1585 Abs 2, 1585 c ergeben[11]. Nicht hierunter fällt eine Abfindung gemäß § 843 Abs 3[12].

5 Die **Verzeichnispflicht tritt nicht ein,** wenn der Wert des Vermögenserwerbes **15 000 Euro nicht übersteigt (Abs 2 Nr 1).** Maßgeblich ist nur der Wert des jeweiligen Vermögenserwerbes; es findet keine Addition mehrerer Einzelerwerbe verschiedener Personen statt[13]. Als ein einziger Vermögenserwerb iSv Abs 2 Nr 1 wird jedoch der Erwerb von Todes wegen (Abs 1 S 1) und Erwerb aus Anlass eines Sterbefalls (Abs 1 S 2 Var 1) angesehen, wenn sie Folge desselben Todesfalles sind[14]. Der Wert ergibt sich aus dem Aktivvermögen nach Abzug der Schulden[15]. Renten und andere wiederkehrende Leistungen sind zu kapitalisieren. Maßgebend ist der Verkehrswert zum Zeitpunkt des Erwerbes[16]. Keine **Inventarisierungspflicht** besteht ferner, wenn der Erblasser oder Zuwendende sie den Eltern des begünstigten Kindes **erlassen** hat **(Abs 2 Nr 2).** Im Übrigen ist die Verzeichnispflicht **zwingend**[17].

III. Inhalt und Entstehung der Inventarisierungspflicht

6 Es sind **sämtliche** nach Abs 1 S 1 oder S 2 erworbenen **Vermögensgegenstände** mit den zur Identifizierung und Bewertung notwendigen Angaben und unter Nennung der als Beleg dienenden Urkunden zu verzeichnen[18]. Daneben ist der **Geldwert** der Gegenstände (ggf nach Schätzung durch die Eltern) anzugeben[19]. Bei Haushaltsgegenständen genügt die Angabe des Gesamtwertes (Abs 1 S 3).

6.1 Nur das Aktivvermögen ist zu verzeichnen, die Angabe der Schulden ist nicht erforderlich[20]. Bei Forderungen (wie zB einem Pflichtteilsanspruch) sind der Schuldner, die Höhe der Forderung und der Schuldgrund zu nennen[21]. Ist der Elternteil Vorerbe und das Kind Nacherbe, oder ist das Kind Pflichtteilsberechtigter, so sind sämtliche Bestandteile des Nachlasses bzw der Wert des Pflichtteilsanspruches anzugeben[22]. Setzt der überlebende Elternteil mit dem Kind die Gütergemeinschaft fort (§§ 1483 ff), so genügt die Anzeige der Fortsetzung[23].

7 Die Verzeichnispflicht **entsteht** kraft Gesetzes auf Grund des Vermögensanfalls ohne gerichtliche Aufforderung[24]. Beim Erwerb von Todes wegen fordert das Familiengericht das Verzeichnis idR an, nachdem ihm gemäß § 74 a FGG durch das Nachlassgericht oder gemäß § 48 FGG durch das Standes-

---

[5] OLG Köln FamRZ 2004, 1117, 1118.
[6] RGRK/*Adelmann* § 1640 aF Rn 3.
[7] *Soergel/Strätz* § 1640 aF Rn 4; RGRK/*Adelmann* § 1640 aF Rn 4.
[8] BT-Drucks 8/2788 S 56; *Brüggemann* ZBlJugR 1980, 53, 62.
[9] BT-Drucks 7/2060 S 26; *Palandt/Diederichsen* Rn 3; *Erman/Michalski* Rn 3.
[10] MünchKommBGB/*Huber* Rn 7.
[11] *Palandt/Diederichsen* Rn 3; RGRK/*Adelmann* § 1640 aF Rn 4.
[12] *Staudinger/Engler* Rn 9; aA *Soergel/Strätz* § 1640 aF Rn 4; *Brüggemann* ZBlJugR 1980, 53, 62.
[13] *Palandt/Diederichsen* Rn 4; MünchKommBGB/*Huber* Rn 9.
[14] *Staudinger/Engler* Rn 14; RGRK/*Adelmann* § 1640 aF Rn 5.
[15] *Soergel/Strätz* § 1640 aF Rn 5; *Jauernig/Berger* Rn 3.
[16] RGRK/*Adelmann* § 1640 aF Rn 5; *Jauernig/Berger* Rn 3.
[17] KG JFG 11, 48, 52 = JW 1934, 1293; *Palandt/Diederichsen* Rn 4; *Erman/Michalski* Rn 6.
[18] *Soergel/Strätz* § 1640 aF Rn 5; RGRK/*Adelmann* § 1640 aF Rn 7.
[19] BayObLGZ 1963, 132, 135 = FamRZ 1963, 578, 579; MünchKommBGB/*Huber* Rn 14; *Staudinger/Engler* Rn 17; aA *Soergel/Strätz* § 1640 aF Rn 6; RGRK/*Adelmann* § 1640 aF Rn 7.
[20] RGZ 149, 172, 175 f; *Palandt/Diederichsen* Rn 4; MünchKommBGB/*Huber* Rn 15; *Soergel/Strätz* § 1640 aF Rn 6; *Staudinger/Engler* Rn 19; aA RGRK/*Adelmann* § 1640 aF Rn 7; *Erman/Michalski* Rn 4.
[21] RGZ 80, 65, 66; BayObLG JFG 3, 57, 58; BayObLGZ 1963, 132, 135 = FamRZ 1963, 578, 579; *Erman/Michalski* Rn 4.
[22] OLG Hamm FamRZ 1969, 660, 661; *Gernhuber/Coester-Waltjen* § 63 Rn 11 Fn 22; *Palandt/Diederichsen* Rn 6; *Engelhardt* DFG 1939, 73 f fordert in schwierigen Fällen darüber hinaus die Darstellung der Berechnung.
[23] BayObLG JFG 1, 55, 57 f; *Erman/Michalski* Rn 4; *Gernhuber/Coester-Waltjen* § 63 Rn 13, 14.
[24] OLG Köln FamRZ 2004, 1117, 1118; *Palandt/Diederichsen* Rn 5; *Diederichsen* NJW 1980, 1, 4; *Soergel/Strätz* § 1640 aF Rn 3.

IV. Form der Inventarisierung

Das Verzeichnis ist mit der **Versicherung** der Richtigkeit und Vollständigkeit zu versehen und dem Familiengericht **einzureichen** (Abs 1 S 1). Dabei genügt die privatschriftliche **Form** oder die Erklärung zu Protokoll des Familiengerichtes[26]. **8**

V. Verstoß gegen die Inventarisierungspflicht (Abs 3)

Reichen die Eltern trotz bestehender Inventarisierungspflicht kein Verzeichnis ein oder ist das eingereichte Verzeichnis ungenügend, so kann das Familiengericht die Errichtung eines öffentlichen Inventars anordnen **(Abs 3)**. Ungenügend ist ein Verzeichnis bereits, wenn gegen seine Vollständigkeit und Richtigkeit ernstliche Bedenken bestehen[27]. Vor der Anordnung gemäß Abs 3 ist den Eltern jedoch wegen des Verhältnismäßigkeitsgrundsatzes Gelegenheit zur Nachholung, Ergänzung oder Verbesserung zu geben[28]. Für die Errichtung des öffentlichen Inventars nach Abs 3 ist die durch das Landesrecht bestimmte Behörde (§ 200 FGG, § 61 Abs 1 Nr 2 BeurkG) oder gemäß § 20 Abs 1 S 2 BNotO der Notar zuständig. **9**

Das Familiengericht kann nach § 33 FGG nach vorheriger Androhung die Einreichung des Verzeichnisses mit Hilfe von Zwangsgeld verfolgen. Im Übrigen sind, wenn erforderlich, Maßnahmen des Familiengerichts nach **§ 1666 Abs 1 und 2** bis hin zur Entziehung der Vermögenssorge und Bestellung eines Pflegers möglich (§ 1666 Rn 21)[29]. Während der Dauer des Verfahrens kann das Familiengericht den Eltern die Vermögenssorge durch **einstweilige Anordnung** entziehen[30]. Die Folgen der Entziehung der Vermögenssorge richten sich nach § 1698. **10**

VI. Verfahren

Die sachliche **Zuständigkeit** des Familiengerichts ergibt sich aus § 621 Abs 1 Nr 1 ZPO, § 23b Abs 1 S 2 Nr 2 GVG, die örtliche aus § 621a Abs 1 ZPO und §§ 64 Abs 3 S 2, 43 Abs 1, 36 Abs 1 und 2 FGG; es entscheidet der Rechtspfleger (§§ 3 Nr 2 lit a, 14 RPflG)[31]. Die Eltern sind nach § 50a FGG **anzuhören,** das Kind nur im Falle von § 50b Abs 2 S 2 FGG. Das Familiengericht ermittelt nach § 12 FGG von Amts wegen[32]. Die **Kosten** für die Anordnung nach Abs 3 sowie für die weiteren Maßnahmen des Familiengerichts bestimmen sich nach § 94 Abs 1 Nr 3 KostO. Zahlungspflichtig ist der gemäß § 94 Abs 3 S 2 KostO vom Gericht bestimmte Elternteil[33]. Die Kosten der Errichtung des Inventars trägt dagegen das Kind[34]. **11**

§ 1641 Schenkungsverbot

¹Die Eltern können nicht in Vertretung des Kindes Schenkungen machen. ²Ausgenommen sind Schenkungen, durch die einer sittlichen Pflicht oder einer auf den Anstand zu nehmenden Rücksicht entsprochen wird.

Schrifttum: *Canaris,* Verstöße gegen das verfassungsrechtliche Übermaßverbot im Recht der Geschäftsfähigkeit und im Schadensersatzrecht, JZ 1987, 993; *Eckstein,* Das Schenkungsversprechen, seine Erfüllung und sein Verhältnis zur „Realschenkung", AcP 107 (1911), 384; *Madaus,* Der Zugriff der Eltern auf die Sparkonten ihrer minderjährigen Kinder und § 1641 BGB, BKR 2006, 58; *Schütz,* Schenkweise Sicherheiten, JR 1964, 453.

I. Normzweck

Die Norm enthält im Bereich der Schenkungen eine Beschränkung der elterlichen Vertretungsmacht auf Pflicht- und Anstandsschenkungen, um das **Kindesvermögen** vor einer Schmälerung durch sonstige Schenkungen zu **schützen**[1]. Für den Vormund (§ 1773) und Pfleger (§§ 1909, 1915 Abs 1) gilt § 1804. **1**

---

[25] Die §§ 74a und 48 FGG sprechen noch von „Vormundschaftsgericht", offenbar ist dies ein Redaktionsversehen des Gesetzgebers.
[26] *Staudinger/Engler* Rn 26; *RGRK/Adelmann* § 1640 aF Rn 7.
[27] *Erman/Michalski* Rn 7.
[28] *RGRK/Adelmann* § 1640 aF Rn 11; *Soergel/Strätz* § 1640 aF Rn 9.
[29] *Engelhardt* DFG 1939, 73, 75 f; *Staudinger/Engler* Rn 33 f.
[30] KG JW 1937, 1037; *Palandt/Diederichsen* Rn 8.
[31] Dagegen ist der Richter für Maßnahmen nach § 1666 zuständig, § 14 Abs 1 Nr 8 RPflG; anders wohl *Staudinger/Engler* Rn 36, der die Regelung deshalb für nicht systemgerecht hält.
[32] RGZ 80, 65, 68; BayObLG JFG 3, 57, 59 f.
[33] *MünchKommBGB/Huber* Rn 24; *Staudinger/Engler* Rn 38; *Erman/Michalski* Rn 9; *Soergel/Strätz* § 1640 aF Rn 9.
[34] *Staudinger/Engler* Rn 38; *MünchKommBGB/Huber* Rn 24; zögernd *Erman/Michalski* Rn 9.
[1] *MünchKommBGB/Huber* Rn 2; *RGRK/Adelmann* § 1641 aF Rn 1.

II. Schenkungsverbot (S 1)

2 Nach S 1 untersagt sind den Eltern Schenkungen aus dem Kindesvermögen. Unter Schenkungen iS der Norm sind nur solche Zuwendungen zu verstehen, die die begrifflichen Merkmale des § 516 erfüllen[2]; die Annahme eines oder beider an der Schenkung Beteiligten, es bestehe eine sittliche Pflicht zur Schenkung, schließt eine Schenkung nicht aus[3]. Unerheblich ist, ob die Schenkung von den Eltern in Vertretung des Kindes oder vom Kind mit Zustimmung der Eltern vorgenommen wird[4]. Die Norm erfasst allerdings nur die Rechtsgeschäfte zwischen dem Kind als Schenker und dem Beschenkten, schränkt aber nicht die Vertretungsmacht der Eltern im Außenverhältnis zu Dritten (etwa zur Bank zum Abschluss eines Überweisungsvertrags) ein[5].

2.1 Eine Schenkung kann unter Umständen vorliegen bei gänzlicher oder teilweiser Aufgabe einer dinglichen Sicherheit für eine Forderung des Minderjährigen[6], bei einem Rangrücktritt[7] oder bei Sicherheitsleistungen[8]. Der Nachweis der Schenkung bedarf grds nicht der Form des § 29 GBO[9]. Für die Ausschlagung einer Erbschaft oder eines Vermächtnisses sowie für den Verzicht auf einen Pflichtteil gilt die Sondervorschrift des § 1643 Abs 2[10].

3 Eine gegen das Schenkungsverbot des § 1641 verstoßende Verfügung ist ebenso wie das Verpflichtungsgeschäft nach § 134 nichtig[11]; § 177 findet keine Anwendung; auch eine Genehmigung durch den volljährig Gewordenen oder eine vormundschaftsgerichtliche Genehmigung ist nicht möglich[12]. Der volljährig Gewordene kann das Rechtsgeschäft nur neu vornehmen. Das Schenkungsverbot gilt auch im Rahmen von § 110[13]. Das entgegen § 1641 Geschenkte kann nach den §§ 985, 812 zurückgefordert werden. Gutgläubiger Eigentumserwerb des Beschenkten (§ 932) scheidet aus, da der gute Glaube nur das mangelnde Eigentum heilt, nicht aber die fehlende Vertretungsmacht.

4 Schenken die Eltern (anders als im Fall des § 1641) **im eigenen Namen,** so kann der Beschenkte zwar gemäß § 932 Eigentum erwerben, es besteht aber eine Herausgabepflicht nach § 816 Abs 1 S 2. Die Eltern haften dem Kind gegenüber nach den §§ 823 ff, 1664, dem Beschenkten gegenüber nach § 523.

III. Ausnahmen (S 2)

5 Abweichend von S 1 sind Schenkungen aus dem Kindesvermögen zulässig, durch die einer sittlichen Pflicht oder einer auf den Anstand zu nehmenden Rücksicht entsprochen wird (S 2). Der Begriff der **Pflicht- und Anstandsschenkung** entspricht dem in § 534[14]. Nach S 2 erlaubte Schenkungen bedürfen in den von § 1643 erfassten Fallgestaltungen einer familiengerichtlichen Genehmigung[15].

5.1 S 1 verbietet auch **nicht** die Erfüllung eines bereits rechtswirksam bestehenden Schenkungsversprechens, das auf das Kind etwa durch Erbfall übergegangen ist[16]. Ebenso wenig werden Schenkungen aus dem Gesamthandsvermögen einer OHG, an der das Kind beteiligt ist, von S 1 berührt, wenn der schenkende Elternteil als vertretungsberechtigter Gesellschafter und nicht kraft seiner elterlichen Vermögenssorge handelt[17].

§ 1642 Anlegung von Geld

Die Eltern haben das ihrer Verwaltung unterliegende Geld des Kindes nach den Grundsätzen einer wirtschaftlichen Vermögensverwaltung anzulegen, soweit es nicht zur Bestreitung von Ausgaben bereitzuhalten ist.

Schrifttum: *Brüggemann,* Elterliche Vermögenssorge – Alte und neue Fragen, ZBlJugR 1980, 53; *Christian,* Alte und neue Formen der Anlegung von Mündelvermögen, ZBlJugR 1981, 287; *Diederichsen,* Die Neuregelung des Rechts der elterlichen Sorge, NJW 1980, 1; *Hohner,* Buchbesprechung: Handbuch der stillen Gesellschaft. Systematische Darstellung in handelsrechtlicher, steuerrechtlicher und betriebswirtschaftlicher Sicht. Von Heinz Paulik. 3., völlig überarbeitete Auflage 1981, NJW 1981, 2682.

---

[2] KG JFG 16, 87, 89 = JW 1937, 2597.
[3] RGZ 125, 380, 382 f; MünchKommBGB/*Huber* Rn 3; aA *Soergel/Strätz* § 1641 aF Rn 2.
[4] OLG Stuttgart FamRZ 1969, 39, 40; *Canaris* JZ 1987, 993, 998 f; *Gernhuber/Coester-Waltjen* § 61 Rn 12.
[5] BGH NJW 2004, 2517, 2518; aA *Madaus* EWiR 2004, 1023, 1024; *ders* BKR 2006, 58, 59.
[6] KG JFG 16, 87, 89 = JW 1937, 2597.
[7] KG DNotZ 1927, 530 f.
[8] *Schütz* JR 1964, 453 f.
[9] KG JFG 16, 87, 91 = JW 1937, 2597; *Staudinger/Engler* Rn 5.
[10] *Erman/Michalski* Rn 1; *Staudinger/Engler* Rn 6.
[11] KG JFG 16, 87, 88; *Erman/Michalski* Rn 1; *Staudinger/Engler* Rn 15; MünchKommBGB/*Huber* Rn 7; *Gernhuber/Coester-Waltjen* § 61 Rn 12; *Madaus* EWiR 2004, 1023, 1024; aA *Canaris* JZ 1987, 993, 999.
[12] KG JFG 16, 87, 88; *Gernhuber/Coester-Waltjen* § 61 Rn 12; RGRK/*Adelmann* § 1641 aF Rn 5.
[13] OLG Stuttgart FamRZ 1969, 39, 40; *Soergel/Strätz* § 1641 aF Rn 2; *Staudinger/Engler* Rn 9.
[14] OLG Stuttgart FamRZ 1969, 39, 40; KG JFG 13, 183, 185 = JW 1936, 393.
[15] KG JFG 13, 183, 185 f = JW 1936, 393 f; RGRK/*Adelmann* § 1641 aF Rn 9; *Erman/Michalski* Rn 7.
[16] *Eckstein* AcP 107 (1911), 384, 410; *Staudinger/Engler* Rn 7; RGRK/*Adelmann* § 1641 aF Rn 4; MünchKommBGB/*Huber* Rn 6.
[17] RGZ 125, 380, 381; MünchKommBGB/*Huber* Rn 6; *Staudinger/Engler* Rn 10.

Anlegung von Geld § 1642

I. Normzweck

Die Vorschrift, die zuletzt durch Art 1 Nr 13 SorgeRG[1] geändert wurde, verlangt nicht mehr, dass die 1
Eltern das Geld des Kindes mündelsicher anlegen. Sie benötigen zur anderweitigen Anlage auch keine
Erlaubnis des Vormundschaftsgerichts mehr. Zur Vorbeugung einer Schädigung der Vermögensinteressen des Kindes werden die §§ 1667, 1664 als ausreichend angesehen[2]. Das Gesetz verpflichtet sie jetzt nur
noch, das ihrer Verwaltung unterliegende Geld des Kindes nach den Grundsätzen einer wirtschaftlichen
Vermögensverwaltung anzulegen, soweit es nicht zur Bestreitung von Ausgaben bereitzuhalten ist. Die
Norm dient damit der **Erhaltung und Mehrung des Vermögensbestandes** des Kindes[3].

II. Anlage nach den Grundsätzen einer wirtschaftlichen Vermögensverwaltung

Die Anlagepflicht setzt voraus, dass das Geld des Kindes der Verwaltung, also der Vermögenssorge 2
der Eltern bzw eines Elternteils unterliegt[4]; die Vermögensverwaltung darf nicht etwa nach § 1638
ausgeschlossen sein[5]. Wurde für die Geldanlage ein Ergänzungspfleger bestellt, so gelten für ihn nach
den §§ 1909, 1915 Abs 1 nicht die §§ 1642, 1664, sondern die §§ 1806, 1807, 1811, 1833[6]. Die
Anlagepflicht bezieht sich auf das **Barvermögen** des Kindes, also sein Metall- oder Papiergeld, nicht
dagegen auf Geldforderungen[7]. Dabei ist gleichgültig, woher das Barvermögen stammt[8], zB Überschüsse aus einer Impfschadensrente[9].

Die Anlage hat **nach den Grundsätzen einer wirtschaftlichen Vermögensverwaltung** zu erfol- 3
gen **(HS 1)**. Das Geld ist also sicher und grds gewinnbringend anzulegen[10]. Pflichtgemäß ist die Anlage,
wenn sie von einem wirtschaftlich denkenden Privatmann als günstig und sicher angesehen wird; bei
mangelnden Fähigkeiten oder Kenntnissen der Eltern und einem größeren Vermögen des Kindes ist ein
Berater hinzuzuziehen[11]. Als Anlageformen kommen beispielsweise in Betracht: Sparkonto, Bausparvertrag, festverzinsliche Wertpapiere, Immobilien-Investment-Anteile, Aktien, Schuldscheindarlehen,
Gold, Lebensversicherung, Renten, Unternehmensbeteiligung, Kunstwerke, Briefmarken[12]. Auch Anlagen im Ausland können den Grundsätzen einer wirtschaftlichen Vermögensverwaltung entsprechen[13].
Für die **Wahl der Anlageart** sind allein ökonomische Grundsätze entscheidend; die Eltern haben
Rendite, Sicherheit und Liquidität ebenso zu bedenken wie steuerliche Folgen; immaterielle Gründe
(wie zB Familienbindungen) sind aber außen vor zu lassen[14]. Dabei hat die **Sicherheit Vorrang** vor der
Rendite: Es sind nur Kapitalanlagen gestattet, die nach den für die einzelnen Anlagearten bestehenden
Bewertungsgrundsätzen als sicher gelten, und nur unter diesen ist nach der Ertragshöhe auszuwählen[15].
Vor allem bei größeren Vermögen ist, soweit Liquidität gewährleistet ist, eine langfristige Anlage zur
Erzielung höherer Zinsen geboten[16]. Eine Anlage ist in jedem Falle dann pflichtgemäß, wenn sie den
engeren Vorschriften über die Mündelgeldanlage (§§ 1806, 1807)[17] entspricht[18].

Die Anlagepflicht umfasst auch die Prüfung von Rentabilität und Sicherheit bereits getätigter Geld- 4
anlagen und ggf deren Änderung oder Umschichtung[19].

Es besteht **keine Anlagepflicht**, soweit das Geld des Kindes zur Bestreitung von **Ausgaben** bereit- 5
zuhalten ist **(HS 2)**. Dazu gehören laufende und außergewöhnliche Ausgaben wie beispielsweise
Heilbehandlungs- oder Ausbildungskosten; die Verwendung des Geldes für Unterhalt bestimmt sich
nach § 1649[20]. Anordnungen des Zuwendenden nach **§ 1639** haben Vorrang vor § 1642; außerhalb
der Fälle des § 1639 ist § 1642 zwingendes Recht[21].

Die Eltern **haften** dem Kind gegenüber für Schäden auf Grund eines Verstoßes gegen die Anlage- 6
pflicht nach den §§ 823 ff, 1664[22]. Weiter kommen **Maßnahmen** des Familiengerichts **nach den**

---

[1] Gesetz zur Neuregelung des Rechts der elterlichen Sorge vom 18. 7. 1979, BGBl I S 1061, 1063.
[2] BT-Drucks 7/2060 S 27; 8/2788 S 57; *Diederichsen* NJW 1980, 1, 4 weist auf das erhöhte Haftungsrisiko der Eltern hin.
[3] MünchKommBGB/*Huber* Rn 2; vgl auch KG JFG 17, 209, 214.
[4] MünchKommBGB/*Huber* Rn 3.
[5] *Staudinger/Engler* Rn 5.
[6] AG Bremen NJW 1993, 205 f.
[7] KG JFG 8, 53, 54.
[8] MünchKommBGB/*Huber* Rn 4.
[9] OLG Hamm FamRZ 1974, 31, 32.
[10] BayObLG FamRZ 1983, 528, 530; *Staudinger/Engler* Rn 7.
[11] LG Kassel FamRZ 2003, 626, 627; *Soergel/Strätz* § 1642 aF Rn 2; *Palandt/Diederichsen* Rn 2.
[12] *Palandt/Diederichsen* 66. Aufl 2007, Rn 2; aA bzgl Edelmetallen *Brüggemann* ZBlJugR 1980, 53, 61.
[13] *Soergel/Strätz* § 1642 aF Rn 2.
[14] *Gernhuber/Coester-Waltjen* § 63 Rn 23, 24; RGRK/*Adelmann* § 1642 aF Rn 2; *Staudinger/Engler* Rn 11.
[15] *Gernhuber/Coester-Waltjen* § 63 Rn 25–27; MünchKommBGB/*Huber* Rn 7.
[16] LG Kassel FamRZ 2003, 626 f.
[17] *Christian* ZBlJugR 1981, 287 ff.
[18] *Erman/Michalski* Rn 1; *Brüggemann* ZBlJugR 1980, 53, 60; aA MünchKommBGB/*Huber* Rn 8; *Staudinger/Engler* Rn 9.
[19] MünchKommBGB/*Huber* Rn 2; *Soergel/Strätz* § 1642 aF Rn 2; RGRK/*Adelmann* § 1642 aF Rn 2 aE; *Brüggemann* ZBlJugR 1980, 53, 61; aA wohl KG JFG 8, 53, 54.
[20] *Palandt/Diederichsen* Rn 2; *Erman/Michalski* Rn 2.
[21] *Staudinger/Engler* Rn 12 f.
[22] BFH EzFamR § 1626 Nr 3 sub II 3 a; NJW 2004, 3510, 3512; BayObLG FamRZ 1983, 528, 530; LG Kassel FamRZ 2003, 626 f; *Soergel/Strätz* § 1642 aF Rn 2; RGRK/*Adelmann* § 1642 aF Rn 4.

§ 1643

§§ 1666, 1667 (auch bei unverschuldetem Fehlverhalten der Eltern) in Betracht, wenn das Kindesvermögen durch Unterlassen der nach § 1642 gebotenen Geldanlage gefährdet wird[23]. Im Rahmen von § 1667 kann auch die Einzahlung auf ein Sperrkonto (§ 1809) angeordnet werden (§ 1667 Rn 4), obwohl § 1642 die Anwendung der §§ 1809, 1810, 1814 sonst ausschließt[24].

7 Für bestimmte Geldanlagen benötigen die Eltern eine **Genehmigung des Familiengerichts** (§ 1643 Abs 1 iVm §§ 1821, 1822)[25]. Es entscheidet der Rechtspfleger (§§ 14, 3 Nr 2a RPflG). Die örtliche Zuständigkeit bestimmt sich nach den §§ 43, 36 FGG. Darüber hinaus besteht mangels Genehmigungsbedürftigkeit keine Möglichkeit, für riskante Geschäfte zur Vermeidung der Haftung eine familiengerichtliche Genehmigung einzuholen[26].

§ 1643 Genehmigungspflichtige Rechtsgeschäfte

(1) Zu Rechtsgeschäften für das Kind bedürfen die Eltern der Genehmigung des Familiengerichts in den Fällen, in denen nach § 1821 und nach § 1822 Nr. 1, 3, 5, 8 bis 11 ein Vormund der Genehmigung bedarf.

(2) ¹Das Gleiche gilt für die Ausschlagung einer Erbschaft oder eines Vermächtnisses sowie für den Verzicht auf einen Pflichtteil. ²Tritt der Anfall an das Kind erst infolge der Ausschlagung eines Elternteils ein, der das Kind allein oder gemeinsam mit dem anderen Elternteil vertritt, so ist die Genehmigung nur erforderlich, wenn dieser neben dem Kind berufen war.

(3) Die Vorschriften der §§ 1825, 1828 bis 1831 sind entsprechend anzuwenden.

Schrifttum: *Bork,* Sind §§ 50, 67 FGG verfassungskonform?, FamRZ 2002, 65; *Buchholz,* Insichgeschäft und Erbschaftsausschlagung – Überlegungen zu einem Problem des § 1643 II BGB, NJW 1993, 1161; *Coing,* Die gesetzliche Vertretungsmacht bei der Ausschlagung einer Erbschaft, NJW 1985, 6; *Engler,* Zur Auslegung des § 1643 Abs. II BGB, FamRZ 1972, 7; *Fomferek,* Minderjährige „Superstars" – Die Probleme des § 1822 Nr. 5 BGB, NJW 2004, 410; *Ivo,* Die Erbausschlagung für das minderjährige Kind, ZEV 2002, 309; *Schrade,* Die rechtlichen Grenzen der Entscheidung des Vormundschaftsgerichts im Rahmen des § 1643 BGB, Berlin 1993; *Servatius,* Die gerichtliche Genehmigung von Eltern-Kind-Geschäften, NJW 2006, 334; *Sonnenfeld/Zorn,* Wirksamwerden gerichtlich genehmigungsbedürftiger Rechtsgeschäfte, Rpfleger 2004, 533.

Übersicht

	Rn		Rn
I. Normzweck	1	III. Verweisung auf die §§ 1825, 1828 bis 1831 (Abs 3)	6
II. Voraussetzungen der Genehmigungspflicht (Abs 1, 2)	2	IV. Genehmigung des Familiengerichts	7
		V. Verfahren	12

I. Normzweck

1 Die durch Art 1 Nr 46 KindRG geänderte Vorschrift dient dem Schutz des Kindesvermögens, indem sie für bestimmte folgenreiche Geschäfte die Beteiligung des Familiengerichts anordnet. Dadurch wird die elterliche Verwaltung des Kindesvermögens eingeschränkt. § 1643 ist zwingendes Recht; eine Befreiung von der Genehmigungspflicht durch die Anordnung eines Dritten (§ 1639) ist nicht möglich[1]. Zugleich benennt die Vorschrift die genehmigungsbedürftigen Geschäfte im Bereich der Vermögenssorge abschließend; weder im Wege der Analogie noch durch Rechtsgeschäft kann dieser Kreis erweitert werden[2]. In gleicher Weise, aber in noch weiterem Umfang, sind der Vormund (§§ 1821, 1822), Betreuer (§ 1908i Abs 1) und Pfleger (§ 1915 Abs 1) bei der Vornahme solcher Geschäfte beschränkt.

II. Voraussetzungen der Genehmigungspflicht (Abs 1, 2)

2 Von der Genehmigungspflicht werden **Rechtsgeschäfte für das Kind** erfasst. Dazu gehören sowohl Geschäfte der Eltern im Namen des Kindes als auch die elterliche Zustimmung zu eigenen Rechtsgeschäften des Kindes[3]. Die Ermächtigung des Kindes zum selbständigen Betrieb eines Erwerbsgeschäfts oder zur Eingehung eines Dienstverhältnisses schließt die Genehmigungspflicht nicht aus (§ 112 Abs 1 S 2; § 113 Abs 1 S 2)[4].

---

[23] BayObLG FamRZ 1983, 528, 530 = Rpfleger 1983, 108, 109; BayObLGZ 1994, 147, 152 = FamRZ 1994, 1191, 1192; OLG Frankfurt NJW 1953, 67; MünchKommBGB/*Huber* Rn 11.
[24] OLG Frankfurt FamRZ 1963, 453, 454.
[25] MünchKommBGB/*Huber* Rn 9; *Soergel/Strätz* § 1642 aF Rn 3.
[26] LG Mannheim Justiz 1976, 259; *Hohner* NJW 1981, 2060; *Gernhuber/Coester-Waltjen* § 63 Rn 24 Fn 40; MünchKommBGB/*Huber* Rn 9; *Staudinger/Engler* Rn 16; offen gelassen bei *Erman/Michalski* Rn 1 aE.
[1] RGZ 121, 30, 36; OLG Hamburg OLGE 16, 247; *Staudinger/Engler* Rn 3; MünchKommBGB/*Huber* Rn 2.
[2] BGH FamRZ 1983, 371, 372; FamRZ 1985, 173, 175; *Erman/Michalski* Rn 1.
[3] MünchKommBGB/*Huber* Rn 11.
[4] *Soergel/Strätz* § 1643 aF Rn 2; RGRK/*Adelmann* § 1643 aF Rn 3.

Erforderlich ist weiter, dass es sich um ein Rechtsgeschäft handelt, für das der Vormund in bestimmten 3
Fällen der Genehmigung bedarf. Das Gesetz verweist insoweit zum einen auf die von **§ 1821** erfassten
Geschäfte, bei denen es sich im Wesentlichen um solche mit Grundstücksbezug handelt. Zum anderen
verweist es auf die nach **§ 1822 Nr 1, 3, 5 und 8 bis 11** genehmigungspflichtigen Rechtsgeschäfte, die
wegen ihrer erheblichen wirtschaftlichen Tragweite und Risiken genehmigungsbedürftig sind[5].

Geschäfte, die einer von der Verweisung in § 1643 Abs 1 nicht erfassten Nummer des § 1822 unterfallen, bedürfen 3.1
dann einer Genehmigung, wenn sie zugleich die Voraussetzungen einer der in Bezug genommenen Ziffern erfüllen.
So muss ein Pachtvertrag über einen Gewerbebetrieb (§ 1822 Nr 4) dann vom Familiengericht genehmigt werden,
wenn er das Kind über dessen neunzehnten Geburtstag hinaus bindet (§ 1822 Nr 5)[6]. Unter dieser Voraussetzung ist
auch ein Lehr-, Arbeits- oder Dienstvertrag (§ 1822 Nr 6, 7) genehmigungspflichtig[7]. Näher zu § 1822 Nr 1, 3, 5, 8
bis 11 vgl Erl dort.

Nach **Abs 2 S 1** bedürfen grds auch die **Ausschlagung einer Erbschaft** – hiervon ist auch die 4
Ausschlagung der Nacherbschaft (§ 2142) betroffen[8] – oder eines **Vermächtnisses** (§ 2180), die
Anfechtung der Annahme (§ 1957) und der **Pflichtteilsverzicht** der Genehmigung, um das Kind vor
unüberlegter Ablehnung unentgeltlichen Erwerbs zu schützen[9]. Anders als für Vormund, Betreuer oder
Pfleger (§§ 1822 Nr 2, 1908 i Abs 1 und 1915 Abs 1) ist die Genehmigungspflicht für die Eltern aber
durch **Abs 2 S 2** erheblich eingeschränkt.

Wenn der **Anfall an das Kind erst infolge der Ausschlagung durch einen vertretungsberech-** 5
tigten Elternteil erfolgte, ist die Genehmigung nach **Abs 2 S 2** nur erforderlich, wenn das Kind
neben dem ausschlagenden Elternteil berufen war. Die Ausschlagung ist also genehmigungsfrei, wenn
das Kind erst durch die Ausschlagung des vertretungsberechtigten Elternteils überhaupt in die Erbenstellung einrückt[10]. Hinter dieser Einschränkung steht die Annahme, dass, wenn die Eltern nach
sorgfältiger Prüfung im eigenen Interesse die Erbschaft ausschlagen, ihr Anfall regelmäßig auch für das
Kind nachteilig wäre[11]. Eine Benachteiligung der Kindesinteressen durch die Ausschlagung der Erbschaft ist in diesem Fall idR nicht zu befürchten.

Schon vom Wortlaut von Abs 2 S 2 werden die Fälle nicht erfasst, in denen der Anfall an das Kind durch die 5.1
Ausschlagung eines nicht vertretungsberechtigten Elternteils erfolgt, weil hier der vertretungsberechtigte (andere)
Elternteil die Vor- und Nachteile der Erbschaft eben gerade nicht im Eigeninteresse geprüft hat[12]. Das Gleiche gilt,
wenn der Anfall an das Kind durch die Ausschlagung eines zunächst nicht vertretungsberechtigten Elternteils erfolgt,
der vor der Ausschlagung für das Kind nach § 1626 a Abs 1 Nr 1 die gemeinsame Sorge begründet, im Zeitpunkt
seiner Ausschlagung aber noch nicht zur Vertretung des Kindes berechtigt war[13]. Schlägt dagegen ein vertretungsberechtigter Elternteil mit mehreren Kindern die Erbschaft für sich und einen Teil seiner Kinder aus, nimmt er sie
aber für einen anderen Teil der Kinder an, um die Erbschaft damit in bestimmte Bahnen zu lenken, so ist die
Ausschlagung für die Kinder trotz des scheinbar entgegenstehenden Wortlauts von Abs 2 S 2 ebenfalls genehmigungsbedürftig[14]. Gleiches gilt, wenn ein als Testamentserbe eingesetzter Elternteil in dieser Eigenschaft auch für das
als Ersatzerbe eingesetzte Kind die Erbschaft ausschlägt, um sie anschließend als gesetzlicher Erbe anzunehmen[15].
Denn in beiden Fällen erfolgt die Ausschlagung für das Kind zur Durchsetzung eigener, den Kindesinteressen nicht
gleichgerichteter Interessen des Elternteils und ist daher von Sinn und Zweck des Abs 2 S 2 gerade nicht gedeckt.

III. Verweisung auf die §§ 1825, 1828 bis 1831 (Abs 3)

Nach Abs 3 sind §§ 1825, 1828 bis 1831 entspr anzuwenden. Diese Normen regeln Fragen der 6
Erteilung und des Inhalts der Genehmigung sowie ihre Bedeutung für die genehmigungsbedürftigen
Rechtsgeschäfte (näher dazu die nachfolgenden Erläuterungen sowie die Kommentierung zu den
jeweiligen Normen). Die Verweisung des Abs 3 findet entsprechende Anwendung auf genehmigungsbedürftige Rechtshandlungen des Sorgerechtsinhabers in persönlichen Angelegenheiten des Kindes[16].

IV. Genehmigung des Familiengerichts

Die Genehmigung ist nach inzwischen ganz hM ein privatrechtsgestaltender Hoheitsakt der freiwil- 7
ligen Gerichtsbarkeit[17], der nicht den bürgerlich-rechtlichen Regeln der Willenserklärung unterliegt.

---

[5] BGHZ 107, 23 ff; OLG Zweibrücken FamRZ 2001, 181, 182; OLG Hamm NJW-RR 2001, 1086 zu § 1822 Nr 3.
[6] RGZ 114, 35, 37; *Staudinger/Engler* Rn 29.
[7] *Gernhuber/Coester-Waltjen* § 60 Rn 111; *Soergel/Strätz* § 1643 aF Rn 5; *Fomferek* NJW 2004, 410, 412; aA RAG JW 1929, 1263; *Erman/Michalski* Rn 13.
[8] KGJ 53, 33, 37; RGRK/*Adelmann* § 1643 aF Rn 19.
[9] *Gernhuber/Coester-Waltjen* § 60 Rn 93.
[10] OLG Frankfurt NJW 1962, 52.
[11] BT-Drucks 8/2788 S 57; OLG Frankfurt FamRZ 1969, 658, 659; MünchKommBGB/*Huber* Rn 17; *Staudinger/Engler* Rn 36; *Soergel/Strätz* § 1643 aF Rn 7; *Buchholz* NJW 1993, 1161, 1163.
[12] OLG Naumburg FamRZ 2007, 1047; *Ivo* ZEV 2002, 309, 311; DNotI DNotI-Report 2002, 139.
[13] *Ivo* ZEV 2002, 309, 311.
[14] *Engler* FamRZ 1972, 7, 8 ff; *Ivo* ZEV 2002, 309, 313; MünchKommBGB/*Huber* Rn 25; *Erman/Michalski* Rn 22.
[15] OLG Frankfurt NJW 1955, 466; FamRZ 1969, 658, 659; *Gernhuber/Coester-Waltjen* § 60 Rn 94; für die Notwendigkeit einer Pflegerbestellung wegen Anwendbarkeit der §§ 1795 Abs 2, 181 *Buchholz* NJW 1993, 1161, 1163 ff; *Palandt/Diederichsen* Rn 3; aA *Ivo* ZEV 2002, 309, 313; *Coing* NJW 1985, 6 ff.
[16] OLG Hamm DNotZ 1957, 436, 438 f; *Soergel/Strätz* § 1643 aF Rn 11.
[17] *Erman/Michalski* Rn 24; *Staudinger/Engler* Rn 46.

§ 1643

Der Begriff umfasst grds die vorherige Zustimmung und die nachträgliche Billigung gleichermaßen (anders § 184 Abs 1). Die Genehmigung wird gemäß § 16 FGG mit ihrer Bekanntmachung wirksam, die nur an die Eltern (Abs 3, § 1828) bzw einen von ihnen zur Entgegennahme Bevollmächtigten erfolgen kann.

7.1 Regelmäßig bezieht sich die Genehmigung nur auf ein konkretes Einzelgeschäft; nach § 1825 kann sie für bestimmte Geschäfte aber auch allgemein erteilt werden. Soll sie im voraus erteilt werden, muss das Geschäft wenigstens in seinem wesentlichen Inhalt feststehen; sie steht dann unter der Bedingung, dass das tatsächlich vorgenommene Geschäft dem genehmigten entspricht[18]. Sie erstreckt sich nicht auf dem Gericht verschwiegene oder sonst unbekannt gebliebene Nebenabreden, Zusicherungen oder sonstige Absprachen[19]; die Genehmigung eines Verpflichtungsgeschäfts umfasst idR auch das Erfüllungsgeschäft[20].

8 Die Genehmigung ist eine **Ermessensentscheidung**[21]; **Maßstab** ist allein das Wohl des Kindes[22]. Insoweit dürfen nicht allein die ökonomischen Interessen betrachtet werden; auch Aspekte des sozialen Umfeldes können eine Rolle spielen und uU geldliche Nachteile aufwiegen[23]. Die Genehmigung ist bei gesetz- oder sittenwidrigen Geschäften (§§ 134, 138) zu versagen, ebenso bei aus sonstigen Gründen unheilbar nichtigen Geschäften[24], jedoch nicht schon bei bloßen Zweifeln an der Wirksamkeit des Geschäftes[25].

9 Wird das **Rechtsgeschäft nach Erteilung der Genehmigung vorgenommen,** ist es mit seiner Vornahme wirksam; ein einseitiges Rechtsgeschäft ist aber dennoch unwirksam, wenn der Geschäftsgegner es zurückweist, weil ihm die Erteilung der Genehmigung nicht schriftlich vorgelegt wurde (Abs 3, § 1831 S 2). Für die **Wirkung einer nachträglichen Genehmigung** ist zu differenzieren: Ein **einseitiges Rechtsgeschäft**, etwa Prokuraerteilung, Anfechtung oder Kündigung, ist endgültig unwirksam, wenn es ohne vorherige Genehmigung vorgenommen wird (Abs 3, § 1831 S 1). Insoweit ist eine Heilung durch nachträgliche Genehmigung ausgeschlossen; die Wirksamkeit kann nur durch Neuvornahme nach der Genehmigungserteilung herbeigeführt werden[26]. Dagegen sind **Verträge**, die ohne vorherige Genehmigung geschlossen wurden, zunächst nur schwebend unwirksam (Abs 3, § 1829 Abs 1 S 1). Sie werden erst dann – rückwirkend – wirksam, wenn die Eltern dem Geschäftspartner die Genehmigungserteilung mitteilen (Abs 3, § 1829 Abs 1 S 2). Durch das Erfordernis der Mitteilung ist das Wirksamwerden des Vertrages nach Erteilung der Genehmigung der Disposition der Eltern unterstellt; sie haben eine letzte Möglichkeit zur Prüfung, ob das Geschäft dem Kindesinteresse noch entspricht[27]. Der Geschäftsgegner bleibt für die Dauer des Schwebezustandes an das Geschäft gebunden, er kann dessen Beendigung jedoch nach Abs 3, § 1829 Abs 2 herbeiführen, indem er eine Zweiwochenfrist zur Beibringung der Genehmigung in Gang setzt. Nur wenn er über das Vorliegen der Genehmigung getäuscht wurde, kann er sich mittels Widerrufs vom Vertrag lösen (Abs 3, § 1830).

10 Nach **Eintritt der Volljährigkeit des Kindes** endet die Zuständigkeit des Familiengerichts. Zu diesem Zeitpunkt noch schwebend unwirksame Rechtsgeschäfte können nur vom Kind selbst genehmigt werden (Abs 3, § 1829 Abs 3). Eine Verpflichtung dazu besteht jedoch nicht und lässt sich auch aus § 242 nicht herleiten[28]. In Ausnahmefällen kann aber die Geltendmachung der fehlenden Genehmigung erst lange Zeit nach Durchführung des Vertrages rechtsmissbräuchlich sein[29].

11 **Fehlt eine Genehmigung,** so sind einseitige Rechtsgeschäfte **unwirksam** (Rn 9). Verträge werden endgültig unwirksam, wenn das Familiengericht die Genehmigung ablehnt und die Eltern dies dem Vertragspartner mitteilen (Abs 3, § 1829 Abs 1 S 2) oder wenn die vom Vertragspartner gesetzte Frist zur Mitteilung der Genehmigung fruchtlos abläuft (Abs 3, § 1829 Abs 2), unabhängig davon, ob die Genehmigung tatsächlich nicht erteilt wurde. Bereits erbrachte Leistungen sind nach den §§ 812 ff **rückabzuwickeln**[30].

11.1 Ansprüche gegen die Eltern nach § 179 sind ausgeschlossen[31]. **Schadensersatzansprüche** des Vertragspartners gegen die Eltern werden durch die Versagung oder Nichteinholung der Genehmigung oder die Unterlassung der Mitteilung (Abs 3, § 1829 Abs 1 S 2) regelmäßig nicht begründet, wenn die Eltern dabei im Interesse des Kindes handeln[32]; anderenfalls können Ansprüche aus den §§ 823 ff und §§ 280 Abs 1, 241 Abs 2, 311 Abs 2 in Betracht kommen[33].

---

[18] RGZ 137, 324, 345; s auch MünchKommBGB/*Huber* Rn 34.
[19] RGZ 61, 207, 209; 132, 76, 78; BGH ZEV 2003, 375, 376; RGRK/*Adelmann* § 1643 aF Rn 26.
[20] RGZ 130, 148, 151; BayObLG FamRZ 1985, 424; DNotZ 1983, 369, 370.
[21] BayObLG Rpfleger 1989, 455 f; OLG Frankfurt FamRZ 1969, 658, 659; Erman/*Michalski* Rn 30; aA OLG Karlsruhe FamRZ 1973, 378: unbestimmter Rechtsbegriff.
[22] OLG Brandenburg FamRZ 2004, 1049; OLG Naumburg FamRZ 2003, 57 f; OLG Zweibrücken FamRZ 2001, 1236; *Jauernig/Berger* Rn 5; eingehend *Schrade* S 55 ff.
[23] OLG Karlsruhe FamRZ 1973, 378, 380; LG Lübeck FamRZ 1962, 312, 313; RGRK/*Adelmann* § 1643 aF Rn 24; *Staudinger/Engler* Rn 49.
[24] KG JFG 14, 249, 251.
[25] BayObLGZ 1980, 294, 297; 1976, 281, 283 f; KG FamRZ 1963, 467, 469.
[26] MünchKommBGB/*Huber* Rn 41; zu den von der hM zugelassenen Ausnahmen Gernhuber/Coester-Waltjen § 60 Rn 48–50; *Sonnenfeld/Zorn* Rpfleger 2004, 533, 535 ff.
[27] RGZ 132, 257, 261; OLG Hamm DNotZ 1957, 436, 439; MünchKommBGB/*Huber* Rn 39.
[28] BGH WM 1963, 811, 812.
[29] BGH FamRZ 1961, 216; LG Regensburg VersR 2004, 722, 723.
[30] RGZ 81, 261, 264 ff; Erman/*Michalski* Rn 36.
[31] Soergel/*Damrau* § 1829 aF Rn 11; Gernhuber/Coester-Waltjen § 60 Rn 67.
[32] BGHZ 54, 71, 74; Soergel/*Strätz* § 1643 aF Rn 9; Staudinger/Engler Rn 72.
[33] Gernhuber/Coester-Waltjen § 60 Rn 67.

V. Verfahren

Funktionell zuständig zur Erteilung der Genehmigung ist im Unterschied zum alten Recht das Familiengericht (§ 621 Abs 1 Nr 1 ZPO, § 23 b Abs 1 S 2 Nr 2 GVG). Die örtliche Zuständigkeit des Familiengerichts regeln die §§ 64 Abs 3 S 2, 43, 36 FGG. Es entscheidet der Rechtspfleger (§ 3 Nr 2 a RPflG). Ein Antrag ist zwar nicht erforderlich, wird aber in der Praxis regelmäßig gestellt werden. Antragsberechtigt sind allein die Eltern, nicht der Vertragspartner[34]. Die Genehmigung darf auch nicht gegen den Willen der Eltern erteilt werden[35]. Erforderliche Ermittlungen sind von Amts wegen durchzuführen (§ 12 FGG); die Anhörung der Eltern und des Kindes richtet sich nach §§ 50 a, 50 b FGG. Die Verfahrenskosten bestimmen sich nach § 95 Abs 1 Nr 1 KostO. **12**

Entscheidet anstelle des Familiengerichts das Vormundschaftsgericht, ist die Genehmigung dennoch wirksam[36]. Dagegen ist das Vormundschaftsgericht zur Erteilung einer Genehmigung von Rechtsgeschäften eines wegen Ausschlusses der Vertretungsmacht der Eltern nach §§ 1629 Abs 1 S 1, 1795 bestellten Ergänzungspflegers zuständig[37]. **12.1**

Da es sich bei der Entscheidung des Gerichts um eine Endentscheidung handelt, die eine Angelegenheit der elterlichen Sorge iS von § 621 Abs 1 Nr 1 ZPO betrifft, ist gegen diese die befristete Beschwerde gemäß §§ 11 Abs 1 RPflG, 621 e Abs 1 ZPO statthaft[38]. Zu dieser Beschwerde nach § 20 FGG grds nur das Kind, vertreten durch die Eltern, und diese selbst berechtigt; das Kind kann das Beschwerderecht nach §§ 59 Abs 1 S 2, 50 b Abs 2 S 2 FGG[39] selbst ausüben[40]. Bei Erteilung der Genehmigung dürfte es aber vor allem im Hinblick auf die Möglichkeit, von der Genehmigung keinen Gebrauch zu machen, regelmäßig an einer Beschwerdebefugnis fehlen. Der Vertragspartner ist nur ausnahmsweise beschwerdebefugt, etwa wenn eine ihm gegenüber bereits wirksam gewordene Genehmigung geändert oder zurückgenommen werden soll oder wenn er die Genehmigungsbedürftigkeit des Geschäftes bestreitet[41]. **13**

Ist die Genehmigung bzw deren Verweigerung einem Dritten gegenüber wirksam geworden (§§ 1643 Abs 3, 1829 Abs 1 S 2), richtet sich die Abänderbarkeit der Entscheidung nach den §§ 55, 62 FGG. **14**

Das BVerfG hat diese Regeln allerdings insoweit für mit Art 19 Abs 4 GG unvereinbar erklärt, als sie denjenigen, die von einer durch den Rechtspfleger getroffenen Entscheidung in ihren Rechten betroffen sind, jede Möglichkeit einer richterlichen Überprüfung dieser Entscheidung verwehrt. Bis zum Erlass einer den Anforderungen des Art 19 Abs 4 GG Rechnung tragenden Regelung sei der zuständige Rechtspfleger von Verfassungs wegen verpflichtet, vor Erlass der in den Anwendungsbereich der §§ 55, 62 FGG fallenden Verfügung diese durch einen beschwerdefähigen Vorbescheid anzukündigen, wenn erkennbar sei, dass die beabsichtigte Entscheidung Rechte Dritter berühre, denen sonst der Rechtsweg gegen die Entscheidung selbst – jedenfalls faktisch – versperrt wäre[42]. In diesem Vorbescheidsverfahren ist dem Minderjährigen – soweit er nicht selbst verfahrensfähig ist (§ 59 FGG) – ein Verfahrenspfleger zu bestellen[43]. Ist der Genehmigung eine anfechtbare Vorbescheid vorausgegangen, ist gegen die Entscheidung die befristete Beschwerde gemäß § 11 Abs 1 RPflG, § 621 e Abs 1 ZPO statthaft, deren Zulässigkeit nicht gemäß §§ 55, 62 FGG gehindert ist[44]. Kein Bedürfnis besteht für einen Vorbescheid, wenn das Gericht eine Verweigerung der Genehmigung beabsichtigt[45]. **14.1**

§ 1644 Überlassung von Vermögensgegenständen an das Kind

Die Eltern können Gegenstände, die sie nur mit Genehmigung des Familiengerichts veräußern dürfen, dem Kind nicht ohne diese Genehmigung zur Erfüllung eines von dem Kind geschlossenen Vertrags oder zu freier Verfügung überlassen.

Die Vorschrift schließt aus, dass das Genehmigungserfordernis in § 1643 auf dem Wege des § 110 umgangen wird[1]. Entsprechende Regelungen gelten für den Vormund (§ 1824), Betreuer (§ 1908 i Abs 1) und Pfleger (§ 1915 Abs 1). **1**

§ 1644 ist nur **anwendbar** bei der Überlassung von Gegenständen aus dem Vermögen des Kindes, jedoch nicht, wenn sie vom Genehmigungserfordernis des § 1643 nicht erfasst sind[2]. Die Überlassung von Gegenständen aus dem Vermögen der Eltern wird von der Vorschrift nicht berührt. **2**

---

[34] Erman/Michalski Rn 35.
[35] BGH DNotZ 1967, 320; BayObLG FamRZ 1977, 141, 144.
[36] Keidel/Zimmermann § 7 FGG Rn 26 b; DNotI DNotI-Report 2003, 97, 98.
[37] BayObLG FamRZ 2004, 1055, 1056; OLG Frankfurt OLGR 2000, 109; OLG Düsseldorf FamRZ 1999, 615; aA OLG Köln ZMR 2004, 189, 192; *Servatius* NJW 2006, 334, 336; offen gelassen in BGH NJW 2005, 415, 416.
[38] OLG Frankfurt FamRZ 2004, 713; OLG Brandenburg FamRZ 2004, 1049; OLG Dresden FamRZ 2001, 1307; *Staudinger/Engler* Rn 62; MünchKommBGB/*Huber* Rn 45; aA OLG München FamRZ 2003, 392; OLG Düsseldorf NJWE-FER 2000, 190: einfache Beschwerden nach § 19 FGG.
[39] *Keidel/Engelhardt* § 59 FGG Rn 17.
[40] BayObLG FamRZ 1981, 196; *Staudinger/Engler* Rn 62.
[41] KG JW 1935, 3123; BayObLGZ 1960, 276, 281; BayObLG FamRZ 1977, 141, 142; *Soergel/Damrau* § 1828 aF Rn 25.
[42] BVerfGE 101, 397, 410.
[43] BayObLG FamRZ 2005, 828, 829; *Zorn* Rpfleger 2002, 241, 245; *Bork* FamRZ 2002, 65, 71, 73.
[44] OLG Frankfurt FamRZ 2004, 713 f; OLG Schleswig FamRZ 2001, 52, 53.
[45] OLG Brandenburg MDR 2007, 1320 f.
[1] BayObLGZ 17, 124, 128; *Palandt/Diederichsen* Rn 1.
[2] *Staudinger/Engler* Rn 4.

§ 1645

3 Die Überlassung eines Gegenstandes entgegen § 1644 ist **unwirksam,** bringt aber die Vermögenssorge hinsichtlich dieses Gegenstandes nicht zum Erlöschen[3]. Die Rechtsfolgen des § 110 treten nicht ein[4], dh ein von dem Kind geschlossener Vertrag bleibt schwebend unwirksam; die nach den §§ 107, 108 erforderliche Zustimmung der Eltern bedarf ihrerseits gemäß § 1643 der familiengerichtlichen Genehmigung[5].

4 Das **Verfahren** bestimmt sich nach dem zu § 1643 Rn 12 f Gesagten.

§ 1645 Neues Erwerbsgeschäft

Die Eltern sollen nicht ohne Genehmigung des Familiengerichts ein neues Erwerbsgeschäft im Namen des Kindes beginnen.

Schrifttum: *Damrau*, Die Fortführung des von einem Minderjährigen erarbten Handelsgeschäfts, NJW 1985, 2236; *K. Schmidt*, Die Erbengemeinschaft nach dem Einzelkaufmann, NJW 1985, 2785.

I. Normzweck

1 Die Vorschrift, die zuletzt durch Art 1 Nr 46 KindRG geändert wurde, trägt dem erhöhten Schutzbedürfnis des Kindes gegenüber den Gefahren Rechnung, die mit dem Neubeginn eines Erwerbsgeschäfts verbunden sind. Daneben will sie Strohmannsgründungen kreditunwürdiger Eltern unter dem Namen des Kindes erschweren[1].

II. Voraussetzungen der Genehmigungspflicht

2 Genehmigungspflichtig ist der Beginn eines neuen Erwerbsgeschäfts. Der Begriff des **Erwerbsgeschäfts** entspricht dem in § 112 und umfasst jede auf selbständigen Erwerb ausgerichtete Berufstätigkeit[2], zB Handel, Betreiben einer Fabrik, eines Handwerks oder einer Landwirtschaft, auch die Ausübung eines künstlerischen oder wissenschaftlichen Berufes. Dabei ist für die Genehmigungspflicht gleichgültig, ob das Kind das Erwerbsgeschäft allein oder in Gemeinschaft mit anderen betreibt[3*]. Nur der **Neubeginn des Geschäftes** ist genehmigungspflichtig, nicht hingegen die bloße Fortführung oder Auflösung[4*] (anders § 1823 für den Vormund). Als Neubeginn ist auch die Umgestaltung eines vorhandenen Erwerbsgeschäftes anzusehen, wenn sie dessen Charakter grundlegend ändert[5*]. Der Erwerb eines Geschäftes durch Schenkung wird zT zur Verhinderung einer Gesetzesumgehung dem Neubeginn gleichgestellt[6]. Diese Sichtweise zum Schutz des Kindes ist aber im Hinblick auf die Neuregelung des § 1629 a nicht mehr zwingend[7]. Nicht erfasst wird auch der Erwerb von Todes wegen[8]. Bei entgeltlichem Erwerb kommt nicht § 1645, sondern § 1643 Abs 1 iVm § 1822 Nr 3 zur Anwendung.

III. Genehmigungserteilung

3 **Maßstab** für die Entscheidung des Familiengerichts über die Genehmigungserteilung ist das Interesse des Kindes; die Erteilung einer Genehmigung wird im Hinblick auf die möglichen Gefahren der Ausnahmefall sein[9]. Wird das Kind von kreditunwürdigen Eltern nur vorgeschoben oder nach Erreichen der Volljährigkeit den Anforderungen der Geschäftsführung voraussichtlich nicht gewachsen sein, ist die Genehmigung zu versagen[10].

IV. Rechtsfolgen bei fehlender Genehmigung

4 § 1645 ist eine bloße **Ordnungsvorschrift.** Das Fehlen der Genehmigung ist für die Wirksamkeit der Geschäftsgründung bzw der im Geschäftsbetrieb vorgenommenen Rechtsgeschäfte daher ebenso wie für die Kaufmannseigenschaft des Kindes ohne Belang[11]. Allerdings kann das Registergericht den Nachweis der Genehmigung verlangen[12]. Eine Genehmigung nach § 1645 kann eine nach § 112 oder § 1643 Abs 1 iVm § 1822 Nr 3 notwendige nicht ersetzen[13]. Bei einem Verstoß gegen die Genehmi-

---

[3] *Staudinger/Engler* Rn 6; *MünchKommBGB/Huber* Rn 3.
[4] *Soergel/Strätz* § 1644 aF Rn 2; *RGRK/Adelmann* § 1644 aF Rn 2.
[5] *MünchKommBGB/Hinz* § 1643 aF Rn 3.
[1] *Staudinger/Engler* Rn 1; *Gernhuber/Coester-Waltjen* § 60 Rn 120.
[2] RGZ 133, 7, 11.
[3*] RGZ 127, 110, 114; *Staudinger/Engler* Rn 5.
[4*] *Erman/Michalski* Rn 2; *Staudinger/Engler* Rn 11.
[5*] *Staudinger/Engler* Rn 6; *Soergel/Strätz* § 1645 aF Rn 2.
[6] *Soergel/Strätz* § 1645 aF Rn 2.
[7] *Staudinger/Engler* Rn 8, 10.
[8] *Damrau* NJW 1985, 2236; *Soergel/Strätz* § 1645 aF Rn 2; aA *K. Schmidt* NJW 1985, 2785, 2791.
[9] KG OLGE 21, 264; *Erman/Michalski* Rn 1.
[10] *MünchKommBGB/Huber* Rn 6; *RGRK/Adelmann* § 1645 aF Rn 5.
[11] *MünchKommBGB/Huber* Rn 2, 9.
[12] *Erman/Michalski* Rn 1; aA KG OLGE 1, 286, 288; *MünchKommBGB/Hinz* 3. Aufl 1992, § 1645 aF Rn 9; *Gernhuber/Coester-Waltjen* § 60 Rn 119; *Staudinger/Engler* Rn 15.
[13] *RGRK/Adelmann* § 1645 aF Rn 2; anders im umgekehrten Fall BGHZ 17, 160; *Erman/Michalski* Rn 2; *Staudinger/Engler* Rn 4.

gungspflicht kann das Familiengericht nach §§ **1666, 1667** einschreiten; bei Verschulden der Eltern kommt auch ein Schadensersatzanspruch des Kindes gegen sie aus § **1664** in Betracht[14].

§ 1646 Erwerb mit Mitteln des Kindes

(1) ¹Erwerben die Eltern mit Mitteln des Kindes bewegliche Sachen, so geht mit dem Erwerb das Eigentum auf das Kind über, es sei denn, dass die Eltern nicht für Rechnung des Kindes erwerben wollen. ²Dies gilt insbesondere auch von Inhaberpapieren und von Orderpapieren, die mit Blankoindossament versehen sind.

(2) Die Vorschriften des Absatzes 1 sind entsprechend anzuwenden, wenn die Eltern mit Mitteln des Kindes ein Recht an Sachen der bezeichneten Art oder ein anderes Recht erwerben, zu dessen Übertragung der Abtretungsvertrag genügt.

Schrifttum: *Beitzke,* Die elterliche Gewalt nach dem Urteil des BVerfG, JR 1959, 401.

I. Normzweck

Die Vorschrift bezweckt die Sicherung des Kindesvermögens[1]. Sie trägt der Tatsache Rechnung, dass Eltern häufig ihr Vermögen und das des Kindes als Einheit ansehen. Deshalb wird für bestimmte Fälle eine Surrogation angeordnet und somit dem Kind die Geltendmachung eines bloßen Übertragungsanspruchs gegen seine Eltern erspart[2]. 1

II. Anwendungsvoraussetzungen

§ 1646 Abs 1 und 2 erfassen den **rechtsgeschäftlichen Erwerb** des Eigentums oder eines sonstigen Rechts (zB Pfandrecht, Nießbrauch) an beweglichen Sachen bzw den in Abs 1 S 2 genannten Wertpapieren sowie den Erwerb formlos (§§ 398, 413) abtretbarer Rechte. Nicht anwendbar ist die Vorschrift also beim Erwerb von Grundstücken bzw Grundstücksrechten[3] und von solchen Rechten, deren Übertragung die Einhaltung einer bestimmten Form voraussetzt[4]. 2

Der Erwerb muss durch die Eltern **in eigenem Namen** erfolgen[5]; es genügt, dass ein Elternteil allein handelt[6]. Bei einem Handeln im Namen des Kindes wird durch die §§ 164 ff geregelt, unter welchen Umständen das Kind selbst erwirbt, so dass § 1646 nicht zum Zuge kommt. Der Erwerb muss mit **Mitteln des Kindes** erfolgen. Dies ist der Fall, wenn die an den Veräußerer zu entrichtende Gegenleistung unmittelbar aus dem Kindesvermögen entnommen wird[7]. 3

Subjektiv müssen die Eltern **für Rechnung des Kindes** erwerben wollen. Nach § 1646 Abs 1 S 1 letzter HS wird dieser Wille widerlegbar vermutet, wenn die objektiven Voraussetzungen der Norm gegeben sind[8]. Zur Widerlegung ist erforderlich, dass beide Elternteile nicht für Rechnung des Kindes erwerben wollten; trifft dies nur auf einen Elternteil zu, so ändert dies nach Wortlaut („die Eltern") und Schutzzweck der Vorschrift an der Anwendbarkeit des § 1646 nichts[9]. 4

III. Rechtsfolgen

Liegen die genannten Voraussetzungen vor, so gelangt der von den Eltern erworbene Gegenstand im Zeitpunkt seines Erwerbs **unmittelbar kraft Gesetzes,** also ohne Zwischenerwerb, **in das Vermögen des Kindes.** Dieses wird dadurch Eigentümer bzw Inhaber der in Abs 1 und 2 angeführten Rechte. Bei Insolvenz der Eltern hat das Kind ein Aussonderungsrecht (§ 47 InsO). Handelt es sich bei dem erworbenen Gegenstand um eine Forderung, so finden die §§ 406 ff zum Schutz des Schuldners entsprechende Anwendung[10]. Erfolgt der Erwerb nur zum Teil aus Mitteln des Kindes, so tritt Miteigentum nach Bruchteilen ein[11]. 5

Wollen die Eltern nicht für das Kind, sondern **für sich** erwerben, so hat das Kind einen aus Bereicherungs- und Schadensersatzgrundsätzen (§ 1664) und dem Recht auf pflichtgemäße Ausübung der elterlichen Sorge resultierenden Anspruch wahlweise auf Übertragung des mit seinen Mitteln erlangten Gegenstandes oder auf Ersatz der aufgewendeten Mittel[12]. Gleiche Ansprüche hat das Kind 6

---

[14] *Staudinger/Engler* Rn 16; RGRK/*Adelmann* § 1645 aF Rn 7; *Soergel/Strätz* § 1645 aF Rn 3.
[1] RGRK/*Adelmann* § 1646 aF Rn 2; *Staudinger/Engler* Rn 5.
[2] *Erman/Michalski* Rn 2; *Gernhuber/Coester-Waltjen* § 63 Rn 17.
[3] *Soergel/Strätz* § 1646 aF Rn 2; *Staudinger/Engler* Rn 8.
[4] *Staudinger/Engler* Rn 7; MünchKommBGB/*Huber* Rn 5.
[5] *Erman/Michalski* Rn 2; *Soergel/Strätz* § 1646 aF Rn 2.
[6] *Staudinger/Engler* Rn 16; *Soergel/Strätz* § 1646 aF Rn 2; aA MünchKommBGB/*Huber* Rn 3.
[7] *Staudinger/Engler* Rn 9.
[8] MünchKommBGB/*Huber* Rn 10.
[9] *Beitzke* JR 1959, 401, 404; s auch BGHZ 6, 1, 2 zum vergleichbaren § 1381 aF; aA *Gernhuber/Coester-Waltjen* § 63 Rn 16 Fn 28: Miteigentumserwerb des für eigene Rechnung handelnden Elternteils neben dem Kind.
[10] OLG Hamburg HansRGZ 1934 B 43, 44; *Staudinger/Engler* Rn 17; MünchKommBGB/*Huber* Rn 4.
[11] *Gernhuber/Coester-Waltjen* § 63 Rn 16 Fn 30; *Erman/Michalski* Rn 2 aE; RGZ 152, 349, 354 zum vergleichbaren § 1381 aF.
[12] *Soergel/Strätz* § 1646 aF Rn 3; MünchKommBGB/*Huber* Rn 15; RGRK/*Adelmann* § 1646 aF Rn 10.

§ 1648   Buch 4. Abschnitt 2. Verwandtschaft

bei Erwerb eines Grundstücks oder Grundstücksrechts mit seinen Mitteln[13]. Bei Insolvenz des Verpflichteten ist das Kind – abweichend zum früheren § 61 Nr 5 KO, der eine bevorrechtigte Konkursforderung gewährte – gewöhnlicher Insolvenzgläubiger (§ 38 InsO).

IV. Beweislast

7   Dafür, dass der Erwerb mit Mitteln des Kindes erfolgte, ist derjenige beweispflichtig, der sich auf den Surrogationserwerb beruft[14]; die Beweislast zur Widerlegung der gesetzlichen Vermutung, dass die Eltern für Rechnung des Kindes erwerben wollten, trägt derjenige, der sich auf den Nichterwerb des Kindes beruft[15].

§ 1647 *(weggefallen)*

§ 1648 Ersatz von Aufwendungen

Machen die Eltern bei der Ausübung der Personensorge oder der Vermögenssorge Aufwendungen, die sie den Umständen nach für erforderlich halten dürfen, so können sie von dem Kind Ersatz verlangen, sofern nicht die Aufwendungen ihnen selbst zur Last fallen.

Schrifttum: *Bundschuh*, Der Anspruch des Vaters auf Erstattung von Unterhalt und die Beweislast, Recht 1917, 380; *Siber*, Das Verwaltungsrecht an fremdem Vermögen im Deutschen BGB, JherJb 67, 81.

I. Normzweck

1   § 1648 regelt den Anspruch der Eltern gegen das Kind auf Ersatz von Aufwendungen, die bei Ausübung ihrer Personen- oder Vermögenssorge anfallen und ihnen nicht selbst zur Last fallen.

II. Voraussetzungen des Aufwendungsersatzanspruchs

2   Ersatzfähig sind nur Aufwendungen, die die Eltern bei Ausübung der Personen- oder der Vermögenssorge getätigt haben. Zum Begriff der Aufwendungen s § 670 Rn 5 ff. Im Unterschied zum Aufwendungsersatzanspruch eines Vormunds (§§ 1835 Abs 3, Abs 1, 669 f) können die Eltern keinen Vorschuss verlangen[1] und auch keinen Ersatz für die Dienste, die zu ihrem Gewerbe oder Beruf gehören sowie für die aufgewendete Zeit[2]. Die Aufwendungen müssen bei Ausübung der Personen- und/oder Vermögenssorge angefallen sein. Den Eltern bzw dem Elternteil muss also mindestens die tatsächliche Personen- oder Vermögenssorge zustehen[3]. Neben § 1648 sind die §§ 677 ff, 812 ff nicht anwendbar. Die allgemeinen Regeln greifen dagegen bei Aufwendungen des Elternteils oder der Eltern, dem/denen die elterliche Sorge, zumindest die tatsächliche, nicht (mehr) zusteht[4].

3   Die Eltern können nur Ersatz für die Aufwendungen verlangen, die sie **nach den Umständen für erforderlich halten durften.** Nicht entscheidend ist, ob die gemachten Aufwendungen objektiv erforderlich waren[5]. Beurteilungsmaßstab für die Erforderlichkeit ist § 1664[6], Bezugspunkt sind nicht die Vermögensverhältnisse der Eltern, sondern die des Kindes[7].

III. Rechtsfolgen

4   § 1648 gibt den Eltern einen **Ersatzanspruch gegen das Kind.** Diesen können sie während der tatsächlichen und rechtlichen Vermögensverwaltung aus dem Kindesvermögen durch Leistung an sich selbst erfüllen. Darin liegt ein zulässiges Insichgeschäft (§§ 1629 Abs 2 S 1, 1795 Abs 2, 181)[8]. Endet die elterliche Sorge oder ruht sie, so können sie die Herausgabe des Kindesvermögens (§ 1698) verweigern, bis ihnen die Aufwendungen ersetzt worden sind (§§ 273, 274)[9]. Ansonsten ist der Anspruch klageweise durchzusetzen. Dem Ersatzanspruch steht § 685 Abs 2 nicht entgegen, da die Eltern die Aufwendungen nicht als Geschäftsführung ohne Auftrag, sondern auf Grund ihrer elterlichen

---

[13] RGRK/*Adelmann* § 1646 aF Rn 10; Palandt/*Diederichsen* Rn 2.
[14] *Staudinger/Engler* Rn 9; *Soergel/Strätz* § 1646 aF Rn 2.
[15] RGRK/*Adelmann* § 1646 aF Rn 11; *Erman/Michalski* Rn 2; MünchKommBGB/*Huber* Rn 10.
[1] *Staudinger/Engler* Rn 11; RGRK/*Adelmann* § 1648 aF Rn 6.
[2] Prot IV S 562; *Staudinger/Engler* Rn 12; MünchKommBGB/*Huber* Rn 5; *Erman/Michalski* Rn 5; Palandt/*Diederichsen* Rn 1; anders *Gernhuber/Coester-Waltjen* § 57 Rn 31.
[3] *Erman/Michalski* Rn 6; RGRK/*Adelmann* § 1648 aF Rn 5.
[4] MünchKommBGB/*Huber* Rn 2; *Erman/Michalski* Rn 6; *Staudinger/Engler* Rn 16.
[5] *Siber* JherJb 67, 81, 117 zu § 1390 aF; MünchKommBGB/*Huber* Rn 4; *Soergel/Strätz* § 1648 aF Rn 2.
[6] *Staudinger/Engler* Rn 6; *Erman/Michalski* Rn 1; diff MünchKommBGB/*Huber* Rn 4.
[7] RGRK/*Adelmann* § 1648 aF Rn 4; *Staudinger/Engler* Rn 6.
[8] *Staudinger/Engler* Rn 15; MünchKommBGB/*Huber* Rn 7; *Erman/Michalski* Rn 4; *Soergel/Strätz* § 1648 aF Rn 2; *Gernhuber/Coester-Waltjen* § 57 Rn 31.
[9] *Staudinger/Engler* Rn 13.

Sorge tätigen[10]. Während der Minderjährigkeit des Kindes ist die Verjährung des Aufwendungsersatzanspruchs gehemmt (§§ 204 S 2, 205)[11].

Kein Ersatzanspruch besteht, wenn den Eltern die Aufwendungen selbst zur Last fallen, weil sie 5
unter ihre Unterhaltspflicht (§§ 1601 ff) fallen[12]. Dies wird regelmäßig der Fall sein (zB Heilbehandlungskosten)[13], es sei denn, die Aufwendungen fallen bei der ordnungsgemäßen Verwaltung des Kindesvermögens an und sind nach § 1649 Abs 1 S 1 aus dessen Einkünften zu finanzieren[14]. Ein Ersatzanspruch aus § 1648 besteht auch dann nicht, wenn die Eltern mit dem Kind einen Erlassvertrag (§ 397) geschlossen haben[15]. Eine Vermutung hierfür gibt es, im Unterschied zu § 1620 bei Leistungen des Kindes, nicht; § 685 Abs 2 findet, wie dargelegt (Rn 4), keine Anwendung.

IV. Verfahren

Machen die Eltern den Ersatzanspruch **klageweise geltend,** so entscheidet das Prozess-, nicht das 6
Familiengericht; die Regeln des FGG finden keine Anwendung[16].

§ 1649 Verwendung der Einkünfte des Kindesvermögens

(1) ¹Die Einkünfte des Kindesvermögens, die zur ordnungsmäßigen Verwaltung des Vermögens nicht benötigt werden, sind für den Unterhalt des Kindes zu verwenden. ²Soweit die Vermögenseinkünfte nicht ausreichen, können die Einkünfte verwendet werden, die das Kind durch seine Arbeit oder durch den ihm nach § 112 gestatteten selbständigen Betrieb eines Erwerbsgeschäfts erwirbt.

(2) ¹Die Eltern können die Einkünfte des Vermögens, die zur ordnungsmäßigen Verwaltung des Vermögens und für den Unterhalt des Kindes nicht benötigt werden, für ihren eigenen Unterhalt und für den Unterhalt der minderjährigen unverheirateten Geschwister des Kindes verwenden, soweit dies unter Berücksichtigung der Vermögens- und Erwerbsverhältnisse der Beteiligten der Billigkeit entspricht. ²Diese Befugnis erlischt mit der Eheschließung des Kindes.

Schrifttum: *Bosch,* Bemerkungen zum „Gleichberechtigungsgesetz" (GlbG), FamRZ 1957, 189; *Brüggemann,* Elterliche Vermögenssorge – Alte und neue Fragen, ZBlJugR 1980, 53; *Coester-Waltjen* ua, Neues elterliches Sorgerecht. Alternativ-Entwurf eines Gesetzes zur Neuregelung des Rechts der elterlichen Sorge mit Begründung und Stellungnahmen, 1977; *Donau,* Das neue Kindschaftsrecht (I), MDR 1957, 709; *Maßfeller,* Das Gleichberechtigungsgesetz mit Ausnahme des ehelichen Güterrechts, DNotZ 1957, 342; *Paulick,* Das Eltern-Kind-Verhältnis gemäß den Bestimmungen des Gleichberechtigungsgesetzes vom 18. Juni 1957, FamRZ 1958, 1; *Zöllner,* Die Verwendung der Einkünfte des Kindesvermögens, FamRZ 1959, 393.

Übersicht

	Rn		Rn
I. Normzweck	1	2. Verwendung der Vermögenseinkünfte für den Unterhalt des Kindes (Abs 1 S 1)	4
II. Vermögenssorge eines oder beider Eltern	2	3. Verwendung anderweitiger Einkünfte (Abs 1 S 2)	5
III. Reihenfolge der Verwendung der Einkünfte des Kindesvermögens und sonstiger Einkünfte	3	4. Verwendung der Vermögenseinkünfte für den Unterhalt der Eltern und der minderjährigen unverheirateten Geschwister des Kindes (Abs 2)	6
1. Verwendung der Vermögenseinkünfte zur ordnungsgemäßen Verwaltung des Kindesvermögens (Abs 1 S1)	3	IV. Verletzung der Stufenfolge	12

I. Normzweck

§ 1649 regelt, wie die Eltern/ein Elternteil, denen/dem die Vermögenssorge zusteht, die Einkünfte 1
des Kindesvermögens, die Einkünfte aus Arbeit sowie die aus dem selbständigen Betrieb eines Erwerbsgeschäfts verwenden sollen. Die Vorschrift ergänzt § 1642 und lässt das Ziel erkennen, die **Substanz des Kindesvermögens unberührt** zu lassen. Es soll weder für die laufenden Unterhalt noch zur Erhöhung des Lebensstandards verwendet werden[1]. Abs 1 enthält eine Regelung über die Verwendung **der Einkünfte des Kindesvermögens** für die Verwaltung des Vermögens und den Unterhalt des

---

[10] *Erman/Michalski* Rn 3; *Soergel/Strätz* § 1648 aF Rn 3; aA BGH FamRZ 1998, 367, 369; *Bundschuh* Recht 1917, 380; *Palandt/Diederichsen* Rn 2.
[11] *Staudinger/Engler* Rn 14.
[12] *Staudinger/Engler* Rn 8; *Palandt/Diederichsen* Rn 2.
[13] RGZ 65, 162, 163.
[14] *Soergel/Strätz* § 1648 aF Rn 2.
[15] BayObLGZ 17, 186, 188; *Gernhuber/Coester-Waltjen* § 57 Rn 32; *Staudinger/Engler* Rn 8.
[16] BayObLGZ 17, 186, 188; *Staudinger/Engler* Rn 15; *Soergel/Strätz* § 1648 aF Rn 2.
[1] *Staudinger/Engler* Rn 11; MünchKommBGB/*Huber* Rn 1; *Palandt/Diederichsen* Rn 1; eine Einschränkung findet sich in § 1603 Abs 2 S 3 HS 2.

§ 1649   Buch 4. Abschnitt 2. Verwandtschaft

Kindes. Er bestätigt § 1602 Abs 2[2] und erhält erst in Verbindung mit § 1649 Abs 2 seine Bedeutung. Danach können die Eltern Vermögenseinkünfte, die nach einer Verwendung iSv Abs 1 noch übrigbleiben, für den eigenen Unterhalt und den der minderjährigen unverheirateten Geschwister des Kindes verwenden. Ziel dieses „familienrechtliche(n) Verwendungsrecht(s) eigener Art"[3] ist es, einen annähernd gleichen Lebensstandard innerhalb der Familie zu erreichen[4] und damit den Familienfrieden zu sichern[5].

II. Vermögenssorge eines oder beider Eltern

2 § 1649 setzt voraus, dass die elterliche Sorge, zumindest die Vermögenssorge, beiden Eltern oder einem Elternteil zusteht[6]. Das Verwaltungsrecht der Eltern ist ausgeschlossen, wenn es sich um verwaltungsfreies Vermögen handelt (§ 1638). Möglich ist auch, dass der Zuwender den Eltern die Vermögensverwaltung belässt, jedoch das Verwendungsrecht nach § 1649 Abs 2 ausschließt (§ 1639, dort Rn 3)[7]. § 1649 Abs 1 S 1 gilt auch, wenn einem Pfleger die Vermögensverwaltung obliegt (§§ 1909 Abs 1, 1915 Abs 1, 1793 Abs 1 S 1) und zwischen den Eltern und dem Pfleger ein Streit über die Verwendung der Einkünfte des Kindesvermögens nach § 1630 Abs 2 besteht[8]. Dagegen können die Eltern vom Pfleger nicht die Herausgabe der Vermögenseinkünfte zum Zweck der Verwendung nach Abs 2 verlangen[9].

III. Reihenfolge der Verwendung der Einkünfte des Kindesvermögens und sonstiger Einkünfte

1. Verwendung der Vermögenseinkünfte zur ordnungsgemäßen Verwaltung des Kindes-
3 **vermögens (Abs 1 S 1).** Die **Vermögenseinkünfte** des Kindes sind primär zur ordnungsgemäßen Vermögensverwaltung zu verwenden. Zu den Vermögenseinkünften gehören im Unterschied zu § 1602 Abs 2 alle Bruttoeinnahmen; dies ergibt sich aus Abs 1 S 1, wonach ein Teil der Einkünfte zur Verwaltung des Vermögens zu verwenden ist[10]. Zur **Vermögensverwaltung** gehören alle Aufwendungen, die bei gewissenhafter und ordnungsmäßiger Verwaltung zur Erhaltung oder Mehrung der zum Vermögen gehörenden Gegenstände erforderlich sind, wie zB Reparaturkosten, Steuern, Versicherungen, Bankspesen, Depotgebühren für Wertpapiere oder Prozesskosten[11].

3.1 Gehört zum Kindesvermögen ein Erwerbsgeschäft oder eine Beteiligung an einem solchen und arbeitet das Geschäft in einem Jahr mit Verlust und im folgenden wieder mit Gewinn, so lässt sich dem Wortlaut der Norm im Unterschied zu § 1655 aF[12] entnehmen, dass die Einkünfte zunächst für die Auffüllung des negativen Kapitalkontos zu verwenden sind[13]. Vielmehr ist nach der Billigkeit zu entscheiden, ob die Eltern den Gewinn erst zur Erhaltung des Vermögensstamms einsetzen oder für den Familienunterhalt verwenden dürfen[14].

4 **2. Verwendung der Vermögenseinkünfte für den Unterhalt des Kindes (Abs 1 S 1).** Soweit nach der Verwendung der Vermögenseinkünfte für die ordnungsgemäße Verwaltung noch ein Überschuss bleibt, ist dieser für den Unterhalt des Kindes einzusetzen. Damit entfällt die Unterhaltspflicht der Eltern gegenüber dem Kind mangels Bedürftigkeit desselben (§ 1602 Abs 2).

4.1 Bei der Frage, welcher Teil der Einkünfte für den Unterhalt des Kindes anzusetzen ist, ist der Zweck des § 1649 Abs 2 (Rn 1) ebenso in Rechnung zu stellen, wie der Umstand, dass die Eltern das Recht und die Pflicht haben, das Kind zu erziehen. Sie bestimmen mithin auch, welche Aufwendungen für seinen Unterhalt zu machen sind. Dieser Gedanke findet sich in § 1360a wieder. Danach umfasst der angemessene Unterhalt der Familie alles, was nach den Verhältnissen der Ehegatten erforderlich ist, um ua den Lebensbedarf der gemeinsamen unterhaltsberechtigten Kinder zu befriedigen. Die Eltern setzen also den Maßstab, der über den Umfang wie auch die Art und Weise des Kindesunterhalts entscheidet[15]. Damit wird erreicht, dass das vermögende Kind in seiner Lebensführung nicht wesentlich besser steht als der Rest der Familie. Eine Ausnahme ist jedoch anzunehmen, wenn das Kind aus besonderen Gründen spezielle Bedürfnisse hat, etwa infolge einer Krankheit oder seiner Ausbildung[16].

5 **3. Verwendung anderweitiger Einkünfte (Abs 1 S 2).** Reichen die Vermögenseinkünfte für die Verwaltung des Vermögens und den Unterhalt des Kindes nicht aus, so können hierfür die Einkünfte verwendet werden, die das Kind durch seine Arbeit oder durch den ihm nach § 112 gestatteten selb-

---

[2] Zöllner FamRZ 1959, 393, 394; Soergel/Strätz § 1649 aF Rn 8; MünchKommBGB/Huber Rn 3; Erman/Michalski Rn 1: Ergänzung.
[3] Zöllner FamRZ 1959, 393, 394.
[4] BayObLG FamRZ 1975, 219, 220; Palandt/Diederichsen Rn 1.
[5] RGRK/Adelmann § 1649 aF Rn 4.
[6] Zöllner FamRZ 1959, 393, 395; Erman/Michalski Rn 2; Soergel/Strätz § 1649 aF Rn 2.
[7] RGRK/Adelmann § 1649 aF Rn 3; Soergel/Strätz § 1649 aF Rn 3.
[8] BayObLG FamRZ 1975, 219, 220.
[9] BayObLG FamRZ 1975, 219, 220.
[10] AG Nordhorn FamRZ 2002, 341, 343; Staudinger/Engler Rn 16.
[11] Zöllner FamRZ 1959, 393, 394, 396.
[12] IdF vom 18. 8. 1896, RGBl S 195, aufgehoben durch das Gleichberechtigungsgesetz vom 18. 6. 1957, BGBl I S 609.
[13] Anders sehen dies Maßfeller DNotZ 1957, 342, 367; MünchKommBGB/Huber Rn 12; Erman/Michalski Rn 5; Soergel/Strätz § 1649 aF Rn 6; Staudinger/Engler Rn 19.
[14] Zöllner FamRZ 1959, 393, 396; Brüggemann ZBlJugR 1980, 53, 69.
[15] Dölle II § 94 VII 3 c.
[16] Dölle II § 94 VII 3 e; MünchKommBGB/Huber Rn 16; Staudinger/Engler Rn 20; Soergel/Strätz § 1649 aF Rn 7.

ständigen Betrieb eines Erwerbsgeschäfts erwirbt. Auch diese Verwendung führt zum Wegfall der Unterhaltspflicht der Eltern nach § 1602 Abs 2. Da die übrigen Einkünfte aber nur einzusetzen sind, wenn die Vermögenseinkünfte nicht ausreichen, schließt Abs 1 S 2 aus, dass die Eltern die sonstigen Einkünfte für den Unterhalt des Kindes einsetzen und die Vermögenseinkünfte für den eigenen Unterhalt und der Geschwister des Kindes verwenden[17]. Reichen die sonstigen Einkünfte nicht aus, um den Unterhalt des Kindes sicherzustellen, greift die Unterhaltspflicht der Eltern ein (§ 1602 Abs 2). Reichen sie dagegen aus, sind die Eltern nicht verpflichtet, sie für den Kindesunterhalt einzusetzen; vielmehr können sie den Unterhalt des Kindes selbst sicherstellen und die sonstigen Einkünfte des Kindes dessen Vermögen zuführen[18]. Werden die sonstigen Einkünfte weder für die Vermögensverwaltung noch für den Kindesunterhalt benötigt, fließen auch sie in das Kindesvermögen und sind von den Eltern nach den in § 1642 genannten Kriterien (dort Rn 3 ff) anzulegen[19]; sie dürfen nicht für den Unterhalt der Eltern und den der minderjährigen Geschwister des Kindes verwendet werden (arg Abs 2 „Einkünfte des Vermögens").

4. Verwendung der Vermögenseinkünfte für den Unterhalt der Eltern und der minderjährigen unverheirateten Geschwister des Kindes (Abs 2). Nur dann, wenn nach Abzug der Kosten für eine ordnungsgemäße Verwaltung und den Unterhalt des Kindes noch ein **Überschuss** bei den Vermögenseinkünften verbleibt, kann dieser von den Eltern für den eigenen Unterhalt und den der minderjährigen unverheirateten Geschwister des Kindes eingesetzt werden; die Einkünfte aus Arbeit oder einer damit gleich zu behandelnden Rente[20] stehen ebenso wenig zur Disposition wie die aus dem selbständigen Betrieb eines Erwerbsgeschäfts (§ 112), es sei denn, sie wurden ihrerseits zu Vermögen, aus dem Einkünfte erzielt werden. Die Überschüsse dieser Einkünfte können dann nach Abs 2 für den Familienunterhalt verwendet werden[21]. 6

Begünstigt sind die leiblichen **Eltern** sowie die Adoptiveltern (§ 1754) (und zwar auch der nicht verwaltungsbefugte Elternteil)[22] sowie die halb- und vollbürtigen minderjährigen unverheirateten **Geschwister**[23]; dazu gehören auch Adoptivgeschwister (vgl § 1754). Nicht erfasst werden verheiratete und volljährige Geschwister sowie Stiefgeschwister, Stiefeltern und Partner einer nichtehelichen Lebensgemeinschaft[24]. Eine **häusliche Gemeinschaft** des Kindes mit den Eltern und Geschwistern sieht das Gesetz, anders als etwa in § 1682, nicht vor. Der gesetzgeberische Zweck, den allgemeinen Lebenszuschnitt der einzelnen Familienmitglieder auszugleichen, kann auch dann (noch) sinnvoll sein, wenn keine häusliche Gemeinschaft (mehr) besteht[25]. Die Verwendungsbefugnis besteht demnach auch, wenn das Kind zB im Internat lebt oder wenn nach den §§ 1671, 1672 nur ein Elternteil die Vermögenssorge ausübt. In den zuletzt genannten Fällen muss er bei Ausübung der Verwendungsbefugnis nach Abs 2 die Belange des getrennt lebenden Elternteils berücksichtigen[26]. 7

Abs 2 S 1 gibt den Eltern nur die **Befugnis**, die Einkünfte des Vermögens zu verwenden. Sie können, müssen davon jedoch keinen Gebrauch machen[27]. Die Geschwister des Kindes haben keinen Anspruch gegen die Eltern auf Verwendung der Überschusseinkünfte zu ihren Gunsten[28]. 8

Die Verwendungsmöglichkeit hängt nicht von der **Bedürftigkeit** der Eltern oder Geschwister ab[29], sie besteht also auch dann, wenn die Eltern und Geschwister nicht bedürftig sind. Es geht nämlich nicht um die Sicherstellung des Unterhalts, sondern um Aufbesserung des Unterhalts von Eltern und Geschwistern[30]. Die Bedürftigkeit spielt nur im Rahmen der Billigkeitsprüfung (Rn 10) eine Rolle[31]. Sind die Eltern dagegen bedürftig, so steht ihnen ein Unterhaltsanspruch gegen das Kind nach den §§ 1601 ff zu, für den das Kind mit seinem Vermögensstamm haftet[32]. Dagegen kann die Verwendungsmöglichkeit nach Abs 2 im Rahmen der Unterhaltsbedürftigkeit der Eltern oder Kinder berücksichtigt werden, weil sie nicht auf Gewährung von Unterhalt zielt[33]. 9

Die Verwendungsbefugnis besteht nur, soweit sie unter Berücksichtigung der Vermögens- und Erwerbsverhältnisse aller Beteiligten der **Billigkeit** entspricht. Im Rahmen der Billigkeitsprüfung spielt der Verwendungszweck (zB Aufwendungen in einer krankheitsbedingten Notlage, bei besonderer Begabung eines Kindes)[34] ebenso wie die Bedürftigkeit eines Familienmitglieds eine Rolle. Zu berück- 10

---

[17] BT-Drucks 2/224 S 61; *Zöllner* FamRZ 1959, 393, 394; *MünchKommBGB/Huber* Rn 17; *Erman/Michalski* Rn 10; *Gernhuber/Coester-Waltjen* § 63 Rn 2.
[18] AG Nordhorn FamRZ 2002, 341, 343; *Soergel/Strätz* § 1649 aF Rn 9.
[19] *Lüderitz* Familienrecht, 27. Aufl 1999, Rn 903.
[20] OLG Hamm FamRZ 1974, 31, 32.
[21] *Zöllner* FamRZ 1959, 393, 395.
[22] *Soergel/Strätz* § 1649 aF Rn 11.
[23] Anders sieht dies *Coester-Waltjen* ua, Neues elterliches Sorgerecht, S 17 f.
[24] *Zöllner* FamRZ 1959, 393, 395; *Soergel/Strätz* § 1649 aF Rn 11; *Staudinger/Engler* Rn 32; aA de lege ferenda *Gernhuber/Coester-Waltjen* § 63 Rn 3.
[25] Dölle II § 94 VII 3 e; *Soergel/Strätz* § 1649 aF Rn 11; aA de lege ferenda *Gernhuber/Coester-Waltjen* § 63 Rn 3.
[26] *Zöllner* FamRZ 1959, 393, 395; Dölle II § 94 VII 3 e; *RGRK/Adelmann* § 1649 aF Rn 17; *Gernhuber/Coester-Waltjen* § 63 Rn 4.
[27] *Staudinger/Engler* Rn 25.
[28] *Palandt/Diederichsen* Rn 5; *Erman/Michalski* Rn 11; *Coester-Waltjen* ua, Neues elterliches Sorgerecht, S 18.
[29] *Zöllner* FamRZ 1959, 393, 396; *Erman/Michalski* Rn 7; *Soergel/Strätz* § 1649 aF Rn 12; *Gernhuber/Coester-Waltjen* § 63 Rn 8; aA *Paulick* FamRZ 1958, 1, 6.
[30] *Donau* MDR 1957, 709, 711; *Staudinger/Engler* Rn 23; *MünchKommBGB/Huber* Rn 26.
[31] Dölle II § 94 VII 3 e; *Staudinger/Engler* Rn 33.
[32] *Soergel/Strätz* § 1649 aF Rn 12.
[33] Offen gelassen wurde diese Frage von OLG Celle FamRZ 1987, 1038, 1041.
[34] *MünchKommBGB/Huber* Rn 28.

§ 1664

sichtigen ist weiter, ob eine Familiengemeinschaft mit dem vermögenden Kind besteht oder nicht[35]. Besondere Bedeutung kommt den Interessen des wohlhabenden Kindes zu[36]. Auch die Vermögensverhältnisse der Eltern und Geschwister sind relevant. Hat nur ein Elternteil die Vermögenssorge inne, so sind die Vermögens- und Erwerbsverhältnisse des anderen Elternteils zu berücksichtigen (Rn 7).

10.1 Verfügen die Eltern selbst über ein großes Vermögen, so besteht die Verwendungsmöglichkeit nach Abs 2 nicht. Etwas anderes gilt dagegen dann, wenn sie zwar über ein großes Vermögen, aber nur von geringe Einkünfte (zB landwirtschaftlicher Grundbesitz) verfügen, das Kind zwar über ein kleineres Vermögen, aber wegen rentabler Anlage des Vermögens über hohe Einkünfte verfügt[37].

11 Die Verwendungsmöglichkeit **entfällt** mit der Volljährigkeit. Sie endet ferner mit der Eheschließung des Kindes (**Abs 2 S 2**) und lebt nicht wieder auf, wenn die Ehe wieder aufgelöst wird[38].

IV. Verletzung der Stufenfolge

12 Haben die Eltern sich bei der Verwendung der Einkünfte des Kindesvermögens in den Grenzen des § 1649 Abs 2 gehalten, so kann das Kind weder von ihnen noch von den Geschwistern die zu ihren Gunsten verwendeten Vermögenseinkünfte **zurückverlangen**. Soweit das Kind den Eltern unterhaltspflichtig ist, entfällt schon deshalb eine Rückforderungsmöglichkeit. Sie entfällt aber auch dann, wenn die Eltern nach § 1649 Abs 2 mehr verwenden dürfen, als ihnen nach § 1610 zusteht. § 1649 Abs 2 bildet hier den **Rechtsgrund** für die Vermögensverschiebung. Das Gleiche gilt für die Verwendungen der Einkünfte zugunsten der Geschwister, die gegenüber dem Kind nicht unterhaltsberechtigt sind[39]. Werden die Grenzen des Abs 2 überschritten (zB bei Verwendung der Vermögenseinkünfte zur Ausstattung eines der Geschwister des Kindes[40], Verwendung einer Impfschadensrente für den Familienunterhalt[41], Luxusaufwendungen), so fehlt der Rechtsgrund, so dass eine Rückforderung möglich ist. Diese kann im Einzelfall jedoch an § 814 scheitern[42]. Überschreiten die Eltern wissentlich die Befugnisse nach Abs 2, so haften sie verschärft nach § 819 Abs 1. Dagegen wird der Kondiktionsanspruch gegenüber den Geschwistern idR an § 818 Abs 3 scheitern[43]. Besteht Grund zur Annahme, dass die Eltern die Vermögenseinkünfte entgegen des § 1649 verwendet haben, so müssen sie hierüber **Rechenschaft** ablegen (§ 1698 Abs 2). Darüber hinaus **haften** die Eltern dem Kind nach § 1664 auf Ersatz des diesem aus der Missachtung von § 1649 entstandenen Schadens[44]. Bei missbräuchlicher Verwendung der Einkünfte kommen Maßnahmen nach den §§ 1666, 1667 gegen die Eltern in Betracht[45].

§§ 1650 bis 1663 *(weggefallen)*

§ 1664 Beschränkte Haftung der Eltern

(1) Die Eltern haben bei der Ausübung der elterlichen Sorge dem Kind gegenüber nur für die Sorgfalt einzustehen, die sie in eigenen Angelegenheiten anzuwenden pflegen.

(2) Sind für einen Schaden beide Eltern verantwortlich, so haften sie als Gesamtschuldner.

Schrifttum: *Christensen,* Gestörter Gesamtschuldenausgleich bei familienrechtlichen Haftungsbeschränkungen (BGH MDR 1988, 766, 767), MDR 1989, 948; *Dannhorn,* Ansprüche von Kindern gegen ihre Eltern im Falle der Verletzung von Pflichten der elterlichen Verantwortung, 2003; *Hager,* Das Mitverschulden von Hilfspersonen und gesetzlichen Vertretern des Geschädigten, NJW 1989, 1640; *Knolle,* Das Haftungsprivileg der eigenüblichen Sorgfalt im Familienrecht. Weiterentwicklung der §§ 1359, 1664 BGB aufgrund der rechtlichen und sozialen Veränderungen von Ehe und Kindschaft, 1999; *Kuntschert,* Die Haftung des Kfz-Halters gegenüber seinem Partner und seinem Kind als Insassen, NJW 2003, 950; *Luckey,* Die Haftungserleichterung und Konsequenzen für den Gesamtschuldnerregreß, VersR 2002, 1213; *Mucheler,* Die Störung der Gesamtschuld: Lösung zu Lasten des Zweitschädigers?, JR 1994, 441; *Petersen,* Das familienrechtliche Schutzverhältnis als gesetzliches Schuldverhältnis – § 1664 BGB in der Fallbearbeitung, Jura 1998, 399; *Waitzmann,* Das Eltern-Kind-Verhältnis im Schadensrecht – „Haften Kinder für ihre Eltern?", 2002.

---

[35] *Soergel/Strätz* § 1649 aF Rn 15.
[36] MünchKommBGB/*Huber* Rn 29.
[37] *Zöllner* FamRZ 1959, 393, 396; *Erman/Michalski* Rn 7.
[38] *Erman/Michalski* Rn 14.
[39] *Zöllner* FamRZ 1959, 393, 397; *Dölle* II § 94 VII 3 e; *Soergel/Strätz* § 1649 aF Rn 17; *Staudinger/Engler* Rn 42; *Erman/Michalski* Rn 12; RGRK/*Adelmann* 1649 aF Rn 23; noch offen gelassen von *Bosch* FamRZ 1957, 189, 195; aA *Paulick* FamRZ 1958, 1, 6, der den Tatbestand des § 1649 Abs 2 nicht als ausreichende causa ansah, sondern sich auf § 814 stützte.
[40] MünchKommBGB/*Huber* Rn 26.
[41] OLG Hamm FamRZ 1974, 31, 32.
[42] *Soergel/Strätz* § 1649 aF Rn 18.
[43] *Zöllner* FamRZ 1959, 393, 397; MünchKommBGB/*Huber* Rn 33.
[44] BFH GmbHR 2003, 243, 244; AG Nordhorn FamRZ 2002, 341, 343; *Palandt/Diederichsen* Rn 7; *Staudinger/Engler* Rn 38.
[45] *Staudinger/Engler* Rn 39.

I. Normzweck

Die Vorschrift enthält zum einen eine **Festlegung des Sorgfaltsmaßstabs** für die Haftung der Eltern wegen einer Schädigung des Kindes bei Ausübung der elterlichen Sorge[1] und zum anderen eine eigene **Anspruchsgrundlage** für Schadensersatzansprüche des Kindes gegenüber seinen Eltern[2], wie sich Abs 2 entnehmen lässt; sie hat also eine Doppelfunktion. 1

Die Beschränkung des Haftungsumfangs erklärt sich aus dem Verständnis der Familiengemeinschaft als einer Haftungs- und Schicksalsgemeinschaft[3]; dieser Begründungsansatz passt allerdings nicht für die Eltern, die von Anfang an voneinander getrennt leben, für die aber nichtsdestotrotz § 1664 gilt. Ein weiterer Begründungsansatz für die Haftungsbeschränkung liegt in der besonderen Natur des Eltern-Kind-Verhältnisses[4]. 1.1

II. Allgemeine Haftungsvoraussetzungen

Erfasst werden die **sorgeberechtigten Eltern** bzw **der sorgeberechtigte Elternteil**. Die Norm ist zugunsten des nicht Sorgeberechtigten analog anwendbar, wenn dieser in Ausübung des Umgangsrechts faktisch die Sorge für sein Kind ausübt[5]. 2

Es muss eine Pflichtverletzung vorliegen, die in **Ausübung der tatsächlichen oder rechtlichen Personen- und/oder Vermögenssorge** eingetreten ist. Sie kann darin liegen, dass ein Elternteil den anderen nicht ausreichend überwacht[6]. Pflichtverletzungen bei der Vermögenssorge können in einer Verwendung des Kindesvermögens für eigene Zwecke[7] oder für Aufwendungen liegen, für die die Eltern dem Kind gegenüber keinen Ersatzanspruch nach § 1648 haben; dazu gehören Aufwendungen zur Schaffung von Wohnraum für das Kind, Kosten für Urlaubsreisen und für Aus-, Fort- und Weiterbildung, für die die Eltern selbst aufzukommen haben (vgl § 1610)[8]. Die Haftungsprivilegierung kommt dagegen bei der Verletzung von Verkehrspflichten im Straßenverkehr **nicht** zur Anwendung; hier gilt nichts anderes als bei § 1359 (nähere Erläuterungen dort) und § 708[9]. Sie greift auch nicht bei Verletzung der Aufsichtspflicht gegenüber dem Kind, da mit dieser Pflicht eine Relativierung der Sorgfaltsanforderungen nicht vereinbar ist[10]. 3

Infolge der Pflichtverletzung muss in der Person oder dem Vermögen des Kindes eine Verletzung bzw ein **Schaden** entstanden sein. 4

Übertragen die Eltern die Ausübung der elterlichen Sorge auf Dritte (zB auf die Internatsleitung), so müssen sie für das **Verschulden der Dritten** nach § 278 wie für eigenes Verschulden einstehen[11]. 5

Die Haftung der Dritten (zB einer Hauswirtschaftspraktikantin im Haushalt der Eltern) richtet sich nicht nach § 1664; als Haftungsgrund kommt vielmehr etwa § 823 Abs 1 in Betracht, das Verschulden bestimmt sich nach § 276[12]. Soweit die Eltern Dritte für Tätigkeiten heranziehen, die sie selbst mangels Fachkunde nicht vornehmen können (zB Arzt, Anwalt, Handwerker), haften sie für ein Verschulden bei der Auswahl und bei der Überwachung dieser Personen unter den Voraussetzungen des § 1664[13]. 5.1

III. Haftungserleichterung

Die Eltern haften für die diligentia quam in suis (§ 277). Jeder haftet dabei nur für sein Verschulden, nicht für das des anderen Elternteils[14]. 6

Dies kann dazu führen, dass im Einzelfall der Elternteil, der in eigenen Angelegenheiten sehr sorgfältig zu verfahren pflegt, haftet, während der andere Elternteil nicht haftet, weil er seine eigenen, gleichen Angelegenheiten nur oberflächlich zu erledigen pflegt[15]. 6.1

Werden bei der Ausübung der elterlichen Sorge **deliktische Verhaltenspflichten** verletzt, so steht eine deliktische Haftung neben der aus § 1664. Werden **vertragliche Pflichten** verletzt, so kommt 7

---

[1] MünchKommBGB/*Huber* Rn 1; *Palandt/Diederichsen* Rn 1; *Dannhorn* S 277.
[2] OLG Köln FamRZ 1998, 1351; AG Nordhorn FamRZ 2002, 341 f; VG Lüneburg NdsRpfl 2003, 331, 332; aA *Petersen* Jura 1998, 399; *Gernhuber/Coester-Waltjen* § 57 Rn 37; *Staudinger/Engler* Rn 6; *Dannhorn* S 24 ff.
[3] *Soergel/Strätz* § 1664 aF Rn 2; krit *Staudinger/Engler* Rn 5.
[4] *Hager* NJW 1989, 1640, 1646.
[5] BGHZ 103, 338, 345; *Palandt/Diederichsen* Rn 2; *Staudinger/Engler* Rn 19; enger MünchKommBGB/*Huber* Rn 5, weiter *Knolle* S 109 ff.
[6] MünchKommBGB/*Huber* Rn 1.
[7] BFH EzFamR § 1626 Nr 3 sub II 3 a; NJW 2004, 3510, 3512; OLG Köln FamRZ 1997, 1351 f.
[8] AG Bad Schwartau FamRZ 1999, 315 f; AG Nordhorn FamRZ 2002, 341, 342.
[9] OLG Hamm NJW 1993, 542, 543; *Soergel/Strätz* § 1664 aF Rn 4; MünchKommBGB/*Huber* Rn 10; *Palandt/Diederichsen* Rn 4; *Staudinger/Engler* Rn 36; *Luckey* VersR 2002, 1213, 1214; *Knolle* S 62 f; aA LG Freiburg VersR 1966, 476, 477; einschränkend *Kuntschert* NJW 2003, 950 f; krit *Gernhuber/Coester-Waltjen* § 57 Rn 40.
[10] OLG Stuttgart VersR 1980, 952, 953; OLG Karlsruhe VersR 1977, 232, 233; *Staudinger/Engler* Rn 33; *Knolle* S 81; aA OLG Düsseldorf FamRZ 2000, 438; OLG Hamm NJW 1993, 542, 543; *Palandt/Diederichsen* Rn 3; *Soergel/Strätz* BGB § 1664 aF Rn 4; *Gernhuber/Coester-Waltjen* § 57 Rn 39.
[11] MünchKommBGB/*Huber* Rn 15; *Palandt/Diederichsen* Rn 3.
[12] BGH NJW 1996, 53 f.
[13] *Soergel/Strätz* § 1664 aF Rn 2; MünchKommBGB/*Huber* Rn 15; *Palandt/Diederichsen* Rn 3; *Staudinger/Engler* Rn 26.
[14] *Palandt/Diederichsen* Rn 8; *Staudinger/Engler* Rn 21.
[15] *Staudinger/Engler* Rn 30.

§ 1664

weder eine unmittelbare noch eine mittelbare Anwendung der Haftungsprivilegierungsnorm in Betracht; vielmehr gilt § 276[16].

7.1 Die in § 1664 enthaltene Haftungsbeschränkung wirkt nach überwM auch auf die deliktische Haftung ein, wenn die deliktischen Pflichten in unmittelbarem Zusammenhang mit der elterlichen Sorge stehen[17]. Folgt man der Gegenmeinung[18], so kann sich aus § 1618 a die Pflicht des Kindes ergeben, die Ersatzansprüche wegen leicht fahrlässiger Schadenszufügung, insbes Schmerzensgeldansprüche, nicht gegen seine Eltern geltend zu machen[19]. Besteht kein Zusammenhang zwischen der deliktischen Verhaltenspflicht und der elterlichen Sorge (etwa bei Verletzung der im Rahmen der allgemeinen Verkehrssicherungspflicht bestehenden Streupflicht) und kommt das Kind zu Schaden, so haften die Eltern nach den allgemeinen Grundsätzen[20].

IV. Rechtsfolgen

8 Die Eltern sind zur Leistung von **Schadensersatz** verpflichtet; bei Verletzung der Vermögensverwaltungspflicht aus § 1642 durch Verwendung von Geldern des Kindes für eigene Zwecke ist der Anspruch auf Ersatz dieses Geldbetrags gerichtet[21]. Die Eltern haften, wenn sie beide für den Schaden verantwortlich sind, als **Gesamtschuldner (Abs 2)**. Daran ändert eine interne Funktionsteilung der Eltern (§ 1627 Rn 3) nichts[22]. Im Innenverhältnis gilt § 426[23]; hier sind Funktionsteilungen zu berücksichtigen[24].

9 Ist an dem Schadensereignis neben den Eltern/dem Elternteil **ein Dritter** beteiligt, so sind alle Beteiligte Gesamtschuldner (§§ 823, 840, 426), vor allem dann, wenn auf Grund der Verletzung der Regeln des Straßenverkehrs Körper- und Gesundheitsschäden beim Kind verursacht werden[25]. Handelt es sich dagegen um einen Anwendungsfall der Haftungsprivilegierung (Rn 3), so wird dadurch die Haftung des Dritten nicht berührt. Besteht zwischen dem Kind und dem Dritten eine rechtliche Sonderverbindung, so haftet das Kind für ein mitwirkendes Verschulden seiner(s) gesetzlichen Vertreter(s) nach den §§ 254 Abs 1, Abs 2 S 2, 278[26].

9.1 Die Grundsätze des gestörten Gesamtschuldnerausgleichs sind nach überwM nicht anzuwenden, da es im Fall der Haftungsprivilegierung bereits an einer zurechenbaren Mitbeteiligung der Eltern bzw des Elternteils fehlt; dann entsteht auch kein Gesamtschuldverhältnis mit dem Dritten, das gestört sein könnte[27]. Das „Familienprivileg" wirkt sich damit zu Lasten des Dritten aus, weil dieser wie ein Alleinverursacher haftet[28].

V. Haftung der Eltern gegenüber Dritten

10 Die Haftung der Eltern gegenüber Dritten bestimmt sich nach § 832[29].

VI. Verfahren

11 Der Schadensersatzanspruch des Kindes gegen seine Eltern kann, trotz Fehlens einer § 1843 Abs 2 entsprechenden Regelung, während des Bestehens der elterlichen Sorge durch einen **Pfleger** geltend gemacht werden (§§ 1629 Abs 2 S 1, 1795 Abs 1 Nr 3, 1909 Abs 1, 1915 Abs 1, 1793 Abs 1 S 1)[30]. Die **Verjährung** des Anspruchs ergibt sich aus § 195, nicht aus § 852[31]. Während der Minderjährigkeit ist die Verjährung gehemmt (§ 207 Abs 1 S 2 Nr 2). Im Prozess trägt das Kind **die Beweislast** für das Vorliegen einer Pflichtverletzung der Eltern; diese tragen die Beweislast für die Beachtung der Sorgfalt, die sie in eigenen Angelegenheiten anzuwenden pflegen[32].

§ 1665 *(weggefallen)*

---

[16] *Erman/Michalski* Rn 4; *Staudinger/Engler* Rn 38.
[17] BGHZ 103, 338, 345; OLG Hamm NJW 1993, 542, 543; MünchKommBGB/*Huber* Rn 9; *Knolle* S 67 ff.
[18] RGZ 75, 251, 254; *Jauernig/Berger* Rn 6; *Erman/Michalski* Rn 6: Einschlägigkeit von § 277.
[19] OLG Karlsruhe VersR 1977, 232 f; erwogen in BGH NJW 1970, 1271, 1272 für den Fall der Schadensersatzpflicht unter Ehegatten; *Jauernig/Berger* Rn 6.
[20] RGRK/*Adelmann* § 1664 aF Rn 12.
[21] OLG Köln FamRZ 1997, 1352, 1353.
[22] *Erman/Michalski* Rn 1.
[23] *Soergel/Strätz* § 1664 aF Rn 6; *Erman/Michalski* Rn 5.
[24] MünchKommBGB/*Huber* Rn 19; *Soergel/Strätz* § 1664 aF Rn 6.
[25] BGHZ 73, 190.
[26] BGHZ 103, 338, 342; *Erman/Michalski* Rn 5; weitergehend *Staudinger/Engler* Rn 50 ff; näher *Waitzmann* S 125 ff.
[27] BGHZ 159, 318, 323; 103, 338, 346; OLG Hamm NJW 1993, 543; *Gernhuber/Coester-Waltjen* § 57 Rn 42; *Hager* NJW 1989, 1640, 1646; *Christensen* MDR 1989, 948 ff; aA *Luckey* VersR 2002, 1213, 1216 f; *Muscheler* JR 1994, 441, 446 ff.
[28] *Gernhuber/Coester-Waltjen* § 57 Rn 42; *Waitzmann* S 123.
[29] *Palandt/Diederichsen* Rn 6.
[30] MünchKommBGB/*Huber* Rn 21; *Staudinger/Engler* Rn 40 f.
[31] OLG Düsseldorf FamRZ 1992, 1097 f.
[32] *Soergel/Strätz* § 1664 aF Rn 2; MünchKommBGB/*Huber* Rn 22; *Staudinger/Engler* Rn 42.

§ 1666 Gerichtliche Maßnahmen bei Gefährdung des Kindeswohls

(1) ¹Wird das körperliche, geistige oder seelische Wohl des Kindes oder sein Vermögen durch missbräuchliche Ausübung der elterlichen Sorge, durch Vernachlässigung des Kindes, durch unverschuldetes Versagen der Eltern oder durch das Verhalten eines Dritten gefährdet, so hat das Familiengericht, wenn die Eltern nicht gewillt oder nicht in der Lage sind, die Gefahr abzuwenden, die zur Abwendung der Gefahr erforderlichen Maßnahmen zu treffen.

(2) In der Regel ist anzunehmen, dass das Vermögen des Kindes gefährdet ist, wenn der Inhaber der Vermögenssorge seine Unterhaltspflicht gegenüber dem Kind oder seine mit der Vermögenssorge verbundenen Pflichten verletzt oder Anordnungen des Gerichts, die sich auf die Vermögenssorge beziehen, nicht befolgt.

(3) Das Gericht kann Erklärungen des Inhabers der elterlichen Sorge ersetzen.

(4) In Angelegenheiten der Personensorge kann das Gericht auch Maßnahmen mit Wirkung gegen einen Dritten treffen.

Schrifttum: Stellungnahme der *Arbeitsgemeinschaft für Kinder- und Jugendhilfe* – AGJ, Referentenentwurf des Bundesministeriums der Justiz für ein Gesetz zur Erleichterung familiengerichtlicher Maßnahmen bei Gefährdung des Kindeswohls, ZKJ 2007, 312; *Balloff,* Der Kindeswohlgefährdungsbegriff bei internationalen Rückführungsfällen in HKÜ-Verfahren aus rechtspsychologischer Sicht, FPR 2004, 309; *Becker,* Neues elterliches Sorgerecht, ZBlJugR 1978, 300; *Beitzke,* Nochmals zur Reform elterlichen Sorgerechts, FamRZ 1979, 8; *Benkert,* Die „bösen" Kinder – Zu Umfang und Inhalt der Personensorge aus Sicht der Eltern, 2004; *Berzewski,* Suchterkrankungen, FPR 2003, 312; *Bode,* Änderungsbedarf bei § 1666 BGB? Stellungnahme zum Gesetzesantrag des Freistaates Bayern zum Entwurf eines Gesetzes zur Änderung des § 1666 BGB und weiterer Vorschriften, Kind-Prax 1998, 183; *Brückner,* Die Überprüfung von Sorgerechtsentziehungen durch den Europäischen Gerichtshof für Menschenrechte – Das Verfahren bei Einlegung einer Individualbeschwerde und der Fall Kutzner – FuR 2002, 385; *Bundeskonferenz für Erziehungsberatung,* Stellungnahme am Entwurf eines Gesetzes zur Erleichterung familiengerichtlicher Maßnahmen bei Gefährdung des Kindeswohls, ZKJ 2007, 361 (zit: bke); *Coester,* Das Kindeswohl als Rechtsbegriff. Die richterliche Entscheidung über die elterliche Sorge beim Zerfall der Familiengemeinschaft, 1983 (zit: *Coester* Kindeswohl); *ders,* Das Kindeswohl als Rechtsbegriff, Sechster Deutscher Familiengerichtstag 1985, 35 (zit: *Coester,* Sechster Deutscher Familiengerichtstag); *ders,* Die Bedeutung des Kindes- und Jugendhilfegesetzes (KJHG) für das Familienrecht, FamRZ 1991, 253; *ders,* Elterliche Gewalt, FS Schwab, 2005, S 747; *ders,* Inhalt und Funktionen des Begriffs der Kindeswohlgefährdung – Erfordernis einer Neudefinition, in: *Lipp/Schumann/Veit* (Hrsg), Kindesschutz bei Kindeswohlgefährdung – neue Mittel und Wege?, 2008, S 19; *Czerner,* Die elterliche initiierte Unterbringung gemäß § 1631 b BGB: ein familienrechtliches Fragment im vormundschafts- und verfassungsrechtlichen Spannungsfeld, AcP 202 (2002), 72; *Dettenborn,* Die Beurteilung der Kindeswohlgefährdung als Risikoentscheidung, FPR 2003, 293; Empfehlungen des 13. Deutschen Familiengerichtstages, FamRZ 2000, 273 (zit: Empfehlungen des 13. DFGT); 13. *Deutscher Familiengerichtstag* vom 22. bis 25. September 1999 in Brühl, Brühler Schriften zum Familienrecht, Band 11, 2000; 16. *Deutscher Familiengerichtstag* – Empfehlungen des Vorstandes, FamRZ 2005, 1962 (zit: Empfehlungen des 16. DFGT); *Diakonische Akademie* Deutschland, Bestandsaufnahme und Zukunftsperspektiven der Verfahrenspflegschaft, JAmt 2002, 448 (zit: Verfahrenspflegetagung); *Diederichsen,* Zur Reform des Eltern-Kind-Verhältnisses, FamRZ 1978, 461; *ders,* Die Neuregelung des Rechts der elterlichen Sorge, NJW 1980, 1; *ders,* Die Reform des Kindschafts- und Beistandschaftsrechts, NJW 1998, 1977; *Eberbach,* Familienrechtliche Aspekte der Humanforschung an Minderjährigen, FamRZ 1982, 450; *Ehinger,* Die Regelung der elterlichen Sorge bei psychischer Erkrankung eines Elternteils oder beider Eltern im Überblick, FPR 2005, 253; *Fegeler,* Der Maßstab des Wohls des Kindes, des Mündels, des Pfleglings und des Betreuten bei der gerichtlichen Kontrolle ihrer Interessenvertreter, 2000; *Fegert,* Kindeswohl – Definitionsdomäne der Juristen oder der Psychologen?, in: 13. Deutscher Familiengerichtstag, Brühler Schriften zum Familienrecht, Band 11, 2000, 33; *Flügge,* Rechtspädagogik als Risiko, FPR 2006, 1; *Friese,* „Wohlstandsverwahrlosung" – Wer schützt unsere Kinder?, ZfJ 1993, 328; *Gernhuber,* Kindeswohl und Elternwille, FamRZ 1973, 229; *ders,* Familienrecht, 3. Aufl 1980; *Gerstein,* Der Familienrichter als Erzieher und „Jugendrichter light". Weitere Anmerkungen zum bayerischen „Entwurf eines Gesetzes zur Änderung des § 1666 BGB und weiterer Vorschriften", Kind-Prax 1999, 48; *Giers,* Behördenübergreifende Maßnahmen gegen Schulversäumnisse, JAmt 2005, 338; *Giesen,* Familienrechtsreform zum Wohl des Kindes? Bemerkungen zum Sorgerechts-Entwurf BT-Drucks. 8/111 und zum neuen Ehescheidungsfolgenrecht, FamRZ 1977, 594; *Göbel,* Vom elterlichen Züchtigungsrecht zum Gewaltverbot. Verfassungs-, straf- und familienrechtliche Untersuchung zum § 1631 Abs 2 BGB, 2005; *Häfele,* Seelisch erkrankte Eltern und Kindeswohlgefährdung, FPR 2003, 307; *Heilmann,* Die Verfahrenspflegschaft in den Fällen des § 1666 BGB. Einige Anmerkungen zu § 50 Abs 2 S 1 Nr 2 FGG, Kind-Prax 2000, 79; *Hinz,* Kindesschutz als Rechtsschutz in der öffentlichen und familiengerichtlichen Sorgerecht. Materiellrechtliche und verfahrensrechtliche Strukturen des vormundschaftsgerichtlichen Rechtsschutzes Minderjähriger nach geltendem und künftigem Recht, 1976 (zit: Hinz, Kindesschutz); *ders,* Strafmündigkeit ab vollendetem 12. Lebensjahr. Ein rechtspolitisches Reizthema, ZRP 2003, 107; *Hommers/Steinmetz-Zubovic/Lewand,* Anforderungen an die Begutachtung zu Erziehungsfähigkeit und Umgang bei seelischer Erkrankung eines Elternteils, FPR 2005, 230; *Janzen,* Das Kinderrechteverbesserungsgesetz – Weiterentwicklung des Kindschaftsrechts und Schutz der Kinder vor Gewalt –, FamRZ 2002, 785; *Jopt,* Anmerkungen zum Referentenentwurf zur Reform des Kindschaftsrechts aus psychologischer Sicht, ZfJ 1996, 233; *Kindler/Drechsel,* Partnerschaftsgewalt und Kindeswohl. Forschungsstand und Folgerungen für die Praxis, JAmt 2003, 217; *Knittel,* Kinderrechteverbesserungsgesetz verabschiedet. Kindschaftsrechtsreform in wichtigen Einzelpunkten fortentwickelt, JAmt 2002, 50; *Kramer,* Elterliches Sorgerecht und Berufsausbildung von Minderjährigen, JZ 1974, 90; *Maywald,* Misshandlung, Vernachlässigung und sexueller Missbrauch, FPR 2003, 299; *Mnookin,* Was stimmt nicht mit der Formel „Kindeswohl"?, FamRZ 1975, 1; *Münder,* Verhältnis zwischen Hilfen nach dem SGB VIII und familiengerichtlichen Maßnahmen nach § 1666 BGB, FPR 2003, 280; *Noeker/Tourneur,* Das Münchhausen-byproxy-Syndrom: Familienrechtliche und forensisch-psychiatrische Aspekte, JAmt 2005, 167; *Oberloskamp,* Der Schutz von Kindern nach dem Gewaltschutzgesetz und Kinderrechteverbesserungsgesetz und den Vorschriften der §§ 1666, 1666 a BGB andererseits, FPR 2003, 285; *Ostendorf/Hinghaus/Kasten,* Kriminalprävention durch das Familiengericht, FamRZ 2005, 1514; *Peschel-Gutzeit,* Die Regelung des Umgangs nach Herausnahme des Kindes aus dem Elternhaus, §§ 1666, 1666 a BGB, FPR 2003, 290; *dies,* Das mißverstandene PAS

§ 1666

– Wie Sorgerechtsentzug und Geschwisterkoppelung das Wohl der Kinder gefährden –, FPR 2003, 271; *Raack,* Schulschwänzen – ein familiengerichtliches Problem, Kind-Prax 2005, 5; *ders,* Schulschwänzen – Familiengerichte mit ins Boot, JAmt 2003, 505; *ders,* Homeschooling – Sorgerechtseingriff wegen Schulpflichtverletzung aus religiösen Gründen, FF 2006, 295; *Reinemann,* Verletzung der Schul(besuchs)pflicht – Verletzung des Sorgerechts, VerwRdsch 2004, 232; *Röchling,* Vormundschaftsgerichtliche Eingriffsrechte und KJHG – unter besonderer Berücksichtigung der „öffentlichen Hilfen" nach § 1666 a Abs 1 BGB, 1997; *ders,* Die Reform des SGB VIII durch das Gesetz zur Weiterentwicklung der Kinder- und Jugendhilfe (Kinder- und Jugendhilfeerweiterungsgesetz – KICK), FamRZ 2006, 161; *ders,* Überlegungen zum Entwurf eines Gesetzes des Freistaates Bayern vom 3. 5. 2006 zur Änderung des § 1666 BGB und weiterer Vorschriften, FamRZ 2006, 1732; *ders,* Anmerkungen zum Abschlußbericht der Arbeitsgruppe „Familiengerichtliche Maßnahmen bei Gefährdung des Kindeswohls" v. 17. 11. 2006, FamRZ 2007, 431; *ders,* Neue Aspekte zu Kinderschutz und Kindeswohl! – Zum Entwurf eines „Gesetzes zur Erleichterung familiengerichtlicher Maßnahmen bei Gefährdung des Kindeswohls" –, FamRZ 2007, 1775; *Rosenboom,* Die familiengerichtliche Praxis in Hamburg bei Gefährdung des Kindeswohls durch Gewalt und Vernachlässigung nach §§ 1666, 1666 a BGB, 2006; *dies/Rotax,* Ein kleiner Meilenstein auf dem Weg zum besseren Kindesschutz, ZRP 2008, 1; *Rotax,* Kinder und häusliche Gewalt. Voraussetzungen gerichtlichen Eingreifens nach §§ 1666, 1666 a BGB, FPR 2001, 251; *Salgo,* § 8 a SGB VIII. Anmerkungen und Überlegungen zur Vorgeschichte und zu den Konsequenzen der Gesetzesänderung, Teil 2, ZKJ 2007, 12; *ders,* Grenzen der Staatsintervention zur Durchsetzung des Umgangsrechts, FS Schwab, 2005, S 891; *Schumacher,* Mehr Schutz bei Gewalt in der Familie – Das Gesetz zur Verbesserung des zivilgerichtlichen Schutzes bei Gewalttaten und Nachstellungen sowie zur Erleichterung der Überlassung der Ehewohnung bei Trennung –, FamRZ 2002, 645; *Schumann,* Biologisches Band oder soziale Bindung? Vorgaben der EMRK und des deutschen Rechts bei Pflegekindverhältnissen, RdJB 2006, 165; *Schwab,* Elterliche Sorge bei Trennung und Scheidung – Die Neuregelung des Kindschaftsrechtsreformgesetzes, FamRZ 1998, 457; *Seier/Seier,* Mehr Schutz für gefährdete Kinder, ZFE 2007, 44; *Simitis/Rosenkötter/Vogel/Boost-Muss/Frommann/Hopp/Koch/Zenz,* Kindeswohl. Eine interdisziplinäre Untersuchung über seine Verwirklichung in der vormundschaftsgerichtlichen Praxis, 1979 (zit: *Simitis* ua Kindeswohl); *Thomas,* Der Kinderdelinquenz Einhalt gebieten – aber wie?, ZRP 1999, 193; *Unzner,* Die psychologischen Auswirkungen bei Fremdplatzierung des Kindes in Pflegefamilie oder Kinderheim, FPR 2003, 321; *Weber-Hornig/Kohaupt,* Partnerschaftsgewalt in der Familie – Das Drama des Kindes und Folgerungen für die Hilfe, FPR 2003, 315; *Wiesner,* Schutzauftrag des Jugendamtes bei Kindeswohlgefährdung, FPR 2007, 6; *ders,* Die Kompetenz des Vormundschaftsgerichts bei der Abwehr von Gefahren für das Kindeswohl, ZBlJugR 1981, 509; *Wüstenberg,* Genitalverstümmelung und elterliches Aufenthaltsbestimmungsrecht, FamRZ 2007, 692; *Zenz,* Kindesmißhandlung und Kindesrechte. Erfahrungswissen, Normstruktur und Entscheidungsrationalität, 1979 (zit: *Zenz* Kindesmisshandlung); *dies,* Zur Reform der Elterlichen Gewalt, AcP 173 (1973), 527.

Übersicht

	Rn		Rn
I. Normzweck, Regelungsstruktur	1	c) Kausalität zwischen Pflichtverletzung und Vermögensgefährdung	17
II. Eingriffsvoraussetzungen	2	d) Unwille, Unfähigkeit der Eltern, die Gefahr abzuwenden	18
1. Überblick	2		
2. Gefährdung des Kindeswohls durch pflichtwidriges Verhalten der Eltern	3	**III. Rechtsfolgen**	19
a) Gefährdung des Kindeswohls	3	1. Verhältnismäßigkeitsgrundsatz	19
b) Pflichtwidriges Verhalten der Eltern	6	2. Maßnahmen gegenüber den Eltern	20
c) Verhalten eines Dritten	9	a) Im Bereich der Personensorge	20
d) Kausalität zwischen der Gefährdung und dem pflichtwidrigen Verhalten	10	b) Im Bereich der Vermögenssorge	21
		c) Entzug der gesamten elterlichen Sorge	22
e) Unwille oder Unfähigkeit der Eltern, die Gefahr abzuwenden	11	d) Wirkung der Entziehung, Folgeentscheidungen	23
3. Gefährdung des Kindesvermögens durch pflichtwidriges Verhalten der Eltern	12	3. Maßnahmen gegenüber Dritten (Abs 4)	24
a) Gefährdung des Kindesvermögens	13	4. Reformvorhaben	25
b) Pflichtwidriges Verhalten der Eltern (Abs 2)	14	**IV. Verfahren**	26
		V. Konkurrenzen	31

I. Normzweck, Regelungsstruktur

1 § 1666, zuletzt geändert durch Art 1 Nr 17 KindRG, ist Ausdruck des Wächteramts des Staates nach Art 6 Abs 2 S 2 GG[1]. Die Norm enthält zusammen mit § 1666 a eine gesetzliche Grundlage iS von Art 6 Abs 3 GG[2]. Ziel der Regelung ist es, die **persönlichen Belange und die Vermögensinteressen des Kindes zu schützen**[3], wenn sich die sorgeberechtigten (Adoptiv-)Eltern, einer der beiden Elternteile oder der allein sorgeberechtigte Elternteil (§§ 1626 a Abs 2, 1671, 1672, 1678, 1680, 1681, [1754]) als **(subjektiv) ungeeignet** erweisen, die Sorge für das gefährdete Kind weiter auszuüben. Das Kind soll zudem vor einem gefährdenden Verhalten Dritter (zB Stief-, Pflegeeltern, Geschwister, Bekannte) geschützt werden.

1.1 Während nach bisherigem Recht Maßnahmen im Bereich der Vermögenssorge nur unter den Voraussetzungen von § 1666 Abs 3 aF sowie § 1667 aF möglich waren, enthält die Neufassung des § 1666 Abs 1 eine einheitliche

---

[1] *Schwab* FamRZ 1998, 457, 466; MünchKommBGB/*Olzen* Rn 1; *Staudinger/Coester* Rn 1.
[2] Die Regelung wird überwiegend für verfassungsgemäß gehalten BVerfG FamRZ 1982, 567, 569; *Soergel/Strätz* § 1666 aF Rn 2; MünchKommBGB/*Olzen* Rn 4.
[3] BT-Drucks 13/4899 S 97; BayObLG FamRZ 1999, 179, 181; FamRZ 1993, 1350, 1351.

Gerichtliche Maßnahmen bei Gefährdung des Kindeswohls **§ 1666**

Eingriffsgrundlage für Maßnahmen **im Bereich von Vermögens- und Personensorge**. Dadurch werden jetzt Eingriffsvoraussetzungen, die auf die Personensorge zugeschnitten waren (zB „die Vernachlässigung des Kindes"), auf die Vermögenssorge bezogen, auf die sie aber zum Teil nur schlecht passen[4]. Im Übrigen wurde der Tatbestand klarer strukturiert[5]. Eine inhaltliche Änderung hat die Regelung durch das KindRG nicht erfahren[6].

II. Eingriffsvoraussetzungen

1. Überblick. Da die Eingriffsvoraussetzungen dieselben geblieben sind wie nach altem Recht, ist nach wie vor zwischen Personen- und Vermögenssorge zu unterscheiden[7]. Im ersten Fall ist eine **Gefährdung des körperlichen, geistigen oder seelischen Wohls des Kindes** erforderlich sowie ein pflichtwidriges Verhalten der Eltern (missbräuchliche Ausübung der elterlichen Sorge, Vernachlässigung des Kindes, unverschuldetes Versagen der Eltern) oder das Verhalten eines Dritten, das für die Gefährdung ursächlich ist[8]. Eingriffe in die Vermögenssorge setzen dagegen keine Kindeswohlgefährdung voraus, sondern eine **Gefährdung des Kindesvermögens**[9] sowie ein pflichtwidriges Verhalten der Eltern. Hinzu kommt nach Abs 1, dass die Eltern nicht gewillt oder in der Lage sind, die Gefahr abzuwenden. 2

Die Tatbestandsvarianten „missbräuchliche Ausübung der elterlichen Sorge" (Alt 1) und „Vernachlässigung des Kindes" (Alt 2) enthalten dabei schon begrifflich ein Verschuldenselement[10]. Dies ergibt sich aus der Alt 3 „unverschuldetes Versagen der Eltern", mit der der Gesetzgeber die Fälle erfassen wollte, in denen das Kindeswohl gefährdet ist, ohne dass gegen die Eltern ein Schuldvorwurf erhoben oder jedenfalls bewiesen werden kann[11]; die Alt 3 hat somit eine Auffangfunktion[12]. Um die Eingriffe in das Elternrecht aber möglichst zu begrenzen und nicht das Verschuldenserfordernis in den ersten beiden Varianten leerlaufen zu lassen, ist bei Anwendung der Alt 3 zu berücksichtigen, dass sie eine Ausnahme vom Grundsatz enthält, dass in das Sorgerecht der Eltern nur eingegriffen werden darf, wenn die Gefährdung des Kindeswohls ihnen vorwerfbar ist[13]. Die Alt 4 „Verhalten eines Dritten" erfasst ebenfalls Kindeswohlgefährdungen, die auf einem schuldhaften Verhalten der Eltern beruhen können, aber nicht müssen. 2.1

2. Gefährdung des Kindeswohls durch pflichtwidriges Verhalten der Eltern. a) Gefährdung des Kindeswohls. Der unbestimmte Rechtsbegriff des Kindeswohls als Entscheidungsmaßstab für das richterliche Handeln[14] ist nur schwer zu konkretisieren[15]. Der Gesetzgeber nennt als Elemente des Kindeswohls das körperliche, geistige und seelische Wohl des Kindes. Diese Auflistung zeigt, dass der Begriff nicht nur von juristischen, sondern auch von einer Vielzahl außerjuristischer Elemente bestimmt wird[16]. Diese Erfahrungssätze sagen aber noch nichts darüber aus, was im Einzelfall dem Kindeswohl am besten dient. Hierzu muss der Richter die notwendigen Informationen über das Leben des Kindes und seiner Eltern ermitteln, um anhand dieser Faktoren unter Berücksichtigung der allgemeinen Wertsätze im Einzelfall das Kindeswohl zu bestimmen[17]; eine wichtige Bedeutung kommt dabei dem Kindeswillen zu[18]. 3

---

[4] Kritik von *Diederichsen* NJW 1998, 1977, 1985; aA *Staudinger/Coester* Rn 26.
[5] BT-Drucks 13/4899 S 65, 97; *Lipp/Wagenitz* Rn 2; *Schwab* FamRZ 1998, 457, 466 Fn 45.
[6] BayObLG FamRZ 1999, 316, 317; FamRZ 1999, 179, 180; FamRefK/*Rogner* Rn 2, 3; aA *Staudinger/Coester* Rn 153.
[7] BayObLG FamRZ 1999, 316, 317.
[8] MünchKommBGB/*Hinz* 3. Aufl 1992, § 1666 aF Rn 20 verlangt eine Kombination von rechtsgutbezogener Unrechtsbetrachtung und handlungsbezogener Rechtswidrigkeit sowie eine Art Zustands- und Risikozurechnung bei rechtswidriger Gefährdung von Kindesrechten; enger *ders* Kindesschutz S 20 ff; s auch *Zenz* Kindesmisshandlung S 320 ff; nach Ansicht von *Staudinger/Coester* Rn 54 ff, 62 soll es auf die Ursache der Kindeswohlgefährdung grds nicht ankommen; etwas anderes gelte bei der Entscheidung über die anzuwendenden Maßnahmen, Rn 180.
[9] BayObLG FamRZ 1999, 316, 317.
[10] *Soergel/Strätz* § 1666 aF Rn 16; *Schwab* Familienrecht Rn 637 f; aA BayObLG DAVorm 1984, 1048, 1054; MünchKommBGB/*Olzen* Rn 34.
[11] BT-Drucks 7/2060 S 28; BT-Drucks 8/2788 S 38.
[12] *Diederichsen* NJW 1980, 1, 7; *Palandt/Diederichsen* Rn 17; *Soergel/Strätz* § 1666 aF Rn 30; MünchKommBGB/ *Olzen* Rn 106; *Johannsen/Henrich/Büte* Rn 40; *Staudinger/Coester* Rn 51, 90.
[13] Gegen das Merkmal der Pflichtwidrigkeit als zusätzliches eingriffserschwerendes Merkmal *Staudinger/Coester* Rn 54 ff; *Gernhuber/Coester-Waltjen* § 57 Rn 104 f; zu den Reformvorhaben Rn 25.
[14] BVerfG FamRZ 2000, 1489; zu den unterschiedlichen Funktionen des Kindeswohlbegriffs *Coester* Kindeswohl S 135 ff.
[15] *Mnookin* FamRZ 1975, 1, 3: Mystifikation; *Diederichsen* FamRZ 1978, 461, 467 f: „Leerformel;" *ders* NJW 1998, 1977, 1991: „die alles und deshalb nichts sagende „Generalklausel" "; *Jopt* ZfJ 1996, 203, 204: „eine Metapher, die real längst zur reinen Manipulationsmasse für die unterschiedlichsten Interessen von Erwachsenen(!) verkommen ist"; krit auch *Gernhuber* FamRZ 1973, 229, 230; *Giesen* FamRZ 1977, 594, 595 f; *Zenz* AcP 173 (1973), 527, 545 ff; aA *Staudinger/Coester* Rn 47; zur Begriffsbestimmung iE *Coester* Kindeswohl S 133 ff; *ders* in: *Lipp/Schumann/Veit*, S 19, 23 ff, 31 (zur Frage, ob es einer Modifizierung des Gefährdungsbegriffs bedarf, um zu besserem Kindesschutz [so auch die Intention der jüngsten Reformen, Rn 25] zu gelangen).
[16] *Coester* Kindeswohl S 419 ff; *Fegert* S 42 ff; *Becker* ZBlJugR 1978, 300, 302; *Balloff* FPR 2004, 309, 310 f.
[17] Diese Beurteilung wirft im Einzelfall große Probleme auf, allg dazu *Mnookin* FamRZ 1975, 1, 2 f; *Dettenborn* FPR 2003, 293; zur Begutachtung der Erziehungsfähigkeit psychisch kranker Menschen im besonderen *Hommers/ Steinmetz-Zubovic/Lewand* FPR 2005, 230.
[18] KG FamRZ 2004, 483; OLG Köln NJW-RR 2000, 373, 374; BayObLG FamRZ 1985, 1179, 1180; AG Saarbrücken FamRZ 2003, 1859, 1860; *Peschel-Gutzeit* FPR 2003, 271, 275; näher zum Verhältnis Kindeswillen-Kindeswohl § 1671 Rn 49 f.

§ 1666

3.1 Die Schwierigkeit einer Konkretisierung des Kindeswohlbegriffs ergibt sich aus seiner Offenheit gegenüber den sich wandelnden Anschauungen über die Bedürfnisse des Kindes in bestimmten (Krisen-)Situationen[19]. Der Richter darf bei der Begriffsbestimmung nicht schichtspezifische Wertvorstellungen zugrundelegen, die möglicherweise in weiten Bevölkerungsteilen überholt sind oder zu weit von denen abweichen, die in dem Milieu gelten, dem das Kind angehört[20]. Vielmehr gilt es, auf allgemein konsensfähige Erfahrungswerte abzustellen[21]. In § 1 SGB VIII sowie § 1626 Abs 2 und § 1631 Abs 2 werden allgemeine Erziehungsziele und -mittel genannt; außerrechtliche Maßstäbe erfährt der Richter über Sachverständigengutachten.

4 Eine **Kindeswohlgefährdung** setzt eine gegenwärtige, in solchem Maß vorhandene Gefahr voraus, dass sich bei der weiteren Entwicklung der Dinge eine erhebliche Schädigung des geistigen, seelischen oder körperlichen Wohls des Kindes mit ziemlicher Sicherheit voraussehen lässt[22]. Dabei sind Alter, Anlagen, Verhalten und das Milieu des Kindes zu berücksichtigen[23]. Eine lediglich unzweckmäßige, unpraktische oder ungeschickte Verhaltensweise der Eltern genügt ebenso wenig wie der Umstand, dass minderbegabte Eltern ihrem Kind nicht dieselbe Entwicklungschance bieten können wie normal begabte Eltern. Es ist nicht Aufgabe des Gerichts, die optimale Erziehungsmaßnahme für das Kind auszusuchen und gegen den Willen der Eltern für eine bestmögliche Entwicklung des Kindes zu sorgen[24]. Das Einschreiten des Staates setzt vielmehr voraus, dass das elterliche Verhalten ein Ausmaß erreicht, dass eine Gefahr für das Kindeswohl vorliegt[25].

4.1 Eine Gefährdung kann nicht allein darin gesehen werden, dass sich das Kind bei Pflegeeltern aufhält, denen eine Pflegeerlaubnis versagt worden ist[26], die Kindesmutter sich weigert, Angaben zur Person des Kindesvaters zu machen[27], die berufstätige Mutter beabsichtigt, das Kind während der Arbeitszeit von einer anderen Frau versorgen zu lassen[28], das Kind bei den Großeltern besser betreut werden kann[29], die Mutter ihr Kind zur Adoption freigibt[30], die Eltern des Kindes einer heterologen Insemination mit der (später revidierten) Absicht zustimmen, das Kind nach der Geburt zur Adoption in die Familie des Samenspenders zu geben[31] oder eine Familie wieder in das Land zurückkehrt, aus dem sie stammt, und das Kind dort ungünstigere Entwicklungsbedingungen als in Deutschland hat[32].

5 Die zu erwartenden schädigenden Folgen müssen nicht unmittelbar bevorstehen[33]; eine Gefährdung liegt aber auf jeden Fall vor, wenn schon ein Schaden eingetreten ist[34]. Bei Missachtung einer Umgangsvereinbarung durch den sorgeberechtigten Elternteil kann allein aus dem allgemeinen Vorteil der Fortführung der Beziehung des Kindes zum anderen Elternteil noch keine konkrete Gefahr abgeleitet werden[35]; etwas anderes gilt, wenn bisher nur beschränkte Umgangskontakte gewährt wurden, das Kind bereits gravierende Störungen aufweist und der sorgeberechtigte Elternteil nicht mit der erforderlichen Intensität bereit ist, diese aufzuarbeiten[36]. Die Gefährdung kann sich weiter aus einem früheren Verhalten eines Elternteils ergeben, wenn eine Wiederholungsgefahr besteht[37].

5.1 Eine Kindeswohlgefährdung kann in der Zulassung von Besuchskontakten des Kindes zu den Großeltern liegen, die für das Kind schädlich sind[38]. Das Gleiche gilt, wenn ein Elternteil Informationen, die sein Kind höchstpersönlich

---

[19] *Coester* Sechster Deutscher Familiengerichtstag S 35, 39.
[20] *Mnookin* FamRZ 1975, 1, 3.
[21] *Soergel/Strätz* § 1666 aF Rn 18. *Gernhuber* FamRZ 1973, 229, 230 spricht von „eine(m) beschränkten Konsens aller als festen Kern".
[22] BGH FamRZ 2005, 344, 345; OLG Köln OLGR 2004, 4; FamRZ 2004, 827; FamRZ 1956, 350, 351; OLG Jena FamRZ 2006, 280, 281; OLG Hamm ZfJ 2005, 373, 374 f; FamRZ 2004, 1664, 1665; OLG Celle FamRZ 2003, 1490 f; OLG Frankfurt FamRZ 2003, 1317; BayObLG FamRZ 1993, 1350, 1351; KG FamRZ 1985, 735; LG Berlin FamRZ 1983, 943, 944.
[23] KG FamRZ 1965, 159, 160; BayObLG ZfJ 1954, 28, 29.
[24] EGMR FamRZ 2005, 585, 588 – Haase/Deutschland; FamRZ 2002, 1393, 1396 – Kutzer/Deutschland; BVerfG FamRZ 2006, 385, 386; FamRZ 2003, 296, 299; BVerfGE 72, 122, 139 f; 34, 165, 184; 24, 119, 144 f; OLG Hamm FamRZ 2006, 1476, 1477; FamRZ 2004, 1664, 1665; ZfJ 2005, 373, 375; OLG Köln OLGR 2004, 4; OLG Frankfurt JAmt 2003, 39, 40; OLG Celle FamRZ 2003, 549, 550; OLG Hamburg FamRZ 2001, 1088 f; OLG Zweibrücken FamRZ 1984, 931, 932; BayObLG FamRZ 1982, 638; LG Berlin NJW-RR 1988, 1419, 1420; AG Saarbrücken FamRZ 2003, 1859, 1860; *Diederichsen* FamRZ 1978, 461, 466; *Fegeler* S 99 f; zT wird das Problem unter dem Aspekt des Missbrauchs der elterlichen Sorge behandelt: OLG Hamm FamRZ 1974, 29, 31; OLG Karlsruhe FamRZ 1963, 452 m zust Anm *Schwarz* und abl Anm *Göppinger*.
[25] BVerfG FamRZ 1982, 567, 569; neben der Kindeswohlgefährdung durch Eltern gibt es auch die durch andere Verfahrensbeteiligte, zB Gericht, Jugendamt, dazu näher *Dettenborn* FPR 2003, 293, 295 ff.
[26] BGH FamRZ 1956, 350, 351.
[27] AG Fürth FamRZ 2001, 1089, 1090; DIJuF-Rechtsgutachten JAmt 2004, 426 f.
[28] BayObLG FamRZ 1990, 304; s auch OLG Düsseldorf FamRZ 1988, 1195 f betr ganztägige Berufstätigkeit des erziehungsgeeigneten Vaters.
[29] BayObLG FamRZ 1988, 1313.
[30] BayObLG FamRZ 1990, 903.
[31] KG FamRZ 1985, 735, 736.
[32] BVerfG NJW 1986, 3129, 3131 betr Zaire; BayObLG FamRZ 1997, 954, 955 betr Türkei.
[33] OLG Hamm FamRZ 2004, 1664, 1665.
[34] OLG Stuttgart FamRZ 2002, 1279 f.
[35] BayObLG FamRZ 1997, 1108; s auch BayObLG FamRZ 1998, 1044.
[36] OLG Hamm FamRZ 2000, 1239 f.
[37] OLG Celle ZfJ 2005, 373, 375; KG FamRZ 1985, 735 f; DIJuF-Rechtsgutachten JAmt 2002, 248, 249.
[38] OLG Hamm FamRZ 1997, 1550, 1551.

betreffen, ins Internet stellt, dies veranlasst, fördert oder zumindest duldet[39]. Bei Entscheidungen über Ausbildung und Beruf forderte § 1631a Abs 2 aF die Besorgnis, dass die Entwicklung des Kindes nachhaltig und schwer beeinträchtigt wird; dieser Maßstab gilt nach Abschaffung des § 1631a Abs 2 aF durch das KindRG jetzt im Rahmen von § 1666[40] (§ 1631a Rn 5). Auch in wiederholten schwerwiegenden strafrechtlichen Verstößen des Kindes oder gravierenden Anzeichen für eine Suchtmittelabhängigkeit werden Hinweise auf eine Kindeswohlgefährdung gesehen[41]; zum Reformvorschlag s Rn 25.

Das Kindeswohl kann auch gefährdet werden durch den Abbruch von gewachsenen Beziehungen des Kindes zu 5.2
bisherigen Bezugspersonen. In diesen Fällen wird idR eine Entscheidung nach **§ 1632 Abs 4** ergehen. Eine Entziehung der elterlichen Sorge – auch nur von Teilen wie zB des Aufenthaltsbestimmungsrechts – kommt dann in Betracht, wenn allein durch eine Verbleibensanordnung nach § 1632 Abs 4 zugunsten der Pflegeperson zB nicht die Gefahr einer Retraumatisierung eines 9jährigen Kindes vermieden werden kann, das nach häufigen Aufenthaltswechseln zwischen Vater und Mutter seit zwei Jahren beim Vater lebt und dort bleiben will[42], wenn die Mutter eines seit mehr als 18 Monaten bei einer Pflegefamilie lebenden 10jährigen Kindes die mit ihrer Erkrankung verbundene Traumatisierung des Kindes nicht erkennen und eine kindgerechte Erziehung nicht sicherstellen kann[43] oder wenn die bislang sorgeberechtigte Kindesmutter nicht erziehungsfähig ist[44]. Der Entzug der Gesundheitsfürsorge ist dann erforderlich, wenn das Kind an epileptischen Anfällen leidet und im Notfall nur die Pflegeeltern, bei denen das Kind seit der Geburt lebt, sachgerecht diese Fürsorge wahrnehmen können[45]. Die gesamte Sorge ist zu entziehen, wenn der betreffende Elternteil nicht in der Lage ist, zu dem hochgradig gestörten traumatisierten Kind eine sichere Bindung aufzubauen und seine Einstellung zur Unterbringung bei Pflegeeltern stark schwankt[46]. Das Gleiche gilt, wenn sich ein Kind im Laufe der Jahre aufgrund der familiären Situation vollständig von dem Elternteil entfremdet hat[47]. Liegen die Voraussetzungen des **§ 1630 Abs 3** vor, kommt auch eine Entscheidung nach dieser Norm in Betracht[48].

b) Pflichtwidriges Verhalten der Eltern. aa) Missbräuchliche Ausübung der elterlichen 6
Sorge. Missbräuchlich ist jedes Ausnutzen der elterlichen Sorge zum Schaden des Kindes[49].

Dies ist insbes bei **Straftaten** der Fall, die an dem Kind begangen werden, wobei eine Rauschtat genügt[50]; 6.1
hierunter fallen Tötungsversuche[51], wiederholte und erhebliche körperliche[52] aber auch seelische Misshandlungen des Kindes, nicht aber vereinzelt gebliebene Misshandlungen, wenn keine Wiederholungsgefahr besteht[53]. Allerdings ist zu beachten, dass § 1631 Abs 2 die Gefährdungs- und damit die Eingriffsschwelle bei körperlichen Einwirkungen gesenkt hat[54]; damit kann eine familiengerichtliche Intervention auch schon bei einem einmaligen Verstoß gegen das Gewaltverbot in Betracht kommen. Vorrang haben aber in diesen Fällen mit Blick auf die Zweckrichtung von § 1631 Abs 2 die sozialrechtlichen Hilfsinstrumente (dort Rn 25)[55]. Missbräuchlich ist weiter **sexueller Missbrauch**[56]; dabei kann schon der Verdacht eines Missbrauchs im Einzelfall genügen[57]; maßgebend ist eine kindesorientierte Wahrscheinlichkeit und Risikoabwägung[58] (zu Sorge- und Umgangsrecht s § 1671 Rn 40, § 1684 Rn 36). Nicht ausreichend sind massiv belastende Ermittlungsergebnisse, die bei erstmaligem Bekanntwerden ein gerichtliches Eingreifen noch rechtfertigen mögen, im weiteren Verlauf des Verfahrens aber keine Bestätigung finden[59]. Missbräuchlich sind auch anstößige Beziehungen eines Elternteils in der ehelichen Wohnung und auf Reisen, an denen das nicht mehr ganz junge Kind teilnimmt[60].

Im Bereich der **Gesundheitspflege** können die Einwilligung in die Beendigung lebenserhaltender medizi- 6.2
nischer Maßnahmen und künstlicher Ernährung bei apallischem Syndrom[61], die Verweigerung einer ärztlich indizierten Bluttransfusion aus religiösen Motiven missbräuchlich sein[62]; ebenso die Weigerung, einer erforderli-

---

[39] OLG Frankfurt FamRZ 2003, 1314, 1315.
[40] BT-Drucks 13/4899 S 115; *Benkert* S 159.
[41] Empfehlungen der 13. DFGT FamRZ 2000, 273, 274; *Ostendorf/Hinghaus/Kasten* FamRZ 2005, 1514; *Röchling* FamRZ 2006, 161 Fn 7.
[42] KG NJW-RR 2005, 878, 880 f.
[43] OLG Frankfurt FamRZ 2003, 1317 m Anm *Doukkani-Bördner*.
[44] OLG Koblenz FamRZ 2005, 1923 f.
[45] OLG Naumburg FamRZ 2002, 1274, 1275 m krit Anm *Hoffmann*.
[46] OLG Hamm FamRZ 2002, 692 f.
[47] OLG Köln FamRZ 2004, 827.
[48] *Eisele* Anm zu OLG Celle FamRZ 2003, 954, 955 empfiehlt den einvernehmlichen Verfahrensabschluss im Konfliktfall zwischen Herkunfts- und Pflegeeltern nach dieser Norm.
[49] BayObLG FamRZ 1981, 814, 816; OLG Zweibrücken FamRZ 1984, 931, 932.
[50] OLG Oldenburg FamRZ 1979, 851 f.
[51] BT-Drucks 8/2788 S 64.
[52] BGH FamRZ 2005, 344 ff; OLG Dresden FamRZ 2003, 1862 ff; *Wüstenberg* FamRZ 2007, 692, 694 ff betr Genitalverstümmelung; OLG Celle FamRZ 2006, 1478 = FamRZ 2006, 277 f betr „Münchhausen-by-proxy"-Syndrom, zu dieser Misshandlungsform allg *Noeker/Tourneur* JAmt 2005, 167 ff; ZfJ 2005, 373 ff betr Schnittwunde mit Messer; ZfJ 2003, 549 ff betr schwerste äußere und innere Verletzungen; OLG Jena FamRZ 2003, 1319, 1320 betr Pobisse; BayObLG FamRZ 1984, 928, 929; FamRZ 1997, 572; FamRZ 1999, 178, 179; *Staudinger/Coester* Rn 92 ff; *Maywald* FPR 2003, 299 ff.
[53] OLG Jena FamRZ 2003, 1319, 1320; BayObLG DAVorm 1981, 897, 899.
[54] BT-Drucks 14/1247 S 5; *Staudinger/Coester* Rn 94; *ders,* FS Schwab, 2005, S 747, 758; MünchKommBGB/ *Olzen* Rn 59; *Göbel* S 283 ff mwN.
[55] *Staudinger/Coester* Rn 95; *Göbel* S 293.
[56] OLG Jena FamRZ 2003, 1319; OLG Frankfurt JAmt 2001, 194, 195; LG Bamberg DAVorm 1984, 195, 196.
[57] OLG Naumburg FamRZ 2001, 770, 771; anders LG Köln FamRZ 1992, 712, 713.
[58] *Staudinger/Coester* Rn 96.
[59] OLG Jena FamRZ 2003, 1319.
[60] KG FamRZ 1965, 158, 160; OLG Hamm JMBl NRW 1962, 243; anders OLG Stuttgart NJW 1985, 67, 68: Fall des § 1696.
[61] Dies sah das OLG Hamm JAmt 2007, 443, 445 = FamRZ 2007, 2098 ff im konkreten Fall anders; zur einstweiligen Anordnung in dieser Sache BVerfG FamRZ 2007, 2046 f; mit Anm *Spickhoff*; krit auch *Balloff*, Anm zu OLG Hamm NJW 2007, 2705.
[62] OLG Celle NJW 1995, 792, 793; BayObLG FamRZ 1976, 43, 46.

§ 1666

chen Operation, einer Impfung, einer ärztlichen Untersuchung[63], einer stationären Behandlung von Verhaltensstörungen[64], einer medikamentösen Behandlung[65] oder einer Unterbringung in einer jugendpsychiatrischen Klinik[66] zuzustimmen. Hierhin gehört auch die Uneinsichtigkeit bei der Befolgung ärztlich angeordneter Medikamentierung[67]. Missbräuchlich kann weiter die Ablehnung der Zustimmung zu einem von der minderjährigen Tochter geplanten **Schwangerschaftsabbruch** durch die Eltern sowie ihr Drängen zum Schwangerschaftsabbruch sein (§ 1626 Rn 24). Das Gleiche gilt, wenn die Eltern der Teilnahme eines Minderjährigen an medizinischen Experimenten mit weitreichenden Folgen oder verhaltenswissenschaftlichen Experimenten mit der Gefahr einer Persönlichkeitsveränderung zustimmen[68]. Dagegen kann das Rauchen der Eltern nur in Ausnahmefällen Ausdruck einer Missachtung der Kindesinteressen sein[69].

6.3 **Erziehungsfehler** der Eltern können einen Missbrauch enthalten. Die Erziehung zum Hass gegen den anderen Elternteil oder auch nur zu seiner unberechtigten Ablehnung sowie die strikte Verweigerung des Umgangs mit dem anderen Elternteil begründen ein Erziehungsversagen (fehlende Bindungstoleranz), das zum Entzug des Aufenthaltsbestimmungsrechts und zur Bestellung eines Ergänzungspflegers, äußerstenfalls zu einer Umplatzierung des Kindes führen kann (zum Problem der **PAS** näher § 1671 Rn 36, § 1684 Rn 14, 33)[70]; das Gleiche gilt, wenn der sorgeberechtigte Elternteil den Umgang des Kindes mit dem anderen Elternteil nicht fördert und das Kind damit in schwere Loyalitätskonflikte stößt[71]; nicht ausreichend ist dagegen die allein ablehnende Haltung eines Elternteils gegenüber dem anderen[72]. Missbräuchlich ist weiter die Verweigerung der Zustimmung zu einer Begutachtung des Kindes im Rahmen eines Verfahrens, in dem es um das Ob und den Umfang des Umgangs des anderen Elternteils geht[73], der mangelnde Beistand bei den Entwicklungsschwierigkeiten eines heranwachsenden Kindes[74], die mangelnde Berücksichtigung der wachsenden Fähigkeit und der wachsenden Bedürfnisse des Kindes zu selbständigem verantwortungsbewussten Handeln (§ 1626 Abs 2)[75], ein autoritärer Erziehungsstil (§ 1631 Rn 16 ff)[76], hysterische Tobsuchtsanfälle[77] sowie eine überfürsorgliche Erziehungshaltung[78]. Missbräuchlich kann auch die **religiöse Erziehung** des Kindes sein[79]. Allein die Zugehörigkeit zu einer Sekte genügt allerdings ebensowenig[80] wie das Unterlassen jeder religiösen Erziehung[81], der Austritt aus der Kirche[82] oder die Verletzung der Vorschriften des RelErzG[83].

6.4 Ein **Herausgabeverlangen der Eltern** gegenüber Dritten ist missbräuchlich, wenn der damit verbundene Wechsel der Bezugsperson und der vertrauten Umgebung zu einer Kindeswohlgefährdung führt[84]. Lebt das Kind seit längerer Zeit in Familienpflege und wollen die Eltern das Kind von der **Pflegeperson** wegnehmen, so kann das Familiengericht nach § 1632 Abs 4 eine Verbleibensanordnung erlassen; Maßnahmen nach § 1666 sind daneben idR nicht erforderlich (Rn 5.2; näher § 1632 Rn 31). Die Möglichkeit einer Verbleibensanordnung sieht § 1682 jetzt auch zugunsten des **Stiefelternteils,** des Lebenspartners[85] oder einer nach § 1685 Abs 1 umgangsberechtigten volljährigen Person (**Großeltern, Geschwister**) vor, wenn der sorgeberechtigte Elternteil die Herausgabe des Kindes verlangt. In der Unterbindung des **Umgangs** des Kindes mit einem nach § 1685 Umgangsberechtigten kann ausnahmsweise ein Sorgerechtsmissbrauch der Eltern liegen (§ 1685 Rn 9.2).

6.5 Missbräuchlich kann auch das Untertauchen mit dem Kind[86], die Ausreise in ein fremdes Land[87], die Ausnutzung der Arbeitskraft des Kindes[88], ein verwaltungsrechtlicher Antrag auf Familiennamensänderung[89], das Verzögern der Vornamensgebung oder der Ehelichkeitsanfechtung bzw das Unterlassen einer Anfechtung des Vaterschaftsaner-

---

[63] OLG Zweibrücken FamRZ 1999, 521; OLG Karlsruhe FamRZ 1993, 1479, 1480 betr psychologisches Gutachten; BayObLG FamRZ 1991, 214, 215; KG FamRZ 1972, 646 f betr psychiatrische Untersuchung; FamRZ 1970, 491, 492 betr differential-diagnostische Untersuchung in einer Klinik für Jugendpsychiatrie.
[64] BayObLG FamRZ 1984, 929, 930.
[65] DIJuF-Rechtsgutachten JAmt 2002, 512 ff.
[66] BayObLG FamRZ 1991, 214, 215.
[67] KG NJW-RR 1990, 716.
[68] *Eberbach* FamRZ 1982, 450, 454.
[69] BayObLG FamRZ 1993, 1350, 1351.
[70] BVerfG FamRZ 2006, 537, 539; OLG München FamRZ 2007, 1902 ff; FamRZ 2003, 1957, 1958; OLG Dresden FamRZ 2003, 397 f m abl Anm *Peschel-Gutzeit* 271; JAmt 2002, 310, 311; OLG Karlsruhe JAmt 2002, 135, 136; FamRZ 2002, 1210 f; OLG Frankfurt OLGR 2005, 663 m abl Anm *Flügge* FPR 2006, 1 ff; FamRZ 2002, 1586 ff; FamRZ 2001, 638, 639; OLG Köln NJWE-FER 1998, 221; BayObLG FamRZ 1998, 1044 f; FamRZ 1997, 1108; AG Frankfurt FamRZ 2004, 1595 ff; krit *Salgo,* FS Schwab, 2005, S 891 ff.
[71] OLG Rostock FamRZ 2004, 54 f.
[72] OLG Frankfurt FamRZ 2003, 1314 m Anm *Klenner* und *Spangenberg* FamRZ 2004, 132 f; anders AG Potsdam FamRZ 2006, 500 f: gestörte Kommunikation zwischen den Eltern ausreichend.
[73] OLG Rostock NJW 2007, 231, 233 = FamRZ 2006, 1623, 1627.
[74] LG Berlin FamRZ 1980, 285, 286 betr strikte Ablehnung eines Schwangerschaftsabbruchs; anders bei Missachtung eines eindeutig formulierten Willens eines 16jährigen, beim anderen Elternteil zu leben OLG Frankfurt FamRZ 2003, 1314 m abl Anm *Klenner* und *Spangenberg* FamRZ 2004, 132 f.
[75] OLG Köln NJW-RR 2001, 221, 222; OLG Karlsruhe FamRZ 1989, 1322 f.
[76] OLG Köln NJW-RR 2001, 221, 222; FamRZ 1996, 1027, 1028.
[77] LG Lübeck FamRZ 1955, 270.
[78] AG Moers ZfJ 1986, 113 ff.
[79] BayObLG FamRZ 1963, 192 ff.
[80] BayObLG FamRZ 1976, 43 ff; OLG Hamburg FamRZ 1985, 1284 f betr § 1671 aF.
[81] RGRK/*Adelmann* § 1666 aF Rn 39.
[82] *Soergel/Strätz* § 1666 aF Rn 27; aA AG Braunschweig FamRZ 1958, 470.
[83] BayObLG FamRZ 1963, 192; *Soergel/Strätz* § 1666 aF Rn 27.
[84] KG FamRZ 2004, 483; BayObLG ZBlJugR 1983, 503, 505 f.
[85] Art 2 Nr 11 des Gesetzes zur Beendigung der Diskriminierung gleichgeschlechtlicher Gemeinschaften: Lebenspartnerschaften vom 16. 2. 2001, BGBl I S 266.
[86] BVerfG FamRZ 2006, 537, 539.
[87] BGH FamRZ 2005, 344 ff; OLG Dresden FamRZ 2003, 1862; OLG Frankfurt FamRZ 2003, 1491 f; OLG Karlsruhe FamRZ 2002, 1282 f; OLG Hamburg Kind-Prax 2001, 55, 57; OLG Zweibrücken FamRZ 1984, 931 f.
[88] BayObLG DAVorm 1981, 897, 899.
[89] OLG Celle FamRZ 1961, 33; OLG Frankfurt FamRZ 1956, 325, 326; anders OVG Berlin FamRZ 1981, 87, 89 f.

kenntnisses oder der Erhebung einer Vaterschaftsfeststellungsklage durch die Mutter[90], aber auch ihre Weigerung sein, die Zustimmung zu einer Vaterschaftsanerkennung nach § 1595 Abs 1 zu erteilen[91]. Nicht ausreichend ist dagegen die ganztägige Berufstätigkeit eines Elternteils, der das Kind deshalb bei einer Pflegefamilie unterbringt[92].

Missbräuchlich ist die mangelnde Rücksichtnahme auf Eignung und Neigung des Kindes in Angelegenheiten der **Ausbildung und des Berufs,** wodurch die Besorgnis begründet wird, dass die Entwicklung des Kindes nachhaltig und schwer beeinträchtigt wird (§ 1631 a Abs 2 aF). Die enge Fassung dieser Norm sollte sicherstellen, dass das elterliche Ermessen in Ausbildungs- und Berufsfragen gewahrt bleibt und nur klare Ermessensüberschreitungen erfasst werden. Erfasst werden sollten Fälle, in denen der Zwiespalt zwischen der Entscheidung der Eltern und der Begabung und/oder der Neigung des Kindes für jeden objektiven Beurteiler außer Frage steht[93]. Trotz Aufhebung der Norm durch das KindRG ist dieser Entscheidungsmaßstab jetzt im Rahmen von § 1666 zu beachten (Rn 5.1, § 1631 a Rn 5). Missbräuchlich ist danach eine Erziehung, die einseitig auf eine angenommene Hochbegabung setzt und beratungsresistent ist[94], die beharrliche Weigerung der Eltern, ihr schulpflichtiges Kind in die Schule zu schicken[95], das wiederholte **Schuleschwänzen**[96], die Abmeldung eines Kindes oder Jugendlichen von einer Schule ohne Rücksicht auf dessen Wünsche und Neigungen[97], die Anmeldung in einem Internat gegen den Willen des Kindes[98], die Weigerung, ein Kind, das Anzeichen von Autismus hat, in einer Sonderschule anzumelden[99], die unzureichende schulische und sprachliche Förderung[100], die Versagung der Finanzierung einer der Neigung und Eignung entsprechenden Ausbildung durch die Eltern, obwohl sie hierzu in der Lage wären[101], sowie bei einer ungünstigen Arbeitsmarktlage die Weigerung, einem dem Sohn vom Arbeitsamt vermittelten Berufsausbildungsvertrag zuzustimmen[102]. Etwas anderes wird dagegen angenommen, wenn die Eltern das Studium bestimmter Fächer (zB Soziologie) ablehnen, weil sie befürchten, die nach ihrer Ansicht schon vorhandene linksextremistische Einstellung ihres Kindes werde durch das Studium vertieft[103]. Ebensowenig handeln die Eltern missbräuchlich, wenn sie sich weigern, eine bestimmte Ausbildung wegen mangelnder Begabung des Kindes oder fehlender Berufsaussichten des Kindes zu finanzieren[104] oder an einem Widerspruchs- und Verwaltungsgerichtsverfahren mit dem Ziel der Versetzung eines eher schlechten Schülers mitzuwirken[105].

bb) Vernachlässigung des Kindes. Bei einer Vernachlässigung des Kindes wird die Kindeswohlgefährdung durch ein Unterlassen der Eltern trotz einer Handlungspflicht bewirkt[106]. Obwohl im Unterschied dazu der Tatbestand des Missbrauchs ein aktives Tun voraussetzt, sind Überschneidungen möglich[107]. Eine Vernachlässigung liegt idR im Unterlassen von Pflege und Erziehung. Sie ist deshalb anzunehmen bei fehlender notwendiger Hygiene und Körperpflege, unzureichender Ernährung des Kindes und mangelnder Flüssigkeitszufuhr[108], bei Nichtbehandlung von Krankheiten und Verhaltensstörungen[109], der Unfähigkeit dafür zu sorgen, dass das Kind sich altersgerecht psychomotorisch entwickelt[110], bei vollständigem Überlassen der Kinder an Dritte, vor allem Verwandte[111] sowie bei Zulassen eines Verbringens des Kindes in sein Heimatland, wo es der Gefahr der Genitalverstümmelung ausgesetzt ist[112]. Keine Vernachlässigung ist dagegen die ordnungsgemäße Unterbringung des Kindes bei Dritten während der täglichen Arbeitszeit[113]; anderes kann allerdings im Einzelfall anzunehmen sein, wenn das Kind lange Phasen des Tages immer wieder sich allein überlassen wird und die Eltern wegen beruflichem Stress oder übermäßiger Freizeitaktivitäten keine Zeit mehr für das Kind haben (Wohlstandsverwahrlosung)[114]. Keine Vernachlässigung begründet allein das Zusammenleben in einer nichtehelichen Lebensgemeinschaft[115]. Demgegenüber liegt eine Vernachlässigung vor, wenn ein

---

[90] OLG Karlsruhe FamRZ 1991, 1337, 1338; AG Fürth FamRZ 2001, 1089 f; BT-Drucks 7/2060 S 28; *Palandt/Diederichsen* Rn 24.
[91] BT-Drucks 13/4899 S 54; *Lüderitz* Familienrecht, 27. Aufl 1999, Rn 641; aA FamRefK/*Wax* § 1595 Rn 7.
[92] OLG Düsseldorf FamRZ 1988, 1195.
[93] BT-Drucks 8/2788 S 37, 50: krasse Fehlentscheidungen; BayObLG FamRZ 1982, 634, 636.
[94] OLG Koblenz FamRZ 2007, 1680 f.
[95] OLG Brandenburg NJW 2006, 235 f; OLG Hamm FamRZ 2006, 358 f; BayObLG FamRZ 1987, 1083, 1084; FamRZ 1985, 635, 636; NJW 1984, 928 f; OLG Stuttgart DAVorm 1982, 995 f; AG Moers ZfJ 1986, 113 ff; zu einem Fall von unverschuldetem Versagen AG Saarbrücken FamRZ 2003, 1859 f = JAmt 2003, 549 ff; zur verfassungsrechtlichen Zulässigkeit strafrechtlicher Sanktionen in solchen Fällen BVerfG FamRZ 2006, 1094 ff; *Giers* JAmt 2005, 338, 339 f; *Raack* FF 2006, 295.
[96] OLG Koblenz NJW-RR 2005, 1164 f; OLG Stuttgart DAVorm 1980, 141; *Raack* Kind-Prax 2005, 5, 6; *ders* JAmt 2003, 505, 507; *Reinemann* VerwRdsch 2004, 232, 233.
[97] BGH NJW 2008, 369 ff (Hausunterricht); BayObLG FamRZ 1974, 661, 662.
[98] AG München FamRZ 2002, 690 f.
[99] EGMR FuR 2007, 412 ff.
[100] OLG Hamm FamRZ 2007, 2002 f.
[101] Das LG Kassel FamRZ 1970, 597 sieht dies enger.
[102] OLG Frankfurt Rpfleger 1977, 361.
[103] OLG Köln FamRZ 1973, 265 f m krit Anm *Kramer* JZ 1974, 90 ff; gegen *Kramer Palandt/Diederichsen* Rn 22.
[104] *Erman/Michalski* Rn 9; s auch RGRK/*Adelmann* § 1666 aF Rn 41.
[105] OLG Hamm FamRZ 1974, 29, 31.
[106] MünchKommBGB/*Olzen* Rn 102; *Staudinger/Coester* Rn 89.
[107] *Erman/Michalski* Rn 10; *Soergel/Strätz* § 1666 aF Rn 28.
[108] BayObLG FamRZ 1989, 421, 422; FamRZ 1988, 748, 749.
[109] BayObLG FamRZ 1997, 1553, 1554; FamRZ 1984, 929, 930.
[110] OLG Celle ZfJ 2005, 373, 375 f.
[111] BayObLG FamRZ 1983, 942; OLG Düsseldorf FamRZ 1964, 456 f; AG Berlin-Schöneberg FamRZ 1970, 490, 491.
[112] OLG Dresden FamRZ 2003, 1862 f, geändert durch BGH FamRZ 2005, 344 ff: nur im Rechtsfolgeausspruch.
[113] BayObLG FamRZ 1990, 304.
[114] *Friese* ZfJ 1993, 328 f.
[115] BayObLG FamRZ 1988, 748, 749.

§ 1666

Elternteil aus eigensüchtigen Motiven keinen, einen unzureichenden oder nur schleppend Unterhalt zahlt[116].

8 cc) Unverschuldetes Versagen der Eltern. Dieser Tatbestand hat eine Auffangfunktion, Verschulden ist nicht erforderlich (Rn 2.1). Um dem Erziehungsprimat der Eltern (§ 1626 Rn 13) Rechnung zu tragen, genügt nicht jedes Versagen und jede Nachlässigkeit; vielmehr muss das Fehlverhalten von einer solchen Schwere sein, dass eine Kindeswohlgefährdung eintritt[117].

8.1 Ein unverschuldetes Versagen liegt etwa vor, wenn ein Elternteil infolge einer psychischen Erkrankung oder Störung der Erziehungsaufgabe nicht gewachsen ist[118], er mehrfach unkontrolliert Wutausbrüche hat[119], körperlich schwer erkrankt ist[120], des Lesens und Schreibens unkundig ist, die geistige Entwicklung des Kindes nicht fördert (zB durch regelmäßigen Kindergartenbesuch) und dadurch die Gefahr besteht, dass das normal entwickelte Kind zum Sonderschüler wird[121], ein Elternteil in der Betreuung und Erziehung unterschiedlich belastbar und wechselhaft ist und dadurch das Kind „emotional" vernachlässigt wird[122], der erziehende Elternteil Persönlichkeitsdefizite aufweist, gleichgültig, labil und antriebsarm ist und das Kind Entwicklungsrückstände im motorischen sowie im intellektuellen, sprachlichen und emotionalen Bereich aufweist[123], mit der Erziehungsaufgabe überfordert ist und die Bereitschaft fehlt, die Verantwortung zu übernehmen[124], die Einsicht in die Ursachenkette für einen psychosozialen Minderwuchs fehlt[125], den erziehende Elternteil unfähig ist, den unbeschwerten und angstfreien Umgang des Kindes mit dem Vater zuzulassen und zu fördern[126], er aufgrund einer behaupteten Vergewaltigung an posttraumatischen Belastungsstörungen leidet[127], heroin-, alkohol- oder tablettenabhängig ist[128], der missbräuchlichen Ausübung der elterlichen Sorge durch den anderen nicht entgegentritt[129], die Eltern wegen Kindesmordes inhaftiert sind[130], den Eltern die Einsicht in eine erforderliche Unterbringung des Kindes in einer heilpädagogischen Einrichtung fehlt[131], türkische bzw jemitische Eltern nicht in der Lage sind, von der traditionell islamisch geprägten Erziehung Abstriche zu machen und das in Deutschland aufwachsende Kind dadurch in schwerwiegende Konflikte stürzen[132], aus dem Kosovo stammende Eltern ihr minderjähriges Kind mit einem albanischen Partner verheiraten wollen, das Kind dies jedoch ablehnt und dadurch das Verhältnis zwischen Kind und Eltern grundlegend gestört wird[133] oder wenn ein aus Afghanistan stammender Elternteil die Absicht hat, unter Mitnahme der Kinder, die beim anderen Elternteil leben, ins Heimatland zurückzukehren[134]. Allein die Zugehörigkeit zur Glaubensgemeinschaft der Zeugen Jehovas macht dagegen noch keine Maßnahmen nach § 1666 erforderlich[135].

9 c) Verhalten eines Dritten. Wird das Kind durch das Verhalten eines Dritten gefährdet, so kann das Familiengericht gegen den Dritten vorgehen (Abs 4)[136]. **Dritter** kann ein Verwandter[137], der Freund eines Elternteils[138], der Stiefelternteil[139], eine Pflegeperson[140], ein Nachbar[141], aber auch der nicht sorgeberechtigte Elternteil[142] sowie eine sonstige auf das Kind einwirkende Person sein. Das **gefährdende Verhalten** kann in entwürdigenden Maßnahmen[143], in sexuellem Missbrauch[144], im Verleiten zur Alkohol- und Drogensucht, zur Prostitution oder zu Straftaten liegen. Notwendige Voraussetzung für ein Eingreifen gegen Dritte ist, dass die Eltern nicht willig oder nicht in der

---

[116] OLG Düsseldorf FamRZ 1964, 456 f; AG Berlin-Schöneberg FamRZ 1970, 490, 491.
[117] BVerfG FamRZ 1982, 567, 569; FamRZ 1968, 578, 584, dort zu Art 6 Abs 3 GG; OLG Hamm FamRZ 2004, 1664, 1666; enger *Diederichsen* NJW 1980, 1, 7; MünchKommBGB/*Hinz* 3. Aufl 1992, § 1666 aF Rn 41: gewisse Evidenz; dagegen *Staudinger/Coester* Rn 90.
[118] BT-Drucks 7/2060 S 28; BVerfG ZfJ 2000, 475; OLG Saarbrücken OLGR 2005, 531, 532 f; OLG Köln OLGR 2004, 4, 5; OLG München FamRZ 2004, 1597; OLG Karlsruhe JAmt 2001, 192; BayObLG FamRZ 1997, 956; FamRZ 1996, 1031; FamRZ 1995, 502, 503; DAVorm 1985, 336, 337; ZfJ 1983, 302 ff; s auch LG Rostock FamRZ 2003, 1691 f m Anm *Bienwald*; *Ehinger* FPR 2005, 253, 255; *Häfele* FPR 2003, 307 ff.
[119] OLG Hamm FamRZ 2006, 1478 f; OLG Köln OLGR 2004, 4, 5.
[120] OLG Frankfurt FamRZ 2003, 1317 m Anm *Doukkani-Bördner*.
[121] BayObLG FamRZ 1981, 86.
[122] BayObLG FamRZ 1994, 1411, 1412.
[123] BayObLG FamRZ 1986, 102, 103.
[124] OLG Saarbrücken OLGR 2005, 531, 533.
[125] OLG Stuttgart FamRZ 2002, 1279 f.
[126] OLG München FamRZ 2003, 1957, 1958 betr möglicherweise unverschuldetes Versagen.
[127] OLG Karlsruhe NJW-RR 2007, 443 ff.
[128] BayObLG FamRZ 1985, 522, 523; OLG Frankfurt FamRZ 1983, 530 f; *Berzewski* FPR 2003, 312 ff; anders nach Entziehungstherapie OLG Hamburg JAmt 2001, 195, 196 f.
[129] OLG Jena FamRZ 2003, 1319, 1320; BayObLG FamRZ 1999, 178, 179; LG Bamberg DAVorm 1984, 196 ff; zur Strafbarkeit dieses Elternteils BGH JAmt 2003, 102 f.
[130] KG FamRZ 1981, 590, 591.
[131] BayObLG FamRZ 1999, 1154 betr als Pfleger bestellte Großeltern; s auch OLG Karlsruhe DAVorm 2000, 700 f.
[132] KG NJW 1985, 68, 70; AG Korbach FamRZ 2003, 1497; näher *Staudinger/Coester* Rn 142 ff.
[133] OLG Köln NJW-RR 2001, 221 f.
[134] AG Korbach FamRZ 2003, 1496 f.
[135] OLG Koblenz Kind-Prax 2000, 159; OLG München Kind-Prax 2000, 159.
[136] BT-Drucks 8/2788 S 39, 59.
[137] BayObLG FamRZ 1995, 948 betr ältere Schwester.
[138] OLG Düsseldorf NJW 1995, 1970.
[139] BayObLG FamRZ 1994, 1413.
[140] MünchKommBGB/*Olzen* Rn 114.
[141] BT-Drucks 8/2788 S 59; OLG Zweibrücken FamRZ 1994, 976 ff.
[142] *Staudinger/Coester* Rn 191; aA OLG Köln FamRZ 1985, 1059 f.
[143] BayObLG FamRZ 1994, 1413.
[144] OLG Zweibrücken FamRZ 1994, 976 betr rechtskräftige Verurteilung; OLG Düsseldorf NJW 1995, 1970 betr Verdacht auf sexuellen Missbrauch.

Lage sind, die zur Abwehr der Gefahr erforderlichen Maßnahmen zu ergreifen[145]. Daher können auch Eingriffe in das Personensorgerecht der Eltern gerechtfertigt sein[146].

Das Familiengericht kann sowohl gegenüber dem Dritten als auch gegenüber den Eltern Maßnahmen ergreifen; es muss aber nicht zuerst die Eltern verpflichten, gegen den Dritten im Zivilrechtsweg vorzugehen; vielmehr kann es unmittelbar gegenüber dem Dritten Maßnahmen ergreifen (Abs 4). Der zu beachtende Verhältnismäßigkeitsgrundsatz (Rn 19 f) spricht dafür, dass Maßnahmen gegen die Eltern nur ergriffen werden dürfen, wenn die Maßnahmen gegen den Dritten sich als unzureichend erweisen[147]. Handelten die Eltern dagegen pflichtgemäß, blieben sie aber erfolglos, so kommen nur Maßnahmen gegen den Dritten in Betracht[148]. 9.1

d) Kausalität zwischen der Gefährdung und dem pflichtwidrigen Verhalten. Der Wortlaut von Abs 1 fordert, dass das pflichtwidrige Verhalten der Eltern kausal für die Kindeswohlgefährdung geworden ist („durch")[149]. 10

e) Unwille oder Unfähigkeit der Eltern, die Gefahr abzuwenden. Der Unwille oder die Unfähigkeit der Eltern, die Gefahr abzuwenden, ist ein zusätzliches, negatives Tatbestandserfordernis, in dem die Subsidiarität des staatlichen Handelns zum Ausdruck kommt (sog **Subsidiaritätsklausel**)[150]. Damit soll verhindert werden, dass die Eltern übergangen werden[151]; sie sollen vielmehr zur Selbsthilfe bewogen werden[152]. Dabei steht der Unwille, die Gefahr abzuwenden, der Unfähigkeit gleich; erfasst werden also sowohl die Eltern, die willig, aber unfähig sind, als auch die, die unwillig, aber in der Lage sind, die Gefahr abzuwenden. Die Unwilligkeit bzw Unfähigkeit indiziert nicht nur eine Fortdauer der Kindeswohlgefährdung, sondern aus ihr ergibt sich auch die Erforderlichkeit gerichtlicher Gefahrenabwehrmaßnahmen[153]. Der mangelnde Wille oder die mangelnde Fähigkeit zur Gefahrenabwehr kann, muss sich nicht immer aus einem Verhalten in der Vergangenheit ableiten lassen[154]. Bei der Frage, ob bei einer von einem Dritten ausgehenden Gefährdung des Kindeswohls die Eltern unfähig oder unwillig sind, die Gefahr abzuwenden, muss die Möglichkeit, zur Abwehr der Störung den Zivilrechtsweg zu beschreiten, außer Betracht bleiben, da nur so dem Normzweck des Abs 4 Rechnung getragen werden kann, die Eltern nicht zu zwingen, die Rechte des Kindes gegen den Dritten vor dem Zivilgericht geltend zu machen (Rn 9.1)[155]. 11

3. Gefährdung des Kindesvermögens durch pflichtwidriges Verhalten der Eltern. Abs 1 ist Eingriffsgrundlage für Maßnahmen sowohl zum Schutz des Kindeswohls als auch des Kindesvermögens. Der Entzug der Vermögenssorge setzt eine Gefährdung des Kindesvermögens voraus. Abs 2 regelt, wann das Kindesvermögen gefährdet ist. 12

Nach überwM handelt es sich dabei um **Regelbeispiele**[156], nach aA um echte Tatbestandsvoraussetzungen[157]. Die letztere Sichtweise führt zu einer Begrenzung der staatlichen Eingriffsmöglichkeiten in die Vermögenssorge; der Regelbeispielcharakter gibt dagegen dem Rechtsanwender einen gewissen Spielraum, Eingriffe in die Vermögenssorge auch auf Pflichtverletzungen zu stützen, die nicht unter Abs 2 fallen. Letztlich wird damit der unbestimmte Begriff der Vermögensgefährdung zum Maßstab für staatliche Eingriffe. Die damit verbundene rechtsstaatliche Bedenklichkeit der Regelung wird dadurch relativiert, dass in den nicht erfassten Fällen die Tatbestandsvoraussetzungen des Abs 1 zu prüfen sind und der Inhalt der Pflichtverletzungen an den von Abs 2 genannten Fällen zu orientieren ist. Berücksichtigt man aber, dass außerhalb von Abs 2 keine Pflichtverletzungen denkbar sind, die einen Eingriff in die Vermögenssorge rechtfertigen können (zu Vermögensverfall, Eröffnung eines Insolvenzverfahrens und drohender Pflichtverletzung s Rn 15.1), spricht, entgegen dem Wortlaut der Norm, einiges für das Verständnis der Pflichtverletzungen als Tatbestandsvoraussetzungen. 12.1

a) Gefährdung des Kindesvermögens. Eine Gefährdung des Kindesvermögens liegt vor, wenn die gegenwärtige Gefahr[158] besteht, dass sich das Vermögen des Kindes vermindert oder durch den Ausfall von Erträgen nicht vermehrt, und dies nach den Grundsätzen einer wirtschaftlichen Vermögensverwaltung (§ 1642 Rn 3) durch entsprechende Maßnahmen hätte verhindert werden können[159]; ausreichend können persönliche Zerwürfnisse zwischen Elternteil und Kind sein, wenn sie sich auf die Vermögenssorge auswirken[160]. Abs 2 listet Vermögenspflichtverletzungen der Eltern auf, die idR zu einer Gefährdung führen. 13

---

[145] BT-Drucks 8/2788 S 39, 59.
[146] BayObLG FamRZ 1995, 948, 950.
[147] OLG Düsseldorf NJW 1995, 1970; MünchKommBGB/*Olzen* Rn 113; *Staudinger/Coester* Rn 91; *Johannsen/Henrich/Büte* Rn 41.
[148] *Gernhuber* Familienrecht, 3. Aufl 1980, § 49 VIII 3.
[149] *Beitzke* FamRZ 1979, 8, 9; *Oberloskamp* FPR 2003, 285, 287; aA MünchKommBGB/*Olzen* Rn 38.
[150] MünchKommBGB/*Olzen* Rn 116.
[151] BT-Drucks 8/2788 S 59.
[152] MünchKommBGB/*Olzen* Rn 117.
[153] MünchKommBGB/*Hinz* 3. Aufl 1992, § 1666 aF Rn 47.
[154] BayObLG FamRZ 1985, 522, 523.
[155] BT-Drucks 8/2788 S 39, 59 betr § 1666 Abs 1 S 2 aF; OLG Zweibrücken FamRZ 1994, 976; *Staudinger/Coester* Rn 10, 91.
[156] BT-Drucks 13/4899 S 97; BayObLG FamRZ 1999, 316, 317; FamRefK/*Rogner* Rn 3; *Staudinger/Coester* Rn 155, 158; *Jauernig/Berger* §§ 1666–1667 Rn 13.
[157] *Palandt/Diederichsen* 66. Aufl 2007, Rn 37; anders in der 67. Aufl 2008, Rn 21.
[158] BayObLG FamRZ 1989, 652, 653; enger *Staudinger/Coester* Rn 157, 163 ff: „voraussehbare erhebliche Schädigung des Kindesvermögens".
[159] *Palandt/Diederichsen* Rn 22.
[160] OLG Köln NJW-RR 2000, 373, 374.

§ 1666

14 **b) Pflichtwidriges Verhalten der Eltern (Abs 2). aa) Verletzung der Unterhaltspflicht gegenüber dem Kind (Alt 1).** Alt 1 setzt eine Unterhaltsverpflichtung nach §§ 1601 ff voraus, greift also nicht ein, wenn bereits die Bedürftigkeit des Kindes (§ 1602 Abs 2) oder die Leistungsfähigkeit des Unterhaltsverpflichteten (§ 1603) fehlt. Die **Verletzungshandlung** kann darin liegen, dass entweder kein Bar- oder kein Naturalunterhalt oder zu wenig geleistet wird[161]. Schuldhaftes Verhalten der Eltern ist nicht erforderlich[162]. Nötig ist weiter eine **gegenwärtige Gefahr** für das Kindesvermögen, eine Vermögensminderung muss noch nicht eingetreten sein[163]. Im Unterschied zu Abs 3 aF ist nicht mehr ausdrücklich gefordert, dass eine Gefährdung des Kindesunterhalts für die Zukunft zu besorgen ist. Diese Eingriffsvoraussetzung lässt sich nunmehr der Subsidiaritätsklausel von Abs 1 (Rn 11) entnehmen[164].

14.1 Alt 1 greift nicht ein, wenn sorgeberechtigte Elternteil den Unterhalt des Kindes durch dessen Unterbringung bei den Großeltern sichert und ihnen die Halbwaisenrente des Kindes sowie das Kindergeld überlässt[165], wenn der Unterhalt vom anderen Elternteil oder von anderen Verwandten erbracht wird und der unterhaltspflichtige Elternteil nicht in Anspruch genommen wird[166] sowie dann, wenn der Unterhalt des Kindes durch öffentliche Mittel oder die Unterbringung des Kindes bei Pflegeeltern sichergestellt ist[167]. Etwas anderes soll gelten, wenn der nichtleistende Elternteil zur Leistung aufgefordert wird und trotz Unterhaltspflicht nicht leistet[168]. Diese Differenzierung überzeugt allerdings nicht. Die potentielle Gefährdung des Kindesunterhalts ist vielmehr auch dann zu bejahen, wenn dritte Personen leisten, weil immer die Gefahr besteht, dass der bisher Leistungswillige seine Zahlungen einstellt und den Unterhaltspflichtigen zur Leistung auffordert. Alt 1 soll auch gelten, wenn der nach § 1602 Abs 2 nicht unterhaltspflichtige Elternteil Beträge aus dem Arbeitsverdienst des Kindes nicht hinreichend zur Bestreitung von dessen Unterhalt verwendet[169]. Diese Zuordnung ist aber zweifelhaft, da Alt 1 in diesem Fall mangels einer Unterhaltspflicht ausscheidet; auch Alt 2 greift nicht ein, da der Verstoß gegen § 1649 Abs 1 zu keiner Vermögensgefährdung führte. In Betracht kommt nur Abs 1, soweit das leibliche Kindeswohl gefährdet ist.

15 **bb) Verletzung der mit der Vermögenssorge verbundenen Pflicht (Alt 2).** Die Pflichten, um deren Verletzung es in Abs 2 Alt 2 geht, können **allgemeiner Natur** sein (§ 1626 Rn 29) oder sich aus **§§ 1639 bis 1645, 1649, 1683** ergeben. Hierzu gehört eine nachlässige Vermögensverwaltung[170] und Prozessführung[171], die Abhebung eines Sparguthabens des Kindes zur Verwendung für eigene Zwecke[172], die Nichtnutzung üblicher Möglichkeiten der Vermögensvermehrung (Verstoß gegen § 1642)[173], der Beginn eines Erwerbsgeschäfts im Namen des Kindes ohne Genehmigung des Familiengerichts (Verstoß gegen § 1645)[174]. Verschulden der Eltern ist auch hier nicht erforderlich[175].

15.1 Alt 2 übernimmt die Regelung von § 1667 Abs 1 aF mit der Einschränkung, dass die drohende Pflichtverletzung sowie der Vermögensverfall eines Elternteils nicht mehr ausdrücklich in die Neuregelung aufgenommen wurden; nach der Gesetzesbegründung sollen diese Vermögensgefährdungstatbestände von Abs 1 aufgefangen werden[176]. Dabei ist aber zu beachten, dass mit dem Wegfall des **Vermögensverfalls** als Pflichtverletzung gefolgert werden kann, dass nicht mehr jeder Vermögensverfall des Vermögenssorgeberechtigten eine Vermögensgefährdung des Kindes zur Folge hat, so dass Abs 1 ggf nicht eingreift. Abs 1 ist auch dann nicht einschlägig, wenn über das Vermögen des vermögenssorgeberechtigten Elternteils das **Insolvenzverfahren** eröffnet wurde[177]. Aufgrund der Streichung von § 1670 (Art 1 Nr 48 KindRG) hat die Eröffnung des Insolvenzverfahrens nicht mehr automatisch das Ende der Vermögenssorge zur Folge. Vielmehr kommen in beiden Fällen Eingriffe in die Vermögenssorge unter den Voraussetzungen von Abs 2 in Betracht.

16 **cc) Nichtbefolgen von Anordnungen des Gerichts, die sich auf die Vermögenssorge beziehen (Alt 3).** Eine Vermögensgefährdung ist nach Abs 2 Alt 3 weiter anzunehmen, wenn der vermögenssorgeberechtigte Anordnungen des Gerichts, die sich auf die Vermögenssorge beziehen, nicht befolgt. Als gerichtliche Anordnungen iS von Alt 3 kommen solche nach § 1640 Abs 3[178] sowie § 1667 Abs 1 bis 3 in Betracht. Die Regelung ist Ausdruck des Verhältnismäßigkeitsgrundsatzes[179]. Da auf Vermögensgefährdungen zunächst mit konkreten gerichtlichen Anordnungen reagiert wird, liegt in der Nichtbeachtung dieser Anordnungen eine Verstärkung der Vermögensgefährdung, so dass das Gericht danach mit einschneidenderen Maßnahmen reagieren kann[180].

---

[161] *Palandt/Diederichsen* Rn 24.
[162] MünchKommBGB/*Olzen* Rn 138; *Soergel/Strätz* § 1666 aF Rn 46; *Staudinger/Coester* Rn 154.
[163] *Staudinger/Coester* Rn 163; *Jauernig/Berger* §§ 1666–1667 Rn 12.
[164] BT-Drucks 13/4899 S 97.
[165] BayObLG FamRZ 1989, 652, 653.
[166] OLG Düsseldorf FamRZ 1968, 89, 90; KG KGJ 37 A 44.
[167] OLG Frankfurt FamRZ 1983, 530, 531; aA *Staudinger/Coester* Rn 168.
[168] BayObLG FamRZ 1964, 638, 639.
[169] KG JFG 14, 423, 427; *Soergel/Strätz* § 1666 aF Rn 47; *Erman/Michalski* Rn 23.
[170] BayObLG FamRZ 1983, 528, 530.
[171] MünchKommBGB/*Hinz* 3. Aufl 1992, § 1667 aF Rn 7.
[172] BayObLG FamRZ 1989, 1215, 1216.
[173] BayObLG FamRZ 1989, 652, 653.
[174] *Staudinger/Coester* Rn 171; *Palandt/Diederichsen* Rn 25.
[175] BayObLG FamRZ 1989, 1215, 1216; zum Verzicht auf ein Verschuldenserfordernis *Palandt/Diederichsen* Rn 27.
[176] BT-Drucks 13/4899 S 97.
[177] *Palandt/Diederichsen* Rn 27.
[178] Deshalb konnte § 1640 Abs 4 aF aufgehoben werden, BT-Drucks 13/4899 S 65.
[179] BT-Drucks 13/4899 S 97.
[180] *Palandt/Diederichsen* Rn 26; *Staudinger/Coester* Rn 173.

c) **Kausalität zwischen Pflichtverletzung und Vermögensgefährdung.** Sowohl aus Abs 1 als 17
auch aus Abs 2 ergibt sich, dass die Vermögensgefährdung auf der Pflichtverletzung beruhen muss.

d) **Unwille, Unfähigkeit der Eltern, die Gefahr abzuwenden.** Hier gilt das zur Personensorge 18
Gesagte (Rn 11) entspr[181].

III. Rechtsfolgen

1. Verhältnismäßigkeitsgrundsatz. Liegt eine Gefährdung des Kindeswohls oder des Kindesver- 19
mögens vor, und sind die Eltern nicht gewillt oder in der Lage, die Gefahr abzuwenden, so hat das
Gericht nach Abs 1 die zur Abwendung der Gefahr erforderlichen Maßnahmen zu treffen. Dem
Gericht steht hinsichtlich der zu treffenden Maßnahmen ein **Auswahlermessen** zu (Ausnahme
§ 1666a)[182]. Die Maßnahmen reichen von Ermahnungen, Verwarnungen, Ge- und Verboten bis hin
zum Entzug der elterlichen Sorge. Bei allen Eingriffen in das elterliche Sorgerecht ist der **Verhältnismäßigkeitsgrundsatz** zu beachten[183]. Die Maßnahme muss also geeignet[184] und erforderlich zur
Abwehr der Gefahr für das Kindeswohl bzw das Kindesvermögen[185] sowie verhältnismäßig im engeren
Sinn, also geboten sein[186], dh die Schwere des Eingriffs muss in einem angemessenen Verhältnis zu Art
und Ausmaß des elterlichen Versagens stehen[187]; fiskalische Belange dürfen bei der Entscheidung keine
Rolle spielen[188]. Besonderen Ausdruck findet dieser Grundsatz in § 1666 a; danach sind Maßnahmen,
mit denen eine Trennung des Kindes von der elterlichen Familie verbunden ist, nur zulässig, wenn der
Gefahr nicht auf andere Weise, auch nicht durch öffentliche Hilfen, begegnet werden kann[189]. Ziel der
Maßnahmen ist die Abwehr der Gefahr für das Kind; dabei folgt aber nicht nur aus Art 6 Abs 1 und 2
GG, sondern auch dem Kindesinteresse, dass jede staatliche Intervention in erster Linie auf Refunk-
tionalisierung, dh auf Hilfe anstatt auf Sanktionierung von Elternverhalten gerichtet sein muss. Kann
aber die Gefährdungsquelle auf diese Weise nicht beseitigt werden, sind weitergehende Maßnahmen
notwendig[190].

Die Entziehung des Aufenthaltsbestimmungsrechts und einzelner anderer Angelegenheiten der Personensorge ist 19.1
beispielsweise **nicht geeignet**, einer Gefährdung des Kindeswohls entgegenzuwirken, wenn die Unterbringung einer
16jährigen außerhalb des Haushalts ihrer Mutter an der nachhaltigen Weigerung der Minderjährigen scheitert und
das mit der Aufenthaltsbestimmung betraute Jugendamt deshalb keine Möglichkeit sieht, durch eine auswärtige
Unterbringung eine positive Persönlichkeitsentwicklung zu fördern[191].

Verweigern die Eltern aus religiösen Motiven eine lebensnotwendige ärztliche Behandlung, so ist die Bestellung 19.2
eines Pflegers, der die erforderliche Einwilligung abgibt, **nicht erforderlich;** vielmehr genügt es, die Zustimmungsverweigerung der Eltern durch eine gerichtliche Entscheidung nach § 1666 Abs 3 zu ersetzen[192]. Nicht ausreichend
ist dagegen der Teilentzug des Aufenthaltsbestimmungsrechts einer Mutter, wenn damit nicht verhindert werden
kann, dass sie das Kind gambischer Staatsangehörigkeit nach Gambia verbringt, wo es die Gefahr einer Genitalverstümmelung ausgesetzt ist[193]. Das Aufenthaltsbestimmungsrecht darf auch nicht entzogen werden, um damit die
Durchsetzung des Umgangsrechts zu ermöglichen[194]. Ein teilweiser Entzug des Sorgerechts in Form des Ausschlusses
der gesetzlichen Vertretung der Kinder im Abstammungsprozess ist nicht erforderlich, da die Weigerung der
Kindesmutter, die Kinder einer angeordneten Blutuntersuchung zu unterziehen, in einem Verfahren über die
Berechtigung der Weigerung wirksam begegnet werden kann[195]. Ebensowenig ist bei strafgerichtlicher Verurteilung
des Sorgeberechtigten die Sorgerechtsentziehung erforderlich, vielmehr genügt eine Entscheidung nach § 1674[196].
Ein auch mehrfacher Läusebefall rechtfertigt noch keine Entziehung der elterlichen Sorge[197].

Der **Verhältnismäßigkeitsgrundsatz ieS** ist zB nicht beachtet, wenn die gesamte Personensorge entzogen wird, 19.3
obwohl die Entziehung des Aufenthaltsbestimmungsrechts oder Maßnahmen nach § 1632 Abs 4 genügt hätten[198] (zum
Verhältnis von § 1666 zu § 1632 Abs 4 unter Rn 31 und § 1632 Rn 31). Das Gleiche gilt für den Entzug des gesamten

---

[181] *Staudinger/Coester* Rn 160, 176; *Jauernig/Berger* Rn 13.
[182] BGH FamRZ 2005, 344, 347; OLG Saarbrücken NJW-RR 2007, 1657, 1658; OLG Köln OLGR 2004, 4, 5; BayObLG FamRZ 1999, 318, 319; FamRZ 1999, 178, 179; FamRZ 1993, 229, 231; *Palandt/Diederichsen* Rn 31; *Staudinger/Coester* Rn 177; MünchKommBGB/*Olzen* Rn 159; *Johannsen/Henrich/Büte* Rn 56.
[183] BT-Drucks 13/4899 S 97; 7/2060 S 28; BVerfG FamRZ 2006, 385; FamRZ 2002, 1021, 1022; OLG Brandenburg FamRZ 2006, 1775 f; OLG Hamm FamRZ 2007, 2002; FamRZ 2006, 1476; FamRZ 2004, 1664, 1665; OLG Köln FamRZ 2004, 827; OLG Dresden FamRZ 2003, 1862; 1038; *Beitzke* FamRZ 1979, 8, 11; *Ehinger* FPR 2005, 253, 255; *Staudinger/Coester* Rn 181–183, 195; MünchKommBGB/*Olzen* Rn 160, 162 ff.
[184] BayObLG FamRZ 1995, 948, 949.
[185] BayObLG FamRZ 1995, 501, 502.
[186] BVerfG FamRZ 1989, 145, 146; OLG Köln FamRZ 1997, 1027, 1028.
[187] BVerfG FamRZ 1989, 145, 146.
[188] BT-Drucks 8/2788 S 60; BGHZ 8, 134, 137.
[189] BT-Drucks 8/2788 S 59; BVerfG FamRZ 1982, 567, 569; FamRZ 2002, 1021, 1022; OLG Saarbrücken OLGR 2005, 531; BayObLG FamRZ 1995, 948, 950; zum Problem der Trennung von Kind und Eltern näher Rn 23.
[190] *Staudinger/Coester* Rn 180 ff; *Gernhuber/Coester-Waltjen* § 57 Rn 118.
[191] BayObLG FamRZ 1995, 948, 950.
[192] OLG Celle NJW 1995, 792, 793.
[193] BGH FamRZ 2005, 344, 346 gegen OLG Dresden FamRZ 2003, 1862 f.
[194] OLG Brandenburg FamRZ 2002, 1273, 1274; OLG Jena FamRZ 2006, 280 f; anders OLG Frankfurt FamRZ 2004, 1311 f.
[195] OLG Karlsruhe FamRZ 2007, 738, 739.
[196] OLG Dresden FamRZ 2003, 1038.
[197] OLG Hamm ZfJ 2002, 149.
[198] BVerfG FamRZ 1989, 145; BayObLG NJWE-FER 2000, 231; OLG Hamm FamRZ 1997, 1550, 1551; BayObLG FamRZ 1985, 100, 101; FamRZ 1965, 280, 281.

§ 1666   Buch 4. Abschnitt 2. Verwandtschaft

Sorge, wenn zur Gefahrenabwehr die Mitsorge des anderen Elternteils genügt[199]. Die vollständige Trennung der Kinder von den Eltern wegen ihrer mangelnden intellektuellen Erziehungsfähigkeit ist unverhältnismäßig und verstößt gegen Art 8 EMRK[200]. Ist der Kindesmutter das Sorgerecht für ihr bei Pflegeeltern lebendes, außerehelich geborenes Kind zu entziehen, besteht aber noch keine tragfähige Bindung zwischen dem erziehungsgeeigneten Vater und seinem Kind, so erfordert dies nicht auch einen Entzug der elterlichen Sorge des Vaters. Vielmehr kann es geboten sein, ihm das Sorgerecht zu belassen und zugunsten der Pflegeeltern eine Anordnung nach § 1632 Abs 4 zu erlassen[201]. Als mildere Mittel gegenüber einer Entziehung des Aufenthaltsbestimmungsrechts für ein Kind, das vom Jugendamt mit Zustimmung der unter Betreuung stehenden Kindesmutter in Pflege gegeben wurde, wurde auch die Weisung angesehen, dass die Kindesmutter gemeinsam mit dem Kind in den Haushalt der Betreuerin wechselt[202].

20   **2. Maßnahmen gegenüber den Eltern. a) Im Bereich der Personensorge.** Als Maßnahmen im Bereich der Personensorge, die am wenigsten einschneidend sind, kommen **Ermahnungen, Auflagen, Ge- und Verbote** sowie **Weisungen** in Betracht[203]. **Abs 3** sieht die Möglichkeit vor, dass das Gericht **Erklärungen** eines Elternteils oder beider **ersetzt**, soweit er/sie Inhaber der elterlichen Sorge ist/sind[204]. Diese Maßnahme kommt vor allem dann in Betracht, wenn die Eltern/ein Elternteil strikt Einwilligungen in notwendige Heilbehandlungen[205] und in die psychologische Begutachtung des Kindes[206] oder rechtsgeschäftliche Erklärungen hinsichtlich Ausbildung und Beruf verweigern/verweigert. Fehlt dagegen eine strikte Weigerung der Eltern, wird das Gericht anordnen, dass die Eltern die Erklärung abgeben[207]. Als weitergehende Maßnahme kommt die **Beschränkung** der elterlichen Sorge **in einzelnen Teilen**[208] oder die **Entziehung einzelner Teile** der elterlichen Sorge in Betracht, wie etwa des (teilweisen) Aufenthaltsbestimmungs-[209], des Umgangsbestimmungsrechts[210], des Rechts zur Antragstellung nach SGB VIII[211], Erfüllung des Auskunftsanspruchs nach § 1686[212], der Befugnis über Ausbildung, Schulan-, -ab- oder -ummeldung oder des Schulbesuchs zu entscheiden[213] oder des Vertretungsrechts (zum Teil oder ganz)[214]. Maßnahmen, mit denen eine Trennung des Kindes von der elterlichen Familie verbunden ist, zB durch Unterbringung in einer Pflegefamilie oder in einem Heim, sind nur unter den Voraussetzungen des § 1666 a Abs 1 zulässig (dort Rn 2 ff). Einen noch stärkeren Eingriff in das Elternrecht stellt der **Entzug der gesamten Personensorge** dar, der nur unter den Voraussetzungen von § 1666 a Abs 2 möglich ist (näher dort Rn 11). Eine **zeitlich begrenzte** Entziehung einzelner Teile oder des gesamten Personensorgerechts ist nicht zulässig, wenn die Dauer der Kindeswohlgefährdung nicht sicher vorhersehbar ist; vielmehr ist die Maßnahme zu gegebener Zeit nach § 1696 Abs 2 aufzuheben[215]. Zulässig ist dagegen die befristete Sorgerechtsentziehung zur Durchführung einer klinischen Begutachtung des Kindes[216].

20.1   Ermahnungen, Auflagen, Ge-/Verboten und Weisungen fehlt aber oft die Eignung zur Verbesserung der Situation des Kindes[217]; iÜ ist bei allgemeinen hygienischen Fragen nicht zuletzt mit Blick auf Art 6 Abs 2, 2 Abs 1 GG äußerste Zurückhaltung geboten[218]. Zu starke Eingriffe in die Privatsphäre eines Elternteils und deshalb unzulässig sind auch die Anordnung gegenüber einem Elternteil, außereheliche Beziehungen zu unterlassen[219], eine besser bezahlte Arbeit zu suchen oder die häusliche Gemeinschaft mit seiner Familie wieder aufzunehmen[220]. Einer Frau kann dagegen die

---

[199] AG Korbach FamRZ 2003, 1496.
[200] EGMR FamRZ 2002, 1393, 1396 f – Kutzer/Deutschland m krit Anm *Brückner* FuR 2002, 385 ff.
[201] OLG Hamm FamRZ 2006, 1476 f.
[202] OLG Frankfurt JAmt 2003, 39 f.
[203] OLG Frankfurt FamRZ 2003, 1491 f; NJW-RR 2002, 649 f; MünchKommBGB/*Olzen* Rn 169; *Staudinger/Coester* Rn 186.
[204] BT-Drucks 13/4899 S 97.
[205] Zum Problem der Einwilligung in einen Schwangerschaftsabbruch s § 1626 Rn 24.
[206] OLG Rostock NJW 2007, 231 ff = FamRZ 2006, 1623 ff; OLG Zweibrücken ZFE 2004, 60 f; DAVorm 1999, 139 f; OLG Karlsruhe FamRZ 2001, 1210 f.
[207] *Palandt/Diederichsen* Rn 32.
[208] OLG Frankfurt FamRZ 2003, 1491 f; BayObLG FamRZ 1965, 280, 281.
[209] EGMR FuR 2007, 412, 413; BGH FamRZ 2005, 344, 346; OLG Brandenburg NJW 2006, 235, 236; OLG Dresden FamRZ 2003, 1862 f; JAmt 2002, 310, 314; OLG Hamm FamRZ 2006, 1478 f; FamRZ 2004, 1664, 1665; OLG Frankfurt FamRZ 2004, 1311 f; OLG Köln FamRZ 2004, 827; OLG Koblenz NJW-RR 2005, 1164 f; OLG Karlsruhe JAmt 2002, 135, 136; BayObLG FamRZ 2001, 562; FamRZ 1999, 178 f; FamRZ 1997, 572 f; FamRZ 1995, 948, 950; FamRZ 1985, 635, 636; FamRZ 1978, 135, 137; OLG Nürnberg EzFamR aktuell 14/2002, 210 f; AG Saarbrücken FamRZ 2003, 1859, 1861.
[210] OLG Karlsruhe NJW-RR 2007, 443 ff; OLG Hamm FamRZ 1997, 1550, 1551; OLG Köln NJW-FER 1998, 221; OLG Nürnberg EzFamR aktuell 14/2002, 210 f.
[211] OLG Hamm FamRZ 2004, 1664, 1666; KG FamRZ 2004, 483; AG Saarbrücken FamRZ 2003, 1859; es wird nicht automatisch mit entzogen, wenn das Aufenthaltsbestimmungsrecht entzogen wird, BVerfG NJW 2002, 232, 233; OVG NRW JAmt 2003, 36, 38; krit zu diesem Procedere statt einer gesetzlichen Kompetenzerweiterung des Gerichts gegenüber Jugendamt *Gernhuber/Coester-Waltjen* § 57 IX Rn 117 Fn 288.
[212] OLG Frankfurt FamRZ 2004, 1311, 1312; NJW 2002, 3785, 3786.
[213] OLG Brandenburg NJW 2006, 235, 236; OLG Köln FamRZ 2004, 827; AG Kerpen JAmt 2003, 548.
[214] BayObLG FamRZ 1985, 635, 636.
[215] OLG Karlsruhe FamRZ 2005, 1272; OLG Stuttgart FamRZ 1974, 538, 540; anders OLG Köln FamRZ 1996, 1027, 1028; *Johannsen/Henrich/Büte* Rn 59.
[216] BayObLG FamRZ 1995, 501, 502; s auch *Soergel/Strätz* § 1666 aF Rn 35: Begrenzung für die Dauer einer Heimunterbringung.
[217] *Wiesner* ZBlJugR 1981, 509, 512; *Simitis* ua Kindeswohl S 177.
[218] OLG Hamm JAmt 2002, 149.
[219] RGRK/*Adelmann* § 1666 aF Rn 58; aA LG München ZBlJugR 1968, 87, 88.
[220] OLG Hamburg FamRZ 1957, 426 f.

Vornahme eines Schwangerschaftsabbruchs untersagt werden, wenn man § 1666 auf den nasciturus anwendet[221]. Das Familiengericht kann die Eltern auch verpflichten, Hilfen zur Erziehung nach §§ 27 ff **SGB VIII** in Anspruch zu nehmen (Rn 31)[222]. Denkbar ist weiter eine Anweisung an einen Elternteil, ein Wohnrecht nicht auszuüben; in Betracht kommt zudem eine sog go-order bei Gewaltanwendung. Soweit Opfer der Gewalt der andere Elternteil ist, bildet § 1 Abs 1 GewSchG die Grundlage für die Zuweisung der gemeinsam genutzten Wohnung an den nicht gewalttätigen Elternteil[223]. Ist das Opfer der Gewalttaten dagegen ausschließlich das Kind, greift das GewSchG nicht ein (§ 3 Abs 1 GewSchG). Einschlägig sind in diesem Fall die §§ 1666, 1666a, was durch die Neufassung von § 1666a aufgrund des KindRVerbG klargestellt worden ist (näher § 1666a Rn 7 ff)[224]. Weisungen gegenüber dem Kind sind unzulässig[225] (zu jüngeren Reformvorhaben s Rn 25).

b) Im Bereich der Vermögenssorge. Den Eltern kann aufgegeben werden, einen geeigneten 21 Prozessbevollmächtigten für das Kind zu bestellen, um nachlässiger Prozessführung durch die Eltern entgegenzuwirken[226]. Dagegen können sie nicht angewiesen werden, Kindesrechte klageweise geltend zu machen[227]. Ebenso unzulässig soll die Bestellung eines Überwachungspflegers neben den weiterhin sorgeberechtigten Eltern sein[228]. Das Familiengericht kann weiter Maßnahmen nach Abs 3 (zB die Kündigung von Mietverhältnissen in einem dem Kind gehörenden Haus)[229] und insbes solche nach § 1667 ergreifen. Als einschneidendste Maßnahme kommt die **Entziehung der Vermögenssorge** in Betracht, wenn sie zur Abwendung der Gefahr geboten ist, mildere Mittel zur Gefahrenabwehr also nicht ausreichen[230]. Nicht erforderlich ist, dass zuvor Maßnahmen nach § 1667 getroffen wurden und der betroffene Elternteil der gerichtlichen Anordnung trotz Zwangsgeldandrohung nicht nachkommt[231]. Die vollständige Entziehung ist nur zulässig, wenn eine nur teilweise Entziehung der Vermögenssorge hinsichtlich einzelner Vermögensgegenstände (zB Verwaltung eines Miethauses) nicht genügt[232]. Geht die Vermögensgefährdung von einem Elternteil aus, dem die Vermögenssorge nach §§ 1671, 1672 allein zustand, so erfolgt die Entziehung auf der Grundlage von § 1696, nicht nach § 1666 Abs 1 (Rn 31.1). Den/die bisher Vermögenssorgeberechtigten trifft die Pflicht, das Vermögen dem nunmehr Sorgeberechtigten herauszugeben und Rechenschaft über die Verwaltung abzulegen (§ 1698).

c) Entzug der gesamten elterlichen Sorge. Das Gesetz sieht nicht die Möglichkeit vor, die 22 gesamte elterliche Sorge zu entziehen. Sie kann nur durch Entziehung sämtlicher Teilrechte oder Einzelbestandteile der Vermögens- und Personensorge erreicht werden. In diesem Fall kommt die Anordnung einer Vormundschaft in Betracht (§ 1773)[233]. Wird dagegen lediglich die Personen- oder Vermögenssorge oder werden nur einzelne Teilbereiche entzogen, so ist ein Ergänzungspfleger (§ 1909) zu bestellen[234]. Das Familiengericht kann den Vormund und Pfleger auswählen (§ 1697)[235]. Soweit eine als Einzelvormund oder Pfleger geeignete Person nicht vorhanden ist, kann das Jugendamt als Vormund oder Pfleger bestellt werden (§§ 1791 b Abs 1, 1915 Abs 1).

d) Wirkung der Entziehung, Folgeentscheidungen. Mit der Entziehung der elterlichen Sorge 23 verliert der Elternteil bzw verlieren die Eltern die elterliche Sorge der Substanz, nicht nur der Ausübung nach[236]. Das **Umgangsrecht** bleibt jedoch unberührt[237]. Es erlangt sogar eine besondere Bedeutung. Bei Anordnung einer Vormundschaft bzw Ergänzungspflegschaft und Inpflegegabe des Kindes haben alle Beteiligten die positive Verpflichtung, Maßnahmen zur Erleichterung der Familienzusammenführung zu ergreifen, sobald dies vernünftigerweise möglich und mit dem Kindeswohl vereinbar ist[238]. Mit der Entziehung der elterlichen Sorge oder zumindest des Aufenthaltsbestimmungsrechts ist deshalb eine Entscheidung nach § 1684 Abs 3 bzw 4 zu treffen[239]. Dabei ist besonders zu berücksichtigen, dass

---

[221] Zum Rechtsschutz des nasciturus s 1626 Rn 18; problematisch ist, ob das Familiengericht der Schwangeren bestimmte Verhaltensweisen, zB Unterlassen von Alkohol-, Zigaretten-, Drogenkonsum, vorschreiben kann, dazu Nachweise bei *Staudinger/Coester* Rn 37.
[222] *Erman/Michalski* Rn 17; *Staudinger/Coester* Rn 186; zum Inhalt des Reformvorhabens s Rn 25.
[223] *Rotax* FPR 2001, 251, 256; generell zu den Auswirkungen von Partnerschaftsgewalt auf die Entwicklung des Kindes *Kindler/Drechsel* JAmt 2003, 217 ff; *Weber-Hornig/Kohaupt* FPR 2003, 315 ff.
[224] BT-Drucks 14/8131 S 8; *Janzen* FamRZ 2002, 785, 787; *Knittel* JAmt 2002, 50, 53.
[225] Empfehlungen des 13. DFGT FamRZ 2000, 273, 274.
[226] KG JFG 22, 174, 179 f; HRR 1941 Nr 14.
[227] KG HRR 1937, 1087, 1088.
[228] OLG Neustadt MDR 1955, 479, 480.
[229] *Palandt/Diederichsen* Rn 32.
[230] BT-Drucks 8/2788 S 60; OLG Frankfurt NJW-RR 2005, 1382; BayObLG FamRZ 1979, 71, 73; *Staudinger/Coester* Rn 198.
[231] *Soergel/Strätz* § 1667 aF Rn 10; aA BayObLG FamRZ 1979, 71, 73.
[232] BayObLG FamRZ 1983, 528, 530.
[233] OLG Köln OLGR 2004, 4 ff; OLG Frankfurt FamRZ 2003, 1317 ff m Anm *Doukkani-Bördner*; OLG Stuttgart FamRZ 2002, 1279 f; KG FamRZ 2002, 267 f; OLG Hamm FamRZ 2002, 692 f; BayObLG NJW 1999, 293, 294; FamRZ 1997, 1553; OLG Karlsruhe FamRZ 1989, 1322 f; *Staudinger/Coester* Rn 178.
[234] OLG Celle JAmt 2004, 150; OLG München FamRZ 2003, 1957, 1958; OLG Frankfurt NJW 2000, 368; BayObLG FamRZ 1999, 316, 318; NJW 1999, 293, 294; FamRZ 1997, 1553; OLG Köln NJWE-FER 1998, 221 = FamRZ 1998, 1463.
[235] OLG München FamRZ 2003, 1957, 1958.
[236] Anders sehen dies *Soergel/Strätz* § 1666 aF Rn 48; *Erman/Michalski* Rn 15.
[237] BayObLG FamRZ 1999, 316, 318; FamRZ 1995, 1438; *Soergel/Strätz* § 1666 aF Rn 52.
[238] EGMR FamRZ 2002, 1393, 1397 – *Kutzer/Deutschland*; OLG Hamm FamRZ 2004, 1310; FamRZ 2004, 1664, 1665.
[239] OLG Frankfurt FamRZ 2003, 1317 f m Anm *Doukkani-Bördner*; OLG Düsseldorf FamRZ 1981, 479; s auch OLG Hamburg FamRZ 1978, 793, 794; BayObLG FamRZ 1995, 1438; *Peschel-Gutzeit* FPR 2003, 290, 292 f.

eine Trennung des Kindes von seinen Eltern die kindliche Entwicklung gefährden kann, weil ein Abbruch der Eltern-Kind-Beziehung gerade in den ersten Lebensjahren dem Kind idR die Basis für eine Orientierung über die Welt und sich selbst entzieht[240]. Darüber hinaus ist zu regeln, wem nach Wegfall des (gesamten oder von Teilen des) Sorgerechts eines oder beider Elternteile die elterliche Sorge zusteht[241]. Stand die **elterliche Sorge** dem vom Sorgerechtsentzug betroffenen Elternteil **gemeinsam** mit dem anderen zu, so steht sie jetzt nach § 1680 Abs 3 Alt 1, Abs 1 dem anderen Elternteil allein zu. Voraussetzung ist allerdings, dass dieser die elterliche Sorge ausüben kann und darf; das Gericht muss also prüfen, ob nicht auch ihm gegenüber eine Entscheidung nach § 1666 ergehen muss. Wird ihm teilweise die elterliche Sorge entzogen, hat das Gericht eine **Ergänzungspflegschaft,** bei vollständigem Entzug der elterlichen Sorge eine **Vormundschaft** anzuordnen (Rn 22); dem Ergänzungspfleger kann dabei im Einzelfall die Aufgabe zukommen, die Betreuung und Versorgung des Kindes zu überwachen und zu kontrollieren[242], den Umgang durchzuführen (Umgangspflegschaft; näher § 1684 Rn 17) oder die Beschulung und Ausbildung sicherzustellen[243]. Wird der Mutter, der die elterliche Sorge nach **§ 1626a Abs 2** allein zusteht, die elterliche Sorge entzogen, so hat das Familiengericht nach § 1680 Abs 3 Alt 2, Abs 2 S 2 die elterliche Sorge dem Vater zu übertragen, wenn dies dem Wohl des Kindes dient. Wird die elterliche Sorge einem Elternteil entzogen, dem sie nach den **§§ 1671, 1672** allein zustand, so hat das Gericht die Sorge dem anderen Elternteil zu übertragen, wenn dies aus triftigen, das Wohl des Kindes nachhaltig berührenden Gründen angezeigt ist (§ 1696 Abs 1).

24   3. **Maßnahmen gegenüber Dritten (Abs 4).** Im Bereich der **Personensorge** kann das Gericht auch Maßnahmen mit Wirkung gegen Dritte (zum Begriff des Dritten oben Rn 9) erlassen. Als Maßnahmen kommen Ermahnungen, Umgangsverbote, Herausgabegebote, eine Wegweisung aus der mitbewohnten oder einer anderen Wohnung (§ 1666a Abs 1 S 1, 3; dort Rn 7)[244] und Weisungen in Betracht[245]. Betretens-, Näherungs- und Kontaktverbote können auch auf § 1 GewSchG gestützt werden, das im Verhältnis zu Dritten neben § 1666 anwendbar ist[246]; allerdings ergehen diese Maßnahmen nur auf Antrag der verletzten Person. Eine zeitliche Befristung der Maßnahmen ist nicht möglich, wenn die Dauer der Kindeswohlgefährdung nicht sicher vorhersehbar ist; eine gerichtliche Überprüfung der Erstentscheidung erfolgt nach § 1696 Abs 2, 3 von Amts wegen[247]. Im Bereich der **Vermögenssorge** findet § 1666 Abs 4 nach dessen Wortlaut keine Anwendung; hier ist das Kind auf die allgemeinen zivilrechtlichen Abwehrmöglichkeiten angewiesen[248]. Zu deren Wahrnehmung kann das Gericht die Eltern durch entsprechende Gebote anhalten[249]. In Fällen besonderer Eilbedürftigkeit, zur Fristwahrung oder wenn die Angelegenheit sowohl die Personen- als auch die Vermögenssorge betrifft, wird allerdings zur Gewährleistung eines effektiven Kindesschutzes für eine Analogie zu Abs 4 plädiert[250].

25   4. **Reformvorhaben.** Ein vom Freistaat Bayern in den Bundesrat eingebrachter Gesetzesantrag will zur Bekämpfung der Jugendkriminalität § 1666 um eine Gefährdungsvermutung und einen Maßnahmenkatalog ergänzen. Danach wird eine Gefährdung des Kindeswohls vermutet, wenn das Kind wiederholt in schwerwiegender Weise gegen Strafgesetze verstößt oder wenn das Kind Anzeichen von drohender Abhängigkeit von Betäubungsmitteln oder anderen Suchtmitteln erkennen lässt. Als Maßnahmen sind vorgesehen: ein Erziehungsgespräch des Gerichts mit den Eltern, ggf unter Einbeziehung des Kindes, Weisungen gegenüber den Eltern und dem Kind[251]. Auch der Vorstand des DFGT empfiehlt Interventionsmaßnahmen gegenüber „Klaukindern" und „Schulverweigerern"[252]. Der Gesetzentwurf der Bundesregierung zur Erleichterung familiengerichtlicher Maßnahmen bei Gefährdung des Kindeswohls sieht ua vor, die Eingriffsvoraussetzung des pflichtwidrigen Verhaltens der Eltern zu

---

[240] BVerfG FamRZ 2001, 1021, 1023; der EGMR spricht von einem „Prozess der irreversiblen Entfremdung" (FamRZ 2005, 585, 588) bzw von „wachsenden Entfremdung" (FamRZ 2002, 1393, 1397); OLG Hamm FamRZ 2004, 1310; *Schumann* RdJB 2006, 165, 168 f; zu den psychologischen Auswirkungen beim Fremdplatzierung des Kindes in Pflegeheim oder Kinderheim *Unzner* FPR 2003, 321 ff.
[241] BayObLGZ 62, 277, 279.
[242] BGH FamRZ 2005, 344, 347; OLG Celle FamRZ 2003, 549, 551; *Staudinger/Coester* Rn 187 spricht von „Aufsichtspflegschaft".
[243] *Raack* FF 2006, 295, 297 mwN.
[244] MünchKommBGB/*Olzen* Rn 188.
[245] OLG Zweibrücken NJW 1994, 1741, 1742; OLG Köln Kind-Prax 1999, 95: „go-order", dh Festlegung eines Bannkreises um die Wohnung des Schützlings, *Soergel/Strätz* Erg zu §§ 1666 aF, 1666a aF Rn 39; s auch Rn 20.1; BT-Drucks 8/2788 S 59; FamRefK/*Rogner* Rn 10; RGRK/*Adelmann* § 1666 aF Rn 69; *Soergel/Strätz* § 1666 aF Rn 39.
[246] BT-Drucks 14/5429 S 43; *Schumacher* FamRZ 2002, 645, 647.
[247] OLG Zweibrücken NJW 1994, 1741, 1742.
[248] FamRefK/*Rogner* Rn 10.
[249] *Palandt/Diederichsen* Rn 34; *Staudinger/Coester* Rn 202.
[250] *Palandt/Diederichsen* Rn 34; *Staudinger/Coester* Rn 202.
[251] BR-Drucks 645/98 für erledigt erklärt mit BR-Drucks 297/06; neuer wortgleicher Antrag BR-Drucks 296/06; zust *Thomas* ZRP 1999, 193 ff; krit *Röchling* FamRZ 2006, 1732 ff; *Rosenboom* S 167 ff; *Bode* Kind-Prax 1998, 183 ff; *Gerstein* Kind-Prax 1999, 48 ff; *Czerner* AcP 202 (2002), 72, 134 ff; krit zu dem Maßnahmenkatalog, ansonsten dem Reformvorschlag zust *Hinz* ZRP 2000, 107, 113; abl Arbeitskreis 18 des 13. DFGT, Brühler Schriften; S 120; *Rotax* FPR 2001, 251, 253, 256 Fn 47.
[252] Empfehlungen des 16. DFGT FamRZ 2005, 1962, 1963.

streichen[253] sowie die Rechtsfolgen unterhalb der Schwelle des Sorgerechtsentzugs zu konkretisieren (§ 1666 nF)[254].

Zu den gerichtlichen Maßnahmen sollen nach Abs 3 nF insbes gehören: Gebote, öffentliche Leistungen (zB Leistungen der Kinder- und Jugendhilfe, Gesundheitsfürsorge) anzunehmen, für die Einhaltung der Schulpflicht zu sorgen, Verbote, vorübergehend oder auf unbestimmte Zeit die Familienwohnung zu benutzen oder Verbindung zum Kind aufzunehmen. Weiter wird eine Ergänzung des Verfahrensrechts um eine Vorschrift vorgeschlagen, wonach das Gericht verpflichtet ist, mit den Eltern und ggf auch dem Kind zu erörtern, wie einer möglichen Gefährdung des Kindeswohls begegnet werden und welche Folgen die Nichtannahme notwendiger Hilfen haben kann (§ 165 a FGG-RG neu). Sieht das Gericht von Maßnahmen nach §§ 1666 bis 1667 ab, soll diese Entscheidung in regelmäßigen Abständen überprüft werden (§ 1696 Abs 4 nF). Nicht zuletzt wird eine stärkere Zusammenarbeit der Familiengerichte mit den Jugendämtern eingefordert (§ 81 a SGB VIII nF). 25.1

IV. Verfahren

Zuständig für die Entscheidung nach § 1666 ist grds das Familiengericht als Abteilung des Amtsgerichts (§ 23 b Abs 1 Nr 2 GVG, § 621 Abs 1 Nr 1 ZPO). Zulässig ist auch eine Entscheidung im Rechtsmittelverfahren[255]; Maßnahmen zur Abwehr von Gefahren für das Kindeswohl entscheidet der Richter (§ 14 Abs 1 Nr 8 RPflG), über solche zur Abwehr von Gefahren für das Kindesvermögen der Rechtspfleger (§ 3 Nr 2 a RPflG). Die örtliche Zuständigkeit bestimmt sich nach § 621 Abs 1 S 1 HS 2 Nr 1 ZPO, soweit über die Familiensache im Verbundverfahren entschieden wird, ansonsten nach §§ 621 Abs 2 S 2, 621 a Abs 1, 64 Abs 3 S 2 ZPO, §§ 36, 43 FGG. 26

Im Verfahren nach § 1666 gelten die **Offizialmaxime** und der Grundsatz der **Amtsermittlung** (§ 12 FGG)[256]. Das Jugendamt hat das Familiengericht nach § 8 a Abs 3 SGB VIII anzurufen, wenn es ein Tätigwerden des Gerichts für erforderlich hält[257]. **Anzuhören** sind das Jugendamt nach § 49 a Abs 1 Nr 8 FGG, die sorgeberechtigten Eltern nach § 50 a Abs 1 S 3 FGG[258], der nicht sorgeberechtigte Elternteil nach § 50 a Abs 2 FGG[259], das Kind nach § 50 b FGG[260] und die Pflegeperson unter den Voraussetzungen des § 50 c FGG[261]. Soweit es um Maßnahmen mit Wirkung gegenüber einem Dritten geht, wird der Dritte Verfahrensbeteiligter und ist ebenfalls anzuhören[262]. Über die Heranziehung eines **Sachverständigen** entscheidet das Gericht nach pflichtgemäßem Ermessen (§ 1626 Rn 42)[263]. Für das Kind ist unter den Voraussetzungen des § 50 Abs 2 S 1 Nr 2 FGG idR ein **Verfahrenspfleger** zu bestellen[264]. Eine Pflicht des Gerichts, auf eine einvernehmliche Konfliktlösung hinzuwirken (§ 52 FGG), besteht nicht, weil das Verfahren nach § 1666 der Disposition der Parteien entzogen ist[265] (zu den Reformvorhaben s Rn 25). 27

Bei den **Rechtsmitteln** ist zu unterscheiden, ob die Entscheidung im Verbundverfahren (§ 623 Abs 3 ZPO) oder im isolierten Verfahren ergangen ist (§ 1626 Rn 46); die anfechtbare Entscheidung kann in einer Einstellung des Verfahrens oder einer Untätigkeit des Gerichts liegen, der eine Einstellung gleichsteht[266]. Nicht anfechtbar ist grds die ein Verfahren einleitende Verfügung[267]. **Beschwerdeberechtigt** sind das Kind (§ 20 FGG), das ab Vollendung des 14. Lebensjahres selbst Beschwerde einlegen kann (§ 59 Abs 1 S 1, Abs 3 FGG)[268], das Jugendamt (§§ 57 Abs 1 Nr 9, 64 Abs 3 S 3 FGG)[269] sowie die Eltern und die Pflegeeltern (§ 20 FGG, nicht nach § 57 Abs 1 Nr 9 FGG [§§ 64 Abs 3 S 3, 57 Abs 2 FGG])[270], nicht aber der sorgeberechtigte Vater eines außerhalb einer Ehe geborenen Kindes bei Ablehnung von Umgangsverboten gegen Dritte nach Abs 4[271] sowie der nichteheliche Vater gegen die Ablehnung einer Entziehung des Sorgerechts der allein sorgeberechtigten Kindesmutter[272]. Nicht beschwerdeberechtigt sind auch die Verwandten und Verschwägerten des Kindes; die Regelung des § 57 28

---

[253] Er spricht von „elterlichem Erziehungsversagen", Begr S 9.
[254] BR-Drucks 550/07 vom 10. 8. 2007; näher zu dem Entwurf *Röchling* FamRZ 2007, 1775 ff; bke ZKJ 2007, 361 f; *Rosenboom/Rotax* ZRP 2008, 1 ff; *Coester* in: *Lipp/Schumann/Veit* S 19, 31 ff.
[255] OLG Rostock NJW 2007, 231, 233.
[256] OLG Koblenz FamRZ 2006, 720, 721; DIJuF-Rechtsgutachten JAmt 2002, 456 f.
[257] Dem Jugendamt steht dabei ein Beurteilungsspielraum zu, *Münder* ua in: Frankfurter Kommentar zum SGB VIII: Kinder- und Jugendhilfe, 5. Aufl 2006, § 8 a Rn 38; *Wiesner/Wiesner* SGB VIII: Kinder- und Jugendhilfe, 3. Aufl 2006, § 8 a Rn 44 f; *Salgo* ZKJ 2007, 12, 15; *Wiesner* FPR 2007, 6, 11.
[258] VerfGH Berlin FamRZ 2001, 848, 849 f; OLG Oldenburg FamRZ 1999, 35, 36.
[259] OLG Köln FamRZ 1999, 530, 531.
[260] OLG Frankfurt FamRZ 2003, 1314 m abl Anm *Klenner* und *Spangenberg* FamRZ 2004, 132 f.
[261] Daraus ergibt sich aber keine Beteiligtenstellung der Pflegeperson, OLG Hamm FamRZ 2005, 2081.
[262] OLG Köln FamRZ 2001, 37, 38; BT-Drucks 8/2788 S 59.
[263] OLG Köln FamRZ 1972, 647; *Staudinger/Coester* Rn 220 ff.
[264] OLG Naumburg JAmt 2005, 423, 424; OLG Köln FamRZ 2001, 845, 846; *Heilmann* Kind-Prax 2000, 79; Forderungen zur Ausweitung der Rechte des Verfahrenspflegers Verfahrenspflegertagung JAmt 2002, 448, 449.
[265] *Keidel/Engelhardt* § 52 FGG Rn 2; *Johannsen/Henrich/Büte* Rn 75.
[266] OLG Bamberg FamRZ 2003, 1310; *Keidel/Kuntze/Winkler* § 19 Rn 8; DIJuF-Rechtsgutachten JAmt 2003, 348, 350.
[267] OLG Koblenz FamRZ 2006, 143 f.
[268] OLG Köln NJW-RR 2001, 221; BayObLG FamRZ 1997, 954, 955; OLG Hamm FamRZ 1974, 29 f.
[269] BayObLG FamRZ 1984, 199.
[270] BayObLG FamRZ 1976, 163, 165 betr Beschwerderecht nach § 57 Abs 1 Nr 9 FGG.
[271] OLG Bamberg FamRZ 2000, 492.
[272] OLG Hamm FamRZ 2006, 1467, 1469.

§ 1666

Abs 1 Nr 8 FGG hat auf Grund der §§ 64 Abs 3 S 3, 57 Abs 2 FGG keinen Anwendungsbereich mehr[273]. Auch in der Beschwerdeinstanz besteht grds eine Anhörungspflicht[274].

29 Maßnahmen nach § 1666 können auch durch **einstweilige Anordnung** ergehen, wenn ein dringendes Bedürfnis für ein unverzügliches Einschreiten besteht, das ein Warten bis zur Beendigung der notwendigen Ermittlungen nicht gestattet, sondern auf der Grundlage vorläufiger Ermittlungsergebnisse eine sofortige Maßnahme zur Abwendung der dem Kind drohenden Gefahr erfordert[275]. Einstweilige Anordnungen können auch vom Beschwerdegericht getroffen werden[276]. Ein so schwerwiegender Eingriff in das Elternrecht wie die Trennung des Kindes von der Familie kann nur dann im Wege einer einstweiligen Anordnung erfolgen, wenn massiv belastende Ermittlungsergebnisse und ein entspr hohes Gefährdungspotential für das Kind vorliegen[277]. Maßnahmen, die das Gericht im Wege einstweiliger Anordnung ergreifen kann, sind zB die Entziehung des Aufenthalts- und Umgangsbestimmungsrechts[278], die Entziehung der Gesundheitsfürsorge[279], das Verbot, den Eltern den Aufenthaltsort mitzuteilen[280] sowie die Entziehung der gesamten Personensorge[281]. Von einer grds auch im Verfahren um den Erlass einer einstweiligen Anordnung erforderlichen Anhörung[282] kann nur in Ausnahmefällen, etwa bei Gefahr im Verzug, vorerst abgesehen werden (§§ 49 Abs 4, 50 a Abs 3 S 1, 2, 50 b Abs 3 S 2 FGG)[283]. Sofortige Beschwerde kann nur der von der Entscheidung betroffene Elternteil nach §§ 621 g S 2, 620 c ZPO einlegen, nicht aber das Jugendamt[284].

30 Länger dauernde Maßnahmen nach § 1666 hat das Familiengericht von Amts wegen in angemessenen Zeitabständen zu **überprüfen** (§ 1696 Abs 3) und aufzuheben, wenn eine Gefahr für das Wohl des Kindes nicht mehr besteht (§ 1696 Abs 2)[285] (zu Reformvorschlägen s Rn 25). Die **Kostenentscheidung** richtet sich nach § 94 Abs 1 Nr 3, Abs 3 S 2 KostO. Der **Vollzug** eines Beschlusses nach § 1666 bestimmt sich nach § 33 FGG[286]; Gewaltanwendung gegenüber dem Kind ist grds unzulässig (näher § 1626 Rn 47).

V. Konkurrenzen

31 Das Verhältnis des Verfahrens nach § 1666 zu einem solchen nach **§ 1671** bestimmt sich nach § 1671 Abs 3 (näher § 1671 Rn 56 ff). **§ 1672** Abs 1 ist wegen der dort vorgesehenen positiven Kindeswohlprüfung lex specialis zu § 1666; § 1672 Abs 2 ist auf die Herstellung der gemeinsamen Sorge gerichtet, kann also mit § 1666 nicht kollidieren. Tritt die Kindeswohlgefährdung nach Erlass einer Entscheidung nach § 1672 Abs 1 ein, so hat das Gericht nach § 1666 die erforderlichen Maßnahmen zu ergreifen; tritt die Gefährdung nach Erlass einer Entscheidung nach § 1672 Abs 2 ein, sind die §§ 1671, 1696 grds vorrangig[287]. Sind Sorgerechtsentscheidungen nach **§§ 1678 Abs 2, 1680 Abs 2 und 3, 1681 Abs 2** ergangen und tritt danach eine Kindeswohlgefährdung ein, ergeht die Entscheidung nach § 1666, nicht nach § 1696 Abs 1[288]. Gegenüber § 1666 ergibt sich in **§ 1632 Abs 4** für den Fall des Herausgabeverlangens zur Unzeit eine Sonderregelung (Rn 5.2, § 1632 Rn 31); in bestimmten Fällen kann aber das Herausgabeverlangen selbst eine Entscheidung nach § 1666 erfordern[289]. Neben der Möglichkeit, nach § 1666 Abs 4 gegenüber einem Dritten ein Umgangsverbot auszusprechen, kann dieselbe Maßnahme auf **§ 1632 Abs 3** gestützt werden. Im Unterschied zur Entscheidung nach § 1666 Abs 4 trifft das Gericht die Entscheidung nach § 1632 Abs 3 aber nur auf Antrag eines Elternteils (s § 1632 Rn 19)[290]. Die Lösung von Interessengegensätzen nach **§§ 1629 Abs 2, 1795, 1796** hat Vorrang vor Maßnahmen nach § 1666[291]. Eine Konkurrenz zu Maßnahmen des Staates nach **§§ 27 ff SGB VIII** (Hilfe zur Erziehung) kann nicht auftreten, da diese Normen (mit Ausnahme von § 8 a Abs 3 S 2, 42

---

[273] OLG Hamm FamRZ 2004, 887, 888.
[274] OLG Oldenburg FamRZ 1999, 35; BayObLG FamRZ 1995, 500, 501; OLG Stuttgart FamRZ 1989, 1110, 1111 betr Kind und Eltern; BayObLG ZBlJugR 1981, 272, 276 betr Jugendamt; zur Entbehrlichkeit BayObLG NJW-RR 1991, 777, 778; FamRZ 1984, 928, 929.
[275] BGH FamRZ 2005, 344 ff; OLG Jena FamRZ 2006, 280 f; OLG Dresden FamRZ 2003, 1862 ff; OLG Naumburg FamRZ 2001, 770 f; BayObLG FamRZ 1999, 178 und 318 f; AG Saarbrücken FamRZ 2003, 1859 f.
[276] OLG Hamm FamRZ 1995, 1209, 1210.
[277] OLG Düsseldorf NJW 1995, 1970.
[278] OLG Dresden FamRZ 2003, 1306 f; FamRZ 2003 1862 ff; OLG Naumburg FamRZ 2001, 770 f; BayObLG FamRZ 1999, 318, 319 f; FamRZ 1999, 178, 179; FamRZ 1982, 1118, 1120.
[279] OLG Naumburg FamRZ 2001, 770 f.
[280] BayObLG FamRZ 1977, 752.
[281] EGMR FamRZ 2005, 585 ff – Haase/Deutschland; BVerfG FamRZ 2002, 1021 ff; OLG Frankfurt NJW-RR 2003, 1517 f; BayObLG FamRZ 1989, 421, 422.
[282] BayObLG FamRZ 1995, 500, 501.
[283] OLG Celle NJW 1995, 792, 793; *Keidel/Engelhardt* § 50 a FGG Rn 24, § 50 b FGG Rn 26; zur Bedeutung effektiven Grundrechtsschutzes gerade in Eilverfahren BVerfG FamRZ 2002, 1021 ff.
[284] OLG Karlsruhe JAmt 2004, 49.
[285] OLG Stuttgart FamRZ 2005, 1273 f; FamRZ 1974, 538, 540.
[286] *Keidel/Zimmermann* § 33 FGG Rn 11.
[287] *Staudinger/Coester* Rn 34 f.
[288] *Staudinger/Coester* Rn 33.
[289] *Hofmann* Anm zu OLG Naumburg FamRZ 2002, 1276, 1277.
[290] *Palandt/Diederichsen* Rn 55.
[291] *Staudinger/Coester* Rn 36.

Grundsatz der Verhältnismäßigkeit; Vorrang öffentlicher Hilfen **§ 1666 a**

SGB VIII) keine Eingriffsgrundlagen enthalten[292]. Das Familiengericht kann die Eltern verpflichten, Leistungen der Jugendhilfe in Anspruch zu nehmen oder einen Pfleger zur Inanspruchnahme der Leistungen bestellen[293]; eine familiengerichtliche Entscheidung über die Gewährung bestimmter Sozialleistungen kann dagegen nicht ergehen, weil dies mit der Selbständigkeit dieser Fachbehörde nicht vereinbar wäre[294]. Lebt das Kind bei der inhaftierten Mutter, so ist die **Strafvollzugsbehörde** nur für den Erlass einer Trennungsanordnung zuständig, solange keine Kindeswohlgefährdung vorliegt[295].

Eine Konkurrenz zwischen § 1666 und § 1671 kann von vornherein nicht auftreten, wenn Maßnahmen nach § 1666 Abs 3 oder 4, Mahnungen, Umgangsverbote, Weisungen oder Ähnliches angeordnet werden sollen, da diese in § 1671 nicht vorgesehen sind[296]. Liegt eine Sorgerechtsentziehung nach § 1666 vor, so kann mangels gemeinsamer Sorge keine Entscheidung mehr nach § 1671 ergehen; vielmehr ist eine Korrektur der ersten Sorgerechtsentscheidung nur noch nach § 1696 Abs 2 möglich. Wird nach Erlass der Entscheidung nach § 1671 eine Korrektur derselben wegen Gefährdung des Kindeswohls oder des Kindesvermögens erforderlich, so ergeht die neue Entscheidung nicht nach § 1666, sondern nach § 1696 Abs 1. 31.1

§ 1666 a Grundsatz der Verhältnismäßigkeit; Vorrang öffentlicher Hilfen

(1) ¹**Maßnahmen, mit denen eine Trennung des Kindes von der elterlichen Familie verbunden ist, sind nur zulässig, wenn der Gefahr nicht auf andere Weise, auch nicht durch öffentliche Hilfen, begegnet werden kann.** ²**Dies gilt auch, wenn einem Elternteil vorübergehend oder auf unbestimmte Zeit die Nutzung der Familienwohnung untersagt werden soll.** ³**Wird einem Elternteil oder einem Dritten die Nutzung der vom Kind mitbewohnten oder einer anderen Wohnung untersagt, ist bei der Bemessung der Dauer der Maßnahme auch zu berücksichtigen, ob diesem das Eigentum, das Erbbaurecht oder der Nießbrauch an dem Grundstück zusteht, auf dem sich die Wohnung befindet; Entsprechendes gilt für das Wohnungseigentum, das Dauerwohnrecht, das dingliche Wohnrecht oder wenn der Elternteil oder Dritte Mieter der Wohnung ist***.

(2) **Die gesamte Personensorge darf nur entzogen werden, wenn andere Maßnahmen erfolglos geblieben sind oder wenn anzunehmen ist, dass sie zur Abwendung der Gefahr nicht ausreichen.**

Schrifttum: Baer, Die neuen Regelungen der Reform des Rechts der elterlichen Sorge für das Dauerpflegekind, FamRZ 1982, 221; *Brötel,* Der Anspruch auf Achtung des Familienlebens, 1991; *Coester,* Die Bedeutung des Kinder- und Jugendhilfegesetzes (KJHG) für das Familienrecht, FamRZ 1991, 253; *Diederichsen,* Die Neuregelung des Rechts der elterlichen Sorge, NJW 1980, 1; *Ehinger,* Die Regelung der elterlichen Sorge bei psychischer Erkrankung eines Elternteils oder beider Eltern im Überblick, FPR 2005, 253; *Franz,* Maßnahmen nach den §§ 1666, 1666 a BGB und die Fürsorgeerziehung, FamRZ 1982, 349; *Janzen,* Das Kinderrechteverbesserungsgesetz – Weiterentwicklung des Kindschaftsrechts und Schutz der Kinder vor Gewalt –, FamRZ 2002, 785; *Motzer,* Gesetzgebung und Rechtsprechung zur elterlichen Sorge und zum Umgangsrecht seit dem Jahr 2001, FamRZ 2003, 793; *Röchling,* Vormundschaftsgerichtliches Eingriffsrecht und KJHG – unter besonderer Berücksichtigung der „öffentlichen Hilfen" nach § 1666 a Abs. 1 BGB, 1997; *Rüfner,* Zum neuen Kinder- und Jugendhilfegesetz, NJW 1991, 1; *Schomburg,* Das Gesetz zur weiteren Verbesserung von Kinderrechten (Kinderrechteverbesserungsgesetz), Kind-Prax 2002, 75; *Weinreich,* Das Stiefkind in der HausratsVO und im Gewaltschutzgesetz, FPR 2004, 88; *Zenz,* Kindesmißhandlung und Kindesrechte, 1979.

I. Normzweck

§ 1666 trägt dem Grundsatz Rechnung, dass Pflege und Erziehung primär das Recht und die Pflicht 1 der Eltern sind, und der Staat nur dann berechtigt und verpflichtet ist, die Pflege und Erziehung des Kindes sicherzustellen, wenn die Eltern ihrer Verantwortung nicht gerecht werden (Art 6 Abs 2 S 2 GG). Erst wenn die Eltern versagen oder das Kind aus anderen Gründen zu verwahrlosen droht, darf es auf Grund eines Gesetzes von der Familie getrennt werden (Art 6 Abs 3 GG); § 1666 a bildet ein Gesetz in diesem Sinn; er baut auf § 1666 auf und regelt, unter welchen Voraussetzungen das Gericht zur Abwendung einer Gefahr für das Kindeswohl im Bereich der Personensorge Maßnahmen, mit denen die Trennung des Kindes von der Familie verbunden ist (Abs 1), oder den Entzug der gesamten Personensorge (Abs 2) anordnen darf. Die Norm ist Ausdruck des **Verhältnismäßigkeitsgrundsatzes** (§ 1666 Rn 19), was durch das KindRVerbG jetzt in einer amtlichen Überschrift besonders hervor-

---

[292] BT-Drucks 11/5948 S 46, 66 f; *Staudinger/Coester* Rn 45; zum Schutzauftrag von Familiengericht und Jugendamt *Wiesner* FPR 2007, 6, 8; *Münder* FPR 2003, 280, 284 f.
[293] AG Kamen FamRZ 1995, 950, 952; *Wiesner/Wiesner* Vor § 27 SGB VIII Rn 27 ff; *Soergel/Strätz* Erg zu §§ 1666 aF, 1666 a aF Rn 13; MünchKommBGB/*Olzen* Rn 176; Staudinger/*Coester* Rn 45; aA OLG Frankfurt DAVorm 1993, 943 f m Anm *Dieckmeis; Coester* FamRZ 1991, 253, 260; diff *Staudinger/Coester* § 1666 a Rn 13; zum Meinungsstand allg *Röchling* S 233 ff.
[294] *Wiesner/Wiesner* Vor § 27 SGB VIII Rn 29 mwN; aA *Palandt/Diederichsen* Vor § 1626 Rn 14.
[295] LG Freiburg FamRZ 1985, 95 f.
[296] *Soergel/Strätz* § 1666 aF Rn 6; *Johannsen/Henrich/Büte* Rn 7; das Konkurrenzverhältnis offen gelassen bei Entzug der elterlichen Sorge AG München FamRZ 2002, 690 f.
* Gesetz zur weiteren Verbesserung von Kinderrechten (Kinderrechteverbesserungsgesetz – KindRVerbG) v. 9. 4. 2002 BGBl. I S 1239.

§ 1666 a

gehoben wird[1]. Die Trennung des Kindes von der Familie ist als stärkster vorstellbarer Eingriff in das Elternrecht nur bei strikter Wahrung dieses Grundsatzes mit dem Grundgesetz vereinbar[2].

II. Trennung des Kindes von der elterlichen Familie, Verbot der Wohnungsnutzung (Abs 1)

2   Maßnahmen, mit denen eine Trennung des Kindes von der elterlichen Familie verbunden ist, darf das Gericht erst anordnen, wenn feststeht, dass der Gefahr für das Kindeswohl nicht auf andere Weise begegnet werden kann. Dies gilt in besonderem Maße bei einer Trennung unmittelbar nach der Geburt des Kindes[3].

3   Als **andere Maßnahmen,** mit denen eine Gefahr für das Kindeswohl abgewendet werden kann, kommen vor allem die in den §§ 11 bis 41 SGB VIII genannten öffentlichen Hilfen in Betracht[4]. Dazu gehören Angebote der Jugendhilfe wie zB Jugendarbeit, sozialpädagogische Hilfe (§§ 11 bis 14 SGB VIII), Beratung und Unterstützung (§§ 16 bis 21 SGB VIII), Förderung der Kinder in Tageseinrichtungen und in Tagespflege (§§ 22 bis 25 SGB VIII), Hilfe zur Erziehung (§§ 27 bis 41 SGB VIII)[5] sowie die Bereitstellung einer Haushaltshilfe nach § 38 SGB V[6]. Das Gericht kann den Eltern die Weisung erteilen, öffentliche Hilfen in Anspruch zu nehmen (zum Reformvorhaben s § 1666 Rn 25). Weitere Maßnahmen außerhalb des § 1666a sind die Ersetzung von Erklärungen des Sorgeberechtigten sowie Maßnahmen gegen Dritte nach § 1666 Abs 4 (dort Rn 24).

4   Nach dem in Abs 1 konkretisierten **Verhältnismäßigkeitsgrundsatz** ist eine Herausnahme des Kindes aus der Familie nicht erforderlich, wenn die Eltern sich bemüht zeigen, im Zusammenwirken mit fachlicher Hilfe die familiären Probleme zu lösen[7]. Umgekehrt verlangt der Grundsatz der Verhältnismäßigkeit nicht, dass das Kind erst aus der Familie genommen werden darf, wenn vorher der gesamte Maßnahmekatalog des SGB VIII erschöpft worden ist[8]. Vielmehr muss das Gericht nach § 1666a tätig werden, wenn die öffentlichen Hilfen bisher keinen Erfolg hatten, weil es etwa den Eltern an der erforderlichen Kooperationsbereitschaft mit dem Jugendamt fehlte[9] oder sie „nicht therapiefähig" sind[10]; zum Teil wird sogar aus der Schwere der Pflichtverletzung auf die Erfolgslosigkeit der öffentlichen Hilfe geschlossen[11]. Weiter genügt die fehlende Einsicht in die Ursachen einer kindlichen Schädigung[12] oder die Überforderung eines Elternteils mit der Erziehung[13]. Umgekehrt genügen aber Vorbehalte gegen die Erziehungsfähigkeit eines Elternteils wegen einer nicht lange zurückliegenden Alkoholabhängigkeit nicht[14]. Die Kosten der öffentlichen Hilfen dürfen kein Kriterium bei der Wahl der Maßnahmen sein[15]. Wurde das Kind zu Pflegeeltern gegeben, ist bei einer Entscheidung nach §§ 1666, 1666a die Tragweite einer Trennung des Kindes von seinen Pflegeeltern ebenso zu berücksichtigen wie die Eignung der leiblichen Elternteile, die negativen Folgen einer eventuellen Traumatisierung des Kindes infolge einer Rückkehr zu ihm gering zu halten[16].

5   Unter **Maßnahmen, mit denen eine Trennung des Kindes von der Familie verbunden ist,** fallen Maßnahmen der faktischen Trennung gegen den Willen der Eltern/eines Elternteils wie zB das Verbringen des Kindes zum anderen Elternteil[17], in eine Pflegefamilie[18], in eine Fünftagesgruppe[19], ein Internat[20] oder in ein Heim[21], sowie rechtliche Maßnahmen, wie etwa der Entzug des Aufenthaltsbestimmungsrechts oder des Umgangsrechts[22]. In der Regel ist eine faktische Trennung von Eltern und Kind gegen den Willen der Eltern mit Eingriffen in die elterliche Sorge verbunden[23]. Es gibt jedoch

---

[1] BT-Drucks 8/2788 S 59.
[2] BVerfG FamRZ 2002, 1021, 1023; FamRZ 1989, 31, 33; FamRZ 1982, 567, 569; OLG Köln FamRZ 2007, 1682; OLG Karlsruhe FamRZ 2007, 576.
[3] EGMR NJW 2003, 809, 811 – K. und T./Finnland; zu dieser Fallgestaltung auch BVerfG FamRZ 2002, 1021 ff; FamRZ 1982, 567, 569.
[4] *Palandt/Diederichsen* Vor § 1626 Rn 13 ff mit Überblick; zu den Leistungen iE *Rüfner* NJW 1991, 1, 3 f; *Coester* FamRZ 1991, 253, 260 f; *Röchling* S 263 ff.
[5] BayObLG FamRZ 1993, 229, 231; FamRZ 1992, 90, 91; FamRZ 1991, 1218, 1220.
[6] *Diederichsen* NJW 1980, 1, 7; *Erman/Michalski* Rn 2.
[7] OLG Karlsruhe FamRZ 2007, 576 f; OLG Celle FamRZ 2003, 549, 550; LG Bochum ZfJ 1993, 212 f; *Staudinger/Coester* Rn 9; *Johannsen/Henrich/Büte* Rn 11.
[8] *Baer* FamRZ 1982, 221, 230; *Ehinger* FPR 2005, 253, 256; MünchKommBGB/*Olzen* Rn 16; *Johannsen/Henrich/Büte* Rn 12.
[9] OLG Köln FamRZ 2006, 877 f; OLG Koblenz NJW-RR 2005, 1164 f; BayObLG NJW 1999, 293, 294; OLG Köln FamRZ 1996, 1027, 1028; BayObLG FamRZ 1994, 1411, 1412; FamRZ 1993, 229, 231.
[10] BayObLG FamRZ 1995, 1438.
[11] BayObLG FamRZ 1989, 421, 422.
[12] OLG Stuttgart FamRZ 2002, 1279 f.
[13] OLG Saarbrücken OLGR 2005, 531, 533 f.
[14] OLG Hamburg FamRZ 2001, 1088, 1089.
[15] BT-Drucks 8/2788 S 60; *Diederichsen* NJW 1980, 1, 7; *Staudinger/Coester* Rn 14; *Johannsen/Henrich/Büte* Rn 16; unklar BayObLG FamRZ 1999, 178, 179.
[16] BVerfG FamRZ 2000, 1489; OLG Hamm FamRZ 2002, 692 f.
[17] BVerfG FamRZ 2006, 537, 539.
[18] EGMR FamRZ 2005, 585 ff – Haase/Deutschland; FamRZ 2002, 1393 ff – Kutzer/Deutschland; NJW 2003, 809, 811 ff – K. und T./Finnland m Anm *Scherpe* FamRZ 2002, 305.
[19] AG Saarbrücken FamRZ 2003, 1859, 1860.
[20] OLG Hamburg FamRZ 2001, 1088, 1089.
[21] BayObLG FamRZ 1994, 1411, 1412.
[22] BayObLG StAZ 1977, 162 ff; FamRZ 1994, 1411, 1412; AG Hamburg DAVorm 1977, 457 ff.
[23] BayObLG FamRZ 1999, 178, 179; NJW 1992, 1971, 1972; MünchKommBGB/*Olzen* Rn 7 f.

Fälle, in denen zwar das Aufenthaltsbestimmungsrecht entzogen wird, dies aber nicht mit einer Trennung des Kindes von seiner Familie verbunden ist. So erfolgt zB keine Trennung, wenn der Vormund oder Pfleger das Kind bei den Eltern belässt[24]. Ebensowenig erfolgt eine Trennung, wenn ein Elternteil das Kind in einer Gastfamilie unterbringt[25].

Mit der Entziehung des Aufenthaltsbestimmungsrechts kann die Entziehung des Erziehungsrechts verbunden sein; sie muss es aber nicht. Das Gericht kann den Eltern die Wahl der Pflegestelle oder des Heims belassen; diese sind dann verpflichtet, das Kind unterzubringen und der künftigen Erziehungsperson die Befugnisse zur Erziehung zur Ausübung zu überlassen[26]. Das Gericht kann auch, soweit erforderlich, selbst eine Maßnahme nach den §§ 33, 34 SGB VIII anordnen; der neuen Erziehungsperson kommen dann Sorgebefugnisse nach § 1688 Abs 2, 1 zu. Weitergehend ist die Entziehung des Erziehungsrechts und die Bestellung eines Ergänzungspflegers, der dann Maßnahmen nach §§ 33, 34 SGB VIII herbeiführt[27]; das Gericht muss allerdings in diesem Fall selbst die Grundentscheidung darüber treffen, ob das Kind eine Pflegestelle oder ein Heim kommt[28]. 5.1

Die **Kosten** der Unterbringung des Kindes sind Teil der elterlichen Unterhaltsverpflichtung, da sie zum Lebensbedarf des Kindes gehören[29]. Eine Maßnahme nach Abs 1 kann auch durch eine **einstweilige Anordnung** ergehen[30]. 6

Eine ganz andere Art der Trennung von Kind und Elternteil stellt das **Verbot der Wohnungsnutzung** durch einen Elternteil dar (sog go-order). Nach der Neufassung des § 1666 a durch das Kinderrechtsverbesserungsgesetz kann eine Wohnungswegweisung zum Schutz des Kindes vor Gewalt erfolgen und die Nutzung der Wohnung sowohl einem Elternteil als auch einem Dritten (§ 1666 Abs 4) untersagt werden kann. 7

Diese Neuregelung enthält insoweit eine Klarstellung gegenüber dem bisherigen Recht, als ein Nutzungsverbot in beiden Fällen schon nach bisherigem Recht auf § 1666 hätte gestützt werden können; tatsächlich in Betracht gezogen wurde sie dagegen nur als Maßnahme gegenüber Dritten[31]. Die Neuregelung gibt auch die Möglichkeit, die bisherige Praxis zu durchbrechen, die idR dann, wenn zum Schutz des Kindes eine Trennung von Kind und Eltern bzw einem Elternteil erforderlich wurde, diese durch eine Fremdunterbringung des Kindes (Heim, Pflegeeltern) realisiert hat. Durch das Nutzungsverbot kann das Kind nun in der vertrauten Umgebung belassen und der gewalttätige Elternteil aus der Wohnung gewiesen werden[32]. 7.1

Die Nutzung der Familienwohnung kann einem **Elternteil** aber auch einem **Dritten** untersagt werden. Wenn das Gesetz von dem Verbot der Nutzung der „vom Kind mitbewohnten oder einer anderen Wohnung" spricht, so wird damit klargestellt, dass der Dritte sowohl ein mit dem Kind zusammenlebender Dritter sein kann, also etwa ein Partner der Mutter, als auch nur ein in der Nachbarschaft lebender Dritter sein kann, der das Kind gefährdet[33]. 8

Bei Erlass der Wegweisung ist der **Verhältnismäßigkeitsgrundsatz** zu beachten. Eine Wegweisung darf also nur angeordnet werden, wenn der Gefahr nicht auf andere Weise, etwa durch familienunterstützende Maßnahmen der Kinder- und Jugendhilfe, begegnet werden kann[34]. Der Verhältnismäßigkeitsgrundsatz ist auch bei der Festlegung der **Dauer der Wegweisung** zu beachten. Nach Abs 1 S 2 kann einem Elternteil „vorübergehend oder auf unbestimmte Zeit" die Nutzung der Wohnung untersagt werden. Ein vorübergehendes Verbot kommt vor allem dann in Betracht, wenn dem gewalttätigen Elternteil durch die Maßnahme vor Augen geführt werden soll, dass er mit seinem Verhalten das Familienleben gefährdet, aber nach den Umständen noch Aussicht auf eine Normalisierung der Verhältnisse besteht[35]. Ein weiterer Aspekt, der Ausdruck des Verhältnismäßigkeitsgrundsatzes ist, kommt in Abs 1 S 3 zum Ausdruck. Danach ist bei der Bemessung der Dauer der Maßnahme auch zu berücksichtigen, ob demjenigen, der weggewiesen wird, das Eigentum, das Erbbaurecht oder der Nießbrauch an dem Grundstück zusteht, auf dem sich die Wohnung befindet, er Wohnungseigentümer ist, ein Dauerwohnrecht oder ein dingliches Wohnrecht hat oder ob er Mieter der Wohnung ist. Danach wird etwa gegenüber dem Eigentümer der Wohnung grds nur eine vorübergehende Wegweisung verhältnismäßig sein. Die Zeit der Wegweisung kann dann entweder dazu genutzt werden, um durch beratende oder therapeutische Maßnahmen eine Rückkehr des gewalttätigen Elternteils oder des Dritten in die Familie zu ermöglichen oder eine geeignete anderweitige Unterbringung für das Kind und den betreuenden Elternteil zu finden[36]. 9

Statt oder begleitend zur Wegweisung kann das Gericht auch andere Maßnahmen auf der Grundlage von § 1666 anordnen, so etwa die Verbote, sich der Familienwohnung bis auf einen 10

---

[24] BT-Drucks 7/2060 S 29.
[25] OLG Frankfurt FamRZ 2001, 1086, 1087.
[26] *Gernhuber/Coester-Waltjen* § 57 Rn 123.
[27] LG Darmstadt FamRZ 1995, 1435, 1436.
[28] *Zenz* Kindesmisshandlung S 362 ff; *Franz* FamRZ 1982, 349, 351; *Brötel* S 347 f.
[29] *Palandt/Diederichsen* Rn 3; *Gernhuber/Coester-Waltjen* § 57 Rn 122.
[30] BayObLG FamRZ 1999, 178 f; OLG Köln FamRZ 1996, 1027, 1028; OLG Düsseldorf NJW 1995, 1970; s auch EGMR FamRZ 2005, 585 ff – Haase/Deutschland; BVerfG FamRZ 2002, 947, 1021 ff zum Fall Haase; *Johannsen/Henrich/Büte* Rn 11.
[31] OLG Zweibrücken FamRZ 1994, 976 ff; OLG Köln Kind-Prax 1999, 95; *Janzen* FamRZ 2002, 785, 787.
[32] BT-Drucks 14/8131 S 8.
[33] BT-Drucks 14/8131 S 9; *Motzer* FamRZ 2003, 793, 797; *Weinreich* FPR 2004, 88; 90.
[34] BT-Drucks 14/8131 S 9; *Janzen* FamRZ 2002, 785, 788 f; *Schomburg* Kind-Prax 2002, 75, 78.
[35] BT-Drucks 14/8131 S 9.
[36] BT-Drucks 14/8131 S 9; *Staudinger/Coester* Rn 19.

festzusetzenden Umkreis zu nähern, bestimmte Orte aufzusuchen, an denen sich das Kind regelmäßig aufhält (zB Kindergarten oder Schule), Kontakte zum Kind, auch unter Verwendung von Telefon, E-Mails, SMS usw aufzunehmen oder Zusammentreffen mit dem Kind herbeizuführen[37]. Soweit diese Anordnungen das Umgangsrecht des Elternteils bzw des Kindes beschränken, sind auch die Voraussetzungen des § 1684 Abs 4 zu beachten (näher dort Rn 30 ff)[38].

III. Entzug der gesamten Personensorge (Abs 2)

11 Die gesamte (dh die tatsächliche und rechtliche) Personensorge darf nur entzogen werden, **wenn mildere Mittel,** wie zB öffentliche Hilfen, Ermahnungen, Warnungen, Gebote, Verbote, die Entziehung von Teilbefugnissen (etwa des Aufenthaltsbestimmungsrechts) oder der Erlass einer Verbleibensanordnung nach § 1632 Abs 4 (zum Verhältnis von § 1632 Abs 4 und § 1666 s § 1666 Rn 31) oder nach § 1682 **nicht ausreichen,** um die Gefahr abzuwenden[39]. Dies ist etwa der Fall, wenn der Sorgeberechtigte bei jeder Entscheidung im Personensorgebereich bestimmend bleibt und dadurch eine ungestörte Entwicklung des Kindes bei den Pflegeeltern nicht gewährleistet ist[40]. Die gesamte Personensorge ist auch dann zu entziehen, wenn sie mit dem Ziel der Adoption erfolgt und nicht zu erwarten ist, dass das Kind ohne nachhaltige Gefährdung seines Wohls in die elterliche Familie zurückkehren kann[41]. Zum Schutz des Kindes vor übermäßigen körperlichen Züchtigungen durch einen Elternteil kann die Entziehung des Aufenthaltsbestimmungsrechts und die Unterbringung des Kindes in ein Heim genügen[42]; sind aber weitere Gefahren zu befürchten, so ist auch in diesem Fall die Entziehung der gesamten Personensorge erforderlich[43].

§ 1667 Gerichtliche Maßnahmen bei Gefährdung des Kindesvermögens

(1) ¹Das Familiengericht kann anordnen, dass die Eltern ein Verzeichnis des Vermögens des Kindes einreichen und über die Verwaltung Rechnung legen. ²Die Eltern haben das Verzeichnis mit der Versicherung der Richtigkeit und Vollständigkeit zu versehen. ³Ist das eingereichte Verzeichnis ungenügend, so kann das Familiengericht anordnen, dass das Verzeichnis durch eine zuständige Behörde oder durch einen zuständigen Beamten oder Notar aufgenommen wird.

(2) ¹Das Familiengericht kann anordnen, dass das Geld des Kindes in bestimmter Weise anzulegen und dass zur Abhebung seine Genehmigung erforderlich ist. ²Gehören Wertpapiere, Kostbarkeiten oder Schuldbuchforderungen gegen den Bund oder ein Land zum Vermögen des Kindes, so kann das Familiengericht dem Elternteil, der das Kind vertritt, die gleichen Verpflichtungen auferlegen, die nach §§ 1814 bis 1816, 1818 einem Vormund obliegen; die §§ 1819, 1820 sind entsprechend anzuwenden.

(3) ¹Das Familiengericht kann dem Elternteil, der das Vermögen des Kindes gefährdet, Sicherheitsleistung für das seiner Verwaltung unterliegende Vermögen auferlegen. ²Die Art und den Umfang der Sicherheitsleistung bestimmt das Familiengericht nach seinem Ermessen. ³Bei der Bestellung und Aufhebung der Sicherheit wird die Mitwirkung des Kindes durch die Anordnung des Familiengerichts ersetzt. ⁴Die Sicherheitsleistung darf nur dadurch erzwungen werden, dass die Vermögenssorge gemäß § 1666 Abs. 1 ganz oder teilweise entzogen wird.

(4) Die Kosten der angeordneten Maßnahmen trägt der Elternteil, der sie veranlasst hat.

I. Normzweck

1 Die Regelung, die durch Art 1 Nr 18 KindRG geändert wurde, enthält eine Auflistung der möglichen gerichtlichen Anordnungen zur Vermögenssorge und eine Ergänzung des § 1666. Mit dem Wegfall von Abs 1 und 5 aF ergeben sich die Voraussetzungen für einen Eingriff in das Recht der Vermögenssorge sowie die Möglichkeit des Entzugs der (gesamten oder von Teilen der) Vermögenssorge nicht mehr aus § 1667, sondern aus § 1666 Abs 1 und 2. Die in § 1667 Abs 1 bis 3 aufgelisteten Maßnahmen entsprechen denen in § 1667 Abs 2, 3, 4 und 6 aF. Die §§ 1666 und 1667 sind mithin zum Verständnis der „erforderlichen" Maßnahmen zusammen zu sehen.

---

[37] BT-Drucks 14/8131 S 9; *Janzen* FamRZ 2002, 785, 788 f; *Johannsen/Henrich/Büte* Rn 10.
[38] *Janzen* FamRZ 2002, 785, 789.
[39] BT-Drucks 8/2788 S 60; EGMR FamRZ 2005, 585 – Haase/Deutschland; BVerfG FamRZ 1989, 145, 146; OLG Köln FamRZ 2006, 877 f; BayObLG FamRZ 1990, 1132, 1134; KG FamRZ 1985, 526; AG Frankfurt FamRZ 2004, 1595 ff.
[40] OLG Hamm FamRZ 2002, 692 f; OLG Frankfurt FamRZ 1983, 530, 531; in diesem Fall genügt auch nicht der Entzug des Aufenthaltsbestimmungsrechts, *Baer* FamRZ 1982, 221, 230 f.
[41] KG FamRZ 1985, 526; in diese Richtung OLG Naumburg FamRZ 2004, 1507 ff, aufgehoben durch Beschluss des BVerfG FamRZ 2005, 783 ff – Görgülü.
[42] BayObLG FamRZ 1990, 780, 781.
[43] BayObLG FamRZ 1993, 229, 231; AG Korbach FamRZ 2003, 1497.

II. Maßnahmen zur Beseitigung einer Gefahr für das Kindesvermögen

Die nach §§ 1666 Abs 1, 1667 Abs 1 bis 3 möglichen Maßnahmen stehen nicht in einem Stufenverhältnis zueinander[1]. Das Familiengericht hat vielmehr die zur Abwendung der Gefahr erforderliche Maßnahme nach freiem Ermessen unter Berücksichtigung des Verhältnismäßigkeitsgrundsatzes zu treffen[2]. Wenn es notwendig ist, können mehrere Maßnahmen gleichzeitig angeordnet werden[3].

Nach **Abs 1** kann das Familiengericht die Vorlage eines **Vermögensverzeichnisses** über das Kindesvermögen (§ 1640) sowie eine **Rechnungslegung** verlangen. Die Anordnung kann gegenüber beiden Eltern ergehen, auch wenn nur einer das Einschreiten des Familiengerichts verursacht hat[4]. Das Verzeichnis kann sich nur auf das dem Kind selbst gehörende Vermögen, nicht auf das Gesamtgut einer fortgesetzten Gütergemeinschaft beziehen[5]. Hinsichtlich der Rechnungslegung gelten die §§ 1840 ff entsprechend.

Das Gericht kann auch anordnen, dass das Geld des Kindes in bestimmter Weise anzulegen ist und dass zur Abhebung seine Genehmigung erforderlich ist **(Abs 2 S 1)**. So kann der Vermögenssorgeberechtigte angewiesen werden, das Geld des Kindes auf einem Sparkonto einzuzahlen und das Sparbuch mit einem Sperrvermerk zu sichern[6]; dieser hat zur Folge, dass Verfügungen über das Kapital und ggf auch die Abhebung von Zinsen der vormundschaftsgerichtlichen Genehmigung bedürfen (entspr § 1809)[7]. Das Gericht kann die Vornahme überwachen und notfalls Zwangsmittel (§ 33 FGG) einsetzen. Gehören zum Kindesvermögen Wertpapiere, Kostbarkeiten und Buchforderungen gegen den Bund oder ein Land, so kann das Familiengericht dem Elternteil, der das Kind vertritt, die gleichen Verpflichtungen auferlegen, die nach §§ 1814 bis 1816, 1818 einem Vormund obliegen **(Abs 2 S 2)**.

Dem Elternteil, der das Vermögen des Kindes gefährdet, kann nach **Abs 3 S 1** auch Sicherheitsleistung für das seiner Verwaltung unterliegende Vermögen auferlegt werden. Diese Maßnahme setzt nicht voraus, dass Maßnahmen nach Abs 1 und 2 vorangegangen sind, kann jedoch mit solchen Anordnungen verbunden werden[8]. Die Art und den Umfang der Sicherheitsleistung bestimmt das Gericht nach seinem Ermessen **(Abs 3 S 2)**; die §§ 232 ff enthalten dafür Anhaltspunkte, sind jedoch nicht bindend[9]. Bei der Sicherheitsleistung bedürfte es zur Vertretung des Kindes der Bestellung eines Pflegers (§§ 1629 Abs 2 S 1, 1795 Abs 2); um aber die damit verbundene Verzögerung des Verfahrens zu vermeiden, sieht **Abs 3 S 3** vor, dass bei der Bestellung und Aufhebung der Sicherheit die Mitwirkung des Kindes durch die Anordnung des Familiengerichts ersetzt wird. Das Familiengericht kann also in Vertretung des Kindes etwa den Antrag auf Eintragung der vom Vater oder der Mutter bewilligten Hypothek nach § 13 GBO stellen. Dies gilt allerdings nicht, wenn die Eltern die Sicherheitsleistung vertraglich oder freiwillig, also nicht auf Veranlassung des Familiengerichts, erbringen[10]. Abs 3 S 3 gilt entgegen seinem Wortlaut auch für die Änderung der Sicherheit[11]. Zwangsweise kann die Sicherheitsleistung nicht nach § 33 FGG, sondern nur dadurch durchgesetzt werden, dass die Vermögenssorge nach § 1666 Abs 1 ganz oder teilweise entzogen wird **(Abs 3 S 4)**.

Die **Kosten der angeordneten Maßnahme** trägt der Elternteil, der sie veranlasst hat **(Abs 4)**.

III. Verfahren

Das Verfahren bestimmt sich nach § 1666 (dort Rn 26 ff). Es entscheidet der Rechtspfleger (§ 3 Nr 2 a RPflG); soweit mit der Entziehung der elterlichen Sorge eine Folgeentscheidung nach § 1680 Abs 3, Abs 2 S 2 vom Richter (§ 14 Abs 1 Nr 15 RPflG) zu treffen ist, hat der Rechtspfleger die Angelegenheit dem Richter vorzulegen (§ 5 Abs 1 Nr 2 RPflG).

§§ 1668 bis 1670 *(weggefallen)*

§ 1671 Getrenntleben bei gemeinsamer elterlicher Sorge

(1) Leben Eltern, denen die elterliche Sorge gemeinsam zusteht, nicht nur vorübergehend getrennt, so kann jeder Elternteil beantragen, dass ihm das Familiengericht die elterliche Sorge oder einen Teil der elterlichen Sorge allein überträgt.

---

[1] BT-Drucks 8/2788 S 60 zu § 1667 idF des SorgeRG; aA OLG Frankfurt NJW-RR 2005, 1382.
[2] BayObLG FamRZ 1989, 1215; FamRZ 1979, 71, 73; MünchKommBGB/*Olzen* Rn 9; *Staudinger/Coester* § 1666 Rn 197 f; *Soergel/Strätz* § 1667 aF Rn 4; *Erman/Michalski* Rn 2.
[3] *Soergel/Strätz* § 1667 aF Rn 4.
[4] *Erman/Michalski* Rn 4; *Soergel/Strätz* § 1667 aF Rn 6; *Staudinger/Coester* Rn 6.
[5] BayObLG JFG 1, 55, 58.
[6] BayObLG FamRZ 1977, 144, 146; *Palandt/Diederichsen* Rn 4; MünchKommBGB/*Olzen* Rn 15; aA *Soergel/Strätz* § 1667 aF Rn 7; *Staudinger/Coester* Rn 11.
[7] BayObLG FamRZ 1989, 1215, 1216; FamRZ 1979, 71, 72.
[8] *Soergel/Strätz* § 1667 aF Rn 8; *Belchaus* 1667 aF Rn 4; *Palandt/Diederichsen* Rn 7.
[9] KG JW 1937, 638.
[10] *Palandt/Diederichsen* Rn 7.
[11] *Staudinger/Coester* Rn 17; MünchKommBGB/*Olzen* Rn 23; *Palandt/Diederichsen* Rn 7.

§ 1671

(2) Dem Antrag ist stattzugeben, soweit
1. der andere Elternteil zustimmt, es sei denn, dass das Kind das 14. Lebensjahr vollendet hat und der Übertragung widerspricht, oder
2. zu erwarten ist, dass die Aufhebung der gemeinsamen Sorge und die Übertragung auf den Antragsteller dem Wohl des Kindes am besten entspricht.

(3) Dem Antrag ist nicht stattzugeben, soweit die elterliche Sorge auf Grund anderer Vorschriften abweichend geregelt werden muss.

Schrifttum: *Balloff,* Trennung, Scheidung, Regelung der elterlichen Sorge aus psychologischer Sicht, ZfJ 1996, 266; *Baltz,* Kindschaftsrechtsreform und Jugendhilfe. Ein Überblick über die vorgesehenen Änderungen im Kindschaftsrecht und ihre Bedeutung und Auswirkungen auf die Praxis der Kinder- und Jugendhilfe, Teil 1 und 2, NDV 1997, 306; *Bender,* Zeugen Jehovas und Bluttransfusionen, MedR 1999, 260; *Bergmann/Gutdeutsch,* Zur Anordnung der Kindesanhörung im Scheidungsverfahren ohne Sorgerechtsantrag, FamRZ 1999, 422; *Bernhardt,* Die Stimme des Kindes in der Trennungs- und Scheidungsberatung und in der Familien-Mediation, FPR 2005, 95; *Bißmaier,* Auswirkungen von Ehescheidungen auf Kinder. Der Gesichtspunkt der Kindesanhörung im familiengerichtlichen Verfahren – zugleich eine Anmerkung zu Wallerstein/Lewis, Langzeitwirkungen der elterlichen Ehescheidung auf Kinder, FamRZ 2001, 66 –, JAmt 2001, 168; *Bode,* Die Fähigkeit zur Kooperation – und bist Du nicht willig ..., FamRZ 1999, 1400; *Born,* Gemeinsames Sorgerecht: Ende der „modernen Zeiten"? Besprechung von BGH, Urteil v 29. 9. 1999 – XII ZB 3/99 –, FamRZ 1999, 1646, FamRZ 2000, 396; *Borsutzky,* Die elterliche Sorge nach dem Kindschaftsreformgesetz, Forum Jugendhilfe 1999, 42; *Büdenbender,* Elterliche Entscheidungsautonomie für die elterliche Sorge nach geltendem Recht und nach dem Entwurf eines Kindschaftsrechtsreformgesetzes, AcP 197 (1997), 197; *Büttner,* Änderungen im Familienverfahrensrecht durch das Kindschaftsrechtsreformgesetz, FamRZ 1998, 585; *Carl,* Die Aufklärung des Verdachts eines sexuellen Mißbrauchs in familien- und vormundschaftsgerichtlichen Verfahren, FamRZ 1995, 1183; *Coester,* Ehevereinbarungen als Kriterium der Sorgerechtsentscheidung nach neuem Recht, FamRZ 1977, 217; *ders,* Das Kindeswohl als Rechtsbegriff. Die richterliche Entscheidung über die elterliche Sorge beim Zerfall der Familiengemeinschaft, 1983; *ders,* Sorgerecht bei Elternstreit und KJHG, FamRZ 1992, 617; *ders,* Elternrecht des nichtehelichen Vaters und Adoption, FamRZ 1995, 1245; *ders,* Elternautonomie und Staatsverantwortung bei der Pflege und Erziehung von Kindern, FamRZ 1996, 1181; *ders,* Neues Kindschaftsrecht in Deutschland. New parent and child law in Germany, DEuFamR 1999, 3; *ders,* Verfassungsrechtliche Vorgaben für die gesetzliche Ausgestaltung des Sorgerechts nicht miteinander verheirateter Eltern, FPR 2005, 60; *Deutscher Anwaltverein e. V.,* Stellungnahme des Familienrechtsausschusses des Deutschen Anwaltvereins e. V. zum Entwurf eines Gesetzes zur Reform des Kindschaftsrechts v 28. 2. 1996, FamRZ 1996, 1401 (zit: Stellungnahme des DAV); *Deutscher Familiengerichtstag e. V. – Sorgerechtskommission,* Thesen zur Reform des Kindschaftsrechts, FamRZ 1993, 1164 (zit: DFGT); *Empfehlungen des 13. Deutschen Familiengerichtstages,* FamRZ 2000, 273 (zit: Empfehlungen des 13. DFGT); *16. Deutscher Familiengerichtstag – Empfehlungen des Vorstands,* FamRZ 2005, 1962 (zit: Empfehlungen des 16. DFGT); *Diederichsen,* Zur Reform des Eltern-Kind-Verhältnisses, FamRZ 1978, 461; *ders,* Die Reform des Kindschafts- und Beistandschaftsrechts, NJW 1998, 1977; *Ehinger,* Bedeutung des Streits der Eltern über die Religionszugehörigkeit ihres Kindes im Sorgerechtsverfahren, FPR 2005, 367; *dies,* Die Regelung der elterlichen Sorge bei psychischer Erkrankung eines Elternteils oder beider Eltern im Überblick, FPR 2005, 253; *Ell,* Anmerkungen aus psychologischer Sicht zur Regelung der Personensorge, ZBlJugR 1980, 319; *ders,* Psychologische Kriterien bei der Sorgerechtsregelung, ZfJ 1986, 289; *Ewers,* Die arme junge Lilofee, FamRZ 1999, 1122; *Fricke,* Anhörungsumgebung und fachliche pädagogische Betreuung der Kinder im Familiengericht – und im Jugendamt, ZfJ 1998, 53; *Fthenakis,* Zum Stellenwert des Kindes als sorgerechtsrelevantes Kriterium gemäß § 1671 BGB, FamRZ 1985, 662; *Goldstein/Freud/Solnit,* Jenseits des Kindeswohls, 1991; *Groß,* Darf das Familiengericht gemäß § 1630 III BGB elterliche Befugnisse ohne Zustimmung des Betreuers (§ 1903 I BGB) übertragen?, Kind-Prax 2001, 50; *Gutdeutsch/Rieck,* Kindesentführung: ins Ausland verboten – im Inland erlaubt?, FamRZ 1998, 1488; *Gutjahr,* Gerichtliche Entscheidungen über die elterliche Sorge und das Umgangsrecht im Zusammenhang mit dem Wechselmodell, FPR 2006, 301; *Hammer,* Elternvereinbarungen im Sorge- und Umgangsrecht, 2004; *ders,* Die rechtliche Verbindlichkeit von Elternvereinbarungen, FamRZ 2005, 1209; *Hessler,* Die Berücksichtigung der Zugehörigkeit eines Elternteils zu den Zeugen Jehovas im Sorgerechtsverfahren, NJW 1997, 2930; *ders,* Vorurteilsbelastete Ansichten zum Kindeswohl, Religion, Staat, Gesellschaft 2005, 293; *Heumann,* Eltern ohne Sorgerecht – Gedanken zu „Familie und Recht", FuR 2003, 293; *ders,* Recht und Gerechtigkeit in der Kindeswohl-Debatte, JAmt 2004, 14; *Holzner,* Die Änderung von Sorgerechtsentscheidungen gemäß § 1696 Abs 1 BGB, 2004; *Jaeger,* Verlagerung von Sorgerechtskonflikten in Umgangsstreitigkeiten, FPR 2005, 70; *Kaiser,* Elternwille und Kindeswohl – für das gemeinsame Sorgerecht geschiedener Eltern, FPR 2003, 573; *Knöpfel,* Faktische Elternschaft, Bedeutung und Grenzen, FamRZ 1983, 317; *Kostka,* Im Interesse des Kindes? Elterntrennung und Sorgerechtsmodelle in Deutschland, Großbritannien und den USA, 2004; *dies,* Die Begleitforschung zur Kindschaftsrechtsreform – eine kritische Betrachtung, FamRZ 2004, 1924; *dies,* Elterliche Sorge und Umgang bei Trennung und Scheidung – unter besonderer Berücksichtigung der Perspektive des Kindes, FPR 2005, 89; *Kropholler,* Gemeinsame elterliche Sorge nach der Ehescheidung im deutschen und ausländischen Recht, JR 1984, 89; *Kühne/Kluck,* Sexueller Mißbrauch – forensisch-psychologische und psychodiagnostische Aspekte, FamRZ 1995, 981; *Lempp,* Das Wohl des Kindes in §§ 1666 und 1671 BGB, NJW 1963, 1659; *ders,* Die Bindungen des Kindes und ihre Bedeutung für das Wohl des Kindes gemäß § 1671 BGB, FamRZ 1984, 741; *ders* ua, Die Anhörung des Kindes gemäß § 50b FGG, 1987; *Limbach,* Gemeinsame Sorge geschiedener Eltern. Juristische Studiengesellschaft Karlsruhe, 1989; *Luthin,* Gemeinsames Sorgerecht nach der Scheidung, 1987; *Lüderitz,* Die Rechtsstellung ehelicher Kinder nach Trennung ihrer Eltern im künftigen Recht der Bundesrepublik Deutschland, FamRZ 1975, 605; *Maccoby/Mnookin,* Die Schwierigkeiten der Sorgerechtsregelung, FamRZ 1995, 1; *Marckscheidt,* Loyalitätsproblematik bei Trennung und Scheidung – Überlegungen zum Kindeswohl aus familientherapeutischer Sicht, FamRZ 1993, 254; *Mnookin,* Was stimmt nicht mit der Formel „Kindeswohl"?, FamRZ 1975, 1; *Motzer,* Die gerichtliche Praxis der Sorgerechtsentscheidung seit der Neufassung von § 1671 BGB, FamRZ 1999, 1101; *ders,* Die neueste Entwicklung von Gesetzgebung und Rechtsprechung auf dem Gebiet von Sorgerecht und Umgangsrecht, FamRZ 2001, 1034; *ders,* Die Entwicklung des Rechts der elterlichen Sorge und des Umgangs seit 2002, FamRZ 2004, 1145; *Müller-Freienfels,* Der Einfluß der Schuldigerklärung auf die Regelung der elterlichen Gewalt, JZ 1959, 396; *Niepmann,* Die Reform des Kindschaftsrechts. Die wichtigsten Neuerungen für die Praxis, MDR 1998, 565; *Oberloskamp,* Beratungs- und Mitwirkungsauftrag der Jugendhilfe bei

Trennung und Scheidung, Kind-Prax 2002, 3; *Oelkers,* Gründe für die Sorgerechtsübertragung auf einen Elternteil, FPR 1999, 132; *ders,* Das neue Sorgerecht in der familienrechtlichen Praxis, FuR 1999, 349; *ders,* Das neue Sorge- und Umgangsrecht – Grundzüge und erste Erfahrungen, ZfJ 1999, 263; *Peschel-Gutzeit,* Das mißverstandene PAS – Wie Sorgerechtsentzug und Geschwisterkoppelung das Wohl der Kinder gefährden, FPR 2003, 271; *Proksch,* Rechtstatsächliche Untersuchung zur Reform des Kindschaftsrechts, 2002; *ders,* Ergebnisse der Begleitforschung zur Kindschaftsrechtsreform, Kind-Prax 2003, 3; *ders,* Die Kindschaftsrechtsreform auf dem Prüfstand – Wirkungen für Kinder und Eltern, JAmt 2004, 1; *Rösner/Schade,* Der Verdacht auf sexuellen Mißbrauch von Kindern in familiengerichtlichen Verfahren, FamRZ 1993, 1133; *Rummel,* Das Kindeswohl in der Neufassung des § 1671 II 2 BGB – vom Entscheidungsmaßstab zur Eingriffslegitimation, DAVorm 1998, 754; *Runge,* Rechtliche Folgen für den die gemeinsame elterliche Sorge boykottierenden Elternteil, FPR 1999, 142; *Salzgeber,* Hat das „Kindeswohl" als Entscheidungsgrundlage ausgedient?, ZKJ 2006, 195; *Salzgeber/Scholz/Wittenhagen/Aymanns,* Die psychologische Begutachtung sexuellen Mißbrauchs in Familienrechtsverfahren, FamRZ 1992, 1249; *Schieferstein,* Elternwohl und Kindespflicht. Paradigmen der schmerzlosen Scheidung, Kind-Prax 2001, 175; *Schilling,* Rechtliche Probleme bei der gemeinsamen elterlichen Sorge nach Trennung bzw. Scheidung, NJW 2007, 3233; *Schwab,* Wandlungen der „gemeinsamen elterlichen Sorge", FS Gaul, 1997, S 717; *ders,* Elterliche Sorge bei Trennung und Scheidung der Eltern, FamRZ 1998, 457; *ders,* Kindschaftsrechtsreform und notarielle Vertragsgestaltung, DNotZ 1998, 437; *E.Schwab/ von zur Gathen,* Stellungnahme des Verbandes allein erziehender Mütter und Väter (VAMV) zur Begleitforschung über die Umsetzung der Kindschaftsrechtsreform, Kind-Prax 2003, 170; *E. Schwab,* Zum Wohl des Kindes? Eine kritische Bilanz zur Wirkungsweise der Kindschaftsrechtsreform, JAmt 2004, 117; *Sittig/Störr,* Das Ende einer Reform? Anmerkung zu Beschluß BGH vom 29. 9. 1999 – XII ZB 3/99 (FuR 2000, 88 = FamRZ 1999, 1646), FuR 2000, 199; *dies,* Das gemeinsame Sorgerecht nach Trennung – kein Regelfall, ZfJ 2000, 368; *Spangenberg/Spangenberg,* Geschwisterbindung und Kindeswohl, FamRZ 2002, 1007; *Wallerstein/Lewis/Blakeslee,* Scheidungsfolgen – Die Kinder tragen die Last. Eine Langzeitstudie über 25 Jahre, 2002; *Walper,* Familien nach Trennung/Scheidung als Gegenstand familienpsychologischer Forschung, FPR 2005, 86; *Walper/Gerhard,* Entwicklungsrisiken und Entwicklungschancen von Scheidungskindern. Neue Perspektiven und Befunde, Praxis der Rechtspsychologie 2003, 91; *Walter,* Betreuung und elterliche Sorge, FamRZ 1991, 765; *Weber,* Beteiligung von Kindern bei Beratung in Fragen der Trennung und Scheidung, Kind-Prax 2004, 48; *Weisbrodt,* Gemeinsame elterliche Sorge in der Rechtsprechung der Obergerichte, Kind-Prax 2001, 8; *Weychardt,* Die familiengerichtliche Regelung der elterlichen Verantwortung. Eine Handreichung für den Praktiker, ZfJ 1999, 268; *Willutzki,* Umsetzung der Kindschaftsrechtsreform in der Praxis, Kind-Prax 2000, 45; *ders,* Zur Entwicklung des gemeinsamen Sorgerechts, RdJB 2000, 398; *Zimmermann,* Das neue Kindschaftsrecht, DNotZ 1998, 404.

Übersicht

	Rn		Rn
I. Normzweck, normtechnischer Regelfall	1	1. Doppelte Kindeswohlprüfung	25
II. Zulässigkeitsvoraussetzungen für eine Zuweisung der gesamten Sorge oder eines Teils der elterlichen Sorge an einen Elternteil (Abs 1)	3	2. Gründe für die Aufhebung der gemeinsamen elterlichen Sorge	26
		3. Zuweisung der Sorge an den Antragsteller	34
1. Gemeinsame elterliche Sorge	3	a) Förderprinzip	35
2. Nicht nur vorübergehendes Getrenntleben	7	b) Kontinuitätsprinzip	42
3. Antrag	10	c) Bindungen des Kindes	45
a) Rechtsnatur des Antrags	10	d) Wille des Kindes	49
b) Antragsberechtigung	11	**V. Entscheidungsmöglichkeiten des Gerichts**	51
c) Form des Antrags	12	1. Dem Antrag stattgebende Entscheidung	51
d) Inhalt des Antrags	13	2. Den Antrag zurückweisende Entscheidung	52
4. Rechtsschutzbedürfnis	17	**VI. Abweichende Regelung der elterlichen Sorge auf Grund anderer Vorschriften (Abs 3)**	56
5. Verhältnis zum Antrag nach § 1628	18	1. Entscheidung nach § 1666	56
III. Sachvoraussetzungen nach Abs 2 Nr 1	19	2. Entscheidung nach § 1628	60
1. Antragserfordernis	19	3. Entscheidung nach § 1696	61
2. Zustimmung des anderen Elternteils (Abs 2 Nr 1)	20	**VII. Verfahren**	62
3. Fehlender Widerspruch des Kindes (Abs 2 Nr 1 HS 2)	23		
IV. Sachvoraussetzungen nach Abs 2 Nr 2	25		

I. Normzweck, normtechnischer Regelfall

§ 1671 sieht für den Fall des nicht nur vorübergehenden Getrenntlebens der Eltern die Umwandlung der gemeinsamen Sorge in eine vollständige oder partielle Alleinsorge auf Antrag eines oder beider Elternteile vor. Das Gesetz differenziert nicht mehr zwischen **Getrenntleben und Scheidung** und trifft auch keine Unterscheidung zwischen dem Getrenntleben von **Verheirateten und Nichtverheirateten**; entscheidend ist nur, dass die Eltern die elterliche Sorge gemeinsam innehaben[1]. Wird die Ehe aufgehoben (§ 1318 Abs 1), findet die Norm ebenfalls Anwendung.

Eine Umwandlung der gemeinsamen Sorge in eine (partielle) Alleinsorge erfolgt nur auf Antrag und diesem kann nur bei Vorliegen bestimmter, in Abs 2 genannter Voraussetzungen stattgegeben werden. Die gemeinsame Sorge ist damit **normtechnisch als Regelfall** konstruiert, die Alleinsorge ist die

[1] BT-Drucks 13/4899 S 98.

§ 1671

Ausnahme[2]. Wird kein Antrag auf Zuweisung der Alleinsorge gestellt oder kann dem Antrag nach Abs 2 nicht stattgegeben werden, bleibt es bei der gemeinsamen elterlichen Sorge[3], selbst wenn es an einer gemeinsamen Erziehungsbereitschaft der Eltern fehlt. Dieses Ergebnis zeigt, dass der Neuregelung **keine gesetzliche Vermutung** des Inhalts entnommen werden kann, dass die gemeinsame elterliche Sorge im Zweifel die für das Kind beste Form der Wahrnehmung elterlicher Verantwortung ist[4].

2.1 Der Gesetzgeber geht mit der Neuregelung über die Anforderungen hinaus, die vom BVerfG in seiner Entscheidung vom 3. 11. 1982 aufgestellt wurden. Erforderlich für die Erhaltung der gemeinsamen elterlichen Sorge trotz Trennung und Scheidung waren danach eine uneingeschränkte Eignung beider Elternteile zur Pflege und Erziehung des Kindes, ihr Wille, die gemeinsame Verantwortung trotz ihrer Trennung weiterhin zu tragen, und das Nichtvorliegen von Gründen, die es im Interesse des Kindeswohls gebieten, das Sorgerecht nur einem Elternteil zu übertragen; die subjektive Kooperationsbereitschaft äußerte sich idR im übereinstimmenden Vorschlag zur Belassung des gemeinsamen Sorgerechts[5]. Zum Teil wurde auch schon nach altem Recht bei fehlendem übereinstimmenden Elternvorschlag das gemeinsame Sorgerecht belassen, vorausgesetzt, die Eltern waren sich in wesentlichen Angelegenheiten der Erziehung des Kindes sachlich einig und kooperativ[6]. Diese Voraussetzungen für die Beibehaltung der gemeinsamen Sorge nach Trennung oder Scheidung kennt das neue Recht nicht mehr.

2.2 Aus sozialwissenschaftlichen Untersuchungen ergibt sich, dass die gemeinsame Sorge zwar grds den Bedürfnissen des Kindes nach Beziehungen zu beiden Eltern entspricht und ihm verdeutlicht, dass beide Eltern gleichermaßen bereit sind, für das Kind Verantwortung zu tragen[7]. Proksch kommt in seiner rechtstatsächlichen Untersuchung zur Reform des Kindschaftsrechts sogar zur Erkenntnis, dass die gemeinsame Sorge nach der Trennung die Kommunikation und die Kooperation der Eltern fördert und Konfliktverschärfungen vermeiden kann[8]. Gegen diese Studie sind jedoch erhebliche methodische Bedenken erhoben worden; unter anderem wird kritisiert, dass die erhobenen Daten eher vermuten lassen, das gemeinsame Sorgerecht sei nicht Ursache für eine bessere Kommunikation, sondern vielmehr die Kooperation Voraussetzung für ein funktionierendes gemeinsames Sorgerecht[9]. Andere Studien zeigen, dass mangelnde Kooperationsbereitschaft und ein hohes Konfliktpotential zwischen den Eltern zu schweren Belastungen für das Kind führen können[10]. Für das Wohl des Kindes sei im Fall der Trennung der Eltern nicht so sehr von Bedeutung, ob diese das gemeinsame Sorgerecht haben oder einem allein die Sorge zustehe[11]. Entscheidend seien vielmehr unter anderem die Qualität der Eltern-Kind-Beziehung, ein Verhältnis von offenem Ärger und Kooperation zwischen den Eltern, Alter, Temperament und Flexibilität des Kindes[12]. Vor dem Hintergrund dieser Erkenntnis gehen das BVerfG und der BGH zu Recht davon aus, dass die gemeinsame Sorge nicht per se den Interessen des Kindeswohls am besten dient, sondern nur dann, wenn die Eltern kooperationsbereit sind und kein hohes Konfliktpotential besteht (näher Rn 28)[13]. Maßgebend ist deshalb weniger, ob die gemeinsame Sorge der „Regelfall" ist, sondern, ob im Einzelfall eine kindeswohlgedeihliche Kooperation von den Eltern zu erwarten ist[14].

2.3 Hinter der Neufassung des § 1671 steckt der Gedanke, dass durch die Ausgestaltung des Verfahrensrechts (Trennungs- und Scheidungsberatung der Eltern durch die Träger der Jugendhilfe, § 17 Abs 2 SGB VIII, die Anhörung der Eltern im Scheidungsverfahren und der Hinweis des Gerichts auf die Beratungsmöglichkeiten durch die Träger der Jugendhilfe, § 613 Abs 1 S 2 ZPO, sowie die Mitwirkung des Gerichts bei der Suche nach einer einverständlichen Regelung im Rahmen des Vermittlungsverfahrens nach § 52 FGG) ausreichend sichergestellt wird,

---

[2] BVerfG FamRZ 2006, 21, 23; KG FamRZ 2007, 754, 755; OLG Frankfurt FamRZ 2002, 187; OLG Köln FuR 2000, 268; OLG Stuttgart FamRZ 1999, 39 f; OLG Hamm FamRZ 1999, 38, 39; FamRZ 1999, 1597 f; OLG Nürnberg NJW-RR 1999, 1019 f; OLG Dresden FamRZ 1999, 109, 110; OLG Bamberg FamRZ 1999, 1005, 1006; AG Chemnitz FamRZ 1999, 321, 322; FamRefK/*Rogner* Vor § 1671 Rn 15; *Palandt/Diederichsen* Rn 18; *Staudinger/Coester* Rn 114; *Schwab* FamRZ 1998, 457, 462 f: „normativer Regelfall"; *Liermann* Anm zu KG FamRZ 1999, 808, 809; *Kaiser* FPR 2003, 573, 577; *Runge* FPR 1999, 142 f; *Motzer* FamRZ 1999, 1101, 1103; *Schwab/Motzer* HdB ScheidungsR III Rn 124; gegen die Annahme eines Regel-Ausnahme-Verhältnisses BGH FamRZ 1999, 1646, 1647, bestätigt in NJW 2005, 2080; KG NJW-RR 2006, 798; OLG Saarbrücken MDR 2003, 996; OLG Naumburg OLGR 2003, 68; OLG Karlsruhe FPR 2002, 662, 663; OLG Braunschweig FamRZ 2002, 121, 122; OLG Brandenburg FamRZ 2001, 1021; JAmt 2001, 556; OLG Schleswig NJW-RR 2000, 813; KG NJWEFER 2000, 175; FamRZ 2000, 502, 503; OLG Zweibrücken FamRZ 2000, 627, 629; FuR 2000, 435, 436; OLG Hamm FamRZ 2000, 1058, 1059; FamRZ 2001, 183, 183 f; FamRZ 2001, 1039, 1040 f; OLG Köln FamRZ 2001, 1036; FamRZ 2001, 183; OLG Frankfurt FamRZ 1999, 392; OLG Rostock FamRZ 1999, 1599; OLG Düsseldorf FamRZ 1999, 673; *Coester* DEuFamR 2000, 53 ff; *Born* FamRZ 2000, 396 ff; *Motzer* FamRZ 2001, 1034, 1036; MünchKommBGB/*Finger* Rn 13; *Johannsen/Henrich/Jaeger* Rn 34 f; BT-Drucks 13/4899 S 61, 63; *Niepmann* MDR 1998, 565, 566; *Oelkers* FPR 1999, 132, 133 f; *ders* FamRZ 1999, 349, 350; *Sittig/Störr* FuR 2000, 199, 200 f; *dies* ZfJ 2000, 368; *E.Schwab* JAmt 2004, 117, 118; krit auch OLG Dresden FamRZ 1999, 1156.

[3] OLG Hamm FamRZ 1999, 38, 39; OLG Stuttgart FamRZ 1999, 39; *Schwab* FamRZ 1998, 457, 462; FamRefK/*Rogner* Vor § 1671 Rn 15; *Zimmermann* DNotZ 1998, 404, 423; aA amtl Begr, BT-Drucks 13/4899 S 61, 63.

[4] BVerfG FamRZ 2004, 354, 355; BGH FamRZ 1999, 1646, 1647 m zust Anm *Oelkers* MDR 2000, 32; OLG Hamm FamRZ 2006, 1697, 1698; FamRZ 2006, 1058, 1059; FamRZ 2006, 1626; FamRZ 2004, 1668; OLG Frankfurt FamRZ 2007, 760; OLG Brandenburg ZfJ 2005, 26, 27; KG FamRZ 2004, 1626; Kind-Prax 2005, 72; OLG Köln FamRZ 2003, 1036; AG Pankow/Weißensee FamRZ 2005, 538, 539; *E. Schwab* JAmt 2004, 117, 118.

[5] BVerfGE 61, 358, 373 f; BGH FamRZ 1993, 314, 315; OLG Hamm FamRZ 1996, 1097, 1098; FamRZ 1996, 1098 f; OLG Karlsruhe FamRZ 1995, 1168 f; OLG Bamberg FamRZ 1995, 1509, 1510; OLG Stuttgart FamRZ 1991, 1220, 1221; OLG Hamburg FamRZ 1985, 1284.

[6] OLG Bamberg FamRZ 1997, 48; OLG Brandenburg FuR 1998, 324, 326; OLG Karlsruhe FamRZ 1987, 89, 90.

[7] Nachweise in BT-Drucks 13/4899 S 62.

[8] *Proksch* S 402 f; *ders* JAmt 2004, 1, 4 ff; *ders* Kind-Prax 2003, 3, 11; s auch BReg, BT-Drucks 15/2399 S 1 f.

[9] *Kostka* S 448; *dies* FamRZ 2004, 1924 ff; FPR 2005, 89, 91; krit *E. Schwab/von zur Gathen* Kind-Prax 2003, 170 ff.

[10] *Maccoby/Mnookin* FamRZ 1995, 1, 11.

[11] KG FamRZ 2000, 502, 503.

[12] *Wallerstein/Lewis/Blakeslee* S 229.

[13] BVerfG FamRZ 2004, 354, 355; FamRZ 2004, 1015, 1016; FamRZ 2003, 285, 286; BGH FamRZ 2004, 802, 803.

[14] *Staudinger/Coester* Rn 116 f; *Johannsen/Henrich/Jaeger* Rn 35; s auch *Palandt/Diederichsen* Rn 18.

dass die Eltern sich bewusst für die gemeinsame elterliche Sorge entscheiden[15]. Damit erlangt das gemeinsame Sorgerecht eine rechtsethische Leitbildfunktion[16]. Ob sich diese Vorstellung des Gesetzgebers realisiert, ist fraglich[17]. Zum einen erfasst die gerichtliche Unterstützungsarbeit nur partiell die Eltern, die nicht miteinander verheiratet sind. Zum anderen wird die Praxis noch erweisen müssen, ob ein Verfahrensangebot in den problematischen Fällen, in denen das Gericht einem Sorgerechtsantrag nicht stattgeben kann (zu den Fallgestaltungen Rn 52 ff), überhaupt genügt. Besonders sensibel ist das Problem, ob und inwieweit das Modell der gemeinsamen Sorge zu einer Verlagerung von Konflikten von der Sorgerechts- auf die Ebene des Umgangsrechts führt und diese Konflikte die Sorgerechtszuständigkeit beeinflussen[18].

II. Zulässigkeitsvoraussetzungen für eine Zuweisung der gesamten Sorge oder eines Teils der elterlichen Sorge an einen Elternteil (Abs 1)

1. Gemeinsame elterliche Sorge. Den **Eltern** muss die gemeinsame Sorge für ein gemeinschaftliches minderjähriges Kind zustehen. Die Vaterstellung des Mannes gründet sich entweder auf eine bestehende Ehe zur Zeit der Geburt des Kindes (§ 1592 Nr 1), eine wirksame Anerkennung (§ 1592 Nr 2) oder eine gerichtliche Feststellung der Vaterschaft (§§ 1599 Nr 3, 1600 a); die Anerkennungserklärung kann dabei auch in einem laufenden Scheidungsverfahren oder bis zum Ablauf eines Jahres nach Rechtskraft des dem Scheidungsantrag stattgebenden Urteils unter den Voraussetzungen des § 1599 Abs 2 abgegeben werden. Die Grundlage für die **gemeinsame elterliche Sorge** ist nicht entscheidend; sie kann auf Eheschließung (vor oder nach der Geburt des Kindes, § 1626 a Abs 1 Nr 2), Sorgeerklärungen (§ 1626 a Abs 1 Nr 1) oder Adoption (§§ 1754, 1626) beruhen.   3

Die elterliche Sorge muss beiden Elternteilen ganz oder zumindest teilweise gemeinsam zustehen. Dagegen ist die Vorschrift **nicht anwendbar,** wenn einem Elternteil die Alleinsorge oder beiden jeweils ein Teil der elterlichen Sorge (etwa dem einen die Personen-, dem anderen die Vermögenssorge) zusteht. In diesen Fällen kommt eine Änderung nur unter den engen Voraussetzungen des § 1696 in Betracht[19]. Dem berechtigten Wunsch beider Eltern nach neuer Sorgegestaltung, etwa im Sinn einer Beschränkung der bisherigen Alleinsorge auf einen Teil und Begründung der gemeinsamen Sorge iÜ, kann damit nicht über einen Antrag nach § 1671 Rechnung getragen werden[20].   4

Wurde einem Elternteil die Entscheidungsbefugnis in einem Meinungsstreit nach **§ 1628 übertragen oder ihm ein Teil der elterlichen Sorge nach § 1666 entzogen,** so bleibt iÜ die gemeinsame Sorge bestehen, so dass insoweit ein Antrag nach § 1671 gestellt werden kann. Will der Elternteil, dem die Sorge teilweise entzogen wurde, die Gesamtsorge mit dem anderen Elternteil erlangen, so muss er einen Antrag auf Aufhebung der Erstentscheidung nach § 1696 stellen. Will er dagegen die Alleinsorge begründen, muss er einen Antrag nach § 1671 (hinsichtlich des bisher gemeinsamen Teils der elterlichen Sorge) mit einem Antrag nach § 1696 (hinsichtlich des nach §§ 1628 oder 1666 entzogenen Teils der elterlichen Sorge) verbinden. Will der Elternteil, der auf Grund einer Entscheidung nach § 1628 oder 1666 teilweise allein entscheiden konnte, die Alleinsorge erlangen, so kann er einen Antrag nach § 1671 dahingehend stellen, dass ihm auch der gemeinsame Teil der elterlichen Sorge zur Alleinsorge zugewiesen wird[21].   5

Problematisch ist die Anwendbarkeit des § 1671 beim **Ruhen der elterlichen Sorge** eines Elternteils nach §§ 1673 oder 1674. In diesem Fall verliert dieser Elternteil nicht die elterliche Sorge, er ist nur nicht berechtigt, sie auszuüben (§ 1675); der andere Elternteil übt die elterliche Sorge allein aus (§ 1678 Abs 1). Rechtlich besteht also eine gemeinsame elterliche Sorge[22]. Der Elternteil, der die elterliche Sorge allein ausübt, kann mithin einen Antrag auf Zuweisung der Alleinsorge stellen; jedoch wird er dies für die Dauer des Ruhens idR nicht tun, weil er die elterliche Sorge ohnehin tatsächlich allein ausübt; etwas anderes gilt dagegen für die Zeit nach dem Wegfall des Ruhenstatbestands. Auch der andere Elternteil wird während des Ruhenszeit keinen Antrag nach § 1671 stellen, weil er in dieser Zeit nicht in der Lage ist, die Alleinsorge auszuüben. Das Gleiche gilt für den Fall der **tatsächlichen Verhinderung** (§ 1678 Abs 1)[23].   6

2. Nicht nur vorübergehendes Getrenntleben. Der Begriff des Getrenntlebens ist in § 1567 definiert. Die Trennung muss vor allem dauerhaft sein; erforderlich ist der erkennbare Wille mindestens eines Elternteils, die häusliche Gemeinschaft auf Dauer zu beenden (näher Erläuterungen zu § 1567). Die Regelung des § 1567 Abs 2 ist für die Erfüllung der Scheidungsvoraussetzungen konzipiert, gilt also im Rahmen des § 1671 nicht; bei Versöhnungsversuchen der Eltern liegt also kein Getrenntleben iS von § 1671 Abs 1 vor[24]. Dagegen gilt § 1567 Abs 1 auch hier. Trotz der Schwierigkeiten, ein nicht nur   7

---

[15] BT-Drucks 13/8511 S 66, 67, 78; in diese Richtung bereits OLG Bamberg FamRZ 1988, 752 f; *Limbach* Rechtstatsachenstudie S 82 f; eingehend zur Bedeutung des staatlichen Beratungsangebots OLG Zweibrücken FamRZ 2000, 627 ff; *Walper* FPR 2005, 86, 89; *Walper/Gerhard,* Praxis der Rechtspsychologie, 2003, S 91, 107 f; *Weisbrodt* Kind-Prax 2001, 8 f; Staudinger/Coester Rn 18 f, 117.
[16] Palandt/Diederichsen Rn 17; Staudinger/Coester Rn 115; Johannsen/Henrich/Jaeger Rn 35 aE.
[17] *Jaeger* FPR 2005, 70, 71.
[18] *Jaeger* FPR 2005, 70, 73 f; *Kostka* FamRZ 2004, 1924, 1930 f.
[19] BT-Drucks 13/4899 S 98; Johannsen/Henrich/Jaeger Rn 13.
[20] Kritik von *Schwab* FamRZ 1998, 457, 461.
[21] Palandt/Diederichsen 58. Aufl 1999, Rn 16; zust Staudinger/Coester Rn 37 bei früherer Entscheidung nach § 1628, abl dagegen *ders* Rn 32 bei früherer Entscheidung nach § 1666.
[22] Anders sieht dies wohl Johannsen/Henrich/Jaeger Rn 14.
[23] Johannsen/Henrich/Jaeger Rn 14; anders Staudinger/Coester Rn 36.
[24] *Schwab* FamRZ 1998, 457, 461; Staudinger/Coester Rn 38.

§ 1671 Buch 4. Abschnitt 2. Verwandtschaft

vorübergehendes Getrenntleben nachzuweisen, hat der Gesetzgeber auf dieses Merkmal nicht verzichtet. Damit soll vermieden werden, dass Eltern, die nur vorübergehend getrennt leben, einen Antrag nach § 1671 stellen und so das Grundkonzept der gemeinsamen elterlichen Sorge verändern[25].

8 Der vom Gesetz erfasste Regelfall ist der, dass die Eltern zunächst in einer Lebensgemeinschaft **zusammengelebt** haben und zur Zeit der Antragstellung nicht nur vorübergehend getrennt leben[26]. Haben die Eltern **nie zusammengelebt**, so können sie sich begrifflich auch nicht trennen, weil sich nur trennen kann, wer einmal zusammengelebt hat. Jedoch hätte diese Auslegung zur Folge, dass ein Elternteil, der nie mit dem anderen Elternteil zusammengelebt hat, beide aber wirksam Sorgeerklärungen abgegeben haben, nur unter den engen Voraussetzungen der §§ 1666, 1680 Abs 3 die alleinige elterliche Sorge erlangen könnte, obwohl gerade in dieser Fallkonstellation ein Bedürfnis für die Auflösung der gemeinsamen elterlichen Sorge bestehen. Dieses Ergebnis lässt sich nur vermeiden, wenn man auch auf diese Fallkonstellation § 1671 anwendet[27].

9 § 1671 setzt ein nicht nur vorübergehendes **Getrenntleben zur Zeit der Antragstellung** voraus. Er erfasst also nicht den Fall, dass ein Elternteil die Alleinsorge nach § 1671 erstrebt, bevor er sich von dem anderen Elternteil trennt, um auf diese Weise die Mitnahme der Kinder zu legitimieren. Vielmehr muss er in diesem Fall einen Antrag auf Zuweisung des Aufenthaltsbestimmungsrechts nach § 1628 stellen oder eine gerichtliche Ausweisung des anderen Partners aus der Wohnung nach § 1361b erreichen[28]. Von § 1671 wird dagegen der Fall erfasst, dass die Eltern sich trennen und die elterliche Sorge übereinstimmend auf einen Elternteil übertragen wollen; der gemeinsame Antrag ist in diesem Fall als solcher des Begünstigten mit Zustimmung des anderen nach § 1671 Abs 2 Nr 1 auszulegen[29].

10 **3. Antrag. a) Rechtsnatur des Antrags.** Die Auflösung der gemeinsamen elterlichen Sorge und die Zuweisung der (teilweisen) Alleinsorge an einen Elternteil erfolgt nur auf Antrag, es sei denn, es liegen die Voraussetzungen von Abs 3 vor (Rn 56 ff). Der Antrag ist also eine Verfahrenshandlung[30]. Daneben ist er ein Sachantrag auf Zuweisung einer (teilweisen) Alleinsorge. Der Antrag hat damit eine **Doppelnatur**[31]: Er bedarf trotz der Geltung des Amtsermittlungsgrundsatzes nach § 12 FGG einer **Begründung,** die sich zu den Zulässigkeitsvoraussetzungen (dauerndes Getrenntleben, bisherige gemeinsame Sorge) und zu den Sachvoraussetzungen (Zustimmung des anderen Elternteils, Vereinbarkeit der Aufhebung der gemeinsamen Sorge und der Übertragung auf den Antragsteller mit dem Kindeswohl) äußert[32]. So ist etwa für einen Antrag nach § 1671 Abs 2 Nr 2 die bloße Behauptung nicht ausreichend, zwischen den Beteiligten sei keine Kommunikation mehr möglich. Ebensowenig genügt die nicht belegte Vermutung, der türkische Vater werde sein Sorgerecht missbrauchen und die gemeinsame Tochter in die Türkei verbringen[33]. Vielmehr bedarf es der Angabe **konkreter Tatsachen**[34]. Zum Teil wird sogar gefordert, dass der Antragsteller auch die Gründe nennt, die seinen Entschluss bestimmen, so dass dieser nachvollziehbar, an Kindeswohlinteressen ausgerichtet und nicht willkürlich erscheint[35]. Aus dem Sachantragscharakter folgt auch eine Bindung des Gerichts entsprechend § 308 ZPO. Das bedeutet, dass das Gericht nur dem Antragsteller, nicht aber dem Antragsgegner die volle Alleinsorge oder einen Teil überlassen kann. Darüber hinaus kann es nur in dem beantragten Umfang die elterliche Sorge zuweisen; es darf keine Regelung treffen, die nicht beantragt worden ist[36]. Das Gericht kann also dem Antragsteller nicht mehr als beantragt zuweisen[37]; wohl aber kann es hinter dem Antrag zurückbleiben (näher Rn 51)[38].

11 **b) Antragsberechtigung.** Antragsberechtigt sind die **Eltern** des Kindes, soweit sie nicht nur vorübergehend getrennt leben und ihnen bisher die elterliche Sorge gemeinsam zustand. Das Gesetz geht offensichtlich davon aus, dass nur ein Elternteil einen Antrag auf Zuweisung der Alleinsorge stellt. Die angesichts des Verfalls der Beziehungen zwischen den Eltern naheliegende Fallkonstellation, dass beide Elternteile einander widersprechende Anträge stellen, wird nicht ausdrücklich geregelt, ist aber auch nicht ausgeschlossen. In diesem Fall verbietet es die Notwendigkeit einer einheitlichen Entscheidung über die elterliche Sorge, die Anträge isoliert zu betrachten. Stimmen die Anträge der Eltern überein, ist ein Antrag als Zustimmung iS von Abs 2 Nr 1 zu verstehen[39]. Nicht antragsberechtigt sind dagegen das Jugendamt, ein sonstiger Dritter oder das **Kind**[40]; dieses ist ab Vollendung des 14. Lebens-

---

[25] BT-Drucks 13/4899 S 98.
[26] *Palandt/Diederichsen* 59. Aufl 2000, Rn 10.
[27] *Palandt/Diederichsen* 59. Aufl 2000, Rn 10; *ders* NJW 1998, 1977, 1985.
[28] *Staudinger/Coester* Rn 43.
[29] *Staudinger/Coester* Rn 50.
[30] FamRefK/*Rogner* Rn 11.
[31] OLG Brandenburg ZfJ 2002, 36; *Palandt/Diederichsen* 59. Aufl 2000, Rn 11; *Staudinger/Coester* Rn 44; *Johannsen/Henrich/Jaeger* Rn 20; anders OLG Bamberg NJW-RR 1999, 659 f; unklar BT-Drucks 13/4899 S 98 durch seine Verweisung auf § 1628 Abs 1 S 2, der nur einen Verfahrensantrag enthält.
[32] FamRefK/*Rogner* Rn 11.
[33] OLG Köln NJW-RR 1999, 1019.
[34] OLG München FamRZ 1999, 1006, 1007.
[35] OLG Dresden FamRZ 2000, 109, 110.
[36] *Schwab* FamRZ 1998, 457, 459.
[37] *Johannsen/Henrich/Jaeger* Rn 20.
[38] AG Hannover JAmt 2001, 557, 558; *Schwab* FamRZ 1998, 457, 465.
[39] *Palandt/Diederichsen* Rn 11; MünchKommBGB/*Finger* Rn 59.
[40] BVerfG FPR 2004, 36 f; Kritik von *Coester* DEuFamR 1999, 3, 13; *Staudinger/Coester* Rn 14; für ein eigenes Antragsrecht des Kindes *Coester* FamRZ 1992, 617, 624; DFGT FamRZ 1993, 1164, 1165.

Getrenntleben bei gemeinsamer elterlicher Sorge **§ 1671**

jahres aber widerspruchsberechtigt (Abs 2 Nr 1 HS 2) und kann ebenso wie das Jugendamt oder ein sonstiger Dritter ein gerichtliches Verfahren nach § 1666 anregen[41].

c) Form des Antrags. Wird der Antrag **außerhalb** des Scheidungsverfahrens gestellt, so kann er **12** schriftlich oder mündlich zu Protokoll der Geschäftsstelle abgegeben werden (§§ 621 Abs 1 Nr 1, 621 a Abs 1 S 1, 2, 129 a, 496 ZPO anstelle von § 11 FGG). Ein Anwaltszwang besteht nicht (§ 78 Abs 2 und 3 ZPO). Wird der Antrag dagegen **während** der Anhängigkeit eines Scheidungsverfahrens geltend gemacht, so wird das Sorgerechtsverfahren, wenn es rechtzeitig nach § 623 Abs 4 S 1 ZPO eingeleitet wird, zur Folgesache nach § 623 Abs 2 S 1 Nr 1 ZPO. Da für Folgesachen nach § 78 Abs 2 S 1 Nr 1 ZPO Anwaltszwang besteht, bedarf es einer Antragsschrift, die von einem beim Familiengericht zugelassenen Rechtsanwalt unterschrieben ist (§§ 621 Abs 1 Nr 1, 621 a Abs 1 S 1, 2, 623 Abs 2 Nr 1, Abs 4, 78 Abs 2 Nr 2 ZPO).

d) Inhalt des Antrags. Das neue Recht sieht vor, dass der Antrag auf die gesamte elterliche Sorge **13** oder einen Teil derselben bezogen werden kann **(partielle Alleinsorge)**[42]. Damit ist die Möglichkeit eröffnet, dass die Eltern die gemeinsame Sorge nur für die Bereiche revidieren, auf die sich ihr Konflikt bezieht[43], iÜ die gemeinsame elterliche Sorge aber beibehalten. Zulässig ist nicht nur die Beschränkung auf die Personen- oder Vermögenssorge[44]. Vielmehr sind uneingeschränkt auch – und zwar in Abkehr vom bisherigen Grundsatz der Unteilbarkeit der Personensorge[45] – Aufteilungen innerhalb der Personensorge und/oder der Vermögenssorge möglich[46]. Allerdings ist immer zu berücksichtigen, dass das Leben des Kindes eine Einheit bildet, so dass nicht jede beliebige Aufteilung zulässig ist[47].

Zulässig ist beispielsweise die Beschränkung des Antrags auf Ausbildungsangelegenheiten[48], die Aufenthaltsbestim- **13.1** mung[49], Pflege und Betreuung[50], die Regelung der Staatsangehörigkeit[51] oder der Pass- und Meldeangelegenheiten[52], die Heilbehandlung[53] oder der gesetzlichen Vertretung (ganz oder teilweise); ein Anhaltspunkt dafür, welche Aufteilungen möglich sind, ergibt sich aus § 1631[54]. Bei den möglichen Abspaltungen ist allerdings zu berücksichtigen, dass etwa das Aufenthaltsbestimmungsrecht, wie sich aus § 1687 Abs 1 S 2 ergibt, auch die tatsächliche Pflege und Betreuung umfasst, eine Abspaltung eines der drei Elemente der Personensorge (§ 1631 Abs 1) also oft nicht möglich ist. Zumindest würde eine solche Regelung schon an praktischen Schwierigkeiten scheitern.

Das Gesetz lässt weiter die Möglichkeit zu, dass ein Elternteil die Alleinsorge beantragt und erhält, die **14** Ausübung derselben aber für eine begrenzte Zeit (etwa für die Zeit der tatsächlichen Verhinderung wegen Krankheit, Auslandsaufenthalt, Berufsausbildung) dem anderen Teil überlässt[55]. Darüber hinaus ist eine **zeitliche Aufspaltung** der elterlichen Sorge etwa nach dem Muster des sog Wechsel- bzw Pendelmodells (näher § 1687 Rn 3) möglich: Danach können die Eltern einen Wechsel der Alleinsorge nach einem bestimmten, sich wiederholenden Rhythmus (etwa wöchentlich, monatlich oder nach Ablauf längerer Perioden) vereinbaren; sie können weiter einen Wechsel der elterlichen Sorge vorsehen, wenn das Kind ein bestimmtes Alter erreicht hat oder wenn sich aus dem Ausbildungsweg des Kindes, zB wegen des Wechsels auf eine weiterführende Schule, einen Wohnortwechsel mit sich bringt[56]; denkbar ist auch ein Wechsel nur eines Teils der elterlichen Sorge (zB Aufenthaltsbestimmungsrecht)[57]. Fehlt aber eine Vereinbarung der Eltern, kann nicht auf einseitigen Antrag hin ein Wechselmodell gerichtlich angeordnet werden[58].

Der Bezugspunkt des Antrags ist das gemeinschaftliche leibliche oder adoptierte Kind, nicht dagegen **15** das Pflegekind[59]. Besteht für **mehrere gemeinschaftliche Kinder** die gemeinsame elterliche Sorge, so kann der Antrag auf eines oder mehrere Kinder beschränkt werden[60].

---

[41] BT-Drucks 13/4899 S 64, 98.
[42] Hess VGH FamRZ 2005, 31, 33; der Begriff stammt von *Schwab* FamRZ 1998, 457, 459.
[43] BT-Drucks 13/4899 S 99; FamRefK/*Rogner* Rn 13; *Palandt/Diederichsen* Rn 4, 11.
[44] Diese Möglichkeit sah bereits das alte Recht in § 1671 Abs 4 S 2 aF vor.
[45] BGHZ 78, 108, 112; MünchKommBGB/*Hinz* 3. Aufl 1992, § 1671 aF Rn 21.
[46] *Coester* FamRZ 1996, 1181, 1185; *Schwab* FamRZ 1998, 457, 459; *ders* DNotZ 1998, 437, 442 f; *Schwab/Motzer* HdB ScheidungsR III Rn 91; MünchKommBGB/*Finger* Rn 19, 118.
[47] *Schwab* FamRZ 1998, 457, 459; *Borsutzky* Forum Jugendhilfe 1999, 42, 44.
[48] BT-Drucks 13/4899 S 99.
[49] Hess VGH FamRZ 2005, 31, 33; OLG Hamm FamRZ 2006, 1058, 1059; OLG Naumburg OLGR 2005, 465; OLG Düsseldorf ZFE 2004, 153; OLG Brandenburg ZfJ 2005, 26, 27; NJOZ 2003, 3042 ff; FamRZ 2003, 1953, 1954; FamRZ 2002, 567 f; OLG Frankfurt FamRZ 2001, 1636 f; OLG Nürnberg FamRZ 1999, 673, 674; OLG Zweibrücken FamRZ 2001, 186; FamRZ 2000, 1042, 1043; OLG Bamberg FamRZ 2000, 1237, 1238; OLG Köln DAVorm 2000, 691, 692; *Schwab* FamRZ 1998, 457, 459; *Palandt/Diederichsen* Rn 5; *Staudinger/Coester* Rn 53; MünchKommBGB/*Finger* Rn 120.
[50] Hess VGH FamRZ 2005, 31, 33.
[51] OLG Hamm FamRZ 2006, 1058, 1059.
[52] *Menne* ZKJ 2006, 102; *Palandt/Diederichsen* Rn 11.
[53] OLG München Kind-Prax 2000, 159.
[54] *Palandt/Diederichsen* 59. Aufl 2000, Rn 4.
[55] *Palandt/Diederichsen* 59. Aufl 2000, Rn 25; dies war schon nach altem Recht zulässig OLG Köln FamRZ 1977, 62, 63; OLG Karlsruhe NJW 1977, 1731 f; krit MünchKommBGB/*Hinz* 3. Aufl 1992, § 1671 aF Rn 57.
[56] *Staudinger/Coester* Rn 53; *Johannsen/Henrich/Jaeger* Rn 19.
[57] *Gutjahr* FPR 2006, 301, 302.
[58] OLG Stuttgart FamRZ 2007, 1266 f.
[59] *Palandt/Diederichsen* Rn 8.
[60] *Johannsen/Henrich/Jaeger* Rn 20; *Soergel/Strätz* § 1671 aF Rn 22; *Staudinger/Coester* Rn 49.

§ 1671

16   Aus dem Wortlaut von Abs 1 („dass ihm …") und Abs 2 Nr 2 („Übertragung auf den Antragsteller") ergibt sich, dass der Antrag darauf gerichtet sein muss, dem **Antragsteller** die elterliche Sorge oder Teile davon zuzuweisen. Unzulässig ist dagegen der Antrag auf Zuweisung der elterlichen Sorge an den Antragsgegner[61] oder einen Dritten[62].

17   **4. Rechtsschutzbedürfnis.** Ein besonderes Rechtsschutzbedürfnis ist für den Antrag nicht erforderlich. Anders ist es bei einem Antrag auf **Feststellung der gemeinsamen elterlichen Sorge.** Wird kein Antrag nach § 1671 gestellt, so besteht die gemeinsame elterliche Sorge fort; für einen Antrag auf Feststellung dieses Rechtszustands fehlt also das Rechtsschutzinteresse. Etwas anderes ist aber anzunehmen, wenn die Eltern die gemeinsame elterliche Sorge etwa unter Ausschluss der in § 1687 Abs 1 S 2 enthaltenen Alleinentscheidungsbefugnisse des betreuenden Elternteils vereinbart haben und deren gerichtliche Feststellung jetzt von einem Elternteil begehrt wird[63]. Weiter ist an den Fall zu denken, dass die zerstrittenen Eltern auf Grund einer gerichtlichen Vermittlung nach § 52 FGG doch noch zu einer Einigung über die Aufrechterhaltung einer gemeinsamen elterlichen Sorge kommen[64].

18   **5. Verhältnis zum Antrag nach § 1628.** Beantragt ein Elternteil, ihm einen Teil der elterlichen Sorge zur Alleinsorge zu übertragen, so kann dieser Antrag mit einem solchen nach § 1628 konkurrieren, der die Möglichkeit der Übertragung einer bestimmten Art von Angelegenheiten regelt und geringere Anforderungen an die Übertragung des Entscheidungsrechts als § 1671 Abs 2 Nr 2 („dem Wohl des Kindes am besten entspricht") stellt (iE § 1628 Rn 9 ff).

III. Sachvoraussetzungen nach Abs 2 Nr 1

19   **1. Antragserfordernis.** Zur Doppelnatur des Antrags s Rn 10.

20   **2. Zustimmung des anderen Elternteils (Abs 2 Nr 1).** Die Zustimmung des anderen Elternteils muss zu einem **konkreten** Antrag erteilt werden[65]; die Berufung des Antragstellers auf ein anderweitig geäußertes Einverständnis des anderen Elternteils genügt nicht[66]. Soweit der andere Elternteil dem Antrag nach Abs 2 Nr 1 zustimmt, liegt für das Gericht eine grds **bindende Sorgerechtsregelung** vor[67]. Diese ist Ausdruck der elterlichen Autonomie und Primärverantwortung der Eltern sowie des Gedankens, dass eine staatliche Entscheidung über die elterliche Sorge nur insoweit erforderlich ist, als zwischen den Eltern Streit besteht[68].

21   Inhaltlich muss der andere Elternteil dem Antrag **ganz oder zumindest zum Teil** zustimmen. Beantragt etwa ein Elternteil die Zuweisung der Alleinsorge an sich und stimmt der andere nur der Übertragung des Aufenthaltsbestimmungsrechts auf den Antragsteller zu, so kann über letzteres nach Abs 2 Nr 1 entschieden werden; hinsichtlich des Restantrags ist Abs 2 Nr 2 anzuwenden[69]. Die Zustimmung kann bis zur letzten Tatsacheninstanz **widerrufen** werden[70]; dem Antrag kann dann nur noch unter den Voraussetzungen des Abs 2 Nr 2 stattgegeben werden. Das Gleiche gilt, wenn der Antragsteller in Abweichung von einer außergerichtlichen Sorgerechtsvereinbarung eine Sorgerechtsregelung beantragt[71]. Wird die Vereinbarung einseitig aufgekündigt, so bleibt die Frage, inwieweit der Vereinbarung trotzdem eine Indizwirkung für die richterliche Kindeswohlentscheidung und damit eine beschränkte Bindungswirkung zukommt. Zwar stellt die Elternvereinbarung keine Erstregelung dar, die nur unter den Voraussetzungen des § 1696 geändert werden kann[72]. Jedoch kommt der Vereinbarung eine Indizwirkung für die richterliche Kindeswohlentscheidung zu mit der Folge, dass ihre Bindungswirkung für den Richter nur analog den Voraussetzungen des § 1696 entfällt[73].

22   Die nicht aufgekündigte Einigung der Eltern unterliegt nach dem Wortlaut von Abs 2 Nr 1 keiner materiellen **„Richtigkeitsprüfung"**[74]. Das Gericht muss also dem Antrag auch dann stattgeben, wenn

---

[61] *Schwab* FamRZ 1998, 457, 460; *Palandt/Diederichsen* Rn 11; *Staudinger/Coester* Rn 50.
[62] OLG Köln OLGR 2005, 535, 536 betr Jugendamt; OLG Koblenz FamRZ 2005, 1846, 1847 betr Großmutter.
[63] *Schwab* FamRZ 1998, 457, 460; Stellungnahme des DAV FamRZ 1996, 1401; aA *Staudinger/Coester* Rn 51.
[64] Anders sieht dies wohl *Johannsen/Henrich/Jaeger* Rn 21.
[65] *Schwab* FamRZ 1998, 457, 461.
[66] *Schwab* FamRZ 1998, 457, 461; *Palandt/Diederichsen* Rn 14.
[67] OLG Rostock FamRZ 1999, 1599; BT-Drucks 13/4899 S 99; *Palandt/Diederichsen* Rn 13; *Schwab* FamRZ 1998, 457, 461; *Coester* DEuFamR 1999, 3, 10; *Staudinger/Coester* Rn 65; zum Problem des „erkauften" Einverständnisses *Lüderitz* FamRZ 1975, 605, 607; *Limbach,* Gemeinsame Sorge geschiedener Eltern, S 64 f.
[68] Vgl BVerfGE 61, 358, 374; FamRefK/*Rogner* Rn 13.
[69] OLG Nürnberg NJW-RR 2001, 1519, 1520; NJWE-FER 1999, 56.
[70] BGH DAVorm 2000, 704, 708; *Palandt/Diederichsen* Rn 14; MünchKommBGB/*Finger* Rn 63; *Staudinger/Coester* Rn 82 ff; *Erman/Michalski* Rn 29; *Schwab* FamRZ 1998, 457, 461; *ders* DNotZ 1998, 437, 445; *Johannsen/Henrich/Jaeger* Rn 25 f.
[71] OLG München FamRZ 2007, 753 f; KG FamRZ 2007, 754 ff; FamRZ 2006, 1626; *Staudinger/Coester* Rn 61; grundlegend zu Zulässigkeit und Bindungswirkung von Sorgerechtsvereinbarungen *Zimmermann* DNotZ 1998, 404, 423; *Schwab* DNotZ 1998, 437, 443 ff; *Hammer* S 11 ff.
[72] Dies sieht *Zimmermann* DNotZ 1998, 404, 423 anders.
[73] *Staudinger/Coester* Rn 61; *ders* DEuFamR 1999, 3, 10; *Zimmermann* DNotZ 1998, 404, 423; *Schwab* DNotZ 1998, 437, 446 f; *Hammer* S 211 ff; *ders* FamRZ 2005, 1209, 1214 f.
[74] BGH DAVorm 2000, 704, 707; OLG Koblenz FamRZ 2005, 1846, 1847; *Coester* FamRZ 1995, 1245, 1247; *ders* FamRZ 1996, 1181, 1183; *Staudinger/Coester* Rn 65; *Palandt/Diederichsen* Rn 13; *Hammer* FamRZ 2005, 1209, 1212 ff.

es erkannt hat, dass diese Entscheidung dem Kindeswohl nicht dient[75]; etwas anderes gilt allerdings dann, wenn Anhaltspunkte für eine Kindeswohlgefährdung vorliegen und ein Verfahren nach Abs 3 in ein solches nach § 1666 übergeleitet werden muss[76].

Berücksichtigt man, dass die Elternautonomie von einer unverzichtbaren, permanenten Verantwortung für das Kindeswohl geprägt ist[77] (zum Elternrecht als treuhänderischem Recht § 1626 Rn 9), so spricht zwar einiges für die Anwendbarkeit des § 1697a als Eingriffsgrundlage unterhalb der von Abs 3 vorgegebenen Schwelle des § 1666[78]. Jedoch hat dieser Lösungsansatz zur Folge, dass dem Widerspruch des Kindes nach § 1671 Abs 2 Nr 1 HS 2 keine eigenständige Bedeutung mehr zukommt. Es ist deshalb der überwiegend vertretenen Ansicht zu folgen und eine Kindeswohlprüfung unterhalb der Sperre des § 1666 abzulehnen. **22.**1

3. Fehlender Widerspruch des Kindes (Abs 2 Nr 1 HS 2). Widerspricht das über 14jährige Kind der Einigung der Eltern, so entfällt die Bindungswirkung dieser Einigung für das Gericht[79]. Dem gesamten Antrag eines Elternteils – eine Beschränkung auf die unwidersprochenen Teile nach Abs 2 Nr 1 kommt nicht in Betracht[80] – kann dann nur noch unter den Voraussetzungen von Abs 2 Nr 2 stattgegeben werden[81]. Das Kind hat also **kein Vetorecht**, sondern kann nur verhindern, dass der Vorschlag der Eltern vom Gericht ohne Sachprüfung übernommen wird[82]. Allerdings genügt es nicht, wenn das Kind nur Vorstellungen und Wünsche äußert, ohne die Entscheidung der Eltern letztlich blockieren zu wollen; vielmehr ist erforderlich, dass es sich eindeutig gegen den konkreten Antrag wendet[83]. **23**

Zur Wahrnehmung des Widerspruchsrechts kann ein Verfahrenspfleger nach § 50 Abs 2 Nr 1 FGG bestellt werden[84]. Der Widerspruch ist bis zum Schluss der letzten mündlichen Verhandlung frei widerruflich; auf die Widerrufsbefugnis kann nicht für die Zukunft verzichtet werden[85]. Widerspricht ein **Kind unter 14 Jahren,** wird idR ein Verfahrenspfleger zu bestellen sein; im Einzelfall kann auch die Notwendigkeit bestehen, zu einem Verfahren nach § 1666 zu wechseln[86]. **24**

IV. Sachvoraussetzungen nach Abs 2 Nr 2

1. Doppelte Kindeswohlprüfung. Dem Antrag eines Elternteils kann nur dann nach Abs 2 Nr 2 stattgegeben werden, wenn das Gericht zur Überzeugung gelangt, dass sowohl die Aufhebung der gemeinsamen Sorge als auch die Übertragung auf den Antragsteller dem Wohl des Kindes am besten entspricht; der gerichtlichen Entscheidung sind damit zwei **prognostische Elemente** immanent[87]; werden bei mehreren Kindern mehrere Anträge gestellt, muss die Kindeswohlprüfung bei jedem Kind vorgenommen werden[88]. Der **unbestimmte Rechtsbegriff des Kindeswohls** wird im Gesetz nicht näher definiert; aus § 1666 ergibt sich, dass er das körperliche, geistige und seelische Wohl des Kindes umfasst (dort näher Rn 3 f)[89]. Da die Entscheidung über die elterliche Sorge die Zukunft des Kindes mitgestaltet, muss sie dem Recht eines jeden Menschen auf Förderung seiner Entwicklung und auf Erziehung zu einer eigenverantwortlichen und gemeinschaftsfähigen Persönlichkeit (§ 1 Abs 1 SGB VIII) Rechnung tragen[90]. Dies soll mit der doppelten Kindeswohlprüfung sichergestellt werden. **25**

2. Gründe für die Aufhebung der gemeinsamen elterlichen Sorge. Die mit einer nicht nur vorübergehenden Trennung der Eltern idR verbundene **räumliche Trennung** ist schon wegen der heute bestehenden Kommunikationsmöglichkeiten grds kein Grund gegen die Beibehaltung der elterlichen Sorge, wie sich bereits § 1687 entnehmen lässt[91]; etwas anderes kann dagegen bei einer **26**

---

[75] *Johannsen/Henrich/Jaeger* Rn 30; *Büdenbender* AcP 197 (1997), 197, 210 f; anders bei gerichtlicher Genehmigung einer Elternvereinbarung OLG Dresden FPR 2004, 619 f.
[76] OLG Koblenz FamRZ 2005, 1846, 1847 f; *Hammer* S 206 ff; *ders* FamRZ 2005, 1209, 1212.
[77] *Johannsen/Henrich/Jaeger* Rn 25.
[78] *Schwab* FamRZ 1998, 457, 461; aA *Johannsen/Henrich/Jaeger* Rn 30; *Coester* DEuFamR 1999, 3, 11; *Staudinger/Coester* Rn 66; *Schwab/Motzer* HdB ScheidungsR III Rn 96; für die Einordnung des § 1697a als Eingriffsgrundlage dort Rn 1.
[79] *Schwab* FamRZ 1998, 457, 461; *Johannsen/Henrich/Jaeger* Rn 27.
[80] *Johannsen/Henrich/Jaeger* Rn 28.
[81] *Schwab* FamRZ 1998, 457, 461; *Staudinger/Coester* Rn 92, 94; aA *Lipp/Wagenitz* Rn 4.
[82] BT-Drucks 13/4899 S 99; *Niepmann* MDR 1998, 565, 566.
[83] *Johannsen/Henrich/Jaeger* Rn 27; *Schwab* FamRZ 1998, 457, 461; *Staudinger/Coester* Rn 90.
[84] *Palandt/Diederichsen* Rn 15; *Staudinger/Coester* Rn 93.
[85] *Schwab* FamRZ 1998, 457, 461; *Johannsen/Henrich/Jaeger* Rn 27.
[86] *Palandt/Diederichsen* Rn 15; *Staudinger/Coester* Rn 89.
[87] OLG Schleswig NJW-RR 2000, 813, 814; *Schilling* NJW 2007, 3233, 3237; *Schwab* FamRZ 1998, 457, 463; *Weychardt* ZfJ 1999, 268, 274; *Schwab/Motzer* HdB ScheidungsR III Rn 105 f orientiert die Prüfung an § 1687; krit zur Vornahme zweier, isoliert vorzunehmender Prüfungsschritte *Staudinger/Coester* Rn 103 f.
[88] KG FamRZ 2005, 1768 ff.
[89] *Johannsen/Henrich/Jaeger* Rn 45; zu den Problemen, die sich aus der Verwendung dieses Begriffs ergeben *Mnookin* FamRZ 1975, 1 ff; *Lüderitz* FamRZ 1975, 605, 606; *Diederichsen* FamRZ 1978, 461, 467 f; zur Frage, ob das Kindeswohlkriterium durch die „Approximation Rule" ersetzt werden sollte, *Salzgeber* ZKJ 2006, 195 f; *Palandt/Diederichsen* Rn 24.
[90] *Soergel/Strätz* § 1671 aF Rn 27 zu § 1 Abs 1 JWG; zur Berücksichtigung weiterer Faktoren *Ell* ZBlJugR 1980, 319, 321 f; *Johannsen/Henrich/Jaeger* Rn 48 f.
[91] OLG Brandenburg FamRZ 2003, 1952, 1953; OLG Naumburg FamRZ 2002, 564, 565; OLG Hamm FamRZ 2002, 565, 566; OLG Dresden FamRZ 2000, 501; OLG Celle FamRZ 1985, 527; *Luthin,* Gemeinsames Sorgerecht, S 60 f; aA OLG Frankfurt FamRZ 1983, 758, 759.

§ 1671

besonders großen räumlichen Entfernung der Eltern gelten[92]. Für die Aufhebung der gemeinsamen Sorge genügt auch nicht der Umstand, dass ein Elternteil längere Zeit nur schwer erreichbar ist[93]. Dies ergibt sich aus den §§ 1674, 1675, 1678, wonach die elterliche Sorge dieses Elternteils rechtlich oder „tatsächlich" ruht und für diese Zeit der andere Elternteil die elterliche Sorge allein ausübt; den Wegfall der elterlichen Sorge des verhinderten Elternteils sieht das Gesetz nur für den Ausnahmefall von § 1678 Abs 2 vor[94]. Dagegen wird bei einem über längere Zeit einvernehmlich praktizierten Wechselmodell (§ 1687 Rn 3) wegen seiner negativen Auswirkungen auf die seelische Entwicklung des Kindes dem Antrag eines Elternteils auf Zuweisung des Aufenthaltsbestimmungsrechts stattgegeben[95].

27 Allein der Antrag eines Elternteils auf Zuweisung der Alleinsorge rechtfertigt weder die Aufhebung der gemeinsamen Sorge noch, die **Erziehungseignung** des Antragstellers in Frage zu stellen; vielmehr kann der Antrag gerade aus Verantwortung für das Kindeswohl gestellt werden[96]. Dagegen kann die mangelnde Eignung des Antraggegners zur Erziehung ein Grund für die Aufhebung der gemeinsamen elterlichen Sorge sein[97]. Die Aufhebung kommt auch dann in Betracht, wenn ein Elternteil **nicht zur Erziehung bereit** ist. Die Gleichgültigkeit eines Elternteils gegenüber der Erziehung und dem Wohl des Kindes kann sich in schweren Verletzungen der Unterhaltspflicht gegenüber dem Kind[98] oder in einem allgemeinen Desinteresse am Umgang[99], an Erziehung, Entwicklung oder Versorgung des Kindes zeigen[100]. Ist das Verhältnis der Eltern von **Gewaltanwendung** eines Elternteils gegenüber dem anderen gekennzeichnet, so entspricht die Fortsetzung der gemeinsamen elterlichen Sorge nicht mehr dem Wohl des Kindes[101]. Das Gleiche gilt, wenn das Eltern-Kind-Verhältnis von Gewaltanwendung geprägt ist; es fehlt die Erziehungseignung des gewaltanwendenden Elternteils (Rn 36, 40). Bei Gewaltanwendung, Misshandlung sowie Vernachlässigung des Kindes durch den Antragsteller wird die Sorgerechtsentscheidung nicht nach § 1671, sondern nach § 1666 ergehen (Rn 59).

27.1 Frühere Schwächen eines Elternteils (zB Drogenkonsum) sprechen nicht gegen seine Erziehungseignung[102]. Auch aktueller gelegentlicher Haschischkonsum, „fortgesetztes" Motorradfahren trotz schweren Unfalls, schlechte berufliche Situation genügen nicht für die Aufhebung der gemeinsamen Sorge, solange sie sich nicht nachhaltig auf das Kind auswirken[103]. Nicht ausreichend ist weiter die hypothetische Erforderlichkeit einer beim Kind vorzunehmenden Bluttransfusion und die mögliche Verweigerung der Zustimmung durch einen Elternteil, der Zeuge Jehova ist[104] (weiter Rn 38); das Gleiche gilt für die Hinwendung eines Elternteils zur Glaubensgemeinschaft der Zeugen Jehovas[105], die sexuelle Neigung zu einem Sado-Masochismus, soweit sie keine negativen Auswirkungen auf das Kind hat[106], sowie begangene Vermögensstraftaten[107]. Etwas anderes gilt dagegen bei einer erheblichen Vernachlässigung des Haushalts, die sich auf die Gesundheit des Kindes ausgewirkt hat[108], bei fehlender Empathie und Grenzwahrung im Umgang mit dem Kind[109] sowie bei erheblichen alkoholischen Problemen[110] oder in bestimmten Fällen einer gravierenden psychischen Erkrankung eines Elternteils[111].

28 Überwiegend wird für die Beibehaltung der gemeinsamen Sorge weiter eine **objektive Kooperationsfähigkeit und subjektive Kooperationsbereitschaft der Eltern** gefordert[112]. Das bedeutet

---

[92] OLG Hamm FamRZ 1999, 320, 321: Nordrhein-Westfalen-Wales; AG Essen STREIT 2003, 118 f: Deutschland-Brasilien; *Maccoby/Mnookin* FamRZ 1995, 1, 15; *Luthin*, Gemeinsames Sorgerecht, S 61, offen gelassen von BVerfG FamRZ 2004, 1015, 1016: Entfernung Deutschland-Spanien, aber Berufstätigkeit des Vaters als Pilot.
[93] *Schwab* FamRZ 1998, 457, 463; *Staudinger/Coester* Rn 144.
[94] OLG Naumburg FamRZ 2003, 1947 betr Strafhaft.
[95] OLG Brandenburg NJOZ 2003, 3041, 3043; aA AG Hannover FamRZ 2001, 846; JAmt 2001, 557 ff.
[96] *Johannsen/Henrich/Jaeger* Rn 39.
[97] AG Hameln FamRZ 2007, 761, 762: „Zweifel an der Erziehungseignung".
[98] OLG Dresden FamRZ 2002, 973, 974; *Schwab* FamRZ 1998, 457, 463; Empfehlungen des 13. DFGT FamRZ 2000, 273, 274; s auch AG Ratzeburg FamRZ 2000, 505, 506.
[99] OLG München FamRZ 2002, 189, 190; JAmt 2002, 418; OLG Dresden FamRZ 2002, 973, 974.
[100] OLG Bremen STREIT 2003, 23; OLG Dresden FamRZ 2002, 973, 974.
[101] BT-Drucks 13/4899 S 99; BVerfG FamRZ 2004, 354, 355; OLG Hamm FamRZ 2000, 501, 502; s auch OLG Zweibrücken FuR 2000, 435, 436; AG Leipzig STREIT 2004, 138; zust *Schwab* FamRZ 1998, 457, 464; anders bei einmaligem Aussetzer OLG Karlsruhe FamRZ 2002, 1209, 1210.
[102] OLG Köln OLGR 2005, 12, 13.
[103] OLG Nürnberg NJW-RR 1999, 1019 f.
[104] OLG München FamRZ 2000, 1042; AG Helmstedt FamRZ 2007, 1837.
[105] OLG Karlsruhe FPR 2002, 662, 663: Fall der Alleinsorge dieses Elternteils.
[106] OLG Hamm FamRZ 2006, 1697, 1698.
[107] OLG Köln FamRZ 2003, 1492; OLG Hamm FamRZ 1999, 1597 = NJW-RR 1999, 1305 ff; OLG Dresden MDR 1998, 1482; zum Problem der Vorstrafe des Antragstellers Rn 37.
[108] OLG Brandenburg NJOZ 2003, 2750, 2752 f = FamRZ 2003, 1949 f, dort unter Stichwort „Förderprinzip".
[109] OLG Frankfurt FamRZ 1999, 392, 393.
[110] OLG Brandenburg FamRZ 2002, 120; anders BVerfG FamRZ 2007, 1797, 1798: Alkoholproblem nicht nachgewiesen; s auch BVerfG FamRZ 2007, 1626 f: einstweilige Anordnung.
[111] *Ehinger* FPR 2005, 253, 257.
[112] BVerfG FamRZ 2003, 285, 286; BGH FamRZ 2004, 802, 803; OLG Saarbrücken MDR 2003, 996; OLG Nürnberg FamRZ 2003, 163, 164; NJW-RR 2001, 1519, 1520; OLG Köln FamRZ 2003, 1036, 1037; OLG München FamRZ 2002, 189, 190; OLG Brandenburg FamRZ 2003, 1952, 1953; FamRZ 2003, 1953, 1954; FamRZ 2001, 1021; OLG Karlsruhe FamRZ 2002, 1209; NJW-RR 2001, 507, 508; OLG Hamm FPR 2002, 91; FamRZ 2000, 1602, 1603; OLG Zweibrücken DAVorm 2000, 1008, 1009; OLG Stuttgart NJW-RR 2000, 815; FamRZ 2004, 1397, 1398 zu Art 224 § 2 Abs 3 EGBGB; KG FamRZ 2005, 1768; AG Essen/Borbeck STREIT

aber nicht, dass bei Verständigungsproblemen der Eltern in jedem Fall die Aufhebung der gemeinsamen elterlichen Sorge zum Wohl des Kindes erforderlich ist[113]. Der Wunsch eines Elternteils, von kleinlichen Auseinandersetzungen mit dem anderen befreit zu werden, reicht ebensowenig aus[114] wie der beidseitige Wunsch, Ruhe vor dem jeweils anderen zu haben[115] oder die Behauptung, nicht miteinander reden zu können[116], der allgemeine Hinweis auf persönliche Gründe[117], auf gesundheitliche Interessen[118] oder darauf, Absprachen seien nur mit Hilfe von Anwälten möglich[119]. Die erforderliche Kooperationsfähigkeit und -bereitschaft ist vor allem dann anzunehmen, wenn zu erwarten ist, dass beide Eltern in **Sorgeangelegenheiten von erheblicher Bedeutung** (§ 1687 Abs 1 S 1) verständigungsbereit zusammenarbeiten können und wollen[120]. Zum Teil wird sogar eine Pflicht getrenntlebender Eltern bejaht, zumindest in Angelegenheiten, deren Regelung für das Kind von erheblicher Bedeutung ist, Konsens zu suchen und zu finden, auch wenn sie ihr Verhältnis als getrennte Partner nicht einvernehmlich gestalten können **(Pflicht zur Trennung von Partner- und Elternebene)**. Aus dieser Pflicht könnten die Eltern nicht entlassen werden, solange ihnen ein gemeinsames Erziehungshandeln zum Wohl des Kindes zumutbar bzw die darauf gerichtete Erwartung nicht unzumutbar sei, wie etwa bei einem massiven Vertrauensbruch[121]. Gegen eine solche Pflicht spricht aber aus familienpsychologischer Sicht, dass damit Spannungen zwischen den Eltern in die Eltern-Kind-Beziehung hineingetragen werden und Erziehungskompetenzen unterminiert werden können[122]. Zudem kann eine Verpflichtung der Eltern die im Interesse des Kindeswohls erforderliche Bereitschaft (iS von Pflichterfüllung) zur Kooperation in Fragen der Erziehung nicht ersetzen. Elterliche Gemeinsamkeit lässt sich in der Realität nicht verordnen[123].

Das BVerfG verlangte 1982 für die Beibehaltung der gemeinsamen Sorge nicht nur die Erziehungseignung und **28.1**
-fähigkeit der Eltern, sondern auch subjektive Kooperationsbereitschaft der Eltern (Rn 2.1). Diese Forderung fand auch in § 1671 Abs 3 aF ihren Niederschlag („übereinstimmender Vorschlag der Eltern")[124]. Die Neuregelung stellt keine ausdrücklichen Anforderungen mehr auf. Dadurch hat das Gesetz aber nicht vollständig auf sie verzichtet[125]; vielmehr kommen sie mittelbar in § 1687 Abs 1 S 1, S 2 („mit Einwilligung") sowie in dem auch für die Zeit der Trennung geltenden § 1627 zum Ausdruck.

2004, 137 f; AG Hamburg FamRZ 2000, 499, 500; *Johannsen/Henrich/Jaeger* Rn 36; MünchKommBGB/*Finger* Rn 83; *Staudinger/Coester* Rn 119; *Erman/Michalski* Rn 23; *Jaeger* FPR 2005, 70, 72; zur Bedeutung von Kooperationsfähigkeit und -bereitschaft der Eltern *Maccoby/Mnookin* FamRZ 1995, 1, 11; *Kropholler* JR 1984, 89, 92 f, 94, 96; *Oelkers* FPR 1999, 132, 136; *ders* ZfJ 1999, 263, 264; krit zum Erfordernis der Kooperationsbereitschaft *Bode* FamRZ 1999, 1400, 1401 f; *Heumann* FuR 2003, 293, 295; *ders* JAmt 2004, 14, 15. Eine besondere Bedeutung kommt der Kooperationsfähigkeit und -bereitschaft im Wechselmodell zu, dazu OLG Köln BeckRS 2005, 13577; OLG München FamRZ 2007, 753 f; OLG Stuttgart FamRZ 2007, 1266 f; KG FamRZ 2006, 1626 f; Empfehlungen des 16. DFGT FamRZ 2006, 1962; zum Modell allg § 1687 Rn 3.
[113] *Schwab/Motzer* HdB ScheidungsR III Rn 133.
[114] KG FamRZ 2006, 1626, 1627; OLG Karlsruhe NJW-RR 2001, 507, 508; OLG Hamm FamRZ 1999, 38, 39; AG Chemnitz FamRZ 1999, 321, 322; AG Groß-Gerau FamRZ 1999, 500, 501.
[115] OLG Dresden FamRZ 2007, 923.
[116] OLG Schleswig FamRZ 2003, 1948; OLG Köln FamRZ 2003, 1492, 1493.
[117] OLG Hamm FamRZ 2005, 537, 538.
[118] AG Ludwigslust FamRZ 2006, 501.
[119] OLG Naumburg JAmt 2002, 32, 35 = FamRZ 2002, 564, 565; KG NJW-RR 2000, 813, 814 f.
[120] KG FamRZ 2007, 754, 755; OLG Dresden FamRZ 2007, 923 f; FamRZ 2000, 109, 110; OLG Köln BeckRS 2005, 13577; OLG Celle FamRZ 2005, 52; FamRZ 2004, 1667; FamRZ 2003, 1488 f; OLG Hamm FamRZ 2006, 1697, 1698; FamRZ 2004, 1668; FamRZ 2002, 1208; OLG Frankfurt FamRZ 2002, 1727; OLG Nürnberg NJW-RR 2001, 1519, 1520; OLG Düsseldorf ZfJ 2000, 111; FamRZ 1999, 1157 f; KG ZfJ 1999, 395 ff = FamRZ 1999, 1518 f; OLG Bamberg FamRZ 1999, 803 = NJW 1999, 1873, 1874; AG Ratzeburg FamRZ 2000, 505 f; weitergehend KG FamRZ 2000, 502, 503; OLG Düsseldorf FamRZ 1999, 1596; zu diesem Maßstab im Rahmen von Art 224 § 2 Abs 3 EGBGB OLG Stuttgart FamRZ 2004, 1397, 1398.
[121] OLG Frankfurt FamRZ 2006, 1627; OLG Hamm FamRZ 2006, 1058, 1059; OLG Brandenburg FamRZ 2003, 1952, 1953; OLG Schleswig FamRZ 2003, 1948 f; OLG Köln FamRZ 2003, 1492, 1493; FamRZ 2000, 499; OLG Karlsruhe FamRZ 2000, 1041, 1042; OLG Zweibrücken FamRZ 2001, 184; FamRZ 2000, 506, 507; FamRZ 2000, 627, 628; iE auch OLG Frankfurt FamRZ 2002, 187; OLG Naumburg FamRZ 2002, 564, 565; OLG Schleswig NJW-RR 2000, 813, 814; OLG München FamRZ 1999, 1006, 1007; AG Burgwedel FamRZ 2002, 631; AG Tempelhof-Kreuzberg JAmt 2002, 417; AG Hameln FamRZ 2007, 761, 762; *Kaiser* FPR 2003, 573, 577; *Runge* FPR 1999, 142, 145; *Bode* FamRZ 2000, 478; *Weisbrodt* Kind-Prax 2001, 8, 9; *Palandt/Diederichsen* Rn 19; *Lipp/Wagenitz* Rn 4; wohl auch *Jaeger* FamRZ 2005, 70, 72.
[122] *Walper* FPR 2005, 86, 88 f; s auch KG FamRZ 1999, 616, 617; *Staudinger/Coester* Rn 137; aA OLG Hamm FamRZ 1999, 1597, 1598.
[123] BT-Drucks 13/4899 S 63; BGH NJW 2005, 2080; FamRZ 1999, 1646, 1647; KG Kind-Prax 2005, 72; *Oelkers* FPR 1999, 132, 136; *ders* ZfJ 1999, 263, 266; *ders* MDR 2000, 32 f; *ders* FuR 1999, 349, 351; *Born* FamRZ 2000, 396, 398 f; *Sittig/Störr* ZfJ 2000, 368, 370; *Weil* FamRZ 2002, 188; *Luthin* FF 2004, 78, 79; *Staudinger/Coester* Rn 122; *Johannsen/Henrich/Jaeger* Rn 36 c; 38; zur Verzahnung von Paar- und Elternebene *Walper* FPR 2005, 86, 88; *Schieferstein* Kind-Prax 2001, 175, 179 ff.
[124] BVerfG FamRZ 1982, 1179, 1182; BGH FamRZ 1993, 314, 315; OLG Brandenburg FamRZ 1999, 1047, 1048; OLG Bamberg FamRZ 1995, 1509, 1510; OLG Hamm FamRZ 1996, 1097 f, 1098 ff; FamRZ 1997, 48; MünchKommBGB/*Hinz* 3. Aufl 1992, § 1671 aF Rn 68 f; *Soergel/Strätz* § 1671 aF Rn 19.
[125] OLG Dresden FamRZ 1999, 324, 325; FamRZ 1999, 1156; FamRZ 2000, 109, 110; OLG Stuttgart FamRZ 1999, 1596; OLG Frankfurt FamRZ 1999, 392 f; OLG Oldenburg FamRZ 1998, 1464; aA AG Chemnitz FamRZ 1999, 321, 322; *Bode* FamRZ 1999, 1400, 1401 f hält die Erziehungseignung für den richtigen Maßstab.

§ 1671

29 Zu den **Angelegenheiten von erheblicher Bedeutung** gehören der Aufenthalt des Kindes[126], der Umgang mit dem Kind[127], der Kindergartenbesuch[128], Fragen der religiösen Erziehung[129], der Einschulung[130], des richtigen Schulsystems[131], der Auswahl der Schule[132], grundsätzliche Erziehungsfragen[133], Fragen der ärztlichen Versorgung[134], nach Ansicht des BGH sogar generell die elterliche Sorge[135]. Können die Eltern in solchen Angelegenheiten keine Einigung erzielen, entspricht die (teilweise) Aufhebung der gemeinsamen elterlichen Sorge dem Wohl des Kindes am besten[136]. Allein der Hinweis, die Eltern könnten zur Beseitigung ihrer Streitigkeiten einen Antrag nach § 1628 stellen[137], kann kein gegenteiliges Ergebnis rechtfertigen, wenn auf Grund der mangelnden Kooperationsfähigkeit und -bereitschaft zu erwarten ist, dass sich diese Konflikte fortsetzen und zum Nachteil des Kindes auswirken werden. Das Gericht muss nicht abwarten, bis sich die Einigungsunfähigkeit der Eltern in einer drohenden Kindeswohlgefährdung äußert[138].

30 Die Aufhebung der gemeinsamen Sorge kommt auch dann in Betracht, wenn zwischen den Eltern **Streitigkeiten** – einschließlich solcher zur Alltagssorge – von einer **gewissen Dauer** bestehen[139]. Im Einzelfall genügt ein **sehr gespanntes Verhältnis** zwischen den Eltern, wenn zu erwarten ist, dass die Spannungen auch in der nächsten Zeit, trotz unterstützender Begleitung des Jugendamtes, nicht entscheidend abgebaut werden[140]. Der Versuch eines Elternteils, über weniger wichtige Fragen eine Streitfront zu eröffnen, um dann die alleinige Sorge mit der Begründung zu beantragen, man könne mit dem anderen Elternteil nicht mehr zusammenarbeiten, genügt für eine Aufhebung der gemeinsamen Sorge dagegen nicht[141]. Allein eine „tiefe Zerstrittenheit" der Parteien besagt nach Ansicht des BGH noch nichts über eine Unfähigkeit, in Angelegenheiten des Kindes zu gemeinsamen kindeswohlverträglichen Lösungen zu gelangen[142]. Etwas anderes gilt, wenn Eltern „sich hassen"[143], überhaupt nicht miteinander kommunizieren[144], sich wechselseitig der Lüge bezichtigen[145], ein Elternteil den anderen in ehrverletzender und ausufernder Weise beschuldigt[146], oder wenn beide Elternteile die Kinder für ihre eigenen Interessen und Rachegefühle instrumentalisieren[147].

---

[126] OLG Köln ZKJ 2007, 204; ZKJ 2007, 164 f; FamRZ 2003, 1036, 1037; KG FamRZ 2006, 1626 f; Kind-Prax 2005, 72; OLG Brandenburg ZfJ 2005, 26, 27; OLG Naumburg OLGR 2003, 68; OLG Celle FamRZ 2004, 1667; OLG Frankfurt FamRZ 2001, 1636 f; OLG Karlsruhe NJW-RR 2001, 507, 508; OLG Zweibrücken FamRZ 2000, 1042, 1043; *Willutzki* RdJB 2000, 398, 406.

[127] BGH FamRZ 1999, 1646, 1647; OLG Hamm FamRZ 2007, 756, 757; FamRZ 2004, 1668; FPR 2002, 91; OLG Köln FamRZ 2003, 1036, 1037; OLG Frankfurt FamRZ 2003, 1491; KG NJWE-FER 2000, 175; OLG München ZfJ 2000, 154, 155; OLG Düsseldorf FuR 1999, 473, 474; ZfJ 1999, 111; AG Pankow/Weißensee FamRZ 2005, 538, 539; *Schwab* FamRZ 1998, 457, 463; aA OLG Nürnberg FuR 1999, 334, 335.

[128] OLG München FamRZ 2002, 189, 190; OLG Karlsruhe NJW-RR 2001, 507, 508; OLG Hamm FamRZ 2000, 1039, 1041.

[129] OLG Celle FamRZ 2004, 1667; anders für die Kindtaufe OLG Schleswig FamRZ 2003, 1948 m abl Anm *Ewers* FamRZ 2004, 294 f und *Britz* FPR 2004, 511; dagegen BGH FamRZ 2005, 1167, 1168 m zust Anm *Luthin*; abl *Weychardt* FamRZ 2005, 1533, 1534.

[130] OLG München FamRZ 2002, 189, 190.

[131] OLG Celle FamRZ 2003, 1488 f; OLG Hamm FamRZ 1999, 320, 321.

[132] OLG Celle FamRZ 2004, 1667; OLG Karlsruhe NJW-RR 2001, 507, 508; OLG Hamm DAVorm 2000, 328, 330 f; *Willutzki* RdJB 2000, 398, 406.

[133] OLG Düsseldorf FamRZ 1999, 1598, 1599; OLG Bamberg FamRZ 1999, 805, 806; OLG Hamm ZfJ 2000, 157; anders OLG Köln FamRZ 2000, 509, 510.

[134] OLG Hamm FamRZ 2000, 1039, 1041.

[135] BGH FamRZ 1999, 1646, 1647: begrenzt auf die Vermögenssorge einschließlich der damit zusammenhängenden Fragen der Erziehung; OLG Düsseldorf MDR 1999, 1329; OLG Hamm DAVorm 2000, 175 f.

[136] OLG Frankfurt FamRZ 2004, 1311; FamRZ 2001, 1636 f; OLG Celle FamRZ 2004, 1667; OLG Köln FamRZ 2000, 509 f; OLG Oldenburg FamRZ 1998, 1464; OLG Hamm FamRZ 1999, 38, 39; FamRZ 1999, 320, 321; FamRZ 1999, 1600 f; OLG Karlsruhe FamRZ 2000, 111, 112; AG Fürstenfeldbruck FamRZ 2002, 117; *Oelkers* ZfJ 1999, 263, 267; *ders* MDR 2000, 32 f; für eine notwendige Kooperationsbereitschaft und -fähigkeit auch in nicht erheblichen Angelegenheiten OLG Stuttgart FamRZ 1999, 1596; im RegE BT-Drucks 13/4899 S 99 ist von „notwendige(n) Entscheidungen" die Rede; s dort auch S 63. Nicht zu überzeugen vermag die Unterscheidung von *Born* FamRZ 2000, 396, 399 zwischen Konflikten in „wesentlichen Bereichen der elterlichen Sorge" und „Angelegenheiten von erheblicher Bedeutung". Der DFGT will nach dem Kindeswohl differenzieren (Empfehlungen des 13. DFGT FamRZ 2000, 273, 274); *Coester* FPR 2005, 60, 64 und *Holzner* 129 ff stellen darauf ab, ob „der Substanz nach" Kooperationsfähigkeit vorliegt.

[137] BGH FamRZ 2005, 1167, 1168 m zust Anm *Luthin* und abl Anm *Weychardt* FamRZ 2005, 1533, 1534.

[138] BT-Drucks 13/4899 S 99.

[139] VerfGH Berlin FamRZ 2003, 1487; OLG Hamm FamRZ 2005, 1058, 1059; KG Kind-Prax 2005, 72; FamRZ 2000, 502, 503; OLG Düsseldorf DAVorm 1999, 523 f; Empfehlungen des 13. DFGT FamRZ 2000, 273, 274. Es ist nicht erforderlich, dass das Kind dauernder Zankapfel zwischen den Eltern ist, so aber BT-Drucks 13/4899 S 99; vielmehr genügt eine Häufung, die das Kind belastet, so zu Recht *Schwab* FamRZ 1998, 457, 463.

[140] OLG Nürnberg NJW-RR 2001, 1519 ff; OLG Frankfurt FamRZ 1999, 182; AG Solingen ZfJ 1998, 476 f; FamRZ 1999, 183.

[141] OLG Bamberg FamRZ 1999, 1005, 1006.

[142] BGH NJW 2005, 2080; OLG Hamm FamRZ 2005, 537, 538; zur Schwierigkeit einer Trennung von Eltern- und Paarebene Rn 28.

[143] OLG Frankfurt FamRZ 2004, 1311.

[144] OLG Saarbrücken OLGR 2004, 155 f; OLG Hamm STREIT 2004, 165, 166; OLG Dresden FamRZ 2002, 973, 974; OLG München FamRZ 2002, 189, 190; AG Bremen STREIT 2003, 116 ff; AG Besigheim JAmt 2002, 137 ff.

[145] OLG Hamm FamRZ 2007, 757, 758.

[146] OLG Frankfurt OLGR 2007, 939.

[147] OLG Köln JMBl NRW 2005, 68.

31 In jüngster Zeit stellt das BVerfG nicht mehr auf die Kooperationsfähigkeit und -bereitschaft, sondern darauf ab, ob die **soziale Beziehung der Eltern** für eine gemeinsame Ausübung der Sorge **noch tragfähig** ist[148]. Nach Ansicht des Gerichts ist dafür maßgebend, „ob bei den vorliegenden Begebenheiten eine Verständigung der Eltern über wichtige Sorgerechtsfragen überhaupt noch in der Art und Weise möglich ist, die auch bei einem Dissens der Eltern eine dem Kindeswohl dienliche Entscheidung gewährleisten würde"[149]. An einer solchen tragfähigen Beziehung fehle es, wenn jede Begegnung einer die Alleinsorge beantragenden Frau mit dem anderen Elternteil wegen erlittener Gewalt schwerwiegende Angst vor erneuter Gewalt auslöse; die schwerwiegenden Probleme auf der Paarebene machten eine Trennung von Paar- und Elternebene unzumutbar. Insoweit senkt das Gericht im konkreten Fall nicht die Schwelle für einen Wechsel von der gemeinsamen Sorge zur Alleinsorge herab[150], sondern formuliert nur die Grenze der Kooperationsfähigkeit.

31.1 Das Gericht hat damit ein Kriterium gewählt, das es zuvor in einer Entscheidung herangezogen hatte, in der es um einen Vater ging, der nicht mit der Mutter verheiratet war, mit ihr und dem gemeinsamen Kind aber vor dem Inkrafttreten des KindRG in einer tragfähigen sozialen Beziehung gelebt und nach der Trennung einen Antrag auf Begründung der gemeinsamen Sorge gestellt hatte[151]. Im vorliegenden Zusammenhang beurteilt das Gericht aber eine Beziehung nach der Trennung. Eine tragfähige soziale (Paar-)Beziehung kann es nach einer Trennung jedoch nicht mehr geben[152]. Deshalb geht es hier um die Verständigungsmöglichkeiten der Eltern über Sorgerechtsfragen[153].

32 Ob die Eltern in der Lage sind, die trennungsbedingten Spannungen schnell zu überwinden, muss das Gericht im Rahmen einer **Prognose** auf der Grundlage des bisherigen Verhaltens der Eltern entscheiden[154]. Maßgebend ist, ob die Eltern in Zukunft zum Wohl des Kindes zusammenwirken werden[155], ob sie sich also über etwaige Meinungsverschiedenheiten mit dem nötigen gegenseitigen Respekt und dem Ziel der Einigung auseinandersetzen werden (vgl § 1627 S 2)[156]. Eine **Indizfunktion** für diese Prognoseentscheidung kann noch nicht dem Antrag auf Übertragung der Alleinsorge zukommen (zur Bedeutung des Antrags s Rn 27)[157], wohl aber dem Scheitern des Gerichts in seinen Bemühungen um eine gütliche Streitbeilegung nach § 52 FGG[158]. In keinem Fall darf sich das Gericht zur Begründung für die Aufhebung der gemeinsamen Sorge mit formelhaften Wendungen begnügen, nach denen den Eltern die Kontakt- und Kooperationsbereitschaft fehlt[159].

33 Zu berücksichtigen ist auch der Kindeswille (näher Rn 49 f). Hat das Kind seit längerer Zeit keinen Kontakt zum getrenntlebenden Elternteil und lehnt es einen solchen auch ab, so ist schon aus diesem Grund die gemeinsame Sorge aufzuheben[160].

34 **3. Zuweisung der Sorge an den Antragsteller.** Die elterliche Sorge ist dann ganz oder teilweise dem Antragsteller zu übertragen, wenn zu erwarten ist, dass dies dem Wohl des Kindes am besten entspricht. Ob diese Voraussetzungen vorliegen, hängt von einer Berücksichtigung und Gewichtung der gesamten Verhältnisse ab. Die Lösung kann immer nur die **relativ bessere** sein, nachdem die im Idealfall für das Kind beste Lösung[161] – nämlich die gemeinsame elterliche Sorge – verschlossen ist. Es gilt letztlich die Lösung zu finden, die das Kind am wenigsten belastet[162]. Die im Zusammenhang mit § 1671 Abs 2 aF **in der Rspr entwickelten Gesichtspunkte** bieten dabei Orientierungshilfen für die Entscheidung, ob dem Antrag nach Abs 2 Nr 2 stattgegeben werden kann[163]. Sie stehen dabei aber nicht wie Tatbestandsmerkmale kumulativ nebeneinander. Vielmehr kann jedes Kriterium im Einzelfall mehr oder weniger bedeutsam sein für die Beurteilung, was dem Wohl des Kindes am besten entspricht[164].

35 **a) Förderprinzip.** Nach dem Förderprinzip ist maßgebend, ob der Antragsteller dem Kind die besseren Entwicklungsmöglichkeiten, mehr Unterstützung für den Aufbau seiner Persönlichkeit bieten

---

[148] BVerfG NJW-RR 2004, 577, 578 = FamRZ 2004, 354, 355 m zust Anm *Luthin* FF 2004, 78 f; FamRZ 2004, 1015, 1016; VerfGH Berlin FamRZ 2006, 1465, 1466; OLG Frankfurt FamRZ 2007, 759, 760; OLGR 2007, 938; KG Kind-Prax 2005, 72.
[149] BVerfG NJW-RR 2004, 577, 578.
[150] So sehen dies aber *Motzer* FamRB 2004, 114; *Palandt/Diederichsen* Rn 18.
[151] BVerfG FamRZ 2003, 285, 287.
[152] *Motzer* FamRZ 2004, 1145, 1155.
[153] So sieht dies wohl auch *Schilling* NJW 2007, 3233, 3238.
[154] KG FamRZ 2007, 754 f; OLG Köln FamRZ 2003, 1036, 1037; OLG Nürnberg NJW-RR 2001, 1519, 1520; OLG Karlsruhe NJW-RR 2001, 507, 508; OLG Hamm FamRZ 2002, 565, 566; FamRZ 1999, 38; *Runge* FPR 1999, 142, 145.
[155] OLG Brandenburg FuR 1998, 324, 326; *Schilling* NJW 2007, 3233, 3239.
[156] *Schwab/Schwab* HdB ScheidungsR III Rn 117; *Schilling* NJW 2007, 3233, 3239.
[157] *Schilling* NJW 2007, 3233, 3238; aA OLG Brandenburg FamRZ 2003, 1953, 1954; *Johannsen/Henrich/Jaeger* Rn 37.
[158] *Johannsen/Henrich/Jaeger* Rn 38.
[159] BGH NJW 2005, 2080 m zust Anm *Ehinger* FPR 2005, 367 f; abl Anm *Luthin* FamRZ 2005, 1167, 1168.
[160] KG FamRZ 2005, 1768, 1769.
[161] Auszunehmen sind die problematischen Fälle der Beibehaltung der gemeinsamen elterlichen Sorge, Rn 52 ff.
[162] *Goldstein/Freud/Solnit* S 49 ff; so auch BGH FamRZ 1985, 169, 171; OLG Frankfurt ZKJ 2006, 50; *Schwab* FamRZ 1998, 457, 462; *Johannsen/Henrich/Jaeger* Rn 50; krit *Staudinger/Coester* Rn 155.
[163] KG FamRZ 2007, 754, 755; OLG Zweibrücken NJW-RR 2001, 506, 507 = FamRZ 2001, 186 f; OLG Hamm FamRZ 1998, 1315, 1316 = NJW 1999, 68 f; *Schwab* FamRZ 1998, 457, 464; FamRefK/*Rogner* Rn 19; *Palandt/Diederichsen* Rn 20.
[164] BGH FamRZ 1990, 392, 393; OLG Zweibrücken FamRZ 2001, 186; OLG Frankfurt FamRZ 1984, 296, 297; zur Rangordnung der Kindeswohlkriterien iE *Johannsen/Henrich/Jaeger* Rn 83 ff; *Staudinger/Coester* Rn 175 f.

§ 1671

kann[165], also die stabilere und verlässlichere Bezugsperson ist[166]. Wichtig sind dabei zwar äußere Aspekte wie soziale Stellung, Vor- und Ausbildung, Verpflegungsmöglichkeiten sowie Berufsausbildungschancen; Vorrang haben aber die **erzieherische Eignung** und die **innere Bereitschaft,** die Verantwortung für die Erziehung und Versorgung des Kindes zu übernehmen[167]. Diese können bei einer Fremdunterbringung (Pflegefamilie, Internat) fehlen[168].

35.1 Die Eignung und Neigung, Verantwortung zu übernehmen, zeigen sich besonders daran, ob der Antragsteller das Kind selbst betreut oder es Dritten zur Betreuung überlässt[169]. Das bedeutet aber nicht, dass der nicht berufstätige Elternteil generell dem **berufstätigen** vorzuziehen ist[170]. Eine verantwortungsvoll gelebte Eltern-Kind-Beziehung lässt sich nicht nur nach Datum und Uhrzeit des persönlichen Kontakts oder dem genauen Inhalt der einzelnen Betreuungshandlungen bestimmen. Vielmehr wird die Entwicklung des Kindes auch durch die geistige und emotionale Auseinandersetzung zwischen Elternteil und Kind geprägt[171]. Ist der Antragsteller ganztags berufstätig und sorgt er durch Einschaltung Dritter (Verwandte, Kindermädchen, Kindergarten, Kindertagesstätten, neuen/neue Partner[in]) tagsüber für die Betreuung des Kindes, so muss er dennoch seine eigene Betreuung in der Art sicherstellen, dass eine echte Eltern-Kind-Beziehung gepflegt werden kann[172]; dies ist idR nicht der Fall, wenn dem Dritten (etwa dem Großelternteil) im wesentlichen die elterliche Sorge überlassen wird (s auch Rn 42)[173]. Sind beide Eltern berufstätig, kommt es darauf an, wer eher ohne Zuhilfenahme Dritter die Betreuung des Kindes gewährleisten kann[174]. Bei einem zunächst praktizierten Wechselmodell (§ 1687 Rn 3), das im Interesse des Kindeswohls beendet werden soll, ist maßgebend, wer dem Kind den Übergang in eine veränderte Lebenssituation (fester Lebensmittelpunkt bei einem Elternteil) besser gewährleisten kann[175].

35.2 Eine wichtige Rolle bei der Frage, wer dem Kind die besseren Entwicklungsmöglichkeiten bieten kann, spielt das Alter des Kindes; gerade bei Kleinkindern ist die Aufrechterhaltung der Beziehung zur bisherigen Bezugsperson wichtig[176], so dass idR die besseren Gründe für die Alleinsorge des nicht berufstätigen Elternteils sprechen. Dies wird vom BGH auch bei gerade schulpflichtigen Kindern so gesehen[177]. Es gibt jedoch keinen von der Natur vorgegebenen **Muttervorrang**[178], demnach auch keinen allgemeinen Erfahrungssatz des Inhalts, dass ein 3½jähriges Kind eher zur Mutter gehört[179]. Ebensowenig ist ein Vorrang der neuen vollständigen gegenüber der unvollständigen Familie anzuerkennen[180].

36 Das Alleinsorgerecht soll auch nicht auf einen Elternteil übertragen werden, der sich in der Vergangenheit, etwa durch den **Einsatz von Drohungen und körperlichen Züchtigungen,** als erziehungsunfähig erwiesen hat[181]. Ein Fehlverhalten gegenüber dem anderen Elternteil lässt dabei einen Rückschluss auf die mangelnde Eignung als Erzieher zu, wenn es gegen die Mindestgebote mitmenschlichen Umgangs und Respekts verstößt[182]. Das Gleiche gilt bei einer hasserfüllten Einstellung gegenüber dem anderen Elternteil[183]. Die Behinderung des Umgangs mit dem anderen Elternteil sowie die fehlende Motivierung des Kindes zur Inanspruchnahme des Umgangs können ebenfalls gegen die Erziehungseignung des betreuenden Elternteils sprechen (fehlende **„Bindungstoleranz")**[184] (allg zur

---

[165] BVerfG FamRZ 1981, 124, 126; BGH FamRZ 1985, 169; FamRZ 1990, 392, 393; OLG Brandenburg FamRZ 2001, 1021, 1022; FamRZ 1996, 1095, 1096; OLG Bamberg FamRZ 1998, 1462; MünchKommBGB/*Finger* Rn 28.
[166] KG FamRZ 2007, 754, 755 f; OLG Frankfurt FamRZ 1994, 920; OLG Köln FamRZ 1998, 1046.
[167] OLG Hamm FamRZ 1980, 484 f; *Palandt/Diederichsen* Rn 21; *Johannsen/Henrich/Jaeger* Rn 52.
[168] *Schwab/Motzer* HdB ScheidungsR III Rn 147, 151; anders für den Fall einer nur vorübergehenden Unterbringung in einer Pflegefamilie OLG Frankfurt ZKJ 2006, 50 f.
[169] OLG Brandenburg FamRZ 2001, 1021, 1022; OLG Düsseldorf FamRZ 1983, 293, 294; OLG Hamm FamRZ 1980, 487 f; *Soergel/Strätz* § 1671 aF Rn 31; *Johannsen/Henrich/Jaeger* Rn 54.
[170] OLG Köln FamRZ 2003, 1950 f; OLG Dresden FamRZ 1997, 49, 50; OLG Düsseldorf FamRZ 1988, 1193; OLG Hamm FamRZ 1980, 487 f; *Soergel/Strätz* § 1671 aF Rn 31; *Schwab/Motzer* HdB ScheidungsR III Rn 141; MünchKommBGB/*Finger* Rn 114; *Heumann* JAmt 2004, 14, 15.
[171] BVerfG FamRZ 2002, 601, 603.
[172] OLG München FamRZ 1991, 1343 ff; *Schwab/Motzer* HdB ScheidungsR III Rn 149.
[173] OLG Hamm FamRZ 1980, 487 f; OLG Frankfurt FamRZ 1982, 531 f; OLG Düsseldorf FamRZ 1983, 293, 294; *Soergel/Strätz* § 1671 aF Rn 31; *Johannsen/Henrich/Jaeger* Rn 54.
[174] OLG Brandenburg FamRZ 2001, 1021, 1022.
[175] OLG Brandenburg NJOZ 2003, 3041, 3044 f.
[176] OLG Köln FamRZ 2003, 1950, 1951; KG FamRZ 1978, 826, 827; OLG Stuttgart NJW 1983, 1981; für einen sich aus der bisherigen Betreuung ergebenden gefühlsmäßigen Vorsprung der Mutter OLG Köln FamRZ 1972, 648; OLG Stuttgart FamRZ 1976, 282, 283; OLG Frankfurt FamRZ 1982, 531; OLG Karlsruhe FamRZ 1984, 311, 312; s auch OLG Brandenburg FamRZ 2001, 1021, 1022; *Müller-Freienfels* JZ 1959, 396, 400; *Soergel/Strätz* § 1671 aF Rn 31; *Johannsen/Henrich/Jaeger* Rn 55; *Erman/Michalski* Rn 22; dagegen MünchKommBGB/*Hinz* 3. Aufl 1992, § 1671 aF Rn 31; *Fthenakis* FamRZ 1985, 662.
[177] BGH FamRZ 1990, 392 ff.
[178] BVerfG FamRZ 1981, 429, 434; OLG Frankfurt FamRZ 1990, 550; *Staudinger/Coester* Rn 166 ff.
[179] OLG Celle FamRZ 1984, 1035 f; einschränkend MünchKommBGB/*Finger* Rn 112, 116.
[180] OLG Köln FamRZ 2003, 1950, 1951; OLG Stuttgart FamRZ 1976, 282, 283; *Soergel/Strätz* § 1671 aF Rn 31.
[181] *Schwab/Motzer* HdB ScheidungsR III Rn 154; s auch OLG Jena FamRZ 2005, 52 f.
[182] BVerfG NJW 1981, 1771, 1773; OLG Bamberg FamRZ 1985, 528; *Soergel/Strätz* § 1671 aF Rn 32; *Johannsen/Henrich/Jaeger* Rn 63; enger *Coester* FamRZ 1977, 217 ff.
[183] BGH FamRZ 1985, 169.
[184] OLG Hamm FamRZ 2007, 1677; OLG Frankfurt ZKJ 2006, 50, 51; OLG Düsseldorf FamRZ 2005, 2087, 2088; OLG Dresden FamRZ 2003, 397, 398 m abl Anm *Peschel-Gutzeit* FPR 2003, 271 ff; OLG Braunschweig FamRZ 2001, 1637 f; OLG Brandenburg FamRZ 2001, 1021, 1022; OLG Hamm FamRZ 1999, 394, 395; OLG Frankfurt FamRZ 1999, 612, 613; OLG Köln FamRZ 1998, 1463; OLG Celle FamRZ 1994, 924, 925; OLG München FamRZ 1991, 1343, 1344; OLG Bamberg FamRZ 1985, 1175, 1176; AG Besigheim JAmt 2002, 137 ff; *Jaeger* FPR 2005, 70, 72; *Motzer* FamRZ 1999, 1101, 1103; *Schwab/Motzer* HdB ScheidungsR III Rn 154, 183; *Staudinger/Coester* Rn 207 f; *Palandt/Diederichsen* Rn 25; anders OLG Bamberg FamRZ 1997, 102.

Getrenntleben bei gemeinsamer elterlicher Sorge § 1671

PAS § 1684 Rn 14; zu Maßnahmen nach § 1666 in diesem Fall dort Rn 6.3). Ein starkes Defizit in der Erziehungseignung soll allerdings in bestimmten Fällen durch entsprechend stärkere Bindungen des Kindes aufgewogen werden können[185].

Bringen die Lebensumstände des Antragstellers Gefährdungen des Kindes mit sich (zB Vernachlässigung des Haushalts[186], **dauernde Krankheit** oder abnorme seelische Veranlagung[187], **Vorstrafen**[188], **Alkoholismus**[189], Zusammenleben des Kindes mit der Mutter in einer alternativen Wohngemeinschaft, die sich die „befreite Sexualität" zum Ziel gesetzt hat, soweit das Kind Anteil an diesen Vorgängen hat)[190], so sprechen diese gegen seine Eignung als Sorgeberechtigter. 37

Als **nicht ausreichende Gründe** erachtet wurden dagegen eine Infektion mit dem **HIV-Virus**[191], die Geschlechtsumwandlung eines Elternteils[192], homosexuelle Neigungen eines Elternteils, soweit keine ungünstigen Einflüsse auf die künftige Entwicklung des Kindes zu besorgen sind[193], Zugehörigkeit eines Elternteils zur **Sekte** „Zeugen Jehovas"[194], „Scientology"[195] oder zur „Bhagwan-Bewegung", soweit das Kind nach Entwicklungsstand und Reifegrad hinlänglich gefestigt ist und der Elternteil sich eine kritische Distanz zur Sekte bewahrt[196]. Nicht ausreichend sind weiter die **Minderjährigkeit** eines Elternteils[197], die Betreuungsbedürftigkeit eines Elternteils oder gar die Anordnung einer **Betreuung** (§ 1896)[198]; in letzterem Fall ist aber zu prüfen, ob die Voraussetzungen der §§ 1673 f vorliegen (§ 1673 Rn 5). Bei **Geschäftsunfähigkeit** darf keine elterliche Sorge übertragen werden, weil sie nicht ausgeübt werden kann (§ 1673 Abs 1). Das Zusammenleben nach der Trennung in einer **neuen nichtehelichen Lebensgemeinschaft** ist kein Grund, die Erziehungseignung eines Sorgeberechtigten zu verneinen[199]; allerdings sind die Persönlichkeit des neuen Partners, insbes sein Verständnis für Kinder[200], die Bindungen des Kindes an diesen Partner sowie die Möglichkeit des Zusammenlebens in einer intakten neuen sozial Familie bei der Entscheidung zu berücksichtigen[201]. 38

Gegen die Erziehungseignung spricht auch nicht das **Geschlecht des Kindes;** es gibt keinen allgemeinen Erfahrungssatz, dass ein Mädchen sich besser in der mütterlichen Obhut entwickelt[202]. Der Umstand, dass das Kind **nicht vom Antragsteller abstammt**, spielt solange keine Rolle für die Erziehungseignung, bis diese Frage im Abstammungsprozess geklärt ist (§§ 1592 Nr 1, 2, 1599 Abs 1)[203]. Etwas anderes gilt nur dann, wenn im laufenden Scheidungsverfahren ein Statuswechsel nach § 1599 Abs 2 erfolgt. 39

Bei einem von einem Elternteil gegen den anderen erhobenen Verdacht eines **sexuellen Missbrauchs des Kindes** kommt es für die Erziehungseignung des Verdächtigten darauf an, ob sich der Verdacht als richtig erweist – dann steht seine mangelnde Erziehungseignung fest[204] – oder ob trotz Ausschöpfung der Beweise der Verdacht nicht bewiesen, aber auch nicht ausgeräumt werden kann. Im letzteren Fall hängt die Frage, ob ihm das Kind anvertraut werden kann oder nicht, 40

---

[185] OLG Köln FamRZ 1998, 1046.
[186] OLG Brandenburg NJOZ 2003, 2750, 2752 f = FamRZ 2003, 1949 f.
[187] BGHZ 3, 52, 62; OLG Köln FamRZ 1971, 186 f.
[188] OLG Bamberg FamRZ 1991, 1341, 1342; s aber auch OLG Hamm FamRZ 1967, 412, 413 f; FamRZ 1980, 484, 485.
[189] OLG Brandenburg FamRZ 2002, 120; BayObLG FamRZ 1976, 534, 535.
[190] Anders sieht dies OLG Stuttgart JZ 1985, 848, 849 f m abl Anm *Wegener* und *Bosch* FamRZ 1985, 1285 f; abl auch *Soergel/Strätz* § 1671 aF Rn 27; *Schwab/Motzer* HdB ScheidungsR III Rn 159; *Erman/Michalski* Rn 22 aE.
[191] OLG Stuttgart NJW 1988, 2620, 2621.
[192] OLG Schleswig FamRZ 1990, 433, 434 f m krit Anm *Luthin*; dem OLG Schleswig zust MünchKommBGB/*Hinz* 3. Aufl 1992, § 1671 aF Rn 33; s auch *Johannsen/Henrich/Jaeger* Rn 57; *Staudinger/Coester* Rn 185.
[193] BT-Drucks 11/5412 S 2; AG Mettmann FamRZ 1985, 529 m Anm *Luthin*: lesbische Mutter und fünfjähriger Sohn; zust *Johannsen/Henrich/Jaeger* Rn 61; *Staudinger/Coester* Rn 184.
[194] EGMR FF 2005, 36 f; OLG Karlsruhe FPR 2002, 662, 663; FamRZ 2002, 1728; OLG Koblenz NJWE-FER 2000, 276, 277; OLG Köln FamRZ 2000, 1390; OLG Oldenburg NJW 1997, 2962 m zust Anm *Hessler* NJW 1997, 2930 f; OLG Saarbrücken FamRZ 1996, 561, 562; OLG Stuttgart FamRZ 1995, 1290, 1291; OLG Düsseldorf FamRZ 1995, 1511, 1512; BayObLG FamRZ 1976, 43, 45 f; AG Meschede FamRZ 1997, 958 = NJW 1997, 2962; anders bei engagierter Zugehörigkeit zur Sekte OLG Frankfurt FamRZ 1994, 920 f; *Johannsen/Henrich/Jaeger* Rn 59; wN bei *Hessler*, Religion, Staat, Gesellschaft, 2005, S 293, 307 ff; *Bender* MedR 1999, 260, 265 Fn 56.
[195] OLG Frankfurt FamRZ 1997, 573; problematisch im Hinblick auf die schon 1951 von der Sekte herausgegebene Anleitung „Kinder-Dianetik" über den Umgang mit Kindern, Zwischenbericht der Enquête-Kommission „Sogenannte Sekten und Psychogruppen", BT-Drucks 13/8170 S 99.
[196] OLG Hamburg FamRZ 1985, 1284 f: 12jähriges Kind.
[197] LG Stuttgart FamRZ 1965, 335, 336 m Anm *Schwoerer*; krit *Erman/Michalski* Rn 17.
[198] Allerdings stellt sich im letztgenannten Fall das Problem, ob nicht der Aufgabenbereich des Betreuers die (partielle) Ausübung der elterlichen Sorge mitumfassen kann und dieser damit „mittelbarer Sorgeberechtigter" wird; dazu Walter FamRZ 1991, 765 ff; *Groß* Kind-Prax 2001, 50 f; MünchKommBGB/*Schwab* 4. Aufl 2002, § 1896 Rn 100.
[199] OLG Brandenburg FamRZ 1996, 1095, 1096; *Soergel/Strätz* § 1671 aF Rn 33; *Johannsen/Henrich/Jaeger* Rn 62; MünchKommBGB/*Finger* Rn 104; aA OLG Hamm FamRZ 1977, 744, 748; OLG München FamRZ 1979, 70, 71; OLG Bamberg FamRZ 1980, 620, 622; FamRZ 1985, 528.
[200] BayObLG FamRZ 1964, 640, 641; OLG Köln FamRZ 1980, 1153 f.
[201] OLG Brandenburg NJOZ 2003, 3041, 3044 f.
[202] OLG München FamRZ 1979, 70, 71; aA OLG Koblenz NJW 1989, 2201, 2202 Sp 1.
[203] BayObLG FamRZ 1959, 122, 124; MünchKommBGB/*Finger* Rn 106; aA BayObLG FamRZ 1962, 169, 170 f.
[204] OLG Frankfurt FPR 2002, 15: Stiefkinder.

§ 1671

vom verbleibenden Grad der Wahrscheinlichkeit der Richtigkeit des Verdachts ab[205]. Bei gleich großer Wahrscheinlichkeit der Richtigkeit wie Unrichtigkeit des Verdachts hat das Kindesinteresse Vorrang vor dem Elterninteresse[206] (zum Umgangsrecht bei Verdacht des sexuellen Missbrauchs § 1684 Rn 36).

41   Die Frage, wer **schuld an der Trennung und der Scheidung** ist, spielt für die Verteilung der elterlichen Sorge keine Rolle[207], es sei denn, es liegt ein Fehlverhalten gegenüber dem anderen Elternteil vor, das zugleich ein elterliches Versagen darstellt und Rückschlüsse auf die erzieherische Eignung zulässt (Rn 36).

42   **b) Kontinuitätsprinzip.** Zu prüfen ist weiter, ob der Antragsteller besser als der andere Elternteil befähigt ist, eine möglichst einheitliche und gleichmäßige Erziehung des Kindes sicherzustellen[208]. Dem Kontinuitätsprinzip kommt dann ausschlaggebende Bedeutung zu, wenn beide Eltern gleichermaßen erziehungswillig und -geeignet, die Bindungen des Kindes zu beiden Elternteilen gleich gut und intensiv sind und auch sonst keine Präferenzen zum Lebenskreis eines Elternteils bestehen[209]. Mit diesem Aspekt ist zugleich ein wichtiges Element des Förderprinzips angesprochen[210]. Das Kontinuitätsinteresse des Kindes verlangt eine gewisse Stabilität bezüglich der Person, die es umsorgt und seines sozialen Umfelds (Kindergarten, Schule usw)[211]. Für ein Kind ist der Übergang zur unvollständigen Familie dann am wenigsten schädlich, wenn seine Bindungen möglichst wenig beeinträchtigt werden[212]. Wichtig ist die Stetigkeit der personalen Beziehung vor allem bei kleineren Kindern[213]. Ist der bislang betreuende Elternteil im Verlauf des Verfahrens bereits selbst mit dem Kind umgezogen, steht der Grundsatz der Kontinuität der Übertragung des Aufenthaltsbestimmungsrechts auf den anderen Elternteil nicht entgegen[214]. Ein Wechsel der Hauptbezugsperson kommt weiter in Betracht, wenn die bisherige keine Bindungstoleranz zeigt und damit erziehungsungeeignet ist[215]. Bei gleicher Erziehungsbefähigung beider Elternteile ist ein Wechsel in der Person desjenigen, der die tatsächliche Alleinsorge nach § 1687 Abs 1 S 2 innehat, aber nicht zulässig, wenn dies aus triftigen Gründen angezeigt erscheint[216]. Dies ist etwa zu bejahen, wenn der Elternteil, der das Kind in Obhut hat, dieses vollständig von der Großmutter des Kindes erziehen lässt[217].

42.1 Inwieweit die **Hauptbezugsperson auswechselbar** ist, lässt sich weder generell dahingehend beantworten, dass dieser Wechsel negative Langzeitwirkungen für das Kind hat[218] noch dahin, dass das Kind diesen Wechsel ohne negative seelische Beeinträchtigung verkraftet, wenn es in der neuen Umgebung liebevoll betreut wird[219]. Vielmehr ist der Einzelfall maßgebend. Wichtige Entscheidungskriterien sind das Alter des Kindes[220], die psychische Konstitution und Belastbarkeit des Kindes sowie die Modalitäten der Trennung[221].

43   **Unterschiedliche religiöse Einstellungen** können unter dem Aspekt der Kontinuität der Erziehung eine Rolle spielen[222]. So widerspricht es dem Kindeswohl, dem Antrag eines aus Pakistan

---

[205] Johannsen/Henrich/Jaeger Rn 58; zum Problem des sexuellen Missbrauchs näher Kühne/Kluck FamRZ 1995, 981; Carl FamRZ 1995, 1183, 1184; Rösner/Schade FamRZ 1993, 1133, 1135 f; Salzgeber/Scholz/Wittenhagen/Aymanns FamRZ 1992, 1249, 1253 f.
[206] Staudinger/Coester Rn 201 a.
[207] BT-Drucks 7/2060 S 32; Palandt/Diederichsen Rn 30; Staudinger/Coester Rn 187; anders Soergel/Strätz § 1671 aF Rn 34.
[208] BVerfG FamRZ 1982, 1179, 1183; BGH FamRZ 1985, 169; OLG Brandenburg FamRZ 2003, 1949, 1950; FamRZ 2002, 567 f; FamRZ 2001, 1021; OLG Nürnberg FamRZ 2003, 163, 164; OLG Köln FamRZ 2003, 1950, 1951; OLG Bamberg FamRZ 1998, 1462; OLG Hamm FamRZ 1994, 918 ff; OLG Frankfurt FamRZ 1994, 920; Lüderitz FamRZ 1975, 605, 609.
[209] KG FamRZ 2001, 185; OLG Brandenburg FamRZ 2003, 1953, 1954; FamRZ 2001, 1021; FamRZ 1978, 829, 830; OLG Nürnberg FamRZ 1996, 563, 564; OLG Frankfurt FamRZ 1990, 550; FamRZ 1978, 261; Johannsen/Henrich/Jaeger Rn 67; Staudinger/Coester Rn 248; zu den Grenzen des Kontinuitätsprinzips OLG Zweibrücken FamRZ 2001, 184, 185.
[210] Johannsen/Henrich/Jaeger Rn 65 zum Verhältnis von Kontinuitäts- und Förderprinzip; Staudinger/Coester Rn 247 zum Verhältnis von Kontinuitätsprinzip und Bindungskriterium.
[211] BGH FamRZ 1990, 392, 393; OLG Brandenburg ZfJ 2005, 26, 28; OLG Hamm FamRZ 1989, 654, 655; FamRZ 1994, 918 f; OLG Celle FamRZ 1992, 465; Staudinger/Coester Rn 209.
[212] BT-Drucks 8/2788 S 61.
[213] OLG Köln FamRZ 1999, 181, 182; FamRZ 1980, 1153; Schwab/Motzer HdB ScheidungsR III Rn 166: Kinder im Säuglingsalter bis in die ersten Grundschulklassen.
[214] KG Kind-Prax 2005, 72 f.
[215] AG Besigheim JAmt 2002, 137, 141.
[216] OLG Hamm NJW-RR 1998, 80; OLG Frankfurt FamRZ 1978, 261, 262; zum alten Recht OLG Köln FamRZ 1976, 32 ff.
[217] OLG Hamm FamRZ 1980, 487 f.
[218] OLG München FamRZ 1991, 1343, 1345; Johannsen/Henrich/Jaeger Rn 71; Lempp FamRZ 1984, 741, 742, spricht aber von einem erhöhten und vermeidbaren Risiko für die spätere Entwicklung.
[219] Johannsen/Henrich/Jaeger Rn 71; aA BayObLG FamRZ 1985, 1175, LS.
[220] ZT wird für einen Zeitraum bis zum vollendeten 3. Lebensjahr grds von einem Wechsel der primären Bezugsperson abgeraten, OLG Frankfurt FamRZ 1982, 531; Knöpfel FamRZ 1983, 317, 319; Johannsen/Henrich/Jaeger Rn 71, zT wird auf das vollendete 5. Lebensjahr, OLG Karlsruhe FamRZ 1984, 311, 312, zT auf die Zeit zwischen 4. und 5. Lebensjahr abgestellt, OLG Brandenburg FamRZ 2001, 1021, 1022.
[221] OLG Frankfurt ZKJ 2006, 50, 51: Zwischenschaltung einer Pflegeperson vor endgültiger Hinführung des Kindes zum anderen Elternteil; Johannsen/Henrich/Jaeger Rn 71; Soergel/Strätz § 1671 aF Rn 30.
[222] OLG Freiburg JR 1950, 370; daneben ist die Erziehungseignung (Rn 27) ebenso zu hinterfragen wie das Förderprinzip (Rn 35).

Getrenntleben bei gemeinsamer elterlicher Sorge § 1671

stammenden, die deutsche Staatsangehörigkeit besitzenden Vaters stattzugeben, wenn dieser die Kinder in der islamisch/pakistanischen Tradition erziehen möchte, diese aber in Deutschland geboren sind, die deutsche Staatsangehörigkeit besitzen und bei ihrer deutschen Mutter aufwachsen[223]. Ebensowenig kann dem Antrag eines dem islamischen Glauben angehörenden Vaters auf Übertragung der elterlichen Sorge an ihn allein auf Grund des Umstands stattgegeben werden, dass der in Deutschland lebende Sohn nach der Trennung bei der nicht dem Islam angehörenden Mutter weder nach der islamischen noch nach einer anderen Religion erzogen wird[224].

Das Kontinuitätsprinzip darf bei Abwägung der betroffenen Interessen jedoch nicht überbewertet **44** werden und dazu führen, dass eine zwar gleichmäßige, aber schädliche Entwicklung unter Vernachlässigung anderer, insbes zukunftsbezogener Aspekte des Kindeswohls, fortgeführt wird[225]. Wird die Kontinuität ertrotzt, indem ein Elternteil das Kind **entführt**[226], **auswandert** oder sonst jeglichen Kontakt des Kindes mit dem anderen Elternteil unterbindet, so spricht dies gegen seine Erziehungseignung[227], weil er selbst dem Kind nicht die notwendige Beständigkeit der Lebensbedingungen bieten kann[228]. Allerdings ist das staatliche Interesse an einer Sanktion des rechtswidrigen Verhaltens vom Kindeswohl zu trennen, um das es bei der Sorgerechtsentscheidung geht[229]. Es ist deshalb in jedem Einzelfall zu prüfen, wie alt das Kind zur Zeit des Wechsels ist, ob es sich am neuen Aufenthaltsort inzwischen eingelebt und inwieweit ein mit einer Änderung der tatsächlichen Bezugsperson verbundener erneuter Ortswechsel nachteilige Auswirkungen auf seine Entwicklung hat[230]; das Umgangsrecht des nicht betreuenden Elternteils, dessen Realisierung durch den Umzug des anderen Elternteils erheblich erschwert wird, muss bei deutlich besserer Eignung des auswanderungswilligen Elternteils gegenüber dessen Elternrecht als dem „schwächeren Recht" zurücktreten (näher § 1684 Rn 6.1)[231]. Trennt sich der Antragsteller vom anderen Elternteil und nimmt die Kinder mit, ohne vorher eine Entscheidung nach § 1628 herbeigeführt zu haben, so spricht dieses Verhalten allein noch nicht gegen ihn[232]. Es genügt auch nicht die abstrakte Gefahr eines Wechsels des betreuenden Elternteils mit dem Kind ins Ausland[233].

c) **Bindungen des Kindes.** Bei der Kindeswohlprüfung müssen die **gefühlsmäßigen Bindungen** **45** **des Kindes an seine Eltern, Geschwister und an Dritte** besonders berücksichtigt werden. Da die Bindungen des Kindes sich im Laufe seiner Entwicklung verändern können, kann ihnen aber kein absolutes Gewicht zukommen; vielmehr müssen sie im Wechselspiel mit anderen Faktoren (zB sozialen Bedingungen) bewertet werden[234].

Auch wenn der Gesetzgeber eine dem § 1671 Abs 2 HS 2 aF entsprechende Regelung nicht in die **46** Neufassung des § 1671 aufgenommen hat[235], kommt die Bedeutung der Bindungen an die **Eltern**[236] in den §§ 1626 Abs 3 S 1, 1684 Abs 1 zum Ausdruck. Die Bindung des Kindes zu einem **Elternteil** ist selbst dann erheblich, wenn sie durch dessen **Beeinflussung** entstanden ist oder gefestigt wurde[237]. Das bedeutet aber nicht, dass diesem Elternteil auch die elterliche Sorge zugewiesen werden kann. Wenn abzusehen ist, dass er auch weiterhin zum Schaden des Kindes jegliche erziehungsbezogene Kooperation mit dem anderen Elternteil hintertreibt, bestehen Zweifel an der Erziehungsfähigkeit des Antragstellers[238] (zur Bindungstoleranz Rn 36).

Wichtig sind auch die Bindungen des Kindes an seine (Halb-, Stief-)**Geschwister** (arg §§ 1626 **47** Abs 3 S 2, 1685 Abs 1)[239]. Bei mehreren Kindern entspricht das gemeinsame Aufwachsen im allgemeinen am ehesten dem Wohl des einzelnen Kindes[240]. Geschwister, die untereinander harmonieren, sollen

---

[223] OLG Frankfurt FamRZ 1999, 182.
[224] OLG Nürnberg NJWE-FER 2001, 284, 285.
[225] KG FamRZ 1990, 1383, 1384; OLG München FamRZ 1991, 1343, 1345; *Johannsen/Henrich/Jaeger* Rn 66.
[226] *Staudinger/Coester* Rn 196; anders bei einer Entführung im Inland *Ewers* FamRZ 1999, 1122, 1123; dagegen *Gutdeutsch/Rieck* FamRZ 1998, 1488 ff; für eine Anwendung des HKÜ auf innerstaatliche Kindesentführungen *Heumann* JAmt 2004, 14, 15.
[227] OLG Bamberg FamRZ 1987, 185 ff; FamRZ 1990, 1135, 1136 f; OLG München FamRZ 1991, 1343; *Johannsen/Henrich/Jaeger* Rn 61; *Staudinger/Coester* Rn 196; *Lüderitz* FamRZ 1975, 605, 608.
[228] *Schwab/Motzer* HdB ScheidungsR III Rn 167.
[229] BVerfG FamRZ 2007, 1626; *Coester*, Das Kindeswohl als Rechtsbegriff, S 239 Fn 351; *Staudinger/Coester* Rn 196, 169.
[230] OLG Köln ZKJ 2007, 164 ff; *Schwab/Motzer* HdB ScheidungsR III Rn 165.
[231] BGH FamRZ 1990, 392, 393; OLG Frankfurt FamRZ 2007, 759 f; OLG Zweibrücken NJW-RR 2004, 1588 ff; *Staudinger/Coester* Rn 211.
[232] *Ewers* FamRZ 1999, 1122, 1123.
[233] OLG Frankfurt FamRZ 1999, 1004, 1005.
[234] *Fthenakis* FamRZ 1985, 662, 666 f; *Schwab/Schwab* HdB ScheidungsR III Rn 163; zum sog „Bindungsstreit" *Lempp* FamRZ 1984, 741 ff; *Fthenakis* FamRZ 1985, 662 ff; *Staudinger/Coester* Rn 217 ff.
[235] *Schwab* FamRZ 1998, 457, 464.
[236] OLG Bamberg FamRZ 1998, 1462; OLG Zweibrücken FamRZ 2001, 186; *Weisbrodt* Kind-Prax 2001, 8, 9.
[237] BGH FamRZ 1985, 169, 170; OLG Hamm FamRZ 2007, 1677 f; FamRZ 1986, 715, 716; KG FamRZ 2005, 1768 f.
[238] BGH FamRZ 1985, 169, 170; *Johannsen/Henrich/Jaeger* Rn 77; *Staudinger/Coester* Rn 224 f; zur Notwendigkeit einer sorgfältigen Abwägung zu Recht *Schilling* NJW 2007, 3233, 3239.
[239] OLG Celle FamRZ 2007, 1838, 1839; OLG Hamm NJW 1999, 68, 69; FamRZ 1979, 853, 855; OLG Bamberg FamRZ 1998, 498 f; OLG Brandenburg FamRZ 2003, 1953, 1954; ZfJ 1999, 28, 31; BayObLG FamRZ 1985, 522, 523; *Spangenberg/Spangenberg* FamRZ 2002, 1007 ff.
[240] BT-Drucks 7/2060 S 31; 8/2788 S 62; OLG Dresden FamRZ 2003, 1489 f; OLG Celle FamRZ 1992, 465, 466; *Johannsen/Henrich/Jaeger* Rn 74; aA OLG Karlsruhe FamRZ 1984, 311 f; Sonderfall OLG Hamm FamRZ 1999, 1599, 1600.

§ 1671

nicht auseinandergerissen werden[241]. Umgekehrt muss bei Unverträglichkeit der Geschwister[242] die Trennung von dem anderen Geschwisterteil hingenommen werden. Das Gleiche gilt, wenn die Kinder schon seit mehreren Jahren getrennt voneinander aufwachsen und eine unterschiedlich starke Zuneigung zu einem Elternteil haben[243], ein Stiefgeschwisterteil lange nach der Trennung der Eltern geboren wird[244] oder auch nur ein großer Altersunterschied zwischen den Geschwistern besteht[245]. Umgekehrt kann im Einzelfall der Bindung zum Geschwisterteil Vorrang vor der Bindung zu einem Elternteil und dessen besserer Erziehungseignung zukommen[246]. Die enge Bindung der einzelnen Kinder an jeweils einen Elternteil kann ebenfalls eine Geschwistertrennung rechtfertigen[247]. Die Trennung zweier Kinder kann nicht deshalb vorgenommen werden, weil der Verlust der elterlichen Sorge über beide Kinder den verlierenden Elternteil besonders hart trifft[248].

48 Zum Wohl des Kindes gehören auch die **Bindungen an andere Personen** (weitere Verwandte, Schulkameraden, Nachbarn, neuer Partner eines Elternteils, vgl § 1626 Abs 3 S 2, § 1685 Abs 1, Abs 2)[249]. Diese Kontakte sind vor allem dann bedeutsam, wenn das Kind gleich starke Bindungen zu Vater und Mutter hat[250].

48.1 Wird etwa das Kind nach der Trennung der Eltern beim Vater weitgehend von der Großmutter betreut, so können die gewachsenen Bindungen es im Einzelfall gebieten, die elterliche Sorge dem Vater zu übertragen, selbst wenn die emotionalen Bindungen zu ihm nicht so stark sind wie die zur Mutter[251]. Zwar bleiben in diesem Fall Zweifel an seiner Erziehungseignung (Rn 35); würde das Kind aber auch bei der Mutter großteils vom Großelternteil betreut, so sind die Kontinuität der Beziehungen und die Bindungen des Kindes ausschlaggebend.

49 **d) Wille des Kindes.** Die Beachtlichkeit des Kindeswillens wird durch Abs 2 Nr 1 und § 50 b FGG sichergestellt[252]. Dem Kindeswillen kommen im Rahmen der Kindeswohlprüfung zwei Funktionen zu: zum einen ist er verbaler Ausdruck von inneren Bindungen zu bestimmten Personen, die das Kind empfindet, und zum anderen ab einem bestimmten Alter ein Akt der Selbstbestimmung[253]. Mit zunehmendem Alter tritt letzterer Aspekt stärker hervor; dies kommt nicht zuletzt in der Regelung von Abs 2 Nr 1 zum Ausdruck, wonach der Widerspruch eines mindestens 14jährigen Kindes gegenüber einem gemeinsamen Elternvorschlag über die Verteilung der elterlichen Sorge die Pflicht des Gerichts auslöst, den Vorschlag der Eltern auf seine Vereinbarkeit mit dem Kindeswohl zu überprüfen[254]. Bei kleineren Kindern steht der Kindeswille als Ausdruck von Zuneigung, Abneigung oder Bindung im Vordergrund[255].

49.1 Soweit der Wille des Kindes sich in Aversionen gegenüber einem Elternteil äußert, ist er in jedem Fall beachtlich, weil es dem Kindeswohl zuwiderliefe, eine ausgeprägte Abneigung zu übergehen und den Willen des Kindes zu brechen[256]. Aber auch den umgekehrten Äußerungen des Kindes – Präferenzen für Vater oder Mutter, Schwanken zwischen Nichtwissen, bei wem es lieber lebt, und einem wechselweise zum einen und zum anderen Sichhingezo-

---

[241] OLG Dresden FamRZ 2003, 397 f m abl Anm *Peschel-Gutzeit* FPR 2003, 271, 275 f; OLG Düsseldorf FamRZ 1979, 631, 632; OLG Hamm FamRZ 1999, 320 f; FamRZ 2000, 1039, 1040; s auch OLG Hamm FamRZ 1997, 957.
[242] BT-Drucks 6/2060 S 31.
[243] OLG Köln FamRZ 1976, 32 ff.
[244] OLG Celle FamRZ 2005, 52.
[245] OLG Zweibrücken FamRZ 2001, 184, 185 = Kind-Prax 2001, 27 f m krit Stellungnahme der Redaktion.
[246] OLG Hamm FamRZ 1979, 853, 855; FamRZ 1999, 320, 321; OLG Bamberg FamRZ 1998, 498 f; aA OLG Karlsruhe FamRZ 1984, 311; *Staudinger/Coester* Rn 230 f.
[247] OLG Celle FamRZ 2007, 1838 f.
[248] *Johannsen/Henrich/Jaeger* Rn 74; *Staudinger/Coester* Rn 165; aA OLG Karlsruhe FamRZ 1980, 726, 727.
[249] OLG Brandenburg NJOZ 2003, 3041, 3045; FamRZ 2001, 1021, 1022; OLG Hamm FamRZ 1985, 637, 638; OLG Düsseldorf FamRZ 1979, 631, 632; *Marckscheidt* FamRZ 1993, 254, 255; *Erman/Michalski* Rn 23.
[250] BT-Drucks 8/2788 S 62; OLG Brandenburg NJOZ 2003, 3041, 3044 f; weitergehend *Johannsen/Henrich/Jaeger* Rn 76.
[251] OLG Hamm FamRZ 1980, 485 f; FamRZ 1985, 637, 638; FamRZ 1986, 715, 716.
[252] *Johannsen/Henrich/Jaeger* Rn 79.
[253] OLG München FamRZ 2007, 753 f; KG FamRZ 2007, 754, 756; OLG Brandenburg FamRZ 2003, 1953, 1954; OLG Schleswig FamRZ 2003, 1494, 1495; OLG Celle FamRZ 1992, 465, 466; OLG Zweibrücken FamRZ 2001, 186, 187; *Coester*, Das Kindeswohl als Rechtsbegriff, S 257–283; *Staudinger/Coester* Rn 235; § 1666 Rn 73 ff; *Ell Zf* 1986, 289, 294 f; *Spangenberg* FamRZ 2004, 132.
[254] OLG Karlsruhe FamRZ 1966, 315 f: fast 16jähriges Kind; BayObLG FamRZ 1968, 657: 16- und 14jährige Kinder; OLG München FamRZ 2007, 753, 754: 15jähriges Kind; BayObLG FamRZ 1977, 650, 652: 14½jähriges Kind; FamRZ 1999, 103, 104: 14- und 12jährige Kinder; OLG Köln OLGR 2005, 12, 13: fast 12jähriger Junge; OLG Frankfurt FamRZ 2005, 1700, 1701: 12jähriges Kind; OLG Schleswig FamRZ 2003, 1494, 1495: 10jähriges Kind; *Schwab/Motzer* HdB ScheidungsR III Rn 171, *Johannsen/Henrich/Jaeger* Rn 81 ziehen die Grenze beim 12. Lebensjahr; MünchKommBGB/*Hinz* 3. Aufl 1992, § 1671 aF Rn 44 bei 10 Jahren; s auch *Lüderitz* FamRZ 1975, 605, 608.
[255] BVerfG NJW 2007, 1266, 1268; BGH FamRZ 1990, 392, 393; KG FamRZ 1978, 829 f: 5½jähriges Kind; FamRZ 1983, 1159, 1161; OLG Zweibrücken FamRZ 2001, 186, 187; OLG Köln FamRZ 1976, 32, 34: 13jähriges Kind; OLG Karlsruhe FamRZ 1968, 170: 10jähriges Kind; OLG Düsseldorf FamRZ 1983, 293, 295: 9jähriges Kind; OLG Brandenburg FamRZ 2003, 1953, 1954 und KG Kind-Prax 2005, 72, 73: 8jähriges Kind; KG FamRZ 2007, 754, 756: 7jähriges Kind; OLG Hamm FamRZ 1999, 1599, 1600: 4jähriges Kind; OLG Frankfurt FamRZ 1997, 571; BayObLG FamRZ 1984, 312: vom vollendeten 3. Lebensjahr an; OLG München FamRZ 1979, 70 f: 2jähriges Kind; *Ell* ZBlJugR 1980, 319, 322 f; MünchKommBGB/*Finger* Rn 50.
[256] KG FamRZ 1978, 829, 830 m abl Anm *Lempp* FamRZ 1986, 530 f und *Fehmel* FamRZ 1986, 531 f.

genfühlen – kommt im Abwägungsprozeß eine wichtige Bedeutung zu[257], weil das Wohl des Kindes und zwar auch eines noch sehr jungen nicht festgestellt werden kann, ohne seine Neigungen und Wünsche einzubeziehen[258].

Der Wille darf auch dann nicht außer acht gelassen werden, wenn er das Ergebnis einer massiven Beeinflussung durch einen Elternteil[259] oder einen älteren Geschwisterteil ist[260]; das Gleiche gilt, wenn der betreuende Elternteil den Umgang des Kindes mit dem anderen Elternteil boykottiert und das Kind in dieser Konsequenz beim betreuenden Elternteil bleiben will[261]. Er ist dann bei älteren Kindern zwar nicht mehr ein Akt der Selbstbestimmung, aber doch noch Ausdruck emotionaler Bindungen[262]. Seine Beachtlichkeit im gerichtlichen Verfahren ist allerdings wegen der Beeinflussung gemindert[263]. Keinesfalls darf die elterliche Sorge nur deshalb einem Elternteil übertragen werden, weil das Kind dies wünscht[264]. **50**

Kein entscheidendes Gewicht kommt dem Willen eines Kindes zu, der von der unrealistischen Vorstellung getragen ist, der gewünschte Elternteil werde die im Rahmen des Umgangsrechts gegebenen „Sonntagsbedingungen" auf den Alltag übertragen[265]. Das Gleiche gilt für den Willen des Kindes, im Wechselmodell (§ 1687 Rn 3) in gleichmäßigen Abständen bei dem einen und anderen Elternteil zu leben, weil es dies immer als ein „Stückchen Urlaub" erlebt[266]. **50.1**

V. Entscheidungsmöglichkeiten des Gerichts

1. Dem Antrag stattgebende Entscheidung. Gibt das Gericht dem Antrag auf Zuweisung der elterlichen Sorge zur **Alleinsorge** statt, so findet, entgegen dem Wortlaut von Abs 1, keine Übertragung der Alleinsorge auf den Antragsteller statt, da vor der Antragstellung keine Alleinsorge bestand, die übertragen werden könnte. Vielmehr wird dem Antragsgegner die elterliche Sorge entzogen[267]; auf diese Weise erhält der Antragsteller die Alleinsorge. Dem Antragsgegner bleiben das Umgangs- und Auskunftsrecht (§§ 1684, 1686)[268]. Wird dem Antrag auf Zuweisung eines **Teils der elterlichen Sorge** (Rn 13) stattgegeben, erhält der antragstellende Elternteil den beantragten Teil der elterlichen Sorge als Alleinsorge. Das Gleiche gilt, wenn der Antragsteller die volle Alleinsorge beantragt, nach Maßgabe des **Verhältnismäßigkeitsgrundsatzes** aber die Zuweisung einer partiellen Alleinsorge (etwa des Aufenthaltsbestimmungsrechts bei fehlender Kooperationsbereitschaft in diesem Bereich) genügt, um dem Kindeswohl Rechnung zu tragen[269]. Diese Entscheidung führt dazu, dass es iÜ bei der gemeinsamen elterlichen Sorge bleibt, bei der wiederum nach § 1687 Abs 1 S 1 ein Elternteil die Alleinentscheidungsbefugnis in den Angelegenheiten des täglichen Lebens hat; dieser Elternteil muss nicht identisch mit dem Antragsteller sein. Dadurch werden allerdings inhaltlich und personell einheitliche Lebensbereiche des Kindes aufgespalten, was im Hinblick auf das Kindeswohl nicht ganz unproblematisch ist[270]. Der nach Zuweisung einer weitgehenden Alleinsorge verbleibende Rest an gemeinsamer Sorge kann sich im Einzelfall reduzieren auf die Verlagerung des gewöhnlichen Aufenthalts ins Ausland[271]. Einigen sich die Eltern im Verfahren auf Beibehaltung der gemeinsamen Sorge, so kann auf Antrag eine gerichtliche Entscheidung ergehen, die auf **Feststellung der gemeinsamen elterlichen Sorge** lautet[272] (zum Rechtsschutzbedürfnis für einen solchen Antrag Rn 17). **Zeitliche Begrenzungen** der elterlichen Sorge kollidieren mit dem Förder- und dem Kontinuitätsprinzip[273]. **51**

Stellen beide Eltern Anträge auf Zuweisung von Teilen der elterlichen Sorge, so kommt eine Aufteilung der elterlichen Sorge in dem Sinn in Betracht, dass beide Eltern jeweils allein für bestimmte Sorgebereiche zuständig sind. Ein Restbereich gemeinsamer Sorge ist daneben möglich, aber nicht zwingend[274]. **51.1**

---

[257] OLG Naumburg JAmt 2001, 197, 199; OLG Hamm FamRZ 1999, 1599, 1600; für eine strikte Abstufung zwischen Präferenzen und Aversionen KG FamRZ 1978, 829, 830; MünchKommBGB/*Hinz* 3. Aufl 1992, § 1671 aF Rn 45.
[258] *Lempp* NJW 1963, 1659, 1660; *Soergel/Strätz* § 1671 aF Rn 29.
[259] BGH FamRZ 1985, 169, 170; OLG Frankfurt FamRZ 2005, 1700, 1701; FamRZ 1978, 261, 262; OLG Hamburg FamRZ 2002, 566, 567; unklar OLG Brandenburg FamRZ 2001, 1021, 1023; aA OLG Braunschweig FamRZ 2001, 1637, 1638.
[260] AG Stuttgart FamRZ 1981, 597, 580.
[261] Dies sieht das OLG Frankfurt ZKJ 2006, 50, 51 anders.
[262] *Johannsen/Henrich/Jaeger* Rn 82; *Staudinger/Coester* Rn 239 f, 244.
[263] BGH FamRZ 1985, 169, 170.
[264] BGH FamRZ 1985, 169, 170.
[265] OLG Bamberg FamRZ 1988, 750, 751 f.
[266] OLG Brandenburg NJOZ 2003, 3041, 3042 = FamRZ 2003, 1949.
[267] BT-Drucks 13/4899 S 99; MünchKommBGB/*Hinz* 3. Aufl 1992, § 1671 aF Rn 15; *Palandt/Diederichsen* Rn 3.
[268] *Schwab* FamRZ 1998, 457, 465.
[269] BVerfG FamRZ 2004, 1015, 1016; iE BGH NJW 2005, 2080 f; unklar OLG Frankfurt FamRZ 2007, 759, 760; OLG Naumburg JAmt 2002, 32, 35 = FamRZ 2002, 564, 565; OLG Zweibrücken FamRZ 2001, 184; OLG Hamm FamRZ 2006, 1058, 1059; NJW-RR 1999, 1305; FamRZ 1999, 393, 394; FamRZ 1999, 394, 395; FamRZ 1999, 1597; OLG München FamRZ 1999, 1006, 1007; OLG Nürnberg FamRZ 1999, 673 f; *Coester* DEuFamR 1999, 3, 11.
[270] Zur Zurückhaltung bei der Aufteilung des Sorgerechts mahnt auch *Coester* DEuFamR 2000, 53, 55; *Staudinger/Coester* Rn 255 ff; krit auch *Schwab* FamRZ 1998, 457, 465.
[271] OLG Frankfurt FamRZ 2003, 1491 f.
[272] *Schwab* FamRZ 1998, 457, 460.
[273] *Staudinger/Coester* Rn 261.
[274] *Schwab* FamRZ 1998, 457, 460; anders wohl FamRefK/*Rogner* Rn 29.

§ 1671

51.2 Unzulässig ist ein gerichtlicher Vergleich, in dem beide sich die Eltern darauf einigen, dass die **elterliche Sorge** für das gemeinsame Kind auf das **Jugendamt** übertragen und das Kind im Wechselmodell tatsächlich von den Eltern versorgt und betreut wird (zum Wechselmodell Rn 14, § 1687 Rn 3), da eine solche Einigung der Unverzichtbarkeit der elterlichen Sorge (§ 1626 Rn 4) widerspricht[275].

52 **2. Den Antrag zurückweisende Entscheidung.** Der Antrag ist zurückzuweisen, wenn weder die Voraussetzungen von Abs 2 Nr 1 noch die von Abs 2 Nr 2 vorliegen. Im letzten Fall weist das Gericht den Antrag zurück, wenn die **Aufhebung der gemeinsamen elterlichen Sorge** nicht dem Wohl des Kindes am besten entspricht oder zwar die Aufhebung der gemeinsamen Sorge, nicht aber die Übertragung auf den Antragsteller dem Wohl des Kindes am besten entspricht, oder insoweit zumindest Zweifel bleiben[276].

52.1 Gelangt es zu der Erkenntnis, dass das Kind beim Antragsgegner am besten aufgehoben ist, so hat es diesem nahezulegen, einen Antrag nach § 1671 zu stellen. Tut er dies nicht, so kann das Gericht sich nicht über die Bindung an den Antrag hinwegsetzen und dem Antragsgegner die Alleinsorge übertragen[277]. Vielmehr muss es prüfen, ob in der Person des Antragstellers die Voraussetzungen für eine Entziehung der elterlichen Sorge nach § 1666 vorliegen; entzieht es dem Antragsteller die elterliche Sorge, so steht sie dem Antragsgegner nach §§ 1680 Abs 3, Abs 1 zu[278]. Die Weigerung desselben, einen Antrag zu stellen, genügt nicht, um ihn als vermeintlich geeigneteren Erzieher zu disqualifizieren[279]. Liegen dagegen die Voraussetzungen des § 1666 in der Person des Antragstellers nicht vor, so bleibt es bei der ablehnenden Entscheidung des Gerichts und damit bei der gemeinsamen elterlichen Sorge. Dieses Ergebnis ist misslich, obwohl das Gericht ja an sich zur Erkenntnis gelangt ist, dass die Aufhebung der gemeinsamen Sorge dem Wohl des Kindes am besten entspricht[280].

53 Eine ablehnende Entscheidung muss auch dann ergehen, wenn die Eltern **getrennte Anträge** auf Übertragung der vollen elterlichen Sorge stellen und das Gericht nicht ermitteln kann, welcher Elternteil zur Wahrnehmung der elterlichen Sorge besser geeignet ist. Es bleibt bei der gemeinsamen elterlichen Sorge, obwohl das Gericht auch in diesem Fall zur Erkenntnis gelangt ist, dass die Aufhebung der gemeinsamen elterlichen Sorge dem Wohl des Kindes am besten entspricht.

54 Damit wird die Unzulänglichkeit der Regelung offenbar. Sie wird noch dadurch unterstrichen, dass eine den Antrag zurückweisende Entscheidung dem **Willen der Eltern** (im Fall von Abs 2 Nr 1), dem Willen des antragstellenden Elternteils oder dem Willen beider Eltern, wenn sie einander entgegengesetzte Anträge stellen (im Fall von Abs 2 Nr 2), **zuwiderlaufen** kann[281]. Sie kann auch mit dem **Willen des Kindes** kollidieren, wenn dieses sich nach Abs 2 Nr 1 nicht gegen die Aufhebung der elterlichen Sorge, sondern nur gegen die Zuweisung an den Antragsteller ausspricht.

55 Diese unbefriedigenden Rechtsfolgen sind die Konsequenz einer unzureichenden gesetzlichen Regelung, wonach die gemeinsame elterliche Sorge nach der Trennung unabhängig davon erhalten bleibt, ob sie dem gemeinsamen Willen der beiden Eltern unter Berücksichtigung des Kindeswillens entspricht oder nicht[282]. Die **Kindeswohlprüfung** ist, im Unterschied zum alten Recht, keine nach allen Seiten hin offene mehr, sondern nur noch eine auf den Antrag des Elternteils beschränkte.

55.1 Nach § 1671 Abs 2 aF hatte dagegen das Gericht bei der Bestimmung, welchem Elternteil die elterliche Sorge zu übertragen war, die Entscheidung zu treffen, die dem Wohl des Kindes am besten entsprach. Nach Abs 3 S 1 aF sollte es von einem gemeinsamen Elternvorschlag nur abweichen, wenn dies zum Wohl des Kindes erforderlich war. Demnach wurde die gemeinsame elterliche Sorge gegen den erklärten Willen eines Elternteils nicht angeordnet, weil sie nicht dem Wohl des Kindes diente, sondern dieses Ziel sogar zuwiderlief[283]. Demgegenüber ist nach der Neuregelung nur der Antrag eines Elternteils zu bescheiden, der die Alleinsorge ganz oder teilweise anstrebt. Die Kindeswohlprüfung erfolgt zur Beurteilung, ob diesem Antrag stattgegeben werden kann (Abs 2 Nr 2). Zu einer nach allen Seiten hin offenen Kindeswohlprüfung kommt das Gericht lediglich dann, wenn beide Eltern einen Antrag auf Zuweisung der vollen Alleinsorge oder eines Teils derselben stellen[284]. In diesem Fall kann das Gericht zu einer vom Gesetzgeber an sich angestrebten gemeinsamen elterlichen Sorge aber nur gelangen, wenn die Eltern – etwa infolge einer erfolgreichen Vermittlungstätigkeit des Gerichts nach § 52 FGG – die Anträge zurückziehen. Stellen sie dagegen weiter ihre Anträgen und weist das Gericht diese zurück, so bleibt es zwar beim Grundsatz der gemeinsamen elterlichen Sorge, aber ohne den notwendigen gemeinsamen Willen der Eltern[285]. Ob diese misslichen Konsequenzen durch die Zulassung eines altruistischen Antrags (auf Zuweisung der Alleinsorge an den anderen Elternteil) vermeidbar wären[286], ist eine Frage de lege ferenda und muss hier unentschieden bleiben.

---

[275] OLG Köln BeckRS 2005, 13577.
[276] KG FamRZ 2005, 1768; OLG München ZfJ 2000, 154, 155; s auch AG Korbach FamRZ 2003, 950 f; *Rummel* DAVorm 1998, 754, 758; *Niepmann* MDR 1998, 565, 566.
[277] OLG Karlsruhe FamRZ 1999, 801, 802; *Schilling* NJW 2007, 3233, 3240; *Motzer* FamRZ 1999, 1101; aA FamRefK/*Rogner* Rn 28.
[278] *Staudinger/Coester* Rn 150.
[279] *Johannsen/Henrich/Jaeger* Rn 43 sieht dies wohl anders.
[280] *Schwab* FamRZ 1998, 457, 462; *Coester* DEuFamR 3, 11 spricht von einem verfassungsrelevanten Defekt des neuen Rechts. Er lehnt deshalb das zweistufige Prüfungsschema ab und nimmt unter dem Aspekt des Kindeswohls eine Gesamtabwägung zwischen gemeinsamer Sorge und Alleinsorge vor, *Staudinger/Coester* Rn 103 f.
[281] *Schwab* FamRZ 1998, 457.
[282] Kritik von *Schwab* FamRZ 1998, 457, 462; *ders*, FS Gaul, 1997, S 717, 719; Stellungnahme des Familienrechtsausschusses des DAV zum Entwurf eines Gesetzes zur Reform des Kindschaftsrechts vom 28. 2. 1996, FamRZ 1996, 1401; *Balloff* ZfJ 1996, 266, 269.
[283] OLG Düsseldorf FamRZ 1998, 500.
[284] *Motzer* FamRZ 1999, 1101, 1102: „Entscheidungsspektrum des Gerichts naturgemäß größer"; *Staudinger/Coester* Rn 101.
[285] *Palandt/Diederichsen* 58. Aufl 1999, Rn 35.
[286] Dafür spricht sich wohl *Palandt/Diederichsen* 58. Aufl 1999, Rn 24 aus.

Entscheidend wird es de lege lata auf die Vermittlungsbemühungen des Gerichts nach § 52 FGG sowie des Jugendamts nach § 17 Abs 2 SGB VIII ankommen (Rn 2.3), um die aufgezeigten unbilligen Ergebnisse zu vermeiden.

VI. Abweichende Regelung der elterlichen Sorge auf Grund anderer Vorschriften (Abs 3)

1. Entscheidung nach § 1666. Als andere Vorschrift iS von Abs 3 kommt insbes § 1666 in Betracht[287]. Abs 3 gibt dabei selbst keine Grundlage für eine Sorgerechtsentscheidung von Amts wegen (anders als § 1671 Abs 5 aF). Vielmehr erfolgen diese auf Grund von § 1666[288]. Eine Entscheidung nach § 1666 hat dabei nach Abs 3 **Vorrang** vor einer solchen nach § 1671, soweit auf der Grundlage von § 1666 eine andere Entscheidung zu treffen ist als nach § 1671. **56**

Das bedeutet nicht, dass eine Sorgerechtsregelung nach § 1666 nur ergehen darf, wenn ein Sorgerechtsstreit nach § 1671 anhängig ist. Vielmehr steht § 1666 selbständig neben § 1671; beide Verfahren können miteinander verknüpft werden[289]. Ein gerichtliches Sorgerechtsverfahren nach § 1666 kann also jederzeit erforderlich werden, gleichgültig, ob ein Antrag nach § 1671 rechtshängig ist oder nicht[290]. Als Sorgerechtsregelung iS von § 1666 kommt die Entziehung der gesamten elterlichen Sorge oder von Teilen derselben und die Übertragung auf den anderen Elternteil, einen Pfleger oder äußerstenfalls auf einen Vormund in Betracht (näher unter § 1666 Rn 20). **56.1**

Eine ausdrückliche Entscheidung nach § 1666 erübrigt sich dagegen, wenn ein Verfahren nach § 1671 anhängig ist und dem Antrag nach Abs 2 stattgegeben wird, weil der antragstellende Elternteil eindeutig sorgerechtlich geeigneter ist. In diesem Fall müsste die elterliche Sorge nach § 1666 nicht abweichend von Abs 2 geregelt werden (Abs 3)[291]. Umgekehrt kann auf eine Entscheidung nach § 1666 nicht verzichtet werden, wenn eine nach § 1671 Abs 2 Nr 1 oder 2 begehrte Entscheidung eine bestehende Kindeswohlgefährdung nicht beseitigen kann[292]. Beantragt also ein Elternteil mit oder ohne Zustimmung des anderen die Übertragung der Alleinsorge auf sich, birgt dieser Antrag aber eine Kindeswohlgefährdung, so muss das Gericht den Antrag zurückweisen und Maßnahmen nach § 1666 ergreifen[293]. Das Verfahren nach Abs 2 ist mithin ein gemischtes Antrags-/Amtsverfahren[294]. § 1666 ermöglicht es auch, beiden Eltern das Sorgerecht zu entziehen, wenn sich die Antragstellerin in ihrer Erziehungsfähigkeit disqualifiziert hat und eine Übertragung auf den Antragsgegner ausscheidet[295]. **57**

Problematisch sind die Fälle, in denen das Gericht zur Erkenntnis gelangt, dass es zur Beseitigung der Kindeswohlgefährdung ausreicht, wenn dem Antrag auf Übertragung der Alleinsorge nur **teilweise** stattgegeben wird (bei Vermögensgefährdung etwa durch Übertragung der elterlichen Sorge in Vermögensangelegenheiten), dass es dem Wohl des Kindes aber am besten entspräche, wenn dem Antrag des Elternteils voll stattgegeben würde. Der Wortlaut von Abs 3 spricht für den Vorrang einer Entscheidung nach § 1666. Der Zweck von Abs 3 – Vermeidung eines Widerspruchs zwischen einer Entscheidung nach Abs 2 und den Maßnahmen, die nach § 1666 zu treffen sind – spricht allerdings dagegen[296]. Einer Entscheidung dieses Streits bedarf es aber nur, wenn die Kindeswohlprüfung nach § 1666 wirklich anders ausfällt als die im Rahmen der §§ 1671 Abs 2 Nr 2 bzw 1697 a. **58**

Kommt das Gericht zur Erkenntnis, dass **dem Antragsteller die elterliche Sorge entzogen** werden müsste, so entscheidet es nur auf der Grundlage von § 1666. Eine Entscheidung nach § 1671 Abs 2 kann in diesem Fall nicht ergehen, es sei denn, der Antragsgegner stellt nach Aufforderung des Gerichts einen eigenen Antrag nach § 1671, so dass es zu einer umfassenden Kindeswohlprüfung kommt (Rn 55 f). **59**

2. Entscheidung nach § 1628. Versteht man die Entscheidung nach § 1628 nicht als Regelung des Sorgerechts, so kommt Abs 3 nicht zur Anwendung mit der Folge, dass ein Antrag nach § 1628 neben dem nach § 1671 gestellt werden kann[297]. Zum Verhältnis beider Anträge § 1628 Rn 9 ff. **60**

3. Entscheidung nach § 1696. § 1696 setzt eine gerichtliche Sorgerechtsentscheidung voraus (§ 1696 Rn 2). Wird ein auf Auflösung der gemeinsamen Sorge gerichteter Antrag nach § 1671 zurückgewiesen, so ist die Entscheidung über einen wiederholten Sorgerechtsantrag nach dieser Norm und nicht nach § 1696 zu entscheiden[298]. **61**

VII. Verfahren

Die **sachliche Zuständigkeit** des Familiengerichts bestimmt sich nach §§ 621 Abs 1 Nr 1 ZPO, 23 b Abs 1 S 2 Nr 2 GVG, die örtliche in selbständigen Familiensachen nach den §§ 621 Abs 2 S 2, **62**

---

[287] BT-Drucks 13/4899 S 99 f; OLG Hamm FamRZ 2004, 1664; *Schwab* FamRZ 1998, 457, 465; *Coester* DEuFamR 1999, 3, 11.
[288] BT-Drucks 13/4899 S 100.
[289] OLG Frankfurt FamRZ 2005, 1700 ff: im Rahmen von § 1696.
[290] *Schwab* FamRZ 1998, 457, 465.
[291] *Schwab* FamRZ 1998, 457, 466; *Staudinger/Coester* § 1666 Rn 28.
[292] *Staudinger/Coester* § 1666 Rn 29; für eine Vorverlagerung der Gefährdungsgrenze des § 1666 bei Trennungsfamilien durch die Neuregelung *Bergmann/Gutdeutsch* FamRZ 1999, 422, 425; *Büttner* FamRZ 1998, 585, 592; dagegen *Staudinger/Coester* Rn 263.
[293] AG Rheinbach FamRZ 2000, 511; BT-Drucks 13/4899 S 100; FamRefK/*Rogner* Rn 21.
[294] *Palandt/Diederichsen* Rn 23 spricht von einem „einheitlichen Verfahren"; aA BT-Drucks 13/4899 S 98.
[295] OLG Düsseldorf FamRZ 2005, 2087, 2088 f.
[296] *Schwab* FamRZ 1998, 457, 467.
[297] *Schwab* FamRZ 1998, 457, 467.
[298] AG Ludwigslust FamRZ 2006, 501.

§ 1671

621a Abs 1 S 1 ZPO, 64 Abs 3 S 2, 43 Abs 1, 36 Abs 1 S 1 FGG[299], während der Anhängigkeit einer Ehesache dagegen nach § 621 Abs 2 S 1 Nr 1 ZPO. Es entscheidet der Richter (§ 14 Abs 1 Nr 15 RPflG). Stellen die getrenntlebenden Eltern außerhalb des Scheidungsverfahrens bei verschiedenen Gerichten Anträge auf Zuweisung der elterlichen Sorge, so betreffen beide Verfahren denselben Streitgegenstand. Verweist das eine Gericht das bei ihm anhängige Verfahren an das andere, so ist dieses an den Verweisungsbeschluss gebunden[300]. Gerichtsstandvereinbarungen sind unzulässig[301].

63 Die **Anhörung** der **Eltern** richtet sich in einem selbständigen Verfahren über die elterliche Sorge nach § 50a Abs 1 S 1 FGG. Im Scheidungsverfahren hört das Gericht die Eltern zur elterlichen Sorge an, wenn gemeinsame minderjährige Kinder vorhanden sind (§§ 613 Abs 1 S 2 Alt 1, 630 Abs 1 Nr 2 ZPO); der Richter muss die Ehegatten in diesem Verfahren auf bestehende Beratungsmöglichkeiten durch die Beratungsstellen und Dienste der Träger der Jugendhilfe (§§ 3 Abs 2, 69 SGB VIII) hinweisen (§ 613 Abs 1 S 2 Alt 2 ZPO). Ist ein selbständiges Verfahren nach § 621 Abs 1 Nr 1 ZPO anhängig, so ergibt sich die Hinweispflicht aus § 52 FGG. Das **Kind** ist im Sorgerechtsverfahren nach § 50b Abs 1 FGG, nicht dagegen im isolierten Scheidungsverfahren anzuhören[302]. Nur aus schwerwiegenden Gründen darf von der Anhörung abgesehen werden (§ 50b Abs 3 FGG). Die Anhörung der **Pflegepersonen** richtet sich nach § 50c FGG.

63.1 Kleinkinder sind ab dem 3. Lebensjahr anzuhören, wenn deren Anhörung eine dem Kind dienliche Entscheidungsfindung verspricht[303], und dies ist idR anzunehmen[304]. Ausgehend von dem Ziel der Anhörung, die Neigungen, Bindungen oder den Willen des Kindes kennenzulernen, hat das Gericht nach pflichtgemäßem Ermessen unter Berücksichtigung von Alter und Persönlichkeit des Kindes[305] zu entscheiden, welche der vorhandenen verfahrensmäßigen Möglichkeiten es für die Anhörung wählt – Einzelgespräche mit dem Kind gemeinsam mit den Geschwistern, einmalige oder mehrmalige Anhörung, im Gericht oder in familiärer Umgebung[306], in An- oder Abwesenheit der Eltern und sonstiger Verfahrensbeteiligter[307] oder eines Psychologen als Sachverständigen[308]. In der Regel erfolgt die Anhörung des Kindes in dessen Interesse und zur besseren Wahrheitsfindung in Abwesenheit seiner Eltern[309]; das Gericht hat ihnen dann hinterher das Ergebnis der Anhörung bekanntzugeben[310]. Die Anhörung des Kindes verlangt die Herstellung eines unmittelbaren, grds mündlichen Kontakts, eine bloße Beobachtung des Kindes reicht nicht aus[311]. Der Richter muss sich in die Lebenssituation und die Persönlichkeit des Kindes einfühlen. Unzulässig ist die Frage, welcher Elternteil nach seinem Wunsch die elterliche Sorge erhalten soll, weil gerade eine solche Frage beim Kind schwere seelische Belastungen auslösen kann[312]. Ebensowenig ist eine Ausforschung des Kindeswillens zulässig. Wenn das Kind sich erkennbar nicht erklären will, hat das Gericht dies zu respektieren und darf nicht versuchen, über psychologische Tests oder über Fangfragen in den inneren Bereich des Kindes einzudringen, um etwas zu erfahren, was das Kind erkennbar nicht offenbaren will[313].

64 Ergibt sich aus dem Scheidungsantrag, dass gemeinsame Kinder vorhanden sind (§ 622 Abs 2 Nr 1 ZPO), so muss das Gericht nach § 17 Abs 3 SGB VIII die Rechtshängigkeit der Scheidungssache sowie Namen und Anschriften der Parteien dem **Jugendamt** mitteilen, damit dieses sich mit den Eltern in Verbindung setzt, um sie über die Unterstützungsangebote der Jugendhilfe nach § 17 Abs 2 SGB VIII zu unterrichten. Die frühe Einschaltung des Jugendamts erscheint im Hinblick auf dessen versöhnungsfördernde und konfliktvermeidende Tätigkeit erfolgreicher als zum Zeitpunkt der mündlichen Verhandlung über den Scheidungsantrag[314]. Nach § 17 Abs 2 SGB VIII hat das Jugendamt die Eltern und das betroffene Kind bzw den betroffenen Jugendlichen bei der Entwicklung eines einvernehmlichen Konzepts für die Wahrnehmung der elterlichen Sorge zu unterstützen[315]. Während des gerichtlichen Verfahrens hört das Familiengericht das Jugendamt nach § 49a Abs 1 Nr 9 FGG an. Die Verpflichtung des Jugendamts zur Mitwirkung im Verfahren vor dem Familiengericht folgt aus § 50 SGB VIII[316].

65 Unter den Voraussetzungen des § 50 FGG hat das Gericht für das Kind einen **Verfahrenspfleger** zu bestellen (näher § 1626 Rn 43)[317]; zur Heranziehung von **Sachverständigen** § 1626 Rn 42.

---

[299] Maßgebend ist, wo das Kind seinen Wohnsitz hat; bis zur Entscheidung nach § 1671 hat es nach Trennung der Eltern einen doppelten Wohnsitz, BGH NJW 1995, 1224; BayObLG DAVorm 2000, 425, 426, es sei denn, das Kind übersiedelt im Einvernehmen beider Eltern in den Haushalt eines Elternteils, OLG Celle FamRZ 2003, 1657.
[300] BGH FamRZ 1998, 360, 361.
[301] OLG Hamm FamRZ 1997, 1295.
[302] Kritik von *Coester* DEuFamR 1999, 3, 13.
[303] MünchKommBGB/*Finger* Rn 148.
[304] OLG Zweibrücken FamRZ 1999, 246, 247; Ausnahme OLG Köln FamRZ 2003, 1950; OLG Zweibrücken NJW 1986, 3033, 3034.
[305] OLG Karlsruhe FamRZ 1994, 915, 916.
[306] *Keidel/Engelhardt* § 50b FGG Rn 13f; *Oelkers* DAVorm 1995, 802, 809.
[307] OLG Köln FamRZ 1997, 1549.
[308] OLG Karlsruhe FamRZ 1994, 915, 916.
[309] BGH FamRZ 1986, 895, 896; OLG Hamm FamRZ 1999, 36, 37; *Keidel/Engelhardt* § 50b FGG Rn 18.
[310] *Keidel/Engelhardt* § 50b FGG Rn 18.
[311] BayObLG FamRZ 1997, 223, 224; *Lempp* ua, Die Anhörung des Kindes gemäß § 50b FGG, S 30ff; *Fricke* ZfJ 1998, 53ff; anders *Staudinger/Coester* Rn 283 bei kleineren Kindern.
[312] OLG Zweibrücken FamRZ 1998, 960, 961.
[313] KG FamRZ 1990, 1383, 1385; FamRZ 1978, 829, 830; *Staudinger/Coester* Rn 283.
[314] *Bißmaier* JAmt 2001, 168, 169; *Baltz* NDV 1997, 306, 311.
[315] *Oberloskamp* Kind-Prax 2002, 3, 8 ff; zur Bedeutung einer Beteiligung von Kindern an Beratungen in Fragen von Trennung und Scheidung *Weber* Kind-Prax 2004, 48 ff; *Bernhardt* FPR 2005, 95 ff.
[316] Befugnis des Jugendamts, einen Entscheidungsvorschlag zu machen *Oberloskamp* Kind-Prax 2002, 3, 7 f.
[317] BVerfG FPR 2004, 36 f; OLG Stuttgart JAmt 2007, 47 ff; zur eigenen anwaltlichen Vertretung eines 14jährigen Kindes AG Essen FPR 2002, 673, 674.

Dem Familiengericht kommt nach § 52 FGG eine **Vermittlerfunktion** zwischen den Eltern zu. Es 66
soll nach Abs 1 S 1 so früh wie möglich und in jeder Lage des Verfahrens daran mitwirken, ein
einvernehmliches Konzept der Beteiligten für die Wahrnehmung der elterlichen Sorge und der
elterlichen Verantwortung unter Mitwirkung der Beratungsstellen bzw den Trägern der Jugendhilfe zu
erzielen (arg § 52 Abs 2 Nr 2 letzter Halbs FGG; zu den Reformvorschlägen § 1626 Rn 48; zu
verschiedenen Kooperationsmodellen § 1626 Rn 44.3).

Da die Regelung der elterlichen Sorge in jedem Fall – und zwar unabhängig davon, ob dem Antrag 67
nach Abs 2 Nr 1 oder Nr 2 stattgegeben wird – einen Eingriff von ganz erheblicher Tragweite für die
Rechtsstellung und die Lebensgestaltung eines Kindes darstellt, muss die gerichtliche Entscheidung mit
einer **Begründung** versehen werden[318].

Das Familiengericht kann zur Regelung der gesamten elterlichen Sorge oder von Teilen derselben – 68
etwa des Aufenthaltsbestimmungsrechts[319] – **einstweilige Anordnungen** treffen[320].

Die **Entscheidung** über die Zuweisung der elterlichen Sorge ist eine rechtsgestaltende; sie ist deshalb 69
nicht vollstreckungsbedürftig. Der Elternteil, dem die Alleinsorge oder zumindest das Aufenthaltsbestimmungsrecht zugewiesen wurde, kann von dem anderen Elternteil nach § 1632 Abs 1 die Herausgabe des Kindes verlangen. Weigert sich dieser, so kann das Familiengericht nach § 1632 Abs 3 die
Herausgabe anordnen. Die Vollstreckung dieser Entscheidung, die mit der nach § 1671 verbunden
werden kann[321], bestimmt sich nach § 33 FGG.

Die **Änderung der gerichtlichen Entscheidung** richtet sich nach § 1696. 70

§ 1672 Getrenntleben bei elterlicher Sorge der Mutter

(1) ¹Leben die Eltern nicht nur vorübergehend getrennt und steht die elterliche Sorge nach
§ 1626a Abs. 2 der Mutter zu, so kann der Vater mit Zustimmung der Mutter beantragen,
dass ihm das Familiengericht die elterliche Sorge oder einen Teil der elterlichen Sorge allein
überträgt. ²Dem Antrag ist stattzugeben, wenn die Übertragung dem Wohl des Kindes dient.

(2) ¹Soweit eine Übertragung nach Absatz 1 stattgefunden hat, kann das Familiengericht
auf Antrag eines Elternteils mit Zustimmung des anderen Elternteils entscheiden, dass die
elterliche Sorge den Eltern gemeinsam zusteht, wenn dies dem Wohl des Kindes nicht widerspricht. ²Das gilt auch, soweit die Übertragung nach Absatz 1 wieder aufgehoben wurde.

Schrifttum: *Büdenbender*, Elterliche Entscheidungsautonomie für die elterliche Sorge nach geltendem Recht und
nach dem Entwurf eines Kindschaftsrechtsreformgesetzes, AcP 197 (1997), 197; *Coester*, Elternrecht des nichtehelichen
Vaters und Adoption – Zur Entscheidung des Bundesverfassungsgerichts vom 7. 3. 1995, FamRZ 1995, 1245; *ders*,
Neues Kindschaftsrecht in Deutschland, DEuFamR 1999, 3; *ders*, Verfassungsrechtliche Vorgaben für die gesetzliche
Ausgestaltung des Sorgerechts nicht miteinander verheirateter Eltern, FPR 2005, 60; *ders*, Nichteheliche Elternschaft und
Sorgerecht, FamRZ 2007, 1137; *Dethloff*, Reform des Kindschaftsrechts, NJW 1992, 2200; Stellungnahme des *Deutschen
Familiengerichtstages* e. V. zu Entwurf eines Gesetzes zur Reform des Kindschaftsrechts (Kindschaftsrechtsreformge-
setz – KindRG), FamRZ 1997, 337 (zit: Stellungnahme des DFGT); *Diederichsen*, Die Reform des Kindschafts- und
Beistandsrechts, NJW 1998, 1977; *Humphrey*, Das Sorgerecht für nichteheliche Kinder in rechtsvergleichender
Kritik, FPR 2003, 578; Kinderrechtekommission des Deutschen Familiengerichtstags e. V. JAmt 2005, 490; *Kropholler*,
Kritische Bestandsaufnahme im Nichtehelichenrecht, AcP 185 (1985), 244; *Lipp*, Das elterliche Sorgerecht für das
nichteheliche Kind nach dem Kindschaftsrechtsreformgesetz (KindRG), FamRZ 1998, 65; *Motzer*, Gesetzgebung und
Rechtsprechung zur elterlichen Sorge und Umgangsrecht seit dem Jahr 2001, FamRZ 2003, 793; *Niepmann*, Die
Reform des Kindschaftsrechts – Die wichtigsten Neuerungen für die Praxis, MDR 1998, 565; *Rauscher*, Das Umgangsrecht im Kindschaftsrechtsreformgesetz, FamRZ 1998, 329; *Schumann*, Erfüllt das neue Kindschaftsrecht die verfassungsrechtlichen Anforderungen an die Ausgestaltung des nichtehelichen Vater-Kind-Verhältnisses?, FamRZ 2000, 389.

Übersicht

	Rn		Rn
I. Normzweck	1	4. Ruhen der Alleinsorge des Vaters, tatsächliche Verhinderung	11
		5. Ende der Alleinsorge des Vaters	12
II. Übertragung der Alleinsorge auf den Vater nach Abs 1	2	III. Übertragung der elterlichen Sorge auf beide Eltern (Abs 2)	14
1. Zulässigkeitsvoraussetzungen	2	1. Zulässigkeitsvoraussetzungen	15
2. Sachvoraussetzungen für die Übertragung der Alleinsorge auf den Vater	6	a) Antrag eines Elternteils	15
a) Kindeswohlprüfung (Abs 1 S 2)	6	b) Zustimmung des anderen Elternteils	16
b) Bedeutung entgegenstehenden Kindeswillens	8	c) Alleinsorge des Vaters oder der Mutter	17
3. Entscheidungsmöglichkeiten des Gerichts	9	2. Sachvoraussetzungen	18
		3. Entscheidung des Gerichts	19

---

[318] *Staudinger/Coester* Rn 270; einschränkend OLG Nürnberg FamRZ 1986, 1247.
[319] OLG Köln ZKJ 2007, 204 f; FamRZ 2005, 1583 f, LS; FamRZ 1999, 181, 182; OLG Koblenz FamRZ 1983, 201.
[320] OLG Brandenburg ZfJ 2005, 26, 27; OLGR 2004, 142 f; FamRZ 2004, 210; FamRZ 1998, 1249; OLG Hamm
FamRZ 1999, 393, 394; OLG Karlsruhe FamRZ 1999, 501, 502; FamRZ 1990, 304, 305; AG Hannover FamRZ
2001, 846.
[321] *Soergel/Strätz* § 1671 aF Rn 52; *Gernhuber/Coester-Waltjen* § 65 V 1.

§ 1672

I. Normzweck

1 Die durch Art 1 Nr 20 KindRG eingefügte Norm enthält die konsequente Fortführung der §§ 1626a Abs 2, 1680 Abs 2 S 2 und Abs 3[1]. Sie entspricht dem Auftrag des BVerfG, die engen Grenzen zu korrigieren, unter denen der nichteheliche Vater des Kindes die elterliche Alleinsorge erlangen konnte (§§ 1719aF, 1723ff aF, 1741)[2]. Die Eltern können zwar unabhängig von ihrem Getrenntleben jederzeit Sorgeerklärungen abgeben (§ 1626a Rn 7). Fehlt es aber an einer Übereinstimmung der Parteien, so kann eine Änderung der Alleinsorge der Mutter nur noch über eine gerichtliche Entscheidung erreicht werden, die dem Vater die Alleinsorge überträgt, und zwar bei Tod der Mutter nach § 1680 Abs 2 S 2 sowie bei Entziehung ihrer Alleinsorge nach den §§ 1680 Abs 3, 1680 Abs 2 S 2. Daneben sieht § 1672 Abs 1 jetzt die Möglichkeit vor, dass dem Vater auf Antrag bei einem nicht nur vorübergehenden Getrenntleben der Eltern die Alleinsorge ganz oder teilweise durch gerichtliche Entscheidung übertragen wird. Dafür besteht vor allem dann ein Bedürfnis, wenn die Mutter den Vater nicht, und zwar auch nicht teilweise an der elterlichen Sorge beteiligen will, aber mit der Übertragung einer zumindest teilweisen Alleinsorge auf ihn einverstanden ist. Liegt eine gerichtliche Entscheidung nach Abs 1 vor, so können die Eltern eine gemeinsame elterliche Sorge wegen der Sperre von § 1626b Abs 3 nicht mehr durch Sorgeerklärungen, sondern nur noch durch eine gerichtliche Entscheidung erreichen (Abs 2).

II. Übertragung der Alleinsorge auf den Vater nach Abs 1

2 **1. Zulässigkeitsvoraussetzungen.** § 1672 Abs 1 setzt voraus, dass die **Mutter die Alleinsorge nach § 1626a Abs 2** innehat. Betroffen sind also Eltern, die keine gemeinsame Sorge durch Eheschließung (§ 1626a Abs 1 Nr 2) oder Sorgeerklärungen (§ 1626a Abs 1 Nr 1) begründet haben.

3 Voraussetzung ist weiter, dass die Eltern **nicht nur vorübergehend getrennt leben**. Die Norm ist demnach anwendbar, wenn die Eltern vor der Trennung in einer nichtehelichen Lebensgemeinschaft zusammengelebt haben und das Kind gefühlsmäßige Bindungen zu beiden Eltern aufbauen konnte. Sie gilt aber auch dann, wenn die Eltern von Anfang an getrennt lebten[3]. Dem Kind soll nicht aus Prinzip der Elternteil vorenthalten werden, der von beiden Eltern der geeignetere oder aus sonstigen Gründen für die Alleinsorge vorgesehen ist. Jedes andere Ergebnis wäre eine verfassungsrechtlich bedenkliche Ungleichbehandlung dieser Eltern gegenüber denen, die auch von Anfang an getrennt lebten, deren Antrag aber nach § 1671 Abs 2 Nr 1 beschieden wird (§ 1671 Rn 8)[4].

4 Der **Vater** muss einen **Antrag** auf Zuweisung der Alleinsorge stellen. Das Gericht ist an den Sachantrag gebunden, kann also nicht über den Antrag hinaus die gemeinsame Sorge oder die volle Alleinsorge anordnen, wenn der Vater nur die Übertragung eines Teils der Alleinsorge beantragt. Der Antrag kann auch schon **vor der Geburt des Kindes** abgegeben werden, wenn man § 1626b Abs 2 analog sowohl auf den Antrag des Vaters als auch die Zustimmung der Mutter anwendet; dadurch kann der Vater bei dauerndem Getrenntleben der Eltern schon vor der Geburt des Kindes die Alleinsorge erhalten[5]. Der Antrag kann schriftlich oder mündlich zu Protokoll der Geschäftsstelle des Familiengerichts abgegeben werden (§§ 621 Abs 1 Nr 1, 621a Abs 1 S 2, 496 ZPO). Ein Anwaltszwang besteht nicht (§ 78 Abs 2 Nr 3, Abs 3 ZPO). Der Antrag kann auf Übertragung der gesamten elterlichen Sorge oder von **Teilen der elterlichen Sorge** an ihn, nicht auf Begründung der gemeinsamen Sorge, gerichtet sein (zu den Möglichkeiten der Aufspaltung § 1671 Rn 13ff).

4.1 Dieser Antrag hat ebenso wie der nach § 1671 eine **Doppelnatur** (dort Rn 10); er bedarf also trotz des Amtsermittlungsgrundsatzes einer Begründung, die sich zu den Voraussetzungen des Antrags (nicht nur vorübergehendes Getrenntleben, Alleinsorge der Mutter nach § 1626a Abs 2, Vereinbarkeit der Übertragung mit dem Kindeswohl) äußert.

5 Der Antrag des Vaters, nicht erst die materiell-rechtliche Übertragung der elterlichen Sorge auf ihn, ist an **die Zustimmung der Mutter** gebunden[6]. Hätte die Zustimmung der Mutter nur eine materiell-rechtliche Bedeutung, so könnte der Vater das Verfahren einleiten und währenddessen versuchen, die Zustimmung der Mutter zu erlangen. Damit bestünde die Gefahr, dass der Vater Unruhe in die Mutter-Kind-Beziehung bringt[7]. Die Zustimmung der Mutter ist frei widerruflich und entbehrlich, wenn sie in die Adoption ihres Kindes nach § 1751 Abs 1 S 6 eingewilligt hat[8].

5.1 Der Kindesvater kann ansonsten nur unter den Voraussetzungen der §§ 1680 Abs 3, Abs 2 S 2, 1666 oder 1678 Abs 2 in die Sorgerechtsposition der Kindesmutter einrücken[9]. Obwohl die Kindesmutter damit bis zur Grenze des § 1666 ihre Zustimmung verweigern kann, ist die Regelung nach Ansicht des BVerfG mit dem Elternrecht des

---

[1] BT-Drucks 13/4899 S 100; *Lipp* FamRZ 1998, 65, 72; FamRefK/*Rogner* Rn 3.
[2] BVerfG FamRZ 1991, 913, 915 ff.
[3] AG Tempelhof-Kreuzberg FPR 2002, 18; *Diederichsen* NJW 1998, 1977, 1985; *Palandt/Diederichsen* Rn 2; *Lipp/Wagenitz* Rn 1; aA *Niepmann* MDR 1998, 565, 566.
[4] *Palandt/Diederichsen* 58. Aufl 1999, Rn 10; krit auch *Staudinger/Coester* Rn 6.
[5] *Palandt/Diederichsen* 58. Aufl 1999, Rn 10.
[6] BT-Drucks 13/4899 S 100; AG *Pankow/Weißensee* FamRZ 2000, 1241; *Erman/Michalski* Rn 8; *Gernhuber/Coester-Waltjen* § 65 Rn 53; Sonderfall AG Tempelhof-Kreuzberg FPR 2002, 18, 19.
[7] BT-Drucks 13/4899 S 100.
[8] Fallgestaltung: BGH FamRZ 2007, 1969 ff – Görgülü.
[9] *Gernhuber/Coester-Waltjen* § 65 Rn 54.

Vaters nach Art 6 Abs 2 S 1 GG vereinbar. Es sei verfassungsrechtlich nicht zu beanstanden, dass eine Regelung, die einen Sorgerechtswechsel zur Folge hat, der – anders als die gemeinsame Sorge – nicht zur Verfestigung der Beziehungen des Kindes zu beiden Eltern beitrage, sondern die bisherige Sorgetragung eines Elternteils durch die des anderen ersetze, sowohl an die Zustimmung der Kindesmutter als auch an eine positive Kindeswohlprüfung anknüpfe (näher Rn 6.1) und iÜ nach § 1666 von einer Kindeswohlgefährdung abhängig sei[10].

2. Sachvoraussetzungen für die Übertragung der Alleinsorge auf den Vater. a) Kindeswohlprüfung (Abs 1 S 2). Dem Antrag nach Abs 1 S 1 kann nur stattgegeben werden, wenn die Übertragung der (Teil-)Alleinsorge dem Kindeswohl dient. Darin liegt eine **positive Kindeswohlprüfung,** die sich nach denselben Kriterien bestimmt wie eine Entscheidung nach § 1671 Abs 2 Nr 2 (dort Rn 25)[11]. Dem Antrag kann nicht stattgegeben werden, wenn Zweifel an den Auswirkungen eines Sorgerechtswechsels auf das Kind bleiben[12]. Zu einem Sorgerechtswechsel kann es nur kommen, wenn dieser überwiegend Vorteile für das Kind bringt. Dabei ist die Bereitschaft der Mutter, auf die elterliche Sorge zu verzichten, ein Indiz dafür, dass der Sorgerechtswechsel dem Wohl des Kindes dient[13]. Ein wichtiges Kriterium ist weiter, ob der Vater bisher mit der Mutter und dem Kind zusammengelebt hat oder nicht[14]. 6

Die positive Kindeswohlprüfung lässt sich damit rechtfertigen, dass das Kind den bisherigen Sorgerechtsinhaber verliert und einen neuen erhält. Allerdings widerspricht das Kindeswohlerfordernis den Voraussetzungen, unter denen nach § 1671 Abs 2 Nr 1 die Alleinsorge des Vaters begründet werden kann. Während im Fall des § 1671 Abs 2 Nr 1 dem Antrag des Vaters stattzugeben ist, wenn die Mutter zustimmt, das Kind nicht widerspricht und die Voraussetzungen des § 1671 Abs 3 nicht vorliegen, kann eine dem Antrag des Vaters stattgebende Entscheidung nach Abs 1 S 2 nur nach einer positiven Kindeswohlprüfung erfolgen und zwar trotz Zustimmungserklärung der Mutter und unabhängig davon, ob ein Widerspruch des Kindes (vgl § 1671 Abs 2 Nr 1 HS 2) vorliegt oder nicht. Darin liegt ein verfassungsrechtlich nicht ganz unbedenkliches Misstrauen des Gesetzgebers gegenüber dem Regelungsprimat der Eltern nach Getrenntleben bei fehlender vorheriger gemeinsamer Sorge sowie gegenüber nichtehelichen Vätern[15]. Der Gesetzgeber rechtfertigt seine Sichtweise mit dem Hinweis, dass die beiden Situationen nicht vergleichbar seien: § 1671 betreffe die Fälle gemeinsamer elterlicher Sorge nach Getrenntleben, bei denen im Konfliktfall die Gefahr bestehe, dass sich die Eltern nicht einigen und deshalb notwendige Entscheidungen nicht getroffen werden können. Eine vergleichbare Konfliktsituation bestehe dagegen bei Abs 1 nicht, da die Mutter als Alleininhaberin der elterlichen Sorge allein entscheiden könne. Zudem solle mit der positiven Kindeswohlprüfung verhindert werden, dass die Mutter ihre Sorgerechtsposition leichter verlieren könne als der Vater, dem die elterliche Sorge nur noch unter den Voraussetzungen des § 1696 entzogen werden könne[16]. 6.1

Eine Ausnahme vom Erfordernis der positiven Kindeswohlprüfung bejaht der BGH allerdings dann, wenn es der Zustimmung der Kindesmutter nach § 1753 Abs 1 S 6 nicht bedarf. In diesem Fall sei dem Antrag des Kindesvaters auf Übertragung der elterlichen Sorge stattzugeben, wenn diese Übertragung dem Wohl des Kindes nicht widerspreche[17]. 6.2

Die Eltern können der positiven Kindeswohlprüfung dadurch entgehen, dass sie zunächst die gemeinsame Sorge durch Abgabe von Sorgeerklärungen begründen und der Vater dann einen Antrag nach § 1671 stellt, dem die Mutter zustimmt und auch das Kind nicht widerspricht. Diese Umgehungsmöglichkeit wird in der amtlichen Begründung ausdrücklich gebilligt[18]; allerdings wird dadurch die Achtung vor dem Recht nicht gerade erhöht[19]. 7

b) Bedeutung entgegenstehenden Kindeswillens. Im Unterschied zu § 1671 Abs 2 Nr 1 räumt § 1672 dem Kind kein Widerspruchsrecht ein (§ 1671 Rn 23 f). Dafür besteht auch kein Bedürfnis, da Abs 1 S 2 ohnehin eine Kindeswohlprüfung fordert, die bei § 1671 erst durch den Widerspruch des Kindes ausgelöst wird[20]. 8

3. Entscheidungsmöglichkeiten des Gerichts. Liegen die Voraussetzungen von Abs 1 vor, so überträgt das Familiengericht die gesamte elterliche Sorge oder Teile von ihr auf den Vater; eine Teilübertragung erfolgt nicht nur dann, wenn ein entsprechender Antrag des Vaters gestellt wird, sondern auch, wenn das Gericht zur Überzeugung gelangt, dass die beantragte Vollübertragung nicht dem Kindeswohl dient[21]. Es handelt sich in jedem Fall um eine Übertragung im eigentlichen Sinn, weil 9

---

[10] BVerfG FamRZ 2003, 1447, 1448; BGH FamRZ 2001, 907, 908; OLG Frankfurt FamRZ 2003, 1314; aA AG Korbach FamRZ 2000, 629, 630 f; *Lipp* FamRZ 1998, 65, 72; *Coester* FamRZ 1995, 1245, 1247; *ders* FPR 2005, 60, 64; *ders* FamRZ 2004, 87 f; *Staudinger/Coester* Rn 9 f; MünchKommBGB/*Finger* Rn 10 ff; *Motzer* FamRZ 2003, 793, 803; *Schwab/Motzer* HdB ScheidungsR III Rn 223; *Gernhuber/Coester-Waltjen* § 65 Rn 54; Stellungnahme des DFGT FamRZ 1997, 337, 340 f; *Schumann* FamRZ 2000, 389, 394; *Rauscher* FamRZ 1998, 329, 335 Fn 74; *Humphrey* FPR 2003, 578, 585; unentschieden OLG Düsseldorf FamRZ 1999, 673; Änderungsvorschläge de lege ferenda Kinderrechtekommission des Deutschen Familiengerichtstags e. V. JAmt 2005, 490, 492, 497, 501 f.; *Coester* FamRZ 2007, 1137, 1144.
[11] FamRefK/*Rogner* Rn 9.
[12] BT-Drucks 13/4899 S 101; FamRefK/*Rogner* Rn 9.
[13] BT-Drucks 13/4899 S 101; *Johannsen/Henrich/Jaeger* Rn 7.
[14] *Dethloff* NJW 1992, 2200, 2201; *Kropholler* AcP 185 (1985), 244, 274 f.
[15] *Coester* FamRZ 1995, 1245, 1247; *Staudinger/Coester* Rn 12 f; FamRefK/*Rogner* Rn 13; *Gernhuber/Coester-Waltjen* § 65 Rn 59; s auch *Johannsen/Henrich/Jaeger* Rn 7.
[16] BT-Drucks 13/4899 S 101; *Lipp/Wagenitz* Rn 2.
[17] BGH FamRZ 2007, 1969, 1972 f – Görgülü m abl Anm *Zenz* FamRZ 2007, 2060 ff.
[18] BT-Drucks 13/4899 S 101; *Schwab/Motzer* HdB ScheidungsR III Rn 228; *Erman/Michalski* Rn 9.
[19] *Coester* DEuFamR 1999, 3, 8 Fn 68; *Staudinger/Coester* Rn 12; *Gernhuber/Coester-Waltjen* § 65 Rn 59.
[20] BT-Drucks 13/4899 S 101; FamRefK/*Rogner* Rn 11; krit *Staudinger/Coester* Rn 3.
[21] *Palandt/Diederichsen* 59. Aufl 2000, Rn 8; *Staudinger/Coester* Rn 15 f.

§ 1672 Buch 4. Abschnitt 2. Verwandtschaft

die Mutter vorher die Alleinsorge innehatte. Eine (teilweise) gemeinsame Sorge kann trotz übereinstimmender Erklärungen beider Eltern nicht nach Abs 1, sondern nur nach Abs 2 begründet werden.

10   Fehlt die Zustimmung der Mutter, so ist der Antrag des Vaters als unzulässig zu verwerfen[22], ist er dagegen mit dem Kindeswohl nicht vereinbar, so ist er als unbegründet zurückzuweisen.

11   **4. Ruhen der Alleinsorge des Vaters, tatsächliche Verhinderung.** Ist der auf Grund gerichtlicher Entscheidung nach Abs 1 alleinsorgeberechtigte Vater aus rechtlichen (**§ 1673**) oder aus tatsächlichen Gründen (**§ 1674**) verhindert, die elterliche Sorge wahrzunehmen, so übt nicht automatisch die Mutter die elterliche Sorge wieder aus (arg § 1678 Abs 1 HS 2). Vielmehr muss eine Vormundschaft (§ 1773) oder Pflegschaft (§ 1909) angeordnet werden. Ruht die elterliche Sorge des Vaters und besteht keine Aussicht, dass der Grund des Ruhens wegfallen wird, so kann eine Rückübertragung der elterlichen Sorge auf die Mutter nur nach § 1696 erfolgen; § 1678 Abs 2 ist nicht einschlägig, weil er den Fall der Alleinsorge des Vaters nicht erfasst (näher § 1678 Rn 7).

12   **5. Ende der Alleinsorge des Vaters.** Die Alleinsorge des Vaters endet mit seinem Tod. Das Familiengericht überträgt die elterliche Sorge dann auf die Mutter, wenn dies dem Wohl des Kindes nicht widerspricht (§ 1680 Abs 2 S 1). Eine positive Kindeswohlprüfung ist in diesem Fall aus den gleichen Gründen entbehrlich wie im Fall der gemeinsamen Begründung der elterlichen Sorge nach Abs 2 (Rn 18). Endet die Alleinsorge des Vaters durch Entziehung der Sorge nach § 1666, so findet eine Sorgerechtsübertragung auf die Mutter nur unter den engen Voraussetzungen des § 1696 statt; eine dem § 1680 Abs 3 entsprechende Regelung fehlt.

12.1 Damit steht die Mutter bei der Wiedererlangung der elterlichen Sorge in dieser Fallkonstellation schlechter da als der Vater im Fall der Sorgerechtsentziehung der Mutter, da er die Alleinsorge unter den – gegenüber § 1696 Abs 1 erleichterten – Voraussetzungen des § 1680 Abs 3, Abs 2 S 2 erlangen kann.

13   Die Alleinsorge des Vaters endet ferner bei Aufhebung der Alleinsorge durch gerichtliche Entscheidung nach § 1696 sowie durch eine Änderungsentscheidung nach Abs 2. In einem Adoptionsverfahren darf die Annahme eines Kindes (mit der Folge des § 1755) dann, wenn der Vater die Übertragung der Sorge nach § 1672 Abs 1 beantragt hat, erst ausgesprochen werden, nachdem über den Antrag des Vaters entschieden worden ist (§ 1747 Abs 3 Nr 2).

14   **III. Übertragung der elterlichen Sorge auf beide Eltern (Abs 2)** Ist die elterliche Sorge durch gerichtliche Entscheidung dem Vater übertragen worden, so kommt die Begründung einer gemeinsamen elterlichen Sorge nur nach Abs 2, nicht dagegen nach § 1696 in Betracht. Abs 2 führt damit zu einer verfassungsrechtlich bedenklichen Ungleichbehandlung der Eltern, die schon vor dem Getrenntleben die gemeinsame Sorge begründet hatten, gegenüber denen, die dies nicht getan hatten. Diese Bedenken lassen sich durch eine weite Auslegung des § 1696 vermeiden (näher dort Rn 9.1); dadurch wird aber die Regelung von Abs 2 überflüssig[23].

14.1 Liegt eine gerichtliche Entscheidung nach § 1671 vor, so kann diese nur auf der Grundlage des § 1696 geändert und eine gemeinsame Sorge begründet werden, es sei denn, man erkennt im Rahmen von § 1696 nur die Entscheidungsmöglichkeiten an, die das Gericht auch schon bei Erlass der Erstentscheidung hatte, und verneint jede Umwandlung der Alleinsorge in eine gemeinsame elterliche Sorge (näher Rn 9.1)[24]. Koppelt man dagegen die Änderungsmöglichkeiten im Rahmen von § 1696 nicht an die Erstentscheidung, ist die Schwelle für eine Änderung der nach § 1671 ergangenen gerichtlichen Erstentscheidung an die hohen Anforderungen des § 1696 geknüpft, wogegen eine Erstentscheidung nach § 1672 Abs 1 unter den erleichterten Voraussetzungen des § 1696 geändert werden kann[25]; das Gleiche gilt für eine Aufhebung der Erstentscheidung nach § 1696. Der Hinweis darauf, Abs 2 trage dem Umstand Rechnung, dass die Eltern bisher ihrer Verpflichtung zur Pflege und Erziehung ihrer Kinder noch nicht gemeinsam nachgekommen sind[26], rechtfertigt die Ungleichbehandlung gegenüber den Fallgestaltungen des § 1671 nicht; auch im letzteren Fall übt vor der Änderungsentscheidung nach § 1696 ein Elternteil zumindest teilweise die Alleinsorge aus.

15   **1. Zulässigkeitsvoraussetzungen. a) Antrag eines Elternteils.** Den Antrag können der nach Abs 1 sorgeberechtigte Vater oder die nicht mehr bzw wieder sorgeberechtigte Mutter des Kindes stellen. Der Antrag muss darauf gerichtet sein, die elterliche Sorge, soweit sie nach Abs 1 dem Vater übertragen worden war oder auf Grund einer Entscheidung nach § 1696 wieder auf die Mutter zurückübertragen worden war, auf beide Eltern gemeinsam zu übertragen. Nicht geregelt ist die Fallkonstellation, dass dem Vater zunächst die Alleinsorge zugewiesen wurde und der Vater oder die Mutter jetzt nur die Zuweisung von **teilweisen gemeinsamen elterlichen Sorge** beantragen, so dass es iÜ bei einer teilweisen Alleinsorge des Vaters nach Abs 1 verbleiben soll. Erkennt man die Möglichkeit an, teilweise eine gemeinsame elterliche Sorge durch Sorgeerklärungen zu erreichen (§ 1626a Rn 6), so muss man konsequenterweise einen hierauf gerichteten Antrag auch nach Abs 2 zulassen[27]. Getrenntleben der Eltern ist für die Anwendbarkeit von Abs 2 nicht Voraussetzung[28].

---

[22] BT-Drucks 13/4899 S 100; *Schwab/Motzer* HdB ScheidungsR III Rn 223; *Lipp/Wagenitz* Rn 2.

[23] *Coester* DEuFamR 1999, 3, 14; *Staudinger/Coester* Rn 2, 18; *Büdenbender* AcP 197 (1997), 197, 222; *Gernhuber/Coester-Waltjen* § 65 Rn 60–62; *Palandt/Diederichsen* 59. Aufl 2000, Rn 9: Musterfall gesetzgeberischer Pedanterie.

[24] Darauf weist zu Recht *Büdenbender* AcP 197 (1997), 197, 223 hin.

[25] *Büdenbender* AcP 197 (1997), 197, 223 f; *Staudinger/Coester* Rn 19.

[26] *Greßmann* Rn 242.

[27] *Lipp* FamRZ 1998, 65, 72; *Lipp/Wagenitz* Rn 3.

[28] *Staudinger/Coester* Rn 21.

b) Zustimmung des anderen Elternteils. Der Antrag eines Elternteils ist ebenso wie im Fall von 16
Abs 1 erst zulässig, wenn die Zustimmung des anderen Elternteils vorliegt. Eine Zustimmungsersetzung nach § 1666 Abs 3 kommt nicht in Betracht, da die gemeinsame elterliche Sorge bei fehlender Kooperationsbereitschaft der Eltern dem Wohl des Kindes widerspräche.

c) Alleinsorge des Vaters oder der Mutter. Eine gemeinsame elterliche Sorge kann nur begründet 17
werden, wenn vorher entweder eine gerichtliche Übertragung der gesamten elterlichen Sorge auf den Vater nach Abs 1 oder eine Rückübertragung auf die Mutter[29] durch Aufhebung dieser Entscheidung nach Abs 2 S 2, § 1696 erfolgte. Im letzteren Fall steht § 1626 b Abs 3 der Begründung einer gemeinsamen elterlichen Sorge durch Sorgeerklärungen entgegen (krit zu dieser Norm dort Rn 5). War dem Vater die elterliche Sorge nur zum Teil zur Alleinsorge zugewiesen worden, so kann nach Aufhebung dieser Entscheidung auch nur insoweit die gemeinsame Sorge beider Eltern nach Abs 2 begründet werden. Hinsichtlich des Teils der Sorge, welcher der Mutter nach § 1626 a Abs 2 verblieben war, können die Eltern die gemeinsame Sorge durch Sorgeerklärungen begründen[30].

2. Sachvoraussetzungen. Der gemeinsame Vorschlag der Eltern (dh Antrag des einen und Zustim- 18
mung des anderen) wird nur der **negativen Prüfung** unterzogen, ob er **dem Wohl des Kindes nicht widerspricht.** Diese Negativprüfung ist gerechtfertigt, weil vor Erlass der Entscheidung nach Abs 1 die Mutter nach § 1626 a Abs 2 bereits Inhaberin der elterlichen Sorge war und das Kind im Unterschied zu Abs 1 keinen Elternteil verliert, sondern einen weiteren Sorgerechtsinhaber erhält[31]. Deshalb wird die gemeinsame elterliche Sorge idR nicht dem Kindeswohl widersprechen; sie dient ihm vielmehr. Die negative Kindeswohlprüfung entspricht der Prüfung einer Kindeswohlgefährdung (§ 1666)[32], die das Gericht auch bei einem Antrag nach § 1671 vornehmen muss (§ 1671 Abs 3). Sie widerspricht aber der bei einer Teilalleinsorge des Vaters verbleibenden Möglichkeit der Eltern, durch die Abgabe von Sorgeerklärungen hinsichtlich der bei der Mutter verbliebenen Alleinsorge die gemeinsame Sorge ohne eine Kindeswohlprüfung zu begründen (Rn 17).

3. Entscheidung des Gerichts. Fehlt die Zustimmung des anderen Elternteils, so wird der 19
Antrag als **unzulässig** verworfen; widerspricht die gemeinsame elterliche Sorge dem Kindeswohl, so wird der Antrag als **unbegründet** zurückgewiesen. Liegen dagegen die Voraussetzungen von Abs 2 S 1 oder 2 vor, so stellt das Gericht fest, dass die elterliche Sorge beiden Eltern gemeinsam zusteht. Darin liegt eine Übertragung der Alleinsorge, die vormals dem Vater (Abs 1) oder der Mutter zustand (Abs 2 S 2, § 1696), zur Mitsorge an den nicht sorgeberechtigten Elternteil. War die Alleinsorge nur zum Teil dem Vater übertragen worden und ist sie iÜ bei der Mutter verblieben, so erfasst die gerichtliche Entscheidung nach Abs 2 S 1 nur den Teil der Sorge, der dem Vater zugewiesen worden war („soweit ...", Abs 2 S 1 HS 1). Im Übrigen können die Eltern Sorgeerklärungen abgeben. Abs 2 setzt also die Möglichkeit voraus, durch Sorgeerklärungen eine teilweise gemeinsame elterliche Sorge zu begründen (§ 1626 a Rn 6.2). Hinsichtlich der Verwirklichung der gemeinsamen Sorge gilt § 1687.

Die **Aufhebung der gerichtlichen Entscheidung** nach Abs 1 erfolgt nach § 1696, die Abän- 20
derung nach § 1672 Abs 2; die **Änderung dieser Zweitentscheidung** richtet sich wieder nach § 1696[33].

§ 1673 Ruhen der elterlichen Sorge bei rechtlichem Hindernis

(1) Die elterliche Sorge eines Elternteils ruht, wenn er geschäftsunfähig ist.

(2) [1]Das Gleiche gilt, wenn er in der Geschäftsfähigkeit beschränkt ist. [2]Die Personensorge für das Kind steht ihm neben dem gesetzlichen Vertreter des Kindes zu; zur Vertretung des Kindes ist er nicht berechtigt. [3]Bei einer Meinungsverschiedenheit geht die Meinung des minderjährigen Elternteils vor, wenn der gesetzliche Vertreter des Kindes ein Vormund oder Pfleger ist; andernfalls gelten § 1627 Satz 2 und § 1628.

Schrifttum: *Bienwald,* Die Einschränkung der Betreuung nach § 1908 d BGB und deren Folgen für die elterliche Sorge und/oder das Umgangsrecht der Mutter eines nichtehelichen Kindes, FamRZ 1994, 484; *Deinert,* Kindschaftsrechtsreform und Betreuertätigkeit, BtPrax 1999, 3; Hinweise des Deutschen Instituts für Jugendhilfe und Familienrecht e. V. (DIJuF) vom 18. November 2002 zur Umsetzung des Vormundschaftsrechts in Bezug auf die Aufgaben und Rolle des gesetzlichen Amtsvormunds für Kinder minderjähriger Mütter (§ 1791 c BGB), Aufgaben und Rolle des gesetzlichen Amtsvormunds für Kinder minderjähriger Mütter, JAmt 2003, 11; *Dodegge,* Voraussetzungen für eine Betreuung des erkrankten Elternteils und die rechtliche Bedeutung der Betreuung für Sorge- und Umgangsverfahren, FPR 2005, 233; *Ehinger,* Die Regelung der elterlichen Sorge bei psychischer Erkrankung eines Elternteils oder beider Eltern im Überblick, FPR 2005, 253; *Kern,* Einwilligung in die Heilbehandlung von Kindern durch minderjährige Eltern, MedR 2005, 628; *Knittel,* Willensvorrang minderjähriger Mütter bei Zustimmung zur Vaterschaftsanerkennung durch den Amtsvormund?, JAmt 2002, 330; *Ollmann,* Meinungsverschiedenheiten zwischen minderjähriger

---

[29] BT-Drucks 13/4899 S 94; *Staudinger/Coester* Rn 18.
[30] *Staudinger/Coester* Rn 23.
[31] BT-Drucks 13/4899 S 101; krit *Schwab/Motzer* HdB ScheidungsR III Rn 215: „Unikum".
[32] *FamRefK/Rogner* Rn 17; *Johannsen/Henrich/Jaeger* Rn 8.
[33] Dieses Regelungskonzept birgt Widersprüche und Brüche; näher *Coester* DEuFamR 1999, 3, 14; *Staudinger/Coester* Rn 19.

§ 1673

Mutter und Vormund, JAmt 2003, 572; *Rakete-Dombek,* Der Ausfall eines Sorgeberechtigten durch Tod, Krankheit, Abwesenheit oder Entzug der elterlichen Sorge, FPR 2005, 80; *Schwab,* Probleme des materiellen Betreuungsrechts, FamRZ 1992, 493; *Sonnenfeld,* Tatsächliche Verhinderung und Ruhen der elterlichen Sorge, Rpfleger 1995, 441; *Walter,* Betreuung und elterliche Sorge, FamRZ 1991, 765.

I. Normzweck

1   Die Norm beruht auf der Erwägung, dass Sorgeverantwortung für einen anderen die volle rechtliche Handlungsfähigkeit in eigenen Angelegenheiten voraussetzt[1]. Sie ordnet bei Defiziten hinsichtlich der Geschäftsfähigkeit ein Ruhen des Sorgerechts an und dient damit gleichermaßen dem **Kindesinteresse** wie dem **Verkehrsschutz**[2].

II. Ruhen bei Geschäftsunfähigkeit (Abs 1)

2   Nach Abs 1 ruht die elterliche Gewalt eines Elternteils, wenn er geschäftsunfähig ist. Die Geschäftsunfähigkeit bestimmt sich nach § 104 Nr 2. Bei einer nur vorübergehenden Störung der Geistestätigkeit (§ 105 Abs 2) liegt eine tatsächliche Verhinderung vor, so dass § 1678 Abs 1 eingreift oder Maßnahmen nach § 1693, ggf auch solche nach § 1674, in Betracht kommen[3]. Die Geschäftsunfähigkeit eines Elternteils führt zum **unmittelbaren Ruhen** des Sorgerechts kraft Gesetzes. Der Elternteil bleibt zwar Sorgerechtsinhaber, ist aber nicht mehr berechtigt, die elterliche Sorge auszuüben (§ 1675); er kann jedoch sein Umgangsrecht geltend machen (§ 1684)[4]. Solange die elterliche Sorge eines Elternteils ruht, können keine Maßnahmen gegen ihn nach § 1666 ergehen[5]. Durch gerichtliche Entscheidung kann das Ruhen der elterlichen Sorge deklaratorisch festgestellt werden, ggf auch implizit, etwa dann, wenn eine Vormundschaft angeordnet wird (§ 1773)[6]. Gegen eine solche Entscheidung kann der Geschäftsunfähige selbst Rechtsmittel einlegen[7]. Ruht die elterliche Sorge eines Elternteils nach Abs 1, wird die elterliche Sorge von dem anderen Elternteil ausgeübt; er erlangt die Befugnis entweder kraft Gesetzes (§ 1678 Abs 1) oder auf Grund einer gerichtlichen Entscheidung nach § 1678 Abs 2 (dort Rn 4 ff) oder § 1696. Ist er allerdings tot oder für tot erklärt worden, oder ist auch er ganz oder teilweise verhindert, das Sorgerecht auszuüben, so ist ein Vormund (§ 1773) oder ein Pfleger (§ 1909) zu bestellen (§ 1693). Die elterliche Sorge des Geschäftsunfähigen **lebt** unmittelbar mit dem Wegfall der Ruhensvoraussetzung kraft Gesetzes **wieder auf**[8].

2.1   Partielle Geschäftsunfähigkeit führt zur Anwendung des § 1673 Abs 1, wenn sie sich (auch) auf die Sorgerechtsausübung bezieht[9]. Umgekehrt kann in Anlehnung an die partielle Ehegeschäftsfähigkeit eine „partielle Elterngeschäftsfähigkeit" vorliegen, soweit geistig Behinderte, die im allgemeinen nach § 104 Nr 2 geschäftsunfähig sind, in der Lage sind, Elternverantwortung zu erkennen und wahrzunehmen[10].

III. Ruhen bei beschränkter Geschäftsfähigkeit (Abs 2)

3   Die elterliche Sorge eines Elternteils ruht nach Abs 2 auch dann, wenn er in der Geschäftsfähigkeit beschränkt ist. Beschränkte Geschäftsfähigkeit gibt es nach Aufhebung von § 114 durch das Betreuungsgesetz (BGBl 1990 I S 2002) in der Regel nur noch bei **Minderjährigkeit** (§ 106). Hinsichtlich der **Vermögenssorge und der gesamten Vertretung des Kindes** (in Angelegenheiten der Personen- und Vermögenssorge) ruht das Sorgerecht für die Dauer der Minderjährigkeit (arg § 1673 Abs 2 S 1 und 2) und erstarkt mit Vollendung des achtzehnten Lebensjahres unmittelbar kraft Gesetzes zum vollen elterlichen Sorgerecht[11]. Die Wirkungen des Ruhens bestimmen sich nach § 1675, die Auswirkungen des Ruhens auf das Sorgerecht des anderen Elternteils nach § 1678. Der minderjährige Elternteil kann vom gesetzlichen Vertreter aber bevollmächtigt werden (§ 165)[12]. Ihm verbleibt in jedem Fall die **tatsächliche Personensorge** als ein **sachlich beschränktes Sorgerecht** (Abs 2 S 2)[13]. In diesem Bereich hat er auch ein selbständiges Antrags- und Beschwerderecht[14]. Dieses eingeschränkte Sorgerecht steht dem minderjährigen Elternteil **neben dem gesetzlichen Vertreter** des Kindes als weiterem Personensorgeberechtigten zu **(Abs 2 S 2)**. Gesetzlicher Vertreter des Kindes ist der andere Elternteil (§ 1678 Abs 1), wenn die Eltern miteinander verheiratet sind oder Sorgeerklärungen abgegeben haben (§§ 1626a Abs 1 Nr 1, 1626c Abs 2), anderenfalls der Vormund (§§ 1773 Abs 1, 1793

---

[1] *Staudinger/Coester* Rn 1.
[2] MünchKommBGB/*Hinz* 3. Aufl 1992, § 1675 Rn 2.
[3] *Sonnenfeld* Rpfleger 1995, 441, 444; *Soergel/Strätz* Rn 4; *Palandt/Diederichsen* Rn 2.
[4] *Palandt/Diederichsen* Rn 1; *Soergel/Strätz* Rn 4; *Staudinger/Coester* Rn 15; AnwK-BGB/*Rakete-Dombek* Rn 4.
[5] KG JFG 13, 264, 266; MünchKommBGB/*Finger* Rn 4, 10; *Soergel/Strätz* Rn 2; RGRK/*Adelmann* Rn 2; *Staudinger/Coester* Rn 17.
[6] BayObLG FamRZ 1976, 711, 713 f; *Sonnenfeld* Rpfleger 1995, 441, 444 f; AnwK-BGB/*Rakete-Dombek* Rn 3; dies FPR 2005, 80; *Palandt/Diederichsen* Rn 1; *Staudinger/Coester* Rn 13.
[7] OLG Düsseldorf FamRZ 1969, 663 f; OLG Hamm OLGZ 1971, 76.
[8] BayObLG Rpfleger 1968, 22; *Erman/Michalski* Rn 2; *Staudinger/Coester* Rn 14.
[9] *Staudinger/Coester* Rn 11; *Palandt/Diederichsen* Rn 2; MünchKommBGB/*Finger* Rn 7.
[10] BVerfG FamRZ 2003, 359, 360; *Staudinger/Coester* Rn 11; MünchKommBGB/*Finger* Rn 7.
[11] BayObLG FamRZ 1976, 711, 713 f; *Staudinger/Coester* Rn 23; MünchKommBGB/*Finger* Rn 11.
[12] *Palandt/Diederichsen* Rn 3.
[13] *Palandt/Diederichsen* Rn 3.
[14] BayObLG FamRZ 1969, 430 f; *Staudinger/Coester* Rn 24.

Abs 1 S 1), in Ausnahmefällen auch der Pfleger (§§ 1909 Abs 1 S 1, 1915 Abs 1, 1773 Abs 1, 1793 Abs 1 S 1)[15].

Bei **Meinungsverschiedenheiten** über Fragen der tatsächlichen Personensorge genießt die Meinung des minderjährigen Elternteils gegenüber der des Vormunds bzw Pflegers Vorrang (**Abs 2 S 3 HS 1**). Gegenüber dem anderen Elternteil als gesetzlichem Vertreter ist die Meinung des minderjährigen Elternteils gleichrangig[16]; insoweit gilt die Einigungspflicht des § 1627 S 2 einschließlich der Möglichkeit, das Familiengericht nach § 1628 anzurufen (**Abs 2 S 3 HS 2**)[17]. § 1630 Abs 2 sieht diese Konfliktlösung auch vor, wenn etwa ein Pfleger für die Vermögenssorge bestellt wurde und sich die Meinungsverschiedenheit auf eine Angelegenheit bezieht, die sowohl die Person als auch das Vermögen des Kindes betrifft[18].   4

Der Vorrang nach Abs 2 S 3 HS 1 führt zu einer grundsätzlichen Bindung des Vormunds an diese Meinung bei Vornahme der erforderlichen Vertretungshandlung; ansonsten würde der Vorrang leerlaufen; die Grenze der Bindung liegt bei kindeswohlgefährdenden Maßnahmen[19]; eine weitere Ausnahme wird man bei der Zustimmung zu Vaterschaftsanerkennungen bei offensichtlicher Nichtvaterschaft des Anerkennenden zur Vermeidung grotesker Ergebnisse annehmen müssen[20].   4.1

IV. Anordnung einer Betreuung

Die Anordnung einer **Betreuung** hat als solche keine Auswirkungen auf die elterliche Sorge; das Gleiche gilt für einen **Einwilligungsvorbehalt** (§ 1903)[21]; s auch § 1626 Rn 20, § 1626 c Rn 6, § 1630 Rn 10.1, § 1671 Rn 38. Zwar hat der Gesetzgeber den Fall einer Betreuung mit Einwilligungsvorbehalt (§ 1903 Abs 1) der beschränkten Geschäftsfähigkeit nachgebildet; jedoch ist § 1673 Abs 2 hierauf nicht, auch nicht analog, anwendbar[22]. Der unter Betreuung stehende Elternteil bedarf also zur Wahrnehmung seiner eigenen Angelegenheiten der Zustimmung des Betreuers, die seines Kindes kann er dagegen wirksam selbst vornehmen, es sei denn, es liegt ein Fall des § 1673 Abs 1 vor[23]. Der Betreuungsgrund kann ggf Anlass für Entscheidungen nach den §§ 1666 ff bzw 1674 (vor allem bei einer Unterbringung nach § 1906) sein[24].   5

§ 1674 Ruhen der elterlichen Sorge bei tatsächlichem Hindernis

(1) Die elterliche Sorge eines Elternteils ruht, wenn das Familiengericht feststellt, dass er auf längere Zeit die elterliche Sorge tatsächlich nicht ausüben kann.

(2) Die elterliche Sorge lebt wieder auf, wenn das Familiengericht feststellt, dass der Grund des Ruhens nicht mehr besteht.

Schrifttum: *Ehinger,* Die Regelung der elterlichen Sorge bei psychischer Erkrankung eines Elternteils oder beider Eltern im Überblick, FPR 2005, 253; *Kirsch,* Das Ruhen der elterlichen Sorge, Rpfleger 1988, 234; *Mielitz,* Anonyme Kindesabgabe. Babyklappe, anonyme Übergabe und anonyme Geburt zwischen Abwehr- und Schutzgewährrecht, 2006; *Rakete-Dombek,* Der Ausfall eines Sorgeberechtigten durch Tod, Krankheit, Abwesenheit oder Entzug der elterlichen Sorge, FPR 2005, 80.

I. Normzweck

Die zuletzt durch Art 1 Nr 46 KindRG geänderte Norm dient der **Rechtsklarheit,** indem sie in den Fällen länger dauernder Verhinderung ein Ruhen des Sorgerechts kraft familiengerichtlicher Feststellung ermöglicht, wodurch der Rechtsverkehr im Hinblick auf die Anwendung des § 1678 von den Unsicherheiten befreit wird, die mit dem Tatbestandsmerkmal „tatsächlich verhindert" verbunden sind[1]. Damit bezweckt § 1674 letztlich den Schutz des Kindesinteresses[2].   1

---

[15] Problemfall: Einwilligung in die Heilbehandlung von Kindern minderjähriger Mütter, dazu *Kern* MedR 2005, 628 ff.
[16] *Palandt/Diederichsen* Rn 4; AnwK-BGB/*Rakete-Dombek* Rn 9; *Sonnenfeld* Rpfleger 1995, 441, 446.
[17] *Staudinger/Coester* Rn 27 plädiert für eine analoge Anwendung von § 1629 Abs 1 S 3, wenn dem Minderjährigen das Entscheidungsrecht nach § 1628 übertragen wurde.
[18] *Soergel/Strätz* Rn 8.
[19] *Ollmann* JAmt 2003, 572, 574; *Staudinger/Coester* Rn 27; *Palandt/Diederichsen* Rn 4.
[20] *Knittel* JAmt 2002, 330, 332; *Ollmann* JAmt 2003, 572, 575; aA DIJuF-Rechtsgutachten JAmt 2002, 241 m zust Anm *Kemper* 340 f; s auch Hinweise des DIJuF JAmt 2003, 11, 12.
[21] LG Rostock FamRZ 2003, 1691, 1692 m Anm *Bienwald; Ehinger* FPR 2005, 253, 254; *Schwab* FamRZ 1992, 493, 497; *Bienwald* FamRZ 1994, 484; *Rakete-Dombek* FPR 2005, 80; *Staudinger/Coester* Rn 8 f; zur Hilfestellung durch den Betreuer in Sorge- und Umgangsverfahren *Dodegge* FPR 2005, 233, 238 f.
[22] *Schwab* FamRZ 1992, 493, 497; *Gernhuber/Coester-Waltjen* § 64 Rn 12; *Staudinger/Coester* Rn 10; *Sonnenfeld* Rpfleger 1995, 441, 445; aA *Walter* FamRZ 1991, 765, 770 f: Analogie zu § 1673 Abs 1.
[23] *Schwab* FamRZ 1992, 493, 497; *Walter* FamRZ 1991, 765, 769 f; zur Zulässigkeit einer deklaratorischen Entscheidung über die Geschäfts(un)fähigkeit des Betreuten *Bienwald* FamRZ 1994, 484, 485.
[24] BT-Drucks 11/4528 S 108; *Palandt/Diederichsen* Rn 5; *Staudinger/Coester* Rn 9 f; *Soergel/Strätz* Nachtrag § 1673 Rn 5 b; *Deinert* BtPrax 1999, 3, 4.
[1] *Staudinger/Coester* Rn 2; *Gernhuber/Coester-Waltjen* § 64 Rn 14.
[2] MünchKommBGB/*Finger* Rn 3.

II. Voraussetzungen des Ruhens

2 Nach Abs 1 ruht die elterliche Sorge eines Elternteils, wenn das Familiengericht feststellt, dass er auf längere Zeit die elterliche Sorge tatsächlich nicht ausüben kann. Ein **tatsächliches Ausübungshindernis** besteht, wenn ein Elternteil die gesamte elterliche Sorge oder Teilbereiche nicht selbst wahrnehmen kann. Eine räumliche Trennung allein ist dafür nicht ausreichend, wenn eine Einflussnahme auf das Kind mit Hilfe moderner Kommunikationsmittel oder Reisemöglichkeiten auch aus der Ferne möglich ist[3]. Daher führt das bloße Getrenntleben der Eltern nicht zu einem Ausübungshindernis für den nicht mit dem Kind zusammenlebenden Elternteil[4]. Das Gleiche gilt, wenn Dritte oder das Kind selbst die Sorgerechtsausübung verwehren[5].

2.1 Zu bejahen ist ein Ausübungshindernis hingegen bei Auswanderung[6] oder Strafhaft[7], Kriegsgefangenschaft, Vermisstwerden oder bei längerem Verschwundensein[8], aber auch bei anonymer Geburt[9]. Auch Gründe, die in der Person des betroffenen Elternteils liegen, können ein Ausübungshindernis sein[10]. In den Fällen schwerer geistiger oder psychischer Störungen kommt die Anwendung von Abs 1 in Betracht, wenn zwar die Geschäftsunfähigkeit zweifelhaft ist (vgl § 1673 Abs 1), der betroffene Elternteil aber zur Sorgerechtsausübung tatsächlich außerstande ist[11]. Taubstummheit eines Elternteils genügt dagegen nicht ohne weiteres[12]. Ebensowenig soll ein einjähriger Aufenthalt eines US-Soldaten im Irak genügen[13].

3 Das Ausübungshindernis muss für eine **längere Zeit** bestehen (bei kurzfristiger Verhinderung greift § 1678 Abs 1 ein)[14]. Dies ist etwa im Fall einer mehrjährigen Strafhaft anzunehmen[15], im Regelfall aber nicht schon bei Strafverfolgung[16] oder gar Untersuchungshaft[17], es sei denn, dass eine langjährige Gefängnisstrafe wahrscheinlich ist[18].

3.1 Umgekehrt hängt der Erlass der gerichtlichen Entscheidung nicht davon ab, ob ein Ende der Verhinderung überhaupt absehbar ist, zB bei Taubstummheit, schwerer, aussichtsloser Krebserkrankung[19]. Dem Wortlaut lässt sich eine solche Einschränkung nicht entnehmen, zumal ergibt das Gesetz in § 1678 Abs 2 davon aus, dass ein Ruhen des Sorgerechts auch bei fehlender Aussicht auf den Wegfall der Verhinderung möglich ist[20]. Allerdings kommen in diesen Fällen meist Maßnahmen nach den §§ 1666 ff vorrangig in Betracht (§ 1666 Rn 20 ff)[21]. Gegenüber Maßnahmen der einseitigen Sorgerechtsübertragung hat die Anordnung des Ruhens grds Vorrang, weil darin der geringere Eingriff liegt[22].

4 Betrifft die Verhinderung nur **Teilbereiche** des Sorgerechts, ist § 1674 ebenfalls anwendbar, allerdings mit der Einschränkung, dass nur ein entsprechendes partielles Ruhen des Sorgerechts festgestellt werden kann[23].

5 Die **Ermittlung** eines längerfristigen Ausübungshindernisses erfolgt von Amts wegen (§ 12 FGG). Dieser Grundsatz rechtfertigt jedoch nicht die Anordnung einer psychiatrischen Begutachtung des Betroffenen gegen seinen Willen[24]. Liegen die Voraussetzungen von Abs 1 vor, **stellt** das Gericht **fest**, dass eine längerfristige tatsächliche Verhinderung vorliegt. Die Entscheidung trifft der Rechtspfleger (§ 3 Nr 2 a RPflG).

5.1 Nach § 51 Abs 1 FGG wird die feststellende Entscheidung mit der Bekanntmachung an den anderen Elternteil wirksam, wenn dieser die elterliche Sorge während der Verhinderung kraft Gesetzes allein ausübt, anderenfalls mit der Übertragung der Ausübung der elterlichen Sorge auf diesen oder mit der Bestellung eines Vormundes. Die **Kosten** bestimmen sich nach § 95 Abs 1 S 1 Nr 2 KostO. Die feststellende Entscheidung darf nicht durch

---

[3] BGH NJW 2005, 221; OLG Hamburg DAVorm 1991, 876 f; OLG Frankfurt FamRZ 1954, 21, 22; s aber auch OLG Köln DAVorm 1991, 506 ff: Briefkontakt nicht ausreichend.
[4] BGH FamRZ 1960, 197.
[5] BayObLG FamRZ 1988, 867, 868: Inkognito-Adoptionspflege; OLG Düsseldorf FamRZ 1968, 43, 44 f; aA OLG Hamm FamRZ 1990, 781.
[6] BayObLG JW 1934, 1369.
[7] OLG Dresden FamRZ 2003, 1038; BayObLG NJW 1975, 1082, 1083; OLG Hamm FamRZ 1966, 260, 261; KG JW 1936, 1016; anders OLG Frankfurt FamRZ 2007, 753.
[8] OLG Naumburg FamRZ 2002, 258.
[9] LG Hamburg FPR 2003, 143, 145; DIJuF-Rechtsgutachten JAmt 2003, 299; *Mielitz* S 67.
[10] *Rakete-Dombek* FPR 2005, 80, 81; AnwK-BGB/*Rakete-Dombek* Rn 3.
[11] BayObLGZ 1967, 269, 271; BayObLG FamRZ 1981, 595 f; *Gernhuber/Coester-Waltjen* § 64 Rn 14 Fn 30; *Ehinger* FPR 2005, 253, 254.
[12] OLG Frankfurt FamRZ 1966, 109; aA RGRK/*Adelmann* BGB § 1674 aF Rn 4.
[13] OLG Nürnberg FamRZ 2006, 878.
[14] BGH NJW 2005, 221, 222.
[15] OLG Dresden FamRZ 2003, 1038; OLG Hamm FamRZ 1966, 260, 261; KG JW 1936, 1016; anders OLG Naumburg FamRZ 2003, 1947, 1948.
[16] OLG Hamm FamRZ 1996, 1029 f.
[17] OLG Köln FamRZ 1978, 623 f.
[18] BayObLG FamRZ 1965, 283.
[19] *Kirsch* Rpfleger 1988, 234, 235 f; *Rakete-Dombek* FPR 2005, 80, 81; aA OLG Hamm FamRZ 1996, 1029, 1030; OLG Frankfurt FamRZ 1966, 109, 110; MünchKommBGB/*Finger* Rn 4.
[20] RGRK/*Adelmann* § 1674 aF Rn 4; MünchKommBGB/*Hinz* § 1674 aF Rn 4.
[21] OLG Frankfurt FamRZ 1966, 109, 110; *Ehinger* FPR 2005, 253, 256; zum Vorrang öffentlicher Hilfen zur Stützung geistig/psychisch behinderter Eltern BVerfG FamRZ 1982, 567, 570; *Staudinger/Coester* Rn 16.
[22] OLG Naumburg FamRZ 2002, 258.
[23] BGH NJW 2005, 221; *Staudinger/Coester* Rn 10; aA *Soergel/Strätz* § 1674 aF Rn 2.
[24] OLG Stuttgart FamRZ 1975, 167, 168; FamRZ 1976, 538, 539; s auch BayObLG FamRZ 1981, 595 ff.

vorläufige Anordnung ergehen[25]. Das Familiengericht kann aber im Einzelfall im Wege der vorläufigen Anordnung feststellen, dass der andere Elternteil bzw ein Vormund das Sorgerecht vorläufig ausübt[26].

III. Rechtsfolgen

Mit Wirksamwerden der Feststellungsverfügung **ruht** das Sorgerecht des betroffenen Elternteils[27], 6 unabhängig davon, ob überhaupt eine tatsächliche Verhinderung vorliegt oder nicht oder ob sie inzwischen weggefallen ist[28]. Die Wirkungen des Ruhens für den betroffenen Elternteil bestimmen sich nach § 1675, die Auswirkungen auf den anderen Elternteil nach § 1678; bei Fehlen eines sorgeberechtigten anderen Elternteils kommt die Bestellung eines Vormunds nach §§ 1773 f in Betracht[29]. Wird die Ruhensverfügung im Rechtsmittelverfahren **aufgehoben**, so kann dies nur mit Wirkung für die Zukunft erfolgen[30]; zwischenzeitlich vorgenommene Rechtsgeschäfte des anderen Elternteils oder Vormunds bleiben wirksam (§ 32 FGG). Eine Pflicht zur Vermögensherausgabe nach § 1698 besteht idR dann, wenn die elterliche Sorge beider Eltern ruht (§ 1698 Rn 1). Sind beide Eltern verhindert, die elterliche Sorge auszuüben, so hat das Gericht nach § 1693 die erforderlichen Maßnahmen zu treffen (näher § 1693 Rn 3).

IV. Wiederaufleben des Sorgerechts (Abs 2)

Nach § 1674 Abs 2 lebt das Sorgerecht des Betroffenen erst wieder auf, wenn das Familiengericht 7 feststellt, dass die tatsächliche Verhinderung nicht mehr besteht. Abs 2 findet analog Anwendung, wenn die Feststellung der tatsächlichen Verhinderung von Anfang an unrichtig war[31].

Die feststellende Verfügung wird mit Bekanntmachung an den bisher verhinderten Elternteil wirksam (§ 51 Abs 1 7.1 FGG). Sie ist aber auch dem bis dahin allein sorgeberechtigten anderen Elternteil oder dem Vormund bekanntzugeben (§ 329 ZPO). Rechtshandlungen, die dieser bis zu diesem Zeitpunkt vornimmt, bleiben wirksam (§ 1698 a Abs 2). Sofern eine Vormundschaft angeordnet war, erlischt diese (§ 1882); eine angeordnete Pflegschaft ist aufzuheben (§ 1919).

§ 1675 Wirkung des Ruhens

Solange die elterliche Sorge ruht, ist ein Elternteil nicht berechtigt, sie auszuüben.

Die Vorschrift regelt die **rechtliche Wirkung des Ruhens** und konkretisiert insoweit die §§ 1673 1 Abs 1, 1674 Abs 1 und 1751 Abs 1. Mit dem Ruhen des Sorgerechts verliert der betroffene Elternteil zwar nicht das Sorgerecht an sich; er ist jedoch zu dessen Ausübung nicht mehr berechtigt. Ruht das Sorgerecht wegen Minderjährigkeit des Elternteils, so verbleibt ihm allerdings die Ausübung der tatsächlichen Personensorge (§ 1673 Abs 2 S 2). Die Auswirkungen des Ruhens auf das Sorgerecht des anderen Elternteils regelt § 1678. Gibt es einen solchen nicht oder kommt er aus tatsächlichen oder rechtlichen Gründen als alleiniger Sorgerechtsinhaber nicht in Betracht, ist ein Vormund (§ 1773) oder Pfleger (§ 1909) zu bestellen (§ 1678 Rn 3).

Der Elternteil, dessen Sorgerecht insgesamt oder zumindest hinsichtlich der Vermögenssorge ruht, 2 hat nach § 1698 das **Kindesvermögen** herauszugeben und auf Verlangen über die Verwaltung Rechenschaft abzulegen (§ 1698 Rn 1 f). Es entfällt in diesem Fall auch die Verwendungsbefugnis nach § 1649 Abs 2[1]. Nimmt er dennoch Rechtshandlungen für das Kind vor, handelt er grds als Vertreter ohne Vertretungsmacht (§§ 177 ff), sofern nicht die Regelung des § 1698 a eingreift[2]. **Maßnahmen nach §§ 1666 ff** kommen während des Ruhens nicht in Betracht, da ein Missbrauch des Sorgerechts mangels Ausübungsbefugnis schon begrifflich ausgeschlossen ist[3]. Jedoch kann der nicht sorgeberechtigte Elternteil Dritter iSv § 1666 Abs 1, 4 sein[4].

Unberührt vom Ruhen des Sorgerechts bleibt das **Umgangsrecht** (§ 1684)[5]. 3

§ 1676 *(weggefallen)*

---

[25] LG Berlin Rpfleger 1975, 359 f.
[26] KG FamRZ 1962, 200, 201; MünchKommBGB/*Finger* Rn 9; *Erman/Michalski* Rn 3.
[27] OLG Karlsruhe Kind-Prax2003, 134, 135; AnwK-BGB/*Wiedenlübbert* Rn 4.
[28] BayObLG FamRZ 1988, 867, 868; *Soergel/Strätz* § 1674 aF Rn 3.
[29] LG Hamburg FPR 2003, 144, 145.
[30] BayObLG FamRZ 1988, 867, 868.
[31] *Palandt/Diederichsen* Rn 6; *Staudinger/Coester* Rn 22.
[1] *Soergel/Strätz* Rn 2; *Staudinger/Coester* Rn 3.
[2] MünchKommBGB/*Finger* Rn 2; RGRK/*Adelmann* Rn 3.
[3] KG JFG 13, 264, 266; *Staudinger/Coester* § 1673 Rn 17.
[4] *Staudinger/Coester* Rn 4, § 1673 Rn 17, § 1666 Rn 9.
[5] *Erman/Michalski* Rn 1; *Staudinger/Coester* Rn 3.

§ 1677 Beendigung der Sorge durch Todeserklärung

Die elterliche Sorge eines Elternteils endet, wenn er für tot erklärt oder seine Todeszeit nach den Vorschriften des Verschollenheitsgesetzes festgestellt wird, mit dem Zeitpunkt, der als Zeitpunkt des Todes gilt.

1 Selbstverständlich und daher vom Gesetz nicht ausdrücklich erwähnt endet das **Sorgerecht** eines Elternteils mit dessen Tod[1]. § 1677 erstreckt diese Rechtsfolge auch auf die Fälle, in denen nach dem VerschG[2] eine Todesvermutung besteht. Trotz der wenigstens theoretisch bestehenden Möglichkeit, dass der betroffene Elternteil noch lebt, ruht dessen Sorgerecht nicht nur, sondern es endet[3]. Damit sollen – im Hinblick auf die sehr geringe Wahrscheinlichkeit, dass der Betroffene tatsächlich noch lebt – lange Schwebezustände hinsichtlich des Sorgerechts vermieden werden[4].

2 Die **Todeserklärung** bestimmt sich nach den §§ 2 ff VerschG, die **Feststellung des Todeszeitpunkts** nach den §§ 39 ff VerschG. Beide Entscheidungen erfolgen durch Beschluss und begründen die Vermutung, dass der Tod des Betroffenen in dem im Beschluss festgestellten Zeitpunkt eingetreten ist (§§ 23, 44 Abs 2 VerschG). Während die Todeserklärung schon in Betracht kommt, wenn ernstliche Zweifel am Fortleben des Betroffenen begründet sind (§ 1 Abs 1, § 2 VerschG), setzt eine Feststellung des Todeszeitpunkts voraus, dass der Tod des Betroffenen nicht zweifelhaft ist (§§ 39, 1 Abs 2 VerschG).

3 In dem **Zeitpunkt**, der nach der Todeserklärung bzw Feststellung der Todeszeit als Zeitpunkt des Todes gilt, endet das Sorgerecht des betroffenen Elternteils in seiner Substanz[5]. Die Auswirkungen des Beschlusses, der die Todeserklärung oder die Feststellung des Todeszeitpunkts enthält, auf den anderen Elternteil bestimmen sich nach den §§ 1681, 1680 Abs 1 oder 2. Kann auch der andere Elternteil die elterliche Sorge nicht ausüben, sei es, dass sie ruht (§ 1675), sie ihm entzogen wurde (§ 1666) oder er tot oder für tot erklärt worden ist (§ 1677), ist ein Vormund zu bestellen (§ 1773). Besteht nur für einen Teilbereich der elterlichen Sorge in der anderen Person ein Defizit (Ruhen oder Entzug), so ist ein Pfleger zu bestellen (§ 1909). Ergeht ein Abänderungsbeschluss nach den §§ 33 a, 40 VerschG, der einen anderen Todeszeitpunkt feststellt, so tritt **rückwirkend** die Beendigung des Sorgerechts zu diesem Zeitpunkt ein; sofern damit die Berechtigung zu einer inzwischen vorgenommenen Rechtshandlung entfällt, ist § 1698 a anzuwenden[6].

§ 1678 Folgen der tatsächlichen Verhinderung oder des Ruhens für den anderen Elternteil

(1) Ist ein Elternteil tatsächlich verhindert, die elterliche Sorge auszuüben, oder ruht seine elterliche Sorge, so übt der andere Teil die elterliche Sorge allein aus; dies gilt nicht, wenn die elterliche Sorge dem Elternteil nach § 1626a Abs. 2, § 1671 oder § 1672 Abs. 1 allein zustand.

(2) Ruht die elterliche Sorge des Elternteils, dem sie nach § 1626a Abs. 2 allein zustand, und besteht keine Aussicht, dass der Grund des Ruhens wegfallen werde, so hat das Familiengericht die elterliche Sorge dem anderen Elternteil zu übertragen, wenn dies dem Wohl des Kindes dient.

Schrifttum: *Coester*, Nichteheliche Elternschaft und Sorgerecht, FamRZ 2007, 1137; *Ehinger*, Die Regelung der elterlichen Sorge bei psychischer Erkrankung eines Elternteils oder beider Eltern im Überblick, FPR 2005, 253; *Huber*, Die elterliche Sorge zwischen Veränderung und Kontinuität, FamRZ 1999, 1625; *Lipp*, Das elterliche Sorgerecht für das nichteheliche Kind nach dem Kindschaftsrechtsreformgesetz (KindRG), FamRZ 1998, 65; *Rakete-Dombek*, Der Ausfall eines Sorgeberechtigten durch Tod, Krankheit, Abwesenheit oder Entzug der elterlichen Sorge, FPR 2005, 80; *Schwab/Wagenitz*, Einführung in das neue Kindschaftsrecht, FamRZ 1997, 1377; *Sonnenfeld*, Tatsächliche Verhinderung und Ruhen der elterlichen Sorge, Rpfleger 1995, 441.

Übersicht

	Rn		Rn
I. Normzweck	1	IV. Ruhen des Sorgerechts in den ausdrücklich von Abs 1 ausgenommenen Fällen (Abs 1 HS 2)	7
II. Verhinderung bzw Ruhen bei gemeinsamem Sorgerecht (Abs 1 HS 1)	2	V. Tatsächliche Verhinderung des Alleinsorgeberechtigten	8
III. Ruhen der Alleinsorge der Mutter nach § 1626a Abs 2 (Abs 2, Abs 1 HS 2)	4	VI. Verfahren	9

---

[1] *Erman/Michalski* Rn 1; MünchKommBGB/*Finger* Rn 1; *Staudinger/Coester* Rn 1.
[2] Vom 15. 1. 1951, BGBl I S 63, idF des Gesetzes vom 16. 12. 1997, BGBl I S 2942.
[3] *Palandt/Diederichsen* Rn 1.
[4] *Staudinger/Coester* Rn 1.
[5] *Staudinger/Coester* Rn 2.
[6] RGRK/*Adelmann* Rn 3.

Folgen der tatsächlichen Verhinderung oder des Ruhens für den anderen Elternteil **§ 1678**

I. Normzweck

Die durch Art 1 Nr 21 KindRG neu gefasste Vorschrift regelt die **Folgen**, die das Ruhen des Sorgerechts eines Elternteils **für das Sorgerecht des anderen Elternteils** hat und ergänzt insoweit die Rechtsfolgen der §§ 1673 bis 1675; daneben enthält Abs 1 eine selbständige Regelung der Rechtsfolgen einer tatsächlichen Verhinderung zur Sorgerechtsausübung, die nicht unter § 1674 fällt. Das Gesetz geht dabei vom Grundgedanken aus, dass nach dem Ausfall des sorgeberechtigten Elternteils der andere Elternteil dessen Funktionen mitübernimmt[1]. Voraussetzung ist allerdings, dass der andere Elternteil zuvor schon mitsorgeberechtigt war. Die Übernahme der elterlichen Sorge erfolgt dann unmittelbar kraft Gesetzes (Abs 1 HS 1). War dagegen der verhinderte Elternteil allein sorgeberechtigt (nach §§ 1626a Abs 2, 1671 oder 1672 Abs 1), so wird der andere Elternteil nur auf Grund einer gerichtlichen Entscheidung sorgeberechtigt, die nach § 1678 Abs 2 bzw § 1696 ergeht.

II. Verhinderung bzw Ruhen bei gemeinsamem Sorgerecht (Abs 1 HS 1)

Die **tatsächliche Verhinderung** zur Sorgerechtsausübung entspricht begrifflich derjenigen in 2 § 1674 (dort Rn 2), wobei wegen der alternativen Nennung des Ruhens in Abs 1 nur solche Verhinderungen in Betracht kommen, die nicht schon zu einem Beschluss des Familiengerichts nach § 1674 Abs 1 geführt haben[2]. Dies sind insbes solche von kürzerer Dauer[3]. Daneben setzt Abs 1 voraus, dass **beide Eltern,** gleichgültig, ob miteinander verheiratet oder nicht, die elterliche Sorge bislang **gemeinsam** innehatten.

Anders als in der weitgehend parallelen Regelung des § 1680 Abs 1 findet sich die Voraussetzung der gemeinsamen 2.1 Sorgeberechtigung nicht ausdrücklich im Gesetzeswortlaut; sie folgt aber aus der Ausschlussklausel von Abs 1 HS 2.

Die **Rechtsfolge** der tatsächlichen Verhinderung eines Elternteils bzw des Ruhens seines Sorgerechts 3 besteht darin, dass der andere Elternteil nunmehr **von Gesetzes wegen** das Sorgerecht allein ausübt; er hat also die volle elterliche Sorge einschließlich der Vertretungsmacht für das Kind (§ 1629 Abs 1 S 3)[4]. Bezieht sich die tatsächliche Verhinderung bzw das Ruhen des Sorgerechts eines Elternteils nur auf einen **Teil,** so umfasst auch die Alleinsorge des anderen Elternteils nur diesen Teil der Sorge[5]. Die Wirkung von Abs 1 kann aber nur insoweit eintreten, als der andere Elternteil selbst das Sorgerecht ausüben **kann und darf**[6]. Ist er tatsächlichen oder rechtlichen Gründen (§§ 1666 ff, 1673, 1674) ebenfalls an der Sorgerechtsausübung gehindert, erwirbt er die Alleinsorge nicht[7]. Vielmehr hat das Familiengericht nach § 1693 bzw § 1666 (vgl § 1693 Rn 2 f) einen Vormund (§ 1773) oder, bei teilweiser Verhinderung, einen Ergänzungspfleger (§ 1909) zu bestellen[8]. Etwas anderes gilt nur dann, wenn Anlass besteht, die Entziehung des Sorgerechts dieses Elternteils aufzuheben (§ 1696 Abs 2) bzw die Beendigung des Ruhens der Sorge dieses Elternteils festzustellen (§ 1674 Abs 2). Dadurch endet die Vormundschaft (§ 1882), eine angeordnete Pflegschaft ist aufzuheben (§ 1919), und der Weg wird frei für die Anwendung von Abs 1. Das Sorgerecht des anderen Elternteils **lebt wieder auf,** wenn das Ruhen bzw die tatsächliche Verhinderung endet; in den Fällen des § 1674 Abs 1 bedarf es dazu der gerichtlichen Feststellung nach § 1674 Abs 2. Ab dem Zeitpunkt des Wirksamwerdens dieser Entscheidung (§ 51 Abs 2 FGG) steht beiden Eltern das Sorgerecht wieder gemeinsam zu; für Geschäfte, die der andere Elternteil in Unkenntnis dieses Umstandes allein vorgenommen hat, gilt § 1698a analog[9].

III. Ruhen der Alleinsorge der Mutter nach § 1626a Abs 2 (Abs 2, Abs 1 HS 2)

Hatte die Mutter die elterliche Sorge nach § 1626a Abs 2 allein inne und ruht ihre Alleinsorge 4 voraussichtlich dauerhaft, erhält der Vater nicht automatisch die Alleinsorge (arg Abs 1 HS 2), sondern erst auf Grund einer gerichtlichen Entscheidung, die voraussetzt, dass die Übertragung der elterlichen Sorge auf ihn dem Wohl des Kindes dient. Diese gegenüber Abs 1 HS 1 wesentlich strengeren Voraussetzungen zur Erlangung der Alleinsorge, die auf eine Prüfung des Einzelfalls hinauslaufen, haben ihren Grund darin, dass in den Fällen, in denen der Vater bislang nicht (mit-)sorgeberechtigt war, die Kinder vielfach nicht etwa in einer intakten nichtehelichen Gemeinschaft leben, sondern – so die Sicht des Gesetzgebers – der Vater häufig wenig oder gar keinen Kontakt zum Kind gehabt haben wird[10]. Anders als Abs 1 kommt Abs 2 nur bei einem **Ruhen** des Sorgerechts, nicht schon bei einer tatsächlichen Verhinderung zur Anwendung; zudem darf keine Aussicht darauf bestehen, dass der Grund des Ruhens wegfallen wird. Damit wird im Interesse der **Erziehungskontinuität** ein wiederholter Wechsel des Sorgerechtsinhabers verhindert. Zu einem solchen Wechsel soll es also nur kommen, wenn damit eine voraussichtlich **endgültige** Regelung getroffen wird[11]. Besteht die

---

[1] *Palandt/Diederichsen* Rn 1.
[2] *Erman/Michalski* Rn 2; *Sonnenfeld* Rpfleger 1995, 441, 445.
[3] AG Holzminden FamRZ 2002, 560, 561; *Staudinger/Coester* Rn 5; *MünchKommBGB/Finger* Rn 3.
[4] *Palandt/Diederichsen* Rn 3, 8.
[5] *Gernhuber/Coester-Waltjen* § 64 Rn 5; *Staudinger/Coester* Rn 7.
[6] *Erman/Michalski* Rn 2.
[7] *MünchKommBGB/Finger* Rn 7.
[8] *Dölle* II § 95 I; *Soergel/Strätz* § 1678 aF Rn 4; *Erman/Michalski* Rn 5.
[9] *Staudinger/Coester* Rn 11.
[10] BT-Drucks 13/4899 S 102; *Palandt/Diederichsen* Rn 10; jüngste Fallgestaltung OLG Hamburg ZfJ 2003, 155 ff.
[11] *Lipp* FamRZ 1998, 65, 73; *Staudinger/Coester* Rn 27.

§ 1678

Aussicht, dass der Grund des Ruhens wegfallen wird, ist nach § 1909 eine Pflegschaft anzuordnen oder ein Vormund zu bestellen (§ 1773 Abs 1)[12]. Abs 2 findet auch Anwendung, wenn das Ruhen nur partiell eintritt. In diesem Fall erfolgt auch die Übertragung auf den anderen Elternteil nur partiell.

5 Die Übertragung der Alleinsorge bedarf einer **positiven Kindeswohlprüfung** durch das Familiengericht. Maßgebliche Kriterien sind dabei die Erziehungseignung des Vaters, seine Erziehungsbereitschaft[13], seine objektiven Betreuungsmöglichkeiten sowie die Bindungen und Wünsche des Kindes (zu diesen Kriterien § 1671 Rn 45 ff, 49 f)[14]. Zu berücksichtigen ist auch, ob die gemeinsame Sorgetragung seinerzeit ausschließlich am entgegenstehenden Willen der Kindesmutter scheiterte[15]. Zweifel bei der Kindeswohlprüfung gehen nach der geltenden, verfassungsrechtlich nicht unproblematischen Gesetzeslage (§ 1626 a Rn 18) zu Lasten des Vaters[16].

5.1 Angesichts des Verfassungsrangs des Elternrechts des nichtehelichen Vaters (Art 6 Abs 2 S 1 GG)[17] sind keine zu hohen Anforderungen an die Kindeswohlprüfung anzulegen. Vielmehr muss im Einzelfall aufgrund verfassungskonformer Auslegung eine negative Kindeswohlprüfung genügen[18].

6 Fällt die Kindeswohlprüfung positiv aus, so muss das Familiengericht dem Vater das Sorgerecht übertragen. Liegen die Voraussetzungen der §§ 1632 Abs 4, 1682 vor, so ergeht zugleich eine **Verbleibensanordnung**. Bei negativem Ergebnis der Kindeswohlprüfung ist vom Familiengericht ein Vormund zu bestellen (§§ 1693, 1773) oder eine Pflegschaft anzuordnen (§ 1909)[19]. Mit der Übertragung auf den Vater **verliert** die Mutter über die Wirkungen des § 1675 hinaus ihr Sorgerecht auch **der Substanz nach**[20]. Sofern die Mutter entgegen der ursprünglichen Erwartung wieder geschäftsfähig wird (§ 1673) oder eine Feststellung nach § 1674 Abs 2 ergeht, bleibt es zunächst bei der Alleinsorge des Vaters. Jedoch kann das Familiengericht nach § 1696 Abs 1 zu einer Änderungsentscheidung gehalten sein[21].

IV. Ruhen des Sorgerechts in den ausdrücklich von Abs 1 ausgenommenen Fällen (Abs 1 HS 2)

7 **Ruht die Alleinsorge** eines Elternteils, die dieser nach § 1671 oder § 1672 Abs 1 innehatte, ist Abs 1 HS 1 nicht anwendbar (Abs 1 HS 2). Im Unterschied zu § 1678 Abs 2 aF sind beide Fälle jedoch in der mit dem KindRG vorgenommenen Neufassung des Gesetzes nicht mehr speziell geregelt. Der Gesetzgeber hielt eine eigene Regelung für verzichtbar, weil in diesen Fällen die ursprüngliche Alleinsorge auf einer gerichtlichen Anordnung beruht, so dass eine Sorgerechtsübertragung auf der Grundlage des § 1696 Abs 1 ergehen kann[22].

7.1 Voraussetzung für eine solche Entscheidung ist allerdings, dass die Änderung aus triftigen, das Wohl des Kindes nachhaltig berührenden Gründen angezeigt ist. Es bedarf also einer positiven Kindeswohlprüfung[23], die über die Anforderungen des § 1678 Abs 2 hinausgeht (§ 1696 Abs 3), was nicht ganz verständlich ist, waren doch die Eltern vor der gerichtlichen Sorgerechtsentscheidung nach § 1671 beide sorgeberechtigt, was im Fall des § 1678 Abs 2 gerade nicht der Fall ist. Durch die Abschaffung von Abs 2 aF, der nur eine negative Kindeswohlprüfung vorsah, entstand auch ein Wertungswiderspruch zur Regelung des § 1680 Abs 2 S 1, wonach im Falle des Todes des nach §§ 1671, 1672 Abs 1 allein sorgeberechtigten Elternteils die Sorgerechtsübertragung auf den anderen Elternteil nur eine negative Kindeswohlprüfung erfordert[24]; § 1680 Abs 2 gilt entsprechend, wenn die Alleinsorge eines Elternteils endet, weil er für tot erklärt oder seine Todeszeit nach den Vorschriften des VerschG festgestellt worden ist (§ 1681 Abs 1). Diese Widersprüche lassen sich nur auflösen, wenn man die Verhinderung des allein sorgeberechtigten Elternteils als triftigen Grund ansieht, der das Wohl des Kindes nachhaltig berührt und die Übertragung auf den anderen Elternteil nur dann nicht „angezeigt" erscheinen lässt, wenn sie dem Wohl des Kindes widerspricht[25].

---

[12] BayObLG FamRZ 1962, 32, 33; *Staudinger/Coester* Rn 28; *MünchKommBGB/Finger* Rn 11; *Erman/Michalski* Rn 7.
[13] *Staudinger/Coester* Rn 30; *Palandt/Diederichsen* Rn 10.
[14] FamRefK/*Rogner* Rn 4; *Palandt/Diederichsen* 61. Aufl 2002, Rn 8 betont zu Recht, dass die Kriterien nicht unbesehen wie im Fall des § 1671 angewendet werden können, weil die Ausgangssituationen unterschiedlich sind; s auch MünchKommBGB/*Finger* Rn 12.
[15] *Palandt/Diederichsen* Rn 10; AnwK-BGB/*Wiedenlübbert* Rn 4.
[16] FamRefK/*Rogner* Rn 4; anders *Staudinger/Coester* Rn 31.
[17] BVerfG FamRZ 1995, 789, 792.
[18] *Staudinger/Coester* Rn 18, 29; *Rakete-Dombek* FPR 2005, 80, 82; *Palandt/Diederichsen* Rn 10; AnwK-BGB/ *Wiedenlübbert* Rn 4: vorläufige bzw befristete Anordnungen zur „Vatererprobung"; *Coester* FamRZ 2007, 1137, 1144 plädiert für eine Streichung der Norm.
[19] OLG Hamburg ZfJ 2003, 155, 157 ff; *Palandt/Diederichsen* Rn 10; *Staudinger/Coester* Rn 31.
[20] *Staudinger/Coester* Rn 33.
[21] *Staudinger/Coester* Rn 34; MünchKommBGB/*Finger* Rn 17.
[22] BT-Drucks 13/4899 S 102; *Huber* FamRZ 1999, 1625, 1627; *Ehinger* FPR 2005, 253, 258; zu den übrigen vom Gesetzgeber versehentlich nicht genannten Fällen *Staudinger/Coester* Rn 13, 36.
[23] FamRefK/*Rogner* Rn 6.
[24] *Schwab/Wagenitz* FamRZ 1997, 1377, 1380.
[25] *Huber* FamRZ 1999, 1625, 1628; MünchKommBGB/*Finger* Rn 10; für einen Regelanspruch des anderen Elternteils mit Negativkontrolle im Licht des Kindeswohls *Staudinger/Coester* Rn 15; für eine entsprechende Anwendung von § 1678 Abs 2 AnwK-BGB/*Wiedenlübbert* Rn 7.

V. Tatsächliche Verhinderung des Alleinsorgeberechtigten

Ist die bzw der nach den §§ 1626a Abs 2, 1671, 1672 Alleinsorgeberechtigte tatsächlich verhindert, die elterliche Sorge auszuüben, ohne dass die Voraussetzungen des § 1674 Abs 1 vorliegen, so muss das Familiengericht einen Pfleger bestellen (§§ 1693, 1909) oder unter den Voraussetzungen des § 1696 eine Sorgerechtsänderung vornehmen[26]. 8

VI. Verfahren

Die Einleitung des Verfahrens erfolgt von Amts wegen, ein Antrag ist nicht erforderlich[27]. Wirksam wird die Sorgerechtsübertragung mit Bekanntmachung der gerichtlichen Verfügung (§ 16 Abs 1 FGG), eine solche Bekanntmachung muss auch gegenüber dem Jugendamt erfolgen (§§ 49a Abs 2, 49 Abs 3 FGG). 9

§ 1679 *(weggefallen)*

§ 1680 Tod eines Elternteils oder Entziehung des Sorgerechts

(1) Stand die elterliche Sorge den Eltern gemeinsam zu und ist ein Elternteil gestorben, so steht die elterliche Sorge dem überlebenden Elternteil zu.

(2) ¹Ist ein Elternteil, dem die elterliche Sorge gemäß § 1671 oder § 1672 Abs. 1 allein zustand, gestorben, so hat das Familiengericht die elterliche Sorge dem überlebenden Elternteil zu übertragen, wenn dies dem Wohl des Kindes nicht widerspricht. ²Stand die elterliche Sorge der Mutter gemäß § 1626a Abs. 2 allein zu, so hat das Familiengericht die elterliche Sorge dem Vater zu übertragen, wenn dies dem Wohl des Kindes dient.

(3) Absatz 1 und Absatz 2 Satz 2 gelten entsprechend, soweit einem Elternteil, dem die elterliche Sorge gemeinsam mit dem anderen Elternteil oder gemäß § 1626a Abs. 2 allein zustand, die elterliche Sorge entzogen wird.

Schrifttum: *Coester,* Elternrecht des nichtehelichen Vaters und Adoption – Zur Entscheidung des Bundesverfassungsgerichts vom 7. 3. 1995, FamRZ 1995, 1245; *ders,* Verfassungsrechtliche Vorgaben für die gesetzliche Ausgestaltung des Sorgerechts nicht miteinander verheirateter Eltern, FPR 2005, 60; *ders,* Nichteheliche Elternschaft und Sorgerecht, FamRZ 2007, 1137; Stellungnahme des Deutschen Familiengerichtstages e. V. zu dem Entwurf eines Gesetzes zur Reform des Kindschaftsrechts (Kindschaftsrechtsreformgesetz – KindRG), FamRZ 1997, 337 (zit: Stellungnahme des DFGT); *Jaeger,* Prüfung des Kindeswohls bei Übertragung des Sorgerechts auf den zuvor nach § 1626a II BGB nicht sorgeberechtigten Vater, FPR 2007, 101; *Lipp,* Das elterliche Sorgerecht für das nichteheliche Kind nach dem Kindschaftsrechtsreformgesetz (KindRG), FamRZ 1998, 65; *Lüderitz,* Die Rechtsstellung ehelicher Kinder nach Trennung ihrer Eltern im künftigen Recht der Bundesrepublik Deutschland, FamRZ 1975, 605; *Rakete-Dombek,* Der Ausfall eines Sorgeberechtigten durch Tod, Krankheit, Abwesenheit oder Entzug der elterlichen Sorge, FPR 2005, 80; *Schwab/Wagenitz,* Einführung in das neue Kindschaftsrecht, FamRZ 1997, 1377; *Wichmann,* Die Reform des Kindschaftsrechts in der Diskussion, FuR 1996, 161.

Übersicht

	Rn		Rn
I. Normzweck	1	2. Tod der gemäß § 1626a Abs 2 allein sorgeberechtigten Mutter (Abs 2 S 2)	5
II. Tod eines Elternteils bei gemeinsamer Sorge (Abs 1)	2	3. Tod eines Alleinsorgeberechtigten in den von Abs 2 nicht erfassten Fällen	6
III. Tod eines allein sorgeberechtigten Elternteils (Abs 2)	3	IV. Entziehung des Sorgerechts eines Elternteils (Abs 3)	7
1. Tod eines nach §§ 1671, 1672 Abs 1 allein sorgeberechtigten Elternteils (Abs 2 S 1)	4	V. Verfahren	11

I. Normzweck

Die Vorschrift, zuletzt geändert durch Art 1 Nr 22 KindRG, regelt die **Folgen des Todes** eines sorgeberechtigten Elternteils sowie einer **Entziehung des Sorgerechts** für das Sorgerecht des anderen Teils. Wie der inhaltlich eng verwandte § 1678 folgt die Norm dem Grundgedanken, dass nach dem Ausfall eines Sorgeberechtigten der andere Elternteil die elterliche Sorge allein übernimmt[1]; war der andere Elternteil zuvor auch schon sorgeberechtigt, erfolgt die Übernahme unmittelbar kraft Gesetzes (Abs 1); ansonsten bedarf es dazu einer gerichtlichen Entscheidung (Abs 2). Abs 1 und 2 werden analog 1

---

[26] *Dölle* II § 95 I; *Staudinger/Coester* Rn 24 bis 26, 37; *Erman/Michalski* Rn 9.
[27] *Schwab/Wagenitz* FamRZ 1997, 1377, 1380; *Erman/Michalski* Rn 4.
[1] *Lüderitz* Familienrecht Rn 832.

§ 1680

auf den rechtlichen Wegfall der Vaterstellung auf Grund rechtskräftiger Feststellung der Nichtvaterschaft nach den §§ 1600a ff angewendet[2].

II. Tod eines Elternteils bei gemeinsamer Sorge (Abs 1)

2   Haben die Eltern das Sorgerecht gemeinsam inne und stirbt ein Elternteil, so steht dem anderen Elternteil das Sorgerecht nunmehr **unmittelbar kraft Gesetzes** allein zu. Dies gilt freilich nur, soweit der andere Elternteil es ausüben kann und darf; ruhte dagegen sein Sorgerecht oder war es ihm (teilweise) entzogen worden, erlangt er es auch durch den Tod des anderen Elternteils nicht. In diesem Fall ist regelmäßig ein Vormund (§ 1773) oder ein Pfleger (§ 1909) zu bestellen.

III. Tod eines allein sorgeberechtigten Elternteils (Abs 2)

3   Nach Abs 2 ist beim Tod eines allein sorgeberechtigten Elternteils danach zu differenzieren, **aus welchem Grund** dem verstorbenen Elternteil das Sorgerecht allein zustand: Hatte er die Alleinsorge gemäß § 1671 oder § 1672 Abs 1 inne, also auf Grund einer gerichtlichen Sorgerechtsregelung, ist Abs 2 S 1 einschlägig. Ergab sich die Alleinsorge hingegen aus § 1626a Abs 2, ist Abs 2 S 2 anzuwenden. Der Fall schließlich, dass eine Entziehung (§ 1666) oder ein Ruhen (§ 1678) des Sorgerechts des überlebenden Elternteils Grund der Alleinsorge des verstorbenen Elternteils war, wird von Abs 2 nicht erfasst.

4   **1. Tod eines nach §§ 1671, 1672 Abs 1 allein sorgeberechtigten Elternteils (Abs 2 S 1).** Das Familiengericht muss dem überlebenden Elternteil das Sorgerecht übertragen, wenn dies dem Wohl des Kindes **nicht widerspricht**. Die Übertragung auf ihn ist der Regelfall und daher auch im Zweifel vorzunehmen[3]. Sie ist hingegen ausgeschlossen, soweit der überlebende Elternteil das Sorgerecht nicht ausüben kann oder darf. Für die **Prüfung des Kindeswohls** sind insbes die Kriterien Dauer und Intensität der Trennung des Kindes vom überlebenden Elternteil, die Bindungen des Kindes sowie dessen Wille zu berücksichtigen[4] (zu den Kriterien iE § 1671 Rn 35 ff). Weiter darf nicht außer Betracht bleiben, dass das Gesetz mit der Möglichkeit einer Verbleibensanordnung (§§ 1682, 1632 Abs 4) und einem damit verbundenen Entscheidungsrecht der Pflegeperson (§ 1688 Abs 4) sowie dem Umgangsrecht bestimmter Bezugspersonen (§ 1685) ein Instrumentarium zur Verfügung stellt, um einerseits eine Einbindung des Kindes in seinen bisherigen Lebenskreis trotz Sorgerechtsübertragung weitgehend aufrecht zu erhalten und wenigstens nicht abrupt zu beenden und andererseits dem Elternrecht des überlebenden Elternteils Rechnung zu tragen. Eine Sorgerechtsübertragung widerspricht nicht erst dann dem Kindeswohl, wenn sie zu einer Gefährdung des körperlichen, geistigen oder seelischen Wohls des Kindes iS des § 1666 Abs 1 führen würde[5]. Umgekehrt genügt nicht, wenn der Verbleib des Kindes im bisherigen Umfeld dem Kindeswohl besser dient[6]. Entscheidend ist, ob der Wechsel mit dem Kindeswohl in Einklang zu bringen ist[7]. Damit das verfassungsrechtlich gebotene Vorrang des überlebenden Elternteils in § 1680 Abs 2 S 1 in der Praxis nicht unterlaufen wird, muss das Familiengericht bei einer ablehnenden Entscheidung von einem Widerspruch zum Kindeswohl überzeugt sein[8]. In diesem Fall ist ein Vormund zu bestellen (§ 1773). Dies kann nach den Auswahlkriterien des § 1779 Abs 2 S 2 der Stiefelternteil[9] oder die Pflegeperson sein.

4.1   Steht das Sorgerecht einem Elternteil gemäß **§§ 1671, 1672 Abs 1** allein zu[10], so ist dessen Grundlage eine Sorgerechtsanordnung durch das Familiengericht. Während der Gesetzgeber im Falle des Ruhens einer derart begründeten Alleinsorge eine eigene Regelung zur Sorgerechtsübertragung unter Hinweis auf § 1696 als entbehrlich angesehen und nicht in die Neufassung des § 1678 übernommen hat (§ 1678 Rn 7), hat er in Abs 2 S 1 für den Fall des Todes des Sorgeberechtigten eine besondere Regelung beibehalten. Deren wesentlicher Unterschied gegenüber § 1696 liegt in der herabgesetzten Schwelle der Kindeswohlprüfung: Stirbt der allein sorgeberechtigte Elternteil, so genügt für eine Sorgerechtsübertragung, dass sie dem Kindeswohl nicht widerspricht (negative Kindeswohlprüfung); ruht dessen Sorgerecht, muss sie hingegen aus triftigen, das Wohl des Kindes nachhaltig berührenden Gründen angezeigt sein (positive Kindeswohlprüfung). Überzeugende Sachargumente für diese Differenzierung sind nicht zu erkennen (§ 1678 Rn 7.1)[11].

5   **2. Tod der gemäß § 1626a Abs 2 allein sorgeberechtigten Mutter (Abs 2 S 2).** Stirbt die nach § 1626a Abs 2 allein sorgeberechtigte Mutter, so ist eine Sorgerechtsübertragung auf den Vater an eine **positive Kindeswohlprüfung** geknüpft. Der Gesetzgeber hielt eine strenge Prüfung der Sorgerechtsübertragung in den Fällen des Abs 2 S 1 aber deshalb nicht für angezeigt, weil dort der überlebende Elternteil in der Vergangenheit schon einmal sorgeberechtigt war, bevor das Sorgerecht durch familien-

---

[2] *Staudinger/Coester* Rn 3.
[3] BayObLG FamRZ 2000, 972, 973; FamRZ 1999, 103, 104; FamRefK/*Rogner* Rn 4; *Palandt/Diederichsen* 61. Aufl 2002, Rn 6; *Staudinger/Coester* Rn 7.
[4] BayObLG FamRZ 2000, 972, 973; FamRZ 1999, 103, 104; *Staudinger/Coester* Rn 11.
[5] BayObLG FamRZ 1999, 103, 104; OLG Schleswig FamRZ 1993, 832, 833; AnwK-BGB/*Wiedenlübbert* Rn 3; aA OLG Frankfurt FamRZ 1981, 1105.
[6] *Staudinger/Coester* Rn 9; AnwK-BGB/*Wiedenlübbert* Rn 3; so aber wohl MünchKommBGB/*Finger* Rn 11; zu einzelnen Fallgestaltungen *Lüderitz* FamRZ 1975, 605, 609.
[7] BayObLG FamRZ 2000, 972, 973; OLG Schleswig FamRZ 1993, 832, 833.
[8] BT-Drucks 13/4899 S 102.
[9] BayObLG FamRZ 1999, 103, 104; *Staudinger/Coester* Rn 13.
[10] Versehen des Gesetzgebers, *Staudinger/Coester* Rn 6.
[11] *Schwab/Wagenitz* FamRZ 1997, 1377, 1380; *Palandt/Diederichsen* 61. Aufl 2002, Rn 5; *Rakete-Dombek* FPR 2005, 80, 82.

gerichtliche Entscheidung dem nunmehr verstorbenen Elternteil übertragen wurde, während im Fall von Abs 2 S 2 der Vater zuvor überhaupt noch nicht an der elterlichen Sorge beteiligt war und möglicherweise überhaupt keinen sozialen Kontakt zum Kind hatte[12]. Die Vorschrift ist **analog** auf den Fall anzuwenden, dass das Kind in eine Ehe geboren und erst nach dem Tod der Kindesmutter gerichtlich festgestellt wird, dass der Ehemann nur Scheinvater und ein anderer der leibliche Vater ist[13]. Lehnt das Gericht eine Sorgerechtsübertragung auf den überlebenden Elternteil ab, so ist ein Vormund zu bestellen; in Betracht kommt dabei die Anordnung einer Vormundschaft, welche der überlebende Elternteil und ein Großelternteil des Kindes gemeinsam ausüben[14].

Ob die Differenzierung des Gesetzes (negative Kindeswohlprüfung nach Abs 2 S 1 und positive nach Abs 2 S 2) sachlich berechtigt und tatsächlich erforderlich ist oder ob einem erhöhten Schutzbedürfnis des Kindes nicht ebenso gut auch im Rahmen einer negativen Kindeswohlprüfung Rechnung hätte getragen werden können[15], ist die Frage[16]. Zumindest dann, wenn der nichteheliche Vater über einen längeren Zeitraum tatsächlich die elterliche Sorge wahrgenommen hat, gebietet es das Elternrecht aus Art 6 Abs 2 S 2 GG die Norm des Abs 2 S 2 dahin auszulegen, dass eine Sorgerechtsübertragung auf den Vater regelmäßig dem Kindeswohl dient, solange nicht konkret feststellbare Kindesinteressen der Übertragung widersprechen[17]. **5.1**

3. Tod eines Alleinsorgeberechtigten in den von Abs 2 nicht erfassten Fällen. Nicht von Abs 2 erfasst werden die Fälle, in denen die Alleinsorge des verstorbenen Elternteils daraus resultierte, dass dem **anderen Elternteil das Sorgerecht entzogen** worden war (§ 1666) oder dessen Sorgerecht ruhte (§ 1678). Insoweit scheidet eine Erlangung der Alleinsorge durch den überlebenden Elternteil aus. Betrifft die Entziehung bzw das Ruhen das Sorgerecht im Ganzen, ist eine Vormundschaft (§ 1773), anderenfalls eine Pflegschaft (§ 1909) anzuordnen, wenn nicht die Voraussetzungen gegeben sind, um die Entziehung aufzuheben (§ 1696 Abs 2) bzw die Beendigung des Ruhens festzustellen (§ 1674 Abs 2) und damit den Weg für § 1680 frei zu machen. **6**

IV. Entziehung des Sorgerechts eines Elternteils (Abs 3)

Abs 3 übernimmt für bestimmte Fälle der Entziehung des Sorgerechts (§ 1666) hinsichtlich der Auswirkungen auf den anderen Elternteil die Regelungen, die für den Tod eines Elternteils gelten: Die Norm unterscheidet danach, ob die Entziehung des Sorgerechts einen gemeinsam mit dem anderen Elternteil sorgeberechtigten Elternteil (§ 1680 Abs 3 Alt 1; dann Verweisung auf Abs 1) oder die nach § 1626a Abs 2 allein sorgeberechtigte Mutter (§ 1680 Abs 3 Alt 2; dann Verweisung auf Abs 2 S 2) betrifft. Nicht von Abs 3 erfasst ist die Entziehung der elterlichen Sorge eines aus anderen Gründen allein sorgeberechtigten Elternteils (§§ 1671, 1672). **7**

Wird bei zunächst **gemeinsamer elterlicher Sorge** einem Elternteil das Sorgerecht entzogen, so folgt aus der Verweisung auf Abs 1, dass es nunmehr **von Gesetzes wegen** dem anderen Elternteil allein zusteht, soweit dieser das Sorgerecht ausüben kann und darf **(Abs 3 Alt 1)**[18]. Umgekehrt steht mit Aufhebung der Entziehung (§ 1696 Abs 2) das Sorgerecht unmittelbar wieder beiden Eltern gemeinsam zu. Gegenüber § 1680 aF, der nach seinem Wortlaut eine Entziehung der gesamten elterlichen Sorge voraussetzte, stellt Abs 3 nunmehr durch die Formulierung „soweit ... entzogen wird" klar, dass die Vorschrift auch die **Entziehung von Teilbefugnissen** aus der elterlichen Sorge erfasst[19]. Die Regelung des § 1680 Abs 1 S 2 aF, wonach das Familiengericht im Interesse des Kindeswohls abweichende Regelungen treffen konnte, wurde in die Neufassung nicht übernommen; für derartige Regelungen gilt nunmehr die höhere Eingriffsschwelle des § 1666[20]. **8**

Wird der Mutter, die gemäß **§ 1626a Abs 2 allein sorgeberechtigt** ist, das Sorgerecht insgesamt oder teilweise entzogen, so muss – entspr der Verweisung auf Abs 2 S 2 – das Familiengericht dem Vater in diesem Umfang das Sorgerecht übertragen, wenn dies **dem Kindeswohl dient (Abs 3 Alt 2**, positive Kindeswohlprüfung, näher § 1678 Rn 5). Eine Aufhebung der Entziehung (§ 1696 Abs 2) bewirkt keine Restitution der ursprünglichen Alleinsorge der Mutter. Vielmehr bedarf es dazu einer Änderungsentscheidung nach § 1696 Abs 1, deren Voraussetzungen das Familiengericht von Amts wegen zu prüfen hat[21]. Im Regelfall wird das **Kontinuitätsprinzip** (§ 1671 Rn 42) eher gegen eine Rückübertragung des Sorgerechts sprechen. **9**

---

[12] BT-Drucks 13/4899 S 103, 102; *Wichmann* FuR 1996, 161, 163; *Lipp* FamRZ 1998, 65, 74; *Lipp/Wagenitz* Rn 5.
[13] AG Leverkusen FamRZ 2006, 878.
[14] AG Leverkusen FamRZ 2004, 1127, 1128.
[15] *Coester* FamRZ 1995, 1245, 1248; *ders* FPR 2005, 60, 65; *Staudinger/Coester* Rn 14; Stellungnahme des DFGT FamRZ 1997, 337, 341; dagegen AG Leverkusen FamRZ 2004, 1127, 1128.
[16] Krit äußern sich *Palandt/Diederichsen* Rn 2; *MünchKommBGB/Finger* Rn 6, 8; *Rakete-Dombek* FPR 2005, 80, 82.
[17] BVerfG FamRZ 2006, 385, 386 zu Abs 3 iVm Abs 2 S 2; AG Potsdam FamRZ 2006, 500, 501; ohne diese Einschränkung *Jaeger* FPR 2007, 101, 103; *Staudinger/Coester* Rn 14; *Coester* FPR 2005, 60, 65; *Coester* FamRZ 2007, 1137, 1144 für eine Streichung von Abs 2 S 2; gegen einen automatischen Vatervorrang AG Leverkusen FamRZ 2004, 1127, 1128 m abl Anm *van Els* FamRZ 2005, 231 f; *Palandt/Diederichsen* Rn 4.
[18] OLG Nürnberg NJW 2000, 3220 f.
[19] FamRefK/*Rogner* Rn 8; *Palandt/Diederichsen* Rn 5; *Staudinger/Coester* Rn 16; *MünchKommBGB/Finger* Rn 14; AnwK-BGB/*Wiedenlübbert* Rn 9.
[20] BT-Drucks 13/4899, 103; *Staudinger/Coester* Rn 17; FamRefK/*Rogner* Rn 9.
[21] BT-Drucks 13/4899 S 104.

§ 1681

9.1 Im Rahmen der Kindeswohlprüfung ist aufgrund einer gebotenen verfassungskonformen Auslegung von Abs 2 S 2 (Rn 5) in bestimmten Fallgestaltungen von einem Vatervorrang auszugehen[22]. Wurde allerdings nicht gleichzeitig mit der Entziehung des Sorgerechts der Kindesmutter das Sorgerecht nach Abs 3, Abs 2 S 2 auf den Kindesvater übertragen, liegt nach Ansicht des BGH im Umfang der gerichtlichen Entscheidung nach § 1666 auch eine Entscheidung zum Sorgerecht des Vaters vor. Die Alleinsorge kann der Kindesvater dann nur durch eine Entscheidung nach § 1696 erlangen[23].

10 Für den Fall der Entziehung des Alleinsorgerechts nach **§§ 1671, 1672 Abs 1** enthält § 1680 Abs 3 keine Verweisung auf die Regelungen über den Tod eines Elternteils. Der Gesetzgeber verneint den Bedarf für eine § 1680 Abs 2 aF entsprechende spezielle Regelung zur Sorgerechtsübertragung, da er diese Fälle bereits als **von § 1696 Abs 1 erfasst** ansieht[24]. Im Ergebnis muss die Sorgerechtsübertragung hier daher aus triftigen, das Wohl des Kindes nachhaltig berührenden Gründen angezeigt sein.

10.1 Die gesetzgeberische Entscheidung vermag allerdings im Hinblick darauf, dass bei Tod des allein sorgeberechtigten Elternteils lediglich eine negative Kindeswohlprüfung anzustellen ist (Abs 2 S 1) sowie bei Entziehung des Sorgerechts und Tod die gleichen Rechtsfolgen eintreten (Abs 3), wertungsmäßig nicht recht zu überzeugen[25].

V. Verfahren

11 Hinsichtlich des Verfahrens gelten die Ausführungen zu § 1678 (dort Rn 9). Lediglich für die Anhörung des Jugendamts gilt die Sonderregelung in § 49a Abs 1 Nr 11 und 12 FGG. Eine Ehelicherklärung, die vor dem 1. 7. 1998 auf Antrag des Kindes nach dem Tod der Mutter ausgesprochen wurde, ist gemäß der **Übergangsregelung** in Art 224 § 2 Abs 2 EGBGB als Sorgerechtsübertragung nach § 1680 Abs 2 S 2 auf den Vater anzusehen, der damit trotz Wegfalls des Instituts der Ehelicherklärung (Art 1 Nr 48 KindRG) allein sorgeberechtigt bleibt.

§ 1681 Todeserklärung eines Elternteils

(1) § 1680 Abs 1 und 2 gilt entsprechend, wenn die elterliche Sorge eines Elternteils endet, weil er für tot erklärt oder seine Todeszeit nach den Vorschriften des Verschollenheitsgesetzes festgestellt worden ist.

(2) Lebt dieser Elternteil noch, so hat ihm das Familiengericht auf Antrag die elterliche Sorge in dem Umfang zu übertragen, in dem sie ihm vor dem nach § 1677 maßgebenden Zeitpunkt zustand, wenn dies dem Wohl des Kindes nicht widerspricht.

I. Normzweck

1 Die Vorschrift, neu gefasst durch Art 1 Nr 22 KindRG, **ergänzt § 1677** und stellt die Fälle der Todeserklärung bzw der Todeszeitfeststellung nach dem VerschG dem Tod hinsichtlich der Folgen für das Sorgerecht des anderen Elternteils gleich; Abs 2 trägt der in diesen Fällen fehlenden Gewissheit über den Todeseintritt Rechnung und enthält eine Sonderbestimmung zur Wiedererlangung des Sorgerechts, falls der vermeintlich Tote noch lebt.

II. Wirkung der Todeserklärung bzw Todeszeitfeststellung (Abs 1)

2 Die **elterliche Sorge** eines Elternteils **endet,** wenn er gemäß den §§ 2 ff VerschG[1] für tot erklärt oder wenn gemäß den §§ 39 ff VerschG seine Todeszeit festgestellt wird (§ 1677). Nach **Abs 1** gilt in diesen Fällen § 1680 Abs 1 und 2 entsprechend. Hinsichtlich der Rechtsfolgen ist also danach zu unterscheiden, was das Sorgerecht bisher zustand. Maßgeblicher Zeitpunkt für diese Differenzierung ist die im Beschluss über die Todeserklärung bzw Todeszeitfeststellung (§§ 23, 44 Abs 1, 9 Abs 2 VerschG) festgestellte Todeszeit (§ 1677 letzter HS). Stand das Sorgerecht in diesem Zeitpunkt beiden Eltern gemeinsam zu, erhält der andere Elternteil die Alleinsorge von Gesetzes wegen (§ 1680 Abs 1), in den anderen Fällen hingegen nur durch gerichtliche Übertragung (§ 1680 Abs 2).

III. Wiedererlangung des Sorgerechts bei irrtümlicher Todeserklärung (Abs 2)

3 Lebt der für tot Erklärte noch, wird sein ursprüngliches Sorgerecht nicht automatisch wiederhergestellt. Ebensowenig genügt dazu – anders als nach § 1681 Abs 2 S 2 aF – sein einseitig erklärter Wille. Weil möglicherweise eine Entfremdung zwischen dem Kind und dem vermeintlich toten Elternteil eingetreten und eine Einbindung des Kindes in einen neuen sozialen Bezugsrahmen erfolgt ist, soll ein Rückfall der Sorge an ihn nur erfolgen, wenn dies dem Kindeswohl nicht widerspricht[2] (zum Inhalt der negativen Kindeswohlprüfung s § 1680 Rn 4). Die **Rückübertragung des Sorgerechts** erfolgt durch

---

[22] KG FPR 2003, 603 f; *Staudinger/Coester* Rn 21.
[23] BGH NJW 2005, 2456, 2457 = FamRZ 2005, 1469, 1470 m abl Anm *Luthin* 1471.
[24] BT-Drucks 13/4899 S 103.
[25] MünchKommBGB/*Finger* Rn 15; für eine verfassungskonforme Auslegung im Sinn einer negativen Kindeswohlprüfung *Staudinger/Coester* Rn 19, 22.
[1] Vom 15. 1. 1951, BGBl I S 63, idF des Gesetzes vom 16. 12. 1997, BGBl I S 2942.
[2] BT-Drucks 13/4899 S 104; krit *Staudinger/Coester* Rn 11.

eine Entscheidung des Familiengerichts und nur in dem **Umfang**, in dem es dem irrtümlich für tot Erklärten vor dem vermeintlichen Todeszeitpunkt zugestanden hatte. Bestand vormals ein gemeinsames Sorgerecht, so kann ihm auch nur ein Mitsorgerecht übertragen werden; beantragt er mehr (zB Alleinsorge), ergibt die Entscheidung nicht nach § 1681, sondern nach § 1696 (analog). Die Entscheidung hat keine Rückwirkung[3]. Will der andere Elternteil, der etwa inzwischen wieder verheiratet ist (§ 1319), die Sorge nicht mehr mit dem totgeglaubten Elternteil teilen, kann er nach § 1671 die Übertragung der Alleinsorge beantragen[4]. Stellt der totgeglaubte Elternteil zeitgleich einen Antrag auf Wiedereinräumung des vormals bestandenen gemeinsamen Sorgerechts, so werden die gesetzlichen Wertungen des § 1671 Abs 1, Abs 2 Nr 2 in die Entscheidung nach § 1681 einfließen[5]. Die Rückübertragung erfolgt nur auf einen nicht fristgebundenen **Antrag** des irrtümlich für tot Erklärten hin. Diesem steht es dabei frei, die Alleinsorge des anderen Elternteils zu akzeptieren und von einem entsprechenden Antrag abzusehen, selbst wenn die Rückübertragung dem Kindeswohl nicht widerspräche. Die Besonderheiten der Situation erlauben hier also ausnahmsweise eine Art Verzicht auf das Sorgerecht[6].

§ 1682 Verbleibensanordnung zugunsten von Bezugspersonen

¹Hat das Kind seit längerer Zeit in einem Haushalt mit einem Elternteil und dessen Ehegatten gelebt und will der andere Elternteil, der nach den §§ 1678, 1680, 1681 den Aufenthalt des Kindes nunmehr allein bestimmen kann, das Kind von dem Ehegatten wegnehmen, so kann das Familiengericht von Amts wegen oder auf Antrag des Ehegatten anordnen, dass das Kind bei dem Ehegatten verbleibt, wenn und solange das Kindeswohl durch die Wegnahme gefährdet würde. ²Satz 1 gilt entsprechend, wenn das Kind seit längerer Zeit in einem Haushalt mit einem Elternteil und dessen Lebenspartner oder einer nach § 1685 Abs. 1 umgangsberechtigten volljährigen Person gelebt hat.

Schrifttum: *Muscheler*, Das Recht der Stieffamilie, FamRZ 2004, 913; *ders*, Stieffamilie, Status und Personenstand, StAZ 2006, 189; *Salgo*, Die Verbleibensanordnung zugunsten des Stiefkindes (§ 1682), Liber amicorum Spiros Simitis, 2000, S 307; *ders*, Verbleibensanordnung bei Bezugspersonen (§ 1682 BGB), FPR 2004, 76.

I. Normzweck

Die Regelung, eingefügt durch Art 1 Nr 23 KindRG, geändert durch Art 2 Nr 11 des Gesetzes zur Beendigung der Diskriminierung gleichgeschlechtlicher Gemeinschaften: Lebenspartnerschaften, dient dem Schutz des Kindes und einzelner Bezugspersonen[1]. Erfasst werden die Fälle, in denen infolge tatsächlicher Verhinderung, Ruhen, Tod oder Todeserklärung eines Elternteils die sorgerechtliche Zuordnung des Kindes zugunsten des anderen Elternteils verändert wird und dieser das Kind jetzt aus seinem bisherigen Umfeld herausnehmen möchte. Hat das Kind seit längerer Zeit mit dem jetzt verhinderten, verstorbenen oder für tot erklärten Elternteil und dessen Ehegatten, Lebenspartner, den Großeltern und/oder Geschwistern in einem familiären Verbund zusammengelebt und in diesem Verhältnis seine Bezugswelt gefunden, so muss das Sorgerecht des jetzt allein sorgeberechtigten Elternteils zurücktreten, wenn das Kind inzwischen diesem Elternteil entfremdet ist und durch die Herausnahme zur Unzeit das Kindeswohl gefährdet würde[2]. 1

Die Zweckrichtung der Norm entspricht damit der des § 1632 Abs 4 (dort Rn 1), die vor Erlass der Neuregelung analog auf Großeltern[3*] und Stiefelternteil[4*] angewendet wurde. Diese Analogie ist mit der Schaffung des § 1682 entbehrlich geworden. 1.1

II. Voraussetzungen für die Verbleibensanordnung

S 1 setzt voraus, dass das Kind seit längerer Zeit in einem Haushalt mit einem **Elternteil und dessen Ehegatten** gelebt hat. Nicht erfasst werden der frühere Ehegatte eines Elternteils sowie der Partner einer nichtehelichen Lebensgemeinschaft. Im ersten Fall scheitert eine Anwendung der Norm an dessen Wortlaut (anders § 1685 Abs 2) und im zweiten Fall daran, dass ein eindeutiger Anknüpfungspunkt für die gesetzliche Umschreibung des in Betracht kommenden Personenkreises fehlt[5*]. Nach S 2 kann eine Verbleibensanordnung auch zugunsten von **Großeltern und volljährigen Geschwistern** sowie des **Lebenspartners** eines Elternteils ergehen, wenn das Kind seit längerer Zeit in einem Haushalt mit 2

---

[3] *Erman/Michalski* Rn 3.
[4] BT-Drucks 13/4899 S 104; FamRefK/*Rogner* Rn 4; *Palandt/Diederichsen* 61. Aufl 2002, Rn 4; MünchKommBGB/*Finger* Rn 7.
[5] *Staudinger/Coester* Rn 14.
[6] AnwK-BGB/*Wiedenlübbert* Rn 4; so auch die hM zur vergleichbaren Fragestellung nach § 1681 Abs 2 aF; *Soergel/Strätz* § 1681 aF Rn 7.
[1] *Salgo* FPR 2004, 76, 77.
[2] BT-Drucks 13/4899 S 66, 104.
[3*] BayObLG FamRZ 1991, 1080, 1082.
[4*] BayObLG FamRZ 1984, 2168; MünchKommBGB/*Hinz* 3. Aufl 1992, § 1632 aF Rn 4.
[5*] BT-Drucks 13/4899 S 66.

§ 1682 　　　　　　　　　　　　　　　　　　　　Buch 4. Abschnitt 2. Verwandtschaft

ihnen und dem jetzt verhinderten, verstorbenen oder für tot erklärten Elternteil gelebt hat. Im Unterschied zu § 1685 Abs 1 begrenzt § 1682 den Kreis auf volljährige Personen. Obwohl das Gesetz von „umgangsberechtigten Personen" spricht, ist nicht erforderlich, dass dieser Personenkreis, wenn das Kind nicht bei ihnen leben würde, tatsächlich ein Umgangsrecht nach § 1685 geltend machen könnte[6].

2.1 　Zum Teil wird S 2 auf den Partner einer nichtehelichen Lebensgemeinschaft angewendet[7].

3 　Sowohl S 1 als auch S 2 verlangen, dass das Kind **seit längerer Zeit im Haushalt** mit einem Elternteil und einem Nichtsorgeberechtigten gelebt hat. Entscheidend dafür ist nicht, dass ein funktionierender Haushalt besteht, sondern dass die genannten Personen Bezugspersonen für das Kind geworden sind[8]. Ab welchem Zeitpunkt das Kind sich seit längerer Zeit im Haushalt des einen Elternteils und der genannten Personen aufhält, bestimmt sich nach den Kriterien, die auch für den Erlass einer Verbleibensanordnung zugunsten von Pflegepersonen nach § 1632 Abs 4 maßgebend sind (näher dort Rn 20 ff)[9].

4 　Das **Herausgabeverlangen** muss von dem Elternteil geltend gemacht werden, der nach den §§ 1678, 1680, 1681 jetzt allein über den Aufenthalt des Kindes bestimmen kann. Voraussetzung ist also, dass die elterliche Sorge des Elternteils, der das Bindeglied zwischen dem Kind und den genannten Personen darstellt, wegen einer tatsächlichen Verhinderung (§ 1678 Abs 1), des Ruhens (§§ 1678 Abs 1, Abs 2, 1673, 1674), wegen des Entzugs der elterlichen Sorge (§ 1666) oder infolge Todes weggefallen ist, dieser Elternteil für tot erklärt wurde oder seine Todeszeit nach den Vorschriften des Verschollenheitsgesetzes festgestellt worden ist (§ 1677). Ruht dagegen die elterliche Sorge des Elternteils, dem sie nach den §§ 1671, 1672 zustand, nach § 1673 oder § 1674 und ist mangels Aussicht auf einen Wegfall des Ruhensgrundes nach § 1696 dem anderen Elternteil die elterliche Sorge übertragen worden, so ist dies keine Fallgestaltung des § 1678 (näher § 1678 Rn 7); der Fall wird folglich auch nicht von § 1682 erfasst. Ungeregelt ist auch der Fall, dass dem Elternteil die elterliche Sorge, die ihm nach den §§ 1671, 1672 allein zustand, entzogen wird (§ 1666). Dieser Fall wird nicht von § 1680 Abs 2 und damit auch nicht von § 1682 erfasst (§ 1680 Rn 7, 10). Für beide Fallgestaltungen kommt aber eine analoge Anwendung von § 1682 in Betracht[10].

5 　Die Verbleibensanordnung ist dann zu erlassen, wenn und solange das **Kindeswohl** durch die Wegnahme gefährdet würde. In diesem Fall würde das Herausgabeverlangen einen Missbrauch der elterlichen Sorge darstellen[11]. Vermieden werden soll aber, ebenso wie bei § 1632 Abs 4, nur eine Herausgabe zur Unzeit; dagegen soll kein dauerhafter Verbleib in der bisherigen Bezugswelt mit der Verbleibensanordnung erreicht werden (näher § 1632 Rn 27, 29).

III. Entscheidung des Gerichts

6 　Liegen die Voraussetzungen des § 1682 vor, so ordnet das Gericht an, dass das Kind bei den Stiefeltern, dem Lebenspartner, den Großeltern oder den erwachsenen Geschwistern verbleibt. Der darin liegende Eingriff in das Elternrecht ist nach dem **Verhältnismäßigkeitsgrundsatz** so gering wie möglich zu halten („wenn und solange"). Zulässig ist deshalb nur eine zeitlich befristete Verbleibensanordnung. Ein endgültiger Verbleib des Kindes bei den von § 1682 erfassten Personen kommt nur dann in Betracht, wenn das Gericht zunächst dem die Herausgabe verlangenden Elternteil die elterliche Sorge nach §§ 1666, 1666a entzieht und die Bezugsperson etwa als Vormund (§ 1773) bestellt wurde oder sie das Kind inzwischen adoptiert hat (§ 1741)[12]. Inwieweit eine Besuchsregelung zu erlassen ist, bestimmt sich nach denselben Kriterien wie bei § 1632 (dort Rn 28). Die Verbleibensanordnung ist aufzuheben, wenn eine Gefahr für das Kindeswohl nicht mehr besteht (analog § 1696 Abs 2, 3). Zu Maßnahmen des Gerichts nach den §§ 1666 ff s § 1632 Rn 31.

7 　Nach Erlass der Verbleibensanordnung stehen der Bezugsperson **Entscheidungs- und Vertretungsrechte** zu, die nur durch das Familiengericht eingeschränkt oder ausgeschlossen werden können (§ 1688 Abs 4, Abs 1, Abs 3 S 2). Wird der Antrag der Bezugsperson auf Erlass einer Verbleibensanordnung dagegen abgelehnt, so bleibt ihr unter den Voraussetzungen des § 1685 Abs 2, 1 ein Besuchsrecht.

IV. Verfahren

8 　Das Gericht wird **auf Antrag** des Stiefelternteils, des Lebenspartners, der Großeltern, der volljährigen Geschwister oder **von Amts wegen** tätig. Das Kind hat kein eigenes Antragsrecht. Die Verbleibensanordnung ergeht durch Beschluss. Gegen diese Entscheidung kann die befristete **Beschwerde** nach §§ 621 e Abs 1, Abs 3 S 2, 516 ZPO eingelegt werden. Die weitere Beschwerde richtet sich nach § 621 e Abs 2 ZPO. Die **Kosten** richten sich nicht nach § 94 Abs 1 Nr 3 KostO, weil § 1682 dort nicht genannt wurde, sondern nach § 95 Abs 1 Nr 3 KostO[13].

---

[6] BT-Drucks 13/4899 S 104.
[7] MünchKommBGB/*Finger* Rn 10 mwN; generell für eine Anpassung de lege ferenda an den von § 1685 Abs 2 nF erfassten Personenkreis *Muscheler* FamRZ 2004, 913, 921; *ders* StAZ 2006, 189, 197; s auch Staudinger/*Salgo* Rn 19; *Salgo* FPR 2004, 76, 77; enger dagegen AnwK-BGB/*Peschel-Gutzeit* Rn 2.
[8] MünchKommBGB/*Finger* Rn 5; Staudinger/*Salgo* Rn 15; *Salgo* FPR 2004, 76, 79 f.
[9] Staudinger/*Salgo* Rn 13 ff; *Salgo*, Liber amicorum Spiros Simitis, 2000, S 307, 314 ff.
[10] *Lipp/Wagenitz* Rn 2.
[11] BT-Drucks 13/4899 S 104.
[12] AnwK-BGB/*Peschel-Gutzeit* Rn 7; weitergehend Staudinger/*Salgo* Rn 34.
[13] FamRefK/*Rogner* Rn 13; AnwK-BGB/*Peschel-Gutzeit* Rn 7.

§ 1683 Vermögensverzeichnis bei Wiederheirat

(1) Sind die Eltern des Kindes nicht oder nicht mehr miteinander verheiratet und will der Elternteil, dem die Vermögenssorge zusteht, die Ehe mit einem Dritten schließen, so hat er dies dem Familiengericht anzuzeigen, auf seine Kosten ein Verzeichnis des Kindesvermögens einzureichen und, soweit eine Vermögensgemeinschaft zwischen ihm und dem Kind besteht, die Auseinandersetzung herbeizuführen.

(2) Das Familiengericht kann gestatten, dass die Auseinandersetzung erst nach der Eheschließung vorgenommen wird.

(3) Das Familiengericht kann ferner gestatten, dass die Auseinandersetzung ganz oder teilweise unterbleibt, wenn dies den Vermögensinteressen des Kindes nicht widerspricht.

Schrifttum: *Gaaz*, Ausgewählte Probleme des neuen Eheschließungs- und Kindschaftsrechts, StAZ 1998, 241; *Muscheler*, Das Recht der Stieffamilie, FamRZ 2004, 913; *ders*, Der Entwurf eines Gesetzes zur Neuordnung des Eheschließungsrechts, JZ 1997, 1142; *Schnitzerling*, Das Auseinandersetzungszeugnis gemäß §§ 9 EheG nF, 1683 nF mit Blick auf § 164 Abs 3 DA, StAZ 1970, 131.

I. Normzweck

Will der vermögenssorgeberechtigte Elternteil erneut heiraten, so muss er dies nach Abs 1 dem Familiengericht anzeigen, auf seine Kosten ein Vermögensverzeichnis einreichen und, soweit eine Vermögensgemeinschaft zwischen ihm und dem Kind besteht, die Auseinandersetzung herbeiführen. Mit dieser durch Art 1 Nr 46 und 48 des KindRG geänderten Regelung soll verhindert werden, dass durch die Eheschließung des zur Vermögenssorge berechtigten Elternteils eine Verdunkelung der Vermögensverhältnisse des Kindes und eine Vermischung mit dem elterlichen oder stiefelterlichen Vermögen eintritt[1]. Die Regelung gilt für jede weitere Ehe, da dem Kind nach einer früheren Inventarisierung oder Auseinandersetzung neues Vermögen zugefallen sein kann[2]. 1

II. Voraussetzungen

Die Pflicht zur Anzeige der Heiratsabsicht, Vorlage eines Vermögensverzeichnisses und Auseinandersetzung einer Vermögensgemeinschaft trifft nur den Elternteil, der **nicht oder nicht mehr mit dem anderen Elternteil verheiratet** ist. Diese Voraussetzung liegt vor, wenn die Eltern des Kindes niemals miteinander verheiratet waren oder wenn die Ehe der Eltern inzwischen aufgelöst worden ist[3]. Erfasst wird also die nach § 1626a Abs 2 allein sorgeberechtigte Mutter[4], ein Annehmender (§ 1741)[5] sowie der Elternteil, dessen Ehe durch Aufhebung, Scheidung oder Tod aufgelöst wurde. Die Regelung gilt auch für den Vormund und Betreuer (§§ 1845, 1908i Abs 1). Erforderlich ist weiterhin, dass der Elternteil die **Ehe mit einem Dritten schließen will**. Wollen die Eltern des Kindes die Ehe miteinander eingehen oder nach einer Eheauflösung die Ehe erneut schließen, fehlt es am Erfordernis der Eheschließung „mit einem Dritten"[6]. Schließlich muss der heiratswillige Elternteil die **Vermögenssorge** für sein Kind **allein innehaben**[7]. Sind die Eltern eines Kindes nicht miteinander verheiratet und haben sie auch keine Sorgeerklärungen abgegeben, so hat die Mutter die elterliche Sorge, also auch die Vermögenssorge, allein inne (§ 1626a Abs 2). Sie steht dem Vater allein zu, wenn das Familiengericht sie ihm gemäß § 1672 Abs 2 oder nach §§ 1678 Abs 2, 1680 Abs 2 S 2, Abs 3 übertragen hat. Bestand eine gemeinsame elterliche Sorge auf Grund einer Eheschließung oder infolge von Sorgeerklärungen der Eltern, so hat der heiratswillige Elternteil dann die alleinige Vermögenssorge inne, wenn die des anderen ruht oder er tatsächlich nicht in der Lage ist, sie auszuüben (§ 1678 Abs 1), wenn der andere Elternteil gestorben ist (§ 1680 Abs 1), für tot erklärt wurde (§ 1681 Abs 1) oder ihm die Vermögenssorge durch gerichtliche Entscheidung nach den §§ 1671, 1680 Abs 2 S 1, 1681 oder eine Änderungsentscheidung nach § 1696 übertragen wurde. 2

III. Rechtsfolgen

Nach Abs 1 hat der vermögenssorgeberechtigte Elternteil, der mit einem Dritten eine neue Ehe eingehen will, diese **Heiratsabsicht** dem Familiengericht **anzuzeigen**. Die Anzeige ist auch dann erforderlich, wenn kein Kindesvermögen vorhanden ist[8]. 3

Der Heiratswillige hat darüber hinaus ein **Vermögensverzeichnis zu erstellen** und einzureichen **(Abs 1)**. Ist kein Kindesvermögen vorhanden, genügt eine Fehlanzeige an das Gericht[9]. Ist über das Vermögen des Kindes bereits früher ein Vermögensverzeichnis eingereicht worden, so genügt die 4

---

[1] BT-Drucks 8/2788 S 66; BayObLG FamRZ 1965, 563, 564; für eine ersatzlose Streichung dieser Norm *Muscheler* FamRZ 2004, 913, 920; krit auch *Staudinger/Coester* Rn 2.
[2] KG StAZ 1925, 207; *Gaaz* StAZ 1998, 241, 245.
[3] *Gaaz* StAZ 1998, 241, 245.
[4] LG Berlin FamRZ 1967, 41; LG Stade Rpfleger 1964, 345 f.
[5] LG Berlin FamRZ 1967, 41; *Muscheler* JZ 1997, 1142, 1146.
[6] *Palandt/Diederichsen* Rn 3; AnwK-BGB/*Peschel-Gutzeit* Rn 2; *Gaaz* StAZ 1998, 241, 245; *Schnitzerling* StAZ 1970, 131.
[7] OLG Hamm MDR 2002, 885 f.
[8] *Palandt/Diederichsen* Rn 4; *Staudinger/Coester* Rn 11.
[9] *Erman/Michalski* Rn 3; *Staudinger/Coester* Rn 13.

§ 1683

Ergänzung dieses Verzeichnisses[10]. Gegenstand des Verzeichnisses ist nur das der Verwaltung unterliegende Vermögen[11]. Das Vermögen ist so zu bezeichnen, dass es identifiziert werden kann[12]. § 1640 Abs 2 und 3 gelten nicht[13]. Das Verzeichnis ist schriftlich zu erstellen. Das Schriftformerfordernis ist zwar nicht ausdrücklich vorgeschrieben, resultiert aber aus dem Begriff des „Verzeichnisses" sowie aus dem mit seiner Erstellung verbundenen Dokumentationszweck[14].

5   Die **Pflicht zur Auseinandersetzung einer Vermögensgemeinschaft (Abs 1)** setzt das Bestehen einer solchen Gemeinschaft zwischen dem vermögenssorgeberechtigten Elternteil und dem Kind voraus. Eine solche besteht bei Gesamthandsgemeinschaften (BGB-Gesellschaft, fortgesetzte Gütergemeinschaft, Erbengemeinschaft). Eine Vermögensgemeinschaft ist auch anzunehmen, wenn der vermögenssorgeberechtigte Elternteil Komplementär und das Kind Kommanditist einer KG sind; den Kindesinteressen, die einer Liquidation der Gemeinschaft im Wege stehen können, kann mit einer Entscheidung nach Abs 3 Rechnung getragen werden[15]. Eine Vermögensgemeinschaft **fehlt** dagegen, wenn der Minderjährige und der vermögenssorgeberechtigte Elternteil Miteigentümer einer Sache nach Bruchteilen sind[16], wenn dieser Elternteil Alleinerbe des verstorbenen Elternteils ist und dem Kind lediglich ein Pflichtteilsanspruch oder auf Grund Testaments ein aufschiebend bedingtes Vermächtnis für den Fall der Wiederverheiratung des überlebenden Elternteils zusteht[17] oder wenn der verstorbene Elternteil den überlebenden zum Vorerben bis zur Wiederheirat und das Kind für diesen Fall zum Nacherben eingesetzt hat[18]. Liegt dagegen eine Vermögensgemeinschaft vor, so ist die Auseinandersetzung durchzuführen, selbst wenn diese durch eine letztwillige Verfügung (§ 2044 Abs 1 S 1) ausgeschlossen wurde; Abs 1 enthält zwingendes Recht und geht derartigen Verfügungen vor[19]. Darüber hinaus kann die Zweitehe einen wichtigen Grund iS der §§ 2044 Abs 1 S 2, 749 Abs 2 S 1 darstellen, der die Auseinandersetzung trotz der Anordnung möglich macht[20]. Jedenfalls hat das Familiengericht nach Abs 3 zu prüfen, ob die Auseinandersetzung im Kindesinteresse liegt oder nicht. Die Durchführung der Auseinandersetzung bestimmt sich nach § 731 ff (BGB-Gesellschaft), 1498 ff (fortgesetzte Gütergemeinschaft), 2046 ff (Erbengemeinschaft), §§ 131 ff, 145 ff, 161 Abs 2 HGB (OHG und KG). Für die Durchführung ist dem Kind nach § 1909 Abs 1 S 1 ein **Ergänzungspfleger** zu bestellen, da der vermögenssorgeberechtigte Elternteil nach den §§ 1629 Abs 2 S 1, 1795 Abs 2, 181 an der Vertretung des Kindes gehindert ist[21]. Die Auseinandersetzung bedarf unter den Voraussetzungen der §§ 1821, 1822 der **Genehmigung des Vormundschaftsgerichts**[22]. Die Auseinandersetzungspflegschaft endet nach § 1918 Abs 3 mit der Ausführung der Auseinandersetzung; ein Aufhebungsbeschluss ist nicht erforderlich[23].

6   Nach **Abs 2** kann das Familiengericht dem Elternteil Aufschub für die Vermögensauseinandersetzung bis nach der Eheschließung gewähren, wenn die persönlichen und vermögensrechtlichen Interessen des Kindes dies zulassen[24]. Es kann **nach Abs 3** sogar gestatten, dass die Auseinandersetzung ganz oder teilweise unterbleibt, wenn dies den Vermögensinteressen des Kindes nicht widerspricht. Dies kommt insbes dann in Betracht, wenn mit der Durchführung der Auseinandersetzung erhebliche Nachteile oder Verluste für das minderjährige Kind verbunden sind[25], so zB, wenn der Gegenstand der Auseinandersetzung Grundvermögen oder eine Beteiligung an einer Gesellschaft ist. Bei nur geringem Vermögen des Kindes kann die Auseinandersetzung erhebliche Schwierigkeiten bereiten und unverhältnismäßig hohe Kosten verursachen sowie die neue Ehe belasten, ohne das Kindesvermögen wirklich zu sichern[26]. Im Falle der fortgesetzten Gütergemeinschaft kann das Familiengericht nur eine Entscheidung nach Abs 2, wegen der Regelung des § 1493 Abs 1 aber keine nach Abs 3 treffen[27].

IV. Verfahren

7   **Zuständig** zur Entgegennahme einer Anzeige der Heiratsabsicht, des Vermögensverzeichnisses sowie der Entscheidung nach Abs 2 und 3 ist das Familiengericht nach § 23 b Abs 1 Nr 2 GVG und § 621 Abs 1 Nr 1 ZPO. Es entscheidet der Rechtspfleger nach § 3 Abs 1 Nr 2 a RPflG (arg § 14 Abs 1 RPflG). Die **Kosten** richten sich nach § 94 Abs 1 Nr 2 KostO. Gegen die Bestellung eines Ergän-

---

[10] *Soergel/Strätz* § 1683 aF Rn 3.
[11] *Erman/Michalski* Rn 3.
[12] *Staudinger/Coester* Rn 15.
[13] *Soergel/Strätz* § 1683 aF Rn 3.
[14] *Staudinger/Coester* Rn 14.
[15] *Soergel/Strätz* § 1683 aF Rn 4; *Staudinger/Coester* Rn 18; aA LG Nürnberg-Fürth FamRZ 1961, 376; *Erman/Michalski* Rn 4.
[16] BayObLG FamRZ 1965, 563, 565; FamRZ 1974, 34, 37; *Palandt/Diederichsen* Rn 6; *Erman/Michalski* Rn 5; MünchKommBGB/*Finger* Rn 6; *Staudinger/Coester* Rn 17.
[17] BayObLG FamRZ 1965, 563, 564; KGJ 44, A 32, 33.
[18] BayObLG FamRZ 1965, 563, 564; KGJ 43, A 38, 40.
[19] BayObLG NJW 1967, 2407; *Palandt/Diederichsen* Rn 7; aA MünchKommBGB/*Finger* Rn 8.
[20] *Staudinger/Coester* Rn 20.
[21] MünchKommBGB/*Finger* Rn 17.
[22] *Palandt/Diederichsen* Rn 6; *Staudinger/Coester* Rn 26.
[23] KG JW 1934, 3001.
[24] Kritik an dieser Regelung *Staudinger/Coester* Rn 21.
[25] BayObLG NJW 1974, 1908, 1909.
[26] BT-Drucks 8/2788 S 66.
[27] *Muscheler* JZ 1997, 1142, 1146.

zungspflegers kann der betroffene Elternteil **Beschwerde** einlegen; seine **Beschwerdeberechtigung** ergibt sich aus § 20 Abs 1 FGG[28]; das Gleiche gilt, wenn sein Antrag auf Entlassung des Pflegers wegen falscher Maßnahmen abgelehnt worden ist[29]. Wird die vormundschaftsgerichtliche Genehmigung verweigert oder unter eine aufschiebende Bedingung gestellt, so ist nur der Pfleger, nicht dagegen der Elternteil beschwerdeberechtigt[30].

V. Reform

Im Rahmen der Diskussion um den Entwurf der Bundesregierung für ein Gesetz zur Erleichterung familiengerichtlicher Maßnahmen bei Gefährdung des Kindeswohls (§ 1666 Rn 25) hat der Bundesrat vorgeschlagen, die Regelung des § 1683 zu streichen, weil die dort geregelten Pflichten nicht mehr zeitgemäß seien[31]. 8

§ 1684 Umgang des Kindes mit den Eltern

(1) Das Kind hat das Recht auf Umgang mit jedem Elternteil; jeder Elternteil ist zum Umgang mit dem Kind verpflichtet und berechtigt.

(2) ¹Die Eltern haben alles zu unterlassen, was das Verhältnis des Kindes zum jeweils anderen Elternteil beeinträchtigt oder die Erziehung erschwert. ²Entsprechendes gilt, wenn sich das Kind in der Obhut einer anderen Person befindet.

(3) ¹Das Familiengericht kann über den Umfang des Umgangsrechts entscheiden und seine Ausübung, auch gegenüber Dritten, näher regeln. ²Es kann die Beteiligten durch Anordnungen zur Erfüllung der in Absatz 2 geregelten Pflicht anhalten.

(4) ¹Das Familiengericht kann das Umgangsrecht oder den Vollzug früherer Entscheidungen über das Umgangsrecht einschränken oder ausschließen, soweit dies zum Wohl des Kindes erforderlich ist. ²Eine Entscheidung, die das Umgangsrecht oder seinen Vollzug für längere Zeit oder auf Dauer einschränkt oder ausschließt, kann nur ergehen, wenn andernfalls das Wohl des Kindes gefährdet wäre. ³Das Familiengericht kann insbesondere anordnen, dass der Umgang nur stattfinden darf, wenn ein mitwirkungsbereiter Dritter anwesend ist. ⁴Dritter kann auch ein Träger der Jugendhilfe oder ein Verein sein; dieser bestimmt dann jeweils, welche Einzelperson die Aufgabe wahrnimmt.

Schrifttum: Stellungnahme der Arbeitsgemeinschaft für Jugendhilfe. Zum RefE des BMJ vom Juli 1995, ZfJ 1996, 94 (zitiert: AGJ); *Balloff*, Kindeswille, Grundbedürfnisse des Kindes und Kindeswohl in Umgangsrechtsfragen, FPR 2002, 240; *ders*, Der Sachverständige im Umgangsverfahren, FPR 2007, 288; *Beitzke*, Betrachtungen zum neuen Kindschaftsrecht, FamRZ 1958, 7; *Benda*, Verkehrtes zum Verkehrsrecht. Anmerkungen zu den EGMR-Urteilen Sommerfeld, Elsholz und Sahin gegen Bundesrepublik Deutschland, EuGRZ 2002, 1; *Bernau*, Fällt ein Schadensersatzanspruch wegen Vereitelung des Umgangsrechts in die Zuständigkeit des Prozeß- oder des Familiengerichts?, FamRZ 2007, 248; *Böhm/Mütze*, Haftungsfragen des begleiteten Umgangs, NDV 2002, 325; *Bruch*, Parental Alienation Syndrome und Parental Alienation: Wie man sich in Sorgerechtsfällen irren kann, FamRZ 2002, 1304; *Buchholz-Graf/Vergho*, Wie Eltern den begleiteten Umgang bewerten. Eine katamnestische Befragung an Erziehungsberatungsstellen, Kind-Prax 2005, 43; *Büttner*, Änderungen im Familienverfahrensrecht durch das Kindschaftsrechtsreformgesetz, FamRZ 1998, 585; *Carl*, Die Aufklärung des Verdachts eines sexuellen Missbrauchs in familien- und vormundschaftsgerichtlichen Verfahren, FamRZ 1995, 1183; *Coester*, Das Kindeswohl als Rechtsbegriff. Die richterliche Entscheidung über die elterliche Sorge beim Zerfall der Familiengemeinschaft, 1983; *Dannhorn*, Ansprüche von Kindern gegen ihre Eltern im Falle der Verletzung von Pflichten der elterlichen Verantwortung, 2003; Bericht des Arbeitskreises 9 des 14. Deutschen Familiengerichtstags: PAS – ein Beitrag zur Lösung von Umgangsproblemen?, FamRZ 2002, 1317 (zitiert: Bericht); Empfehlungen des 15. Deutschen Familiengerichtstags, FPR 2004, 9 (zit: Empfehlungen des 15. DFGT); Stellungnahme des Deutschen Familiengerichtstages e. V. zum Entwurf eines Gesetzes zur Reform des Kindschaftsrechts (Kindschaftsrechtsreformgesetz – KindRG), FamRZ 1997, 337 ff (zit: Stellungnahme des DFGT); 16. Deutscher Familiengerichtstag – Empfehlungen des Vorstands, FamRZ 2005, 1962 (zit: Empfehlungen des 16. DFGT); Verhandlungen des Neunundfünfzigsten Deutschen Juristentages, Hannover 1992, Band 2, 1992 (zitiert: 59. DJT, M); Deutsches Institut für Jugendhilfe und Familienrecht (DIJuF) e. V., Hinweise zu den gesetzgeberischen Überlegungen zur Regelung von sog „Umgangspflegschaften" vom 11. November 2004, JAmt 2004, 571; *Dickmeis*, Die Umgangsbefugnis im Spiegel elterlicher Verantwortung – Versuch einer interdisziplinären Betrachtung, ZBlJugR 1982, 271; *Diederichsen*, Die Reform des Kindschafts- und Beistandschaftsrechts, NJW 1998, 1977; *Düring*, Der Vorwurf des sexuellen Missbrauchs im familiengerichtlichen Verfahren zur Regelung des Umgangs mit dem Kinde, 2000; *Dürr*, Verkehrsregelungen gemäß § 1634 BGB, 2. Aufl 1978; *Ehinger*, Überlegungen zur Verfahrensgestaltung in Umgangsregelungsfällen bei häuslicher Gewalt, FPR 2006, 171; *Ell*, Psychologische Kriterien zur Umgangsregelung, DAVorm 1986, 745; *Fegert*, Parental Alienation oder Parental Accusation Syndrome? (Teil 1). Die Frage der Suggestibilität, Beeinflussung und Induktion in Umgangsrechtsgutachten, Kind-Prax 2001, 3; *ders*, Wann ist der begleitete Umgang, wann ist der Ausschluss indiziert?, FPR 2002, 219; *Fichtner*, Mittellose Väter gleich vaterlose Kinder? Zur Frage der Kontakte zwischen wohnungslosen Männern und ihren getrenntlebenden Kindern, JAmt 2005, 386; *Finger*, § 1684 BGB – Umgangsverweigerung und ihre Folgen, FuR 2006, 299; *Fricke*, Begleiteter Umgang mit Säuglingen und Kleinkindern, ZfJ 2005, 389; *dies*, Gewalt und

---

[28] BayObLGZ 1967, 230, 231.
[29] *Palandt/Diederichsen* 59. Aufl 2000, Rn 2; aA KG JW 1936, 2935.
[30] BayObLG FamRZ 1974, 34, 35 f.
[31] BR-Drucks 550/07 (Beschluss), S 2 f.

§ 1684

Umgang, FPR 2005, 24; *dies,* Qualifizierung zum Verfahrenspfleger und zum Umgangspfleger, NDV 2002, 399; *Fröhlich,* Zur Bedeutung des Umgangs des Kindes mit beiden Eltern und anderen wichtigen Personen für das Kindeswohl, FPR 1999, 200; *Fthenakis,* Interventionsansätze während und nach der Scheidung – Eine systemtheoretische Betrachtung, ArchsozArb. 1986, 174; *Gardner,* The Parental Alienation Syndrome. A guide for mental health and legal professionals, Cresskill, N. J., 2. Edition 1998; *ders,* Zu dem Beitrag von Bruch, FamRZ 2002, 1304 ff, FamRZ 2002, 1689; *Gödde,* Umgangsverweigerung bei Kindern und Jugendlichen: Ein Plädoyer für den „Brückenschlag" zwischen anwendungsorientierten Erklärungsansätzen und neueren Befunden der Scheidungsforschung, ZfJ 2004, 201; *Goldstein/Freud/Solnit,* Jenseits des Kindeswohls, 1991; *Gottschalk,* Boykottierter Umgang – Zwangsweise Durchsetzung von Umgangsregelungen und Grenzen staatlicher Interventionsmöglichkeiten, FPR 2007, 308; *Hammer,* Elternvereinbarungen im Sorge- und Umgangsrecht. 2004; *ders,* Die rechtliche Verbindlichkeit von Elternvereinbarungen, FamRZ 2005, 1209; *Heiderhoff,* Schuldrechtliche Ersatzansprüche zwischen Eltern bei Verletzungen des Umgangsrechts?, FamRZ 2004, 324; *Höflinger,* Bei Partnerschaftsgewalt kein elterliches Umgangsrecht nach der Trennung, ZfJ 2004, 63; *dies,* Elterliche Umgangsrechtsausübung durch moderne Kommunikationsmittel („Handy"), ZfJ 2003, 24; *Hönig,* Das Umgangsrecht im Spannungsfeld zwischen Eltern- und Kindesrechten unter besonderer Berücksichtigung der verfassungsrechtlichen Problematik, 2004; *Hohloch,* Schadensersatz bei Verletzung des Umgangsrechts? – Zu den Rechtsgrundlagen und zum Umgang –, FF 2004, 202; *Holzhauer,* Verwandtschaftliche Elternstellung, verfassungsmäßiges Elternrecht und elterliche Sorge, FamRZ 1982, 109; *Hopp,* Umgang bei Kindern im Kinderheim oder in der Pflegefamilie, FPR 2007, 279; *Johnston,* Entfremdete Scheidungskinder?, ZKJ 2007, 218; *Jopt,* Staatliches Wächteramt und Kindeswohl – Zum unseligen Verhältnis zwischen Sorgerecht und Umgangsrecht, ZfJ 1990, 285; *Jopt/Behrend,* Das Parental Alienation Syndrome (PAS) – Ein Zwei-Phasen-Modell (Teil 1), ZfJ 2000, 223; *dies,* Das Parental Alienation Syndrome (PAS) – Ein Zwei-Phasen-Modell (Teil 2), ZfJ 2000, 258; *Kindler/Reinhold,* Umgangskontakte: Wohl und Wille des Kindes, FPR 2007, 291; *Kindler,* Auswirkungen von häuslicher Gewalt auf die psychosoziale Entwicklung von Kindern, FPR 2005, 16; *Kindler/Salzgeber/Fichtner/Werner,* Familiäre Gewalt und Umgang, FamRZ 2004, 1241; *Klenner,* Rituale der Umgangsvereitelung bei getrenntlebenden oder geschiedenen Eltern – Eine psychologische Studie zur elterlichen Verantwortung, FamRZ 1995, 1529; *Klinkhammer/Klotmann/Prinz (Hrsg.),* HdB. Begleiteter Umgang, 2004; *Kloeckner,* Die Durchsetzung der Kindesherausgabe und des Umgangsrechts im Elternstreit, 2002; *Knöpfel,* Zur Neuregelung des elterlichen Umgangsrechts (§§ 1634, 1711 BGB), FamRZ 1989, 1017; *Kostka,* Elterliche Sorge und Umgang bei Trennung und Scheidung – unter besonderer Berücksichtigung der Perspektive des Kindes, FPR 2005, 89; *dies,* Einfache Lösungen für komplexe Situationen? «PAS» und gemeinsames elterliches Sorgerecht – ein Bericht aus Deutschland, FamPra.ch 2005, 802; *Lempp,* Die Rechtsstellung des Kindes aus geschiedener Ehe aus kinder- und jugendpsychiatrischer Sicht, NJW 1972, 315; *ders,* Wer soll das Kind holen und bringen bei der Durchführung der Befugnis zum persönlichen Umgang mit dem Kind gemäß § 1634 Abs 1 BGB?, ZBlJugR 1979, 517; *ders,* Die Ehescheidung und das Kind. Ein Ratgeber für Eltern, 4. Aufl 1989; *Leyhausen,* Der beschützte Umgang gemäß § 1684 Abs 4 BGB als Möglichkeit zur Aufrechterhaltung einer Eltern-Kind-Beziehung in problematischen Trennungs- und Scheidungssituationen, 2000; *Lorenzen-Linke/Ballof,* Gemeinsame elterliche Sorge nach der Scheidung, FamRZ 1993, 1032; *Luthin,* Elterliche Sorge, Umgangsbefugnis und Kindeswohl – Neueres aus Rechtsprechung und Schrifttum, FamRZ 1984, 114; *ders,* Neuere gerichtliche Instrumentarien bei Umgangsproblemen, FS Schwab, 2005, S 809; *Maier,* Hinwirken auf das Einvernehmen nach § 52 FGG und das Vermittlungsverfahren nach § 52a FGG, FPR 2007, 301; *Menne,* Das Holen und Bringen des Kindes im Rahmen der Regelung des Umgangs, ZKJ 2006, 135; *ders,* Kindesunterhalt und Kosten des Umgangs. Anmerkung zum Urteil des Bundesgerichtshofs vom 23. Februar 2005 – XII ZR 56/02, Kind-Prax 2005, 136; *Meysen,* Brücken vom Gewaltschutzgesetz zur Kinder- und Jugendhilfe, JAmt 2004, 61; *Miesen,* Zum Umgangsrecht: Kosten und Schadensersatz, FS Groß, 2004, S 151; *ders,* PKH – Mutwillen bei Einleitung eines gerichtlichen Umgangsverfahrens ohne vorherige Einschaltung des Jugendamtes?, Kind-Prax 2005, 206; *Münder,* Umgangsrecht – wessen Recht?, FS Derleder, 2005, S 565; *Oelkers,* Formelle und materiell-rechtliche Fragen des Umgangsrechts nach § 1634 BGB, FamRZ 1995, 449; *ders,* Sorge- und Umgangsrecht in der Praxis, 2000 (zitiert: Oelkers §... Rn ...); *ders,* Die Rechtsprechung zum neuen Umgangsrecht 1. 7. 1998 bis 31. 12. 1999, FuR 2000, 97; *Oelkers/Oelkers,* Trennungs- und Scheidungsvereinbarungen zum Umgangsrecht, FPR 2000, 250; *Ofuatey-Kodjoe,* „Zum Wohl des Kindes: Je jünger, desto weniger Kontakt", ZfJ 1997, 233; *Peschel-Gutzeit,* Das mißverstandene PAS – Wie Sorgerechtsentzug und Geschwisterkoppelung das Wohl der Kinder gefährden, FPR 2003, 271; *Plattner,* Entsprechen deutsche Sorge- und Umgangsentscheidungen dem Zeitempfinden des Kindes?, FamRZ 1993, 384; *Purschke-Öttl/Limmer,* Begleiteter Umgang im Deutschen Kinderschutzbund Bayern – ein Instrument zur Umsetzung des Kindschaftsrechts, ZKJ 2006, 402; *Rahn/Borgolte,* Praxismodell trialog e. V., FPR 2002, 245; *Rasch,* Begleiteter Umgang. Erfahrung aus der Arbeit mit 168 Familien in einem Kölner Modellprojekt (1. 3. 2005 bis 28. 2. 2006), ZKJ 2006, 398; *Rauscher,* Das Umgangsrecht im Kindschaftsrechtsreformgesetz, FamRZ 1998, 329; *Reinecke,* Rechtsprechungstendenzen zu Trennungs- und Scheidungsvereinbarungen, FPR 2000, 267; *Resch/Möhler,* Die Bedeutung des abwesenden Elternteils für das Kind, FPR 2004, 56; *Rexilius,* Kindeswohl und PAS, Kind-Prax 1999, 149; *Richter/Kreuznacht,* Der beschützte Umgang. Eine neue Aufgabe der Jugendämter, ZfJ 1999, 45; *Salgo,* Umgang mit Kindern in Familienpflege – Voraussetzungen und Grenzen, FPR 2004, 419; *ders,* Gesetzliche Regelungen des Umgangs und deren kindgerechte Umsetzung in der Praxis der Pflegekinderwesens, ZfJ 2003, 168; *ders,* Salzgeber, Gedanken eines psychologischen Sachverständigen zum begleiteten Umgang des Kindes mit einem Elternteil, FamRZ 1999, 975; *ders,* Zum aktuellen Stand der PAS – Diskussion, FF 2003, 232; *Salzgeber/Vogel/Partale,* Relevanz von Alkoholproblemen bei Sorge- und Umgangsregelungen aus psychiatrisch-psychologischer Sicht, FuR 1991, 324; *Salzgeber/Menzel,* Verfahrenspflegschaft und Ergänzungspflegschaft, Kind-Prax 2004, 15; *Schael,* Antrag und gerichtliche Umgangsverfügung als Voraussetzungen eines Vermittlungsverfahrens gemäß § 52a FGG, FamRZ 2005, 1796; *Schellhorn,* Beihilfen der Sozialhilfe zur Ermöglichung des Besuchs- und Umgangsrechts, FuR 1998, 104; *Schröder,* Umgangsrecht und falsch verstandenes Wohlverhaltensgebot – Auswirkungen auf Trennungskinder und Entstehen des sog PAS-Syndroms, FamRZ 2000, 592; *Schulze,* Trennung, Lebenskrise und das Recht: Professionelle Handlungsparadoxien und die Rolle von Verfahrenspflegschaft im familiengerichtlichen Umgangsverfahren, Kind-Prax 2005, 98; *Schwab,* Zum Entwurf eines Gesetzes über die rechtliche Möglichkeit des Umgangs zwischen Vater und nichtehelichem Kind – Nichtehelichen-Umgangsgesetz – NEhelUmgG, BT-Drucks 11/5494, FamRZ 1990, 932; *ders,* Gemeinsame elterliche Verantwortung – ein Schuldverhältnis? – Anmerkungen zur Entscheidung des BGH v 19. 6. 2002 – XII ZR 173/00, FamRZ 2002, 1099 –, FamRZ 2002, 1297; *Schwab/Wagenitz,* Einführung in das Kindschaftsrecht, FamRZ 1997, 1377; *Schweitzer,* Die Vollstreckung von Umgangsregelungen, FamRZ 1998, 329; *Das Verkehrsrecht im natürliches Elternrecht,* FamRZ 1972, 485; *Söpper,* Umgangskosten – Wem sind sie zuzuordnen? Wer trägt sie? – zu dem Beitrag Theurer, FamRZ 2004, 1619 –, FamRZ 2005, 503; *dies,* Handy und Umgangsrecht, FamRZ 2002, 73; *Spangenberg,* Die Vollstreckungsfähigkeit von Umgangsregelungen, FamRZ 2007, 13; *Spangenberg/Spangenberg,* Der

Kindeswille – die mediative Sicht, Kind-Prax 2003, 199; *Stephan,* Betreuter Umgang – ein Bericht aus der Praxis, Kind-Prax 2000, 141; *Stephan/Wolf,* Betreuter Umgang: Wem hilft er?, Kind-Prax 2002, 44; *Stieghorst,* „Vorläufige deutsche Standards zum begleiteten Umgang" – eine kritische Zwischenbilanz, ZFE 2002, 236; *Stürtz/Meysen,* Das Jugendamt im Umgangsverfahren, FPR 2007, 282; *Theurer,* Umgangskosten – Wem sind sie zuzuordnen? Wer trägt sie?, FamRZ 2004, 1619, *dies,* Vollzug von Umgangsregelungen – Gesetzliche Regelung und ihre Umsetzung in der Rechtsprechung, ZFE 2005, 300; *Vergho,* Die Vorbereitung auf einen begleiteten Umgang – Ein Praxismodell unter besonderer Berücksichtigung des Umgangs im Kontext familiärer Gewalt, FPR 2007, 296; *Vogel,* Materiell-rechtliche Probleme des Umgangsrechts, ZFE 2006, 296; *ders,* Das Umgangsrecht – Verfahrensrechtliche Probleme, ZFE 2006, 47; *Wagner,* Unterhaltsrechtliche Folgen des scheidungsakzessorischen Statuswechsels nach dem Kindschaftsrechtsreformgesetz, FamRZ 1999, 7; *Wallerstein/Lewis/Blakeslee,* Scheidungsfolgen – Die Kinder tragen die Last. Eine Langzeitstudie über 25 Jahre, 2002; *Wallerstein/Lewis,* Langzeitwirkungen der elterlichen Ehescheidung auf Kinder – Eine Längsschnittuntersuchung über 25 Jahre, FamRZ 2001, 65; *Walter,* Einschränkung und Ausschluss des Umgangs nach § 1634 II S 2 BGB, ZfJ 1996, 270; *Weisbrodt,* Aus neueren Entscheidungen zum Umgangsrecht, DAVorm 2000, 195; *Weychardt,* Erwiderung zu dem Beitrag von Bernau, FamRZ 2007, 248; FamRZ 2007, 952; *ders,* Die Behandlung von Umgangskosten beim Kindesunterhalt und beim Ehegattenunterhalt, FPR 2006, 333; *Willutzki,* Entwicklung der Rechtsprechung zum Umgang nach der Kindschaftsrechtsreform, Kind-Prax 2002, 111; *ders,* Betreuter Umgang. Hilfestellung für ein faires Miteinander, Kind-Prax 2003, 49.

Übersicht

	Rn		Rn
I. Normzweck	1	3. Anordnungen zur Erfüllung der Loyalitätspflicht (Abs 3 S 2)	29
II. Umgangsrecht des Kindes (Abs 1 HS 1)	3	**V. Gerichtliche Einschränkung bzw Ausschluss des Umgangsrechts oder des Vollzugs früherer Entscheidungen (Abs 4)**	30
III. Umgangsrecht und Umgangspflicht der Eltern (Abs 1 HS 2)	4	1. Einschränkung und Ausschluss (S 1, S 2)	30
1. Recht und Pflicht jedes Elternteils	4	a) Gestufte Kindeswohlprüfung	31
a) Umgangsrecht	4	b) Bedeutung des Kindeswillens	32
b) Pflicht zum Umgang	8	c) Inhalt der gerichtlichen Entscheidung	34
2. Inhalt des Umgangsrechts	9	2. Begleiteter Umgang (Abs 4 S 3, 4)	36
a) Umfassender Kontakt	9	**VI. Verfahren**	38
b) Einigung zwischen den Eltern	11	1. Allgemeine Grundsätze	38
3. Loyalitätspflichten (Abs 2)	14	2. Gerichtliche Geltendmachung des Umgangsrechts des Kindes	39
IV. Gerichtliche Entscheidung über Umfang und Ausübung des Umgangsrechts (Abs 3)	19	3. Gerichtliches Vermittlungsverfahren	42
1. Regelung gegenüber den Eltern (Abs 3 S 1)	20	4. Vollstreckung umgangsrechtlicher Entscheidungen	43
a) Art des Umgangs	21	5. Änderung umgangsrechtlicher Entscheidungen	47
b) Ort des Umgangs	22		
c) Dauer und Häufigkeit des Umgangs	23		
d) Berücksichtigung des Kindeswillens	27		
2. Regelungen gegenüber Dritten (Abs 3 S 1)	28	**VII. Reform**	48

I. Normzweck

§ 1684, neu eingefügt durch Art 1 Nr 24 KindRG, regelt das Umgangsrecht des Kindes und jedes **1** Elternteils. Diese Rechte dienen dem **Schutz der Beziehung** zwischen dem minderjährigen Kind und dem Elternteil, der nicht sorgeberechtigt oder zwar sorgeberechtigt ist, aber vom betreuenden Elternteil und dem Kind getrennt lebt, sowie zwischen dem Kind und seinen Eltern, wenn das Kind sich mit oder ohne Zustimmung der Eltern bei Dritten aufhält. Das Umgangsrecht gibt den Eltern bzw dem Elternteil die Möglichkeit, sich von dem körperlichen und geistigen Befinden des Kindes und seiner Entwicklung durch Augenschein und gegenseitige Aussprache fortlaufend zu überzeugen, die verwandtschaftlichen Beziehungen zu ihm aufrechtzuerhalten, einer Entfremdung vorzubeugen und dem gegenseitigen Liebesbedürfnis von Eltern und Kind Rechnung zu tragen[1]. Das Umgangsrecht dient also sowohl den Interessen des Umgangsberechtigten als auch den Interessen des Kindes und seinem Bedürfnis nach Aufbau oder Erhalt der Beziehungen zu beiden Elternteilen[2]; jeder Abbruch solcher Beziehungen würde die Trennung des Kindes von seinen Wurzeln bedeuten[3]. Diese Kontinuität der Eltern-Kind-Beziehung dient nicht zuletzt dem Schutz des Sorgerechts des „Reserveelternteils", der nur noch eingeschränkte (vgl § 1687), teilweise oder keine sorgerechtliche Befugnisse (mehr) hat, aber jederzeit (wieder) in die (volle) sorgerechtliche Position einrücken kann (§§ 1672, 1678, 1680, 1681, 1696)[4].

---

[1] BVerfG FamRZ 2007, 531, 533; NJW 2007, 1266, 1267; FamRZ 2006, 187, 188 f; FamRZ 1995, 86, 87; BVerfGE 31, 194, 206 = FamRZ 1971, 421, 424; BGHZ 42, 364, 371; 51, 219, 222; OLG Zweibrücken NJW-RR 2007, 730, 731; OLG Jena FamRZ 2007, 661.
[2] BT-Drucks 13/8511 S 68, 74; OLG Nürnberg FamRZ 2002, 413; *Arntzen* FamRZ 1981, 505; *Fthenakis* ArchsozArb 1986, 174; *Coester* S 181 f; *Jopt* ZfJ 1990, 285; krit zu dieser Prämisse dagegen *Lempp* NJW 1972, 315, 317 f; *ders,* Die Ehescheidung und das Kind, S 35 ff; *Goldstein/Freud/Solnit* S 37; s auch *Kostka* FPR 2005, 89; *Kindler/Reinhold* FPR 2007, 291; *Staudinger/Rauscher* Rn 29 ff.
[3] EuGH FamRZ 2004, 1456, 1459 – Görgülü; zu den seelischen Folgen einer Trennung des Kindes von einem Elternteil *Resch/Möhler* FPR 2004, 56.
[4] BVerfG FamRZ 1983, 872, 873; FamRZ 1971, 421, 424; BGH FamRZ 1999, 651, 652.

§ 1684

2 Mit der Neuregelung in Abs 1 HS 2 soll den Eltern bewusst gemacht werden, dass sie nicht nur ein Recht auf Umgang haben, sondern im Interesse des Kindes auch die Pflicht haben, diesen Umgang zu ermöglichen bzw auszuüben[5]. Die Ausgestaltung eines eigenen Umgangsrechts des Kindes soll eine **Signalwirkung** sowohl für den betreuenden Elternteil entwickeln, der den Umgang mit dem anderen Elternteil vereitelt, als auch für den Elternteil, der sich dem Umgang entzieht und nicht (mehr) um das Kind kümmert[6].

2.1 Die Neuregelung ersetzt § 1634 aF und erweitert den personellen und inhaltlichen Anwendungsbereich dieser Norm[7]: Der bereits in § 1634 aF geregelte Beziehungsschutz des Kindes erstreckt sich jetzt auf alle Eltern („jeder Elternteil") und ihre Kinder („das Kind"). Eine Unterscheidung nach der Sorgeberechtigung wird nunmehr ebensowenig gemacht wie nach der Ehelichkeit des Kindes. Dadurch erhält vor allem der nichteheliche Vater, der bislang nur unter den engen Voraussetzungen des § 1711aF umgangsberechtigt war, ein von einer Kindeswohlprüfung grds unabhängiges Umgangsrecht.

II. Umgangsrecht des Kindes (Abs 1 HS 1)

3 Nach Abs 1 HS 1 hat das Kind ein Recht auf Umgang mit jedem Elternteil. Aufgrund des Normtextes sowie des Normzwecks, das Kind aus seiner Rolle als Objekt von Elternrechten herauszuheben, lässt sich das Recht des Kindes als ein subjektives Recht verstehen[8], das dem Kind einen Anspruch gegen seine Eltern gibt[9]. Mit dem Recht des Kindes korrespondiert die Pflicht jedes Elternteils zum Umgang (näher Rn 8)[10]. Zur Durchsetzung dieses Rechts s Rn 39 ff.

III. Umgangsrecht und Umgangspflicht der Eltern (Abs 1 HS 2)

4 **1. Recht und Pflicht jedes Elternteils. a) Umgangsrecht.** Das Umgangsrecht ist ebenso wie das Sorgerecht ein **absolutes subjektives Recht** iS von § 823 Abs 1, und zwar nicht nur gegenüber Dritten, sonder auch gegenüber dem (Mit-)Inhaber der elterlichen Sorge[11]. Es ist **unverzichtbar, unübertragbar** und kann grds auch nicht durch längeres Nichtausüben oder nur eingeschränkte Ausübung **verwirkt** werden[12].

4.1 Umstritten ist, ob das Umgangsrecht Ausfluss der Blutsverwandtschaft[13], Ausfluss der persönlichen Verbundenheit zwischen Eltern und Kind[14], Restbestandteil der Personensorge[15] oder Ausfluss des natürlichen, durch Art 6 Abs 2 GG verfassungsrechtlich geschützten Elternrechts ist[16]. Der Streit kann mangels praktischer Auswirkungen letztlich dahin stehen, da in jedem Fall Maßstab für eine gerichtliche Entscheidung über das Umgangsrecht das Kindeswohl ist (§ 1684 Abs 4 S 1, 2, § 1697 a)[17]. Das Umgangsrecht ist weiter Schutzgegenstand von Art 8 Abs 1 EMRK[18].

5 Jeder Elternteil hat ein Recht auf Umgang mit dem Kind[19]. Maßgeblich ist die **Elternstellung** nach §§ 1591 f[20]. Das Umgangsrecht entfällt mit der Elternstellung. Dies ist auf Seiten des Mannes der Fall, wenn auf Grund einer Anfechtung rechtskräftig festgestellt wird, dass er nicht der Vater des Kindes ist (§ 1599 Abs 1) oder wenn ein „scheidungsakzessorischer Statuswechsel"[21] nach § 1599 Abs 2 wirksam

---

[5] BT-Drucks 13/8511 S 68.
[6] BT-Drucks 13/8511 S 68.
[7] *Diederichsen* NJW 1998, 1977, 1986.
[8] BT-Drucks 13/8511 S 74; FamRefK/*Rogner* Rn 3; *Greßmann* Rn 327; *Lipp/Wagenitz* Rn 6; *Staudinger/Rauscher* Rn 57 ff; *Gernhuber/Coester-Waltjen* § 66 Rn 2; aA BT-Drucks 13/4899 S 68.
[9] OLG Celle ZfJ 2001, 352 f; *Schwab/Wagenitz* FamRZ 1997, 1377, 1381; FamRefK/*Rogner* Rn 4; *Staudinger/Rauscher* Rn 59.
[10] FamRefK/*Rogner* Rn 2.
[11] BGH FamRZ 2002, 1098, 1099, iE offen gelassen; FamRZ 1984, 778, 779; RGZ 141, 319, 320; OLG Karlsruhe FamRZ 2002, 1056; AG Essen FamRZ 2004, 52, 53; FamRZ 2000, 1110; AG Gütersloh FamRZ 1998, 576; *Staudinger/Rauscher* Rn 25; *Soergel/Spickhoff* § 823 Rn 109; *Henrich* JZ 2003, 49; *Finger* FuR 2006, 299, 306; *Hohloch* FF 2004, 202, 203 ff.
[12] BGH FamRZ 1984, 778, 779; KG FamRZ 1985, 639, 640; OLG Celle FamRZ 1998, 1458, 1459; OLG Düsseldorf FamRZ 1994, 1277, 1278.
[13] KG KGJ 49, 28, 29; 41, 11, 13 f.
[14] *Simon* FamRZ 1972, 485, 487.
[15] KG FamRZ 1989, 656, 658; BayObLG FamRZ 1982, 958, 959; RGZ 141, 319, 320; Holzhauer FamRZ 1982, 109, 118: „Ausschnitt aus der Personensorge"; weiter MünchKommBGB/*Finger* Rn 13: „Teilbestandteil der elterlichen Sorge".
[16] BVerfG FamRZ 2007, 1625; NJW 2007, 1266, 1267; FamRZ 2007, 531, 533; FamRZ 2007, 335; FamRZ 2006, 1821, 1822; FamRZ 2006, 605, 606; BGHZ 51, 219, 221; OLG Karlsruhe FamRZ 1999, 92, 93; *Gernhuber/Coester-Waltjen* § 66 Rn 2; *Staudinger/Rauscher* Rn 18 ff.
[17] VerfGH Berlin FamRZ 2004, 970; *Johannsen/Henrich/Jaeger* Rn 6.
[18] EGMR NJW 2006, 2241, 2242 – Süss; FamRZ 2001, 341, 342 – Elsholz; FamRZ 2002, 381 – Sommerfeld; EuGRZ 2002, 25 – Sahin; FamRZ 2004, 337, 338 ff – Sommerfeld; – Sahin (Große Kammer); FamRZ 2004, 1456, 1458 ff – Görgülü; abl zur Rspr des EGMR *Benda* EuGRZ 2002, 1; s weiter § 1626 Rn 52.
[19] Auf den Umgang mit einem Tier findet die Vorschrift auch nicht entsprechende Anwendung, OLG Bamberg FamRZ 2004, 559; OLG Schleswig NJW 1998, 3127; aA AG Bad Mergentheim NJW 1997, 3033, 3034 = FamRZ 1998, 1432 f.
[20] Nicht unter § 1592 fällt der biologische, aber nicht rechtliche Vater, BVerfG FamRZ 2003, 816, 824; OLG Karlsruhe FamRZ 2007, 924; OLG Saarbrücken Kind-Prax 2003, 29; ebenso wenig erfasst § 1591 die leibliche Kindesmutter, wenn das Kind von Dritten adoptiert wurde, OLG Stuttgart FamRZ 2006, 1865, 1866; beide haben ein Umgangsrecht unter den Voraussetzungen des § 1685 Abs 2, näher § 1685 Rn 4.
[21] *Wagner* FamRZ 1999, 7.

Umgang des Kindes mit den Eltern § **1684**

wird. Dagegen haben allein der Umstand, dass jemand zwar formal der Vater ist, nach Lage der Dinge aber nicht der Vater sein kann[22] und auch ein drohendes Anfechtungsverfahren noch keine Auswirkungen auf das Umgangsrecht[23]. Das Recht bleibt während der Dauer des Anfechtungsverfahrens[24] ebenso bestehen wie nach rechtskräftiger Abweisung der Anfechtungsklage[25].

Das neue Recht unterscheidet nicht danach, wem das **Sorgerecht** zusteht[26]. Das Umgangsrecht steht **6** dem sorgeberechtigten Elternteil ebenso wie demjenigen zu, dessen elterliche Sorge ruht (§§ 1673 bis 1675, Ausnahme: § 1751 Abs 1 S 1 HS 2) oder nach §§ 1666, 1671, 1696 entfallen ist[27]. Da das neue Recht die beiden Rechtspositionen Sorgerecht und Umgangsrecht unabhängig voneinander ausgestaltet, stehen sie **selbständig nebeneinander**[28]; sie **begrenzen** sich aber auch **wechselseitig:** So darf der nur Umgangsberechtigte nicht in das Erziehungsrecht[29] und bei gemeinsamer Sorge in das Alleinentscheidungsrecht des anderen Elternteils in Angelegenheiten des täglichen Lebens (§ 1687 Abs 1 S 2) eingreifen; umgekehrt muss der alleinsorgeberechtigte Elternteil grds den Umgang des Kindes mit dem anderen Elternteil ermöglichen (näher Rn 14)[30] und bei gemeinsamer Sorge das Alleinentscheidungsrecht des anderen Elternteils in Angelegenheiten der tatsächlichen Betreuung sowie sein Mitentscheidungsrecht in Angelegenheiten beachten, deren Regelung für das Kind von erheblicher Bedeutung ist (§ 1687 Abs 1 S 1)[31].

Soweit es um die Erziehung und die Sicherheit des Kindes geht, hat das Sorgerecht Vorrang[32]. Im Fall einer **6.1 Auswanderung** des sorgeberechtigten Elternteils mit dem Kind muss nach überwM das Umgangsrecht ebenfalls dem Sorgerecht weichen[33]. Der Umgangsberechtigte hat dann nur die Möglichkeit, eine Änderung der Sorgerechtsentscheidung nach §§ 1671, 1696, 1666 zu erreichen, wobei die mit der Auswanderung verbundene Erschwerung oder gar die Unmöglichkeit, das Umgangsrecht auszuüben, nicht als Änderungsgrund ausreicht[34]. Ansonsten muss der Umgangsberechtigte nach Ansicht des BGH die Mühen in der praktischen Ausübung des Umgangsrechts auf sich nehmen, da nach der Trennung jeder Partner seinen Wohnsitz frei wählen kann[35]. Dieser Ansicht steht aber nicht nur Art 8 Abs 1 EMRK, sondern auch § 1684 Abs 1 entgegen, wonach das Kind ein Recht auf Umgang mit jedem Elternteil und die Eltern nicht nur ein Recht, sondern auch die Pflicht zum Umgang mit dem Kind haben[36]. Zudem schützt Art 6 Abs 2 GG das Sorge- und das Umgangsrecht gleichermaßen[37]. Das Aufenthaltsbestimmungsrecht des sorgeberechtigten Elternteils (§ 1631 Abs 1) kann deshalb nur Vorrang haben, wenn dieser Elternteil triftige Gründe für den Wegzug hat, die schwerer wiegen als das Umgangsinteresse von Kind und Umgangsberechtigtem[38]. Dies wird angenommen, wenn in dem neuen Land bessere wirtschaftliche Verhältnisse zu erwarten sind und das Kind kein Umgangsinteresse hat[39] sowie die sozialen Bindungen der Hauptbezugsperson, in die das Kind einbezogen ist, im Heimatland liegen, in die der Elternteil wieder endgültig zurückkehrt[40]. Bei einem Streit der Eltern darüber, ob triftige Gründe vorliegen, bedarf es einer Entscheidung des Familiengerichts nach Abs 3[41]. Fehlen triftige Gründe oder zieht der sorgeberechtigte Elternteil nur weg, um das Umgangsrecht des anderen Elternteils zu vereiteln, so liegt darin ein Verstoß gegen die Loyalitätspflicht (Abs 2; näher Rn 14); dieser kann Maßnahmen nach § 1666 zur Folge haben, etwa die Anordnung, nicht mit dem Kind ins Ausland auszuwandern[42]. Ist diese Anordnung nicht erfolgversprechend, kommt der vollständige Entzug des Aufenthaltsbestimmungsrechts oder des gesamten Sorgerechts in Betracht[43].

Das Umgangsrecht richtet sich gegen den, in dessen Obhut sich das Kind befindet. Das kann der **7** andere Elternteil, das kann aber auch ein Dritter, etwa eine Pflegeperson, sein. Ist der Umgangsberechtigte zugleich personensorgeberechtigt, so kann er zwar den Aufenthalt des Kindes bestimmen (§ 1631 Abs 1) und zur Kontaktaufnahme Herausgabe verlangen (§ 1632 Abs 1). Hält das Kind sich jedoch dauerhaft bei einem Dritten (zB bei einer Pflegeperson) oder dem anderen Elternteil auf, so ist die Beendigung des bisherigen Aufenthalts durch das Herausgabeverlangen oft mit dem Kindeswohl

---

[22] Dies sieht das OLG Frankfurt FamRZ 1990, 655 anders.
[23] AG Kerpen FamRZ 1994, 1486, 1487.
[24] BGH FamRZ 1988, 711 f.
[25] OLG Frankfurt FamRZ 1988, 754, 755.
[26] BT-Drucks 13/4899 S 68, 105.
[27] *Johannsen/Henrich/Jaeger* Rn 8.
[28] OLG Karlsruhe FamRZ 2002, 1056; OLG Köln Kind-Prax 2001, 93; *Palandt/Diederichsen* Rn 5; *Staudinger/ Rauscher* Rn 62.
[29] BVerfG FamRZ 1971, 421, 424; *Johannsen/Henrich/Jaeger* Rn 4.
[30] BVerfG FamRZ 2002, 809; FamRZ 1995, 86 f.
[31] *Staudinger/Rauscher* Rn 41, 66: Miterziehungsfunktion des Umgangsrechts.
[32] KG FamRZ 2003, 112: Umgang in Anwesenheit von Haustieren, m krit Anm *v. Els* FamRZ 2003, 946; OLG München FamRZ 1998, 974: Motorradfahren.
[33] BGH FamRZ 1987, 356, 358; OLG Karlsruhe FamRZ 1996, 1094; FamRZ 1978, 201; OLG Köln FamRZ 1972, 572, 574; OLG Düsseldorf FamRZ 1979, 965, 966; *Johannsen/Henrich/Jaeger* Rn 17 ff; iE auch bei berufsbedingter befristeter Ausreise OLG Hamburg FamRZ 2003, 946 f.
[34] OLG Karlsruhe FamRZ 1978, 201; *Johannsen/Henrich/Jaeger* Rn 19.
[35] BGH FamRZ 1990, 392, 393.
[36] *Palandt/Diederichsen* 59. Aufl 2000, Rn 7: „äußerst bedenklich", „insgesamt überprüfungsbedürftig"; *Staudinger/ Rauscher* Rn 68.
[37] *Schwab/Motzer* HdB ScheidungsR III Rn 237.
[38] OLG Köln ZKJ 2007, 164; OLG Zweibrücken NJW-RR 2004, 1588, 1589; OLG Oldenburg FamRZ 1980, 78, 79; *Schwab/Motzer* HdB ScheidungsR III Rn 237.
[39] OLG München DAVorm 2000, 337, 344.
[40] OLG Köln ZKJ 2007, 164 f; OLG Zweibrücken NJW-RR 2004, 1588, 1589.
[41] *Soergel/Strätz* § 1634 aF Rn 6.
[42] *Schwab/Motzer* HdB ScheidungsR III Rn 237; weiter wohl OLG Oldenburg FamRZ 1980, 78, 79; aA *Staudinger/Peschel-Gutzeit* 12. Aufl 1997, § 1634 aF Rn 311, 314; *Johannsen/Henrich/Jaeger* Rn 18 f.
[43] *Schwab/Motzer* HdB ScheidungsR III Rn 237; *Johannsen/Henrich/Jaeger* Rn 19.

§ 1684

Buch 4. Abschnitt 2. Verwandtschaft

nicht vereinbar (vgl §§ 1632 Abs 4, 1682). Hier gibt das Umgangsrecht dem Sorgeberechtigten eine Möglichkeit zur Kontaktaufnahme[44].

8 b) Pflicht zum Umgang. Jeder Elternteil ist nicht nur zum Umgang berechtigt, sondern auch verpflichtet; das Umgangsrecht ist damit ein Pflichtrecht, ebenso wie das Sorge- und das gesamte Elternrecht (§ 1626 Rn 9)[45]. Diese Pflicht korrespondiert mit dem Umgangsrecht des Kindes[46]; sie enthält die Verpflichtung, den Umgang unter Achtung des Sorgerechts des anderen Elternteils zu pflegen. Verletzt der Sorgeberechtigte das Umgangsrecht des anderen, kann dies zur Einschränkung oder zum Ausschluss des Umgangsrechts nach § 1684 Abs 4 S 1 führen (Rn 14). Lehnt der Umgangsberechtigte aus nachvollziehbaren Gründen den Umgang ab, so kann er nicht durch gerichtliche Entscheidung hierzu verpflichtet werden[47].

9 2. Inhalt des Umgangsrechts. a) Umfassender Kontakt. Im Unterschied zu § 1634 Abs 1 S 1 aF begrenzt die Neuregelung den Umgang nicht mehr auf den „persönlichen Umgang", sondern spricht nur noch von „Umgang". Damit werden nicht nur Besuche, sondern auch **briefliche** und **telefonische Kontakte** erfasst[48]. Letzteres wird vor allem bedeutsam, wenn wegen großer räumlicher Entfernung des Umgangsberechtigten zum Kind aus Gründen in der Person des Umgangsberechtigten (Krankheit, Strafhaft) oder des Kindes (Krankheit) ein persönlicher Kontakt kaum oder gar nicht möglich ist[49]. Eine Kontrolle dieser Kontakte durch den Sorgeberechtigten widerspräche der Loyalitätspflicht nach Abs 2 und liefe nicht nur dem Sinne des Abs 3 zuwider, wonach bei fehlender Einigung der Eltern das Familiengericht eine nähere Bestimmung der Kontakte treffen kann. Vielmehr darf das Familiengericht nach Abs 4 das Umgangsrecht auch nur einschränken, wenn dies zum Wohl des Kindes erforderlich ist. Es ist also nicht der Sorgeberechtigte, der bis zur Grenze des § 1666 über den Kontakt entscheidet[50]. Nicht ausdrücklich geregelt, aber als Ausdruck der persönlichen Verbundenheit auch dem Umgangsrecht zu entnehmen, ist das Recht, dem Kind **Geschenke** zu machen, soweit sie dem Erziehungsziel des Sorgeberechtigten nicht zuwiderlaufen[51] (zu den Pflichten des Sorgeberechtigten s Rn 16).

10 Anders als § 1634 Abs 2 S 1 HS 2 aF sieht die Neufassung kein **Umgangsbestimmungsrecht des Umgangsberechtigten** während der Dauer des Kontakts nach § 1632 Abs 2 mehr vor. Es muss ihm aber nach wie vor zustehen[52], da er die dritten Personen kennt, mit denen ein Umgang des Kindes während des Aufenthalts bei ihm in Frage kommt, und beurteilen kann, ob der Umgang mit dem Kindeswohl zu vereinbaren ist[53]. Allerdings besteht das Umgangsbestimmungsrecht nicht unbeschränkt. Birgt der Umgang des Kindes mit Dritten eine Gefahr für das Kindeswohl, so muss das Familiengericht, wenn es bei gemeinsamer Sorge nicht zu einem gegenseitigen Einvernehmen kommt, über den Umfang des Umgangs entscheiden (Abs 3 S 1); es kann dabei die Anwesenheit des Dritten ausschließen, wenn dies zum Wohl des Kindes erforderlich ist[54]. Eine weitere Grenze des Umgangsbestimmungsrechts ergibt sich aus § 1685[55].

10.1 Problematisch ist die dogmatische Begründung für das Umgangsbestimmungsrecht des Umgangsberechtigten nach der Neufassung von § 1684. Das Umgangsbestimmungsrecht nach § 1632 Abs 2 ist Teil des Sorgerechts (dort Rn 14 f), das dem nicht sorgeberechtigten Umgangsberechtigten nicht zusteht. Ist er Mitinhaber der elterlichen

---

[44] BT-Drucks 13/4899 S 68, 105 und FamRefK/*Rogner* Rn 6; MünchKommBGB/*Finger* Rn 5; *Schwab/Wagenitz* FamRZ 1997, 1377, 1381; weitergehend *Johannsen/Henrich/Jaeger* Rn 8.

[45] BGH FamRZ 2002, 1099, 1100; OLG Brandenburg FamRZ 2005, 293, 294; OLG München FamRZ 2005, 2010; OLG Nürnberg FamRZ 2002, 413 f; OLG Köln FamRZ 2002, 979; FamRZ 2001, 1023; OLG Saarbrücken FamRZ 2001, 369; OLG Celle ZfJ 2001, 352; AG Bochum FamRZ 2007, 494; AG Hannover-Münden FamRZ 2000, 1599, 1600; *Schwab/Motzer* HdB ScheidungsR III Rn 232.

[46] OLG Köln FamRZ 2004, 52; AG Kerpen FamRZ 2000, 50, 51; FamRefK/*Rogner* Rn 2; *Schwab/Wagenitz* FamRZ 1997, 1377, 1381; *Lipp/Wagenitz* Rn 5; zur gerichtlichen Geltendmachung dieses Umgangsrechts s Rn 39 ff.

[47] VerfGH Berlin FamRZ 2004, 970 f; OLG München FamRZ 2005, 2010; *Staudinger/Rauscher* Rn 59 a krit zur Entscheidung des VerfGH Berlin; weitergehend OLG Nürnberg FamRZ 2007, 925; FamRZ 2002, 413, 414: „unbeirrte(r) Wille" des Umgangsberechtigten; OLG Karlsruhe FamRZ 2006, 1867, 1868; aA – entgegenstehender Wille unbeachtlich – OLG Brandenburg FamRZ 2005, 293, 294; AG Bochum FamRZ 2007, 494.

[48] BT-Drucks 13/4899 S 104 f; BVerfG FamRZ 2006, 187, 190; KG FamRZ 2006, 878, 880; *Schwab/Motzer* HdB ScheidungsR III Rn 261 f; *Staudinger/Rauscher* Rn 80.

[49] BT-Drucks 13/4899 S 105.

[50] BT-Drucks 13/4899 S 105; gegen eine Briefkontrolle im Regelfall ab dem 14. Lebensjahr *Schwab/Motzer* HdB ScheidungsR III Rn 262, in diese Richtung auch MünchKommBGB/*Hinz* 3. Aufl 1992, § 1634 aF Rn 39; weitergehend – grds keine Kontrolle, es sei denn, es liegen triftige Gründe vor – *Staudinger/Rauscher* Rn 85 f; aA AG Deggendorf FamRZ 1979, 1061, 1062: Briefkontrolle, Telefonkontakt nur mit Zustimmung des sorgeberechtigten Elternteils; *Soergel/Strätz* § 1634 aF Rn 12 f; *Erman/Michalski* Rn 8. Zur Forderung nach Einrichtung eines eigenen Kindertelefons in Form eines separaten Fernsprechanschlusses MünchKommBGB/*Hinz* 3. Aufl 1992, § 1634 aF Rn 40; *Gernhuber/Coester-Waltjen* § 66 II Fn 2; *Staudinger/Rauscher* Rn 87. Bei Einrichtung eines Kindertelefons stellt sich die Frage nach der Kontrolle des Telefonverkehrs mE aber nicht, weil der sorgeberechtigte Elternteil seine Zustimmung zur Errichtung eines solchen Telefons erteilen muss und damit auf ein mögliches Kontrollrecht verzichtet hat. Zum Problem des Mobiltelefons OLG Köln FamRZ 2004, 52; *Söpper* FamRZ 2002, 73; *Höflinger* ZfJ 2003, 24; *Staudinger/Rauscher* Rn 87.

[51] *Söpper* FamRZ 2002, 73, 75 f; *Höflinger* ZfJ 2003, 24, 25; *Soergel/Strätz* § 1634 aF Rn 16; *Staudinger/Rauscher* Rn 89.

[52] *Schwab/Motzer* HdB ScheidungsR III Rn 259; *Johannsen/Henrich/Jaeger* Rn 31; *Erman/Michalski* Rn 25; *Staudinger/Rauscher* Rn 220.

[53] BT-Drucks 8/2788 S 55.

[54] *Schwab/Motzer* HdB ScheidungsR III Rn 259.

[55] *Schwab/Motzer* HdB ScheidungsR III Rn 259.

Sorge, so hat er nach § 1687 Abs 1 S 4, solange sich das Kind mit Einwilligung des anderen Elternteils bei ihm aufhält, die Befugnis zur alleinigen Entscheidung in Angelegenheiten der tatsächlichen Betreuung. Darunter fallen nicht nur Fragen der tatsächlichen Fürsorge, die sich bei jedem Kontakt des Kindes mit dem Umgangsberechtigten stellen. Vielmehr gehört zum ungezwungenen Kontakt des Kindes mit dem Umgangsberechtigten auch die Berührung mit dem sozialen Umfeld, in dem der Umgangsberechtigte lebt, also etwa mit Verwandten, dem Lebenspartner, Ehegatten oder Nachbarn und Freunden, so dass sich auch die Bestimmung des Umgangs mit diesen Dritten dem Begriff der tatsächlichen Betreuung zuordnen lässt[56]. Dieses Begriffsverständnis ist auch mit dem Zweck des § 1687, dem betreuenden Elternteil die Alltagssorge nicht zu erschweren (§ 1687 Rn 1), vereinbar, da der Umgang mit Dritten aus der Umgebung des Umgangsberechtigten idR nicht mit dem Bereich der Alltagssorge kollidiert. Beeinträchtigt ist lediglich das Interesse des Sorgeberechtigten, das Kind etwa störungsfrei in eine neue Familie zu integrieren; dieses Interesse ist aber gegenüber dem Umgangsrecht des anderen Elternteils nachrangig (Rn 31.1). Der sorgeberechtigte Elternteil muss also grds die Anwesenheit des neuen Ehegatten oder Lebenspartners des umgangsberechtigten Elternteils akzeptieren[57], selbst wenn dieser an der Zerstörung der Beziehung zum anderen Elternteil schuld ist[58]. Ein Umgangsbestimmungsrecht steht auch dem umgangsberechtigten, aber nicht (mit-)sorgeberechtigten Elternteil während der Dauer des Umgangs zu (§§ 1687 a, 1687 Abs 1 S 4)[59].

Ein Ausschluss der Anwesenheit Dritter beim Umgang wird dann bejaht, wenn mit dem Umgang die Gefahr von Drogenkonsum, Begehung von Straftaten oder das Abgleiten in die Prostitution verbunden ist; bei einem Zusammentreffen des Kindes mit dem neuen Partner des Umgangsberechtigten vor Ablauf des Trennungsjahres, wenn der sorgeberechtigte Elternteil weiter an der Ehe festhält und die Kinder noch jünger sind[60]; wenn der neue Partner Anhänger des Okkultismus ist[61] oder wenn gegen diesen wegen des Verdachts des sexuellen Missbrauchs zu Lasten der betroffenen Kinder ermittelt worden ist, selbst wenn inzwischen das Ermittlungsverfahren nach § 170 Abs 2 StPO eingestellt worden ist[62]. **10.2**

Nach § 1685 haben Großeltern, Geschwister und enge Bezugspersonen des Kindes, wenn sie für das Kind Verantwortung tragen oder getragen haben nur dann ein Recht auf Umgang, wenn dieser dem Wohl des Kindes dient. Könnte der Umgangsberechtigte nun ohne Einschränkung allen in § 1685 genannten und sogar weiteren Personen den Umgang mit dem Kind gestatten, so würde § 1685 faktisch leerlaufen. Umgekehrt umfasst sein Umgangsbestimmungsrecht aber gerade das Recht, die Anwesenheit dieser Personen bei Wahrnehmung seines Umgangsrechts zu ermöglichen. Der Konflikt lässt sich nur so lösen, dass man zwischen dem eigenen Umgangsrecht der in § 1685 genannten Personen und dem vom Willen des Umgangsberechtigten abhängigen Umgangsrecht oder einem Anwesenheitsrecht der Dritten unterscheidet. **10.3**

b) Einigung zwischen den Eltern. Art und Umfang des Umgangs werden nicht iE im Gesetz geregelt, da eine solche Festlegung der Vielschichtigkeit der Fallgestaltungen nicht gerecht werden könnte[63]. In erster Linie sind die Eltern aufgefordert, die Reichweite des Umgangsrechts festzulegen; diese Verpflichtung ergibt sich aus der Umgangspflicht nach Abs 1 HS 2 sowie der Loyalitätspflicht nach Abs 2 (näher Rn 14 ff). Die Vereinbarung ist Ausdruck der Elternautonomie und der eigenverantwortlichen Konfliktlösung durch die Eltern, die gerade durch das KindRG verstärkt werden sollte (vgl §§ 52, 52 a FGG, 17 f SGB VIII)[64]. Sie kann im Rahmen eines Scheidungsverfahrens (§ 613 Abs 1 Nr 2 ZPO) oder eines FGG-Verfahrens, aber auch außergerichtlich zustande kommen. An der Ausgestaltung des Umgangs ist das Kind entsprechend § 1626 Abs 2 zu beteiligen[65]. Im Streitfall entscheidet das Gericht (§ 1684 Abs 3 S 1)[66]. **11**

Eine Regelung von Art und Umfang des Umgangs ist wichtig. Solange weder eine Einigung zwischen den Parteien noch eine gerichtliche Entscheidung über Art und Umfang vorliegt, steht dem personensorgeberechtigten Elternteil das Umgangsbestimmungsrecht zu (§ 1632 Abs 2), das er in den Grenzen des § 1684 Abs 1 und 2 ausüben kann[67]; es würde aber den grundrechtlichen Schutz des Umgangsrechts nicht gerecht, wenn der umgangsberechtigte Elternteil auf die – mit der Gefahr der Willkür verbundene – Gewährung des Umgangs durch den (Mit-)Inhaber der elterlichen Sorge angewiesen wäre[68]. Umgekehrt muss jedoch auch die mit der Ausübung des Umgangsrechts verbundene Beschränkung des Sorgerechts begrenzt bleiben. **11.1**

In der Vereinbarung können **Art, Ort und Zeitpunkt des Umgangs** ebenso geregelt werden wie die Frage, wer das Kind **abholt und bringt**[69] oder die **Kosten** des Transports trägt[70]. Zum Teil wird **12**

---

[56] Johannsen/Henrich/Jaeger Rn 31.
[57] OLG München FamRZ 1978, 614, 617; OLG Hamm FamRZ 1982, 93, 94.
[58] Anders sah dies noch BGHZ 42, 364, 373.
[59] Johannsen/Henrich/Jaeger Rn 31; iE ders Rauscher FamRZ 1998, 329, 334.
[60] OLG Nürnberg FamRZ 1998, 976; OLG Köln FamRZ 1982, 1236, 1237; etwas anderes wird dann angenommen, wenn der Sorgeberechtigte selbst Beziehungen zu einem anderen Partner aufnimmt (OLG Köln FamRZ 1982, 1236, 1237) oder die Eltern geschieden sind (OLG München FamRZ 1978, 614, 617).
[61] OLG Schleswig NJW 1985, 1786.
[62] OLG Düsseldorf FamRZ 1992, 205, 206.
[63] BT-Drucks 13/4899 S 69, 8/2788 S 55.
[64] BT-Drucks 13/4899 S 29, 75; 13/8511 S 64; iE Hammer S 63 ff; Beispiel: OLG Brandenburg FamRZ 2007, 577, 578.
[65] Knöpfel FamRZ 1989, 1017, 1021; Palandt/Diederichsen 59. Aufl 2000, Rn 18; s auch OLG Zweibrücken FamRZ 1993, 728, 729.
[66] BVerfG FamRZ 1995, 86, 87; FamRZ 1993, 662, 663.
[67] Johannsen/Henrich/Jaeger Rn 10; Staudinger/Peschel-Gutzeit 12. Aufl 1997, § 1634 aF Rn 154; aA Staudinger/Rauscher Rn 117.
[68] BGH FamRZ 1994, 158, 159; BGHZ 51, 219, 223; OLG Düsseldorf FamRZ 1994, 1277.
[69] OLG Nürnberg FamRZ 1999, 1008; OLG Zweibrücken FuR 1999, 21; FamRZ 1999, 1465; FamRZ 1998, 975.
[70] OLG Zweibrücken FuR 1999, 21; FamRZ 1998, 1465; Muster einer Vereinbarung zum Umgangsrecht bei Fröhlich FPR 1999, 200, 203 f; Oelkers/Oelkers FPR 2000, 250, 252 ff; zu den Rspr-Tendenzen hinsichtlich der Umgangsvereinbarungen Reinecke FPR 2000, 267, 268.

§ 1684

weiter empfohlen, eine **Schiedsklausel** aufzunehmen, wonach die Beteiligten sich verpflichten, bei Unstimmigkeiten die Hilfe und Vermittlung durch das Jugendamt oder eine Beratungsstelle in Anspruch zu nehmen[71]. Eine Erklärung des Umgangsberechtigten, sein **Umgangsrecht** für immer oder für eine bestimmte Zeit **nicht auszuüben,** ist mit dem Pflichtrechtscharakter des Umgangsrechts nicht vereinbar und deshalb unwirksam; etwas anderes gilt nur dann, wenn das Umgangsrecht für eine gewisse Zeit im Interesse des Kindeswohls nicht ausgeübt wird[72] und auch das Kind nicht von seinem Umgangsrecht Gebrauch machen will[73]. Dagegen ist eine Vereinbarung nach § 138 Abs 1 nichtig, in der der Umgangsberechtigte die Nichtausübung seines Umgangsrechts gegen Freistellung von seiner Unterhaltsverpflichtung zusagt, weil in einer solchen Vereinbarung eine unzulässige „Kommerzialisierung" des Umgangsrechts liegt[74].

13   Eine inhaltlich zulässige Einigung ist zwischen den Parteien **verbindlich**[75]; sie bedarf zu ihrer Wirksamkeit nicht einer gerichtlichen Genehmigung[76]. Die Einigung ist aber nicht vollstreckbar (Rn 44). Ein einseitiges Lösungsrecht steht jedem Elternteil zu, wenn erhebliche Gründe des Kindeswohls einem Festhalten an der Einigung entgegenstehen[77]; auch das Familiengericht darf unter dieser Voraussetzung von der Elternvereinbarung abweichen[78]. Grundsätzlich erzeugt die Vereinbarung ebenso wie die Sorgerechtsvereinbarung nach § 1671 Abs 2 Nr 1 (dort Rn 22) eine Bindungswirkung für das Gericht[79]. Eine gerichtlich gebilligte Einigung der Eltern hat Verbindlichkeit für die Parteien bis zu einer Abänderungsentscheidung des Gerichts nach § 1696[80] oder einer vertraglichen Abänderung durch die Parteien; eine solche Abänderung ist zulässig, da eine dem § 1626 b Abs 3 entsprechende Regelung beim Umgangsrecht fehlt[81].

14   **3. Loyalitätspflichten (Abs 2).** Nach **Abs 2 S 1** haben die Eltern alles zu unterlassen, was das Verhältnis des Kindes zum jeweils anderen Elternteil erschwert. Diese beidseitige Loyalitätspflicht will vermeiden, dass die Streitigkeiten zwischen den Eltern mittels und auf Kosten der gemeinsamen Kinder fortgeführt werden[82]. Der betreuende Elternteil darf weder das Umgangsrecht blockieren noch das Kind gegen den anderen Elternteil beeinflussen oder den anderen Elternteil als nicht existent erscheinen lassen[83]. Eine **Umgangsvereitelung** ist unzulässig[84] (zur Umgangsvereitelung durch Auswanderung Rn 6.1); die Reaktion des Kindes auf ein solches Verhalten des betreuenden Elternteils kann in der ausschließlichen Zuwendung zu diesem Elternteil bei gleichzeitiger Abwertung und Ablehnung des anderen Elternteils liegen (sog **Parental Alienation Syndrome – PAS**)[85]. Dieser ablehnende Wille kann dann einen Ausschlussgrund iS von Abs 4 darstellen (Rn 8), wodurch das Umgangsrecht durch ein Fehlverhalten des betreuenden Elternteils leerlaufen kann. Um dies zu vermeiden, wird der betreuende Elternteil überwiegend für verpflichtet gehalten, dem Kind etwaige Ängste und Vorbehalte gegenüber dem anderen Elternteil zu nehmen und den Kindeswillen positiv zu beeinflussen[86], also **aktiv** an der Durchsetzung des Umgangsrechts mitzuwirken[87]. Dazu gehört auch die Mitwirkung an einer Eintragung

---

[71] *Fröhlich* FPR 1999, 200, 201.
[72] BGH FamRZ 1984, 778, 779; AG Essen-Steele FamRZ 2000, 1109.
[73] *Schwab/Motzer* HdB ScheidungsR III Rn 240.
[74] BGH FamRZ 1984, 778, 779; *Staudinger/Rauscher* Rn 48, 119.
[75] OLG Zweibrücken FuR 1999, 21; FamRZ 1998, 1465, 1466; *Schwab/Motzer* HdB ScheidungsR III Rn 237; *Staudinger/Rauscher* Rn 128; MünchKommBGB/*Finger* Rn 14; *Gernhuber/Coester-Waltjen* § 66 Rn 7; *Hammer* S 275 ff; aA *Johannsen/Henrich/Jaeger* Rn 12; *Staudinger/Peschel-Gutzeit* 12. Aufl 1997, § 1634 aF Rn 159.
[76] OLG Karlsruhe FamRZ 1999, 325; OLG Zweibrücken FuR 1999, 21; unklar BGH FamRZ 2005, 1471, 1473 m Anm *Hammer.*
[77] OLG Köln FamRZ 1982, 1237, 1238; s auch OLG Zweibrücken FamRZ 1998, 1465, 1467; *Henrich* JZ 2002, 49, 50; *Erman/Michalski* Rn 11; *Schwab/Motzer* HdB ScheidungsR III Rn 237; aA KG FamRZ 1980, 1156, 1157; *Staudinger/Rauscher* Rn 128.
[78] KG FamRZ 1980, 1156, 1157; *Hammer* FamRZ 2005, 1209, 1212; aA *Soergel/Strätz* § 1634 aF Rn 17; *Staudinger/Rauscher* Rn 132.
[79] *Schwab/Motzer* HdB ScheidungsR III Rn 238; aA BayObLG FamRZ 1965, 618, 619; *Soergel/Strätz* § 1634 aF Rn 17; *Johannsen/Henrich/Jaeger* Rn 12; enger AG Saarbrücken FamRZ 2003, 1200 f.
[80] BGH FamRZ 2005, 1471, 1473; *Hammer* FamRZ 2005, 1209, 1213; *Johannsen/Henrich/Jaeger* Rn 12.
[81] OLG Frankfurt OLGR 2002, 1099, 1100; *Hammer* FamRZ 2005, 1209, 1211, 1215; *ders* S 63 ff; S 218 ff; S 284 ff; aA BGH FamRZ 2005, 1471, 1474; etwas anderes gilt dagegen grds bei einseitiger Aufkündigung einer gerichtlich genehmigten Elternvereinbarung BGH FamRZ 2002, 1099, 1101.
[82] BT-Drucks 8/2788 S 54; OLG Hamm FamRZ 1994, 58, 59.
[83] OLG Hamm FamRZ 2002, 1583, 1584.
[84] *Palandt/Diederichsen* Rn 7; zu den verschiedenen Ritualen bei der Umgangsvereitelung *Klenner* FamRZ 1995, 1529.
[85] OLG Zweibrücken FamRZ 2006, 144, 145 m krit Anm *Ewers* 1145; OLG Dresden FamRZ 2003, 397 f m abl Anm *Peschel-Gutzeit* FPR 2003, 271; AG Fürstenfeldbruck FamRZ 2002, 118 ff; AG Korbach NJW-RR 2001, 1157; AG Groß-Gerau DAVorm 2000, 433; AG Rinteln ZfJ 1998, 344; *Hönig* S 309 ff; *Staudinger/Rauscher* Rn 37 ff; grundlegend *Gardner,* The Parental Alienation Syndrome; *ders* FamRZ 2002, 1689 f; abl KG FamRZ 2005, 1768, 1769; *Balloff* FPR 2002, 240, 244; *Bruch* FamRZ 2002, 1304; *Staudinger/Coester* § 1671 Rn 208 mwN; Bericht FamRZ 2002, 1317 f; *Fegert* FPR 2002, 219, 224 f; *Johnston* ZKJ 2007, 218, 219; *Salzgeber* FF 2003, 232; *Kostka* FamPrax 2005, 802; zu neueren Ansätzen *Gödde* ZfJ 2004, 201; *Johnston* ZKJ 2007, 218, 219 ff; *Jopt/Behrend* ZfJ 2000, 223 ff, 258 ff; krit dazu *Fegert* Kind-Prax 2001, 3, 5 f.
[86] OLG Rostock FamRZ 2006, 1623, 1624; OLG München FamRZ 2003, 1957; OLG Stuttgart FamRZ 2001, 932; OLG Celle FamRZ 1998, 971, 972; OLG Hamm FamRZ 1994, 57, 58; OLG Bamberg FamRZ 1984, 507, 508; abl *Lempp* NJW 1972, 315, 317; krit *Schweitzer* S 87 ff.
[87] BVerfG FamRZ 2005, 871; OLG Saarbrücken ZKJ 2007, 495, 496; OLG Karlsruhe FamRZ 2005, 919, 920; OLG Stuttgart FamRZ 2001, 932; OLG Saarbrücken MDR 2006, 156, 157; FamRZ 2001, 369; OLG Karlsruhe

des Kindes in den **Reisepass** seines mitsorgeberechtigten Vaters[88] sowie die Zustimmung zu einer psychologischen Begutachtung des Kindes[89]. Zu einem **Holen und Bringen** des Kindes vom und zum Umgangsberechtigten ist er dagegen grds nicht verpflichtet[90]. Dies ist Aufgabe des Umgangsberechtigten.

Der Umgangsberechtigte muss auch die **Fahrt-, Übernachtungs- und Verpflegungskosten** tragen[91], jedoch nicht die Ausstattung mit Kleidung, Hygieneartikeln und ähnlichem[92]. Kann der Umgang auf Grund unterschiedlicher Wohnorte der Eltern nur unter erheblichem Zeit- und Kostenaufwand ausgeübt werden, kommt eine anteilige Beteiligung des betreuenden Elternteils an dem für das Holen und Bringen des Kindes erforderlichen Zeit- und Organisationsaufwand in Betracht, um hierdurch einer faktischen Vereitelung des Umgangsrechts vorzubeugen[93]. Missachtet er eine gerichtliche Umgangsregelung in der diese Verpflichtung enthalten ist, so kann der Umgangsberechtigte von ihm Schadensersatz in Höhe von Mehraufwendungen (Reisekosten) verlangen[94]. Der Umgangsberechtigte kann nach überwM wegen der Kosten dagegen weder den Unterhaltsanspruch des Kindes noch den des unterhaltsberechtigten Elternteils kürzen[95]. Etwas anderes soll nur dann gelten, wenn entweder eine Vereinbarung vorliegt (Rn 12) oder die Kostenbelastung für den Umgangsberechtigten unzumutbar ist und damit sein Umgangsrecht faktisch vereitelt wird[96]. Eine Kürzung des Unterhaltsanspruchs des betreuenden Elternteils wird vor allem bei weiten Entfernungen angenommen[97], zumal dann, wenn die Kosten vom betreuenden Elternteil durch Wegzug selbst verursacht wurden[98]. Dieses Regel-Ausnahme-Verhältnis überzeugt bei dogmatischer Betrachtungsweise aber nicht ganz; näher liegt vielmehr die Berücksichtigung jeglicher Kosten für den Umgang als trennungsbedingter Mehrbedarf[99]. Dagegen kommt eine Kürzung des Unterhaltsanspruchs des Kindes grds nur dann in Betracht, wenn sich das Kind für längere Zeit außerhalb der Besuchszeit beim umgangsberechtigten Elternteil aufhält[100]. Zur Entlastung stehen dem Umgangsberechtigten staatliche Vergünstigungen wie etwa das hälftige Kindergeld zu[101].

Als Anspruchsgrundlage zur Erstattung der Reisekosten kommt § 823 Abs 1 (zum Umgangsrecht als „sonstigem Recht" Rn 4)[102] und Abs 2, 1684 Abs 2[103] in Betracht. Demgegenüber ordnet der BGH das Rechtsverhältnis zwischen beiden Eltern als gesetzliches Schuldverhältnis ein, aus dem sich die Pflicht des betreuenden Elternteils ergebe, bei der Gewährung des Umgangs auf die Vermögensbelange des Umgangsberechtigten Bedacht zu nehmen; eine Verletzung dieser Pflicht könne Schadensersatzpflichten des Verletzers gegenüber dem umgangsberechtigten

---

FamRZ 2002, 1056 f; FF 2000, 99, 100; OLG Braunschweig FamRZ 1999, 185; OLG Düsseldorf FamRZ 2002, 1582; FamRZ 1979, 857, 858; *Staudinger/Rauscher* Rn 94 ff, 95, 215; aA OLG Nürnberg FamRZ 1999, 1008; OLG Zweibrücken FamRZ 1982, 531; zust *Luthin* FamRZ 1984, 114, 117; für eine Mitwirkungspflicht in Ausnahmefällen – schwere Krankheit oder Inhaftierung des Umgangsberechtigten – *Schwab/Motzer* HdB ScheidungsR III Rn 256.

[88] OLG Brandenburg FamRZ 2003, 111 = JAmt 2002, 422.
[89] OLG Rostock NJW 2007, 231, 232.
[90] AG Tempelhof-Kreuzberg ZKJ 2006, 160, 161, Ausnahmefall: Wegzug zwecks Umgangsvereitelung; *Menne* ZKJ 2006, 135, 136 f; *Lempp* ZBlJugR 1979, 517, 518 f macht den Vorschlag, dass sich der Sorgerechtsinhaber gerade bei Kleinkindern stärker freiwillig am Holen und Bringen beteiligen soll; zust *Oelkers* FamRZ 1995, 449, 456; *Luthin* FamRZ 1984, 114, 117.
[91] BGH FamRZ 1995, 215; OLG Hamm FamRZ 2004, 560; OLG Koblenz FamRZ 2002, 562; OLG Karlsruhe FPR 2003, 28, 29; OLG Bremen FamRZ 2001, 1300, 1301, dort auch zu den Besuchskosten des Sorgeberechtigten; OLG Nürnberg FamRZ 1999, 1008; OLG Koblenz FamRZ 1996, 560, 561; OLG Frankfurt FamRZ 1988, 866; *Staudinger/Rauscher* Rn 135; *Miesen*, FS Groß, 2004, S 151, 152; anders bei gemeinsamer Sorge OLG Saarbrücken FamRZ 1983, 1054, 1055; *Soergel/Strätz* § 1634 aF Rn 30; generell krit *Münder*, FS Derleder, 2005, S 565, 576.
[92] AG Monschau FamRZ 2004, 287 f.
[93] BVerfG FamRZ 2002, 809 f; KG FamRZ 2006, 878, 879 f betr Bringen zum und Abholen vom Flughafen; OLG Dresden FamRZ 2005, 927 betr Abholen vom Wohnsitz des umgangsberechtigten Elternteils; OLG Schleswig FamRZ 2006, 881 betr Bringen zu und Abholen von einer Autobahnraststätte; OLG Hamm FamRZ 2003, 951, 952 betr Bringen zu und Abholen von der JVA; OLG Detmold FamRZ 2006, 880 f betr Abholen vom Bahnhof; zum Zeit- und Organisationsaufwand werden auch die Kosten gerechnet, *Miesen*, FS Groß, 2004, S 151, 166.
[94] BGH FamRZ 2002, 1099; OLG Frankfurt NJW-RR 2005, 1339; FF 2003, 222; zur Frage, welches Gericht zuständig ist, näher *Bernau* FamRZ 2007, 248; dagegen *Weychardt* FamRZ 2007, 952; *Johannsen/Henrich/Jaeger* Rn 30 a.
[95] BGH FamRZ 1995, 215 f; FamRZ 2005, 706, 707.
[96] BVerfG FamRZ 2002, 809; BGH FamRZ 1995, 215 f m abl Anm *Weychardt* 539 f betr Ehegattenunterhalt; FamRZ 1984, 470, 472; OLG Hamm FamRZ 2004, 560; OLG Bamberg FamRZ 1987, 1295; KG FamRZ 1998, 1386 betr Kindesunterhalt; OLG Frankfurt FF 2003, 183 f; FamRZ 1987, 1033 f; MünchKommBGB/*Finger* Rn 41; *Miesen*, FS Groß, 2004, S 151, 155 ff; anders für den Ehegattenunterhalt OLG Karlsruhe FamRZ 1992, 58, 59; OLG Frankfurt FamRZ 1991, 78, 79; FamRZ 1984, 178; *Soergel/Strätz* § 1634 aF Rn 30.
[97] AG Brühl FamRZ 1995, 936.
[98] OLG Karlsruhe FamRZ 1992, 58, 59.
[99] *Weychardt* FPR 2006, 333, 335 f; *ders* FamRZ 1995, 539 f; *Staudinger/Rauscher* Rn 138; *Rauscher* Familienrecht Rn 1108; *Theurer* FamRZ 2004, 1619, 1621; dagegen *Söpper* FamRZ 2005, 503; zust für den Fall, dass der Umgangsberechtigte die Kosten vom notwendigen Selbstbehalt bestreiten muss *Johannsen/Henrich/Jaeger* Rn 30. Zur Kürzung des Unterhaltsanspruchs des Kindes wegen ersparter Aufwendungen auf Grund umfangreichen Aufenthalts der Kinder beim umgangsberechtigten und barunterhaltspflichtigen Elternteil OLG Hamm FamRZ 1994, 529 f; KG FamRZ 1979, 327 f.
[100] OLG Frankfurt FamRZ 2006, 439, 440; OLG Hamm FamRZ 1994, 529; *Palandt/Diederichsen* Rn 39; *Staudinger/Rauscher* Rn 147.
[101] BGH FamRZ 1995, 215; OLG Frankfurt FamRZ 2004, 1397.
[102] BGH FamRZ 2002, 1099 f, angedeutet; OLG Karlsruhe FamRZ 2002, 1056; *Soergel/Spickhoff* § 823 Rn 109; *Henrich* JZ 2003, 49; *Weychardt* JZ 2003, 927; *Hohloch* LM § 1634 Nr 14; enger *Johannsen/Henrich/Jaeger* Rn 30 a: nur Haftung nach § 826; problematisch ist die Bestimmung des Schadens, wenn ein Umgang überhaupt nicht zustande kommt, dazu OLG Schleswig FamRZ 2004, 808, 809; *Heiderhoff* FamRZ 2004, 324, 327 ff.
[103] Diff *Soergel/Spickhoff* § 823 Rn 109.

Elternteil nach § 280 Abs 1 auslösen[104]. Diese Sichtweise ist nicht ganz unproblematisch, weil sie vorschnell persönliche familienrechtliche Pflichten den Regeln des Schuldrechts unterstellt[105]. Zudem löst die Entscheidung eine Vielzahl weiterer Schadensersatzfälle aus (zB Schadensersatzansprüche des betreuenden Elternteils[106]), weil das Gesagte für alle Fälle elterlicher Kooperationspflicht (zB bei Wahrnehmung der gemeinsamen Sorge nach der Trennung, § 1671 Rn 28) im Rahmen gemeinsamer Elternverantwortung gelten müsste[107].

15.2 Die Umgangskosten sind Teil des notwendigen Lebensunterhalts iS von § 27 SGB XII (bis 31. 12. 2004: § 12 BSHG) und damit dem Grunde nach sozialhilferechtlich anzuerkennender Bedarf[108]; ebenso ist ein Mehrbedarf iS des SGB II zu bejahen[109]. Die Unterstützung des Jugendamtes nach § 18 Abs 3 S 3 SGB VIII kann auch Umgangskosten umfassen[110]. Strittig ist, ob und inwieweit die Aufwendungen zur Ausübung des Besuchsrechts steuerlich abzugsfähig iS von § 33 Abs 1 EStG sind[111].

16 Die Loyalitätspflicht umfasst die Verpflichtung der Eltern, zur Neuanbahnung regelmäßiger Besuchskontakte eine Therapie zu machen[112] sowie die Pflicht des betreuenden Elternteils, Geschenke des Umgangsberechtigten, die sich in einem dem Anlass und den wirtschaftlichen Verhältnissen gemäßen Rahmen halten und vom pädagogischen Ansatz des erziehenden Elternteils nicht als völlig verfehlt anzusehen sind, dem Kind auszuhändigen bzw zu belassen[113]. Umgekehrt muss der Umgangsberechtigte bei Ausübung des Umgangsrechts das (Allein-, Mit-)**Sorgerecht des anderen Elternteils achten** (Rn 6). Er darf das Kind weder gegen den sorgeberechtigten Elternteil einnehmen noch dessen Erziehungsanstrengungen vereiteln bzw beeinträchtigen[114] oder ihn in der Ausübung des Sorgerechts überwachen[115]. Er ist nicht befugt, ohne Einverständnis des Sorgeberechtigten das Kind ärztlich behandeln zu lassen[116]. Das gilt nicht bei Vorliegen eines Notfalls.

17 Eine **ständige Missachtung der Loyalitätspflicht** durch den betreuenden Elternteil kann zu einer Änderung der bisherigen Sorgerechtsregelung nach § 1671[117] (zur fehlenden Bindungstoleranz eines Elternteils s § 1671 Rn 36), nach § 1696 oder gar zum (teilweisen) Entzug der Sorge nach § 1666 wegen mangelnder Erziehungsfähigkeit (§ 1666 Rn 6.3) und Übertragung der (Teil-)Sorge auf den anderen Elternteil oder einen Ergänzungspfleger als **Umgangspfleger** (dazu auch Reformvorschlag Rn 48)[118], im Extremfall sogar zur Abweisung eines Scheidungsantrags[119] führen[120]. Mildere Mittel gegenüber einer Änderung der bisherigen Sorgerechtsregelung sind die Anordnung von Zwangsgeld zur Aufgabe der Verhinderung des Umgangsrechts (näher Rn 46)[121] sowie Anordnungen nach Abs 3 S 2. Ein massiver Verstoß gegen die Verpflichtung nach Abs 2 durch den betreuenden Elternteil kann zur Herabsetzung, im Extremfall zur Versagung des Unterhaltsanspruchs nach § 1579 Abs 1 Nr 6 führen (näher bei § 1579)[122]; verletzt der Umgangsberechtigte dauerhaft die Loyalitätspflicht, indem er

---

[104] BGH FamRZ 2002, 1099, 1100 auf der Grundlage des alten Schuldrechts.
[105] *Heiderhoff* FamRZ 2004, 324, 325 ff; *Dannhorn* S 27 ff; anders *Hohloch* FF 2004, 202, 205 ff.
[106] Dazu *Soergel/Spickhoff* § 823 Rn 109; *Henrich* JZ 2003, 49; *Heiderhoff* FamRZ 2004, 324, 325 ff.
[107] Schwab FamRZ 2002, 1297 ff; *Henrich* JZ 2003, 49 f; *Johannsen/Henrich/Jaeger* Rn 30 a; *Heiderhoff* FamRZ 2004, 324, 326 ff; krit auch *Luthin*, FS Schwab, 2005, S 809, 820; anders *Weychardt* FamRZ 2003, 927; *ders* FPR 2006, 333, 336; *Rakete-Dombek* FF 2002, 210, 211 f; *Hohloch* LM § 1634 Nr 14; *Miesen*, FS Groß, 2004, S 151, 172 ff; s auch *Staudinger/Rauscher* Rn 26.
[108] BVerwG NJW 1995, 1838, 1839; OVG Münster FamRZ 2003, 1602; FamRZ 1991, 244, 245; LSG BW FamRZ 2006, 895, 896; OLG Hamm FamRZ 2004, 560; *Schellhorn* FuR 1998, 104 f; *Miesen*, FS Groß, 2004, S 151, 162 ff; *Staudinger/Rauscher* Rn 155; zur verfassungsrechtlichen Sicht BVerfG FamRZ 1995, 86, 87.
[109] LSG Niedersachsen-Bremen FamRZ 2005, 1936 f; zur Regelungslücke in § 21 SGB II DIJuF JAmt 2005, 123 f; DIJuF-Rechtsgutachten JAmt 2005, 506, 507.
[110] *Weychardt* FPR 2006, 333, 336 f.
[111] Der BFH DStR 2007, 2256 ff; FamRZ 1997, 21 ff und das FG Düsseldorf EFG 2005, 115 f sprechen sich dagegen aus; offen gelassen von BFH BFH-Report 2004, 738 f; dafür Hess FG FuR 2006, 328 f; *Staudinger/Rauscher* Rn 153; *Miesen*, FS Groß, 2004, S 151, 161 f; AnwK-BGB/*Peschel-Gutzeit* Anh § 1684 Rn 1 ff.
[112] OLG Stuttgart FamRZ 2001, 932; MünchKommBGB/*Finger* Rn 17; zur Anordnung des Gerichts s Rn 29.1.
[113] *Schwab/Motzer* HdB ScheidungsR III Rn 263.
[114] MünchKommBGB/*Hinz* 3. Aufl 1992, § 1634 aF Rn 18.
[115] OLG Stuttgart FamRZ 1966, 256, 258.
[116] OLG Stuttgart FamRZ 1966, 256, 258; MünchKommBGB/*Hinz* 3. Aufl 1992, § 1634 aF Rn 33.
[117] BT-Drucks 8/2788 S 54; OLG Hamm FamRZ 1998, 1315 = ZfJ 1999, 226, 228; OLG Frankfurt ZfJ 1998, 343, 344; OLG Köln FamRZ 1998, 1463; OLG München FamRZ 1991, 1343, 1344; OLG Stuttgart NJW 1981, 404, 405, diff nach den verschiedenen Formen der PAS *Schröder* FamRZ 2000, 592, 596.
[118] BT-Drucks 8/2788 S 54; BVerfG NJW-RR 2006, 1 f; OLG Brandenburg FamRZ 2007, 577; OLG Saarbrücken ZKJ 2007, 495, 496 ff m Anm *Menne*; OLG Zweibrücken NJW-RR 2007, 730, 731 f; OLG Hamm FamRZ 2005, 17; OLG Celle JAmt 2004, 150; OLG Frankfurt FamRZ 2004, 1311; OLG München FamRZ 2003, 1957, 1958; AG Nördlingen JAmt 2006, 254, 255; AG Güstrow JAmt 2004, 52; *Stürtz/Meysen* FPR 2007, 282, 285 f; *Salzgeber/Menzel* Kind-Prax 2004, 15; zur Notwendigkeit einer gesetzlichen Regelung der Umgangspflegschaft Empfehlungen des 15. DFGT FPR 2004, 9, 11; DIJuF JAmt 2004, 571; zur beruflichen Qualifikation des Umgangspflegers Empfehlung Nr 6 des Vorstands des 16. DFGT FamRZ 2005, 1962, 1963; *Gottschalk* FPR 2007, 308, 310; *Fricke* NDV 2002, 399: Weiterbildungscurriculum; zur Rechtspraxis DIJuF JAmt 2004, 571; zum Inhalt der Umgangspflegschaft und ihrem Verhältnis zu Leistungen nach § 18 SGB VIII DIJuF JAmt 2003, 475; krit zu dieser Rechtsfigur *Staudinger/Coester* 1666 Rn 131; *Gernhuber/Coester-Waltjen* 66 Rn 10.
[119] AG Korbach NJW-RR 2001, 1157, 1158 f; anders OLG Frankfurt NJW-RR 2002, 577 f.
[120] Skeptisch zur Effektivität dieser Sanktionsmechanismen *Johannsen/Henrich/Jaeger* Rn 16; MünchKommBGB/*Hinz*. 3. Aufl 1992, § 1634 aF Rn 19; *Kloeckner* S 126 ff.
[121] BGH FamRZ 1987, 356, 358 f; NJW-RR 1986, 1264, 1265; OLG Köln OLGR 2005, 269; OLG Hamm FamRZ 1992, 466, 467; OLG Zweibrücken FamRZ 1987, 90 f.
[122] BGH FamRZ 1987, 356, 359 zu § 1579 Abs 1 Nr 4 aF; OLG München FamRZ 2006, 1605, 1606 f; OLG Schleswig FamRZ 2004, 808, 810; FamRZ 2003, 688; OLG München FamRZ 1998, 750; OLG Nürnberg FamRZ

Umgang des Kindes mit den Eltern § 1684

etwa alles tut, um das Kind dem anderen Elternteil zu entfremden, kann dies zur Einschränkung oder gar zum Ausschluss des Umgangsrechts führen (Abs 3, 4).

Befindet sich das Kind **in der Obhut** einer anderen Person, so gilt Abs 2 S 1 entsprechend **(Abs 2 S 2)**, 18 dh sowohl die Eltern als auch die Obhutsperson sind zur Loyalität verpflichtet; beide Seiten haben alles zu unterlassen, was das Verhältnis des Kindes zur Obhutsperson beeinträchtigt oder die Erziehung erschwert[123]. Dies gilt auch, wenn die Eltern oder zumindest ein Elternteil das Kind in Obhut haben und ein Dritter nach § 1685 umgangsberechtigt ist (§ 1685 Abs 3). Unter Obhut ist wie in §§ 1748 Abs 1 S 2, 1751 Abs 4 die tatsächliche Betreuung, etwa durch eine Pflegeperson oder die Großeltern, zu verstehen[124].

IV. Gerichtliche Entscheidung über Umfang und Ausübung des Umgangsrechts (Abs 3)

Können sich die Eltern nicht einigen oder wünschen sie zwecks späterer Vollstreckbarkeit eine gericht- 19 liche Entscheidung, so kann das Familiengericht über den Umfang des Umgangsrechts entscheiden und seine Ausübung, auch mit Wirkung gegenüber Dritten, näher regeln. Das Gericht muss eine Entscheidung treffen, die sowohl das Sorgerecht des betreuenden Elternteils, das Umgangsrecht des anderen Elternteils als auch das Umgangsrecht des Kindes berücksichtigt und eine Konkordanz der betroffenen Grundrechte anstrebt[125]; bei mehreren Kindern ist die Individualität jedes Kindes zu berücksichtigen, was zu einer unterschiedlichen Ausgestaltung des Umgangsrechts führen kann[126] (zur Geschwisterbindung s auch § 1671 Rn 47). Maßstab jeder Entscheidung der Interessenkollision zwischen Eltern und Kind ist das **Kindeswohl** in der konkreten Situation (§ 1697 a) unter Berücksichtigung der berechtigten Wünsche der Eltern und des Kindes[127]. Da das Eltern-Kind-Verhältnis kein statisches ist, reicht die Feststellung nicht aus, was derzeit dem Kindeswohl am besten entspricht; vielmehr ist eine Prognose vorzunehmen, wie sich die Verhältnisse in der Zukunft entwickeln werden[128].

1. Regelung gegenüber den Eltern (Abs 3 S 1). Das Gericht muss den Umfang des Umgangs- 20 rechts und seine Ausübung konkret regeln, um künftige Unstimmigkeiten zwischen den Beteiligten zu vermeiden und eine taugliche Grundlage für die Anwendung von Zwangsmitteln zu haben[129]; es darf sich im Regelfall nicht auf die Ablehnung einer gerichtlichen Regelung beschränken[130], es sei denn, der Antrag wurde zurückgenommen[131] oder der Umgangsberechtigte lehnt den Umgang aus nachvollziehbaren Gründen ab[132]. Es müssen konkrete Anweisungen über die Ausgestaltung des Umgangs nach Art, Ort, Dauer, Häufigkeit und Abholung erlassen werden[133]. Bei der Entscheidungsfindung können zwar allgemeine Richtwerte herangezogen werden; sie ersetzen jedoch nicht eine individuelle Umgangsregelung unter Berücksichtigung der Umstände des konkreten Einzelfalls[134].

a) Art des Umgangs. Zur Art des Umgangs gehört die Frage, ob ein persönlicher Kontakt 21 stattfinden soll, wie weit der Brief- und Telefonverkehr reicht, in welcher Sprache der Kontakt erfolgt[135] und inwieweit der Umgangsberechtigte Geschenke machen darf. Bei einem für längere Zeit Inhaftierten kann der Umgang auch in der Zusendung von Fotos durch den Sorgeberechtigten liegen, um sich auf diese Weise von der Entwicklung des Kindes zu überzeugen[136]. Soweit der Umgangsberechtigte keinen persönlichen Kontakt herstellen darf, ist der Sorgeberechtigte auch nicht verpflichtet, ihm die eigene Wohnanschrift mitzuteilen[137]. Sind sich die Eltern über die Anwesenheit Dritter beim Umgang (etwa des neuen Partners) uneins, so ist auch dieser Streitpunkt zu entscheiden[138]. Zu regeln ist weiter die Frage des **Holens und Bringens**[139] sowie bei größerer Entfernung der Wohnorte der Eltern

---

1994, 1393, 1394; OLG Celle FamRZ 1989, 1194, 1195; *Gottschalk* FPR 2007, 308, 310 f; *Luthin*, FS Schwab, 2005, S 809, 819.

[123] *Johannsen/Henrich/Jaeger* Rn 20; zum Problem der Kindeswohldienlichkeit des Umgangs von Eltern mit Kindern in Familienpflege *Salgo* FPR 2004, 419; *ders* ZfJ 2003, 361.
[124] BT-Drucks 13/4899 S 105.
[125] BVerfG NJW 2007, 1266, 1267; FamRZ 2007, 531, 533; FF 2007, 103, 105; FamRZ 2006, 605, 606; FamRZ 2005, 1815, 1816; FamRZ 2005, 1057, 1058; FamRZ 2007, 871; FamRZ 2004, 1166, 1167; FamRZ 1993, 662, 663; AG Stuttgart FamRZ 2000, 1598, 1599; s auch KG HRR 1935, 351; *Johannsen/Henrich/Jaeger* Rn 22.
[126] BVerfG FamRZ 2007, 335, 336.
[127] BT-Drucks 8/2788 S 55; EGMR FamRZ 2001, 341, 343 – Elsholz; EGMR FamRZ 2004, 1456, 1459 – Görgülü; BVerfG FamRZ 1999, 85, 86; FamRZ 1993, 662, 663; BGH FamRZ 1994, 158, 159 f; BGHZ 51, 219, 225; OLG Saarbrücken ZKJ 2007, 495, 496; VerfGH Berlin FamRZ 2005, 2012, 2014; OLG Naumburg FamRZ 2002, 564; AG Saarbrücken FamRZ 2003, 1200, 1201.
[128] *Schwab/Motzer* HdB ScheidungsR III Rn 249.
[129] Beispiel: OLG Brandenburg JAmt 2002, 422, 423 f = FamRZ 2003, 111; MünchKommBGB/*Finger* Rn 20; *Staudinger/Rauscher* Rn 170.
[130] BGH FamRZ 1994, 159, 160; OLG Celle FamRZ 1998, 973; FamRZ 1990, 1026, 1027; zu einem Ausnahmefall OLG Nürnberg FamRZ 2002, 413, 414; OLG Zweibrücken FamRZ 1993, 728 f; OLG Karlsruhe FamRZ 1990, 655, 656.
[131] OLG Jena FamRZ 1996, 359.
[132] VerfGH Berlin FamRZ 2004, 970; weitergehend OLG Karlsruhe FamRZ 2006, 1867, 1868.
[133] OLG Stuttgart ZKJ 2007, 321, 322; Überblick bei *Vogel* ZFE 2006, 296, 298.
[134] BVerfG FamRZ 1995, 86, 87; FamRZ 1993, 662, 664.
[135] OLG München FamRZ 2002, 979, 980.
[136] LG Berlin FamRZ 1973, 147, 148.
[137] KG FamRZ 1999, 876.
[138] *Erman/Michalski* Rn 25.
[139] OLG Zweibrücken FamRZ 1998, 975 f; *Staudinger/Rauscher* Rn 214.

§ 1684 Buch 4. Abschnitt 2. Verwandtschaft

die Frage, ob das Kind Flugreisen in Form begleiteter Flüge zum Umgangsberechtigten unternehmen kann[140].

21.1 Zur Art des Umgangs gehört bei einer **Entführungsgefahr** auch die Anordnung, dass der Umgang von einem Detektiv zu überwachen ist, der eigene Pass und der des Kindes zu hinterlegen sind[141], das Umgangsrecht nicht in einem Kfz wahrgenommen werden darf[142] sowie die Anordnung, die Umgangskontakte innerhalb der Bundesrepublik auszuüben[143]. Mit einer Umgangsregelung kann auch ein Auswanderungsverbot gegenüber dem Sorgeberechtigten verknüpft werden (näher Rn 6.1). Darin liegt eine Auflage, die zu einer Einschränkung des Umgangsrechts nach Abs 4 führt (zum Verhältnis der beiden Absätze s Rn 34). Die Kindesentziehung ist strafbar (§ 235 StGB); zum geschützten Personenkreis dieser Norm gehört nicht nur der Sorge-, sondern auch der Umgangsberechtigte[144].

22 **b) Ort des Umgangs.** Der geeignete Ort für das persönliche Zusammensein ist von der Zweckrichtung des Umgangsrechts her idR die Wohnung des Umgangs-, nicht die des Sorgeberechtigten[145]; etwas anderes gilt dagegen im Fall einer mit Transportunfähigkeit einhergehenden Erkrankung des Kindes[146]. Wenn es für das Kindeswohl erforderlich ist, etwa bei Entfremdung des Kindes vom Umgangsberechtigten oder bei großer Entfernung der Wohnorte von Umgangs- und Sorgeberechtigtem, kommt die Festlegung eines anderen Ortes (zB Wohnung von Freunden, Großeltern, Kindergarten, Jugendamt) in Betracht[147].

22.1 Der Umgangsberechtigte ist befugt, den Ort des Ferienaufenthalts festzulegen[148]. Will man aber einen Widerspruch zur Reichweite des Alltagssorgerecht des betreuenden Elternteils im Rahmen der gemeinsamen Sorge (§ 1687 Rn 10 f) vermeiden, so bedarf diese Frage grds der Abstimmung der Eltern[149] und bei fehlender Einigung einer gerichtlichen Entscheidung nach § 1684 Abs 3. Nicht zulässig ist es, einen Umgang in den Räumen eines Sachverständigen anzuordnen, wenn dieser vorrangig eine weitere Sachverhaltsaufklärung und Begutachtung des Umgangsberechtigten zum Inhalt hat[150].

23 **c) Dauer und Häufigkeit des Umgangs.** Wesentliche Regelungsgegenstände sind die Dauer und Häufigkeit des Umgangs. Maßgebliche Kriterien zur Bestimmung des richtigen Maßes an Umgang sind das Alter und die Belastbarkeit des Kindes, die Qualität der Bindungen des Kindes zu dem Umgangsberechtigten, das Verhältnis der Eltern zueinander, die sonstigen Bindungen des Kindes und der Eltern sowie die Entfernung der Wohnorte von umgangsberechtigtem und betreuendem Elternteil[151]. Auch in diesen Punkten ist jede Schematisierung zu unterlassen, vielmehr ist eine dem Kindeswohl im Einzelfall gerecht werdende Entscheidung zu treffen (Rn 20).

24 Überwiegend angenommen, ein **periodischer Umgang** von jeweils kurzer Dauer diene am ehesten einer kontinuierlichen Pflege des Eltern-Kind-Verhältnisses und vermittle dem Kind Stetigkeit und Selbstverständlichkeit[152]. Auch die Frage der **Übernachtungen** muss geregelt werden. Ob das Kind beim umgangsberechtigten Elternteil übernachten kann, hängt von seinem Alter, seiner Bindung zum Umgangsberechtigten, dessen (gesundheitlichen) Bedürfnissen[153] sowie davon ab, ob es sich um ein „Problemkind" handelt oder nicht[154] (zu Kleinkindern s Rn 25). **Ferienbesuche** kommen nicht nur bei weiter Entfernung zwischen dem Wohnort des Umgangsberechtigten und dem des Kindes[155], sondern auch allgemein neben Kurzkontakten in Betracht[156]. Die Möglichkeit, die Ferien mit dem Kind zu verbringen, muss aber auch für den betreuenden Elternteil bestehen, damit nicht das Kind mit dem Umgangsberechtigten die Ferienreisen unternimmt, während dem ersteren der „graue Alltag"

---

[140] KG FamRZ 2006, 878, 879.
[141] OLG München FamRZ 1998, 976, 977; *Palandt/Diederichsen* Rn 33; aA *Staudinger/Rauscher* Rn 184; problematisch ist diese Anordnung allerdings bei Ausländern, dazu OLG Brandenburg FamRZ 2003, 947; *Staudinger/Rauscher* Rn 184.
[142] OLG München FamRZ 1998, 976, 977.
[143] OLG Saarbrücken OLGR 2002, 341 betr Entführungsängste; AG Kerpen FamRZ 2000, 50, 51.
[144] BGH FamRZ 1999, 651, 652.
[145] BGHZ 51, 219, 224; KG FamRZ 2006, 878, 880; AG Pankow-Weißensee Kind-Prax 2004, 196, 197; OLG Düsseldorf FamRZ 1988, 1196; *Johannsen/Henrich/Jaeger* Rn 24; *Staudinger/Rauscher* Rn 183; zu einem Ausnahmefall AG Eschwege FamRZ 2001, 1162.
[146] BVerfG FamRZ 2005, 429.
[147] OLG Brandenburg FamRZ 2002, 414, 415; OLG Düsseldorf FamRZ 1988, 1196; *Johannsen/Henrich/Jaeger* Rn 24; *Soergel/Strätz* § 1634 aF Rn 21.
[148] OLG Frankfurt FamRZ 1999, 1008; AG Pankow-Weißensee Kind-Prax 2004, 196, 197; zust wohl *Palandt/Diederichsen* 59. Aufl 2000, Rn 27, krit dagegen *Schwab/Motzer* HdB ScheidungsR III Rn 258 Fn 89.
[149] *Oelkers* § 2 Rn 80; aA AG Pankow-Weißensee Kind-Prax 2004, 196, 197.
[150] BVerfG FamRZ 2004, 523, 524.
[151] *Johannsen/Henrich/Jaeger* Rn 25; *Staudinger/Rauscher* Rn 188 ff mit tabellarischem Überblick über die Rspr Rn 202.
[152] OLG Oldenburg FamRZ 2001, 1164; OLG München FamRZ 1978, 614, 617; AG Saarbrücken FamRZ 2003, 1200, 1202; *Johannsen/Henrich/Jaeger* Rn 26; MünchKommBGB/*Finger* Rn 25; AnwK-BGB/*Peschel-Gutzeit* Rn 36; *Staudinger/Rauscher* Rn 191.
[153] OLG München FamRZ 2005, 2010.
[154] OLG Brandenburg FamRZ 2003, 111; *Dickmeis* ZBlJugR 1982, 271, 279; *Ell* DAVorm 1986, 745, 749; s auch MünchKommBGB/*Finger* Rn 25.
[155] AG Detmold FamRZ 2000, 1605.
[156] KG FamRZ 2006, 878, 880; OLG Naumburg JAmt 2002, 32, 34; OLG Köln FamRZ 1982, 1237 f; *Johannsen/Henrich/Jaeger* Rn 28; AnwK-BGB/*Peschel-Gutzeit* Rn 39; *Staudinger/Rauscher* Rn 208; *Schwab/Motzer* HdB ScheidungsR III Rn 253; s auch *Oelkers* FuR 2000, 97, 99.

bleibt[157]. Bei der Umgangsregelung ist weiter die besondere Bedeutung der großen **kirchlichen Festtage** (Weihnachten, Ostern, Pfingsten) zu berücksichtigen[158]. Dem umgangsberechtigten Elternteil sollte auch die Möglichkeit gegeben werden, **Geburtstage** (des Kindes, seinen eigenen) mit dem Kind zu verbringen[159].

Als typischer Rhythmus für den periodischen Umgang werden bei jüngeren Kindern ein- bis zweimalige Besuche im Monat angesehen; die Dauer wird je nach Kindesalter und Belastbarkeit des Kindes abgestuft[160]. Müssen die Bindungen zwischen dem Kind und dem Umgangsberechtigten erst aufgebaut werden, weil das Kind dem Umgangsberechtigten entfremdet ist oder ihn noch gar nicht kennt, so wird ein stufenweiser Übergang von kürzeren zu länger werdenden Besuchen[161] und zT eine Vorbereitung durch briefliche und telefonische Kontakte befürwortet[162]. Je älter das Kind und je besser die Beziehungen des Kindes zum umgangsberechtigten Elternteil sind, desto länger können die einzelnen Besuche bemessen werden[163]. Die Festsetzung von Besuchszeiten kann mit einer Regelung des Zeitraums außerhalb der Besuchszeiten verbunden werden, etwa einem Verbot an den Umgangsberechtigten, außerhalb der Besuchszeiten mit dem Kind zu sprechen[164]. 24.1

Während der Ferien erhalten der Umgangsberechtigte und das Kind die Chance, eine ungezwungene Beziehung aufzubauen oder zu vertiefen, wogegen einem periodischen Besuch immer ein Ausnahmecharakter anhaftet[165]. Ein solcher Ferienbesuch scheidet allerdings aus, wenn die Gefahr einer Überforderung des Kindes oder bedenklicher Eingriffe in die Erziehungskontinuität besteht; diese Gefahr muss jedoch nachgewiesen werden und kann nicht quasi als Erfahrungssatz unterstellt werden[166]. 24.2

Nicht nur der betreuende, sondern auch der umgangsberechtigte Elternteil muss, nicht zuletzt im Interesse des Kindes, die Gelegenheit haben, mit dem Kind die Doppelfeiertage mit dem Kind verbringen zu können[167]; vielfach wird inzwischen sogar dafür plädiert, im Interesse der Planung von Kurzurlauben die Festtage abwechselnd bei dem einen und dem anderen Elternteil zu verbringen[168]. An einem einfachen Feiertag wird dagegen dem betreuenden Elternteil der Vorrang eingeräumt[169]. 24.3

Ein Umgangsrecht besteht auch gegenüber **Säuglingen und Kleinkindern**[170]. Hier ist bei Festlegung des Umfangs des Umgangs das eigene Zeitempfinden des Kindes zu berücksichtigen[171]. Deshalb sind hier idR häufigere, dafür aber kürzere Besuche angezeigt. So wird vielfach ein- bis zweiwöchigen Rhythmus von wenigen Stunden ebenso plädiert[172] wie für eine Feiertagsregelung[173]. Besteht eine vertrauensvolle Bindung zum Umgangsberechtigten, so wird zT auch ein längerer Besuch mit Übernachtungsmöglichkeit befürwortet[174]; andere lehnen dies dagegen ab, wenn die Zustimmung des Sorgeberechtigten fehlt[175]. Kontrovers diskutiert werden auch zusätzliche Ferienaufenthalte neben den regelmäßigen Kontakten[176]. 25

Ferner muss geregelt werden, an welchem **Ersatztag** der Umgang stattfinden soll, wenn zwingende Gründe in der Person des Kindes (zB Krankheit des Kindes) dem Umgang am regulären Tag entgegenstehen[177]. In diesem Zusammenhang sind auch **Benachrichtigungspflichten** festzulegen[178]. Mit 26

---

[157] OLG Frankfurt FamRZ 1994, 362 f; *Schwab/Motzer* HdB ScheidungsR III Rn 253.
[158] OLG Köln FamRZ 2004, 52; OLG Brandenburg FamRZ 2002, 974, 975.
[159] OLG Bamberg FamRZ 1990, 193; *Oelkers* § 2 Rn 82; *Staudinger/Rauscher* Rn 205; MünchKommBGB/*Finger* Rn 29; anders *Schwab/Motzer* HdB ScheidungsR III Rn 254.
[160] OLG Brandenburg FamRZ 2002, 974, 975; OLG München FamRZ 2002, 979, 980; OLG Frankfurt FamRZ 1996, 362; KG FamRZ 1985, 639; FamRZ 1979, 965; FamRZ 1979, 70; FamRZ 1978, 728; AG Eschwege FamRZ 2001, 1162; *Dürr* S 25; MünchKommBGB/*Finger* Rn 24; *Schwab/Motzer* HdB ScheidungsR III Rn 251.
[161] KG FamRZ 1985, 639, 640 f; OLG Hamm FamRZ 1994, 58, 59; OLG Celle FamRZ 1990, 1026, 1027; OLG München FamRZ 1978, 614, 617.
[162] OLG Bamberg FamRZ 1989, 890, 892.
[163] *Johannsen/Henrich/Jaeger* Rn 26: zweimal ein voller Tag oder ein langes Wochenende monatlich.
[164] OLG Hamm FamRZ 1966, 254, 255.
[165] LG Tübingen DAVorm 1974, 193, 195; *Johannsen/Henrich/Jaeger* Rn 28; zum Umgang in Zeitblöcken als Alternative zum periodischen Umgang Palandt/Diederichsen Rn 18.
[166] *Johannsen/Henrich/Jaeger* Rn 28; in diese Richtung wohl LG Berlin FamRZ 1973, 99, 100; KG FamRZ 1978, 728 f; FamRZ 1979, 70 betr Kind im Grundschulalter; *Soergel/Strätz* § 1634 aF Rn 22; aA *Erman/Michalski* Rn 27.
[167] OLG Bamberg FamRZ 1990, 193; *Soergel/Strätz* § 1634 aF Rn 22; *Erman/Michalski* Rn 27.
[168] OLG Schleswig FamRZ 2003, 950; *Staudinger/Rauscher* Rn 204; *Gernhuber/Coester-Waltjen* § 66 Rn 8; *Schwab/Motzer* HdB ScheidungsR III Rn 254; aA LG Heilbronn Justiz 1973, 433.
[169] *Soergel/Strätz* § 1634 aF Rn 22; *Erman/Michalski* Rn 27; diff MünchKommBGB/*Finger* Rn 25, 28.
[170] BVerfG FamRZ 2007, 1078, 1079; FamRZ 2006, 1822, 1824; OLG Brandenburg FamRZ 2002, 414; OLG Celle FamRZ 1990, 1026, 1027; OLG Bamberg FamRZ 1984, 507, 508; OLG Stuttgart NJW 1981, 404; AG Kerpen FamRZ 2000, 50, 51.
[171] AG München DAVorm 1999, 310, 311; AG Kerpen FamRZ 1994, 1486, 1487; *Ofuatey-Kodjoe* ZfJ 1997, 233, 235; *Plattner* FamRZ 1993, 384.
[172] OLG Brandenburg FamRZ 2002, 414; OLG Zweibrücken FamRZ 1997, 45 f; AG Saarbrücken FamRZ 2003, 1200, 1203; AG Kerpen FamRZ 2000, 50, 51; FamRZ 1994, 1486, 1487; *Plattner* FamRZ 1993, 384 f; *Staudinger/Rauscher* Rn 194; aA *Lempp* NJW 1972, 315, 318.
[173] AG Saarbrücken FamRZ 2003, 1200, 1203.
[174] OLG Frankfurt FamRZ 2002, 978 f; *Ell* DAVorm 1986, 745, 749 f; *Johannsen/Henrich* Rn 26; *Lüderitz* Familienrecht 27. Aufl 1999, Rn 943.
[175] OLG Hamm FamRZ 1990, 654, 655.
[176] Befürwortend äußert sich das OLG Frankfurt FamRZ 2007, 664 f; aA KG FamRZ 1979, 70; *Staudinger/Rauscher* Rn 208 betr Kinder im Vorschul- und Grundschulalter.
[177] LG Heilbronn Justiz 1974, 126; AnwK-BGB/*Peschel-Gutzeit* Rn 40; *Staudinger/Rauscher* Rn 210; aA LG Karlsruhe DAVorm 1975, 243; diff MünchKommBGB/*Finger* Rn 29.
[178] OLG Brandenburg FamRZ 2003, 111 = JAmt 2002, 422; OLG Nürnberg FamRZ 1999, 1008, 1009.

§ 1684

diesen Regeln kann Versuchen vorgebeugt werden, durch vorgeschobene Unpässlichkeiten das Umgangsrecht faktisch zu vereiteln[179].

27 **d) Berücksichtigung des Kindeswillens.** Das Persönlichkeitsrecht des Kindes und die Aufnahme eines eigenen Rechts des Kindes auf Umgang in Abs 1 erfordern es, dem Willen des Kindes bei der Entscheidung über den Umfang des Umgangsrechts und seine Ausübung ein besonderes Gewicht beizumessen[180] (zur Bedeutung im Rahmen von Abs 4 Rn 32f). Es kann aber im Abwägungsprozess (Rn 19) nicht das allein maßgebliche Kriterium sein, da der Wille nicht mit dem Wohl des Kindes identisch sein muss und oft Schwankungen und Einflüssen von außen unterliegt[181].

28 **2. Regelungen gegenüber Dritten (Abs 3 S 1).** Das Gericht kann den Umfang des Umgangsrechts und die Ausübung des Umgangs nicht nur im Verhältnis der Eltern untereinander, sondern auch mit Wirkung gegenüber Dritten regeln. Dies ist vor allem von Bedeutung, wenn sich das Kind in der Obhut eines Dritten, etwa einer Pflegeperson, befindet[182] (zur Entscheidung über das Umgangsrecht im Rahmen eines Verfahrens nach § 1632 Abs 4 dort Rn 28). Eine weitere Fallgestaltung ist der Umgang des Kindes mit Dritten während des Umgangs. Das Gericht kann also, gestützt auf Abs 3 S 1, eine Anordnung erlassen, dass bestimmte Personen, etwa der Partner oder die Großeltern, beim Umgang nicht anwesend sein dürfen[183]. Die zwangsweise Durchsetzung der gerichtlichen Entscheidung gegenüber dem Dritten richtet sich nach § 33 FGG[184].

29 **3. Anordnungen zur Erfüllung der Loyalitätspflicht (Abs 3 S 2).** Nach Abs 3 S 2 kann das Familiengericht die Beteiligten durch Anordnungen zur Erfüllung der in Abs 2 geregelten Pflicht anhalten. Ziel der Regelung ist es, dem Familiengericht bei Verletzung der Loyalitätspflicht einen Sanktionsmechanismus unterhalb der Eingriffsschwelle des § 1666 zur Verfügung zu stellen[185]. **Beteiligte** sind die in Abs 2 genannten Personen, also die Eltern und die Personen, in deren Obhut sich das Kind befindet. Dagegen werden die Dritten iS von Abs 3 S 1 nicht erfasst, da ihnen gegenüber in einer Verfügung nach Abs 3 S 1 der Inhalt einer Anordnung nach Abs 3 S 2 ausgesprochen werden kann.

29.1 Einer Mutter, die das Kind am Tag vor dem Umgang viel zu spät ins Bett bringt, weshalb das Kind dann während des Umgangs übermüdet ist, kann aufgegeben werden, das Kind zu einem bestimmten Zeitpunkt ins Bett zu bringen[186]. Eltern kann dagegen nicht aufgegeben werden, Kontakte zu einer Beratungsstelle zwecks Anbahnung des Umgangs oder Abbaus der eigenen Boykotthaltung aufzunehmen bzw eine Therapie zu beginnen[187]. Ebenso unzulässig ist die Anordnung einer Familientherapie mit einem familientherapeutisch kompetenten Sachverständigen oder die Teilnahme an einer pädagogisch-psychologischen Hilfemaßnahme in Form einer Mediation. Im Gesetz findet sich keine Regelung, auf Grund derer jemand gegen seinen Willen verpflichtet werden kann, sich einer Therapie zu unterziehen; das Gericht kann zwar zur Aufklärung des Sachverhalts Sachverständigengutachten einholen; es ist jedoch nicht befugt, dieses Mittel „therapeutisch" einzusetzen[188]. Zulässig ist dagegen eine Anordnung in Form einer Ladung zu einem Anhörungstermin, in dem dem betreffenden Elternteil die kindeswohlwidrige Verhaltensweise bewusst gemacht und eine Konfliktbereinigung im Gespräch versucht wird[189].

29.2 Unklar ist das Verhältnis von Abs 3 S 2 zu Abs 3 S 1. Einzelne der genannten Anordnungen enthalten nicht nur eine Konkretisierung der Loyalitätspflicht, sondern auch eine Regelung über die Ausübung des Umgangs; sie hätten also ebenso auf Abs 3 S 1 gestützt werden können. Unklar ist auch das Verhältnis zu §§ 52 und 52a FGG; so weist die Anordnung in Form einer Ladung zum Anhörungstermin Parallelen zu Verfahren nach §§ 52, 52a FGG auf[190]. Es spricht deshalb einiges für die Annahme eines Stufenverhältnisses zwischen Anordnungen nach Abs 3 S 1 und 2 in dem Sinn, dass vor Vollstreckung der Anordnung nach Abs 3 S 1 noch eine Anordnung nach Abs 3 S 2 ergeht. Eine Entscheidung nach Abs 3 S 2 bildet neben der nach Abs 3 S 1 eine selbständige Grundlage für eine Vollstreckung nach § 33 FGG[191].

---

[179] *Schwab/Motzer* HdB ScheidungsR III Rn 255.
[180] BVerfG FamRZ 2007, 335; NJW 2007, 1266, 1267; FamRZ 1993, 662, 663 = NJW 1993, 2671; BGH FamRZ 1980, 131, 132f; BT-Drucks 13/4899 S 69; *Johannsen/Henrich/Jaeger* Rn 22; MünchKomm-BGB/*Finger* Rn 43ff; diff danach, ob es um eine Entscheidung nach Abs 3 oder Abs 4 geht, *Staudinger/Rauscher* Rn 176f.
[181] BT-Drucks 13/4899 S 69; für den Einsatz mediativer Elemente zur Ermittlung des Kindeswillens *Spangenberg/Spangenberg* Kind-Prax 2003, 199.
[182] BVerfG FamRZ 2007, 335, 336; OLG Naumburg FamRZ 2007, 665, 666ff; zur Bedeutung von Umgangskontakten von Pflege- und Heimkindern *Hopp* FPR 2007, 279.
[183] *Palandt/Diederichsen* Rn 14.
[184] BT-Drucks 8/2788 S 55.
[185] BT-Drucks 13/4899 S 105.
[186] BT-Drucks 13/4899 S 105f.
[187] OLG Stuttgart NJW-RR 2007, 1083; OLG Nürnberg FamRZ 2006, 1146; aA OLG Braunschweig FamRZ 1999, 185; OLG Stuttgart FamRZ 2001, 932f; OLG Düsseldorf FamRZ 2001, 512, 513.
[188] BGH FamRZ 1994, 158, 160; OLG Brandenburg FamRZ 2002, 975, 977f; OLG Karlsruhe FamRZ 2004, 56, 57; BezG Erfurt FamRZ 1992, 1333, 1334; *Kloeckner* S 149ff; aA *Staudinger/Rauscher* Rn 107; zu den praktischen Erfolgen gerichtlich verordneter Konfliktlösungssuche durch die Eltern selbst s das „Regensburger" und „Cochemer Modell", § 1626 Rn 44.3; zu den Reformvorschlägen des FGG-RG § 1626 Rn 48.
[189] *Johannsen/Henrich/Jaeger* Rn 15.
[190] *Palandt/Diederichsen* 59. Aufl 2000, Rn 41.
[191] *Johannsen/Henrich/Jaeger* Rn 15.

V. Gerichtliche Einschränkung bzw Ausschluss des Umgangsrechts oder des Vollzugs früherer Entscheidungen (Abs 4)

1. Einschränkung oder Ausschluss (S 1, S 2). Das Familiengericht kann das Umgangsrecht einschränken oder ausschließen, soweit dies zum Wohl des Kindes erforderlich ist (Abs 4 S 1) und es auch für längere Zeit oder gar auf Dauer einschränken oder ausschließen, wenn andernfalls das Kindeswohl gefährdet wäre (Abs 4 S 2). Diese Regeln erhöhen die Eingriffsschwelle, die bisher in § 1634 Abs 2 S 2 aF vorgesehen war[192]. Neu aufgenommen wurde ins Gesetz die Möglichkeit, den Vollzug früherer Entscheidungen einzuschränken oder auszuschließen (Rn 43). 30

a) Gestufte Kindeswohlprüfung. Ob Abs 4 S 1 oder S 2 einschlägig ist, hängt davon ab, ob die Einschränkung oder der Ausschluss zum Wohl des Kindes erforderlich ist (dann S 1) oder ob durch die Ausübung des Umgangsrechts das Wohl des Kindes gefährdet wäre (dann S 2). Das Gesetz sieht damit eine gestufte Kindeswohlprüfung iS eines graduell unterschiedlichen Nachteils vor[193]. Ob die Einschränkung oder der Ausschluss **zum Wohl des Kindes erforderlich** ist, soll sich danach bestimmen, ob triftige, das Kindeswohl nachhaltig berührende Gründe vorliegen (so auch die Auslegung der Erforderlichkeit in § 1687 Abs 2, dort Rn 12); dieser Maßstab ist jetzt in § 1696 Abs 1 für eine Änderungsentscheidung aufgestellt[194]. Die Stufe der **Kindeswohlgefährdung** wird mit der Eingriffsschwelle des § 1666 gleichgestellt; der Ausschluss oder eine Einschränkung für längere Zeit oder auf Dauer dürfen danach also nur angeordnet werden, wenn sie zur Abwehr einer konkreten Gefahr für das körperliche, geistige oder seelische Wohl des Kindes unumgänglich sind und die Kindeswohlgefährdung nicht durch weniger einschneidende Maßnahmen abgewendet werden kann[195]. Eine saubere Abgrenzung zwischen beiden Maßstäben ist allerdings nicht möglich, da sowohl in Abs 4 S 1 als auch S 2 der Ausschluss des Umgangsrechts enthalten ist. Es ist also bei jeder Maßnahme der **Verhältnismäßigkeitsgrundsatz** zu beachten[196], und zwar nicht nur zur Entscheidung, ob eine zeitweilige, längerfristige oder dauernde Beschränkung oder ein zeitweiliger, längerfristiger oder dauernder Ausschluss in Betracht kommt, sondern auch zur Bestimmung, ob statt eines Ausschlusses eine Beschränkung ausreicht[197]. Ausgangspunkt jeder Kindeswohlprüfung ist die Regelung des § 1626 Abs 3 S 1, wonach zum Wohl des Kindes idR der Umgang mit beiden Elternteilen gehört[198]. 31

Als **unzureichend** für einen befristeten oder gar dauerhaften Ausschluss (also weder eine Fallgestaltung von Abs 4 S 1 noch von Abs 4 S 2) wurden in der Rspr angesehen: fehlende oder unzureichende Unterhaltszahlungen[199], das geringe Alter des Kindes[200], eine ablehnende Haltung des Kindes[201] (näher Rn 32 f), Spannungen zwischen den Eltern[202], heftige Auseinandersetzungen der völlig zerstrittenen Eltern aus Anlass zufälliger Treffen[203], die Verfeindung der Eltern[204], die haltlose Vermutung sexuellen Missbrauchs durch den Umgangsberechtigten[205], ein Umzug des Kindes ins Ausland[206], die Abschiebung des ausländischen umgangsberechtigten Elternteils[207], strafprozessuale oder ermittlungstaktische Erwägungen[208], eine strafgerichtliche Verurteilung[209] sowie die Inhaftierung des Umgangsberechtigten[210], eine fehlende Beziehung[211] oder die **Entfremdung** zwischen Kind und Umgangsberechtigtem[212], nur spärliche Umgangskontakte zwischen leiblichem Vater und Kind, das kurz nach der Geburt in eine Adoptiv- 31.1

---

[192] BT-Drucks 13/8511 S 74.
[193] *Schwab/Wagenitz* FamRZ 1997, 1377, 1381; FamRefK/*Rogner* Rn 20.
[194] AG Kerpen FamRZ 1998, 254; *Johannsen/Henrich/Jaeger* Rn 34; *Staudinger/Rauscher* Rn 269; aA KG FamRZ 1999, 1518, 1519; *Palandt/Diederichsen* Rn 24.
[195] BT-Drucks 13/8511 S 74; BGH FamRZ 1988, 711; FamRZ 1984, 1084; FamRZ 1980, 131, 132; OLG Koblenz FamRZ 2007, 926, 927; OLG Oldenburg FamRZ 2005, 925, 926; OLG Köln FamRZ 2005, 2011; FamRZ 2003, 952; OLG Saarbrücken MDR 2006, 156, 157; OLG Brandenburg FamRZ 2003, 1405.
[196] BVerfG FamRZ 2005, 871; FamRZ 2005, 1815, 1816; OLG Koblenz FamRZ 2007, 926, 927; OLG Brandenburg FamRZ 2007, 577, 578; FamRZ 2003, 1405; OLG Köln FamRZ 2005, 2011; *Johannsen/Henrich/Jaeger* Rn 34; *Erman/Michalski* Rn 28; *Staudinger/Rauscher* Rn 272; MünchKommBGB/*Finger* Rn 52, 54; *Gernhuber/Coester-Waltjen* § 66 Rn 9.
[197] BVerfG FamRZ 2005, 1815, 1816.
[198] FamRefK/*Rogner* Rn 20; *Palandt/Diederichsen* Rn 24.
[199] OLG Hamm FamRZ 1966, 317; s auch KG ZBlJugR 1978, 372.
[200] KG FamRZ 1985, 639, 640; OLG Karlsruhe FamRZ 1999, 184; OLG Hamm FamRZ 1994, 58, 59; OLG Celle FamRZ 1990, 1026, 1027; AG Kerpen FamRZ 2000, 50, 51.
[201] OLG Brandenburg FamRZ 2007, 577, 578 ff; FamRZ 2003, 1405.
[202] BVerfG FamRZ 2005, 871; OLG Brandenburg FamRZ 2003, 111; NJW-RR 2002, 294, 295; KG FamRZ 1985, 639, 640; OLG Karlsruhe FamRZ 1990, 901, 902.
[203] OLG Hamm FamRZ 1999, 326.
[204] BGH FamRZ 1984, 1084, 1085; OLG Saarbrücken MDR 2006, 156, 157; OLG Hamm FamRZ 1997, 1095, 1096; FamRZ 1994, 58, 59.
[205] OLG München FamRZ 2003, 1957; OLG Dresden JAmt 2002, 310.
[206] OLG Brandenburg FamRZ 2003, 1405.
[207] BVerfG FamRZ 2003, 1082, 1083; zur Bedeutung des Umgangsrechts für die Entscheidung über eine Aufenthaltserlaubnis OVG Münster NVwZ 2006, 717 f.
[208] OLG Bamberg FamRZ 2000, 43.
[209] OLG Hamm FamRZ 1980, 481.
[210] BGH FamRZ 1984, 1084, 1085; OLG Hamm FamRZ 2003, 951; OLG Brandenburg FamRZ 2003, 1405; AG Pankow-Weißensee ZKJ 2006, 264 f.
[211] BVerfG FamRZ 2006, 1005 f.
[212] OLG Köln OLGR 2005, 96; OLG Dresden JAmt 2002, 310, 312 f; KG FamRZ 1985, 639, 640; OLG Karlsruhe FamRZ 1999, 184; OLG Hamm FamRZ 1996, 424; OLG Düsseldorf FamRZ 1994, 1277, 1278; OLG Celle FamRZ 1990, 1026, 1027.

§ 1684

Pflegefamilie kam[213] oder Fehlen jeglicher Kontakte über mehrere Jahre[214], Umgangsinteressen Dritter (zB Großeltern und Tante)[215], Erkrankung des Kindes[216], nervöse Beschwerden des Sorgeberechtigten beim Zusammentreffen mit dem anderen Elternteil[217], ablehnende Haltung des betreuenden Elternteils gegenüber einem Umgang[218], allgemeine Unruhe und Unsicherheit eines Elternteils vor der Entscheidung über das Sorgerecht[219], das Interesse des Sorgeberechtigten an einer störungsfreien Eingliederung des Kindes in eine neue Familie[220], ein sich anbahnendes Vater-Kind-Verhältnis zum neuen Partner des sorgeberechtigten Elternteils[221], fehlende Erziehungsfähigkeit des Umgangsberechtigten[222], Erhebung einer Vaterschaftsanfechtungsklage durch den Umgangsberechtigten[223], pädophile Neigungen des Umgangsberechtigten[224] (s auch Rn 36), Geiselnahme[225], eine Aids-Infektion des Umgangsberechtigten[226], erst recht nicht der Verdacht einer Aids-Infektion[227], die gewerbliche Ausübung der Prostitution durch die Umgangsberechtigte[228], Zugehörigkeit des Umgangsberechtigten zur Glaubensgemeinschaft Zeugen Jehovas[229], die Mitnahme des Kindes zu Gottesdiensten der Zeugen Jehovas[230].

31.2 Dagegen wurden folgende Gründe für **ausreichend** erachtet, um das Umgangsrecht einzuschränken oder gar auszuschließen: aggressive Spannungen zwischen den Eltern von weit überdurchschnittlicher Intensität[231] bis hin zur Partnerschaftsgewalt[232], Missbrauch des Umgangsrechts, um das Sorgerecht des anderen Elternteils auszuhöhlen mit dem Ziel, es selbst übertragen zu bekommen, zumindest an der Sorge beteiligt zu werden[233], Entführungsgefahr (Rn 21.1), Wahrnehmung des Umgangsrechts, um das Kind aus der Pflegefamilie herauszulösen[234], Notwendigkeit für das Kind, eine dauerhafte Beziehung zu seinen Pflegeeltern aufzubauen[235], fehlende Akzeptanz der Pflegeeltern durch die umgangsberechtigten Eltern[236], schwerwiegende Konflikte zwischen beiden Eltern und Pflegeeltern[237], (drohende) Misshandlungen des Kindes[238], schwere Verletzungen an die sich das Kind infolge der aus der Verletzung resultierenden körperlichen und geistigen Beeinträchtigungen aber nicht erinnern und die aus diesem Ereignis folgende Beeinträchtigung der Kindesmutter[239], ein das Kindeswohl gefährdendes Milieu des Umgangsberechtigten[240], Erleben des Umgangsberechtigten als Fremden[241], mangelnde Kenntnis des Kindes von der Abstammung vom Umgangsberechtigten[242], psychische Belastung des Kindes durch den Umgang[243], soweit dieser nicht durch die Art der Ausgestaltung des Umgangsrechts begegnet werden kann[244], wiederholte Streitigkeiten mit der Heimleitung[245], jahrelange Hassgefühle des Umgangsberechtigten gegenüber dem anderen Elternteil[246], langjährige Alkoholerkrankung[247] sowie geistige Erkrankung des Umgangsberechtigten[248]. Bei nachgewiesenem **sexuellen Missbrauch**

---

[213] EGMR FamRZ 2004, 1456, 1459; BVerfG NJW 2004, 3407, 3412; FamRZ 2005, 173, 175; aA OLG Naumburg FamRZ 2004, 1510, 1511, jeweils zum Fall Görgülü.
[214] OLG Brandenburg FamRZ 2003, 1405; s auch OLG Brandenburg FamRZ 2005, 293, 294.
[215] BVerfG FamRZ 2007, 335, 336.
[216] OLG Brandenburg FamRZ 2003, 111; KG FamRZ 1989, 656, 657 betr Neurodermitis.
[217] OLG Bamberg FamRZ 1984, 507, 508.
[218] BVerfG FamRZ 2004, 1166, 1167 f; aA OLG Rostock FamRZ 2004, 968, 969 f.
[219] KG JAmt 2001, 204, 205.
[220] OLG Brandenburg FamRZ 2000, 1106, 1107 = FuR 2000, 171, 173; OLG Stuttgart FamRZ 2001, 932; NJW 1981, 404; AG Tempelhof-Kreuzberg FamRZ 2003, 948, 949; *Rauscher* FamRZ 1998, 329, 336.
[221] OLG Bamberg FamRZ 2000, 46 f; OLG Karlsruhe FamRZ 1999, 184; krit wohl *Willutzki* Kind-Prax 2002, 111.
[222] OLG Celle FamRZ 2007, 1265 f.
[223] BGH FamRZ 1988, 711; OLG Düsseldorf FamRZ 1987, 1177, 1178; *Schwab/Motzer* HdB ScheidungsR III Rn 285; aA OLG Frankfurt FamRZ 1990, 655; OLG Nürnberg FamRZ 1987, 1178.
[224] BVerfG FamRZ 2005, 1816, 1817 m Anm *Motzer* 1971 f betr Pädophilieverdacht; OLG Hamm FamRZ 1993, 1233, 1234.
[225] OLG Hamm FamRZ 1997, 1095, 1096.
[226] OLG Hamm NJW 1989, 2336.
[227] OLG Hamm FamRZ 2003, 951; OLG Frankfurt NJW 1991, 1554.
[228] OLG Braunschweig MDR 1962, 132.
[229] AG Göttingen FamRZ 2003, 112 f.
[230] AG Düren FamRZ 2004, 970.
[231] OLG Frankfurt FamRZ 2002, 1582, 1583; OLG Bamberg FamRZ 1998, 969, 970; OLG Stuttgart NJW 1979, 1168; OLG Ravensburg DAVorm 1976, 417, 419 betr Ausschluss des Umgangsrechts; aA OLG Jena FamRZ 2000, 47; OLG Hamm FamRZ 1999, 326.
[232] *Kindler/Salzgeber/Fichtner/Werner* FamRZ 2004, 1241, 1246 ff; *Höflinger* ZfJ 2004, 63; *Fricke* FPR 2005, 24, 26; *Kindler* FPR 2005, 16, 19 f; *Meysen* JAmt 2004, 61, 68; Ausnahme: bei strafrechtlicher Verurteilung, Verbüßung der Strafe und anschließender Unauffälligkeit OLG Saarbrücken MDR 2006, 156, 157; s auch OLG Brandenburg FamRZ 2003, 1405.
[233] OLG Hamm FamRZ 2002, 1583, 1584; KG FamRZ 1980, 399 f; s auch OLG Köln FuR 2000, 239, 240.
[234] OLG Bamberg FamRZ 1993, 726, 728.
[235] OLG Stuttgart FamRZ 2002, 1279 f; DIJuF JAmt 2004, 135 f.
[236] OLG Stuttgart FamRZ 2002, 1279, 1280.
[237] OLG Hamm FamRZ 2000, 1108, 1109.
[238] OLG Celle FamRZ 2007, 662 f m Anm *Fabricius-Brand*; *Schwab/Motzer* HdB ScheidungsR III Rn 276; *Kindler/Salzgeber/Fichtner/Werner* FamRZ 2004, 1241 ff.
[239] OLG Oldenburg FamRZ 2005, 925, 926 betr Anordnung von betreutem Umgang.
[240] *Schwab/Motzer* HdB ScheidungsR III Rn 275.
[241] OLG Zweibrücken NJW-RR 2007, 730, 731; OLG Nürnberg JAmt 2002, 32, 34.
[242] VerfGH Berlin JR 2005, 409, 410 f.
[243] BGH FamRZ 1984, 1084, 1085; OLG Köln ZfJ 2003, 162; OLG Zweibrücken FamRZ 1999, 1009, 1010.
[244] OLG Frankfurt FamRZ 2003, 1317, 1318 m Anm *Doukkani-Bördner*; OLG Hamm FamRZ 2002, 1583, 1585; OLG Karlsruhe FamRZ 1999, 184, 185.
[245] BayObLG FamRZ 1994, 1411, 1412.
[246] AG Magdeburg FamRZ 2005, 1770 f.
[247] OLG Koblenz FamRZ 2007, 926 f; zum Umgang mit Alkoholkranken *Salzgeber/Vogel/Partale* FuR 1991, 324, 328 f.
[248] AG Peine FamRZ 1965, 85;.

kommt idR ein Ausschluss des Umgangsrechts in Betracht[249], bei einem Missbrauchsverdacht dagegen idR eine Einschränkung des Umgangsrechts in Form eines begleiteten Umgangs (näher Rn 36), bei einem Missbrauchsverdacht gegen einen Dritten der Ausschluss des Dritten am Umgang[250]; je nach Intensität des Verdachts ist aber auch hier ein Ausschluss des Umgangsrechts erforderlich[251].

b) Bedeutung des Kindeswillens. Ein wichtiger Aspekt bei der Kindeswohlprüfung ist der Wille des Kindes[252]. Dies folgt aus dem Persönlichkeitsrecht des Kindes[253] sowie der Neuregelung des § 1684 Abs 1, wonach das Kind ein Umgangsrecht hat[254]. Er ist aber nicht allein entscheidend[255], auch nicht ab einem bestimmten Lebensalter: so hat schon der Gesetzgeber des SorgeRG von 1979 einen Gesetzesvorschlag[256] abgelehnt, wonach gegen den Willen eines Kindes, welches das 14. Lebensjahr vollendet hat, ein persönlicher Umgang nicht ausgeübt werden darf[257]. Umgekehrt hat der Umgangsberechtigte ein Umgangsrecht, das durch § 1684 Abs 4 S 1 und 2 sogar verstärkt wurde, weil ein Ausschluss dieses Rechts nur unter engen Voraussetzungen zulässig ist (Rn 31). Es bedarf folglich einer **Abwägung** zwischen dem Willen des Kindes und dem des umgangsberechtigten Elternteils[258].   32

Der Kindeswille ist beachtlich, weil er auch bei kleinen Kindern Ausdruck von Bindungen ist[259]. Darüber hinaus ist er ein Akt der Selbstbestimmung, wenn das Kind nach seinem Reifestand die Bedeutung des persönlichen Umgangs verstehen und ohne den Sorgeberechtigten selbständige Entscheidungen treffen kann. Dies wird vor allem bei älteren Kindern bejaht[260]; jedoch gibt es keine feste Altersgrenze[261]. Der **ablehnende Wille des Kindes** muss auf einer inneren Ablehnung beruhen, der tatsächliche oder auch eingebildete, nicht sachgerecht verarbeitete Erlebnisse zugrunde liegen[262]; es muss sich um subjektiv beachtliche oder verständliche Beweggründe handeln[263]; als solcher Grund genügt etwa das Bedürfnis nach Ruhe nach langjährigem Miterleben elterlicher Spannungen[264]. Weiter wird verlangt, dass der Widerstand des Kindes nicht mit erzieherischen Mitteln seitens des betreuenden Elternteils überwunden wird[265] oder werden kann; dies wird vor allem bei älteren Kindern gelten, deren nachvollziehbarem Willen eine erhebliche Bedeutung bei der Umgangsregelung zukommt[266]. Das Gericht hat die Aufgabe, dem Kind die Bedeutung des Umgangs für den vom Ausschluss betroffenen Elternteil und für das Kind selbst vor Augen zu führen und das Kind zu einer eigenständigen Prüfung seiner Haltung zu veranlassen[267]; es muss mit Hilfe von Sachverständigengutachten prüfen, ob das Kind nach einer Eingewöhnungsphase seinen Widerstand gegen den Kontakt aufgibt oder ob er nicht auszuräumen ist. Würde das Kind bei einem dann zu erzwingenden Kontakt Schaden in seiner Entwicklung nehmen, so ist das Umgangsrecht – bei jüngeren Kindern wegen der Gefahr der Entfremdung zeitlich befristet – auszuschließen[268]; zum Mittel des betreuten Umgangs s Rn 36.   33

---

[249] AG Kerpen FamRZ 1998, 254; Walter ZfJ 1996, 270, 275; *Lorenzen-Linke/Balloff* FamRZ 1993, 1032 schlagen einen begleiteten Umgang vor. Zur Definition des Missbrauchsbegriffs Carl FamRZ 1995, 1183, 1184; zur Entstehungsgeschichte des sexuellen Missbrauchs und den betroffenen Personen empirische Untersuchung bei *Düring* S 110 ff.
[250] OLG Düsseldorf FamRZ 1992, 205 f; diese Umgangsentscheidung lässt sich gegenüber dem Elternteil auf § 1684 Abs 4 S 1 und gegenüber dem Dritten auf § 1684 Abs 3 stützen.
[251] OLG Oldenburg FamRZ 2006, 882; OLG Brandenburg JAmt 2001, 606 f; OLG Bamberg FamRZ 1994, 719.
[252] BVerfG FamRZ 2007, 1078, 1079; *Münder*, FS Derleder, 2005, S 565, 573; aus psychologischer Sicht *Kindler/Reinhold* FPR 2007, 291 ff.
[253] BGH FamRZ 1980, 131, 132.
[254] OLG Düsseldorf FamRZ 1998, 1460.
[255] OLG Brandenburg FamRZ 2007, 577, 578; *Vogel* ZFE 2006, 296, 300.
[256] BT-Drucks 7/2060 S 24.
[257] BT-Drucks 8/2788 S 53; *Soergel/Strätz* § 1634 aF Rn 26.
[258] BGH FamRZ 1980, 131, 132; OLG Köln FamRZ 2005, 2011; OLG Brandenburg DAVorm 2000, 72, 73 = FuR 2000, 171, 172 = NJW-RR 2000, 882, 883; zur Vereinbarkeit der Abwägungsentscheidung mit den Anforderungen von Art 8 Abs 2 EMRK EGMR NJW 2006, 2241, 2243 – Süss.
[259] BVerfG FamRZ 2007, 1078, 1079.
[260] BGH FamRZ 1980, 131, 132 f betr 13-, 16- und 17jährige Kinder; OLG Jena FamRZ 1996, 359, 360 betr 16jähriges Kind; OLG Brandenburg DAVorm 2000, 72, 73 = FuR 2000, 171, 172 betr 14jähriges Kind; OLG Düsseldorf FamRZ 1994, 1277, 1278 betr 14jähriges Kind; OLG Bamberg FamRZ 1989, 890 betr 9- und 12jährige Kinder; FamRZ 1998, 970 betr 15jähriges Kind; OLG Frankfurt FamRZ 1983, 217 betr 13jähriges Kind; OLG Hamm FamRZ 1997, 307 betr 16½jähriges Kind; OLG Rostock ZfJ 1999, 399 betr 17jähriges Kind; LG Ravensburg DAVorm 1995, 243 betr 13jähriges Kind.
[261] OLG Karlsruhe FamRZ 2005, 1698, 1699; FamRZ 2002, 624, 625 betr Altersgrenze: 9–10 Jahre; OLG Köln FF 2004, 297, 299 betr 8½ Jahre; OLG Schleswig FamRZ 2000, 48, 49 betr 11jähriges Kind; OLG Karlsruhe JAmt 2001, 603 f betr 10jähriges Kind; krit dazu MünchKommBGB/*Hinz* 3. Aufl 1992, § 1634 aF Rn 30 a.
[262] OLG Brandenburg ZfJ 2002, 231 f betr zweifache Kindesentführung; OLG Hamm FamRZ 2000, 45; OLG Celle FamRZ 1998, 1458, 1459; zweifelhaft OLG Celle FamRZ 2007, 662 f m krit Anm *Fabricius-Brand*.
[263] OLG Saarbrücken MDR 2006, 156, 157; OLG Köln FamRZ 2005, 2011; FF 2004, 297, 299; OLG Brandenburg FamRZ 2002, 975, 977; AG Frankfurt FamRZ 2005, 295, 296: „erklärbare Gründe".
[264] OLG Köln FF 2004, 297, 299.
[265] OLG Köln ZfJ 2003, 162; krit AnwK-BGB/*Peschel-Gutzeit* Rn 49.
[266] OLG Karlsruhe FamRZ 2005, 1698, 1699; OLG Köln FF 2004, 297, 299; OLG Brandenburg FamRZ 2003, 1405, 1406; OLG Karlsruhe FamRZ 2002, 624, 625; *Vogel* ZFE 2006, 296, 301.
[267] BGH FamRZ 1980, 131, 133.
[268] OLG Naumburg FamRZ 2002, 564, 565; OLG Köln ZfJ 2003, 162; OLG Celle FamRZ 1998, 971, 972; zu den Aufgaben des Kindespsychiaters *Resch/Möhler* FPR 2004, 56, 59 f.

§ 1684

33.1 Problematisch sind vor allem die Fälle, in denen die Weigerungshaltung des Kindes vom betreuenden Elternteil aufgebaut wurde (zu dieser sog **PAS** Rn 14). Zum Teil wird in diesen Fällen dem Recht des Umgangsberechtigten der Vorrang eingeräumt und zur Begründung auf die Bedeutung des Umgangsrechts und der gerichtlichen Entscheidung für die Entwicklung des Kindes verwiesen[269]; der betreuende Elternteil sei verpflichtet, die Fehlhaltung beim Kind wieder abzubauen[270]. Das BVerfG sieht in dem Außerachtlassen des erklärten Willens des Kindes durch die Instanzgerichte dann keinen Verstoß gegen Grundrechte des Kindes aus Art 6 Abs 2, Art 2 Abs 1 GG, wenn der Kindeswille offensichtlich beeinflusst worden ist und die manipulierten Äußerungen des Kindes die wirklichen Bindungsverhältnisse nicht zutreffend bezeichnen[271]. Nach aA dagegen ist das Umgangsrecht bei entgegenstehendem, auch beeinflusstem Willen des Kindes immer entweder ganz oder weitgehend zeitweilig auszuschließen[272], und zwar selbst dann, wenn die Weigerung des Kindes in seiner Begründung nicht gutzuheißen ist[273]. Für die letztere Sichtweise spricht, dass der Wille des Kindes, selbst wenn er beeinflusst worden ist, psychische Realität ist, der nicht ohne Verstoß gegen sein Persönlichkeitsrecht ignoriert werden kann[274].

34 c) **Inhalt der gerichtlichen Entscheidung.** Die gerichtliche Entscheidung muss möglichst konkret sein[275]. Die **Einschränkungen** können inhaltlicher[276], zeitlicher[277] sowie örtlicher Art sein (zB Anordnung des Umgangs an einem „neutralen Ort")[278]; sie können auch darin liegen, dass die Anwesenheit von Dritten (Abs 4 S 3, 4) oder die Abwesenheit bestimmter Personen (etwa des neuen Partners) bei der Wahrnehmung des Umgangsrechts angeordnet wird. Die zuletzt genannte Anordnung lässt sich sowohl als Ausübungsregelung nach Abs 3 S 1 (gegenüber Dritten als auch dem Umgangsberechtigten) als auch als Einschränkung des Umgangsrechts des Umgangsberechtigten nach Abs 4 S 1 einordnen. Die Abgrenzung der Maßnahmen nach Abs 4 S 1 zu denen nach Abs 3 S 1 ist nicht immer deutlich, vor allem dann nicht, wenn man dafür eintritt, die Erstentscheidung über das Umgangsrecht bereits mit Einschränkungen zu verbinden[279]. Der **Ausschluss** des Umgangsrechts bezieht sich auf den persönlichen ebenso wie den brieflichen und telefonischen Kontakt. Er verbietet aber nicht dem Kind, von sich aus den Kontakt zu diesem Elternteil aufzunehmen[280].

35 Sowohl die Einschränkung als auch der Ausschluss können für eine kürzere wie auch für eine längere Zeit oder auf Dauer angeordnet werden. Das Gesetz sagt nicht, wann eine **längere Zeit** iS von Abs 4 S 2 anzunehmen ist. Dies hängt vom Einzelfall und dabei vor allem vom Alter und Zeitempfinden des Kindes ab. Ein weiterer wichtiger Aspekt ist die Häufigkeit des bisherigen Umgangs. So erscheint im Verhältnis zu einem wöchentlichen Kontakt ein Ausschluss von mehr als drei Monaten als langfristig[281]. Die gerichtliche Entscheidung muss in jedem Fall klarstellen, ob ein zeitlich begrenzter, also für einen kalendermäßig genau bestimmten Zeitraum oder ein dauernder Ausschluss beabsichtigt ist[282].

35.1 Zur Bestimmung des Tatbestandsmerkmals „längere Zeit" ist zu beachten, dass für ein dreijähriges Kind im Unterschied zu einem Zehnjährigen ein Monat[283], für ein fünfjähriges Kind acht Monate lang sein können[284]. Als Richtmaß wird bei Kindern ab Vollendung des 7. Lebensjahres ein Zeitraum von einem halben Jahr eine längere Zeit angenommen, bei Kindern ab Vollendung des 12. Lebensjahres ab einem Zeitraum von einem Jahr[285].

36 2. **Begleiteter Umgang (Abs 4 S 3, 4).** Die Anordnung des Umgangs in Anwesenheit eines mitwirkungsbereiten Dritten (sog begleiteter Umgang) enthält eine Einschränkung des Umgangsrechts[286]. Die neu in das Gesetz aufgenommene Maßnahme verdeutlicht, dass ein völliger Ausschluss

---

[269] OLG Saarbrücken ZKJ 2007, 495, 496 f; OLG Karlsruhe FamRZ 1990, 901, 902.
[270] OLG Brandenburg FamRZ 2000, 1106, 1107 = FuR 2000, 171, 173; OLG Bamberg FamRZ 2000, 46 f; OLG Jena FamRZ 2000, 47.
[271] BVerfG FuR 2001, 332, 333 = FamRZ 2001, 1057; s auch BVerfG FamRZ 2005, 1057 f; OLG Dresden JAmt 2002, 310, 312.
[272] OLG Hamm FamRZ 2002, 1583, 1584; OLG Koblenz FamRZ 2004, 288; OLG Schleswig FamRZ 2000, 48, 49; OLG Hamm FamRZ 2000, 1108, 1109; OLG Köln FuR 2000, 276, 277; OLG Rostock ZfJ 1999, 399; OLG Hamburg FamRZ 1991, 471; AG Nördlingen JAmt 2006, 254, 255.
[273] OLG Hamm FamRZ 1997, 307.
[274] *Johannsen/Henrich/Jaeger* Rn 41; *Peschel-Gutzeit* FPR 2003, 271, 275; AnwK-BGB/*Peschel-Gutzeit* Rn 13 f; *Balloff* FPR 2002, 241, 242 ff; *Fegert* FPR 2002, 219, 221; zu den Langzeitfolgen eines erzwungenen Umgangs *Wallerstein/Lewis/Blakeslee* S 318; *Wallerstein/Lewis* FamRZ 2001, 65, 69.
[275] BGH FamRZ 1994, 158, 160.
[276] OLG Saarbrücken ZFE 2004, 26 f; OLG Köln FuR 2000, 276, 277.
[277] OLG Zweibrücken NJW-RR 2007, 730, 731; OLG München FamRZ 2003, 1957.
[278] OLG Oldenburg FamRZ 2005, 925, 926 betr Heim; OLG Braunschweig FamRZ 2002, 118 betr Räume einer Beratungsstelle.
[279] *Schwab/Motzer* HdB ScheidungsR III Rn 272.
[280] OLG Schleswig SchlHA 1984, 173, 174.
[281] FamRefK/*Rogner* Rn 22; *Palandt/Diederichsen* Rn 35.
[282] BGH FamRZ 1994, 158, 160; KG FamRZ 1985, 639; FamRZ 1980, 399, 400; OLG Celle FamRZ 1998, 1458; OLG Bamberg FamRZ 1998, 969 f; OLG Hamm FamRZ 1996, 361, 362.
[283] *Johannsen/Henrich/Jaeger* Rn 34.
[284] OLG Naumburg JAmt 2002, 32, 34 = FamRZ 2002, 564, 565.
[285] *Johannsen/Henrich/Jaeger* Rn 34; OLG Hamm FamRZ 1999, 326: zwei Jahre.
[286] Das Staatsinstitut für Frühpädagogik hat im Auftrag des Bundesministeriums für Familie, Senioren, Frauen und Jugend 2001 „Vorläufige deutsche Standards zum begleiteten Umgang" erarbeitet; dazu *Stieghorst* ZFE 2002, 236; zu weiteren Standards *Rasch* ZKJ 2006, 398; *Fricke* ZfJ 2005, 389, 392 fordert besondere Standards für den begleiteten Umgang mit Säuglingen und Kleinkindern. In den vorläufigen deutschen Standards werden als Formen des begleiteten Umgangs der unterstützte, der begleitete Umgang ieS und der beaufsichtigte Umgang unterschieden,

Umgang des Kindes mit den Eltern **§ 1684**

des Umgangsrechts wegen des Verhältnismäßigkeitsgrundsatzes nur noch in Betracht kommt, wenn ein begleiteter Umgang nicht ausreicht, um das Wohl des Kindes zu gewährleisten[287]. Ein wichtiger Anwendungsfall ist der **Verdacht des sexuellen Missbrauchs eines Kindes** durch den Umgangsberechtigten[288]. Um dem anderen Elternteil nicht ein einfaches Mittel an die Hand zu geben, mit dem er den Kontakt des Umgangsberechtigten mit dem Kind verhindern kann, muss das Gericht eine selbständige Prüfung und Abwägung der Schwere des Tatverdachts und der möglichen Gefahren für das Kindeswohl durch die Gewährung oder durch den Ausschluss bzw. die Einschränkung des Umgangs vornehmen[289]. Ausnahmsweise kommt ein begleiteter Umgang auch bei einem nachgewiesenen sexuellen Missbrauch in Betracht[290]; in diesem Fall ist aber idR ein Ausschluss erforderlich (Rn 36.1).

36.1 Weitere Fallgruppen des begleiteten Umgangs sind nach der Rspr die Besorgnis der **Kindesentziehung** durch den Umgangsberechtigten[291], die (Neu-)Anbahnung von Kontakten, vor allem nach längerer Zeit der Nichtausübung des Umgangsrechts und Entfremdung des Umgangsberechtigten vom Kind[292], auf konkrete Anhaltspunkte gestütztes Misstrauen in die Loyalität des Umgangsberechtigten[293], **Umgangsverweigerung durch das Kind**[294], insbes, wenn die Weigerung des Kindes auf einer Willensbeeinflussung durch den Sorgeberechtigten beruht (**PAS** Rn 14, s aber auch Rn 33.1), verhärtete Fronten zwischen den Eltern[295], Alkoholabhängigkeit, psychische Krankheit[296], pädophile Neigungen[297], uU auch Wohnungslosigkeit[298] des Umgangsberechtigten sowie eine körperliche oder seelische Misshandlung des Kindes durch den Umgangsberechtigten außerhalb der Fallgestaltung des sexuellen Missbrauchs[299].

37 Als **Dritter,** dessen Anwesenheit das Gericht bei Mitwirkungsbereitschaft anordnen kann, kommt in erster Linie (arg „auch")[300] eine Privatperson[301], etwa Verwandte, Freunde, Nachbarn, Lehrer, Pfarrer, Familientherapeuten, Mediatoren und andere[302], danach ein Träger der Jugendhilfe, also idR das Jugendamt[303] oder ein Verein[304], zB ein Kinderschutzbund[305], in Betracht; letztere bestimmen dann jeweils, welche Einzelperson die Aufgaben wahrnimmt (Abs 4 S 4 HS 2). Der Dritte muss **mitwirkungsbereit** sein, er darf also nicht gegen seinen Willen zur Anwesenheit bei der Ausübung des Umgangsrechts gezwungen werden[306]; dies gilt auch für das Jugendamt; die Beratungs- und Unterstützungspflicht des Jugendamts nach § 18 Abs 3 SGB VIII ändert daran nichts[307]. Das Gericht kann die notwendige Mitwirkungsbereitschaft nicht durch eine Entscheidung nach Abs 3 S 1 ersetzen[308]. Das Kind bzw der Jugendliche und die Eltern haben dagegen verwaltungsgerichtlich durchsetzbare Ansprüche auf Unterstützung durch das Jugendamt (§§ 18 Abs 3 S 1, 3 SGB VIII)[309].

S 9 f; Fall des unterstützten Umgangs OLG Jena FamRZ 2007, 661 f; zu Haftungsfragen beim begleiteten Umgang *Böhm/Mütze* NDV 2002, 325; zur Bewertung des betreuten Umgangs durch die Eltern *Buchholz-Graf/Vergho* Kind-Prax 2005, 43; zu den verschiedenen pädagogischen, psychologischen und rechtlichen Aspekten des begleiteten Umgangs *Klinkhammer/Klotmann/Prinz* HdB Begleiteter Umgang; zu den praktischen Problemen *Stephan* Kind-Prax 2000, 141; *Stephan/Wolf* Kind-Prax 2002, 44.
[287] BT-Drucks 13/4899 S 106.
[288] BT-Drucks 13/4899 S 106; OLG Hamburg FamRZ 2002, 566 f; OLG Brandenburg FPR 1999, 245; OLG Celle FamRZ 1998, 973 f; OLG Bamberg FamRZ 1995, 181 f; OLG Frankfurt FamRZ 1995, 1432, 1433 m Anm *Schulze* FamRZ 1997, 42 und *Weychardt* FamRZ 1997, 444 f; OLG Stuttgart FamRZ 1994, 718 f; AG Kerpen FamRZ 1998, 254, 255; Empfehlung Nr 2 und 3 des 16. DFGT FamRZ 2005, 1962 f; zum Nachweis der Unschuld des Beschuldigten durch den Einsatz eines Polygraphen s § 1626 Rn 42.3.
[289] OLG Brandenburg NJW-RR 2002, 294, 295 betr fehlenden Tatverdacht; FamRZ 2002, 621, 622 m abl Anm *Vollkommer*; OLG Bamberg FamRZ 1995, 181 f; OLG Frankfurt FamRZ 1995, 1432, 1433 m Anm *Schulze* FamRZ 1997, 42 ff und *Weychardt* FamRZ 1997, 444 f; OLG Stuttgart FamRZ 1994, 718 f.
[290] AG Kerpen FamRZ 1998, 254, 255; *Staudinger/Rauscher* Rn 313; aA *Vogel* ZFE 2006, 296, 303.
[291] BT-Drucks 13/4899 S 106; OLG Köln FamRZ 2005, 1770; *Erman/Michalski* Rn 25; *Soergel/Strätz* Nachtrag zu § 1634 aF Rn 25; *Staudinger/Rauscher* Rn 314.
[292] OLG Zweibrücken NJW-RR 2007, 730, 731; OLG Karlsruhe NJW-RR 2007, 443 ff; OLG München FamRZ 2003, 1955, 1956; OLG Frankfurt NJW 2002, 3785; OLG Stuttgart FamRZ 2001, 932; OLG Hamm FamRZ 1999, 326; OLG Köln FamRZ 1997, 1097; OLG Hamm FamRZ 1994, 58, 59; *Johannsen/Henrich/Jaeger* Rn 32.
[293] OLG Köln JAmt 2005, 93 f; *Johannsen/Henrich/Jaeger* Rn 32.
[294] KG FamRZ 2001, 368, 369; OLG Köln FF 2004, 297, 299; FamRZ 2001, 1163.
[295] BT-Drucks 13/4899 S 164; nicht ausreichend persönliche Spannungen zwischen den Eltern OLG Brandenburg FamRZ 2002, 414, 415.
[296] *Richter/Kreuznacht* ZfJ 1999, 45, 49; *Staudinger/Rauscher* Rn 316.
[297] BVerfG FamRZ 2005, 1816 m Anm *Motzer* 1971 f betr Pädophilieverdacht.
[298] *Fichtner* JAmt 2005, 386, 390 ff.
[299] OLG Oldenburg FamRZ 2005, 925, 926; Empfehlung Nr 3 des 16. DFGT FamRZ 2005, 1962, 1963; *Staudinger/Rauscher* Rn 315; *Vergho* FPR 2007, 296 ff; *Ehinger* FPR 2006, 171, 173 f; allg zu Indikatoren für den begleiteten Umgang *Fegert* FPR 2002, 219 ff.
[300] *Palandt/Diederichsen* 59. Aufl 2000, Rn 61.
[301] Dies sieht *Willutzki* Kind-Prax 2003, 49, 52 anders.
[302] OLG Oldenburg FamRZ 2005, 925, 926 betr Pflegepersonal.
[303] OLG Stuttgart NJW-RR 2007, 1083; *Leyhausen* S 146 ff; *Richter/Kreuznacht* ZfJ 1999, 45, 48 f.
[304] *Rahn/Borgolte* FPR 2002, 245 ff; BReg BT-Drucks 13/4899 S 169; aA BR BT-Drucks 13/4899 S 154.
[305] OLG Stuttgart FamRZ 2006, 1153; OLG Celle FamRZ 1998, 973; *Purschke-Öttl/Limmer* ZKJ 2006, 402.
[306] DIJuF-Rechtsgutachten 2002, 359; FamRefK/*Rogner* Rn 25; *Palandt/Diederichsen* Rn 31.
[307] OLG Frankfurt FamRZ 1999, 617, 618; *Willutzki* Kind-Prax 2003, 49, 51.
[308] *Lipp/Wagenitz* Rn 12; *Johannsen/Henrich/Jaeger* Rn 32; *Rauscher* FamRZ 1998, 329, 335; *Schwab/Motzer* HdB ScheidungsR III Rn 273; *Staudinger/Rauscher* Rn 319.
[309] FamRefK/*Rogner* Rn 25; § 18 SGB VIII Rn 8, 1815; *Fröhlich* FPR 1999, 200, 203.

VI. Verfahren

38 **1. Allgemeine Grundsätze. Zuständig** zur Entscheidung über das Umgangsrecht ist das Familiengericht nach § 621 Abs 1 Nr 2 ZPO, § 23 b Abs 1 S 2 Nr 3 GVG. Das Gericht regelt den Umfang des Umgangsrechts und seine Ausübung auf **Antrag** iS einer **Anregung** eines Elternteils oder des Kindes (zur gerichtlichen Geltendmachung des Umgangsrechts des Kindes Rn 39 ff). **Von Amts wegen** wird das Gericht nur tätig, wenn eine gerichtliche Umgangsregelung zum Wohl des Kindes angezeigt ist[310]. Das Gericht ist an einen gestellten Antrag nicht gebunden[311]. Die Ermittlung des der Entscheidung zugrunde liegenden Tatsachenstoffs obliegt dem Gericht (§ 12 FGG). Verfügt es nicht anderweit über eine möglichst zuverlässige Entscheidungsgrundlage, so darf es die Frage des Umgangs nur mit **sachverständiger Beratung** regeln[312]. Unzulässig ist aber die Anordnung eines Umgangs in den Räumen eines Sachverständigen zum Zweck weiterer Sachverhaltsermittlung und -aufklärung[313]. Die Eltern sind nach § 50 a Abs 1 FGG, das Kind nach § 50 b FGG[314], die Pflegeperson nach § 50 c FGG und das Jugendamt nach § 49 a Abs 1 Nr 7 FGG **anzuhören.** Der Umfang des Umgangsrechts kann bei Anhängigkeit einer Ehesache durch **einstweilige Anordnungen** nach § 620 ZPO, bei Anhängigkeit einer Familiensache, etwa nach § 621 Abs 1 Nr 1 oder 2 ZPO unter den Voraussetzungen des § 621 g ZPO und darüber hinaus analog § 621 g ZPO entschieden werden (allg § 1626 Rn 45), etwa um der Gefahr einer völligen Entfremdung zwischen dem Umgangsberechtigten und dem Kind vorzubeugen[315]; aus diesem Grund ist effektiver Rechtsschutz auch in angemessener Zeit zu gewähren (allg § 1626 Rn 39). Eine Sonderregelung zu einstweiligen Anordnungen enthält § 52 Abs 3 FGG (näher Rn 42).

39 **2. Gerichtliche Geltendmachung des Umgangsrechts des Kindes.** Schwierig ist die Frage zu beantworten, ob und wie das Kind sein Umgangsrecht gerichtlich geltend machen kann. Da ein gerichtlich erzwungener Kontakt nicht dem Kindeswohl dient, wird zT ein gerichtlich durchsetzbares Recht des Kindes verneint[316]. Für diese Sicht lässt sich auf die mit der Einführung eines Umgangsrechts des Kindes bezweckte Signalwirkung für die Eltern und Bewusstseinsänderung bei den Eltern (Rn 2) verweisen[317]. Gleichwohl hat das BVerfG bereits früh auch die Bedeutung der Beziehung zum nichtsorgeberechtigten Elternteil für das Kind in den Vordergrund gestellt[318]. Es gilt deshalb, auch dem Kind die Möglichkeit zu geben, sein Recht auf Umgang durchzusetzen[319].

40 Das Kind kann sein Umgangsrecht allerdings nicht selbst geltend machen. Vorschläge, das Umgangsrecht um ein Antragsrecht des Kindes zu erweitern, wurden vom Gesetzgeber nicht übernommen[320]. Steht das Kind noch unter **gemeinsamer elterlicher Sorge**, so wird es von den Eltern gemeinschaftlich vertreten (§ 1629 Abs 1 S 2 HS 1). Diese Vertretung scheitert aber an §§ 1629 Abs 2 S 1, 1795 Abs 2, 181. Eine alleinige Vertretung der Kindesinteressen durch den jeweils willigen Elternteil kommt nur in Betracht, wenn diesem entweder im Verfahren nach § 1628 die Befugnis zur Alleinentscheidung über die Geltendmachung des Umgangsrechts des Kindes zugewiesen oder er durch gerichtliche Entscheidung nach § 1671 allein sorgeberechtigt wurde[321]. Ansonsten bleibt nur die Möglichkeit, für das Kind in einem oft langwierigen und hochstreitigen Verfahren einen Ergänzungspfleger nach § 1909 zu bestellen[322]. Ist der betreuende Elternteil **alleinsorgeberechtigt,** kann er auch das Kind nach § 1629

---

[310] OLG Zweibrücken FamRZ 2004, 1589 f; *Schwab/Motzer* HdB ScheidungsR III Rn 241; *Soergel/Strätz* § 1634 aF Rn 19.
[311] OLG Hamburg FamRZ 1996, 676.
[312] BVerfG NJW 2007, 1266, 1267; FamRZ 2006, 605, 606; OLG Zweibrücken FamRZ 1999, 1009, 1010; zur Bedeutung des Sachverständigen im Umgangsverfahren *Balloff* FPR 2007, 288; zu den Anforderungen an ein Sachverständigengutachten OLG München FamRZ 2003, 1957 f; zum Verstoß einer gerichtlichen Entscheidung gegen Art 8 EMRK bei fehlender Einholung eines psychologischen Sachverständigengutachtens EGMR FamRZ 2001, 341, 343 – Elsholz; FamRZ 2002, 381, 308 – Sommerfeld; FamRZ 2004, 337, 341 – Sommerfeld; – Sahin (Große Kammer) m Anm *Lenz/Baumann* FPR 2004, 303, 305; BVerfG FamRZ 2004, 1166, 1168; OLG Rostock NJW 2007, 231; zur Anfechtbarkeit der Anordnung einer psychologischen Begutachtung des Kindes OLG Zweibrücken Kind-Prax 2003, 223.
[313] BVerfG FamRZ 2004, 523, 524.
[314] OLG Frankfurt FamRZ 1999, 617; zum Verstoß einer gerichtlichen Entscheidung gegen Art 8 EMRK bei fehlender Anhörung des Kindes EGMR EuGRZ 2002, 25 – Sahin; FamRZ 2004, 337, 340 f – Sommerfeld; – Sahin (Große Kammer) m Anm *Lenz/Baumann* FPR 2004, 303, 305; zur Bedeutung der Anhörung des Kindes im Umgangsverfahren zur Sicherstellung des Grundrechtsschutzes des Umgangsberechtigten BVerfG NJW 2007, 1266, 1267; BVerfGE 55, 171, 182.
[315] BVerfG FamRZ 2005, 173, 175 f m Anm *Rixe*: einstweilige Anordnung durch BVerfG – Görgülü; OLG Hamm OLGR 2004, 262 f; OLG Hamm FamRZ 2002, 1585; KG FamRZ 2002, 412 f; AG Güstrow JAmt 2004, 52; *Vogel* ZFE 2006, 47, 49 f.
[316] BT-Drucks 13/4899 S 68, 168; *Palandt/Diederichsen* § 1626 Rn 24; iE wohl auch OLG Nürnberg FamRZ 2002, 413.
[317] BT-Drucks 13/8511 S 68; *Schwab/Wagenitz* FamRZ 1997, 1377, 1381; bereits Stellungnahme des DFGT FamRZ 1997, 337, 341.
[318] BVerfG FamRZ 1971, 421, 425.
[319] OLG Brandenburg FamRZ 2005, 293, 294; OLG Köln FamRZ 2004, 52; FamRZ 2002, 979; FamRZ 2001, 1023; *Greßmann* Rn 327; *Lipp/Wagenitz* Rn 6; *Johannsen/Henrich/Jaeger* Rn 33 *Staudinger/Rauscher* Rn 59; AnwK-BGB/*Peschel-Gutzeit* Rn 68.
[320] BR BT-Drucks 13/4899 S 153; AGJ ZfJ 1996, 94, 97; dagegen Begr BT-Drucks 13/4899 S 68.
[321] FamRefK/*Rogner* Rn 15 f; *Greßmann* Rn 328; *Lipp/Wagenitz* Rn 6; *Rauscher* FamRZ 1998, 329, 332.
[322] BT-Drucks 13/4899 S 68, 172; *Schwab/Motzer* HdB ScheidungsR III Rn 297; anders BT-Drucks 13/4899 S 162.

Abs 1 S 3 allein vertreten[323]. Er kann also das Umgangsrecht des Kindes gegen den unwilligen anderen Elternteil geltend machen, es sei denn, es liegt ein erheblicher Interessengegensatz zwischen dem sorgeberechtigten Elternteil und dem Kind vor, weshalb die Vertretungsmacht nach §§ 1629 Abs 2 S 3, 1796 zu entziehen und ebenfalls ein Pfleger zu bestellen ist. Er kann auch aus eigenem Recht eine Umgangspflicht des Umgangsberechtigten einklagen[324].

Die Langwierigkeit, die mit einem Verfahren nach § 1671 oder einem solchen auf Zuweisung einer **41** Alleinentscheidungsbefugnis bzw einer Pflegerbestellung verbunden ist, wird durch die jetzt in § 50 Abs 2 Nr 1 FGG vorgesehene Möglichkeit vermieden, einen **Verfahrenspfleger** für das Kind zu bestellen, der nicht nur ein Verfahren nach § 1684 Abs 3 anregen, sondern auch im Verfahren die Interessen des Kindes vertreten kann[325] und für die Durchführung des Verfahrens an die Stelle des gesetzlichen Vertreters tritt[326]. Diese Möglichkeit kommt auch dann in Betracht, wenn beide Elternteile am Umgang nicht interessiert sind. Das schon selbständigere Kind kann weiter nach **§ 18 Abs 3 S 1 SGB VIII** die Beratung und Unterstützung des Jugendamts bei der Ausübung des Umgangsrechts in Anspruch nehmen, damit dieses beim unwilligen Elternteil die Einsicht in die Notwendigkeit des Umgangs mit seinem Kind schafft[327] oder ein Verfahren nach § 1684 Abs 3 bei Gericht anregt[328]; bei jüngeren Kindern, bei denen die kontinuierliche Pflege von Kontakten von besonderer Bedeutung ist[329], können auch weitere Umgangsberechtigte (etwa Großeltern) oder Pflegepersonen ein gerichtliches Verfahren anregen[330] oder die Hilfe des Jugendamts nach § 18 Abs 3 S 3 SGB VIII in Anspruch nehmen.

Eine Beschränkung dieser Durchsetzungsmöglichkeiten auf Verfahren des Kindes gegen den nicht sorgeberechtig- **41.1** ten bzw zumindest nicht betreuenden Elternteil[331] kommt nicht in Betracht. Zwar ließe sich für diese Einschränkung anführen, eine Durchsetzung des Umgangsrechts gegen den betreuenden sorgeberechtigten Elternteil belaste dessen Erziehungsrecht[332]. Das Gesetz kennt eine solche Beschränkung jedoch nicht; zudem stellt sich der Konflikt zwischen Erziehungs- und Umgangsrecht in beiden Fällen.

3. Gerichtliches Vermittlungsverfahren. Da gerade bei Umgangsregelungen die Akzeptanz durch **42** die Beteiligten eine Grundvoraussetzung für ihr Gelingen ist[333], enthält das Gesetz verschiedene streitreduzierende Elemente (allg § 1626 Rn 44). **Vor** der Einleitung eines gerichtlichen Verfahrens hat vor allem das Jugendamt die Aufgabe, die Eltern zu beraten und Konflikte zwischen ihnen zu schlichten (§ 18 Abs 3 SGB VIII)[334]. **Nach** Einleitung eines gerichtlichen Verfahrens, aber **vor** Erlass der gerichtlichen Entscheidung über das Umgangsrecht kommt dem Gericht nach § 52 Abs 1 FGG die Aufgabe zu, auf ein Einvernehmen der Eltern hinzuwirken[335]. Es soll bei Bereitschaft der Beteiligten, außergerichtliche Beratung in Anspruch zu nehmen, oder bei Aussicht auf ein außergerichtliches Einvernehmen der Parteien das Verfahren aussetzen, soweit dies nicht zu einer für das Kindeswohl nachteiligen Verzögerung führt (§ 52 Abs 2 FGG). Eine Aussetzung kommt danach nicht in Betracht, wenn durch die Verzögerung eine Entfremdung des Kindes vom Umgangsberechtigten eintreten würde[336], es sei denn, das Gericht erlässt eine einstweilige Anordnung nach § 52 Abs 3 FGG. **§ 52 a FGG** sieht ein besonderes gerichtliches Vermittlungsverfahren **nach** Erlass der gerichtlichen Umgangsregelung vor.

Das Verfahren nach § 52 a FGG wird nur auf Antrag eines Elternteils, nicht anderer Personen eingeleitet[337]. Das **42.1** Gericht kann unter den Voraussetzungen von § 52 a Abs 1 S 2 die Eltern und in geeigneten Fällen auch das Jugendamt zu einem Vermittlungstermin zu laden (§ 52 a Abs 2 FGG). Es erörtert im Termin die Folgen des Unterbleibens eines Umgangs für das Wohl des Kindes (§ 52 a Abs 3 S 1 FGG), weist auf die Folgen, die sich aus der Vereitelung oder Erschwerung des Umgangs für die Betroffenen ergeben können (§ 52 a Abs 3 S 2) und auf die außergerichtlichen Beratungsmöglichkeiten hin (§ 52 a Abs 3 S 3 FGG). Es soll darauf hinwirken, dass die Eltern Einvernehmen über die Ausübung des Umgangs erzielen (§ 52 a Abs 4 S 1 FGG). Erzielen sie Einvernehmen über eine von der gerichtlichen Entscheidung abweichende Regelung des

---

[323] OLG Brandenburg FamRZ 2005, 293; OLG Celle ZfJ 2001, 352.
[324] VerfGH Berlin FamRZ 2004, 970.
[325] BVerfG FamRZ 2007, 1078, 1079; NJW 2007, 1266, 1268; OLG Brandenburg FamRZ 2003, 1405; OLG Rostock ZfJ 1999, 307; *Staudinger/Rauscher* Rn 60; Rn 391 ff; *Johannsen/Henrich/Jaeger* Rn 33; *Schwab/Wagenitz* FamRZ 1997, 1377, 1381; *Rauscher* FamRZ 1998, 329, 333; *Schulze* Kind-Prax 2005, 98 ff; *Luthin*, FS Schwab 2005, S 809, 814 f; gegen die Bestellung eines Verfahrenspflegers in sämtlichen Umgangsverfahren BT-Drucks 13/4899 S 172; allg zum Verfahrenspfleger § 1626 Rn 43.
[326] BT-Drucks 13/4899 S 130.
[327] BT-Drucks 13/4899 S 168.
[328] BT-Drucks 13/4899 S 68.
[329] BT-Drucks 13/4899 S 169; *Ofuatey-Kodjoe* ZfJ 1997, 233 ff.
[330] *Greßmann* Rn 328.
[331] *Diederichsen* NJW 1998, 1977, 1987; *Weisbrodt* DAVorm 2000, 195.
[332] FamRefK/*Rogner* Rn 17; *Diederichsen* NJW 1998, 1977, 1987.
[333] *Rauscher* FamRZ 1998, 329, 339; *Lüderitz* Familienrecht 27. Aufl 1999, Rn 950.
[334] BT-Drucks 13/4899 S 133; näher *Stürtz/Meysen* FPR 2007, 282 ff; *Keidel/Engelhardt* § 52 a FGG Rn 3; krit *Büttner* FamRZ 1998, 585, 589; zur Frage der Mutwilligkeit iS von § 114 S 1 ZPO bei fehlender Inanspruchnahme eines Vermittlungsangebotes des Jugendamtes OLG Brandenburg FamRZ 2003, 1760 f; AG Bochum FamRZ 2003, 772; wohl auch, aber Einzelfallentscheidung fordernd *Münder*, FS Derleder, 2005, S 565, 571 (dafür); OLG Stuttgart FamRZ 2006, 1060; OLG Karlsruhe FamRZ 2004, 1115, 1116; FamRZ 2002, 1712; OLG Hamm FamRZ 2004, 1116; *Miesen* Kind-Prax 2005, 206, 207 ff; *Vogel* ZFE 2006, 47, 54 (dagegen).
[335] *Maier* FPR 2007, 301, 303 f; *Luthin*, FS Schwab, 2005, S 809, 812; anders OLG Hamm FamRZ 1998, 1303: auch in diesem Fall nur außergerichtliche Beratung.
[336] *Rauscher* FamRZ 1998, 329, 340.
[337] KG FamRZ 2003, 1039; *Schael* FamRZ 2005, 1796, 1797 f.

§ 1684

Umgangs und widerspricht diese nicht dem Kindeswohl, so ist die Umgangsregelung als Vergleich zu protokollieren, der an die Stelle der bisherigen gerichtlichen Verfügung tritt (§ 52 a Abs 4 S 3 FGG). Dieser Vergleich stellt dann eine Vollstreckungsgrundlage iS von § 33 Abs 1 FGG dar. Kommt es weder zu einer Einigung noch zu einem Einvernehmen über die Inanspruchnahme außergerichtlicher Beratung, so stellt das Gericht durch einen nicht anfechtbaren Beschluss die Erfolglosigkeit des Vermittlungsverfahrens fest (§ 52 a Abs 5 S 1 FGG) und prüft im Anschluss, ob Zwangsmittel ergriffen, Änderungen der Umgangsregelung vorgenommen oder Maßnahmen in Bezug auf die Sorge ergriffen werden sollen (§ 52 a Abs 5 S 2 FGG)[338].

43 **4. Vollstreckung umgangsrechtlicher Entscheidungen.** Umgangsrechtliche Entscheidungen können vollstreckt werden[339]. Das Gesetz hält aber zwei Instrumente bereit, um eine Vollstreckung der Umgangsregelung möglichst zu vermeiden. Zum einen sieht § 52 a FGG ein gerichtliches Vermittlungsverfahren vor (Rn 42). Zum anderen enthält § 1684 Abs 4 S 1 und 2 die Möglichkeit, den **Vollzug früherer Entscheidungen über das Umgangsrecht** kurzzeitig **einzuschränken oder auszuschließen,** soweit dies zum Wohl des Kindes erforderlich ist (Abs 4 S 1), oder für längere Zeit oder auf Dauer einzuschränken oder auszuschließen, wenn andernfalls das Kindeswohl gefährdet ist (Abs 4 S 2, zur gestuften Kindeswohlprüfung Rn 31).

43.1 Der Gesetzgeber ist den in der Reformdiskussion erhobenen Forderungen nach Abschaffung der Vollstreckung von Umgangsregelungen[340] nicht gefolgt. Zwar belastet die Vollstreckung einer Umgangsentscheidung das Verhältnis des Kindes zum jeweils unwilligen Elternteil und kann damit das Kindeswohl gefährden. Ein Verbot der Vollstreckung käme aber einem Ausschluss des Umgangsrechts gleich, der nur unter engen Voraussetzungen möglich ist (Abs 4 S 1, 2). Zudem geht schon von der Möglichkeit einer Vollstreckung eine Signalwirkung aus. Ein Ausschluss der Durchsetzbarkeit würde in den Fällen, in denen die Eltern sich mehr schlecht als recht mit der vereinbarten oder gerichtlichen Umgangsregelung abfinden, dazu führen, dass ein Umgang zukünftig nicht mehr stattfinden würde[341].

43.2 Der Gesetzgeber hat Abs 4 S 1 und 2 aufgenommen, um der Umgangsvereitelung durch den betreuenden Elternteil entgegenzuwirken, ohne falsche Signale zu setzen, wie dies nach altem Recht der Fall war. Danach konnte nur das Umgangsrecht eingeschränkt und ausgeschlossen werden; der Sorgeberechtigte wurde also für sein Verhalten belohnt, wogegen der Umgangsberechtigte eine Einschränkung seines Rechts hinnehmen musste, obwohl der andere Elternteil dafür die Ursache gesetzt hatte[342].

44 Scheitern beide Instrumente zur Schlichtung, so kommt nur die Vollstreckung in Betracht. Diese richtet sich nach **§ 33 FGG**[343]. Voraussetzung ist das Vorliegen einer gerichtlichen Umgangsverfügung; eine **Umgangsvereinbarung** reicht als Grundlage für die Vollstreckung nicht aus[344]. Erforderlich ist vielmehr eine gerichtliche Entscheidung über das Umgangsrecht oder eine Mitwirkung des Gerichts an der Umgangsvereinbarung in dem Sinn, dass die Vereinbarung vom Gericht **gebilligt** und zum Inhalt einer eigenen gerichtlichen Entscheidung gemacht wird[345]; eine bloße Protokollierung der Vereinbarung genügt ebenso wenig wie der Satz, die Parteivereinbarung werde genehmigt[346]; eine Zwangsgeldandrohung wird nur als Billigung verstanden, wenn sie unmittelbar im Anschluss an die Protokollierung der Vereinbarung erfolgt[347]. Ausreichend ist es dagegen, wenn die Einigung auf Betreiben des Gerichts an die Stelle einer gerichtlichen Entscheidung getreten ist und ihr vom Gericht ausdrücklich verpflichtender Charakter beigemessen wird[348].

45 Die gerichtliche Verfügung muss **vollzugsfähig** sein, dh konkrete Anweisungen gegenüber dem betreuenden Elternteil[349], nicht gegenüber dem Kind über die Ausgestaltung des Umgangs nach Ort, Zeit, Häufigkeit, Abholung und ggf Überwachung (beim begleiteten Umgang) enthalten[350]. Unternimmt dann der betreuende Elternteil keine Anstrengungen, damit das Kind eine gerichtliche Um-

---

[338] OLG Naumburg FamRZ 2005, 1577, 1578; krit zu der damit verbundenen Verfahrensverzögerung, die letztlich zu Lasten des Kindes geht, BT-Drucks 13/4899 S 162 f; *Büttner* FamRZ 1998, 585, 590; *Rauscher* FamRZ 1998, 329, 341.
[339] OLG Celle ZfJ 2001, 352; *Schweitzer* S 65 ff.
[340] Beschluss E. IV. des 59. DJT, M 264.
[341] BT-Drucks 13/4899 S 69; BT-Drucks 13/8511 S 68; *Spangenberg* FamRZ 2007, 13, 15.
[342] BT-Drucks 13/4899 S 106; krit *Lüderitz* Familienrecht, 27. Aufl 1999, Rn 945.
[343] Die Vollstreckung nach § 33 FGG setzt aber nicht die Durchführung eines Vermittlungsverfahrens nach § 52 a FGG voraus, OLG Bamberg FamRZ 2001, 169, 170; *Schael* FamRZ 2005, 1796, 1798.
[344] BGH FamRZ 2005, 1471, 1473; OLG Köln FamRZ 2002, 979; *Hammer* FamRZ 2005, 1209, 1216; OLG Karlsruhe FamRZ 1988, 1196, 1197; OLG Düsseldorf FamRZ 1979, 843; *Johannsen/Henrich/Jaeger* Rn 121; *Staudinger/Rauscher* Rn 121; *Gernhuber/Coester-Waltjen* Rn 7; *Schweitzer* S 65 ff.
[345] BGH FamRZ 1988, 277; OLG Nürnberg FamRZ 2005, 920 betr gerichtlichen Vergleich; FamRZ 2003, 779, 780; OLG Köln FamRZ 2002, 979; OLG Karlsruhe FamRZ 1999, 325; OLG Bamberg FamRZ 1998, 306; OLG Koblenz FamRZ 1996, 560, 561; OLG München FamRZ 1999, 522; zur Zuständigkeit des Beschwerdegerichts für die gerichtliche Billigung OLG Karlsruhe FamRZ 1994, 1401 f.
[346] OLG Karlsruhe FamRZ 1999, 325; OLG Köln FamRZ 1999, 961, 962.
[347] OLG Düsseldorf FamRZ 1979, 843; OLG Karlsruhe FamRZ 1988, 1196, 1197 f; auch OLG Hamm FamRZ 1999, 1095; *Schwab/Motzer* HdB ScheidungsR III Rn 236.
[348] OLG Köln FamRZ 1998, 961, 962.
[349] Fehlen ausdrückliche Verpflichtungen gegenüber dem betreuenden Elternteil, werden diese zT aus den Berechtigungen des anderen Elternteils (Ort, Zeit des Umgangs) abgeleitet, so OLG Karlsruhe FamRZ 2005, 1698 f mwN; *Gottschalk* FPR 2007, 308; aA OLG Saarbrücken FamRZ 2007, 2095 f; OLG Bamberg FamRZ 1995, 428.
[350] OLG Koblenz FamRZ 2007, 1682; OLG Celle FamRZ 2006, 556; OLG Brandenburg JAmt 2006, 256; OLG Stuttgart NJW-RR 2007, 1083; OLG Karlsruhe JAmt 2004, 442; OLG Zweibrücken Kind-Prax 2003, 108; *Schweitzer* S 104 ff; *Spangenberg* FamRZ 2007, 13 ff; *Keidel/Zimmermann* § 33 FGG Rn 11; *Staudinger/Rauscher* Rn 229 ff.

gangsregelung befolgt (zur Loyalitätspflicht des betreuenden Elternteils Rn 14), rechtfertigt dies Vollstreckungsmaßnahmen[351]. Etwas anderes gilt jedoch, wenn das Kind den Umgang ablehnt, der Wille beachtlich ist und der Widerstand auch nicht mit erzieherischen Mitteln durch den betreuenden Elternteil überwunden werden kann, was insbes bei älteren Kindern der Fall ist (näher Rn 32)[352]. Da der **Umgangsberechtigte** grds zum Umgang verpflichtet ist (Rn 8), wird überwiegend auch eine Vollstreckbarkeit gegenüber dem unwilligen umgangsberechtigten Elternteil bejaht[353].

Mittel zur Vollstreckung sind Zwangsgeld sowie Zwangshaft (§ 33 Abs 1 S 1 und 2 FGG)[354] und **46** unter den Voraussetzungen von Abs 2 S 1 auch **Gewalt**. Gewalt gegen das Kind darf dagegen nicht angewendet werden, wenn dieses herausgegeben werden soll, um das Umgangsrecht auszuüben (§ 33 Abs 2 S 2 FGG). Mit der **Zwangsgeldfestsetzung** sollen nicht begangene Pflichtwidrigkeiten geahndet, vielmehr der Wille des Verpflichteten gebeugt und die Befolgung der gerichtlichen Verfügung erzwungen werden[355]. Eine Festsetzung von Zwangsgeld setzt eine Androhung voraus (§ 33 Abs 3 S 1 FGG); dabei ist auf die Belange des Kindes Rücksicht zu nehmen[356]. Sie ist gerechtfertigt, wenn etwa der Umgangsberechtigte sich wiederholt strikt geweigert hat, Kontakt zu seinem Kind aufzunehmen[357] oder der betreuende Elternteil den Umgang verhindert (Rn 17). Sie setzt keine Durchführung eines Vermittlungsverfahrens nach § 52a FGG voraus[358]. Allerdings ist die **Androhung** von Zwangsgeld unzulässig, wenn der Umgangsberechtigte ein Verfahren nach § 52a FGG beantragt hat[359]. Die **Zwangsgeldfestsetzung** setzt weiter eine schuldhafte Nichterfüllung der Verpflichtung voraus, zu deren Erzwingung das Zwangsgeld angedroht war[360]. Die Zwangsgeldfestsetzung ist auch ausgeschlossen, wenn der Zweck nicht mehr erreichbar ist, etwa wenn inzwischen das Umgangsrecht ausgesetzt worden ist[361] oder die durchgesetzte Umgangsregelung aufgehoben wurde bzw sonst überholt ist[362]. Das BVerfG hat Zwangsgeldandrohung und -festsetzung in einem Fall ausgesetzt, in dem beide Maßnahmen zu einer erheblichen finanziellen Belastung des Umgangsberechtigten geführt und die Zwangsgeldandrohung einen psychischen Druck verursacht hätte, weil sich der Umgangsberechtigte einer zwangsweisen Durchsetzung eines Treffens mit dem Kind nicht gewachsen fühlte und seine Ehe dadurch in Gefahr sah[363]. Die **Höhe des Zwangsgelds** hängt von dem Ausmaß der Zuwiderhandlung, des Verschuldens, den wirtschaftlichen Verhältnissen des Verpflichteten sowie der Frage ab, ob ein Wiederholungsfall vorliegt oder nicht[364]. **Zwangshaft** ist nach dem Verhältnismäßigkeitsgrundsatz nicht nur nachrangig gegenüber dem Zwangsgeld, sondern auch wegen der notwendigen Betreuung des Kindes kaum realisierbar[365].

5. Änderung umgangsrechtlicher Entscheidungen. Eine einmal getroffene gerichtliche Um- **47** gangsregelung ist unter den Voraussetzungen des § 1696 Abs 1 abänderbar[366]. Geht es dabei um die Einschränkung oder den Ausschluss von Umgangskontakten, ist § 1684 Abs 4 lex specialis[367]. Geht es um eine Ausdehnung von bislang nur eingeschränkt festgesetzten Umgangskontakten, so können die Eltern dies trotz Vorliegens einer gerichtlichen Entscheidung auch durch eine einvernehmliche Regelung tun (Rn 13). Kommt es nicht zu einer Einigung der Eltern, so trifft das Gericht eine Änderungsentscheidung nach § 1696 Abs 1. Im Hinblick auf die Regelung des § 1626 Abs 3 S 1 sind dabei an den Abänderungsgrund iS von § 1696 Abs 1 keine zu hohen Anforderungen zu stellen[368]. Entfallen die Gründe, die zu einer Einschränkung bzw zum Ausschluss des Umgangsrechts geführt haben, so ist die Maßnahme analog § 1696 Abs 2 aufzuheben[369].

---

[351] OLG Karlsruhe FamRZ 2005, 919, 920; JAmt 2004, 443; FamRZ 2002, 1125, 1126; aA *Kloeckner* S 43; diff *Schweitzer* S 90 ff.
[352] OLG Karlsruhe FamRZ 2005, 1698, 1699; FamRZ 2005, 919, 920; *Gottschalk* FPR 2007, 308; *Schweitzer* S 91 f stellt maßgeblich darauf ab, ob der Umgang dem Kindeswohl dient.
[353] OLG Brandenburg FamRZ 2005, 293; OLG Köln FamRZ 2004, 52; FamRZ 2002, 979; *Schweitzer* S 93 ff.
[354] *Kloeckner* S 110 ff; zu möglichen Alternativen *dies* S 126 ff; *Schweitzer* S 134 ff; *Gottschalk* FPR 2007, 308, 309.
[355] OLG Celle FamRZ 1999, 173; *Gottschalk* FPR 2007, 307, 308.
[356] OLG Karlsruhe FamRZ 2007, 1180.
[357] OLG Brandenburg FamRZ 2005, 293, 295.
[358] OLG Brandenburg FamRZ 2007, 2096; OLG Karlsruhe FamRZ 2005, 1698; OLG Rostock FamRZ 2002, 967, 968; OLG Bamberg FamRZ 2001, 169, 170.
[359] OLG Zweibrücken DAVorm 1999, 783 f = FamRZ 2000, 299 f.
[360] OLG Karlsruhe FamRZ 2005, 919, 920; BayObLG FamRZ 1998, 1129; OLG Bamberg FamRZ 2000, 489, 490; OLG Celle FamRZ 1999, 173; OLG Köln FamRZ 1999, 172, 173; OLG Düsseldorf FamRZ 1999, 522, 523; *Keidel/Zimmermann* § 33 FGG Rn 19; etwas anderes gilt dagegen für die Androhung von Zwangsgeld OLG Saarbrücken FamRZ 2007, 2095, 2096; OLG Köln OLGR 2004, 258; OLG Celle FamRZ 1999, 173.
[361] OLG Frankfurt FamRZ 1983, 217, 218.
[362] OLG Karlsruhe FamRZ 2007, 2097 mwN.
[363] BVerfG FamRZ 2002, 534, 535; aA zu Recht OLG Brandenburg FamRZ 2005, 293; *Spangenberg/Spangenberg* FamRZ 2002, 877 f; *Theurer* ZFE 2005, 300, 302; *Staudinger/Rauscher* Rn 59 a.
[364] *Keidel/Zimmermann* § 33 FGG Rn 20 a.
[365] Sonderfall: AG Bremen Kind-Prax 2005, 150.
[366] OLG Naumburg ZfJ 2005, 409 f; OLG Frankfurt FamRZ 2002, 1585; BayObLG FamRZ 1992, 97, 98; *Staudinger/Peschel-Gutzeit* 12. Aufl 1997, § 1634 aF Rn 185; *Schwab/Motzer* HdB SchneidungsR III Rn 288; *Gernhuber/Coester-Waltjen* § 66 Rn 11–14.
[367] *Schwab/Motzer* HdB SchneidungsR III Rn 288.
[368] *Schwab/Motzer* HdB SchneidungsR, 4. Aufl 2000, III Rn 282.
[369] BayObLG FamRZ 1982, 958, 960; *Johannsen/Henrich/Jaeger* Rn 34; *Schwab/Motzer* HdB SchneidungsR III Rn 288.

§ 1685

VII. Reform

48 Art 50 Nr 28 FGG-RG (allg § 1626 Rn 48) sieht eine Ergänzung von Abs 3 um die Möglichkeit der befristeten Anordnung einer Pflegschaft (sog Umgangspflegschaft) für die Durchführung des Umgangs vor, wenn eine Pflicht nach Abs 2 dauerhaft oder wiederholt erheblich verletzt wird. Diese Umgangspflegschaft umfasst das Recht, die Herausgabe des Kindes zur Durchführung des Umgangs zu verlangen und für die Dauer des Umgangs dessen Aufenthalt zu bestimmen. Wichtige, das gerichtliche Verfahren betreffende Änderungsvorschläge enthält auch der Gesetzentwurf der Bundesregierung zur Erleichterung familiengerichtlicher Maßnahmen bei Gefährdung des Kindeswohls (allg § 1626 Rn 48; § 1666 Rn 25).

§ 1685 Umgang des Kindes mit anderen Bezugspersonen

(1) Großeltern und Geschwister haben ein Recht auf Umgang mit dem Kind, wenn dieser dem Wohl des Kindes dient.

(2) [1]Gleiches gilt für enge Bezugspersonen des Kindes, wenn diese für das Kind tatsächlich Verantwortung tragen oder getragen haben (sozial-familiäre Beziehung). [2]Eine Übernahme tatsächlicher Verantwortung ist in der Regel anzunehmen, wenn die Person mit dem Kind längere Zeit in häuslicher Gemeinschaft zusammengelebt hat.

(3) § 1684 Abs. 2 bis 4 gilt entsprechend.

Schrifttum: 16. Deutscher Familiengerichtstag, Empfehlungen des Vorstands, FamRZ 2005, 1962 (zitiert: Empfehlungen des 16. DFGT); *Ehrhardt-Rauch,* Stärkung der Rechte des biologischen Vaters zum 20. April 2004, JAmt 2004, 175; *Höfelmann,* Das neue Gesetz zur Änderung der Vorschriften über die Anfechtung der Vaterschaft und das Umgangsrecht von Bezugspersonen des Kindes, FamRZ 2004, 745; *Höflinger,* Kollision zwischen persönlichem Umgangsrecht der Großeltern und Sorgerecht, ZfJ 2002, 131; *Hoffmann,* Umgangsrecht leiblicher Eltern nach Adoption. Perspektiven nach der Entscheidung des Bundesverfassungsgerichts vom 9. April 2003, JAmt 2003, 453; *Lipp,* Das elterliche Sorgerecht für das nichteheliche Kind nach dem Kindschaftsrechtsreformgesetz (KindRG), FamRZ 1998, 65; *Motzer,* Die neueste Entwicklung von Gesetzgebung und Rechtsprechung auf dem Gebiet von Sorgerecht und Umgangsrecht, FamRZ 2001, 1034; *ders,* Das Umgangsrecht verwandter und enger Bezugspersonen des Kindes – Zur Neufassung von § 1685 Abs 2 BGB, FamRB 2004, 231; *Peschel-Gutzeit,* Stiefkinder und ihre Familien in Deutschland – Rechtlicher Status und tatsächliche Situation, FPR 2004, 47; *Plötzgen,* Das Umgangsrecht von „Nicht-Eltern". Ein Vergleich des deutschen Rechts mit den umgangsrechtlichen Regelungen in England und in der Schweiz, 2005; *Rakete-Dombek,* Das Umgangsrecht des Stiefelternteils zu seinem Stiefkind gem. § 1685 BGB, FPR 2004, 73; *Rauscher,* Das Umgangsrecht nach dem Kindschaftsrechtsreformgesetz, FamRZ 1998, 329; *Schulze,* Le printemps des grands-parents – Das Umgangsrecht Dritter im Entwurf des Bundesjustizministeriums, FuR 1996, 275; *Theurer,* Das Umgangsrecht von Großeltern und anderen Bezugspersonen, MDR 2005, 250; *Vaskovics/Buba/Rost/Rupp,* Lebenslage nichtehelicher Kinder. Rechtstatsächliche Untersuchung zu Lebenslagen und Entwicklungsverläufen nichtehelicher Kinder im Auftrag des Bundesministeriums der Justiz, 1994; *Weisbrodt,* Aus neueren Entscheidungen zum Umgangsrecht, DAVorm 2000, 195.

Übersicht

	Rn		Rn
I. Normzweck	1	III. Wohlverhaltenspflicht (Abs 3, § 1684 Abs 2)	10
II. Umgangsrecht von nichtelterlichen Betreuungspersonen (Abs 1 und 2)	2	IV. Entscheidung des Familiengerichts (Abs 3, § 1684 Abs 3, Abs 4)	11
1. Kreis der Umgangsberechtigten	2		
2. Umgangsrecht der Bezugsperson und des Kindes	5	V. Verfahren	13
3. Vereinbarkeit des Umgangsrechts mit dem Wohl des Kindes	7	VI. Reform	14

I. Normzweck

1 Mit § 1685 sollen die Sozialbeziehungen des Kindes zu Bezugspersonen, die ihm üblicherweise besonders nahe stehen, gestärkt und auf eine Rechtsgrundlage gestellt werden[1].

1.1 Die Regelung wurde vor dem rechtstatsächlichen Hintergrund geschaffen, dass gerade nichteheliche Kinder häufiger als mit dem Vater mit anderen Bezugspersonen (Geschwistern, anderen Verwandten der Mutter) zusammenleben[2]. Nach altem Recht konnten die nichtelterlichen Bezugspersonen nur dann ein Umgangsrecht erlangen, wenn das Umgangsbestimmungsrecht der Eltern nach § 1632 Abs 2 seine Grenze in § 1666 gefunden hatte[3]. Demgegenüber steht nach der Neuregelung bestimmten Bezugspersonen ein eigenes Umgangsrecht zu, soweit es dem Kindeswohl dient. Art 2 Nr 12 des Gesetzes zur Beendigung der Diskriminierung gleichgeschlechtlicher Gemeinschaften: Lebenspartnerschaften vom 16. 2. 2001 (BGBl I S 266) hat diesen Personenkreis um Lebenspartner iS von § 1 Abs 1 S 1 LPartG

---

[1] BT-Drucks 13/4899 S 106 f; *Rauscher* FamRZ 1998, 329, 336.
[2] *Vaskovics/Buba/Rost/Rupp* S 55 ff; BT-Drucks 13/4899 S 106; *Lipp* FamRZ 1998, 65, 75; krit *Rauscher* FamRZ 1998, 329, 337.
[3] BayObLG ZfJ 1984, 361, 362; FamRZ 1984, 614; LG Mannheim DAVorm 1977, 323, 324; OLG Köln FamRZ 1998, 695; MünchKommBGB/*Hinz* 3. Aufl 1992, § 1666 aF Rn 34.

erweitert. Das Gesetz zur Änderung der Vorschriften über die Anfechtung der Vaterschaft und das Umgangsrecht von Bezugspersonen des Kindes vom 23. 4. 2004 (BGBl I S 598) hat zu einer weiteren Änderung von Abs 2 geführt.

II. Umgangsrecht von nichtelterlichen Betreuungspersonen (Abs 1 und 2)

1. Kreis der Umgangsberechtigten. Bei den in § 1685 genannten Personen handelt es sich um solche, die dem Kind üblicherweise besonders nahe stehen[4]. Dazu gehören Großeltern und Geschwister (Abs 1), ohne dass sie – im Unterschied zu den in Abs 2 genannten Personen – enge Bezugspersonen des Kindes sind bzw waren oder mit dem Kind in häuslicher Gemeinschaft zusammengelebt haben. Es ist auch nicht entscheidend, ob die **Großeltern** noch miteinander verheiratet sind oder nicht. Dem jeweils neuen Ehegatten des Großelternteils kann ein Umgangsrecht nach Abs 2 zukommen. Unter den Begriff der **Geschwister** fallen die voll- und halbbürtigen Geschwister, die leiblichen und die durch Adoption hinzutretenden[5]. 2

Nach Abs 2 haben alle **engen Bezugspersonen** des Kindes ein Umgangsrecht, wenn dies dem Wohl des Kindes dient. Aus dem Verhältnis zu Abs 1 folgt, dass es sich dabei nicht um Verwandte handeln muss, wohl aber kann. Eine enge Bezugsperson ist nach Abs 2 S 1 diejenige, die für das Kind **tatsächlich Verantwortung** trägt oder getragen hat. In diesem Fall liegt nach der Definition des Gesetzes eine **sozial familiäre Beziehung** zwischen der Bezugsperson und dem Kind vor[6]. Hierfür genügt nicht ein bloßes Nebeneinander von Bezugsperson und Kind. Ebensowenig kann die Unterhaltszahlung als ausreichend angesehen werden[7]. Das Gleiche gilt für die vorgeburtliche Bereitschaft zur Verantwortungsübernahme[8]. Umgekehrt ist nicht erforderlich, dass ein aktueller persönlicher Bezug des Kindes zu dieser Person besteht; vielmehr genügt, dass sie in der Vergangenheit tatsächlich Verantwortung getragen hat[9]. Das daraus entstandene Vertrauensverhältnis zu dem Kind muss allerdings noch bestehen oder daran anzuknüpfen sein; es geht nicht darum, längst abgerissene Beziehungen wieder aufzubauen[10]. Eine Übernahme tatsächlicher Verantwortung liegt nach Abs 2 S 2 idR vor, wenn die Person mit dem Kind **längere Zeit in häuslicher Gemeinschaft** zusammen gelebt hat. Dafür genügt es nicht, dass es nur zu sporadischen Kontakten zwischen der Bezugsperson und dem Kind gekommen ist[11] oder das Zusammenleben, wenn es denn überhaupt stattgefunden hat, nicht von „gewisser Dauer" war[12]. Nicht ausreichend ist auch ein zweiwöchiger Kontakt zwischen leiblicher Mutter und Kind, bevor sie es zur Adoption freigegeben hat[13]. Einen wichtigen Anhaltspunkt zur Auslegung des Begriffs „längere Zeit" bietet Art 224 § 2 Abs 3 S 2 EGBGB[14]. In jedem Fall sind bei der Auslegung das Alter des Kindes und das kindliche Zeitempfinden zu berücksichtigen[15]. Das Gesetz geht von einer Vermutung der Übernahme tatsächlicher Verantwortung bei einer häuslichen Gemeinschaft aus („in der Regel"); eine solche Verantwortungsübernahme kann demnach auch in anderer Form zum Ausdruck kommen, etwa durch gemeinsame Ferien mit dem Kind[16]. 3

Die Neufassung geht auf eine Entscheidung des BVerfG vom 9. 4. 2003 zurück, wonach die Regelung des § 1685 insoweit mit Art 6 Abs 1 GG unvereinbar sei, als der biologische Vater, der nicht rechtlicher Vater ist, aber eine soziale Beziehung zu seinem Kind hatte, nicht in den Kreis der umgangsberechtigten Personen aufgenommen worden sei: Es verstoße gegen Art 6 Abs 1 GG, den auf diese Weise mit dem Kind verbundenen biologischen Vater von dem Umgang mit dem Kind auszuschließen, wenn dieser dem Wohl des Kindes diene[17]. Nicht vom Schutz des Art 6 Abs 1 GG erfasst werde dagegen derjenige, der nur vorgeburtlich die Bereitschaft zur Übernahme der Verantwortung erklärt habe[18]. 3.1

Der von Abs 2 aF erfasste Personenkreis wird auch von Abs 2 nF erfasst[19]. Das bedeutet, dass der Ehegatte oder frühere Ehegatte eines Elternteils sowie der jetzige oder frühere Lebenspartner eines Elternteils iS von § 1 Abs 1 S 1 LPartG, also die **Stiefeltern**, ein Umgangsrecht haben, wenn sie längere Zeit mit dem Kind in häuslicher Gemeinschaft gelebt haben (Abs 2 Alt 1 aF). Weiter erfasst werden Personen, bei denen das Kind längere Zeit in **Familienpflege** gelebt hat (Abs 2 Alt 2 aF); darunter fallen die Pflegeeltern iS von § 1632 Abs 4. Erfasst werden weiter die bislang ausgeschlossenen Personen, wie zB **Tanten, Onkel, Vettern, Cousinen, Freunde, Nachbarn**[20], der **jetzige oder** 4

---

[4] BT-Drucks 13/4899 S 107.
[5] *Palandt/Diederichsen* Rn 4; *Motzer* FamRB 2004, 231, 232.
[6] Krit zu dieser Definition äußert sich das DIJuF Intern JAmt 2003, 470.
[7] Empfehlungen des 16. DFGT FamRZ 2005, 1962, 1963.
[8] BVerfG FamRZ 2006, 1661 f.
[9] BGH FamRZ 2005, 705, 706 m Anm *Luthin*.
[10] *Palandt/Diederichsen* Rn 6.
[11] OLG Düsseldorf FamRZ 2004, 290 bestätigt von BVerfG FamRZ 2004, 1705 f betr leiblicher Vater; OLG Celle FamRZ 2005, 126 betr Großeltern.
[12] OLG Celle NJW 2005, 78, 79.
[13] OLG Schleswig FamRZ 2004, 1057 f; AG Reinbek FamRZ 2004, 55 f.
[14] *Höfelmann* FamRZ 2004, 745, 747.
[15] AnwK-BGB/*Peschel-Gutzeit* Rn 14; *Motzer* FamRZ 2004, 231, 232.
[16] *Palandt/Diederichsen* Rn 6.
[17] BVerfGE 108, 82, 112 = FPR 2003, 471 ff m Anm *Rakete-Dombek* = FamRZ 2003, 816 ff m Anm *Huber*.
[18] BVerfG FamRZ 2006, 1661 f.
[19] BT-Drucks 15/2253 S 12; *Höfelmann* FamRZ 2004, 745, 751; *Motzer* FamRB 2004, 231, 233; *Plötzgen* S 131.
[20] Früher wurde auch eine Analogie zu § 1685 aF auf diese Personengruppe abgelehnt, OLG Zweibrücken FamRZ 1999, 1161; OLG Bamberg FamRZ 1999, 810 m Anm *Otto* FamRZ 2000, 44 f; OLG Dresden DAVorm 2000, 176, 177; aA *Staudinger/Rauscher* Rn 17.

§ 1685

frühere heterosexuelle Partner eines Elternteils, für den schon seit der ersten Neufassung von Abs 2 durch Art 2 Nr 12 des Gesetzes zur Beendigung der Diskriminierung gleichgeschlechtlicher Gemeinschaften: Lebenspartnerschaften überwiegend eine Ausnahme angenommen wurde[21]. Auch der **biologische Vater**[22] sowie die leiblichen Eltern und Großeltern eines Kindes, das **von Dritten adoptiert** worden ist, können nunmehr ein Umgangsrecht haben, soweit sie enge Bezugspersonen des Kindes iS des Gesetzes sind und der Umgang dem Kindeswohl dient[23].

4.1 Der vom Gesetzgeber in der alten Fassung vorgenommenen Begrenzung war eine gewisse Willkürlichkeit eigen. Im Hinblick darauf, dass Maßstab und Grundlage für das Umgangsrecht das Kindeswohl ist, ist die Verwandtschaft nicht das entscheidende Kriterium, so dass von vornherein nicht einzusehen war, warum eine Tante, ein Onkel oder sonstige Dritte, die dem Kind sehr nahe stehen, vom Anwendungsbereich der Norm ausgenommen waren[24].

5 **2. Umgangsrecht der Bezugsperson und des Kindes.** Die von Abs 1 und 2 erfassten Personen erhalten ein **subjektives, einklagbares und vollstreckbares** Recht[25]. Die Annahme lediglich eines „Reflexrechts"[26] wird durch den Wortlaut des § 1685 nicht bestätigt. Allerdings steht das Umgangsrecht den nichtelterlichen Betreuungspersonen nicht um ihrer selbst willen, sondern um des Kindes willen zu[27]. Es handelt sich deshalb, ebenso wie das Elternrecht, um ein treuhänderisches und dienendes Recht[28]. Dem Dritten steht nur ein Umgangsrecht, aber kein Bestimmungsrecht nach § 1632 Abs 2 während der Zeit des Umgangs zu[29]; es besteht auch **keine** gerichtlich durchsetzbare **Umgangspflicht** der Bezugsperson[30].

6 Ein **eigenes subjektives Recht des Kindes** auf den Umgang besteht, anders als im Fall des § 1684 Abs 1 S 1, nicht[31]. Das Kind kann lediglich nach § 18 Abs 3 S 2 SGB VIII vom Jugendamt darin unterstützt werden, dass die zum Umgang mit ihm berechtigten Personen von ihrem Recht zum Wohl des Kindes Gebrauch machen[32]. Weiter kann das Kind, eventuell mit Hilfe des Jugendamtes, ein gerichtliches Verfahren zur Umgangsregelung anregen[33]. Die Nichtberücksichtigung von berechtigten Umgangswünschen des Kindes mit dritten Personen kann Maßnahmen des Familiengerichts nach § 1666 auslösen[34].

7 **3. Vereinbarkeit des Umgangsrechts mit dem Wohl des Kindes.** Das Umgangsrecht steht den nichtelterlichen Bezugspersonen nach Abs 1 und 2 nur zu, wenn positiv feststeht, dass der Umgang dem Wohl des Kindes dient[35].

7.1 Dies unterscheidet das Umgangsrecht der in § 1685 genannten Personen von dem der Eltern nach § 1684, wo diese zusätzliche Voraussetzung nicht besteht[36]; vielmehr gilt hier die Vermutung, dass der Umgang mit beiden Elternteilen zum Wohl des Kindes gehört (§ 1626 Abs 3 S 1).

8 Ein wichtiger Anhaltspunkt zur Bestimmung, ob der Umgang mit dem Kindeswohl vereinbar ist, ergibt sich aus **§ 1626 Abs 3 S 2**[37]. Danach gehört zum Wohl des Kindes idR der Umgang mit anderen Personen, zu denen das Kind Bindungen besitzt, wenn ihre Aufrechterhaltung für seine Entwicklung förderlich ist (§ 1626 Rn 34). Solche **Bindungen des Kindes** lassen sich zu den in § 1685 Abs 2 genannten Personen annehmen, wenn das Kind mit diesen längere Zeit in häuslicher Gemeinschaft gelebt hat oder bei diesen längere Zeit in Familienpflege war (§ 1685 Abs 2 S 2); etwas anderes wird man nur dann annehmen müssen, wenn kein aktueller vertrauter persönlicher Bezug zum Kind besteht[38]. Bei den in § 1685 Abs 1 genannten Personen kann nicht typischerweise davon ausgegangen werden, dass der Umgang dem Wohl des Kindes dient[39]; die blutsmäßigen Bindungen nach § 1589

---

[21] OLG Karlsruhe FamRZ 2002, 1210, 1211; AG Rostock FamRZ 2005, 296 f; *Motzer* FamRZ 2001, 1034, 1042; *Palandt/Diederichsen* 63. Aufl 2004, Rn 7; *Plötzgen* S 125; zurückhaltender MünchKommBGB/*Finger* Rn 10: für eine Zuordnung des nichtehelichen Lebenspartners zu den Pflegepersonen; aA OLG Oldenburg FamRZ 2003, 1582 f; *Rakete-Dombek* FPR 2004, 73, 74.
[22] BT-Drucks 15/2253 S 9, 21; AG Potsdam FamRZ 2003, 1955.
[23] OLG Karlsruhe FamRZ 2007, 924; OLG Stuttgart FamRZ 2006, 1865, 1866; OLG Rostock FamRZ 2005, 744; OLG Schleswig FamRZ 2004, 1057, 1058; AG Reinbek FamRZ 2004, 55, 56; *Motzer* FamRB 2004, 231, 234; *Hoffmann* JAmt 2003, 453, 459 f.
[24] *Lipp* FamRZ 1998, 65, 75; *Schulze* FuR 1996, 275, 276.
[25] BGH NJW 2001, 3337, 3338; OLG Koblenz NJW-RR 2000, 883, 884; *Johannsen/Henrich/Jaeger* Rn 1; *Schulze* FuR 1996, 275, 276; *Greßmann* Rn 328; aA *Lipp* FamRZ 1998, 65, 75; *Rauscher* FamRZ 1998, 329, 336; *Weisbrodt* DAVorm 2000, 195.
[26] *Lipp* FamRZ 1998, 65, 75.
[27] *Johannsen/Henrich/Jaeger* Rn 1.
[28] *Johannsen/Henrich/Jaeger* Rn 1; *Staudinger/Rauscher* Rn 5.
[29] *Rauscher* FamRZ 1998, 329, 337.
[30] BT-Drucks 13/4899 S 68.
[31] BT-Drucks 13/4899 S 68; *Palandt/Diederichsen* 63. Aufl 2004, Rn 4; *Staudinger/Rauscher* Rn 4; *Peschel-Gutzeit* FPR 2004, 47, 49; anders *Lipp* FamRZ 1998, 65, 75.
[32] BT-Drucks 13/4899 S 68.
[33] *Johannsen/Henrich/Jaeger* Rn 4.
[34] *Palandt/Diederichsen* 63. Aufl 2004, Rn 4.
[35] KG FamRZ 2000, 1520; OLG Frankfurt NJW-RR 1998, 937 f.
[36] BT-Drucks 13/4899 S 68.
[37] BT-Drucks 13/4899 S 107, 154; *Rauscher* FamRZ 1998, 329, 337.
[38] Fallgestaltung in BGH FamRZ 2005, 705 f.
[39] *Johannsen/Henrich/Jaeger* Rn 5.

genügen für eine solche Annahme nicht[40]. Vielmehr ist erforderlich, dass faktische Beziehungen zwischen den Großeltern sowie den Geschwistern zu dem Kind bestehen, die dem Kindeswohl dienen[41] oder zumindest solche angestrebt werden[42].

Bei der Frage, ob das Umgangsrecht des Dritten dem Kindeswohl dient, ist eine **Abwägung** der Interessen des Kindes, der Eltern und des umgangsberechtigten Dritten vorzunehmen[43]. Dabei sind bei den Bezugspersonen, die keinen aktuellen Kontakt zum Kind haben, die Dauer der sozial-familiären Beziehung sowie die Länge der Umgangsunterbrechung zu berücksichtigen[44]; auch Probleme in der Kernfamilie können eine Rolle spielen[45]. Wichtig sind weiter der **Wille des Kindes** und der Eltern. Spricht sich das Kind gegen den Umgang mit dem Dritten aus, so ist dieser Wille – soweit er beachtlich ist – ein wichtiges Kriterium bei der Ausfüllung des unbestimmten Rechtsbegriffs[46]. **Wenden sich beide Eltern gegen den Umgang** mit dem Dritten, so ist dies ebenfalls ein ernst zu nehmender Aspekt gegen das Kindeswohl. Dabei sind die Motive der Eltern für ihre Weigerung entscheidend; diese müssen am Wohl des Kindes orientiert sein[47]. Allerdings wird letztlich die Wirkung der Weigerungshaltung auf das Kindeswohl ausschlaggebend sein mit der Folge, dass die Haltung der Eltern ungeachtet ihrer Motivation im Einzelfall den Ausschlag geben kann[48]. Die Feststellungslast für die Vereinbarkeit des Umgangs mit dem Kindeswohl trägt der Umgangsberechtigte[49]. 9

Zwar ist der in Abs 1 genannte Maßstab vom Wortlaut her derselbe, der nach bisherigem Recht für die vormundschaftsgerichtliche Entscheidung über ein Umgangsrecht des Vaters eines nichtehelichen Kindes galt (§ 1711 Abs 2 aF)[50]. Jedoch lassen sich nicht ohne weiteres Parallelen ziehen, weil die Rechtsposition des Vaters eines nichtehelichen Kindes schon nach altem Recht eine stärkere war als die der nichtelterlichen Bezugsperson[51]. Vielmehr ist bei der Interessenabwägung einerseits zugunsten des Umgangsberechtigten § 1626 Abs 3 S 2 zu beachten, andererseits aber auch dem Erziehungsvorrang der Eltern Rechnung zu tragen[52]. Zu berücksichtigen ist weiter, dass das Umgangsrecht des Dritten nicht als Reflex eines Missbrauchs der elterlichen Sorge[53] ausgestaltet ist. 9.1

Insbesondere bei den von Abs 1 erfassten Personen sind die frühere Rspr zu § 1666 sowie die Überlegung, ob sich das Umgangsrecht nach aktueller Rechtslage auf §§ 1626 Abs 3, 1666 stützen ließe, wichtige Anhaltspunkte zur Beantwortung der Frage, ob das Umgangsrecht dem Kindeswohl dient: Eine missbräuchliche Ausübung des Sorgerechts liegt danach nicht vor, wenn die Eltern den Umgang aus verständigen Gründen verweigern[54]. Solche Gründe werden bejaht, wenn die Eltern den Umgang mit den Großeltern deshalb unterbunden haben, weil diese den Erziehungsvorrang der Eltern nicht beachteten[55] oder sich als verlängerter Arm ihrer um das Umgangsrecht streitenden Kinder verstanden oder wenn die Eltern bestrebt waren, das Kind aus den Spannungen mit den Großeltern herauszuhalten, weil diese das Kind belasten und seinem Wohl abträglich sind[56]. Umgekehrt können allein Spannungen zwischen einem Elternteil und den Großeltern, mögen sie auch von den Großeltern verschuldet sein, für sich allein kein verständiger Grund sein, einem Kind über Jahre hinweg jeglichen Kontakt mit den Großeltern zu verbieten[57]. Etwas anderes gilt dagegen bei tiefgreifenden Zerwürfnissen zwischen (einem) Eltern(teil) und Großeltern[58]. Ausnahmsweise kann selbst eine starre und unverständliche Verweigerungshaltung eines Elternteils im Interesse des Kindeswohls dazu führen, vorübergehend das Umgangsrecht der Großeltern auszuschließen[59]. Im Einzelfall kann auch die Gestattung des Umgangs einen Sorgerechtsmissbrauch darstellen[60]. 9.2

---

[40] Gegenmeinung OLG Rostock FamRZ 2005, 744.
[41] OLG Frankfurt NJW-RR 1998, 937; s auch OLG Koblenz FamRZ 2000, 1111; NJW-RR 2000, 883, 884; OLG Hamm FamRZ 2003, 953 f; *Höftinger* ZfJ 2002, 131, 132 zur alten Rechtslage.
[42] OLG Köln FamRZ 1998, 695, 696.
[43] *Johannsen/Henrich/Jaeger* Rn 5; AnwK-BGB/*Peschel-Gutzeit* Rn 9, 15.
[44] *Luthin* Anm zu BGH FamRZ 2005, 705, 706.
[45] AG Bochum STREIT 2002, 30.
[46] OLG Bamberg FamRZ 1979, 858 f; KG FamRZ 1979, 448; OLG Düsseldorf FamRZ 1979, 857; OLG Koblenz NJW-RR 2000, 883, 884 betr 11- bis 14jährige; OLG Frankfurt NJW-RR 1998, 937, 938 betr 9jährige; KG FamRZ 2000, 1520, 1521 betr 8- und 9jährige; BayObLG FamRZ 1984, 312; OLG Frankfurt FamRZ 1997, 571 betr 3jährige.
[47] *Rauscher* FamRZ 1998, 329, 337.
[48] AG Kulmbach FamRZ 2007, 850, 851; AG Nördlingen FamRZ 2006, 882; *Rauscher* FamRZ 1998, 329, 337.
[49] BT-Drucks 15/2253 S 21; OLG Hamm FamRZ 2004, 57, 58; FamRZ 2000, 1601, 1602 m insoweit abl Anm *Liermann* FamRZ 2001, 704 f; *Staudinger/Rauscher* Rn 19; *Ehrhardt-Rauch* JAmt 2004, 175, 178; aA *Palandt/Diederichsen* Rn 3.
[50] BT-Drucks 13/4899 S 107; BT-Drucks 13/8511 S 68.
[51] BVerfG FamRZ 1991, 913, 915.
[52] OLG Hamm FamRZ 2000, 1600, 1601 m Anm *Liermann* FamRZ 2001, 704 und *Spangenberg/Spangenberg* FamRZ 2002, 48 ff; FamRefK/*Rogner* Rn 3; *Rauscher* FamRZ 1998, 329, 337.
[53] *Schulze* FuR 1996, 275 ff.
[54] BayObLG ZfJ 1984, 361, 362; DAVorm 1982, 359, 363; FamRZ 1980, 284; FamRZ 1975, 279; OLG Frankfurt NJW-RR 1998, 937, 938.
[55] OLG Hamm FamRZ 2000, 1601, 1602 m insoweit zust Anm *Liermann* FamRZ 2001, 704 f; abl *Spangenberg/Spangenberg* FamRZ 2002, 48 ff.
[56] BayObLG FamRZ 1995, 497, 498; FamRZ 1984, 614; DAVorm 1983, 377, 380; OLG Frankfurt NJW-RR 1998, 937, 938; OLG Köln FamRZ 1998, 695, 696; OLG Hamm FamRZ 2005, 2012; FamRZ 2000, 1110; KG NJW-FER 2001, 119; LG Kassel FamRZ 1997, 1552; LG Mannheim DAVorm 1977, 323 f; AG Kulmbach FamRZ 2007, 850, 851; AG Konstanz FamRZ 2004, 290 f; generell krit *Theurer* MDR 2005, 250, 253.
[57] BayObLG ZfJ 1981, 272, 274; LG Kassel FamRZ 1997, 1552.
[58] OLG Hamm FamRZ 2004, 57, 58; AG Konstanz FamRZ 2004, 290, 291.
[59] OLG Koblenz NJW-RR 2000, 883, 884.
[60] OLG Hamm FamRZ 1997, 1550, 1551.

III. Wohlverhaltenspflicht (Abs 3, § 1684 Abs 2)

10 Die **Wohlverhaltenspflicht** (Abs 3, § 1684 Abs 2) gebietet den Eltern, das Verhältnis des Kindes zu der Umgangsperson nicht zu beeinträchtigen, und dem Dritten, die Erziehung des Kindes durch die Eltern nicht zu erschweren[61]. Anspruch auf Beratung und Unterstützung durch das Jugendamt bei der Ausübung des Umgangsrechts haben nach § 18 Abs 3 S 3 SGB VIII auch die von § 1685 erfassten Personen[62].

IV. Entscheidung des Familiengerichts (Abs 3, § 1684 Abs 3, Abs 4)

11 Das Familiengericht kann über den Umfang des Umgangsrechts und seine Ausübung entscheiden (Abs 3, **§ 1684 Abs 3 S 1**). Bei der Bestimmung des Ortes, des Zeitraums des einzelnen Umgangs und seiner Häufigkeit sind die verschiedenen Interessen gegeneinander abzuwägen[63]. Als natürlicher Ort des Umgangs kommt, soweit keine Gesichtspunkte des Kindeswohls entgegenstehen, die Wohnung der Bezugsperson in Betracht[64]. Das Familiengericht kann die Beteiligten weiter zur Erfüllung ihrer Wohlverhaltenspflicht anhalten (Abs 3, **§ 1684 Abs 3 S 2**). Es kann zudem eine zwischen Großeltern des Kindes väterlicherseits und Kindesmutter getroffene Umgangsvereinbarung bei Umgangsverhinderung durch die Kindesmutter gerichtlich bestätigen[65] und das Umgangsrecht oder den Vollzug früherer Entscheidungen über das Umgangsrecht der nichtelterlichen Bezugspersonen einschränken oder ausschließen (Abs 3, **§ 1684 Abs 4 S 1 und 2**). Anzuwenden sind auch die Regeln über den beschützten Umgang (Abs 3, **§ 1684 Abs 4 S 3 und 4**)[66].

12 **Konkurrieren** mehrere Umgangsberechtigte nach § 1685 miteinander, so hat das Familiengericht die Entscheidung zu treffen, mit der eine Überforderung des Kindes vermieden und die Erziehungskontinuität durch den bzw die Sorgerechtsinhaber gewahrt werden kann[67]. Notfalls müssen die Umgangsrechte als dem Kindeswohl nicht dienlich zurücktreten, was das Familiengericht nach Abs 3, § 1684 Abs 4 S 1, 2 aussprechen muss[68]. Bei einer Konkurrenz zwischen einem Umgangsrecht nach § 1685 und nach § 1684 geht letzteres vor[69].

V. Verfahren

13 Die Entscheidung über die Zubilligung eines Umgangsrechts ergeht im FGG-Verfahren, ein Verbund mit einem Scheidungsverfahren scheidet aus (arg § 623 Abs 2 S 1 Nr 2 ZPO). Das Gericht wird tätig, wenn einer der Umgangsberechtigten den Umgang begehrt oder beim zuständigen Gericht anregt, ein Umgangsrecht zu prüfen und zuzubilligen[70]. Die **Anregung** kann auch von einem Elternteil stammen, und zwar dann, wenn der andere Elternteil zB den Umgang mit der Großmutter verweigert. Ist der die Entscheidung anregende Elternteil Mitinhaber der elterlichen Sorge, so kann er statt dieser Anregung auch einen förmlichen **Antrag** nach § 1628 stellen, dass ihm die Entscheidung über den Umgang mit einem Großelternteil zugewiesen wird[71]. Da die Einleitung des Verfahrens nach § 1685 nicht zwingend der Anregung eines Elternteils bedarf, kann der Elternkonflikt im Rahmen von § 1685 auch auf Antrag eines umgangsberechtigten Dritten entschieden werden. Für diese Sichtweise spricht, dass dem Dritten ansonsten bei fehlender Einigung der Eltern und Untätigbleiben beider die Durchsetzung seines Umgangsrechts verwehrt bliebe, obwohl eine Umgangsregelung dem Kindeswohl dienen würde[72].

VI. Reform

14 Der Entwurf eines FGG-Reformgesetzes (FGG-RG) (allg § 1626 Rn 48) sieht infolge von Änderungen des § 1684 Abs 3 (dort Rn 48) auch eine Änderung von § 1685 vor. In Abs 3 soll auf die im Entwurf in § 1684 Abs 3 vorgesehene Umgangspflegschaft verwiesen werden, die das Familiengericht auch für die Durchführung von Umgangsrechten der Bezugspersonen des Kindes nach § 1685 anordnen kann. Allerdings kann diese Anordnung nur ergehen, wenn die Voraussetzungen des § 1666 Abs 1 erfüllt sind (Art 50 Nr 29 FGG-RG).

---

[61] *Rauscher* FamRZ 1998, 329, 337.
[62] *Wiesner/Struck* § 18 SGB VIII Rn 26.
[63] *Johannsen/Henrich/Jaeger* Rn 7.
[64] *Johannsen/Henrich/Jaeger* Rn 7.
[65] OLG Frankfurt JAmt 2002, 527.
[66] Kritik an dieser Verweisung von *Rauscher* FamRZ 1998, 329, 338.
[67] FamRefK/*Rogner* Rn 5; auf die Belastungen für das Kind und das Gericht weist der Bundesrat in seiner Stellungnahme zum RegE hin, BT-Drucks 13/4899 S 154.
[68] *Johannsen/Henrich/Jaeger* Rn 5.
[69] BVerfG FamRZ 2007, 335, 336; MünchKommBGB/*Finger* Rn 3; *Motzer* FamRB 2004, 231, 232.
[70] OLG Hamm FamRZ 2003, 953 f; Palandt/*Diederichsen* Rn 2.
[71] BT-Drucks 13/4899 S 107.
[72] *Hohloch* Anm zu OLG Dresden JuS 2005, 563, 564; aA OLG Dresden NJW-RR 2005, 373.

§ 1686 Auskunft über die persönlichen Verhältnisse des Kindes

¹Jeder Elternteil kann vom anderen Elternteil bei berechtigtem Interesse Auskunft über die persönlichen Verhältnisse des Kindes verlangen, soweit dies dem Wohl des Kindes nicht widerspricht. ²Über Streitigkeiten entscheidet das Familiengericht.

Schrifttum: *Büte,* Elterliche Sorge und Umgangsrecht – Teil 3 –, FuR 2006, 170; *Oelkers,* Der Anspruch des nichtsorgeberechtigten Elternteils gem. § 1634 III BGB auf Auskunft über die persönlichen Verhältnisse des Kindes, NJW 1995, 1335; *Rauscher,* Das Umgangsrecht im Kindschaftsrechtsreformgesetz, FamRZ 1998, 329.

Übersicht

	Rn		Rn
I. Normzweck	1	V. Grenzen und Ende des Auskunfts-	
II. Auskunftsberechtigter	2	anspruchs	6
III. Auskunftsverpflichteter	4	VI. Verfahren	7
IV. Inhalt und Umfang des Anspruchs	5		

I. Normzweck

Die durch Art 1 Nr 24 KindRG neu geregelte Vorschrift ersetzt den bisherigen § 1634 Abs 3. Der Auskunftsanspruch steht jetzt jedem Elternteil zu. Ihm kommt gegenüber dem Umgangsrecht eine **Ersatzfunktion** zu[1], und zwar dann, wenn das Umgangsrecht ausgeschlossen oder auf briefliche bzw. telefonische Kontakte beschränkt ist (§ 1684 Rn 34) oder aus faktischen Gründen nicht oder nicht vollständig ausgeübt werden kann (näher Rn 3.1). Darüber hinaus hat er eine **Ergänzungsfunktion**[2]. Die Aufnahme des Auskunftsanspruchs in einer eigenen Norm zeigt, dass er als ein selbständiges Recht neben dem Umgangsrecht steht und auch selbständig geltend gemacht werden kann[3]. 1

Eine Auskunft als Ergänzung zum brieflichen und persönlichen Kontakt kommt insbes bei Kindern in Betracht, die wegen ihres Alters oder einer Behinderung sich selbst (noch) nicht hinreichend artikulieren können[4]. Eine Kumulation von Umgangsrecht und Auskunftsanspruch liegt weiter dann vor, wenn die Auskunft erforderlich ist, um das Umgangsrecht ordnungsgemäß wahrzunehmen, ohne das Wohl des Kindes zu gefährden, zB Auskunft über Allergien, die Verträglichkeit von Speisen usw[5]. 1.1

II. Auskunftsberechtigter

Auskunftsberechtigt ist jeder **Elternteil** und nicht nur, wie nach § 1634 Abs 3 S 1, der nicht personensorgeberechtigte Elternteil. Auskunftsberechtigt ist demnach der Mitinhaber der elterlichen Sorge, der Elternteil, dem die elterliche Sorge nicht zusteht sowie der allein sorgeberechtigte Elternteil gegenüber dem anderen Elternteil, in dessen Obhut sich das Kind befindet[6]. Es ist nicht entscheidend, ob die Eltern miteinander verheiratet sind oder nicht[7]. Maßgebend ist allein die Elternstellung, so dass nach § 1685 umgangsberechtigte Personen kein Auskunftsrecht haben[8]. Aus diesem Grund entfällt mit der Adoption auch das Auskunftsrecht der leiblichen Eltern, und zwar unabhängig davon, ob sie die Voraussetzungen von § 1685 Abs 2 erfüllen[9]. 2

Einen Auskunftsanspruch hat ein Elternteil aber nur dann, wenn er ein **berechtigtes Interesse** an der Auskunft hat. Ein solches liegt idR dann vor, wenn der Berechtigte keine andere Möglichkeit hat, sich über die Entwicklung des Kindes zu unterrichten[10]. Es fehlt, wenn er sich die Kenntnis in zumutbarer Weise auf anderem Wege verschaffen kann, etwa beim nächsten Kontakt mit dem Kind. Der Umstand, dass der Elternteil sich jahrelang nicht um das Kind gekümmert hat, schließt ein berechtigtes Interesse an einer Auskunft nicht aus[11]. Maßgebender **Zeitpunkt** zur Bestimmung, ob ein berechtigtes Interesse vorliegt, ist der der abschließenden Entscheidung über die Auskunftsverpflichtung[12]. 3

---

[1] BT-Drucks 8/2788 S 55; OLG Köln OLGR 2005, 96; OLG Hamm FamRZ 1995, 1288, 1289; OLG Brandenburg FamRZ 2000, 1106, 1107; OLG Naumburg FamRZ 2001, 513.
[2] OLG Brandenburg FamRZ 2000, 1106, 1107; zum alten Recht bereits BayObLG FamRZ 1993, 1487, 1488; OLG Zweibrücken FamRZ 1990, 779; OLG Hamm FamRZ 1995, 1288, 1289; *Soergel/Strätz* § 1634 aF Rn 14; AnwK-BGB/*Peschel-Gutzeit* Rn 3.
[3] OLG Brandenburg DAVorm 2000, 72, 73.
[4] OLG Zweibrücken FamRZ 1990, 779 betr Kleinkind; OLG Hamm FamRZ 1995, 1288, 1289.
[5] *Palandt/Diederichsen* Rn 1; AnwK-BGB/*Peschel-Gutzeit* Rn 3.
[6] BT-Drucks 13/4899 S 107; *Johannsen/Henrich/Jaeger* Rn 1; MünchKommBGB/*Finger* Rn 4.
[7] *Palandt/Diederichsen* Rn 3.
[8] *Rauscher* FamRZ 1998, 329, 338; Staudinger/*Rauscher* Rn 4; *Lipp/Wagenitz* Rn 1; aA *Palandt/Diederichsen* Rn 3: „in gewissen Situationen".
[9] OLG Schleswig FamRZ 2004, 1057, 1058; AG Reinbek FamRZ 2004, 55, 56; offen gelassen von OLG Stuttgart FamRZ 2006, 1865, 1867.
[10] BayObLG FamRZ 1996, 813; *Palandt/Diederichsen* Rn 5.
[11] BayObLG FamRZ 1993, 1487, 1488.
[12] OLG Hamm FamRZ 1995, 1288, 1290.

3.1 Ein berechtigtes Interesse hat derjenige, dessen Umgangsrecht durch **gerichtliche Entscheidung nach § 1684 Abs 4** eingeschränkt wurde[13]. Das Gleiche gilt für denjenigen, der sein Umgangsrecht faktisch nicht ausüben kann, etwa weil das Kind den persönlichen und brieflichen Verkehr zu ihm ablehnt[14], wegen Krankheit oder Alters keine Auskunft erteilen kann[15] oder wenn wegen großer räumlicher Entfernung weder ein persönlicher Kontakt noch Schriftverkehr möglich ist[16]. Ein berechtigtes Interesse wird auch bejaht, wenn wegen berufsbedingter längerer Abwesenheit ein periodischer Umgang in angemessenen Zeiträumen nicht möglich ist und damit der Zweck des Umgangsrechts ohne das Auskunftsbegehren gefährdet wäre[17].

III. Auskunftsverpflichteter

4   Der Auskunftsanspruch richtet sich gegen den anderen, nicht notwendigerweise sorgeberechtigten Elternteil, soweit sich das Kind in seiner Obhut befindet, weil nur dann die verlangte Auskunft erteilt werden kann[18]. Auskunftsverpflichtet ist auch der Elternteil, der das Kind in die Obhut von Dritten oder zur Adoption freigegeben hat (§ 1686 analog)[19]. Dagegen ist nicht zur Auskunft verpflichtet ein Dritter[20], so dass auch nicht vom betreuenden Elternteil verlangt werden kann, dass er die das Kind behandelnden Ärzte von ihrer Schweigepflicht entbindet[21]. Das Gesetz verlangt allerdings keine höchstpersönliche Auskunft durch den anderen Elternteil; es lässt also die Auskunft durch eine Mittelsperson zu, zB Rechtsanwalt, Jugendamt oder Verwandte[22].

IV. Inhalt und Umfang des Anspruchs

5   Auskunft kann über **die persönlichen Verhältnisse des Kindes** verlangt werden, dh über alle für das Befinden und die Entwicklung des Kindes wesentlichen Umstände, die der Auskunftsberechtigte nach dem Zweck des Umgangsrechts erfahren darf und soll[23]. Umfasst sind nicht nur der schulische Werdegang, sondern alle sonstigen Angaben, die die Entwicklung und das Wohlergehen des Kindes betreffen[24]. Höchstpersönliche Angelegenheiten, in denen ein Heranwachsender allein entscheiden kann, gehören nicht dazu[25]. Der **Umfang des Auskunftsanspruchs** richtet sich nach den Umständen des Einzelfalls[26]. Allerdings besteht ein Auskunftsanspruch nicht hinsichtlich sämtlicher Einzelheiten der täglichen Lebensführung[27]. Nach der amtlichen Begründung können nicht mehr Informationen verlangt werden, als wenn der Auskunftsberechtigte das Umgangsrecht persönlich ausgeübt und dabei das Kind befragt hätte[28]. Im Einzelfall ist auf das Alter des Kindes, über das Auskunft verlangt wird, ebenso Rücksicht zu nehmen[29] wie auf seinen Willen[30]. Zu berücksichtigen ist aber auch, ob Mitsorge der Eltern besteht oder nicht. Im erstgenannten Fall ist jedenfalls bei Angelegenheiten von erheblicher Bedeutung von einem umfassenden Informationsrecht auszugehen, weil nur dann ein gegenseitiges Einvernehmen möglich ist[31]. Die vermögensrechtlichen Verhältnisse des Kindes sind nicht Gegenstand des Anspruchs nach § 1686. Insoweit besteht ein Auskunftsanspruch gegen den anderen Elternteil allein im Rahmen des § 1605[32]. Über Inhalt und Ausführlichkeit der Auskunft entscheidet der Elternteil, in dessen Obhut sich das Kind befindet[33]. Die **Häufigkeit der Auskunft** hängt vom konkreten Anlass ab[34].

---

[13] OLG Köln ZfJ 2003, 162, 163; *Lipp/Wagenitz* Rn 2.
[14] BT-Drucks 8/2788 S 55; BayObLG FamRZ 1993, 1487, 1488 mwN.
[15] BT-Drucks 8/2788 S 55; OLG Zweibrücken FamRZ 1990, 779; *Soergel/Strätz* § 1634 Rn 14; *Palandt/Diederichsen* Rn 5; *Johannsen/Henrich/Jaeger* Rn 2.
[16] BT-Drucks 8/2788 S 55; *Soergel/Strätz* § 1634 Rn 14; *Erman/Michalski* Rn 2.
[17] *Palandt/Diederichsen* Rn 5; *Johannsen/Henrich/Jaeger* Rn 2.
[18] *Palandt/Diederichsen* Rn 4; *Johannsen/Henrich/Jaeger* Rn 2.
[19] OLG Brandenburg FamRZ 2007, 2003, 2004.
[20] *Oelkers* NJW 1995, 1335, 1336.
[21] OLG Schleswig SchlHA 1978, 115; OLG Hamm FamRZ 1995, 1288, 1290; *Johannsen/Henrich/Jaeger* Rn 3; *Erman/Michalski* Rn 2; MünchKommBGB/*Finger* Rn 6.
[22] OLG Köln FamRZ 1997, 111; *Palandt/Diederichsen* Rn 4; MünchKommBGB/*Finger* Rn 5; AnwK-BGB/*Peschel-Gutzeit* Rn 5.
[23] BayObLG FamRZ 1993, 1487, 1489; *Johannsen/Henrich/Jaeger* Rn 4; AnwK-BGB/*Peschel-Gutzeit* Rn 8.
[24] LG Karlsruhe FamRZ 1983, 1169.
[25] OLG Hamm FamRZ 1995, 1288, 1290; AG Hamburg FamRZ 1990, 1382; *Palandt/Diederichsen* Rn 7; MünchKommBGB/*Hinz* § 1634 Rn 55; *Erman/Michalski* Rn 2; *Staudinger/Rauscher* Rn 11; *Schwab/Motzer* HdB ScheidungsR III Rn 80 unter Stichwort „Einschränkung" bzw „Grenzen" des Umgangsrechts.
[26] OLG Hamm FamRZ 1995, 1288, 1290; *Palandt/Diederichsen* Rn 8.
[27] OLG Koblenz FamRZ 2002, 980.
[28] BT-Drucks 13/4899 S 107; *Lipp/Wagenitz* Rn 2; *Greßmann* Rn 341.
[29] OLG Hamm FamRZ 1995, 1288, 1290.
[30] OLG Köln FamRZ 1997, 111, 112.
[31] *Zieroth* FamRZ 2001, 514; *Palandt/Diederichsen* § 1687 Rn 2, gestützt auf § 1687; *Johannsen/Henrich/Jaeger* Rn 4, gestützt auf § 1686, aber weniger weit als hier; AnwK-BGB/*Peschel-Gutzeit* Rn 4, 11, § 1687 Rn 7, gestützt auf § 1686, aber im Umfang unentschieden.
[32] *Staudinger/Rauscher* Rn 13; AnwK-BGB/*Peschel-Gutzeit* Rn 10.
[33] BayObLG FamRZ 1996, 813, 814; OLG Köln FamRZ 1997, 111, 112; *Johannsen/Henrich/Jaeger* Rn 4.
[34] *Palandt/Diederichsen* Rn 9.

Verlangt werden kann die Bekanntgabe der Wohnanschrift des Kindes[35] sowie die Übermittlung von Kopien von Schulzeugnissen[36], von Photos[37] und von Berichten über die Entwicklung des Kindes[38]. **Nicht verlangt werden** kann dagegen die Überlassung von Kopien eines Vorsorgeuntersuchungsheftes[39], von Tagebuchaufzeichnungen[40], die Vorlage von Schul- und Klassenarbeitsheften[41], laufende Auskunft zu schulischen Leistungen des Kindes[42] oder die Mitteilung einer telefonischen Geheimnummer[43]. 5.1

Die Auskunft kann einmalig verlangt werden (zB bei Krankheit)[44]. Ist der Gegenstand dagegen auf Wiederholung angelegt (zB Zusenden von Lichtbildern, um über die Entwicklung des Kindes informiert zu werden), so muss der Auskunftsverpflichtete in angemessenen Zeitabständen Auskunft erteilen, wobei maßgebliche Kriterien zur Bestimmung des Zeitraums das Alter und die jeweilige Lebenssituation des Kindes sind[45]. Bei Kindern im Vorschul- und Schulalter genügt idR ein viertel- bis halbjähriger Turnus[46]; maßgebend ist jeweils der Einzelfall. 5.2

V. Grenzen und Ende des Auskunftsanspruchs

Selbst wenn es für das Auskunftsverlangen ein berechtigtes Interesse gibt, ist sie vom Auskunftsverpflichteten nur zu erteilen, soweit es dem Wohl des Kindes nicht widerspricht **(S 1 HS 2)**. Das **Wohl des Kindes** ist nicht Maßstab des Auskunftsrechts selbst, sondern bildet seine Grenze[47]. Es soll letztlich einem Missbrauch des Auskunftsrechts vorgebeugt werden[48]. Damit wird ein enger Zusammenhang zum berechtigten Interesse des Auskunftsberechtigten hergestellt. Soweit ein berechtigtes Interesse zu bejahen ist, steht der Auskunftsanspruch regelmäßig auch nicht im Widerspruch zum Wohl des Kindes. Wird das Auskunftsrecht dagegen missbraucht, so fehlt es am berechtigten Interesse; das Auskunftsverlangen steht dann auch im Widerspruch zum Wohl des Kindes[49]. Das Auskunftsrecht **endet** ebenso wie das elterliche Sorgerecht mit der Volljährigkeit des Kindes (§ 2)[50]. 6

Ein Missbrauch des Auskunftsrechts ist dann anzunehmen, wenn der Elternteil, dem der persönliche Umgang versagt worden ist, Auskünfte über den Aufenthalt des Kindes oder über die von diesem besuchte Schule oder Lehrstelle verlangt, um dadurch einen dem Kindeswohl abträglichen persönlichen Kontakt herzustellen und so die Versagung des Umgangsrechts zu umgehen[51]. Das Gleiche gilt, wenn die Auskunft dem Zweck dient, eine Überwachung des sorgeberechtigten Elternteils, insbes im ärztlichen Bereich, zu erreichen[52]. 6.1

VI. Verfahren

Besteht zwischen den Eltern Streit darüber, ob und in welchem Umfang Auskünfte über die persönlichen Verhältnisse des Kindes verlangt werden können, so ist hierfür das Familiengericht zuständig **(S 2)**. Es entscheidet der Rechtspfleger nach §§ 3 Nr 2 a, 14 Abs 1 Nr 16 RPflG. Die örtliche **Zuständigkeit** bestimmt sich nach §§ 621 Abs 2 S 2 ZPO, §§ 43, 36 FGG. Die Eltern und das Kind sind nach §§ 50 a, 50 b FGG persönlich anzuhören. Eine **Anhörung** des Jugendamts ist nicht vorgesehen (arg § 49 a FGG). Die **Kosten** richten sich nach § 94 Abs 1 Nr 4 KostO. Die **Vollstreckung** einer gerichtlichen Entscheidung über das Auskunftsrecht erfolgt nach § 33 FGG[53]. Sind die Zwangsmittel erfolglos, kommt ein Entzug der elterlichen Sorge nach § 1666 in Betracht[54]. 7

---

[35] OLG Stuttgart FamRZ 2006, 1628.
[36] OLG Hamm FamRZ 2003, 1583; OLG Koblenz FamRZ 2002, 980 mwN; OLG Frankfurt NJW 2002, 3785, 3786.
[37] BayObLG FamRZ 1996, 813; FamRZ 1993, 1487, 1489; OLG Frankfurt NJW 2002, 3785, 3786; FamRZ 1998, 577; OLG Köln FamRZ 1997, 111, 112; LG Karlsruhe FamRZ 1983, 1169; diff MünchKommBGB/*Finger* Rn 11.
[38] OLG Koblenz FamRZ 2002, 980; OLG Frankfurt NJW 2002, 3785, 3786 betr Entwicklungsbericht der Schule; BayObLG FamRZ 1996, 813, 814 betr Entwicklungsbericht der Kindesmutter.
[39] OLG Zweibrücken FamRZ 1990, 779.
[40] OLG Hamm FamRZ 2003, 1583; OLG Koblenz FamRZ 2002, 980.
[41] OLG Hamm FamRZ 2001, 514 m abl Anm *Zieroth*.
[42] OLG Naumburg FamRZ 2001, 513, 514.
[43] OLG Düsseldorf FamRZ 1997, 46 m abl Anm *Sarres*; *Palandt/Diederichsen* Rn 8; MünchKommBGB/*Finger* Rn 12.
[44] *Staudinger/Rauscher* Rn 15.
[45] *Staudinger/Peschel-Gutzeit* § 1634 Rn 85.
[46] OLG Köln FamRZ 1997, 111, 112; *Schwab/Motzer* HdB ScheidungsR III Rn 79: nur bei regelmäßigem Umgang des Auskunftsberechtigten; OLG Frankfurt NJW 2002, 3785, 3786; BayObLG FamRZ 1996, 813, 814: Jahresturnus.
[47] BT-Drucks 13/4899 S 107; OLG Naumburg FamRZ 2001, 513; *Oelkers* NJW 1995, 1335, 1336; *Rauscher* FamRZ 1998, 329, 339; *Johannsen/Henrich/Jaeger* Rn 5; *Palandt/Diederichsen* Rn 2, 6.
[48] *Palandt/Diederichsen* Rn 6; *Staudinger/Rauscher* Rn 10. Der Missbrauch wird vom BayObLG FamRZ 1996, 813 unter dem Tatbestandsmerkmal des „berechtigte[n] Interesse[s]" behandelt; wie hier *Johannsen/Henrich/Jaeger* Rn 5.
[49] OLG Köln FamRZ 1997, 111.
[50] *Erman/Michalski* Rn 2.
[51] BT-Drucks 8/2788 S 55; OLG Köln FamRZ 1997, 111; DIJuF-Rechtsgutachten JAmt 2002, 458; *Erman/Michalski* Rn 2; *Soergel/Strätz* § 1634 Rn 14; *Staudinger/Rauscher* Rn 11; *Johannsen/Henrich/Jaeger* Rn 5.
[52] OLG Hamm FamRZ 1995, 1288, 1290.
[53] *Oelkers* NJW 1995, 1335, 1336; *Büte* FuR 2006, 170, 175.
[54] OLG Frankfurt NJW 2002, 3785, 3786.

§ 1687 Ausübung der gemeinsamen Sorge bei Getrenntleben

(1) ¹Leben Eltern, denen die elterliche Sorge gemeinsam zusteht, nicht nur vorübergehend getrennt, so ist bei Entscheidungen in Angelegenheiten, deren Regelung für das Kind von erheblicher Bedeutung ist, ihr gegenseitiges Einvernehmen erforderlich. ²Der Elternteil, bei dem sich das Kind mit Einwilligung des anderen Elternteils oder auf Grund einer gerichtlichen Entscheidung gewöhnlich aufhält, hat die Befugnis zur alleinigen Entscheidung in Angelegenheiten des täglichen Lebens. ³Entscheidungen in Angelegenheiten des täglichen Lebens sind in der Regel solche, die häufig vorkommen und die keine schwer abzuändernden Auswirkungen auf die Entwicklung des Kindes haben. ⁴Solange sich das Kind mit Einwilligung dieses Elternteils oder auf Grund einer gerichtlichen Entscheidung bei dem anderen Elternteil aufhält, hat dieser die Befugnis zur alleinigen Entscheidung in Angelegenheiten der tatsächlichen Betreuung. ⁵§ 1629 Abs. 1 Satz 4 und § 1684 Abs. 2 Satz 1 gelten entsprechend.

(2) Das Familiengericht kann die Befugnisse nach Absatz 1 Satz 2 und 4 einschränken oder ausschließen, wenn dies zum Wohl des Kindes erforderlich ist.

Schrifttum: *Balloff*, Wechselmodell und Erziehungsfähigkeit, FPR 2006, 284; *Borsutzky*, Die elterliche Sorge nach dem Kindschaftsrechtsreformgesetz, Forum Jugendhilfe 1999, 42; *Coester*, Die Reform des Kindschaftsrechts – ein privatrechtlicher Überblick, RdJB 1996, 430; Empfehlungen des 13. Deutschen Familiengerichtstages, FamRZ 2000, 273 (zitiert: Empfehlungen des 13. DFGT); *Diederichsen*, Die Reform des Kindschafts- und Beistandschaftsrechts, NJW 1998, 1977; *Drischmann*, Das Sorgerecht in Stieffamilien. Gestern. Heute. Morgen, 2007; *Fichtner/Salzgeber*, Gibt es den goldenen Mittelweg? Das Wechselmodell aus Sachverständigensicht, FPR 2006, 278; *Flemming*, Das „Wechselmodell" nach Trennung und Scheidung. Anmerkung zum Beschluß des Oberlandesgerichts Dresden vom 3. Juni 2004 – 21 UF 144/04 –, Kind-Prax 2005, 96; *Gerth*, Erziehungsberatung und neues Kindschaftsrecht, Kind-Prax 1998, 15; *Haidenthaller*, Schwerpunkte der Kindschaftsrechts-Reform 2001 – Ein Vergleich der früheren mit der neuen Rechtslage, JBl 2001, 622; *Hammer*, Elternvereinbarungen im Sorge- und Umgangsrecht, 2004; *ders*, Die rechtliche Verbindlichkeit von Elternvereinbarungen, FamRZ 2005, 1209; *Koritz*, Die grundsätzliche Bedeutung des Kinderwohles für die Entwicklung eines Kindes – Die Tücken des § 1687 BGB n. F. in der Praxis, FPR 2000, 243; *Kostka*, Das Wechselmodell – Forschungserkenntnisse aus den USA, FPR 2006, 271; *Krenzler*, Vereinbarungen bei Trennung und Scheidung, 3. Aufl 2000; *Menne*, Erziehungsberatung und gemeinsame elterliche Sorge nach Trennung und Scheidung – Rechtliche Fragen nach der Kindschaftsrechtsreform, ZfJ 2001, 217; *Oelkers/Kasten/Oelkers*, Das gemeinsame Sorgerecht nach der Scheidung in der Praxis der Amtsgerichte Hamburg – Familiengericht, FamRZ 1994, 1080; *Pintens*, Reform im belgischen Familienrecht, FamRZ 2006, 1312; *Rakete-Dombek*, Das Wechselmodell und die Folgen für wen auch immer, FF 2002, 16; *Schilling*, Rechtliche Probleme bei der gemeinsamen Sorge nach Trennung bzw Scheidung, NJW 2007, 3233; *Schnitzler*, Justizreform – Familienrichter/Fachanwalt für Familienrecht – Sorgerechtsproblematik. Interview mit Horst Luthin, Vors. Richter am OLG Hamm a. D., FF 1999, 33; *Schwab*, Elterliche Sorge bei Trennung und Scheidung der Eltern – Die Neuregelung des Kindschaftsrechtsreformgesetzes, FamRZ 1998, 457; *ders*, Wandlungen der gemeinsamen elterlichen Sorge, FS Gaul 1997, S 717; *ders*, Kindschaftsrechtsreform und notarielle Vertragsgestaltung, DNotZ 1998, 437; *Schwab/Wagenitz*, Einführung in das neue Kindschaftsrecht, FamRZ 1997, 1377; *Walter*, Das Kindschaftsrechtsreformgesetz. Bericht über den Regierungs-Entwurf eines Gesetzes zur Reform des Kindschaftsrechts vom 24. 7. 1995, FamRZ 1995, 1538; *Weisbrodt*, Aus neueren Entscheidungen zum Umgangsrecht, DAVorm 2000, 195; *ders*, Gemeinsame elterliche Sorge in der Rechtsprechung der Obergerichte, Kind-Prax 2001, 8; *Wiesner*, Beratung im Kontext familiengerichtlicher Verfahren, in: *Fegert* (Hrsg), Kinder in Scheidungsverfahren nach der Kindschaftsrechtsreform, 1999, S 62; *Willutzki*, Kindschaftsrechtsreform. Versuch einer wertenden Betrachtung, Kind-Prax 1998, 8; *ders*, Die Novellierung des deutschen Kindschaftsrechts – Entwicklung und Perspektiven, Rpfleger 1997, 336; *ders*, Umsetzung der Kindschaftsrechtsreform in der Praxis, Kind-Prax 2000, 45; *ders*, Zur Entwicklung des gemeinsamen Sorgerechts, RdJB 2000, 398; *Zimmermann*, Das neue Kindschaftsrecht, DNotZ 1998, 404.

Übersicht

	Rn		Rn
I. Normzweck	1	2. Umfang des Alleinentscheidungsrechts	10
II. Reichweite der Elternautonomie	2	3. Einschränkung/Ausschluss des Rechts durch gerichtliche Entscheidung nach Abs 2	12
III. Personeller Anwendungsbereich	5		
IV. Erfordernis des gegenseitigen Einvernehmens (Abs 1 S 1)	6	VI. Alleinentscheidungsrecht in Angelegenheiten der tatsächlichen Betreuung (Abs 1 S 4)	13
1. Angelegenheiten von erheblicher Bedeutung (Abs 1 S 1)	6	VII. Notvertretungsrecht (Abs 1 S 5, § 1629 Abs 1 S 4)	15
2. Gegenseitiges Einvernehmen	7		
V. Alleinige Entscheidung eines Elternteils in Angelegenheiten des täglichen Lebens (Abs 1 S 2, 3)	9	VIII. Wohlverhaltensklausel (Abs 1 S 5, § 1684 Abs 2 S 1)	16
1. Inhaber des Alleinentscheidungsrechts	9	IX. Verfahren	17

I. Normzweck

1   Die Regelung, die durch Art 1 Nr 24 KindRG eingefügt wurde, dient der Ausgestaltung der gemeinsamen elterlichen Sorge nach Trennung und Scheidung. Sie trägt dem Umstand Rechnung, dass von einer gemeinsamen Pflege und Erziehung nach einer nicht nur vorübergehenden Trennung der

Ausübung der gemeinsamen Sorge bei Getrenntleben § 1687

Eltern nicht mehr die Rede sein kann. Zwar gelten die §§ 1627 f, 1629 Abs 1 S 4 auch in diesem Fall; jedoch würde dies bedeuten, dass die Eltern sich über alle das Kind betreffenden Angelegenheiten außerhalb von Notfällen verständigen müssten[1]. Dadurch würde die Entscheidung täglicher Angelegenheiten durch den Elternteil erheblich erschwert, bei dem sich das Kind gewöhnlich aufhält. Zudem würde der Zwang zu häufiger Kommunikation die Gefahr ständiger Auseinandersetzungen über Detailfragen der tatsächlichen Betreuung und Erziehung enthalten, die das Funktionieren der gemeinsamen elterlichen Sorge erschweren könnten[2]. Umgekehrt müsste sichergestellt werden, dass die Alleinentscheidungsbefugnis nicht so weit reicht, dass die gemeinsame Sorge zu einer leeren Hülse wird[3]. Der Gesetzgeber hat innerhalb der grds fortbestehenden gemeinsamen elterlichen Sorge ein **abgestuftes System von Befugnissen** und Vertretungsrechten geschaffen[4]; diese gemeinsame Sorge nach der Trennung unterscheidet sich mithin grundlegend von der vor der Trennung[5]. Das Familiengericht kann die Befugnisse zur Alleinentscheidung nach Abs 1 S 2 und 4 einschränken oder ausschließen, wenn dies zum Wohl des Kindes erforderlich ist (Abs 2).

Die Lösung des Gesetzgebers sieht eine **Aufspaltung des gemeinsamen Sorgerechts** vor[6]. Es wird sowohl für die Personen- als auch für die Vermögenssorge zwischen den Angelegenheiten unterschieden, deren Regelung von erheblicher Bedeutung ist und deshalb ein gegenseitiges Einvernehmen der Eltern erfordern (Abs 1 S 1), und den Angelegenheiten des täglichen Lebens, die von dem Elternteil, bei dem sich das Kind gewöhnlich aufhält, allein entschieden werden können (Abs 1 S 2). Die zuletzt genannten Angelegenheiten hat der Gesetzgeber in Abs 1 S 3 näher umschrieben. Hält sich das Kind mit Zustimmung des betreuenden Elternteils oder auf Grund einer gerichtlichen Entscheidung bei dem anderen Elternteil, hat dieser die Befugnis zur alleinigen Entscheidung in Angelegenheiten der tatsächlichen Betreuung (Abs 1 S 4). Bei Gefahr im Verzug ist jeder Elternteil berechtigt, alle Rechtshandlungen vorzunehmen, die zum Wohl des Kindes notwendig sind (Abs 1 S 5, § 1629 Abs 1 S 4).

1.1

II. Reichweite der Elternautonomie

Inwieweit die Eltern an das vom Gesetzgeber vorgesehene Konzept gebunden sind oder andere Regelungen treffen können, ergibt sich nicht unmittelbar aus § 1687. Die §§ 17 Abs 2 SGB VIII und 52 FGG setzen solche Vereinbarungen voraus; § 1687 verweist in Abs 1 S 1 („gegenseitiges Einvernehmen") und Abs 1 S 2, 4 („mit Einwilligung des anderen Teils") auf autonome Vereinbarungen der Eltern. Diese sind grds zulässig und Ausdruck wahrgenommener Elternverantwortung nach Art 6 Abs 2 S 1 GG[7]. Die Eltern können also die vom Gesetz vorgesehene oder eine andere Aufgabenverteilung wählen[8].

2

Die gesetzliche Regelung baut auf das sog **Residenz- oder Eingliederungsmodell** auf[9]. Danach lebt das Kind zeitlich zumindest vorwiegend in der Wohnung eines Elternteils, unterbrochen durch regelmäßige Aufenthalte in der Wohnung des anderen Elternteils. Von diesem Modell können die Parteien abweichen und sich für das **Wechselmodell** entscheiden, bei dem das Kind in wechselnden Phasen in den jeweiligen Haushalten der Eltern wohnt[10]. Möglich, wenn auch praktisch unwahrscheinlich[11], ist die Vereinbarung eines **Nestmodells**, bei dem die Eltern drei Haushalte führen, wobei einer dem Kind gewidmet wird[12].

3

Innerhalb dieser Modelle können die Aufgaben unterschiedlich verteilt werden und die Eltern einander Vollmachten bzw Ermächtigungen erteilen (zu diesen Möglichkeiten § 1629 Rn 11 f)[13]. Innerhalb des Residenzmodells kann etwa der Elternteil, bei dem sich das Kind gewöhnlich aufhält, den anderen Elternteil widerruflich mit Außenwirkung[14] zur Alleinvertretung in bestimmten Angelegenheiten des täglichen Lebens ermächtigen. Umgekehrt kann der nicht betreuende Elternteil dem anderen weitergehende Befugnisse erteilen, als sie Abs 1 S 2 und 3 vorsehen.

3.1

---

[1] BT-Drucks 13/4899 S 107.
[2] BT-Drucks 13/4899 S 58, 107.
[3] BT-Drucks 13/8511 S 67.
[4] *Johannsen/Henrich/Jaeger* Rn 2; *Schwab/Motzer* HdB ScheidungsR III Rn 51; *Staudinger/Salgo* Rn 3; AnwK-BGB/*Peschel-Gutzeit* Rn 5.
[5] OLG Zweibrücken NJW-RR 2000, 1, 2 = FamRZ 2000, 506, 507; *Schwab*, FS Gaul, 1997, S 717, 721 spricht von einem aliud.
[6] *Schwab* FamRZ 1998, 457, 468; *ders* DNotZ 1998, 437, 441 f.
[7] BVerfG FamRZ 1982, 1179, 1182; *Coester* RdJB 1996, 430, 434.
[8] *Krenzler* S 9 ff; *Gernhuber/Coester-Waltjen* § 65 Rn 6–8; AnwK-BGB/*Peschel-Gutzeit* Rn 3.
[9] OLG Zweibrücken FamRZ 2001, 639, 641; *Johannsen/Henrich/Jaeger* Rn 7; *Palandt/Diederichsen* Rn 3, 10; *Staudinger/Salgo* Rn 14; generell zu den verschiedenen Modellen *Oelkers/Kasten/Oelkers* FamRZ 1994, 1080, 1082; *Palandt/Diederichsen* 65. Aufl 2006, Rn 3 nennt neben den genannten Modellen noch das Funktionsmodell.
[10] *Johannsen/Henrich/Jaeger* Rn 7; *Staudinger/Salgo* Rn 15; *Hammer* S 49 ff; Beispiele: KG NJW-RR 2006, 798 ff; OLG Brandenburg NJOZ 2003, 3041 = FamRZ 2003, 1949; OLG Köln BeckRS 2005, 13757; OLG Dresden FPR 2004, 619 f m Anm *Flemming* Kind-Prax 2005, 96; OLG Zweibrücken FamRZ 2001, 639 ff; OLG Frankfurt NJW-FER 2001, 232; AG Landstuhl FamRZ 1997, 102; AG Hannover FamRZ 2001, 846 ff; zu den Forschungserkenntnissen aus den USA *Kostka* FPR 2006, 271 ff; zum Wechselmodell aus sachverständigensicht *Fichtner/Salzgeber* FPR 2006, 278 ff; zu den Vorteilen eines flexiblen Wechselmodells bei Defiziten in der Erziehungsfähigkeit der Eltern *Balloff* FPR 2006, 284, 286; krit zum Modell OLG Köln OLGR 2005, 535; OLG Brandenburg NJOZ 2003, 3041 ff; *Rakete-Dombek* FF 2002, 16 ff; zur Entwicklung im belgischen Recht *Pintens* FamRZ 2006, 1312; zum französischen Recht *Flemming* Kind-Prax 2005, 96, 97; Formulierungsvorschlag für eine Vereinbarung *Hammer* S 306 ff; zu den allg Anforderungen an das Modell s 1671 Rn 14.
[11] *Oelkers/Kasten/Oelkers* FamRZ 1994, 1080, 1082.
[12] *Haidenthaller* JBl 2001, 622, 634 Fn 97.
[13] *Zimmermann* DNotZ 1998, 404, 424.
[14] *Johannsen/Henrich/Jaeger* Rn 11; aA *Greßmann* Rn 248.

§ 1687   Buch 4. Abschnitt 2. Verwandtschaft

Beim Wechselmodell können die Eltern Alleinentscheidungsbefugnisse wie in Abs 1 S 2 schaffen[15], nicht aber sich auf die tatsächliche, wechselseitig wahrgenommene Betreuung des Kindes beschränken und zugleich die elterliche Sorge auf das Jugendamt abwälzen[16].

4   Bei der Frage nach der **Bindungswirkung** solcher Vereinbarungen können nicht dieselben Regeln gelten wie bei § 1671 Abs 2 Nr 1. Zwar ist der übereinstimmende Elternvorschlag in beiden Fällen Ausdruck der Elternautonomie; jedoch kann die Vereinbarung nicht in demselben Umfang widerruflich sein wie im Fall des § 1671 Abs 2 Nr 1 (§ 1671 Rn 21)[17]. Davon zu trennen ist die jederzeitige Möglichkeit der Eltern, bis zur Grenze des § 1666 **Änderungsverträge** abzuschließen.

4.1   Bei einem **Widerruf** der Vereinbarung über die Aufgabenverteilung fehlt eine gerichtliche Entscheidung, die das Erfordernis einer kontinuierlichen Erziehung berücksichtigen würde. Allerdings ist zu beachten, dass der Regelungsgegenstand – Pflege und Erziehung des Kindes – wegen der ständig im Fluss befindlichen Lebensbedürfnisse des Kindes rasch änderbar ist; diesem Umstand muss bei der Reichweite der Bindungswirkung Rechnung getragen werden. Ein Anhaltspunkt für den Umfang der Bindungswirkung findet sich in § 1696; mag es dort um die Änderung von gerichtlichen Entscheidungen gehen, so ist doch der Regelungsgegenstand in beiden Fällen vergleichbar; es spricht also einiges dafür, nach dem Grundgedanken dieser Norm die Bindungswirkung dann zu verneinen, wenn dies aus triftigen, das Wohl des Kindes nachhaltig berührenden Gründen angezeigt erscheint[18].

III. Personeller Anwendungsbereich

5   Von § 1687 werden die Eltern erfasst, die die elterliche Sorge gemeinsam innehaben (§ 1671 Rn 3 ff) und nicht nur vorübergehend getrennt leben (§ 1671 Rn 7 ff). Die Norm ist damit auch auf die Eltern anwendbar, die von Anfang an getrennt leben, da sich nicht von vornherein sagen lässt, dass in diesen Fällen eine Kooperationsbereitschaft in Angelegenheiten fehlt, deren Regelung für das Kind von erheblicher Bedeutung ist.

IV. Erfordernis des gegenseitigen Einvernehmens (Abs 1 S 1)

6   **1. Angelegenheiten von erheblicher Bedeutung (Abs 1 S 1).** In Angelegenheiten, deren Regelung für das Kind von erheblicher Bedeutung ist, ist gegenseitiges Einvernehmen erforderlich. Schwierig ist die Bestimmung dieses Begriffs. Während im Regierungsentwurf noch von „grundsätzlichen Entscheidungen" die Rede war[19] und auch der Bundesrat in seiner Stellungnahme von „Angelegenheiten von grundsätzlicher Bedeutung" sprach[20], hat der Rechtsausschuss in seiner Beschlussempfehlung, die inhaltlich dem Gesetzesinhalt entsprach, an die Formulierung in § 1628 angeknüpft[21]. Danach wären die Kriterien maßgebend, die im Rahmen von § 1628 herangezogen werden, um zu ermitteln, ob eine Angelegenheit vorliegt, deren Regelung für das Kind von erheblicher Bedeutung ist. Da solche Abgrenzungskriterien dort aber nur schwer fassbar sind, liegt es nahe, den Begriff in Abgrenzung zu den in Abs 1 S 3 beispielhaft genannten Angelegenheiten des täglichen Lebens zu bestimmen[22]. Entscheidungen in Angelegenheiten des täglichen Lebens sind danach idR solche, die häufig vorkommen und keine schwer abzuändernden Auswirkungen auf die Entwicklung des Kindes haben. Damit will der Gesetzgeber zum einen dem Umstand Rechnung tragen, dass Entscheidungen in Angelegenheiten des täglichen Lebens idR häufig vorkommen. Zum anderen sind Entscheidungen, die schwer abzuändernde Auswirkungen auf die Entwicklung des Kindes haben, idR solche, die für das Kind von erheblicher Bedeutung sind und damit eine gemeinsame Entscheidung der Eltern erfordern[23]. Die Angelegenheit muss weiter „für das Kind" von erheblicher Bedeutung sein, die Begriffsbestimmung orientiert sich also auch an der **Perspektive des Kindes**[24]. Dies bedeutet aber nicht, dass die subjektive Sicht des Kindes Maßstab dafür ist, welche Angelegenheiten für das Kind von erheblicher Bedeutung sind. Ansonsten könnte das Kind bei jedem Konflikt mit dem betreuenden Elternteil die beiden Eltern gegeneinander ausspielen. Vielmehr geht es um eine objektive Einstufung einer Angelegenheit unter Berücksichtigung der von den Eltern gemeinsam erarbeiteten und getragenen Erziehungsvorstellungen[25] und den individuellen Verhältnissen der betroffenen Familien[26]; finanzielle Erwägungen dürfen die Abwägung allerdings nicht bestimmen[27].

---

[15] *Johannsen/Henrich/Jaeger* Rn 11.
[16] OLG Köln BeckRS 2005, 13577.
[17] OLG Zweibrücken DAVorm 2000, 331, 333; *Schwab* DNotZ 1998, 437, 445.
[18] *Zimmermann* DNotZ 1998, 404, 423; *Schwab* DNotZ 1998, 437, 447.
[19] BT-Drucks 13/4899 S 11.
[20] BT-Drucks 13/4899 S 154.
[21] BT-Drucks 13/8511 S 18, 67, 75; krit *Willutzki* Kind-Prax 1998, 8, 10.
[22] BT-Drucks 13/4899 S 154.
[23] BT-Drucks 13/8511 S 75.
[24] BT-Drucks 13/8511 S 67.
[25] *Palandt/Diederichsen* Rn 6; MünchKommBGB/*Finger* Rn 5; *Gernhuber/Coester-Waltjen* § 65 Rn 3; aA Staudinger/*Salgo* Rn 28.
[26] OLG Karlsruhe FamRZ 2005, 1004; *Gernhuber/Coester-Waltjen* § 65 Rn 3.
[27] Empfehlungen des 13. DFGT, FamRZ 2000, 273, 274.

Mit der Orientierung an Abs 1 S 3 werden aber nicht alle Fallgestaltungen erfasst. So kann gerade die Kraft der Wiederholung dem Alltag eine erhebliche Bedeutung für die Zukunft verleihen[28]. Umgekehrt bleiben einmalige Entscheidungen oft ohne Auswirkungen auf die Entwicklung des Kindes[29]. Zudem ist zu bedenken, dass mit zunehmendem Alter des Kindes jedes Problem der Alltagssorge schnell zu einem grundsätzlichen Problem und damit zu einem von erheblicher Bedeutung für das Kind werden kann[30]. Eine klare begriffliche Abgrenzung zwischen den Angelegenheiten nach Abs 1 S 1 und S 2, 3 ist also nicht möglich[31]. In Zweifelsfällen bleibt es beim Erfordernis des gegenseitigen Einvernehmens nach Abs 1 S 1[32]. 6.1

Zu den Angelegenheiten von erheblicher Bedeutung[33] gehören die Entscheidung über das Modell, in dem die gemeinsame Sorge ausgeübt werden soll (Rn 3)[34], der gewöhnliche Aufenthaltsort des Kindes (arg Abs 1 S 2 HS 1)[35], die Unterbringung eines Kindes im Heim oder in einem Internat, ein Wohnortwechsel, ein Verbringen des Kindes ins Ausland[36] oder eine Auswanderung, ein zweiwöchiger Ferienaufenthalt mit einem 3jährigen Kind in Ägypten wegen der damit verbundenen Gesundheitsgefahren für das Kind[37], eine Auslandsreise mit mehrstündigem Flug bei einem noch nicht zweijährigen Kind[38], eine Flugreise mit einem minderjährigen Kind in ein am Krieg beteiligtes Land[39], eine Sprachreise nach England wegen der Gefahr von Terroranschlägen[40], die Erziehungsleitlinien[41], die Entscheidung über die Wahl des Kindergartens und die Anmeldung des Kindes in einer Kindereinrichtung[42], die Schulart und konkrete Schule[43], die Modalitäten der Wiederholung einer Klasse[44], die Fächer und Fachrichtungen[45], die Wahl der Ausbildungsstätte, die Berufswahl[46], grundlegende Entscheidungen der Gesundheitsfürsorge, vor allem über Operationen, soweit kein Notfall (Rn 15) vorliegt[47], die Wahl des religiösen Bekenntnisses[48], die Regelung des Umgangs mit dem jeweils anderen Elternteil (§ 1684) und den in § 1685 genannten Personen[49], die Entscheidung in Status- und Namensfragen[50], die Entscheidung über die Inanspruchnahme von Hilfen zur Erziehung nach §§ 27 ff SGB VIII[51], Fragen des Kindesunterhalts[52] (arg § 1629 Abs 2 S 2), grundlegende Fragen über die Art der Anlage und Verwendung von Kindesvermögen, die nach § 1643 genehmigungspflichtigen Rechtsgeschäfte sowie die Annahme oder Ausschlagung einer Erbschaft[53] (weitere Beispiele § 1628 Rn 4.1). Bei der Begriffsbestimmung ist zu berücksichtigen, dass jede Ausweitung der Angelegenheiten von erheblicher Bedeutung zu vermehrten Alleinsorgeanträgen führen wird. 6.2

2. Gegenseitiges Einvernehmen. In Angelegenheiten von erheblicher Bedeutung ist das gegenseitige Einvernehmen der Eltern erforderlich. Der Begriff des gegenseitigen Einvernehmens entspricht dem des § 1627 S 1. Es kann konkludent durch faktisches Handeln oder Gewährenlassen erfolgen, aber auch schriftlich niedergelegt sein, etwa in einer Scheidungsvereinbarung[54]. Nicht erforderlich ist eine ausdrückliche Vereinbarung über sämtliche Einzelheiten; vielmehr genügt es, wenn die Eltern sich in der betreffenden Angelegenheit über die **Grundrichtung** verständigen[55]. Das Einvernehmen ist in gewissem Umfang widerruflich (Rn 4 f). 7

---

[28] *Schwab*, FS Gaul, 1997, S 717, 726; *Staudinger/Salgo* Rn 27.
[29] *Schwab/Wagenitz* FamRZ 1997, 1377, 1380.
[30] *Palandt/Diederichsen* Rn 6; anders wohl KG FamRZ 1999, 737.
[31] *Schwab/Wagenitz* FamRZ 1997, 1377, 1380; *Palandt/Diederichsen* Rn 6; MünchKommBGB/*Finger* Rn 4; *Gerth* Kind-Prax 1998, 15, 16; *Drischmann* S 177 ff; aA *Greßmann* Rn 252; wohl auch Merkblatt des Jugendamtes der Stadt Köln Kind-Prax 1999, 22.
[32] *Johannsen/Henrich/Jaeger* Rn 5; *Schilling* NJW 2007, 3233, 3234; *Schwab/Wagenitz* FamRZ 1997, 1377, 1380; aA Empfehlungen des 13. DFGT, FamRZ 2000, 273, 274; DIJuF-Rechtsgutachten JAmt 2005, 569, 570; MünchKommBGB/*Finger* Rn 4.
[33] Überblick bei *Schilling* NJW 2007, 3233, 3234.
[34] *Johannsen/Henrich/Jaeger* Rn 4; *Palandt/Diederichsen* Rn 7.
[35] OLG Zweibrücken FamRZ 2000, 1042, 1043; OLG Stuttgart FamRZ 1999, 39; generell zum Problem der Uneinigkeit über das Aufenthaltsbestimmungsrecht *Staudinger/Salgo* Rn 38.
[36] OLG Karlsruhe FamRZ 2002, 1272 f; OLG Köln Kind-Prax 2001, 93.
[37] OLG Köln FamRZ 1999, 249 f; MünchKommBGB/*Finger* Rn 8; abl *Willutzki* Kind-Prax 2000, 45, 47; *ders* RdJB 2000, 398, 406; *Staudinger/Salgo* Rn 40.
[38] OLG Naumburg FamRZ 2000, 1241, 1242; aA *Johannsen/Henrich/Jaeger* Rn 4; *Gernhuber/Coester-Waltjen* § 65 Rn 4.
[39] AG Freising FamRZ 2004, 968.
[40] AG Heidenheim FamRZ 2003, 1404.
[41] *Schwab/Motzer* HdB ScheidungsR III Rn 53; *Weisbrodt* Kind-Prax 2001, 8, 10; *Staudinger/Salgo* Rn 36.
[42] OLG Brandenburg JAmt 2005, 47, 48; DIJuF-Rechtsgutachten JAmt 2005, 568.
[43] OLG Nürnberg FamRZ 1999, 1160, 1161 betr Einschulung; OLG Dresden FamRZ 2003, 1489; OLG Karlsruhe NJW-RR 2001, 507, 508; OLG München FamRZ 1999, 111, 112 betr Schulwechsel; OLG Rostock FamRZ 2007, 1835 f: Besuch einer weiterführenden Schule; *Schwab/Motzer* HdB ScheidungsR III Rn 54; MünchKommBGB/*Finger* Rn 8; anders wohl BT-Drucks 13/4899 S 107; krit bei örtlichem Schulwechsel *Luthin* FF 1999, 33, 35.
[44] OLG Nürnberg FamRZ 1999, 673, 674.
[45] *Wiesner* S 67.
[46] *Schwab/Motzer* HdB ScheidungsR III Rn 54.
[47] Beispiele bei *Staudinger/Salgo* Rn 45; s weiter OLG Bamberg FamRZ 2003, 1403 betr Behandlung eines hyperkinetischen Syndroms.
[48] *Staudinger/Salgo* Rn 37.
[49] OLG Dresden MDR 2005, 994, 995; *Schwab* FamRZ 1998, 457, 469; *Weisbrodt* DAVorm 2000, 195; *Staudinger/Salgo* Rn 41.
[50] OLG Dresden OLG-NL 2004, 164, 165.
[51] OLG Dresden FamRZ 2005, 1275 f; *Menne* ZfJ 2001, 217, 220; *Staudinger/Salgo* Rn 46.
[52] KG FamRZ 1999, 737.
[53] BT-Drucks 13/4899 S 107, 154; BT-Drucks 13/8511 S 67; BT-Drucks 13/8558 S 2; *Schwab* FamRZ 1998, 457, 469.
[54] *Schwab*, FS Gaul, 1997, S 717, 724.
[55] OLG Zweibrücken FamRZ 2000, 1042, 1043; *Palandt/Diederichsen* Rn 8.

§ 1687

8 Bei fehlendem Einvernehmen über eine Angelegenheit, deren Regelung für das Kind von erheblicher Bedeutung ist, kann jeder Elternteil einen Antrag nach **§ 1628** stellen. Eine weitere Möglichkeit der Konfliktlösung besteht in einem Antrag auf Zuweisung der vollen oder teilweisen Alleinsorge nach **§ 1671**[56]. Die Verweigerung der Mitwirkung eines Elternteils an der Erzielung eines Einvernehmens in Angelegenheiten, die für das Kind von erheblicher Bedeutung sind, kann in Ausnahmefällen sogar einen Sorgerechtsmissbrauch enthalten und Maßnahmen des Gerichts nach **§§ 1666, 1666 a** auslösen[57].

8.1 Ein Konflikt der Eltern kann dabei vor allem dann aufkommen, wenn der betreuende Elternteil nach Ansicht des anderen seine Befugnisse nach Abs 1 S 2 überschreitet[58]. Kommt das Gericht zur Einordnung der Angelegenheit als eine solche iS von Abs 1 S 1, so kann es die Entscheidung über diese Angelegenheit einem Elternteil übertragen (§ 1628 S 1). Mit der Entscheidungsermächtigung durch das Gericht erhält dieser Elternteil auch die Vertretungsmacht in dieser Angelegenheit (§ 1629 Abs 1 S 3). Gelangt das Gericht dagegen zur Erkenntnis, dass es sich um eine Angelegenheit des täglichen Lebens handelt, so weist es den Antrag zurück; die Entscheidungsbefugnis des betreuenden Elternteils ergibt sich dann aus Abs 1 S 2[59].

V. Alleinige Entscheidung eines Elternteils in Angelegenheiten des täglichen Lebens (Abs 1 S 2, 3)

9 **1. Inhaber des Alleinentscheidungsrechts.** Das Alleinentscheidungsrecht steht dem Elternteil zu, bei dem sich das Kind rechtmäßig (dh mit Einwilligung des anderen Elternteils oder auf Grund einer gerichtlichen Entscheidung) gewöhnlich aufhält[60]. Der Begriff des **gewöhnlichen Aufenthalts** entspricht dem der „Obhut" iS von § 1629 Abs 2 S 2 (dort Rn 42)[61]. Da das Aufenthaltsbestimmungsrecht grds beiden Eltern zusteht (§ 1631), ist die Festlegung des gewöhnlichen Aufenthalts des Kindes nur **rechtmäßig**, wenn der obhutführende Elternteil mit Einwilligung des anderen Elternteils oder auf Grund einer gerichtlichen Entscheidung nach §§ 1628, 1666, 1671 (Teilalleinsorge), 1672 Abs 2 (teilweise gemeinsame Sorge) handelt[62].

9.1 Der Begriff des gewöhnlichen Aufenthalts lässt sich nur beim Eingliederungs- oder Residenzmodell sowie Nestmodell problemlos bestimmen, nicht dagegen beim Wechselmodell (Rn 3), bei dem das Kind in abwechselnd gleichen Abständen bei dem einen und dann dem anderen lebt, es sei denn, die Phasen bei jedem Elternteil sind von gewisser Dauer[63].

10 **2. Umfang des Alleinentscheidungsrechts.** Das Alleinentscheidungsrecht des obhutführenden (betreuenden) Elternteils bezieht sich auf **Angelegenheiten des täglichen Lebens,** die sich durch Häufigkeit der Entscheidungen und durch die Abänderbarkeit ihrer Auswirkungen (Abs 1 S 3) auszeichnen[64] (sog „Alltagssorge")[65].

10.1 Erfasst wird die tägliche Pflege, dh die Sorge für Nahrung, Kleidung, Hygiene, Gesundheit (Behandlung leichterer Infektionskrankheiten, Impfungen, Vorsorgeuntersuchungen), die Entscheidung über Alltagsprobleme des Besuchs eines Kindergartens oder einer Kindertagesstätte (zB Abholen vom Kindergarten)[66], die Schul- bzw Berufsausbildung (zB Entscheidung über Nachhilfe[67], Entschuldigung im Krankheitsfall), die Entscheidung über den regelmäßigen[68] Umgang des Kindes, über den täglichen Aufenthalt (zB Besuch von Freunden, Verwandten [die grundsätzliche Entscheidung, mit wem das Kind Umgang haben darf, ist dagegen mitbestimmungspflichtig, dazu Rn 6.2]), die Teilnahme an einem Tagesausflug, nicht dagegen eine mehrwöchige Klassenfahrt ins Ausland[69], im Einzelfall eine Urlaubsreise nach China[70], die Freizeitgestaltung[71], die Beantragung eines Kinderausweises[72] sowie die Regelung von vergleichsweise unbedeutenden Vermögensangelegenheiten (zB die Verwaltung von Geldgeschenken, Zustimmung nach § 110)[73].

11 Das Alleinentscheidungsrecht des obhutführenden Elternteils enthält eine partielle Alleinsorge in tatsächlicher und rechtlicher Hinsicht; der betreuende Elternteil hat mithin auch ein **Alleinver-**

---

[56] OLG Bamberg FamRZ 2003, 1403.
[57] *Palandt/Diederichsen* Rn 4; MünchKommBGB/*Finger* Rn 11; AnwK-BGB/*Peschel-Gutzeit* Rn 13.
[58] FamRefK/*Rogner* Rn 20; *Johannsen/Henrich/Jaeger* Rn 6; AnwK-BGB/*Peschel-Gutzeit* Rn 13; anders wohl OLG Karlsruhe FamRZ 2002, 1272 f.
[59] BT-Drucks 13/8511 S 75; *Palandt/Diederichsen* Rn 4, 16; FamRefK/*Rogner* Rn 15.
[60] *Johannsen/Henrich/Jaeger* Rn 7.
[61] BT-Drucks 13/4899 S 61; *Johannsen/Henrich/Jaeger* Rn 7.
[62] *Palandt/Diederichsen* Rn 10.
[63] *Johannsen/Henrich/Jaeger* Rn 7 verlangt in Analogie zur Auslegung von Art 5 EGBGB ca ein halbes Jahr; zum Meinungsstand *Schilling* NJW 2007, 3233, 3237.
[64] FamRefK/*Rogner* Rn 17; *Palandt/Diederichsen* Rn 11; Überblick bei *Schilling* NJW 2007, 3233, 3236.
[65] *Willutzki* Kind-Prax 1998, 8, 10; *ders* Rpfleger 1997, 336, 337; Vorschlag der SPD-Fraktion BT-Drucks 13/1752 S 14.
[66] DIJuF-Rechtsgutachten JAmt 2003, 298; DIJuF-Rechtsgutachten JAmt 2005, 569, 570.
[67] OLG Düsseldorf NJW-RR 2005, 1529; OLG Naumburg FamRZ 2006, 1058.
[68] BT-Drucks 13/1752 S 5, 14.
[69] *Palandt/Diederichsen* 59. Aufl 2000, Rn 24; weiter wohl *Schwab* FamRZ 1998, 457, 469.
[70] OLG Karlsruhe FamRZ 2005, 1004.
[71] OLG Bamberg FamRZ 1999, 1005, 1006.
[72] *Koritz* FPR 2000, 243.
[73] BT-Drucks 13/4899 S 107 f; *Schwab* FamRZ 1998, 457, 469; *Palandt/Diederichsen* Rn 11; *Schwab/Motzer* HdB ScheidungsR III Rn 57; weiter BT-Drucks 13/1752 S 14 f; s auch BT-Drucks 13/8558 S 2, 4.

tretungsrecht in Angelegenheiten des täglichen Lebens[74]. Dies ergibt sich entweder unmittelbar aus § 1629 Abs 1 S 3 Alt 1 („die elterliche Sorge ausübt") (§ 1629 Rn 14) oder aus einer analogen Anwendung von § 1629 Abs 1 S 3 Alt 2, der auf das Alleinentscheidungsrecht nach § 1628 verweist.

3. Einschränkung/Ausschluss des Rechts durch gerichtliche Entscheidung nach Abs 2. Die Alleinentscheidungsbefugnis kann eingeschränkt oder ausgeschlossen werden[75], soweit dies zum Wohl des Kindes erforderlich ist. Die Eingriffsschwelle für das Gericht ist damit niedriger als in § 1666, wo eine Gefährdung des Kindeswohls vorliegen muss. Sie entspricht der in § 1671 Abs 3 aF, so dass die hierzu entwickelte Auslegung herangezogen werden kann. Danach müssen triftige, das Kindeswohl nachhaltig berührende Gründe vorliegen, die besorgen lassen, dass ohne die Maßnahme eine ungünstige Entwicklung des Kindes oder seiner zu schützenden Interessen in dem betroffenen Bereich eintreten könnte[76]. **12**

Hat der betreuende Elternteil seine Alleinentscheidungsbefugnis überschritten, kann die Entscheidung von ihrer Art her jedoch nicht mehr rückgängig gemacht werden, besteht gleichwohl eine Wiederholungsgefahr, so kann der nicht betreuende Elternteil in Analogie zu den §§ 1628, 1687 Abs 2 die **gerichtliche Feststellung** verlangen, dass bei der Regelung der Angelegenheit gegenseitiges Einvernehmen erforderlich ist[77]. **12.1**

VI. Alleinentscheidungsrecht in Angelegenheiten der tatsächlichen Betreuung (Abs 1 S 4)

Sobald sich das Kind, das seinen gewöhnlichen Aufenthalt bei einem Elternteil hat, rechtmäßig, dh mit Einwilligung dieses Elternteils oder auf Grund einer gerichtlichen Entscheidung, bei dem anderen aufhält, hat dieser die Befugnis zur alleinigen Entscheidung in Angelegenheiten der tatsächlichen Betreuung. Da die mit der vorübergehenden Aufenthaltswechsel verbundenen Veränderungen der gewöhnlichen Betreuungssituation nur vorübergehender Natur sind[78], sind auch die Befugnisse des nicht obhutführenden Elternteils geringer[79]. Betroffen sind **Angelegenheiten der tatsächlichen Betreuung.** Schon vom Begriff her und der Abstufung der Befugnisse gegenüber Abs 1 S 2 liegt es nahe, hier nur von einem tatsächlichen Entscheidungsrecht, nicht aber von einem Alleinvertretungsrecht (Ausnahme in Abs 1 S 5) auszugehen[80]. **13**

Von Abs 1 S 4 werden die Fälle erfasst, in denen der andere Elternteil von seinem Umgangsrecht (§ 1684) Gebrauch macht, dass das Kind ihn besucht, sei es, dass er vorübergehend die Betreuung des Kindes im Haushalt des obhutführenden Elternteils übernimmt[81]; die Vorschrift findet aber auch beim Wechselmodell (Rn 3) auf den Elternteil Anwendung[82], bei dem sich das Kind für eine gewisse Periode aufhält und der Tatbestand des Abs 1 S 2 (gewöhnlicher Aufenthalt, Rn 9) noch nicht erfüllt ist. **13.1**

Zu den Angelegenheiten der tatsächlichen Betreuung gehört die Wahrnehmung der Aufsichtspflicht (§ 1631 Rn 6) ebenso wie die Entscheidung von Fragen, was das Kind zu essen bekommt, wann es ins Bett gehen soll, welches Fernsehprogramm es sehen, wie lange es fernsehen darf[83], aber auch, mit wem das Kind während seines Aufenthalts beim Umgangsberechtigten Umgang haben darf (§ 1684 Rn 10)[84]. **13.2**

Dieses Alleinentscheidungsrecht kann aus den gleichen Gründen wie das in Abs 1 S 2 genannte **eingeschränkt oder ausgeschlossen** werden (Rn 12). So kann das Gericht etwa dem umgangsberechtigten Elternteil Auflagen über die Einhaltung einer Diät oder Beschränkungen des Fernsehkonsums machen[85]. **14**

VII. Notvertretungsrecht (Abs 1 S 5, § 1629 Abs 1 S 4)

Nach Abs 1 S 5, § 1629 Abs 1 S 4 ist bei Gefahr im Verzug jeder Elternteil berechtigt, alle Rechtshandlungen vorzunehmen, die zum Wohl des Kindes notwendig sind. Diese Befugnis erstreckt sich auf **alle Bereiche,** die Abs 1 erfasst[86], also sowohl auf Angelegenheiten, deren Regelung für das Kind von erheblicher Bedeutung ist, als auch auf Angelegenheiten des täglichen Lebens. Zu den Voraussetzungen **15**

---

[74] *Schwab* FamRZ 1998, 457, 470; *Koritz* FPR 2000, 243; FamRefK/*Rogner* Rn 21; *Walter* FamRZ 1995, 1538, 1542; *Palandt/Diederichsen* Rn 9; MünchKommBGB/*Finger* Rn 14; *Erman/Michalski* Rn 3; für eine Parallele zu § 1357 *Schwab/Motzer* HdB ScheidungsR III Rn 57.
[75] Eine Ausdehnung der Alleinentscheidungsbefugnis kommt nur über einen Antrag nach § 1671 in Betracht, *Borsutzky* Forum Familienhilfe 1999, 42, 44.
[76] BGH FamRZ 1979, 113; *Johannsen/Henrich/Jaeger* Rn 12; *Palandt/Diederichsen* Rn 16; AnwK-BGB/*Peschel-Gutzeit* Rn 17.
[77] *Johannsen/Henrich/Jaeger* Rn 6; AnwK-BGB/*Peschel-Gutzeit* Rn 13.
[78] *Palandt/Diederichsen* 59. Aufl 2000, Rn 28.
[79] Für eine Gleichstellung mit der tatsächlichen Alltagssorge nach Abs 1 S 2 plädieren OLG Zweibrücken FamRZ 2001, 639, 641; FamRZ 2000, 1042, 1043; *Palandt/Diederichsen* Rn 13; *Hammer* FamRZ 2005, 1209, 1211 Fn 31.
[80] *Schwab* FamRZ 1998, 457, 470; *Palandt/Diederichsen* Rn 13; weitergehend MünchKommBGB/*Finger* Rn 15.
[81] *Palandt/Diederichsen* 59. Aufl 2000, Rn 28.
[82] *Johannsen/Henrich/Jaeger* Rn 7; aA *Staudinger/Salgo* Rn 15.
[83] BT-Drucks 13/4899 S 108; *Palandt/Diederichsen* Rn 11; *Schwab* FamRZ 1998, 457, 470; FamRefK/*Rogner* Rn 23; MünchKommBGB/*Finger* Rn; *Schilling* NJW 2007, 3233, 3237.
[84] *Weisbrodt* Kind-Prax 2001, 8, 15 Rn 54.
[85] *Diederichsen* NJW 1998, 1977, 1986.
[86] *Johannsen/Henrich/Jaeger* Rn 9.

§ 1687 b   Buch 4. Abschnitt 2. Verwandtschaft

des Notvertretungsrechts s § 1629 Rn 17. Eine Einschränkung oder ein Ausschluss des Notvertretungsrechts durch gerichtliche Entscheidung kommt nicht in Betracht (arg Abs 2).

VIII. Wohlverhaltensklausel (Abs 1 S 5, § 1684 Abs 2 S 1)

16   Durch die Verweisung in S 5 auf § 1684 Abs 2 S 1 hat der Gesetzgeber klargestellt, dass die voneinander getrennt lebenden Eltern, die die elterliche Sorge beibehalten haben, bei Ausübung ihrer Befugnisse nach Abs 1 verpflichtet sind, alles zu unterlassen, was das Verhältnis des Kindes zum jeweils anderen Elternteil beeinträchtigt oder die Erziehung erschwert (näher § 1684 Rn 14 ff).

IX. Verfahren

17   **Zuständig** für eine Entscheidung nach Abs 2 ist das Familiengericht (§ 621 Abs 1 Nr 1 ZPO, § 23 b Abs 1 S 2 Nr 2 GVG). Dieses wird **von Amts wegen oder auf Antrag** eines Elternteils tätig; ein solcher Antrag kann als rechtliches Minus in einem Antrag des nicht betreuenden Elternteils nach § 1671 auf Zuweisung der Alleinsorge enthalten sein[87].

§ 1687 a Entscheidungsbefugnisse des nicht sorgeberechtigten Elternteils

Für jeden Elternteil, der nicht Inhaber der elterlichen Sorge ist und bei dem sich das Kind mit Einwilligung des anderen Elternteils oder eines sonstigen Inhabers der Sorge oder auf Grund einer gerichtlichen Entscheidung aufhält, gilt § 1687 Abs. 1 Satz 4 und 5 und Abs. 2 entsprechend.

Schrifttum: *Muscheler,* Das Recht der Stieffamilie, FamRZ 2004, 913.

1   **Zweck** dieser Vorschrift, die durch Art 1 Nr 24 KindRG in das Gesetz aufgenommen wurde und eine Ergänzung zu § 1687 enthält, ist es, dem Elternteil, der nicht Inhaber der elterlichen Sorge ist und bei dem sich das Kind mit Einwilligung des anderen Elternteils oder eines sonstigen Inhabers der elterlichen Sorge oder auf Grund einer gerichtlichen Entscheidung aufhält, ein Alleinentscheidungsrecht hinsichtlich der Angelegenheiten der tatsächlichen Betreuung (Abs 1 S 4) und ein Notvertretungsrecht (§§ 1687 Abs 1 S 5, 1629 Abs 1 S 4) zu geben, damit er seinen Obhutspflichten gerecht werden kann[1].

2   Die Vorschrift findet nur auf den Elternteil Anwendung, der **nicht Inhaber der elterlichen Sorge** ist; aus welchem Grund der elterliche Sorge fehlt, spielt keine Rolle[2]. Das Gesetz erfasst damit nicht nur den Fall, dass der Vater mangels Abgabe von Sorgeerklärungen nicht an der gemeinsamen Sorge teilnehmen konnte, sondern auch den, dass die gemeinsame Sorge zunächst beiden Elternteilen zustand, sie ihnen beiden oder nur einem Elternteil aber entzogen wurde und im letzteren Fall dem anderen zustand (§ 1680 Abs 3 HS 1, Abs 1) sowie den, dass die Alleinsorge eines Elternteils auf Grund gerichtlicher Entscheidung (nach §§ 1672 Abs 1, Abs 2 S 2, 1696, 1680 Abs 3 HS 2, Abs 2 S 2) auf den anderen übergegangen ist.

3   Der nicht sorgeberechtigte Elternteil hat aber nur dann ein Alleinbestimmungsrecht in Angelegenheiten der tatsächlichen Betreuung, wenn sich das Kind **rechtmäßigerweise** bei ihm aufhält. Dazu ist die Zustimmung des anderen Elternteils erforderlich, dem das Aufenthaltsbestimmungsrecht zusteht; fehlt diesem Elternteil dieses Recht, so ist der sonstige Inhaber der elterlichen Sorge (Pfleger gemäß § 1909, Vormund gemäß § 1773) zur Erteilung der Zustimmung befugt. Ebenso wie im Fall des § 1687 Abs 1 S 4 kann auch eine gerichtliche Entscheidung die Rechtmäßigkeit des Aufenthalts vermitteln. Da keine gemeinsame elterliche Sorge besteht, kann die gerichtliche Entscheidung nicht auf der Grundlage von § 1628, sondern nur auf der des § 1684 Abs 3 ergehen.

4   Das Alleinbestimmungsrecht bezieht sich nicht auf die **Angelegenheiten** des täglichen Lebens[3], sondern nach dem Wortlaut der Verweisung nur auf solche der **tatsächlichen Betreuung** (§ 1687 Abs 1 S 4, näher dort Rn 13). Der nicht sorgeberechtigte Elternteil hat weiter ein Notvertretungsrecht nach §§ 1687 Abs 1 S 5, 1629 Abs 1 S 4 (näher § 1687 Rn 15). Für ihn gilt auch die Wohlverhaltenspflicht nach §§ 1687 Abs 1 S 5, 1684 Abs 2 S 1 (§ 1687 Rn 16). Das Familiengericht kann das Alleinentscheidungsrecht nach § 1687 Abs 1 S 4 unter den Voraussetzungen des § 1687 Abs 2 einschränken oder ausschließen (näher § 1687 Rn 12).

§ 1687 b Sorgerechtliche Befugnisse des Ehegatten

(1) [1]**Der Ehegatte eines allein sorgeberechtigten Elternteils, der nicht Elternteil des Kindes ist, hat im Einvernehmen mit dem sorgeberechtigten Elternteil die Befugnis zur Mitentscheidung in Angelegenheiten des täglichen Lebens des Kindes.** [2]**§ 1629 Abs. 2 Satz 1 gilt entsprechend.**

---

[87] *Schwab/Motzer* HdB ScheidungsR III Rn 60; aA *Staudinger/Salgo* Rn 55.
[1] *Palandt/Diederichsen* 59. Aufl 2000, Rn 1.
[2] *Palandt/Diederichsen* Rn 1; *Muscheler* FamRZ 2004, 913, 920 plädiert de lege ferenda für eine Ausdehnung dieser Norm auf den Stiefelternteil, allerdings nur, soweit § 1687 Abs 1 S 4 und 5 in Bezug genommen werden.
[3] BT-Drucks 13/4899 S 108; OLG Zweibrücken DAVorm 2000, 998, 1005.

(2) **Bei Gefahr im Verzug ist der Ehegatte dazu berechtigt, alle Rechtshandlungen vorzunehmen, die zum Wohl des Kindes notwendig sind; der sorgeberechtigte Elternteil ist unverzüglich zu unterrichten.**

(3) **Das Familiengericht kann die Befugnisse nach Absatz 1 einschränken oder ausschließen, wenn dies zum Wohl des Kindes erforderlich ist.**

(4) **Die Befugnisse nach Absatz 1 bestehen nicht, wenn die Ehegatten nicht nur vorübergehend getrennt leben.**

Schrifttum: *Canaris,* Handelsrecht, 24. Aufl 2006; *Coester-Waltjen,* Kinderarm aber elternreich, FS Schwab, 2005, S 761; *Drischmann,* Das Sorgerecht in Stieffamilien. Gestern. Heute. Morgen, 2007; *Kanther,* Die „neue soziale Familie" oder zur Verfassungswidrigkeit von § 9 LPartG, NJW 2003, 797; *Motzer,* Die neueste Entwicklung von Gesetzgebung und Rechtsprechung auf dem Gebiet von Sorgerecht und Umgangsrecht, FamRZ 2001, 1034; *Muscheler,* Das Recht der Stieffamilie, FamRZ 2004, 913; *Schomburg,* Die kindschaftsrechtlichen Regelungen des Lebenspartnerschaftsgesetzes, Kind-Prax 2001, 103; *Schwab,* Eingetragene Lebenspartnerschaft − Ein Überblick, FamRZ 2001, 385; *Veit,* Kleines Sorgerecht für Stiefeltern (§ 1687 b BGB), FPR 2004, 67.

Übersicht

	Rn		Rn
I. Entwicklung und Zweck der Regelung	1	IV. Beschränkung, Ende des Mitentscheidungsrechts des Stiefelternteils	11
II. Voraussetzungen für das Entstehen eines sog „kleinen Sorgerechts"	2	V. Verfahren	14
III. Inhalt des sog „kleinen Sorgerechts"	7		

I. Entwicklung und Zweck der Regelung

Die Regelung, eingefügt durch Art 2 Nr 13 des Gesetzes zur Beendigung der Diskriminierung gleichgeschlechtlicher Gemeinschaften: Lebenspartnerschaften vom 16. 2. 2001 (BGBl I S 266), verbessert die Position des Stiefelternteils gegenüber der durch das KindRG geschaffenen Lage. Mit dem KindRG wurde für den Stiefelternteil ein Umgangsrecht geschaffen (§ 1685 Abs 2); zu seinen Gunsten kann auch eine Verbleibensanordnung (§ 1682) ergehen, die ihm dann ein Entscheidungsrecht in Angelegenheiten des täglichen Lebens gibt (§ 1688 Abs 4, 1). Allerdings wurde mit diesen Regeln der Situation des intakten Familienverbands nicht Rechnung getragen: Das Umgangsrecht wird faktisch erst nach der Trennung des leiblichen Elternteils vom Stiefelternteil relevant und § 1682 setzt ebenso wie § 1688 voraus, dass die elterliche Sorge von dem leiblichen Elternteil aus einem der in §§ 1678, 1680 bzw 1681 genannten Gründe nicht ausgeübt werden kann. Das KindRG hat dagegen keine Regelung für den Fall vorgesehen, dass die Eheleute zusammenleben und der sorgeberechtigte Elternteil sein Sorgerecht auch ausüben kann. Diese Lücke wurde 2001 geschlossen. Ziel der Neuregelung ist es, im Interesse der Kinder aus früheren Beziehungen die **neuen Familienbande rechtlich** zu **stärken** und die tatsächlich auch vom Stiefelternteil übernommene Betreuung und Verantwortung für die Kinder seines Ehegatten **rechtlich abzusichern** und **anzuerkennen**[1]. 1

II. Voraussetzungen für das Entstehen eines sog „kleinen Sorgerechts"

Das sog „kleine Sorgerecht"[2] kann nur der **Ehegatte** des leiblichen Elternteils erlangen, der **nicht** 2 **Elternteil** des Kindes ist. Er darf also keine Mutter- oder Vaterstellung iS der §§ 1591 f innehaben, und es muss eine wirksame, wenn auch aufhebbare Ehe zwischen ihm und dem leiblichen Elternteil vorliegen; eine analoge Anwendung auf die nichteheliche Lebensgemeinschaft kommt nicht in Betracht[3].

Der **Elternteil** muss **allein sorgeberechtigt** sein. Diese Voraussetzung erklärt sich aus dem Norm- 3 zweck, den neuen sozialen Familienverband zu schützen (Rn 1); damit wäre es aber nicht vereinbar, wenn der nicht mit dem Kind zusammenlebende andere Elternteil noch sorgerechtliche Befugnisse hätte[4]. Die alleinige Sorgeberechtigung des leiblichen Elternteils kann sich aus Gesetz (§§ 1626 a Abs 2, 1680 Abs 1, 1681 Abs 1) oder aus gerichtlicher Entscheidung (§§ 1671, 1672 Abs 1, 1678 Abs 2, 1680 Abs 2, 3, 1681 Abs 1, 1696 Abs 1) ergeben.

Weitere Voraussetzung für das Sorgerecht ist, dass die Ehegatten **nicht nur vorübergehend** 4 **getrennt leben (Abs 4).** Der Begriff des nicht nur vorübergehenden Getrenntlebens bestimmt sich nach § 1567 (nähere Erläuterungen dort).

Aus Abs 4 folgt aber auch, dass der **Stiefelternteil mit dem Kind zusammenleben** muss. Diese 5 Voraussetzung liegt in jedem Fall bei einer häuslichen Gemeinschaft zwischen dem leiblichen Elternteil,

---

[1] BT-Drucks 14/2096 S 8; krit zu § 9 LPartG *Schwab* FamRZ 2001, 385, 394; *Motzer* FamRZ 2001, 1034, 1040; *Kanther* NJW 2003, 797 f.
[2] BT-Drucks 14/3751 S 45, 39.
[3] *Drischmann* S 135.
[4] BT-Drucks 14/3751 S 45, 39; krit MünchKommBGB/*Finger* Rn 8; *Motzer* FamRZ 2001, 1034, 1040 bezieht die Alleinsorge nur auf die Alltagssorge; in diese Richtung de lege ferenda *Coester-Waltjen,* FS Schwab, 2005, S 761, 772; *Staudinger/Coester* § 1626 a Rn 68; *Muscheler* FamRZ 2004, 913, 919; *Drischmann* S 141.

seinem Kind und dem Stiefelternteil vor. Das Mitentscheidungsrecht des Stiefelternteils entfällt aber nicht automatisch dann, wenn sich das Kind mit Zustimmung des sorgeberechtigten Elternteils für längere Zeit bei einem Dritten, etwa in einem Internat, aufhält und der leibliche Elternteil die Ausübung der elterlichen Sorge auf den Dritten übertragen hat (§ 1626 Rn 4.1).

6 Zwischen dem Stiefelternteil und dem sorgeberechtigten Elternteil muss weiter ein **Einvernehmen** vorliegen. Damit bekunden der leibliche und der Stiefelternteil den gemeinsamen Willen, die Elternverantwortung im Bereich der Angelegenheiten des täglichen Lebens zu übernehmen (für den Fall der Sorgeerklärungen s § 1626a Rn 4). Das Einvernehmen kann ausdrücklich erklärt werden oder in der tatsächlichen Beteiligung des Stiefelternteils an der Pflege und Erziehung des Kindes liegen[5]. Unter welchen Voraussetzungen dieses Einvernehmen wirksam ist, sagt das Gesetz nicht. Sieht man in den übereinstimmenden Erklärungen Willenserklärungen, so ist auf die §§ 104 ff abzustellen; die Parallele zu den Sorgeerklärungen legt dagegen eine Analogie zu den §§ 1626b ff mit Ausnahme der Regelung des § 1626e nahe.

6.1 Dieses Einvernehmen entspricht nicht dem, wie es in den §§ 1627 S 2 und 1687 Abs 1 S 1 verstanden wird[6]. Danach bedeutet Einvernehmen Zusammenwirken iSv gemeinsamer Beratung und Entscheidung (§ 1627 Rn 2); nur daraus erklärt sich die Notwendigkeit einer gerichtlichen Streitentscheidung bei fehlender Einigung (§ 1628). Gegen einen Rückgriff auf diese Begriffsbestimmung spricht, dass dem Stiefelternteil zunächst keine sorgerechtlichen Befugnisse zustehen. Näher liegt es, den Begriff mit Blick auf die Rechtsfolge des Einvernehmens zu bestimmen. Danach erhält der Stiefelternteil aufgrund des Einvernehmens mit dem sorgeberechtigten Elternteil die Befugnis zur Mitentscheidung in Angelegenheiten des täglichen Lebens, also eine tatsächliche und rechtliche Mitentscheidungsmacht. Darin liegt idR keine Übertragung der elterlichen Sorge zur tatsächlichen Ausübung verbunden mit einer Vollmachterteilung[7]. Vielmehr will der sorgeberechtigte den sozialen Elternteil teilweise an der Wahrnehmung der elterlichen Sorge beteiligen[8]. Diese Situation ist vergleichbar der von leiblichen, nicht miteinander verheirateten Eltern, die durch Abgabe von Sorgeerklärungen die elterliche Sorge, die bis dahin nur der Mutter zustand (§ 1626a Abs 2), auf den Schultern beider Eltern verteilen wollen[9]. Geht man dagegen von einer gesetzlichen Übertragung einer Ausübungsbefugnis aus, deren Wahrnehmung der Entscheidungszuständigkeit des sorgeberechtigten Elternteils unterliegt[10], so ist die rechtliche Einordnung nicht ganz unproblematisch. Zwar sind auch die Befugnisse der Pflegeperson (§ 1688) disponibel[11]. Jedoch ist zu berücksichtigen, dass der Stiefelternteil im Unterschied zum Pflegeelternteil unmittelbar das Kind und nicht den Inhaber der elterlichen Sorge vertritt. Darüber hinaus ist die jederzeitige Dispositionsbefugnis des sorgeberechtigten Ehegatten nur schwer mit dem Normzweck (Rn 1) vereinbar[12]. Auch der Wortlaut der Norm („im Einvernehmen […] Befugnis zur Mitentscheidung") wirft bei diesem Lösungsansatz Probleme auf[13].

III. Inhalt des sog „kleinen Sorgerechts"

7 Liegt zwischen dem leiblichen Elternteil und dem Stiefelternteil ein Einvernehmen vor, so erhält dieser eine Befugnis zur Mitentscheidung in **Angelegenheiten des täglichen Lebens**. Zur Konkretisierung dieses Begriffs wird in der Gesetzesbegründung auf § 1687 Abs 1 S 3 Bezug genommen[14]. Erfasst werden vor allem Fragen der täglichen Betreuung und Versorgung des Kindes, Alltagsfragen des schulischen Lebens sowie der Berufsausbildung des Kindes (näher § 1687 Rn 10)[15]. Der Stiefelternteil erhält damit mehr Befugnisse als der nichtsorgeberechtigte leibliche Elternteil, dem nach § 1687a nur ein Alleinbestimmungsrecht in Angelegenheiten der tatsächlichen Betreuung sowie ein Notvertretungsrecht zustehen (§ 1687a Rn 4). Daraus resultieren verfassungsrechtliche Bedenken gegen die Regelung[16].

8 Die Befugnis zur Mitentscheidung umfasst die Befugnis zur **tatsächlichen und rechtlichen Mitentscheidung iS einer gesetzlichen Vertretung für das Kind**[17]. Letzteres folgt aus Abs 1 S 2, wonach § 1629 Abs 2 S 1 entspr gilt; diese Verweisung setzt den Grundsatz einer rechtlichen Vertretungsmacht für das Kind voraus. Das Kind wird nach § 1629 Abs 1 S 2 von beiden Eltern gemeinschaftlich vertreten; ist eine Willenserklärung gegenüber dem Kind abzugeben, genügt die Abgabe gegenüber einem Elternteil. Zwar wird § 1629 Abs 1 S 2 nicht ausdrücklich in Bezug genommen; jedoch ergibt sich seine Geltung aus § 1687 b Abs 2, der eine Ausnahme vom Grundsatz der gemeinschaftlichen Vertretung enthält.

---

[5] BT-Drucks 14/3751 S 45, 39.
[6] Dies sieht *Drischmann* S 164 ff anders.
[7] BT-Drucks 14/2096 S 8.
[8] *Veit* FPR 2004, 67, 71; aA *Schomburg* Kind-Prax 2001, 103, 104; *Coester-Waltjen*, FS Schwab, 2005, S 761, 772; *Drischmann* S 156 ff.
[9] *Musceler* FamRZ 2004, 913, 920 spricht sich für eine Streichung des Tatbestandsmerkmals „Einvernehmen" aus.
[10] *Coester-Waltjen*, FS Schwab, 2005, S 761, 766; aA *Drischmann* S 165 ff.
[11] *Coester-Waltjen*, FS Schwab, 2005, S 761, 767.
[12] *Schwab* FamRZ 2001, 385, 394 zu § 9 LPartG; anders für § 1687b *ders* Familienrecht Rn 604.
[13] Dies sieht auch *Coester-Waltjen*, FS Schwab, 2005, S 761, 772.
[14] BT-Drucks 14/3751 S 45, 39; krit *Schwab* FamRZ 2001, 385, 395 zu § 9 LPartG; *Veit* FPR 2004, 67, 72; *Rauscher* Familienrecht, 2001, Rn 1134; *Drischmann* S 175 ff.
[15] BT-Drucks 14/3751 S 45, 39.
[16] *Veit* FPR 2004, 67, 73; *Rauscher* Familienrecht, 2001, Rn 1134; *Kanther* NJW 2003, 797, 798 zu § 9 LPartG; *Musceler* FamRZ 2004, 913, 920 plädiert in bestimmten Fallgestaltungen sogar für ein großes Sorgerecht des Stiefelternteils.
[17] BT-Drucks 14/3751 S 45, 39.

Entscheidungsbefugnisse der Pflegeperson § 1688

Zum Teil wird in Anlehnung an die im Handelsrecht diskutierte halbseitige Gesamtprokura[18] für eine nur halbseitige Gesamtvertretungsmacht plädiert, mit der Folge, dass der Stiefelternteil nur zusammen mit dem leiblichen Elternteil, dieser aber allein handeln kann[19]. 8.1

Abs 2 räumt dem Stiefelternteil ebenso wie § 1629 Abs 1 S 4 jedem leiblichen sorgeberechtigten Elternteil und § 9 Abs 2 LPartG dem Lebenspartner ein **Notvertretungsrecht** ein (Abs 2 HS 1). Damit erhält der Stiefelternteil bei Gefahr im Verzug, also in Situationen wie etwa Krankheiten und Verletzungen des Kindes, bei denen die Mitwirkung des sorgeberechtigten Elternteils nicht rechtzeitig eingeholt werden kann, die Befugnis, alle notwendigen Rechtshandlungen – zB die Einwilligung in Heilbehandlungen, den Abschluss von Arztverträgen – allein vorzunehmen (näher § 1629 Rn 17). Der sorgeberechtigte Elternteil ist unverzüglich zu unterrichten (Abs 2 HS 2). 9

Wegen der Gefahr einer Interessenkollision ist nach **Abs 1 S 2** in den von § 1629 Abs 2 S 1 erfassten Fällen die Vertretungsmacht von leiblichem und Stiefelternteil ausgeschlossen (näher § 1629 Rn 19 ff). 10

IV. Beschränkung, Ende des Mitentscheidungsrechts des Stiefelternteils

Nach **Abs 3** kann das **Familiengericht** die Befugnisse nach Abs 1 **einschränken oder ausschließen**, soweit dies zum Wohl des Kindes erforderlich ist. Diese Regelung entspricht den §§ 1687 Abs 2, 1688 Abs 3 und 4 und in § 9 Abs 3 LPartG. Hinsichtlich der Eingriffsschwelle kann auf das zu § 1687 Gesagte verwiesen werden (dort Rn 12); nach der Gesetzesbegründung sollen fortlaufende Streitigkeiten der Eltern genügen, soweit sie dem Wohl des Kindes zum Nachteil gereichen[20]. Eine Einschränkung iS von Abs 3 kann in der Begrenzung der Mitentscheidungsbefugnis auf einzelne Angelegenheiten des täglichen Lebens liegen. Eine Ausdehnung der Befugnisse des Stiefelternteils kommt hier ebenso wenig in Betracht wie in den Fallgestaltungen des § 1687 Abs 2 (Rn 13) und § 1688 Abs 3 und 4 (dort Rn 8, 9). 11

Nach **Abs 4** bestehen die Befugnisse nach Abs 1 nicht, wenn die Ehegatten **nicht nur vorübergehend getrennt leben**. Hiervon wird sowohl die Fallgestaltung erfasst, dass die Stiefeltern von Anfang an getrennt leben, die Mitentscheidungsrechte also gar nicht erst entstehen kann (Rn 4), als auch die, dass es infolge späterer Trennung entfällt. Das Mitentscheidungsrecht entfällt auch dann, wenn kein **Einvernehmen** der Eltern mehr besteht, etwa weil das Einvernehmen vom leiblichen Elternteil **widerrufen** wurde. 12

Im Unterschied zu den Sorgeerklärungen (§ 1626 e Rn 3) ergibt sich die Möglichkeit des Widerrufs aus Abs 4, wonach die Befugnisse nach Abs 1 nicht bestehen, wenn die Ehegatten nicht nur vorübergehend getrennt leben; in der Getrenntleben ist aber idR in konkludenter Widerruf zu sehen. Darüber hinaus kann nicht in jedem Streit zwischen dem leiblichen und dem Stiefelternteil bereits ein Widerruf liegen; jede andere Lösung wäre einer kontinuierlichen Erziehung des Kindes und damit dem Kindeswohl abträglich. Es ist umgekehrt aber auch nicht möglich, in vollem Umfang die Kriterien heranzuziehen, die für die Bindungswirkung eines Einvernehmens der leiblichen Eltern über die Wahrnehmung der elterlichen Sorge nach ihrer Trennung gelten. Danach müssen für einen Widerruf triftige, das Kindeswohl nachhaltig berührende Gründe vorliegen (§ 1687 Rn 4.1). Zwar wird unter diesen Voraussetzungen auf jeden Fall das Einvernehmen zwischen leiblichem Elternteil und Stiefelternteils widerruflich sein. Jedoch wird man darüber hinaus mit Blick auf die stärkere Rechtsposition des leiblichen Elternteils auch weitere Fälle des Widerrufs unterhalb dieser Schwelle anerkennen müssen. In jedem Fall muss der Widerruf aber mit dem Kindeswohl vereinbar sein[21]. Daneben besteht auch die Möglichkeit eines Änderungsvertrags zwischen leiblichem und Stiefelternteil. 12.1

Das Mitentscheidungsrecht entfällt weiter mit dem **Wegfall der elterlichen Sorge des leiblichen Elternteils** (zu den Fallgestaltungen § 1626 Rn 19 f)[22]. 13

V. Verfahren

Zuständig zur Entscheidung nach Abs 3 ist das Familiengericht (§ 621 Abs 1 Nr 1 ZPO, § 23 b Abs 1 S 2 Nr 2 GVG). Hinsichtlich des Verfahrens iE gelten die allgemeinen Grundsätze (§ 1626 Rn 36 ff). 14

§ 1688 Entscheidungsbefugnisse der Pflegeperson

(1) ¹Lebt ein Kind für längere Zeit in Familienpflege, so ist die Pflegeperson berechtigt, in Angelegenheiten des täglichen Lebens zu entscheiden sowie den Inhaber der elterlichen Sorge in solchen Angelegenheiten zu vertreten. ²Sie ist befugt, den Arbeitsverdienst des Kindes zu verwalten sowie Unterhalts-, Versicherungs-, Versorgungs- und sonstige Sozialleistungen für das Kind geltend zu machen und zu verwalten. ³§ 1629 Abs. 1 Satz 4 gilt entsprechend.

---

[18] BGHZ 62, 166, 170 ff; *Canaris* § 12 Rn 27.
[19] *Coester-Waltjen*, FS Schwab, 2005, S 761, 770; *Gernhuber/Coester-Waltjen* § 60 Rn 4.
[20] BT-Drucks 14/3751 S 45, 39.
[21] *Coester-Waltjen*, FS Schwab, 2005, S 761, 767.
[22] *Veit* FPR 2004, 67, 72 zur Akzessorietät des Mitsorgerechts.

§ 1688

(2) Der Pflegeperson steht eine Person gleich, die im Rahmen der Hilfe nach den §§ 34, 35 und 35a Abs. 1 Satz 2 Nr. 3 und 4 des Achten Buches Sozialgesetzbuch die Erziehung und Betreuung eines Kindes übernommen hat.

(3) ¹Die Absätze 1 und 2 gelten nicht, wenn der Inhaber der elterlichen Sorge etwas anderes erklärt. ²Das Familiengericht kann die Befugnisse nach den Absätzen 1 und 2 einschränken oder ausschließen, wenn dies zum Wohl des Kindes erforderlich ist.

(4) Für eine Person, bei der sich das Kind auf Grund einer gerichtlichen Entscheidung nach § 1632 Abs. 4 oder § 1682 aufhält, gelten die Absätze 1 und 3 mit der Maßgabe, dass die genannten Befugnisse nur das Familiengericht einschränken oder ausschließen kann.

Schrifttum: *Coester*, Die Bedeutung des Kindes- und Jugendhilfegesetzes (KJHG) für das Familienrecht, FamRZ 1991, 253; *Groß*, Die Stellung der Pflegeeltern im Grundgesetz und im Zivilrecht FPR 2004, 411; *Lakies*, Zu Funktion und Inhalt der Pflege- und Betriebserlaubnis (§§ 44 ff KJHG), ZfJ 1995, 9; *Windel*, Zur elterlichen Sorge bei Familienpflege, FamRZ 1997, 713.

I. Normzweck

1 Mit der auf Art 1 Nr 24 KindRG zurückzuführenden Regelung sollte § 38 Abs 1 SGB VIII aF in das BGB eingefügt und dessen Anwendungsbereich ausgedehnt werden[1]. Entscheidungs- und Vertretungsbefugnisse haben jetzt nicht nur die Personen, die das Kind seit längerer Zeit in Familienpflege betreuen (Abs 1 S 1) oder im Rahmen der Hilfe nach den §§ 34, 35 und 35a Abs 1 S 2 Nr 3 und 4 SGB VIII die Erziehung und Betreuung eines Kindes übernommen haben (Abs 2), sondern auch diejenigen, bei denen sich das Kind auf Grund einer Verbleibensanordnung nach § 1632 Abs 4 (Familienpflege) oder nach § 1682 (Stiefeltern, Großeltern und Geschwister) aufhält (Abs 4). Ein weiterer Zweck war es, die Gesamtvorschrift in das System der Alleinentscheidungs- und Alleinvertretungsbefugnisse der §§ 1687 ff einzugliedern[2]. Sie trägt dem Umstand Rechnung, dass die genannten Personen faktisch anstelle der Eltern die Kinderziehung wahrnehmen und rechtsgeschäftliche Vereinbarungen über die Erziehungsbefugnisse in diesen Fällen nur selten vorkommen[3].

II. Normadressaten

2 Abs 1 erfasst die Pflegeperson, bei der das Kind **seit längerer Zeit in Familienpflege** lebt. Unter Familienpflege ist die Betreuung des Kindes außerhalb des Elternhauses in Form einer Vollzeitpflege (§ 33 SGB VIII) zu verstehen; die Pflegeperson bedarf hierzu nach § 44 Abs 1 SGB VIII der Erlaubnis (näher § 1630 Rn 7)[4]. Weiter setzt Abs 1 voraus, dass das Kind seit längerer Zeit in Familienpflege lebt (§ 1630 Rn 8; § 1632 Rn 21).

3 Nach Abs 2 stehen der Pflegeperson Personen gleich, die im Rahmen der **Hilfe nach den §§ 34, 35 und 35a Abs 1 S 2 Nr 3 und 4 SGB VIII** die Erziehung und Betreuung eines Kindes übernommen haben. Darunter fällt die Betreuung in Form einer Heimerziehung oder einer sonstigen betreuten Wohnform (§ 34 SGB VIII), die intensive sozialpädagogische Einzelbetreuung (§ 35 SGB VIII) sowie die Eingliederungshilfe für Kinder und Jugendliche, die seelisch behindert oder von einer solchen Behinderung bedroht sind, durch geeignete Pflegepersonen oder in Einrichtungen über Tag und Nacht sowie sonstigen Wohnformen (§ 35a Abs 1 S 2 Nr 3, 4 SGB VIII).

3.1 Die vom Bundesrat geforderte Ausdehnung des Personenkreises auf Verwandtenpflege und Internatsunterbringung[5] wurde nicht ins Gesetz aufgenommen. Ihrer Einbeziehung in den Katalog des § 1688 wurde für entbehrlich gehalten, weil die Pflegeverhältnisse in diesen Fällen ohne Beteiligung des Jugendamts durch privatrechtlichen Vertrag begründet werden, der idR auch den Umfang einer Vollmacht regelt[6].

4 Die in Abs 1 genannten Entscheidungs- und Vertretungsrechte gelten weiter für Personen, bei denen sich das Kind auf Grund einer **Verbleibensanordnung nach § 1632 Abs 4 oder § 1682** aufhält (Abs 4). Da es zwischen den Eltern bzw einem Elternteil als Sorgerechtsinhaber und den Pflegeeltern, dem Stiefelternteil oder den umgangsberechtigten Angehörigen (Großeltern, Geschwistern) schon zu Konflikten über den Aufenthalt des Kindes gekommen ist, die zum Erlass der Verbleibensanordnung geführt haben, besteht ein Bedürfnis, die Alltagsbefugnisse den Personen zuzuordnen, bei denen sich das Kind tatsächlich aufhält[7].

4.1 Liegt keine Verbleibensanordnung vor, lebt der sorgeberechtigte Elternteil vielmehr noch, wurde ihm die elterliche Sorge auch nicht entzogen und ruht sie auch nicht, so kann der mit dem Kind zusammenlebende Ehegatte und Stiefelternteil des Kindes bei Alleinsorge aufgrund einer Vollmacht des Elternteils an der elterlichen Sorge partizipieren. Darüber hinaus sieht § 1687b jetzt ein „kleines Sorgerecht" iS einer Befugnis zur Mitentscheidung in Angelegenheiten des täglichen Lebens des Kindes aufgrund Einvernehmens mit dem sorgeberechtigten Elternteil vor (näher bei § 1687b).

---

[1] BT-Drucks 13/4899 S 108.
[2] *Mühlens/Kirchmeier/Greßmann/Knittel* S 246.
[3] FamRefK/*Rogner* Rn 2; MünchKommBGB/*Finger* Rn 1.
[4] *Lakies* ZfJ 1995, 9 ff; aA MünchKommBGB/*Finger* Rn 1.
[5] BT-Drucks 13/4899 S 155.
[6] BT-Drucks 13/8511 S 75.
[7] BT-Drucks 13/4899 S 108.

§ 1688 Abs 1 und 3 gilt entspr für den Annehmenden während der Zeit der **Adoptionspflege** (§ 1751 Abs 1 S 5).

III. Befugnisse der Normadressaten

Den Normadressaten räumt das Gesetz eine Entscheidungsbefugnis sowie eine Vertretungsmacht in Angelegenheiten des täglichen Lebens ein (Abs 1 S 1). Der Begriff der **Angelegenheiten des täglichen Lebens** entspricht dem in § 1687 Abs 1 S 2 und 3 (näher dort § 1687 Rn 10 f)[8]; dazu gehören zum Beispiel der Abschluss von Kaufverträgen (Bargeschäfte), Unterrichtsverträgen, Mitgliedschaften in Sportvereinen, die Teilnahme an Elternabenden usw[9], sowie die selbständige Beantragung von Personalpapieren für Auslandsreisen[10]. Für Angelegenheiten, deren Regelung für das Kind von erheblicher Bedeutung ist, bleibt dagegen allein der Inhaber der elterlichen Sorge zuständig; dazu gehört ua die Beantragung einer Eingliederungshilfe nach §§ 53 ff SGB XII, wenn durch Art und Umfang der Hilfe zugleich in erheblicher Weise die persönliche Entwicklung des Kindes bestimmt wird[11]. Die **Entscheidungsmacht** der von § 1688 erfassten Personen betrifft die tatsächliche Ausübung der elterlichen Personen- und Vermögenssorge. Inhaber der elterlichen Sorge bleiben die Eltern bzw der Elternteil. Dies ergibt sich nicht zuletzt aus Abs 3 S 1. Eine gewisse Selbständigkeit erreicht lediglich das Entscheidungs- und Vertretungsrecht der von Abs 4 genannten Personen, da dieses nicht dem Regelungsprimat des Sorgerechtsinhabers unterliegt.

Die Vertretungsmacht bezieht sich auf den bzw die Inhaber der elterlichen Sorge. Die genannten Personen vertreten also nur den/die Inhaber der elterlichen Sorge, nicht dagegen das Kind; dieses wird nur mittelbar vertreten[12]. Zum Teil wird in der gesetzlichen Regelung eine vermutete Bevollmächtigung gesehen[13]. Der systematische Zusammenhang zu § 1687 legt allerdings eine gesetzliche Ermächtigung näher[14].

Weiter haben die Normadressaten die Befugnis, den **Arbeitsverdienst des Kindes** zu **verwalten** (Abs 1 S 2 Alt 1), wozu auch die Verwaltung einer Ausbildungsvergütung gehört[15], sowie **Unterhalts-, Versicherungs-, Versorgungs- und sonstige Sozialleistungen** für das Kind zu **verwalten und geltend** zu **machen** (Abs 1 S 2 Alt 2). Die Geltendmachung von Unterhaltsansprüchen umfasst nur die Unterhaltsansprüche gegen Dritte, nicht dagegen solche gegenüber dem Sorgeberechtigten, da die Pflegeperson nur den Inhaber der elterlichen Sorge, nicht dagegen unmittelbar das Kind vertritt[16]. Bei **Gefahr im Verzug** ist jeder der genannten Normadressaten berechtigt, alle Rechtshandlungen vorzunehmen, die zum Wohl des Kindes notwendig sind. Der Inhaber der elterlichen Sorge ist unverzüglich zu unterrichten (Abs 1 S 3, § 1629 Abs 1 S 4; näher § 1629 Rn 17).

Zu den Sozialleistungen gehören Leistungen nach dem BAföG, nach §§ 27 ff SGB VIII[17], auch solche nach § 39 SGB VIII, da Leistungsberechtigter das Kind oder der Jugendliche selbst ist[18] sowie Leistungen zum Lebensunterhalt nach den §§ 27 ff SGB XII[19], nicht aber die Eingliederungshilfe nach den §§ 53 ff SGB XII[20].

IV. Einschränkung und Erweiterung der Befugnisse

Die Entscheidungs- und Vertretungsbefugnisse stehen den Pflegepersonen allerdings nicht zu, wenn der **Inhaber der elterlichen Sorge etwas anderes erklärt (Abs 3 S 1)**. Als „andere" Erklärung kommt sowohl eine Einschränkung als auch ein Ausschluss in Betracht[21]. Solange keine entsprechende Erklärung des Inhabers der elterlichen Sorge vorliegt, greifen zugunsten der Pflegepersonen die genannten Befugnisse ein. Abs 1 und 2 enthalten also eine Beweislastverteilung zugunsten der Pflegeperson. Der Inhaber der elterlichen Sorge trägt dagegen die Beweislast für eine Einschränkung oder einen Ausschluss der gesetzlichen Befugnisse[22]. Schränkt der Inhaber der Personensorge die Vertretungsmacht so weit ein, dass dies eine dem Wohl des Kindes oder des Jugendlichen förderliche Erziehung nicht mehr ermöglicht, sollen die Beteiligten nach § 38 SGB VIII ebenso wie bei sonstigen Meinungsverschiedenheiten das Jugendamt einschalten. Die Möglichkeit, die Entscheidungs- und Vertretungsbefugnisse zu beschränken oder auszuschließen, steht dem Sorgerechtsinhaber allerdings **nicht** gegenüber Pflegepersonen, Stiefeltern, Großeltern sowie Geschwistern zu, bei denen sich das

---

[8] Eine Konkretisierungshilfe bietet § 42 Abs 1 S 4 SGB VIII, s *Staudinger/Salgo* § 1631 Rn 16.
[9] *Wiesner/Wiesner* § 38 SGB VIII Rn 28, 28 a.
[10] DIV-Gutachten DAVorm 2000, 398 f.
[11] OVG Thüringen FamRZ 2002, 1725 f; *Wiesner/Wiesner* § 38 SGB VIII Rn 28 a.
[12] *Palandt/Diederichsen* Rn 5; AnwK-BGB/*Harms* Rn 5, 9; *Groß* FPR 2004, 411, 415.
[13] BT-Drucks 13/4899 S 155; BT-Drucks 13/8511 S 75.
[14] *Windel* FamRZ 1997, 713, 719; *Staudinger/Salgo* Rn 19.
[15] MünchKommBGB/*Hinz* 3. Aufl 1992, KJHG § 38 SGB VIII Rn 3.
[16] *Wiesner/Wiesner* § 38 SGB VIII Rn 18; *Palandt/Diederichsen* Rn 5.
[17] OVG Lüneburg FamRZ 1998, 707 f; VG Aachen ZfJ 2001, 391, 392; *Groß* FPR 2004, 411, 415; aA DIJuF-Rechtsgutachten JAmt 2004, 185; *Staudinger/Salgo* Rn 28, 35.
[18] *Coester* FamRZ 1991, 253, 256 Fn 25; *Palandt/Diederichsen* Rn 9; *Wiesner/Wiesner* § 39 SGB VIII Rn 16; anders ders § 38 SGB VIII Rn 30; DIJuF-Rechtsgutachten JAmt 2004, 184.
[19] *Wiesner/Wiesner* § 38 SGB VIII Rn 30.
[20] OVG Thüringen FamRZ 2002, 1725, 1726.
[21] Gegen die Möglichkeit eines Ausschlusses spricht sich *Staudinger/Salgo* Rn 40 aus.
[22] *Palandt/Diederichsen* Rn 12; AnwK-BGB/*Harms* Rn 14.

§ 1693   Buch 4. Abschnitt 2. Verwandtschaft

Kind auf Grund einer Verbleibensanordnung (§§ 1632 Abs 4, 1682) aufhält **(Abs 4)**. Möglich und zulässig ist dagegen in jedem Fall, dass der Sorgerechtsinhaber die **Befugnisse** der fremdbetreuenden Person **erweitert** und entsprechende Vollmachten erteilt (§ 167), soweit dadurch nicht die Schwelle des unzulässigen Verzichts auf das Sorgerecht erreicht wird (§ 1626 Rn 4)[23].

9   Nach **Abs 3 S 2** kann das **Familiengericht** die Befugnisse nach den Abs 1 und 2 einschränken oder ausschließen, wenn dies zum Wohl des Kindes erforderlich ist. Diese Befugnis steht dem Gericht auch gegenüber den Personen zu, bei denen sich das Kind auf Grund einer Verbleibensanordnung aufhält **(Abs 4)**. Eine Erweiterung der Befugnisse durch das Familiengericht kommt auf Antrag der Eltern oder der Pflegeeltern mit Zustimmung der Eltern nach § 1630 Abs 3 in Betracht. Gegen den Willen der Eltern ist eine Erweiterung nur möglich, wenn ihre elterliche Sorge nach § 1666 entzogen oder eingeschränkt worden ist[24].

§§ 1689 bis 1692 *(weggefallen)*

§ 1693 Gerichtliche Maßnahmen bei Verhinderung der Eltern

Sind die Eltern verhindert, die elterliche Sorge auszuüben, so hat das Familiengericht die im Interesse des Kindes erforderlichen Maßregeln zu treffen.

Schrifttum: *Bestelmeyer,* Die unsinnige (Nicht-)Zuständigkeit des Familiengerichts für die Anordnung von Ergänzungspflegschaften, FamRZ 2000, 1068; *Schwoerer,* Der Einfluß von Störungen in der elterlichen Gewalt des einen Elternteils auf die elterliche Gewalt des anderen Elternteils nach altem Recht, Zwischenrecht und neuem Recht, FamRZ 1958, 88; *Vosberg/Rockstroh,* Gerichtsnahe Mediation, FPR 2007, 1; *Wesche,* Das Nebeneinander von Vormundschafts- und Familiengericht bei genehmigungspflichtigen Rechtsgeschäften. Zugleich Anmerkung zu PfälzOLG Zweibrücken Rpfleger 1999, 489 und OLG Stuttgart Justiz 1999, 103, Rpfleger 2000, 145; *Zorn,* Die Zuständigkeit des Familiengerichts für die Anordnung der Pflegschaft – Zugleich Anmerkung zu OLG Stuttgart (FamRZ 1999, 1601) und OLG Zweibrücken (FamRZ 2000, 243) –, FamRZ 2000, 719.

1   Die durch Art 1 Nr 46 KindRG geänderte Regelung ist Ausdruck der dem Staat nach Art 6 Abs 2 S 2 GG obliegenden subsidiären Verantwortung für Kinder. Sind die Eltern an der Wahrnehmung ihrer Sorgeaufgaben verhindert, füllt der Staat die infolge dieses Ausfalls entstandene Lücke[1].

2   § 1693 setzt eine **Verhinderung** der Eltern voraus. Unerheblich ist, welcher Art, von welcher Dauer und welchem Umfang die Verhinderung ist. Sie kann auf tatsächlichen (zB Krankheit, Abwesenheit, Haft, Auslandsaufenthalt[2], s weiter § 1674 Rn 2) oder rechtlichen Gründen (zB auf den §§ 1629 Abs 2, 1795[3] oder den §§ 52 Abs 2 S 2, 81 c Abs 3 S 2 HS 2 StPO)[4] beruhen[5]; sie kann ständig oder nur vorübergehend sein[6], und sie kann sich auf den gesamten Bereich der elterlichen Sorge oder auf die Durchführung einzelner Maßnahmen beziehen[7]. Keine Verhinderung, sondern eine Vernachlässigung oder sonstiges elterliches Fehlverhalten liegt vor, wenn an sich sorgerechtsfähige Eltern ihrer elterlichen Verantwortung nicht nachkommen[8]; in diesem Fall trifft das Familiengericht nach den §§ 1666 ff die erforderlichen Maßnahmen[9]. Voraussetzung ist weiter die Verhinderung **beider Eltern,** soweit sie gemeinsam sorgeberechtigt sind. Nicht ausreichend ist der Ausfall eines Elternteils und die Wahrnehmung der elterlichen Sorge durch den anderen nach den §§ 1678, 1680, 1681[10]. Erst wenn auch dieser als Sorgeberechtigter ausfällt, greift § 1693.

3   Das Familiengericht hat die **im Interesse des Kindes erforderlichen Maßnahmen** zu treffen. Das sind die Maßnahmen, die der einstweiligen Erledigung eines unaufschiebbaren Regelungsbedürfnisses dienen[11], zB Anordnung einer Ergänzungspflegschaft[12], Bestellung eines Prozessvertreters für das

---

[23] Problematisch erscheint insoweit die umfassende rechtsgeschäftliche Übertragung von Sorgerechtsbefugnissen; dazu DIJuF-Rechtsgutachten JAmt 2002, 346, 347.
[24] *Palandt/Diederichsen* Rn 13.
[1] *Staudinger/Coester* Rn 1; MünchKommBGB/*Finger* Rn 1; AnwK-BGB/*Harms* Rn 1.
[2] BayObLGZ 1961, 243, 248.
[3] OLG Stuttgart FamRZ 1999, 1601; BayObLG Rpfleger 2000, 158, 159; OLG Hamburg Kind-Prax 2000, 163.
[4] OLG Zweibrücken FGPrax 1999, 179, 180 = ZfJ 2000, 115, 116.
[5] KG JFG 12, 95, 97; enger *Zorn* FamRZ 2000, 719 ff.
[6] *Erman/Michalski* Rn 3; AnwK-BGB/*Harms* Rn 2.
[7] KG DFG 1943, 39; JFG 12, 95, 97, jeweils zu § 1665 aF.
[8] MünchKommBGB/*Hinz* § 1693 aF Rn 2; *Staudinger/Coester* Rn 5; aA AG Eilenburg NJW-RR 2007, 154: mangelnde Kommunikationsfähigkeit und -bereitschaft.
[9] BVerfG FamRZ 2007, 1627, 1629: § 1666 als lex specialis zu § 1693; *Staudinger/Coester* Rn 5; *Soergel/Strätz* § 1693 aF Rn 2.
[10] BayObLGZ 1961, 243, 249; krit *Schwoerer* FamRZ 1958, 88, 93 Fn 74.
[11] KG JFG 14, 204, 206 f; OLG Zweibrücken OLGR 2002, 180; OLG Jena FamRZ 2003, 1311, 1312; *Staudinger/Coester* Rn 6; AnwK-BGB/*Harms* Rn 4; *Palandt/Diederichsen* Rn 2: „nur das unbedingt Erforderliche (ist) zu tun".
[12] OLG Hamburg Kind-Prax 2000, 163; OLG Zweibrücken FamRZ 2000, 243, 244; BayObLG FamRZ 2000, 568; OLG Stuttgart FamRZ 1999, 1601 m krit Anm *Kraiß* BWNotZ 1999, 50 und *Bienwald* FamRZ 1999, 1602; *Wesche* Rpfleger 2000, 145 ff; *Zorn* FamRZ 2000, 719 ff; *Coester* FamRZ 2000, 439, 440; *Bestelmeyer* FamRZ 2000, 1068 ff; OLG Frankfurt NJW-RR 1992, 837, 838; aA OLG Karlsruhe FamRZ 2006, 1141 mwN.

Kind[13], Anordnung einer gerichtsnahen Anwaltsmediation[14]. Das Gericht darf diese Maßnahmen nach § 1693 erst ergreifen, wenn die Verhinderung der Eltern feststeht[15]. Ausnahmsweise kann es auch **vorläufige Anordnungen** treffen, wenn die Verhinderung hinreichend wahrscheinlich und zur Abwendung erheblicher Nachteile ein sofortiges Eingreifen des Gerichts geboten ist[16]. Die Anordnung darf aber in keinem Fall weiter gehen als die im endgültigen Verfahren zulässige Maßnahme[17].

Funktionell zuständig zum Erlass der im Interesse des Kindes erforderlichen Maßnahmen ist das **Familiengericht** (§ 621 Abs 1 Nr 1 ZPO, § 23 b Abs 1 S 2 Nr 2 GVG); es entscheidet je nach der Art der vorzunehmenden Maßnahme der Richter (§ 14 Abs 1 RPflG) oder der Rechtspfleger (§ 3 Nr 2 a RPflG)[18]. Die **örtliche Zuständigkeit** bestimmt sich nach den §§ 36, 43 und 44 FGG. Eine **Anhörung** des Jugendamts ist in § 49 a FGG nicht vorgesehen, aber zweckmäßig[19]. Gegen die Entscheidung kann nach § 621 e ZPO **befristete Beschwerde** eingelegt werden[20]. Die **Beschwerdeberechtigung** der Eltern und des Kindes ergibt sich aus § 20 FGG, die der Verwandten sowie Verschwägerten des Kindes aus § 57 Abs 1 Nr 8 FGG[21]; das Kind kann unter den Voraussetzungen des § 59 FGG selbst Beschwerde einlegen.

4

§§ 1694, 1695 *(weggefallen)*

§ 1696 Abänderung und Überprüfung gerichtlicher Anordnungen

(1) Das Vormundschaftsgericht und das Familiengericht haben ihre Anordnungen zu ändern, wenn dies aus triftigen, das Wohl des Kindes nachhaltig berührenden Gründen angezeigt ist.

(2) Maßnahmen nach den §§ 1666 bis 1667 sind aufzuheben, wenn eine Gefahr für das Wohl des Kindes nicht mehr besteht.

(3) Länger dauernde Maßnahmen nach den §§ 1666 bis 1667 hat das Gericht in angemessenen Zeitabständen zu überprüfen.

Schrifttum: *Baer*, Die neuen Regelungen der Reform des Rechts der elterlichen Sorge für das „Dauerpflegekind", FamRZ 1982, 221; *Büdenbender*, Elterliche Entscheidungsautonomie für die elterliche Sorge nach geltendem Recht und nach dem Entwurf eines Kindschaftsrechtsreformgesetzes, AcP 197 (1997), 197; *Coester*, Neues Kindschaftsrecht in Deutschland, DEuFamR 1999, 3; *Ewers*, Nachdenken über § 1696, neu?, FamRZ 1999, 477; *Gutjahr*, Gerichtliche Entscheidungen über die elterliche Sorge und das Umgangsrecht im Zusammenhang mit dem Wechselmodell, FPR 2006, 301; *Holzner*, Die Änderung von Sorgerechtsentscheidungen gem. § 1696 Abs. 1 BGB (2004); *Huber*, Die elterliche Sorge zwischen Veränderung und Kontinuität, FamRZ 1999, 1625; *Lipp*, Das elterliche Sorgerecht für das nichteheliche Kind nach dem Kindschaftsrechtsreformgesetz (KindRG), FamRZ 1998, 65; *Schwab*, Elterliche Sorge bei Trennung und Scheidung der Eltern – Die Neuregelung des Kindschaftsrechtsreformgesetzes, FamRZ 1998, 457; *ders*, Kindschaftsrechtsreform und notarielle Vertragsgestaltung, DNotZ 1998, 437; *ders*, Die Gretchenfrage ist Gericht – Ein Märchen, FamRZ 1998, 345, 346; *Thalmann*, Das „Lörracher Modell" zur Behandlung von Überprüfungs- und Änderungsverfahren nach § 1696 n.F., DRiZ 1980, 180; *Völker*, Zum guten Umgang, Kind-Prax 2004, 215.

Übersicht

	Rn		Rn
I. Normzweck	1	III. Aufhebung von Maßnahmen nach den §§ 1666 bis 1667 (Abs 2)	10
II. Änderung familien- oder vormundschaftsgerichtlicher Anordnungen (Abs 1)	2		
1. Familien- oder vormundschaftsgerichtliche Anordnung	2	IV. Überprüfung länger dauernder Maßnahmen nach den §§ 1666 bis 1667 (Abs 3)	11
2. Triftige, das Wohl des Kindes nachhaltig berührende Gründe	3	V. Verhältnis zu anderen Änderungsmöglichkeiten	12
a) Prüfungsmaßstab	3		
b) Einzelfälle	4		
3. Inhalt der gerichtlichen Entscheidung	9	VI. Verfahren, Reform	13

---

[13] OLG Schleswig SchlHA 1955, 226 betr § 1846; im Rahmen des § 1693 gilt entsprechendes.
[14] AG Eilenburg NJW-RR 2007; *Vosberg/Rockstroh* FPR 2007, 1 f.
[15] OLG Stuttgart RJA 11, 8; aA *Staudinger/Coester* Rn 4.
[16] *Soergel/Strätz* § 1693 aF Rn 2; aA OLG Stuttgart RJA 11, 8, 9; dahingestellt in KG FamRZ 1962, 200, 201.
[17] KG FamRZ 1962, 200, 201.
[18] OLG Schleswig FamRZ 2006, 1555 f; OLG Hamburg Kind-Prax 2000, 163; AnwK-BGB/*Harms* Rn 2; *Soergel/Strätz* § 1693 aF Rn 4; MünchKommBGB/*Finger* Rn 11.
[19] *Soergel/Strätz* § 1693 aF Rn 4; MünchKommBGB/*Finger* Rn 5.
[20] OLG Bamberg FamRZ 2005, 1500, 1501.
[21] RGRK/*Adelmann* § 1693 aF Rn 7.

§ 1696

I. Normzweck

1 Die durch Art 1 Nr 25 KindRG geänderte Regelung befreit das Familien- und Vormundschaftsgericht von der Bindung an eine erlassene Entscheidung und gibt ihnen die Möglichkeit, eine erlassene **Entscheidung** an eine veränderte Sach- und Rechtslage **anzupassen**; die Regelung trägt dem Umstand Rechnung, dass Entscheidungen im Eltern-Kind-Verhältnis wegen der Dynamik der Entwicklung des Kindes einer ständigen Änderungsmöglichkeit bedürfen und damit nicht in materielle Rechtskraft erwachsen können[1]. Ein Wiederaufrollen des früheren Rechtsstreits ohne Änderung der Verhältnisse ist jedoch nicht möglich[2].

1.1 Die Neufassung dient einer mehrfachen Klarstellung[3]: Mit Abs 1 ist der durch den Wortlaut des § 1696 Abs 1 aF entstandene Streit, ob ein Verfahren über die elterliche Sorge beliebig oder nur bei Vorliegen triftiger, das Wohl des Kindes nachhaltig berührender Gründe wieder aufgerollt werden darf[4], im letzteren Sinn[5] entschieden worden; eine Änderung der Entscheidungen, die das Wohl des Kindes nachhaltig berühren, ist nicht in das Belieben des Gerichts gestellt, sondern muss erfolgen. Aus der systematischen Stellung der Vorschrift folgt zudem, dass eine Änderung nicht mehr erforderlich ist, wenn die elterliche Sorge wegen Volljährigkeit oder Tod des Kindes endet. Mit Wegfall der Einschränkung „während der Dauer der elterlichen Sorge" (Abs 1 aF) wird weiter klargestellt, dass die Vorschrift auch eingreift, wenn die elterliche Sorge einem Vormund zusteht und die Eltern eine Änderung ihres Umgangsrechts erstreben[6]. Die Verweisung in Abs 2 und 3 aF auf § 1671 Abs 5 aF hat sich mit Aufhebung von § 1671 aF erledigt. Die dort enthaltene Ermächtigung, in Personensorgeangelegenheiten einen Vormund oder Pfleger zu bestellen, ergibt sich jetzt aus § 1666.

II. Änderung familien- oder vormundschaftsgerichtlicher Anordnungen (Abs 1)

2 **1. Familien- oder vormundschaftsgerichtliche Anordnung.** Eine Änderungsentscheidung setzt eine familien- oder vormundschaftsgerichtliche Entscheidung voraus. Dahinter steckt der Gedanke, dass statusbegründende Staatsakte nur durch entsprechende Akte, nicht dagegen durch privatautonome Entscheidungen der Beteiligten aufgehoben oder geändert werden können (vgl § 1626 b Abs 3)[7]. Sie treten auch nicht automatisch außer Kraft, wenn die Voraussetzungen für die Erstentscheidung wegfallen; vielmehr bleibt die Entscheidung bestehen, bis sie aufgehoben oder geändert wird[8]. Nur ausnahmsweise wird eine Entscheidung über die elterliche Sorge automatisch gegenstandslos, und zwar dann, wenn die Eltern nach Erlass einer Entscheidung nach § 1671 oder § 1672 einander (wieder) heiraten[9], das Kind volljährig wird oder stirbt.

2.1 Die familiengerichtliche Entscheidung kann eine solche nach §§ 1626c Abs 2 S 3, 1628, 1629 Abs 2 S 3, 1630 Abs 2 und 3, 1631 Abs 3, 1632 Abs 3 und 4, 1640 Abs 3, 1643 Abs 1 und 2, 1645, 1666 Abs 1, 3 und 4, 1666 a, 1667, 1671 Abs 1, 1672 Abs 1, 1674, 1678 Abs 2, 1680 Abs 2 S 1 und 2, 1681, 1682, 1683 Abs 2 und 3, 1684 Abs 3 und 4, 1685 Abs 3, 1686 S 2, 1687 Abs 2, 1687 a, 1688 Abs 3 S 2, Abs 4 sein. In Betracht kommt auch eine ausländische Sachentscheidung, die hier anzuerkennen ist[10]. Als vormundschaftsgerichtliche Entscheidung kommt eine solche nach § 7 des Gesetzes über die religiöse Kindererziehung sowie unter ganz engen Voraussetzungen eine rechtskräftige, aber noch nicht vollzogene Rückführungsentscheidung auf der Grundlage des HKiEntÜ (§ 1626 Rn 53) in Betracht[11]. Als familiengerichtliche Anordnung kommt weiter ein **Einvernehmen der Eltern** über die Ausübung des Umgangs in Betracht, wenn es als Vergleich protokolliert wird und damit an die Stelle der gerichtlichen Umgangsrechtsentscheidung tritt (§ 52 a Abs 4 S 3 HS 2 FGG). Keine gerichtliche Anordnung liegt vor, wenn die (gemeinsame) elterliche Sorge auf **Gesetz** oder auf **Sorgeerklärungen** beruht. Das gleiche gilt, wenn der Sorgerechtsantrag eines Kindesvaters nach §§ 1672, 1751 Abs 1 S 6 rechtskräftig abgelehnt worden ist und sich dadurch an der bisherigen Rechtslage noch nichts geändert hat[12]. Eine Änderung dieser Lage kann nur nach § 1671 Abs 2 sowie § 1672 erfolgen, die eigene Kindeswohlmaßstäbe anlegen[13].

2.2 Mangels Übergangsvorschriften richtet sich die Abänderung einer rechtskräftigen **Entscheidung nach § 1671 aF** ebenfalls nach Abs 1, und zwar auch dann, wenn in dieser beiden Eltern die gemeinsame elterliche Sorge zugewiesen worden ist[14]. Dagegen genügt eine rechtskräftige gerichtliche **Entscheidung nach § 1672 aF nicht**. Vielmehr erfolgt deren Abänderung in Anbetracht ihres vorläufigen Charakters nach § 1671, soweit am 1. 7. 1998 ein Verbundverfahren mit der Folgesache elterliche Sorge nach § 1671 aF anhängig ist, das nach Art 15 § 2 Abs 4 KindRG fortgeführt wird (§ 1671 Rn 71).

---

[1] BVerfG FamRZ 2005, 783, 784 – Görgülü, m Anm *Rixe*; BGH NJW-RR 1986, 1130; *Staudinger/Coester* Rn 1; *Palandt/Diederichsen* Rn 5; MünchKommBGB/*Finger* Rn 1; *Johannsen/Henrich/Büte* Rn 1; *Erman/Michalski* Rn 1 a.
[2] *Palandt/Diederichsen* Rn 5.
[3] BT-Drucks 13/4899 S 109; *Greßmann* Rn 313.
[4] BGH NJW-RR 1986, 1130; BayObLG FamRZ 1976, 38, 39; *Soergel/Strätz* § 1696 aF Rn 5.
[5] BT-Drucks 13/4899 S 109; *Huber* FamRZ 1999, 1625.
[6] BT-Drucks 13/4899 S 109.
[7] BGH NJW 2005, 2456, 2457; *Büdenbender* AcP 197 (1997), 197, 213; *Coester* DEuFamR 1999, 3, 13; *Lipp* FamRZ 1998, 65, 71.
[8] BayObLG FamRZ 1971, 192, 193.
[9] KG FamRZ 1982, 736 f; *Staudinger/Coester* Rn 8; *Gernhuber/Coester-Waltjen* § 65 Rn 64.
[10] BGH NJW-RR 1986, 1130; OLG Saarbrücken OLGR 2004, 467, 468; s auch OLG Koblenz OLGR 2005, 50, 52.
[11] *Staudinger/Coester* Rn 122; enger *Gernhuber/Coester-Waltjen* § 65 Rn 64 Fn 182; weiter OLG Karlsruhe Kind-Prax 2002, 134, 135; *Schwab* FamRZ 1998, 345, 346 kritisiert diese Nachlässigkeit des Gesetzgebers zu Recht.
[12] Das OLG Naumburg FamRZ 2004, 1507 zum Fall Görgülü sieht dies anders.
[13] *Schwab* FamRZ 1998, 457, 471; *Völker* Kind-Prax 2004, 215, 216; *Lipp/Wagenitz* Rn 1; aA *Büdenbender* AcP 197 (1997), 197, 222.
[14] OLG Nürnberg FamRZ 2000, 1603; *Schwab* FamRZ 1998, 457, 460, 471.

§ 1696

2. Triftige, das Wohl des Kindes nachhaltig berührende Gründe. a) Prüfungsmaßstab. Eine 3
familien- oder vormundschaftsgerichtliche Entscheidung kann nur geändert werden, wenn dies aus triftigen, das Wohl des Kindes nachhaltig berührenden Gründen angezeigt ist. Das Gesetz stellt damit drei Anforderungen auf. Zunächst muss die Änderung aus Gründen des **Kindeswohls** angezeigt sein. Die Bestimmung dieses Begriffs erfordert eine Abwägung, wie sie grds auch im Rahmen von §§ 1671 Abs 2 Nr 2, Abs 3, 1672 Abs 2 S 1, 2, 1666, 1678, 1680, 1687 Abs 2 und 1684 Abs 4 S 2 vorzunehmen ist. Allein der Wunsch des Kindes reicht also als Grund idR nicht aus; er bildet jedoch ein wichtiges Indiz für das Kindeswohl (näher § 1671 Rn 49 f)[15]; etwas anderes wird etwa anzunehmen sein, wenn es sich um eine ernsthafte, durchaus nachvollziehbare Änderung des Willens eines 13½jährigen Kindes handelt, die nicht auf sachfremden Motiven oder nur auf der Beeinflussung durch einen Elternteil beruht[16]. Auch der Wille eines Elternteils kann für sich genommen nicht ausschlaggebend sein[17], es sei denn, er ist Ausdruck einer inzwischen eingetretenen Entwicklung, die im Interesse des Kindes dringend eine Änderung verlangt[18]. Das Gesetz fordert in Abs 1 im Unterschied zu Abs 2 weiter das Vorliegen **triftiger, das Wohl des Kindes nachhaltig berührender Gründe**. Diese Einschränkung der Abänderungsmöglichkeit ist im Hinblick auf die Erziehungskontinuität notwendig[19]. Der Änderungsgrund muss also von solcher Bedeutung sein, dass er den Grundsatz der Erziehungskontinuität und die mit der Änderung verbundenen Nachteile für die Entwicklung des Kindes deutlich überwiegt[20]. Damit ist der in § 1696 vorgesehene Maßstab strenger als etwa der in §§ 1672 Abs 1 S 2, 1678 Abs 2, 1680 Abs 2 S 2, Abs 3 genannte („dem Kindeswohl dient")[21]. Allerdings hat der BGH für den Fall, dass der Kindesmutter die elterliche Sorge, die ihr nach § 1626 a Abs 2 allein zustand, nach § 1666 entzogen worden war, aber zugleich keine Entscheidung zugunsten des Kindesvaters nach § 1680 Abs 2 S 2, Abs 3 ergangen war, verlangt, dass der Kindesvater die Alleinsorge nur durch eine Entscheidung nach § 1696 erlangen könne. Das Gericht hat den Maßstab für die Kindeswohlprüfung § 1680 Abs 2 S 2 („dem Wohl des Kindes dient") entnommen[22]. Eine Änderung der Anordnung muss drittens **angezeigt** sein. Ist dies nicht der Fall, darf die Änderungsanordnung nicht ergehen.

Bei Auslegung der Norm sind sowohl die verfassungsrechtlichen Vorgaben als auch die völkerrechtlichen Verpflichtungen der Bundesrepublik Deutschland (§ 1626 Rn 52) zu berücksichtigen[23]. 3.1

b) Einzelfälle. aa) Änderung der tatsächlichen Verhältnisse. Die Änderung einer gerichtlichen 4
Entscheidung kommt dann in Betracht, wenn sich die tatsächlichen Lebensverhältnisse ändern, die der Erstentscheidung zugrunde lagen, oder Tatsachen bekannt werden, die zwar schon bei der Erstentscheidung vorlagen, aber zu diesem Zeitpunkt noch nicht bekannt waren und zu einer anderen rechtlichen Beurteilung des Sachverhalts führen, der der bisherigen Regelung zugrunde lag[24]. Als **Änderungsgründe** kommen der erfolgreiche Abschluss einer Familientherapie[25], die wiederholte Verletzung des Kindesrechts auf gewaltfreie Erziehung[26], die Uneinsichtigkeit der Sorgeberechtigten bei der Ernährung des noch nicht schulpflichtigen Kindes, ein grenzenloses Omnipotenzverhalten des Sorgeberechtigten, das den Kindern keine Chance zu eigenständiger Entwicklung lässt[27] die mangelnde Befolgung ärztlicher Anordnungen über die medikamentöse Behandlung[28] oder sonstiger medizinisch indizierter Maßnahmen[29] sowie eine ansteckende Krankheit des Sorgeberechtigten[30] in Betracht; im Einzelfall genügt es, wenn sich der Aufenthaltsbestimmungsberechtigte mit dem Gedanken trägt, den bisherigen Lebensmittelpunkt zu verlegen[31]. Das Zusammenleben des sorgeberechtigten Elternteils mit einem verheirateten Mann rechtfertigt allein keine Sorgerechtsänderung[32]. Auch seine Wiederheirat ist nur dann ein triftiger Grund, wenn sich für das Wohl des Kindes nicht unerhebliche Bedenken aus den

---

[15] OLG Zweibrücken FamRZ 2005, 745; OLG Hamm FPR 2002, 270, 271; OLG Köln FamRZ 1998, 1463; OLG Celle FamRZ 1998, 1188; OLG Karlsruhe FamRZ 1998, 1046; OLG Schleswig FamRZ 1990, 433, 434; OLG Hamm FamRZ 1988, 1313, 1314; OLG Stuttgart FamRZ 1978, 827, 828; AG Ravensburg FamRZ 2004, 133 f.
[16] OLG Hamm FamRZ 2005, 746 f; zu weiteren Fallgestaltungen *Staudinger/Coester* Rn 82.
[17] OLG Hamm FPR 2002, 270; zum alten Recht OLG Karlsruhe FamRZ 1998, 1046, 1047.
[18] OLG Karlsruhe FamRZ 1998, 1046, 1047 zum alten Recht.
[19] BT-Drucks 13/4899 S 109; OLG Braunschweig FamRZ 2002, 121, 122; OLG Karlsruhe FuR 1998, 270, 271; *Palandt/Diederichsen* Rn 16; *Staudinger/Coester* Rn 54.
[20] OLG Karlsruhe FPR 2002, 662, 663; OLG Hamm FPR 2002, 270; OLG Braunschweig FamRZ 2002, 121, 122; OLG Karlsruhe FamRZ 2000, 1605, 1606; BayObLG FamRZ 1976, 38, 39; 41, 42; OLG Köln FamRZ 1998, 1463; OLG Stuttgart FamRZ 1978, 827, 828.
[21] OLG Karlsruhe FamRZ 2000, 1595, 1596; *Huber* FamRZ 1999, 1625.
[22] BGH NJW 2005, 2456, 2458 m zu Recht krit Anm *Luthin* FamRZ 2005, 1471; s auch OLG Hamm FamRZ 2007, 756, 757: Maßstab aus § 1671 Abs 2 Nr 2.
[23] BVerfG FamRZ 2005, 783, 784 f – Görgülü.
[24] BVerfG FamRZ 2005, 783, 784 f – Görgülü; OLG Rostock FamRZ 2007, 1352; OLG Karlsruhe FuR 1998, 270, 271; FamRZ 1998, 1046; OLG Köln FamRZ 1998, 1463.
[25] AG Tempelhof-Kreuzberg FamRZ 2004, 134, im konkreten Fall allerdings Anwendungsfall von § 1696 Abs 2.
[26] OLG Jena FamRZ 2005, 52, 53.
[27] OLG Frankfurt FamRZ 2005, 1700 ff.
[28] KG NJW-RR 1990, 716.
[29] OLG Hamm FamRZ 1979, 855.
[30] OLG Hamm ZBlJR 1955, 138, 139.
[31] OLG München FamRZ 2003, 1493, 1494.
[32] *Staudinger/Coester* Rn 87.

§ 1696

Verhältnissen der neuen Ehe, insbes der Persönlichkeit des neuen Ehegatten ergeben[33]. Umgekehrt kann die Wiederheirat des nicht sorgeberechtigten Elternteils einen Grund für die Änderung der Sorgerechtszuweisung darstellen, wenn sich dadurch die Betreuungsmöglichkeiten bei diesem Elternteil verbessern und das Kind bisher nicht vom Sorgeberechtigten selbst, sondern von seiner Mutter betreut wurde[34]. Als Grund für die Aufhebung einer Sorgerechtsentscheidung kommt weiter das Wieder-Zusammenleben der früheren Ehepartner nach der Scheidung in Betracht[35]; nicht ausreichend ist dagegen das Zustandekommen einverständlicher Absprachen über Umgangskontakte[36]. Etwas anderes wird angenommen, wenn der mitsorgeberechtigte Elternteil ohne Zustimmung des anderen im Rahmen der Wahrnehmung seines Umgangsrechts mit den Kindern einen Wechsel vom Haushalt der Mutter in seinen bespricht und die Kinder dadurch erheblich verunsichert[37]. Nicht ausreichend ist die Hinwendung des Alleinsorgeberechtigten zur Glaubensgemeinschaft der Zeugen Jehovas[38].

4.1 Nach altem Recht war der Wegfall der Kooperationsbereitschaft der Eltern ein triftiger, das Wohl des Kindes nachhaltig berührender Grund, der zu einer Änderung der gemeinsamen Sorge führte; dadurch sollte die Gefahr abgewendet werden, dass das betroffene Kind infolge der ständigen Meinungsverschiedenheiten der Eltern in seiner Persönlichkeitsentwicklung Schaden erlitt[39]. Nach neuem Recht besteht die gemeinsame elterliche Sorge nach dem nicht nur vorübergehenden Getrenntleben der Eltern fort, wenn kein Antrag nach § 1671 gestellt wird, und zwar auch dann, wenn die Kooperationsbereitschaft beider Eltern oder eines Elternteils fehlt. Etwas anderes gilt nur dann, wenn die Eingriffsvoraussetzungen des § 1666 vorliegen. Fehlt es aber daran, kann das Familiengericht mangels einer Erstentscheidung bei Wegfall der Kooperationsbereitschaft auch keine Änderungsentscheidung nach Abs 1 treffen, es sei denn, es wurde im Rahmen des Verfahrens nach § 1671 die gemeinsame elterliche Sorge festgestellt (zu dieser Möglichkeit § 1671 Rn 17) oder es liegt eine Entscheidung nach § 1672 Abs 2 vor.

5 Wurde auf Grund einer gerichtlichen Entscheidung nach § 1671 einem Elternteil die Alleinsorge zugewiesen, so kommt dem **gemeinsamen Wunsch der Eltern, die elterliche Sorge** (wieder) **gemeinsam** ausüben zu wollen, besondere Bedeutung im Rahmen der Kindeswohlprüfung zu. Ein Sonderfall stellt die Fallgestaltung dar, dass das bisher auf gerichtlicher Grundlage praktizierte Wechselmodell (näher § 1687 Rn 3) auf Grund geänderter Willensrichtung beider Eltern einen anderen Inhalt erhalten soll[40].

5.1 Zum Teil wird dem gemeinsamen Wunsch die gleiche Bindungswirkung für das Gericht zugewiesen wie einer gerichtlichen Entscheidung nach § 1672 Abs 2 oder § 1671 Abs 2 Nr 1[41]. Nach aA ist idR von einer Bindungswirkung des Elternvorschlags auszugehen, es sei denn, es sprächen triftige Gründe gegen die erstrebte Änderung[42]. Da diese Sichtweise auf eine negative Kindeswohlprüfung hinausläuft, unterscheidet sie sich im Ergebnis nicht von der erstgenannten. Zwar fordert der Wortlaut von Abs 1 im Unterschied zu dem der §§ 1671 Abs 2 Nr 1, Abs 3, 1672 Abs 2 eine positive Kindeswohlprüfung. Dies kann jedoch nicht dazu führen, dass dem Vorschlag der Eltern nur zu entsprechen ist, wenn dies aus triftigen Gründen angezeigt ist. Ein solches Ergebnis würde ein unzulässiges Misstrauen des Gesetzgebers gegenüber der Autonomie der Eltern enthalten und zu einer Schlechterstellung der Eltern führen, deren elterliche Sorge nach § 1671 Abs 2 Nr 1 geregelt wurde, gegenüber den Eltern, die vor Erlass der Erstentscheidung die gemeinsame elterliche Sorge noch nicht innehatten. Im letzten Fall könnte die Erstentscheidung nach § 1672 Abs 1 nach negativer Kindeswohlprüfung in eine gemeinsame elterliche Sorge nach § 1672 Abs 2 abgeändert werden (dort Rn 18). Will man diese Ungleichbehandlung vermeiden, so ist auch bei Eltern, die vor Erlass der Erstentscheidung die gemeinsame elterliche Sorge innehatten, nur eine negative Kindeswohlprüfung vorzunehmen[43]. Gegen eine Bindungswirkung des Elternvorschlags spricht weder die Gleichmäßigkeit und Stetigkeit der allgemeinen Lebensverhältnisse noch die der Erziehung durch eine Person[44], weil vor Erlass der Erstentscheidung bereits beiden Eltern die gemeinsame elterliche Sorge zustand. Darin unterscheidet sich dieser Elternvorschlag von dem nach § 1672 Abs 2, der trotzdem niedrigere Voraussetzungen für den Erlass einer Änderungsentscheidung aufweist als § 1696 Abs 1[45].

6 Etwas anderes muss dagegen für den **gemeinsamen Vorschlag der Eltern** gelten, die dem einen Elternteil zugewiesene **Alleinsorge** dem anderen zuzuweisen[46] oder die gemeinsame elterliche Sorge (nach § 1671, nach § 1672 Abs 2 oder nach § 1696) in eine solche mit partieller oder voller Alleinsorge eines Elternteils abzuändern. Letzteres kommt vor allem dann in Betracht, wenn Alleinsorgeberechtigter derjenige werden soll, bei dem sich das Kind auf Grund einer Einigung der Eltern nach § 1687 Abs 1 S 2 tatsächlich bereits aufhält. Zwar ist auch in diesem Fall der gemeinsame Vorschlag Ausdruck

---

[33] BGHZ 3, 52, 60 f; BayObLG FamRZ 1964, 640 f; *Staudinger/Coester* Rn 86.
[34] OLG Stuttgart FamRZ 1976, 34, 35.
[35] AG Erfurt FamRZ 1995, 54 f.
[36] OLG Braunschweig FamRZ 2002, 121, 122 f.
[37] AG Bochum STREIT 2003, 22.
[38] OLG Karlsruhe FPR 2002, 662, 663; s auch AG Ravensburg FamRZ 2004, 133.
[39] BGH NJW 1993, 126, 127; OLG Frankfurt FamRZ 1996, 889.
[40] *Gutjahr* FPR 2006, 301, 304.
[41] *Büdenbender* AcP 197 (1997), 197, 218; FamRefK/*Rogner* Rn 4.
[42] OLG Dresden FamRZ 2002, 632 f; AG Würzburg FamRZ 1999, 1448; *Huber* FamRZ 1999, 1625, 1629; *Schwab* FamRZ 1998, 457, 471; *Coester* DEuFamR 1999, 3, 14; *Staudinger/Coester* Rn 61; AnwK-BGB/*Harms* Rn 29.
[43] OLG Dresden JAmt 2002, 35, 36; aA wohl DIJuF-Rechtsgutachten JAmt 2006, 133, 134.
[44] OLG Hamm FamRZ 1968, 530, 531.
[45] *Schwab* FamRZ 1998, 457, 471; *Staudinger/Coester* Rn 61, 64.
[46] Fallgestaltung des OLG Hamm FamRZ 1981, 600.

elterlicher Autonomie. Jedoch liegt in der Aufhebung der gemeinsamen elterlichen Sorge oder der Auswechselung des Erziehungsberechtigten ein stärkerer Eingriff in die Erziehungskontinuität als bei Begründung einer gemeinsamen elterlichen Sorge. Deshalb ist hier eine positive Kindeswohlprüfung erforderlich, bei der der gemeinsame Änderungsvorschlag ein wichtiges Indiz für die Änderungsnotwendigkeit der Sorgerechtsentscheidung ist. Auf diese Weise kann verhindert werden, dass der erste Schritt aus dem gemeinsamen Sorgerecht nach § 1671 unter wesentlich leichteren Voraussetzungen erfolgen kann (§ 1671 Abs 2 Nr 1) als eine Änderung gerichtlich angeordneter gemeinsamer elterlicher Sorge. Beim Maßstab des Abs 1 bleibt es auch dann, wenn der nicht sorgeberechtigte Elternteil eine Änderung der Alleinsorge in die gemeinsame Sorge ohne Zustimmung des anderen Elternteils beantragt[47].

Ein triftiger Grund iS von Abs 1 kann auch in der **Zuwiderhandlung gegen eine gerichtliche Umgangsrechtsentscheidung** durch Vereitelung des Umgangs liegen[48] (zum Problem der Umgangsvereitelung näher § 1684 Rn 14 ff). Ob die **Auswanderung** des sorgeberechtigten Elternteils mit dem Kind einen triftigen Grund darstellt, hängt von den Auswirkungen derselben auf die Entwicklung des Kindes, insbes den Aussichten auf eine Eingliederung des Kindes in die neue Umgebung unter Berücksichtigung des Kindeswillens ab[49]; die mit einer Auswanderung verbundene Beeinträchtigung des Umgangsrechts des anderen Elternteils genügt als triftiger Grund allein nicht[50]. Ebensowenig genügt allein der Umstand, dass das Kind für längere Zeit im Ausland bei Verwandten des Sorgeberechtigten aufwächst; entscheidend ist, ob der Sorgeberechtigte damit eine Entscheidung getroffen hat, die dem Kindeswohl dient[51]. Auch der Umzug eines Mitsorgeberechtigten, der ein bislang praktiziertes Wechselmodell hinfällig macht, reicht nicht[52]. Wird das Kind vom nicht sorgeberechtigten Elternteil **entführt**, so begründet dies dagegen idR selbst dann keinen triftigen Grund iS von Abs 1, wenn dem Sorgeberechtigten dadurch das Kind bereits spürbar entfremdet wurde. Das Gericht ist nur dann zur Bestätigung der rechtswidrig und willkürlich geschaffenen Situation gezwungen, wenn eine Rückgängigmachung der so geschaffenen Lage das Wohl des Kindes noch mehr beeinträchtigen würde als die Aufrechterhaltung des Ist-Zustands[53].

bb) Änderung der Rechtslage. Die Änderung der Erstentscheidung kommt auch dann in Betracht, wenn sich die Rechtslage[54] ändert. Wesentliche **Änderungen durch Gesetz,** wie zB die Beibehaltung der gemeinsamen elterlichen Sorge nach der Trennung, hat die Kindschaftsrechtsreform gebracht[55]. Deshalb erlangt § 1696 für Entscheidungen nach den §§ 1671, 1672 aF besondere Bedeutung[56]. Eine Änderung der Rechtslage liegt auch bei einer **Änderung der höchstrichterlichen Rspr**[57] sowie dem Erlass einer Entscheidung des EGMR vor, die Bindungswirkung für die nationalen Gerichte hat[58].

Eine Änderung der Rechtslage tritt auch dann ein, wenn zunächst eine Entscheidung nach § 1671 im Verbundverfahren zur Regelung der elterlichen Sorge für ein während des Scheidungsverfahrens geborenes Kind ergeht und danach ein Dritter mit Zustimmung der Mutter des Kindes und des früheren Ehemannes die Vaterschaft für dieses Kind nach den §§ **1592 Nr 2, 1599 Abs 2** anerkennt. Mit dem Wirksamwerden der Anerkennungserklärung entfallen rückwirkend die Voraussetzungen für die Sorgerechtsentscheidung nach § 1671, weil nunmehr feststeht, dass der frühere Ehemann nicht der Vater des Kindes ist. Die Entscheidung ist deshalb nach § 1696 aufzuheben. Schon im Scheidungsverfahren von Scheinvater und Mutter des Kindes abgegebene Sorgeerklärungen der leiblichen Eltern scheitern zwar zunächst an § 1626 b Abs 3[59]. Diese Schranke gilt aber nicht mehr, wenn die Entscheidung nach § 1671 aufgehoben worden ist, weil dann die Alleinsorge der Kindesmutter nach § 1626 a Abs 2 eingreift und der Weg frei für Sorgeerklärungen. Voraussetzung für diese Interpretation ist allerdings eine restriktive Auslegung von § 1626 b Abs 3. Bleibt man dagegen bei einer strengen Wortlautauslegung, so können die leiblichen Eltern die gemeinsame Sorge nur durch gerichtliche Entscheidung erreichen (zur Zulässigkeit s Rn 9.1).

3. Inhalt der gerichtlichen Entscheidung. Ist eine Änderung der vormundschafts- oder familiengerichtlichen Entscheidung aus triftigen, das Wohl des Kindes nachhaltig berührenden Gründen angezeigt, so **muss** das Gericht seine Anordnung ändern. Einen Entscheidungsspielraum hat es weder bei der Beurteilung, ob die Änderungsvoraussetzungen vorliegen noch dabei, ob eine Änderungsentscheidung ergehen soll[60]. Die Änderungsentscheidung kann in der **Aufhebung der Erstentscheidung**

---

[47] AG Ravensburg FamRZ 2004, 133; *Huber* FamRZ 1999, 1625, 1629; diff nach der Grundlage für die Entscheidung *Ewers* FamRZ 1999, 477, 478 f.
[48] AG Fürstenfeldbruck FamRZ 2002, 118 ff; *Staudinger/Coester* Rn 70 ff; zum alten Recht OLG Köln FamRZ 1998, 1463; OLG Celle FamRZ 1998, 1045.
[49] OLG Nürnberg FamRZ 2000, 1603, 1604; OLG Neustadt FamRZ 1963, 300 f m abl Anm *Schwoerer*; *Johannsen/Henrich/Jaeger* Rn 27.
[50] OLG Nürnberg FamRZ 2000, 1603, 1604; OLG Karlsruhe FamRZ 1978, 201, 202; *Staudinger/Coester* Rn 74; *Johannsen/Henrich/Büte* Rn 25; aA OLG Oldenburg FamRZ 1980, 78 f.
[51] OLG Köln OLGR 2005, 96.
[52] OLG Saarbrücken OLGR 2004, 467, 469.
[53] OLG Bamberg FamRZ 1987, 185, 187; MünchKommBGB/*Finger* Rn 31; s auch *Staudinger/Coester* Rn 68 f.
[54] KG FamRZ 1983, 1055 f; MünchKommBGB/*Finger* Rn 13; *Johannsen/Henrich/Büte* Rn 10.
[55] MünchKommBGB/*Finger* Rn 14.
[56] OLG Karlsruhe FPR 2002, 662, 663.
[57] KG FamRZ 1983, 1055, 1056.
[58] BVerfG FamRZ 2005, 783, 784 betr die Entscheidung EGMR FamRZ 2004, 1456 ff – Görgülü/Deutschland.
[59] Fallgestaltung in DIJuF-Rechtsgutachten JAmt 2003, 78 f.
[60] *Schwab* FamRZ 1998, 457, 470; *Palandt/Diederichsen* Rn 1; *Greßmann* Rn 314; FamRefK/*Rogner* Rn 3; *Staudinger/Coester* Rn 32; zum Auswahlermessen *Gernhuber/Coester-Waltjen* § 65 Rn 72–75.

liegen. Das Gesetz regelt diese Möglichkeit zwar ausdrücklich nur im Fall von Abs 2; jedoch besteht sie auch im Rahmen von Abs 1, soweit die Gründe, die für die ursprüngliche Entscheidung maßgebend waren, nie bestanden haben[61] oder weggefallen sind[62] und an ihre Stelle auch keine anderen Gründe getreten sind. Weiter kommt eine **Abmilderung**[63], eine **Verschärfung** oder eine sonstige **Änderung** der Erstentscheidung in Betracht. Letztere liegt etwa vor, wenn das Gericht die Alleinsorge einem Elternteil entzieht und auf den anderen Elternteil überträgt. Maßstab für diese Änderung kann nicht § 1671 Abs 2 Nr 2, sondern muss § 1696 sein[64].

9.1 Ob die **gemeinsame Sorge begründet** werden kann, hängt davon ab, ob das Familiengericht auf die Gestaltungsmöglichkeiten der Erstentscheidung beschränkt ist[65] oder nicht. Bejaht man diese Frage, könnte durch eine Änderungsentscheidung keine gemeinsame elterliche Sorge angeordnet werden, da die Entscheidung über eine gemeinsame elterliche Sorge mit Ausnahme von § 1672 Abs 2 (§ 1672 Rn 14 ff) allein den Eltern obliegt. Der Gesetzgeber tendiert nach der amtlichen Begründung zwar in diese Richtung[66]; jedoch enthält der Wortlaut von § 1696 keine entsprechenden Beschränkungen. Zudem würde die beschränkte Sichtweise zu erheblichen Widersprüchen führen (§ 1672 Rn 14). Es ist deshalb davon auszugehen, dass dem Gericht alle Gestaltungsmöglichkeiten zur Verfügung stehen, die nach materiellem Recht zulässig sind[67]. Demnach kann eine Änderungsentscheidung mit dem Inhalt ergehen, dass die elterliche Sorge ganz oder teilweise beiden Eltern gemeinsam zusteht[68]. Zwar würde die Aufhebung der Erstentscheidung ausreichen, um die gemeinsame Sorge zu begründen. Jedoch ist eine positive Entscheidung des Gerichts zur Klarstellung der sorgerechtlichen Verhältnisse sinnvoll. Dies gilt insbes für die Änderung von Altentscheidungen nach § 1671 aF[69]. Die Zweitentscheidung kann weiter den Inhalt haben, die bisher volle in eine **partielle Alleinsorge** umzuwandeln und iÜ die gemeinsame elterliche Sorge anzuordnen[70]. Möglich ist auch eine Änderung einer gerichtlich angeordneten gemeinsamen Sorge in eine Alleinsorge eines Elternteils.

III. Aufhebung von Maßnahmen nach den §§ 1666 bis 1667 (Abs 2)

10 Maßnahmen nach den §§ 1666 bis 1667 sind aufzuheben, wenn eine Gefahr für das Wohl des Kindes nicht mehr besteht. Es werden nicht nur personensorgerechtliche Entscheidungen erfasst, bei denen es um das Kindeswohl geht, sondern auch solche, die die Vermögenssorge betreffen. Da die Entscheidungen nach den §§ 1666 bis 1667 mit erheblichen Eingriffen in das durch Art 6 Abs 2 und 3 GG geschützte Elternrecht verbunden sind, müssen sie geeignet, zur Abwehr der Gefahr für das Kindeswohl bzw das Kindesvermögen erforderlich sowie verhältnismäßig sein (§ 1666 Rn 19). Sie sind also aufzuheben, wenn eine Gefahr für das Kindeswohl oder das Vermögen des Kindes nicht mehr besteht[71]. Dies ist etwa der Fall, wenn die Eltern mit dem Kind erfolgreich eine Familientherapie abgeschlossen haben[72]. Die Aufhebung kommt dagegen nicht in Betracht, wenn zwar die für die seinerzeitige Anordnung maßgebenden Gründe weggefallen sind, aber aus anderen Gründen noch eine Gefährdung des Kindeswohls oder des Kindesvermögens besteht[73].

IV. Überprüfung länger dauernder Maßnahmen nach den §§ 1666 bis 1667 (Abs 3)

11 Länger dauernde Maßnahmen nach den §§ 1666 bis 1667 sind in angemessenen Zeitabständen zu überprüfen. Abs 3 dient der Vorbereitung eines Verfahrens nach Abs 2[74]. **Umfang** sowie **Zeitpunkt** der Überprüfung richten sich nach den Umständen des Einzelfalls[75]. Eine Generalisierung der Zeitabstände – etwa ein bis zwei Jahre für die erstmalige Überprüfung[76] – ist abzulehnen, da nach Abs 3 die Gefährdungssituation zu überprüfen ist, die zu einer Entscheidung nach den §§ 1666, 1666 a oder § 1667 führte. Fällt die Gefährdung weg, so ist die Maßnahme aufzuheben. Sie darf nicht um irgendwelcher Fristenanordnungen willen länger aufrecht erhalten bleiben, als die Gefahrenlage besteht[77]. Keinesfalls mehr angemessen ist die Überprüfung einer gerichtlichen Entziehung der gesamten elterlichen Sorge erst nach acht Jahren[78].

---

[61] BayObLG FamRZ 1990, 1132, 1134.
[62] BayObLG FamRZ 1997, 956; FamRZ 1982, 737.
[63] BayObLG DAVorm 1982, 611, 613 f.
[64] OLG Frankfurt FamRZ 2005, 1700, 1701 f; AG Würzburg FamRZ 1999, 1448; *Huber* FamRZ 1999, 1625, 1626; *Ewers* FamRZ 1999, 477, 480; *Schwab* FamRZ 1998, 457, 472.
[65] BayObLG FamRZ 1971, 467, 471; FamRZ 1976, 41, 42.
[66] BT-Drucks 13/4899 S 101.
[67] *Schwab* FamRZ 1998, 457, 471; *Coester* DEuFamR 1999, 3, 13; *Büdenbender* AcP 197 (1997), 197, 225.
[68] OLG Naumburg JAmt 2001, 197, 198; AG Fürstenfeldbruck FamRZ 2002, 118; *Schwab* FamRZ 1998, 457, 471; *Staudinger/Coester* Rn 34.
[69] *Schwab* DNotZ 1998, 437, 441; *ders* FamRZ 1998, 457, 460.
[70] *Schwab* FamRZ 1998, 457, 471.
[71] BT-Drucks 8/2788 S 68; OLG Celle FamRZ 1998, 1188.
[72] AG Tempelhof-Kreuzberg FamRZ 2004, 134, das Gericht stellte allerdings auf § 1696 Abs 1 ab.
[73] OLG Karlsruhe Justiz 1982, 90, 91.
[74] MünchKommBGB/*Hinz* § 1696 aF Rn 20.
[75] *Thalmann* DRiZ 1980, 180 ff.
[76] *Thalmann* DRiZ 1980, 180, 182.
[77] MünchKommBGB/*Finger* Rn 50; zu den Problemen dieser Überprüfung bei Dauerpflege *Baer* FamRZ 1982, 221, 231; *Staudinger/Coester* Rn 108.
[78] BayObLG FamRZ 1990, 1132, 1134; *Johannsen/Henrich/Jaeger* Rn 35.

V. Verhältnis zu anderen Änderungsmöglichkeiten

Soweit gegen eine familien- oder vormundschaftsgerichtliche Entscheidung ein Rechtsmittel möglich ist (§ 1626 Rn 46), hat dieses Vorrang vor einer Änderung nach § 1696[79]. Strittig ist das Verhältnis der materiell-rechtlichen Änderungsmöglichkeit nach § 1696 zu der formell-rechtlichen nach **§ 18 FGG**: Zum Teil wird § 1696 auf die Anpassung einer gerichtlichen Entscheidung an nachträgliche Veränderungen der tatsächlichen Verhältnisse begrenzt, während § 18 FGG nur die Korrektur ursprünglich fehlerhafter Entscheidungen erfassen soll[80]. Demgegenüber erstrecken andere den Anwendungsbereich des § 1696 auch auf ursprüngliche Unrichtigkeiten[81] und den des § 18 FGG auf die nachträgliche Veränderung der tatsächlichen Verhältnisse[82]. Die Änderungsmöglichkeiten überschneiden sich also, wenn man bei beiden Normen der weiten Auslegung folgt. § 1696 enthält aber im Unterschied zu § 18 FGG besondere Voraussetzungen für die Änderungsmöglichkeit, ist also als lex specialis zu § 18 FGG anzusehen[83]. Dies gilt auch für das Verhältnis von § 1696 zu den **§§ 621 e Abs 3 S 2, 577 Abs 3 ZPO**[84]. Auch gegenüber **§ 1666** hat § 1696 wegen der wesentlich leichteren Änderungsmöglichkeiten Vorrang[85], und zwar nicht nur bei Eingriffen in das Sorgerecht im Ganzen[86], sondern auch bei Eingriffen in Teilbereiche der elterlichen Sorge[87]. Bei tatsächlicher Verhinderung oder Ruhen der elterlichen Sorge eines Elternteils stellt sich die Frage nach dem Verhältnis von § 1696 zu **§ 1678** (näher § 1678 Rn 7). Bei Tod oder Todeserklärung eines Elternteils, dem die elterliche Sorge nach § 1671 zugewiesen worden war, richtet sich die Änderungsmöglichkeit nicht nach § 1696, sondern nach den **§§ 1680 Abs 2, 1681**. Sonderregelungen zu § 1696 finden sich weiter in den **§§ 1631 b S 3, 70 i FGG, 1672 Abs 2 und 1684 Abs 4**[88].

VI. Verfahren, Reform

Das Abänderungsverfahren ist ein **selbständiges** Verfahren[89]. **Zuständig** zur Abänderung, und zwar auch einer in höherer Instanz ergangenen Entscheidung, ist nur das Familien- oder Vormundschaftsgericht erster Instanz[90]; das Beschwerdegericht darf ebenso wenig wie das Gericht der weiteren Beschwerde die von ihm erlassene Entscheidung ändern. Die örtliche Zuständigkeit ist nach § 621 a Abs 1 S 1 ZPO und den §§ 64 Abs 3 S 2, 36, 43 Abs 1 FGG neu zu bestimmen[91]. Soweit nach Erlass des KindRG das Familiengericht für Angelegenheiten zuständig ist, über die vormals das Vormundschaftsgericht entschieden hat (zB Maßnahmen nach den §§ 1666, 1667), trifft die Änderungsentscheidung das Familiengericht[92]. Ob der **Richter oder Rechtspfleger** zuständig ist, richtet sich nach dem Gegenstand der Erstentscheidung, um deren Abänderung es geht (§§ 3 Nr 2 a, 14 Abs 1 RPflG). Das Abänderungsverfahren ist **von Amts wegen** einzuleiten. Der Antrag eines Beteiligten ist als Anregung zur Einleitung dieses Verfahrens zu verstehen[93]. Im Fall einer Entscheidung nach Abs 2 trägt der von einer Maßnahme nach den §§ 1666 bis 1667 betroffene Elternteil die Feststellungslast (allg § 1626 Rn 38.1) für eine Änderung der Umstände, die zu einer Beschränkung oder zum Entzug des Sorgerechts geführt haben, also dafür, dass er das Sorgerecht wieder ausüben kann und das Kindeswohl nicht mehr gefährdet ist[94]. Aus der Selbständigkeit des Änderungsverfahrens folgt, dass sich die **Kosten** nach den §§ 94, 95 KostO bestimmen, je nachdem, um welche sorgerechtliche Angelegenheit es sich bei der Erstentscheidung handelt[95]. Infolge einer Änderungsentscheidung kann die **Abänderung eines Unterhaltstitels** notwendig werden (§§ 323, 767 ZPO)[96] oder die **Geschäftsgrundlage** für einen Ehescheidungsfolgenvergleich über den Unterhalt der Kinder **entfallen**[97].

Der Gesetzentwurf zum FGG-RG (§ 1626 Rn 48) sieht in Art 50 Nr 30 eine Neufassung der Norm vor. Während Abs 1 nF des Entwurfs weitgehend der bisherigen Fassung von Abs 1 entspricht, sieht Abs 2 nF die Befugnis und Pflicht des Familiengerichts vor, eine Maßnahme nach den §§ 1666 bis 1667 oder einer anderen Vorschrift des BGB, die nur ergriffen werden darf, wenn dies zur Abwendung einer Kindeswohlgefährdung oder zum Wohl des Kindes erforderlich ist (kindesschutzrechtliche Maßnah-

---

[79] BGH NJW-FER 1999, 329; *Palandt/Diederichsen* Rn 3.
[80] BayObLG FamRZ 1971, 467, 471.
[81] OLG Köln FamRZ 1998, 1463.
[82] *Keidel/Schmidt* § 18 FGG Rn 44 mwN.
[83] *Keidel/Schmidt* § 18 FGG Rn 44; AnwK-BGB/*Harms* Rn 5; aA *Gernhuber/Coester-Waltjen* § 65 Rn 65 Fn 186.
[84] *Soergel/Strätz* § 1696 aF Rn 2.
[85] LG Arnsberg FamRZ 1998, 960; MünchKommBGB/*Finger* Rn 5; *Staudinger/Coester* Rn 13.
[86] OLG Stuttgart NJW 1985, 67.
[87] OLG Köln FamRZ 1998, 1463, 1464; *Soergel/Strätz* § 1696 aF Rn 4.
[88] *Staudinger/Coester* Rn 15 ff.
[89] BGH FamRZ 1990, 1101 f.; OLG Bamberg FamRZ 1990, 1135, 1136; BayObLG FamRZ 2000, 1233, 1234 = NJW-RR 1999, 1020 = FGPrax 1999, 61, 62 m Anm *Schmidt* 144 f; *Palandt/Diederichsen* Rn 25; *Erman/Michalski* Rn 5; MünchKommBGB/*Finger* Rn 6, 54; *Staudinger/Coester* Rn 5.
[90] *Staudinger/Coester* Rn 110.
[91] BGH FamRZ 1990, 1101 f.
[92] BayObLG NJW-RR 1999, 1020, 1021; FamRefK/*Rogner* Rn 8; MünchKommBGB/*Finger* Rn 55.
[93] BGH FamRZ 1990, 1224; zur verfassungsrechtlichen Problematik dieser amtswegigen Eingriffsmöglichkeit unterhalb von § 1666 *Holzner* S 161 ff; *Staudinger/Coester* Rn 4; *Gernhuber/Coester-Waltjen* § 65 Rn 63, 68.
[94] OLG Stuttgart FamRZ 1974, 538, 540; aA *Staudinger/Coester* Rn 114.
[95] BayObLGZ 61, 173, 175.
[96] *Palandt/Diederichsen* Rn 25.
[97] OLG Köln FamRZ 1979, 328 ff; *Palandt/Diederichsen* Rn 25.

§ 1697 Buch 4. Abschnitt 2. Verwandtschaft

men), aufzuheben, wenn eine Gefahr für das Wohl des Kindes nicht mehr besteht oder die Erforderlichkeit der Maßnahme entfallen ist. Demgegenüber sieht der Entwurf eines Gesetzes zur Erleichterung familiengerichtlicher Maßnahmen bei Gefährdung des Kindeswohls (§ 1666 Rn 25) lediglich eine Ergänzung des derzeit geltenden Abs 3 um den Satz vor, dass das Familiengericht, wenn es von Maßnahmen nach den §§ 1666 bis 1667 absieht, seine Entscheidung in angemessenem Zeitabstand, in der Regel nach drei Monaten, überprüfen soll. Weniger starr ist der Gegenvorschlag des Bundesrats[98].

§ 1697 Anordnung von Vormundschaft oder Pflegschaft durch das Familiengericht

Ist auf Grund einer Maßnahme des Familiengerichts eine Vormundschaft oder Pflegschaft anzuordnen, so kann das Familiengericht auch diese Anordnung treffen und den Vormund oder Pfleger auswählen.

Schrifttum: *Bestelmeyer*, Die unsinnige (Nicht-)Zuständigkeit des Familiengerichts für die Anordnung von Ergänzungspflegschaften, FamRZ 2000, 1068.

1   Die Vorschrift, die durch Art 1 Nr 26 KindRG neu eingefügt wurde, schafft eine einheitliche Zuständigkeit des Familiengerichts für die Anordnung einer Vormundschaft oder Pflegschaft sowie für die Auswahl des Vormunds oder Pflegers. Demgegenüber lag nach altem Recht die Anordnung der Vormundschaft zT beim Familiengericht (§§ 1671 Abs 5, 1672 S 1 aF), Auswahl (§ 1779) und Bestellung des Vormunds (§ 1789) blieben dagegen beim Vormundschaftsgericht[1]. Diese Doppelzuständigkeit von Familien- und Vormundschaftsgericht soll mit der Neuregelung vermieden werden. Damit soll auch die Gefahr beseitigt werden, dass Erkenntnisse, die das Familiengericht im Anordnungsverfahren hinsichtlich der als Vormund oder Pfleger in Betracht kommenden Personen gewonnen hat, verloren gehen, bevor das Vormundschaftsgericht über die Auswahl der Person entscheidet[2]. Zudem soll durch die Erweiterung der Zuständigkeit des Familiengerichts für die Auswahl des Vormunds oder Pflegers auch die Akzeptanz der Sorgeentzugsentscheidung bei den Eltern erhöht werden[3].

2   Die erweiterte Zuständigkeit des Familiengerichts setzt voraus, dass auf Grund einer Maßnahme im Bereich der elterlichen Sorge eine Vormundschaft oder Pflegschaft anzuordnen ist. Dies ist etwa bei Sorgerechtsentziehungen nach § 1666 der Fall. In diesem Fall erstreckt sich die Zuständigkeit des Familiengerichts auf die **Anordnung** der Vormundschaft oder Pflegschaft und die **Auswahl** des Vormunds oder Pflegers. § 1697 gilt auch bei Anordnung der Ergänzungspflegschaft nach §§ 1693, 1909[4]. Für eine Beschränkung der Befugnis des Familiengerichts auf dringende Fälle[5] gibt der Gesetzeswortlaut ebenso wenig her wie für eine Differenzierung zwischen einer Verhinderung der Eltern auf Grund Gesetzes oder einer Entscheidung des Familiengerichts[6]. Die Auswahl und Bestellung des Vormunds oder Pflegers (§§ 1779, 1789, 1915 Abs 1) bleibt wegen der Sachnähe weiter in der Hand des Vormundschaftsgerichts, weil dieses auch für die Beratung und Beaufsichtigung von Vormund und Pfleger zuständig ist (§§ 1837 Abs 1 und 2, 1915 Abs 1)[7].

3   Entscheidet das Familiengericht in einem **isolierten FGG-Verfahren** über die elterliche Sorge, kann es in einer einheitlichen Entscheidung über die elterliche Sorge, die Vormundschaft oder Pflegschaft anordnen und den Vormund oder Pfleger auswählen[8]. Erfolgt die Entscheidung über die elterliche Sorge dagegen als **Scheidungsfolgesache,** so ist nach § 623 Abs 3 ZPO nur die Übertragung der elterlichen Sorge wegen Gefährdung des Kindeswohls auf einen Vormund oder Pfleger Folgesache. Über die Auswahl des Vormunds oder Pflegers ist dann in einem gesonderten Verfahren zu entscheiden[9]. Gegen die Auswahl des Vormunds oder Pflegers ist einfache Beschwerde möglich[10].

4   Der Entwurf eines FGG-Reformgesetzes (FGG-RG) sieht die Abschaffung des Vormundschaftsgerichts und eine Neuverteilung der Zuständigkeit auf das Familiengericht vor (§ 1626 Rn 48). Damit wird § 1697 überflüssig; der Entwurf sieht konsequenterweise die Streichung der Norm vor (Art 50 Nr 31 FGG-RG).

---

[98] BR-Drucks 550/07 (Beschluss) S 3 f.
[1] BGH NJW 1981, 2460.
[2] BT-Drucks 13/4899 S 110.
[3] BT-Drucks 13/4899 S 110.
[4] OLG Karlsruhe NJW-RR 2007, 433, 444; OLG Brandenburg FamRZ 2007, 851, 852; OLG Jena FamRZ 2003, 1311; BayObLG FamRZ 2000, 1111, 1113; 568, 569; OLG Hamburg Kind-Prax 2000, 163; OLG Dresden DAVorm 2000, 794, 795; OLG Stuttgart FamRZ 1999, 1601; LG Berlin FamRZ 2004, 905; AnwK-BGB/*Harms* Rn 5.
[5] OLG Jena FamRZ 2003, 1311, 1312; OLG Karlsruhe FamRZ 2000, 568; *Bestelmeyer* FamRZ 2000, 1068, 1072.
[6] *Palandt/Diederichsen* Rn 1; so aber OLG Karlsruhe FamRZ 2006, 1141; OLG Jena FamRZ 2003, 1311, 1312; *Staudinger/Coester* Rn 3; *Coester* FamRZ 2000, 439, 440; *Staudinger/Coester* § 1693 Rn 3; *Bestelmeyer* FamRZ 2000, 1068, 1072.
[7] OLG Stuttgart FamRZ 1999, 1601; BT-Drucks 13/4899 S 110; FamRefK/*Rogner* Rn 5; *Staudinger/Coester* Rn 2; krit *Erman/Michalski* Rn 1. Diese Zuständigkeitsaufspaltung erledigt sich nach dem RefE für ein FGG-Reformgesetz (§ 1626 Rn 48), das in Konsequenz der Auflösung des Vormundschaftsgerichts eine Aufhebung von § 1697 vorsieht (Art 20 Nr 24).
[8] BT-Drucks 13/4899 S 110; *Palandt/Diederichsen* Rn 1.
[9] BT-Drucks 13/4899 S 110; FamRefK/*Rogner* Rn 6; *Erman/Michalski* Rn 2; aA *Staudinger/Coester* Rn 5.
[10] OLG Jena FamRZ 2004, 1389; KG FamRZ 2002, 267 f.

§ 1697 a Kindeswohlprinzip

Soweit nichts anderes bestimmt ist, trifft das Gericht in Verfahren über die in diesem Titel geregelten Angelegenheiten diejenige Entscheidung, die unter Berücksichtigung der tatsächlichen Gegebenheiten und Möglichkeiten sowie der berechtigten Interessen der Beteiligten dem Wohl des Kindes am besten entspricht.

Schrifttum: *Diederichsen,* Die Reform des Kindschafts- und Beistandsschaftsrechts, NJW 1998, 1977.

Die Vorschrift, die durch Art 1 Nr 26 KindRG neu eingefügt wurde, enthält einen allgemeinen **Entscheidungsmaßstab** und soll auch allgemeine **Eingriffsvoraussetzungen** für gerichtliche Entscheidungen auf dem Gebiet der elterlichen Sorge und des Umgangsrechts festlegen[1]. Sie gilt für alle denkbaren Fallgestaltungen, auch wenn in der einschlägigen Norm nicht ausdrücklich auf das Kindeswohl Bezug genommen wird (vgl §§ 1628, 1629 Abs 2 S 3, 1630 Abs 2 und 3, 1631 Abs 3, 1632 Abs 3, 1643, 1684 Abs 3 S 1)[2]. Als Entscheidungsmaßstab kommt der Regelung des § 1697 a nur die Bedeutung einer **Auffangregel** zu, da das Gesetz in den meisten Bestimmungen das Kindeswohl als Leitlinie der gerichtlichen Entscheidung gesondert normiert hat (vgl §§ 1626 c Abs 2 S 3, 1631 b S 3, 1632 Abs 4, 1666 Abs 1, 1671 Abs 2 Nr 2, 1672 Abs 1 S 2 und Abs 2, § 1678 Abs 2, 1680 Abs 2, Abs 3, 1681, 1682, 1684 Abs 4 S 1 und 2, 1685 Abs 1 und 2, 1686 S 1, 1687 Abs 2, 1687 a, 1688 Abs 3 S 2, 1693, 1696 Abs 1 und Abs 2)[3]. 1

Fehlt eine Sonderregel, so hat das Gericht die Entscheidung zu treffen, die dem **Wohl des Kindes am besten entspricht.** Als maßgebliche Entscheidungskriterien nennt das Gesetz die tatsächlichen Gegebenheiten (zB die Arbeitszeit der Eltern und die Schulzeit des Kindes bei der Ausübung des Umgangsrechts)[4] und Möglichkeiten (zB die Möglichkeit des Umgangsberechtigten, seine Arbeitszeit anders einzurichten)[5] sowie die berechtigten Interessen der Beteiligten, vor allem der Eltern[6]. Das Gericht hat zur Findung der Entscheidung, die für das Wohl des Kindes am besten ist, die gegenwärtigen Umstände des konkreten Falles und die zukunftsorientierten Aspekte, die das Wohl des Kindes betreffen, aufzuklären und gegen die Interessen der an der Erreichung des Kindeswohls mitbeteiligten Personen abzuwägen[7]. 2

§ 1698 Herausgabe des Kindsvermögens; Rechnungslegung

(1) Endet oder ruht die elterliche Sorge der Eltern oder hört aus einem anderen Grunde ihre Vermögenssorge auf, so haben sie dem Kind das Vermögen herauszugeben und auf Verlangen über die Verwaltung Rechenschaft abzulegen.

(2) Über die Nutzungen des Kindesvermögens brauchen die Eltern nur insoweit Rechenschaft abzulegen, als Grund zu der Annahme besteht, dass sie die Nutzungen entgegen der Vorschrift des § 1649 verwendet haben.

Schrifttum: *Schael,* Das Verfahren auf Herausgabe des Kindsvermögens gemäß § 1698 I BGB, FamRZ 2007, 10.

I. Vermögensherausgabe

Die Eltern müssen das Vermögen herausgeben, wenn ihre elterliche Sorge endet, ruht oder aus einem anderen Grund aufhört. Sie endet mit der Volljährigkeit des Kindes, dem Tod der Eltern, der Todeserklärung oder der Feststellung des Todeszeitpunkts nach dem Verschollenheitsgesetz (§§ 1677, 1680 Abs 1). Sie ruht unter den Voraussetzungen der §§ 1673, 1674. Die Vermögenssorge hört aus einem anderen Grund auf, wenn sie nach § 1666 entzogen worden ist. Die Verpflichtung zur Herausgabe des Vermögens trifft grds **beide Eltern,** wenn ihre gesamte elterliche Sorge oder zumindest ihre Vermögenssorge aufhört. Sie haften dann gesamtschuldnerisch, auch wenn sie das Kindesvermögen nicht gemeinsam verwaltet haben[1*]. Die Verpflichtung zur Herausgabe beschränkt sich auf **einen Elternteil,** wenn nur seine (Vermögens-)Sorge endet, sie ihm nach § 1666 entzogen wurde oder nach den §§ 1671, 1672 auf den anderen Elternteil übertragen wurde. Die Herausgabe des Kindesvermögens hat nach der Volljährigkeit **an das Kind** zu erfolgen, bei Minderjährigkeit **an den neuen Inhaber der Vermögenssorge** (den anderen Elternteil, §§ 1671, 1672, 1678 Abs 1, 1680, 1681, den Vormund oder Pfleger, §§ 1793, 1915 Abs 1 2)[2*]. Bleibt die Vermögenssorge bei dem anderen Elternteil oder ist sie 1

---

[1] BT-Drucks 13/4899 S 110; AnwK-BGB/*Harms* Rn 1; *Johannsen/Henrich/Jaeger* Rn 1; *Diederichsen* NJW 1998, 1977, 1986; aA *Lipp/Wagenitz* § 1671 Rn 4; *Staudinger/Coester* Rn 7; zur Anwendung auf ein Verfahren nach § 19 StAG OLG Stuttgart FamRZ 2004, 291.
[2] *Staudinger/Coester* Rn 3 mwN.
[3] *Palandt/Diederichsen* Rn 2; MünchKommBGB/*Finger* Rn 2.
[4] BT-Drucks 13/4899 S 111.
[5] BT-Drucks 13/4899 S 111.
[6] FamRefK/*Rogner* Rn 5.
[7] *Johannsen/Henrich/Jaeger* Rn 1; AnwK-BGB/*Harms* Rn 2.
[1*] OLG Oldenburg MDR 1962, 481; *Soergel/Strätz* Rn 2; AnwK-BGB/*Harms* Rn 2; aA *Staudinger/Coester* Rn 5.
[2*] OLG Koblenz FamRZ 2005, 993, 994; MünchKommBGB/*Finger* Rn 5; für die Rechenschaftspflicht s aber auch Fn 6.

ihm übertragen worden, und ist er bereits im Besitz des Kindesvermögens, erübrigt sich die Herausgabe[3]. Der Anspruch auf Herausgabe kann wegen seiner besonderen familienrechtlichen Natur auch noch längere Zeit nach seiner Entstehung geltend gemacht werden, ohne dass der Einwand der **Verwirkung** eingreift[4]. Haben die Eltern einen Aufwendungsersatzanspruch nach § 1648, so können sie gegenüber dem Herausgabeverlangen ein Zurückbehaltungsrecht geltend machen[5].

II. Rechenschaftspflicht

2   **Auf Verlangen** des volljährigen Kindes oder des minderjährigen Kindes, vertreten durch den (neuen) gesetzlichen Vertreter[6], haben die Eltern/hat der Elternteil nach der Beendigung ihrer/seiner elterlichen Sorge Rechenschaft abzulegen. Ausnahmsweise kann ein hinreichender Verdacht auf eine von § 1649 abweichende Verwendung der Einkünfte des Kindesvermögens auch schon bei bestehender Vermögenssorge einen Rechenschaftsanspruch begründen[7]. Der **Inhalt** der Rechenschaftspflicht bestimmt sich nach den §§ 259, 261[8]. Die Pflicht bezieht sich auf die Verwaltung des gesamten Vermögens, es sei denn, es handelt sich um **Nutzungen** (§ 100). Über deren Verwaltung besteht nur dann eine Rechenschaftspflicht, obwohl ihre elterliche Sorge noch besteht, wenn Grund zu der Annahme besteht, dass sie entgegen § 1649 verwendet wurden **(Abs 2)**. Dies gilt vor allem dann, wenn die Eltern gegen § 1649 Abs 2 verstoßen haben (näher dort Rn 12). Unter Nutzungen fallen nicht die Einkünfte des Kindesvermögens, die das Kind durch seine Arbeit erlangt hat[9].

III. Verfahrensrecht

3   Kommen die Eltern/der Elternteil ihren/seinen Pflichten nach Abs 1 und 2 nicht nach, so muss der Prozessweg beschritten werden; zuständig ist das allgemeine Zivilgericht[10].

§ 1698a Fortführung der Geschäfte in Unkenntnis der Beendigung der elterlichen Sorge

(1) ¹Die Eltern dürfen die mit der Personensorge und mit der Vermögenssorge für das Kind verbundenen Geschäfte fortführen, bis sie von der Beendigung der elterlichen Sorge Kenntnis erlangen oder sie kennen müssen. ²Ein Dritter kann sich auf diese Befugnis nicht berufen, wenn er bei der Vornahme eines Rechtsgeschäfts die Beendigung kennt oder kennen muss.

(2) Diese Vorschriften sind entsprechend anzuwenden, wenn die elterliche Sorge ruht.

1   § 1698a **schützt** die im Hinblick auf das Fortbestehen der elterlichen Sorge gutgläubigen **Eltern** vor Ersatzpflichten aus legitimationslosem Handeln (§ 179)[1]. Sie gibt den Eltern die Befugnis, Geschäfte fortzuführen, obwohl ihre elterliche Sorge endet (Abs 1 S 1, zu den einzelnen Fällen § 1626 Rn 19 f) oder ruht (Abs 2); es genügt die Beendigung oder das Ruhen eines Teils der elterlichen Sorge[2]. Das Geschäft muss nach dem Eintritt des Endes oder Ruhens der Sorge von den Eltern im eigenen Namen oder im Namen des Kindes geführt worden sein[3*]. Bei der Vornahme des Geschäfts müssen die Eltern bezüglich ihres Sorgerechts gutgläubig gewesen sein. Der Fahrlässigkeitsmaßstab für das Kennenmüssen ergibt sich aus den §§ 122 Abs 2, 276 Abs 1 S 2; § 1664 findet hier keine Anwendung[4*]. Für die Dauer der Gutgläubigkeit **fingiert** dann § 1698a das **Fortbestehen** der elterlichen Sorge. Die Eltern gelten als berechtigt zur Geschäftsführung für das Kind (die §§ 1648 und 667 sind anwendbar, nicht dagegen die §§ 177 ff, 677 ff)[5*]. Dieser Gutglaubensschutz der Eltern begünstigt mittelbar auch den Geschäftspartner (Dritten), allerdings nur, wenn dieser selbst gutgläubig hinsichtlich des Bestehens der elterlichen Sorge ist (Abs 1 S 2, Parallele zu § 169). Ist der Dritte bösgläubig, greift zugunsten der Eltern § 179 Abs 3 S 1[6*]. Handeln die Eltern trotz Kenntnis oder Kennenmüssen der Beendigung der elterlichen Sorge, greifen die §§ 177 ff, 677 ff[7*].

---

[3] Unklar MünchKommBGB/*Finger* Rn 3 einerseits und Rn 5 andererseits.
[4] OLG München NJW 1974, 703.
[5] *Soergel/Strätz* Rn 2.
[6] MünchKommBGB/*Finger* Rn 6; das OLG Hamm FamRZ 2000, 974 geht davon aus, dass gegenüber dem 14jährigen Kind Rechenschaft abzulegen ist.
[7] *Soergel/Strätz* Rn 5; MünchKommBGB/*Hinz* Rn 4; *Erman/Michalski* Rn 10; aA *Staudinger/Coester* Rn 11; *Gernhuber/Coester-Waltjen* § 63 Rn 9.
[8] OLG Hamm FamRZ 2000, 974, 975.
[9] LG Krefeld FamRZ 1965, 281, 282.
[10] *Schael* FamRZ 2007, 10, 11 mwN.
[1] MünchKommBGB/*Finger* Rn 1; *Gernhuber/Coester-Waltjen* § 63 Rn 29.
[2] *Staudinger/Coester* Rn 3; *Soergel/Strätz* Rn 3; MünchKommBGB/*Finger* Rn 5.
[3*] *Staudinger/Coester* Rn 4.
[4*] *Soergel/Strätz* Rn 2; *Erman/Michalski* Rn 1.
[5*] *Staudinger/Coester* Rn 6.
[6*] *Gernhuber/Coester-Waltjen* § 63 Rn 30.
[7*] *Soergel/Strätz* Rn 2; *Palandt/Diederichsen* Rn 1; MünchKommBGB/*Finger* Rn 3.

§ 1698a ist auf den **Vormund** (§ 1893 Abs 1), den **Gegenvormund** (§§ 1895, 1893 Abs 1), den **Pfleger** (§§ 1915 Abs 1, 1893 Abs 1), den **Betreuer** (§§ 1908i Abs 1, 1893 Abs 1) sowie den **Beistand** (§§ 1716 S 2, 1915 Abs 1, 1893 Abs 1) entspr anwendbar. 2

§ 1698b Fortführung dringender Geschäfte nach Tod des Kindes

Endet die elterliche Sorge durch den Tod des Kindes, so haben die Eltern die Geschäfte, die nicht ohne Gefahr aufgeschoben werden können, zu besorgen, bis der Erbe anderweit Fürsorge treffen kann.

Die Vorschrift begründet die Pflicht und das Recht der Eltern, nach dem Tod des Kindes, der zum Ende ihrer elterlichen Sorge führt, mit Wirkung für und gegen den Erben des Kindes dringliche Geschäfte zu besorgen[1] (situationsabhängige **Geschäftsführungsbefugnis und Vertretungsmacht der Eltern für den Erben**)[2]. Voraussetzung ist der Tod des Kindes oder dessen Todeserklärung (vgl § 9 VerschG)[3]. Die Eltern müssen in diesem Zeitpunkt mindestens teilweise auf dem Gebiet der Vermögenssorge sorgeberechtigt gewesen sein[4]. Des Weiteren ist erforderlich, dass die Eltern Kenntnis vom Tod des Kindes haben[5]. Schließlich muss es sich zur Vermeidung von Nachteilen als erforderlich erweisen, das Geschäft sofort zu besorgen[6]. Für Pflichtwidrigkeiten haften die Eltern nach § 1664[7]. Sie können Aufwendungsersatz nach § 1648 verlangen[8]. Eine Verwendungsbefugnis entspr § 1649 Abs 2 besteht jedoch nicht mehr[9]. Pflicht und Befugnisse der Eltern nach § 1698b erlöschen bereits dann, wenn der Erbe die Möglichkeit zur eigenen Interessenwahrung erhält[10]. 1

§ 1698b ist auf **Vormund** (§ 1893 Abs 1), **Gegenvormund** (§§ 1895, 1893), **Pfleger** (§§ 1915 Abs 1, 1893), **Betreuer** (§§ 1908i Abs 1, 1893) und **Beistand** (§§ 1716 S 2, 1915 Abs 1, 1893) entspr anwendbar. Unberührt von § 1698b bleibt ein selbständiges Verwaltungsrecht der Eltern, wenn sie Miterben und zugleich gesetzliche Vertreter der übrigen Erben, etwa der minderjährigen Geschwister des verstorbenen Kindes, sind[11]. 2

§§ 1699 bis 1711 *(weggefallen)*

Titel 6. Beistandschaft (§§ 1712–1740)

§ 1712 Beistandschaft des Jugendamts; Aufgaben

(1) Auf schriftlichen Antrag eines Elternteils wird das Jugendamt Beistand des Kindes für folgende Aufgaben:
1. die Feststellung der Vaterschaft,
2. die Geltendmachung von Unterhaltsansprüchen einschließlich der Ansprüche auf eine anstelle des Unterhalts zu gewährende Abfindung sowie die Verfügung über diese Ansprüche; ist das Kind bei einem Dritten entgeltlich in Pflege, so ist der Beistand berechtigt, aus dem vom Unterhaltspflichtigen Geleisteten den Dritten zu befriedigen.

(2) Der Antrag kann auf einzelne der in Absatz 1 bezeichneten Aufgaben beschränkt werden.

Übersicht

	Rn		Rn
I. Vorbemerkungen zu §§ 1712 bis 1717	1	a) Beistandschaft und Sozialgesetzbuch	6
1. Formelle Grundlagen der Beistandschaft	1	b) Beistandschaft und Datenschutz	7
2. Vereinheitlichung der Unterstützung allein erziehender Eltern im Bundesgebiet..........	2	5. Internationales Privatrecht...................	8
3. Abgrenzungen	3	6. Übergangsvorschriften........................	9
4. Beistandschaft als sozialrechtliche Aufgabe der Jugendhilfe	6	a) Amtspflegschaft	9
		b) Beistandschaften alten Rechts	11
		c) Elterliche Sorge bei Beistandschaften kraft Überleitung/Beendigung.................	12

---

[1] *Staudinger/Coester* Rn 1.
[2] *Gernhuber/Coester-Waltjen* § 63 Rn 28; *Staudinger/Coester* Rn 5.
[3] *Staudinger/Coester* Rn 4.
[4] *Staudinger/Coester* Rn 4.
[5] *RGRK/Adelmann* Rn 3; *MünchKommBGB/Finger* Rn 2; *Erman/Michalski* Rn 1; aA *Dölle* II § 96 IV 3.
[6] *Staudinger/Coester* Rn 4.
[7] *Dölle* II § 96 IV 3; *Gernhuber/Coester-Waltjen* § 63 Rn 28; *RGRK/Adelmann* Rn 4; *Erman/Michalski* Rn 1.
[8] *Soergel/Strätz* Rn 2; *Palandt/Diederichsen* Rn 1; diff *MünchKommBGB/Finger* Rn 3.
[9] *Palandt/Diederichsen* Rn 1; *Staudinger/Coester* Rn 6; *Soergel/Strätz* Rn 2.
[10] *Staudinger/Coester* Rn 7; *Soergel/Strätz* Rn 2; *MünchKommBGB/Finger* Rn 4.
[11] *Dölle* II § 96 IV 3; *Erman/Michalski* Rn 2; *Staudinger/Coester* Rn 7.

§ 1712

Buch 4. Abschnitt 2. Verwandtschaft

	Rn		Rn
II. Erläuterungen zu § 1712	13	b) Person des Beistandes	21
1. Normzweck	13	c) Aufgabenkreis	25
2. Begründung und Aufgabenbereich (Abs 1)	15	d) Einschränkung des Aufgabenkreises (Abs 2)	36
a) Begründung durch schriftlichen Antrag, Angebotscharakter	15		

I. Vorbemerkungen zu §§ 1712 bis 1717

1 **1. Formelle Grundlagen der Beistandschaft.** Die Beistandschaft als Teil der umfassenden Reform des Kindschaftsrechts wurde eingeführt durch Art 1 des „Gesetzes zur Abschaffung der gesetzlichen Amtspflegschaft und Neuordnung des Rechts der Beistandschaft (Beistandschaftsgesetz)" vom 4. 12. 1997 (BGBl I S 2846). Kernpunkte des Gesetzes sind:
– Der 2. Abschnitt des 4. Buches Familienrecht des BGB erhielt den 7. Titel „Beistandschaft" mit den §§ 1712 bis 1717 (Art 1 Nr 4). Zugleich wurde das SGB VIII geändert und die Beistandschaft als „andere Aufgabe" eingeführt (Art 4),
– die gesetzliche Amtspflegschaft für die früheren nichtehelichen Kinder wurde aufgehoben, die §§ 1706 bis 1710 wurden ersatzlos gestrichen,
– die Beistandschaft alten Rechts wurde insgesamt aufgehoben, die Vorschriften der §§ 1689 bis 1692 wurden ersatzlos gestrichen. Die Vorschriften der §§ 1685, 1686 erhielten durch Art 1 Nr 24 des KindRG einen völlig neuen Inhalt (Art 1 Nr 3).

2 **2. Vereinheitlichung der Unterstützung allein erziehender Eltern im Bundesgebiet.** Die Beistandschaft übernimmt teilweise die Aufgaben zweier früherer Rechtsinstitutionen, nämlich der **Amtspflegschaft** für nichteheliche Kinder und der Beistandschaften, insbes der Unterhaltsbeistandschaft. Mit der Aufhebung dieser Vorgänger und der Einführung der Beistandschaft neuen Rechts wird die Rechtslage inhaltlich vereinheitlicht, indem die staatliche Unterstützung allein erziehender Eltern nicht mehr daran anknüpft, ob die Eltern des Kindes verheiratet sind oder nicht. Damit folgt auch dieser Bereich der Linie des KindRG.

3 **3. Abgrenzungen.** Abzugrenzen ist die Beistandschaft von der nach wie vor möglichen **bestellten Amtspflegschaft,** die als Ergänzungspflegschaft in § 1909 vorgesehen ist. Diese Ergänzungspflegschaft ist nur möglich, wenn auf Grund einer rechtlichen Handlungseinschränkung der Sorgeberechtigten im Einzelfall eine Pflegschaft notwendig wird. Inhaltlich ist sie nicht gesetzlich vorbestimmt, sondern kann sich auf beliebige Handlungsbereiche beziehen, geht insoweit also weiter als die Beistandschaft, die lediglich Vaterschaftsfeststellungen und Unterhaltsprobleme erfasst (Rn 25 ff). Weiterhin besteht die **gesetzliche Amtsvormundschaft** des Jugendamtes für ein Kind, das eines Vormunds bedarf und dessen Eltern bei der Geburt nicht verheiratet sind (§ 1791 Abs 1 S 1). Grundlage der gesetzlichen Amtsvormundschaft ist ein umfassender Ausschluss der Eltern vom Sorgerecht. Entspr umfangreich ist auch der Aufgabenkreis.

4 Parallel zur Beistandschaft sind **Leistungen der Jugendhilfe** möglich. Die **Hilfe zur Erziehung** (§§ 27 ff SGB VIII) zielt auf die pädagogische Beeinflussung des Entwicklungsprozesses des Kindes, ohne förmliche Befugnisse zu verleihen. Rechtliche Befugnisse nach außen sind mit der Hilfe zur Erziehung nicht verbunden. Eine **Beratungs- und Unterstützungsaufgabe** hat das Jugendamt über die Beratungspflicht gegenüber allein erziehenden Eltern (§ 18 Abs 1 SGB VIII), unabhängig davon, ob die Eltern bei der Geburt des Kindes verheiratet waren oder später geheiratet haben (Rn 4.1).

4.1 Der **erfasste Personenkreis** ist im Vergleich zur Beistandschaft insofern weiter, als es genügt, dass der Elternteil tatsächlich alleine für das Kind sorgt, § 1713 Rn 2[1]. In den Problemkreisen überschneidet sich die Beratungs- und Unterstützungsaufgabe nach § 18 Abs 1 SGB VIII mit der Beistandschaft hinsichtlich der Unterhaltsfragen. Die Beratung ist einerseits weiter, als sie sich auch auf die Ausübung der Personensorge bezieht und Unterhaltsersatzansprüche wie Waisenrente, Leistungen nach dem UVG und Schadensersatzansprüche wegen Tötung des Unterhaltsverpflichteten erfasst. Andererseits ist sie enger, indem sie den Komplex der Vaterschaftsfeststellung ausschließt. Die rechtliche Beziehung bei der Beratung in § 18 Abs 1 SGB VIII beschränkt sich auf das Verhältnis des Jugendamtes zu dem allein erziehenden Elternteil, das Jugendamt erhält aus der Beratung keine Befugnisse nach außen und kann den Unterhalt nicht selbst geltend machen[2]. Dagegen sieht die Beistandschaft für das Jugendamt förmliche Vertretungsbefugnisse neben dem allein erziehenden Elternteil vor (§ 1716 Rn 7). In der Praxis wird die Beratung auch als „kleine Beistandschaft" bezeichnet, da sie häufig der Beistandschaft vorgeschaltet ist[3]. Eine förmliche Abhängigkeit von Beratung und Beistandschaft besteht jedoch in keiner Weise[4].

5 Beratung und Unterstützung hat das Jugendamt einer Mutter eines Kindes, dessen **Eltern bei der Geburt nicht verheiratet** sind, „unverzüglich nach der Geburt" anzubieten (§ 52a Abs 1 S 1 SGB VIII; Rn 5.1). Das Standesamt hat zu diesem Zweck dem Jugendamt die Geburt des Kindes, dessen Eltern nicht miteinander verheiratet sind, „unverzüglich" mitzuteilen (§ 52a Abs 4 SGB VIII). Das

---

[1] *Münder* ZfJ 2000, 81, 84; DIJuF-Rechtsgutachten JAmt 2001, 276, 277.
[2] *Mrozynski* § 18 SGB VIII Rn 3; Arbeitshilfen des LJA Thüringen DAVorm 1999, 202; str; zur Frage der Prozessvertretung ausf *Oberloskamp* DAVorm 1997, 65; zum Streitstand insbes unter dem Aspekt der Kollision mit dem RBerG näher DIV-Gutachten ZfJ 1998, 118, 119.
[3] DV NDV 1999, 255.
[4] *Meysen* JAmt 2001, 261, 262.

Jugendamt hat die Mutter auf die Möglichkeit und die Rechtsfolgen einer Beistandschaft hinzuweisen (§ 52a Abs 1 S 2 Nr 4 SGB VIII). Dieselbe Beratungspflicht gilt, wenn infolge einer Vaterschaftsanfechtung die förmliche Vaterschaft auf der Grundlage der Ehe der Mutter bzw der Anerkennung durch eine gerichtliche Entscheidung beseitigt wird (§ 52a Abs 3 S 2 SGB VIII). In einem derartigen Fall hat das erkennende Gericht das Jugendamt zu benachrichtigen (§ 52a Abs 3 S 1 SGB VIII). Reagiert die Mutter nicht auf das Angebot, bleibt dies grundsätzlich ohne Sanktion (Rn 29).

Gegenständlich unterscheidet sich diese Pflicht des Jugendamtes von der Beistandschaft dadurch, dass es sich um Hinweise und Beratungen als Vorbereitung konkreter Unterstützungen handelt. In personeller Hinsicht bezieht sich diese Hilfe im Gegensatz zur Beistandschaft nur auf Mütter, die mit dem Vater des Kindes bei der Geburt des Kindes nicht verheiratet sind. 5.1

4. Beistandschaft als sozialrechtliche Aufgabe der Jugendhilfe. a) Beistandschaft und Sozialgesetzbuch. Die Einordnung der Beistandschaft in das BGB und nicht in das öffentlich-rechtliche SGB VIII war nicht unbestritten. Die amtliche Begründung des Entwurfs bezeichnete die Beistandschaft als „Fürsorge im zivilrechtlichen Gewande", die ebenso wie Vormundschaft, Pflegschaft und Betreuung in das BGB einzuordnen sei. Entscheidend sei die gesetzliche Vertretungsmacht, die dem Beistand, auch wenn das Jugendamt mit dieser Aufgabe betraut wird, eine elternähnliche Stellung verschaffe[5]. Der Bundesrat dagegen wollte die Beistandschaft im SGB VIII geregelt sehen, stellte seine Bedenken aber wegen der Eilbedürftigkeit der Neuregelung zurück[6]. Im Ergebnis ist die Beistandschaft mit ihrem Schwerpunkt im BGB geregelt: Dort sind die Voraussetzungen, die Folgen und die Beendigung normiert. Im SGB VIII ist die Beistandschaft als „andere Aufgabe" der Jugendhilfe (§ 2 Abs 3 SGB VIII) geregelt. Sie ist damit iwS auch Gegenstand des Sozialrechts (vgl schon § 2 Abs 3 Nr 11 SGB VIII). Das allgemeine Sozialrecht des SGB I beschränkt sich jedoch nach seinem grundlegenden Geltungsbereich auf die Gewährung von Sozialleistungen zur Verwirklichung sozialer Gerechtigkeit und sozialer Sicherheit (§ 1 Abs 1 S 1 SGB I). In § 27 Abs 1 SGB I sind die anderen Aufgaben nicht erwähnt, gehören daher nicht mehr zum Regelungsbereich des Gesetzes[7]. 6

b) Beistandschaft und Datenschutz. Für den Datenschutz hat das SGB VIII den Geltungsbereich des allgemeinen Sozialrechts auch auf die „anderen Aufgaben" des Jugendamtes ausgeweitet. Gemäß § 61 Abs 1 SGB VIII gelten die Bestimmungen des allgemeinen Sozialdatenschutzes (§ 35 SGB I, §§ 67 bis 85a SGB X), sowie die Vorschriften über den Schutz von Sozialdaten im SGB VIII grds für alle Handlungen der Jugendhilfe, damit auch für die anderen Aufgaben. Soweit das Jugendamt als Beistand tätig wird, gilt nur die Bestimmung des § 68 SGB VIII[8]. In Hinblick auf die nach wie vor bestimmende rechtliche Verantwortung des allein sorgeberechtigten Elternteils für den Minderjährigen (§ 1716 Rn 2) ist die Weitergabe von Informationen über den anderen Elternteil gemäß § 68 Abs 1 SGB VIII grds zulässig, wenn sie den Aufgabenbereich betreffen[9]. 7

5. Internationales Privatrecht. Die Beistandschaft könnte als Unterfall der Vormundschaft von Art 24 EGBGB erfasst sein; die Vorschrift wird jedoch durch die spezielle Regelung des § 1717 verdrängt[10]. Das Übereinkommen über die Zuständigkeit der Behörden und anzuwendende Recht auf dem Gebiet des Schutzes von Minderjährigen (MSA) vom 5. 10. 1961 (BGBl 1971 II S 217) ist auf die Beistandschaft nicht anwendbar, da sie auf „Antrag" (§ 1714 Rn 2) kraft Gesetzes eintritt und somit keine Schutzmaßnahme ist, die von einer Behörde oder einem Gericht angeordnet werden kann[11]. Sie löst keine Zuständigkeitsregelung für eine konkrete Entscheidung aus und unterliegt damit auch nicht der Zuständigkeitsregelung der Ehe-VO Nr 2201/2003/EG vom 27. 11. 2003[12]. 8

6. Übergangsvorschriften. a) Amtspflegschaft. Übergangsfragen ergeben sich schon, weil der Aufgabenbereich der Amtspflegschaft gegenüber der Beistandschaft umfassender war und insbes auch Erb- und Pflichtteilsangelegenheiten erfasste (vgl § 1706 Nr 3 aF). Mit Art 3 Nr 2 des Beistandschaftsgesetzes wurde Art 223 in das Einführungsgesetz zum BGB eingefügt und eine zeitlich abgestufte Übergangsregelung getroffen. Art 223 Abs 1 EGBGB bestimmt, dass die Amtspflegschaft nach altem Recht zur Beistandschaft nach neuem Recht wird (S 1). Der Amtspfleger wurde Beistand (S 2). Voraussetzung für die Überleitung war, dass dem Elternteil das entsprechende Antragsrecht kraft elterlicher Sorge zustand, andernfalls endete die aus der gesetzlichen Überleitung entstandene Beistandschaft gemäß § 1715 Abs 2 kraft Gesetzes (Art 223 Abs 2 S 1 EGBGB). Stand dem Elternteil das **Personensorgerecht** nicht zu, endete damit die Beistandschaft sofort, da die Geltendmachung von Unterhalt zum Bereich der Personensorge gehört (§ 1713 Abs 2 nF). Im Übrigen gelten für die übergeleitete Beistandschaft die neuen Vorschriften der §§ 1712 bis 1717. Endet die Alleinsorge der Mutter etwa durch die wirksame Abgabe der Sorgeerklärungen, endet auch die übergeleitete Beistandschaft. 9

Der Aufgabenkreis erfasste bis zum 1. 1. 1999 den alten Aufgabenkreis (S 3 HS 1), also auch die Regelung von **Erb- und Pflichtteilsrechten**. Ab 1. 1. 1999 erfasst die übergeleitete Beistandschaft grds nur noch den gemäß § 1712 bestimmten Aufgabenkreis (Art 223 Abs 1 S 3 HS 2 EGBGB). 10

---

[5] BT-Drucks 13/892 S 32.
[6] BT-Drucks 13/892 S 53.
[7] *Mrozynski* § 27 SGB I Rn 7.
[8] Näher *Oberloskamp/Brüggemann/Kunkel* Vormundschaft § 16 Rn 99.
[9] Für Informationen zur Leistungsfähigkeit siehe DIJuF-Rechtsgutachten JAmt 2001, 345.
[10] BT-Drucks 13/892 S 41.
[11] BT-Drucks 13/892 S 41.
[12] ABl EG Nr L 338 S 1: Kapitel I Art 1 Abs 2 lit b, Kapitel II Abschnitt 2 Art 8 Abs 1.

§ 1712

11 Anderes gilt, wenn laufende erbrechtliche Verfahren abgewickelt werden (Art 223 Abs 1 S 4 EGBGB). Dann gilt die Beistandschaft mit diesem Aufgabenkreis weiter; näher 1. Auflage vor § 1712 Rn 7.

11 b) Beistandschaften alten Rechts. Beistandschaften nach altem Recht, die zum 1. 7. 1998 bestehen bleiben, werden kraft Gesetzes in Beistandschaften nach neuem Recht nur umgewandelt, soweit sie sich auf die Geltendmachung von **Unterhaltsansprüchen und auf die Vermögenssorge** bezogen (Art 223 Abs 2 S 1 EGBGB). Insoweit konnte für eine Übergangszeit auch eine Beistandschaft für den Aufgabenkreis Vermögenssorge bestehen, der nach neuem Recht nicht mehr Gegenstand der Beistandschaft sein kann. Mit dem 1. 1. 1999 endete diese Beistandschaft hinsichtlich der Vermögenssorge. Eine Weiterführung bezüglich laufender Verfahren ist nicht vorgesehen, da auf Abs 1 S 4 nicht verwiesen wird. Gesetzliche Vertretungsbefugnisse sind kraft Gesetzes mit Ablauf des 31. 12. 1998 erloschen. Soweit Beistandschaften andere als die in § 1690 Abs 1 aF genannten Aufgabenkreise betrafen, endeten diese uneingeschränkt bereits am 1. 7. 1998 (Art 233 Abs 2 S 3 EGBGB).

12 c) Elterliche Sorge bei Beistandschaften kraft Überleitung/Beendigung. Die elterliche Sorge der Mutter eines nichtehelichen Kindes war sowohl durch die Amtspflegschaft als auch durch die Beistandschaft im jeweiligen Aufgabenkreis eingeschränkt (§§ 1706, 1690 Abs 2 S 1, 1630 Abs 1, 1705 S 2 aF). Da nur der Aufgabenkreis, nicht aber die förmliche Stellung des Amtspflegers bzw Beistandes alten Rechts weiter gilt, erhielt die Mutter, die mit dem Vater des Kindes nicht verheiratet ist, entspr der allgemeinen Regelung des neuen Sorgerechts die volle elterliche Sorge (§ 1626a Abs 2). Sie kann die weiterbestehende Beistandschaft ohne Angabe von Gründen durch schriftliches Verlangen gegenüber dem Jugendamt beenden (§ 1715 Rn 2), unabhängig davon, ob noch laufende Verfahren abzuwickeln sind bzw abgewickelt werden. Werden Sorgeerklärungen abgegeben, so endet die durch die Überleitung begründete Beistandschaft unmittelbar kraft Gesetzes.

II. Erläuterungen zu § 1712

13 1. Normzweck. Die Norm ist die Grundlage der folgenden Vorschriften der Beistandschaft. Auf ihr beruht der mögliche Eintritt des sorgerechtlichen Instituts der Beistandschaft. Sie gibt Auskunft darüber, wer grds Beistand wird, auf welche Weise die Beistandschaft ins Leben tritt, welcher Aufgabenkreis von der Beistandschaft erfasst wird und inwieweit der antragsberechtigte Elternteil den Umfang des Aufgabenkreises bestimmen kann.

14 Empirische Untersuchungen haben ergeben, dass in etwa 15% der Fälle von Geburten außerhalb der Ehe die Väter nicht bereit sind, die Vaterschaft anzuerkennen, dass in ca 50% der Fälle der frühere Amtspfleger einschreiten musste, um Unterhaltsansprüche des Kindes gegen den Vater durchzusetzen. Die Tätigkeit der früheren Amtspfleger wurde von den Müttern auch entspr akzeptiert: Nur in 10% der Fälle beantragten die Mütter die Aufhebung der Amtspflegschaft nach § 1707 aF.

15 2. Begründung und Aufgabenbereich (Abs 1). a) Begründung durch schriftlichen Antrag, Angebotscharakter. Ohne „Antrag" eines Elternteils bzw Vormundes (vgl § 1713 Rn 2f zum antragsberechtigten Personenkreis) gibt es keine Beistandschaft. Damit wird klar gestellt, dass die Beistandschaft auf dem Willen des Antragsberechtigten beruht. Bestätigt wird dies durch die jederzeitige Möglichkeit, die Beistandschaft zu beenden (§ 1715 Rn 2f). Vorbereitet wird die Beistandschaft regelmäßig durch entsprechende Beratung (Rn 5). Inwieweit der Grundsatz der Freiwilligkeit auch den Ausschluss mittelbaren Drucks verbietet, indem andere staatliche Hilfen nicht mit Hinweis auf den Vorrang einer Beistandschaft verweigert werden können, lässt sich nur im Verhältnis zu der einzelnen Hilfe entscheiden (Rn 16). Ein allgemeiner **Vorrang der Beistandschaft** ist dem Gesetz jedenfalls nicht zu entnehmen. So können Beratungshilfen nach dem BerHG (Rn 15.2), Prozesskostenhilfe einschließlich der Beiordnung eines Rechtsanwalts nicht mit der Begründung versagt werden, es könne auch eine Beistandschaft beantragt werden. Umgekehrt enthält das Gesetz keinen Hinweis auf eine **Subsidiarität der Beistandschaft.** Ihr Eintritt kann nicht unter Hinweis auf andere Hilfemöglichkeiten verneint werden (§ 1714 Rn 2).

15.1 Entsprechendes gilt für die **Prozesskostenhilfe** mit der Beiordnung eines Rechtsanwaltes, der vom Elternteil unmittelbarer beeinflusst werden kann als der weitgehend autonome Beistand (§ 1716 Rn 10). Insofern verlangt der Verhältnismäßigkeitsgrundsatz, dass der Elternteil die Möglichkeit hat, die eingriffsschwächere Lösung der Unterstützung zu wählen.
– Nach drei einschlägigen Entscheidung des BGH[13] ist dies zumindest für die Phase der Zwangsvollstreckung in Unterhaltsstreitigkeiten geklärt. Ebenso hat das OLG Karlsruhe[14] entschieden, allerdings beschränkt auf streitige Unterhaltsklagen, in dem der Unterhaltsbeklagte anwaltschaftlich vertreten war. Im Ergebnis auch OLG Düsseldorf[15] für die Beiordnung auf der Grundlage des § 121 Abs 2 ZPO und Schulz FuR 1998, 385.
– Für die Klage auf Vaterschaftsfeststellung hat das OLG Köln[16] die Erforderlichkeit einer Anwaltsbeiordnung trotz möglicher Beistandschaft bejaht und sie von den Verhältnissen des Einzelfalls abhängig gemacht. Das OLG Zweibrücken[17] dagegen versagt in Fortführung der Rspr zur Amtspflegschaft die Beiordnung eines Rechtsanwaltes für die Feststellung der Vaterschaft in Hinblick auf die Möglichkeit der Einrichtung einer Beistandschaft, allerdings mit der Einschränkung, dass bei besonderen prozessualen Problemen das Gebot der Waffengleichheit die Beiordnung eines

---

[13] BeckRS 2006, 1834; NJOZ 2006, 4721; FamRZ 2006, 856.
[14] FamRZ 2005, 48.
[15] JAmt 2001, 300 f.
[16] FamRZ 2005, 530.
[17] JAmt 2003, 545.

Anwalts notwendig machen kann (S 546). Ausf wird die Streitfrage im DIJuF-Rechtsgutachten[18] erörtert. Ist freilich eine Beistandschaft eingetreten, wird regelmäßig eine Anwaltsbeiordnung nicht notwendig sein[19], inbes, wenn der Beistand den Prozess eingeleitet hat. Der Antragsteller könnte aber ohne Weiteres die Beistandschaft beenden und damit wieder die Voraussetzungen für eine ansonsten erforderliche Anwaltsbeiordnung herbeiführen.

15.2 Die Versagung von **Beratungshilfe nach dem BerHG** unter Hinweis auf die Möglichkeit einer Beistandschaft[20] wird deren Angebotscharakter nicht gerecht und verschiebt die Kostenlast nur zwischen den staatlichen Kostenträgern. Die Beistandschaft mit der Folge einer gesetzlichen Vertretung des Kindes durch eine Behörde (§ 1716 Rn 7 ff) nach außen schränkt die Autonomie der Familie stärker ein als die auf ein Binnenverhältnis beschränkte Beratungshilfe; im Interesse der Familienautonomie ist daher ein Nachrang der Beratungshilfe nicht zu vertreten.

16 Nicht ausgeschlossen ist ein mittelbarer Zwang zur Beistandschaft, wenn über sie eine realistische Aussicht besteht, eventuelle Unterhaltsansprüche gegen den noch nicht feststehenden Kindsvater durchzusetzen, um **subsidiäre Sozialleistungen** zu vermeiden, so inbes durch die Feststellung der Vaterschaft mit der Folge von möglichen Unterhaltsleistungen. Die Subsidiarität der Sozialleistung besteht aber weniger gegenüber der Beistandschaft als solcher als gegenüber der Möglichkeit anderweitiger, vorrangiger Formen der Existenzsicherung wie dem privaten Unterhalt. Soweit die vorrangige Bemühung um Unterhalt, ggf auch über die Feststellung der Vaterschaft, im Verhältnis zur nachrangigen Sozialleistung zumutbar ist, wird auch die Einrichtung einer Beistandschaft zumutbar sein, wenn dadurch die Aussichten auf die Realisierung des Unterhalts wesentlich verbessert werden. Die Weigerung, eine Beistandschaft einzurichten, ist dann im Ergebnis die Weigerung, den Unterhalt zu realisieren. Inwieweit das Verhalten des antragsberechtigten Elternteils dann dem Kind zugerechnet werden kann, ist im Rahmen der jeweiligen Sozialleistung zu entscheiden (Rn 16.1).

16.1 Eine ausführliche Darstellung hierzu enthalten zwei Gutachten[21]. Das BVerwG hatte den Anspruch auf Sozialhilfe in der Form der Hilfe zum Lebensunterhalt sowohl der Kindesmutter als auch des Kindes selbst verneint, wenn sich die Kindsmutter ohne wichtigen Grund weigert, über eine Vaterschaftsfeststellung die Realisierung der Unterhaltsansprüche zu ermöglichen[22]. In einer weiteren Entscheidung zum Sozialhilferecht hat das BVerwG in der Begründung den Anspruch des Kindes nach dem UVG verneint, wenn die Mutter des Kindes ohne stichhaltigen Grund weigerte, den Vater des Kindes zu benennen[23]. Für die HLU allerdings wurde dem Kind das Verhalten der Mutter nicht zugerechnet, da nur bereite Einkünfte die Hilfsbedürftigkeit ausschließen[24]. Ist die Angabe des Vaters zumutbar, kann auch die weniger belastende Begründung einer Beistandschaft zugemutet werden, wenn dadurch eine Chance besteht, Unterhaltsansprüche durchzusetzen. Konsequenzen iS einer Verweigerung oder Kürzung der jeweiligen Sozialleistungen müssen aber immer deren konkrete gesetzliche Ausgestaltung berücksichtigen, so etwa für die Sozialhilfe die praktische Aufgabe des Nachranggrundsatzes für Unterhaltsansprüche in § 94 Abs 1 SGB XII[25].

17 Der **Begriff des Antrags** ist nicht im üblichen, verfahrenstechnischen Sinne zu verstehen. Das Antragserfordernis stellt die Freiwilligkeit der Beistandschaft gegenüber der früheren Amtspflegschaft sicher, die manchmal auch als „Zwangspflegschaft" bezeichnet wurde. Der „Antrag" ist nicht – wie üblicherweise bei Anträgen gegenüber öffentlichen Stellen – auf den Erlass einer konkreten Entscheidung gerichtet. Er ist aber auch keine bloße Anregung, die ein Verfahren von Amts wegen auslöst. Er löst alleine durch seinen Zugang beim Jugendamt die Rechtsfolge der Beistandschaft kraft Gesetzes aus (§ 1714 Rn 2) und entscheidet darüber, welchen Umfang die Beistandschaft hat. Der Antrag ist keine rechtsgeschäftliche Willenserklärung, sondern eine geschäftsähnliche Handlung, da der Eintritt nicht auf dem Antrag selbst, sondern auf dem Gesetz beruht[26]; zur Auswirkung von Willensmängeln vgl § 1714 Rn 2.

18 Der Antrag muss **schriftlich** gestellt werden. Damit sollen mündliche Anträge vermieden werden[27], um Klarheit über den Erklärungsinhalt und über die Identität des Antragstellers zu schaffen. Vor übereilten Erklärungen muss der Antragsteller in Hinblick auf die jederzeitige Möglichkeit, die Beistandschaft zu beenden (§ 1715 Abs 1 S 1) nicht geschützt werden. Auch in Hinblick auf die besondere Gestaltungswirkung des Antrages, dessen Rechtswirkung nicht auf dem rechtsgeschäftlichen Willen, sondern auf dem Gesetz unmittelbar beruht, ist eine unmittelbare Anwendung des § 126, der eine eigenhändige Unterschrift fordert[28], nicht sachgerecht[29]. Die Schriftform ist daher auch eingehalten, wenn der Antrag zur Niederschrift des Jugendamtes gestellt wird[30]. Dem Schrifterfordernis wird auch die qualifizierte elektronische Form (§ 126 a) gerecht[31].

---

[18] JAmt 2005, 287, 289 f.
[19] *Kalthoener/Büttner/Wrobel-Sachs*, Prozesskosten und Beratungshilfe, 2005, Rn 547.
[20] AG Leverkusen FamRZ 2002, 1715; wohl auch *Kalthoener/Büttner/Wrobel-Sachs*, Prozesskostenhilfe und Beratungshilfe, 2005, Rn 949.
[21] DIJuF-Rechtsgutachten JAmt 2002, 348 f und DIV-Gutachten DAVorm 2000, 139, 142, 144.
[22] BVerwGE 67, 163, 166, 168, 171 f = NJW 1983, 2954, 2955, 2956.
[23] BVerwGE 89, 192, 197 f = NJW 1992, 1522, 1523.
[24] BVerwGE 89, 192, 197 f = NJW 1992, 1522, 1523.
[25] LPK-SGB XII/*Brühl* § 2 SGB XII Rn 30.
[26] *Diederichsen*, GS Lüderitz, S 140 zur Kritik der Terminologie: es handle sich um ein Gestaltungsrecht; so auch *Bennemann* Kap 2 IV 1 a.
[27] BT-Drucks 13/1892 S 35.
[28] MünchKommBGB/*Einsele*§ 126 Rn 14.
[29] AA Staudinger/*Rauscher* Rn 8.
[30] *Lipp/Wagenitz*, Das neue Kindschaftsrecht, 1999, Rn 6; *Krug/Grüner/Dalichau* § 55 SGB VIII IV 1 c; aA BT-Drucks 13/1892 S 35 ff; Erman/*Roth* Rn 4; FamRefK/*Sonnenfeld* Rn 7; Staudinger/*Rauscher* Rn 8; MünchKommBGB/*v. Sachsen Gessaphe* Rn 3.
[31] DIJuF-Rechtsgutachten JAmt 2003, 292 näher zu dieser Form.

§ 1712

19 Der **Antragsinhalt** ist gesetzlich nicht ausdrücklich vorgegeben. Es genügt, wenn aus der Erklärung ersichtlich ist, dass der Antragsteller förmliche Unterstützung in dem in § 1712 genannten Aufgabenkreis auch nach außen sucht. Nicht notwendig ist, dass aus dem Antrag hervorgeht, dass sich der Antragsteller über die Rechtswirkungen iE im Klaren ist. Die Vorschrift des § 133 als Ausdruck allgemeiner Auslegungsregeln für empfangsbedürftige Willenserklärungen kann auch hier herangezogen werden. Andererseits muss der Antrag auf die Beistandschaft abgegrenzt werden von dem Wunsch nach einer allgemeinen Beratung über die in § 1712 genannten Aufgabenbereiche. Zu verlangen ist, dass der Antragsteller dokumentiert, dass er sich von dem Jugendamt nicht nur eine Unterstützung im Innenverhältnis, sondern auch im Außenverhältnis erwartet und zwar in eigener Verantwortung. Wünscht der Elternteil, dass das Jugendamt jede wesentliche Aktion vorher mit ihm abspricht, behält er sich eine Art Vetorecht vor, so wünscht er keine Beistandschaft, sondern eine anlassbezogene Unterstützung. Hierfür könnte, soweit derselbe Problembereich betroffen ist, ein Anspruch auf Beratung bzw Unterstützung gemäß § 18 Abs 1 SGB VIII bestehen. Nicht zum Antragsinhalt gehört eine Aussage, wer die Aufgabe des Beistandes wahrnimmt. Der Beistand ist kraft Gesetzes vorgegeben (Rn 21) und kann nicht vom Elternteil gewählt werden. Lässt der Antrag erkennen, dass nur eine bestimmte Person Beistand werden soll, so wäre dies eine rechtlich unzulässige Bedingung, die zur Ungültigkeit des Antrages führen müsste, da der Antragsteller zu erkennen gäbe, dass er die Beistandschaft so, wie sie das Gesetz vorsieht, nicht will. Sein Antrag würde auf eine Rechtsfolge gehen, die im Gesetz nicht vorgesehen ist, der Antrag ginge damit ins Leere. Abgrenzungs- und Auslegungsprobleme könnten sich insoweit ergeben, als der Elternteil ggf nur einen unverbindlichen Wunsch, eine Anregung ausspricht, ohne davon den Eintritt der Beistandschaft abhängig zu machen.

20 **Antragsempfänger** ist das Jugendamt. Nur dort kann die Beistandschaft begründet werden. Dies gilt auch, wenn im Landesrecht vorgesehen ist, dass die Beistandschaft auf einen rechtsfähigen Verein übertragen werden kann (Rn 24). Die örtliche Zuständigkeit richtet sich nach dem SGB VIII (§ 1714 Rn 4).

21 **b) Person des Beistandes. aa) Jugendamt als Beistand.** Beistand ist kraft Gesetzes das **Jugendamt** (Rn 21.1). Die Person des Beistands kann vom Antragsteller nicht beeinflusst werden; natürliche Personen, so zB Rechtsanwälte, scheiden als Beistand aus. Ausgeschlossen ist die Beistandschaft einer Einzelperson. Dies beruht nicht zuletzt auf der pragmatischen Erwägung, dass auf diese Weise keine Behörde bzw kein Gericht eine gesonderte Entscheidung treffen muss, sondern dass alleine der Antrag ausreicht, um eine handlungsfähige Beistandschaft zu begründen. Das Gesetz spricht vom Jugendamt als Beistand und macht damit eine **Behörde** innerhalb der juristischen Person zum Handlungsträger, nicht die hinter dem Jugendamt stehende juristische Person des örtlichen Trägers der Jugendhilfe[32]. Die **örtliche Zuständigkeit** bestimmt sich nach § 87 c Abs 5 SGB VIII[33].

21.1 Mit der Föderalismusreform ist die verpflichtende Existenz eines einheitlichen Jugendamtes für die örtlichen Träger in Frage gestellt[34]. Die Länder können nun die im SGB VIII enthaltene Aufgabenzuweisung an ein „Jugendamt" auch abweichend regeln; sie können im Extremfall das Jugendamt vollkommen abschaffen (Art 84 Abs 1 S 2 GG)[35]. Damit dürften sich die früheren Einwände gegen die Übertragung von Aufgaben des Beistandes an andere Einrichtungen der örtlichen Träger der Jugendhilfe erledigt haben. Vorgegeben bleibt aber durch die bundesgesetzliche Regelung, die Aufgaben des Beistandes einheitlich bei einer Organisationseinheit innerhalb des örtlichen Trägers der Jugendhilfe anzusiedeln und die Aufgabe einem Bediensteten zu übertragen, der den unmittelbaren Kontakt zum Personensorgeberechtigten hält und als Realvertreter des Kindes auftritt. Nicht zulässig wäre eine Aufteilung der Aufgaben auf unterschiedliche Verwaltungseinheiten, so etwa die Übertragung von Unterhaltsangelegenheiten auf die Kreiskasse, soweit dies über einzelne Aktivitäten hinausgeht und die Kontrolle und Verwaltung des Einzelfalles durch den Beistand selbst nicht mehr gewährleistet ist[36]. Der Sinn der trägerinternen Fixierung der Verantwortung verbietet es auch, dass das zuständige Amt global einer anderen Behörde eine generelle Vollmacht für die Tätigkeit nach außen erteilt. Nicht ausgeschlossen ist es aber, in einzelnen Aktivitäten Vollmacht einer anderen Behörde zu erteilen, wenn nur die tatsächliche Verantwortung beim für die Beistandschaft verantwortlichen Amt bleibt. Auch die Zusammenarbeit mehrerer örtlicher Träger darf die eindeutige Zuordnung der Aufgabe des Beistandes zu einem Träger nicht in Frage stellen[37].

22 Das Jugendamt kann die Aufgabe der Beistandschaft nicht als Institution wahrnehmen. Es ist verpflichtet, die **Ausübung der Aufgabe** des Beistandes einzelnen seiner Beamten oder Angestellten zu **übertragen** (§ 55 Abs 2 S 1 SGB VIII), um eine rein bürokratische Abwicklung der Aufgabe zu verhindern (Rn 22.1). Die Übertragung kann sich auf **einzelne Aufgaben** beschränken, die Gegenstand der Beistandschaft sind[38], möglich ist es auch, die Aufgaben aufzuteilen und die Ausübung auf mehrere Mitarbeiter zu übertragen[39]. In jedem Fall muss aber aus der Verfügung zu ersehen sein, welcher Bedienstete für welche Kinder und für welche Aufgaben zuständig ist. Der Beistand muss namentlich feststehen[40], da sonst die notwendige Sicherheit über den Umfang der Vertretungsmacht

---

[32] *Krug* ZFSH/SGB 1998, 455.
[33] Näher *Kunkel* ZfJ 2001, 416, 419 f.
[34] Vgl *Oehlmann/Austermann*, Jugendhilfe aktuell, 2006, 26, 28 f.
[35] *Schmid/Wiesner*, Die Kinder- und Jugendhilfe und die Föderalismusreform, ZKJ 2006, 392, 450: dort auch zur „Erforderlichkeit" eines Jugendamtes (S 451).
[36] DIJuF-Rechtsgutachten JAmt 2005, 555 f unter Hinweis auf notwendige Reaktionen auf Einwendungen des Unterhaltsschuldners in der Vollstreckung.
[37] Vgl DIJuF-Rechtsgutachten JAmt 2007, 240, 242.
[38] *Mrozynski* § 55 SGB VIII Rn 16.
[39] *Hauck/Haines/Greßmann* § 55 SGB VIII Rn 12.
[40] *Krug/Grüner/Dalichau* SGB VIII § 55 VI 6 mwN.

Beistandschaft des Jugendamts; Aufgaben § 1712

(§ 1716 Rn 7) und die Verdrängung des elterlichen Sorgerechts in einem Prozess (§ 1716 Rn 4) fehlt. Die **Übertragung** erfolgt im Rahmen der laufenden Verwaltung, § 55 Abs 2 S 2 SGB VIII[41]. Es entscheidet der Jugendamtsleiter, einer Beteiligung des Jugendhilfeausschusses bedarf es nicht. Der Mitarbeiter des Jugendamtes wird durch die Übertragung nicht selbst Beistand, Beistand ist und bleibt das Jugendamt, Rn 22.2[42]. Das ändert aber nichts daran, dass für das Kind nur der entspr ermächtigte Mitarbeiter handeln darf; insoweit ist die Aufgabenerfüllung durch das Jugendamt bei dem konkreten Mitarbeiter monopolisiert (§ 1716 Rn 7).

Dies dürfte nicht weder eine Regelung des Verfahrens noch eine Vorschrift zur Einrichtung der Behörden sein. 22.1
Diese Pflicht stellt eine materielle Regelung dar, die wesentlich den Inhalt und die Art und Weise der Amtsführung der Beistandschaft nach außen prägt. Wäre nur noch die Behörde selbst der Beistand, dann würde die Beistandschaft die übliche behördliche Ausführung erhalten und ergäbe, dass der gesetzliche Vertreter des Kindes nicht eindeutig festgelegt, sondern von Fall zu Fall von der Behördenleitung bestimmt werden könnte. Damit steht diese Pflicht auch nach der Föderalismusreform nicht zur Disposition des Landesgesetzgebers.

Dafür spricht auch die Formulierung im RegE-FGG-RG (näher § 1752 Rn 13), wenn dort (§§ 114 Abs 4 Nr 2, 22.2
173, 234) von der Vertretung des Kindes „durch das Jugendamt als Beistand" ausgegangen wird. Es handelt sich nicht um eine Delegation[43]. Im Rahmen der Übertragung wird der Mitarbeiter aber nicht selbst gesetzlicher Vertreter des Kindes; insoweit ist § 55 Abs 2 S 3 SGB VIII restriktiv auszulegen[44]. Die Übertragung kann jederzeit **zurückgenommen** werden[45]; das Gesetz begründet kein Recht auf eine konkrete Person als Beistand, so dass insoweit die Organisationsautonomie des Amtes nicht beschränkt wird. Wäre das nicht möglich, wäre das Jugendamt kraft Gesetzes für die Handlungen des Mitarbeiters kaum mehr verantwortlich zu machen. Eine Beschränkung der Übertragung auf **bestimmte Mitarbeiter** gibt es nicht. Das Gesetz sieht in § 59 Abs 2 SGB VIII vor, dass die Beurkundung nicht von Personen vorgenommen werden „soll", denen in der betreffenden Angelegenheit die Vertretung eines Beteiligten obliegt[46]. Umgekehrt ergibt sich daraus aber nicht, dass ein Urkundsbeamter, der seine Tätigkeit erledigt hat, nicht Beistand werden kann[47].

Der Beamte oder Angestellte erhält durch die Übertragung keine eigene Rechtsposition im Amt. 23
Seine Position als gesetzlicher Vertreter des Kindes bedeutet aber, dass Erklärungen für das Kind nur der Mitarbeiter im Jugendamt abgeben kann, Weisungen der Vorgesetzten haben im Außenverhältnis keine Folgen. Im Innenverhältnis ist er grds weisungsabhängig[48], verfügt insoweit über keine Autonomie im Amte. Schließlich haftet der Träger der Jugendhilfe auch für fehlerhafte Handlungen des Bediensteten[49]. Eine gewisse Handlungsfreiheit ergibt sich aus der Tatsache, dass der Beistand als gesetzlicher Vertreter des Kindes nach außen eigenverantwortlich und rechtlich wirksam handelt, bis die Übertragung der Aufgabe auf ihn nicht widerrufen ist. Solange seine Amtsführung objektiv an den Interessen des Kindes orientiert bleibt, kann ihm auch keine Pflichtwidrigkeit vorgeworfen werden und ihm daher auch dienstlich kein Nachteil entstehen. Dies mag eine relative Weisungsfreiheit bedeuten, die sich aus Eigenart, Zweck und Ziel der wahrzunehmenden Aufgabe ergeben soll[50]. Im Übrigen aber gibt es lediglich eingriffsfreie Räume, soweit sie gesetzlich, etwa über Datenschutzbestimmungen, festgelegt sind und auch innerbehördliche Wirkung entfalten.

bb) Vereinsbeistandschaft. Die Länder haben mit Art 144 EGBGB (eingefügt durch Art 3 Nr 1 24
Beistandschaftsgesetz vom 4. 12. 1977, BGBl I S 2847) die Kompetenz erhalten, auch rechtsfähige Vereine als möglichen Beistand vorzusehen. Voraussetzung hierfür ist, dass der Elternteil der Übertragung **zustimmt**. Damit tritt zwingend zunächst die Beistandschaft beim Jugendamt ein, der sie dann an den Verein weitergeben kann. Die Zustimmung kann vorher und nachher eingeholt werden. Bis zum Eingang der Zustimmung beim Jugendamt ist die Übertragung rechtlich unwirksam. Der Verein bedarf für diese Tätigkeit keiner **Erlaubnis** nach § 54 SGB VIII. Die Erlaubnis bezieht nach § 54 Abs 1 S 1 nicht auf die Übernahme von Beistandschaften, sondern nur auf die Übernahme von Pflegschaften und Vormundschaften. Eine Einschaltung des Landesjugendamtes ist hinsichtlich der Übernahme von Beistandschaften nicht vorgesehen, sie kann auch nicht durch Landesrecht eingeführt werden[51]. Die leicht missverständliche Regelung kann nur so verstanden werden, dass die Übertragung der Beistandschaft zulässig ist, wenn dem rechtsfähigen Verein vom Landesjugendamt eine Erlaubnis zur Führung von Pflegschaften und Vormundschaften erteilt wurde. Eine besondere Erlaubnis zur Führung von Beistandschaften dagegen bedarf es nicht.

c) Aufgabenkreis. Der Aufgabenkreis des Beistandes beschränkt sich auf die Vaterschaftsfeststellung 25
und die Geltendmachung von Unterhaltsansprüchen. Die Begründung zum Entwurf rechtfertigt die

---

[41] *Krug/Grüner/Dalichau* SGB VIII § 55 VI 6; DIJuF-Rechtsgutachten JAmt 2003, 521 f mwN zu den str formellen Anforderungen der Übertragung.
[42] *Schellhorn* SGB VIII § 55 Rn 15; *Krug* ZFSH/SGB 1998, 455; aA wohl *Lindemann-Hinz* FF 2005, 63, 64.
[43] *Hauck/Haines/Greßmann* § 55 SGB VIII Rn 12; *Krug/Grüner/Dalichau* § 55 Anm VI 1.
[44] *Schellhorn* SGB VIII § 55 Rn 15.
[45] *Krug/Grüner/Dalichau* § 55 SGB VIII Anm VI 6 aE; *Wiesner/Wiesner* § 55 SGB VIII Rn 47; DIJuF-Gutachten DAVorm 2000, 390, 392; aA *Hauck/Haines/Greßmann* § 55 SGB VIII Rn 7, 8.
[46] Näher DIV-Gutachten DAVorm 1998, 702, 703.
[47] DIV-Gutachten DAVorm 1998, 702, 703.
[48] *Mrozynski* § 55 SGB VIII Rn 16; *Oberloskamp/Brüggemann-Kunkel* Vormundschaft, 1998, § 16 Rn 69 einerseits, Rn 73 ff andererseits gegen ein Weisungsrecht der Leitung des Jugendamtes.
[49] Vgl *Schellhorn* SGB VIII § 55 Rn 20.
[50] So wohl BGH NJW-RR 1999, 1521, 1522; näher DIJuF-Rechtsgutachten JAmt 2004, 233 f mwN; vgl auch DIJuF-Rechtsgutachten JAmt 2005, 307 f; ähnlich *Krug/Grüner/Dalichau* SGB VIII § 55 VI 5; *Wiesner* SGB VIII § 55 Rn 84; *Schellhorn* SGB VIII § 55 Rn 17.
[51] *Mrozynski* SGB VIII § 54 Rn 7; anders offenbar *Oberloskamp/Schindler* Vormundschaft, 1998, § 14 Rn 9.

§ 1712

kostenlose Unterstützung eines Elternteiles über die Beistandschaft mit den gemeinsamen Interessen von Kind, allein sorgeberechtigtem Elternteil und Staat. Diese zielten darauf, dass das Kind im Rechtssinne nicht vaterlos bleibe und dass seine Unterhaltsansprüche durchgesetzt würden[52]. **Kosten für die Amtsführung** werden nicht erhoben, auch nicht für amtsinterne Auslagen, so für Kopien, Fahrtkosten usw. Auslagen, die in Zusammenhang mit der Tätigkeit anderer Personen entstehen, wie Übersetzungen, Gebühren für Amtshandlungen anderer Behörden werden im Namen des Kindes veranlasst und sind von ihm zu tragen[53].

26   aa) **Vaterschaftsfeststellung (Abs 1 Nr 1).** Die Beistandschaft ist nur für die Feststellung der **Vaterschaft** zu dem außerhalb einer Ehe geborenen Kind vorgesehen, sei es im Wege der Anerkennung, sei es im Wege der gerichtlichen Feststellung auf Antrag des Kindes oder (selten) eines Mannes, der seine Vaterschaft behauptet. Gemeint sind Verfahren, in denen eine Vater-Kind-Beziehung hergestellt werden soll, nicht aber Statusverfahren, die im engeren Sinn klären sollen, ob eine Vaterschaft besteht oder nicht, Rn 26.1[54]. Zum Aufgabenbereich gehört auch die Unterstützung in Fällen des § 1599 Abs 2 S 1[55], da es auch hier im Grunde um die Begründung eines rechtlichen Vater-Kind-Verhältnisses geht. Entsprechendes gilt für die Vaterschaftsfeststellung, wenn ein Kind adoptiert wurde, ohne dass vorher die Vaterschaft festgestellt worden war (§ 1755 Rn 7). Zum Aufgabenkreis des Beistandes gehört es auch, nach evtl erfolgreicher Vaterschaftsanfechtung eine **erneute Vaterschaftsfeststellung** zu betreiben. **Nicht zum Aufgabenkreis** gehört die Anfechtung der Vaterschaft[56] unabhängig davon, ob die Vaterschaft auf der gesetzlichen Vermutung der Geburt in einer Ehe (§ 1592 Nr 1) oder auf der Anerkennung (§ 1592 Nr 2) beruht. Nach der amtlichen Begründung soll die Beistandschaft nicht dazu beitragen, dass das Kind seinen „rechtlichen" Vater verliert[57]. Ebensowenig ist erfasst ist die Feststellung der **Mutterschaft,** die früher auch vom Amtspfleger betrieben werden konnte[58]. Ob mit der ausdrücklichen Regelung der Mutterschaft im Gesetz (§ 1591) das Bedürfnis nach einer Unterstützung entfiel[59], kann allerdings bezweifelt werden.

26.1   Die amtliche Begründung sieht kein praktisches Bedürfnis für die Aufgabe der Feststellung von Vaterschaft und Mutterschaft bei Identitätszweifeln[60], zudem ist die Beistandschaft als Nachfolgerin der früheren Amtspflegschaft auf die Vaterschaftsfeststellung iS des § 1592 Nr 1 und Nr 2 hin konzipiert. Die Erstreckung der Beistandschaft auf die Vaterschaftsvariante des § 1592 Nr 1[61] würde diese Grenze überschreiten und den Beistand schon wegen der Besonderheit dieser Fälle regelmäßig überfordern. Zudem würde schon ein Antragsrecht fehlen, wenn die Mutter und der Scheinvater nicht getrennt leben (§ 1713 Rn 3). Dem Schutzbedürfnis des Kindes ist ggf durch die Vertretung durch einen Rechtsanwalt Rechnung zu tragen[62].

27   Die **Anerkennung der Vaterschaft** zu einem Kinde, das außerhalb einer Ehe geboren wird, gemäß § 1592 Nr 2 ist wie bisher als einseitiges zustimmungsbedürftiges Rechtsgeschäft aufzufassen[63]. Die Zustimmung des Kindes und damit seine gesetzliche Vertretung durch den Beistand ist nur erforderlich, wenn der Mutter insoweit die elterliche Sorge nicht zusteht (§ 1595 Abs 2). Hat die Mutter insoweit die elterliche Sorge, erteilt sie selbst im eigenen Namen die Zustimmung zur Anerkennung (§ 1595 Abs 1). Liegt eine wirksame Anerkennung durch den Vater vor, eröffnet sich für die Beistandschaft insoweit kein Handlungsbereich. Die Mutter kann Beratung und Unterstützung gemäß § 52 a Abs 1 Nr 1, 2 SGB VIII beanspruchen. Ist eine Beistandschaft durch entsprechenden Antrag eingetreten, hat der Beistand vor der Anerkennungserklärung die Aufgabe, zu ermitteln, wer der Vater ist und ob er zur Anerkennung bereit ist. Solange die Vaterschaft nicht durch Anerkennung und Zustimmung feststeht, ist noch unklar, ob nicht eine gerichtliche Feststellung erfolgt, für die der Beistand tätig werden müsste. Daher hat er auch die Vorbereitungen für einen eventuellen Prozess durchzuführen.

28   Die **gerichtliche Vaterschaftsfeststellung** erfolgt durch Klage (zur Reform Rn 28.1). Zuständig ist das Familiengericht (§ 1600 e). Die Klage kann erhoben werden vom Kind, der Mutter und dem Vater. Die Klagen richten sich gegen das Kind bzw den Vater. Die Einrichtung einer Beistandschaft ist damit sinnvoll, wenn das außerhalb der Ehe geborene Kind gegen den Vater auf erstmalige Feststellung der Vaterschaft klagen will oder wenn ein Mann gegen das außerhalb einer Ehe geborene Kind auf Feststellung seiner Vaterschaft klagt bzw zu klagen beabsichtigt.

28.1   Im RegE zur **Reform des Verfahrensrechts** (RegE-FGG-RG) (§ 1752 Rn 13) ist vorgesehen, dass das Verfahren auf Antrag eingeleitet wird (§ 171 Abs 1). Ausdrücklich vorgesehen ist die Möglichkeit, dem Kind einen Verfahrensbeistand zuzuordnen (Art 1 § 174 RegE-FGG-RG); ist das Kind durch einen Beistand vertreten, bedarf es

---

[52] BT-Drucks 13/892 S 36 f.
[53] DIJuF-Rechtsgutachten JAmt 2001, 588 mit Hinweisen auf die Probleme einer vorläufigen Verauslagung dieser Kosten.
[54] MünchKommZPO/*Coester-Walten* § 640 Rn 4 f, 18 näher zu dieser Unterscheidung.
[55] LPK-SGB VIII/*Kunkel* SGB VIII Vor § 52 a Rn 15.
[56] OLG Nürnberg MDR 2001, 219 zur Anfechtung eines Vaterschaftsanerkenntnisses; *Erman/Roth* Rn 9; Staudinger/*Rauscher* Rn 18; MünchKomBGB/*v. Sachsen Gessaphe* Rn 8; wohl allgM.
[57] BT-Drucks 13/892 S 37.
[58] LG Tübingen DAVorm 1990, 244, 245.
[59] FamRefK/*Sonnenfeld* Rn 17.
[60] BT-Drucks 13/892 S 13, 37; vgl MünchKommZPO/*Coester-Waltjen* § 640 Rn 5 f.
[61] *Staudinger/Rauscher* Rn 20.
[62] Zur Beiordnung im Rahmen der PKH bei der Anfechtung der Vaterschaft OLG Frankfurt NJW-RR 2006, 1376; vgl *Baumbach/Lauterbach/Albers/Hartmann* § 121 ZPO Rn 35: Abstammungsprozess.
[63] *Gaul* FamRZ 1997, 1441, 1449.

dieser Beiordnung aber nicht. Entschieden wird – wie allgemein nach dem RegE-FGG-RG – nicht mehr durch Urteil, sondern durch Beschluss.

Mit der Zuordnung der Vaterschaftsfeststellung für das außerhalb einer Ehe geborene Kind in den Aufgabenkreis der Beistandschaft wird die Vaterschaftsfeststellung alleine der Mutter des Kindes überlassen[64]. Anders als nach altem Recht können staatliche Instanzen grds keine Initiative mehr ergreifen. Der Vorschlag, nach Ablauf einer bestimmten Frist kraft Gesetzes eine Amtspflegschaft eintreten zu lassen, wenn die Vaterschaft zu einem außerhalb einer Ehe geborenen Kind nicht festgestellt wurde, ist bewusst nicht übernommen worden[65]. Die Autonomie der Mutter wird auch dadurch gesichert, dass der sorgeberechtigten Mutter nicht mehr das Vertretungsrecht entzogen werden kann mit der Begründung, sie nehme die Interessen des Kindes nicht ausreichend wahr (§ 1629 Abs 2 S 3 HS 2; § 1629 Rn 39). Gegen den Willen der sorgeberechtigten Mutter kann so nur noch über § 1666 die Vaterschaft ermittelt werden[66]. Dies gilt auch für eine Klage auf Bekanntgabe des Namens des Vaters[67]. Der **Anspruch des Kindes gegen seine Mutter**, ihm den Namen des Vaters zu nennen (§ 1618a Rn 5), gehört nicht zum möglichen Aufgabenbereich des Beistandes[68]. Der Anspruch ist Vorbereitung der Vaterschaftsfeststellung, nicht aber deren Teil.

bb) Geltendmachung von Unterhaltsansprüchen. Die Beistandschaft tritt nach entsprechendem Antrag für die Geltendmachung von Unterhaltsansprüchen ein, unabhängig davon, ob im Zeitpunkt des Antrages tatsächlich Unterhaltsansprüche bestehen, da die Aufgabe des Beistandes besteht, die Aussichten für eine förmliche Verfolgung eventueller Unterhaltsansprüche zu prüfen. Erfasst werden alle Unterhaltsansprüche des minderjährigen Kindes, unabhängig von der **Person des Verpflichteten und vom Rechtsgrund.** Wenn auch in der Praxis im Vordergrund die Ansprüche gegen den **anderen Elternteil** stehen, so hat der Beistand auch Ansprüche gegen weitere Verwandte zu prüfen und ggf geltend zu machen, auch Ansprüche gegen den Erben eines Unterhaltsverpflichteten nach § 1969 (sog **Dreißigster**) sowie aus **rückständigem Unterhalt.** Insoweit endet die Beistandschaft auch nicht schon ohne weiteres, wenn ein Elternteil verstirbt, ohne dass Rückstände bestehen[69]. Die Beitreibung von **Unterhaltsrückständen nach einer Stiefkindadoption** (§ 1755 Rn 10) scheitert an der Beendigung der Beistandschaft (§ 1715 Rn 4).

Zu den Unterhaltsansprüchen iS des § 1712 Abs 1 Nr 2 gehören auch die **Ansprüche des minderjährigen Kindes, das selbst Elternteil geworden ist,** gegen den anderen Elternteil nach § 1615l[70]. Eine Beschränkung der Beistandschaft auf Unterhaltsansprüche auf der Grundlage verwandtschaftlicher Bindungen wäre mit dem Wortlaut nicht vereinbar. Die Unterstützung des allein sorgeberechtigten Elternteils bezieht sich auf die Sicherung des Lebensunterhalts des minderjährigen Kindes mittels Unterhaltsansprüchen schlechthin, ohne Rücksicht auf die Rechtsgrundlage, zumal die einzelnen Ansprüche auch sachlich miteinander verbunden sind über die Regelung der Rangfolge (vgl § 1615l Abs 3). Entspr gehören zu den relevanten Unterhaltsansprüchen auch Unterhaltsansprüche bei Trennung und Scheidung der Ehegatten, auch wenn diese in Hinblick auf die wohl nur seltenen Fälle von getrennt lebenden oder geschiedenen Ehegatten bei Minderjährigkeit eines Ehegatten nur vereinzelt gegeben sein werden. Das Gesetz sieht keine Beschränkung auf gesetzliche Unterhaltsansprüche vor, so dass auch **Ansprüche aus Vertrag** vom Beistand geltend zu machen sind. Ebenso sind erfasst **Zinsansprüche** (Rn 31.1).

Ihnen kommt als Nebenanspruch kein eigenständiger Rechtscharakter zu, der sie außerhalb des Unterhaltsrecht stellen würde. Auch wenn der Zinsanspruch als Vermögensschadensausgleich zu werten ist, kommt ihm doch die Funktion der Existenzsicherung über den Bereich des Unterhaltsrechts zu, deren Durchsetzung ua Aufgabe des Beistandes ist. Die Komplexität der Materie fordert besonders die Entlastung des antragstellenden Elternteils. Insoweit kommt es dann auch nicht darauf an, ob die Zinsen neben Unterhaltsrückständen oder isoliert geltend gemacht werden sollen[71].

Erfasst werden von der Beistandschaft **alle Unterhaltsansprüche des Kindes,** unabhängig davon, ob sie zunächst einem anderen zustanden. Es genügt, dass im Zeitpunkt der Geltendmachung der Anspruch in der Person des Kindes besteht. Dies ist nicht der Fall, wenn – nach der Gewährung einer Sozialleistung – der Unterhaltsanspruch kraft Gesetzes (§ 94 Abs 1 S 1 SGB XII; § 7 Abs 1 S 1 UVG; § 33 SGB II) übergegangen ist. Hinsichtlich des künftigen Unterhalts bleibt der Beistand in vollem Umfang verantwortlich und kann nicht abwarten, bis die Sozialleistung mit der Folge des Anspruchsüberganges gewährt wird; insoweit wäre es auch nicht angebracht, Anträge auf Einrichtung einer Beistandschaft unter Hinweis auf den eventuellen Anspruchsübergang möglichst zu vermeiden[72]. Wird der Unterhaltsanspruch entspr der gesetzlichen Ermächtigung (§ 94 Abs 5 S 1, § 7 Abs 4 S 2 UVG oder § 33 Abs 4 SGB II) treuhänderisch auf das Kind zurückübertragen, fällt er wieder in den

---

[64] DIJuF-Rechtsgutachten DAVorm 2000, 475 zur möglichen Vaterschaftsfeststellung gegen den Willen der Mutter, wenn diese minderjährig ist durch den Vormund.
[65] BT-Drucks 13/892 S 27 f.
[66] OLG Karlsruhe JAmt 2007, 1006 f; DIV-Gutachten DAVorm 1999, 741, 742; *Gaul* FamRZ 1997, 1441, 1450; vgl dazu AG Fürth FamRZ 2001, 1989 f, das im konkreten Fall den Eingriff ablehnt.
[67] *Eidenmüller* JuS 1998, 793, 794; *Lenze* ZfJ 1998, 101, 106.
[68] *Erman/Roth* Rn 10 im Ergebnis; die praktische Bedeutung des Problems dürfte jedoch sehr gering sein.
[69] DIJuF-Rechtsgutachten JAmt 2003, 181 f für die Prüfung von Unterhaltsansprüchen gegen andere Verwandte.
[70] DIV-Gutachten ZfJ 1998, 388, 389.
[71] Insoweit aA DIJuF-Rechtsgutachten JAmt 2003, 522, 523.
[72] DIJuF-Rechtsgutachten JAmt 2004, 230, 231.

§ 1712   Buch 4. Abschnitt 2. Verwandtschaft

Aufgabenkreis des Beistandes[73]. Zur Aufgabe des Beistandes gehört auch die Zustimmung zur Rückübertragung gegenüber dem Träger der Sozialleistung (Rn 32.1). Leben die **verheirateten Eltern getrennt oder ist eine Ehesache zwischen ihnen anhängig,** kann ein Elternteil zwar den Unterhaltsanspruch des Kindes selbst nur im eigenen Namen geltend machen. Das Kind bleibt aber Inhaber der Unterhaltsforderung (§ 1629 Rn 48), so dass es insoweit auch vom Beistand vertreten werden kann[74] (Rn 32.2; § 1629 Rn 49).

32.1   Die Verantwortung für die Unterhaltsrealisierung ist umfassend gemeint und beschränkt sich nicht alleine auf die Durchsetzung von Unterhaltsansprüchen, die in der Person des Kindes bereits bestehen. Sie erfasst auch den Rückerwerb, eine Belastung des sorgeberechtigten Elternteils mit den rechtlichen Detailfragen wäre verfehlt. Es empfiehlt sich besonders die Absprache mit dem sorgeberechtigten Elternteil, da die Rückübertragung auch nach Beendigung der Beistandschaft bestehen bleibt[75].

32.2   Die gesetzliche Prozessstandschaft soll nur verhindern, das Kind als Partei in den Streit der Eltern hineinzuziehen (§ 1629 Rn 45), schränkt aber den Geltungsbereich der Beistandschaft nicht ein. Dies bestätigt die Ausweitung der Beistandschaft auch den Fall der gemeinsamen Sorge, die besonders häufig während des Getrenntlebens gelten wird. Da die Prozessstandschaft auf der gesetzlichen Vertretungsmacht gründet, entfällt sie (nur), wenn der Beistand tatsächlich für das Kind einen Unterhaltsprozess gegen den anderen Elternteil beginnt[76].

33   Zur Geltendmachung des Unterhaltsanspruchs gehören sämtliche Phasen der Durchsetzung einschließlich der **Vollstreckungsmaßnahmen**[77] und der Prozessvertretung. Erfasst ist auch die Vertretung des Kindes bei Abänderungen eines Titels[78], bei **Herabsetzungsverlangen**[79], da es auch hier darum geht, dem Kind den ihm zustehenden Unterhalt zu sichern. Der Beistand kann auch die **Abzweigung von Sozialleistungen** gemäß § 48 Abs 1 SGB I beantragen, da im Vordergrund der Durchsetzung des Unterhaltsanspruches, nicht die Beantragung einer eigenständigen Sozialleistung[80] steht. Dazu gehört aber nicht ohne weiteres die Beauftragung eines Anwalts mit der Prozessvertretung (§ 1716 Rn 8). Zur Geltendmachung gehört auch die **Entgegennahme der Unterhaltszahlungen**, nicht aber die **Verwaltung** der eingegangenen Unterhaltszahlungen. Der Beistand hat die Eingänge an den vertretungsberechtigten Elternteil abzuführen[81], er darf die Beträge nicht anlegen, da dies Teil der Vermögenssorge ist, für die keine Beistandschaft möglich ist (Rn 33.1). Beweispflichtig für die vollständige Weiterleitung der Unterhaltseingänge an den sorgeberechtigten Elternteil ist das Jugendamt. Gelingt ihm dieser Beweis nicht, haftet es gegenüber dem Kind nach den Grundsätzen der Amtshaftung[82]. Die Befugnis des Beistands zur **Verfügung** über den Anspruch erfasst insbes Verzichtserklärungen hinsichtlich Unterhaltsrückstände, Zustimmung zur Herabsetzung des Anspruchs bei nicht eindeutiger Feststellung der Höhe des Unterhaltsanspruchs und Stundungen[83].

33.1   Eine **Ausnahme von der Pflicht, die Unterhaltsbeiträge an die Eltern weiterzuleiten,** sieht § 1712 Abs 1 Nr 2 HS 2 vor: Ist das Kind gegen Entgelt bei einem Dritten in **Pflege,** kann der Beistand Beträge, die der Unterhaltspflichtige an den Beistand leistet, an den Dritten weiterleiten. Diese Befugnis besteht kraft Gesetzes, einer Zustimmung des Antragstellers bedarf es nicht[84]. Das Gesetz weitet den Aufgabenkreis insoweit aus, als der Vertretungsmacht des Beistandes über die bloße Geltendmachung des Unterhalts auf eine Verwaltungsmaßnahme ausgedehnt wird. Verpflichtet zur Weiterleitung ist der Beistand nicht, da es sich um eine Berechtigung handelt, der Aufgabenkreis sich ansonsten auf die Verwaltung nicht erstreckt. Der Anspruch aus dem Pflegevertrag richtet sich nicht gegen den Beistand, idR nicht gegen das Kind, sondern gegen den Elternteil, der das Kind in Pflege gegeben hat. Die Befugnis setzt auch voraus, dass die Pflegeperson einen Anspruch gegen das Kind bzw gegen den Elternteil hat. Der Beistand hat zu prüfen, ob der Dritte für seine Pflege ein Entgelt auf Grund der Hilfe zur Erziehung nach dem oder auf der Grundlage des SGB XII vom Sozialamt unmittelbar erhält. An das **Jugendamt, die Vorschusskasse, an den Sozialhilfeträger** kann der Beistand die Unterhaltseingänge nach dem eindeutigen Wortlaut nicht abführen[85]. Die Leistungsträger haben nach ihrem jeweiligen Recht ihre Aufwendungen bzw den Kostenersatz geltend zu machen.

34   Die Beistandschaft erfasst keine Ansprüche auf **Sozialleistungen** des Kindes, auch wenn sie an die Stelle eigentlich zu leistenden Unterhalts treten. Rentenansprüche, Sozialhilfe oder Ansprüche auf Unterhaltsvorschuss müssen von dem Elternteil des Kindes in dessen Namen ohne Unterstützung durch das Jugendamt geltend gemacht werden[86]. Eine mittelbare Ausdehnung der Tätigkeit des Beistandes auf eine allgemeine Obliegenheit zur Beratung über eventuelle Ansprüche auf sozialrechtliche Leistungen

---

[73] DIV-Gutachten DAVorm 2000, 299, 301. Zur Frage des Prozesskostenrisikos und zur Prozesskostenhilfe bei der Rückübertragung näher DIJuF-Rechtsgutachten JAmt 2004, 230, 231 f.
[74] OLG Stuttgart JAmt 2007, 40 m zust Anm *Knittel*; DIJuF-Rechtsgutachten JAmt 2002, 243 mwN; *Schomburg* Kind-Prax 2002, 75, 78 mwN; aA AG Regensburg JAmt 2003, 366 f.
[75] DIV-Gutachten DAVorm 1999, 284, 285.
[76] DIJuF-Rechtsgutachten JAmt 2004, 230.
[77] DIV-Gutachten DAVorm 2000, 299, 301 f.
[78] OLG Köln FamRZ 2002, 50.
[79] OLG Celle JAmt 2004, 544; OLG Köln FamRZ 2002, 50; OLG Hamm JAmt 2004, 144: extensive Auslegung; OLG Naumburg FamRZ 1223; *Staudinger/Rauscher* Rn 23; hM.
[80] *Mrozynski* § 48 SGB I Rn 2.
[81] *Palandt/Diederichsen* Rn 8.
[82] LG Hechingen ZfJ 1999, 230, 231.
[83] OLG Hamm NJWE-FER 2001, 14 zu einem Fall der Amtspflichtverletzung des – früheren – Amtspflegers bei einer sachwidrigen Herabsetzung.
[84] *Greßmann/Beinkinstadt*, Das Recht der Beistandschaft, 1998, S 81.
[85] *Greßmann/Beinkinstadt*, Das Recht der Beistandschaft, 1998, S 81 f.
[86] BGH NJW-RR 1999, 1521, 1522.

Antragsberechtigte § 1713

mittels Amtshaftung bei Unterlassung der Beratung ist abzulehnen[87]. Beratungs- und Unterstützungsaufgaben des Jugendamtes hinsichtlich sachlicher Mittel zur Existenzsicherung sind ausdrücklich in §§ 18 Abs 2, 52 a SGB VIII geregelt und verpflichten nicht zur allgemeinen Sozialberatung entspr den §§ 14, 16 Abs 3 SGB I. Auf die anderen Aufgaben des Jugendamtes finden diese Vorschriften keine Anwendung. Die Beistandschaft bezieht sich nicht auf die **Unterhaltsansprüche der antragsberechtigten Mutter** gegen den Kindsvater selbst. Hier hat die Mutter aber einen Anspruch auf Beratung durch das Jugendamt, wenn ihr das alleinige Sorgerecht nach § 1626 a Abs 2 zusteht (§ 18 Abs 2 SGB VIII).

Gegenstandslos geworden ist der Aufgabenkreis, soweit er die **Abfindung** betrifft, die an die Stelle des Unterhalts treten soll. Die Bestimmung des § 1615 e, die dem nichtehelichen Kind die Möglichkeit gab, mit dem Vater und dessen Verwandten eine Vereinbarung über eine Abfindung zu treffen, wurde mit Art 1 Nr 16 KindUG[88] ersatzlos aufgehoben. Der Wortlaut des § 1712 wurde jedoch nicht angepasst. 35

d) Einschränkung des Aufgabenkreises (Abs 2). Die Beistandschaft kann vom sorgeberechtigten Elternteil gegenständlich eingeschränkt werden. Ohne weiteres ist möglich die Beschränkung auf die Geltendmachung von Unterhaltsansprüchen oder auf die Vaterschaftsfeststellung. Inwieweit einzelne Einschränkungen innerhalb der in Abs 1 genannten beiden Aufgabenkreise möglich sind, ist aus dem Gesetz nicht zu entnehmen, sie ergeben sich aber aus der Aufgabenstellung der Beistandschaft. Der Beistand ist gesetzlicher Vertreter des Kindes und hat in dessen Interesse die in Abs 1 genannten Aufgaben zu erledigen. Er ist nicht Erfüllungsgehilfe des Antragstellers, ist nicht weisungsabhängig (§ 1716 Rn 10). Damit ist es sachlich nicht zulässig, den Antrag so zu beschränken, dass vom Beistand nur ein bestimmtes Ergebnis erzielt werden darf[89]. **Unzulässig ist** es damit, die Beistandschaft auf die Realisierung der Aufgabe gegenüber einer bestimmten Person oder auf einen bestimmten Unterhaltsbetrag zu beschränken[90]. Im Bereich der Vaterschaftsfeststellung sind Differenzierungen kaum denkbar. Die Beistandschaft könnte weder hinsichtlich einer Person noch hinsichtlich einer „Methode" (dh Anerkennung oder gerichtliche Feststellung) beschränkt werden[91]. Mit der selbstständigen Aufgabenerledigung durch den Beistand ist es noch vereinbar, wenn die Beistandschaft für den Aufgabenkreis der Geltendmachung von Unterhaltsansprüchen auf bestimmte selbstständige Teilbereiche einer Aufgabe beschränkt wird, so etwa auf die Beschränkung des Verfahrens auf eine bestimmte gerichtliche Instanz oder auf den Verfahrensabschnitt der Zwangsvollstreckung[92]. Soweit die Einschränkung unzulässig ist, fehlt es an einem wirksamen Antrag, so dass eine Beistandschaft nicht eingetreten ist (vgl Rn 19). 36

§ 1713 Antragsberechtigte

(1) ¹Den Antrag kann ein Elternteil stellen, dem für den Aufgabenkreis der beantragten Beistandschaft die alleinige elterliche Sorge zusteht oder zustünde, wenn das Kind bereits geboren wäre. ²Steht die elterliche Sorge für das Kind den Eltern gemeinsam zu, kann der Antrag von dem Elternteil gestellt werden, in dessen Obhut sich das Kind befindet. ³Der Antrag kann auch von einem nach § 1776 berufenen Vormund gestellt werden. ⁴Er kann nicht durch einen Vertreter gestellt werden.

(2) ¹Vor der Geburt des Kindes kann die werdende Mutter den Antrag auch dann stellen, wenn das Kind, sofern es bereits geboren wäre, unter Vormundschaft stünde. ²Ist die werdende Mutter in der Geschäftsfähigkeit beschränkt, so kann sie den Antrag nur selbst stellen; sie bedarf hierzu nicht der Zustimmung ihres gesetzlichen Vertreters. ³Für eine geschäftsunfähige werdende Mutter kann nur ihr gesetzlicher Vertreter den Antrag stellen.

Übersicht

	Rn		Rn
I. Normzweck.................................	1	IV. Beistandschaft vor der Geburt des Kindes.................................	7
II. Antragsberechtigung.....................	2	1. Antragsrecht...........................	7
1. Antragsberechtigung eines Elternteils........	2	2. Antragsfähigkeit der nicht voll geschäftsfähigen werdenden Mutter (Abs 2).............	8
a) Alleinsorge eines Elternteils (Abs 1 S 1)....	2		
b) Gemeinsame Sorge der Eltern.............	3		
c) Antragsrecht eines Adoptivelternteils......	4		
2. Antragsrecht eines Vormundes (Abs 1 S 2)...	5	V. Internationales Privatrecht.................	11
III. Antragsfähigkeit........................	6		

---

[87] BGH NJW-RR 1999, 1521, 1523 gegen OLG Celle ZfJ 1999, 71, jeweils für das insoweit inhaltsgleiche Recht der früheren Amtspflegschaft. Anderes kann gelten, wenn sich die Beratung im Einzelfall aufdrängt, BGH NJW-RR 1999, 1521, 1523.
[88] Gesetz zur Vereinheitlichung des Unterhaltsrechts minderjähriger Kinder (Kinderunterhaltsgesetz) vom 6. 4. 1998, BGBl I S 666.
[89] Etwas anders *Diederichsen*, GS Lüderitz, S 146 f: Einschränkung müsse sachlich gerechtfertigt sein.
[90] MünchKommBGB/*v. Sachsen Gessaphe* Rn 5.
[91] DIV-Gutachten ZfJ 1998, 331, 332; aA *Lipp/Wagenitz*, Das neue Kindschaftsrecht, 1999, § 1712 Rn 14.
[92] *Oberloskamp/Kunkel* Vormundschaft, 1998, § 19 Rn 52.

§ 1713

I. Normzweck

1 Die Norm bestimmt näher die Antragsberechtigung als Voraussetzung der Beistandschaft, die Antragsfähigkeit beschränkt geschäftsfähiger Mütter und den frühesten Zeitpunkt der Antragstellung. Sie ermöglicht, eine Beistandschaft bereits vor der Geburt des Kindes zu beantragen.

II. Antragsberechtigung

1. Antragsberechtigung eines Elternteils. a) Alleinsorge eines Elternteils (Abs 1 S 1).

2 **Inhaltlich** ist maßgeblich das für den jeweils beantragten Aufgabenkreis bestehende alleinige Sorgerecht, da die Beistandschaft keine Unterstützung des elterlichen Sorgerechts schlechthin, sondern nur in bestimmten Bereichen bezweckt. Sowohl Vaterschaftsfeststellung als auch die Geltendmachung des Unterhalts sind dem Bereich des Personensorgerechts zuzurechnen[1], so dass ein fehlendes Recht der **Vermögenssorge** das Antragsrecht nicht ausschließt. Entsprechendes gilt, wenn dem allein sorgeberechtigten Elternteil nur Teile des Personensorgerechts entzogen werden, die den Bereich der Vaterschaftsfeststellung bzw des Unterhalts nicht berühren, wie etwa der Entzug des Aufenthaltsbestimmungsrechts, ggf verbunden mit dem Recht zur Beantragung von Leistungen der Jugendhilfe. In Hinblick auf die Rechtsfolgen der Beistandschaft (§ 1716 Rn 7) muss dem Elternteil in dem maßgeblichen Bereich auch die **Vertretungsbefugnis** zustehen. Unerheblich ist der **Rechtsgrund** des alleinigen Sorgerechts. Es kann beruhen auf dem Entzug der elterlichen Sorge des anderen Elternteils (§ 1666), auf der Übertragung der elterlichen Sorge nach § 1671 Abs 2, § 1672 Abs 1, auf dem Ruhen der elterlichen Sorge, § 1673 Abs 1, § 1675, § 1751 Abs 1 S 1, 2 (näher § 1751 Rn 4). Alleinige Sorge besteht auch, wenn die elterliche Sorge eines Elternteils auf Grund seiner beschränkten Geschäftsfähigkeit ruht (§ 1673 Abs 2 S 1), da die verbleibende Personensorge des betroffenen Elternteil nicht zur Vertretung befugt ist (§ 1673 Abs 2 S 2 HS 2). Für die relevanten Außenhandlungen insbes der Geltendmachung der Unterhaltsansprüche ist von einem alleinigen Sorgerecht des anderen Elternteils auszugehen. Probleme können beim **Nachweis der Antragsberechtigung** auftreten, da die insoweit relevanten Dokumente (Negativbescheinigung nach § 58a SGB VIII oder Gerichtsbeschluss auf der Grundlage der §§ 1671 Abs 1, 1672) ggf bereits durch anderweitige Erklärungen bzw Entscheidungen überholt sein können[2]. Sind **mehrere Kinder** vorhanden, für die ein alleiniges Sorgerecht der Eltern besteht, steht jedem der beiden Eltern das entsprechende Antragsrecht für das Kind zu.

3 **b) Gemeinsame Sorge der Eltern.** Steht die elterliche Sorge den Eltern gemeinsam zu, kann der Elternteil die Beistandschaft beantragen, in dessen Obhut sich das Kind befindet (Abs 1 S 2); bei mehreren Kindern mit gemeinsamer Sorge der Eltern aber unterschiedlicher Obhut können entsprechend mehrere Beistandschaften begründet werden. Das Gesetz knüpft damit an die unterhaltsrechtliche Vertretungs- bzw Prozessführungsbefugnis eines Elternteils gemäß § 1629 Abs 2 S 2, Abs 3 an, so dass die dortigen Kriterien für eine alleinige Obhut nun auch für das Antragsrecht bezüglich der Beistandschaft gelten (§ 1629 Rn 42 f), einschließlich der Frage der Darlegungslast[3]. Wie für die Vertretungsbefugnis[4] genügt überwiegende Obhut. Die Obhut des Elternteils muss rechtmäßig sein schon aus Gründen einer Stabilität der Beistandschaft. Zudem knüpfen gesetzliche Kompetenzerweiterungen im Sorgerecht an rechtmäßigen Tatbeständen an, wie auch aus der Vorschrift des § 1687 Abs 1 S 2 entnehmen lässt. Da das Vertretungsrecht im Falle einer Prozessführung durch den Beistand alleine bei diesem liegt (§ 1716 Rn 3), hat er einen Unterhaltsprozess im Namen des Kindes zu führen; § 1629 Abs 3 gilt für den Beistand nicht (§ 1712 Rn 32). Die Aufgabenstellung des Beistands ist in Hinblick auf die sachliche Verknüpfung von Kompetenz zur Unterhaltsdurchsetzung und Beistandschaft auf die Durchsetzung der Unterhaltsansprüche **gegen den anderen Elternteil** beschränkt, da nur insoweit das Mitsorgerecht des anderen Elternteils in Unterhaltsentscheidungen ausgeschlossen ist. Wird die alleinige Obhut beendet, so endet kraft Gesetzes auch die Beistandschaft (§ 1715 Rn 5).

4 **c) Antragsrecht eines Adoptivelternteils.** Auch ein Adoptivelternteil kann die Beistandschaft beantragen, wenn ihm auf Grund einer **Einzeladoption** das alleinige Sorgerecht zusteht. Insbesondere kann auf diese Weise auch eine Vaterschaftsfeststellung betrieben werden[5]; zur Möglichkeit der Vaterschaftsfeststellung nach der Adoption des Kindes vgl § 1755 Rn 7. Bei **gemeinschaftlicher Adoption** des Kindes ist die Beistandschaft jedoch weder für die Vaterschaftsfeststellung noch für die Beitreibung eventueller Unterhaltsrückstände möglich, da die Beistandschaft als Hilfe für die Alleinerziehenden konzipiert ist[6]. Damit scheidet die Beistandschaft auch im Falle der **Stiefkindadoption** aus[7]. Voraussetzung für die Beistandschaft ist das alleinige Sorgerecht bzw die faktische Alleinerziehung durch einen Elternteil; ein früheres Alleinsorgerecht bzw alleinige Erziehung führt nicht zum Fortbestand der Beistandschaft über § 1715 Abs 2 hinaus. Ist die **elterliche Sorge bei**

---

[1] OLG Zweibrücken FamRZ 2000, 1324 f mwN für den Unterhalt; *Palandt/Diederichsen* § 1626 Rn 10; MünchKommBGB/*Hinz* § 1626 Rn 38; DIV-Gutachten DAVorm 1999, 484 f.
[2] Vgl *Staudinger/Rauscher* Rn 8.
[3] DIJuF-Rechtsgutachten JAmt 2002, 244.
[4] BGH JAmt 2007, 217 f.
[5] *Erman/Roth* Rn 3.
[6] DIJuF-Rechtsgutachten JAmt 2006, 343, 344.
[7] DIJuF-Rechtsgutachten JAmt 2006, 343, 344 hält eine abweichende Auffassung für vertretbar.

mehreren Kindern aufgeteilt, so hat der jeweils sorgeberechtigte Elternteil ein entsprechendes Antragsrecht[8].

2. Antragsrecht eines Vormundes (Abs 1 S 2). Die Beistandschaft ist grds als Unterstützung eines Elternteils gedacht. Steht das Kind unter Vormundschaft, kann der Vormund den Antrag stellen, wenn er vom Gericht gemäß § 1776 auf Grund der Benennung durch die Eltern bestellt wurde. Auf diese Weise soll gesichert werden, dass eine von den Eltern benannte Person zum Vormund bestellt werden kann, auch wenn er selbst nicht in der Lage wäre, das Kind im Aufgabenbereich eines Beistandes zu vertreten (Rn 5.1)[9]. Andere, von den Eltern nicht benannte Vormünder können keinen Beistand zur Unterstützung erhalten, auch wenn das im Einzelfall durchaus sinnvoll wäre, so etwa wenn ein Verwandter die Vormundschaft ohne Benennung durch die Eltern übernimmt[10]. Das Gericht wird daher bei der Auswahl des Vormundes darauf achten haben, dass der Vormund selbst in der Lage ist, die Interessen des Kindes umfassend wahrzunehmen. In entsprechender Anwendung des § 1713 Abs 1 S 3 kann auch eine **Pflegeperson,** der im jeweiligen Aufgabenkreis das Sorgerecht vom FamG **nach § 1630 Abs 3** übertragen wurde, die Beistandschaft beantragen[11]. Die Voraussetzung der Zustimmung der Eltern und die Tatsache, dass die Pflegeperson vorwiegend unter pädagogischen und persönlichen Gesichtspunkten ausgewählt wird, lässt auch in diesem Fall eine amtliche Unterstützung sinnvoll erscheinen.

Die Beschränkung des Antragsrechtes auf den berufenen Vormund wird de lege ferenda in Frage gestellt; der Hilfebedarf von sonstigen Vormündern sei unterschätzt worden[12]. Derzeit gibt es aber keine Möglichkeit der Unterstützung für die sonstigen Vormünder. Der (nicht berufene) Vormund hat aber Anspruch auf Beratung gemäß § 53 Abs 2 SGB VIII.

III. Antragsfähigkeit

Grds kann den Antrag nur ein Elternteil stellen, der in der Geschäftsfähigkeit nicht beschränkt ist. Dies ergibt sich nicht aus den Vorschriften über die Rechtsgeschäfte (§§ 105, 106), da der Antrag kein Rechtsgeschäft ieS ist. Die Notwendigkeit der unbeschränkten Geschäftsfähigkeit resultiert aus der Tatsache, dass die elterliche Sorge mit Vertretungsrecht nur dem voll geschäftsfähigen Elternteil zusteht; sie ist Folge des materiellen Sorgerechts. Der Antrag ist **höchstpersönlicher** Natur und vom sorgeberechtigten Elternteil nur selbst gestellt werden. Eine Vertretung im Willen ist nicht zulässig (Abs 1 S 3). Eine Betreuung im Aufgabenbereich der elterlichen Sorge und damit auch hinsichtlich der Beistandschaft ist nicht möglich (Rn 8). Ist der Elternteil in der Geschäftsfähigkeit beschränkt und ist kein anderer Elternteil verpflichtet und berechtigt, die elterliche Sorge einschließlich der Vertretung auszuüben, so erhält das Kind einen Vormund (§ 1773 Abs 1). Sind die Eltern nicht verheiratet, so fällt diese Vormundschaft kraft Gesetzes auf das Jugendamt, soweit nicht bereits vor der Geburt ein anderer Vormund bestellt wurde (§ 1791 c Abs 1). Diese Fürsorge erhält das Kind aber nur, wenn es geboren ist. Für das noch nicht geborene Kind kann als Überbrückung eine Beistandschaft bereits vor der Geburt begründet werden (Rn 7 ff).

IV. Beistandschaft vor der Geburt des Kindes

1. Antragsrecht. Der Antrag kann bereits vor der Geburt gestellt werden. Insoweit folgt die Beistandschaft dem materiellen Recht der Vaterschaftsfeststellung und des Unterhalts. Die Vaterschaft kann bereits vor der Geburt wirksam anerkannt werden (§§ 1594 Abs 4, 1595 Abs 3), Unterhalt kann bereits vor der Geburt über eine einstweilige Verfügung durchgesetzt werden (§ 1615 o Abs 1 S 2). Vaterschaftsfeststellung und Klage auf Regelunterhalt können bereits vor der Geburt des Kindes erhoben werden[13]. Das **Antragsrecht** ergibt sich, indem der Zeitpunkt der Geburt fiktiv auf den Zeitpunkt des Antrages vorverlegt wird. Die Feststellung des Antragsrechts, die mit dem künftigen Sorgerecht verbunden ist, enthält insoweit ein prognostisches Element. Für die zeitliche Fixierung des Sorgerechts kann man sich an der gesetzlichen Vermutung des Zeitraums von 300 Tagen in § 1593 orientieren; insoweit kann auf die Beweislastregelung zurückgegriffen werden. Maßgeblich für die Beurteilung ist die ex-ante-Betrachtung; eine rückwirkende Feststellung, dass die Beistandschaft nicht eingetreten ist, wäre kaum aus praktischen Gründen sinnvoll. Die Formulierung ist nicht geschlechtsspezifisch gewählt. Auch der **Vater** des Kindes kann vor der Geburt den Antrag auf Beistandschaft stellen, wenn die Eltern verheiratet sind, die elterliche Sorge der Mutter aber im Zeitpunkt der Geburt ruhen würde. Ein Bedürfnis für eine Beistandschaft kann in diesem Fall hinsichtlich eventueller Unterhaltsansprüche des Kindes gegen die Mutter oder andere Verpflichtete bestehen. Das Gesetz lässt nicht erkennen, dass die Beistandschaft grds nur möglich ist, wenn sie unabhängig von einer im Einzelfall gewollten Einschränkung nur für einen der in § 1712 Abs 1 genannten Bereiche in Frage

---

[8] DIJuF-Rechtsgutachten JAmt 2004, 301 zu den praktischen Konsequenzen und Möglichkeiten, gegenseitige Zahlungen zu vermeiden.
[9] BT-Drucks 13/892 S 49.
[10] DIJuF-Rechtsgutachten JAmt 2005, 230; dort auch zu Überlegungen der Änderung der insoweit restriktiven Regelung.
[11] DIJuF-Rechtsgutachten JAmt 2002, 116.
[12] DIJuF-Rechtsgutachten JAmt 2005, 230.
[13] OLG Schleswig NJW 2000, 1271, 1272: das erwartete Kind sei insoweit auch rechts- und parteifähig.

§ 1714

Buch 4. Abschnitt 2. Verwandtschaft

kommt. **Änderungen im Sorgerecht** für den Aufgabenkreis nach Antragszugang ändern nichts an dem Eintritt der Beistandschaft, die mit Antragszugang vor der Geburt wirksam wird (§ 1714 S 2), können aber zum Ende der Beistandschaft nach § 1715 Abs 2 führen (§ 1715 Rn 4).

8 **2. Antragsfähigkeit der nicht voll geschäftsfähigen werdenden Mutter (Abs 2).** Abs 2 ermöglicht es der **beschränkt geschäftsfähigen** werdenden Mutter, eine Beistandschaft in Kraft zu setzen. Da eine Vormundschaft erst mit der Geburt des Kindes eintritt, kann über die Beistandschaft die Zeit bis zur Geburt des Kindes für eventuelle Vaterschaftsfeststellungen und Unterhaltsfragen genutzt werden. Abs 2 ist keine Regelung der Antragsbefugnis, sondern der Antrags**fähigkeit**. Die Antrags**befugnis** selbst ergibt sich aus dem hypothetischen Sorgerecht bei der Geburt des Kindes (Rn 6). Es muss somit geklärt werden, ob das Kind zum Zeitpunkt der Geburt unter Vormundschaft stünde; dies setzt voraus, dass zu diesem Zeitpunkt keine Vertretungsbefugnis der Mutter oder des Vaters bestehen würde. Die werdende Mutter kann den Antrag nur höchstpersönlich stellen, eine Vertretung im Willen ist ausgeschlossen (Abs 2 S 2). Beschränkte Geschäftsfähigkeit tritt zunächst wegen der Minderjährigkeit ein (§ 106). Die Anordnung der **Betreuung** hat keinen Einfluss auf die Geschäftsfähigkeit (§ 1896 Rn 19). Ein Einwilligungsvorbehalt kann nicht angeordnet werden, da dessen Voraussetzung – die Betreuung – für den Handlungsbereich des Beistandes nicht möglich ist; hinsichtlich des Einwilligungsvorbehaltes im Ergebnis ebenso wegen § 1903 Abs 2 iVm § 1713 Abs 2 S 2 HS 2, vgl § 1903 Rn 13. Würde auf Grund der Ehe oder gemäß § 1626 b Abs 2 möglichen vorgeburtlichen Sorgeerklärungen gemeinsames Sorgerecht eintreten, kann in analoger Anwendung auch der beschränkt geschäftsfähige Vater den Antrag stellen, wenn ihm auf Grund der Geschäftsunfähigkeit der Mutter hypothetisch das Sorgerecht zustehen würde[14].

9 Eine **geschäftsunfähige** werdende Mutter kann den Antrag nicht selbst stellen, der Antrag muss vom gesetzlichen Vertreter gestellt werden (Abs 2 S 3). Da die Geschäftsunfähigkeit regelmäßig auch nicht inzident ausdrücklich festgestellt wird, können sich erhebliche Unsicherheiten für die Antragsfähigkeit ergeben[15]. **Gesetzliche Vertreter** der **minderjährigen Mutter** sind die Eltern, bzw ein Elternteil (§ 1629 Abs 1 S 1) oder ein Vormund (§ 1793 Abs 1 S 1). Ist die werdende Mutter **volljährig**, so besteht keine umfassende gesetzliche Vertretung; je nach Aufgabenkreis ist gesetzlicher Vertreter der Betreuer (§ 1902). Dabei kommt es entspr der Konstruktion der Betreuung darauf an, für welchen Aufgabenkreis der Betreuer bestellt ist, da er nur im Rahmen des gerichtlich vorgegebenen Bereiches die Vertretungsmacht hat. Da bei einer werdenden Mutter keine Konkurrenz mit eventuellen Vertretungsrechten des Jugendamtes besteht, ist die Vorschrift wohl so zu verstehen, dass in Hinblick auf das Bedürfnis einer bereits vorgeburtlichen Betreuung ausnahmsweise auch ein Betreuer den Antrag stellen kann, wenn sein Aufgabenkreis die persönlichen Angelegenheiten der werdenden Mutter umfasst[16].

10 Mit der Geburt des Kindes **endet** die Beistandschaft des Jugendamtes nach der allgemeinen Regelung des § 1715 Abs 3, wenn die Mutter in diesem Zeitpunkt nicht voll geschäftsfähig ist. Auch eine Eheschließung würde insoweit nichts ändern, da die von der Mutter beantragte Beistandschaft nicht auf der Grundlage des väterlichen Sorgerechts weitergeführt wird. Der Vater müsste selbst den Antrag stellen.

V. Internationales Privatrecht

11 Hinsichtlich der Zuständigkeit des Jugendamtes gilt alleine die Regelung des § 1717 (dort Rn 8). Hinsichtlich der Frage der Beurteilung der Sorgerechtsverhältnisse als Antragsvoraussetzung (Rn 2) gilt Art 21 EGBGB. Maßgeblich für das Rechtsverhältnis zwischen einem Kind und seinen Eltern ist das Recht des Staates, in dem das Kind seinen gewöhnlichen Aufenthalt hat. Damit kommt es zu einem Gleichlauf zwischen internationaler Zuständigkeit für die Beistandschaft (§ 1717 Rn 2) und anwendbarem Sachrecht hinsichtlich der Beurteilung der Sorgerechtsfrage. Diese Kollisionsnorm umfasst das gesamte Sorgerecht, für Inhalt und Umfang des Sorgerechts[17]. Die sorgerechtsrelevante Vorfrage, ob die Eltern verheiratet sind oder nicht, ist selbstständig nach den Regeln des Art 13 EGBGB zu klären.

§ 1714 Eintritt der Beistandschaft

[1]**Die Beistandschaft tritt ein, sobald der Antrag dem Jugendamt zugeht.** [2]**Dies gilt auch, wenn der Antrag vor der Geburt des Kindes gestellt wird.**

I. Normzweck

1 Dem grundlegenden Zweck der Beistandschaft folgend soll deren Eintritt möglichst unkompliziert von dem Antragsberechtigten bewirkt werden können. In Hinblick auf die wesentlichen Aufgaben der Beistandschaft, die Vaterschaft zu klären und den Unterhalt des Kindes zu sichern, kann die Beistand-

---

[14] *Staudinger/Rauscher* Rn 30.
[15] *Bennemann*, Das neue Beistandschaftsrecht, Diss Mainz 2000, Kap 2 IV 2 d; *Bienwald* FamRZ 1994, 484; ders FamRZ 1994, 10 f.
[16] *Erman/Roth* Rn 6 mwN.
[17] *Palandt/Heldrich* Art 21 EGBGB Rn 5.

schaft bereits vor der Geburt des Kindes begründet werden, um zu gewährleisten, dass der Aufgabenbereich des Beistands möglichst lückenlos erfüllt wird[1].

II. Antragseingang und Eintritt der Beistandschaft

Der Eintritt der Beistandschaft erfolgt unmittelbar kraft Gesetzes mit Eingang des Antrages, wenn auch die sonstigen Voraussetzungen für die Beistandschaft wie Antragsrecht (§ 1713 Rn 2 ff) und Antragsfähigkeit (§ 1713 Rn 6) vorliegen. Dies gilt auch, wenn der Antrag bereits vor der Geburt des Kindes gestellt wird (S 2). Willensmängel können in entsprechender Anwendung der Vorschriften über die rechtsgeschäftlichen Willenserklärungen zur Unwirksamkeit des Antrages führen[2]. In Hinblick auf die mit dem Antrag begründete Außentätigkeit des Beistandes auch gegenüber Dritten ist eine Anfechtung ausgeschlossen[3]. Das Jugendamt hat keine eigene Entscheidungsmöglichkeit hinsichtlich des Eintritts der Beistandschaft. Fehlen nach Auffassung des Jugendamtes die Voraussetzungen für die beantragte Beistandschaft, so kann es nur deklaratorisch den Antragsteller darüber benachrichtigen, dass es die Beistandschaft nicht für begründet hält (näher Rn 7). In Hinblick auf die mit der Beistandschaft verbundenen Folgen für die Durchsetzung von Rechten und Ansprüchen ist das Jugendamt verpflichtet, den Antragsteller unverzüglich darüber zu unterrichten, wenn es nicht tätig werden will. Bei Verzögerungen sind Ansprüche aus Amtspflichtverletzung möglich. Mittelbar wird das Bestehen einer Beistandschaft insofern relevant, als bei einem Rechtsstreit die Vertretungsbefugnis des sorgeberechtigten Elternteils bzw des Jugendamtes (oder Vereins) bestritten werden kann. Das Gericht hat in solchen Fällen die Vertretungsbefugnis von Amts wegen zu prüfen. Die Wirksamkeit der materiell-rechtlichen Erklärungen des Jugendamtes bzw des Vereins kann unter Hinweis auf eine nicht eingetretene Beistandschaft in Frage gestellt werden.

Eingang heißt, dass die Mitarbeiter im Jugendamt von dem Schreiben im Rahmen der üblichen Arbeitszeiten Kenntnis nehmen können, Kenntnisnahme selbst ist nicht erforderlich[4]. Der Antrag muss beim **Jugendamt** eingehen, oder bei einer Stelle, die für das Jugendamt Anträge und Schreiben entgegennimmt. Der Zugang beim Träger des Jugendamtes genügt nicht, wenn die Stelle nicht organisatorisch die Aufgabe hat, auch Schreiben für das Jugendamt entgegenzunehmen. Der Antrag muss beim **örtlich zuständigen** Jugendamt eingehen[5]; der Wortlaut stellt klar, dass es nicht genügt, wenn der Antrag bei **einem** Jugendamt eingeht. Wer dieses Jugendamt ist, ergibt sich aus den Vorschriften des SGB VIII über die örtliche Zuständigkeit. Eine vorläufige Beistandschaft des örtlich unzuständigen Jugendamtes ist im Gesetz nicht vorgesehen (arg §§ 86 c, 87 c Abs 5 S 2 HS 2 SGB VIII). § 86 d SGB VIII gilt nur für den Bereich der Leistungen des Jugendamtes, eine entsprechende Anwendung scheitert daran, dass es nicht um Leistungen geht, die in der Entscheidungsgewalt der Jugendämter stehen und die nachträglich hinsichtlich der Kosten ausgeglichen werden können. Die kraft Gesetzes vorgesehene gesetzliche Vertretungsmacht kann nicht von einem Jugendamt vorläufig beansprucht werden; sie knüpft an der gesetzlich fixierten örtlichen Zuständigkeit unmittelbar an.

Örtlich zuständig für den Antrag ist das Jugendamt, bei dem der Antragsteller seinen gewöhnlichen Aufenthalt hat (§ 87 c Abs 5 S 1, Abs 1 S 1 SGB VIII). Hat er keinen gewöhnlichen Aufenthalt, so ist maßgeblich der tatsächliche Aufenthalt (§ 87 c Abs 5 S 1, Abs 1 S 3 SGB VIII). Besteht weder ein gewöhnlicher noch tatsächlicher Aufenthalt des Antragstellers im Inland, so ist der Aufenthalt des Kindes maßgeblich (§ 1717 Rn 8). Wechselt der Antragsteller seinen gewöhnlichen Aufenthalt nach Eintritt der Beistandschaft, so hat das Jugendamt zunächst die Beistandschaft weiterzuführen (§§ 86 c, 87 c Abs 5 S 2 HS 2 SGB VIII). Es hat aber bei dem Jugendamt, in dessen Bereich der Antragsteller sich nun aufhält, die Weiterführung der Beistandschaft zu beantragen (§ 87 c Abs 5 S 2 HS 1 SGB VIII). Weigert sich das angegangene Jugendamt, die Beistandschaft zu übernehmen, so bleibt das bisherige Jugendamt weiterhin Beistand. Die Übernahme der Beistandschaft durch das Jugendamt am neuen gewöhnlichen Aufenthalt des Antragstellers kann nur mittelbar über eine Rechtsaufsichtsbeschwerde durchgesetzt werden, ggf auch durch Beendigung der bisherigen Beistandschaft über einen Antrag und Begründung einer neuen Beistandschaft[6].

Wird der Antrag an ein **örtlich unzuständiges Jugendamt** gesandt, so tritt die Beistandschaft zunächst nicht ein. Wird der Antrag an das zuständige Jugendamt weitergeleitet, so steht dem Eintritt der Beistandschaft nichts entgegen. Da der Antragsteller auf die Zuständigkeit keinerlei Einfluss nehmen kann, ist eine fehlerhafte Adressierung ohne Bedeutung. Eine **Weiterleitungspflicht unzuständiger Jugendämter** oder anderer Ämter kann sich aus einer allgemeinen Amtspflicht ergeben, Anträge nach den Möglichkeiten Anträge weiterzuleiten. Rechtsgrundlage ist aber nicht § 16 Abs 2 S 1 SGB I[7]. Unabhängig davon, ob das SGB I auf einen im BGB geregelten Antrag anwendbar ist, handelt es sich bei dem Antrag auf Eintritt der Beistandschaft nicht um einen Antrag iS der Vorschrift, da sich diese Regelung ersichtlich auf Anträge bezieht, die ein Verwaltungsverfahren in Gang setzen[8] und nicht selbst

---

[1] OLG Schleswig NJW 2000, 1271, 1272 zur Rechts- und Parteifähigkeit des erwarteten Kindes.
[2] DIV-Gutachten DAVorm 2000, 139, 141.
[3] DIV-Gutachten DAVorm 2000, 139, 141 lässt dies ausdrücklich offen; *Lipp/Wagenitz,* Das neue Kindschaftsrecht, 1999, § 1712 Rn 3: „entbehrlich".
[4] *Krug/Grüner/Dalichau* § 55 SGB VIII Anm IV 1 b.
[5] FamRefK/*Sonnenfeld* Rn 5.
[6] DIJuF-Rechtsgutachten JAmt 2001, 36, 37 mwN.
[7] AA *Krug* ZFSH/SGB 1998, 455, 456.
[8] *Mrozynski* § 16 SGB I Rn 2.

§ 1715   Buch 4. Abschnitt 2. Verwandtschaft

die gewollten Rechtsfolgen auslösen. Die in § 16 Abs 2 SGB I vorgesehenen Folgen einer Antragstellung bei bestimmten Behörden können bei der Beistandschaft, die kraft Gesetzes begründet wird, nicht eintreten, da eine rückwirkende gesetzliche Vertretung ausgeschlossen ist, wenn das Jugendamt mangels Kenntnis des Antrages noch gar nicht gehandelt hat.

III. Sonstige Voraussetzungen für den Eintritt der Beistandschaft

6 Auf die Einführung sonstiger Voraussetzungen hat das Gesetz verzichtet. Insbesondere gibt es keine Prüfung, ob der antragstellende Elternteil bedürftig ist, ob er insbes den Unterhalt nicht selbst oder über einen Anwalt geltend machen könnte. Der Beistand ist Beistand des Kindes, so dass insoweit auch auf die Bedürftigkeit des Kindes und nicht des Elternteils abzustellen wäre, so wie dies bei der Prozesskostenhilfe der Fall ist[9]. Das Kind hätte jedoch bei guten Einkommens- und Vermögensverhältnissen eines Elternteils einen Anspruch auf Prozesskostenvorschuss, so dass die Bedürftigkeit als Voraussetzung der Prozesskostenhilfe entfallen würde. Damit gibt es keine Kontrolle, ob die Beistandschaft im Einzelfall wirklich notwendig ist. Aus verwaltungspragmatischen Gründen hat man auf eine entsprechende Überprüfung der Bedürftigkeit verzichtet[10].

IV. Feststellung einer Beistandschaft

7 Die Beistandschaft tritt unmittelbar kraft Gesetzes ein und bedarf keiner weiteren förmlichen Feststellung des Jugendamtes. Teilt das Jugendamt auf entsprechende Vorstellung dem Antragsteller mit, dass keine Beistandschaft eingetreten sei, so muss diese Aussage als regelnde Feststellung eines strittigen Rechtsverhältnisses und damit als VA gewertet werden[11]. Da es beim „Ob" der Beistandschaft nicht um eine privatrechtliche Frage geht[12], wäre zuständig das Verwaltungsgericht[13]. Klagt der Antragsteller gegen die negative Feststellung und wird der Klage vom VG stattgegeben, weil nach Ansicht des Gerichts eine Beistandschaft eingetreten ist, so bindet diese Entscheidung die ordentlichen Gerichte nicht ohne weiteres. Die Rechtskraftwirkung eines Gerichtsurteils, aber auch eine eventuelle Tatbestandswirkung des VA beschränkt sich auf die beteiligten Personen, eine Erstreckung auf dritte Personen findet nicht statt[14]. Das erkennende Gericht muss in einem Unterhaltsstreit bzw in einem Verfahren zur Feststellung der Vaterschaft von Amts wegen die Legitimation des Jugendamtes als gesetzlicher Vertreter prüfen (§ 1716 Rn 6). Auf ein vorhergehendes Urteil eines VG kann es sich nicht ohne weiteres berufen. Unabhängig davon ist in jedem Falle die Frage zu entscheiden, ob die eingetretene Beistandschaft inzwischen beendet wurde. Freilich trägt derjenige, der die Beendigung behauptet, hierfür die – zumindest materielle – Beweislast. Entsprechendes gilt für materiell-rechtliche Erklärungen des Beistandes gegenüber Dritten: ihre Wirksamkeit für das Kind kann in Frage gestellt werden, ohne dass die verwaltungsgerichtliche Entscheidung über den Eintritt der Beistandschaft die Frage präkludiert.

§ 1715 Beendigung der Beistandschaft

(1) ¹Die Beistandschaft endet, wenn der Antragsteller dies schriftlich verlangt. ²§ 1712 Abs. 2 und § 1714 gelten entsprechend.

(2) Die Beistandschaft endet auch, sobald der Antragsteller keine der in § 1713 genannten Voraussetzungen mehr erfüllt.

Übersicht

	Rn		Rn
I. Normzweck	1	4. Beendigung durch Verlegung des gewöhnlichen Aufenthalts ins Ausland	9
II. Beendigungsgründe	2		
1. Beendigung durch schriftliches Verlangen (Abs 1)	2	III. Beendigung der vorgeburtlichen Beistandschaft	10
2. Beendigung durch Wegfall der Antragsvoraussetzungen (Abs 2)	4	IV. Rechtsfolgen der Beendigung	11
3. Beendigung durch „Erledigung" der Aufgaben	8	V. Nachgehende Pflichten des Jugendamtes	12

---

[9] OLG Jena DAVorm 1998, 818 f.
[10] *Greßmann/Beinkinstadt*, Das Neue Kindschaftsrecht, 1998, 28 f.
[11] *Kopp/Ramsauer* § 35 VwVfG Rn 51; für den Bereich der Beistandschaft *Lipp/Wagenitz*, Das neue Kindschaftsrecht, 1999, Rn 3: VA dürfte vorliegen; *Palandt/Diederichsen* Rn 2; *Laubinger* VBlBW 2005, 326, 328; anders noch 1. Aufl § 1714 Rn 2.
[12] *Kaufmann* DAVorm 1998, 481, 483 f für das Vormundschaftswesen insgesamt.
[13] VG Berlin ZfJ 2001, 163; so wohl auch OVG Münster NJW 2002, 458.
[14] *Kissel/Mayer* § 13 GVG Rn 26.

Beendigung der Beistandschaft § 1715

I. Normzweck

Die Vorschrift regelt die Gründe, die zur Beendigung der Beistandschaft führen. Wie beim Eintritt 1
der Beistandschaft gibt es auch hier keine Entscheidung im Einzelfall; die Beistandschaft endet jeweils kraft Gesetzes, wenn die Voraussetzungen für ihren Eintritt nicht mehr vorliegen. Die Vorschrift trifft keine abschließende Regelung, sondern wird ergänzt durch die Bestimmungen der § 1717 und § 1918 Abs 3 iVm § 1716 S 2.

II. Beendigungsgründe

1. Beendigung durch schriftliches Verlangen (Abs 1). Die Beistandschaft endet ua kraft Geset- 2
zes, sobald beim Jugendamt das entsprechende schriftliche (§ 1712 Rn 18) Verlangen des **Antragstellers** eingeht (Abs 1 S 2 iVm § 1714 S 1), Rn 2.1. Ebenso kann der **Umfang** der bestehenden Beistandschaft beschränkt werden. Einer förmlichen Entscheidung über das Ende bzw die Beschränkung bedarf es nicht, das **Jugendamt** hat keinerlei Möglichkeiten, die Beendigung bzw Beschränkung zu verzögern oder auszuschließen. Auch laufende prozessuale Verfahren ändern an der Möglichkeit, die Beistandschaft zu beenden nichts. Die Beendigung über einen Antrag setzt voraus, dass die Grundlage der Beistandschaft, das Alleinsorgerecht im maßgeblichen Aufgabenkreis, noch besteht. Fällt dieses Sorgerecht weg, zB durch Entzug des Sorgerechts, so endet die Beistandschaft bereits kraft Gesetzes (Rn 4); das schriftliche Verlangen ist gegenstandslos[1]. Entspr der Vorgabe in § 1713 Abs 1 S 3, die eine höchstpersönliche Entscheidung des Elternteils über Ob und Umfang der Beistandschaft fordert, ist auch die Beendigung der Beistandschaft nur durch den Elternteil selbst möglich, eine Vertretung ist ausgeschlossen[2]. Ein offensichtliches Desinteresse des antragsberechtigten Elternteils beendet die Beistandschaft nicht[3], da jeglicher Schluss auf einen Beendigungswillen an der Formvorschrift scheitern würde.

Wie beim Antrag (§ 1712 Rn 17) handelt es sich nicht um ein echtes Verlangen, da über das „Verlangen" nicht 2.1
entschieden wird, sondern mit Eingang des Schreibens die Beistandschaft kraft Gesetzes beendet wird.

Wird die Beistandschaft **zur Unzeit** beendet, indem vor allem laufende Verfahren der Vaterschafts- 3
feststellungen, die vom Beistand eingeleitet wurden, abgebrochen werden, hat dies keinen Einfluss auf die Wirksamkeit des formgerecht erhobenen „Verlangens" auf Beendigung der Beistandschaft. Interventionsmöglichkeiten ergeben sich nur nach Maßgabe der allgemeinen Vorschriften, insbes der §§ 1666 und 1629 Abs 3 S 1. Für die Vaterschaftsfeststellung ist die Sonderregelung in § 1629 Abs 2 S 3 HS 2 zu beachten (§ 1629 Rn 39). Das Jugendamt ist nur nach Maßgabe des § 50 Abs 3 SGB VIII verpflichtet, das Familiengericht über eine Beendigung der Beistandschaft „zur Unzeit" zu unterrichten.

2. Beendigung durch Wegfall der Antragsvoraussetzungen (Abs 2). 1. Beendigungsgrün- 4
de. Kraft Gesetzes endet die Beistandschaft auch, wenn der Antragsteller „keine der in § 1713 genannten Voraussetzungen mehr erfüllt". Sie entfällt, wenn der antragstellende **Elternteil** in dem für die Beistandschaft maßgeblichen Bereich das alleinige Sorgerecht verliert. Der Grund für die Änderung des Sorgerechts ist ohne Bedeutung. Sie kann beruhen
– auf der **Volljährigkeit des Kindes**[4],
– auf der völligen Verdrängung von der elterlichen Sorge (Geschäftsunfähigkeit – § 1673, Entzug der elterlichen Sorge nach § 1666, Übertragung auf den anderen Elternteil nach § 1671),
– auf der Begründung der gemeinsamen Sorge (Eheschließung bei dem rechtswirksam festgestellten Vater – § 1626a Abs 1 Nr 2, Sorgeerklärungen – § 1626a Abs 1 Nr 1, Entscheidung nach § 1672 Abs 2, Aufhebung des Entzugs der elterlichen Sorge gegenüber dem anderen Elternteil).

Löst bei der **„Stiefelternadoption"** die gemeinsame Sorge die bisherige alleinige Sorge eines Elternteils ab, so endet die Beistandschaft kraft Gesetzes, Rn 4.1[5]. Bei der Übertragung des Sorgerechts und beim Entzug des Sorgerechts ist darauf zu achten, für welchen Bereich die Übertragung bzw der Entzug gilt. Wird – wie häufig – beim Entzug des Sorgerechts lediglich das Aufenthaltsbestimmungsrecht einschließlich des Erziehungsrechts entzogen, so hat dies auf den Fortbestand der Beistandschaft keinen Einfluss[6], da die Geltendmachung des Unterhalts oder die Feststellung der Vaterschaft Teil der Personensorge und zwar der gesetzlichen Vertretung ist (§ 1713 Rn 2).

Insofern entscheidet der Gleichlauf von Begründungsfähigkeit und Beendigung der Beistandschaft. Sobald eine 4.1
Beistandschaft auf Grund der Sorgerechts- bzw Obhutskonstellation nicht mehr begründet werden kann, endet sie auch. Die Beistandschaft ist gegenwärtige Hilfe für einen bestehend faktisch Alleinerziehende. Der Unterhaltsrückstand wird, wenn das Kind nach der Adoption durch den Stiefelternteil in einer formal-intakten Zweielternfamilie lebt, zu einer nicht mehr existenznotwendigen Forderung, deren Beitreibung nicht auf Staatskosten notwendig ist.

---

[1] *Krug* ZFSH/SGB 1998, 455, 459.
[2] *Staudinger/Rauscher* Rn 6; MünchKommBGB/*v. Sachsen Gessaphe* Rn 3; DIJuF-Rechtsgutachten JAmt 2001, 586, 587.
[3] *Gawlitta* ZfJ 1998, 156, 157; DIJuF-Rechtsgutachten JAmt 2001, 585, 586; JAmt 2005, 180.
[4] OLG Karlsruhe JAmt 2001, 302, 303: Wegfall der Vertretungsmacht ist gemäß § 56 Abs 1 ZPO von Amts wegen zu berücksichtigen. Zu den Beratungspflichten in Hinblick auf eventuelle Änderungen in der Unterhaltsberechtigung nach der Volljährigkeit DIJuF-Rechtsgutachten JAmt 2006, 389.
[5] AA DIJuF-Rechtsgutachten JAmt 2003, 292 f, wenn auch mit vorsichtiger Einschränkung, unter Berufung auf den Wortlaut.
[6] *Greßmann/Beinkinstadt,* Das Neue Kindschaftsrecht, 1998, S 91.

5 Die Beistandschaft endet kraft Gesetzes auch, wenn bei **gemeinsamer Sorge** der Elternteil, der auf Grund der Obhut über das Kind mit seinem Antrag die Beistandschaft begründet hatte (§ 1713 Rn 3), diese **Obhut verliert,** ohne Rücksicht auf den Grund der tatsächlichen Veränderung. Nicht notwendig ist, dass der andere Elternteil die Obhut übernommen hat; die Beistandschaft endet auch, wenn eine anderweitige Beistandschaft aus Rechtsgründen (kein Antragsrecht) nicht möglich ist. Übernimmt der andere Elternteil die Obhut, endet die Beistandschaft. Für den anderen Elternteil wird lediglich ein neues Antragsrecht begründet. Ist die Frage des Sorgerechts bzw der (überwiegenden) Obhut und damit des Antragsrechts nicht geklärt, fehlt es an den Voraussetzungen der Beistandschaft mit der Folge, dass das Jugendamt nicht mehr für das Kind rechtswirksam auftreten kann. Die **Darlegungslast** obliegt insofern dem Elternteil, der die Beistandschaft beantragt bzw trotz ungeklärter Situation auf der Fortsetzung der Beistandschaft besteht[7]. Insbes auch wegen eines eventuellen gerichtlichen Verfahrens ist der Gleichlauf von Beistandschaft und Prozessvertretung notwendig. Prozessrechtlich muss der Beistand in jedem Stadium des Verfahrens sein Vertretungsrecht nachweisen, die Berufung auf eine wirksame Begründung der Beistandschaft genügt nicht.

6 Hat der **berufene Vormund** die Beistandschaft beantragt, endet diese kraft Gesetzes, wenn die Vormundschaft endet. Dies ist kraft Gesetzes der Fall, wenn die Voraussetzungen der Vormundschaft wegfallen (§ 1882 Rn 2, 3). Die Beistandschaft endet auch, wenn der Vormund aus seinem Amt entlassen wird, da damit die Antragsvoraussetzung der Berufung des Vormunds durch die Eltern wegfällt. Ein vom Gericht sodann bestellter Vormund kann keine Beistandschaft mehr beantragen (§ 1713 Rn 4).

7 Auch der **Tod des Kindes** beendet die Beistandschaft kraft Gesetzes[8]. Ein nach dem Tod des Kindes vom Beistand erhobener Vaterschaftsfeststellungsantrag ist daher unzulässig.

8 **3. Beendigung durch „Erledigung" der Aufgaben.** Eine Beendigung kraft Erledigung der Aufgaben ist im Recht der Beistandschaft nicht ausdrücklich vorgesehen. Möglich ist sie auf Grund der Verweisung des § 1716 S 2 auf die Vorschriften des Rechts der Pflegschaft[9]. Gemäß § 1918 Abs 3 endet die Pflegschaft, sobald eine einzelne Aufgabe erledigt ist.

– Für die Beistandschaft gilt diese Vorschrift sinngemäß hinsichtlich der **Feststellung der Vaterschaft.** Ist diese rechtswirksam anerkannt oder rechtskräftig festgestellt, hat die Beistandschaft insoweit ihre Aufgabe endgültig erfüllt[10]. Eine eventuelle Anfechtung der Vaterschaft bzw eine Wiederaufnahme des gerichtlichen Verfahrens ist nicht mehr Aufgabe des Beistandes (§ 1712 Rn 26). Ist die Vaterschaft durch andere erfolgreich angefochten, ändert dies an der Erledigung der Aufgabe der Beistandschaft nichts. Ggf kann eine neue Beistandschaft begründet werden.

– Für den Aufgabenkreis der Geltendmachung des **Unterhalts** gibt es praktisch keine Beendigung nach § 1918 Abs 3, da sich in diesem zukunftsbezogenen Bereich eine endgültige Erledigung nicht bestimmen lässt[11]. In Frage kommen auch nach einem rechtskräftigen Titel Anpassungen und Vollstreckungshandlungen; zudem sind Unterhaltsaufgaben gegen andere als den zunächst belangten Unterhaltsschuldner nicht ausgeschlossen[12].

9 **4. Beendigung durch Verlegung des gewöhnlichen Aufenthalts ins Ausland.** Gemäß § 1717 S 2 HS 2 endet die Beistandschaft, wenn das Kind seinen gewöhnlichen Aufenthalt (§ 1717 Rn 2 ff) im Ausland begründet. Das Gesetz geht ersichtlich davon aus, dass das Kind nur einen gewöhnlichen Aufenthalt haben kann.

III. Beendigung der vorgeburtlichen Beistandschaft

10 Für die vorgeburtliche Beistandschaft gelten keine besonderen Vorschriften. Auch sie endet, sobald die werdende Mutter im Zeitpunkt der Geburt nicht mehr die alleinige Sorge hat. Dies ist vor allem der Fall, wenn die werdende Mutter heiratet, wenn die notwendigen Sorgeerklärungen bereits vor der Geburt abgegeben werden (vgl § 1626 b Abs 2). Die Beistandschaft endet nicht mit der Geburt des Kindes. Die vorgeburtliche Beistandschaft hat keinen auf die Zeit der Schwangerschaft begrenzten Auftrag, sondern soll die Möglichkeit geben, die Unterhalts- und Vaterschaftsprobleme rechtzeitig anzugehen, um sie ggf nach der Geburt fortzusetzen. Eine „sinngemäße" Anwendung des § 1918 Abs 2 über § 1716 S 2 ist nicht möglich[13]. Ist die unverheiratete Mutter im Zeitpunkt der Geburt noch **minderjährig**, endet die Beistandschaft mit der Geburt des Kindes, da auf Grund des Eintritts der Amtsvormundschaft (§ 1791 Abs 1 S 1) die Mutter nicht das alleinige Sorgerecht hat[14].

---

[7] DIJuF-Rechtsgutachten JAmt 2004, 25, 26: dort auch zu den möglichen Formen des Nachweises. Vgl auch DIJuF-Rechtsgutachten JAmt 2003, 347 f: dort auch zur eventuellen Notwendigkeit eines Ergänzungspflegers.
[8] OLG Rostock 11 WF OLGR 2007, 235.
[9] *Diederichsen* FamRZ 1998, 1977, 1989; aA OLG Hamm JAmt 2004, 144: § 1715 enthalte für die Beendigung der Beistandschaft eine abschließende Regelung.
[10] DIJuF-Rechtsgutachten JAmt 2005, 181, 182; FamRefK/*Sonnenfeld* Rn 16.
[11] DIJUF-Rechtsgutachten JAmt 2005, 181, 182; aA wohl Palandt/*Diederichsen* Rn 1.
[12] DIJuF-Rechtsgutachten 2003, 17 berücksichtigt dies nicht ausreichend.
[13] BT-Drucks 13/892 S 41.
[14] *Erman/Roth* Rn 4.

IV. Rechtsfolgen der Beendigung

Der Wegfall der Beistandschaft tritt in allen Fällen ein, ohne dass das Jugendamt dabei mitzuwirken hat. Das Jugendamt verliert mit der Beendigung jedes Vertretungsrecht. So kann der Beistand in Unterhaltssachen keine **Mahnung** mehr aussprechen mit der Folge des Verzugs des Unterhaltsschuldners[15]. Ist ein **Prozess anhängig**, muss ihn nun der vertretungsberechtigte Elternteil weiter betreiben (Rn 11.1). Übernimmt der nun vertretungsberechtigte Elternteil den Prozess nicht, ist ein Antrag aus förmlichen Gründen abzuweisen[16]. Die bisherigen Rechtshandlungen des Beistands behalten jedoch ihre Wirksamkeit, so die Verzugsfolge einer Mahnung[17].

Die Beistandschaft endet ohne jede Einschränkung mit der Folge, dass auch in Hinblick auf einen eventuellen Unterhaltsprozess (vgl § 1716 Rn 3) die elterliche Sorge wieder unbeschränkt auflebt. Soweit man davon ausgeht, dass der bisher vertretungsberechtigte Elternteil den Prozess nun als erledigt erklären kann[18], hat dies nun der Elternteil zu entscheiden, der durch die Beistandschaft von der Prozessvertretung ausgeschlossen war.

V. Nachgehende Pflichten des Jugendamtes

Keine Regelung trifft § 1715 über eventuelle nachgehende Pflichten des Jugendamtes gegenüber dem gesetzlichen Vertreter des Kindes nach Beendigung der Beistandschaft. Aus § 810 können sich im Einzelfall Pflichten des Jugendamtes zur Weitergabe von Informationen ergeben, so über Einkommen und Vermögen eines Unterhaltsverpflichteten[19].

§ 1716 Wirkungen der Beistandschaft

¹Durch die Beistandschaft wird die elterliche Sorge nicht eingeschränkt. ²Im Übrigen gelten die Vorschriften über die Pflegschaft mit Ausnahme derjenigen über die Aufsicht des Vormundschaftsgerichts und die Rechnungslegung sinngemäß; die §§ 1791, 1791 c Abs. 3 sind nicht anzuwenden.

Übersicht

	Rn		Rn
I. Normzweck	1	1. Rechtsstellung des Beistandes	7
II. Auswirkungen der Beistandschaft auf die elterliche Sorge und Prozessvertretung (S 1)	2	2. Autonomie des Beistandes	10
		3. Sonstige Geltung der Vorschriften über die Pflegschaft	11
III. Sinngemäße Geltung der Vorschriften über die Pflegschaft (S 2)	7		

I. Normzweck

Die Vorschrift soll die Freiwilligkeit und den Angebotscharakter der Beistandschaft dadurch betonen, dass die Beistandschaft keinen Eingriffscharakter erhält. Zugleich soll über die Verweisung auf das Pflegschafts- bzw Vormundschaftsrecht die grundsätzliche Vertretungsbefugnis des Beistandes nach außen festgelegt werden. Die Regelung wird ergänzt durch die prozessuale Vorschrift des § 53 a ZPO, die im Falle eines Prozesses widerstreitende Erklärungen im Verfahren verhindern soll.

II. Auswirkungen der Beistandschaft auf die elterliche Sorge und Prozessvertretung (S 1)

Während sowohl die gesetzliche Amtspflegschaft für nichteheliche Kinder als auch die Beistandschaft alten Rechts im Umfang des Aufgabenkreises zur Verdrängung des Elternteils aus der elterlichen Sorge führten, schränkt die Beistandschaft die **elterliche Sorge** nicht ein (vgl Rn 3). Damit ist der sorgeberechtigte Elternteil auch nach Eintritt der Beistandschaft weiterhin unbeschränkt befugt, von seiner elterlichen Sorge Gebrauch zu machen. Sämtliche Erklärungen, die im Rahmen der elterlichen Sorge abgegeben werden, sind für und gegen das Kind wirksam (§ 164 Abs 1). Erklärungen, die gegenüber dem Kind abgegeben werden, können weiterhin gegenüber dem insoweit sorgeberechtigten Elternteil abgegeben werden (§ 164 Abs 3).

---

[15] OLG Brandenburg NJW-RR 2007, 75, 76.
[16] DIJuF-Rechtsgutachten JAmt 2002, 245 f; zum besonderen Fall des Obhuts- bzw Sorgerechtswechsels während eines laufenden Unterhaltsprozesses gegen den nun sorgeberechtigten bzw obhutsausübenden Elternteil DIJuF-Rechtsgutachten JAmt 2003, 345, 346.
[17] KG NJW-RR 2005, 155, 156.
[18] *Norpoth* FamRZ 2007, 514, 517 f.
[19] DIV-Gutachten DAVorm 1998, 905, 906; *Staudinger/Rauscher* Rn 18 nimmt eine Auskunfts- und Rechenschaftspflicht entspr § 667 an. Zur Informationspflicht gegenüber dem Kind gemäß § 68 Abs 3 SGB VIII näher DIJuF-Rechtsgutachten JAmt 2001, 277 f; JAmt 2001, 346 f; zur Weitergabe von Informationen und Herausgabe von Unterlagen während bestehender Beistandschaft vgl § 1716 Rn 10.

§ 1716

3 Gemäß § 53a ZPO ist die Vertretung des Kindes durch den sorgeberechtigten Elternteil jedoch **ausgeschlossen,** wenn **in einem Rechtsstreit** das Kind durch einen Beistand vertreten wird; in Hinblick auf den klaren Wortlaut gilt die Vorschrift auch, wenn Beistand nicht das Jugendamt, sondern kraft Übertragung (§ 1712 Rn 24) ein freier Träger der Jugendhilfe ist; zur geplanten Regelung im FamFG Rn 3.1. Hierin liegt eine bewusste teilweise Einschränkung der elterlichen Sorge hinsichtlich der gesetzlichen Vertretungsmacht[1]. Sowohl Wortlaut als auch Zweck der Vorschrift, widerstreitende Erklärungen in einem gerichtlichen Verfahren Streitgegenstand zu vermeiden, rechtfertigen es nur, das gesetzliche Vertretungsrechts der Eltern zu verdrängen, wenn der Beistand im Einzelfall einen Prozess beginnt oder der Prozessführung übernimmt. Der Sorgeberechtigte kann das Kind auch nicht in einem Verfahren zur **Herabsetzung des titulierten Unterhalts** vertreten. Ein gerichtliche Entscheidung ohne Mitwirkung des Beistands ist rechtswidrig; Rechtsmittelfristen laufen nicht, wenn die Entscheidung dem Beistand nicht zugestellt wurde[2]. Der betroffene Elternteil kann sein alleiniges Vertretungsrecht jederzeit wieder erhalten, indem er die Beistandschaft durch schriftliches „Verlangen" beendet (§ 1715 Rn 2).

3.1 Im Entwurf zum geplanten FamFG (§ 1752 Rn 13) wird § 53a ZPO gestrichen und für die zwei Aufgabenbereiche des Beistands (§ 1712 Rn 25) durch zwei gleichlautende Vorschriften ersetzt. Mit der Neuregelung wird die Vertretung des Kindes durch den sorgeberechtigten Elternteil in Verfahren in Abstammungssachen (Art 1 § 173 RegE-FGG-RG) und Unterhaltssachen (Art 1 § 234 RegE-FGG-RG) ausgeschlossen, wenn das Kind „durch das Jugendamt" als Beistand vertreten wird. Damit entfällt der Ausschluss nach dem Wortlaut, wenn das Jugendamt die Aufgabe auf einen freien Träger übertragen hat. Dies dürfte kaum dem Sinn, widersprüchliche prozessuale Erklärungen zu vermeiden, entsprechen. Man wird damit die Vorschrift nur so verstehen können, dass der Ausschluss gilt, wenn eine Beistandschaft beim Jugendamt eingetreten war, ohne Rücksicht auf eine evtl Übertragung der Aufgabe auf einen freien Träger.

4 § 53a ZPO schließt die Vertretung durch den sorgeberechtigten Elternteil nur „in einem **Rechtsstreit**" aus und zwar unabhängig von der Form der Beteiligung des Kindes in einem Prozess, ob als Partei oder Streithelfer[3]. Die Vertretungsmacht wird erst durch die Rechtshängigkeit der Streitsache eingeschränkt[4], da erst dann die Gefahr widerstreitender Erklärungen in einem Rechtsstreit besteht. Für den Ausschluss kommt es nicht darauf an, wer die Klage wann erhoben hat, ob das Verfahren bei Begründung der Beistandschaft schon anhängig war oder erst während der Beistandschaft anhängig gemacht wurde. Die Veränderung der Vertretungsbefugnis ist ohne Einfluss auf die Wirksamkeit der vor Eintritt der Änderung abgegebenen prozessualen Erklärungen. Der jeweilige gesetzliche Vertreter des Kindes übernimmt den Prozess, so wie er vom bisherigen Vertreter geführt wurde. Da nur Erklärungen im gerichtlichen Verfahren erfasst werden, kann der allein sorgeberechtigte Elternteil **materiell-rechtliche Erklärungen außerhalb des Rechtsstreits,** wie etwa Stundungen, Verzicht auf Unterhaltsrückstände, nach wie vor abgeben oder entgegennehmen. Eine **Prozessvollmacht** kann in einem laufenden Verfahren nur vom Jugendamt erteilt werden, wenn das Jugendamt als Vertreter des Kindes in den Rechtsstreit eingetreten ist[5]. Die Erteilung der Vollmacht ist eine Prozesshandlung, keine bloße materiell-rechtliche Erklärung[6]; entspr kann der sorgeberechtigte Elternteil die dem Anwaltszwang unterliegenden Rechtsmittel (§ 78 Abs 2 S 1 Nr 2 ZPO) nur selbst einlegen, wenn er die Beistandschaft vorher beendet hat. Unberührt bleibt die Befugnis des Elternteils, einen Anwalt mit der Wahrnehmung der Rechte des Kindes außerhalb des Rechtsstreits zu betrauen.

5 Die Entscheidung darüber, **ob ein Rechtsstreit begonnen wird,** kann weiterhin von dem Elternteil getroffen werden. Er kann eine Vaterschafts- oder Unterhaltsklage auch erheben, wenn durch seinen Antrag die Beistandschaft begründet wurde. Ebenso kann er Auskünfte vom Unterhaltsverpflichteten verlangen. Das Auskunftsrecht ist gegenüber dem Leistungsanspruch ein Anspruch eigener Art, so dass eine Unterhaltsklage bei bestehender Unterhaltsbeistandschaft noch nicht die gesetzliche Vertretung des sorgeberechtigten Elternteils für die Auskunftsklage verdrängt[7]. Die Gefahr, dass ggf mehrere Prozesse mit einem unterschiedlichen Streitgegenstand geführt werden, ist ein allgemeines Problem, das nicht mit der Tatsache mehrerer gesetzlicher Vertreter verbunden ist. Soweit der Streitgegenstand identisch ist, steht einer zweiten Klage das Prozesshindernis der Rechtshängigkeit entgegen (§ 261 Abs 3 Nr 1 ZPO). Ein vom Elternteil angestrengtes Verfahren kann der Beistand jederzeit wieder beenden, während der Elternteil weder den vom Beistand noch von ihm selbst rechtshängig gemachten Prozess beenden kann, solange die Beistandschaft besteht und der Beistand das Kind in dem Verfahren vertritt.

6 Das erkennende Gericht hat die **Vertretungsmacht des Beistandes** gemäß § 56 Abs 1 ZPO von Amts wegen zu prüfen[8]; nachweispflichtig ist der Beistand, § 1714 Rn 7[9].

---

[1] OLG Hamm JAmt 2001, 368; BT-Drucks 13/892 S 47.
[2] DIJuF-Stellungnahme JAmt 2001, 39, 40 mwN.
[3] *Baumbach/Lauterbach/Albers/Hartmann* ZPO § 53a Rn 3.
[4] *Staudinger/Rauscher* Rn 7; FamRefK/*Wax* § 53a ZPO Rn 2.
[5] DIJuF-Rechtsgutachten JAmt 2004, 576 lässt dies offen.
[6] *Baumbach/Lauterbach/Albers/Hartmann* § 80 ZPO Rn 5; *Musielak/Weth* § 80 ZPO Rn 5; Vor § 128 ZPO Rn 47; zur Unterscheidung zwischen der prozessualen und materiellen Vollmacht Rn 5.
[7] AG *Pankow/Weißensee* FamRZ 1998, 1190, 1191 für die alte Unterhaltsbeistandschaft.
[8] OLG Karlsruhe JAmt 2001, 302, 303.
[9] OLG Naumburg vom 25. 4. 2001, 8 WF 70/01; das gilt auch im vereinfachten Verfahren über den Unterhalt Minderjähriger, OLG Naumburg vom 19. 9. 2001, 8 WF 204/01.

III. Sinngemäße Geltung der Vorschriften über die Pflegschaft (S 2)

1. Rechtsstellung des Beistandes. Der Beistand wird innerhalb seines Aufgabenbereiches gesetzlicher Vertreter des Kindes, nicht des Antragstellers; er wird damit auch nicht formell Verfahrensbeteiligter. Er muss entsprechende Schreiben unterzeichnen und seine Urheberschaft nach außen kenntlich machen[10], da nur die vom Jugendamt bezeichnete Person die Aufgaben des Beistandes wahrnehmen darf (§ 1712 Rn 22). Seine Tätigkeit für das Kind ist rein privatrechtlicher Natur; irgendwelche hoheitliche Befugnisse, die dem Jugendamt über anderweitige Aufgaben zustehen, stehen ihm nicht zu[11]. Ein vertragliches Rechtsverhältnis zwischen Jugendamt und Kind bzw dem Sorgeberechtigten entsteht nicht[12]. Dies ergibt sich nicht unmittelbar aus dem Recht der Beistandschaft, sondern aus der Verweisung auf das Recht der Pflegschaft. Über die Verweisung des Pflegschaftsrechts in § 1915 Abs 1 auf das Recht der Vormundschaft gilt ua § 1793 Abs 1 S 1. Der Beistand kann mit Wirkung für und gegen das Kind sämtliche Erklärungen abgeben, die zu seinem Aufgabenkreis gehören. Erfasst sind Mahnungen, Stundungen, Klageerhebung, Klagerücknahme, Rechtsmittel, ebenso Unterhaltsvereinbarungen mit Auswirkungen auf bisherige Vollstreckungstitel[13]. Die Vertretungsbefugnis ist ggf vor Gericht oder gegenüber dritten Personen durch die Vorlage der entsprechenden Verfügung des Leiters des Jugendamtes darzulegen, einer bestimmten Form hierzu bedarf es nicht[14].

Zur Vertretung gehört grds auch die **Prozessvertretung,** einschließlich des Antrags auf Gewährung der **Prozesskostenhilfe.** Das erkennende Gericht hat die Vertretungsmacht des Beistandes von Amts wegen zu prüfen; nachweispflichtig ist der Beistand[15]. Das Jugendamt hat selbst tätig zu werden, es kann die Aufgabenerfüllung einem **Anwalt** nur übertragen, wenn es wegen des Anwaltszwanges (§ 78 Abs 2 S 1 Nr 2 ZPO) den Prozess nicht selbst führen kann[16]; zum FamFG-Entwurf Rn 8.1. Das mit der Vertretung durch einen Anwalt verbundene zusätzliche Kostenrisiko ist für das Kind nur hinnehmbar, wenn es aus der Sache selbst heraus notwendig ist (vgl § 1712 Rn 36 zur Möglichkeit der Beschränkung der Beistandschaft auf eine bestimmte gerichtliche Instanz), insofern muss die Befugnis des Jugendamtes restriktiv ausgelegt werden. Anderes gilt, wenn die Anwaltsbeiordnung über die Prozesskostenhilfe erfolgt, da diese staatliche Leistung nicht durch das Beistandschaftsrecht eingeschränkt werden soll (§ 1712 Rn 15.3). Der Mitarbeiter kann als gesetzlicher Vertreter nicht mehr **Zeuge** in dem Verfahren sein, da er im Wege der Parteivernahme an der Wahrheitsfindung mitzuwirken hat (§ 455 Abs 1 ZPO).

Nach dem RegE zur Reform des Verfahrens in Familiensachen (§ 1752 Rn 13) ergibt sich eine Änderung der Regelung des **Anwaltszwanges.**

– In **Unterhaltssachen** (Familienstreitsache – §§ 112 Nr 1, 231 Abs 1 RegE-FGG-RG) ist vor dem FamG und dem OLG eine zugelassenen Anwalt notwendig (Art 1 § 114 Abs 1 RegE-FGG-RG), da es sich um eine sog Familienstreitsache handelt (Art 1 §§ 112 Nr 1, 231 RegE-FGG-RG). Der Anwaltszwang entfällt, wenn das Kind durch das Jugendamt als Beistand vertreten ist (§ 114 Abs 4 Nr 2), (Rn 3.1).
– Für **Abstammungssachen** als allgemeine Familiensache (Art 1 § 111 Nr 3 RegE-FGG-RG) besteht vor dem FamG und dem OLG kein Anwaltszwang (arg Art 1 § 114 Abs 1 RegE-FGG-RG).

Innerhalb des Aufgabenkreises des Beistandes besteht im Verhältnis zum sorgeberechtigten Elternteil grds eine **doppelte Vertretungsmacht,** soweit es nicht um prozessuale Erklärungen in einer rechtshängigen Streitsache geht (Rn 3 f). Eine parallele Situation besteht im Verhältnis des Betreuers zum Betreuten, soweit dieser nicht geschäftsunfähig ist, bzw insoweit kein Einwilligungsvorbehalt angeordnet ist. Dies kann zu widersprechenden Erklärungen von Beistand und sorgeberechtigtem Elternteil führen. Der eventuelle Konflikt ist nach den allgemeinen Regeln zu lösen, die für widerstreitende Erklärungen gelten, soweit sie für eine Rechtsperson abgegeben werden[17]. Bei Verfügungen hat die frühere Erklärung Vorrang, Verpflichtungsgeschäfte sind uneingeschränkt wirksam[18], ohne Rücksicht darauf, ob sie auf einer Erklärung des Beistandes oder des allein sorgeberechtigten Elternteils beruhen und denselben Gegenstand betreffen. Insoweit gilt nichts anderes, als wenn dieselbe Person selbst mehrere Verpflichtungen tätigt. **Im Verhältnis zu dritten Personen** führt die Tatsache, dass idR ein Amt (§ 1712 Rn 21) das Kind in seinen privatrechtlichen Angelegenheiten vertritt, nicht zu einer öffentlich-rechtlichen Beziehung und eröffnet damit auch einem eventuell Unterhaltsverpflichteten bzw potenziellen Vater nicht die Möglichkeit, über eine Verwaltungsstreitigkeit auf das Vorgehen des Jugendamtes einzuwirken[19].

2. Autonomie des Beistandes. Während die selbstständige Position des Beistandes im Jugendamt nur sehr eingeschränkt gilt (§ 1712 Rn 23), ist der Beistand gegenüber den sorgeberechtigten Eltern

---

[10] *Lindemann-Hinz* FF 2005, 63, 64.
[11] *Lindemann-Hinz* FF 2005, 63, 64.
[12] OLG Celle FamRZ 2001, 706, 707; *Diederichsen*, GS Lüderitz, S 149; für eine entsprechende Anwendung des § 667 aber *Staudinger/Rauscher* Rn 18, allerdings ausdrücklich nur für die Zeit nach Beendigung der Beistandschaft.
[13] OLG Köln FPR 2001, 400 f.
[14] *Mrozynski* § 55 SGB VIII Rn 16.
[15] OLG Naumburg vom 25. 4. 2001, 8 WF 70/01; das gilt auch im vereinfachten Verfahren über den Unterhalt Minderjähriger, OLG Naumburg vom 19. 9. 2001, 8 WF 204/01.
[16] DIJuF-Rechtsgutachten JAmt 2004, 576 im Ergebnis, wenn auch nicht ganz eindeutig.
[17] *Erman/Roth* Rn 2; für den Fall der Vertretung näher *MünchKommBGB/Schramm* § 164 Rn 113 ff.
[18] *Krug* ZFSH/SGB 1998, 455, 459 Fn 30.
[19] OVG Münster NJW 2002, 458.

§ 1716 Buch 4. Abschnitt 2. Verwandtschaft

weitgehend autonom (Rn 10.1). Mit der Position als gesetzlicher Vertreter hat der Beistand die Aufgabenerfüllung alleine an den objektiven Interessen des Kindes auszurichten. Er ist nicht verpflichtet, sein Vorgehen mit dem Antragsteller abzustimmen[20]. Eine ganz andere Frage ist, inwieweit die Abstimmung mit den Eltern in der Sache empfehlenswert ist[21]. Ist der Antragsteller mit der Amtsführung nicht einverstanden, so muss er durch einen entsprechenden Antrag die Beistandschaft beenden bzw gegenständlich einschränken. Die Einschränkung kann aber nicht in der Weise erfolgen, dass die Beistandschaft auf bestimmte Rechtshandlungen beschränkt wird (§ 1712 Rn 36). **Einsicht in die Unterlagen** kann der gesetzliche Vertreter gemäß § 810 fordern[22]; damit ggf auch der Beistand nach einem Zuständigkeitswechsel[23]. In einem eventuellen Rechtsstreit hat nicht das FamG, sondern die allgemeine Prozessabteilung zu entscheiden, da es sich nicht um eine Familiensache handelt[24]. Eine laufende **Rechnungslegung** kann der sorgeberechtigte Elternteil auch nicht im Namen des Kindes[25] fordern[26]. Darüber hinaus bemisst sich die Befugnis des Jugendamtes zur Weitergabe von Informationen, die er in Ausführung seiner Aufgabe erlangt hat, nach § 68 Abs 1 SGB VIII. Es steht grds in seinem Ermessen, die Eltern über seine Informationen zu unterrichten, wobei häufig von einer Ermessensreduzierung auf Null auszugehen sein wird, wenn die Information in unmittelbarem Zusammenhang mit der Aufgabe des Beistandes stehen[27].

10.1 Abgesehen davon, dass eine Weisungsbefugnis einer Privatperson gegenüber einer Behörde dem deutschen Recht grds fremd ist, ist festzuhalten, dass der Beistand gesetzlicher Vertreter des Kindes, nicht des Antragstellers ist. Eine nicht sachgerechte Befolgung von Vorgaben des Antragstellers kann Grundlage von Ansprüchen aus Amtspflichtverletzung sein. Diese ist dann nur gegeben, wenn objektiv dem Kind in dem Aufgabenkreis des Beistandes ein Schaden zugefügt wird. Die Beurteilung eines Schadens erfolgt unabhängig von den Vorstellungen des antragstellenden Elternteils. Der Beistand würde eine Amtspflichtverletzung begehen, wenn er – entgegen seiner berechtigten Auffassung – Weisungen des antragstellenden Elternteils befolgen würde, die mit den Interessen des Kindes nicht vereinbar sind und zu einem Nachteil führen.

11 **3. Sonstige Geltung der Vorschriften über die Pflegschaft.** Grds gelten sämtliche Vorschriften über die Pflegschaft, soweit sie mit dem Sinn der Beistandschaft als Vertretung des Kindes vereinbar sind (§ 1716 S 2). Sinngemäß anwendbar ist die Vorschrift des § 1918 Abs 3 über die Erledigung einer einzelnen Aufgabe (§ 1715 Rn 8) und die Verweisung auf das Recht der Vormundschaft des § 1915. Die Vorschriften der §§ 1909 bis 1914 sind von der Sache her nicht anwendbar, da sie nur besondere Sachverhalte der Pflegschaft treffen, die für den Fall der Alleinsorge eines Elternteils nicht zutreffen. §§ 1916 und 1917 beziehen sich auf die Person des Pflegers, die durch das Beistandschaftsrecht speziell durch die Bestimmung des Jugendamtes als Beistand geregelt ist. Die anderweitigen Bestimmungen hinsichtlich der Beendigung der Pflegschaft kraft Gesetzes bzw durch Beschluss des Gerichts werden durch die eigenständige Regelung des § 1715 verdrängt, die konsequenterweise eine Aufhebung durch vormundschaftsrichterlichen Beschluss nicht zulässt.

12 Von den mittelbar geltenden Vorschriften des **Vormundschaftsrechts** gelten auf Grund der eingeschränkten Verweisung nur einzelne Normen. Bedeutsamste Norm ist die Verleihung der **gesetzlichen Vertretung** über § 1793 (Rn 7). Anwendbar ist die Bestimmung des § 1833 für die **Haftung** des Beistandes, die vor allem hinsichtlich nicht oder zu wenig verfolgter Unterhaltsansprüche eine Rolle spielt[28]. Sie tritt neben eine mögliche Haftung wegen Amtspflichtverletzung aus § 839 iVm Art 34 GG bzw die Haftung des Vereins, soweit er nach Landesrecht Beistandschaften führen kann (§ 1712 Rn 24). Ob für Ansprüche des Kindes gegen das Jugendamt aus § 1833 die 30jährige Verjährungsfrist gilt[29], ist fraglich, da § 197 Abs 1 Nr 2 wohl nur Ansprüche aus einem familienrechtlichen Verhältnis meint (§ 197 Rn 10; § 194 Rn 39), dh aus dem Rechtsverhältnis zwischen Familienmitgliedern[30]. Vorteilhaft ist die Haftung aber gegenüber der Haftung des Vereins nach allgemeinen Grundsätzen. Eine **Vergütung** des Jugendamtes ist über die Verweisung auf § 1836 Abs 4 ausgeschlossen. Dasselbe gilt für eine **Aufwandsentschädigung** (§§ 1836a S 4, 1836 Abs 4). Damit ist die Beistandschaft wie die frühere Amtspflegschaft und die Unterhaltsbeistandschaft kostenlos (§§ 1712 Rn 25, 1714 Rn 6). Auch nach dem Jugendhilferecht kommt bei der Durchführung der „anderen Aufgaben" nur für die Inobhutnahme oder die vorläufige Unterbringung eine Kostenheranziehung des Kindes bzw der Eltern in Frage (§ 91 Abs 1 Nr 6, 7 SGB VIII).

13 Ausdrücklich ausgeklammert sind aus der Verweisung die Vorschriften über die **Rechnungslegung** gegenüber dem Gericht. Der Gesetzgeber sah hier angesichts des beschränkten Aufgaben-

---

[20] *Diederichsen,* GS Lüderitz, S 146–155; ebenso DIJuF-Stellungnahme JAmt 2001, 38, 39; DIJuF-Rechtsgutachten 2005, 236, 237; *Roth Kind-Prax* 1998, 148; *Erman/Roth* Rn 2; FamRefK/*Sonnenfeld* Rn 3; DIV-Gutachten DAVorm 1999, 865, 867 für eine Herabsetzung des titulierten Unterhalts; *Staudinger/Rauscher* Rn 8; aA *Gawlitta* ZfJ 1998, 156, 157.
[21] *Meysen* JAmt 2001, 261, 262 mwN und krit Hinweisen zur Praxis der Beistandschaft, S 262 f.
[22] DIV-Gutachten DAVorm 2000, 135, 136.
[23] DIV-Gutachten DAVorm 1998, 301, 302; DAVorm 1999, 123 f.
[24] OLG Celle FamRZ 2001, 706, 707.
[25] DIJuF-Stellungnahme JAmt 2001, 183, 184.
[26] OLG Celle FamRZ 2001, 706 f.
[27] DIJuF-Rechtsgutachten JAmt 2005, 180, 181; JAmt 2005, 236, 237.
[28] LG Berlin JAmt 2005, 595, 596; DIJuF-Rechtsgutachten JAmt 2005, 462 zur Verpflichtung periodischer Überprüfungen der Leistungsfähigkeit des Unterhaltsschuldners.
[29] So BT-Drucks 13/892 S 41; wohl auch BGH NJW 2007, 2174: ausdrücklich nur für „erbrechtliche" Ansprüche
[30] *Staudinger/Peters* § 197 Rn 11; aA MünchKommBGB/*Strick* § 55 SGB VIII Rn 11.

Erfordernis des gewöhnlichen Aufenthalts im Inland § 1717

kreises der Beistandschaft kein praktisches Bedürfnis mehr. Es wurde davon ausgegangen, dass der sorgeberechtigte Elternteil die Kontrolle über die Verwaltung der Unterhaltsbeiträge selbst ausüben kann[31]. Keine Rechnungslegung hatte zu erfolgen, als die Amtspflegschaft in die Beistandschaft übergeleitet wurde (§ 1712 Rn 10). Unberührt bleiben die Vorschriften über die Pflicht des Jugendamtes zur Rechnungslegung gegenüber dem Kind selbst (§§ 1915, 1890). Ausgenommen sind auch die Vorschriften über die **Aufsicht des Gerichts**. Der sorgeberechtigte Elternteil ist auf die innerbehördliche Kontrolle angewiesen, die er über eine Aufsichts- bzw Dienstaufsichtsbeschwerde in Gang setzen kann. Auch die vorgesehene Bescheinigung des Eintritts der Beistandschaft durch das Gericht (§ 1791 c Abs 3) wurde als entbehrlich betrachtet, nachdem nicht das Vormundschaftsgericht die Beistandschaft begründet, sondern der Antrag des Elternteils bzw des Vormundes. Das Jugendamt hat damit in seiner Eigenschaft als Beistand keine rechtlichen Beziehungen mehr zum Vormundschaftsgericht[32].

§ 1717 Erfordernis des gewöhnlichen Aufenthalts im Inland

¹**Die Beistandschaft tritt nur ein, wenn das Kind seinen gewöhnlichen Aufenthalt im Inland hat; sie endet, wenn das Kind seinen gewöhnlichen Aufenthalt im Ausland begründet.** ²**Dies gilt für die Beistandschaft vor der Geburt des Kindes entsprechend.**

I. Normzweck

Die Norm soll die Aufgaben der Jugendämter als Beistand auf Fälle beschränken, die eine hinreichende Berührung zum Inland haben. Als spezielle Norm bedeutet sie eine Einschränkung der internationalen Zuständigkeit deutscher Jugendämter. Sie ist damit eine Spezialregelung zum Internationalen Privatrecht[1] und verdrängt die Geltung des sonst maßgeblichen Art 24 EGBGB, der grds an die Staatsangehörigkeit anknüpft[2]. Die Regelung gilt sowohl für die Beistandschaft für ein bereits geborenes Kind als auch für die Beistandschaft vor der Geburt des Kindes (§ 1717 S 2). 1

II. Eintritt der Beistandschaft

1. Gewöhnlicher Aufenthalt des Kindes oder der werdenden Mutter im Inland (S 1 HS 1, S 2). Die Beistandschaft tritt nur ein, wenn das **Kind** seinen gewöhnlichen Aufenthalt im Bundesgebiet hat. Wird der Antrag **vor Geburt des Kindes** gestellt, ist der gewöhnliche Aufenthalt der werdenden Mutter maßgeblich; ist der Vater antragsberechtigt, ist auf dessen Aufenthalt abzustellen[3]. Eine gesetzliche Begriffsbestimmung des **gewöhnlichen Aufenthalts** findet sich weder im BGB noch im deutschen IPR noch im internationalen Kindschaftsrecht, die diesen Begriff verwendet[4]. Die Legaldefinition in § 30 SGB I ist nicht unmittelbar verbindlich, da sie nur die **Leistungen** der Jugendhilfe erfasst, nicht aber die **anderen Aufgaben,** für die das SGB I allgemein nicht gilt[5]. Zurückgegriffen werden kann auf den einheitlich ausgelegten Begriff[6] des gewöhnlichen Aufenthalts im internationalen Kindschaftsrecht, das von einem einheitlichen Begriff für die maßgeblichen Abkommen ausgeht. Insbes der Zweck der Anknüpfung im Übereinkommen über die Zuständigkeit der Behörden und das anzuwendende Recht auf dem Gebiet des Schutzes von Minderjährigen vom 5. 10. 1961 (MSA, vgl § 1712 Rn 8), eine Maßnahme für den Minderjährigen nur bei gefestigtem Aufenthalt im Bundesgebiet zu ermöglichen, ist auch für die Beistandschaft gegeben. Die Beistandschaft ist auf längere Zeit angelegt, soll den allein sorgeberechtigten Elternteil bei Aufgaben unterstützen, die bei vermutlich nur kurzfristigem Aufenthalt regelmäßig nicht sinnvoll erfüllt werden können. Gewöhnlicher Aufenthalt ist danach nicht der Wohnsitz iS § 7, sondern der faktische Wohnsitz, der räumliche Bereich, in dem eine Person tatsächlich ihren Lebensmittelpunkt hat, so wie das auch für den gewöhnlichen Aufenthalt nach § 30 Abs 3 S 2 SGB I[7] und § 86 Abs 4 S 1 SGB VIII[8] gilt. In der Regel wird der gewöhnliche Aufenthalt des Kindes dem gewöhnlichen Aufenthalt des **sorgeberechtigten Elternteils** entsprechen, da den eigenen tatsächlichen Verhältnissen wegen der Abhängigkeit des Kindes von der Betreuung durch die Eltern meist nur eine untergeordnete Bedeutung zukommt[9], zwingend ist das aber nicht[10]. 2

Ohne Bedeutung für den Eintritt der Beistandschaft ist, ob auch in einem anderen Land eine der Beistandschaft entsprechende Maßnahme durchgeführt wird. § 1717 als besondere Regelung des IPR sieht eine Subsidiarität der im Inland beantragten Beistandschaft nicht vor, sondern geht davon aus, dass 3

---

[31] BT-Drucks 13/892 S 31.
[32] *Knittel* DAVorm 1995, 917, 919.
[1] BT-Drucks 13/892 S 41.
[2] *Staudinger/Rauscher* Rn 4 zum Problem des Rechtscharakters der Norm.
[3] *Staudinger/Rauscher* Rn 13.
[4] *Winkler v. Mohrenfels* FPR 2001, 189, 190.
[5] *Oberloskamp/Kunkel* Vormundschaft, 2000, § 19 Rn 15.
[6] *Winkler v. Mohrenfels* FPR 2001, 189, 190.
[7] *Mrozynski* § 30 SGB I Rn 19 mwN.
[8] BVerwG JAmt 2006, 35, 36; ZfJ 2003, 284, 285; zum Begriff des gewöhnlichen Aufenthalts im internationalen Kindschaftsrecht auch *Winkler v. Mohrenfels* FPR 2001, 189, 190, dort zum faktischen Moment S 190.
[9] DIJuF-Rechtsgutachten JAmt 2002, 116, 117.
[10] BVerwG ZfJ 2003, 284, 285; vgl *Mrozynski* § 30 SGB I Rn 21.

§ 1717

bei gewöhnlichem Aufenthalt im Bundesgebiet die Tätigkeit eines deutschen Jugendamtes erforderlich sein kann[11].

2. Staatsangehörigkeit des Kindes oder des antragsberechtigten Elternteils; Beistandschaft

4 **für Ausländer.** Auf die Staatsangehörigkeit des Kindes oder des antragsberechtigten Elternteils kommt es nach dem eindeutigen Wortlaut nicht an. Es besteht auch kein Bedürfnis, für ein Kind die Vaterschaftsfeststellung zu betreiben bzw Unterhaltsansprüche geltend zu machen, wenn das Kind sich nur vorübergehend im Bundesgebiet aufhält, unabhängig davon, welche Staatsangehörigkeit das Kind hat. Auch für einen **Deutschen** tritt keine Beistandschaft ein, wenn er seinen gewöhnlichen Aufenthalt nicht im Bundesgebiet hat.

5 **Ausländische Kinder** können auf Antrag des allein sorgeberechtigten Elternteils einen Beistand erhalten, wenn sie ihren gewöhnlichen Aufenthalt im Bundesgebiet haben. Die Bestimmung des § 6 Abs 2 SGB VIII, mit der Leistungen der Jugendhilfe für Ausländer von bestimmten ausländerrechtlichen Voraussetzungen abhängig gemacht werden, kann auf die Beistandschaft als „andere Aufgabe" nicht angewendet werden. Insofern unterscheidet § 6 SGB VIII ausdrücklich zwischen Leistungen und anderen Aufgaben. **Ausländer** können ohne weiteres einen gewöhnlichen Aufenthalt im Bundesgebiet begründen. Ausländerrechtliche Bestimmungen wirken nur indirekt, über die Prognose des weiteren Aufenthalts, auf die Bestimmung des gewöhnlichen Aufenthalts ein. Ein **Aufenthaltstitel** ist lediglich eine rechtliche Erlaubnis und begründet den gewöhnlichen Aufenthalt noch nicht; hinzutreten muss der Gebrauch des Aufenthaltstitels. Die im Einzelfall erteilte Art des Aufenthaltstitels (vgl §§ 6, 7 und 9 AufenthG) kann aber die Prognose beeinflussen, ob der Aufenthalt nur vorübergehend ist. Über ein Visum (§ 6 AufenthG) kann regelmäßig kein gewöhnlicher Aufenthalt begründet werden, auch wenn von vornherein an einen längeren Aufenthalt gedacht ist. Eine Aufenthaltserlaubnis (§ 7 AufenthG) kann trotz der ihr kraft Gesetzes festgelegten Befristung je nach dem Zweck der Erteilung im Einzelfall dazu führen, dass von einem gewöhnlichen Aufenthalt gesprochen werden muss, so etwa im Falle des Familiennachzuges (vgl §§ 27 ff AufenthG). Die Aufenthaltserlaubnis ist insoweit die Vorstufe der von vornherein erstrebten Niederlassungserlaubnis, so dass bereits mit Gebrauch der – zunächst befristeten – Aufenthaltserlaubnis ein gewöhnlicher Aufenthalt begründet wird. Damit ist auch der Eintritt der Beistandschaft möglich.

6 **Asylbewerber,** deren Aufenthalt auf Grund der Aufenthaltsgestattung nach § 55 Abs 1 S 1 AsylVfG rechtmäßig ist, haben grds keinen gewöhnlichen Aufenthalt, da im Hinblick auf den unklaren Ausgang des Verfahrens und des damit offenen Verbleiberechts noch nicht erkennbar ist, dass der Aufenthalt auf längere Zeit angelegt ist und von einer sozialen Integration regelmäßig nicht gesprochen werden kann. Anders ist das aber, wenn im Einzelfall ein tatsächlicher längerer Aufenthalt vorliegt, der auch zu einer gewissen sozialen Integration geführt hat[12]. Die Zuweisung auf Grund des AsylVfG ist auf Grund des faktischen Charakters des gewöhnlichen Aufenthalts keine hinreichende Bedingung[13]. **Unbegleitete minderjährige Flüchtlinge** mit dem Status eines Asylbewerbers, die auf absehbare Zeit nicht in ihre Heimat zurückgesandt werden können, eine Berufsausbildung betreiben bzw eine Schule besuchen, begründen so einen gewöhnlichen Aufenthalt.

7 Die **Rechtswidrigkeit des Aufenthalts** im Bundesgebiet steht dem gewöhnlichen Aufenthalt im Bundesgebiet nicht zwingend entgegen. Für das Kindergeld hat das BSG jeden rechtswidrigen Aufenthalt mit dem gewöhnlichen Aufenthalt nicht vereinbar angesehen, auch wenn wegen eines Ausreisehindernisses eine Duldung erteilt worden war[14]. Das BSG sieht die gesetzliche Definition in § 30 Abs 3 SGB I unter dem Vorbehalt spezieller sozialrechtlicher Regelungen, die aber nicht ausdrücklich getroffen sein müssen, sondern sich auch aus dem Regelungszusammenhang ergeben können[15]. Dies dürfte aber damit zu tun haben, dass steuerfinanzierte Sozialleistungen nicht an Ausländer gezahlt werden sollen, die rechtlich gesehen das Bundesgebiet verlassen müssten. Diese rechtliche Betrachtungsweise iS einer Leistungssperre gilt nicht für die Frage des Eintritts der Beistandschaft. Für **geduldete Ausländer** gilt folgendes: Ist die Abschiebung aus Gründen unmöglich, die nicht nur vorübergehender Natur sind, so ist von einem gewöhnlichen Aufenthalt des Kindes auszugehen, wenn die soziale Integration besteht. Das gilt zB, wenn ein aufnahmebereiter Staat nicht zu finden ist, wenn die Abschiebung nicht zulässig ist, weil das Kind auf nicht absehbare Zeit im Zielstaat keine hinreichende Betreuung finden würde und daher die Abschiebung gegen die EMRK verstoßen würde. Regelmäßig wird man einen gewöhnlichen Aufenthalt aber erst nach einer gewissen Dauer des Aufenthalts annehmen können[16], wenn nicht von vorneherein feststeht, dass der Aufenthalt von längerer Dauer sein wird.

8 **3. Aufenthalt des allein sorgeberechtigten Elternteils.** Das Gesetz macht den Eintritt der Beistandschaft nicht vom Aufenthalt des allein sorgeberechtigten Elternteils abhängig. Nur im Falle der Beistandschaft für die werdende Mutter ist auf den gewöhnlichen Aufenthalt der werdenden Mutter abzustellen[17]. Probleme der Bestimmung des zuständigen Jugendamtes können sich ergeben, wenn sich der sorgeberechtigte Elternteil nicht im Bundesgebiet aufhält, da dann die örtliche Zuständigkeit des

---

[11] BT-Drucks 13/892 S 41.
[12] OLG Nürnberg OLGR 2001, 232 f; OLG Hamm IPRax 1990, 247 f; OLG Koblenz IPRax 1990, 249; OLG Nürnberg IPRax 1990, 249 f: jeweils für die internationale Zuständigkeit in Ehesachen; vgl *Kilian* IPRax 1995, 9, 11.
[13] BVerwG JAmt 2006, 35.
[14] BSG NVwZ-RR 1998, 333, 334.
[15] BSG NVwZ-RR 1998, 333; *Mrozynski* § 30 SGB I Rn 19.
[16] DIJuF-Rechtsgutachten in JAmt 2006, 289, 290: sechs Monate.
[17] BT-Drucks 13/892 S 42.

Jugendamtes nicht geregelt ist. Die Zuständigkeitsregelung des SGB VIII stellt insoweit zunächst auf den gewöhnlichen Aufenthalt des Elternteils ab, fehlt dieser, ist der tatsächliche Aufenthalt maßgeblich (§ 87 c Abs 5 S 1, Abs 1 S 1 und 3 SGB VIII). Nicht geregelt ist die Fallkonstellation, dass das Kind seinen gewöhnlichen Aufenthalt im Inland hat, der sorgeberechtigte Elternteil sich aber im Inland nicht aufhält, was zB bei Pflege- und Heimkindern durchaus der Fall sein kann[18]. Da das Gesetz den Aufenthalt des sorgeberechtigten Elternteils nicht zur Voraussetzung des Eintritts der Beistandschaft macht, der Aufenthalt auch nicht zwingend zur Durchführung der Beistandschaft erforderlich ist, die Notwendigkeit einer Beistandschaft in derartigen Fällen eher besonders groß ist, muss man hier von einer Lücke im Gesetz sprechen. Andernfalls käme man zum Ergebnis, dass der Eintritt der Beistandschaft nicht nur vom Aufenthalt des Kindes, sondern auch von einem mindestens tatsächlichen Aufenthalt des sorgeberechtigten Elternteils abhängt. Hierzu sind aber die Zuständigkeitsvorschriften des SGB VIII nicht geeignet. In derartigen Fällen tritt die Beistandschaft dennoch ein[19], die Zuständigkeit richtet sich nach dem gewöhnlichen Aufenthaltsort des Minderjährigen. Maßgeblich für die örtliche Zuständigkeit dürfte die Überlegung sein, dass für Unterhalts- und Abstammungsklagen des Kindes örtlich die Gerichte zuständig sind, an denen der Minderjährige seinen Wohnsitz bzw seinen gewöhnlichen Aufenthalt hat (§ 640 a Abs 1 ZPO für die Vaterschaftsklage; §§ 642 Abs 1, 13 ZPO für das Unterhaltsverfahren). Auf diese Weise erreicht man auch für diese Fälle grds den Gleichlauf der Zuständigkeit der Gerichte und des Jugendamtes als Beistand.

III. Ende der Beistandschaft (S 2 HS 2)

Die Beistandschaft endet kraft Gesetzes, wenn das Kind seinen gewöhnlichen Aufenthalt im Ausland begründet. Die Begründung des gewöhnlichen Aufenthalts im Ausland muss feststehen, „begründete Zweifel" reichen nicht aus[20]. Einer förmlichen Entscheidung bedarf es ebenso wenig wie beim Eintritt der Beistandschaft. Das Gesetz geht davon aus, dass das Kind nur einen gewöhnlichen Aufenthalt haben kann. Nicht ausreichend ist damit, dass das Kind das Bundesgebiet verlässt, auch nicht die Aufgabe des gewöhnlichen Aufenthalts im Bundesgebiet ohne die Begründung eines neuen gewöhnlichen Aufenthalts im Ausland. Erst nach einer sozialen Integration in einem anderen Staatsgebiet endet die Beistandschaft im Bundesgebiet, ohne Rücksicht darauf, ob außerhalb Deutschlands eine entsprechende Maßnahme erfolgt bzw erfolgen kann. Ist die Beistandschaft entspr beendet, lebt sie nicht wieder auf, wenn das Kind erneut seinen gewöhnlichen Aufenthalt im Bundesgebiet nimmt. Es bedarf vielmehr wieder des Antrages des Sorgeberechtigten.

§§ 1718 bis 1740 *(weggefallen)*

Titel 7. Annahme als Kind (§§ 1741–1772)

Untertitel 1. Annahme Minderjähriger (§§ 1741–1766)

§ 1741 Zulässigkeit der Annahme

(1) **¹Die Annahme als Kind ist zulässig, wenn sie dem Wohl des Kindes dient und zu erwarten ist, dass zwischen dem Annehmenden und dem Kind ein Eltern-Kind-Verhältnis entsteht. ²Wer an einer gesetzes- oder sittenwidrigen Vermittlung oder Verbringung eines Kindes zum Zwecke der Annahme mitgewirkt oder einen Dritten hiermit beauftragt oder hierfür belohnt hat, soll ein Kind nur dann annehmen, wenn dies zum Wohl des Kindes erforderlich ist.**

(2) **¹Wer nicht verheiratet ist, kann ein Kind nur allein annehmen. ²Ein Ehepaar kann ein Kind nur gemeinschaftlich annehmen. ³Ein Ehegatte kann ein Kind seines Ehegatten allein annehmen. ⁴Er kann ein Kind auch dann allein annehmen, wenn der andere Ehegatte das Kind nicht annehmen kann, weil er geschäftsunfähig ist oder das 21. Lebensjahr noch nicht vollendet hat.**

Schrifttum: *Klingenstein,* Kulturelle Identität und Kindeswohl im deutschen internationalen Adoptionsrecht, 2000; *Paulitz,* Offene Adoption, 1997; *Paetzold,* Die gemeinschaftliche Adoption Minderjähriger durch eingetragene Lebenspartner, 2006; *Paulitz* (Hrsg), Adoption Positionen, Impulse, Perspektiven 2. Aufl 2006 (zitiert: *Paulitz/Bearbeiter*); *Scharp,* Die Auswirkungen internationaler Regelungen auf das deutsche Adoptionsrecht, 2000; *Sethe,* Die Durchsetzung des Rechts auf Kenntnis der eigenen Abstammung aus der Sicht des Kindes, 1995; *Smentek* (Hrsg), Die leiblichen Eltern im Adoptionsprozess – verändert sich die Adoptionspraxis?, 1998 (zitiert: *Smentek/Bearbeiter*); *Sonnenberger,* Erwerb und Fortfall der Erbberechtigung adoptierter Kinder, insbesondere bei Adoptionen in den USA, GS Lüderitz, 2000.

---

[18] *Oberloskamp/Baer* Vormundschaft, 2000, § 13 Rn 36.
[19] *Oberloskamp/Baer* Vormundschaft, 2000, § 13 Rn 36.
[20] DIJuF-Stellungnahme JAmt 2001, 235, 236.

§ 1741

Buch 4. Abschnitt 2. Verwandtschaft

Übersicht

	Rn		Rn
I. Vorbemerkungen zu Titel 7. Annahme als Kind	1	b) Adoptionen mit Auslandsberührung	10
1. Entwicklung und Grundlagen des Rechts der Adoption	1	**II. Erläuterungen zu § 1741**	17
a) Der Zweck der Adoption: vom Unternehmens- und Namenserhalt zur Jugendhilfe	1	1. Normzweck	17
b) Systematik des Adoptionsrechts	2	2. Systematik und Bedeutung der Voraussetzungen der Annahme eines Minderjährigen	18
2. Überleitung von Adoptionen nach dem alten Adoptionsrecht	4	3. Kindeswohl	19
a) Minderjährigkeit am Stichtag	5	a) Allgemeine Kriterien	19
b) Volljährigkeit am Stichtag	6	b) Verhältnisse der Adoptionsbewerber	26
3. Überleitung der Adoptionen aus der ehemaligen DDR	7	c) Erforderlichkeit der Adoption bei Beteiligung der Annehmenden an gesetzes- oder sittenwidrigen Praktiken der Adoptionsvorbereitung (Abs 1 S 2)	31
4. Adoptionsrecht mit Auslandsbezug	9	4. Eltern-Kind-Verhältnis	34
a) Gegenstand des Internationalen Privat- und Verfahrensrechts	9	5. Einzel- und gemeinschaftliche Adoption/Personenstand der Annehmenden	35

I. Vorbemerkungen zu Titel 7. Annahme als Kind

1 **1. Entwicklung und Grundlagen des Rechts der Adoption. a) Der Zweck der Adoption: vom Unternehmens- und Namenserhalt zur Jugendhilfe.** War die Adoption früher weitgehend durch die vermögens- und namensrechtlichen Interessen bestimmte Annahme eines Volljährigen, steht im Vordergrund inzwischen die Adoption eines Minderjährigen[1]. Ihm soll es ermöglicht werden, in einer Familie aufzuwachsen, auch wenn die leiblichen Eltern als Betreuer und Erzieher ausfallen. Die geltende rechtliche Regelung beruht wesentlich auf der Adoptionsreform durch das AdoptG[2]. Sie führte die Volladoption ein (vgl §§ 1754, 1755; § 1754 Rn 1), löste das Vertragssystem durch das Dekretsystem (§ 1752 Abs 1; § 1752 Rn 1) ab und verdeutlichte damit die besondere staatliche Verantwortung für die Annahme. Zahlenmäßig übertreffen die **Adoptionen durch Stiefeltern**[3] und Verwandte etwas die Adoptionen durch familienfremde Personen; die Zahl der Adoptionsbewerber übertrifft die zur Adoption vorgemerkten Kinder etwa im Verhältnis von 15:1 bis 12:1. Die Zahl der Adoptionen ist seit den letzten Jahren insgesamt rückläufig[4].

2 **b) Systematik des Adoptionsrechts. aa) Annahme eines Minderjährigen und Annahme eines Volljährigen.** Formelles Gliederungsprinzip des Neunten Titels ist die Unterscheidung zwischen Annahme eines Minderjährigen einerseits und eines Volljährigen andererseits. Im internationalen Recht wird zunehmend nur noch darauf abgestellt, ob der Anzunehmende das 18. Lebensjahr vollendet hat (Art 3 des Haager Adoptionsübereinkommens und § 1 AdWirkG, näher Rn 15; zur deutschen Regelung beim Erwerb der Staatsangehörigkeit vgl § 1754 Rn 5 f). Die grundlegenden Vorschriften für beide Adoptionsformen enthalten die Regelungen zur Annahme eines Minderjährigen, auf die für die Annahme eines Volljährigen weitgehend, wenn auch nicht ausnahmslos verwiesen wird (§ 1767 Rn 11; § 1768 Rn 2). Trotz der zahlenmäßig dominierenden Bedeutung von Stiefkind- bzw Verwandtenadoptionen wird das Konzept der Vorschriften ganz von der Fremdkindadoption beherrscht. Dies drückt sich vor allem darin aus, dass die Adoption in jedem Fall zur völligen Beendigung der Rechtsbeziehungen zwischen dem Kinde und der Familie des abgebenden Elternteils führt (§ 1755), obwohl dies von den Beteiligten nicht immer gewünscht wird.

3 **bb) Voraussetzungen einer Adoption, Rechtsfolgen und Sanktion einer rechtswidrigen Annahmeentscheidung.** §§ 1741 ff begrenzen die Möglichkeit der **Annahme eines Minderjährigen,** scheiden die rechtmäßigen von den rechtswidrigen Adoptionen und regeln sowohl den formellen Akt der Annahme als auch die damit verbundenen grundlegenden Rechtsfolgen für die verwandtschaftsrechtlichen Beziehungen. Eine eigenständige Regelung sieht das Adoptionsrecht für das Namensrecht vor (§§ 1757, 1764); spezielle Rechtsfolgen gelten gemäß § 1751 hinsichtlich Unterhalt und elterlicher Sorge für die Zeit zwischen Wirksamkeit der Einwilligung der leiblichen Eltern einerseits und dem Adoptionsdekret andererseits. Die Auswirkungen der Nichtbeachtung materieller und formeller Voraussetzungen der Annahme auf den Bestand der Adoption ergeben sich abschließend aus dem materiellen Adoptionsrecht (§ 1759). Ergänzt wird diese Regelung durch die Unanfechtbarkeit und Unabänderbarkeit des Adoptionsdekrets gemäß § 56 e S 3 FGG (§ 1752 Rn 6); zur Frage der Nichtigkeit des Dekrets und zur Möglichkeit einer Verfassungsbeschwerde vgl § 1752 Rn 7 ff. Für die **Volljährigenadoption** gelten zT abweichende Regelungen. Insbes sind die Folgen der Adoption schwächer (§ 1770); in bestimmten Fallkonstellationen kann jedoch eine Gleichstellung mit der Annahme eines Minderjährigen erfolgen (§ 1772 Abs 1).

---

[1] Zur historischen Entwicklung *Pätzold* S 33 ff; *Paulitz/Baer* S 7 ff.
[2] Gesetz über die Annahme als Kind und zur Änderung anderer Vorschriften vom 2. 7. 1996, BGBl I S 1749.
[3] *Paulitz* ZfJ 1997, 311 f; zur Statistik ausf *Fendrich* ZfJ 2005, 283 ff; aktuelle Zahlen in ZfJ 2004, 395; zuletzt ZKJ 2006, 525.
[4] ZKJ 2006, 525.

Zulässigkeit der Annahme § 1741

2. Überleitung von Adoptionen nach dem alten Adoptionsrecht. In Hinblick auf die erheblichen Änderungen der Rechtsfolgen der Adoption durch die Reform bedurfte es einer näheren Regelung, wie sich die neuen Bestimmungen auf die bereits vor dem Inkrafttreten der Reform vorgenommenen Adoptionen auswirkten. Die in Art 12 AdoptG enthaltenen Bestimmungen unterscheiden grds danach, ob der Angenommene im Zeitpunkt des Inkrafttretens (1. 1. 1977) minderjährig oder volljährig war. 4

a) Minderjährigkeit am Stichtag. War der Angenommene im Zeitpunkt des Inkrafttretens (1. 1. 1977) des AdoptG (BGBl I S 1749) noch **minderjährig,** richteten sich die Rechtsfolgen der Adoption ab 1. 1. 1978 nach dem neuen Adoptionsrecht (Art 12 § 1 Abs 2 AdoptG); das Kind wurde danach voll in die neue Familie eingegliedert (§ 1754), die verwandtschaftsrechtlichen Beziehungen zu den leiblichen Eltern wurden beendet (§§ 1755, 1756). Gesonderte Regelungen ergingen (§ 2 Abs 2 S 1 HS 2 iVm § 1 Abs 2 bis 4 AdoptG) für die Auswirkungen der Annahme auf einen Abkömmling des Angenommenen und für das **Namensrecht; Erbrechte** bestimmten sich nach den bis einschließlich 30. 6. 1997 geltenden Vorschriften, wenn der Erbfall bereits vor dem 1. 1. 1997 eintrat. Das gilt aber nicht für die Vererblichkeit des Anwartschaftsrechts eines Nacherben, der nach dem 30. 6. 1997 starb[5]. Für den Fall des Todes des Annehmenden **nach dem Stichtag** des 30. 6. 1997 gelten die Vorschriften des neuen Rechts mit der Folge eines gesetzlichen Erbrechts des Angenommenen als Kind des Annehmenden[6]. Ein vor dem Stichtag erklärter Ausschluss des Erbrechts des Angenommenen verlor seine Wirksamkeit, es sei denn, der Annehmende hatte vor dem Stichtag einen entsprechenden formgerechten Widerspruch nach Art 12 § 2 Abs 2 S 2 AdoptG erklärt[7]. Der Erwerb der deutschen **Staatsangehörigkeit** konnte durch eine befristete besondere Erklärung bewirkt werden (Art 12 § 4 AdoptG). Bis zum 31. 12. 1997 konnte ein Annehmender, das Kind, ein leiblicher Elternteil eines ehelichen Kindes und die Mutter des nichtehelichen Kindes, soweit ihre Einwilligung nicht ersetzt worden war (Art 12 § 2 S 3 AdoptG), erklären, dass die seit 1. 1. 1997 geltenden Vorschriften über die Annahme Minderjähriger nicht angewandt werden sollen (Art 12 § 2 Abs 2 S 2, Abs 3 S 1). Wurde von dieser Möglichkeit wirksam Gebrauch gemacht, so waren und sind die Vorschriften des AdoptG über die Annahme Volljähriger anzuwenden (Art 12 § 3 Abs 1 AdoptG)[8]. Die Verwandtschaftsbeziehungen zu den leiblichen Eltern blieben erhalten. Möglich war eine erneute Adoption nach den ab 1. 1. 1997 geltenden Vorschriften über die Annahme Minderjähriger (Art 12 § 7 Abs 1 S 1 AdoptG), so dass auch noch später die starken Wirkungen der Annahme neuen Rechts erreicht werden konnten („Aufstockung")[9]. 5

b) Volljährigkeit am Stichtag. War der vor dem 1. 1. 1977 Angenommene im Zeitpunkt des Inkrafttretens des neuen Adoptionsrechts am 1. 1. 1977 **volljährig,** galten und gelten grds die Vorschriften der Annahme eines Volljährigen neuen Rechts (Art 12 § 1 Abs 1 AdoptG); die Verwandtschaftsbeziehungen zu den leiblichen Eltern blieben erhalten. Bedeutung hat dies vor allem für das Erbrecht. Der Angenommene ist weiterhin gesetzlicher Erbe nach den leiblichen Eltern[10]. Da sich das Annahmeverhältnis nicht auf die Abkömmlinge des Annehmenden erstreckt (§ 1770 Rn 2), können diese den Angenommenen nicht gesetzlich beerben, wenn der Annehmende bereits verstorben ist[11]. Gesonderte Regelungen ergingen für die Auswirkungen auf einen Abkömmling des Angenommenen (§ 1 Abs 2), für das Namensrecht (§ 1 Abs 3) und für das Erbrecht, wenn der Erbfall bereits vor dem 1. 1. 1997 eingetreten war (§ 1 Abs 4) oder im Annahmevertrag Erbrechte ausgeschlossen wurden. Letztere gelten auch über den 1. 1. 1977 hinaus (§ 1 Abs 5)[12]. Die einschränkenden Regelungen können durch eine erneute Adoption mit den Wirkungen der Annahme eines Minderjährigen auf der Grundlage des § 1772 beseitigt werden (Art 12 § 7 Abs 1 S 1, 2 AdoptG). 6

3. Überleitung der Adoptionen aus der ehemaligen DDR. Adoptionen, die in der ehemaligen DDR abgeschlossen wurden, gelten grds weiter, Art 234 § 13 EGBGB[13]; für ihre Rechtsfolgen gelten mit einigen wenigen Ausnahmen die Vorschriften des BGB. Abweichungen ergeben sich gemäß Art 234 § 13 Abs 1 S 1 hinsichtlich der **Wirkungen** der Adoption, soweit nach dem damals anwendbaren Recht mit der Adoption Ansprüche erloschen (§ 1755 Abs 1 S 2 gilt nicht) und verwandtschaftsrechtliche Beziehungen umfassender erloschen sind (§ 1756 gilt nicht). In der ehemaligen DDR selbst vorgenommene rechtskräftige[14]**Aufhebungen** werden grds übernommen (Art 134 § 13 Abs 2 EGBGB). Die Möglichkeit der Aufhebung von Adoptionen nach dem Recht des BGB hat auf Grund der Ausschlussfrist von drei Jahren (Art 234 § 13 Abs 6 EGBGB) Bedeutung nur noch für die Abwicklung bereits eingereichter Aufhebungsanträge. Diese dürften aber inzwischen abgeschlossen sein. Die zum Stichtag des 3. 10. 1990 noch nicht abgeschlossenen Adoptionsverfahren waren nach dem BGB fortzusetzen, die bis dahin ergangenen Rechtsakte blieben unberührt[15]. 7

---

[5] OLG Stuttgart FamRZ 1994, 1553, 1554.
[6] OLG Hamm FamRZ 2003, 165, 166.
[7] BVerfG FamRZ 2003, 999, 1000: die Regelung ist verfassungsgemäß; ebenso OLG Hamm FamRZ 2003, 165, 166.
[8] Sonderregelungen hierzu in Art 12 § 3 Abs 2 S 1 iVm § 1 Abs 2 bis 6, § 3 Abs 2 S 2 AdoptG.
[9] MünchKommBGB/*Maurer* § 1772 Anh Rn 23.
[10] OLG Frankfurt FamRZ 1995, 1087 mwN.
[11] BayObLG FamRZ 1994, 853, 854 mwN.
[12] OLG Düsseldorf FamRZ 1998, 1627, 1628.
[13] MünchKommBGB/*Maurer* Art 234 § 13 Rn 4 ff; dort auch zu den Besonderheiten der Anerkennung.
[14] *Soergel/Liermann* Vor § 1741 Rn 14.
[15] Näher *Soergel/Liermann* Vor § 1741 Rn 18.

§ 1741

8 In Hinblick auf die in Art 234 § 13 EGBGB geregelten eingeschränkten Rechtsfolgen der in der ehemaligen DDR vorgenommenen Adoptionen ist eine **Wiederholungsadoption** jedenfalls zulässig, wenn das Kind vom Ehegatten des Adoptivelternteils angenommen werden soll[16]. In diesem Fall müssen die leiblichen Eltern erneut ihre Einwilligung zur Adoption erklären, da sie durch die erweiterte Wirkung der Adoption in ihrem Elternrecht betroffen sind[17]; vgl § 1742 Rn 4 zum parallelen Problem der Wiederholungsadoptionen bei Auslandsadoptionen mit schwächerer Wirkung.

9 **4. Adoptionsrecht mit Auslandsbezug. a) Gegenstand des Internationalen Privat- und Verfahrensrechts.** Haben Adoptionen einen Bezug zu anderen Rechtsordnungen, so ist vor allem zu klären,
- welche Rechtsordnung von den deutschen Gerichten bei einer Adoption mit Auslandsberührung anzuwenden ist (Rn 10), welche Rechtswirkungen einer Adoption nach ausländischem Sachrecht zukommen (Rn 11) und
- inwieweit Adoptionen ausländischer Stellen auch für die deutsche Rechtsordnung anzuerkennen sind (Rn 12 ff).

Zudem ist zu berücksichtigen, inwieweit völkerrechtliche Bestimmungen auf das nationale Recht einwirken. Im Zusammenhang mit der Ratifizierung des „Haager Übereinkommens über den Schutz von Kindern und die Zusammenarbeit auf dem Gebiet der internationalen Adoption"[18] ergeben sich durch das **Gesetz zur Regelung von Rechtsfragen auf dem Gebiet der internationalen Adoption und zur Weiterentwicklung des Adoptionsvermittlungsrecht** vom 5. 11. 2001 (BGBl I S 2950) wesentliche Änderungen (Rn 9.1), die sich nicht auf die von dem Haager Übereinkommen erfassten Adoptionen beschränken (Art 2 des Übereinkommens zum Geltungsbereich).

9.1 Ein weiterer wesentlicher Teil des Gesetzes betrifft Bestimmungen zur Ausführung des Haager Übereinkommens (Art 1) ua mit einer Erstreckung der ausländerrechtlichen Regelungen des Kindernachzuges auf ein anzunehmendes Kind (Art 1 § 6) und Änderungen des AdVermiG (Art 3). Das Gesetz ist zum 1. 1. 2002 in Kraft getreten (Art 6).

10 **b) Adoptionen mit Auslandsberührung. aa) Adoption mit Auslandsberührung durch deutsche Gerichte.** Die **internationale Zuständigkeit** der deutschen Gerichte für ein Adoptionsverfahren richtet sich nach § 43 b Abs 1 S 1 FGG; die Zuständigkeit ist nicht ausschließlich (§ 43 b Abs 1 S 2 FGG). Das Verfahren richtet sich nach dem deutschen Recht (lex fori). Das anzuwendende **materielle Recht** wird über Art 22 EGBGB bestimmt.
- Für die Annahme selbst, deren Voraussetzungen, Methode und Durchführung gilt nach Abs 1 das Recht des Staates, dem der Annehmende angehört (Abs 1 S 1), bei gemeinsamer Annahme durch Ehegatten oder bei der Stiefkindadoption gilt das nach Art 14 Abs 1 EGBGB maßgebliche Ehewirkungsstatut (Abs 1 S 2), Rn 10.1.
- Das Adoptionsstatut gilt ebenso für die rechtlichen Folgen der Adoption (Art 22 Abs 2 EGBGB).
- Das Adoptionsstatut gilt auch für die Aufhebung der Adoption[19].

Soweit danach ausländisches Recht ausschlaggebend ist, kann dessen Regelung wegen Verstoßes gegen den ordre public (Art 6 EGBGB) übergangen werden, so nach der Rspr auch, wenn das Heimatrecht des Kindes eine Adoption nicht vorsieht (Rn 10.2). Das insoweit berufene Recht gilt auch für die **Einwilligung des Kindes,** sowie für die Einwilligung **eines Elternteils** und deren Ersetzung[20]. Zusätzlich gilt insoweit auch das Heimatrecht des Anzunehmenden (Art 23 S 1 EGBGB), das aber aus Gründen des Kindeswohls durch das deutsche Recht (Art 23 S 2 EGBGB) ersetzt werden kann (näher § 1747 Rn 22).

10.1 Brandt untersucht in „Die Adoption durch eingetragene Lebenspartner im internationalen Privat- und Verfahrensrecht, 2004" sehr ausführlich
- welches Recht bei Adoptionen durch nichteheliche Lebensgemeinschaften anzuwenden ist (S 89 ff),
- inwieweit der ordre public der Anwendung ausländischen Sachrechts entgegenstehen könnte (S 119 ff),
- inwieweit der ordre public einer Anerkennung einer im Ausland durchgeführten Adoption entgegenstehen könnte (S 141 ff).

10.2 So ist nach OLG Karlsruhe[21] die Anwendung des deutschen Rechts im Einzelfall möglich, wenn das an sich berufene Recht (hier das marokkanische Recht in Aufnahme des Adoptionsverbots islamischer Rechtsordnungen) eine Adoption nicht vorsieht; skeptisch ist insoweit *Jayme*[22] unter Hinweis auf die UN-Kinderrechtskonvention (*Klingenstein* S 96 zur grundlegenden Bedeutung des Kindeswohls als Bestandteil des ordre public). Das absolute Adoptionshindernis eigener Kinder nach Art 253 türkZGB verstößt nach OLG Zweibrücken[23] bei „ausreichender" Inlandsbeziehung gegen den ordre public.

---

[16] AG Geislingen Rpfleger 1994, 21 m zust Anm *Göser* 21 f; *Soergel/Liermann* Vor § 1741 Rn 13.
[17] AG Geislingen Rpfleger 1994, 21.
[18] BGBl 2001 II S 1034. Zur unmittelbaren Geltung für grenzüberschreitende Adoptionen näher *Scharp* S 70 f; zu den Auswirkungen auf die nationale Rechtsordnung S 72 f; zum Inhalt näher MünchKommBGB/*Maurer* Vor § 1741 Rn 50–62.
[19] *Staudinger/Henrich* Art 22 EGBGB Rn 41: maßgeblich ist das Adoptionsstatut im Zeitpunkt der Adoptionsbegründung: str.
[20] BayObLG NJW-RR 1988, 1352.
[21] NJWE-FER 1998, 4.
[22] IPRax 1996, 237, 242 f.
[23] FGPrax 2001, 196, 197.

Zulässigkeit der Annahme § 1741

Eine Neuerung bringt das **Gesetz zur Regelung von Rechtsfragen auf dem Gebiet der** **11** **internationalen Adoption und zur Weiterentwicklung des Adoptionsvermittlungsrecht.** Abgesehen von einer Ergänzung des deutschen Kollisionsrechts (Rn 11.1) wird der Inhalt der Adoptionsentscheidung des Gerichts durch das **AdWirkG**[24], erweitert. Das Gericht hat von Amts wegen die in § 2 Abs 1 und 2 AdWirkG näher genannten ergänzenden Feststellungen zu treffen, wenn der Ausspruch der Annahme auf **ausländischem Sachrecht** beruht und der Angenommene das 18. Lebensjahr im Zeitpunkt der anzuerkennenden Annahme[25] noch nicht vollendet hat (§ 1 AdWirkG). Auf Antrag der Beteiligten ist es gemäß § 3 Abs 1 AdWirkG möglich, eine Adoption mit schwachen Wirkungen in eine Adoption mit starken Wirkungen umzuwandeln[26]. Das AdWirkG fügt dem § 43 b Abs 2 einen neuen Satz an. Über die ergänzende Anwendung des Art 5 AdWirkG wird eine **Konzentration der örtlichen Zuständigkeit** auf das Gericht am Sitz des OLG begründet, wenn „ausländische Sachvorschriften" anzuwenden sind. Sie gilt für Fälle, in denen nach Art 22 Abs 1 EGBGB die Adoption selbst oder nach Art 23 S 1 EGBGB eine Zustimmung zur Adoption nach ausländischem Recht zu beurteilen sind (Rn 11.2; str). In Hinblick auf die Bezugnahme des § 43 b Abs 2 FGG auf das AdWirkG gilt die Zuständigkeitskonzentration nur, wenn ein Minderjähriger angenommen wird (§ 1767 Rn 23).

Das Kollisionsrecht wird wie folgt ergänzt: Art 22 EGBGB werden zwei Absätze angefügt (Art 4 Abs 4). Abs 2 **11.1** stellt klar, dass das über Art 22 Abs 1 EGBGB nF berufene Adoptionsstatut auch die Statusfragen des Kindes im Verhältnis zum Annehmenden sowie zu weiteren familienrechtlich verbundenen Personen bestimmt. Abs 3 gibt die Möglichkeit, eine nach dem maßgeblichen Adoptionsstatut schwache Adoption hinsichtlich der Folgen für die erbrechtliche Position des Angenommenen dem deutschen Adoptionsrecht zu unterstellen, wenn sich das Erbstatut nach deutschem Recht bestimmt und der Erblasser dies über eine Verfügung von Todes wegen angeordnet hat, wohl eine Art mittelbarer eingeschränkter Rechtswahl für die Erbfolge.

Die Beschränkung der **Zuständigkeitskonzentration** auf die „Hauptsache" kann sich nicht auf den Wortlaut **11.2** stützen, da die Anwendung ausländischer Sachvorschriften auch dann vorliegt, wenn evtl Zustimmungen zusätzlich dem ausländischen Recht unterliegen[27]. Eine Beschränkung der Zuständigkeitskonzentration auf die Hauptsache würde auch die Gefahr von Zuständigkeitsstreitigkeiten begründen[28]. Die Konzentration macht auch Sinn, indem ein Gericht auf dem Gebiet ausländischer Adoptionsrechte die speziellen Kenntnisse erwerben und anwenden kann. **Keine Zuständigkeitskonzentration** ist gegeben, wenn das nach deutschem Kollisionsrecht berufene ausländische Recht mit seinen Kollisionsregeln wiederum auf das deutsche Sachrecht zurückverweist[29].

bb) Anerkennung der Adoptionsentscheidungen ausländischer Instanzen. (1) Allgemeine **12** **Regelung.** Begründung oder Aufhebung einer Annahme **durch Dekrete** ausländischer Stellen sind als rechtsgestaltende Entscheidungen auf dem Gebiet der Freiwilligen Gerichtsbarkeit grds kraft Gesetzes auch für die deutsche Rechtsordnung verbindlich; ihre Anerkennung ist nur nach Maßgabe des § 16 a FGG ausgeschlossen, wobei es meist um den Verstoß einer Auslandsadoption gegen den **ordre public** geht (Rn 12.1). Auch die Anerkennung einer Adoption, die auf einem behördlichen Beschluss beruht, ist nicht ausgeschlossen, wenn die Behörde nach ihrer Funktion und dem angewandten Verfahren einem Gericht der Freiwilligen Gerichtsbarkeit vergleichbar ist[30], ebenso Gerichtsentscheidungen, die auf einem streitigen Verfahren beruhen[31]. Anerkennung bedeutet insoweit lediglich Wirkungserstreckung, klärt damit noch nicht, ob die anerkannte Adoption auch im Einzelfall wirksam ist[32]. Ein **besonderes Anerkennungsverfahren** ist nicht Voraussetzung der Anerkennung[33]; es kann jeweils im konkreten Verfahren, in dem es auf die Wirksamkeit der Adoption ankommt, von der jeweils zuständigen Stelle entschieden werden, Rn 12.2[34]. Die Eintragung der Annehmenden in das Familienbuch der Annehmenden bzw in das Geburtenbuch (§ 1752 Rn 5) entfaltet für andere Stellen keine umfassende Bindungswirkung; eine Beweiskraft kommt ihr in vollem Umfang nicht zu, § 60 Abs 1 S 1 PStG[35]. **Vertragsadoptionen** sind anzuerkennen, wenn sie dem nach Art 22 EGBGB berufenen Recht entsprechen[36]; zur Reform des Verfahrensrechts Rn 12.3.

---

[24] Gesetz über Wirkungen der Annahme als Kind nach ausländischem Recht – Adoptionswirkungsgesetz, Art 2 Gesetz zur Regelung von Rechtsfragen auf dem Gebiet der internationalen Adoption und zur Weiterentwicklung des Adoptionsvermittlungsrecht, BGBl 2001 I S 2953.
[25] Steiger DNotZ 2002, 184, 204.
[26] Vgl Lorenz FS Sonnenberger, 2004, S 497, 515 f.
[27] OLG Hamm FGPrax 2006, 210, 211; OLG Karlsruhe FamRZ 2006, 1464: Änderung der Rspr gegenüber StAZ 2006, 234; OLG Köln FGPrax 2006, 72; OLG Stuttgart NJOZ 2004, 1553, 1555; BayObLG FGPrax 2005, 65; OLG Zweibrücken FGPrax 2005, 69; OLG München FGPrax 2007, 127, 128; aA OLG Schleswig FamRZ 2006, 1142; OLG Hamm JAmt 2003, 318; LG Koblenz FamRZ 2003, 1572; Steiger DNotZ 2002, 184, 206; Hölzel StAZ 2005, 289, 291; Maurer FamRZ 2005, 2095.
[28] BayObLG FGPrax 2005, 65.
[29] Maurer FamRZ 2005, 2095; aA OLG Karlsruhe BeckRS 2005, 3141.
[30] KG NJOZ 2006, 2655, 2658; BayObLG StAZ 2000, 104, 105 betr Kasachstan als Teil der ehemaligen UdSSR; LG Frankfurt/M IPRax 1995, 44 betr Ungarn; Keidel/Zimmermann § 16 a FGG Rn 2 mwN.
[31] BayObLG FamRZ 2001, 1641 f (LS) betr Madagaskar.
[32] Näher BT-Drucks 14/6011 S 26.
[33] BGH NJW 1989, 2197, 2198; BayObLGZ 2000, 180, 182: das gilt auch, wenn die ausländische Adoptionsentscheidung im streitigen Verfahren ergangen ist (Madagaskar).
[34] BayObLG StAZ 2000, 104, 105; Keidel/Zimmermann § 16 a FGG Rn 9.
[35] Näher BT-Drucks 14/6011 S 26. Ab 1. 1. 2009, § 1616 Rn 2.3, gilt insoweit § 54 Abs 1 S 1 PStG.
[36] VGH Kassel FamRZ 1994, 956, 957: „abstrakte" Anerkennung einer Vertragsadoption mit schwachen Wirkungen; Klinkhardt IPRax 1999, 356, 357.

§ 1741 Buch 4. Abschnitt 2. Verwandtschaft

12.1 Maßgeblich für die Feststellung eines Widerspruchs zum ordre public ist der Zeitpunkt der Anerkennungsentscheidung[37]. Mit der Möglichkeit einer Umwandlung einer Annahme mit schwachen Wirkungen in eine Adoption mit starken Wirkungen nach Art 3 AdWirkG (Rn 15) dürfte der Streit um die Vereinbarkeit der schwachen Adoption mit dem ordre public[38] wohl erledigt sein. Ein zentrales Problem dürfte die Frage sein, inwieweit ein Verstoß gegen den ordre public anzunehmen ist, wenn die im Haager Übereinkommen vorgesehenen Wege der Auslandsadoption, insbes die Einschaltung anerkannter Vermittlungsstellen im ausländischen Gesetz gar nicht vorgesehen sind bzw die vorgesehenen Wege bei der konkreten Adoption nicht eingehalten wurden. Das KG will die Anerkennung nur versagen, wenn im Einzelfall eine konkrete Gefährdung des Kindeswohls mit der Adoption verbunden ist[39].

12.2 So entscheiden die Verwaltungsbehörden auf Grund eines Antrages auf Erteilung eines **Staatsangehörigkeitsausweises**, im Rahmen des Ausländerrechts[40] oder die Gerichte, so bei **Unterhaltsstreitigkeiten**, in denen es auf ein bestehendes Eltern-Kind-Verhältnis ankommt[41], bei Erteilung eines **Erbscheines** im Rahmen eines Erbscheinverfahrens.

12.3 Die geplante **Reform des Verfahrensrechts** (RegE-FGG-RG, § 1752 Rn 13) mit der Ablösung des FGG durch das FamFG ändert an der Anerkennungsregelung in der Sache nichts. Nach wie vor werden die ausländischen Entscheidungen vorbehaltlich einiger Anerkennungshindernisse (Art 1 § 109 RegE-FGG-RG) grds anerkannt (§ 108 Abs 1). Erstmals vorgesehen ist die Möglichkeit, über die Anerkennung eine förmliche Entscheidung zu erhalten (§ 107 Abs 2 S 1). Für die Anerkennung einer ausländischen Adoption bleibt es aber bei den Regelungen des AdWirkG, wenn das angenommene Kind zur Zeit der Annahme das 18. Lebensjahr noch nicht vollendet hat (§ 108 Abs 2 S 3); Rn 15.

13 Die **Rechtswirkungen** der anerkannten Auslandsadoption richten sich – vorbehaltlich vorrangiger völkerrechtlicher Regelungen – hinsichtlich der adoptionsrechtlichen Folgen nach dem Recht, das von der zuständigen Stelle angewandt wurde[42]. Darüber hinaus gehende Rechtswirkungen sind nach dem für diese Folge speziell berufenem Recht zu beurteilen. Mit dem **Anerkennungsverfahren nach dem AdWirkG** steht nun ein Verfahren zur Verfügung, das die mit dem inzidenter-Verfahren verbundenen Unsicherheiten und Unklarheiten[43] weit gehend beseitigt.

14 **(2) Geltungsbereich des „Haager Übereinkommens über den Schutz von Kindern und die Zusammenarbeit auf dem Gebiet der internationalen Adoption".** Mit der Geltung des Übereinkommens als innerdeutsches Recht (BGBl II 2001 S 1034) werden Adoptionen (Rn 14.1) einschließlich ihrer wesentlichen Rechtsfolgen kraft Gesetzes anerkannt (Art 23 Abs 1 S 1, 26 des Übereinkommens), wenn die zuständige Behörde des Staates, der die Adoption durchgeführt hat, bescheinigt, dass die einzelne Adoption den Vorgaben der Konvention entspricht[44], Rn 14.2. Das Abkommen ist für Deutschland zum 1. 3. 2002 in Kraft getreten und gilt zeitlich nur für Adoptionen, die nach dem Inkrafttreten ausgesprochen werden sollen[45]. Erfasst sind hierbei auch Vertragsadoptionen[46]. Das Abkommen regelt vor allem das **Verfahren bei internationalen Adoptionen** und gibt hierzu Vorgaben für die innerstaatliche Organisation[47] mit dem Ziel der Anerkennung der Adoptionen in den Vertragsstaaten. Der **Geltungsbereich** des Abkommens (Art 2) knüpft an Adoptionen an, die zu einem Aufenthaltswechsel des adoptierten Kindes von einem Vertragsstaat in einen anderen Vertragsstaat führen und zwar ohne Rücksicht auf die **Staatsangehörigkeit** der Beteiligten[48]. Erfasst werden nur Adoptionen durch Ehepaare und Einzelpersonen einschließlich der **Stiefkind- und Verwandtschaftsadoptionen**, nicht jedoch Adoptionen durch **nicht verheiratete Paare**, ohne Rücksicht auf deren Geschlecht[49]. Neben der Anerkennung der konventionskonformen Adoption selbst eröffnet das Abkommen in Art 27 auch die Möglichkeit, im Aufnahmestaat ein Verfahren vorzusehen, in dem eine Adoption mit schwachen Rechtswirkungen in eine **Volladoption umgewandelt** wird. Diese Option wurde in Deutschland mit dem AdWirkG umgesetzt (Rn 15). Die Umwandlung wird entspr der Annahme selbst anerkannt. Die Bescheinigungen einer ausländischen Stelle werden bei rechtlichem Interesse durch die Bundeszentralstelle (§ 1 Abs 1 AdÜbAG) auf ihre Echtheit hin geprüft und bestätigt

---

[37] BGH NJW 1989, 2197, 2199; BGHZ 88, 113, 128 = NJW 1983, 2775 für den damals geltenden § 328 Abs 1 Nr 4 ZPO mwN; KG NJOZ 2006, 2655, 2659; LG Karlsruhe IPRax 2007, 328, 330: aus einer anerkennungsfähigen Entscheidung kann eine nicht anerkennungsfähige Entscheidung werden.
[38] *Klingenstein* S 126 ff.
[39] KG NJOZ 2006, 2655, 2660; ebenso AG Hamm IPRax 2007, 328; näher zu dem Fragenkreis *Reinhardt* JAmt 2006, 325 ff; *ders* JAmt 2006, 487, 489 f; *ders* ZRP 2006, 244 zu den Formen und Problemen der „privaten Adoption"; *Beyer* JAmt 2006, 329 ff mit Hinweisen auf die unterschiedliche Position der Gerichte; kritisch zur Beachtlichkeit von Entwicklungen im Verhältnis von „Adoptiveltern" und Kind zu Recht *Weitzel* JAmt 2006, 333 ff und IPRax 2007, 308, 311.
[40] VGH Kassel FamRZ 1994, 956.
[41] OLG Zweibrücken NJW-RR 2005, 159.
[42] OLG Düsseldorf FamRZ 1998, 1627, 1619: maßgeblich sei das auf die Adoption tatsächlich angewandte Recht, nicht das nach deutschem IPR berufene Recht; ebenso *Keidel/Zimmermann* FGG § 16 a Rn 3 mwN. Das BayObLG, StAZ 2000, 104, 106, orientiert sich offenbar an dem Recht, das nach deutschem IPR anzuwenden gewesen wäre. Zur „abstrakten" Anerkennung einer Adoption mit schwachen Wirkungen VGH Kassel FamRZ 1994, 956, 957.
[43] *Busch* IPRax 2003, 13.
[44] Eintragung in deutsche Personenstandsbücher, *Bornhofen* StAZ 2002, 1, 8 ff; *Frank* StAZ 2003, 257, 259 f.
[45] *Frank* StAZ 2003, 257, 258.
[46] BT-Drucks 14/6011 S 26 f, 29; festgestellt wird in diesem Falle die „Wirksamkeit".
[47] Errichtung zentraler Behörden, Art 6 des Abkommens; näher *Frank* StAZ 2003, 257, 258 f, dort auch zur Auswirkung auf die deutsche Organisation S 259.
[48] *Frank* StAZ 2003, 257, 258.
[49] *Frank* StAZ 2003, 257, 258.

Zulässigkeit der Annahme   § 1741

(§ 9 S 1 AdÜbAG) mit der Folge einer gesetzlichen Richtigkeitsvermutung (§ 9 S 2 AdÜbAG); unberührt bleibt die Möglichkeit, die Anerkennung wegen der Unvereinbarkeit der Adoption mit dem inländischen „ordre public" zu versagen[50]. Bestehen insoweit Bedenken, könnte dies ein Anerkennungsverfahren nach dem AdWirkG sinnvoll machen. Die **Rechtswirkungen** der Anerkennung richten sich nach dem Recht, das über das Adoptionsstatut berufen ist. Es entfaltet nur insoweit Wirkungen, als sie vom – ggf maßgeblichen – ausländischen Recht bestimmt werden[51]. Um eine Gleichstellung mit dem deutschen Sachrecht zu erhalten, könnte eine Umwandlung der im Ausland erfolgten Adoption auf der Grundlage des § 3 Abs 2 AdWirkG sinnvoll sein.

Das Abkommen definiert den Begriff der Adoption zwar nicht, grenzt die Adoption jedoch als ein dauerhaftes Eltern-Kind-Verhältnis von der bloßen „Pflegekindschaft" etwa des islamischen Rechts ab[52]. **14.1**

Fehlt es an einer entsprechenden Bescheinigung, gelten die Grundsätze des § 16a FGG[53]. Ist die Bescheinigung erteilt, ist die Anwendung des ordre public nur nach Maßgabe des Art 24 des Übereinkommens zulässig. **14.2**

(3) Fakultatives Anerkennungsverfahren nach dem AdWirkG ab 1. 1. 2002. Dieses Verfahren ist besonders sinnvoll als Ergänzung der allg Regelung nach § 16a FGG, kann aber auch für Adoptionen durchgeführt werden, die nach dem AdÜbk durchgeführt wurden und damit kraft Gesetzes anerkannt werden[54]; in jedem Falle ist das Verfahren freiwillig[55]. Erfasst sind sowohl Dekret- als auch Vertragsadoptionen[56]. Der Angenommene darf im Zeitpunkt der Annahme das **18. Lebensjahr** noch nicht vollendet haben (§ 1 AdWirkG). Für ältere Kind gelten weiterhin die allgemeinen Regelungen. Die förmliche Anerkennung nach dem AdWirkG ist **ohne zeitliche Grenze**[57] auch für frühere Adoptionen zulässig[58], so dass die rechtlich problematischen **Wiederholungsadoptionen** weitgehend überflüssig sein werden, § 1742 Rn 5[59]; Rn 15.1. **15**

– Der **Entscheidungsinhalt** bezieht sich auf die Anerkennung einer im Ausland ergangenen Adoptionsentscheidung oder auf die Feststellung der Wirksamkeit der Adoption und auf die Feststellung, ob das Eltern-Kind-Verhältnis zu den bisherigen Eltern des Angenommenen erloschen ist (§ 2 Abs 1 AdWirkG)[60]. Ggf kann auch eine in der ausländischen Entscheidung unterbliebene Namensänderung (Vor- und Familienname) nachgeholt werden (§ 3 Abs 2 AdWirkG)[61]. Ist das Rechtsverhältnis zu den bisherigen Eltern erloschen, wird zugleich festgestellt, dass das Annahmeverhältnis einer nach deutschem Recht ausgesprochenen Annahme gleichsteht (§ 2 Abs 2 S 1 Nr 1 AdWirkG). Unberührt bleiben dabei die besonderen Kollisionsnormen für einzelne Rechtsfolgen wie Unterhalt, Erbrecht etc[62]. Bleibt das Rechtsverhältnis zu den Eltern im Grundsatz aufrechterhalten, so ist festzustellen, dass das Annahmeverhältnis in den beiden wesentlichen Rechtsfolgen der elterlichen Sorge und des Unterhaltsrechts einem nach deutschem Recht begründeten Annahmeverhältnis gleichsteht (§ 2 Abs 2 S 1 Nr 2 AdWirkG).

– Alternativ zu dieser Feststellung der wesentlichen Rechtsfolgen kann die vom Status her **schwache Adoption in eine starke Adoption umgewandelt** werden, wenn bestimmte Voraussetzungen gegeben sind, insbes die Umwandlung dem Kindeswohl dient und die insoweit notwendigen Einwilligungen vorliegen (§ 3 Abs 1 S 1 AdWirkG). Mit dieser Umwandlung erhält das Kind die Rechtsstellung eines nach den deutschen Sachnormen angenommenen Kindes mit der Folge der Beendigung des bisherigen Eltern-Kind-Verhältnisses (vgl § 3 Abs 1 S 1 Nr 2 AdWirkG)[63]. Hat der Angenommene im Zeitpunkt des Umwandlungsbeschlusses das 18. Lebensjahr bereits vollendet, entfällt die Prüfung des Kindeswohles (§ 3 Abs 1 S 4 AdWirkG). Zur Erteilung der Einwilligung des Kindes durch die Adoptiveltern ist die Bestellung eines Ergänzungspflegers nicht notwendig, da die Erklärung gegenüber dem Gericht abgegeben wird, somit ein Insichgeschäft nicht vorliegt, § 1746 Rn 3[64]. Indirekt ist damit geklärt, dass grds auch Adoptionen mit schwachen Wirkungen anzuerkennen sind.

Eine Wiederholungsadoption (§ 1742 Rn 5) ist, auch wenn der Adoptionsantrag nach Inkrafttreten des AdWirkG gestellt wurde, dann geboten, wenn das Gericht aus eigener Sachkenntnis klären kann, dass mit einer Anerkennung der Adoption nicht zu rechnen ist oder wenn die Anerkennung der Adoption insbes iVm einer weiteren Erstadoption keine Klarheit über die Reichweite der Adoptionen zu schaffen vermag[65]. Ggf bedarf es dann auch der Prüfung, ob **15.1**

---

[50] *Frank* StAZ 2003, 257, 259: geringe praktische Bedeutung.
[51] *Maurer* FamRZ 2003, 1337, 1340.
[52] *Lorenz*, FS Sonnenberger, 2004, S 497, 498.
[53] *Steiger*, Das neue Recht der internationalen Adoption und Adoptionsvermittlung, Teil A, Rn 338; vgl LG Karlsruhe IPRax 2007, 328, 330.
[54] BT-Drucks 14/6011 S 29: sinnvoll besonders hinsichtlich der förmlichen Feststellung der Adoptionswirkungen; *Busch* IPRax 2003, 13, 16 f.
[55] VG Berlin 4 V 53.04; BT-Drucks 14/6011 S 32 f, 47.
[56] *Busch* IPRax 2003, 13, 15.
[57] *Hölzel* StAZ 2005, 289 f.
[58] OVG Hamburg BeckRS 2006, 27631.
[59] *Bornhofen* StAZ 2002, 1, 5.
[60] Zweifelsfälle bei *Busch* IPRax 2003, 13, 17.
[61] AG Nürnberg StAZ 2003, 144.
[62] *Busch* IPRax 2003, 13, 17.
[63] Zur Anwendbarkeit auch auf „starke" Adoptionen *Lorenz*, FS Sonnenberger, 2004, S 497, 514 f.
[64] *Ueberführ* JAmt 2004, 528; aA DIJuF-Rechtsgutachten JAmt 2004, 360.
[65] AG Worms IPRax 2004, 534 f m Anm *Jayme* 535; näher zu möglichen Gründen für eine Wiederholungsadoption *Wuppermann*, Adoption – Ein Handbuch für die Praxis, 2006, S 56 f.

§ 1741

für eine Adoption mit starken Wirkungen die qualifizierte Einwilligung vorliegt[66]. Eine erneute Adoption im Heimatstaat des noch im Ausland lebenden Kindes kann unmöglich sein, weil der Heimatstaat des Kindes die vorhergehende Adoption als wirksam betrachtet[67]. Es kommt dann nur eine „**Nachadoption**" durch ein deutsches Gericht in Frage[68]. Erfolgt die Nachadoption, wozu ggf ausländerrechtliche Hürden zu überwinden sind[69], so wird hinsichtlich des für die Umstrukturierung der Verwandtschaftsverhältnisse maßgeblichen Zeitpunktes allerdings in Deutschland und im Heimatstaat des Kindes eine unterschiedliche Betrachtung gelten.

16 Eingeleitet wird das Verfahren durch Antrag. Es handelt sich um einen Verfahrensantrag, an den das Gericht inhaltlich nicht gebunden ist[70]. **Antragsbefugt** sind die unmittelbar Betroffenen, für die Feststellung nach § 2 Abs 1 ua auch der Standesbeamte (§ 4 Abs 1 S 1 Nr 1 lit d AdWirkG). Sachlich **zuständig** ist das VormG, die internationale und örtliche Zuständigkeit richtet sich nach § 43 b FGG, wobei iS einer Entscheidungskonzentration für den Bezirk des OLG das Gericht örtlich zuständig ist, in dessen Bezirk ein OLG seinen Sitz hat (§ 5 Abs 1 AdWirkG); Landesrecht kann abweichende Regelungen bringen (§ 1752 Rn 13 zur Reform des Verfahrens). Die **Entscheidungen wirken** grds für und gegen alle (§ 4 Abs 2 S 1 AdWirkG)[71]; anderes gilt hinsichtlich der Status- und Rechtsfolgenfeststellung nach § 2 des G gegenüber den bisherigen Eltern des Angenommenen (§ 4 Abs 2 S 2 AdWirkG)[72]; auf Antrag kann die Wirkung des Beschlusses auch gegenüber einem bisherigen Elternteil erfolgen, wenn dieser das Verfahren selbst eingeleitet hat oder an dem Verfahren beteiligt wurde (§ 4 Abs 2 S 3 AdWirkG). Die Entscheidung des Gerichts ist hinsichtlich der Feststellungen der Anerkennung, der Statusfolgen und der Umwandlungsentscheidung nach § 3 AdWirkG entspr § 56 e S 3 FGG (§ 1752 Rn 6 ff) **unanfechtbar** (§ 5 Abs 4 S 1 AdWirkG); auch hier kann aber die Anhörungsrüge nach § 29 a FGG erhoben werden (§ 1752 Rn 6). Hinsichtlich der Feststellung der Rechtsfolgen einer schwachen Annahme und bei Ablehnungen der Anträge ist die sofortige Beschwerde gegeben (§ 5 Abs 4 S 2 AdWirkG). Nicht geregelt sind die Fragen der Nichtigkeit, Verfassungswidrigkeit und möglichen Aufhebbarkeit einer Feststellungs- bzw Umwandlungsentscheidung. Die Bedeutung dieser Entscheidungen für die rechtliche Akzeptanz und Wirkung der eigentlichen Adoptionsentscheidung führt grds auch zur Anwendung der Grundsätze über die **Nichtigkeit und Verfassungswidrigkeit** der gerichtlichen Beschlüsse (§ 1752 Rn 7–9). Ebenso müssen die Grundsätze der möglichen **Aufhebung** einer Entscheidung angewendet werden.

II. Erläuterungen zu § 1741

17 **1. Normzweck.** Die Vorschrift bestimmt den grundlegenden Zweck der Adoption als Maßnahme der Jugendfürsorge und legt zugleich wesentliche Voraussetzungen hinsichtlich des Personenstandes der Annehmenden fest. Mit der Einfügung des Abs 1 S 2 soll dem Kinderhandel entgegengewirkt werden, indem die Annahme erschwert wird, wenn der Annehmende am Kinderhandel mitgewirkt hat[73].

18 **2. Systematik und Bedeutung der Voraussetzungen der Annahme eines Minderjährigen.** Die in Abs 1 enthaltenen Vorgaben für die „Zulässigkeit" der Adoption müssen kumulativ erfüllt sein. Die Bezeichnung der in Abs 1 genannten Voraussetzungen als Zulässigkeitsvoraussetzungen ist nicht im rechtsförmlichen Sinne zu verstehen; es handelt sich um materiell-rechtliche Voraussetzungen, so dass der Antrag auf eine Adoption als unbegründet abgelehnt werden muss, wenn die genannten Voraussetzungen nicht erfüllt sind[74]. Anderes gilt nur, wenn der Anzunehmende im Zeitpunkt der Entscheidung bereits **volljährig** ist. In diesem Fall ist der Antrag als unzulässig abzulehnen (§ 1767 Rn 2); die Beteiligten können die Annahme eines Volljährigen mit den Wirkungen der Adoption eines Minderjährigen (§ 1772 Abs 1 S 1 lit d) beantragen (§ 1772 Rn 4). § 1741 verpflichtet das Gericht, die Adoption nur auszusprechen, wenn es davon überzeugt ist, dass diese Voraussetzungen vorliegen; bestehen begründete Zweifel, ist der Antrag abzulehnen[75]. Fehlen die in Abs 1 genannten Voraussetzungen, ändert dies an der Wirksamkeit der dennoch ausgesprochenen Adoption nichts; eine Aufhebung ist nur nach Maßgabe des § 1763 möglich (§ 1763 Rn 4). Die in § 1741 genannten Voraussetzungen sind nicht abschließender Natur, sondern werden durch weitere Voraussetzungen in den folgenden Vorschriften ergänzt. Sind die im Gesetz vorgesehenen Voraussetzungen erfüllt, hat das Gericht dem Antrag stattzugeben und die Adoption auszusprechen (§ 1752 Rn 4).

19 **3. Kindeswohl. a) Allgemeine Kriterien.** Der unbestimmte Rechtsbegriff[76] des Kindeswohls (Rn 19.1) bestimmt maßgeblich die Perspektive von Entscheidungen, die sich auf die Entwicklung des

---

[66] OLG Frankfurt OLGZ 1992, 385 mwN; aA *Zenger* FamRZ 1993, 595, 596 f: „praxisfremd", da die Einwilligung regelmäßig unabhängig von der Kenntnis der Aufhebungsvorschriften erteilt wird. Insoweit handelt es sich wohl um eine Auslegung der Erklärungen im Einzelfall.
[67] VG Saarlouis JAmt 2007, 153, 155 f für die Türkei; vgl *Reinhardt* JAmt 2007, 122, 123; die ausländische Instanz wird vermutlich keine neue Adoption vornehmen, nur um die Anerkennungsprobleme in Deutschland zu lösen. Eine Kettenadoption wird aber wohl auch nach ausländischem Recht nicht vorliegen.
[68] Vgl dazu den instruktiven Fall bei *Reinhardt* JAmt 2007, 122, 124.
[69] *Reinhardt* JAmt 2007, 122, 125.
[70] *Maurer* FamRZ 2003, 1337, 1342 f.
[71] Vgl OVG Hamburg BeckRS 2006, 27631.
[72] *Busch* IPRax 2003, 13, 14.
[73] BT-Drucks 13/8511 S 75; skeptisch gegenüber der Wirksamkeit der Regelung *Finger* ZfJ 1999, 451, 455.
[74] MünchKommBGB/*Maurer* Rn 6.
[75] OLG Bremen OLGR 2006, 510 mwN für das Entstehen eines Eltern-Kind-Verhältnisses.
[76] *Soergel/Liermann* Rn 7.

Zulässigkeit der Annahme § 1741

Kindes auswirken. Auf die Interpretation dieses Begriffes in anderen Bestimmungen des Kindschaftsrecht, vor allem in §§ 1666 Abs 1 und 1672 Abs 2 Nr 2) kann auch für das Adoptionsrecht zurückgegriffen werden. Wie meist im Kindschaftsrecht handelt es sich um eine **Prognose**. Ausreichend ist die nach den Umständen wahrscheinliche Entwicklung; fern liegende Vor- oder Nachteile können die Prognoseentscheidung nicht bestimmen, da sonst eine Annahme kaum ausgesprochen werden könnte[77]. Ob die Adoption dem Kindeswohl dient, richtet sich nach ihrer Bedeutung für die gesamten Lebensverhältnisse des Kindes, die verbessert oder deren Verschlechterung verhindert werden können[78]. In Hinblick auf die grundlegenden Umwandlungen der Verwandtschaftsverhältnisse (§§ 1754, 1755) muss eine merklich bessere Entwicklung der Persönlichkeit des Kindes zu erwarten sein[79], die nicht nur vorübergehender Natur ist[80]. Die Prognose muss an den gegebenen Tatsachen anknüpfen und kann nicht auf der Grundlage künftiger, noch ungesicherter Verhältnisse getroffen werden[81]. **Bestehen Zweifel,** ob die Adoption dem Kindeswohl dient, darf die Adoption nicht ausgesprochen werden.

Der Begriff des Kindeswohls, das stets wiederkehrendes Leitmotiv des Kindschaftsrechts[82], ist zwar schwer zu konkretisieren, räumt aber dem Tatrichter weder ein Ermessen noch einen Beurteilungsspielraum ein, § 1752 Rn 16[83]. 19.1

Da Abzustellen ist darauf, inwieweit die Änderung des rechtlichen Rahmens die tatsächliche Lebenssituation des Minderjährigen beeinflussen kann, so durch die Motivation der Adoptionsbewerber, dem Kind eine bisher nicht gegebene familiäre Stabilität zu bieten. Die Rechtsfolgen der Adoption sind schließlich nicht der Zweck, sondern das Mittel zur Verbesserung der tatsächlichen Situation. Die rechtliche Absicherung eines tatsächlich bereits bestehenden Betreuungsverhältnisses in ein Verwandtschaftsverhältnis wird dann regelmäßig von Vorteil für das Kind sein, wenn mit der Reaktivierung eines in tatsächlicher Hinsicht nicht bestehenden Eltern-Kind-Verhältnisses nicht mehr zu rechnen ist. Dann erscheint die rechtliche Angleichung eines tatsächlich erlebten und gelebten Eltern-Kind-Verhältnis an eine „normale" Familie durchaus vorteilhaft für das Kind[84]. 20

Die Adoption kann im Interesse des Kindes sein, wenn dadurch **Interventionen des leiblichen Elternteils** beendet werden könnten, die das Kind lediglich verunsichern, aber nicht auf die Reaktivierung eines Eltern-Kind-Verhältnisses abzielen. Die mit der Adoption des Kindes verbundene Beendigung einer Unterhaltsverpflichtung für die Zukunft (§ 1755 Rn 10) des leiblichen Elternteils kann insoweit ggf eine positive Auswirkung auf das erlebte Familienleben des Kindes haben, indem damit auch Drohungen mit der Wahrnehmung eines **Umgangsrechts** ihre Grundlage verlieren (§ 1755 Rn 9). Entsprechendes gilt für eventuelle Herausgabestreitigkeiten, deren Folgen für die Sicherheit der Entwicklung des Kindes in der faktischen Familie auch über den Eingriff nach § 1632 Abs 4 nicht sicher ausgeschlossen werden können[85], da schon das Verfahren selbst eine Belastung für die soziale Familie darstellt. Das gilt auch für den Fall, dass ein Umgangsrecht ausgeschlossen oder das Sorgerecht entzogen ist (Rn 21.1). Ebenso ist die Angleichung der Namensführung des Kindes (§ 1757 Rn 3 ff) grds vorteilhaft[86], wenn eine Einbenennung (Rn 22.2) ausscheidet. Damit gerät die Differenz von faktischer und rechtlicher Elternschaft dem Kind regelmäßig zum Nachteil, wenn die Beziehungen zwischen Eltern und Kind nur noch rechtlicher Natur sind, ohne dass aus der Sicht des Kindes eine Rückkehr zur Herkunftsfamilie in Frage kommt[87]. Ob bei einer geplanten **Inkognitoadoption** die bessere Abschottung des Kindes gegenüber der Ausforschung seiner Herkunft für das Kind vorteilhaft sein kann, ist im Einzelfall besonders zu prüfen (Rn 23). Die Vermeidung eventueller Diskriminierung von Pflegekindern ist spekulativ und reicht als relevanter Vorteil nicht aus[88]. **Unterhaltsrechtliche Folgen,** wie Gewinnung eines sicheren Unterhaltsschuldners, können einen Vorteil für das Kind darstellen (Rn 21.2). Ob man **erbrechtliche Gewinne** ernsthaft in die Beurteilung einbeziehen soll[89], erscheint aber fraglich; der Abbruch einer vorhandenen Verwandtschaftsbeziehung kann durch bloße Vermögensinteressen allein jedenfalls nicht gerechtfertigt werden. 21

Die Pflicht des FamG, den Entzug der Sorge periodisch zu überprüfen (§ 1696 Abs 3), kann das Aufwachsen in einer stabilen Betreuungssituation belasten, selbst wenn die Pflegeeltern deshalb nicht mit einem Abbruch der Betreuung drohen[90]. 21.1

Auch wenn regelmäßig davon ausgegangen werden kann, dass der Lebensunterhalt in der **Pflegefamilie** von dieser selbst oder über Leistungen der Jugendhilfe (§ 39 SGB VIII) sichergestellt wird, ist der Wechsel von einer öffentlich-rechtlichen Existenzsicherung mit Außenkontrolle zur internen privatrechtlichen Sicherung vorteilhafter, schon wegen des Wegfalls eventuell Anträge auf einmalige Leistungen, der Teilnahme an Urlaubsreisen uA. 21.2

---

[77] OLG Hamm OLGZ 1994, 553, 557.
[78] *Lüderitz/Dethloff* Familienrecht, 2007, § 15 B II Rn 9.
[79] BayObLG FamRZ 1997, 839, 840 mwN.
[80] *Palandt/Diederichsen* Rn 4.
[81] BayObLGZ 1989, 70, 74.
[82] *Gernhuber/Coester-Waltjen* § 68 VIII 2.
[83] *Staudinger/Frank* Rn 15.
[84] OLG Karlsruhe ZfJ 1999, 311, 312.
[85] BayObLG DAVorm 1990, 381, 383.
[86] AG Kamen FamRZ 1995, 1013, 1015.
[87] BayObLG FamRZ 1994, 1348, 1350; OLG Karlsruhe FamRZ 1983, 1058, 1060.
[88] AG Bad Iburg FamRZ 1987, 632, 634 – „törichte Umwelt" – insoweit bedenklich.
[89] *Willutzki* ZKJ 2007, 18, 24.
[90] Vgl BGHZ 133, 384, 387 f = NJW 1997, 585, 586; BGH FamRZ 1986, 460, 462; BayObLG FamRZ 1994, 1348, 1350; DAVorm 1990, 381, 383.

§ 1741

22 Dies gilt auch für die ergänzende Adoption durch den Ehegatten eines leiblichen Elternteils bzw durch den Partner einer eingetragenen Lebenspartnerschaft (**Stiefkindadoption**). Besonders zu prüfen ist, ob die Adoption des Stiefkindes um des Kindes willen erfolgt, oder ob es darum geht, die neue Ehe zu stabilisieren (Rn 22.1). Die mit der Adoption verbundene endgültige Verhinderung bestehender Umgangsrechte des leiblichen Elternteils ist für sich idR keine Verbesserung der Kindesposition[91]; vorzuziehen ist eine Regelung der Umgangsprobleme auf der Grundlage des § 1684 Abs 4. Die Prognose, dass die Adoption dem Kindeswohl dient, wird zuverlässig auch nur zu stellen sein, wenn die neue Familie bereits über längere Zeit zusammenlebt. Bestehen noch tragbare Beziehungen des Kindes zum anderen Elternteil, ist die Aufhebung dieser rechtlichen Beziehung unabhängig von der Einwilligung dieses Elternteils nicht im Interesse des Kindes; die Adoption soll bestehende tatsächliche positive Beziehungen nicht durch eine Beendigung der rechtlichen Beziehungen gefährden[92]. Im Regelfall ist die Situation des Stiefkindes auch nicht weiter problematisch, sondern eine sehr häufige Alltagserscheinung. Wesentliche Nachteile gegenüber der Rechtsstellung eines Adoptivkindes sind nicht gegeben (Rn 22.2; vgl auch § 1748 Rn 20). Tendenziell lässt sich sagen, dass eine Stiefkindadoption nur dann als gerechtfertigt erscheint, wenn die Einwilligung des anderen Elternteils nicht erforderlich ist oder wenn die Voraussetzungen der Ersetzung der Einwilligung des Elternteils gegeben sind; in diesen Fällen ist das Elternrecht nur noch eine formale Rechtsposition, der keine reale Eltern-Kind-Beziehung mehr entspricht.

22.1 Die Stiefkindadoption wird inzwischen sehr skeptisch beurteilt[93]. Die mit der Adoption verbundene juristische Aufhebung des genetisch begründeten Verwandtschaftsverhältnisses kann für das Kind ein erhebliches Identitätsproblem bedeuten. Das Gesetz selbst ist für die Stiefkindadoption nicht besonders konzipiert, vielmehr ist die Adoption grds ein Instrument der Jugendhilfe, das Kindern, die in keiner gesicherten Familiensituation leben, eine rechtlich und sozial sichere Familienperspektive verschaffen soll. *Muscheler*[94] schlägt vor, die Rechtsverhältnisse der Stiefkinder näher zu regeln und insbes die unterhalts- und sorgerechtlichen Beziehungen zu verändern, ggf auch eine Option auf ein rechtsgeschäftlich begründetes Statusverhältnis zu ermöglichen[95]. Anders sieht das offenbar *Peschel-Gutzeit*, die von einem grundsätzlichen Vorteil einer Stiefkindadoption ausgeht[96], zumindest bei der Annahme eines nichtehelichen Kindes. *Coester*[97] fordert zu Recht, dass die unterschiedlichen Familienbeziehungen akzeptiert und nicht durch rechtliche Konstruktionen aufgehoben werden; er spricht sich grds gegen die Stiefkindadoption aus.

22.2 Probleme der **Namensführung** können über die Einbenennung gelöst werden (§ 1618 Rn 1). Die Aufhebung des in **unterhaltsrechtlicher Hinsicht** bestehenden Nachranges des Stiefkindes gegenüber leiblichen Kindern des Annehmenden bzw eines früheren Ehegatten[98] kann zwar materielle Vorteile bringen. Es ist aber nicht Sinn der Adoption, gesetzliche Verpflichtungen aus früheren familiären Verbindungen zu verdrängen. Ansonsten kommt es auch nicht darauf an, ob der Unterhalt durch den sorgeberechtigten Elternteil ausreichend gewährt wird[99]; solange die Ehe zwischen dem Stiefelternteil und dem leiblichen Elternteil besteht, wird der Stiefelternteil auch die Versorgung des Stiefkindes bei entsprechender Leistungsfähigkeit gewährleisten. Scheitert die Ehe, kann ein eventueller Unterhaltsanspruch den Nachteil einer fortbestehenden rechtlich konstruierten Verwandtschaftsbeziehung nicht ausgleichen, zumal damit gerechnet werden muss, dass nach Scheitern der Ehe in der Vorstellung der früheren Stiefelternteils die „eigentliche" Eltern-Kind-Beziehung durch die Abstammung vermittelt wird. Eine Gleichstellung fehlt für die **Dienstleistungspflicht** in § 1619 (dort Rn 2), was aber nicht unbedingt ein Nachteil sein muss. **Erbschaftssteuerrechtlich** gilt für das Stiefkind dieselbe Steuerklasse I wie für das leibliche bzw adoptierte Kind (§ 15 Abs 1 Nr 2 ErbStG), auch wenn die Ehe des leiblichen Elternteils mit dem Stiefelternteil wieder geschieden wird[100]. Entsprechendes gilt für den Freibetrag (16 Abs 1 Nr 2 ErbStG). Für das **Kind eines Lebenspartners** gilt diese Steuerklasse hinsichtlich der Beerbung des anderen Lebenspartners nur im Falle der Adoption[101]. Insoweit kann, wenn entsprechendes Vermögen vorhanden ist, eine Adoption von beträchtlichem materiellen Vorteil sein[102]. Sinnvoller wäre es aber, das Steuerrecht der Situation der Stiefkinder anzugleichen. Im **Sozialrecht** findet sich eine weitgehende Gleichstellung. So gelten als Kinder in §§ 56 Abs 2 Nr 1 SGB I, 129 Nr 1 SGB III, 10 Abs 4 S 1 SGB V, 46 Abs 2 S 2 Nr 1 SGB VI, 67 Abs 2 Nr 1 SGB VII auch die Stiefkinder. Anders ist es allerdings bei der Grundsicherung für Arbeitssuchende: bei der Prüfung der Bedürftigkeit des Kindes werden die Mittel eines (Adoptiv)Elternteils angerechnet (§ 9 Abs 2 SGB II), während im Verhältnis zum Stiefelternteil nur eine widerlegbare Vermutung der Unterstützung besteht (§ 9 Abs 5 SGB II iVm § 1590 S 1 BGB).

23 Eine prinzipielle Ablehnung einer Adoption, wenn sie als **Inkognito-Adoption** durchgeführt werden soll, ist mit dem Gesetz nicht vereinbar, da sie gesetzlich vorgesehen ist (§ 1747 Rn 11). Es bedarf Überlegungen, die sich aus dem Einzelfall ergeben. Zulässig wäre es, in Hinblick auf die wachsende Skepsis gegenüber der Inkognitoadoption grundsätzliche Zweifel an der Dienlichkeit der beantragten Adoption zu äußern, solange nicht im Einzelfall besondere Gründe für diese Art der Adoption erkannt werden können. Psychologische Untersuchungen weisen auf die besondere Bedeutung der Kenntnis der Abstammung für die Identifikationsproblematik des Adoptivkindes hin[103]. Nun

---

[91] BVerfG NJW 2006, 827, 828 mwN; BGHZ 162, 257, 361 f = NJW 2005, 1781, 1783.
[92] LG Osnabrück FamRZ 1998, 54 für eine außergewöhnliche Konstellation einer „harmonischen" Dreierbeziehung zwischen den nach islamischem Recht verheirateten leiblichen Eltern und der Ehefrau des Vaters.
[93] *Muscheler* FamRZ 2004, 913, 915; StAZ 2006, 189, 192; *Enders* FPR 2004, 60 ff.
[94] FamRZ 2004, 913, 919 f; vgl auch StAZ 2006, 189, 194.
[95] *Muscheler* StAZ 2006, 189, 198 f.
[96] NJW 2005, 3324, 3326.
[97] JZ 1992, 809, 816.
[98] BGH NJW 2005, 3277, 3279, 3282 zu diesem Nachrang.
[99] Anders BayObLG FamRZ 1989, 429, 430.
[100] BFH BStBl II 1989, 627 für das GrEStG.
[101] *Dickhuth-Harrach* FamRZ 2005, 1139, 1142.
[102] *Schlütter* FF 2005, 234, 236 ff äußert allerdings generell verfassungsrechtliche Bedenken gegen die Stiefkindadoption in der Lebenspartnerschaft, Rn 36.2.
[103] *Sethe* S 44 ff mwN, 87 ff.

verhindert die Inkognito-Adoption die Kenntnis der Abstammung schon wegen des Einsichtsrechts des Adoptivkindes in Personenstandsbuch und Adoptionsakte (§ 1758 Rn 6) nicht von vorneherein. Aber es ist doch damit zu rechnen, dass eine Aufklärung über die wirkliche Herkunft sehr spät erfolgt und dem Betroffenen der Kontakt zu seinen leiblichen Verwandtschaft faktisch erschwert wird[104]. Schließlich geht es bei den Identitätsproblemen nicht nur darum, überhaupt zu wissen, woher man kommt, sondern dies so früh wie möglich zu erfahren.

Ist der Adoptionsbewerber **alleinstehend,** kann dies gegen die Adoption sprechen, wenn das Kind besonderer Fürsorge bedarf[105]. Unzulässig wäre es zwar, die Adoption allein mit dem Hinweis auf die Situation einer Alleinerziehung abzulehnen (Rn 35). Die strikte Orientierung am konkreten Kindeswohl verbietet es aber nicht, im Einzelfall zu berücksichtigen, dass die Einzeladoption den Bedürfnisses des Kindes nicht gerecht wird, dass mit der Reduktion zweier familienrechtlicher Verhältnisse auf eine Rechtsbeziehung Nachteile verbunden sind, so etwa auch in Hinblick auf den Abbruch zu den Verwandten der bisherigen Eltern (Rn 24.1). **Lebt der Annehmende mit einem anderen Partner zusammen,** ist im Rahmen der Kindeswohlprüfung auch zu berücksichtigen, wie der Partner zu der Veränderung der Lebenssituation steht, inwieweit er bereit ist, die tatsächliche Verantwortung für das Kind mit zu tragen. Regelmäßig wird die Einzeladoption sich auf Fälle beschränken, in denen bereits eine Beziehung zwischen dem Annehmenden und dem Kinde besteht und ein Wechsel der Bezugsperson verhindert werden soll[106]. Ausgeschlossen ist die Adoption aber im Einzelfall nicht, wenn nur die beantragte Adoption dem Kind eine gesicherte Familiensituation bieten kann. Würde mit der Adoption ein bestehendes **Pflegeverhältnis** abgebrochen, ist zu prüfen, ob die Bindungen des Kindes an die frühere Pflegefamilie auch nach der gemäß § 1744 erforderlichen Probezeit der geplanten Annahme entgegenstehen. Die Fortdauer einer stabilen Bindung an eine Bezugsperson in einem gesicherten Pflegeverhältnis wird grds für das Kind wichtiger sein als eine unklare Entwicklung in der Zukunft[107]. Das Gericht hat die Zulässigkeit der Adoption unabhängig davon zu beurteilen, ob die Herausnahme des Kindes aus der Pflegestelle zu Recht erfolgte[108]. Die durch die Herausnahme und die Begründung einer Adoptionspflege geschaffenen Tatsachen sind in die Entscheidung einzubeziehen.

Entsprechendes gilt schon für die Phase der Vermittlung eines Kindes. So kann in Hinblick auf besondere Anforderungen an die Aufnahme ausländischer Kinder mit Leistungseinschränkungen die allg Adoptionseignung bei einer geplanten Einzeladoption verneint werden[109]. Zum Rechtsschutz im Rahmen der Adoptionsvermittlung vgl § 1752 Rn 14 ff.

Die Adoption des Kindes **durch Verwandte oder Verschwägerte** ist, wie sich aus § 1756 Abs 1 ergibt, nicht ausgeschlossen. Bei der Bewertung, ob diese dem Kindeswohl dient, ist insbes die eventuelle Umstrukturierung der Verwandtschaftsverhältnisse (§ 1756 Rn 2 ff) zu berücksichtigen. Allgemeine Bedenken gegen diese Art der Adoption können die Ablehnung zwar nicht rechtfertigen; Bedenken können aber bestehen, wenn das Kind noch Kontakt zu seinen ursprünglichen Eltern haben wird, dem Kind die bisherigen verwandtschaftlichen Beziehungen bewusst sind[110], die weitere Entwicklung der Beziehungen des Kindes zum bisherigen Elternteil noch offen ist und nicht abgeschätzt werden kann, inwieweit das Kind mit dieser Neuordnung der fortbestehenden verwandtschaftlichen Beziehungen zurecht kommt[111]. Das neue Sorgerecht stabilisiert auch ohne Adoption den rechtlichen Rahmen für die alltägliche Erziehungssituation in einer Verwandtschaftspflegefamilie, indem es den Pflegepersonen größere Entscheidungsbefugnisse verleiht (§ 1688 Abs 1), insbes auch Eingriffe der Eltern verhindert, wenn das Kind auf Anordnung des Familiengerichts bei den Pflegepersonen verbleibt (§ 1688 Abs 4). Zudem ist bei der Verwandtenpflege mit einem Abbruch der Betreuung regelmäßig nicht deshalb zu rechnen, weil die Adoption nicht ausgesprochen wird[112].

b) Verhältnisse der Adoptionsbewerber. aa) Persönliche Eignung. Nähere Kriterien zur persönlichen Eignung enthält das Gesetz nicht. Von der in § 7 Abs 2 AdVermiG enthaltenen Ermächtigung, über eine Rechtsverordnung insoweit Kriterien festzulegen, wurde bisher kein Gebrauch gemacht. Praxis und Literatur greifen aber auf die – rechtlich unverbindlichen – Empfehlungen der Bundesarbeitsgemeinschaft der Landesjugendämter zurück[113]. Der Adoptionsbewerber muss bereit und in der Lage sein, das Kind persönlich zu erziehen und zu betreuen. Es ist die besondere Aufgabe der Adoptionsvermittlungsstelle, die Eignung der Adoptionsbewerber zu überprüfen, § 7 Abs 1 AdVermiG[114]. Ein geplanter **Kindergartenbesuch** des Kindes entspricht der üblichen Betreuungssituation und ist unschädlich. Zumindest für die erste Zeit der Adoption muss aber sichergestellt sein, dass die

---

[104] Sethe S 47 f.
[105] BayObLGZ 1989, 70, 74.
[106] LG Köln FamRZ 1985, 108; typische Fallkonstellationen bei MünchKommBGB/*Maurer* Rn 25.
[107] BayObLG ZfJ 1991, 432; *Lakies* FamRZ 1990, 698, 702 f.
[108] BVerfGE 79, 51 = NJW 1989, 519 zur Herausnahmeentscheidung zum Zwecke der Adoption.
[109] VG Freiburg FamRZ 2004, 1317, 1318.
[110] BayObLG FamRZ 1997, 839, 840.
[111] BayObLGZ 1989, 70, 74; OLG Oldenburg FamRZ 1996, 895.
[112] Vgl VG Saarlouis JAmt 2007, 153, 156 für die Adoptionsvermittlung: „ultima ratio".
[113] 5. Aufl 2006; zur Relevanz *Reinhardt* JAmt 2006, 487.
[114] *Knobbe* FPR 2001, 309, 313 f zu Problemen der Adoptivbewerber bei Fremdkindadoptionen im Zusammenhang mit der Verarbeitung der eigenen Kinderlosigkeit; *Doukkani-Bördner/Malter* FPR 2001, 334, 337; zu weiteren psychodynamischen Problemen *Kunze* FPR 2001, 339, 341 f; eine irgendwie geartete Bindung des Gerichts an einen Bericht sieht das Gesetz aber nicht vor.

§ 1741

Erziehung des Kindes nicht überwiegend außerhalb der Adoptivfamilie stattfindet[115]; das mag dann anders sein, wenn das Kind bei den Adoptiveltern bereits über längere Zeit in Pflege war. **Berufstätigkeit** alleine kann Zweifel an der Eignung nicht begründen[116]; besondere Probleme des anzunehmenden Kindes können aber im Einzelfall gegen eine Vollzeittätigkeit sprechen. Die erzieherische und pflegerische Eignung muss unter Berücksichtigung der körperlichen und psychischen Situation gerade des Minderjährigen festgestellt werden, der adoptiert werden soll (§ 7 Abs 1 S 2 AdVermiG). **Homosexualität** führt zu keiner Einschränkung der Eignung des Adoptionsbewerbers (Rn 26.1). **Verstöße gegen Rechtsbestimmungen** in Zusammenhang mit der Adoption eines ausländischen Kindes können nicht schon von vornherein Zweifel an der Eignung begründen[117], solange sie nicht das Ausmaß der in Abs 1 S 2 genannten Methoden (Rn 31 f) erreichen.

26.1 Die Neufassung des § 9 LPartG erkennt nun ausdrücklich die grundsätzliche Eignung des Homosexuellen an (Rn 36), zudem wird damit die Vereinbarkeit einer Adoption mit dem Kindeswohl grds bestätigt. Zwar ist die Regelung ergangen für eine Stiefkindadoption; aus ihr muss aber auch die grundsätzliche Eignung für eine Alleinadoption entnommen werden. Der EuGMR[118]. Der Adoptionsbewerber hat aber darzulegen, dass er dem Kind seine eigene Orientierung nicht aufdrängt. Ob die Tatsache, dass er sie ihm vorlebt, einen Nachahmungszwang auslöst, ist aus entwicklungspsychologischer Sicht zu beurteilen. Die neueren Erkenntnisse lassen aber wohl darauf schließen, dass die sexuelle Orientierung der Kinder nicht von der sexuellen Orientierung der Eltern beeinflusst wird[119]. Eine Adoption durch Homosexuelle außerhalb der Stiefkindadoption bezieht sich offenbar vorwiegend auf die Aufnahme ausländischer Kinder[120]

27 In Hinblick auf die Problematik der **Inkognito-Adoption** (Rn 23) ist zu fordern, dass bei einer derartigen Annahme die Annehmenden bereit und in der Lage sind, dem Kind gegenüber die Tatsache der Adoption zu offenbaren und ggf das Kind auch bei einer gewünschten Kontaktaufnahme zu den leiblichen Eltern zu unterstützen. Zudem bedarf es einer offenen Haltung gegenüber der Entwicklung des Kindes. In Hinblick auf die heute anerkannte grundlegende Identitätsfrage ist auch zu prüfen, ob die Annehmenden bereit sind, die Angenommenen je nach Entwicklungstand über ihre Herkunft aufzuklären[121]; die Wahl des konkreten Zeitpunkts der Aufklärung bleibt aber den Annehmenden überlassen, so dass die Aufklärung selbst nicht zur Voraussetzung der Annahmeentscheidung gemacht werden kann[122], wohl aber die Bereitschaft hierzu. Bemüht sich der leibliche Vater nach der Anerkennung der Vaterschaft um einen persönlichen Kontakt zu dem Kind, muss man von den Adoptivbewerbern die Bereitschaft fordern, diese Kontaktaufnahme zu unterstützen, da die Begründung eines persönlichen Kontaktes des Kindes zu seinem Elternteil und ggf eine Betreuung durch ihn grds auch im Interesse des Kindes liegt. Versuche der Adoptivbewerber, den Umgang des Vaters mit dem Kind zu verhindern, können Zweifel an ihrer Eignung begründen[123]. Bei der Adoption eines **ausländischen Kindes** sind die Adoptionsbewerber darauf hin zu überprüfen, ob sie in der Lage sind, die kulturelle Identität des Kindes zu achten[124] und ggf besondere Probleme bei der Identitätsfindung des Kindes zu bewältigen[125]. Insoweit liegt das Problem bei der methodischen Fähigkeit der Adoptionsvermittler, die Adoptionsbewerber entspr zu beurteilen.

28 Zur persönlichen Eignung gehört auch eine ausreichende **gesundheitliche Verfassung.** Die körperliche Verfassung wird idR durch ein amtsärztliches Attest zu belegen sein[126], eine Untersuchung auf die psychische Eignung kann nur bei konkreten Zweifeln an der psychischen Stabilität gefordert werden. Die Verweigerung eines Aids-Testes ist alleine noch kein Grund, die Eignung des Adoptionsbewerbers zu verneinen[127], wenn keine Hinweise auf eine mögliche HIV-Infektion bestehen, ggf auch auf Grund der Zugehörigkeit zu einer Risikogruppe. Andernfalls ist das Risiko beim Annehmenden nicht größer als bei anderen Betreuungspersonen. Wer **geschäftsunfähig** ist, kann kein Kind adoptieren (Rn 28.1).

28.1 Dies ergibt sich indirekt schon aus der Bestimmung des § 1741 Abs 2 S 4. Nach § 1752 Abs 2 S 1 kann der Antrag auf Ausspruch der Adoption nicht durch einen Vertreter gestellt werden, der Geschäftsunfähige kann den erforderlichen Antrag (§ 1752 Rn 2) selbst nicht wirksam stellen (arg § 1760 Abs 2 lit a); damit kann auch ein Betreuer nicht bestellt werden. Entsprechendes gilt bei der **Volljährigenadoption** für den Annehmenden. Der Anzunehmende dagegen kann geschäftsunfähig sein, eine Betreuung ist daher auch möglich (§ 1768 Rn 3).

---

[115] II. 6.4. 2. 12 der Empfehlungen der Bundesarbeitsgemeinschaft der Landesjugendämter, 5. Aufl 2006; dazu *Reinhardt* JAmt 2006, 487, 489.
[116] Vgl VG Hamburg JAmt 2006, 367, 369 f.
[117] Vgl VG Hamburg JAmt 2006, 367, 370.
[118] FamRZ 2003, 149, 150) sieht eine Ablehnung einer Adoption alleine aus dem Grund der Homosexualität zwar als Ungleichbehandlung iS des Art 14 EMRK an, hält es aber für vertretbar, wenn aus dem Gedanken des Kindeswohls die nationalen Stellen einer Adoption durch Homosexuelle skeptisch gegenüberstehen (Abl insoweit *Muscheler*, Recht der Eingetragenen Lebensgemeinschaft, 2004, Rn 424.
[119] *Paulitz/Griebel/Fthenakis* Adoption ... 2006, S 177.
[120] *Pätzold* S 55 f.
[121] Empfehlungen zur Adoptionsvermittlung, 2006, 6.1.1; vgl *Ebertz*, Adoption als Identitätsproblem, 1987, S 94 ff, 152.
[122] LG Freiburg JAmt 2002, 472, 473.
[123] BVerfG NJW 2005, 2685, 2688 passim.
[124] *Klingenstein* S 42–44, 47 unter Hinweis auf die UN-Kinderrechtskonvention. Unabhängig von der Geltungsfrage dieser Konvention – näher *Scharp* S 60 ff; *Klingenstein* S 51 ff – ist das eine Forderung des Kindeswohls nach deutschem Recht, *Klingenstein* unter Hinweis auf Art 1 und 4 GG, Art 9 EMRK, S 65 f, 62 f.
[125] VG Hamburg JAmt 2006, 367, 369.
[126] MünchKommBGB/*Maurer* Rn 10.
[127] KG Berlin OLGZ 1991, 406, 412.

Zweifel an der Eignung bestehen, wenn sich die Adoptionsbewerber weigern, an Gesprächen und 29
Übungen teilzunehmen, die methodisch zuverlässig dazu beitragen können, die Eignung der Adoptionsbewerber zu ermitteln. Solange keine wissenschaftlichen Belege für die Aussagekraft von Gruppengesprächen mit anderen Adoptionsbewerbern, mit Eltern, deren Kinder adoptiert wurden und Adoptierten vorliegen, kann die Weigerung der Teilnahme nicht als Indiz für die mangelnde Eignung gewertet werden.

bb) Soziale Verhältnisse der Adoptionsbewerber. Die **sozialen Verhältnisse** müssen den 30
üblichen Familienverhältnissen entsprechen[128]; überdurchschnittlich günstige Bedingungen dürfen nicht gefordert werden[129]. Längerfristige Arbeitslosigkeit der Adoptionsbewerber gefährdet die soziale Stabilität der Familie, ebenso die Inanspruchnahme von Sozialhilfe in der Form der Hilfe zum Lebensunterhalt. Obwohl die Hilfe zum Lebensunterhalt die Möglichkeit eines menschenwürdigen Daseins ermöglichen soll (§ 1 S 1 SGB XII), bedeutet das ständige Leben am Rande des soziokulturellen Existenzminimums eine Belastung der Familie, so dass die Prognose einer gesicherten Entwicklung nicht günstig genug ist, um den Umgebungswechsel zu rechtfertigen. Insofern ist die Gewährung von Hilfe zur Erziehung nach dem SGB VIII für ein Pflegeverhältnis günstiger.

c) Erforderlichkeit der Adoption bei Beteiligung der Annehmenden an gesetzes- oder 31
sittenwidrigen Praktiken der Adoptionsvorbereitung (Abs 1 S 2). Erforderlich muss die Adoption für das Kind sein, wenn die Annehmenden iwS an gesetzes- oder sittenwidrigen Praktiken der Adoptionsvorbereitung beteiligt waren. **Gesetzeswidrig** sind die Handlungen nur, wenn sie nach deutschem Recht verboten sind[130], da im Zweifel deutsche Rechtsnormen nur den Verstoß gegen inländische Verbote verhindern wollen und nicht ungeprüft den Inhalt fremder Rechtsordnungen sanktionieren. Vorwiegend wird der Verstoß gegen das AdVermiG von Bedeutung sein[131]. Geltendes Recht sind auch völkerrechtliche Regeln, wenn sie in innerdeutsches Recht umgesetzt sind wie das Haager Adoptionsübereinkommen (Rn 14), nicht aber etwa eine völkerrechtliche Aussage über den Vorrang der Heimatadoption[132], da diese zu einzelfallbezogen ist. Sie wäre bei der Prüfung des Kindeswohls zu berücksichtigen. Die Sittenwidrigkeitsklausel lässt iÜ hinreichend Spielraum, krasse Verstöße gegen ausländische Normen sowie eine offensichtliche Missachtung völkerrechtlicher Vorgaben hinsichtlich des Vorrangs des Verbleibs des Kindes in seinem Herkunftsland zu berücksichtigen. Derartige Vorgaben sind enthalten in Art 21 lit b der UN-Konvention über die Rechte des Kindes vom 20. 11. 1989. Insoweit kann auch die Staatenverpflichtung Außenwirkung erhalten und auf den ordre public des Art 6 EGBGB einwirken[133]. **Gesetzeswidrigkeit** beschränkt sich nicht auf Verbote nach dem § 5 AdVermiG, sondern bezieht alle illegalen Praktiken ein, die in Zusammenhang mit dem Kinderhandel stehen, damit auch Verstöße gegen Normen des StGB wie Nötigung, Erpressung usw. Dazu gehören nicht Verstöße gegen das deutsche **Aufenthaltsrecht,** das als Ordnungsrecht keine kinderschutzspezifische Interessen schützt. Da es hier nicht um die unmittelbare Anwendung des Strafrechts, sondern um die Folgen normwidrigen Verhaltens im Rahmen einer adoptionsrechtlichen Entscheidung geht, gelten für die Berücksichtigung des Verhaltens nicht die territorialen Grenzen des deutschen Strafrechts (§§ 3 bis 7 StGB).

Die betroffenen Aktionsfelder sind Vermittlung und Verbringung eines Kindes[134]. Der Begriff der 32
Adoptionsvermittlung ist in § 1 AdVermiG näher definiert und umfasst den bloßen Nachweis von Adoptionsgelegenheiten, damit auch bereits die Vorbereitung der eigentlichen Zusammenführung von Kind und Adoptionswilligen. Die **Verbringung** bezieht sich auf eine tatsächliche Handlung in Hinblick auf eine Ortsveränderung, die zur Inlandsadoption führen soll, unabhängig davon, ob das Kind sich bereits im Inland befindet oder erst ins Inland gebracht werden soll[135]. Dem Gesetz ist keine Beschränkung auf den internationalen Kinderhandel zu entnehmen. Die **Handlungsformen** sind weit gefasst. Mitwirkung bedeutet nicht feststellbare Ursächlichkeit, sondern jede Tätigkeit, die Vermittlung oder Verbringung fördern soll. Auch Versuche sind erfasst, da die Vorschrift auf generalpräventiven Überlegungen beruht (Rn 17), nicht jedoch die bloße Ausnutzung ansonsten unbeeinflussten Geschehens[136]. Nicht notwendig ist, dass sich die Handlung auf das zu adoptierende Kind bezieht[137].

Erforderlich ist die Adoption nur, wenn sie im Einzelfall in Hinblick auf das Kindeswohl notwendig 33
ist. Erforderlich wird die Adoption nur sein, wenn zwischen dem Adoptionsbewerber und dem Kind bereits eine intensive Beziehung besteht, die nicht mehr abgebrochen werden soll[138] oder wenn eine anderweitige Möglichkeit, für das Kind eine geeignete Familie zu finden, evtl wegen besonderer

---

[128] MünchKommBGB/*Maurer*: durchschnittliche Einkommensverhältnisse, Einzelzimmer für das Kind.
[129] Vgl VG Hamburg JAmt 2002, 464, 470.
[130] AA *Erman/Saar* Rn 20; FamRefK/*Maurer* Rn 10.
[131] *Palandt/Diederichsen* Rn 6.
[132] *Jayme* IPRax 1996, 237, 238, 241.
[133] OLG Karlsruhe NJWE-FER 1998, 4: Drittwirkung völkerrechtlicher Normen. Materielle Grundsätze des Haager Übereinkommens können so auch außerhalb seines Geltungsbereichs berücksichtigt werden.
[134] *Paulitz/Bach,* Adoption ..., 2006, S 349 ff ausf zur Praxis des Kinderhandels.
[135] FamRefK/*Maurer* Rn 7.
[136] FamRefK/*Maurer* Rn 6.
[137] FamRefK/*Maurer* Rn 7; *Greßmann,* Neues Kindschaftsrecht, 1998, Rn 407 unter Hinweis auf die Begr des Rechtsausschusses.
[138] BT-Drucks 13/8511 S 75.

§ 1741

persönlicher Verhältnisse des Kindes, nicht besteht. Das konkrete Kindeswohl ist wichtiger als die Durchsetzung der präventiven Ziele des Abs 1 S 2[139].

34 **4. Eltern-Kind-Verhältnis.** Während sich der Begriff des Kindeswohls alleine auf die Perspektive des Kindes bezieht, orientiert sich der Begriff des Eltern-Kind-Verhältnisses vor allem auf eine bestimmte Beziehungs- und Kommunikationsstruktur zwischen Annehmendem und Angenommenem. Die Erwartung, dass ein Eltern-Kind-Verhältnis entsteht, orientiert sich an den tatsächlichen Verhältnissen, wie sie im familiären Verband üblich sind. Relativ problemlos ist die Beurteilung möglich, wenn das Kind bereits in der Familie der Annahmewilligen lebt. Im Regelfall ermöglicht die in § 1744 vorgesehene, vorhergehende Adoptionspflege die Prognose auf Grund von beobachtbaren Tatsachen jenseits bloßer Vermutungen (§ 1744 Rn 1; zu den Ausnahmen vgl § 1744 Rn 3). Zu fordern ist, dass die Annahmewilligen das Kind hauptsächlich aufnehmen, um ihm eine Entwicklung innerhalb eines Familienverbandes zu ermöglichen. **Altersunterschiede** sind auf Grund der zunehmend „älteren Eltern" nicht mehr von großer Bedeutung, können aber nach wie vor gegen die Wahrscheinlichkeit der Entstehung eines Eltern-Kind-Verhältnisses sprechen, wenn ein deutlicher Generationensprung gegeben ist[140]. So jedenfalls, wenn das Altersverhältnis auch nach den heutigen Verhältnissen einem Enkel-Großeltern-Verhältnis entspricht[141]. Die Adoption des **Enkelkindes durch die Großeltern** ist zwar nicht ausgeschlossen. Abgesehen von Bedenken in Hinblick auf die Rechtsfolgen der Adoption (Rn 25), ist nur in Ausnahmefällen damit zu rechnen, dass das bestehende Enkel-Großeltern-Verhältnis sich in ein Eltern-Kind-Verhältnis wandeln wird[142]. Entsprechendes gilt für die **Annahme durch Geschwister**. Bei der **Stiefkindadoption** wird man idR ein längeres Zusammenleben erwarten, bevor die günstige Prognose erstellt werden kann.

35 **5. Einzel- und gemeinschaftliche Adoption/Personenstand der Annehmenden.** Adoptionen durch eine **Einzelperson** sind generell zulässig, wenn der Annahmewillige nicht verheiratet ist, unabhängig davon, ob der Annahmewillige in einer eheähnlichen Lebensgemeinschaft, in einer eingetragenen Lebenspartnerschaft[143] oder in anderen Gemeinschaften lebt. Das schließt aber eine besondere Würdigung der Rechtsfolgen einer Einzeladoption nicht aus (Rn 24). Eine **gemeinschaftliche Adoption** ist ausnahmslos nur durch Ehepaare möglich; Rn 35.1 (§ 1741 Abs 2 S 2). Für Mitglieder einer **eheähnlichen Lebensgemeinschaft** entfällt jede Möglichkeit, ein Kind gemeinsam zu adoptieren und zwar auch wenn es sich um eine eingetragene Lebenspartnerschaft handelt (Rn 37).

35.1 Die Entwicklung des Adoptionsrechts hinsichtlich seiner Zwecke lässt sich auch an der Regelung der Adoption durch andere als Ehepaare verfolgen. Das Adoptionsrecht war zunächst ganz von der Zentrierung auf die gemeinschaftliche Adoption durch Ehegatten geprägt[144].

36 **Verheiratete Personen** können ein Kind grds nur gemeinsam adoptieren (Abs 2 S 2). Die Adoption durch einen **Ehegatten allein** ist nach dem Wortlaut des Gesetzes zulässig, wenn
– das Kind des anderen Ehegatten adoptiert wird (**Stiefkindadoption**),
– die gemeinschaftliche Adoption am Mindestalter (§ 1743 S 1) oder
– an der Geschäftsunfähigkeit (Rn 28) des anderen Ehegatten scheitert (Abs 2 S 4).

Die Einzelannahme wird im Fall der Geschäftsunfähigkeit des anderen Ehegatten aber nur selten für das Kind vorteilhaft sein, da eine Überlastung des Annehmenden sehr wahrscheinlich ist[145]. Eine analoge Anwendung der Ausnahme auf andere Fälle eines Adoptionshindernisses ist auf Grund des Wortlauts und der Entstehungsgeschichte nicht möglich, die Ausnahmeregelung ist abschließend und erlaubt auch keine Adoption, wenn die Ehegatten schon seit längerer Zeit getrennt leben und mit der Scheidung der Ehe zu rechnen ist[146], auch nicht bei unbekanntem Aufenthalt des anderen Ehegatten[147]. Entspr gilt, wenn die Adoption durch den anderen Ehegatten an seinem Heimatrecht scheitert[148]. Indirekt kann es zu einer Einzeladoption durch einen Ehegatten kommen, wenn bei einer gemeinschaftlichen Adoption der Antrag eines Ehegatten fehlte oder unwirksam war und die **Aufhebung** der Adoption sich auf den anderen Elternteil nicht erstreckt (§ 1763 Abs 2; dort Rn 8). Nicht mehr zulässig ist die Adoption des **eigenen Kindes**[149]. Dies gilt auch dann, wenn der Antrag bereits vor Inkrafttreten der Gesetzesänderung gestellt wurde[150]. Ein eigenes Kind ist das Kind aber nur, wenn die Elternschaft rechtlich nach den Bestimmungen des Abstammungsrechts (§§ 1591, 1592) fixiert ist[151].

---

[139] *Paulitz/Bach* Adoption … 2006, S 224 krit zur Frage, ob eine derart begründete Eltern-Kind-Beziehung auf Dauer dem Kindeswohl entspricht.
[140] LG Kassel FamRZ 2006, 727, 728: dort eher schon Urgroßelternalter; insoweit in NJW-RR 2006, 511 nicht abgedruckt.
[141] Die Empfehlungen der Bundesarbeitsgemeinschaft der Landesjugendämter, 5. Aufl 2006, II 6.4.2.2 gehen für den Regelfall von einem Höchstalterabstand von 40 Jahren aus; dazu näher *Reinhardt* JAmt 2006, 487, 488 f.
[142] OLG Oldenburg FamRZ 1996, 895; *Gernhuber/Coester-Waltjen* § 68 III 7.
[143] MünchKommBGB/*Maurer* Rn 27.
[144] Pätzold S 37 ff.
[145] *Gernhuber/Coester-Waltjen* § 68 III 4 näher.
[146] OLG Hamm MDR 1999, 1001 f; KG OLGZ 1981, 37, 40; *Lipp/Wagenitz*, Das neue Kindschaftsrecht, 1999, Rn 24; MünchKommBGB/*Maurer* Rn 29.
[147] *Soergel/Liermann* Rn 43.
[148] LG Hamburg FamRZ 1999, 253, 254; *Erman/Saar* Rn 21.
[149] OLG Jena FGPrax 1999, 224; FamRefK/*Wax* Rn 22.
[150] OLG Jena FGPrax 1999, 224.
[151] *Lipp/Wagenitz*, Das neue Kindschaftsrecht, 1999, Rn 8.

Annahme nur als gemeinschaftliches Kind § 1742

Mit der Änderung des LPartG (Rn 37.1) zum 1. 1. 2005 (BGBl 2004 I S 3396) kann der Partner **37** einer eingetragenen Lebenspartnerschaft das Kind **seines Lebenspartners** adoptieren (§ 9 Abs 7 S 1 LPartG); die Vorschriften im BGB über die Adoption wurden nicht geändert. Damit wird ermöglicht, dass das Kind zwei gleichgeschlechtliche Elternteile erhält. Das Gesetz erkennt damit indirekt an, dass auch die Erziehung durch gleichgeschlechtliche Partner mit dem Kindeswohl grds vereinbar ist (Rn 37.2). Hinsichtlich der Dienlichkeit einer Stiefkindadoption gilt dasselbe wie für verheiratete Personen (Rn 22). Sorgerechtliche und namensrechtliche Probleme lassen sich über § 9 LPartG bewältigen. Das zu adoptierende Kind des Partners kann aber kein **Adoptivkind** sein (§ 1742 Rn 2). Eine **gemeinschaftliche Fremdkindadoption** lässt das Gesetz nach wie vor nicht zu.

Die Reform wird im Schrifttum meist positiv beurteilt, so von *Stüber*[152] und *Wellenhofer*[153]. Sie weisen hin auf **37.1** sozialwissenschaftliche Aussagen, die eine Erziehung durch gleichgeschlechtliche Partner als mit dem Kindeswohl vereinbar ansehen. Bei *Pätzold* S 187 ff findet sich ein Überblick über die Handhabung in anderen Ländern. Der Ausschluss einer gemeinsamen Fremdadoption wird als verfehlt angesehen von *Dethloff*[154]: sie befürwortet eine Adoption generell auch durch nicht eingetragene Lebenspartner ohne Rücksicht auf das Geschlecht[155].

Schlütter[156] hält die Stiefkindadoption durch den Lebenspartner allerdings für **verfassungswidrig,** ua auch, weil die **37.2** rechtliche Zuordnung des Kindes zu zwei gleichgeschlechtlichen Eltern gegen Grundrechte des Kindes verstoße[157] Dieses Argument lässt sich in seiner allgemeinen Form aber nur im Einzelfall verwenden, wenn das Gericht die Verfassungsfrage dem BVerfG vorzulegen bereit ist. Eine Verfassungswidrigkeit insoweit anzunehmen, dürfte aber schwierig sein, da das Gericht im Einzelfall die Adoption verweigern müsste, wenn es nicht davon ausgehen kann, dass die Adoption dem Kindeswohl dient; dann kommt es eigentlich auf die Verfassungswidrigkeit der Norm selbst nicht an. Dies wäre bei jeder Stiefkindadoption der Fall, wenn das Motiv der Adoption – wie *Schlütter* für den Regelfall vermutet (S 23) – vorrangig der Festigung der Partnerbeziehung dienen soll (Rn 22). Die Bedenken *Schlütters* hinsichtlich des Problems des Kindes, zwei gleichgeschlechtliche Eltern zu haben, scheinen von den Sozialwissenschaften nicht recht geteilt zu werden[158]. Wenn es zu Problemen für das Kind infolge von Stigmatisierungen kommt, dürften diese eher auf die unabhängig von der Adoption bestehenden tatsächlichen Verhältnisse zurückzuführen sein als auf die Verrechtlichung der tatsächlichen Beziehung.

§ 1742 Annahme nur als gemeinschaftliches Kind

Ein angenommenes Kind kann, solange das Annahmeverhältnis besteht, bei Lebzeiten eines Annehmenden nur von dessen Ehegatten angenommen werden.

I. Normzweck

Die Vorschrift verbietet Kettenadoptionen und soll der Schwächung bestehender Adoptionsverhält- **1** nisse entgegenwirken. Zudem soll auch dem Recht der Zustimmungserklärung der leiblichen Eltern zur Erstadoption mittelbar respektiert werden, die sich zwingend auf eine Adoption durch bestimmte, bereits feststehende Adoptionsbewerber bezieht[1].

II. Verbot der Zweitadoption und Ausnahmen

Erfasst sind von einem Adoptionsdekret und damit vom Verbot der Zweitadoption nur das ange- **2** nommene Kind selbst, nicht seine Kinder[2]. **„Angenommen"** ist das Kind, wenn das Adoptionsdekret wirksam ist (zum Zeitpunkt der Wirksamkeit vgl § 1752 Rn 5); maßgeblich ist die Rechtslage im Zeitpunkt der Entscheidung des Gerichts über die erneute Adoption. Bei einer **Auslandsadoption** muss die ausländische Adoption anerkannt sein, um das Verbot der Kettenadoption durch ein deutsches Gericht zu begründen[3]. Das **Verbot gilt nicht,** wenn das bereits angenommene Kind durch den Ehegatten eines Adoptivelternteils angenommen werden soll. Über § 1742 wäre die Annahme eines Adoptivkindes durch den eingetragenen **Lebenspartner** des iS der Stiefkindadoption (§ 1741 Rn 37) nicht ausgeschlossen, Rn 2.1[4]. Die Adoption des Adoptivkindes eines Lebenspartners durch den anderen Lebenspartner scheitert aber an Art 6 Abs des Europäischen Übereinkommens vom 24. 4. 1967 über die Adoption von Kindern[5], Rn 2.2.

---

[152] FamRZ 2005, 574, 576.
[153] NJW 2005, 705, 707.
[154] ZRP 2004, 195 ff.
[155] Krit auch *Muscheler*, Recht der eingetragenen Lebensgemeinschaft, 2004, Rn 425; *Kemper* FF 2005, 88, 95; zur verfassungsrechtlichen Zulässigkeit *Pätzold* S 65 ff.
[156] FF 2005, 234, 236 ff.
[157] S 237 f; aA *Pätzold* S 143.
[158] *Pätzold* S 114 ff, bes S 135.
[1] *Gernhuber/Coester-Waltjen* § 68 V 2.
[2] OLG Schleswig NJW 1961, 2163, 2164; *Palandt/Diederichsen* Rn 1.
[3] AG Hamm IPRax 2007, 326, 328; kritisch dazu *Weitzel* IPRax 2007, 308, 309 Fn 11.
[4] *Grziwotz* DNotZ 2005, 13, 25 in diese Richtung; offen gelassen von *Dickhuth-Harrach* FPR 2005, 273, 275: „ungeklärt"; aA – keine Kettenadoption die wohl hL – *Muscheler* StAZ 2006, 189, 192; *Kaiser* StAZ 2006, 65, 68; *Walter* MittBayNot 2005, 193, 198; Hk-LPartR/*Kemper* § 9 LPartG Rn 26.
[5] *Stüber* FamRZ 2005, 574, 576, hält dieses Ergebnis zu Recht für unerfreulich.

2.1 Die Gesetzestechnik ist insoweit verwirrend[6], als einerseits § 9 Abs 7 S 2 LPartG ausdrücklich auf einzelne Vorschriften des Adoptionsrechts verweist, andererseits diese Verweisung nicht exklusiv ist, da die unbestritten geltenden Vorschriften über die notwendigen Einwilligungen nicht aufgeführt sind. Die Verweisung bezieht sich – entspr dem Zweck des Gesetzes – nur auf Vorschriften, die sich auch ausdrücklich auf die Stiefkindadoption beziehen[7]. Alle anderen Vorschriften des Adoptionsrechts – wie etwa §§ 1746, 1747 – sind selbstverständlich auch ohne Verweisung anwendbar[8].

2.2 Das Übereinkommen wurde vom BT am 25. 8. 1980 als Gesetz beschlossen und trat am Tag nach seiner Verkündung in Kraft (BGBl II S 1093). Nach Art 6 Abs 1 des Übereinkommens „darf die Adoption eines Kindes nur zwei miteinander verheirateten Personen, ob sie nun gleichzeitig oder nacheinander annehmen, oder einer Person allein" gestattet werden. Nach Abs 2 darf eine erneute Adoption eines bereits angenommenen Kindes ua nur gestattet werden, „wenn es sich um ein Adoptivkind des Ehegatten des Annehmenden handelt". Sollte die Annahme eines Adoptivkindes gestattet werden, wofür einiges spricht, müsste das Abkommen aufgekündigt werden[9].

3 Erlaubt ist die Zweitadoption nach dem **Tod der Adoptiveltern**, obwohl das Annahmeverhältnis durch den Tod nicht aufgehoben wird[10]. Es bedarf weder der Aufhebung der Erstadoption noch der Zustimmung der leiblichen Eltern zur erneuten Adoption, da deren Elternposition nicht wieder auflebt[11]. Im Falle der gemeinschaftlichen Adoption ist, solange ein Adoptivelternteil lebt, nur die ergänzende Adoption durch den Ehegatten des überlebenden Elternteils möglich. Wird die Ehe der Adoptiveltern **geschieden**, hat dies auf den Weiterbestand des Annahmeverhältnisses keinen Einfluss. Eine **entgegen dem Verbot** der Zweitadoption ausgesprochene Adoption ist weder nichtig (§ 1752 Rn 7.1; str) noch aufhebbar[12]. Ohne weiteres zulässig ist die Zweitadoption, wenn ein **Volljähriger** angenommen werden soll (§ 1768 Abs 1 S 2, dort Rn 2).

4 Die Zulässigkeit einer **Rück- oder Readoption** eines angenommenen Kindes durch seine leiblichen Eltern richtet sich nach den allgemeinen Regeln; ist sie während der Minderjährigkeit des Kindes zulässig, wenn die Adoptiveltern verstorben sind[13]. Mit der wirksamen Rückadoption werden die Rechtswirkungen der Erstadoption in vollem Umfang für die Zukunft aufgehoben (§ 1755), so dass auch die Rechtsbeziehungen zu den Verwandten der verstorbenen Adoptiveltern erlöschen. Wird die **Annahme aufgehoben** (§§ 1759 ff), ist die Rückadoption grds nicht zulässig. Einem entspr Antrag fehlt das Rechtsschutzinteresse, da die mit ihm beabsichtigte Rechtswirkung der Umstrukturierung der Verwandtschaftsbeziehungen bereits kraft Gesetzes eingetreten ist (§ 1764 Abs 3)[14]. Die elterliche Sorge lebt zunächst nicht wieder auf, kann aber durch das Gericht auf die leiblichen Eltern übertragen werden (§ 1764 Rn 6).

III. Wiederholungsadoption

5 Wiederholungsadoptionen sind mit § 1742 vereinbar, da die Vorschrift auf die Adoption eines Kindes durch dieselben Adoptiveltern nicht anwendbar ist[15]. Das für eine Wiederholungsadoption notwendige Rechtsschutzbedürfnis ist nur gegeben, wenn sie eine unklare Rechtslage beseitigen soll[16]. Vorrangig vor einer Wiederholungsadoption sind im Geltungsbereich des „Haager Übereinkommens über den Schutz von Kindern und die Zusammenarbeit auf dem Gebiet der internationalen Adoption" die dort vorgesehenen Regelungen, § 1741 Rn 14 f[17], allgemein mit Geltung des **AdWirkG** die Durchführung eines entsprechenden Verfahrens zur Feststellung der Wirksamkeit und Rechtsfolgen der Adoption. Das gilt auch für die Möglichkeit, eine Adoption mit schwachen Wirkungen in eine Adoption mit starken Wirkungen umzuwandeln (§ 3 AdWirkG), § 1741 Rn 15[18].

§ 1743 Mindestalter

¹Der Annehmende muss das 25., in den Fällen des § 1741 Abs. 2 Satz 3 das 21. Lebensjahr vollendet haben. ²In den Fällen des § 1741 Abs. 2 Satz 2 muss ein Ehegatte das 25. Lebensjahr, der andere Ehegatte das 21. Lebensjahr vollendet haben.

---

[6] *Wellenhofer* NJW 2005, 705, 707; krit auch *Muscheler,* Das Recht der eingetragenen Lebensgemeinschaft, 2004, Rn 652.
[7] *v. Dickhuth-Harrach* FPR 2005, 273, 276.
[8] *V. Dickhutz-Harrach* FPR 2005, 273, 276; Hk-LPartR/*Kemper* § 9 LPartG Rn 25.
[9] Vgl *Pätzold,* Die gemeinschaftliche Adoption Minderjähriger durch eingetragene Lebenspartner, 2006, S 183 f auch zu Überlegungen zur Änderung des Übereinkommens.
[10] MünchKommBGB/*Maurer* Rn 3; Soergel/*Liermann* Rn 5.
[11] RGRK/*Dickescheid* Rn 4.
[12] MünchKommBGB/*Maurer* Rn 4.
[13] LG Oldenburg FamRZ 1965, 395, 396 schon für das frühere Recht trotz fortbestehender verwandtschaftlicher Beziehungen; vgl dazu *Beitzke* FamRZ 1965, 396, 397.
[14] *Erman/Saar* Rn 3; *Liermann* FamRZ 1995, 1229, 1230 mwN; *Roth/Stielow* AdoptG § 1741 Rn 21.
[15] MünchKommBGB/*Maurer* Rn 1; *Erman/Saar* Rn 7; zur personenstandsrechtlichen Problematik *Klinkhardt* IPRax 1987, 157, 159.
[16] OLG Frankfurt NJOZ 2004, 4509, 4510: ernstliche Zweifel an Anerkennungsfähigkeit einer in Pakistan getroffenen Adoptionsvereinbarung; ebenso OLG Frankfurt BeckRS 2003, 9753: im Libanon vor einem religiösen Gericht vollzogene Adoption; AG Brühl IPRax 2001, 141, 142: abgelehnt für Bolivien; krit dazu *Fuchs* IPRax 2001, 116, 118; LG Köln NJW 1983, 1982 f; AG Ibbenbüren IPRax 1984, 221 (LS); *Staudinger/Henrich* Art 22 EGBGB Rn 101; näher *Steiger* DNotZ 2002, 184, 206.
[17] BT-Drucks 14/6011 S 28 f zum Motiv des Gesetzgebers, Wiederholungsadoptionen damit zu vermeiden.
[18] BT-Drucks 14/6011 S 29 f zur völkerrechtlichen Problematik.

Verbot der Annahme § 1745

Die Vorgabe eines **Mindestalters** des Annehmenden soll die Aussichten auf die Entwicklung eines echten Eltern-Kind-Verhältnisses fördern. Ein **Höchstalter** wird nicht festgelegt; ein höheres Alter und Altersunterschiede können im Einzelfall gemäß § 1741 berücksichtigt werden[1]. **Maßgeblicher Zeitpunkt** für das Erreichen des geforderten Alters ist der Zeitpunkt der Entscheidung des Gerichts.

§ 1744 Probezeit

Die Annahme soll in der Regel erst ausgesprochen werden, wenn der Annehmende das Kind eine angemessene Zeit in Pflege gehabt hat.

I. Normzweck

Der Vorlauf eines tatsächlichen Betreuungsverhältnisses (Adoptionspflege) soll es vor allem dem Gericht erleichtern, die Eignung und Belastbarkeit der Adoptionsbewerber zu beurteilen und die Entwicklungen eines Eltern-Kind-Verhältnisses zu prognostizieren. Das Gericht soll so aus eigener Ermittlung feststellen, inwieweit die bisherige Familienstruktur die mit dem Hinzutreten eines weiteren Familienmitgliedes immer verbundene Veränderungsdynamik positiv verarbeiten kann. Insofern soll die Feststellung der Eignung durch die Adoptionsvermittlungsstelle nach § 8 AdVermiG vor Begründung des Pflegeverhältnisses durch eine eigene Entscheidung des Gerichts geprüft werden.

II. Begriff und Verbindlichkeit der Adoptionspflege

Pflege iS der Vorschrift ist nur eine Vollzeit- und Familienpflege, da nur ein intensives Zusammenleben die Grundlagen für eine Beurteilung des Verhältnisses von Annehmenden und Kind schafft; Wochenend- und Tagespflege genügen nicht. Nur die Vollzeitpflege löst die sorgerechtlichen Befugnisse des § 1688 Abs 1 aus, die indirekt auch die Verantwortlichkeit der Adoptionsbewerber für das Kind verstärken, so auch über die Haftung kraft gesetzlicher Aufsichtspflicht (§ 832 Abs 1)[1*]. Ohne Bedeutung ist, ob der Adoptionsbewerber das Kind gerade in Hinblick auf die beabsichtigte Adoption in Pflege genommen hatte; ein förmlicher Antrag auf Annahme ist nicht notwendig, ebenso wenig die Erteilung bzw Ersetzung der Einwilligung der Eltern[2]. Für die **angemessene Zeit** sind maßgeblich pädagogisch-psychologische Erfahrungen und die besonderen Verhältnisse im Einzelfall. Je älter das Kind ist, desto länger wird die Erprobung notwendig sein[3]. Bestanden bereits vor der Begründung des Pflegeverhältnisses intensivere Kontakte zwischen den Beteiligten, kann die Zeit abgekürzt werden.

Trotz der kumulativen Verwendung der Begriffe „soll" und „in der Regel" kann in Hinblick auf die zentrale Bedeutung der Adoptionspflege für eine realistische Prognose auf die Adoptionspflege nur verzichtet werden, wenn andere Erkenntnisquellen eine ausreichende Beurteilungsgrundlage bilden, so ggf ein langwährender intensiver Umgang des Adoptionsbewerber mit dem Kind, nicht aber bloße briefliche oder telefonische Kontakte oder finanzielle Zuwendungen[4]. So etwa, wenn ein Vormund oder ein Verwandter das Kind adoptieren will und es über lange Zeit bereits betreut hat oder intensive Kontakte zwischen den Beteiligten bereits bestanden. Andere Gründe wie ein bevorstehender Auslandsaufenthalt[5] können den Verzicht auf die Adoptionspflege nur rechtfertigen, wenn das Kindeswohl die Adoption erfordert, das Bestehen der Adoptionspflege bereits zum Scheitern bereits bestehender persönlicher Beziehungen führen würde. **Verstöße** gegen das Gebot der vorherigen Adoptionspflege beeinflussen weder den Bestand des Adoptionsverhältnisses noch begründen sie die Möglichkeit der Aufhebung.

III. Entsprechende Anwendung

Zumindest entspr anwendbar ist die Norm auf die **Stiefkindadoption** (§ 1741 Rn 22), auch wenn es sich nicht um ein echtes Pflegeverhältnis handelte[6]. Auch dort ist zu fordern, dass ein tatsächliches Betreuungsverhältnis bestand. Bei **internationalen Adoptionen** schreibt das Haager Übereinkommen (§ 1741 Rn 14) eine Adoptionspflege nicht vor; ist deutsches Recht anwendbar, so bleibt die Geltung des § 1744 unberührt.

§ 1745 Verbot der Annahme

[1]**Die Annahme darf nicht ausgesprochen werden, wenn ihr überwiegende Interessen der Kinder des Annehmenden oder des Anzunehmenden entgegenstehen oder wenn zu befürchten ist, dass Interessen des Anzunehmenden durch Kinder des Annehmenden gefährdet werden.** [2]**Vermögensrechtliche Interessen sollen nicht ausschlaggebend sein.**

---

[1] *Erman/Saar* Rn 2 zur rechtspolitischen Auseinandersetzung über diese Norm.
[1*] *Palandt/Diederichsen* Rn 3.
[2] DIV-Gutachten DAVorm 1999, 833 f.
[3] *Palandt/Diederichsen* Rn 2.
[4] OLG Frankfurt NJOZ 2004, 4509, 4511.
[5] *Lüderitz* Familienrecht, 2007, § 15 Rn 41.
[6] MünchKommBGB/*Maurer* Rn 6.

§ 1745

I. Normzweck

1 Die Vorschrift verpflichtet das erkennende Gericht, auch die Interessen der Kinder der unmittelbar am Adoptionsdekret Beteiligten zu berücksichtigen, obwohl ihre Zustimmung förmlich nicht notwendig ist. In Hinblick auf den sozialpolitischen Zweck der Adoption (§ 1741 Rn 17) wird die untergeordnete Bedeutung vermögensrechtlicher Interessen klargestellt. Die Vorschrift stellt zugleich klar, dass eine Adoption nicht zwingend daran scheitert, dass die Annehmenden bereits eigene Kinder haben.

II. Geschützter Personenkreis

2 **Kinder** sind alle Abkömmlinge ersten Grades, auch Adoptivkinder[1], ebenso in Hinblick auf die grundsätzliche Einbeziehung der Leibesfrucht in den Schutzbereich des Rechts der „nasciturus"[2]. Nicht zu berücksichtigen sind bei der Entscheidung über die Adoption die Interessen **sonstiger Verwandter**. Dies gilt insbes für die Eltern des Annehmenden, für die mit der Adoption zusätzliche Unterhaltsverpflichtungen begründet werden (§ 1754 Rn 4).

III. Geschützte Interessen und Interessenabwägung

3 **1. Geschützte Interessen.** Geschützt sind grds sämtliche Interessen. Gemeint sind objektive, verständliche Interessen, keine bloßen Empfindlichkeiten. Bei einer bereits höheren Kinderzahl sind Befürchtungen, durch das Hinzukommen eines weiteren Kindes vernachlässigt zu werden, objektiv plausibel, wenn der Annehmende mit den Kindern zusammenlebt oder zumindest einen intensiven Kontakt pflegt. Ansonsten muss ein Kind es generell hinnehmen, dass weitere Kinder in die Familie kommen. **Unterhaltsrechtliche** Interessen sind nicht bloße Vermögensinteressen, da der Lebensstandard der Familie auch Entwicklungschancen beeinflusst (Rn 3.1). Ebenso wie die unterhaltsrechtliche Leistungsfähigkeit bei der Prüfung zu berücksichtigen ist, ob die gewünschte Adoption dem Wohl des anzunehmenden Kindes dient (§ 1741 Rn 30), sind die wirtschaftlichen Auswirkungen der Adoption auf die Leistungsfähigkeit auch für die Kinder des Annehmenden (vgl §§ 1603, 1609 Abs 1) von persönlichem Interesse. Hierbei ist zu berücksichtigen, dass durch die Adoption Pflegegeldzahlungen der Jugendhilfe entfallen können. Ein Erreichen der Sozialhilfegrenze wäre in Hinblick auf die damit verbundenen wirtschaftlichen Einschränkungen nicht im Interesse der Kinder, da der notwendige Lebensunterhalt iS des § 27 SGB XII nur den „einfachen" Lebensstandard sichert und zu erheblichen Einschränkungen des durchschnittlichen Lebensstandards führen würde. Wird der Lebensunterhalt des Kindes durch einen Stiefelternteil ausreichend gewährt, fällt die Beeinträchtigung der Interessen des Kindes insoweit entspr gering aus[3]. Schmälerungen des **Erbrechts** der Kinder des Annehmenden hingegen sind idR vermögensrechtliche Interessen, die eine ansonsten für den Anzunehmenden dienliche Adoption nicht verhindern können[4].

3.1 Die Zuordnung der Interessen bezüglich des Unterhalts zu den persönlichen Interessen ist str[5]. Die Sorge für den Unterhalt wird so auch regelmäßig der Personensorge zugeordnet[6]. Der BGH[7] äußert sich insoweit nur vorsichtig in einem obiter dictum mit einer problematischen Differenzierung zwischen Kindern, die beim Annehmenden leben und anderen Kindern.

4 **2. Notwendigkeit einer Interessenabwägung.** Die Beeinträchtigung der Interessen des vorhandenen Kindes führt nicht zwingend zur Versagung der Adoption. Notwendig ist ein **konkreter Interessenabgleich** mit einer genauen Ermittlung der Interessen des anzunehmenden Kindes an der Adoption; die Feststellung, dass die Adoption dem Anzunehmenden dient, die Voraussetzungen des § 1741 Abs 1 S 1 gegeben sind, genügt nicht. Zu berücksichtigen sind die Bedeutung einer Adoption für die persönliche Entwicklung des Anzunehmenden in Hinblick auf seine derzeitige Erziehungssituation[8]. Dies gilt, da das Interesse des anzunehmenden Kindes nicht absolut gesetzt sei, auch, wenn bereits die Adoptionspflege ersichtlich ohne Rücksicht auf die Interessen der vorhandenen Kinder begründet wurde[9]. Anders wäre dies zu beurteilen, wenn auf Grund der bereits bestehenden engen persönlichen Beziehungen ein Abbruch der tatsächlichen Betreuungssituation nicht vertreten werden kann und die Adoption „erforderlich" ist (§ 1741 Rn 31). **Vermögensrechtliche Interessen** sind in die Abwägung mit einzubeziehen, sie können aber nur in Ausnahmefällen von ausschlaggebender Bedeutung sein, haben regelmäßig nur unterstützende Funktion[10]. Stellt das Gericht überwiegende Interessen der betroffenen Kinder nicht fest, so kann die Adoption insoweit nicht scheitern. § 1745 ist ein Adoptionshindernis und keine Voraussetzung für die Annahme; Zweifel gehen daher zu Lasten der betroffenen Kinder[11]. Eine Vermutung, dass betroffene Interessen der vorhandenen Kinder überwiegen, besteht nicht[12].

---

[1] MünchKommBGB/*Maurer* Rn 3.
[2] *Gernhuber/Coester-Waltjen* § 68 VIII 3, Fn 187; *Staudinger/Frank* Rn 13.
[3] BayObLG Beschluss vom 28. 10. 1999, 1 Z BR 37/99.
[4] *Palandt/Diederichsen* Rn 6.
[5] Bejaht von MünchKommBGB/*Maurer* Rn 8.
[6] *Erman/Michalski* 1626 Rn 16; aA offenbar LG Lüneburg Streit 2000, 87.
[7] FamRZ 1984, 378.
[8] BayObLG Beschluss vom 28. 10. 1999, 1 Z BR 37/99.
[9] MünchKommBGB/*Maurer* Rn 6.
[10] MünchKommBGB/*Maurer* Rn 7; *Gernhuber/Coester-Waltjen* § 68 VIII 3.
[11] *Soergel/Liermann* Rn 19.
[12] Wohl aA *Erman/Saar* Rn 3: grundsätzlicher Vorrang der vorhandenen Kinder bei Interessenabwägung.

Einwilligung des Kindes § 1746

IV. Verfahren, mögliche Sanktionen

In analoger Anwendung der §§ 55 c, 50 b FGG sind die Kinder **persönlich anzuhören**, wenn sie 5 die nötige Verstandesreife haben[13]. Die **Verletzung der Vorschrift** führt weder zur Nichtigkeit der Adoption, noch kann darauf die Aufhebung der Adoption gestützt werden (§ 1760 Rn 2); die Rechtsfolgen der Adoption, so die Unterhaltsverpflichtungen, treten in vollem Umfang ein. Die Verletzung des rechtlichen Gehörs kann über eine **Verfassungsbeschwerde** dazu führen, dass die Adoption wieder rückgängig gemacht wird (§ 1752 Rn 9).

§ 1746 Einwilligung des Kindes

(1) ¹Zur Annahme ist die Einwilligung des Kindes erforderlich. ²Für ein Kind, das geschäftsunfähig oder noch nicht 14 Jahre alt ist, kann nur sein gesetzlicher Vertreter die Einwilligung erteilen. ³Im Übrigen kann das Kind die Einwilligung nur selbst erteilen; es bedarf hierzu der Zustimmung seines gesetzlichen Vertreters. ⁴Die Einwilligung bedarf bei unterschiedlicher Staatsangehörigkeit des Annehmenden und des Kindes der Genehmigung des Vormundschaftsgerichts; dies gilt nicht, wenn die Annahme deutschem Recht unterliegt.

(2) ¹Hat das Kind das 14. Lebensjahr vollendet und ist es nicht geschäftsunfähig, so kann es die Einwilligung bis zum Wirksamwerden des Ausspruchs der Annahme gegenüber dem Vormundschaftsgericht widerrufen. ²Der Widerruf bedarf der öffentlichen Beurkundung. ³Eine Zustimmung des gesetzlichen Vertreters ist nicht erforderlich.

(3) Verweigert der Vormund oder Pfleger die Einwilligung oder Zustimmung ohne triftigen Grund, so kann das Vormundschaftsgericht sie ersetzen; einer Erklärung nach Absatz 1 durch die Eltern bedarf es nicht, soweit diese nach den §§ 1747, 1750 unwiderruflich in die Annahme eingewilligt haben oder ihre Einwilligung nach § 1748 durch das Vormundschaftsgericht ersetzt worden ist.

Übersicht

	Rn		Rn
I. Normzweck	1	III. Widerruf der Einwilligung oder der Zustimmung (Abs 2)	7
II. Einwilligung des Kindes und Zustimmung des gesetzlichen Vertreters (Abs 1)	2	IV. Ersetzung der Einwilligung oder Zustimmung des gesetzlichen Vertreters zur Adoption (Abs 3)	8
1. Rechtsnatur, Form der Erklärung; Erklärungskompetenz	2		
a) Rechtsnatur und Form der Erklärung	2		
b) Erklärungskompetenz	3	V. Verfahrensrecht	9
2. Erfordernis einer gerichtlichen Genehmigung der Einwilligung	6	VI. Internationales Privatrecht	11

I. Normzweck

Mit dem Erfordernis der Einwilligung des anzunehmenden Kindes wird der fürsorgerische Zweck 1 der Annahme dem Selbstbestimmungsrecht des Kindes nachgeordnet; das handlungsfähige Kind soll nur adoptiert werden können, wenn es selbst die Annahme will. Die Fähigkeit zur eigenständigen Willensbildung wird von einer klaren Altersgrenze und der fehlenden Geschäftsunfähigkeit abhängig gemacht. Eine erforderliche Vertretung des Kindes wird einer inhaltlichen Kontrolle durch das Gericht unterworfen. Im Interesse einer Verfahrensvereinfachung entfällt eine an sich erforderliche Erklärung der Eltern als gesetzliche Vertreter, wenn ihre eigene elterliche unwiderrufliche Einwilligung zur Annahme nach § 1747 vorliegt.

II. Einwilligung des Kindes und Zustimmung des gesetzlichen Vertreters (Abs 1)

1. Rechtsnatur, Form der Erklärung; Erklärungskompetenz. a) Rechtsnatur und Form der 2 **Erklärung.** Die Einwilligung ist ein einseitiges, amtsempfangsbedürftiges Rechtsgeschäft höchstpersönlicher Natur, bedingungs- und befristungsfeindlich (§ 1750 Rn 3)[1]. Die Einwilligung muss gemäß § 1750 **notariell beurkundet** werden (§ 1750 Rn 4). Fehlt die Einwilligung, begründet dies die Möglichkeit der Aufhebung nach näherer Maßgabe der §§ 1760, 1761 (§ 1760 Rn 2).

b) Erklärungskompetenz. Für ein **geschäftsunfähiges** Kind sowie für ein Kind, das **noch nicht** 3 **14 Jahre** alt ist, wird die Einwilligung im Namen des Kindes von seinen gesetzlichen Vertretern erklärt. Dies sind im Regelfall die Eltern bzw. der insoweit sorgeberechtigte Elternteil (Personensorgerecht). Ein Ergänzungspfleger ist nicht notwendig. § 1795 Abs 1 Nr 1 – hier iVm § 1629 Abs 2 S 1 – gilt nur für private Rechtsgeschäfte, für eine analoge Anwendung ist mangels einer Rechtslücke kein

---

[13] MünchKommBGB/*Maurer* Rn 14 mN des Streitstandes; *Frank/Wassermann* FamRZ 1988, 1248, 1249.
[1] *Gernhuber/Coester-Waltjen* § 68 V 7 hält das Formbedürfnis für höchst überflüssig.

§ 1746

Raum[2]. Dies gilt auch, wenn das Kind von dem Ehegatten des sorgeberechtigten Elternteils als Kind angenommen wird[3]. Entspr gilt, wenn der Adoptivbewerber Vormund des Kindes ist[4].

4   Das **über 14 Jahre alte** und nicht geschäftsunfähige Kind kann die Einwilligung nur selbst und höchstpersönlich erklären. Maßgeblicher Zeitpunkt für die Altersbestimmung ist die Wirksamkeit des Adoptionsdekrets (§ 1752 Rn 5), nicht der Zeitpunkt der Erklärung der Zustimmung. Verweigert das Kind die Einwilligung, kann die Adoption nicht ausgesprochen werden, ohne dass es auf den Grund der Verweigerung ankommt[5]; die Einwilligung des Kindes kann nicht ersetzt werden. Der Einwilligung des Kindes muss der gesetzliche Vertreter zustimmen (Abs 1 S 3). Eine fehlende Zustimmung begründet nicht die Möglichkeit der Aufhebung[6]. Für die Zustimmung des gesetzlichen Vertreters gilt die Formvorschrift des § 1750 nicht[7]. Sie ist analog § 182 Abs 2 formfrei[8].

5   Sind die **Eltern bzw ein Elternteil gesetzliche Vertreter**, entfällt das Erfordernis der Einwilligung im Namen des Kindes bzw der Zustimmung zur Einwilligung, wenn die Eltern nach Maßgabe des § 1747 als Eltern formgerecht und unwiderruflich ihre Zustimmung zur Adoption erklärt haben (Abs 3 HS 2). Dasselbe gilt, wenn die Einwilligung der Eltern durch das Gericht auf der Grundlage des § 1748 ersetzt ist (§ 1746 Abs 3 HS 2). Das Vertretungsrecht der Eltern wird dann zwar nach Maßgabe des § 1751 Abs 2 S 2 (§ 1751 Rn 5) durch die Vormundschaft des Jugendamtes abgelöst; ein Zustimmungserfordernis seitens des Jugendamtes wird aber nicht mehr begründet[9], da die Zustimmung der Eltern als gesetzliche Vertreter insoweit als erteilt fingiert wird. Bis zur Verbindlichkeit der elterlichen Zustimmung ist in einer nicht weiter eingeschränkten Zustimmung der Eltern zur Adoption schlechthin sowohl die Erteilung der eigenen Zustimmung aus der Elternposition als auch die Zustimmung im Namen des Kindes zu sehen.

6   **2. Erfordernis einer gerichtlichen Genehmigung der Einwilligung.** Die Einwilligung muss durch das Gericht genehmigt werden, wenn das anzunehmende Kind und der Annehmende eine **unterschiedliche Staatsangehörigkeit** haben; diese Genehmigung muss aber nicht – entgegen § 183 – bereits vor der Erklärung der Einwilligung vorhanden gewesen sein[10]. Damit sollen die in anderen Rechtsordnungen ggf unterschiedlichen Folgen der Adoption geprüft werden. **Maßgebliches Entscheidungskriterium** ist das Kindeswohl wie es bei Anwendung deutschen Rechts in § 1741 vorgesehen ist[11]. Die Genehmigungspflicht entfällt, wenn die Annahme sich gemäß Art 22 EGBGB oder über eine Rückverweisung nach deutschem Recht richtet, da dann im Rahmen der gemäß § 1741 notwendigen umfassenden Kindeswohlprüfung das Gericht auch die Folgen unterschiedlicher Staatsangehörigkeit zu berücksichtigen hat[12]. Darauf, ob die Frage der Einwilligung deutschem oder ausländischem Recht unterliegt, kommt es dann nicht an[13]. Richtet sich nur die Einwilligung selbst nach deutschem Recht, bleibt sie genehmigungspflichtig[14]. Fehlt die nach deutschem Recht erforderliche Genehmigung des Gericht, ändert dies weder etwas an der Existenz der Einwilligung noch führt dies zu deren Unwirksamkeit. Eine **Aufhebbarkeit** ist damit nicht verbunden (§ 1760 Rn 2)[15].

III. Widerruf der Einwilligung oder der Zustimmung (Abs 2)

7   Das minderjährige, über 14 Jahre alte, nicht geschäftsunfähige Kind kann die Einwilligung solange widerrufen, bis die Adoption durch die Verfügung des Gerichts wirksam geworden ist (Abs 2 S 1); zur Wirksamkeit vgl § 1752 Rn 5. Der gesetzliche Vertreter kann die Einwilligung nicht widerrufen, auch wenn er sie selbst erteilt hat (§ 1750 Abs 2 S 2), wohl aber das Kind, wenn es das 14. Lebensjahr vollendet hat und nicht geschäftsunfähig ist (Abs 2); das gilt auch dann, wenn die Einwilligung noch vor Vollendung des 14. Lebensjahres erklärt wurde[16], Rn 7.1. Eine Zustimmung des gesetzlichen Vertreters zum Widerruf ist nicht erforderlich[17]. Der Widerruf ist **formbedürftig**. Die vorgeschriebene öffentliche Beurkundung kann beim Urkundsbeamten des Jugendamtes erfolgen (§ 59 Abs 1 S 1 Nr 6 SGB VIII). Dies eröffnet die Möglichkeit, das Kind über die Bedeutung und die Folgen dieses Schrittes zu beraten[18]. Die Zustimmung des gesetzlichen Vertreters zur Einwilligung durch das Kind ist nicht widerruflich (§ 130 Abs 1 S 2, Abs 3).

7.1 Eines Widerrufs der Einwilligung des geschäftsunfähigen, aber mindestens 14 Jahre alten Kindes bedarf es nicht, da das Gericht bei Zweifeln an der Geschäftsfähigkeit und damit an der Wirksamkeit der Einwilligung die Annahme nicht aussprechen darf.

---

[2] BGH NJW 1980, 1746, 1747; MünchKommBGB/*Maurer* Rn 5; *Gernhuber/Coester-Waltjen* § 68 V 5 mN des Streitstandes.
[3] BayObLG FamRZ 1981, 93, 94; MünchKommBGB/*Maurer* Rn 5 mwN.
[4] AG Bielefeld IPRax 1989, 172.
[5] BayObLG FamRZ 1997, 576, 577.
[6] *Staudinger/Frank* Rn 35.
[7] *Gernhuber/Coester-Waltjen* § 68 V 7.
[8] *Soergel/Liermann* Rn 15; *Palandt/Diederichsen* Rn 4.
[9] DIJuF-Rechtsgutachten JAmt 2004, 359, 360.
[10] *Staudinger/Frank* § 1745 Rn 39 mwN.
[11] *Lipp/Wagenitz*, Das neue Kindschaftsrecht, 1999, § 1746 Rn 6.
[12] *Liermann* FuR 1997, 217, 219.
[13] FamRefK/*Maurer* Rn 4.
[14] FamRefK/*Maurer* Rn 5; *Liermann* FuR 1997, 217, 219.
[15] AA Beitzke StAZ 1990, 68.
[16] *Palandt/Diederichsen* Rn 7.
[17] BT-Drucks 7/3061 S 35.
[18] *Gernhuber/Coester-Waltjen* § 68 V 8.

IV. Ersetzung der Einwilligung oder Zustimmung des gesetzlichen Vertreters zur Adoption (Abs 3)

Wird die Einwilligung bzw die Zustimmung des Vormundes oder Pflegers ohne triftigen Grund verweigert, können diese Erklärungen durch das Gericht ersetzt werden (Abs 3 HS 1). Das Gericht wird von Amts wegen tätig, eines Antrages bedarf es nicht[19]. Diese einzelfallbezogene Korrektur der Amtsführung des Vormundes oder Pflegers ist als mildere Maßnahme vorrangig gegenüber dem schärferen Eingriff der Entlassung des Vormundes bzw Pflegers. Inhaltlich entspricht der Begriff des „triftigen Grundes" dem Begriff in § 1303 Abs 3: Es muss sich um objektiv einsehbare Gründe handeln[20]. Diese sind immer gegeben, wenn die Voraussetzungen des § 1741 Abs 1 nicht erfüllt sind, der Adoptionsantrag zurückgewiesen werden müsste, da er nicht dem Kindeswohl dient[21]. 8

V. Verfahrensrecht

Über die Ersetzung der vom Vormund oder Pfleger verweigerten Zustimmung entscheidet der **Richter,** nicht der Rechtspfleger (§ 14 Abs 1 Nr 3 lit f RPflG). Das Kind ist gemäß §§ 55 c, 50 b Abs 1, Abs 2 S 1, Abs 3 FGG persönlich anzuhören. Sonstige Beteiligte sind zwar nur im Rahmen des Amtsermittlungsprinzips anzuhören, jedoch kann nur in Ausnahmefällen davon ausgegangen werden, dass die Anhörung der Beteiligten für die Entscheidung über die Ersetzung der Einwilligung keine sachdienlichen Hinweise bringen kann[22]. 9

Das **statthafte Rechtsmittel** gegen die Ersetzungsentscheidung ist die sofortige Beschwerde, da die Ersetzungsentscheidung erst mit Rechtskraft wirksam wird (§§ 60 Abs 1 Nr 6, 53 Abs 1 S 1, 2 FGG). Hat das Gericht die Einwilligung bzw Zustimmung ersetzt, ist gegen die Beschwerdeentscheidung gemäß § 29 Abs 2 FGG nur die sofortige weitere Beschwerde statthaft und zwar unabhängig vom Inhalt der Beschwerdeentscheidung, damit auch, wenn das Beschwerdegericht die Ersetzungsanordnung des Gerichts aufgehoben und die Ersetzung abgelehnt hat[23]. Gegen die **Ablehnung der Ersetzung** der Einwilligung ist die einfache Beschwerde gegeben (Rn 10.1). Hebt das Beschwerdegericht die ablehnende Entscheidung auf und ersetzt die Einwilligung bzw Zustimmung, so ist gegen die Beschwerdeentscheidung die sofortige weitere Beschwerde gegeben[24]. 10

Mit der geplanten Ablösung des FGG durch das FamFG (§ 1752 Rn 13) für das Adoptionsverfahren gibt es keine unbefristete Beschwerde mehr. Damit ist unabhängig von dem Inhalt der Entscheidung des Gerichts die Beschwerde befristet (§ 1752 Rn 13.2). 10.1

VI. Internationales Privatrecht

Inwieweit eine Einwilligung des Kindes erforderlich ist, richtet sich gemäß Art 22 EGBGB grds nach dem Heimatrecht der Annehmenden bzw nach dem Ehestatut gemäß Art 14 Abs 1 EGBGB. Zusätzlich ist das Heimatrecht des Kindes zu berücksichtigen (Art 23 S 1 EGBGB) (§ 1741 Rn 10). Sieht das anzuwendende ausländische Recht eine Einwilligung des Kindes nicht vor, ist deutsches Recht anzuwenden, wenn dies im Interesse des Kindes erforderlich ist (Art 23 S 2 EGBGB). 11

§ 1747 Einwilligung der Eltern des Kindes

(1) ¹Zur Annahme eines Kindes ist die Einwilligung der Eltern erforderlich. ²Sofern kein anderer Mann nach § 1592 als Vater anzusehen ist, gilt im Sinne des Satzes 1 und des § 1748 Abs. 4 als Vater, wer die Voraussetzung des § 1600 d Abs. 2 Satz 1 glaubhaft macht.

(2) ¹Die Einwilligung kann erst erteilt werden, wenn das Kind acht Wochen alt ist. ²Sie ist auch dann wirksam, wenn der Einwilligende die schon feststehenden Annehmenden nicht kennt.

(3) Sind die Eltern nicht miteinander verheiratet und haben sie keine Sorgeerklärungen abgegeben,
1. kann die Einwilligung des Vaters bereits vor der Geburt erteilt werden;
2. darf, wenn der Vater die Übertragung der Sorge nach § 1672 Abs. 1 beantragt hat, eine Annahme erst ausgesprochen werden, nachdem über den Antrag des Vaters entschieden worden ist;
3. kann der Vater darauf verzichten, die Übertragung der Sorge nach § 1672 Abs. 1 zu beantragen. Die Verzichtserklärung muss öffentlich beurkundet werden. § 1750 gilt sinngemäß mit Ausnahme von Absatz 4 Satz 1.

---

[19] OLG Hamm OLGZ 1991, 257, 258 mwN; *Liermann* FuR 1997, 217, 219.
[20] MünchKommBGB/*Maurer* Rn 17.
[21] BayObLG FamRZ 1997, 839, 840 für den Fall der geplanten Adoption des Kindes durch die Großeltern; OLG Oldenburg FamRZ 1996, 895; zur nur noch förmlichen Bedeutung der Kontrolle *Lipp/Wagenitz,* Das neue Kindschaftsrecht, 1999, Rn 8.
[22] OLG Oldenburg FamRZ 1996, 895.
[23] BayObLG FamRZ 1997, 839 mwN.
[24] *Keidel/Meyer-Holz* § 29 FGGRn 37.

§ 1747

(4) Die Einwilligung eines Elternteils ist nicht erforderlich, wenn er zur Abgabe einer Erklärung dauernd außerstande oder sein Aufenthalt dauernd unbekannt ist.

Schrifttum: *Coester*, Elternrecht des nichtehelichen Vaters und Adoption, FamRZ 1995, 1245; *Finger*, Nichtehelicher Vater und Annahme des/seines Kindes, JR 2005, 138; *Helms*, Das Einwilligungsrecht des Vaterschaftsprätendenten bei der Adoption eines nichtehelichen Kindes, JAmt 2001, 57; *Maurer*, Gestärkte Rechte des Vaters bei der Adoption, FPR 2005, 196.

Übersicht

	Rn		Rn
I. Normzweck	1	b) Form und Rechtswirkungen der Einwilligungserklärung	13
II. Grundsätzliche Erforderlichkeit der elterlichen Einwilligung (Abs 1 S 1)	2	V. Sonderregelungen für die Adoption eines Kindes, dessen Vater mit der Mutter nicht verheiratet ist	14
III. Rechtliche Bestimmung des maßgeblichen Elternteils, insbes des Vaters (Abs 1 S 2)	3	1. Zeitliche Vorverlegung der Einwilligung (Abs 3 Nr 1)	14
1. Bestimmung der Eltern, insbes des Vaters und Einwilligungserfordernis	3	2. Hemmung der Adoption bei Antrag auf Übertragung des Sorgerechts (Abs 3 Nr 2); Verzichtserklärung (Abs 3 Nr 3)	15
2. Glaubhaftmachung der Vaterschaft nach § 1747 Abs 1 S 2	7	3. Beratungspflicht des Jugendamtes	17
IV. Erteilung der Einwilligung	10	VI. Ausnahmsweise Entbehrlichkeit der Einwilligung eines Elternteils (Abs 4)	18
1. Zeitpunkt der Erklärung (Abs 2 S 1)	10		
2. Inhalt der Einwilligung (Inkognitoadoption); Form	11	VII. Internationales Privatrecht	22
a) Bestimmtheit der Einwilligung	11		

I. Normzweck

1   Mit der grundsätzlichen Notwendigkeit der elterlichen Einwilligung wird dem natürlichen Eltern-Kind-Verhältnis als verfassungsrechtlich verbürgter Rechtsbeziehung Rechnung getragen. Das Gesetz erlaubt zwar die sog Inkognitoadoption, verbietet aber die Blankoadoption, um den Eltern ein Minimum an Einfluss auch bei der Inkognitoadoption zu erhalten und das Kind nicht zum bloßen Objekt zu machen. Zugleich trägt die Vorschrift den besonderen Lebensverhältnissen der Kinder unverheirateter Eltern Rechnung, indem einerseits die Abgabe der Einwilligung des Vaters erleichtert andererseits das fakultative Sorgerecht des Vaters geschützt wird[1].

II. Grundsätzliche Erforderlichkeit der elterlichen Einwilligung (Abs 1 S 1)

2   Das Erfordernis der Einwilligung beruht auf dem verfassungsrechtlich gewährleisteten Elternrecht als treuhänderische Verbindung von Pflichten und Rechten, nicht unmittelbar auf der blutsmäßigen Abstammung[2]. Auch die leibliche Elternschaft bedarf der rechtlichen Anerkennung, damit aus ihr das Elternrecht geltend gemacht werden kann[3]. Es genügt, dass der Elternteil grds rechtlich als Träger der Verantwortung für das Kind bestimmt ist; auf das Sorgerecht im Einzelfall kommt es nicht an[4]. Die Einwilligung ist daher auch notwendig, wenn einem Elternteil die elterliche Sorge entzogen[5], wenn die elterliche Sorge dem anderen Elternteil übertragen ist und wenn bei unverheirateten Eltern keine Sorgeerklärungen nach § 1626a abgegeben wurden. **Maßgeblicher Zeitpunkt** für die Erforderlichkeit der Einwilligung ist die Wirksamkeit des Adoptionsdekrets (§ 1752 Rn 5). Wird die Vaterschaft erst nach wirksamer Erteilung der Einwilligung der Mutter, jedoch noch vor Erlass des Adoptionsdekretes rechtlich festgestellt, bedarf es noch der Einwilligung des Vaters[6]. Einer nach § 1742 ausnahmsweise zulässigen **Zweitadoption** (§ 1742 Rn 2) muss der Adoptivelternteil, nicht die natürlichen Eltern, zustimmen. Handelt es sich um eine **Wiederholungsadoption** (§ 1742 Rn 5), die gegenüber der ersten Adoption stärkere Rechtswirkungen entfaltet, muss die Einwilligung der leiblichen Eltern erneut erteilt werden. Abzustellen ist auf die Rechtswirkungen hinsichtlich der bestehenden Verwandtschaftsverhältnisse und die Möglichkeit der Aufhebung[7]. **Fehlt die erforderliche Einwilligung** eines Elternteils, so ist die Adoption zwar nicht unwirksam, sie kann aber gemäß § 1760 Abs 1 aufgehoben werden (§ 1760 Rn 2). Eine Einwilligung eines Elternteils ist **ausnahmsweise nicht erforderlich**, wenn er dauernd außerstande ist, sie abzugeben oder wenn sein Aufenthalt unbekannt ist (Abs 4) (Rn 18 ff). Die erforderliche Einwilligung kann im Einzelfall nach Maßgabe des § 1748 ersetzt werden.

---

[1] *Lipp/Wagenitz*, Das neue Kindschaftsrecht, 1999, § 1747 Rn 1 näher zur Systematik der Norm.
[2] BVerfGE 24, 119, 136 f = NJW 1968, 2233, 2234 für das alte Adoptionsrecht.
[3] BVerfGE 108, 82, 103 = NJW 2003, 2151, 2153.
[4] BVerfGE 24, 119, 136 = NJW 1968, 2233, 2234; *Gernhuber/Coester-Waltjen* § 68 VI 1 mwN; *Liermann* FamRZ 2003, 1523, 1524; allgM.
[5] BayObLG DAVorm 1981, 131, 135 mwN.
[6] DIV-Gutachten DAVorm 1999, 682 f.
[7] OLG Frankfurt OLGZ 1992, 385 für das rumänische Recht; krit dazu *Zenger* FamRZ 1993, 595, 596.

Einwilligung der Eltern des Kindes § 1747

III. Rechtliche Bestimmung des maßgeblichen Elternteils, insbes des Vaters (Abs 1 S 2)

1. Bestimmung der Eltern, insbes des Vaters und Einwilligungserfordernis. Die Elternschaft 3
zu dem anzunehmenden Kind richtet sich zunächst nach den Bestimmungen der §§ 1591 bis 1593.
Problematisch kann im Einzelfall insbes die Ermittlung der Vaterschaft sein. Inwieweit eine **Vaterschaft im Rechtssinne besteht**, richtet sich nach den Bestimmungen der §§ 1592, 1593: die Vaterschaft kann beruhen auf
- der Ehe mit der Mutter im Zeitpunkt der Geburt des Kindes (§ 1592 Nr 1, ggf iVm § 1593),
- der rechtswirksamen Anerkennung der Vaterschaft (§ 1592 Nr 2) oder
- der gerichtlichen Feststellung der Vaterschaft nach § 1600 d (§ 1592 Nr 3).

Soweit danach die Vaterschaft feststeht, muss die Einwilligung des rechtlichen Vaters eingeholt oder ersetzt werden. Verfassungsrecht (Art 6 Abs 2 S 1 GG) erfordert es aber, dem **leiblichen (= biologischen)** Vater, der rechtlich (noch) nicht bestimmt ist, grds einen verfahrensrechtlichen Zugang zum Elternrecht zu eröffnen[8]. Auf die Adoption angewendet heißt dies, dass dem leiblichen Vater auch die Möglichkeit werden muss, sein Elternrecht in das Adoptionsverfahren einzubringen. Dabei ist nach dem Gesetz und nach der Rspr des BVerfG zu differenzieren:

Für den Fall, dass eine **Vaterschaft nicht nach § 1592 bestimmt** ist, ist gesetzlich eine Sonder- 4
regelung geschaffen (§ 1747 Abs 1 S 2). Die Einwilligung des Mannes, der die Vaterschaft behauptet, ist erforderlich, wenn die Voraussetzungen des § 1600 d Abs 2 S 1, dh die Beiwohnung während der Empfängniszeit, glaubhaft gemacht wird. Auf eine tatsächliche Wahrscheinlichkeit der Vaterschaft kommt es nach dem klaren Wortlaut des Gesetzes nicht an (Rn 7). Damit dürfte die Regelung über die Notwendigkeit der elterlichen Einwilligung auch in Hinblick auf die Beteiligung biologischer Väter mit Art 8 EMRK vereinbar sein[9]. **Verweigert der präsumtive Vater die Einwilligung,** kann sie gemäß § 1748 Abs 4 ersetzt werden: es gelten die (erleichterten) Voraussetzungen wie beim Vater eines außerehelich geborenen Kindes, wenn keine Sorgeerklärungen abgegeben sind (§ 1748 Rn 27 f). Eine Obliegenheit des Mannes, der die Vaterschaft behauptet, zur förmlichen Feststellung der Vaterschaft über eine Klage, besteht nach dem insoweit klaren Wortlaut des Gesetzes nicht[10], so dass es für die Erforderlichkeit der Einwilligung nicht darauf ankommt.

Ist die **Vaterschaft nach § 1592 bestimmt**, ist die Anwendung des Abs 1 S 2 nach dem Gesetz nicht 5
möglich, da sonst die Elternstellung zwei Vätern zugeordnet wird[11]. Der in Abs 1 S 2 enthaltene Ausschluss der leiblichen gegenüber der rechtlichen Vaterschaft mag solange akzeptabel sein, als das Kind mit dem rechtlichen Vater in einer sozial-familiären Gemeinschaft lebt; Rn 5.1[12]. Besteht diese familiäre Gemeinschaft zwischen dem Kind und dem – behaupteten – Scheinvater nicht, wovon in Fremdkindadoptionen in Adoptionsfällen entweder wegen der notwendig vorausgehenden Adoptionspflege (§ 1744) oder bei Stiefkindadoptionen wegen der Trennung der rechtlichen Eltern regelmäßig auszugehen ist (Rn 5.2), muss dem leiblichen Vater auch hinsichtlich der Adoption die Möglichkeit zur Elternverantwortung eröffnet werden[13]. Es liegt nahe, die Regelung des § 1747 Abs 1 S 2 trotz bestehender rechtlicher Vaterschaft anzuwenden, wenn zwischen dem rechtlichen Vater und dem Kind keine sozial-familiäre Gemeinschaft besteht und der Vaterschaftsprätendent die bestehende rechtliche Vaterschaft auf der Grundlage des § 1600 Abs 1 Nr 2 angefochten hat; die bloße Berufung auf das Anfechtungsrecht nach Abgabe der in § 1600 Abs 1 Nr 2 vorgesehenen Eidesstattlichen Versicherung[14] genügt eben nicht. In Anlehnung an die Regelung des § 1747 Abs 3 S 1 Nr 2 ist der Erlass des Adoptionsdekrets solange zurückzustellen, als das Verfahren zur Anfechtung der rechtlichen Vaterschaft noch anhängig ist. Davon kann nur abgesehen werden, wenn das Gericht zum Ergebnis kommt, dass § 1748 Abs 4 anzuwenden wäre, wenn mit der erfolgreichen Anfechtung die Vaterschaft festgestellt würde (vgl § 640 h Abs 2 ZPO), Rn 5.3.

Die Entscheidung des BVerfG gilt zwar ausdrücklich nur für den Fall, dass die Vaterschaft über eine Anerkennung 5.1
rechtlich begründet ist, sie ist aber in ihrer Kernaussage auf den Fall zu übertragen, in dem die Vaterschaft über die Ehe bestimmt war[15]. Der Gesetzgeber selbst hat auch für diesen Fall ein Anfechtungsrecht des leiblichen Vaters begründet (§ 1600 Abs 1 Nr 2), das aber voraussetzt, dass keine sozial-familiäre Beziehung zwischen Kind und Vater iS des Rechts besteht (§ 1600 Abs 2)[16].

Problematisch aus verfassungsrechtlicher Sicht ist damit der Fall, indem der Partner der Mutter die Vaterschaft 5.2
anerkannt hatte, ohne leiblicher Vater zu sein und nun die Mutter heiratet. Nach dem Gesetz hat dann der leibliche Vater keine Möglichkeit, eine rechtliche Vaterschaft zu begründen[17].

Diese Lösung lässt sich aber nur realisieren, solange das Anfechtungsrecht des leiblichen Vaters noch nicht verfristet 5.3
ist. Dies ist aber der Fall, wenn nach Kenntnis der Voraussetzungen des Anfechtungsrechts durch den leiblichen Vater

---

[8] BVerfGE 108, 82, 104 f = NJW 2003, 2151, 2153.
[9] *Brückner* FPR 2005, 200, 203 mwN.
[10] *Staudinger/Frank* Rn 18.
[11] BVerfGE 108, 82, 102 = NJW 2003, 2151, 2153: das ist allerdings wohl gemeint für den Fall der Inanspruchnahme der elterlichen Verantwortung, die aber auch beim Adoptionsverfahren nicht ausgeschlossen ist. Es könnten sich so zwei „Väter" weigern, die Einwilligung zu erteilen.
[12] BVerfGE 108, 82, 106 = NJW 2003, 2151, 2154, 2155.
[13] Vgl *Gernhuber/Coester-Waltjen* § 68 VI 3; vgl schon *Maurer* S 198; AnwK-BGB/*Finger* Rn 5: die Folgen des Anfechtungsrechts des leiblichen Vaters seien zwangsläufig.
[14] Krit zu dieser Regelung *Büttner*, FS Schwab, 2005, S 735, 736 f.
[15] DIJuF-Rechtsgutachten JAmt 2003, 578, 579 in diese Richtung.
[16] Krit *Roth* NJW 2003, 3153, 3156 f.
[17] Vgl *Hager*, FS Schwab, 2005, S 773, 778.

Enders

§ 1747　　　　　　　　　　　　　　　　　　　　Buch 4. Abschnitt 2. Verwandtschaft

die sozial-familiäre Beziehung iS des § 1600 Abs 2 zwischen dem Kind und dem rechtlichen Vater noch zwei Jahre (§ 1600b Abs 1 S 2)[18]. Dem leiblichen Vater damit jede Chance auf den Zugang zur Vaterschaft zu entziehen, obwohl der rechtliche Vater seine Vaterschaft über die Adoption verlieren wird, dürfte kaum dem Interesse des Kindes und dem Elternrecht des leiblichen Vaters entsprechen und damit verfassungsrechtlich kaum haltbar sein[19]. Ggf ließe sich die Verfassungsfrage – jenseits einer Änderung des Gesetzes – dadurch lösen, dass mit Erteilung der Einwilligung des Rechtsvaters zur Adoption bzw mit der Ersetzung dieser Einwilligung die Regelung des § 1747 Abs 1 S 2 nun eingreift. Freilich muss dann auch ein Anfechtungsrecht wieder aufleben, da sonst der leibliche Vater eine eigene Vaterschaft nicht begründen kann. Ob dies alles im Wege verfassungskonformer Interpretation möglich ist, ist freilich zu bezweifeln.

6　Ist die **Vaterschaft**

– nicht nach § 1592 Nr 2, 3 festgestellt und sind die Voraussetzungen der Vaterschaftsvermutung gemäß § 1747 Abs 1 S 2 nicht glaubhaft gemacht,
– ist bei bestehender rechtlicher Vaterschaft die Vaterschaft nicht angefochten,

so bedarf es der Einwilligung des Vaters nicht. Eigene Ermittlungen des Gericht sind insoweit nicht veranlasst[20]; insbes gibt es keine Rechtsgrundlage für eventuelle Zwangsmaßnahmen gegen die Mutter des Kindes, den Namen des Vaters bekannt zu geben[21], Rn 6.1.

6.1　Es obliegt dem leiblichen Vater selbst, sich um die rechtliche Anerkennung zu bemühen. Die Mutter hat in eigener Verantwortung auch für das Kind (§ 1600e Abs 1) zu entscheiden, ob die Vaterschaft festgestellt werden soll; die Vertretungsbefugnis kann ihr insoweit nur in Ausnahmefällen entzogen werden (§ 1629 Abs 2 S 3 HS 2, dort Rn 39). Die beabsichtigte Adoption ist als Ausnahmefall nicht geeignet[22]; weiß der Vater nichts von seiner Vaterschaft, wird seine Elternrecht damit rechtlich nicht geschützt[23]. Wenn das Gericht bzw das Jugendamt davon ausgehen, dass mit großer Wahrscheinlichkeit der leibliche Vater bekannt ist, dann ist *Staudinger/Frank* (Rn 14) Recht zu geben: in diesem Fall ist der vermutliche Vater über die Möglichkeit, sein Elternrecht im Rahmen des § 1747 Abs 1 S 2 geltend zu machen, zu belehren. Schließlich haben Gericht und Jugendamt auch die Aufgabe, ein ihm praktisch bekanntes Elternrecht zu schützen. Die entscheidende Frage stellt sich, welcher Grad der Wahrscheinlichkeit der Vaterschaft vorliegen muss, um zur entsprechenden Belehrung verpflichtet zu sein. Festgehalten wird an der Auffassung, dass weder das Gericht noch das Jugendamt verpflichtet sind, sich darum zu bemühen, einen wahrscheinlichen leiblichen Vater zu kennen. Macht die Mutter keine Angaben und sind andere Erkenntnisquellen nicht ohne weiteres vorhanden, ist das Verfahren ohne die Einwilligung des unbekannten Vaters fortzuführen[24].

7　**2. Glaubhaftmachung der Vaterschaft nach § 1747 Abs 1 S 2.** Glaubhaft zu machen hat der vermeintliche Vater, dass er der Mutter des Kindes innerhalb der Empfängniszeit beigewohnt hat[25], damit nur die Voraussetzungen der Vermutung. Dies entspricht im Wesentlichen auch der Neuregelung im Anfechtungsrecht. Die Vaterschaftsvermutung selbst muss nicht glaubhaft zu machen[26], da nur Tatsachen (§ 294 ZPO) glaubhaft gemacht werden können[27]. Schwerwiegende Zweifel an der Vaterschaft berühren nur die Vaterschaftsvermutung (§ 1600d Abs 2 S 2), lassen die Erforderlichkeit der Einwilligung nicht entfallen[28]. Derartige Zweifel sind im Rahmen des förmlichen Verfahrens zur Feststellung der Vaterschaft zu klären, nicht im Rahmen des Annahmeverfahrens. Die Einleitung eines förmlichen Abstammungsverfahrens durch den potenziellen Vater ist aber weder Bedingung der Erforderlichkeit der Einwilligung noch einer erfolgreichen Glaubhaftmachung[29]. Weigert sich der präsumtive Vater, ein förmliches Abstammungsverfahren durchzuführen, kann dies auch im Rahmen der Entscheidung berücksichtigt werden, ob die Vaterschaft glaubhaft gemacht ist[30]. Die Amtsermittlungspflicht des Gerichts ist insoweit eingeschränkt[31].

– Gelingt die Glaubhaftmachung nicht, wird aber ein entsprechendes Abstammungsverfahren durchgeführt, wird das Gericht auf der Grundlage des § 1741 zu entscheiden haben, ob der Ausspruch der Adoption vor der förmlichen Klärung der Vaterschaft dem Kindeswohl entspricht[32].
– Gelingt die Glaubhaftmachung, ist der präsumtive Vater aber nicht bereit, ein förmliches Verfahren zur Feststellung der Vaterschaft zu führen und erteilt er seine – nun erforderliche – Einwilligung nicht, muss seine Einwilligung nach den Maßstäben des § 1748 Abs 4 ersetzt werden, bevor das Adoptionsdekret ergehen kann.

8　Die **Glaubhaftmachung** richtet sich nach den Vorschriften des FGG (Rn 8.1). Glaubhaftmachung bedeutet überwiegende Wahrscheinlichkeit[33]. Zulässig sind grds sämtliche Beweismittel, auch die eides-

---

[18] *Staudinger/Rauscher* § 1600b Rn 6, 42.
[19] *Staudinger/Rauscher* § 1600 Rn 14a; vgl *Hoppenz/Müller* Familiensachen, 2005, A.I. § 1600 Rn 11; vgl BGH NJW 2007, 1677, 1681.
[20] *Helms* JAmt 2001, 57, 60 mwN und Hinweisen auf verfassungsrechtliche Bedenken; kritisch soweit auch *Wolf* FPR 2001, 345, 349 f; aA mit ausf Begr *Staudinger/Frank* Rn 14.
[21] LG Stuttgart FamRZ 1992, 1469; *Staudinger/Frank* Rn 15.
[22] LG Stuttgart FamRZ 1992, 1469.
[23] *Coester* FamRZ 1995, 1245, 1250.
[24] *Maurer* S 198.
[25] *Frank* FamRZ 1998, 393, 394; *Liermann* FuR 1997, 217, 221.
[26] *Staudinger/Frank* Rn 17: aA offenbar *Maurer* FPR 2005, 196, 198.
[27] MünchKommZPO/*Prütting* § 294 Rn 12.
[28] *Palandt/Diederichsen* Rn 5; aA *Helms* JAmt 2001, 57, 59 mwN.
[29] *Helms* JAmt 2001, 57, 58 mwN; hM; *Staudinger/Frank* Rn 18: „Mangel der Neuregelung".
[30] FamRefK/*Maurer* Rn 7.
[31] *Keidel/Schmidt* FGG § 12 Rn 122.
[32] *Helms* JAmt 2001, 57, 61 f.
[33] MünchKommZPO/*Prütting* § 294 Rn 23 mwN.

Einwilligung der Eltern des Kindes § 1747

stattliche Versicherung (§ 15 Abs 2 FGG), soweit sie mit dem Thema der Glaubhaftmachung vereinbar sind; ausgeschlossen ist damit der Sachverständigenbeweis[34]. Ob die Voraussetzungen der Vaterschaftsvermutung glaubhaft gemacht sind, entscheidet der Vormundschaftsrichter inzident, indem er bei der Entscheidung über den Antrag auf Ausspruch der Adoption die Erteilung der Einwilligung für erforderlich hält oder von der Entbehrlichkeit ausgeht.

Die **Reform des Verfahrensrechts** (§ 1752 Rn 13) enthält nun eine eigenständige Regelung der Glaubhaftmachung (Art 1 § 31 RegE-FGG-RG). Nach wie vor sind sämtliche Beweismittel zugelassen, ausdrücklich auch die Versicherung an Eides Statt. Eine Beweisaufnahme, die nicht sofort möglich ist, ist ausgeschlossen (Art 1 § 31 Abs 2 RegE-FGG-RG). 8.1

Eine **spätere Vaterschaftsfeststellung** des mit seiner Glaubhaftmachung gescheiterten vermeintlichen Vaters ändert an der Wirksamkeit und Unanfechtbarkeit des Adoptionsbeschlusses nichts[35]. Sie begründet die Möglichkeit der Aufhebung der Adoption nach § 1760 Abs 1 nur, wenn die Vaterschaftsvermutung entgegen der Beurteilung des Gerichts glaubhaft gemacht war. In diesem Fall erfolgte die Adoption ohne die erforderliche Einwilligung des vermeintlichen Vaters. Wurden die Voraussetzungen der Vaterschaftsvermutung nicht glaubhaft gemacht, bleibt nur die Möglichkeit der Aufhebung nach § 1763[36]; zu den Aufhebungsgründen vgl § 1763 Rn 4. 9

IV. Erteilung der Einwilligung

1. Zeitpunkt der Erklärung (Abs 2 S 1). Die Einwilligung der Eltern zur Adoption kann frühestens erteilt werden, wenn das Kind 8 Wochen alt ist. Eine frühere Einwilligungserklärung begründet die Möglichkeit der Aufhebung der Adoption (§ 1760 Abs 2 e). Nur die Einwilligung ist an den Zeitablauf gebunden, nicht dagegen die Begründung eines Pflegeverhältnisses zum Zwecke der Adoption[37], die auf dem Sorgerecht beruht. Abweichend davon kann die Einwilligung des Vaters, der mit der Mutter des Kindes im Zeitpunkt der Geburt nicht verheiratet war, bereits vor der Geburt erteilt werden, wenn keine Sorgeerklärungen abgegeben wurden (Rn 14). Sorgeerklärungen können gemäß § 1626 b Abs 2 bereits vor der Geburt abgegeben werden. 10

2. Inhalt der Einwilligung (Inkognitoadoption); Form. a) Bestimmtheit der Einwilligung. Die Einwilligung muss sich auf Adoptionsbewerber beziehen, die im Zeitpunkt der Erklärung bereits feststehen (arg § 1747 Abs 2 S 2). Eine **Blankoadoption** ist damit unzulässig[38]. Erlaubt ist aber die sog **Inkognitoadoption** (Abs 2 S 2, Rn 11.1). Hierfür genügt, dass informierte Dritte im Zeitpunkt der Erklärung bestimmen können, wer das Kind adoptieren wird, etwa durch Bezugnahme auf Listen oder Aktenzeichen des Jugendamtes bzw der Adoptionsvermittlungsstelle[39]. In Hinblick auf das zwingend noch ausstehende abschließende Dekret des Gerichts stehen die „Adoptiveltern" fest, wenn die Adoptionsvermittlung iS einer Entscheidung für bestimmte Adoptionsbewerber insoweit beendet ist. 11

– Diese Verbindung der Einwilligungserklärung zum Adoptionsbewerber ist nicht gegeben, wenn sich die Einwilligungserklärung **alternativ** auf mehrere bestimmt bezeichnete Adoptionsbewerber bezieht und die Frage, wer das Kind adoptieren wird, noch offen ist (Rn 11.2).

– Geringere Bedenken bestehen, wenn sich die Einwilligung der Eltern für den Fall des Scheiterns der zunächst geplanten Adoption auch auf andere konkret bestimmbare Bewerber bezieht, Rn 11.3 **(Eventualeinwilligung)**[40].

Damit soll ermöglicht werden, dass sich die neue Familie entwickeln kann ohne eventuelle Störungen durch die leiblichen Eltern. Die Abschottung der Adoption gegenüber den leiblichen Eltern wird nach Ausspruch der Annahme durch das Ausforschungsverbot des § 1758 aufrechterhalten (§ 1758 Rn 3). Auf der anderen Seite sollen die abgebenden Eltern soweit wie möglich in die Lage sein, die Entscheidung hinsichtlich der Einwilligung in Kenntnis der grundlegenden Verhältnisse der künftigen Adoptionsfamilie zu treffen. 11.1

Die Frage ist sehr str. Gegen die Zulässigkeit der alternativen Einwilligung sprechen sich aus *Staudinger/Frank* Rn 32; für diese Möglichkeit OLG Hamm OLGZ 1991, 257, 260; *Soergel/Liermann* Rn 19; *Palandt/Diederichsen* Rn 8; *Gernhuber/Coester-Waltjen* § 68 V 6 Rn 19. Die Befürworter der alternativen Einwilligung berufen sich meist auf den Wortlaut „die Annehmenden", wohl in Hinblick auf die Entstehungsgeschichte[41], wobei diese Wortwahl aber auch auf die Annahme der Regeladoption durch Eheleute zurückgehen könnte[42]. Geht man davon aus, dass das Verbot der Blankoadoption damit zu begründen ist, dass die Eltern das weitere Schicksal des Kindes wenigstens dadurch noch lenken sollen, dass sie die Entscheidung darüber haben, wer das Kind annimmt, dann ist die alternative Einwilligung nicht zu billigen, da sie letztlich den Staatsorganen die Entscheidung über die neue Familie überlässt. 11.2

Auch in diesem Fall bestimmen die leiblichen Eltern, wer das Kind adoptieren kann; es gilt nichts Anderes, als wenn nach einem Scheitern einer zunächst geplanten Annahme die Eltern erneut ihre Einwilligung in eine Adoption 11.3

---

[34] *Staudinger/Frank* Rn 17.
[35] FamRefK/*Maurer* Rn 8.
[36] FamRefK/*Maurer* Rn 8; *Helms* JAmt 2001, 57, 62.
[37] *Palandt/Diederichsen* Rn 7.
[38] MünchKommBGB/*Maurer* Rn 15; krit *Staudinger/Frank* Rn 30; *Baer* DAVorm 1996, 855, 864 f: das Ausland kenne das Verbot nicht, zudem würde es in der Praxis auch des Öfteren umgangen.
[39] MünchKommBGB/*Maurer* Rn 17.
[40] *Staudinger/Frank* Rn 31; aA OLG Hamm OLGZ 1991, 257, 259 f; wohl auch MünchKommBGB/*Maurer* Rn 19.
[41] Vgl *Staudinger/Frank* Rn 31.
[42] Vgl *Gernhuber/Coester-Waltjen* § 68 V 6 Fn 74; anders aber die Entstehungsgeschichte: *Staudinger/Frank* Rn 31.

Enders 1203

durch andere Bewerber geben würden. Eine unzulässige Bedingung liegt nicht vor, da nach dem Scheitern der zunächst vorgesehenen Adoption die Einwilligung in die „zweite" Adoption nun unbedingt ist. Eine Unsicherheit über die Wirksamkeit der Einwilligung liegt nicht vor. Um eine mögliche Aufhebbarkeit der Adoption wegen fehlender Einwilligung auszuschließen (§ 1760 Rn 3), muss das Scheitern der zunächst beabsichtigten Annahme endgültig sein und entspr vermerkt und nachgewiesen sein.

12   Einzelprobleme in Zusammenhang mit der notwendigen Bestimmtheit:
– Wurde die Einwilligung zur **Adoption durch Ehegatten** erteilt, gilt sie nicht mehr für eine Einzeladoption nach der Scheidung dieser Ehe[43].
– Da sich die Einwilligung auf bestimmte, bereits feststehende Personen bezieht, ist sie auch erteilt, wenn der Adoptionsbewerber nicht die **Eigenschaften aufweist**, die er nach dem Willen des Elternteils haben soll[44]. Es handelt sich nicht um einen Irrtum in der Person, sondern über die Eigenschaften der von der Einwilligung erfassten Person; eine bedingte Einwilligung, die mit § 1750 unvereinbar wäre, liegt insoweit nicht vor[45]. Inwieweit die Eltern Auskunft über die Eigenschaften und eventuell wirtschaftliche Verhältnisse der Adoptionsbewerber erhalten, ist letztlich vom Jugendamt bzw der Adoptionsvermittlungsstelle zu entscheiden. Fehlen die mitgeteilten Eigenschaften der Adoptionsbewerber, kommt die Aufhebung der Adoption in Frage, wenn die Eltern hierüber bewusst getäuscht wurden, um die Einwilligungserklärung zu erhalten (§ 1760 Abs 2 c)[46].
– Keine inhaltliche Beschränkung, sondern **eine unzulässige Bedingung** ist es, wenn die Eltern ein bestimmtes Verhalten der Adoptionsbewerber für die Zeit nach der Adoption fordern, so etwa die konfessionelle Erziehung des Kindes[47].
– Erteilen die Eltern die Einwilligung nicht, weil die von ihnen **gewünschten Eigenschaften dem Adoptionsbewerber fehlen**, so ist die Ersetzung der Einwilligung zu erwägen, die an die engen Voraussetzungen des § 1748 gebunden ist. Diese sind regelmäßig nicht gegeben, wenn die Eltern mangels ausreichender Informationen über wesentliche Verhältnisse der Adoptionsbewerber ihre Einwilligung versagen[48], da sie insoweit ihrer elterlichen Verantwortung nachkommen.

13   **b) Form und Rechtswirkungen der Einwilligungserklärung.** Die Erteilung der Einwilligung ist **formbedürftig** (§ 1750 Rn 4) und wird erst mit der Abgabe gegenüber dem Gericht wirksam (§ 1750 Rn 6). Ist sie wirksam erteilt, hat dies bereits rechtliche Vorwirkungen (§ 1751 Rn 3 ff; § 1758 Rn 7). Ist die Einwilligung zur Adoption durch bestimmte Bewerber rechtswirksam erteilt worden, kann sie zu einer anderweitigen Annahme nur in Form der Eventualeinwilligung erneut erklärt werden[49]. Das Gesetz sieht zwar zunächst einen Verbrauch des Einwilligungsrechts nicht vor, da das Einwilligungsrecht nicht an dem Sorgerecht, sondern am Elternrecht schlechthin anknüpft (Rn 2). Letzteres endet aber erst, wenn die Annahme des Kindes rechtswirksam ausgesprochen ist. Eine erneute Einwilligung darf aber nicht dazu führen, dass die Eltern die Möglichkeit erhalten, die bereits eingeleitete Annahme „umzuleiten" (§ 1750 Rn 7).

V. Sonderregelungen für die Adoption eines Kindes, dessen Vater mit der Mutter nicht verheiratet ist

14   **1. Zeitliche Vorverlegung der Einwilligung (Abs 3 Nr 1).** Gemeint ist der Vater,
– der niemals mit der Mutter des Kindes verheiratet war[50],
– der zu keiner Zeit aufgrund von Sorgeerklärungen das Sorgerecht hatte.

Abweichend vom Regelfall der Wartezeit von acht Wochen nach der Geburt des Kindes (Abs 1 S 2) kann der Vater des außerehelich geborenen Kindes die Einwilligung zur Adoption bereits vor der Geburt erklären, wenn keine gemäß § 1626 b Abs 2 zulässigen vorgeburtlichen Sorgeerklärungen abgegeben wurden. Die Vorschrift gilt zunächst für den Vater, dessen Vaterschaft auf Grund einer zulässigen vorgeburtlichen Anerkennung (§ 1594 Abs 4) und Zustimmung (§§ 1595 Abs 3, 1594 Abs 4) feststeht. Sie gilt aber auch für die Einwilligung des gemäß § 1747 Abs 1 S 2 vermuteten Vaters[51]. Da dem Gesetz die Vorstellung zugrunde liegt, dass der Vater des Kindes in diesen Fällen von vornherein keine Verantwortung für das Kind übernehmen will, ist insoweit auch eine Blankoeinwilligung ausnahmsweise zulässig[52].

15   **2. Hemmung der Adoption bei Antrag auf Übertragung des Sorgerechts (Abs 3 Nr 2); Verzichtserklärung (Abs 3 Nr 3).** Die Adoption eines außerehelich geborenen Kindes ist solange gehemmt[53], als über einen Antrag des Vaters auf Übertragung des alleinigen Sorgerechts nach § 1672

---

[43] OLG Brandenburg DAVorm 2000, 171, 173 mwN.
[44] *Gernhuber/Coester-Waltjen* § 68 VI 5 Fn 112; zu den Wünschen der Mütter von zur Adoption freigegebenen Kindern *Textor* ZfJ 1993, 248, 249.
[45] *Staudinger/Frank* Rn 33; aA *Erman/Saar* Rn 8; *MünchKommBGB/Maurer* § 1750 Rn 7; *Soergel/Liermann* Rn 21.
[46] *Gernhuber/Coester-Waltjen* § 68 VI 5 Fn 112.
[47] *Listl* FamRZ 1974, 74, 76; *MünchKommBGB/Maurer* Rn 18.
[48] *MünchKommBGB/Maurer* Rn 18.
[49] AA OLG Hamm OLGZ 1991, 257, 260; *Palandt/Diederichsen* § 1750 Rn 5.
[50] *Erman/Saar* Rn 11.
[51] FamRefK/*Maurer* Rn 14.
[52] *Erman/Saar* Rn 12: zumindest für den vermuteten Vater.
[53] FamRefK/*Maurer* Rn 17.

Abs 1 nicht entschieden ist. Eine Vaterschaft iS der Vorschrift besteht nicht, wenn die Vaterschaft nur nach § 1600 d Abs 2 S 1 vermutet wird[54]. Hat die Mutter in die Adoption eingewilligt, so bedarf die Übertragung des alleinigen Sorgerechts auf den Vater, abweichend von § 1672 Abs 1 S 1, nicht mehr der Zustimmung der Mutter, § 1751 Abs 1 S 6 (dort Rn 6). Der Antrag hat nur Erfolg, wenn die Übertragung des Sorgerechts dem Wohl des Kindes (§ 1697 a) entspricht (§ 1672 Abs 1 S 2). Dabei muss als weniger belastende Reaktion auch die Möglichkeit einbezogen werden, dem Vater zwar das Sorgerecht zu übertragen, einen ggf kindeswohlwidrigen sofortigen Wechsel aber aus einer Pflegefamilie über eine Anordnung nach § 1632 Abs 4 zu verhindern[55]. Bezieht sich die Einwilligung der Mutter auf eine Adoption durch ihren Ehemann (**Stiefkindadoption**), wird dem Antrag des Vaters auf Übertragung des Sorgerechts aber fast immer versagt bleiben[56]; die vom Gesetz bewirkte Zustimmung zum Antrag ist insoweit eine Fiktion[57]. **Entschieden über den Antrag** ist erst, wenn das Verfahren formell rechtskräftig ist[58], damit keine (befristete) Beschwerde (§§ 621 e Abs 3 S 2, 516 ZPO)[59] bzw weitere Beschwerde mehr möglich ist[60]; andernfalls würde dem verfassungsrechtlich verbürgten Beteiligungsrecht des Vaters nicht ausreichend Rechnung getragen. Erhält der Vater das Sorgerecht, so kann seine Einwilligung nur nach den allgemeinen Regeln des § 1748 Abs 1 bis 3 ersetzt werden. Die Ersetzung kommt praktisch nur in Frage, wenn sich die Verhältnisse insoweit geändert haben, als sich die Übertragung der elterlichen Sorge als nicht mehr mit dem Kindeswohl vereinbar erweist[61]. Ist der Antrag rechtskräftig abgelehnt, muss aber – etwa in Folge des Zeitablaufs – die Erklärung der Einwilligung der Mutter wiederholt, muss auch über einen erneuten Antrag des Vaters auf Übertragung des Sorgerechts neu entschieden werden. Das Verfahren zur Ersetzung der Ersetzung der Einwilligung des Vaters ist bis zu dieser Entscheidung auszusetzen[62].

Der **Verzicht auf die Übertragung des Sorgerechts** ist – abweichend von der grundsätzlichen Unveräußerlichkeit des Sorgerechts – zulässig, um die nach Abs 3 Nr 2 mögliche Hemmung des Adoptionsverfahrens auszuschalten[63]. Auch wenn der Vater den entsprechenden Verzicht erklärt hat, ist die Erteilung seiner Einwilligung nach wie vor erforderlich. Die Einwilligung kann ggf unter den Voraussetzungen des § 1748 Abs 4 ersetzt werden (§ 1748 Rn 28). Die Erklärung des Verzichts muss öffentlich beurkundet (Abs 3 S 2) und als Teil des Annahmeverfahrens gegenüber dem Gericht erklärt werden[64]. Zuständig hierfür ist auch das Jugendamt (§ 59 Abs 1 S 1 Nr 7 SGB VIII). Gemäß Abs 3 S 3 richten sich Wirksamkeit, Widerruflichkeit und Höchstpersönlichkeit der Erklärung nach der Bestimmung des § 1750 (dort Rn 5). Entspr der Regelung in § 1750 Abs 4 S 2 wird der Verzicht unwirksam, wenn das Kind nicht innerhalb von drei Jahren nach Wirksamkeit des Verzichts angenommen wird. Anders als bei der Einwilligung bleibt nach dem Gesetz der Verzicht auf das Sorgerecht aber wirksam, wenn der Adoptionsantrag zurückgenommen oder vom Gericht zurückgewiesen wird (§ 1747 Abs 3 S 3 iVm § 1750 Abs 4 S 1); diese Regelung ist aber verfassungsrechtlich nicht haltbar[65]; Rn 16.1. **16**

Auf elterliche Rechte kann grds nur verzichtet werden, wenn dies mit dem Interesse des Kindes zu rechtfertigen ist, so wenn damit erst die Durchführung eines im Kindeswohl liegenden Adoptionsverfahrens ermöglicht wird. Ist die konkrete Adoption gescheitert, kann das Interesse des Kindes eher dahin gerichtet sein, dass der leibliche Vater wieder Verantwortung übernimmt. Soweit die erteilte bzw ersetzte Einwilligung mit dem Scheitern der konkreten Adoption hinfällig wird, ist die Fortführung des Verzichts für ein weiteres Verfahren auch nicht sinnvoll. **16.1**

3. Beratungspflicht des Jugendamtes. Das Jugendamt hat den Vater des Kindes über seine Rechte nach § 1747 Abs 1 und Abs 3 zu beraten (§ 51 Abs 3 SGB VIII). Die Beratungspflicht besteht auch gegenüber den vermeintlichen Vätern, die eine Vaterschaftsvermutung iS des § 1747 Abs 1 S 2 (Rn 4 f) glaubhaft gemacht haben[66] und für Personen, die die Voraussetzungen für eine Anfechtung der Vaterschaft gemäß § 1600 Abs 1 Nr 2 erfüllen. Unterbleibt die Beratung, darf die Adoption nicht ausgesprochen werden, auch wenn die Einwilligung nicht erteilt wurde[67]. Wurde die Adoption dennoch ausgesprochen, hat die Unterlassung der Beratung keinen Einfluss auf die Wirksamkeit, da die erteilte Einwilligung nicht unwirksam wird[68] (arg § 1760 Abs 2). Will der Vater das Kind selbst adoptieren, wird die Adoption durch einen Dritten idR deshalb nicht gemäß § 1763 aufhebbar sein[69]. Bloße Elterninteressen begründen die grundsätzliche Aufhebbarkeit der Annahme nach § 1760 Abs 1 nur, wenn die Einwilligung nicht wirksam erteilt wurde; ein schwerwiegender Grund iS des § 1763 Abs 1 **17**

---

[54] *Frank* FamRZ 1998, 393, 394.
[55] BVerfG NJW 2005, 1765, 1767.
[56] BGH NJW 2005, 1781, 1783.
[57] *Coester* FamRZ 1995, 1245, 1251.
[58] *Palandt/Diederichsen* Rn 10.
[59] Befristete Beschwerde auch nach der Reform des Verfahrensrechts, § 1752 Rn 13.2.
[60] FamRefK/*Maurer* Rn 16.
[61] *Finger* JR 2005, 138, 140 weist auf den – praktischen – Widerspruch zwischen Übertragung des Sorgerechts und Ersetzungsmöglichkeit hin.
[62] OLG Naumburg FamRZ 2004, 810, 811 f.
[63] *Frank* FamRZ 1998, 393, 396: die Regelung sei in hohem Maße verfassungsrechtlich bedenklich.
[64] *Lipp/Wagenitz*, Das neue Kindschaftsrecht, 1999, § 1747 Rn 26.
[65] Näher *Finger* JR 2005, 138, 141.
[66] *Mrozynski* § 51 SGB VIII Rn 7.
[67] LG Bochum DAVorm 1993, 205, 206 für das alte Recht.
[68] MünchKommBGB/*Maurer* Rn 32.
[69] MünchKommBGB/*Maurer* Rn 32; Staudinger/*Frank* Rn 45; *Wiesner/Oberloskamp* § 51 SGB VIII Rn 50; aA *Palandt/Diederichsen* Rn 9.

§ 1747 Buch 4. Abschnitt 2. Verwandtschaft

ist damit allein wegen der fehlenden Beratung noch nicht gegeben. Insoweit besteht kein Grund, zwischen der Wiederbegründung und der Erstbegründung des Eltern-Kind-Verhältnisses zu unterscheiden.

VI. Ausnahmsweise Entbehrlichkeit der Einwilligung eines Elternteils (Abs 4)

18 Die Einwilligung eines Elternteils ist nicht erforderlich, wenn dieser dauernd außerstande ist, die Einwilligung zu erklären oder wenn sein Aufenthalt dauernd unbekannt ist (Rn 18.1). Voraussetzung für die Anwendbarkeit des § 1747 Abs 4 ist, dass die Elternschaft feststeht oder über § 1747 Abs 1 S 2 geltend gemacht wurde. Ist dies nicht der Fall, so bedarf es der Einwilligung nicht, ohne dass es auf die Voraussetzungen des Abs 4 ankommt. Damit kann die Adoption ohne Einwilligung des Vaters ausgesprochen werden, wenn die Mutter des Kindes sich weigert, den Vater zu nennen und andere Erkenntnismöglichkeiten nicht bestehen[70]. Das Gericht hat auch keine Obliegenheit, den unbekannten Vater zu ermitteln, zumal ihm auch keinerlei Zwangsmittel zustehen[71]. Die grds alleinige Kompetenz der Mutter hinsichtlich der Möglichkeit einer außergerichtlichen förmlichen Vaterschaftsfeststellung (§ 1712 Rn 29) ist auch in diesem Zusammenhang zu respektieren. Es obliegt dem Vater, seine (präsumtive) Vaterschaft im Rahmen des § 1747 Abs 1 S 2 geltend zu machen[72]. Ob auf Grund der mittelbaren Geltung[73] des Europäischen Adoptionsübereinkommens vom 24. 4. 1967 (BGBl 1980 II S 1093; § 1742 Rn 2) bei Anwendung des Abs 4 zusätzlich zu fordern ist, dass ein Unterbleiben der Adoption dem Kind zum unverhältnismäßigen Nachteil gereichen würde[74], erscheint fraglich. Insoweit dürften schon Kindeswohlüberlegungen die notwendige Korrektur ergeben. Aus der Sicht des Kindes ist jeder nicht im Einzelfall notwendige Verlust des leiblichen Elternteils ein Nachteil, der unabhängig von der Erforderlichkeit der Einwilligung eines Elternteils zur Ablehnung des Antrages auf Ausspruch der Adoption führen müsste.

18.1 Hält das Gericht die Einwilligung der Eltern nicht für erforderlich, ist das im Annahmebeschluss ausdrücklich festzustellen (§ 56 e S 1 HS 2 FGG). Eine gleichlautende Vorschrift sieht der RegE-FGG-RG in § 197 Abs 1 S 2 vor.

19 Außerstande zur Abgabe der Erklärung ist der Elternteil, wenn er aus tatsächlichen oder rechtlichen Gründen hierzu auf Dauer nicht in der Lage ist. Dies kann eine Krankheit oder Behinderung sein (zB apallisches Syndrom), aber auch **Geschäftsunfähigkeit**[75], da das Gesetz sich nicht auf tatsächliche Hindernisse beschränkt. Insoweit kann der Sachverhalt auch eine **Ersetzung der Einwilligung** ermöglichen (vgl zum Verhältnis der beiden Vorschriften näher § 1748 Rn 24). Beschränkte Geschäftsfähigkeit lässt die Notwendigkeit der Einwilligung nicht entfallen (§ 1750 Abs 3 S 2). Ob die Verhinderung **auf Dauer** anhält, ist eine prognostische Entscheidung im Einzelfall. Von einer dauernden Verhinderung kann ausgegangen werden, wenn eine schwere Krankheit vorliegt und eine Änderung des Zustandes nicht zu erwarten ist; nicht notwendig ist, dass die Unfähigkeit zur Erklärung über die Einwilligung voraussichtlich auf Lebenszeit anhält[76]. Entspr anzuwenden ist Abs 4 auf Fälle, in denen die Verständigung eines nur rechtlichen Vaters von der Existenz eines Kindes der Ehefrau nicht zu Überlegungen hinsichtlich der Erteilung oder Verweigerung der Einwilligung führen würde, sondern mit hoher Wahrscheinlichkeit auf Grund der örtlichen Gebräuche und der persönlichen Einbindung in diese Gebräuche Reaktionen des Scheinvaters mit Gefahr für Leib und Leben der Kindsmutter zu erwarten sind[77].

20 Der Aufenthalt ist dauernd unbekannt insbes bei den sog **Findelkindern**. Die Vorschrift gilt aber auch für den Fall, dass die Identität des Elternteils zwar bekannt ist, aber sein Aufenthalt nicht ermittelt werden kann, um ihm die Einwilligungsfrage zu klären. Als dauernd unbekannt angesehen werden kann idR der Aufenthalt, wenn der Elternteil trotz angemessener behördlicher Ermittlungen über sechs Monate nicht ermittelt werden kann[78], da dann idR mit einer Kontaktaufnahme zum Elternteil nicht mehr gerechnet werden muss. Hiervon kann insbes in Fällen des sog „Entbindungstourismus"[79] ausgegangen werden. Dem Gericht, das im Rahmen des Adoptionsverfahrens inzident über die Erforderlichkeit der Einwilligung zu entscheiden hat, obliegt es auf Grund des Amtsermittlungsgrundsatzes nach § 12 FGG Ermittlungen über den Aufenthalt des Elternteils anzustellen, wobei es auf die – überprüfenden – Anstrengungen des Jugendamtes oder der Adoptionsvermittlungsstelle zurückgreifen kann. Zu doppelten eigenen Ermittlungen ist es nicht verpflichtet, wenn es sie auf Grund der vorhergehenden behördlichen Aktivitäten für aussichtslos halten kann. Notwendig sind Ermittlungen im

---

[70] Ähnlich AG Tempelhof-Kreuzberg FamRZ 2005, 302.
[71] LG Stuttgart NJW 1992, 2897, 2898.
[72] LG Stuttgart NJW 1992, 2897, 2898 für das alte Recht; DIV-Gutachten ZfJ 1998, 335 f.
[73] *Scharp*, Die Auswirkungen internationaler Regelungen auf das deutsche Adoptionsrecht, 2000, S 48 f.
[74] *Scharp*, Die Auswirkungen internationaler Regelungen auf das deutsche Adoptionsrecht, 2000, S 143: Modifikation des § 1747 Abs 4.
[75] MünchKommBGB/*Maurer* Rn 20.
[76] BayObLG DAVorm 1999, 773, 774 f.
[77] AG Ibbenbüren IPRax 1988, 368: teilweise zitiert in einer Anm der Redaktion; AG Ludwigsburg BWNotZ 1984, 23 f mit Hinweis zur Beweiserhebung; AG Hamburg-Bergsdorf DAVorm 1979, 195 mit fragwürdiger Begr; zust *Palandt/Diederichsen* Rn 14; MünchKommBGB/*Maurer* Rn 20; *Staudinger/Frank* Rn 47.
[78] OLG Köln DAVorm 1998, 936 f; MünchKommBGB/*Maurer* Rn 21.
[79] *Smentek/Stoffer*, Die leiblichen Eltern im Adoptionsprozess – verändert sich die Adoptionspraxis?, 1998, S 35.

privaten Umfeld und bei den Sozialversicherungsträgern, ggf auch bei Arbeitsämtern und Sozialhilfeträgern, wenn von entspr Leistungen auszugehen ist[80].

Kommt das Gericht zum Ergebnis, dass die Einwilligung eines Elternteils nicht erforderlich ist, ist dies **im Beschluss anzugeben** (§ 56 e S 1 HS 2 FGG). Ist diese Annahme, die inzident getroffen wird, falsch, kann die Adoption nach Maßgabe des § 1760 Abs 1 aufgehoben werden (§ 1760 Rn 2). 21

VII. Internationales Privatrecht

Ob eine Einwilligung erforderlich ist und unter welchen Voraussetzungen sie ersetzt werden kann, richtet sich zunächst nach dem für die Adoption allgemein anwendbaren Recht, damit gemäß Art 22 EGBGB nach dem Heimatrecht des Annehmenden (§ 1741 Rn 10). Zusätzlich ist grds das materielle[81] Heimatrecht des Kindes anzuwenden (Art 23 S 1 EGBGB), um nach Möglichkeit zu vermeiden, dass die Adoption in dem Land nicht anerkannt wird, zu dem das Kind vor der Adoption die stärkere Beziehung hatte, um also eine „hinkende Adoption" zu vermeiden[82]. Nicht maßgeblich ist das ausländische Recht, soweit andere Genehmigungen und Erklärungen betroffen sind, wie zB die Genehmigung des Anzunehmenden, das Heimatland zu verlassen[83]. Von der Anwendung des Heimatrechts kann abgesehen werden, wenn es zum Wohl des Kindes erforderlich ist (Art 23 S 2 EGBGB); so wenn das Kind bereits längere Zeit in der Familie der Annehmenden lebt und mit einer Rückkehr in die Heimat nicht mehr gerechnet werden kann, die Erteilung der nach ausländischem Recht erforderlichen Erklärungen zudem auf größere Schwierigkeiten trifft[84] oder wenn die Ersetzung einer vom Elternteil verweigerten Einwilligung nach der ausländischen Rechtsordnung nicht möglich ist[85]. Das ausländische Recht ist aber nicht schon zu übergehen, wenn die Adoption dem Kindeswohl dient, sie muss erforderlich sein. Auf die Maßstäbe zu § 1741 Abs 1 S 2 (§ 1741 Rn 33) kann zurückgegriffen werden (Rn 22.1). 22

Staudinger/Henrich Art 23 EGBGB Rn 32 ist für eine restriktive Anwendung iS des ordre public; problematisch ist insoweit AG Lahnstein FamRZ 1994, 1350, 1351: keine hohen Anforderungen. Krit gegenüber der Anwendung der Norm unter Hinweis auf die UN-Kinderrechtskonvention und den dort verbürgten Schutz der „kulturellen Identität" sind *Jayme* IPRax 1996, 237, 242 und *Klingenstein,* Kulturelle Identität und Kindeswohl im deutschen internationalen Adoptionsrecht, 2000, S 147. Diese Bedenken erzwingen eine restriktive Anwendung. 22.1

§ 1748 Ersetzung der Einwilligung eines Elternteils

(1) ¹Das Vormundschaftsgericht hat auf Antrag des Kindes die Einwilligung eines Elternteils zu ersetzen, wenn dieser seine Pflichten gegenüber dem Kind anhaltend gröblich verletzt hat oder durch sein Verhalten gezeigt hat, dass ihm das Kind gleichgültig ist, und wenn das Unterbleiben der Annahme das Kind zu unverhältnismäßigem Nachteil gereichen würde. ²Die Einwilligung kann auch ersetzt werden, wenn die Pflichtverletzung zwar nicht anhaltend, aber besonders schwer ist und das Kind voraussichtlich dauernd nicht mehr der Obhut des Elternteils anvertraut werden kann.

(2) ¹Wegen Gleichgültigkeit, die nicht zugleich eine anhaltende gröbliche Pflichtverletzung ist, darf die Einwilligung nicht ersetzt werden, bevor der Elternteil vom Jugendamt über die Möglichkeit ihrer Ersetzung belehrt und nach Maßgabe des § 51 Abs. 2 des Achten Buches Sozialgesetzbuch beraten worden ist und seit der Belehrung wenigstens drei Monate verstrichen sind; in der Belehrung ist auf die Frist hinzuweisen. ²Der Belehrung bedarf es nicht, wenn der Elternteil seinen Aufenthaltsort ohne Hinterlassung seiner neuen Anschrift gewechselt hat und der Aufenthaltsort vom Jugendamt während eines Zeitraums von drei Monaten trotz angemessener Nachforschungen nicht ermittelt werden konnte; in diesem Falle beginnt die Frist mit der ersten auf die Belehrung und Beratung oder auf die Ermittlung des Aufenthaltsorts gerichteten Handlung des Jugendamts. ³Die Fristen laufen frühestens fünf Monate nach der Geburt des Kindes ab.

(3) Die Einwilligung eines Elternteils kann ferner ersetzt werden, wenn er wegen einer besonders schweren psychischen Krankheit oder einer besonders schweren geistigen oder seelischen Behinderung zur Pflege und Erziehung des Kindes dauernd unfähig ist und wenn das Kind bei Unterbleiben der Annahme nicht in einer Familie aufwachsen könnte und dadurch in seiner Entwicklung schwer gefährdet wäre.

(4) In den Fällen des § 1626 a Abs. 2 hat das Vormundschaftsgericht die Einwilligung des Vaters zu ersetzen, wenn das Unterbleiben der Annahme dem Kind zu unverhältnismäßigem Nachteil gereichen würde.

---

[80] OLG Köln DAVorm 1998, 936, 937.
[81] BayObLG NJW-RR 1988, 1352.
[82] BayObLGZ 1995, 332, 337; zur Verbindlichkeit einer Rück- und Weiterverweisung *Jayme* IPRax 1989, 157.
[83] BayObLGZ 1995, 332, 336 betr Peru.
[84] BayObLGZ 1995, 332, 337 f.
[85] BayObLG NJW-RR 1988, 1352 f für das damalige türkische Recht.

§ 1748

Schrifttum: *Finger,* Belehrung und Beratung durch das Jugendamt nach §§ 1748 Abs 2 BGB, 51 a JWG; *Liermann,* Auswirkungen der Rechtsprechung des BVerfG zu § 1626 a BGB auf § 1747 IV BGB im Adoptionsrecht, FamRZ 2003, 1523; *Oberloskamp,* Die Ersetzung der Einwilligung der leiblichen Eltern in die Fremdadoption ihres Kindes (§ 1748 BGB). Die Entwicklung der Rechtsprechung seit 1980, FS Schwab, 2005, S 869; *Peschel-Gutzeit,* Welcher Nachteil ist bei der Stiefkindadoption unverhältnismäßig?, NJW 2005, 3324; *Röchling,* Verurteilt die Eingriffsschwelle des § 1748 BGB viele Kinder zu dauerhafter Elternlosigkeit?, ZfJ 2000, 214; *Willutzki,* Die Ersetzung der elterlichen Einwilligung in die Adoption, ZKJ 2007, 18.

Übersicht

	Rn		Rn
I. Normzweck	1	e) Dauernde Unfähigkeit der Eltern zur Pflege und Erziehung (Abs 3)	23
II. Systematik und Grundlagen der Ersetzungsgründe	2	2. Sonderregelung für den Vater des außerehelich geborenen Kindes (Abs 4)	27
III. Ersetzungsgründe im Einzelnen	5	a) Betroffener Personenkreis	27
1. Elterliches Versagen (Abs 1, 2, 3)	5	b) Voraussetzungen einer Ersetzung: Interessenabwägung	28
a) Anhaltend gröbliche Pflichtverletzung gegenüber dem Kind (Abs 1 S 1 Alt 1)	5	c) Fremdkindadoption	29
b) Gleichgültigkeit (Abs 1 S 1 Alt 2)	10	d) Stiefkindadoption	30
c) Unverhältnismäßiger Nachteil für das Kind	17	e) Präsumtiver Vater	31
d) Besonders schwere Pflichtverletzung (Abs 1 S 2)	22	f) Verfassungsrechtliche Beurteilung	32
		IV. Verfahrensvorschriften	33

I. Normzweck

1 Die Vorschrift berücksichtigt die verfassungsrechtliche Festschreibung der natürlichen Elternverantwortung einerseits und trägt andererseits dem verfassungsrechtlichen Auftrag des Staates Rechnung, das Kindeswohl notfalls auch durch die volle rechtliche Integration in eine andere als die Ursprungsfamilie zu gewährleisten. Hierzu werden die Voraussetzungen für die Ersetzung der nach Maßgabe des § 1747 erforderlichen Einwilligung des Elternteils näher geregelt. In letzter Konsequenz sollen die Interessen des Kindes auch den völligen rechtlichen Abbruch des Eltern-Kind-Verhältnisses ermöglichen[1].

II. Systematik und Grundlagen der Ersetzungsgründe

2 Grundvoraussetzung für die Anwendung der Vorschrift ist, dass die Einwilligung nach Maßgabe des § 1747 erforderlich ist (§ 1747 Rn 2, 18 ff). Die Vorschrift sieht verschiedene Ersetzungstatbestände vor, die zT unterschiedliche Personenkreise treffen. Die Voraussetzungen für die Ersetzung iE sind geprägt durch zwei Elemente:
– einmal ist der Ausfall der elterlichen Erziehungsverantwortung festzustellen,
– zum anderen muss die Begründung eines neuen Familienbandes notwendig sein.

Die Verbindung beider Elemente im Einzelfall erst rechtfertigt die Auflösung der ursprünglichen Eltern-Kind-Beziehung auch gegen den Willen eines Elternteiles. Diese Notwendigkeit der rechtlichen Einbindung des Kindes in eine neue familiäre Gemeinschaft entfällt nach dem verfassungsrechtlichen Grundsatz der Verhältnismäßigkeit, wenn der Gefahr für das Kind durch Maßnahmen nach den §§ 1666, 1632 Abs 4, 1682 ausreichend begegnet werden kann[2], der Verbleib des Kindes in einer gesicherten Familienumgebung auch ohne Adoption gewährleistet ist. Die Ersetzung der Einwilligung ist – ebenso wie Interventionen nach §§ 1666, 1666 a (§ 1666 Rn 4 f) – keine vergangenheitsbezogene Sanktion für das elterliche Fehlverhalten; nur der gegenwärtig notwendige Schutz des Kindes legitimiert den mit der Ersetzung verbundenen Eingriff in die Substanz des Elternrechts[3]. In Hinblick auf die mit der Adoption verbundene prinzipiell endgültige Auflösung des Eltern-Kind-Verhältnisses (§ 1755 Rn 2) darf die Einwilligung nur in eindeutigen Fällen der Gefahr für das Kindeswohl ersetzt werden.

3 Die Ersetzungstatbestände im Überblick:
– In Abs 1 S 1 und Abs 2 (Rn 5–21) wird an ein vorwerfbares elterliches Versagen in der Erziehungsverantwortung gegenüber dem Kind in Form einer **anhaltenden gröblichen Pflichtverletzung oder Gleichgültigkeit** angeknüpft[4]. Weitere Voraussetzung ist, dass das Kind einen unverhältnismäßigen Nachteil erleiden würden, wenn die Adoption unterbleibt. Soll **Gleichgültigkeit** die Ersetzung begründen, muss der betroffene Elternteil grds vorher entspr belehrt und beraten werden (Abs 2). Ist die Gleichgültigkeit als gröbliche Verletzung der elterlichen Pflichten anzusehen[5], entfällt diese Voraussetzung.

---

[1] Das BVerfG hat diese Regelung als verfassungsgemäß anerkannt: BVerfGE 24, 119, 145 = NJW 1968, 2233, 2237 für das alte Recht; mittelbar für das neue Recht in FamRZ 1988, 807 m Anm *Gawlitta;* zur Verfassungsfrage näher *Staudinger/Frank* Rn 7 ff; RGRK/*Dickescheid* Rn 2–4.
[2] *Gernhuber/Coester-Waltjen* § 68 VI 7.
[3] OLG Karlsruhe FamRZ 1983, 1058, 1059; *Willutzki* ZKJ 2007, 18, 20.
[4] BGHZ 133, 384, 387 = NJW 1997, 585, 586.
[5] BayObLGZ 2003, 232, 235; BayObLG NJOZ 2004, 4505, 4505.

– Abs 1 S 2 (Rn 22) sieht die Ersetzung der Einwilligung des Elternteils vor, wenn auf seiner Seite eine **besonders schwere Pflichtverletzung** vorliegt. Weiter wird gefordert, dass das Kind voraussichtlich dauernd nicht mehr der Obhut des Elternteils anvertraut werden kann.
– Abs 3 (Rn 23–26) ermöglicht die Ersetzung der Einwilligung für den Fall der schicksalhaften Unfähigkeit eines Elternteils zur persönlichen Betreuung des Kindes. Der Nachteil für das Kind besteht darin, dass es ohne Adoption nicht in einer Familie aufwachsen könnte und damit in seiner Entwicklung schwer gefährdet wäre.
– In Abs 4 (Rn 27–32), der nur die Einwilligung des Vaters eines **außerehelich geborenen Kindes** betrifft, der zu keiner Zeit eine sorgerechtliche Verbindung zum Kind hatte, wird die Ersetzung der Einwilligung des Vaters bzw des Vaterschaftsprätendenten ermöglicht, wenn ein Ausbleiben der Adoption für das Kind unverhältnismäßig nachteilig wäre. Auf ein Fehlverhalten kommt es nach dem Wortlaut des Gesetzes nicht zwingend an. Die Rspr prüft aber iS einer verfassungskonformen Interpretation bei der gebotenen Interessenabwägung auch das Verhalten des Vaters, so dass die Anforderungen an die Ersetzung der Einwilligung nach Abs 4 sich stark den Anforderungen nach Abs 1 bis 3 annähern.

Das Gericht hat sämtliche in § 1748 vorgesehenen Gründe der Ersetzung zu prüfen[6] und im Falle der Ersetzung nach Abs 1 anzugeben, welcher Grund die Einwilligung ersetzt, im Falle der Gleichgültigkeit des Elternteils als Unterfall der elterlichen Fehlverhaltens die Belehrung über die Folgen des Verhaltens weitere Voraussetzung für die Ersetzung der Einwilligung ist (Rn 13 f). Wird die Einwilligung auf der Grundlage des § 1748 Abs 3 ersetzt, bedarf es zusätzlicher Feststellungen zur Ersetzungsmöglichkeit nach § 1748 Abs 1 nicht[7]. 4

III. Ersetzungsgründe im Einzelnen

1. Elterliches Versagen (Abs 1, 2, 3). a) Anhaltend gröbliche Pflichtverletzung gegenüber 5 **dem Kind (Abs 1 S 1 Alt 1).** Die gröbliche Pflichtverletzung entspricht im Wesentlichen den Gründen, die zum Entzug der elterlichen Sorge nach § 1666 führen können[8], soweit dort auf die missbräuchliche Ausübung und die Vernachlässigung des Kindes abgestellt wird. Es handelt sich um ein gegen das Kind gerichtetes Verhalten des betroffenen Elternteils[9]. Erfasst werden Fälle eines besonders schweren und vollständigen elterlichen Versagens[10], die zu einer so starken Normabweichung des Eltern-Kind-Verhältnisses führen, dass die Elternverantwortung als Korrelat des Elternrechts diesem nicht mehr gegenübersteht[11], dass objektiv von einer unwiderruflichen Störung des Eltern-Kind-Verhältnisses auszugehen ist. Grundlage dieser Entwicklung muss eine zumindest objektive und gravierende Mitwirkung des betroffenen Elternteils an dem „Zerfall des Elternrechts" sein[12], der die Beendigung der Eltern-Kind-Beziehung als notwendig erscheinen lässt. Auf ein **subjektives Verschulden** kommt es nicht an, da die Ersetzung Teil der fürsorgerischen Pflicht des Staates ist, den Schaden für das Kind, der auf elterlichem Verhalten beruht, möglichst gering zu halten[13]. Erforderlich ist aber eine objektive Vorwerfbarkeit, die eine grundsätzliche Einsichtsfähigkeit des Elternteils voraussetzt[14]. Fehlte diese auf Grund psychischer Störungen, ist die Ersetzung nicht nach Abs 1, aber ggf nach Abs 3 möglich[15]. Entspr gilt, wenn sich der Elternteil verständlicherweise weigert, sich einer ärztlichen Untersuchung zu unterziehen[16].

Ist auf Grund der gröblichen Pflichtverletzung das Elternrecht „zerfallen", ändert auch ein glaubwürdiger **Gesinnungswandel** oder eine Verhaltensänderung nichts daran, dass dieses Element der Voraussetzungen für die Ersetzung der Einwilligung gegeben ist[17]. Insbesondere muss nicht befürchtet werden, dass bei Rückkehr des Kindes die Pflichten wiederum entspr verletzt werden[18]. Aufgrund der endgültigen Störung des Eltern-Kind-Verhältnisses bedarf es auch nicht der im Falle der Gleichgültigkeit zwingenden Belehrung. Die einzelnen Tatbestandsmerkmale dieses Ersetzungsgrundes sind unterschiedliche Faktoren der praktisch unwiderruflichen Zerstörung des Eltern-Kind Verhältnisses. Eine Ersetzung ist aber nicht möglich, wenn der Gesinnungswandel glaubhaft ist **und** das Kind ohne nennenswerte Beeinträchtigungen seiner Entwicklung zum leiblichen Elternteil zurückgebracht werden kann. In diesem Fall würde die **weitere** Voraussetzung fehlen, dass ein Unterbleiben der Adoption für das Kind einen unverhältnismäßigen Nachteil bedeuten würde. 6

aa) Pflichtverletzung. Pflichtenverletzung ist zunächst Verletzung der Verantwortung auf der 7 Grundlage der elterlichen Sorge[19]. Insoweit ist sie nicht möglich, soweit die elterliche Sorge etwa

---
[6] BayObLG FamRZ 1984, 201, 202.
[7] BayObLGZ 1977, 148, 154.
[8] BayObLG NJOZ 2002, 1256, 1259; *Palandt/Diederichsen* Rn 4.
[9] LG Mannheim DAVorm 1985, 723, 724.
[10] OLG Frankfurt OLGZ 1983, 135.
[11] OLG Hamm ZfJ 1984, 364, 366.
[12] *Gernhuber/Coester-Waltjen* § 68 VI 8.
[13] OLG Karlsruhe FamRZ 1983, 1058, 1059; *Gernhuber/Coester-Waltjen* § 68 VI 8; MünchKommBGB/*Maurer* Rn 6; RGRK/*Dickescheid* Rn 8; *Staudinger/Frank* Rn 25.
[14] BayObLG DAVorm 1999, 773, 774; OLG Köln FamRZ 1999, 889, 890.
[15] MünchKommBGB/*Maurer* Rn 6.
[16] LG Mannheim DAVorm 1985, 723, 724.
[17] BayObLG FamRZ 1976, 234, 238, 239.
[18] OLG Braunschweig FamRZ 1997, 513; LG Münster FamRZ 1999, 890, 891.
[19] BayObLG FGPrax 1997, 148, 149.

§ 1748

wegen Geschäftsunfähigkeit ruht[20], entzogen oder dem anderen Elternteil übertragen ist[21]. **Unabhängig vom Sorgerecht** kommen als Pflichten idR in Frage die Zahlung des Unterhalts[22] bei entspr Leistungsfähigkeit und das Bemühen um den persönlichen Kontakt zum Kind (§ 1684 Abs 1)[23], die Respektierung des Sorgerechts des anderen Elternteils, so die Pflicht, das Kind nach Wahrnehmung des Umgangsrechts zum sorgeberechtigten Elternteil zurückzubringen[24], aber auch die Verletzung der Beistandspflicht aus § 1618a (dort Rn 4), freilich nur in schweren Notfällen mit gravierenden Folgen als schwere Pflichtverletzung. **Keine Pflichtverletzung** besteht, wenn die Trennung des Kindes von den Eltern auf einer falschen Einschätzung der Situation durch das Jugendamt und ihm folgend durch das Familiengericht beruht, die Eltern den Kontakt zu dem Kind verloren haben, eine Rückkehr zu den Eltern auf Grund des § 1632 Abs 4 praktisch ausgeschlossen ist und die Eltern eine Einwilligung zur Adoption verweigern[25]. Der „Zerfall des Elternrechts" ist in diesem Fall die Folge der staatlichen Intervention und nicht des elterlichen Fehlverhaltens. Die **Verweigerung der Einwilligung selbst** kann die gröbliche Pflichtverletzung nicht begründen[26]. Die dringliche Notwendigkeit der Adoption geht der Verweigerung der Einwilligung voraus, kann aber nicht erst dadurch begründet werden. Wurde der Umgang mit dem Kind durch den insoweit Sorgeberechtigten verhindert, liegt hinsichtlich des nicht sorgeberechtigten Elternteils ebenfalls keine Pflichtverletzung vor[27].

8 **bb) Gröblichkeit der Pflichtverletzung.** Eine „einfache" Pflichtverletzung genügt nicht, sie muss „gröblich", besonders schwer[28], von erschwerenden Umständen begleitet sein[29]. Dies kann sich ergeben
– aus den Folgen der Pflichtverletzung für das Kind ergeben, wenn sie den Eltern bekannt sind,
– aber auch aus der besonderen Intensität der Pflichtverletzung mit einer entspr Gefahr für das Kind.

Monatelange unzureichende Ernährung und Pflege des Kindes, Alleinlassen der Kinder ohne Hinweis auf den eigenen Aufenthalt stellen eine gröbliche Pflichtverletzung dar[30]. **Straftaten,** die sich nicht gegen das Kind richten, aber infolge der Haft zur länger andauernden Betreuungsunfähigkeit des Elternteils führen, sind keine gröbliche Pflichtverletzung, wenn – wie meist – die Betreuung des Kindes anderweitig sichergestellt ist[31]. Ebenso wenig genügt die bloße Tatsache einer **Suchtabhängigkeit**[32]. Die höchstpersönliche Betreuung des Kindes durch einen Elternteil ist nicht unverzichtbare Folge des Elternrechts, die Verbindung zum Kind auch bei langjährigen Haftstrafen nicht ausgeschlossen. Möglich ist es aber, in Einzelfällen von einer Gleichgültigkeit auszugehen. **Gleichgültigkeit** iS einer völligen Interesselosigkeit gegenüber der Entwicklung des Kindes stellt eine grobe Pflichtverletzung dann dar, wenn durch diese Gleichgültigkeit erkennbar unwiderrufliche Nachteile für das Eltern-Kind-Verhältnis entstanden sind und die Gefahr für das Kindeswohl nicht mehr durch eine Einstellungsänderung abgewendet werden kann (Rn 8.1). **Unterlassene Unterhaltszahlungen** begründen eine gröbliche Pflichtverletzung nur, wenn sie von erschwerenden Umständen begleitet sind (Rn 8.2).

8.1 Grundlage dieser Gleichgültigkeit kann die **Verweigerung des persönlichen Kontakts** mit dem Kind sein, wenn dies zu einer entspr Entfremdung zwischen Kind und Elternteil führt[33]. Keine gröbliche Pflichtverletzung liegt vor, wenn die unterlassene Kontaktaufnahme auf der psychischen Krankheit des Elternteils, auf einer – wenn auch nur von ihm angenommenen – Rücksichtnahme gegenüber dem Kind[34], oder auf einer Absprache zwischen den Eltern beruht, wobei es nicht darauf ankommt, ob die Absprache dem Kindesinteresse entsprach[35]. Eine Obliegenheit, gegen den Willen des betreuenden Elternteils den Umgang über ein familiengerichtliches Verfahren durchzusetzen, besteht nicht[36].

8.2 Die hM setzt zu Recht voraus, dass der Unterhalt in Kenntnis der damit verbundenen Gefährdung der ausreichenden Versorgung des Kindes verweigert wird[37]. Ist der Unterhalt durch Dritte, so auch durch den adoptionswilligen Stiefelternteil sichergestellt, wird idR keine gröbliche Pflichtverletzung vorliegen[38], da sich eine Pflichtverletzung gegen das Kind richten muss, eine grundlegende Störung des Eltern-Kind-Verhältnisses allein wegen fehlender Unterhaltszahlungen also ausscheidet. Die sachgerechte Sanktion dieses Verhaltens findet sich im Strafrecht[39], nicht in der Beendigung des Eltern-Kind-Verhältnisses, solange die persönlichen Beziehungen nicht grundlegend gestört sind. Das sollte auch dann gelten, wenn der Elternteil den Unterhalt hartnäckig verweigert, etwa durch die Verschleierung

---

[20] *Gernhuber/Coester-Waltjen* § 68 VI 8.
[21] BayObLG FamRZ 1994, 1348, 1349.
[22] OLG Köln DAVorm 1979, 361, 362.
[23] OLG Stuttgart FamRZ 2005, 542, 544; BayObLG NJOZ 2004, 4503, 4505 mwN.
[24] BayObLG NJW-RR 1990, 776.
[25] *Staudinger/Frank* Rn 49.
[26] *Gernhuber/Coester-Waltjen* § 68 VI 7.
[27] BayObLG NJOZ 2002, 1256,1259: Jugendamt als Vormund hatte den Umgang untersagt.
[28] BayObLG NJW-RR 1991, 71, 72.
[29] BayObLG FGPrax 1997, 148, 149.
[30] OLG Braunschweig FamRZ 1997, 513.
[31] BayObLG ZBlJugR 1983, 234, 238; BayObLG DAVorm 1981 131, 137; MünchKommBGB/*Maurer* Rn 5; aA AG Cuxhaven FamRZ 1976, 241, 242, wobei auf die Perspektive des Elternteils abzustellen ist.
[32] BayObLG NJOZ 2004, 4503, 4506 mwN.
[33] BayObLG FamRZ 1994, 1348, 1350.
[34] BayObLG NJOZ 2004, 4503, 4506; NJWE-FER 2001, 38.
[35] OLG Köln FamRZ 1990, 1152, 1153.
[36] OLG Hamm FamRZ 1991, 1103, 1104.
[37] BayObLG NJWE-FER 2001, 38; ZfJ 1997, 475; ZBlJugR 1983, 234, 238; OLG Schleswig FamRZ 1994, 1351; KG OLGZ 1969, 235, 237.
[38] OLG Schleswig FamRZ 1994, 1351 mwN: „einhellige Rspr".
[39] *Tröndle/Fischer* § 170 StGB Rn 10.

von Vermögensverhältnissen und die Weigerung, Auskünfte darüber trotz einer Beugehaft zu erteilen. Anders ist dies zu beurteilen, wenn der Elternteil ohne jede Kontrolle der Folgen seines Verhaltens sich der Unterhaltspflicht hartnäckig entzieht[40]. Kann er aber zu Recht davon ausgehen, dass der notwendige Bedarf des Kindes anderweitig gesichert ist, und sei es durch staatliche Leistungen, so ist das zwar ein Missbrauch öffentlicher Leistungen. Aber im Verhältnis zum Kind selbst ist nicht zu sehen, worin die gröbliche Pflichtverletzung ihm gegenüber liegen soll[41]. Ist das Verhalten Ausdruck einer Gleichgültigkeit, kann die Einwilligung aus diesem Grund nur nach entspr Belehrung ersetzt werden[42].

cc) Anhaltende Pflichtverletzung. Mit dem Tatbestandsmerkmal der anhaltenden Pflichtverletzung wird deutlich, dass ein einmaliger Verstoß nicht genügt[43]. Eine länger andauernde Pflichtverletzung ist meist Ausdruck eines verfestigten Fehlverhaltens des betroffenen Elternteils wie Drogensucht, Prostitution ua[44]. Sie kann aber auch darin bestehen, dass sich ein Elternteil systematisch absetzt, um sich der Erfüllung seiner Unterhaltspflicht zu entziehen[45]. Anhaltend heißt nicht, dass auch in Zukunft mit weiteren Pflichtverletzungen gerechnet werden muss[46]. Es genügt, wenn bis zum Entzug des Sorgerechts mit der Folge der Fremdplatzierung eine länger andauernde Pflichtverletzung gegeben ist[47]. Abzustellen ist auf die Folge dieses Fehlverhaltens für die Erfüllung der persönlich geprägten Pflichten aus der Elternstellung; entscheidend ist, ob auch auf Grund der **zeitlichen Komponente** des elterlichen Fehlverhaltens von einer nicht mehr reparablen Störung des Eltern-Kind-Verhältnisses auszugehen ist[48]. Insoweit ist der anhaltende Charakter der Pflichtverletzung Mittel der Diagnose des Zerfalls des Elternrechts[49]. Die lange Dauer der Pflichtverletzung kann sich auch aus der Gleichgültigkeit im Anschluss an die gröbliche Pflichtverletzung ergeben, die zur Fremdplatzierung des Kindes führte. Insofern verstärkt das zur Fremdplatzierung führende Verhalten die Pflicht der Eltern, sich um das Kind zu bemühen[50]. Eindeutige zeitliche Vorgaben gibt es nicht. Die lange Dauer hängt auch von den möglichen Folgen für das Kind ab. Diese werden ua auch davon beeinflusst, in welchem Alter des Kindes die gröbliche Pflichtverletzung geschah, wenn sie zum Abbruch des tatsächlichen Betreuungsverhältnisses führte[51]. Insofern kann auf die Bewertung der „längeren Familienpflege" in § 1632 Abs 4 zurückgegriffen werden (§ 1632 Rn 21).

b) Gleichgültigkeit (Abs 1 S 1 Alt 2). aa) Der Tatbestand der Gleichgültigkeit. Diese Variante der Voraussetzung für einen Eingriff in das Elternrecht ist gegenüber der gröblichen Pflichtverletzung subsidiär[52]. Der **Grund der Ersetzung** der elterlichen Einwilligung ist nicht die unwiderrufliche erhebliche Gefährdung des Kindes, sondern eine innere Einstellung, die durch das äußere Verhalten des Elternteils deutlich wird[53] und damit zum Zerfall des Elternrechts führt. Anders als bei der gröblichen Pflichtverletzung ist die Störung des Eltern-Kind-Verhältnisses nicht notwendig unwiderruflich. Die **Wiederbelebung durch eine Verhaltensänderung** ist nicht ausgeschlossen; daher ist auch eine Belehrung und Beratung als weitere Voraussetzung vorgesehen (Rn 13 ff). Gleichgültigkeit liegt vor bei völliger Interesselosigkeit des Elternteils gegenüber dem Schicksal des Kindes[54], damit bei mangelnder Bereitschaft, die Kernpflicht der Eltern zu erbringen, sich um die Entwicklung des Kindes zu kümmern und den kontinuierlichen Kontakt zu ihm zu halten, um dem Kind die Möglichkeit zum Erleben des Eltern-Kind-Verhältnisses zu geben. Eine derartige Gleichgültigkeit ist anzunehmen, wenn sich der Elternteil jeglicher Aufenthaltsermittlung über lange Zeit entzieht, auch wenn sein Motiv vorwiegend in der Vermeidung von Unterhaltszahlungen bestand[55]. Vorausgesetzt ist selbstverständlich, dass das Verhalten nicht auf objektive oder verständliche subjektive Gründe zurückzuführen ist. Auf den tieferen Grund dieses Verhaltens kommt es nicht an[56], sondern allein darauf, wie sich das Verhalten nach außen darstellt[57], dh auf die Auswirkungen auf das Erleben des Kindes von einem Eltern-Kind-Verhältnis geht. Kontaktversuche und Kontaktaufnahmen zum Kind können in Einzelfällen Ausdruck der Gleichgültigkeit gegenüber dem Kind sein, wenn Zweck der Kontaktaufnahme eindeutig nicht das Interesse am Kind ist, sondern das Ausagieren egozentrischer Ziele wie Eifersucht, Neid, Rachsucht etc[58].

---

[40] Vgl OLG Köln DAVorm 1979, 361, 362.
[41] AA *Staudinger/Frank* Rn 19; wohl auch MünchKommBGB/*Maurer* Rn 5; *Schotten* S 91 f.
[42] AA BayObLG FamRZ 1994, 1348, 1349: es vermischt die beiden Ersetzungsgründe; eindeutiger insoweit BayObLG ZBlJugR 1983, 234, 238.
[43] *Willutzki* ZKJ 2007, 18, 21.
[44] *Gernhuber/Coester-Waltjen* § 68 VI 8.
[45] OLG Köln DAVorm 1979, 361, 362.
[46] OLG Braunschweig FamRZ 1997, 513; MünchKommBGB/*Maurer* Rn 7.
[47] BayObLG ZBlJugR 1983, 234, 237; AG Kamen FamRZ 1995, 1013, 1014.
[48] LG Münster FamRZ 1999, 890, 891 insoweit problematisch, da dort allein auf das vergangene Verhalten abgestellt wird.
[49] AA wohl MünchKommBGB/*Maurer* Rn 7; *Liermann* FamRZ 1999, 1686 mwN, die dem Merkmal der anhaltenden Pflichtverletzung eher prognostische Bedeutung zumessen.
[50] BayObLG FamRZ 1988, 871, 872.
[51] AG Bad Iburg FamRZ 1987, 632, 633.
[52] *Gernhuber/Coester-Waltjen* § 68 VI 9; nach *Willutzki*, ZKJ 2007, 18, 22, ist dies der wohl häufigste Grund für ein Ersetzungsverfahren.
[53] BayObLG NJOZ 2002, 1256, 1260; MünchKommBGB/*Maurer* Rn 9.
[54] BayObLG 2003, 232, 236 mwN; OLG Karlsruhe ZfJ 1999, 311 mwN.
[55] OLG Köln DAVorm 1979, 361, 363.
[56] BayObLG DAVorm 1990, 381, 382.
[57] BayObLG NJWE-FER 1998, 173; LG Frankfurt/M FamRZ 1990, 567.
[58] BayObLG ZBlJugR 1983, 234, 238 f.

Maßgeblich ist auch hier, wie sich das Verhalten nach außen darstellt. Ist eine persönliche Kontaktaufnahme zB wegen Haft oder längerem Aufenthalt in einer Einrichtung nicht möglich, ist der Elternteil verpflichtet, sich zumindest um brieflichen Kontakt mit dem Kind zu bemühen[59]. Die Intensität und Häufigkeit des notwendigen Kontaktes hängt nicht zuletzt vom Alter des Kindes ab, da kleine Kinder schneller den abwesenden Elternteil aus dem Gedächtnis verlieren[60].

11 **bb) Feststellung der Gleichgültigkeit; Möglichkeit einer Verhaltensänderung.** Ob eine fehlende Kontaktaufnahme auf ein entsprechendes inneres Desinteresse zurückgeht und damit als Gleichgültigkeit anzusehen ist, lässt sich im Einzelfall nur schwer nachprüfen. Nach der hM knüpft das Gesetz an das äußere Verhalten an und legt diesem Indizwirkung bei[61]. **Längere Kontaktlosigkeit zum Kind** ist ein entsprechendes Indiz[62]. Von Gleichgültigkeit kann regelmäßig ausgegangen werden, wenn der Elternteil über mehr als vier Jahre das Kind nicht besucht hat und sich jeder Zusammenarbeit mit dem Jugendamt verweigert[63]. Allgemein gehaltene, lediglich verbale Bekundungen eines Interesses, die dem tatsächlichen Verhalten widersprechen, wie bei einer „Freigabe" des Kindes zur Adoption und Unterlassen jeglichen Kontaktes über einen längeren Zeitraum, ändern an der Feststellung der Gleichgültigkeit nichts[64]. Die Indizwirkung muss für sich eindeutig sein, so dass das objektive Verhalten keinen anderen Schluss zulässt, als dass der Elternteil an der Entwicklung und dem Befinden des Kindes kein Interesse mehr hat. Wenn Kontaktversuche als bloßer Ausdruck von egozentrischen Selbstinszenierungen bewertet werden[65], muss die schwierige Erforschung der inneren Motive durchgeführt werden, wie dies schließlich auch in anderen Gerichtsverfahren geschieht.

12 **Keine Gleichgültigkeit** ist gegeben, wenn fehlende Kontaktaufnahmen zurückzuführen sind auf Krankheit, auf Behinderungen durch den sorgeberechtigten Elternteil[66] oder auf eine intensive Intervention des Jugendamtes, die (Inkognito-)Adoption des Kindes nicht zu behindern[67], finanzielle Schwierigkeiten oder auf die Entfernung des Wohnortes des betroffenen Elternteils[68], insbes, wenn der Elternteil ins Ausland abgeschoben worden war. Das Motiv der Rücksichtnahme auf Konfliktsituationen, die durch weitere Kontaktversuche verschärft werden könnten, muss ausgeschlossen sein[69]. Rücksichtnahme liegt in Fällen nahe, in denen das Kind selbst den Kontakt hartnäckig verweigert. Werden Gründe für den mangelnden Kontakt vorgebracht, müssen diese vom Gericht in seiner Entscheidung auch gewürdigt werden; andernfalls kann das Grundrecht auf rechtliches Gehör verletzt sein[70]. **Fehlende Unterhaltszahlungen** sind für sich allein genommen schon nicht als Indiz geeignet, wenn persönliche Kontaktversuche ernsthaft unternommen werden. Sie können die Indizwirkung fehlender persönlicher Kontaktversuche aber verstärken, wenn keine objektiven Gründe für das Ausbleiben der Zahlungen zu erkennen sind.

13 **cc) Belehrung und Beratung als Voraussetzung der Ersetzung (Abs 2).** Grds geht der Gesetzgeber davon aus, dass im Falle der Gleichgültigkeit noch keine unwiderrufliche Störung des Eltern-Kind-Verhältnisses eingetreten ist[71]. Soll die Einwilligung wegen Gleichgültigkeit ersetzt werden, kann dies grds erst nach entspr Belehrung und Beratung des betroffenen Elternteils erfolgen. Zuständig hierfür ist das **Jugendamt;** eine nähere Regelung findet sich in § 51 Abs 1, 2 SGB VIII. Das Jugendamt kann die Aufgabe aber auch auf anerkannte freie Träger der Jugendhilfe übertragen (§ 76 Abs 1 SGB VIII) Grob unterschieden ist die Belehrung (Rn 15) eine juristische, die Beratung (Rn 16) eine psychosoziale Aufgabe. Mit der Beratung sollen den Eltern die pädagogischen Möglichkeiten eines Verbleibs des Kindes bei ihnen aufgezeigt werden[72]. Damit soll dem Elternteil die Möglichkeit gegeben werden, sein gleichgültiges Verhalten innerhalb der im Gesetz vorgesehenen Frist von drei Monaten zu überdenken. Diese Frist beginnt frühestens fünf Monate nach der Geburt des Kindes zu laufen, so dass eine Ersetzung der Einwilligung wegen Gleichgültigkeit frühestens möglich ist bei einem bereits 8 Monate alten Kind. Die **Belehrung** ist zwingende Voraussetzung für eine Ersetzung; inwieweit auch eine **Beratung** Voraussetzung für eine Ersetzung ist, überlässt § 1748 Abs 2 S 1 der näheren Regelung in § 51 Abs 2 SGB VIII[73]. Eine Belehrung muss erfolgt sein, der Versuch der Belehrung genügt nicht, es sei denn, der Elternteil bringt eindeutig zum Ausdruck, dass er die angebotene Belehrung nicht wünscht. Vorausgesetzt ist, dass der Elternteil über die Folgen seines Verhaltens hinsichtlich der möglichen Ersetzung der Einwilligung unterrichtet wurde[74]. Der Empfang des Schreibens durch den Elternteil muss feststehen.

---

[59] OLG Köln FamRZ 1987, 203, 204.
[60] *Finger* DAVorm 1990, 397 mit näheren Angaben.
[61] BayObLGZ 2003, 232, 236.
[62] BayObLG NJWE-FER 1998, 173.
[63] DIV-Gutachten ZfJ 1997, 376, 377.
[64] BayObLGZ 1996, 276, 279 f.
[65] BayObLGZ 2003, 232, 238 mwN.
[66] BayObLG NJWE-FER 1998, 173; NJW-RR 1991, 71, 73.
[67] BayObLG NJOZ 2002, 1256.
[68] BayObLG NJWE-FER 1998, 173.
[69] BayObLG NJOZ 2004, 4503, 4506; BayObLGZ 2003, 232, 238: dort hatte der in Rom lebende italienische Vater dem Kind ein Mobilfunktelefon mit Karte gegeben, um ihm Anrufe zu ermöglichen.
[70] BVerfG FamRZ 2003, 1448, 1449.
[71] *Willutzki* ZKJ 2007, 18, 22.
[72] *Oberloskamp* S 873.
[73] BayObLGZ 1996, 276, 282.
[74] BayObLGZ 1996, 276, 282 f.

Ersetzung der Einwilligung eines Elternteils § 1748

Die Belehrung kann auch noch während des gerichtlichen Verfahrens nachgeholt werden[75], freilich beginnt dann erst die Frist von 3 Monaten zu laufen.

Die **Notwendigkeit der Belehrung entfällt** ausnahmsweise, wenn der betroffene Elternteil wegen eines Aufenthaltswechsels ohne Angabe der neuen Anschrift trotz angemessener dreimonatiger Bemühungen des Jugendamtes nicht erreicht wird. Erkundigungen bei der Meldebehörde und Nachfragen in der Nachbarschaft sind notwendig[76]. Letztere sind nur bei ergebnisloser Anfrage bei der Meldebehörde als Erhebung einer personenbezogenen Information über einen Sozialleistungsträger in Anwendung von § 62 Abs 3 Nr 1 SGB VIII zulässig, da dann der Aufenthaltsort eines Abwesenden nur über Dritte ermittelt werden kann. Ist der Elternteil anwaltschaftlich vertreten oder hat er einen Betreuer, muss auch über diese versucht werden, den Betroffenen zu erreichen[77]. Die Einwilligung kann ersetzt werden, wenn drei Monate vergangen sind, seit das Jugendamt – in vorgeschriebener Weise – versucht hat, den Elternteil zu belehren und zu beraten oder seinen Aufenthalt zu ermitteln (Abs 2 S 2 HS 2) und wenn das Kind älter als fünf Monate ist (Abs 2 S 3). Ist die Ersetzung noch nicht wirksam geworden, ist die Belehrung nachzuholen, wenn der Aufenthaltsort bekannt wird[78] oder der Elternteil sich zu einer Belehrung bereit erklärt (Rn 14.1).

14

Die Entbehrlichkeit der Belehrung knüpft nicht an den Ablauf der Frist, sondern an der Unmöglichkeit der Belehrung an; der Fristablauf rechtfertigt nur die Prognose der Unmöglichkeit der Belehrung. Eine Belehrung zu unterlassen, weil der Zweck nicht erreicht werden kann, ist nicht möglich. Eine derartige Prognose über die Reaktion auf eine Belehrung ist ausgeschlossen: dem Elternteil ist in jedem Fall die Chance zur Verhaltensänderung auf Grund einer Belehrung einzuräumen. Der Ersetzungsgrund der Gleichgültigkeit beruht regelmäßig auf subjektiven Einstellung, die noch nicht zur endgültigen grundlegenden Störung des Eltern-Kind-Verhältnisses geführt hat[79].

14.1

Für den **Inhalt der Belehrung** ist maßgeblich, dass sie ausreichend war, um dem betroffenen Elternteil die Gelegenheit zu geben, sein Verhalten zu überdenken und zu ändern[80]. Die bloße Verdeutlichung der Rechtslage gemäß § 1748 Abs 1 S 1 und der Hinweis auf die Bedeutung des Ablaufs der dreimonatigen Frist (Abs 2 S 1 HS 2, § 51 Abs 1 S 1, 2 SGB VIII) genügen nicht. Fehlt die Angabe der Frist, ist damit die Belehrung als Voraussetzung für die Ersetzung nicht entfallen. Maßgeblich für die Rechtmäßigkeit der Ersetzung ist, dass sie erst nach Ablauf von drei Monaten nach Fristanlauf ausgesprochen wird. Über die **Form der Belehrung** sagt das Gesetz nichts aus, weder in § 1748 Abs 2 noch im fast wortgleichen § 51 Abs 1 SGB VIII. Es kommt darauf an, inwieweit der Betroffene in der Lage ist, den Inhalt der Belehrung zu erfassen. Insoweit kann auch eine höchstpersönliche Belehrung notwendig sein.

15

Die **Pflicht zur Beratung** ist gemäß § 51 Abs 1 S 1 SGB VIII nicht als zwingende, sondern als „Soll"-Verpflichtung geregelt[81]. Damit erlauben es besondere Verhältnisse im Einzelfall, von einer Beratung abzusehen. Hinsichtlich der Gründe enthält das Gesetz keine abschließende Regelung (§ 51 Abs 2 S 2 SGB VIII: „insbes"). Gesetzlich entfällt die Beratungspflicht, wenn das Kind sich seit längerer Zeit bei den Annehmenden in Familienpflege befindet und eine Rückkehr zu den Eltern aus Gründen des Kindeswohls nicht möglich ist (§ 51 Abs 2 S 2 SGB VIII). In Hinblick auf die Soll-Regelung kann auch im Falle der **Adoption durch den Stiefelternteil** von einer Beratung abgesehen werden, wenn die sonstigen Voraussetzungen des § 51 Abs 2 S 2 SGB VIII vorliegen[82]. Fehlt jegliche Bereitschaft des Elternteils zur Beratung und hat er dies mehrmals gezeigt, entfällt die Beratungspflicht[83]. Aus einem fehlgeschlagenen Beratungsversuch kann sich ergeben, dass die Beratung im Einzelfall nicht erforderlich ist, so wenn eine Einladung zu einem Beratungsgespräch mit beleidigendem Wortlaut zurückgewiesen wird. Der **Inhalt der Beratung** ergibt sich aus § 51 Abs 2 S 1 SGB VIII[84]. Problematisch ist unter verfassungsrechtlichen Gesichtspunkten die Beschränkung der Beratungspflicht auf familienstützende und familienergänzende Hilfen, wenn eine Fremdplatzierung des Kindes dem Kindeswohl gerecht wird[85]. Das Gericht hat diese Möglichkeit auf jeden Fall zu prüfen, wenn die Voraussetzung des unverhältnismäßigen Nachteils zu klären ist. Ist die notwendige **Beratung unterblieben**, ist deshalb die Adoption nicht unwirksam. In Frage kommt lediglich die Aufhebung der Adoption nach § 1763.

16

c) Unverhältnismäßiger Nachteil für das Kind. Das (in Abs 1 S 1 bezeichnete) elterliche Versagen alleine kann die Ersetzung der Einwilligung nicht begründen. Hinzukommen muss, dass das Kind einen **unverhältnismäßigen Nachteil** erleidet, wenn die Adoption unterbleibt. Der Begriff wird in Abs 4 für die Annahme eines außerehelich geborenen Kindes gegen den Willen des Vaters bzw Vaterschaftsprätendenten ebenfalls verwendet und erhält dort seine eigentliche praktische Bedeutung. Die neuere Rspr[86] bezieht sich vorwiegend auf diese Fallkonstellationen. Danach muss der mit dem Ausbleiben der

17

---

[75] BayObLG ZfJ 1997, 475, 476.
[76] *Finger* DAVorm 1990, 393, 398.
[77] BVerfG FamRZ 2003, 1448, 1449.
[78] OLG Köln FamRZ 1987, 203, 205.
[79] BayObLG ZBlJugR 1983, 230, 232 f.
[80] BayObLGZ 1996, 276, 283 f; OLG Hamm FamRZ 1991, 1103, 1105.
[81] BayObLGZ 1996, 276, 282 mwN; OLG Hamm FamRZ 1991, 1103, 1105. Zu weitgehend das BayObLG mit der Meinung, dass die Beratung im pflichtgemäßen Ermessen des Jugendamtes stünde.
[82] OLG Hamm FamRZ 1991, 1103, 1105.
[83] LG Frankfurt/M FamRZ 1990, 663, 664.
[84] *Mrozynski* § 51 SGB VIII Rn 4.
[85] OLG Hamm FamRZ 1991, 1103, 1105.
[86] BGHZ 162, 357 = NJW 2005, 1781; OLG Saarbrücken BeckRS 2005, 886; BayObLG FPR 2004, 473, 474; OLG Stuttgart FGPrax 2005, 66, 68.

§ 1748

Adoption verbundene Nachteil für das Kind zur Schwere des Eingriffs in das Elternrecht in Beziehung gesetzt werden. Wie in den Fällen einer Interessenabwägung üblich, ist das Ergebnis nicht ohne Weiteres anhand allgemeiner Kriterien vorherzusehen, sondern stark davon abhängig, wie der Nachteil bzw das Interesse des betroffenen Elternteils im Einzelfall gewichtet wird. Verfassungsrechtliche Überlegungen zwingen dazu, dass die Anforderungen an den Begriff des unverhältnismäßigen Nachteils in Abs 1 ebenso streng sind wie in Abs 4.

18 Nachteile hat das Unterbleiben der Adoption, wenn letztere für das Kind vorteilhaft wäre. Insoweit gelten grds dieselben Kriterien wie für die Begründetheit des Antrags auf eine Adoption ohne Rücksicht auf eine eventuelle Ersetzung der Einwilligung eines Elternteils (§ 1741 Rn 21 ff). Demgegenüber besteht ein **schützenswertes Interesse des Elternteils**, das aber auch vom Kind geteilt wird, zunächst allgemein darin, dass bestehende Verwandtschaftsverhältnisse, die auf der Abstammung beruhen, auch rechtlich aufrechterhalten werden. Dieses abstrakte Interesse kann alleine aber nicht ausschlaggebend sein, vielmehr kommt es darauf an, inwieweit die Elternrolle auch noch das Eltern-Kind-Verhältnis tatsächlich positiv bestimmen kann, inwieweit die mit jeder Elternstellung verbundene Verantwortung für das Kind noch wahrgenommen wird oder zumindest in Zukunft damit zu rechnen ist[87]. Indizien hierfür sind die Bereitschaft zur Leistung des Unterhalts und das Bemühen um einen persönlichen Kontakt mit dem Kind[88]. Bestehen aktuelle Kontakte nicht, wird man auch darauf abstellen, inwieweit sich noch Kontakte zum Kind entwickeln können, insbes auch, ob eine Rückkehr des Kindes noch gewünscht wird und nicht ausgeschlossen ist[89]. Das Ergebnis wird damit maßgeblich beeinflusst durch das Verhalten des betroffenen Elternteils[90].

19 Insbes bei der Variante der **anhaltend gröblichen oder schweren Pflichtverletzung** ist zu berücksichtigen, dass diese eine unwiderrufliche grundlegende Störung des Eltern-Kind-Verhältnisses darstellt (Rn 5). Insoweit ist es auch nicht ausgeschlossen, auf Sachverhalte zurückzugreifen, die bereits für die Feststellung des Versagens des Elternteils (Pflichtverletzung oder Gleichgültigkeit) berücksichtigt wurden[91]. Ist das fortbestehende Elternrecht nur noch eine rechtliche Hülse, ist das Interesse des Elternteils am Fortbestand entspr gering zu werten[92]. Anders kann dies für den **Fall der Gleichgültigkeit** des jeweiligen Elternteils sein, wenn das Elternrecht wieder aufleben kann. Zu berücksichtigen ist bei der Wertung der Schwere des Eingriffs in das Elternrecht auch, ob der betroffene Elternteil selbst die Adoption angeregt hat[93].

20 Lebt bei einer **Stiefkindadoption** das Kind im Haushalt des Annehmenden und seines anderen leiblichen Elternteils, wird der unverhältnismäßige Nachteil grds weniger häufig anzunehmen sein. Unabhängig von dem Eingriff in das Elternrecht ist schon generell fraglich, ob die Stiefkindadoption im Regelfall dem Kindeswohl dient (§ 1741 Rn 22). Eine Veränderung der gelebten Familie droht idR auch dann nicht, wenn es zu der geplanten Adoption nicht kommt[94]. Mit einem erfolgreichen Antrag auf Änderung der Sorgerechtsregelung auf der Grundlage des § 1696 Abs 1 ist regelmäßig nicht zu rechnen, wenn die Voraussetzungen des § 1741 für eine Adoption vorliegen. Eine Adoption gegen den Willen des anderen Elternteils bringt in dieser Hinsicht keine besonderen Vorteile mit sich[95]. Probleme mit einer unterschiedlichen Namensführung lassen sich auch gegen den Willen des Elternteils über die Einbenennung nach § 1618 lösen (§ 1618 Rn 9 f); **Sorgerechtsprobleme** werden durch das „kleine Sorgerecht" des Stiefelternteils nach § 1687 b verringert. Eventuelle **Sorgerechtsprobleme im Falle des Todes** des leiblichen Elternteils, der mit dem Annahmewilligen verheiratet ist, sind spekulativ und reichen für sich nicht aus[96]. Die rechtliche Gleichstellung mit anderen Kindern in der faktischen Familie kann, muss aber nicht ein Vorteil sein, da die Reaktion der Halbgeschwister auf die rechtliche Angleichung nicht in jedem Fall positiv sein muss. Abstrakte Hinweise auf mögliche künftige Geschwister reichen ebenfalls nicht aus[97]. Eine im Einzelfall vorteilhafte Angleichung des rechtlichen Status dürfte regelmäßig durch den Nachteil des Verlusts des genetischen Elternteils ausgeglichen werden[98]. Hinzu kommt, dass nicht auszuschließen ist, dass die neue Ehe des Elternteils scheitert[99]. Hinsichtlich des **Unterhalts** ist im Einzelfall zu prüfen, ob der Unterhalt nicht auch durch den sorgeberechtigten Elternteil ausreichend gewährt wird[100], so dass es auf den Gewinn eines zusätzlichen Unterhaltsschuldners nicht ankommt.

---

[87] EuGHMR NJW 2004, 3397, 3399: er hat für seine Rspr zum Umgangsrecht vor allem darauf abgestellt, dass bestehende familiäre Beziehungen nicht abgebrochen werden; vgl *Brückner* FPR 2005, 200 f.
[88] BayObLG NJW-RR 2002, 433, 434 f.
[89] OLG Karlsruhe FamRZ 1995, 1012, 1013.
[90] BGH FamRZ 1986, 460, 462 mwN; BayObLGZ 1996, 276, 280; BayObLGZ 1994, 1348, 1350.
[91] BGH FamRZ 1986, 460, 462. Vgl BGHZ 162, 357, 362 = NJW 2005, 1781, 1783: dort wird – bei Abs 4 – bei der maßgeblichen Interessenabwägung auch auf die Gründe abgestellt, die den Vater am Aufbau oder Erhalt des Vater-Kind-Verhältnisses gehindert haben; ebenso BayObLG NJW-RR 2002, 433, 434 f.
[92] OLG Celle ZfJ 1998, 262, 263.
[93] BayObLGZ 1996, 276, 280 f.
[94] OLG Schleswig FamRZ 1994, 1351.
[95] OLG Köln FamRZ 1990, 1152, 1154.
[96] vgl KG OLGZ 1969, 235, 237 f.
[97] BayObLG FamRZ 1994, 1348, 1350 überzeugt insoweit nicht.
[98] OLG Köln FamRZ 1990, 1152, 1154.
[99] *Peschel-Gutzeit* NJW 2005, 3324, 3326 geht davon aus, dass nur in einer intakten Ehe eine Adoption angestrebt werden wird.
[100] BayObLG FamRZ 1989, 429, 430.

§ 1748

21 Bestehen so schon auch aus der Sicht des Kindeswohls Bedenken gegenüber der Stiefkindadoption im Regelfall, auch wenn der andere Elternteil seine Einwilligung erteilt, so wird man im Regelfall von einem **unverhältnismäßigen Nachteil** nicht sprechen können. Die Ersetzung der Einwilligung ist so nur in besonderen Fällen zulässig. Einen wirklichen Vorteil bringt in aller Regel die Adoption nur, wenn damit eine als faktisch exklusiv erlebte Eltern-Kind-Beziehung zwischen Stiefelternteil und Stiefkind die entspr rechtliche Grundlage erhält[101]. Ein **unverhältnismäßiger Nachteil** kann bestehen, wenn der andere Elternteil durch sein Verhalten das Kind in seiner gelebten Beziehung stark verunsichert, so dass die notwendige Sicherheit des Kindes in der neuen gelebten Familie durch die endgültige rechtliche Einbindung erheblich gefördert wird[102]. Der Ausschluss der Umgangsbefugnis steht – wie alle sorgerechtlichen Entscheidungen – unter dem Vorbehalt der Abänderung nach § 1696 Abs 1 und geben so dem betroffenen Elternteil die Möglichkeit, ein gerichtliches Verfahren einzuleiten. Damit sind entsprechende Verunsicherungen des Kindes nicht ohne weiteres zu verhindern. Sie müssen aber schon erheblicher Natur sein, um das Interesse des leiblichen Elternteils an der Aufrechterhaltung der verwandtschaftlichen Bande zurückdrängen zu können. Entsprechendes, wenn auch eingeschränkt, gilt für die Fälle der **Verwandtenadoption**[103]. Fehlt jede echte Beziehung des Elternteils, dessen Einwilligung ersetzt werden soll, zu dem Kind, so ist auch im Falle der Verwandtenadoption die Annahme für das Kind vorteilhaft, wenn bei Spannungen zwischen dem Annehmenden und dem betroffenen Elternteil das bestehende Betreuungsverhältnis rechtlich stabilisiert wird[104]. **Unterhaltsrechtliche Vorteile** (§ 1741 Rn 21) in Hinblick auf die bessere Leistungsfähigkeit bzw größere Zahlungswilligkeit des Annahmewilligen reichen für sich alleine für einen unverhältnismäßigen Nachteil nicht aus[105].

22 d) Besonders schwere Pflichtverletzung (Abs 1 S 2). Diese Variante soll die Adoption gegen den Willen der betroffenen Eltern ermöglichen, wenn auch ohne längerfristiges Fehlverhalten eine so schwere Verfehlung gegen das Kind stattfand, dass das Kind voraussichtlich dem Elternteil nicht mehr zur Obhut überlassen werden kann[106]. Vor allem **Straftaten gegen ein Kind** sind damit gemeint, wobei es nicht auf die persönliche Schuld und Bestrafung ankommt[107], wohl aber auf Beweggründe und Folgen der Straftat, die regelmäßig nur unter Berücksichtigung der Strafakten geklärt werden können[108]. Erfasst werden kriminelle Vergehen gegen das Kind, wie zB sexueller Missbrauch und schwere Körperverletzung[109], in besonderen Fällen auch Straftaten gegen einen Elternteil[110], so zB dessen Tötung[111]. Es handelt sich um eine Art Verwirkung des Elternrechts durch eine besonders schwere Tat gegen das Kind[112]. Eine Drogenabhängigkeit stellt noch keine schwere Pflichtverletzung dar, auch wenn sie zum Entzug des Sorgerechts nach § 1666 führt[113], auch nicht eine Kindesentziehung, die zu einem dreijährigen Aufenthalt der Kinder in Bolivien ohne Schulbesuch führt[114]. Eine **weitere Gefährdung des Kindes** durch das Unterbleiben der Adoption ist nicht Voraussetzung, insbes kommt es auf einen unverhältnismäßigen Nachteil für das Kind nicht an[115]. Es genügt die Prognose, dass mit einer Rückkehr des Kindes zum betroffenen Elternteil nicht mehr zu rechnen ist, so wenn der betroffene Elternteil den anderen Elternteil vor den Augen des Kindes getötet hatte[116].

23 e) Dauernde Unfähigkeit der Eltern zur Pflege und Erziehung (Abs 3). aa) Besonders schwere psychische Krankheit oder Behinderung. Der Begriff der psychischen Krankheit oder der geistigen oder seelischen Behinderung entspricht der Terminologie im Betreuungsrecht (vgl § 1896 Abs 1 S 1). Ob die Krankheit bzw Behinderung **besonders schwer** ist, ergibt sich nicht aus einer rein medizinischen, sondern funktionalen Betrachtungsweise bezogen auf die Auswirkungen auf das Eltern-Kind-Verhältnis[117]. Maßgeblich ist nicht die Auswirkung auf die Fähigkeit des Elternteils zur Erziehung und Pflege[118], sondern auf das Eltern-Kind-Verhältnis insgesamt. Die Auswirkung auf die Erziehungsfähigkeit ist ein weiteres Tatbestandsmerkmal, das die Folge der schweren Krankheit bzw Behinderung ist, sie bestimmt nicht selbst den für die Ersetzung notwendigen Grad der Krankheit bzw Behinderung. Die Erziehungsunfähigkeit führt, unabhängig von ihrer Intensität, regelmäßig zum Entzug der elterlichen Sorge, womit grds die im Interesse des Kindes erforderlichen Maßnahmen getroffen sind; eine Adoption gegen den Willen des Elternteils ist damit nicht mehr gerechtfertigt. **Besonders schwer** ist die Krankheit, wenn der Elternteil auf Grund der Krankheit bzw Behinderung nicht mehr in der Lage

---

[101] BayObLG NJW-RR 2005, 1165, 1166.
[102] OLG Saarbrücken BeckRS 2005, 886; MünchKommBGB/*Maurer* Rn 14.
[103] BayObLGZ 1996, 276, 281; vgl § 1741 Rn 24 zur Zulässigkeit der Verwandtenadoption.
[104] BayObLGZ 1996, 276, 281.
[105] *Staudinger/Frank* Rn 45.
[106] BayObLG NJW-RR 1990, 776.
[107] MünchKommBGB/*Maurer* Rn 19.
[108] BayObLG FamRZ 1989, 429, 431.
[109] BayObLG NJW-RR 1990, 776.
[110] OLG Zweibrücken FGPrax 2001, 113, 114 mwN; *Staudinger/Frank* Rn 52.
[111] OLG Brandenburg FamRZ 2007, 2006.
[112] BayObLG NJW-RR 1990, 776; OLG Hamm ZfJ 1984, 364, 368.
[113] OLG Frankfurt FamRZ 1983, 531.
[114] BayObLG NJW-RR 1990, 776 f.
[115] OLG Brandenburg FamRZ 2007, 2006, 2007.
[116] OLG Zweibrücken FGPrax 2001, 113, 114.
[117] BayObLG DAVorm 1999, 773, 775; OLG Hamm Jugendwohl 1994, 284, 288 m zust Anm *Happe* 292; BayObLG FamRZ 1984, 201, 202; MünchKommBGB/*Maurer* Rn 21; *Staudinger/Frank* Rn 56.
[118] AG Melsungen FamRZ 1996, 53, 54: „Zirkelschluss"; aA die wohl hM; vgl *Oberloskamp* S 878 f.

§ 1748

ist, sich mit dem Schicksal und dem Interesse des Kindes noch auseinanderzusetzen, das Elternrecht auf Grund der schicksalhaften Entwicklung auf unabsehbare Zeit „zerfallen" ist. Abzustellen ist nicht auf eine mögliche Rückkehr des Kindes zum Elternteil, sondern darauf, ob der Elternteil infolge der Krankheit bzw Behinderung auf Dauer keinen tatsächlichen Kontakt zum Kind aufnehmen kann, unabhängig davon, ob der Kontakt im Zeitpunkt des Ersetzungsverfahrens im Interesse des Kindes rechtlich gemäß § 1684 Abs 4 S 1, 2 ausgesetzt ist bzw auszusetzen wäre. Darauf, ob der Kranke bzw Behinderte noch eine annähernd realitätsbezogene Haltung zur Frage der Adoption entwickeln kann[119], kommt es nicht an. **Auf Dauer** kann mit einer Erziehung durch den Elternteil nicht mehr gerechnet werden, wenn für die Zukunft keine realistische Perspektive auf eine Änderung der Verhältnisse besteht. Bei der Prognose können mangelnde Krankheitseinsicht und die Weigerung, sich einer Behandlung zu unterziehen, berücksichtigt werden[120].

24 Ist der **Elternteil geschäftsunfähig,** so kann die Einwilligung nach § 1747 Abs 4 entbehrlich sein (§ 1747 Rn 19). Ein Antrag auf Ersetzung der Einwilligung ist deshalb aber nicht wegen fehlenden Rechtsschutzbedürfnisses unzulässig; vielmehr hat das Gericht über den Ersetzungsantrag zu entscheiden[121]. Während der Ersetzung der Einwilligung in Rechtskraft erwächst und eine fehlerhafte Entscheidung die Aufhebung nicht ermöglicht, kann die Annahme nach Maßgabe des § 1760 Abs 1 aufgehoben werden, wenn das Gericht zu Unrecht davon ausging, dass die Einwilligung nach § 1747 Abs 4 nicht erforderlich war[122] (§ 1760 Rn 3).

25 **bb) Schwere Entwicklungsgefährdung durch familienexternes Aufwachsen.** Die Einwilligung kann nur ersetzt werden, wenn das Kind nicht in einer **Familie** gesichert aufwachsen kann, sei es in einer Pflegefamilie oder bei Verwandten. Der Wortlaut des Gesetzes und verfassungsrechtliche Überlegungen verbieten es, zum Maßstab des Aufwachsens in einer Familie alleine die über eine Adoption rechtlich abgesicherte Familie zu machen[123]. Die aA[124] vernachlässigt die vom Gesetzgeber vorgenommene unterschiedliche Regelung der Bestimmung der Nachteile für das Kind in den Fällen des Abs 1 und des Abs 3[125]. Andernfalls wäre die Adoption – abgesehen von der Frage der Entwicklungsgefährdung – praktisch immer zulässig, da ein Aufwachsen in der Herkunftsfamilie als unmöglich in Abs 3 vorausgesetzt wird[126]. Konkrete Probleme für die Pflegefamilie, wie Herausgabeverlangen, Umgangsforderungen und Namensverschiedenheit sind über eine Regelung dieser Einzelprobleme (§ 1632 Abs 4, § 1684 Abs 4; § 3 NamÄndG) zu bewältigen[127]. Es genügt, dass der Ort des Aufwachsens die typischen Strukturen einer Familie aufweist und nicht als kleines Heim zu werten ist. Das Aufwachsen in der Familie muss **gesichert** sein, dh es muss erwartet werden können, dass die Erziehung und Betreuung bis zur Volljährigkeit anhalten wird. Belastende Beziehungswechsel müssen ausgeschlossen sein. Vorübergehende Betreuungen in einer Familie oder eine Kettenerziehung in mehreren Familien reichen daher nicht aus. Eine entsprechende Gefährdung kann angenommen werden, wenn das Unterbleiben der Adoption zum **zwingenden Wechsel der Pflegefamilie** führen würde[128]. Abgesehen davon, dass auch die Pflegefamilie ggf verfassungsrechtlich nach Art 6 Abs 1 GG geschützt ist[129], ist der Wechsel aus einer stabilen und vertrauten Pflegefamilie in eine neue Pflegefamilie für das Kind nicht weniger belastend[130]. Die Interessen des betroffenen Elternteils sind durch die entsprechende Anwendung nicht berührt.

26 Kann das Kind nicht in einer Pflegefamilie aufwachsen, so bedarf es zusätzlich der Feststellung, dass dadurch – etwa durch eine Heimerziehung – eine **schwere Entwicklungsstörung** des Kindes befürchtet werden muss[131]. Ob Heimerziehung eine schwere Gefahr für die Entwicklung des Kindes bedeutet, ist eine Frage der pädagogischen und psychischen Situation des Kindes und nicht zuletzt seines Alters. Insbesondere ab dem 14. Lebensjahr können Heimerziehung oder andere Betreuungsmodelle für die Entwicklung günstiger sein als die Erziehung in einer Pflegefamilie.

27 **2. Sonderregelung für den Vater des außerehelich geborenen Kindes (Abs 4). a) Betroffener Personenkreis.** Den betroffenen Personenkreis dieser Regelung bilden ausschließlich Väter, die
– weder im Zeitpunkt der Geburt des Kindes noch anschließend mit der Mutter des Kindes verheiratet waren und
– die zu keiner Zeit sorgerechtliche Verantwortung für das Kind getragen haben.

---

[119] AG Melsungen FamRZ 1996, 53, 54 f fordert dies.
[120] BayObLG DAVorm 1999, 773, 776.
[121] BayObLG DAVorm 1999, 773, 775 mwN; aA wohl OLG Hamm Jugendwohl 1994, 284, 288 und noch BayObLG FamRZ 1984, 201, 202; zweifelnd AG Melsungen FamRZ 1996, 53, 55: § 1747 Abs 3 könne als vorrangige Spezialvorschrift verstanden werden.
[122] BayObLG DAVorm 1999, 773, 775 mwN.
[123] BGHZ 133, 384, 388 = NJW 1997, 585 mwN des Streitstandes; BayObLG DAVorm 1999, 773, 776 f; OLG Frankfurt FGPrax 1996, 109; AG Melsungen FamRZ 1996, 53, 55; *Hohloch* Anm zu BGH LM Nr 2; *Staudinger/Frank* Rn 57.
[124] OLG Karlsruhe FamRZ 1990, 94, 95 m zust Anm *Gawlitta*.
[125] LG Limburg JAmt 2001, 430, 431.
[126] AG Melsungen FamRZ 1996, 53, 55.
[127] BGHZ 133, 384, 389 = NJW 1997, 585, 586.
[128] OLG Schleswig StAZ 2003, 140, 141: Pflegeeltern waren in ihre Heimat zurückgekehrt. Ohne Adoption hätte das Kind das Land verlassen müssen.
[129] BVerfGE 79, 51, 59 = NJW 1989, 519.
[130] OLG Schleswig StAZ 2003, 140, 141.
[131] BGHZ 133, 384, 388 = NJW 1997, 585, 586.

Darauf, ob eine „familiär-soziale Beziehung" (vgl § 1685 Abs 2 S 1) bestand, kommt es nach dem eindeutigen Wortlaut nicht an. Hatte der rechtliche Vater auch nur für kurze Zeit das Sorgerecht erhalten, gilt für ihn die allgemeine Regelung des Abs 1. Die Sonderregelung gilt auch für Männer, die ihre **Vaterschaft** iS des § 1747 Abs 1 S 2 **qualifiziert geltend** gemacht haben. Aus verfassungsrechtlichen Gründen müssen auch die Männer entspr berücksichtigt werden, die eine anderweitige rechtliche Vaterschaft anfechten (§ 1747 Rn 3 ff). Die Vorschrift wird ergänzt durch § 1747 Abs 3 S 1 Nr 2, der dem Vater die Möglichkeit gibt, die Adoption zu hemmen und ggf zu verhindern, indem er sich um das Sorgerecht für das Kind bemüht (§ 1747 Rn 15; § 1751 Rn 7).

b) Voraussetzungen einer Ersetzung: Interessenabwägung. Die Ersetzungsvoraussetzungen des Abs 4, der in seinem Anwendungsbereich den Abs 1 verdrängt[132], unterscheiden sich nach seinem Wortlaut gegenüber Abs 1 vor allem dadurch, dass ein Versagen des Vaters nicht gefordert wird[133]. Es genügt, wenn das Unterbleiben der Adoption für das Kind einen **unverhältnismäßigen Nachteil** bedeuten würde. Insoweit verwendet das Gesetz dasselbe Kriterium wie in Abs 1 S 1 (Rn 17 f), das dort jedoch eine von mehreren Voraussetzungen für die Ersetzung der Einwilligung ist. Auch bei Anwendung des Abs 4 muss der Nachteil für das Kind zur Schwere des Eingriffs in das Elternrecht in Beziehung gesetzt werden[134]. Das führt letztlich zu einer Abwägung des Interesses des Kindes an der Adoption einerseits und dem Interesse des Vaters am Erhalt seiner Elternposition andererseits, da ein anderer Maßstab für die Unverhältnismäßigkeit nicht zur Verfügung steht[135]. Ein bloßes Überwiegen der Kindesinteressen genügt aber nicht (Rn 28.1). Bei der Interessenabwägung iE ist nach der höchstrichterlichen Rspr zu unterscheiden, ob es sich um eine **Fremdkind- oder um eine Stiefkindadoption** handelt.

28

Nach der Rechtsprechung des BGH und des BVerfG genügt ein bloßes Überwiegen der Kindesinteressen nicht. Der BGH fordert – unter Hinweis auf seine Rspr zur Ersetzung der Einwilligung eines Elternteils in die Einbenennung nach § 1618 (dort Rn 9), „dass die Adoption nach Abs 4 für das Kind einen so erheblichen Vorteil bieten muss, dass ein sich verständig um sein Kind sorgender Elternteil auf der Erhaltung des Verwandtschaftsbandes nicht bestehen würde"[136]. Bei der Gewichtung der Vaterinteressen sei auch zu berücksichtigen, „ob und inwieweit ein gelebtes Vater-Kind-Verhältnis nicht bestanden habe oder welche Gründe den Vater am Aufbau eines solchen Verhältnisses gehindert haben"[137]. Das Vorverhalten des Vaters muss im Rahmen des Abs 4 berücksichtigt werden[138]. Eine Ersetzung wird nur in Frage kommen, wenn der Vater das Scheitern des Eltern-Kind-Verhältnisses durch sein Verhalten zu verantworten hat[139]. Das kann nur so verstanden werden, dass es sich um ein endgültiges Scheitern handelt, dass eine gelebte Eltern-Kind-Beziehung zwischen Vater und Kind nicht mehr erwarten lässt. Allein auf das frühere Verhalten abzustellen, käme einer Verwirkung des Elternrechts gleich, das – zur Vermeidung einer Ungleichbehandlung – auch in den Fällen des Abs 4 nur nach dem Maßstab des Abs 1 S 2 (Rn 22) eintreten kann. Um eine Art Abstrafung des früheren Verhaltens des Vaters geht es jedenfalls nicht.

28.1

c) Fremdkindadoption. Im Fall einer Fremdkindadoption ist nach dem BGH bei der Interessenabwägung zu berücksichtigen, dass der rechtlich feststehende Vater die Möglichkeit hat, ohne Zustimmung der Mutter selbst das Sorgerecht zu erhalten (§§ 1672 Abs 1, 1751 Abs 1 S 6, 1747 Abs 3 S 1 Nr 2)[140]; vgl § 1751 Rn 7. Soll für das Kind eine neue Familie auch im Rechtssinne begründet werden, wird der Vater näher darzulegen haben, weshalb er dem Kind das Aufwachsen in einer festgefügten Familie verwehrt, ohne dass er dem Kind selbst das Aufwachsen in einer Familie ermöglicht. Machte und macht der Vater von seinem Umgangsrecht und seiner Umgangspflicht (§ 1684 Abs 1) keinen Gebrauch und ist auch in Zukunft nach seinem Verhalten damit nicht zu rechnen, beschränkt sich das Interesse des Vaters regelmäßig auf den Fortbestand des rechtlichen Bandes; ein berechtigtes Interesse daran ist kaum zu erkennen[141]. In einem derartigen Fall kann von einem Scheitern des Eltern-Kind-Verhältnisses ausgegangen werden. Stellt die rechtliche Absicherung des bestehenden faktischen Eltern-Kind-Verhältnisses für das Kind die einzige Möglichkeit dar, die gelebte Familienbeziehung fortzusetzen, ist regelmäßig ein unverhältnismäßiger Nachteil für das Kind anzunehmen. Freilich wird man dann auch die Drohung der faktischen Eltern mit der Beendigung des Familienverhältnisses in die Beurteilung der Erwartbarkeit einer stabilen Adoptivfamilie mit einstellen müssen. Will der Vater aber glaubhaft und mit Aussicht auf Erfolg eine Vater-Kind-Beziehung aufbauen und würde diese die bestehende Lebenssituation des Kindes nicht merklich verschlechtern, wird die Adoption gegen den Willen des Vaters nicht möglich sein. Wurde einem Antrag des Vaters auf Sorgerechtsübertragung, der nach Erteilung der Einwilligung zur Adoption durch die Mutter nicht mehr deren Zustimmung bedarf, ist eine Ersetzung der Einwilligung ausgeschlossen (Rn 29.1), wenn die Entscheidung nicht vorher wieder aufgehoben wird.

29

Mit der geplanten Reform des Verfahrensrechts – FGG-Reform (§ 1752 Rn 13) – werden bisher mögliche widersprüchliche Entscheidungen von VormG einerseits und FamG andererseits hinfällig.

29.1

---

[132] BayObLG NJW-RR 2002, 433, 434; FPR 2004, 473, 474; OLG Stuttgart FGPrax 2005, 66, 67.
[133] OLG Karlsruhe FGPrax 2000, 194,195.
[134] BayObLG FPR 2004, 473, 474; OLG Stuttgart FGPrax 2005, 66, 68.
[135] BGHZ 162, 357, 361 = NJW 2005, 1781, 1782.
[136] BGHZ 162, 357, 361 = NJW 2005, 1782 f.
[137] BGHZ 162, 357, 362 = NJW 2005, 1781, 1783.
[138] BVerfG NJW 2006, 827, 828.
[139] BVerfG NJW 2006, 2470, 2471.
[140] BGHZ 162, 357, 362 = NJW 2005, 1781, 1783.
[141] *Lipp/Wagenitz*, Das neue Kindschaftsrecht, 1999, § 1748 Rn 11.

§ 1748

30   **d) Stiefkindadoption.** In Fällen der Stiefkindadoption ist bei der Interessenabwägung zu berücksichtigen, dass der Vater regelmäßig keine Möglichkeit hat, gegen den Willen der Mutter das Sorgerecht zu erhalte; zudem muss idR davon ausgegangen werden, dass in einer stabilen Stieffamilie die Lebenssituation des Kindes sich nicht verändern wird, wenn die Adoption unterbleibt[142]. Nach dem BGH sind daher an die Ersetzung der Einwilligung noch strengere Anforderungen zu stellen[143]. Die mit der Adoption häufig erwünschte endgültige Beseitigung von Umgangsrechten des Vaters ist schon unabhängig vom Willen der Beteiligten kein Grund, der eine Adoption rechtfertigt (§ 1741 Rn 21). Bemüht sich der Vater, auch wenn er infolge einer langandauernden Strafhaft keine persönliche Beziehung zu dem Kind aufbauen konnte, um einen Kontakt zu dem Kind, kann dies nicht als „Hineindrängen" in den „Familienverbund" der Mutter negativ bewertet werden[144]. Grds muss von der Mutter erwartet werden, dass sie selbst sich dafür einsetzt, dass das Kind zu seinem leiblichen Vater eine persönliche Beziehung erhält. Die völlige Verdrängung des Vaters aus dem Erleben des Kindes lässt eher auf ein problematisches Verhalten der Mutter schließen[145]. Das BVerfG will erstmals auch die zunehmende Instabilität der Ehen berücksichtigt wissen. Solange noch die Möglichkeit zum Aufbau einer stabilen Beziehung zum leiblichen Elternteil bestehe, muss auch das Scheitern der neuen Ehe des sorgeberechtigten Elternteils in die Beurteilung mit einbezogen werden[146]. Allerdings fehlen Hinweise auf sozialwissenschaftliche Erkenntnisse, ob ein Adoptivelternteil nach Scheitern der Ehe die Beziehungen zum Adoptivkind eher abbricht als ein leiblicher Elternteil.

31   **e) Präsumtiver Vater.** Soll die Einwilligung des präsumtiven Vaters iS des § 1747 Abs 1 S 2 ersetzt werden, wird die notwendige Prognose hinsichtlich des Nachteils für das Kind kaum möglich sein, ohne dass die Frage der Vaterschaft rechtlich geklärt ist[147]. Für den präsumtiven Vater besteht zwar keine Obliegenheit, die Vaterschaft auch rechtlich feststellen zu lassen (§ 1747 Rn 4), eine entsprechende Weigerung wird aber dazu führen, sein Interesse an der Verhinderung der Adoption nur sehr gering zu werten.

32   **f) Verfassungsrechtliche Beurteilung.** Wiederholt geäußerten Bedenken hinsichtlich der Verfassungskonformität des Abs 4[148] werden von der Rspr nicht geteilt. Sie geht davon aus, dass durch die restriktive Auslegung des Begriffs des unverhältnismäßigen Nachteils die Norm verfassungskonform interpretiert ist[149] erwartet, dass die genannte Entscheidung des BGH eine einheitliche Rspr begründet, die im Ergebnis die Ersetzung nach Abs 4 im Wesentlichen nicht anders als nach Abs 1 bis 3 behandelt); es geht damit davon aus, dass diese Rspr verfassungsrechtlichen Anforderungen standhält. Entspr bestehen auch keine Bedenken aus der Sicht der Rspr des EuGHMR[150].

32.1 Soweit zur Begründung der Verfassungskonformität mit dem Verweis auf die Bestätigung des § 1626a Abs 2 durch das BVerfG[151] argumentiert wird, überzeugt dies nicht, da die grds typisierende, von den konkreten Verhältnissen im Einzelfall bewusst abstrahierende Regelung der Zuweisung des Sorgerechts gerichtliche Auseinandersetzungen verhindern soll, die zu einer unverwünschten staatlichen Intervention führen würden. Dagegen muss im Fall der Einwilligungsersetzung in jedem Fall ein Verfahren durchgeführt und wegen der Abwägung der konkreten Interessen die „Familiengeschichte" erörtert und bewertet werden. Problematisch ist damit die ungleiche Behandlung der Väter nichtehelicher Kinder in Anknüpfung an ein bestehendes oder früheres Sorgerecht, ohne Rücksicht auf die Frage, inwieweit tatsächlich Verantwortung für das Kind getragen wurde[152]. Das BVerfG[153] sieht bei der Anfechtung der Vaterschaft ebenfalls die Notwendigkeit, die Verhältnisse im Einzelfall zu prüfen, wenn es um konkrete Konflikte geht. Insbes beim Umgangsrecht hat das BVerfG maßgeblich auf die tatsächliche Verantwortung und nicht das formale Sorgerecht als wesentlichen Grund angesehen, das Umgangsrecht zu begründen[154]. Auch der Gesetzgeber selbst hat beim Umgangsrecht deutlich gemacht, wie sehr das faktische Moment einer tatsächlichen sozialen Beziehung die Rechtsentscheidung über personale Verbindungen des Kindes prägen soll (vgl § 1685 Abs 2). Daher überzeugt es nicht, wenn das BVerfG bei Adoptionsrecht mit der unterschiedlichen Wahrscheinlichkeit des Bestehens einer sozialen Beziehung die Unterscheidung rechtfertigen will, zumal es im Einzelfall auch nach dem BVerfG auf die rechtliche Zuordnung gar nicht ankommt[155]. Es mag durchaus sein, dass im Ergebnis die restriktive Interpretation des BGH dazu führt, dass die Anforderungen in § 1748 Abs 4 sich den Anforderungen in Abs 1 bis 3 im Wesentlichen angleichen werden[156]. Damit ist aber die ganze Systematik des § 1748 nicht mehr überzeugend. Wie bedeutsam die unterschiedliche Handhabung von Abs 1 und Abs 4 sein kann, zeigt der Fall, den das BayObLG zu entscheiden hatte[157]. Wäre

---

[142] BVerfG NJW 2006, 827, 828; BGHZ 162, 357, 362f = NJW 2005, 1781, 1783.
[143] BGHZ 162, 357, 363 = NJW 2005, 1781, 1783.
[144] BVerfG NJW 2006, 2470, 2471.
[145] BGH NJW 2005, 1781, 1783.
[146] BVerfG NJW 2006, 2470, 2471; zust *Rösler* FamRZ 2006, 1356, 1357.
[147] *Frank* FamRZ 1998, 393, 395; so schon für das frühere Recht, wenn es allg um die Bewertung des Nachteils der Adoption bei ungeklärter Vaterschaft geht, BayObLG DAVorm 1981, 131, 139; großzügiger für eine Ersetzung *Lipp/Wagenitz*, Das neue Kindschaftsrecht, 1999, § 1748 Rn 11.
[148] FamRefK/*Maurer* Rn 5; *Frank* FamRZ 1998, 393, 394f.
[149] BGHZ 162, 357, 363 = NJW 2005, 1781, 1783; OLG Stuttgart FGPrax 2005, 66, 67; Rn 32.1; BVerfG NJW 2006, 827, 828; bestätigt in NJW 2006, 2470, 2471.
[150] *Brückner* FPR 2005, 200, 203.
[151] OLG Stuttgart FGPrax 2005, 66, 67; ähnlich *Liermann* S 1525.
[152] *Staudinger/Frank* (2001) Rn 59: Norm sei systemwidrig; krit auch *Willutzki* ZKJ 2007, 18, 26f; *Lipp* JZ 2006, 96, 97.
[153] NJW 2003, 2151, 2155; ähnlich BVerfG NJW 1995, 2155, 2156.
[154] BVerfG NJW 2003, 2151, 2155f.
[155] BVerfG NJW 2006, 827, 829.
[156] BVerfG NJW 2006, 827, 828; bestätigt in BVerfG NJW 2006, 2470, 2471.
[157] NJOZ 2002, 1256.

der Vater, der sein Kind praktisch nie gesehen hatte, nicht im Zeitpunkt der Geburt des Kindes mit der Mutter verheiratet gewesen, wäre es auf die – vom BayObLG zu Recht abgelehnte – Gleichgültigkeit (Rn 10 ff) nicht angekommen und es wäre nicht ausgeschlossen gewesen, einen unverhältnismäßigen Nachteil anzunehmen, da letztlich im Rahmen des Abs 4 das Kindeswohl unabhängig von dem vorhergehenden Verhalten der Eltern die Adoption erforderlich machen kann[158]. So aber kam es auf die Nachteilsfrage nicht mehr an. Solange in letzter Zeit nur Fälle entschieden werden, in denen die Ersetzung abgelehnt wird, wird sich die unterschiedliche rechtliche Position der Väter im Einzelfall nicht auswirken.

IV. Verfahrensvorschriften

33 Die Ersetzung der Einwilligung der Eltern erfolgt in einem selbstständigen Zwischenverfahren. Das Adoptionsverfahren selbst muss nicht bereits durch den Antrag der Adoptionsbewerber eingeleitet sein[159]. Der Entscheidung über die Ersetzung kommt für den Adoptionsantrag **Tatbestandswirkung** zu. Wird die Einwilligung ersetzt, kann der Antrag auf Ausspruch der Annahme nicht mehr wegen fehlender Einwilligung zurückgewiesen werden. Wird die Ersetzung abgelehnt, muss der Antrag auf die Adoption abgelehnt werden. Eingeleitet werden kann das Ersetzungsverfahren ausschließlich auf **Antrag des Kindes**. Eine gesonderte Regelung hinsichtlich der **Antragsfähigkeit des Kindes** enthält das Gesetz nicht. Damit kann grds auch der gesetzliche Vertreter des Kindes den Antrag stellen, so auch der **Vormund**[160]; beruht die Vormundschaft auf einer Bestellung, so ist von ihrer Wirksamkeit auszugehen[161]. Will der Vormund selbst das Kind adoptieren, ist er in Hinblick auf die Selbstständigkeit des Ersetzungsverfahrens nicht von der Vertretung des Kindes ausgeschlossen; § 1795 ist nicht anzuwenden[162]. Ebenso kann der sorgeberechtigte Elternteil den Antrag stellen, so insbes bei der Stiefkindadoption. **Das über 14 Jahre alte und nicht geschäftsunfähige Kind** ist auf Grund von § 59 Abs 1, 3 FGG als verfahrensfähig anzusehen[163], da nicht einzusehen ist, dass zwar das Rechtsmittel gegen die Ablehnung eingelegt, nicht aber das Verfahren selbst in Gang gesetzt werden kann. In anderen Sorgerechtsangelegenheiten, die unmittelbar das Kindeswohl und nicht die Auseinandersetzung zwischen den Eltern prägen, kann das Kind auf Grund der Einleitung der Verfahren von Amts wegen das Verfahren selbstständig in Gang setzen.

34 Ist der **betroffene Elternteil noch sorgeberechtigt,** kann das Familiengericht dem Elternteil die Vertretungsbefugnis für das Adoptionsverfahren entziehen (§ 1629 Abs 2 S 3 HS 1). Von einem entspr Interessenkonflikt ist regelmäßig auszugehen[164]. Das Kind erhält vom Familiengericht (§ 1697) einen **Ergänzungspfleger** (§ 1909 Abs 1 S 1), der den Antrag stellen kann; die Bestellung des Pflegers ist rechtsgestaltend, damit ihre Rechtmäßigkeit im Ersetzungsverfahren nicht zu überprüfen[165]. Eine Bestellung eines **Verfahrenspflegers** ist nicht zwingend vorgesehen (vgl §§ 50 Abs 2 FGG, 56 f Abs 2 S 1 FGG) und dann regelmäßig nicht geboten, wenn die Interessen des Kindes anderweitig, etwa durch das Jugendamt wahrgenommen werden[166], so in seiner Eigenschaft als Ergänzungspfleger[167] bzw Vormund. Ist das Kind selbst verfahrensfähig, ist wegen des zumindest möglichen[168] Interessengegensatzes zu den Eltern ein Verfahrenspfleger zu bestellen (§ 50 Abs 2 Nr 1 FGG). Eine förmliche **Zustellung des Antrags** an den betroffenen Elternteil ist nicht notwendig. Die Verfügung des Gerichts, dem Elternteil den Antrag zur Äußerung mitzuteilen, wird durch ihre Bekanntmachung an den Adressaten wirksam (§ 16 Abs 1 FGG); sie bedarf nicht der Zustellung gemäß § 16 Abs 2 FGG[169].

35 **Anzuhören ist das Kind** nach § 50 b FGG, der über § 55 c auch für das selbstständige Ersetzungsverfahren gilt[170], und zwar in jeder Tatsacheninstanz[171]. Kinder, die 14 Jahre und älter sind, sind immer anzuhören, jüngere Kinder nur, wenn es auf die Neigungen, Bindungen oder den Willen des Kindes ankommt (§ 50 b Abs 1, 2 FGG); davon ist aber bei einer Adoption auszugehen. Die Anhörung hat grds mündlich stattzufinden, da schriftliche Stellungnahmen von Kindern nur schwer zu erstellen sind und Beeinflussungsversuchen unterliegen[172]. Nur aus **schwerwiegenden Gründen kann davon abgesehen werden** (§ 50 b Abs 3 FGG). Derartige Gründe können bei einem unter 14 Jahre alten Kind auch vorliegen, wenn infolge eines bereits langfristigen Beziehungsabbruches das Kind zu dem

---

[158] *Maurer* FamRZ 2006, 96, 97.
[159] OLG Celle ZfJ 1998, 262; BayObLG FamRZ 1994, 1348, 1349.
[160] BayObLG NJOZ 2002, 1256,1259; OLG Celle ZfJ 1998, 262.
[161] BayObLG NJOZ 2002, 1256,1259 mwN.
[162] OLG Zweibrücken FGPrax 2001, 113 f mwN.
[163] OLG Hamm ZfJ 1984, 364, 365; RGRK/*Dickescheid* Rn 23; MünchKommBGB/*Maurer* Rn 29 mwN; Staudinger/*Frank* Rn 64; aA *Palandt/Diederichsen* Rn 16: nur mit Zustimmung des gesetzlichen Vertreters; aA auch Erman/*Saar* Rn 29 m der Begr, der materiell-rechtliche Charakter überwiege den verfahrensrechtlichen Aspekt.
[164] OLG Karlsruhe ZfJ 1999, 311; OLG Celle FamRZ 2001, 1732; einschränkend auf Fälle, in denen Anhaltspunkte für die Ersetzung der Einwilligung vorliegen OLG Nürnberg DAVorm 2000, 809 f.
[165] BayObLG NJW-RR 1988, 1352, 1353 mwN.
[166] OLG Stuttgart FGPrax 2005, 66, 67 mwN; BayObLG NJOZ 2002, 1256, 1261; aA OLG Köln FamRZ 2001, 845: Bestellung eines Verfahrenspflegers grds nicht entbehrlich.
[167] AA OLG Celle FamRZ 2001, 1732 ohne nähere Begr.
[168] OLG München FamRZ 1999, 667.
[169] BayObLG FamRZ 1994, 1348, 1349.
[170] OLG Karlsruhe FamRZ 1995, 1012: „einhM"; OLG Düsseldorf FamRZ 1995, 1294, 1295.
[171] BVerfG FPR 2002, 23.
[172] OLG Brandenburg ZfJ 2003, 288, 289 für ein Sorgerechtsverfahren: Anhörungspflicht regelmäßig, wenn das Kind das dritte Lebensjahr vollendet hat.

§ 1748

betroffenen Elternteil keinerlei persönliche Bindungen mehr hat, die über die Anhörung geklärt werden könnten[173]. Insofern kann dem Kind die Anhörung, die immer eine Belastung für das Kind bedeutet, erspart werden[174]. Eine mit der gerichtlichen Anhörung verbundene erhebliche seelische Belastung kann jedenfalls in der Beschwerdeinstanz unterlassen werden, wenn ausreichend Klarheit über den Willen des Kindes auf Grund anderer Erkenntnisquellen (Anhörung und Untersuchung des Gerichtssachverständigen) besteht[175]. Wird die Anhörung ohne zwingenden Grund unterlassen, bedeutet dies einen Verstoß gegen das Grundrecht des Art 103 Abs 1 GG[176]; zu den möglichen Folgen eines Verstoßes für die Bestandskraft eines Adoptionsdekretes vgl § 1752 Rn 6, 8.

36 Anzuhören sind gemäß § 50 a FGG die **Eltern,** und zwar unabhängig davon, ob ihnen das Personensorgerecht zusteht[177] und ob ihre Einwilligung ersetzt werden soll[178]. Mit der Anhörung trägt das Gericht dem Amtsermittlungsgrundsatz Rechnung, da der persönliche Eindruck eine wesentliche Rolle für die Entscheidung spielen kann. Zudem wird mit der Anhörung auch dem Anspruch auf rechtliches Gehör entsprochen[179]. Anzuhören sind auch der **präsumtive Vater** iS des § 1741 Abs 1 S 2, nicht aber sonstige Männer, die ihre Vaterschaft behaupten[180]. Anzuhören sind gemäß § 50 c FGG auch die **Pflegeeltern.** Anhörungen dienen nicht nur dem rechtlichen Gehör, sondern insbes auch der Sachaufklärung[181], so dass regelmäßig ein persönliches Gespräch erforderlich ist, weil es auf das Persönlichkeitsbild und die Einstellung des Anzuhörenden ankommt[182]. Weigert sich der betroffene Elternteil, muss die Anhörung notfalls zwangsweise durchgesetzt werden[183], wenn dies zur Aufklärung erforderlich ist. Vor der Entscheidung ist das **Jugendamt** anzuhören (§ 49 Abs 1 Nr 1 FGG). Die Anhörung kann auch in der **Beschwerdeinstanz** notwendig sein[184].

37 Die Entscheidung, mit der die **Einwilligung ersetzt** wird, wird **wirksam** erst mit Rechtskraft (§ 53 Abs 1 S 2, S 1 FGG). Vor Rechtskraft der Ersetzung darf die Adoption nicht ausgesprochen werden. Als **Rechtsmittel** gegen die Ersetzungsentscheidung steht dem Elternteil als Betroffenem die sofortige Beschwerde zu (§§ 19 Abs 1, 20 Abs 1, 60 Abs 1 Nr 6, 53 Abs 1 S 2 FGG). Die Frist beginnt zu laufen mit der Bekanntgabe, dh mit Zustellung (§ 16 Abs 2 S 1 FGG) an den Rechtsmittelberechtigten[185]. Die öffentliche Zustellung ist möglich gemäß §§ 185 ff ZPO (§ 16 Abs 2 S 1 FGG); sie setzt die Rechtsmittelfrist nur in Gang, wenn auch die Begründung des Beschlusses öffentlich ausgehängt wurde[186]. Wird die Entscheidung des Gerichts, die Einwilligung zu ersetzen, aufgehoben, so ist für das Kind hiergegen die weitere sofortige Beschwerde statthaft (§§ 27 Abs 1 S 1, 29 Abs 2 FGG).

38 Wird der **Antrag abgelehnt,** wird die Entscheidung mit Bekanntgabe an das Kind wirksam (§ 16 Abs 1 FGG). Hiergegen ist einfache **Beschwerde** statthaft (§ 19 Abs 1 FGG). Beschwerdeberechtigt ist nur das Kind (§ 20 Abs 2 FGG); die leiblichen Eltern des Kindes oder die Adoptionsbewerber haben kein Beschwerderecht[187]; letztere auch nicht über § 57 Abs 1 Nr 9, da insoweit eine Trennung der eigenen Interessen und der Interessen des Kindes nicht möglich ist. Wird die Beschwerde zurückgewiesen, so ist hiergegen die nicht fristgebundene einfache weitere Beschwerde gegeben[188].

39 Die geplante **Reform des Verfahrensrechts** (§ 1752 Rn 13) sieht gegenüber dem FGG-Verfahren keine wesentlichen Änderungen vor. Das Verfahren zur Ersetzung der Einwilligung ist ein selbstständiges Verfahren in Familiensachen (Art 1 §§ 111 Nr 4, 186 Nr 2 RegE-FGG-RG), das im Wesentlichen denselben Regeln unterliegt wie das Verfahren zur Annahme des Kindes selbst. Eine zwingende Beiordnung eines **Verfahrensbeistandes** ist nach wie vor nicht vorgesehen (§ 191 S 1); die Beiordnung ist „in der Regel" erforderlich, wenn der über 14 Jahre alte Minderjährige dies beantragt (§ 191 S 2, 158 Abs 2 Nr 1). Der Annehmende und das Kind müssen persönlich grds **angehört** werden (§ 192 Abs 1, 3). Die Regelung der **Rechtsmittel** gegen den Ersetzungsbeschluss entspricht der Regelung im FGG (Rn 37). Die Entscheidung wird erst mit Rechtskraft wirksam (§ 198 Abs 1 HS 1); die Beschwerde gegen Entscheidungen ist nun einheitlich die befristete Beschwerde. Wird die **Ersetzung abgelehnt,** ist lediglich das Kind beschwerdeberechtigt (§ 59 Abs 2).

---

[173] BayObLG NJW-RR 1988, 1352, 1353; FamRZ 1988, 871, 873.
[174] Gründe müssen sich aber jeweils aus der Entscheidung des Gerichts ergeben, auch wenn nicht ausdrücklich auf § 50 b Abs 3 FGG Bezug genommen werden muss, vgl OLG Stuttgart FamRZ 2005, 542, 543.
[175] OLG Stuttgart FamRZ 2005, 542, 543, insoweit nicht abgedruckt in FGPrax 2005, 66.
[176] BVerfG FPR 2002, 23.
[177] BayObLGR 2004, 188, 189; OLG Düsseldorf FamRZ 1995, 1294, 1295.
[178] *Gernhuber/Coester-Waltjen* § 68 VI 11.
[179] BayObLGR 2004, 188, 189 mwN.
[180] BayObLG DAVorm 1981, 131, 139.
[181] OLG Zweibrücken FamRZ 1999, 246, 247; BayObLG FamRZ 1988, 871, 872.
[182] OLG Düsseldorf FamRZ 1995, 1294, 1295.
[183] BayObLG FamRZ 1984, 201, 202.
[184] BayObLG FamRZ 1984, 935, 936 für die Eltern; FamRZ 1984, 936, 937 für einen Vater eines nichtehelichen Kindes, der vom Gericht nicht angehört wurde auch wegen der Frage des unverhältnismäßigen Nachteils.
[185] *Keidel/Sternal* § 22 FGG Rn 20.
[186] LG Hamburg DAVorm 1978, 49, 51.
[187] BayObLG NJW-RR 1991, 71, 72 mwN.
[188] BayObLG NJW-RR 1991, 71, 72 mwN.

§ 1749 Einwilligung des Ehegatten

(1) ¹Zur Annahme eines Kindes durch einen Ehegatten allein ist die Einwilligung des anderen Ehegatten erforderlich. ²Das Vormundschaftsgericht kann auf Antrag des Annehmenden die Einwilligung ersetzen. ³Die Einwilligung darf nicht ersetzt werden, wenn berechtigte Interessen des anderen Ehegatten und der Familie der Annahme entgegenstehen.

(2) Zur Annahme eines Verheirateten ist die Einwilligung seines Ehegatten erforderlich.

(3) Die Einwilligung des Ehegatten ist nicht erforderlich, wenn er zur Abgabe der Erklärung dauernd außerstande oder sein Aufenthalt dauernd unbekannt ist.

I. Normzweck

1 In Fällen, in denen der Annehmende oder der Angenommene verheiratet ist, sollen die Auswirkungen einer Adoption auf die eheliche Lebensgemeinschaft berücksichtigt werden. Zur Sicherung der Interessen des anderen Ehegatten wird ein grundsätzliches Zustimmungserfordernis eingeführt.

II. Erforderlichkeit der Einwilligungen (Abs 1, 2)

2 **1. Einwilligung des Ehegatten des Annehmenden.** Voraussetzung für das Erfordernis der Einwilligung des **Ehegatten des Annehmenden** ist, dass die Ehe noch nicht aufgelöst ist. Ist der betroffene Ehegatte – wie bei der **Stiefkindadoption** – zugleich vertretungsberechtigter Elternteil des anzunehmenden Kindes und erteilt er im Namen des Kindes die gemäß § 1746 Abs 1 S 1 rechtswirksam die erforderliche Zustimmung des Kindes, so ist darin idR zugleich eine Zustimmung in seiner Eigenschaft als Ehegatte zu sehen. Entsprechendes gilt, wenn der **Ehegatte des Annehmenden** als Elternteil des Anzunehmenden die nach § 1747 Abs 1 erforderliche Einwilligung rechtswirksam und unwiderruflich erteilt hat[1]. Jede der Einwilligungen, die denselben Formerfordernissen unterliegen (§ 1750 Rn 2), bezieht sich auf die Adoption schlechthin und ist nicht nach dem Rechtsgrund der Einwilligung zu trennen. Wird die **Einwilligung verweigert**, kann sie auf Antrag des Annehmenden vom Gericht ersetzt werden (Abs 1 S 2). Kommt das Gericht zum Ergebnis, dass berechtigte Interessen des Ehegatten und der Familie betroffen sind, ist der Antrag auf Ersetzung abzulehnen (Abs 1 S 3), da mit der Begründung des Erfordernisses der Einwilligung den Interessen des anderen Ehegatten schon formell der Vorrang gegeben wurde. Sind betroffene Interessen nicht erkennbar, ist dem Antrag stattzugeben. Da außerhalb der Stiefkindadoption, die mit Zustimmung des Ehegatten als Elternteil erfolgen muss, eine alleinige Adoption durch einen Ehegatten kaum vorkommt, ist die praktische Bedeutung der Norm sehr gering[2]. Schon Überlegungen des Kindeswohls verbieten eine Annahme gegen den Willen des noch nicht adoptionsfähigen Ehegatten.

3 **2. Einwilligung des Ehegatten des Anzunehmenden.** Die Notwendigkeit der Einwilligung des Ehegatten des Anzunehmenden soll verhindern, dass der Ehegatte des Anzunehmenden gegen seinen Willen eine neue Schwägerschaft hinnehmen muss. Die Ersetzung der verweigerten Einwilligung ist ausgeschlossen, da die Möglichkeit im Gesetz, anders als in Abs 1, bewusst nicht vorgesehen ist.

III. Entbehrlichkeit der Einwilligung (Abs 3), Mängel der Einwilligung

4 Die Einwilligung des betroffenen Ehegatten, sowohl des Annehmenden als auch des Anzunehmenden, ist nicht erforderlich, wenn der jeweilige Ehegatte dauernd außerstande ist, die Einwilligung zu erklären, so auch bei Geschäftsunfähigkeit (§ 1747 Rn 19) oder bei unbekanntem Aufenthalt (§ 1747 Rn 20). Fehlt die Einwilligung oder ist sie mit Erklärungsmängeln behaftet, begründet dies nicht die Möglichkeit der Aufhebung, § 1760 Abs 1 (dort Rn 2).

§ 1750 Einwilligungserklärung

(1) ¹Die Einwilligung nach §§ 1746, 1747 und 1749 ist dem Vormundschaftsgericht gegenüber zu erklären. ²Die Erklärung bedarf der notariellen Beurkundung. ³Die Einwilligung wird in dem Zeitpunkt wirksam, in dem sie dem Vormundschaftsgericht zugeht.

(2) ¹Die Einwilligung kann nicht unter einer Bedingung oder einer Zeitbestimmung erteilt werden. ²Sie ist unwiderruflich; die Vorschrift des § 1746 Abs. 2 bleibt unberührt.

(3) ¹Die Einwilligung kann nicht durch einen Vertreter erteilt werden. ²Ist der Einwilligende in der Geschäftsfähigkeit beschränkt, so bedarf seine Einwilligung nicht der Zustimmung seines gesetzlichen Vertreters. ³Die Vorschrift des § 1746 Abs. 1 Satz 2, 3 bleibt unberührt.

(4) ¹Die Einwilligung verliert ihre Kraft, wenn der Antrag zurückgenommen oder die Annahme versagt wird. ²Die Einwilligung eines Elternteils verliert ferner ihre Kraft, wenn das Kind nicht innerhalb von drei Jahren seit dem Wirksamwerden der Einwilligung angenommen wird.

---

[1] *Soergel/Liermann* Rn 1; allgM.
[2] *Staudinger/Frank* Rn 1, 6.

Übersicht

	Rn		Rn
I. Normzweck	1	1. Voraussetzung für die Verbindlichkeit der Einwilligung	4
II. Anwendungsbereich und Rechtscharakter der Einwilligung	2	a) Form und Adressat der Einwilligung	4
III. Bedingungs- und Befristungsfeindlichkeit (Abs 2 S 1)	3	b) Höchstpersönlichkeit der Einwilligungserklärung (Abs 3)	5
		c) Wirksamkeit und Unwiderruflichkeit der Einwilligung	6
IV. Form, Adressat, Wirksamkeit und Unwiderruflichkeit der Erklärung (Abs 1 S 1, Abs 4)	4	d) Spätere Unwirksamkeit der Einwilligung	8
		2. Selbstständige Entscheidung über die Wirksamkeit einer Einwilligung	9

I. Normzweck

1 Durch die Formalisierung der erforderlichen Einwilligungserklärungen soll die Annahme auf eine sichere Grundlage gestellt werden, um späteren Zweifeln an der Endgültigkeit der Adoption entgegenzuwirken. Zudem sollen die Erklärenden vor übereilten unwiderruflichen Entscheidungen geschützt werden. Mit der zeitlich befristeten Verbindlichkeit der Einwilligungserklärungen der Eltern des Anzunehmenden wird einerseits den Personen und Institutionen, die den Adoptionsbeschluss vorbereiten, der nötige zeitliche Rahmen für die Durchführung der Annahme gegeben; andererseits sollen die Eltern nicht für immer an der Erklärung festgehalten werden, wenn die geplante Adoption auf absehbare Zeit nicht zustande kommt.

II. Anwendungsbereich und Rechtscharakter der Einwilligung

2 Die Vorschrift gilt unmittelbar für sämtliche Einwilligungserklärungen, soweit sie für die Adoption erforderlich sind, damit für die Erklärungen des Kindes einschl der Erklärung des gesetzlichen Vertreters, der Eltern, des präsumtiven Vaters iS des § 1747 Abs 1 S 2 und der betroffenen Ehegatten des Annehmenden bzw des Anzunehmenden. Auf eine Verzichtserklärung des Vaters eines außerehelich geborenen Kindes ist die Norm mit Ausnahme des Abs 4 sinngemäß anzuwenden (§ 1747 Abs 3 S 2). Die Erklärung ist auf der Grundlage des Dekretsystems eine Verfahrenshandlung[1]; die Bestimmungen über die Wirksamkeit rechtsgeschäftlicher Willenserklärungen können entspr angewendet werden[2].

III. Bedingungs- und Befristungsfeindlichkeit (Abs 2 S 1)

3 Die Einwilligungen dürfen weder unter einer Bedingung abgegeben noch zeitlich befristet werden. Die Einwilligung der Eltern darf nicht von der Entscheidung oder dem Verhalten dritter Personen oder Institutionen abhängig gemacht werden. Erteilen die Eltern bei der Inkognitoadoption die Einwilligung nur, wenn die bereits feststehenden Adoptionsbewerber bestimmte Eigenschaften aufweisen, ist dies keine Bedingung. Unzulässig dagegen ist es, die Erteilung der Einwilligung von einem bestimmten Verhalten der Eltern nach Ausspruch der Adoption abhängig zu machen (§ 1747 Rn 12).

IV. Form, Adressat, Wirksamkeit und Unwiderruflichkeit der Erklärung (Abs 1 S 1, Abs 4)

4 **1. Voraussetzung für die Verbindlichkeit der Einwilligung. a) Form und Adressat der Einwilligung.** Die **formbedürftige** Einwilligungserklärung ist nach den Bestimmungen des BeurkG notariell zu beurkunden. Für die Erklärung im Ausland gilt Art 11 Abs 1 EGBGB; die Ortsform genügt jedoch nur, wenn eine entspr Erklärung auch im Recht des Aufenthaltsstaates vorgesehen ist[3]. Die notwendige öffentliche Beurkundung der Verzichtserklärung des Vaters gemäß § 1747 Abs 3 S 1 Nr 3 kann auch das Jugendamt vornehmen (§ 59 Abs 1 S 1 Nr 7 SGB VIII). **Empfänger der Erklärungen** ist das VormG[4], und zwar das nach den Regelungen des § 43 b FGG örtlich zuständige Gericht[5], Rn 6. Das Jugendamt kann vom Gericht zum Empfangsboten bestimmt werden, nicht aber von dem Einwilligenden[6]. Der Zugang der Erklärung beim Gericht erfolgt durch Übergabe der Urschrift, in der Praxis einer Ausfertigung (§ 47 BeurkG) der Niederschrift über die Erklärung. Die Übergabe einer beglaubigten Abschrift genügt nicht[7], da diese nicht die Erklärung selbst repräsentiert, sondern nur die Abgabe der Erklärung nachweisen soll. Da die **Übergabe** nicht höchstpersönlicher Natur ist, kann sie auch über das Jugendamt oder eine Adoptionsvermittlungsstelle erfolgen, wenn diese Stellen hierzu vom Einwilligenden beauftragt wurden.

---

[1] *Staudinger/Frank* § 1749 Rn 3 mwN, hM.
[2] OLG Hamm NJW-RR 1987, 260, 261.
[3] KG OLGZ 1994, 64, 66.
[4] Mit Inkrafttreten der Reform des Verfahrensrecht, § 1752 Rn 13, tritt das FamG an die Stelle des VormG.
[5] *Staudinger/Frank* § 1749 Rn 4; zur „perpetuatio fori" *Keidel/Engelhardt* § 43 b FGG Rn 17.
[6] OLG Hamm OLGZ 1987, 129, 136 f.
[7] OLG Hamm OLGZ 1987, 129, 134; NJW 1982, 1002 f = OLGZ 1982, 161, 162; BayObLGZ 1978, 384, 390; OLG Hamm OLGZ 1982, 282, 288 für die Verzichtserklärung des Vaters eines nichtehelichen Kindes nach § 1747 Abs 2 aF.

b) Höchstpersönlichkeit der Einwilligungserklärung (Abs 3). Die Einwilligungserklärungen **5** sind grds höchstpersönlicher Natur (Abs 3 S 1).

– **Bei der Einwilligung eines Elternteils** ist keine Vertretung möglich; insoweit kann auch kein Betreuer bestellt werden[8]; entsprechendes gilt für die Erklärung der Einwilligung der Eltern als gesetzliche Vertreter des Kindes. Ist der Elternteil geschäftsunfähig, ist seine Einwilligung entbehrlich (§ 1747 Abs 4) (dort Rn 18 f). Ist der Elternteil auf Grund seiner Minderjährigkeit beschränkt geschäftsfähig, so erteilt er selbst die Einwilligung (§ 1750 Abs 3 S 2); einer Zustimmung seitens des gesetzlichen Vertreters bedarf es nicht (Abs 3 S 2).
– Für die **Einwilligung des Ehegatten** des Annehmenden bzw des Anzunehmenden gilt Entspr (§ 1749 Abs 3 für den Fall der Geschäftsunfähigkeit).
– Die **Einwilligung des anzunehmenden Kindes** richtet sich nach § 1746 (§ 1750 Abs 3 S 3). Danach erteilt die Einwilligung für das geschäftsfähige Kind bzw noch nicht 14 Jahre alte Kind der gesetzliche Vertreter, iÜ das Kind selbst (§ 1746 Rn 4 f).

Unberührt bleibt die Möglichkeit, die abgegebene Erklärung über einen **Boten** zu übermitteln[9].

c) Wirksamkeit und Unwiderruflichkeit der Einwilligung. Wirksam wird die formgerecht **6** (Rn 4) erklärte Einwilligung, wenn sie mit Wissen und Wollen des Elternteils beim Gericht eingeht (Abs 2 S 2), Rn 6.1. Wird die Einwilligung vom Notar oder Jugendamt weitergeleitet, setzt eine wirksame Abgabe voraus, dass diese von dem Erklärenden auch hierfür beauftragt waren[10]. Keine wirksame Einwilligungserklärung liegt vor, wenn vor Eingang der Erklärung beim Gericht die Einwilligung selbst[11] oder der Auftrag zur Weiterleitung widerrufen wird[12]; der Auftrag zur Weiterleitung kann nach den Grundsätzen des Auftragsrechts (§ 665) rückgängig gemacht werden[13]. Leitet das Jugendamt, wenn es nicht zum Empfangsboten des Gerichts bestimmt ist, die Übergabe der Einwilligung nach seinen „strategischen" Vorstellungen nicht weiter[14], so wird unabhängig von einer Pflichtwidrigkeit die Einwilligung weder wirksam noch unwiderruflich. Der **Widerruf** der noch nicht verbindlichen Einwilligung bedarf nicht der Form des § 1750 Abs 1 S 2[15], da der Einwilligende nicht vor übereilten Erklärungen geschützt werden muss[16]. Der Eingang des Widerrufs beim Jugendamt genügt nicht; zum Empfangsboten für das Gericht müsste es ausdrücklich bestellt sein[17]. Ist die Einwilligung wirksam widerrufen, kann sie jederzeit wiederholt werden.

Str ist, ob es das örtlich zuständige Gericht sein muss, ob auch für den bloßen Erklärungsempfang § 7 FGG gilt. **6.1** Der Erklärungsempfang ist aber keine gerichtliche Handlung. Das ist dann anders zu sehen, wenn das Gericht die bei ihm eingegangene Erklärung nicht zurückweist. Bei derart wesentlichen Erklärungen kann man von einer Prüfungspflicht des Gerichts ausgehen und die Untätigkeit als entsprechende Handlung qualifizieren. Daraus ergibt sich, dass

– die Erklärung wirksam abgegeben ist, wenn das örtlich unzuständige Gericht nicht reagiert[18],
– bei Weiterleitung der Erklärung durch das unzuständige an das zuständige Gericht die Erklärung erst mit Eingang beim örtlich zuständigen Gericht wirksam wird[19].

Ist die Einwilligung formgerecht beim Gericht erklärt, wird sie für den Erklärenden grundsätzlich **7** unwiderruflich.

– Das gilt, wenn die **Eltern** ihre Einwilligung erklärt haben. Damit soll der bereits weitgehend eingeleitete Annahmeprozess von den Eltern nicht mehr in Frage gestellt werden können[20]. Damit nicht vereinbar ist es daher, wenn der Elternteil seine Einwilligung zwar nicht widerruft, nun aber eine weitere – alternative – Einwilligung (§ 1747 Abs 11) erteilt und ggf darauf besteht, dass die Annahme nur durch den nunmehr bezeichneten Adoptionsbewerber erfolgen darf. Mit der Unwiderruflichkeit ist nicht nur die Einwilligung zur Annahme schlechthin, sondern auch zur konkret geplanten Annahme gemeint. Eine erneute Einwilligung ist damit nur zulässig, wenn sie iS einer Eventualeinwilligung (§ 1747 Rn 11) erklärt wird.
– Entsprechendes gilt, wenn der **gesetzliche Vertreter** des Kindes für das Kind die Einwilligung erklärt hat. Sind die Eltern gesetzliche Vertreter bedurfte es keiner gesonderten Erklärung (§ 1746 Rn 5).
– Dagegen kann das **betroffene Kind**, wenn es das 14. Lebensjahr vollendet hat, seine nach § 1746 Abs 1 S 1 erforderliche Einwilligung noch bis zur Wirksamkeit der Annahme selbst widerrufen (§§ 1750 Abs 2 S 2 HS 2, 1746 Abs 2 S 1; § 1746 Rn 7).

---

[8] *Staudinger/Bienwald* § 1902 Rn 33.
[9] MünchKommBGB/*Maurer* Rn 11.
[10] OLG Hamm OLGZ 1987, 129, 135 f.
[11] OLG Hamm NJW 1982, 1002, 1003 = OLGZ 1982, 161, 163.
[12] OLG Hamm OLGZ 1987, 129, 135 f, 138.
[13] OLG Hamm OLGZ 1987, 129, 138.
[14] *Dickmeis* DAVorm 1980, 48 krit zur Verzögerungsstrategie.
[15] OLG Hamm NJW 1982, 1002, 1003 = OLGZ 1982, 161, 164.
[16] OLG Hamm NJW 1982, 1002, 1003 = OLGZ 1982, 161, 164.
[17] OLG Hamm OLGZ 1987, 129, 138.
[18] Vgl *Staudinger/Frank* Rn 8 mwN.
[19] Vgl *Staudinger/Frank* Rn 8.
[20] *Soergel/Lierman* Rn 13.

§ 1751 Buch 4. Abschnitt 2. Verwandtschaft

8 **d) Spätere Unwirksamkeit der Einwilligung.** **Unwirksam wird** die verbindliche Einwilligung, wenn der Antrag des Annehmenden zurückgezogen wird oder der Antrag auf Ausspruch der Annahme abgelehnt wird (Abs 4 S 1). **Versagt iS** der Vorschrift ist die Adoption nicht schon mit der Wirksamkeit der Entscheidung durch Bekanntgabe an den Adoptionsbewerber, da andernfalls die Möglichkeit, ein Rechtsmittel einzulegen, praktisch unmöglich wäre; der Antrag wäre wegen der nun fehlenden Einwilligungen unbegründet. Da gegen die Versagung die unbefristete Beschwerde gegeben ist (§ 1752 Rn 10), tritt die Unwirksamkeit nur ein, wenn von der Möglichkeit der Rechtsmittel Gebrauch gemacht wurde (Rn 8.1). Die Erklärung des Adoptionsbewerbers gegenüber dem Gericht, einen Antrag nicht zu stellen, ist der Rücknahme eines Antrages gleichzustellen[21]. Wird die Einwilligung vor dem Antrag wirksam, bleibt sie solange wirksam, bis sie aus einem anderen im Gesetz genannten Grund ihre Kraft verliert, spätestens drei Jahre nach wirksamer Erklärung der Einwilligung (Abs 4 S 2). Keine Anwendung findet diese Regelung auf die Verzichtserklärung des Vaters des außerehelich geborenen Kindes nach § 1747 Abs 3 S 1 Nr 3 (§ 1747 Abs 3 S 3). Unberührt bleibt die **Anfechtung** der Einwilligung. Sie ist jedoch nur zulässig, soweit Willensmängel geltend gemacht werden, die auch zur Aufhebung führen können[22].

8.1 Die Frage ist str; wie hier LG Berlin ZfJ 1984, 372; RGRK/*Dickescheid* Rn 23; *Staudinger/Frank* § 1752 Rn 38; MünchKommBGB/*Maurer* § 1752 Rn 17; aA *Erman/Saar* § 1752 Rn 18: er ist für den Eintritt der Unwirksamkeit, wenn die abl Entscheidung binnen der Frist der sofortigen Beschwerde angefochten wurde; unklar LG Köln FamRZ 1985, 108, indem Unanfechtbarkeit der Entscheidung und unverzügliche Beschwerdeeinlegung gefordert werden. Nach dem RegE-FGG-RG entfällt die unbefristete Beschwerde (§ 1752 Rn 13.2), so dass eine formelle Rechtskraft eintreten wird. Der Streit wäre damit erledigt.

9 **2. Selbstständige Entscheidung über die Wirksamkeit einer Einwilligung.** Über die Wirksamkeit der Einwilligung kann wegen der unmittelbaren Rechtsfolgen der formgerecht erklärten Einwilligung (§ 1751 Rn 3 ff) vor Abschluss des Adoptionsverfahrens in einer **selbstständigen Verfügung** entschieden werden[23], um die Beteiligten nicht auf das Aufhebungsverfahren verweisen und erhebliche Veränderungen der Betreuungssituation des Kindes in Kauf nehmen zu müssen. Die Möglichkeit, gegen die Bescheinigung des Eintritts der Amtsvormundschaft ein Rechtsmittel einzulegen (§ 1751 Rn 5), macht das Verfahren nicht überflüssig, da die Vormundschaft nicht in jedem Falle eintritt (§ 1751 Rn 5). Funktionell zuständig für die Zwischenverfügung ist der Richter, nicht der Rechtspfleger[24]. Wird die Unwirksamkeit der Einwilligung festgestellt, kann hiergegen in Anlehnung an die Entscheidung über die Ersetzung der Einwilligung § 1748 Rn 38; dort auch zum RegE zum FamFG) das Kind einfache Beschwerde erheben. Ebenso beschwerdeberechtigt ist das Jugendamt, wenn infolge der Einwilligung Vormundschaft eingetreten ist (§ 57 Abs 1 Nr 9 FGG), da das Jugendamt insoweit ein berechtigtes Interesse hat[25]. Ist der Adoptionsantrag bereits gestellt und kann über ihn alsbald entschieden werden, fehlt dem Antrag das Rechtsschutzbedürfnis.

§ 1751 Wirkung der elterlichen Einwilligung, Verpflichtung zum Unterhalt

(1) ¹Mit der Einwilligung eines Elternteils in die Annahme ruht die elterliche Sorge dieses Elternteils; die Befugnis zum persönlichen Umgang mit dem Kind darf nicht ausgeübt werden. ²Das Jugendamt wird Vormund; dies gilt nicht, wenn der andere Elternteil die elterliche Sorge allein ausübt oder wenn bereits ein Vormund bestellt ist. ³Eine bestehende Pflegschaft bleibt unberührt. ⁴Das Vormundschaftsgericht hat dem Jugendamt unverzüglich eine Bescheinigung über den Eintritt der Vormundschaft zu erteilen; § 1791 ist nicht anzuwenden. ⁵Für den Annehmenden gilt während der Zeit der Adoptionspflege § 1688 Abs. 1 und 3 entsprechend. ⁶Hat die Mutter in die Annahme eingewilligt, so bedarf ein Antrag des Vaters nach § 1672 Abs. 1 nicht ihrer Zustimmung.

(2) Absatz 1 ist nicht anzuwenden auf einen Ehegatten, dessen Kind vom anderen Ehegatten angenommen wird.

(3) Hat die Einwilligung eines Elternteils ihre Kraft verloren, so hat das Vormundschaftsgericht die elterliche Sorge dem Elternteil zu übertragen, wenn und soweit dies dem Wohl des Kindes nicht widerspricht.

(4) ¹Der Annehmende ist dem Kind vor den Verwandten des Kindes zur Gewährung des Unterhalts verpflichtet, sobald die Eltern des Kindes die erforderliche Einwilligung erteilt haben und das Kind in die Obhut des Annehmenden mit dem Ziel der Annahme aufgenom-

---

[21] BayObLG FamRZ 1983, 761; MünchKommBGB/*Maurer* Rn 10.
[22] OLG Frankfurt FamRZ 1981, 206, 207; *Palandt/Diederichsen* Rn 5; wohl auch *Soergel/Liermann* Rn 14; aA *Staudinger/Frank* Rn 13.
[23] OLG Hamm OLGZ 1987, 129, 130 f; OLG Frankfurt FamRZ 1981, 206, 207 für den Fall, dass der Adoptionsantrag noch nicht gestellt ist; LG Frankenthal DAVorm 1981, 489, 491; MünchKommBGB/*Maurer* Rn 13; *Soergel/Liermann* Rn 14; *Staudinger/Frank* § 1752 Rn 23; *Schultz* DAVorm 1980, 230, 233; aA LG Duisburg DAVorm 1980, 227, 229.
[24] LG Frankenthal DAVorm 1981, 489, 490.
[25] BayObLG FamRZ 1983, 761.

men ist. ²Will ein Ehegatte ein Kind seines Ehegatten annehmen, so sind die Ehegatten dem Kind vor den anderen Verwandten des Kindes zur Gewährung des Unterhalts verpflichtet, sobald die erforderliche Einwilligung der Eltern des Kindes erteilt und das Kind in die Obhut der Ehegatten aufgenommen ist.

Übersicht

	Rn		Rn
I. Normzweck	1	c) Sorgerechtsübertragung auf den Vater des Kindes	7
II. Voraussetzungen der Normwirkung – Geltungsbereich (Abs 1 S 1, Abs 2)	2	2. Unterhaltsrechtliche (Abs 4); sozialrechtliche Folgen und Haftung nach dem AdVermiG	8
III. Rechtsfolgen	3	a) Unterhaltsrechtliche Folgen	8
1. Sorgerechtliche Folgen (Abs 1, 3)	3	b) Sozialleistungen und Haftung nach dem AdVermiG	11
a) Einwirkungen auf das Sorgerecht der Eltern	3		
b) Eintritt der Vormundschaft des Jugendamtes	5		

I. Normzweck

Die Norm schafft Regelungen insbes für die Ausübung der elterlichen Sorge und die Unterhalts- 1 verpflichtungen gegenüber dem Kind für die Zeit, in der durch die Einwilligung des Elternteils einerseits die Freigabe des Kindes praktisch feststeht, andererseits die rechtlichen Verbindungen zwischen Kind und Adoptiveltern noch nicht begründet wurden. Das Gesetz überträgt maßgeblich dem Jugendamt die Aufgabe, in dieser Zeit für das Kind die Verantwortung zu übernehmen, bindet aber die künftigen Adoptiveltern in die Verantwortung ein.

II. Voraussetzungen der Normwirkung – Geltungsbereich (Abs 1 S 1, Abs 2)

Die Vorwirkung der Adoption knüpft an die mit der Einwilligung verbundene faktische Lösung des 2 Eltern-Kind-Verhältnisses an. Der Zeitpunkt der Wirksamkeit der Einwilligung und damit der Vorwirkungen bestimmt sich nach dem Zugang beim Gericht (§ 1750 Abs 1 S 3) (1750 Rn 6). Nicht notwendig ist, dass der Adoptionsantrag gestellt ist[1]. Die Einwilligung muss rechtswirksam erteilt (§ 1750 Rn 6) oder vom Gericht ersetzt sein[2]. Ist die Einwilligung unwirksam (vgl § 1760 Abs 2; dort Rn 4), treten die Rechtswirkungen nicht ein; einer förmlichen Feststellung dieser Unwirksamkeit (§ 1750 Rn 9) bedarf es nicht[3], da die Unwirksamkeit der Einwilligung Voraussetzung der Aufhebung, nicht aber deren Folge ist. Das nicht zu bestreitende Bedürfnis nach Rechtssicherheit besteht generell, wenn Sorgerechte, Unterhaltsansprüche oder Vormundschaften von der Wirksamkeit vorausgehender Erklärungen abhängig sind, ohne dass deshalb förmliche Feststellungsverfahren vorgesehen sind. Die Vorwirkungen des Abs 1 treffen im Fall der **Stiefkindadoption** nicht den Elternteil, dessen Ehegatte das Kind annehmen will (Abs 2).

III. Rechtsfolgen

1. Sorgerechtliche Folgen (Abs 1, 3). a) Einwirkungen auf das Sorgerecht der Eltern. Die 3 **elterliche Sorge** ruht kraft Gesetzes, eines förmlichen gerichtlichen Beschlusses bedarf es nicht. Das Recht des Elternteils zum persönlichen Umgang mit dem Kind gemäß § 1684 Abs 1 HS 2 ist ausgeschlossen. Ruht die elterliche Sorge des Einwilligenden, ist der betroffene Elternteil nicht mehr befugt, sie auszuüben (§ 1675). Ein Sorgerechtsverfahren zwischen den Eltern zur Übertragung der elterlichen Sorge erledigt sich[4], nicht dagegen ein vorangegangenes Verfahren zur Entziehung des Sorgerechts. Der betroffene Elternteil hat weiterhin die Möglichkeit der Beschwerde, das Verfahren darf nicht ausgesetzt werden[5]. Der Elternteil kann weiterhin wirksam in eine Adoption einwilligen, da die Einwilligung nicht an den Bestand des Sorgerechts anknüpft, § 1747 Rn 2[6]. Hinsichtlich des Sorgerechts des Elternteils, der keine Einwilligung erklärt hat, gilt § 1678 Abs 1 (§ 1678 Rn 2; zur Auswirkung auf die Vormundschaft vgl Rn 4). Unberührt bleibt nach dem Wortlaut des Gesetzes der Anspruch des einwilligenden Elternteils auf Auskunft über die persönlichen Verhältnisse des Kindes gemäß § 1686 S 1. Die Vorschrift ist aber ersichtlich nicht für den Fall der Adoption, damit im Verhältnis zum übergangsweise sorgeberechtigten Vormund gemeint, sondern beschränkt sich auf das Eltern-Eltern-Verhältnis außerhalb des Adoptionsverfahrens. Steht dem einwilligenden Elternteil die elterliche Sorge nicht zu, sperrt das „Ruhen" einen sonst möglichen Erwerb des Sorgerechts, so auch die Begründung des väterlichen Sorgerechts über eine Sorgeerklärung der Mutter gemäß § 1626a

---

[1] MünchKommBGB/*Maurer* Rn 15 für den Unterhaltsanspruch.
[2] KG OLGZ 1978, 139, 140; MünchKommBGB/*Maurer* Rn 2; *Palandt/Diederichsen* Rn 1; aA AG Münster DAVorm 1980, 45, 46.
[3] *Staudinger/Frank* Rn 5; aA MünchKommBGB/*Maurer* Rn 14; *Soergel/Liermann* Rn 14; offen gelassen von OLG Düsseldorf FamRZ 1988, 1095, 1096.
[4] OLG Hamm FamRZ 1986, 922 für das Scheidungsverfahren.
[5] OLG Frankfurt OLGZ 1983, 301, 302 f.
[6] *Gernhuber/Coester-Waltjen* § 68 VI 12.

§ 1751 Buch 4. Abschnitt 2. Verwandtschaft

Abs 1 Nr 1[7]. Anderes gilt für den Fall der Eheschließung, da dann das Sorgerecht des Vaters auf eigenem Recht beruht; der Vater erwirbt gemäß § 1678 Abs 1 HS 1 die alleinige Sorge[8].

4 **Wird die Einwilligung unwirksam** (§ 1750 Rn 8), fällt die elterliche Sorge nicht ohne weiteres wieder dem Elternteil zu, der seine Einwilligung erklärt hatte. Das VormG (nicht das FamG) hat dem Elternteil die elterliche Sorge zu übertragen, wenn dies nicht dem Wohl des Kindes widerspricht (Abs 3; Rn 4.1) Da die „Übertragung" der Sache nach ein Wiederaufleben der vorher gegebenen sorgerechtlichen Position ist[9], muss der Elternteil vor der Einwilligung das Sorgerecht inne gehabt haben; in anderen Fällen hat das FamG das Sorgerecht erstmals bzw nicht neu zu begründen[10]. Das **Umgangsrecht** lebt mit der Unwirksamkeit der Einwilligung wieder auf. Das Gesetz macht insoweit keine Einschränkung, zudem lässt die Möglichkeit der Rückübertragung der elterlichen Sorge einen Umgang grds als sinnvoll erscheinen. Das Umgangsrecht kann vom Familiengericht eingeschränkt oder ausgeschlossen werden (§ 1684 Abs 4 S 1).

4.1 Der Zuständigkeitswechsel entfällt mit der Reform des Verfahrensrechts – FamFG (§ 1752 Rn 13), das die umfassende Zuständigkeit des FamG auch für Adoptionen vorsieht.

5 **b) Eintritt der Vormundschaft des Jugendamtes.** Mit der Rechtswirksamkeit der Einwilligung wird das Jugendamt grds kraft Gesetzes **Vormund des Kindes** (S 2 HS 1)[11]; einer gerichtlichen Bestellung bedarf es nicht. Ohne Belang ist, ob sich das Kind bereits in Adoptionspflege befindet[12]. Das Jugendamt erhält unverzüglich eine **Bescheinigung** über den Eintritt der Vormundschaft (Abs 1 S 4), Rn 5.1. Gegen die Erteilung der Bescheinigung ist Beschwerde statthaft[13], beschwerdeberechtigt sind die Eltern[14] und das Jugendamt, das den Eintritt der Vormundschaft verneint[15]. Die örtliche Zuständigkeit des Jugendamtes richtet sich nach dem Aufenthaltsort (gewöhnlicher Aufenthalt) des Annehmenden (§ 87 c Abs 4 SGB VIII). Eine **bestehende Pflegschaft** bleibt unberührt (Abs 1 S 3), eine vom Elternteil noch beantragte **Beistandschaft** dagegen erlischt[16], Rn 5.2. Die **Vormundschaft tritt nicht ein,** wenn bereits anderweitig eine Vormundschaft eingetreten ist (S 2 HS 2 Alt 2), so etwa bei Bestellung eines Vormundes nach entspr Entzug der elterlichen Sorge. Dasselbe gilt, wenn das Jugendamt bereits gemäß § 1791 c Vormund ist[17]. Wurde die elterliche Sorge nur teilweise entzogen und ein Pfleger bestellt, ändert dies nichts am Eintritt der Vormundschaft; die Pflegschaft bleibt aufrechterhalten (S 3), der Adoptionsvormund ist im Umfang der bestehenden Pflegschaft nicht vertretungsberechtigt (§§ 1800, 1630 Abs 1). Dies gilt auch, wenn einer Pflegeperson Angelegenheiten der elterlichen Sorge nach § 1630 Abs 3 übertragen wurden[18]. Ebenso tritt keine Vormundschaft ein, wenn infolge des Ruhens der elterlichen Sorge des Einwilligenden der andere Elternteil die elterliche Sorge ausübt (S 2 HS 2 Alt 1), so bei der **Stiefkindadoption.** Das gilt auch, wenn dem anderen Elternteil vorher ein Teil der elterlichen Sorge entzogen wurde, auch wenn das Aufenthaltsbestimmungsrecht betroffen ist[19]. Gemeint ist mit dem Ausüben nicht die tatsächliche Fürsorge, sondern – wie aus § 1678 Abs 1 HS 1 zu ersehen – die Rechtsmacht. Andernfalls können erhebliche Unsicherheiten über Eintritt und Fortbestand der Vormundschaft bestehen, so wenn der Pfleger das Kind beim nicht einwilligenden Elternteil belässt oder ihm die Obhut wieder anvertraut. Im Übrigen modifiziert § 1751 nicht die in § 1773 Abs 1 geregelten Voraussetzungen für den Eintritt der Vormundschaft. Befindet sich das Kind in **Adoptionspflege,** sind damit keine Sorgerechte verbunden. Die Pflegeeltern haben jedoch die Befugnis, bestimmte Bereiche in Vertretung des Vormundes zu entscheiden (§ 1751 Abs 1 S 5 iVm § 1688 Abs 1), soweit dieser nicht von der Möglichkeit der Einschränkung bzw Ausschlusses dieser Vertretungsbefugnis Gebrauch gemacht hat (§ 1688 Abs 3 S 1). Entspr Anwendung bedeutet, dass diese Befugnis sofort mit Begründung des Pflegeverhältnisses beginnt und nicht an eine „längere Dauer" anknüpft.

5.1 Die in § 1751 S 4 vorgesehene amtliche Bescheinigung über den Eintritt der Vormundschaft wird mit Inkrafttreten der Reform des Verfahrens in Familiensachen (§ 1752 Rn 13) nicht mehr im BGB geregelt sein (Art 43 Nr 24), sondern im FamFG selbst (Art 1 § 190 RegE-FGG-RG).

5.2 Im DIJuF-Rechtsgutachten[20] wird die analoge Anwendung des Abs 1 S 3 auf die Beistandschaft erwogen und aus plausiblen praktischen Erwägungen für die Durchsetzung von Unterhaltsrückständen (§ 1755 Rn 10) heraus

---

[7] *Lipp/Wagenitz,* Das neue Kindschaftsrecht, 1999, § 1751 Rn 3, 4.
[8] *Lipp/Wagenitz,* Das neue Kindschaftsrecht, 1999, § 1751 Rn 2.
[9] *Lipp/Wagenitz,* Das neue Kindschaftsrecht, 1999, § 1751 Rn 3. Die dort angenommene Möglichkeit der Übertragung auch in anderen Fällen erscheint in Hinblick auf die Zuständigkeit des FamG bedenklich.
[10] AA *Lipp/Wagenitz,* Das neue Kindschaftsrecht, 1999, § 1751 Rn 3: für Zuständigkeit des VormG.
[11] Bzw ein nach Landesrecht maßgeblichen Amtes: § 1712 Rn 21.1.
[12] DIJuF-Rechtsgutachten JAmt 2006, 341 f.
[13] LG Stuttgart DAVorm 1979, 193 f.
[14] BayObLGZ 1978, 384, 388; MünchKommBGB/*Maurer* Rn 6.
[15] LG Stuttgart DAVorm 1979, 193 f.
[16] Staudinger/Frank Rn 17.
[17] OLG Köln NJW-RR 1992, 903, 904; *Oberloskamp/Brüggemann/Kunkel,* Vormundschaft, Pflegschaft und Beistandschaft für Minderjährige, 1998, § 17 Rn 14; aA LG Köln DAVorm 1991, 953.
[18] *Oberloskamp/Brüggemann/Kunkel,* Vormundschaft, Pflegschaft und Beistandschaft für Minderjährige, 1998, § 17 Rn 16; Staudinger/Frank Rn 17.
[19] AA AG Kamen FamRZ 1994, 1489, 1490.
[20] JAmt 2006, 343, 345.

befürwortet. Jedoch kann die auf einer gerichtlichen Entscheidung beruhende Pflegschaft der auf dem Sorgerecht des Elternteils beruhenden Beistandschaft nicht gleichgestellt werden; zudem ist die Beistandschaft zwingend nach § 1715 Abs 2 beendet, nachdem dem antragstellenden Elternteil das Sorgerecht als Voraussetzung der Beistandschaft nicht mehr zusteht. Eine Modifikation des § 1715 Abs 2 stellt die Regelung des § 1751 Abs 1 S 3 nicht dar.

Die **Vormundschaft endet kraft Gesetzes** (§ 1882), wenn ein anderer Elternteil das Sorgerecht **6** erhält, so durch Eheschließung mit der Mutter, die ihre Einwilligung bereits erteilt hat[21]. Dasselbe gilt, wenn das Adoptionsdekret wirksam wird und damit die Adoptiveltern die elterliche Sorge erhalten. Wird der Adoptionsantrag abgelehnt, bleibt die Vormundschaft zunächst aufrechterhalten; zur Rückübertragung vgl Rn 6; zur unwirksamen Einwilligung näher § 1750 Rn 8.

c) **Sorgerechtsübertragung auf den Vater des Kindes.** War die einwilligende Mutter gemäß **7** § 1626 a Abs 2 alleine sorgeberechtigt und beantragt der von der Mutter getrennt lebende Vater gemäß § 1672 die **Übertragung des Sorgerechts** auf sich, bedarf die Übertragung des Sorgerechts auf ihn – abweichend von § 1672 Abs 1 S 1 – nicht der Zustimmung der Mutter (Abs 1 S 6)[22]. Anders als bei § 1672 Abs 1 ist seinem Antrag stattzugeben, wenn die Übertragung des Sorgerechts dem Kindeswohl nicht widerspricht[23]. Über den Antrag auf Adoption kann nicht vor der Entscheidung über den Antrag auf Übertragung der elterlichen Sorge entschieden werden (§ 1747 Abs 3 Nr 2; § 1747 Rn 15). Vorausgesetzt ist in jedem Fall, dass die Vaterschaft feststeht, die präsumtive Vaterschaft iS des § 1747 Abs 1 S 2 (dort Rn 3 ff) bezieht sich nur auf die Einwilligung in die Adoption, nicht auf die Übertragung der elterlichen Sorge[24]. Beruht die alleinige Sorge der Mutter nicht auf § 1626 a Abs 2, so gelten weder § 1751 Abs 1 S 6 noch § 1747 Abs 3 Nr 2. Der Vater hat sich durch Abänderungen der Sorgerechtsentscheidung gemäß § 1696 um das Sorgerecht zu bemühen[25].

2. Unterhaltsrechtliche (Abs 4); sozialrechtliche Folgen und Haftung nach dem AdVer- **8** **miG. a) Unterhaltsrechtliche Folgen.** Abs 4 S 1 bestimmt sowohl den Eintritt einer gesetzlichen **Unterhaltspflicht**[26] der Adoptivpflegeltern gegenüber den Anzunehmenden als auch den Nachrang der fortbestehenden Unterhaltspflicht der leiblichen Eltern. Im Fall der **Stiefkindadoption** trifft der Nachrang nicht den Elternteil, dessen Ehegatte das Kind annehmen will (S 2). Er ist dem Kind mit dem adoptionswilligen Ehegatten gleichrangig verpflichtet. Voraussetzung der Unterhaltspflicht des Adoptionsbewerbers ist

– in allgemeiner Hinsicht, dass die Voraussetzungen des Unterhaltsrechts im Verhältnis von Eltern und minderjährigem Kind nach den §§ 1601 ff erfüllt sind[27];
– im Besonderen die zusätzlichen Vorgaben nach dem § 1751, nämlich
– Inobhutnahme des Kindes mit dem Ziel der Adoption und
– die Erteilung der erforderlichen Einwilligung der Eltern.

Auf eine bestimmte zeitliche Reihenfolge kommt es nicht an, ebenso wenig darauf, ob ein Adoptionsantrag gestellt[28] oder die Pflegeerlaubnis erteilt ist. Die Unterhaltspflicht tritt erst dann ein, wenn beide Eltern ihre Einwilligung erteilt haben[29]; das gilt auch für die **Stiefkindadoption.** Ist die **Einwilligung des Elternteils nicht erforderlich**, so tritt die Unterhaltspflicht ein, sobald das Kind von den Annehmenden zum Zwecke der Adoption in Obhut genommen wurde[30].

Die **Inobhutnahme** ist zunächst ein tatsächliches Geschehen und entspricht der Übernahme der **9** elterlichen Verantwortung. Nicht notwendig ist die Aufnahme des Kindes in den Haushalt, wenn bestimmte Gründe den Aufenthalt in einer Einrichtung (Krankenhaus, Heim uÄ) aus der Sicht auch von Eltern sinnvoll erscheinen lassen[31]. Hinzutreten muss der Wille, das Kind zu adoptieren; dieser kann auch aus dem Verhalten der „Pflegeeltern" entnommen werden (Rn 9.1). Hält sich das Kind bereits bei Pflegeeltern auf, wandelt sich dieses Pflegeverhältnis in ein Adoptionspflegeverhältnis nur um, wenn durch eine Erklärung der Pflegeeltern eindeutig geworden ist, dass sie das Kind adoptieren wollen[32]. Die bloße Bekundung einer Adoptionsabsicht reicht nicht aus; die Adoptionsabsicht muss nach außen bekundet sein, so etwa durch die Einleitung des Adoptionsvermittlungsverfahrens[33]; nicht erforderlich ist es aber, dass ein **förmlicher Adoptionsantrag** bei Gericht gestellt wird. Im Verhältnis zu den Unterhaltspflichten gegenüber den leiblichen Kinder besteht Gleichrangigkeit[34]. Darauf, ob die Adop-

---

[21] DIV-Gutachten DAVorm 1999, 682, 683.
[22] *Lipp/Wagenitz,* Das neue Kindschaftsrecht, 1999, § 1751 Rn 10: wegen der Ruhenswirkung handelt es sich um eine Klarstellung.
[23] BGH FamRZ 2007, 1969, 1972 = NJW 2008, 223 mwN.
[24] *Liermann* FuR 1997, 217, 221. Zu Bedenken gegen eine vorzeitige Inpflegegabe des Kindes gegen den Willen des potenziellen Vaters aus der Sicht der EMRK *Helms* JAmt 2001, 57, 62.
[25] FamRefK/*Maurer* Rn 6.
[26] BGH FamRZ 1984, 378, 379.
[27] AnwK-BGB/*Finger* Rn 11.
[28] *Staudinger/Frank* Rn 34 mwN.
[29] *Soergel/Liermann* Rn 18.
[30] *Staudinger/Frank* Rn 31 mwN; MünchKommBGB/*Maurer* Rn 15.
[31] MünchKommBGB/*Maurer* § 1744 Rn 6.
[32] DIV-Gutachten ZfJ 1985, 246.
[33] BSGE 71, 128, 132 = NJW 1993, 1156, 1157 f.
[34] BGHZ 1984, 378, 379: die dort gemachte vorsichtige Einschränkung „jedenfalls dann, wenn es zur Adoption gekommen ist", war nicht entscheidungserheblich.

§ 1751

tion tatsächlich erfolgt, kommt es nicht an. Grundlage der Unterhaltsverpflichtung ist die Adoptionspflege, nicht die Adoption selbst.

9.1 So hat das VG Saarland (10 K 71/05) zu Recht aus der Eintragung in die Bewerberliste, aus der Übernahme der Vormundschaft für das Pflegekind, aus der Bezahlung von Kosten der notariell beurkundeten Einwilligung der leiblichen Eltern und aus dem weiteren Schriftwechsel zwischen Jugendamt und Pflegeeltern über Adoptionsfragen das Ergebnis gewonnen, dass eine entsprechende Adoptionsabsicht vorlag und damit die Unterhaltspflicht begründet wurde.

10 Die **Unterhaltspflicht** endet, wenn
– die Einwilligung ihre Kraft verliert (§ 1750 Rn 8),
– die Annahme des Kindes wirksam gworden ist oder
– die Adoptionspflege beendet wird[35].

Die **Adoptionspflege ist beendet**, wenn der Adoptionsbewerber nach außen eindeutig, auch formlos erklärt, dass der die Adoptionsabsicht aufgibt[36]. 51 Abs 4 S 1 bewertet die beiden Faktoren Einwilligung und Obhut zum Zwecke der Adoption gleichrangig; sie gelten sowohl für die Begründung als auch für den Wegfall der Unterhaltsverpflichtung[37]. Eindeutig ist die Aufgabe der Adoptionsabsicht aber nur, wenn sie gegenüber dem Jugendamt oder den leiblichen Eltern in einer Weise geäußert werden, die es möglich macht, das Kind anderweitig zu betreuen. Ist der **Antrag auf Annahme bereits gestellt**, ist die Absicht nur ernsthaft aufgegeben, wenn der Antrag zurückgenommen wird[38]. Ein **Abbruch des Pflegeverhältnisses** als solches ist aber unabhängig von der Frage der Antragstellung nicht notwendig; es genügt die Aufgabe der Adoptionsabsicht, ohne Aufgabe der Obhut[39]. Die Adoptionspflege kann als „normales" Pflegeverhältnis fortgeführt werden und damit auch wieder die hierfür vorgesehenen Sozialleistungen (Rn 11) auslösen. Objektive Uneindeutigkeiten der Erklärungen bzw der Verhaltens gehen zu Lasten des Adoptionsbewerbers, der danach weiterhin unterhaltspflichtig bleibt. Ein „Aufschieben des Adoptionsantrages aus wirtschaftlichen Gründen" ist keine eindeutige Aufgabe der einmal unmissverständlich geäußerten Adoptionsabsicht[40]. Ist eine **gemeinschaftliche Adoption durch Ehegatten** geplant, genügt insoweit die Erklärung eines der beiden Ehegatten, wenn nicht ausnahmsweise auch eine Alleinadoption in Frage kommt (§ 1741 Rn 35). Eine **Rückzahlung des geleisteten Unterhalts** findet nach § 812 nicht statt. Grund der Unterhaltspflicht ist die Verantwortung für das Kind, nicht die Adoption selbst[41].

11 **b) Sozialleistungen und Haftung nach dem AdVermiG.** Als Sozialleistungen kommen in Frage für den Annahmewilligen, der das Kind in Obhut genommen hat, **Kindergeld** (§§ 62 Abs 1, 63 Abs 1 S 1 Nr 1, 32 Abs 1 Nr 2 EStG), und **Erziehungsgeld** (§ 1 Abs 3 Nr 1 BErzGG), wenn das Ziel der Aufnahme, die Adoption, nach außen bekundet wurde; auf einen Adoptionsantrag aber kommt es nicht an[42]; Entsprechendes gilt hinsichtlich des **Elterngeldes** für Kinder, die ab 1. 1. 2007 mit dem Ziel der Adoption aufgenommen wurden (§ 1 Abs 3 S 1 Nr 2, S 2 BEEG). Weitere Voraussetzung ist, dass der Sorgeberechtigte der Adoptionspflege zugestimmt hat[43]; auf die Erteilung der Einwilligung der Eltern zur Adoption selbst kommt es nicht an[44]. Neben dem Erziehungsgeld kommt auch noch die Pflegegeld in Frage[45]. Inwieweit der Adoptionswille einem Pflegeverhältnis iS des § 33 SGB VIII und damit einem Anspruch auf das akzessorische **Pflegegeld** nach § 39 SGB VIII entgegensteht, ist streitig (Rn 11.1). Die **Familienversicherung** der GKV setzt die Begründung der Adoptionspflege und die Erteilung der erforderlichen Einwilligungen voraus (§ 10 Abs 4 S 2 SGB V). **Mutterschaftsgeld** gemäß § 200 RVO erhält nur die leibliche Mutter[46].

11.1 Der Adoptionsbewerber gewährleistet die vom Sorgeberechtigten nicht erbrachte Sorge, auch wenn er ein Eigeninteresse an der Betreuung des Kindes hat. Dieses tatsächliche Eigeninteresse besteht ggf auch in anderen Pflegeverhältnissen, auch wenn sie nicht in Hinblick auf eine Adoption begründet wurden. Die Eltern sind nach wie vor unterhaltspflichtig und sorgerechtlich zur Erziehung verpflichtet; der Adoptionswillige dagegen wird erst mit der rechtswirksamen Einwilligung vorrangig unterhaltspflichtig (Rn 8). Bis dahin ist die Adoptionssituation auch noch offen, der Erfolg des Verfahrens noch unklar. In dieser Phase ist jede vom Jugendamt mitverantwortete Betreuung des Kindes auch eine Unterstützung der Eltern hinsichtlich ihrer erzieherischen Verantwortung. Das Gesetz sieht nirgends vor, dass die Adoptionspflege eine besondere Art der Vollzeitpflege darstelle, die aus dem SGB VIII herausfällt. Damit ist Hilfe zur Erziehung auch in dieser Phase der Adoptionspflege zu gewähren[47]. Erst wenn mit wirksamer

---

[35] Staudinger/Frank Rn 40, 42; aA MünchKommBGB/Maurer Rn 16; Erman/Saar Rn 17; RGRK/Dickescheid Rn 24.
[36] Staudinger/Frank Rn 43.
[37] OLG Frankfurt FamRZ 1984, 312, 313 insoweit nicht eindeutig. Dort ist nur von dem Eintritt der Vorrangigkeit der elterlichen Unterhaltspflicht die Rede.
[38] Soergel/Liermann Rn 21.
[39] Unklar insoweit Soergel/Liermann Rn 22.
[40] DIJuF-Rechtsgutachten JAmt 2006, 341, 342.
[41] MünchKommBGB/Maurer Rn 16; näher Soergel/Liermann Rn 23; allgM.
[42] BSG FEVS 2001, 247, 250.
[43] BSG FEVS 2001, 247, 252 f für das Erziehungsgeld.
[44] Vgl BSG DAVorm 1996, 610, 612 f.
[45] BSG FEVS 2001, 247, 251.
[46] BSG FamRZ 1983, 162.
[47] Mrozynski § 33 SGB VIII Rn 5; DIJuF-Rechtsgutachten JAmt 2007, 474, 475 f; wohl auch OVG Saarlouis FEVS 1983, 315, 318 f, das etwas unklar argumentiert; offen wohl auch OVG Münster ZfJ 2001, 467, 470 und VG Saarland 10 K 71/05; aA die hM, MünchKommBGB/Strick § 36 SGB VIII Rn 3; LPK-SGB VIII/Kunkel § 33

Einwilligung der Eltern deren Sorgerecht ruht (Rn 3) und die Unterhaltspflicht auf die Adoptionsbewerber übergeht (Rn 8), wird die Vollzeitpflege und damit auch die Pflegegeldzahlung beendet[48]. Bis dahin ist für die Adoptionswilligen auch noch nicht klar, ob das Kind bei ihnen verbleiben wird.

Über § 7 Abs 2 S 1 AdÜbAG[49] wird eine besondere **finanzielle Verantwortlichkeit der Adoptionsbewerber** begründet, wenn sie ein Kind aus dem Ausland in Deutschland im Rahmen des Haager Übereinkommens adoptieren wollen. Die Billigung des aus dem Heimatstaat eingegangenen Vermittlungsvorschlages und die Bereiterklärung der Adoptionsbewerber begründen einerseits eine privilegierte aufenthaltsrechtliche Position für das zu adoptierende Kind (§ 6 AdÜbAG). Andererseits haben dann die Adoptionsbewerber die öffentlichen Leistungen **für den Lebensunterhalt** zu erstatten, die nach der Abgabe der Bereiterklärung entstanden sind. Sie umfassen nach § 7 Abs 2 S 2 AdÜbAG auch Kosten einer anderweitigen Unterbringung, der Ausbildung, der Versorgung im Krankheits- und Pflegefall. Ebenso bezieht sich die Verantwortlichkeit auf Kosten, die nach Scheitern des Adoptionsvorhabens durch die Unterbringung des Kindes in einem Heim oder einer anderen Pflegefamilie entstehen. Eine Haftungseinschränkung bringt Abs 2 S 3: Ausgenommen sind Aufwendungen während der rechtmäßigen Adoptionspflege, die auch bei Bestehen des Adoptionsverhältnisses angefallen wären[50]. **Ist das Kind im Ausland bereits wirksam adoptiert,** ist diese Regelung nicht anwendbar, da dann die allgemeinen Regelungen im Eltern-Kind-Verhältnis gelten[51]. Das AdÜbAG sieht in § 6 zugleich eine **ausländerrechtliche Vergünstigung** vor, indem schon vor der Adoption die Vorschriften über den Kindernachzug anzuwenden sind, wenn grundsätzliche Klarheit über die Adoption besteht.

12

§ 1752 Beschluss des Vormundschaftsgerichts, Antrag

(1) Die Annahme als Kind wird auf Antrag des Annehmenden vom Vormundschaftsgericht ausgesprochen.

(2) ¹Der Antrag kann nicht unter einer Bedingung oder einer Zeitbestimmung oder durch einen Vertreter gestellt werden. ²Er bedarf der notariellen Beurkundung.

Übersicht

	Rn		Rn
I. Normzweck	1	a) Nichtigkeit	7
II. Antrag und Ausspruch der Adoption	2	b) Verfassungsbeschwerde	9
III. Grundsätzliche Verbindlichkeit und Unabänderlichkeit des Adoptionsdekrets und ihre Ausnahmen	6	IV. Anfechtbarkeit der ablehnenden Entscheidung	10
		V. Sonstiges (aktuelles) Verfahrensrecht	11
1. Unanfechtbarkeit – Rechtsmittel und Anhörungsrüge	6	VI. Zur Reform des Verfahrensrechts	13
2. Nichtigkeit des Adoptionsdekrets, Verfassungsbeschwerde	7	VII. Rechtsschutz im Verfahren der Adoptionsvermittlung	14

I. Normzweck

Die Norm regelt die formelle Grundlage der Annahme als Kind. Mit dem Dekretsystem, mit dem das Vertragssystem abgelöst wurde, soll die besondere staatliche Verantwortung für die Begründung der „künstlichen Verwandtschaft" und die fürsorgerische Aufgabe der Minderjährigenadoption als Instrument der Jugendhilfe klargestellt werden. Materielle Grundlage der Adoption ist jedoch nach wie vor der Wille der Beteiligten[1].

1

II. Antrag und Ausspruch der Adoption

Der Antrag des Annehmenden ist zwingende Voraussetzung des Adoptionsdekrets. Der erforderliche Antrag liegt nicht vor, wenn der Annehmende den Notar beauftragt hat, den Antrag erst nach dem Tod des Annehmenden beim Gericht einzureichen[2]. Eine Annahme iS des Gesetzes ist nur gewollt, wenn ein Eltern-Kind-Verhältnis zwischen Lebenden begründet werden soll, das die Rechtsfolge des § 1754

2

SGB VIII Rn 6; ebenso *Wiesner/Wiesner* § 33 SGB VIII Rn 40; *Hauck/Haines/Stähr* § 33 SGB VIII Rn 26 und *Jans/Happe/Saurbier/Maas* § 33 SGB VIII Rn 16 e, die aber jeweils die Weitergewährung von Pflegegeld bis zum Eintritt der Unterhaltspflicht der Adoptionsbewerber empfehlen, wenn die allgemeine Vollzeitpflege bei den selben Personen in eine Adoptionspflege umgewandelt wird. AA auch DIJuF-Rechtsgutachten JAmt 2006, 341, 343 mwN und JAmt 2006, 346.
[48] So auch *Schellhorn/Fischer* § 33 SGB VIII Rn 6.
[49] Adoptionsübereinkommens-Ausführungsgesetz vom 5. 11. 2001, BGBl I S 2950.
[50] DIJuF-Rechtsgutachten JAmt 2002, 294 f.
[51] DIJuF-Rechtsgutachten JAmt 2002, 295.
[1] *Gernhuber/Coester-Waltjen* § 68 II 1.
[2] AG Ratzeburg NJWE-FER 2000, 7 etwas anders: keine Anwendung des § 1753 Abs 2 Alt 2.

§ 1752

Buch 4. Abschnitt 2. Verwandtschaft

Abs 1 auslösen kann. Eine ohne Antrag ausgesprochene Adoption ist nicht unwirksam, kann aber aufgehoben werden, § 1760 Abs 1 (dort Rn 2). Der Antrag setzt **Verfahrensfähigkeit** voraus, die sich nach den Vorschriften des bürgerlichen Rechts über die Geschäftsfähigkeit bestimmt[3]. Ist der Antragsteller geschäftsunfähig, ist der Antrag als unzulässig zurückzuweisen[4]; eventuelle Zweifel hat der Notar in der Niederschrift festzuhalten (§ 11 Abs 1 S 2 BeurkG). Der Antrag muss bei persönlicher Anwesenheit des Annehmenden beurkundet werden (Abs 2 S 2)[5], die Weiterleitung des Antrages kann aber durch einen Dritten, nicht zwingend durch den Notar, erfolgen[6]; es entfällt jedoch die Wirkung des § 1753 Abs 2. Der Antrag darf nicht befristet sein und nicht von einer **Bedingung** abhängig gemacht werden (Abs 2 S 1). Der Antrag kann wegen eines fehlenden Rechtsschutzbedürfnisses unzulässig sein, so bei **Wiederholungsadoptionen,** die nicht durch die besonderen Verhältnisse des Einzelfalls notwendig sind (§ 1742 Rn 5).

3 Die **Rücknahme des Antrages** ist bis zur Wirksamkeit des Adoptionsdekrets (Rn 5) möglich[7], nicht nur bis zum Ausspruch[8]. Als Eingriff in die Handlungsfreiheit wäre ein Ausschluss der Rücknahme gesetzlich zu regeln, zumal eine Adoption gegen den aktuellen Willen des Annehmenden den Sinn der Adoption verfehlt. Die Rücknahme ist **formlos** zulässig[9], um eine tatsächlich ungewünschte Adoption nicht aus rein formalen Gründen zustande kommen zu lassen. Der Antrag **wird unwirksam** mit dem Tod des Kindes vor Ausspruch der Adoption (§ 1753 Abs 1). Beim Tod des Annehmenden kann das Verfahren weitergeführt werden (§ 1753 Rn 2). Eine **Rücknahme** des Antrages auf Annahme durch die **Erben** des Anzunehmenden ist nicht möglich[10].

4 Die **Annahme ist auszusprechen,** sobald die materiellen und förmlichen Voraussetzungen der Adoption nach Überzeugung des Gerichts vorliegen; ein Ermessen steht ihm nicht zu[11]. Das Gericht kann die Adoption nicht versagen mit dem Hinweis, es könnte ggf noch eine günstigere Annahme möglich sein. Zu entscheiden ist nur, ob im konkreten Fall die beantragte Annahme dem Kindeswohl entspricht und die weiteren Voraussetzungen erfüllt sind. Die materiellen Voraussetzungen ergeben sich aus §§ 1741 ff. Muss die Einwilligung eines Elternteils ersetzt werden, muss das diesbezügliche Verfahren rechtskräftig abgeschlossen sein (§ 53 Abs 1 S 2 FGG)[12]; die Verfahrensregeln bestimmen sich nach den Vorschriften des FGG. Die Entscheidung ergeht durch Beschluss. In der Entscheidung ist anzugeben, auf welcher Rechtsgrundlage sie beruht (§ 56 e S 1 HS 1 FGG), ob es sich um die Adoption eines Minderjährigen oder eines Volljährigen handelt. Bei der Annahme eines Volljährigen ist anzugeben, ob sich die Adoption nach den Vorschriften eines Volljährigen oder eines Minderjährigen richtet, da insoweit auch ein Entscheidungsrecht des Richters besteht. Anzugeben ist in Hinblick auf die unterschiedlichen Rechtsfolgen des richterlichen Beschlusses, ob es sich um eine Verwandtenadoption (§ 1756 Abs 1) oder um eine Stiefkindadoption (§ 1756 Abs 2) handelt[13]. Wird die Einwilligung eines Elternteils gemäß § 1747 Abs 4 für entbehrlich gehalten, ist dies ebenfalls in der Entscheidung anzugeben (§ 56 e S 1 HS 2 FGG).

5 Der **Adoptionsbeschluss wird wirksam** mit Zustellung an den Annehmenden[14], im Falle seines Todes (§ 1753 Rn 2) mit Zustellung an das Kind (§ 56 e S 2 FGG) und zwar an den gesetzlichen Vertreter. Stirbt bei einer geplanten gemeinschaftlichen Adoption ein Bewerber, ist für die Wirksamkeit ausschlaggebend die Zustellung an den überlebenden Ehegatten. Der Standesbeamte hat in das Familienbuch der Annehmenden Ehegatten das angenommene Kind (§ 15 Abs 1 S 1 Nr 2 PStG), in das Geburtenbuch des Kindes einen Randvermerk (§ 30 Abs 1 S 1 PStG) einzutragen[15].

III. Grundsätzliche Verbindlichkeit und Unabänderlichkeit des Adoptionsdekrets und ihre Ausnahmen

6 **1. Unanfechtbarkeit – Rechtsmittel und Anhörungsrüge.** Der Ausspruch der Annahme ist **unanfechtbar** (§ 56 e S 3 HS 1). Für das Gericht ist die Entscheidung **unabänderlich** (§ 56 e S 3 HS 2), sobald die Entscheidung nach Unterzeichnung durch den Richter mit dessen Willen aus der Verfügungsgewalt des Gerichts gelangt und zur Zustellung hinausgegeben wird[16]; die Wirksamkeit der Entscheidung ist nicht erforderlich[17]. Der Gesetzgeber wollte jeglichen Schwebezustand in Hinblick auf die einschneidende Bedeutung der Entscheidung verhindern. In Hinblick auf die Rspr des BVerfG zur Verfassungsbeschwerde (Rn 9) wegen Verletzung des rechtlichen Gehörs ist diese absolute Sicherheit aber nicht zu gewinnen. Sie wird nun generell durch die Einführung der **Anhörungsrüge gemäß**

---

[3] Bumiller/Winkler Vor § 13 FGG Rn 14; hM.
[4] Bumiller/Winkler Vor § 13 FGG Rn 19.
[5] MünchKommBGB/*Maurer* Rn 2.
[6] MünchKommBGB/*Maurer* Rn 2.
[7] OLG Düsseldorf FamRZ 1997, 117 mwN; hM.
[8] Palandt/Diederichsen Rn 4: nur bis zum Ausspruch.
[9] BayObLG ZBlJugR 1981, 537, 539; BayObLGZ 1982, 318, 321 f; MünchKommBGB/*Maurer* Rn 3.
[10] BayObLGZ 1995, 245, 248.
[11] MünchKommBGB/*Maurer* Rn 13.
[12] OLG Celle ZfJ 1998, 262.
[13] Keidel/*Engelhardt* § 56 e FGG Rn 13.
[14] BayObLGZ 1998, 279, 281 f zur unzulässigen Ersatzzustellung.
[15] Ab 1. 1. 2009, § 1616 Rn 2.3, wird nur noch in das Geburtenregister gem §§ 27 Abs 3 Nr 1, 21 Abs 1 Nr 4 PStG eine Folgebeurkundung aufgenommen.
[16] BayObLGZ 1998, 279, 283; OLG Düsseldorf FamRZ 1997, 117 mwN.
[17] OLG Düsseldorf FamRZ 1997, 117 mwN; Keidel/*Engelhardt* § 56 e FGG Rn 26.

Beschluss des Vormundschaftsgerichts, Antrag § 1752

§ 29 a FGG in Frage gestellt, führt aber im Ergebnis zur schnelleren Klarheit über den Bestand des Adoptionsdekrets, da sie den Weg zum BVerfG gegenstandslos machen kann. Das BVerfG hat die Möglichkeit, eine gerichtliche Überprüfung der Rüge der Verletzung des rechtlichen Gehörs ohne jede Einschränkung gefordert[18], so dass auch die Entscheidung über den Ausspruch der Adoption davon erfasst ist[19]. Die **Wirksamkeit des Adoptionsdekrets** wird durch die Anhörungsrüge selbst nicht berührt; erst die Aufhebung der Erstentscheidung oder eine vorläufige Aussetzung des Vollzugs beseitigt die Rechtswirkung des Dekrets[20]. Die **Reichweite der Unanfechtbarkeit** erfasst insbes das „Ob" der Adoption, womit jede „Konkurrentenklage" eines anderen, nicht berücksichtigten Adoptionsbewerbers ausscheidet. Unanfechtbar und unabänderbar ist auch die im Beschluss angegebene Rechtsgrundlage entspr der Vorgabe des § 56 e S 1 HS 1 FGG. **Nicht erfasst** ist die Entscheidung hinsichtlich der **Namensführung** auf der Grundlage des § 1757 Abs 4 (§ 1757 Rn 15 f) und die gesetzlich festgelegte namensrechtliche Folge des § 1757 Abs 1 (vgl § 1757 Rn 3 zur Nichtigkeit einer Entscheidung).

2. Nichtigkeit des Adoptionsdekrets, Verfassungsbeschwerde. a) Nichtigkeit. Das Adoptionsrecht schließt die Möglichkeit der Nichtigkeit einer richterlichen Entscheidung nicht ausdrücklich aus. Sowohl Unanfechtbarkeit als auch Aufhebung der Entscheidung setzen deren Wirksamkeit voraus, begründen sie nicht. Hinsichtlich der Nichtigkeitsgründe gelten grds die allgemeinen Regeln über die Unwirksamkeit von Entscheidungen im FGG-Verfahren[21]. So kann die Entscheidung nichtig sein, wenn sie jeder gesetzlichen Grundlage entbehrt und inhaltlich dem Gesetz fremd ist[22]; vgl § 1757 Rn 3 für den Fall der falschen Entscheidung über die Namensfolge der Adoption. Die Nichtigkeit könnte mittelbar über eine Statusklage gemäß § 640 Abs 2 Nr 1 ZPO geltend gemacht werden[23]. Die strenge Regelung der Anfechtbarkeit zwingt in Hinblick auf die besondere Bedeutung einer später „aufgedeckten" Nichtigkeit für das tatsächlich bestehende Eltern-Kind-Verhältnis und die kaum lösbaren Probleme der Rückabwicklung dazu, auch bei der Beurteilung der Nichtigkeit einen sehr strengen Maßstab anzulegen[24] (Rn 7.1). **Unwirksam** dagegen ist die Adoption, wenn sie nach dem **Tod des Anzunehmenden** erfolgt, da dann die Adoption ins Leere geht und Kindesbelange nicht betroffen sind[25] (1753 Rn 2). Nichtig ist ein Adoptionsdekret, soweit es dem Angenommenen erlaubt, entgegen der Regelung in § 1757 Abs 1, 4 den bisherigen Namen weiterzuführen (§ 1757 Rn 3). Kraft ausdrücklicher Regelung ist die Adoption unwirksam, wenn die Annehmende und die Angenommene die Ehe eingehen, § 1766 (dort Rn 1).

Auch eine rechtsmissbräuchlich erwirkte Adoption ist damit noch nicht nichtig, auch wenn die zugrunde liegenden Abreden sittenwidrig sind[26]. Unzulässige **Zweitadoptionen** lösen keinen unerträglichen Widerspruch zur Wertordnung des Gesetzes aus, die zur Unwirksamkeit des Eltern-Kind-Verhältnisses ohne Rücksicht auf das Kindeswohl führen müssten[27], ebenso wenig die **gemeinschaftliche Annahme durch unverheiratete Personen**[28]. Nachdem auch unverheiratete Eltern das gemeinsame Sorgerecht haben können, ist der Wertungswiderspruch geringer geworden. Wenn nach der gesetzlichen Wertung in den §§ 1759, 1760 Abs 1 selbst der grundlegende Eingriff in das elterliche Grundrecht nur zur Aufhebbarkeit führt, können Verstöße gegen nicht individualrechtlich legitimierte Normen des einfachen Rechts nicht die Nichtigkeit des Adoptionsdekrets bewirken. Keine Unwirksamkeit tritt ein, wenn ein Volljähriger fälschlicherweise als Minderjähriger adoptiert wird[29]. Die Adoption kann nur über § 1763 rückgängig gemacht werden; eine Ergänzung der Aufhebungsgründe wäre rechtssystematisch nicht zu begründen. Der **Tod des Annehmenden** führt nicht notwendig zur Unwirksamkeit der Adoption (§ 1753 Rn 2).

Die **Verletzung des rechtlichen Gehörs** führt nicht zur Nichtigkeit des Adoptionsdekrets. Das erkennende Gericht und die weiteren Instanzen sind daher an ihre Annahmeentscheidung gebunden, sie können den wirksamen Annahmebeschluss daher nicht unter Hinweis auf die Verletzung des rechtlichen Gehörs von sich aus als gegenstandslos erklären[30]. Voraussetzung einer Abänderung der

---

[18] NJW 2003, 1924, 1926 f.
[19] Keidel/Meyer-Holz § 29 a FGG Rn 5 iVm Keidel/Kahl § 19 FGG Rn 38; Jansen/Sonnenfeld § 56 e FGG Rn 29.
[20] Keidel/Meyer-Holz § 29 a FGG Rn 22 f.
[21] BayObLGZ 1993, 179, 182; Bumiller/Winkler § 7 FGG Rn 17.
[22] BGH FamRZ 1986, 150 für die Entscheidung über die Prozesskostenhilfe im zivilrechtlichen Verfahren.
[23] OLG Düsseldorf FamRZ 1997, 117 mwN; Soergel/Liermann Vor § 1741 Rn 34.
[24] BayObLGZ 1996, 77, 80.
[25] Palandt/Diederichsen § 1753 Rn 1.
[26] BGH NJW 1997, 47, 48 für die Adoption eines Volljährigen wegen bloßer Namensinteressen – Adelstitel.
[27] BayObLGZ 1984, 230, 235 für den Fall der Zweitadoption – Erwachsenenadoption; LG Braunschweig FamRZ 1988, 106; Gernhuber/Coester-Waltjen § 68 V 2; MünchKommBGB/Maurer § 1759 Rn 14; Palandt/Diederichsen § 1742 Rn 1; Staudinger/Frank § 1742 Rn 16; aA Erman/Saar § 1759 Rn 4; RGRK/Dickescheid Rn 3; BayObLGZ 1996, 77, 80 verweist nur auf Literaturmeinungen, ohne selbst eine Aussage zu treffen; aA offenbar Liermann FamRZ 1997, 112, 114.
[28] MünchKommBGB/Maurer § 1759 Rn 14: Adoption sei ggf aufhebbar; offen gelassen in BGHZ 103, 12, 17 = NJW 1988, 1139, 1140; für Nichtigkeit Erman/Saar § 1759 Rn 4; Fachausschuss StAZ 1999, 379 f; RGRK/Dickescheid § 1759 Rn 3; Staudinger/Frank § 1759 Rn 6.
[29] BayObLGZ 1996, 77, 80 f.
[30] Wohl auch so BVerfGE 92, 158, 185 = NJW 1995, 2155, 2158: § 56 e S 3 FGG hindert den Richter an einer erneuten Prüfung der Adoptionsvoraussetzungen; Soergel/Liermann Vor § 1741 Rn 48; unklar insoweit BayObLGZ 1998, 279, 283 f und BayObLG FGPrax 2000, 204: auf die dort jeweils erwogene Kausalität der Verletzung des rechtlichen Gehörs für die Entscheidung kommt es nur an, wenn man von einer Korrekturmöglichkeit der Vormundschaftsgerichte vor Geltung des § 29 a FGG (Rn 7) ausgeht; als Hinweis auf die Erfolgsaussichten einer Verfassungsbeschwerde sind die Ausführungen nicht zu verstehen. Zum Streitstand, ob Gegenvorstellung und Selbstkorrektur des Gerichts zulässig sind, Erman/Saar Rn 15.

§ 1752

Entscheidung wegen Verletzung des rechtlichen Gehörs ist eine entspr Anhörungsrüge nach § 29 a FGG (Rn 6).

9 **b) Verfassungsbeschwerde.** Die Möglichkeit einer Verfassungsbeschwerde ist weder durch § 56 e S 3 FGG noch durch §§ 1759 ff ausgeschlossen[31], da insoweit vorrangiges Verfassungsrecht betroffen ist. Auch die Anhörungsrüge nach § 29 a FGG (Rn 6) schließt die Verfassungsbeschwerde nicht aus; sie kann jedoch erst erhoben werden, wenn die Anhörungsrüge ergebnislos geblieben ist[32]. Nach der Rspr des BVerfG ist die Verfassungsbeschwerde bereits begründet, wenn nicht ausgeschlossen werden kann, dass das Adoptionsdekret ohne die Verletzung des **rechtlichen Gehörs** nicht ergangen wäre[33]. Die erfolgreiche Verfassungsbeschwerde führt nicht zur Aufhebung des Adoptionsdekrets, sondern nur zur Aufhebung der Rechtskraftwirkung. Bis zu einer neuerlichen – gegenteiligen – Entscheidung des Gerichts über den Adoptionsantrag bleibt der Beschluss – anders als in § 95 Abs 2 BVerfGG vorgesehen – über die Adoption wirksam[34]. Wird der Antrag auf den Ausspruch der Adoption nach erneuter Prüfung abgelehnt, so ist die vorhergehende Entscheidung grds rückwirkend aufzuheben, wenn das angegriffene Adoptionsdekret die Annahme eines **Volljährigen** betraf; § 1764 Abs 1 gilt für diese Aufhebungsentscheidung nicht[35]. Bezieht sich die Entscheidung auf die Adoption eines **Minderjährigen**, überwiegt regelmäßig das Interesse an der Aufhebung der Adoption mit Wirkung nur für die Zukunft, da vermögensrechtliche Interessen nur eine untergeordnete Rolle spielen, die persönliche Beziehungen von der Natur der Sache her nur für die Zukunft gestaltet werden können[36].

IV. Anfechtbarkeit der ablehnenden Entscheidung

10 Die ablehnende Entscheidung kann mit einfacher unbefristeter Beschwerde angefochten werden (§ 19 Abs 1 FGG) (§ 1750 Rn 8 zur Streitfrage über eine „relative" Rechtsmittelfrist), ebenfalls die Entscheidung, mit der das Gericht ein bereits wirksames und verbindliches Annahmedekret „aufhebt" und den Antrag ablehnt, indem es irrtümlicherweise von der Unwirksamkeit des Dekrets ausgeht[37]; zur Reform Rn 13. Beschwerdeberechtigt ist ausschließlich der antragstellende Adoptionsbewerber (§ 20 Abs 2 FGG). Betroffen ist in grundrechtlicher Hinsicht nur Art 2 Abs 1 GG. Der Schutz der Familie setzt eine Familie voraus, erfasst aber nicht die Gründung einer Familie über eine Adoption[38]. Kein Beschwerderecht haben das Kind[39] oder dessen Eltern[40]; § 20 Abs 1 FGG wird durch Abs 2 verdrängt[41]. Die Beschwerdeberechtigung richtet sich nach dem Verfahrensrecht, damit in **Fällen mit Auslandsberührung** nach § 20 Abs 2 FGG und nicht nach dem Adoptionsstatut[42]. Konsequenterweise führt bei der Annahme eines Volljährigen die Erforderlichkeit auch eines Antrages des anzunehmenden Kindes (§ 1768 Abs 1) zum eigenen Beschwerderecht des Kindes. Ist die Versagung formell unanfechtbar, verlieren die Einwilligungen zur Adoption ihre Wirksamkeit (§ 1750 Rn 8).

V. Sonstiges (aktuelles) Verfahrensrecht

11 Das gerichtliche Verfahren richtet sich nach den Vorschriften des FGG. Es gilt insbes der Amtsermittlungsgrundsatz (§ 12 FGG). **Sachlich zuständig** ist das VormG (§ 1752 Abs 1), Rn 13. Funktional zuständig ist der Richter (§ 14 Abs 1 Nr 3 lit f RPflG). Die **örtliche und internationale Zuständigkeit** richtet sich grds nach dem Wohnsitz des Annehmenden (§ 43 b Abs 2 FGG mit weiteren Regelungen). Kommt die Anwendung ausländischen Sachrechts in Frage, ist das Gericht am Sitz des OLG zuständig, § 1741 Rn 11 (§ 43 b Abs 2 S 2 FGG). Die **Verfahrensfähigkeit** der Beteiligten, insbes auch des anzunehmenden Kindes, richtet sich ebenfalls nach den allgemeinen Vorschriften des FGG[43]. Geht die Adoption auf die Vermittlung einer **Adoptionsvermittlungsstelle** zurück, hat das Gericht ein Gutachten dieser Stelle einzuholen zur Frage, ob das Kind und die Familie des Annehmenden für die Annahme geeignet sind (§ 56 d S 1 FGG). In anderen Fällen hat das Gericht die gutachtliche Äußerung einer nicht mit dem konkreten Fall befassten Adoptionsvermittlungsstelle oder des Jugend-

---

[31] BVerfG FamRZ 1998, 1247; BVerfGE 89, 381, 390 = NJW 1994, 1053: jeweils für den Fall der Verletzung des rechtlichen Gehörs eines betroffenen Kindes des Annehmenden.
[32] *Keidel/Meyer-Holz* § 29 a FGG Rn 29.
[33] BVerfG NJW 1988, 1963; BVerfGE 89, 381, 393 = NJW 1994, 1053, 1054; BVerfG NJW 1995, 316, 317.
[34] BVerfGE 89, 381, 396 = NJW 1994, 1053, 1055.
[35] BVerfGE 89, 381, 397 = NJW 1994, 1053, 1055.
[36] BVerfGE 92, 158, 189 = NJW 1995, 2155, 2159; bereits erwogen in BVerfGE 89, 381, 395 = NJW 1994, 1053, 1054; *Frank/Wassermann* FamRZ 1988, 1248, 1250.
[37] Indirekt BayObLGZ 1998, 279, 280: eine analoge Anwendung der §§ 56 f Abs 3, 60 Abs 1 Nr 6 FGG wäre nicht gerechtfertigt.
[38] EuGHMR FamRZ 2003, 149, 150: kein Recht auf Adoption aus der EMRK.
[39] BayObLGZ 1997, 85, 87.
[40] BayObLG FamRZ 1997, 576.
[41] BayObLGZ 1997, 85, 87.
[42] BayObLGZ 1997, 85, 87.
[43] BayObLG FPR 2002, 454, 455 mwN zur Verfahrensfähigkeit von Ausländern; dort auch zur Vertretungsfrage, S 456.

Beschluss des Vormundschaftsgerichts, Antrag § 1752

amtes einzuholen (§ 56 d S 2 FGG)[44]. In beiden Fällen ist das Gutachten kostenlos (§ 56 S 3 FGG). Hat das Jugendamt keine gutachterliche Stellungnahme abgegeben, ist es gemäß § 49 Abs 1 Nr 1 FGG anzuhören. Der Antrag auf Annahme kann nicht schon deshalb abgelehnt werden, weil das Jugendamt sich zu einer sachlichen Stellungnahme nicht in der Lage sieht[45], vielmehr hat das Gericht im Rahmen des § 12 FGG weiter zu ermitteln und dann abschließend inhaltlich zu entscheiden, ob nach seiner Erkenntnis die materiellen Voraussetzungen für eine Adoption vorliegen.

Anzuhören sind in jedem Fall das betroffene Kind (§§ 50b Abs 1, Abs 2 S 1, Abs 3, 55c FGG); davon kann gemäß § 50b Abs 3 in Einzelfällen abgesehen werden[46]. Eine Verfügung des Gerichts, den Eltern den Termin der Anhörung nicht mitzuteilen, ist unanfechtbar[47]. Anzuhören sind die Eltern des Kindes (§ 50a FGG) und zwar auch, wenn auf Grund einer Einwilligung die elterliche Sorge ruht. Zweck der Anhörung ist nicht nur die Gewährung rechtlichen Gehörs, sondern ebenso die Ermittlung der Entscheidungsgrundlagen des Gerichts. Auch der Antragsteller ist als Betroffener anzuhören. Außerhalb der einfachgesetzlichen Vorgaben sind auf der Grundlage des Grundsatzes des rechtlichen Gehörs auch andere Betroffene anzuhören, so die Kinder des Annehmenden[48], die notfalls von Amts wegen zu ermitteln sind[49]. Die Anhörungen sind grds entbehrlich, wenn das Gericht den Antrag wegen einer fehlenden Einwilligung ablehnen muss[50]. Ein **Verfahrenspfleger** ist nicht erforderlich, da der eigentliche Interessengegensatz zu den Eltern bei der Ersetzung einer Einwilligung auftritt. Betrifft die Adoption ein **ausländisches Kind im Geltungsbereich des Haager Übereinkommens** (§ 1741 Rn 14) darf die Annahme nur ausgesprochen werden, wenn die in Art 17 lit c des Übereinkommens geforderten Zustimmungserklärungen der Zentralen Behörden vorliegen[51]. 12

VI. Zur Reform des Verfahrensrechts

Das Verfahren wird in einigen Punkten durch die geplante Reform des Verfahrens in Familiensachen und in den Angelegenheiten der Freiwilligen Gerichtsbarkeit (RegE zum FGG Reformgesetz – FGG-RG, Stand 7. 9. 2007, BT-Drucks 16/8308) geändert werden. Art 1 des Entwurfs enthält den Kern der Reform, die Ablösung des FGG durch das „Gesetz über das Verfahren in Familiensachen und in den Angelegenheiten der freiwilligen Gerichtsbarkeit (FamFG)", die weiteren Artikel betreffen vor allem die Änderung anderer Gesetze, außerdem den Zeitpunkt des Inkrafttretens (Art 112)[52]. Die **Annahme als Kind** ist als Unterfall der Familiensache (Art 1 § 111 Nr 4) eine sog Adoptionssache (Art 1 § 186 Nr 1); **sachlich zuständig** ist damit in erster Instanz das Amtsgericht (§§ 13 HS 1, 23 a Abs 1 Nr 1 GVG idF des Art 22 Nr 7 RegE-FGG-RG) und innerhalb der AG die Abteilung für Familiensachen (Familiengericht) (§ 23b Abs 1 GVG) („Familiensachen" werden nicht durch das GVG, sondern nur noch durch § 111 FamFG definiert (Art 22 Nr 8 lit b RegE-FGG-RG); das VormG wird für das Adoptionsverfahren mit der Geltung der Reform durch das Familiengericht ersetzt (weitere Hinweise in Rn 13.1). 13

In den wesentlichen Bereichen wird die derzeit geltende Regelung nicht geändert. 13.1
– Im BGB wird konsequent das Wort „Vormundschaftsgericht" durch das Wort „Familiengericht" ersetzt (Art 50 Nr 32, 34 usw RegE-FGG-RG).
– Ein **Verfahrensbeistand** – früher Verfahrenspfleger – ist nicht zwingend vorgesehen (Art 1 § 191 S 1 RegE-FGG-RG) und meist nicht nötig (Rn 12); will der mindestens 14 Jahre alte Minderjährige allerdings einen Verfahrensbeistand, dann ist er „in der Regel" auch zu bestellen (Art 1 §§ 191 S 2, 158 Abs 2 Nr 1 RegE-FGG-RG).
– Der Annehmende und das Kind sind **persönlich anzuhören** (Art 1 § 192 Abs 1 RegE-FGG-RG), ebenso grds das **Jugendamt** (Art 1 § 194 Abs 1 RegE-FGG-RG).
– Die Regelung der Wirksamkeit des Beschlusses (Art 1 § 197 Abs 2 RegE-FGG-RG), mit dem die Annahme ausgesprochen wird, entspricht der Regelung in § 56e S 2 FGG; Rn 5. Der Beschluss über den Ausspruch der Annahme ist **unanfechtbar**, Abänderung und Wiederaufnahme sind nicht zulässig (Art 1 § 197 RegE-FGG-RG).
– Die **Abhilfe** bei Verletzung des rechtlichen Gehörs (Rn 6) bleibt aber schon aus verfassungsrechtlichen Gründen erhalten (Art 1 § 44 RegE-FGG-RG).
– Ein genereller **Anwaltszwang** ist nur vor dem BGH vorgesehen (Art 1 § 10 Abs 4 RegE-FGG-RG). Das Adoptionsverfahren sieht insoweit keine andere Regelung vor.

Wird der Antrag auf **Annahme abgelehnt,** gilt für die Anfechtbarkeit Folgendes: 13.2
– Der Beschluss ist als Endentscheidung mit der Beschwerde anfechtbar (Art 1 § 58 Abs 1 RegE-FGG-RG).
– Die Beschwerde ist befristet (Art 1 § 63 Abs 1 RegE-FGG-RG), die bisher im FGG vorgesehene unbefristete Beschwerde wird abgeschafft. Das Rechtsmittel ist innerhalb einer Frist von einem Monat (§ 63 Abs 1) beim FamG (§ 64 Abs 1) einzulegen.
– Beschwerdeberechtigt ist – wie nach dem FGG (Rn 10) – nur der Annehmende (Art 1 § 59 Abs 2 RegE-FGG-RG).
– Über die Beschwerde entscheidet das OLG (§ 119 Abs 1 Nr 1a GVG idF von Art 22 Nr 14 RegE-FGG-RG).

---

[44] Zum Fortbestand des Jugendamts vgl § 1712 Rn 21.1.
[45] BayObLGZ 2000, 230, 231.
[46] BayObLGZ 2000, 230, 232 mwN.
[47] OLG München NJOZ 2007, 419, 420.
[48] BVerfGE 89, 381, 391 = NJW 1994, 1053.
[49] BVerfG NJW 1995, 316, 317.
[50] BayObLG FamRZ 1997, 576, 577 für die persönliche Anhörung durch den entscheidenden Richter.
[51] BT-Drucks 14/6011 S 20 f: indirekte Adoptionsvoraussetzung.
[52] Der RegE zum FamFG wird mit „Art 1 § … RegE-FGG-RG" zitiert.

§ 1752 Buch 4. Abschnitt 2. Verwandtschaft

– Gegen die Entscheidung des OLG ist die Rechtsbeschwerde statthaft, die einer ausdrücklichen Zulassung durch das Beschwerdegericht bedarf (Art 1 §70 Abs 1 RegE-FGG-RG). Diese Rechtsbeschwerde ist befristet (§ 71 Abs 1 S 1) und qualifiziert zu begründen (§ 71 Abs 2, 3). Sie kann nur auf den Verstoß gegen Bundesrecht und Landesrecht gestützt werden (Art 1 § 75 Abs 1 S 1 RegE-FGG-RG). Über die Rechtsbeschwerde entscheidet der BGH (§ 133 GVG idF von Art 22 Nr 15 RegE-FGG-RG).
– Mit der Befristung der Rechtsmittel wird die Entscheidung ausdrücklich formell rechtskräftig (vgl Art 1 § 45 RegE-FGG-RG), ein entsprechendes Zeugnis ist auf Antrag zu erteilen (§ 46).

VII. Rechtsschutz im Verfahren der Adoptionsvermittlung

14 Einen ausdrücklichen gerichtlichen Rechtsschutz für Adoptionsbewerber sieht das Gesetz nur vor, wenn sie einen Antrag auf Annahme eines bestimmten Kindes stellen. Im Falle der Ablehnung stehen ihnen die im FGG vorgesehenen Rechtsmittel zu (Rn 10; zur Reform Rn 13.2). Anders ist die Situation, wenn keine Entscheidung des Gerichts ergehen soll, weil
– ein Kind im Ausland adoptiert werden soll,
– ein bestimmtes Kind noch nicht feststeht, die Adoptionswilligen aber in die Vermittlung der Adoptionsvermittlungsstellen aufgenommen werden sollen. Die Aufnahme setzt voraus, dass eine allg Eignung der Adoptionswilligen bejaht wird. Die Reaktion der Vermittlungsstellen kann in schlichter Untätigkeit bestehen aber auch in einer Mitteilung, dass die Aufnahme in die Vermittlung wegen fehlender Eignung abgelehnt wird.

In beiden Fällen hat die Aussage der Adoptionsvermittlungsstelle zwar keine rechtliche Bindung. Faktisch aber bedeutet die Ablehnung eines positiven Adoptionseignungsberichts infolge der Monopolstellung der Adoptionsvermittlungsstelle, dass der Adoptionswillige auf dem üblichen Weg zu keiner Adoption kommen wird, insbes wenn es – bei der Auslandsadoption – um Kinder aus Ländern geht, die dem Haager Adoptionsübereinkommen, (§ 1741 Rn 14) beigetreten sind (vgl Art 5, 15, 17 des Übereinkommens). Da die Möglichkeit einer Adoption aber zum Kernbereich des Persönlichkeitsrechts des Adoptionswilligen gehört, damit das Grundrecht aus Art 2 Abs 1 betroffen ist[53], muss gerichtlicher Schutz gegen Eingriffe in dieses Recht möglich sein, soll dem formellen Hauptgrundrecht aus Art 19 Abs 4 GG Rechnung getragen werden[54].

15 Für die **Auslandsadoption** sieht § 7 Abs 3 S 1 AdVermiG ein entsprechendes Antragsrecht eines Adoptionswilligen vor. Die Adoptionsvermittlungsstelle hat einen allgemeinen Adoptionseignungsbericht zu erstellen, der dann den in § 7 Abs 3 S 4 AdVermiG genannten Stellen zuzuleiten ist. Für die **Inlandsadoption** enthält das Gesetz kein ausdrückliches Antragsrecht (§ 7 Abs 1 S 1 AdVermiG). Zudem regelt § 7 Abs 1 ersichtlich den Fall, dass die Adoption eines bestimmten Kindes in Aussicht genommen ist[55]. Aber in Hinblick auf das grundrechtlich geschützte Interesse des Adoptionswilligen, nach einer allgemeinen Feststellung seiner Eignung in die Vermittlung aufgenommen zu werden, muss ihm ein entsprechendes Antragsrecht zugesprochen werden[56], das gerichtlich durchgesetzt werden kann[57].

16 Hinsichtlich des Rechtsschutzes gilt:
– Weder der Bericht noch die Aufnahme eines Adoptionswilligen in die Vermittlung ergehen gegenüber dem Betroffenen; sie haben auch keine unmittelbare Rechtswirkung nach außen. Damit ist insoweit kein Verpflichtungsklage nach § 42 VwGO zulässig, wohl aber kann ein entsprechender Antrag über die Leistungsklage nach § 40 VwGO durchgesetzt werden[58].
– Stellt die Adoptionsvermittlungsstelle dem Bewerber gegenüber fest, dass er für eine Vermittlung nicht geeignet ist, so ist darin ein VA iS des § 31 SGB X zu sehen, den der Betroffene mit der Anfechtungsklage angreifen kann[59].
– Hinsichtlich der **Begründetheit** einer entsprechenden Verwaltungsklage räumen die Verwaltungsgerichte den zuständigen Stellen einen Beurteilungsspielraum ein, Rn 16.1[60].

16.1 Ganz überzeugend erscheint die Einräumung eines Beurteilungsspielraums aber nicht. Zunächst ist zu bedenken, dass die entscheidende Gericht selbst die Eignung des Antragstellers in vollem Umfang überprüfen wird (§ 1741 Rn 19.1); die Stellungnahme bzw das Gutachten eines Jugendamtes bzw einer Adoptionsvermittlungsstelle (Rn 11) sind nur eine weitere Erkenntnisquelle, auf die sich das Gericht aber nicht ohne eigenständige Wertung berufen kann. Die Entscheidung des Gerichts ist zumindest gegenüber einer allgemeinen Feststellung der Eignung noch komplexer, da die Beziehung zwischen Annehmenden und Anzunehmenden ermittelt und eine Entwicklung zu einem echten Eltern-Kind-Verhältnis prognostiziert werden muss. Entsprechendes gilt für Entscheidungen der FamG, wenn es um die Ermittlung des Kindeswohls geht, das sich ua auch auf die Erziehungseignung bezieht (§ 1671 Rn 35 ff). Offenbar geht der Gesetzgeber ohne weiteres davon aus, dass hochkomplexe, pädagogisch-psychologisch beeinflusste unbestimmte Rechtsbegriffe von Gerichten eigenständig und unbeschränkt angewendet werden können, ohne sich teilweise unüberprüft auf außerjuristisches Fachwissen berufen zu müssen. Sicher ist die Interessenlage bei Auseinan-

---

[53] VG Hamburg JAmt 2002, 464. 468; VG Freiburg FamRZ 2004, 1317 f.
[54] Im Ergebnis so VG Saarlouis JAmt 2007, 153, 154: Vermittlungsstelle sei zur Entscheidung durch VA befugt.
[55] Maurer FamRZ 2003, 1337, 1348.
[56] *Maurer* FamRZ 2003, 1337, 1349.
[57] VG Hamburg JAmt 2002, 464, 469; JAmt 2006, 367 f.
[58] VG Hamburg JAmt 2002, 464, 466; JAmt 2006, 367.
[59] VG Freiburg FamRZ 2004, 1317; *Wiesner/Oberloskamp* § 7 AdVermiG Rn 11; DIJuF-Rechtsgutachten JAmt 2002, 173, 174.
[60] VG Hamburg JAmt 2002, 464, 469; bestätigt in VG Hamburg JAmt 2006, 367, 368 f; VG Freiburg FamRZ 2004, 1317, 1318, Rn 16.2.

dersetzungen zwischen Eltern unterschiedlich; vor allem sind andere Grundrechte betroffen. Das mag im Vorfeld der Adoption gegenüber der Entscheidung über den Antrag auf Annahme zutreffen, wenn auch schon eingeschränkter. Diese Unterschiede könnten eine abweichende Beurteilung der Bedeutung gutachterlicher Stellungnahmen ggf legitimieren[61], wenn die Figur des Beurteilungsspielraums nicht auf erkenntnistheoretischen, sondern auf der Verbindung von grundrechtsdogmatischen und verfahrensökonomischen Überlegungen beruht.

Die Ausführungen des VG Freiburgs zum Beurteilungsspielraum[62] sind bezogen auf den entschiedenen Fall auch nicht überzeugend. Dass bei einer Annahme durch eine Einzelperson besondere Maßstäbe anzulegen sind, dazu bedarf es keiner besonderen fachlichen Kompetenz. Es ist insoweit eine Rechtsfrage, ob trotz grundsätzlicher Akzeptanz der Einzelannahme im konkreten Fall aber die Tatsache der Einzelannahme in Zusammenhang mit der Kindeswohlprüfung auch nachteilig berücksichtigt werden kann (§ 1741 Rn 24). Sinn macht aber ggf ein Beurteilungsspielraum, ob ein konkretes Kind die besondere Fürsorge zweier Personen bedarf. Entsprechendes gilt für die Ausführungen des VG Hamburg[63]: die Bedeutung des Altersunterschieds kann – unter Einschaltung eines Jugendamtes – auch das Gericht selbst beurteilen. Der Beurteilungsspielraum mag dann wieder von Bedeutung sein, wenn es um den Einfluss des Altersunterschiedes auf die Entwicklung eines Eltern-Kind-Verhältnisses zu einem bestimmten Kind geht. In beiden Fällen ging es aber um allgemeine Anforderungen an die Eignung. Interessanterweise hat das VG Hamburg in seiner späteren Entscheidung[64], in der es um die Eignung für die Annahme eines bereits feststehenden Kindes ging, sehr intensiv die Einschätzung der Adoptionsvermittlungsstelle überprüft und schließlich deren Auffassung – zu Recht – nicht übernommen. Das Problem des Beurteilungsspielraums wird nur allgemein wiedergegeben (S 368 f), Bedeutung für den zu entscheidenden Fall wird ihm nicht beigelegt. Vielmehr sah das Gericht von einer Verpflichtung zur erneuten Bescheidung ab, sondern stellte die Eignung der Kläger im konkreten Fall selbst fest (S 370).

16.2

Anders ist die Zulässigkeit eines verwaltungsgerichtlichen Verfahrens zu beurteilen, wenn es dem Adoptionswilligen um die Annahme eines **bereits feststehenden Kindes** geht. Hier wird die Eignung des Bewerbers über einen Antrag auf Annahme in Zusammenhang mit dem konkreten Adoptionsverfahren überprüft. Letztlich hat das Gericht die Entscheidung darüber im Rahmen einer umfassenden Prüfung des Kindeswohls zu treffen. Eine isolierte Feststellung der Eignung sagt noch nicht, ob eine geplante Adoption dem Kindeswohl dient[65]. Insofern obliegt es dem Adoptionsbewerber, ein entsprechendes Verfahren in Gang zu setzen. Die Verdoppelung eines gerichtlichen Verfahrens erscheint als nicht zwingend, ein Rechtsschutzbedürfnis für eine Klage zum VG ist abzulehnen[66]. Schließlich kommt weder dem Bericht des Jugendamtes bzw einer anderen Adoptionsvermittlungsstelle noch der Entscheidung des VG eine Bindungswirkung für das Verfahren vor dem Gericht zu. Ein Rechtsschutzbedürfnis mag dann gegeben sein, wenn ein zeitnahes Verfahren vor dem Gericht aus Gründen, die der Adoptionswillige nicht zu vertreten hat, nicht durchgeführt werden kann.

17

§ 1753 Annahme nach dem Tode

(1) Der Ausspruch der Annahme kann nicht nach dem Tode des Kindes erfolgen.

(2) Nach dem Tode des Annehmenden ist der Ausspruch nur zulässig, wenn der Annehmende den Antrag beim Vormundschaftsgericht eingereicht oder bei oder nach der notariellen Beurkundung des Antrags den Notar damit betraut hat, den Antrag einzureichen.

(3) Wird die Annahme nach dem Tode des Annehmenden ausgesprochen, so hat sie die gleiche Wirkung, wie wenn sie vor dem Tode erfolgt wäre.

I. Normzweck

Mit dem Tod eines der Beteiligten wird die geplante Adoption grds hinfällig. Um den Kindesinteressen Rechnung zu tragen, die insbes im Falle bereits bestehender faktischer Bindungen bestehen, ermöglicht das Gesetz die Adoption und damit die Verrechtlichung der engen faktischen Beziehungen auch beim Tod des Adoptionsbewerbers mit rückwirkender Rechtsfolge. Die vorausgesetzte förmliche Dokumentation des Adoptionswillens soll sichern, dass nur dann das Verfahren fortgesetzt wird, wenn sich der Wille bereits deutlich manifestiert hat.

1

II. Zulässigkeit der Adoption beim Tod eines Beteiligten

1. Tod des anzunehmenden Kindes. Keine Adoption ist möglich, wenn das **Kind** vor der Wirksamkeit (§ 56 e S 2 FGG) des Ausspruchs der Adoption (§ 1752 Rn 5) verstorben ist (Abs 1). Eine in Unkenntnis des Todes verfügte Adoption ist ohne Wirkung („kann nicht")[1].

2

2. Tod eines Annahmewilligen. Stirbt der Adoptionsbewerber, kann die Adoption grds dennoch erfolgen (Abs 2). Das gilt in Hinblick auf den Normzweck auch, wenn bei einer gemeinschaftlichen Adoption **beide Adoptionsbewerber verstorben** sind. Voraussetzung ist, dass der

3

---

[61] Vgl *Mrozynski* § 39 SGB I Rn 22.
[62] FamRZ 2004, 1317, 1318.
[63] JAmt 2002, 464, 470.
[64] JAmt 2006, 367.
[65] VG Hamburg JAmt 2002, 464, 467.
[66] AA VG Hamburg JAmt 2006, 367, 368.
[1] *Gernhuber/Coester-Waltjen* § 68 VIII 4; MünchKommBGB/*Maurer* Rn 2.

§ 1753

Annehmende den Antrag beim Gericht bereits eingereicht hat oder den Notar mit der Weiterleitung an das Gericht beauftragt hat, ohne die Weiterleitung von dem Tod des Annehmenden abhängig zu machen (§ 1752 Rn 2). In beiden Fällen muss der Antrag notariell beurkundet sein, da nur so sichergestellt ist, dass der Annehmende ausreichend belehrt wurde. Wird der Antrag beim örtlich unzuständigen Gericht eingereicht, schadet dies nicht[2]. Andere noch erforderliche Einwilligungen können auch noch nachträglich erteilt werden, auch die Einwilligung des Kindes selbst[3]. Wird der Anzunehmende vor der Wirksamkeit des Adoptionsdekrets volljährig, kann er nicht mehr angenommen werden; eine Umdeutung des Antrages mit dem Ziel der Volljährigenadoption scheidet aus[4] (§ 1767 Rn 2).

4 Eine geplante **gemeinschaftliche Adoption** kann fortgesetzt werden, wenn einer der beiden Adoptionsbewerber verstorben ist. Der überlebende Ehegatte muss hierzu keinen neuen Antrag stellen[5]; das Adoptionsdekret begründet die Rechtsstellung des Kindes als gemeinschaftliches Kind. Zieht der überlebende Ehegatte den Antrag zurück, ist eine Adoption nicht mehr möglich[6], da der Antrag des Verstorbenen nur mit dem Ziel einer gemeinschaftlichen Annahme gestellt war[7]. Abs 2 erlaubt nur die Fortsetzung der zu Lebzeiten konkret geplanten Adoption und nicht eine Adoption schlechthin. Der überlebende Ehegatte kann einen erneuten Antrag stellen, der ein neues Verfahren in Gang setzt. Bereits erteilte Einwilligungen beziehen sich auf die geplante gemeinschaftliche Adoption und sind gegenstandslos, wenn die Adoption nicht auf der Grundlage des § 1753 Abs 2 ausgesprochen wird.

III. Inhaltliche Kriterien für die gerichtliche Entscheidung

5 Materiell-rechtlich gelten für die Entscheidung des Gerichts grds die Kriterien des § 1741, wobei die besondere Situation des Todes des Annehmenden mit zu berücksichtigen ist. Das Gericht muss zum Ergebnis kommen, dass die Adoption über die bloße Begründung eines rechtlichen Eltern-Kind-Verhältnisses hinaus dem Kindeswohl dient. Dies kann insbes dann der Fall sein, wenn die Bindungen zu den leiblichen Eltern bereits faktisch beendet sind, eine Einbindung in die neue Familie erfolgt ist, ohne dass diese Einbindung ausschließlich an die Person des Verstorbenen gebunden war. Wird die Adoption in Unkenntnis des Todes des Annehmenden ausgesprochen, ist sie nur unwirksam, wenn die formellen Voraussetzungen des § 1753 Abs 2 fehlten. Entspricht die Antragstellung den Maßstäben des Abs 2, ist die Aufhebung der Adoption nur unter den Voraussetzungen des § 1763 möglich[8].

IV. Rückwirkung des Adoptionsdekrets (Abs 3)

6 Abweichend von der allgemeinen Regelung über die Wirksamkeit des Adoptionsbeschlusses nach Bekanntmachung (§ 1752 Rn 5) verlegt Abs 3 den **Wirkungszeitpunkt** auf den Tod des Annehmenden zurück. Begründet werden damit für das angenommene Kind im vollen Umfang Erbrechte[9], einschließlich Pflichtteilsrechte sowie Ansprüche auf Waisenrenten. Der Antrag kann vom **Erben** nicht mehr zurückgenommen werden (§ 1752 Rn 3).

V. Verfahrensrecht

7 Verstirbt der Annehmende noch vor der Entscheidung des Gerichts, weist dieses den Antrag zurück, so kann die ablehnende Entscheidung nicht angefochten werden[10].
– Das anzunehmende Kind hat kein eigenes Anfechtungsrecht (§ 1752 Rn 10); daran ändert auch der Tod des Antragstellers nichts[11]. Das Gesetz hat die Durchsetzung der Adoption alleine der Entscheidung des Antragstellers zugewiesen.
– Der höchstpersönliche Charakter des Antrages auf Ausspruch der Annahme zeigt sich darin, dass er nicht durch einen Vertreter gestellt werden kann (§ 1752 Abs 2 S 1); nur der Annehmende selbst kann die Adoption betreiben. Dies gilt auch für ein evtl Rechtsmittel gegen eine Ablehnung des Antrages; ein Erbe des Antragstellers kann das Verfahren daher in keiner Instanz mehr weiterbetreiben[12]. Mit dem Tod des Antragstellers und Beschwerdeführers wird das Verfahren beendet[13]. Das Verfahren erledigt sich auch, wenn die Beschwerde noch eingelegt war, der Antragsteller aber noch vor der Entscheidung des Gerichts verstirbt.

---

[2] MünchKommBGB/*Maurer* Rn 5.
[3] *Gernhuber/Coester-Waltjen* § 68 VIII 4.
[4] *Soergel/Liermann* Rn 7.
[5] *Staudinger/Frank* Rn 7; aA *Erman/Saar* Rn 7: Antrag des überlebenden Ehegatten sei wirkungslos geworden.
[6] AA MünchKommBGB/*Maurer* Rn 4: Auslegungsfrage.
[7] *Staudinger/Frank* Rn 7.
[8] MünchKommBGB/*Maurer* Rn 7.
[9] Vgl FG München BeckRS 2006, 26021370.
[10] LG Kassel NJW-RR 2006, 511 mwN.
[11] LG Kassel NJW-RR 2006, 511 mwN; *Bassenge* JR 1976, 187; aA MünchKommBGB/*Maurer* § 1752 Rn 17; wohl auch *Staudinger/Frank* Rn 5: „praeter legem".
[12] LG Kassel NJW-RR 2006, 511 mwN; wohl allgM; vgl zum parallelen Problem des Antrages auf Aufhebung des Annahmeverhältnisses OLG München NJOZ 2007, 2423, 2424.
[13] Vgl *Jansen/v. König/v. Schuckmann* Vor §§ 8–18 FGG Rn 36.

§ 1754 Wirkung der Annahme

(1) Nimmt ein Ehepaar ein Kind an oder nimmt ein Ehegatte ein Kind des anderen Ehegatten an, so erlangt das Kind die rechtliche Stellung eines gemeinschaftlichen Kindes der Ehegatten.

(2) In den anderen Fällen erlangt das Kind die rechtliche Stellung eines Kindes des Annehmenden.

(3) Die elterliche Sorge steht in den Fällen des Absatzes 1 den Ehegatten gemeinsam, in den Fällen des Absatzes 2 dem Annehmenden zu.

Schrifttum: *Busch,* Kein Staatsangehörigkeitserwerb bei der schwachen Auslandsadoption? – Zum Umgang mit einer nur scheinbar eindeutigen Rechtslage, StAZ 2003, 297; *Hailbronner/Renner,* Kommentar zum Staatsangehörigkeitsrecht, 4. Aufl 2005.

Übersicht

	Rn		Rn
I. Normzweck	1	1. Gleichstellung mit der leiblichen Verwandtschaft	4
II. Personale und zeitliche Wirkung der Adoption	2	2. Ausnahmen von der Gleichstellung	7
III. Inhaltliche Rechtsfolgen der Adoption	4	IV. Internationales Privatrecht	8

I. Normzweck

Zusammen mit der folgenden Bestimmung des § 1755 bestimmt die Vorschrift den rechtlichen Kern des Adoptionszieles, die Einbindung des adoptierten Kindes in die neue Familie und die weitgehende Auflösung der Beziehungen zur Herkunftsfamilie (Grundsatz der Volladoption). Das adoptierte Kind begründet die rechtlichen Beziehungen nicht nur zu den Adoptiveltern, sondern auch zu deren Verwandten. Entspr werden die Rechtsbeziehungen nicht nur zu den leiblichen Eltern, sondern auch zu den sonstigen früheren Verwandten beendet. Für den Fall der Verwandten- oder Stiefkindadoption sieht § 1756 insoweit eine Einschränkung des umfassenden Erlöschens der bestehenden Verwandtschaftsbeziehungen vor. 1

II. Personale und zeitliche Wirkung der Adoption

Der Annahmebeschluss begründet ein **vollgültiges rechtliches Eltern-Kind-Verhältnis**: Annehmender und Angenommener werden in gerader Linie im ersten Grad verwandt und zwar mit Wirkung für die **Zukunft**[1]. Das über die Annahme begründete Eltern-Kind-Verhältnis untersteht dem verfassungsrechtlichen Schutz des Art 6 Abs 1 und Abs 2 GG[2]. Wird das Kind durch eine Person **allein angenommen** (§ 1741 Rn 35 f), wird es ausschließlich das Kind des Annehmenden, so dass es nur noch einen Elternteil und damit auch nur noch Verwandte über diesen Adoptivelternteil hat; eine Ausnahme sieht § 1756 für den Fall der **Stiefkindadoption** vor. Für den Fall der **gemeinschaftlichen Adoption** durch ein Ehepaar und für die **Stiefkindadoption** stellt Abs 1 klar, dass das angenommene Kind gemeinschaftliches Kind wird. Im Fall der Stiefkindadoption wird ein gemeinschaftliches Eltern-Kind-Verhältnis nur begründet, wenn die Ehe noch besteht[3]. Nach dem Tod des leiblichen Elternteils kann der überlebende Ehegatte das Kind nur noch alleine annehmen, soweit nicht die besonderen Voraussetzungen des § 1753 Abs 2 gegeben sind[4]. § 1754 Abs 2 steht in unauflösbarer Verbindung zu § 1741 Abs 2 S 3; die nur noch mögliche alleinige Annahme nach § 1741 Abs 2 S 1 kann nicht die Rechtsfolge des § 1754 Abs 1 haben. Heiratet der Adoptivelternteil die leibliche Mutter des Kindes, deren Elternstellung über § 1755 Abs 1 S 1 erloschen war, wird keine gemeinschaftliche Elternschaft begründet[5]. Es bedürfte einer erneuten Adoption durch die Mutter nach § 1741 Abs 2 S 3. 2

Die rechtliche Gleichstellung bezieht sich bei der Adoption eines Minderjährigen auch auf die **Verwandten und Verschwägerten** sowohl des Annehmenden als auch des Angenommenen. Kinder des Annehmenden und der Angenommene werden Geschwister, die Eltern der Annehmenden werden Großeltern des angenommenen Kindes. Entspr gilt für die Annehmenden im Verhältnis zu den Kindern des Angenommenen. Eine abweichende Regelung gilt grds bei der **Volljährigenadoption** (vgl § 1770 Rn 2 und § 1772 Rn 6). 3

---

[1] BGH NJW 1981, 2298, 2299.
[2] *Maunz/Dürig/Badura* Art 6 Abs 1 GG Rn 60.
[3] *Erman/Saar* Rn 3.
[4] *MünchKommBGB/Maurer* Rn 4 mwN; *Palandt/Diederichsen* Rn 4; *Staudinger/Frank* Rn 6; die Gegenansicht von *Erman/Saar* Rn 3 orientiert sich zu sehr am erwünschten Ergebnis.
[5] *Zorn,* Das Recht der elterlichen Sorge, 2006, S 134 f; *Beitzke* StAZ 1976, 145, 146 für die geplante Adoptionsreform; aA AG Augsburg StAZ 1976, 145 für das alte – schwächere – Adoptionsrecht.

§ 1754 Buch 4. Abschnitt 2. Verwandtschaft

III. Inhaltliche Rechtsfolgen der Adoption

4 1. **Gleichstellung mit der leiblichen Verwandtschaft.** Die Rechtsfolgen der Adoption – über die Begründung des Verwandtschafts- bzw Schwägerschaftsverhältnisses hinaus – ergeben sich iE aus den speziellen gesetzlichen Regelungen, die an ein Verwandtschafts- oder Schwägerschaftsverhältnis anknüpfen.

– Die Auswirkung der Adoption auf **rechtsgeschäftliche Erklärungen,** die sich auf eine Verwandtschaftsbeziehung beziehen, ist eine Frage der Auslegung dieser Erklärung, so insbes beim **Erbrecht**[6]; zu berücksichtigen ist insoweit auch das im Zeitpunkt der Testamentserrichtung geltende Adoptionsrecht[7]; eine Gleichstellung von leiblichen und angenommenen Kindern kann vermutet werden[8].
– Gesetzlich wird eine **Unterhaltsverpflichtung** zwischen Verwandten (§ 1601) begründet, auch wenn die Interessen der bisherigen Verwandten im Gegensatz zu § 1745 nicht ausreichend berücksichtigt wurden[9]. Die Unterhaltsansprüche des Adoptivkindes sind gleichrangig gegenüber den Ansprüchen eines leiblichen Kindes[10] oder einem früheren Ehegatten des Annehmenden[11].
– Es entstehen **gesetzliche Erbrechte,** wobei die Übergangsregelung im AdoptG[12] zu beachten ist, das grds beim bereits eingetretenen Erbfall die Rechtswirkungen des alten (schwächeren) Adoptionsrechts beibehält, § 1741 Rn 5[13].
– **Steuerrechtlich** gilt für das adoptierte Kind die Steuerklasse I (§ 15 Abs 1 Nr 2 ErbStG).
– Der Adoptivelternteil erhält die **elterliche Sorge**; die in Abs 3 ausdrücklich erfolgte Regelung der elterlichen Sorge ist überflüssig[14]. Bei der **Stiefkindadoption** kommt es im Falle der Trennung der Eltern für die Regelung der elterlichen Sorge alleine auf das Wohl des Kindes an, wobei die ggf engere Bindung an den leiblichen Elternteil zu berücksichtigen ist.
– Die **namensrechtlichen** Folgen sind in § 1757 eigenständig geregelt.
– Im **Strafrecht** erfasst der Begriff des Angehörigen (§ 11 Abs 1 Nr 1 lit a StGB) ohne weiteres auch das Adoptionsverhältnis.
– Ein **Zeugnisverweigerungsrecht** wird auch über die Adoption in allen Verfahrensgesetzen begründet.
– Eine Gleichstellung gilt für den **sozialrechtlichen** Begriff des „Kindes" in § 56 Abs 1 SGB I und des „Enkelkindes" bzw „Geschwister" in § 56 Abs 2 SGB I als Voraussetzung für Sozialleistungen wie Unterhaltsvorschuss (§ 1 Abs 1 UVG), Kindergeld (§ 65 EStG, § 1 Abs 1 BKGG) und für die Familienversicherung (§ 10 Abs 1 SGB V)[15].

5 Im **Ausländerrecht** wird hinsichtlich des **Aufenthaltsrechts** nicht zwischen leiblichen und angenommenen Kindern unterschieden, auch wenn es sich um das Kind eines Ausländers handelt[16]. Die Adoption bewirkt den **Erwerb der deutschen Staatsangehörigkeit** durch den Angenommenen und seine Abkömmlinge kraft Gesetzes (§ 6 StAG), wenn

– der Angenommene im Zeitpunkt des Annahmeantrages das 18. Lebensjahr noch nicht vollendet hat und
– die Annahme nach den deutschen Gesetzen wirksam ist (§ 6 StAG) (für Adoptionen vor Inkrafttreten des AdoptG vgl § 1741 Rn 5).

Das ist unproblematisch, wenn die Annahme eines ausländischen Kindes durch einen deutschen Staatsangehörigen **nach deutschem Recht** erfolgt und der Anzunehmende auch nach dem maßgeblichen Heimatrecht (§ 1767 Rn 2) noch minderjährig ist (Rn 5.1). Dabei ist es unerheblich, ob diese Annahme durch ein deutsches Gericht oder durch ein ausländisches Gericht erfolgt; im letzteren Fall muss die Annahme allerdings anerkannt sein (§ 1741 Rn 12 ff).

5.1 Hat das anzunehmende Kind das 18. Lebensjahr noch nicht vollendet, ist aber nach dem maßgeblichen Heimatrecht bereits volljährig, so ist nach deutschem Recht eine Adoption als Volljähriger auszusprechen, § 1767 Rn 2. § 6 StAG ist dann so zu interpretieren, dass der Erwerb der Staatsangehörigkeit kraft Gesetzes dann erfolgt, wenn eine Adoption mit starken Wirkungen vorliegt; die Adoption müsste also nach den Maßstäben des § 1772 ausgesprochen worden sein. Abzustellen ist allein auf das Alter und die bei der Adoption mit starken Wirkungen vorausgesetzte Lösung des Eltern-Kind-Verhältnisses, die schließlich die Notwendigkeit des Erwerbs der Staatsangehörigkeit des „jungen" Angenommenen legitimieren. Bei der Behandlung dieses Problemkreises wird oft nicht klar zwischen dem Typ der Adoption (Voll- oder Minderjährigenadoption) einerseits und dem Alter des Anzunehmenden (jünger als 18 Jahre) getrennt. Lehnt man eine spezielle „Staatsangehörigkeitsmündigkeit" ab[17], wofür vieles spricht.

---

[6] BayObLGZ 1995, 246, 249 für ein Adoptivenkelkind.
[7] OLG Hamm FGPrax 1999, 64 f.
[8] Ähnlich EuGHMR NJW 2005, 875, 878: beim Schweigen über die rechtliche Grundlage des Eltern-Kind-Verhältnisses sei mit der Begünstigung eines „Sohnes" auch der Adoptivsohn gemeint; vgl auch OLG Köln AgrarR 1984, 223, 225.
[9] BGH FamRZ 1984, 378, 379; DIV-Gutachten DAVorm 1999, 758, 759.
[10] BGH FamRZ 1984, 378, 379 für die Unterhaltsansprüche minderjähriger Kinder des Annehmenden.
[11] OLG Hamm FamRZ 1992, 321 f.
[12] Art 12 § 2 Abs 2 S 1, BGBl 1976 I S 1 1749, 1760.
[13] OLG Stuttgart FamRZ 1994, 1553, 1554: neues Recht gilt für die Beerbung des Nacherben, der nach Inkrafttreten des neuen Rechts starb.
[14] FamRefK/*Maurer* Rn 3.
[15] BGH FamRZ 2001, 217, 218 zur Gleichstellung nach dem VVG.
[16] *Hailbronner,* Kommentar zum Ausländerrecht, § 32 Rn 4.
[17] *Hailbronner/Renner* § 6 StAG Rn 18 mwN.

§ 1755

Wird das noch nicht 18 Jahre alte Kind durch einen deutschen Staatsangehörigen **nach ausländischem Recht** wirksam (§ 1741 Rn 16 zur Verbindlichkeit nach dem AdWirkG) angenommen, kann dadurch ebenfalls kraft Gesetzes die deutsche Staatsangehörigkeit erworben werden. Auf eine **Volljährigkeit nach dem Heimatrecht** des Angenommenen kommt es nicht an[18] (§ 1767 Rn 2; Rn 6.1). Die Rechtsfolgen der Adoption müssen aber im Wesentlichen den Normen des deutschen Rechts nach den Maßstäben der Annahme eines Minderjährigen entsprechen[19]. Maßgeblich hierfür sind Kriterien, die den Erwerb der Staatsangehörigkeit betreffen, Rn 6.1[20]. Des Weiteren darf die Anerkennung der **Auslandsadoption** nicht durch § 16 a FGG ausgeschlossen sein. Bei einer **gemeinschaftlichen Adoption** wird das Kind deutscher Staatsangehöriger, wenn einer der Annehmenden Deutscher ist[21], unabhängig davon, ob das Kind über den nichtdeutschen Elternteil eine weitere Staatsangehörigkeit erwirbt. 6

Die Wirkungen der Annahme müssen das adoptierte Kind einem leiblichen Kind gleichstellen. Entscheidend muss sein, dass das Kind auch rechtlich voll in die neue Familie integriert wird, was zugleich voraussetzt, dass die Annahme nur unter Bedingungen aufgehoben werden kann, die den deutschen Sachnormen entsprechen[22]. Davon ist auszugehen, wenn auch nach dem ausländischen IPR für die Wirkungen der Adoption das deutsche Recht gilt, ggf eingeschränkt durch den Erhalt bestimmter Rechtsbeziehungen. Nicht notwendig ist, dass das Eltern-Kind-Verhältnis völlig erlischt[23]; vgl § 1756 Rn 2 zum Statuserhalt nach deutschem Recht. Bleiben die Eltern-Kind-Beziehungen aber im Wesentlichen erhalten, kann man von einer Gleichwertigkeit nicht sprechen[24]. Zum Teil wird gefordert, dass die Adoption dem Dekretsystem beruht[25]. In der StAR-VwV wird der Erwerb der Staatsangehörigkeit durch eine Inlandadoption nach ausländischem Recht (6.1.1) oder eine Adoption „im Ausland" (6.1.2: wohl nach ausländischem Recht) davon abhängig gemacht, dass die Annahme eine „Volladoption" ist. Auf diese Zuordnung aber kommt es nicht unbedingt an[26], ebenso wenig auf die Form der Adoption. Da es keine klare Definition des Begriffs der Volladoption nicht gibt, ist fraglich, inwieweit nach der StAR-VwV gemeint ist, ob das Eltern-Kind-Verhältnis völlig erloschen sein muss. Eine volle Gleichstellung der Adoption nach ausländischem Recht mit den Wirkungen einer Adoption nach deutschem Recht verlangt offenbar auch die Allgemeine Verwaltungsvorschrift nicht, da in 6.1.1 nur gefordert wird, dass „ihre Wirkungen den Wirkungen einer deutschen Minderjährigenadoption im Wesentlichen entsprechen". Eine andere Lösung wäre die Umwandlung der schwachen in eine starke Adoption (§ 1741 Rn 15) nach dem AdWirkG[27]. 6.1

2. Ausnahmen von der Gleichstellung. Ausnahmen von der absoluten Gleichstellung ergeben sich, wenn die betroffene Rechtsvorschrift nicht an den Rechtsbegriff der Verwandtschaft, sondern an die (leibliche) Abstammung bzw an die Tatsache der Geburt anknüpft. 7

– Das über die Adoption begründete und noch bestehende Verwandtschaftsverhältnis ist grds ein **Ehehindernis** (§ 1308 Abs 1 S 1), von dem aber das FamG auf Antrag befreien kann, wenn es sich um eine Verwandtschaft in Seitenlinie handelt, § 1308 Abs 2 S 1 (dort Rn 4).

– Der **Beischlaf zwischen Verwandten** ist nur strafbar, wenn es sich um leibliche Abkömmlinge handelt (§ 173 StGB).

– **Mutterschaftsgeld** erhält nur die leibliche Mutter[28].

– Keine Gleichstellung erfolgt im **Beamtenversorgungsrecht** bei der Kürzung von Versorgungsbezügen des erheblich jüngeren Ehegatten, die nur bei leiblichen Kindern unterbleibt[29].

IV. Internationales Privatrecht

Maßgeblich für die personalen Wirkungen der Adoption ist das Adoptionsstatut (Art 22 EGBGB). Je nach Auswirkungen der nach ausländischem Sachrecht bestimmten Adoption auf das Eltern-Kind-Verhältnis entscheidet das Gericht von Amts wegen, dass die Adoption entweder einer Adoption nach deutschem Sachrecht in vollem Umfang oder nur hinsichtlich der elterlichen Sorge und Unterhaltspflicht gleichsteht (Art 2 Abs 3 AdWirkG) (§ 1741 Rn 11). Hinsichtlich der Wirkungen der Adoption für andere Rechtsbereiche ist maßgeblich das jeweilige Sachstatut. So ist für die Frage der **elterlichen Sorge** maßgeblich das Kindschaftsstatut[30]; hinsichtlich der Beurteilung einer **Erbberechtigung** auf Grund der Adoption ist streitig, ob das Adoptions- oder das Erbstatut gilt (näher Art 22 EGBGB Rn 28). Die **namensrechtlichen Folgen** richten sich nach dem Personalstatut[31], so dass die Folgen 8

---

[18] Wohl auch *Soergel/Liermann* Vor § 1741 Rn 37; *Hailbronner/Renner* § 6 StAG Rn 16.
[19] VGH München NJW 1989, 3107; *Hailbronner/Renner* § 6 StAG Rn 22 f; *Soergel/Liermann* Vor § 1741 Rn 38 f.
[20] OVG Hamburg BeckRS 2006, 27631.
[21] VGH München NJW 1989, 3107, 3108; *Hailbronner/Renner* § 6 StAG Rn 28.
[22] OVG Hamburg BeckRS 2006, 27631.
[23] OVG Hamburg BeckRS 2006, 27631 betr Türkei; BVerwG FamRZ 2007, 1550 f; aA *Fitschen/Glahn* StAZ 1999, 232, 235.
[24] VG München StAZ 1992, 351, 352 betr Brasilien.
[25] VGH Mannheim StAZ 1992, 146, 147; anders offenbar 6.2.2.2 der Allgemeinen Verwaltungsvorschrift zum Staatsangehörigkeitsrecht (StAR-VwV), BAnz 2000, 1418 = StAZ 2001, 77.
[26] *Busch* StAZ 2003, 297, 299; im Ergebnis wohl auch *Soergel/Liermann* Vor § 1741 Rn 39.
[27] *Busch* StAZ 2003, 297, 299, 300 mit Hinweis auf die Problematik des maßgeblichen Antrags in Hinblick auf die Altersgrenze des § 6 StAG.
[28] BSG NJW 1981, 2719.
[29] BVerwG NVwZ 1989, 375 f: dort für den Fall der Notarversorgung, die sich in dieser Hinsicht an die Regelung der Beamtenversorgung – § 20 Abs 2 S 1 BeamtVG – anlehnt.
[30] *Palandt/Heldrich* Art 22 EGBGB Rn 6.
[31] *Palandt/Heldrich* Art 10 EGBGB Rn 9, Art 22 EGBGB Rn 6; vgl Fachausschuss StAZ 2001, 44: Adoption einer volljährigen weißrussischen Staatsangehörigen.

§ 1755 Buch 4. Abschnitt 2. Verwandtschaft

der Adoption für die Staatsangehörigkeit des Angenommenen zu berücksichtigen sind. Bei **Auslandsadoptionen** richtet sich der Umfang der Rechtsfolgen nach dem Recht, das nach dem Recht des Entscheidungsstaats ausschlaggebend ist (§ 1741 Rn 13).

§ 1755 Erlöschen von Verwandtschaftsverhältnissen

(1) ¹**Mit der Annahme erlöschen das Verwandtschaftsverhältnis des Kindes und seiner Abkömmlinge zu den bisherigen Verwandten und die sich aus ihm ergebenden Rechte und Pflichten.** ²**Ansprüche des Kindes, die bis zur Annahme entstanden sind, insbesondere auf Renten, Waisengeld und andere entsprechende wiederkehrende Leistungen, werden durch die Annahme nicht berührt; dies gilt nicht für Unterhaltsansprüche.**

(2) **Nimmt ein Ehegatte das Kind seines Ehegatten an, so tritt das Erlöschen nur im Verhältnis zu dem anderen Elternteil und dessen Verwandten ein.**

Schrifttum: *Hoffmann,* Umgangsrecht leiblicher Eltern nach Adoption, JAmt 2003, 453; *Sethe,* Die Durchsetzung des Rechts auf Kenntnis der eigenen Abstammung aus der Sicht des Kindes, 1995.

Übersicht

	Rn		Rn
I. Normzweck	1	a) Zulässigkeit der Feststellung der Abstammung	7
II. Statusrechtliche Wirkungen	2	b) Erforderliche Zustimmungen und Mitwirkungen	8
1. Anwendungsbereich und Sonderregelungen	2		
a) Grundsätzliches Erlöschen bestehender Verwandtschaftsbeziehungen; Ausnahmen	2	III. Einfluss auf verwandtschaftsvermittelte Rechtsfolgen	9
b) Sonderregelungen: Stiefkindadoption, Verwandtenadoption, Annahme eines Volljährigen; Annahme vor dem 1. 1. 1977	4	1. Grundsätzliche Beendigung	9
c) Aufhebung der Adoption	6	2. Ausnahmen	11
2. Einwirkung auf Feststellung der Vaterschaft	7		

I. Normzweck

1 Die Vorschrift stellt den zweiten wesentlichen Schritt zur Volladoption dar, indem sie die bestehenden verwandtschaftlichen Beziehungen des angenommenen Kindes zu seinen bisherigen Verwandten zum Erlöschen bringt. Zugleich will die Vorschrift Klarheit schaffen, inwieweit Ansprüche, die auf die bisher bestehende verwandtschaftliche Beziehung zurückgehen, weiterbestehen. Für den Fall der **Stiefkindadoption** werden diese Rechtswirkungen im Verhältnis zum leiblichen Elternteil, der Ehegatte des Annehmenden ist, sowie zu den Verwandten dieses Elternteils eingeschränkt (Abs 2).

II. Statusrechtliche Wirkungen

2 **1. Anwendungsbereich und Sonderregelungen. a) Grundsätzliches Erlöschen bestehender Verwandtschaftsbeziehungen; Ausnahmen.** Die bis zur Annahme bestehenden Verwandtschaftsbeziehungen des Kindes zu seinen Eltern erlöschen, ebenso die Verwandtschaftsbeziehungen zu anderen Personen, die über die bisherige Eltern-Kind-Beziehung vermittelt wurden (Rn 2.1). Das kann im Fall einer zulässigen Zweitadoption (§ 1742 Rn 3) auch die Verwandtschaftsbeziehung zu den ersten Adoptiveltern sein[1]. Hat der Angenommene selbst bereits Abkömmlinge, erlöschen auch deren Verwandtschaftsbeziehungen, die über den Angenommenen vermittelt wurden. Das Erlöschen gilt jeweils nur für die **Zukunft**; maßgeblicher Zeitpunkt ist die Wirksamkeit der Adoption (§ 1752 Rn 5). Im Fall der **Einzeladoption** werden zwei Verwandtschaftsbeziehungen zu den leiblichen (bzw Adoptiv-) Eltern durch eine Verwandtschaftsbeziehung zum Annehmenden ersetzt. Entspr kann eine Geburtsurkunde auch nur noch einen Elternteil ausweisen[2]. Heiratet die leibliche Mutter des angenommenen Kindes den Adoptivvater, wird es daher nicht ein gemeinschaftliches Kind der Ehegatten (§ 1754 Rn 2).

2.1 Sinn der Volladoption ist es, dass die Eltern mit der Adoption völlig aus dem bisherigen Familienverband ausscheiden. Die idR kraft Geburt vermittelte Eltern-Kind-Beziehung wird daher ohne Einschränkung beendet. Soweit im Falle der Adoption durch Verwandte bzw Verschwägerte die familienrechtlichen Beziehungen zu anderen Verwandten als den Eltern erhalten bleiben (§ 1756 Rn 2), bedeutet dies nicht, dass das Kind über diese primäre Verwandtschaft eine andere Verwandtschaftsbeziehung entfernteren Grades zu den früheren Eltern erhält[3]. So wird das Kind mit seinen früheren Eltern über die Verwandtschaftsbeziehung zu seinen Großeltern nicht im dritten Grad verwandt.

---

[1] *Staudinger/Frank* Rn 2.
[2] OLG Köln StAZ 2005, 232, 233: auch für den Fall, dass ein Elternteil bei der Annahme bereits verstorben war.
[3] RGRK/*Dickescheid* Rn 5; *Soergel/Liermann* Rn 6.

Erlöschen von Verwandtschaftsverhältnissen § 1755

Erhalten bleiben die verwandtschaftlichen Beziehungen des Angenommenen zu seinen eigenen 3
Abkömmlingen und die verwandtschaftlichen Beziehungen der Abkömmlinge des Angenommenen
untereinander; die Kinder des Angenommenen bleiben Geschwister. Hat der Angenommene selbst
Abkömmlinge, wird der andere Elternteil aber nicht ebenfalls angenommen, bleiben die Verwandtschaftsbeziehungen der Kinder zu diesem Elternteil und dessen Verwandten erhalten[4].

b) Sonderregelungen: Stiefkindadoption, Verwandtenadoption, Annahme eines Volljähri- 4
gen; Annahme vor dem 1. 1. 1977. Im Fall der **Stiefkindadoption** bleiben (selbstverständlich) die
Verwandtschaftsbeziehungen des Kindes zu dem Elternteil, der Ehegatte des Annehmenden ist, und zu
dessen Verwandten erhalten (Abs 2); andernfalls könnte das Kind nicht die Rechtsstellung als gemeinschaftliches Kind nach § 1754 Abs 1 erhalten. Die Geschwisterbeziehungen des angenommenen Kindes
wandeln sich: aus vollbürtigen Geschwistern werden halbbürtige Geschwister. War der andere Elternteil
im Zeitpunkt der Stiefkindadoption verstorben und hatte er im Zeitpunkt des Todes die elterliche
Sorge, schränkt § 1756 Abs 2 den Anwendungsbereich des § 1755 Abs 1 S 1 zusätzlich ein (§ 1756
Rn 9).

Weitere Eingrenzungen ergeben sich bei der Annahme des Kindes durch **Verwandte oder Ver-** 5
schwägerte (§ 1756 Rn 2), bei der Adoption eines **Volljährigen** (§ 1770 Abs 2) (§ 1770 Rn 3) sowie
bei der Adoption eines minderjährigen Kindes **nach altem Recht,** wenn der Angenommene im
Zeitpunkt des Inkrafttretens des neuen Adoptionsrechts (1. 1. 1977) bereits volljährig war, Art 12 § 1
Abs 1 AdoptG (§ 1741 Rn 6).

c) Aufhebung der Adoption. Wird die Annahme als Kind **aufgehoben,** leben die bereits 6
erloschenen Verwandtschaftsbeziehungen wieder auf (§ 1764 Abs 3, dort Rn 5). Entgegen der missverständlichen Gesetzesformulierung bedeutet dies aber nicht, dass mit der Adoption latent die früheren
Rechtsbeziehungen fortbestehen[5].

2. Einwirkung auf Feststellung der Vaterschaft. a) Zulässigkeit der Feststellung der Abstammung. Die Adoption schließt Verfahren zur rechtlichen Klärung der Abstammung nicht aus[6], so 7
die Anerkennung, die gerichtliche Feststellung (§ 1600 d Abs 1) und die Anfechtung der Vaterschaft
(§ 1599 Abs 1). Schon wegen der Existenz von Rechtsvorschriften, die an die Abstammung anknüpfen
(Rn 12), aber auch wegen eines eventuell Wiederauflebens der früheren Verwandtschaftsbeziehungen
im Falle der Aufhebung der Adoption (§ 1764 Abs 3, dort Rn 5) besteht ein praktisches Bedürfnis.
Zudem verlangt auch das Recht des Kindes selbst, seine wirkliche Abstammung rechtlich gesichert zu
erfahren, die Möglichkeit der Vaterschaftsfeststellung auch nach der Adoption[7].

b) Erforderliche Zustimmungen und Mitwirkungen. Bei der Anerkennung ist die Zustimmung 8
der Mutter nicht (mehr) erforderlich[8], da § 1595 Abs 1 an der Rechtsstellung als Mutter anknüpft, nicht
an der tatsächlichen Nähe zur Vaterschaft[9]. Die Mutter könnte in einem gerichtlichen Verfahren als
Zeuge benannt werden, wäre jedoch berechtigt, das Zeugnis zu verweigern (Rn 12). Es bedarf in
jedem Fall der Zustimmung des Kindes, das im Falle der Minderjährigkeit durch die Adoptiveltern
vertreten wird. Die gesetzliche Vertretung kann den Adoptiveltern nicht mit dem Ziel entzogen
werden, gegen ihren Willen die Vaterschaftsfeststellung zu betreiben; ein entspr Interessengegensatz ist
nicht anzunehmen[10]; der Rechtsgedanke des § 1629 Abs 2 S 3 HS 2 ist auch zugunsten der Adoptiveltern anzuwenden. Klagt der präsumtive Vater gegen das Kind, ist im Falle der Inkognitoadoption ein
Ergänzungspfleger zu bestellen[11], da andernfalls dem Beklagten die Person des Annehmenden bekannt
würde; insoweit ist von einer tatsächlichen Verhinderung auszugehen. Der Ergänzungspfleger kann den
Vaterschaftsprozess nicht gegen den Willen des Annehmenden führen[12]. Mit der Adoption entfällt auch
nicht der Anspruch des Kindes gegenüber der genetischen Mutter, den Namen des Vaters zu nennen[13];
vgl § 1618 a Rn 5 zum Auskunftsanspruch. § 1618 a setzt zwar ein bestehendes Eltern-Kind-Verhältnis
voraus. In Hinblick auf die verfassungsrechtliche Grundlage des Anspruchs des Kindes wird man aber
die Vorschrift zumindest entspr anwenden, da andernfalls das Kind ggf keine realistische Chance hat,
den leiblichen Vater feststellen zu lassen.

III. Einfluss auf verwandtschaftsvermittelte Rechtsfolgen

1. Grundsätzliche Beendigung. Mit der Beendigung der Verwandtschaft erlöschen grds alle 9
Rechte und Pflichten, die an die Verwandtschaft im Rechtssinne anknüpfen (Abs 1 S 1). Beendet wird

---

[4] MünchKommBGB/*Maurer* Rn 11.
[5] *Gernhuber/Coester-Waltjen* § 68 IX 2.
[6] OLG Celle DAVorm 1980, 940, 941 für die Klage des Kindes; OLG Braunschweig DAVorm 1978, 639, 641; für die Klage des Vaters gegen das Kind OLG Koblenz FamRZ 1979, 968; für die Anfechtung der (damaligen) Ehelichkeit OLG Karlsruhe FamRZ 1966, 268 ohne nähere Erörterung. Insgesamt MünchKommBGB/*Maurer* Rn 17; Palandt/*Diederichsen* § 1754 Rn 2; *Staudinger/Frank* Rn 15.
[7] *Sethe* S 59 ff ausf zur Entwicklung der verfassungsrechtlichen Relevanz.
[8] Zustimmung des Kindes ist erforderlich bei Geburten vor dem 1. 7. 1998: Art 224 § 1 Abs 1 EGBGB.
[9] DIV-Gutachten DAVorm 1999, 741, 743 f; FamRefK/*Wax* § 1595 Rn 4.
[10] OLG Braunschweig DAVorm 1978, 639, 640 f.
[11] OLG Karlsruhe FamRZ 1966, 268 f; *Staudinger/Frank* Rn 16.
[12] OLG Braunschweig DAVorm 1978, 639.
[13] LG Bremen NJW 1999, 729 erwähnt allerdings die Besonderheit der erfolgten Adoption nicht; *Sethe* S 157 mwN.

§ 1755

Buch 4. Abschnitt 2. Verwandtschaft

die Elternverantwortung aus der **elterlichen Sorge** einschließlich der aus der Elternstellung begründeten **Umgangsrechte** (Rn 9.1) bzw Umgangsverpflichtungen. Das gilt gleichermaßen für die Fremdkind- wie für die Stiefkindadoption. Ein ehemaliger Elternteil kann damit weder über § 1684 Abs 1 noch über § 1685 Abs 1 den Umgang einfordern[14]; auch über § 1685 Abs 2 S 1 ist ihm kein Umgangsrecht zu gewähren[15]. Entsprechendes gilt für das Umgangsrecht anderer ehemaliger Verwandter nach § 1685 Abs 1, so für die früheren Großeltern (§ 1685 Abs 1)[16], ebenso der Geschwister, soweit das Verwandtschaftsverhältnis völlig erloschen ist. Diese Folge der Adoption kann auch nicht über ein Umgangsrecht nach § 1626 Abs 3 S 2 konterkariert werden, Rn 9.2[17].

9.1 Für die **Umgangsproblematik** ist vorrangig die adoptionsrechtlich vorgesehene Beendigung der rechtlichen Beziehungen, die auch im Falle der Verwandtenadoption keine anderweitige Begründung eines Umgangsrechts zulässt (§ 1756 Rn 8). Mit der Adoption verliert der leibliche Elternteil seine rechtlich privilegierte Stellung und scheidet aus dem Verwandtschaftsverhältnis völlig aus, um einem anderen Verwandtschaftssystem Platz zu machen. Systematisch und von der Entstehungsgeschichte her hat § 1685 Abs 2 nicht die Aufgabe, für Personen eine besondere Umgangsregelung zu schaffen, die ihre Umgangsrechte aus §§ 1684 Abs 1, 1685 Abs 1 verloren haben. In der Sache führte eine im Konfliktfall immer notwendige gerichtliche Auseinandersetzung zwischen den Adoptiveltern und den früheren leiblichen Verwandten leicht zu einem förmlichen Konkurrenzkampf um den Vorrang im Bild des Kindes. Schließlich ist jedes Verfahren, das gegen den Willen der Adoptiveltern angestrengt wird, schon für sich eine Störung der neu begründeten Familie, gerade ggf in der Phase des schwierigen Aufbaus der neuen Familie und begründet die Gefahr, die Integration des Kindes in die neue Familie zu beeinträchtigen[18]. Im Falle einer Inkognitoadoption ließe sich die neue Elternschaft kaum mehr verheimlichen; die Bestellung eines Ergänzungspflegers wäre kaum sinnvoll, da schließlich die Adoptiveltern persönlich angehört werden müssten. Der Behauptung, ein Umgang diene nicht dem Wohl des Kindes, wäre nicht ohne Weiteres substantiiert zu widersprechen, ohne die Verhältnisse im Einzelfall offen zu legen. Die Rspr des BVerfG und des EuGHMR, auf das OLG Rostock[19] verweist, knüpft an eine frühere soziale Familienbeziehung an, die nicht bewusst aufgegeben und rechtlich grundlegend umgestaltet wurde. Das BVerfG will den leiblichen Vater schützen, der eine rechtliche Beziehung zum Kind nicht begründen konnte, nicht aber den Elternteil, der seine rechtliche Beziehung zugunsten einer anderen Eltern-Kind-Beziehung aufgab bzw wegen grundlegender Störungen des Eltern-Kind-Verhältnisses aufgeben musste.

9.2 § 1626 Abs 3 S 2 selbst begründet kein einklagbares Recht, sondern ist eine Erziehungsvorgabe (§ 1626 Rn 34.1). Es muss Aufgabe der neuen Eltern sein, die Kindverträglichkeit eines weiteren Kontakts mit den früheren Verwandten zu bestimmen. Nicht auszuschließen ist jedoch die Möglichkeit, über § 1666 ein Umgangsverbot der (Adoptiv-) Eltern gegenüber den früheren Verwandten bzw dem Kind auszusetzen, wenn nur so eine entsprechende Gefahr für das Kindeswohl abzuwenden ist[20]. Das verfassungsrechtlich begründete Wächteramt des Staates (Art 6 Abs 2 S 2 GG) lässt es nicht zu, Kindeswohlgefährdungen hinzunehmen. Mit der Anknüpfung an eine konkrete Gefährdung des Kindeswohls lassen sich förmliche Verfahren über die Einräumung eines Umgangs leichter vermeiden.

10 Beendet werden auch die **unterhaltsrechtlichen Beziehungen,** einschließlich der Ansprüche aus Unterhaltsvereinbarungen[21], da deren Existenzberechtigung von der bestehenden grundlegenden gesetzlichen Unterhaltsbeziehung abhängt. Bereits geleisteter Unterhalt verbleibt beim Kind, erhalten bleiben **Ansprüche auf rückständigen Unterhalt**[22], da die Annahme auch hinsichtlich des Erlöschens der Verwandtschaftsbeziehung nur für die Zukunft wirkt (Rn 2) und keine bereits konkret entstandene Rechte erlöschen lässt. Beendet werden gesetzliche **Erbrechtspositionen** einschließlich der Pflichtteilsrechte. Das angenommene Kind beerbt gesetzlich nur den Annehmenden und seine Verwandten, nicht mehr die ursprünglichen Eltern. Wird das Kind vom leiblichen Elternteil testamentarisch zum Erben bestimmt, gilt die günstigere Steuerklasse I (§ 15 Abs 1 a ErbStG)[23]. Ebenso wird das Kind nicht mehr von den früheren Eltern beerbt. Dies gilt nicht, wenn der Angenommene im Zeitpunkt des Inkrafttretens des AdoptG (1. 1. 1977) bereits volljährig war[24]. Im Übrigen bleibt eine bereits durch Erbfall begründete Erbenstellung erhalten. Soweit der Angenommene durch Testament berufen ist, muss die letztwillige Verfügung ausgelegt werden (§ 1754 Rn 4). Dabei kann im Zweifel davon ausgegangen werden, dass der Verfügende als Kinder die Personen meint, die im Erbfall nach dem Gesetz seine Kinder sind und weniger die individuelle Person im Zeitpunkt der Errichtung des Testaments[25]. Entsprechendes gilt für **vertragliche Klauseln,** in denen vor Kenntnis einer Adoption die Kindesposition eine bestimmende Rolle spielt[26].

11 **2. Ausnahmen. Erhalten bleiben** – abgesehen von Unterhaltsrückständen (Rn 10) – sämtliche **Rentenansprüche** unabhängig davon, ob sie öffentlich-rechtlich oder privatrechtlich begründet sind

---

[14] OLG Stuttgart NJW-RR 2007, 76, 77.
[15] OLG Schleswig NJOZ 2004, 1549; *Hoffmann* JAmt 2003, 453, 458; aA wohl AG Reinbeck FamRZ 2004, 55, 56; offen gelassen von OLG Stuttgart NJW-RR 2007, 76, 77, aber eher bejahend; ebenso wohl *Motzer* FamRB 2006, 332, 333.
[16] OLG Rostock BeckRS 2005, 13169.
[17] AA OLG Rostock BeckRS 2005, 13169.
[18] Vgl OVG Hamburg BeckRS 2006, 27631.
[19] BeckRS 2005, 13169.
[20] *Hoffmann* JAmt 2003, 453, 458 f; MünchKommBGB/*Maurer* Rn 6; so wohl auch *Paulitz/Oberloskamp,* Adoption Positionen, Impulse, Perspektiven, 2. Aufl 2006, S 104; aA OLG Schleswig NJOZ 2004, 1549, 1550.
[21] *Palandt/Diederichsen* Rn 5 für die Vereinbarung nach § 1615 e aF.
[22] BGH NJW 1981, 2298, 2299 mwN; KG FamRZ 1984, 1131; hM.
[23] *Staudinger/Frank* Rn 14: Regelung sei nicht überzeugend.
[24] OLG Frankfurt FamRZ 1995, 1087.
[25] MünchKommBGB/*Maurer* Rn 7; so auch OLG Köln FamRZ 2004, 832, 834.
[26] OLG Köln FamRZ 2004, 832, 834.

(Abs 1 S 2), so der Anspruch auf Waisenrente, § 48 Abs 6 SGB VI[27] und private Renten aus unerlaubter Handlung[28]; eine Vollwaisenrente wird nicht in eine Halbwaisenrente umgewandelt[29].

Das **Eheverbot** zwischen Angenommenem und leiblichem Verwandten bleibt kraft ausdrücklicher Regelung aufrechterhalten (§ 1307 S 2). Nicht beeinflusst werden Rechtsfolgen, die an die leibliche Abstammung unmittelbar anknüpfen, wie im **Strafrecht** der Beischlaf zwischen Verwandten (§ 173 StGB); allerdings bestehen Zweifel, ob diese Norm verfassungskonform ist[30]. **Zeugnisverweigerungsrechte** bleiben erhalten, weil sie nicht nur an eine bestehende, sondern auch an eine frühere Verwandtschaftsbeziehung anknüpfen, zB § 52 Abs 1 Nr 3 StPO, § 383 Abs 1 Nr 3 ZPO[31].   12

§ 1756 Bestehenbleiben von Verwandtschaftsverhältnissen

(1) Sind die Annehmenden mit dem Kind im zweiten oder dritten Grad verwandt oder verschwägert, so erlöschen nur das Verwandtschaftsverhältnis des Kindes und seiner Abkömmlinge zu den Eltern des Kindes und die sich aus ihm ergebenden Rechte und Pflichten.

(2) Nimmt ein Ehegatte das Kind seines Ehegatten an, so erlischt das Verwandtschaftsverhältnis nicht im Verhältnis zu den Verwandten des anderen Elternteils, wenn dieser die elterliche Sorge hatte und verstorben ist.

Schrifttum: *Dieckmann*, Erbrechtliche fragen familienrechtlicher Reformgesetze im Spiegel neuer Lehrbücher, FamRZ 1979, 389; *Schmitt-Kammler*, Zur erbrechtlichen Problematik der Verwandten- und Stiefkinderadoption nach § 1756 BGB, FamRZ 1978, 570.

Übersicht

	Rn		Rn
I. Normzweck	1	b) Erbrechtliche Folgen	5
II. Statuserhalt, Statuswechsel und Statuskumulation	2	2. Umgangsrechte, Unterhalt	8
1. Adoption durch Verwandte oder Verschwägerte (Abs 1)	2	3. Stiefkindadoption (Abs 2)	9
a) Statusfolgen	2	a) Statusfolgen	9
		b) Erbrechtliche Folgen	10

I. Normzweck

Die grds umfassende Wirkung der Volladoption auch gegenüber den Verwandten oder Verschwägerten der leiblichen Eltern soll nach Abs 1 nicht eintreten, wenn zwischen Annehmendem und Angenommenem bereits engere familienrechtliche Beziehungen bestehen. In solchen Fällen sollen die zu vermutenden weiterbestehenden familiären Beziehungen nicht beeinträchtigt werden; nur die bisher bestehende Verwandtschaft zu den Eltern wird beendet. Ebenso soll nach Abs 2 die Verwandtschaft und Schwägerschaft erhalten werden, wenn sie über einen bei Annahme bereits verstorbenen Elternteil des Kindes vermittelt wurde, dem die elterliche Sorge im Zeitpunkt des Todes zustand (Rn 1.1). Insofern schränkt die Norm die umfassende Rechtswirkungen des § 1755 Abs 1 wieder ein.   1

Die Regelung geht auf eine Rechtsänderung infolge des KindRG zurück[1]. Abs 2 ist gegenüber Abs 1 völlig anders legitimiert; die Großeltern sollen nach dem Tod ihres Kindes nicht auch noch den Enkel verlieren. Die Regelung wird meist als nicht recht geglückt angesehen[2].   1.1

II. Statuserhalt, Statuswechsel und Statuskumulation

1. Adoption durch Verwandte oder Verschwägerte (Abs 1). a) Statusfolgen. Bei der Adoption durch nähere Verwandte oder Verschwägerte (zweiter oder dritter Grad) des Angenommenen (Rn 2.1) erlöschen die Verwandtschaftsbeziehungen des Kindes und seiner Abkömmlinge entgegen der sonst umfassenden Ausgliederung aus der Ursprungsfamilie (§ 1755 Abs 1 S 1) nur im Verhältnis zu den Eltern des Angenommenen **(Statusverlust)**, § 1755 Rn 2.1. Die familienrechtlichen Beziehungen zu den sonstigen Verwandten bleiben erhalten **(Statuserhalt)**, auch wenn sie durch den ausscheidenden leiblichen Elternteil vermittelt sind. Das gilt auch im Verhältnis zu Verwandten bzw Verschwägerten von Adoptiveltern[3], soweit eine Zweitadoption (§ 1742 Rn 3) stattfand[4]. Der für die Normanwendung relevante Grad der Verwandtschaft bzw Schwägerschaft (Rn 2.2) als Voraussetzung des Statuserhalts   2

---

[27] BSG DRV 1997, 418, 420, 421 ebenso für Renten nach der alten Regelung der RVO.
[28] BGH NJW 1970, 2061, 2063 zur schadensersatzrechtlichen Grundlage des Anspruchserhalts.
[29] *Kraikebohm/Löns* § 48 SGB VI Rn 23.
[30] *Ellbogen* ZRP 2006, 190, 192.
[31] *Lüderitz/Dethloff* Familienrecht, 2007, § 15 B IV Rn 51.
[1] *Frank* FamRZ 1998, 393, 398.
[2] *Staudinger/Frank* Rn 2–4; MünchKommBGB/*Maurer* Rn 1 mit berechtigter Kritik.
[3] RGRK/*Dickescheid* Rn 4 mwN.
[4] Näher zu den komplexen Folgen *Soergel/Liermann* Rn 15–17.

§ 1756

ergibt sich aus § 1589 S 3 (§ 1589 Rn 6), der Grad der Schwägerschaft aus § 1590 S 2 (§ 1590 Rn 3). Der Statuserhalt ist umfassend: er gilt auch im Verhältnis zu den Verwandten des anderen Elternteils, obwohl diese an der Annahme nicht unmittelbar beteiligt sind (Rn 2.2). Ebenso erhalten bleibt die Verwandtschaft in Seitenlinie zu Geschwistern des Kindes (Rn 2.3). Dies Entsprechendes gilt für die Schwägerschaften, die über die weiter bestehenden Verwandtschaften vermittelt sind (vgl § 1590 S 2). Die Regelung gilt auch für eine **Einzeladoption**[5], die gerade bei der Verwandtenadoption nicht selten ist.

2.1 Die Vorschrift ist durchaus von praktischer Bedeutung, da die Annahme eines minderjährigen Kindes durch Verwandte nicht selten ist. Für das Jahr 2005 betrug der Anteil der Adoptionen durch dem Kind „bekannte" Personen (Verwandte und Stiefelternteil) bereits 53% (ZKJ 2006, 525). Die Entwicklung der Zahlen zeigt, dass diese Adoptionen einen immer größeren Teil einnehmen, wobei allerdings keine Angaben gemacht werden, welcher Teil der Annahme durch „Bekannte" auf die Stiefkindadoption zurückgeht. Auf Grund der Problematik der Adoption durch Großeltern und Geschwister (§ 1741 Rn 33), wird es meist um die Annahme durch Onkel oder Tante, ggf auch durch ältere Geschwister gehen.

2.2 Wird das Kind durch Geschwister eines Elternteils (Onkel oder Tante) und dessen Ehegatten angenommen, bleiben die familienrechtlichen Beziehungen zu beiden leiblichen Großelternpaaren erhalten. Wird das Kind als gemeinschaftliches Kind angenommen, werden über § 1754 die Eltern des mit ihm bis zur Annahme nicht verwandten annehmenden Ehegatten des Onkels bzw der Tante ein zusätzliches (Adoptiv-)Großelternpaar[6].

2.3 Strittig ist, ob die **Verwandtschaft zu den Geschwistern** über den Statuserhalt oder den Statuswechsel besteht und damit der Grad der Verwandtschaft[7]. Die umfassende Formulierung des Abs 1 zeigt aber, dass nur die Eltern-Kind-Beziehung selbst, nicht aber deren Funktion als Vermittlung weiterer Verwandtschaftsbeziehungen entfällt. Es gilt also der Erhalt der bisherigen Verwandtschaftsbeziehung[8]; die Sonderbestimmung des § 1925 Abs 4 macht den Streit im Verhältnis der Geschwister selbst praktisch bedeutungslos[9], Rn 5. Damit bleiben auch die Verwandtschaftsbeziehungen zu halbbürtigen Geschwistern erhalten, auch im Verhältnis zu Kindern des leiblichen Elternteils, den mit dem Annehmenden kein Verwandtschaftsverhältnis verbindet.

3 Fraglich ist die Anwendung der Vorschrift, wenn das Kind durch **Verschwägerte** zweiten oder dritten Grades zusammen mit einem Ehegatten angenommen wird, der keinerlei Verwandtschafts- bzw Schwägerschaftsbeziehung zu dem Kind hat. Es spricht vieles dafür, dass § 1756 diesen Fall nicht erfassen will (Rn 3.1), da mit dem Ehegatten des Verschwägerten eine Adoption jenseits der bestehenden Familienbeziehungen erfolgt.

3.1 *Staudinger/Frank*, Rn 12 mwN, weist zu Recht daraufhin, dass bei sukzessiver Adoption erst durch den Verschwägerten und dann im Wege der Stiefkindadoption durch dessen Ehegatten die Beziehungen zur leiblichen Familie des Kindes nach § 1755 erlöschen würden; weder Abs 1 noch Abs 2 könnten dem Kind seine ursprüngliche Verwandtschaft erhalten. Dann sollte dasselbe gelten, wenn der Verschwägerte und sein Ehegatte das Kind gemeinschaftlich annehmen[10].

4 Das Erlöschen der Eltern-Kind-Beziehung durch die Adoption hindert nicht, dass zwischen dem angenommenem Kind und den genetischen Eltern über § 1754 ein Verwandtschaftsverhältnis anderer Form entsteht **(Statuswechsel)**[11], Rn 4.1. Dabei beschränkt sich die Neubegründung der Verwandtschaft oder Schwägerschaft nicht auf den zweiten oder dritten Grad. Folge der Rechtsnorm kann auch die Verdoppelung einer Verwandtschaftsbeziehung zu der annehmenden Person bzw deren Verwandten sein **(Statuskumulation)**, Rn 4.2, da der Statuserhalt die neu entstehenden Verwandtschaftsbeziehungen nach § 1754 Abs 1 unberührt lässt[12]. Die Auswirkungen dieser Umstrukturierung der verwandtschaftlichen Beziehungen sind zu berücksichtigen, wenn die Entscheidung darüber zu treffen ist, ob die Adoption dem Kindeswohl dient und ein echtes Eltern-Kind-Verhältnis begründet werden kann (§ 1741 Rn 25).

4.1 So werden im Falle der Adoption des Kindes durch die Großeltern das angenommene Kind und der Elternteil, der vom Annehmenden abstammt, zu Adoptivgeschwistern, bei Annahme des Kindes durch seinen Bruder oder seine Schwester werden die leiblichen Eltern zu Adoptivgroßeltern[13].

4.2 Wird das Kind von Geschwistern eines leiblichen Elternteils (also Onkel oder Tante) adoptiert, bleibt der „neue" Adoptivelternteil auch weiterhin Onkel bzw Tante[14]. Die Eltern des leiblichen Elternteils, vor der Annahme „nur" leibliche Großeltern des Kindes, behalten diesen Status über § 1756 Abs 1; mit der Annahme wird über § 1754 zusätzlich eine Adoptivverwandtschaft gleichen Grades begründet[15].

5 **b) Erbrechtliche Folgen.** Durch den Statuserhalt und zugleich die adoptionsbedingte Neubegründung von Verwandtschaftsverhältnissen (Statuskumulation) können sich erhebliche Veränderungen für das gesetzliche Erbrecht ergeben. Für das **Erbrecht des Kindes** kann sich eine Mehrfachberechtigung **als Erbe der ersten Ordnung** entstehen (Rn 5.1).

---

[5] *Erman/Saar* Rn 3; allgM.
[6] MünchKommBGB/*Maurer* Rn 3.
[7] MünchKommBGB/*Maurer* Rn 3.
[8] RGRK/*Dickescheid* Rn 5 mN des Streitstandes.
[9] MünchKommBGB/*Maurer* Rn 3.
[10] AA RGRK/*Dickescheid* Rn 4.
[11] MünchKommBGB/*Maurer* Rn 9; *Soergel/Liermann* Rn 6.
[12] *Staudinger/Frank* Rn 17 mN des Streitstandes.
[13] MünchKommBGB/*Maurer* Rn 9.
[14] *Staudinger/Frank* Rn 14.
[15] *Soergel/Liermann* Rn 7; *Staudinger/Frank* Rn 15, 17 mN des Streitstandes; aA wohl MünchKommBGB/*Maurer* Rn 10.

Bestehenbleiben von Verwandtschaftsverhältnissen § 1756

Das ist etwa der Fall, wenn der Bruder des leiblichen Vaters das Kind adoptiert und es um die Beerbung der 5.1
Großeltern durch das angenommene Kind geht, wenn der Adoptivvater selbst vorverstorben ist (§ 1924 Abs 2).
Rechtlich konstruktiv ist das Kind Erbe der ersten Ordnung nach den Großeltern
– einmal als Adoptivenkelkind über den Adoptivvater (zugleich Onkel),
– zum andern als leibliches Enkelkind, Rn 4.2.

Das angenommene Kind ist danach Erbe der ersten Ordnung über zwei Stämme. Haben die Großeltern noch ein
weiteres Kind, erbt das angenommene Kind 2/3, das weitere Kind 1/3; § 1924 Rn 12, § 1927 Rn 3[16]. Diese
Mehrfachverwandtschaft ist aber nicht unbestritten, muss aber wohl wegen der rechtskonstruktiven Grundlage der
Adoption hingenommen werden, zumal die Ausgliederung des leiblichen Elternteils nichts an der Eigenschaft des
Kindes als leiblicher Abkömmling ändert[17], Rn 4.2.

Für das Erbrecht des Kindes als gesetzlicher **Erbe der zweiten Ordnung** gilt Folgendes: 6

– **Statuserhalt:** Da die Verwandtschaft zu anderen als den bisherigen Eltern bestehen bleibt, wäre das
angenommene Kind im Verhältnis zu den Abkömmlingen der leiblichen Eltern grundsätzlich Erbe
der zweiten Ordnung (§ 1925 Abs 1). Nach § 1925 Abs 4 treten jedoch die Abkömmlinge der
ehemaligen Eltern, meist also deren Kinder, trotz Fortbestehens der ursprünglichen Verwandtschaftsbeziehung im Verhältnis zueinander nicht an die Stelle der gemäß § 1755 Abs 1 S 1 mit dem
Angenommenen nicht mehr verwandten Eltern. Das an sich gegebene gegenseitige Eintrittsrecht der
Abkömmlinge der leiblichen Eltern als Erben der zweiten Ordnung ist ausgeschlossen[18]. Das angenommene Kind beerbt also nicht seine leiblichen Geschwister, wenn der leibliche Elternteil vorverstorben ist. Umgekehrt gilt dies ebenfalls (Rn 7).
– **Statuskumulation:** Anderes gilt, wenn das gesetzliche Erbrecht auf dem durch die Adoption
begründeten Verwandtschaftsverhältnis beruht, so bei der Adoption eines oder beider Kinder durch
die gemeinsamen Großeltern (Rn 6.2). Das Gleiche gilt im Falle der **Stiefkindadoption**, wenn die
Geschwisterbeziehung nicht nur vom verstorbenen, sondern auch vom überlebenden Elternteil
vermittelt wurde[19].
– **Statuswechsel:** Das Kind kann den leiblichen Elternteil, zu dem das rechtliche Eltern-Kind-Verhältnis erloschen ist, dann gesetzlich beerben, wenn die Erbrechtsposition nicht auf dem gemäß
§ 1755 Abs 1 S 1 erloschenen Eltern-Kind-Verhältnis beruht, sondern auf dem durch die Annahme
neu begründeten Verwandtschaftsverhältnis (Rn 6.3; § 1925 Rn 10).

Das adoptierte Kind ist Adoptivkind Erbe erster Ordnung nach den adoptierenden Großeltern. Ob dies nur der 6.1
Fall ist, wenn der leibliche Elternteil, zu dem das Eltern-Kind-Verhältnis erloschen ist, vorverstorben ist[20], ist kaum zu
begründen, auch wenn das Ergebnis einer Erbengemeinschaft zwischen leiblichem Elternteil und leiblichem Kind ggf
unerfreulich ist. Das adoptierte Kind ist Erbe dritter Ordnung auch nach seinen leiblichen Geschwistern, wenn die
adoptierenden Großeltern vorverstorben sind. § 1925 Abs 4 gilt nicht.

Bei der Annahme des Kindes durch die Großeltern wird das angenommene Kind als Abkömmling der nunmehrigen 6.2
Adoptiveltern Erbe der zweiten Ordnung nach dem leiblichen (ehemals auch rechtlichen) Elternteil (§ 1925 Abs 1)[21].
Hier gilt § 1925 Abs 4 nicht. Bei der Annahme durch einen Geschwister des leiblichen Elternteils wird der leibliche
Elternteil zum Onkel oder zur Tante und kann so Erbe der zweiten Ordnung werden[22].
§ 1925 Abs 4 gilt nicht, da es nicht um das Eintrittsrecht nach der leiblichen Elternschaft geht.

Keine Einschränkungen ergeben sich für die erbrechtliche Stellung in dritter Ordnung[23]. Eine Erhöhung des 6.3
Erbanteils bei Statuskumulation und damit verbundener Erbfolge in mehreren Stämmen ist auch in dieser Ordnung
umstritten (Rn 5.1).

Beerbung des Kindes: 7
– Der **leibliche Elternteil,** zu dem das Verwandtschaftsverhältnis erloschen ist, scheidet in seiner
Eigenschaft als Elternteil (Statusverlust) als Erbe der zweiten Ordnung aus. Das führt aber nicht dazu,
dass der leibliche Elternteil als jeweiliger Abkömmling seiner eigenen Eltern ausscheidet[24], Rn 7.1.
Wurde das Kind durch die Großeltern (Eltern des leiblichen Elternteils) adoptiert, kann infolge eines
Statuswechsels der ehemalige Elternteil als Abkömmling seiner Eltern (und Adoptivgeschwister des
leiblichen Kindes, Rn 4.1) Erbe der zweiten Ordnung nach dem leiblichen Kind sein[25], § 1926
Rn 10.
– **Leibliche Geschwister** werden vom Eintrittsrecht als Erben zweiter Ordnung nach ihrem leiblichen
Elternteil, zu dem das Eltern-Kind-Verhältnis erloschen ist, durch die Sonderregelung des § 1925

---

[16] Staudinger/Frank Rn 16 mit einem weiteren Beispiel; Dieckmann FamRZ 1979, 389, 394: der leibliche Vater darf aber nicht mehr leben.
[17] Gegen eine Doppelberechtigung Gernhuber/Coester-Waltjen § 68 X Fn 220; MünchKommBGB/Maurer Rn 10: es wird erbvertragliche Regelung angeraten.
[18] Staudinger/Frank Rn 21: § 1925 Abs 4 habe konstitutive Regelung, aA Schmitt-Kammler FamRZ 1978, 570, 571: nur klarstellend.
[19] MünchKommBGB/Maurer Rn 11; Schmitt-Kammler FamRZ 1978, 570, 574.
[20] Dieckmann FamRZ 1979, 389, 394.
[21] Schmitt-Kammler FamRZ 1978, 570, 573.
[22] Dieckmann FamRZ 1979, 389, 394.
[23] Schmitt-Kammler FamRZ 1978, 570, 571.
[24] Schmitt-Kammler FamRZ 1978, 570, 572; Staudinger/Werner § 1925 Rn 7; aA Staudinger/Frank Rn 24; Dieckmann FamRZ 1979, 389, 395, der nur die Abkömmlinge des leiblichen Vaters als Erben der dritten Ordnung akzeptieren will.
[25] Schmitt-Kammler FamRZ 1978, 570, 573; wohl unstr; vgl Staudinger/Frank Rn 25; Soergel/Liermann Rn 8.

§ 1756 Buch 4. Abschnitt 2. Verwandtschaft

Abs 4 ausgeschlossen, nicht aber als Erben dritter Ordnung nach § 1926 Abs 1 als Abkömmling aller gemeinsamen Großeltern. Haben Großeltern adoptiert, sind die leiblichen Geschwister Erben zweiter Ordnung nach den Adoptiveltern. § 1925 Abs 4 kann nicht angewendet werden[26].

– Bei der Annahme des Kindes durch einen Onkel oder eine Tante entsteht hinsichtlich der **Großeltern** eine Statuskumulation (Rn 4.2). Sind die Adoptiveltern vorverstorben und noch weitere Großeltern vorhanden, könnte sich die Statuskumulation auch erbrechtlich auswirken, indem gem § 1927 ein Zusatzerbteil entsteht[27], § 1927 Rn 3.

7.1 So als Erbe der dritten Ordnung (bei Adoption des Kindes durch einen Geschwister des leiblichen Elternteils) (§ 1926 Abs 1, 2). Der Statusverlust des leiblichen Elternteils bezieht sich nur auf das durch die Adoption aufgelöste Eltern-Kind-Verhältnis, nicht aber auf seine Eigenschaft als Abkömmling seiner sonstigen Verwandten[28]. Diese familienrechtlichen Beziehungen des leiblichen Elternteils zu seinen eigenen Verwandten werden durch die Adoption des Kindes nicht eingeschränkt, so dass auf dieser Verwandtschaftsbeziehung beruht aber die Erbrechtsposition des leiblichen Elternteils. Eine andere Betrachtung führt letztlich dazu, dass eine adoptionsrechtliche Regelung mittelbar die erbrechtliche Regelung über die ausdrückliche Bestimmung des § 1925 Abs 4 hinaus modifiziert. Schmitt-Kammler zeigt auch auf, dass eine Schlechterstellung des leiblichen Elternteils als Repräsentant seiner Eltern gegenüber anderen Geschwistern nicht überzeugen kann (S 372). Weiter ist zu bedenken, dass keine Zweifel an der (indirekten) Beerbung des adoptierten Kindes durch seinen leiblichen Elternteil bestehen, wenn die Großeltern des Kindes als Erben der dritten Ordnung erst das Kind erst beerbt hätten und dann verstürben (S 372).

8 **2. Umgangsrechte, Unterhalt.** Über den Statuswechsel könnten sich **Umgangsrechte** der leiblichen Eltern trotz Adoption ergeben (§ 1685 Abs 1). Richtiger aber ist es, die Umgangsrechte aus der Eltern-Kind-Beziehung völlig erlöschen zu lassen und insoweit die Bestimmung des § 1685 nicht anzuwenden, weil sie für Fälle des Statuswechsels über eine Adoption nicht gedacht ist (Rn 8.1). Erhalten bleiben aber selbstverständlich die bisherigen Umgangsrechte der bisherigen Großeltern, Geschwister ist nach § 1685 Abs 1. **Unterhaltspflichten** und Unterhaltsansprüche der leiblichen Eltern können ggf über die Adoptivverwandtschaft gemäß § 1601 grds begründet und geltend gemacht werden, wenn der Anspruch vom Kind bzw den leiblichen Eltern unmittelbar und nicht vom Sozialleistungsträger als übergegangene Forderung geltend gemacht wird (§ 94 Abs 1 S 3 SGB XII).

8.1 Auch hier ist nur über § 1666 ein Umgangsrecht zu begründen, so dass nicht schon einfache Kindeswohlüberlegungen die Fortsetzung des Kontaktes zwischen angenommenem Kind und leiblichen Eltern gegen den Willen der Adoptiveltern begründen können (§ 1755 Rn 9).

9 **3. Stiefkindadoption (Abs 2). a) Statusfolgen. Abs 2** bringt im Fall der Stiefkindadoption eine wesentliche Ausnahme vom Grundsatz der Volladoption hinsichtlich des Erlöschens der Verwandtschaftsbeziehungen zur Familie des verstorbenen leiblichen Elternteil. Dem angenommenen Kind bleiben seine Rechtsbeziehungen zu den Verwandten des verstorbenen leiblichen Elternteils erhalten, wenn dieser im Zeitpunkt seines Todes die elterliche Sorge hatte[29]; das Kind erhält über die Annahme eine **dritte Aszendentenlinie**[30]. Unerheblich ist, ob es sich um ein alleiniges oder ein gemeinsames Sorgerecht handelte[31], ob die Eltern des Kindes im Zeitpunkt des Todes des anderen Elternteils oder früher verheiratet waren oder nicht[32]. Um Unklarheiten zu vermeiden, kann von einer elterlichen Sorge nur ausgegangen werden, wenn sie nicht teilweise entzogen war oder ruhte; nur eine umfassende (Mit-)Verantwortung lässt die Grundlage der Ausnahmeregelung, eine enge Beziehung des Elternteils zu dem Kind, vermuten. **Scheitert eine Stiefkindadoption am Tod des mit dem Annehmenden verheirateten Elternteil** des Kindes, ist die Vorschrift über den Statuserhalt zu den Verwandten des verstorbenen Elternteils analog anzuwenden, wenn das Kind nun vom Stiefelternteil alleine adoptiert wird[33]. Eine besondere Statusfolge ergibt sich, wenn **nach einer Verwandten- oder Verschwägertenadoption erneut eine Stiefkindadoption** vorgenommen wird[34].

10 **b) Erbrechtliche Folgen.** Für leibliche Geschwister des vom Stiefvater angenommenen Kindes gilt grds auch die Regelung des § 1925 Abs 4. Die hM wendet die Vorschrift aber nicht umfassend auf alle Geschwister des Kindes an, sondern nur auf Geschwister, deren Verwandtschaft nur über den verstorbenen Elternteil vermittelt wurde, § 1925 Rn 11[35]. Soweit das Geschwisterverhältnis auf der gemeinsamen Abstammung von dem leiblichen und auch rechtlichen Elternteil beruht, bleibt die Erbrechtsposition als Erbe der zweiten Ordnung in beiden Richtungen erhalten[36].

---

[26] *Schmitt-Kammler* FamRZ 1978, 570, 571.
[27] *Dieckmann* FamRZ 1979, 389, 395.
[28] *Schmitt-Kammler* FamRZ 1978, 570, 572.
[29] *Staudinger/Frank* Rn 26 ff zur berechtigten Kritik an diese Kriterium.
[30] Vgl *Staudinger/Frank* Rn 5.
[31] MünchKommBGB/*Maurer* Rn 11.
[32] *Staudinger/Frank* Rn 26; das KindRG brachte insoweit eine Klarstellung. Zur Früheren Anwendung auf außerehelich geborene Kinder vgl MünchKommBGB/*Lüderitz* 3. Aufl Rn 14.
[33] LG Koblenz Rpfleger 2001, 34; *Staudinger/Frank* Rn 30; RGRK/*Dickescheid* Rn 14; allgM.
[34] Näher *Staudinger/Frank* Rn 31 ff.
[35] *Staudinger/Frank* Rn 29 mN des Streitstandes.
[36] *Schmitt-Kammler* FamRZ 1978, 570, 574.

§ 1757 Name des Kindes

(1) ¹Das Kind erhält als Geburtsnamen den Familiennamen des Annehmenden. ²Als Familienname gilt nicht der dem Ehenamen oder dem Lebenspartnerschaftsnamen hinzugefügte Name (§ 1355 Abs. 4; § 3 Abs. 2 des Lebenspartnerschaftsgesetzes).

(2) ¹Nimmt ein Ehepaar ein Kind an oder nimmt ein Ehegatte ein Kind des anderen Ehegatten an und führen die Ehegatten keinen Ehenamen, so bestimmen sie den Geburtsnamen des Kindes vor dem Ausspruch der Annahme durch Erklärung gegenüber dem Vormundschaftsgericht; § 1617 Abs. 1 gilt entsprechend. ²Hat das Kind das fünfte Lebensjahr vollendet, so ist die Bestimmung nur wirksam, wenn es sich der Bestimmung vor dem Ausspruch der Annahme durch Erklärung gegenüber dem Vormundschaftsgericht anschließt; § 1617 c Abs. 1 Satz 2 gilt entsprechend.

(3) Die Änderung des Geburtsnamens erstreckt sich auf den Ehenamen des Kindes nur dann, wenn sich auch der Ehegatte der Namensänderung vor dem Ausspruch der Annahme durch Erklärung gegenüber dem Vormundschaftsgericht anschließt; die Erklärung muss öffentlich beglaubigt werden.

(4) ¹Das Vormundschaftsgericht kann auf Antrag des Annehmenden mit Einwilligung des Kindes mit dem Ausspruch der Annahme
1. Vornamen des Kindes ändern oder ihm einen oder mehrere neue Vornamen beigeben, wenn dies dem Wohl des Kindes entspricht;
2. dem neuen Familiennamen des Kindes den bisherigen Familiennamen voranstellen oder anfügen, wenn dies aus schwerwiegenden Gründen zum Wohl des Kindes erforderlich ist.
²§ 1746 Abs. 1 Satz 2, 3, Abs. 3 erster Halbsatz ist entsprechend anzuwenden.

Schrifttum: *Henrich*, Die Wirksamkeit der Adoption als Vorfrage für die Namensführung des Adoptierten (zu OLG Karlsruhe, 30. 1. 1997, 11 Wx 42/96), IPRax 1998, 96; *Sturm*, Der Familienname des Kindes nach dem FamNamRG-E, StAZ 1993, 273.

Übersicht

	Rn		Rn
I. Normzweck	1	a) Der Angenommene ist im Zeitpunkt der Adoption verheiratet	10
II. Auswirkungen der Adoption auf den Geburtsnamen des Angenommenen (Abs 1, 2)	2	b) Die Ehe des Angenommenen ist bei der Adoption aufgelöst	12
1. Einzeladoption	3	2. Der Geburtsname des Ehegatten des Angenommenen ist Ehename	13
2. Annahme durch Ehegatten oder Adoption des Stiefkindes	4	a) Der Angenommene ist im Zeitpunkt der Adoption verheiratet	13
3. Folgen einer späteren Änderung des Familiennamens des Annehmenden	6	b) Die Ehe des Angenommenen ist bei der Adoption aufgelöst	14
4. Folgen der Änderung des Geburtsnamens des Angenommenen auf seine Abkömmlinge (Adoptivenkelkinder)	7	**IV. Veränderungen beim Vornamen (Abs 4 S 1 Nr 1)**	15
III. Auswirkung der adoptionsbegründeten Änderung des Geburtsnamens auf einen Ehenamen (Abs 3) und Begleitnamen	9	**V. Hinzufügen des alten Familiennamens (Abs 4 S 1 Nr 2)**	17
1. Der Geburtsname des Angenommenen ist Ehename	10	**VI. Anfechtbarkeit der Entscheidung**	20
		VII. Internationales Privatrecht	21

I. Normzweck

Die Vorschrift will grds die Adoptivfamilie auch hinsichtlich des Familiennamens der leiblichen Kernfamilie gleichstellen. Ein Neuanfang soll auch für den Vornamen möglich sein. Dem Interesse des Angenommenen an der Fortführung des bisherigen Familiennamens wird Rechnung getragen, indem ein Mehrfachname aus dem bisherigen und dem neuen Familiennamen gebildet werden kann. Ebenso im Interesse der Namenskontinuität soll sich die Änderung des Geburtsnamens nicht zwingend auf einen vom Geburtsnamen abgeleiteten Ehenamen auswirken. **1**

II. Auswirkungen der Adoption auf den Geburtsnamen des Angenommenen (Abs 1, 2)

Welchen Namen der Angenommene erhält, hängt davon ab, ob das Kind durch eine Einzelperson oder durch ein Ehepaar gemeinsam bzw als Stiefkind durch den Ehegatten des Elternteils des Angenommenen adoptiert wird. Die in Abs 2 und Abs 4 vorgesehenen Gestaltungsmöglichkeiten für die Beteiligten sind abschließender Natur. Wird ein Antrag gestellt, der sich auf eine nach dem Gesetz nicht mögliche Namensfolge richtet, ist der Antrag auf Annahme als Kind als unzulässig zurückzuweisen[1]. **2**

---

[1] OLG Hamm NJWE-FER 2001, 95, 96; nicht erörtert von OLG Zweibrücken FGPrax 2001, 75 für eine Erwachsenenadoption. Die dort vorgesehene Anfechtungsmöglichkeit drängt den Beteiligten eine so nicht gewünschte Adoption auf.

§ 1757

3 1. Einzeladoption. Bei der Einzeladoption erhält das Kind kraft Gesetzes mit Wirkung für die Zukunft[2] den Familiennamen des Annehmenden (Abs 1 S 1), und zwar unabhängig von dessen Familienstand. Ein eventueller Begleitname aus einer Ehe wird nicht weitergegeben (Abs 1 S 2)[3]. Die Namensführung ist zwingend durch das Gesetz vorgegeben; das Gericht hat keinerlei Möglichkeiten, eine **andere Namensführung** zu gestatten[4]; eine Anschlusserklärung des Kindes ist weder nötig noch möglich. Wird dem Anzunehmenden vom Gericht gestattet, den bisher geführten Familiennamen entgegen Abs 1 S 1 weiterzuführen, so entbehrt diese Teilentscheidung jeglicher Rechtsgrundlage und ist nichtig (Rn 3.1)[5], ohne die Wirksamkeit des Adoptionsbeschlusses iÜ zu beeinflussen[6]. Ist nur der angegebene Name des Annehmenden falsch, hat dies für die Wirksamkeit des Adoptionsdekrets keine Bedeutung, da die Entscheidung insoweit nicht konstitutiv ist, sondern nur eine Rechtsfolge der Adoption enthält[7]. Ist die Entscheidung hinsichtlich des Namens offensichtlich unrichtig, kann sie entspr § 319 ZPO berichtigt werden[8].

3.1 Sachgerecht erscheint die analoge Anwendung des § 44 Abs 4 VwVfG, da der Adoptionsbeschluss auf der Grundlage des Dekretsystems eher einer behördlichen Entscheidung entspricht als einem Rechtsgeschäft, die Regelung des VwVfG auch für Verwaltungsakte gilt, die nur auf Antrag erlassen werden.

4 2. Annahme durch Ehegatten oder Adoption des Stiefkindes. Wird das Kind durch ein Ehepaar bzw durch einen Ehegatten als Stiefkind angenommen, kommt es auf die Namensführung in der Ehe an.
- Führen die Eheleute einen **Ehenamen,** erhält das Kind den Ehenamen ohne Begleitnamen. Hinsichtlich der zwingenden Namensfolge und der Folgen eines Verstoßes gegen diese Rechtswirkung gilt dasselbe wie bei der Annahme durch eine Einzelperson (Rn 3).
- Führen die Annehmenden **keinen Ehenamen,** bestimmen die Annehmenden – in Anknüpfung an das allgemeine Namensrecht (vgl § 1617 Abs 1) – den Geburtsnamen durch Erklärung gegenüber dem Gericht (Abs 2 S 1 HS 1). Die entspr Anwendung des § 1617 Abs 1 (S 1 HS 2) bedeutet, dass der **bestimmbare Name** der aktuell geführte Name, nicht der Geburtsname des Elternteils ist (§ 1617 Abs 1 S 1), dass der Begleitname des Ehegatten nicht Bestandteil des Geburtsnamens des Kindes werden kann, § 1617 Rn 5[9]. Ein **Doppelname** aus den Familiennamen der Annehmenden kann nicht gebildet werden (§ 1617 Abs 1; vgl § 1617 Rn 6); die Wahl des Namens ist auch für weitere Kinder verbindlich (§ 1617 Abs 1 S 3), unabhängig davon, ob es sich um leibliche oder Adoptivkinder handelt[10], § 1617 Rn 13. **Sind bereits Kinder vorhanden,** deren Namen auf der Grundlage des § 1617 Abs 1 S 1 bestimmt wurde, erhält das angenommene Kind kraft Gesetzes deren Namen und zwar unabhängig davon, ob das angenommene Kind lebensälter ist als bereits in der Ehe geborene Kinder, im Namensbestimmungsrecht nach § 1757 Abs 2 HS 1 entfällt[11]. Wird dennoch **ein abweichender Name bestimmt** und in das Adoptionsdekret aufgenommen, ist die Entscheidung zwar insoweit rechtswidrig, jedoch nicht in allen Fällen (Rn 4.1) unwirksam[12]. In diesen Fällen ist der – fehlerhafte – Name einzutragen. **Förmlich** kann die Bestimmung mit dem Adoptionsantrag vorgenommen werden; erfolgt sie unabhängig davon, ist sie öffentlich zu beglaubigen (§ 1617 Abs 1 S 2). Zuständig hierfür ist auch der Standesbeamte § 31 a Abs 1 S 1 Nr 1 PStG[13], da die exklusive Zuständigkeit des Gerichts nur hinsichtlich der Empfangszuständigkeit, nicht der Dokumentation besteht; die Verweisung auf § 1617 Abs 1 S 2 dehnt die Zuständigkeit des Standesbeamten auch auf die „künftigen" Eltern aus. Kommt es zu **keiner Einigung der Annehmenden** über die Bestimmung, können Zweifel bestehen, ob die Adoption dem Kindeswohl dient. Eine zwingende Versagung ist aber nicht möglich[14], da die fehlende Namensbestimmung nicht auf Uneinigkeiten der Annehmenden in Bezug auf die Adoption selbst zurückgehen muss, Uneinigkeiten über die Namensbestimmung und unterschiedliche Namensführung in einer Familie für das Kind nicht notwendig zu Problemen führen müssen. Das Gesetz akzeptiert schon über die Voraussetzung der Anschlusserklärung des Kindes den Fortbestand des Geburtsnamens des Anzunehmenden, wenn die Annehmenden keinen Ehenamen führen (Rn 5). Daher kann die

---

[2] *Henrich/Wagenitz/Bornhofen*, Deutsches Namensrecht, § 1757 Rn 23.
[3] OLG Köln BeckRS 2003, 8409; zur Interessenfrage bei der ausnahmsweise zulässigen Einzeladoption durch einen Verheirateten *Soergel/Liermann* Rn 4.
[4] OLG Karlsruhe StAZ 1999, 372, 373: die Regelung ist verfassungsgemäß; ebenso BayObLG FamRZ 2003, 1869 f; OLG Celle FamRZ 1997, 115.
[5] OLG Karlsruhe StAZ 1999, 372 f; FGPrax 1999, 58, 59; zust *Liermann* FamRZ 2000, 722, 723.
[6] *Liermann* FamRZ 2000, 722, 723.
[7] BayObLGZ 1993, 179, 182; zur Rechtsfolge, wenn der echte Name nicht festgestellt werden kann, aaO S 184.
[8] OLG Karlsruhe IPRax 1998, 110, 111 für den Fall einer falschen Schreibweise; BayObLGZ 1985, 184, 187; *Keidel/Schmidt* § 18 FGG Rn 60.
[9] *Soergel/Liermann* Rn 13 a.
[10] *Palandt/Diederichsen* Rn 5, 7.
[11] OLG Hamm NJWE-FER 2001, 95 f; verfassungsrechtlich unbedenklich, aaO S 96.
[12] BayObLG NJOZ 2004, 4507, 4509.
[13] *Soergel/Liermann* Rn 7; aA *Sturm* StAZ 1993, 273, 277. Ab 1. 1. 2009, § 1616 Rn 2.3, gilt hier § 45 Abs 1 S 1 Nr 1 PStG.
[14] AA hinsichtlich der fehlenden Einigung wohl hM, *Henrich/Wagenitz/Bornhofen*, Deutsches Namensrecht, § 1757 Rn 11; *Soergel/Liermann* Rn 8; *Erman/Saar* Rn 4; MünchKommBGB/*Maurer* Rn 4: „regelmäßig".

Name des Kindes § 1757

Namensbestimmung auch nicht als Zulässigkeitsvoraussetzung für die Adoption selbst gewertet werden. Erfolgt die Adoption ohne wirksame Namensbestimmung, behält das Kind seinen ursprünglichen Geburtsnamen[15]. Der Antrag ist jedoch abzulehnen, wenn die Annehmenden ausdrücklich eine nach dem Gesetz nicht mögliche Namensfolge (Rn 2) beantragen[16].

Wird in der gerichtlichen Namensbestimmung von der Regelung des § 1617 Abs 1 S 3 abgewichen, indem der Angenommene einen anderen Namen als ein Geschwisterkind erhält, ist dieser Teil des Adoptionsdekrets dennoch bindend. Das geltende Namensrecht ermöglicht in nicht geringem Umfang Namensdifferenzen innerhalb der Familie, die Abweichung ist daher nicht grundsätzlicher Natur[17]. Entspr gilt, wenn das Gericht den bisherigen Geburtsnamens zum neuen Familiennamen des ledigen Volljährigen Angenommenen und den Namen des Annehmenden als Geburtsnamen bestimmt. Auch in § 1757 Abs 3 ist die Differenz zwischen Familiennamen des Annehmenden und Familiennamen des Angenommenen ermöglicht, ebenso in § 1757 Abs 4 Nr 2[18]. 4.1

Hat das **Kind das fünfte Lebensjahr vollendet,** muss es der Namensbestimmung **zustimmen.** Hinsichtlich der **Handlungsfähigkeit** des minderjährigen Kindes gilt § 1617c Abs 1 S 2 (§ 1757 Abs 2 S 2 HS 2; § 1617c Rn 5). Fehlt die wirksame Zustimmung, behält das Kind seinen bisher geführten Geburtsnamen[19]. Die Zustimmung muss **öffentlich beglaubigt** sein; die eingeschränkte Verweisung auf § 1617c Abs 1 S 2, nicht auf S 3 HS 2 beruht auf einem Redaktionsversehen[20]. **Zeitlich** müssen Bestimmung der Annehmenden und Zustimmung der Anzunehmenden vor dem Ausspruch der Adoption durch das Gericht formgerecht erfolgt sein; eine nachträgliche Erklärung hat keine rechtliche Bedeutung[21]. Das angenommene Kind behält als gesetzliche Folge seinen bisherigen Namen bei; eine Namensänderung ist nur nach den allg Vorschriften möglich. **Stimmt das Kind der Bestimmung nicht zu,** behält der Angenommene seinen Geburtsnamen; der Adoptionsantrag kann nicht allein deshalb zurückgewiesen werden[22]. 5

3. Folgen einer späteren Änderung des Familiennamens des Annehmenden. Ändert sich der Familienname der bzw des Annehmenden nach der Annahme, gelten mangels einer eigenständigen Regelung im Adoptionsrecht die allgemeinen namensrechtlichen Vorschriften: Die Änderung des Ehenamens des Annehmenden erstreckt sich auf den Namen des Angenommenen vorbehaltlich einer erforderlichen Zustimmung des Kindes (§ 1617c Abs 2 Nr 1)[23], § 1617c Rn 6. Ändert sich der **Geburtsname** des Adoptivelternteils, der gemäß Abs 2 als Name des Kindes bestimmt wurde, erstreckt sich die Änderung vorbehaltlich einer erforderlichen Zustimmung des Kindes auch auf den Namen des Kindes; § 1617c Abs 2 Nr 2 gilt im Interesse der Namenseinheit auch, wenn die Namensbestimmung mittelbar über die Verweisung in § 1757 Abs 2 S 1 HS 2 auf § 1617 zurückgeht. Ändert sich der Familienname des Annehmenden infolge einer Eheschließung oder der Begründung einer Lebenspartnerschaft, hat dies keine Auswirkung auf den Geburtsnamen des Angenommenen (vgl § 1617c Abs 2 Nr 2; dort Rn 11). 6

4. Folgen der Änderung des Geburtsnamens des Angenommenen auf seine Abkömmlinge (Adoptivenkelkinder). Ist der Geburtsname des Angenommenen (etwa über § 1616 oder § 1617 Abs 1 S 1) Grundlage der Namensführung eines eigenen Kindes (relevant idR nur für die Annahme eines Volljährigen) gelten die allgemeinen Regeln des § 1617c: Das Kind des Angenommenen nimmt grds kraft Gesetzes an der neuen Namensführung des Angenommenen teil, soweit sich sein Geburtsname vom Geburtsnamen des Angenommen ableitet; ab der Vollendung des fünften Lebensjahres bedarf es hierzu einer Anschlusserklärung (§ 1617c Rn 4). Beruht der Name des Adoptivenkelkindes gemäß § 1616 auf dem Ehenamen und ist Ehename der Geburtsname des Angenommenen, ändert sich der **Ehename** infolge der Adoption nur, wenn sich der Ehegatte des Angenommenen der Änderung des Geburtsnamens anschließt, § 1757 Abs 3 (Rn 10). Fehlt es an dieser Anschlusserklärung, bleibt der Name unverändert. Wurde der Geburtsname des Angenommenen auf Grund der Bestimmung nach § 1617 Abs 1 S 1 zum Geburtsnamen seines Kindes, so erstreckt sich die adoptionsbegründete Namensänderung gemäß § 1617c Abs 2 Nr 2 auf das Kind des Angenommenen, das das fünfte Lebensjahr vollendet hat, wenn es sich der Namensänderung anschließt. 7

Ist das **Adoptivenkelkind verheiratet,** ändert sich bei entspr Anschlusserklärung sein Geburtsname. Wurde dieser Geburtsname zum Ehenamen bestimmt, beeinflusst die adoptionsbegründete Änderung des Geburtsnamens den Ehenamen nur, wenn sich der Ehegatte des Adoptivenkelkindes der Änderung des Namens anschließt (§ 1617c Abs 3 HS 1) (§ 1617c Rn 14). 8

---

[15] Soergel/Liermann Rn 9; Gernhuber/Coester-Waltjen § 68 IX 4; Henrich/Wagenitz/Bornhofen, Deutsches Namensrecht, § 1757 Rn 11.
[16] OLG Hamm FGPrax 2001, 20, 21.
[17] BayObLG NJOZ 2004, 4507, 4509.
[18] BayObLGZ 2002, 155, 158 f.
[19] Erman/Saar Rn 5.
[20] FamRefK/Maurer Rn 6; zust Erman/Saar Rn 5.
[21] Henrich/Wagenitz/Bornhofen, Deutsches Namensrecht, § 1757 Rn 13.
[22] Soergel/Liermann Rn 12 m überzeugender Begr; Gernhuber/Coester-Waltjen § 68 IX 4 mwN; aA Staudinger/Frank Rn 17 wenn auch kritisch gegenübern dieser Konsequenz; wohl auch Palandt/Diederichsen Rn 8: „Ziel der Adoption in Frage gestellt".
[23] MünchKommBGB/Maurer Rn 5.

§ 1757 Buch 4. Abschnitt 2. Verwandtschaft

III. Auswirkung der adoptionsbegründeten Änderung des Geburtsnamens auf einen Ehenamen (Abs 3) und Begleitnamen

9 Einer gesonderten Regelung bedarf die Namensführung für den verheirateten Angenommenen, da insoweit auch Namensinteressen des Ehegatten des Angenommenen betroffen sein können, wenn auf der Grundlage des § 1355 Abs 1 S 1 ein Ehename bestimmt wurde. Wurde **kein Ehename** bestimmt, gilt die allgemeine Rechtsfolge des § 1757 Abs 1: Der Name des Angenommenen ändert sich kraft Gesetzes; der Angenommene hat die Möglichkeit, den früheren Namen dem neuen Namen hinzuzufügen (näher Rn 16).

1. Der Geburtsname des Angenommenen ist Ehename. a) Der Angenommene ist im Zeitpunkt der Adoption verheiratet.
10 Wurde zum Ehenamen der Geburtsname des Angenommenen bestimmt (vgl § 1355 Abs 2), ändert sich der Ehename infolge der adoptionsbegründeten Änderung des Geburtsnamens des Angenommenen (Abs 1) nur, wenn sich der Ehegatte des Angenommenen der Namensänderung anschließt (Abs 3 HS 1). Die Namensänderung tritt mit der Anschlusserklärung kraft Gesetzes ein, einer gerichtlichen Entscheidung bedarf es nicht; das Gericht soll diese Wirkung deklaratorisch in den Adoptionsbeschluss aufnehmen[24]. **Zeitlich** muss die Zustimmungserklärung vor dem Ausspruch der Adoption durch das Gericht **formgerecht,** dh öffentlich beglaubigt (Abs 3 HS 2), gegenüber dem Gericht abgegeben sein (Rn 10.1); eine **nachträgliche Zustimmung** ist ohne Wirksamkeit (Rn 5)[25]. Die Zustimmung des betroffenen Ehegatten wird regelmäßig mit der nach § 1749 (§ 1749 Rn 2) erforderlichen Zustimmung zur Adoption zusammen abgegeben werden, da auch die Zustimmung zur Namenserstreckung öffentlich beurkundet werden muss (Abs 3 HS 2). Eine Zustimmung zur Adoption selbst (vgl § 1749) enthält nicht die Zustimmung zur Änderung des Ehenamens; sie kann jedoch mit der Zustimmung zur Adoption verbunden werden und aus der Formulierung der Zustimmung entnommen werden[26]. Erteilt der betroffene Ehegatte **keine Zustimmung,** ändert sich zwar der Geburtsname des Angenommenen[27], nicht aber der Ehename, der nun als selbstständiger Familienname weiter besteht. Das Adoptionsdekret kann zur Klarstellung entspr ergänzt werden[28]. Der Angenommene kann den durch die Adoption erworbenen Geburtsnamen nicht dem fortzuführenden Ehenamen hinzufügen[29]; Rn 10.2.

10.1 Die Erklärung ist zwingend gegenüber dem Gericht abzugeben. Der Standesbeamte kann gem § 45 Abs 1 S 1 Nr 1 zwar die Erklärung beglaubigen und ihr so die richtige Form verleihen; das Standesamt ist aber nicht zuständig zum Empfang der Erklärung selbst[30].

10.2 Die eherechtliche Vorschrift des § 1355 Abs 4 S 1 setzt den Verlust des Familiennamens infolge der Eheschließung voraus, soll nicht die ausschließlich im Adoptionsrecht geregelten namensrechtlichen Folgen einer Adoption modifizieren. § 1757 Abs 2 Nr 2 wiederum setzt voraus, dass infolge der Adoption der bisherige Familienname untergeht, was aber gerade nicht der Fall ist, wenn der Ehegatte sich der Namensänderung nicht anschließt.

11 Wird die **Ehe des Angenommenen nach der Adoption aufgelöst,** wirkt sich die adoptionsbedingte Änderung des Geburtsnamens des Angenommenen auf den von ihm geführten Ehenamen nicht aus, auch wenn dieser Ehename sich von seinem früheren Geburtsnamen ableitet[31]. Es setzt sich die eherechtliche Namensregelung durch, die dem Interesse an der Namenskontinuität Vorrang gibt, indem sie einen gesetzlich Namenswechsel infolge der Auflösung der Ehe ausschließt (vgl § 1355 Abs 5 S 1). Auf den rechtlichen Charakter des Namens kommt es insoweit nicht an.

12 **b) Die Ehe des Angenommenen ist bei der Adoption aufgelöst.** Ist der Angenommene im Zeitpunkt der Adoption geschieden, ändert sich infolge der Adoption der Familienname des Angenommenen[32]. Unabhängig vom rechtlichen Charakter des Namens[33] setzt sich die in § 1757 Abs 1 vorgesehene zwingende Änderung des bis zur Adoption geführten Namens durch; die Einschränkung in Abs 3 setzt eine bestehende Ehe voraus. Die Möglichkeit, den Ehenamen fortzuführen (vgl § 1355 Abs 5 S 1), trägt dem individuellen Interesse an der Namenskontinuität bei der Auflösung der Ehe Rechnung, nicht aber einem Interesse, auf einen früheren Ehenamen hinzuweisen. Hinsichtlich der Fortführung des Begleitnamens gilt Entspr, ein Wahlrecht, wie bei bestehender Ehe (Rn 13), hat der Angenommene nicht. Dem früheren Ehegatten hingegen steht im Interesse der Namenskontinuität das Recht zu, den Ehenamen weiterzuführen.

13 **2. Der Geburtsname des Ehegatten des Angenommenen ist Ehename. a) Der Angenommene ist im Zeitpunkt der Adoption verheiratet.** Keine Auswirkung hat die Änderung des Geburtsnamens des Angenommenen auf den **Ehenamen,** wenn der Ehename sich von dem Geburtsnamen des Ehegatten des Angenommenen ableitet. Dasselbe gilt, wenn der Angenommene **als Begleitnamen** einen früheren Ehenamen führt. Hatte der Angenommene durch Erklärung gegenüber dem Standes-

---

[24] BayObLGZ 1985, 264, 267 f.
[25] BayObLGZ 1985, 264, 269; *Henrich/Wagenitz/Bornhofen,* Deutsches Namensrecht, § 1757 Rn 16 f.
[26] AG Hamburg StAZ 1990, 21.
[27] OLG Karlsruhe FGPrax 1999, 58, 59; MünchKommBGB/*Maurer* Rn 6.
[28] OLG Frankfurt StAZ 1992, 378.
[29] AA MünchKommBGB/*Maurer* Rn 6; *Gernhuber/Coester-Waltjen* § 68 IX 4.
[30] *Soergel/Liermann* Rn 19.
[31] BayObLGZ 1985, 184, 188; aA *Erman/Saar* Rn 8.
[32] *Erman/Saar* Rn 9; *Soergel/Liermann* Rn 15; RGRK/*Dickescheid* Rn 5; *Staudinger/Frank* Rn 9; aA BayObLGZ 1985, 184, 188 unter Hinweis auf die Rechtsqualität des Namens als Ehenamen; MünchKommBGB/*Maurer* Rn 6.
[33] AA *Erman/Saar* Rn 9: der Ehename verliere seine rechtliche Bedeutung infolge der Eheauflösung.

beamten nach § 1355 Abs 4 S 1 dem Ehenamen seinen **Geburtsnamen** hinzugefügt, ändert sich dieser **Begleitname** nicht zwingend. Hinsichtlich seines Begleitnamens kann der Angenommene **wählen** zwischen Fortführung des bisherigen (Geburts-) Namens und dem Wechsel zum neuen Geburtsnamen (Rn 13.1). Die adoptionsrechtlich begründete Änderung des Namens bezieht sich iS einer Herkunftsbezeichnung nur auf den Geburtsnamen, der bei verheirateten Angenommenen nicht der tatsächlich geführte Familienname sein muss. Ist der **neue Geburtsname ein Doppelname** (Rn 18), so entsteht kraft Gesetzes ein Dreifachname[34]. Der Richter hat bei seiner Entscheidung über den Antrag auf Bildung eines Doppelnamens auch diese Konsequenz zu berücksichtigen. Hatte der Angenommene dem Ehenamen einen **anderen als seinen Geburtsnamen** hinzugefügt, ändert die Adoption an der Namensführung nichts. Will der Angenommene **erstmals einen Begleitnamen** dem Ehenamen hinzufügen, kann er nur auf den infolge der Adoption geltenden Geburtsnamen zurückgreifen[35].

Eine zwingende Änderung des Begleitnamens widerspräche dem eherechtlich begründeten Charakter des Begleitnamens als Möglichkeit der Selbstdarstellung zwischen Hinweis auf Herkunft und Kontinuität der Namensführung, vgl § 1355 Abs 4 S 2, Abs 5 S 2[36]. Da der Begleitname den eherechtlichen Namensbestimmungen unterliegt, ist die Erklärung öffentlich zu beglaubigen (§ 1355 Abs 4 S 5). Wird keine Erklärung abgegeben, ist davon auszugehen, dass der alte Geburtsname als Begleitname fortbesteht[37], da damit auch bei der Bildung eines Doppelnamens dem ehenamensrechtlichen Grundsatz der Vermeidung von Dreifachnamen (§ 1355 Abs 4 S 3) entsprochen werden kann. 13.1

b) Die Ehe des Angenommenen ist bei der Adoption aufgelöst. Führt der Angenommene im Zeitpunkt der Adoption einen Ehenamen aus einer früheren, inzwischen aufgelösten Ehe, der sich vom Geburtsnamen des früheren Ehegatten ableitet, so ändert sich infolge der Adoption der Name des Angenommenen nicht. Macht der Angenommene von der unbefristeten Option des § 1355 Abs 5 S 2 Gebrauch, seinen Geburtsnamen wieder anzunehmen, so kann er nur den neuen Geburtsnamen annehmen, § 1355 Abs 6[38]; insoweit gilt die Funktion der Herkunftsbezeichnung iS der neuen Herkunft. Er kann den früheren Geburtsnamen auch nicht als bis zur Bestimmung des Ehenamens geführten Namen wieder annehmen, da diese Option voraussetzt, dass der Angenommene bei der Bestimmung des Ehenamens einen anderen als seinen Geburtsnamen führte. 14

IV. Veränderungen beim Vornamen (Abs 4 S 1 Nr 1)

Auf Antrag kann das Gericht **mit dem Ausspruch der Adoption** den Vornamen ändern oder auch neue Vornamen bestimmen. Eine nachträgliche Änderung ist auf dieser Grundlage nicht möglich[39], auch nicht, wenn es sich um eine Auslandsadoption handelt, die für den deutschen Rechtsbereich gilt[40]. Eine Ergänzung aber ist möglich, wenn das Gericht den Antrag nicht verbeschieden hat, Rn 18[41]. Andernfalls kann nur eine Änderung nach dem NamÄndG (§ 1616 Rn 12 f) weiterhelfen. Die Grenzen der **zulässigen Vornamensgestaltung** (§ 1616 Rn 8 f) gelten auch hier. Die gewünschte Änderung muss dem Wohl des Kindes entsprechen; es genügt nicht, dass kein Widerspruch zum Kindeswohl festgestellt wird. Zu bedenken ist, dass jede Änderung des Vornamens Probleme für die Identitätswahrnehmung des Kindes mit sich bringen kann[42]. 15

Grund der Änderung kann sein, die bisherige Bindung an eine – problematische – Vergangenheit zu lockern, Namensgleichheit mit anderen Kindern in der Familie zu vermeiden, den Namenstyp des in der neuen Familie geführten Vornamen anzugleichen, den faktisch verwendeten Namen zu legalisieren[43]. Die Veränderung eines ausländischen Namens in einen deutschen Namen ist in Hinblick auf die heutige Namensführung nicht ohne weiteres geboten[44]. Gegen eine Änderung des Vornamens kann insbes eine starke Identifikation des Kindes mit dem Vornamen sprechen[45]; bei Kleinkindern wird dieses Kindesinteresse nur gering zu veranschlagen sein[46]. Voraussetzung für die Änderung ist die **Einwilligung** des Kindes. Hinsichtlich der Einwilligungsfähigkeit des Anzunehmenden gilt die Regelung des § 1746 Abs 1 S 2, 3 entspr (Abs 4 S 2). Verweigert der Vormund oder Pfleger die erforderliche Zustimmung, kann sie vom Gericht ersetzt werden (Abs 4 S 2, § 1746 Abs 3 HS 1). 16

---

[34] LG Köln FamRZ 1998, 506.
[35] RGRK/*Dickescheid* Rn 5.
[36] BayObLGZ 1999, 367, 369 mN des Streitstandes; *Soergel/Liermann* Rn 18; RGRK/*Dickescheid* Rn 4; aA KG OLGZ 1988, 257, 259 f; *Staudinger/Frank* Rn 37, 38: der „alte" Begleitname entfalle, der „neue" Geburtsname könne durch Erklärung zum Begleitnamen bestimmt werden; aA LG Hanau StAZ 2002, 171, ohne Auseinandersetzung mit dem Streitstand; LG Berlin StAZ 1986, 290 f; MünchKommBGB/*Maurer* Rn 6; *Erman/Saar* Rn 6: der Begleitname ändere sich kraft Gesetzes; ebenso *v. Schorlemer,* Die zivilrechtlichen Möglichkeiten der Namensänderung, 1998, S 82.
[37] Wohl aA BayObLGZ 1999, 367, 369.
[38] MünchKommBGB/*Maurer* Rn 6; RGRK/*Dickescheid* Rn 5.
[39] AG Karlsruhe StAZ 1990, 264, 265.
[40] AG Bonn StAZ 1992, 41, 42.
[41] OLG Düsseldorf DAVorm 1983, 77, 78.
[42] Bundesarbeitsgemeinschaft der Landesjugendämter Nr 6.3.2. der Empfehlungen zur Adoptionsvermittlung, 5. Aufl 2006.
[43] OLG Düsseldorf DAVorm 1983, 87, 88; LG Aachen DAVorm 1984, 910, 912; LG Freiburg FamRZ 1980, 1068.
[44] Noch anders LG Berlin FamRZ 1979, 79.
[45] *Lüderitz* FamRZ 1993, 1263, 1264.
[46] OLG Düsseldorf StAZ 1983, 314.

§ 1757   Buch 4. Abschnitt 2. Verwandtschaft

V. Hinzufügen des alten Familiennamens (Abs 4 S 1 Nr 2)

17   Das Gericht kann im Adoptionsdekret den bisher geführten Familiennamen dem mit der Adoption erworbenen Namen voranstellen oder anfügen, wenn schwerwiegende Gründe hierfür vorliegen. Bisheriger Familienname ist der Name, der im Zeitpunkt der Adoption geführt wird, damit auch ein Ehename, den der Angenommene nach der Scheidung der früheren Ehe weiterführt, da die Option des Abs 4 S 2 Nr 2 der Kontinuität der tatsächlichen Namensführung und nicht der Kontinuität der Entwicklung der Geburtsnamen dient. **Schwerwiegende Gründe** sind gegeben, wenn damit eine erhebliche Verbesserung der Namenssituation erreicht wird[47]. Regelmäßig wird dies dann der Fall sein, wenn die Adoption durch Verwandte oder Freunde der verstorbenen Eltern erfolgt und damit die Verbindung des Angenommenen und der Annehmenden zur Herkunftsfamilie zum Ausdruck gebracht werden soll. Hinzugefügt werden kann nur der Geburtsname, nicht ein Begleitname. **Antragsbefugt** ist der Annehmende, das Kind muss der Namensergänzung **zustimmen** (vgl Rn 16 aE zur Einwilligungsfähigkeit).

18   Auf der Grundlage des Gerichtsbeschlusses **entsteht ein echter Mehrfachname** als Geburtsname, nicht nur ein Geburtsname mit Begleitnamen, Rn 18.1[48]. Die Bildung eines nur auf das Individuum abgestellten Begleitnamens hat das Gesetz nur für die Namensbildung auf Grund Eheschließung und Erklärung des Betroffenen vorgesehen; die Bildung eines **Dreifachnamens** ist nicht ausgeschlossen[49], kann aber daran scheitern, dass insoweit der Vormundschaftsrichter keinen schwerwiegenden Grund anerkennt[50]. Inwieweit sich die Änderung des Geburtsnamens auch auf den Ehenamen des Angenommenen auswirkt, ergibt sich unmittelbar aus den bürgerlich-rechtlichen Namensbestimmungen und unterliegt nicht der Entscheidung des Gerichts; auf den Rechtscharakter eines bisher geführten Namens wirkt sich die Gestaltungsentscheidung des Gerichts nicht aus[51] (Rn 10). Aussagen über einen Ehenamen sind grds ohne Wirksamkeit, der Standesbeamte ist daran nicht gebunden[52].

18.1   Die grds Unauflösbarkeit der verwandtschaftlichen Beziehung und die gesetzliche Regelung des Namensverlustes bei ausnahmsweiser Aufhebung der Adoption ergeben ein festes Namenseinheit gegenüber dem ehelichen Begleitnamen, dessen Kontinuität bei Auflösung der Ehe grds im Belieben des geschiedenen Ehegatten steht.

19   **Zeitlich** muss die Namensbestimmung zusammen mit dem Adoptionsdekret selbst erfolgen. Der Antrag muss nicht Teil des Adoptionsantrages selbst sein, er muss aber spätestens im Zeitpunkt der Adoptionsentscheidung vorliegen[53]. Die Namensentscheidung kann auch erst im Laufe des Rechtsmittelverfahrens erfolgen[54]; vgl Rn 19 zur Anfechtbarkeit der Namensentscheidung. Ein Ergänzungsbeschluss auf Grund eines **nachträglichen Antrags** ist rechtswidrig. Er wäre eine im Gesetz in keiner Weise vorgesehene offensichtlich rechtswidrige Namensänderung durch ein Gericht und daher nichtig[55]; die restriktive Anwendung der Unwirksamkeitsgründe (§ 1752 Rn 7) ist für die Namensentscheidung nicht erforderlich. Zulässig ist ein Ergänzungsbeschluss, wenn der Antrag rechtzeitig gestellt, das Gericht darüber aber nicht entschieden hat[56]; insoweit handelt es sich um eine Art Folgenbeseitigungsanspruch. Nicht möglich ist eine negative Vorabentscheidung über den Antrag auf Modifikation der gesetzlichen Namensfolge[57].

VI. Anfechtbarkeit der Entscheidung

20   Die Entscheidung des Gerichts kann hinsichtlich der Teilentscheidung über die Namensführung mit der einfachen Beschwerde (Rn 20.1) angefochten werden (vgl zur Streitfrage Rn 20.2). Wird ein Antrag zur Namensführung nicht gestellt und entspricht damit die Entscheidung dem geäußerten Willen des Angenommenen, ist die Anfechtung ausgeschlossen[58]. Im Falle einer Ablehnung bzw einer Nichtentscheidung über einen Antrag gibt es sachlich keinen Grund, die Namensentscheidung des Gerichts iVm der Adoption einer Rechtskontrolle zu entziehen, während richterliche Entscheidungen nach allgemeinem Namensrecht ohne Einschränkung mit der Beschwerde und damit ohne Rücksicht auf die Unsicherheit über die endgültige Namensführung angefochten werden können (vgl für die Einbenennung § 1618 Rn 21).

---

[47] LG Köln FamRZ 1998, 506; *Lüderitz* FamRZ 1993, 1264.
[48] BayObLGZ 1985, 184, 187; LG Lübeck StAZ 1998, 289, 290 m krit Anm *Sachse*; AG Hamburg StAZ 1990, 21, 22; LG Gießen StAZ 1984, 100 m zust Anm *Dörr* 101; *Erman/Saar* Rn 14; *Staudinger/Frank* Rn 25; aA *Soergel/Liermann* Rn 30; *Liermann* FamRZ 1993, 1263, 1264 unter Hinweis auf die veränderte Rechtssituation durch das FamNamRG.
[49] OLG Celle FamRZ 1997, 115, 116: wohl vom Gesetzgeber übersehen.
[50] MünchKommBGB/*Maurer* Rn 9.
[51] BayObLGZ 1985, 184, 187 f.
[52] AA Fachausschuss-Nr 3555 StAZ 2000, 117; das Gericht wollte aber offensichtlich nur den Ehenamen bestimmen und keinen Doppelnamen auf der Grundlage des § 1757 Abs 4 Nr 2 bilden, der mit diesem Inhalt rechtlich nicht möglich war.
[53] RGRK/*Dickescheid* Rn 15.
[54] OLG Köln FamRZ 2003, 1773, 1774.
[55] BayObLZ 1979, 346, 351: Nichtigkeit ergebe sich ua aus der Unabänderlichkeit und Unanfechtbarkeit auch der mit dem Adoptionsdekret verbundenen Namensfolge; zweifelnd OLG Hamm OLGZ 1983, 423, 425 mwN; für Nichtigkeit RGRK/*Dickescheid* Rn 15; aA *Erman/Saar* Rn 18; MünchKommBGB/*Maurer* Rn 11.
[56] OLG Hamm OLGZ 1983, 423, 426; *Soergel/Liermann* Rn 29; *Staudinger/Frank* Rn 32; offen gelassen in BayObLGZ 1979, 346, 349 f.
[57] MünchKommBGB/*Maurer* Rn 11; *Staudinger/Frank* Rn 31; aA *Erman/Saar* Rn 19.
[58] BayObLG NJOZ 2003, 249, 250 mwN.

Mit der geplanten Ablösung des FGG durch das FamFG (§ 1752 Rn 13) wird es keine unbefristete, sondern nur noch die befristete Beschwerde geben (§ 1752 Rn 13.2). 20.1

Ob die Teilentscheidung hinsichtlich der Namensfrage angefochten werden kann, ist str[59]. Die gesetzlich begründete Unanfechtbarkeit der Entscheidung gemäß § 56 e S 3 HS 1 FGG (§ 1752 Rn 6) rechtfertigt sich nur aus dem Zweck, den mit der Adoption begründeten Status des Eltern-Kind-Verhältnisses nicht mehr in Frage zu stellen. Zudem gilt die Unanfechtbarkeit nur für Entscheidungen, die dem Antrag stattgeben, während es bei der Namensführung regelmäßig darum geht, dass einem Antrag nicht entsprochen wird. Entspr bestehen auch keine Bedenken, die Anfechtung zuzulassen, wenn im Adoptionsdekret zwar eine Namensänderung erfolgt, der Angenommene jedoch behauptet, die Entscheidung sei inhaltlich falsch[60]. 20.2

VII. Internationales Privatrecht

Bei inländischen Adoptionen mit Auslandsberührung richtet sich die Namensführung nach dem Namensstatut des Art 10 Abs 1 EGBGB. Die Wirksamkeit der Adoption selbst ist nach dem Adoptionsstatut zu beurteilen[61]. Nach dem Namensstatut ist zu entscheiden, ob die Adoption die Namensführung des Angenommenen kraft Gesetzes beeinflusst oder ob es hierzu einer gerichtlichen Entscheidung bedarf. 21

– Erfolgt die **Adoption durch ein deutsches Gericht** und ist nach dem Namensstatut deutsches Recht anzuwenden, gilt unmittelbar § 1757 mit den entsprechenden Gestaltungsmöglichkeiten in Abs 2 bis 4. Ist ausländisches Recht anzuwenden, hat das Adoptionsdekret auch die Aufgabe, die Unsicherheiten der Namensführung in Hinblick auf das anzuwendende Auslandsrecht zu klären; insoweit ist eine entsprechende Aussage in der Entscheidung des Gerichts unabhängig von der richtigen gesetzlichen Namensfolge verbindlich[62].

– Wird eine **ausländische Adoptionsentscheidung anerkannt,** sei es mittelbar über § 16 a FGG oder unmittelbar über das AdWirkG (§ 1741 Rn 15) und enthält sie eine konstitutive Aussage über die Namensführung des Angenommenen, so ergibt sich die Namensführung aus der anerkannten Entscheidung[63]. Fehlt eine solche Aussage oder ist die Aussage nur deklaratorischer Art (Rn 21.1), richtet sich die Namensführung nach dem – effektiven – Personalstatut des Kindes[64]. Eine **Anerkennung nach Art 2 Abs 2 Nr 1 AdWirkG** betrifft nur die statusrechtlichen Wirkungen einer Adoption iS der §§ 1754, 1755, nicht aber die Namensführung, die auch im deutschen Recht als gesonderte Rechtswirkung normiert ist[65]. Entspricht die Wirkung der ausländischen Entscheidung hinsichtlich der Namensführung nicht dem deutschen Recht, kann auf der Grundlage des Art 3 Abs 2 AdWirkG eine Anpassung an die deutsche Rechtslage erfolgen. Damit kann auch von den Gestaltungsmöglichkeiten des § 1757 Abs 2 bis 4 Gebrauch gemacht werden[66]. Art 3 Abs 1 und 2 AdWirkG ermöglichen so eine nachträgliche Bestimmung der Namensführung durch den Richter, wenn es um die Anerkennung einer bereits getroffenen ausländischen Adoptionsentscheidung geht[67].

Damit stellt sich in den einzelnen Fällen die Frage, wie die Entscheidung der ausländischen Stelle hinsichtlich der Namensführung auszulegen ist. Ergibt sich die Namensführung des Kindes nach dem ausländischen Recht zwingend aus dem Gesetz, ohne dass ein Entscheidungsspielraum für die entscheidende Stelle besteht, so ist von einer nur deklaratorischen Entscheidung auszugehen. Es gilt dann das Personalstatut[68]. 21.1

§ 1758 Offenbarungs- und Ausforschungsverbot

(1) Tatsachen, die geeignet sind, die Annahme und ihre Umstände aufzudecken, dürfen ohne Zustimmung des Annehmenden und des Kindes nicht offenbart oder ausgeforscht werden, es sei denn, dass besondere Gründe des öffentlichen Interesses dies erfordern.

(2) ¹Absatz 1 gilt sinngemäß, wenn die nach § 1747 erforderliche Einwilligung erteilt ist. ²Das Vormundschaftsgericht kann anordnen, dass die Wirkungen des Absatzes 1 eintreten, wenn ein Antrag auf Ersetzung der Einwilligung eines Elternteils gestellt worden ist.

Schrifttum: *Lichtinger,* Das Adoptionsgeheimnis des § 1758 BGB, Bayerisches Landesjugendamt, 1996.

---

[59] Für die Anfechtbarkeit der Ablehnung der Namensänderung sprechen sich aus: OLG Zweibrücken FGPrax 2001, 75; LG Braunschweig StAZ 1999, 336, 337; LG Lübeck StAZ 1998, 289, 290; LG Koblenz StAZ 1983, 205; *Henrich* IPRax 1998, 96, 97 für Fälle mit Auslandsberührung; MünchKommBGB/*Maurer* Rn 11; *Soergel/Liermann* Rn 28; *Staudinger/Frank* Rn 54; *Palandt/Diederichsen* Rn 18; aA OLG Hamm OLGZ 1983, 423, 425; BayObLGZ 1979, 346, 351; BayObLG FamRZ 1996, 1034, jeweils passim; *Keidel/Engelhardt* § 56 e FGG Rn 25; offen gelassen wird die Frage von OLG Karlsruhe FamRZ 1999, 252, 253.
[60] OLG Köln FamRZ 2003, 1773 f; bestätigt in OLG Köln BeckRS 2003, 8409.
[61] *Staudinger/Henrich* Art 22 EGBGB Rn 51 zum Streitstand.
[62] OLG Karlsruhe FamRZ 1999, 252, 253; vgl LG Rottweil 1 T 106/04, juris-dok; *Staudinger/Hepting* Art 10 EGBGB Rn 305; *Henrich* IPRax 1998, 96, 97. Vgl auch Fachausschuss StAZ 2007, 151.
[63] *Hölzel* StAZ 2003, 289, 295; *Staudinger/Hepting* Art 10 EGBGB Rn 297; *Staudinger/Henrich* Art 22 EGBGB Rn 48: aber Nachholen einer Namensbestimmung nach § 1757 Abs 2, wenn sie versagt wurde.
[64] Fachausschuss StAZ 2003, 307, 308.
[65] AA LG Stuttgart 10 T 340/02, juris-dok; BT-Drucks 14/6011 S 47: Abs 2 S 1 Nr 1 ordne eine alle Rechtsbereiche erfassende Substitution an.
[66] BT-Drucks 14/6011 S 48.
[67] *Hölzel* StAZ 2003, 289, 296: möglich wäre ggf auch eine Namensänderung nach dem NamÄndG.
[68] Fachausschuss StAZ 2007, 50.

§ 1758

Buch 4. Abschnitt 2. Verwandtschaft

Übersicht

	Rn		Rn
I. Normzweck	1	III. Zeitlicher Beginn der Geheimhaltungspflicht	7
II. Adressat und Umfang der Geheimhaltungspflicht (Abs 1)	2	IV. Geheimhaltungsrecht	9

I. Normzweck

1 In Anknüpfung an die Zulässigkeit der **Inkognitoadoption** (§ 1747 Rn 11) wird den am Adoptionsverhältnis unmittelbar Beteiligten die Möglichkeit gegeben, sich gegen Versuche der Aufdeckung der Abstammungsverhältnisse zu wehren. Die Adoptiveltern sollen entscheiden, wann und inwieweit sie das Kind über seine Herkunft aufklären. Zugleich sollen unerwünschte Kontaktaufnahmen der früheren Verwandten des Angenommenen verhindert werden.

II. Adressat und Umfang der Geheimhaltungspflicht (Abs 1)

2 Die Norm enthält sowohl ein Schweigegebot als auch ein Ausforschungsverbot.

– Das **Schweigegebot** trifft die mit der Adoption befassten Stellen, so vor allem Jugendamt, Adoptionsvermittlungsstelle und Gericht, aber auch private Personen. Das Gebot kann die Verweigerung der **Aussagegenehmigung** gegenüber Beamten und Angestellten rechtfertigen[1]. Nicht erfasst ist das Rechtsverhältnis zwischen Adoptiveltern und Adoptivkind, damit nicht die Offenbarung der Adoption durch den Annehmenden gegenüber dem Angenommenen[2].

– Das **Ausforschungsverbot** betrifft dritte Personen und andere öffentliche Stellen (Rn 2.1).

§ 1758 Abs 1 ist **Schutzgesetz** iS des § 823 Abs 2 und konkretisiert für den Annehmenden und den Angenommenen das Persönlichkeitsrecht. Wird in dieses Recht durch unzulässige Offenbarung oder Ausforschung eingegriffen, können daraus Abwehr- und Schadensersatzansprüche resultieren[3].

2.1 So darf in das **Grundbuch** kein Hinweis auf die Adoption des Eigentümers eingetragen werden[4], die Adoptionsakten dürfen nicht ohne ausdrückliche gesetzliche Grundlage in ein **Archiv** außerhalb des Jugendamtes eingestellt werden[5]. In einem **Abstammungsprozess** können und müssen die Angaben zur Partei entspr eingeschränkt werden[6]; dem betroffenen Kind ist ggf ein Ergänzungspfleger zu bestellen, da die Adoptiveltern an der Vertretung des Kindes tatsächlich gehindert sind, um das Inkognito zu wahren[7]. Soweit dritte Personen nach den wirklichen Abstammungsverhältnissen fragen, brauchen diese nicht offenbart zu werden. Ob die Frage auch falsch beantwortet werden kann[8], ist nicht generell zu beantworten; ausschlaggebend ist die Interpretation der Norm, die eine entspr „Lüge" sanktioniert.

3 Das Ausforschungsverbot ist insoweit einseitig angelegt, als es nur die Interessen des adoptierten Kindes, nicht aber seiner leiblichen Eltern schützt[9]. Fordert ein **leiblicher Elternteil** vom Jugendamt, ihm im Zusammenhang mit der Adoption Auskünfte zu erteilen, hat das Jugendamt hierüber nach pflichtgemäßem Ermessen zu entscheiden; hierbei muss das Jugendamt aber das Ausforschungsverbot des § 1758 beachten[10]. Das Verbot kann dem Antrag des leiblichen Elternteils entgegengehalten werden, das Kind über den gesundheitlichen Zustand des leiblichen Elternteils zu unterrichten, um ihm eine Kontaktaufnahme zum leiblichen Elternteil zu ermöglichen[11], oder das Gericht anzugeben, das die Adoption ausgesprochen hat[12]. Weigert sich das Jugendamt, wäre der Anspruch auf Ausübung des pflichtgemäßem Ermessens gerichtlich mit der allgemeinen verwaltungsgerichtlichen Leistungsklage (§ 40 VwGO) geltend zu machen, Rn 3.1[13]. Eine Verpflichtung zur Offenbarung könnte sich dann ergeben, wenn nur über eine entsprechende Mitteilung aussichtsreicher Rechtsschutz zu erlangen wäre, so für die Durchführung eines – aussichtsreichen – Verfahrens zur Aufhebung einer Adoption[14]. Das grds berechtigte Interesse der Eltern auf **Akteneinsicht** beim Gericht gemäß § 34 Abs 1 FGG scheitert

---

[1] Mitteilungsblatt des Bayerischen Landesjugendamtes 1979, 51 f.
[2] *Soergel/Liermann* Rn 8; RGRK/*Dickesscheid* Rn 2.
[3] *Erman/Saar* Rn 7.
[4] OLG Schleswig NJW-RR 1990, 23.
[5] Gutachten des Deutschen Vereins NDV 1986, 362.
[6] OLG Karlsruhe FamRZ 1975, 507, 508.
[7] OLG Braunschweig DAVorm 1978, 639, 640 für eine eventuelle Klage des Kindes; OLG Karlsruhe FamRZ 1966, 268 f für eine Klage des Scheinvaters gegen das Kind.
[8] *Gernhuber/Coester-Waltjen* § 68 IX 7 Fn 215 mwN; MünchKommBGB/*Maurer* Rn 6; *Soergel/Liermann* Rn 8; *Staudinger/Frank* Rn 9.
[9] Fachausschuss StAZ 2007, 22, 23 mwN; *Lichtinger* S 13.
[10] VG Sigmaringen vom 30. 11. 2000, 8 K 1013/99.
[11] OVG Lüneburg NJW 1994, 2634, 2635.
[12] OVG Münster NJW 1985, 1107 f.
[13] OVG Lüneburg NJW 1994, 2634, 2635; OVG Münster NJW 1985, 1107; VG Sigmaringen vom 30. 11. 2000, 8 K 1013/99.
[14] VG Sigmaringen vom 30. 11. 2000, 8 K 1013/99: leibliche Mutter behauptet Täuschung bei der Erklärung der Einwilligung.

§ 1758

an dem über § 34 Abs 2 FGG geltenden Ausforschungsverbot des § 1758[15], Rn 3.2. Diese Einschränkung gilt nicht nur hinsichtlich der Akten des Adoptionsverfahrens selbst, sondern auch bezüglich der Akteninhalte anderer Verfahren, in denen die Annahme als Vorfrage von Bedeutung ist[16]. Jugendamt und Gericht haben zu entscheiden, ob § 1758 Abs 1 der Auskunft bzw Einsicht entgegensteht. Auch **leibliche Geschwister** haben kein eigenes Recht auf Einsicht in das Personenstandsbuch bzw in die Akten des Adoptionsverfahrens[17].

3.1 Zu klären ist das Verhältnis des privatrechtlichen Geheimnisschutzes in § 1758 einerseits zum Sozialgeheimnis in SGB I, X für Sozialbehörden andererseits. Der bei *Paulitz/Kunkel*[18] vertretenen Ansicht über den Vorrang des Datenschutzes des SGB kann nicht zugestimmt werden. Auch die Sozialbehörden sind an den adoptionsspezifischen Geheimnisschutz des § 1758 gebunden[19]. Soweit das SGB weitere Einschränkungen der Datenverarbeitung vorsieht, sind die Behörden als Adressaten des SGB daran gebunden[20]. Es setzt sich somit das iS des Geheimnisschutzes stärkere Recht durch. § 37 Abs 1 S 2 SGB I regelt entspr der Kodifikationsaufgabe[21] nur das Konkurrenzverhältnis innerhalb des SGB selbst.

3.2 Die Systematik des RegE zum FamFG (§ 1752 Rn 13) ist nicht unproblematisch. Nach Art 1 § 13 Abs 1 RegE-FGG-RG haben die Beteiligten (vgl Art 1 § 7 RegE-FGG-RG), zu denen auch die Eltern des minderjährigen bzw im Fall des § 1772 volljährigen Kindes gehören (Art 1 § 188 Abs 1 Nr 1 lit b RegE-FGG-RG), ein Einsichtsrecht, dem nur „schwerwiegende Interessen eines Beteiligten oder eines Dritten" entgegengehalten werden können (Art 1 § 13 Abs 1 RegE-FGG-RG). Das Ausforschungsverbot des § 1758 wird demgegenüber nur als Einwand gegenüber nicht Beteiligten vorgesehen (Art 1 § 13 Abs 2 S 2 RefE-FamFG), während es nach der Systematik des § 34 FGG jeglichem Akteneinsichtsbegehren, damit auch der leiblichen Eltern, entgegensteht. Dass keine andere Regelung beabsichtigt ist, ergibt sich mittelbar aus dem Schweigen der Begründung (S 396 f). In der Sache muss das Schweigegebot des § 1758 auch für die Akteneinsicht der leiblichen Eltern beim (künftig) FamG gelten, um die Inkognitoadoption zu schützen. Insofern setzt sich die spezielle materiellrechtliche Regelung des Adoptionsrechts gegenüber der allgemeinen verfahrensrechtlichen Regelung durch.

4 Die **Geheimhaltungspflicht entfällt** bei Zustimmung des Angenommenen und des Annehmenden zur Offenbarung[22]. Die Zustimmungsfähigkeit des Kindes ist nach § 1746 zu beurteilen[23]. Nach Vollendung des 16. Lebensjahres durch den Angenommenen entfällt das Schweigegebot gegenüber diesem, auch wenn der Annehmende seine Zustimmung nicht erteilt. Hat der Minderjährige das 16. Lebensjahr vollendet, kann er gemäß § 61 Abs 2 PStG[24] eigenständig Kenntnis über die Tatsache der Adoption und die Identität der Eltern erhalten. Nach der Rspr wird ihm auf der Grundlage des § 61 Abs 1 S 3 PStG iVm dem verfassungsrechtlich geschützten Persönlichkeitsrecht auch das Recht eingeräumt, die Personenstandsbücher der leiblichen Eltern und weiterer Vorfahren zu nutzen[25]. Nach § 9 b Abs 2 AdVermiG hat das Kind zudem das Recht auf **Einsicht in die Vermittlungsakten** selbst[26]. Damit entfällt auch die Notwendigkeit, die näheren Umstände der Adoption dem Angenommenen gegenüber geheim zu halten, die sich nur aus den Akten der Adoptionsvermittlungsstelle oder des Gerichts ergeben[27]. Das **Jugendamt** kann ggf verpflichtet sein, zu überprüfen, ob die Bereitschaft der Betroffenen zur Zustimmung besteht oder nicht. Ob es die Initiative insoweit ergreift, muss das Jugendamt im Rahmen des pflichtgemäßen Ermessens überprüfen, die Berufung auf das Offenbarungsverbot reicht insoweit nicht aus[28]. Die schwierige psychische Lage der leiblichen Eltern[29] muss im Einzelfall berücksichtigt werden, ebenso die möglicherweise veränderte Einstellung der Adoptiveltern bzw des Adoptivkindes[30].

5 Die Geheimhaltungspflicht entfällt außerdem, wenn besondere Gründe des **öffentlichen**, nicht nur staatlichen **Interesses** die Offenbarung erfordern; Forschungsvorhaben genügen nicht[31]; denkbar sind Strafverfahren, deren Tatbestandsmerkmale mit der leiblichen Abstammung verknüpft sind (§ 1755 Rn 12). Grds besteht ein öffentliches Interesse daran, einem bei der Adoption übergangenen Elternteil den Zugang zu einem gerichtlichen Verfahren auf Aufhebung der Adoption (§ 1760 Abs 1) zu ermöglichen[32]; es entfällt, wenn das Aufhebungsverfahren aussichtslos ist, so nach Ablauf der Frist für den Aufhebungsantrag gemäß § 1762 Abs 2, § 1762 Rn 6)[33]. Entspr gilt, wenn einem Betroffenen im

---

[15] BayObLG vom 30. 11. 1999, 1Z BR 93/99 zur Geltung des § 34 Abs 1 S 1 FGG während und nach Abschluss des Adoptionsverfahrens außerhalb des Ausforschungsverbotes.
[16] *Keidel/Kahl* § 34 FGG Rn 30.
[17] Fachausschuss StAZ 2007, 22 f.
[18] Adoption Positionen, Impulse, Perspektiven, 2. Aufl 2006, S 207.
[19] *Soergel/Liermann* Rn 1; wohl auch DIJuF-Rechtsgutachten JAmt 2001, 74, 75 für die Frage der Offenlegung von Daten der Adoptionsvermittlung zum Zwecke der Aufsicht.
[20] Gutachten des Deutschen Vereins NDV 1986, 362.
[21] *Mrozynski* § 37 SGB I Rn 1.
[22] BayObLG FamRZ 1996, 1436, 1437mwN.
[23] MünchKommBGB/*Maurer* Rn 3; *Staudinger/Frank* Rn 11; aA *Erman/Saar* Rn 5: 16 Jahre in Anlehnung an § 61 PStG.
[24] Ab 1. 1. 2009, § 1616 Rn 2.3, § 62 PStG.
[25] OLG München NJW 2005, 1667: Freigabe der Geburtsurkunden weiterer Vorfahren. Nach der Reform des PStG, § 1616 Rn 2.3, ergibt sich der Anspruch unmittelbar aus § 62 PStG.
[26] Näher *Maurer* FamRZ 2003, 1337, 1349 f.
[27] AA *Lichtinger* S 8 f: Volljährigkeit sei maßgeblich, da dann Erziehungsrecht ende.
[28] OVG Münster NJW 1985, 1107, 1108.
[29] *Paulitz* ZfJ 1997, 126, 131 f zur psychischen Situation insbes der leiblichen Mutter.
[30] *Paulitz* ZfJ 1997, 126, 132.
[31] *Palandt/Diederichsen* Rn 2.
[32] VG Würzburg FamRZ 1994, 1201.
[33] OVG Münster NJW 1985, 1107, 1108; VG Würzburg FamRZ 1994, 1201.

laufenden Adoptionsverfahren rechtliches Gehör durch Einsicht in die Akten zu gewähren ist. Der Umfang der Einsicht kann so gestaltet werden, dass die Aufdeckung der namentlichen Identität der Adoptionsbewerber und des Aufenthaltsortes des Kindes verhindert wird[34]. Die Frage, ob der Aufhebungsantrag nach § 1761 Abs 2 begründet ist, kann durch diese beschränkte Möglichkeit der Einsicht in die Akten auch unter Berücksichtigung der Interessen des übergangenen Elternteils ausreichend geklärt werden[35].

6 Die Pflicht zur Geheimhaltung führt nicht zur Unterdrückung sämtlicher urkundlicher Hinweise über die Abstammungsverhältnisse und die Tatsache der Adoption. Im Familienbuch, in dem die angenommenen Kinder einzutragen sind (§ 15 Abs 1 S 1 Nr 2, 3 PStG) wird auf das Adoptionsdekret hingewiesen (§ 15 Abs 1 S 3 PStG), Rn 6.1. In der Abstammungsurkunde, die bei der Eheschließung vorzulegen ist (§ 5 Abs 1 PStG), Rn 6.1, sind auch die leiblichen Eltern aufzunehmen, nicht dagegen in die Geburtsurkunde (§ 62 PStG). § 61 Abs 2 PStG[36] beschränkt in Konkordanz zu § 1758[37] den Kreis der Personen, die Einsicht in das Familienbuch[38] nehmen und Auszüge aus dem **Personenstandsbuch** erhalten können und erlaubt dem Angenommenen die Einsicht mit Vollendung des 16. Lebensjahres[39]. Gemäß § 9b Abs 2 AdVermiG haben der Angenommene ab Vollendung des 16. Lebensjahres, vorher sein gesetzlicher Vertreter, grds Anspruch auf Einsicht in die Vermittlungsakten, allerdings nur unter „Anleitung einer Fachkraft". In Hinblick auf das allgemeine Persönlichkeitsrecht ist dies als Anspruch des Kindes zu werten. Entspr muss für die Möglichkeit gelten, Einsicht in die **Akten des Gerichts** zu nehmen. Das berechtigte Interesse des Angenommenen gemäß § 34 FGG ist nicht zu bestreiten; die Altersgrenze für verfahrensrechtliche Handlungen ist schon über § 59 Abs 3 FGG bei persönlichen Angelegenheiten nicht zwingend an die Volljährigkeit gebunden. Aus § 61 Abs 2 PStG[40] lässt sich eine eigenständige Handlungsfähigkeit des 16 Jahre alten Angenommenen entnehmen, Rn 6.2. § 1758 steht der Einsicht auch gegen den Willen des Annehmenden nicht entgegen, da die Vorschrift das Verhältnis zwischen Kind und Adoptiveltern nicht betrifft[41]. Eine Klage auf Auskunft gegen die Adoptiveltern nach § 1618a[42] wird meist an einem Rechtsschutzbedürfnis scheitern, wenn der insoweit einfachere Weg der Einsicht in die Verwaltungs- und Gerichtsakten möglich ist.

6.1 Mit der **Reform des PStG** (§ 1616 Rn 2.3) entfällt schon wegen des Wegfalls des Familienbuches dieser Hinweis.). Das PStG nF kennt auch keine Abstammungsurkunde mehr. Nun ist der „Personenstand" iS des § 1 PStG nF[43] nachzuweisen.

6.2 Nach dem **RegE-FGG-RG** (§ 1752 Rn 13) erhält der Minderjährige als Beteiligter (Art 1 §§ 7 Abs 2 Nr 2, 188 Abs 1 Nr 1a RegE-FGG-RG) ein grundsätzliches Einsichtsrecht (§ 13 Abs 1); § 13 Abs 2 S 2 ist gegenüber dem Angenommenen nicht anzuwenden. Die Verfahrensfähigkeit eines über 16-Jährigen dürfte sich insoweit aus Art 1 § 9 Abs 1 Nr 2 iVm § 61 Abs 2 PStG[44] ergeben.

III. Zeitlicher Beginn der Geheimhaltungspflicht

7 Die Geheimhaltungspflicht beginnt kraft Gesetzes (Abs 1) mit der Wirksamkeit des Adoptionsdekrets (§ 1752 Rn 5). Sie wird durch Abs 2 S 1 auf den Zeitpunkt der Erteilung der Zustimmung vorverlegt. Erteilung bedeutet Wirksamkeit der Einwilligung (§ 1750 Rn 6). Ist ein Antrag auf Ersetzung der Einwilligung eines Elternteils gestellt, kann das Gericht anordnen, dass die Pflicht zur Geheimhaltung eintritt (Abs 2 S 2). Entspr. muss gelten, wenn die Einwilligung der Eltern ausnahmsweise nicht erforderlich ist (§ 1747 Rn 18 f). Ist die **elterliche Sorge entzogen,** kann das Umgangsrecht der Eltern in Hinblick auf eine geplante Adoption ausgeschlossen werden, wenn dies zum Wohle des Kindes erforderlich ist (§ 1684 Abs 4) und wenn die Adoption ernsthaft und zügig betrieben wird[45]. § 1758 Abs 2 ist insoweit keine Einschränkung für den Zeitraum der Vorbereitung der Adoption.

8 Während des laufenden Adoptionsverfahrens gelten ergänzende Regeln, die eine Ausforschung des künftigen Eltern-Kind-Verhältnisses verhindern sollen. So haben die leiblichen Eltern gegenüber dem **Jugendamt** keinen Anspruch auf Einsicht in die Akten oder Auskunft über die Lebensverhältnisse des Kindes aus § 9 AdVermiG oder § 15 SGB I. Das Jugendamt hat über ein entsprechendes Begehren wie bei der Auskunft nach Abschluss des Annahmeverfahrens durch das Adoptionsdekret nach pflichtgemäßem Ermessen zu entscheiden[46].

---

[34] BayObLG FamRZ 1991, 224, 226.
[35] OLG Karlsruhe FGPrax 1996, 106 f.
[36] Ab 1. 1. 2009, § 1616 Rn 2.3, § 63 Abs 1 PStG.
[37] OLG Hamm DAVorm 1980, 754, 756 f.
[38] Ab 1. 1. 2009, § 1616 Rn 2.3: Einsicht in einen Registereintrag.
[39] Dokumentationspflicht bei internationalen Adoptionen: Art 30 Abs 1 des Haager Übereinkommens über den Schutz von Kindern und die Zusammenarbeit auf dem Gebiet der internationalen Adoption, BT-Drucks 14/5437 S 17; dazu Klingenstein, Kulturelle Identität und Kindeswohl im deutschen internationalen Adoptionsrecht, 2000, S 87 f: Identitätsschutz. Zur entsprechenden Pflicht aus der Sicht der Identitätssicherung bei internationalen Adoptionen unter Hinweis auf Art 7, 8 der UN-Kinderrechtskonvention Klingenstein S 40–42.
[40] Ab 1. 1. 2009, § 1616 Rn 2.3, § 62 Abs 1 S 3 PStG.
[41] *Soergel/Liermann* Vor § 1741 Rn 35; MünchKommBGB/*Maurer* Rn 9; *Rotax* ZFE 2007, 9, 18 f.
[42] *Rotax* ZFE 2007, 9, 18.
[43] Vgl *Bornhofen* StAZ 2007, 33, 35 f.
[44] Ab 1. 1. 2009, § 1616 Rn 2.3, § 62 Abs 2 S 3 PStG.
[45] LG Berlin DAVorm 1980, 936, 939.
[46] OVG Saarlouis DAVorm 1991, 685.

Aufhebung des Annahmeverhältnisses § 1759

IV. Geheimhaltungsrecht

Aus § 1758 kann auch ein Geheimhaltungsrecht des Angenommenen entnommen werden; weigert 9
sich der Angenommene, die mögliche Identität der leiblichen Eltern zu erfahren, kann ihm daraus kein
Rechtsnachteil für den Bezug von Kindergeld erwachsen[47].

§ 1759 Aufhebung des Annahmeverhältnisses

Das Annahmeverhältnis kann nur in den Fällen der §§ 1760, 1763 aufgehoben werden.

I. Normzweck

Die Norm soll der Adoptionsfamilie Sicherheit für den rechtlichen Bestand geben, indem die 1
Aufhebungsgründe abschließend geregelt werden. Die Aufhebungsgründe selbst ergeben sich aus den
folgenden Vorschriften. Ergänzt wird die Vorschrift durch die relative Aufhebung des Annahmeverhältnisses zwischen dem Annehmenden und dem Angenommenen bzw einem seiner Abkömmlinge bei
gesetzeswidriger Eheschließung zwischen ihnen, § 1766 Rn 1[1].

II. System der Verbindlichkeit des Adoptionsdekrets

Aufhebung meint die Beseitigung des Eltern-Kind-Verhältnisses durch gerichtlichen Beschluss. Aus- 2
geschlossen ist eine einvernehmliche Aufhebung der Adoption durch Vereinbarung zwischen Annehmendem und Angenommenem[2], bzw bei der Minderjährigenadoption auf Grund eines gemeinsamen
Antrages[3]; zur Volljährigenadoption vgl § 1771 Rn 3 f. Ergänzt wird das geschlossene System durch die
Bindung auch des Richters selbst an das Adoptionsdekret, das er grds nicht ändern kann, § 56 e S 3
HS 2 FGG (§ 1752 Rn 6). Unberührt von den Regeln der Aufhebung bleibt grds die Möglichkeit, sich
auf die Nichtigkeit des Adoptionsdekrets zu berufen (§ 1752 Rn 7) oder gegen die Entscheidung
Verfassungsbeschwerde zu erheben (§ 1752 Rn 9). Sonderregelungen finden sich zT für Adoptionen,
die nach dem Recht der **ehemaligen DDR** erfolgt sind, Art 234 § 13 EGBGB (§ 1741 Rn 7; Art 234
EGBGB § 13 Rn 1 ff).

III. Verfahrensrecht

1. Aktuell geltendes Verfahrensrecht. Das Aufhebungsverfahren findet statt 3
– auf Antrag (§ 1760) oder
– von Amts wegen (§ 1763).

Funktionell zuständig zur Entscheidung ist der Richter (§ 14 Abs 1 Nr 3 lit f RPflG). Die
örtliche Zuständigkeit bestimmt sich nach § 43 b FGG, der auch für das Aufhebungsverfahren gilt.
Maßgeblich ist der Wohnsitz des Annehmenden[4] im Zeitpunkt des Beginn des Aufhebungsverfahrens[5].
Nähere Regelungen zum Verfahrensablauf finden sich in § 56 f FGG. Der dort in Abs 1 vorgesehene
gemeinsame **Erörterungstermin** darf nur in Ausnahmefällen unterbleiben, so wenn ein Antrag
mangels Antragsberechtigung unzulässig ist oder wenn konkrete Hinweise fehlen, dass die Voraussetzungen für die Aufhebung des Annahmeverhältnisses vorliegen[6]. Das Kind ist persönlich anzuhören,
eine Anhörung des gesetzlichen Vertreters genügt nicht[7]. Dem Kind ist nach Maßgabe des § 56 f Abs 2
S 1 FGG ein **Verfahrenspfleger** zu bestellen, und zwar unabhängig von einem evtl Interessenwiderstreit[8]. Der Beschluss, mit dem das Annahmeverhältnis aufgehoben wird, wird erst mit Rechtskraft
wirksam (§ 56 f Abs 3 FGG).

Das statthafte **Rechtsmittel** gegen die **Aufhebungsentscheidung** ist die sofortige Beschwerde 4
(§ 60 Abs 1 Nr 6 FGG). Beschwerdeberechtigt sind die am Aufhebungsverfahren Beteiligten, so der
Annehmende, der Angenommene und der Verfahrenspfleger[9]. Auch der leibliche Elternteil kann gegen
die Aufhebungsentscheidung Beschwerde einlegen, da er durch das Wiederaufleben der Eltern-Kind-Beziehung in seinen Rechten betroffen ist (§ 20 Abs 1 FGG)[10]. Weiter mittelbar Betroffene, so
entferntere Verwandte, sind nicht beschwerdeberechtigt, da sonst keine Klarheit über den Eintritt der
Rechtskraft der Aufhebungsentscheidung gewonnen werden könnte[11]; eine förmliche Beteiligung der
weiteren Verwandten ist bei der Adoption auch nicht vorgesehen.

---

[47] LSG Niedersachsen vom 20. 2. 2001, L 8/3 KG 5/00.
[1] Die praktische Bedeutung der Norm ist gering. Die Zahl der aufgehobenen Adoptionen betrug in den Jahren
1999 bis 2003 jährlich zwischen 23 und 10, vgl ZfJ 2005, 64, 68.
[2] *Gernhuber/Coester-Waltjen* § 68 XI 2; MünchKommBGB/*Maurer* Rn 4.
[3] OLG Zweibrücken NJW-RR 1986, 1391.
[4] MünchKommBGB/*Maurer* Rn 5; aA für Fälle des Einigungsvertrages AG Kerpen ZfJ 1991, 475, 476.
[5] KG FamRZ 1995, 440, 441 mwN.
[6] OLG Oldenburg FamRZ 2004, 399, 400; BayObLG NJWE-FER 2000, 5; FamRZ 1995, 1210, 1211.
[7] BayObLG FamRZ 1995, 1210, 1211.
[8] *Keidel/Engelhardt* § 56 f FGG Rn 17.
[9] *Keidel/Engelhardt* § 56 f FGG Rn 22, 13.
[10] OLG Düsseldorf FamRZ 1998, 1196, 1197; KG OLGZ 1994, 68, 72; *Keidel/Engelhardt* § 56 f FGG Rn 22.
[11] *Keidel/Engelhardt* § 56 f FGG Rn 22.

§ 1760   Buch 4. Abschnitt 2. Verwandtschaft

5   Gegen eine **ablehnende Entscheidung,** die mit Bekanntgabe wirksam wird (§ 16 Abs 1 FGG), ist die unbefristete Beschwerde möglich (§ 19 Abs 1 FGG). Beschwerdeberechtigt ist
– im Falle des § 1760 nur der Antragsteller (§ 20 Abs 2 FGG)[12],
– im Falle des § 1763 der Angenommene, ebenso das Jugendamt bei der Minderjährigenadoption (§ 57 Abs 1 Nr 9 FGG), nicht dagegen der Annehmende selbst, da seine Interessen über § 1763 nicht geschützt sind (§ 1763 Rn 4). Seine Beschwerdeberechtigung kann sich aus § 57 Abs 1 Nr 9 FGG ergeben, wenn er die Beschwerde im Interesse des Kindes einlegt[13]. Ein eigenes Beschwerderecht des Annehmenden ist gegeben, wenn das LG die Entscheidung des AG, mit der das Annahmeverhältnis aufgehoben worden war, abändert und die Aufhebung ablehnt. Das Rechtsmittel ist in diesem Fall die sofortige Beschwerde[14].

In Hinblick auf den höchstpersönlichen Charakter des Aufhebungsverfahrens auf Antrag (vgl § 1762 Rn 5) kann der **Erbe oder Nachlasspfleger** das Aufhebungsverfahren nach dem Tod des Antragstellers nicht mehr über ein Rechtsmittel weiterbetreiben[15].

2. Reformvorhaben.

6   – Im **RegE-FGG-RG** (§ 1752 Rn 13) entfallen weitgehend besondere Regelungen für das Aufhebungsverfahren. Die Anhörung der am Adoptionsverhältnis unmittelbar Beteiligten ist für Annahme wie Aufhebung in Art 1 § 192 RegE-FGG-RG vorgeschrieben; die Wirksamkeit erst mit Rechtskraft und Verbot der Abänderung und Wiederaufnahme ergeben sich aus § 198 Abs 2. Gegen den Beschluss, mit dem das Annahmeverhältnis aufgehoben wird, wie auch gegen den Beschluss, mit dem der Antrag auf Aufhebung abgelehnt wird, ist nach dem RegE einheitlich nur noch die befristete Beschwerde statthaft (§ 1752 Rn 13.2). Die **Beschwerdeberechtigung** entspricht im Ergebnis der bisherigen Regelung.
– Wird ein **Aufhebungsantrag abgelehnt,** ist nur der Antragsteller beschwerdeberechtigt (§ 59 Abs 2 RegE-FGG-RG).
– Wird die **Aufhebung nach § 1763 abgelehnt,** ist nur der Angenommene beschwerdeberechtigt (Rn 5).

§ 1760 Aufhebung wegen fehlender Erklärungen

(1) Das Annahmeverhältnis kann auf Antrag vom Vormundschaftsgericht aufgehoben werden, wenn es ohne Antrag des Annehmenden, ohne die Einwilligung des Kindes oder ohne die erforderliche Einwilligung eines Elternteils begründet worden ist.

(2) Der Antrag oder eine Einwilligung ist nur dann unwirksam, wenn der Erklärende
a) zur Zeit der Erklärung sich im Zustand der Bewusstlosigkeit oder vorübergehenden Störung der Geistestätigkeit befand, wenn der Antragsteller geschäftsunfähig war oder das geschäftsunfähige oder noch nicht 14 Jahre alte Kind die Einwilligung selbst erteilt hat,
b) nicht gewusst hat, dass es sich um eine Annahme als Kind handelt, oder wenn er dies zwar gewusst hat, aber einen Annahmeantrag nicht hat stellen oder eine Einwilligung zur Annahme nicht hat abgeben wollen oder wenn sich der Annehmende in der Person des anzunehmenden Kindes oder wenn sich das anzunehmende Kind in der Person des Annehmenden geirrt hat,
c) durch arglistige Täuschung über wesentliche Umstände zur Erklärung bestimmt worden ist,
d) widerrechtlich durch Drohung zur Erklärung bestimmt worden ist,
e) die Einwilligung vor Ablauf der in § 1747 Abs. 2 Satz 1 bestimmten Frist erteilt hat.

(3) ¹Die Aufhebung ist ausgeschlossen, wenn der Erklärende nach Wegfall der Geschäftsunfähigkeit, der Bewusstlosigkeit, der Störung der Geistestätigkeit, der durch die Drohung bestimmten Zwangslage, nach der Entdeckung des Irrtums oder nach Ablauf der in § 1747 Abs. 2 Satz 1 bestimmten Frist den Antrag oder die Einwilligung nachgeholt oder sonst zu erkennen gegeben hat, dass das Annahmeverhältnis aufrechterhalten werden soll. ²Die Vorschriften des § 1746 Abs. 1 Satz 2, 3 und des § 1750 Abs. 3 Satz 1, 2 sind entsprechend anzuwenden.

(4) Die Aufhebung wegen arglistiger Täuschung über wesentliche Umstände ist ferner ausgeschlossen, wenn über Vermögensverhältnisse des Annehmenden oder des Kindes getäuscht worden ist oder wenn die Täuschung ohne Wissen eines Antrags- oder Einwilligungsberechtigten von jemand verübt worden ist, der weder antrags- noch einwilligungsberechtigt noch zur Vermittlung der Annahme befugt war.

(5) ¹Ist beim Ausspruch der Annahme zu Unrecht angenommen worden, dass ein Elternteil zur Abgabe der Erklärung dauernd außerstande oder sein Aufenthalt dauernd unbekannt

---
[12] *Keidel/Engelhardt* § 56 f FGG Rn 23.
[13] BayObLG NJWE-FER 2000, 5; KG OLGZ 1994, 68, 70; BayObLGZ 1979, 386, 388.
[14] KG OLZ 1994, 68, 70 f.
[15] OLG München NJOZ 2007, 2423, 2424.

sei, so ist die Aufhebung ausgeschlossen, wenn der Elternteil die Einwilligung nachgeholt oder sonst zu erkennen gegeben hat, dass das Annahmeverhältnis aufrechterhalten werden soll. ²Die Vorschrift des § 1750 Abs. 3 Satz 1, 2 ist entsprechend anzuwenden.

I. Normzweck

Die Norm soll die zentrale Bedeutung des Willens der unmittelbar von den Rechtswirkungen des Adoptionsdekrets Betroffenen zur Geltung bringen, indem einerseits deren Willensmängel zur Aufhebung des durch Adoption begründeten Rechtsverhältnisses führen können, andererseits diese Fehler durch spätere, formlose Bestätigung des Adoptionsverhältnisses geheilt werden. Ob die Adoption im Einzelfall tatsächlich aufzuheben ist, ergibt sich erst aus der Anwendung des § 1761. 1

II. Fehlender Antrag oder fehlende Einwilligung (Abs 1)

Ein Aufhebungsgrund ist nur gegeben, wenn 2
– ein Antrag des Annehmenden,
– eine Einwilligung des Kindes oder
– eine erforderliche Einwilligung eines Elternteils fehlt.

Eine entsprechende Erklärung fehlt, wenn
– sie nicht abgegeben wurde (Rn 3),
– im Zeitpunkt der Abgabe unwirksam war (Rn 5) oder
– später unwirksam geworden ist (vgl § 1750 Rn 8 zur späteren Unwirksamkeit).

Maßgeblicher Zeitpunkt für die Beurteilung, ob die erforderliche Erklärung bzw der Antrag vorlagen, ist die Wirksamkeit des Beschlusses des Gerichts (§ 1752 Rn 5) („begründet"). Während der Antrag des Annehmenden und die Einwilligung des Kindes immer notwendig sind, muss die **Einwilligung des Elternteils** erforderlich gewesen sein. Ob dies der Fall ist, bestimmt § 1747 Abs 1 S 1, Abs 4 (§ 1747 Rn 2). Eine spätere Vaterschaftsfeststellung des mit seiner Glaubhaftmachung gescheiterten vermeintlichen Vaters begründet die Möglichkeit der Aufhebung der Adoption nur, wenn die Vaterschaftsvermutung entgegen der Beurteilung des Richters glaubhaft gemacht war (§ 1747 Rn 4) oder ein Anfechtungsrecht bestand (§ 1747 Rn 5).

Nicht abgegeben ist die Erklärung nur, wenn sie inhaltlich nicht vom Willen eines Beteiligten 3 getragen wird. Das ist der Fall, wenn bei einer Eventualeinwilligung die von den Eltern als vorrangig bezeichnete Annahme nicht durchgeführt wurde, obwohl sie nicht auf Grund unüberwindbarer Hindernisse gescheitert war. Sie fehlt auch, wenn das Gericht zu Unrecht annahm, dass die Einwilligung gemäß § 1747 Abs 4 nicht erforderlich war. Dies ist im Aufhebungsverfahren ohne Bindung an die frühere Einschätzung zu beurteilen; maßgeblich ist die Sachlage im Zeitpunkt der Entscheidung über den Antrag auf Ausspruch der Annahme in Kenntnis des Sachverhalts, wie er sich für das Gericht darstellt, das über den Antrag auf Aufhebung zu entscheiden hat. Wurde die Einwilligung eines Elternteils durch Beschluss des Gerichts (§ 1748) ersetzt und diese Entscheidung nicht angefochten, ist die erforderliche Erklärung auch dann vorhanden, wenn die Voraussetzungen der Ersetzung nicht vorlagen; die Ersetzungsentscheidung hat Tatbestandswirkung (§ 1748 Rn 33). Eine **Erklärung fehlt**, wenn sie zulässigerweise **zurückgenommen** oder **widerrufen** wurde[1]; § 1752 Rn 3; zur Widerruflichkeit der Einwilligungen vgl § 1750 Rn 7. Vorschriften, die sich auf die Äußerungsform und eine Genehmigungsbedürftigkeit beziehen, ändern an der Existenz des Willens nichts. Die Einwilligung fehlt daher nicht, wenn sie entgegen § 1750 Abs 3 S 1 von einem Vertreter abgegeben wurde oder sie nicht beurkundet wurde. Mängel des Inhalts sind nicht nach Abs 1, sondern nach Abs 2 zu beurteilen[2]. Die „Unzurechnungsfähigkeit" kann nur zur Unwirksamkeit führen (Rn 5), die Förmlichkeit der Willensäußerung soll dem Richter bei der Entscheidung über den Adoptionsantrag die notwendige Sicherheit geben, nicht aber die Aufhebung einer Entscheidung begründen, die selbst Rechtssicherheit schaffte.

Keine Aufhebungsmöglichkeit besteht, wenn andere, nach materiellem Adoptionsrecht erforder- 4 liche Erklärungen fehlen, so die gemäß § 1749 notwendigen Zustimmungen des Ehegatten des Annehmenden[3] bzw des Angenommenen. Ebenso wenig führen Fehler bei der Anwendung der §§ 1741 oder 1745 zur Möglichkeit der Aufhebung. Unberührt bleibt die Berufung auf die Nichtigkeit (§ 1752 Rn 7) und Verfassungswidrigkeit des Beschlusses (§ 1752 Rn 9).

III. Unwirksamkeit des Antrages und der Einwilligung (Abs 2)

Abs 2 trifft eine eigenständige und abschließende Regelung darüber, welche Willensmängel unmit- 5 telbar zur Unwirksamkeit der Einwilligungen des Kindes, des Elternteils und des Antrages des Annehmenden führen; einer Anfechtungserklärung bedarf es in diesen Fällen nicht.

– **Lit a** bezieht sich auf **Defizite der Erklärungsfähigkeit** und entspricht der Regelung des § 105 iVm § 104. Erklärender ist der Betroffene selbst oder sein Vertreter. Gleichgestellt ist der Fall, dass der unter 14 Jahre alte Angenommene die Einwilligung ohne die notwendige Beteiligung des

---

[1] OLG Düsseldorf FamRZ 1997, 117 zur Rücknahme des Antrages.
[2] *Erman/Saar* Rn 4; aA *Staudinger/Frank* Rn 8 mwN.
[3] OLG Nürnberg FPR 2002, 457, 458.

§ 1761   Buch 4. Abschnitt 2. Verwandtschaft

gesetzlichen Vertreters erteilt hat. Hat der Minderjährige das 14. Lebensjahr vollendet und ist er nicht geschäftsunfähig, bedarf er gemäß § 1746 Abs 1 S 3 HS 2 der Zustimmung des gesetzlichen Vertreters. Fehlt diese, ist die Einwilligung des Kindes dennoch wirksam, eine Aufhebung ist deshalb nicht möglich (Rn 3).

– **Lit b** knüpft an gravierende **Irrtümer** über die Bedeutung der Erklärung oder die Person des Annehmenden oder Angenommenen an,
– **lit c** an die **Täuschung** über wesentliche Umstände. Ob Umstände „wesentlich" sind, muss objektiv beurteilt werden, wobei aber auf die Vorstellungen des Erklärenden Rücksicht zu nehmen ist[4]. Aus der Perspektive des Erklärenden muss es als verständlich erscheinen, dass es bei Kenntnis der Umstände nicht zur Adoption gekommen wäre[5]. Hierzu gehört die bewusste Täuschung der Eltern über wesentliche Eigenschaften der Adoptionsbewerber (Rn 5.1; § 1747 Rn 12).
– **Lit d** ermöglicht die Aufhebung bei widerrechtlicher **Drohung**, unabhängig davon, auf wen die Drohung zurückgeht (vgl § 123). Widerrechtlich ist eine Drohung ua, wenn sie dem Beistandsgebot des § 1618 a widerspricht, so wenn die Eltern der nicht verheirateten Mutter mit dem Abbruch der Beziehungen oder einem Hausverbot drohen, wenn sie einer Adoption zustimmt[6].
– **Lit e** nimmt die Regelung des § 1747 Abs 2 S 1 (§ 1747 Rn 10) auf und sanktioniert die **verfrühte Erklärung** eines Elternteils mit der Unwirksamkeit.

5.1   Soweit **erbliche Belastungen** des Kindes als wesentlich angesehen werden[7], ist dies unabhängig von wissenschaftlichen Einschätzungen der Vererblichkeit zu akzeptieren, da insoweit die Vorstellungen der Annehmenden nicht als unverständlich angesehen werden können. Entspr sind aber auch Vorstellungen über das soziale Umfeld, in dem das Kind aufwuchs, als wesentlich anzusehen[8]. Fehlt die in § 1741 Abs 1 S 1 vorausgesetzte Motivation des Beteiligten, ist die Aufhebung nur möglich, wenn der Angenommene, der Annehmende oder ein Elternteil über das Motiv dieser Beteiligten getäuscht wurde und darauf die Erklärung beruht. Die Aufhebung wegen Täuschung ist generell ausgeschlossen, wenn die Täuschung von Personen verübt wurde, die weder antrags- noch einwilligungsberechtigt noch zur Vermittlung der Annahme befugt waren (Abs 4) oder sich die Täuschung nicht auf den Zweck der Adoption, sondern nur auf die Vermögensverhältnisse des Annehmenden oder des Angenommenen bezieht. Eine relevante Täuschung liegt nur vor, wenn der Irrtum auch nach der subjektiven Wertung des Erklärenden für seine Erklärung von Bedeutung war.

IV. Wegfall der Aufhebungsgründe (Abs 3, 5)

6   Bei **mangelhaften Erklärungen** ist die nach Abs 1 mögliche Aufhebung ausgeschlossen, wenn nachträglich eine fehlerfreie Erklärung abgegeben wird oder der Erklärende konkludent zu erkennen gibt, dass das Adoptionsverhältnis aufrechterhalten werden soll (Abs 3 S 1). Wirksam nachgeholt ist die ausdrückliche Erklärung nur, wenn sie den förmlichen Vorgaben des § 1750 entspricht. Das konkludente Verhalten hat naturgemäß keinen Erklärungsempfänger und muss daher dem Gericht nicht bekannt sein, unterliegt auch keiner Förmlichkeit[9]. Die Verweisung in Abs 3 S 2 auf §§ 1746 Abs 1 S 2, 3 und 1750 Abs 3 S 1, 2 stellt klar, dass es hinsichtlich des konkludenten Handelns auf die Person des Erklärungsbefugten ankommt. Gibt das bei der Adoption noch nicht 14 Jahre alte Kind nach Vollendung des 14. Lebensjahres zu erkennen, dass es an dem Adoptionsverhältnis festhalten will, so entfällt die Aufhebungsmöglichkeit, wenn das Kind nicht geschäftsunfähig ist. Dies begründet sich aus der grundsätzlichen Gleichstellung von nachträglichem konkludenten Verhalten mit einer ausdrücklichen Erklärung.

7   Nach dem Wortlaut des Abs 3 heilen nachträgliche Erklärung oder konkludentes Verhalten nur eine zwar abgegebene und fehlerhafte Erklärung, ersetzen aber keine **fehlende erforderliche Erklärung**. Eine Heilung durch Nachholung der Erklärung oder konkludentes Verhalten ist nur vorgesehen, wenn das Gericht fälschlicherweise auf der Grundlage des § 1747 Abs 4 annahm, dass die Einwilligung eines Elternteils nicht erforderlich war (Abs 5 S 1). Maßgeblich ist in letzterem Fall das Verhalten des nach § 1750 Abs 3 Erklärungsbefugten (Abs 5 S 2). Die Vorschrift des Abs 3 kann aber auf die Fälle anderer fehlender Erklärungen entspr angewendet werden[10].

V. Sonderregelungen für Adoptionen in der ehemaligen DDR

8   Adoptionen, die nach dem Recht der ehemaligen DDR durchgeführt wurden, unterliegen den besonderen Vorschriften des Art 234 § 13 EGBGB (§ 1741 Rn 7; Art 234 § 13 EGBGB Rn 1 ff).

§ 1761 Aufhebungshindernisse

(1) Das Annahmeverhältnis kann nicht aufgehoben werden, weil eine erforderliche Einwilligung nicht eingeholt worden oder nach § 1760 Abs. 2 unwirksam ist, wenn die Voraus-

---

[4] *Staudinger/Frank* Rn 19.
[5] AA RGRK/*Dickescheid* Rn 7: maßgeblich sei Ursächlichkeit im subjektiven Sinn.
[6] MünchKommBGB/*Maurer* Rn 10.
[7] *Staudinger/Frank* Rn 20.
[8] AA *Staudinger/Frank* Rn 20.
[9] MünchKommBGB/*Maurer* Rn 17; *Erman/Saar* Rn 13.
[10] *Erman/Saar* Rn 15; RGRK/*Dickescheid* Rn 14; Soergel/*Liermann* Rn 18; *Staudinger/Frank* Rn 31.

Aufhebungshindernisse § 1761

setzungen für die Ersetzung der Einwilligung beim Ausspruch der Annahme vorgelegen haben oder wenn sie zum Zeitpunkt der Entscheidung über den Aufhebungsantrag vorliegen; dabei ist es unschädlich, wenn eine Belehrung oder Beratung nach § 1748 Abs. 2 nicht erfolgt ist.

(2) Das Annahmeverhältnis darf nicht aufgehoben werden, wenn dadurch das Wohl des Kindes erheblich gefährdet würde, es sei denn, dass überwiegende Interessen des Annehmenden die Aufhebung erfordern.

I. Normzweck

Die Vorschrift ergänzt die in § 1760 enthaltene Regelung, indem die Aufhebung trotz an sich gegebener Aufhebungsgründe ausnahmsweise versagt werden soll. Erfasst werden zum einen Fälle, in denen eine aufhebungsrelevante Einwilligung fehlte, die Einwilligung aber ersetzbar war bzw ist, zum andern Sachverhalte, in denen die mit dem Adoptionsbeschluss verbundene tatsächliche Situation eine Beendigung des rechtlichen Bandes im Interesse des Angenommenen nicht zulässt. 1

II. Ausschluss wegen Ersetzbarkeit fehlender Einwilligungen (Abs 1)

Hauptanwendungsgebiet ist die fehlende **Einwilligung eines Elternteils,** die nach dem Maßstab des § 1748 ersetzbar war bzw ist. Die fehlende **Einwilligung des Kindes** ist dann erfasst, wenn die Einwilligung selbst vom gesetzlichen Vertreter erteilt werden musste, da die Einwilligungserklärung des Kindes selbst nicht ersetzt werden kann (§ 1746 Rn 4). Inhaltlicher Maßstab für die Ersetzbarkeit der Erklärung des gesetzlichen Vertreters ist die Regelung in § 1746 Abs 3 HS 1 (§ 1746 Rn 8). **Maßgeblicher Zeitpunkt** für die Beurteilung der Ersetzbarkeit sind sowohl die Verhältnisse im Zeitpunkt der Entscheidung über den Antrag auf Annahme als auch im Zeitpunkt der Entscheidung über den Antrag auf Aufhebung; damit ist auch der weiteren Entwicklung der tatsächlichen Verhältnisse Rechnung zu tragen. Die Vorschrift gilt auch dann, wenn die Einwilligung ausdrücklich verweigert wurde, die Adoption dennoch ausgesprochen wurde, ohne dass ein Verfahren zur Ersetzung durchgeführt wurde[1]. Ob die Einwilligung nach § 1748 Abs 1 ersetzt werden konnte, wird sich regelmäßig nach den Verhältnissen im Zeitpunkt der Annahme richten, soweit es um die Pflichtverletzung geht. Der Tatbestand der Gleichgültigkeit kann aber auch durch späteres Verhalten verwirklicht werden[2]. Eventuell **unterlassene Beratungen** im Falle der Gleichgültigkeit schränken den Ausschluss der Aufhebung nicht ein (Abs 1 HS 2). Ob das Unterbleiben der Adoption gegen den Willen des Elternteils dem Kind zum unverhältnismäßigen Nachteil gereichen würde, bestimmt sich nach den Verhältnissen im Zeitpunkt der Aufhebungsentscheidung[3]. Die Frage, ob die **Einwilligung nach § 1748 Abs 3 ersetzbar** ist, ist ausschließlich nach der psychischen Verfassung des betroffenen Elternteils im Zeitpunkt der Aufhebungsentscheidung zu beurteilen. Bei Besserung des geistig-psychischen Zustandes besteht kein Grund, über die fehlende wirksame Einwilligung hinwegzugehen[4]. Entspr bestimmt sich die schwere Entwicklungsgefährdung als Voraussetzung für die Einwilligungsersetzung (§ 1748 Rn 25) nach den Verhältnissen im Zeitpunkt der Aufhebungsentscheidung. 2

III. Ausschluss der Aufhebung wegen Gefährdung der Kindesinteressen (Abs 2)

Maßgeblich für die Gefährdung sind die mit der Aufhebung verbundenen tatsächlichen Folgen für das Kindeswohl, nicht die Auflösung der rechtlichen Verbindung. Auch wenn der Begriff des Kindeswohles nicht eingeschränkt ist, wird es darauf ankommen, welche Auswirkungen der Abbruch der neuen Eltern-Kind-Beziehung auf die persönliche Entwicklung, auf die seelische Verfassung des Kindes haben wird. **Erhebliche Gefährdung** ist nur gegeben, wenn eine nachhaltige Verletzung der Kindesinteressen eintreten würde; die mit jeder Umstellung des Betreuungsverhältnisses verbundenen Belastungen alleine reichen nicht aus[5]. Die Entscheidung wird ohne eine Einschaltung eines Sachverständigen nicht möglich sein[6]. Eine Interessenabwägung mit den Belangen der **leiblichen Eltern** ist im Gesetz nicht vorgesehen. Aus verfassungsrechtlichen Gründen sind jedoch die Belange der zu Unrecht übergangenen Eltern mit zu berücksichtigen[7]. Trotz erheblicher Gefährdung des Kindeswohls ist die Aufhebung zulässig, wenn **überwiegende Interessen des Annehmenden** die Aufhebung erfordern. Praktisch wird dies nur der Fall sein, wenn die Aufhebung mit dem fehlenden oder fehlerhaften Antrag begründet wird[8]. Der Begriff der Interessen ist umfassend und bezieht Vermögensinteressen des Annehmenden mit ein[9]. 3

---

[1] *Erman/Saar* Rn 2; RGRK/*Dickescheid* Rn 8; aA *Palandt/Diederichsen* Rn 3: möglich aber Aufrechterhaltung nach Abs 2.
[2] RGRK/*Dickescheid* Rn 6; *Staudinger/Frank* Rn 8.
[3] MünchKommBGB/*Maurer* Rn 3; aA *Staudinger/Frank* Rn 8: Abs 2 sei insoweit maßgeblich.
[4] MünchKommBGB/*Maurer* Rn 3; aA RGRK/*Dickescheid* Rn 7; *Staudinger/Frank* Rn 9.
[5] *Palandt/Diederichsen* Rn 6.
[6] MünchKommBGB/*Maurer* Rn 5.
[7] MünchKommBGB/*Maurer* Rn 6; RGRK/*Dickescheid* Rn 9; zweifelnd *Gernhuber/Coester-Waltjen* § 68 XII 3.
[8] MünchKommBGB/*Maurer* Rn 7; *Palandt/Diederichsen* Rn 7.
[9] *Gernhuber/Coester-Waltjen* § 68 XII 3; aA *Roth-Stielow* AdoptionsG Rn 5.

§ 1762 Antragsberechtigung; Antragsfrist, Form

(1) ¹Antragsberechtigt ist nur derjenige, ohne dessen Antrag oder Einwilligung das Kind angenommen worden ist. ²Für ein Kind, das geschäftsunfähig oder noch nicht 14 Jahre alt ist, und für den Annehmenden, der geschäftsunfähig ist, können die gesetzlichen Vertreter den Antrag stellen. ³Im Übrigen kann der Antrag nicht durch einen Vertreter gestellt werden. ⁴Ist der Antragsberechtigte in der Geschäftsfähigkeit beschränkt, so ist die Zustimmung des gesetzlichen Vertreters nicht erforderlich.

(2) ¹Der Antrag kann nur innerhalb eines Jahres gestellt werden, wenn seit der Annahme noch keine drei Jahre verstrichen sind. ²Die Frist beginnt

a) in den Fällen des § 1760 Abs. 2 Buchstabe a mit dem Zeitpunkt, in dem der Erklärende zumindest die beschränkte Geschäftsfähigkeit erlangt hat oder in dem dem gesetzlichen Vertreter des geschäftsunfähigen Annehmenden oder des noch nicht 14 Jahre alten oder geschäftsunfähigen Kindes die Erklärung bekannt wird;

b) in den Fällen des § 1760 Abs. 2 Buchstabe b, c mit dem Zeitpunkt, in dem der Erklärende den Irrtum oder die Täuschung entdeckt;

c) in dem Falle des § 1760 Abs. 2 Buchstabe d mit dem Zeitpunkt, in dem die Zwangslage aufhört;

d) in dem Falle des § 1760 Abs. 2 Buchstabe e nach Ablauf der in § 1747 Abs. 2 Satz 1 bestimmten Frist;

e) in den Fällen des § 1760 Abs. 5 mit dem Zeitpunkt, in dem dem Elternteil bekannt wird, dass die Annahme ohne seine Einwilligung erfolgt ist.

³Die für die Verjährung geltenden Vorschriften der §§ 206, 210 sind entsprechend anzuwenden.

(3) Der Antrag bedarf der notariellen Beurkundung.

I. Normzweck

1 Die Norm regelt in Ergänzung der Aufhebungsgründe Antragsberechtigung, Antragsfähigkeit, Antragsfristen und Antragsform, um die Unsicherheiten über den Fortbestand einer fehlerhaft zustande gekommenen Adoption in personeller und zeitlicher Hinsicht zu begrenzen.

II. Antragsberechtigung und Aufhebungsgrund (Abs 1 S 1)

2 Die Antragsberechtigung folgt der materiell-rechtlichen Regelung des Aufhebungsgrundes in § 1760 Abs 1, 2. Beruft sich der Antragsteller ausschließlich auf Mängel des Adoptionsdekrets, die seine Rechte nicht betreffen, ist der Antrag als unzulässig zurückzuweisen[1]. Das **Antragsrecht** kommt folgenden Personen zu:

– Der **Annehmende** (§ 1752 Abs 1) kann die Aufhebung wegen seines fehlenden bzw unwirksamen Antrages beantragen. Fehlt bei **gemeinschaftlicher Adoption** der wirksame Antrag nur eines Ehegatten, steht die Aufhebung nur dem Ehegatten zu, dessen Antrag fehlte oder unwirksam ist[2]. Wurde das Annahmeverhältnis aufgehoben, betrifft dies grds das Annahmeverhältnis zu beiden Adoptiveltern. Die Aufhebung kann aber nach § 1763 Abs 2 auf das Verhältnis zu dem Adoptivelternteil beschränkt werden, dessen Antrag fehlt bzw unwirksam ist (§ 1763 Rn 8).

– Das angenommene **Kind** kann die Aufhebung beantragen,
  – wenn seine eigene Einwilligungserklärung fehlt, oder
  – wenn die gemäß 1746 Abs 1 S 2 notwendige Einwilligung des ges Vertreters fehlt; zu klären ist dann dessen Antragsfähigkeit.

– Ein **Elternteil** des angenommenen Kindes kann die Aufhebung beantragen, soweit seine Einwilligung gemäß § 1747 Abs 1, 4 erforderlich war.

3 **Nicht antragsberechtigt** sind die nach den Maßstäben des § 1749 übergangenen Ehegatten des Angenommenen[3] bzw des Annehmenden[4], da ihre fehlende Einwilligung keinen Aufhebungsgrund darstellt (§ 1760 Rn 4) und die Kinder des Angenommenen, auch wenn ihre Interessen entgegen § 1745 nicht berücksichtigt wurden[5].

4 Die Antragsberechtigung bestimmt zugleich die zulässigen Gründe des Aufhebungsantrages und der Aufhebungsentscheidung[6]. Ist der Antrag zulässig, die Aufhebung aber in Hinblick auf die Regelung der §§ 1760 Abs 3, 4, 1761 Abs 1 ausnahmsweise ausgeschlossen, kann die Aufhebung nicht auf einen anderen Aufhebungsgrund gestützt werden, soweit nicht insoweit ein Antrag auf Aufhebung gestellt wurde. § 1762 überlässt es allein dem Antragsberechtigten, einen Aufhebungsgrund geltend zu machen. Der zulässige, aber im Einzelfall unbegründete Antrag eröffnet keine Befugnis, die Aufhebung von Amts wegen auf einen anderen Aufhebungsgrund zu stützen.

---

[1] BayObLGZ 1986, 57, 60.
[2] MünchKommBGB/*Maurer* Rn 4.
[3] MünchKommBGB/*Maurer* Rn 2 mwN; hM; aA *Palandt/Diederichsen* Rn 1.
[4] MünchKommBGB/*Maurer* Rn 2; *Palandt/Diederichsen* Rn 1.
[5] BayObLGZ 1986, 57, 59 für die entsprechende Regelung der Erwachsenenadoption.
[6] BayObLG NJWE-FER 2000, 5, 6.

III. Antragsfähigkeit (Abs 1 S 2, 3, 4)

Das Gesetz regelt die Antragsfähigkeit nicht einheitlich für alle Betroffenen. 5

– Fehlt die wirksame **Einwilligung des angenommenen Kindes,** stellt der gesetzliche Vertreter den Antrag, wenn das Kind das 14. Lebensjahr noch nicht vollendet hat oder geschäftsunfähig ist (Abs 1 S 2). Ist das Kind über 14 Jahre alt und ist es nicht geschäftsunfähig, so steht die Ausübung des Antragsrechts allein dem Kind zu. Es bedarf nicht der Zustimmung des gesetzlichen Vertreters (Abs 1 S 4).
– Für den **Annehmenden** stellt der gesetzliche Vertreter den Antrag, wenn dieser geschäftsunfähig ist (Abs 1 S 2). Bei beschränkter Geschäftsfähigkeit muss der Annehmende den Antrag selbst stellen; einer Zustimmung des gesetzlichen Vertreters bedarf er nicht (Abs 1 S 4).
– Das Antragsrecht des **Elternteils** kann nur von diesem selbst ausgeübt werden (Abs 1 S 3). Damit entfällt die Möglichkeit, für diesen Handlungsbereich eine Betreuung für den Elternteil anzuordnen.

IV. Antragsfristen (Abs 2) und Antragsform (Abs 3)

1. Endgültiger Fristablauf nach drei Jahren. Der Antrag ist **absolut unzulässig,** wenn seit 6 Wirksamkeit der Annahme (§ 1752 Rn 5) drei Jahre abgelaufen sind (Abs 2 S 1). Der Ablauf dieses Zeitraumes wird nicht gemäß §§ 206, 210 gehemmt[7]. Die im Kindesinteresse notwendige absolute Zeitbeschränkung als Kernregelung des § 1762 Abs 2 verdrängt die nach systematischen Gesichtspunkten mögliche Anwendung des Abs 2 S 3 auf die absolute zeitliche Aufhebungssperre; daran ist auch nach der Änderung der Satzanordnung durch das SMG festzuhalten, das insoweit keine sachliche Änderung bringen sollte[8]. Der Ablauf der Dreijahresfrist hat auf die Fortführung eines frist- und formgerecht beantragten Aufhebungsverfahrens keinen Einfluss[9].

2. Einjahresfrist innerhalb der endgültigen Auflauffrist. Ist die dreijährige absolute Ausschlussfrist nicht verstrichen, ist der Antrag auf Aufhebung unzulässig, wenn die **relative Antragsfrist** von einem Jahr abgelaufen ist (Abs 2 S 1). Diese Frist gilt nach dem Wortlaut des Gesetzes nur für Anträge, die mit der **Unwirksamkeit** eines gestellten Antrags bzw einer erteilten Zustimmung nach § 1760 Abs 2 begründet werden. **Fehlen** Antrag oder erforderliche Zustimmung, ist die Fristbestimmung entspr anzuwenden mit der Maßgabe, dass die Kenntnis von der fehlenden Erklärung den Beginn der Frist bestimmt[10]. Bei fehlender Erklärung ist die Fehlerhaftigkeit des Adoptionsbeschlusses noch offensichtlicher, so dass im Interesse der Beteiligten der mittelbare Zwang zur möglichst schnellen notwendigen Klärung der Unsicherheit der Adoption ohne weiteres zumutbar ist. Die **Hemmung** der einjährigen Antragsfrist nach den Grundsätzen der Verjährung (§§ 206, 210) gilt für alle in Abs 2 S 2 genannten Fälle[11]; insoweit hat die Änderung der Satzanordnung durch das SMG für Klarheit gesorgt.

3. Formvorschrift. Der Antrag auf Aufhebung bedarf der **notariellen Beurkundung** (Abs 3). 8 **Antragsempfänger** ist das Vormundschaftsgericht. Notwendig ist die höchstpersönliche Erklärung beim Notar, nicht aber die persönliche Einreichung beim Gericht[12]. Ist das zuständige Gericht bei der Inkognito-Adoption nicht bekannt, hat das Jugendamt den Antrag dem Gericht zuzuleiten.

4. Sonderregelungen für Adoptionen in der ehemaligen DDR. Die hierfür vorgesehenen 9 gesonderten Fristen (Art 234 § 13 Abs 6 EGBGB; näher § 1741 Rn 7), haben sich durch Zeitablauf inzwischen erledigt (Art 234 § 13 EGBGB Rn 11).

§ 1763 Aufhebung von Amts wegen

(1) **Während der Minderjährigkeit des Kindes kann das Vormundschaftsgericht das Annahmeverhältnis von Amts wegen aufheben, wenn dies aus schwerwiegenden Gründen zum Wohl des Kindes erforderlich ist.**

(2) **Ist das Kind von einem Ehepaar angenommen, so kann auch das zwischen dem Kind und einem Ehegatten bestehende Annahmeverhältnis aufgehoben werden.**

(3) **Das Annahmeverhältnis darf nur aufgehoben werden,**
a) **wenn in dem Falle des Absatzes 2 der andere Ehegatte oder wenn ein leiblicher Elternteil bereit ist, die Pflege und Erziehung des Kindes zu übernehmen, und wenn die Ausübung der elterlichen Sorge durch ihn dem Wohl des Kindes nicht widersprechen würde oder**
b) **wenn die Aufhebung eine erneute Annahme des Kindes ermöglichen soll.**

Schrifttum: *Abramenko,* Die vom Annehmenden verschuldete Aufhebung einer Adoption (§ 1763 BGB) als vermögensrechtliches Problem, 2000.

---

[7] MünchKommBGB/*Maurer* Rn 11.
[8] *Palandt/Diederichsen* Rn 6.
[9] *Palandt/Diederichsen* Rn 5; MünchKommBGB/*Maurer* Rn 11.
[10] MünchKommBGB/*Maurer* Rn 12; *Gernhuber/Coester-Waltjen* § 68 XII 4 Fn 254 mwN.
[11] MünchKommBGB/*Maurer* Rn 10.
[12] MünchKommBGB/*Maurer* Rn 6.

§ 1763

I. Normzweck

1 Während § 1760 die Aufhebung nur erlaubt, wenn die Adoption auf schweren Willensmängeln der Beteiligten im Zeitpunkt des Ausspruchs der Adoption beruht, soll § 1763 die Aufhebung auch ermöglichen, wenn der eigentliche Zweck, dem Kind die Entwicklung in einer Familie zu ermöglichen, grundlegend verfehlt wurde und für das Kind eine andere Perspektive persönlicher Betreuung besteht. Quantitativ sind Aufhebungen selten, ohne dass daraus ohne Weiteres auf die Stabilität der Adoptionen geschlossen werden kann[1].

II. Voraussetzungen der Aufhebung (Abs 1)

2 **1. Zeitliche Grenzen der Aufhebung: Minderjährigkeit.** Die Aufhebung nach § 1763 ist zulässig nur während der Minderjährigkeit des Angenommenen[2]. Da es sich bei diesem Element der Voraussetzung um eine Tatsache handelt, ist maßgeblich für die Beurteilung die letzte Tatsacheninstanz[3]. Wurde die Aufhebung in der letzten Tatsacheninstanz abgelehnt, kann das Gericht der weiteren Beschwerde weder das Annahmeverhältnis selbst aufheben noch die Sache an die Vorinstanzen zurückweisen, wenn der Angenommene inzwischen volljährig ist[4]. Wurde das Annahmeverhältnis durch die Tatsacheninstanzen aufgehoben, kann deren Entscheidung durch das Gericht der weiteren Beschwerde korrigiert werden, wenn die Aufhebungsentscheidung unabhängig von der Volljährigkeit des Angenommenen fehlerhaft ist.

3 **Mit Eintritt der Volljährigkeit** ist die Aufhebung auch nicht nach den Vorschriften über die Annahme Volljähriger möglich[5], eine analoge Anwendung des § 1771 scheidet in Hinblick auf den eindeutigen Gesetzeswortlaut aus[6], § 1771 Rn 2. Verfassungsrechtlich bedarf es keiner Aufhebungsmöglichkeit auch nicht[7], da mit dem Ende des Sorgerechts der Adoptiveltern für den Angenommenen keine unausweichliche Zwangssituation mehr besteht, deren rechtliche Fixierung gegen Art 2 Abs 1 GG verstoßen könnte.

4 **2. Aufhebungsgründe (Abs 1): schwerwiegende Gründe.** Die schwerwiegenden Gründe beziehen sich ausschließlich auf das Wohl des angenommenen Kindes[8]. Der Ausnahmecharakter wird deutlich, indem das Gesetz noch auf die Erforderlichkeit abstellt. **Interessen des Annehmenden** können nur über das Antragsverfahren nach §§ 1760 bis 1762 zur Aufhebung führen, nicht jedoch zu einer Aufhebung von Amts wegen aus inhaltlichen Gründen. Damit kommt es zu keiner Aufhebung, wenn zwar schwerwiegende Gründe vorliegen, die Aufhebung aber nur aus der Sicht des Annehmenden erwünscht ist[9].

5 **Schwerwiegende Gründe** bestehen, wenn der Zweck der Adoption, ein faktisches Eltern-Kind-Verhältnis zu begründen, offensichtlich in seinen Grundlagen nicht erreicht wurde und auf Grund der objektiven Situation keine Aussicht besteht, dass es noch begründet wird[10]. So bei endgültiger Ablehnung des persönlichen Kontakts durch den Angenommenen zum Annehmenden, bei Ausschluss des Umgangsrechts gemäß § 1684 Abs 2 S 2 auf unabsehbare Zeit[11]; ein Verschulden des Annehmenden oder Angenommenen ist dabei nicht zwingend vorausgesetzt[12]. Entspr gilt, wenn von Anfang an ein echtes Eltern-Kind-Verhältnis nicht begründet werden sollte (**Scheinadoption**)[13]. Werden Mutter und Kind zusammen angenommen, ist es keine Scheinadoption hinsichtlich des Kindes, wenn wesentliches Motiv der Adoption die Annahme der Mutter war[14]. Aufzuheben ist die Adoption auch, wenn ein **entstandenes Eltern-Kind-Verhältnis** schwer in seinen Grundlagen erschüttert wurde[15], so dass die Fortsetzung der verwandtschaftlichen Bindung für die weitere Entwicklung des Kindes nachteilig wäre[16], Rn 5.1.

5.1 So, wenn der Angenommene die Adoptivmutter getötet hat[17], bei sexuellem Missbrauch des Angenommenen durch den Annehmenden[18], bei verbrecherischem Lebenswandel des Annehmenden[19]. Sachverhalte, die es ermöglichen würden, eine Einwilligung eines leiblichen Elternteils in eine Adoption zu ersetzen, werden regelmäßig auch die Aufhebung der Adoption gebieten („Zerfall des Elternrechts", vgl § 1748 Rn 5).

---

[1] *Kunze* FPR 2001, 339 f.
[2] BayObLG FamRZ 1991, 227, 228.
[3] OLG Zweibrücken FGPrax 1997, 66, 67 mwN; OLG Karlsruhe FamRZ 1996, 434, 435; MünchKommBGB/ *Maurer* Rn 8.
[4] OLG Karlsruhe FamRZ 1996, 434, 435.
[5] BayObLGZ 1989, 383, 384 f.
[6] OLG Zweibrücken FGPrax 1997, 66, 67 mwN; LG Düsseldorf NJWE-FER 2001, 9, 10; krit zur gesetzlichen Regelung *Liermann* FuR 1997, 266, 269.
[7] LG Düsseldorf NJWE-FER 2001, 9, 10 f m ausf Darstellung der verfassungsrechtlichen Überlegungen; offen gelassen in OLG Zweibrücken FGPrax 1997, 66, 67; ebenso in BayObLG FamRZ 1991, 227; nun auch *Soergel/ Liermann* § 1771 Rn 4.
[8] BayObLG NJWE-FER 2000, 5, 6.
[9] OLG Oldenburg FamRZ 2004, 399, 400.
[10] OLG Düsseldorf FamRZ 1998, 1196, 1197.
[11] MünchKommBGB/*Maurer* Rn 2.
[12] *Abramenko* S 36 f.
[13] MünchKommBGB/*Maurer* Rn 7.
[14] OLG Frankfurt FamRZ 1983, 848, 849.
[15] OLG Düsseldorf FGPrax 1997, 222, 223.
[16] *Gernhuber/Coester-Waltjen* § 68 XII 5.
[17] AG Arnsberg FamRZ 1987, 1194, 1195.
[18] AG Hechingen DAVorm 1992, 1360: lang andauernder Missbrauch.
[19] *Palandt/Diederichsen* Rn 4.

Wirkung der Aufhebung § 1764

Kein schwerwiegender Grund ist die Scheidung der Adoptiveltern[20]; Probleme hinsichtlich der 6
Sorgerechtsausübung sind über die Regelung der elterlichen Sorge zu bewältigen[21]. Eine einseitige
Abwendung des Annehmenden ermöglicht die Aufhebung nicht, solange der Angenommene selbst an
dem Eltern-Kind-Verhältnis festhält[22]. **Finanzielle Gründe** alleine können die Aufhebung wie schon
die Begründung des Annahmeverhältnisses nicht rechtfertigen, da im Vordergrund jeweils die Möglichkeit der persönlichen Entwicklung steht. In Hinblick auf den vorwiegend personalen Sinn der Adoption
können vermögensrechtliche Interessen nur von untergeordneter Bedeutung sein[23]; vgl § 1764 Rn 1.

Die Aufhebung muss aus **Gründen des Kindeswohls erforderlich** sein. Bloße Dienlichkeit, etwa 7
eine erwünschte Angleichung der rechtlichen Beziehung an die faktische Situation, reicht nicht aus.
Erforderlich ist die Aufhebung nur, wenn die Entwicklung des Kindes durch das mit der Adoption
begründete Eltern-Kind-Verhältnis erheblich belastet wird[24]. Die Aufhebung muss in allen Fällen ultima
ratio sein, um Gefahren für das Kind abzuwenden[25]. Die Folgen der Aufhebung hinsichtlich Unterhaltssicherung[26] und eventuelle Erbrechte[27] können auch gegen die Aufhebung sprechen.

III. Teilaufhebung bei gemeinschaftlicher Ehegattenadoption (Abs 2)

Ist das Kind durch ein Ehepaar gemeinschaftlich angenommen, kann die Aufhebung auf das 8
Annahmeverhältnis zu einem Ehegatten beschränkt werden (Abs 2), wenn der andere Ehegatte bereit
ist, die Betreuung des Kindes zu übernehmen und dies dem Kindeswohl nicht widerspricht (Abs 3 lit a).
Von dieser Möglichkeit („kann") muss Gebrauch gemacht werden, wenn die schwerwiegenden Gründe
und das Kindeswohl nur die Lösung des Annahmeverhältnisses zu einem Ehegatten erfordern. Ein
richterliches Ermessen besteht nicht, andernfalls wäre das verfassungsrechtlich garantierte Elternrecht
(§ 1754 Rn 2) des betreuungsbereiten und betreuungsfähigen Elternteils verletzt. Wurde das Kind vom
Ehegatten des leiblichen Elternteils oder von einem Ehegatten **allein angenommen** (vgl § 1741
Rn 36), gilt § 1763 Abs 2 nicht, da nur **ein** Annahmeverhältnis vorliegt[28].

IV. Aufhebungssperre (Abs 3)

Ist die Aufhebung aus schwerwiegenden Gründen zum Wohle des Kindes erforderlich, darf sie nur 9
ausgesprochen werden, wenn
– bei der Teilaufhebung nach Abs 2 der andere Ehegatte,
– sonst ein leiblicher Elternteil bereit ist, die Betreuung des Kindes zu übernehmen und diese Betreuung nicht dem Kindeswohl widerspricht (Abs 3 lit a).

Die Auflösung der rechtlichen Beziehungen des Kindes zum Annehmenden wird so vom teilweise
Erhalt der faktischen Beziehung zum anderen Elternteil bzw von der Herstellung der faktischen
Beziehung zu einem leiblichen Elternteil abhängig gemacht. Eine Sicherstellung der Betreuung in einer
Pflegefamilie, auch bei Verwandtenpflege[29] oder in einem Heim genügt nicht, um den mit der
Aufhebung sonst drohenden Verlust einer elterngeprägten Sorge- und Unterhaltsverpflichtung auszugleichen. Die Aufhebungssperre entfällt auch, wenn die Aufhebung des Annahmeverhältnisses eine
erneute Adoption ermöglichen soll (Abs 3 lit b)[30]. Voraussetzung ist, dass mit der nach den Kriterien des
Abs 1 zulässigen Aufhebung eine sonst nach § 1742 unzulässige Adoption (§ 1742 Rn 1) ermöglicht
werden soll, deren Zustandekommen ernsthaft nicht zweifelhaft ist; die bloße allgemeine Möglichkeit
einer erneuten Adoption führt nicht zum Wegfall der Aufhebungssperre[31].

§ 1764 Wirkung der Aufhebung

(1) ¹Die Aufhebung wirkt nur für die Zukunft. ²Hebt das Vormundschaftsgericht das
Annahmeverhältnis nach dem Tode des Annehmenden auf dessen Antrag oder nach dem
Tode des Kindes auf dessen Antrag auf, so hat dies die gleiche Wirkung, wie wenn das
Annahmeverhältnis vor dem Tode aufgehoben worden wäre.

(2) Mit der Aufhebung der Annahme als Kind erlöschen das durch die Annahme begründete Verwandtschaftsverhältnis des Kindes und seiner Abkömmlinge zu den bisherigen Verwandten und die sich aus ihm ergebenden Rechte und Pflichten.

---

[20] BayObLG NJWE-FER 2000, 5, 6; OLG Düsseldorf FGPrax 1997, 222, 223; KG FamRZ 1993, 1359, 1363;
BayObLGZ 1979, 386, 393; st Rspr.
[21] MünchKommBGB/*Maurer* Rn 2.
[22] BayObLGZ 1979, 386, 392.
[23] *Abramenko* S 42 f, 47.
[24] OLG Oldenburg FamRZ 2004, 399.
[25] BayObLG NJWE-FER 2000, 5, 6; KG FamRZ 1993, 1359, 1362; BayObLGZ 1979, 386, 391, 393.
[26] KG FamRZ 1993, 1359, 1363.
[27] *Palandt/Diederichsen* Rn 4.
[28] *Soergel/Liermann* Rn 8.
[29] Daher problematisch AG Hechingen DAVorm 1992, 1360.
[30] Zumindest missverständlich AG Kelheim ZfJ 1990, 280, 281, da dort die erneute Adoption als Aufhebungsgrund
formuliert wird.
[31] BayObLG NJWE-FER 2000, 5, 6 mwN.

§ 1764

(3) Gleichzeitig leben das Verwandtschaftsverhältnis des Kindes und seiner Abkömmlinge zu den leiblichen Verwandten des Kindes und die sich aus ihm ergebenden Rechte und Pflichten, mit Ausnahme der elterlichen Sorge, wieder auf.

(4) Das Vormundschaftsgericht hat den leiblichen Eltern die elterliche Sorge zurückzuübertragen, wenn und soweit dies dem Wohl des Kindes nicht widerspricht; andernfalls bestellt es einen Vormund oder Pfleger.

(5) Besteht das Annahmeverhältnis zu einem Ehepaar und erfolgt die Aufhebung nur im Verhältnis zu einem Ehegatten, so treten die Wirkungen des Absatzes 2 nur zwischen dem Kind und seinen Abkömmlingen und diesem Ehegatten und dessen Verwandten ein; die Wirkungen des Absatzes 3 treten nicht ein.

Schrifttum: *Abramenko*, Die vom Annehmenden verschuldete Aufhebung einer Adoption (§ 1763 BGB) als vermögensrechtliches Problem, 2000.

I. Normzweck

1 Mit der Aufhebung sollen grds die über die Adoption begründeten Rechtswirkungen entfallen und die durch die Adoption erloschenen Rechtsbeziehungen kraft Gesetzes zu den leiblichen Verwandten wieder aufleben. Für die elterliche Sorge der leiblichen Eltern bedarf es jedoch einer Prüfung im Einzelfall, um dem Kindeswohl Rechnung tragen zu können. Eine abschließende Regelung enthält § 1764 nicht. Die vermögensrechtlichen Folgen der Aufhebung einschließlich eventueller Schadensersatzansprüche bestimmen sich nach den allgemeinen Rechtsregeln[1]. Möglich sind bei entsprechendem Verschulden Ansprüche des Angenommenen gegen einen Adoptivelternteils auf der Grundlage § 823 Abs 2 iVm § 1666 oder § 826 wegen des Verlustes von Unterhaltsansprüchen[2].

II. Rechtswirkungen der Aufhebung

2 **1. Zeitliche Wirkung: für die Zukunft.** Die Adoption wird aufgehoben mit Rechtskraft des Aufhebungsbeschlusses (§ 56 f Abs 3 FGG; Rn 2.1) nur mit Wirkung für die Zukunft (Abs 1 S 1). Eine gesonderte Regelung gilt, wenn der Antragsteller der Antragsaufhebung der Antragsteller während des Verfahrens stirbt: Die Wirkung der Aufhebungsentscheidung wird auf die Zeit vor dem **Tod des Antragstellers** vorverlegt (Abs 1 S 2). Mittelbar lässt damit das Gesetz auch erkennen, dass der Tod des Antragstellers das Verfahren nicht beendet.

2.1 Eine dem § 56 f Abs 3 gleichlautende Bestimmung ist im **RegE-FGG-RG** (§ 1752 Rn 13) vorgesehen (dort § 198 Abs 2 HS 1). Das Verfahren ist Adoptionssache (§ 186 Nr 3) und damit selbständige Familiensache. Das Rechtsmittel gegen den Beschluss des FamG ist die befristete Beschwerde (§ 1752 Rn 13.2).

3 **2. Erhalt bestehender Rechte.** Sämtliche Rechte, die vor der Aufhebung entstanden sind, bleiben erhalten, so auch **Ansprüche auf rückständigen Unterhalt**[3], soweit er nach Maßgabe des § 1613 gefordert werden kann. Leistungen, die auf Grund der Adoption erbracht wurden, können nicht über die ungerechtfertigte Bereicherung zurückgefordert werden[4]. Eine über die Adoption erworbene **Staatsangehörigkeit** bleibt erhalten[5]; einen infolge der Wirkung für die Zukunft notwendigen Verlusttatbestand sieht das Staatsangehörigkeitsrecht nicht vor (§ 17 StAG). Ebenso bleibt eine vor der Aufhebung eingetretene **Beerbung** des Annehmenden bzw Angenommenen wirksam[6].

4 **3. Auswirkung auf die Verwandtschaftsverhältnisse. a) Beendigung der durch die Adoption begründeten Verwandtschaftsverhältnisse.** Die mit der Adoption begründeten Verwandtschaftsverhältnisse zwischen dem Kind, dessen Abkömmlingen und den Adoptivverwandten erlöschen (Abs 2). Beendet werden elterliche Sorge, Unterhaltsverpflichtungen (für die Zukunft, Rn 3) und erbrechtliche Anwartschaften; Ehehindernisse bestehen nicht mehr (§ 1308 Abs 1 S 2).

5 **b) Wiederaufleben der Verwandtschaft zu den leiblichen Verwandten.** Das Verwandtschaftsverhältnis des Angenommenen zu den **leiblichen Verwandten** (nicht nur Eltern) lebt mit Wirkung für die Zukunft (Rn 2) wieder auf (Abs 3). Dies gilt auch, wenn das Kind vor der nun aufgehobenen Adoption bereits adoptiert war; die rechtlichen Beziehungen zu **früheren Adoptiveltern** und ihren Verwandten werden nicht wieder begründet. Die leiblichen Verwandten sind wieder erbberechtigt und unterhaltsverpflichtet, ebenso das Kind gegenüber seinen Verwandten. Soll das Kind erneut adoptiert werden, bedarf es der Zustimmung der leiblichen Eltern[7], auch wenn sich die alternativ erteilte Einwilligung (§ 1747 Rn 11) auf die nunmehrigen Adoptionsbewerber bezog. Die Einwilligung kann sich alternativ nur auf mehrere Bewerber erstrecken, nicht aber auf mehrere Adoptionen. Voraussetzung für das Wiederaufleben ist, dass im Zeitpunkt der Aufhebung des Annahmeverhältnisses die verwandtschaftlichen Beziehungen noch latent bestehen. Ist der – frühere – Verwandte aus dem Verwandt-

---

[1] *Abramenko* S 38 ff mwN.
[2] *Abramenko* S 120 f, 146–148; zu Ansprüchen gegen Dritte *Abramenko* S 149 ff; zu Ansprüchen Dritter S 171 ff.
[3] *Gernhuber/Coester-Waltjen* § 68 XI 4.
[4] *Gernhuber/Coester-Waltjen* § 68 XI 4.
[5] *Lüderitz/Dethloff* Familienrecht, 2007, § 15 B V 4 Rn 66.
[6] *Troll/Gebel/Julicher* § 15 ErbStG Rn 53.
[7] OLG Celle FamRZ 1982, 197, 198; unsicher AG Arnsberg FamRZ 1987, 1194, 1195.

schaftsverband seinerseits durch Adoption ausgeschieden, lebt das Verwandtschaftsverhältnis nicht mehr auf[8].

c) Sonderregelung für elterliche Sorge (Abs 3, 4). Die **elterliche Sorge** fällt nicht kraft Gesetzes 6 wieder den leiblichen Eltern zu. Vorrangig vor einer Anordnung der Vormundschaft (§§ 1773 Abs 1, 1774 S 1) ist die Übertragung der elterlichen Sorge auf die leiblichen Eltern. Die Übertragung findet nicht statt, wenn und soweit sie dem Kindeswohl widersprechen würde (Abs 4 S 1). Maßstab für die Beurteilung dieser Frage ist § 1666 Abs 1, 2, maßgeblicher Zeitpunkt die Zeit der Entscheidung über die Aufhebung. Früheres Geschehen, so das Verhalten der leiblichen Eltern vor der Adoption, kann nur berücksichtigt werden, wenn es im Zeitpunkt der Aufhebungsentscheidung noch für das Kindeswohl relevant ist. Eine Indizwirkung kommt dem früheren Geschehen nicht zu[9], das Gericht hat in vollem Umfang die notwendigen Ermittlungen durchzuführen (§ 12 FGG) und die Entscheidung in entspr Anwendung des § 286 ZPO zu treffen. Wird den leiblichen Eltern die elterliche Sorge nicht mit dem Aufhebungsbeschluss übertragen, ist regelmäßig die Bestellung eines Vormundes oder eines Pflegers einzuleiten, ggf ist auch eine Überbrückungspflegschaft gemäß § 1909 Abs 3 anzuordnen[10].

III. Sonderregelung bei gemeinschaftlicher Adoption durch Ehegatten (Abs 5)

Die Lösung der verwandtschaftlichen Beziehungen zu den Annehmenden beschränkt sich bei 7 gemeinschaftlicher Adoption durch Ehegatten (§ 1741 Abs 2 S 2) auf das Annahmeverhältnis zu einem Ehegatten, wenn die Aufhebung sich auf dieses Annahmeverhältnis gemäß § 1763 Abs 2 beschränkt (Abs 5 HS 1). Die Verwandtschaftsbeziehungen des Angenommenen und seiner Abkömmlinge zu den leiblichen Verwandten leben nicht wieder auf (HS 2). Der Angenommene hat in diesem Fall – wie bei einer Einzeladoption (§ 1741 Abs 2 S 1, 4) – nur einen Elternteil[11]. Die Sonderregelung des Abs 5 gilt auch nicht analog bei der ergänzten **Stiefkindadoption**[12]. Wird das Annahmeverhältnis zum Ehegatten des leiblichen Elternteils aufgehoben, gilt die allgemeine Regelung: Das Verwandtschaftsverhältnis des Kindes zum anderen leiblichen Elternteil lebt gemäß Abs 3 wieder auf; die Auswirkungen auf die elterliche Sorge bestimmen sich nach Abs 3 und Abs 4.

§ 1765 Name des Kindes nach der Aufhebung

(1) ¹Mit der Aufhebung der Annahme als Kind verliert das Kind das Recht, den Familiennamen des Annehmenden als Geburtsnamen zu führen. ²Satz 1 ist in den Fällen des § 1754 Abs. 1 nicht anzuwenden, wenn das Kind einen Geburtsnamen nach § 1757 Abs. 1 führt und das Annahmeverhältnis zu einem Ehegatten allein aufgehoben wird. ³Ist der Geburtsname zum Ehenamen oder Lebenspartnerschaftsnamen des Kindes geworden, so bleibt dieser unberührt.

(2) ¹Auf Antrag des Kindes kann das Vormundschaftsgericht mit der Aufhebung anordnen, dass das Kind den Familiennamen behält, den es durch die Annahme erworben hat, wenn das Kind ein berechtigtes Interesse an der Führung dieses Namens hat. ²§ 1746 Abs. 1 Satz 2, 3 ist entsprechend anzuwenden.

(3) Ist der durch die Annahme erworbene Name zum Ehenamen oder Lebenspartnerschaftsnamen geworden, so hat das Vormundschaftsgericht auf gemeinsamen Antrag der Ehegatten oder Lebenspartner mit der Aufhebung anzuordnen, dass die Ehegatten oder Lebenspartner als Ehenamen oder Lebenspartnerschaftsnamen den Geburtsnamen führen, den das Kind vor der Annahme geführt hat.

I. Normzweck

Die Vorschrift enthält eine eigenständige Regelung für die Auswirkungen der Aufhebung auf die 1 Namensführung des Kindes. Sie soll einerseits der Funktion des Namens, die Zuordnung des Kindes zur Familie zu kennzeichnen, andererseits dem Interesse des Kindes an der Fortführung des durch die Adoption erworbenen Namens Rechnung tragen, insbes auch, wenn der Name zum Ehenamen geworden ist.

II. Grundsätzlicher Verlust des durch die Adoption erworbenen Familiennamens (Abs 1)

Mit der Aufhebung darf der Angenommene grds den Familiennamen des Annehmenden nicht mehr 2 führen. Den Namen kann er unmittelbar über die Adoption (§ 1757 Rn 3 ff) oder dadurch erhalten haben, dass sich eine Änderung des Namens des Annehmenden auf seinen Namen erstreckte, so über § 1617 c Abs 2 Nr 2 oder über § 4 NamÄndG[1]. Als Folge der Aufhebung erhält der Angenommene mit Wirkung für die Zukunft den Geburtsnamen, den er vor dem Erwerb des Geburtsnamens des

---

[8] MünchKommBGB/*Maurer* Rn 3.
[9] AA MünchKommBGB/*Maurer* Rn 6.
[10] *Oberloskamp/Oberloskamp* Vormundschaft, 1998, § 10 Rn 59.
[11] *Gernhuber/Coester-Waltjen* § 68 XI 4.
[12] OLG Celle FamRZ 1982, 197, 198; MünchKommBGB/*Maurer* Rn 4.
[1] MünchKommBGB/*Maurer* Rn 2.

§ 1765

Annehmenden führte[2]. Änderungen dieses Namens während des Adoptionsverhältnisses wirken sich auch auf den (ehemaligen) Angenommenen nach Maßgabe des § 1617 c aus; änderte sich der Name der Eltern auf Grund des NamÄndG, erfasst diese Änderung trotz fehlender elterlicher Sorge insoweit auch den Geburtsnamen des Kindes[3]. Führt der (ehemalige) Angenommene den Namen eines Adoptivelternteils als **Begleitnamen,** ändert sich auch dieser kraft Gesetzes (vgl § 1757 Rn 13 zum Wahlrecht); aus Abs 1 S 3 lässt sich entnehmen, dass der durch die Adoption erworbene Name nur dann nicht aufgegeben werden muss, wenn dieser Name Ehename wurde. Bei **gemeinschaftlicher Annahme** durch ein Ehepaar oder bei einer **Stiefkindadoption** (Fälle des § 1754 Abs 1) bleibt der Name erhalten, wenn der Angenommene gemäß § 1757 Abs 1 den Ehenamen der Annehmenden erhalten hatte und das Annahmeverhältnis nur im Verhältnis zu einem Ehegatten aufgehoben wird (Abs 1 S 2). Dies gilt auch, wenn Ehename der Geburtsname des Adoptivelternteils ist, zu dem das Annahmeverhältnis aufgehoben wurde. Eine eventuell eintretende Namensdifferenz zwischen Kind und Elternteil, so über eine Erklärung nach § 1355 Abs 5 S 2, kann nur über das NamÄndG beseitigt werden. Hatte der Angenommene den Namen über § 1757 Abs 2 S 1 erhalten, so verliert er den Namen, wenn die Adoption im Verhältnis zum namensgebenden Adoptivelternteil aufgehoben wurde. Der **Vorname** des Kindes, auch wenn er auf Grund der Adoption geändert wurde (§ 1757 Rn 15), bleibt durch die Aufhebung unberührt[4], da dieser keine Verbindung zum ehemaligen Adoptivelternteil begründet und individueller Natur ist.

III. Fortführung des Familiennamens auf Antrag des Kindes (Abs 2)

3 Auf Antrag des Kindes kann das Gericht bestimmen, dass der durch die Adoption erworbene Familienname fortgeführt werden kann (Abs 2 S 1); das gilt auch hinsichtlich eines **Begleitnamens**[5]. **Behalten** meint die unveränderte Fortführung, die Verbindung mit einem anderen Namen zu einem Doppelnamen ist nicht zulässig. Ein **berechtigtes Interesse** an der Fortführung ergibt sich insbes auf Grund der Bekanntheit mit dem Namen in der Öffentlichkeit[6] und der Identifikation mit dem Namen[7]. Ob letztere gegeben ist, wird regelmäßig von der Dauer der Namensführung und dem Alter des Angenommenen beeinflusst. Unzufriedenheit mit dem früheren Namen reicht nicht aus[8]. **Antragsfähig** ist das über 14 Jahre alte Kind, wenn es nicht geschäftsunfähig ist. Im Übrigen hat der gesetzliche Vertreter den Antrag zu stellen (Abs 2 S 2 iVm § 1746 Abs 1 S 2, 3). Gesetzlicher Vertreter ist, solange die Aufhebung nicht wirksam ist, der Annehmende, aber auch der gemäß § 56 f Abs 2 S 1 FGG regelmäßig zu bestellende Verfahrenspfleger (§ 1759 Rn 3), da sein Aufgabengebiet auch die mit der Aufhebung verbundenen Rechtsfolgen erfasst, soweit sie Gegenstand des Aufhebungsverfahrens sind.

IV. Auswirkung auf den Ehenamen odes Lebenspartnerschaftsnamen des Angenommenen (Abs 1 S 3, Abs 3)

4 Ist der durch die Adoption erworbene Geburtsname zum Ehenamen oder Lebenspartnerschaftsnamen des Angenommenen geworden, so hat die Aufhebung des Annahmeverhältnisses kraft Gesetzes keine Auswirkung auf den Ehenamen bzw Lebenspartnerschaftsnamen (Abs 1 S 3); der **Geburtsname** des früheren Angenommenen dagegen ändert sich[9]. Legt der Angenommene nach Scheidung der Ehe bzw Aufhebung der Lebenspartnerschaft den Ehenamen bzw Lebenspartnerschaftsnamen ab, kann er nicht auf den durch die Adoption erworbenen Namen zurückgreifen, da dieser nicht mehr sein Geburtsname ist[10]. Das gilt auch, wenn der Geburtsname des anderen Ehegatten zum Ehenamen wurde und der Angenommene den Ehenamen nach der Auflösung der Ehe ablegt[11]. Auf Antrag beider Ehegatten oder beider Lebenspartner ist der Ehename bzw Lebenspartnerschaftsname des Angenommenen durch Beschluss des Gerichts in den früheren Geburtsnamen des Angenommenen zu ändern; ein besonderes Interesse muss nicht geltend gemacht werden[12]. Eventuell zwischenzeitlich eingetretene Änderungen des Geburtsnamens sind zu berücksichtigen[13]. Soweit **Kinder des Angenommenen** den Ehenamen als Geburtsnamen führen, erstreckt sich die Änderung des Ehenamens nach näherer Maßgabe des § 1617 c Abs 2 Nr 1 (dort Rn 6) auf ihren Namen.

5 Abs 1 S 3 und Abs 3 eröffnen nur die Wahl zwischen der Fortführung des durch die Adoption erworbenen Namens und der Abänderung des Ehenamens bzw Lebenspartnerschaftsnamens in den Namen, den der Angenommene vor der Adoption geführt hat; eine erneute Bestimmung des Ehenamens gemäß § 1355 Abs 1 S 2, Abs 2 bzw des Lebenspartnerschaftsnamens gemäß § 3 Abs 1 S 1, 2 LPartG ist ausgeschlossen[14].

---

[2] *Henrich/Wagenitz/Bornhofen,* Deutsches Namensrecht, § 1765 Rn 3.
[3] *Soergel/Liermann* Rn 4: dort zum Streitstand.
[4] *Henrich/Wagenitz/Bornhofen,* Deutsches Namensrecht, § 1765 Rn 26.
[5] *Soergel/Liermann* Rn 9 mwN.
[6] *Henrich/Wagenitz/Bornhofen,* Deutsches Namensrecht, § 1765 Rn 18.
[7] *Palandt/Diederichsen* Rn 3.
[8] *Gernhuber/Coester-Waltjen* § 68 XI 7.
[9] MünchKommBGB/*Maurer* Rn 4.
[10] *RGRK/Dickescheid* Rn 2.
[11] *Erman/Saar* Rn 4.
[12] *Henrich/Wagenitz/Bornhofen,* Deutsches Namensrecht, § 1765 Rn 22.
[13] *Soergel/Liermann* Rn 10.
[14] *Gernhuber/Coester-Waltjen* § 68 XI 7 hält dies für nicht sachgerecht.

§ 1766 Ehe zwischen Annehmendem und Kind

¹Schließt ein Annehmender mit dem Angenommenen oder einem seiner Abkömmlinge den eherechtlichen Vorschriften zuwider die Ehe, so wird mit der Eheschließung das durch die Annahme zwischen ihnen begründete Rechtsverhältnis aufgehoben. ²§§ 1764, 1765 sind nicht anzuwenden.

Die Bestimmung löst den Widerspruch zwischen verwandtschaftlicher und ehelicher Bindung bei einer Eheschließung zwischen bestimmten Adoptivverwandten zugunsten der eherechtlichen Verbindung. Das Annahmeverhältnis wird kraft Gesetzes aufgehoben, wenn der Annehmende den Angenommenen oder einen Abkömmling des Angenommenen wirksam heiratet (vgl § 1310 Rn 1 zur Nichtehe). Die Adoptivverwandtschaft ist ein Ehehindernis (§ 1308 Abs 1 S 1), von dem bei der Eheschließung zwischen Verwandten in gerader Linie keine Befreiung erteilt werden kann (§ 1308 Abs 2 S 1). Die Missachtung dieses Ehehindernisses ist jedoch ohne Sanktion im Eherecht[1]; sie begründet keine Möglichkeit der Aufhebung der Ehe (§§ 1313 S 3, 1314). 1

Die Aufhebung des Annahmeverhältnisses erfasst nur das Verwandtschaftsverhältnis **zwischen den Ehegatten** selbst (S 1). Die übrigen durch Adoption begründeten Verwandtschaftsverhältnisse bleiben aufrechterhalten (S 2: § 1764 Abs 2 gilt nicht); die verwandtschaftsrechtlichen Beziehungen zu den **leiblichen Eltern** leben nicht wieder auf (S 2: § 1764 Abs 3 gilt nicht). Die mit der Adoption verbundenen **namensrechtlichen** Folgen bleiben bestehen (S 2: § 1765 gilt nicht). War der Angenommene von dem Annehmenden (jetzigen Ehegatten) und dessen früheren Ehegatten **gemeinschaftlich angenommen** worden, so bleibt das Eltern-Kind-Verhältnis des Angenommenen im Verhältnis zum anderen Adoptivelternteil aufrechterhalten. 2

Der Annehmende, der sein Adoptivkind heiratet, wird durch die Eheschließung zum Schwager des früheren Ehegatten; das frühere Verwandtschaftsverhältnis zum Kind des Angenommenen und jetzigen Ehegatten (Großeltern) wandelt sich in eine Schwägerschaft (Stiefeltern). Heiratet der Annehmende das Kind des Angenommenen, erlischt nur das Verwandtschaftsverhältnis zum (ehemaligen) Adoptivenkelkind, das Eltern-Kind-Verhältnis zum Angenommenen selbst bleibt erhalten[2]. 3

Untertitel 2. Annahme Volljähriger (§§ 1767-1772)

§ 1767 Zulässigkeit der Annahme, anzuwendende Vorschriften

(1) Ein Volljähriger kann als Kind angenommen werden, wenn die Annahme sittlich gerechtfertigt ist; dies ist insbesondere anzunehmen, wenn zwischen dem Annehmenden und dem Anzunehmenden ein Eltern-Kind-Verhältnis bereits entstanden ist.

(2) ¹Für die Annahme Volljähriger gelten die Vorschriften über die Annahme Minderjähriger sinngemäß, soweit sich aus den folgenden Vorschriften nichts anderes ergibt. ²§ 1757 Abs. 3 ist entsprechend anzuwenden, wenn der Angenommene eine Lebenspartnerschaft begründet hat und sein Geburtsname zum Lebenspartnerschaftsnamen bestimmt worden ist. ³Zur Annahme einer Person, die eine Lebenspartnerschaft führt, ist die Einwilligung des Lebenspartners erforderlich.

Schrifttum: *Heinz*, Das Minderjährigkeitserfordernis im Adoptionsrecht, ZRP 1995, 171; *Kirchmayer*, Während des Adoptionsverfahrens eintretende Volljährigkeit – perpetuatio adoptionis minoris?, StAZ 1995, 262; *Leis*, Sittliche Rechtfertigung und das Bestehen eines Eltern-Kind-Verhältnisses als Voraussetzungen der Erwachsenenadoption, ZfF 2004, 307; *Muscheler*, Die Voraussetzungen der Erwachsenenadoption, FS Schwab, 2005, S 843.

Übersicht

	Rn		Rn
I. Normzweck	1	IV. Geltung der Vorschriften über die Annahme Minderjähriger (Abs 2)	13
II. Abgrenzung gegenüber der Minderjährigenadoption	2	1. Systematik	13
		2. Namensführung	14
III. Voraussetzungen der Adoption (Abs 1, 2)	3		
1. System der Voraussetzungen	3	V. Staatsangehörigkeit und Aufenthaltsrecht	17
2. Sittliche Rechtfertigung (Abs 1)	4	1. Staatsangehörigkeit	17
a) Sittliche Rechtfertigung und Eltern-Kind-Verhältnis	4	2. Aufenthaltsrecht	18
b) Bestehende Eltern-Kind-Beziehung	6		
c) Zu erwartende Eltern-Kind-Beziehung	7		
3. Sonstige Voraussetzungen der Adoption	11	VI. Verfahren	23

---

[1] *Hepting* FamRZ 1998, 713, 717.
[2] MünchKommBGB/*Maurer* Rn 4.

§ 1767

I. Normzweck

1 Mit der Vorschrift wird die Adoption eines Volljährigen – entgegen kritischen Stimmen[1] – ermöglicht, um bestehenden oder konkret zu erwartenden Eltern-Kind-Beziehungen eine rechtliche Grundlage zu geben. Die Einschränkung der grundsätzlichen Gleichstellung der Annahme eines Volljährigen mit der Adoption eines Minderjährigen soll den Besonderheiten einer Verwandtschaftsbeziehung zu Volljährigen Rechnung tragen.

II. Abgrenzung gegenüber der Minderjährigenadoption

2 Ist der Anzunehmende im Zeitpunkt der Wirksamkeit des Adoptionsdekrets (§ 1752 Rn 5) volljährig[2], kann die Adoption nur nach den Vorschriften über die Annahme eines Volljährigen erfolgen; der Antrag auf Annahme nach den Vorschriften der Adoption eines Minderjährigen wäre unzulässig[3]. Zeitzufälligkeiten können hinsichtlich der Wirkung der Adoption über § 1772 ausgeglichen werden (§ 1772 Rn 4). Das Gericht wird den Antragstellern Gelegenheit geben müssen, einen insoweit unzulässigen Antrag umzustellen[4], Rn 2.1. Ist nicht zu klären, ob der Anzunehmende minderjährig oder volljährig ist, ist der Antrag sowohl nach den Vorschriften der Minderjährigen- als auch der Volljährigenadoption zu beurteilen; das gilt auch für die Verfahrensvorschriften[5]. Wird ein Volljähriger irrtümlicherweise über die Vorschriften der Annahme Minderjähriger adoptiert, so ist die Entscheidung auch insoweit verbindlich[6]. Dieser Entscheidungsteil gehört in Hinblick auf die Rechtsfolgen zum Statusbereich, da er Beendigung und Begründung von Verwandtschaftsbeziehungen bestimmt; nach dem Sinn des § 56 e S 3 FGG sollen diese Folgen endgültig eintreten, der Beschluss insoweit keiner Anfechtung oder Abänderung unterliegen (§ 1752 Rn 6). Ob der Anzunehmende **volljährig** ist, richtet sich gemäß Art 7 Abs 1 EGBGB nach dem Recht des Staates, dem er angehört[7].

2.1 Eine Auslegung des Antrages, er sei auch auf die Adoption eines Volljährigen mit den Wirkungen der Annahme eines Minderjährigen gestellt, ist mit der Bindung des Richters an den Antrag der Beteiligten nicht vereinbar, da beide Rechtsinstitute nur in einem Verhältnis von Mehr oder Weniger stehen[8]. Neue Anträge sind in der **Beschwerdeinstanz** grds unzulässig[9], damit auch die entsprechende Umstellung von der Minderjährigenadoption auf die Annahme eines Volljährigen[10]. Die notwendig ablehnende Entscheidung des Gerichts kann auf äußerst unterschiedlichen Gründen beruhen, so dass nicht sichergestellt ist, dass die wesentlichen Voraussetzungen für die Volljährigenadoption bereits geprüft sind. Die Rechtsmittelinstanz hat ggf die vorhergehende – ablehnende – Entscheidung aufzuheben und das Verfahren zur weiteren Erörterung an die erste Instanz zurückzuweisen[11]. Damit wird das mit dem Erstantrag eingeleitete ursprüngliche Verfahren mit einem neuen Sachantrag fortgeführt (vgl Rn 17 zur Bedeutung für den Erwerb der deutschen Staatsangehörigkeit).

III. Voraussetzungen der Adoption (Abs 1, 2)

3 **1. System der Voraussetzungen.** Die Voraussetzungen ergeben sich einmal aus der eigenständigen Regelung für die Annahme von Volljährigen in Abs 1, zum andern aus der Verweisung auf die Vorschriften der Annahme Minderjähriger (Abs 2; Rn 11). Die Voraussetzung der sittlichen Rechtfertigung (Abs 1 HS 1) ist die einzige materielle Hauptvoraussetzung[12]; sie verdrängt durch die sachliche Verbindung mit dem Eltern-Kind-Verhältnis (Abs 1 HS 2) insoweit die Verweisung in Abs 2 auf § 1741 Abs 1 S 1. Eine klare Trennung der beiden Merkmale ist weder möglich noch nötig[13], zumal auch die Annahme eines Minderjährigen nur zulässig ist, wenn sie auch sittlich legitimiert ist[14]. Ist von der sittlichen Rechtfertigung auszugehen und sind die weiteren Voraussetzungen gegeben, dann muss das Gericht die Annahme aussprechen; einen Ermessensspielraum hat das Gericht nicht.

4 **2. Sittliche Rechtfertigung (Abs 1). a) Sittliche Rechtfertigung und Eltern-Kind-Verhältnis.** Die Begründung eines Eltern-Kind-Verhältnisses zwischen Erwachsenen als Rechtskonstrukt ist nach dem Gesetz nur zu legitimieren, wenn die Adoption den wesentlichen Zweck hat, nämlich für das Verhältnis von Eltern und Kindern typischen Beziehungsstruktur, einer tatsächlichen, persönlichen, familiären Beziehung zwischen den Antragstellern den rechtlichen kongruenten Rahmen zu verschaffen. Diese Beziehungsqualität ist das Zentrum der Erwachsenenadoption. Sie muss nicht bereits im

---

[1] *Heinz* ZRP 1995, 171, 172.
[2] KG NJOZ 2004, 1555, 1556 mwN; AG Kempten StAZ 1990, 108; *Liermann* FamRZ 1997, 112, 113 mwN; hM; aA wohl *Kirchmayer* StAZ 1995, 262, 265: geht aber von unklarer Regelung aus.
[3] AG Mainz FamRZ 2001, 1641: Zeitpunkt der Entscheidung meint wohl deren Wirksamkeit.
[4] OLG Karlsruhe NJWE-FER 2000, 52, 53 mwN; OLG Hamm NJWE-FER 2001, 95.
[5] OLG Bremen OLGR 2006, 510, 511.
[6] BayObLGZ 1996, 77, 80; zust zum Ergebnis *Liermann* FamRZ 1997, 112, 114.
[7] BayObLG FamRZ 1997, 638, 639; FGPrax 2000, 25; *Staudinger/Frank* § 1741 Rn 13; *Soergel/Liermann* Rn 3; *Hailbronner/Renner* § 6 Rn 18 mwN.
[8] KG NJOZ 2004, 1555, 1557; OLG Karlsruhe NJWE-FER 2000, 52, 53 mwN.
[9] *Keidel/Sternal* § 23 FGG Rn 7.
[10] OLG Hamm NJWE-FER 2001, 95 lässt dies offen.
[11] KG NJOZ 2004, 1555, 1558 f: ggf Sprungzurückverweisung.
[12] *Muscheler*, FS Schwab, 2005, S 843, 854.
[13] AA MünchKommBGB/*Maurer* Rn 5, 9: nach der Systematik handele es sich um zwei getrennte Voraussetzungen.
[14] *Heinz* ZRP 1995, 171, 173.

§ 1767

Zeitpunkt der Adoption bestehen, es genügt auch, wenn mit der Entwicklung dieser Beziehung gerechnet werden kann[15]. Zentrale Bedeutung hat damit die Bestimmung der Voraussetzungen eines **Eltern-Kind-Verhältnisses** (Rn 4.1). Dahinter steht die Vorstellung einer gelungenen Eltern-Kind-Beziehung, in der Regel, aber nicht zwingend geprägt durch einen entsprechenden Altersunterschied, eine emotionale Verbundenheit auf der Grundlage einer entspr unterschiedlichen Lebenserfahrung, die Verbundenheit mit dem Leben des Anderen durch die Pflege eines kontinuierlichen Kontakts, die daraus resultierende Bereitschaft zum gegenseitigen Beistand[16] in problematischen Lebenssituationen, eine dauernde seelisch-geistige Bindung (Rn 4.2)[17]. Abzugrenzen ist die Eltern-Kind-Beziehung von der **freundschaftlichen Beziehung**[18], die insbes durch den Vorbehalt weiteren guten Auskommens gekennzeichnet ist. **Sexuelle Verbundenheit** verträgt sich selbstverständlich nicht mit einem Eltern-Kind-Verhältnis (Rn 4.3)[19]. Eine **Haushaltsgemeinschaft** bzw enges Zusammenleben ist nicht zu fordern. Volljährige haben auch bei der leiblichen Eltern-Kind-Beziehung nicht mehr ein so enges Verhältnis; vielmehr ist die Selbstständigkeit der Lebensführung in diesem Lebensalter keine Besonderheit mehr. Entsprechendes gilt für eine **Einbindung in die eigene Familie**[20]; das Gesetz selbst sieht die Adoption mit einer eigenen Familie als vereinbar an (arg § 1767 Abs 2 S 1 iVm §§ 1749 Abs 2, 1767 Abs 2 S 3, 1770 Abs 2). Maßstab für eine Eltern-Kind-Beziehung sind die im Geltungsbereich des Gesetzes üblichen Kriterien; unschädlich ist es daher, wenn derartige Beziehungsstrukturen und Unterstützungen in dem Kulturkreis der Beteiligten auch außerhalb des Eltern-Kind-Verhältnisses bestehen bzw gewährt werden[21].

Diese Verbindung von Eltern-Kind-Verhältnis und sittlicher Rechtfertigung war bisher wohl allgM; die Rspr hat sich immer daran orientiert. Der notwendigen Verknüpfung eines zumindest objektiv zu erwartenden Eltern-Kind-Verhältnisses mit dem Begriff der sittlichen Rechtfertigung widerspricht in einer sehr ausführlichen Darstellung *Muscheler*[22]. Im Ergebnis sieht er die Adoption dann als sittlich gerechtfertigt an, „wenn sie unter Berücksichtigung aller Umstände des Einzelfalls objektiv nicht oder nicht ohne Rechtfertigung gegen ein moralisches Verbot verstößt und die Beteiligten subjektiv mit ihr zumindest auch einen (billigenswerten) nichtmateriellen Zweck verfolgen" (S 867). Unklar bleibt, worin der nichtmaterielle Zweck bestehen soll. In Hinblick darauf, dass die Adoption eine Verwandtschaftsbeziehung ist und familienbegründenden Charakter hat, kann man sich den nichtmateriellen Zweck eigentlich nicht anders vorstellen, als dass eine höchstpersönliche Beziehung begründet werden soll, die anders charakterisiert sein soll als die sonstigen familienrechtlichen Beziehungen des BGB wie Ehe und Vormundschaft bzw Pflegschaft.

4.1

Ist die Beziehung fast ausschließlich durch die Pflege des alten Annehmenden durch den Anzunehmenden geprägt, sind Zweifel am Eltern-Kind-Verhältnis angebracht; zu fordern ist eine darüber hinausgehende emotionale Verbundenheit, die freilich auch durch die Pflegetätigkeit begründet werden kann. Es kommt darauf an, inwieweit der Annehmende noch in der Lage ist, ein sehr persönliches Verhältnis zu dem pflegenden Anzunehmenden aufzubauen[23].

4.2

Ein früheres sexuelles Verhältnis mag Zweifel an einer Eltern-Kind-Beziehung begründen[24]. Ausgeschlossen ist eine Umwandlung einer ehemals sexuell geprägten Beziehung in eine Eltern-Kind-Beziehung aber nicht. Die Prägung der Beziehung durch die sexuellen Beziehungen muss nicht unwandelbar sein; letztlich ist dies eine Beurteilung im Einzelfall. Der amtliche LS der Entscheidung des OLG München[25] kann insofern leicht missverstanden werden. Die ablehnende Entscheidung hat das Gericht auch damit begründet, dass konkret kein Eltern-Kind-Verhältnis, sondern ein freundschaftliches Verhältnis zum verstorbenen Annehmewilligen entstanden war, ohne dies aus den früheren sexuellen Beziehungen abstrakt zwingend abzuleiten.

4.3

Der Begriff der sittlichen Rechtfertigung ist nicht ausschließlich durch den Focus der Eltern-Kind-Beziehung geprägt. Jenseits der Problematik der Eltern-Kind-Beziehung können berechtigte **Interessen anderer Familienangehöriger** berücksichtigt werden, so insbes auch der Eltern des Anzunehmenden[26] oder sonstiger Verwandter, die von der Veränderung der Verwandtschaftsstruktur (§ 1770 Rn 2f) und den damit verbundenen Rechtsfolgen (§ 1770 Rn 6) betroffen werden. Die sittliche Rechtfertigung der Adoption als familienbezogene Rechtsverbindung fordert, dass bestehende Familienverbindungen nicht erheblich gestört werden. Notwendig ist eine Einzelfallbetrachtung, inwieweit mit der Annahme besondere Belastungen verbunden sind. Im Fall der Annahme mit „starken Wirkungen" nach § 1772 sind die Interessen der Eltern des Anzunehmenden ausdrücklich geschützt (§ 1772 Abs 1 S 2; § 1772 Rn 5). Die Interessen der Kinder der Antragsteller sind eigenständig gemäß § 1769 zu berücksichtigen. Sittlich gerechtfertigt kann auch die **Annahme der Lebensgefährtin des eigenen Kindes sein,** auch wenn aus dieser Verbindung bereits Kinder hervorgegangen sind[27]. Zunächst ist zu berücksichtigen, dass eine rechtliche Geschwisterbeziehung durch die Adoption nicht entsteht, § 1770 Abs 1 (§ 1770 Rn 2; Rn 5.1).

5

---

[15] BayObLG FGPrax 2002, 223 mwN; MünchKommBGB/*Maurer* Rn 4 unter Hinweis auf die Anwendung des § 1741 Abs 1 S 1 über § 1767 Abs 2.
[16] BayObLG FamRZ 1997, 638, 639.
[17] OLG Karlsruhe NJW-RR 2006, 364; OLG Frankfurt FamRZ 1997, 638.
[18] BayObLG NJWE-FER 1998, 29, 30.
[19] AG Wiesbaden FamRZ 2006, 574; *Lüderitz*, FS Gernhuber, 1993, S 720.
[20] OLG Hamm FGPrax 2003, 124, 126; BayObLG FGPrax 2002, 223, 224; LG Landshut MittBayNot 1999, 483.
[21] OLG Zweibrücken NJWE-FER 1999, 295, 296.
[22] FS Schwab, 2005, S 843, bes S 854, 867.
[23] BayObLG FGPrax 2002, 223, 224.
[24] *Wiegelmann* FamRB 2006, 114.
[25] OLGR 2006, 14.
[26] *Liermann* FamRZ 1993, 1263, 1266.
[27] LG Krefeld BeckRS 2005, 13135.

§ 1767

5.1 Das Gesetz steht zwar der ehelichen Verbindung von über die Adoption Verwandten – verfassungsrechtlich bedenklich (§ 1308 Rn 2) – skeptisch gegenüber, aber ausgeschlossen ist diese Verbindung nicht; entspr ist auch ein Zusammentreffen von Geschwister- und ehelicher Verbindung nicht ausgeschlossen. Das muss umso mehr gelten, wenn keine Adoptivverwandtschaft besteht. Dass keine eheliche Verbindung besteht, ist insoweit ohne Belang, da sie schließlich immer möglich bleibt. Für eine Lebenspartnerschaft sieht das Gesetz iÜ keine Einschränkung für Personen vor, die über Adoption verbunden sind.

6   b) Bestehende Eltern-Kind-Beziehung. Sittlich gerechtfertigt ist die Annahme bei einer in tatsächlicher Hinsicht bereits bestehenden Eltern-Kind-Beziehung (Abs 1 HS 2), wenn das Adoptionsdekret dieser Verbindung die rechtliche Anerkennung verschaffen soll. Eine Stiefkindbeziehung alleine reicht noch nicht aus[28]. Im Zweifel kann aber von einem Eltern-Kind-Verhältnis ausgegangen werden, wenn die Voraussetzungen für eine Annahme gemäß § 1772 Abs 1 S 1 vorliegen, so insbes bei der **Annahme eines Stiefkindes** (§ 1772 Abs 1 S 1 lit c) des Annehmenden, wenn der Antragsteller während der Minderjährigkeit des Anzunehmenden über mehrere Jahre im gemeinsamen Haushalt lebten und der Annehmende die Elternrolle übernommen hatte[29]. Liegt diese Familiensituation schon länger zurück und wurde sie auch erst bei Volljährigkeit des Anzunehmenden begründet, muss die Eltern-Kind-Beziehung konkret dargelegt werden[30]. Für ein Eltern-Kind-Verhältnis spricht es, wenn der Anzunehmende von einem seiner deutlich älteren **Geschwister** an Stelle der Eltern wie ein Kind betreut wurde, insbes auch der Ehegatte des Geschwisterteils sich wie ein Elternteil um den Anzunehmenden kümmerte[31]. Ist von einem bestehenden Eltern-Kind-Verhältnis auszugehen, steht ein nur geringer **Altersunterschied,** der nicht der natürlichen Generationenfolge entspricht, der Annahme nicht entgegen[32], ebenso wenig ein erheblicher Altersunterschied, so bei einer Adoption des Enkelkindes durch die Großeltern[33]. In diesen Fällen gründet regelmäßig das Eltern-Kind-Verhältnis auf der intensiven Betreuung des damals minderjährigen Anzunehmenden durch den älteren Annehmenden als Elternersatz. Das notwendige **familienbezogene Motiv** ist dann regelmäßig das Hauptmotiv der Annahme. Zum familienbezogenen Motiv gehört auch der Wunsch, durch die Adoption die Fortsetzung des eigenen Lebenswerkes in Gestalt eines Hofes, eines Unternehmens oder einer Praxis zu gewährleisten[34], Rn 6.1. Der **Zeitpunkt des Antrages** auf Ausspruch der Annahme ist rechtlich ohne Belang[35]; eine Obliegenheit, beim Bestehen eines Eltern-Kind-Verhältnisses diesem unverzüglich den rechtlichen Rahmen zu verschaffen, besteht nicht, so dass es keine irgendwie geartete Verwirkung gibt. Daran ändert auch der Umstand nichts, dass der Adoptionsantrag erst gestellt wurde, nachdem ein Antrag auf Erteilung eines Aufenthaltstitels abgelehnt worden war[36].

6.1 Maßgeblich muss dabei aber sein, dass die Wahl des Anzunehmenden deshalb erfolgt, weil bereits persönliche Verbindungen bestehen und so nicht nur eine rechtliche, sondern persönliche Nachfolge angestrebt wird. Wird die Adoption mit Hofübergabe und einem Leibgeding verbunden, und soll die Annahme auch steuerrechtliche Vorteile bringen, steht dies der sittlichen Rechtfertigung nicht entgegen, wenn Hintergrund eine schon langjährige familiäre Verbindung der Beteiligten ist[37].

7   c) Zu erwartende Eltern-Kind-Beziehung. Sittlich gerechtfertigt ist die Adoption auch, wenn die Begründung eines Eltern-Kind-Verhältnisses erwartet werden kann[38]. Während bei der Minderjährigenadoption die Orientierung am Kindeswohl auch den allgemein Wunsch der Annehmenden nach Kindern akzeptiert und schon die intensive Betreuungs- und Erziehungssituation die Begründung eines Eltern-Kind-Verhältnisses erwarten lässt, ist die Begründung eines Eltern-Kind-Verhältnisses unter Erwachsenen eher die Ausnahme. Der feste Wille, insbes auch der Annehmenden, alleine lässt eine entsprechende Entwicklung nicht ohne weiteres erwarten. Die Adoption steht nicht am Anfang der Entwicklung des Eltern-Kind-Verhältnisses, sondern muss an eine bereits durch Fakten erkennbare Entwicklung anknüpfen; unschädlich ist es, wenn die Adoption insoweit die bereits gegebene Entwicklung fördern soll. Ohne eine bereits in Ansätzen vorhandene engere Beziehung zwischen den Antragstellern bleibt jede Aussage über die zukünftige Entwicklung Spekulation. Das gilt auch, wenn der Annehmende eine enge Beziehung zu den Eltern des Anzunehmenden, nicht aber zu diesem selbst unterhält[39], auch wenn nach dem Kulturkreis des Anzunehmenden die Beziehungen erheblich über die Familie geprägt sein mag. Die Entwicklung kann dabei durchaus erst im Erwachsenenalter entstehen, muss nicht die Fortsetzung einer bereits vor der Volljährigkeit des Anzunehmenden eingetretenen Beziehung sein[40].

---

[28] LG Fulda FamRZ 2005, 1277.
[29] BayObLG NJW-RR 2002, 1658, 1659; LG Frankenthal FamRZ 1998, 505.
[30] OLG Köln FamRZ 2003, 1870 f.
[31] LG Bonn FamRZ 2001, 120: kein Hindernis war, dass der anzunehmende Bruder nur 13 Jahre jünger als die annehmende Schwester war.
[32] BayObLGR 1993, 44, 45: neun bzw zwölf Jahre bei Verwandtenadoption; LG Frankenthal FamRZ 1998, 505, 506: acht Jahre bei der Adoption eines Stiefkindes.
[33] OLG Celle vom 17. 5. 2001, 17 W 30/01.
[34] BayObLG NJW-RR 2002, 1658, 1659; vgl auch BayObLG BeckRS 2004, 6280.
[35] BayObLG NJW-RR 2002, 1658, 1659.
[36] OLG Köln FamRZ 2003, 1870, 1871 erscheint insoweit unzutr.
[37] BayObLG BeckRS 2004, 6280.
[38] OLG Frankfurt NJWE-FER 2000, 56 mwN.
[39] Wohl aA OLG Hamm FGPrax 2003, 124, 125.
[40] BayObLG FGPrax 2002, 223, 224.

Gegen die Entwicklung eines Eltern-Kind-Verhältnisses sprechen **Altersunterschiede** von 11[41], 14[42] oder 15 Jahren[43], es sei denn, der Anzunehmende ist auf Grund seines geistigen Entwicklungsstandes einem sehr viel jüngeren Kind gleichzustellen[44], Schwierigkeiten bei der **sprachlichen Verständigung**[45] und die Zugehörigkeit der Beteiligten zu unterschiedlichen Kulturkreisen[46], es sei denn einer der Beteiligten ist mit dem Kulturkreis des anderen Beteiligten gut vertraut[47], **große räumliche Entfernungen**[48], wenn dadurch die notwendigen Kontakte erheblich beeinträchtigt werden. Insoweit muss auch berücksichtigt werden, ob dem Anzunehmenden die vorgestellte räumliche Nähe aus rechtlichen oder tatsächlichen Gründen möglich sein wird. Zu prüfen ist – ggf über eine Auskunft der Ausländerbehörde – ob der Anzunehmende nach dem Dekret einen langfristigen Aufenthaltstitel erhalten wird[49], wobei das Gericht an die Rechtsauffassung der Ausländerbehörde nicht gebunden ist; eine verwaltungsgerichtliche Aussage kann nicht herbeigeführt werden. So mag der Wunsch, dem Anzunehmenden eine qualifizierte **Ausbildung in Deutschland** zu ermöglichen, sittlich durchaus gerechtfertigt sein; ausländerrechtlich ist damit aber noch kein Anspruch auf eine Aufenthaltserlaubnis verbunden[50]. Andererseits ist eine bestehende **häusliche Gemeinschaft** allein kein ausreichendes Indiz[51], da auch bei natürlichen Eltern-Kind-Verhältnissen diese enge Lebensgemeinschaft nicht üblich ist, wenn die Kinder volljährig sind[52]. Ebenso wenig kann aus einem **bestehenden sonstigen Verwandtschaftsverhältnis** auf ein zu erwartendes Eltern-Kind-Verhältnis geschlossen werden[53]; es schließt aber die Umwandlung in ein Eltern-Kind-Verhältnis nicht aus[54], da § 1756 auch für die Annahme eines Volljährigen anwendbar ist. Aber die Bedenken gegen eine Umstrukturierung der langjährigen natürlichen in künstlichen Verwandtschaftsbeziehungen sind gerade bei der Erwachsenenadoption besonders groß[55]. Ob noch enge Beziehungen zu den leiblichen Eltern gegen eine sittliche Rechtfertigung sprechen[56], ist in Hinblick auf den vom Gesetz vorgesehenen Erhalt der Verwandtschaftsbeziehungen (§ 1770 Rn 3) aber fraglich. **8**

Erwarten sich die Beteiligten von der Adoption **partielle Vorteile,** so fehlt das familienbezogene Motiv[57]. Insoweit handelt es sich ähnlich der Scheinehe (vgl §§ 1310 Abs 1 S 2 HS 2; 1314 Abs 2 Nr 5) um eine Scheinadoption, die nur der Rechtsfolgen wegen beabsichtigt wurde[58]. So lassen allein die Hoffnung des Annehmenden auf eine **Versorgung im Alter** (Rn 9.1)[59], die Hoffnung eines **Ausländers** auf aufenthaltsrechtliche Vorteile[60] oder der Wunsch eines Angenommenen, einen **Adelsnamen** fortzuführen[61], nicht erwarten, dass ein Eltern-Kind-Verhältnis entsteht. Unschädlich ist es (wie bei einem bestehenden Eltern-Kind-Verhältnis), wenn die Adoption auch erfolgt, um die mit ihr verbundenen Nebenfolgen zu bewirken, wie ein Aufenthaltsrecht für den Angenommenen[62], die Verringerung der Steuerlast im Erbfall[63] und die Namensführung; diese Nebenzwecke dürfen aber nicht der Hauptzweck der Adoption sein[64]. **9**

In der in der Rspr wird herausgestellt, dass das bei der Annahme eines Minderjährigen im Vordergrund stehende Interesse des Anzunehmenden sich bei der Adoption eines Volljährigen zunehmend auf die Hoffnung des Annehmenden auf Versorgung und Pflege verlagert[65]. Dem ist zuzustimmen; jedoch muss daran festgehalten werden, dass das Eltern-Kind-Verhältnis geprägt ist durch die allmähliche Verlagerung dieser Interessen. Wird die Verbindung der Beteiligten erst dann begründet, wenn eine konkrete Pflege- und Versorgungsbedürftigkeit entsteht und ist diese Leistung wesentliches Motiv für die Adoption, so fehlt die notwendige Einbettung in eine umfassendere familien- **9.1**

---

[41] BayObLG NJWE-FER 1998, 78.
[42] BayObLG NJWE-FER 1998, 29, 30.
[43] BayObLG FGPrax 2000, 25, 26.
[44] AG Bielefeld FamRZ 1982, 961: dort war der Angenommene elf Jahre jünger als die Annehmende. Prinzipiell zust bei grds Skepsis gegenüber der Volljährigenadoption bei geistig gesunden Anzunehmenden *Heinz* ZRP 1995, 171, 173.
[45] BayObLG BayVBl 1987, 604; NJWE-FER 2001, 12.
[46] BayObLG InfAuslR 2000, 159, 160 mwN.
[47] OLG Hamm FGPrax 2003, 124, 125.
[48] BayObLG NJWE-FER 1998, 29, 30: mehrere hundert Kilometer.
[49] OLG Hamm FGPrax 2003, 124, 125 problematisiert das nicht weiter.
[50] *Hailbronner,* Ausländerrecht, § 27 Rn 57.
[51] BayObLG FamRZ 1997, 638, 639; OLG Celle FamRZ 1995, 829, 830.
[52] OLG Hamm FGPrax 2003, 124, 125 mwN.
[53] BayObLG FamRZ 1996, 183, 184.
[54] BGHZ 35, 75, 83 f = NJW 1961, 1461, 1462.
[55] *Leis* ZFE 2004, 307, 308.
[56] OLG Köln FGPrax 2007, 121, 122.
[57] Überblick zu den möglichen rechtlichen Vorteilen infolge der Adoption bei *Muscheler,* FS Schwab, 2005, S 843, 848 f.
[58] BGHZ 35, 75, 80 f = NJW 1961, 1461, 1462 sah das für den Begriff der Scheinadoption noch anders wegen der früheren Konstruktion der Adoption als Vertrag; ebenso aber hinsichtlich der sittlichen Rechtfertigung S 82.
[59] BayObLG FamRZ 1997, 638, 640; OLG Frankfurt FamRZ 1997, 638; OLG Celle FamRZ 1995, 829, 830.
[60] BayObLG FamRZ 1996, 183, 184; FamRZ 1997, 638, 640. OLG Hamm FGPrax 2003, 124, 125 behandelt insofern einen Grenzfall.
[61] BayObLG FamRZ 1993, 236.
[62] OLG Zweibrücken NJWE-FER 1999, 295.
[63] BGHZ 35, 75, 83 = NJW 1961, 1461, 1462; OLG Köln FamRZ 1990, 800, 801.
[64] BayObLG InfAuslR 2000, 159; nicht unproblematisch die Formulierung des AG Backnang in FamRZ 2000, 770, 771, da es sich zu sehr auf die wirtschaftlichen Motive als Rechtfertigung bezieht.
[65] OLG Zweibrücken DNotZ 2006, 129 = FGPrax 2006, 21; BayObLG BeckRS 2004, 6280.

orientierte Beziehung. Es begründet das Eltern-Kind-Verhältnis noch nicht. Das gilt auch, wenn der Wille von der Hoffnung auf Pflege im Alter getragen wird. Dies ist zwar durchaus ein familienbezogenes Motiv, lässt aber für sich allein nicht erwarten dass ein Eltern-Kind-Verhältnis als seelisch-geistige Verbindung geschaffen wird[66]. Da derartige Hilfen auch unabhängig von verwandtschaftlichen Bindungen geleistet werden, muss noch die Überzeugung hinzukommen, dass diese Dienstleistungen Ausdruck der dauernden seelisch-geistigen Verbindung sind und nicht isolierte Hilfen in der Erwartung bestimmter persönlicher Vorteile[67]. Ein Indiz zumindest für das Entstehen eines Eltern-Kind-Verhältnisses können bereits erbrachte Dienstleistungen darstellen, wie etwa Betreuung und Pflege iS der umfassenden Beistandspflicht gemäß § 1618 a[68], nicht aber allein der Umstand, dass der Annehmende des Beistandes bedarf[69].

10 Bei der Voraussetzung der sittlichen Rechtfertigung handelt es sich um einen **unbestimmten Rechtsbegriff,** der vom Tatrichter mit entsprechenden tatsächlichen Feststellung auszufüllen ist. Ob die festgestellten Tatsachen die gewünschte Annahme als Kind rechtfertigen, ist eine Rechtsfrage, die Gegenstand der weiteren Beschwerde sein kann[70]. Die sittliche Rechtfertigung muss das Gericht im Rahmen der Amtsermittlung an Hand äußerer Indizien feststellen, da die inneren Beziehungen der Beteiligten kaum festzustellen sind[71]. Die sittliche Rechtfertigung muss zur Überzeugung des Gerichts feststehen. **Bleiben begründete Zweifel** am Bestehen bzw an der Entwicklung einer entspr Beziehung, so etwa infolge des nicht überzeugenden Motivs der Adoption, so gehen diese Zweifel zu Lasten der Antragsteller[72]. Inwieweit Zweifel bestehen, ist weitgehend eine Frage der tatrichterlichen Würdigung. Dabei kann durchaus berücksichtigt werden, dass die Motive bei einer Erwachsenenadoption skeptischer zu beurteilen sind als dies bei einer Minderjährigenadoption regelmäßig der Fall ist[73]. Über die weitere Beschwerde kann aber überprüft werden, ob die vom Tatrichter angenommenen Zweifel mit dem Begriff der sittlichen Rechtfertigung vereinbar sind, sich auf die Existenz bzw die Erwartung eines der Erwachsensituation angemessenen Eltern-Kind-Verhältnisses beziehen. Zweifel bestehen nur dann nicht, wenn die für ein familienbezogenes Motiv sprechenden Umstände die dagegen sprechenden Umstände deutlich überwiegen (Rn 10.1)[74].

10.1 **Zweifel liegen nahe,** wenn der Antrag auf Annahme einen **Ausländer** betrifft, der unter Vorlage falscher Urkunden versucht hatte, Asyl zu erhalten, die Anträge auf Annahme erst nach dem Asylverfahren gestellt wurden und der persönliche Eindruck die Zweifel des Richters nicht ausräumen konnte[75], wenn ein ausländischer Antragsteller im vorangehenden ausländerrechtlichen Verfahren falsche Angaben zur Person machte, und der Adoptionsantrag kurz nach der Ausreiseaufforderung gestellt wurde[76]. Zweifel können auch bestehen, wenn der Annehmende bereits wiederholt Adoptionen Erwachsener beantragte[77], wenn dadurch ein allgemeiner Adoptionswunsch deutlich wurde, der nicht auf der Beziehung zu dem Angenommenen beruhte[78]. Es obliegt den Beteiligten, die Veränderung der Motive darzulegen. Die Beschränkung des Adoptionsantrages auf eines von mehreren Stiefkindern spricht dagegen nicht gegen die notwendige Erwartung, da individuell unterschiedliche emotionale Haltungen und Beziehungen der Stiefkinder zum Stiefelternteil keine Überraschung darstellen[79]. Problematisch sind die Zweifel des OLG Köln[80], soweit auf den späten Zeitpunkt des Adoptionsantrages nach Scheitern der Bemühungen um ein Visum abgestellt wird. Es ist durchaus möglich, dass die familiäre Verbindung erst einmal über einen längeren Aufenthalt hergestellt werden sollte, um dann später eine Adoption einzuleiten. Allein der Zeitpunkt des Antrages trägt die Zweifel nicht (Rn 4). Bei Feststellung der Zweifel kann auch berücksichtigt werden, inwieweit der Anzunehmende noch tragfähige Beziehungen zu seinen leiblichen Eltern unterhält[81].

11 **3. Sonstige Voraussetzungen der Adoption.** Sonstige Voraussetzungen ergeben sich aus der Verweisung in Abs 2 auf die Vorschriften über die Annahme Minderjähriger. Ohne Bedeutung ist die Verweisung auf § 1741 Abs 1 S 1, soweit die Annahme dem **Kindeswohl** entsprechen soll. Der Volljährige nimmt seine Interessen selbst wahr und dokumentiert sie über seinen Antrag[82]. Eine allgemeine Missbrauchskontrolle über Volljährige, die nicht geschäftsunfähig sind, steht dem Gericht unter dem Aspekt der Interessen des Betroffenen nicht zu. Sie ergibt sich nur aus der weiteren Voraussetzung der sittlichen Rechtfertigung. Soll ein geschäftsunfähiger Volljähriger adoptiert werden, ist die Vereinbarkeit mit seinem Wohl von seinem Betreuer zu klären[83]. Eventuelle Fehlbeurteilungen zu

---

[66] OLG Köln FamRZ 1990, 800 erscheint insoweit problematisch.
[67] BayObLG BeckRS 2004, 6280: eine ausschließliche Erwartung von Pflegeleistungen wird wohl nicht als ausreichend angesehen.
[68] *Gernhuber/Coester-Waltjen* § 69 I 2.
[69] BayObLG NJWE-FER 1998, 29, 30.
[70] BayObLG BeckRS 2004, 6280.
[71] Vgl *Leis* ZFE 2004, 307.
[72] BayObLG FamRZ 2005, 546, 548; OLG Karlsruhe NJW-RR 2006, 364, 365; OLG Köln FamRZ 2003, 1870; OLG Köln FGPrax 2007, 121, 122; OLG Celle FamRZ 1995, 829, 830; OLG Frankfurt NJWE-FER 2000, 29 mwN; NJWE-FER 2000, 56.
[73] Vgl *Leis* ZFE 2004, 307.
[74] OLG Frankfurt NJWE-FER 2000, 29; wohl auch OLG Karlsruhe NJW-RR 1991, 713 mwN: wenn die für und gegen die entsprechende Absicht sprechenden Umstände gleich schwer wiegen.
[75] BayObLG FGPrax 2000, 25, 26.
[76] OLG Frankfurt NJWE-FER 2000, 29.
[77] Vgl OLG Köln FGPrax 2007, 121, 122 bei aufenthaltsrechtlichen Vorteilen.
[78] BayObLG FamRZ 2005, 546, 547.
[79] OLG Köln FamRZ 2003, 1870, 1871 insoweit unzutr; im Ergebnis zu Recht Zweifel angenommen.
[80] FamRZ 2003, 1870, 1871.
[81] LG Flensburg BeckRS 2007, 11253.
[82] OLG Zweibrücken DNotZ 2006, 129 = FGPrax 2006, 21; BayObLG FGPrax 2002, 223, 224 mwN; OLG Köln FamRZ 1990, 800; *Gernhuber/Coester-Waltjen* § 69 I 2.
[83] *Erman/Saar* Rn 4.

kontrollieren unter dem Aspekt des Kindeswohls ist nicht Aufgabe des für die Adoption zuständigen Gerichts, sondern des für die Kontrolle des Betreuers zuständigen Gerichts. Die Annahme **des eigenen Kindes** ist auch hier unzulässig, § 1741 Rn 35[84].

Die bei Minderjährigen nach § 1746 notwendige **Einwilligung des Kindes** wird durch den nach § 1768 Abs 1 S 1 erforderlichen Antrag des volljährigen Anzunehmenden ersetzt. Der **Einwilligung der Eltern** bedarf es nicht, eine **Probezeit** ist ohne Bedeutung (jeweils Abs 2 iVm § 1768 Abs 1 S 2). Ist der **Annehmende verheiratet,** kann er nur in den gesetzlich ausdrücklich vorgesehenen Ausnahmefällen einen Volljährigen alleine annehmen (Abs 2 iVm § 1741 Abs 2 S 3, 4); auch eine langjährige Trennung des Annehmenden von seinem Ehegatten ändert daran nichts[85]. Das gilt auch, wenn die Annahme durch den verheirateten vermutlich biologischen Vater erfolgen soll[86]. Im Falle einer **Rückadoption** durch einen leiblichen Elternteil kann ausnahmsweise auch die Adoption durch einen Ehegatten alleine erfolgen[87]; erforderlich ist dann die **Einwilligung des Ehegatten** (Abs 2 iVm § 1749 Abs 1 S 1), die durch das Gericht ersetzt werden kann (Abs 2 iVm § 1749 Abs 1 S 2). Ist der **Anzunehmende verheiratet,** muss sein Ehegatte der Adoption zustimmen (Abs 2 iVm § 1749 Abs 2); eine verweigerte Zustimmung kann nicht ersetzt werden (§ 1749 Rn 3). Die Einwilligung eines Ehegatten ist jeweils entbehrlich, wenn er zur Abgabe der Erklärung dauernd außerstande ist oder sein Aufenthalt dauernd unbekannt ist (Abs 2 iVm § 1749 Abs 3). Führt der Anzunehmende eine **Lebenspartnerschaft,** bedarf es der Einwilligung des Lebenspartners (Abs 2 S 3). Hinsichtlich der Entbehrlichkeit der Einwilligung muss dasselbe wie bei der Entbehrlichkeit der Einwilligung eines Ehegatten gelten.

IV. Geltung der Vorschriften über die Annahme Minderjähriger (Abs 2)

1. Systematik. Die grundsätzliche Geltung sämtlicher Vorschriften über die Annahme Minderjähriger (Abs 2) steht unter einem mehrfachen Vorbehalt. Die Vorschriften gelten nur sinngemäß und stehen unter dem Vorbehalt gesonderter Vorschriften.

– Für das Erfordernis eines **Antrages** gilt § 1768 Abs 1 S 1,
– für die Berücksichtigung der **Interessen der Kinder** des Annehmenden oder des Anzunehmenden § 1769.

Einzelne Regelungen sind ausdrücklich von der Geltung ausgenommen (§ 1768 Abs 1 S 2).

– Die **rechtlichen Wirkungen** der Annahme erhalten durch § 1770 eine bedeutsame Einschränkung.
– Die **Aufhebung** der Adoption ist in § 1771 hinsichtlich der Voraussetzungen gesondert geregelt (§ 1771 Rn 1). Soweit andere Aufhebungsprobleme betroffen sind, gelten grundsätzlich die Vorschriften der Minderjährigenadoption (Rn 13.1).

Das gilt zB für die Wirkung der Aufhebung nur für die Zukunft, einschließlich der Rückwirkung auf den Zeitpunkt vor dem Tod eines Antragstellers[88].

2. Namensführung. Die sinngemäße Geltung der Vorschriften über die **Namensführung** in § 1757 muss den Besonderheiten der Volljährigenadoption Rechnung tragen (Rn 14.1: kein Ehename). **Schwerwiegende Gründe** für die Hinzufügung des bisherigen Namens (§ 1757 Rn 17) sind eher anzunehmen, da die Identifikation mit dem bisherigen Namen bei Volljährigen idR besonders intensiv sein wird[89]. Das gilt auch, wenn er verheiratet ist. Nicht möglich ist es, den bisherigen Namen alleine beizubehalten (§ 1757 Rn 3; § 1767 Rn 14.2). Ein alleiniges Antragsrecht des Anzunehmenden auf der Grundlage des § 1757 Abs 4 S 1[90] entspricht der bestimmenden Position des Annehmenden nicht; der Annehmende muss auch die Rechtsfolgen der Adoption selbst wollen.

Führt das annehmende Ehepaar keinen Ehenamen, kann dennoch trotz Fehlens jeglichen Sorgerechts der Name des Anzunehmenden bestimmt werden, um zumindest eine teilweise Namenseinheit zwischen Annehmenden und Angenommenen zu erreichen. Hätte der Gesetzgeber eine völlige Namensdifferenz gewollt, hätte er die Anwendung des § 1757 Abs 2 ausschließen müssen. Schließlich ist die ratio der Namensregelung nicht die Konkordanz von Sorgerecht und Namensführung, sondern die Herstellung einer Namenseinheit selbst. Die Namensbestimmung erfolgt durch gemeinsame Erklärung der Annehmenden. Kommt es zu keiner Einigung, gilt dasselbe wie beim Ausbleiben der Anschlusserklärung (§ 1757 Rn 5): es bleibt bei der bisherigen Namensführung des Angenommenen.

AG Backnang FamRZ 2000, 770, 771 ist insoweit zumindest missverständlich; denkbar wäre nur die Beibehaltung eines Ehenamens, indem beide Angenommene die Zustimmung zur Erstreckung der Änderung des Geburtsnamens verweigern[91]. Wird die unzulässige Namensführung beantragt, ist der Antrag auf Annahme zurückzuweisen (vgl § 1757 Rn 2).

---

[84] *Lipp/Wagenitz,* Das neue Kindschaftsrecht, 1999, § 1767 Rn 10 zur möglichen faktischen Ausnahme für Anzunehmende, die vor dem 1. 7. 1970 als nichteheliches Kind geboren wurden.
[85] OLG Hamm FGPrax 1999, 104, 105.
[86] OLG Hamm FGPrax 2003, 1039: das Problem wäre über das Abstammungsrecht zu lösen.
[87] AG Rosenheim FamRZ 2002, 1648; *Liermann* FamRZ 1995, 1129, 1231: teleologische Reduktion; ebenso für einen Sonderfall bei Erstadoption nach altem Recht AG Starnberg FamRZ 1995, 827, 828 f.
[88] OLG München NJOZ 2007, 2423, 2424.
[89] LG Köln FamRZ 1998, 506, 507: es genügten „nachvollziehbare" Interessen; ebenfalls sehr großzügig LG Bonn FamRZ 1985, 109 mit einem problematischen Vergleich zur Bildung eines (unechten) Doppelnamens bei der Eheschließung.
[90] OLG Celle FamRZ 1997, 115; offen gelassen von OLG Zweibrücken FGPrax 2001, 75.
[91] *Grziwotz* FamRZ 1991, 1399.

§ 1767 Buch 4. Abschnitt 2. Verwandtschaft

15 Ist der Geburtsname des Angenommenen **Ehename,** so erstreckt sich die mit der Adoption eingetretene Änderung seines Geburtsnamens auf den Ehenamen nur, wenn sich der andere Ehegatte der Namensänderung anschließt (§ 1757 Rn 10). Dies gilt auch, wenn ein Ehepaar angenommen wird, da dem Ehenamen eine eigenständige Bedeutung zukommt, auch wenn sich der Geburtsname beider Ehegatten ändert. Entsprechendes gilt, wenn der Geburtsname des Angenommenen zum **Lebenspartnerschaftsnamen** wurde (Abs 3). Ist der Geburtsname des Angenommenen **Begleitname,** besteht ein Wahlrecht (zur Streitfrage vgl § 1757 Rn 13). Entspr gilt, wenn der Begleitname eines Lebenspartners (vgl § 3 Abs 2 S 1 LPartG) betroffen ist. Das Adoptionsdekret kann zur Klarstellung in der Weise ergänzt werden, dass sich der Ehename bzw der Lebenspartnerschaftsname nicht geändert hat[92]. Die Zustimmung des Ehegatten muss vor dem Adoptionsausspruch vorliegen, eine nachträgliche Zustimmung ist nicht zulässig[93].

16 Entspr § 1757 Abs 4 Nr 1 kann der **Vorname** geändert werden. Ein genereller Ausschluss dieser Möglichkeit, weil die Bestimmung auf den Volljährigen nicht sinngemäß angewendet werden könne[94], ist mit dem Gesetz nicht vereinbar und nimmt auf individuelle Verhältnisse nicht genügend Rücksicht[95]. Auch hier ist es nicht Aufgabe des Vormundschaftsgerichts, das Wohl des Kindes nach objektiven Kriterien zu ermitteln, wenn der geschäftsfähige Angenommene den Vornamenswechsel beantragt (Rn 11).

V. Staatsangehörigkeit und Aufenthaltsrecht

17 **1. Staatsangehörigkeit.** Die Adoption eines „Volljährigen" führt zum Erwerb der deutschen Staatsangehörigkeit kraft Gesetzes nur, wenn der Angenommene
– im Zeitpunkt des Antrages auf Ausspruch der Annahme
– das 18. Lebensjahr noch nicht vollendet hatte (§ 6 S 1 StAG; Rn 17.1).
– Ein mit Vollendung des 18. Lebensjahres wegen der nun unzulässigen Minderjährigenadoption notwendiger erneuter Antrag (Rn 2) hindert den Erwerb der Staatsangehörigkeit nicht[96]. Entscheidend ist für das Staatsangehörigkeitsrecht, dass die Vollendung des 18. Lebensjahres während eines wirksam eingeleiteten, aber noch nicht abgeschlossenen Annahmeverfahrens eintritt (Rn 17.1) und die Annahme zu den Bedingungen einer „starken" Volljährigenadoption iS des § 1772 erfolgt[97].

Liegen diese Voraussetzungen nicht vor, scheidet der Erwerb der deutschen Staatsangehörigkeit kraft Gesetzes aus (Rn 17.2). Ein **angenommener Volljähriger** ist auf die Möglichkeit der **Ermessenseinbürgerung** gemäß § 8 StAG verwiesen; die Einbürgerung kann von bestimmten Aufenthaltszeiten abhängig gemacht werden[98]. Der **Staatsangehörigkeitserwerb über § 40a StAG** setzt voraus, dass der Angenommene sog Statusdeutscher ist. Diese Eigenschaft erhält er nicht durch die Volljährigenadoption vor Ausreise in das Bundesgebiet[99].

17.1 Dazu bedarf es zweier wesentlicher Voraussetzungen:
– Der Antrag muss den Anforderungen des § 1752 Abs 2 gerecht werden[100] (§ 1752 Rn 2) und
– er muss vor Vollendung des 18. Lebensjahres beim Gericht eingereicht worden sein; die notarielle Beurkundung des Antrages gemäß § 1752 Abs 2 S 2 noch vor der Vollendung des 18. Lebensjahres genügt nicht[101].

Handelt es sich um eine gemeinschaftliche Annahme durch Ehegatten, so bedarf es zweier Anträge. Hinsichtlich des Zeitpunkts der Einreichung des Antrages müssen beide Anträge der Ehegatten formgerecht noch vor der Vollendung des 18. Lebensjahres durch den Angenommenen beim Gericht eingegangen sein.

17.2 Die deutsche Staatsangehörigkeit wird nicht alleine nach § 6 StAG erworben, wenn sich die Adoption des über 18Jährigen **gemäß § 1772** nach der Annahme Minderjähriger richtete[102]. Das gilt auch, wenn der ursprüngliche Adoptionsantrag endgültig zurückgezogen war, weil die Adoptionsabsicht aufgegeben worden war. Davon kann dann ausgegangen werden, wenn der erste Antrag ersichtlich nicht ernsthaft auf eine Adoption zielte, sondern nur vorsichtshalber gestellt wurde, um ggf die Rechtswirkung des § 6 StAG zu erreichen[103]. Ein Indiz hierfür wäre, dass Termine verschleppt werden uA. Die Staatsangehörigkeit wird auch nicht kraft Gesetzes erworben, wenn das Gericht **irrtümlicherweise** die Annahme eines Volljährigen auf die Vorschriften über die Annahme eines Minderjährigen stützte; das Lebensalter richtet sich nach der tatsächlichen Feststellung in einem fairen Verfahren, bei dem es auf den Erwerb der Staatsangehörigkeit ankommt und nicht nach der Einschätzung des Gerichts im Adoptionsdekret. Ist die **Volljährigenadoption vor Vollendung des 18. Lebensjahres** erfolgt, weil der Anzunehmende nach dem maßgeblichen Heimatrecht schon volljährig war, so erwirbt er die deutsche Staatsangehörigkeit nur, wenn es sich um eine Volljährigenadoption mit starken Wirkungen handelt (§ 1754 Rn 5.1).

---

[92] OLG Frankfurt StAZ 1992, 378.
[93] BayObLGZ 1985, 264, 269.
[94] MünchKommBGB/*Maurer* § 1770 Rn 4; *Muscheler,* FS Schwab, 2005, S 843, 847.
[95] *Gernhuber/Coester-Waltjen* § 69 II 5 Fn 23 im Ergebnis; *Staudinger/Frank* § 1770 Rn 10.
[96] BVerwG NJW 2004, 1401, 1402; VG Stuttgart FamRZ 1997, 1144, 1146; vgl KG NJOZ 2004, 1555, 1557.
[97] BVerwG NJW 2004, 1401, 1402.
[98] OVG Bremen 1 B 13/97.
[99] BVerwG BeckRS 2007, 20714.
[100] VG Berlin 2 A 101.05.
[101] BVerwGE 108, 216, 218 = NJW 1999, 1347; VGH München FamRZ 1999, 91 f.
[102] BVerwGE 108, 216, 220 = NJW 1999, 1347, 1348; VGH München FamRZ 1999, 91; OVG Hamburg FamRZ 1997, 1146, 1147; VG München M 28 S 9871136.
[103] BVerwG NJW 2004, 1401, 1403 lässt diese Frage offen, tendiert aber wohl zu einer Missbrauchskontrolle.

II. Sonderregelung weiterer Voraussetzungen für die Annahme eines Volljährigen, insbes Zulässigkeit der Rückadoption (Abs 1 S 2)

Einzelne Voraussetzungen für die Annahme eines Minderjährigen gelten gemäß Abs 1 S 2 nicht für die Annahme Volljähriger (§ 1767 Rn 11). Der Anzunehmende kann bereits adoptiert sein, da § 1742 nicht anzuwenden ist. Möglich ist damit die **Mehrfachadoption**, auch als **Rückadoption** des Volljährigen durch seine leiblichen Eltern[3]; unerheblich ist, ob das bereits bestehende Annahmeverhältnis auf einer Volljährigen- oder Minderjährigenadoption beruht. Voraussetzung ist in jedem Fall ein Rechtsschutzbedürfnis: die Rückadoption muss eigenständige Rechtsfolgen haben[4]. Auch eine **Zweitadoption** mit den Wirkungen der Annahme eines Minderjährigen ist nicht ausgeschlossen, da sich die rechtliche Besonderheit nicht auf die Zulässigkeit, sondern auf die Rechtsfolgen bezieht. Die Folge der Mehrfachadoption kann mehrfache Elternschaft sein; der Vormundschaftsrichter wird diese Folge bei der Entscheidung über den Antrag auf eine weitere Annahme mit berücksichtigen[5]. Keine mehrfache Elternschaft tritt ein, wenn sich die Wirkungen der Annahme auf Grund des Adoptionsdekrets des Gerichts nach den Vorschriften der Annahme eines Minderjährigen (§ 1772 Rn 6) richten.

III. Antragsfähigkeit (Abs 2); Annahme durch den Betreuer.

Der Annehmende muss voll geschäftsfähig sein, nicht dagegen der Anzunehmende. In Hinblick auf die grundsätzliche Höchstpersönlichkeit der Entscheidung über ein Annahmeverhältnis (vgl § 1746 Abs 1 S 3, Abs 2; zur Aufhebung § 1762 Abs 1 S 3, 4), muss davon ausgegangen werden, dass der gesetzliche Vertreter die Annahme nur beantragen kann, wenn der **Anzunehmende geschäftsunfähig** ist. Steht der Anzunehmende unter **Betreuung**, bedeutet dies noch nicht, dass er geschäftsunfähig ist (§ 1896 Rn 19). Der Richter muss damit unabhängig von der Existenz der Betreuung klären, ob der Anzunehmende den Antrag wirksam selbst stellen kann oder nicht. Nur wenn die Geschäftsunfähigkeit des Anzunehmenden feststeht, entfällt die Möglichkeit, dass der Anzunehmende selbst einen wirksamen Antrag stellt. Abs 2 macht daher deutlich, dass ein Aufgabenkreis für die Begründung einer Adoption mit der Ermächtigung zur Antragstellung nach Abs 1 nur eingerichtet werden kann, wenn der zu Betreuende geschäftsunfähig ist; damit kann auch kein Einwilligungsvorbehalt für diesen Bereich angeordnet werden[6]. **Weigert sich der Betreuer**, den Antrag auf Annahme zu stellen, kann das Gericht in entsprechender Anwendung des § 1746 Abs 3 die Erklärung des Betreuers ersetzen; § 1746 Abs 3 ist gemäß § 1768 Abs 1 S 2 von der Anwendung auf die Volljährigenadoption bewusst nicht ausgeschlossen.

Will ein Betreuer, der für alle Angelegenheiten bestellt ist (vgl § 67 Abs 1 S 2 Nr 2 FGG), den Betreuten annehmen, bedarf es der Bestellung eines Ergänzungspflegers (arg § 181)[7]. Dies gilt aber nur, soweit ein Einwilligungsvorbehalt angeordnet ist; andernfalls gilt auch hier keine Einschränkung.

§ 1769 Verbot der Annahme

Die Annahme eines Volljährigen darf nicht ausgesprochen werden, wenn ihr überwiegende Interessen der Kinder des Annehmenden oder des Anzunehmenden entgegenstehen.

I. Normzweck

Die mit der Annahme verbundenen erb- und unterhaltsrechtlichen Folgen der neu entstandenen Verwandtschaftsbeziehungen für die Kinder der Antragsteller sollen bei der Entscheidung berücksichtigt werden.

II. Betroffene Interessen

Nur die Interessen der **Kinder** der Antragsteller werden geschützt. Zu berücksichtigen sind alle Interessen, auch **vermögensrechtlicher** Natur[1], die für Dritte bei der Annahme eines Volljährigen regelmäßig im Vordergrund stehen[2]. Da die Annahme eines Volljährigen idR keine dringende Notwendigkeit darstellt, können vermögensrechtliche Interessen der Kinder von ausschlaggebender Bedeutung sein (Rn 2.1). Die Adoption ist dann trotz sittlicher Rechtfertigung nicht möglich. Hierzu gehören insbes **erbrechtliche** Positionen der Kinder des Annehmenden[3*], auch soweit sie durch **Pflichtteilsansprüche** des Angenommenen betroffen werden[4*]. Entspr gilt für die Auswirkungen

---

[3] *Liermann* FamRZ 1993, 1263, 1265 zu den möglichen Motiven.
[4] *Liermann* FamRZ 1995, 1229, 1231 für eine Rückadoption bei noch bestehendem Verwandtschaftsverhältnis zwischen den Beteiligten auf Grund der schwachen Wirkung der Erstadoption: ausreichend ist auch die angestrebte namensrechtliche Folge.
[5] *Palandt/Diederichsen* Rn 2; vgl auch *Wagenitz* ZfJ 1991, 241, 243.
[6] *Staudinger/Bienwald* § 1903 Rn 59.
[7] MünchKommBGB/*Maurer* Rn 3.
[1] OLG Hamm FGPrax 2003, 124, 125.
[2] MünchKommBGB/*Maurer* Rn 2.
[3*] OLG München FGPrax 2005, 261, 262.
[4*] BayObLGZ 1984, 25, 27; AG Deggendorf FamRZ 1984.

§ 1770　Buch 4. Abschnitt 2. Verwandtschaft

auf die **Unterhaltsansprüche** auch volljähriger Kinder (§ 1745 Rn 3), da mit der Annahme gleichrangige Unterhaltsverpflichtungen begründet werden (§ 1770 Rn 5).

2.1　Vermögensrechtliche Interesse **bereits vorhandener Adoptivkinder,** die ebenfalls als Volljährige angenommen wurden, können in Hinblick auf die gewillkürte Begründung der vermögensrechtlichen Positionen geringer gewertet werden, da ihre Erbenstellung ebenfalls auf einer eigenen bewussten Entscheidung beruht und die Verbindung zur Familie regelmäßig nicht so intensiv ist wie bei der Minderjährigenadoption. Entspr ist ihre Position anders zu bewerten, wenn die Volljährigenadoption über § 1772 Abs 1 S 1 lit b erfolgte oder die Adoption nur der formale Abschluss einer bereits längeren intensiven persönlichen Beziehung war. Ebenso sind erbrechtliche Interessen des als Volljährige Adoptierten höher zu bewerten, wenn das zu vererbende Vermögen bereits auch auf der Tätigkeit des Adoptivkindes im Anschluss an seine Volljährigenadoption beruht.

III. Auswirkungen der Interessen auf die Annahmeentscheidung, rechtliches Gehör

3　Die Annahme eines Volljährigen wegen grds überwiegender Interessen der Kinder des Annehmenden nur ausnahmsweise zuzulassen[5], findet im Gesetz keine Stütze; es bedarf der Einzelfallprüfung in Gestalt eines Abwägungsprozesses zwischen den Interessen der Antragsteller und der betroffenen Kinder[6]. Bei gleicher Gewichtung der Interessen ist die Adoption auszusprechen, wenn die sonstigen Voraussetzungen vorliegen. Entsprechendes gilt, wenn das Überwiegen der Kindesinteressen zur Überzeugung des Gerichts nicht feststeht. Unzumutbar erscheint die mit der Adoption verbundene erbrechtliche Benachteiligung eines Kindes, zu dem über Jahrzehnte eine offenbar gute Beziehung zu dem adoptionswilligen Elternteil bestand, durch die Minderung des Pflichtteils über die Adoption[7], wenn es nicht im Einzelfall besondere Gründe dafür gibt. Derartige Gründe könnten angenommen werden, wenn die Adoption einer bereits bestehenden tatsächlichen Eltern-Kind-Beziehung den rechtlichen Rahmen geben soll, insbes wenn der Anzunehmende bereits als Minderjähriger in die Familie des Annehmenden aufgenommen worden war[8] oder bei besonders intensiven persönlichen Beziehungen zwischen den Antragstellern oder erheblichen Hilfeleistungen durch den Anzunehmenden. **Erbverzichtsverträge** helfen regelmäßig nicht weiter, da ihr Fortbestand nach dem Ausspruch der Annahme nicht gesichert ist[9].

4　Werden die Interessen der betroffenen Kinder nicht ausreichend beachtet, kann deshalb die Adoption nicht aufgehoben werden (§ 1771 Rn 5). Als materiell Betroffene sind die Kinder zu hören; wird der Adoptionsantrag mit der Einschränkung gestellt, dass die Kinder nicht gehört werden, ist er als unzulässig zurückzuweisen[10]. Wird das **rechtliche Gehör** verletzt[11], kann das Adoptionsdekret zunächst mit der Anhörungsrüge nach § 29 a FGG (§ 1752 Rn 6), bei deren Zurückweisung mit einer **Verfassungsbeschwerde** angegriffen werden (§ 1752 Rn 9). Sind die betroffenen **Kinder minderjährig**, hat das Gericht im Rahmen der Amtsermittlung festzustellen, inwieweit die Interessen betroffen sind. **Volljährige Kinder** müssen Einwendungen gegen die geplante Adoption selbst vorbringen.

§ 1770 Wirkung der Annahme

(1) ¹**Die Wirkungen der Annahme eines Volljährigen erstrecken sich nicht auf die Verwandten des Annehmenden.** ²**Der Ehegatte oder Lebenspartner des Annehmenden wird nicht mit dem Angenommenen, dessen Ehegatte oder Lebenspartner wird nicht mit dem Annehmenden verschwägert.**

(2) **Die Rechte und Pflichten aus dem Verwandtschaftsverhältnis des Angenommenen und seiner Abkömmlinge zu ihren Verwandten werden durch die Annahme nicht berührt, soweit das Gesetz nichts anderes vorschreibt.**

(3) **Der Annehmende ist dem Angenommenen und dessen Abkömmlingen vor den leiblichen Verwandten des Angenommenen zur Gewährung des Unterhalts verpflichtet.**

I. Normzweck

1　Die Rechtsfolgen der Annahme eines Volljährigen werden im Verhältnis zu den Wirkungen der Adoption eines Minderjährigen eingeschränkt. Damit wird dem Umstand Rechnung getragen, dass die Annahme eines Volljährigen einerseits auf der persönlichen Beziehung zweier erwachsener Personen beruht und andererseits zwischen dem Angenommenen und den leiblichen Eltern bereits langjährige Beziehungen bestehen.

---

[5] BayObLGZ 1984, 25, 28; MünchKommBGB/*Maurer* Rn 2; RGRK/*Dickescheid* Rn 3; dagegen zu Recht *Grziwotz* FamRZ 1991, 1399, 1400 f; FamRZ 2005, 2038, 2039.
[6] OLG München FGPrax 2005, 261, 262; AG Deggendorf FamRZ 1984, 1265, 1267; *Staudinger/Frank* Rn 7; *Grziwotz* FamRZ 2005, 2038, 2041.
[7] OLG München FGPrax 2005, 261, 262.
[8] BayObLGZ 1998, 279, 284; AG Deggendorf FamRZ 1984, 1265, 1266, 1267.
[9] *Grziwotz* FamRZ 2005, 2038, 2041.
[10] BayObLGR 2000, 46, 47: dort auch zur denkbaren Ausnahme im Interesse der Kinder.
[11] LG Koblenz NJW-RR 2000, 959, 960 zum Umfang des Anhörungsrechts.

II. Statusrechtliche Folgen der Annahme

1. Eingeschränkte Begründung von Verwandtschafts- und Schwägerschaftsverhältnissen (Abs 1). Die rechtliche Begründung eines Verwandtschaftsverhältnisses bestimmt sich grds nach den Vorschriften über die Annahme Minderjähriger (§§ 1767 Abs 2, 1754 Abs 1, 2). Die Kinder des Angenommen werden Enkelkinder des bzw der Annehmenden[1]. Abs 1 S 1 macht eine wesentliche Einschränkung: Im Verhältnis des Angenommenen zu den Verwandten des Annehmenden tritt keine Verwandtschaft ein. Der Angenommene wird nicht Enkelkind der Eltern des Annehmenden, Kinder des Annehmenden werden nicht Geschwister des Angenommenen. **Wird ein Ehepaar angenommen,** werden die Eheleute keine Geschwister[2], da der Wortlaut des §§ 1770, 1754 eine Differenzierung der Rechtspositionen von Adoptivkindern einerseits und leiblichen Kindern andererseits nicht erlaubt. Zwischen dem Annehmenden und dem Ehegatten des Angenommenen sowie zwischen dem Angenommenen und dem Ehegatten des Annehmenden wird keine **Schwägerschaft** begründet (Abs 1 S 2), jedoch entsteht Schwägerschaft zwischen dem Annehmenden und den Ehegatten der Abkömmlinge des Angenommenen[3]. Unberührt bleibt das Erfordernis der Zustimmung der jeweiligen Ehegatten zur Adoption (§ 1767 Rn 12).

2. Erhalt der Verwandtschaftsbeziehungen des Angenommenen (Abs 2). Über den Wortlaut des Abs 2 hinaus bleiben die Verwandtschaftsbeziehungen des Angenommenen und seiner Abkömmlinge zu seinen bisherigen Verwandten erhalten[4]. Der Angenommene erhält damit bei gemeinschaftlicher Adoption durch ein Ehepaar zwei Elternpaare[5]. Die Vorschrift beschränkt sich nicht auf Ansprüche bzw Verpflichtungen, sondern meint den Verwandtschaftsstatus selbst. Ob die Verwandtschaftsverhältnisse auf Abstammung oder Adoption beruhen, ist ohne Bedeutung[6]. Eine Verwandtschaftsbeziehung zwischen den aufsteigenden Verwandten des Angenommenen und dem Annehmenden entsteht aber nicht, da es insoweit an einer gemeinsamen Abstammung in jeder Hinsicht fehlt (vgl § 1589 S 1 aA).

Werden ein Minderjähriger und ein mit ihm verwandter Volljähriger nach den jeweils für sie geltenden Vorschriften von derselben Person adoptiert, so erlöschen einerseits die Rechtsbeziehungen des Minderjährigen zu seinen leiblichen Verwandten (§ 1755 Abs 1 S 1), andererseits bleiben für den Volljährigen die Verwandtschaftsbeziehungen zu dem als Minderjährigen Adoptierten aufrechterhalten. Da das Gesetz eine „hinkende" Verwandtschaft nicht kennt, gilt die stärkere Regelung des § 1755; das Verwandtschaftsverhältnis zwischen den beiden erlischt. Betrifft die Doppeladoption eine volljährige Mutter und deren minderjähriges Kind, wird aus dem Eltern-Kind-Verhältnis ein Geschwisterverhältnis[7].

III. Sonstige Rechtsfolgen

1. Unterhaltsrecht. Die mit der Annahme begründeten **Unterhaltsbeziehungen** zwischen dem Angenommenen, seinen Abkömmlingen einerseits und dem Annehmenden andererseits treten zu den bestehenden Unterhaltsverpflichtungen im Verhältnis des Angenommenen und seiner Abkömmlinge zu den leiblichen Verwandten hinzu. Abs 3 ändert den in § 1606 Abs 3 S 1 enthaltenen Gleichrang zwischen gleich nahen Verwandten zu Lasten des Annehmenden (Rn 5.1). Der Annehmende ist daher auch dem Kind des Angenommenen vor den leiblichen Großeltern zum Unterhalt verpflichtet[8]. Keine Änderung tritt ein hinsichtlich der Regelung in § 1606 Abs 1; das Kind des Angenommenen haftet vor dem Annehmenden. Hinsichtlich der Unterhaltsverpflichtung des Angenommenen gegenüber den leiblichen und den Adoptiveltern gelten die allgemeinen Grundsätze. Es gilt Gleichrang, maßgeblich für den Umfang des Anspruches ist die jeweilige Bedürftigkeit.

Die Leistungsunfähigkeit des Adoptivelternteils ist Anspruchsvoraussetzung für den Unterhaltsanspruch gegen den leiblichen Elternteil. Bestreitet der leibliche Elternteil seine Leistungspflicht, obliegt es dem Angenommenen, die Leistungsunfähigkeit des Adoptivelternteils zu beweisen[9].

2. Gesetzliche Erbfolge nach dem Tod des Angenommenen. a) Ein Adoptivelternteil lebt noch. Da der Angenommene mehrere Elternpaare erhält (Rn 3), verändern sich nach dem **Tod des Angenommenen** die gesetzlichen **Erbanteile der Eltern** als Erben zweiter Ordnung. Hat der Angenommene keine Abkömmlinge, wird er von den „Eltern" als Erben zweiter Ordnung gesetzlich beerbt (§§ 1925 Abs 1, 1930). Die Erbteile bestimmen sich nach der Zahl der infolge der Annahme insgesamt vorhandenen Elternteile; eine hälftige Aufteilung zwischen leiblichen und Adoptivverwandten als Gruppen („Stämmen") erfolgt nicht. Der Angenommene hat – bei gemeinschaftlicher Adoption – vier rechtlich gleichgestellte Eltern als Einzelpersonen, die zu je 1/4 berufen sind[10]. War die Adoption eine Annahme durch eine Einzelperson, erhält jeder Elternteil jeweils ein Drittel[11]. Entsprechendes

---

[1] Kritik hieran bei *Muscheler,* FS Schwab, 2005, S 843, 846 Fn 6.
[2] AA AG Backnang FamRZ 2000, 770, 771 ohne nähere Begr.
[3] MünchKommBGB/*Maurer* Rn 2.
[4] *Palandt/Diederichsen* Rn 2; MünchKommBGB/*Maurer* Rn 5.
[5] OLG Zweibrücken FGPrax 1996, 189.
[6] *Staudinger/Frank* Rn 9.
[7] *Gernhuber/Coester-Waltjen* § 69 II 5 Fn 21.
[8] *Staudinger/Frank* Rn 11.
[9] KG OLGR 2007, 441, 442.
[10] MünchKommBGB/*Leipold* § 1925 Rn 8; *Staudinger/Werner* § 1925 Rn 9.
[11] *Soergel/Stein* § 1925 Rn 6; *Staudinger/Werner* § 1925 Rn 9; aA § 1925 Rn 9.

§ 1771

muss gelten, wenn nur ein leiblicher Elternteil als Erbe in Frage kommt, da etwa der leibliche Vater nicht festgestellt wurde.

7   Besondere Probleme können sich ergeben, wenn im Zeitpunkt des Erbfalls nach dem Angenommenen nicht mehr alle Eltern des Angenommenen leben:
– **Sind die Adoptiveltern bereits verstorben,** leben aber beide leiblichen Eltern, erben letztere alleine. Die Abkömmlinge der Adoptiveltern treten nicht gemäß § 1925 Abs 3 S 1 an die Stelle des oder der Annehmenden als Erben zweiter Ordnung, da sie mit dem Angenommenen nicht verwandt sind (§ 1925 Rn 9)[12]. Entsprechendes gilt, wenn ein Adoptivelternteil aus **anderen Gründen** (Ausschlagung, Enterbung etc) als Erbe entfällt[13].
– **Sind die leiblichen Eltern bereits verstorben** bzw aus anderen Gründen ausgefallen, haben die leiblichen Eltern Abkömmlinge, treten letztere in vollem Umfang gemäß § 1925 Abs 3 S 1 an die Stelle der leiblichen Eltern des verstorbenen Angenommenen; ihre verwandtschaftliche Beziehungen zum Angenommenen blieben in vollem Umfang aufrechterhalten. **Leben nur noch beide Adoptiveltern,** erben diese daher nicht gemäß § 1925 Abs 2 allein; vielmehr geht die Hälfte des Erbes an den/die gleichrangigen Abkömmling/e[14]. Hatten die **leiblichen Eltern keine Abkömmlinge,** erben bzw erbt – gemäß § 1930 – die/der Adoptivelternteil/teil alleine (Rn 7.1)[15].
– **Lebt** – bei gemeinschaftlicher Annahme – nur noch **ein Adoptivelternteil,** jedoch beide leibliche Eltern, erbt der überlebende Adoptivelternteil 1/3, die leiblichen Eltern erhalten insgesamt 2/3 des Erbes (Rn 7.2). Ist ein leiblicher Elternteil verstorben, treten seine Abkömmlinge an seine Stelle.
– Bei **testamentarischer** Erbfolge kann die Auslegung den Ausschluss eines als volljährigen Adoptierten ergeben[16].

7.1   Zum Teil wird angenommen, dass dann nicht die Adoptiveltern ausschließlich als gesetzliche Erben berufen sind, sondern dass hinsichtlich des Erbteils der leiblichen Eltern ggf Erben dritter Ordnung das Erbe antreten[17]. Diese Annahme beruht aber auf der Erbfolge in Gruppen, die aber abzulehnen ist, Rn 6. Stämme iS des Erbrechts gibt es nur hinsichtlich der Abkömmlinge (§ 1924 Abs 3) in derselben Ordnung; eine analoge Anwendung auf die Ersetzung einer Ordnung durch eine andere – nachrangige – Ordnung ist unzulässig.

7.2   Die hM nimmt offenbar an, dass das Erbe in der Form nach Elternpaaren aufzuteilen ist, so dass beim Tod eines Adoptivelternteils dessen Erbteil dem überlebenden Adoptivelternteil zufällt[18]. Das soll sich aus der analogen Anwendung des § 1926 Abs 3 S 2 ergeben[19]. Das läuft im Adoptionsbereich auf die Annahme einer Elternschaft als Einheit hinaus, die dem BGB aber unbekannt ist[20]. *Maurer*[21] empfiehlt die Regelung der Erbfolge durch Testament, da zu diesem Problem noch Rspr fehlt.

8   **b) Der Angenommene hat seine/n Adoptiveltern/teil bereits beerbt.** Hat der Angenommene bereits einen Adoptivelternteil oder beide Adoptiveltern beerbt, wird er selbst gesetzlich von seinen Abkömmlingen beerbt; hat er keine Abkömmlinge, erben seine leiblichen Eltern. Will der Adoptivelternteil dies nicht, müssen entspr erbrechtliche Vereinbarungen geschlossen werden[22].

§ 1771 Aufhebung des Annahmeverhältnisses

¹**Das Vormundschaftsgericht kann das Annahmeverhältnis, das zu einem Volljährigen begründet worden ist, auf Antrag des Annehmenden und des Angenommenen aufheben, wenn ein wichtiger Grund vorliegt.** ²Im Übrigen kann das Annahmeverhältnis nur in sinngemäßer Anwendung der Vorschrift des § 1760 Abs. 1 bis 5 aufgehoben werden. ³An die Stelle der Einwilligung des Kindes tritt der Antrag des Anzunehmenden.

Schrifttum: *Bäumker,* Die einseitige Aufhebung einer Erwachsenenadoption. Das Problem des § 1771 BGB und seine Überwindung unter vergleichender Darstellung der Rechtslage in den USA, Diss 2007.

I. Normzweck

1   Die Vorschrift enthält eine eigenständige und abschließende[1] Regelung der Aufhebung. Im Hinblick auf die schwächeren Rechtswirkungen der Annahme eines Volljährigen (§ 1770 Rn 2 f) wird die Auflösung der neuen verwandtschaftlichen Bindungen erleichtert, es sei denn, die Wirkungen der Annahme richten sich nach den Vorschriften der Annahme Minderjähriger.

---

[12] BayObLG FamRZ 1994, 853, 854; MünchKommBGB/*Maurer* Rn 7; wohl allgM.
[13] MünchKommBGB/*Leipold* § 1925 Rn 6.
[14] OLG Zweibrücken FGPrax 1996, 189.
[15] MünchKommBGB/*Maurer* Rn 6; *Staudinger/Werner* § 1925 Rn 18.
[16] BayObLGZ 1984, 246, 249.
[17] Vgl MünchKommBGB/*Maurer* Rn 6 mN des Streitstandes.
[18] MünchKommBGB/*Leipold* § 1925 Rn 8; *Staudinger/Werner* § 1925 Rn 18.
[19] *Soergel/Stein* § 1925 Rn 7.
[20] Vgl *Staudinger/Werner* § 1925 Rn 11.
[21] MünchKommBGB Rn 6 aE.
[22] *Gernhuber/Coester-Waltjen* § 69 II 6: der Notar hat gemäß § 17 BeurkG hierüber zu belehren.
[1] MünchKommBGB/*Maurer* Rn 2.

II. Adoption eines Volljährigen

Die Vorschrift gilt nur, wenn der Antrag sich auf eine Adoption bezieht, die nach den Vorschriften der Annahme Volljähriger ausgesprochen wurde[2]. Hat das Gericht gemäß § 1772 bestimmt, dass sich die Wirkungen der Adoption nach den Vorschriften der Annahme eines Minderjährigen oder eines verwandten Minderjährigen richten, wird der Anwendungsbereich durch § 1772 Abs 2 S 1 eingeschränkt (§ 1772 Rn 7). Die Vorschrift kann auch nicht analog angewendet werden, wenn der nach den Vorschriften über die Annahme Minderjähriger Adoptierte inzwischen volljährig wurde[3], Rn 2.1. 2

In beiden Entscheidungen wird offen gelassen, ob die analoge Anwendung „in krassen Ausnahmefällen materiellen Unrechts" möglich ist[4]. Die Verfassungswidrigkeit der Regelung wird vom BayObLG verneint in FamRZ 1991, 227, 228 f. Eine analoge Anwendung wird auch verneint, wenn die Volljährigkeit während des laufenden Aufhebungsverfahrens eintrat[5], vgl § 1763 Rn 2. 2.1

III. Aufhebung aus wichtigem Grund (S 1)

1. Notwendigkeit zweier Anträge. Die Aufhebung ist nur zulässig, wenn der Angenommene und der Annehmende den Antrag stellen[6], Rn 3.1. Der Antrag des zweiten Beteiligten ist auch nicht entbehrlich, wenn die Weigerung eines der am Annahmeverhältnis Beteiligten, den Antrag zu stellen, als rechtsmissbräuchlich erscheint[7]. Eine **Antragsfrist** ist für die Aufhebung aus wichtigem Grund nicht vorgesehen[8]; § 1762 Abs 2 ist nicht anzuwenden, da sie sich auf den in S 2 und 3 vorgesehenen Aufhebungsgrund wegen fehlender erforderlicher Erklärungen beschränkt[9]. 3

Unabhängig von einer Eindeutigkeit des Wortlauts der Vorschrift[10] entspricht die Notwendigkeit zweier Anträge dem System der Aufhebung von Annahmeverhältnissen besser. Bei der Annahme eines Minderjährigen ist die Aufhebung nach Eintritt der Volljährigkeit des Angenommenen aus wichtigem Grund nicht vorgesehen, selbst wenn schwerwiegende Gründe vorliegen (§ 1763 Rn 2). Es ist nicht einzusehen, dass die schwächeren Rechtsbeziehungen leichter einseitig aufgelöst werden können[11]. 3.1

2. Wichtiger Grund. Der wichtige Grund ist vom Gericht objektiv zu ermitteln[12]; das über das Adoptionsdekret begründete Eltern-Kind-Verhältnis steht als Institut des Familienrechts nicht zur Disposition der Beteiligten. Auch ein **gemeinsamer Antrag** lässt nicht vermuten, dass ein wichtiger Grund gegeben ist[13]. Ein **wichtiger Grund ist anzunehmen**, wenn das Annahmeverhältnis auf Grund besonderer Umstände als endgültig gescheitert anzusehen ist[14]. Schwere Vergehen eines der Beteiligten gegen den anderen oder gegen einen Familienangehörigen können einen wichtigen Grund darstellen[15]. **Kein wichtiger Grund** ist das Fehlen der Voraussetzungen der Annahme im Zeitpunkt des Adoptionsdekrets, so bei missbräuchlichen Adoptionsanträgen, Rn 4.1[16] oder das Nichteintreten des erwarteten Eltern-Kind-Verhältnisses. Enttäuschungen und Auseinanderleben gehören zu den üblichen „Risiken" jeglicher langfristiger Bindung. Die grundsätzliche Gleichstellung der Adoption mit dem leiblichen Eltern-Kind-Verhältnis und die Differenz zum Ehegattenverhältnis verbietet die Möglichkeit der Aufhebung iS des Fehlens oder Wegfalls der Geschäftsgrundlage. Schon bei „nachprüfbaren bedeutsamen Gründen" einen wichtigen Grund anzunehmen[17] wird der Ernsthaftigkeit einer per Dekret begründeten grds unauflösbaren verwandtschaftlichen Bindung nicht gerecht. Irrtümliche Vorstellungen über die mit der Adoption verbundenen Rechtsfolgen als wichtigen Grund anzusehen[18] 4

---

[2] OLG Karlsruhe FamRZ 1996, 434, 435mwN; BayObLGZ 1989, 383, 384 f; *Gernhuber/Coester-Waltjen* § 69 II 8.
[3] BayObLG FamRZ 1991, 227, 228; BayObLGZ 1989, 383, 386; st Rspr; *Staudinger/Frank* Rn 5 mwN.
[4] Ebenso von OLG Zweibrücken FamRZ 1997, 577, 578.
[5] OLG Zweibrücken FamRZ 1997, 577, 578 mwN; dort auch zum Ausschluss der Aufhebung nach den Vorschriften der Annahme Minderjähriger.
[6] BGHZ 103, 12, 15 = NJW 1988, 1139 f; OLG München NJOZ 2007, 2423, 2424; KG OLGZ 1987, 306, 307; OLG Schleswig NJW-RR 1995, 583, 584 passim; BayObLG ZfJ 1992, 442; OLG Karlsruhe FamRZ 1988, 979, 980; OLG Frankfurt OLGZ 1982, 421; MünchKommBGB/*Maurer* Rn 2; *Staudinger/Frank* Rn 11–15; *Palandt/Diederichsen* Rn 1; aA AG Leutkirch FamRZ 1989, 538; *Bosch* FamRZ 1978, 656, 664 f; *Erman/Saar* Rn 6; RGRK/*Dickescheid* Rn 9; *Bäumker* S 3, 83; offen gelassen nun bei *Soergel/Liermann* Rn 3.
[7] KG OLGZ 1987, 306, 309; aA *Erman/Saar* Rn 6 bei einer gezielten Täuschung des Antragstellers; *Roth-Stielow* AdoptionsG Rn 4; zweifelnd *Gernhuber/Coester-Waltjen* § 69 II 8; offen gelassen in BGHZ 103, 12, 18 = NJW 1988, 1139, 1140.
[8] OLG Schleswig NJW-RR 1995, 583, 584 mwN gegen Vorinstanz; *Soergel/Liermann* Rn 14.
[9] OLG Schleswig NJW-RR 1995, 583, 584.
[10] So BGHZ 103, 12, 15 = NJW 1988, 1139 f; *Bäumker* S 83.
[11] *Bäumker* S 112 fordert allerdings vehement, dass der Gesetzgeber eine Aufhebungsmöglichkeit auf einseitigen Antrag hin einführt.
[12] LG Münster FamRZ 2002, 1655.
[13] *Gernhuber/Coester-Waltjen* § 69 II 8 Fn 35 mwN; RGRK/*Dickescheid* Rn 5; *Erman/Saar* Rn 5; aA MünchKommBGB/*Maurer* Rn 6; skeptisch in tatsächlicher Hinsicht *Bosch* FamRZ 1978, 656, 665.
[14] *Gernhuber/Coester-Waltjen* § 69 II 8.
[15] *Palandt/Diederichsen* Rn 2.
[16] OLG Schleswig NJW-RR 1995, 583, 584; aA AG Wiesbaden FamRZ 2006, 574; für eine Nichtigkeit ohne Bindung an Anträge noch OLG Köln NJW 1980, 63; hiergegen zu Recht MünchKommBGB/*Maurer* Rn 3, 6; *Bäumker* S 75 f.
[17] LG Münster FamRZ 2002, 1655.
[18] LG Münster FamRZ 2002, 1655.

§ 1772

widerspricht dem System der Aufhebung, da der wichtige Grund sich auf Probleme bezieht, die nach dem Adoptionsausspruch entstanden sind. **Irrtumsprobleme** sind dem Anfechtungsrecht zuzuordnen und können nur im Rahmen des § 1771 S 2 zur Aufhebung führen.

4.1 Die Auflösung missbräuchlich begründeter Rechtsbeziehungen ist nicht mit dem individuellen Interesse der unmittelbar Beteiligten, sondern mit dem Schutz der Rechtsordnung zu begründen. Insoweit wäre eher eine Aufhebung von Amts wegen veranlasst, die aber bei der Erwachsenenadoption gerade nicht vorgesehen ist. Zu Recht weist das KG[19] darauf hin, dass in § 1760 Abs 2 eine Scheinadoption gerade nicht vorgesehen ist, in deutlichem Gegensatz zu der Aufhebungsregelung im Eherecht (vgl § 1314 Abs 2 Nr 5). Das Interesse der Allgemeinheit an Rechtssicherheit, Gesetzestreue und Bestandskraft gerichtlicher Entscheidungen ist stärker als das Interesse eines am Missbrauch Beteiligten[20]. Die Möglichkeit, die Adoption aufheben zu lassen, stellt das Gesetz den Beteiligten zur Verfügung, wenn für den Betroffenen Umstände eintreten, die nicht vorhersehbar waren.

IV. Aufhebung wegen fehlender Anträge (S 2, 3)

5 Die Aufhebung ist möglich, wenn die Adoption ohne die erforderlichen Anträge des Annehmenden oder Angenommenen ausgesprochen wurde. Fehlt die erforderliche Einwilligung eines Ehegatten (§ 1767 Rn 12), ist der materiell-rechtliche Fehler kraft ausdrücklicher Regelung kein Aufhebungsgrund[21]. Die fehlende Einwilligung der Ehegatten ermöglicht auch bei der Annahme eines Minderjährigen keine Aufhebung (§ 1760 Rn 4); eine „sinngemäße" Anwendung führt nicht dazu, dass an Stelle der Einwilligung des Angenommenen die Einwilligung des Ehegatten erforderlich ist, da hier, anders als bei der Adoption des Minderjährigen, nicht die Rechtsbeziehung zum Übergangenen beendet wird. Anwendbar ist der Ausschluss der Aufhebung wegen **Täuschung über die Vermögensverhältnisse**, da auch bei Annahme eines Volljährigen finanzielle Erwartungen nur eine untergeordnete Rolle spielen dürfen (§ 1767 Rn 6). Die Aufhebung wegen arglistiger Täuschung über eine **erbrechtliche** Position ist damit aber nicht unzulässig, da zumindest die gesamte Rechtsnachfolge nach dem Tod eines Beteiligten mehr als nur vermögensrechtliche Interessen betrifft[22]. **Antragsberechtigung** und **Antragsfähigkeit** ergeben sich aus § 1762 Abs 1 (§ 1767 Abs 2). Antragsberechtigt ist der Beteiligte, dessen Antrag fehlt bzw unwirksam ist[23]; eines beidseitigen Antrages bedarf es hier nicht. Ebenso gilt § 1762 hinsichtlich der **Antragsfristen**[24] (Abs 2; § 1762 Rn 6) und der **Antragsform** (Abs 3; § 1762 Rn 8). Ist der **Angenommene geschäftsunfähig** und ist anzunehmen, dass er dies bereits im Zeitpunkt des Antrages auf Annahme war, ist für die Aufhebung eine Betreuung einzurichten (Rn 5.1).

5.1 Das Gesetz regelt zwar nur die Möglichkeit, den Antrag auf die Annahme selbst durch einen Betreuer zu stellen (§ 1768 Abs 2, dort Rn 3). Der Geschäftsunfähige darf aber nicht alternativlos an einem Adoptionsverhältnis festgehalten werden, wenn die entscheidende Grundlage, so ein wirksamer Antrag (vgl § 1760 Rn 5), fehlt, der Geschäftsunfähige damit kein Verwandtschaftsverhältnis kraft Adoption begründen wollte. Entsprechendes muss für den Annehmenden gelten, wenn sein Antrag wegen Geschäftsunfähigkeit unwirksam war und er weiterhin geschäftsunfähig ist.

V. Verfahrensrecht

6 Das Verfahren richtet sich nach denselben Vorschriften wie das Verfahren zur Aufhebung der Annahme eines Minderjährigen (§ 1759 Rn 3 f). Ein Beschwerderecht der Eltern des Angenommenen gegen die Aufhebungsentscheidung besteht nur, wenn es sich um eine Adoption mit starken Wirkungen handelte, die zum Erlöschen der Verwandtschaftsbeziehungen zum Angenommenen führte, da nur in einem solchen Fall ihre Rechte betroffen sind (§ 1759 Rn 4).

§ 1772 Annahme mit den Wirkungen der Minderjährigenannahme

(1) ¹Das Vormundschaftsgericht kann beim Ausspruch der Annahme eines Volljährigen auf Antrag des Annehmenden und des Anzunehmenden bestimmen, dass sich die Wirkungen der Annahme nach den Vorschriften über die Annahme eines Minderjährigen oder eines verwandten Minderjährigen richten (§§ 1754 bis 1756), wenn

a) ein minderjähriger Bruder oder eine minderjährige Schwester des Anzunehmenden von dem Annehmenden als Kind angenommen worden ist oder gleichzeitig angenommen wird oder

b) der Anzunehmende bereits als Minderjähriger in die Familie des Annehmenden aufgenommen worden ist oder

c) der Annehmende das Kind seines Ehegatten annimmt oder

---

[19] NJW-RR 1987, 777, 778.
[20] BGH NJW 1988, 1139, 1140: entschieden für den Fall, dass nur ein Beteiligter die Aufhebung beantragt; im Fall zweier Anträge ist die Interessenlage aber nicht anders.
[21] MünchKommBGB/*Maurer* Rn 3; aA Palandt/*Diederichsen* Rn 3.
[22] OLG Frankfurt FamRZ 1982, 1241, 1242; MünchKommBGB/*Maurer* Rn 4; *Staudinger/Frank* Rn 18.
[23] MünchKommBGB/*Maurer* Rn 5.
[24] BayObLG ZfJ 1992, 442 f.

d) der Anzunehmende in dem Zeitpunkt, in dem der Antrag auf Annahme bei dem Vormundschaftsgericht eingereicht wird, noch nicht volljährig ist.
²Eine solche Bestimmung darf nicht getroffen werden, wenn ihr überwiegende Interessen der Eltern des Anzunehmenden entgegenstehen.

(2) ¹Das Annahmeverhältnis kann in den Fällen des Absatzes 1 nur in sinngemäßer Anwendung der Vorschrift des § 1760 Abs. 1 bis 5 aufgehoben werden. ²An die Stelle der Einwilligung des Kindes tritt der Antrag des Anzunehmenden.

I. Normzweck

Die Vorschrift ermöglicht es, in bestimmten Ausnahmesituationen die Rechtswirkungen der Annahme eines Volljährigen den starken Rechtswirkungen der Minderjährigenadoption anzugleichen, um besonders engen bestehenden Familienverbindungen Rechnung zu tragen oder Zeitzufälligkeiten im Ablauf des Adoptionsverfahrens auszugleichen. Da diese Volladoption eines Volljährigen auf die familienrechtliche Beziehung des Anzunehmenden zu seinen Eltern einwirkt, sollen deren Interessen bei der Entscheidung besonders berücksichtigt werden. 1

II. Voraussetzungen, Verfahren und Wirkungen (Abs 1)

1. Voraussetzungen. a) Antrag, Entscheidung und Rechtsmittel. Die Adoption mit den Wirkungen der Annahme eines Minderjährigen ist eine eigenständige Form der Adoption eines Volljährigen. Der **Antrag** muss auch hinsichtlich der gewünschten Wirkungen von beiden Beteiligten gestellt und notariell beurkundet sein[1]. Erachtet das Gericht die Voraussetzungen nicht für gegeben, ist der Antrag insgesamt zurückzuweisen. Ein Ausspruch der Adoption mit den schwachen Wirkungen des § 1770 ist nicht möglich, da es sich insoweit nicht um ein „minus", sondern um ein „aliud" handelt[2]. Anderes gilt, wenn hilfsweise auch der Antrag auf eine Adoption mit den schwachen Wirkungen gestellt wurde. Wird der weitergehende Antrag abgelehnt, dem Hilfsantrag aber stattgegeben, ist gegen die „schwache" Volljährigenadoption kein **Rechtsmittel** statthaft. Dagegen ist gegen die Ablehnung des Antrages auf Ausspruch der Annahme mit den „starken" Wirkungen die einfache Beschwerde gegeben[3]. Wird auf die einfache Beschwerde dem Hauptantrag entsprochen, ist das Adoptionsdekret entspr zu ergänzen[4]. Der Antrag muss spätestens beim Ausspruch der Annahme gestellt sein[5], eine nachträgliche Umwandlung der Adoption in eine Annahme mit starken Wirkungen ist nicht möglich[6], da das Adoptionsdekret unabänderbar ist (§ 56 e S 3 FGG)[7]. Entspr gilt auch für einen neuen Antrag, mit dem eine Annahme mit starken Wirkungen erreicht werden soll; Adoptionsanträge sind nur zulässig, um ein Eltern-Kind-Verhältnis im Rechtssinne zu begründen, nicht aber, um es zu modifizieren; anders kann ggf gelten, wenn es um die Modifikation einer ausländischen Adoptionsentscheidung geht (§ 1742 Rn 5). In der Entscheidung ist anzugeben, dass sich die Wirkungen der Adoption nach den Vorschriften über die Annahme eines Minderjährigen richten (§ 56 e S 1 FGG). Fehlt diese Angabe, richten sich die Wirkungen der Adoption nach der „einfachen" Adoption mit den schwächeren Wirkungen. Im Übrigen richtet sich das Verfahren nach den allgemeinen Vorschriften. 2

b) Materielle Voraussetzungen. Begründet ist der Antrag nur, wenn die in Abs 1 S 1 vorgesehenen Fallkonstellationen gegeben sind, überwiegende Interessen der Eltern des Anzunehmenden nicht entgegenstehen und die sonstigen Voraussetzungen für die Annahme eines Volljährigen vorliegen. Der Vormundschaftsrichter hat zwar kein Ermessen, notwendig ist aber, dass die Adoption auch unter dem Aspekt der starken Wirkungen sittlich gerechtfertigt ist[8]. Dies ist nur der Fall, wenn die Volladoption wegen der in Abs 1 S 1 beschriebenen Fallkonstellationen und nicht wegen einer bestimmten partiellen Rechtswirkung beantragt wird[9]. Insoweit kann bei der Entscheidung das Motiv berücksichtigt werden. 3

Die vorgesehenen **Fallkonstellationen** sind abschließend geregelt[10]. 4
– Lit a ermöglicht die verwandtschaftliche **Gleichstellung von Geschwistern** in derselben Adoptivfamilie und gibt der Volladoption den Vorrang.
– Lit b ermöglicht es, eine früher an sich mögliche **Minderjährigenadoption** in ihren Wirkungen **nachzuholen**. Es genügt nicht, wenn der Annehmende zwar der Vormund des nun volljährigen Anzunehmenden, letzterer aber nicht tatsächlich in dessen Familie aufgenommen war[11]. Nicht notwendig ist es, dass der Anzunehmende noch als Volljähriger in der Familie des Annehmenden lebte[12].

---

[1] KG FamRZ 1996, 240.
[2] KG FamRZ 1996, 240, 241; MünchKommBGB/*Maurer* § 1768 Rn 8.
[3] *Staudinger/Frank* § 1768 Rn 12; RGRK/*Dickescheid* Rn 8; aA *Erman/Saar* Rn 11: sofortige Beschwerde; mit der Reform des Verfahrensrechts, § 1752 Rn 13.2, wird der Streit hinfällig.
[4] *Staudinger/Frank* § 1768 Rn 11; RGRK/*Dickescheid* Rn 8.
[5] RGRK/*Dickescheid* Rn 7, 8.
[6] AG Kaiserslautern StAZ 1983, 17, 18; MünchKommBGB/*Maurer* Rn 6; *Palandt/Diederichsen* Rn 3.
[7] *Staudinger/Frank* § 1768 Rn 11.
[8] MünchKommBGB/*Maurer* Rn 8.
[9] *Gernhuber/Coester-Waltjen* § 69 III 1.
[10] OLG Zweibrücken FGPrax 1996, 189, 190.
[11] OLG Hamm DAVorm 1979, 776, 782; KG FamRZ 1996, 240, 241.
[12] KG FamRZ 1996, 240, 241.

§ 1772 Buch 4. Abschnitt 2. Verwandtschaft

– Lit c ermöglicht die Angleichung der Rechtsbeziehungen gegenüber den Eltern im Falle der **Annahme durch einen Stiefelternteil**.
– Lit d soll die **Zufälligkeiten des Zeitablaufs** zwischen Antrag und Entscheidung über den Antrag überwinden.
– Bei **gemeinschaftlicher Adoption durch Ehegatten** ist die Kombination zweier Fallkonstellationen möglich, so die Annahme mit den starken Wirkungen nach lit b hinsichtlich eines Anzunehmenden und nach lit c hinsichtlich des anderen Anzunehmenden[13].

5   c) **Interessen dritter Personen.** Gegen die Annahme mit den starken Wirkungen dürfen nicht **überwiegende Interessen der Eltern des Anzunehmenden** sprechen (Abs 1 S 2), da mit der Adoption die verwandtschaftlichen Beziehungen zu den Eltern beendet werden (§ 1755 Abs 1 S 1). Eltern sind dabei nicht nur die leiblichen, sondern auch – im Falle der zulässigen Mehrfachadoption (§ 1768 Rn 2) – die Adoptiveltern. Eine inhaltliche Beschränkung der Interessen sieht das Gesetz nicht vor, so dass auch Vermögensinteressen[14] einschließlich eventueller Unterhaltsberechtigungen zu berücksichtigen sind. Die Adoption kann nur versagt werden, wenn das Überwiegen der Eltern zur Überzeugung des Gerichts feststeht; andernfalls ist der Antrag unter diesem Aspekt begründet. Wird das Adoptionsdekret erlassen, können die Eltern das Adoptionsdekret bei Verletzung des rechtlichen Gehörs ggf über die Anhörungsrüge nach 29 a FGG (§ 1752 Rn 6) bzw eine Verfassungsbeschwerde angreifen (§ 1752 Rn 9); eine Aufhebung scheitert bereits am fehlenden Antragsrecht[15]. Die **Interessen der Kinder der Beteiligten** sind bereits über die allgemeinen Voraussetzungen zu berücksichtigen (§ 1767 Rn 13).

6   2. **Besondere Wirkungen.** Abweichend von § 1770 richten sich die Wirkungen der Annahme ausschließlich nach den Bestimmungen der §§ 1754 bis 1756. Insbesondere erlöschen damit – anders als bei der „einfachen" Annahme eines Volljährigen (§ 1770 Rn 3 f) – die Rechtsbeziehungen des Angenommenen und seiner Abkömmlinge zu den bisherigen Verwandten. Die besonderen Wirkungen gelten nur für das Adoptionsrecht, sonstige Auswirkungen der Annahme bestimmen sich nach den jeweils maßgeblichen Vorschriften. So wird die **Staatsangehörigkeit** nicht kraft Gesetzes erworben[16], da die maßgebliche Bestimmung des § 6 StAG am Alter des Angenommenen anknüpft (§ 1767 Rn 17).

III. Aufhebung (Abs 2)

7   Die Aufhebung richtet sich kraft ausdrücklicher gesetzlicher Anordnung hinsichtlich der Aufhebungsgründe nach den Vorschriften der Annahme eines Minderjährigen (S 1). Möglich ist die Aufhebung nicht aus wichtigem Grund, sondern nur noch wegen Willensmängeln bei der Antragstellung[17]; an die Stelle der Einwilligung eines Kindes tritt dessen Antrag (S 2). Hinsichtlich des Antragsrechts gilt § 1771, da vom Minderjährigenrecht nur die Wirkungen der Adoption selbst gelten; den Eltern des Kindes fehlt jedes Antragsrecht[18]. Die Aufhebung gemäß § 1763 scheidet aus, da dieser fürsorgliche Aufhebungsgrund nur für die Zeit der Minderjährigkeit eines Angenommenen gilt (§ 1763 Rn 2). Die Aufhebung ist auch nicht ausnahmsweise gemäß § 1771 S 1 zulässig, wenn das „starke" Annahmeverhältnis auf der Geschwisterbindung gemäß Abs 1 S 1 lit a beruht und später das Annahmeverhältnis des Geschwisterkindes gemäß § 1763 aufgehoben wird[19]. Die Akzessorietät ist faktischer Natur und nur für die Begründung des Annahmeverhältnisses maßgeblich; auch die Annahme nach § 1772 geht von der Begründung oder Erwartung eines Eltern-Kind-Verhältnisses aus, das nach dem Annahmedekret eine eigenständige Bedeutung erhält.

8   Die **Wirkungen der Aufhebung** einer Annahme nach § 1772 erhalten eine besondere Bedeutung nur, soweit die Annahme nach § 1772 unterschiedliche Rechtsfolgen hatte. So leben die **Rechtsbeziehungen zu den leiblichen Eltern** wieder auf. Entsprechend sind die Eltern des volljährigen Kindes in diesem Fall auch beschwerdeberechtigt (§ 1759 Rn 4).

---

[13] KG FamRZ 1996, 240, 241 f.
[14] *Liermann* FamRZ 1993, 1263, 1266.
[15] BayObLG FGPrax 2000, 204.
[16] *Soergel/Liermann* Vor § 1741 Rn 37; *Hailbronner/Renner* § 6 StAG Rn 17: Regelung sei verfassungsgemäß; str.
[17] AA – ausdrücklich gegen den Gesetzgeber – *Erman/Saar* Rn 8: es gelte auch hier § 1771.
[18] BayObLG FGPrax 2000, 204: auf die Einwilligungsfrage kommt es nicht an.
[19] *Staudinger/Frank* Rn 8 unter Hinweis auf die notwendige erneute Adoption des Minderjährigen; aA MünchKommBGB/*Maurer* Rn 10; *Soergel/Liermann* Rn 12; RGRK/*Dickescheid* Rn 6: Anwendung des § 1771 S 1 sollte erwogen werden.

Abschnitt 3. Vormundschaft, rechtliche Betreuung, Pflegschaft (§§ 1773–1921)

Titel 1. Vormundschaft

Untertitel 1. Begründung der Vormundschaft (§§ 1773–1792)

§ 1773 Voraussetzungen

(1) Ein Minderjähriger erhält einen Vormund, wenn er nicht unter elterlicher Sorge steht oder wenn die Eltern weder in den die Person noch in den das Vermögen betreffenden Angelegenheiten zur Vertretung des Minderjährigen berechtigt sind.

(2) Ein Minderjähriger erhält einen Vormund auch dann, wenn sein Familienstand nicht zu ermitteln ist.

I. Normzweck

Minderjährige sind entweder geschäftsunfähig (§ 104 Nr 1) oder beschränkt geschäftsfähig (§ 106) **1** und bedürfen daher der **gesetzlichen Vertretung**. Eheliche Kinder werden durch ihre Eltern (§§ 1626, 1629), außerhalb der Ehe geborene Kinder im Falle des § 1626a Abs 1 ebenfalls durch die Eltern gemeinsam, ansonsten durch die Mutter allein (§ 1626a Abs 2) vertreten. Bei **Ausfall** der kraft Gesetzes Vertretungsberechtigten übernimmt deren Funktion, dh die gesamte elterliche Sorge, der Vormund (§ 1793 Abs 1).

II. Einzelerläuterung

1. Die Voraussetzungen der Vormundschaft gemäß Abs 1. a) Minderjähriger steht nicht unter elterlicher Sorge. Sind die Eltern miteinander verheiratet, verbleibt es nach Auflösung der Ehe **2** bei der gemeinsamen Sorge oder haben nicht miteinander verheiratete Eltern eine Sorgerechtserklärung gemäß § 1628a Abs 1 Nr 1 abgegeben, ist Vormundschaft nur anzuordnen, wenn beide Eltern das **Sorgerecht in vollem Umfang** verloren haben, zB durch Tod, Todeserklärung, Feststellung des Todes nach dem Verschollenheitsgesetz oder Entzug der elterlichen Sorge (1666 Abs 1). Entsprechendes gilt bei **Ruhen** der elterlichen Sorge (§§ 1673 bis 1675)[1]. Verliert nur ein Elternteil die Sorge, steht sie dem anderen allein zu (§§ 1680 Abs 1, 3, 1681 Abs 3); Vormundschaft ist nicht erforderlich. Das gilt auch, wenn nur die Personen- oder die Vermögenssorge entzogen wird; dann ist ein **Ergänzungspfleger** zu bestellen (§ 1909)[2].

Verliert der **Alleinsorgeberechtigte** die elterliche Sorge, findet § 1773 Abs 1 ebenfalls Anwendung. **3** In den Fällen der §§ 1671, 1672, 1626a Abs 2 hat das FamG jedoch zunächst die Übertragung auf den **anderen Elternteil** zu prüfen (§§ 1680 Abs 2, 3, 1681 Abs 1)[3]. Nur wenn das dem Kindeswohl widerspricht, wird Vormundschaft angeordnet. Einer Entscheidung iS des § 1672 Abs 1 hat der Gesetzgeber die auf Grund einer **Ehelicherklärung** gemäß §§ 1723 ff aF eingetretene Alleinsorge des Vaters gleichgestellt (Art 224 Abs 1 EGBGB). Bei Verlust dieser Sorge genießt daher auch hier die Übertragung auf die Mutter Vorrang vor der Vormundschaft. Ähnliches gilt bei **Aufhebung der Adoption** hinsichtlich der leiblichen Eltern (§ 1764 Abs 4).

b) Fehlende Berechtigung der Eltern zur gesetzlichen Vertretung. Der Ausschluss der gesetz- **4** lichen Vertretungsmacht kann sich aus Maßnahmen gemäß § 1666 oder aus § 1673 Abs 2 S 2 ergeben. Die unter Rn 2 und 3 dargestellten Grundsätze gelten auch hier.

2. Anordnungsvoraussetzungen gemäß Abs 2. Die Vorschrift ist praktisch bedeutsam für **Fin-** **5** **delkinder** (§ 25 PStG). Die Feststellung, der Familienstand sei nicht zu ermitteln, trifft das VormG (§ 26 PStG). Wird der Familienstand nur bestritten, ist nicht Vormundschaft, sondern Pflegschaft anzuordnen (allgM).

III. IPR

Zur Vormundschaft über minderjährige Ausländer vgl Art 7 Abs 1, 24 EGBGB. Die Vorschriften des **6** EGBGB werden in diesem Bereich weitgehend von internationalen Abkommen verdrängt[4].

---

[1] MünchKommBGB/*Wagenitz* Rn 5.
[2] BayObLG FamRZ 1999, 316, 318.
[3] OLG Saarbrücken JAmt 2004, 163 f.
[4] Vgl die Übersicht bei *Oberloskamp/Baer* § 9 Rn 3, 4.

IV. Neue Bundesländer

7 Durch den Einigungsvertrag wurden in der DDR angeordnete Vormundschaften aufrechterhalten und in solche des BGB überführt (Art 234 § 14 EGBGB).

§ 1774 Anordnung von Amts wegen

¹Das Vormundschaftsgericht hat die Vormundschaft von Amts wegen anzuordnen. ²Ist anzunehmen, dass ein Kind mit seiner Geburt eines Vormunds bedarf, so kann schon vor der Geburt des Kindes ein Vormund bestellt werden; die Bestellung wird mit der Geburt des Kindes wirksam.

I. Normzweck

1 S 1 der Vorschrift stellt klar, dass die Vormundschaft idR nicht kraft Gesetzes entsteht (Ausnahmen: §§ 1791 c, 1751 Abs 1 S 2), sondern einer **konstitutiven Anordnung** bedarf. Das VormG wird angehalten, von Amts wegen zu prüfen, ob zum Schutze des Mündels Vormundschaft anzuordnen ist.

2 S 2 ermöglicht die Anordnung der Vormundschaft und die Bestellung des Vormundes bereits **vor der Geburt** des Mündels. Dadurch kann bei Geburt des Kindes außerhalb der Ehe die Amtsvormundschaft (§ 1791 c) zugunsten der vom Gesetz bevorzugten Einzelvormundschaft vermieden werden[1].

II. Einzelerläuterung

3 Die Anordnung der Vormundschaft bereitet die Bestellung des Vormundes vor; mit ihr wird die Vormundschaft **anhängig** iS der §§ 36, 43, 46, 47 Abs 2 FGG[2]. Ab diesem Zeitpunkt muss das VormG ggf selbst vorläufige Maßnahmen im Interesse des Mündels ergreifen (§ 1846). Die frühere hM, wonach die Anordnung der Vormundschaft keines **förmlichen Beschlusses** bedarf, sondern ein entsprechendes Tätigwerden des Gerichts nach außen hin genügen soll[3], ist unzutreffend, weil bereits durch die Anordnung die Rechtsstellung des Mündels betroffen wird[4].

III. Verfahren

4 1. **Anzeigepflichten.** Zur Unterstützung des VormG bestehen **Anzeigepflichten** des **Jugendamts** (§ 57 SGB VIII), des **Standesbeamten** (§ 48 FGG), anderer **Gerichte** (§ 35 a FGG), des **Vormunds** bei Tod des Gegenvormunds oder eines Mitvormunds (§ 1894 Abs 2), des **Gegenvormunds,** wenn das Amt des Vormunds endet (§ 1799 Abs 1 S 2) sowie der **Erben** des Vormunds und des Gegenvormunds bei dessen Ableben (§§ 1894 Abs 1, 1895).

5 2. **Zuständigkeit.** Für die Anordnung der Vormundschaft ist idR der **Rechtspfleger des VormG** zuständig (§ 3 Nr 2 a RPflG); ist ein Ausländer betroffen, gilt der Richtervorbehalt (§ 14 Nr 4 RPflG). Ist die Vormundschaft auf Grund einer Maßnahme des FamG erforderlich, kann auch dieses die Anordnung treffen und den Vormund auswählen (§ 1697). Bestellung, Beratung und Beaufsichtigung des Vormunds verbleiben beim VormG[5].

6 Die **örtliche Zuständigkeit** folgt aus den §§ 36 bis 36 b FGG; maßgebend ist idR der Wohnsitz bzw Aufenthalt des Mündels. **Internationale Zuständigkeit:** § 35 b FGG.

7 3. **Rechtsmittel.** Gegen die Anordnung durch das VormG **einfache und weitere Beschwerde des Mündels** gemäß §§ 19, 20, 27 FGG, 11 Abs 1 RPflG; nach Vollendung des **14. Lebensjahres** selbständiges Beschwerderecht gemäß § 59 Abs 1, 3 FGG. Beschwerdeberechtigt ist gemäß § 20 FGG ferner jeder, dessen Recht beeinträchtigt ist; bei Ablehnung der Anordnung vgl § 57 Abs 1 Nr 1 FGG. Bei **Anordnungsentscheidungen des FamG** nach § 1697 führt der Rechtszug schon wegen der formellen Anknüpfung zum **OLG** (§ 119 Abs 1 Nr 2 GVG). Es handelt sich hierbei um Angelegenheiten der elterlichen Sorge iS des § 621 Abs 1 Nr 1 ZPO[6], die mit **befristeter Beschwerde** und – bei Zulassung durch das OLG – mit Rechtsbeschwerde zum BGH anfechtbar sind; § 621 e Abs 1 S 2, Abs 2 ZPO[7]. Die unterschiedliche Gestaltung des Rechtszuges abhängig davon, ob VormG oder FamG entschieden haben, erscheint verfassungsrechtlich **nicht unbedenklich**[8], zumal es bei sonst völlig gleich gelagerten Sachverhalten im Belieben des einzelnen Familienrichters steht, der nach § 1697 über die Anordnung der Vormundschaft entscheiden kann aber nicht muss, in welchem Instanzenzug über Rechtsmittel entschieden wird. Abhilfe kann nur der Gesetzgeber schaffen; der Referentenentwurf des

---

[1] Soergel/Zimmermann Rn 2.
[2] BayObLGZ 3, 712, 715.
[3] Soergel/Zimmermann Rn 4 mwN.
[4] MünchKommBGB/Wagenitz Rn 3; Gernhuber § 70 Rn 22; Oberloskamp/Klinkhardt § 6 Rn 2.
[5] Palandt/Diederichsen § 1697 Rn 2.
[6] FamRefK/Wax § 621 ZPO Rn 4.
[7] Für die Ergänzungspflegschaft hM, OLG Koblenz NJW 2006, 3649; OLG Bamberg FamRZ 2005, 1500; aA OLG Jena FamRZ 2004, 1389.
[8] BVerfGE 85, 80.

Mehrere Vormünder §1775

FGG-Reformgesetzes sieht künftig eine Zuständigkeit des Familiengerichts auch für Vormundschaftssachen vor.

4. Mängel bei der Anordnung der Vormundschaft. a) Fehlen der materiellen Voraussetzungen. Nach hM bleibt die wegen Fehlens der materiellen Voraussetzungen (§ 1773) zu Unrecht angeordnete Vormundschaft bis zu ihrer förmlichen Aufhebung grds **wirksam**[9], weil die gerichtliche Anordnung rechtsbegründende Wirkung hat. Diese Auffassung verdient aus Gründen der Rechtssicherheit und des Verkehrsschutzes den Vorzug; es gilt auch hier der Grundsatz, dass fehlerhafte gerichtliche Entscheidungen idR nicht nichtig, sondern nur anfechtbar sind[10]. Durch die fehlerhafte Anordnung wird die **Rechtsstellung des Mündels** selbst nicht berührt; es behält zB bei irrtümlicher Annahme der Minderjährigkeit seine Geschäfts- und Prozessfähigkeit[11]. Nur in Ausnahmefällen ist die Anordnung von vornherein **nichtig**, etwa bei Bestellung eines Geschäftsunfähigen zum Vormund (§ 1780), oder wenn das Kind vor der Anordnung verstorben ist[12]. 8

Die Überprüfung der Anordnung und ggf ihre Aufhebung obliegt ausschließlich dem VormG oder FamG bzw dem jeweiligen Beschwerdegericht; das Prozessgericht hat die fehlerhaft angeordnete Vormundschaft bis zu ihrer Aufhebung hinzunehmen[13], kann sein Verfahren jedoch aussetzen[14]. 9

b) Zuständigkeitsfehler. Die Verletzung der **örtlichen Zuständigkeit** beeinträchtigt die Wirksamkeit der Vormundschaftsanordnung nicht (§ 7 FGG), begründet aber die Anfechtbarkeit. Die **sachliche Unzuständigkeit** macht die Anordnung und jede einzelne vormundschaftsgerichtliche Maßnahme hingegen unwirksam[15]. Hat der Rechtspfleger unzulässig ein dem Richter vorbehaltenes Geschäft vorgenommen, führt das ebenfalls zur Unwirksamkeit, nicht aber im umgekehrten Fall. Keine Unwirksamkeit, wenn das VormG die Anordnung an Stelle des an sich zuständigen FamG getroffen hat und umgekehrt[16]. 10

§ 1775 Mehrere Vormünder

¹**Das Vormundschaftsgericht kann ein Ehepaar gemeinschaftlich zu Vormündern bestellen.** ²**Im Übrigen soll das Vormundschaftsgericht, sofern nicht besondere Gründe für die Bestellung mehrerer Vormünder vorliegen, für den Mündel und, wenn Geschwister zu bevormunden sind, für alle Mündel nur einen Vormund bestellen.**

I. Normzweck

Die Norm stellt die gesetzliche Bevorzugung des **Einzelvormundsprinzips,** auch für mehrere Geschwister, klar. Die Bestellung mehrerer Personen bedarf daher, soweit es sich nicht um die gemeinsame Bestellung von Ehegatten handelt (S 1), besonderer Gründe. § 1775 betrifft nicht die Bestellung eines Gegenvormunds gemäß § 1792¹. 1

II. Einzelerläuterung

Das VormG entscheidet nach pflichtgemäßem Ermessen, ob und ggf welche Form der Mitvormundschaft – gemeinschaftliche (§ 1797 Abs 1 S 1) oder einfache (§ 1797 Abs 2) – anzuordnen ist. Mitvormundschaft ist die **Ausnahme;** ihre Anordnung bedarf eines besonderen Grundes, zB schwierige Vermögensverwaltung², Glaubensverschiedenheit zwischen Vormund und Mündel³, Abgabe der Vormundschaft über eines von mehreren Geschwistern an ein anderes VormG⁴, dauernder Interessenwiderstreit zwischen mehreren Geschwistern, zB als Mitglieder einer Personengesellschaft⁵. **Keine Mitvormundschaft** zur Vorbereitung der Entlassung des bisherigen Vormunds⁶ oder bei vorübergehender tatsächlicher Verhinderung des bestellten Vormunds (dann Ergänzungspflegschaft)⁷. 2

An die Bestimmung mehrerer Mitvormünder durch die **Eltern** (§ 1776) ist das VormG nicht gebunden⁸, auch nicht an ihre Anordnung, es solle nur ein Vormund bestellt werden⁹*. 3

---

⁹ Palandt/Diederichsen Rn 3; Soergel/Zimmermann Rn 8; Oberloskamp/Klinkhardt § 6 Rn 7–9; aA MünchKommBGB/Wagenitz Rn 8 unter Hinweis auf den Rechtsgedanken des § 1882.
¹⁰ BGHZ 41, 303, 309 = NJW 1964, 1855, 1856; RGZ 84, 92, 95.
¹¹ Soergel/Zimmermann Rn 9.
¹² BGHZ 41, 23, 29 = NJW 1964, 1316, 1319.
¹³ BGHZ 33, 195, 201 = NJW 1961, 22, 24; aA MünchKommBGB/Wagenitz Rn 9.
¹⁴ BGHZ 41, 303, 309 = NJW 1964, 1855.
¹⁵ KG JFG 1, 48.
¹⁶ MünchKommBGB/Wagenitz Rn 11.
¹ MünchKommBGB/Wagenitz Rn 3.
² LG Berlin JW 1934, 1295.
³ BayObLG FamRZ 1966, 322, 326.
⁴ OLG Stuttgart JFG 9, 64; OLG Hamm ZblJugR 1955, 84.
⁵ MünchKommBGB/Wagenitz Rn 10.
⁶ BayObLG NJW 1970, 1687.
⁷ BayObLG Rpfleger 1976, 399.
⁸ BayObLGZ 21, 60, 63.
⁹* MünchkommBGB/Wagenitz Rn 5.

§ 1777　Buch 4. Abschnitt 3. Vormundschaft, rechtliche Betreuung, Pflegschaft

4　Keines besonderen Grundes bedarf die gemeinschaftliche Bestellung eines **Ehepaares** (S 1). Die Anwendung der Vorschrift bietet sich vor allem an, wenn der Mündel in den Haushalt der Eheleute aufgenommen wurde.

5　§ 1775 findet entsprechende Anwendung für die Bestellung mehrerer **Gegenvormünder oder Pfleger**.

§ 1776 Benennungsrecht der Eltern

(1) Als Vormund ist berufen, wer von den Eltern des Mündels als Vormund benannt ist.

(2) Haben der Vater und die Mutter verschiedene Personen benannt, so gilt die Benennung durch den zuletzt verstorbenen Elternteil.

I. Normzweck

1　Die Vorschrift ist Ausfluss der **elterlichen Sorge**; der von den Eltern wirksam Benannte kann daher nur unter den Voraussetzungen des § 1778 übergangen werden. § 1776 wird durch § 1782 Abs 1 S 1 ergänzt, der die sorgeberechtigten Eltern ermächtigt, bestimmte Personen von der Vormundschaft **auszuschließen**.

II. Einzelerläuterung

2　Die Benennung muss eine **sichere Ermittlung** der benannten Person zulassen; es ist auch zulässig, dass die Eltern die Auswahl des VormG auf einen bestimmten Personenkreis beschränken[1]. Möglich sind auch **Ersatzberufung, bedingte und befristete Benennung**[2]. Ein rechtsfähiger Verein kann als Vormund benannt werden (§ 1791 a Abs 1 S 2), nicht aber das Jugendamt (§ 1791 b Abs 1 S 2).

3　Für den Fall der Benennung **unterschiedlicher Vormünder** durch die Eltern stellt Abs 2 eine Sonderregelung zu § 1628 dar. Die Benennung durch den Letztversterbenden gilt auch, wenn sie **zeitlich früher** als die des anderen Elternteils getroffen wurde[3]. Die Benennung, auch eine gemeinsame der Eltern, ist jederzeit **widerruflich**[4].

4　§ 1776 findet auf den Gegenvormund (§ 1792 Abs 4) entsprechende Anwendung. Zur Pflegschaft vgl die Erläuterungen zu § 1915 Rn 5, § 1916.

§ 1777 Voraussetzungen des Benennungsrechts

(1) Die Eltern können einen Vormund nur benennen, wenn ihnen zur Zeit ihres Todes die Sorge für die Person und das Vermögen des Kindes zusteht.

(2) Der Vater kann für ein Kind, das erst nach seinem Tode geboren wird, einen Vormund benennen, wenn er dazu berechtigt sein würde, falls das Kind vor seinem Tode geboren wäre.

(3) Der Vormund wird durch letztwillige Verfügung benannt.

I. Normzweck

1　Die Norm regelt die **materiell-rechtlichen Voraussetzungen** des Benennungsrechts der Eltern (Abs 1, 2) und die **Form** seiner Ausübung (Abs 3).

II. Einzelerläuterung

2　**1. Materielle Voraussetzungen.** Das Benennungsrecht besteht nur, wenn dem Elternteil im **Zeitpunkt des Todes** – gemeinsam mit dem anderen oder allein – die **gesamte Personen- und Vermögenssorge** zusteht[1*]. Verlust nur in einzelnen Angelegenheiten, etwa des Aufenthaltsbestimmungsrechts, beeinträchtigt das Benennungsrecht nicht[2*]. Kein Benennungsrecht hat der Elternteil, dem die **gesetzliche Vertretungsbefugnis** entzogen ist, weil es sich hierbei nicht nur um einen Teilbereich, sondern um einen wesentlichen Bestandteil der elterlichen Sorge insgesamt handelt[3*]. Das Benennungsrecht setzt grds auch die **Personensorge** voraus; Ausnahme: minderjähriges verheiratetes Kind (§§ 1633, 1778 Abs 3).

3　Abs 2 belässt es bei der Wirksamkeit der Benennung, wenn der **Vater** vor der Geburt des Kindes verstirbt und er andernfalls die elterliche Sorge erworben hätte. Die Vorschrift ist auf den Ausnahmefall, dass die **Mutter** vor der Geburt stirbt, entspr anwendbar (allgM).

---

[1] MünchKommBGB/*Wagenitz* Rn 9.
[2] BayObLGZ 28, 270, 272.
[3] MünchKommBGB/*Wagenitz* Rn 6; *Soergel*/*Zimmermann* Rn 5.
[4] MünchKommBGB/*Wagenitz* Rn 6 mwN; aA OLG Hamm Rpfleger 1954, 99.
[1*] BayObLG Rpfleger 1993, 17.
[2*] MünchKommBGB/*Wagenitz* Rn 3; *Soergel*/*Zimmermann* Rn 5.
[3*] MünchKommBGB/*Wagenitz* Rn 6; *Soergel*/*Zimmermann* Rn 5; RGRK/*Dickescheid* Rn 4.

Übergehen des benannten Vormunds § 1778

2. Form. Die Benennung erfolgt durch **Testament** (§ 1937) oder **Erbvertrag** (§ 1941). Sie kann nicht einem Dritten übertragen werden, auch Stellvertretung ist ausgeschlossen (§§ 2064, 2274). Ob eine letztwillige Verfügung eine Benennung enthält und welchen Inhalt sie hat, ist durch **Auslegung** zu ermitteln[4]. 4

3. Entsprechende Anwendung. § 1777 ist entspr anwendbar auf das Recht zur **Vormundsausschließung** (§ 1782 Abs 2), den **Gegenvormund** (§ 1792 Abs 4), die **Befugnisabgrenzung von Mitvormündern** (§ 1797 Abs 3) und die Anordnung der **befreiten Vormundschaft** (§ 1856 Abs 1 S 1). 5

§ 1778 Übergehen des benannten Vormunds

(1) Wer nach § 1776 als Vormund berufen ist, darf ohne seine Zustimmung nur übergangen werden,
1. wenn er nach den §§ 1780 bis 1784 nicht zum Vormund bestellt werden kann oder soll,
2. wenn er an der Übernahme der Vormundschaft verhindert ist,
3. wenn er die Übernahme verzögert,
4. wenn seine Bestellung das Wohl des Mündels gefährden würde,
5. wenn der Mündel, der das 14. Lebensjahr vollendet hat, der Bestellung widerspricht, es sei denn, der Mündel ist geschäftsunfähig.

(2) Ist der Berufene nur vorübergehend verhindert, so hat ihn das Vormundschaftsgericht nach dem Wegfall des Hindernisses auf seinen Antrag anstelle des bisherigen Vormunds zum Vormund zu bestellen.

(3) Für einen minderjährigen Ehegatten darf der andere Ehegatte vor den nach § 1776 Berufenen zum Vormund bestellt werden.

(4) Neben dem Berufenen darf nur mit dessen Zustimmung ein Mitvormund bestellt werden.

I. Normzweck

§ 1778 stellt das **Verbot** auf, den berufenen Vormund zu **übergehen** und seine Position zu schmälern. Damit verschafft die Norm zugleich dem Willen der nach den §§ 1776, 1777 zur Benennung berechtigten Eltern Geltung. Im öffentlichen und im Interesse des Mündels regelt § 1778 schließlich diejenigen **Ausnahmefälle**, in denen das VormG an die Benennung der Eltern nicht (Abs 1) oder nur eingeschränkt (Abs 3) gebunden ist. 1

II. Einzelerläuterung

1. Verbot der Übergehung; Ausnahmen. Abs 1 verbindet das **grundsätzliche Verbot**, den nach §§ 1776, 1777 wirksam berufenen Vormund zu übergehen, mit einem – abschließenden – Katalog der Ausnahmefälle. Wird der Berufene danach zulässigerweise übergangen, sind zunächst ggf ersatzweise benannte Personen zu bestellen. Ansonsten hat das VormG den Vormund nach § 1779 auszuwählen. 2

a) **Zustimmung des Benannten.** Der Benannte ist zur Übernahme der Vormundschaft **nicht verpflichtet**; gibt er seine Zustimmung zur Übergehung, kann das VormG nach § 1779 einen anderen als Vormund bestellen. Die Zustimmung ist jederzeit **widerruflich**. Ob sie vorliegt, hat das Gericht von Amts wegen zu ermitteln (§ 12 FGG); im Ergebnis ist daher **Adressat** der Zustimmungserklärung entgegen der hM das **VormG**[1]. 3

b) **Abs 1 Nr 1.** Der Berufene darf **übergangen** werden, wenn er nach den §§ 1780 bis 1782, 1784 nicht bestellt werden kann oder soll. Entfallen die Hinderungsgründe, nachdem ein anderer Vormund bestellt wurde, wird letzterer **nicht entlassen**. Hingegen erfolgt, wenn aus anderen Gründen ohnehin ein neuer Vormund bestellt werden muss, erneut eine Prüfung der Hinderungsgründe; sind sie weggefallen, ist nunmehr der Berufene zu bestellen[2]. 4

c) **Abs 1 Nr 2.** Gemeint sind objektive Hinderungsgründe **tatsächlicher** Art, etwa Alter, Krankheit, Gebrechlichkeit, längerer Auslandsaufenthalt. Auch mangelnde Sachkunde für die Vermögensverwaltung oder berufliche Überlastung fallen unter Nr 2[3]. 5

d) **Abs 1 Nr 3.** Die Vorschrift setzt **kein Verschulden** voraus. Es reicht aus, wenn der Berufene das Amt nach Ablauf einer angemessenen Überlegungsfrist nicht übernimmt. 6

e) **Abs 1 Nr 4.** Gefährdung des Wohls des Mündels führt **zwingend** zur Übergehung des Berufenen. Die **Eingriffsschwelle** liegt niedriger als bei den §§ 1666, 1667; eine nur unerhebliche Gefähr- 7

---
[4] BayObLGZ 1961, 189 = NJW 1961, 1865.
[1] MünchKommBGB/*Wagenitz* Rn 4; aA *Soergel/Zimmermann* Rn 2; RGRK/*Dickescheid* Rn 1; *Staudinger/Engler* Rn 10.
[2] MünchKommBGB/*Wagenitz* Rn 7, 8.
[3] *Soergel/Zimmermann* Rn 2; aA MünchKommBGB/*Wagenitz* Rn 10.

§ 1779　　　Buch 4. Abschnitt 3. Vormundschaft, rechtliche Betreuung, Pflegschaft

dung des persönlichen Wohls oder der Vermögensinteressen reicht aber nicht aus[4]. Die Gefährdung muss **nicht auf Verschulden** des Berufenen beruhen[5]. **Einzelfälle:** tiefgehende Entfremdung zwischen Berufenem und Mündel[6], Unvermögen des Berufenen wegen Alters oder Gebrechlichkeit, schwer zu verkraftender Milieuwechsel für das Mündel[7].

8　　f) **Abs 1 Nr 5.** Das **förmliche Widerspruchsrecht** steht dem Mündel mit der Vollendung des 14. Lebensjahres zu, nicht jedoch bei Geschäftsunfähigkeit.

9　　2. **Vorübergehende Verhinderung (Abs 2).** Die Vorschrift findet nur bei **tatsächlicher,** nicht bei rechtlicher Verhinderung Anwendung. Sie ist entspr anwendbar bei Berufung unter einer Bedingung oder Zeitbestimmung[8].

10　　3. **Minderjährige Ehegatten.** Das VormG darf den Ehegatten des Minderjährigen dem Berufenen vorziehen; der Ehegatte wird dadurch aber nicht selbst zum berufenen Vormund[9]. Er hat daher anders als der Berufene keinen Anspruch auf Bestellung und kein Beschwerderecht im eigenen Namen, sondern nur nach § 57 Nr 9 FGG im Interesse des Mündels[10].

11　　4. **Mitvormund.** Seine Bestellung ist an die **Zustimmung** des Berufenen gebunden, es sei denn, es sind von vornherein mehrere als Mitvormünder nach § 1776 berufen (allgM). Der Berufene hat bei Bestellung eines Mitvormunds ohne seine Zustimmung einen **Entlassungsanspruch** nach den §§ 1889 Abs 1, 1786 Abs 1 Nr 7. Zur Bestellung eines Gegenvormunds ist die Zustimmung nicht erforderlich.

III. Verfahren

12　　Dem Berufenen ist, soweit seine Übergehung erwogen wird, hierzu **rechtliches Gehör** zu gewähren; eine Entscheidung ist ihm zuzustellen (§ 16 Abs 2 FGG). Gegen seine Übergehung, auch gegen die Bestellung eines Mitvormunds ohne seine Zustimmung, hat der Berufene das Recht zur **sofortigen Beschwerde** im eigenen Namen (§§ 22, 60 Abs 1 Nr 1 FGG). **Fristbeginn** abweichend von § 22 Abs 1 S 2 FGG mit Kenntnis von der Übergehung (§ 60 Abs 2 FGG). Im Falle von Abs 1 Nr 5 ist der Mündel gemäß § 50b Abs 4, 2 S 1 FGG stets – auch im Erstbeschwerdeverfahren – **anzuhören.** Bei Nichtbeachtung seines Widerspruchs eigenes Beschwerderecht gemäß §§ 20, 59 Abs 1, 3 S 1 FGG.

§ 1779 Auswahl durch das Vormundschaftsgericht

(1) Ist die Vormundschaft nicht einem nach § 1776 Berufenen zu übertragen, so hat das Vormundschaftsgericht nach Anhörung des Jugendamts den Vormund auszuwählen.

(2) ¹Das Vormundschaftsgericht soll eine Person auswählen, die nach ihren persönlichen Verhältnissen und ihrer Vermögenslage sowie nach den sonstigen Umständen zur Führung der Vormundschaft geeignet ist. ²Bei der Auswahl unter mehreren geeigneten Personen sind der mutmaßliche Wille der Eltern, die persönlichen Bindungen des Mündels, die Verwandtschaft oder Schwägerschaft mit dem Mündel sowie das religiöse Bekenntnis des Mündels zu berücksichtigen.

(3) ¹Das Vormundschaftsgericht soll bei der Auswahl des Vormunds Verwandte oder Verschwägerte des Mündels hören, wenn dies ohne erhebliche Verzögerung und ohne unverhältnismäßige Kosten geschehen kann. ²Die Verwandten und Verschwägerten können von dem Mündel Ersatz ihrer Auslagen verlangen; der Betrag der Auslagen wird von dem Vormundschaftsgericht festgesetzt.

I. Normzweck

1　　Die Vorschrift regelt die **Auswahl** des Vormunds, wenn eine Bestellung nach § 1776 nicht erfolgte oder der Berufene wirksam übergangen wurde. Für den Ausgewählten begründet die Entscheidung die öffentlich-rechtliche **Pflicht** zur Übernahme der Vormundschaft (vgl aber §§ 1780 bis 1782, 1784, 1786). Abs 1 und 3 enthalten außerdem Verfahrensregelungen.

II. Einzelerläuterung

2　　Die Auswahl des Vormunds erfolgt in **zwei Stufen.** Zunächst hat das VormG zu ermitteln, welche Personen für das Amt **geeignet** sind, sodann ist unter diesem Personenkreis nach dem durch Abs 2 S 2 gebundenen Ermessen eine Person **auszuwählen**[1].

---

[4] BayObLGZ 1957, 315, 317; MünchKommBGB/*Wagenitz* Rn 13; *Staudinger/Engler* Rn 20; aA BayObLGZ 19, 166, 169; *Soergel/Zimmermann* Rn 4.
[5] KG OLGE 42, 111.
[6] KG OLGE 42, 111.
[7] KG OLGE 18, 289.
[8] MünchKommBGB/*Wagenitz* Rn 11, 16.
[9] BayObLGZ 15, 549.
[10] BayObLG BayObLGZ 15, 549.
[1] *Soergel/Zimmermann* Rn 4.

Unfähigkeit zur Vormundschaft § 1780

1. Eignungsprüfung. Sie bezieht sich auf die **persönlichen Lebensumstände,** zB starke berufliche oder familiäre Belastung, Vermögenslage und ähnliche Umstände. So ist **ungeeignet,** wer wegen Kindesmisshandlung vorbestraft ist[2]. **Zweifel** an der Eignung können sich aus Umständen wie krimineller Vergangenheit, sittenwidrigen oder ungeregelten Erwerbsverhältnissen, Überschuldung, Vermögensverfall, drohenden Interessenkonflikten, geringer Lebenserfahrung, zu hohem Alter oder Krankheit ergeben[3].

2. Auswahlentscheidung. Vorrangige Kriterien für die Auswahl sind der **mutmaßliche Wille** der Eltern und die **persönlichen Bindungen** des Mündels. Danach soll ein familienfremder Freund auch dann bestellt werden können, wenn Verwandte, die dem Mündel persönlich ferner stehen, zur Übernahme der Vormundschaft bereit sind[4]. Dem steht jedoch entgegen, dass die bevorzugte Berücksichtigung von Familienangehörigen bei der Auswahl von Vormündern und Pflegern **verfassungsrechtlich** geboten ist, sofern keine Interessenkollision besteht oder aus anderen Gründen die Bestellung eines Dritten zwingend ist[5]. Das VormG hat daher zunächst die Familienangehörigen – auch die des Vaters bei einem außerhalb der Ehe geborenen Kind[6] – zu ermitteln[7]. Unter diesen wählt es den Vormund unter erstrangiger Berücksichtigung des mutmaßlichen Willens der Eltern und der persönlichen Bindungen zum Mündel aus, ohne dabei an eine Rangfolge nach dem Verwandtschaftsgrad gebunden zu sein[8]. Außerhalb von § 1776 besteht **kein Anspruch** auf Bestellung zum Vormund[9]. Bei der Auswahlentscheidung ist das **religiöse Bekenntnis** zu berücksichtigen, wobei den anderen Kriterien idR größeres Gewicht zukommt[10]. Sofern nicht andere Gründe entgegenstehen, wird das VormG einen bekenntnisgleichen Vormund auswählen[11]. Bei Auswahl eines bekenntnisungleichen Vormunds kann ein Pfleger zur Wahrnehmung der religiösen Interessen des Mündels bestellt werden (§ 1801).

Die Vorschrift ist bei der Auswahl des Gegenvormunds entspr anwendbar (§ 1792 Abs 4).

III. Verfahren

Anhörungspflichten bestehen nach Abs 1 für das Jugendamt, nach Abs 3 für Verwandte und Verschwägerte des Mündels, die Eltern (§ 50 a Abs 1 bis 4 FGG), die Pflegeeltern (§ 50 c FGG) und den Mündel selbst (§ 50 b Abs 1 bis 4 FGG). Den Verwandten und Verschwägerten steht gegen den Mündel ein privatrechtlicher Anspruch auf Ersatz der **Auslagen** zu; deren Höhe setzt das VormG auf Antrag fest.

Gegen die Auswahlentscheidung sind über § 20 Abs 1 FGG hinaus alle beschwerdeberechtigt, die ein **berechtigtes Interesse** haben (§ 57 Abs 1 Nr 9 FGG). Das sind zB: der Ehegatte des Mündels[12], die Eltern, auch wenn die Personensorge ruht[13], nicht aber bei Entzug[14], die Verwandten und Verschwägerten[15], die Pflegeeltern[16], das Jugendamt[17]. Den Verwandten und Verschwägerten steht das Beschwerderecht, weil sie keinen Anspruch auf Bestellung haben (Rn 4), nur im Interesse des Mündels, nicht aus eigenem Recht zu[18]. Zu den Rechtsmitteln und zum Instanzenzug bei **Auswahlentscheidungen des FamG** vgl § 1774 Rn 7.

§ 1780 Unfähigkeit zur Vormundschaft

Zum Vormund kann nicht bestellt werden, wer geschäftsunfähig ist.

I. Normzweck

Die Norm regelt die **Unfähigkeit,** das Vormundsamt zu übernehmen.

II. Einzelerläuterung

Zur Amtsunfähigkeit führt nur die **Geschäftsunfähigkeit** iS des § 104 Nr 2, nicht die beschränkte Geschäftsfähigkeit gemäß § 106 oder eine nur vorübergehende Störung der Geistestätigkeit

---

[2] BayObLGZ 20, 358.
[3] MünchKommBGB/*Wagenitz* Rn 5.
[4] BR-Drucks 960/96 S 21.
[5] BVerfGE 33, 236, 238 f.
[6] *Palandt/Diederichsen* Rn 10.
[7] BayObLG FamRZ 1974, 219, 220 f.
[8] BayObLGZ 1965, 50; BayObLG FamRZ 1984, 1151, 1153.
[9] RGZ 64, 288.
[10] *Palandt/Diederichsen* Rn 10.
[11] BayObLGZ 1966, 29, 35.
[12] OLG Celle NJW 1965, 1718.
[13] BayObLG NJW 1965, 917.
[14] BGH NJW 1956, 1755; OLG Braunschweig JFG 4, 39; aA BayObLG NJW 1965, 917; OLG Hamm MDR 1950, 54.
[15] BayObLG FamRZ 1984, 205, 206; aA OLG Naumburg OLGR 2005, 586.
[16] KG KGJ 44, 320.
[17] BayObLG DAVorm 1975, 540, 542 f.
[18] RGZ 64, 288; BayObLG Rpfleger 1975, 91, 92; KG FamRZ 1981, 1010; *Soergel/Zimmermann* Rn 15, 16; diff MünchKommBGB/*Wagenitz* Rn 25.

§ 1782 Buch 4. Abschnitt 3. Vormundschaft, rechtliche Betreuung, Pflegschaft

(§ 105)[1]. Eine Vormundsbestellung entgegen § 1780 ist unheilbar **nichtig**[2]; für daraus resultierende Schäden tritt **Amtshaftung** gemäß § 839 iVm Art 34 GG ein. Wird der Vormund erst nach Bestellung geschäftsunfähig, ist er in entsprechender Anwendung von § 1886 zu **entlassen**[3].

3 Die Vorschrift ist auf den Gegenvormund (§ 1792 Abs 4) und die Pflegschaft (§ 1915 Abs 1) entspr anwendbar.

§ 1781 Untauglichkeit zur Vormundschaft

Zum Vormund soll nicht bestellt werden:
1. wer minderjährig ist,
2. derjenige, für den ein Betreuer bestellt ist.

I. Normzweck

1 Anders als § 1780 enthält § 1781 keine Unfähigkeits-, sondern nur **Untauglichkeitsgründe**.

II. Einzelerläuterung

2 Der Minderjährige ist nach Nr 1 zum Vormund untauglich; ist er geschäftsunfähig (§ 104), hat § 1780 Vorrang. Die Bestellung eines **Betreuers** schließt gemäß Nr 2 die Tauglichkeit des hiervon Betroffenen zum Vormund unabhängig davon aus, für welchen **Wirkungskreis** der Betreuer bestellt ist[1*].

3 Die unter Verstoß gegen § 1781 vorgenommene Bestellung ist **wirksam**. Der Vormund kann, auch wenn die Untauglichkeitsgründe erst nach Bestellung eintreten, gemäß § 1886 **entlassen** werden. Bis dahin hat er alle Rechte und Pflichten des Amtes[2*].

4 Die Vorschrift ist auf den Gegenvormund (§ 1792 Abs 4) und die Pflegschaft (§ 1915 Abs 1) entspr anwendbar.

§ 1782 Ausschluss durch die Eltern

(1) ¹Zum Vormund soll nicht bestellt werden, wer durch Anordnung der Eltern des Mündels von der Vormundschaft ausgeschlossen ist. ²Haben die Eltern einander widersprechende Anordnungen getroffen, so gilt die Anordnung des zuletzt verstorbenen Elternteils.
(2) Auf die Ausschließung ist die Vorschrift des § 1777 anzuwenden.

I. Normzweck

1 Das **Ausschließungsrecht** der Eltern dient denselben Zwecken und unterliegt denselben materiellen und formellen Voraussetzungen wie ihr positives Benennungsrecht nach § 1776, vgl § 1776 Rn 1.

II. Einzelerläuterung

2 Es gelten die Erläuterungen zu §§ 1776 Rn 2–4, 1777 Rn 2–4. Der Ausschluss muss sich zumindest auf einen durch **Auslegung** ermittelbaren Personenkreis beziehen, ohne dass es zwingend der **namentlichen** Benennung bedarf[1**]. Zulässig ist daher der Ausschluss bestimmter **Personenklassen**, zB „aller Verwandten des …"[2**]. Ein bestimmter **Verein** kann ausgeschlossen werden, nicht aber das Jugendamt (§ 1791 b Abs 1 S 2).

3 Das VormG darf den wirksam Ausgeschlossenen nicht nach § 1779 auswählen, es sei denn, der Ausschluss ist mit dem Mündelinteresse **unvereinbar**[3*]. Zulässig ist die **Kombination** von Ausschließung und Benennung[4].

4 Die Vorschrift ist auf den Gegenvormund (§ 1792 Abs 4) und auf Pflegschaften gemäß § 1912 entspr anwendbar, nicht aber auf Pflegschaften nach den §§ 1909 (vgl § 1916 Rn 1), 1911, 1913, 1914.

III. Verfahren

5 Eine unter Verletzung von § 1782 vorgenommene Bestellung ist **wirksam**, kann aber mit einfacher Beschwerde im Interesse des Mündels (§ 57 Abs 1 Nr 9 FGG) angefochten werden. Bei deren Erfolg

---

[1] MünchKommBGB/*Wagenitz* Rn 2, 3.
[2] AllgM, RGSt 45, 309, 311.
[3] BayObLG NJW 1961, 1865.
[1*] MünchKommBGB/*Wagenitz* Rn 4.
[2*] MünchKommBGB/*Wagenitz* Rn 6.
[1**] BayObLGZ 1961, 189, 192 = NJW 1961, 1865.
[2**] MünchKommBGB/*Wagenitz* Rn 3; *Staudinger/Engler* Rn 8; aA *Soergel/Zimmermann* Rn 2.
[3*] BayObLGZ 1961, 189, 192 = NJW 1961, 1865; RGRK/*Dickescheid* Rn 5; *Soergel/Zimmermann* Rn 2; *Palandt/Diederichsen* Rn 1; aA MünchKommBGB/*Wagenitz* Rn 8.
[4] MünchKommBGB/*Wagenitz* Rn 6.

Übernahmepflicht **§ 1785**

Entlassung des Vormunds ohne Bindung an die Voraussetzungen des § 1886[5]. Macht der bestellte Vormund geltend, wirksam ausgeschlossen zu sein, steht ihm **sofortige Beschwerde** aus eigenem Recht zu § 1885 Rn 6.

§ 1783 *(weggefallen)*

§ 1784 Beamter oder Religionsdiener als Vormund

(1) Ein Beamter oder Religionsdiener, der nach den Landesgesetzen einer besonderen Erlaubnis zur Übernahme einer Vormundschaft bedarf, soll nicht ohne die vorgeschriebene Erlaubnis zum Vormund bestellt werden.

(2) Diese Erlaubnis darf nur versagt werden, wenn ein wichtiger dienstlicher Grund vorliegt.

I. Normzweck

Die Norm soll verhindern, dass durch die Übernahme der Vormundschaft **dienstliche Interessen** 1
bzw solche der betreffenden Religionsgemeinschaft beeinträchtigt werden.

II. Einzelerläuterung

§ 1784 gilt für **Landesbeamte, Richter im Landesdienst, die Beamten der Gemeinden,** 2
Gemeindeverbände sowie der Stiftungen, Anstalten und Körperschaften des öffentlichen Rechts. Die Vorschrift findet entsprechende Anwendung auf **Bundesbeamte, Richter im Bundesdienst und Soldaten** (allgM). Sie gilt nicht für Arbeiter und Angestellte[1].

Religionsdiener sind die Geistlichen der **öffentlich-rechtlichen Religionsgemeinschaften** 3
(Art 140 GG, Art 137 Abs 5 WRV); darunter fallen auch Ordensleute, nicht aber Pastoralassistenten oder Gemeindehelfer[2]. Genehmigungsvorbehalte sind im autonomen kirchlichen Recht geregelt.

Abs 2 gilt nicht für Religionsdiener; für Beamte ist die Frage, was ein wichtiger dienstlicher Grund 4
ist, nach dem **Nebentätigkeitsrecht** zu beurteilen[3].

Ohne die Erlaubnis ist der Beamte/Religionsdiener als Vormund **untauglich**; bei Berufung durch 5
die Eltern kann er **übergangen** werden (§ 1778 Abs 1 Nr 1). Das Ablehnungsrecht aus § 1885 entsteht erst, wenn die Erlaubnis versagt wird[4]. Die trotz fehlender oder versagter Erlaubnis vorgenommene Bestellung ist **wirksam** (allgM); der Vormund muss jedoch nach § 1888 von Amts wegen **entlassen** werden.

§ 1784 ist auf den Gegenvormund (§ 1792 Abs 4) und die Pflegschaft (§ 1915 Abs 1) entspr 6
anzuwenden.

§ 1785 Übernahmepflicht

Jeder Deutsche hat die Vormundschaft, für die er von dem Vormundschaftsgericht ausgewählt wird, zu übernehmen, sofern nicht seiner Bestellung zum Vormund einer der in den §§ 1780 bis 1784 bestimmten Gründe entgegensteht.

I. Normzweck

§ 1785 begründet für jeden Deutschen die **öffentlich-rechtliche Pflicht** zur Übernahme der 1
Vormundschaft, wenn er gemäß § 1779 ausgewählt wird. Die Norm fördert die Übernahme von Vormundschaften durch **Einzelpersonen**.

II. Einzelerläuterung

Zur Übernahme verpflichtet sind nur **Deutsche** iS des Art 116 GG, auch Mehrstaatler mit deutscher 2
Staatsangehörigkeit. Ohne Belang ist die Staatsangehörigkeit des Mündels. Der Verlust der Staatsangehörigkeit nach der Bestellung ist kein Entlassungsgrund[1*].

Die Übernahmeverpflichtung beginnt mit der Auswahlentscheidung des VormG nach § 1779. Der 3
Ausgewählte kann die Übernahme der Vormundschaft nicht mit der Begründung verweigern, er sei als Vormund nicht geeignet[2*]. **Sanktionen** für die Nichtübernahme: §§ 1787, 1788.

---

[5] BayObLGZ 1961, 189, 192 = NJW 1961, 1865.
[1] *Staudinger/Engler* Rn 3; aA *MünchKommBGB/Wagenitz* Rn 2; *Soergel/Zimmermann* Rn 2.
[2] *MünchKommBGB/Wagenitz* Rn 4.
[3] BVerwG NJW 1996, 139.
[4] *MünchKommBGB/Wagenitz* Rn 8; *Soergel/Zimmermann* Rn 1; aA *Palandt/Diederichsen* Rn 1: gar kein Ablehnungsrecht des Beamten.
[1*] KG KGJ 37, 63; *MünchKommBGB/Wagenitz* Rn 2; *Soergel/Zimmermann* Rn 2.
[2*] AllgM, zB BayObLGZ 1968, 251, 255 = NJW 1969, 431, 432.

§ 1786   Buch 4. Abschnitt 3. Vormundschaft, rechtliche Betreuung, Pflegschaft

4   Keine Übernahmepflicht trifft **Ausländer und Staatenlose** sowie die zur **Vormundschaft Unfähigen** (§ 1780) und **Untauglichen** (§§ 1781 bis 1784), den vom VormG ausgewählten **Verein** (§ 1791 a Abs 1 S 2) sowie die nach § 1786 Abs 1 **Ablehnungsberechtigten**. Ein besonderes Ablehnungsrecht haben **Soldaten** (§ 21 SoldG).

5   § 1785 gilt für den Gegenvormund (§ 1792 Abs 4) und den Pfleger (§ 1915 Abs 1) entsprechend.

III. Verfahren

6   Der Ausgewählte, dessen Weigerung zur Übernahme der Vormundschaft das VormG zurückweist, hat dagegen **sofortige Beschwerde** (§§ 11 Abs 1 RPflG, 20 Abs 1, 60 Abs 1 Nr 2 FGG), auch, wenn er Untauglichkeit iS der §§ 1782, 1784 geltend macht[3]. Die aus eigenem Recht eingelegte Beschwerde kann nicht auf die Verletzung von § 1779 Abs 2 gestützt werden[4]. Trotz eingelegter Beschwerde gilt die **vorläufige Übernahmepflicht** bei entsprechender Anordnung des VormG (§ 1787 Abs 2).

§ 1786 Ablehnungsrecht

(1) Die Übernahme der Vormundschaft kann ablehnen:
1. ein Elternteil, welcher zwei oder mehr noch nicht schulpflichtige Kinder überwiegend betreut oder glaubhaft macht, dass die ihm obliegende Fürsorge für die Familie die Ausübung des Amts dauernd besonders erschwert,
2. wer das 60. Lebensjahr vollendet hat,
3. wem die Sorge für die Person oder das Vermögen von mehr als drei minderjährigen Kindern zusteht,
4. wer durch Krankheit oder durch Gebrechen verhindert ist, die Vormundschaft ordnungsmäßig zu führen,
5. wer wegen Entfernung seines Wohnsitzes von dem Sitz des Vormundschaftsgerichts die Vormundschaft nicht ohne besondere Belästigung führen kann,
6. *(weggefallen)*
7. wer mit einem anderen zur gemeinschaftlichen Führung der Vormundschaft bestellt werden soll,
8. wer mehr als eine Vormundschaft, Betreuung oder Pflegschaft führt; die Vormundschaft oder Pflegschaft über mehrere Geschwister gilt nur als eine; die Führung von zwei Gegenvormundschaften steht der Führung einer Vormundschaft gleich.

(2) Das Ablehnungsrecht erlischt, wenn es nicht vor der Bestellung bei dem Vormundschaftsgericht geltend gemacht wird.

I. Normzweck

1   Die Vorschrift enthält einen Katalog von **Ablehnungsgründen** für den nach § 1779 Ausgewählten. Sie stellt sicher, dass dem Ausgewählten gegen seinen Willen keine unzumutbaren Belastungen auferlegt werden und schützt damit zugleich das Interesse des Mündels an einer ordnungsgemäßen Führung der Vormundschaft.

II. Einzelerläuterung

2   **1. Ablehnungsgründe. a) Abs 1 Nr 1 (familiäre Belastungen).** Das Ablehnungsrecht nach **HS 1** hat, wer **mehr als zwei** noch nicht schulpflichtige Kinder überwiegend betreut. Neben dem Alleinerziehenden ist das auch der Elternteil, der nach der familiären Arbeitsteilung die tägliche Kinderbetreuung überwiegend übernommen hat. Das Ablehnungsrecht setzt nicht die elterliche Sorge voraus; die Kinderbetreuung darf aber nicht widerrechtlich erfolgen[1]. Das Ablehnungsrecht steht auch Adoptiv- und Pflegeeltern zu.

3   **HS 2** bezieht sich entgegen dem Wortlaut nicht nur auf aus der Kinderbetreuung resultierende Erschwernisse für die Eltern; das Ablehnungsrecht nach dieser Vorschrift hat zB auch, wer **ältere Familienangehörige** intensiv betreut[2]. Es muss sich um besondere Erschwernisse handeln, zB behinderte Kinder, besonders großer Haushalt, schwierige und zeitraubende Verwaltung des Familienvermögens.

4   **b) Abs 1 Nr 2 (Alter).** Maßgebend für die Altersgrenze ist der **Zeitpunkt der Bestellung**; ein Alter von nahezu 60 Jahren genügt nicht[3*].

5   **c) Abs 1 Nr 3 (Sorge für mehr als drei Kinder).** Das Ablehnungsrecht hat, wem die Personen- oder Vermögenssorge für mindestens **vier Kinder** zusteht. Es kommt nicht darauf an, wer die Kinder

---
[3] HM, zB MünchKommBGB/*Wagenitz* Rn 11 mwN.
[4] KG MDR 1967, 592.
[1] MünchKommBGB/*Wagenitz* Rn 3.
[2] MünchKommBGB/*Wagenitz* Rn 4.
[3*] *Soergel/Zimmermann* Rn 6.

Folgen der unbegründeten Ablehnung § 1787

tatsächlich betreut; ablehnungsberechtigt ist auch, wer die Sorge gemeinsam mit dem anderen Elternteil innehat[4].

d) Abs 1 Nr 4 (Krankheit/Gebrechen). Der Ablehnungsgrund liegt vor, wenn es sich um eine **dauernde Schwächung** der körperlichen und geistigen Kräfte handelt und das die Vormundschaft erheblich erschwert. 6

e) Abs 1 Nr 5 (räumliche Entfernung). Es kommt darauf an, ob die Vormundschaft einen besonderen Aufwand erfordert und für den Vormund eine über das normale Maß hinausgehende **Belästigung** darstellt, etwa durch häufige Besuche des VormG. Maßgebend ist nicht die reine Entfernung, sondern vor allem die **Verkehrsverbindung**[5]. 7

f) Abs 1 Nr 6. (aufgehoben). 7a

g) Abs 1 Nr 7 (Mitvormundschaft). Das Ablehnungsrecht besteht nur bei **gemeinschaftlicher Vormundschaft** nach § 1797 Abs 1 S 1, weil nur in diesem Fall die gesamtschuldnerische Haftung für Pflichtverletzungen des anderen gemäß § 1833 Abs 2 S 1 droht[6]. 8

h) Abs 1 Nr 8 (mehr als eine Vormundschaft, Betreuung oder Pflegschaft). Es kommt allein auf die **Führung** mehr als einer Vormundschaft, Betreuung oder Pflegschaft an; der Umfang der Tätigkeit ist unerheblich. Die Gegenbetreuung zählt wie eine Gegenvormundschaft. 9

2. Erlöschen des Ablehnungsrechts. Nach Abs 2 muss das Ablehnungsrecht **vor der Bestellung** (§ 1789) geltend gemacht werden; das setzt die vorherige Gewährung rechtlichen Gehörs voraus. Ein Verzicht auf die Ablehnung vor der Bestellung ist frei widerruflich. Nach der Bestellung kann der Vormund sein Einverständnis zur Übernahme **nicht anfechten**[7]. 10

3. Entsprechende Anwendung. Die Vorschrift ist auf den Gegenvormund (§ 1792 Abs 4) und die Pflegschaft (§ 1915 Abs 1) entspr anwendbar. 11

III. Verfahren

Zum Verfahren vgl § 1785 Rn 6. 12

§ 1787 Folgen der unbegründeten Ablehnung

(1) Wer die Übernahme der Vormundschaft ohne Grund ablehnt, ist, wenn ihm ein Verschulden zur Last fällt, für den Schaden verantwortlich, der dem Mündel dadurch entsteht, dass sich die Bestellung des Vormunds verzögert.

(2) Erklärt das Vormundschaftsgericht die Ablehnung für unbegründet, so hat der Ablehnende, unbeschadet der ihm zustehenden Rechtsmittel, die Vormundschaft auf Erfordern des Vormundschaftsgerichts vorläufig zu übernehmen.

I. Normzweck

Die Norm bezweckt den **Schutz** des Mündels im Falle der unberechtigten Verweigerung der Übernahme der Vormundschaft und billigt ihm einen **privatrechtlichen Schadensersatzanspruch** zu. 1

Abs 2 regelt die **vorläufige Anordnung** bis zur Entscheidung über ein eingelegtes Rechtsmittel bzw bis zum Ablauf der Rechtsmittelfrist. 2

II. Einzelerläuterung

Die Schadensersatzpflicht trifft den vom VormG Ausgewählten, wenn er seiner Übernahmepflicht (§ 1785) **nicht oder nur verzögert** nachkommt, ohne dass ein Ablehnungsgrund besteht. Der Anspruch umfasst den durch die verzögerte Bestellung entstandenen Schaden einschließlich der durch die Weigerung entstandenen Kosten, nicht aber den durch die ersatzweise Bestellung eines ungeeigneten Vormunds verursachten Schaden[1]. Unterlässt das Gericht Maßnahmen nach den §§ 1846, 1909 Abs 3, schließt das den Anspruch nicht aus. 3

Der Schadensersatzanspruch **verjährt** auch nach Inkrafttreten der Schuldrechtsreform in **30 Jahren**, weil ein familienrechtlicher Anspruch iS von § 197 Abs 1 Nr 2 vorliegt[2]. Die **Beweislast** für Verschulden, Schaden und Kausalität liegt beim Mündel; ob eine Verpflichtung zur Übernahme der Vormundschaft bestanden hat, entscheidet das **Prozessgericht** ohne Bindung an die Entscheidung des VormG[3]. 4

---

[4] MünchKommBGB/*Wagenitz* Rn 7.
[5] BayObLGZ 6, 168.
[6] MünchKommBGB/*Wagenitz* Rn 10.
[7] RG RJA 14, 8.
[1] Soergel/*Zimmermann* Rn 3.
[2] Ermann/*Holzhauer* Rn 2; aA Staudinger/*Engler* Rn 7, 1.
[3] HM, *Palandt*/*Diederichsen* Rn 1; MünchKommBGB/*Wagenitz* Rn 9; Staudinger/*Engler* Rn 8; Soergel/*Zimmermann* Rn 5.

§ 1789   Buch 4. Abschnitt 3. Vormundschaft, rechtliche Betreuung, Pflegschaft

5   Nach Abs 2 hat der Ausgewählte, auch wenn er sofortige Beschwerde eingelegt hat (vgl § 1785 Rn 5) auf entsprechende Anordnung des VormG die Vormundschaft **vorläufig** zu übernehmen. Hiergegen besteht **kein Ablehnungsrecht**; bei Weigerung Schadensersatzanspruch nach Abs 1.
6   § 1787 ist auf den Gegenvormund (§ 1792 Abs 4) und den Pfleger (§ 1915 Abs 1) entspr anwendbar.

§ 1788 Zwangsgeld

(1) Das Vormundschaftsgericht kann den zum Vormund Ausgewählten durch Festsetzung von Zwangsgeld zur Übernahme der Vormundschaft anhalten.

(2) ¹Die Zwangsgelder dürfen nur in Zwischenräumen von mindestens einer Woche festgesetzt werden. ²Mehr als drei Zwangsgelder dürfen nicht festgesetzt werden.

I. Normzweck

1   Die Vorschrift gibt dem VormG ein **Beugemittel** zur Durchsetzung der Verpflichtung aus § 1785.

II. Einzelerläuterung

2   Voraussetzung für die Festsetzung ist **schuldhaftes** Zuwiderhandeln oder Unterlassen[1]. Der Rahmen für jedes einzelne Zwangsgeld – mehr als drei dürfen nach Abs 2 nicht festgesetzt werden – liegt zwischen **5 und 25000 Euro** (Art 6 Abs 1 EGStGB, § 33 Abs 3 S 2 FGG). Weder eine Umwandlung in eine **Freiheitsstrafe** noch eine zwangsweise **Vorführung** sind zulässig[2].

III. Verfahren

3   Das Verfahren richtet sich nach § 33 FGG; vor Festsetzung ist jedes einzelne Zwangsgeld **anzudrohen** (§ 33 Abs 3 S 1 FGG). Gegen Androhung und Festsetzung Beschwerde, letztere mit **aufschiebender Wirkung** (§§ 19, 20, 24 Abs 1 S 1 FGG). Die Beitreibung des Zwangsgeldes und der Verfahrenskosten (§§ 33 Abs 1 S 3 FGG, 119 Abs 5 S 2 KostO) erfolgt nach der Justizbeitreibungsordnung.

§ 1789 Bestellung durch das Vormundschaftsgericht

¹Der Vormund wird von dem Vormundschaftsgericht durch Verpflichtung zu treuer und gewissenhafter Führung der Vormundschaft bestellt. ²Die Verpflichtung soll mittels Handschlags an Eides statt erfolgen.

I. Normzweck

1   Die Bestellung ist ein mitwirkungsbedürftiger öffentlichrechtlicher **Hoheitsakt** des VormG, der das Entstehen der mit dem Vormundsamt verbundenen Rechte und Pflichten bewirkt[1*].

II. Einzelerläuterung

2   Das VormG hat die Bestellung **förmlich** vorzunehmen; schlüssiges Verhalten reicht nicht aus[2*]. Der Vormund muss bei der Bestellung **persönlich anwesend** sein; Stellvertretung und schriftliche Bestellung (Ausnahmen: §§ 1791 a, 1791 b) sind ebenso unzulässig wie eine bedingte oder befristete Bestellung[3]. Wegen der konstitutiven Wirkung des Bestellungsaktes und im Hinblick auf das Erlöschen des Ablehnungsrechts (§ 1786 Abs 2) ist es nicht zulässig, den Vormund nicht nur für die konkrete Vormundschaft, sondern zugleich für künftige Fälle zu bestellen[4].
3   Die Vornahme der Bestellung ist nicht an bestimmte Förmlichkeiten oder einen vorgeschriebenen Wortlaut gebunden. Maßgeblich sind der tatsächliche **Verpflichtungsakt** des VormG und das **Versprechen** des Vormunds, die Vormundschaft treu und gewissenhaft zu führen. Mit der Bestellung tritt der Vormund sein Amt an; die Aushändigung der Bestellungsurkunde (§ 1791) hat lediglich deklaratorischen Charakter.
4   Abs 2 ist eine bloße **Ordnungsvorschrift,** deren Nichtbeachtung die Wirksamkeit der Bestellung nicht berührt.
5   § 1789 findet entsprechende Anwendung auf die Bestellung des Gegenvormunds (§ 1792 Abs 4) und des Pflegers (§ 1915 Abs 1).

---

[1] KG RJA 16, 189.
[2] *Soergel/Zimmermann* Rn 2.
[1*] *MünchKommBGB/Wagenitz* Rn 2.
[2*] AllgM, BGH NJW 1974, 1374.
[3] BayObLGZ 28, 270.
[4] Str, *MünchKommBGB/Wagenitz* Rn 11; *Staudinger/Engler* Rn 9; aA RG HRR 1933 Nr 1588; *Soergel/Zimmermann* Rn 5.

III. Verfahren

Zuständig ist nach §§ 3 Nr 2 a, 14 RPflG der **Rechtspfleger**. Der Bestellungsakt kann von einem 6
ersuchten Gericht vorgenommen werden (§ 2 FGG). Zu **Mängeln** bei der Bestellung vgl § 1774 Rn 8, 10.

§ 1790 Bestellung unter Vorbehalt

Bei der Bestellung des Vormunds kann die Entlassung für den Fall vorbehalten werden, dass ein bestimmtes Ereignis eintritt oder nicht eintritt.

I. Normzweck

Es handelt sich bei der Berufung unter Vorbehalt nicht um eine – unzulässige – bedingte oder 1
befristete Bestellung, weil die Vormundschaft **nicht automatisch** endet, sondern von einer im
Ermessen des VormG liegenden Entlassungsverfügung abhängt. Die Vorschrift findet vor allem Anwendung, wenn dem Vormund von vornherein eine zeitlich begrenzte Aufgabe zugedacht war[1].

II. Einzelerläuterung

Die Bestellung unter Vorbehalt ist nur zulässig, wenn es um den Eintritt oder Nichteintritt eines 2
künftigen, **ungewissen Ereignisses** geht, also nicht bei bloßem Fristablauf[2]. Eine Bestellung unter
Vorbehalt ist auch bei der bestellten Amts- oder Vereinsvormundschaft möglich, nicht aber, wenn der
Vormund nach § 1776 unbedingt und unbefristet berufen wurde[3]. Der Eintritt oder Nichteintritt des
betreffenden Ereignisses berechtigt das VormG zur Entlassung, auch wenn die Voraussetzungen der
§§ 1886 bis 1889 nicht vorliegen.
   Die Vorschrift ist auf die Bestellung des Gegenvormunds (§ 1792 Abs 4) und des Pflegers (§ 1915 3
Abs 1) entspr anwendbar.

§ 1791 Bestallungsurkunde

(1) Der Vormund erhält eine Bestallung.
(2) Die Bestallung soll enthalten den Namen und die Zeit der Geburt des Mündels, die Namen des Vormunds, des Gegenvormunds und der Mitvormünder sowie im Falle der Teilung der Vormundschaft die Art der Teilung.

I. Normzweck

Die Bestallungsurkunde ist **gerichtliches Zeugnis** über die Vormundsbestellung. Sie dient dem 1
formellen Nachweis der Vormundstellung, hat aber keine materielle Bedeutung[1*].

II. Einzelerläuterung

Der **Inhalt** der Bestallungsurkunde ergibt sich aus Abs 2. Darüber hinausgehende Angaben sind 2
üblich und zulässig, zB von Befreiungen gemäß §§ 1817, 1852 ff, deren Außerkraftsetzung, des Vorbehalts nach § 1790 oder von Einschränkungen der Vertretungsmacht gemäß § 1796. Bei Änderungen
ist die Urkunde zu **berichtigen;** nach dem **Ende** der Vormundschaft hat der Vormund sie **zurückzugeben.**
   Der Bestallungsurkunde kommt **keine Rechtsscheinwirkung** zu; der gute Glaube Dritter hinsicht- 3
lich der Vormundstellung und der Vertretungsmacht wird daher nicht geschützt[2*].
   § 1791 findet auf die Gegenvormundschaft (§ 1792 Abs 4) und die Pflegschaft (§ 1915 Abs 1) 4
entsprechende Anwendung.

§ 1791 a Vereinsvormundschaft

(1) ¹Ein rechtsfähiger Verein kann zum Vormund bestellt werden, wenn er vom Landesjugendamt hierzu für geeignet erklärt worden ist. ²Der Verein darf nur zum Vormund bestellt werden, wenn eine als ehrenamtlicher Einzelvormund geeignete Person nicht vorhanden ist oder wenn er nach § 1776 als Vormund berufen ist; die Bestellung bedarf der Einwilligung des Vereins.

---

[1] MünchKommBGB/*Wagenitz* Rn 2.
[2] *Staudinger*/*Engler* Rn 1.
[3] MünchKommBGB/*Wagenitz* Rn 3, 4.
[1*] KJG 41, 38.
[2*] MünchKommBGB/*Wagenitz* Rn 4.

§ 1791 b   Buch 4. Abschnitt 3. Vormundschaft, rechtliche Betreuung, Pflegschaft

(2) Die Bestellung erfolgt durch schriftliche Verfügung des Vormundschaftsgerichts; die §§ 1789, 1791 sind nicht anzuwenden.

(3) ¹Der Verein bedient sich bei der Führung der Vormundschaft einzelner seiner Mitglieder oder Mitarbeiter; eine Person, die den Mündel in einem Heim des Vereins als Erzieher betreut, darf die Aufgaben des Vormunds nicht ausüben. ²Für ein Verschulden des Mitglieds oder des Mitarbeiters ist der Verein dem Mündel in gleicher Weise verantwortlich wie für ein Verschulden eines verfassungsmäßig berufenen Vertreters.

(4) Will das Vormundschaftsgericht neben dem Verein einen Mitvormund oder will es einen Gegenvormund bestellen, so soll es vor der Entscheidung den Verein hören.

I. Normzweck

1   Die Vorschrift schafft die Möglichkeit der **Vereinsvormundschaft** (vgl auch § 54 SGB VIII) und regelt deren Voraussetzungen. Sie trägt dem Umstand Rechnung, dass vielfach ein geeigneter ehrenamtlicher Einzelvormund, der von Gesetzes wegen Vorrang genießt[1], nicht vorhanden ist.

II. Einzelerläuterung

2   **1. Träger der Vereinsvormundschaft.** Vormund kann nur ein **rechtsfähiger Verein** (§§ 21 ff) sein, dem vom Landesjugendamt die **Erlaubnis** zur Führung von Vormundschaften erteilt wurde (§ 54 Abs 1 SGB VIII). Beispiele: Wohlfahrtsvereine, kirchliche Vereine, Innere Mission.
Die Erlaubnis muss zum Zeitpunkt der Vormundsbestellung vorliegen; wird sie später **widerrufen**, endet die Vormundschaft nicht kraft Gesetzes, sondern der Verein ist nach § 1887 als Vormund zu **entlassen**.

3   **2. Voraussetzungen der Bestellung.** Der Verein ist zum Vormund zu bestellen, wenn ihn die Eltern berufen haben (§ 1776) oder das VormG ihn nach § 1779 ausgewählt hat. Nur im letzteren Fall gilt der Vorrang der Einzelvormundschaft. Für den Verein besteht **keine Übernahmeverpflichtung**; die erforderliche Einwilligung muss sich auf die **konkrete Vormundschaft** beziehen[2]. Bei beabsichtigter Bestellung eines Mit- oder Gegenvormunds neben dem Verein **Anhörungsrecht** des Vereins (Abs 4).

4   **3. Form.** Im Vergleich zum Einzelvormund ist die Form der Bestellung **vereinfacht**. Die §§ 1789, 1791 finden keine Anwendung. Erforderlich ist eine schriftliche Verfügung des VormG, die mit ihrem Zugang beim Verein wirksam wird und deren Bekanntmachung auch mündlich erfolgen kann (§ 16 FGG)[3].

5   **4. Führung der Vormundschaft.** Der Verein überträgt die Führung der Vormundschaft einzelnen Mitgliedern oder Mitarbeitern, bleibt aber **selbst Vormund**. Ausgeschlossen von der Übertragung sind nur solche Mitglieder/Mitarbeiter, die den Mündel als Erzieher in einem Heim des Vereins betreuen (Abs 3). Für **Verschulden** der Mitglieder/Mitarbeiter haftet der Verein nach § 31; die §§ 278, 831 finden keine Anwendung[4].

6   Der Verein genießt als Vormund die **Befreiungen** der §§ 1852 Abs 2, 1853 und 1854 (§ 1857 a). Sonderregelungen gelten bei **Zwangsmitteln** (§ 1837 Abs 3 S 2), **Aufwendungsersatz** (§ 1835 Abs 5), **Aufwandsentschädigung** (§ 1835 a Abs 5), **Vergütung** (§ 1836 Abs 3) und **Entlassung** (§§ 1887, 1889 Abs 2).

7   **5. Entsprechende Anwendung.** Die Vorschrift ist auf die Gegenvormundschaft (§ 1792 Abs 4) und die Pflegschaft (§ 1915 Abs 1) entspr anzuwenden.

§ 1791 b Bestellte Amtsvormundschaft des Jugendamts

(1) ¹Ist eine als ehrenamtlicher Einzelvormund geeignete Person nicht vorhanden, so kann auch das Jugendamt zum Vormund bestellt werden. ²Das Jugendamt kann von den Eltern des Mündels weder benannt noch ausgeschlossen werden.

(2) Die Bestellung erfolgt durch schriftliche Verfügung des Vormundschaftsgerichts; die §§ 1789, 1791 sind nicht anzuwenden.

I. Normzweck

1   Die Erläuterungen zu § 1791 a Rn 1 gelten sinngemäß. Weitere Regelungen finden sich in den §§ 55, 56 SGB VIII.

---

[1] BayObLG FamRZ 1966, 323, 325.
[2] MünchKommBGB/*Wagenitz* Rn 8.
[3] BayObLGZ 1962, 101, 105.
[4] MünchKommBGB/*Wagenitz* Rn 14.

II. Einzelerläuterung

Abs 1 betont den Vorrang des **Einzelvormunds**[1]; vor Bestellung des Jugendamts hat das VormG 2 daher intensiv zu ermitteln, ob eine geeignete Einzelperson vorhanden ist[2], auch durch Anfrage an das Jugendamt. Gegenüber der Amts- genießt auch die **Vereinsvormundschaft** Vorrang, wie sich aus § 56 Abs 4 SGB VIII ergibt[3]. Nach Abs 1 S 2 kann das Jugendamt von den Eltern weder berufen (§ 1776) noch ausgeschlossen (§ 1785) werden.

Die Vormundschaft ist dem nach § 87 c Abs 3 SGB VIII zuständigen Jugendamt – maßgeblich ist der 3 **gewöhnliche Aufenthaltsort** des Mündels – zu übertragen. Einer Einwilligung des Jugendamts bedarf es nicht. Das Jugendamt überträgt die Ausübung der Vormundschaft einzelnen seiner Beamten oder Angestellten, bleibt aber selbst Vormund[4].

Für die Amtsvormundschaft gelten vielfältige **Sonderregelungen**. So genießt das Jugendamt die 4 **Befreiungen** der §§ 1852 Abs 2, 1853, 1854 (§ 1857 a), die §§ 1802 Abs 3, 1818 finden **keine Anwendung**, in den Fällen der §§ 1803 Abs 2, 1811, 1822 Nr 6, 7 bedarf es keiner **vormundschaftsgerichtlichen Genehmigung** (§ 56 Abs 2 S 1, 2 SGB VIII). Zu **Zwangsgeld, Vergütung, Aufwendungsersatz** und **Aufwandsentschädigung** vgl § 1791 a Rn 6.

Zur **Form** der Bestellung vgl § 1791 a Rn 4. 5

Das Jugendamt kann auch zum Mit- (§ 1775) und Gegenvormund (§ 1792 Abs 1 S 2, § 58 6 SGB VIII) bestellt werden. Hierfür (§ 1792 Abs 4) und für die Pflegschaft (§ 1915 Abs 1) gilt § 1791 b entsprechend.

§ 1791 c Gesetzliche Amtsvormundschaft des Jugendamts

(1) ¹Mit der Geburt eines Kindes, dessen Eltern nicht miteinander verheiratet sind und das eines Vormunds bedarf, wird das Jugendamt Vormund, wenn das Kind seinen gewöhnlichen Aufenthalt im Geltungsbereich dieses Gesetzes hat; dies gilt nicht, wenn bereits vor der Geburt des Kindes ein Vormund bestellt ist. ²Wurde die Vaterschaft nach § 1592 Nr. 1 oder 2 durch Anfechtung beseitigt und bedarf das Kind eines Vormunds, so wird das Jugendamt in dem Zeitpunkt Vormund, in dem die Entscheidung rechtskräftig wird.

(2) War das Jugendamt Pfleger eines Kindes, dessen Eltern nicht miteinander verheiratet sind, endet die Pflegschaft kraft Gesetzes, und bedarf das Kind eines Vormunds, so wird das Jugendamt Vormund, das bisher Pfleger war.

(3) Das Vormundschaftsgericht hat dem Jugendamt unverzüglich eine Bescheinigung über den Eintritt der Vormundschaft zu erteilen; § 1791 ist nicht anzuwenden.

I. Normzweck

§ 1791 c ist neben § 1751 Abs 1 S 2 der einzige Fall, in dem Vormundschaft **kraft Gesetzes** eintritt. 1 Die Vorschrift bezweckt den **Schutz** des außerhalb der Ehe geborenen Kindes, das nicht unter elterlicher Sorge steht, aber sogleich eines gesetzlichen Vertreters bedarf.

II. Einzelerläuterung

Die gesetzliche Amtsvormundschaft nach Abs 1 S 1 setzt die **Geburt** eines Kindes voraus, dessen 2 Eltern nicht miteinander verheiratet sind. Eines Vormunds bedarf das Kind nur, wenn sowohl Vater als auch Mutter **weder sorge- noch vertretungsberechtigt** sind (vgl § 1773 Rn 2–4). Hauptfall in der Praxis ist die Minderjährigkeit der Mutter (§§ 1673 Abs 2, 1675). Das Kind muss seinen **gewöhnlichen Aufenthalt** in der Bundesrepublik haben; seine Staatsangehörigkeit ist unerheblich.

Die gesetzliche Amtsvormundschaft tritt nicht ein, wenn gemäß § 1774 S 2 bereits **vor der Geburt** 3 ein Vormund für das Kind bestellt wurde (Abs 1 S 1 HS 2).

Wird die durch Ehe oder Anerkennung bewirkte Scheinvaterschaft (§ 1592 Nr 1, 2) durch **Anfech-** 4 **tung** beseitigt, tritt die gesetzliche Amtsvormundschaft nach Abs 1 S 2 erst mit **Rechtskraft** der Entscheidung ein.

Abs 2 hat nach Abschaffung der gesetzlichen Amtspflegschaft durch das BeistandschG nur noch 5 **geringe Bedeutung**. Die gesetzlichen Amtspflegschaften sind zu Beistandschaften geworden (Art 223 EGBGB), so dass Abs 2 nur noch für auf Bestellung beruhende Amtspflegschaften gilt. Endet in diesem Fall die Pflegschaft nach § 1918, wird das Jugendamt Amtsvormund, wenn das Kind eines Vormunds bedarf.

Die nach Abs 3 zu erteilende Bescheinigung hat lediglich **deklaratorischen** Charakter. Für die 6 **Führung** der gesetzlichen Amtsvormundschaft einschließlich der Sonderregelungen gelten die Erläuterungen zu § 1791 b Rn 2 und 3.

---

[1] AllgM, OLG Zweibrücken NJW-RR 1987, 584.
[2] BayObLG Rpfleger 1985, 361; OLG Naumburg OLGR 2005, 749.
[3] OLG Frankfurt FamRZ 1980, 284; MünchKommBGB/*Wagenitz* Rn 3; aA *Soergel/Zimmermann* Rn 2; *Staudinger/Engler* Rn 5; *Palandt/Diederichsen* Rn 1.
[4] BGHZ 45, 362 = NJW 1966, 1808.

§ 1792 Gegenvormund

(1) ¹Neben dem Vormund kann ein Gegenvormund bestellt werden. ²Ist das Jugendamt Vormund, so kann kein Gegenvormund bestellt werden; das Jugendamt kann Gegenvormund sein.

(2) Ein Gegenvormund soll bestellt werden, wenn mit der Vormundschaft eine Vermögensverwaltung verbunden ist, es sei denn, dass die Verwaltung nicht erheblich oder dass die Vormundschaft von mehreren Vormündern gemeinschaftlich zu führen ist.

(3) Ist die Vormundschaft von mehreren Vormündern nicht gemeinschaftlich zu führen, so kann der eine Vormund zum Gegenvormund des anderen bestellt werden.

(4) Auf die Berufung und Bestellung des Gegenvormunds sind die für die Begründung der Vormundschaft geltenden Vorschriften anzuwenden.

I. Normzweck

1   Der Gegenvormund hat den Vormund zu **kontrollieren**; zu seiner Rechtsstellung vgl § 1799. Er verfügt selbst über keine rechtlichen Mittel, den Vormund zur Erfüllung seiner Pflichten anzuhalten, sondern kann Pflichtverletzungen lediglich dem VormG mitteilen. Bestimmte Rechtsgeschäfte des Vormunds bedürfen seiner Zustimmung; er ist aber nie – auch nicht in Notfällen – zur Vertretung des Mündels berechtigt.

II. Einzelerläuterung

2   Die Bestellung eines Gegenvormunds steht im **Ermessen** des VormG, ist allerdings bei Amtsvormundschaft (§§ 1791 b und 1791 c) sowie dann **unzulässig**, wenn die Eltern die Bestellung eines Gegenvormunds ausgeschlossen haben und das die Interessen des Mündels nicht gefährdet (§§ 1852, 1855, 1857).

3   Nach Abs 2 soll ein Gegenvormund bestellt werden, wenn **Vermögen** des Mündels zu verwalten ist. **Gesetzliche Ausnahmen:**
– nicht erhebliche Vermögensverwaltung, wobei nicht die absolute Höhe des Mündelvermögens, sondern der Verwaltungsaufwand, zB Verrechnung laufender Einnahmen und Ausgaben, maßgeblich ist¹.
– gemeinschaftliche Führung der Vormundschaft durch mehrere Vormünder (nur § 1797 Abs 1).

Im Falle des § 1797 Abs 2 kann jeder der Mitvormünder zugleich zum Gegenvormund des anderen bestellt werden (Abs 3).

4   **Berufung und Bestellung** des Gegenvormunds richten sich nach den Vorschriften über die Begründung der Vormundschaft. Gegenvormund kann auch ein Verein oder das Jugendamt sein. Verwandtschaft mit dem Vormund oder Freundschaft mit dem Vormund schließen die Bestellung zum Gegenvormund nicht gesetzlich aus; nahe liegende Interessenkollisionen hat das VormG bei der Auswahl (§ 1779) zu berücksichtigen². Für die Vergütung des Gegenvormunds und seinen Aufwendungsersatz gelten die §§ 1835 ff³.

III. Verfahren

5   Gegen die Anordnung oder Ablehnung der Gegenvormundschaft Beschwerderecht des Vormunds nur im Interesse des Mündels (§ 57 Abs 1 Nr 9 FGG)⁴. Zur Beschwerdebefugnis des Gegenvormunds vgl § 1778 Rn 12, § 1779 Rn 7, § 1785 Rn 6.

Untertitel 2. Führung der Vormundschaft (§§ 1793–1836 e)

§ 1793 Aufgaben des Vormunds, Haftung des Mündels

(1) ¹Der Vormund hat das Recht und die Pflicht, für die Person und das Vermögen des Mündels zu sorgen, insbesondere den Mündel zu vertreten. ²§ 1626 Abs. 2 gilt entsprechend. ³Ist der Mündel auf längere Dauer in den Haushalt des Vormunds aufgenommen, so gelten auch die §§ 1618 a, 1619, 1664 entsprechend.

(2) Für Verbindlichkeiten, die im Rahmen der Vertretungsmacht nach Absatz 1 gegenüber dem Mündel begründet werden, haftet der Mündel entsprechend § 1629 a.

---

¹ BayObLGZ 14, 210, 212; BayObLG FamRZ 1994, 325; BtPRax 2004, 199.
² KG DJZ 1913, 236.
³ BayObLG FGPrax 2004, 236 f; OLG Schleswig FGPrax 2006, 166 f.
⁴ MünchKommBGB/*Wagenitz* Rn 14; RGRK/*Dickescheid* Rn 10; aA LG Frankfurt MDR 1977, 579; *Soergel/Zimmermann* Rn 10; *Keidel/Kuntze/Winkler* § 20 Rn 59.

I. Normzweck

1 Die Rechtsposition des Vormunds ist der **elterlichen Sorge** nachgebildet; er hat **umfassend** für die Person und das Vermögen des Mündels zu sorgen und ist in diesem Rahmen zur gesetzlichen Vertretung befugt. Wie die Eltern genießt der Vormund bei der Erfüllung dieser Aufgabe **Selbstständigkeit**; seine Sorgebefugnisse unterliegen jedoch stärkeren Einschränkungen als diejenigen der Eltern (zB Genehmigungserfordernisse der §§ 1810 S 2, 1811, 1812 ff, 1821) und einer stärkeren Kontrolle durch VormG (§§ 1837 bis 1847) und Jugendamt (§ 1851, § 53 Abs 3 SGB VIII).

2 Die Sorge für Person und Vermögen gilt in erster Linie dem **Mündel**; Belange der Angehörigen sind zweitrangig[1]. Trotz § 1626 Abs 2 ist der Vormund, wenn das anzustrebende Einvernehmen mit dem Mündel nicht erreicht werden kann, bei seinen Entscheidungen nicht an dessen Zustimmung gebunden.

3 Abs 2 beschränkt die **Haftung** des Mündels aus Verbindlichkeiten, die im Rahmen der Vertretungsmacht durch den Vormund begründet wurden, grds auf das bei Volljährigkeit vorhandene Vermögen (§ 1629 a Abs 1).

II. Einzelerläuterung

4 **1. Tatsächliche Personensorge.** Sie steht dem Vormund zu (vgl iE die Erläuterungen zu §§ 1800, 1801), kann aber durch das Nebensorgerecht der Eltern (§ 1673 Abs 2 S 2) eingeschränkt sein. Verlust bei Heirat des Mündels (§ 1633).

5 **2. Tatsächliche Vermögenssorge.** Detaillierte Regelung in den §§ 1802 bis 1832. Der Vormund hat das **Besitzrecht** an den Sachen des Mündels; sein Herausgabeanspruch gegen den Mündel kann durchgesetzt werden, indem das VormG die Wegnahme durch den Gerichtsvollzieher anordnet[2]. Der Vormund hat das Mündelvermögen zu **verwalten**, möglichst zu **erhalten** und zu **vermehren**[3], ist jedoch berechtigt, für den **Unterhalt** des Mündels auch den Vermögensstamm anzugreifen[4]. Der Vormund ist zur ordnungsgemäßen Buchführung und zur Abgabe öffentlichrechtlicher Erklärungen (zB Steuererklärung) für den Mündel verpflichtet; eine Pflicht zur Führung eines kaufmännischen Geschäftsbetriebs des Mündels besteht hingegen nicht[5].

6 **3. Gesetzliche Vertretung.** Sie entspricht derjenigen der Eltern und ist daher grds **unbeschränkt.** Der Vormund kann im Namen des Mündels auch solche Rechtsgeschäfte abschließen, zu denen der Mündel selbst fähig ist (§ 109); allerdings verdrängt die **partielle Vollgeschäftsfähigkeit** (§§ 112, 113) in dem betreffenden Bereich die Vertretungsmacht des Vormunds[6]. Die gesetzliche Vertretung umfasst auch die Führung von Prozessen (§ 51 ZPO), FGG-Verfahren, die Stellung von Strafanträgen (§ 77 Abs 3 StGB) und die Abgabe sowie den Empfang von Erklärungen des öffentlichen Rechts. Der Vormund kann, soweit das Mündelinteresse nicht beeinträchtigt wird, Rechtsgeschäfte auch im eigenen Namen abschließen[7].

7 **Beschränkungen** der Vertretungsmacht bestehen bei höchstpersönlichen Rechtsgeschäften (zB Eheschließung, Abschluss eines Ehevertrags, Verfügungen von Todes wegen)[8], Schenkungen (§ 1804), Wettbewerbsbeschränkungen (§§ 74 a Abs 2 S 2, 75 d HGB), bei möglicher Interessenkollision (§§ 181, 1795 Abs 1, 2), bei Mitvormundschaft mit verschiedenen Wirkungskreisen (§ 1797 Abs 2), soweit ein Pfleger bestellt (§ 1794) oder dem Vormund die Vertretung entzogen ist (§§ 1796, 1801). Ferner bei Genehmigungsvorbehalten des Gegenvormunds oder des VormG (§§ 1809 bis 1832).

8 **4. Haftung. a) Des Mündels.** Der Mündel wird aus im Rahmen der Vertretungsmacht des Vormunds abgeschlossenen Rechtsgeschäften – auch über das Ende der Vormundschaft hinaus – **verpflichtet;** Verschulden des Vormunds wird ihm über § 278 **zugerechnet.** Haftung grds auch für culpa in contrahendo[9]. Der Mündel haftet nicht für **deliktische Handlungen** des Vormunds[10]. Abs 2 beschränkt die Haftung auf das bei Ende der Vormundschaft vorhandene Vermögen (vgl die Erläuterungen zu § 1629 a).

9 **b) Des Vormunds.** Vgl die Erläuterungen zu § 1833. Überträgt der Vormund zulässigerweise Aufgaben auf **Dritte,** haftet er für Auswahl-, Unterweisungs- und Überwachungsverschulden; § 278 ist nicht anwendbar[11]. War die Übertragung **unzulässig,** hat der Vormund für jeden von dem Dritten verursachten Schaden einzustehen[12].

---

[1] RG JW 1912, 67, 68.
[2] BGHZ 12, 380, 389 = NJW 1954, 918; MünchKommBGB/*Wagenitz* Rn 19; *Staudinger/Engler* Rn 19; RGRK/*Scheffler* Rn 1; *Palandt/Diederichsen* Rn 5; aA – Prozessweg – KG NJW 1958, 2071; *Soergel/Zimmermann* Rn 5.
[3] RG JW 1912, 67, 68.
[4] BGH MDR 1967, 473.
[5] MünchKommBGB/*Wagenitz* Rn 20.
[6] MünchKommBGB/*Wagenitz* Rn 22.
[7] RGZ 146, 231, 232.
[8] Zu weiteren Beispielen vgl MünchKommBGB/*Wagenitz* Rn 28.
[9] HM, RGZ 83, 243; MünchKommBGB/*Wagenitz* Rn 47 mit den Ausnahmen.
[10] AllgM; RGZ 121, 114, 118.
[11] RGZ 76, 185.
[12] MünchKommBGB/*Wagenitz* Rn 44; *Soergel/Zimmermann* Rn 16.

§ 1795 Buch 4. Abschnitt 3. Vormundschaft, rechtliche Betreuung, Pflegschaft

10 **5. Sonstiges.** Die Vormundschaft als solche ist **nicht übertragbar**[13]. Der Vormund kann jedoch Dritte als **Hilfspersonen** zu seiner Unterstützung heranziehen und **Vollmacht** erteilen[14]. Die Vollmacht bedarf mit Ausnahme der Prokura (§ 1822 Nr 11) keiner vormundschaftsgerichtlichen Genehmigung. Ob **Generalvollmacht** erteilt werden kann, ist streitig; soweit sie sich nicht auf einen abgrenzbaren Bereich bezieht, verstößt ihre Erteilung gegen das Prinzip der persönlichen Führung der Vormundschaft und ist daher unzulässig[15].

11 § 1793 gilt entspr für die Pflegschaft.

§ 1794 Beschränkung durch Pflegschaft

Das Recht und die Pflicht des Vormunds, für die Person und das Vermögen des Mündels zu sorgen, erstreckt sich nicht auf Angelegenheiten des Mündels, für die ein Pfleger bestellt ist.

I. Normzweck

1 Die Norm regelt wie § 1630 Abs 1 für die Eltern den **Ausschluss des Vormunds** von denjenigen Sorgeangelegenheiten, für die ein Pfleger bestellt ist. Sie findet nur nach bereits erfolgter Pflegerbestellung Anwendung.

II. Einzelerläuterung

2 Die Pflegerbestellung erfolgt in den Fällen der §§ 1795, 1796, 1801, 1909 Abs 1 S 2. Im Rahmen seines Wirkungskreises ist der **Pfleger**, nicht der Vormund, zur **gesetzlichen Vertretung** berechtigt; letzterer hat in diesen Angelegenheiten auch keine Beschwerdebefugnis[1]. Handelt der Vormund gleichwohl, gelten die §§ 177 ff. Bei **Meinungsverschiedenheiten** hinsichtlich der Wirkungskreise entscheidet das VormG entspr § 1798[2] und zwar der Richter (§ 14 Abs 1 Nr 5 RPflG).

3 Gegen die Bestellung des Pflegers steht dem Vormund das **Beschwerderecht** sowohl im eigenen Namen (§ 20 Abs 1 FGG) als auch im Interesse des Mündels (§ 57 Abs 1 Nr 9 FGG) zu[3].

§ 1795 Ausschluss der Vertretungsmacht

(1) Der Vormund kann den Mündel nicht vertreten:
1. bei einem Rechtsgeschäft zwischen seinem Ehegatten, seinem Lebenspartner oder einem seiner Verwandten in gerader Linie einerseits und dem Mündel andererseits, es sei denn, dass das Rechtsgeschäft ausschließlich in der Erfüllung einer Verbindlichkeit besteht,
2. bei einem Rechtsgeschäft, das die Übertragung oder Belastung einer durch Pfandrecht, Hypothek, Schiffshypothek oder Bürgschaft gesicherten Forderung des Mündels gegen den Vormund oder die Aufhebung oder Minderung dieser Sicherheit zum Gegenstand hat oder die Verpflichtung des Mündels zu einer solchen Übertragung, Belastung, Aufhebung oder Minderung begründet,
3. bei einem Rechtsstreit zwischen den in Nummer 1 bezeichneten Personen sowie bei einem Rechtsstreit über eine Angelegenheit der in Nummer 2 bezeichneten Art.
(2) Die Vorschrift des § 181 bleibt unberührt.

I. Normzweck

1 § 1795 schließt die **gesetzliche Vertretungsmacht** des Vormunds in solchen Fallkonstellationen aus, in denen die abstrakte Gefahr der **Interessenkollision** zwischen Mündel und Vormund bzw dessen nahen Angehörigen besteht. Eine konkrete Gefährdung im Einzelfall ist anders als bei § 1796 nicht erforderlich. Die Vorschrift findet keine Anwendung, wenn das Rechtsgeschäft dem Mündel nur rechtliche **Vorteile** (vgl Erläuterungen zu § 107) bringt[1*].

II. Einzelerläuterung

2 **1. Abs 1 Nr 1.** Die Norm gilt auch für **einseitige Rechtsgeschäfte** (zB Kündigung), beseitigt aber nicht die Empfangszuständigkeit des Vormunds für an den Mündel gerichtete derartige Erklärungen

---

[13] AllgM, RGZ JW 1912, 67, 68.
[14] BayObLGZ 14, 210, 213.
[15] MünchKommBGB/*Wagenitz* Rn 40; aA OLG Dresden SeuffA 66 Nr 155; *Soergel/Zimmermann* Rn 15; vermittelnd *Staudinger/Engler* Rn 49, 50.
[1] BGH NJW 1956, 1755.
[2] AllgM, vgl zB MünchKommBGB/*Wagenitz* Rn 7.
[3] HM, KG OLGZ 1965, 237; BayObLGZ 1981, 44, 48; *Soergel/Zimmermann* Rn 2; *Staudinger/Engler* Rn 10; diff MünchKommBGB/*Wagenitz* Rn 8.
[1*] AllgM, BGHZ 59, 236, 240 = NJW 1972, 2262; BGH NJW 2005, 415.

(§ 131)². Nr 1 greift nicht nur bei formaler Beteiligung des Ehegatten, des Lebenspartners oder der Verwandten ein, sondern schon dann, wenn das Rechtsgeschäft seinem Inhalt nach Wirkung zwischen diesen Personen und dem Mündel erzeugt, zB bei Verträgen zugunsten des Ehegatten³.

Die Vorschrift ist nur bei **bestehender Ehe** anwendbar, nicht nach rechtskräftiger Scheidung oder Aufhebung der Lebenspartnerschaft. Auch eine analoge Anwendung auf Verwandte in der Seitenlinie oder Verschwägerte scheidet aus⁴. Im Einzelfall kann § 1796 eingreifen. 3

2. Abs 1 Nr 2. Praktisch wichtigster Anwendungsfall ist die Verfügung über eine **hypothekarisch** 4
gesicherte Forderung des Mündels gegen den Vormund; es ist unerheblich, ob der Vormund Eigentümer des belasteten Grundstücks ist⁵. Analoge Anwendung auf anderweitig gesicherte Forderungen, soweit Funktionsgleichheit mit Pfandrechten vorliegt, zB **Sicherungseigentum**⁶ und **Sicherungsgrundschuld**⁷.

3. Abs 1 Nr 3. Unter die Vorschrift fallen die **echten Streitverfahren,** auch solche der freiwilligen 5
Gerichtsbarkeit, nicht aber Verfahren der Rechtsfürsorge, zB das Erbscheinverfahren⁸.

4. Abs 2. Vgl zunächst die Erläuterungen zu § 181. Die Vorschrift kann nicht dadurch umgangen 6
werden, dass der Vormund das von ihm mit dem beschränkt geschäftsfähigen Mündel geschlossene Rechtsgeschäft genehmigt. Unter das Verbot fällt auch die **Prozessführung.** Bei der **Amtsvormundschaft** bezieht sich das Verbot sowohl auf die Behörde als auch auf den mit den Aufgaben des Vormunds beauftragten Beamten⁹.

5. Rechtsfolgen, Verstöße. Ist der Vormund nach Abs 1 Nr 1, 2, Abs 2 an der Vertretung 7
gehindert, muss gemäß § 1909 Abs 1 S 1 ein **Ergänzungspfleger** bestellt werden. Anzeigepflicht des Vormunds (§ 1909 Abs 2).

Auf die vom Vormund entgegen dem Vertretungsverbot vorgenommenen Rechtsgeschäfte finden 8
die §§ 177 ff Anwendung. Verträge sind daher **schwebend unwirksam** und können vom Ergänzungspfleger oder durch den Mündel, sobald dieser voll geschäftsfähig ist, genehmigt werden.

Von den Vertretungsverboten kann das VormG den Vormund weder **befreien** noch kann es ein 9
entsprechendes Rechtsgeschäft **genehmigen.** Auch die **Eltern** können testamentarisch keine Befreiung erteilen, auch nicht bei befreiter Vormundschaft.

Bei Verstoß gegen Abs 1 Nr 3 oder Abs 2 bei der Prozessführung gilt der Mündel im Prozess als 10
nicht vertreten (absoluter Revisionsgrund nach § 547 Nr 4 ZPO, Nichtigkeitsklage gemäß § 579 Nr 4 ZPO). Vgl iÜ §§ 56, 89 ZPO bis zur Bestellung eines Verfahrenspflegers.

6. Entsprechende Anwendung. Die Vorschrift findet auf die Pflegschaft (§ 1915 Abs 1) entspre- 11
chende Anwendung, vor allem aber bei der **elterlichen Sorge** (§ 1629 Abs 2 S 1).

§ 1796 Entziehung der Vertretungsmacht

(1) Das Vormundschaftsgericht kann dem Vormund die Vertretung für einzelne Angelegenheiten oder für einen bestimmten Kreis von Angelegenheiten entziehen.

(2) Die Entziehung soll nur erfolgen, wenn das Interesse des Mündels zu dem Interesse des Vormunds oder eines von diesem vertretenen Dritten oder einer der in § 1795 Nr. 1 bezeichneten Personen in erheblichem Gegensatz steht.

I. Normzweck

Die Vorschrift bildet die Ergänzung zu den gesetzlichen Vertretungsverboten des § 1795 und 1
ermöglicht es dem VormG, dem Vormund die Vertretungsmacht in von § 1795 nicht erfassten Fällen zu **entziehen,** wenn konkret ein **Widerstreit der Interessen** des Mündels und des Vormunds, seiner Angehörigen oder von ihm vertretener Dritter droht.

II. Einzelerläuterung

Als Maßnahme kommt im Rahmen von § 1796 nur der **Entzug** der Vertretungsmacht und zwar 2
zeitweilig oder dauernd, für einzelne oder einen bestimmten Kreis von Angelegenheiten, nicht aber allgemein, in Betracht¹.

Der Entzug setzt nach Abs 2 einen erheblichen **Interessengegensatz** voraus. Darunter fallen nicht 3
bloße Meinungsverschiedenheiten zwischen Vormund und VormG über das Mündelinteresse²*. Der

---

² BayObLG FamRZ 1977, 141, 143.
³ AllgM, BayObLGZ 9, 413.
⁴ OLG Hamm FamRZ 1965, 86.
⁵ KG KGJ 43, 147.
⁶ MünchKommBGB/*Wagenitz* Rn 32; *Soergel/Zimmermann* Rn 36.
⁷ MünchKommBGB/*Wagenitz* Rn 32; *Soergel/Zimmermann* Rn 36; KG JFG 11, 66; aA *Staudinger/Engler* Rn 27, 28.
⁸ BayObLGZ 1961, 277 = NJW 1961, 2309.
⁹ MünchKommBGB/*Wagenitz* Rn 21.
¹ KG KGJ 45, 42.
²* BayObLGZ 25, 200.

§ 1797   Buch 4. Abschnitt 3. Vormundschaft, rechtliche Betreuung, Pflegschaft

Gegensatz besteht, wenn das Interesse des einen nur auf Kosten des anderen gefördert werden kann[3]; die Vorschrift ist aber nicht anzuwenden, wenn zu erwarten ist, dass der Vormund trotz Interessengegensatzes im Interesse des Mündels handeln wird[4].

4   Ein Interessengegensatz wurde zB bejaht, wenn die **Ausschlagung der Erbschaft** durch den Mündel den Anfall für den Vormund bringt[5], wenn der Vormund **Testamentsvollstrecker,** der Mündel aber Erbe ist[6], bei Abschluss eines **Lehrvertrages** zwischen dem durch das Jugendamt – für das § 1796 gilt[7] – vertretenen Mündel und der Stadtgemeinde, bei der das Jugendamt besteht.

5   § 1796 wird bei der Pflegschaft (§ 1915 Abs 1) und der **elterlichen Sorge** (§ 1629 Abs 2 S 3) entspr angewandt.

III. Verfahren

6   Der Entzug erfolgt durch Entscheidung des VormG mit **konstitutiver Wirkung** und wird mit Bekanntmachung (§ 16 FGG) wirksam; erst dann ist die Vertretungsmacht in dem bezeichneten zeitlichen und sachlichen Umfang entzogen. Die Entziehung kann konkludent durch Bestellung eines Ergänzungspflegers für den betreffenden Aufgabenbereich erfolgen[8]. Beschwerderecht des Vormunds aus § 20 Abs 1 FGG[9].

§ 1797 Mehrere Vormünder

(1) ¹Mehrere Vormünder führen die Vormundschaft gemeinschaftlich. ²Bei einer Meinungsverschiedenheit entscheidet das Vormundschaftsgericht, sofern nicht bei der Bestellung ein anderes bestimmt wird.

(2) ¹Das Vormundschaftsgericht kann die Führung der Vormundschaft unter mehrere Vormünder nach bestimmten Wirkungskreisen verteilen. ²Innerhalb des ihm überwiesenen Wirkungskreises führt jeder Vormund die Vormundschaft selbständig.

(3) Bestimmungen, die der Vater oder die Mutter für die Entscheidung von Meinungsverschiedenheiten zwischen den von ihnen benannten Vormündern und für die Verteilung der Geschäfte unter diese nach Maßgabe des § 1777 getroffen hat, sind von dem Vormundschaftsgericht zu befolgen, sofern nicht ihre Befolgung das Interesse des Mündels gefährden würde.

I. Normzweck

1   Die Vorschrift regelt die **Amtsführung** von Mitvormündern im Innen- und Außenverhältnis sowie die Entscheidung von **Meinungsverschiedenheiten** zwischen gemeinschaftlichen Vormündern.

II. Einzelerläuterung

2   1. **Gemeinschaftliche Mitvormundschaft.** Es handelt sich um die **Regelform** der Mitvormundschaft, die zum Zuge kommt, wenn das VormG nichts anderes bestimmt. Die Mitvormünder sind gemeinschaftlich für alle Sorgeangelegenheiten zuständig; die gesetzliche Vertretungsmacht besteht als **Gesamtvertretung.** Wirkt ein Vormund nicht mit, sind die §§ 177 ff entspr anzuwenden. Gegenseitige **Vollmachterteilung** ist zulässig[1]. Die gemeinschaftlichen Mitvormünder haften als **Gesamtschuldner** (§ 1833 Abs 2). Sie haben sich gegenseitig zu überwachen; daher kann auch bei großem Mündelvermögen die Bestellung eines **Gegenvormunds** unterbleiben (§ 1792 Abs 2); auch die Genehmigungserfordernisse der §§ 1810, 1812 entfallen (§§ 1810 Abs 2, 1812 Abs 3).

3   Abweichend vom Grundsatz der Gesamtvertretung kann in bestimmten Fällen ein Vormund **allein** handeln. Beispiele: wirksame Zustellung im Prozess (§ 170 Abs 3 ZPO); selbstständiges Beschwerderecht (§ 58 FGG); jeder Vormund kann die Zustimmung zur Abgabe der Vormundschaft an ein anderes VormG oder ins Ausland verweigern (§§ 46 Abs 2 S 2, 47 Abs 2 S 2 FGG).

4   Fehlt es an einer Anordnung der Eltern nach Abs 3 oder ist sie ausnahmsweise unbeachtlich, entscheidet das VormG bei **Meinungsverschiedenheiten** zwischen den gemeinschaftlichen Vormündern. Es kann aber keine eigene, neue Meinung aufstellen, sondern nur derjenigen eines der Mitvormünder folgen; anders nur unter den Voraussetzungen des § 1837 Abs 2 bis 4[2]. Die Entscheidung des VormG wird in entsprechender Anwendung von § 53 Abs 1 S 1 FGG erst mit **Rechtskraft** wirksam und unterliegt daher der sofortigen Beschwerde (§ 60 Abs 1 Nr 6 FGG)[3*].

---

[3] KG NJW 1966, 1320, 1322.
[4] BGH NJW 1955, 217; BayObLG FamRZ 1999, 737, 738.
[5] BayObLG Rpfleger 1983, 482.
[6] BayObLG Rpfleger 1977, 440.
[7] KG KGJ 45, 42.
[8] BayObLG FGPrax 2003, 268.
[9] HM, KG OLGZ 65, 237; MünchKommBGB/*Wagenitz* Rn 18; *Soergel/Zimmermann* Rn 7.
[1] MünchKommBGB/*Wagenitz* Rn 5.
[2] BGH NJW 1956, 1148, 1149.
[3*] HM, KG KGJ 26, 18; OLG Schleswig SchlHA 1957, 31; *Keidel/Kuntze/Winkler* § 53 FGG Rn 6; aA KG KGJ 38, 44, 48; *Jansen* § 53 FGG Rn 14.

2. Aufteilung nach Wirkungskreisen. Sie kann nur durch **ausdrückliche Anordnung** des VormG erfolgen, die die zugewiesenen Wirkungskreise klar umschreiben muss und in der Bestallungsurkunde zu vermerken ist (§ 1791 Abs 2). Das VormG kann die gesamte Vormundschaft in selbständige Wirkungskreise aufteilen oder einem Vormund einen bestimmten Wirkungskreis zuteilen und es iÜ bei der gemeinschaftlichen Vormundschaft belassen. 5

In dem bestimmten Wirkungskreis ist jeder Vormund Einzelvormund, hat die **alleinige Vertretungsmacht** und haftet allein (§ 1833 Abs 1 S 1). Bei Meinungsverschiedenheiten der Mitvormünder, die mehrere Wirkungskreise betreffen, entscheidet das VormG, sofern nicht eine Anordnung nach Abs 3 vorliegt, gemäß § 1798 bzw in entsprechender Anwendung dieser Vorschrift. 6

3. Bestimmung der Eltern. Die in Abs 3 genannten Bestimmungen der Eltern sind nur unter den Voraussetzungen und in der Form des § 1777 (vgl dort) zulässig. Das VormG ist an die Bestimmungen, sofern sie nicht das Mündelinteresse gefährden, **gebunden;** für die Vormünder sind sie nur maßgeblich, wenn das VormG sie in seinen Bestellungsbeschluss aufnimmt. 7

4. Entsprechende Anwendung. § 1797 ist auf Gegenvormünder (§ 1792 Abs 4) und Pfleger (§ 1915 Abs 1) entspr anzuwenden. 8

§ 1798 Meinungsverschiedenheiten

Steht die Sorge für die Person und die Sorge für das Vermögen des Mündels verschiedenen Vormündern zu, so entscheidet bei einer Meinungsverschiedenheit über die Vornahme einer sowohl die Person als das Vermögen des Mündels betreffenden Handlung das Vormundschaftsgericht.

I. Normzweck

Die Norm entspricht § 1630 und regelt die Entscheidung von Meinungsverschiedenheiten in Angelegenheiten, die sowohl die Personen – als auch die Vermögenssorge betreffen, wenn beide Wirkungskreise **verschiedenen Vormündern** zugeteilt sind (§ 1797 Abs 2). 1

II. Einzelerläuterung

§ 1798 greift nur ein, wenn keine wirksame Bestimmung der Eltern nach § 1797 Abs 3 vorliegt. Zum Inhalt der Entscheidung des VormG und zum Beschwerderecht vgl § 1797 Rn 4. 2

Die Vorschrift ist entspr anwendbar, wenn die Personen- und Vermögenssorge verschiedenen Pflegern zusteht (§ 1915 Abs 1) sowie bei Meinungsverschiedenheiten zwischen Vormund und Pfleger, mehreren Mitvormündern oder Mitpflegern bei **anders aufgeteilten** Wirkungskreisen (allgM). 3

§ 1799 Pflichten und Rechte des Gegenvormunds

(1) ¹Der Gegenvormund hat darauf zu achten, dass der Vormund die Vormundschaft pflichtmäßig führt. ²Er hat dem Vormundschaftsgericht Pflichtwidrigkeiten des Vormunds sowie jeden Fall unverzüglich anzuzeigen, in welchem das Vormundschaftsgericht zum Einschreiten berufen ist, insbesondere den Tod des Vormunds oder den Eintritt eines anderen Umstands, infolgedessen das Amt des Vormunds endigt oder die Entlassung des Vormunds erforderlich wird.

(2) Der Vormund hat dem Gegenvormund auf Verlangen über die Führung der Vormundschaft Auskunft zu erteilen und die Einsicht der sich auf die Vormundschaft beziehenden Papiere zu gestatten.

I. Normzweck

§ 1799 regelt die Rechtsstellung des Gegenvormunds als **Kontroll- und Aufsichtsorgan** gegenüber dem Vormund. 1

II. Einzelerläuterung

Der Gegenvormund überwacht die Amtsführung des Vormunds. Er hat **kein eigenes Eingriffsrecht,** sondern kann und muss Pflichtwidrigkeiten des Vormunds sowie andere Umstände, die das Eingreifen des VormG erfordern (zB Tod des Vormunds, notwendige Pflegerbestellung) unverzüglich anzeigen[1]. Der Gegenvormund ist niemals gesetzlicher Vertreter des Mündels (§ 1792 Rn 1). 2

§ 1799 wird durch Einzelbestimmungen über die Rechte und Pflichten des Gegenvormunds ergänzt; so hat er beim **Vermögensverzeichnis** (§ 1802 Abs 1 S 2), bei der **Jahresrechnung** (§ 1842), bei der **Schlussrechnung** (§ 1892 Abs 1) sowie bei bestimmten Angelegenheiten der Vermögenssorge durch **Genehmigungen** (§§ 1809, 1810 S 1, 1812 Abs 1 S 1, 1824, 1832) mitzuwirken. Der Gegenvormund soll in den Fällen der §§ 1826, 1836 Abs 2 vom VormG angehört werden, unterliegt dessen Aufsicht 3

---

[1] BGH NJW 1956, 789.

§ 1801

(§ 1837) und ist ihm auskunftspflichtig (§§ 1839, 1891 Abs 2). Bei Pflichtverletzungen haftet er dem Mündel nach § 1833.

4 Abs 2 gibt dem Gegenvormund **keinen klagbaren Anspruch**; sein Auskunfts- und Einsichtsrecht hat das VormG vielmehr mit den Zwangsmitteln der §§ 1837, 1886 durchzusetzen[2].

III. Verfahren

5 Der Gegenvormund hat kein Beschwerderecht nach § 20 Abs 1 FGG aus eigenem Recht. Bei Ablehnung seiner Anregung, gegen den Vormund wegen Pflichtwidrigkeiten vorzugehen, steht ihm das Beschwerderecht nach § 57 Abs 1 Nr 6 FGG, gegen die Vergütungsfestsetzung für den Vormund aus § 57 Abs 1 Nr 7 FGG und iÜ im Interesse des Mündels aus § 57 Abs 1 Nr 9 FGG zu.

§ 1800 Umfang der Personensorge

Das Recht und die Pflicht des Vormunds, für die Person des Mündels zu sorgen, bestimmen sich nach §§ 1631 bis 1633.

I. Normzweck

1 Die Vorschrift gestaltet das dem Vormund nach § 1793 Abs 1 S 1 zustehende **Personensorgerecht** aus. Er hat diese Aufgabe wie die Eltern in eigener Verantwortung wahrzunehmen, ist aber einer stärkeren Kontrolle des Staates unterworfen[1].

II. Einzelerläuterung

2 Zu **Inhalt und Umfang** der Personensorge vgl die Erläuterungen zu §§ 1631 bis 1633.

3 Der Vormund ist berechtigt, aber nicht verpflichtet, den Mündel in den **eigenen Haushalt** aufzunehmen; in diesem Fall gelten auch die §§ 1618a, 1619, 1664 entspr (§ 1793 Abs 1 S 2). Im Rahmen des Aufenthaltsbestimmungsrechts ist er, wenn das im Interesse des Mündels erforderlich ist, befugt, dessen Aufenthaltsort auch gegenüber Verwandten zu verheimlichen[2*]. Zur Personensorge gehört bei außerhalb der Ehe geborenen Kindern auch die Ermittlung des Vaters und die Verfolgung der Ansprüche gegen ihn.

4 Die Durchführung einer nach § 1631b (zu den Voraussetzungen und zum Verfahren vgl dort) genehmigten Unterbringung des Mündels ist Sache des Vormunds[3].

5 Der Vormund bestimmt auch den **Umgang** des Mündels mit seinen Eltern und sonstigen Verwandten (§ 1632 Abs 2)[4]. Unterbindet er diesen Umgang ohne hinreichenden Grund (Gefährdung des Mündelwohls), handelt er pflichtwidrig[5].

§ 1801 Religiöse Erziehung

(1) Die Sorge für die religiöse Erziehung des Mündels kann dem Einzelvormund von dem Vormundschaftsgericht entzogen werden, wenn der Vormund nicht dem Bekenntnis angehört, in dem der Mündel zu erziehen ist.

(2) Hat das Jugendamt oder ein Verein als Vormund über die Unterbringung des Mündels zu entscheiden, so ist hierbei auf das religiöse Bekenntnis oder die Weltanschauung des Mündels und seiner Familie Rücksicht zu nehmen.

I. Normzweck

1 Die Vorschrift bezweckt den **Schutz** der religiösen Freiheit und Entwicklung des Mündels.

II. Einzelerläuterung

2 Abs 1 umfasst jede Form unterschiedlicher Zugehörigkeit zu Religionsgemeinschaften oder Weltanschauungsvereinigungen iS von Art 137 Abs 2 und 7 WRV. Die Bekenntnisverschiedenheit allein rechtfertigt den partiellen Sorgerechtsentzug nicht; sie muss vielmehr zu **gewichtigen Nachteilen** für die religiöse Entwicklung des Mündels führen[1*]. In diesem Fall ist für diesen Bereich ein **Pfleger** zu bestellen (§ 1909 Abs 1).

3 Nach Abs 2 haben Amts-. Vereinsvormund auf das religiöse Bekenntnis und die Weltanschauung des Mündels **Rücksicht** zu nehmen, zB durch Auswahl eines bekenntnisgleichen Sachbearbeiters oder

---

[2] AllgM, mit überzeugender Begr MünchKommBGB/*Wagenitz* Rn 7.
[1] BVerfGE 10, 302, 328.
[2*] KG OLGE 40, 100.
[3] *Soergel/Zimmermann* Rn 17.
[4] RGZ 153, 238, 243.
[5] AllgM, BayObLG OLGE 42, 115.
[1*] KG KGJ 46, 79.

Unterbringung in einer bekenntnisgleichen Pflegefamilie. Auch hier kommt es auf den Einzelfall an; entscheidend ist die Sicherung der religiösen Entwicklung und Selbstbestimmung des Mündels.

§ 1802 Vermögensverzeichnis

(1) ¹Der Vormund hat das Vermögen, das bei der Anordnung der Vormundschaft vorhanden ist oder später dem Mündel zufällt, zu verzeichnen und das Verzeichnis, nachdem er es mit der Versicherung der Richtigkeit und Vollständigkeit versehen hat, dem Vormundschaftsgericht einzureichen. ²Ist ein Gegenvormund vorhanden, so hat ihn der Vormund bei der Aufnahme des Verzeichnisses zuzuziehen; das Verzeichnis ist auch von dem Gegenvormund mit der Versicherung der Richtigkeit und Vollständigkeit zu versehen.
(2) Der Vormund kann sich bei der Aufnahme des Verzeichnisses der Hilfe eines Beamten, eines Notars oder eines anderen Sachverständigen bedienen.
(3) Ist das eingereichte Verzeichnis ungenügend, so kann das Vormundschaftsgericht anordnen, dass das Verzeichnis durch eine zuständige Behörde oder durch einen zuständigen Beamten oder Notar aufgenommen wird.

I. Normzweck

Das Vermögensverzeichnis gibt dem VormG die Grundlage für seine **Aufsichtstätigkeit** hinsichtlich der Vermögenssorge und bildet die Basis für die Jahresrechnungslegung (§ 1840) und die Schlussrechnung (§ 1896). Eine **Befreiung** des Vormunds von dieser Verpflichtung ist unzulässig[1]. 1

II. Einzelerläuterung

Stichtag für die Erfassung des vorhandenen Vermögens ist der Zeitpunkt der **Bestellung** des Vormunds, nicht schon, worauf der Gesetzeswortlaut hindeutet, die Anordnung der Vormundschaft, weil erst mit der Bestellung die Befugnis zur Vermögensverwaltung entsteht[2]. Nachträgliche Zu- und Abgänge sind zu ergänzen, es sei denn, sie erfolgen regelmäßig, wie zB Zinszahlungen; dann gehören sie in die Jahresrechnungslegung. 2

Zu verzeichnen ist das gesamte Mündelvermögen, also **alle Aktiva und Passiva.** Sachen sind genau zu bezeichnen[3], Grundstücke mit Grundbuchbezeichnung, Forderungen sind nach Betrag, Schuldner, Grund und Zins[4], Schulden unter Angabe ihrer Herkunft und des Zinssatzes aufzuführen[5]. Auch der Mündelanteil an einer ungeteilten Vermögensgemeinschaft gehört in das Verzeichnis[6], ebenso das unter Verwaltung Dritter (zB Testamentsvollstrecker) stehende Mündelvermögen[7]. Eine Pflicht, dem Verzeichnis Belege beizufügen, besteht nicht[8]; zur eidesstattlichen Versicherung ist der Vormund erst bei Ende der Vormundschaft gegenüber dem Mündel verpflichtet (§§ 1890, 260 Abs 2). Soweit ein **Gegenvormund** bestellt ist, hat er an dem Verzeichnis mitzuwirken und ebenfalls dessen Vollständigkeit zu versichern (Abs 2 S 2). 3

Den säumigen Vormund kann das VormG durch **Zwangsgeld** zur Erfüllung seiner Pflicht anhalten (§ 1837 Abs 3 S 1); es kann aber auch nach Abs 3 verfahren. Entstehen durch solche Pflichtwidrigkeiten des Vormunds Mehrkosten, haftet er nach § 1833. Im Übrigen trägt der Mündel die **Kosten** für das Verzeichnis, auch wenn der Vormund sich nach Abs 2 sachverständiger Hilfe bedient (allgM). 4

§ 1802 findet auf die Pflegschaft entsprechende Anwendung (§ 1915 Abs 1). 5

§ 1803 Vermögensverwaltung bei Erbschaft oder Schenkung

(1) Was der Mündel von Todes wegen erwirbt oder was ihm unter Lebenden von einem Dritten unentgeltlich zugewendet wird, hat der Vormund nach den Anordnungen des Erblassers oder des Dritten zu verwalten, wenn die Anordnungen von dem Erblasser durch letztwillige Verfügung, von dem Dritten bei der Zuwendung getroffen worden sind.
(2) Der Vormund darf mit Genehmigung des Vormundschaftsgerichts von den Anordnungen abweichen, wenn ihre Befolgung das Interesse des Mündels gefährden würde.
(3) ¹Zu einer Abweichung von den Anordnungen, die ein Dritter bei einer Zuwendung unter Lebenden getroffen hat, ist, solange er lebt, seine Zustimmung erforderlich und genügend. ²Die Zustimmung des Dritten kann durch das Vormundschaftsgericht ersetzt

---
[1] AllgM, RGZ 88, 264.
[2] LG Berlin DAVorm 1981, 311; MünchKommBGB/*Wagenitz* Rn 2.
[3] KG OLGE 24, 45.
[4] OLG Schleswig FGPrax 2004, 238, 239.
[5] RGZ 80, 65, 66.
[6] AllgM, KG KGJ 36, 38.
[7] AllgM, KG RJA 17, 34.
[8] KG KGJ 36, 38.

§ 1804 Buch 4. Abschnitt 3. Vormundschaft, rechtliche Betreuung, Pflegschaft

werden, wenn der Dritte zur Abgabe einer Erklärung dauernd außerstande oder sein Aufenthalt dauernd unbekannt ist.

I. Normzweck

1 Das Gesetz gewährt demjenigen, der dem Mündel unentgeltlich etwas zuwendet oder von Todes wegen hinterlässt, **Einfluss auf die Verwaltung** dieses Vermögens bis hin zum gänzlichen Ausschluss des Vormunds (§ 1909 Abs 1 S 2). § 1803 regelt Voraussetzungen und Grenzen derartiger Anordnungen.

II. Einzelerläuterung

2 § 1803 entspricht der Regelung des § 1639 Abs I für die elterliche Sorge, vgl daher die Erläuterungen dort. Die Vorschrift erfasst unentgeltliche Zuwendungen (Schenkung, Ausstattung) und den Erwerb von Todes wegen (gesetzliche und testamentarische Erbfolge, Vermächtnis, Pflichtteil). Wirksam sind die Anordnungen nur, wenn der Erblasser sie durch **letztwillige Verfügung**, der unter Lebenden Verfügende **zusammen mit der Zuwendung**, keinesfalls aber später, trifft.

3 Die Verwaltungsanordnungen können die Grenzen der gesetzlichen Vertretungsmacht des Vormunds nicht verändern, insbes kann der Kreis der **genehmigungsbedürftigen Rechtsgeschäfte** (§§ 1821 ff) weder erweitert noch eingeschränkt werden[1].

4 Von den Anordnungen darf der Vormund beim Erwerb von Todes wegen und in den Fällen der unentgeltlichen Zuwendung nach dem Tod des Zuwendenden gemäß Abs 2 bei Gefährdung des Mündelinteresses mit Genehmigung des VormG **abweichen**. Hierzu genügen nur unzweckmäßige Anordnungen ebenso wenig wie der Umstand, dass nicht der höchstmögliche Gewinn erzielt werden kann[2]. Das Jugendamt als **Amtsvormund** bedarf nicht der vormundschaftsgerichtlichen Genehmigung (§ 56 Abs 2 S 2 SGB VIII).

5 Solange derjenige lebt, der dem Mündel unentgeltlich etwas zugewendet hat, ist allein **seine Zustimmung** maßgeblich; die Gefährdung der Mündelinteressen ist unerheblich (Abs 3). Das VormG kann die Zustimmung nur unter den engen Voraussetzungen von Abs 3 S 2 ersetzen.

§ 1804 Schenkungen des Vormunds

¹**Der Vormund kann nicht in Vertretung des Mündels Schenkungen machen.** ²Ausgenommen sind Schenkungen, durch die einer sittlichen Pflicht oder einer auf den Anstand zu nehmenden Rücksicht entsprochen wird.

I. Normzweck

1 Die Vorschrift dient wie § 1641 bei der elterlichen Sorge dem **Schutz des Vermögens** des Minderjährigen. Abs 2 nimmt Pflicht- und Anstandsschenkungen von dem generellen Schenkungsverbot aus.

II. Einzelerläuterung

2 Vgl die Erläuterungen zu § 1641; zum **Schenkungsbegriff** diejenigen zu § 516.

3 Eine Zuwendung verliert nicht allein dadurch ihren unentgeltlichen Charakter, dass sie aus Dankbarkeit für die Pflegetätigkeit des Bedachten erfolgte[1*]. **Keine Unentgeltlichkeit** liegt vor bei einer Geldzuwendung zur Finanzierung von Besuchen beim Pflegling[2*]. Das Verbot des § 1804 gilt auch für gemischte Schenkungen[3] und für die Zustimmung des Mündels für eine Schenkung aus einem Gesamthandsvermögen, an dem er beteiligt ist[4], nicht aber für eine Schenkung des vertretungsberechtigten Gesellschafters einer Personengesellschaft, an der der Mündel beteiligt ist.

4 Der Verstoß gegen § 1804 S 1 bewirkt die **Nichtigkeit** der Schenkung, selbst wenn das VormG sie genehmigt hat[5]. Der Mündel kann auch nach Volljährigkeit nicht genehmigen, nur Neuvornahme mit Wirkung ex nunc (§ 141)[6]. Der Vormund kann auch nicht in Schenkungen einwilligen, die der beschränkt geschäftsfähige Mündel selbst vornimmt (§ 107)[7].

5 Ausgenommen sind lediglich Pflicht- oder Anstandsschenkungen (S 2). Zum Begriff vgl die Erläuterungen zu § 534[8]. Bei der Auslegung ist auf den Willen des Mündels Rücksicht zu nehmen[9].

6 Bei Betreuern betrifft das Schenkungsverbot nur solche, denen die Vermögenssorge übertragen ist[10].

---

[1] AllgM, KG KGJ 40, 227.
[2] MünchKommBGB/*Wagenitz* Rn 10.
[1*] OLG Hamm FamRZ 1985, 206, 207.
[2*] BayObLG Rpfleger 1988, 22, 23.
[3] OLG Hamm NJW-RR 1992, 1170.
[4] RGZ 91, 40.
[5] BayObLG Rpfleger 1988, 22; BayObLGZ 1996, 118, 120.
[6] HM, BayObLG Rpfleger 1988, 22, 23; OLG Hamm FamRZ 1985, 206, 207; aA nur *Canaris* JZ 1987, 993, 998, der § 1804 als verfassungswidrig ansieht und eine Genehmigung des VormG für möglich hält.
[7] OLG Stuttgart FamRZ 1969, 39, 4.
[8] Zu den Voraussetzungen vgl BayObLG FamRZ 1999, 47 f; Rpfleger 2003, 649, 650.
[9] OLG Karlsruhe FGPrax 2000, 145 in einer Betreuungssache.
[10] BayObLG BtPrax 2004, 149, 150.

Anlegung von Mündelgeld   § 1806

§ 1805 Verwendung für den Vormund

¹Der Vormund darf Vermögen des Mündels weder für sich noch für den Gegenvormund verwenden. ²Ist das Jugendamt Vormund oder Gegenvormund, so ist die Anlegung von Mündelgeld gemäß § 1807 auch bei der Körperschaft zulässig, bei der das Jugendamt errichtet ist.

I. Normzweck

§ 1805 bezweckt den Schutz des Mündelvermögens durch ein **generelles Verwendungsverbot** für den Vormund und den Gegenvormund. Im Interesse klarer Vermögensverhältnisse hat der Vormund das Mündelvermögen streng von seinem eigenen Vermögen und dem des Gegenvormunds zu **trennen**. Das VormG kann hiervon **keine Befreiung** erteilen. **1**

II. Einzelerläuterung

S 1 verbietet jegliche rechtliche oder faktische Überführung des Mündelvermögens in dasjenige des Vormunds oder Gegenvormunds, zB den Verbrauch oder Gebrauch von **Sachen**, die Einzahlung von **Mündelgeld** auf ein Konto, auch ein Anderkonto des Vormunds¹, die Verwendung von Mündelvermögen für eine **Gesellschaft** oder **Gemeinschaft**, an der Vormund oder Gegenvormund beteiligt sind, auch wenn die Verwendung entgeltlich erfolgt oder für den Mündel wirtschaftlich günstig ist. Ihrem Zweck nach ist die Vorschrift analog anwendbar, wenn der Vormund die **Arbeitskraft** des Mündels unentgeltlich über den erlaubten Umfang hinaus (§§ 1793 Abs 1 S 2, 1619) ausnutzt². **2**

Der Verstoß gegen § 1805 S 1 allein macht das Rechtsgeschäft **nicht nichtig** (vgl aber §§ 181, 1795)³. Das VormG hat nach §§ 1837, 1886 einzuschreiten; für Schäden haftet der Vormund nach § 1833. **3**

Zur Ausnahmevorschrift in S 2 für das **Jugendamt** als Vormund oder Gegenvormund vgl auch § 56 Abs 3 S 1 und 2 SGB VIII. **4**

§ 1805 ist auf den Pfleger entspr anwendbar (§ 1915 Abs 1). **5**

§ 1806 Anlegung von Mündelgeld

Der Vormund hat das zum Vermögen des Mündels gehörende Geld verzinslich anzulegen, soweit es nicht zur Bestreitung von Ausgaben bereitzuhalten ist.

I. Normzweck

Im Interesse der Erhaltung und Erweiterung des Mündelvermögens richtet sich das Gesetz vorrangig auf eine möglichst **risikolose Geldanlage**. Eine **Befreiung** des Vormunds kann nur nach § 1803 sowie unter den Voraussetzungen des § 1817 durch das VormG erfolgen, nicht aber durch Bestimmung der Eltern¹*. **1**

II. Einzelerläuterung

Die Vorschrift bezieht sich auf **Bargeld, Schecks** und **Buchgeld**²*, auch soweit es nach Beginn der Vormundschaft eingeht, nicht aber auf durch Dritte (zB Testamentsvollstrecker) verwaltetes Geld und den Anteil des Mündels an einer Gesamthand³*. Zur Art der Anlage vgl die Erläuterungen zu §§ 1807, 1809, 1811. **2**

Die Anlage in **Fonds** ist keine verzinsliche Anlage iS des § 1806; sie bedarf daher der Genehmigung des VormG gemäß § 1811 (allgM). Um eine solche genehmigungsbedürftige andere Anlage handelt es sich entgegen der hM in der Rspr auch, wenn der Vormund das Mündelgeld anderweit verwenden will, etwa zum Erwerb von Grundstücken oder anderen wertbeständigen **Sachen**⁴. Die auf Mot IV S 1110 gestützte gegenteilige Auffassung legt die Norm gegen ihren Sinn und Zweck aus, eine möglichst risikoarme Anlegung des Mündelgeldes zu sichern und stellt die Befolgung der §§ 1806, 1807 im Ergebnis in das Belieben des Vormunds. **3**

Von der Pflicht zur verzinslichen Anlage ist **bereit zu haltendes** Geld ausgenommen; das betrifft insbes das für den Unterhalt des Mündels, auch für Sonderbedarf, für die Erfüllung von Mündelverpflichtungen und für die laufenden Kosten der Vermögensverwaltung alsbald benötigte Geld. **4**

§ 1806 ist auf die Pflegschaft entspr anzuwenden (§ 1915 Abs 1). **5**

---

¹ AA für geringfügige laufende Einkünfte des Betreuten OLG Rostock FamRZ 2005, 1588 f.
² Palandt/*Diederichsen* Rn 1.
³ AllgM, RG JW 1917, 288.
¹* AllgM, BayObLGZ 22, 154.
²* MünchKommBGB/*Wagenitz* Rn 4; Soergel/*Zimmermann* Rn 1; Staudinger/*Engler* Rn 5.
³* MünchKommBGB/*Wagenitz* Rn 5.
⁴ Wie hier MünchKommBGB/*Wagenitz* Rn 8; Staudinger/*Engler* Rn 14 bis 16; Soergel/*Zimmermann* Rn 5; aA KG JW 1937, 637; OLG Frankfurt NJW 1953, 67.

§ 1807 Art der Anlegung

(1) Die im § 1806 vorgeschriebene Anlegung von Mündelgeld soll nur erfolgen:
1. in Forderungen, für die eine sichere Hypothek an einem inländischen Grundstück besteht, oder in sicheren Grundschulden oder Rentenschulden an inländischen Grundstücken;
2. in verbrieften Forderungen gegen den Bund oder ein Land sowie in Forderungen, die in das Bundesschuldbuch oder in das Landesschuldbuch eines Landes eingetragen sind;
3. in verbrieften Forderungen, deren Verzinsung vom Bund oder einem Land gewährleistet ist;
4. in Wertpapieren, insbesondere Pfandbriefen, sowie in verbrieften Forderungen jeder Art gegen eine inländische kommunale Körperschaft oder die Kreditanstalt einer solchen Körperschaft, sofern die Wertpapiere oder die Forderungen von der Bundesregierung mit Zustimmung des Bundesrates zur Anlegung von Mündelgeld für geeignet erklärt sind;
5. bei einer inländischen öffentlichen Sparkasse, wenn sie von der zuständigen Behörde des Landes, in welchem sie ihren Sitz hat, zur Anlegung von Mündelgeld für geeignet erklärt ist, oder bei einem anderen Kreditinstitut, das einer für die Anlage ausreichenden Sicherungseinrichtung angehört.

(2) Die Landesgesetze können für die innerhalb ihres Geltungsbereichs belegenen Grundstücke die Grundsätze bestimmen, nach denen die Sicherheit einer Hypothek, einer Grundschuld oder einer Rentenschuld festzustellen ist.

I. Normzweck

1 Für die in § 1806 vorgeschriebene verzinsliche Anlage von Mündelgeld enthält § 1807 eine **abschließende Aufzählung** mündelsicherer Anlageformen. Die Bedeutung der Vorschrift geht über das Vormundschaftsrecht hinaus, vgl zB §§ 234, 238, 1079, 1083 Abs 2, 1288, 2119 sowie § 108 ZPO.

II. Einzelerläuterung

2 **1. Auswahlentscheidung des Vormunds, Verstöße.** Unter den zugelassenen Anlageformen entscheidet der Vormund nach pflichtgemäßem Ermessen; wählt er schuldhaft nicht die beste Anlageart, kommt seine Haftung nach § 1833 in Betracht. Der **Verstoß** gegen § 1807 macht die Anlage nicht unwirksam, kann aber neben Schadensersatz zum Eingreifen des VormG nach § 1837, im Extremfall auch zur Entlassung des Vormunds (§ 1886) führen.

3 **2. Die einzelnen Anlageformen. a) Abs 1 Nr 1.** Den inländischen **Grundstücken** stehen gleich: **Erbbaurechte** (§§ 18 ff ErbbauRG), **Wohnungs- und Teileigentum** (allgM), **Bergwerkseigentum** sowie die nach **Landesrecht** den Grundstücken gleichgestellten Rechte, zB **Stockwerkseigentum**. Bis zu welcher **Höhe** die Grundstücksbelastung noch mündelsicher ist, wird teilweise nach Abs 2 im Landesrecht verbindlich geregelt (die Hälfte bis drei Fünftel des Grundstückswerts)[1] und ist ansonsten vom Vormund zu entscheiden. Der nur treuhänderische Erwerb einer Hypothek reicht nicht aus[2].

4 **b) Abs 1 Nr 2.** Über die Forderung muss eine **Urkunde** ausgestellt sein; Beispiele: Schuldverschreibungen, Anleihen, Schatzanweisungen, Wechsel und Darlehen gegen Schuldschein des Bundes oder der Länder, das Postsparbuch (allgM), Bundesschatzbriefe, nicht jedoch die Sparbücher einer Landesbank (allgM) und nach Umwandlung von Post und Bahn in AG auch nicht mehr deren danach entstandenen verbrieften Schuldverpflichtungen[3].

5 **c) Abs 1 Nr 3.** Es genügt, wenn die Haftung für die Zinsen übernommen wird. Beispiele: Schuldverschreibungen der Lastenausgleichsbank und Inhaberschuldverschreibungen der Kreditanstalt für Wiederaufbau[4].

6 **d) Abs 1 Nr 4.** Die Bundesregierung ist mit Zustimmung des Bundesrats berechtigt, Wertpapiere für mündelsicher zu erklären (Entscheidung der Bundesregierung vom 21. 6. 1950, BGBl I S 262), hat davon aber nur vereinzelt Gebrauch gemacht (zB Inhaberschuldverschreibungen der landwirtschaftlichen Rentenbank mit mindestens fünf Jahren Laufzeit, § 18 Abs 1, 3 des Gesetzes vom 15. 7. 1963, BGBl I S 466). Für **Pfandbriefe** und verwandte Schuldverschreibungen gilt die VO vom 7. 5. 1940 (RGBl I S 756 = BGBl III 404-12) sowie die VO über die Mündelsicherheit der Schiffspfandbriefe vom 18. 3. 1941 (RGBl I S 156 = BGBl III 404-13), zur **Sammelverwahrung** mündelsicherer Wertpapiere die VO vom 29. 9. 1939 (RGBl I S 1895 = BGBl III 4130-2). Schließlich sind nach Art 212 EGBGB **landesrechtliche Vorschriften** zur Mündelsicherheit in Kraft geblieben[5].

7 **e) Abs 1 Nr 5.** Ob Sparkassen als öffentlich anzusehen sind, bestimmt sich nach Landesrecht; alle Länder haben die diesen Namen führenden Kreditinstitute für **mündelsicher erklärt,** auch wenn sie privatrechtlich organisiert sind[6].

---

[1] Vgl die Zusammenstellung bei *Soergel/Zimmermann* Rn 19.
[2] RG JW 1938, 3167.
[3] *Palandt/Diederichsen* Rn 5.
[4] Vgl die Aufstellung bei *Sichtermann*, Das Recht der Mündelsicherheit, S 24.
[5] Vgl die Aufstellung bei *Soergel/Zimmermann* Rn 13.
[6] MünchKommBGB/*Wagenitz* Rn 18.

Ausreichenden **Einlagensicherungseinrichtungen** iS von Nr 5 gehören die Volks- und Raiff- 8
eisenbanken sowie die inländischen Privatbanken, aber auch die meisten inländischen Zweigniederlassungen ausländischer Banken an. In Zweifelsfällen erteilen die Landeszentralbanken Auskunft.

§ 1808 *(weggefallen)*

§ 1809 Anlegung mit Sperrvermerk

Der Vormund soll Mündelgeld nach § 1807 Abs. 1 Nr. 5 nur mit der Bestimmung anlegen, dass zur Erhebung des Geldes die Genehmigung des Gegenvormunds oder des Vormundschaftsgerichts erforderlich ist.

I. Normzweck

Die Vorschrift will verhindern, dass der Vormund **unkontrolliert** nach § 1807 Abs 1 Nr 5 angeleg- 1
tes Mündelgeld, das nach § 1813 Abs 1 Nr 2 und 3 nicht dem Genehmigungsvorbehalt des § 1812
unterliegt, **abhebt**.

II. Einzelerläuterung

§ 1809 legt dem Vormund die Verpflichtung auf, mit dem Geldinstitut zu vereinbaren, dass ohne 2
Genehmigung des Gegenvormunds oder des VormG **nicht schuldbefreiend** geleistet werden kann.
Die Norm gilt auch für Zinsen, wenn sie dem Kapital zugeschlagen sind und für bei Beginn der
Vormundschaft vorhandene, ohne Sperrvermerk angelegte Gelder[1]. Lehnt das Kreditinstitut die Sperr-
vereinbarung ab, darf der Vormund dort Mündelgeld nicht anlegen (allgM).
Die Vereinbarung nach § 1809 begrenzt die **Vertretungsmacht** des Vormunds; das Kreditinstitut 3
kann ohne Genehmigung nicht mit schuldbefreiender Wirkung leisten; § 808 ist eingeschränkt. Das gilt
auch, wenn der Sperrvermerk versehentlich nicht angebracht wurde[2].
Der **Verstoß** gegen § 1809 macht die Anlage nicht unwirksam; der Vormund haftet für Schäden 4
nach § 1833. Das VormG hat die Einhaltung der Verpflichtung auch außerhalb der periodischen
Rechnungslegung zu **überwachen**[3] und kann den Vormund zu ihrer Einhaltung mittels Zwangsgeld
anhalten[4].
§ 1809 gilt nicht für den Amts- und den Vereinsvormund (§ 1857a) und auch nicht bei der 5
befreiten Vormundschaft (§§ 1852 Abs 2 S 1, 1855). Befreiung nach den §§ 1803 und 1817 ist
möglich.

§ 1810 Mitwirkung von Gegenvormund oder Vormundschaftsgericht

[1]Der Vormund soll die in den §§ 1806, 1807 vorgeschriebene Anlegung nur mit Genehmigung des Gegenvormunds bewirken; die Genehmigung des Gegenvormunds wird durch die Genehmigung des Vormundschaftsgerichts ersetzt. [2]Ist ein Gegenvormund nicht vorhanden, so soll die Anlegung nur mit Genehmigung des Vormundschaftsgerichts erfolgen, sofern nicht die Vormundschaft von mehreren Vormündern gemeinschaftlich geführt wird.

I. Normzweck

Die Vorschrift unterstellt den Vormund bei der Geldanlage der **Kontrolle** des Gegenvormunds und 1
des VormG.

II. Einzelerläuterung

Es handelt sich um eine **Ordnungsvorschrift**, deren Verletzung nicht zur Unwirksamkeit der 2
Anlage führt; die §§ 1829 ff sind nicht anwendbar. Die Genehmigung kann formlos, auch gegenüber
der Anlegungsstelle, erklärt werden und auch nachträglich erfolgen (allgM). Die Genehmigung des
VormG ist gegenüber derjenigen des Gegenvormunds nicht subsidiär; der Vormund kann sich also
sofort an das VormG wenden. Dessen Genehmigung wird mit Bekanntmachung an den Vormund
wirksam (§ 16 Abs 1 FGG).
§ 1810 ist bei Amts- und Vereinsvormundschaft (§ 1857a) sowie bei befreiter Vormundschaft 3
(§§ 1852 Abs 2, 1855) nicht anwendbar; Befreiungen sind nach §§ 1803, 1817 zulässig.

---

[1] HM, MünchKommBGB/*Wagenitz* Rn 2; *Soergel/Zimmermann* Rn 5; *Palandt/Diederichsen* Rn 1; RGRK/*Dickescheid* Rn 5.
[2] AllgM, RG JW 1912, 353.
[3] RGZ 88, 266.
[4] BayObLG FamRZ 2005, 389 f.

§ 1811 Andere Anlegung

¹Das Vormundschaftsgericht kann dem Vormund eine andere Anlegung als die in § 1807 vorgeschriebene gestatten. ²Die Erlaubnis soll nur verweigert werden, wenn die beabsichtigte Art der Anlegung nach Lage des Falles den Grundsätzen einer wirtschaftlichen Vermögensverwaltung zuwiderlaufen würde.

I. Normzweck

1   Die Vorschrift erlaubt es dem Vormund, mit **Genehmigung** des VormG, die nur für die konkrete Anlage erteilt werden kann[1], Vermögen des Mündels anders als nach § 1807 anzulegen. Der frühere Hauptanwendungsfall von § 1811, die Anlage bei Privatbanken, bedarf idR keiner Genehmigung mehr (vgl § 1807 Rn 8).

II. Einzelerläuterung

2   Nach der hier vertretenen Auffassung betrifft § 1811 **jede** von den §§ 1806, 1807 **abweichende Anlage** von Mündelgeld, also neben Anlagen in Aktien oder Investmentanteilen auch solche durch den Erwerb von Sachen, den die hM für nicht genehmigungsbedürftig hält (vgl § 1806 Rn 3).

3   Die hM, die Genehmigung einer anderweitigen Anlage durch das VormG sei der **Ausnahmefall**[2], ist im Hinblick auf S 2 nicht haltbar[3]. Entscheidend sind vielmehr die Grundsätze einer **wirtschaftlichen Vermögensverwaltung** unter besonderer Berücksichtigung der **Sicherheit** der geplanten Anlage. Danach sind zB nicht genehmigungsfähig spekulative Anlagen jeder Art, Anlagen bei Kreditinstituten, die keinem Einlagesicherungssystem angehören oder die Anlage bei einer auf dem ausländischen Grundstücksmarkt tätigen KG[4].

4   Bestehen keine Sicherheitsbedenken, hat das VormG alle **Vor- und Nachteile** (Rendite, Wertsicherung, Steuern, zeitliche Bindung usw) abzuwägen und bei Überwiegen letzterer die Genehmigung zu verweigern, ansonsten idR zu erteilen. Zweifeln an Sicherheit oder Wirtschaftlichkeit der vorgesehenen Anlage ist durch ein Sachverständigengutachten nachzugehen[5]. Sind gegenüber der Anlage nach § 1807 weder signifikante Vorteile noch Nachteile gegeben, hält sich auch eine Versagung im Rahmen des Ermessens[6].

5   Auf die Genehmigung durch das VormG sind die §§ 1828 ff nicht anzuwenden; eine unter **Verstoß** gegen § 1811 getätigte Anlage ist wirksam. Der Vormund haftet ggf nach § 1833.

§ 1812 Verfügungen über Forderungen und Wertpapiere

(1) ¹Der Vormund kann über eine Forderung oder über ein anderes Recht, kraft dessen der Mündel eine Leistung verlangen kann, sowie über ein Wertpapier des Mündels nur mit Genehmigung des Gegenvormunds verfügen, sofern nicht nach den §§ 1819 bis 1822 die Genehmigung des Vormundschaftsgerichts erforderlich ist. ²Das Gleiche gilt von der Eingehung der Verpflichtung zu einer solchen Verfügung.

(2) Die Genehmigung des Gegenvormunds wird durch die Genehmigung des Vormundschaftsgerichts ersetzt.

(3) Ist ein Gegenvormund nicht vorhanden, so tritt an die Stelle der Genehmigung des Gegenvormunds die Genehmigung des Vormundschaftsgerichts, sofern nicht die Vormundschaft von mehreren Vormündern gemeinschaftlich geführt wird.

I. Normzweck

1   Die Norm dient dem Schutz des Mündelvermögens und schränkt hierzu die **gesetzliche Vertretungsmacht** des Vormunds ein.

II. Einzelerläuterung

2   **1. Anwendungsbereich.** Der Genehmigungsvorbehalt betrifft **sämtliche Verfügungen** und die entsprechenden **Verpflichtungsgeschäfte**, die der Vormund im Rahmen seiner gesetzlichen Vertretungsmacht hinsichtlich des Mündelvermögens vornimmt. § 1812 ist hingegen nicht anwendbar, wenn der Mündel durch Dritte vertreten wird, zB durch den vertretungsberechtigten Gesellschafter einer OHG oder KG, an der der Mündel beteiligt ist[1*] oder wenn der betreffende Vermögensgegenstand einer anderweitigen Verwaltung unterliegt, zB durch den Testamentsvollstrecker[2*].

---

[1] AllgM, RG JW 1917, 290.
[2] RGZ 128, 309; BayObLG JFG 5, 104, 106; OLG Frankfurt Rpfleger 1984, 14.
[3] MünchKommBGB/*Wagenitz* Rn 5; *Palandt/Diederichsen* Rn 3.
[4] LG Darmstadt NJW 1979, 274.
[5] OLG Schleswig OLGR 2000, 139; OLG Köln NJW-RR 2001, 577 betr Aktienfonds; OLG Frankfurt NJW-RR 2002, 1660 betr geschlossenen Immobilienfonds.
[6] MünchKommBGB/*Wagenitz* Rn 14.
[1*] MünchKommBGB/*Wagnitz* Rn 6.
[2*] AllgM, RGZ 106, 185, 186 f.

§ 1812

Keine Genehmigungspflicht nach § 1812 besteht, wenn das Geschäft schon nach den §§ 1819 bis 1822 der Genehmigung bedarf, in den Fällen des § 1813, bei befreiter Vormundschaft (§ 1852 Abs 2), bei Vereins- und Amtsvormundschaft (§ 1857 a) sowie nach Abs 3, wenn die Vormundschaft von mehreren Mitvormündern gemeinschaftlich geführt wird (§ 1792 Abs 1 S 1) und ein Gegenvormund nicht bestellt ist. Das VormG kann den Vormund nach § 1817 befreien und gemäß § 1827 eine allgemeine Ermächtigung für die von § 1812 umfassten Rechtsgeschäfte erteilen.

Versuche, den Anwendungsbereich von § 1812 durch eine an der Entstehungsgeschichte der Norm und ihrem Sinn und Zweck orientierte Auslegung auf Leistungsansprüche auf Geld oder Wertpapiere zu begrenzen[3] bzw solche Rechtsgeschäfte auszunehmen, die nicht der Vermögensverwaltung, sondern der Personensorge dienen[4], sind angesichts des klaren Gesetzeswortlauts abzulehnen. Im Übrigen besteht neben den gesetzlichen Befreiungen des § 1813 für das VormG die Möglichkeit, den Erfordernissen einer sinnvollen Vermögensverwaltung im Rahmen der §§ 1817 und 1827 im Einzelfall Rechnung zu tragen.

2. Verfügungsbegriff und -gegenstände. Unter **Verfügung** ist auch iS des § 1812 die Übertragung, Belastung, Aufhebung, Inhalts- und Rangänderung eines subjektiven Rechts zu verstehen (allgM).

Nach der Vorschrift sind daher zB **genehmigungspflichtig:** die Abtretung von Forderungen jeglicher Art[5], der Verzicht, Erlass[6] und das negative Schuldanerkenntnis, die Darlehensvergabe[7], die Änderung von Zahlungs- oder Zinsbestimmungen[8] sowie sonstiger Leistungsmodalitäten[9], die Annahme einer dem Mündel geschuldeten Leistung (vgl aber die Erläuterungen zu § 1813), die Aufrechnung[10] durch den Vormund sowie Löschungsbewilligungen, sofern sie nicht allein der Grundbuchberichtigung dienen[11].

Der Vorschrift unterliegen auch Ansprüche auf Herausgabe von Sachen, Verschaffung von Rechten, Beseitigung und Unterlassung von Rechtsbeeinträchtigungen sowie Auskunft und Rechnungslegung[12]. **Nicht genehmigungsbedürftig** ist hingegen nach hM die Abtretung des Herausgabeanspruchs zum Zwecke der Übereignung nach § 931, weil der Vormund bewegliche Sachen auch nach den §§ 929, 930 genehmigungsfrei übereignen kann[13].

Zu den **anderen Rechten,** kraft deren der Mündel eine Leistung verlangen kann, gehören zB Hypotheken, Grund- und Rentenschulden sowie Reallasten. Die Ausübung von **Gestaltungsrechten** wird der Genehmigungspflicht unterworfen, wenn die Gestaltungswirkung das Erlöschen oder die Veränderung eines Rechts iS des § 1812 bewirkt, zB Kündigung eines Darlehens des Mündels[14], Kündigung von Mietverträgen[15] oder Minderung bzw Rücktritt.

Prozesshandlungen und Zwangsvollstreckungsmaßnahmen unterfallen § 1812 nur dann, wenn sie zugleich materiellrechtliche Verfügungen enthalten, etwa die in der Klageerhebung liegende Kündigung, wegen seiner prozessual-materiellen Doppelnatur der Vergleich[16]. Für den Verzicht (§ 306 ZPO) soll das nicht gelten[17].

3. Verpflichtungsgeschäfte. Nach Abs 1 S 2 unterliegt auch jedes Geschäft, mit dem die **Verpflichtung** zu einer der in Rn 5 bis 9 genannten Verfügungen eingegangen wird, der Genehmigungspflicht. Die Genehmigung des Verpflichtungsgeschäfts umfasst regelmäßig auch die der entsprechenden Verfügung.

4. Genehmigungserteilung, Verfahren, Verstöße. Die Genehmigung erteilt der **Gegenvormund** oder das **VormG,** an das sich der Vormund unter Übergehung des Gegenvormunds auch sofort wenden kann[18]. Vgl iÜ zur Genehmigung und zum Verfahren die Erläuterungen zu § 1828.

Das vom Vormund ohne die erforderliche Genehmigung abgeschlossene Rechtsgeschäft ist mangels Vertretungsmacht **unwirksam;** es gelten die §§ 1828 bis 1832. Der Schuldner des Mündels kann an den nicht empfangsberechtigten Vormund nicht mit befreiender Wirkung leisten, selbst dann nicht, wenn die Leistung gegen Vorlage eines Legitimationspapiers iS des § 808 erfolgte[19], anders aber im Fall des § 366 HGB.

---

[3] *Soergel/Zimmermann* Rn 1.
[4] MünchKommBGB/*Wagenitz* Rn 13.
[5] AllgM, KG OLGE 25, 390.
[6] BGHZ 44, 325.
[7] OLG Köln FGPrax 1999, 26 f.
[8] BGHZ 1, 294, 305 = NJW 1951, 645, 648; aA für eine Stundungs- und Zinsübernahmeabrede OLG Hamm NJW-FER 1996, 37.
[9] Vgl die Beispiele bei MünchKommBGB/*Wagenitz* Rn 23.
[10] HM, OLG Celle OLGZ 1967, 483, 484; aA *Damrau* FamRZ 1984, 842, 847.
[11] BayObLG Rpfleger 1985, 24, 25.
[12] RG Recht 1913 Nr 2741; aA *Damrau* FamRZ 1984, 846.
[13] MünchKommBGB/*Wagenitz* Rn 17; *Soergel/Zimmermann* Rn 2.
[14] BGHZ 1, 294, 305 = NJW 1951, 645, 648.
[15] OLG Hamm FamRZ 1991, 605.
[16] AllgM, RGZ 56, 333.
[17] BGH LM ZPO § 306 Nr 1.
[18] *Soergel/Zimmermann* Rn 22.
[19] RGZ 79, 9; OLG Karlsruhe NJW-RR 1999, 230.

§ 1813 Genehmigungsfreie Geschäfte

(1) Der Vormund bedarf nicht der Genehmigung des Gegenvormunds zur Annahme einer geschuldeten Leistung:
1. wenn der Gegenstand der Leistung nicht in Geld oder Wertpapieren besteht,
2. wenn der Anspruch nicht mehr als 3000 Euro beträgt,
3. wenn Geld zurückgezahlt wird, das der Vormund angelegt hat,
4. wenn der Anspruch zu den Nutzungen des Mündelvermögens gehört,
5. wenn der Anspruch auf Erstattung von Kosten der Kündigung oder der Rechtsverfolgung oder auf sonstige Nebenleistungen gerichtet ist.

(2) ¹Die Befreiung nach Absatz 1 Nr. 2, 3 erstreckt sich nicht auf die Erhebung von Geld, bei dessen Anlegung ein anderes bestimmt worden ist. ²Die Befreiung nach Absatz 1 Nr. 3 gilt auch nicht für die Erhebung von Geld, das nach § 1807 Abs. 1 Nr. 1 bis 4 angelegt ist.

I. Normzweck

1   Die Vorschrift regelt für die grds § 1812 unterliegende **Leistungsannahme** einen Katalog von Tatbeständen, in denen sie ausnahmsweise keiner Genehmigung bedarf und räumt dem Vormund damit eine **größere Flexibilität** bei der Vermögensverwaltung ein. Allerdings werden die wichtigen Fälle von Abs 1 Nr 2 und 3 durch Abs 2 weitgehend von dieser Befreiung ausgenommen.

II. Einzelerläuterung

2   § 1813 Abs 1 bezieht sich dem Wortlaut nach nur auf die Leistungsannahme, der aber nach Sinn und Zweck der Norm gleichgestellt sind die **Aufrechnung** mit einer Mündelforderung, wenn der Vormund die Leistung genehmigungsfrei annehmen könnte und die **Kündigung,** wenn sie nötig ist, das Recht geltend zu machen und die Annahme der betreffenden Leistung genehmigungsfrei ist¹.

3   Nr 1 findet zB Anwendung bei Lieferung einer gekauften Sache oder der Annahme geschuldeter Dienste. Es kommt stets darauf an, was **tatsächlich** geleistet wird; die Vorschrift greift daher nicht ein, wenn statt der Lieferung der Sache Schadensersatz in Geld gezahlt wird oder Geld bzw Wertpapiere an Erfüllung statt geleistet werden².

4   Für Nr 2 ist die Höhe des **Gesamtanspruchs** maßgebend, nicht die einzelner Teilleistungen; das gilt auch bei **Bankkonten**³. Bei **Gesamthandforderungen** kommt es auf den Mündelanteil am Auseinandersetzungsguthaben an⁴. Zinsen und Kosten werden nicht einbezogen. Die Genehmigungsfreiheit entfällt nach Abs 2, wenn es sich um eine Anlage mit Sperrvereinbarung nach § 1809 handelt.

5   Wegen Abs 2 gilt Nr 3 nicht für in den Formen des § 1807 Abs 1 Nr 1 bis 4 sowie nach § 1807 Abs 1 Nr 5 mit Sperrvereinbarung nach § 1809 angelegtes Geld. In Betracht kommt vor allem Geld, das nur vorübergehend angelegt ist, weil es zur Bestreitung von Ausgaben bestimmt ist (vgl § 1806 Rn 4) sowie nach § 1811 ohne Sperrvermerk angelegtes Geld.

6   Zum Nutzungsbegriff iS von Nr 4 vgl die Erläuterungen zu § 100; Beispiele: **Hypothekenzinsen, Miet- und Pachtzahlungen.** Für Nutzungen gilt die Wertgrenze von Nr 2 nicht (allgM); darunter fallen nach Auffassung des BSG auch **Rentenzahlungen**⁵.

7   **Nebenleistungen** nach Nr 5 sind vor allem Zinsen, Kosten, Provisionen, Vertragsstrafen sowie Schadensersatz neben der geschuldeten Leistung. Ihre Höhe ist unerheblich⁶.

§ 1814 Hinterlegung von Inhaberpapieren

¹Der Vormund hat die zu dem Vermögen des Mündels gehörenden Inhaberpapiere nebst den Erneuerungsscheinen bei einer Hinterlegungsstelle oder bei einem der in § 1807 Abs. 1 Nr. 5 genannten Kreditinstitute mit der Bestimmung zu hinterlegen, dass die Herausgabe der Papiere nur mit Genehmigung des Vormundschaftsgerichts verlangt werden kann. ²Die Hinterlegung von Inhaberpapieren, die nach § 92 zu den verbrauchbaren Sachen gehören, sowie von Zins-, Renten- oder Gewinnanteilscheinen ist nicht erforderlich. ³Den Inhaberpapieren stehen Orderpapiere gleich, die mit Blankoindossament versehen sind.

I. Normzweck

1   Die Vorschrift trägt der besonderen **Verlustgefahr** dieser Papiere (§§ 932, 935) Rechnung und ist zwingend. Der Vormund kann jedoch, statt zu hinterlegen, auch nach § 1815 verfahren.

---

¹ MünchKommBGB/*Wagenitz* Rn 2 bis 4.
² HM, *Soergel/Zimmermann* Rn 3.
³ OLG Köln, FamRZ 1995, 187; aA LG Saarbrücken FamRZ 1992, 1348.
⁴ KG JFG 6, 267.
⁵ BSG MDR 1982, 698; aA MünchKommBGB/*Wagenitz* Rn 10.
⁶ *Soergel/Zimmermann* Rn 7.

II. Einzelerläuterung

Nach § 1814 zu hinterlegen sind: Schuldverschreibungen auf den Inhaber (§§ 793 ff), Grund- und Rentenschuldbriefe auf den Inhaber (§§ 1195, 1199, 1200), Inhaberaktien (§§ 10, 24 AktG), deren Erneuerungsscheine (§ 805), blanko indossierte Orderpapiere (§§ 363 ff HGB, Art 13, 14, 16, 77 WG, Art 15 ff ScheckG). 2

Nach Abs 2 sind Inhaberpapiere, die **verbrauchbare Sachen** sind (§ 92), von der Hinterlegungspflicht ausgenommen, zB Banknoten sowie die zu den Beständen eines Erwerbsgeschäfts gehörenden Blankowechsel und Inhaberschecks. Nicht hinterlegungspflichtig sind ferner die Inhaberzeichen (§ 807) und Legitimationspapiere (§ 808), insbes das **Sparbuch**. 3

Die Papiere müssen sich im **Alleineigentum und -besitz** des Mündels befinden; Miteigentum oder Gesamthandsberechtigung reichen nicht aus. 4

Hinterlegungsstellen sind die Amtsgerichte (§ 1 Abs 2 HintO) sowie alle in § 1807 Abs 1 Nr 5 genannten Kreditinstitute. Zulässig ist auch die **Sammelverwahrung** bei einer Wertpapiersammelbank (VO vom 29. 9. 1939, RGBl I S 1985 = BGBl III 4130-2). 5

Durch die Hinterlegung mit der Abrede des § 1814 unterliegt der Vormund der **Verpflichtungs- und Verfügungsbeschränkung** des § 1819; eine Herausgabe an ihn darf nur mit Genehmigung des VormG erfolgen. Durch die ungenehmigte Herausgabe wird die Hinterlegungsstelle nicht frei, auch dann nicht, wenn ein in der Banksatzung vorgeschriebener Sperrvermerk nicht angebracht wurde (vgl § 1809 Rn 3). Unterlässt der Vormund die Sperrabrede, verbleibt es bei § 1812. 6

Für **Verstöße** gegen die Hinterlegungspflicht haftet der Vormund nach § 1833. Zur Kontrollpflicht des VormG vgl § 1809 Rn 4. 7

§ 1814 gilt nicht bei Amts- und Vereinsvormundschaft sowie bei befreiter Vormundschaft (§§ 1852 ff, 1855). Befreiung des Vormunds ist nach § 1817 durch das VormG und gemäß § 1803 zulässig. 8

§ 1815 Umschreibung und Umwandlung von Inhaberpapieren

(1) ¹Der Vormund kann die Inhaberpapiere, statt sie nach § 1814 zu hinterlegen, auf den Namen des Mündels mit der Bestimmung umschreiben lassen, dass er über sie nur mit Genehmigung des Vormundschaftsgerichts verfügen kann. ²Sind die Papiere vom Bund oder einem Land ausgestellt, so kann er sie mit der gleichen Bestimmung in Schuldbuchforderungen gegen den Bund oder das Land umwandeln lassen.

(2) Sind Inhaberpapiere zu hinterlegen, die in Schuldbuchforderungen gegen den Bund oder ein Land umgewandelt werden können, so kann das Vormundschaftsgericht anordnen, dass sie nach Absatz 1 in Schuldbuchforderungen umgewandelt werden.

I. Normzweck

Die Norm dient der **Vermeidung** des umständlichen Hinterlegungsverfahrens nach § 1814. 1

II. Einzelerläuterung

Der Vormund hat nach Abs 1 zwei Möglichkeiten. Er kann das Inhaberpapiers auf den **Namen des Mündels** umschreiben lassen, wozu der Aussteller aber idR nicht verpflichtet ist (§ 806 S 2)[1]. Im Falle des Abs 1 S 2 kann er die Briefrechte auch in **Buchrechte** umwandeln lassen[2]. Letzteres kann das VormG nach Abs 2 – auch gegen den Willen des Vormunds – **anordnen**. 2

In jedem dieser Fälle muss die Umwandlung mit der Abrede erfolgen, dass künftige Verfügungen der **Genehmigung des VormG** bedürfen mit der Folge, dass der Vormund damit den Verfügungs- und Verpflichtungsbeschränkungen der §§ 1809, 1820 unterworfen ist, die sich aber nur auf das **Stammrecht** beziehen (allgM). 3

Zur Nichtanwendung und den Befreiungsmöglichkeiten vgl die Erläuterungen zu § 1814 Rn 8. 4

§ 1816 Sperrung von Buchforderungen

Gehören Schuldbuchforderungen gegen den Bund oder ein Land bei der Anordnung der Vormundschaft zu dem Vermögen des Mündels oder erwirbt der Vormund später solche Forderungen, so hat der Vormund in das Schuldbuch den Vermerk eintragen zu lassen, dass er über die Forderungen nur mit Genehmigung des Vormundschaftsgerichts verfügen kann.

I. Normzweck

Die Vorschrift verpflichtet den Vormund, bereits zum Mündelvermögen gehörende Buchforderungen und später erworbene ebenfalls den Beschränkungen des § 1815 zu unterwerfen. 1

---

[1] Zu anderweitigen landesrechtlichen Regelungen vgl MünchKommBGB/*Wagenitz* Rn 3.
[2] Zu den Schuldbuchgesetzen des Bundes und der Länder vgl MünchKommBGB/*Wagenitz* Rn 4.

II. Einzelerläuterung

2 Der Vormund hat die **Sperrabrede** von sich aus ohne Aufforderung des VormG zu vereinbaren; das VormG kann ihn hierzu durch Zwangsmittel anhalten, nicht aber selbst die Sperrung veranlassen[1].

3 Zu den **Wirkungen** der Sperrabrede vgl die Erläuterungen zu § 1809 Rn 3, zur **Unanwendbarkeit** der Vorschrift und zu den **Befreiungsmöglichkeiten** diejenigen zu § 1814 Rn 8.

§ 1817 Befreiung

(1) ¹Das Vormundschaftsgericht kann den Vormund auf dessen Antrag von den ihm nach den §§ 1806 bis 1816 obliegenden Verpflichtungen entbinden, soweit
1. der Umfang der Vermögensverwaltung dies rechtfertigt und
2. eine Gefährdung des Vermögens nicht zu besorgen ist.

²Die Voraussetzungen der Nummer 1 liegen im Regelfall vor, wenn der Wert des Vermögens ohne Berücksichtigung von Grundbesitz 6000 Euro nicht übersteigt.

(2) Das Vormundschaftsgericht kann aus besonderen Gründen den Vormund von den ihm nach den §§ 1814, 1816 obliegenden Verpflichtungen auch dann entbinden, wenn die Voraussetzungen des Absatzes 1 Nr. 1 nicht vorliegen.

I. Normzweck

1 Abs 1 soll die Vermögensverwaltung des Vormunds vereinfachen und dadurch auch die Bereitschaft zur Übernahme von Vormundschaften fördern[1*].

2 Abs 2 gibt dem VormG die Möglichkeit, den Vormund von den umständlichen und Kosten verursachenden Pflichten der §§ 1814, 1815 Abs 2 und 1816 zu **befreien**, wenn das Vermögen des Mündels dadurch nicht gefährdet erscheint.

II. Einzelerläuterung

3 Die **umfassende Befreiungsmöglichkeit** des Abs 1 setzt neben dem **Antrag** des Vormunds voraus, dass die Vermögensverwaltung nur einen relativ **geringen Umfang** hat und das Mündelvermögen **nicht gefährdet** erscheint. S 2 enthält eine gesetzliche Vermutung, wonach ein Vermögen von bis zu 6000 Euro (ohne Grundstücke) idR nur einen geringen Umfang der Vermögensverwaltung erfordert. Bei darüber liegenden Werten bedarf es entsprechender Feststellungen des VormG im Einzelfall. Eine Gefährdung des Mündelvermögens wird bei einem bislang zuverlässigen und vertrauenswürdigen Vormund zu verneinen sein; eine auf Ziff 2 gestützte Ablehnung der Befreiung bedarf konkreter Anhaltspunkte.

4 Abs 2 setzt **individuelle Gründe** voraus; dazu kann auch die besondere Zuverlässigkeit des Vormunds gehören, wenn sie dem VormG zB aus früheren Vormundschaften bekannt ist[2]. Zulässig ist auch eine nur **teilweise** Befreiung oder eine solche unter **Auflagen**.

§ 1818 Anordnung der Hinterlegung

Das Vormundschaftsgericht kann aus besonderen Gründen anordnen, dass der Vormund auch solche zu dem Vermögen des Mündels gehörende Wertpapiere, zu deren Hinterlegung er nach § 1814 nicht verpflichtet ist, sowie Kostbarkeiten des Mündels in der in § 1814 bezeichneten Weise zu hinterlegen hat; auf Antrag des Vormunds kann die Hinterlegung von Zins-, Renten- und Gewinnanteilscheinen angeordnet werden, auch wenn ein besonderer Grund nicht vorliegt.

I. Normzweck

1 § 1818 schafft für das VormG die Möglichkeit, die Hinterlegung auch von anderen als den in § 1814 bezeichneten Wertpapieren sowie von Kostbarkeiten anzuordnen.

II. Einzelerläuterung

2 Besondere Gründe für die Hinterlegungsanordnung nach HS 1 (Sparbücher, Grundpfandbriefe, Schmuck, Kunstgegenstände, Antiquitäten) können die **unsichere Verwahrung** beim Vormund[1**], aber auch Zweifel an dessen **Zuverlässigkeit** sein, ohne dass bereits die für die Entlassung nach § 1886

---

[1] MünchKommBGB/*Zimmermann* Rn 3; *Staudinger/Engler* Rn 2.
[1*] BT-Drucks 60/96 S 22.
[2] *Soergel/Zimmermann* Rn 4; *Staudinger/Engler* Rn 24 bis 27; aA RGZ 80, 252, 257; MünchKommBGB/*Wagenitz* Rn 12.
[1**] AllgM, MünchKommBGB/*Wagenitz* Rn 5.

Genehmigung für Geschäfte über Grundstücke, Schiffe oder Schiffsbauwerke § 1821

erforderliche Gewissheit über die Unzuverlässigkeit vorliegt[2]. Bei den Wertpapieren nach HS 2 genügt ein **Antrag** des Vormunds; ein besonderer Grund muss nicht vorliegen.

Die §§ 1852 ff sehen eine Befreiung von § 1818 nicht vor; die Vorschrift findet daher auch für den **befreiten Vormund** Anwendung, ohne dass das VormG zuvor nach § 1857 vorgehen muss[3]. Die Vorschrift gilt auch für den **Vereinsvormund**[4], nicht aber für das **Jugendamt** als Amtsvormund (§ 56 Abs 2 S 1 SGB VIII). 3

§ 1819 Genehmigung bei Hinterlegung

¹Solange die nach § 1814 oder nach § 1818 hinterlegten Wertpapiere oder Kostbarkeiten nicht zurückgenommen sind, bedarf der Vormund zu einer Verfügung über sie und, wenn Hypotheken-, Grundschuld- oder Rentenschuldbriefe hinterlegt sind, zu einer Verfügung über die Hypothekenforderung, die Grundschuld oder die Rentenschuld der Genehmigung des Vormundschaftsgerichts. ²Das Gleiche gilt von der Eingehung der Verpflichtung zu einer solchen Verfügung.

I. Normzweck

§ 1819 ist besonders für die Fälle von Bedeutung, in denen ohne Herausgabe – die schon nach den §§ 1814, 1818 genehmigungspflichtig ist – wirksam verfügt werden kann. 1

II. Einzelerläuterung

§ 1819 gilt nur, wenn der betreffende Gegenstand zum Zeitpunkt der Verfügung bzw Verpflichtung auf Grund der §§ 1814, 1818 **hinterlegt** ist. Trifft das, gleich aus welchem Grund, nicht zu, finden die §§ 1812, 1813 Anwendung (allgM). 2

Die Norm beschränkt die **gesetzliche Vertretungsmacht** des Vormunds; die §§ 1828 ff sind anwendbar. 3

Zu den genehmigungspflichtigen Verfügungen und Verpflichtungen vgl die Erläuterungen zu § 1812 Rn 5 bis 10, zum Genehmigungsverfahren diejenigen zu § 1828. 4

§ 1820 Genehmigung nach Umschreibung und Umwandlung

(1) Sind Inhaberpapiere nach § 1815 auf den Namen des Mündels umgeschrieben oder in Schuldbuchforderungen umgewandelt, so bedarf der Vormund auch zur Eingehung der Verpflichtung zu einer Verfügung über die sich aus der Umschreibung oder der Umwandlung ergebenden Stammforderungen der Genehmigung des Vormundschaftsgerichts.

(2) Das Gleiche gilt, wenn bei einer Schuldbuchforderung des Mündels der im § 1816 bezeichnete Vermerk eingetragen ist.

I. Normzweck

Die Vorschrift verhindert, dass der Genehmigungsvorbehalt der §§ 1815, 1816 über die Zwangsvollstreckung eingegangener Verpflichtungen **umgangen** wird. 1

II. Einzelerläuterung

§ 1820 ist nur in den Fällen der §§ 1815, 1816 anwendbar, nicht bei **außerhalb dieser Vorschriften** vom Vormund freiwillig vorgenommenen bzw nach § 1803 angeordneten Sperrmaßnahmen (allgM). Der Genehmigungspflicht unterliegen nur Verpflichtungen hinsichtlich des **Stammrechts**, nicht diejenige über Nebenleistungen, etwa Zinsen. Die Norm beschränkt wie § 1819 die **gesetzliche Vertretungsmacht** des Vormunds; das Genehmigungsverfahren richtet sich nach den §§ 1828 ff. 2

§ 1821 Genehmigung für Geschäfte über Grundstücke, Schiffe oder Schiffsbauwerke

(1) Der Vormund bedarf der Genehmigung des Vormundschaftsgerichts:
1. zur Verfügung über ein Grundstück oder über ein Recht an einem Grundstück;
2. zur Verfügung über eine Forderung, die auf Übertragung des Eigentums an einem Grundstück oder auf Begründung oder Übertragung eines Rechts an einem Grundstück oder auf Befreiung eines Grundstücks von einem solchen Recht gerichtet ist;

---

[2] AllgM, MünchKommBGB/*Wagenitz* Rn 5.
[3] MünchKommBGB/*Wagenitz* Rn 8; *Staudinger/Engler* Rn 15, 16; aA *Soergel/Zimmermann* Rn 2.
[4] HM, MünchKommBGB/*Wagenitz* Rn 8; *Staudinger/Engler* Rn 13, 14.

§ 1821

Buch 4. Abschnitt 3. Vormundschaft, rechtliche Betreuung, Pflegschaft

3. zur Verfügung über ein eingetragenes Schiff oder Schiffsbauwerk oder über eine Forderung, die auf Übertragung des Eigentums an einem eingetragenen Schiff oder Schiffsbauwerk gerichtet ist;
4. zur Eingehung einer Verpflichtung zu einer der in den Nummern 1 bis 3 bezeichneten Verfügungen;
5. zu einem Vertrag, der auf den entgeltlichen Erwerb eines Grundstücks, eines eingetragenen Schiffes oder Schiffsbauwerks oder eines Rechts an einem Grundstück gerichtet ist.

(2) Zu den Rechten an einem Grundstück im Sinne dieser Vorschriften gehören nicht Hypotheken, Grundschulden und Rentenschulden.

I. Normzweck

1 Die Vorschrift dient dem Schutz des Mündels und hat Bedeutung über das Vormundschaftsrecht hinaus; sie gilt für die Eltern (§ 1643 Abs 1), den Betreuer (§ 1908 i) und den Pfleger (§ 1915 Abs 1), vgl auch § 11 b Abs 1 S 5 VermG.

2 Neben den §§ 1821, 1822 sind **weitere Genehmigungsvorbehalte** im Gesetz verstreut, zB zur Ermächtigung zum selbstständigen Betrieb eines Erwerbsgeschäfts (§ 112 Abs 1 S 1), zum Abschluss eines Ehevertrags (§ 1411 Abs 1 S 3, Abs 2 S 2), zum Abschluss eines Erbvertrags (§ 2275 Abs 2 S 2), zu dessen Anfechtung (§ 2282 Abs 2), zur Anerkennung der Vaterschaft (§ 1596 Abs 1 S 3)[1].

3 Nach hM sind die §§ 1821, 1822 so auszulegen, dass im Interesse der Sicherheit des Rechtsverkehrs eine **eindeutige Abgrenzung** zwischen genehmigungspflichtigen und genehmigungsfreien Geschäften ermöglicht wird (sog rein formale Auslegung)[2].

II. Einzelerläuterung

4 **1. Allgemeiner Anwendungsbereich.** Genehmigungspflichtig sind alle zum Katalog des § 1821 gehörenden Rechtsgeschäfte, die der Vormund auf Grund seiner **gesetzlichen Vertretungsmacht** vornimmt und die das **Mündelvermögen**, auch bei Gesamthands- und Bruchteilsbeteiligung, betreffen. Der Genehmigung bedürfen derartige Geschäfte auch, wenn der beschränkt geschäftsfähige Mündel sie **selbst tätigt** und der Vormund **zustimmt** (§§ 107, 108); die **partielle Vollgeschäftsfähigkeit** der §§ 112, 113 macht die Genehmigung gleichfalls nicht entbehrlich. Bei Vertretung des Mündels durch **Dritte** vgl § 1812 Rn 2. Genehmigungspflichtig ist auch die Zustimmung des Mündels als **Nacherbe** zu einem entsprechenden Geschäft des Vorerben[3].

5 Dem Genehmigungsvorbehalt unterliegt die Zustimmung des Vormunds zu Verfügungen nicht berechtigter Dritter über das Mündelvermögen (§ 185), nicht jedoch die **Vollmachtserteilung** an einen Dritten, wohl aber das von dem Bevollmächtigten abgeschlossene Geschäft.

6 Zur Prozessführung und Zwangsvollstreckung vgl § 1812 Rn 9.

7 **2. Die einzelnen Fälle. a) Abs 1 Nr 1 – Verfügungen über Grundstücke und Grundstücksrechte.** Betroffen sind **Verfügungen** (zum Begriff vgl § 1812 Rn 5) über **Grundstücke** (auch Wohnungs- und Teileigentum sowie Erbbaurechte) und **dingliche Grundstücksrechte**, also Nießbrauch, Dienstbarkeiten, dingliche Vorkaufsrechte, Dauerwohnrecht und Reallasten. Ausgenommen sind nach Abs 2 Verfügungen über Hypotheken, Grund- und Rentenschulden, für die die §§ 1812, 1819 und 1822 Nr 10 gelten. Abs 1 Nr 1 gilt nicht für Rechte an Grundstücksrechten, etwa die Aufhebung des Nießbrauchs an einer Grundschuld[4].

8 **Belastungen** des Grundstücks sind grds genehmigungspflichtig, es sei denn, sie erfolgen in Zusammenhang mit dem – nicht unter Nr 1 fallenden – Grundstückserwerb[5]. Danach bedarf zB keiner Genehmigung die Bestellung einer **Restkaufpreishypothek** oder Grundschuld im Rahmen des Grundstückserwerbs durch den Mündel sowie die Einräumung eines vorbehaltenen Nießbrauchs oder Wohnrechts an den Schenker des Grundstücks[6]. Auch der Grundstückserwerb ist nicht deshalb nach Nr 1 genehmigungsbedürftig, weil das Grundstück mit Grundpfandrechten belastet ist (allgM). Zu den genehmigungspflichtigen Belastungen gehören neben der Bestellung von Grundpfandrechten auch die Bewilligung einer **Auflassungs- und Löschungsvormerkung**[7] und die Einräumung eines **dinglichen Vorkaufsrechts**. Die Belastung ist auch dann genehmigungspflichtig, wenn eine im Kaufvertrag enthaltene Belastungsvollmacht bereits genehmigt wurde[8].

9 **Inhaltsänderungen** an Grundpfandrechten, die an sich unter Abs 2 fallen, sind genehmigungsbedürftig, wenn sie Umfang und Modalitäten der Haftung des Mündelgrundstücks **verschärfen**, etwa die Erhöhung der Hypothekenzinsen[9].

---

[1] Zu weiteren Beispielen vgl MünchKommBGB/*Wagenitz* Rn 2, 3.
[2] BGHZ 38, 26, 28 = NJW 1962, 2344; BGH Rpfleger 1989, 281, 282.
[3] AllgM, RGZ 148, 385, 392.
[4] KG KGJ 40, 163, 166; zu weiteren Beispielen vgl MünchKommBGB/*Wagenitz* Rn 19.
[5] RGZ 108, 356, 362; BGH NJW 1998, 453.
[6] BGHZ 24, 372 = NJW 1957, 1187.
[7] HM, OLG Frankfurt NJW-RR 1997, 719.
[8] OLG Zweibrücken FGPrax 2005, 59.
[9] Zu weiteren Beispielen vgl MünchKommBGB/*Wagenitz* Rn 26.

Genehmigung für sonstige Geschäfte § 1822

b) Abs 1 Nr 2 – Verfügungen über grundstücksbezogene Forderungen. Umfasst sind der 10
Auflassungsanspruch, das **obligatorische Vorkaufsrecht**, soweit es übertragbar ist (§ 473), das
Wiederkaufsrecht (§ 456), **Ankaufs- und Optionsrechte**, das Recht aus dem **Meistgebot** in der
Zwangsversteigerung[10], nicht dagegen die **Annahme der Auflassung** zur Erfüllung des Übereignungsanspruchs des Mündels[11].

c) Schiffe und Schiffsbauwerke. Die Vorschrift gilt nur für im **Schiffsregister** eingetragene 11
Schiffe und Schiffsbauwerke; nicht registrierte werden als bewegliche Sachen behandelt (§§ 929 a,
932 a).

d) Abs 1 Nr 4 – Verpflichtungsgeschäft. Erfasst werden alle Geschäfte, aus denen für den Mündel 12
die Verpflichtung zu einer der in Nr 1 bis 3 aufgeführten Verfügungen entsteht. Nicht unter die
Regelung fällt die Schenkung eines Grundstücks, das belastet ist, bei der Übertragung belastet wird oder
hinsichtlich dessen sich der Schenker die Rechte aus §§ 528, 530 vorbehält. Für die Genehmigungsbedürftigkeit reicht jedoch die nur abstrakte Gefahr aus, dass der Mündel nicht nur mit dem geschenkten Gegenstand haftet[12].

e) Abs 1 Nr 5 – auf entgeltlichen Erwerb gerichtete Geschäfte. Nr 5 betrifft sämtliche auf den 13
entgeltlichen Erwerb von Grundstücken, Grundstücksrechten, eingetragenen Schiffen und Schiffsbauwerken gerichtete **Kausalgeschäfte**, auch das Bieten in der Zwangsversteigerung[13]. Die Vorschrift gilt
auch für **gemischte Schenkungen** und für Geschäfte, die als Schenkungen unter Auflage bezeichnet
werden, in Wahrheit aber entgeltlich sind, zB bei Übernahme persönlicher Verbindlichkeiten des
„Schenkers" durch den Mündel[14]. Für das Grundbuchverfahren ist Nr 5 ohne Bedeutung, weil sie nicht
die dingliche Rechtsänderung betrifft[15].

3. Genehmigungserteilung, Verfahren, Verstöße. Zur Genehmigung durch das VormG und 14
zum Verfahren vgl die Erläuterungen zu § 1828.

Das vom Vormund ohne die erforderliche Genehmigung abgeschlossene Rechtsgeschäft ist mangels 15
Vertretungsmacht **unwirksam**; es gelten die §§ 1828 bis 1832.

§ 1822 Genehmigung für sonstige Geschäfte

Der Vormund bedarf der Genehmigung des Vormundschaftsgerichts:
1. zu einem Rechtsgeschäft, durch das der Mündel zu einer Verfügung über sein Vermögen im Ganzen oder über eine ihm angefallene Erbschaft oder über seinen künftigen gesetzlichen Erbteil oder seinen künftigen Pflichtteil verpflichtet wird, sowie zu einer Verfügung über den Anteil des Mündels an einer Erbschaft,
2. zur Ausschlagung einer Erbschaft oder eines Vermächtnisses, zum Verzicht auf einen Pflichtteil sowie zu einem Erbteilungsvertrag,
3. zu einem Vertrag, der auf den entgeltlichen Erwerb oder die Veräußerung eines Erwerbsgeschäfts gerichtet ist, sowie zu einem Gesellschaftsvertrag, der zum Betrieb eines Erwerbsgeschäfts eingegangen wird,
4. zu einem Pachtvertrag über ein Landgut oder einen gewerblichen Betrieb,
5. zu einem Miet- oder Pachtvertrag oder einem anderen Vertrag, durch den der Mündel zu wiederkehrenden Leistungen verpflichtet wird, wenn das Vertragsverhältnis länger als ein Jahr nach dem Eintritt der Volljährigkeit des Mündels fortdauern soll,
6. zu einem Lehrvertrag, der für längere Zeit als ein Jahr geschlossen wird,
7. zu einem auf die Eingehung eines Dienst- oder Arbeitsverhältnisses gerichteten Vertrag, wenn der Mündel zu persönlichen Leistungen für längere Zeit als ein Jahr verpflichtet werden soll,
8. zur Aufnahme von Geld auf den Kredit des Mündels,
9. zur Ausstellung einer Schuldverschreibung auf den Inhaber oder zur Eingehung einer Verbindlichkeit aus einem Wechsel oder einem anderen Papier, das durch Indossament übertragen werden kann,
10. zur Übernahme einer fremden Verbindlichkeit, insbesondere zur Eingehung einer Bürgschaft,
11. zur Erteilung einer Prokura,
12. zu einem Vergleich oder einem Schiedsvertrag, es sei denn, dass der Gegenstand des Streites oder der Ungewissheit in Geld schätzbar ist und den Wert von 3000 Euro nicht übersteigt oder der Vergleich einem schriftlichen oder protokollierten gerichtlichen Vergleichsvorschlag entspricht,
13. zu einem Rechtsgeschäft, durch das die für eine Forderung des Mündels bestehende Sicherheit aufgehoben oder gemindert oder die Verpflichtung dazu begründet wird.

---

[10] *Brüggemann* FamRZ 1990, 5, 10.
[11] HM, RGZ 108, 356, 362; MünchKommBGB/*Wagenitz* Rn 34.
[12] OLG Köln NJW-RR 1998, 363.
[13] Zu weiteren Beispielen vgl MünchKommBGB/*Wagenitz* Rn 44.
[14] OLG Köln Rpfleger 1996, 446.
[15] BayObLG NJW-RR 1990, 87.

§ 1822 Buch 4. Abschnitt 3. Vormundschaft, rechtliche Betreuung, Pflegschaft

Übersicht

	Rn		Rn
I. Normzweck	1	e) Nr 5 – langfristige Miet- und Pachtverträge; Verträge über wiederkehrende Leistungen	17
II. Einzelerläuterung	2	f) Nr 6 und 7 – längerfristige Lehr-, Arbeits- und Dienstverträge	22
1. Allgemeiner Anwendungsbereich, Genehmigungsverfahren, Verstöße	2	g) Nr 8 – Kreditaufnahme	23
2. Die einzelnen Fälle	3	h) Nr 9 – Inhaberschuldverschreibungen, Wechsel, Orderpapiere	24
a) Nr 1 – Geschäfte über das Vermögen im Ganzen, eine Erbschaft und den Erb- oder Pflichtteil	3	i) Nr 10 – Übernahme einer fremden Verbindlichkeit, Bürgschaft	25
b) Nr 2 – Erbschaftsausschlagung, Pflichtteilsverzicht und Erbteilungsvertrag	6	j) Nr 11 – Prokura	28
c) Nr 3 – Erwerb oder Veräußerung eines Erwerbsgeschäfts; Gesellschaftsverträge	9	k) Nr 12 – Vergleich und Schiedsvertrag	29
d) Nr 4 – Pachtverträge über Landgüter und gewerbliche Betriebe	16	l) Nr 13 – Aufhebung und Minderung von Sicherheiten	31

I. Normzweck

1 Vgl die Erläuterungen zu § 1821 Rn 1 bis 3.

II. Einzelerläuterung

2 **1. Allgemeiner Anwendungsbereich, Genehmigungsverfahren, Verstöße.** Vgl die Erläuterungen zu § 1821 Rn 4 bis 6 und 14, 15.

3 **2. Die einzelnen Fälle. a) Nr 1 – Geschäfte über das Vermögen im Ganzen, eine Erbschaft und den Erb- oder Pflichtteil.** Die Vorschrift gilt nur für solche Geschäfte, bei denen der **Wille der Parteien** darauf gerichtet ist, das **Gesamtvermögen** zum Geschäftsgegenstand zu machen (**Gesamttheorie**); die bloße tatsächliche Übertragung von Einzelgegenständen reicht auch dann nicht aus, wenn sie das gesamte oder nahezu gesamte Vermögen des Mündels bilden[1]. Genehmigungsbedürftig ist nur das **Verpflichtungsgeschäft,** nicht die einzelnen Verfügungsakte zu seiner Erfüllung. Sind letztere nach anderen Vorschriften genehmigungspflichtig, bezieht sich die Genehmigung des Verpflichtungsgeschäfts auch auf sie.

4 Als Geschäft über eine Erbschaft gilt auch die Verpflichtung zur Verfügung über einen **angefallenen Erbteil** (§§ 2033, 1922 Abs 2), wobei hier auch die Verfügung genehmigungsbedürftig ist (letzter HS). Praktisch bedeutsam ist hier vor allem der **Erbschaftskauf** (§§ 2371, 2385); daneben fallen die Nießbrauchbestellung am Erbteil und der Verzicht auf einen Anspruch im Rahmen der Nachlassauseinandersetzung unter den Genehmigungsvorbehalt.

5 Verpflichtungen zur Verfügung über einen künftigen Erb- oder Pflichtteil sind ohnehin nur **eingeschränkt zulässig** (§ 311 b Abs 4 und 5) und bedürfen dann der Genehmigung durch das VormG.

6 **b) Nr 2 – Erbschaftsausschlagung, Pflichtteilsverzicht und Erbteilungsvertrag.** Die **Anfechtung der Erbschaftsannahme** gilt als Ausschlagung (§ 1957 Abs 1) und bedarf daher der Genehmigung, nicht aber die Anfechtung der Vermächtnisannahme (§ 1957 Abs 1 gilt hierfür nicht, § 2180 Abs 3). Die Genehmigung kann auch nach Ablauf der **Ausschlagungsfrist** noch erteilt werden[2].

7 Verzicht auf den Pflichtteil bezieht sich auf den bereits **entstandenen Pflichtteil,** der auf den künftigen unterliegt der Genehmigung durch das VormG nach §§ 2347 Abs 1, 2 S 2, 2346 Abs 2.

8 Erbteilungsverträge sind bei Beteiligung des Mündels an der Erbengemeinschaft genehmigungsbedürftig, auch wenn sie nur einen **Teil des Nachlasses** betreffen[3]. Keine Verfügung idS liegt vor, wenn die Erben einzelne Nachlassgegenstände veräußern und der Erlös ungeteilt im Nachlass verbleibt.

9 **c) Nr 3 – Erwerb oder Veräußerung eines Erwerbsgeschäfts; Gesellschaftsverträge. Erwerbsgeschäft** iS der Vorschrift ist der Inbegriff von Rechten und Rechtspositionen, welcher der Ausübung einer Erwerbstätigkeit dient; entscheidend ist die Absicht der **Gewinnerzielung,** ohne dass es auf die Art der Tätigkeit ankommt[4]. Unter die Vorschrift fallen mithin auch die Praxen von Freiberuflern jeglicher Art; soweit die Rspr die **Arztpraxis** ausgenommen hat, verdient das keine Zustimmung. Das Argument, sie werde wesentlich durch die Persönlichkeit des Arztes geprägt[5], trifft auf die meisten anderen Freiberufler (Rechtsanwalt, Steuerberater) ebenso zu[6]. Ein Erwerbsgeschäft verliert diese Eigenschaft nicht unbedingt durch eine vorübergehende Schließung, solange es noch als funktionsfähige Einheit existiert[7].

10 Die **Rechtsform** des Erwerbsgeschäfts ist unerheblich; der Genehmigungspflicht unterliegen daher auch Verträge über den Erwerb von Beteiligungen an einer OHG oder KG bzw deren Veräußerung[8].

---

[1] HM, BGH FamRZ 1957, 121; MünchKommBGB/*Wagenitz* Rn 3; *Soergel/Zimmermann* Rn 2.
[2] BayObLGZ 1969, 14.
[3] KG KGJ 42, 49.
[4] RGZ 133, 7, 11.
[5] RGZ 144, 1, 5.
[6] MünchKommBGB/*Wagenitz* Rn 11.
[7] BGHZ 7, 208.
[8] BGHZ 17, 160 = NJW 1955, 1067; RGZ 122, 370; OLG Bremen NJW-RR 1998, 376 f.

Genehmigung für sonstige Geschäfte § 1822

Den Erwerb und die Veräußerung von Beteiligungen an einer GmbH oder AG unterstellt die Rspr der Genehmigungspflicht, wenn den Mündel ein **Unternehmerrisiko** trifft, insbes bei Erwerb **sämtlicher Gesellschaftsanteile oder Aktien**[9], aber wegen des persönlichen Haftungsrisikos auch dann, wenn der Erwerb **vor Eintragung** der GmbH in das Handelsregister erfolgt. Der BGH hält die Veräußerung sämtlicher Gesellschaftsanteile für genehmigungsbedürftig, wenn an einer GmbH nur Minderjährige beteiligt sind oder deren Beteiligung 50% übersteigt[10].

Genehmigungsbedürftig sind der **entgeltliche Erwerb**[11] (nicht also der Schenkungsvertrag[12]) und die **Veräußerung**, nicht aber Verträge, die auf Auflösung des Erwerbsgeschäfts gerichtet sind (hM). 11

Der Genehmigung durch das VormG bedarf ferner der **Abschluss von Gesellschaftsverträgen,** auch wenn sie auf den **Beitritt** zu einer bestehenden Gesellschaft gerichtet sind[13], im Namen des Mündels zum Betrieb eines Erwerbsgeschäfts und zwar sowohl bei **Personengesellschaften** – bei der KG auch, wenn der Mündel nur Kommanditist werden soll[14] – als auch bei **Kapitalgesellschaften**. Auf den Betrieb eines Erwerbsgeschäfts gerichtet und damit genehmigungsbedürftig sind auch **Familiengrundstücksgesellschaften**[15]. 12

Unerheblich ist grds der **Anlass** der Gesellschaftsgründung. Allerdings hat die Rspr die Fälle, dass der Mündel einen Gesellschaftsanteil durch Erbfall auf Grund einer Nachfolgeklausel im Gesellschaftsvertrag erwirbt[16] oder eine Erbengemeinschaft ein Einzelhandelsgeschäft ohne Abschluss eines Gesellschaftsvertrages als OHG fortführt[17], nicht für genehmigungsbedürftig gehalten. Die dagegen im Hinblick auf die Entscheidung des BVerfG vom 13. 5. 1986[18] unter dem Aspekt des Selbstbestimmungsrechts des Minderjährigen erhobenen Bedenken dürften nach Inkrafttreten des MHBeG gegenstandslos sein, weil der Minderjährige nunmehr das **außerordentliche Kündigungsrecht** nach § 723 Abs 1 S 2, 3 Nr 2 hat und seine **Haftung** nach Maßgabe des § 1629 a **beschränken** kann. Nicht genehmigungsbedürftig sollen nach der Rspr des BGH **Änderungen** des Gesellschaftsvertrages sein[19]. 13

Über die Genehmigung hat das VormG unter Abwägung der wirtschaftlichen Vorteile und Risiken nach pflichtgemäßem Ermessen zu entscheiden[20]; zu berücksichtigen sind insbes die vertragliche Stellung des Mündels, aber auch die **Vermögensverhältnisse** und die charakterliche und fachliche Eignung der Mitgesellschafter[21]. 14

Die Versagung der Genehmigung führt zur **Nichtigkeit** des Vertrages (§ 1829) soweit der Mündel betroffen ist; ob ein Gesellschaftsvertrag hinsichtlich der übrigen Gesellschafter aufrechtzuerhalten ist, ergibt sich aus § 139. Die Grundsätze der **faktischen Gesellschaft** finden zu Lasten des Mündels keine Anwendung[22]. 15

d) **Nr 4 – Pachtverträge über Landgüter und gewerbliche Betriebe.** Zum Begriff des **Pachtvertrages** vgl die Erläuterungen zu § 581. Ob der Mündel **Pächter** oder **Verpächter** ist, ist ebenso unerheblich wie die **Pachtdauer**. Zum Begriff des **Landguts** vgl die Erläuterungen zu §§ 585 Abs 1, 98 Nr 2, zum **gewerblichen Betrieb** Rn 9. 16

e) **Nr 5 – langfristige Miet- und Pachtverträge; Verträge über wiederkehrende Leistungen.** Die Vorschrift erfordert die Genehmigung von **Dauerschuldverhältnissen,** die den Mündel länger als ein Jahr nach Volljährigkeit binden. 17

Die Genehmigungspflicht für Pachtverträge kann mit der aus Nr 4 zusammentreffen. Nr 5 gilt für Miet- und Pachtverträge über **bewegliche und unbewegliche** Sachen, nicht aber für einen Grundstückserwerb, durch den der Mündel nach §§ 581 Abs 2, 566 in bestehende Miet- und Pachtverträge eintritt[23]. 18

Verpflichtungen zu **wiederkehrenden Leistungen** werden zB begründet durch Versicherungsverträge, Ratensparverträge, Bausparverträge, Leibrenten- und Altenteilsverträge, Abzahlungsgeschäfte, Lehr- und Dienstverträge[24]. Nicht betroffen ist die einseitige Anerkennung der **gesetzlichen Unterhaltspflicht** und Verträge zu deren Konkretisierung (beachte aber Nr 12)[25]. 19

Das Vertragsverhältnis muss über die **Vollendung des 19. Lebensjahres** des Mündels hinaus fortdauern. Das ist auch dann der Fall, wenn der Mündel mit Wirkung für einen früheren Zeitpunkt kündigen kann, die Kündigung aber mit Nachteilen verbunden ist[26]. 20

---

[9] KG NJW 1976, 1946; OLG Hamm FamRZ 1984, 1036; vgl auch *Brüggemann* FamRZ 1990, 124, 126.
[10] BGH ZEV 2003, 375.
[11] Vgl die Übersicht bei *Fortun* NJW 1999, 754.
[12] BGH Rpfleger 1989, 281, 282.
[13] BayObLG FamRZ 1990, 208; OLG Braunschweig ZEV 2001, 75; aA *Damrau* ZEV 2000, 209.
[14] BGHZ 17, 160 = NJW 1955, 1067.
[15] BayObLGZ 1995, 230, 234; 1997, 113.
[16] BGHZ 55, 267, 269.
[17] RGZ 127, 153, 157.
[18] BVerfGE 72, 155 = NJW 1986, 1859.
[19] BGH NJW 1961, 724; BGHZ 38, 26 = NJW 1962, 2344; aA MünchKommBGB/*Wagenitz* Rn 28.
[20] BayObLGZ 1995, 230, 234; 1997, 113; OLG Frankfurt NJW-RR 1999, 1236.
[21] BayObLG FamRZ 1990, 208.
[22] BGH FamRZ 1983, 254.
[23] BGH NJW 1983, 1780.
[24] Zu weiteren Beispielen vgl MünchKommBGB/*Wagenitz* Rn 37.
[25] HM, vgl MünchKommBGB/*Wagenitz* Rn 38.
[26] HM, BGHZ 28, 78 = NJW 1958, 1393.

§ 1822 Buch 4. Abschnitt 3. Vormundschaft, rechtliche Betreuung, Pflegschaft

21 Ob ein Geschäft, zu dem das VormG die Genehmigung versagt, **teilwirksam** (bis zur Vollendung des 19. Lebensjahres) ist, beurteilt sich nach § 139[27].

22 **f) Nr 6 und 7 – längerfristige Lehr-, Arbeits- und Dienstverträge.** Die genannten Verträge sind auch dann genehmigungspflichtig, wenn sie auf **unbestimmte Zeit** geschlossen werden und nicht mit Wirkung spätestens zum Ablauf eines Jahres gekündigt werden können (allgM). Beide Vorschriften sind nicht anwendbar, wenn der Mündel **Arbeitgeber bzw Dienstherr** ist. Für das Jugendamt als **Amtsvormund** ist keine Genehmigung erforderlich (§ 56 Abs 2 S 2 SGB VIII).

23 **g) Nr 8 – Kreditaufnahme.** Die Vorschrift umfasst **jede Art der Kreditgewährung** unabhängig von der Rechtsform[28], also auch den Kontokorrentverkehr, den drittfinanzierten Kreditkauf[29], nicht aber den Abzahlungskauf[30]. Unerheblich ist, ob der Kredit dinglich gesichert ist und ob er verzinslich oder unverzinslich gewährt wird.

24 **h) Nr 9 – Inhaberschuldverschreibungen, Wechsel, Orderpapiere.** Die Norm betrifft die Ausstellung einer **Schuldverschreibung auf den Inhaber** (§§ 793 ff) und die Eingehung jeglicher Verbindlichkeit aus einem **Wechsel** oder einem **anderen Orderpapier** (§§ 363 ff, 444 ff, 642 ff, 784, 891 HGB). Eine erteilte Genehmigung kann auf der betreffenden Urkunde vermerkt werden; nur dann ist der Urkundenprozess zulässig (§ 592 ZPO). Eine allgemeine Ermächtigung nach § 1825 ist möglich.

25 **i) Nr 10 – Übernahme einer fremden Verbindlichkeit, Bürgschaft.** Die Vorschrift soll den Mündel vor der Haftung für eine fremde Schuld schützen; ihr Anwendungsbereich wird daher von der hM auf solche Verbindlichkeiten beschränkt, für deren Begleichung der Mündel **Ersatz vom Primärschuldner** verlangen kann[31]. Sie ist daher zB nicht anwendbar bei Haftung aus § 566 nach Grundstückserwerb[32], bei Übernahme eines Grundpfandrechts im Rahmen eines Grundstückskaufvertrages unter Anrechnung auf den Kaufpreis oder bei der Grundstücksschenkung[33].

26 Genehmigungsbedürftig sind insbes die **Bürgschaft,** die **Verpfändung** von Gegenständen des Mündelvermögens für fremde Verbindlichkeiten[34], die **Schuldübernahme,** der **Schuldbeitritt** und die **Erfüllungsübernahme,** wenn dem Mündel die Regressmöglichkeit zusteht sowie die Übernahme **gesamtschuldnerischer Haftung** für fremde Schuld[35].

27 Das VormG darf die Genehmigung nur erteilen, wenn die Übernahme der fremden Verbindlichkeit durch erhebliche **wirtschaftliche Interessen,** ausnahmsweise auch durch besonders **schwerwiegende persönliche Gründe** gerechtfertigt ist. Eine allgemeine Ermächtigung nach § 1825 ist zulässig.

28 **j) Nr 11 – Prokura.** Die Erteilung der Prokura ist nur genehmigungsbedürftig, wenn der Mündel selbst Inhaber des Handelsgeschäfts ist, nicht schon bei seiner Beteiligung an Personen- oder Kapitalgesellschaften[36]. Ist Prokura mit Genehmigung des VormG erteilt, kann der Prokurist alle im Rahmen seiner Vertretungsmacht anfallenden Geschäfte nunmehr **genehmigungsfrei** abschließen. Die nicht genehmigte Prokura ist auch dann **unwirksam,** wenn sie im Handelsregister eingetragen wurde[37]. Keiner Genehmigung bedarf die Erteilung **sonstiger Handlungsvollmachten** und die **Rücknahme** der Prokura (allgM). Nr 11 ist auf die Geschäftsführerbestellung nicht entsprechend anwendbar[38].

29 **k) Nr 12 – Vergleich und Schiedsvertrag.** Genehmigungsbedürftig sind der **Vergleich** (§ 779), auch der **Unterhaltsvergleich** und der **Schiedsvertrag** (§§ 1025 ff ZPO), nicht aber die Stimmabgabe für einen **Insolvenzplan** (§§ 237 ff InsO)[39]. Ist ein Prozessfinanzierungsvertrag wegen einer darin enthaltenen Schiedsvereinbarung genehmigungsbedürftig, hat das VormG das gesamte Geschäft zu prüfen[40]. Auch der **Prozessvergleich** bedarf der Genehmigung, es sei denn, er entspricht einem schriftlichen oder protokollierten gerichtlichen Vorschlag.

30 Keine Genehmigungspflicht, wenn der **Wert des Streits oder der Ungewissheit** in Geld schätzbar ist und 3000 Euro nicht übersteigt; die Wertberechnung erfolgt nach §§ 3 ff ZPO.

31 **l) Nr 13 – Aufhebung und Minderung von Sicherheiten.** Die Vorschrift betrifft sowohl das Verpflichtungs- als auch das Verfügungsgeschäft. Aufgabe einer Sicherung ist zB der Verzicht oder die Aufhebung von **Grundpfandrechten**[41], die Aufgabe von **Sicherungseigentum,** die Entlassung des **Bürgen** aus der Haftung. Als Minderung kommen in Betracht die **Umwandlung einer Verkehrs- in eine Sicherungshypothek** und der **Rangrücktritt**[42].

---

[27] Zu den Einzelheiten vgl MünchKommBGB/*Wagenitz* Rn 44.
[28] RG JW 1912, 590.
[29] HM, LG Mannheim NJW 1962, 1112.
[30] AllgM, BGH WM 1972, 698.
[31] RGZ 133, 7, 13; BayObLG FamRZ 1964, 526; ebenso die gesamte Kommentarliteratur.
[32] BGH NJW 1983, 1780.
[33] RGZ 110, 173, 175; KG JW 1935, 55.
[34] RGZ 63, 76.
[35] BGH WM 1972, 698; zu weiteren Beispielen vgl MünchKommBGB/*Wagenitz* Rn 64 und 65.
[36] KG RJA 12, 237.
[37] RG 127, 153, 158.
[38] OLG Düsseldorf RNotZ 2006, 244 f.
[39] *Palandt/Diederichsen* Rn 25.
[40] OLG Hamm FGPrax 2000, 228.
[41] KG OLGE 8, 359, 361; OLGE 10, 10.
[42] Zu weiteren Beispielen vgl MünchKommBGB/*Wagenitz* Rn 73, 74.

§ 1823 Genehmigung bei einem Erwerbsgeschäft des Mündels

Der Vormund soll nicht ohne Genehmigung des Vormundschaftsgerichts ein neues Erwerbsgeschäft im Namen des Mündels beginnen oder ein bestehendes Erwerbsgeschäft des Mündels auflösen.

I. Normzweck

Auch § 1823 dient dem Schutz des Mündels. 1

II. Einzelerläuterung

Zum Begriff des Erwerbsgeschäfts vgl § 1822 Rn 9. Genehmigungsbedürftig ist nur der **Neubeginn** oder die **Auflösung** eines Erwerbsgeschäfts, nicht aber die **Fortführung** oder die **Änderung** eines bestehenden. Eine Fortführung liegt nur vor, wenn dem Mündel das Erwerbsgeschäft durch **Schenkung** oder **Erbfolge** zufällt oder er bei einer Gesellschaft durch **unmittelbare Gesamtrechtsnachfolge** ohne rechtsgeschäftlichen Übertragungsakt Gesellschafter wird. Demgegenüber handelt es sich bei der Wahrnahme sogenannter **Eintrittsrechte** um den Neubeginn eines Erwerbsgeschäfts[1]. Auflösung eines Erwerbsgeschäfts ist auch der **Auflösungsbeschluss** einer Personengesellschaft, die **Veräußerung einer Beteiligung** und die **Kündigung** des Gesellschaftsvertrages (allgM). 2

§ 1823 ist auf die Pflegschaft (§ 1915 Abs 1) entspr anwendbar. 3

§ 1824 Genehmigung für die Überlassung von Gegenständen an den Mündel

Der Vormund kann Gegenstände, zu deren Veräußerung die Genehmigung des Gegenvormunds oder des Vormundschaftsgerichts erforderlich ist, dem Mündel nicht ohne diese Genehmigung zur Erfüllung eines von diesem geschlossenen Vertrags oder zu freier Verfügung überlassen.

I. Normzweck

Auch § 1824 dient dem Schutz des Mündelvermögens. 1

II. Einzelerläuterung

Ohne die erforderliche Genehmigung tritt die gesetzliche Fiktion des § 110 nicht ein; der Vertrag bleibt **unwirksam**. Die Genehmigung des VormG ersetzt diejenige des Gegenvormunds. 2

Die Vorschrift ist auf die Pflegschaft entspr anwendbar (§ 1915 Abs 1); für die elterliche Sorge gilt § 1644. 3

§ 1825 Allgemeine Ermächtigung

(1) Das Vormundschaftsgericht kann dem Vormund zu Rechtsgeschäften, zu denen nach § 1812 die Genehmigung des Gegenvormunds erforderlich ist, sowie zu den in § 1822 Nr. 8 bis 10 bezeichneten Rechtsgeschäften eine allgemeine Ermächtigung erteilen.

(2) Die Ermächtigung soll nur erteilt werden, wenn sie zum Zwecke der Vermögensverwaltung, insbesondere zum Betrieb eines Erwerbsgeschäfts, erforderlich ist.

I. Normzweck

Die Vorschrift dient der **Erleichterung des Geschäftsverkehrs**, insbes hinsichtlich eines Erwerbsgeschäfts des Mündels. 1

II. Einzelerläuterung

§ 1825 ist gegenüber dem Grundsatz der Genehmigung des Einzelgeschäfts eine **Ausnahmevorschrift**; die Ermächtigung erfordert mithin besondere Gründe, wobei es maßgeblich auf die **Häufigkeit** der genehmigungspflichtigen Geschäfte, aber auch auf die **Vertrauenswürdigkeit** und **Zuverlässigkeit** des Vormunds ankommt. Nur für die in Abs 1 genannten Geschäfte ist die Ermächtigung zulässig; eine darüber hinausgehende allgemeine Ermächtigung ist **unwirksam**. 2

Die Ermächtigung wird dem Vormund gegenüber erteilt und muss **ausdrücklich** erfolgen. Ein Vermerk auf der Bestallungsurkunde ist sinnvoll. Gegen die Erteilung der Ermächtigung steht dem Gegenvormund das Beschwerderecht zu. 3

Die Vorschrift ist auf die Pflegschaft entspr anwendbar (§ 1915 Abs 1); für die Eltern vgl § 1643 Abs 3. 4

---

[1] KG JW 1933, 118.

§ 1826 Anhörung des Gegenvormunds vor Erteilung der Genehmigung

Das Vormundschaftsgericht soll vor der Entscheidung über die zu einer Handlung des Vormunds erforderliche Genehmigung den Gegenvormund hören, sofern ein solcher vorhanden und die Anhörung tunlich ist.

I. Normzweck

1 Das Anhörungsrecht dient der **Sachaufklärung** des VormG.

II. Einzelerläuterung

2 § 1826 gilt **für sämtliche Entscheidungen** des VormG über Genehmigungen, auch zu tatsächlichen Handlungen (§ 1813) und wenn es um die Ersetzung der Genehmigung des Gegenvormunds geht (§§ 1810 S 1, 1812 Abs 2).

3 Die Anhörung kann mündlich oder schriftlich erfolgen. Sie kann unterbleiben, wenn sie unter Berücksichtigung der Bedeutung der zu erteilenden Genehmigung unverhältnismäßige **Kosten** oder eine nicht zu vertretende **Verzögerung** verursachen würde. Wird die Anhörung unterlassen, steht dem Gegenvormund aus diesem Grund – nicht wegen der Nichtberücksichtigung seiner Auffassung – ein eigenes **Beschwerderecht** (§ 20 FGG) zu[1].

§ 1827 *(weggefallen)*

§ 1828 Erklärung der Genehmigung

Das Vormundschaftsgericht kann die Genehmigung zu einem Rechtsgeschäft nur dem Vormund gegenüber erklären.

I. Normzweck

1 Die **zwingende** Vorschrift will dem Vormund die **Wahl** lassen, ob er von der erteilten Genehmigung Gebrauch macht[1*]. Sie ist in allen Fällen anwendbar, in denen die Genehmigung des VormG **Wirksamkeitsvoraussetzung** für das vom Vormund selbst oder vom Mündel mit Zustimmung des Vormunds abgeschlossene Geschäft ist, nicht aber bei Ordnungsvorschriften (§§ 1810, 1823) und im Fall des § 1811 (vgl § 1811 Rn 5)[2]. § 1828 gilt nicht, wenn das VormG eine Erklärung des Vormunds ersetzt (zB § 113 Abs 3), wohl aber, wenn die Genehmigung des Gegenvormunds erforderlich ist und das VormG sie ersetzt.

II. Einzelerläuterung

2 **1. Begriff und Rechtscharakter der Genehmigung.** Genehmigung iS des § 1828 ist die **vorherige und nachträgliche Zustimmung** des VormG zu einem Rechtsgeschäft, das für das Mündel vorgenommen werden soll. Es handelt sich um einen **hoheitlichen Akt,** der Bestandteil des genehmigungsbedürftigen Rechtsgeschäfts ist, selbst aber **keine privatrechtliche Willenserklärung** darstellt[3]. Die Vorschriften des BGB über Willenserklärungen sind daher weder direkt noch analog anwendbar; insbes scheidet die **Anfechtung** einer Genehmigung aus[4]. Die **Korrektur** fehlerhafter Genehmigungen erfolgt ausschließlich nach den §§ 18, 55, 62 FGG. Die Genehmigung ist an eine bestimmte Form nicht gebunden; sie kann auch durch schlüssiges Verhalten, nicht aber durch Schweigen iS bloßer Untätigkeit des VormG erteilt werden[5].

3 **2. Entscheidungskriterien.** Maßgebend für die Entscheidung des VormG ist das **Mündelinteresse** zum Zeitpunkt der Entscheidung, bei dessen Beurteilung dem VormG **Ermessensspielraum** zusteht[6]. Ohne Belang sind die Interessen des Vormunds oder Dritter, auch die der Verwandten sowie öffentliche Interessen[7]. Das VormG hat zunächst die **Zulässigkeit** des Geschäfts zu prüfen; gesetz- oder sittenwidrige Geschäfte sind nicht genehmigungsfähig[8]. Sodann sind Vor- und Nachteile, insbes auch Risiken

---

[1] HM, MünchKommBGB/*Wagenitz* Rn 6; *Palandt/Diederichsen* Rn 1; *Staudinger/Engler* Rn 5; *Soergel/Zimmermann* Rn 2.
[1*] RGZ 130, 148, 151.
[2] RG JW 1938, 3167.
[3] RGZ 99, 73, 74; MünchKommBGB/*Wagenitz* Rn 5; *Soergel/Zimmermann* Rn 5, 6.
[4] MünchKommBGB/*Wagenitz* Rn 5; *Soergel /Zimmermann* Rn 6; aA RGZ 137, 324, 345; OLG Stuttgart BWNotZ 1956, 196.
[5] MünchKommBGB/*Wagenitz* Rn 7; aA die hM, RGZ 137, 324, 345; BayObLG Rpfleger 1985, 235.
[6] HM, BayObLG FamRZ 1957, 266, 267; ZEV 1998, 107 m Anm *Hettler*; OLG Bremen FamRZ 1962, 209; OLG Schleswig FGPrax 2004, 74; aA – unbestimmter, im Rechtsbeschwerdeverfahren voll überprüfbarer Rechtsbegriff – OLG Karlsruhe FamRZ 1973, 378; OLG Frankfurt FGPrax 2004, 284.
[7] MünchKommBGB/*Wagenitz* Rn 18.
[8] KG JFG 14, 249; OLG Frankfurt FGPax 2004, 284.

Erklärung der Genehmigung § 1828

des Geschäfts sowie seine Zweckmäßigkeit und Nützlichkeit gegeneinander abzuwägen. Die Genehmigung ist nach Vornahme der erforderlichen Ermittlungen zu erteilen, wenn keine Anhaltspunkte dafür vorliegen, das Geschäft diene nicht dem **Wohl des Mündels**. In die Abwägung sind nicht nur **wirtschaftliche**, sondern auch **ideelle** Gesichtspunkte einzubeziehen. In Betracht kommt etwa die idR auch im Mündelinteresse liegende Wahrung des Familienfriedens[9], soweit sich dahinter nicht nur egoistische Interessen anderer Familienmitglieder verbergen[10].

3. Erteilung, Umfang und Wirkung der Genehmigung. Die Genehmigungserteilung kann anders als nach § 182 nur dem zum Zeitpunkt der Entscheidung **amtierenden Vormund** gegenüber erfolgen und wird durch Bekanntgabe an ihn wirksam (§ 16 Abs 1 FGG). Das gilt auch, wenn der Mündel selbst mit Zustimmung des Vormunds ein genehmigungspflichtiges Geschäft getätigt hat (allgM). Abweichende Parteivereinbarungen sind unwirksam (vgl Rn 1). Der Vormund kann aber eine andere Person, zB den Notar, zum Empfang der Genehmigung **bevollmächtigen**. 4

Die Genehmigung bezieht sich auf das **einzelne Rechtsgeschäft**, allerdings umfasst die Genehmigung des Verpflichtungsgeschäfts diejenige der zu dessen Erfüllung nötigen Verfügungen; die Genehmigung einer Verfügung bezieht sich dann auf das Kausalgeschäft, wenn letzteres dem VormG bekannt war[11]. Die Genehmigung erstreckt sich auf das Rechtsgeschäft nur mit dem Inhalt, wie er dem VormG vorgelegt wurde; daneben getroffene Abreden gelten als nicht genehmigt[12]. Bei Grundstücksgeschäften wird die fehlende Genehmigung nicht durch Auflassung und Eintragung geheilt. 5

Durch die Genehmigung ist der Vormund an das genehmigte Rechtsgeschäft **nicht gebunden**; es liegt nach wie vor in seiner freien Entscheidung, ob das Geschäft abschließen bzw dem bereits abgeschlossenen Geschäft durch Mitteilung der Genehmigung an den Partner (§ 1829 Abs 1 S 2) zur Wirksamkeit verhelfen will. Die Genehmigung des VormG heilt keine **materiellen Mängel** des genehmigten Rechtsgeschäfts, das also trotz Genehmigung wegen Gesetzes- oder Sittenwidrigkeit, Dissens oder Anfechtung nichtig sein kann. Auch eine **Überschreitung des Wirkungskreises** des Vormunds wird durch die Genehmigung nicht geheilt[13]. 6

4. Verfahren. Die Genehmigung wird idR auf Antrag des Vormunds erteilt, kann aber auch auf Anregung eines Dritten, etwa des Geschäftsgegners erfolgen, dann aber **nicht ohne oder gar gegen den Willen des Vormunds**[14]. Über die Genehmigung entscheidet der **Rechtspfleger** (§§ 3 Nr 2 a, 14 Nr 9 RPflG), der den Sachverhalt von Amts wegen zu erforschen hat (§ 12 FGG). Das VormG – nicht das FamG – ist auch für die Genehmigung solcher Geschäfte zuständig, die ein für die Vertretung minderjähriger Kinder wegen Verhinderung der Eltern bestellte Ergänzungspfleger geschlossen hat[15]. **Anzuhören** sind der Gegenvormund (§ 1826), Verwandte und Verschwägerte (§ 1847), der Mündel (§ 50 b Abs 1 bis 4 FGG) und die Mündeleltern (§ 50 a Abs 2 bis 4 FGG). 7

Eine erteilte Genehmigung (oder ihre Verweigerung) kann nicht mehr nach § 18 FGG geändert oder widerrufen werden, wenn sie dem Geschäftsgegner gegenüber Wirksamkeit erlangt hat, etwa durch Mitteilung an ihn (§§ 55 Abs 1, 62 FGG). Eine gleichwohl vorgenommene Änderung ist grds **nichtig**[16]. Das gilt ausnahmsweise nicht, wenn dem VormG so zahlreiche und schwere Rechtsverstöße unterlaufen sind, dass von einem rechtsstaatlichen Anforderungen genügenden Genehmigungsverfahren nicht mehr ausgegangen werden kann[17]. Allerdings hat das BVerfG die §§ 55, 62 FGG insoweit mit Art 19 Abs 4 GG für unvereinbar erklärt, als sie den in ihren Rechten Betroffenen jede Möglichkeit verwehren, Entscheidungen des Rechtspflegers einer richterlichen Prüfung zu unterziehen[18]. In solchen Fällen bleiben die Beschwerde und die weitere Beschwerde gegen die – an sich wirksame – Genehmigung zulässig, wenn der Rechtspfleger sie nicht durch Vorbescheid angekündigt hat[19]. Gegen den die Genehmigung ankündigenden Vorbescheid ist stets Beschwerde und weitere Beschwerde zulässig[20], es sei denn nach Durchführung des Vorbescheidsverfahrens wird die Genehmigung erteilt und ist gegenüber dem Dritten wirksam[21]. 8

Gegen die **Versagung** der Genehmigung sind beschwerdeberechtigt: der **Vormund** aus eigenem Recht (§ 20 FGG) und als Vertreter des Mündels, der **Mündel** selbst (§§ 20, 59 FGG), der **Gegenvormund** wegen Verletzung seines Anhörungsrechts aus § 1826 sowie bei Angelegenheiten der Personensorge jeder, der ein **berechtigtes Interesse** hat (§ 57 Abs 1 Nr 9 FGG). Kein eigenes Beschwerderecht hat der **Geschäftspartner**, selbst wenn er einen Anspruch auf Vornahme des 9

---

[9] BayObLG Rpfleger 1989, 455, 456; KG JW 1938, 2352 f.
[10] MünchKommBGB/*Wagenitz* Rn 19; zur Einbeziehung der Normen des MHbeG vgl OLG Braunschweig ZEV 2001, 75.
[11] Zu den Einzelheiten vgl MünchKommBGB/*Wagenitz* Rn 8.
[12] AllgM, RGZ 132, 76, 78.
[13] BayObLG Rpfleger 1986, 471.
[14] HM, BayObLG FamRZ 1977, 141, 144; MünchKommBGB/*Wagenitz* Rn 31; *Soergel/Zimmermann* Rn 21.
[15] BayObLG FGPrax 2004, 123 f; aA OLG Köln ZMR 2004, 189; deshalb Vorlage an den BGH durch das BayObLG; der BGH hat die Vorlagefrage nicht entschieden; BGH NJW 2005, 415 f.
[16] BayObLGZ 1964, 137, 142.
[17] BayObLG FamRZ 1989, 1113; OLG Stuttgart FamRZ 1998, 1323 m Anm *Vollkommer* FamRZ 1999, 668.
[18] BVerfG NJW 2000, 1709.
[19] OLG Schleswig NJW-RR 2001, 78; OLG Köln OLGR 2001, 47; OLG Dresden OLGR 2001, 199; nunmehr auch OLG Hamm NJW-RR 2004, 223 unter Aufgabe von Rpfleger 2000, 545; s auch BGH FGPrax 2003, 169 f.
[20] BayObLG FGPrax 2002, 221.
[21] BayObLG FGPrax 2002, 225.

§ 1829   Buch 4. Abschnitt 3. Vormundschaft, rechtliche Betreuung, Pflegschaft

Geschäfts hat[22]. Ausnahmsweise gilt etwas anderes, wenn er geltend macht, das Geschäft sei nicht genehmigungsbedürftig[23] oder das VormG habe eine ihm gegenüber bereits wirksame Genehmigung widerrufen oder geändert[24].

10 Für das Beschwerderecht gegen die **Erteilung** der Genehmigung gilt Rn 9. Der Vormund ist aber nur beschwerdeberechtigt, wenn das VormG ohne oder gegen seinen Willen tätig geworden ist, das Geschäft nicht genehmigungsbedürftig ist[25] oder einem Pfleger die Genehmigung zu einem Geschäft erteilt wurde, das in den Zuständigkeitsbereich des Vormunds fällt[26].

11 **5. Entsprechende Anwendung.** § 1828 ist auf die Pflegschaft entspr anwendbar (§ 1915 Abs 1).

§ 1829 Nachträgliche Genehmigung

(1) ¹Schließt der Vormund einen Vertrag ohne die erforderliche Genehmigung des Vormundschaftsgerichts, so hängt die Wirksamkeit des Vertrags von der nachträglichen Genehmigung des Vormundschaftsgerichts ab. ²Die Genehmigung sowie deren Verweigerung wird dem anderen Teil gegenüber erst wirksam, wenn sie ihm durch den Vormund mitgeteilt wird.

(2) Fordert der andere Teil den Vormund zur Mitteilung darüber auf, ob die Genehmigung erteilt sei, so kann die Mitteilung der Genehmigung nur bis zum Ablauf von zwei Wochen nach dem Empfang der Aufforderung erfolgen; erfolgt sie nicht, so gilt die Genehmigung als verweigert.

(3) Ist der Mündel volljährig geworden, so tritt seine Genehmigung an die Stelle der Genehmigung des Vormundschaftsgerichts.

I. Normzweck

1 Vgl zunächst § 1828 Rn 1. Abs 2 gibt dem **Vertragspartner** die Möglichkeit, den Zustand der schwebenden Unwirksamkeit des Vertrages zu beenden; Abs 3 schließlich regelt die Folgen der zwischenzeitlich eingetretenen **Volljährigkeit** des Mündels.

II. Einzelerläuterung

2 § 1829 gilt nur für **Verträge**; für einseitige Rechtsgeschäfte vgl § 1831.

3 Der ohne Genehmigung abgeschlossene Vertrag ist **schwebend unwirksam.** Nur der Dritte, nicht auch der Mündel (außer im Fall des § 1830) ist während der Schwebezeit bereits an den Vertrag **gebunden.** Der Vormund ist weder verpflichtet, die Genehmigung einzuholen noch sie nach Erteilung gemäß Abs 1 S 2 mitzuteilen[1]; § 162 findet keine Anwendung[1]. Der Vormund kann auf diese **Entscheidungsfreiheit** nicht wirksam verzichten[2].

4 Der Vormund kann den Schwebezustand nach Abs 1 S 2 durch Mitteilung der Genehmigung oder ihrer Verweigerung **beenden**; der Zugang der Genehmigung an den Vormund hat diese Wirkung noch nicht[3]. Die Mitteilung der Genehmigung ist **empfangsbedürftige Willenserklärung**[4] und muss den Willen des Vormunds zum Ausdruck bringen, der Vertrag solle nunmehr Wirkung haben. Die Mitteilung muss durch den **gegenwärtigen Vormund** erfolgen[5]; sie ist formfrei, also auch durch schlüssiges Verhalten möglich (allgM). Vollmachterteilung ist zulässig, auch die sog **Doppelvollmacht** zur Entgegennahme und Mitteilung der Genehmigung[6], die aber nicht dazu führen darf, das Beschwerderecht des Mündels (§ 59 FGG) durch die Mitteilung (§§ 55 Abs 1, 62 FGG) auszuhebeln, vgl auch § 1828 Rn 8[7].

5 Die Mitteilung der Genehmigung führt zur **vollen Wirksamkeit** des Vertrages rückwirkend auf den Zeitpunkt seines Abschlusses (§ 184 entspr)[8]; eine Änderung oder Rücknahme der Genehmigung ist nun grds unzulässig (§§ 55 Abs 1, 62 FGG), vgl aber § 1828 Rn 8. Auch die Mitteilung, die Genehmigung sei verweigert, beendet den Schwebezustand; der Vertrag wird **endgültig unwirksam** und lebt auch nicht durch eine nachträglich doch erteilte Genehmigung wieder auf (nötig ist Neuabschluss). Dem steht die Mitteilung des Vormunds an den Geschäftspartner gleich, er werde von der erteilten Genehmigung keinen Gebrauch machen. Diese Wirkungen treten nicht ein, wenn die Genehmigung oder ihre Verweigerung dem Dritten nur durch das VormG mitgeteilt werden[9].

---

[22] AllgM, RGZ 56, 124, 129; OLG Frankfurt Rpfleger 1979, 423.
[23] OLG Hamm FamRZ 1984, 1036 f.
[24] BayObLG Rpfleger 1976, 304.
[25] BayObLGZ 1963, 1, 6.
[26] KG JW 1938, 2141.
[1] BGH NJW 1970, 1414, 1415.
[2] BayObLG FamRZ 1989, 1113.
[3] BayObLGZ 2, 746, 747.
[4] HM, MünchKommBGB/*Wagenitz* Rn 14; *Palandt/Diederichsen* Rn 4; offen gelassen von BGHZ 15, 97, 101.
[5] BayObLGZ 21, 375.
[6] AllgM, BGH DNotZ 1955, 83; BayObLG FamRZ 1989, 1113.
[7] BayObLG 28, 514; OLG Stuttgart FamRZ 1998, 1323.
[8] RGZ 142, 59, 62 f.
[9] BayObLG FGPrax 1995, 196.

Nach Abs 2 kann der **Geschäftspartner** den Schwebezustand durch die Aufforderung an den Vormund beenden, mitzuteilen, ob die Genehmigung erteilt ist. Auch bei dieser Mitteilung handelt es sich um eine empfangsbedürftige Willenserklärung[10]. Nach fruchtlosem Ablauf der zweiwöchigen Frist, die mit Zugang der Aufforderung beim Vormund beginnt und durch Parteivereinbarung verlängert oder verkürzt werden kann, ist das Geschäft **endgültig unwirksam**[11].

Abs 3 bringt die Selbstverständlichkeit zum Ausdruck, dass bei **voller Geschäftsfähigkeit** des Mündels diesem selbst die alleinige Entscheidung darüber obliegt, ob das abgeschlossene Geschäft Wirksamkeit erlangen soll. Die Vorschrift ist nur anwendbar, wenn das Geschäft zum Zeitpunkt der Volljährigkeit noch schwebend unwirksam ist. Auch nach dem **Tode des Mündels** ist für eine vormundschaftsgerichtliche Genehmigung kein Raum mehr, weil das Recht zur Genehmigung auf die **Erben** übergeht[12].

Die Vorschrift gilt für die Pflegschaft entspr (§ 1915 Abs 1).

§ 1830 Widerrufsrecht des Geschäftspartners

Hat der Vormund dem anderen Teil gegenüber der Wahrheit zuwider die Genehmigung des Vormundschaftsgerichts behauptet, so ist der andere Teil bis zur Mitteilung der nachträglichen Genehmigung des Vormundschaftsgerichts zum Widerruf berechtigt, es sei denn, dass ihm das Fehlen der Genehmigung bei dem Abschluss des Vertrags bekannt war.

I. Normzweck

Die Vorschrift dient dem Schutz des gerechtfertigten Vertrauens des Geschäftspartners.

II. Einzelerläuterung

Das Widerrufsrecht entsteht, wenn der Vormund **bewusst oder unbewusst** vor oder bei Vertragsabschluss – nicht danach (allgM) – behauptet, die Genehmigung des VormG sei bereits erteilt, auch wenn der Vertragspartner das Geschäft gar nicht für genehmigungsbedürftig hält. Die Vorschrift gilt auch bei eigenem Handeln des Mündels mit Zustimmung des Vormunds. Das Widerrufsrecht entfällt nur bei **positiver Kenntnis** des Vertragspartners vom Fehlen der Genehmigung.

Der Widerruf ist eine einseitige empfangsbedürftige Willenserklärung, die gegenüber dem **Vormund** abzugeben ist. Das Widerrufsrecht **erlischt** mit Wirksamkeit der nachträglich erteilten Genehmigung; in der Aufforderung nach § 1829 Abs 2 liegt idR ein – zulässiger – **Verzicht** auf das Widerrufsrecht (allgM).

Die Spezialregelung des § 1830 schließt eine **Anfechtung** wegen Irrtums oder Täuschung hinsichtlich der Genehmigung aus (allgM); auch § 179 findet keine Anwendung[1].

Die **Beweislast** für die unrichtige Behauptung des Vormunds liegt bei dem Vertragspartner; dessen Kenntnis vom Fehlen der Genehmigung hat der Vormund zu beweisen.

§ 1831 Einseitiges Rechtsgeschäft ohne Genehmigung

¹Ein einseitiges Rechtsgeschäft, das der Vormund ohne die erforderliche Genehmigung des Vormundschaftsgerichts vornimmt, ist unwirksam. ²Nimmt der Vormund mit dieser Genehmigung ein solches Rechtsgeschäft einem anderen gegenüber vor, so ist das Rechtsgeschäft unwirksam, wenn der Vormund die Genehmigung nicht in schriftlicher Form vorlegt und der andere das Rechtsgeschäft aus diesem Grunde unverzüglich zurückweist.

I. Normzweck

Die Norm **schützt** den von einem einseitigen Rechtsgeschäft betroffenen **Dritten**, der nur passiv beteiligt ist und anders als der Vertragspartner nicht selbst die Möglichkeit hat, einen Schwebezustand zu beenden (§ 1829 Abs 2), vor der damit verbundenen **Rechtsunsicherheit**.

II. Einzelerläuterung

Einseitige Rechtsgeschäfte sind zB die Vollmachtserteilung, die Aufrechnung, die Anfechtung, die Kündigung und der Rücktritt vom Vertrag, die Einwilligung nach § 185, die Ausübung eines Vorkaufsrecht, die Aufgabeerklärung nach § 875, die Annahme oder Ausschlagung der Erbschaft, nicht aber das Vertragsangebot und dessen Annahme (allgM) sowie die Annahme einer Leistung, die zur Erfüllung einer Verbindlichkeit erbracht wird[1*].

---

[10] HM, MünchKommBGB/*Wagenitz* Rn 28; *Soergel/Zimmermann* Rn 14; aA RGRK/*Dickescheid* Rn 14.
[11] KG KGJ 53, 39, 41.
[12] AllgM, BayObLGZ 1964, 350, 351.
[1] HM, MünchKommBGB/*Wagenitz* Rn 9; *Staudinger/Engler* Rn 16.
[1*] HM, KG DNotV 1931, 247, 248 f; MünchKommBGB/*Wagenitz* Rn 3; *Soergel/Zimmermann* Rn 4; *Staudinger/Engler* Rn 9; aA RG HRR 1929, Nr 1414.

3   Die Genehmigung muss idR zu dem Zeitpunkt vorliegen, in dem die Rechtshandlung des Vormunds **wirksam** wird. Ist jedoch ein einseitiges Rechtsgeschäft innerhalb einer **gesetzlichen Frist** vorzunehmen, genügt es, wenn die Genehmigung einschließlich ihrer Bekanntmachung an den Vormund (§ 1828) innerhalb dieser Frist nachgereicht wird[2]; nach hM reicht sogar schon die **fristgerechte Beantragung** der Genehmigung[3]. Bei Erklärungen gegenüber dem **Grundbuchamt** genügt das Nachbringen der Genehmigung, weil der Gefahr von Rechtsunsicherheit hier durch eine Zwischenverfügung nach § 18 GBO begegnet werden kann. Für die Zulässigkeit **genehmigungspflichtiger Klagen** (vgl zB § 607 Abs 2 ZPO) oder Anträge reicht das Nachbringen der Genehmigung noch in der Revisionsinstanz[4].

4   Ein ohne die erforderliche Genehmigung erklärtes einseitiges Rechtsgeschäft ist **absolut unwirksam**; auch eine Heilung durch nachträgliche Genehmigung scheidet aus[5], nötig ist vielmehr die Neuvornahme.

5   S 2 gilt nur für empfangsbedürftige Willenserklärungen und nicht für Erklärungen gegenüber einer Behörde[6]. Die Zurückverweisung muss unverzüglich (§ 121) gegenüber dem Vormund erfolgen und auf die fehlende Mitteilung der Genehmigung gestützt werden.

6   § 1831 ist auf die Pflegschaft entspr anwendbar (§ 1915 Abs 1).

§ 1832 Genehmigung des Gegenvormunds

Soweit der Vormund zu einem Rechtsgeschäft der Genehmigung des Gegenvormunds bedarf, finden die Vorschriften der §§ 1828 bis 1831 entsprechende Anwendung.

I. Normzweck

1   § 1832 ist eine **Rechtsfolgenverweisung** auf die §§ 1828 bis 1831.

II. Einzelerläuterung

2   Die Vorschrift ist nur anwendbar, wenn die Genehmigung des Gegenvormunds **Wirksamkeitsvoraussetzung** für das Rechtsgeschäft ist (§§ 1809, 1812, 1813 Abs 2), nicht aber im Fall des § 1810 (allgM). Hinsichtlich der in § 1831 Abs 2 geforderten **Schriftform** gelten die §§ 125, 126.

§ 1833 Haftung des Vormunds

(1) ¹Der Vormund ist dem Mündel für den aus einer Pflichtverletzung entstehenden Schaden verantwortlich, wenn ihm ein Verschulden zur Last fällt. ²Das Gleiche gilt von dem Gegenvormund.

(2) ¹Sind für den Schaden mehrere nebeneinander verantwortlich, so haften sie als Gesamtschuldner. ²Ist neben dem Vormund für den von diesem verursachten Schaden der Gegenvormund oder ein Mitvormund nur wegen Verletzung seiner Aufsichtspflicht verantwortlich, so ist in ihrem Verhältnis zueinander der Vormund allein verpflichtet.

I. Normzweck

1   Die Vorschrift trägt dem besonderen Schutzbedürfnis des Mündels Rechnung; es handelt sich weder um einen deliktischen noch um einen vertraglichen, sondern vielmehr um einen **familienrechtlichen Anspruch** eigener Art[1]. Weitergehende Schadensersatzansprüche (§§ 823, 826) sind nicht ausgeschlossen. § 1833 findet nur im Verhältnis Vormund – Mündel Anwendung und bietet keine Grundlage für Ansprüche Dritter[2*].

II. Einzelerläuterung

2   § 1833 gilt für **alle Vormünder**. Bei der Amtsvormundschaft haftet die Körperschaft, bei der das Jugendamt errichtet ist, für den mit der Führung der Vormundschaft beauftragten Beamten oder Angestellten (§§ 56 Abs 1, 69 SGB VIII); zwischen der Haftung aus § 1833 und der Amtshaftung (§ 839, Art 34 GG) besteht Anspruchskonkurrenz[3*]. Bei der Vereinsvormundschaft haftet der Verein für jedes Mitglied und für Mitarbeiter (§ 1791 a Abs 3 S 2).

---

[2] BGH MDR 1966, 745, RGZ 118, 145, 148 f.
[3] OLG Frankfurt DNotZ 1966, 613.
[4] RGZ 86, 15, 17.
[5] KG JW 1928, 1405.
[6] HM, MünchKommBGB/*Wagenitz* Rn 11; *Staudinger/Engler* Rn 22; *Soergel/Zimmermann* Rn 10; aA *Erman/Holzhauer* Rn 9.
[1] BGHZ 17, 108, 116 = NJW 1955, 867.
[2*] OLG Düsseldorf FGPrax 1999, 54.
[3*] BGHZ 9, 255 = NJW 1953, 1100.

Verzinsungspflicht § 1834

Die Haftung beginnt mit der **Bestellung** und endet idR mit dem **Ende** der Vormundschaft (beachte 3 aber §§ 1893 Abs 1, 1698a, 1698b), dauert jedoch ausnahmsweise darüber hinaus fort, wenn der ehemalige Vormund ungerügt als solcher weiterhandelt[4]. Eine entgegen § 1780 erfolgte Bestellung führt nicht zur Haftung aus § 1833, wohl aber eine solche unter Verletzung der §§ 1781 ff.

Pflichtverletzung iS des § 1833 ist jede Verletzung des **Gebots zur treuen und gewissenhaften** 4 **Amtsführung** (§ 1789), also nicht nur der Verstoß gegen Rechtsvorschriften oder Anordnungen des VormG[5]. Der **Gegenvormund** verletzt seine Pflichten, wenn er den Vormund nicht ordnungsgemäß überwacht oder eine Genehmigung pflichtwidrig erteilt.

Der Vormund haftet für **Vorsatz** und **Fahrlässigkeit** (§ 276), wobei sich das Sorgfaltsmaß nach dem 5 Lebenskreis des Vormunds, seiner Rechts- und Geschäftserfahrung und seinen Lebensumständen richtet[6]. Hat der Vormund den Mündel für längere Zeit in seinen Haushalt aufgenommen, haftet er nur für **eigenübliche Sorgfalt** (§§ 1793 Abs 2 S 3, 1664). **Für Dritte**, denen er Aufgaben übertragen hat, haftet der Vormund nach § 278 analog, wenn es sich um solche Geschäfte handelt, die der Vormund auch selbst hätte wahrnehmen können[7], sonst nur für Auswahl- und Überwachungsverschulden (allgM). War die Übertragung **unzulässig**, ist der Vormund für jeden daraus entstandenen Schaden unmittelbar aus § 1833 ersatzpflichtig (allgM). Der Vormund wird nicht dadurch entlastet, dass ein Dritter den Mündel entschädigt[8], kann sich aber auf Mitverschulden des Mündels berufen (§ 254).

Mehrere Vormünder haften nach Abs 2 S 1 als **Gesamtschuldner**; für das Innenverhältnis gilt § 426 6 außer im Fall von Abs 2 S 2.

Haftungsbegründende Pflichtverletzungen des Vormunds sind zB: die Führung aussichtsloser 7 Prozesse[9], die fehlerhafte Prozessführung[10] und die Fristversäumnis mit der Folge des Verjährungseintritts[11], das Unterlassen, für den Mündel tätig zu werden, weil eigene Geschäfte drängen[12] oder fehlende Bemühungen, die Passerteilung an einen Unterhaltspflichtigen zu verhindern, der sich ins Ausland absetzen will[13]. Der Vormund hat Gutachten kritisch zu prüfen, bevor er für den Mündel Vereinbarungen abschließt oder Ansprüche anerkennt[14]. Er wird auch nicht allein durch die vormundschaftsgerichtliche Genehmigung eines Geschäfts entlastet[15]. Das gilt insbesondere, wenn die Bestellung – eines Betreuers – gerade im Hinblick auf seine besondere Fachkunde als Rechtsanwalt erfolgte[16]. Eine Pflicht, für den Mündel eine Haftpflichtversicherung abzuschließen, besteht nur, wenn der Mündel einem erhöhten Haftungsrisiko ausgesetzt ist[17].

Der Anspruch aus § 1833 **verjährt** 30 Jahre nach Wegfall eventueller Hemmungsgründe (§ 207 8 Abs 1 Nr 3), weil es sich um einen familienrechtlichen Anspruch iS des § 197 Abs 1 Nr 3 handelt. Er kann bereits während der Vormundschaft geltend gemacht werden (§ 1843 Abs 2). Die **Beweislast** für Pflichtverletzung, Schaden, Kausalität und Verschulden trägt der Mündel[18]; zu seinen Gunsten sind die Grundsätze des **Anscheinsbeweises** anzuwenden, wenn die Pflichtwidrigkeit in der Unterlassung einer gesetzlichen Pflicht besteht (allgM).

§ 1833 findet auf den Pfleger entsprechende Anwendung (§ 1915 Abs 1). 9

§ 1834 Verzinsungspflicht

Verwendet der Vormund Geld des Mündels für sich, so hat er es von der Zeit der Verwendung an zu verzinsen.

I. Normzweck

§ 1834 gibt dem Mündel einen **verschuldensunabhängigen pauschalierten Mindestanspruch**, 1 wenn der Vormund entgegen § 1805 S 1 Geld des Mündels für sich verwendet.

II. Einzelerläuterung

Der Anspruch besteht nur, wenn der Vormund **Geld** des Mündels für sich verwendet, wobei die 2 Einzahlung auf ein eigenes Konto genügt. **Vermischt** der Vormund eigenes mit Mündelgeld, entsteht ein – anteiliger – Verzinsungsanspruch erst, wenn der Vormund das Geld für sich verbraucht (allgM).

---

[4] RG JW 1938, 3116.
[5] BGH NJW-RR 2005, 297 f.
[6] BGH FamRZ 1964, 199; RG JW 1911, 1016.
[7] HM, RGZ 76, 185; MünchKommBGB/*Wagenitz* Rn 9; aA *Soergel/Zimmermann* Rn 5; *Staudinger/Engler* Rn 40.
[8] BGHZ 22, 72, 78 = NJW 1957, 138.
[9] OLG Hamburg NJW 1960, 1207.
[10] OLG Stuttgart MDR 1956, 169.
[11] BGH VersR 1968, 1165.
[12] KG OLGE 4, 414.
[13] OLG Nürnberg FamRZ 1965, 454.
[14] BGH FamRZ 1983, 1220.
[15] BGH FamRZ 1983, 1220.
[16] BGH NJW 2004, 220 f.
[17] BGH FamRZ 1980, 874; OLG Hamm VersR 1982, 77.
[18] RGZ 76, 185.

3   Inhalt des Anspruchs ist die Zahlung der gesetzlichen **Verzugszinsen** (§ 288 Abs 1). Der Anspruch **verjährt** in drei Jahren (§ 195) und kann schon während der Vormundschaft geltend gemacht werden (§ 1843 Abs 2).

4   Die Vorschrift findet bei der Pflegschaft entsprechende Anwendung (§ 1915 Abs 1).

§ 1835 Aufwendungsersatz

(1) ¹Macht der Vormund zum Zwecke der Führung der Vormundschaft Aufwendungen, so kann er nach den für den Auftrag geltenden Vorschriften der §§ 669, 670 von dem Mündel Vorschuss oder Ersatz verlangen; für den Ersatz von Fahrtkosten gilt die in § 5 des Justizvergütungs- und Entschädigungsgesetzes für Sachverständige getroffene Regelung entsprechend. ²Das gleiche Recht steht dem Gegenvormund zu. ³Ersatzansprüche erlöschen, wenn sie nicht binnen 15 Monaten nach ihrer Entstehung gerichtlich geltend gemacht werden; die Geltendmachung des Anspruchs beim Vormundschaftsgericht gilt dabei auch als Geltendmachung gegenüber dem Mündel.

(1 a) ¹Das Vormundschaftsgericht kann eine von Absatz 1 Satz 3 abweichende Frist von mindestens zwei Monaten bestimmen. ²In der Fristbestimmung ist über die Folgen der Versäumung der Frist zu belehren. ³Die Frist kann auf Antrag vom Vormundschaftsgericht verlängert werden. ⁴Der Anspruch erlischt, soweit er nicht innerhalb der Frist beziffert wird.

(2) ¹Aufwendungen sind auch die Kosten einer angemessenen Versicherung gegen Schäden, die dem Mündel durch den Vormund oder Gegenvormund zugefügt werden können oder die dem Vormund oder Gegenvormund dadurch entstehen können, dass er einem Dritten zum Ersatz eines durch die Führung der Vormundschaft verursachten Schadens verpflichtet ist; dies gilt nicht für die Kosten der Haftpflichtversicherung des Halters eines Kraftfahrzeugs. ²Satz 1 ist nicht anzuwenden, wenn der Vormund oder Gegenvormund eine Vergütung nach § 1836 Abs. 1 Satz 2 in Verbindung mit dem Vormünder- und Betreuervergütungsgesetz erhält.

(3) Als Aufwendungen gelten auch solche Dienste des Vormunds oder des Gegenvormunds, die zu seinem Gewerbe oder seinem Beruf gehören.

(4) ¹Ist der Mündel mittellos, so kann der Vormund Vorschuss und Ersatz aus der Staatskasse verlangen. ²Absatz 1 Satz 3 und Absatz 1 a gelten entsprechend.

(5) ¹Das Jugendamt oder ein Verein kann als Vormund oder Gegenvormund für Aufwendungen keinen Vorschuss und Ersatz nur insoweit verlangen, als das einzusetzende Einkommen und Vermögen des Mündels ausreicht. ²Allgemeine Verwaltungskosten einschließlich der Kosten nach Absatz 2 werden nicht ersetzt.

Übersicht

	Rn		Rn
I. Normzweck	1	3. Geltendmachung des Anspruchs	11
II. Einzelerläuterung	4	4. Besonderheiten bei der Amts- und Vereinsvormundschaft	15
1. Zu berücksichtigende Aufwendungen	4		
2. Der Ersatzanspruch	10	III. Verfahren	16

I. Normzweck

1   § 1835 gewährleistet, dass der Vormund die Aufwendungen, die durch die Führung der Vormundschaft entstehen, aus dem Vermögen des Mündels bzw bei dessen Mittellosigkeit aus der Staatskasse erstattet erhält.

2   Aufwendungsersatz und Vergütung (§ 1836) sind **unterschiedliche Ansprüche** und daher strikt zu trennen[1]. Den Anspruch auf Aufwendungsersatz hat sowohl der ehrenamtliche Vormund als auch derjenige, der eine Vergütung nach § 1836 Abs 2 und 3 erhält; beim **Berufsbetreuer** sind die Aufwendungen – mit Ausnahme solcher nach Abs 3 – hingegen durch die Vergütung mit abgegolten, § 4 Abs 2 S 1 VBVG.

3   Die Vorschrift gilt auch für den **Mitvormund**, den **Gegenvormund** (Abs 1 S 2), den **Pfleger** (§ 1915 Abs 1) und den **Betreuer** (§ 1908 i). Hinsichtlich des Aufwendungsersatzes für den **Verfahrenspfleger** verweist § 67 a Abs 1 FGG auf § 1835 Abs 1 bis 2.

II. Einzelerläuterung

4   **1. Zu berücksichtigende Aufwendungen.** Aufwendungen iS der Vorschrift sind **freiwillige Vermögensopfer**, die der Vormund zum Zwecke der Führung der Vormundschaft auf sich nimmt

---

[1] Palandt/Diederichsen Rn 2.

Aufwendungsersatz **§ 1835**

oder die sich als notwendige Folge ihrer Übernahme ergeben[2]; vgl hierzu auch die Erläuterungen zu den §§ 669, 670. Unerheblich ist, ob sie im Rahmen der Vermögens- oder der Personensorge entstanden sind (allgM). Hierzu zählen insbesondere bare Auslagen, Kosten für Porto, Reisen, Abschriften[3], Fotokopien (0,15 Euro je Kopie)[4], Kosten für die Aufstellung der Vormundschaftsrechnung uÄ. Kosten eines Postnachsendeauftrags sind für einen mit dem Wirkungskreis der Postkontrolle betrauten Betreuer erstattungsfähig, wenn dadurch gewährleistet ist, dass er von der gesamten Post des Betroffenen Kenntnis erhält[5]. Die auf die Auslagen entfallende MwSt ist zusätzlich zu erstatten[6]. Erstattungsfähige Aufwendungen können angemessene Entschädigungen sein, die der Vormund an Hilfspersonen zahlt, die er mit untergeordneten Hilfstätigkeiten beauftragt[7].

Für **Fahrtkosten** gilt die Bestimmung des § 5 JVEG für **Sachverständige** entsprechend, so dass der 5 Vormund bei Kfz-Benutzung Anspruch auf die Kilometerpauschale von derzeit **0,30 Euro/km** hat, gleich ob sich der Anspruch gegen den Mündel oder die Staatskasse richtet. Damit sind sämtliche Anschaffungs- und Unterhaltungskosten abgegolten (allgM); zusätzlich erstattungsfähig sind Parkgebühren. Bei Benutzung öffentlicher Verkehrsmittel sind die tatsächlich entstandenen Kosten zu erstatten (§ 5 Abs 1 JVEG).

Zu den erstattungsfähigen Auslagen gehören nach Abs 2 S 1 auch die angemessenen Kosten für 6 **Haftpflichtversicherungen** gegen Schäden, die der Vormund aus Anlass der Amtsführung dem Mündel oder Dritten zufügt und für die er diesem Personenkreis haftet (zB nach § 1833 oder aus Delikt). Die meisten Länder haben hierfür **Sammelversicherungen** abgeschlossen, in die alle ehrenamtlichen Vormünder und Betreuer einbezogen sind; deren Kostenvorteile hat der Vormund im Rahmen seiner Pflicht, nur angemessene Aufwendungen zu tätigen, auszunutzen (allgM). Nicht zu den erstattungsfähigen Auslagen gehören die Kosten für eine Haftpflichtversicherung des Vormunds als Halter eines Kfz (Abs 2 S 1 HS 2) und für Versicherungen gegen Eigenschäden des Vormunds im Zusammenhang mit seiner Amtsführung (allgM). Abs 2 S 1 **gilt nicht für Berufsvormünder,** weil durch deren Vergütung (§ 1836 Abs 1) die Versicherungskosten abgegolten sind (Abs 2 S 2). Wird hingegen ausnahmsweise eine Vergütung nach § 1836 Abs 2 bewilligt, hindert das die zusätzliche Erstattung dieser Kosten nicht (allgM).

Nach Abs 3 kann der Vormund Aufwendungsersatz für solche **Dienste** verlangen, die zu seinem 7 Gewerbe oder Beruf gehören, wenn ein nicht entspr qualifizierter Vormund hierzu einen den betreffenden Beruf ausübenden Dritten hätte beauftragen müssen[8]. Die Vorschrift gilt also nicht für Dienste, die jeder Vormund verrichten kann (allgM). Diese Grundsätze gelten auch für den Berufsvormund[9]. **Beispiele** für Aufwendungsersatz nach Abs 3: Arzt für die ärztliche Behandlung des Mündels, Lehrer für die Erteilung von Nachhilfeunterricht, Handwerker für Handwerksarbeit für das Mündel, Steuerberater für die Erstellung und Abgabe der Steuererklärung, Rechtsanwalt für die Vertretung in Rechtsstreitigkeiten, nicht aber zB für die Einnahme und Ablieferung von Geldern. Für die **Höhe** der zu erstattenden Aufwendungen gelten die jeweiligen Gebührenordnungen (zB RVG, GOÄ, HOAI), sonst die jeweils üblichen Vergütungssätze[10]. Der Rechtsanwalt kann seine Gebühren nicht nach § 11 RVG gegen den Mündel festsetzen lassen (allgM), sondern muss sie wie sonstige Aufwendungen geltend machen (vgl Rn 11–13). Ein zum Berufsbetreuer bestellter Rechtsanwalt hat bis zur Rechtskraft einer Festsetzungsentscheidung nach § 56 g FGG[11] die Wahl, ob er für berufsspezifische Leistungen Vergütung (§ 1836) oder Aufwendungsersatz geltend macht. Wählt er Aufwendungsersatz, ist streitig, ob er bei mittellosen Betreuten für Tätigkeiten, für die ihrer Art nach PKH nicht gewährt wird, die vollen RVG-Gebühren aus der Staatskasse verlangen kann[12]. Der BGH hat die Rechtsfrage nicht entschieden, vertritt aber in einem obiter dictum der Auffassung, der Betreuer sei grundsätzlich verpflichtet, in derartigen Fällen Beratungshilfe in Anspruch zu nehmen[13].

Keine Aufwendungen iS von § 1835 sind der Zeit- und Arbeitsaufwand des Vormunds, Schäden, 8 die er im Rahmen der Amtsführung erleidet sowie die Kosten für Einführung, Fortbildung, Beratung und Unterstützung des Vormunds[14]. Für Kosten verursachende Maßnahmen **nach Beendigung** seines Amts kann der Vormund nur Ersatz nach § 1893 Abs 1 iVm § 1698 a, 1698 b fordern (allgM), also zB für Rücksendung von Postsendungen nach dem Tod des Betroffenen und die Beantwortung telefonischer Anfragen in diesem Zusammenhang[15], nicht aber für die Bestattungskosten des Mündels[16].

---

[2] AllgM, zu Einzelheiten vgl *Buch* BtPrax 1995, 8.
[3] LG München I FamRZ 1997, 450.
[4] LG Berlin FamRZ 1995, 496; zur Höhe vgl OLG Zweibrücken FGPrax 2001, 115.
[5] OLG Zweibrücken FGPrax 2005, 216 f.
[6] AllgM, vgl zB OLG Hamm NJW-RR 2000, 522; zur umsatzsteuerlichen Behandlung von Betreuungsleistungen vgl Schreiben des BMF vom 21. 9. 2000, FamRZ 2000, 1414.
[7] BayObLG FamRZ 2004, 565 f.
[8] AllgM, RGZ 149, 121, 124; BayObLG FamRZ 1998, 1050.
[9] *Palandt/Diederichsen* Rn 13 mwN.
[10] BayObLG FamRZ 1998, 1050.
[11] OLG Hamm FamRZ 2007, 1186 f.
[12] OLG Köln NJW-RR 2003, 713 betr Beratungshilfegebühren; BayObLG FGPrax 2003, 179 betr volle Gebühren, Vorlage an den BGH; OLG Köln OLGR 2004, 53 betr PKH-Gebühren; BayObLG BtPrax 2004, 70 f offen gelassen.
[13] BGH NJW 2007, 844.
[14] BT-Drucks 11/4528 S 205.
[15] OLG Frankfurt FGPrax 2005, 208 f.
[16] AllgM, LG Bochum Rpfleger 1985, 147.

§ 1835

9 Nach hM kann der Berufsvormund, der eine Vergütung nach § 1836 Abs 1 erhält, seine **anteiligen Bürokosten grds** nicht zusätzlich als Aufwendungen nach § 1835 geltend machen, weil sie Bestandteil der Vergütung sind[17]. Eine **Ausnahme** von diesem Grundsatz galt nach dem bis zum 1. 7. 2005 geltenden Recht für Berufsbetreuer, die Büroarbeiten im Zusammenhang mit der Betreuung zulässigerweise auf ohnehin vorhandene Hilfskräfte übertrugen; die Aufwendungen hierfür waren neben der Vergütung als Aufwendungsersatz erstattungsfähig[18]. Nach Inkrafttreten des 2. BtÄndG schließt § 4 Abs 2 S 1 VBVG für Berufsbetreuer einen Anspruch auf Aufwendungsersatz neben der Vergütung – außer nach Abs 3 – hingegen aus; die zitierte Entscheidung des BGH hat daher bei Berufsbetreuern nur noch für Altfälle, für Berufsvormünder aber auch nach neuem Recht Bedeutung.

10 **2. Der Ersatzanspruch.** Es handelt sich um einen **privatrechtlichen Anspruch**, der kraft Gesetzes entsteht und für den die Regelungen über den Auftrag gelten (Abs 1 S 1 iVm §§ 669, 670). Für Grund und Höhe des Aufwendungsersatzes ist maßgebend, ob der Vormund die Aufwendungen zum Zeitpunkt ihrer Vornahme den Umständen nach für erforderlich halten durfte (§ 670; vgl die Erläuterungen dort). Entscheidend ist auch hierfür letztlich das Wohl des Mündels[19]. Kein Anspruch besteht für pflichtwidriges Handeln; der Vormund hat effizient und kostengünstig vorzugehen[20]. Der Anspruch umfasst die Aufwendungen selbst (§ 670), ihre Verzinsung (§§ 256, 246), Befreiung von Verbindlichkeiten oder Sicherheitsleistung (§ 257 S 1 und 2) sowie ggf Vorschuss (§ 669).

11 **3. Geltendmachung des Anspruchs.** Der Anspruch richtet sich grds **gegen den Mündel**. Der Vormund kann die ihm zustehenden Geldbeträge dem Mündelvermögen entnehmen; § 1805 steht dem nicht entgegen (allgM). Der Gegenvormund kann seinen Aufwendungsersatz vom Vormund fordern.

12 Seine und die Aufwendungen des Gegenvormunds hat der Vormund bei der Rechnungslegung (§§ 1840, 1841) als Ausgaben anzugeben. Im Streitfall entscheidet nicht das VormG; der Anspruch ist vielmehr vor dem **Prozessgericht** geltend zu machen, das über Grund und Höhe **ohne Bindung** an die Auffassung des VormG entscheidet[21]. Für diesen Prozess ist dem Mündel ein Ergänzungspfleger zu bestellen; die Klage ist auch schon bei bestehender Vormundschaft möglich (§ 1843 Abs 2). Eine Festsetzung von Aufwendungsersatz, Vorschuss oder Aufwendungsentschädigung gegen den Mündel findet nur statt, wenn dem Vormund nicht die Vermögenssorge übertragen wurde (§ 56g Abs 1 S 1 Nr 1 Alt 2 FGG). Das gilt auch für den früheren Vermögensvormund[22]. Auch dann kann der Anspruch durch Klage beim Prozessgericht geltend gemacht werden; das Rechtsschutzbedürfnis ergibt sich daraus, dass das VormG materiell-rechtliche Einwendungen nicht prüft[23].

13 Ist der Mündel **mittellos** (§§ 1836c und 1836d) tritt die **Staatskasse** für den Anspruch ein. In diesem Fall erfolgt die **Festsetzung durch das VormG**, § 56g FGG (vgl Rn 16–21); der Anspruch geht auf die Staatskasse über (§ 1836e).

14 Im Interesse einer rationellen und zeitnahen Abrechnung enthält Abs 1 S 3 eine **Ausschlussfrist** von 15 Monaten, beginnend mit der Entstehung der Aufwendungen, mit deren Ablauf der Anspruch **erlischt**. Die Vorschrift gilt nicht für Ansprüche aus der Zeit vor Inkrafttreten des BtÄndG[24], wohl aber dann, wenn berufsspezifische Dienste als Aufwendungen geltend gemacht werden[25]. Die Ausschlussfrist wird durch einen Antrag, mit dem lediglich ein Anspruch dem Grunde nach oder ein Betrag ohne jede Aufschlüsselung geltend gemacht wird, nicht gewahrt[26]. Gegen die **Versäumung** dieser Frist ist Wiedereinsetzung in den vorigen Stand nicht zulässig (allgM); das VormG kann aber nach Abs 1 a eine andere Frist bestimmen bzw die Frist verlängern. Das muss geschehen, bevor der Anspruch erloschen ist. Eine **Hinweispflicht** des VormG auf drohenden Fristablauf besteht grds nicht[27]. Lediglich bei Bestimmung einer abweichenden Frist nach Abs 1a hat das VormG über die Folgen der Versäumung zu **belehren**. Eine wirksame Fristverlängerung setzt die Mitteilung eines Schlusszeitpunkts für die Einreichung des Antrags voraus; die bloße Erinnerung, Tätigkeitsnachweise nachzureichen, genügt nicht[28]. Der Vormund hat die **Wahl**, ob er den Anspruch gegenüber dem Mündel oder bei dem VormG geltend macht (Abs 1 S 3 HS 2); das gilt auch, wenn das VormG den Anspruch später nicht festsetzt, weil der Mündel nicht mittellos ist (allgM).

15 **4. Besonderheiten bei der Amts- und Vereinsvormundschaft.** Jugendamt und Verein können als Vormund/Gegenvormund Vorschuss gar nicht und Aufwendungsersatz nur in dem Umfang verlangen, als das nach § 1836c einzusetzende Einkommen und Vermögen des Mündels (vg. die Erläuterungen zu § 1836c) **ausreicht** (Abs 5 S 1). Nach S 2 der Vorschrift werden diesen Vormündern allgemeine Verwaltungskosten sowie die Kosten einer Haftpflichtversicherung nicht erstattet. Besonderheiten gelten nach den §§ 7 und 8 VBVG für Vereins- und Behörden**betreuer**.

---

[17] LG Berlin Rpfleger 1991, 251; *Staudinger/Engler* Rn 36; *Palandt/Diederichsen* Rn 14.
[18] BGH NJW-RR 2006, 145.
[19] AllgM, MünchKommBGB/*Wagenitz* Rn 8, 9.
[20] BayObLGZ 2004, 274 f = NJW-RR 2005, 156 f.
[21] AllgM, BayObLG FamRZ 1995, 1375.
[22] BayObLG FamRZ 2005, 393, LS.
[23] OLG München OLGR 2006, 139.
[24] AllgM, OLG Schleswig Rpfleger 2000, 65.
[25] OLG Frankfurt FGPrax 2004, 121 f; OLG München OLGR 2006, 139.
[26] OLG Frankfurt FamRZ 2002, 193 f; OLG München MDR 2006, 815 f.
[27] BayObLG FGPrax 2004, 77 f.
[28] OLG Schleswig FGPrax 2006, 119 f.

III. Verfahren

Das **Festsetzungsverfahren gegen die Staatskasse** regelt § 56 g FGG. Die Festsetzung obliegt dem Rechtspfleger (§ 3 Nr 2 a RPflG) und erfolgt idR auf **Antrag**. Mit der Festsetzungsentscheidung wird zugleich über die Mittellosigkeit (§§ 1836 c und 1836 d) sowie über eventuelle Zahlungen des Mündels an die Staatskasse (§ 1836 e) entschieden (§ 56 g Abs 1 S 2 FGG). Letzteres kann auch mit einer gesonderten Entscheidung erfolgen (§ 56 g Abs 1 S 3 FGG). Neben dem förmlichen Festsetzungsverfahren ist die Auszahlung von Aufwendungsersatz und Vergütung auch im vereinfachten Verfahren durch den Urkundsbeamten der Geschäftsstelle möglich (§ 56 g Abs 1 S 4 FGG).

In dem Antrag sind die **persönlichen und wirtschaftlichen Verhältnisse** des Mündels darzustellen; das VormG kann hierüber eigene **Ermittlungen** anstellen und **Glaubhaftmachung** verlangen (§ 56 g Abs 2 S 2 FGG iVm § 118 Abs 2 S 1 und 2 ZPO). Steht der entsprechende Ermittlungsaufwand außer Verhältnis zur Höhe des Anspruchs oder der voraussichtlich zu leistenden Zahlungen, kann das VormG **ohne weitere Prüfung** den Anspruch festsetzen oder von einer Festsetzung der vom Mündel zu leistenden Zahlungen absehen (§ 56 g Abs 2 S 3 FGG).

§ 56 g Abs 3 FGG betrifft das Verfahren bei **Haftung der Erben** des Mündels (§ 1836 e Abs 1 S 3).

Gegen die Entscheidung des VormG findet, wenn der Wert des Beschwerdegegenstandes 150 Euro überschreitet oder bei Zulassung wegen grundsätzlicher Bedeutung die **sofortige Beschwerde** statt (§§ 56 g Abs 5, 22 FGG). Die Erstbeschwerde kann sowohl der Rechtspfleger, auch nachträglich im Wege der Abhilfe[29], als auch der Richter zulassen[30]. Das VormG selbst kann seine Entscheidung in der Sache nicht mehr ändern (§ 18 Abs 2 FGG). Die **weitere (sofortige) Beschwerde** ist nur statthaft, wenn sie das LG wegen grundsätzlicher Bedeutung **zulässt**. Das gilt auch, wenn es um Ansprüche geht, die vor Inkrafttreten des BtÄndG (1. 1. 1999) entstanden sind. Die **Nichtzulassung** ist unanfechtbar; die Zulassung kann auch weder durch das LG noch durch das OLG nachgeholt werden[31]. Gegen die Höhe des im vereinfachten Verfahren durch den Urkundsbeamten der Geschäftsstelle ausgezahlten Aufwendungsersatzes kann sich der Vormund nur mit dem Antrag auf förmliche Festsetzung nach § 1 Abs 1 S 1 JVEG wenden[32].

Im Festsetzungsverfahren gilt das **Verbot der reformatio in peius**; hat also nur der Vormund Beschwerde mit dem Ziel eingelegt, mehr als den zugesprochenen Aufwendungsersatz zu erhalten, scheidet eine für ihn ungünstige Änderung der Erstentscheidung aus[33].

Der Festsetzungsbeschluss ist **Zwangsvollstreckungstitel** iS der ZPO (§ 56 g Abs 6).

§ 1835 a Aufwandsentschädigung

(1) ¹Zur Abgeltung seines Anspruchs auf Aufwendungsersatz kann der Vormund als Aufwandsentschädigung für jede Vormundschaft, für die ihm keine Vergütung zusteht, einen Geldbetrag verlangen, der für ein Jahr dem Neunzehnfachen dessen entspricht, was einem Zeugen als Höchstbetrag der Entschädigung für eine Stunde versäumter Arbeitszeit (§ 22 des Justizvergütungs- und -entschädigungsgesetzes) gewährt werden kann (Aufwandsentschädigung). ²Hat der Vormund für solche Aufwendungen bereits Vorschuss oder Ersatz erhalten, so verringert sich die Aufwandsentschädigung entsprechend.

(2) Die Aufwandsentschädigung ist jährlich zu zahlen, erstmals ein Jahr nach Bestellung des Vormunds.

(3) Ist der Mündel mittellos, so kann der Vormund die Aufwandsentschädigung aus der Staatskasse verlangen; Unterhaltsansprüche des Mündels gegen den Vormund sind insoweit bei der Bestimmung des Einkommens nach § 1836 c Nr. 1 nicht zu berücksichtigen.

(4) Der Anspruch auf Aufwandsentschädigung erlischt, wenn er nicht binnen drei Monaten nach Ablauf des Jahres, in dem der Anspruch entsteht, geltend gemacht wird; die Geltendmachung des Anspruchs beim Vormundschaftsgericht gilt auch als Geltendmachung gegenüber dem Mündel.

(5) Dem Jugendamt oder einem Verein kann keine Aufwandsentschädigung gewährt werden.

I. Normzweck

Die Vorschrift bezweckt die **Förderung** der vom Gesetz als Regelfall angesehenen **ehrenamtlichen Vormundschaft** (§ 1836 Abs 1 S 1). Sie stellt es dem ehrenamtlichen Vormund frei, ob er seine Aufwendungen nach § 1835 konkret abrechnen oder die pauschale Aufwandsentschädigung geltend macht; in diesem Fall wird der Vormund von der ansonsten erforderlichen umfangreichen Nachweisführung entlastet und dem VormG Ermittlungs- und Prüfungsaufwand erspart.

---

[29] OLG Zweibrücken FGPrax 2005, 216 f.
[30] OLG Hamm FGPrax 2000, 66; BayObLG Rpfleger 2001, 121.
[31] BayObLG FGPrax 1999, 182 f; OLG Zweibrücken NJW 1999, 2125; OLG Karlsruhe FGPrax 1999, 183.
[32] BayObLG FamRZ 1999, 1591.
[33] HM, KG FamRZ 1986, 1016; OLG Köln OLGR 1998, 118.

§ 1836   Buch 4. Abschnitt 3. Vormundschaft, rechtliche Betreuung, Pflegschaft

II. Einzelerläuterung

2   § 1835a gilt für den **ehrenamtlichen** Vormund, Gegenvormund, Pfleger (§ 1915 Abs 1) und Betreuer (§ 1908i), auch wenn er Elternteil oder naher Verwandter des Mündels/Betreuten ist[1], nicht aber für Vereine und das Jugendamt (Abs 5). Die Aufwandsentschädigung steht auch Pflegepersonen zu, denen nach § 1630 Abs 3 Angelegenheiten der elterlichen Sorge übertragen wurden, ohne dass es einer Pflegerbestellung bedarf[2]. Die Vorschrift rechtfertigt nicht die Pauschalisierung des Aufwendungsersatzes für Berufsvormünder[3].

3   Die Aufwandsentschädigung kann der Vormund für **jede** ehrenamtlich geführte Vormundschaft verlangen, auch wenn er daneben noch Vormundschaften führt, für die er eine Vergütung erhält[4]. Die Pauschale ist an den Höchstbetrag der **Zeugenentschädigung** gekoppelt (Abs 1 S 1 iVm § 22 JVEG) und beträgt **das 19-fache** davon, derzeit also 323 Euro jährlich, ohne nach Umfang oder Schwierigkeit des Einzelfalls zu differenzieren (allgM). Bereits erhaltener Vorschuss oder Aufwendungsersatz ist anzurechnen (Abs 1 S 2).

4   Die Aufwandsentschädigung ist **jährlich** zu zahlen und entsteht erstmals mit Ablauf des einjährigen Tätigkeitszeitraums. Endet die Vormundschaft während des Jahres, bietet sich für den letzten Abrechnungszeitraum eine zeitanteilige Gewährung an[5]. Sind für einen Betreuten mehrere Betreuer bestellt, erhält jeder die Pauschale in voller Höhe[6].

5   Der Anspruch richtet sich gegen den **Mündel;** bei dessen **Mittellosigkeit gegen die Staatskasse** (Abs 3 S 1). Die Mittellosigkeit des Mündels ist nach den §§ 1836c, 1836d zu prüfen. Allerdings sind bei der Geltendmachung der Aufwandsentschädigung **Unterhaltsansprüche** des Mündels gegen den Vormund selbst anders als sonst (vgl § 1836c Nr 1 S 2) nicht zu berücksichtigen (Abs 3 HS 2). Der Vormund kann seine Aufwandsentschädigung die Staatskasse selbst dann in Anspruch nehmen, wenn er dem Mündel Unterhalt schuldet.

6   Der Anspruch **erlischt**, wenn er nicht binnen drei Monaten nach Ablauf des Jahres, in dem er entsteht, geltend gemacht wird (Abs 4 HS 1). Gegen die Fristversäumnis ist auch hier **Wiedereinsetzung** nicht zulässig; anders als nach § 1835 Abs 1a kann das VormG die Frist nicht verlängern oder andere Fristen bestimmen. Die rechtzeitige Geltendmachung gegenüber dem VormG wahrt die Rechte des Vormunds auch gegenüber dem Mündel; der Vormund soll nicht gezwungen werden, bei Zweifeln über die finanzielle Leistungsfähigkeit Mündel und Staatskasse parallel in Anspruch zu nehmen[7]. In Ausnahmefällen ist es der Staatskasse nach Treu und Glauben verwehrt, sich auf die Fristversäumung zu berufen[8].

7   Zum Verfahren bei Festsetzung der Aufwandsentschädigung gegen die Staatskasse vgl § 1835 Rn 16 bis 21.

§ 1836 Vergütung des Vormunds

(1) ¹Die Vormundschaft wird unentgeltlich geführt. ²Sie wird ausnahmsweise entgeltlich geführt, wenn das Gericht bei der Bestellung des Vormunds feststellt, dass der Vormund die Vormundschaft berufsmäßig führt. ³Das Nähere regelt das Vormünder- und Betreuervergütungsgesetz.

(2) Trifft das Gericht keine Feststellung nach Absatz 1 Satz 2, so kann es dem Vormund und aus besonderen Gründen auch dem Gegenvormund gleichwohl eine angemessene Vergütung bewilligen, soweit der Umfang oder die Schwierigkeit der vormundschaftlichen Geschäfte dies rechtfertigen; dies gilt nicht, wenn der Mündel mittellos ist.

(3) Dem Jugendamt oder einem Verein kann keine Vergütung bewilligt werden.

Übersicht

	Rn		Rn
I. Normzweck	1	b) Höhe der Vergütung	11
		c) Fälligkeit und Geltendmachung; Verfahren	21
II. Einzelerläuterung	5	3. Vergütung bei nicht berufsmäßig geführter	
1. Das Vergütungssystem	5	Vormundschaft	23
2. Die Vergütung des Berufsvormunds	8		
a) Voraussetzungen	8		

---

[1] BGH FamRZ 1996, 1545; LG München I FamRZ 1996, 1566.
[2] OLG Stuttgart MDR 2006, 934f.
[3] OLG Jena FGPrax 2001, 158.
[4] *Staudinger/Bienwald* Rn 10; RGRK/*Dickescheid* § 1836a Rn 2.
[5] Vgl *Zimmermann* FamRZ 1999, 630, 633 für das ähnliche Problem der Vergütungspauschale nach § 1836b Nr 1 aF.
[6] BayObLG OLGR 2001, 87.
[7] BT-Drucks 13/7158 S 25.
[8] OLG Frankfurt FGPrax 2001, 205.

Vergütung des Vormunds § 1836

I. Normzweck

Die Vorschrift stellt den Grundsatz der **unentgeltlichen Führung** der Vormundschaft heraus (Abs 1 S 1) und regelt mit der formalisierten gerichtlichen **Feststellung** der berufsmäßigen Führung die grundlegende **Voraussetzung** für die Vergütung des Berufsvormunds (Abs 1 S 2). Wegen sämtlicher Einzelheiten verweist Abs 1 S 3 auf das seit dem 1. 7. 2005 geltende **VBVG**. Im Vergleich zum bis dahin geltenden Rechtszustand ergeben sich für Berufsvormünder, von der Höhe der Stundensätze abgesehen, keine wesentlichen Änderungen. Anders liegt es bei der Vergütung des Berufsbetreuers, insbes durch die Einführung fester Ansätze für den zu vergütenden Zeitaufwand (§ 5 VBVG).

Abs 2 ist eine **Ausnahmevorschrift,** nach der das VormG, wenn der Mündel nicht mittellos ist, trotz fehlender Feststellung der berufsmäßigen Führung der Vormundschaft eine Vergütung bewilligen kann.

Nach Abs 3 könnte dem **Jugendamt** oder einem **Verein** als Vormund, Gegenvormund oder Pfleger keine Vergütung bewilligt werden; anderes gilt für den Verein, wenn ein **Vereinsbetreuer** bestellt ist; dann **ist** dem Verein – nicht dem Betreuer – eine Vergütung zu bewilligen (§ 7 VBVG). Bei Bestellung eines **Behördenbetreuers kann** der Behörde unter bestimmten Umständen eine Vergütung nach Abs 2 bewilligt werden (§ 8 VBVG). Im Wege verfassungskonformer Rechtsanwendung gewährt der BGH bei Bestellung von Vereinen oder deren Mitgliedern zum Vormund oder Pfleger gleichwohl einen Vergütungsanspruch[1].

Zur **entsprechenden Anwendung** der Vorschrift auf den Gegenvormund, den Mitvormund, Pfleger und Betreuer vgl § 1835 Rn 3; die Vergütung des **Verfahrenspflegers** ist in § 67a FGG überwiegend durch Verweisung auf § 1836 Abs 1 und 3 sowie auf die §§ 1 bis 3 VBVG geregelt. Die Vergütung des **Pflegers** eines nicht mittellosen Pfleglings bestimmt sich abweichend von § 3 Abs 1 bis 3 VBVG nicht nur nach den nutzbaren Fachkenntnissen des Pflegers, sondern auch nach Umfang und Schwierigkeit der Pflegschaftsgeschäfte (§ 1915 Abs 1 S 2).

II. Einzelerläuterung

1. Das Vergütungssystem. Die Gesamtregelung der §§ 1835 ff orientiert sich am gesetzlichen Leitbild der **Einzelvormundschaft**[2]; es gilt daher der Grundsatz der unentgeltlich geführten Vormundschaft (Abs 1 S 1), der bei der nicht berufsmäßig geführten Vormundschaft nur durchbrochen werden kann, wenn der Mündel nicht mittellos ist (Abs 2).

Der **Berufsvormund** (zum Jugendamt und zu Vereinen s Rn 3) hat stets einen Vergütungsanspruch – dem Wesen nach eine Entschädigung für die in fremden Interesse aufgewandte Mühe und Zeit[3] – gegen den Mündel, für den bei Mittellosigkeit (§§ 1836 d) die Staatskasse eintritt (§ 1 Abs 2 S 2 VBVG).

Die Vergütung wird für den **Berufsvormund** konkret nach der für die Führung der Vormundschaft aufgewandten Zeit berechnet (§ 3 Abs 1 S 1 VBVG); für den **Berufsbetreuer** regelt § 5 VBVG feste Zeitansätze in Abhängigkeit von der Dauer der Betreuung, davon, ob sich der Betreute in einem Heim aufhält und ob er mittellos ist.

2. Die Vergütung des Berufsvormunds. a) Voraussetzungen. Der Vormund muss **wirksam bestellt** worden sein; andernfalls löst selbst eine Vergütungsbewilligung keinen Anspruch aus[4]. Ohne Belang ist hingegen, dass die Vormundschaft eingeleitet wurde, obwohl ihre gesetzlichen Voraussetzungen nicht vorlagen und sie deshalb wieder aufgehoben werden musste[5].

Die in § 1 Abs 1 VBVG vorgesehene **formale Feststellung,** dass der Vormund die Vormundschaft berufsmäßig führt, ist **konstitutiv** für den Vergütungsanspruch[6]. Die Feststellung hat grds bei der Bestellung des Vormunds zu erfolgen, ist aber nachholbar, § 18 Abs 1 FGG (allgM); die Feststellung kann incident im Festsetzungsverfahren nach § 56g FGG getroffen werden[7]. Sie kann nicht mit rückwirkender Kraft aufgehoben werden[8].

Für die Feststellungsentscheidung enthält § 1 Abs 1 S 2 VBVG **Regelbeispiele,** die an die **Zahl** der geführten Vormundschaften (mindestens 10, Ziff 1) oder an die erforderliche **Zeit** (mindestens 20 Wochenstunden, Ziff 2) – letztere Vorschrift gilt nicht für Betreuer, § 4 Abs 3 VBVG – anknüpfen. Es genügt, wenn eine dieser Voraussetzungen gegeben ist. Die Regelbeispiele gelten auch für **Berufsanfänger;** hier reicht es, wenn ihnen voraussichtlich in absehbarer Zeit Vormundschaften in entsprechendem Umfang übertragen sein werden. Über diese Regelbeispiele hinaus liegt berufsmäßige Führung der Vormundschaft immer dann vor, wenn jemand von seinem Beruf her zur Führung von Vormundschaften geeignet ist, sich hierzu erboten hat und er deshalb zum Vormund bestellt wird (Beispiele: Rechtsanwalt, Steuerberater zur Besorgung rechtlicher oder Vermögensangelegenheiten)[9].

---

[1] BGH NJW-RR 2007, 937 f.
[2] BVerfGE 54, 251, 266 f = NJW 1980, 2179.
[3] *Palandt/Diederichsen* Rn 2 mwN.
[4] OLG Stuttgart MDR 2005, 219; aA für den Fall einer erheblichen grundlosen Verzögerung der Bestellung BayObLG BtPrax 2004, 34.
[5] AllgM, BayObLGZ 1997, 53, 54 f.
[6] BayObLG NJW-RR 2001, 580; zu Ausnahmen bei Bestellung vor dem 1. 1. 1999 OLG Zweibrücken FGPrax 2000, 62; OLG Hamm FamRZ 2001, 1398.
[7] OLG Hamm OLGR 2004, 189.
[8] BayObLG Rpfleger 2000, 65; OLG Frankfurt FGPrax 2004, 287 f.
[9] Wie hier OLG Frankfurt FGPrax 2001, 76; *Staudinger/Bienwald* Rn 36; *Palandt/Diederichsen* § 1 VBVG Rn 4.

§ 1836 Buch 4. Abschnitt 3. Vormundschaft, rechtliche Betreuung, Pflegschaft

Ein Berufsvormund verliert diese Eigenschaft nicht sogleich dadurch, dass die ihm übertragene Zahl von Vormundschaften vorübergehend unter zehn absinkt[10]. Auch eine **nebenberufliche** Tätigkeit als berufsmäßiger Vormund ist möglich[11].

11 **b) Höhe der Vergütung.** Sie wird für sämtliche nach Inkrafttreten des 2. BtÄndG (1. 7. 2005) entstandenen Vergütungsansprüche nach § 3 Abs 1 VBVG bestimmt durch die für die Führung der Vormundschaft nutzbaren **Fachkenntnisse** des Vormunds sowie durch die aufgewandte und erforderliche **Zeit**.

12 Dem **Umfang** der vormundschaftlichen Geschäfte wird dadurch Rechnung getragen, dass die Vergütung nach dem **Zeitaufwand** bemessen wird. Bei dessen Feststellung hat das VormG **Schätzungsermessen** (§ 287 ZPO entsprechend); notwendig und ausreichend ist daher eine überschlägige Prüfung des abgerechneten Zeitaufwands[12]. **Vergütungspflichtig** sind alle Tätigkeiten, die der Vormund aus seiner Sicht zur ordnungsgemäßen Erfüllung seiner Aufgaben für erforderlich halten durfte[13]. Dazu gehört auch der persönliche Kontakt mit dem Betroffenen (ein bis zwei Besuche monatlich)[14]. Nicht zu berücksichtigen ist die Zeit, die auf Tätigkeiten außerhalb des dem Vormund übertragenen Amtes verwendet wird; zB Einkäufe zur Versorgung des Betroffenen oder seine persönliche Pflege. Keine Vergütung kann ein Berufsvormund für Tätigkeiten verlangen, die er unzulässig an andere Personen delegiert hat[15]. Nicht vergütungsfähig sind Tätigkeiten des Vormunds im Interesse des Mündels, die vor der Bestellung vorgenommen wurden; nach Ende der Vormundschaft kann der Vormund nur noch Vergütung für unaufschiebbare Geschäfte (§§ 1893 Abs 1, 1698a und 1698b) fordern[16].

13 Höchst streitig ist die Frage, für welche Tätigkeiten dem berufsmäßigen **Verfahrenspfleger** eines minderjährigen Kindes in Verfahren betreffend die elterliche Sorge und den Umgang eine Vergütung zu bewilligen ist. Auszugehen ist dabei von der begrenzten dem Verfahrenspfleger nach § 50 FGG zugewiesenen Aufgabe eines subjektiven Interessenvertreters der Kinder, dem es obliegt, deren Interessen und Wünschen im Verfahren Gehör zu verschaffen. Regelmäßig vergütungsfähig ist daher der Zeitaufwand für das Studium der Gerichtsakte, die Teilnahme an gerichtlichen Anhörungen und Verhandlungen, Gespräche mit den Kindern und die Fertigung entsprechender Schriftsätze an das Gericht. Dem gegenüber besteht die Aufgabe des Verfahrenspflegers nicht darin, allgemeine Sachaufklärung zu betreiben, über die Ermittlung und Darlegung des Kindeswillens hinaus weitere dem Kindeswohl dienende Tätigkeiten zu entfalten und auf vermittelnde Lösungen hinzuwirken. Derartige Tätigkeiten, etwa Gespräche mit den Eltern oder Dritten, die Organisation und Begleitung von Umgangskontakten oder die Mitwirkung bei der Erstellung eines Hilfeplans, lösen selbst dann keinen Vergütungsanspruch aus, wenn sie sich für das Verfahren objektiv als nützlich erweisen[17]. Anders kann es aus Gründen des Vertrauensschutzes dann liegen, wenn das Gericht dem Verfahrenspfleger ausdrücklich Aufgaben übertragen hat, die über die im Gesetz festgelegten hinausreichen[18].

14 Für **Betreuer** gelten seit dem 1. 7. 2005 gesetzliche **feste Stundenansätze**, die in § 5 Abs 1 und 2 VBVG – für mittellose Betreute geringer – in Abhängigkeit von der **Dauer** der Betreuung und davon, ob der Betreute seinen gewöhnlichen **Aufenthalt** in einem Heim hat, geregelt sind. **Mehreren** Berufsbetreuern, die iS des § 1899 Abs 1 für gesonderte Aufgabenkreise bestellt sind, steht jeweils eine Vergütung nach den vollen pauschalen Stundenansatz zu[19]. Der Betreuer erhält die Pauschale auch dann, wenn er im maßgeblichen Zeitraum keine Tätigkeiten erbracht hat[20]. Für den **Beginn** der jeweiligen Zeiträume in § 5 Abs 1 und 2 VBVG ist stets die **erstmalige Betreuerbestellung** maßgeblich und zwar auch dann, wenn zunächst ein ehrenamtlicher Betreuer und sodann ein Berufsbetreuer bestellt wird[21]. Auch sonst kann ein **Wechsel in der Person** des Betreuers einer den erhöhten Stundenansatz auslösenden Erstbestellung nur dann gleichgestellt werden, wenn eine größere zeitliche Lücke in der Betreuung – mehr als drei Monate – besteht[22]. Anders kann es liegen, wenn der Wirkungskreis des neu eingesetzten Betreuers die Geltendmachung von Regressansprüchen in erheblicher Höhe gegen den früheren Betreuer umfasst[23]. **Gewöhnlicher Aufenthalt des Betreuten in einem Heim** wurde bejaht bei Unterbringung in einer Pflegefamilie[24], in einer JVA[25], nicht aber bei

---

[10] BayObLG FamRZ 1998, 187.
[11] BVerfG FamRZ 1999, 568; OLG Köln FamRZ 1998, 1536.
[12] HM, BayObLG NJW-RR 1998, 8; OLG Schleswig FamRZ 1998, 185; OLG Zweibrücken FamRZ 2000, 1533.
[13] BayObLG FamRZ 1996, 1169; FGPrax 2000, 65; OLG Zweibrücken OLGR 2000, 114.
[14] BayObLG FamRZ 2003, 633.
[15] OLG Frankfurt Rpfleger 2004, 161.
[16] BayObLG FamRZ 1996, 372; OLG Schleswig FGPrax 2000, 113 für den Schlussbericht nach dem Tod des Betroffenen.
[17] BVerfG FamRZ 2004, 1267; zum Streitstand und zu den Einzelheiten vgl *Staudinger/Bienwald* Rn 72, 73 mwN.
[18] *Palandt/Diederichsen* § 1835 Rn 4.
[19] OLG Hamm Rpfleger 2007, 74 f.
[20] OLG München BtPrax 2007, 129 f.
[21] AllgM, OLG Hamm FGPrax 2006, 686.
[22] OLG München FamRZ 2006, 647; OLG Zweibrücken FGPrax 2006, 121 f; OLG Karlsruhe FamRZ 2007, 1272, LS.
[23] OLG Zweibrücken FGPrax 2006, 167 f.
[24] OLG Oldenburg FamRZ 2006, 1710; aA OLG Stuttgart Beschluss vom 25. 11. 2007, 8 W 313/07 – Vorlage BGH.
[25] OLG München BtPrax 2006, 183 f.

Vergütung des Vormunds § 1836

U-Haft[26], bei strafrechtlicher Unterbringung nach § 63 StGB in einem Bezirkskrankenhaus[27] sowie bei Aufenthalt in einem Wohnpark, wenn der Betroffene umfangreiche persönliche und hauswirtschaftliche Betreuung wahrnimmt[28]. § 5 Abs 4 und 5 VBVG enthalten Vorschriften für die Berechnung der Monate, die zeitanteilige Vergütung bei Änderung der maßgebenden Umstände innerhalb eines Monats sowie bei Wechsel zur ehrenamtlichen Betreuung. Bei **Tod des Betreuten** ist die Vergütung nur zeitanteilig bis zum Todeszeitpunkt zu gewähren; Abwicklungstätigkeiten sind mit der bisherigen Pauschalvergütung abgegolten. Lediglich Tätigkeiten des Berufsbetreuers iS von § 1698 b sind zusätzlich auf der Basis einer Einzelaufstellung nach dem konkreten Zeitaufwand zu vergüten[29]. **Sonderregelungen** gelten für Betreuer nach § 1899 Abs 2 und 4, die im Grundsatz nach den für Berufsvormünder geltenden Bestimmungen Vergütung und Aufwendungsersatz beanspruchen können (§ 6 VBVG).

Die Höhe der Stundensätze ergibt sich für **Berufsvormünder** aus § 3 Abs 1 S 1 und 2 VBVG. Sie 15 beträgt **19,50 Euro** und erhöht sich, wenn der Vormund über besondere, für die Führung der Vormundschaft nutzbare Kenntnisse verfügt, und zwar **auf 25 Euro**, wenn der Vormund diese Kenntnisse durch eine abgeschlossene **Lehre** oder eine vergleichbare abgeschlossene Ausbildung sowie auf **33,50 Euro**, wenn er die Kenntnisse durch ein abgeschlossenes **Hochschulstudium** oder eine vergleichbare Ausbildung erworben hat. Zusätzlich ist die auf die Vergütung entfallende Umsatzsteuer, soweit sie nicht nach § 19 Abs 1 UStG unerhoben bleibt, zu erstatten (§ 3 Abs 1 S 3 VBVG).

Die entsprechenden Stundensätze für **Berufsbetreuer** belaufen sich auf **27 Euro, 33,50 Euro** und 16 **44 Euro** (§ 4 Abs 1 VBVG), gelten hier aber auch die Umsatzsteuer und den Aufwendungsersatz mit Ausnahme von Aufwendungen iS des § 1835 Abs 3 ab, § 4 Abs 2 VBVG. Diese Stundensätze stehen dem Berufsbetreuer auch dann ungekürzt zu, wenn die Umsatzsteuer nach § 19 Abs 1 UStG unerhoben bleibt[30]. Sämtliche Stundensätze gelten sowohl für **vermögende** als auch für **mittellose** Betreute; eine analoge Anwendung von § 3 Abs 3 VBVG scheidet aus[31]. Die **Verfassungsmäßigkeit** der §§ 4 und 5 VBVG wird in Zweifel gezogen, soweit eine ausnahmsweise Erhöhung der Stundensätze bei nicht mittellosen Betreuten auch bei besonders aufwändigen und schwierigen Betreuungen nicht vorgesehen ist und die Abgeltung von Aufwendungen auch solche Kosten umfasst, die nicht zu den gewöhnlichen Allgemeinkosten gehören, insbesondere höhere Reisekosten[32].

Maßgebendes Kriterium für die Höhe des **Stundensatzes** sind die für die Führung der Vormund- 17 schaft nutzbaren **Fachkenntnisse**. Bei Bestellung eines Vereinsbetreuers richtet sich der Stundensatz nach dessen nutzbaren Fachkenntnissen; die Bewilligung einer höheren Vergütung für den Verein kommt nicht in Betracht[33]. Durch **Landesrecht** kann bestimmt werden, dass besondere Kenntnisse in diesem Sinn durch den Abschluss einer **Prüfung** vor einer staatlichen oder staatlich anerkannten Stelle nachgewiesen werden können (§ 11 VBVG; die Vorschrift stellt zugleich Zulassungsvoraussetzungen für eine solche Prüfung auf). Es handelt sich dabei um solche Fachkenntnisse, die für die Führung von Vormundschaften generell notwendig oder nützlich sind (zB juristische, steuerliche, wirtschaftliche, sozialpädagogische)[34]; ihre Nutzbarkeit für die einzelne Vormundschaft wird vermutet, so dass sie der Vormund im Vergütungsfestsetzungsverfahren nicht mehr nachweisen muss (allgM). Bei Vormündern mit verschiedenen Qualifikationen ist diejenige maßgebend, wegen der die Bestellung erfolgte.

Für die Beantwortung der Frage, ob eine Ausbildung mit einer abgeschlossenen Lehre **vergleichbar** 18 ist, können die Regelungen über die Berufsausbildung im Berufsbildungsgesetz und in den Handwerksordnungen herangezogen werden[35]; hinsichtlich der Vergleichbarkeit mit einer Hochschulausbildung kommt es auf die Wertigkeit der konkreten Ausbildung an[36]. Voraussetzung für die Anerkennung ist in beiden Fällen ein formaler Abschluss der Ausbildung; Fortbildung und Berufserfahrung sind einer abgeschlossenen Ausbildung nicht gleichzustellen[37]. Bestellt das VormG einen Vormund/Betreuer mit besonderen, durch eine abgeschlossene Lehre oder eine abgeschlossene Hochschulausbildung erworbenen Fachkenntnissen, so **vermutet** das Gesetz deren Nutzbarkeit auch für die konkrete Vormundschaft (§ 3 Abs 2; § 4 Abs 3 VBVG). Das VormG kann jedoch aus besonderen Gründen bei der Bestellung etwas anderes bestimmen (§ 3 Abs 2 S 2, § 4 Abs 3 S 1 VBVG), zB wenn einer Vielzahl einfach gelagerter Fälle ein Überhang qualifizierter Betreuer gegenübersteht[38].

Einzelbeispiele: Mit einer abgeschlossenen **Hochschulausbildung** sind vergleichbar: die mit 19 Fachprüfung II abgeschlossene Ausbildung an der Bayerischen Verwaltungsschule[39], Fachhochschulabschluss Betriebswirtschaft für Vermögenssorge[40], Stabsoffiziere der Bundeswehr[41], Diplomlehrer für

---

[26] OLG München FGPrax 2007, 546 f.
[27] OLG München FGPrax 2006, 213.
[28] OLG München FGPrax 2006, 163.
[29] OLG München NJW-RR 2006, 821 f.
[30] OLG München FGPrax 2006, 165 f.
[31] OLG München OLGR 2007, 41 f.
[32] OLG Braunschweig OLGR 2007, 94 – Vorlage BVerfG; aA OLG Karlsruhe FamRZ 2007, 2008 f.
[33] BayObLG FGPrax 2004, 289 f.
[34] *Palandt/Diederichsen* Rn 14.
[35] OLG Zweibrücken Rpfleger 2000, 64.
[36] BayObLG Rpfleger 2000, 64.
[37] BayObLG Rpfleger 2000, 64; OLG Zweibrücken Rpfleger 2000, 64; OLG Schleswig OLGR 2001, 8.
[38] BT-Drucks 13/7158 S 15, 28.
[39] BayObLG FamRZ 2001, 187.
[40] OLG Dresden FamRZ 2001, 188.
[41] BayObLG FamRZ 2000, 554; Rpfleger 2000, 64.

§ 1836 Buch 4. Abschnitt 3. Vormundschaft, rechtliche Betreuung, Pflegschaft

Mathematik und Chemie[42], Diplomkauffrau[43]. Die Hochschulausbildung ist mit Bestehen des ersten Staatsexamens abgeschlossen[44]. Demgegenüber rechtfertigt die Ausbildung an einer Fachakademie[45], an der Kolpingakademie[46] oder einer Fachschule[47] nicht die Zuerkennung der höchsten Vergütungsstufe. Mit einer abgeschlossenen **Lehre** vergleichbar sind die Ausbildung zur Arzthelferin[48], zur staatlich anerkannten Erzieherin[49] und zum Handwerksmeister[50], zum Leiter eines Pflegedienstes[51] und zur Kaufmannsgehilfin[52]. **Keine** für Vormundschaften/Betreuungen nutzbaren Fachkenntnisse sollen hingegen die Ausbildung zum Meister in der Textilbranche[53] sowie Hochschulausbildungen mit dem Abschluss in der Fachrichtung Landschafts- und Freiraumplanung[54] bzw als Diplom-Geograph[55] vermitteln[56]. Auch in der DDR erworbene Abschlüsse als Diplomstaatswissenschaftler[57] bzw als Diplommilitärwissenschaftler[58] rechtfertigen keine erhöhte Betreuervergütung. Betreuungsrelevante Kenntnisse können auch dann vergütungserhöhend wirken, wenn sie im **Ausland** erworben werden[59].

20 Schon nach Inkrafttreten des 1. BtÄndG hatte das Kriterium der **Schwierigkeit** der vormundschaftlichen Geschäfte an Bedeutung verloren, weil es bereits durch die Auswahl eines Berufsbetreuers und durch dessen Qualifikation berücksichtigt war[60]. Die seinerzeit nur für den Anspruch gegen die Staatskasse maßgebenden Stundensätze des § 1 Nr 1 BVormVG galten zwar für die Vergütung, die der Vormund von dem nicht mittellosen Mündel fordern konnte, nicht unmittelbar, boten hierfür jedoch eine wesentliche Orientierungshilfe als nicht zu unterschreitende Mindestsätze sowie als im Regelfall angemessene Vergütung, die nur überschritten werden durfte, wenn das die Schwierigkeit der Betreuungsgeschäfte ausnahmsweise gebot[61]. Nach Inkrafttreten des 2. BtÄndG gelten die Stundensätze kraft Gesetzes zwar auch dann, wenn der Mündel nicht mittellos ist; gleichwohl kann das VormG auch künftig in solchen Fällen ausnahmsweise bei besonderer Schwierigkeit der vormundschaftlichen Geschäfte einen höheren Stundensatz bewilligen (§ 3 Abs 3 VBVG), allerdings nicht bei Berufsbetreuungen (Rn 15).

21 **c) Fälligkeit und Geltendmachung; Verfahren.** Der Vergütungsanspruch des Berufsvormunds entsteht dem Grunde nach mit seiner **Bestellung** und der damit verbundenen **Feststellung** nach § 1 Abs 1 VBVG jeweils durch Vornahme der entsprechenden Tätigkeit, weil er danach nur noch hinsichtlich seiner Höhe von einer Entscheidung des VormG abhängt[62]. Seine Vergütung für eine bestimmte Amtstätigkeit muss er daher binnen **15 Monaten nach deren Vornahme** geltend machen; andernfalls erlischt der Anspruch insoweit[63]. Wird die Feststellung der berufsmäßigen Führung nachgeholt, beginnt die Ausschlussfrist erst mit Wirksamkeit dieser Entscheidung[64]. Allerdings war bislang eine jährliche Abrechnung weithin üblich und auch praktikabel. Für die **Betreuervergütung** bestimmt § 9 S 1 VBVG, dass der Betreuer die Vergütung nach Ablauf von drei Monaten für diesen Zeitraum geltend machen kann. Diese periodische Abrechnungszeitraum beginnt für nach Inkrafttreten des 2. BtÄndG angeordnete Betreuungen mit der Anordnung; die Vergütung kann auch dann nicht für einen längeren Zeitraum festgesetzt werden, wenn damit künftig der Abrechnungszeitraum mit dem Kalenderquartal in Übereinstimmung gebracht würde[65]. Zur **Wahrung der Frist** reicht ein Antrag nur dem Grunde nach nicht aus[66]. Eine Fristverlängerung erfolgt nur auf konkreten Antrag[67]. Eine Verzinsung ab Antragstellung findet nicht statt[68]. Zur Geltendmachungsfrist vgl auch § 1835 Rn 14. Der vor dem 1. 1. 1999 bestellte Betreuer kann die nachträgliche Feststellung der berufsmäßigen Führung beantragen und gegen eine ablehnende Entscheidung (einfache) Beschwerde und zulassungsfrei weitere Beschwer-

---

[42] OLG Dresden FamRZ 2000, 847; OLG Hamm NJW-RR 2002, 654.
[43] OLG Hamm FGPrax 2003, 167 f.
[44] OLG Düsseldorf NJW-RR 2001, 583.
[45] BayObLG OLGR 2000, 35; FamRZ 2004, 1065, LS; OLG Schleswig OLGR 2005, 470 f.
[46] BayObLG FamRZ 2005, 932, LS.
[47] BayObLG Rpfleger 2000, 392; OLG Schleswig OLGR 2000, 214; allgM; aA für Heilpädagoge OLG Frankfurt FamRZ 2002, 1657; OLG Zweibrücken OLGR 2004, 342 f.
[48] OLG Schleswig FamRZ 2000, 846; OLG Dresden FamRZ 2000, 551.
[49] OLG Dresden FamRZ 2000, 316.
[50] OLG Köln NJW-RR 2000, 1315.
[51] OLG Zweibrücken OLGR 2003, 300 f.
[52] OLG Saarbrücken BtPrax 2003, 184, LS.
[53] OLG Dresden FamRZ 2000, 551.
[54] OLG Frankfurt OLGR 2005, 714 f.
[55] BayObLG FGPrax 2000, 22.
[56] Zu weiteren Einzelbeispielen vgl FamRZ 2000, 1303.
[57] OLG Jena NJ 2003, 379; OLG Brandenburg NJ 2002, 97; offen gelassen von BayObLG BtPrax 2003, 135 f.
[58] KG KGR 2006, 843.
[59] BayObLGZ 2004, 51.
[60] BT-Drucks 13/7158.
[61] BGH FGPrax 2000, 233; zur ausnahmsweise Überschreitung der Stundensätze vgl BayObLG Rpfleger 2001, 121; OLG Frankfurt Rpfleger 2001, 130; OLG Karlsruhe FGPrax 2001, 72; OLG Köln OLGR 2002, 75; BayObLG NJW-RR 2002, 652.
[62] *Palandt/Diederichsen* § 1 VBVG Rn 10, 11 mwN.
[63] BayObLG FamRZ 2003, 325.
[64] OLG Frankfurt FGPrax 2003, 177.
[65] OLG München BtPrax 2006, 184 f.
[66] OLG Frankfurt FGPrax 2001, 243.
[67] BayObLGZ 2003, 126 = FGPrax 2003, 178 f.
[68] OLG Rostock OLGR 2007, 583 f.

Einzusetzende Mittel des Mündels § 1836 c

de einlegen[69]. Das gilt auch, wenn der zunächst ehrenamtlich bestellte Betreuer erst im Laufe des Verfahrens die Voraussetzungen eines Berufsbetreuers erfüllt[70]. Der Staatskasse steht gegen die Feststellung, die Vormundschaft werde berufsmäßig geführt, kein Beschwerderecht zu[71].

Anders als beim Aufwendungsersatz (§ 1835 Rn 11 und 12) wird die Vergütung des Vormunds, auch 22 wenn der Mündel nicht mittellos ist, in jedem Fall durch das **VormG festgesetzt** (§ 56 g Abs 1 Nr 2 FGG). In diesem Verfahren ist der Mündel **anzuhören** (§ 56 g Abs 4 S 1 FGG). Nach hM ist der Einwand, der Vormund habe sein Amt **mangelhaft geführt,** bei der Festsetzung der Vergütung grds nicht zu berücksichtigen, sondern vor dem **Prozessgericht** im Wege der Schadensersatzklage geltend zu machen[72]. Die Vergütung kann auch nach dem Tod des Betroffenen noch im Verfahren nach § 56 g FGG festgesetzt werden (allgM). Zum Verfahren iÜ vgl § 1835 Rn 16 bis 21.

3. Vergütung bei nicht berufsmäßig geführter Vormundschaft. Die Entscheidung hierüber hat 23 das VormG nach **pflichtgemäßem Ermessen** zu treffen; anders als beim Berufsvormund (Rn 21) entsteht der Vergütungsanspruch hier erst mit dem Wirksamwerden des Bewilligungsbeschlusses des VormG (§ 16 FGG)[73]. **Keine Vergütungsbewilligung** darf nach Abs 2 erfolgen, wenn der Mündel **mittellos** ist.

Sowohl für die Bewilligung der Vergütung dem Grunde nach als auch für ihre Höhe sind ausschließ- 24 lich **Umfang und Schwierigkeit** der vormundschaftlichen Geschäfte maßgebend. Der **Wert des Mündelvermögens** ist kein eigenständiges Kriterium, kann aber Umfang und Schwierigkeit der erforderlichen Geschäfte beeinflussen und im Hinblick auf Verantwortung und Haftungsrisiko des Vormunds eine Rolle spielen[74]. Für den Umfang der vormundschaftlichen Geschäfte ist der **Zeitaufwand** von vorrangiger Bedeutung, der deshalb zumindest in seiner ungefähren Größenordnung zu ermitteln, ggf zu schätzen ist[75]. Für die Höhe der Vergütung gibt es **keine starren Grundsätze;** insbes sind diejenigen für die Vergütung von Berufsvormündern nicht anwendbar. Deshalb wirkt sich auch eine vorhandene Qualifikation als solche nicht aus[76]. Allerdings kann ein ehrenamtlicher Betreuer keine höhere Vergütung erhalten als ein Berufsbetreuer[77]; das soll nach dem Inkrafttreten des VBVG nicht mehr gelten[78]. Die Rspr stellt neben dem Umfang auf den **Grad der Verantwortung** des Vormunds und den **Erfolg** bei der Erfüllung seiner Pflichten ab[79].

§ 1836 a *(aufgehoben)*

§ 1836 a wurde durch Gesetz vom 21. 4. 2005 (BGBl I S 1073) mit Wirkung vom 1. 7. 2005 1 aufgehoben. Die Vorschrift regelte die Vergütung aus der Staatskasse. Zum Übergangsrecht vgl Art 229 § 14 EGBGB.

§ 1836 b *(aufgehoben)*

§ 1836 b wurde durch Gesetz vom 21. 4. 2005 (BGBl I S 1073) mit Wirkung vom 1. 7. 2005 1 aufgehoben. Die Vorschrift regelte die Vergütung des Berufsvormunds. Zum Übergangsrecht vgl Art 229 § 14 EGBGB.

§ 1836 c Einzusetzende Mittel des Mündels

Der Mündel hat einzusetzen:
1. nach Maßgabe des § 87 des Zwölften Buches Sozialgesetzbuch sein Einkommen, soweit es zusammen mit dem Einkommen seines nicht getrennt lebenden Ehegatten oder Lebenspartners die nach den §§ 82, 85 Abs. 1 und § 86 des Zwölften Buches Sozialgesetzbuch maßgebende Einkommensgrenze für die Hilfe nach dem Fünften bis Neunten Kapitel des Zwölften Buches Sozialgesetzbuch übersteigt. Wird im Einzelfall der Einsatz eines Teils des Einkommens zur Deckung eines bestimmten Bedarfs im Rahmen der Hilfe nach dem Fünften bis Neunten Kapitel des Zwölften Buches Sozialgesetzbuch zugemutet oder verlangt, darf dieser Teil des Einkommens bei der Prüfung, inwieweit der Einsatz des

---

[69] OLG Frankfurt FGPrax 2003, 177.
[70] BayObLG FGPrax 2001, 127.
[71] OLG Hamm FGPrax 2001, 18; BayObLG Rpfleger 2001, 418; OLG Frankfurt FGPrax 2004, 122 f.
[72] HM, BayObLGZ 1991, 272; NJW-RR 1998, 8; FamRZ 1999, 1591; OLG Zweibrücken Rpfleger 1992, 54; aA *Staudinger/Bienwald* Rn 87.
[73] *Palandt/Diederichsen* Rn 7.
[74] *Staudinger/Bienwald* Rn 113.
[75] BayObLG FamRZ 1998, 1052.
[76] *Palandt/Diederichsen* Rn 10 mwN.
[77] BayObLGZ 2004, 78 = FamRZ 2004, 1138.
[78] OLG Karlsruhe FamRZ 2007, 1270 f.
[79] BayObLG FamRZ 1998, 1052.

§ 1836 c   Buch 4. Abschnitt 3. Vormundschaft, rechtliche Betreuung, Pflegschaft

Einkommens zur Deckung der Kosten der Vormundschaft einzusetzen ist, nicht mehr berücksichtigt werden. Als Einkommen gelten auch Unterhaltsansprüche sowie die wegen Entziehung einer solchen Forderung zu entrichtenden Renten;
2. sein Vermögen nach Maßgabe des § 90 des Zwölften Buches Sozialgesetzbuch.

I. Normzweck

1   Die Norm sichert das Existenzminimum des Mündels ab.

II. Einzelerläuterung

2   **1. Einzusetzendes Einkommen.** Nr. 1 verweist hinsichtlich des Einsatzes von **Einkommen** des Mündels auf die §§ 87, 82, 85 Abs 1 und 86 SGB XII.

3   Einkommen iS des § 82 Abs 1 SGB XII sind **alle Einkünfte** des Mündels – ggf auch die seines nicht getrennt lebenden Ehegatten oder Lebenspartners – außer Leistungen nach dem SGB XII, Grundrenten nach BVersorgG und bestimmte Leistungen nach dem BEntschG. Zu den Einkünften gehören auch anerkannte **Unterhaltsansprüche**, selbst wenn sie nicht alsbald realisierbar sind (Nr 1 S 2); eine eigene Prüfungspflicht, ob die Unterhaltsansprüche tatsächlich bestehen, trifft das VormG nicht[1]. Hingegen bleiben streitige Unterhaltsansprüche, die erst noch gerichtlich geltend gemacht werden müssen, bei der Feststellung der Mittellosigkeit unberücksichtigt (§ 1836 d Nr 2). Das gilt auch, wenn der an sich unterhaltsverpflichtete Elternteil mit dem betreuten volljährigen Kind und dem anderen Elternteil in einem Haushalt lebt[2]. Von den so ermittelten Einkünften sind Steuern, Sozialabgaben und Werbungskosten sowie die weiteren in § 82 Abs 2 SGB XII aufgeführten Beträge abzuziehen.

4   Zur Deckung der Kosten der Vormundschaft heranzuziehen ist die die **Einkommensgrenze** der §§ 85, 86 SGB XII übersteigende Einkommensteil. Diese Grenze errechnet sich aus dem **Grundbetrag** (zweifacher Eckregelsatz, wenn bei der Einkommensermittlung das Einkommen des nicht getrennt lebenden Ehegatten bzw Lebensgefährten berücksichtigt wurde), den **Kosten der Unterkunft** und den **Familienzuschlägen.** Der für die Höhe des Eckregelsatzes, der regional unterschiedlich sein kann, maßgebende Ort bestimmt sich idR nach dem gewöhnlichen Aufenthalt des Mündels, § 85 Abs 3 SGB XII. Der die Einkommensgrenze des § 85 SGB XII übersteigende Einkommensteil ist nach § 87 Abs 1 SGB XII nur in angemessenem Umfang für die Kosten der Vormundschaft einzusetzen; für bestimmte Personengruppen (schwerstpflegebedürftige Menschen und Blinde) bestimmt § 87 Abs 1 S 3 SGB XII, dass das verbleibende Einkommen nur zu maximal 40% einzusetzen ist. Nach Abs 1 Nr 1 HS 2 hat der Mündel verfügbares Einkommen vorrangig im Rahmen der Hilfe nach dem 5. bis 9. Kapitel des SGB XII einzusetzen.

5   **2. Vermögen des Mündels.** Bei der Prüfung kommt es nur auf das Aktivvermögen an; Verbindlichkeiten – auch titulierte – sind unerheblich[4]. Der Mündel hat nach Nr 2 iVm § 90 SGB XII sein **gesamtes Vermögen** mit Ausnahme des sogenannten **Schonvermögens** (§ 90 Abs 2 und 3 SGB XII) einzusetzen. Dem Vermögenseinsatz steht es nicht entgegen, dass der Mündel seinen laufenden Lebensunterhalt aus dem Vermögen bestreiten muss[5]. Zu dem Katalog des § 90 Abs 2 SGB XII zählt zB ein angemessenes Hausgrundstück, das vom Hilfesuchenden oder einem nahen Angehörigen ganz oder teilweise bewohnt wird oder nach seinem Tod bewohnt werden soll (§ 90 Abs 2 Nr 8 SGB XII). Geldbeträge iS von § 90 Abs 2 Nr 9 SGB XII sind solche von bis zu 2600 Euro, die sich für schwerstpflegebedürftige Menschen und Blinde, bei Unterhaltsverpflichtungen sowie bei Berücksichtigung des Vermögens von Ehegatten und Lebenspartnern erhöhen (§ 1 der VO zur Durchführung des § 90 Abs 2 Nr 9 SGB XII; BGBl 2003 I S 3022, 3060). Allerdings gehört Personen, die Eingliederungshilfe in einer Werkstatt für behinderte Menschen beziehen, ein erweitertes Schonvermögen seit dem 1. 1. 2005 nicht mehr zu[6]. Mittellosigkeit liegt vor bei einer Sterbegeldversicherung in Höhe von 3000 Euro[7], wenn der Betroffene früher vorhandenes Vermögen in angemessener Höhe für einen Bestattungsvertrag aufgewandt hat[8] oder der einzige Vermögenswert in dem Anspruch auf Eigentumsverschaffung an einer bereits zu eigenen Wohnzwecken genutzten Eigentumswohnung besteht[9]. Nicht einzusetzen ist auch Vermögen, dessen Verwertung unwirtschaftlich oder nicht in absehbarer Zeit durchführbar ist oder der ein tatsächliches oder rechtliches Hindernis entgegensteht[10]. Nach § 90 Abs 3 SGB XII bleibt nicht unter Abs 2 fallendes Vermögen dann verschont, wenn seine Verwertung eine Härte für den Hilfesuchenden und für seine unterhaltsberechtigten Angehörigen bedeuten würde. Das wurde angenommen für Schmerzensgeld[11], für eine einmalige Unterhaltsrente, die der Betroffene ratenweise für seinen

---

[1] OLG Schleswig FGPrax 2005, 159.
[2] OLG Düsseldorf FGPrax 2002, 226.
[3] BayObLG FamRZ 2000, 562.
[4] BayObLG FGPrax 2004, 25; FGPrax 2005, 108.
[5] OLG München FGPrax 2005, 210.
[6] OLG München OLGR 2006, 300 f.
[7] OLG Zweibrücken FGPrax 2006, 21; OLG Schleswig FamRZ 2007, 1188 f.
[8] OLG Frankfurt FGPrax 2001, 115.
[9] OLG Frankfurt FamRZ 2001, 1486.
[10] BayObLG FamRZ 2002, 416.
[11] OLG Jena FGPrax 2005, 125 f.

Gesetzlicher Forderungsübergang § 1836 e

Lebensbedarf einsetzt[12], bei Ausgleichszahlungen für eine während der NS-Zeit vorgenommene Zwangssterilisation[13].

§ 1836 d Mittellosigkeit des Mündels

Der Mündel gilt als mittellos, wenn er den Aufwendungsersatz oder die Vergütung aus seinem einzusetzenden Einkommen oder Vermögen
1. **nicht oder nur zum Teil oder nur in Raten oder**
2. **nur im Wege gerichtlicher Geltendmachung von Unterhaltsansprüchen**

aufbringen kann.

I. Normzweck

Mittellosigkeit des Mündels iS des § 1836 d ist die Voraussetzung dafür, dass die Staatskasse für die Vergütung und den Aufwendungsersatz des Vormunds eintritt.   1

II. Einzelerläuterung

Nach Nr 1 gilt der Mündel als mittellos, wenn er den Aufwendungsersatz oder die Vergütung gar nicht, nur zum Teil oder nur in Raten aus dem nach § 1836 c einzusetzenden Einkommen oder Vermögen aufbringen kann. Das muss ggf für die Ansprüche auf Aufwendungsersatz und Vergütung **getrennt** beurteilt werden[1]. Mittellos ist der Mündel auch, wenn vorhandenes Vermögen noch nicht auseinandersetzungsfähig ist[2]. Die Frage der Mittellosigkeit ist für den gesamten Abrechnungszeitraum einheitlich nach den zum Zeitpunkt der letzten Tatsachenentscheidung gegebenen Einkommens- und Vermögensverhältnissen zu prüfen[3].   2

Gehört zum Einkommen ein **streitiger Unterhaltsanspruch** und kann der Mündel Vergütung oder Aufwendungsersatz nur durch dessen gerichtliche Geltendmachung aufbringen, gilt er ebenfalls als mittellos (Nr 2); dem Vormund soll nicht zugemutet werden, den Ausgang eines solchen Prozesses abzuwarten.   3

In beiden Fällen kann der Vormund seinen **gesamten** Vergütungs- oder Aufwendungsersatzanspruch gegen die Staatskasse geltend machen, und zwar auch dann, wenn der Mündel zur teilweisen Zahlung bzw zur Ratenzahlung in der Lage wäre (allgM). Die Staatskasse kann ggf beim Mündel, nach dessen Tod bei den Erben **Regress** nehmen (§ 1836 e).   4

§ 1836 e Gesetzlicher Forderungsübergang

(1) ¹Soweit die Staatskasse den Vormund oder Gegenvormund befriedigt, gehen Ansprüche des Vormundes oder Gegenvormunds gegen den Mündel auf die Staatskasse über. ²Der übergegangene Anspruch erlischt in zehn Jahren vom Ablauf des Jahres an, in dem die Staatskasse die Aufwendungen oder die Vergütung bezahlt hat. ³Nach dem Tode des Mündels haftet sein Erbe nur mit dem Wert des im Zeitpunkt des Erbfalls vorhandenen Nachlasses; § 102 Abs. 3 und 4 des Zwölften Buches Sozialgesetzbuch gilt entsprechend, § 1836 c findet auf den Erben keine Anwendung.

(2) Soweit Ansprüche gemäß § 1836 c Nr. 1 Satz 2 einzusetzen sind, findet zugunsten der Staatskasse § 850 b der Zivilprozessordnung keine Anwendung.

I. Normzweck

Die Vorschrift ermöglicht es der Staatskasse, unter bestimmten Voraussetzungen beim Mündel oder dessen Erben Rückgriff für die geleisteten Zahlungen zu nehmen. Die Regressregelung gilt nicht für Aufwendungsersatz- und Vergütungsansprüche, die vor dem 1. 1. 1999 entstanden sind[1*].   1

II. Einzelerläuterung

Der Anspruch des Vormunds geht mit seiner Befriedigung durch die Staatskasse auf diese über und erlischt **zehn Jahre** nach Ende des Jahres, in dem die Zahlung erfolgte (Abs 2 S 1 und 2).   2

Die Inanspruchnahme des Mündels selbst ist stets durch sein nach § 1836 c einzusetzendes Einkommen und Vermögen **begrenzt**. Sie erfolgt, wenn der Mündel von vornherein zu Teilleistungen oder Ratenzahlungen in der Lage ist, wenn er später Einkommen oder Vermögen erwirbt oder wenn seine   3

---

[12] OLG Hamm FGPrax 2003, 223 f.
[13] OLG Köln BtPrax 2005, 237 f.
[1] *Staudinger/Engler* Rn 5.
[2] OLG Oldenburg Rpfleger 2000, 456.
[3] OLG Schleswig FGPrax 2005, 161 f; OLG Zweibrücken FGPrax 2005, 264; OLG München FamRZ 2007, 1188.
[1*] OLG Schleswig OLGR 2000, 76.

Mittellosigkeit zu Unrecht angenommen wurde². Auf geschütztes Vermögen, insbes auf ein selbst genutztes Eigenheim, darf die Staatskasse erst zugreifen, wenn der Vermögenswert nicht mehr Schonvermögen ist. Dieser möglicherweise später entstehende Rückgriffsanspruch kann nicht durch eine Zwangshypothek gesichert werden³. Macht die Staatskasse Regressansprüche für Vergütung oder Aufwendungsersatz aus der Zeit vor dem 1. 1. 2005 geltend, ist zu Gunsten des Mündels insoweit weiter das erweiterte Schonvermögen nach den §§ 1836c Nr 2 aF, 88 Abs 3 S 2 BSHG aF anzuwenden⁴. Soweit der Mündel streitige Unterhaltsansprüche, die nach § 1836d Nr 2 bei der Beurteilung der Mittellosigkeit unberücksichtigt bleiben, gemäß § 1836c Nr 1 S 2 einzusetzen hat, gilt § 850b ZPO gegenüber der Staatskasse nicht (Abs 2). Sie kann den Anspruch daher durch Pfändung und Überweisung direkt einziehen (§§ 829, 835 ZPO).

4 Stirbt der Mündel vor Ablauf der Frist von zehn Jahren (Abs 1 S 2), haften seine **Erben** für den übergegangenen Anspruch als Nachlassverbindlichkeit (§ 1967). Ihre Haftung ist kraft Gesetzes auf den **Nachlasswert** beschränkt (Abs 1 S 3), so dass sie die erbrechtlichen Haftungsbeschränkungen (§§ 1975 ff) nicht geltend machen müssen. § 1836c gilt für die Erben nicht (allgM); zu ihren Gunsten finden § 102 Abs 3 und 4 SGB XII entspr Anwendung. Dies gilt auch bei der zulässigen Festsetzung der Vergütung bzw des Aufwendungsersatzes direkt gegen den Erben⁵; bei der Ermittlung des Nachlasswerts sind die Kosten einer angemessenen Bestattung⁶ sowie Rückforderungsansprüche des Sozialhilfeträgers⁷ in Abzug zu bringen. Eine abzugsfähige Nachlassverbindlichkeit kann auch eine den Erben treffende, im Grundbuch gesicherte Übertragungsverpflichtung sein, die der Betroffene lange vor Errichtung der Betreuung eingegangen ist⁸.

III. Verfahren

5 Zum Verfahren vgl § 1835 Rn 16 bis 21. Vor der Festsetzung von Zahlungen sind der Mündel bzw die Erben zu **hören** (§ 56g Abs 4 FGG); die Erben sind dem Gericht gegenüber zur **Auskunftserteilung** über den Nachlassbestand verpflichtet, haben auf Verlangen ein Nachlassverzeichnis vorzulegen und dessen Richtigkeit eidesstattlich zu versichern (§ 56g Abs 3 S 2 und 3 FGG). Den Verwirkungseinwand – etwa bei strafbaren Handlungen des Vormunds/Betreuers – kann der Betroffene auch im Regressverfahren erheben⁹. **Änderungen** in den persönlichen oder wirtschaftlichen Verhältnissen des Mündels nach der Festsetzungsentscheidung trägt das Gesetz durch die Verweisung auf § 120 Abs 2, 3, 4 S 1 und 2 ZPO Rechnung (§ 56g Abs 2 S 2 FGG). Ist ein Nachlasspfleger bestellt, können die zu erstattenden Kosten auch gegen die noch **unbekannten Erben** festgesetzt werden; ihnen ist in entsprechender Anwendung der §§ 305, 780 ZPO die nachträgliche Geltendmachung der subjektiven Haftungsbeschränkungen nach § 102 Abs 3 SGB XII vorzubehalten¹⁰. Durch den Tod des Betreuten wird das Regressverfahren nicht unterbrochen, sondern gegen die Erben – auch die unbekannten – fortgesetzt. Tritt der Tod während des Rechtsbeschwerdeverfahrens ein, ist eine Titelumschreibung auf die Erben ohne Vorbehalt möglich¹¹.

6 Die vom VormG gegen den Mündel oder die Erben festgesetzten Zahlungen werden nicht nach der ZPO vollstreckt; ihre Beitreibung erfolgt vielmehr nach der **Justizbeitreibungsordnung** (§ 1 Abs 1 Nr 4b JBeitrO).

Untertitel 3. Fürsorge und Aufsicht des Vormundschaftsgerichts (§§ 1837–1848)

§ 1837 Beratung und Aufsicht

(1) ¹Das Vormundschaftsgericht berät die Vormünder. ²Es wirkt dabei mit, sie in ihre Aufgaben einzuführen.

(2) ¹Das Vormundschaftsgericht hat über die gesamte Tätigkeit des Vormunds und des Gegenvormunds die Aufsicht zu führen und gegen Pflichtwidrigkeiten durch geeignete Gebote und Verbote einzuschreiten. ²Es kann dem Vormund und dem Gegenvormund aufgeben, eine Versicherung gegen Schäden, die sie dem Mündel zufügen können, einzugehen.

---

² *Staudinger/Bienwald* Rn 4; *Palandt/Diederichsen* Rn 1.
³ OLG Düsseldorf FamRZ 2001, 1485.
⁴ OLG Hamm Rpfleger 2006, 466 f; OLG München OLGR 2006, 300 f.
⁵ OLG Jena FGPrax 2001, 22; BayObLG FamRZ 2002, 699; OLG Frankfurt Rpfleger 2004, 220 f.
⁶ OLG Jena FGPrax 2001, 22; BayObLG FamRZ 2002, 699; OLG Frankfurt Rpfleger 2004, 220.
⁷ OLG Frankfurt Rpfleger 2004, 220.
⁸ OLG München NJW-RR 2005, 1531.
⁹ OLG Hamm NJW-RR 2007, 1081 = FamRZ 2007, 1185 f.
¹⁰ OLG Jena FGPrax 2006, 70.
¹¹ OLG Stuttgart FGPrax 2007, 270.

(3) ¹Das Vormundschaftsgericht kann den Vormund und den Gegenvormund zur Befolgung seiner Anordnungen durch Festsetzung von Zwangsgeld anhalten. ²Gegen das Jugendamt oder einen Verein wird kein Zwangsgeld festgesetzt.
(4) §§ 1666, 1666a und 1696 gelten entsprechend.

I. Normzweck

§ 1837 dient dem Schutz des Mündels und der Unterstützung des Vormunds. 1
Die vormundschaftsgerichtliche Aufsicht hat den Grundsatz der **selbstständigen Amtsführung** des 2 Vormunds zu berücksichtigen. Eingriffe sind daher auf das für das Mündelwohl notwendige Maß zu beschränken; soweit nicht ausdrücklich im Gesetz geregelt (§§ 1800, 1631a Abs 2 S 2; 1837 Abs 4, 1666 Abs 2; 1846), darf das VormG nicht selbst anstelle des Vormunds handeln. Generell gilt für Maßnahmen gemäß Abs 2 bis 4 eine niedrigere Eingriffsschwelle als gegenüber sorgeberechtigten Eltern[1].

II. Einzelerläuterung

1. Beratung und Unterstützung der Vormünder. Auf die Beratung und Unterstützung des 3 VormG hat der Vormund – nicht der Mündel – ein **subjektiv-öffentliches Recht**. Das VormG hat auch bei der Lösung von Meinungsverschiedenheiten zwischen Vormund und Mündel mitzuwirken. Die Beratung und Unterstützung bezieht sich auf sämtliche Angelegenheiten der Sorge, muss sich in der Praxis jedoch auf grundlegende Fragen und besonders wichtige Entscheidungen beschränken. Die Einführung des Vormunds erfolgt üblicherweise in einem Einführungsgespräch, bei dem auch die Bestallungsurkunde übergeben wird.

In die selbstständige Amtsführung des Vormunds darf das VormG, solange keine Pflichtverletzungen 4 vorliegen, nicht durch **bindende Anordnungen** eingreifen, selbst wenn der Vormund damit einverstanden ist[2]. Präventive Weisungen sind nur berechtigt, wenn die auf konkrete Tatsachen gestützte Besorgnis besteht, der Vormund werde in Zukunft pflichtwidrig handeln[3]. Daneben hat der Vormund Anspruch auf Beratung und Unterstützung durch das Jugendamt (§ 53 Abs 2 SGB VIII).

2. Aufsichtsführung; Gebote und Verbote (Abs 2 S 1). Auch die Aufsichtsführung umfasst 5 sowohl die **Personen-** als auch die **Vermögenssorge**. Sie beginnt mit der Bestellung und endet grds mit der Beendigung der Vormundschaft. Danach kann das VormG noch die Einreichung der Schlussrechnung (§ 1892 Abs 1) und die Rückgabe der Bestallungsurkunde (§ 1893 Abs 2) mit den Mitteln der Abs 2 und 3 durchsetzen[4].

Der Vormund handelt pflichtwidrig iS des Abs 2 S 1, wenn er seiner Verpflichtung **zu treuer und** 6 **gewissenhafter Amtsführung** in einer das **Wohl des Mündels** gefährdenden Weise zuwiderhandelt. Maßnahmen nach dieser Vorschrift setzen weder Verschulden noch einen bereits entstandenen oder unmittelbar bevorstehenden Schaden voraus (allgM). Maßstab der vormundschaftsgerichtlichen Aufsicht sind ausschließlich die Interessen des Mündels, nicht diejenigen Dritter (allgM). Dem Vormund steht im Rahmen seiner selbstständigen Amtsführung **Ermessen** zu; solange er dieses nicht überschreitet, missbraucht oder nicht ausübt, liegt eine Pflichtwidrigkeit nicht vor[5].

Zu **Einzelbeispielen** für Pflichtverletzungen des Vormunds vgl zunächst § 1833 Rn 7. Darüber 7 hinaus hat die Rspr Aufsichtsmaßnahmen des VormG zB für gerechtfertigt gehalten, wenn der Vormund den Umgang des Mündels mit seinen leiblichen Eltern völlig unangemessen regelt, den Kontakt zu Großeltern oder Geschwistern grundlos unterbindet[6], Unterhaltskosten verschwenderisch festsetzt[7] oder die Pflicht zur mündelsicheren Vermögensanlage mehrfach verletzt[8].

Das VormG hat bei Pflichtverletzungen **konkrete Gebote oder Verbote** gegen den Vormund zu 8 erlassen, wobei der Grundsatz der Verhältnismäßigkeit gilt; bei gleichermaßen geeigneten Maßnahmen genießt diejenige den Vorzug, die den Vormund am wenigsten belastet.

3. Versicherung. Das VormG kann im Einzelfall den Abschluss einer Haftpflichtversicherung 9 anordnen, wenn absehbar ist, dass die Tätigkeit des Vormunds ein **erhöhtes Schadensrisiko** für das Mündelvermögen in sich birgt, vor allem bei der Verwaltung größerer Vermögen.

4. Zwangsgeld (Abs 3). Die Festsetzung von Zwangsgeld ist nur als **Beugemittel** zur Durch- 10 setzung der Anordnungen des VormG nach Abs 2 zulässig und darf nur nach **vorheriger Androhung** (§ 33 Abs 3 FGG) erfolgen. Es hat keinen Strafcharakter und ist daher unzulässig, wenn das Gebot oder Verbot befolgt wird, seine Befolgung nicht mehr möglich oder es gegenstandslos geworden ist[9]. Das Zwangsgeld kann beliebig oft festgesetzt[10], aber nicht in eine Ersatzfreiheitsstrafe umgewandelt werden.

---

[1] MünchKommBGB/*Wagenitz* Rn 3.
[2] BayObLGZ 1951, 440, 447; BayObLG Rpfleger 1999, 126; OLG Saarbrücken MDR 2004, 1121 f.
[3] OLG Karlsruhe FGPrax 2005, 155.
[4] AllgM, OLG Hamm NJW 1966, 2125; BayObLG Rpfleger 2001, 74.
[5] HM, BayObLG FamRZ 1985, 101, 102 f; Rpfleger 1999, 126, 127; *Soergel/Zimmermann* Rn 8, 9; im Ergebnis ebenso, aber gegen den Ermessensbegriff und die Gegenüberstellung von Pflichtwidrigkeiten und Zweckmäßigkeitsentscheidungen MünchKommBGB/*Wagenitz* Rn 20; vgl auch *Kaufmann* DAVorm 1999, 335.
[6] BayObLGZ 1963, 293, 298; OLG Hamm Rpfleger 1985, 294.
[7] OLG Düsseldorf Rpfleger 1980, 471.
[8] OLG Frankfurt Rpfleger 1983, 151; zu weiteren Beispielen vgl MünchKommBGB/*Wagenitz* Rn 24.
[9] KG OLGE 38, 261.
[10] HM, BayObLGZ 2, 800.

§ 1839   Buch 4. Abschnitt 3. Vormundschaft, rechtliche Betreuung, Pflegschaft

Die Höhe des einzelnen Zwangsgeldes beträgt **5 bis 25000 Euro** (Art 6 EGStGB, § 33 Abs 3 S 2 FGG). Kein Zwangsgeld darf gegen das Jugendamt oder einen Verein festgesetzt werden (S 2).

11   **5. Entsprechende Anwendung der §§ 1666, 1666 a, 1696.** Die Verweisung ermöglicht es dem VormG, gegen den Vormund **flexible Maßnahmen** zu ergreifen, die über Gebote und Verbote nach Abs 2 S 1 hinausgehen, anstatt sofort zur schärfsten Maßnahme, der Entlassung nach § 1886, zu greifen[11]. In Betracht kommen vor allem der Entzug von Teilbereichen der Sorge bis hin zum Entzug der gesamten Personensorge (§ 1666 a Abs 2), Maßnahmen gegenüber Dritten, wenn die Gefährdung des Kindeswohls von ihnen ausgeht (§ 1666 Abs 4), der Ersatz von Erklärungen des Vormunds durch das VormG (§ 1666 Abs 3) und die Trennung des Mündels von der Familie des Vormunds (§ 1666 a Abs 1). Die **Entlassung** des Vormunds ist hingegen nur unter den Voraussetzungen der §§ 1886 bis 1889 zulässig; Abs 4 iVm § 1666 bietet hierfür keine Handhabe[12]. Maßnahmen nach Abs 4 setzen voraus, dass Gebote und Verbote nach Abs 2 S 1 zur Wahrung der Mündelinteressen nicht ausreichen und zugleich die strengen Voraussetzungen der §§ 1666, 1666 a erfüllt sind (hierzu und zu Einzelbeispielen vgl die Erläuterungen zu den §§ 1666, 1666 a). Bei Eilbedürftigkeit kann das VormG **vorläufige Anordnungen** erlassen[13].

12   Obwohl das KindRG die Zuständigkeiten für Maßnahmen nach den §§ 1666, 1666 a auf das FamG übertragen hat, verbleibt es für die allgemeine Führung der Vormundschaft und damit für die Aufsicht nach § 1837 bei der **Zuständigkeit des VormG**[14]. Das gilt auch für die im Rahmen von Abs 4 gegenüber dem Vormund oder Dritten zu treffenden Maßnahmen; das VormG muss die Sache hierfür nicht an das FamG abgeben[15].

III. Verfahren

13   Zuständig ist idR der **Rechtspfleger** (§ 3 Nr 2 a RPflG), auch für die Festsetzung von Zwangsgeld (§ 4 Abs 1 RPflG); für Maßnahmen nach Abs 4 iVm § 1666 gilt der Richtervorbehalt des § 14 Abs 1 Nr 8 RPflG.

14   Der **Vormund** hat ein eigenes **Beschwerderecht** gemäß § 11 Abs 1 RPflG, § 20 Abs 1 FGG gegen die Anordnung eines Ge- oder Verbots sowie gegen die Androhung und Festsetzung von Zwangsgeld; letztere hat **aufschiebende Wirkung** (§ 24 FGG). Der **Mündel** ist gemäß §§ 20 Abs 1, 59 FGG beschwerdeberechtigt, der **Gegenvormund** aus § 57 Abs 1 Nr 6 FGG iVm § 1799, wenn ein von ihm angeregtes Einschreiten abgelehnt wird. **Verwandte und Verschwägerte** haben das Beschwerderecht gemäß § 57 Abs 1 Nr 8 FGG, wenn eine Maßnahme nach Abs 4 abgelehnt oder aufgehoben wird[16]. Sonstigen Dritten steht ein Beschwerderecht gegen die Ablehnung des VormG, gegen vermeintliche Pflichtverletzungen einzuschreiten, nicht zu[17].

IV. Entsprechende Anwendung

15   § 1833 findet entsprechende Anwendung auf den Pfleger (§ 1915 Abs 1) und den Nachlassverwalter (§§ 1975, 1962, 1915).

§ 1838 *(weggefallen)*

§ 1839 Auskunftspflicht des Vormunds

Der Vormund sowie der Gegenvormund hat dem Vormundschaftsgericht auf Verlangen jederzeit über die Führung der Vormundschaft und über die persönlichen Verhältnisse des Mündels Auskunft zu erteilen.

I. Normzweck

1   Die Auskunftspflicht, die sowohl hinsichtlich der Personen- als auch der Vermögenssorge besteht, soll dem VormG seine Aufsichtstätigkeit **erleichtern**.

II. Einzelerläuterung

2   Das VormG kann Auskunft über die **gesamte Tätigkeit** des Vormunds verlangen und auch Einsicht in die entsprechenden **Papiere und Belege** nehmen, soweit sie dem Vormund vorliegen oder er sie beschaffen kann (allgM). Es kann verlangen, dass die Berichte durch den Vormund **persönlich** abgegeben werden[1] und auch eine **periodische Berichterstattung** anordnen.

---

[11] MünchKommBGB/*Wagenitz* Rn 39; FamRefK/*Rogner* Rn 2.
[12] BayObLG Rpfleger 1999, 126, 127.
[13] BayObLG Rpfleger 1999, 126, 127.
[14] OLG Düsseldorf FamRZ 1999, 615.
[15] FamRefK/*Rogner* Rn 2.
[16] AA *Keidel/Kuntze/Winkler* § 57 FGG Rn 6 und 31, danach soll § 57 Nr 8 FGG keinen Anwendungsbereich mehr haben.
[17] OLG Zweibrücken NJW-RR 2003, 870 f.
[1] KG RJA 13, 70.

Inhalt der Rechnungslegung § 1841

Die Berichtspflicht endet mit der **Beendigung** des Amts und kann bis dahin durch Androhung und 3
Festsetzung von **Zwangsgeld** durchgesetzt werden (§ 1837 Abs 3). Erst danach ist zur Durchsetzung
des Anspruchs des Mündels auf Rechenschaft über die Verwaltung aus § 1890 Klage auf Auskunft und
eidesstattliche Versicherung vor dem Prozessgericht möglich.

§ 1839 ist für die Pflegschaft entspr anzuwenden (§ 1915 Abs 1). 4

§ 1840 Bericht und Rechnungslegung

(1) Der Vormund hat über die persönlichen Verhältnisse des Mündels dem Vormundschaftsgericht mindestens einmal jährlich zu berichten.

(2) Der Vormund hat über seine Vermögensverwaltung dem Vormundschaftsgericht Rechnung zu legen.

(3) ¹Die Rechnung ist jährlich zu legen. ²Das Rechnungsjahr wird von dem Vormundschaftsgericht bestimmt.

(4) Ist die Verwaltung von geringem Umfang, so kann das Vormundschaftsgericht, nachdem die Rechnung für das erste Jahr gelegt worden ist, anordnen, dass die Rechnung für längere, höchstens dreijährige Zeitabschnitte zu legen ist.

I. Normzweck

Die Vorschrift erleichtert dem VormG seine Aufsichtstätigkeit und dient damit dem Schutz des 1
Mündels.

II. Einzelerläuterung

Die Berichterstattung über die **persönlichen Verhältnisse** umfasst die äußeren Lebensumstände des 2
Mündels, seine körperliche und geistige Entwicklung und die Beziehungen zu nahe stehenden Personen. Das VormG kann den Bericht auch in einem persönlichen Gespräch entgegennehmen; Schriftform ist nicht vorgeschrieben.

Die Rechnungslegung hinsichtlich der Vermögensverwaltung erstreckt sich nur auf das **kraft Ge-** 3
setzes der Verwaltung des Vormunds unterliegende Mündelvermögen, auch soweit er mit der Verwaltung einen Dritten beauftragt hat. Nicht betroffen hingegen die Teile des Mündelvermögens, die von Gesetzes wegen einer **Drittverwaltung** unterfallen (Testamentsvollstrecker, Nachlassverwalter, Gesamtgut der Gütergemeinschaft in den Fällen der §§ 1422, 1487).

Mitvormünder haben entweder gemeinschaftlich (§ 1797 Abs 1 S 1) oder jeweils für ihren Wir- 4
kungskreis (§ 1797 Abs 2) Rechnung zu legen. Zum Inhalt vgl die Erläuterungen zu § 1841. Die
Kosten der Rechnungslegung trägt der Mündel.

Die Rechnung ist nach Abs 3 **jährlich** zu legen; das VormG kann nach Abs 4 längere Zeiträume bis 5
zu drei Jahren festlegen, wenn die erste Jahresrechnung erfolgt ist und die Vermögensverwaltung nur
geringen Umfang hat. Eine **weitergehende Befreiung**, etwa die Reduzierung auf eine Vermögensübersicht, kann das VormG nicht anordnen (allgM).

Das VormG kann den Vormund zur Einhaltung seiner Pflichten durch **Zwangsgeld** anhalten 6
(§ 1837 Abs 3) und in schwerwiegenden Fällen nach § 1837 Abs 4 iVm § 1666 die Personen- oder
Vermögenssorge **entziehen**. Der Mündel selbst kann dagegen während der Dauer der Vormundschaft
nicht auf Rechnungslegung **klagen** (Umkehrschluss aus §§ 1843 Abs 2, 1890)¹.

§ 1840 ist gegenüber dem **befreiten Vormund** (§ 1854) und dem **Amts- und Vereinsvormund** 7
(§ 1857a) nicht anwendbar. Die Vorschrift findet entsprechende Anwendung auf die Pflegschaft
(§ 1915 Abs 1), ggf mit den Befreiungen des § 1917 Abs 2.

§ 1841 Inhalt der Rechnungslegung

(1) **Die Rechnung soll eine geordnete Zusammenstellung der Einnahmen und Ausgaben enthalten, über den Ab- und Zugang des Vermögens Auskunft geben und, soweit Belege erteilt zu werden pflegen, mit Belegen versehen sein.**

(2) **¹Wird ein Erwerbsgeschäft mit kaufmännischer Buchführung betrieben, so genügt als Rechnung ein aus den Büchern gezogener Jahresabschluss. ²Das Vormundschaftsgericht kann jedoch die Vorlegung der Bücher und sonstigen Belege verlangen.**

I. Normzweck

Es handelt sich um eine **Ordnungsvorschrift**, die der Rechtsklarheit hinsichtlich der Anforderun- 1
gen an die Rechnungslegung dient.

---

¹ MünchKommBGB/*Wagenitz* Rn 9; *Staudinger/Engler* Rn 25, 26; *Palandt/Diederichsen* Rn 5; aA RGRK/*Dickescheid* Rn 8; *Soergel/Zimmermann* Rn 6; *Erman/Holzhauer* Rn 10.

Bettin

§ 1843 Buch 4. Abschnitt 3. Vormundschaft, rechtliche Betreuung, Pflegschaft

II. Einzelerläuterung

2   Die Jahresrechnung muss die **Einnahmen und Ausgaben** im Rechnungsjahr klar und übersichtlich sowie vollständig darstellen, damit das VormG seinen sich aus §§ 1837, 1843 ergebenden Aufsichts- und Prüfungspflichten nachkommen kann. Die bloße Vorlage von Belegen genügt nicht, auch nicht die Vorlage eines Kassenbuches, das nicht alle Einnahmen und Ausgaben enthält[1].

3   Bei einem **Erwerbsgeschäft** liegt es im Ermessen des VormG, ob es sich nach Abs 2 S 1 mit dem Jahresabschluss begnügt oder nach S 2 auf der Vorlage aller Belege und Bücher besteht; es ist hierzu verpflichtet, wenn Anhaltspunkte für Unregelmäßigkeiten bestehen[2].

4   § 1841 gilt für die Pflegschaft entspr (§ 1915 Abs 1).

§ 1842 Mitwirkung des Gegenvormunds

¹Ist ein Gegenvormund vorhanden oder zu bestellen, so hat ihm der Vormund die Rechnung unter Nachweisung des Vermögensbestands vorzulegen. ²Der Gegenvormund hat die Rechnung mit den Bemerkungen zu versehen, zu denen die Prüfung ihm Anlass gibt.

I. Normzweck

1   Die Vorschrift ermöglicht dem Gegenvormund die Wahrnahme seiner **Aufsichtsfunktion**.

II. Einzelerläuterung

2   Abweichend von § 1841 ist dem Gegenvormund auch der **Vermögensstand** mitzuteilen, weil dieser ihm anders als dem VormG (§ 1802) idR nicht vorliegt. Daneben sind auch ihm die Zu- und Abgänge mitzuteilen.

3   Der Gegenvormund hat die Rechnungslegung rechnerisch und sachlich zu **prüfen;** die Prüfungsbemerkungen sind auch erforderlich, wenn die Rechnungslegung seine Billigung findet (allgM).

4   Die Vorschrift findet auf den Pfleger entsprechende Anwendung (§ 1915 Abs 1); für die Schlussrechnung vgl § 1891 Abs 1.

§ 1843 Prüfung durch das Vormundschaftsgericht

(1) Das Vormundschaftsgericht hat die Rechnung rechnungsmäßig und sachlich zu prüfen und, soweit erforderlich, ihre Berichtigung und Ergänzung herbeizuführen.

(2) Ansprüche, die zwischen dem Vormund und dem Mündel streitig bleiben, können schon vor der Beendigung des Vormundschaftsverhältnisses im Rechtsweg geltend gemacht werden.

I. Normzweck

1   Abs 1 **konkretisiert** die allgemeine **Aufsichtspflicht** des VormG (§ 1847) für den Bereich der Vermögenssorge. Abs 2 betrifft sowohl Ansprüche des Vormunds gegen den Mündel als auch den umgekehrten Fall und erlaubt es den Beteiligten, streitige Ansprüche **zeitnah** zu klären. Erforderlich ist die Bestellung eines **Ergänzungspflegers** für den Mündel (§ 1909 Abs 1 S 1).

II. Einzelerläuterung

2   Das VormG prüft die Rechnungslegung auf ihre **rechnerische Richtigkeit**. Es kann sich hierzu Hilfspersonen bedienen; in diesem Fall tritt Amtshaftung nur für Auswahl- und Überwachungsverschulden ein.

3   **Sachlich** hat das VormG die Rechnungslegung auf **Vollständigkeit** sowie darauf zu prüfen, ob der Vormund die **gesetzlichen Vorschriften** beachtet, insbes erforderliche Genehmigungen eingeholt und Hinterlegungsvorschriften beachtet hat, ob **Ausgaben** angemessen waren und die möglichen Einnahmen gezogen wurden. Zu Nachweiszwecken darf das VormG Belege verlangen.

4   Ggf kann das VormG den Vormund durch Maßnahmen nach § 1837 Abs 2 und 3 anhalten, die Rechnungslegung zu **ergänzen oder zu berichtigen,** es darf Ergänzungen jedoch nicht selbst vornehmen oder die Rechnungslegung gar selbst erstellen[1*]. Es darf den Vormund auch nicht zwingen, dem Mündel als unangemessen angesehene Ausgaben wieder zu erstatten oder ihm sonst wegen pflichtwidriger Vermögensverwaltung Schadensersatz zu leisten; derartige Ansprüche sind vielmehr zwischen Mündel und Vormund vor dem **Prozessgericht** zu klären (Abs 2)[2*].

---

[1] BayObLG FamRZ 1993, 237; zu Einzelheiten der Rechnungslegung und -prüfung vgl Birkenfeld FamRZ 1976, 197.
[2] OLG Frankfurt NJW 1963, 2278.
[1*] AllgM, LG Hannover Rpfleger 1987, 247 mwN.
[2*] AllgM, BayObLG NJW-FER 1997, 227.

Die Prüfung des VormG **entlastet** den Vormund nicht, auch wenn es nichts beanstandet. Der 5
Mündel kann daher die Rechnungslegung nach dem Ende der Vormundschaft – die Verjährung ist
nach § 207 Abs 1 S 2 Nr 3 gehemmt – **bestreiten** und entsprechende Ansprüche vor dem Prozessgericht geltend machen. Derartige Streitigkeiten können nach Abs 2 aber auch schon **während der Vormundschaft** ausgetragen werden.

§ 1844 *(weggefallen)*

§ 1845 Eheschließung des zum Vormund bestellten Elternteils

Will der zum Vormund bestellte Vater oder die zum Vormund bestellte Mutter des Mündels eine Ehe eingehen, so gilt § 1683 entsprechend.

I. Normzweck

Die Norm, die vor allem im Betreuungsrecht Bedeutung hat (§ 1908 i Abs 1 S 1), will der mit der 1
Eheschließung des Vormunds verbundenen Gefahr der **Unübersichtlichkeit der Vermögensverhältnisse** vorbeugen.

II. Einzelerläuterung

Zu den Verpflichtungen des Vormunds und der Möglichkeit, das Unterbleiben oder den Aufschub 2
der Auseinandersetzung zu beantragen vgl die Erläuterungen zu § 1683. Von der Pflicht, auf seine
Kosten ein **Verzeichnis des Mündelvermögens** zu erstellen, kann das VormG den Vormund nicht
befreien.

Das VormG – zuständig ist der Rechtspfleger – kann die Einhaltung der Pflichten aus §§ 1845, 1683 3
mit **Zwangsgeld** erzwingen (§ 1837 Abs 3). Bei schwerwiegenden und hartnäckigen Pflichtverletzungen, etwa wenn der Vormund auf Zwangsgelder nicht reagiert, kommt auch der **Entzug der Vermögenssorge** (§§ 1837 Abs 4, 1666) und im äußersten Fall die **Entlassung** des Vormunds in Betracht
(§ 1886)[1].

Es besteht eine **Mitteilungspflicht** des Standesbeamten (§ 5 Abs 5 PStG). 4

§ 1846 Einstweilige Maßregeln des Vormundschaftsgerichts

Ist ein Vormund noch nicht bestellt oder ist der Vormund an der Erfüllung seiner Pflichten verhindert, so hat das Vormundschaftsgericht die im Interesse des Betroffenen erforderlichen Maßregeln zu treffen.

I. Normzweck

Die Vorschrift soll verhindern, dass der Minderjährige **rechtliche Nachteile** hat, weil zeitweilig ein 1
gesetzlicher Vertreter **fehlt oder verhindert** ist[1*]. § 1846 stellt deshalb eine Ausnahme von dem
Grundsatz dar, dass das VormG den selbstständig handelnden Vormund nur überwacht.

II. Einzelerläuterung

Handlungen des VormG nach § 1846 setzen voraus, dass ein Vormund **nicht vorhanden oder** 2
verhindert ist, wobei es unerheblich ist, ob es sich um eine tatsächliche (Abwesenheit, Krankheit) oder
um eine rechtliche Verhinderung (§ 1795) handelt und ob sie von langer oder kurzer Dauer ist (allgM).
Keine Fälle der Verhinderung stellen die Weigerung[2] oder pflichtwidrige Versäumnisse des vorhandenen Vormunds dar.

§ 1846 ist eine eng auszulegende **Ausnahmevorschrift** (allgM); ein Eingreifen des VormG ist daher 3
nur in **dringlichen Fällen** zulässig[3]. Keinesfalls darf die Vorschrift zur Umgehung einer notwendigen
Pflegerbestellung oder der gegenteiligen Auffassung des Vormunds benutzt werden[4].

Das VormG entscheidet über die zu treffenden Maßnahmen orientiert am **Mündelinteresse** nach 4
pflichtgemäßem Ermessen. Vorrangig und idR genügend ist die **Pflegerbestellung** (allgM). Genügt
das nicht, kann das VormG auch **selbst handeln,** zB den Mündel anderweit unterbringen, Mündelvermögen in Besitz nehmen oder für den Mündel Willenserklärungen abgeben bzw entgegennehmen[5].
Es kann auch in eine dringliche Operation oder eine Bluttransfusion einwilligen[6]. Ordnet das VormG

---

[1] MünchKommBGB/*Wagenitz* Rn 4; *Staudinger/Engler* Rn 9, 10; aA *Palandt/Diederichsen* Rn 1.
[1*] BayObLGZ 1987, 7, 8.
[2] OLG Düsseldorf FamRZ 1995, 637.
[3] BayObLG FamRZ 1990, 1154.
[4] OLG Düsseldorf FamRZ 1995, 637.
[5] Zu Einzelbeispielen vgl MünchKommBGB/*Wagenitz* Rn 7.
[6] AG Nettetal FamRZ 1996, 1104.

§ 1851 Buch 4. Abschnitt 3. Vormundschaft, rechtliche Betreuung, Pflegschaft

selbst die zivilrechtliche Unterbringung des Betroffenen an, hat es innerhalb weniger Tage die Bestellung eines (vorläufigen) Betreuers sicherzustellen[7].

5 Der Vormund hat nach Wegfall der Verhinderung das Recht und die Pflicht, die Maßnahmen des VormG zu **überprüfen** und ggf aufzuheben oder abzuändern; bis dahin bleiben sie **wirksam**[8]. Bei **widersprüchlichen Maßnahmen** von Vormund und VormG bestimmt sich die Wirksamkeit nicht nach § 4 FGG, sondern danach, ob die Voraussetzungen des § 1846 vorgelegen haben[9].

6 Neben dem allgemein örtlich zuständigen VormG (§§ 36, 43, 65 Abs 5 FGG) ist auch das VormG örtlich zuständig, in dessen Bezirk das **Fürsorgebedürfnis** auftritt (§§ 44, 36 b FGG). Maßnahmen, zu denen der Vormund der richterlichen Genehmigung bedürfte (zB freiheitsentziehende Unterbringung, §§ 1800, 1631 b), sind dem **Richter** vorbehalten, ansonsten ist der Rechtspfleger zuständig. Gegen die Maßnahmen des VormG sind der Vormund (§ 20 Abs 1 FGG) und der Mündel (§§ 59, 20 Abs 1 FGG) **beschwerdeberechtigt**.

7 Zur Anwendung des § 1846 bei Vormundschaft über **Ausländer** vgl Art 24 Abs 3 EGBGB und die – vorrangigen – staatsvertraglichen Regelungen sowie Art 8 Abs 1, Art 20 EheVO II.

8 § 1846 ist auf die Pflegschaft entspr anwendbar (§ 1915 Abs 1).

§ 1847 Anhörung von Angehörigen

(1) ¹Das Vormundschaftsgericht soll in wichtigen Angelegenheiten Verwandte oder Verschwägerte des Mündels hören, wenn dies ohne erhebliche Verzögerung und ohne unverhältnismäßige Kosten geschehen kann. ²§ 1779 Abs. 3 Satz 2 gilt entsprechend.

(2) *(weggefallen)*

I. Normzweck

1 Die **Ordnungsvorschrift** dient der besseren **Information** des VormG im Interesse des Mündels.

II. Einzelerläuterung

2 Das VormG bestimmt nach pflichtgemäßem Ermessen, was **wichtige Angelegenheiten** iS der Vorschrift sind; Beispiele: die Ermächtigung zur Führung eines Erwerbsgeschäfts und deren Rücknahme (§ 112), die Genehmigung für den Scheidungsantrag oder die Eheaufhebungsklage (§ 607 Abs 2 ZPO; §§ 1313, 1316, § 631 ZPO), die Annahme an Kindes Statt[1]. Auch in wichtigen Angelegenheiten kann die Anhörung **unterbleiben,** wenn sie zu erheblicher Verzögerung oder unverhältnismäßigen Kosten führen würde.

3 Welche Verwandten und Verschwägerten (§§ 1589, 1590) das VormG anhört, hängt nicht vom Verwandtschaftsgrad, sondern davon ab, wer dem VormG die **umfassendsten und genauesten Informationen** geben kann[2]. Für die Anhörung ist eine **Form** nicht vorgeschrieben; sofern das VormG nicht eine förmliche Zeugenvernehmung anordnet, besteht keine Auskunftspflicht.

4 Hinsichtlich des **Auslagenersatzes** verweist S 2 auf § 1779 Abs 2 S 2. § 1847 ist auf die Pflegschaft entspr anwendbar (§ 1915 Abs 1).

§ 1848 *(weggefallen)*

Untertitel 4. Mitwirkung des Jugendamts (§§ 1849–1851)

§§ 1849, 1850 *(weggefallen)*

§ 1851 Mitteilungspflichten

(1) Das Vormundschaftsgericht hat dem Jugendamt die Anordnung der Vormundschaft unter Bezeichnung des Vormunds und des Gegenvormunds sowie einen Wechsel in der Person und die Beendigung der Vormundschaft mitzuteilen.

(2) Wird der gewöhnliche Aufenthalt eines Mündels in den Bezirk eines anderen Jugendamts verlegt, so hat der Vormund dem Jugendamt des bisherigen gewöhnlichen Aufent-

---

[7] BGH NJW 2002, 1801; BayObLGZ 2003, 97; OLG München OLGR 2005, 885 f.
[8] HM, MünchKommBGB/*Wagenitz* Rn 9; *Staudinger/Engler* Rn 12; aA OLG Hamm FamRZ 1968, 541.
[9] MünchKommBGB/*Wagenitz* Rn 13; *Palandt/Diederichsen* Rn 6.
[1] Zu weiteren Beispielen vgl MünchKommBGB/*Wagenitz* Rn 3.
[2] MünchKommBGB/*Wagenitz* Rn 5.

halts und dieses dem Jugendamt des neuen gewöhnlichen Aufenthalts die Verlegung mitzuteilen.

(3) Ist ein Verein Vormund, so sind die Absätze 1 und 2 nicht anzuwenden.

I. Normzweck

Die Vorschrift erleichtert dem Jugendamt die Erfüllung seiner Pflichten aus § 53 Abs 3 SGB VIII. 1

II. Einzelerläuterung

Abs 2 bezieht sich nur auf Aufenthaltsveränderungen von **längerer Dauer**. § 1851 ist auf die Pflegschaft entspr anzuwenden (§ 1915 Abs 1). 2

Untertitel 5. Befreite Vormundschaft (§§ 1852-1881)

§ 1852 Befreiung durch den Vater

(1) Der Vater kann, wenn er einen Vormund benennt, die Bestellung eines Gegenvormunds ausschließen.

(2) ¹Der Vater kann anordnen, dass der von ihm benannte Vormund bei der Anlegung von Geld den in den §§ 1809, 1810 bestimmten Beschränkungen nicht unterliegen und zu den in § 1812 bezeichneten Rechtsgeschäften der Genehmigung des Gegenvormunds oder des Vormundschaftsgerichts nicht bedürfen soll. ²Diese Anordnungen sind als getroffen anzusehen, wenn der Vater die Bestellung eines Gegenvormunds ausgeschlossen hat.

I. Normzweck

Die Vorschriften über die beschränkte Vormundschaft geben den Eltern die Möglichkeit, den von ihnen benannten Vormund von bestimmten, in den §§ 1851 bis 1854 **abschließend aufgeführten** Beschränkungen zu **befreien** und dadurch seine Vermögensverwaltung zu **erleichtern.** Zur Befreiung des Jugendamts und der Vereine kraft Gesetzes vgl die Erläuterungen zu § 1857 a. 1

Eine angeordnete Befreiung gilt nur für den **benannten Vormund,** nicht für einen späteren Vormund, einen Mitvormund oder einen nicht benannten Pfleger, auch wenn er nur für den Verhinderungsfall des benannten Vormunds bestellt wurde (allgM). Andere als die in §§ 1852 bis 1854 bezeichneten Befreiungen sind **unzulässig;** so kann der Vormund nicht befreit werden von der Aufstellung und Einreichung des Vermögensverzeichnisses (§ 1802), von der Anlage des Mündelgeldes entspr §§ 1806, 1807, es sei denn in den Fällen des § 1803¹, den Genehmigungserfordernissen der §§ 1821, 1822², der Aufsicht des VormG insgesamt³ und der Verpflichtung zur Rechnungslegung bei Ende der Vormundschaft (§ 1890). 2

Die Befreiung kann **alle** in den §§ 1852 bis 1854 genannten Beschränkungen erfassen, was im Zweifel bei der bloßen Anordnung der befreiten Vormundschaft anzunehmen ist⁴, sich aber auch nur auf **einzelne** beziehen. 3

II. Einzelerläuterung

Zu den **Voraussetzungen** der Anordnungsbefugnis der Eltern – diejenige der Mutter folgt aus § 1855 – vgl §§ 1856 S 1, 1777. Die Befreiung kann **zeitlich** auch nach der Benennung des Vormunds erfolgen. Hinsichtlich des **Umfangs** der Befreiung sind die Eltern frei; sie können von allen in Abs 2 S 1 genannten Beschränkungen oder von einzelnen befreien, es aber bei der Bestellung eines Gegenvormunds belassen, den Vormund aber von den Beschränkungen der §§ 1809, 1810, 1812 freistellen und schließlich die Bestellung des Gegenvormunds ausschließen, es aber bei den in Abs 2 S 1 bezeichneten Beschränkungen belassen. Letzteres bedarf im Hinblick auf die sonst nach Abs 2 S 2 eingreifende Fiktion der ausdrücklichen Anordnung. 4

Schließen die Eltern nach Abs 1 die Bestellung eines Gegenvormunds aus, hat dessen Bestellung auch im Fall des § 1792 Abs 2 zu **unterbleiben.** Wird gleichwohl irrtümlich ein Gegenvormund bestellt, hat das auf die durch Abs 2 S 2 fingierte Befreiung von den Beschränkungen der §§ 1809, 1810, 1812 keinen Einfluss (allgM). Die Bestellung des Gegenvormunds ist **nicht unwirksam,** aber auf Beschwerde **aufzuheben.** 5

---

¹ AllgM, BayObLGZ 22, 154.
² AllgM, KG KGJ 21, 24, 27.
³ KG KGJ 24, 8.
⁴ MünchKommBGB/*Wagenitz* Rn 6.

§ 1853 Befreiung von Hinterlegung und Sperrung

Der Vater kann den von ihm benannten Vormund von der Verpflichtung entbinden, Inhaber- und Orderpapiere zu hinterlegen und den in § 1816 bezeichneten Vermerk in das Bundesschuldbuch oder das Schuldbuch eines Landes eintragen zu lassen.

I. Normzweck

1   Vgl § 1852 Rn 1–3.

II. Einzelerläuterung

2   Die Befreiung nach dieser Vorschrift schließt **Umwandlungsanordnungen** des VormG nach § 1815 Abs 2 aus (allgM), nicht aber **Hinterlegungsanordnungen** nach § 1818 (str, vgl § 1818 Rn 3).

3   Durch die Befreiung entfallen auch die **Genehmigungserfordernisse** nach § 1819 iVm § 1814 und § 1820 iVm § 1815 (allgM), nicht aber diejenigen aus § 1819 iVm § 1818[1].

§ 1854 Befreiung von der Rechnungslegungspflicht

(1) Der Vater kann den von ihm benannten Vormund von der Verpflichtung entbinden, während der Dauer seines Amtes Rechnung zu legen.

(2) ¹Der Vormund hat in einem solchen Falle nach dem Ablauf von je zwei Jahren eine Übersicht über den Bestand des seiner Verwaltung unterliegenden Vermögens dem Vormundschaftsgericht einzureichen. ²Das Vormundschaftsgericht kann anordnen, dass die Übersicht in längeren, höchstens fünfjährigen Zwischenräumen einzureichen ist.

(3) ¹Ist ein Gegenvormund vorhanden oder zu bestellen, so hat ihm der Vormund die Übersicht unter Nachweisung des Vermögensbestands vorzulegen. ²Der Gegenvormund hat die Übersicht mit den Bemerkungen zu versehen, zu denen die Prüfung ihm Anlass gibt.

I. Normzweck

1   Vgl § 1852 Rn 1–3.

II. Einzelerläuterung

2   Die Befreiungsmöglichkeit betrifft nur die Pflicht zur **periodischen Rechnungslegung** (§ 1840 Abs 2 bis 4), nicht hingegen die Fälle der §§ 1802 und 1890[1*] sowie die Berichtspflicht über die persönlichen Verhältnisse (§ 1840 Abs 1). Auch bei der Einzelauskunftsverpflichtung auf Verlangen des VormG (§ 1839) verbleibt es[2].

3   Der Pflicht zur Vorlage des Vermögensbestandsverzeichnisses, das den Stand der Verbindlichkeiten, nicht aber die Zu- und Abgänge enthalten muss (Abs 2), hat der Vormund **unaufgefordert** nachzukommen. **Längere Zwischenräume** bis zu fünf Jahren (Abs 2 S 2) kann nur das **VormG**, nicht die Eltern anordnen.

4   Ist ein **Gegenvormund** bestellt, gilt Abs 3; auch die Pflicht aus § 1799 Abs 2 bleibt von der Befreiung unberührt. Der Gegenvormund kann von seinen Prüfungspflichten nicht befreit werden (allgM). Sind nicht alle **Mitvormünder** befreit, verbleibt es für die Nichtbefreiten bei der Pflicht aus § 1840 Abs 2 bis 4; sie haben gegen die Befreiten einen Auskunftsanspruch[3].

§ 1855 Befreiung durch die Mutter

Benennt die Mutter einen Vormund, so kann sie die gleichen Anordnungen treffen wie nach den §§ 1852 bis 1854 der Vater.

1   Die Vorschrift stellt die Gleichberechtigung beider Eltern in Hinblick auf die Befreiungsanordnungen klar.

§ 1856 Voraussetzungen der Befreiung

¹Auf die nach den §§ 1852 bis 1855 zulässigen Anordnungen ist die Vorschrift des § 1777 anzuwenden. ²Haben die Eltern denselben Vormund benannt, aber einander widerspre-

---

[1] MünchKommBGB/*Wagenitz* Rn 4.
[1*] AllgM, OLG Frankfurt Rpfleger 1980, 18.
[2] HM, MünchKommBGB/*Wagenitz* Rn 5.
[3] MünchKommBGB/*Wagenitz* Rn 7.

chende Anordnungen getroffen, so gelten die Anordnungen des zuletzt verstorbenen Elternteils.

I. Normzweck

Die Norm unterwirft die Befreiungsanordnungen den Voraussetzungen des § 1777. S 2 entspricht § 1776 Abs 2. 1

II. Einzelerläuterung

Zu den **Voraussetzungen** des § 1777 vgl dort. Der ggf durch Auslegung zu ermittelnde Wille der Eltern, eine befreite Vormundschaft anzuordnen, muss in der **letztwilligen Verfügung** zum Ausdruck kommen[1]. 2

S 2 gilt nur, wenn beide Eltern **denselben Vormund** benannt haben; andernfalls greift § 1776 Abs 2 ein (allgM). Widersprechende Anordnungen iS der Vorschrift liegen auch vor, wenn nur ein Elternteil Befreiungsanordnungen getroffen hat, der andere aber nicht[2]. 3

§ 1857 Aufhebung der Befreiung durch das Vormundschaftsgericht

Die Anordnungen des Vaters oder der Mutter können von dem Vormundschaftsgericht außer Kraft gesetzt werden, wenn ihre Befolgung das Interesse des Mündels gefährden würde.

I. Normzweck

Die Vorschrift dient dem Schutz der Mündelinteressen. 1

II. Einzelerläuterung

Der Eingriff nach § 1857 setzt wegen des Grundsatzes der Verhältnismäßigkeit eine **erhebliche Gefährdung** der Mündelinteressen voraus, die zB vorliegt, wenn der Vormund, der ein erhebliches Mündelvermögen zu verwalten hat, nicht über die erforderliche Sachkunde verfügt und entsprechende Ratschläge des VormG unbeachtet lässt[1*]. 2

Das VormG kann die Befreiung insgesamt, aber auch nur hinsichtlich einzelner Maßnahmen für die **Zukunft,** nicht rückwirkend[2*], aufheben und sie nach Wegfall der Gefährdung auch wieder in Kraft setzen. Die Eltern können das VormG nicht von § 1857 **befreien** (allgM). 3

Die Entscheidung trifft das VormG von Amts wegen; vorher sind der Vormund sowie die Verwandten und Verschwägerten (§ 1847) zu hören. Gegen die Außerkraftsetzung sind der Vormund (§ 20 Abs 1 FGG) und der Mündel (§§ 59, 20 Abs 1 FGG) **beschwerdeberechtigt.** 4

§ 1857 a Befreiung des Jugendamts und des Vereins

Dem Jugendamt und einem Verein als Vormund stehen die nach § 1852 Abs. 2, §§ 1853, 1854 zulässigen Befreiungen zu.

I. Normzweck

Die Vorschrift trägt der besonderen Vertrauenswürdigkeit des Jugendamts und der Vereine als Vormünder Rechnung. Weitere Befreiungen für das Jugendamt als Amtsvormund oder -pfleger enthält § 56 Abs 2, 3 SGB VIII. 1

II. Einzelerläuterung

Da die aufgeführten Befreiungen des Jugendamtes und der Vereine kraft Gesetzes bestehen, kann sie das VormG **nicht gemäß § 1857 aufheben** (allgM). Gegenüber dem Jugendamt als **Amtsvormund** ist – anders als beim Verein – auch die Bestellung eines **Gegenvormunds** von Gesetzes wegen unzulässig. 2

§ 1857 a gilt auch für die Pflegschaft (§ 1915 Abs 1). 3

§§ 1858 bis 1881 *(weggefallen)*

---

[1] OLG Frankfurt Rpfleger 1983, 275.
[2] MünchKommBGB/*Wagenitz* Rn 5.
[1*] LG München I FamRZ 1998, 701.
[2*] Palandt/*Diederichsen* Rn 1.

Untertitel 6. Beendigung der Vormundschaft (§§ 1882–1895)

§ 1882 Wegfall der Voraussetzungen

Die Vormundschaft endigt mit dem Wegfall der in § 1773 für die Begründung der Vormundschaft bestimmten Voraussetzungen.

I. Normzweck

1 Die Vormundschaft endet idR **kraft Gesetzes** ohne verfahrensrechtlichen Konstitutivakt des VormG (Ausnahme: § 1884 Abs 1 S 1 und 2). Damit endet auch das Amt des jeweiligen Vormunds, ohne dass es seiner Entlassung bedarf.

II. Einzelerläuterung

2 Die Vormundschaft endet regelmäßig durch den Eintritt der **Volljährigkeit**, auch wenn der Mündel verschollen ist (vgl § 1884 Rn 2); bei **ausländischen** Mündeln ist für die Volljährigkeit deren Heimatrecht maßgebend (Art 7 EGBGB), bei **Findelkindern** das gemäß §§ 25 Abs 2 S 1, 26 S 1 PStG festgestellte Geburtsdatum (allgM). Die Vormundschaft endet auch, wenn die Voraussetzungen für eine Betreuung vorliegen; zeichnet sich das bereits vorher ab, kann der Betreuer schon ab Vollendung des 17. Lebensjahres bestellt werden (§ 1908 a); die Bestellung wird mit Eintritt der Volljährigkeit wirksam.

3 Die Vormundschaft wird auch dadurch beendet, dass die Eltern oder ein Elternteil die **elterliche Sorge** mindestens in einem solchen Umfang erlangen oder wiedererlangen, dass die Voraussetzungen des § 1773 Abs 1 nicht mehr vorliegen (vgl § 1773 Rn 2–4). Beispiele: Ende des Ruhens der elterlichen Sorge (§ 1674 Abs 2); Aufhebung von Maßnahmen nach §§ 1666, 1666 a; Ermittlung des bisher unbekannten Personenstands des Mündels, wenn er nunmehr unter elterlicher Sorge steht; Annahme als Kind (§§ 1754, 1626).

4 Beendigungsgrund ist schließlich der **Tod** des Mündels. Zur Todeserklärung, Verschollenheit und Tod des Verschollenen siehe § 1884.

5 **Keine Beendigung** der Vormundschaft tritt ein durch Verheiratung des Mündels, Auswanderung, Verlust der deutschen Staatsangehörigkeit sowie dadurch, dass zwar der konkrete Anordnungsgrund iS des § 1773 Abs 1 entfallen, gleichzeitig aber ein neuer eingetreten ist[1].

6 Das VormG hat die Voraussetzungen des § 1882 von Amts wegen festzustellen. Gegen diese Feststellung ist nur das **Beschwerderecht** aus § 57 Abs 1 Nr 9, nicht aber das aus § 57 Abs 1 Nr 1 gegeben, weil letztere Vorschrift nur die konstitutive Aufhebung der Vormundschaft betrifft[2].

§ 1883 *(weggefallen)*

§ 1884 Verschollenheit und Todeserklärung des Mündels

(1) [1]Ist der Mündel verschollen, so endigt die Vormundschaft erst mit der Aufhebung durch das Vormundschaftsgericht. [2]Das Vormundschaftsgericht hat die Vormundschaft aufzuheben, wenn ihm der Tod des Mündels bekannt wird.

(2) Wird der Mündel für tot erklärt oder wird seine Todeszeit nach den Vorschriften des Verschollenheitsgesetzes festgestellt, so endigt die Vormundschaft mit der Rechtskraft des Beschlusses über die Todeserklärung oder die Feststellung der Todeszeit.

I. Normzweck

1 Die Norm trägt dem Umstand Rechnung, dass der Tod des Mündels im Falle der Verschollenheit unklar ist. § 1884 lässt daher im Interesse der Rechtssicherheit die Vormundschaft nicht kraft Gesetzes enden; es bedarf vielmehr der **konstitutiven Aufhebungsentscheidung** des VormG (Abs 1) bzw eines Beschlusses über die Todeserklärung oder die Feststellung des Todeszeitpunkts (Abs 2).

II. Einzelerläuterung

2 Die Verschollenheit allein ist noch kein Grund für die Aufhebung der Vormundschaft nach Abs 1; das VormG hat den Tod des Mündels von Amts wegen zu ermitteln. Abs 1 ist nicht anwendbar, wenn **andere Beendigungsgründe** eingreifen, etwa die Volljährigkeit des Mündels; dann gilt § 1882[1*].

---

[1] HM, MünchKommBGB/*Wagenitz* Rn 14; *Soergel/Zimmermann* Rn 7; *Staudinger/Engler* Rn 17.
[2] OLG Zweibrücken DAVorm 1983, 861.
[1*] MünchKommBGB/*Wagenitz* Rn 2; *Palandt/Diederichsen* Rn 1; aA OLG Oldenburg NJW 1952, 939; *Soergel/Zimmermann* Rn 2.

Entlassung des Einzelvormunds § 1886

In den Fällen des Abs 2 tritt die Beendigung der Vormundschaft nicht mit dem wahren Todestag 3
oder dem im Beschluss festgesetzten Todeszeitpunkt, sondern mit **Rechtskraft** des die Todeserklärung
aussprechenden bzw den Todeszeitpunkt festsetzenden Beschlusses ein.

§ 1885 *(weggefallen)*

§ 1886 Entlassung des Einzelvormunds

Das Vormundschaftsgericht hat den Einzelvormund zu entlassen, wenn die Fortführung des Amts, insbesondere wegen pflichtwidrigen Verhaltens des Vormunds, das Interesse des Mündels gefährden würde oder wenn in der Person des Vormunds einer der in § 1781 bestimmten Gründe vorliegt.

I. Normzweck

Die Entlassung nach § 1886 stellt die **schärfste Möglichkeit** des VormG dar, auf **Gefährdungen** 1
der Mündelinteressen durch die Amtsführung des Vormunds zu reagieren (Alt 1). Darüber hinaus
bestimmt die Norm die Entlassung des Vormunds, wenn einer der **Untauglichkeitsgründe** des § 1781
vorliegt und gibt dem VormG – über den Wortlaut hinaus – die Möglichkeit, eine fehlerhafte Auswahlentscheidung (§ 1779 Abs 2) zu korrigieren[1].

Die Entlassung nach § 1886 erfolgt von Amts wegen; liegen die Voraussetzungen der Vorschrift vor, 2
hat das VormG gegenüber dem Mündel die **Rechtspflicht**, den Vormund zu entlassen, deren Verletzung Amtshaftungsansprüche auslösen kann[2].

II. Einzelerläuterung

1. Entlassung wegen Gefährdung des Mündelinteresses. Einzige Voraussetzung für die Ent- 3
lassung des Vormunds ist die **objektive Gefährdung** des Mündelinteresses, ohne dass Verschulden des
Vormunds vorliegen müsste[3]. Die Schädigung der Mündelinteressen muss noch nicht eingetreten sein;
die Wahrscheinlichkeit, dass die weitere Amtsführung des Vormunds Schaden für den Mündel mit sich
bringen wird, reicht aus[4]. IdR erfolgt die Entlassung wegen **pflichtwidriger Amtsführung** des
Vormunds; andere Entlassungsgründe kommen aber ebenfalls in Betracht, etwa eine lange Erkrankung
des Vormunds oder die weite Entfernung des Wohnsitzes des Vormunds vom Sitz des VormG[5].

Nach dem **Verhältnismäßigkeitsgrundsatz** hat das VormG vor einer Entlassung stets zu prüfen, ob 4
die Mündelinteressen auch durch **Aufsichtsmaßnahmen** nach § 1837 Abs 2 und 3, wenn diese nicht
ausreichen, durch solche nach § 1837 Abs 4 iVm §§ 1666, 1666a hinreichend gewahrt werden
können[6]. Ist das der Fall, genießen solche Maßnahmen gegenüber der Entlassung **Vorrang**, zumal nach
§ 1837 Abs 4 iVm §§ 1666, 1666a auch der Entzug von Teilbereichen der Sorge zulässig ist. Hat der
Vormund durch wiederholtes Zuwiderhandeln gegen seine Pflichten gezeigt, dass er durch Aufsichtsmaßnahmen nicht zu beeindrucken ist, muss das VormG vor der Entlassung aber nicht sämtliche
Maßnahmen nach § 1837 ausschöpfen[7].

Einzelbeispiele: fehlende Sachkenntnis des Vormunds, insbes bei der Führung eines Geschäfts- 5
betriebs des Mündels[8]; dauernder Interessenwiderstreit zwischen Vormund und Mündel[9]; hartnäckige
Weigerung, dem VormG Auskunft zu erteilen und Rechnung zu legen[10]; missbräuchliche Hintertreibung des persönlichen Umgangs des Mündels mit seinen Eltern[11]; andauernder Verstoß gegen die
Pflicht zur mündelsicheren Vermögensanlage[12]; Verwahrlosung des Mündels[13].

2. Untauglichkeitsgründe nach § 1781. Zu den einzelnen Untauglichkeitsgründen vgl § 1781 6
Rn 2, 3. Für die Entlassung des Vormunds ist es unerheblich, ob der Unfähigkeitsgrund schon vor der
Bestellung vorlag oder erst danach eingetreten ist (allgM).

3. Weitere Entlassungsgründe. War der Vormund zum Zeitpunkt der Bestellung **geschäftsunfä-** 7
hig, ist die Bestellung **nichtig**, so dass eine Entlassung nicht erforderlich ist. Tritt die Geschäftsunfähigkeit erst später ein, gilt § 1886 entspr (vgl § 1780 Rn 2).

---

[1] AllgM, BayObLG FamRZ 1991, 1353.
[2] AllgM, BayObLG Rpfleger 1977, 254, 255.
[3] AllgM, BayObLGZ 1952, 336, 338; BayObLG FamRZ 1990, 205.
[4] AllgM, BayObLG FamRZ 1988, 874.
[5] BayObLGZ 6, 45.
[6] AllgM, BayObLG Rpfleger 1988, 259, 260.
[7] BayObLG BtPrax 2004, 153 f.
[8] BayObLGZ 33, 345, 346.
[9] BayObLG MDR 1959, 48.
[10] OLG Schleswig FGPrax 2006, 74.
[11] RGZ 153, 238.
[12] OLG Frankfurt Rpfleger 1983, 151; zu weiteren Beispielen vgl MünchKommBGB/*Wagenitz* Rn 9.
[13] BayObLG OLGR 2003, 361 f.

§ 1887

Buch 4. Abschnitt 3. Vormundschaft, rechtliche Betreuung, Pflegschaft

8   Erfolgte die Bestellung unter Verletzung der **Auswahlkriterien** des § 1779 Abs 2, kann das durch Entlassung nach § 1886 korrigiert werden (vgl Rn 1). Demgegenüber ist eine **entgegen § 1782** erfolgte Bestellung auf Beschwerde, nicht aber von Amts wegen aufzuheben, ohne dass es der Voraussetzungen des § 1886 bedarf (vgl § 1782 Rn 5). Zur Entlassung bei Bestellung unter **Vorbehalt** (§ 1790) vgl § 1790 Rn 2. Ohne Bindung an die Voraussetzungen des § 1886 hat das VormG den neuen Vormund auch zu entlassen, wenn die **Beschwerde** des früheren Vormunds gegen seine Entlassung Erfolg hatte[14].

III. Verfahren

9   Es entscheidet der **Rechtspfleger** (§ 3 Nr 2 a RPflG), der den Vormund, die Eltern, den Mündel (§ 50 b Abs 4 FGG) sowie die Verwandten und Verschwägerten (§ 1847) anzuhören hat. Nicht zulässig sind eine **vorläufige Amtsenthebung** und ein **Vorbescheid**[15].

10   Die Entscheidung wird mit **Bekanntmachung** an den Vormund wirksam (§ 16 Abs 1 FGG). Erfolgte die Entlassung **gegen den Willen** des Vormunds, hat er – wie auch der Mündel unter den Voraussetzungen des § 59 FGG (allgM) – hiergegen das Recht zur **sofortigen Beschwerde** nach § 60 Abs 1 Nr 3 FGG. In diesem Fall hat die Bekanntmachung durch **Zustellung** nach den Vorschriften der ZPO zu erfolgen (§ 16 Abs 2 FGG). **Dritte**, auch die Verwandten, haben kein Beschwerderecht, soweit die Entlassung mit sofortiger Beschwerde angreifbar ist (§ 57 Abs 2 FGG)[16].

11   **Einfache Beschwerde** findet statt, wenn der Vormund seiner Entlassung zugestimmt hatte (allgM) und bei Ablehnung der Entlassung, im letzteren Fall durch den Gegenvormund (§ 57 Nr 6 FGG), den Mündel (§§ 59, 20 Abs 1 FGG) oder Dritte (§ 57 Nr 9 FGG).

12   Nach der Entlassung hat das VormG, ohne die Entscheidung über eine Beschwerde des Vormunds abzuwarten, **unverzüglich** einen neuen Vormund zu bestellen (allgM). Zu dessen Entlassung bei Erfolg der Beschwerde vgl Rn 8.

IV. Entsprechende Anwendung

13   Die Vorschrift ist auf den Gegenvormund (§ 1895) und den Pfleger (§ 1915 Abs 1) entspr anwendbar.

§ 1887 Entlassung des Jugendamts oder Vereins

(1) Das Vormundschaftsgericht hat das Jugendamt oder den Verein als Vormund zu entlassen und einen anderen Vormund zu bestellen, wenn dies dem Wohl des Mündels dient und eine andere als Vormund geeignete Person vorhanden ist.

(2) ¹Die Entscheidung ergeht von Amts wegen oder auf Antrag. ²Zum Antrag ist berechtigt der Mündel, der das 14. Lebensjahr vollendet hat, sowie jeder, der ein berechtigtes Interesse des Mündels geltend macht. ³Das Jugendamt oder der Verein sollen den Antrag stellen, sobald sie erfahren, dass die Voraussetzungen des Absatzes 1 vorliegen.

(3) Das Vormundschaftsgericht soll vor seiner Entscheidung auch das Jugendamt oder den Verein hören.

I. Normzweck

1   Die Norm sichert den Vorrang der Einzelvormundschaft auch dann, wenn später – nach erstmaliger Bestellung eines Vormunds – ein geeigneter Einzelvormund zur Verfügung steht.

II. Einzelerläuterung

2   Die Entlassung des Jugendamts oder des Vereins muss dem **Wohl des Mündels** dienen. Das ist, weil Amts- oder Vereinsvormundschaft nur angeordnet werden dürfen, wenn ein geeigneter Einzelvormund fehlt, idR dann der Fall, wenn nachträglich eine **geeignete Person** gefunden wird. Die bessere Eignung muss sich auf die konkrete Lebenssituation des Mündels beziehen; die Voraussetzungen des § 1887 Abs 1 liegen zB (noch) nicht vor, wenn eine anstehende Rechtsangelegenheit, zB Feststellung der Vaterschaft, Unterhalt, Prozessführung beim Jugendamt oder Verein besser aufgehoben ist, weil der als Einzelvormund vorgesehenen Person an den erforderlichen Rechtskenntnissen fehlt (allgM).

3   Die Vorschrift findet bei Vereins- oder bestellter Amtsvormundschaft – nicht bei der gesetzlichen Amtsvormundschaft des § 1791 c¹ – auch Anwendung, wenn sich der **gewöhnliche Aufenthalt** des Mündels ändert. Bei Veränderung der für die örtliche Zuständigkeit des Jugendamts bei bestellter Amtsvormundschaft maßgebenden Umstände (§ 87 c Abs 3 SGB VIII) hat das Jugendamt beim VormG einen **Antrag auf Entlassung** zu stellen, das darüber nach den §§ 1887 Abs 1, 1889 Abs 2 zu entscheiden und ggf – bei Fehlen eines geeigneten Einzelvormunds oder Vereins – ein anderes Jugendamt zum neuen

---

[14] BayObLG NJW-RR 1988, 643.
[15] BayObLG FamRZ 1994, 51.
[16] AllgM, OLG Bremen OLGZ 1968, 68.
[1] KG Rpfleger 1988, 144.

Entlassung auf eigenen Antrag § 1889

Vormund zu bestellen hat. Seine Auswahlentscheidung orientiert sich am Wohl des Mündels; es ist nicht verpflichtet, das nach § 87c Abs 3 SGB VIII nunmehr zuständige Jugendamt auszuwählen².

Das VormG ist von **Amts wegen** zur Entlassung verpflichtet, wenn es Kenntnis von den Voraussetzungen des Abs 1 hat (Abs 2 S 1). **Antragsberechtigt** sind neben dem Verein und dem Jugendamt, dem § 56 Abs 4 SGB VIII eine jährliche Prüfungspflicht auferlegt, ob seine Entlassung angezeigt ist, der Mündel nach Vollendung des 14. Lebensjahres sowie jeder, der ein berechtigtes Interesse des Mündels geltend macht. Abs 2 S 3 legt dem Jugendamt und dem Verein eine **Antragspflicht** auf. Nach Abs 3 hat das VormG stets das Jugendamt oder den Verein **anzuhören**, darüber hinaus die Eltern (§ 50a FGG), den Mündel (§ 50b FGG) sowie die Verwandten und Verschwägerten (§ 1847). Zur **Beschwerdeberechtigung** vgl § 1886 Rn 10 und 11. 4

Die Vorschrift findet auf die Pflegschaft entsprechende Anwendung (§ 1915 Abs 1). 5

§ 1888 Entlassung von Beamten und Religionsdienern

Ist ein Beamter oder ein Religionsdiener zum Vormund bestellt, so hat ihn das Vormundschaftsgericht zu entlassen, wenn die Erlaubnis, die nach den Landesgesetzen zur Übernahme der Vormundschaft oder zur Fortführung der vor dem Eintritt in das Amts- oder Dienstverhältnis übernommenen Vormundschaft erforderlich ist, versagt oder zurückgenommen wird oder wenn die nach den Landesgesetzen zulässige Untersagung der Fortführung der Vormundschaft erfolgt.

I. Normzweck

§ 1888 **ergänzt** die Bestimmungen des § 1784 (vgl dort). 1

II. Einzelerläuterung

Die Entlassung nach § 1888 setzt stets einen **Akt** der zuständigen Behörde voraus, mit dem die Erlaubnis zur Führung der Vormundschaft versagt oder zurückgenommen oder die Führung der Vormundschaft untersagt wird. Das VormG hat lediglich zu prüfen, ob für einen derartigen Akt überhaupt eine **gesetzliche Grundlage** gegeben ist, nicht hingegen, ob die Voraussetzungen iE vorliegen¹. Es bedarf keines Antrags der Behörde; die Entlassung erfolgt **von Amts wegen**. 2

§ 1888 findet auf den Amts- und Vereinsvormund keine Anwendung. Die Vorschrift gilt für den Gegenvormund (§ 1895) und den Pfleger (§ 1915 Abs 1) entsprechend. 3

§ 1889 Entlassung auf eigenen Antrag

(1) Das Vormundschaftsgericht hat den Einzelvormund auf seinen Antrag zu entlassen, wenn ein wichtiger Grund vorliegt; ein wichtiger Grund ist insbesondere der Eintritt eines Umstands, der den Vormund nach § 1786 Abs. 1 Nr. 2 bis 7 berechtigen würde, die Übernahme der Vormundschaft abzulehnen.

(2) ¹Das Vormundschaftsgericht hat das Jugendamt oder den Verein als Vormund auf seinen Antrag zu entlassen, wenn eine andere als Vormund geeignete Person vorhanden ist und das Wohl des Mündels dieser Maßnahme nicht entgegensteht. ²Ein Verein ist auf seinen Antrag ferner zu entlassen, wenn ein wichtiger Grund vorliegt.

I. Normzweck

Die Norm trägt berechtigten Interessen des Vormunds Rechnung, die der weiteren Führung der Vormundschaft entgegen stehen. 1

II. Einzelerläuterung

Ein **wichtiger Grund** iS von Abs 1 liegt stets vor, wenn **nach Bestellung** ein Umstand eintritt, der den Vormund nach § 1786 Abs 1 Nr 2 bis 7 – Nr 6 ist aufgehoben – zur Ablehnung berechtigt hätte (vgl § 1786 Rn 4–8). In diesen Fällen hat der Vormund einen **unbedingten** Entlassungsanspruch¹*. Außerhalb dieses Katalogs entscheidet das VormG im Einzelfall unter Abwägung des Interesses des Vormunds an seiner Entlassung, das Vorrang genießt²* und desjenigen des Mündels an der kontinuierlichen Fortführung der Vormundschaft. Auch unter den Voraussetzungen des § 1786 Abs 1 Nr 1 und 8 kann ein wichtiger Grund gegeben sein, nicht jedoch, wenn ein Ausländer lediglich unter Berufung auf diesen Umstand seine Entlassung verlangt³. 2

Auch bei der Entlassung des **Vereins- oder Amtsvormunds** in dessen Interesse wird das VormG nur auf Antrag tätig. Ein dem Wohl des Mündels entgegenstehender Grund kann die noch ausstehende 3

---

² BayObLG FamRZ 1997, 897, 898; OLG Hamm FGPrax 1998, 103.
¹ MünchKommBGB/*Wagenitz* Rn 4.
¹* MünchKommBGB/*Wagenitz* Rn 1.
²* BayObLG FamRZ 1959, 373.
³ KG RJA 10, 99.

§ 1891 Buch 4. Abschnitt 3. Vormundschaft, rechtliche Betreuung, Pflegschaft

Klärung der Vaterschaft oder des Unterhalts sein (vgl § 1887 Rn 2)[4]. Ein wichtiger Grund für die Entlassung des **Vereinsvormunds** liegt insbes in einer solchen Verringerung der Vereinsmittel oder der Zahl der Mitglieder, dass der Verein zur Erfüllung seiner Aufgaben nicht mehr in der Lage ist (allgM).

4 Gegen die **Ablehnung** der Entlassung ist der Vormund beschwerdeberechtigt (§ 20 Abs 1 FGG). Gegen die **Entlassung** hat jeder ein Beschwerderecht, der ein berechtigtes Interesse geltend macht (§ 57 Abs 1 Nr 9).

5 § 1889 findet auf den Gegenvormund (§ 1895) und den Pfleger (§ 1915 Abs 1) entsprechende Anwendung.

§ 1890 Vermögensherausgabe und Rechnungslegung

> [1]Der Vormund hat nach der Beendigung seines Amts dem Mündel das verwaltete Vermögen herauszugeben und über die Verwaltung Rechenschaft abzulegen. [2]Soweit er dem Vormundschaftsgericht Rechnung gelegt hat, genügt die Bezugnahme auf diese Rechnung.

I. Normzweck

1 Die Ansprüche sind mit Hilfe des **Prozessgerichts** durchzusetzen; das VormG braucht hieran nicht mitzuwirken und kann insbes gegen den ehemaligen Vormund keine **Zwangsmittel** nach § 1837 Abs 3 festsetzen[1].

II. Einzelerläuterung

2 **Gläubiger** der Ansprüche aus § 1890 ist der Mündel, ggf vertreten durch den neuen gesetzlichen Vertreter oder seine Erben. **Schuldner** ist der Vormund bzw dessen Erbe; die Vorschrift gilt auch für den befreiten Vormund[2], den Amts- und den Vereinsvormund.

3 Der Mündel hat gegen den Vormund Anspruch auf **sofortige Herausgabe** des seiner Verwaltung unterliegenden Vermögens, für dessen Durchsetzung § 260 gilt (allgM). Herauszugeben sind auch Urkunden, die zur Geltendmachung von Forderungen oder der Herausgabe hinterlegter Gegenstände erforderlich sind. Wegen eigener Ansprüche kann dem Vormund ein **Zurückbehaltungsrecht** zustehen (§§ 273, 274), das er aber nicht unangemessen ausüben darf. Wird der bisherige Vormund nach Eintritt der Volljährigkeit des Mündels dessen Betreuer mit dem Wirkungskreis der Vermögenssorge, erübrigt sich die Vermögensherausgabe; es ist jedoch ein Vermögensbestandsverzeichnis anzufertigen (allgM). Der Vormund ist nicht verpflichtet, **Sperrvermerke** (§§ 1809, 1815, 1816) löschen zu lassen.

4 Die **Abschlussrechnung** ist nach § 259 zu legen; ggf ist der Vormund zur **eidesstattlichen Versicherung** verpflichtet (allgM). Nach S 2 kann der Vormund auf die periodische Rechnungslegung nach den §§ 1840 ff Bezug nehmen, wobei auch § 1841 Abs 2 gilt[3]. Durch die Bezugnahme ist der Mündel nicht gehindert, Rechnungsposten zu beanstanden, die das VormG gebilligt hat (vgl § 1843 Rn 5). Der Auskunftsanspruch bezieht sich auch auf **schwebende Geschäfte** (§ 666 analog). Der Mündel kann auf die Rechnungslegung **verzichten;** eine **Befreiung** ist weder durch die Eltern (allgM) noch durch den Drittzuwender (§ 1803) zulässig[4*].

5 § 1890 ist entspr anwendbar, wenn die Vermögenssorge ganz oder teilweise auf einen Mitvormund oder Pfleger übergeht (allgM). Die Vorschrift gilt auch für den Pfleger (§ 1915 Abs 1).

§ 1891 Mitwirkung des Gegenvormunds

> (1) [1]Ist ein Gegenvormund vorhanden, so hat ihm der Vormund die Rechnung vorzulegen. [2]Der Gegenvormund hat die Rechnung mit den Bemerkungen zu versehen, zu denen die Prüfung ihm Anlass gibt.
>
> (2) Der Gegenvormund hat über die Führung der Gegenvormundschaft und, soweit er dazu imstande ist, über das von dem Vormund verwaltete Vermögen auf Verlangen Auskunft zu erteilen.

I. Normzweck

1 Die Norm stellt die Kontrolle der Amtsführung des Vormunds durch den Gegenvormund bei Beendigung der Vormundschaft sicher.

II. Einzelerläuterung

2 Abs 1 entspricht im Wesentlichen § 1842 (vgl dort), jedoch hat der Vormund dem Gegenvormund nicht den Vermögensbestand nachzuweisen und zu erläutern (allgM).

---

[4] BayObLG NJW 1960, 245.
[1] HM, KG KGJ 33; 54; MünchKommBGB/*Wagenitz* Rn 1; *Palandt/Diederichsen* Rn 1; aA OLG Frankfurt. MDR 1961, 57.
[2] OLG Düsseldorf FamRZ 1996, 374; zum Umfang der Rechenschaftspflicht vgl auch *Wesche* Rpfleger 1986, 44 f.
[3] KG KGJ 37, 110.
[4*] HM, MünchKommBGB/*Wagenitz* Rn 8; *Staudinger/Engler* Rn 30; *Erman/Holzhauer* Rn 3; aA teilweise *Palandt/Diederichsen* Rn 4.

Die Auskunftspflicht nach Abs 2 besteht sowohl gegenüber dem Mündel als auch dem VormG. Letzteres kann aber nur die Vorlage einer **formell ordnungsgemäßen** Rechnung verlangen und ggf mit Zwangsgeld durchsetzen[1]. 3

§ 1892 Rechnungsprüfung und -anerkennung

(1) Der Vormund hat die Rechnung, nachdem er sie dem Gegenvormund vorgelegt hat, dem Vormundschaftsgericht einzureichen.

(2) ¹**Das Vormundschaftsgericht hat die Rechnung rechnungsmäßig und sachlich zu prüfen und deren Abnahme durch Verhandlung mit den Beteiligten unter Zuziehung des Gegenvormunds zu vermitteln.** ²Soweit die Rechnung als richtig anerkannt wird, hat das Vormundschaftsgericht das Anerkenntnis zu beurkunden.

I. Normzweck

Die Vorschrift ist von Zweckmäßigkeitserwägungen getragen. 1

II. Einzelerläuterung

Das VormG kann nur die Einreichung einer **formell ordnungsgemäßen,** nicht auch einer sachlich 2 richtigen Schlussrechnung vom Vormund verlangen und durch **Zwangsgeld** durchsetzen (allgM). Die Pflicht entfällt, wenn **kein Vermögen** zu verwalten war oder der Mündel auf die Schlussrechnung verzichtet hat[1*]. Auch ein Verzicht durch den neuen Vormund kann im Einzelfall wirksam sein[2].

Die **Rechnungsprüfung** hat das VormG entspr § 1843 Abs 1 vorzunehmen. Es kann auch Ergän- 3 zungen und Berichtigungen herbeiführen, diese aber nicht mit Zwangsmitteln durchsetzen[3].

Die Abnahmevermittlung des VormG soll Rechtsstreitigkeiten vorbeugen und erfolgt durch **Ver-** 4 **handlung** mit den Beteiligten, deren Teilnahme das VormG aber nicht erzwingen kann (allgM). Eine erteilte **Entlastung,** für die der neue Vormund die **Genehmigung** des VormG benötigt (§ 1812), ist zu **beurkunden.** Weder der bisherige Vormund noch das VormG haben aber einen **Anspruch** auf Entlastung[4]. Wegen streitiger Ansprüche hat das VormG die Beteiligten auf den ordentlichen Rechtsweg zu verweisen[5].

§ 1892 gilt auch für den Amts- und Vereinsvormund; Zwangsgeld ist dann unzulässig (§ 1837 Abs 3 5 S 2). Die Vorschrift ist bei Ende der Pflegschaft entspr anzuwenden (§ 1915 Abs 1).

§ 1893 Fortführung der Geschäfte nach Beendigung der Vormundschaft, Rückgabe von Urkunden

(1) Im Falle der Beendigung der Vormundschaft oder des vormundschaftlichen Amts finden die Vorschriften der §§ 1698 a, 1698 b entsprechende Anwendung.

(2) ¹**Der Vormund hat nach Beendigung seines Amts die Bestallung dem Vormundschaftsgericht zurückzugeben.** ²In den Fällen der §§ 1791 a, 1791 b ist die schriftliche Verfügung des Vormundschaftsgerichts, im Falle des § 1791 c die Bescheinigung über den Eintritt der Vormundschaft zurückzugeben.

I. Normzweck

Abs 1 trägt dem Umstand Rechnung, dass mit dem Ende der Vormundschaft die Rechte und 1 Pflichten des Vormunds grds entfallen. Die dabei auftretenden Probleme der **Fortdauer** vormundschaftlicher Befugnisse zugunsten des redlichen Vormunds und des Geschäftspartners sowie die Notwendigkeit, **unaufschiebbare Geschäfte** noch zu besorgen, regelt die Vorschrift durch Verweisung auf die §§ 1698 a, 1698 b.

II. Einzelerläuterung

Zu den Voraussetzungen der §§ 1698 a, 1698 b vgl dort. 2

Die subjektiven Voraussetzungen des § 1698 a müssen bei **Mitvormündern** im Falle der gemein- 3 schaftlichen Führung bei allen, ansonsten bei demjenigen Mitvormund vorliegen, dessen Wirkungskreis betroffen ist. Soweit das Geschäft der Zustimmung des **Gegenvormunds** bedarf, gilt das auch für ihn. Die **Beweislast** für Kenntnis bzw fahrlässige Unkenntnis trägt derjenige, der sich darauf beruft.

---

[1] BayObLG Rpfleger 2001, 74; OLG Schleswig FamRZ 2006, 574 f.
[1*] AllgM, RGZ 115, 368.
[2] *Staudinger/Engler* Rn 25, 26.
[3] BayObLG NJW-FER 1997, 227.
[4] KG KGJ 51, 42; vgl auch *Gleißner* Rpfleger 1986, 462.
[5] OLG Schleswig FamRZ 2006, 574 f.

§ 1896 Buch 4. Abschnitt 3. Vormundschaft, rechtliche Betreuung, Pflegschaft

4   § 1698 b findet nur Anwendung, wenn die Vormundschaft durch den **Tod** des Mündels endet, nicht aber bei Beendigung aus sonstigen Gründen und nachfolgendem Tod des Mündels.
5   Handelt der Vormund nach § 1893 Abs 1 iVm §§ 1698 a, 1698 b in zulässiger Weise, gilt hierfür **Vormundschaftsrecht**, und zwar auch hinsichtlich Haftung (§ 1833), Auslagenersatz und Vergütung. **Genehmigungsbedürftige Geschäfte** können durch das VormG, wenn es ebenfalls keine Kenntnis von der Beendigung der Vormundschaft hat, noch genehmigt werden[1]; der redliche Vormund kann die Genehmigung durch Mitteilung an den gleichfalls redlichen Dritten nach § 1829 Abs 1 S 2 noch wirksam machen.
6   **Überschreitet** der Vormund die Befugnisse des § 1893, gelten die §§ 177 ff, 677 ff[2].
7   Die Rückgabe der in Abs 2 genannten Urkunden kann das VormG mit den Mitteln des § 1837 Abs 2 und 3 erzwingen. Zur Rückgabe der Bestallungsurkunde sind auch die **Erben** des Vormunds verpflichtet; ihnen gegenüber kann der Anspruch aber nur im Wege der Herausgabeklage durchgesetzt werden (allgM).
8   § 1893 gilt auch für den Amts- und Vereinsvormund, den Gegenvormund (§ 1895) und den Pfleger (§ 1915 Abs 1).

§ 1894 Anzeige bei Tod des Vormunds

(1) Den Tod des Vormunds hat dessen Erbe dem Vormundschaftsgericht unverzüglich anzuzeigen.

(2) Den Tod des Gegenvormunds oder eines Mitvormunds hat der Vormund unverzüglich anzuzeigen.

I. Normzweck

1   Die Vorschrift stellt die **Information** des VormG bei Tod des Vormunds oder des Gegenvormunds sicher und soll dem VormG zügiges Handeln im Interesse des Mündels ermöglichen.

II. Einzelerläuterung

2   Die Anzeigepflicht, die ohne schuldhaftes Zögern (§ 121 Abs 1) zu erfüllen ist, besteht auch bei **Todeserklärung** (allgM). Für Verletzungen haftet der Erbe dem Mündel nach allgemeinen Regeln; verstößt der Vormund gegen die Pflicht in Abs 2, bestimmt sich seine Haftung nach § 1833.
3   Neben § 1894 bestehen **behördliche** Anzeigepflichten (vgl § 1774 Rn 4).
4   Die Vorschrift gilt entspr bei der Pflegschaft (§ 1915 Abs 1) und für den Gegenvormund (§ 1895), der außerdem nach § 1799 Abs 1 S 2 den Tod des Vormunds anzuzeigen hat.

§ 1895 Amtsende des Gegenvormunds

Die Vorschriften der §§ 1886 bis 1889, 1893, 1894 finden auf den Gegenvormund entsprechende Anwendung.

1   Die Vorschrift regelt die Entlassung des **Gegenvormunds** durch Verweisung auf die für den Vormund geltenden Bestimmungen. Die Gegenvormundschaft endet auch bei Beendigung der Vormundschaft nach den §§ 1882 und 1884; das VormG kann sie auch aufheben, wenn die Voraussetzungen ihrer Anordnung nachträglich weggefallen sind (allgM).

Titel 2. Rechtliche Betreuung (§§ 1896–1908 k)

§ 1896 Voraussetzungen

(1) ¹Kann ein Volljähriger auf Grund einer psychischen Krankheit oder einer körperlichen, geistigen oder seelischen Behinderung seine Angelegenheiten ganz oder teilweise nicht besorgen, so bestellt das Vormundschaftsgericht auf seinen Antrag oder von Amts wegen für ihn einen Betreuer. ²Den Antrag kann auch ein Geschäftsunfähiger stellen. ³Soweit der Volljährige auf Grund einer körperlichen Behinderung seine Angelegenheiten nicht besorgen kann, darf der Betreuer nur auf Antrag des Volljährigen bestellt werden, es sei denn, dass dieser seinen Willen nicht kundtun kann.

(1 a) Gegen den freien Willen des Volljährigen darf ein Betreuer nicht bestellt werden.

---

[1] AllgM, BayObLG NJW 1965, 397.
[2] RG JW 10, 233.

Voraussetzungen § 1896

(2) ¹Ein Betreuer darf nur für Aufgabenkreise bestellt werden, in denen die Betreuung erforderlich ist. ²Die Betreuung ist nicht erforderlich, soweit die Angelegenheiten des Volljährigen durch einen Bevollmächtigten, der nicht zu den in § 1897 Abs. 3 bezeichneten Personen gehört, oder durch andere Hilfen, bei denen kein gesetzlicher Vertreter bestellt wird, ebenso gut wie durch einen Betreuer besorgt werden können.

(3) Als Aufgabenkreis kann auch die Geltendmachung von Rechten des Betreuten gegenüber seinem Bevollmächtigten bestimmt werden.

(4) Die Entscheidung über den Fernmeldeverkehr des Betreuten und über die Entgegennahme, das Öffnen und das Anhalten seiner Post werden vom Aufgabenkreis des Betreuers nur dann erfasst, wenn das Gericht dies ausdrücklich angeordnet hat.

Schrifttum: *Bauer/Birk/Klie/Rink*, Heidelberger Kommentar zum Betreuungs- und Unterbringungsrecht (HK-BUR), Stand: Dezember 2006; *Bestelmeyer*, Die Neuregelung des Vergütungsrechts nach dem 2. BtÄndG – Eine vergütungs- und verfassungsrechtliche Totgeburt, Rpfleger 2005, 583; *Bienwald/Sonnenfeld/Hoffmann*, Betreuungsrecht, 4. Aufl 2005; *Böckmann*, Die Demenzerkrankung als Hauptursache für Vorsorgemaßnahmen, FuR 2004, 648; *Bühler*, Vorsorgevollmacht zur Vermeidung einer Gebrechlichkeitspflegschaft oder Betreuung, BWNotZ 1990, 1; *ders*, Zum Betreuungsrechtsänderungsgesetz und zur Vorsorgevollmacht, BWNotZ 1999, 25; *ders*, FamRZ 2001, 1586; *Cypionka*, Die Auswirkungen des Betreuungsgesetzes auf die Praxis des Notars, DNotZ 1991, 571; *ders*, Fortfall der Entmündigung Volljähriger – Auswirkungen auf den Rechtsverkehr, NJW 1992, 207; *Damrau/Zimmermann*, Betreuungsrecht, Kommentar zum materiellen und formellen Recht, 3. Aufl 2001; *Dodegge*, Voraussetzungen für eine Betreuung des erkrankten Elternteils und die rechtliche Bedeutung der Betreuung für Sorge- und Umgangsverfahren, FuR 2004, 233; *Dodegge/Roth*, Systematischer Praxiskommentar Betreuungsrecht, 2. Aufl 2005; *Fröschle*, Betreuungsrecht 2005, *Holzhauer/Reinicke* Betreuungsrecht, 1993; *Jürgens*, Betreuung wider Willen, BtPrax 1992, 47; *ders*, Betreuungsrecht, 3. Aufl 2005; *Jürgens/Kröger/Marschner/Winterstein*, Betreuungsrecht Kompakt, 5. Aufl 2002; *Jurgeleit* (Hrsg), Betreuungsrecht, Handkommentar, 2006; *Knittel* Betreuungsgesetz, Stand: November 2006; *Kollmer*, Selbstbestimmung im Betreuungsrecht, Diss Regensburg 1992; *A. Langenfeld*, Vorsorgevollmacht, Patientenverfügung und Patiententestament nach dem neuen Betreuungsrecht, Konstanzer Schriften zur Rechtswissenschaft, Band 71, 1994 (zugleich Diss Konstanz 1994); *V. Lipp*, Freiheit und Fürsorge: Der Mensch als Rechtsperson, 2000; *G. Müller*, Betreuung und Geschäftsfähigkeit, Schriften zum deutschen und europäischen Zivil-, Handels- und Prozessrecht, Band 179, 1998 (zugleich Diss Würzburg 1996); *dies*, Altersvorsorgevollmacht – Gestaltung ihres Inkrafttretens, DNotZ 1997, 100; *dies*, Zur Wirksamkeit lebzeitiger und letztwilliger Zuwendungen des Betreuten an seinen Betreuer, ZEV 1998, 219; *dies*, Auswirkungen des Betreuungsrechtsänderungsgesetzes (BtÄndG) auf die Vorsorgevollmacht in Angelegenheiten der Personensorge, DNotZ 1999, 107; *G. Müller/Renner*, Betreuungsrecht und Vorsorgeverfügungen in der Praxis, 2005; *Neuhausen*, Rechtsgeschäfte mit Betreuten, RNotZ 2003, 157; *Pardey*, Betreuung Volljähriger: Hilfe oder Eingriff, Anspruch und Leistungsfähigkeit des Betreuungsrechts im Lichte des Grundgesetzes, 1989; *Renner*, Die von der Betreuungsbehörde beglaubigte Vorsorgevollmacht, BtPrax 2005, 174; *ders*, Beratungshinweise für Vorsorgevollmachten und Patientenverfügungen, ZFE 2006, 88; *Rieger*, Machtlos trotz Vollmacht? Materiell- und verfahrensrechtlicher Schutz von Vorsorgevollmacht und Betreuungsverfügung, FS Schwab, 2005, S 1043; *v. Sachsen Gessaphe*, Der Betreuer als gesetzlicher Vertreter für eingeschränkt Selbstbestimmungsfähige, 1999; *Schmidt/Böcker/Bayerlein/Mattern/Schüler*, Betreuungsrecht in der Praxis, 3. Aufl 1999; *Schwab*, Das neue Betreuungsrecht, FamRZ 1990, 681; *ders*, Probleme des materiellen Betreuungsrechts, FamRZ 1992, 493; *ders*, Probleme der Vorsorgevollmacht, in: Bauer (Hrsg), Versorgung und Vorsorge, 2005, S 27; *Sonnenfeld*, Betreuungs- und Pflegschaftsrecht, 2. Aufl 2001; *Spanl*, Zur Formbedürftigkeit einer Vorsorgevollmacht, Rpfleger 2006, 455; *Tänzer*, Das neue Betreuungsrecht – Vorsorgevollmacht, Vergütung, Verfahren, 2005; *Voigt*, Die Pflichten des Betreuers, Diss Hamburg 1994; *Walter*, Die Vorsorgevollmacht, Schriften zum deutschen und europäischen Zivil-, Handels- und Prozessrecht, Band 171, 1997 (zugleich Diss Regensburg 1996); *dies*, Das Betreuungsrechtsänderungsgesetz und das Rechtsinstitut der Vorsorgevollmacht, FamRZ 1999, 685; *Warmbrunn/Stolz*, Wann ist der Wille „frei"?, BtPrax 2006, 167; *Zimmermann*, Betreuung und Testamentsvollstreckung, FS Schwab, 2005, S 1099.

Übersicht

	Rn		Rn
I. Überblick über die Gesetzgebungsgeschichte	1	b) Betreuerbestellung von Amts wegen	34
II. Normzweck	7	**IV. Zivilrechtliche Folgen der Betreuerbestellung**	37
III. Voraussetzungen der Betreuerbestellung (Abs 1, 1 a, 2)	8	1. Rechtsgeschäftliche Handlungsfähigkeit	37
1. Volljährigkeit	8	a) Geschäftsfähigkeit	37
2. Betreuungsbedürftigkeit	9	b) Ehefähigkeit	39
a) Medizinischer Befund	10	c) Testierfähigkeit	40
b) Unfähigkeit zur Besorgung der eigenen Angelegenheiten	15	2. Sonstige Rechtsfolgen	41
c) Verhältnis der Betreuungsbedürftigkeit zur Geschäftsunfähigkeit	19	**V. Vollmachtsüberwachungsbetreuung (Abs 3)**	42
3. Erforderlichkeit (Abs 2)	20	1. Voraussetzungen	42
a) Bedeutung und Inhalt des Erforderlichkeitsgrundsatzes	20	2. Aufgaben und Befugnisse des Vollmachtsüberwachungsbetreuers	45
b) Objektiver Betreuungsbedarf und Bemessung der Aufgabenkreise	21	**VI. Kontrolle des Post- und Fernmeldeverkehrs (Abs 4)**	46
c) Subsidiarität der Betreuung	24	**VII. Verfahren**	49
4. Betreuerbestellung auf Antrag oder von Amts wegen (Abs 1)	31	1. Überblick über das Betreuungsverfahren	49
a) Betreuerbestellung auf Antrag	32	2. Rechtsmittel	54

§ 1896

I. Überblick über die Gesetzgebungsgeschichte

1   Am 1. 1. 1992 trat das **Gesetz zur Reform des Rechts der Vormundschaft und Pflegschaft für Volljährige** (Betreuungsgesetz – BtG) vom 12. 9. 1990 (BGBl I S 2002) in Kraft. Hierdurch wurde das Recht der Vormundschaft über Volljährige (§§ 6, 104 Nr 3, 114, 1896 bis 1908 aF) und der Gebrechlichkeitspflegschaft (§ 1910 aF) grundlegend reformiert. Ziel der Reform war es, die Rechtsstellung psychisch Kranker und Behinderter unter Berücksichtigung ihrer individuellen Bedürfnisse und Fähigkeiten zu verbessern. Bereits nach wenigen Jahren Geltung ließen die praktischen Erfahrungen mit dem BtG aber dessen Überarbeitung angezeigt erscheinen. Daher wurden durch das (erste) **Gesetz zur Änderung des Betreuungsrechts** (BtÄndG) vom 25. 6. 1998 (BGBl I S 1580) ua einzelne Überregulierungen des Verfahrensrechts korrigiert und die Vergütung von Berufsbetreuern und -vormündern neu geregelt (vgl §§ 1836 ff nF)[1]. Das BtÄndG ist in seinen wesentlichen Teilen zum 1. 1. 1999 (iÜ bereits zum 1. 7. 1998) in Kraft getreten (vgl Art 5 BtÄndG).

2   Nach zehn Jahren Geltung bedurfte das Betreuungsrecht nach einhelliger Auffassung dringend einer neuen Reform[2]. Ziel derselben sollte vor allem sein, die **große Anzahl der Betreuungsfälle** und die damit verbundenen **Kosten** zu reduzieren. So betrug die Gesamtzahl der Betreuungen im Jahre 1992 ca 419 000, im Jahre 2000 bereits ca 925 000[3]. Im Jahre 2000 wurden zudem nur ca 70% der Betreuungen durch Familienangehörige oder sonstige Ehrenamtliche geführt, der Rest durch Berufsbetreuer, denen idR ein Vergütungsanspruch zusteht[4]. Die Justizministerien richteten daher eine **Bund-Länder-Arbeitsgruppe „Betreuungsrecht"** ein. Diese legte im Juni 2003 ihren viel diskutierten Abschlussbericht[5] vor, in dem sie eine grundlegende Reform des Vergütungsrechts und als betreuungsvermeidende Maßnahmen ua die Stärkung der Vorsorgevollmacht und die Normierung einer gesetzlichen Vertretungsmacht zwischen den nächsten Angehörigen in den Bereichen Gesundheitssorge und Vermögenssorge (dort allerdings nur eingeschränkt) empfahl[6]. Die Empfehlungen wurden trotz der geäußerten vielfältigen Kritik weitgehend in den am 19. 12. 2003 vorgelegten **Gesetzesentwurf des Bundesrats** zur Änderung des Betreuungsrechts (Zweites Betreuungsrechtsänderungsgesetz – 2. BtÄndG)[7] übernommen.

3   Das **Zweite Betreuungsrechtsänderungsgesetz** vom 21. 4. 2005 (BGBl I S 1073) ist zum **1. 7. 2005** in Kraft getreten. Inhaltlich wurden hiermit die Reformforderungen der Länder weitgehend erfüllt[8]. So wurde die **Vergütung der Berufsvormünder und Berufsbetreuer** in einem eigenständigen Gesetz (Vormünder- und Betreuervergütungsgesetz – VBVG) geregelt und das Abrechnungssystem der Berufsbetreuer hiermit **grundsätzlich umgestaltet**. Vergütung und Auslagenersatz der Berufsbetreuer richten sich nicht mehr nach dem tatsächlich geleisteten Zeitaufwand bzw den tatsächlich angefallenen Auslagen, sondern werden abhängig von der Dauer der Betreuung und dem Aufenthaltsort des Betreuten (Betroffener lebt in Heim/Betroffener lebt zu Hause) **pauschaliert** (vgl § 5 VBVG)[9]. Dabei wird für jede anzusetzende Stunde (minimal 2, maximal 8, Stunden im Monat) ein Stundensatz von 27 Euro, bei besonderen Kenntnissen von 33,50 bzw maximal 44 Euro gewährt (§ 4 Abs 1 VBVG). Dies ist unabhängig davon, ob es sich um einen sog vermögenden oder mittellosen Betreuten handelt. Schon bald nach Inkrafttreten des neuen Betreuer-Vergütungsrechts wurde (ua aus dem zuletzt genannten Grund) dessen Verfassungsmäßigkeit bezweifelt[10]. Zwischenzeitlich hat das OLG Braunschweig[11] die Frage der Verfassungsmäßigkeit im Hinblick auf die Vergütung nicht mittelloser Betreuter nach Art 100 Abs 1 GG dem BVerfG vorgelegt. Das BVerfG hat am 6. 2. 2007 (Az 1 BvL 10/06)[12] in einer wohlbegründeten Entscheidung die Vorlage als unzulässig zurückgewiesen. In der Sache steht daher eine Klärung der Verfassungsmäßigkeit der Vorschriften noch aus[13].

4   Ferner sollte die **Vorsorgevollmacht** durch das 2. BtÄndG dadurch **gestärkt** werden, dass die Beratungskompetenz der Betreuungsbehörden auf Bevollmächtigte (vgl § 4 BtBG nF) und der Betreuungsvereine auf Vorsorgevollmachten erweitert wurde (§ 1908 f Abs 4 nF) und hinsichtlich Vorsorgevollmachten in § 1901 a S 2, 3 nF eine Unterrichtungspflicht des unmittelbaren Besitzers eines solchen Schriftstücks begründet wurde (vgl § 1901 a Rn 10). Außerdem wurde eine neue Zuständigkeit der Urkundsperson bei der Betreuungsbehörde zur **Beglaubigung von Vorsorgevollmachten** geschaffen (§ 6 Abs 2 bis 6 BtBG nF)[14]. Parallel zum Lauf des Gesetzgebungsverfahrens zum 2. BtÄndG

---

[1] Zu den Neuregelungen vgl *Genz* FamRZ 1996, 1324; *Dodegge* NJW 1998, 3073; *Wesche* Rpfleger 1998, 93; *Walther* BtPrax 1998, 125; *Bühler* BWNotZ 1999, 25; *G. Müller* DNotZ 1999, 107.
[2] Vgl nur *Dieckmann* ZRP 2002, 425.
[3] Zum 31. 12. 2005 wurden in Deutschland bereits über 1,2 Mio Menschen rechtlich betreut; vgl *Deinert* BtPrax 2007, 3.
[4] Vgl BMJ: Sondererhebung „Verfahren nach dem Betreuungsgesetz 2000", BtPrax 2002, 25 ff.
[5] Eine Zusammenfassung desselben findet sich in der BtPrax, Sonderausgabe Juli 2003, S 1 ff.
[6] Vgl *Probst/Knittel* ZRP 2001, 55; *Bühler* FamRZ 2002, 76; *Bienwald* FamRZ 2002, 1453; *Vossler* BtPrax 2003, 6.
[7] BT-Drucks 15/2494.
[8] Überblick über die Neuregelungen bei *Sonnenfeld* FamRZ 2005, 941; *Dodegge* NJW 2005, 1896; *Passauer* ZFE 2005, 265.
[9] Vgl *Deinert* BtPrax Spezial 2005, 13; *ders* FuR 2005, 309; *Maier* BtPrax Spezial 2005, 17.
[10] Vgl den instruktiven Aufsatz von *Bestelmeyer* Rpfleger 2005, 583.
[11] OLGR 2007, 94 = NJW 2007, 320 LS.
[12] BtPrax 2007, 122 = BeckRS 2007, 21372: Verfassungsmäßigkeit zumindest bejaht vom OLG München FGPrax 2007, 23.
[13] Verfassungsmäßigkeit zumindest bejaht vom OLG München FGPrax 2007, 23.
[14] Umstritten ist allerdings nach wie vor, ob es sich bei dieser Beglaubigungskompetenz um eine öffentliche Beglaubigung iS der § 29 GBO, § 12 HGB handelt, vgl Rn 28 mwN.

Voraussetzungen § 1896

waren durch das Gesetz vom 23. 4. 2004 zur Registrierung von Vorsorgeverfügungen (BGBl I S 598) bereits die rechtlichen Rahmenbedingungen für den Betrieb des **Zentralen Vorsorgeregisters der Bundesnotarkammer** geschaffen worden (§ 20 a BeurkG, §§ 78 a bis 78 c BNotO; vgl § 1901 a Rn 16). In diesem können alle Vorsorgevollmachten gegen eine geringe einmalige Gebühr registriert werden, damit das Vormundschaftsgericht im Bedarfsfall schnell und zuverlässig Informationen über errichtete Vorsorgeverfügungen des Betroffenen erlangen kann[15].

Durch das 2. BtÄndG erhielten die Länder schließlich die Möglichkeit, die Auswahl und Bestellung 5 des Betreuers sowie die damit verbundenen Entscheidungen nach den §§ 1897 bis 1900, die Entscheidung über die Entlassung des Betreuers nach § 1908 b sowie über die Bestellung eines neuen Betreuers nach § 1908 c den **Rechtspflegern zu übertragen** (§ 19 Abs 1 Nr 1, Abs 3 RPflG nF).

Nicht übernommen wurden im 2. BtÄndG die Vorschläge des Bundesrats, eine gesetzliche 6 Grundlage für die **zwangsweise Zuführung** zur ärztlichen Heilbehandlung zu schaffen (§ 1906 a BGB-E) sowie im Bereich der Gesundheitssorge und (eingeschränkt) der Vermögenssorge ein **gesetzliches Vertretungsrecht der nächsten Angehörigen** (vgl Rn 2) einzuführen. Offiziell wurde dies mit der nicht auszuschließenden Missbrauchsgefahr begründet[16]. Letztlich dürften aber die zahlreichen anderen Kritikpunkte, vor allem die wenig überzeugende Herleitung des gesetzlichen Vertretungsrechts und die dogmatischen Unstimmigkeiten in der Umsetzung des darin liegenden Eingriffs in das Selbstbestimmungsrecht[17], ausschlaggebend dafür gewesen sein, von der Einführung dieses neuen, äußerst umstrittenen Rechtsinstituts[18] abzusehen. Die Nichteinführung der gesetzlichen Vertretungsmacht ist allein deswegen zu begrüßen, da diese dem eigentlichen Ziel der Reform, Betreuungsvermeidung durch Stärkung der Vorsorgevollmacht zu erreichen, diametral entgegengelaufen wäre. Denn schließlich hätte die Einführung einer gesetzlichen Vertretungsmacht den Betroffenen gerade suggeriert, dass eine eigenverantwortliche Vorsorge für den Fall der Betreuungsbedürftigkeit nicht erforderlich ist und diese daher eher daran „gehindert" als dazu veranlasst, durch Vollmachtserteilung selbst vorzusorgen.

II. Normzweck

§ 1896 ist die zentrale Norm des Betreuungsrechts. Er regelt die materiellen Voraussetzungen für die 7 Bestellung eines Betreuers (Abs 1, 1 a) sowie die Erforderlichkeit der Betreuung und die Bestimmung der Aufgabenkreise (Abs 2). Er enthält ferner Bestimmungen hinsichtlich spezieller Aufgabenkreise, so hinsichtlich der Vollmachtsüberwachungsbetreuung (Abs 3) sowie der Post- und Fernmeldekontrolle (Abs 4). Für Fälle mit **Auslandsbezug** vgl Art 24 EGBGB[19].

III. Voraussetzungen der Betreuerbestellung (Abs 1, 1 a, 2)

1. Volljährigkeit. Gemäß Abs 1 S 1 kommt die Bestellung eines Betreuers nur für einen Voll- 8 jährigen (§ 2) in Betracht. Für Minderjährige kann dagegen nur ein Vormund (§§ 1773 ff), ein Pfleger (§§ 1909 ff) oder ein Beistand gemäß §§ 1712 ff bestellt werden. Ausnahmsweise lässt § 1908 a S 1 für einen 17-Jährigen die vorsorgliche Bestellung eines Betreuers nach den §§ 1896 ff zu, wenn die Erforderlichkeit der Betreuerbestellung bereits vor Eintritt der Volljährigkeit absehbar ist; die Maßnahme erlangt dann erst mit Vollendung des 18. Lebensjahres Wirksamkeit, § 1908 a S 2.

2. Betreuungsbedürftigkeit. Die Bestellung eines Betreuers setzt nach Abs 1 S 1 voraus, dass der 9 Volljährige auf Grund einer psychischen Krankheit oder einer körperlichen, geistigen oder seelischen Behinderung seine Angelegenheiten ganz oder teilweise nicht besorgen kann. Die subjektive Betreuungsbedürftigkeit einer Person erfordert damit neben dem Vorliegen eines bestimmten medizinischen Befundes das hierdurch bedingte Unvermögen des Betroffenen zur Besorgung seiner Angelegenheiten (Zweigliedrigkeit des Betreuungstatbestands).

a) Medizinischer Befund. Für die Begriffe der „psychischen Krankheit" bzw der „geistigen, 10 seelischen oder körperlichen Behinderung" findet sich weder in noch außerhalb des BGB eine allgemeingültige Legaldefinition. Der Betreuungsgesetzgeber ging davon aus, dass diese Begriffe sowohl der aktuellen Fachterminologie als auch moderner Gesetzessprache entsprächen, was ua für die Ablösung der im alten Entmündigungsrecht verwendeten und als diskriminierend empfundenen Begriffe der „Geisteskrankheit" und „Geistesschwäche" sprach[20]. Bezüglich des medizinischen Befundes ist zu berücksichtigen, dass der in Abs 1 S 1 geregelte Katalog der **Krankheiten und Behinderungen abschließend** ist. So kann beispielsweise lediglich unangepasstes, eventuell kriminelles Verhalten, das zT als „soziale" Behinderung bezeichnet wird, die Bestellung eines Betreuers nicht rechtfertigen[21].

aa) Psychische Krankheit. Gemeint sind hiermit die anerkannten Krankheitsbilder der Psychiatrie. 11 Dabei ist von einem dynamischen Krankheitsbegriff auszugehen, dh voraussehbare Entwicklungen und Schwankungen sind mit einzubeziehen. Als psychische Krankheiten sind nach Auffassung der amtl

---

[15] Im Internet ist das Vorsorgeregister erreichbar unter www.bnotk.de oder www.vorsorgeregister.de.
[16] BT-Drucks 15/4874 S 26.
[17] Vgl ausf *Chiusi* ZRP 2004, 119; *Laurischk* ZRP 2005, 99.
[18] Krit insoweit *Diekmann* BtPrax 2003, 200; *Kähler* BtPrax 2003, 213; *Hoffmann* BtPrax 2003, 94; *Strätling/Strätling-Tölle/Scharf/Schmucker* MedR 2003, 372.
[19] Zum Betreuungsrecht im IPR vgl auch *Röthel* BtPrax 2006, 90.
[20] BT-Drucks 11/4528 S 116.
[21] BT-Drucks 11/4528 S 117.

§ 1896

Begr[22] anzusehen: (1) Körperlich nicht begründbare **(endogene) Psychosen.** Dazu zählen die Gruppe der Schizophrenien und der affektiven Psychosen (wie zB Zyklothymien – Manien/Depressionen) sowie die schizoaffektiven Psychosen als Mischformen der beiden zuerst genannten[23]. (2) Körperlich begründbare **(exogene) Psychosen.** Darunter versteht man seelische Störungen als Folge von Krankheiten oder Verletzungen des Gehirns, von Anfallsleiden oder von anderen Krankheiten oder körperlichen Beeinträchtigungen. Besondere Bedeutung hat hier die senile Demenz, die ihre Ursache in verschiedenen Hirngefäßerkrankungen oder degenerativen Hirnprozessen haben kann[24]. (3) **Abhängigkeitskrankheiten** (vor allem Alkohol- und Drogenabhängigkeiten). Während die amtl Begr davon ausging, dass diese ohne weiteres den psychiatrischen Krankheitsbegriff erfüllen, rechtfertigt nach Auffassung der Rspr eine Alkohol- oder Rauschgiftsucht für sich allein nicht die Betreuerbestellung, sondern setzt weiter voraus, dass die Sucht entweder in ursächlichem Zusammenhang mit einem geistigen Gebrechen steht oder ein darauf zurückzuführender Zustand im psychischen Bereich eingetreten ist, der bereits die Annahme einer psychischen Krankheit rechtfertigt[25]. (4) **Neurosen und Persönlichkeitsstörungen** (Psychopathien). Wegen der geringen Abweichungen von einem „normalen" menschlichen Verhalten wird bei dieser Fallgruppe ein Krankheitswert nur bei schwersten Störungen und Auffälligkeiten vorliegen, so dass hinsichtlich der Frage der Betreuerbestellung größte Zurückhaltung geboten ist[26].

12 bb) **Geistige Behinderung.** Gemeint sind hiermit angeborene oder (frühzeitig oder später auf Grund körperlicher Erkrankung) erworbene Intelligenzdefizite verschiedener Schweregrade[27]. Nach der seit 1979 üblichen internationalen Klassifizierung bezeichnet man diese als Oligophrenien und unterscheidet die leichte (IQ von 50 bis 69), die mittelgradige (IQ von 35 bis 49), die schwere (IQ von 20 bis 34) und die hochgradige (IQ von unter 20)[28]. Dabei ist zu berücksichtigen, dass die Grenze zur Lernbehinderung (die idR bei einem IQ von 65 angenommen wird) fließend ist; zudem erscheint die Beurteilung des Betroffenen ausschließlich auf der Grundlage von Intelligenztests problematisch[29].

13 cc) **Seelische Behinderung.** Hierunter werden (dauernde oder zumindest lang anhaltende) psychische Beeinträchtigungen verstanden, die als Folge einer psychischen Erkrankung zurückbleiben[30]. Da diese Beeinträchtigungen in der Psychiatrie zT auch dem psychiatrischen Krankheitsbegriff selbst zugeordnet werden und der Begriff der „seelischen Behinderung" in der Psychiatrie (anders als in verschiedenen sozialrechtlichen Vorschriften) kaum Verwendung findet, war die zusätzliche Aufnahme dieses Tatbestandsmerkmals im Gesetzgebungsverfahren umstritten. Angesichts der Uneinheitlichkeit der Fachterminologie wurde er dennoch zur Vermeidung einer Regelungslücke beibehalten[31].

14 dd) **Körperliche Behinderung.** Die Bestellung eines Betreuers kommt auch bei lediglich körperlicher Behinderung des Betroffenen in Betracht. Der Begriff der „körperlichen Behinderung" ist weit und erfasst vor allem dauerhafte Funktionsstörungen am Stütz- und Bewegungsapparat (zB Verluste von Gliedmaßen, Lähmungen), Funktionsstörungen der Sinnesorgane (zB Taubheit, Blindheit, Sprachstörungen) sowie der inneren Organe (zB Herzkrankheiten, Stoffwechselstörungen)[32]. Wegen der Subsidiarität der Betreuung gegenüber anderen tatsächlichen Hilfen oder der Hilfe durch Bevollmächtigte (Abs 2 S 2) wird die Notwendigkeit der Bestellung eines Betreuers bei einer rein körperlichen Behinderung nur in wenigen und extremen Fällen gegeben sein. Besonders schwere Formen der körperlichen Behinderung (zB bei Zusammentreffen angeborener Blindheit und Taubheit) können allerdings auch zu einer geistigen Behinderung führen, so dass auch aus diesem Grund die Betreuerbestellung erforderlich werden kann[33]. Wegen der für lediglich körperlich Behinderte bestehenden Besonderheiten der Betreuung (vgl nur Abs 1 S 3, § 1908 d Abs 2) muss sowohl im Sachverständigengutachten als auch im gerichtlichen Beschluss festgestellt werden, welcher medizinische Befund die Betreuerbestellung erforderlich macht[34].

15 b) **Unfähigkeit zur Besorgung der eigenen Angelegenheiten.** Der medizinische Befund rechtfertigt für sich allein nicht die Betreuerbestellung. Die Beeinträchtigung muss vielmehr zusätzlich **Ursache** dafür sein, dass der Volljährige seine Angelegenheiten ganz oder teilweise nicht besorgen kann[35]. Umgekehrt genügt nicht die Unfähigkeit zur Besorgung der eigenen Angelegenheiten (bei-

---

[22] BT-Drucks 11/4528 S 116; Einzeldarstellung der verschiedenen Krankheitsbilder bei HK-BUR/*Bauer* Rn 51 ff; *Knittel* Rn 2 a ff; *Schmidt/Böcker/Bayerlein/Mattern/Schüler* Rn 584 ff.
[23] Vgl *Jürgens/Jürgens* Rn 4; HK-BUR/*Bauer* Rn 52 ff; *Schmidt/Böcker/Bayerlein/Mattern/Schüler* Rn 709 ff.
[24] Vgl *Böckmann* FPR 2004, 648.
[25] BayObLG FamRZ 1993, 1489, 1490; OLG Schleswig BtPrax 1998, 185; AG Neuruppin FamRZ 2005, 2097 m zust Anm *Bienwald*; aA *Holzhauer* FuR 1990, 249, 251; HK-BUR/*Bauer* Rn 86.
[26] *Jürgens/Kröger/Marschner/Winterstein* Rn 46; *Jürgens/Jürgens* Rn 4; HK-BUR/*Bauer* Rn 93; *Schmidt/Böcker/Bayerlein/Mattern/Schüler* Rn 1051.
[27] BayObLG FamRZ 1994, 318, 319; *Erman/Holzhauer* Rn 11.
[28] *Jürgens/Kröger/Marschner/Winterstein* Rn 48; *Jürgens/Jürgens* Rn 7.
[29] *Lachwitz* FuR 1990, 266.
[30] BT-Drucks 11/4528 S 116; *Holzhauer* FuR 1990, 249, 251; *Jürgens/Jürgens* Rn 6; *Palandt/Diederichsen* Rn 6.
[31] Vgl BT-Drucks 11/4528 S 116.
[32] Vgl *Jürgens/Jürgens* Rn 8.
[33] BT-Drucks 11/4528 S 116.
[34] MünchKommBGB/*Schwab* Rn 18.
[35] BT-Drucks 11/4528 S 117.

spielsweise im vermögensrechtlichen Bereich), wenn diese nicht auf einer psychischen Erkrankung oder körperlichen, geistigen oder seelischen Behinderung beruht[36].

aa) Angelegenheiten. Als Angelegenheiten kommen sowohl solche, die Gegenstand der Vermögenssorge sein können, als auch solche, die Gegenstand der Personensorge sein können, in Betracht[37]. Der Begriff ist in einem umfassenden Sinne zu verstehen, so dass hierunter nicht nur Angelegenheiten rechtlicher (insbes rechtsgeschäftlicher) Art fallen, sondern auch solche tatsächlicher Natur[38], zumal sonst die Nachrangklausel des Abs 2 S 2 hinsichtlich der anderweitigen tatsächlichen Hilfe überflüssig wäre. Bei den Angelegenheiten muss es sich um **eigene** handeln, dh solche, die nach der sozialen Stellung des Betroffenen, seinem biografischen Hintergrund und seiner bisherigen Lebensgestaltung in seinem Interesse erledigt werden müssen[39]. Als eigene Angelegenheiten idS sind nicht solche anzusehen, die der Betroffene auf Grund Vertrages (zB Dienstvertrag) oder als gesetzlicher Vertreter für Dritte zu besorgen hat[40]. Daher kann beispielsweise kein Betreuer bestellt werden, weil der Betroffene zur Wahrnehmung der **elterlichen Sorge** nicht imstande ist[41]. Gleiches gilt für höchstpersönliche Angelegenheiten wie Testamentserrichtung oder Eheschließung (vgl § 1902 Rn 10). 16

bb) Unfähigkeit. Unfähigkeit zur Besorgung der eigenen Angelegenheiten ist dort noch nicht gegeben, wo der Volljährige seine Angelegenheiten nicht persönlich besorgen kann, sich aber auch gesunde und nicht behinderte Personen der sachkundigen Hilfe eines Dritten (zB eines Rechtsanwalts, Arztes, Krankenpflegers, usw.) bedienen, sondern erst, wenn solche Hilfen nicht ausreichen (vgl Abs 2 S 2)[42]. Die Unfähigkeit kann ihre Ursache in körperlichen Umständen des Betroffenen haben, aber auch geistiger oder seelischer Art sein (iS eines Defizits im Bereich selbstverantwortlichen Handelns)[43]. Unfähigkeit zur Besorgung der eigenen Angelegenheiten liegt im rechtsgeschäftlichen Bereich nicht nur vor, wenn die Besorgung aus tatsächlichen oder rechtlichen Gründen (zB wegen Geschäftsunfähigkeit) unmöglich ist, sondern bereits dann, wenn das Vermögen zur Besorgung der Angelegenheiten **erheblich eingeschränkt** ist (vgl Rn 19). 17

cc) Kausalität. Nach Feststellung der Art und des Umfangs der Angelegenheiten, die nicht hinreichend besorgt werden können, muss weiter festgestellt werden können, dass die Unfähigkeit auf die Krankheit bzw Behinderung des Betroffenen zurückzuführen ist. Hierfür ist eine kausale Verknüpfung der beiden Tatbestandselemente erforderlich[44]. 18

c) Verhältnis der Betreuungsbedürftigkeit zur Geschäftsunfähigkeit. Die Bestellung eines Betreuers setzt nach § 1896 Abs 1 S 1 nicht voraus, dass der Betroffene iS von § 104 Nr 2 (partiell) geschäftsunfähig ist. Der Betreuungsgesetzgeber hat die Betreuung in ihren Voraussetzungen vielmehr bewusst von der Frage der Geschäftsfähigkeit bzw -unfähigkeit des Betroffenen gelöst[45]. Er ging dabei davon aus, dass die Bestellung eines Betreuers auch für einen Geschäftsfähigen in Betracht kommen kann[46]. Im Allgemeinen wird man daher davon ausgehen können, dass die Schwelle der Betreuungsbedürftigkeit **niedriger** liegt als die der Geschäftsunfähigkeit[47]. So kann beispielsweise bei einem leichter geistig Behinderten die Bestellung eines Betreuers für schwierigere Vermögensgeschäfte in Betracht kommen, obwohl dieser nach der Rechtsprechung, die eine sog relative Geschäftsunfähigkeit ablehnt[48], nicht als geschäftsunfähig iS von § 104 Nr 2 angesehen werden kann. Auch bei einer psychischen Erkrankung genügen damit Defizite der Erkenntnisfähigkeit, Willensbildung oder Willenssteuerung, die erheblich vom Normalmaß abweichen, aber nicht notwendig die freie Willensbestimmung iS von § 104 Nr 2 ausschließen[49]. Zu den Zulässigkeitsvoraussetzungen einer sog Zwangsbetreuung vgl aber Rn 34 f. 19

3. Erforderlichkeit (Abs 2). a) Bedeutung und Inhalt des Erforderlichkeitsgrundsatzes. Nach Abs 2 S 1 darf ein Betreuer nur für Aufgabenkreise bestellt werden, in denen die Betreuung erforderlich ist. Hierbei betrifft Abs 2 S 1 nicht nur die Frage, welche Aufgabenkreise von der Betreuung erfasst werden sollen, sondern auch die Frage, ob überhaupt eine Betreuung zulässig ist[50]. Da es sich hierbei um eine der zentralen Fragen des Betreuungsverfahrens handelt, kommt dem Erforderlichkeitsgrundsatz an dieser Stelle besondere Bedeutung zu[51]. Der Erforderlichkeitsgrundsatz ist Korrek- 20

---

[36] OLG Köln OLGR 2005, 234 = MDR 2005, 1114.
[37] BT-Drucks 11/4528, S 117; ausf *Harm* Rpfleger 1998, 89.
[38] *Jürgens/Kröger/Marschner/Winterstein* Rn 53; *Staudinger/Bienwald* Rn 48; HK-BUR/*Bauer* Rn 115; aA *Erman/Holzhauer* Rn 19; *Damrau/Zimmermann* Rn 15.
[39] BayObLGZ 1996, 262 = NJW-RR 1997, 834; *Jürgens/Jürgens* Rn 9; *ders* BtPrax 1992, 47, 49.
[40] *Erman/Holzhauer* Rn 21.
[41] BayObLG BtPrax 2004, 239 = FamRZ 2005, 236; LG Rostock FamRZ 2003, 1691 m Anm *Bienwald* = NJW-RR 2003, 1370; *Schwab* FamRZ 1992, 493, 497; *Dodegge* FPR 2005, 233, 238.
[42] BT-Drucks 11/4528 S 117; BayObLG NJWE-FER 2001, 151.
[43] Vgl MünchKommBGB/*Schwab* Rn 20; RGRK/*Dickescheid* Rn 10.
[44] So auch *Holzhauer* FuR 1990, 249, 251; MünchKommBGB/*Schwab* Rn 21; RGRK/*Dickescheid* Rn 8; aA *Pardey*, Betreuung Volljähriger, S 53 ff, 68, 86 ff (normative Zuordnungsmöglichkeit genügt).
[45] Vgl BT-Drucks 11/4528 S 60.
[46] BT-Drucks 11/4528 S 122.
[47] Vgl *Erman/Holzhauer* Rn 25 ff; *G. Müller*, Betreuung und Geschäftsfähigkeit, S 124 ff.
[48] BGH NJW 1953, 1342; NJW 1961, 261; NJW 1970, 1680, 1681; BayObLG NJW 1989, 1678, 1679.
[49] MünchKommBGB/*Schwab* Rn 25, 31; *G. Müller*, Betreuung und Geschäftsfähigkeit, S 127.
[50] BT-Drucks 11/4528 S 120.
[51] BT-Drucks 11/4528 S 58.

tiv für das weit gesteckte Gebiet der möglichen Betreuungsfälle, das zum einen dazu dient, unnötige Eingriffe in den persönlichen Bereich des Betroffenen zu verhindern und somit dessen verfassungsrechtlich geschützten Belange zu wahren (**Schutz des Betroffenen**)[52]. Zum anderen schützt das Erforderlichkeitsprinzip aber auch öffentliche Interessen, so dass der Betroffene **nicht** auf dessen Beachtung **verzichten** kann[53]. Auch für eine psychisch erkrankte Person kann daher auf ihren Antrag nur dann ein Betreuer bestellt werden, wenn diese durch ihre Erkrankung an der Besorgung ihrer Angelegenheiten gehindert ist, diese also insbes nicht **durch Einschaltung Dritter** (zB im Wege der Bevollmächtigung) regeln kann[54]. Trotz der positiven Formulierung des Abs 2 S 1 lässt sich der Inhalt des Erforderlichkeitsgrundsatzes hinsichtlich der Anordnung der Betreuung wohl nur negativ beschreiben: nach der ausdrücklichen Regelung des Abs 2 S 2 ist eine Betreuung dann **nicht** erforderlich, soweit die Angelegenheiten des Volljährigen durch einen Bevollmächtigten oder durch andere Hilfen ebenso gut wie durch einen Betreuer besorgt werden können (Subsidiarität der Betreuung). Zum anderen lässt sich das Normelement der Erforderlichkeit auch iS des nicht rechtstechnischen Ausdrucks der „Notwendigkeit" verstehen, wobei eine Betreuung dann nicht notwendig ist, wenn keine Angelegenheiten zu besorgen sind, mithin kein objektiver Betreuungsbedarf besteht.

21 **b) Objektiver Betreuungsbedarf und Bemessung der Aufgabenkreise.** Für die Bestellung eines Betreuers reicht es nicht aus, festzustellen, dass zB der schwer geistig Behinderte auf Grund dieser Behinderung unfähig ist, seine Vermögensangelegenheiten zu besorgen, wenn er in einem Heim untergebracht ist, wo er vollständig versorgt wird und überhaupt keine Vermögensangelegenheiten selbstverantwortlich zu besorgen hat. Trotz subjektiver Betreuungsbedürftigkeit des Behinderten würde es hier am **objektiven Betreuungsbedarf** fehlen[55]. Der Erforderlichkeitsgrundsatz als Betreuungsvoraussetzung zwingt zur Prüfung, ob und welche Angelegenheiten zukünftig zu besorgen sind[56]. Hierbei ist auf die **konkrete Lebenssituation** des Betroffenen abzustellen. Sind überhaupt keine Angelegenheiten zu besorgen, hat die Betreuerbestellung zu unterbleiben. Besteht ein Betreuungsbedarf lediglich in Bezug auf einzelne Angelegenheiten, kann ein Betreuer nur mit dem entsprechenden Aufgabenkreis bestellt werden[57]. Der Erforderlichkeitsgrundsatz verlangt insoweit nicht, dass die einzelnen zu besorgenden Angelegenheiten gesondert bezeichnet werden, sondern gestattet auch **typisierende Bezeichnungen,** wie zB „Sorge für die Gesundheit", wenn in diesem Bereich insgesamt eine Betreuung erforderlich ist (vgl zu den praxisüblichen Aufgabenkreisen § 1902 Rn 6 ff). Ist der psychisch kranke Betroffene aber beispielsweise körperlich hinreichend gesund, ist der Aufgabenkreis des Betreuers im Bereich der Gesundheitsfürsorge auf den nervenärztlichen Bereich zu beschränken[58]. Bei mehreren in Betracht kommenden Aufgabenkreisen muss das Betreuungsbedürfnis für jeden konkret festgestellt werden[59]. Eine Betreuung für **alle Angelegenheiten**[60] ist möglich, wird aber bei strikter Beachtung des Erforderlichkeitsgrundsatzes nur selten in Betracht kommen.

22 Aus dem Erforderlichkeitsprinzip folgt nicht, dass nur auf jeweils akute und dringende Bedarfslagen mit einer Betreuerbestellung reagiert werden kann, sondern dieser Grundsatz muss auf die Gesamtsituation des Betroffenen bezogen und vorausschauend angewendet werden, um dem Betroffenen ggf neue belastende Verfahren durch fortlaufende Erweiterung des Aufgabenkreises zu ersparen; ein **absehbarer Betreuungsbedarf** ist daher mit einzubeziehen[61]. Von vornherein bereits auch die „typischen Erweiterungsfälle" mit einzubeziehen, geht allerdings zu weit[62]. Im Einzelfall kann ein objektiver Betreuungsbedarf auch dann bejaht werden, wenn zwar kein akuter Handlungsbedarf vorliegt, aber eine Gefährdung des Betroffenen besteht, da bei ihm auf Grund einer Psychose im Falle eines akuten Schubes sofort gehandelt werden muss[63]. Der Erforderlichkeitsgrundsatz ist auch hinsichtlich der **Dauer** der Betreuungsmaßnahme zu beachten (vgl § 69 Abs 1 Nr 5 FGG), so dass die Betreuung nur für den Zeitraum angeordnet werden darf, für den sie nach den zum Zeitpunkt der Anordnung vorliegenden Erkenntnissen unbedingt erforderlich ist[64].

23 Eine Betreuerbestellung hat zu unterbleiben, wenn diese Maßnahme **ungeeignet** ist, den damit angestrebten Zweck zu erreichen[65]. Dies ist nach hM beispielsweise dann der Fall, wenn die Erfüllung der dem Betreuer übertragenen Aufgabe ein **zwangsweises Betreten der Wohnung** des Betreuten

---

[52] *Gernhuber/Coester-Waltjen* § 76 II 3.
[53] BT-Drucks 11/4528 S 121.
[54] OLG München FamRB 2005, 332, 333 = MDR 2005, 1055; vgl auch OLG Zweibrücken BtPrax 2004, 155 = FamRZ 2004, 1815.
[55] Vgl OLG Zweibrücken FamRZ 2005, 748.
[56] Vgl BayObLG BtPrax 1995, 64, 65; BVerfG NJW-RR 1999, 1593, 1594; OLG Köln OLGR 2000, 370; OLG München BtPrax 2006, 30.
[57] Vgl BayObLGZ 1996, 262 = NJW-RR 1997, 834.
[58] BayObLG BtPrax 1995, 64, 65; OLG Köln OLGR 1999, 388.
[59] BayObLG FamRZ 1995, 116; FamRZ 1999, 1612; OLG Hamm FamRZ 1995, 433, 435.
[60] Vgl OLG OLGR 2003, 34; BayObLGZ 1996, 262 = NJW-RR 1997, 834; BVerfG NJW-RR 1999, 1593; *Zimmermann* FamRZ 1996, 79.
[61] Vgl BayObLG FamRZ 1997, 902; *Schwab* FamRZ 1992, 493, 495.
[62] OLG Hamm FamRZ 1995, 433, 435; aA *Damrau/Zimmermann* Rn 61.
[63] BayObLG FamRZ 1994, 319, 320; vgl auch BayObLG FamRZ 1996, 1370 LS; aA *Derleder* FuR 1996, 309, 310.
[64] OLG Köln NJWE-FER 1998, 226.
[65] Vgl BayObLGZ 1994, 209, 212 = FamRZ 1994, 1551 betr Verweigerung der Medikamenteneinnahme durch Betroffenen.

erfordert, da das Betreuungsrecht keine Rechtsgrundlage für Eingriffe in die Unverletzlichkeit der Wohnung (Art 13 GG) bietet[66].

c) Subsidiarität der Betreuung. Eine Betreuung ist gemäß Abs 2 S 2 nicht erforderlich, soweit die Angelegenheiten des Volljährigen durch einen Bevollmächtigten oder durch andere Hilfen, bei denen kein gesetzlicher Vertreter bestellt wird, ebenso gut wie durch einen Betreuer besorgt werden können (Grundsatz der Subsidiarität der Betreuung). 24

aa) Andere (tatsächliche) Hilfe. Als „andere Hilfen, bei denen kein gesetzlicher Vertreter bestellt wird", kommt insbes die Hilfe durch Familienangehörige, Bekannte, Nachbarn, aber auch durch Verbände oder die öffentliche Hand (insbes die sozialen Dienste) in Betracht[67]. Angesprochen sind damit **Hilfen im rein tatsächlichen Bereich** (faktische Sorge für den Betroffenen), was daraus folgt, dass Abs 2 S 2 als entscheidendes Abgrenzungskriterium zur Betreuung die Notwendigkeit eines gesetzlichen Vertreters normiert. Die Notwendigkeit der gesetzlichen Vertretung ist dabei nicht an der konkret zu besorgenden Angelegenheit des Betroffenen auszurichten, sondern ist auf den jeweiligen Aufgabenkreis bezogen, den der Betroffene nicht mehr zu besorgen vermag. Ein Vorrang der anderen Hilfen besteht folglich nur dort, wo die Besorgung der Angelegenheiten **generell** keine gesetzliche Vertretung erforderlich macht[68]. Selbst bei einer rein tatsächlichen Hilfsbedürftigkeit des Betroffenen kann die Bestellung eines Betreuers erforderlich sein, wenn die anderen (tatsächlichen) Hilfen erst organisiert, koordiniert und die Finanzierung sichergestellt werden müssen, bzw die bereits funktionierenden tatsächlichen Hilfen kontrolliert werden müssen und der Betroffene zu einer erforderlichen Mitwirkung oder Kontrolle nicht bereit oder in der Lage ist[69]. 25

bb) Hilfe durch Bevollmächtigte/Vorsorgevollmacht. Subsidiär ist die Betreuung gemäß Abs 2 S 2 auch gegenüber der Hilfe auf Grund Vollmachten, soweit die Angelegenheiten durch den (bzw die) Bevollmächtigten ebenso gut wie durch einen Betreuer besorgt werden können. Gemeint sind hiermit vor allem sog **Vorsorgevollmachten**[70]. Die weitgehende Anerkennung von Vollmachten dient zum einen der Stärkung des **Selbstbestimmungsrechts** des Betroffenen, zum anderen der **Entlastung der Gerichte**[71]. Mit der weiteren Stärkung des Instituts der Vorsorgevollmacht durch die beiden Betreuungsrechtsänderungsgesetze (vgl § 1904 Abs 2, § 1906 Abs 5, § 1908 f Abs 1 Nr 2 a, § 6 Abs 1 S 2, Abs 2 bis 6 BtBG) tritt zunehmend auch der Aspekt der **Entlastung der Länderhaushalte** in den Vordergrund[72]. Denn bei der Vollmachtserteilung können Vergütung bzw Aufwendungsersatz des Bevollmächtigten – anders als bei der Betreuung – auch im Falle der Mittellosigkeit des Vollmachtgebers nicht aus der Staatskasse verlangt werden. 26

Die Vorsorgevollmacht unterscheidet sich von anderen Vollmachten primär dadurch, dass sie **im Hinblick auf die künftige Geschäftsunfähigkeit bzw Betreuungsbedürftigkeit erteilt** wird, ohne dass sie deswegen erst zu diesem Zeitpunkt (im Außenverhältnis) Wirksamkeit erlangen müsste[73]. Ihre Bedeutung als Vorsorgeinstrument erlangt sie im deutschen Recht dadurch, dass sie über den Zeitpunkt des Eintritts der Geschäftsunfähigkeit des Vollmachtgebers hinaus Rechtswirksamkeit behält (vgl §§ 168 S 1, 672 S 1), und der Bevollmächtigte auch nicht den Beschränkungen eines gesetzlichen Vertreters unterliegt[74]. Auch der Tod des Vollmachtgebers führt entgegen der Ansicht des OLG Hamm[75] idR nicht zum Erlöschen der Vollmacht, so dass sie auch als transmortale Vollmacht (bis zu einem Widerruf der Erben des Betreuten) weiter wirken kann. 27

Die Vorsorgevollmacht bedarf grds nicht der Einhaltung einer bestimmten **Form,** um die Betreuerbestellung überflüssig machen zu können. Anders ist dies nur in Gesundheits- und Unterbringungsangelegenheiten, die dort gemäß § 1904 Abs 2 S 2, § 1906 Abs 5 S 1 **zumindest Schriftform** (vgl § 126 Abs 4) eingehalten sein muss. Im Allgemeinen empfiehlt sich aber ohnehin die Wahrung der Urkundsform[76]. Die **notarielle Beurkundung** hat den Vorteil, dass wegen § 17 BeurkG sicher gestellt 28

---

[66] LG Görlitz NJWE-FER 1998, 153; LG Frankfurt/M FamRZ 1994, 1617 m Anm *Bauer;* OLG Frankfurt BtPrax 1996, 71 m Anm *Bauer* 55 sowie *Kemper* FuR 1996, 152; BayObLG Rpfleger 2001, 545; aA LG Berlin NJWE-FER 1997, 55; LG Freiburg FamRZ 2000, 1316 = NJW-RR 2001, 146; *Fratzky* BtPrax 2000, 239; vgl auch BGH FamRZ 2001, 149 = NJW 2001, 888; *Abram* FamRZ 2004, 11.
[67] BT-Drucks 11/4528 S 59; vgl auch LG Hamburg BtPrax 1993, 209 betr Unterstützung durch Sozialdienst; BayObLG NJW-RR 1997, 967 betr Führung und Anleitung durch das Heimpersonal; OLG Köln NJWE-FER 1998, 250 betr Hilfe durch Mutter.
[68] BT-Drucks 11/4528 S 122; vgl zur Vermögensverwaltung OLG Köln FamRZ 1993, 850; LG Regensburg FamRZ 1993, 477.
[69] Vgl BT-Drucks 11/4528 S 122; *Bienwald* in: *Bienwald/Sonnenfeld/Hoffmann* Rn 68; *Staudinger/Bienwald* Rn 143.
[70] Neuere Gestaltungshinweise bzw Formulierungsvorschläge: *G. Müller* in: *Limmer/Hertel/Frenz/Mayer,* Würzburger Notarhandbuch, 2005, Rn 511; *Renner* in: *G. Müller/Renner,* Betreuungsrecht und Vorsorgeverfügungen in der Praxis, Rn 560; *ders* ZFE 2006, 88; *Bühler* FamRZ 2001, 1585; *Milzer* NJW 2003, 1836; *Keilbach* FamRZ 2003, 969; *ders* DNotZ 2004, 164; *Keim* in: Münchener Anwaltshandbuch Erbrecht, 2. Aufl 2007, § 44; *A. Albrecht/E. Albrecht* MittBayNot 2003, 348.
[71] BT-Drucks 11/4528 S 122.
[72] Vgl zu diesem Aspekt auch *Schwab* in: *Bauer* (Hrsg), Versorgung und Vorsorge, 2005, S 27, 31.
[73] AA *Klie/Bauer* FPR 2004, 671, 673; *Palandt/Diederichsen* Einf v § 1896 Rn 7; vgl zu den verschiedenen Gestaltungsmöglichkeiten des Wirksamwerdens *G. Müller* DNotZ 1997, 100; *dies* in: *Limmer/Hertel/Frenz/J. Mayer,* Würzburger Notarhandbuch, 2005, Rn 542 ff.
[74] Vgl *Schwab* in: *Bauer* (Hrsg), Versorgung und Vorsorge, 2005, S 27, 31.
[75] NJW-RR 2003, 800 = DNotZ 2003, 120.
[76] So auch *Schwab* in: Bauer (Hrsg), Versorgung und Vorsorge, 2005, S 27, 32 f.

§ 1896 Buch 4. Abschnitt 3. Vormundschaft, rechtliche Betreuung, Pflegschaft

ist, dass der Vollmachtgeber über die rechtlichen Folgen seiner Erklärung belehrt wurde und dass zum Zeitpunkt der Vollmachtserteilung geprüft wurde, ob der Betroffene die für die Vollmachtserteilung erforderliche Geschäftsfähigkeit besitzt (§ 11 BeurkG). Außerdem wahrt die Urkundsform etwaige verfahrensrechtliche Formerfordernisse (vgl zB § 29 GBO, § 12 HGB) und ermöglicht dem Bevollmächtigten die spätere Darlehensaufnahme für den Vollmachtgeber (vgl § 492 Abs 4 BGB). Nach der Ergänzung des § 6 BtBG durch das 2. BtÄndG besteht nunmehr auch die Möglichkeit, Vorsorgevollmachten oder Betreuungsverfügungen durch die **Urkundsperson bei der Betreuungsbehörde beglaubigen** zu lassen. Es ist aber nach wie vor umstritten, ob es sich bei dieser Beglaubigung um eine öffentliche Beglaubigung iS der §§ 29 GBO, 12 HGB handelt[77]. Es ist von dieser Möglichkeit daher abzuraten, sofern auf Grund der Vollmacht auch Eintragungen in das Grundbuch oder das Handelsregister bewirkt werden sollen.

29   Um die Betreuerbestellung entbehrlich machen zu können, muss die Vollmacht (zweifelsfrei) **wirksam** (insbes im Zustand der Geschäftsfähigkeit) erteilt[78] und darf nicht **widerrufen**[79] worden sein. Ferner muss der **Bevollmächtigte** bereit und in der Lage sein, die Fürsorge für den Betroffenen wahrzunehmen[80]. Außerdem muss der Bevollmächtigte für die Besorgung der anstehenden Angelegenheiten geeignet sein, so dass man davon ausgehen können muss, dass die Ausübung der Vollmacht nicht dem Wohl des Vollmachtgebers zuwiderlaufen wird[81]. Schließlich muss die Vollmacht **inhaltlich** die Angelegenheiten, für die ein Betreuungsbedürfnis besteht, **umfassen** (daher werden Vorsorgevollmachten, die eine Betreuerbestellung gänzlich entbehrlich machen wollen, regelmäßig als Generalvollmachten erteilt). Nach der Zulassung von Vollmachten auch im Bereich der Gesundheitsfürsorge (§ 1904 Abs 2) sowie der freiheitsentziehenden Unterbringung, bzw Einwilligung in unterbringungsähnliche Maßnahmen (§ 1906 Abs 5) ist der Kreis der Angelegenheiten, für die eine Vollmacht erteilt werden kann, mit dem möglichen Aufgabenkreis eines Betreuers weitgehend identisch. Etwas anderes gilt lediglich dort, wo kraft Gesetzes **nur ein gesetzlicher Vertreter** für den handlungsunfähigen Betroffenen handeln kann. Dies ist beispielsweise hinsichtlich des Abschlusses eines Erb- oder Pflichtteilsverzichtsvertrages von dem geschäftsunfähigen Erblasser (vgl § 2347 Abs 2 S 2) der Fall. Bislang gehörte zu diesen Angelegenheiten nach hM auch die **Vertretung des prozessunfähigen Betroffenen in einem gerichtlichen Verfahren**[82]. Im Rahmen des 2. BtÄndG wurde die Problematik aber durch § 51 Abs 3 ZPO nF gelöst, der den Vorrang des gewillkürten Vertreters vor dem gesetzlichen Vertreter auch im Zivilprozess normiert. Allerdings lässt sich die Weise der gesetzlichen Umsetzung kritisieren, da sie dem Zivilgericht die Prüfung auferlegt, ob die vorgelegte Vollmacht geeignet ist, eine Betreuung entbehrlich zu machen[83].

30   Die Betreuerbestellung ist ferner dort nicht gegenüber der Vollmachtserteilung subsidiär, wo der psychisch Kranke oder geistig bzw seelisch Behinderte krankheits- oder behinderungsbedingt die **Notwendigkeit der Bevollmächtigung nicht einsehen** oder den Bevollmächtigten nicht hinreichend überwachen kann[84] bzw die Anordnung eines **Einwilligungsvorbehalts** erforderlich ist[85]. Gleiches gilt, wenn die Vorsorgevollmacht im Rechtsverkehr in Ansehung des **Rechtsberatungsgesetzes** auf (berechtigte) Akzeptanzprobleme stößt[86]. In der Neufassung durch das BtÄndG nimmt Abs 2 S 2 ferner **Vollmachten zugunsten der in § 1897 Abs 3 bezeichneten Personen** (dh die Person steht in einem Abhängigkeitsverhältnis oÄ zur Einrichtung, in der der Betroffene lebt), aus dem Subsidiaritätsverhältnis gegenüber der Betreuung aus. Wird eine derartige Person bevollmächtigt, ist die Vollmacht nicht unwirksam[87]. Denn die Neuregelung soll nur den Vormundschaftsgerichten lediglich Gelegenheit bieten, die **Erforderlichkeit** der Betreuerbestellung in diesen Fällen anhand der besonderen Umstände des Einzelfalls **individuell** und unabhängig von gesetzlichen Regelvorgaben **zu prüfen**[88]. § 1896 Abs 2 S 2 iVm § 1897 Abs 3 greifen iÜ nicht ein hinsichtlich Vollmachten zugunsten von Mitarbeitern bzw dem Inhaber eines **ambulanten Pflegedienstes,** da es insoweit an der „heimmäßigen" Versorgung des Betroffenen fehlt. Vollmachten zugunsten solcher Personen sind damit grds ebenso zulässig und wirksam wie anderen Personen erteilte Vorsorgevollmachten auch. Sofern auf Grund der erteilten Vollmacht von der Bestellung eines Betreuers gemäß § 1896 Abs 1 abgesehen wird, wird aber bei Personen, bei denen Interessenskollisionen bestehen (wie zB bei Bevollmächtigten, die

---

[77] Bejahend *Spanl* Rpfleger 2006, 455, 456; *Jurgeleit/Kania/Langholf/Schmidt* § 6 BtBG Rn 11; *Deinert/Walther*, Handbuch Betreuungsbehörde, 3. Aufl 2006, S 52 ff; verneinend Gutachten DNotI-Report 2005, 121; *Renner* in: *G. Müller/Renner*, Betreuungsrecht und Vorsorgeverfügungen in der Praxis, Rn 454; ders BtPrax 2006, 174, 176.
[78] Vgl BayObLG FamRZ 1993, 1249; OLG Stuttgart FamRZ 1994, 1417 = DNotI 1995, 687; BayObLG OLGR 2002, 333 = BtPrax 2002, 214; OLG Schleswig FGPrax 2006, 217 = BtPrax 2006, 191.
[79] Formular für den notariell beurkundeten Widerruf einer Vorsorgevollmacht bei *Keilbach* DNotZ 2004, 751.
[80] Vgl *Schwab* FamRZ 1992, 493, 496; *Walter*, Die Vorsorgevollmacht, S 20.
[81] Vgl OLG Oldenburg R&P 2003, 102; OLG Brandenburg NJW 2005, 1587, 1588 = NotBZ 2005, 362; KG OLGR 2006, 611, 613.
[82] BayObLG NJWE-FER 1997, 227; vgl dazu auch *Seitz* BtPrax 1996, 93; aA *v. Sachsen Gessaphe* ZZP 2000, 25.
[83] Vgl *Grotkopp* SchlHA 2005, 241, 242.
[84] Vgl *Jürgens* BtPrax 1992, 47, 48; OLG Hamm NJWE-FER 2001, 152 = FamRZ 2001, 870.
[85] MünchKommBGB/*Schwab* Rn 54.
[86] OLG Schleswig OLGR 2006, 206, 207 = FGPrax 2006, 73; vgl zur Anwendung des RBerG auf Vorsorgebevollmächtigte *Ahrens* BtPrax 2005, 163.
[87] OLG München FamRZ 2006, 441; aA *Palandt/Diederichsen* Vor § 1896 Rn 7.
[88] BT-Drucks 13/7158 S 33; zur Kritik an der Formulierung vgl BR aaO S 49; dazu Gegenäußerung der BReg aaO S 56.

zum Personenkreis des § 1897 Abs 3 zählen) regelmäßig die Bestellung eines **Vollmachtsüberwachungsbetreuers** nach Abs 3 (vgl Rn 42) angezeigt sein.

4. Betreuerbestellung auf Antrag oder von Amts wegen (Abs 1). Die Bestellung eines 31 Betreuers erfolgt gemäß Abs 1 S 1 aE bei Vorliegen der übrigen Betreuungsvoraussetzungen auf Antrag des Betroffenen oder von Amts wegen, bei körperlich Behinderten grds lediglich auf Antrag (Abs 1 S 3).

a) Betreuerbestellung auf Antrag. Der Antrag muss von dem Betroffenen selbst ausgehen. Dritte 32 (zB Angehörige des Betroffenen oder die Betreuungsbehörde) haben grds[89] kein eigenes Antragsrecht, Anträge Dritter haben vielmehr lediglich die Bedeutung einer **Anregung** auf Einleitung eines Amtsverfahrens[90]. Das Antragsverfahren wurde trotz der geringen Unterschiede zum Amtsverfahren (vgl § 68 b Abs 1 S 2 FGG) vorgesehen, um dadurch die Akzeptanz der Betreuung durch den Betroffenen zu erleichtern; dem Antrag wurde eher psychologische als rechtliche Bedeutung zugemessen[91]. Daher wurde auch davon abgesehen, die Wirksamkeit des Antrags von der Geschäftsfähigkeit des Betroffenen abhängig zu machen (vgl Abs 1 S 2), zumal hierdurch die als diskriminierend empfundene Unterteilung der Betroffenen im Ausgangsverfahren in geschäftsfähige und geschäftsunfähige Personen vermieden werden und ein Gleichklang mit dem Verfahrensrecht (§ 66 FGG) hergestellt werden konnte[92]. Mangels Erfordernis der Geschäftsfähigkeit ist der Antrag nicht als Willenserklärung, sondern im Allgemeinen als **bloße Verfahrenshandlung** zu werten[93]. Er bietet auch dann die Verfahrensgrundlage für die Bestellung des Betreuers, wenn er erst im Laufe des von Amts wegen eingeleiteten Betreuungsverfahrens gestellt wird[94].

Bei **lediglich körperlich Behinderten** kann die Bestellung eines Betreuers gemäß Abs 1 S 3 nur 33 auf Antrag des Betroffenen erfolgen, da bei diesen keine Defizite der Willensbildung und Steuerungsfähigkeit vorliegen, die eine Betreuerbestellung auch gegen deren Willen rechtfertigen könnten[95]. Der Antrag eines lediglich körperlich Behinderten besitzt dabei eine **Doppelnatur** als Verfahrenshandlung und Willenserklärung. Denn dessen Einwilligung ist zugleich materiellrechtliche Voraussetzung für die Einrichtung der Betreuung (und deren Fortdauer, § 1908 d Abs 1)[96]. Eine Ausnahme gilt nur dann, wenn der Körperbehinderte seinen Willen nicht kundtun kann, Abs 1 S 3 aE.

b) Betreuerbestellung von Amts wegen. aa) Voraussetzungen einer sog Zwangsbetreuung; 34 **Beachtung des freien Willens (Abs 1 a).** Bei einem psychisch kranken oder geistig bzw seelisch behinderten Betroffenen ist nach Abs 1 die Bestellung eines Betreuers auch dann möglich, wenn dieser keinen Antrag stellt. Die Möglichkeit der Einrichtung einer Betreuung **von Amts wegen** wurde vom Gesetzgeber damit begründet, dass die psychische Krankheit oder geistige bzw seelische Behinderung des Betroffenen vielfach dazu führe, dass dieser nicht in der Lage sei, seine Betreuungsbedürftigkeit einzusehen und hieran entsprechende Maßnahmen, die seinem Wohl dienten, nicht scheitern dürften[97]. Nach dem Betreuungsgesetz sollte dabei – anders als im alten Recht der Gebrechlichkeitspflegschaft[98] – die Einwilligung des Betroffenen nicht allgemein Voraussetzung der Bestellung eines Betreuers sein und die Frage der Betreuungsbedürftigkeit von der Frage der Geschäftsfähigkeit gelöst werden[99]. Andere sahen es als verfassungsrechtlich bedenklich an, dass damit ggf **auch ein Geschäftsfähiger** gegen seinen Willen einen Betreuer erhalten könne[100].

Das BayObLG schloss sich im Grundsatz den zuletzt genannten verfassungsrechtlichen Bedenken an 35 und erforderte schon bald nach Inkrafttreten des Betreuungsgesetzes im Wege einer **verfassungskonformen Auslegung des Gesetzes** für die Betreuerbestellung von Amts wegen, dass der damit nicht einverstandene Betroffene auf Grund seiner psychischen Krankheit oder geistigen bzw seelischen Behinderung **seinen Willen nicht frei bestimmen kann**[101]. Diese st Rspr wurde durch das 2. BtÄndG nunmehr ausdrücklich in den **neu eingefügten Abs 1 a** in der Form aufgenommen, dass dort ausdrücklich geregelt ist, dass ein Betreuer **gegen den freien Willen des Volljährigen** nicht bestellt werden darf[102]. Dabei kommt es nach Ansicht der amtl Begr (in Anlehnung an die Definition der Geschäftsunfähigkeit iS von § 104 Nr 2) auf die **Einsichtsfähigkeit** des Betroffenen und dessen

---

[89] Außerhalb des BGB sehen einige öffentlich-rechtliche Verfahrensvorschriften ein Antragsrecht der Behörde vor, so §§ 16 VwVfG, 15 SGB X, 81 AO, 19 BDO und § 78 WDO.
[90] Vgl BT-Drucks 11/4528 S 117.
[91] BT-Drucks 11/4528 S 118, 120.
[92] BT-Drucks 11/4528 S 122.
[93] MünchKommBGB/*Schwab* Rn 54.
[94] MünchKommBGB/*Schwab* Rn 116.
[95] BT-Drucks 11/4528 S 120.
[96] MünchKommBGB/*Schwab* Rn 33, 115.
[97] BT-Drucks 11/4528 S 118.
[98] Vgl *G. Müller*, Betreuung und Geschäftsfähigkeit, S 155 f mwN.
[99] Zust insoweit *Holzhauer* FamRZ 1995, 1463, 1468; *Sonnenfeld* Rn 29 ff; *G. Müller*, Betreuung und Geschäftsfähigkeit, S 169 ff; *Derleder* FuR 1996, 309; *Dröge* FamRZ 1998, 1209, 1210; MünchKommBGB/*Schwab* Rn 27 ff; *v. Sachsen Gessaphe*, Der Betreuer als gesetzlicher Vertreter für eingeschränkt Selbstbestimmungsfähige, S 391 ff; *V. Lipp*, Freiheit und Fürsorge, S 79 ff.
[100] Vgl nur *Bürgle* NJW 1988, 1881, 1883 f; *Pardey*, Betreuung Volljähriger, S 78 f.
[101] BayObLG FamRZ 1994, 720, 721; BayObLGZ 1994, 209, 211 = FamRZ 1994, 1551; BayObLG NJW-RR 1995, 1274, 1275; FamRZ 1996, 1370, 1371; FamRZ 1997, 902; ihm folgend (im Grundsatz) OLG Hamm FamRZ 1995, 433, 435; OLG Frankfurt OLGR 1997, 68, 69.
[102] Vgl zur Laienbeurteilung des freien Willens *Warmbrunn/Stolz* BtPrax 2006, 167.

Fähigkeit an, nach dieser Einsicht zu handeln[103]. Die Einsichtsfähigkeit setzt dabei die Fähigkeit des Betroffenen voraus, die **für und wider eine Betreuerbestellung** sprechenden Gesichtspunkte zu erkennen und gegeneinander abzuwägen[104]. Dies ist nicht mit fehlender Krankheitseinsicht gleichzustellen[105]. Ist der Betroffene idS einsichtsfähig, so ist seine ablehnende Haltung zu akzeptieren, soweit er in der Lage ist, eine dieser Einsicht entsprechende Entscheidung zu treffen[106].

36 **bb) Betreuung im ausschließlichen Drittinteresse.** Obwohl es sich bei der Betreuung um eine ausschließlich auf das Wohl des Betroffenen abzielende öffentliche Hilfe handelt, kann eine Betreuerbestellung in Ausnahmefällen auch im ausschließlichen Interesse eines Dritten erfolgen[107]. Dies ist dann der Fall, wenn der Betroffene iS von § 104 Nr 2 geschäftsunfähig ist und die Betreuerbestellung für den Dritten die **einzige** Möglichkeit darstellt, seine Rechte diesem gegenüber gerichtlich (vgl aber § 57 ZPO) oder außergerichtlich zu verfolgen. Als Beispiele lassen sich die Kündigung des Mieters gegenüber dem geschäftsunfähig gewordenen Vermieter nennen[108] oder die Bestellung eines Betreuers zwecks Entgegennahme der Widerrufserklärung des einen Ehegatten hinsichtlich wechselbezüglicher Verfügungen eines gemeinschaftlichen Testaments bei Geschäftsunfähigkeit des anderen[109]. Da sich das Problem bei Geschäftsfähigkeit (bzw Prozessfähigkeit) des Betroffenen nicht stellt, muss angesichts des Ausnahmecharakters der Betreuung im ausschließlichen Drittinteresse die (partielle) Geschäftsunfähigkeit des Betroffenen feststehen[110]. Wird ausnahmsweise ein Betreuer im ausschließlichen Drittinteresse bestellt, hat dieser allerdings bei der Ausübung des Amtes ausschließlich auf das Wohl des Betreuten selbst zu achten, § 1901 Abs 2[111].

IV. Zivilrechtliche Folgen der Betreuerbestellung

37 **1. Rechtsgeschäftliche Handlungsfähigkeit. a) Geschäftsfähigkeit.** Anders als nach altem Recht, nach dem die Entmündigung zur Geschäftsunfähigkeit (§ 104 Nr 3 aF) oder beschränkten Geschäftsfähigkeit des Betroffenen (§ 114 aF) führte, hat die Bestellung eines Betreuers **keine Auswirkungen auf die Geschäftsfähigkeit** des Betroffenen (sofern nicht zugleich gemäß § 1903 ein Einwilligungsvorbehalt angeordnet wird). Geschäftsunfähig ist der Betreute vielmehr – wie ein Nicht-Betreuter – nur unter den Voraussetzungen des § 104 Nr 2. Sofern der Betreute nicht geschäftsunfähig ist, kann er daher auch in dem dem Betreuer übertragenen Aufgabenkreis weiterhin selbst wirksam rechtsgeschäftlich handeln, was uU zum Abschluss kollidierender Rechtsgeschäfte führen kann (§ 1902 Rn 16). Im Rechtsverkehr besteht keine Verpflichtung des Betreuten zur Offenbarung der Anordnung der Betreuung (oder eines Einwilligungsvorbehaltes)[112]. Unabhängig von der Frage der Geschäftsfähigkeit des Betreuten erwirbt der Betreuer durch seine Bestellung die Rechtsstellung eines **gesetzlichen Vertreters** des Betreuten.

38 Das Betreuungsrecht sieht **keine Möglichkeit der konstitutiven Feststellung** der (ggf) vorliegenden Geschäftsunfähigkeit des Betreuten vor[113]. Dies ist besonders aus der Sicht des Betreuers und des Notars wegen §§ 11, 28 BeurkG[114] problematisch. Auch eine deklaratorische Feststellung der Geschäftsunfähigkeit im Tenor der Betreuungsanordnung hat zu unterbleiben[115]. Hinweise auf eine eventuell vorliegende Geschäftsunfähigkeit des Betreuten können sich aber aus den im Rahmen des Betreuungsverfahrens regelmäßig einzuholenden Sachverständigengutachten oder den Gründen des Beschlusses ergeben, vor allem dann, wenn die Betreuung gegen den Willen des Betroffenen angeordnet wurde (vgl Rn 34 f). Etwaige Ausführungen bzw Feststellungen zur Geschäftsfähigkeit in diesem Rahmen wirken jedoch nicht konstitutiv, da es hierfür an einer entsprechenden Rechtsgrundlage fehlt.

39 **b) Ehefähigkeit.** Die Bestellung eines Betreuers hat keine Auswirkungen auf die Fähigkeit des Betreuten, eine rechtswirksame Ehewillenserklärung abzugeben. Diese Fähigkeit fehlt ihm vielmehr nur, wenn er geschäftsunfähig ist, § 1304 (entspricht § 2 EheG aF)[116]. Dies hat der Standesbeamte im Rahmen der Prüfung der Ehehindernisse zu beurteilen[117].

---

[103] BT-Drucks 15/2494 S 28.
[104] BT-Drucks 15/2494 S 28; vgl AG Neuruppin FamRZ 2005, 2097, 2098 m zust Anm *Bienwald*; OLG Köln OLGR 2006, 279.
[105] *Knittel/Seitz* BtPrax 2007, 18.
[106] BT-Drucks 15/2494 S 28.
[107] BT-Drucks 11/4528 S 117 f; BayObLGZ 1996, 52, 54 = FamRZ 1996, 1369; LG Mönchengladbach FamRZ 2002, 1431 LS.
[108] Vgl BayObLGZ 1996, 52, 54 = FamRZ 1996, 1369; BT-Drucks 11/4528 S 117 f; MünchKommBGB/*Schwab* Rn 22; *G. Müller*, Betreuung und Geschäftsfähigkeit, S 133 f; grundlegend BGHZ 93, 1 = NJW 1985, 433 zur Gebrechlichkeitspflegschaft.
[109] *Helms* DNotZ 2003, 104, 107; *G. Müller* in: *Müller/Renner*, Betreuungsrecht und Vorsorgeverfügungen in der Praxis, Rn 165.
[110] MünchKommBGB/*Schwab* Rn 22; *Knittel* Rn 7; vgl auch BayObLG NJW-RR 1998, 1459.
[111] BT-Drucks 11/4528 S 118.
[112] Vgl BVerfGE 84, 192 = NJW 1991, 2411 für die Gebrechlichkeitspflegschaft; *Palandt/Diederichsen* Vor § 1896 Rn 3.
[113] BT-Drucks 11/4528 S 60.
[114] *Cypionka* DNotZ 1991, 571, 575; *ders* NJW 1992, 207, 209.
[115] OLG Düsseldorf FamRZ 1993, 1224.
[116] Vgl BVerfG NJW 2003, 1382; BayObLG StAZ 2003, 109 = FGPrax 2003, 32; BayObLGZ 1996, 100 = NJWE-FER 1997, 1; LG Saarbrücken FamRZ 2000, 819; LG Osnabrück StAZ 2001, 176; *Schwab*, FS Rebmann, 1989, S 685 ff.
[117] *Böhmer* StAZ 1990, 213, 214 ff; *ders* StAZ 1992, 65, 66 f.

§ 1896

c) Testierfähigkeit. Anders als die Entmündigung (vgl § 2229 Abs 3 aF) führt die Bestellung eines Betreuers nicht zu einer Einschränkung der Testierfähigkeit des Betreuten. Diese beurteilt sich vielmehr allein nach § 2229 Abs 4, wobei auch für einen Betreuten die Vermutung der Testierfähigkeit gilt[118]. Die (psychischen) Defizite, die zur Anordnung der Betreuung (und ggf eines Einwilligungsvorbehalts) geführt haben, können sich aber durchaus auf die natürliche Fähigkeit zur Testamentserrichtung auswirken. Eine Möglichkeit der Beschränkung der Testierfähigkeit durch Anordnung eines Einwilligungsvorbehalts (vgl § 1903 Abs 2) oder durch richterliche Anordnung im Einzelfall (beispielsweise dahin gehend, dass die Testamentserrichtung nur in einer bestimmten Form erfolgen kann) besteht mangels Rechtsgrundlage allerdings nicht[119]. Bei Betreuten ist aus diesen Gründen eher damit zu rechnen, dass es nach ihrem Tod zu einer gerichtlichen Auseinandersetzung über das Vorliegen der Testierunfähigkeit kommt. Wegen der erfolgenden Prüfung der Testierfähigkeit (bzw Geschäftsfähigkeit) gemäß § 28 BeurkG empfiehlt es sich daher, die Verfügung von Todes wegen vor einem Notar zu errichten[120]. 40

2. Sonstige Rechtsfolgen. Zu den Auswirkungen der Betreuerbestellung auf die **Einwilligungsfähigkeit** bzw -zuständigkeit des Betroffenen in Gesundheitsangelegenheiten vgl § 1904 Rn 8. Die Bestellung eines Betreuers hat grds keine Auswirkungen auf das **Wahlrecht** (bzw die Wählbarkeit) des Betroffenen, sofern die Betreuung nicht für alle Angelegenheiten angeordnet wurde, § 13 Nr 2 BWG[121]. Sie zeitigt auch keine Auswirkungen auf das **elterliche Sorgerecht**[122]. Die Bestellung eines Betreuers begründet aber unabhängig vom Umfang der Betreuung die Untauglichkeit des Betreuten für das Amt eines **Vormunds** (§ 1781 Nr 2). Erhält jemand für Besorgung seiner Vermögensangelegenheiten einen Betreuer, ist ferner seine Ernennung zum **Testamentsvollstrecker** gemäß § 2201 unwirksam; erfolgt die Anordnung der Betreuung nach Annahme des Amtes, erlischt dieses (§§ 2225, 2201). Wird in Vermögensangelegenheiten ein vorläufiger Betreuer bestellt, tritt angesichts der lediglich summarischen Prüfung der Betreuungsvoraussetzungen und der Endgültigkeit des Erlöschens des Amtes noch kein Erlöschen des Testamentsvollstreckeramtes ein[123]. Lebt(e) der Betreute mit seinem Ehegatten im Güterstand der **Gütergemeinschaft**, dann ist der andere Ehegatte (§§ 1447 Nr 4, 1469 Nr 5), im Falle der fortgesetzten Gütergemeinschaft ein beteiligter Abkömmling (§ 1495 Nr 3), zur Erhebung der Aufhebungsklage berechtigt, wenn die Verwaltung des Gesamtguts in den Aufgabenkreis des Betreuers fällt. Hinsichtlich der **Prozessfähigkeit** des Betreuten gelten die §§ 52, 53 ZPO. 41

V. Vollmachtsüberwachungsbetreuung (Abs 3)

1. Voraussetzungen. Möglicher Aufgabenkreis eines Betreuers kann gemäß Abs 3 auch die Geltendmachung von Rechten des Betreuten (Vollmachtgebers) gegenüber seinem Bevollmächtigten sein. Die Bestellung eines solchen **Vollmachtsüberwachungsbetreuers** (Kontrollbetreuers, Überwachungsbetreuers) setzt voraus, dass die Vollmacht **wirksam erteilt** wurde und nicht wieder erloschen ist[124] und der Vollmachtgeber auf Grund des medizinischen Befundes iS von Abs 1 den Bevollmächtigten **nicht (mehr) hinreichend überwachen** kann[125]. Im Gegensatz zur Rechtslage bei der Gebrechlichkeitspflegschaft nach altem Recht[126] ist nach Auffassung der amtl Begr weitere Voraussetzung, dass eine derartige Kontrolle des Bevollmächtigten auch **konkret erforderlich** ist, etwa weil Umfang und Schwierigkeit der zu besorgenden Geschäfte oder ein vorangegangenes Verhalten des Bevollmächtigten dessen Überwachung angezeigt erscheinen lassen[127]. Dies ist der Fall, wenn **konkrete Verdachtsmomente** für eine nicht ordnungsgemäße Geschäftsführung des Bevollmächtigten oder einen **Vollmachtsmissbrauch** vorliegen[128]. Zumindest muss aber ein **konkreter Überwachungsbedarf** gegeben sein, beispielsweise wegen des Umfangs und der Schwierigkeit der Verwaltung bzw Veräußerung von Grundbesitz des Vollmachtgebers[129]. Auch bei einer umfassenden Vollmacht (Generalvollmacht) ist damit nicht ohne weiteres die Einrichtung einer Vollmachtsüberwachungsbetreuung erforderlich[130], auch nicht ohne weiteres bei einer Befreiung des Bevollmächtigten vom Selbstkontrahierungsverbot oder wenn sich die Vollmacht auch auf Angelegenheiten des § 1904 oder des § 1906 erstreckt[131]. Der Vollmachtgeber kann in seiner Vollmacht nicht verbindlich für das Gericht bestimmen, 42

---

[118] BayObLG FamRZ 1994, 593, 594; OLG Frankfurt FamRZ 1996, 635; *Hahn* FamRZ 1991, 27; *Rausch* RpflStud 1992, 65, 66.
[119] *G. Müller*, Betreuung und Geschäftsfähigkeit, S 103 ff; aA *Cypionka* DNotZ 1991, 571, 585.
[120] Vgl in: *G. Müller/Renner*, Betreuungsrecht und Vorsorgeverfügungen in der Praxis, Rn 92.
[121] Vgl *Zimmermann* FamRZ 1996, 79; BVerfG NJW-RR 1999, 1593; BayObLGZ 1996, 262 = NJW-RR 1997, 834; VG Neustadt an der Weinstraße FamRZ 2000, 1049.
[122] So auch LG Rostock FamRZ 2003, 1691 m Anm *Bienwald*; MünchKommBGB/*Schwab* Rn 100; *Sonnenfeld* Rn 47; *Staudinger/Bienwald* Rn 172; aA *Walter* FamRZ 1991, 765, 770.
[123] So auch *Zimmermann*, FS Schwab, 2005, S 1099, 1100; aA BayObLGZ 1995, 313 = NJW-RR 1995, 330; *Damrau* ZEV 1995, 66.
[124] OLG Schleswig OLGR 2003, 159, 160; BayObLGZ 1993, 236 = FamRZ 1993, 1249.
[125] Vgl LG Augsburg BtPrax 1994, 176, 177; BayObLG FamRZ 1994, 1550; LG München I FamRZ 1998, 923.
[126] Vgl BayObLG FamRZ 1965, 341, 342.
[127] BT-Drucks 11/4528 S 59, 123.
[128] OLG Köln BtPrax 2005, 236 mwN = FGPrax 2005, 156; BayObLG FamRZ 2005, 1777.
[129] Vgl BayObLG FamRZ 2005, 1777; FGPrax 2005, 151 = MittBayNot 2006, 242; NJWE-FER 1999, 270 = FamRZ 1999, 1302; OLG Schleswig OLGR 2006, 206, 207 = FGPrax 2006, 73; LG München I FamRZ 1998, 700.
[130] LG Augsburg BtPrax 1994, 176, 177; LG München I FamRZ 1998, 700; OLG Köln OLGR 2000, 91, 92.
[131] So auch Gutachten DNotI-Report 2003, 33.

§ 1896 Buch 4. Abschnitt 3. Vormundschaft, rechtliche Betreuung, Pflegschaft

unter welchen Voraussetzungen ein Betreuer bzw Vollmachtsüberwachungsbetreuer bestellt werden soll[132].

43 Selbst bei Vorliegen eines konkreten Überwachungsbedarfs ist die Bestellung eines Vollmachtsüberwachungsbetreuers nicht erforderlich, wenn **mehrere Bevollmächtigte** bestellt sind, die sich gegenseitig kontrollieren oder von denen der eine den anderen überwacht[133]. Falls dies versäumt wurde, genügt es auch, wenn der Vollmachtgeber nachträglich einen Überwachungs-Bevollmächtigten oder weiteren Bevollmächtigten bestellt, sofern er hierzu noch in der Lage ist.

44 Die **Auswahl der Person** des Vollmachtsüberwachungsbetreuers unterliegt den allgemeinen Bestimmungen (§§ 1897, 1900), so dass die in § 1897 Abs 3 genannten Personen ausscheiden[134]. Dem Bevollmächtigten steht nach der bislang vorliegenden Rspr kein Beschwerderecht gemäß § 20 Abs 1 FGG gegen die Bestellung eines Vollmachtsüberwachungsbetreuers zu[135].

45 **2. Aufgaben und Befugnisse des Vollmachtsüberwachungsbetreuers.** Aufgaben und Befugnisse des Vollmachtsüberwachungsbetreuers richten sich zunächst nach dem ihm vom Vormundschaftsgericht übertragenen **Aufgabenkreis**, innerhalb dessen er den Betreuten und Vollmachtgeber gemäß § 1902 gerichtlich und außergerichtlich vertritt. Umfasst sein Aufgabenkreis allgemein die Geltendmachung der Rechte des Vollmachtgebers gegenüber seinem Bevollmächtigten, stehen ihm alle Rechte des Vollmachtgebers hinsichtlich der Vollmacht zu. Dies sind zum einen die sich aus dem der Vollmacht **zugrundeliegenden Rechtsverhältnis** (idR Auftrags- oder Geschäftsbesorgungsverhältnis) ergebenden Rechte, zB hinsichtlich Auskunft und Rechenschaft (§ 666), Erteilung und Abweichung von Weisungen (§ 665) oder Geltendmachung von Ersatzansprüchen, zum anderen das Recht zur Kündigung des Auftrags-/Geschäftsbesorgungsverhältnisses bzw zum **Widerruf der Vollmacht** selbst[136]. Handelt es sich um eine Vorsorgevollmacht, die in jederzeit frei widerruflicher Weise erteilt wurde, kann der Vollmachtsüberwachungsbetreuer im Hinblick auf die Endgültigkeit des Widerrufs (der Vollmachtsüberwachungsbetreuer kann keine Ersatzperson bevollmächtigen) und den Subsidiaritätsgrundsatz des § 1896 Abs 2 S 2 die Vollmacht aber **nur aus wichtigem Grund widerrufen**[137]. Wird die Vollmacht wirksam widerrufen und ist kein Ersatzbevollmächtigter bestellt, kann der Vollmachtsüberwachungsbetreuer nicht selbst die Angelegenheiten des Betreuten anstelle des Bevollmächtigten besorgen, sofern der ihm übertragene Aufgabenkreis nicht über den des Abs 3 hinausging. Vielmehr muss dann ein Betreuer iS von Abs 1 bestellt werden. Bei Durchführung der Vollmachtsüberwachungsbetreuung untersteht der Vollmachtsüberwachungsbetreuer der allgemeinen Aufsicht des Vormundschaftsgerichts (§ 1908 i Abs 1 S 1 iVm § 1837 Abs 2, 3).

VI. Kontrolle des Post- und Fernmeldeverkehrs (Abs 4)

46 Nach Abs 4 wird die Entscheidung über den Fernmeldeverkehr des Betreuten und über die Entgegennahme, das Öffnen und das Anhalten seiner Post nur dann vom Aufgabenkreis des Betreuers umfasst, wenn das Gericht dies ausdrücklich angeordnet hat. Diese Befugnisse müssen folglich **ausdrücklich** auf den Betreuer übertragen worden sein. Bei Übertragung lediglich anderer Aufgabenkreise stehen dem Betreuer keine derartigen Befugnisse zu, auch wenn die Betreuung für alle Angelegenheiten angeordnet wurde. Die Sonderbehandlung der Post- und Fernmeldekontrolle rechtfertigt sich dadurch, dass es sich hierbei um Eingriffe in das grundgesetzlich (Art 10 Abs 1 GG) geschützte Brief-, Post- und Fernmeldegeheimnis handelt, für diese schwerwiegenden Eingriffe aber (anders als etwa bei § 1906) kein gerichtliches Genehmigungsverfahren (und damit keine Kontrollinstanz) vorgesehen ist[138].

47 Die **Voraussetzungen**, unter denen dem Betreuer die Post- und Fernmeldekontrolle (oder Teilbereiche hiervon) übertragen werden können, sind gesetzlich nicht geregelt. Wegen der Grundrechtsrelevanz der betroffenen Angelegenheiten ist in diesem Zusammenhang eine strikte Beachtung des Erforderlichkeitsgrundsatzes (insbes des Verhältnismäßigkeitsprinzips) zu verlangen[139]. Die Einräumung von Befugnissen iS von Abs 3 ist daher nur dann zulässig, wenn der Betreuer andernfalls die ihm übertragenen Aufgaben **nicht in der gebotenen Weise erfüllen** könnte und hierdurch wesentliche **Rechtsgüter des Betreuten erheblich gefährdet** oder beeinträchtigt würden[140]. So kann zB die Übertragung der Befugnis zur Empfangnahme und zum Öffnen der Post gerechtfertigt sein, wenn ohne Überwachung des Posteingangs des Betreuten zu befürchten ist, dass wichtige Briefe Dritter (wie zB Rechnungen, Mahnungen, Kündigungen) nicht zur Kenntnis des Betreuers gelangen[141].

---

[132] So zu Recht *Schwab* FamRZ 2007, 584 gegen OLG München FamRZ 2007, 582 = Rpfleger 2007, 142 = NJW-RR 2007, 294.
[133] Zu den Gestaltungsmöglichkeiten vgl *Bühler* FamRZ 2001, 1585, 1590; *Renner* in: G. *Müller/Renner*, Betreuungsrecht und Vorsorgeverfügungen in der Praxis, Rn 392 ff; vgl dazu auch *Kurze* NJW 2007, 2220.
[134] HK-BUR/*Bauer* Rn 259; ausf zur Personalentscheidung *Bienwald* Rpfleger 1998, 232, 233.
[135] OLG Stuttgart FamRZ 1995, 427; aA *Rieger*, FS Schwab, 2005, S 1043, 1056.
[136] BT-Drucks 11/4528 S 226; BayObLG FamRZ 1994, 1550; LG Wiesbaden FamRZ 1994, 778.
[137] So auch *Volmer* ZfIR 1999, 891, 892; *Rieger*, FS Schwab, 2005, S 1043, 1046 ff; vgl auch BayObLG FamRZ 1994, 1550: „äußerstenfalls" Recht zum Widerruf der Vollmacht.
[138] Vgl BT-Drucks 11/4528 S 124.
[139] MünchKommBGB/*Schwab* Rn 246; BayObLGZ 1996, 253 = NJWE-FER 1997, 59.
[140] BayObLG NJWE-FER 2001, 179 = FamRZ 2001, 871; FamRZ 2001, 1558; BayObLGZ 1996, 253 = NJWE-FER 1997, 59.
[141] LG Köln NJW 1993, 207, 208; *Jürgens/Jürgens* Rn 35; *Damrau/Zimmermann* Rn 96.

Als **Folge** der Anordnung ist der Betreuer auch gegenüber der Post zur Empfangnahme der an den **48** Betreuten adressierten Post berechtigt. Ausgenommen aus der Postkontrolle ist stets der Schriftverkehr zwischen dem Betreuten und dem Vormundschaftsgericht, da die Aushändigung auch dieser Post an den Betreuer dem § 66 FGG widerspräche[142]. Die Befugnis zur Entscheidung über den Fernmelde- bzw Postverkehr des Betreuten (oder Teilbereiche hiervon) kann bereits mit der Bestellung des Betreuers oder zu einem späteren Zeitpunkt auf diesen übertragen werden, stellt aber in letzterem Fall stets eine wesentliche Erweiterung des Aufgabenkreises gemäß § 69 i Abs 1 S 2, 3 FGG dar.

VII. Verfahren

1. Überblick über das Betreuungsverfahren. Das Verfahren für die Erstbestellung eines Betreuers **49** und die Folgeverfahren ist in den §§ 65 ff FGG geregelt (zum Unterbringungsverfahren vgl § 1906 Rn 33). Sachlich **zuständig** ist in allen betreuungsrechtlichen Angelegenheiten das **Vormundschaftsgericht** (AG gemäß § 35 FGG). Die örtliche Zuständigkeit knüpft gemäß § 65 Abs 1 FGG an den **gewöhnlichen Aufenthaltsort des Betroffenen** an, sonst an den Ort, an dem ein Fürsorgebedürfnis auftritt (§ 65 Abs 2 FGG), hilfsweise ist das AG Berlin-Schöneberg (für Deutsche) zuständig. Nach § 14 Abs 1 Nr 4 RPflG besteht ein umfassender Richtervorbehalt, so dass in zahlreichen betreuungsrechtlichen Angelegenheiten der **Richter** funktionell zuständig ist, nur in wenigen Fällen gemäß § 3 Nr 2a RPflG der **Rechtspfleger** (zB bei Bestellung eines Vollmachtsüberwachungsbetreuers iSd § 1896 Abs 3). Durch das 2. BtÄndG erhielten die Länder allerdings die Möglichkeit, die Auswahl und Bestellung des Betreuers sowie die damit verbundenen Entscheidungen nach den §§ 1897 bis 1900, die Entscheidung über die Entlassung des Betreuers nach § 1908 b sowie über die Bestellung eines neuen Betreuers nach § 1908 c den **Rechtspflegern zu übertragen** (§ 19 Abs 1 Nr 1, Abs 3 RPflG nF). Zur **internationalen Zuständigkeit** vgl §§ 69 e, 35 FGG.

Der Betroffene ist in allen Verfahren, die die Betreuung betreffen (zB Bestellung bzw Auswahl oder **50** Entlassung des Betreuers, Vergütung) auch im Falle seiner Geschäftsunfähigkeit gemäß § 66 FGG **verfahrensfähig**[143]. Das Vormundschaftsgericht hat gemäß § 67 FGG einen **Verfahrenspfleger** zu bestellen, soweit dies zur Wahrnehmung der Interessen des Betroffenen erforderlich ist. Dies gilt ohne weiteres im Verfahren über die Genehmigung der Einwilligung in eine Sterilisation des Betroffenen (§ 67 Abs 1 S 5 FGG). Soll nach § 68 Abs 2 FGG von einer persönlichen Anhörung des Betroffenen abgesehen werden oder ein Betreuer für alle Angelegenheiten bestellt bzw der Aufgabenkreis des Betreuers auf alle Angelegenheiten erweitert werden, ist ebenfalls idR ein Verfahrenspfleger zu bestellen, außer es besteht hierfür offensichtlich kein Interesse des Betroffenen (§ 67 Abs 1 S 2, 3 FGG). In allen Fällen kann die Verfahrenspflegerbestellung unterbleiben, wenn der Betroffene bereits in einem Rechtsanwalt oder einem anderen geeigneten Verfahrensbevollmächtigten vertreten wird, § 67 Abs 1 S 6 FGG. Die nach Inkrafttreten des BtG umstrittene Frage der Vergütung bzw des Aufwendungsersatzes des Verfahrenspflegers hat zu einer ausdrücklichen Regelung durch das 2. BtÄndG (in § 67 a FGG nF) geführt.

§ 68 Abs 1 FGG verpflichtet das Gericht, vor Bestellung eines Betreuers den Betroffenen **persönlich** **51** **anzuhören** und sich in dessen üblicher Umgebung einen unmittelbaren Eindruck von diesem zu verschaffen; in diesem Zusammenhang hat das Gericht in geeigneten Fällen auch auf die Möglichkeit der Erteilung einer Vorsorgevollmacht hinzuweisen (§ 68 Abs 1 S 3 FGG). Nach § 68 Abs 2 FGG kann die persönliche Anhörung (nicht die Verschaffung des unmittelbaren Eindrucks) in bestimmten Ausnahmefällen unterbleiben. Zur Vorführung des Betroffenen vgl § 68 Abs 3 FGG. Zum Schlussgespräch § 68 Abs 5 FGG. Vor Bestellung eines Betreuers ist nach § 68 a S 1 FGG auch der Betreuungsbehörde **Gelegenheit zur Äußerung** zu geben; Gleiches gilt nach § 68 a S 4 FGG auf ausdrückliches Verlangen des Betroffenen auch hinsichtlich einer ihm nahe stehenden Person, seines Ehegatten, seiner Eltern, Pflegeeltern sowie Kindern. Den zuletzt genannten Angehörigen soll nach § 68 a S 3 FGG auch ohne Verlangen Gelegenheit zur Äußerung gegeben werden (nach der durch das BtÄndG eingefügten Neuregelung aber nur, sofern der Betroffene dem nicht mit erheblichen Gründen widerspricht).

Im Verfahren über die Bestellung eines Betreuers ist gemäß § 68 b Abs 1 S 1 FGG grds ein **Sach-** **52** **verständigengutachten** über die Notwendigkeit der Betreuung einzuholen. Der Sachverständige hat gemäß § 68 b Abs 1 S 4 FGG den Betroffenen vor Erstattung des Gutachtens persönlich zu untersuchen und zu befragen (vgl zur zwangsweisen Vorführung § 68 b Abs 3 FGG, zur Unterbringung zur Beobachtung § 68 b Abs 4 FGG). Das Gutachten hat sich gemäß § 68 b Abs 1 S 5 FGG auch auf den Umfang des Aufgabenkreises und die voraussichtliche Dauer der Betreuungsbedürftigkeit zu erstrecken. Im Falle der Zwangsbetreuung muss sich der Sachverständige auch darüber äußern, ob die ablehnende Haltung des Betroffenen auf einem freien Willen (vgl Abs 1 a) beruht[144]. Über die **Qualifikation des Sachverständigen** enthält das Gesetz keine weiteren Angaben. Nach st Rspr[145] kommen als Gutachter

---

[142] HK-BUR/*Bauer* Rn 272; *Kretschmer* BtPrax 1998, 99 f.
[143] Vgl *Harm* Rpfleger 2006, 8; für eingeschränkte Verfahrensfähigkeit bei Fehlen des natürlichen Willens OLG Saarbrücken FGPrax 1999, 108 f m abl Anm *Schmidt* 178.
[144] OLG Köln FGPrax 2006, 117.
[145] BayObLG FamRZ 1993, 351; BayObLGZ 1997, 206, 208 = FamRZ 1997, 1565 m Anm *Christl*; FamRZ 1997, 901; OLG Zweibrücken OLGR 2005, 437; vgl auch *Keidel/Kuntze/Winkler/Kayser* § 68 b FGG Rn 7; aA *Oberloskamp* BtPrax 1998, 18.

§ 1897 Buch 4. Abschnitt 3. Vormundschaft, rechtliche Betreuung, Pflegschaft

nur **Fachärzte für Psychiatrie und/oder Neurologie**, die öffentlich bestellten Amtsärzte oder Gerichtsärzte (oder sonstige erkennbar in der Psychiatrie erfahrene Ärzte) in Betracht. Je nach Defizit des Betroffenen sind aber auch sonstige Mediziner, Psychologen, Pädagogen, Sozialarbeiter usw als Sachverständige geeignet. Durch das 2. BtÄndG wurde in § 68 b Abs 1 a FGG die Möglichkeit geschaffen, auch Gutachten des Medizinischen Dienstes der Krankenkassen zu verwerten. Die Einholung eines Sachverständigengutachtens kann im Antragsverfahren unterbleiben, wenn der Betroffene hierauf verzichtet und dies im Hinblick auf den Umfang des Aufgabenkreises unverhältnismäßig wäre oder lediglich ein Vollmachtsüberwachungsbetreuer iS von § 1896 Abs 3 bestellt werden soll (§ 68 b Abs 1 S 2 FGG); dann genügt ein (vom Betroffenen beizubringendes) **ärztliches Zeugnis**.

53   Die Entscheidung, durch die ein Betreuer bestellt wird (zum Entscheidungsinhalt vgl § 69 FGG) ist gemäß § 69 a Abs 1 bis 3 FGG regelmäßig dem Betroffenen, ggf der Betreuungsbehörde und stets dem Betreuer iS von § 16 FGG bekannt zu machen (sofern vorhanden, auch dem Verfahrenspfleger, dem Verfahrensbevollmächtigten, usw.). **Wirksamkeit** erlangt die Entscheidung dabei mit der **Bekanntmachung an den Betreuer**, § 69 a Abs 3 S 1 FGG (nicht erst mit dessen Verpflichtung gemäß § 69 b FGG). Das Gericht kann aber bei Gefahr in Verzug oder dann, wenn die Bekanntmachung an den Betreuer nicht möglich ist, die sofortige Wirksamkeit anordnen (§ 69 a Abs 3 S 2 FGG); dann beurteilt sich das Wirksamwerden nach § 69 a Abs 3 S 3 FGG. In Eilfällen kann das Gericht auch im Wege einer **einstweiligen Anordnung** nach § 69 f FGG einen vorläufigen Betreuer bestellen, wenn konkrete Umstände mit erheblicher Wahrscheinlichkeit darauf hindeuten, dass die Voraussetzungen des § 1896 Abs 1 S 1 vorliegen und das Abwarten der endgültigen Entscheidung für den Betreuer erhebliche Nachteile zur Folge hätte[146].

54   **2. Rechtsmittel.** Sowohl gegen die Bestellung als auch gegen die Ablehnung der Betreuerbestellung ist das Rechtsmittel der **einfachen (unbefristeten) Beschwerde** gemäß § 19 FGG gegeben. Zur Beschränkung der Beschwerde auf die Auswahl des Betreuers vgl § 1897 Rn 28. Die **Beschwerdebefugnis** des Betroffenen richtet sich nach § 20 FGG, die des Betreuers nach § 20, § 69 g Abs 2 FGG, die dritter Personen (wie Angehöriger, Betreuungsbehörde, ggf auch der Staatskasse) – unbeschadet des § 20 FGG – nach § 69 g Abs 1 FGG, der eine abschließende Regelung hinsichtlich der Erweiterung der Beschwerdebefugnis enthält[147]. Dem **Generalbevollmächtigten** des Betroffenen steht gegen die Bestellung eines Betreuers ein eigenes Beschwerderecht aus § 20 FGG zu, da die ihm durch die Vorsorgevollmacht iVm § 1896 Abs 2 BGB vermittelte Rechtsposition als eigene Befugnis einzustufen ist[148].

§ 1897 Bestellung einer natürlichen Person

(1) Zum Betreuer bestellt das Vormundschaftsgericht eine natürliche Person, die geeignet ist, in dem gerichtlich bestimmten Aufgabenkreis die Angelegenheiten des Betreuten rechtlich zu besorgen und ihn in dem hierfür erforderlichen Umfang persönlich zu betreuen.

(2) ¹Der Mitarbeiter eines nach § 1908 f anerkannten Betreuungsvereins, der dort ausschließlich oder teilweise als Betreuer tätig ist (Vereinsbetreuer), darf nur mit Einwilligung des Vereins bestellt werden. ²Entsprechendes gilt für den Mitarbeiter einer in Betreuungsangelegenheiten zuständigen Behörde, der dort ausschließlich oder teilweise als Betreuer tätig ist (Behördenbetreuer).

(3) Wer zu einer Anstalt, einem Heim oder einer sonstigen Einrichtung, in welcher der Volljährige untergebracht ist oder wohnt, in einem Abhängigkeitsverhältnis oder in einer anderen engen Beziehung steht, darf nicht zum Betreuer bestellt werden.

(4) ¹Schlägt der Volljährige eine Person vor, die zum Betreuer bestellt werden kann, so ist diesem Vorschlag zu entsprechen, wenn es dem Wohl des Volljährigen nicht zuwiderläuft. ²Schlägt er vor, eine bestimmte Person nicht zu bestellen, so soll hierauf Rücksicht genommen werden. ³Die Sätze 1 und 2 gelten auch für Vorschläge, die der Volljährige vor dem Betreuungsverfahren gemacht hat, es sei denn, dass er an diesen Vorschlägen erkennbar nicht festhalten will.

(5) Schlägt der Volljährige niemanden vor, der zum Betreuer bestellt werden kann, so ist bei der Auswahl des Betreuers auf die verwandtschaftlichen und sonstigen persönlichen Bindungen des Volljährigen, insbesondere auf die Bindungen zu Eltern, zu Kindern, zum Ehegatten und zum Lebenspartner, sowie auf die Gefahr von Interessenkonflikten Rücksicht zu nehmen.

(6) ¹Wer Betreuungen im Rahmen seiner Berufsausübung führt, soll nur dann zum Betreuer bestellt werden, wenn keine andere geeignete Person zur Verfügung steht, die zur ehrenamtlichen Führung der Betreuung bereit ist. ²Werden dem Betreuer Umstände bekannt, aus denen sich ergibt, dass der Volljährige durch eine oder mehrere andere geeignete Personen außerhalb einer Berufsausübung betreut werden kann, so hat er dies dem Gericht mitzuteilen.

---

[146] BayObLGZ 1997, 142, 145; FamRZ 1999, 1611.
[147] Vgl BayObLGZ 1998, 82 = NJWE-FER 1998, 225; OLG Schleswig FPR 2002, 277.
[148] *Rieger*, FS Schwab, 2005, S 1043, 1055 ff; OLG Zweibrücken FGPrax 2002, 260 = FamRZ 2003, 703; aA BayObLGZ 2003, 106 = FGPrax 2003, 171.

(7) ¹Wird eine Person unter den Voraussetzungen des Absatzes 6 Satz 1 erstmals in dem Bezirk des Vormundschaftsgerichts zum Betreuer bestellt, soll das Gericht zuvor die zuständige Behörde zur Eignung des ausgewählten Betreuers und zu den nach § 1 Abs. 1 Satz 1 zweite Alternative des Vormünder- und Betreuervergütungsgesetzes zu treffenden Feststellungen anhören. ²Die zuständige Behörde soll die Person auffordern, ein Führungszeugnis und eine Auskunft aus dem Schuldnerverzeichnis vorzulegen.

(8) Wird eine Person unter den Voraussetzungen des Absatzes 6 Satz 1 bestellt, hat sie sich über Zahl und Umfang der von ihr berufsmäßig geführten Betreuungen zu erklären.

Schrifttum: *Dodegge*, Die Auswahl und Kontrolle des Betreuers, FPR 2004, 664.

Übersicht

	Rn		Rn
I. Normzweck	1	2. Negativer Vorschlag (S 2)	17
II. Anwendungsbereich der Norm	3	3. Vorsorgende Äußerungen (S 3)	18
III. Bestellung eines geeigneten Einzelbetreuers (Abs 1)	4	VII. Berücksichtigung verwandtschaftlicher und persönlicher Bindungen (Abs 5)	20
IV. Vereins- oder Behördenbetreuer (Abs 2)	8	VIII. Bestellung eines Berufsbetreuers (Abs 6)	22
1. Allgemeines	8	1. Subsidiarität der Berufsbetreuung (S 1)	22
2. Begriff des Vereins- bzw Behördenbetreuers	9	2. Mitteilungspflicht (S 2)	24
V. Ausschluss des Anstalts- und Heimpersonals als Betreuer (Abs 3)	10	IX. Anhörung der Betreuungsbehörde (Abs 7)	25
1. Zweck der Vorschrift	10		
2. Unterbringung/Wohnen in Einrichtung	11	X. Erklärungspflicht des Berufsbetreuers (Abs 8)	26
3. Abhängigkeitsverhältnis/enge Beziehung	12		
4. Zwingende Natur	13	XI. Verfahren	27
VI. Vorschlag des Betreuungsbedürftigen (Abs 4)	14	1. Allgemeines Verfahren	27
1. Positiver Vorschlag (S 1)	14	2. Rechtsmittel	28

I. Normzweck

§ 1897 enthält die wichtigsten Grundsätze für die **Auswahl des Betreuers**. Nach Abs 1 ist grds eine **natürliche Person** als Betreuer zu bestellen. Daraus folgt, dass die **Einzelbetreuung** durch einen ehrenamtlichen Betreuer, einen freiberuflichen Berufsbetreuer, einen Vereinsbetreuer oder Behördenbetreuer grds **Vorrang** hat vor einer Betreuung durch eine **Institution** (anerkannter Betreuungsverein oder Betreuungsbehörde; vgl § 1900 Abs 1, Abs 4, wobei im Verhältnis zwischen Verein und Behörde wiederum vorrangig der Verein zu bestellen ist, § 1900 Abs 4). Innerhalb der als Betreuer in Betracht kommenden natürlichen Personen kommt dem sog **ehrenamtlichen Betreuer** nach **Abs 6** der Vorrang vor einer (entgeltlich geführten) Betreuung durch einen freiberuflichen Berufsbetreuer, einen Vereinsbetreuer oder einen Behördenbetreuer zu. 1

Voraussetzung der Bestellung einer natürlichen Person zum Betreuer ist vor allem deren **Eignung**. **Nicht** geeignet ist nach Abs 3 der **Mitarbeiter einer Einrichtung** (uÄ), in der der Betroffene untergebracht ist. Unter mehreren geeigneten Personen ist nach Abs 4 S 1 grds **die vom Betroffenen selbst vorgeschlagene** vorzuziehen. Mangels eines positiven Vorschlags des Betroffenen ist gemäß Abs 5 bei der dann erforderlichen Ermessensentscheidung des Gerichts auf die **verwandtschaftlichen und sonstigen persönlichen Bindungen** des Betroffenen und auf mögliche Interessenskonflikte Rücksicht zu nehmen. In diesem Rahmen ist nach Abs 4 S 2 auch ein **negativer Vorschlag** des Betroffenen zu berücksichtigen. 2

II. Anwendungsbereich der Norm

Die Vorschrift gilt nicht nur für die Erstbestellung eines Betreuers und die **Verlängerung** der Betreuung¹, sondern auch, wenn ein **weiterer** oder **besonderer Betreuer** (vgl § 1899) oder nach dem Tod bzw der Entlassung des bisherigen Betreuers ein **neuer Betreuer** zu bestellen ist. Gleiches gilt, wenn nach vorangegangener vorläufiger Betreuerbestellung die Hauptsacheentscheidung ergeht². 3

III. Bestellung eines geeigneten Einzelbetreuers (Abs 1)

Im Regelfall ist gemäß Abs 1 eine **natürliche Person** (und nicht ein anerkannter Betreuungsverein oder die Betreuungsbehörde, vgl § 1900 Abs 1, Abs 4) zum Betreuer zu bestellen. Die Staatsangehörigkeit der Person spielt in diesem Zusammenhang keine entscheidende Rolle (vgl § 1898). Die **Einzel-** 4

---

¹ OLG Frankfurt OLGR 2006, 882 = BeckRS 2006, 11556.
² OLG Köln FamRB 2005, 77 = BeckRS 2004, 8346.

betreuung (Individualbetreuung) soll in Abkehr vom alten Recht, wo auf Grund hoher Fallzahlen oftmals eine anonyme Verwaltung von Vormundschafts- und Pflegschaftsfällen stattfand, eine **persönliche Betreuung** des Betroffenen gewährleisten[3]. Ob diese nach Einführung des neuen (pauschalierten) Vergütungsrechts von den Berufsbetreuern tatsächlich noch gewährleistet werden kann, muss allerdings bezweifelt werden.

5   Die natürliche Person muss zur Führung der Betreuung **geeignet** sein. Die Eignung muss hierbei darauf gerichtet sein, in dem vom Betreuer wahrzunehmenden Aufgabenkreis die Angelegenheiten des Betreuten **rechtlich zu besorgen** und ihn in dem hierfür erforderlichen Umfang **persönlich zu betreuen**. Primär ist also der vom Betreuer wahrzunehmende **Aufgabenkreis** für die Ermittlung seiner Eignung maßgeblich[4]. Das durch das 1. BtÄndG eingefügte Wort „rechtlich" soll entspr der Neuregelung in § 1901 Abs 1 verdeutlichen, dass die auf rechtliche Besorgung der Angelegenheiten des Betreuten bezogene Amtsführung des Betreuers von seiner nur faktischen Tätigkeit für den Betroffenen klar abzugrenzen ist[5].

6   Die Bestimmung der Eignung bzw Nichteignung des Betreuers ist durch Abs 1 im Wege einer **Generalklausel** und – abgesehen von Abs 3 – nicht wie im Vormundschaftsrecht kasuistisch geregelt. Das Betreuungsrecht enthält auch keinen allgemeinen Verweis auf die §§ 1780, 1781 (vgl § 1908 i). Dennoch werden die dort geregelten Tatbestände zumeist auf die Auswahl des Betreuers entspr angewandt. So hält es beispielsweise die amtl Begr[6] für selbstverständlich, dass geschäftsunfähige oder in der Geschäftsfähigkeit beschränkte Personen (vgl §§ 1780, 1781 Nr 1) vom Betreuungsamt wegen der damit verbundenen gesetzlichen Vertretung (§ 1902) ausgeschlossen sind. Als ungeeignet für die Führung der Betreuung ist ferner (entspr § 1781 Nr 2) derjenige anzusehen, der selbst betreuungsbedürftig ist bzw für den bereits ein Betreuer bestellt ist, zumindest dann, wenn **derselbe Aufgabenkreis** betroffen ist[7]. Der behandelnde Nervenarzt ist nicht prinzipiell als Betreuer ungeeignet[8].

7   Bestandteil der Eignungsprüfung ist nach Abs 1 auch die **Möglichkeit zur persönlichen Betreuung** des Betroffenen, nach der Neufassung der Vorschrift durch das 1. BtÄndG aber nur noch „in dem hierfür" (dh zur Besorgung der Rechtsangelegenheiten) erforderlichen Umfang. Da die tatsächliche Pflege und Fürsorge für den Betroffenen nicht Aufgabe des Betreuers ist, andererseits durch den „Grundsatz der persönlichen Betreuung" einer anonymen Verwaltung des „Betreuungsfalls" entgegengesteuert werden sollte[9], wird durch diese Vorschrift klargestellt, dass auch bei der Auswahl des Betreuers zumindest insoweit auf seine Möglichkeit zur persönlichen Betreuung Rücksicht zu nehmen ist, als diese bei Wahrnehmung der vom Gericht übertragenen Aufgaben erforderlich sein wird. Unter Berücksichtigung der wahrzunehmenden Angelegenheiten kann daher im Einzelfall die Eignung des Betreuers wegen fehlender Möglichkeit zum **persönlichen Kontakt** infolge großer räumlicher Entfernung zum Betreuten zu verneinen sein[10]. Wegen fehlender Möglichkeit zur persönlichen Betreuung kann die Eignung auch infolge **anderweitiger Betreuerpflichten** entfallen. Eine zulässige Höchstzahl der Betreuungsfälle pro Betreuer wurde allerdings nicht festgelegt[11].

IV. Vereins- oder Behördenbetreuer (Abs 2)

8   **1. Allgemeines.** Die Betreuung durch einen Vereins- oder Behördenbetreuer, die Abs 2 betrifft, ist von der Führung der Betreuung durch den Verein oder die Behörde selbst (vgl § 1900) zu unterscheiden und im Gegensatz zur Betreuung durch eine solche Institution **echte Einzelbetreuung** iS von Abs 1[12]. Nach Abs 2 kann ein gemäß § 1898 Abs 2 zur Übernahme der Betreuung bereiter[13] Vereins- bzw Behördenbetreuer nur **mit Einwilligung des Vereins bzw der Behörde** zum Betreuer bestellt werden. Dieses Einwilligungserfordernis dient (wie auch die Regelung des § 1908 b Abs 4) der **Wahrung der Personalhoheit** des Vereins bzw der Behörde über ihre Mitarbeiter[14]. In der Führung der Betreuung untersteht der Vereins- bzw Behördenbetreuer in erster Linie der unmittelbaren Aufsicht und Kontrolle durch das Vormundschaftsgericht, nicht durch den Verein bzw die Behörde[15]. Wird der Vereins- oder Behördenbetreuer **ohne die Einwilligung** des Vereins bzw der Behörde bestellt, ist die Betreuerbestellung nicht unwirksam, sondern das Einverständnis kann noch nachträglich eingeholt werden[16]. Wird dieses verweigert, ist der Vereins- bzw Behördenbetreuer gemäß § 1908 b (vorbehaltlich der Möglichkeit nach dessen Abs 4) als Betreuer zu entlassen.

---

[3] BT-Drucks 11/4528 S 68.
[4] Vgl zur fachlichen Qualifikation *Dodegge* FPR 2004, 664, 666.
[5] BT-Drucks 13/7158 S 33.
[6] BT-Drucks 11/4528 S 125.
[7] So auch *Erman/Holzhauer* Rn 13; weitergehend *Bienwald* in: *Bienwald/Sonnenfeld/Hoffmann* Rn 43.
[8] BayObLG FamRZ 2003, 1043.
[9] Vgl BT-Drucks 11/4528 S 125.
[10] OLG Köln FamRZ 1996, 506.
[11] Vgl BT-Drucks 11/4528 S 125.
[12] BayObLG NJWE-FER 1998, 105 = FamRZ 1999, 52.
[13] Vgl BayObLG FamRZ 1994, 1061.
[14] BT-Drucks 11/4528 S 126.
[15] *Staudinger/Bienwald* Rn 37; *Bienwald* in: *Bienwald/Sonnenfeld/Hoffmann* Rn 116 mwN.; vgl zur Aufsicht des Betreuungsvereins über den Vereinsbetreuer *Coen* NJW 1999, 535.
[16] Vgl *Palandt/Diederichsen* Rn 11; *Bienwald* in: *Bienwald/Sonnenfeld/Hoffmann* Rn 109.

Bestellung einer natürlichen Person § 1897

2. Begriff des Vereins- bzw Behördenbetreuers. Abs 2 enthält zugleich eine Legaldefinition der 9
Begriffe „Vereinsbetreuer" und „Behördenbetreuer". Vereinsbetreuer (bzw Behördenbetreuer) ist nur
der **Mitarbeiter** eines nach § 1908 f anerkannten Betreuungsvereins (bzw der in Betreuungsangelegenheiten zuständigen Behörde), der dort **ausschließlich oder teilweise als Betreuer** tätig ist. **Ehrenamtliche Helfer** eines anerkannten Betreuungsvereins (bzw – seltener – der Betreuungsbehörde) sind
nicht als Vereins- oder Behördenbetreuer iS von Abs 2 anzusehen[17]. Dies erklärt sich zum einen daraus,
dass dem Verein (bzw der Behörde) über diese Personen keine Personalhoheit zusteht, zum anderen
daraus, dass sich die Vergütungssonderregelungen für Vereins- bzw Behördenbetreuer (§§ 7 Abs 3, 8
Abs 3 VBVG) aus dem Umstand rechtfertigen, dass der Vereins- bzw Behördenbetreuer von seinem
Arbeitgeber für seine Tätigkeit als Betreuer vergütet wird[18]. Andererseits muss der Vereinsbetreuer nicht
Arbeitnehmer des Vereins sein, auch **freie** (und vom Verein vergütete) **Mitarbeit** genügt[19]. Wurde der
Betreuer als Vereinsbetreuer bestellt, obwohl dem Verein die Anerkennung als Betreuungsverein fehlt,
ist die Bestellung als Vereinsbetreuer (mit Wirkung für den Vergütungsanspruch des Vereins) wirksam[20].

V. Ausschluss des Anstalts- und Heimpersonals als Betreuer (Abs 3)

1. Zweck der Vorschrift. Als Betreuer ungeeignet ist gemäß Abs 3 eine Person, die zu einer 10
Einrichtung, in der der Betreute untergebracht ist oder wohnt, in einem Abhängigkeitsverhältnis oder
einer sonstigen engen Beziehung steht. Zweck dieser Vorschrift ist es, von vornherein **Interessenskonflikte** einer solchen Person als Betreuer und eine Belastung des Vertrauensverhältnisses zum
Betreuten zu vermeiden[21]. Besonders schwere Interessenskonflikte könnten sich bei diesem Personenkreis beispielsweise dann ergeben, wenn ein Aufenthaltswechsel des Betreuten anstünde oder seine
Rechte gegenüber der Einrichtung, in der er untergebracht ist, durchzusetzen wären[22].

2. Unterbringung/Wohnen in Einrichtung. „Klassischer" Anwendungsfall des Abs 3 ist ein 11
Heim iS des HeimG, in dem der Betroffene **untergebracht** ist. Neben Heimen und Anstalten sind
aber auch **sonstige Einrichtungen** erfasst, dh auch sonstige Institutionen, die einen vom einzelnen
Betreuten unabhängigen Bestand von Sach- und Personalmitteln[23] unterhalten. Die Vorschrift ist damit
weit auszulegen und gilt für die verschiedensten Heim- und Wohnformen der neueren Zeit. Nicht
erfasst ist dagegen die **ambulante Pflege**[24] oder das **bloße Eigentum** am Wohnraum des Betreuten[25].
Wohnt also beispielsweise der geistig behinderte Volljährige im Hause seiner Eltern, sind sein Vater und
seine Mutter nicht als Betreuer gemäß Abs 3 ausgeschlossen. Gleiches gilt für den Vermieter und seine
Angehörigen, wenn ein reines Mietverhältnis vorliegt. Geht aber das vertragliche Leistungsangebot über
die Überlassung von Wohnraum hinaus und ist nicht nur auf einen einzigen Bewohner ausgerichtet,
greift Abs 3 ein[26], sofern kein Fall der Familienpflege vorliegt.

3. Abhängigkeitsverhältnis/enge Beziehung. Die als Betreuer in Aussicht genommene Person 12
muss, um nach Abs 3 ausgeschlossen zu sein, zu der Einrichtung in einem Abhängigkeitsverhältnis oder
einer sonstigen engen Beziehung stehen. Dies gilt vor allem für einen **Mitarbeiter** der Einrichtung auf
Grund des bestehenden Arbeitsverhältnisses. Auch eine sonstige enge Beziehung ist aber genügend, wie
dies beispielsweise für den **Inhaber der Einrichtung**[27], den Ehegatten der Heimleiterin[28] oder den
Familienangehörigen eines Heimmitarbeiters[29] angenommen werden kann. Das Abhängigkeitsverhältnis oder die sonstige enge Beziehung muss dabei **zur Einrichtung selbst** bestehen. Regelmäßig genügt
es daher nicht, wenn das Abhängigkeitsverhältnis nur zum **Träger der Einrichtung** besteht[30]. Allerdings ist dann für den Einzelfall zu prüfen, ob eine **konkrete Konfliktsituation** vorliegt. Dies wurde
beispielsweise angenommen, wenn der vorgeschlagene Betreuer in einem Heim als Angestellter tätig ist,
das der gleichen Leitung untersteht, wie das Heim, in dem der Betroffene wohnt[31], und wenn der
vorgesehene Vereinsbetreuer dem Geschäftsführer des Vereins disziplinarisch untergeordnet ist, der
zugleich Geschäftsführer der das Heim betreibenden GmbH ist[32]. Dagegen soll nach Auffassung des
OLG Stuttgart[33] ein Vereinsmitarbeiter für Bewohner des Heimes, deren Träger der Verein ist, nicht als

---

[17] Vgl BT-Drucks 11/4528 S 126; LG München I BtPrax 1999, 117 = FamRZ 2000, 321; *Staudinger/Bienwald* Rn 36; aA *Palandt/Diederichsen* Rn 10.
[18] BT-Drucks 11/4528 S 126.
[19] So auch *Jaschinski* NJW 1996, 1521; *Palandt/Diederichsen* Rn 10; vgl dazu auch *Staudinger/Bienwald* Rn 34; aA *Schwab* FamRZ 1992, 493, 498; OLG Hamm FamRZ 2001, 253; MünchKommBGB/*Schwab* Rn 10.
[20] KG OLGR 2006, 322 = BeckRS 2006, 2218.
[21] BT-Drucks 11/4528 S 126.
[22] Vgl BT-Drucks 11/4528 S 126.
[23] *Jürgens/Jürgens* Rn 8.
[24] Vgl Gutachten DNotI-Report 2005, 137, 139.
[25] BT-Drucks 11/4528 S 126.
[26] Vgl *Erman/Holzhauer* Rn 11.
[27] BT-Drucks 11/4528 S 127.
[28] OLG Düsseldorf FamRZ 1994, 1416.
[29] BayObLG FamRZ 1999, 50 f.
[30] BT-Drucks 11/4528 S 127; BayObLGZ 1996, 250, 252 = NJWE-FER 1997, 83; LG Berlin NJWE-FER 1997, 131; aA LG Stuttgart BtPrax 1996, 75.
[31] BayObLGZ 1996, 250, 252 = NJWE-FER 1997, 83.
[32] BayObLG NJWE-FER 1998, 177 = FamRZ 1998, 924.
[33] FamRZ 1999, 811.

13 **4. Zwingende Natur.** Bei Abs 3 handelt es sich um eine zwingende Norm, dh mit Erfüllung der Tatbestandsvoraussetzungen steht die fehlende Eignung der betreffenden Person fest, so dass diese **nicht zum Betreuer bestellt** werden darf[34]. Der Ausschlussgrund kann auch nicht durch einen **Vorschlag** der Person durch den Betreuten iS von Abs 4 überwunden werden[35]. Das **BVerfG**[36] hat allerdings im Hinblick auf das Elternrecht aus Art 6 Abs 2 GG eine Ausnahme anerkannt insoweit, als nicht bereits die entfernte, abstrakte Möglichkeit einer Interessenskollision genügen könne, das Recht der Eltern auf eine bevorzugte Berücksichtigung bei der Auswahl von Betreuern für ihr volljähriges, schutzbedürftiges Kind einzuschränken. Das Verbot kann iÜ auch nicht ohne weiteres durch rechtsgeschäftliche **Bevollmächtigung** der betreffenden Person umgangen werden, wie der durch das BtÄndG eingefügte § 1896 Abs 2 S 2 (vgl § 1896 Rn 30) nunmehr klarstellt. Trotz der an sich zwingenden Natur ist eine Betreuerbestellung entgegen Abs 3 **nicht nichtig**, stellt aber einen wichtigen Entlassungsgrund gemäß § 1908 b Abs 1 dar. Treten die Voraussetzungen des Abs 3 erst **nach der Bestellung** zum Betreuer ein, ist der Betreuer ebenfalls nach § 1908 b Abs 1 zu entlassen[37].

VI. Vorschlag des Betreuungsbedürftigen (Abs 4)

14 **1. Positiver Vorschlag (S 1).** Schlägt der Volljährige eine Person vor, die als Betreuer bestellt werden kann, ist diesem Vorschlag nach Abs 4 S 1 grds zu entsprechen. Der Vorschlag ist dabei nicht als Willenserklärung zu werten, sondern es sind ebenso die Wünsche von **Geschäftsunfähigen** zu berücksichtigen, da auch solche Personen vielfach in der Lage sein werden, sinnvolle Vorstellungen über die Person des Betreuten zu entwickeln[38]. Voraussetzung für die Bindung an den Vorschlag ist aber, dass der Vorschlag auf einer **eigenständigen und dauerhaften Willensbildung des Betroffenen** beruht[39] und die vorgeschlagene Person auch zum Betreuer **bestellt werden kann.** Dies ist dann nicht der Fall, wenn die vorgeschlagene Person gemäß Abs 3 von der Übernahme der Betreuung ausgeschlossen ist oder wenn sie nicht zur Übernahme der Betreuung iS von § 1898 bereit ist. Außerdem kann durch einen positiven Vorschlag nur bedingt das **vorgegebene Rangverhältnis** zwischen den einzelnen Betreuertypen überwunden werden. So ist der Vorrang der Einzelbetreuung beispielsweise nicht durch den Vorschlag, einen anerkannten Betreuungsverein zum Betreuer zu bestellen, beseitigbar[40]. Gleiches gilt für den Vorrang der ehrenamtlichen Betreuung vor der beruflich geführten Betreuung, so dass der Vorschlag des Betroffenen, einen bestimmten Berufsbetreuer zu bestellen, das Vormundschaftsgericht nicht der Prüfung enthebt, ob ein geeigneter ehrenamtlicher Betreuer zur Verfügung steht[41].

15 Die Bestellung der vorgeschlagenen Person darf ferner nicht **dem Wohl des Betroffenen zuwiderlaufen.** Damit unterliegt der Willensvorrang des Betroffenen hinsichtlich der Betreuerauswahl den gleichen Schranken wie hinsichtlich sonstiger Angelegenheiten während der Betreuung, vgl § 1901 Abs 2 S 1[42]. Erfasst ist hiervon auch die Prüfung der **Eignung** der vorgeschlagenen Person als Betreuer, die zB bei der Gefahr von Interessenskonflikten zu verneinen sein kann[43] oder dann, wenn der vorgeschlagene Betreuer absehbar Wünsche und Vorstellungen des Betreuten aus sachfremden Gründen negiert[44]. Wegen möglicher **Interessenskonflikte** darf ein Vorschlag aber nur übergangen werden, wenn es sich um **erhebliche** Interessenskonflikte handelt[45] und diese **konkret drohen;** eine lediglich abstrakte Gefahr genügt nicht[46]. Allein der Umstand, dass neben der vorgeschlagenen Person noch **geeignetere Personen** als Betreuer in Betracht kommen, entkräftet den Vorschlag des Betroffenen iÜ nicht[47].

16 Die **Bedeutung** des positiven Vorschlags des Betroffenen gegenüber der Auswahlentscheidung nach Abs 5 liegt darin, dass dadurch der Vorrang familienangehöriger Personen vor familienfremden überwunden werden kann und darin, dass bei der Prüfung von Interessenskollisionen ein weniger strenger Maßstab anzulegen ist.

17 **2. Negativer Vorschlag (S 2).** Schlägt der Betroffene vor, eine bestimmte Person **nicht zum Betreuer zu bestellen,** so ist hierauf nach S 2 Rücksicht zu nehmen, da es einer vom Betreuten

---

[34] Vgl zur Gesetzgebungsgeschichte der Norm BT-Drucks 11/4528 S 207, 226.
[35] BayObLGZ 1996, 250 = NJWE-FER 1997, 83; BayObLG NJWE-FER 1998, 177 = FamRZ 1998, 924; aA *Bienwald* FamRZ 2006, 1510.
[36] NJW-RR 2006, 1009; FamRZ 2006, 1509.
[37] Einschränkend für einen „Altfall" AG Nettetal FamRZ 1998, 510.
[38] BT-Drucks 11/4528 S 127; BayObLG FamRZ 1993, 1110; BayObLGZ 1996, 136 = NJW-RR 1997, 71; BayObLG FPR 2002, 274.
[39] BayObLG BtPrax 2003, 270; OLGR 2005, 202 = NJOZ 2005, 969.
[40] BayObLG NJWE-FER 1998, 105 = FamRZ 1999, 52.
[41] KG FGPrax 2006, 258 = NJOZ 2006, 3164.
[42] BT-Drucks 11/6949 S 71; BayObLG FamRZ 2004, 976 = BeckRS 2004, 02079; FamRZ 1999, 49 f.
[43] BT-Drucks 11/4528 S 127.
[44] Vgl BayObLG FamRZ 2003, 1775, 1776 m Anm *Bienwald*.
[45] Vgl OLG Zweibrücken FGPrax 2004, 286 = FamRZ 2005, 832; OLG Schleswig FGPrax 2005, 262 = BeckRS 2005, 7276.
[46] BayObLG OLGR 2002, 313, 314; OLG Köln NJWE-FER 1998, 227 = FamRZ 1999, 54; BayObLG EzFamR 2000, 22; OLG Brandenburg FGPrax 2001, 111; OLG Schleswig BtPrax 2005, 194 = FGPrax 2005, 262; vgl auch MünchKommBGB/*Schwab* Rn 23; *Damrau/Zimmermann* Rn 54.
[47] BayObLG FamRZ 1999, 53 f; OLG Köln FamRZ 1999, 811.

§ 1897

abgelehnten Person ohnehin oftmals nicht möglich sein wird, das zur Führung der Betreuung erforderliche Vertrauensverhältnis herzustellen[48]. Andererseits sah man aber keine strenge Bindung an den Widerspruch des Betroffenen vor, da zum einen einer rein negativen Äußerung nicht die gleiche Bedeutung wie einer positiven zugemessen werden kann und zum anderen vermieden werden sollte, dass der Betroffene durch die Ablehnung mehrerer oder aller in Aussicht genommenen Betreuerpersonen die Einrichtung der Betreuung verzögern oder verhindern kann[49].

3. Vorsorgende Äußerungen (S 3). Hat der Betroffene bereits **vor** dem Betreuungsverfahren 18 positive oder negative Vorschläge zur Betreuerperson gemacht, so sind diese nach S 3 HS 1 grds wie die während des Betreuungsverfahrens gemachten Vorschläge nach S 1 oder S 2 zu berücksichtigen. Angesprochen werden hiermit in erster Linie sog **Betreuungsverfügungen** (vgl § 1901 a), in denen der Betroffene vorweg bestimmte **Vorschläge und Wünsche für den Fall seiner Betreuungsbedürftigkeit** niederlegen kann. Für die Wirksamkeit solcher Betreuungsverfügungen ist kraft Gesetzes nicht die Einhaltung einer bestimmten **Form** vorgeschrieben, weil man den Willensvorrang des Betroffenen nicht in unnötiger Weise einschränken wollte[50]. Es muss also auch nicht etwa die Form letztwilliger Verfügungen (§§ 2247, 2231) eingehalten werden, sondern sogar mündliche Äußerungen können ausreichen (sofern das Gericht diese als erwiesen erachtet). Aus Gründen der Rechtssicherheit ist aber regelmäßig die Einhaltung zumindest der Schriftform empfehlenswert[51].

Die vor dem Betreuungsverfahren gemachten Vorschläge des Betroffenen sind nach S 3 HS 2 nicht 19 zu berücksichtigen, wenn der Betroffene hieran **erkennbar nicht mehr festhalten** will. Eine Selbstbindung des Betroffenen an die vorweg gemachten Vorschläge sollte hiermit verhindert werden, da dies zu einer Art „Selbstentmündigung" geführt hätte[52]. Wie schon für die Vorschläge selbst ist auch für das Abgehen von einem solchen Vorschlag keine Geschäftsfähigkeit des Betroffenen erforderlich[53].

VII. Berücksichtigung verwandtschaftlicher und persönlicher Bindungen (Abs 5)

Fehlt ein positiver Vorschlag des Betroffenen zur Person des Betreuers iS von Abs 4 S 1 oder ist 20 dieser Vorschlag nicht bindend, dann besteht ein **Auswahlermessen** des Gerichts. In dessen Rahmen hat das Gericht den Betreuer nach den Kriterien seiner **Eignung**[54], dem Nichtvorliegen von Hinderungsgründen iS von Abs 3 oder § 1898 sowie den gesetzlichen Rangverhältnissen zwischen den Betreuertypen (Abs 6, § 1900) zu bestimmen. Abs 5 schreibt ferner die Rücksichtnahme auf die **verwandtschaftlichen Bindungen** des Betroffenen, insbes zu Eltern, Kindern, zum Ehegatten und zum Lebenspartner iS des LPartG vor. Die bevorzugte Berücksichtigung dieser Angehörigen dient vor allem dem Schutz von Ehe und Familie (vgl Art 6 Abs 1 GG)[55]. Auch auf die **sonstigen persönlichen Bindungen** (wie zB zum Verlobten, zu Freunden, Nachbarn oder sonstigen Bekannten) wie auch auf **religiöse, weltanschauliche, kulturelle und andere Bindungen** ist bei der Auswahl der Betreuerperson Rücksicht zu nehmen[56]. Damit besteht im Rahmen der Auswahlentscheidung des Gerichts kein absoluter Vorrang für die Familie, sondern es kann unter Abwägung aller Umstände auch eine außerfamiliäre Person (wie zB der nichteheliche Lebensgefährte) auf Grund der zu ihr bestehenden persönlichen Bindung zu bestellen sein[57]. Maßgeblich ist in diesem Zusammenhang das **Wohl des Betroffenen**[58].

Rücksicht zu nehmen ist bei der Auswahlentscheidung nach Abs 5 aber auch auf die **Gefahr von** 21 **Interessenskonflikten**. Hier können anders als im Rahmen des Abs 4 auch weniger schwere Interessenskonflikte zu berücksichtigen sein[59]. So sollte eine Person insbes dann nicht zum Betreuer bestellt werden, wenn bereits bei der Auswahlentscheidung absehbar ist, dass diese regelmäßig oder häufiger in einem wichtigen Bereich der wahrzunehmenden Angelegenheiten von einer **rechtlichen Vertretung** iS von § 1795 **ausgeschlossen** ist. Im Übrigen ist zu prüfen, inwieweit etwaigen Gefahren für das Wohl des Betroffenen durch Mittel der Aufsicht oder Ausübung des Weisungsrechts begegnet werden kann, zB bei Familienangehörigen durch Aufhebung der Befreiung von der Rechnungslegungspflicht nach § 1908 i Abs 2 S 2[60].

VIII. Bestellung eines Berufsbetreuers (Abs 6)

1. Subsidiarität der Berufsbetreuung (S 1). Nach S 1 soll ein **Berufsbetreuer** nur dann zum 22 Betreuer bestellt werden, wenn kein geeigneter ehrenamtlicher Betreuer zur Verfügung steht (vgl auch

---

[48] BT-Drucks 11/4528 S 127.
[49] BT-Drucks 11/4528 S 128.
[50] BT-Drucks 11/4528 S 128.
[51] BT-Drucks 11/4528 S 128.
[52] Vgl BT-Drucks 11/4528 S 128.
[53] BayObLG FamRZ 1993, 1110.
[54] Zur Eignung bei rechtskräftiger Verurteilung vgl KG OLGR 2006, 308; zur Eignung bei Ablehnung lebensverlängernder Maßnahmen vgl OLG Frankfurt NJW 2006, 3436.
[55] BT-Drucks 11/4528 S 128.
[56] BT-Drucks 11/4528 S 128.
[57] Vgl OLG Köln NJWE-FER 1999, 271.
[58] BayObLG FamRZ 2004, 1991 = BeckRS 2004, 06306; FamRZ 1996, 507; vgl auch OLG Köln NJWE-FER 1999, 123.
[59] BT-Drucks 11/4528 S 128.
[60] BayObLG FamRZ 1999, 51 f.

§ 1908 b Abs 1 S 2). Diese Vorschrift wurde auf Anregung des Bundesrats[61] durch das 1. BtÄndG mit Wirkung vom 1. 1. 1999 eingefügt. Sie regelt das Rangverhältnis zwischen der ehrenamtlichen und der entgeltlich geführten Betreuung, indem dem **ehrenamtlichen Betreuer** vor einem sog Berufsbetreuer (dh freiberuflichem Betreuer, Vereins- oder Behördenbetreuer) der **Vorrang** eingeräumt wird. Dies gilt grds auch, wenn der Betreuer im Wege der einstweiligen Anordnung bestellt werden soll[62] oder wenn der Berufsbetreuer vom Betroffenen iS von Abs 4 S 1 positiv vorgeschlagen wurde[63]. Das **Rangverhältnis** innerhalb der verschiedenen Formen der **Berufsbetreuung** ist iÜ gesetzlich nicht geregelt. Nach der hM in der Literatur[64] ist vor einem Vereins- oder Behördenbetreuer **vorrangig ein freiberuflicher Berufsbetreuer** zu bestellen. Im Verhältnis zwischen Vereins- und Behördenbetreuer wiederum wird in analoger Anwendung des § 1900 Abs 4 ein Vorrang des Vereins- vor dem Behördenbetreuer befürwortet[65].

23 Die ausdrückliche Klarstellung des Rangverhältnisses zwischen ehrenamtlicher Betreuung und Berufsbetreuung im Gesetz dient der „**Rücksichtnahme**" **auf die Staatskasse** im Falle der Mittellosigkeit des Betreuten und soll nach Auffassung der amtlichen Begründung auch gewährleisten, dass die **besonders qualifizierten Betreuer** den Betroffenen vorbehalten bleiben, die die entsprechenden Kenntnisse und Fähigkeiten eines solchen Berufsbetreuers wirklich benötigen[66]. Bei einem regelmäßigen Überangebot von Berufsbetreuern und fehlendem Angebot von ehrenamtlichen Betreuern kann die Vermeidung der Bestellung „überqualifizierter" Betreuer als Intention jedoch kaum überzeugen[67]. Der Hauptzweck der Zurückdrängung der Berufsbetreuung zugunsten der ehrenamtlichen Betreuung liegt vielmehr eindeutig in der **Eindämmung** der in den letzten Jahren erheblich gestiegenen **Kosten** für entgeltlich geführte Betreuungen, für die die Staatskasse subsidiär haftet (vgl § 1 Abs 2 S 2 VBVG). Daher kann ggf von dem durch Abs 6 normierten Rangverhältnis abgewichen werden, wenn ein **bemittelter Betreuter dies möchte**[68]. Außerdem ist die Berufsbetreuung dann nicht subsidiär, wenn der Berufsbetreuer **wesentlich besser geeignet** ist als ein Angehöriger[69]. Wird ein Berufsbetreuer bestellt, hat das Gericht iÜ in den Gründen der Entscheidung darzulegen, wieso die Betreuung nicht einem ehrenamtlichen Betreuer übertragen wurde[70].

24 **2. Mitteilungspflicht (S 2).** S 2 soll sicherstellen, dass dem Gericht mitgeteilt wird, wenn die Übertragung auf einen **ehrenamtlichen Betreuer** möglich wird. Dies kann insbes dann der Fall sein, wenn die Angelegenheiten, die die Fachkenntnisse des Berufsbetreuers erforderlich gemacht haben, im Wesentlichen geregelt sind[71]. Die Vorschrift wird ergänzt durch **§ 1908 b Abs 1**, wonach das Gericht den bestellten Betreuer entlassen soll, wenn der Betreute durch eine oder mehrere andere Personen außerhalb einer Berufsausübung betreut werden kann sowie durch das Beschwerderecht der Staatskasse bei Ablehnung der Entlassung eines Berufsbetreuers nach § 69 g Abs 1 S 2 FGG.

IX. Anhörung der Betreuungsbehörde (Abs 7)

25 Die Vorschrift wurde durch das 1. BtÄndG (S 1) bzw das 2. BtÄndG (S 2) eingefügt. Sie richtet sich an das Gericht, ist aber keine materiellrechtliche, sondern eine **verfahrensrechtliche** Norm, so dass sie besser in dem Zusammenhang mit den §§ 65 ff FGG aufgenommen worden wäre[72]. Sie betrifft allein den sog **Berufsbetreuer** und verpflichtet das Gericht, bei dessen **erstmaliger Bestellung** im Bezirk des Vormundschaftsgerichts die Betreuungsbehörde zu dessen **Eignung und Berufsbetreuereigenschaft** (vgl § 1 Abs 1 VBVG) anzuhören. Damit die Betreuungsbehörde der Eignungsprüfung (vor allem im Hinblick auf den Aufgabenbereich Vermögenssorge) nachkommen kann, räumt ihr S 2 die Befugnis ein, von einem zukünftigen Berufsbetreuer die **Vorlage eines Führungszeugnisses** und einer **Auskunft aus dem Schuldnerverzeichnis** zu verlangen (vgl § 915 Abs 1 ZPO). Kommt dieser der Aufforderung nicht nach, kann die Betreuungsbehörde das Führungszeugnis wie auch gemäß § 915 Abs 3 S 1 HS 2 ZPO die Auskunft aus dem Schuldnerverzeichnis selbst anfordern[73].

X. Erklärungspflicht des Berufsbetreuers (Abs 8)

26 Nach dem durch das 2. BtÄndG mit Wirkung zum 1. 7. 2005 eingefügten Abs 8 sind Berufsbetreuer verpflichtet, sich über **Zahl** und **Umfang** der von ihnen berufsmäßig geführten Betreuungen zu erklären. Auch diese Verpflichtung dient der Prüfung der Eignung des Betreuers, da sich aus Zahl und Umfang der geführten Betreuungen Rückschlüsse auf die derzeitige „Auslastung" des Betreuers und die Möglichkeit zur Wahrnehmung weiterer Betreueraufgaben ziehen lassen. Der Umfang der Betreuung

---

[61] BT-Drucks 13/7158 S 50, 57.
[62] BayObLG OLGR 2005, 382 = BeckRS 2005, 01598.
[63] KG FGPrax 2006, 258.
[64] MünchKommBGB/*Schwab* Rn 4; *Erman/Holzhauer* Vor §§ 1897–1900 Rn 4; *Damrau/Zimmermann* Rn 3.
[65] *Erman/Holzhauer* Vor §§ 1897–1900 Rn 4.
[66] BT-Drucks 13/7158 S 50.
[67] Krit zur Gesetzesbegründung auch FamRefK/*Bienwald* Rn 7.
[68] So auch OLG Jena NJW-RR 2001, 796; *Palandt/Diederichsen* Rn 23; noch weitergehend MünchKommBGB/ *Schwab* Rn 22.
[69] BayObLG FamRZ 2002, 768.
[70] BayObLG FamRZ 1999, 1612.
[71] Vgl BT-Drucks 13/7158 S 50.
[72] FamRefK/*Bienwald* Rn 9.
[73] BT-Drucks 15/2494 S 29.

Übernahmepflicht § 1898

ist nach Auffassung der amtlichen Begründung[74] durch Mitteilung der Zahl und der für den Aufwand **wesentlichen Kriterien** zu erläutern. In diesem Zusammenhang wird es vor allem auf die Kriterien ankommen, die für die Vergütungsabrechnung des Berufsbetreuers von Bedeutung sind (Heimaufenthalt des Betroffenen, Dauer der Betreuung), da der Zeitaufwand des Betreuers nur in diesem Umfang vergütet wird und davon auszugehen ist, dass die tatsächliche Betreuungstätigkeit sich in diesem Rahmen hält.

XI. Verfahren

1. Allgemeines Verfahren. Die Auswahlentscheidung erfolgt nach dem Grundsatz der **Einheitsentscheidung** nicht in einem isolierten Verfahren, sondern zusammen mit der Einrichtung der Betreuung und zwar regelmäßig durch den **Richter** (zum Verfahren vgl daher § 1896 Rn 49). Etwas anderes gilt nur, wenn auf Grund des neu gefassten § 19 Abs 1 Nr 1 RPflG landesrechtlich die Auswahlzuständigkeit auf den Rechtspfleger übertragen wurde (was bislang nicht erfolgt ist). 27

2. Rechtsmittel. Gegen die Bestellung eines Betreuers ist die **unbefristete Beschwerde** statthaftes Rechtsmittel (vgl § 1896 Rn 54). Obwohl die Auswahl und die Bestellung des Betreuers grds in einer Einheitsentscheidung erfolgt, kann die Beschwerde auf die Auswahlentscheidung **beschränkt** werden mit der Folge, dass das Rechtsmittelgericht die Voraussetzungen für die Betreuung nicht mehr zu prüfen hat[75]. **Beschwerdebefugt** ist der Betreute selbst sowie der bestellte Betreuer (§ 20 FGG, § 69 g Abs 2 FGG). Die Beschwerdebefugnis **naher Angehöriger** iS von § 69 g Abs 1 FGG hinsichtlich ihrer Nichtberücksichtigung bei der Auswahlentscheidung wird von der Rspr zunehmend bejaht[76], neuerdings auch dann, wenn Ziel des Rechtsmittels nicht ist, den Beschwerdeführer, sondern einen Dritten (zB einen medizinisch sachverständigen Betreuer) an die Stelle des ausgewählten Betreuers zu setzen[77]. Im Falle einer Betreuung **auf Antrag** richtet sich die Beschwerdeberechtigung naher Angehöriger dabei nicht nach § 69 g Abs 1, sondern lediglich nach § 20 FGG[78]. Der **Vertreter der Staatskasse** hat gemäß § 69 g Abs 1 S 2 FGG ein Beschwerderecht nur gegen den Beschluss, durch den die Entlassung des bisherigen Berufsbetreuers abgelehnt wird, nicht aber gegen die erstmalige Bestellung eines Berufsbetreuers[79]. 28

§ 1898 Übernahmepflicht

(1) Der vom Vormundschaftsgericht Ausgewählte ist verpflichtet, die Betreuung zu übernehmen, wenn er zur Betreuung geeignet ist und ihm die Übernahme unter Berücksichtigung seiner familiären, beruflichen und sonstigen Verhältnisse zugemutet werden kann.

(2) Der Ausgewählte darf erst dann zum Betreuer bestellt werden, wenn er sich zur Übernahme der Betreuung bereit erklärt hat.

I. Normzweck

§ 1898 regelt (ähnlich §§ 1785, 1915 für das Amt des Vormunds bzw des Pflegers) eine allgemeine **Pflicht zur Übernahme** des Betreueramtes. Die im Rahmen der **Eignung** und **Zumutbarkeit** bestehende Übernahmepflicht wird dadurch weitgehend entwertet, dass Abs 2 die **Bereiterklärung des Betreuers,** die nicht durch Zwangsgeld erzwungen werden kann, zur Voraussetzung der Betreuerbestellung erhebt. 1

II. Übernahmepflicht (Abs 1)

1. Anwendungsbereich. Die Übernahmepflicht trifft die vom Vormundschaftsgericht als Betreuer vorgesehene **natürliche Person.** Anders als in § 1785 gilt dies nicht nur für deutsche Staatsangehörige, sondern auch für **Ausländer** und Staatenlose. Denn gerade bei der Betreuungsbedürftigkeit von Ausländern, die im Inland wohnen, kann es sinnvoll sein, eine Person gleicher Staatsangehörigkeit zum Betreuer bestellen zu können[1]. Die Übernahmepflicht gilt für jeden **Individualbetreuer,** auch für einen Vereins- oder Behördenbetreuer, sofern die nach § 1897 Abs 2 erforderliche Zustimmung des Vereins bzw der Behörde vorliegt[2]. Für den **Betreuungsverein** als vorgesehenen Betreuer wird § 1898 Abs 1 durch die Spezialregelung des § 1900 Abs 1 S 2 verdrängt, wonach die Bestellung in jedem Fall der Einwilligung des Vereins bedarf. Für die **Betreuungsbehörde** besteht eine derartige Spezialregelung nicht. Angesichts der Auffangfunktion der Behördenbetreuung ist jedoch davon auszugehen, 2

---

[74] BT-Drucks 15/2494 S 29.
[75] BGHZ 132, 157, 159 = NJW 1996, 1825; BayObLGZ 1995, 305 mwN = FamRZ 1996, 508; OLG Zweibrücken BtPrax 2005, 74.
[76] LG Krefeld BtPrax 1993, 106; LG Oldenburg FamRZ 1994, 178, 179; FamRZ 1996, 1343; OLG Zweibrücken NJWE-FER 1997, 155; aA LG Zweibrücken BtPrax 1992, 75.
[77] OLG Zweibrücken OLGR 1999, 443; vgl auch OLG Zweibrücken NJWE-FER 1999, 272 für den Ergänzungsbetreuer.
[78] OLG Düsseldorf FamRZ 1998, 510.
[79] OLG Schleswig FGPrax 1999, 110 f.
[1] BT-Drucks 11/4528 S 129; krit hierzu *Bienwald* in: *Bienwald/Sonnenfeld/Hoffmann* Rn 10.
[2] MünchKommBGB/*Schwab* Rn 2; einschränkend *Staudinger/Bienwald* Rn 6.

dass die Betreuungsbehörde eine Übernahmepflicht trifft, wenn die Voraussetzungen des § 1900 Abs 4 S 1 (nicht des § 1898 Abs 1) erfüllt sind[3]. Sonderbestimmungen gelten gemäß §§ 1908i Abs 1 S 1, 1784 für **Beamte oder Religionsdiener**, bei denen keine Übernahmepflicht vor Erteilung der für die Übernahme der Betreuung nach Landesrecht erforderlichen besonderen Erlaubnis besteht.

3 § 1898 gilt für **jede Bestellung** eines Betreuers, also auch für die eines sog Vollmachtsüberwachungsbetreuers nach § 1896 Abs 3, eines Sterilisationsbetreuers iS der §§ 1899 Abs 2, 1905, eines Gegenbetreuers nach den §§ 1792, 1908i Abs 1 S 1 oder eines weiteren Betreuers nach § 1899. Anwendbar ist die Vorschrift auch bei einer **Erweiterung des Aufgabenkreises** des Betreuers nach § 1908d Abs 3 sowie auf vorläufige Betreuer, die nach § 69f FGG im Wege einer einstweiligen Anordnung bestellt werden[4].

4 **2. Ausnahmen.** Die Übernahmepflicht besteht nur, wenn der als Betreuer Ausgewählte zur Betreuung **geeignet** ist. Der Begriff der „Eignung" entspricht auch hier der Definition in § 1897 Abs 1[5]. Gemeint ist folglich die Eignung zur **rechtlichen Besorgung** der von dem Gericht festgelegten **Aufgabenkreis erfassten Angelegenheiten** sowie zur im Zusammenhang mit der Besorgung dieser Angelegenheiten erforderlichen **persönlichen Betreuung** (vgl § 1897 Rn 5).

5 Ferner besteht keine Übernahmepflicht, wenn dem in Aussicht genommenen Betreuer die Übernahme der Betreuung unter Berücksichtigung seiner familiären, beruflichen und sonstigen Verhältnisse **nicht zugemutet** werden kann. Unter „sonstigen Verhältnisse" sind vor allem das Alter und der Gesundheitszustand des potentiellen Betreuers zu verstehen, uU aber auch ein persönliches Zerwürfnis zwischen ihm und dem Betreuungsbedürftigen[6]. Anders als im Vormundschaftsrecht (vgl § 1786) sind die Ablehnungsgründe **nicht abschließend** aufgezählt, um damit den speziellen Verhältnissen des Ausgewählten und den Besonderheiten des jeweiligen Betreuungsfalls (insbes hinsichtlich Art und Umfang der jeweiligen Betreuungsaufgabe) gerecht werden zu können. Zur Ausfüllung des unbestimmten Rechtsbegriffs der „Zumutbarkeit" kann daher auch nicht ohne weiteres auf die Ablehnungsgründe des § 1786 in ihrer dortigen Bestimmtheit zurückgegriffen werden[7]. So kann – je nach den Umständen des konkreten Einzelfalls – einer Person die Übernahme einer Betreuung zumutbar sein, wenn sie bereits das 60. Lebensjahr vollendet hat bzw Unzumutbarkeit vorliegt, wenn ihr für weniger als vier minderjährige Kinder die elterliche Sorge zusteht.

III. Bereiterklärung (Abs 2); Folgen der Weigerung

6 **1. Bereiterklärung.** Die Bedeutung der Übernahmepflicht nach § 1898 Abs 1 wird dadurch weitgehend entwertet, dass § 1898 Abs 2 bestimmt, dass die als Betreuer ausgewählte Person nur dann zum Betreuer bestellt werden darf, wenn sie sich zur Übernahme der Betreuung bereit erklärt hat[8]. Die Bereiterklärung, mit der die Pflicht zur Übernahme erfüllt wird, ist folglich in jedem Fall **Voraussetzung** der Bestellung zum Betreuer. Dies gilt auch für den Vereins- oder Behördenbetreuer[9]. Ein **Verstoß des Gerichts gegen § 1898 Abs 2** führt jedoch nicht zur Unwirksamkeit der Betreuerbestellung, sondern lediglich dazu, dass der Betreuerbeschluss wegen Verletzung von § 1898 Abs 2 mit einfacher Beschwerde **anfechtbar** ist[10]. Für den Fall, dass die Bereiterklärung zum Zeitpunkt der Betreuerbestellung vorlag, diese später aber **widerrufen** wurde, kommt aus diesem Grund nur unter den Voraussetzungen des § 1908b Abs 2 eine Entlassung des Betreuers in Betracht[11].

7 **2. Folgen der Weigerung.** Anders als im Minderjährigenvormundschaftsrecht (vgl § 1788) und alten Erwachsenenvormundschaftsrecht (vgl § 1897 S 1 aF) steht dem Vormundschaftsgericht im Betreuungsverfahren nicht die Befugnis zu, die Bereiterklärung des Betreuers durch die Festsetzung von **Zwangsgeld** zu erzwingen. Von der Normierung dieser im 1. Diskussionsteilentwurf des Betreuungsgesetzes noch vorgesehenen Möglichkeit (§ 1899 Abs 2 S 2 BtG-E) wurde im Gesetzgebungsverfahren später abgesehen. Dies wurde damit begründet, dass sich bei fehlender Bereitschaft des Ausgewählten zur Übernahme der Betreuung kaum das für die persönliche Betreuung unverzichtbare Vertrauensverhältnis zum Betreuten herstellen ließe[12]. Die einzige **Sanktion** für eine ungerechtfertigte, schuldhafte (vgl § 276) Verweigerung der Bereiterklärung besteht darin, dass sich der Ausgewählte dem Betreuten gegenüber gemäß §§ 1908i Abs 1 S 1, 1787 Abs 1 im Hinblick auf den aus der verzögerten Betreuerbestellung entstehenden Schaden **schadensersatzpflichtig** machen kann[13].

---

[3] So auch *Holzhauer/Reinicke* Rn 1; *Erman/Holzhauer* Rn 1; MünchKommBGB/*Schwab* Rn 2; HK-BUR/*Bauer* Rn 17.
[4] HK-BUR/*Bauer* Rn 15.
[5] BT-Drucks 11/4528 S 129.
[6] BT-Drucks 11/4528 S 129.
[7] Vgl BT-Drucks 11/4528 S 129; MünchKommBGB/*Schwab* Rn 3; *Staudinger/Bienwald* Rn 21.
[8] AnwK-BGB/*Heitmann* Rn 2 f hält die Vorschrift daher für widersprüchlich.
[9] BayObLG FamRZ 1994, 1061; *Bienwald* in: *Bienwald/Sonnenfeld/Hoffmann* Rn 11; MünchKommBGB/*Schwab* Rn 9.
[10] BayObLG FamRZ 1994, 1061; *Bassenge/Herbst* § 69g FGG Rn 21; *Bienwald*, in: *Bienwald/Sonnenfeld/Hoffmann* Rn 14; *Damrau/Zimmermann* Rn 8, 13; aA HK-BUR/*Bauer* Rn 27; *Jürgens/Jürgens* Rn 5: Betreuer ist auf entsprechende Rüge nach § 1908b Abs 1 zu entlassen.
[11] *Bienwald* in: *Bienwald/Sonnenfeld/Hoffmann* Rn 15 f; aA LG Duisburg FamRZ 1993, 851 m abl Anm *Luthin*.
[12] BT-Drucks 11/4528 S 129.
[13] AA AnwK-BGB/*Heitmann* Rn 14 mwN.

IV. Verfahren

Nach § 69 g Abs 4 S 1 Nr 2 FGG ist die sofortige Beschwerde gegen Entscheidungen eröffnet, durch 8 die die Weigerung, sich zum Betreuer bestellen zu lassen, zurückgewiesen worden ist. Die Regelung ist nach der Gesetz gewordenen Fassung, die keine (durch Zwangsgeld) erzwingbare Bereiterklärung des Ausgewählten vorsieht, sinnlos[14]. Denn obwohl der Wortlaut des § 1898 Abs 1 dies impliziert, gibt es keine isolierte Auswahlentscheidung. Die Auswahl des Betreuers erfolgt vielmehr durch Bestellungsbeschluss nach § 69 Abs 1 FGG, der nach allgemeinen Grundsätzen (vgl § 1896 Rn 49; § 1897 Rn 28) anfechtbar ist.

§ 1899 Mehrere Betreuer

(1) ¹Das Vormundschaftsgericht kann mehrere Betreuer bestellen, wenn die Angelegenheiten des Betreuten hierdurch besser besorgt werden können. ²In diesem Falle bestimmt es, welcher Betreuer mit welchem Aufgabenkreis betraut wird. ³Mehrere Betreuer, die eine Vergütung erhalten, werden außer in den in den Absätzen 2 und 4 sowie § 1908 i Abs. 1 Satz 1 in Verbindung mit § 1792 geregelten Fällen nicht bestellt.

(2) Für die Entscheidung über die Einwilligung in eine Sterilisation des Betreuten ist stets ein besonderer Betreuer zu bestellen.

(3) Soweit mehrere Betreuer mit demselben Aufgabenkreis betraut werden, können sie die Angelegenheiten des Betreuten nur gemeinsam besorgen, es sei denn, dass das Gericht etwas anderes bestimmt hat oder mit dem Aufschub Gefahr verbunden ist.

(4) Das Gericht kann mehrere Betreuer auch in der Weise bestellen, dass der eine die Angelegenheiten des Betreuten nur zu besorgen hat, soweit der andere verhindert ist.

Schrifttum: *Alperstedt*, Dauerergänzungsbetreuung bei tatsächlicher Verhinderung?, BtPrax 2001, 106; *Spanl*, Ergänzungsbetreuung und Gegenbetreuung, Rpfleger 1992, 142.

Übersicht

	Rn		Rn
I. Normzweck	1	3. Besondere Betreuung für die Entscheidung über die Sterilisation (Abs 2)	11
II. Formen der Mehrfachbetreuung	2	4. Ergänzungsbetreuung (Abs 4)	13
1. Überblick	2	a) Überblick	13
2. Mitbetreuung (Abs 1, Abs 3)	3	b) Verhinderung	14
a) Formen	3	c) Auswahl und Aufgabenkreis des Ergänzungsbetreuers	16
b) Unterschiedliche Aufgabenbereiche	4		
c) (Teil-)Identische Aufgabenbereiche	6	5. Gegenbetreuung	17
d) Ausschluss mehrerer Berufsbetreuer (Abs 1 S 3)	9	**III. Verfahren**	18

I. Normzweck

In der Regel soll die Betreuung nur durch **einen Betreuer** geführt werden. Im Einzelfall kann aber 1 die Bestellung mehrerer Betreuer wegen Verhinderung des Betreuers aus **rechtlichen** (zB wegen Interessenskollisionen) **oder tatsächlichen Gründen notwendig** oder zum Wohl des Betroffenen **erforderlich** sein. Dabei werden nach der Einfügung des Abs 1 S 3 auch Kostenaspekte berücksichtigt, da die Bestellung mehrerer Berufsbetreuer regelmäßig ausgeschlossen ist.

II. Formen der Mehrfachbetreuung

1. Überblick. Werden für eine Person mehrere Betreuer bestellt, dann kann es sich hierbei um eine 2 sog **Mitbetreuung** (vgl Abs 1, 3), als Unterfall hiervon die Bestellung eines besonderen, sog Sterilisationsbetreuers (Abs 2) oder eine **Ergänzungsbetreuung** (Abs 4) oder um den nicht in § 1899 geregelten Fall der **Gegenbetreuung** handeln. Die verschiedenen Formen der Mehrfachbetreuung können wiederum miteinander kombiniert werden. Außerdem kommt bei einer Mehrfachbetreuung eine Kombination zwischen den einzelnen Betreuertypen (zB Mitbetreuung durch natürliche Person und Verein oder Behörde) in Betracht. Auch im Falle der Mehrfachbetreuung ist – mit Ausnahme des Gegenbetreuers – jeder einzelne Betreuer **gesetzlicher Vertreter** des Betreuten und unterliegt im Innenverhältnis zum Betreuten den Bindungen des § 1901. Für die Frage der **Auswahl und Eignung** gelten für jeden Betreuer die allgemeinen Regelungen (insbes §§ 1897, 1900).

2. Mitbetreuung (Abs 1, Abs 3). a) Formen. Die Mitbetreuung kommt sowohl in der Form in 3 Betracht, dass mehrere Betreuer für **unterschiedliche Aufgabenbereiche** bestellt werden **(geteilte Mitbetreuung),** als auch in der Form, dass sich die Aufgabenbereiche der Betreuer **ganz oder zT**

---

[14] HK-BUR/*Bauer* Rn 2; AnwK-BGB/*Heitmann* Rn 17; vgl auch *Damrau/Zimmermann* § 69 g FGG Rn 35; *Bienwald* in: Bienwald/Sonnenfeld/Hoffmann Rn 14; aA Holzhauer/Reinicke Rn 5 f; Erman/Holzhauer Rn 6.

§ 1899

überschneiden (gemeinschaftliche Mitbetreuung; vgl Abs 3). Voraussetzung ist in beiden Fällen, dass die Angelegenheiten des Betroffenen durch die Bestellung mehrerer Betreuer **besser besorgt werden können**[1]. Die auf Einrichtung einer Mitbetreuung gerichteten Wünsche des Betreuten können in diesem Zusammenhang Berücksichtigung finden. Eine Bindung an die Wünsche des Betroffenen besteht nach § 1897 allerdings nur hinsichtlich der Auswahl der Betreuerperson, nicht hinsichtlich der Struktur der Betreuung[2].

4   **b) Unterschiedliche Aufgabenbereiche.** Die Bestellung mehrerer Betreuer mit unterschiedlichen Aufgabenbereichen kommt vor allem dann in Betracht, wenn in einem bestimmten Teilbereich der erforderlichen Betreuung **spezielle Fähigkeiten oder Kenntnisse** des Betreuers notwendig oder vorteilhaft sind, die vom Betroffenen vorgeschlagene oder bereits bestellte Person aber nicht den damit verbundenen Anforderungen in vollem Umfang gerecht wird[3]. So kann es zB angezeigt sein, die Personensorge bzw Teile hiervon einer familienangehörigen oder sonstigen nahe stehenden Person, die Vermögenssorge dagegen einem „Fachmann" (wie Steuerberater, Rechtsanwalt oder sonstiger Berufsbetreuer) zu übertragen. Auch innerhalb der Personen- bzw Vermögenssorge kann nach Art und Umfang der zu besorgenden Angelegenheiten die Bestellung mehrerer Betreuer sinnvoll sein, zB wenn neben der allgemeinen Vermögensverwaltung, die keine besonderen Schwierigkeiten aufwirft, die Liquidation eines Unternehmens bzw Veräußerung oder Verwaltung von umfangreichem Grundbesitz ansteht.

5   Bei Einrichtung einer geteilten Mitbetreuung sollte zur Vermeidung von Abgrenzungsschwierigkeiten besonders auf die **exakte Umschreibung der Aufgabenbereiche** der Betreuer geachtet werden (vgl Abs 1 S 2). Kommt es dennoch zu **Meinungsverschiedenheiten** zwischen den Betreuern, so entscheidet hierüber das Vormundschaftsgericht. Dies gilt nicht nur in dem von § 1798 iVm § 1908i Abs 1 S 1 ausdrücklich geregelten Fall, dass dem einen Betreuer die Vermögenssorge, dem anderen die Personensorge übertragen wurde, sondern in analoger Anwendung der Vorschrift auch in anderen Fällen, wenn nicht auszuschließen ist, dass die konkrete Angelegenheit in den Aufgabenbereich beider Betreuer fällt[4].

6   **c) (Teil-)Identische Aufgabenbereiche.** Die Bestellung mehrerer Betreuer mit (teil-)identischen Aufgabenbereichen kommt vor allem hinsichtlich der **Eltern eines geistig behinderten Volljährigen** in Frage, wenn beide Eltern geeignet und bereit sind, das Betreueramt zu übernehmen, kein abweichender Vorschlag des Betroffenen nach § 1897 Abs 4 vorliegt[5] und die gemeinschaftliche Betreuung auch dem **Wohl und den Interessen des Behinderten dient**[6]. Nach der amtl Begr[7] ist ferner eine Bestellung gemeinschaftlicher Mitbetreuer in Betracht zu ziehen, wenn die Betreuung einem Vereins- oder Behördenbetreuer übertragen wurde und dieser in absehbarer Zeit aus der Tätigkeit ausscheiden wird. Denn dadurch kann ein reibungsloser Übergang der Betreuung gewährleistet werden. Die Bestellung von vier (!) Mitarbeitern eines Betreuungsvereins kommt aber jedenfalls nur bei ganz besonderen Umständen des Einzelfalls in Betracht[8].

7   Im Falle der Bestellung gemeinschaftlicher Mitbetreuer ist die Einzelvertretungsmacht des Betreuers gemäß § 1902 im Außenverhältnis eingeschränkt. Es besteht im Umfang der identischen Aufgabenbereiche nach Abs 3 (wie bei der elterlichen Sorge nach § 1629 Abs 1 S 2) **gemeinschaftliche Vertretungsmacht**. Die gemeinschaftliche Vertretungsmacht hat allerdings (wie beispielsweise bei Eltern auch) nicht zur Folge, dass beide Betreuer stets gemeinsam handeln müssten. Möglich ist vielmehr eine **wechselseitige Bevollmächtigung** der Betreuer bzw eine nachträgliche **Zustimmung** des nicht handelnden Betreuers[9]. Gemäß Abs 3 (aE) besteht außerdem Einzelvertretungsbefugnis, wenn mit dem **Aufschub der Maßnahme Gefahr verbunden** ist, bzw soweit das Vormundschaftsgericht dies angeordnet hat.

8   Kommt es zu **Meinungsverschiedenheiten** zwischen den Betreuern, entscheidet hierüber gemäß § 1797 Abs 1 S 2 iVm § 1908i Abs 1 S 1 das Vormundschaftsgericht (Vormundschaftsrichter, § 14 Abs 1 Nr 5 RPflG). Bei schuldhaften Pflichtverletzungen haften die Mitbetreuer gemäß § 1908i Abs 1 S 1 iVm § 1833 Abs 2 als Gesamtschuldner.

9   **d) Ausschluss mehrerer Berufsbetreuer (Abs 1 S 3).** Abs 1 der Vorschrift wurde durch das 2. BtÄndG mit Wirkung zum 1. 7. 2005 dahin gehend ergänzt, dass künftig eine Bestellung von **zwei oder mehreren Berufsbetreuern** ausgeschlossen ist. Ausgenommen sind nach S 3 nur die Ausnahmefälle, wo neben dem „normalen" Betreuer die Bestellung eines sog Sterilisationsbetreuers (Abs 2), eines Ergänzungsbetreuers (Abs 4) oder eines Gegenbetreuers (§ 1908i Abs 1 S 2 iVm § 1792) erforderlich ist. Die durch Abs 1 S 3 eingefügte Gesetzesänderung stellt einen wichtigen Grund zur **Entlassung** eines der Berufsbetreuer dar[10].

---

[1] Vgl BayObLG FamRZ 2004, 197.
[2] MünchKommBGB/*Schwab* Rn 8; vgl auch *Staudinger/Bienwald* Rn 5.
[3] Vgl BayObLG FamRZ 1997, 1502; NJWE-FER 1998, 33.
[4] MünchKommBGB/*Schwab* Rn 13; *Erman/Holzhauer* Rn 14; HK-BUR/*Bauer* Rn 44.
[5] BT-Drucks 11/4528 S 130.
[6] OLG Zweibrücken NJW-RR 2002, 292, 293; OLG Schleswig BeckRS 2005, 2633.
[7] BT-Drucks 11/4528 S 130.
[8] Vgl BayObLG FamRZ 2003, 1967 = NJOZ 2004, 386.
[9] *Damrau/Zimmermann* Rn 15.
[10] OLG München BtPrax 2006, 34; BtPrax 2006, 109.

Die **Begründung** für die Einführung der Vorschrift ist **widersprüchlich:** Die Gesetzesbegründung geht davon aus, dass die Vorschrift des § 1899 Abs 1 für den Bereich der Berufsbetreuer (bislang) keine praktische Bedeutung gehabt habe und sich Fälle, in denen für bestimmte Bereiche besonderer Sachverstand erforderlich sei (etwa bei der Verwaltung großer Vermögen) auch durch die Beauftragung externer Dritter (zB eines Vermögensverwalters) lösen ließen[11]. Andererseits scheint man sich vom grundsätzlichen Ausschluss der Mitbetreuung durch mehrere Berufsbetreuer einen gewissen Einspar-Effekt versprochen zu haben, da es sonst der Vorschrift (bzw ihrer Eingrenzung auf die Berufsbetreuer) nicht bedurft hätte. 10

3. Besondere Betreuung für die Entscheidung über die Sterilisation (Abs 2). Nach Abs 2 ist für die Entscheidung über die Einwilligung in die Sterilisation stets ein **besonderer Betreuer** zu bestellen. Der Grund hierfür liegt darin, dass die Verantwortung der Entscheidung über die Einwilligung in die Sterilisation eines Einwilligungsunfähigen besondere Fachkenntnisse erfordert. Außerdem soll ausgeschlossen werden, dass die Entscheidung über die Sterilisation von den **eigenen Interessen des Betreuers** (beispielsweise den Eltern des Behinderten) beeinflusst wird[12]. Ergänzt wird § 1899 Abs 2 durch § 1900 Abs 5, wonach ein Verein bzw die Betreuungsbehörde als sog Sterilisationsbetreuer ausscheiden. 11

Bei der Sterilisationsbetreuung handelt es sich um einen **Sonderfall der geteilten Mitbetreuung** (vgl Rn 3), sofern bereits ein Betreuer bestellt ist. Die Bestellung eines „besonderen" Betreuers für die Entscheidung über die Einwilligung in die Sterilisation setzt aber nicht voraus, dass für den Einwilligungsunfähigen, bei dem die Durchführung einer Sterilisation in Frage steht, in anderen Angelegenheiten als der Sterilisation bereits eine Betreuung angeordnet war oder zeitgleich angeordnet wird. Die Vorschrift des Abs 2 stellt lediglich klar, dass die Einwilligung in die Sterilisation eines Einwilligungsunfähigen nicht zum Aufgabenkreis eines etwaigen anderen Betreuers gehören und und die Entscheidung über die Einwilligung in die Sterilisation stets die **einzige Aufgabe** ist, die dem besonderen Betreuer übertragen werden darf (zur **Genehmigungspflicht** der Einwilligung vgl § 1905). Zu dem **Aufgabenkreis** des besonderen Betreuers nach Abs 2 gehören iÜ alle mit der Sterilisation zusammenhängenden Aufgaben, zB die Einholung von Informationen bei dem Betreuten, bei Ärzten sowie anderen Personen sowie ggf der Abschluss des Behandlungsvertrages zur Durchführung der Sterilisation[13]. 12

4. Ergänzungsbetreuung (Abs 4). a) Überblick. Der praktisch wichtigste Fall der Mehrfachbetreuung ist der Fall der Bestellung eines sog Ergänzungsbetreuers (Ersatzbetreuers) nach Abs 4, soweit der andere Betreuer verhindert ist[14]. In der Fassung bis zum 30. 6. 2005 sah Abs 4 S 2 ferner vor, dass ein weiterer Betreuer auch in der Weise bestellt werden kann, dass er nur tätig werden darf, wenn der erste Betreuer ihm die **Besorgung** einzelner oder aller Angelegenheiten (durch empfangsbedürftige Willenserklärung) **überträgt** („Delegationsbetreuer"). Dieser Form der Betreuung kam keine praktische Relevanz zu, zumal die praktische Handhabbarkeit, ua der Nachweis der Vertretungsmacht des Ersatzbetreuers, Schwierigkeiten bereitete[15]. Sie wurde daher im Zuge der Reform durch das 2. BtÄndG als „überflüssig und missglückt" gestrichen[16]. 13

b) Verhinderung. Die Verhinderung des Betreuers, die dem Gericht nach § 1901 Abs 5 S 1 mitzuteilen ist, kann sich **aus Rechtsgründen** ergeben. Rechtlich verhindert ist der Betreuer, der nach § 1908 i Abs 1 S 1 iVm §§ 1795, 181 oder § 1803 von der Vertretung des Betreuten ausgeschlossen ist oder dem das Vormundschaftsgericht wegen eines erheblichen Interessensgegensatzes gemäß § 1908 i Abs 1 S 1 iVm § 1796 die Vertretungsmacht entzogen hat (vgl § 1902 Rn 13). Letzteres kann auch konkludent durch die Bestellung eines Ergänzungsbetreuers für den betreffenden Aufgabenkreis geschehen[17]. Die für die Verhinderung des Betreuers vorgesehene Bestellung eines Ergänzungsbetreuers (statt eines Ergänzungspflegers nach § 1909) soll gewährleisten, dass dieser den Bindungen des Betreuungsrechts, insbes dem grundsätzlichen Willensvorrang des Betreuten (§ 1901 Abs 3 S 1), unterliegt[18]. 14

Von Abs 4 ist nach hM auch der Fall erfasst, dass der Betreuer aus **tatsächlichen Gründen** (etwa Krankheit, berufs- oder urlaubsbedingte Ortsabwesenheit) für einige Zeit oder regelmäßig an der Wahrnehmung der Angelegenheiten des Betreuten gehindert ist[19]. Nach der bislang vorliegenden Rspr scheidet aber die Anordnung einer (vorsorglichen) **Dauerergänzungsbetreuung** für alle Fälle der tatsächlichen Verhinderung des Hauptbetreuers wegen Verstoßes gegen das Erforderlichkeits- bzw Einzelbetreuungsprinzip aus[20]. Außerdem muss die Bestellung des Ergänzungs- bzw Ersatzbetreuers auf Grund der konkreten Sachlage **erforderlich** sein, was eine nähere zeitliche oder inhaltliche Konkretisierbarkeit des Vertretungsfalles erfordert[21]. In den Fällen der tatsächlichen Verhinderung des Betreuers 15

---

[11] BT-Drucks 15/2494 S 29.
[12] BT-Drucks 11/4528 S 131.
[13] BT-Drucks 11/4528 S 131.
[14] Vgl allg *Spanl* Rpfleger 1992, 142.
[15] Vgl MünchKommBGB/*Schwab* Rn 25; *Damrau/Zimmermann* Rn 24.
[16] BT-Drucks 15/2494 S 29.
[17] BayObLG NJW-RR 2004, 1157, 1158.
[18] BT-Drucks 11/4528 S 130.
[19] BayObLG NJOZ 2004, 3868, 3869 = FamRZ 2004, 1993; LG Stuttgart BtPrax 1999, 200; LG Frankfurt/O FamRZ 1999, 1221, 1222; *Alperstedt* BtPrax 2001, 106; *Damrau/Zimmermann* Rn 21; *Jurgeleit/Jurgeleit* Rn 18; aA MünchKommBGB/*Schwab* Rn 23.
[20] LG Stuttgart BtPrax 1999, 200; LG Frankfurt/O. FamRZ 1999, 1221, 1222; diff *Alperstedt* BtPrax 2001, 106 ff; bejahend *Jurgeleit/Jurgeleit* Rn 22 mwN.
[21] BayObLG NJOZ 2004, 3868, 3869 = FamRZ 2004, 1993.

§ 1900 Buch 4. Abschnitt 3. Vormundschaft, rechtliche Betreuung, Pflegschaft

kann iÜ als einfachere Lösung die **Unterbevollmächtigung** einer anderen Person durch den Betreuer in Betracht kommen (vgl § 1902 Rn 4).

16 c) **Auswahl und Aufgabenkreis des Ergänzungsbetreuers.** Für die Auswahl des Ergänzungsbetreuers gilt ebenfalls § 1897, insbes dessen Abs 4, 5 und 6[22]. Der Aufgabenkreis des Ergänzungsbetreuers und damit dessen Vertretungsmacht (vgl § 1902) ist nach dem Erforderlichkeitsgrundsatz auf die Angelegenheiten, an deren Wahrnehmung der Hauptbetreuer gehindert ist, zu beschränken. Ist das Rechtsgeschäft, bei dem das Vertretungsverbot bestand, bereits getätigt, kann es vom Ergänzungsbetreuer genehmigt werden (vgl § 1902 Rn 13).

17 5. **Gegenbetreuung.** Die Möglichkeit, einen Gegenbetreuer zu bestellen, ist in § 1899 nicht vorgesehen, ergibt sich aber aus der Verweisung des § 1908 i Abs 1 S 1 auf §§ 1792, 1799 (vgl § 1908 i Rn 3). Die Aufgabe des Gegenbetreuers besteht allein in der **Überwachung der Amtsführung des Betreuers** (§ 1799), wodurch er das Gericht bei dessen **Aufsichtspflicht** (§ 1837) unterstützt, zB wenn erhebliches Vermögen, das sich zT auch im Ausland befindet, der Verwaltung des Betreuers unterliegt[23]. Da der Gegenbetreuer **nicht gesetzlicher Vertreter** des Betreuten ist, handelt es sich bei der Gegenbetreuung nicht um einen Fall echter Mitbetreuung nach § 1899.

III. Verfahren

18 Für die Bestellung weiterer Betreuer gelten die allgemeinen Verfahrensvorschriften für die **erstmalige Bestellung** eines Betreuers (vgl § 1896 Rn 49). Wird erst nachträglich ein weiterer Betreuer bestellt, gilt dies allerdings nur, wenn damit zugleich eine **Erweiterung des Aufgabenkreises** verbunden ist, § 69 i Abs 5 FGG iVm Abs 1 der Vorschrift[24]. **Funktionell zuständig** für die Bestellung weiterer Betreuer ist nach § 14 Abs 1 Nr 4 RPflG der Richter (vorbehaltlich einer landesrechtlichen Übertragung auf den Rechtspfleger). Im Falle der Bestellung eines Gegenbetreuers ist nach hA wegen seiner dem Vollmachtsüberwachungsbetreuer (§ 1896 Abs 3) vergleichbaren Funktion der Rechtspfleger funktionell zuständig[25].

§ 1900 Betreuung durch Verein oder Behörde

(1) ¹Kann der Volljährige durch eine oder mehrere natürliche Personen nicht hinreichend betreut werden, so bestellt das Vormundschaftsgericht einen anerkannten Betreuungsverein zum Betreuer. ²Die Bestellung bedarf der Einwilligung des Vereins.

(2) ¹Der Verein überträgt die Wahrnehmung der Betreuung einzelnen Personen. ²Vorschlägen des Volljährigen hat er hierbei zu entsprechen, soweit nicht wichtige Gründe entgegenstehen. ³Der Verein teilt dem Gericht alsbald mit, wem er die Wahrnehmung der Betreuung übertragen hat.

(3) Werden dem Verein Umstände bekannt, aus denen sich ergibt, dass der Volljährige durch eine oder mehrere natürliche Personen hinreichend betreut werden kann, so hat er dies dem Gericht mitzuteilen.

(4) ¹Kann der Volljährige durch eine oder mehrere natürliche Personen oder durch einen Verein nicht hinreichend betreut werden, so bestellt das Gericht die zuständige Behörde zum Betreuer. ²Die Absätze 2 und 3 gelten entsprechend.

(5) Vereinen oder Behörden darf die Entscheidung über die Einwilligung in eine Sterilisation des Betreuten nicht übertragen werden.

I. Normzweck

1 Die Vorschrift eröffnet die Möglichkeit, ausnahmsweise einen **anerkannten Betreuungsverein** (§ 1908 f) als juristische Person oder die zuständige **Betreuungsbehörde** zum Betreuer zu bestellen, wenn eine vorrangige Individualbetreuung (vgl § 1897 Abs 1) nicht in Betracht kommt. Neben den Voraussetzungen der Vereins- bzw Behördenbetreuung regelt § 1900 in seinen Abs 2 bis 4 auch die **Grundsätze für die Durchführung der Betreuung** durch den Verein bzw die Behörde. Der Kreis möglicher Aufgaben, der einem Verein bzw der Betreuungsbehörde als Betreuer übertragen werden kann, wird durch Abs 5 der Vorschrift im Hinblick auf die **Entscheidung über die Sterilisation** des Betroffenen eingeschränkt.

II. Vereinsbetreuung (Abs 1 bis 3)

2 1. **Voraussetzungen für die Bestellung eines Betreuungsvereins (Abs 1).** Abs 1 S 1 lässt in Durchbrechung des Grundsatzes der **Individualbetreuung** (vgl § 1897 Rn 4) die Bestellung eines anerkannten Betreuungsvereins (§ 1908 f) als Betreuer – auch bei einem dahin gehenden Wunsch des

---

[22] OLG Zweibrücken NJWE-FER 1999, 272.
[23] BayObLG NJOZ 2005, 954, 956.
[24] Vgl ausf MünchKommBGB/*Schwab* Rn 10; HK-BUR/*Bauer* Rn 10 f; *Staudinger/Bienwald* Rn 14 ff.
[25] LG Bonn Rpfleger 1993, 233; *Spanl* Rpfleger 1992, 142, 144; HK-BUR/*Bauer* Rn 5; *Bienwald* in: Bienwald/*Sonnenfeld/Hoffmann* § 1896 Rn 169; aA *Bassenge/Herbst* § 14 RPflG Rn 21 mwN.

Betroffenen[1] – nur zu, wenn der Betroffene durch eine oder mehrere **natürliche Personen nicht hinreichend betreut** werden kann. Dies ist nicht nur dann der Fall, wenn ein geeigneter und übernahmebereiter Einzelbetreuer nicht vorhanden ist, sondern auch, wenn die Betreuung durch eine Institution ausnahmsweise eher **dem Wohl des Betreuten entspricht,** indem sie einen nicht an eine gerichtliche Entscheidung gebundenen Wechsel der Betreuungsperson ermöglicht. So hält die amtl Begr[2] die Bestellung eines Betreuungsvereins (bzw der Betreuungsbehörde) beispielsweise für sinnvoll bei besonders argwöhnischen und misstrauischen Betreuten, bei denen abgewartet werden muss, zu welcher Person sich eine Vertrauensbeziehung entwickeln wird. Der Mangel an geeigneten, bestellungsfähigen Einzelbetreuern kann durch den Verein auf Grund seiner Verweigerung der Bestellung eines Vereinsmitarbeiters (§ 1897 Abs 2) mit verursacht worden sein, da der Betreuungsverein nicht ohne weiteres verpflichtet ist, seine Mitarbeiter für die Verwendung als Einzelbetreuer zur Verfügung zu stellen[3]. Die praktische Bedeutung dieses Problems ist allerdings gering, da es auf Grund der Regelung von Vergütung und Aufwendungsersatz für die Vereine finanziell günstiger ist, ihre Mitarbeiter als Vereinsbetreuer zur Verfügung zu stellen (vgl § 7 VBVG).

Gemäß Abs 1 S 2 darf der Verein nur mit seiner **Einwilligung** als Betreuer bestellt werden. Diese 3 Regelung entspricht derjenigen bei der Minderjährigenvormundschaft und Pflegschaft, §§ 1791 a Abs 1 S 2, 1915 Abs 1. Ein Widerruf der Einwilligung des Vereins stellt anders als bei einem Vereinsbetreuer (vgl § 1908 b Abs 4) kraft Gesetzes keinen Entlassungsgrund dar.

2. Durchführung der Vereinsbetreuung (Abs 2, 3). a) Übertragung der Wahrnehmung auf 4 **natürliche Person.** Nach Abs 2 S 1 überträgt der Betreuungsverein – dem Grundsatz der persönlichen Betreuung entspr – die Wahrnehmung der Betreuung einer (oder mehreren) natürlichen Person(en), ohne hierdurch seine Rechtsstellung als Betreuer zu verlieren. Die Übertragung ist materiell rechtlich **formlos wirksam**[4]. Die Einhaltung einer bestimmten Form kann aber aus verfahrensrechtlichen Gründen erforderlich sein, zB wenn Grundbesitz des Betreuten veräußert oder belastet werden soll (dann zumindest öffentliche Beglaubigung; vgl § 29 GBO). Für die Übertragung kommen nur **Vereinsmitglieder oder Vereinsmitarbeiter** in Betracht, wie außerdem die sog „ehrenamtlichen Helfer" eines Vereins, die nur ggf zu Einzelbetreuern gemäß § 1897 Abs 1 bestellt werden können[5]. Andererseits muss es sich bei der Person, der vom Verein die Wahrnehmung der Betreuung übertragen wird, nicht um ein vertretungsberechtigtes Vorstandsmitglied des Vereins handeln. Aus der entsprechenden Anwendung des § 1791 a Abs 3 S 1 HS 2 über § 1908 i Abs 1 S 1 lässt sich ferner herleiten, dass der Verein für die Wahrnehmung der Angelegenheiten keine Person einsetzen darf, die den Betreuten in einer Einrichtung des Vereins faktisch (zB als Altenpfleger) betreut[6].

Die **Auswahl der Personen,** denen die Wahrnehmung der Betreuung übertragen werden soll, liegt 5 iÜ im Ermessen des Vereins. Im Rahmen dieser Ermessensentscheidung hat der Betreuungsverein gemäß Abs 2 S 2 **Vorschlägen des Betreuten** zu entsprechen, soweit nicht wichtige Gründe entgegenstehen. Als solche „wichtigen Gründe" werden beispielsweise organisatorische Schwierigkeiten des Vereins oder die Gefährdung der gleichmäßigen Auslastung der für den Verein tätigen Einzelpersonen angesehen[7]. Nach der Auswahl hat der Verein gemäß Abs 2 S 3 alsbald dem Vormundschaftsgericht **mitzuteilen,** welche Personen für ihn die Betreuung wahrnehmen werden.

b) Mitteilungspflicht. Nach Abs 3 hat der Betreuungsverein dem Gericht mitzuteilen, wenn ihm 6 Umstände bekannt werden, aus denen sich ergibt, dass der Volljährige durch eine oder mehrere natürliche Personen hinreichend betreut werden kann. Anhand dieser Mitteilungspflicht wird deutlich, dass die Betreuung durch den Verein als juristische Person nur als **vorübergehende Maßnahme** konzipiert ist. Ergibt die nach Mitteilung erfolgte Prüfung des Gerichts, dass der Einzelbetreuer bestellt werden kann, ist nach §§ 1908 b Abs 5, 1908 c zu verfahren.

c) Sonstiges. Außerhalb der Regelung der Abs 2, 3 ergeben sich weitere Besonderheiten für die 7 Durchführung einer Vereinsbetreuung aus anderen Vorschriften des Vormundschaftsrechts, die über § 1908 i Abs 1 S 1 entsprechende Anwendung finden: So ist der Betreuungsverein bei der Wahrnehmung der **Vermögenssorge** gemäß § 1857 a von gewissen Einschränkungen (wie der Rechnungslegungspflicht) kraft Gesetzes befreit. Nach §§ 1836 Abs 3, 1835 a Abs 5 hat der Verein weder Anspruch auf **Vergütung** noch auf **pauschale Aufwandsentschädigung;** ein **Aufwendungsersatz** kommt gemäß § 1835 Abs 5 nur aus dem Einkommen und Vermögen des Betreuten, nicht aus der Staatskasse in Betracht. Bei Pflichtverletzungen **haftet** der Verein für eigenes Verschulden gemäß § 1833, bei Verschulden seiner Mitarbeiter oder Mitglieder, denen die Wahrnehmung der Betreuung übertragen wurde, nach § 1791 a Abs 3 S 2 wie für Verschulden eines verfassungsmäßig berufenen Vertreters.

---

[1] BayObLG NJWE-FER 1998, 105 = FamRZ 1999, 52.
[2] BT-Drucks 11/4528 S 131 f.
[3] BT-Drucks 11/4528 S 132; *Palandt/Diederichsen* Rn 3; *Holzhauer/Reinicke* Rn 3; *Erman/Holzhauer* Rn 3; aA MünchKommBGB/*Schwab* Rn 3; *Jürgens/Jürgens* Rn 2; HK-BUR/*Birk* Rn 10.
[4] *Bienwald* in: Bienwald/Sonnenfeld/Hoffmann Rn 11.
[5] So auch MünchKommBGB/*Schwab* Rn 6; *Erman/Holzhauer* Rn 6; *Holzhauer/Reinicke* Rn 6; aA *Bienwald* in: Bienwald/Sonnenfeld/Hoffmann Rn 13; HK-BUR/*Birk* Rn 26.
[6] *Holzhauer/Reinicke* Rn 6; *Erman/Holzhauer* Rn 6; *Staudinger/Bienwald* Rn 14; krit hierzu MünchKommBGB/ *Schwab* Rn 7.
[7] BT-Drucks 11/4528 S 132.

§ 1901 Buch 4. Abschnitt 3. Vormundschaft, rechtliche Betreuung, Pflegschaft

III. Behördenbetreuung (Abs 4)

8 **1. Voraussetzungen (S 1).** Abs 4 S 1 eröffnet dem Gericht nur dann die Möglichkeit, die **zuständige Behörde** zum Betreuer zu bestellen, wenn der Volljährige weder durch eine oder mehrere natürliche Personen, **noch durch einen anerkannten Betreuungsverein** hinreichend betreut werden kann. Letzteres kommt vor allem dann in Betracht, wenn vor Ort kein anerkannter Betreuungsverein vorhanden ist, die Mitarbeiter des Betreuungsvereins ausgelastet sind oder der Verein gemäß Abs 1 S 2 die Einwilligung zu seiner Bestellung verweigert hat[8]. Die Behördenbetreuung ist somit gegenüber allen anderen Formen der Betreuung **subsidiär** und zwar auch dann, wenn eine vorläufige Betreuung eingerichtet werden soll[9]. Als letztrangiger Möglichkeit kommt der Behördenbetreuung zugleich eine **Auffangfunktion** zu[10]. Die Bestellung der zuständigen Betreuungsbehörde bedarf anders als die eines anerkannten Betreuungsvereins **nicht ihrer Einwilligung** (wie sich aus dem fehlenden Verweis in Abs 4 S 2 auf Abs 1 S 2 herleiten lässt). Die örtliche Zuständigkeit der Betreuungsbehörde ergibt sich aus § 9 S 2, § 3 BtBG, die sachliche Zuständigkeit aus § 1 S 1 BtBG iVm den jeweiligen landesgesetzlichen Vorschriften zur Ausführung des Betreuungsgesetzes.

9 **2. Durchführung der Behördenbetreuung (S 2).** Für die Durchführung der Behördenbetreuung gelten gemäß Abs 4 S 2 die **Abs 2 und 3 entsprechend,** so dass grds auf die obigen Ausführungen zur Durchführung der Vereinsbetreuung (vgl Rn 4 ff) verwiesen werden kann (insbes im Hinblick auf Vergütung bzw Aufwendungsersatz). Besonderheiten ergeben sich hinsichtlich der **Haftung** insoweit, als bei Verschulden der Behördenmitarbeiter bei der Führung der Betreuung nach den Grundsätzen der Amtshaftung (Art 34 GG, § 839 BGB) die Anstellungskörperschaft haftet. Als Betreuer für Angelegenheiten der **Vermögenssorge** ist die Betreuungsbehörde nach § 1908i Abs 1 S 1 iVm § 1857a ebenfalls kraft Gesetzes von gewissen Einschränkungen **befreit.** Weitere Befreiungen können sich gemäß § 1908i Abs 1 S 2 auch aus den Landesausführungsgesetzen zum BtG ergeben (vgl § 1908i Rn 4).

IV. Einwilligung in die Sterilisation (Abs 5)

10 Für die Entscheidung über die Einwilligung in die Sterilisation eines einwilligungsunfähigen Betroffenen muss gemäß § 1899 Abs 2 stets ein **besonderer Betreuer** (sog Sterilisationsbetreuer) bestellt werden. Abs 5 verbietet, hierfür einen anerkannten Betreuungsverein oder die Betreuungsbehörde als Betreuer auszuwählen. Gesetzgeberisches Motiv hierfür war ua, dass man den bei Vereins- oder Behördenbetreuungen möglichen Wechsel der für die Wahrnehmung der Angelegenheit zuständigen Person bei diesem speziellen Aufgabenkreis für nicht wünschenswert hielt[11].

V. Verfahren

11 **1. Allgemeines.** In den Fällen der Abs 1, Abs 4 ist der Betreuungsverein bzw die Betreuungsbehörde Betreuer und daher **nur die Institution selbst** im Bestellungsbeschluss (§ 69 Abs 1 Nr 2 a FGG) sowie in der Bestellungsurkunde (§ 69b Abs 2 Nr 1 FGG) als Betreuer **zu bezeichnen.** Da die Behördenbetreuung nach § 1900 Abs 4 S 1 gegenüber der Einzel- und der Vereinsbetreuung subsidiär ist, muss sich aus der Begründung des Bestellungsbeschlusses (§ 25 FGG) ergeben, aus welchen Gründen **keine natürliche Person** oder ein anerkannter Betreuungsverein als Betreuer bestellt wurde[12]. Entsprechendes gilt bei Bestellung eines Betreuungsvereins hinsichtlich der vorrangigen Individualbetreuung.

12 **2. Rechtsmittel.** Gegen die Auswahl der Person, der vom Verein bzw der Behörde die Wahrnehmung der Betreuung übertragen wurde, kann der Betroffene gemäß § 69c Abs 1, 2 FGG **gerichtliche Entscheidung** beantragen. Das Vormundschaftsgericht kann nach § 69c Abs 1 S 2, Abs 2 FGG dem Verein bzw der Behörde aufgeben, eine andere Person auszuwählen, wenn einem Vorschlag des Betroffenen, dem keine wichtigen Gründe entgegenstehen, nicht entsprochen wurde oder die bisherige Auswahl dem Wohl des Betroffenen zuwiderläuft. Mit Zwangsgeld kann diese Verpflichtung allerdings nicht durchgesetzt werden, da § 33 FGG gemäß § 69c Abs 1 S 3 FGG nicht gilt.

§ 1901 Umfang der Betreuung, Pflichten des Betreuers

(1) Die Betreuung umfasst alle Tätigkeiten, die erforderlich sind, um die Angelegenheiten des Betreuten nach Maßgabe der folgenden Vorschriften rechtlich zu besorgen.

(2) ¹**Der Betreuer hat die Angelegenheiten des Betreuten so zu besorgen, wie es dessen Wohl entspricht.** ²**Zum Wohl des Betreuten gehört auch die Möglichkeit, im Rahmen seiner Fähigkeiten sein Leben nach seinen eigenen Wünschen und Vorstellungen zu gestalten.**

---

[8] BT-Drucks 11/4528 S 132.
[9] BayObLG NJWE-FER 2000, 179 = FamRZ 2001, 316.
[10] Vgl BayObLG FamRZ 1993, 1248; 1994, 1203.
[11] BT-Drucks 11/4528 S 132 f.
[12] BayObLG FamRZ 1993, 1248; FamRZ 1994, 1203; EzFamR 1998, 284.

Umfang der Betreuung, Pflichten des Betreuers § 1901

(3) ¹Der Betreuer hat Wünschen des Betreuten zu entsprechen, soweit dies dessen Wohl nicht zuwiderläuft und dem Betreuer zuzumuten ist. ²Dies gilt auch für Wünsche, die der Betreute vor der Bestellung des Betreuers geäußert hat, es sei denn, dass er an diesen Wünschen erkennbar nicht festhalten will. ³Ehe der Betreuer wichtige Angelegenheiten erledigt, bespricht er sie mit dem Betreuten, sofern dies dessen Wohl nicht zuwiderläuft.

(4) ¹Innerhalb seines Aufgabenkreises hat der Betreuer dazu beizutragen, dass Möglichkeiten genutzt werden, die Krankheit oder Behinderung des Betreuten zu beseitigen, zu bessern, ihre Verschlimmerung zu verhüten oder ihre Folgen zu mildern. ²Wird die Betreuung berufsmäßig geführt, hat der Betreuer in geeigneten Fällen auf Anordnung des Gerichts zu Beginn der Betreuung einen Betreuungsplan zu erstellen. ³In dem Betreuungsplan sind die Ziele der Betreuung und die zu ihrer Erreichung zu ergreifenden Maßnahmen darzustellen.

(5) ¹Werden dem Betreuer Umstände bekannt, die eine Aufhebung der Betreuung ermöglichen, so hat er dies dem Vormundschaftsgericht mitzuteilen. ²Gleiches gilt für Umstände, die eine Einschränkung des Aufgabenkreises ermöglichen oder dessen Erweiterung, die Bestellung eines weiteren Betreuers oder die Anordnung eines Einwilligungsvorbehalts (§ 1903) erfordern.

Schrifttum: *Bienwald*, Die Verpflichtung des Betreuers aus § 1901 Abs. 4 BGB, Rpfleger 2003, 229; *Fröschle*, Der Betreuungsplan nach § 1901 Absatz 4 Satz 2 und 3 Bürgerliches Gesetzbuch, BtPrax 2006, 43; *Hoffmann*, Information einwilligungsunfähiger Erwachsener vor ärztlichen Maßnahmen, R&P 2005, 52; *Voigt*, Die Pflichten des Betreuers, Diss Hamburg 1994.

Übersicht

	Rn		Rn
I. Normzweck/Überblick	1	V. Mitwirkung bei der Rehabilitation; Erstellung eines Betreuungsplans (Abs 4)	13
II. Wahrnehmung der Rechtsfürsorge (Abs 1)	2	1. Pflicht zur Mitwirkung bei der Rehabilitation (S 1)	13
III. Ausrichtung auf das Wohl des Betreuten (Abs 2)	4	2. Erstellung eines Betreuungsplans durch Berufsbetreuer (S 2, 3)	14
IV. Wunschbefolgungspflicht; Besprechungspflicht (Abs 3)	6	a) Gesetzeszweck	14
1. Wunschbefolgungspflicht (S 1, 2)	6	b) Anwendungsbereich	15
a) Willensvorrang des Betreuten	6	c) Inhalt des Betreuungsplans	16
b) Grenzen	8	d) Prüfung des Betreuungsplans	17
c) Folgen	11		
2. Besprechungspflicht (S 3)	12	VI. Mitteilungspflicht (Abs 5)	18

I. Normzweck/Überblick

Die Vorschrift normiert wichtige Pflichten des Betreuers und betrifft somit das **Innenverhältnis** 1 zwischen Betreuer und Betreutem (zum sog Außenverhältnis vgl § 1902). Als „Obersatz" bestimmt der erst 1999 eingefügte Abs 1, dass die Betreuung in erster Linie die Wahrnehmung der **Rechtsfürsorge** für den Betroffenen beinhaltet. An einzelnen Betreuerpflichten regelt die Vorschrift insbesondere, dass sich das Betreuerhandeln am **Wohl des Betreuten** auszurichten hat, das nicht rein objektiv bestimmt werden darf (Abs 2). Außerdem ist in Abs 3 der grundsätzliche **Willensvorrang des Betreuten** normiert. Abs 3 legt des Weiteren eine **Besprechungspflicht** für wichtige Angelegenheiten fest. Durch Abs 4 wird dem Betreuer auch eine aktive **Mitwirkungspflicht im Rahmen der Rehabilitation** des Betreuten zugewiesen, ggf ergänzt durch die Pflicht zur Vorlage eines **Betreuungsplans** zu Beginn der Betreuung. Abs 5 normiert schließlich eine **Mitteilungspflicht** für betreuungsrelevante Umstände.

II. Wahrnehmung der Rechtsfürsorge (Abs 1)

Nach Abs 1 umfasst die Betreuung alle Tätigkeiten, die erforderlich sind, um die Angelegenheiten 2 des Betreuten nach Maßgabe der folgenden Vorschriften **rechtlich** zu besorgen. Die Vorschrift wurde durch das 1. BtÄndG mit Wirkung zum 1. 1. 1999 gewissermaßen als „Obersatz" vor der Regelung der einzelnen Pflichten des Betreuers eingefügt. Anlass dafür war, dass nach Inkrafttreten des BtG (vor allem im Zusammenhang mit Vergütungsanträgen von Betreuern) Meinungsverschiedenheiten darüber aufgetreten sind, welche Tätigkeiten zum übertragenen Aufgabenkreis des Betreuers gehören und damit vergütungsfähig sind[1]. Mit dem neu eingefügten Abs 1 sollte die **Abgrenzung** zwischen den dem Betreuer vom Gesetz zugewiesenen **Amtsgeschäften** und dessen darüber hinaus gehendem **faktischen Engagement** für den Betreuten verdeutlicht werden. Die Klarstellung sollte das Bewusstsein der Beteiligten für die Existenz dieser Grenze schärfen, frühzeitig unberechtigten Vergütungserwartun-

---

[1] Vgl BayObLGZ 1996, 47 = FamRZ 1996, 1169: maßgeblich ist, ob Betreuer die Tätigkeit aus seiner Sicht zur Erfüllung seiner Aufgaben für erforderlich halten durfte.

gen entgegenwirken und die missbräuchliche Inanspruchnahme von bemittelten Betreuten oder der Staatskasse verhindern[2]. Seit die Betreuervergütung durch das 2. BtÄndG mit Wirkung vom 1. 7. 2005 reformiert worden ist, dürfte sich die Problematik aber ohnehin entschärft haben. Denn seither ist die Betreuervergütung pauschaliert, so dass nicht mehr der konkrete Zeitaufwand des Berufsbetreuers für die Wahrnehmung von Betreueraufgaben vergütet wird.

3   Die maßgebliche Grenze ist in der **rechtlichen Besorgung** der in den Aufgabenkreis des Betreuers fallenden Angelegenheiten zu sehen (vgl auch die Überschrift vor § 1896, § 1896 Abs 2 S 2, § 1902). **Amtsgeschäfte des Betreuers** sind danach alle (auch faktischen) Tätigkeiten, die zur **Rechtsfürsorge** für den Betreuten **erforderlich** sind, wobei ein großzügiger Maßstab anzulegen und auf das Postulat persönlicher Betreuung Bedacht zu nehmen ist[3]. Nicht als Amtsgeschäfte anzusehen sind demgegenüber solche Tätigkeiten und tatsächliche Hilfeleistungen, die zur Rechtsfürsorge nicht erforderlich sind bzw die sogar jeglichen Bezug zur Rechtsfürsorge vermissen lassen[4]. Demnach gehört auch die **regelmäßige Kontaktaufnahme** zum Betreuten zu den Amtsgeschäften des Betreuers, wenn sie zur Erforschung des Willens und zur Wahrung der Interessen des Betreuten erforderlich ist, zumal es sich hierbei um eine vertrauensbildende und -erhaltende Maßnahme handelt[5].

III. Ausrichtung auf das Wohl des Betreuten (Abs 2)

4   Die Hauptpflicht und -aufgabe des Betreuers ist es, die ihm im Rahmen seines Aufgabenkreises übertragenen Angelegenheiten des Betreuten wahrzunehmen, soweit auch der aktuelle Stand der Unfähigkeit des Betreuten dieses Handeln erforderlich macht[6]. Dabei hat der Betreuer nach Abs 2 S 1 die Angelegenheiten des Betreuten so zu besorgen, wie es dessen **Wohl** entspricht. Das Wohl des Betreuten wird damit zum **Ziel und entscheidenden Maßstab jeglicher Betreuertätigkeit** erhoben. Hierbei handelt es sich um einen unbestimmten, ausfüllungsbedürftigen Rechtsbegriff, auf den angesichts der Vielzahl der Fallgestaltungen nicht verzichtet werden konnte[7].

5   **Objektiv betrachtet** erfasst das Wohl des Betreuten zunächst den **Schutz und die Erhaltung seiner Rechtsgüter,** wie beispielsweise Leben, Gesundheit und Vermögen. Verschenkt der Betroffene beispielsweise Vermögensgegenstände an Dritte, ohne die Folgen seines Handelns für sein Vermögen und die Sicherung seines Unterhalts zu überblicken, ist es Aufgabe des vermögenssorgeberechtigten Betreuers, den Betroffenen von derartigen Handlungen abzuhalten und die bereits erfolgten Vermögensverschiebungen – beispielsweise durch Geltendmachung von Bereicherungsansprüchen – ggf rückgängig zu machen[8]. Das Wohl darf aber nicht nur rein objektiv bestimmt werden. Denn S 2 stellt klar, dass zum Wohl des Betreuten auch die Möglichkeit gehört, im Rahmen seiner Fähigkeiten sein Leben nach seinen **eigenen Wünschen und Vorstellungen zu gestalten**. Auch dem Betreuten ist damit im Rahmen seiner Fähigkeiten ein Recht auf Entfaltung seiner Persönlichkeit, dh auf Beibehaltung bzw Weiterentwicklung seines bisherigen Lebensentwurfs zuzugestehen[9]. So darf beispielsweise im Rahmen der **Vermögenssorge** nicht ohne weiteres die Erhaltung und Mehrung des Vermögens des Betreuten mit dessen Wohl gleichgesetzt werden. Bei vorhandenem Vermögen ist vielmehr der Wunsch des Betreuten nach einem vertretbaren Luxus zu achten[10]. Die Festlegung auf das nicht rein objektiv verstandene Wohl bindet dabei nicht nur den Betreuer, sondern **auch die Gerichte** im Rahmen ihrer Beratungs-, Überwachungs- und Genehmigungstätigkeit[11].

IV. Wunschbefolgungspflicht; Besprechungspflicht (Abs 3)

6   **1. Wunschbefolgungspflicht (S 1, 2). a) Willensvorrang des Betreuten.** Nach S 1 hat der Betreuer den Wünschen des Betreuten zu entsprechen, soweit dies dessen Wohl nicht zuwiderläuft und dem Betreuer zuzumuten ist. Diese Regelung steht in engem Zusammenhang zu Abs 2 S 2, ist im Gegensatz zu diesem aber eher auf eine konkrete Situation bezogen. Im alten Recht wurde davon ausgegangen, dass dem Willen des Betreuten nur dann Vorrang einzuräumen ist, wenn dieser geschäftsfähig ist. Das BtG hat diese Unterscheidung zugunsten einer flexiblen Regelung aufgegeben[12]. Nunmehr kommt den Wünschen und damit dem geäußerten (natürlichen) Willen des Betreuten grds der Vorrang zu, **unabhängig** davon, ob der Betreute **geschäftsfähig** ist oder nicht[13]. Dies setzt notwendigerweise eine gewisse regelmäßige Kontaktaufnahme zum Betreuten voraus[14]. Von besonderer Bedeutung ist die Beachtung der Wünsche des Betreuten insbes im Rahmen der **Gesundheitsfürsorge** (zum Abbruch lebensverlängernder oder -erhaltender Maßnahmen vgl § 1904 Rn 24 ff), bei der Entschei-

---

[2] Vgl BT-Drucks 13/7158 S 33 f.
[3] Vgl *Jürgens* BtPrax 1998, 129.
[4] BT-Drucks 13/7158 S 33.
[5] BT-Drucks 13/7158 S 33.
[6] *Voigt,* Die Pflichten des Betreuers, S 53 f.
[7] BT-Drucks 11/4528 S 133.
[8] OLG München Rpfleger 2006, 14, 16 = BeckRS 2005, 10401.
[9] Vgl *Erman/Holzhauer* Rn 7; *MünchKommBGB/Schwab* Rn 10.
[10] BT-Drucks 11/4528 S 133; BayObLGZ 1993, 63 = FamRZ 1993, 851.
[11] BT-Drucks 11/4528 S 133; zu restriktiv daher OLG Stuttgart NJW 2001, 3484, wonach die Erbausschlagung durch einen Betreuer regelmäßig nicht genehmigungsfähig sei.
[12] BT-Drucks 11/4528 S 133.
[13] BT-Drucks 11/4528 S 67, 133; OLG Frankfurt BtPrax 1997, 123.
[14] BayObLG FamRZ 2003, 633.

dung über seine Heimunterbringung[15], der Auswahl des Heimplatzes[16], der Regelung seiner künftigen Bestattung[17] oder beim sog **Behindertentestament** im Rahmen der Entscheidung über die Ausschlagung der beschränkten und beschwerten Erbschaft zugunsten des Pflichtteils[18].

Der Willensvorrang gilt nach S 2 dabei auch für Wünsche, die der Betreute **vor der Bestellung des Betreuers geäußert** hat. Damit wird die Beachtlichkeit von sog **Betreuungsverfügungen** (vgl § 1901a Rn 2) nicht nur hinsichtlich der Auswahl der Betreuerperson, sondern auch hinsichtlich der **Art und Weise der Durchführung der Betreuung** gesichert. Zu berücksichtigen bleibt allerdings, dass die aktuellen Wünsche des Betreuten stets vorgehen. Daher bestimmt S 2, dass die zuvor geäußerten Wünsche ihre Beachtlichkeit verlieren, wenn der Betreute hieran erkennbar **nicht mehr festhalten** will. 7

b) Grenzen. aa) Wohl des Betreuten. Die Wünsche dürfen dem Wohl des Betreuten nicht zuwiderlaufen. Wohl und Wünsche des Betreuten stellen nach Abs 2 S 2 eigentlich keinen Gegensatz dar, sondern die Beachtung der Wünsche gerade einen Teilaspekt des Wohls[19]. Ein „**Zuwiderlaufen**" iS von Abs 2 S 1 kommt daher nur in Betracht, soweit die Wünsche mit dem **objektiven Wohl** des Betreuten kollidieren, was darauf hindeutet, dass hier eher die objektive Seite des Wohls angesprochen ist[20]. Unbeachtlich wäre ein Wunsch folglich dann, wenn dessen Verwirklichung zu einer Schädigung von (höherrangigen) Rechtsgütern des Betreuten führen würde. Die Gefahr einer schweren Selbstschädigung ist nach Auffassung der Amtl Begr[21] nicht erforderlich. Der Grund für die weitgehende Zurückdrängung des Willensvorrangs liegt darin, dass der Betreute keinen Anspruch darauf haben soll, dass ihm der (ggf aus öffentlichen Mitteln finanzierte) Betreuer bei einer **klaren Selbstschädigung hilft**[22]. Problematisch ist dies vor allem bei der Wahrnehmung der Gesundheitsfürsorge für den Betreuten, zumal dort, wo der Betreute zB **Bluttransfusionen**[23] oder lebensverlängernde Maßnahmen ablehnt[24]. 8

bb) Zumutbarkeit für den Betreuer. Der Betreuer muss Wünschen des Betreuten nach S 1 nicht entsprechen, wenn ihm dies nicht zumutbar ist. Diese Schranke für die Beachtlichkeit der Wünsche des Betreuten dient der Abgrenzung der Interessensphäre des Betreuten von der des Betreuers[25]. Sie soll sicherstellen, dass sich der Betreuer überzogenen Anforderungen des Betreuten, etwa an die Dauer des täglichen Betreuungsaufwands, entziehen kann[26]. 9

cc) Beschränkung auf das Innenverhältnis. Weitere Schranken für die Beachtlichkeit der Wünsche des Betreuten folgen aus der Begrenzung des Aufgabenkreises des Betreuers sowie aus dessen gesetzlich normierten Pflichten, zB im Bereich der Vermögenssorge. Die wichtigste Grenze findet der Willensvorrang des Betreuten aber darin, dass sich dieser auf das Innenverhältnis der Beteiligten beschränkt. Durch einen dahin gehenden Wunsch kann daher die Vertretungsmacht des Betreuers im Außenverhältnis grds weder eingeschränkt noch erweitert werden (vgl § 1902 Rn 18 f). Eine Ausnahme stellt insoweit § 1908i Abs 2 S 1 dar (vgl § 1908i Rn 6). 10

c) Folgen. Der grundsätzliche Willensvorrang des Betreuten bindet nicht nur den Betreuer, sondern **auch das Gericht** im Rahmen seiner Überwachungs- und Genehmigungstätigkeit. So ist zB die Genehmigung eines vom Betreuer abgeschlossenen Grundstücksveräußerungsvertrages zu versagen, wenn der Wunsch des Betreuten auf **Unterlassung des Hausverkaufs** gerichtet ist[27]. Die pflichtwidrige Übergehung von Wünschen des Betreuten kann ferner Anlass für ein **Einschreiten des Gerichts** nach § 1837 Abs 2, 3 sein oder Grundlage für eine **Haftung des Betreuers** nach § 1833 (iVm § 1908i Abs 1 S 1). 11

2. Besprechungspflicht (S 3). Nach S 3 hat der Betreuer **wichtige Angelegenheiten** vor ihrer Erledigung mit dem Betreuten zu besprechen, sofern dies nicht dessen Wohl zuwiderläuft. Bei dieser Erörterungspflicht hinsichtlich wichtiger Angelegenheiten handelt es sich um eine gesetzliche Konkretisierung des Grundsatzes der persönlichen Betreuung, die zugleich ein Minimum des persönlichen Kontakts garantieren soll[28]. Welche Angelegenheiten als „wichtig" iS dieser Norm anzusehen sind, entzieht sich einer allgemeinen Definition und ist vielmehr nach den konkreten Umständen des Einzel- 12

---

[15] OLG Köln NJW-RR 1997, 451.
[16] *Jürgens* BtPrax 1998, 212 f; *Bienwald* BtPrax 1999, 18 f; aA LG Potsdam BtPrax 1998, 242.
[17] OLG Köln OLGR 2002, 337 = ZEV 2003, 471.
[18] Vgl *Kübler*, Das sogenannte Behindertentestament unter besonderer Berücksichtigung der Stellung des Betreuers, Diss München 1998, S 163 ff.
[19] BT-Drucks 11/4528 S 67.
[20] *Erman/Holzhauer* Rn 12; wohl auch MünchKommBGB/*Schwab* Rn 14; BT-Drucks 11/4528 S 67, 133; OLG Schleswig OLGR 2001, 346; aA *Bienwald* FamRZ 1992, 1125, 1128 f; *Bienwald* in: *Bienwald/Sonnenfeld/Hoffmann* Rn 26.
[21] BT-Drucks 11/4528 S 133; diff aber *Schwab* FamRZ 1992, 493, 503; *Staudinger/Bienwald* Rn 30.
[22] BT-Drucks 11/4528 S 137.
[23] Vgl BVerfG NJW 2002, 206 = PflR 2002, 423 m abl Anm *Roßbruch*.
[24] Vgl BGH NJW 2003, 1588 = FGPrax 2003, 161; *Erman/Holzhauer* Rn 22, 12a; *Fröschle* JZ 2000, 72; DJT FamRZ 2000, 1484; *Berger* JZ 2000, 797, 805.
[25] Vgl *Kollmer*, Selbstbestimmung im Betreuungsrecht, S 144.
[26] BT-Drucks 11/4528 S 134.
[27] BayObLG NJW-RR 1998, 158 f = FamRZ 1998, 455; vgl dazu aber auch BayObLG DNotZ 2002 m Anm *Bienwald*; BayObLG BtPrax 2003, 129 f = Rpfleger 2003, 361 – Spanienhaus-Fall.
[28] BT-Drucks 11/4528 S 69.

§ 1901

falls (auch unter Berücksichtigung subjektiver Momente) zu entscheiden[29]. Als (objektiv) wichtige Angelegenheiten können insbes die in § 1896 Abs 4, §§ 1904 bis 1908 Genannten angesehen werden[30]. Von besonderer Bedeutung ist dabei die Information des einwilligungsunfähigen Betroffenen im Zusammenhang mit ärztlichen Maßnahmen[31]. Die Pflicht zur Besprechung entfällt, wenn sie dem **Wohl des Betreuten zuwiderläuft.** Dies ist zB anzunehmen, wenn die ernsthafte Gefahr einer gesundheitlichen Schädigung besteht[32].

V. Mitwirkung bei der Rehabilitation; Erstellung eines Betreuungsplans (Abs 4)

13 **1. Pflicht zur Mitwirkung bei der Rehabilitation (S 1).** Abs 4 weist dem Betreuer auch eine Rolle bei der Rehabilitation des Betreuten zu, indem er ihm auferlegt, innerhalb seines Aufgabenkreises dazu beizutragen, dass Möglichkeiten genutzt werden, die Krankheit oder Behinderung des Betreuten zu beseitigen, zu bessern, ihre Verschlimmerung zu verhüten oder ihre Folgen zu mildern. Die Pflicht zur Mitwirkung bei der Rehabilitation ist dabei nicht auf einen speziellen Aufgabenkreis des Betreuers (zB Gesundheitsfürsorge) begrenzt, sondern trifft **jeden Betreuer** im Rahmen seines Aufgabenkreises. Ist dem Betreuer beispielsweise die Vermögenssorge übertragen, kann die Mitwirkung bei der Rehabilitation darin bestehen, dass der Betreuer die verbliebenen Fähigkeiten des Betroffenen fördert und ihn an eine eigenverantwortliche Besorgung seiner Geschäfte heranführt[33]. Sind mehrere Betreuer bestellt, trifft grds **jeden** die Nebenpflicht[34].

14 **2. Erstellung eines Betreuungsplans durch Berufsbetreuer (S 2, 3). a) Gesetzeszweck.** Die Vorschriften zur Erstellung eines Betreuungsplans durch den Berufsbetreuer wurden erst durch das 2. BtÄndG mit Wirkung zum 1. 7. 2005 in das Gesetz eingefügt. Ziel der Betreuungsplanung ist es, **Effektivität** und **Qualität der Betreuung** zu steigern[35]. Denn durch die Pflicht zur Betreuungsplanung soll einerseits erreicht werden, dass sich der Betreuer bereits zu Beginn der Betreuung mit den zu erreichenden Zielen der Betreuung gedanklich auseinandersetzt und gezielt an der Zielerreichung arbeiten kann; andererseits soll damit gewährleistet werden, dass das Vormundschaftsgericht eine **objektivierbare Grundlage** zur Beurteilung der Effektivität des Betreuerhandelns erhält[36].

15 **b) Anwendungsbereich.** S 2 verpflichtet den Betreuer, in geeigneten Fällen auf Anordnung des Gerichts zu Beginn der Betreuung einen **Betreuungsplan** zu erstellen. Die Verpflichtung gilt allerdings nur für **Berufsbetreuer,** da man befürchtete, potentielle ehrenamtliche Betreuer mit der Auferlegung einer entsprechenden Verpflichtung abzuschrecken[37]. Dabei dürften neben den freiberuflichen Berufsbetreuern auch Vereins- oder Behördenbetreuer von der Verpflichtung erfasst sein[38]. Die Verpflichtung gilt ferner nur „in geeigneten Fällen". Die Eignung ist dabei nicht vom Berufsbetreuer, sondern vom Vormundschaftsgericht zu prüfen, das im Einzelfall – unter Zubilligung eines weiten Beurteilungsspielraums – festzustellen hat, ob und wann der Betreuungsplan vorzulegen ist[39].

16 **c) Inhalt des Betreuungsplans.** S 3 legt den Inhalt des Betreuungsplans fest. In ihm sind die **Ziele der Betreuung** und die zu ihrer Erreichung **zu ergreifenden Maßnahmen** darzustellen. Die Vorschrift ist sehr allgemein gefasst, um die Vielgestaltigkeit der Lebenssachverhalte berücksichtigen zu können und eine flexible Anwendung der inhaltlichen Anforderungen, beispielsweise im Hinblick auf die zugewiesenen Aufgabenkreise, den Krankheitstyp und den Wünschen des Betroffenen zu ermöglichen[40]. Dabei geht die amtl Begr davon aus, dass ein Betreuungsplan vor allem in solchen Aufgabenbereichen wichtig ist, die besonders stark mit der Person des Betroffenen verknüpft sind, wie etwa der **Gesundheitssorge** oder der **Aufenthaltsbestimmung**[41]. Eine Betreuungsplanung kann aber durchaus auch im **vermögensrechtlichen Bereich** angebracht sein, zB im Falle der Überschuldung des Betroffenen (Inanspruchnahme einer professionellen Schuldnerberatung, Aufstellung eines Entschuldungsplans, Kontaktaufnahme mit den Gläubigern, usw) oder wenn umgekehrt zahlreiche oder aber spezielle Vermögenswerte (zB Auslandsimmobilien, Gesellschaftsbeteiligungen, usw.) vorhanden sind, deren Verwaltung regelmäßig besondere Schwierigkeiten bereitet. Inhaltlich sollte der Betreuungsplan ua dazu Stellung nehmen, ob und inwieweit die Krankheit oder Behinderung des Betroffenen durch rehabilitative Maßnahmen gebessert bzw beseitigt werden kann und was innerhalb der verschiedenen Aufgabenkreise zu regeln ist und (tatsächlich) geregelt werden kann[42]. Nach § 4 BtBG hat die **Betreuungsbehörde** den Betreuer auf seinen Wunsch hin bei der Erstellung des Betreuungsplans zu beraten und zu unterstützen.

---

[29] Vgl OLG Düsseldorf FamRZ 2000, 1536.
[30] BT-Drucks 11/4528 S 134.
[31] Vgl eingehend *Hoffmann* R&P 2005, 52.
[32] BT-Drucks 11/4528 S 134.
[33] BT-Drucks 11/4528 S 134.
[34] Vgl *Bienwald* Rpfleger 2003, 229, 230.
[35] BT-Drucks 15/2494 S 30.
[36] BT-Drucks 15/2494 S 20, 29.
[37] BT-Drucks 15/2494 S 29.
[38] *Fröschle* BtPrax 2006, 43; *Jurgeleit/Deusing* Rn 95; aA *Sonnenfeld* FamRZ 2005, 941, 943; *Bienwald* in: *Bienwald/Sonnenfeld/Hoffmann* Rn 77.
[39] BT-Drucks 15/2494 S 29.
[40] BT-Drucks 15/2494 S 20, 29 f.
[41] BT-Drucks 15/2494 S 20, 30.
[42] Vgl *Dodegge* NJW 2005, 1896, 1897.

d) Prüfung des Betreuungsplans. Der Betreuungsplan ist vom Vormundschaftsgericht nach seiner Vorlage zu prüfen und zu bewerten. Dabei darf das Vormundschaftsgericht aber **nicht eigene Zweckmäßigkeitserwägungen** an Stelle des Berufsbetreuers anstellen. Das Vormundschaftsgericht darf vielmehr die Betreuungsplanung (bzw das weitere Vorgehen des Betreuers) nur dann beanstanden, wenn es bei seiner Prüfung zum Schluss gelangt, dass unter **mehreren möglichen Lebensgestaltungen** oder Betreuungszielen bestimmte vom Berufsbetreuer bevorzugte Gestaltungen oder Ziele dem **Wohl des Betroffenen zuwiderlaufen**[43]. Gegen pflichtwidriges Verhalten hat das Vormundschaftsgericht einzuschreiten und ggf (als ultima ratio) den Betreuer zu entlassen, wenn sich aus der Planung oder Verwirklichung seine Ungeeignetheit ergibt[44]. 17

VI. Mitteilungspflicht (Abs 5)

Die Aufhebung der Betreuung wegen Wegfalls ihrer Voraussetzungen bzw die Einschränkung oder Erweiterung des Aufgabenkreises des Betreuers sowie die Anordnung eines Einwilligungsvorbehalts sind Maßnahmen des Gerichts, die **von Amts wegen** zu treffen sind (vgl § 1908 d Abs 1, 3, § 1903). Damit das Vormundschaftsgericht von den für seine Entscheidung maßgeblichen Umständen Kenntnis erlangt, sieht Abs 5 vor, dass der Betreuer die ihm insoweit bekannt gewordenen Umstände **mitzuteilen** hat. Verläuft die psychische Erkrankung des Betreuten schubförmig, besteht nach Auffassung des BayObLG[45] eine „erhöhte" Mitteilungspflicht, dh der Betreuer hat der weiteren Entwicklung des Gesundheitszustands des Betreuten besondere Aufmerksamkeit zu widmen und das Gericht umgehend von Änderungen zu informieren. Nach Abs 5 S 2 hat der Betreuer ferner Umstände mitzuteilen, die die Bestellung eines **weiteren Betreuers** (§ 1899) erforderlich machen. Dies kommt in erster Linie dann in Betracht, wenn der Betreuer aus tatsächlichen oder rechtlichen Gründen an einer Vertretung des Betreuten gehindert ist (vgl § 1899 Rn 13 f). Verstöße gegen die Mitteilungspflicht nach Abs 5 stellen Pflichtverletzungen iS von § 1833 dar[46]. 18

§ 1901 a Schriftliche Betreuungswünsche, Vorsorgevollmacht

¹**Wer ein Schriftstück besitzt, in dem jemand für den Fall seiner Betreuung Vorschläge zur Auswahl des Betreuers oder Wünsche zur Wahrnehmung der Betreuung geäußert hat, hat es unverzüglich an das Vormundschaftsgericht abzuliefern, nachdem er von der Einleitung eines Verfahrens über die Bestellung eines Betreuers Kenntnis erlangt hat.** ²**Ebenso hat der Besitzer das Vormundschaftsgericht über Schriftstücke, in denen der Betroffene eine andere Person mit der Wahrnehmung seiner Angelegenheiten bevollmächtigt hat, zu unterrichten.** ³**Das Vormundschaftsgericht kann die Vorlage einer Abschrift verlangen.**

Schrifttum: *Epple*, Einfluss der Betreuungsverfügung auf das Verfahren, die Führung und die Überwachung der Betreuung, BtPrax 1993, 156; *Lipp*, „Sterbehilfe" und Patientenverfügung, FamRZ 2004, 317; *Milzer*, Die adressatengerechte Vorsorgevollmacht, NJW 2003, 1836; *G. Müller/Renner*, Betreuungsrecht und Vorsorgeverfügungen in der Praxis, 2. Aufl 2008; *A. Langenfeld*, Vorsorgeverfügung und Patiententestament nach dem neuen Betreuungsrecht, Diss Konstanz 1994; *Perau*, Betreuungsverfügung und Vorsorgevollmacht, MittRhNotK 1996, 285; *Wagenitz*, Finale Selbstbestimmung? Zu den Möglichkeiten und Grenzen der Patientenverfügung im geltenden und künftigen Recht, FamRZ 2005, 669.

Übersicht

	Rn		Rn
I. Normzweck	1	III. Unterrichtungspflicht bei Vorsorgevollmachten; Vorlage einer Abschrift (S 2, 3)	10
II. Ablieferungspflicht bei Betreuungsverfügungen (S 1)	2	IV. Durchsetzung der Ablieferungs- und Unterrichtungspflicht	11
1. Gegenstand der Ablieferungspflicht	2		
a) Betreuungsverfügung	2	V. Hinterlegung bzw Registrierung einer Betreuungsverfügung oder Vorsorgevollmacht	13
b) Patientenverfügung	4		
2. Adressat und Zeitpunkt der Ablieferungspflicht	9		

I. Normzweck

Die Vorschrift normiert eine Ablieferungspflicht für schriftliche **Betreuungsverfügungen**. Nach der Einfügung der Sätze 2 und 3 durch das 2. BtÄndG ist für (Vorsorge-)**Vollmachten** außerdem eine Unterrichtungspflicht normiert. Die Ablieferungspflicht bzw Unterrichtungspflicht soll gewährleisten, dass das Vormundschaftsgericht von den Vorsorgeverfügungen (Betreuungsverfügung, Patientenverfügung oder Vorsorgevollmacht), die der Betroffene errichtet hat, Kenntnis erlangt. 1

---
[43] BT-Drucks 15/2494 S 30.
[44] *Fröschle* BtPrax 2006, 43, 47.
[45] BayObLGZ 1995, 387 = NJW-RR 1995, 1274.
[46] Vgl *Meier* BtPrax 1999, 57, 58.

§ 1901 a

II. Ablieferungspflicht bei Betreuungsverfügungen (S 1)

2   **1. Gegenstand der Ablieferungspflicht. a) Betreuungsverfügung.** Die Ablieferungspflicht bezieht sich auf Schriftstücke, die Vorschläge zur Auswahl des Betreuers oder Wünsche zur Wahrnehmung der Betreuung enthalten. Gemeint sind hiermit in erster Linie die sog Betreuungsverfügungen[1]. Diesen kommt (anders als Vorsorgevollmachten) nicht eine betreuungsersetzende, sondern eine **betreuungsgestaltende** (und damit idR betreuungserleichternde) Funktion zu. Denn sie enthalten ausschließlich Regelungen für den Fall der Bestellung eines Betreuers. Dies gilt zum einen für an das Vormundschaftsgericht gerichtete **Vorschläge** hinsichtlich der **Person des Betreuers** (vgl § 1897 Abs 4). Diese sind für das Gericht grds bindend, wenn die vorgeschlagene Person auch zum Betreuer bestellt werden kann (vgl § 1897 Abs 3), die Bestellung der vorgeschlagenen Person nicht dem Wohl des Betroffenen zuwiderläuft und durch den Vorschlag nicht das gesetzlich vorgegebene Rangverhältnis zwischen den einzelnen Betreuertypen überwunden werden soll (vgl § 1897 Abs 6, § 1900 Abs 1, Abs 4). Zum anderen können in einer Betreuungsverfügung **Wünsche hinsichtlich der Wahrnehmung der Betreuung** (vgl § 1901 Abs 3 S 1) geäußert werden. Diese richten sich unmittelbar an den Betreuer (mittelbar auch an das Vormundschaftsgericht, das diese im Rahmen seiner Überwachungs- und Genehmigungstätigkeit zu beachten hat). Die Wünsche können sich beispielsweise auf Gesundheitsangelegenheiten, auf Geld- und sonstige Vermögensangelegenheiten und auf den Aufenthalt bzw eine etwaige Heimunterbringung des Betroffenen beziehen. Die hinsichtlich der Durchführung der Betreuung geäußerten Wünsche sind für den Betreuer grds bindend. Dies gilt nicht, wenn die Beachtung des Wunsches dem Wohl des Betroffenen zuwiderläuft bzw dem Betreuer nicht zuzumuten ist (§ 1901 Abs 3 S 1), der Betreute an diesen Wünschen erkennbar nicht mehr festhalten will (§ 1897 Abs 3 S 2) oder die Wünsche sich nicht nur auf das Innenverhältnis zum Betreuer beschränken, sondern das Außenverhältnis betreffen (z. B. unzulässige Freistellung von den Genehmigungspflichten).

3   Weder die Errichtung der Betreuungsverfügung noch deren Widerruf erfordert Geschäftsfähigkeit. Es sind vielmehr auch die **Wünsche Geschäftsunfähiger** zu berücksichtigen. Denn die zur Person oder Durchführung der Betreuung geäußerten Wünsche sind keine Willenserklärungen. Für eine Betreuungsverfügung besteht auch kein bestimmtes **Formerfordernis**. Die Einhaltung der Schriftform ist aber aus Beweisgründen anzuraten. Die Ablieferungspflicht hinsichtlich einer schriftlichen Betreuungsverfügung besteht unabhängig davon, ob diese zwischenzeitlich **aufgehoben oder abgeändert** wurde oder der Betroffene selbst noch (aktuelle) Wünsche äußern kann[2]. Denn es ist allein Aufgabe des Vormundschaftsgerichts, im Betreuungsverfahren zu prüfen, inwieweit die schriftlich niedergelegten Betreuungswünsche noch dem aktuellen Willen des Betroffenen entsprechen.

4   **b) Patientenverfügung.** Neben Betreuungsverfügungen werden auch sog Patientenverfügungen von der Ablieferungspflicht erfasst. Sinn und Zweck einer Patientenverfügung ist es, dem Willen des Patienten hinsichtlich einer medizinischen Behandlung oder deren Abbruch für den Fall zum Durchbruch zu verhelfen, dass der Patient diesen auf Grund seiner physischen oder psychischen Situation nicht mehr aktuell äußern kann. Dies gilt in erster Linie im Hinblick auf die **Ablehnung lebensverlängernder oder -erhaltender Maßnahmen** im Vorfeld des Sterbens[3]. Es gibt aber auch Patientenverfügungen mit anderem Inhalt, wie zB mit Wunsch auf medizinische Maximalbehandlung[4] oder hinsichtlich psychiatrischer Behandlung[5].

5   Im Hinblick auf Inhalt und mögliche Bindung einer Patientenverfügung ist der strafrechtliche Hintergrund von ausschlaggebender Bedeutung. Verboten ist in Deutschland nach wie vor die sog **aktive Sterbehilfe** (vgl § 216 StGB), erlaubt dagegen eine sog **Hilfe im Sterben** (Schmerzlinderung ohne lebensverkürzendes Risiko), eine sog **indirekte Sterbehilfe** (gezielte Schmerzlinderung mit ggf lebenskürzender Auswirkung), sowie die sog **Hilfe zum Sterben** (dh ein Sterbenlassen durch Verzicht auf lebensverlängernde Maßnahmen wie künstliche Beatmung, Bluttransfusion, künstliche Ernährung, usw), und zwar nach neuerer Rspr des BGH-Strafsenats auch dann, wenn der unmittelbare Sterbevorgang noch nicht eingesetzt hat[6]. Im letzteren Fall ist zusätzlich Voraussetzung, dass dies dem **tatsächlichen oder mutmaßlichen Willen** des Betroffenen entspricht, wie er auch in einer Patientenverfügung niedergelegt sein kann[7].

6   Unmittelbarer **Adressat einer Patientenverfügung** ist der behandelnde Arzt bzw das sonstige ärztliche Personal/Pflegepersonal[8]. Sofern im Außenverhältnis im Falle der eigenen Einwilligungsunfä-

---

[1] Vgl G. Müller in: Limmer/Hertel/Frenz/J. Mayer (Hrsg), Würzburger Notarhandbuch, Teil 3 Rn 582 ff; Renner in: G. Müller/Renner, Betreuungsrecht und Vorsorgeverfügungen in der Praxis, Rn 282 ff; Epple BtPrax 1993, 156; Perau MittRhNotK 1996, 285, 289 f; A. Langenfeld, Vorsorgevollmacht, Betreuungsverfügung und Patiententestament nach dem neuen Betreuungsrecht, S 156 ff, 170.

[2] RGRK/Dickescheid Rn 2.

[3] Hierzu existieren mittlerweile unzählige Formulierungsmuster. Ein besonders empfehlenswertes, da interdisziplinär von verschiedenen Fachleuten erarbeitetes Formulierungsmuster findet sich in der – auch sonst – lesenswerten Information des Bayerischen Staatsministeriums der Justiz zur Vorsorge für Unfall, Krankheit und Alter (zu beziehen in Druckform über den Beck-Verlag bzw kostenfrei aus dem Internet über die Homepage des Ministeriums).

[4] Vgl Schobert NJW 2000, 2724.

[5] Vgl Hartmann NStZ 2000, 113.

[6] BGHSt 40, 257 = NJW 1995, 204; unklar dagegen BGHZ 154, 205 ff = NJW 2003, 1588 = FamRZ 2003, 748 m Anm Lipp = RNotZ 2003, 255 m Anm Perau = DNotZ 2003, 850 m Anm Stoffers; vgl die Kritik von Kutzer ZRP 2003, 213; Hufen ZRP 2003, 248.

[7] BGHSt 40, 257; OLG Frankfurt NJW 1998, 2749 = FamRZ 1998, 1137 m Anm Bienwald.

[8] Vgl BGHZ 163, 195 = BGH NJW 2005, 2385 = DNotZ 2005, 924 m Anm G. Müller.

higkeit ein Betreuer oder Bevollmächtigter für den Betroffenen handelt, richtet sich die Patientenverfügung zugleich als Handlungsanweisung an den Vertreter (vgl § 1901 Abs 3 für den Betreuer, § 662 für den Bevollmächtigten; zur Frage der Genehmigungspflicht vgl § 1904 Rn 24 ff). In der Regel ist es aber sinnvoll, den Vertreter im Rahmen der Patientenverfügung ausdrücklich anzuweisen, den Behandlungswünschen im Außenverhältnis soweit als möglich zum Durchbruch zu verhelfen.

Auch wenn missverständlicherweise zT von einem „Patiententestament" die Rede ist, erfordert eine Patientenverfügung nicht das Vorliegen von Testierfähigkeit. Maßgeblich ist vielmehr – wie stets bei der Einwilligung in ärztliche Maßnahmen – die sog **natürliche Einsichts- und Steuerungsfähigkeit** des Betroffenen. Nach derzeitiger Rechtslage ist die Patientenverfügung auch **formlos gültig** (wobei sich aus Beweisgründen in jedem Fall die Einhaltung der Schriftform empfiehlt). Nach überzeugender Ansicht des BGH[9] wirkt die Patientenverfügung auch nach Eintritt der Einwilligungsunfähigkeit des Patienten fort. Es ist daher aus Rechtsgründen **nicht** erforderlich, diese in bestimmten Zeitabständen zu **bekräftigen oder zu wiederholen**[10]. Dies entspricht der deutschen Rechtstradition, wonach eine Willensäußerung ihre Wirksamkeit behält, bis ein Widerruf derselben erfolgt. Es käme auch niemand auf den Gedanken, die Wirksamkeit eines Testaments deswegen anzuzweifeln, weil seit dessen Errichtung mehrere Jahre vergangen sind. Viel wichtiger ist es dagegen, bei einer etwaigen **Änderung der persönlichen Lebensumstände** (insbes der Gesundheitssituation) die Patientenverfügung zu bestätigen bzw der geänderten Situation anzupassen. Denn der Beweiswert und die Bindungswirkung einer Patientenverfügung sind umso größer, je konkreter die Behandlungssituation ist, auf die sie sich bezieht[11]. 7

Die **gesetzliche Regelung** der strafrechtlich zulässigen Sterbehilfe wie der Bedeutung und Reichweite einer Patientenverfügung steht nach wie vor aus. Im September 2006 beschäftigte sich zuletzt die Strafrechtsabteilung des 66. DJT mit dem Thema „Patientenautonomie und Strafrecht bei der Sterbebegleitung"[12]. Schon zuvor hatten sich verschiedene Expertenkommissionen (ua die vom BMJ eingesetzte Arbeitsgruppe „Patientenautonomie am Lebensende" – sog „Kutzer-Kommission" – sowie die vom Bundestag gebildete Enquete-Kommission „Ethik und Recht der modernen Medizin") mit der Ausarbeitung von Gesetzesvorschlägen befasst. Diese divergieren zT sehr stark[13], so dass derzeit auch nicht abgesehen werden kann, wann und in welcher konkreten Form eine gesetzliche Regelung der Patientenverfügung kommen wird[14]. 8

2. Adressat und Zeitpunkt der Ablieferungspflicht. Die Ablieferungspflicht trifft den **unmittelbaren Besitzer** eines Schriftstückes, das Vorschläge zur Auswahl des Betreuers oder Wünsche zur Wahrnehmung der Betreuung enthält. Die Ablieferungspflicht entsteht erst ab dem **Zeitpunkt**, in dem der Besitzer des Schriftstücks **positive Kenntnis** von der Einleitung eines Betreuungsverfahrens nach den §§ 68 ff FGG erlangt hat. Kenntnis von der bloßen Betreuungsbedürftigkeit des Betroffenen genügt noch nicht[15]. 9

III. Unterrichtungspflicht bei Vorsorgevollmachten; Vorlage einer Abschrift (S 2, 3)

Mit dem 2. BtÄndG wurde entspr der Ablieferungspflicht für Betreuungsverfügungen in S 2 hinsichtlich Vorsorgevollmachten eine Unterrichtungspflicht des unmittelbaren Besitzers eines solchen Schriftstücks gegenüber dem Vormundschaftsgericht begründet. Von der Erstreckung der Ablieferungspflicht auch auf Vorsorgevollmachten wurde abgesehen, da der Bevollmächtigte sich andernfalls im Rechtsverkehr nicht mehr hätte legitimieren können (vgl § 172). Außerdem wäre eine Ablieferungsverpflichtung bei notariell beurkundeten Vorsorgevollmachten auch systemwidrig gewesen, weil die Originalurkunde gemäß § 45 BeurkG grds in der Verwahrung des Notars zu bleiben hat[16]. Unterrichtungspflichtig sind auch die Personen und Stellen, bei denen eine Vollmacht errichtet wurde, sofern sich die Urschrift in ihrem Besitz befindet[17]. Die Mitteilungspflicht trifft daher auch Notare, die die Urschrift einer notariell beurkundeten Vorsorgevollmacht verwahren. Nach S 3 kann das Vormundschaftsgericht die **Vorlage einer Abschrift** (Kopie) des entsprechenden Dokuments verlangen. 10

IV. Durchsetzung der Ablieferungs- und Unterrichtungspflicht

Die Erzwingung der Ablieferung einer Betreuungsverfügung ist parallel zur Situation bei Testamenten geregelt: Das Vormundschaftsgericht kann den Besitzer gemäß § 69 e S 2 FGG durch **Festsetzung von Zwangsgeld** (§ 33 FGG) zur Ablieferung der Betreuungsverfügung anhalten. Nach § 69 e S 3, § 83 Abs 2 FGG kann ein vermeintlicher Besitzer vom Vormundschaftsgericht auch zur Abgabe einer eidesstattlichen Versicherung über den Verbleib der Betreuungsverfügung angehalten werden. 11

---

[9] BGHZ 154, 205 = NJW 2003, 1588.
[10] So auch Beschluss des 63. DJT in Leipzig 2000, BtPrax 2000, 247, 248 = NJW 2001, 13* f.
[11] Vgl Grundsätze der Bundesärztekammer zur ärztlichen Sterbebegleitung aus dem Jahre 2004.
[12] Vgl NJW 2006, Heft 42 S XXXII.
[13] Vgl *Renner* in: G. *Müller/Renner*, Betreuungsrecht und Vorsorgeverfügungen in der Praxis, Rn 363 ff; *Wagenitz* FamRZ 2005, 669; *Lipp/Nagel* FF 2005, 83; *v. Rennesse* BtPrax 2005, 47.
[14] Vgl zu den neuesten Entwürfen aus dem Bundestag *May* BtPrax 2007, 149.
[15] Vgl BT-Drucks 11/4528 S 208, 227.
[16] BT-Drucks 15/4874 S 27.
[17] *Jurgeleit/Deusing* Rn 34.

§ 1901 a   Buch 4. Abschnitt 3. Vormundschaft, rechtliche Betreuung, Pflegschaft

12   Trotz Ergänzung des § 1901 a um die Unterrichtungspflicht bei der **Vorsorgevollmacht** nebst Einräumung des Rechts an das Vormundschaftsgericht, eine Abschrift zu verlangen, ist hinsichtlich der Vorsorgevollmacht keine Ergänzung der verfahrensrechtlichen Regelung erfolgt. § 69 e FGG ist daher nicht unmittelbar anwendbar, eine entsprechende Anwendung wohl unzulässig[18]. Die fehlende Anpassung ist unzweckmäßig, da gerade bei den betreuungsvermeidend wirkenden Vorsorgevollmachten ein besonderes Bedürfnis besteht, dass das Vormundschaftsgericht hierüber zuverlässig Kenntnis erlangt. In der Praxis dürften sich aus den fehlenden Zwangsbefugnissen allerdings selten Probleme ergeben. Dies gilt zumindest dann, wenn ein Bevollmächtigter in Besitz der Vollmachtsurkunde bzw Ausfertigung ist, da es regelmäßig seinem Interesse und seinem Auftrag entspricht, dafür zu sorgen, dass die Betreuerbestellung vermieden wird. Anders könnte sich dies aber darstellen, wenn die Vollmachtsurkunde bislang dem Bevollmächtigten nicht ausgehändigt, sondern diese beispielsweise in den persönlichen Unterlagen des Vollmachtgebers verwahrt wurde, da deren Mitteilung an das Gericht – zB im Falle innerfamiliärer Spannungen zwischen mehreren Geschwistern, von denen eines bevollmächtigt wurde – nicht unbedingt gesichert erscheint.

V. Hinterlegung bzw Registrierung einer Betreuungsverfügung oder Vorsorgevollmacht

13   Für Betreuungsverfügungen und (Vorsorge-)Vollmachten ist durch § 1901 a zwar bundeseinheitlich eine Ablieferungs- bzw Unterrichtungspflicht normiert, anders als bei Verfügungen von Todes wegen besteht aber **keine bundeseinheitliche Hinterlegungsmöglichkeit.** Die Möglichkeit der gerichtlichen Verwahrung einer **Betreuungsverfügung** wurde zT nur auf Länderebene eröffnet. Eine Hinterlegung von Betreuungsverfügungen ist nach meinem Kenntnisstand möglich in Bremen, Hessen (Runderlass vom 27. 10. 1995, JMBl S 774), Niedersachsen (Erlass des Justizministeriums aus dem Jahr 1994), Sachsen (Verwaltungsvorschrift vom 8. 1. 1993, ABl S 116), Sachsen-Anhalt (AV des Justizministeriums vom 9. 3. 2000, JMBl LSA 16 S 103), Thüringen (Verwaltungsvorschrift vom 7. 5. 1993, JMBl S 153) und Saarland. Freigestellt ist sie den Gerichten in Baden-Württemberg, Berlin, Mecklenburg-Vorpommern, Nordrhein-Westfalen und Schleswig-Holstein.

14   Die Hinterlegungsmöglichkeit gilt in den betreffenden Fällen auch für **Vorsorgevollmachten,** die mit Betreuungsverfügungen kombiniert sind. Für „reine" Vorsorgevollmachten besteht eine Hinterlegungsmöglichkeit dagegen nur bei den Amtsgerichten in Bremen, Niedersachsen und im Saarland. Freigestellt ist die Entgegennahme den Amtsgerichten in Baden-Württemberg und Berlin. Daneben bieten verschiedene Organisationen wie zB das Deutsche Rote Kreuz, die DGHS ua gegen Entgelt eine Hinterlegungs- bzw Registrierungsmöglichkeit[19]. **Bayern** hat die Hinterlegungsmöglichkeit von Betreuungsverfügungen und Vorsorgevollmachten gem Art 34 a BayAGGVG im Hinblick auf die Einführung des Vorsorgeregisters (vgl Rn 16) durch Gesetz vom 7. 3. 2007 (BayGVBl S 212) mit Wirkung zum 1. 4. 2007 aufgehoben.

15   Die Situation, dass eine bundeseinheitliche Hinterlegungs- oder zumindest Registrierungsmöglichkeit fehlte, wurde vermehrt als unbefriedigend empfunden. Die mit den notwendigen Betreuungsreformen befasste Bund-Länder-Arbeitsgruppe Betreuungsrecht hat in ihrem Zwischenbericht vom Juni 2002 daher die Schaffung einer bundeszentralen Kartei (beim Generalbundesanwalt oder der Bundesnotarkammer) zur Registrierung von Vorsorgevollmachten mit jederzeitigem Zugriffsrecht für die Vormundschaftsgerichte gefordert. Daraufhin hat die Vertreterversammlung der BNotK am 25. 10. 2002 die Schaffung einer Registerdatenbank für Vorsorgevollmachten (und Betreuungsverfügungen) beschlossen. Bereits ab Februar 2003 wurde mit dem Aufbau des Datenbestandes begonnen.

16   Durch das Gesetz vom 23. 4. 2004 (BGBl I S 598) zur Registrierung von Vorsorgeverfügungen (usw), das am 31. 7. 2004 in Kraft trat, wurden mit den §§ 78 a, 78 b BNotO, § 20 a BeurkG die gesetzlichen Rahmenbedingungen für das **Zentrale Vorsorgeregister der BNotK**[20] geschaffen, in dem **Vorsorgevollmachten** gegen eine geringe, einmalige Gebühr von ca 15 bis 25 Euro[21] **registriert** (nicht: hinterlegt!) werden können. Gespeichert werden dort die Daten des Vollmachtgebers, des bzw der Bevollmächtigten sowie die Art der erteilten Vollmacht zwecks Auskunftserteilung an die anfragenden Vormundschaftsgerichte. Dabei werden im Vorsorgeregister mittlerweile nicht nur notarielle, sondern auch sonstige (insbes privatschriftliche oder anwaltliche) Vorsorgevollmachten auf Antrag erfasst. Dies gilt auch für Vorsorgevollmachten, die mit **Betreuungs- und Patientenverfügungen kombiniert** sind. Die Erfassung isolierter Patientenverfügungen ist dagegen nicht möglich. Dies wäre auch nur bedingt sinnvoll, weil sich diese primär nicht an das Vormundschaftsgericht, sondern an die behandelnden Ärzte (sowie an den Betreuer oder Bevollmächtigten des betroffenen Patienten) richten, denen gegenüber aber keine Auskunftsverpflichtung besteht. Dass aber auch isolierte Betreuungsverfügungen, die primär für das Vormundschaftsgericht von Interesse sind, nicht erfasst werden können, ist dagegen nicht verständlich und sollte vom Gesetzgeber schnellstmöglich geändert werden.

---

[18] Vgl *Sonnenfeld* in: *Bienwald/Sonnenfeld/Hoffmann* § 69 e FGG Rn 33; *Jurgeleit/Deusing* Rn 42.
[19] Vgl *Meier* BtPrax 2002, 184, 190.
[20] Im Internet erreichbar unter www.vorsorgeregister.de bzw www.bnotk.de.
[21] Vgl die Vorsorgeregister-Gebührensatzung, abgedruckt in der DNotZ 2005, 81; geändert durch Satzung vom 2. 12. 2005, DNotZ 2006, 2 f.

§ 1902 Vertretung des Betreuten

In seinem Aufgabenkreis vertritt der Betreuer den Betreuten gerichtlich und außergerichtlich.

Schrifttum: *Bienwald,* Zur Vertretung des Betreuten gegenüber Behörden, BtPrax 2003, 71; *Deinert,* Die gerichtliche Vertretung von Betreuten, BtPrax 2001, 66; *ders,* Der Betreuer im Ehe- und Lebenspartnerschaftsrecht, BtPrax 2005, 16; *ders,* Kirchenaustritt und Betreuung, FamRZ 2006, 243; *Harm,* Die Personensorge im Betreuungsrecht, BtPrax 2005, 98; *G. Müller,* Vertretung des geschäftsunfähigen Ehegatten bei der Zustimmung nach den §§ 1365, 1366 BGB, ZNotP 2005, 419.

Übersicht

	Rn		Rn
I. Normzweck	1	b) Beschränkungen	12
II. Vertretungsmacht des Betreuers	2	4. Beginn und Ende der Vertretungsmacht	14
1. Gegenstand der Vertretung	2		
2. Umfang der Vertretungsmacht	3	III. Handlungsfähigkeit und Wille des Betreuten	16
a) Übertragener Aufgabenkreis	3		
b) Erteilung von Untervollmacht	4	1. Doppelzuständigkeit bei Geschäftsfähigkeit des Betreuten	16
c) Vertretungsmacht bei speziellen Aufgabenkreisen	5	2. Einflussnahme des Betreuten auf die Vertretungsmacht des Betreuers	18
3. Grenzen und Beschränkungen der Vertretungsmacht	10	a) Einschränkung der Vertretungsmacht	18
a) Grenzen	10	b) Erweiterung der Vertretungsmacht	19

I. Normzweck

Die Vorschrift ist eine der zentralen Normen des Betreuungsrechts, da sie dem Betreuer die zur Erfüllung seiner Aufgaben notwendige **Rechtsmacht** kraft Gesetzes verleiht. Die **gesetzliche Vertretungsmacht** des Betreuers wird dabei als Wesensmerkmal der Betreuung selbst angesehen (vgl § 1896 Abs 2 S 2), zumal sie **zwingend** mit der Bestellung eines Betreuers verbunden ist. Sie besteht im rechtsgeschäftlichen Bereich selbst dann, wenn der Betreute geschäftsfähig ist. Daraus ergibt sich die Gefahr des Abschlusses sich widersprechender Rechtsgeschäfte des Betreuten und des Betreuers. Der **Umfang** der Vertretungsmacht richtet sich nach dem vom Gericht **übertragenen Aufgabenkreis**. 1

II. Vertretungsmacht des Betreuers

1. Gegenstand der Vertretung. Neben der gerichtlichen Vertretung ist der Betreuer zur **außergerichtlichen Vertretung** des Betreuten berechtigt. Dies schließt nach allgemeinen Vertretungsgrundsätzen die Befugnis zur **Abgabe** sowie **Empfangnahme von Willenserklärungen**[1] sowie zur **Vornahme von geschäftsähnlichen Handlungen** mit Wirkung für den Betreuten ein. Im Falle der Anordnung eines Einwilligungsvorbehalts folgt aus § 1902 die Rechtsmacht zur Abgabe oder Verweigerung der zur Wirksamkeit des Rechtsgeschäfts erforderlichen **Zustimmung**. Damit der Betreute aus dem von oder gegenüber dem Betreuer vorgenommenen Geschäft berechtigt oder verpflichtet wird, muss der Betreuer nach dem geltenden Offenheitsprinzip (§ 164 Abs 1, 3) grds **erkennbar im Namen des Betreuten** handeln. 2

2. Umfang der Vertretungsmacht. a) Übertragener Aufgabenkreis. Der Umfang der gesetzlichen Vertretungsmacht des Betreuers richtet sich nach dem ihm vom Gericht übertragenen Aufgabenkreis. Aufgabenkreis und Vertretungsmacht des Betreuers sind damit identisch. Bei etwaigen Differenzen zwischen dem Betreuungsbeschluss (§ 69 Abs 1 Nr 2 b, Nr 4 FGG) und der Bestellungsurkunde des Betreuers (§ 69 b Abs 2 Nr 3, 4 FGG) ist für die Bestimmung des Umfangs der Vertretungsmacht allein der **Bestellungsbeschluss** maßgeblich. Denn der Bestellungsurkunde kommt nach allgemeiner Auffassung weder konstitutive Wirkung zu, noch genießt diese entspr § 172 öffentlichen Glauben[2]. **Überschreitet** der Betreuer seine Vertretungsmacht, indem er außerhalb des ihm übertragenen Aufgabenkreises für den Betreuten rechtsgeschäftlich tätig wird, gelten die §§ 177 ff. Das schwebend unwirksame Rechtsgeschäft kann dann von dem geschäftsfähigen Betreuten, einem weiteren Betreuer bzw dem Betreuer selbst nach Erweiterung seines Aufgabenkreises genehmigt werden[3]. 3

b) Erteilung von Untervollmacht. Die Frage, inwieweit der Betreuer einem Dritten in einzelnen (bzw allen) Angelegenheiten Untervollmacht erteilen kann, ist umstritten. Eine Generalvollmacht bzw vollständige „Übertragung" der dem Betreuer eingeräumten Rechtsmacht auf einen Dritten wird man angesichts des Grundsatzes der **persönlichen Betreuung** und auf Grund der für die Auswahl und Bestellung des Betreuers bestehenden Vorschriften für unzulässig halten müssen. Eine Unterbevollmächtigung in **einzelnen, insbes vermögensrechtlichen Angelegenheiten** ist dagegen zulässig[4]. 4

---

[1] Vgl ArbG Stade BtPrax 1999, 39 f.
[2] BayObLG FamRZ 1994, 1059, 1060; *Keidel/Kuntze/Winkler* § 69 b FGG Rn 7; *Sonnenfeld* in: *Bienwald/Sonnenfeld/Hoffmann* § 69 b FGG Rn 12.
[3] vgl § 177 Rn 26; *Staudinger/Bienwald* Rn 59.
[4] Vgl OLG Frankfurt FamRZ 2002, 1362; LG Frankenthal Rpfleger 1997, 380 = NJWE-FER 1997, 251; *Jürgens* BtPrax 1994, 10 f; *Jürgens/Jürgens* § 1902 Rn 22; *Staudinger/Bienwald* Rn 65 ff.

5   **c) Vertretungsmacht bei speziellen Aufgabenkreisen.** Welche Rechtsgeschäfte (bzw geschäftsähnliche Handlungen und Realakte) von dem Betreuer kraft des ihm übertragenen Aufgabenkreises vorgenommen werden können, lässt sich – gerade bei weiter Fassung des übertragenen Aufgabenkreises – nicht immer ohne weiteres bestimmen. Denn es fehlt an einer gesetzlichen Umschreibung des Inhalts sogar der sog „Standard-Aufgabenkreise" wie Vermögenssorge, Personensorge (bzw im speziellen Gesundheitsfürsorge oder Aufenthaltsbestimmung)[5]. Mittlerweile liegt aber zumindest zu den praxishäufigen Aufgabenkreisen Rspr vor, die zur Bestimmung des Inhalts der Aufgabenkreise und damit des Umfangs der Vertretungsmacht herangezogen werden kann.

6   Von dem Aufgabenkreis **„Vermögenssorge"** (bzw „Vermögensverwaltung", „Vermögensangelegenheiten") werden sämtliche das Vermögen des Betreuten betreffende Angelegenheiten erfasst[6]. Dazu gehören beispielsweise die Geltendmachung von Ansprüchen des Betreuten gegenüber Dritten, die Verwaltung und ggf Verwertung des Vermögens des Betreuten, die Abwehr ungerechtfertigter und die Erfüllung bestehender Forderungen Dritter, die Erledigung steuerrechtlicher Geschäfte des Betreuten usw[7]. Auch die Geltendmachung von **Unterhaltsansprüchen** oder die Beantragung der Sozialhilfe für den Betreuten ist idS eine vermögensrechtliche Angelegenheit[8]. Gleiches gilt für **erbrechtliche Angelegenheiten** (Nachlassangelegenheiten) wie zB die Annahme oder Ausschlagung einer dem Betreuten angefallenen Erbschaft[9] oder die Entgegennahme des Widerrufs wechselbezüglicher Verfügungen für den geschäftsunfähigen Ehegatten des Widerrufenden[10].

7   Der Aufgabenkreis **„Gesundheitsfürsorge"** berechtigt zum Abschluss aller Rechtsgeschäfte und zur Vornahme aller Rechtshandlungen, die erforderlich sind, um für die Gesundheit des Betroffenen sorgen zu können[11]. Dazu gehören nach hM vor allem die Entscheidung über die **Einwilligung** in eine ärztliche Maßnahme (soweit der Betreute nicht selbst einwilligungsfähig ist) sowie der Abschluss der in diesem Bereich anfallenden **Arzt- und Krankenhausverträge**[12]. Zur derart gegebenen umfassenden Zuständigkeit für die medizinischen Belange des Betreuten gehört auch die Entscheidung über **lebenserhaltende Maßnahmen** bzw den Behandlungsabbruch beim Betreuten[13].

8   Der Aufgabenkreis **„Aufenthaltsbestimmung"** umfasst nach Auffassung des BayObLG[14] die Vertretung des Betroffenen bei **Aufrechterhaltung oder Wechsel des Wohnsitzes oder Aufenthaltsortes** (Unterbringung) und den Abschluss oder die Kündigung von hiermit in Zusammenhang stehenden **Verträgen** wie Heim- oder Mietverträgen, nicht aber ohne weiteres die Vertretung des Betroffenen bei der Beantragung eines neuen Passes oder Personalausweises. Nach hM berechtigt der Aufgabenkreis Aufenthaltsbestimmung auch zu einer freiheitsentziehenden Unterbringung des Betreuten iS des § 1906 Abs 1[15].

9   Die in der Praxis häufig erfolgende Übertragung des Aufgabenkreises **„Vertretung des Betreuten gegenüber Behörden"** ist wegen der weit reichenden Vertretungsmacht des Betreuers gemäß § 1902 überflüssig bzw kann missverständlicherweise als umfassende Behördenvertretungsmacht (auch außerhalb des Aufgabenkreises des Betreuers) interpretiert werden. Sie sollte daher vermieden werden[16]. Dem Betreuer kann auch die Regelung des **Umgangs** des Betreuten als Aufgabe übertragen werden[17].

10   **3. Grenzen und Beschränkungen der Vertretungsmacht. a) Grenzen.** § 1902 erlaubt eine Vertretung des Betreuten nur in den Bereichen, in denen eine Stellvertretung nach dem Gesetz zulässig ist. Grenzen der gesetzlichen Vertretung durch den Betreuer bestehen daher dort, wo die **höchstpersönliche Natur des Geschäfts** eine Stellvertretung verbietet bzw das Gesetz – ausdrücklich – ein persönliches Handeln des Betroffenen verlangt. Dies ist der Fall zB hinsichtlich der **Eheschließung** (§ 1311) oder Eingehung einer eingetragenen Lebenspartnerschaft (§ 1 Abs 1 S 1 LPartG), der Errichtung oder dem Widerruf einer **letztwilligen Verfügung** (§§ 2064, 2274), der **Organspende**[18], der Wahrnehmung von Angelegenheiten der **elterlichen Sorge**[19], sowie der Abgabe einer **Sorgeerklärung** (§ 1626c Abs 1) oder einer **Nichtfortsetzungserklärung** bei der eingetragenen Lebenspart-

---

[5] Vgl zum Inhalt der Personensorge *Harm* BtPrax 2005, 98.
[6] Vgl ausf *Bienwald* in: *Bienwald/Sonnenfeld/Hoffmann* Anh § 1908i Rn 8 ff; zur Schuldenregulierung vgl *Bienwald* BtPrax 2000, 187.
[7] Vgl OLG München BeckRS 2005, 10401.
[8] *Bienwald* FamRZ 1998, 1567; *Dodegge* NJW 1999, 2712; aA LG Köln FamRZ 1998, 919: Haftungsentscheidung; OLG Zweibrücken FamRZ 2000, 1324 m krit Anm *Bienwald*; vgl auch OVG Münster FamRZ 2001, 312.
[9] Vgl für die Ausschlagung OLG Stuttgart NJW 2001, 3484; LG Aachen NJW-RR 2005, 307; *G. Müller* in: *G. Müller/Renner*, Betreuungsrecht und Vorsorgeverfügungen in der Praxis Rn 172; aA MünchKommBGB/*Schwab* § 1896 Rn 103; *Bienwald* in: *Bienwald/Sonnenfeld/Hoffmann* § 1896 Rn 133, S 113.
[10] LG Hamburg DNotI-Report 2000, 86; Gutachten DNotI-Report 1999, 173, 174; *G. Müller* in: *G. Müller/Renner*, Betreuungsrecht und Vorsorgeverfügungen in der Praxis, Rn 162; *Helms* DNotZ 2003, 104, 106; aA *Damrau/Bittler* ZErb 2004, 77.
[11] Vgl BSG FPR 2002, 459 = FamRZ 2002, 1471 m Anm *Bienwald*.
[12] MünchKommBGB/*Schwab* § 1896 Rn 68; *Staudinger/Bienwald* § 1896 Rn 89 ff.
[13] BGH NJW 2003, 1588.
[14] Rpfleger 1998, 515; vgl auch BayObLGZ 1992, 123 = FamRZ 1992, 1222.
[15] OLG Stuttgart FPR 2004, 711 = BeckRS 2004, 06373.
[16] *Bienwald* BtPrax 2003, 21 f.
[17] BayObLGZ 2003, 33; BayObLG FamRZ 2002, 907.
[18] Vgl AG Mölln FamRZ 1995, 188, 189 zur alten Rechtslage vor Inkrafttreten des TPG); *Staudinger/Bienwald* § 1904 Rn 37; vgl auch *Deinert* BtPrax 1998, 60; *Walter* FamRZ 1998, 201, 203.
[19] *Staudinger/Bienwald* Rn 34 ff; LG Rostock FamRZ 2003, 1691 m Anm *Bienwald*; vgl dazu auch *Hoffmann* BtPrax 2007, 95 ff.

Vertretung des Betreuten § 1902

nerschaft[20]. Hinsichtlich der **Entbindung** des Anwalts von der **Verschwiegenheitspflicht** wird man danach differenzieren müssen, ob es sich bei der zugrunde liegenden Angelegenheit um eine höchstpersönliche Angelegenheit handelte (zB Errichtung einer letztwilligen Verfügung) oder nicht[21]. Bei der Abgabe einer **Ehegattenzustimmungserklärung nach § 1365** kann der geschäftsunfähige Betreute durch seinen Betreuer vertreten werden[22].

Neben den höchstpersönlichen Angelegenheiten, die **nie** zum Aufgabenkreis eines Betreuers gehören können, kennt das Gesetz zahlreiche Rechtsgeschäfte, bei denen eine gesetzliche Vertretung nur zulässig ist, wenn der Betreute selbst **geschäftsunfähig** ist, zB Abschluss eines **Ehevertrages** (§ 1411 Abs 1 S 4, Abs 2 S 1), **Anerkennung** (§ 1596 Abs 1 S 3) oder **Anfechtung der Vaterschaft** (§ 1600a Abs 2 S 3, Abs 5), Beantragung einer Beistandschaft im Falle des § 1713 Abs 2, Abschluss eines **Erb-/Pflichtteils- oder Zuwendungsverzichtsvertrages** auf Seiten des Erblassers (§ 2347 Abs 2 S 2), Erhebung der **Scheidungsklage** (§ 607 Abs 2 ZPO)[23] oder Aufhebungsklage bei der eingetragenen Lebenspartnerschaft (§ 661 Abs 2 iVm § 607 Abs 2 ZPO). Entsprechendes gilt für die **Einwilligung in eine ärztliche Maßnahme**, für die es nach hM nicht auf die Geschäftsfähigkeit, sondern auf die natürliche Einsichts- und Steuerungsfähigkeit des Betroffenen ankommt (vgl § 1904 Rn 5): solange der Betroffene selbst einwilligungsfähig ist, kann der Betreuer nicht an seiner Stelle die Einwilligung rechtswirksam erteilen, auch wenn die Gesundheitsfürsorge zu seinem Aufgabenkreis gehört[24]. Hinsichtlich der Erklärung des **Kirchenaustritts** ist ein stellvertretendes Handeln für den Betreuten im Falle seiner Geschäftsunfähigkeit nicht schlechthin ausgeschlossen[25].

b) Beschränkungen. Die Vertretungsmacht des Betreuers unterliegt Einschränkungen hinsichtlich der Vornahme von **Schenkungen,** § 1908i Abs 2 S 1 iVm § 1804 (vgl § 1908i Rn 5) sowie überall dort, wo das Gesetz die Wirksamkeit des Handelns des Betreuers zusätzlich an die **Genehmigung des Vormundschaftsgerichts** bindet, wie zB nach den §§ 1904 bis 1908 und § 1908i Abs 1 S 1 iVm den Vorschriften aus dem Minderjährigenvormundschaftsrecht (wie zB §§ 1821, 1822 Nr 1 bis 4, 6 bis 13). Für die Erteilung der vormundschaftsgerichtlichen Genehmigung gelten die §§ 1828 ff entspr (§ 1908i Abs 1 S 1).

Einschränkungen der Vertretungsmacht bestehen ferner in den Fällen der **Interessenkollision,** so in den (seltenen) Fällen der § 159 Abs 2, § 179 Abs 2 VVG sowie nach der praktisch wichtigen Verweisung des § 1908i Abs 1 S 1 auf § 1795. Dies gilt vor allem für den **Abschluss von In-sich-Geschäften** nach § 1795 Abs 2 iVm § 181, bei denen der Betreuer auf beiden Seiten des Rechtsgeschäfts auftritt. Praxishäufige Fälle sind die Durchsetzung von Rechten des Betreuten aus einem mit dem Betreuer abgeschlossenen Rechtsgeschäft[26], eine Erbauseinandersetzungsvereinbarung, an der der Betreuer auch als Mitglied der Erbengemeinschaft beteiligt ist[27] oder die Geltendmachung von Ansprüchen des Betreuten sich selbst als Erben oder Beschenkten gegenüber[28]. In den sonstigen Fällen der Interessenkollision besteht ein Vertretungsverbot nur, wenn das Gericht dem Betreuer die **Vertretungsmacht entzogen** hat (§ 1908i Abs 1 S 1 iVm § 1796). Greift ein Vertretungsverbot im eben dargelegten Sinne ein, muss gemäß § 1899 Abs 4 ein **Ergänzungsbetreuer** bestellt werden, der anstelle des Betreuers handeln, bzw das von diesem vorgenommene, gemäß § 177 schwebend unwirksame Rechtsgeschäft, genehmigen kann.

4. Beginn und Ende der Vertretungsmacht. Die Vertretungsmacht des Betreuers **beginnt** in dem Zeitpunkt, in dem die Entscheidung über seine Bestellung (oder Erweiterung seines Aufgabenkreises) **Wirksamkeit** erlangt. Dies ist gemäß § 69a Abs 3 S 1 FGG regelmäßig **mit Bekanntgabe der Entscheidung an den Betreuer** der Fall, nicht erst mit seiner Verpflichtung nach § 69b Abs 1 FGG[29]. Bei Anordnung sofortiger Wirksamkeit gilt § 69a Abs 3 S 3 FGG, bei Betreuerbestellung durch einstweilige Anordnung § 69f Abs 4 FGG.

Die Vertretungsmacht des Betreuers endet mit Wirksamwerden (vgl § 69a Abs 3 FGG) der Entscheidung über die Aufhebung der Betreuung, der Entlassung des Betreuers, der Einschränkung seines Aufgabenkreises sowie dem Tod des Betreuten. Nach § 1908i Abs 1 S 1 iVm §§ 1893, 1698a, 1698b kann ggf über das Ende des Amtes hinaus Vertretungsmacht bestehen.

III. Handlungsfähigkeit und Wille des Betreuten

1. Doppelzuständigkeit bei Geschäftsfähigkeit des Betreuten. Soweit der Betreute iS der (auch für Nicht-Betreute geltenden) Vorschrift des § 104 Nr 2 geschäftsunfähig ist, kann er nur durch seinen Betreuer im Rechtsverkehr wirksam handeln (§ 105 Abs 1, § 131 Abs 1; vgl aber § 105a nF). Ist der Betreute aber **geschäftsfähig,** bleibt seine rechtsgeschäftliche Handlungskompetenz durch die Betreu-

---

[20] Nach dem LPartG aF; OLG Köln FamRZ 2004, 1724.
[21] AA *Ernst* NJW 2005, 3120 f, der nur eine ausdrückliche oder mutmaßliche Einwilligung des Betreuten selbst genügen lassen will.
[22] *G. Müller* ZNotP 2005, 419, 420.
[23] Vgl OLG Zweibrücken FuR 1998, 440; LG Berlin BtPrax 1999, 204 f; *Deinert* BtPrax 2005, 16, 18.
[24] MünchKommBGB/*Schwab* Rn 24; *Klüsener/Rausch* NJW 1993, 617, 619; *Jürgens/Jürgens* Rn 8.
[25] Vgl *Deinert* FamRZ 2006, 243, 244 mit Übersicht über die landesrechtlichen Regelungen.
[26] BayObLGZ 1998, 288 = NJW-RR 1998, 869; FamRZ 1999, 47 = NJWE-FER 1998, 81.
[27] OLG Zweibrücken Rpfleger 1999, 535 = NJWE-FER 1999, 272.
[28] BayObLGZ 2003, 248 = NJW-RR 2004, 1157; BtPrax 2005, 110 = BeckRS 2005, 3101.
[29] BayObLGZ 1993, 14, 16 = FamRZ 1993, 602; *Sonnenfeld* in: *Bienwald/Sonnenfeld/Hoffmann* § 69b FGG Rn 4; *Damrau/Zimmermann* § 69b FGG Rn 1; *Keidel/Kuntze/Winkler/Kayser* § 69b FGG Rn 2.

erbestellung **unberührt,** sofern nicht ein Einwilligungsvorbehalt angeordnet worden ist (vgl § 1896 Rn 37). Bei Geschäftsfähigkeit des Betreuten führt § 1902 damit im Umfang des dem Betreuer zugewiesenen Aufgabenkreises zu einer **Doppelzuständigkeit von Betreuer und Betreutem,** da (grundsätzlich) beide in diesem Bereich mit Wirkung für und gegen den Betreuten wirksam handeln können. Hierdurch kann es im Einzelfall (zB bei mangelnder Absprache zwischen Betreuer und Betreutem) zum Abschluss **sich widersprechender Rechtsgeschäfte** kommen. Kollidieren die Rechtswirkungen dieser Rechtsgeschäfte, wie dies zB bei mehreren Verfügungen über dieselbe Sache der Fall ist, gilt der **Grundsatz der Priorität,** dh das zeitlich erste Rechtsgeschäft ist wirksam (wobei aber hinsichtlich der zeitlich später vorgenommenen Verfügung gutgläubiger Erwerb in Betracht kommen kann). Rechtsgeschäfte, deren Rechtswirkungen nicht kollidieren, wie dies zB bei mehreren Verpflichtungsgeschäften der Fall ist, sind nebeneinander wirksam, auch wenn nicht beide erfüllt werden können (wie zB Verkauf derselben Sache an unterschiedliche Käufer) oder eines davon wirtschaftlich unsinnig ist (wie zB Anmieten mehrerer Wohnungen für den Betreuten). Die Rückgängigmachung eines dieser widersprechenden Rechtsgeschäfte ist nur nach den **allgemeinen Grundsätzen** (Anfechtung, Rücktritt, Kündigung, Widerruf, usw.) möglich. Die Doppelzuständigkeit von Betreuer und Betreutem stellt keinen außerordentlichen Aufhebungsgrund dar.

17 Kommt es immer wieder zum Abschluss sich widersprechender Rechtsgeschäfte oder macht der Betreute ordnungsmäßige Willenserklärungen des Betreuers durch Widerruf oder auf andere Weise zunichte, kann dies Anlass für die **Anordnung eines Einwilligungsvorbehalts** sein, wenn hierdurch eine erhebliche Gefahr für die Person oder das Vermögen des Betreuten entsteht[30]. Im **Prozessrecht** wird die konkurrierende Zuständigkeit von Betreuer und Betreutem durch **§ 53 ZPO** ausgeschlossen[31].

2. Einflussnahme des Betreuten auf die Vertretungsmacht des Betreuers. a) Einschränkung
18 der Vertretungsmacht. Die Vertretungsmacht des Betreuers im Außenverhältnis wird nicht dadurch eingeschränkt, dass der Betreuer nach § 1901 Abs 2, 3 bei Wahrnehmung der Betreuungsangelegenheiten das **Wohl und die Wünsche des Betreuten** zu berücksichtigen hat. Denn die entsprechenden Bestimmungen des § 1901 betreffen nur das **Innenverhältnis** von Betreuer und Betreutem (vgl § 1901 Rn 10). Entgegenstehende Wünsche des Betreuten lassen die Vertretungsmacht des Betreuers im Außenverhältnis damit unberührt, sofern nicht die Grundsätze über den sog **Missbrauch der Vertretungsmacht** eingreifen, die auch hier gelten[32]. Dies ist insoweit anders als im alten Recht der Gebrechlichkeitspflegschaft, als zumindest dem Willen des geschäftsfähigen Pfleglings der Vorrang eingeräumt wurde und der Gebrechlichkeitspfleger eines geschäftsfähigen Pfleglings daher auch nicht als gesetzlicher Vertreter, sondern als „staatlich bestellter Bevollmächtigter" angesehen wurde[33]. Die letztere, ohnehin fragliche Rechtsfigur wurde mit dem neuen Betreuungsrecht ersatzlos aufgegeben. Der Betreuer ist nunmehr stets – auch im Falle der Geschäftsfähigkeit des Betreuten – dessen **gesetzlicher Vertreter**[34].

19 b) Erweiterung der Vertretungsmacht. Der geschäftsfähige Betreute kann die Vertretungsmacht des Betreuers dadurch erweitern, dass er ihn zur Wahrnehmung einer Angelegenheit **bevollmächtigt.** Die wohl hM geht zu Recht davon aus, dass dies auch **innerhalb des dem Betreuer zugewiesenen Aufgabenkreises** möglich ist mit der Folge, dass der Betreuer beispielsweise bei Rechtsgeschäften nach den §§ 1821, 1822 **nicht** der vormundschaftsgerichtlichen Genehmigung bedarf, wenn er als **Bevollmächtigter** handelt[35]. Dies wurde aber von den Motiven[36] **abgelehnt,** da das Handeln des Betreuers zum Schutz des Betreuten nicht auf dem Wege der Bevollmächtigung durch den (festgestelltermaßen betreuungsbedürftigen) Betroffenen der vormundschaftsgerichtlichen Kontrolle und Aufsicht entzogen werden dürfe[37]. Gegen die Richtigkeit dieser Ansicht sprechen vor allem Aspekte der Rechtssicherheit, da der Rechtsverkehr nicht wissen kann, ob der Bevollmächtigte zugleich Betreuer des Betroffenen ist. Unabhängig davon, ob man sich der eben dargelegten hM anschließt, ging das OLG Frankfurt[38] zu Recht davon aus, dass ein vom Betreuer **als gesetzlicher Vertreter** abgeschlossenes Grundstücksgeschäft nicht vom (geschäftsfähigen) Betreuten mit der Folge genehmigt werden könne, dass die vormundschaftsgerichtliche Genehmigungspflicht des Geschäfts entfällt. Außerdem kann der nicht iS von § 1857a privilegierte Betreuer auch nicht durch den geschäftsfähigen Betreuten von der Rechnungspflicht wirksam befreit werden[39].

---

[30] BT-Drucks 11/4528 S 137.
[31] Vgl Bayerisches LSG, Beschluss vom 3. 7. 2006, Az L 13 R 352/06; vgl zur gerichtlichen Vertretung von Betreuten allg *Deinert* BtPrax 2001, 66 ff, 146 ff; *Bienwald* BtPrax 2001, 150 ff, 198 ff.
[32] *Schwab* FamRZ 1992, 493, 503; *Palandt/Diederichsen* Rn 1.
[33] BGHZ 48, 147, 161.
[34] BT-Drucks 11/4528 S 135.
[35] *Schwab* FamRZ 1992, 493, 504; MünchKommBGB/*Schwab* Rn 10; *Damrau/Zimmermann* Rn 3; *Bienwald* in: *Bienwald/Sonnenfeld/Hoffmann* Rn 8, 10; vgl auch LG Leipzig FamRZ 2000, 190.
[36] BT-Drucks 11/4528 S 135 f.
[37] Abl auch *Palandt/Diederichsen* Rn 2; *Erman/Holzhauer* Rn 16; OLG Köln FamRZ 2000, 1525.
[38] FamRZ 1997, 1424 = NJWE-FER 1997, 80.
[39] OLG München BeckRS 2005, 12611.

§ 1903 Einwilligungsvorbehalt

(1) ¹Soweit dies zur Abwendung einer erheblichen Gefahr für die Person oder das Vermögen des Betreuten erforderlich ist, ordnet das Vormundschaftsgericht an, dass der Betreute zu einer Willenserklärung, die den Aufgabenkreis des Betreuers betrifft, dessen Einwilligung bedarf (Einwilligungsvorbehalt). ²Die §§ 108 bis 113, 131 Abs. 2 und § 210 gelten entsprechend.

(2) Ein Einwilligungsvorbehalt kann sich nicht erstrecken auf Willenserklärungen, die auf Eingehung einer Ehe oder Begründung einer Lebenspartnerschaft gerichtet sind, auf Verfügungen von Todes wegen und auf Willenserklärungen, zu denen ein beschränkt Geschäftsfähiger nach den Vorschriften des Buches vier und fünf nicht der Zustimmung seines gesetzlichen Vertreters bedarf.

(3) ¹Ist ein Einwilligungsvorbehalt angeordnet, so bedarf der Betreute dennoch nicht der Einwilligung seines Betreuers, wenn die Willenserklärung dem Betreuten lediglich einen rechtlichen Vorteil bringt. ²Soweit das Gericht nichts anderes anordnet, gilt dies auch, wenn die Willenserklärung eine geringfügige Angelegenheit des täglichen Lebens betrifft.

(4) § 1901 Abs. 5 gilt entsprechend.

Schrifttum: *Bienwald,* Zur (Un-)Geeignetheit eines Einwilligungsvorbehaltes gegen die Ablehnung eines Rentenantrags durch den Betreuten, BtPrax 2005, 220; *Enderlein,* Geschäftsunfähigkeit und Einwilligungsvorbehalt, JR 1998, 485; *Jurgeleit,* Der geschäftsunfähige Betreute unter Einwilligungsvorbehalt, Rpfleger 1995, 282; *Mitko,* Der Einwilligungsvorbehalt, Diss Regensburg, 1993; *Schreieder,* Ist § 1903 BGB eine Spezialvorschrift zu § 105 BGB?, BtPrax 1996, 96.

Übersicht

	Rn		Rn
I. Normzweck	1	d) Sonstiges	18
II. Voraussetzungen (Abs 1 S 1)	2	III. Wirkungen des Einwilligungsvorbehalts (Abs 1 S 1, 2, Abs 3)	19
1. Akzessorietät	2	1. Wirkungen im Falle der Geschäftsfähigkeit des Betreuten	19
2. Erhebliche Gefahr für die Person oder das Vermögen	3	a) Anwendung der Regeln über beschränkt Geschäftsfähige	19
a) Erhebliche Gefahr	3	b) Einwilligungsfreie Rechtsgeschäfte (Abs 3)	23
b) Gefahr für das Vermögen	5	2. Wirkungen im Falle der Geschäftsunfähigkeit des Betreuten	26
c) Gefahr für die Person	6	3. Auswirkungen in anderen Rechtsgebieten	28
3. Erforderlichkeit des Einwilligungsvorbehalts	8	IV. Mitteilungspflichten (Abs 4)	29
a) Eignung	8	V. Verfahren	30
b) Erforderlichkeit ieS	9	1. Allgemeines	30
4. Ausschluss des Einwilligungsvorbehalts (Abs 2)	13	2. Rechtsmittel	32
a) Allgemeines	13		
b) Eheschließung und Begründung einer Lebenspartnerschaft	14		
c) Verfügungen von Todes wegen	16		

I. Normzweck

Anders als die Entmündigung des alten Rechts hat die Bestellung eines Betreuers grds **keine Auswirkungen auf die Geschäftsfähigkeit** des Betroffenen. Dieser kann damit auch in dem Aufgabenkreis, für den ein Betreuer bestellt ist, selbst weiterhin wirksam rechtsgeschäftlich handeln, sofern er nicht geschäftsunfähig ist (vgl § 1896 Rn 37; § 1902 Rn 16). In Ausnahmefällen sollte aber eine Einschränkung der Teilnahme des Betroffenen am Rechtsverkehr möglich sein. Mit dem Einwilligungsvorbehalt nach § 1903 wurde daher die Rechtsgrundlage geschaffen für eine **einzelfallbezogene Anordnung** des Gerichts dahin gehend, dass die Rechtswirksamkeit der vom Betroffenen abgegebenen oder ihm zugehenden Willenserklärungen **an die Zustimmung seines Betreuers gebunden** wird. Zustimmungsfrei sind dann nach Abs 3 nur Rechtsgeschäfte, die **geringfügige Angelegenheiten** des täglichen Lebens betreffen oder die für den Betreuten ausschließlich **rechtlich vorteilhaft** sind. Der Einwilligungsvorbehalt ist in der Praxis relativ selten (im Jahr 2000 wurde er im bundesweiten Durchschnitt nur bei etwa 4,15% der neuen Betreuungen angeordnet).

II. Voraussetzungen (Abs 1 S 1)

1. Akzessorietät. Die Anordnung eines Einwilligungsvorbehalts setzt zunächst voraus, dass für den Aufgabenkreis, für den ein Einwilligungsvorbehalt angeordnet werden soll, bereits eine **Betreuung** besteht oder zumindest zeitgleich wirksam wird[1]. Der akzessorische Charakter des Einwilligungsvorbehalts folgt zum einen aus dem Wortlaut des Abs 1 S 1 („... die den Aufgabenkreis des Betreuers

---
[1] BT-Drucks 11/4528 S 138.

betrifft ..."), zum anderen daraus, dass es nur Sinn macht, die Wirksamkeit einer Willenserklärung an die Zustimmung des Betreuers zu binden, wenn dieser ihr auch kraft der ihm durch Übertragung des Aufgabenkreises eingeräumten Vertretungsmacht zustimmen kann. Akzessorietät bedeutet allerdings nicht, dass der Umfang der vom Einwilligungsvorbehalt erfassten Angelegenheiten mit dem Umfang der Betreuung identisch sein müsste. Der Einwilligungsvorbehalt wird sich angesichts seiner Rechtsnatur und seiner engen Voraussetzungen vielmehr regelmäßig **auf einen Teil** des dem Betreuer übertragenen Aufgabenkreises **beschränken**. Ist der bisherige Betreuer verstorben oder entlassen worden und ein neuer noch nicht bestellt worden, besteht der angeordnete Einwilligungsvorbehalt fort, da auch das zugrunde liegende Betreuungsverhältnis weiter besteht (vgl § 1908 c).

3   **2. Erhebliche Gefahr für die Person oder das Vermögen. a) Erhebliche Gefahr.** Die Anordnung eines Einwilligungsvorbehalts ist nach Abs 1 S 1 nur zulässig, soweit dieser zur **Abwendung einer erheblichen Gefahr** für die Person oder das Vermögen des Betreuten erforderlich ist. Obwohl der Einwilligungsvorbehalt gegenüber der Anordnung der Betreuung den schwerwiegenderen Eingriff in die Rechte des Betroffenen darstellt, knüpft das Gesetz dessen Zulässigkeit nicht an eine besondere Schwere der Krankheit oder Behinderung an[2]. Angeknüpft wird vielmehr an das Vorliegen einer **objektiven Gefahr** für die bezeichneten Rechtsgüter des Betreuten, wobei es sich hierbei um eine **hinreichend konkrete** Gefahr handeln muss. Allein die (abstrakte) Möglichkeit einer gefahrenträchtigen rechtsgeschäftlichen Betätigung des Betroffenen kann daher die Anordnung eines Einwilligungsvorbehalts nicht rechtfertigen[3].

4   Wegen des vergleichsweise schweren Eingriffs, der in der Anordnung eines Einwilligungsvorbehalts liegt, muss es sich um eine **erhebliche** Gefahr handeln. Die Erheblichkeit bezieht sich dabei auf den Umfang des drohenden Schadens, so dass beispielsweise die Gefahr geringfügiger Vermögensschäden nicht ausreicht[4]. Die Gefährdung muss ferner in einem inneren Zusammenhang mit der psychischen Krankheit bzw geistigen oder seelischen Behinderung des Betroffenen stehen[5]. Daher scheidet bei lediglich **körperlich behinderten** Betroffenen die Anordnung eines Einwilligungsvorbehalts von vornherein aus[6]. Schließlich ist erforderlich, dass die Gefahr den bezeichneten Rechtsgütern des Betroffenen droht; eine Gefahr für Dritte reicht nach dem Gesetz nicht aus[7]. Der Einwilligungsvorbehalt stellt damit eine allein dem **Interesse des Betroffenen** dienende Maßnahme dar, so dass er auch in Ausnahmefällen **nicht im ausschließlichen Interesse Dritter** (zB von Gläubigern) angeordnet werden darf. Häufig werden aber, wie zB beim Schutz des Familienvermögens, neben den Interessen Dritter auch eigene Interessen des Betroffenen tangiert sein.

5   **b) Gefahr für das Vermögen.** Im Bereich der **Vermögenssorge** hat der Einwilligungsvorbehalt seine wesentliche Bedeutung. Eine erhebliche Gefahr für das Vermögen des psychisch Kranken oder Behinderten kann zB vorliegen, wenn eine **weitere oder größere Verschuldung**[8] oder eine Vermögensschädigung durch unsinnige Anträge und Prozesse droht[9]. Gleiches gilt, wenn der Betroffene behinderungsbedingt sein umfangreiches Vermögen **nicht überblicken und verwalten** kann[10]. Ein Einwilligungsvorbehalt kommt mangels drohender erheblicher finanzieller Selbstschädigung aber nicht in Betracht, wenn der Betroffene sein Vermögen nicht freiwillig weggibt, sondern sich gerade gegen den Verlust von Vermögenswerten wendet bzw einem Sparzwang unterliegt[11]. Neben dem Verhalten des Betroffenen in der Vergangenheit können im Rahmen der Prüfung der erheblichen Vermögensgefahr auch **zukünftige Umstände** zu berücksichtigen sein, wie etwa der Umstand, dass der Betroffene eine erhebliche Erbschaft zu erwarten hat[12]. Da Abs 1 S 1 eine erhebliche Gefahr für das Vermögen ausreichen lässt, ist iÜ nicht erforderlich, dass auch der zukünftige Unterhalt des Betroffenen gefährdet ist[13].

6   **c) Gefahr für die Person.** Ausreichend für die Anordnung eines Einwilligungsvorbehalts ist nach Abs 1 S 1 auch das Vorliegen einer erheblichen Gefahr für die Person des Betreuten. Dadurch ist klargestellt, dass der Einwilligungsvorbehalt nicht nur in Angelegenheiten der Vermögenssorge, sondern auch in **Angelegenheiten der Personensorge** in Betracht kommt[14]. Tatsächlich hat der Einwilligungsvorbehalt in Angelegenheiten der Personensorge aber geringe praktische Bedeutung, da die meisten familienrechtlichen Geschäfte gemäß § 1903 Abs 2 keinem Einwilligungsvorbehalt zugänglich sind (vgl Rn 13; eine Ausnahme gilt aber zB für ein drohendes Vaterschaftsanerkenntnis durch den Betreuten gemäß § 1596 Abs 3).

---

[2] Zu den medizinischen Fallgruppen, bei denen ein Einwilligungsvorbehalt erforderlich sein kann, wie zb Manien vgl AnwK-BGB/*Heitmann* Rn 4 ff.
[3] LG Köln BtPrax 1992, 109, 110; OLG Zweibrücken NJWE-FER 1999, 154 = FamRZ 1999, 1171; vgl auch LG Köln NJW 1993, 207, 208; LG Marburg FamRZ 2005, 549 f m Anm *Bienwald*.
[4] Vgl BT-Drucks 11/4528 S 136.
[5] MünchKommBGB/*Schwab* Rn 11.
[6] BT-Drucks 11/4528 S 117, 137.
[7] BT-Drucks 11/4528 S 136.
[8] BayObLGZ 1993, 63, 65 = FamRZ 1993, 851; BayObLG FamRZ 1997, 902.
[9] BayObLG FamRZ 1998, 454; KG BtPrax 2007, 84 = BeckRS 2007, 02004.
[10] BayObLG FamRZ 1995, 1518, 1519.
[11] BayObLG FamRZ 1993, 442 f; LG München I FamRZ 1999, 1303 f.
[12] Vgl BayObLG BtPrax 1994, 136, 137 = FamRZ 1994, 1135 LS.
[13] *Erman*/*Holzhauer* Rn 8.
[14] BT-Drucks 11/4528 S 136.

Außerdem bezieht sich der Einwilligungsvorbehalt – schon nach dem Wortlaut des Abs 1 S 1 – nur 7
auf **Willenserklärungen,** ist also nur geeignet, die Teilnahme des Betreuten am rechtsgeschäftlichen Verkehr einzuschränken. Insoweit kann der Einwilligungsvorbehalt ggf noch auf geschäftsähnliche Handlungen ausgeweitet werden, nicht aber auf Realakte, zumal diese nicht wirksam oder unwirksam sein können[15]. Im Aufgabenkreis **Aufenthaltsbestimmung** (vgl § 691 Abs 2 FGG) ist daher die Aufenthaltsbestimmung selbst als rein tatsächliche Befugnis keinem Einwilligungsvorbehalt zugänglich, wohl aber sind dies die rechtsgeschäftlichen Erklärungen, die mit dem Aufenthaltswechsel verbunden sind, wie etwa die Aufhebung und Begründung des Wohnsitzes[16]. Gleiches gilt im Aufgabenkreis **Gesundheitsfürsorge,** wo zwar nicht die Einwilligung in die Durchführung der ärztlichen Maßnahme (die nach hM als geschäftsähnliche Handlung qualifiziert wird), aber der Abschluss und die Kündigung des zivilrechtlichen Behandlungsvertrages von einem Einwilligungsvorbehalt erfasst sein können[17].

3. Erforderlichkeit des Einwilligungsvorbehalts. a) Eignung. Die Erforderlichkeit des Einwil- 8
ligungsvorbehalts iS seiner Notwendigkeit setzt zunächst voraus, dass dieser zur Abwendung der erheblichen Gefahr geeignet ist[18]. Da der Einwilligungsvorbehalt nur vor Gefahren schützen kann, die aus einem unkontrollierten rechtsgeschäftlichen Handeln des Betroffenen entstehen können, scheidet der Einwilligungsvorbehalt mangels Eignung (und damit mangels Erforderlichkeit) aus, wo auf Grund Handelns des Betreuten oder eines Dritten (lediglich) eine **tatsächliche Schädigung** seiner Rechtsgüter droht, zB durch drohenden Suizid oder deliktisches Handeln Dritter[19].

b) Erforderlichkeit ieS. aa) Abgabe von Willenserklärungen. Der Einwilligungsvorbehalt ist 9
vor allem dann zur Abwehr einer erheblichen Gefahr für die Person oder das Vermögen des Betreuten erforderlich, wenn zu befürchten steht, dass sich der Betreute durch die Abgabe von Willenserklärungen selbst erheblich schädigt. Dies gilt insbes dann, wenn der Betreute ordnungsgemäße Willenserklärungen des Betreuers durch Widerruf oder in anderer Weise zunichte macht und hierdurch sein Wohl gefährdet[20]. Der Einwilligungsvorbehalt kann in diesem Zusammenhang als „Korrektiv" der beiderseitigen Handlungskompetenzen von Betreuer und Betreutem dienen[21].

bb) Frage der Geschäftsfähigkeit. Die Frage der Geschäftsfähigkeit bzw Geschäftsunfähigkeit des 10
Betreuten ist hinsichtlich der Erforderlichkeit des Einwilligungsvorbehalts **nicht von unmittelbarer Bedeutung**[22]. Der Einwilligungsvorbehalt ist vielmehr **auch bei Geschäftsunfähigkeit des Betreuten** zulässig[23] und kann in einem solchen Fall trotz §§ 105 Abs 1, 131 Abs 1 erforderlich sein, um den für seine Geschäftsunfähigkeit beweispflichtigen Betreuten davor zu schützen, dass er wegen **Beweisschwierigkeiten** an einer für ihn nachteiligen Willenserklärung festgehalten wird[24]. Dies gilt insbes dort, wo die Geschäftsunfähigkeit des Betreuten zweifelhaft ist, etwa bei Betreuten mit stark schwankenden psychischen Zustandsbildern (wie zB im Rahmen manisch-depressiver Erkrankungen), die den späteren Nachweis der Geschäftsunfähigkeit oder Erklärungsunfähigkeit iS von § 105 Abs 2 erschweren würden. **Nicht erforderlich** ist der Einwilligungsvorbehalt allerdings in den Fällen **offenkundiger Geschäftsunfähigkeit** des Betroffenen, da der Rechtsverkehr hier die vom Betroffenen abgegebenen Willenserklärungen ohnehin nicht akzeptieren wird[25].

Andererseits ist (aus verfassungsrechtlichen Gründen) die Geschäftsunfähigkeit des Betroffenen **nicht** 11
Voraussetzung für die Zulässigkeit des Einwilligungsvorbehalts[26]. Die st Rspr erfordert aber zumindest, dass der Betroffene in dem vom Einwilligungsvorbehalt umfassten Bereich **seinen Willen nicht frei bestimmen kann.** Dies wird aus einer verfassungskonformen Auslegung des Gesetzes hergeleitet, da der Staat **von Verfassungs wegen** nicht das Recht habe, seine erwachsenen und zu freier Willensbestimmung fähigen Bürger zu entziehen, zu „bessern" oder zu hindern, sich selbst zu schädigen[27].

cc) Umfang. Der Erforderlichkeitsgrundsatz ist nicht nur hinsichtlich der Zulässigkeit des Einwil- 12
ligungsvorbehalts an sich, sondern auch hinsichtlich der **Bestimmung des Umfangs** eines Einwilligungsvorbehalts zu berücksichtigen. Dabei wird es für zulässig gehalten, den Einwilligungsvorbehalt betragsmäßig zu begrenzen, zB auf Verpflichtungen von mehr als 250 Euro zu beschränken[28]. Fallen die

---

[15] Vgl *Schwab* FamRZ 1992, 493, 506.
[16] LG Hildesheim BtPrax 1996, 230, 231; OLG Hamm FamRZ 1995, 433, 435; *Klüsener/Rausch* NJW 1993, 617, 620; *Jürgens/Kröger/Marschner/Winterstein* Rn 99; aA *Sonnenfeld* Rn 54 ff.
[17] *Klüsener/Rausch* NJW 1993, 617, 620; vgl auch LG Hildesheim BtPrax 1996, 230, 231; OLG Hamm FamRZ 1995, 433, 435.
[18] Vgl OLG Schleswig OLGR 2005, 350 = BeckRS 2005, 2635.
[19] Vgl MünchKommBGB/*Schwab* Rn 14; *Staudinger/Bienwald* Rn 16.
[20] BT-Drucks 11/4528 S 137.
[21] *Jurgeleit* Rpfleger 1995, 282; einschränkend *Bienwald* BtPrax 2005, 220 für die Ablehnung eines vom Betreuer gestellten Rentenantrags durch den Betreuten.
[22] Vgl nur BayObLG FamRZ 1998, 454.
[23] OLG Düsseldorf FamRZ 1993, 1224; BayObLG FamRZ 1994, 1135; FamRZ 1995, 1518, 1519; NJWE-FER 2000, 152; FamRZ 2000, 1327; OLG Zweibrücken OLGR 2006, 729, 731.
[24] BT-Drucks 11/4528 S 137.
[25] BT-Drucks 11/4528 S 137.
[26] So aber *Bürgle* NJW 1988, 1881, 1884; HK-BUR/*Bauer* Rn 65 f.
[27] BayObLGZ 1993, 63 = FamRZ 1993, 851; BayObLG BtPrax 1994, 136, 137 = FamRZ 1994, 1135 LS; FamRZ 1995, 1518, 1519; 1998, 454; NJWE-FER 1998, 273 = FamRZ 1999, 681; krit hierzu *G. Müller,* Betreuung und Geschäftsfähigkeit, S 201 ff; *v.Sachsen Gessaphe,* Der Betreuer als gesetzlicher Vertreter für eingeschränkt Selbstbestimmungsfähige, S 476 ff; *Bienwald* in: *Bienwald/Sonnenfeld/Hoffmann* Rn 38 f.
[28] BayObLGZ 1993, 346 = FamRZ 1994, 1395.

Voraussetzungen für einen Einwilligungsvorbehalt nachträglich ganz oder zT weg, ist dieser aufzuheben bzw einzuschränken (§ 1908 d Abs 4).

13   **4. Ausschluss des Einwilligungsvorbehalts (Abs 2). a) Allgemeines.** Abs 2 nimmt bestimmte Willenserklärungen aus dem Anwendungsbereich eines Einwilligungsvorbehalts aus. Für diese ausgeschlossenen Willenserklärungen bzw Angelegenheiten kann weder ein Einwilligungsvorbehalt angeordnet werden, noch kann sich ein allgemeiner gehaltener Einwilligungsvorbehalt (selbst in allen Angelegenheiten des Betroffenen) hierauf erstrecken.

14   **b) Eheschließung und Begründung einer Lebenspartnerschaft.** Ist der Betreute hinsichtlich der Eheschließung iS von § 104 Nr 2 geschäftsunfähig, dann kann er eine wirksame **Ehe-Willenserklärung** nicht abgeben (§ 1304). Eine Stellvertretung durch den Betreuer scheidet wegen der Höchstpersönlichkeit der Ehe-Willenserklärung aus (§ 1310). Ist der Betreute dagegen nicht geschäftsunfähig, dann ist er ehefähig und kraft Gesetzes nicht an der wirksamen Eingehung einer Ehe gehindert. Abs 2 Alt 1 schließt dabei die Anordnung eines Einwilligungsvorbehalts für Willenserklärungen, die auf Eingehung einer Ehe gerichtet sind, aus. Die Eheschließung fällt damit **nie in den Aufgabenkreis eines Betreuers**, der nicht eheunfähige Betreute entscheidet vielmehr stets selbst und alleine über die Wahl seines Ehegatten. Außer der Ehe-Willenserklärung können auch andere, im Zusammenhang mit der Eheschließung stehende Willenserklärungen dem Verbot des Abs 2 unterfallen, soweit sie höchstpersönlicher Natur sind. Dies gilt nach hM beispielsweise für die **Bestimmung des Ehenamens** (§ 1355 Abs 1 S 1) sowie das Einvernehmen über die Haushaltsführung (§ 1356 Abs 1)[29], nicht aber beispielsweise für **Eheverträge oder Scheidungsvereinbarungen**, die mehr vermögensrechtlicher Natur sind[30].

15   Durch Art 3 Nr 17 LPartG ist auch die auf **Begründung einer Lebenspartnerschaft** gerichtete Willenserklärung von der Möglichkeit ausgenommen worden, hierfür einen Einwilligungsvorbehalt anzuordnen.

16   **c) Verfügungen von Todes wegen.** Die Entscheidung, wer als Erbe eingesetzt oder ausgeschlossen werden soll, ist eine **höchstpersönliche Angelegenheit** (vgl §§ 2064, 2274). An der wirksamen Errichtung einer Verfügung von Todes wegen ist daher auch ein Betreuter nur gehindert, wenn er testierunfähig (§ 2229 Abs 4) oder – bei Erbverträgen – geschäftsunfähig (§§ 2275, 104 Nr 2) ist. Der testier- oder geschäftsfähige Betreute entscheidet dagegen **selbst und alleine** über die Errichtung einer Verfügung von Todes wegen bzw den entsprechenden „actus contrarius" (wie Widerruf gemäß §§ 2253 ff, 2271 Abs 1, Aufhebung gemäß § 2290 und Rücktritt gemäß § 2296), die ebenfalls Verfügungen von Todes wegen darstellen.

17   Nach Abs 2 Alt 2 kann die Wirksamkeit einer letztwilligen Verfügung auch **nicht durch Anordnung eines Einwilligungsvorbehalts** von der Zustimmung eines Betreuers abhängig gemacht werden. Verfügungen von Todes wegen fallen daher **nie in den Aufgabenkreis eines Betreuers**. Der Gesetzgeber hat die Errichtung einer letztwilligen Verfügung auch nicht wie bei Minderjährigen kraft Gesetzes an **bestimmte Formen** gebunden. Ferner wurde keine Möglichkeit vorgesehen, die Testiermöglichkeiten des Betreuten durch richterliche Anordnung im Einzelfall einzuschränken, beispielsweise anzuordnen, dass ein Testament nur zur Niederschrift eines Notars errichtet werden kann. Dies ist problematisch, da die Feststellung der Testierfähigkeit des Betroffenen nach seinem Tode mit besonderen Schwierigkeiten verbunden ist insoweit, als der Erblasser nicht mehr zur aktuellen Begutachtung zur Verfügung steht. Von daher gilt es, ggf zu Lebzeiten Beweise für die Testierfähigkeit zu sichern, beispielsweise durch Errichtung einer **notariellen Verfügung von Todes wegen** (bei der der Urkundsnotar gemäß §§ 11, 28 BeurkG das Vorliegen der Testier- bzw Geschäftsfähigkeit zu prüfen hat) und/oder die Einholung einer zeitnahen (am besten fach-)**ärztlichen Stellungnahme**[31].

18   **d) Sonstiges.** Nach Abs 2 Alt 3 kann sich der Einwilligungsvorbehalt schließlich nicht auf Willenserklärungen erstrecken, zu denen ein beschränkt Geschäftsfähiger nach den Vorschriften des Familien- und Erbrechts **nicht der Zustimmung seines gesetzlichen Vertreters** bedarf. Auch hierbei handelt es sich um höchstpersönliche Willenserklärungen, die nicht von der Zustimmung des gesetzlichen Vertreters abhängig sein sollen. Hierzu zählen im **Familienrecht** § 1516 Abs 2 S 2, § 1600a Abs 2 S 2, § 1713 Abs 2 S 2, § 1747 Abs 3 Nr 3 iVm § 1750 Abs 3 S 2, § 1760 Abs 3 S 2 und Abs 5 S 2, § 1762 Abs 1 S 4, im **Erbrecht** neben den ausdrücklich genannten Verfügungen von Todes wegen (vgl Rn 16) § 2282 Abs 1 S 2 sowie § 2347 Abs 2 S 1. Die Anordnung eines Einwilligungsvorbehalts ist in **analoger** Anwendung der Vorschrift ferner ausgeschlossen hinsichtlich der Bestimmung des Ehenamens (vgl Rn 14), Willenserklärungen, die ein Betreuter **als gesetzlicher Vertreter seiner Kinder** abgibt oder empfängt[32], der **Abgabe einer Sorgeerklärung** gemäß § 1626a (wegen § 1626c Abs 1)[33] sowie der **Einwilligung in ärztliche Maßnahmen** (insbes Sterilisation und Schwangerschaftsabbruch) und Beschränkungen der körperlichen Fortbewegungsfreiheit[34].

---

[29] *Schwab*, FS Rebmann, 1989, S 685, 699; *Böhmer* StAZ 1992, 65, 67.
[30] *Schwab*, FS Rebmann, 1989, S 685, 699; *Cypionka* DNotZ 1991, 571, 583; *Damrau/Zimmermann* Rn 22.
[31] So auch AnwK-BGB/*Heitmann* Rn 28; vgl zur Feststellung der Testierfähigkeit auch *Cording/Foerster* DNotZ 2006, 329 sowie G. *Müller* DNotZ 2006, 325.
[32] MünchKommBGB/*Schwab* Rn 23; *Jürgens/Jürgens* Rn 12; *Bienwald* in: *Bienwald/Sonnenfeld/Hoffmann* Rn 58.
[33] Vgl *Deinert* BtPrax 1999, 3, 4 f.
[34] *Erman/Holzhauer* Rn 37 ff; MünchKommBGB/*Schwab* Rn 23; HK-BUR/*Bauer* Rn 52; *Staudinger/Bienwald* Rn 20 f.

§ 1903

III. Wirkungen des Einwilligungsvorbehalts (Abs 1 S 1, 2, Abs 3)

1. Wirkungen im Falle der Geschäftsfähigkeit des Betreuten. a) Anwendung der Regeln über beschränkt Geschäftsfähige. Ist der Betreute in dem Bereich, in dem der Einwilligungsvorbehalt angeordnet wurde, nicht iS von § 104 Nr 2 geschäftsunfähig, dann steht er bei Willenserklärungen, die vom Einwilligungsvorbehalt erfasst sind, **weitgehend wie ein beschränkt Geschäftsfähiger**, wie sich aus § 1903 Abs 1 S 1, S 2 iVm §§ 108 bis 113, 131 Abs 2 und § 210 ergibt. Dennoch schafft diese durch Anordnung eines Einwilligungsvorbehalts bewirkte „partielle beschränkte Geschäftsfähigkeit" keinen der Person anhaftenden Status der beschränkten Geschäftsfähigkeit, so dass die für beschränkt geschäftsfähige Minderjährige geltenden Regeln nur dann auf die unter Einwilligungsvorbehalt stehenden Betreuten Anwendung finden, wenn dies im Betreuungsrecht ausdrücklich vorgesehen ist[35]. Eine Ausnahme gilt für § 165, der nach hM auch ohne ausdrückliche Verweisung auf den unter Einwilligungsvorbehalt stehenden Betreuten angewendet werden kann, wenn man gleichzeitig § 179 Abs 3 S 2 anwendet[36]. 19

Infolge des angeordneten Einwilligungsvorbehalts bedarf eine **vom Betreuten abgegebene Willenserklärung**, die in den erfassten Bereich fällt, gemäß Abs 1 S 1 der Einwilligung (§ 183 S 1) des Betreuers, um wirksam zu sein. Wird ein **einseitiges** Rechtsgeschäft ohne Einwilligung des Betreuers getätigt, ist es gemäß § 111 unwirksam. Handelt es sich um einen **Vertrag**, ist dieser nach § 108 Abs 1 **schwebend unwirksam** und kann durch Genehmigung des Betreuers wirksam werden. Wird der Einwilligungsvorbehalt während der Dauer der schwebenden Unwirksamkeit aufgehoben, weil dessen Voraussetzungen nachträglich entfallen sind, dann kann der Betreute nunmehr selbst genehmigen (§§ 1908 d Abs 4, 108 Abs 3). Wird der Einwilligungsvorbehalt dagegen vom Beschwerdegericht als von Anfang an ungerechtfertigt aufgehoben, ist das Rechtsgeschäft auch ohne Genehmigung wirksam (§ 69 h FGG). 20

Willenserklärungen, die **gegenüber dem Betreuten abgegeben** werden, werden erst mit Zugang an den **Betreuer** gemäß § 131 Abs 2 wirksam. Aus der entsprechenden Anwendung des § 210 folgt, dass die Verjährung von Ansprüchen des oder gegenüber dem Betreuten gehemmt ist, solange dieser ohne gesetzlichen Vertreter ist. Anwendbar sind ferner die §§ 110 bis 113, wobei gerade die Verweisung auf die §§ 112, 113 als widersprüchlich und kaum praxisrelevant angesehen werden muss[37]. Eine Regelung für Willenserklärungen, die bereits vor Anordnung des Einwilligungsvorbehalts abgegeben wurden, aber erst danach zugehen, fehlt. Im Wege eines „erst-recht"-Schlusses kann hier § 130 **Abs 2 entspr** angewendet werden[38]. 21

Für die nach Abs 1 erforderliche **Zustimmung des Betreuers** gelten iÜ die allgemeinen rechtsgeschäftlichen Regeln (§§ 182 ff). Das Vertreterhandeln im Rahmen der erforderlichen Zustimmung unterliegt dabei den gleichen Beschränkungen wie das anstelle des Betreuten vorgenommene Rechtsgeschäft (vgl insbes §§ 1821 f, 1795 f)[39]. 22

b) Einwilligungsfreie Rechtsgeschäfte (Abs 3). aa) Rechtlicher Vorteil. Abs 3 S 1 enthält für lediglich rechtlich vorteilhafte Rechtsgeschäfte eine dem § 107 entsprechende Sonderregelung, die diesem inhaltlich voll entspricht[40]. Die zu § 107 entwickelten Grundsätze können folglich ohne Weiteres zur Auslegung der Norm herangezogen werden. 23

bb) Geringfügige Angelegenheiten des täglichen Lebens. Neben den rechtlich vorteilhaften Rechtsgeschäften sind nach Abs 3 S 2 ferner solche Willenserklärungen im Bereich eines angeordneten Einwilligungsvorbehalts zustimmungsfrei, die geringfügige Angelegenheiten des täglichen Lebens betreffen (sofern das Gericht keine abweichende Anordnung getroffen hat). Die Vorschrift geht über den nach Abs 1 S 2 gleichfalls anwendbaren § 110 insoweit hinaus, als sie nicht nur das Verfügungsgeschäft, sondern bereits das Verpflichtungsgeschäft betrifft und ist von daher vorrangig zu prüfen. Ob eine Willenserklärung eine Angelegenheit des täglichen Lebens betrifft, bestimmt sich nicht danach, ob das Rechtsgeschäft üblicherweise jeden Tag vorgenommen wird, sondern danach, ob es die Verkehrsauffassung den **Alltagsgeschäften** zählt[41]. 24

Zu den Alltagsgeschäften zählen insbes die **alltäglichen Bargeschäfte über geringwertige Gegenstände**, wie zB der Kauf der alsbald zum Verzehr bestimmten Lebens- und Genussmittel (wenn diese nach Menge und Wert das übliche Maß nicht überschreiten), der Kauf einer Zeitung, das Lösen eines Zug- oder Busfahrscheins für den Personennahverkehr usw. Nach dem Schutzzweck der Norm hat sich die Frage der „Geringfügigkeit" dabei an den **finanziellen Verhältnissen des Betreuten** auszurichten[42]. Eine absolute Wertgrenze existiert demnach nicht. Bei einem Sozialhilfeempfänger zählen Fahrkosten für Ausflugsfahrten zu Gaststätten oä nicht zu den geringfügigen Angelegenheiten des täglichen 25

---

[35] Vgl MünchKommBGB/*Schwab* Rn 3.
[36] MünchKommBGB/*Schwab* Rn 3; Erman/*Holzhauer* Rn 16; aA *Bienwald* in: Bienwald/Sonnenfeld/Hoffmann Rn 60.
[37] MünchKommBGB/*Schwab* Rn 55; Staudinger/*Bienwald* Rn 75.
[38] OLG Celle DNotZ 2006, 923 = OLGR 2006, 734; Erman/*Holzhauer* Rn 23; *Bienwald* in: Bienwald/Sonnenfeld/Hoffmann Rn 77.
[39] MünchKommBGB/*Schwab* Rn 51.
[40] Vgl BT-Drucks 11/4528 S 139.
[41] BT-Drucks 11/4528 S 139.
[42] So auch Damrau/*Zimmermann* Rn 29; HK-BUR/*Bauer* Rn 57; MünchKommBGB/*Schwab* Rn 46.

Lebens⁴³. Gleiches gilt für den Abschluss eines Mobilfunkvertrages mit einer zweijährigen Mindestlaufzeit⁴⁴.

26 **2. Wirkungen im Falle der Geschäftsunfähigkeit des Betreuten.** Ist der Betreute iS von § 104 Nr 2 geschäftsunfähig, kann von diesem eine Willenserklärung **weder wirksam abgegeben** werden (§ 105 Abs 1), **noch diesem wirksam zugehen** (§ 131 Abs 1). Nach hM lässt die Anordnung eines Einwilligungsvorbehalts die Geltung dieser Bestimmungen **unberührt**. Im Falle der (partiellen oder allgemeinen) Geschäftsunfähigkeit des Betreuten ist daher zB die vom Betreuten abgegebene Willenserklärung **auch dann** nach § 105 Abs 1 **nichtig**, wenn der **Betreuer ihr zugestimmt** hat⁴⁵. Dies ergibt sich zwar nicht ohne weiteres aus dem Gesetzeswortlaut, wohl aber aus der Entstehungsgeschichte der Norm, in der die Problematik des Verhältnisses des § 1903 zu den Bestimmungen der Geschäftsunfähigkeit diskutiert, die Einräumung einer Vorrangstellung für § 1903 aber **ausdrücklich abgelehnt** worden ist⁴⁶.

27 Begründet wurde die Ablehnung iÜ ua damit, dass die Zustimmungserklärung des Betreuers zu einer Willenserklärung des Betreuten idR in eine **Eigenvornahme durch den Betreuer umgedeutet** werden könne. Eine solche Umdeutung ist aber nicht nur bei Formbedürftigkeit des Rechtsgeschäfts idR ausgeschlossen (vgl § 182 Abs 2), sondern auch hinsichtlich der übrigen Voraussetzungen der Umdeutung regelmäßig problematisch. Eine Umdeutung wird daher nur selten erfolgreich sein⁴⁷. Bei zweifelhafter Geschäftsfähigkeit des Betreuten empfiehlt es sich daher für den Betreuer, die Zustimmung in einer Weise zu erklären, die eine **hilfsweise Eigenvornahme des Rechtsgeschäfts** erkennen lässt und dessen Form zu wahren.

28 **3. Auswirkungen in anderen Rechtsgebieten.** Die Anordnung eines Einwilligungsvorbehalts führt im **Zivilprozess** in dem erfassten Bereich zur **Prozessunfähigkeit** des Betroffenen, da sich dieser insoweit nicht mehr iS von § 52 Abs 1 ZPO selbstständig durch Verträge verpflichten kann. Dies gilt nach dem Zweck der Ausnahmebestimmung des Abs 3 S 2 auch, soweit eine geringfügige Angelegenheit des täglichen Lebens den Streitgegenstand bildet⁴⁸. Auch in den **Verwaltungs- und Gerichtsverfahren** vor allgemeinen Verwaltungs-, Finanz- oder Sozialbehörden bzw -gerichten hat der Einwilligungsvorbehalt eine Einschränkung der Handlungsfähigkeit des Betreuten zur Folge, soweit es um einen Gegenstand geht, der vom Einwilligungsvorbehalt umfasst ist (vgl §§ 12 Abs 2 VwVfG, 62 Abs 2 VwGO, 11 Abs 2 SGB X, 79 Abs 2 AO, 58 Abs 3 FGO)⁴⁹. Im öffentlich-rechtlichen **Namensänderungsverfahren** kann eine Namensänderung, auch wenn der Einwilligungsvorbehalt umfasst ist, nur vom Betreuer beantragt werden, auch wenn der Betreute geschäftsfähig ist (§ 2 Abs 1 S 2 NamÄndG). Im **Gesellschaftsrecht** ist vorgesehen, dass ein Betreuer, für den in Vermögensangelegenheiten ganz oder teilweise ein Einwilligungsvorbehalt angeordnet wurde, nicht Mitglied des Vorstands oder Aufsichtsrats einer AG (§§ 76 Abs 3 S 2, 100 Abs 1 S 2 AktG) oder Geschäftsführer einer GmbH sein kann (§ 6 Abs 2 S 2 GmbHG).

IV. Mitteilungspflichten (Abs 4)

29 Abs 4 erklärt § 1901 Abs 5 für entspr anwendbar. Der Betreuer hat demnach Umstände, die zur Aufhebung, Einschränkung oder Erweiterung des Einwilligungsvorbehalts führen können, **dem Vormundschaftsgericht mitzuteilen**. Das Vormundschaftsgericht soll hierdurch in die Lage versetzt werden, den Einwilligungsvorbehalt dem Erforderlichkeitsgrundsatz entspr anzupassen (vgl § 1908 d Abs 4).

V. Verfahren

30 **1. Allgemeines.** Die Anordnung eines Einwilligungsvorbehalts kommt bereits im Ausgangsverfahren oder in einem späteren, gesonderten Verfahren in Betracht. Grds gelten hierfür die gleichen Verfahrensvorschriften wie für die Erstbestellung eines Betreuers (vgl § 1896 Rn 49), so dass nur auf die demgegenüber bestehenden Besonderheiten einzugehen ist: Im Gegensatz zur Bestellung eines Betreuers erfolgt die Anordnung eines Einwilligungsvorbehalts stets **von Amts wegen**. Der Betreuungsbehörde ist gemäß § 68 a S 1 FGG Gelegenheit zur Äußerung zu geben. In jedem Fall ist ein **Sachverständigengutachten** einzuholen, ein ärztliches Zeugnis genügt nicht (vgl § 68 b Abs 2 FGG, der nicht auf Abs 1 S 2, 3 FGG verweist).

31 Im **Beschluss** (§ 69 Abs 1 Nr 4 FGG) sowie in der Bestellungsurkunde (§ 69 b Abs 2 Nr 4 FGG) ist der **Kreis der einwilligungsbedürftigen Willenserklärungen** zu bezeichnen. Ferner muss im Beschluss der Zeitpunkt angegeben werden, zu dem das Gericht spätestens über die Aufhebung oder

---

⁴³ LG Gießen BtPrax 2003, 88 = NJW-RR 2003, 439.
⁴⁴ LG Trier BtPrax 2004, 78 = MMR 2004, 263.
⁴⁵ *Cypionka* DNotZ 1991, 571, 581 f; *Damrau/Zimmermann* Rn 13; *Palandt/Diederichsen* Rn 19; *Erman/Holzhauer* Rn 20; *MünchKommBGB/Schwab* Rn 54; *Bienwald* in: *Bienwald/Sonnenfeld/Hoffmann* Rn 68; *Mitko*, Der Einwilligungsvorbehalt, S 81; *Schreieder* BtPrax 1996, 96 f; *Bobenhausen* Rpfleger 1997, 52, 54; RGRK/*Dickescheid* Rn 15; *Jürgens/Kröger/Marschner/Winterstein* Rn 45; *Jürgens/Jürgens* Rn 15 ff; aA *Enderlein* JR 1998, 485, 491. Für Geschäfte des täglichen Lebens gilt aber der neue § 105 a.
⁴⁶ BT-Drucks 11/4528 S 137 f.
⁴⁷ *G.Müller*, Betreuung und Geschäftsfähigkeit, S 80 ff; vgl auch *Jurgeleit* Rpfleger 1995, 282, 284; *Damrau/Zimmermann* Rn 14; *Palandt/Diederichsen* Rn 19.
⁴⁸ *Bork* MDR 1991, 97, 98; *Damrau/Zimmermann* § 1902 Rn 35; aA MünchKommBGB/*Schwab* Rn 57; *Bienwald* in: *Bienwald/Sonnenfeld/Hoffmann* Rn 79; *v. Sachsen Gessaphe*, Der Betreuer als gesetzlicher Vertreter für eingeschränkt Selbstbestimmungsfähige, S 444 ff.
⁴⁹ Zu letzterem vgl FG München BeckRS 2003, 26014635.

Verlängerung der Maßnahme zu entscheiden hat (§ 69 Abs 1 Nr 5 FGG). In der Begründung müssen die Voraussetzungen des Einwilligungsvorbehalts für jeden Aufgabenkreis hinreichend konkret und nachprüfbar festgestellt und dargelegt werden[50]. Der Beschluss ist auch der Betreuungsbehörde **bekannt zu machen** (§ 69 a Abs 2 S 1 FGG). Für die Mitteilung gilt § 69 k FGG, daneben ist auch die Meldebehörde zu benachrichtigen, wenn sich der Einwilligungsvorbehalt auf die Aufenthaltsbestimmung erstreckt (§ 69 l Abs 2 FGG). Bei der **Erweiterung** des Kreises der einwilligungsbedürftigen Willenserklärungen gilt nach § 69 i Abs 2 FGG dessen Abs 1 entsprechend. In **Eilfällen** kommt die Anordnung eines vorläufigen Einwilligungsvorbehalts durch einstweilige Anordnung gemäß § 69 f Abs 1 FGG in Betracht.

2. Rechtsmittel. Gegen die Anordnung eines Einwilligungsvorbehalts ist die **sofortige Beschwer-** 32 **de** statthaftes Rechtsmittel (§ 69 g Abs 4 S 1 Nr 1 FGG). Gleiches gilt für die Entscheidung, durch welche die Anordnung eines Einwilligungsvorbehalts abgelehnt wird (ebd). Die **Beschwerdeberechtigung** ist gegenüber § 20 FGG in § 69 g Abs 1 FGG **erweitert**.

§ 1904 Genehmigung des Vormundschaftsgerichts bei ärztlichen Maßnahmen

(1) [1]Die Einwilligung des Betreuers in eine Untersuchung des Gesundheitszustands, eine Heilbehandlung oder einen ärztlichen Eingriff bedarf der Genehmigung des Vormundschaftsgerichts, wenn die begründete Gefahr besteht, dass der Betreute auf Grund der Maßnahme stirbt oder einen schweren und länger dauernden gesundheitlichen Schaden erleidet. [2]Ohne die Genehmigung darf die Maßnahme nur durchgeführt werden, wenn mit dem Aufschub Gefahr verbunden ist.

(2) [1]Absatz 1 gilt auch für die Einwilligung eines Bevollmächtigten. [2]Sie ist nur wirksam, wenn die Vollmacht schriftlich erteilt ist und die in Absatz 1 Satz 1 genannten Maßnahmen ausdrücklich umfasst.

Schrifttum: *Dodegge*, Zwangsbehandlung und Betreuungsrecht, NJW 2006, 1627; *Fiala/Müller/Braun*, Genehmigungserfordernisse im Bereich der medizinischen Gesundheitsfürsorge, Rpfleger 2002, 597; *Fröschle*, Maximen des Betreuerhandelns und die Beendigung lebenserhaltender Eingriffe, JZ 2000, 72; *Hahne*, Zwischen Fürsorge und Selbstbestimmung, FamRZ 2003, 1619; *Hoffmann*, Forschung mit und an betreuten Menschen, BtPrax 2004, 216; *Hufen*, Verfassungsrechtliche Grenzen des Richterrechts, ZRP 2003, 248; *Kutzer*, Der Vormundschaftsrichter als „Schicksalsbeamter"?, ZRP 2003, 213; *V. Lipp*, „Sterbehilfe" und Patientenverfügung, FamRZ 2004, 317; *ders*, Betreuung und Zwangsbehandlung, JZ 2006, 661; *Marschner*, Zwangsbehandlung in der ambulanten und stationären Psychiatrie, R&P 2005, 47; *Schwab*, Stellvertretung bei der Einwilligung in die medizinische Behandlung, FS Henrich, 2000, S 511; *Tietze*, Ambulante Zwangsbehandlungen im Betreuungsrecht, 2005; *Wagenitz*, Finale Selbstbestimmung? Zu den Möglichkeiten und Grenzen der Patientenverfügung im geltenden und künftigen Recht, FamRZ 2005, 669; *Walther*, Ambulante Zwangsbehandlung und Fürsorglicher Zwang, BtPrax 2001, 96.

Übersicht

	Rn		Rn
I. Normzweck	1	1. Anwendungsbereich (Abs 1 S 1, Abs 2)	20
		a) Überblick	20
II. Grundlagen	3	b) Ärztliche Maßnahmen	21
1. Behandlungsvertrag und Einwilligung	3	c) Begründete Gefahr für Leben oder Gesundheit	22
a) Behandlungsvertrag	4		
b) Einwilligung	5	d) Sonderfälle	24
2. Einwilligungszuständigkeit	8	2. Ausnahmen (Abs 1 S 2)	35
a) Einwilligungsfähigkeit des Betreuten	8	a) Anwendungsbereich	35
b) Einwilligungsunfähigkeit des Betreuten	9	b) Nachholung der Genehmigung	36
c) Zweifelsfälle	12	3. Entscheidung des Gerichts	37
d) Zwangsbehandlung	13	a) Kriterien	37
3. Vollmacht (Abs 2)	15	b) Rechtsnatur der Genehmigung	40
a) Allgemeines	15		
b) Form und inhaltliche Ausgestaltung	16	**IV. Verfahren**	41
c) Einwilligungszuständigkeit	19	1. Allgemeines	41
III. Genehmigungsvorbehalt	20	2. Rechtsmittel	42

I. Normzweck

§ 1904 regelt in der Gesetz gewordenen Fassung nicht die Zuständigkeit für die Einwilligung in eine 1 medizinische Maßnahme, sondern begründet für **besonders riskante oder endgültige Maßnahmen im Gesundheitsbereich** eine vormundschaftsgerichtliche **Genehmigungspflicht,** sofern der **Betreuer** in eine den Betreuten betreffende ärztliche Maßnahme **einwilligen** will. Durch das am 1. 1. 1999 in Kraft getretene 1. BtÄndG wurde die Vorschrift um einen Abs 2 erweitert, so dass die Genehmigungspflicht auch für einen iS der Vorschrift **Bevollmächtigten** gilt.

Probleme bereiten im Rahmen von § 1904 vor allem die sog **Zwangsbehandlung** (Zwangsmedi- 2 kation) Einwilligungsunfähiger (vgl Rn 13 f). Aktuell wird auch besonders kontrovers diskutiert, ob

---

[50] BayObLG FamRZ 1993, 442.

§ 1904 Buch 4. Abschnitt 3. Vormundschaft, rechtliche Betreuung, Pflegschaft

und inwieweit der vom Betreuer bzw Bevollmächtigten initiierte **Behandlungsabbruch** beim einwilligungsunfähigen Betroffenen (zB Komapatienten) genehmigungsbedürftig und -fähig ist (Rn 24 ff).

II. Grundlagen

3   1. **Behandlungsvertrag und Einwilligung.** Im Bereich der Gesundheitsangelegenheiten ist aus rechtlicher Sicht zwischen dem zivilrechtlichen Behandlungsvertrag bzw Krankenhausvertrag und der Einwilligung des Patienten in die ärztliche Maßnahme zu unterscheiden.

4   a) **Behandlungsvertrag.** Das Zustandekommen des zivilrechtlichen Behandlungsvertrages, aus dem der Anspruch des Patienten auf Aufklärung, Beratung und Behandlung und der Anspruch des Arztes auf Zahlung des vereinbarten bzw tariflich festgelegten Honorars resultiert, richtet sich nach den allgemeinen Regeln der **Geschäftsfähigkeit.** Dies bedeutet, dass der geschäftsfähige Betreute den Behandlungsvertrag (vorbehaltlich der Anordnung eines Einwilligungsvorbehalts) selbst abschließen kann, während für den iS von § 104 Nr 2 Geschäftsunfähigen nur sein Vertreter (dh Betreuer als gesetzlicher Vertreter gemäß § 1902 oder ein wirksam Bevollmächtigter) im Rahmen seiner Vertretungsmacht handeln kann.

5   b) **Einwilligung. aa) Rechtsnatur.** Die **Einwilligung in eine ärztliche Maßnahme** (die mit einem Eingriff in die körperliche Unversehrtheit bzw das allgemeine Persönlichkeitsrecht des Betroffenen verbunden ist), die die Rechtswidrigkeit dieses Eingriffs iS der §§ 223 ff StGB bzw §§ 823 ff BGB ausschließt, wird demgegenüber nicht als rechtsgeschäftliche Willenserklärung, sondern als **Gestattung oder Ermächtigung zur Vornahme tatsächlicher Handlungen,** die in den Rechtskreis des Gestattenden eingreifen, angesehen[1]. Daher ist für die wirksame Einwilligung in die Verletzung persönlichkeitsbezogener Rechtsgüter wie körperliche Integrität, Freiheit und allgemeines Persönlichkeitsrecht nach ständiger höchstrichterlicher Rspr **nicht Geschäftsfähigkeit** erforderlich, sondern die „verstandesmäßige, geistige und sittliche Reife, die es gestattet, die Bedeutung und Tragweite des Eingriffs zu erkennen, sowie die Urteilskraft, das Für und Wider abzuwägen, und die Fähigkeit, das Handeln nach diesen Einsicht zu bestimmen"[2].

6   bb) **Unterschiede zwischen Einwilligungs- und Geschäftsfähigkeit.** Die **Einwilligungsfähigkeit** iS einer **natürlichen Einsichts- und Steuerungsfähigkeit** unterscheidet sich von der Geschäftsfähigkeit zum einen dadurch, dass sie auf den **subjektiv individuellen Reifegrad einer Person** abstellt (also beispielsweise nicht wie die Geschäftsfähigkeit an bestimmte Altersstufen gebunden ist). Zum anderen bezieht sie sich auf ein objektiv konkretes „Geschäft" und ist damit auch in Verhältnis zu setzen zu dessen Art und Kompliziertheit[3]. Eine sog „relative" Geschäftsfähigkeit wird von der herrschenden Rspr und Lehre im geltenden Recht dagegen abgelehnt[4]. Aus der Relativität der Einwilligungsfähigkeit folgt auch, dass die Anforderungen hieran mit der Komplexität und dem Risiko der ärztlichen Behandlung wachsen. So kann etwa bei der gleichen Person die Einwilligungsfähigkeit hinsichtlich einer schwierigen und umfangreichen Operation zu verneinen sein, während sie zB hinsichtlich einer einfachen Wundversorgung zu bejahen sein kann.

7   cc) **Einwilligung im Betreuungsrecht.** Auch im Betreuungsrecht ist hinsichtlich der Einwilligung in ärztliche Maßnahmen nicht auf die Geschäftsfähigkeit des Betreuten, sondern dessen **natürliche Einsichts- und Steuerungsfähigkeit** abzustellen[5]. Als einwilligungsfähig ist damit derjenige Betreute anzusehen, der Art, Bedeutung und Tragweite – auch die Risiken – der Maßnahme zu erfassen und seinen Willen hiernach zu bestimmen vermag[6].

8   2. **Einwilligungszuständigkeit. a) Einwilligungsfähigkeit des Betreuten.** Zuständig für die Erteilung der Einwilligung in eine ärztliche Maßnahme ist der Betreute selbst und alleine, soweit dieser einwilligungsfähig (vgl Rn 7) ist. Aus dem Wortlaut des § 1904 Abs 1, der nur die Einwilligung des Betreuers betrifft, kann nichts Gegenteiliges hergeleitet werden. Dies ergibt sich eindeutig aus der Gesetzgebungsgeschichte der Norm: § 1904 Abs 1 enthielt noch in der Fassung des Diskussionsteilentwurfs die ausdrückliche Aussage, dass der Betreuer nicht anstelle des Betreuten in eine ärztliche Maßnahme einwilligen könne, wenn der Betreute selbst einwilligen könnte. Diese Vorschrift wurde im weiteren Gesetzgebungsverfahren dann mangels Notwendigkeit gestrichen, da man deren Aussage für **selbstverständlich** hielt[7].

9   b) **Einwilligungsunfähigkeit des Betreuten.** Ist der Betreute für die konkret in Aussicht genommene ärztliche Behandlung einwilligungsunfähig, kann der Betreuer (der dann auch Adressat der ärztlichen Aufklärung ist) für ihn die erforderliche Einwilligung erteilen[8]. Gleiches gilt für einen iS des Abs 2 **Gesundheitsbevollmächtigten.** Ein Vertretungsrecht naher Angehöriger (Ehegatte/Lebenspartner/Kinder) außerhalb einer angeordneten Betreuung oder einer wirksam erteilten Vollmacht existiert nicht.

---

[1] BGHZ 29, 33 = NJW 1959, 811.
[2] BGH NJW 1964, 1177, 1178; vgl auch BGH VersR 1961, 632, 633; grundlegend BGHZ 29, 33, 36.
[3] Relativität, *Holzhauer* ZRP 1989, 451, 457.
[4] BGH NJW 1953, 1342; NJW 1961, 261; NJW 1970, 1680 f; BayObLG NJW 1989, 1678 f.
[5] BT-Drucks 11/4528 S 71, 140; OLG Hamm FGPrax 1997, 64, 65 = NJWE-FER 1997, 178.
[6] BT-Drucks 11/4528 S 71.
[7] Vgl BT-Drucks 11/4528 S 141.
[8] OLG Hamm NJW 2003, 2392; vgl zur Information des einwilligungsunfähigen Patienten vom Eingriff *Hoffmann* R&P 2005, 52.

Zwar war im Zuge der **Reform des Betreuungsrechts durch das 2. BtÄndG** vom Bundesrat zum Zwecke der Reduzierung der Betreuungsfälle gefordert worden, ein **gesetzliches Vertretungsrecht** naher Angehöriger (auch) in Gesundheitsangelegenheiten zu schaffen[9]. Der Gesetzesvorschlag wurde aber im Laufe des weiteren Gesetzgebungsverfahrens aufgegeben. Offiziell wurde dies mit den nicht auszuschließenden Missbrauchsgefahren begründet[10]. Letztlich dürften aber die zahlreichen anderen Kritikpunkte, vor allem die wenig überzeugende Herleitung des gesetzlichen Vertretungsrechts und die dogmatischen Unstimmigkeiten der geplanten Regelung[11] der Grund hierfür gewesen sein.

Die **subsidiäre Einwilligungszuständigkeit** des Betreuers gilt selbst dann, wenn die Einwilligung 10 in die ärztliche Maßnahme vom Aufgabenkreis des Betreuers (dem zB allgemein die Gesundheitsfürsorge übertragen wurde) umfasst ist. Es besteht also – was unter dem Gesichtspunkt der Rechtssicherheit problematisch ist – eine **verdrängende Zuständigkeit des einwilligungsfähigen Betreuten**[12]. Die Einwilligungsfähigkeit des Betreuten kann nach zutreffender hM auch (anders als hinsichtlich des Behandlungsvertrages) nicht durch einen auf Einwilligungen in medizinische Eingriffe bezogenen **Einwilligungsvorbehalt** beeinträchtigt oder beseitigt werden (vgl § 1903 Rn 18).

Aus der Tatsache der Bestellung eines Betreuers für die Gesundheitsfürsorge lässt sich allerdings ein 11 gewisses **Indiz für das Fehlen der Einwilligungsfähigkeit** des Betreuten herleiten. Denn die Bestellung eines Betreuers setzt voraus, dass der Betroffene zur Besorgung der betreffenden Angelegenheiten unfähig ist (vgl § 1896 Abs 1 S 1). Dies ist hinsichtlich Angelegenheiten der Gesundheitsfürsorge aber in erster Linie dann der Fall, wenn ihm diesbezüglich die Einwilligungsfähigkeit fehlt. Trotz Bestellung eines Betreuers für die Gesundheitsangelegenheiten kann der Betreute aber für die konkrete Maßnahme als einwilligungsfähig und damit einwilligungszuständig anzusehen sein, wenn zB der übertragene Aufgabenkreis zu weit gefasst war, das Vormundschaftsgericht bei seiner Prognoseentscheidung im Rahmen der Übertragung des Aufgabenkreises unzutreffenderweise von der Einwilligungsunfähigkeit des Betreuten ausging oder sich der psychische Zustand des Betreuten mittlerweile gebessert hat[13].

c) Zweifelsfälle. Ist die Einwilligungsfähigkeit des Betreuten zweifelhaft (was in der Praxis nicht 12 selten der Fall sein wird), dann sollte aus Gründen der Rechtssicherheit versucht werden, sowohl die Einwilligung des Betreuten als auch die des Betreuers einzuholen. Verweigert der Betreuer bzw der Betreute die Einwilligung, dh kommt es zu einem Konfliktfall, dann müssen die Zweifel an der Einwilligungsfähigkeit des Betreuten **abgeklärt** werden. Lässt sich die Einwilligungsunfähigkeit des Betreuten trotz eingehender Exploration nicht definitiv feststellen, dann ist – wie bei dem vergleichbaren Fall der Geschäftsfähigkeit – nach dem Regel-Ausnahme-Verhältnis von der **Einwilligungsfähigkeit** des (volljährigen) Betreuten auszugehen[14].

d) Zwangsbehandlung. Ist der Betreuer im konkreten Fall für die Erteilung der Einwilligung 13 zuständig, da der Betreute einwilligungsunfähig ist, kann er die Einwilligung auch dann erteilen, wenn dies dem **natürlichen Willen** des Betreuten **widerspricht**. Solche „Zwangsbehandlungen" Einwilligungsunfähiger sind nach dem Gesetz – abgesehen von dem in § 1905 geregelten Sonderfall der Sterilisation – **nicht verboten**, da man die Notwendigkeit sah, den Einwilligungsunfähigen auch dann der ärztlichen Behandlung zuführen zu können, wenn dieser auf Grund seiner psychischen Krankheit oder geistigen bzw seelischen Behinderung seine **Behandlungsbedürftigkeit nicht erkennen** kann und die Behandlung deshalb ablehnt[15]. Zwar ist auch im Bereich der Gesundheitsfürsorge grds im Innenverhältnis der Willensvorrang des Betreuten (§ 1901) zu beachten, beispielsweise in Form des Wunsches, die Behandlung zu unterlassen. Dieser Wunsch wird aber dem Wohl des Betreuten zuwiderlaufen, wo die ärztliche Maßnahme – insbes ein Heileingriff – medizinisch indiziert und notwendig ist[16] und vermag grds nicht die Einwilligungszuständigkeit des Betreuers (Rn 9) und die wirksame Erteilung der Einwilligung im Außenverhältnis in Frage zu stellen.

Nach Auffassung des **BGH**[17] scheidet die **zwangsweise Vorführung zur ambulanten Behand-** 14 **lung** nach derzeitiger Rechtslage mangels Rechtsgrundlage aus[18]. Die Rechtsansicht des BGH überzeugt nicht, zumal in den genannten Fällen nur die Möglichkeit bleibt, den Betroffenen freiheitsentziehend unterzubringen, um ihn einer notwendigen ärztlichen Maßnahme gemäß § 1906 Abs 1 Nr 2 zuzuführen. Dies widerspricht dem Grundsatz der Verhältnismäßigkeit[19]. Im Rahmen des Gesetz-

---

[9] BT-Drucks 15/2494 S 16 f, 24 ff.
[10] BT-Drucks 15/4874 S 26.
[11] Vgl *Chiusi* ZRP 2004, 119; *Laurischk* ZRP 2005, 99.
[12] *Klüsener/Rausch* NJW 1993, 617, 619; *Damrau/Zimmermann* Rn 2; HK-BUR/*Rink/Wojnar* Vor § 1904 Rn 9; *Palandt/Diederichsen* Rn 2; *Jürgens/Marschner* Rn 2; aA *Lachwitz* FuR 1990, 266, 269.
[13] Vgl *Erman/Roth* Rn 7, für den die Feststellungslast nach der Betreuerbestellung beim Betreuten liegt.
[14] So auch *Palandt/Diederichsen* Rn 4; aA *Kern* MedR 1993, 245, 247; *Staudinger/Bienwald* Rn 25; *Erman/Roth* Rn 8; *Hoffmann* in: *Bienwald/Sonnenfeld/Hoffmann* Rn 47, um damit eine Umgehung der Schutzwirkungen des § 1904 zu verhindern.
[15] BT-Drucks 11/4528 S 141; vgl dazu auch *Schweitzer* FamRZ 1996, 1317, 1318 f; zur Zwangsbehandlung im Rahmen der Unterbringung vgl § 1906 Rn 13.
[16] *Kollmer* Rpfleger 1995, 45, 47.
[17] FamRZ 2001, 149 = NJW 2001, 888.
[18] Zust *Walther* BtPrax 2001, 96; *Marschner* R&P 2005, 47, der im Anschluss hieran auch Zwangsbehandlungen im Rahmen einer Unterbringung auf betreuungsrechtlicher Grundlage für unzulässig erachtet; krit dagegen MünchKommBGB/*Schwab* Rn 19; *V. Lipp* JZ 2001, 825; *Erman/Roth* Rn 29; abl auch BGH NJW 2006, 1277.
[19] Krit auch *Zimmermann* FamRZ 2005, 1969; *Tietze*, Ambulante Zwangsbehandlungen im Betreuungsrecht, 2005, S 25 ff.

§ 1904

Buch 4. Abschnitt 3. Vormundschaft, rechtliche Betreuung, Pflegschaft

gebungsverfahrens zum 2. BtÄndG wurde vom Bundesrat vorgeschlagen, mit der **Einfügung eines neuen § 1906a** die vom BGH für erforderlich gehaltene Rechtsgrundlage für die zwangsweise Zuführung des Betreuten zur ambulanten ärztlichen Behandlung zu schaffen. Auf Kritik vor allem von Seiten der Bundesregierung wurde der Gesetzesvorschlag später jedoch abgelehnt (vgl auch § 1906 Rn 7)[20]. Im Moment besteht daher, was die Zulässigkeit von Zwangsbehandlungen innerhalb und außerhalb einer Unterbringung anbelangt, eine gewisse Rechtsunsicherheit[21].

15 **3. Vollmacht (Abs 2). a) Allgemeines.** Mit dem Inkrafttreten des 1. BtÄndG zum 1. 1. 1999 und der dadurch bedingten Einfügung des § 1904 Abs 2 (sowie des § 1906 Abs 5) ist die zuvor umstrittene Zulässigkeit einer **Vollmacht in Angelegenheiten der Personensorge ieS** (wie Einwilligung in ärztliche Maßnahmen, freiheitsentziehende Unterbringung und unterbringungsähnliche Maßnahmen) anerkannt worden. Gleichzeitig wurde der Bevollmächtigte im Gesundheitsbereich den gleichen Genehmigungspflichten wie ein Betreuer unterworfen.

16 **b) Form und inhaltliche Ausgestaltung.** Auch ein rechtsgeschäftlicher Vertreter kann in eine ärztliche Maßnahme am Vollmachtgeber wirksam einwilligen, sofern die Vollmacht **(mindestens) schriftlich erteilt** (§ 126) ist und die in § 1904 Abs 1 genannten Maßnahmen **ausdrücklich umfasst**. Wann eine Vollmacht (insbes eine Vorsorgevollmacht) diesen Formerfordernissen entspricht, ist in der Amtl Begr des 1. BtÄndG nicht näher ausgeführt. Aus der dort enthaltenen Bezugnahme auf die Entscheidung des OLG Stuttgart[22] kann man ableiten, dass eine **abstrakt formulierte Generalvollmacht** zur Stellvertretung in Gesundheitsangelegenheiten nicht genügt. Vielmehr muss sich aus dem **Wortlaut** der (zumindest schriftlichen) Vollmacht **ohne weitere Auslegung der Erklärung** ergeben, dass sich diese auch auf die Wahrnehmung von Angelegenheiten der Gesundheitsfürsorge, insbes die Einwilligung in ärztliche Maßnahmen, erstreckt[23]. Eine wörtliche Wiedergabe des Gesetzestextes des § 1904 Abs 1 ist hierfür **nicht erforderlich,** kann sich zur Vermeidung von Zweifeln über den Umfang der Vollmacht aber empfehlen[24]. Hierbei müssen aber nicht die möglichen Folgen der ärztlichen Maßnahme, die zu einer Genehmigungsbedürftigkeit der Einwilligung nach § 1904 Abs 2, Abs 1 führen, ausdrücklich genannt sein, um eine Einwilligungsbefugnis auch in derartige Maßnahmen zu begründen[25]. Außerdem bedarf es nicht weiterer Angaben, wie etwa der ausdrücklichen Entbindung des Arztes von seiner Schweigepflicht, da ein entsprechendes Informationsrecht des Bevollmächtigten ohne weiteres auch Inhalt einer Gesundheitsvollmacht ist[26].

17 Der nach § 1904 Abs 2 wirksam Bevollmächtigte kann nach h. A. auch wirksam in einen **Behandlungsabbruch** (Rn 24) einwilligen, ohne dass diese Befugnis entspr § 1904 Abs 2 ausdrücklich in der Vollmacht aufgeführt sein müsste[27]. Angesichts der umstrittenen Rechtslage empfiehlt es sich aber, die Vollmacht ausdrücklich auf diese Befugnis auszudehnen, wenn der Vollmachtgeber Vertretungsmacht auch in diesem Bereich einräumen will[28]. Außerdem ist nicht ausgeschlossen, dass im Falle der (geplanten) gesetzlichen Regelung der Patientenverfügung das inhaltliche Konkretisierungserfordernis des § 1904 Abs 2 auch auf Maßnahmen der Sterbehilfe iwS ausgedehnt wird[29].

18 Das Konkretisierungserfordernis gilt nicht ohne Weiteres auch für die **vor dem 1. 1. 1999 erteilten Vollmachten („Altfälle"),** da es insoweit nachträglich zu einer „Verschärfung" der Wirksamkeitserfordernisse kam[30].

19 **c) Einwilligungszuständigkeit.** Auch bei einer iS von § 1904 Abs 2 wirksam erteilten Vollmacht ist davon auszugehen, dass deren Gebrauch wegen der eigentlichen Höchstpersönlichkeit der betroffenen Angelegenheit nur **bei Einwilligungsunfähigkeit des Vollmachtgebers** in Betracht kommt. Der Bevollmächtigte bzw Ermächtigte ist folglich nur dann zur Erteilung der Einwilligung zuständig, wenn der Vollmachtgeber nicht mehr selbst zur Wahrnehmung dieser Angelegenheit im Stande ist[31].

---

[20] BT-Drucks 15/2494 S 47.
[21] *Dodegge* NJW 2006, 1627; *V. Lipp* JZ 2006, 661.
[22] FamRZ 1994, 1417 f.
[23] Vgl OLG Zweibrücken Rpfleger 2002, 517 = NJW-RR 2002, 1156; großzügiger *Walter* FamRZ 1999, 685, 691; *Baumann* MittRhNotK 1998, 1, 8; *Schwab*, FS Henrich, 2000, S 511, 526 f; *Eckelskemper* RNotZ 2004, 507, 508; zu restriktiv dagegen LG Hamburg NJWE-FER 2000, 123 m abl Anm *Langenfeld* DNotZ 2000, 222.
[24] *G. Müller* DNotZ 1999, 107, 112; *Renner* in: *G. Müller/Renner*, Betreuungsrecht und Vorsorgeverfügungen in der Praxis, Rn 269; *Keilbach* FamRZ 2003, 969, 980; MünchKommBGB/*Schwab* Rn 62; *Eckelskemper* RNotZ 2004, 507, 508; Formulierungsmuster zB bei *G.Müller* in: *Limmer/Hertel/Frenz/Mayer*, Würzburger Notarhandbuch, Teil 3 Rn 511; *Milzer* NJW 2003, 1836, 1839; *E. Albrecht/A. Albrecht* MittBayNot 2003, 348 ff; *Keilbach* DNotZ 2004, 164.
[25] *Palandt/Diederichsen* Rn 7; *G.Müller* DNotZ 1999, 107, 112; MünchKommBGB/*Schwab* Rn 61; aA *Dodegge/Fritsche* NJ 2001, 176, 181.
[26] AA LG Hamburg NJWE-FER 2000, 123 m abl Anm *Langenfeld* DNotZ 2000, 222.
[27] *Mehler* MittBayNot 2000, 16, 19; aA *Palandt/Diederichsen* Rn 7.
[28] Formulierungsbeispiel: „Der Bevollmächtigte wird beauftragt und ermächtigt, den in der Patientenverfügung niedergelegten Wünschen Geltung zu verschaffen.".
[29] Vgl nur § 1904 Abs 4 BGB-E des zwischenzeitlich zurückgezogenen Referentenentwurfs eines 3. BtÄndG vom November 2004, abgedruckt bei *Hoffmann* in: *Bienwald/Sonnenfeld/Hoffmann* Rn 10.
[30] Vgl MünchKommBGB/*Schwab* Rn 64; *Renner* in: *G. Müller/Renner*, Betreuungsrecht und Vorsorgeverfügungen in der Praxis, Rn 279; aA aber OLG Zweibrücken Rpfleger 2002, 517 = NJW-RR 2002, 1156.
[31] *Perau* MittRhNotK 1996, 285, 294; *Bühler* FamRZ 2001, 1585, 1588; *Hoffmann* in: *Bienwald/Sonnenfeld/Hoffmann* Rn 35; vgl dazu auch AG Frankfurt/M FamRZ 2003, 476.

III. Genehmigungsvorbehalt

1. Anwendungsbereich (Abs 1 S 1, Abs 2). a) Überblick. Nur dann, wenn der Betreute bzw 20
Vollmachtgeber im konkreten Fall einwilligungsunfähig ist und der **Betreuer** bzw der iS von Abs 2
Bevollmächtigte in eine Untersuchung des Gesundheitszustandes, eine Heilbehandlung oder einen
ärztlichen Eingriff einwilligen will, bedarf diese Einwilligung gemäß Abs 1 S 1, Abs 2 der (vorherigen)
vormundschaftsgerichtlichen Genehmigung, wenn zusätzlich die begründete Gefahr besteht, dass der
Betroffene auf Grund der Maßnahme stirbt oder einen schweren und länger dauernden gesundheitlichen Schaden erleidet.

b) Ärztliche Maßnahme. Unter „**Untersuchung des Gesundheitszustandes**" iS von Abs 1 ist 21
jedes diagnostische Verfahren zu verstehen, gleichgültig, ob es mit einem körperlichen Eingriff verbunden ist oder nicht. „**Heilbehandlung**" ist dagegen jede therapeutische Maßnahme, die auf Herstellung der Gesundheit, Linderung der Krankheit, Beseitigung oder Linderung von Krankheitsfolgen sowie Verhütung von Krankheiten und ihrer Verschlimmerung gerichtet ist (auch wenn sie durch einen Nichtarzt erfolgt)[32]. „**Ärztlicher Eingriff**" erfasst neben der bereits genannten Heilbehandlung (durch einen Arzt) auch sonstige Eingriffe, wie zB eine reine Schönheitsoperation.

c) Begründete Gefahr für Leben oder Gesundheit. Die Genehmigungspflicht beschränkt sich 22
auf **besonders riskante** bzw **endgültige** ärztliche Maßnahmen. Neben der Gefahr, dass der Betroffene auf Grund der Maßnahme stirbt, ist weiterhin nur die Gefahr eines **schweren und länger dauernden gesundheitlichen Schadens** erfasst. Schwere und Dauer müssen hierbei, um eine Genehmigungspflicht auszulösen, zusammentreffen. Hinsichtlich der „Schwere" des Schadens kann auf die Wertungen des § 224 StGB zurückgegriffen werden, maßgeblich sind aber stets die konkreten Umstände des Einzelfalls[33]. Schwere gesundheitliche Schäden können sich dabei auch aus nachteiligen **Nebenwirkungen von Medikamenten** ergeben[34], zB bei Langzeitbehandlung mit Neuroleptika hinsichtlich der Spätfolgen in Form eines Parkinsonoids oder von Spätdyskinesien[35]. Genehmigungsbedürftig kann (je nach Form und Dauer) auch die **Elektrokrampfbehandlung** psychisch Kranker sein[36]. Nicht genehmigungspflichtig ist nach hM das Legen einer PEG-Sonde[37].

„**Länger dauernd**" ist nach Auffassung der amtl Begr ein Schaden im Regelfall ab einer Dauer von 23
einem Jahr, wobei zB bei außergewöhnlich starken Schmerzen ein kürzerer Zeitraum ausreichend sei[38]. Eine „**begründete Gefahr**" besteht dann, wenn die ernste und konkrete Erwartung des näher bezeichneten Folgen besteht. Eine objektiv nicht bestehende, lediglich subjektiv gegebene Befürchtung genügt gerade nicht[39]. Gleiches gilt für ein objektiv geringes Risiko, zB im Hinblick auf die zur Behandlung erforderliche Vollnarkose[40].

d) Sonderfälle. aa) Unterlassen einer ärztlichen Maßnahme/Behandlungsabbruch. Nach 24
§ 1904 genehmigungspflichtig ist stets nur die Einwilligung des Betreuers oder des Bevollmächtigten, nicht aber das **Unterlassen** einer ärztlichen Maßnahme. Das Gericht kann in diesem Fall nicht allein nach § 1904 entscheiden, sondern ggf nach § 1837 vorgehen, bei objektiver Verhinderung des Betreuers (nicht bei dessen Verweigerung) auch nach § 1846[41].

Umstritten war nach Inkrafttreten des Betreuungsgesetzes, inwieweit die Einwilligung des Betreuers 25
in den **Abbruch einer lebenserhaltenden Maßnahme**, zB der Sondenernährung bei einem Komapatienten (sog „Hilfe zum Sterben"), dem Genehmigungserfordernis des § 1904 unterliegt. Das **OLG Frankfurt** hatte in seiner vielbeachteten „Sterbehilfeentscheidung" vom 15. 7. 1998[42] im Anschluss an die strafrechtliche Entscheidung des BGH vom 13. 9. 1994[43] für eine **analoge Anwendung des § 1904** plädiert (und für die Genehmigungsfähigkeit der Maßnahme die mutmaßliche Einwilligung des Betreuten, wie sie in einer sog **Patientenverfügung** niedergelegt sein kann, für maßgeblich gehalten). Die Entscheidung hat zT Zustimmung erfahren[44]. Zumeist wurde sie aber kritisiert, weil § 1904 auf Maßnahmen, die auf die Herbeiführung der Todesfolge **abzielen, nicht entspr angewendet** werden könne[45]. Außerdem wurde dagegen vorgebracht, dass es sich bei der Entscheidung über die Beendigung

---

[32] Vgl MünchKommBGB/*Schwab* Rn 25.
[33] BT-Drucks 11/4528 S 140; Überblick über genehmigungsbedürftige ärztliche Maßnahmen bei MünchKommBGB/*Schwab* Rn 30 f; HK-BUR/*Rink* Rn 11 ff; *Schreiber* FamRZ 1991, 1014, 1018 ff; vgl zu letzterem aber *Nedopil* FamRZ 1993, 24; *Dose* FamRZ 1993, 1032.
[34] BT-Drucks 11/4528 S 140; vgl *Wolter-Henseler* BtPrax 1994, 183.
[35] LG Berlin FamRZ 1993, 597, 598; AG Bremen R&P 1997, 84; OLG Hamm NJWE-FER 1997, 178 f = FGPrax 1997, 64.
[36] LG Hamburg NJWE-FER 1998, 203; FamRZ 1994, 1204 m Anm *Richter*; *Dodegge* FamRZ 1996, 74; aA AG Wolfshagen BtPrax 2001, 84.
[37] AnwK-BGB/*Heitmann* Rn 26 mwN.
[38] BT-Drucks 11/4528 S 140 f.
[39] Vgl BT-Drucks 11/4528 S 140; BT-Drucks 11/6949 S 73.
[40] OLG Hamm NJW 2003, 2392.
[41] HK-BUR/*Rink* Vor § 1904 Rn 5, § 1904 Rn 28; *Hoffmann* in:Bienwald/Sonnenfeld/*Hoffmann* Rn 100.
[42] NJW 1998, 2747 = FamRZ 1998, 1137; bekräftigt durch Entscheidung vom 20. 11. 2001, NJW 2002, 689.
[43] BGHSt 40, 257 = NJW 1995, 205; sog Kempten-Urteil.
[44] OLG Karlsruhe NJW 2002, 685; LG Duisburg NJW 1999, 2744; *Knieper* NJW 1998, 2720; *Coeppicus* NJW 1998, 3381; *Frister* JR 1999, 73; *Fröschle* JZ 2000, 72, 79; tendenziell auch OLG Düsseldorf NJW 2001, 2807; *Dodegge/Fritsche* NJ 2001, 176.
[45] LG München I NJW 1999, 1788, 1789; AG Ratzeburg SchlHA 1999, 50; LG Augsburg NJW 2000, 2363; AG Frankfurt/M FamRZ 2000, 1183; OLG Schleswig NJW-RR 2003, 435; *Seitz* ZRP 1998, 417, 419; *Nickel* MedR

§ 1904   Buch 4. Abschnitt 3. Vormundschaft, rechtliche Betreuung, Pflegschaft

lebenserhaltender Maßnahmen um eine (**höchstpersönliche**) **Angelegenheit** des Betroffenen handle, die nicht zum Aufgabenkreis eines Betreuers gehören könne[46].

26   Daraufhin hat der 12. ZS des **BGH in seinem grundlegenden sog 1. Sterbehilfebeschluss vom 17. 3. 2003**[47] auf Vorlage des OLG Schleswig[48] entschieden, dass ein **Betreuer** seine Einwilligung in eine ärztlicherseits angebotene lebenserhaltende oder -verlängernde Behandlung **nur mit Zustimmung des Vormundschaftsgerichts** wirksam verweigern könne. Der BGH hat die Entscheidungszuständigkeit des Vormundschaftsgerichts jedoch nicht (wie das OLG Frankfurt aaO) aus einer analogen Anwendung des § 1904, sondern aus einer für notwendig gehaltenen Fortbildung des Betreuungsrechts (Gesamtanalogie) hergeleitet.

27   Die Entscheidung wurde und wird sehr kontrovers **diskutiert**. Kritisiert wird vor allem, dass die im Wege richterlicher Rechtsfortbildung geschaffene Genehmigungspflicht das **Selbstbestimmungsrecht** des Patienten (wie es zB in einer Patientenverfügung konkretisiert sein kann) **entwerte**[49], weil die Entscheidung über den Behandlungsabbruch nunmehr den Vormundschaftsgerichten vorbehalten sei.

28   Dagegen lässt sich einwenden, dass der BGH die **Bedeutung der Patientenverfügung** gerade **stärkt,** wenn er den Betreuer und das entscheidende Gericht an die antizipierte – und grds auch im Zustand der Einwilligungsunfähigkeit weiter geltende – Willensäußerung des Patienten bindet[50]. Außerdem wird das Genehmigungsverfahren von den Beteiligten häufig nicht als Belastung, sondern als Unterstützung empfunden[51]. Schließlich müssen die Vormundschaftsgerichte auch nicht stets, sondern nur eingeschaltet werden, wenn zwischen Betreuer und Arzt **kein Einvernehmen über den Behandlungsabbruch** besteht[52].

29   Zu Recht kann man allerdings an der Entscheidung kritisieren, dass die Begrenzung des zulässigen Behandlungsabbruchs auf die Fälle, in denen das **Grundleiden einen irreversiblen tödlichen Verlauf** angenommen habe, zT irreführend ist und – wörtlich genommen – die Patientenrechte zu weit einschränken würde[53]. Es steht aber zu vermuten, dass der BGH in seinem 1. Sterbehilfebeschluss in Verkennung des Kemptener Urteils des BGH-Strafsenats diese rechtlichen Unklarheiten verursacht hat, ohne bewusst von den bis dahin anerkannten Grenzen strafrechtlich zulässiger Sterbehilfe abweichen zu wollen. Er hat allerdings bislang die entstandenen rechtlichen Unklarheiten nicht beseitigt. In einer neuen Entscheidung, in der es primär um die Frage ging, inwieweit der auf Abbruch der ärztlichen Behandlung gerichtete Patientenwunsch auch **vom Pflegeheim bzw den Pflegekräften beachtet** werden muss (was im Ergebnis vom BGH bejaht wurde), ging der BGH vielmehr davon aus, dass die strafrechtlichen Grenzen einer Sterbehilfe iwS (sog „Hilfe zum Sterben") **bislang nicht hinreichend geklärt** erscheinen[54]. Die übrigen Obergerichte bemühen sich indessen, die umstrittene 1. Sterbehilfeentscheidung in die Praxis umzusetzen. So geht beispielsweise das OLG Karlsruhe[55] davon aus, dass auch dann eine Entscheidung des Betreuers möglich sei, wenn das Leiden einen irreversiblen tödlichen Verlauf angenommen habe, ohne dass der **Tod in kurzer Zeit bevorstehen** müsse.

30   Nicht ganz unumstritten ist außerdem, ob das vom BGH im Wege der Rechtsanalogie hergeleitete Genehmigungserfordernis auch für **Entscheidungen eines Bevollmächtigten** gilt. Dies wird man angesichts der Gleichstellung von gesetzlicher Vertretung und Vollmacht im Hinblick auf die Genehmigungserfordernisse in Angelegenheiten der Personensorge (vgl § 1904 Abs 2, § 1906 Abs 5 S 2) annehmen müssen[56].

31   **bb) Sterilisation.** Die Einwilligung des Betreuers in eine Sterilisation als Sonderfall einer ärztlichen Maßnahme ist in § 1905 spezialgesetzlich geregelt (vgl dort).

32   **cc) Schwangerschaftsabbruch.** In einen Schwangerschaftsabbruch bei einer einwilligungsunfähigen Betreuten kann der Betreuer nach hM (auch gegen den natürlichen Willen der Betreuten) einwilligen[57]. Eine solche Einwilligung ist nicht generell genehmigungspflichtig, sondern nur, wenn ausnahmsweise die Voraussetzungen des § 1904 Abs 1 vorliegen[58].

1998, 520; *Alberts* NJW 1999, 835; *Stalinski* BtPrax 1999, 86; *Dodegge* NJW 1999, 2709, 2714; *Laufs* NJW 1999, 1758, 1761 und 3399; MünchKommBGB/*Schwab* Rn 38; *Schwab*, FS Henrich, 2000, S 511, 522 ff.
[46] LG München I NJW 1999, 1788, 1789; *Seitz* ZRP 1998, 417, 420; *Bienwald* FamRZ 1998, 1138 f.
[47] NJW 2003, 1588 = FamRZ 2003, 748 = R&P 2003, 153 m Anm *Marschner* = PflR 2003, 243 m Anm *Roßbruch*.
[48] NJW-RR 2003, 435 = FamRZ 2003, 554 = PflR 2003, 156 m Anm *Roßbruch*.
[49] *Holzhauer* FamRZ 2003, 991; *Roßbruch* PflR 2003, 255 f; *Geißendörfer/Tietze/Simon* BtPrax 2004, 43.
[50] *Perau* RNotZ 2003, 263, 264.
[51] *E. Albrecht/A. Albrecht* MittBayNot 2003, 348, 351.
[52] Klarstellend *Hahne* FF 2003, 171; FamRZ 2003, 1619, 1622; BGH NJW 2005, 2385 = ZEV 2005, 485 m Anm *Roth* = DNotZ 2005, 924 m Anm *G. Müller*; vgl auch LG Hamburg FamRZ 2006, 145 LS; OLG München OLGR 2007, 163 = FamRZ 2007, 1128 = DNotZ 2007, ### m Anm *G. Müller*.
[53] Vgl *Hufen* ZRP 2003, 248, 249; *Kutzer* ZRP 2003, 213; *E. Albrecht/A. Albrecht* MittBayNot 2003, 348, 352; *Bertram* NJW 2004, 988, 989; *Lipp* FamRZ 2004, 317, 319; *Geißendörfer/Tietze/Simon* BtPrax 2004, 43, 44; *Hennies* ArztRecht 2003, 316, 318 f; *Lipp/Nagel* FF 2005, 83, 84.
[54] BGH NJW 2005, 2385 = ZEV 2005, 485 m Anm *Roth* = DNotZ 2005, 924 m krit Anm *G. Müller*.
[55] NJW 2004, 1882 = FamRZ 2004, 1319; im Anschluss daran auch LG Waldshut-Tiengen FamRZ 2007, 79, 80.
[56] So auch LG Ellwangen FamRZ 2004, 732 = RNotZ 2004, 468; *Perau* RNotZ 2003, 263, 265; *E. Albrecht/A. Albrecht* MittBayNot 2003, 348, 353; *Renner* in: *G. Müller/Renner*, Betreuungsrecht und Vorsorgeverfügungen in der Praxis, Rn 361 f; aA *Stoffers* DNotZ 2003, 855, 859 ff.
[57] BT-Drucks 11/4528 S 141; *Damrau/Zimmermann* Rn 39 f; HK-BUR/*Rink* Rn 21; *Hoffmann*, in: Bienwald/Sonnenfeld/*Hoffmann* Rn 222; einschränkend auf die Fälle der medizinischen Indikation MünchKommBGB/*Schwab* Rn 33.
[58] Vgl BT-Drucks 11/4528 S 141; HK-BUR/*Rink* Rn 21.

dd) Organspende. Die Einwilligung eines Betreuers (wie eines Bevollmächtigten) in eine Organ- 33
spende ist grds als unzulässig anzusehen (vgl § 1902 Rn 10)[59].

ee) Forschung und Arzneimittelerprobung. Für einen einwilligungsunfähigen Betreuten kann 34
sein Betreuer mit einem entsprechenden gesundheitsbezogenen Aufgabenkreis in die Teilnahme an
Forschungsstudien einwilligen, wenn ein **individueller gesundheitlicher Nutzen** für den Betreuten
gegeben ist oder die Teilnahme dessen **Wunsch** entspricht[60]. Hinsichtlich **Arzneimittelstudien** sind
die strengeren Voraussetzungen des Arzneimittelgesetzes zu berücksichtigen, das mit Gesetz vom 30. 7.
2004 (BGBl I S 2031) geändert worden ist[61]. Eine stellvertretende Einwilligung kommt nach § 41
Abs 3 Nr 1 AMG nur in Betracht, wenn die Anwendung des zu prüfenden Arzneimittels **medizinisch
indiziert** ist, um das Leben des Kranken zu retten, seine Gesundheit wiederherzustellen oder sein
Leiden zu erleichtern. Der einwilligungsunfähige Betroffene muss mit anderen Worten an der Krankheit leiden, zu deren Behebung das zu prüfende Arzneimittel angewendet werden soll. Gruppen- oder
fremdnützige Arzneimittelforschung ist demnach bei Einwilligungsunfähigen unzulässig[62].

2. Ausnahmen (Abs 1 S 2). a) Anwendungsbereich. Nach § 1904 Abs 1 S 2 entfällt ein an sich 35
nach § 1904 gegebenes Genehmigungserfordernis, wenn **mit dem Aufschub der Maßnahme Gefahr verbunden** ist. Sinn und Zweck dieser Ausnahme ist es, Leben und Gesundheit des Betroffenen
nicht durch die in § 1904 liegende Bürokratisierung ärztlicher Behandlung zu gefährden[63]. Dementsprechend setzt die Genehmigungsfreiheit voraus, dass mit dem Aufschub der Maßnahme (infolge der
vorherigen Einholung der Genehmigung) eine **Gefahr für Leib und Leben des Betroffenen** verbunden wäre[64]. Dies wird idR bei akuten Behandlungsindikationen im somatischen und psychiatrischen
Bereich der Fall sein[65]. Nach der Gesetzessystematik bezieht sich die Ausnahme von der Genehmigungspflicht nicht nur auf die Einwilligung eines Betreuers (§ 1904 Abs 1 S 1), sondern auch auf die
Einwilligung eines iS von § 1904 Abs 2 Bevollmächtigten. In beiden Fällen entfällt aber nur die
ansonsten erforderliche vormundschaftsgerichtliche Genehmigung, die (auch mutmaßliche) Einwilligung des Vertreters des einwilligungsunfähigen Patienten bleibt selbst bei dringlichen Maßnahmen
erforderlich.

b) Nachholung der Genehmigung. Im Gegensatz zu § 1906 Abs 2 S 2 ist bei dringenden 36
Gesundheitsmaßnahmen **keine Nachholung** der Genehmigung erforderlich. Dies wäre hier auch nicht
sinnvoll, da sich beispielsweise eine bereits durchgeführte Heilmaßnahme idR nicht rückgängig machen
lässt[66].

3. Entscheidung des Gerichts. a) Kriterien. Das Vormundschaftsgericht hat zunächst die **for-** 37
mellen Voraussetzungen der Genehmigungspflicht der Einwilligung zu prüfen, insbes die Frage der
Einwilligungsunfähigkeit des Betroffenen und der Einwilligungszuständigkeit des Betreuers (bzw Bevollmächtigten) und der begründeten Lebens- bzw erheblichen Gesundheitsgefahr der beabsichtigten
ärztlichen Maßnahme.

Gesetzlich nicht eigens geregelt sind die materiellen Kriterien, an denen sich die Entscheidung des 38
Gerichts auszurichten hat. Nach hM ist hierbei auf das **Wohl des Betroffenen** unter Beachtung des
Gesichtspunkts der Verhältnismäßigkeit abzustellen[67]. Von Bedeutung sind in diesem Zusammenhang
vor allem die bestehenden Heilungschancen sowie die Wahrscheinlichkeit und der Umfang des zu
erwartenden Schadens, wobei das einzuholende Sachverständigengutachten hierzu Hilfestellung bietet.

Im Rahmen der Abwägung des Gerichts sind auch die ggf vom Betroffenen selbst geäußerten 39
Behandlungswünsche (insbes die in einer sog **Patientenverfügung** niedergelegten) zu berücksichtigen,
vor allem wenn der Abbruch einer lebenserhaltenden Maßnahme (vgl Rn 24) genehmigt werden soll[68].

b) Rechtsnatur der Genehmigung. Die hM geht davon aus, dass es sich bei der vormundschafts- 40
gerichtlichen Genehmigung nach § 1904 nicht nur um eine Innengenehmigung, sondern um eine
Außengenehmigung handelt[69]. Die Erteilung der vormundschaftsgerichtlichen Genehmigung zur
Einwilligung des Betreuers/Bevollmächtigten schließt folglich nicht nur die Pflichtwidrigkeit des
Handelns des Vertreters aus, sondern ist **Voraussetzung für die Rechtmäßigkeit der ärztlichen
Maßnahme,** da die Einwilligung nur im Falle der Zustimmung des Gerichts Rechtswirksamkeit
erlangt. Wird die vormundschaftsgerichtliche Genehmigung trotz Vorliegens der Voraussetzungen des
§ 1904 Abs 1 S 1 vor Durchführung der Maßnahme nicht eingeholt, können sich daher sowohl Arzt
als uU auch der Vertreter straf- und zivilrechtlich haftbar machen. Wird die Genehmigung erteilt, folgt
daraus allerdings noch keine Pflicht des Vertreters, von der Genehmigung Gebrauch zu machen und in

---

[59] *Walter* FamRZ 1999, 685, 694.
[60] *Hoffmann* BtPrax 2004, 216 ff.
[61] Vgl *Pestalozza* NJW 2004, 3374.
[62] *Hoffmann* BtPrax 2004, 216, 220.
[63] MünchKommBGB/*Schwab* Rn 45.
[64] *Schwab* FamRZ 1990, 681, 686; *Damrau/Zimmermann* Rn 13; HK-BUR/*Rink/Deinert/Klie* Rn 31.
[65] Vgl *Jürgens/Marschner* Rn 12.
[66] BT-Drucks 11/4528 S 141.
[67] OLG Hamm FGPrax 1997, 64 = NJWE-FER 1997, 178; vgl auch MünchKommBGB/*Schwab* Rn 40, 75.
[68] BGH NJW 2003, 1588; OLG Frankfurt NJW 1998, 2747; OLG Düsseldorf NJW 2001, 2807.
[69] OLG Frankfurt NJW 1998, 2747; Palandt/*Diederichsen* Rn 6; MünchKommBGB/*Schwab* Rn 41; *Damrau/Zimmermann* Rn 7; HK-BUR/*Rink* Rn 29; Erman/*Holzhauer* Rn 26; AnwK-BGB/*Heitmann* Rn 29; *Hoffmann* in: Bienwald/*Sonnenfeld/Hoffmann* Rn 84, 127.

§ 1905　　　Buch 4. Abschnitt 3. Vormundschaft, rechtliche Betreuung, Pflegschaft

die Maßnahme einzuwilligen. Dies steht vielmehr in der Entscheidung des Betreuers bzw des Bevollmächtigten[70].

IV. Verfahren

41　**1. Allgemeines.** Für die örtliche **Zuständigkeit** des Gerichts gilt § 65 Abs 4 FGG. Funktionell zuständig ist der Richter nach § 14 Abs 1 Nr 4 RPflG. Das Gericht hat nach § 69 d Abs 2 S 1 FGG ein **Sachverständigengutachten** einzuholen. Nach der Neufassung des § 69 d Abs 2 S 2 FGG sollen Sachverständiger und ausführender Arzt idR **nicht personengleich** sein. Das nach aF geltende strenge Verbot der Personenidentität wurde deswegen gelockert, um auch bei eilbedürftigen Entscheidungen die Einholung eines geeigneten Gutachtens und eine gerichtliche Entscheidung unter Einhaltung notwendiger Verfahrensgarantien zu ermöglichen[71]. Der Betroffene ist vor der Entscheidung des Gerichts nach § 69 d Abs 1 S 2 FGG zwingend **anzuhören**. Für die Anhörung Familienangehöriger oder sonstiger nahe stehender Personen gelten § 68 a S 3, 4 FGG nach § 69 d Abs 2 S 3 FGG entsprechend. Der Betreute ist auch im Genehmigungsverfahren gemäß § 66 FGG selbst **verfahrensfähig**. Falls es zur Wahrnehmung seiner Interessen erforderlich ist, erhält er nach § 67 Abs 1 S 1 FGG einen **Verfahrenspfleger**. Dies ist nach Auffassung des OLG Karlsruhe[72] zwingend im Verfahren über die Zustimmung zu einer Entscheidung des Betreuers gegen lebenserhaltende oder -verlängernde Behandlungsmaßnahmen. Dies erscheint jedoch nicht unbedingt erforderlich, wenn eine eindeutig formulierte Willensentschließung des Patienten selbst (Patientenverfügung) vorliegt. Die Entscheidung des Gerichts ist dem Betroffenen nach § 69 a Abs 1 FGG bekannt zu machen, die Entscheidung wird aber erst mit Bekanntgabe an den Betreuer gemäß § 69 a Abs 3 S 1 FGG wirksam.

42　**2. Rechtsmittel.** Die Verweigerung bzw Erteilung der Genehmigung kann mit der **unbefristeten Beschwerde** angefochten werden. Die **Beschwerdebefugnis** richtet sich nach §§ 20, 69 g Abs 2 FGG. Eine Fortsetzungsfeststellungsbeschwerde ist nach Erledigung der Hauptsache nur zulässig, wenn es auch zu einem Eingriff in die Grundrechtspositionen des Betroffenen gekommen ist[73].

§ 1905 Sterilisation

(1) ¹Besteht der ärztliche Eingriff in einer Sterilisation des Betreuten, in die dieser nicht einwilligen kann, so kann der Betreuer nur einwilligen, wenn
1. die Sterilisation dem Willen des Betreuten nicht widerspricht,
2. der Betreute auf Dauer einwilligungsunfähig bleiben wird,
3. anzunehmen ist, dass es ohne die Sterilisation zu einer Schwangerschaft kommen würde,
4. infolge dieser Schwangerschaft eine Gefahr für das Leben oder die Gefahr einer schwerwiegenden Beeinträchtigung des körperlichen oder seelischen Gesundheitszustands der Schwangeren zu erwarten wäre, die nicht auf zumutbare Weise abgewendet werden könnte, und
5. die Schwangerschaft nicht durch andere zumutbare Mittel verhindert werden kann.

²Als schwerwiegende Gefahr für den seelischen Gesundheitszustand der Schwangeren gilt auch die Gefahr eines schweren und nachhaltigen Leides, das ihr drohen würde, weil vormundschaftsgerichtliche Maßnahmen, die mit ihrer Trennung vom Kind verbunden wären (§§ 1666, 1666 a), gegen sie ergriffen werden müssten.

(2) ¹Die Einwilligung bedarf der Genehmigung des Vormundschaftsgerichts. ²Die Sterilisation darf erst zwei Wochen nach Wirksamkeit der Genehmigung durchgeführt werden. ³Bei der Sterilisation ist stets der Methode der Vorzug zu geben, die eine Refertilisierung zulässt.

Schrifttum: Bericht der Bundesregierung über die praktischen Auswirkungen der im Betreuungsgesetz enthaltenen Regelungen zur Sterilisation, Bundestagsdrucksache 13/3822 vom 20. 2. 1996, BtPrax 1996, 176; *Kern/Hiersche*, Zur Sterilisation geistig Behinderter, MedR 1995, 463; *Pieroth*, Die Sterilisation Einwilligungsunfähiger gemäß dem Entwurf für ein Betreuungsgesetz, FamRZ 1990, 117.

Übersicht

	Rn		Rn
I. Überblick/Normzweck	1	e) Vorrang anderer empfängnisverhütender Methoden	8
II. Voraussetzungen	3	3. Einzelvoraussetzungen des Abs 2	9
1. Allgemeines	3	a) Vormundschaftsgerichtliche Genehmigung	9
2. Einzelvoraussetzungen des Abs 1	4	b) Frist	10
a) Einwilligungsunfähigkeit	4	c) Methode	11
b) Verbot der Zwangssterilisation	5	III. Verfahren	12
c) Schwangerschaftserwartung	6		
d) Notlage	7		

---

[70] HK-BUR/*Rink* Rn 22.
[71] BT-Drucks 13/7158 S 38.
[72] FamRZ 2004, 1319 = NJW 2004, 1882.
[73] OLG Hamm NJOZ 2004, 2161.

I. Überblick/Normzweck

Die Vorschrift regelt die Voraussetzungen, unter denen der **Sterilisationsbetreuer** (§ 1899 Abs 2) mit Genehmigung des Vormundschaftsgerichts in die Sterilisation einer (oder eines) Betreuten einwilligen kann. Diese Sonderregelung gegenüber § 1904 legitimiert sich dadurch, dass die Sterilisation als ärztliche Maßnahme einen **schweren Eingriff** in die körperliche Integrität und in den Kernbereich des Persönlichkeitsrechts des Betroffenen darstellt. § 1905 verbietet insbes **Zwangssterilisationen**, Sterilisationen im „Interesse" der Allgemeinheit, im Interesse von Verwandten des Betreuten, zum „Wohl" des ungezeugten Kindes und schließlich die Sterilisation **vorübergehend Einwilligungsunfähiger**. Er beschränkt die Zulässigkeit der Sterilisation ferner auf die Fälle, in denen die **konkrete Erwartung einer Schwangerschaft** besteht, die nicht **durch andere** (empfängnisverhütende) **Mittel verhindert** werden kann und die zugleich eine **Gefahr für das Leben** oder eine schwerwiegende Gesundheitsbeeinträchtigung erwarten lässt. Ergänzt wird die Regelung durch ein (absolutes) Verbot der Sterilisation Minderjähriger (§ 1631c), durch die Sondervorschriften für den Betreuer in § 1899 Abs 2, § 1900 Abs 5 sowie besondere **Verfahrensgarantien**. Mit ihren engen Voraussetzungen wird die im Gesetzgebungsverfahren stark umstrittene Regelung für **verfassungsgemäß** gehalten[1]. 1

Ziel der Regelung war es iÜ auch, die Sterilisation einwilligungsunfähiger Erwachsener nur noch in Ausnahmefällen zuzulassen und die **Zahl der Sterilisationen damit zu verringern**. Dieses Ziel wurde nach dem zuletzt vorgelegten Bericht der Bundesregierung über die praktischen Auswirkungen der im Betreuungsgesetz enthaltenen Regelungen zur Sterilisation[2] erreicht: Für den Erhebungszeitraum von 1992 bis 1994 weist die dort veröffentlichte Statistik für das gesamte Bundesgebiet lediglich 239 Sterilisationsgenehmigungen, 41 Ablehnungen und 62 sonstige Verfahrenserledigungen aus[3]. 2

II. Voraussetzungen

1. Allgemeines. Die engen Voraussetzungen, unter denen die Sterilisation eines Betreuten nach § 1905 Abs 1, 2 zulässig ist, müssen **kumulativ** vorliegen; ist nur eine der dort genannten Voraussetzungen nicht gegeben, scheidet die Sterilisation aus[4]. Gebunden an die engen Voraussetzungen ist die **Einwilligung des Betreuers** in die Sterilisation. Mit „Einwilligung" ist auch in diesem Zusammenhang die Einwilligung, die den mit dieser ärztlichen Maßnahme verbundenen Eingriff iS der §§ 823 ff BGB bzw §§ 224, 225 StGB rechtfertigt und nicht die auf Abschluss des Arztvertrages gerichtete Willenserklärung gemeint (vgl auch § 1904 Rn 5)[5]. Inwieweit im Rahmen des § 1905 ein Handeln eines in Gesundheitsangelegenheiten **Bevollmächtigten** (§ 1904 Abs 2) in Betracht kommt, ist umstritten[6]. Hierbei dürfte es sich aber um eine eher theoretische Streitfrage handeln, da vom Anwendungsbereich der Norm in erster Linie jüngere, geistig behinderte Betreute betroffen sind, bei denen die wirksame Erteilung einer Gesundheitsvollmacht (vor Eintritt der späteren Einwilligungsunfähigkeit, die § 1905 voraussetzt) regelmäßig ausscheiden wird. 3

2. Einzelvoraussetzungen des Abs 1. a) Einwilligungsunfähigkeit. Bereits aus S 1 HS 1 ergibt sich, dass die Einwilligung des Betreuers in die Durchführung der Sterilisation nur hinsichtlich einer einwilligungsunfähigen Person in Betracht kommt. Ein einwilligungsfähiger Volljähriger (auch Betreuter) entscheidet demgegenüber eigenverantwortlich und selbstständig, ob er sich sterilisieren lassen will oder nicht[7]. Hinsichtlich der Einwilligungsfähigkeit des Betroffenen ist wie allgemein bei ärztlichen Maßnahmen nicht auf die Geschäftsfähigkeit, sondern auf die **natürliche Einsichts- und Steuerungsfähigkeit** des Betroffenen in Bezug auf die beabsichtigte Maßnahme (vgl § 1904 Rn 5) abzustellen. Nicht ausreichend ist nach S 1 Nr 2 dabei eine lediglich vorübergehende Einwilligungsunfähigkeit des Betroffenen, um zu vermeiden, dass in einer solchen Phase möglicherweise endgültige Eingriffe auf Grund der Einwilligung eines Betreuers vorgenommen werden. Im Hinblick auf die Ausführungen der amtl Begr[8] wird hinsichtlich des erforderlichen Zeitraums, in dem Einwilligungsunfähigkeit gegeben sein muss, auf die **gesamte Dauer der Zeugungs- bzw Empfängnisfähigkeit** des Betroffenen abzustellen sein[9]. 4

b) Verbot der Zwangssterilisation. Nach S 1 Nr 1 kann der Betreuer in die Sterilisation nur einwilligen, wenn dies dem **Willen des Betreuten nicht widerspricht**. Unter „Wille" ist hier der rein „natürliche" Wille zu verstehen, auch wenn dieser nicht von Einsichts- und Steuerungsfähigkeit in Bezug auf die Sterilisation getragen wird (betroffen sind von § 1905 ohnehin nur Einwilligungsunfähi- 5

---
[1] Pieroth FamRZ 1990, 117.
[2] BT-Drucks 13/3822 vom 20. 2. 1996; abgedruckt in BtPrax 1996, 176.
[3] Zur – ähnlich verlaufenen – weiteren Entwicklung vgl BT-Drucks 13/7133; HK-BUR/*Hoffmann* Rn 104; nach den zuletzt veröffentlichten Zahlen hat sich die Anzahl der genehmigten Sterilisationen von 80 im Jahr 2003 auf 154 im Jahr 2004 erhöht; vgl *Deinert* BtPrax 2006, 65, 67.
[4] BT-Drucks 11/4528 S 143.
[5] BT-Drucks 11/4528 S 145.
[6] Vgl *Bienwald* Rpfleger 1998, 231, 233; *Walter* FamRZ 1999, 685, 694.
[7] BGHSt 20, 81 = JZ 1965, 220; BT-Drucks 11/4528 S 75.
[8] BT-Drucks 11/4528 S 76.
[9] So auch *Jürgens/Jürgens* Rn 6; einschränkend MünchKommBGB/*Schwab* Rn 13; *Kern/Hiersche* MedR 1995, 463, 465.

§ 1905 Buch 4. Abschnitt 3. Vormundschaft, rechtliche Betreuung, Pflegschaft

ge). Eine irgendwie geartete Ablehnung oder Gegenwehr des Betreuten schließt daher die Sterilisation aus, auch wenn sich diese allgemein gegen ärztliche Maßnahmen richtet[10]. Dabei ist nicht auf den Zeitpunkt der Einwilligung des Betreuers, sondern auf den Zeitpunkt der **Vornahme** der Sterilisation abzustellen[11]. Damit genügt es beispielsweise nicht, wenn der Betreute während des Genehmigungsverfahrens mit der Durchführung der Maßnahme einverstanden war, zum Zeitpunkt des Eingriffs aber diesem erkennbar ablehnend gegenübersteht. Das Verbot der Zwangssterilisation gilt (im Hinblick auf die Erfahrungen mit der nationalsozialistischen Gewaltherrschaft und das seelische Wohl des bzw der Betroffenen) ausnahmslos, selbst dann, wenn eine eventuelle Schwangerschaft mit einer Lebens- bzw erheblichen Gesundheitsgefahr verbunden wäre. In diesem Fall kommt nach Auffassung der amtl Begr[12] nur das Fernhalten von sexuellen Kontakten als geringerer Eingriff in die Rechtssphäre des Betreuten in Betracht.

6   c) **Schwangerschaftserwartung.** Nach S 1 Nr 3 muss ferner anzunehmen sein, dass es ohne die Sterilisation zu einer Schwangerschaft kommen würde. Erforderlich ist in diesem Zusammenhang die **konkrete und ernstliche Erwartung** einer Schwangerschaft. Die nach den konkreten Umständen des Einzelfalls allein gegebene abstrakte Möglichkeit einer Schwangerschaft (zB auf Grund gemischtgeschlechtlicher Unterbringung im Heim, der bloßen Erwartung, dass eines Tages sexuelle Kontakte stattfinden bzw der allgemeinen Gefahr eines sexuellen Missbrauchs des Betreuten) genügt nicht[13]. Die Schwangerschaft muss nicht zwingend bei der betreuten Person zu erwarten sein, sondern die konkrete und ernstliche Erwartung einer Schwangerschaft kann sich auch auf die **Partnerin** eines betreuten Mannes beziehen. Die amtl Begr[14] geht in diesem Zusammenhang davon aus, dass nach § 1905 auch die Einwilligung in eine **Sterilisation von Männern** in Betracht kommt. Die Sterilisation von betreuten Männern, bei deren Partnerin die in S 1 Nr 4 beschriebene Notlage vorliegt, wird allerdings allein im Hinblick auf einen möglichen Partnerwechsel selten verhältnismäßig sein und ist ferner auch aus dem Gesichtspunkt, dass die Sterilisation grds nur im Interesse des Betreuten zulässig sein soll, problematisch[15].

7   d) **Notlage.** Hinsichtlich der nach S 1 Nr 4 zu erwartenden Notlage greift die Vorschrift zur Vermeidung von Wertungswidersprüchen auf die Formulierung des § 218a Abs 2 StGB (nF) zurück. Auch wenn eine ausdrückliche Erwähnung fehlt sind bei der Entscheidung über die Sterilisation (wie bei einem Schwangerschaftsabbruch) die zukünftigen Lebensverhältnisse zu beachten[16]. Die **Gefahr für das Leben** der Schwangeren, die eine Notlage indiziert, kann sich aus physischen oder psychischen Ursachen ergeben (zB Gebärmutterkrebs, Selbstmordgefahr auf Grund schwerer Depressionen). Die **Gefahr einer schwerwiegenden Beeinträchtigung** des körperlichen oder seelischen Gesundheitszustands kommt beispielsweise bei Fällen schwerer Herz- und Kreislauferkrankungen oder schwerer depressiver Fehlentwicklungen in Betracht[17]. Hinsichtlich der Frage, ob und inwieweit schweres und nachhaltiges seelisches Leid einer schwerwiegenden Beeinträchtigung des seelischen Gesundheitszustands gleichgestellt werden kann, enthält S 2 des Abs 1 nach Auffassung der amtl Begr[18] eine abschließende Sonderregelung. Als **schwerwiegende Gefahr für den seelischen Gesundheitszustand** wird insoweit (nur) das Leid anerkannt, das der Schwangeren drohen würde, weil gerichtliche Maßnahmen, die mit ihrer Trennung vom Kind verbunden wären (§§ 1666, 1666a), gegen sie ergriffen werden müssten[19]. Die infolge Schwangerschaft zu erwartende Notlage darf ferner nicht **auf zumutbare andere Weise abgewendet** werden können, zB durch eine medizinische Behandlung der etwa zu erwartenden Depression bzw Herz- oder Kreislauferkrankung. Als zumutbares anderes Mittel ist dagegen nicht der Schwangerschaftsabbruch anzusehen[20].

8   e) **Vorrang anderer empfängnisverhütender Methoden.** Die Sterilisation ist nach S 1 Nr 5 gegenüber anderen (etwa chemischen, mechanischen oder sonstigen) Mitteln der Empfängnisverhütung nachrangig, sofern diese – uU nach entsprechenden sexualpädagogischen Maßnahmen und unter Berücksichtigung etwaiger Nebenwirkungen – nach den Umständen des konkreten Einzelfalls **hinreichend sicher und zumutbar** sind. Keine zumutbare Methode zur Vermeidung einer Schwangerschaft stellen Unterbringung oder unterbringungsähnliche Maßnahmen zur Vermeidung von Sexualkontakten dar[21].

9   **3. Einzelvoraussetzungen des Abs 2. a) Vormundschaftsgerichtliche Genehmigung.** Nach S 1 bedarf die Einwilligung des Sterilisationsbetreuers ausnahmslos der vorherigen Genehmigung des Vormundschaftsgerichts. Das Gericht hat hierbei die besonderen Voraussetzungen des Verfahrens zu beachten und die Einhaltung der materiellen Voraussetzungen des § 1905 Abs 1 zu prüfen. Bei Nicht-

---

[10] *Pöld-Krämer* BtPrax 2000, 237; aA OLG Hamm NJW 2001, 1800.
[11] BT-Drucks 11/4528 S 143.
[12] BT-Drucks 11/4528 S 76.
[13] BayObLG FamRZ 2001, 1560 = NJW 2002, 149; BayObLGZ 1997, 49 = NJW-RR 1997, 578; *Seitz* FGPrax 1997, 101 f (Anm); AG Grevenbroich RdLH 1995, 31 f; *Kern/Hiersche* MedR 1995, 463, 465.
[14] BT-Drucks 11/4528 S 79, 143.
[15] MünchKommBGB/*Schwab* Rn 24; *Damrau/Zimmermann* Rn 23; *Erman/Roth* Rn 24.
[16] BT-Drucks 11/4528 S 143.
[17] BT-Drucks 11/4528 S 143.
[18] BT-Drucks 11/4528 S 143.
[19] Vgl *Coester* ZfJ 1989, 350.
[20] Allein wegen der gegenüber der Sterilisation erhöhten medizinischen Risiken, BT-Drucks 11/4528 S 144.
[21] BT-Drucks 11/4528, S 144.

vorliegen der engen Voraussetzungen für die Einwilligung des Betreuers ist die Genehmigung zu versagen. Die positive Entscheidung (dh Genehmigung des Vormundschaftsgerichts) ist wie im Fall des § 1904 als **Außengenehmigung** anzusehen und stellt damit eine Wirksamkeitsvoraussetzung für die Einwilligung des Betreuers dar (vgl § 1904 Rn 40). Die Einwilligung des Betreuers ist zudem nur dann wirksam, wenn ihm der Genehmigungsbeschluss vorliegt und bekannt ist[22].

b) Frist. Nach S 2 darf die Sterilisation weiterhin erst **zwei Wochen nach dem Wirksamwerden** 10 der Genehmigung, das sich nach der Sonderregelung des § 69a Abs 4 FGG richtet, erfolgen. Durch diese Regelung soll verhindert werden, dass die Sterilisation unmittelbar nach Bekanntwerden der gerichtlichen Entscheidung durchgeführt wird und eine etwaige (iÜ unbefristete) Beschwerde dagegen zu spät käme. Außerdem kann das Vormundschaftsgericht wie das Beschwerdegericht die Vollziehung der Genehmigung gemäß § 24 Abs 2, 3 FGG aussetzen und damit die Durchführung der Sterilisation vor Abschluss des Beschwerdeverfahrens verhindern.

c) Methode. Bei der Sterilisation ist nach dem Grundsatz der Verhältnismäßigkeit stets die für den 11 Betreuten **am wenigsten einschneidende Form** der Sterilisation zu wählen. S 3 stellt klar, dass im Falle des Vorhandenseins mehrerer Methoden derjenigen der Vorzug zu geben ist, die eine Refertilisierung zulässt.

III. Verfahren

Für die Sterilisation eines einwilligungsunfähigen Betreuten gelten die **strengsten Verfahrens-** 12 **garantien** des Betreuungsrechts: Für die Entscheidung über die Einwilligung ist gemäß § 1899 Abs 2 stets ein **besonderer Betreuer** zu bestellen, der eine natürliche Person sein muss (vgl § 1900 Abs 5). Die Einwilligung des Sterilisationsbetreuers bedarf zudem nach § 1905 Abs 2 S 1 der vorherigen vormundschaftsgerichtlichen **Genehmigung.** Für die **Anhörung** des Betreuten und das **Schlussgespräch** gelten gemäß § 69d Abs 3 S 1 FGG § 68 Abs 1 S 1, 3, Abs 5 FGG entsprechend. Dem nicht durch einen Rechtsanwalt oder geeigneten Verfahrensbevollmächtigten vertretenen Betreuten ist nach § 67 Abs 1 S 5 FGG zwingend ein **Verfahrenspfleger** zu bestellen. Im Genehmigungsverfahren müssen gemäß § 69d Abs 3 S 3, 4 FGG **mindestens zwei Sachverständigengutachten** eingeholt werden, wobei sich die Gutachten auf die medizinischen, psychologischen, sozialen, sonder- und sexualpädagogischen Gesichtspunkte der Sterilisation erstrecken müssen. Sachverständiger und ausführender Arzt dürfen nach § 69d Abs 3 S 5 FGG **nicht personengleich** sein. Nach § 69d Abs 3 S 1 FGG gelten iÜ auch § 68a und § 69a Abs 1 S 1, Abs 2 S 2 FGG entsprechend.

§ 1906 Genehmigung des Vormundschaftsgerichts bei der Unterbringung

(1) Eine Unterbringung des Betreuten durch den Betreuer, die mit Freiheitsentziehung verbunden ist, ist nur zulässig, solange sie zum Wohl des Betreuten erforderlich ist, weil
1. auf Grund einer psychischen Krankheit oder geistigen oder seelischen Behinderung des Betreuten die Gefahr besteht, dass er sich selbst tötet oder erheblichen gesundheitlichen Schaden zufügt, oder
2. eine Untersuchung des Gesundheitszustands, eine Heilbehandlung oder ein ärztlicher Eingriff notwendig ist, ohne die Unterbringung des Betreuten nicht durchgeführt werden kann und der Betreute auf Grund einer psychischen Krankheit oder geistigen oder seelischen Behinderung die Notwendigkeit der Unterbringung nicht erkennen oder nicht nach dieser Einsicht handeln kann.

(2) [1]Die Unterbringung ist nur mit Genehmigung des Vormundschaftsgerichts zulässig. [2]Ohne die Genehmigung ist die Unterbringung zur zulässig, wenn mit dem Aufschub Gefahr verbunden ist; die Genehmigung ist unverzüglich nachzuholen.

(3) [1]Der Betreuer hat die Unterbringung zu beenden, wenn ihre Voraussetzungen wegfallen. [2]Er hat die Beendigung der Unterbringung dem Vormundschaftsgericht anzuzeigen.

(4) Die Absätze 1 bis 3 gelten entsprechend, wenn dem Betreuten, der sich in einer Anstalt, einem Heim oder einer sonstigen Einrichtung aufhält, ohne untergebracht zu sein, durch mechanische Vorrichtungen, Medikamente oder auf andere Weise über einen längeren Zeitraum oder regelmäßig die Freiheit entzogen werden soll.

(5) [1]Die Unterbringung durch einen Bevollmächtigten und die Einwilligung eines Bevollmächtigten in Maßnahmen nach Absatz 4 setzt voraus, dass die Vollmacht schriftlich erteilt ist und die in den Absätzen 1 und 4 genannten Maßnahmen ausdrücklich umfasst. [2]Im Übrigen gelten die Absätze 1 bis 4 entsprechend.

Schrifttum: *Alperstedt*, Willensfreiheit und Unterbringung, Rpfleger 2000, 481; *ders*, Die Unterbringungsvoraussetzungen und ihre Anwendung in der Praxis, BtPrax 2000, 95, 149; *Beck*, Die mögliche Haftung des Betreuers bei einer Unterbringung des Betroffenen, BtPrax 2001, 195; *Fiala/Müller/Braun*, Genehmigungserfordernisse im Bereich der medizinischen Gesundheitsfürsorge, Rpfleger 2002, 597; *Grauer*, Freiheitsentziehung in der eigenen Wohnung oder in einer offenen Einrichtung, BtPrax 1999, 20; *Marschner*, Zwangsbehandlung in der ambulanten und stationären

---

[22] OLG Düsseldorf FamRZ 1996, 375 m Anm *Seitz* FGPrax 1996, 23.

§ 1906

Psychiatrie, R&P 2005, 47; *ders*, Zivilrechtliche und öffentlich-rechtliche Unterbringung, BtPrax 2006, 125; *P. Müller*, Zum Recht und zur Praxis der betreuungsrechtlichen Unterbringung, BtPrax 2006, 123; *Tietze*, Zwangsbehandlungen in der Unterbringung, BtPrax 2006, 131; *Walther*, Ambulante Zwangsbehandlung und Fürsorglicher Zwang, BtPrax 2001, 96; *Walther*, Freiheitsentziehende Maßnahmen nach § 1906 Abs. 4 BGB, Teil 1, BtPrax 2005, 214; Teil 2, BtPrax 2006, 8; *Wigge*, Arztrechtliche Fragen des Unterbringungsrechts, MedR 1996, 291; *Windel*, Darf der Betreuer sein Aufenthaltsbestimmungsrecht gegenüber dem Betreuten zwangsweise durchsetzen?, BtPrax 1999, 46.

Übersicht

	Rn		Rn
I. Normzweck/Überblick	1	**III. Beendigung der Unterbringung (Abs 3)**	22
II. Voraussetzungen der zivilrechtlichen Unterbringung durch den Betreuer (Abs 1)	3	**IV. Unterbringungsähnliche Maßnahmen (Abs 4)**	23
1. Unterbringung durch den Betreuer	3	1. Normzweck	23
a) Bestehen einer Betreuung	3	2. Anwendungsbereich	24
b) Rechtsmacht des Betreuers	4	a) Art der Maßnahme	24
2. Freiheitsentziehende Unterbringung	5	b) Dauer der Maßnahme	25
a) Begriffe	5	c) Ort	26
b) Handeln ohne oder gegen den Willen des Betreuten	8	**V. Freiheitsentziehung durch Bevollmächtigte (Abs 5)**	29
3. Materielle Voraussetzungen ieS	9	1. Normzweck	29
a) Selbstschädigungsgefahr (Abs 1 Nr 1)	9	2. Form und sonstige Wirksamkeitsvoraussetzungen	30
b) Notwendigkeit stationärer Behandlung (Abs 1 Nr 2)	12	3. Handeln des Bevollmächtigten	32
c) Erforderlichkeit zum Wohl des Betreuten	14	**VI. Verfahren**	33
4. Genehmigung des Vormundschaftsgerichts (Abs 2)	18	1. Allgemeines	33
a) Rechtsnatur	18	2. Rechtsmittel	35
b) Zeitpunkt	19		
c) Inhalt und Umfang	20		

I. Normzweck/Überblick

1 Die Vorschrift regelt in Abs 1 bis 3 die materiellen **Voraussetzungen** einer **mit Freiheitsentziehung verbundenen Unterbringung** des Betreuten durch seinen Betreuer, die **Genehmigungsbedürftigkeit** und **Beendigung** einer solchen Maßnahme. In Abs 4 wird der Anwendungsbereich dieser Regelungen auch auf sog **unterbringungsähnliche Maßnahmen** erstreckt. Mit der durch das 1. BtÄndG zum 1. 1. 1999 eingefügten Erweiterung der Vorschrift um Abs 5 sind nunmehr auch die Voraussetzungen geregelt, unter denen ein **Bevollmächtigter** eine freiheitsentziehende Unterbringung des Vollmachtgebers bzw die Vornahme unterbringungsähnlicher Maßnahmen veranlassen kann.

2 Neben der sog zivilrechtlichen Unterbringung nach § 1906 kommt eine freiheitsentziehende Unterbringung nach den landesrechtlichen Psychisch-Kranken-Gesetzen bzw Unterbringungsgesetzen in Betracht (sog **öffentlich-rechtliche Unterbringung**), wenn die dortigen Voraussetzungen erfüllt sind. Durch das BtG wurde das für beide Unterbringungsarten geltende Verfahrensrecht vereinheitlicht (vgl §§ 70 ff FGG), um sicherzustellen, dass sachliche Gesichtspunkte über die Wahl der Unterbringungsart entscheiden, nicht aber der Aspekt des „bequemeren" Verfahrens[1].

II. Voraussetzungen der zivilrechtlichen Unterbringung durch den Betreuer (Abs 1)

3 **1. Unterbringung durch den Betreuer. a) Bestehen einer Betreuung.** Voraussetzung der freiheitsentziehenden Unterbringung nach Abs 1 ist, dass für den Betroffenen ein **Betreuer gemäß §§ 1896 ff** (auch als vorläufiger Betreuer nach § 69 f FGG) bestellt ist. Ist dies nicht der Fall, kommt eine Unterbringung des Betroffenen nur nach den öffentlich-rechtlichen Vorschriften (insbes den Landesunterbringungs- oder Psychisch-Kranken-Gesetzen) oder als absolute **Eilmaßnahme durch das Vormundschaftsgericht** nach §§ 1908 i Abs 1 S 1, 1846 iVm § 70 h Abs 3 FGG in Betracht. In letzterem Fall war lange Zeit umstritten, ob die Maßnahme nur zulässig ist, wenn **gleichzeitig ein (vorläufiger) Betreuer bestellt** wird[2]. Der **BGH**[3] hat die Streitfrage verneint, hält das Gericht aber in einem solchen Fall für verpflichtet, gleichzeitig mit der Anordnung der Unterbringung durch geeignete Maßnahmen sicherzustellen, dass dem Betroffenen unverzüglich ein Betreuer oder jedenfalls ein vorläufiger Betreuer zur Seite gestellt wird, der die Interessen des Betreuten wahrnehmen und die Entscheidung über die Fortdauer der Unterbringung gemäß § 1906 Abs 1 in eigener Verantwortung treffen kann[4].

---

[1] Vgl zur Abgrenzung *Staudinger/Bienwald* Rn 13 f; *Deinert* BtPrax 2000, 191; *Marschner* BtPrax 2006, 125; *P. Müller* BtPrax 2006, 123.
[2] Verneinend OLG Schleswig NJW 1992, 2974; BayObLG FGPrax 2001, 44, 45; bejahend BezG Chemnitz BtPrax 1992, 111; OLG Frankfurt FamRZ 1993, 357.
[3] BGHZ 150, 45 = NJW 2002, 1801.
[4] So im Anschluss an den BGH auch BayObLG FamRZ 2002, 1362 LS; BayObLGZ 2003, 97 = FamRZ 2003, 1322.

b) Rechtsmacht des Betreuers. Die freiheitsentziehende Unterbringung durch den Betreuer setzt 4 voraus, dass diese Fremdbestimmungsmaßnahme vom Aufgabenkreis des Betreuers umfasst ist, er also die Rechtsmacht hat, mit rechtfertigender Wirkung in den darin liegenden tatsächlichen Eingriff in die körperliche Fortbewegungsfreiheit des Betreuten einzuwilligen. Dies ist dann der Fall, wenn zu dem dem Betreuer übertragenen **Aufgabenkreis** (ausdrücklich) die „freiheitsentziehende Unterbringung" bzw (allgemein) die „**Aufenthaltsbestimmung**"[5] gehört. Ausreichend ist mangels gegenteiliger Anordnung auch der Aufgabenkreis „Personensorge", da die Aufenthaltsbestimmungsbefugnis einen Teil derselben darstellt (vgl § 1631 Abs 1)[6]. Soll eine Unterbringung nach § 1906 Abs 1 Nr 2 erfolgen, muss neben der Befugnis zur freiheitsentziehenden Unterbringung auch die Gesundheitsfürsorge zum Aufgabenkreis des Betreuers gehören[7].

2. Freiheitsentziehende Unterbringung. a) Begriffe. Unter Abs 1 fallen nur Unterbringungen 5 (dh „positive" Aufenthaltsbestimmungen iS der Veränderung des Aufenthaltsorts des Betroffenen), die mit einer Freiheitsentziehung verbunden sind. Im Gegensatz zum öffentlich-rechtlichen Unterbringungsbegriff, dem die freiheitsentziehende Komponente immanent und der von daher enger ist, hielt man es für erforderlich, im Interesse der Einheitlichkeit des (weiter gefassten) zivilrechtlichen Unterbringungsbegriffs (vgl § 1631 b nF, § 1838 aF) diese Einschränkung ausdrücklich mit aufzunehmen[8]. Wann eine freiheitsentziehende Unterbringung vorliegt, ist allerdings nicht gesetzlich definiert. Entspr § 2 FEVG ist davon auszugehen, dass die Unterbringung dann mit einer Freiheitsentziehung verbunden ist, wenn sie in einer **geschlossenen Anstalt**, einem **geschlossenen Krankenhaus**, einer **anderen geschlossenen Einrichtung** oder in dem **geschlossenen Teil** einer (sonst offenen) Einrichtung erfolgt. Von einer geschlossenen Einrichtung bzw einem geschlossenen Teil der Einrichtung kann dabei nur gesprochen werden, wenn die baulichen und/oder organisatorischen Vorkehrungen, die gegen ein Verlassen der Einrichtung bzw Räumlichkeiten getroffen sind, nicht nur für den einzelnen Bewohner gelten[9]. Im letzteren Fall kann vielmehr Abs 4 Anwendung finden.

Nicht von Abs 1 erfasst ist die Unterbringung des Betreuten in einer **offenen Einrichtung**. 6 Demzufolge ist die Verbringung des Betreuten in ein offenes Altenpflegeheim weder genehmigungsbedürftig noch genehmigungsfähig, mit der Folge, dass das Gericht auch **keine zwangsweise Verbringung** dorthin (vgl § 70 g Abs 5 FGG) gestatten kann[10].

Auch eine **ambulante Zwangsmedikation** wird von § 1906 nicht erfasst[11]. Im Rahmen des 7 Gesetzgebungsverfahrens zum 2. BtÄndG wurde vom Bundesrat vorgeschlagen, mit der Einfügung eines **neuen § 1906 a** eine Rechtsgrundlage für die zwangsweise Zuführung des Betreuten zur ambulanten ärztlichen Heilbehandlung zu schaffen[12]. Der Vorschlag wurde im weiteren Gesetzgebungsverfahren abgelehnt und ist schließlich **nicht Gesetz geworden**.

b) Handeln ohne oder gegen den Willen des Betreuten. Abs 1 ist nur anwendbar, wenn die 8 Unterbringung ohne oder gegen den Willen des Betreuten erfolgt, da schon begrifflich keine Freiheitsentziehung vorliegt, wenn der einsichtsfähige Betroffene mit dieser Maßnahme einverstanden ist[13]. Dabei kommt es wie bei Maßnahmen nach § 1904 nicht auf den von Geschäftsfähigkeit getragenen Willen des Betroffenen an, sondern auf seine **natürliche Einsichts- und Urteilsfähigkeit** im Hinblick auf den Grund und die Bedeutung der konkreten Maßnahme. Die Anerkennung der Beachtlichkeit eines auf freiwilligen Aufenthalt gerichteten Willens erspart dem Betroffenen die Nachteile des Unterbringungsverfahrens und ist therapeutisch von Vorteil[14]. Da bei einer freiwilligen Unterbringung aber auf jede Willensänderung des Betreuten zu reagieren und dieser grds zu entlassen ist, wenn er es wünscht, muss man in diesem Zusammenhang erfordern, dass an der **Ernsthaftigkeit und Verlässlichkeit** der Freiwilligkeitserklärung des Betreuten kein Zweifel besteht[15].

3. Materielle Voraussetzungen ieS. a) Selbstschädigungsgefahr (Abs 1 Nr 1). Nach Abs 1 9 Nr 1 ist die freiheitsentziehende Unterbringung durch den Betreuer nur zulässig, wenn auf Grund der psychischen Krankheit bzw geistigen oder seelischen Behinderung des Betreuten die Gefahr besteht, dass er sich selbst tötet oder erheblichen gesundheitlichen Schaden zufügt. In diesem Zusammenhang

---

[5] OLG Stuttgart FPR 2004, 711 = BeckRS 2004, 6373; LG Ravensburg BWNotZ 1999, 130; OLG Hamm FamRZ 2001, 861.
[6] *Damrau/Zimmermann* Rn 12; *Sonnenfeld* Rn 320; *Staudinger/Bienwald* Rn 20; aA MünchKommBGB/*Schwab* Rn 4; *Schwab* FamRZ 1992, 493, 497; RGRK/*Dickescheid* Rn 4.
[7] So auch *Damrau/Zimmermann* Rn 13; *Sonnenfeld* Rn 320; *Staudinger/Bienwald* Rn 4, 21.
[8] BT-Drucks 11/4528 S 145; vgl hierzu auch *Staudinger/Bienwald* Rn 5.
[9] *Staudinger/Bienwald* Rn 18; *Erman/Roth* Rn 10.
[10] OLG Hamm NJW-RR 2003, 290; AG Mainz FamRZ 2001, 656; OLG Bremen OLGR 1998, 296; LG Offenburg NJWE-FER 1997, 275; LG Frankfurt/M FamRZ 1994, 1617; OLG Frankfurt BtPrax 1996, 71; aA LG Bremen BtPrax 1994, 102; LG Berlin FamRZ 1996, 821; AG Wolfhagen BtPrax 1998, 83; vgl dazu auch *Windel* BtPrax 1999, 46 sowie BGHZ 145, 297 = NJW 2001, 888.
[11] BGHZ 145, 297, 300, 301 = NJW 2001, 888; OLG Zweibrücken NJW 2000, 2750; *Walther* BtPrax 2001, 96; vgl auch OLG Bremen NJW-RR 2006, 75; aA OLG Hamm FamRZ 2000, 1115.
[12] BT-Drucks 15/2494 S 7, 280.
[13] HM im Anschluss an BT-Drucks 11/4528 S 146; krit *Schumacher* FamRZ 1991, 280, 281; MünchKommBGB/*Schwab* Rn 11, 26 ff.
[14] *Coeppicus* FamRZ 1992, 741, 752.
[15] OLG München FGPrax 2007, 43 = FamRZ 2007, 584; OLGR 2005, 534; LG München I BtPrax 1998, 152 für die öffentlich-rechtliche Unterbringung; vgl auch *Alperstedt* Rpfleger 2000, 481, 485.

müssen **objektivierbare, konkrete Anhaltspunkte** für eine **akute Suizidgefahr** oder den **Eintritt eines erheblichen Gesundheitsschadens** bestehen[16]. Außerdem müssen Gutachten und gerichtliche Entscheidungen auch konkrete Tatsachen benennen, aus denen sich Art und Umfang sowie die Wahrscheinlichkeit der gesundheitlichen Selbstschädigung ergeben[17]. Dabei muss nicht unbedingt ein zielgerichtetes Tun des Betreuten vorliegen. Auch eine Lebens- oder Gesundheitsgefährdung infolge äußerer Umstände wie Witterung oder Straßenverkehr kommt in Betracht, wenn der Betroffene hilflos umherirrt[18]. **Nicht** erfasst sind dagegen grds Schäden oder Gefährdungen **anderer Rechtsgüter** als Leben und Gesundheit des Betreuten, wie zB Vermögensschäden, zu deren Abwendung ggf die Anordnung eines Einwilligungsvorbehalts erforderlich sein kann.

10   Ferner muss die **Ursache** für die bestehende Selbstschädigungsgefahr **in der psychischen Krankheit bzw geistigen oder seelischen Behinderung** des Betreuten liegen. Hiermit soll klargestellt werden, dass Gesundheitsgefährdungen oder -schädigungen, die auch bei Nichtbetreuten üblich sind (beispielsweise durch übermäßiges Essen oder Rauchen) keine freiheitsentziehende Unterbringung des Betreuten rechtfertigen[19]. Nach st Rspr setzt die Unterbringung zur Verhinderung einer Selbstschädigung infolge psychischer Erkrankung **in verfassungskonformer Auslegung** des Gesetzes weiterhin voraus, dass der Betreute auf Grund der Krankheit **seinen Willen nicht frei bestimmen** kann[20].

11   Als **Beispiele** für Abs 1 Nr 1 lassen sich die krankheitsbedingte **Nichteinnahme lebenswichtiger Medikamente** oder die krankheitsbedingte **Verweigerung der Nahrungsaufnahme** nennen. Ausreichend ist auch, wenn sich durch die krankheitsbedingte Nichtfortführung der Medikation die Wahnsymptomatik des Betroffenen verschlimmert und die konkrete Gefahr erheblich selbstgefährdender Handlungen besteht[21] oder wenn im Falle der Entlassung eines alkohol- und medikamentenabhängigen Betroffenen die **Gefahr eines Rückfalls** mit lebensbedrohlichen Zuständen droht[22]. Dagegen reicht es für die Annahme der Gefahr eines erheblichen Gesundheitsschadens iSd Abs 1 Nr 1 nicht, dass der psychisch kranke Betroffene mit der Nichteinnahme seiner Medikamente einen Rückfall heraufbeschwört, sofern dies nicht zur Chronifizierung seiner Krankheit mit der Notwendigkeit dauernder stationärer Behandlung führt[23].

12   **b) Notwendigkeit stationärer Behandlung (Abs 1 Nr 2).** Eine freiheitsentziehende Unterbringung des Betreuten kann nach Abs 1 Nr 2 erfolgen, wenn eine Untersuchung des Gesundheitszustands, eine Heilbehandlung oder ein ärztlicher Eingriff notwendig ist. Die **ärztliche Maßnahme** iS von § 1904, die durchgeführt werden soll, kann sowohl die Anlasskrankheit (insbes psychische Krankheit, die zur Betreuerbestellung geführt hat) betreffen, als auch andere Krankheiten, die nicht Grundlage der Betreuerbestellung waren. Im Einzelfall kann auch die Durchführung der Körperpflege (Grundpflege) als Heilbehandlung iS des Abs 1 Nr 2 angesehen werden, wenn beim Betroffenen bereits eine Hautentzündung eingetreten ist und hierdurch eine weitere Verschlechterung des Gesundheitszustands verhindert werden kann[24].

13   Weiterhin ist erforderlich, dass die beabsichtigte Maßnahme **nicht ohne Unterbringung** des Betreuten durchgeführt werden kann und der Betreute auf Grund seiner psychischen Krankheit bzw geistigen oder seelischen Behinderung die **Notwendigkeit der Unterbringung nicht erkennen** oder **nicht nach dieser Einsicht handeln** kann. Maßgeblich ist folglich nicht die Geschäftsunfähigkeit des Betreuten, sondern das Fehlen der **natürlichen Einsichts- und Steuerungsfähigkeit**. Die Vorschrift ist allerdings insoweit sprachlich missglückt, als sich die fehlende Einsichts- und Steuerungsfähigkeit des Betreuten regelmäßig nicht auf die Notwendigkeit der Unterbringung, sondern auf die **Notwendigkeit** der durch die Unterbringung möglichen **medizinischen Behandlung** beziehen wird[25]. Denn die Vorschrift soll gerade auch eine **Zwangsbehandlung** (Zwangsmedikation) **nicht einwilligungsfähiger Betreuter** ermöglichen, die häufig nicht ohne Unterbringung des Betreuten möglich sein wird[26].

14   **c) Erforderlichkeit zum Wohl des Betreuten.** Die freiheitsentziehende Unterbringung des Betreuten ist sowohl nach Abs 1 Nr 1 als auch nach Nr 2 nur zulässig, soweit diese zum Wohl des Betreuten erforderlich ist. Daraus folgt, dass die Unterbringung **auf das Wohl und die Interessen des Betreuten ausgerichtet** sein muss. Der Schutz von öffentlichen Interessen oder den Interessen bestimmter Dritter unterfällt damit nicht dem Anwendungsbereich der zivilrechtlichen Unterbringung, sondern ist nur über die **öffentlich-rechtliche Unterbringung** nach den landesgesetzlichen Unter-

---

[16] OLG München BeckRS 2005, 11854; AG Soltau BtPrax 1993, 212; BT-Drucks 11/4528 S 146; *Jürgens/Marschner* Rn 11, 13.
[17] OLG München FamRZ 2006, 445.
[18] BT-Drucks 11/4528 S 146 f; vgl auch BayObLG NJOZ 2003, 2910; OLG München OLGR 2006, 472.
[19] BT-Drucks 11/4528 S 146.
[20] BayObLGZ 1993, 18, 19 = FamRZ 1993, 600; NJW-RR 1998, 1014, 1015; NJWE-FER 2001, 150; vgl auch OLG Hamm DAVorm 1997, 55.
[21] OLG München FamRZ 2005, 1196 = NJW-RR 2005, 1530.
[22] BayObLG BtPrax 2004, 193 = BeckRS 2004, 07251.
[23] OLG Schleswig BtPrax 2003, 223 f.
[24] AG Hof BtPrax 2004, 119 f.
[25] BGH FamRZ 2006, 615, 618 = NJW 2006, 1277; MünchKommBGB/*Schwab* Rn 23 mwN.
[26] BGH FamRZ 2006, 615, 617 f = NJW 2006, 1277; OLG Jena FamRZ 2006, 576; OLG Schleswig NJW-RR 2002, 794 = PflR 2003, 36 m Anm *Roßbruch*; OLG München NJW-RR 2005, 1530 ff; OLG Köln NJW-RR 2006, 1664; *Tietze* BtPrax 2006, 131, 133 ff; aA noch OLG Jena R&P 2003, 29 m zust Anm *Marschner*; *Marschner* R&P 2005, 47, 50; OLG Celle OLGR 2005, 728 = FamRB 2006, 17; BtPrax 2006, 78 f, Vorlage an den BGH; OLG Bremen NJW-RR 2006, 75.

bringungs- oder Psychisch-Kranken-Gesetzen möglich. Auch im Rahmen von Abs 1 Nr 1 genügt daher eine Gefahr für Dritte oder die Allgemeinheit nicht. Anders ist dies nur, wenn sich mittelbar durch Schäden an anderen Rechtsgütern auch Gefahren für das Leben oder die Gesundheit des Betreuten ergeben, zB im Hinblick auf die Zerstörung familiärer Beziehungen[27].

Das Tatbestandsmerkmal der Erforderlichkeit der freiheitsentziehenden Unterbringung soll die **Beachtung des Verhältnismäßigkeitsgrundsatzes** gewährleisten. So muss die freiheitsentziehende Unterbringung zur Erreichung des damit erstrebten Ziels **geeignet und Erfolg versprechend** sein. Bei **Alkoholabhängigkeit** kann demzufolge ggf nach Abs 1 Nr 1 eine freiheitsentziehende Unterbringung zur Entgiftung des Betroffenen erfolgen, nicht aber gemäß Abs 1 Nr 2 zur Durchführung einer Alkoholentwöhnungsbehandlung **gegen den Willen** des Betroffenen, da eine solche **nicht Erfolg versprechend** wäre[28]. Zunächst wurde auch eine Unterbringung zur **Erzwingung der Krankheits- bzw Behandlungseinsicht** für unzulässig gehalten[29]. Mittlerweile hat sich allerdings zu Recht die Erkenntnis durchgesetzt, dass eine Krankheits- und Behandlungsuneinsichtigkeit die Therapiefähigkeit nicht zwangsläufig ausschließt, da ggf durch medikamentöse Behandlung im Rahmen einer Unterbringung die zur Weiterbehandlung erforderliche Krankheitseinsicht und Behandlungsbereitschaft geweckt werden kann, die Unterbringung also der Vorbereitung der weiteren fachspezifischen Behandlung dienen kann[30].

Die Beachtung des Verhältnismäßigkeitsgrundsatzes verlangt ferner, dass die Abwendung der Gefahr in Abs 1 Nr 1 bzw die Durchführung der ärztlichen Maßnahme in Abs 1 Nr 2 nicht durch **weniger einschneidende Mittel** möglich ist. So müssen zB im Falle des Abs 1 Nr 2 **alle vorrangigen Behandlungsmethoden ausgeschöpft** werden. Außerdem sind bei der Güterabwägung zur Beurteilung einer Zwangsmedikation auch die konkreten Nebenwirkungen der beabsichtigten (Zwangs-) Medikation zu berücksichtigen[31].

Unter strikter Beachtung des Verhältnismäßigkeitsgrundsatzes ist Abs 1 Nr 2 schließlich dahin gehend restriktiv auszulegen, dass zusätzlich die **Gefahr einer ernstlichen bzw gewichtigen Gesundheitsschädigung** bestehen muss, da auch dem psychisch Kranken in gewissem Umfang die Freiheit zur Krankheit verbleibt[32]. Aus diesem Gesichtspunkt ist die Unterbringung gerechtfertigt, wenn nur hierdurch der psychische Zustand des Betroffenen einigermaßen stabil gehalten und eine **weitere Chronifizierung verhindert** werden kann[33], nicht aber, wenn eine Veränderung oder Stabilisierung der Psychose auch unter stationären Bedingungen nicht erreicht werden kann[34].

4. Genehmigung des Vormundschaftsgerichts (Abs 2). a) Rechtsnatur. Die freiheitsentziehende Unterbringung ist nach Abs 2 S 1 nur mit Genehmigung des Vormundschaftsgerichts zulässig. Anders als im öffentlich-rechtlichen Unterbringungsrecht wird die Unterbringung bei der zivilrechtlichen Unterbringung **durch den Betreuer angeordnet**, zu ihrer Rechtmäßigkeit bedarf es aber ihrer Genehmigung durch das Vormundschaftsgericht. Diese stellt wie im Falle des § 1904 eine **Außengenehmigung** dar. Bei dem Genehmigungserfordernis handelt es sich um eine Konkretisierung von Art 104 Abs 2 GG[35]. Zum Verfahren vgl Rn 33.

b) Zeitpunkt. Die Genehmigung muss grds **vor der Unterbringung** eingeholt werden. Ohne vorherige Genehmigung ist die Unterbringung nach Abs 2 S 2 HS 1 nur zulässig, wenn mit **deren Aufschub Gefahr verbunden** ist (wobei sich die „Gefahr" an den materiellen Unterbringungsvoraussetzungen des Abs 1 orientiert)[36]. Anders als im Falle des § 1904 ist dann aber ein unverzügliches (vgl § 121) **Nachholen** der Genehmigung erforderlich (Abs 2 S 2 HS 2).

c) Inhalt und Umfang. In der Genehmigungsentscheidung muss gemäß § 70f Abs 1 FGG die Unterbringungsmaßnahme (sowie der Zeitpunkt, zu dem diese endet) angegeben werden. Dies erfordert (nur) die Bezeichnung der **Art des Freiheitsentzuges**. Die Auswahl der konkreten Einrichtung obliegt dagegen dem Betreuer[37].

Die **Genehmigungswirkung** erschöpft sich in der betreffenden Unterbringungsmaßnahme. Auch eine Genehmigung nach Abs 1 Nr 2 schließt damit nicht etwa eine nach § 1904 ebenfalls erforderliche Genehmigung mit ein[38]. Kommt nach Genehmigung der Unterbringungsmaßnahme eine weitere Einschränkung der körperlichen Fortbewegungsfreiheit dazu, die von der gerichtlichen Genehmigung nicht gedeckt ist, ist eine **neue Genehmigung** erforderlich. Dies gilt nach hM auch im **Verhältnis von Abs 1 zu Abs 4,** so dass Maßnahmen nach Abs 4 über dessen Wortlaut hinaus auch dann einer

---

[27] BT-Drucks 11/4528 S 146.
[28] BT-Drucks 11/4528 S 147; LG Regensburg FamRZ 1994, 125; OLG Schleswig FamRZ 1998, 1328.
[29] LG Frankfurt FamRZ 1993, 478; OLG Schleswig NJW 2000, 2752.
[30] Vgl KG OLGR 2005, 621 = NJOZ 2005, 3625; OLG Schleswig R&P 2005, 77 m Anm *Marschner* = BeckRS 2005, 561; OLG Jena FamRZ 2006, 576.
[31] OLG Köln NJW-RR 2006, 1664.
[32] BVerfG NJW 1998, 1774, 1775; *Jürgens/Marschner* Rn 16; MünchKommBGB/*Schwab* Rn 21; *Hoffmann* in: *Bienwald/Sonnenfeld/Hoffmann* Rn 118; *Staudinger/Bienwald* Rn 29; *Schumacher* FamRZ 1991, 280; vgl auch OLG Bremen OLGR 2007, 134 = BeckRS 2007, 04005.
[33] OLG Schleswig R&P 2005, 77 m Anm *Marschner* = BeckRS 2005, 561.
[34] KG OLGR 2005, 621 = NJOZ 2005, 3625.
[35] Vgl BVerfGE 10, 302.
[36] *Jürgens/Marschner* Rn 27.
[37] BayObLG FamRZ 1994, 320.
[38] MünchKommBGB/*Schwab* Rn 50.

III. Beendigung der Unterbringung (Abs 3)

22   Ist die Unterbringung genehmigt, dann liegt die Verantwortung für die Fortdauer der Unterbringung in erster Linie bei dem **Betreuer**. Fallen aber die Voraussetzungen der Unterbringung nach Abs 1 weg, dann hat der Betreuer die Entlassung des Betreuten nach Abs 3 S 1 zu veranlassen. Die Beendigung der Unterbringung bedarf keiner Einschaltung des Gerichts, es besteht allerdings nach S 2 eine entsprechende **Anzeigepflicht**. Verstößt der Betreuer gegen die Pflicht nach Abs 3, kann das Vormundschaftsgericht von sich aus (und notfalls gegen den Willen des Betreuers) eine nicht mehr gerechtfertigte Unterbringung beenden (§ 70 i Abs 1 S 1 FGG). Wurde die **Unterbringung vorübergehend unterbrochen,** dann ist vor einer erneuten Unterbringung nur dann eine neue Genehmigung einzuholen, wenn der ursprüngliche Genehmigungszeitraum bereits abgelaufen ist; denn bei einem eigenmächtigen Verlassen (Flucht) des Untergebrachten, seiner probeweisen Entlassung oder Verlegung auf eine offene Station ist die ursprüngliche Genehmigung noch nicht verbraucht[40]. Anders ist dies aber im Falle der endgültigen Entlassung des Betreuten.

IV. Unterbringungsähnliche Maßnahmen (Abs 4)

23   **1. Normzweck.** Vor Inkrafttreten des BtG war umstritten, inwieweit freiheitsbeschränkende Maßnahmen in grds offenen Einrichtungen freiheitsentziehende Unterbringungsmaßnahmen darstellen, die gerichtlich genehmigungspflichtig sind[41]. Um der Ausdehnung des Unterbringungsbegriffes entgegenzuwirken und andererseits Betroffene bei Eingriffen in ihre Freiheitsrechte zu schützen, entschied sich der Gesetzgeber, in Abs 1 an einem **engen Unterbringungsbegriff** festzuhalten, stellte dafür aber in Abs 4 die sog **unterbringungsähnlichen Maßnahmen** der freiheitsentziehenden Unterbringung gleich[42]. Eine Abgrenzung zwischen freiheitsentziehenden und lediglich freiheitsbeschränkenden Maßnahmen wie bei § 1631 b ist im Rahmen des § 1906 folglich nicht erforderlich, da durch Abs 4 der Vorschrift festgelegt ist, dass auch die sog unterbringungsähnlichen Maßnahmen **nur unter Einhaltung der Voraussetzungen der Abs 1 bis 3 zulässig** sind[43].

24   **2. Anwendungsbereich. a) Art der Maßnahme.** Als unterbringungsähnliche Maßnahmen genehmigungspflichtig sind nach Abs 4 freiheitsentziehende Maßnahmen durch **mechanische Vorrichtungen**, **Medikamente** oder auf **andere Weise**, wie zB durch Gewalt[44]. Das Anbringen von **Personenortungsanlagen** wie zB die Ausstattung des Betreuten mit einem Sendechip ist nach der wohl hM nicht als freiheitsentziehende Maßnahme iS des Abs 4 einzustufen, da hierdurch die Fortbewegungsfreiheit des Betroffenen für sich gesehen noch nicht eingeschränkt wird[45]. Zu den freiheitsentziehenden Maßnahmen durch mechanische Vorrichtungen zählt zB stundenweises Einschließen, das Anbringen von Bettgittern und Bauchgurten oder die Fixierung der Extremitäten zur Durchführung der Körperpflege[46]. Freiheitsentziehend sind diese Maßnahmen nur, wenn sie **gegen den Willen** des einsichtsfähigen Betroffenen vorgenommen werden (vgl Rn 8)[47] und **darauf abzielen**, den Betroffenen **in seiner Bewegungsfreiheit einzuschränken.** Dies ist besonders hinsichtlich Medikationen von Bedeutung, die nicht genehmigungspflichtig sind, wenn lediglich **als Nebenwirkung** der Bewegungsdrang des Betroffenen eingeschränkt wird[48]. Aus demselben Grund wird aber auch die **Verbringung des Betroffenen in ein offenes Heim**, das dieser auf Grund seines körperlichen oder geistigen Zustands nicht verlassen kann, für nicht genehmigungsbedürftig gehalten[49]. Die Maßnahmen müssen ferner wie die freiheitsentziehende Unterbringung selbst zur **Abwendung einer Selbstgefährdung** des Betroffenen dienen. Bei Fremdgefährdung sind die öffentlich-rechtlichen Bestimmungen einschlägig[50].

25   **b) Dauer der Maßnahme.** Die freiheitsentziehende Maßnahme muss nach Abs 4 **regelmäßig**, dh stets zur selben Zeit oder aus wiederkehrendem Anlass[51], oder über einen **längeren Zeitraum** erfolgen.

---

[39] OLG München FamRZ 2005, 1196 = NJW-RR 2005, 1530; BayObLGZ 1993, 208 = FamRZ 1994, 721; OLG Düsseldorf BtPrax 1995, 29; AG Hannover BtPrax 1992, 113; *Schumacher* FamRZ 1991, 280, 281; *Palandt/Diederichsen* Rn 23; *Staudinger/Bienwald* Rn 22 mwN; aA *Holzhauer* FuR 1992, 249, 252; *Klüsener/Rausch* NJW 1993, 617, 623.
[40] BT-Drucks 11/4528 S 148; *Palandt/Diederichsen* Rn 12; *RGRK/Dickescheid* Rn 15; *Stalinski* BtPrax 2000, 106; aA OLG Hamm Rpfleger 2000, 14.
[41] Bejaht zB von AG Frankfurt/M FamRZ 1988, 1209 für die Eingitterung des Bettes und die Fesselung des Betroffenen durch Bauchgurt.
[42] BT-Drucks 11/4528 S 146.
[43] Vgl MünchKommBGB/*Schwab* Rn 36.
[44] Vgl den Überblick bei *Walther* BtPrax 2005, 214, 215 f.
[45] OLG Brandenburg FamRZ 2006, 1481; *Feuerabend* BtPrax 1999, 93, 94 f; AnwK-BGB/*Heitmann* Rn 20 mwN; aA AG Bielefeld BtPrax 1996, 232; AG Stuttgart-Bad Cannstatt FamRZ 1997, 704; AG Hannover BtPrax 1992, 113.
[46] AG Hof BtPrax 2004, 119.
[47] OLG Hamm FamRZ 1993, 1490.
[48] OLG Hamm FGPrax 1997, 64 = NJWE-FER 1997, 178; *Wigge* MedR 1996, 290, 292; BT-Drucks 11/4528 S 149.
[49] OLG Bremen OLGR 1998, 296 f.
[50] LG Hildesheim BtPrax 1994, 106; *Wigge* MedR 1996, 290, 292.
[51] BT-Drucks 11/4528 S 149.

Genehmigung des Vormundschaftsgerichts bei der Unterbringung   § 1906

Wann letzteres der Fall ist, ist umstritten, wird sich aber nur unter Berücksichtigung der Umstände des Einzelfalls (Art der Maßnahme, konkrete Belastung des Betroffenen usw) bestimmen lassen[52].

c) Ort. Abs 4 greift nur ein, wenn sich der Betroffene in einer **Anstalt**, einem **Heim** oder einer **sonstigen Einrichtung** (wie zB Krankenhaus, Alten-, Pflegeheim) aufhält. Durch die Eingrenzung des Anwendungsbereichs der Norm auf Personen, die sich in derartigen Einrichtungen befinden, sollte auf Anregung des Bundesrates klargestellt werden, dass die **private Familienpflege ausgenommen** ist[53]. Diese Ausnahme bedeutet jedoch nicht, dass freiheitsentziehende Maßnahmen im Rahmen der Familienpflege ohne weiteres zulässig sind (denn auch im Rahmen der Familienpflege ist die Freiheitsentziehung nur bei einer wirksamen Einwilligung oder Vorliegen eines sonstigen Rechtfertigungsgrundes zulässig), sondern nur, dass diese **nicht genehmigungspflichtig** sein sollten. Da Art 104 Abs 2 GG aber bei jedem freiheitsentziehenden Handeln eines Betreuers einschlägig ist, wird man die Anordnung von freiheitsentziehenden Maßnahmen bei Betreuten stets (dh auch im Rahmen der Familienpflege) für genehmigungsbedürftig halten müssen[54]. 26

In erweiternder Auslegung des Abs 4 wird ferner das **zeitweise Einschließen** des Betreuten **in seiner eigenen Wohnung** (also außerhalb einer Einrichtung im oben genannten Sinne) für genehmigungspflichtig gehalten[55]. 27

Obwohl Abs 4 die Genehmigungsbedürftigkeit auf unterbringungsähnliche Maßnahmen in den oben genannten Einrichtungen beschränkt, in denen sich der Betreute aufhält, **ohne dort untergebracht zu sein,** sind unterbringungsähnliche Maßnahmen auch im Rahmen einer bereits erfolgten freiheitsentziehenden Unterbringung nach hM genehmigungsbedürftig (vgl Rn 21). 28

V. Freiheitsentziehung durch Bevollmächtigte (Abs 5)

1. Normzweck. Die Vorschrift wurde durch das 1. BtÄndG mit Wirkung zum 1. 1. 1999 angefügt. Durch sie wird klargestellt, dass ein **Bevollmächtigter** unter den gleichen Voraussetzungen wie ein Betreuer in eine freiheitsentziehende Unterbringung des Betreuten oder in Maßnahmen nach Abs 4 einwilligen kann, sofern die Vollmacht nur **schriftlich erteilt** ist und die in Abs 1 und 4 genannten Maßnahmen **ausdrücklich umfasst**. Damit wollte der Gesetzgeber (wie mit der gleichzeitigen Einfügung des § 1904 Abs 2) das Selbstbestimmungsrecht des Betroffenen und die praktische Bedeutung von Vorsorgevollmachten stärken, gleichzeitig aber sicherstellen, dass Vollmachten in höchstpersönlichen Angelegenheiten **nicht voreilig erteilt** und einschneidende Maßnahmen des Bevollmächtigten **vom Vormundschaftsgericht kontrolliert** werden[56]. 29

2. Form und sonstige Wirksamkeitsvoraussetzungen. Eine Vollmacht (insbes Vorsorgevollmacht) legitimiert nur dann zu einer freiheitsentziehenden Unterbringung des Vollmachtgebers bzw zur Einwilligung in unterbringungsähnliche Maßnahmen, wenn sie **mindestens schriftlich** (vgl § 126) erteilt wurde. Sie muss sich zudem **ausdrücklich** auf die Möglichkeit einer (freiheitsentziehenden) Unterbringung bzw einer unterbringungsähnlichen Maßnahme erstrecken[57]. Mit diesem inhaltlichen Konkretisierungserfordernis soll sichergestellt werden, dass sich der Betroffene bei Erteilung der Vollmacht **über deren Inhalt und Tragweite im Klaren** war[58]. **Nicht** ausreichend ist im Hinblick auf die Einräumung von Befugnissen nach Abs 1 oder Abs 4 daher eine **abstrakt formulierte Generalvollmacht**[59]. 30

Nicht geregelt ist, ob der Betroffene zur Erteilung der Vollmacht **geschäftsfähig** sein muss oder ob es lediglich auf die sog natürliche Einsichts- und Steuerungsfähigkeit (Einwilligungsfähigkeit) ankommt. Streng genommen ist letzteres der Fall, da es sich bei der Einwilligung in die Verletzung persönlichkeitsbezogener Rechtsgüter nicht um rechtsgeschäftliche Willenserklärungen handelt. Da die Bevollmächtigung aber ein **in die Zukunft gerichtetes** Geschäft ist und sich die erforderliche Einwilligungsfähigkeit auf alle in Betracht kommenden, zukünftigen freiheitsentziehenden Maßnahmen beziehen muss, dürften insoweit **praktisch keine Unterschiede** zum Erfordernis der Geschäftsfähigkeit bestehen. 31

3. Handeln des Bevollmächtigten. Der wirksam Bevollmächtigte ist gemäß Abs 5 S 2 in der Ausübung der Vollmacht den gleichen Beschränkungen unterworfen wie ein Betreuer. Dies bedeutet ua, dass er hinsichtlich einer freiheitsentziehenden Unterbringung des Vollmachtgebers oder einer Einwilligung in unterbringungsähnliche Maßnahmen an die **materiellen Voraussetzungen des Abs 1** gebunden ist und sein Handeln im gleichen Umfang wie das eines Betreuers der **vormundschaftsgerichtlichen Genehmigungspflicht** unterliegt[60]. Hinsichtlich der **Beendigung** der Maß- 32

---

[52] *Staudinger/Bienwald* Rn 47; RGRK/*Dickescheid* Rn 22 mwN.
[53] BT-Drucks 11/4528 S 148 f, 209, 228.
[54] AG Garmisch-Partenkirchen BtPrax 1999, 207; noch weitergehend *Schumacher* FamRZ 1991, 280, 282; aA BayObLG R&P 2003, 99 m abl Anm *Marschner*.
[55] LG Hamburg FamRZ 1994, 1619; AG Tempelhof-Kreuzberg BtPrax 1998, 194; vgl dazu auch *Grauer* BtPrax 1999, 20; BayObLG R&P 2003, 99 m abl Anm *Marschner*.
[56] BT-Drucks 13/7158 S 34.
[57] BT-Drucks 13/7158 S 34; LG Düsseldorf FamRZ 2000, 1315; LG Frankfurt/M FamRZ 2001, 1555; vgl dazu auch *G. Müller* DNotZ 1999, 107, 112 ff.
[58] OLG Stuttgart FamRZ 1994, 1417.
[59] *G. Müller* DNotZ 1999, 107, 114; *Renner* in: *G. Müller/Renner*, Betreuungsrecht und Vorsorgeverfügungen in der Praxis, 2005, Rn 267 ff; *Palandt/Diederichsen* Rn 5; *Staudinger/Bienwald* Rn 60; MünchKommBGB/*Schwab* Rn 126 f.
[60] Krit *Uhlenbruck* ZRP 1998, 46; *Bienwald* FamRZ 2003, 425.

§ 1907   Buch 4. Abschnitt 3. Vormundschaft, rechtliche Betreuung, Pflegschaft

nahme gilt Abs 3. Die Erteilung einer Untervollmacht in Angelegenheiten des Abs 1 oder Abs 4 ist ausgeschlossen[61].

VI. Verfahren

33   **1. Allgemeines.** Das Verfahrensrecht für die freiheitsentziehende Unterbringung eines Volljährigen durch den Betreuer oder einen Bevollmächtigten, bzw die Einwilligung in unterbringungsähnliche Maßnahmen durch diese Personen ist einheitlich in den **§§ 70 bis 70 n FGG** geregelt (vgl § 70 Abs 1 S 2 Nr 1 b, Nr 2 FGG). Im Folgenden soll ein kurzer Überblick über das Verfahren zur Entscheidung über die nach § 1906 erforderliche Genehmigung gegeben werden: Die sachliche **Zuständigkeit** ergibt sich aus § 70 Abs 2 S 1 FGG (Vormundschaftsgerichte), die örtliche aus § 70 Abs 2 FGG (Abgabe § 70 Abs 3 FGG)[62]. Funktionell zuständig (auch im Falle des § 1906 Abs 4) ist der Richter, § 14 Abs 1 Nr 4 RPflG (vgl auch Art 104 Abs 2 GG). Der Betroffene ist ohne Rücksicht auf seine Geschäftsfähigkeit **verfahrensfähig** (§ 70 a FGG). In der Regel ist ein **Verfahrenspfleger** zu bestellen (§ 70 b Abs 1 S 1, 2, Abs 2 FGG). Für die **Anhörung** des Betroffenen gilt § 70 c S 1, 3 FGG (Ausnahme §§ 70 c S 5, 68 Abs 2 FGG), für seine Vorführung §§ 70 c S 5, 68 Abs 3 FGG, für die Anhörung weiterer Personen § 70 d Abs 1 FGG. Zum Schlussgespräch vgl §§ 70 c S 5, 68 Abs 5 FGG.

34   Die **Einholung eines Sachverständigengutachtens**[63] ist bei freiheitsentziehender Unterbringung stets erforderlich, § 70 e Abs 1 S 1 FGG (Vorführung § 70 e Abs 2, § 68 b Abs 3 FGG), bei unterbringungsähnlichen Maßnahmen genügt ein ärztliches Zeugnis (§ 70 e Abs 1 S 3 FGG). Für die **Qualifikation** des Sachverständigen gilt § 70 e Abs 1 S 2 FGG, wobei umstritten ist, ob die Norm auch bei unterbringungsähnlichen Maßnahmen Anwendung findet. Zum Inhalt der Entscheidung vgl § 70 f Abs 1 FGG. Bekanntmachung und Wirksamkeit der Entscheidung richten sich nach § 70 g Abs 1 bis 3 FGG, zum Vollzug vgl § 70 g Abs 5 FGG. In **Eilfällen** kann im Wege einer einstweiligen Anordnung gemäß § 70 h FGG nach sorgfältiger Prüfung der Anordnungsvoraussetzungen[64] die vorläufige Unterbringung des Betroffenen bis zur Dauer von sechs Wochen genehmigt bzw angeordnet werden, außerdem die sofortige Wirksamkeit der Entscheidung nach § 70 g Abs 3 S 2 FGG angeordnet werden.

35   **2. Rechtsmittel.** Gemäß § 70 m Abs 1 FGG findet die **sofortige Beschwerde** statt gegen Entscheidungen des Vormundschaftsgerichts in Unterbringungssachen, die erst mit Rechtskraft wirksam werden. Dazu gehören die Anordnung oder Ablehnung der Genehmigung einer Unterbringung oder unterbringungsähnlichen Maßnahme (§ 70 Abs 1 FGG), die Anordnung einer vorläufigen Unterbringungsmaßnahme (§ 70 h FGG), die Verlängerung einer Unterbringungsmaßnahme (§ 70 i Abs 2 FGG) sowie die Unterbringung gemäß § 1846 iVm § 70 h Abs 3 FGG; sonstige Entscheidungen sind mit der unbefristeten Beschwerde anfechtbar[65]. **Beschwerdebefugt** ist nach § 20 Abs 1 FGG jeder, der durch die Entscheidung in eigenen Rechten verletzt ist (in erster Linie Betreuer, Verfahrenspfleger, Betreuer sowie Bevollmächtigter) sowie gemäß § 70 m Abs 2 FGG der in § 70 d Abs 1 FGG genannte Personenkreis. Dies ist zB beim Betreuten im Hinblick auf die Ablehnung eines Antrages des Betreuers auf Genehmigung der geschlossenen Unterbringung nicht der Fall[66]. Im Anschluss an zwei Entscheidungen des BVerfG[67] wird zunehmend eine Entscheidung über die Rechtmäßigkeit der Unterbringung trotz der nach Vollzug der Unterbringung eingetretenen Erledigung der Hauptsache für zulässig gehalten **(Fortsetzungsfeststellungsbeschwerde)**[68].

§ 1907 Genehmigung des Vormundschaftsgerichts bei der Aufgabe der Mietwohnung

(1) ¹Zur Kündigung eines Mietverhältnisses über Wohnraum, den der Betreute gemietet hat, bedarf der Betreuer der Genehmigung des Vormundschaftsgerichts. ²Gleiches gilt für eine Willenserklärung, die auf die Aufhebung eines solchen Mietverhältnisses gerichtet ist.

(2) ¹Treten andere Umstände ein, auf Grund derer die Beendigung des Mietverhältnisses in Betracht kommt, so hat der Betreuer dies dem Vormundschaftsgericht unverzüglich mitzuteilen, wenn sein Aufgabenkreis das Mietverhältnis oder die Aufenthaltsbestimmung umfasst. ²Will der Betreuer Wohnraum des Betreuten auf andere Weise als durch Kündigung oder Aufhebung eines Mietverhältnisses aufgeben, so hat er dies gleichfalls unverzüglich mitzuteilen.

---

[61] *Limmer* ZNotP 1998, 322, 325; *Staudinger/Bienwald* Rn 54.
[62] Zur Stellung des Vorsorgebevollmächtigten im vormundschaftsgerichtlichen Abgabeverfahren BayObLG FamRZ 2003, 705.
[63] Vgl *Wigge* MedR 1996, 290, 295 f.
[64] BVerfG NJW 1998, 2432.
[65] Vgl RGRK/*Dickescheid* Rn 34.
[66] BayObLG OLGR 2005, 199 = NJOZ 2005, 1610.
[67] NJW 1998, 2432; NJW 2002, 2456.
[68] OLG München BeckRS 2005, 11854; OLGR 2005, 481; OLG Schleswig NJW 1999, 222; BayObLGZ 1999, 24 = NJW-RR 1999, 1604; OLG Saarbrücken FGPrax 1998, 197, Vorlagebeschluss; OLG Karlsruhe FGPrax 2000, 165; vgl aber auch OLG Köln NJWE-FER 2000, 151.

§ 1907 Genehmigung des Vormundschaftsgerichts bei der Aufgabe der Mietwohnung

(3) Zu einem Miet- oder Pachtvertrag oder zu einem anderen Vertrag, durch den der Betreute zu wiederkehrenden Leistungen verpflichtet wird, bedarf der Betreuer der Genehmigung des Vormundschaftsgerichts, wenn das Vertragsverhältnis länger als vier Jahre dauern oder vom Betreuer Wohnraum vermietet werden soll.

Schrifttum: *Bobenhausen*, Wohnungskündigung durch den Betreuer, Rpfleger 1994, 13; *Renner*, Die Wohnungskündigung im Betreuungsverfahren, BtPrax 1999, 96; *Schumacher*, Wohnraummiete und Betreuung, WuM 2003, 190.

Übersicht

	Rn		Rn
I. Normzweck	1	III. Mitteilungspflichten des Betreuers (Abs 2)	9
II. Kündigung oder Aufhebung des Mietverhältnisses (Abs 1)	2	1. Andere Umstände der Beendigung (S 1)	9
1. Anwendungsbereich	2	2. Faktische Wohnungsaufgabe (S 2)	10
a) Kündigung/Aufhebung eines Wohnraummietverhältnisses	2	IV. Wiederkehrende Leistungen; Vermietung von Wohnraum (Abs 3)	11
b) Betreuter als Mieter	5	1. Allgemeines	11
c) Kündigung durch Betreuer	6	2. Vermietung von Wohnraum	12
2. Genehmigung	7		
a) Rechtsnatur	7	V. Verfahren	13
b) Genehmigungsfähigkeit	8		

I. Normzweck

Die Wohnung als **räumlicher Lebensmittelpunkt** des Betreuten und **Garantie seiner Selbst-** 1 **ständigkeit** verdient besonderen Schutz. Dies gilt auch dann, wenn der Betreute untergebracht werden muss oder die Wohnung zB wegen eines Krankenaufenthaltes nicht benutzen kann, weil sie dann die Möglichkeit verkörpert, bei Beendigung der Unterbringung oder des Krankenhausaufenthaltes in die frühere Umgebung zurückzukehren[1] und beispielsweise nicht in ein Altenheim oÄ übersiedeln zu müssen. Ist der Betreute **Eigentümer oder Erbbauberechtigter** des Grundstücks, auf dem sich die Wohnung befindet oder ist er **Wohnungseigentümer** oder sonst auf Grund eines **dinglichen Rechts** zum Gebrauch der Wohnung berechtigt, so ist er vor einem vorschnellen Verlust seiner Wohnung dadurch geschützt, dass der Betreuer zu einem Verfügungs- oder Verpflichtungsgeschäft über das Eigentum oder das dingliche Recht gemäß §§ 1908 i Abs 1 S 1, 1821 Abs 1 Nr 1, 4 der **Genehmigung des Vormundschaftsgerichts** bedarf. Zweck des § 1907 ist es, diesen Schutz, den das geltende Recht nur für dinglich Berechtigte bereitstellt, durch Einführung eines Genehmigungserfordernisses auch auf den **Betreuten als Mieter einer Wohnung** auszudehnen. Gleichzeitig enthält die Vorschrift Regelungen, die über die Normierung **weiterer Genehmigungserfordernisse** für bestimmte Dauerschuldverhältnisse nach Abs 3 Alt 2 und **Mitteilungspflichten** nach Abs 2 über wohnungsrelevante Umstände sicherstellen sollen, dass der durch § 1821 oder § 1907 Abs 1 gewährte Schutz nicht umgangen wird[2]. In Abs 3 Alt 1 normiert die Vorschrift ferner eine Genehmigungspflicht für Verträge, die den Betreuten zu **wiederkehrenden Leistungen** verpflichten.

II. Kündigung oder Aufhebung des Mietverhältnisses (Abs 1)

1. Anwendungsbereich. a) Kündigung/Aufhebung eines Wohnraummietverhältnisses. Will 2 der Betreuer ein Mietverhältnis über Wohnraum, den der Betreute gemietet hat, kündigen (S 1) oder auf sonstige Weise das Mietverhältnis aufheben (S 2), so ist hierfür die **Genehmigung des Vormundschaftsgerichts** erforderlich.

aa) Kündigung oder Aufhebung. Genehmigungspflichtig ist die **Kündigungserklärung** als 3 einseitige, empfangsbedürftige Willenserklärung, auf Grund der Gleichstellung in S 2 aber auch die auf Zustandekommen eines **Aufhebungsvertrages** gerichtete Angebots- bzw Annahmeerklärung. Gleiches gilt für jede andere Willenserklärung, mit der die Ungültigkeit des Vertrages herbeigeführt oder geltend gemacht wird, wie zB die Anfechtung wegen Willensmangels[3]. Der Gesetzgeber hat die Genehmigungspflicht damit nicht an die „Wohnungsauflösung" als solche angeknüpft, da dieses Tatbestandsmerkmal begrifflich zu unscharf und die Rechtsfolgen bei fehlender Genehmigung fraglich gewesen wären[4]. Die **Beibehaltung** einer Mietwohnung für einen auf Dauer untergebrachten Betroffenen kann ggf Anlass zum vormundschaftsgerichtlichen Einschreiten gemäß § 1837 sein[5].

bb) Wohnraummietverhältnis. Bei dem Mietverhältnis muss es sich um ein solches über Wohn- 4 raum handeln. Neben einem reinen Wohnraummietvertrag wird auch die Kündigung oder Aufhebung eines **gemischten Vertrages,** wie zB eines Heimvertrages, von der Genehmigungspflicht erfasst, sofern

---

[1] BT-Drucks 11/4528 S 83.
[2] Vgl BT-Drucks 11/4528 S 84.
[3] MünchKommBGB/*Schwab* Rn 14; *Damrau/Zimmermann* Rn 8.
[4] BT-Drucks 11/4528 S 83.
[5] Vgl BayObLG Rpfleger 2004, 284.

§ 1907 Buch 4. Abschnitt 3. Vormundschaft, rechtliche Betreuung, Pflegschaft

jener die Gebrauchsüberlassung an einem bestimmten Wohnraum beinhaltet[6]. Nach dem Sinn und Zweck der Vorschrift dürften ferner die Fälle, in denen dem Betreuten eine Wohnung **unentgeltlich** zum selbstständigen Gebrauch überlassen wurde (Leihe), erfasst sein. Dies gilt aber nicht für die Fälle der bloßen unentgeltlichen Mitbenutzung von Wohnraum (zB innerhalb der Familie), da sonst zB jeder berufsbedingte Umzug der Familie des behinderten Volljährigen eine Genehmigungspflicht auslösen würde[7]. Nicht erfasst wird ferner die Kündigung oder Aufhebung eines **Pachtverhältnisses**, auch wenn das Pachtobjekt ausnahmsweise Wohnraum des Betreuten beinhaltet[8].

5 **b) Betreuter als Mieter.** Der Betreute muss **Mieter oder Mitmieter** des Wohnraums sein. Unerheblich ist hierbei, ob der Betreute selbst oder sein Vertreter (Betreuer) den Mietvertrag geschlossen hat oder ob der Betreute etwa auf Grund des § 563 als Mieter in das Mietverhältnis eingetreten ist. Es ist **nicht** erforderlich, dass der Wohnraum **aktuell vom Betreuten bewohnt** wird, da ihm nach dem Sinn und Zweck der Vorschrift der Wohnraum gerade auch dann erhalten bleiben soll, wenn er untergebracht ist oder sich in einem Krankenhaus oÄ befindet[9]. Stets muss es sich aber um Wohnraum handeln, der für **Wohnzwecke des Betreuten** vorgesehen war oder ist. § 1907 Abs 1 ist daher nicht anwendbar, wenn der gemietete Wohnraum nicht den eigenen Wohnbedarf, sondern beispielsweise nur den eines Familienangehörigen decken soll[10].

6 **c) Kündigung durch Betreuer.** Eine Genehmigungspflicht für die Kündigung oder Aufhebung des Mietverhältnisses besteht nur dann, wenn der **Betreuer** hierbei in Vertretung des Betreuten handelt oder im Falle eines angeordneten Einwilligungsvorbehalts in die Willenserklärung des Betreuten einwilligen will. Handelt der **geschäftsfähige Betreute** selbst und unterfällt die Angelegenheit nicht einem Einwilligungsvorbehalt, ist die auf Beendigung des Mietvertrages gerichtete Willenserklärung ohne Mitwirkung des Vormundschaftsgerichts rechtswirksam. Gleiches gilt im Falle des Handelns eines (Vorsorge-)**Bevollmächtigten**, da die Genehmigungspflicht (anders als nach § 1904 Abs 2, § 1906 Abs 5) nicht auf diese Personen erstreckt wurde. Selbst bei einem Vertreterhandeln des Betreuers kann allerdings der bestehende Genehmigungsvorbehalt nach hM entfallen und zwar dadurch, dass der geschäftsfähige Betreute den Betreuer zur Wahrnehmung dieser Angelegenheit bevollmächtigt (vgl § 1902 Rn 19)[11].

7 **2. Genehmigung. a) Rechtsnatur.** Bei der Genehmigung handelt es sich wie im Falle des § 1904 um eine sog Außengenehmigung[12], dh diese ist **Wirksamkeitsvoraussetzung** für die Willenserklärung des Betreuers. Für die Genehmigung gelten über § 1908 i Abs 1 S 1 die §§ 1828 bis 1831, dh im Falle der Kündigung des Mietverhältnisses muss die Genehmigung nach § 1831 **vor Ausspruch der Kündigung** eingeholt werden, da die Kündigung sonst nichtig ist und auch durch eine später erteilte Genehmigung nicht geheilt werden kann. Im Falle einer Aufhebung des Mietverhältnisses genügt nach § 1829 dagegen eine nachträgliche Genehmigung[13].

8 **b) Genehmigungsfähigkeit.** Wird das Vormundschaftsgericht um Genehmigung einer Kündigungs- oder Aufhebungserklärung ersucht, hat es zunächst zu prüfen, ob der **Aufgabenkreis des Betreuers** die entsprechende Willenserklärung beinhaltet. Dies ist dann der Fall, wenn der Aufgabenkreis des Betreuers ausdrücklich die **Miet-/Wohnungsangelegenheiten** des Betreuten umfasst oder ihm allgemein die Personensorge oder als Teil hiervon (vgl § 1631 Abs 1) die **Aufenthaltsbestimmung** als Aufgabe zugewiesen wurde, nicht aber, wenn dem Betreuer lediglich die Vermögenssorge übertragen wurde[14]. Maßstab für die Prüfung der Genehmigungsfähigkeit ist das **Wohl des Betreuten**, wobei den Wünschen des Betreuten besonderes Gewicht zukommt (§ 1901 Abs 2, Abs 3)[15]. Erforderlich ist eine umfassende Abwägung der konkreten Umstände des Einzelfalls, wobei neben den persönlichen Folgen auch **wirtschaftliche Gesichtspunkte** zu berücksichtigen sind, zB wenn der Betreute eine Wohnung gemietet hat, die seinen Bedarf und seine wirtschaftliche Leistungsfähigkeit übersteigt[16]. Andererseits darf sich der Betreute aber auch objektiv unsinnige Mietausgaben leisten, solange höherrangige Rechtsgüter nicht gefährdet sind[17]. Außerdem kommt nach Auffassung der Rspr die Genehmigung einer vom Betreuer ausgesprochenen Wohnraumkündigung in Anbetracht des hochrangigen Schutzes der Wohnung erst dann in Betracht, wenn eine Rückkehr in die eigene Wohnung ausgeschlossen erscheint[18].

---

[6] *Bienwald*, in: *Bienwald/Sonnenfeld/Hoffmann* Rn 18; LG Münster NJW-RR 2001, 1301.
[7] BT-Drucks 11/4528 S 84; MünchKommBGB/*Schwab* Rn 5; *Staudinger/Bienwald* Rn 24.
[8] BT-Drucks 11/4528 S 151.
[9] BT-Drucks 11/4528 S 150.
[10] *Erman/Roth* Rn 2; MünchKommBGB/*Schwab* Rn 8.
[11] MünchKommBGB/*Schwab* Rn 4; *Bienwald* in: *Bienwald/Sonnenfeld/Hoffmann* Rn 11; *Staudinger/Bienwald* Rn 16.
[12] Vgl *Palandt/Diederichsen* Rn 5; *Bienwald* in: *Bienwald/Sonnenfeld/Hoffmann* Rn 26.
[13] *Damrau/Zimmermann* Rn 9; *Renner* BtPrax 1999, 96, 97.
[14] *Rink* R&P 1991, 148, 156; *Jürgens/Marschner* Rn 2; *Jürgens/Kröger/Marschner/Winterstein* Rn 227; *Damrau/Zimmermann* Rn 4; HK-BUR/*Rink* Rn 7; *Bienwald* in: *Bienwald/Sonnenfeld/Hoffmann* Rn 12; AnwK-BGB/*Heitmann* Rn 7; aA *Bobenhausen* Rpfleger 1994, 13, 14 f; *Renner* BtPrax 1999, 96.
[15] BT-Drucks 11/4528 S 150; *Renner* BtPrax 1999, 96, 97: grds Zustimmung des Betreuten erforderlich.
[16] BT-Drucks 11/4528 S 150.
[17] OLG Oldenburg NJW-RR 2003, 587.
[18] OLG Frankfurt FamRZ 2006, 1875, 1876.

III. Mitteilungspflichten des Betreuers (Abs 2)

1. Andere Umstände der Beendigung (S 1). Umfasst der Aufgabenkreis des Betreuers das 9
Mietverhältnis oder die Aufenthaltsbestimmung, so hat der Betreuer nach Abs 2 S 1 dem Vormundschaftsgericht unverzüglich mitzuteilen, wenn andere Umstände eintreten, auf Grund derer die Beendigung des Mietverhältnisses in Betracht kommt. Solche „anderen Umstände" sind insbes die **Kündigung** oder **Erhebung einer Räumungsklage durch den Vermieter**[19]. Durch die Mitteilungspflicht soll gewährleistet werden, dass das Vormundschaftsgericht von einem drohenden Wohnungsverlust des Betreuten Kenntnis erlangt und ggf **nach § 1837 einschreiten** kann, wenn es bemerkt, dass der Betreuer pflichtwidrig zum Nachteil des Betreuten nicht aktiv wird[20]. So kann das Vormundschaftsgericht beispielsweise den Betreuer anhalten, gegen eine offensichtlich ungerechtfertigte oder unwirksame Kündigung des Vermieters (vgl nur § 131 bei Geschäftsunfähigkeit des Betreuten) vorzugehen.

2. Faktische Wohnungsaufgabe (S 2). Nach Abs 2 S 2 hat der Betreuer ebenfalls dem Vormund- 10
schaftsgericht unverzüglich mitzuteilen, wenn er Wohnraum des Betreuten **auf andere Weise** als durch Kündigung oder Aufhebung eines Mietverhältnisses aufgeben will. Diese Vorschrift wurde erst auf Anregung des Bundesrats aufgenommen und soll den Betreuten über den durch §§ 1821 Abs 1 Nr 1, 4, 1908 i Abs 1 S 1 im Hinblick auf Verfügungen gewährten Schutz hinaus auch vor der **faktischen Aufgabe seiner Wohnung** (etwa durch Veräußerung oder Auslagerung von Hausrat, Beendigung des Bezugs von Wasser, Strom, usw.) schützen, die er bislang **als Eigentümer oder dinglich Berechtigter** genutzt hat[21].

IV. Wiederkehrende Leistungen; Vermietung von Wohnraum (Abs 3)

1. Allgemeines. Die etwas schwer verständliche Vorschrift des Abs 3 normiert zum einen eine 11
Genehmigungspflicht für Verträge, die den Betreuten zu wiederkehrenden Leistungen verpflichten, sofern das Vertragsverhältnis länger als vier Jahre dauern soll (Alt 1), zum anderen eine Genehmigungspflicht für Verträge, durch die Wohnraum des Betreuten vermietet werden soll (Alt 2). In beiden Fällen besteht die Genehmigungspflicht nur, wenn der **Betreuer** für den Betreuten handelt bzw die im Rahmen eines Einwilligungsvorbehalts erforderliche Einwilligung zum Handeln des geschäftsfähigen Betreuten erteilen will. Die Vorschrift stellt (wie auch die Vorgängernorm § 1902 aF) eine **Modifikation** des allgemeinen Vormundschaftsrecht geltenden **§ 1822 Nr 5** dar, auf den zur näheren Erläuterung hinsichtlich der Alt 1 verwiesen werden kann.

2. Vermietung von Wohnraum. Hinsichtlich der Alt 2 geht die Norm über § 1902 aF insoweit 12
hinaus, als bei Vermietung von Wohnraum durch den Betreuer ein Mietvertrag auch dann genehmigungsbedürftig ist, wenn das Vertragsverhältnis **nicht länger als vier Jahre** dauern soll[22]. Die Vorschrift soll gewährleisten, dass der Betreuer die in § 1907 Abs 1, Abs 2 vorgesehenen Schutzvorschriften hinsichtlich der Wohnungsauflösung nicht durch eine Weitervermietung der Wohnung des Betreuten unterläuft[23]. Eine Genehmigungspflicht besteht damit nicht nur hinsichtlich einer etwaigen **Untervermietung** des vom Betreuten gemieteten Wohnraums, sondern auch, wenn Wohnraum, an dem der Betreute **auf Grund Eigentums oder dinglichen Rechts** nutzungsberechtigt ist, vermietet werden soll[24]. Hierbei muss es sich aber stets um Wohnraum handeln, der den **Wohnzwecken des Betreuten** dient oder dienen soll, da durch die Vorschrift – wie auch durch die anderen Regelungen des § 1907 – nur der Betreute vor einem vorschnellen Verlust seines räumlichen Lebensmittelpunkts geschützt werden soll. Nicht erfasst ist folglich die Vermietung von Wohnraum des Betreuten, der Wohnzwecken **anderer Personen** dient[25]. Für die Genehmigung gilt das oben (Rn 7 f) Gesagte entsprechend. Es kommt auch hier maßgeblich auf die Wünsche des Betreuten an[26].

V. Verfahren

Für die Entscheidung über die Erteilung der Genehmigung ist stets der **Rechtspfleger** zuständig 13
(§§ 3 Nr 2 a, 14 Abs 1 Nr 4 RPflG). Der Betroffene ist vor Erteilung der Genehmigung grds nach § 69 d Abs 1 S 2, 3 FGG **anzuhören.** Nach Maßgabe des § 67 FGG ist ein **Verfahrenspfleger** zu bestellen. Der Beschluss über die Genehmigung ist dem Betroffenen selbst (§ 69 a Abs 1 S 1 FGG) sowie dem Betreuer (§ 69 a Abs 3 FGG, § 1828 BGB) bekannt zu machen. Sowohl gegen die Genehmigung als auch gegen deren Ablehnung ist die einfache (unbefristete) **Beschwerde** statthaftes Rechtsmittel.

---

[19] BT-Drucks 11/4528 S 150; *Renner* BtPrax 1999, 96, 97; vgl dazu ausf *Schumacher* WuM 2003, 190.
[20] BT-Drucks 11/4528 S 150 f.
[21] BT-Drucks 11/4528 S 210, 229.
[22] BT-Drucks 11/4528 S 151.
[23] BT-Drucks 11/4528 S 151.
[24] Vgl auch *Jürgens/Marschner* Rn 5.
[25] LG Münster FamRZ 1994, 531.
[26] OLG Schleswig NZM 2001, 868, 869.

§ 1908 Genehmigung des Vormundschaftsgerichts bei der Ausstattung

Der Betreuer kann eine Ausstattung aus dem Vermögen des Betreuten nur mit Genehmigung des Vormundschaftsgerichts versprechen oder gewähren.

I. Normzweck

1 Die Vorschrift entspricht § 1902 aF und wurde erst auf Initiative des Bundesrates eingefügt[1]. Sie normiert ein gerichtliches Genehmigungserfordernis für eine vom Betreuer aus dem Vermögen des Betreuten versprochene oder gewährte Ausstattung und beschränkt insoweit das Vermögenssorgerecht des Betreuers.

II. Einzelerläuterungen

2 **1. Versprechen oder Gewähren durch Betreuer.** Die Vorschrift ist nur anwendbar, wenn der **Betreuer** eine Ausstattung im Namen des Betreuten verspricht oder gewährt. § 1908 gilt daher nicht, wenn der voll geschäftsfähige Betreute selbst handelt. Sie greift jedoch ein, wenn das Rechtsgeschäft durch den nicht geschäftsunfähigen Betreuten selbst vorgenommen wird, der Betreuer aber auf Grund eines angeordneten Einwilligungsvorbehalts diesem zustimmen muss. Genehmigungsbedürftig ist nach § 1908 sowohl das Verpflichtungsgeschäft („Versprechen") als auch das Erfüllungsgeschäft („Gewähren"). Ist das Ausstattungsversprechen bereits genehmigt, kann es genehmigungsfrei erfüllt werden[2].

3 **2. Ausstattung.** Mit „Ausstattung" ist eine solche iS von **§ 1624 Abs 1** gemeint. Es muss sich folglich um eine unentgeltliche Zuwendung durch den Vater und/oder die Mutter an ein Kind (im Rechtssinne) handeln, die aus Anlass der Verheiratung oder Erlangung einer selbständigen Lebensstellung gewährt wird und deren Ziel die Begründung oder Erhaltung der Lebensstellung des Kindes ist[3]. Die Ausstattung darf ferner nicht das den Umständen, insbes den Vermögensverhältnissen des betreuten Elternteils, entsprechende Maß überschreiten. Sonst liegt eine sog **„übermäßige" Ausstattung** vor, die – wie auch eine „Ausstattung" an „Nicht-Kinder"[4] – als Schenkung iS von § 516 zu behandeln ist.

4 **Schenkungen** sind dem Betreuer nur in dem engen Rahmen der §§ 1908 i Abs 2 S 1, 1804 erlaubt (vgl § 1908 i Rn 5). Da eine nach diesen Vorschriften nicht ausnahmsweise zulässige Schenkung – auch im Falle einer etwaigen Genehmigung durch das Gericht – nichtig ist, ist die Qualifikation der (teil-)unentgeltlichen Vermögenszuwendung als Ausstattung für die Zulässigkeit und Bestandskraft der Zuwendung von erheblicher Bedeutung. Prinzipiell kann dabei davon ausgegangen werden, dass auch die Zuwendung größerer Vermögenswerte, wie zB die Übergabe von Grundbesitz oder Übertragung von Gesellschaftsbeteiligungen im Wege der vorweggenommenen Erbfolge, eine (genehmigungsfähige) Ausstattung darstellen kann[5]. Die in diesem Zusammenhang in der Praxis weit verbreitete äußerst restriktive Handhabung der Norm[6] ist daher verfehlt.

5 **3. Genehmigungsfähigkeit.** Die Genehmigungsfähigkeit des Rechtsgeschäfts richtet sich nach dem **Wohl und den Interessen des Betreuten** zum Zeitpunkt der gerichtlichen Prüfung. Besondere Bedeutung ist in diesem Zusammenhang den Wünschen und Vorstellungen des Betreuten zuzumessen, § 1901 Abs 2 S 2, Abs 3 S 1[7]. Der auf Gewährung der Ausstattung gerichtete **Wille des Betreuten** ist somit zu beachten, sofern durch die Ausstattung nicht die eigenen Vermögens- und Versorgungsinteressen des Betreuten beeinträchtigt werden[8]. Der Zweck der gerichtlichen Genehmigung besteht daher primär darin, in Genehmigungsverfahren zu prüfen, ob eine übermäßige Ausstattung (und damit eine nur ausnahmsweise zulässige Schenkung) vorliegt. Die Genehmigung des Vormundschaftsgerichts kann damit zwar vorbeugen, dass eine vollzogene Ausstattung zu einem späteren Zeitpunkt als nichtige Schenkung angegriffen wird; ein ggf zur Entscheidung berufenes Prozessgericht ist allerdings nicht an die Beurteilung des Vormundschaftsgerichts gebunden[9].

6 Wann die Ausstattung **im Einzelfall genehmigungsfähig** ist bzw sie die Grenzen zur sog Übermaßausstattung übersteigt, ist bislang in Rspr und Lit noch nicht als hinreichend geklärt anzusehen. Es besteht daher in der Praxis ein großer Ermessensspielraum des Gerichts. Das OLG Stuttgart[10] hat eine Orientierung der Zuwendung am fiktiven Erb- bzw Pflichtteil des Abkömmlings abgelehnt und statt dessen eine Gesamtwürdigung der Umstände des Einzelfalls für erforderlich gehalten. Dabei ging es davon aus, dass bei Betreuten die Angemessenheit der Ausstattung nicht allein anhand des in § 1624 geregelten Übermaßverbots zu prüfen sei, sondern auch die **langfristigen Vermögensinteressen des Betreuten** im Hinblick auf seine absehbaren Versorgungsbedürfnisse berücksichtigt werden müssten. In

---

[1] Vgl BT-Drucks 11/4528 S 151 f, 211, 229; BT-Drucks 11/6949 S 76.
[2] *Palandt/Diederichsen* Rn 1; RGRK/*Dickescheid* Rn 6; *Staudinger/Bienwald* Rn 5.
[3] Vgl zum Ausstattungszweck auch BayObLG Rpfleger 2003, 649.
[4] MünchKommBGB/*Schwab* Rn 2; *Palandt/Diederichsen* Rn 1.
[5] So auch *Böhmer* MittBayNot 1996, 405, 407.
[6] Vgl zB OLG Stuttgart BWNotZ 1997, 147 m krit Anm *Ziegler*.
[7] Vgl BT-Drucks 11/4528 S 151 f.
[8] Vgl OLG Stuttgart BWNotZ 1997, 147 m Anm *Ziegler*; OLG Stuttgart BWNotZ 2001, 64; *Jürgens/Mertens* Rn 2.
[9] RGRK/*Dickescheid* Rn 4.
[10] BWNotZ 1997, 147.

einer späteren Entscheidung hat das OLG Stuttgart diese Rspr bekräftigt, jedoch im Rahmen der Genehmigungsfähigkeit der Ausstattung den **Willen des Betreuten** als „vorrangig" angesehen[11]. Im Ergebnis wurde allerdings auch in dieser zweiten Entscheidung im Hinblick auf die materiellen Interessen des Betreuten (und Dritter, namentlich des Sozialhilfeträgers) die Übergabe als nicht genehmigungsfähig angesehen. In einem noch aktuelleren Beschluss hat das OLG Stuttgart[12] entschieden, dass ein Übergabevertrag, durch den das dem Betreuten gehörende landwirtschaftliche Unternehmen gegen Zusage eines Altenteils auf den Sohn übertragen werden sollte, nicht generell „nicht genehmigungsfähig" sei. Allerdings betraf der dem OLG Stuttgart vorliegende Fall den einer Betriebsübergabe, bei dem die lebzeitige Übertragung aus vielerlei Gesichtspunkten erforderlich bzw zweckmäßig ist und bei dem § 1908 schon nach dem Willen des Gesetzgebers von besonderer praktischer Bedeutung ist[13]. Außerdem war der Sachverhalt dadurch gekennzeichnet, dass verschiedene Altenteilsleistungen vereinbart wurden, die die Pflege und Versorgung des Übergebers im Alter sicherstellten. Streng genommen lag in der zuletzt genannten Entscheidung des OLG Stuttgart unter Berücksichtigung des Willens des Betreuten vermutlich gar kein (teil-)unentgeltliches Rechtsgeschäft vor.

4. Verfahren. Zuständig für die Erteilung der Genehmigung ist der Rechtspfleger nach den §§ 3 Nr 2 a, 14 Abs 1 Nr 4 RPflG. Das Verfahren ist iÜ gesetzlich nicht gesondert geregelt, insbes eine persönliche Anhörung des Betreuten in § 69 d FGG nicht vorgesehen. Wegen der Bedeutung der Wünsche und Vorstellungen des Betreuten für die Genehmigung wird aber dessen **Anhörung** regelmäßig schon nach § 12 FGG geboten sein. Die Erteilung sowie Verweigerung der Genehmigung kann mit der einfachen (unbefristeten) Beschwerde angefochten werden. Der Betreuer ist nach Auffassung des OLG Stuttgart[14] nur beschwerdeberechtigt, wenn die Beschwerde im Namen des Betreuten eingelegt wird. 7

§ 1908 a Vorsorgliche Betreuerbestellung und Anordnung des Einwilligungsvorbehalts für Minderjährige

¹Maßnahmen nach den §§ 1896, 1903 können auch für einen Minderjährigen, der das 17. Lebensjahr vollendet hat, getroffen werden, wenn anzunehmen ist, dass sie bei Eintritt der Volljährigkeit erforderlich werden. ²Die Maßnahmen werden erst mit dem Eintritt der Volljährigkeit wirksam.

Schrifttum: G. *Müller*, Betreuungsvermeidung durch (Vorsorge-)Vollmachtserteilung der Eltern für ihr minderjähriges, geistig behindertes Kind, FS Bienwald, 2006, S 203.

I. Normzweck

In Ausnahme zu den §§ 1896, 1903, nach denen die Bestellung eines Betreuers und die Anordnung eines Einwilligungsvorbehalts nur bei Volljährigkeit des Betroffenen in Betracht kommt, ermöglicht es § 1908 a, für einen **Minderjährigen**, der das **siebzehnte Lebensjahr** vollendet hat, vorsorglich einen Betreuer zu bestellen und einen Einwilligungsvorbehalt anzuordnen. Damit soll für die Fälle, bei denen auf Grund der Krankheit oder der Behinderung des Minderjährigen **absehbar** ist, dass mit Erlangung der Volljährigkeit **Betreuungsbedarf bestehen wird**, sichergestellt werden, dass zwischen dem Ende der elterlichen Sorge und der Wirksamkeit der Betreuung (bzw des Einwilligungsvorbehalts) keine zeitliche Lücke entsteht[1]. Die auf den Eintritt der Volljährigkeit **aufgeschobene Wirksamkeit der Maßnahme** verhindert einen unzulässigen Eingriff in das bestehende Sorgerecht der Eltern[2]. 1

II. Voraussetzungen der vorsorglichen Betreuerbestellung (S 1)

1. Vollendung des 17. Lebensjahres. Maßnahmen nach den §§ 1896, 1903 sind gemäß § 1908 a nur ausnahmsweise zulässig im Hinblick auf einen Minderjährigen, der das 17. Lebensjahr vollendet hat. Ist dies nicht der Fall, darf weder ein Betreuer für ihn bestellt, noch ein Einwilligungsvorbehalt angeordnet werden. Umstritten ist allerdings, ob der Minderjährige bereits zum Zeitpunkt der **Einleitung des Betreuungsverfahrens** über 17 Jahre alt sein muss. Dies wird man – entgegen dem Wortlaut – nach dem Sinn der zeitlichen Beschränkung (es soll ausreichend, aber auch nicht übermäßig Zeit zur Durchführung des Verfahrens bis zum Eintritt der Volljährigkeit zur Verfügung stehen)[3] annehmen müssen[4]. 2

2. Prognose künftiger Betreuungsbedürftigkeit. Für die Zulässigkeit der vorsorglichen Bestellung eines Betreuers und der Anordnung eines Einwilligungsvorbehalts gelten dieselben Voraussetzun- 3

---

[11] Vgl OLG Stuttgart BWNotZ 2001, 64.
[12] Rpfleger 2004, 695 f.
[13] Vgl BT-Drucks 11/4528 S 211.
[14] BWNotZ 1997, 147, 148.
[1] BT-Drucks 11/4528 S 152.
[2] Vgl BT-Drucks 11/4528 S 152.
[3] Vgl BT-Drucks 11/4528 S 152.
[4] So auch MünchKommBGB/*Schwab* Rn 2; *Jürgens/Mertens* Rn 1; *Erman/Holzhauer* Rn 2; AnwK-BGB/*Heitmann* Rn 2; aA *Staudinger/Bienwald* Rn 8.

gen wie bei der Betreuung Volljähriger (§§ 1896, 1903). Die Besonderheit besteht darin, dass anzunehmen sein muss, dass die Betreuerbestellung bzw die Anordnung des Einwilligungsvorbehalts (der stets die zeitgleiche Bestellung eines Betreuers erfordert) bei Eintritt der Volljährigkeit erforderlich werden. Die Voraussetzungen der §§ 1896, 1903 müssen folglich **im Wege einer Prognose** auf den Zeitpunkt des Eintritts der Volljährigkeit festgestellt werden. Eine derartige, gesicherte Prognose wird in erster Linie bei **geistiger oder körperlicher Behinderung,** seltener bei Vorliegen einer psychischen Krankheit möglich sein. Die Erforderlichkeit eines Einwilligungsvorbehalts ist besonders sorgfältig zu prüfen.

4   Das **Entfallen der Erforderlichkeit** der Betreuung wegen **Vollmachtserteilung** gemäß § 1896 Abs 2 S 2 wird hinsichtlich des betroffenen Personenkreises regelmäßig ausscheiden, da derjenige, der absehbar mit Eintritt der Volljährigkeit einen Betreuer benötigen wird, kaum in der Lage sein wird, eine wirksame Vollmacht zu erteilen[5]. Allerdings kommt eventuell eine **Vollmachtserteilung durch die Eltern** für das Kind kraft ihres gesetzlichen Vertretungsrechts gemäß § 1626 in Betracht[6]. Es ist aber zu berücksichtigen, dass sich die Eltern wegen §§ 1629 Abs 2 S 1, 1795 Abs 2, 181 nicht selbst wirksam bevollmächtigen können (bzw wegen § 1795 Abs 1 Nr 1 nicht die dort genannten Personen) und zwar nach hA auch nicht mit Gestattung des Gerichts[7]. Außerdem dürfte die von den gesetzlichen Vertretern erteilte Vollmacht – will man die Entstehung eines unkontrollierten Vertretungsverhältnisses verhindern – bei Geschäftsunfähigkeit des Behinderten nur dann über den Eintritt der Volljährigkeit hinaus fortdauern, wenn zum Schutz des Behinderten ein Vollmachtsüberwachungsbetreuer nach § 1896 Abs 3 bestellt wird, der die Wahrnehmung der Vollmacht überwacht und die Vollmacht ggf auch widerrufen kann[8]. Schließlich ist die Erteilung einer Vorsorgevollmacht durch die Eltern in Form einer Untervollmacht vor allem im Hinblick auf die Angelegenheiten der Personensorge ieS und die mit einer derartigen Vollmacht regelmäßig verbundene Patientenverfügung zweifelhaft, da es sich hierbei um höchstpersönliche Angelegenheiten des Betroffenen handelt[9]. In der Regel dürfte daher nur die Vollmachtserteilung durch den Minderjährigen selbst ein taugliches Mittel darstellen, die Bestellung eines Betreuers bei Eintritt der Volljährigkeit zu verhindern. Diese hängt allerdings von dessen Geschäfts- bzw Einwilligungsfähigkeit ab.

5   **3. Auswahl des Betreuers.** Für die Auswahl der Betreuerperson gelten gleichfalls die allgemeinen Vorschriften[10]. Besonders häufig wird hier die Bestellung der **Eltern** oder eines Elternteils des Minderjährigen in Betracht kommen (vgl § 1897 Abs 5). Maßgeblich ist aber auch hier in erster Linie der **Vorschlag des Minderjährigen** selbst (§ 1897 Abs 4).

III. Wirksamwerden der Maßnahme (S 2)

6   Die Bestellung des Betreuers und die etwaige Anordnung eines Einwilligungsvorbehalts werden entgegen den allgemeinen Grundsätzen nicht bereits mit der Bekanntmachung an den Betreuer, sondern nach S 2 erst mit **Eintritt der Volljährigkeit** des Betroffenen wirksam. Erst ab diesem Zeitpunkt entsteht das Betreuungsverhältnis mit den sich hieraus ergebenden Rechten und Pflichten, insbes der Vertretungsmacht des Betreuers (§ 1902). Liegt zum Zeitpunkt des Eintritts der Volljährigkeit ein **schwebend unwirksames Rechtsgeschäft** vor, so kann dieses von dem nicht geschäftsunfähigen Betreuten gemäß § 108 Abs 3 selbst genehmigt werden. Ist jedoch ein Einwilligungsvorbehalt angeordnet und fällt das Rechtsgeschäft in den davon erfassten Bereich, kann die Genehmigung nur durch den Betreuer erfolgen. Erst mit dem Eintritt der Volljährigkeit entstehen auch die Vergütungs- bzw Aufwendungsersatzansprüche des Betreuers[11] sowie ein Umgangsrecht des vorsorglich bestellten Betreuers mit dem Betroffenen[12].

IV. Verfahren

7   Die Bestellung eines vorsorglichen Betreuers erfolgt wie im Falle eines Volljährigen auf **Antrag** oder – außer bei lediglich körperlich Behinderten – **von Amts wegen.** Bei dem Antrag handelt es sich um eine höchstpersönliche Erklärung des Minderjährigen[13], die trotz seiner beschränkten Geschäftsfähigkeit (ohne Zustimmung des gesetzlichen Vertreters) wirksam ist (arg e § 1896 Abs 1 S 2). Ein etwaiger „Antrag" der Eltern hat lediglich die Bedeutung einer Anregung[14] und kann nur ein Amtsverfahren einleiten.

8   Im Übrigen gelten für die vorsorgliche Bestellung des Betreuers (und Anordnung eines Einwilligungsvorbehalts) die **allgemeinen Verfahrensbestimmungen** der §§ 65 ff FGG, allerdings mit

---

[5] *Bienwald* in: *Bienwald/Sonnenfeld/Hoffmann* Rn 6.
[6] Vgl *Erman/Holzhauer* Rn 3; BtKomm/*Roth* A Rn 37; MünchKommBGB/*Schwab* Rn 4; ausf *G. Müller,* FS Bienwald, 2006, S 203 ff.
[7] AA *Erman/Holzhauer* Rn 3; BtKomm/*Roth* A Rn 37.
[8] *G. Müller,* FS Bienwald, 2006, S 203, 209 f.
[9] *G. Müller,* FS Bienwald, 2006, S 203, 210 ff; vgl für die Patientenverfügung auch BGH NJW 2003, 1588 = FamRZ 2003, 748.
[10] BT-Drucks 11/4528 S 152.
[11] Zu den Ausnahmen vgl *Bienwald* in: *Bienwald/Sonnenfeld/Hoffmann* Rn 32 f.
[12] BT-Drucks 11/4528 S 152.
[13] Vgl BT-Drucks 11/4528 S 152.
[14] BT-Drucks 11/4528 S 152.

folgenden Besonderheiten: Der Minderjährige ist ohne Rücksicht auf seine fehlende volle Geschäftsfähigkeit selbst **verfahrensfähig** (§ 66 FGG). Seine gesetzlichen Vertreter sind nach § 68a S 2 FGG **anzuhören**. Hinsichtlich der notwendigen Untersuchung des Minderjährigen kann die nach materiellem Recht erforderliche **Einwilligung** von den Eltern einzuholen sein, wenn der Minderjährige nicht selbst einwilligungsfähig ist[15]. Im Betreuungsbeschluss (sowie in der Bestellungsurkunde des Betreuers) sollte im Falle des § 1908a – auch ohne gesetzliche Anordnung in § 69 FGG – der Zeitpunkt des Wirksamwerdens der Maßnahmen ausdrücklich aufgeführt werden[16].

Die Bestellung eines vorsorglichen Betreuers kommt auch im Wege einer **einstweiligen Anordnung** nach § 69f FGG in Betracht, allerdings nur, wenn die Volljährigkeit des Betreuungsbedürftigen unmittelbar bevorsteht[17].   9

§ 1908 b Entlassung des Betreuers

(1) ¹Das Vormundschaftsgericht hat den Betreuer zu entlassen, wenn seine Eignung, die Angelegenheiten des Betreuten zu besorgen, nicht mehr gewährleistet ist oder ein anderer wichtiger Grund für die Entlassung vorliegt. ²Ein wichtiger Grund liegt auch vor, wenn der Betreuer eine erforderliche Abrechnung vorsätzlich falsch erteilt hat. ³Das Gericht soll den nach § 1897 Abs. 6 bestellten Betreuer entlassen, wenn der Betreute durch eine oder mehrere andere Personen außerhalb einer Berufsausübung betreut werden kann.

(2) Der Betreuer kann seine Entlassung verlangen, wenn nach seiner Bestellung Umstände eintreten, auf Grund derer ihm die Betreuung nicht mehr zugemutet werden kann.

(3) Das Gericht kann den Betreuer entlassen, wenn der Betreute eine gleich geeignete Person, die zur Übernahme bereit ist, als neuen Betreuer vorschlägt.

(4) ¹Der Vereinsbetreuer ist auch zu entlassen, wenn der Verein dies beantragt. ²Ist die Entlassung nicht zum Wohl des Betreuten erforderlich, so kann das Vormundschaftsgericht stattdessen mit Einverständnis des Betreuers aussprechen, dass dieser die Betreuung künftig als Privatperson weiterführt. ³Die Sätze 1 und 2 gelten für den Behördenbetreuer entsprechend.

(5) Der Verein oder die Behörde ist zu entlassen, sobald der Betreute durch eine oder mehrere natürliche Personen hinreichend betreut werden kann.

Schrifttum: *Bienwald*, Wie wird man einen Betreuer und ähnliche Interessenvertreter wieder los?, FF 2003, 202.

Übersicht

	Rn		Rn
I. Normzweck	1	a) Vorschlag	12
		b) Ermessensentscheidung	13
II. Entlassungsgründe	2	4. Entlassung des Vereins- oder Behördenbetreuers auf Antrag des Vereins oder der Behörde (Abs 4)	14
1. Fehlende Eignung oder sonstiger wichtiger Grund (Abs 1)	2	a) Entlassung (S 1, 3)	14
a) Fehlende Eignung des Betreuers (S 1 HS 1)	2	b) Fortführung der Betreuung als Privatperson (S 2, 3)	15
b) Anderer wichtiger Grund (S 1 HS 2, S 2)	4	c) Sonstiges	16
c) Vorhandensein eines ehrenamtlichen Betreuers (S 3)	7	5. Entlassung des Vereins bzw der Behörde als Betreuer (Abs 5)	17
d) Rechtsfolgen	8		
2. Unzumutbarkeit für den Betreuer (Abs 2)	9	III. Verfahren	18
a) Normzweck/Anwendungsbereich	9	1. Entlassung	18
b) Unzumutbarkeit	10	2. Rechtsmittel	19
c) Entlassungsverlangen	11		
3. Vorschlag eines neuen Betreuers durch den Betreuten (Abs 3)	12		

I. Normzweck

Die Vorschrift regelt die Voraussetzungen einer (Teil-)Entlassung des Betreuers bei fortbestehendem   1
Betreuungsbedürfnis des Betreuten (andernfalls ist eine Aufhebung der Betreuung gemäß § 1908d erforderlich). Dabei ist zu unterscheiden zwischen den **zwingenden Entlassungsgründen der Abs 1, 2, 4 und 5** (Fehlende Eignung oder sonstiger wichtiger Grund, der auch darin liegen kann, dass der Betreuer eine erforderliche Abrechnung vorsätzlich falsch erteilt hat; Vorhandensein eines ehrenamtlichen Betreuers; Unzumutbarkeit für den Betreuer; Entlassung des Vereins- oder Behördenbetreuers auf Antrag des Vereins oder der Behörde; Entlassung des Vereins bzw der Behörde als Betreuer) **und dem**

---

[15] Vgl MünchKommBGB/*Schwab* Rn 7; *Staudinger/Bienwald* Rn 16.
[16] MünchKommBGB/*Schwab* Rn 8; *Jürgens/Mertens* Rn 4; *Bienwald* in: *Bienwald/Sonnenfeld/Hoffmann* Rn 24; AnwK-BGB/*Heitmann* Rn 11.
[17] *Damrau/Zimmermann* Rn 8; *Bienwald* in: *Bienwald/Sonnenfeld/Hoffmann* Rn 20; MünchKommBGB/*Schwab* Rn 12; AnwK-BGB/*Heitmann* Rn 9.

§ 1908 b   Buch 4. Abschnitt 3. Vormundschaft, rechtliche Betreuung, Pflegschaft

des Abs 3 (Vorschlag eines neuen Betreuers durch den Betreuten). Denn bei Letzterem liegt die Entlassung des Betreuers auch bei Erfüllung der Tatbestandsvoraussetzungen im **pflichtgemäßen Ermessen** des Gerichts (unklar für die Entlassung nach Abs 1 S 3).

II. Entlassungsgründe

2   **1. Fehlende Eignung oder sonstiger wichtiger Grund (Abs 1). a) Fehlende Eignung des Betreuers (S 1 HS 1).** Zum Merkmal der **Eignung** vgl zunächst § 1897 Rn 4. Die Eignung des Betreuers, die Angelegenheiten des Betreuten zu besorgen, ist dann nicht mehr gewährleistet, wenn diese wegen zwischenzeitlicher Veränderungen **für die Zukunft zu verneinen** ist oder wenn sich ihr **Fehlen nachträglich herausstellt.** Dies ist zB hinsichtlich der Vermögenssorge der Fall, wenn später Vermögensdelikte des Betreuers bekannt werden[1]. Der Mangel der Eignung wird in erster Linie in der **Person oder den Verhältnissen des Betreuers** begründet sein, kann aber auch in der **Person des Betreuten** liegen, zB wenn dieser eine unüberwindliche Abneigung gegen den Betreuer entwickelt hat[2], nicht aber schon, wenn der Betreute mit einer Einzelmaßnahme des Betreuers nicht einverstanden ist[3]. **Beispiele** für die fehlende Eignung des Betreuers:

– rechtskräftige **Verurteilung des Betreuers wegen Betrugs**, der überhöhte Abrechnungen seiner Leistungen in einer Vielzahl von Fällen und über einen langen Zeitraum hinweg zugrunde liegen (zumindest fehlende Eignung für den Aufgabenkreis Vermögenssorge)[4];
– wiederholte **Verstöße gegen die Berichtspflicht**[5];
– **ungenügende und verzögerte Rechnungslegung**[6];
– Verweigerung jedweder **Kooperation mit dem Vormundschaftsgericht** über langen Zeitraum[7];
– sonstige **Pflichtwidrigkeiten im vermögensrechtlichen Bereich**, wie zB Unterlassen von Unterhaltungs- oder Sicherungsmaßnahmen hinsichtlich des Betreutenvermögens[8], Nichtbezahlung von Miete im Haus des Betreuten[9] oder Entgegennahme von unentgeltlichen Zuwendungen ohne Offenbarung der Betreuung bzw Geschäftsunfähigkeit des Betreuten[10];
– **Untätigkeit** bzw mangelnder Einsatz oder **Unfähigkeit** hinsichtlich der Angelegenheiten des Betreuten[11];
– permanente Selbstüberschätzung des Betreuers bei Wahrnehmung von Angelegenheiten der Personensorge[12];
– längere **Krankheit oder Abwesenheit** des Betreuers[13];
– Geschäftsunfähigkeit des Betreuers;
– Eintritt der Voraussetzungen des § 1897 Abs 3[14];
– **Zerrüttung des Vertrauensverhältnisses** zwischen Betreuer und Betreutem[15].

3   Die Geheimhaltung der Privatanschrift des Betreuers begründet **keinen** Eignungsmangel, sofern der Betreuer anderweitig sicher erreichbar ist[16]. Gleiches kann für die Führung eines gemeinsamen Kontos gelten, wenn im konkreten Fall keine Gefahr der Vermögensvermischung besteht[17]. Keine Pflichtwidrigkeit liegt auch vor, wenn bei einem Behandlungsabbruch im Einvernehmen mit dem behandelnden Arzt, der eine Weiterbehandlung nicht für medizinisch indiziert hält, keine vormundschaftsgerichtliche Genehmigung eingeholt wird[18]. Bei **Pflichtwidrigkeiten des Betreuers** ist iÜ nach dem Grundsatz der Verhältnismäßigkeit vorrangig zu prüfen, inwieweit diese mit Hilfe der dem Gericht zustehenden **Aufsichtsmittel gemäß § 1837** abgestellt werden können. Es müssen aber nicht alle Aufsichtsmaßnahmen bis hin zur Festsetzung von Zwangsgeld zuvor erschöpft werden, wenn der Betreuer durch wiederholtes Zuwiderhandeln gegen seine Betreuerpflichten gezeigt hat, dass er durch Aufsichtsmaßnahmen nicht zu beeindrucken ist[19].

4   **b) Anderer wichtiger Grund (S 1 HS 2, S 2).** Eine Entlassung des Betreuers von Amts wegen kommt nach dieser Alternative auch in Betracht, wenn der bisherige Betreuer keine Eignungsmängel

---

[1] LG Koblenz NJWE-FER 1998, 82.
[2] BT-Drucks 11/4528 S 153; BayObLG FamRZ 1995, 1235.
[3] BayObLG FamRZ 1996, 509.
[4] OLG Köln OLGR 2006, 858.
[5] BayObLG FamRZ 1996, 509; OLG Schleswig FGPrax 2006, 74, 75; einschränkend BayObLG BtPrax 2002, 218 = NJOZ 2002, 2686, wenn dadurch keine Nachteile für den Betreuten entstanden.
[6] BayObLG FamRZ 1994, 1282; 1996, 1105; Rpfleger 2005, 533; OLG Zweibrücken NJWE-FER 1998, 130 f; AG Langen BtPrax 2005, 40; OLG Schleswig FGPrax 2006, 74, 75.
[7] OLG Schleswig FGPrax 2006, 74, 75.
[8] OLG Hamm NJWE-FER 1998, 34 f.
[9] OLG Köln NJWE-FER 1998, 201.
[10] BayObLG FamRZ 1995, 1232.
[11] LG Hildesheim BtPrax 1997, 79; BayObLG FamRZ 2000, 514; LG Essen NJWE-FER 2000, 258.
[12] BayObLG FamRZ 2005, 750 = BeckRS 2004, 12585.
[13] BayObLG FamRZ 2005, 931.
[14] Vgl BT-Drucks 11/4528 S 153; einschränkend AG Kleve BtPrax 1999, 39.
[15] OLG Köln NJWE-FER 1999, 183; BayObLG FamRZ 2005, 751 m Anm *Bienwald* = NJOZ 2005, 966; OLGR 2004, 409 = NJOZ 2004, 3871.
[16] LG Hamburg FamRZ 2003, 1323.
[17] OLG Rostock OLGR 2005, 497 = FamRZ 2005, 1588.
[18] OLG München OLGR 2007, 163 = FamRZ 2007, 1128 = DNotZ 2007, 625 m Anm *G. Müller*.
[19] BayObLG BtPrax 2004, 153 = BeckRS 2004, 3808.

aufweist, der Betreuerwechsel aber dennoch **im Interesse des Betreuten** liegt[20]. Dies ist beispielsweise dann der Fall, wenn ein naher Angehöriger, der bislang an der Übernahme der Betreuung verhindert war, nun zur Verfügung steht und der Betreute den Betreuerwechsel befürwortet[21] bzw die Betreuung durch den nahen Angehörigen dem Wohl des Betreuten erheblich besser entspricht als der bisherige Zustand[22]. Als wichtiger Grund kommt auch ein (dauerhafter) Ausschluss des bisherigen Betreuers wegen **Interessenkollisionen**[23] oder ein tiefgreifendes Zerwürfnis zwischen dem Betreuer als Sonderbetreuer und dem Hauptbetreuer[24] in Betracht. Als wichtiger Grund ist nach Ansicht der Rspr auch die durch das 2. BtÄndG in § 1899 Abs 1 S 3 eingeführte Gesetzesänderung anzusehen, so dass einer der für Teilbereiche bestellten Berufsbetreuer im Hinblick darauf entlassen werden kann[25].

Mit dem 2. BtÄndG wurde in S 2 klargestellt, dass ein wichtiger Grund auch vorliegt, wenn der Betreuer eine **erforderliche Abrechnung vorsätzlich falsch erteilt** hat. Hiervon sollen nach Ansicht des Gesetzgebers nur Abrechnungen von Berufsbetreuern zu Lasten der Staatskasse erfasst werden, da es darum geht, die Kompetenzen des Bezirksrevisors um die Berechtigung der Antragstellung nach § 1908 b zu erweitern, um ihm die wirksame Durchsetzung der Kontrolle zu ermöglichen[26]. 5

Ein wichtiger Grund iS von S 1 HS 2 liegt **nicht** bereits darin, dass der Betreute durch einen anderen Betreuer besser versorgt werden kann, wenn der Betreute mit dem bisherigen Betreuer zufrieden ist[27]. Als wichtiger Grund iS von Abs 1 S 1 sind auch nicht die familiären, beruflichen oder sonstigen Verhältnisse in der Person des Betreuers anzusehen, die eine Unzumutbarkeit der Fortführung der Betreuung begründen[28]. Die Bewilligung einer zur Existenzsicherung des Berufsbetreuers **ungeeigneten Vergütung** wird daher nicht von Abs 1, sondern von Abs 2 der Vorschrift erfasst[29]. Wichtiger Grund für die Entlassung ist auch nicht allein ein dahin gehender Wunsch des Betreuten, wie sich aus der speziellen Regelung in Abs 3 rückschließen lässt. 6

c) Vorhandensein eines ehrenamtlichen Betreuers (S 3). Die Vorschrift wurde durch das 1. BtÄndG eingefügt. Sie korrespondiert mit dem gleichzeitig gesetzlich normierten Vorrang der ehrenamtlichen Betreuung vor der Berufsbetreuung gemäß § 1897 Abs 6 S 1 und soll sicherstellen, dass das Gericht, das von der konkreten Möglichkeit der Übertragung einer bisher von einem **Berufsbetreuer** geführten Betreuung auf eine oder mehrere ehrenamtliche(n) Betreuer Kenntnis erlangt (vgl zur Mitteilungspflicht des Berufsbetreuers § 1897 Abs 6 S 2), den bisherigen Betreuer entlassen und die Neubestellung vornehmen kann[30]. Voraussetzung der Entlassung des bisherigen Betreuers ist in jedem Fall, dass der (bzw die) ehrenamtliche(n) Betreuer zur Führung der Betreuung **geeignet** und **übernahmebereit** (§ 1898) ist (sind). Angesichts der Wortwahl („soll") ist davon auszugehen, dass dem Gericht hinsichtlich der Entlassung des Berufsbetreuers zugunsten der Bestellung des ehrenamtlichen Betreuers ein gewisser **Ermessensspielraum** zusteht, innerhalb dessen auch das Wohl und die Wünsche des Betreuten Berücksichtigung finden können[31]. 7

d) Rechtsfolgen. Bei der Entlassung nach Abs 1 handelt es sich um ein **Amtsverfahren**, ein Antrag des Betreuten oder des Betreuers auf Entlassung ist nicht erforderlich. Auch ein gegenteiliger Wunsch des Betreuten steht einer Entlassung des Betreuers nicht entgegen[32]. Hinsichtlich der Amtsbeendigung gelten über § 1908 i Abs 1 S 1 die §§ 1890, 1892 bis 1894. Nach der Entlassung des Betreuers ist ein **neuer Betreuer** (am besten zeitgleich) gemäß § 1908 c zu bestellen. Die Entlassung kann auf Teile des Aufgabenkreises des bisherigen Betreuers beschränkt werden[33]. Dann ist hinsichtlich der betreffenden Teilbereiche ein weiterer Betreuer (§ 1899) – im Falle des Abs 1 S 2 also der oder die ehrenamtliche(n) Betreuer – zu bestellen. 8

2. Unzumutbarkeit für den Betreuer (Abs 2). a) Normzweck/Anwendungsbereich. Ziel der Vorschrift ist es, im Interesse des Betreuers (und des Betreuten) unzumutbare Belastungen, die die Führung einer Betreuung mit sich bringen kann, zu vermeiden[34]. Sie gilt nicht nur für Privatbetreuer, sondern auch für Vereins- und Behördenbetreuer sowie den Verein selbst, nicht aber für die Betreuungsbehörde[35]. 9

b) Unzumutbarkeit. Die Unzumutbarkeit der Fortführung der Betreuung kann in den verschiedensten Umständen (auch in der Person des Betreuers oder des Betreuten) begründet sein. Es muss sich 10

---

[20] BT-Drucks 11/4528 S 153.
[21] BT-Drucks 11/4528 S 153; BayObLG FamRZ 2000, 1457.
[22] OLG Köln FamRZ 2003, 188 = FamRB 2003, 49.
[23] BayObLG FamRZ 1995, 1232; OLG Zweibrücken FGPrax 1998, 57.
[24] BayObLG NJWE-FER 1998, 273 f.
[25] OLG München BtPrax 2006, 34 = Rpfleger 2006, 123; BtPrax 2006, 109 = Rpfleger 2006, 397.
[26] BT-Drucks 15/2494, S 30.
[27] OLG Köln NJWE-FER 1998, 129 f.
[28] Diese fallen vielmehr grds unter Abs 3 und sind nur auf Verlangen des Betreuers als Entlassungsgrund zu berücksichtigen, BT-Drucks 11/4528 S 153.
[29] AA AG Northeim BtPrax 1994, 179.
[30] BT-Drucks 13/7158 S 50; zur Begründungspflicht des Gerichts vgl LG Saarbrücken BtPrax 2000, 266.
[31] So auch *Bienwald* in: *Bienwald/Sonnenfeld/Hoffmann* Rn 23; BtKomm/*Roth* B 100; BayObLG BtPrax 2005, 148 f.
[32] Vgl BayObLG FamRZ 1995, 1232.
[33] BT-Drucks 11/4528 S 153.
[34] BT-Drucks 11/4528 S 153.
[35] MünchKommBGB/*Schwab* Rn 17 ff.

§ 1908 b Buch 4. Abschnitt 3. Vormundschaft, rechtliche Betreuung, Pflegschaft

dabei allerdings um Umstände handeln, die erst **nachträglich eingetreten** sind oder solche, die zwar zu Beginn der Betreuung bereits vorlagen, aber erst **nachträglich bekannt** wurden (wie zB eine zunächst unentdeckt gebliebene Erkrankung des Betreuers)[36]. Die Unzumutbarkeit wird sich besonders häufig aus einer Änderung der familiären oder beruflichen Verhältnisse des Betreuers ergeben. Beispiele: erforderliche Pflege nahe stehender Personen, Verschlechterung des eigenen Gesundheitszustands, Schwangerschaft oder Geburt eines Kindes, Entfremdung zum Betreuten, berufs- oder familienbedingter Ortswechsel des Betreuers, Wechsel der gerichtlichen Zuständigkeit[37], bei Vereins- oder Behördenbetreuer Ausscheiden aus dem Beschäftigungsverhältnis. Der bloße Wegfall der Bereitschaft, die Betreuung fortzuführen, genügt nicht als Entlassungsgrund; der erforderlichen Bereitschaft zur Übernahme der Betreuung (§ 1898 Abs 2) entspricht also nicht ein entsprechender Entlassungsanspruch bei späterem Wegfall der Bereitschaft[38]. Die Festsetzung einer nach Ansicht des Betreuers zu geringen Vergütung oder eine einmalige, möglicherweise zu Unrecht erfolgte Vergütungskürzung stellen für sich keine Unzumutbarkeitsgründe dar[39]. Anders ist dies im Hinblick auf die durch das 1. BtÄndG eingeführte neue Vergütungsregelung für Berufsbetreuer zu sehen[40]. Gleiches gilt (erst Recht) für die grundlegende Neuordnung des Vergütungsrechts durch das 2. BtÄndG, die regelmäßig zu einer Reduzierung der Betreuervergütung führen wird.

11   c) **Entlassungsverlangen.** Die Unzumutbarkeit bildet nur dann einen Entlassungsgrund, wenn sich der Betreuer auch hierauf beruft. Ist dies der Fall und liegt objektiv Unzumutbarkeit vor, steht die Entlassung nicht im Ermessen des Gerichts, sondern der Betreuer **muss** dann entlassen werden[41].

12   **3. Vorschlag eines neuen Betreuers durch den Betreuten (Abs 3). a) Vorschlag.** Der bloße Wunsch des Betreuten nach einem neuen Betreuer stellt – selbst bei lediglich körperlich Behinderten – keinen hinreichenden Grund zur Entlassung des bisherigen Betreuers dar[42]. Der Betreute muss vielmehr einen **bestimmten neuen Betreuer** vorschlagen[43] und der Vorschlag muss auf einer **ernsthaften und auf Dauer angelegten eigenständigen Willensbildung** beruhen[44]. Auf die Geschäftsfähigkeit des Betreuten kommt es auch in diesem Zusammenhang nicht an[45]. Außerdem muss die vorgeschlagene Person (mindestens) **gleich geeignet**[46] und zur Übernahme der Betreuung **bereit** sein.

13   b) **Ermessensentscheidung.** Selbst dann, wenn die Tatbestandsvoraussetzungen des Abs 3 vorliegen, ist die Entlassung des bisherigen Betreuers **nicht zwingend.** Wie sich aus dem Wortlaut der Norm ergibt („kann"), steht die Entscheidung über die Entlassung im **pflichtgemäßen Ermessen** des Vormundschaftsgerichts[47]. Dieses hat hierbei insbes zu prüfen, ob der Betreuerwechsel nicht dem **Wohl des Betreuten** zuwiderläuft[48] oder der Wunsch nach dem Betreuerwechsel in Wirklichkeit auf die übermäßige Beeinflussung eines Dritten zurückzuführen ist, der ein erhebliches wirtschaftliches Interesse am Betreuerwechsel hat[49]. Im Rahmen der Ermessensentscheidung sind auch **Zweckmäßigkeitserwägungen** anzustellen. Daher hat zB ein Betreuerwechsel kurz vor der anstehenden Entscheidung über die Verlängerung der Betreuung zu unterbleiben, da dies unzweckmäßig wäre[50].

14   **4. Entlassung des Vereins- oder Behördenbetreuers auf Antrag des Vereins oder der Behörde (Abs 4). a) Entlassung (S 1, 3).** Ein Vereins- oder Behördenbetreuer ist zu entlassen, wenn der Verein oder die Behörde dies **beantragt.** Die Entlassung ist hierbei nicht an das Vorliegen besonderer Umstände gebunden, sondern bei einem entsprechenden Entlassungsersuchen des Vereins oder der Behörde hat das Gericht dem Antrag **ohne weiteres** (in angemessener Zeit) zu entsprechen[51]. Zweck dieser Vorschrift (wie auch des § 1897 Abs 2) ist es, die Personalhoheit des Vereins bzw der Behörde über ihre Mitarbeiter zu sichern[52].

15   b) **Fortführung der Betreuung als Privatperson (S 2, 3).** Statt der Entlassung besteht nach S 2 die Möglichkeit, dass das Vormundschaftsgericht ausspricht, dass die Betreuung durch den bisherigen Vereinsbetreuer bzw Behördenbetreuer (S 3 iVm S 2) **als Privatperson fortgeführt** wird, wenn ein Betreuerwechsel nicht zum Wohl des Betreuten erforderlich ist und der Vereins- oder Behördenbetreuer (was allerdings selten der Fall sein wird) **hierzu bereit** ist. Dadurch wird im Interesse der Kontinuität der Betreuung vermieden, dass in diesen Fällen der Vereins- bzw Behördenbetreuer erst

---

[36] BT-Drucks 11/4528 S 154.
[37] OLG Hamburg BtPrax 1994, 138.
[38] *Holzhauer/Reinicke* Rn 8; BayObLG Rpfleger 2001, 546; anders wohl LG Duisburg FamRZ 1993, 851.
[39] OLG Schleswig NJW-RR 1998, 655; FamRZ 1998, 1259.
[40] BayObLG Rpfleger 2001, 546.
[41] Vgl BT-Drucks 11/4528 S 152.
[42] BT-Drucks 11/4528 S 154.
[43] BayObLG OLGR 2004, 409, 410 = NJOZ 2004, 3871; FamRZ 2005, 751 m Anm *Bienwald* = NJOZ 2005, 966.
[44] BayObLG OLGR 2004, 409, 410 = NJOZ 2004, 3871; BtPrax 2005, 35 = NJOZ 2004, 4290; OLG Hamm OLGR 2006, 648, 650.
[45] BayObLG FamRZ 1994, 322; OLG Köln OLGR 1997, 256; OLG Schleswig OLGR 2005, 503, 504.
[46] Zur Ermittlungspflicht des Gerichts vgl BayObLG NJWE-FER 1999, 122.
[47] BayObLG NJWE-FER 1997, 250.
[48] BT-Drucks 11/4528 S 154; OLG Köln OLGR 2003, 47 = NJOZ 2003, 637.
[49] BayObLG FamRZ 1994, 1353; OLG Düsseldorf FamRZ 1995, 1234.
[50] BayObLG BtPrax 2005, 33, 34 = NJOZ 2005, 957.
[51] MünchKommBGB/*Schwab* Rn 23.
[52] BT-Drucks 11/4528 S 154.

entlassen und anschließend als Privatperson neu bestellt werden muss[53]. Verfährt das Gericht nach S 2, dann sind ab Eintritt der Wirksamkeit der Entscheidung alle Vorschriften, die für den Vereins- bzw Behördenbetreuer gelten (wie zB die Vorschriften über Vergütung und Aufwendungsersatz), unanwendbar[54]. Die übrigen Modalitäten der Betreuung (wie zB Aufgabenkreis des Betreuers, Überprüfungszeitpunkt der Betreuung) ändern sich hierdurch jedoch nicht.

c) Sonstiges. Die Vorschrift des Abs 4 stellt für die Entlassung eines Vereins- oder Behördenbetreuers keine abschließende Regelung dar. Anwendbar sind vielmehr auch die Abs 1 bis 3[55]. Eine dem Abs 4 S 1 entsprechende Regelung besteht auch für Beamte und Religionsdiener (§ 1908i Abs 1 S 1 iVm § 1888). 16

5. Entlassung des Vereins bzw der Behörde als Betreuer (Abs 5). Ist ein Betreuungsverein bzw ist die Betreuungsbehörde zum Betreuer bestellt, so sind diese als Betreuer zu entlassen, sobald eine oder mehrere natürliche Personen als geeignete Betreuer zur Verfügung stehen. Hierbei kann es sich um Privatpersonen, aber auch um Personen, die Betreuungen berufsmäßig führen (freiberufliche Berufsbetreuer, Vereins- oder Behördenbetreuer) handeln. Diese Regelung dient der Verwirklichung des **Vorrangs der Einzelbetreuung** vor der Vereins- oder Behördenbetreuung auch in der Zeit nach Bestellung des Betreuers[56]. Die Vorschrift korrespondiert mit § 1900 Abs 4 S 1 und wird ergänzt durch die Mitteilungspflicht nach § 1900 Abs 3 bzw Abs 4 S 2. 17

III. Verfahren

1. Entlassung. Zuständig für die Entscheidung über die Entlassung des bisherigen Betreuers ist in den Fällen der Abs 1, 2 und 5 der Richter, in den Fällen der Abs 3 und 4 (auch nach S 2) der Rechtspfleger gemäß §§ 3 Nr 2a, 14 Abs 1 Nr 4 RPflG[57]. Eine **persönliche Anhörung** des Betreuten und des Betreuers ist nach dem Gesetz nur dann zwingend vorgesehen, wenn der Betreute der Entlassung widerspricht, § 69i Abs 7 FGG[58]. Gerade in den Fällen, in denen eine Entlassung des Betreuers wegen begangener Pflichtwidrigkeiten im Raume steht, dürfte sich eine Anhörungspflicht auch aus § 12 FGG ergeben. Dem nicht äußerungsfähigen Betreuten ist ein **Verfahrenspfleger** zu bestellen[59]. Bekanntmachung und Wirksamkeit der Entscheidung richten sich nach § 69a Abs 1, 3 FGG. Eine Entlassung ist unter den Voraussetzungen des § 69f Abs 3 FGG auch durch einstweilige Anordnung möglich, was vor allem in den Fällen des § 1908b Abs 1 in Betracht kommt. 18

2. Rechtsmittel. Gegen die Entscheidung, durch die der Betreuer **gegen seinen Willen** entlassen wird, ist die **sofortige Beschwerde** gegeben (§ 69g Abs 4 S 1 Nr 3 FGG). Erfolgte die Entlassung mit Willen des Betreuers oder wurde die Entlassung abgelehnt, dann ist statthaftes Rechtsmittel gegen die gerichtliche Entscheidung die unbefristete Beschwerde. Das Vorliegen einer **Beschwerdebefugnis** richtet sich nach § 20 FGG, wobei zu berücksichtigen ist, dass der Betreuer auch für den Betreuten Beschwerde einlegen kann (§ 69g Abs 2 FGG), aber nur, solange die Entlassungsentscheidung noch keine Wirksamkeit erlangt hat[60] bzw dieser seinen Aufgabenkreis unmittelbar betrifft[61]. Nach hM steht den **Angehörigen** des Betreuten keine Beschwerdeberechtigung gegen eine die Entlassung des bisherigen Betreuers ablehnende Entscheidung des Gerichts zu, da sich eine solche weder aus § 20 FGG, noch aus § 57 FGG, § 69g Abs 1 oder § 69i FGG herleiten lässt[62]. Gegen die Ablehnung der Entlassung des Berufsbetreuers gemäß Abs 1 S 3 ist der **Vertreter der Landeskasse** gemäß § 69g Abs 1 S 2 FGG beschwerdebefugt. Die Beurteilung des Tatrichters hinsichtlich der Eignung des Betreuers und der Frage, ob ein anderer wichtiger Grund für die Entlassung vorliegt, ist vom Rechtsbeschwerdegericht gemäß § 27 Abs 1 S 1 FGG nur auf Rechtsfehler überprüfbar[63]. 19

Zum Schluss sei noch auf folgende Besonderheit hingewiesen: Wird die gerichtliche Entscheidung über die Entlassung des Betreuers **in der Beschwerdeinstanz aufgehoben,** ist der bisherige Betreuer von Anfang an als nicht entlassen anzusehen. Wurde in der Zwischenzeit dem Betreuten ein neuer Betreuer bestellt, ist dieser wieder (nach § 1908b aus wichtigem Grund) zu entlassen. Bis zu diesem Zeitpunkt bestand dann doppelte Vertretungsmacht des bisherigen und des neuen Betreuers[64]. 20

---

[53] BT-Drucks 11/4528 S 154.
[54] MünchKommBGB/*Schwab* Rn 26.
[55] BT-Drucks 11/4528 S 154.
[56] BT-Drucks 11/4528 S 155.
[57] BayObLGZ 1995, 319 = FamRZ 1996, 250.
[58] LG Essen NJWE-FER 1999, 59f.
[59] OLG Zweibrücken NJWE-FER 1998, 130.
[60] BayObLG FamRZ 1996, 58.
[61] OLG Schleswig OLGR 2005, 503.
[62] OLG Zweibrücken Rpfleger 2003, 190 = FGPrax 2003, 31; BayObLGZ 1995, 305, 306 = FamRZ 1996, 508; BayObLG NJWE-FER 1998, 128f; NJWE-FER 1998, 250; OLG Düsseldorf FamRZ 1995, 483; aA OLG Köln FamRZ 1996, 1024: Beschwerdeberechtigung aus Art 6 Abs 1 GG.
[63] BayObLG FamRZ 1996, 1105; NJWE-FER 1999, 184.
[64] MünchKommBGB/*Schwab* Rn 34; *Holzhauer/Reinicke* Rn 13; OLG Köln FamRZ 1995, 1086.

§ 1908 c Bestellung eines neuen Betreuers
Stirbt der Betreuer oder wird er entlassen, so ist ein neuer Betreuer zu bestellen.

I. Normzweck

1 Stirbt der Betreuer oder wird er entlassen, so endet damit nicht die Betreuung. Vielmehr ist gemäß § 1908 c ein neuer Betreuer zu bestellen, ohne dass die Betreuungsmaßnahme (Betreuung, Einwilligungsvorbehalt) zwischenzeitlich außer Kraft tritt.

II. Wegfall des Betreuers

2 Die Vorschrift gilt in allen Fällen des Wegfalls eines Betreuers (auch eines Mitbetreuers oder Gegenbetreuers), sofern der Wegfall auf Tod oder Entlassung beruht.

3 **1. Wegfall durch Tod.** Dem Tod des Betreuers steht seine Todeserklärung gleich. Damit das Vormundschaftsgericht schnellstmöglich Kenntnis vom Tod des Betreuers erlangt, sind im Gesetz zahlreiche Anzeigepflichten normiert. So hat der Erbe des Betreuers gemäß § 1908 i Abs 1 S 1 iVm § 1894 Abs 1 dessen Tod dem Vormundschaftsgericht unverzüglich (§ 121) mitzuteilen. Gleiches gilt für den Betreuer bei Tod seines Mitbetreuers oder Gegenbetreuers (§§ 1908 i Abs 1 S 1, 1894 Abs 2). Anzeigepflichtig ist auch der Gegenbetreuer nach § 1908 i Abs 1 S 1 iVm § 1799 Abs 1 S 2 bei Tod des Betreuers.

4 **2. Wegfall durch Entlassung.** Als „Entlassung" iS der Vorschrift ist eine solche gemäß § 1908 b zu verstehen, nicht etwa eine Amtsbeendigung im Zusammenhang mit der Aufhebung der Betreuung nach § 1908 d.

III. Bestellung des neuen Betreuers

5 Da der Wegfall des alten Betreuers nicht zu einer Beendigung der Betreuung führt, sollte schnellstmöglich ein neuer Betreuer bestellt werden, um die vertreterlose Zeit im Interesse des Betreuten so kurz wie möglich zu halten. Für die **Auswahl des neuen Betreuers** gelten die gleichen Grundsätze wie für die Erstbestellung eines Betreuers (vgl §§ 1897, 1899, 1900). Hinsichtlich der Auswahl sind daher insbes § 1897 Abs 4 (Vorschlag des Betreuten) und Abs 5 (Rücksichtnahme auf die verwandtschaftlichen und sonstigen persönlichen Bindungen sowie Gefahr von Interessenskonflikten) zu beachten[1]. Besteht die Betreuungsbedürftigkeit des Betreuten nicht über den Zeitpunkt des Wegfalls des Betreuers hinaus, ist kein neuer Betreuer zu bestellen, sondern nach § 1908 d zu verfahren.

IV. Zwischenphase

6 **1. Ausschluss vom Rechtsverkehr.** Zwischen dem Tod des Betreuers, bzw dem Wirksamwerden der Entlassung und dem Wirksamwerden der Bestellung des neuen Betreuers bleibt die Betreuung – wie ursprünglich angeordnet – bestehen. Ist der Betreute geschäftsunfähig oder einwilligungsunfähig bzw war ein Einwilligungsvorbehalt angeordnet, kann der Betreute in der Zwischenphase **nicht wirksam am Rechtsverkehr teilnehmen**. Der alte Betreuer kann zwar ggf nach § 1698 a (der über die in §§ 1908 i Abs 1 S 1, 1893 Abs 1 enthaltene Verweisung anwendbar ist) auch nach seiner Entlassung handlungsbefugt bleiben; da dies nach § 1698 a nur bis zu dem Zeitpunkt gilt, in dem er von der Beendigung seines Amtes Kenntnis erlangt hat oder erlangen musste, die Entlassungsverfügung aber regelmäßig mit der Bekanntgabe an den Betreuer (§ 69 a Abs 3 S 1 FGG) wirksam wird, kann die Regelung des § 1698 a nur für die Fälle der Anordnung der sofortigen Wirksamkeit der Entlassungsverfügung (§ 69 a Abs 3 S 2, 3 FGG) bedeutsam sein. In der Zwischenphase ist also ggf nur das Gericht nach Maßgabe der §§ 1908 i Abs 1 S 1, 1846 für den Betreuten handlungsbefugt[2].

7 **2. Schwebende Rechtsgeschäfte.** Im Übrigen gilt für „schwebende" Verfahren, dass der neue Betreuer diese mit Wirksamwerden seiner Bestellung übernimmt. Hatte beispielsweise der alte Betreuer für ein Rechtsgeschäft die vormundschaftsgerichtliche Genehmigung beantragt, so ist die Genehmigung – wenn zwischenzeitlich ein Betreuerwechsel stattgefunden hat – dem neuen Betreuer mitzuteilen[3]. War die Genehmigung vor Wirksamwerden des Entlassungsbeschlusses noch dem alten Betreuer mitgeteilt worden, kann der neue Betreuer dem Rechtsgeschäft durch Mitteilung der Genehmigung an den anderen Vertragsteil (§ 1829 Abs 1 S 2) zur Wirksamkeit verhelfen[4].

V. Verfahren

8 Die **örtliche Zuständigkeit** für die Neubestellung des Betreuers ergibt sich aus §§ 65, 65 a FGG. Funktionell zuständig ist im Falle des Todes des Betreuers der Richter (§ 14 Abs 1 Nr 4 RPflG). Die **funktionelle Zuständigkeit** für die Neubestellung des Betreuers folgt der Zuständigkeit für die Entlassung: in den Fällen der Entlassung nach § 1908 b Abs 1, Abs 2, Abs 5 ist daher der Richter, in

---

[1] BayObLG NJWE-FER 2001, 75 = FamRZ 2001, 252.
[2] MünchKommBGB/*Schwab* Rn 14.
[3] *Holzhauer/Reinicke* Rn 2; MünchKommBGB/*Schwab* Rn 17; *Staudinger/Bienwald* Rn 17.
[4] MünchKommBGB/*Schwab* Rn 17; *Staudinger/Bienwald* Rn 17.

den Fällen des § 1908b Abs 3, Abs 4 der Rechtspfleger zuständig (§ 3 Nr 2 a, § 14 Abs 1 Nr 4 RPflG). Nach dem 2. BtÄndG können die Länder nach der erweiterten Länderöffnungsklausel in § 19 Nr 1 RPflG sämtliche Entlassungen und Bestellungen auch auf den Rechtspfleger übertragen. Bislang ist noch keine landesrechtliche Übertragung erfolgt.

Das **Verfahren** richtet sich nach § 69 i Abs 8 FGG, so dass der Betroffene vor der Neubestellung grds persönlich anzuhören ist, es sei denn, er hat sein Einverständnis mit dem Betreuerwechsel erklärt. Außerdem gelten §§ 68a, 69d Abs 1 S 3 FGG entsprechend. Der neue Betreuer kann unter den Voraussetzungen des § 69 f Abs 1 FGG auch durch **einstweilige Anordnung** bestellt werden. 9

Gegen die Bestellung des neuen Betreuers ist die **Beschwerde** statthaftes Rechtsmittel. Die Beschwerdeberechtigung richtet sich gemäß § 69 i Abs 8 FGG nach den §§ 20, 69 g Abs 1 FGG. Gegen die Aufhebung der Entlassung des (alten) Betreuers steht dem neuen Betreuer kein Beschwerderecht zu[5]. 10

§ 1908 d Aufhebung oder Änderung von Betreuung und Einwilligungsvorbehalt

(1) [1]Die Betreuung ist aufzuheben, wenn ihre Voraussetzungen wegfallen. [2]Fallen diese Voraussetzungen nur für einen Teil der Aufgaben des Betreuers weg, so ist dessen Aufgabenkreis einzuschränken.

(2) [1]Ist der Betreuer auf Antrag des Betreuten bestellt, so ist die Betreuung auf dessen Antrag aufzuheben, es sei denn, dass eine Betreuung von Amts wegen erforderlich ist. [2]Den Antrag kann auch ein Geschäftsunfähiger stellen. [3]Die Sätze 1 und 2 gelten für die Einschränkung des Aufgabenkreises entsprechend.

(3) [1]Der Aufgabenkreis des Betreuers ist zu erweitern, wenn dies erforderlich wird. [2]Die Vorschriften über die Bestellung des Betreuers gelten hierfür entsprechend.

(4) Für den Einwilligungsvorbehalt gelten die Absätze 1 und 3 entsprechend.

I. Normzweck

Die Vorschrift regelt die Aufhebung der Betreuung, die Einschränkung oder Erweiterung des Aufgabenkreises des Betreuers, die Aufhebung des Einwilligungsvorbehalts und die Einschränkung und Erweiterung des Kreises der einwilligungsbedürftigen Willenserklärungen. Sie stellt damit die materiell-rechtliche Grundlage für die **nachträgliche Anpassung des Betreuungsverhältnisses** nach dem Erforderlichkeitsprinzip dar. § 1908 d steht in engem Zusammenhang mit den gesetzlich normierten Mitteilungspflichten des Betreuers (§ 1901 Abs 5, § 1903 Abs 4) sowie der spätestens alle sieben Jahre erfolgenden Überprüfung der Maßnahme nach § 69 Abs 1 Nr 5 FGG. 1

Im Hinblick auf die Beendigung der Betreuung stellt § 1908 d iÜ keine abschließende Regelung dar. Neben der gerichtlichen Aufhebungsentscheidung kommt als weiterer Beendigungsgrund auch der **Tod des Betreuten** in Betracht. Zu den fortwirkenden Rechten und Pflichten des Betreuers in diesen Fällen vgl § 1908 i Abs 1 S 1 iVm §§ 1892, 1893, 1698 a, 1698 b[1]. Der Tod des Betreuers (oder dessen Entlassung) führt dagegen nicht zum Ende der Betreuung, sondern hat nur die Bestellung eines neuen Betreuers zur Folge (§ 1908 c), da die Betreuungsbedürftigkeit des Betreuten hiervon unberührt bleibt. 2

II. Aufhebung oder Einschränkung der Betreuung (Abs 1)

1. Aufhebung der Betreuung (S 1). Das gesamte Betreuungsrecht wird vom Erforderlichkeitsgrundsatz beherrscht. Daher hat das Vormundschaftsgericht auch von Amts wegen dafür Sorge zu tragen, dass die Betreuung in dem ursprünglich bestimmten Umfang nicht unnötig lange aufrechterhalten bleibt[2]. S 1 sieht deshalb vor, dass die Betreuung **insgesamt aufzuheben** ist, wenn ihre Voraussetzungen nachträglich wegfallen. Dies kann etwa der Fall sein, weil sich die psychische Krankheit des Betreuten gebessert hat, nunmehr eine Hilfe durch Bevollmächtigte in Betracht kommt (beispielsweise weil eine wirksam erteilte Vorsorgevollmacht nachträglich aufgefunden wurde) oder eine rechtliche Vertretung des Betreuten nicht mehr erforderlich ist. Wie sich aus S 1 ergibt, tritt die Beendigung der Betreuung nicht allein mit der Änderung der Betreuungsbedürfnisses ein, sondern setzt (außer in den Fällen des Todes des Betreuten) aus Gründen der Rechtssicherheit stets eine **ausdrückliche gerichtliche Entscheidung** hinsichtlich der Aufhebung der Betreuung voraus. Dies gilt auch dann, wenn dem Betreuer nur eine einzelne Angelegenheit (wie zB die Entscheidung über die Einwilligung in die Sterilisation des Betreuten oder eine andere ärztliche Maßnahme) zur rechtlichen Besorgung übertragen wurde[3]. Eine dem § 1918 Abs 3 entsprechende Regelung wurde für das Betreuungsrecht ausdrücklich abgelehnt[4]. 3

---

[5] OLG Zweibrücken NJW-RR 2002, 1017.
[1] Vgl LG Koblenz FamRZ 1995, 1376; LG Frankenthal Rpfleger 1995, 504 LS = JurBüro 1995, 602; ausf *Bienwald* in: *Bienwald/Sonnenfeld/Hoffmann* Rn 29 ff.
[2] BT-Drucks 11/4528 S 155.
[3] So auch *Palandt/Diederichsen* Rn 1; *Jürgens/Mertens* Rn 1; *Damrau/Zimmermann* Rn 1; MünchKommBGB/*Schwab* Rn 3; aA *Erman/Holzhauer* Rn 2.
[4] BT-Drucks 11/4528 S 155.

4 Die **Rechtsfolgen nach Wirksamwerden der Aufhebungsentscheidung** ergeben sich aus § 1908 i Abs 1 S 1 iVm §§ 1890 bis 1893. Die Aufhebung wirkt immer nur **für die Zukunft.** Eine Aufhebung mit Wirkung für die Vergangenheit scheidet im Hinblick auf die rechtsgestaltende Wirkung der Betreuerbestellung und das Vertrauen des Rechtsverkehrs in die Wirksamkeit der vom Betreuer vorgenommenen Rechtsgeschäfte aus[5].

5 2. **Einschränkung der Betreuung (S 2).** Fallen die Voraussetzungen der Betreuung nur für einen Teil der Aufgaben des Betreuers weg, so ist dessen Aufgabenkreis nach S 2 entspr einzuschränken. Dies kann etwa der Fall sein, wenn bestimmte Angelegenheiten des Betreuten nunmehr (definitiv) erledigt sind oder die subjektive Betreuungsbedürftigkeit in Teilbereichen, etwa hinsichtlich der Gesundheitsfürsorge oder der Aufenthaltsbestimmung, entfallen ist.

III. Aufhebung oder Einschränkung der Betreuung auf Antrag (Abs 2)

6 Abs 2 enthält eine Sondervorschrift nur für den Fall, dass der Betreuer **auf Antrag des Betreuten** bestellt worden ist. Insoweit ist weiter danach zu differenzieren, aus welchen Gründen der Betroffene betreuungsbedürftig ist. Handelt es sich bei dem Betreuten um einen lediglich körperlich Behinderten, dem ein Betreuer grds nur mit seinem Einverständnis bestellt werden kann (§ 1896 Abs 1 S 2), so darf die Betreuung auch nicht gegen seinen Willen fortdauern und muss auf seinen Antrag hin aufgehoben werden (auch wenn die Betreuungsbedürftigkeit fortbesteht). Ist der Betreute dagegen **aus sonstigen Gründen** (dh wegen psychischer Krankheit oder geistiger bzw seelischer Behinderung) betreuungsbedürftig, ist die Betreuung auf Antrag nicht ohne weiteres aufzuheben. Vielmehr hat das Gericht zu prüfen, ob eine Betreuung **von Amts wegen erforderlich** ist (vgl § 1896 Rn 34). Aufgrund der durch S 1 eröffneten Möglichkeit, eine Betreuung ggf als Amtsbetreuung fortzuführen, soll verhindert werden, dass bei fortbestehender Betreuungsbedürftigkeit des Betroffenen zunächst die Aufhebung der Betreuung und anschließend die Bestellung eines Betreuers von Amts wegen erfolgen muss. Zur Verfahrensbesonderheit nach § 69 i Abs 4 FGG vgl Rn 12.

7 Den Antrag auf Aufhebung kann nach S 2 auch ein **Geschäftsunfähiger** stellen. Der Verzicht auf das Vorliegen von Geschäftsfähigkeit hat wie im Rahmen der Ausgangsentscheidung nach § 1896 Abs 1 S 2 in erster Linie psychologische Bedeutung[6]. Da die **Einschränkung des Aufgabenkreises** des Betreuers der Sache nach eine teilweise Aufhebung der Betreuung ist, ordnet S 3 hierfür eine entsprechende Anwendung der S 1 und 2 an.

IV. Erweiterung des Aufgabenkreises (Abs 3)

8 Nach S 1 ist der Aufgabenkreis des Betreuers zu erweitern, wenn dies **erforderlich** ist. Dies kommt beispielsweise in Betracht, wenn der Betreute Angelegenheiten, die er ursprünglich noch selbst erledigen konnte, nunmehr auf Grund Verschlechterung seiner Krankheit oder Behinderung nicht mehr selbst besorgen kann oder wenn sich im Verlauf der Betreuung neue, bislang vom Aufgabenkreis nicht erfasste Angelegenheiten ergeben haben, in deren Erledigung der Betroffene krankheits- oder behinderungsbedingt nicht imstande ist (zB Wohnungswechsel, Heimunterbringung, Einwilligung in ärztliche Maßnahmen oder erbrechtliche Angelegenheiten). Ferner können andere Hilfen, die bislang iS von § 1896 Abs 2 S 2 in Teilbereichen eine Betreuung entbehrlich gemacht haben, nachträglich weggefallen sein[7].

9 Da die nachträgliche Erweiterung des Aufgabenkreises wie die erstmalige Bestellung eines Betreuers für die neuen Aufgaben wirkt, ordnet S 2 über den in S 1 bereits genannten Erforderlichkeitsgrundsatz hinaus die entsprechende Geltung der Vorschriften über die Erstbestellung eines Betreuers an. Dies bedeutet, dass der Betreute iS von § 1896 Abs 1 **krankheits- oder behinderungsbedingt unfähig** sein muss, die Angelegenheiten, auf die der Aufgabenkreis erweitert werden soll, zu besorgen[8] und wegen der Subsidiarität der Betreuung keine anderen, vorrangigen Hilfen vorhanden sein dürfen[9]. Außerdem muss der Betreuer für die neuen Aufgaben übernahmebereit (§ 1898 Abs 2) und geeignet (§ 1897 Abs 1) sein. Ist dies nicht der Fall, muss anhand des Wohls des Betreuten geprüft werden, ob ein weiterer Betreuer nach § 1899 bestellt wird oder ob der bisherige Betreuer entlassen (§ 1908 b) und ein neuer Betreuer für den erweiterten Aufgabenbereich bestellt wird[10].

V. Aufhebung oder Änderung des Einwilligungsvorbehalts (Abs 4)

10 Für die Aufhebung eines angeordneten Einwilligungsvorbehalts oder die Einschränkung oder Erweiterung des Kreises der einwilligungsbedürftigen Willenserklärungen ordnet Abs 4 die entsprechende Anwendung der Abs 1 und 3 an. Da der Einwilligungsvorbehalt nur von Amts wegen angeordnet wird, kommt eine entsprechende Anwendung des Abs 2 nicht in Betracht. Zu den Rechtsfolgen der nachträglichen Aufhebung (oder Einschränkung) des Einwilligungsvorbehalts vgl § 1903 Rn 20.

---

[5] BayObLG FamRZ 2004, 485 (LS); *Jurgeleit/Deusing* Rn 22.
[6] BT-Drucks 11/4528 S 156.
[7] BT-Drucks 11/4528 S 156.
[8] BayObLG FamRZ 1998, 454 f; NJOZ 2002, 1265; KG BtPrax 2005, 153 = BeckRS 2005, 6357.
[9] OLG Oldenburg FamRZ 2004, 1320.
[10] BT-Drucks 11/4528 S 156.

VI. Verfahren

1. Allgemeines Verfahren. Für die Entscheidung über Maßnahmen nach § 1908 d ist grds der Richter zuständig, sofern nicht nur eine Vollmachtsüberwachungsbetreuung (§ 1896 Abs 3) betroffen ist (§ 14 Abs 1 Nr 4 RPflG). Für die **Aufhebung** der Betreuung oder eines Einwilligungsvorbehalts oder die **Einschränkung** des Aufgabenkreises des Betreuers oder des Kreises der einwilligungsbedürftigen Willenserklärungen iS von Abs 1, 4 gelten nach § 69 i Abs 3 FGG die §§ 68 a, 69 a Abs 2 S 1 und § 69 g Abs 1, 4 FGG entsprechend. Über den **Fortbestand** einer laufenden Betreuung (mit Verlängerung) hat das Vormundschaftsgericht nur dann zu entscheiden, wenn ein besonderer Anlass hierzu besteht, wie zB auf Grund eines Antrags des Betroffenen auf Aufhebung der Betreuung[11].

Für die **Erweiterung** des Aufgabenkreises des Betreuers oder der einwilligungsbedürftigen Willenserklärungen gelten gemäß § 69 i Abs 1 S 1, Abs 2 FGG grds die Vorschriften über die (Erst-)Bestellung des Betreuers entsprechende. Wird der Aufgabenkreis auf alle Angelegenheiten erweitert, ist idR nach § 67 Abs 1 S 2 Nr 2 FGG ein Verfahrenspfleger zu bestellen. Verfahrenserleichterungen gelten nach § 69 i Abs 1 S 2, 3, Abs 2 FGG dann, wenn der Aufgabenkreis oder der Kreis der einwilligungsbedürftigen Willenserklärungen nur **unwesentlich** erweitert wird oder Verfahrenshandlungen nach § 68 Abs 1 und § 68 b FGG nicht länger als sechs Monate zurückliegen. Eine unwesentliche Erweiterung des bisherigen Aufgabenkreises ist beispielsweise nicht gegeben, wenn der Betreuer neben Aufenthaltsbestimmung und Gesundheitsfürsorge auch den Aufgabenbereich „Regelung des Umgangs mit Familienangehörigen" erhalten soll[12].

Soll in den Fällen des Abs 2 ein **Antrag** des Betroffenen auf Aufhebung der Betreuung oder auf Einschränkung des Aufgabenkreises des Betreuers **erstmals abgelehnt** werden, so ist gemäß § 69 i Abs 4 FGG ein Sachverständigengutachten einzuholen, wenn das Gericht im Erstverfahren nach § 68 b Abs 1 S 2 FGG von der Einholung eines Gutachtens abgesehen hatte.

2. Rechtsmittel. Sowohl gegen die Aufhebung/Einschränkung der Betreuung als auch die des Einwilligungsvorbehalts ist die **sofortige Beschwerde** eröffnet, wie sich aus der Verweisung in § 69 i Abs 3 auf § 69 g Abs 4 FGG ergibt. Die **Beschwerdebefugnis** ist in diesen Fällen gemäß §§ 69 i Abs 3, 69 g Abs 1 FGG über § 20 FGG hinaus erweitert[13]. Der Betreuer hat gegen die Aufhebung der Betreuung grds kein Beschwerderecht[14]. In den sonstigen Fällen (Erweiterung des Aufgabenkreises oder des Einwilligungsvorbehalts oder Ablehnung der Maßnahme) ist die einfache Beschwerde statthaftes Rechtsmittel.

§ 1908 e *(aufgehoben)*

§ 1908 e wurde aufgehoben durch das 2. BtÄndG mit Wirkung zum 1. 7. 2005; vgl jetzt § 7 VBVG.

§ 1908 f Anerkennung als Betreuungsverein

(1) Ein rechtsfähiger Verein kann als Betreuungsverein anerkannt werden, wenn er gewährleistet, dass er
1. eine ausreichende Zahl geeigneter Mitarbeiter hat und diese beaufsichtigen, weiterbilden und gegen Schäden, die diese anderen im Rahmen ihrer Tätigkeit zufügen können, angemessen versichern wird,
2. sich planmäßig um die Gewinnung ehrenamtlicher Betreuer bemüht, diese in ihre Aufgaben einführt, fortbildet und sie sowie Bevollmächtigte berät,
2 a. planmäßig über Vorsorgevollmachten und Betreuungsverfügungen informiert,
3. einen Erfahrungsaustausch zwischen den Mitarbeitern ermöglicht.

(2) ¹Die Anerkennung gilt für das jeweilige Land; sie kann auf einzelne Landesteile beschränkt werden. ²Sie ist widerruflich und kann unter Auflagen erteilt werden.

(3) ¹Das Nähere regelt das Landesrecht. ²Es kann auch weitere Voraussetzungen für die Anerkennung vorsehen.

(4) Die anerkannten Betreuungsvereine können im Einzelfall Personen bei der Errichtung einer Vorsorgevollmacht beraten.

---

[11] BayObLG BtPrax 2005, 69 f = BeckRS 2005, 740.
[12] BayObLG FamRZ 2003, 402.
[13] Zur Beschwerdeberechtigung des Betreuten gegen die Aufhebung der Betreuung vgl BayObLG MDR 2001, 94, gegen die Aufhebung des Einwilligungsvorbehalts BayObLG NJWE-FER 2000, 152.
[14] OLG München OLGR 2006, 263; OLGR 2006, 344.

§ 1908 f Buch 4. Abschnitt 3. Vormundschaft, rechtliche Betreuung, Pflegschaft

Übersicht

	Rn		Rn
I. Normzweck.............................	1	c) Planmäßige Information über Vorsorgeverfügungen (Abs 1 Nr 2 a)..................	10
II. Voraussetzungen für die Anerkennung als Betreuungsverein (Abs 1, 3 S 2).........	2	d) Ermöglichung eines Erfahrungsaustauschs (Abs 1 Nr 3)....................................	11
1. Rechtsfähigkeit	2	e) Landesrecht (Abs 3 S 2)................	12
2. Einhaltung des Modells der „organisierten Einzelbetreuung"...........................	3	**III. Verfahren (Abs 2, 3 S 1)**................	13
a) Mitarbeiter (Abs 1 Nr 1).................	4		
b) Unterstützung ehrenamtlicher Betreuer und Bevollmächtigter (Abs 1 Nr 2)	7	**IV. Einzelfallberatung bei Errichtung einer Vorsorgevollmacht (Abs 4)**..................	14

I. Normzweck

1 Die Anerkennung des Betreuungsvereins iS von § 1908 f (iVm den landesgesetzlichen Vorschriften) ist Voraussetzung für seine potentielle Betreuereigenschaft gemäß § 1900 Abs 1 oder das Stellen von Mitarbeitern als Vereinsbetreuer gemäß § 1897 Abs 2 S 1. Als bundesrechtliche Vorschrift regelt § 1908 f die **Mindestvoraussetzungen für die Anerkennung als Betreuungsverein** (Abs 1) sowie die **Grundsätze für das Anerkennungsverfahren** (Abs 2) und enthält iU einen umfangreichen Landesrechtsvorbehalt (Abs 3). Durch das 2. BtÄndG wurde den Betreuungsvereinen auch eine **Beratungsaufgabe hinsichtlich Bevollmächtigter** (Abs 1 Nr 2 aE) sowie eine **Beratungsbefugnis** im Rahmen der Errichtung einer **Vorsorgevollmacht** (Abs 4) zugewiesen. Bei § 1908 f handelt es sich nach der hierin geregelten Materie um eine öffentlich-rechtliche Ergänzungsnorm, die nur wegen des engen Sachzusammenhangs mit den zivilrechtlichen Vorschriften über den Vereinsbetreuer bzw die Vereinsbetreuung (vgl §§ 1897 Abs 2 S 1, 1900 Abs 1, 1908 b Abs 4) in das BGB eingefügt worden ist[1].

II. Voraussetzungen für die Anerkennung als Betreuungsverein (Abs 1, 3 S 2)

2 **1. Rechtsfähigkeit.** Gemäß Abs 1 HS 1 kann nur ein Verein (nicht eine sonstige juristische Person) anerkannt werden, sofern dieser auch rechtsfähig, dh im Vereinsregister eingetragen, ist (§ 21). Der Vereinszweck muss sich nicht auf die Betreuung Volljähriger beschränken, sondern kann sich zB auch auf die Führung von Vereinsvormundschaften, Pflegschaften und Beistandschaften iS von § 54 SGB VIII erstrecken[2].

3 **2. Einhaltung des Modells der „organisierten Einzelbetreuung".** Der rechtsfähige Verein muss gemäß Abs 1 HS 2 gewährleisten, dass er die in Abs 1 Nr 1 bis Nr 3 umschriebenen Grundstrukturen des Modells der „organisierten Einzelbetreuung"[3] einhält (für die bereits vor dem 1. 1. 1992 im Bereich der Volljährigenvormundschaft bzw -pflegschaft tätigen Vereine gilt Art 9 § 4 BtG). Die vom Gesetzgeber gebrauchte Formulierung „gewährleistet" verdeutlicht hierbei, dass die in Abs 1 Nr 1 bis Nr 3 umschriebene Ausstattung bzw die genannten Leistungen des Betreuungsvereins nicht bereits zum Zeitpunkt der Entscheidung über die Anerkennung vorliegen müssen, sondern eine **in die Zukunft gerichtete Prüfung** der Einhaltung der Voraussetzungen zu erfolgen hat[4].

4 **a) Mitarbeiter (Abs 1 Nr 1). aa) Geeignete Mitarbeiter.** Der Verein muss gemäß Abs 1 Nr 1 gewährleisten, dass er eine ausreichende Zahl geeigneter Mitarbeiter hat. Unter „Mitarbeiter" sind in diesem Zusammenhang nicht die sog ehrenamtlichen Helfer des Vereins zu verstehen, sondern lediglich die professionellen, **voll- oder teilzeitbeschäftigten Vereinsmitarbeiter**[5], die als Vereinsbetreuer gemäß § 1897 Abs 2 S 1 bestellt werden können bzw denen der Betreuungsverein im Falle seiner Bestellung zum Betreuer die Wahrnehmung der Betreuungsaufgaben gemäß § 1900 Abs 2 übertragen kann. Die notwendige **Eignung** dieser Beschäftigten des Vereins richtet sich ua an diesen Aufgaben aus, wobei der Betreuungsgesetzgeber davon ausging, dass sie idR über eine abgeschlossene fachliche Ausbildung (zB als Sozialpädagoge, Psychologe oder Jurist) verfügen; ein bestimmter Ausbildungsabschluss wurde allerdings nicht verbindlich vorgeschrieben[6]. Wann von einer **„ausreichenden" Zahl** geeigneter Mitarbeiter ausgegangen werden kann, lässt sich nicht generell bestimmen; man wird aber in jedem Fall eine notwendige Mindestanzahl von zwei für erforderlich halten müssen[7].

5 **bb) Aufsicht und Weiterbildung.** Der Verein muss die Beaufsichtigung[8] und fachliche Weiterbildung seiner Mitarbeiter gewährleisten, wobei letzteres auch durch externe Einrichtungen geschehen kann[9].

---

[1] BT-Drucks 11/4528 S 157.
[2] HK-BUR/*Deinert/Walter* Rn 9.
[3] BT-Drucks 11/4528 S 101, 158; *Kleinz* BtPrax 1993, 113 ff.
[4] BT-Drucks 11/4528 S 158.
[5] BT-Drucks 11/4528 S 158.
[6] Vgl BT-Drucks 11/4528 S 158.
[7] So auch *Bienwald* in: Bienwald/Sonnenfeld/Hoffmann Rn 45; *Staudinger/Bienwald* Rn 35; HK-BUR/*Deinert/Walther* Rn 15; *Jürgens/Winterstein* Rn 7.
[8] *Coen* NJW 1999, 535.
[9] BT-Drucks 11/4528 S 158.

cc) Versicherung. Der Verein muss für Schäden, die seine professionellen Mitarbeiter den Betreuten zufügen können, eine Versicherung abschließen. Diese zusätzliche Absicherung durch Abschluss einer Versicherung wurde für erforderlich gehalten, weil bei Pflichtverletzungen des Vereinsbetreuers ausschließlich dieser persönlich, nicht der Verein hafte[10] und sonst das Risiko eines insolventen Schuldners bestehe. Eine tatsächlich ebenso wichtige Haftpflichtversicherung des Vereins selbst ist (merkwürdigerweise) gesetzlich nicht vorgeschrieben. 6

b) Unterstützung ehrenamtlicher Betreuer und Bevollmächtigter (Abs 1 Nr 2). aa) Gewinnung, Fortbildung und Beratung ehrenamtlicher Betreuer. Der Verein muss gemäß Abs 1 Nr 2 auch gewährleisten, dass er sich planmäßig um die Gewinnung ehrenamtlicher Betreuer bemüht, diese in ihre Aufgaben einführt, fortbildet und berät. Diese Voraussetzung für die Anerkennung des Betreuungsvereins umschreibt den Kerngedanken des Modells der „**organisierten Einzelbetreuung**", wonach der Verein nicht nur selbst als Betreuer oder durch Stellung von Vereinsbetreuern fungieren soll, sondern sich für die Gewährung ehrenamtlicher Betreuer (zB durch Öffentlichkeitsarbeit) einsetzen und den gewonnenen ehrenamtlichen Betreuern durch seine professionellen Mitarbeiter ständig Rückhalt geben soll[11]. 7

bb) Beratung von Bevollmächtigten. Durch das 2. BtÄndG vom 21. 4. 2005 (BGBl I S 1073) wurde die Beratungstätigkeit[12] der Betreuungsvereine auch auf „**Bevollmächtigte**" ausgeweitet. Dies dient (wie die gleichzeitige Erweiterung der Beratungspflichten der Betreuungsbehörden, vgl § 4 BtBG) der weiteren Förderung privatautonomer Vorsorge durch Erteilung sog Vorsorgevollmachten[13]. Entspr diesem Zweck beschränkt sich – nach dem Wortlaut zu weit gefasste – Beratungspflicht auf alle **betreuungsvermeidenden Vollmachten**[14]. Hierbei muss es sich nicht zwangsläufig um Vorsorgevollmachten im herkömmlichen Sinne (dh eigens zum Zwecke der Betreuungsvermeidung erteilte) Vollmachten handeln, da auch eine „normale" Generalvollmacht oder Spezialvollmacht, wie beispielsweise eine Bankvollmacht, betreuungsvermeidend wirken kann (vgl § 1896 Abs 2 S 2). Anders als nach Abs 4 kann für die Beratung der Bevollmächtigten von Seiten des Vereins **kein Entgelt** verlangt werden. 8

Fraglich ist **Inhalt und Umfang der Beratungspflicht** der Betreuungsvereine. Während einerseits vertreten wird, dass die Vorschrift nicht einen bestimmten Umfang oder eine bestimmte inhaltliche Intensität der Bevollmächtigten-Beratung regle[15], gehen andere davon aus, dass sich die Beratung auf die sozialen, psychologischen, medizinischen sowie rechtlichen Aspekte der Vorsorgevollmacht erstreckt und sie nicht nur im Allgemeinen, sondern auch **im Einzelfall** zu erfolgen hat[16]. Ob auf Grund des neu gefassten Abs 1 Nr 2 auch eine individuelle Rechtsberatung erfolgen kann oder diese nicht vielmehr nach dem RBerG (RDG) den rechtsberatenden Berufen vorbehalten ist, ist zweifelhaft[17]. In der Praxis dürfte es sich für die Betreuungsvereine aber ohnehin empfehlen, in diesem Bereich zurückhaltend zu agieren und im Zweifelsfall die anwaltliche oder notarielle Rechtsberatung zu empfehlen. Denn die Rechtsberatung Bevollmächtigter ist oftmals rechtlich anspruchsvoller als diejenige ehrenamtlicher Betreuer, da infolge individueller Ausgestaltung des Vorsorgevollmachtsverhältnisses weniger als im Falle der Betreuung auf vorhandene Literatur oder Rspr zurückgegriffen werden kann und daher nur bedingt allgemeingültige Aussagen getroffen werden können. 9

c) Planmäßige Information über Vorsorgeverfügungen (Abs 1 Nr 2 a). Der Betreuungsverein hat nach Abs 1 Nr 2 a auch die planmäßige Information über **Vorsorgevollmachten und Betreuungsverfügungen** zu gewährleisten (was beispielsweise in Gestalt der Durchführung von Informationsveranstaltungen oder des Vertriebs schriftlicher „Vorsorgebroschüren" erfolgen kann). Die Vorschrift wurde durch das 1. BtÄndG mit Wirkung zum 1. 1. 1999 eingeführt und korrespondiert mit § 6 S 2 BtBG, der für die Betreuungsbehörde gilt. Sie entspricht dem Anliegen (bereits) des 1. BtÄndG, die eigenverantwortliche Vorsorge für den Fall der Betreuungsbedürftigkeit zu stärken[18]. Der (allgemeine) Informationsauftrag wurde im Rahmen des 2. BtÄndG durch eine **individuelle** Beratungsbefugnis potentieller Vollmachtgeber (vgl Abs 4) ergänzt. 10

d) Ermöglichung eines Erfahrungsaustauschs (Abs 1 Nr 3). Der Verein muss gemäß Abs 1 Nr 3 auch gewährleisten, dass er einen Erfahrungsaustausch zwischen den Mitarbeitern ermöglichen wird, zB durch Gesprächskreise oder Supervision. Unter „Mitarbeiter" sind in diesem Zusammenhang – anders als in Nr 1 – auch die ehrenamtlichen Betreuer zu verstehen, da nach den Ausführungen der amtlichen Begründung offensichtlich auch diesen ein vereinsinterner Erfahrungsaustausch ermöglicht werden sollte[19]. Sofern die hierbei ausgetauschten Informationen (zB auch über die persönlichen 11

---

[10] BT-Drucks 11/4528 S 158; *Soergel/Zimmermann* Rn 8; *Damrau/Zimmermann* Rn 8; aA *Palandt/Diederichsen* Vor § 1896 Rn 18; MünchKommBGB/*Schwab* Rn 6, § 1908 i Rn 25: Haftung des Vereins entspr § 1791 a Abs 3 S 2, § 31.
[11] BT-Drucks 11/4528 S 101.
[12] Nicht die sonstige Unterstützungstätigkeit; zumindest missverständlich daher *Palandt/Diederichsen* Rn 4.
[13] BT-Drucks 15/2494 S 15.
[14] Vgl *Fröschle* Betreuungsrecht, 2005, Rn 59; BtKomm/*Roth* C Rn 9 b.
[15] *Tänzer*, Das neue Betreuungsrecht, B Anm 6.1.
[16] *Jürgens/Winterstein* Rn 15; vgl auch BtKomm/*Dodegge* B Rn 17.
[17] Abl auch BtKomm/*Dodegge* B Rn 17.
[18] BT-Drucks 13/7158 S 51.
[19] BT-Drucks 11/4528 S 158; aA HK-BUR/*Deinert/Walther* Rn 45.

Verhältnisse der Betreuten) nicht aus den Gesprächskreisen herausgegeben werden, liegt kein Verstoß gegen die Verschwiegenheitspflicht vor[20].

12 **e) Landesrecht (Abs 3 S 2).** Nach Abs 3 S 2 kann das Landesrecht weitere Voraussetzungen für die Anerkennung des Betreuungsvereins vorsehen. Landesrechtlich ist von dieser Befugnis in unterschiedlichem Umfang Gebrauch gemacht worden. Die Landesgesetzgeber haben zB häufig die iS des Steuerrechts vorliegende Gemeinnützigkeit des Vereins, dessen Sitz oder Haupttätigkeitsbereich im jeweiligen Bundesland oder bestimmte Anforderungen an die professionell tätigen Vereinsmitarbeiter als weitere Voraussetzungen der Anerkennung normiert[21].

III. Verfahren (Abs 2, 3 S 1)

13 Über die Anerkennung des Betreuungsvereins entscheidet nach Abs 3 S 1 die nach Landesrecht zuständige Behörde (meist überörtliche Betreuungsbehörde). Die Anerkennung stellt einen (begünstigenden) **Verwaltungsakt** dar. Sie gilt gemäß Abs 2 S 1 nur für das jeweilige Land, wobei sie allerdings auf einzelne Landesteile beschränkt werden kann. Sofern die in Abs 1 sowie die in Landesrecht vorgeschriebenen weiteren Anforderungen erfüllt sind, besteht ein **Rechtsanspruch** auf Anerkennung (dh keine Ermessensentscheidung), der im Wege der Verpflichtungsklage vor den Verwaltungsgerichten eingeklagt werden kann[22]. Gemäß Abs 2 S 2 kann die Anerkennung widerrufen werden, zB bei Vermögensverfall des Vereins, Einstellung seiner Aktivitäten oder bei Verstößen gegen die in Abs 1 festgelegten Pflichten[23]. Die Anerkennung kann auch unter Auflagen erteilt werden, wie zB der Verpflichtung zur Stellung von Vereinsmitarbeitern als Betreuer iS von § 1897 Abs 2[24]. Die Nichterfüllung der Auflagen kann zum Widerruf der Anerkennung führen[25].

IV. Einzelfallberatung bei Errichtung einer Vorsorgevollmacht (Abs 4)

14 Durch das 2. BtÄndG vom 21. 4. 2005 (BGBl I S 1073) wurde mit Wirkung vom 1. 7. 2005 eine Befugnis der anerkannten Betreuungsvereine geschaffen, im Einzelfall Personen bei der Errichtung einer Vorsorgevollmacht zu beraten. Es handelt sich hierbei (wie schon die Stellung im Gesetz verdeutlicht) nicht wie bei der Beratung Bevollmächtigter nach Abs 1 Nr 2 um eine Anerkennungsvoraussetzung und Pflichtaufgabe, sondern um eine **freiwillige Aufgabe** der Betreuungsvereine. Dies beruht auf der – aus meiner Sicht durchaus begründeten – Annahme des Gesetzgebers, dass die Betreuungsvereine nicht unbedingt über ausreichend qualifizierte Mitarbeiter für die Beratung verfügen[26].

15 Bei der Beratungsaufgabe handelt es sich um die Einräumung einer Befugnis zur **individuellen Rechtsberatung,** die als spätere bundesgesetzliche Regelung der entgegenstehenden Regelung im RBerG vorgeht[27]. Übernehmen die Vereine die Beratung, so können sie hierfür auch ein **Entgelt** verlangen[28]. Ob die Betreuungsvereine künftig in der Lage sein werden, auf dem Gebiet der Vorsorgevollmacht eine qualifizierte Rechtsberatung anzubieten, ist allerdings zweifelhaft. Denn die im Rahmen der Erteilung von Vorsorgevollmachten auftretenden Rechtsfragen sind zT durchaus rechtlich schwierig und komplex, zB im Hinblick auf das Inkrafttreten der Vollmacht, die Festlegung des Umfangs der Vollmacht, die Ausgestaltung des Kausalverhältnisses und die Notwendigkeit und Ausgestaltung des Verhältnisses mehrerer Vollmachten zueinander, usw[29]. In der Regel empfiehlt es sich daher, vor Errichtung einer entsprechenden Urkunde den Rat eines Notars oder erfahrenen Anwalts einzuholen und – alleine wegen der damit verbundenen Prüfung der Geschäftsfähigkeit – die Vollmacht notariell beurkunden zu lassen.

§ 1908 g Behördenbetreuer

(1) Gegen einen Behördenbetreuer wird kein Zwangsgeld nach § 1837 Abs. 3 Satz 1 festgesetzt.

(2) Der Behördenbetreuer kann Geld des Betreuten gemäß § 1807 auch bei der Körperschaft anlegen, bei der er tätig ist.

I. Normzweck

1 Die Vorschrift erstreckt bestimmte Befreiungen, die für die als Betreuer tätige Betreuungsbehörde (§ 1900 Abs 4) gelten, auch auf den als Einzelbetreuer tätigen Mitarbeiter der Betreuungsbehörde (Behördenbetreuer iS von § 1897 Abs 2 S 2).

---

[20] BT-Drucks 11/4528 S 158; krit hierzu *Staudinger/Bienwald* Rn 48 f.
[21] HK-BUR/*Deinert/Walther* Rn 49; *Bienwald* in: *Bienwald/Sonnenfeld/Hoffmann* Rn 7 f mwN.
[22] BT-Drucks 11/4528 S 157.
[23] BT-Drucks 11/4528 S 158.
[24] *Jürgens/Winterstein* Rn 19; HK-BUR/*Deinert/Walther* Rn 56.
[25] BT-Drucks 11/4528 S 158.
[26] BT-Drucks 15/2494 S 31.
[27] BT-Drucks 15/2494 S 31.
[28] BT-Drucks 15/2494 S 31.
[29] Vgl zu Gestaltungsfragen ausf *Renner* in: *G. Müller/Renner*, Betreuungsrecht und Vorsorgeverfügungen in der Praxis, 2. Aufl 2008, Rn 216 ff; *G. Müller* in: *Limmer/Hertel/Frenz/J. Mayer*, Würzburger Notarhandbuch, Teil 3 Rn 511 ff.

II. Zwangsgeld (Abs 1)

Gegen Pflichtwidrigkeiten des Betreuers hat das Vormundschaftsgericht gemäß § 1908 i Abs 1 S 1 iVm § 1837 Abs 2 S 1 durch Erlass geeigneter Ge- oder Verbote einzuschreiten und kann den Betreuer durch Festsetzung von Zwangsgeld zur Befolgung seiner Anordnungen anhalten (§ 1837 Abs 3 S 1). Fungiert die Betreuungsbehörde als Betreuer (§ 1900 Abs 4), ist die Festsetzung von Zwangsgeld gegen diese nach § 1908 i Abs 1 S 1 iVm § 1837 Abs 3 S 2 ausgeschlossen. § 1908 g Abs 1 erweitert dieses **Verbot der Zwangsgeldfestsetzung** auch auf den Behördenbetreuer iS von § 1897 Abs 2 S 2, da auch dieser die Betreuung in Wahrnehmung eines öffentlichen Amtes führt, mit dem die Androhung und Festsetzung von Zwangsgeld nicht vereinbar wäre[1]. Zur Durchsetzung der von ihm erlassenen Ge- oder Verbote kann das Vormundschaftsgericht daher nur auf die sonstigen Aufsichtsmittel zurückgreifen, insbes Maßnahmen der dienstlichen Aufsicht anregen[2] oder äußerstenfalls die Entlassung des Behördenbetreuers gemäß § 1908 b Abs 1 vornehmen[3]. Für den Vereinsbetreuer (§ 1897 Abs 2 S 1) existiert keine dem § 1908 g Abs 1 entsprechende Sonderregelung[4].

III. Anlage von Geld (Abs 2)

Nach § 1908 i Abs 1 S 1 iVm § 1805 S 1 gilt auch für den Betreuer das Gebot der Trennung seines Vermögens von dem des Betreuten. Ist die Betreuungsbehörde zum Betreuer bestellt (§ 1900 Abs 4), so kann das Vermögen des Betreuten gemäß § 1908 i Abs 1 S 1 iVm § 1805 S 2 auch bei der Körperschaft angelegt werden, bei der die Betreuungsbehörde errichtet ist (zB Stadtsparkasse, wenn die Betreuungsbehörde bei der Stadt eingerichtet ist). § 1805 S 2 lässt damit eine Ausnahme vom Trennungsprinzip nach dessen S 1 zu[5]. § 1908 g Abs 2 stellt klar, dass auch dem als Einzelbetreuer tätigen Mitarbeiter der Betreuungsbehörde (§ 1897 Abs 2 S 2) die Anlage des Betreutengeldes bei der Körperschaft, bei der er beschäftigt – nicht notwendig auch angestellt – ist, gestattet ist.

§ 1908 h *(aufgehoben)*

§ 1908 h wurde aufgehoben durch das 2. BtÄndG mit Wirkung zum 1. 7. 2005; vgl jetzt § 8 VBVG.

§ 1908 i Entsprechend anwendbare Vorschriften

(1) ¹Im Übrigen sind auf die Betreuung § 1632 Abs. 1 bis 3, §§ 1784, 1787 Abs. 1, § 1791a Abs. 3 Satz 1 zweiter Halbsatz und Satz 2, §§ 1792, 1795 bis 1797 Abs. 1 Satz 2, §§ 1798, 1799, 1802, 1803, 1805 bis 1821, 1822 Nr. 1 bis 4, 6 bis 13, §§ 1823 bis 1826, 1828 bis 1836, 1836 c bis 1836 e, 1837 Abs. 1 bis 3, §§ 1839 bis 1843, 1845, 1846, 1857 a, 1888, 1890 bis 1895 sinngemäß anzuwenden. ²Durch Landesrecht kann bestimmt werden, dass Vorschriften, welche die Aufsicht des Vormundschaftsgerichts in vermögensrechtlicher Hinsicht sowie beim Abschluss von Lehr- und Arbeitsverträgen betreffen, gegenüber der zuständigen Behörde außer Anwendung bleiben.

(2) ¹§ 1804 ist sinngemäß anzuwenden, jedoch kann der Betreuer in Vertretung des Betreuten Gelegenheitsgeschenke auch dann machen, wenn dies dem Wunsch des Betreuten entspricht und nach seinen Lebensverhältnissen üblich ist. ²§ 1857 a ist auf die Betreuung durch den Vater, die Mutter, den Ehegatten, den Lebenspartner oder einen Abkömmling des Betreuten sowie auf den Vereinsbetreuer und den Behördenbetreuer sinngemäß anzuwenden, soweit das Vormundschaftsgericht nichts anderes anordnet.

Schrifttum: *Grothe,* Befreite Betreuer und Rechenschaftslegung nach Beendigung der Betreuung, Rpfleger 2005, 173; *Grziwotz,* Der betreute „Stifter" – Zur Zulässigkeit von Stiftungen entsprechend dem Willen des Betreuten, ZEV 2005, 338; *G. Müller,* Zur Wirksamkeit lebzeitiger und letztwilliger Zuwendungen des Betreuten an seinen Betreuer, ZEV 1998, 219.

I. Normzweck

Die Vorschrift enthält in Abs 1 S 1 wichtige Verweisungen auf Bestimmungen des Kindschaftsrechts (§ 1632) bzw des Vormundschaftsrechts über Minderjährige. Es handelt sich hierbei um **Einzelverweisungen**; eine pauschale Übernahme der Regelungen der Vormundschaft über Minderjährige hielt man nicht mehr für sinnvoll[1*]. Im Übrigen werden einzelne in Bezug genommene Bestimmungen für

---

[1] BT-Drucks 11/4528 S 159.
[2] HK-BUR/*Bauer* Rn 3; *Damrau/Zimmermann* Rn 2; *Jürgens/Winterstein* Rn 2.
[3] MünchKommBGB/*Schwab* Rn 2; *Damrau/Zimmermann* Rn 2; *Jürgens/Winterstein* Rn 4.
[4] Krit *Bienwald* in: *Bienwald/Sonnenfeld/Hoffmann* Rn 2, der dies als ungerechtfertigte Privilegierung der öffentlichen Bediensteten als Individualbetreuer ansieht.
[5] *Erman/Holzhauer* § 1805 Rn 3.
[1*] BT-Drucks 11/4528 S 159.

§ 1908 i   Buch 4. Abschnitt 3. Vormundschaft, rechtliche Betreuung, Pflegschaft

die Anwendung auf das Betreuungsverhältnis modifiziert, so § 1804 in § 1908 i Abs 2 S 1 und § 1857 a in Abs 1 S 2 und Abs 2 S 2.

II. Einzelverweisungen (Abs 1 S 1)

2 1. **Allgemeines.** Abs 1 S 1 verweist auf einzelne Bestimmungen aus dem Kindschaftsrecht bzw Vormundschaftsrecht über Minderjährige. Bei der Anwendung der in Bezug genommenen Bestimmungen ist dabei im Einzelfall zu prüfen, ob diese für den Betreuer **angesichts seines Aufgabenkreises** Anwendung finden, dh, ob die von der Regelung erfasste Angelegenheit auch zum Aufgabenkreis des Betreuers gehört. Im Übrigen ist die Verweisung als **abschließend** anzusehen (eine Ausnahme gilt hinsichtlich der Gegenbetreuung, vgl Rn 3).

3 2. **Überblick über den Inhalt der in Bezug genommenen Vorschriften.** a) **§ 1632 Abs 1 bis 3**: Anspruch des (personensorgeberechtigten) Betreuers auf Herausgabe des Betreuten und Bestimmung seines Umgangs. b) **§§ 1784, 1888**: Bestellung und Entlassung von Beamten und Geistlichen als Betreuer. c) **§ 1787 Abs 1**: Schadensersatzpflicht bei ungerechtfertigter Ablehnung der Übernahme des Betreueramts (vgl § 1898 Rn 7). d) **§ 1791 a Abs 3 S 1 HS 2 und S 2**: Bei Vereinsbetreuung darf der Verein die Wahrnehmung der Betreuung (vgl § 1900 Abs 2) nicht auf eine Person übertragen, die den Betreuten in einem Heim oder einer Anstalt des Vereins faktisch versorgt. e) **§§ 1792, 1799, 1802 Abs 1 S 2, 1826, 1832, 1842, 1895**: Vorschriften über die Zulässigkeit der **Gegenbetreuung** und die Pflichten des Gegenbetreuers; diese wurden zT erst durch das 2. BtÄndG ausdrücklich in die Verweisungsnorm aufgenommen. f) **§§ 1795, 1796**: Nach § 1795 ist der Betreuer von einer gesetzlichen Vertretung insbes bei Rechtsgeschäften zwischen ihm und seinem Ehegatten oder Verwandten in gerader Linie ausgeschlossen (§ 1795 Abs 1 Nr 1), wie auch bei Vornahme von Insichgeschäften (§§ 1795 Abs 2, 181). Liegt ein erheblicher Interessenskonflikt iS von § 1796 Abs 2 vor, kann ihm das Vormundschaftsgericht nach dieser Vorschrift die Vertretungsmacht für einzelne Angelegenheiten oder einen Kreis von Angelegenheiten entziehen. In allen Fällen ist gemäß § 1899 Abs 4 ein **Ergänzungsbetreuer** zu bestellen (vgl § 1899 Rn 12 ff). g) **§§ 1797 Abs 1 S 2, 1798**: Bei Meinungsverschiedenheiten zwischen mehreren Betreuern (Mitbetreuern) entscheidet das Vormundschaftsgericht. h) **§ 1802 Abs 1 S 1, Abs 2 und 3, §§ 1803, 1805 bis 1821, 1822 Nr 1 bis 4, 6 bis 13, §§ 1823 bis 1825, 1828 bis 1831**: Die Vorschriften betreffen die Wahrnehmung der Vermögenssorge durch den Betreuer[2] und regeln insbes die Verpflichtung zur Vorlage eines Vermögensverzeichnisses (§ 1802) sowie die **praktisch wichtigen Genehmigungserfordernisse** für Rechtsgeschäfte nach den §§ 1821, 1822[3], wobei Nr 5 der letzteren Vorschrift im Hinblick auf die eigenständige Regelung in § 1907 Abs 3 nicht anwendbar ist. i) **§ 1833**: Haftung des Betreuers gegenüber dem Betreuten[4]. j) **§ 1834**: Verzinsungspflicht bei Eigenverwendung von Geld des Betreuten. k) **§§ 1835 bis 1836 e**: Aufwendungsersatz, Vergütung und Aufwandsentschädigungspauschale des Betreuers[5]. l) **§ 1837 Abs 1 bis 3, §§ 1839 bis 1841, 1843**: Aufsicht, Kontrolle sowie Beratungstätigkeit des Vormundschaftsgerichts während laufender Betreuung. Für den Behördenbetreuer gilt hinsichtlich der Zwangsgeldfestsetzung (§ 1837 Abs 3) die Sondervorschrift des § 1908 g. m) **§ 1845**: Pflicht zur Einreichung eines Vermögensverzeichnisses bei Eheschließungsabsicht des zum Betreuer bestellten Elternteils. n) **§ 1846**: Einstweilige Maßregeln des Gerichts, wenn ein Betreuer noch nicht oder dieser an der Erfüllung seiner Pflichten gehindert ist. Beispiele: vorläufige Unterbringung des Betroffenen[6] oder Anordnung der Sondernernährung[7]. o) **§ 1857 a**: Befreiung des Vereins oder der Behörde als Betreuer in dem gleichen Umfang, wie ein Vormund nach den §§ 1852 Abs 2, 1853, 1854 befreit ist. Für die Betreuungsbehörde vgl auch Abs 1 S 2 (Rn 4), für die Befreiung naher Angehöriger Abs 2 S 2 (Rn 8). p) **§§ 1890, 1892 bis 1894**: Regelungen hinsichtlich der Amtsbeendigung des Betreuers (vgl §§ 1908 b, 1908 d). Hinsichtlich der Fortführung der Geschäfte vgl insbes §§ 1893, 1698 a, 1698 b.

III. Freistellung der Betreuungsbehörde nach Landesrecht (Abs 1 S 2)

4 Bei der Wahrnehmung der Vermögenssorge ist die Betreuungsbehörde schon nach Abs 1 S 1 iVm § 1857 a über § 1852 Abs 2 von den Beschränkungen der §§ 1809, 1810, 1812, über § 1853 von §§ 1814, 1816 sowie über § 1854 Abs 1 von der Pflicht zur periodischen Rechnungslegung befreit. Abs 1 S 2 ermöglicht dem Landesgesetzgeber darüber hinaus, die Behörde ferner hinsichtlich Vorschrif-

---

[2] Vgl allg *Werkmüller/Oyen* Rpfleger 2003, 66; *Wesche* BtPrax 2003, 56.
[3] Vgl zB OLG Zweibrücken FamRZ 2005, 832 betr Genehmigung einer Grundschuld zur Kaufpreisfinanzierung nach bereits zuvor genehmigtem Kaufvertrag mit Belastungsvollmacht; OLG Frankfurt FamRZ 2005, 60 betr Grundstücksverfügung von Grundstücken für die Sozialhilfe; OLG Frankfurt NJW-RR 1997, 719 betr Bewilligung einer Vormerkung; *Bienwald* Rpfleger 2000, 435 betr Grundstückserwerb für den Betreuten; LG Wuppertal Rpfleger 2001, 235 betr Erbauseinandersetzungsvertrag; OLG Stuttgart NJW 2001, 3484 betr Ausschlagung eines Erbteils; LG München I FamRZ 2001, 1396 betr Tauschvertrag über Grundbesitz; *Wüstenberg* Rpfleger 2002, 295 betr Ausscheiden aus BGB-Gesellschaft.
[4] Vgl *Locher* FamRB 2005, 308 ff, 339 ff; *Meier* BtPrax 1999, 57; *Deinert/Schreibauer* BtPrax 1993, 185; *Diederichsen*, FS Deutsch, 1999, S 131. Zur Schadensersatzpflicht bei pflichtwidrigem Abschluss eines vom Vormundschaftsgericht genehmigten Vertrags BGH NJW 2004, 220.
[5] Vgl zum seit dem 1. 7. 2005 geltenden neuen Vergütungsrecht *Deinert* BtPrax Spezial 2005, 13; *ders* FuR 2005, 309; *Maier* BtPrax Spezial 2005, 17; *Bestelmeyer* Rpfleger 2005, 583.
[6] BGHZ 150, 45 = NJW 2002, 1801.
[7] OLG Zweibrücken NJW-RR 2003, 869.

ten, die die Aufsicht des Vormundschaftsgerichts in vermögensrechtlicher Hinsicht sowie beim Abschluss von Lehr- oder Arbeitsverträgen betreffen, zu befreien. Von dieser Ermächtigung haben Baden-Württemberg, Bayern, Berlin, Bremen, Hamburg, Hessen und Sachsen-Anhalt in unterschiedlichem Umfang Gebrauch gemacht[8].

IV. Schenkungen aus dem Vermögen des Betreuten

1. Schenkungen durch den Betreuer (Abs 2 S 1). a) Anwendung des § 1804. Hinsichtlich 5 Schenkungen, die der Betreuer aus dem Vermögen des Betreuten tätigt, schreibt Abs 2 S 1 die sinngemäße Anwendung des § 1804 vor. Hieraus folgt, dass Schenkungen durch den Betreuer grds **unzulässig** sind. Legt der Betreuer Geld des Betreuten in der Weise an, dass der Rückzahlungsbetrag im Falle des Todes des Betreuten einem Drittbegünstigten zufließen soll (§ 331), unterliegt die Vereinbarung selbst aber nicht dem Schenkungsverbot[9]. Eine verbotene Schenkung ist (wie auch ihr dingliches Vollzugsgeschäft) **nichtig**, auch wenn das Rechtsgeschäft vom Vormundschaftsgericht (zu Unrecht, weil eine Genehmigungspflicht oder -möglichkeit nicht vorgesehen ist) genehmigt worden sein sollte[10]. Ausgenommen sind nur Schenkungen, die einer „sittlichen Pflicht oder einer auf den Anstand zu nehmenden Rücksicht" entsprechen. Die Voraussetzungen für die Annahme solcher Pflicht- oder Anstandsschenkungen werden in der Rspr sehr eng gezogen[11].

b) Erweiterung auf Gelegenheitsgeschenke. Die sehr begrenzten Möglichkeiten zur Vornahme 6 von Schenkungen durch den gesetzlichen Vertreter hielt man bei Volljährigen für unangemessen (vor allem dann, wenn in der Vergangenheit bei vorhandenem Vermögen des Betreuten häufiger Geschenke gemacht wurden) und sah deshalb eine „vorsichtige" Erweiterung der Schenkungsmöglichkeiten für Betreuer vor[12]. So kann der Betreuer nach Abs 2 S 1 über die Schranken des § 1804 hinaus auch **Gelegenheitsgeschenke** aus dem Vermögen des Betreuten machen, wenn dies dem **Wunsch** des Betreuten entspricht. Geschäftsfähigkeit ist insoweit nicht erforderlich, auch die Wünsche von Geschäftsunfähigen sind beachtlich. Der Wunsch kann auch bereits vor Bestellung des Betreuers, beispielsweise in einer sog Betreuungsverfügung, geäußert worden sein. Außerdem muss es sich um ein nach den Lebensverhältnissen des Betreuten **übliches** Geschenk handeln. In diesem Zusammenhang ist auf die Vermögensverhältnisse des Betreuten Rücksicht zu nehmen, aber auch darauf, in welchem Umfang dieser bisher Schenkungen solcher Art vorgenommen hat. Dem grundsätzlichen Willensvorrang des Betreuten wurde durch diese nur geringfügig erweiterte Schenkungsmöglichkeit wenig Rechnung getragen, da auch die Erweiterung kaum Schenkungen größeren Werts bzw Umfangs ermöglicht[13]. Derartige unentgeltliche Zuwendungen aus dem Betreutenvermögen können ggf als **(genehmigungsbedürftige) Ausstattung** wirksam vorgenommen werden (vgl § 1908).

2. Schenkungen durch den Betreuten. Die Zulässigkeitsvoraussetzungen für eine Schenkung des 7 Betreuten sind nicht speziell gesetzlich geregelt. Hierfür gelten vielmehr die allgemeinen rechtsgeschäftlichen Regeln. Ist der Betreute nicht geschäftsunfähig iS von § 104 Nr 2, kann er selbst und ohne Zustimmung des Betreuers bzw des Gerichts eine wirksame Schenkung vornehmen. Unterfällt die Angelegenheit einem Einwilligungsvorbehalt, muss der Betreuer gemäß § 1903 Abs 1, § 108 dem Rechtsgeschäft zustimmen, wobei der Betreuer auch insoweit die Grenzen seiner Vertretungsmacht zu berücksichtigen hat: die Zustimmung zur Schenkung des Betreuten ist folglich nur wirksam, wenn sie den Rahmen der §§ 1908i Abs 2 S 1, 1804 (vgl Rn 5 f) einhält. Schenkungen des geschäftsfähigen Betreuten **an den Betreuer**, die jener ohne Verstoß gegen die §§ 1908i Abs 1 S 1, 1795 Abs 2, 181 annehmen kann, sind gesetzlich nicht ausdrücklich verboten. Mangels Vergleichbarkeit der Sachverhalte scheidet auch eine **analoge Anwendung des § 14 Abs 5 HeimG** aus[14]. Die Einführung einer dem § 14 Abs 5 HeimG entsprechenden Verbotsnorm für Zuwendungen an den Betreuer wurde im Gesetzgebungsverfahren zum 1. BtÄndG zwar diskutiert, im Ergebnis aber ausdrücklich abgelehnt[15]. Außerhalb des Anwendungsbereichs der Vorschriften des öffentlichen Dienstrechts (§ 70 BBG, § 10 BAT) können Zuwendungen an den Betreuer folglich nur im Einzelfall **wegen Verstoßes gegen § 138 Abs 1 unwirksam** sein[16].

---

[8] Baden-Württemberg: Art 7 § 16 AGBtG vom 19. 11. 1991, GBl S 681; Bayern: Art 1 Abs 3 AGBtG vom 27. 12. 1991, GVBl S 496; Berlin: Art I § 2 AGBtG vom 17. 3. 1994, GVBl S 86; Bremen: Art 1 § 3 AGBtG vom 18. 2. 1992, GBl S 31; Hamburg: Art 1 § 3 AGBtG vom 1. 7. 1993, GVBl S 149; Hessen: Art 1 § 2 AGBtG vom 5. 2. 1992, GVBl I S 66; Sachsen-Anhalt: Art 1 § 5 AGBtG vom 17. 6. 1992, GVBl S 478.
[9] BayObLG NJW-RR 2003, 4 = ZEV 2002, 468.
[10] Vgl BayObLG FamRZ 1988, 210; BayObLGZ 1996, 118, 120 = NJW-RR 1997, 452; BayObLG NJWE-FER 1998, 81, 82.
[11] BayObLG Rpfleger 2003, 649, 650 f; BayObLGZ 1996, 118, 121 = NJW-RR 1997, 452; BayObLG NJWE-FER 1998, 81 f; *Böhmer* MittBayNot 1996, 405, 406 mwN; großzügiger OLG Karlsruhe NJW-RR 2000, 1313: Berücksichtigung des Willens des Betreuten; *Holzhauer* FamRZ 2000, 1063; LG Traunstein MittBayNot 2005, 231 f m abl Anm *Böhmer*.
[12] BT-Drucks 11/4528 S 160.
[13] Für eine verfassungskonforme – weite – Auslegung des Begriffs des Gelegenheitsgeschenks *Grziwotz* ZEV 2005, 338.
[14] BayObLGZ 1998, 374 = NJW 1998, 2369; *G. Müller* ZEV 2005, 219, 221 f; *Rossak* MittBayNot 1998, 407, 408 f.
[15] BT-Drucks 13/7158 S 54 f.
[16] Vgl BayObLGZ 1998, 374 = NJW 1998, 2369; *G. Müller* ZEV 2005, 219, 221 f; *Rossak* MittBayNot 1998, 407, 409 f; OLG Braunschweig FamRZ 2000, 1189.

§ 1909   Buch 4. Abschnitt 3. Vormundschaft, rechtliche Betreuung, Pflegschaft

V. Befreite Betreuung (Abs 2 S 2)

8 Die Befreiungen, die einem Verein oder der Behörde als Betreuer gemäß § 1857a bei der Wahrnehmung der Vermögenssorge des Betreuten zustehen (vgl Rn 3), sollen nach Abs 2 S 2 auch für den **Vereins- oder Behördenbetreuer** (der auf Grund seiner Stellung innerhalb des Vereins oder der Behörde ohnehin von der Institution kontrolliert wird) und für **besonders nahe Angehörige des Betreuten** (Eltern, Ehegatte, Lebenspartner iS des LPartG, Abkömmlinge) gelten. Damit soll im Regelfall zB ein Ehegatte, der nach langjähriger Ehe als Betreuer die Vermögenssorge für den anderen Ehegatten wahrnimmt, zum Zwecke einer gewissen „Entbürokratisierung" von den engen Rechnungslegungsvorschriften ausgenommen sein[17]. Nach Abs 2 S 2 HS 2 besteht die Möglichkeit, die Befreiung für diesen Personenkreis einzugrenzen oder ganz aufzuheben, nicht aber die Befreiung auf andere Personen, zB die Schwester auszudehnen[18]. Außerdem kann der Betreute selbst im Falle seiner Geschäftsfähigkeit den nicht zum Kreis der privilegierten Betreuer gehörenden Betreuer nicht von der Pflicht zur Rechnungslegung befreien[19]. Von der Aufhebung der Befreiung soll das Vormundschaftsgericht nur dann Gebrauch machen, wenn im Einzelfall eine engere Kontrolle angezeigt erscheint[20]. Die Anordnung des Gerichts kann auch während der Betreuung erfolgen[21]. Nach dem Ende der Betreuung besteht auch für befreite Betreuer ohne Einschränkung eine Pflicht zur Rechenschaftslegung und damit zur Erstellung einer formellen Schlussrechnung[22].

§ 1908 k *(aufgehoben)*

1 § 1908k aufgehoben durch das 2. BtÄndG mit Wirkung zum 1. 7. 2005; vgl jetzt § 10 VBVG.

Titel 3. Pflegschaft (§§ 1909–1921)

§ 1909 Ergänzungspflegschaft

(1) ¹Wer unter elterlicher Sorge oder unter Vormundschaft steht, erhält für Angelegenheiten, an deren Besorgung die Eltern oder der Vormund verhindert sind, einen Pfleger. ²Er erhält insbesondere einen Pfleger zur Verwaltung des Vermögens, das er von Todes wegen erwirbt oder das ihm unter Lebenden unentgeltlich zugewendet wird, wenn der Erblasser durch letztwillige Verfügung, der Zuwendende bei der Zuwendung bestimmt hat, dass die Eltern oder der Vormund das Vermögen nicht verwalten sollen.

(2) Wird eine Pflegschaft erforderlich, so haben die Eltern oder der Vormund dies dem Vormundschaftsgericht unverzüglich anzuzeigen.

(3) Die Pflegschaft ist auch dann anzuordnen, wenn die Voraussetzungen für die Anordnung einer Vormundschaft vorliegen, ein Vormund aber noch nicht bestellt ist.

I. Normzweck

1 **1. Pflegschaft; Einführung und Überblick.** Bei den Pflegschaften der §§ 1909, 1911 bis 1914 handelt es sich wie bei der Vormundschaft um **Fürsorgetätigkeit,** im Gegensatz zu dieser jedoch idR begrenzt für eine **bestimmte Angelegenheit** oder einen Kreis von Angelegenheiten (vgl aber Rn 13 für die Ersatzpflegschaft nach § 1909 Abs 3). Auch der Pfleger ist im Rahmen seines Wirkungskreises **gesetzlicher Vertreter** (§§ 1915 Abs 1, 1793 Abs 1 S 1); anders als die Vormundschaft kann Pflegschaft auch für uneingeschränkt geschäftsfähige Personen angeordnet werden (§§ 1911, 1913) und berührt deren Geschäftsfähigkeit nicht.

2 Die Pflegschaften der §§ 1909 ff sind mit Ausnahme der Sammelpflegschaft als Sachpflegschaft (allgM) **Personenpflegschaften.** Der Kreis der in den §§ 1909, 1911 bis 1914 bezeichneten Pflegschaften kann nicht im Wege der Analogie ausgedehnt werden (allgM). Weitere im BGB geregelte Pflegschaften sind die Nachlasspflegschaft (§§ 1960 ff) bzw -verwaltung (§§ 1975 ff)[1]. Für das Jugendamt als Beistand für die Feststellung der Vaterschaft und die Geltendmachung von Unterhalt (§ 1712) gelten mit Einschränkungen die Bestimmungen über die Pflegschaft (§ 1716 Abs 1 S 2); darüber hinaus

---

[17] Vgl BT-Drucks 11/4528 S 161.
[18] BayObLG FamRB 2003, 326.
[19] OLG München Rpfleger 2006, 73.
[20] BT-Drucks 11/4528 S 161; vorsichtiger BayObLG FamRZ 2003, 475: erstmalige Bestellung des Betreuers genügt als Grund.
[21] LG München I FamRZ 1998, 701.
[22] *Grothe* Rpfleger 2005, 173.
[1] Zu Pflegschaften außerhalb des BGB, für die die §§ 1909 ff zT anwendbar sind, vgl MünchKommBGB/*Schwab* Vor § 1909 Rn 16; für die neuen Bundesländer s auch § 17 SachenRBerG.

Ergänzungspflegschaft **§ 1909**

hat in den Fällen des § 1630 die Pflegeperson unter bestimmten Umständen die Stellung eines Pflegers (§ 1630 Abs 3 S 3). Auf die Bestellung von Prozess- und Verfahrenspflegern (vgl §§ 57, 58, 494 Abs 2, 779 Abs 2, 787 ZPO; §§ 6, 7, 135, 157 ZVG; §§ 50, 67, 70 b, 88 FGG; § 5 Abs 2 S 2 FEVG) sind die §§ 1909 ff **nicht anwendbar**.

Zu Pflegschaften für **Ausländer** vgl Art 24 EGBGB; bei Minderjährigen die vorrangige EheVO II **3** sowie das MSA. Die Übergangsvorschriften für die **neuen Bundesländer** enthält Art 234 § 15 EGBGB (vgl dort).

2. Ergänzungs- und Ersatzpflegschaft nach § 1909. Die Ergänzungspflegschaft nach Abs 1 ist **4** immer von der elterlichen Sorge oder der Vormundschaft **abhängig** und tritt im Umfang ihrer Anordnung an deren Stelle (§§ 1630 Abs 1, 1794). Die Vorschrift betrifft alle Fälle der tatsächlichen und rechtlichen Verhinderung des Sorgeinhabers (Eltern oder Vormund) und ist nur für **natürliche Personen,** nicht auch entspr für juristische Personen bei Verhinderung ihres gesetzlichen Vertreters anwendbar (allgM).

Abs 2 dient der rechtzeitigen **Information** des VormG über die Notwendigkeit, eine Pflegschaft **5** anzuordnen.

Abs 3, der in der Praxis selten angewandt wird, bezweckt den **vorübergehenden Schutz** des **6** Mündels, wenn zwar die Voraussetzungen der Anordnung der Vormundschaft vorliegen (§ 1773), ein geeigneter Vormund aber (noch) nicht bestellt werden kann.

II. Einzelerläuterung

1. Voraussetzungen der Ergänzungspflegschaft nach Abs 1 S 1. a) Verhinderung der Eltern/des Vormunds. Die Eltern – auch der alleinvertretungsberechtigte Elternteil – oder der Vor- **7** mund müssen an der Besorgung einer einzelnen Angelegenheit oder eines Kreises bestimmter Angelegenheiten für das Kind/den Mündel tatsächlich oder rechtlich **verhindert** sein, wobei im Falle der rechtlichen Verhinderung schon beachtliche **Zweifel** an der Vertretungsbefugnis genügen können[2].

Als **tatsächliche Gründe** einer Verhinderung sind große räumliche Entfernung, Abwesenheit, **8** Krankheit und Strafhaft[3], aber auch mangelnde Sachkunde zur Erledigung insbes vermögensrechtlicher Angelegenheiten anerkannt, die aber nicht allein wegen fortgeschrittenen Alters unterstellt werden darf[4].

Rechtlich verhindert sind die Eltern oder der Vormund, wenn sie kraft Gesetzes von der Ver- **9** tretung des Kindes bzw des Mündels **ausgeschlossen** sind. Darunter fallen vor allem die **gesetzlichen Vertretungsverbote** des bürgerlichen Rechts (§§ 181, 1629 Abs 2 S 1, 1795) und aus anderen Vorschriften, etwa § 52 Abs 2 S 2 StPO für die Ausübung des Zeugnisverweigerungsrechts Minderjähriger[5]. Rechtliche Verhinderung tritt auch ein, wenn das VormG dem Vormund die Vertretungsbefugnis wegen Interessenkollision nach § 1796 (für die Eltern iVm § 1629 Abs 2 S 3) entzieht, wenn dem Vormund die Sorge für die religiöse Erziehung entzogen wird (vgl § 1801 Rn 2) oder wenn den Eltern/dem Vormund Teilbereiche der Sorge gemäß § 1666 (gegen Vormund iVm § 1837 Abs 4) entzogen werden. Ein Ergänzungspfleger zur Geltendmachung von Unterhaltsansprüchen ist auch zu bestellen, wenn sich das Kind nicht in Obhut eines sorgeberechtigten Elternteils befindet[6]. **Bloße Interessengegensätze** rechtfertigen dagegen die Bestellung eines Ergänzungspflegers nicht, weil die Vertretungsbefugnis der Eltern/des Vormunds in diesen Fällen erst mit Wirksamkeit der gerichtlichen Entscheidung nach § 1796 (ggf iVm § 1629 Abs 2 S 3) entfällt (vgl § 1796 Rn 6)[7]. Nicht erforderlich ist die Pflegerbestellung bei Geschäften, die dem Kind/Mündel lediglich einen **rechtlichen Vorteil** bringen (vgl § 1795 Rn 1 sowie die Erläuterungen zu 107)[8]. Hierbei sind Verpflichtungs- und Verfügungsgeschäft idR isoliert zu betrachten[9].

b) Anordungsbedürfnis. Für die Pflegerbestellung muss ein **gegenwärtiges Bedürfnis** vorliegen, **10** das durch das VormG von Amts wegen festzustellen ist. Kein derartiges Bedürfnis besteht insbes dann, wenn der andere Elternteil die Sorge allein ausüben kann (vgl §§ 1680, 1681), das VormG oder FamG die erforderlichen Maßnahmen trifft (§§ 1667, 1693, 1846) oder der Mündel selbst handeln kann (§§ 112, 113). Die Pflegschaftsanordnung ist auch abzulehnen, wenn der beabsichtigte Prozess völlig aussichtslos oder das vorgesehene Rechtsgeschäft wegen Sittenwidrigkeit oder Verstoßes gegen ein gesetzliches Verbot mit Sicherheit nicht genehmigungsfähig wäre[10].

2. Zuwendungspflegschaft (Abs 1 S 2). Es handelt sich um einen besonderen Fall der **rechtlichen** **11** **Verhinderung** der Eltern (§ 1638 Abs 1) oder des Vormunds (§ 1803), in dem ein konkretes Bedürfnis für die Pflegerbestellung nicht zu prüfen ist, weil es vom Gesetz unterstellt wird[11]. Der Ausschluss der Eltern bzw des Vormunds von der Verwaltung des zugewendeten Vermögens muss bei Zuwendungen von Todes wegen in einer wirksamen **letztwilligen Verfügung,** bei solchen unter Lebenden bei der

---

[2] AllgM, BayObLGZ 1961, 277, 283 = NJW 1961, 2309.
[3] BayObLGZ 1974, 491, 493 = NJW 1975, 1082.
[4] BayObLG Rpfleger 1990, 119; zur Ergänzungspflegschaft für einen unbegleiteten minderjährigen Flüchtling vgl OLG Frankfurt DAVorm 2000, 485.
[5] BayObLG NJW 1998, 614.
[6] OLG Stuttgart OLGR 2005, 588.
[7] BGH NJW 1975, 345, 346 mwN.
[8] BayObLG Rpfleger 1998, 70; Rpfleger 1998, 425.
[9] BGHZ 161, 170 =NJW 2005, 415; s aber BGHZ 78, 28, 34.
[10] AllgM, MünchKommBGB/*Schwab* Rn 24.
[11] BayObLG FamRZ 1989, 1342, 1343.

§ 1911   Buch 4. Abschnitt 3. Vormundschaft, rechtliche Betreuung, Pflegschaft

Zuwendung, **nicht nachträglich,** erfolgt sein. Zu den Einzelheiten, auch zur Auslegung entsprechender Erklärungen vgl die Erläuterungen zu § 1638 Abs 1. Eine Pflegschaftsanordnung ist auch veranlasst, wenn der überlebende Ehegatte durch seinen geschiedenen Ehegatten von der Verwaltung des ererbten Kindesvermögens ausgeschlossen wurde[12]. Trotz des Ausschlusses besteht das Recht, das Kind bei der Annahme und Ausschlagung der Erbschaft zu vertreten (§ 1643 Abs 2) weiter[13].

12   Allein die Anordnung der **Testamentsvollstreckung**, auch einer Dauervollstreckung nach § 2209, steht dem Ausschluss der Verwaltung nicht gleich und erfordert deshalb nicht die Anordnung der Ergänzungspflegschaft[14]. Erfolgt indessen zugleich ein Verwaltungsausschluss, bedarf es idR der Bestellung eines Ergänzungspflegers für die Verwaltung des dem Minderjährigen zugewendeten Vermögens, soweit sie dem Testamentsvollstrecker zusteht (vgl §§ 2200, 2216, 2218)[15]. Wurde der überlebende Elternteil bzw der Vormund zum Testamentsvollstrecker eingesetzt, kann im Einzelfall, insbes bei großem Vermögen, die Anordnung einer Ergänzungspflegschaft angebracht sein.

13   **3. Ersatzpflegschaft (Abs 3).** Sie soll die an sich erforderliche Vormundschaft **ersetzen;** es müssen daher alle Voraussetzungen für die Anordnung der Vormundschaft vorliegen (§ 1773). Ersatzpflegschaft kommt nur in Betracht, wenn der sofortigen Bestellung des Vormunds Hindernisse entgegenstehen, etwa die tatsächliche Verhinderung des berufenen Vormunds, seine Weigerung, das Amt zu übernehmen oder Schwierigkeiten, einen geeigneten Vormund zu finden. Darüber hinaus muss ein **eiliges Fürsorgebedürfnis** bestehen[16]. Die Anordnung einer Ersatzpflegschaft kann auch in den Fällen der §§ 1680 Abs 2 S 1 und 2, 1681 Abs 1 zur Überbrückung des Zeitraums bis zur Wirksamkeit der Übertragungsentscheidung des FamG geboten sein.

14   **4. Informationspflichten (Abs 2).** Eltern und Vormund haben das VormG unverzüglich (§ 121) über das Erfordernis einer Pflegschaft zu **informieren.** Entsprechende Informationspflichten haben der Gegenvormund (§ 1799 Abs 1 S 1), der Pfleger (§ 1915 Abs 1), der Beistand (§ 1716), die Gerichte (§ 35 a S 1 FGG) sowie das Jugendamt im Rahmen der allgemeinen Unterstützungspflicht bei Maßnahmen der VormG und FamG betreffend die Sorge für Minderjährige (§ 50 Abs 1 S 1 SGB VIII).

III. Verfahren

15   Das VormG hat die Voraussetzungen der Pflegschaft **von Amts wegen** festzustellen (§ 12 FGG). Zur örtlichen Zuständigkeit vgl §§ 36 bis 43 FGG; hat ein Ausländer im Inland weder Wohnsitz noch Aufenthalt und ist eine Vormundschaft anhängig, ist das VormG zuständig, in dessen Bezirk das Fürsorgebedürfnis auftritt (allgM). Die internationale Zuständigkeit der deutschen Gerichte bestimmt sich nach § 35 b FGG. Funktionell ist idR der Rechtspfleger zuständig (§ 3 Nr 2 a RPflG); der Richtervorbehalt des § 14 Nr 4 RPflG hat vor allem für die Anordnung der Pflegschaft für Ausländer Bedeutung. Für die Bestellung der Ergänzungspflegschaft bei Verhinderung der Eltern ist seit Inkrafttreten des KindRG stets das Familiengericht zuständig[17]. Die Bestellung selbst nimmt auch dann das VormG vor (vgl § 1774 Rn 5).

16   Die Entscheidung ergeht durch Beschluss, der den **Umfang** der Pflegschaft genau bestimmen muss.

17   Gegen die **Anordnung** der Pflegschaft sind die Eltern/der Vormund im eigenen Namen und in dem des Kindes/Mündels **beschwerdeberechtigt;** eigenes Beschwerderecht des Kindes/Mündels mit Vollendung des 14. Lebensjahres (§§ 20, 59 FGG). Bei **Ablehnung** der Anordnung der Pflegschaft oder ihrer **Aufhebung** bestimmt sich die Beschwerdebefugnis nach § 57 Nr 3 FGG; gegen die **Pflegerauswahl** ist Beschwerde nach §§ 20, 57 Nr 9 FGG gegeben. Es handelt sich jeweils um die einfache, ggf weitere Beschwerde nach §§ 19, 27 FGG; wird der Pfleger jedoch bei Fortbestand der Pflegschaft gegen seinen Willen **entlassen,** hat er dagegen die **sofortige Beschwerde** nach § 60 Abs 1 Nr 3 FGG. Zur Beschwerde gegen Anordnungs- und Auswahlentscheidungen des **FamG** (befristete Beschwerde nach § 621 e ZPO) vgl § 1774 Rn 7[18].

18   Zum **Ende** der Pflegschaft vgl §§ 1918, 1919.

§ 1910 *(weggefallen)*

§ 1911 Abwesenheitspflegschaft

(1) ¹Ein abwesender Volljähriger, dessen Aufenthalt unbekannt ist, erhält für seine Vermögensangelegenheiten, soweit sie der Fürsorge bedürfen, einen Abwesenheitspfleger. ²Ein solcher Pfleger ist ihm insbesondere auch dann zu bestellen, wenn er durch Erteilung eines

---

[12] BayObLG FamRZ 1989, 1342, 1343.
[13] AllgM; BayObLGZ 1983, 213, 219 f mwN.
[14] BayObLG FamRZ 1989, 1342, 1343.
[15] HM, BayObLGZ 25, 193, 197; BayObLG FamRZ 1989, 1342, 1343; OLG Frankfurt DNotZ 1965, 482; MünchKommBGB/*Schwab* Rn 50; *Soergel/Zimmermann* Rn 8; RGRK/*Dickescheid* Rn 23.
[16] MünchKommBGB/*Schwab* Rn 55.
[17] BayObLG FamRZ 2000, 568; FamRZ 2001, 716; OLG Zweibrücken FamRZ 2000, 243; OLG Dresden Rpfleger 2000; 497; OLG Hamm FamRZ 2001, 717; OLG Brandenburg FGPrax 2003, 265; aA OLG Karlsruhe FamRZ 2000, 568; KG FamRZ 2001, 719; OLG Stuttgart BWNotZ 2000, 19; OLG Jena FamRZ 2003, 1311 f.
[18] OLG Bamberg FamRZ 2005, 1500 f; OLG Koblenz NJW 2006, 3649 f.

Auftrags oder einer Vollmacht Fürsorge getroffen hat, aber Umstände eingetreten sind, die zum Widerruf des Auftrags oder der Vollmacht Anlass geben.

(2) Das Gleiche gilt von einem Abwesenden, dessen Aufenthalt bekannt, der aber an der Rückkehr und der Besorgung seiner Vermögensangelegenheiten verhindert ist.

I. Normzweck

Die Vorschrift dient der Fürsorge für die **Vermögensangelegenheiten** einer **natürlichen volljährigen** Person, die wegen **Abwesenheit** gehindert ist, sie selbst wahrzunehmen. Sonderregelungen enthalten §§ 88, 99 FGG für die Auseinandersetzung von Nachlass und Gesamtgut, §§ 292 Abs 1, 443 Abs 3 StPO für Beschlagnahmen und Einziehungen, § 207 BauGB, § 96 GBO. 1

§ 1911 ist nicht anwendbar, wenn es sich um die Fürsorge in **persönlichen,** also nicht vermögensrechtlichen Angelegenheiten handelt (allgM) und wenn der Abwesende seine Vermögensangelegenheiten wahrnehmen könnte, das aber nicht will[1]. Die Norm ist für **juristische Personen** nicht analog anwendbar. 2

II. Einzelerläuterung

Abwesenheit iS des § 1911 bezieht sich auf den Ort, an dem das Fürsorgebedürfnis auftritt (allgM); das muss nicht unbedingt der Wohnort sein. 3

Abs 1 S 1 greift ein, wenn der Aufenthaltsort einer Person dem VormG **unbekannt** und nach Ausschöpfung der im Rahmen des § 12 FGG gebotenen Nachforschungsmöglichkeiten auch nicht ermittelt werden kann[2]; **Verschollenheit** (§ 1 VerschG) ist nicht erforderlich. Abwesenheitspflegschaft kann auch angeordnet werden, wenn Tod oder Leben eines Volljährigen ungewiss sind, ohne dass es darauf ankommt, ob die **Lebensvermutung** des § 10 VerschG noch begründet ist[3]. Nach Todeserklärung ist eine Abwesenheitspflegschaft unzulässig; möglich ist nunmehr eine Nachlasspflegschaft (§ 1961). 4

Abs 2 betrifft den Abwesenden, dessen Aufenthalt zwar **bekannt,** der aber durch außergewöhnliche Umstände an der **Rückkehr** und der Besorgung der Vermögensangelegenheit **gehindert** ist, wobei eine wesentliche Erschwerung genügt (allgM). Die Vorschrift hat durch die Entwicklung der Reisemöglichkeiten und der Nachrichtenübermittlung erheblich an Bedeutung verloren. In Betracht kommen zB politische Verhältnisse im Ausland, die die Abwicklung von Grundstücksangelegenheiten verhindern oder unzumutbar erschweren. Findet ein Strafgefangener nur aus Geldmangel keinen Bevollmächtigten, ist Abs 2 nicht anwendbar[4]. 5

Die Abwesenheitspflegschaft setzt immer ein **Fürsorgebedürfnis** für die Vermögensangelegenheiten des Abwesenden voraus. Sie darf nicht im alleinigen Interesse eines **Dritten** angeordnet werden; tritt das Interesse des Dritten zu dem des Abwesenden hinzu, schadet das hingegen nicht[5]. Das Fürsorgebedürfnis fehlt regelmäßig, wenn für die Vermögensangelegenheiten bereits **anderweit** Vorsorge getroffen wurde (elterliche Sorge, Vormundschaft, rechtliche Betreuung) oder der Abwesende die Angelegenheit **selbst** schriftlich oder telefonisch erledigen könnte. Hat der Abwesende **Auftrag oder Vollmacht** erteilt, gilt Abs 1 S 2, zB bei unerlaubten Handlungen des Bevollmächtigten, wenn eine fristlose Kündigung gerechtfertigt wäre oder in Fällen erheblicher Interessenkollision[6]. 6

Das VormG kann je nach Fürsorgebedürfnis Abwesenheitspflegschaft für alle oder nur für einzelne Vermögensangelegenheiten anordnen; eine Bestellung ohne Einschränkungen gilt für **alle Vermögensangelegenheiten** (allgM). Im Umfang seines Wirkungskreises ist der Pfleger **gesetzlicher Vertreter** des Abwesenden; zu seinen Aufgaben gehört auch die **Ermittlung dessen Aufenthaltsorts** (allgM) und ggf das Betreiben des **Todeserklärungsverfahrens** (§ 16 Abs 2 lit b, 3 VerschG)[7]. Die **Auswahl** des Pflegers richtet sich nach den §§ 1779 bis 1782 (§ 1915 Abs 1). Die Pflegschaft **endet** bei Bestellung für eine einzelne Angelegenheit mit deren Erledigung (§ 1918 Abs 3), mit Rechtskraft des die Todeserklärung aussprechenden Beschlusses (§ 1921 Abs 3) oder infolge Aufhebung durch das VormG bei Tod des Pfleglings (§ 1921 Abs 2) oder Wegfall des Anordnungsgrundes (§§ 1919, 1921 Abs 1). 7

Zum **Verfahren** vgl § 1909 Rn 15–17. Gegen die Anordnung der Pflegschaft ist allein der Abwesende beschwerdeberechtigt (§ 20 Abs 1 FGG); gegen die Ablehnung und Aufhebung auch Dritte (§ 57 Abs 1 Nr 3 FGG). 8

§ 1912 Pflegschaft für eine Leibesfrucht

(1) Eine Leibesfrucht erhält zur Wahrung ihrer künftigen Rechte, soweit diese einer Fürsorge bedürfen, einen Pfleger.

---

[1] BayObLGZ 15, 438.
[2] RGZ 98, 263.
[3] AllgM, BayObLGZ 14, 632; 1952, 129, 131.
[4] KG FamRZ 1988, 877.
[5] HM, BayObLGZ 1952, 129; OLG Zweibrücken FamRZ 1987, 523; OLG Köln FamRZ 1996, 694; OLG Naumburg Rpfleger 2003, 188; *Palandt/Diederichsen* Rn 6; aA – Abwesenheitspflegschaft auch ausschließlich im Drittinteresse – MünchKommBGB/*Schwab* Rn 14 bis 16; *Staudinger/Bienwald* Rn 10 bis 12; *Gernhuber* § 75 Rn 55–57.
[6] MünchKommBGB/*Schwab* Rn 13.
[7] BGHZ 18, 389 = NJW 1956, 102; OLG Düsseldorf FamRZ 1998, 109.

§ 1913

(2) Die Fürsorge steht jedoch den Eltern insoweit zu, als ihnen die elterliche Sorge zustünde, wenn das Kind bereits geboren wäre.

I. Normzweck

1   Die Leibesfrucht als erzeugtes, aber noch nicht geborenes Kind ist **teilrechtsfähig**, soweit ihr Rechte zugeordnet sind, die sie endgültig erst mit der Geburt erwirbt. Die Vorschrift will diese Rechte **wahren,** soweit das nicht durch die elterliche Sorge geschieht.

II. Einzelerläuterung

2   Die Pflegerbestellung nach § 1912 setzt die **Existenz** der Leibesfrucht voraus; für noch **nicht Erzeugte** kommt Pflegschaft nur nach § 1913 in Betracht.

3   Künftige Rechte, die der Leibesfrucht bei Geburt oder danach zustehen, können zB sein: Ansprüche aus **Erbschaft** (§ 1923 Abs 2), **Vermächtnis** (§ 2178), **Nacherbschaft** (§§ 2108 Abs 1, 1923 Abs 2), **Vertrag zu Gunsten Dritter** (§§ 328 Abs 1, 331), **Unerlaubte Handlung** (§ 844 Abs 2 S 1), Ansprüche aus **§ 10 Abs 2 S 1 StVG**. Die Vorschrift ist nicht anwendbar auf die Entscheidung über den Schwangerschaftsabbruch (allgM).

4   Für das **Fürsorgebedürfnis** – auch hier ist nur das Interesse der Leibesfrucht, nicht aber das Dritter maßgebend (vgl § 1911 Rn 6) – genügt die **Möglichkeit** der Existenz eines der in Rn 3 genannten Rechte. Kein Fürsorgebedürfnis besteht, wenn die betreffenden Rechte in **anderer Weise** gewahrt sind, etwa durch einen Testamentsvollstrecker (§ 2222) oder durch Nachlasspflegschaft (§ 1960 Abs 2). Auch im Rahmen der Aufgaben eines **Beistands** (§ 1712 Abs 1 N. 1 und 2) – zur Beistandschaft schon für die Leibesfrucht vgl §§ 1713 Abs 2, 1714 – ist für die Pflegschaft nach § 1912 kein Raum[1].

5   Die Pflegschaft darf nach Abs 2 nur angeordnet werden, soweit die Eltern bei Geburt des Kindes von der Vertretung kraft Gesetzes **ausgeschlossen** wären (§ 181, § 1629 Abs 2 S 1 iVm § 1775, §§ 1638 Abs 1 und 2, 1673, 1677), wegen Interessenkollision ausgeschlossen werden könnten (§ 1629 Abs 2 S 3 iVm § 1796) oder an der Wahrnehmung der Fürsorge **gehindert** sind.

6   Der Pfleger ist für die im Beschluss genannten künftigen Rechte **gesetzlicher Vertreter** der Leibesfrucht. Die Pflegschaft **endet** mit der Geburt (§ 1918 Abs 2), der Erledigung der einzelnen Angelegenheit (§ 1918 Abs 3) und durch Aufhebung nach § 1919, zB wenn die Schwangere stirbt oder sich herausstellt, dass keine Schwangerschaft bestand.

7   Zum Verfahren vgl § 1909 Rn 15–17. Gegen die Anordnung der Pflegschaft ist jeder Elternteil beschwerdeberechtigt, dem bei Geburt die elterliche Sorge zustände.

§ 1913 Pflegschaft für unbekannte Beteiligte

[1]Ist unbekannt oder ungewiss, wer bei einer Angelegenheit der Beteiligte ist, so kann dem Beteiligten für diese Angelegenheit, soweit eine Fürsorge erforderlich ist, ein Pfleger bestellt werden. [2]Insbesondere kann einem Nacherben, der noch nicht gezeugt ist oder dessen Persönlichkeit erst durch ein künftiges Ereignis bestimmt wird, für die Zeit bis zum Eintritt der Nacherbfolge ein Pfleger bestellt werden.

I. Normzweck

1   § 1913 dient dem Schutz der Vermögensinteressen der aufgeführten Personen.

II. Einzelerläuterung

2   **1. Anwendungsbereich und Abgrenzung.** § 1913 findet keine Anwendung, wenn die Voraussetzungen der **Nachlasspflegschaft** vorliegen, also Erben unbekannt sind, die bekannten Erben die Erbschaft noch nicht angenommen haben oder Ungewissheit über die Annahme besteht[1*]. Können jedoch die Erben, die die Erbschaft angenommen haben, bestimmte Maßnahmen (Verkauf von Nachlassgrundstücken) deshalb nicht treffen, weil Streit über die Erbquoten besteht und ein Erbschein nicht zeitnah erteilt werden kann, greift § 1913 ebenso ein wie bei der Konkurrenz unbekannter gesetzlicher Erben mit Erbprätendenten, die ihr Recht aus einem zweifelhaften Testament ableiten[2].

3   Zulässig ist die Pflegerbestellung nach § 1913 auch für eine **juristische Person,** die unbekannt ist, auch, wenn Ungewissheit besteht, ob sie bereits Wirksamkeit erlangt hat (allgM). Ist ein Verein durch Wegfall aller Mitglieder erloschen, hat das AG seine Vertretung und die Verwendung seines Vermögens von Amts wegen einem Pfleger zu übertragen[3]. Die nach § 1913 mögliche Pflegschaft für den noch **nicht Erzeugten** erstreckt sich nicht auf die spätere Leibesfrucht (allgM), so dass der Pfleger für diese keine Vertretungsbefugnis hat.

4   Zu vorrangigen **Sondervorschriften** vgl zB § 207 BauGB und § 17 SachenRBerG[4].

---

[1] Palandt/Diederichsen Rn 3.
[1*] KG NJW 1971, 565; BayObLG Rpfleger 1984, 102.
[2] BGH NJW 1983, 226.
[3] OLG Köln NJW-RR 1999, 336.
[4] OLG Brandenburg OLG-NL 1996, 277.

2. Anordnungsvoraussetzungen. Unbekannt oder ungewiss iS von S 1 ist ein Beteiligter auch, 5
wenn über die Berechtigung gestritten wird[5] und die Ungewissheit nicht leicht zu beseitigen ist.
Hinsichtlich des Fürsorgebedürfnisses ist lediglich auf die Interessen des **Pfleglings** abzustellen, nicht auf
diejenigen Dritter (vgl § 1911 Rn 6). Es fehlt regelmäßig, wenn die Belange des unbekannten/
ungewissen Beteiligten bereits **anderweitig** geschützt sind. Ein Fürsorgebedürfnis wurde zB verneint
für den Verlierer einer Fundsache, den unbekannten Beteiligten im Beweissicherungsverfahren (§ 494
Abs 2 ZPO), den Berechtigten im Verteilungsverfahren nach dem ZVG (§ 94 ZVG), beim Ausschluss
unbekannter Grundpfandgläubiger (§§ 1170, 1171, 1192) oder wenn Testamentsvollstreckung (§ 2222)
angeordnet ist[6]. Demgegenüber ist die Bestellung eines Pflegers für die unbekannten Gesellschafter einer
GmbH geboten, die sich in eine andere Rechtsform umwandeln will[7].

S 2 betrifft vor allem den noch nicht erzeugten oder den bedingt eingesetzten **Nacherben**; letzteres 6
liegt auch vor, wenn die Einsetzung des Haupterben von einer testamentarischen Verwirkungsklausel
abhängig ist (§ 2075)[8]. Auch hier muss ein Fürsorgebedürfnis gegeben sein.

3. Bestellung, Wirkungskreis, Beendigung. Die **Auswahl** des Pflegers bestimmt sich nach den 7
§§ 1915 Abs 1, 1779 Abs 2. Eine **Berufung** zur Pflegschaft nach § 1913 ist nicht zulässig (allgM);
geeignete Verwandte sind aber vorrangig zu berücksichtigen (vgl § 1779 Rn 4). Der **Wirkungskreis**
des Pflegers ergibt sich aus der Bestellung, die sich auch auf **mehrere** Beteiligte beziehen kann; in
diesem Umfang ist der Pfleger **gesetzlicher Vertreter** der betroffenen Beteiligten[9]. Zu seinen Aufgaben
gehört es auch, die Beteiligten nach Möglichkeit zu ermitteln[10]. Die Pflegschaft **endet** mit der
Erledigung der Angelegenheit (§ 1918 Abs 3) oder durch Aufhebung (§ 1919), weil der Anordnungsgrund
entfallen ist, zB wenn der unbekannte Beteiligte bekannt oder die Ungewissheit beseitigt wird.

III. Verfahren

Vgl § 1909 Rn 15–17. **Beschwerdeberechtigt** gegen die Anordnung oder die Ablehnung der 8
Aufhebung ist jeder, der behauptet, der wahre Berechtigte zu sein, § 20 FGG (allgM). Kein Beschwerderecht
hat der Miterbe, der Vorerbe oder ein möglicher Nacherbe, wohl aber der Testamentsvollstrecker
bei Anordnung der Pflegschaft. Der Pfleger selbst hat gegen die Aufhebung der Pflegschaft nur ein
Beschwerderecht, wenn er an ihrer Aufrechterhaltung ein eigenes rechtliches Interesse hat[11].

§ 1914 Pflegschaft für gesammeltes Vermögen

**Ist durch öffentliche Sammlung Vermögen für einen vorübergehenden Zweck zusammengebracht
worden, so kann zum Zwecke der Verwaltung und Verwendung des Vermögens ein
Pfleger bestellt werden, wenn die zu der Verwaltung und Verwendung berufenen Personen
weggefallen sind.**

I. Normzweck

§ 1914 soll im Falle des Wegfalls der Verfügungsberechtigten die **Verwendung** des angesammelten 1
Vermögens in Übereinstimmung mit dem Sammlungszweck sichern. Die praktische Bedeutung der
Vorschrift ist äußerst gering, weil die Sammlungsgesetze der Länder idR ausreichende Maßnahmen für
diese Fälle vorsehen, insbes durch die Einsetzung von Treuhändern durch die jeweilige Erlaubnisbehörde[1].

II. Einzelerläuterung

Voraussetzung für die Anordnung der Pflegschaft nach § 1914 ist das Vorhandensein eines **Sammel-** 2
vermögens. Dessen Rechtsnatur ist im Einzelnen umstritten; Einigkeit besteht jedoch darüber,
dass es anders als die Stiftung **keine eigene Rechtspersönlichkeit** hat und einem nur **vorübergehenden**
Zweck dient. Die **Verfügungsgewalt** – nicht das Eigentum – muss ausschließlich den Veranstaltern
der Sammlung zustehen, die sie entspr des Sammlungszwecks auszuüben haben[2]. Das Sammelvermögen
muss aus einer öffentlichen Sammlung resultieren und bereits zusammengebracht sein. Das ist
erst der Fall, wenn mindestens eine Anwartschaft auf die Spenden besteht, also eine bindende Verpflichtung
der Beitragszeichner vorliegt[3].

Die zur Verwaltung und Verwendung des Vermögens entspr dem Sammlungszweck berufenen 3
Personen müssen daran aus tatsächlichen oder rechtlichen Gründen **gehindert** sein (Tod, Geschäfts-

---

[5] OLG Düsseldorf Rpfleger 1976, 358.
[6] MünchKommBGB/*Schwab* Rn 14.
[7] OLG Bremen OLGR 2003, 465 f.
[8] BayObLGZ 1966, 49, 54 f.
[9] BGH MDR 1968, 484.
[10] KG JW 1938, 2401.
[11] BGH NJW 1953, 1666.
[1] MünchKommBGB/*Schwab* Rn 4, 5.
[2] AllgM, BGH MDR 1973, 742.
[3] AllgM, MünchKommBGB/*Schwab* Rn 6.

unfähigkeit, Abwesenheit, Aufgabe der Verwaltungstätigkeit). Das ist nicht der Fall, wenn sie ihre Pflichten verletzen oder unfähig zur ordnungsgemäßen Geschäftsführung sind[4].

4 Der Pfleger erlangt die **gesamten Befugnisse** zur Verwaltung und bestimmungsgemäßen Verwendung des Sammelvermögens; er darf Forderungen einziehen, aber nicht weitersammeln[5]. Er ist mangels Rechtspersönlichkeit des Sammelvermögens nicht gesetzlicher Vertreter, sondern **Verwalter** und im Prozess **Partei kraft Amtes**[6].

5 Die Pflegschaft **endet** idR durch Aufhebung nach § 1919, wenn die berufenen Verwalter ihr Amt wieder ausüben können, die Spender neue Verwalter bestimmen oder die zweckentsprechende Verwendung des Sammelvermögens nachgewiesen ist. Ist der Pfleger nur für eine einzelne Angelegenheit bestellt, kommt auch die Beendigung nach § 1918 Abs 3 in Betracht.

6 Zum **Verfahren** s § 1909 Rn 15–17.

§ 1915 Anwendung des Vormundschaftsrechts

(1) ¹Auf die Pflegschaft finden die für die Vormundschaft geltenden Vorschriften entsprechende Anwendung, soweit sich nicht aus dem Gesetz ein anderes ergibt. ²Abweichend von § 3 Abs. 1 bis 3 des Vormünder- und Betreuervergütungsgesetzes bestimmt sich die Höhe einer nach § 1836 Abs. 1 zu bewilligenden Vergütung nach den für die Führung der Pflegschaftsgeschäfte nutzbaren Fachkenntnissen des Pflegers sowie nach dem Umfang und der Schwierigkeit der Pflegschaftsgeschäfte, sofern der Pflegling nicht mittellos ist

(2) Die Bestellung eines Gegenvormunds ist nicht erforderlich.

(3) § 1793 Abs. 2 findet auf die Pflegschaft für Volljährige keine Anwendung.

I. Normzweck

1 Wegen der strukturellen Ähnlichkeit von Vormundschaft und Pflegschaft **verweist** Abs 1 auf die Vorschriften über die Vormundschaft. Das betrifft vor allem die **§§ 1773 bis 1895,** aber auch **sonstige** Bestimmungen des BGB, die den Vormund oder die Vormundschaft behandeln (zB §§ 1999, 2275). Die Norm gilt für **alle Pflegschaften des BGB**, auch die Nachlasspflegschaft (§§ 1960 bis 1962), die Nachlassverwaltung (§ 1975), die bestellte Vereins- und Amtsvormundschaft (§§ 1719 a, 1791 b) und die Sorgerechtspflegschaft des § 1630 Abs 3. Auf Pflegschaften **außerhalb des BGB** ist sie kraft ausdrücklicher Verweisung, bei deren Fehlen dann anwendbar, wenn der Sinn und Zweck der entsprechenden Bestimmung das zulässt (allgM). Weitgehend **unanwendbar** sind die Regelungen des Vormundschaftsrechts bei der Bestellung von Verfahrenspflegern[1].

II. Einzelerläuterung

2 Ob die Verweisung des Abs 1 eingreift, hängt davon ab, ob die in Frage kommende Bestimmung des Vormundschaftsrechts für die jeweilige Art der Pflegschaft **sinnvoll anwendbar** ist; **Abweichungen** regeln neben Abs 2 und 3 die §§ 1916 bis 1921. **Entspr gelten** danach insbes die Regelungen über die Bestellung (§ 1789), die Auswahl (§ 1779), Führung (§§ 1793 ff), den Ausschluss der Vertretungsmacht (§ 1795), das Ablehnungsrecht (§ 1786), die Mehrheit von Pflegern (§§ 1795, 1797), die vormundschaftsgerichtlichen Genehmigungen (§§ 1819 bis 1831), die Haftung (§ 1833), den Aufwendungsersatz und die Vergütung (§§ 1835 ff), die Rechnungslegung (§§ 1840, 1841, 1890) und die Entlassung (§§ 1886, 1889). Hinsichtlich der **Vergütung** bestimmt der durch das 2. BtÄndG mit Wirkung ab dem 1. 7. 2005 eingefügte Abs 1 S 2, dass abweichend von § 3 Abs 1 bis 3 VBVG nicht allein die Fachkenntnisse des Pflegers, sondern auch die Schwierigkeiten der jeweiligen Pflegschaftsgeschäfte für die Höhe des Stundensatzes maßgebend sind, wenn der Pflegling nicht mittellos ist. Vgl auch die Hinweise bei den einzelnen Vorschriften des Vormundschaftsrechts jeweils am Ende.

3 Bei der entsprechenden Anwendung des Vormundschaftsrechts ist stets zu berücksichtigen, dass die **Vertretungsmacht des Pflegers** gegenüber der des Vormunds **eingeschränkt** ist und sich ausschließlich aus dem Text der Bestellung ergibt[2]. Auch eine **fehlerhaft** erteilte vormundschaftsgerichtliche **Genehmigung** vermag die fehlende Vertretungsmacht nicht zu ersetzen und kann auch nicht in eine nachträgliche Erweiterung des Wirkungskreises umgedeutet werden[3]. Der Pfleger bedarf für die von ihm vorgenommenen Rechtsgeschäfte im gleichen Umfang wie der Vormund der **Genehmigung des VormG;** auch wenn er als Ergänzungspfleger anstelle der sorgeberechtigten Eltern handelt, gilt § 1643 für ihn nicht[4*].

---

[4] MünchKommBGB/*Schwab* Rn 9; *Soergel/Zimmermann* Rn 6.
[5] *Soergel/Zimmermann* Rn 7; *Erman/Holzhauer* Rn 4; *Staudinger/Bienwald* Rn 9; teilweise aA MünchKommBGB/ *Schwab* Rn 11.
[6] BGH MDR 1973, 742.
[1] MünchKommBGB/*Schwab* Rn 5.
[2] AllgM, BayObLG FamRZ 1988, 874, 876.
[3] BayObLG Rpfleger 1986, 471.
[4*] HM, MünchKommBGB/*Schwab* Rn 17 mwN; aA LG Karlsruhe BWNotZ 1973, 74.

Zur **Berufung** des Pflegers nach § 1909 vgl §§ 1916, 1917. Bei den Pflegschaften der §§ 1911, 1913 und 1914 findet eine Berufung des Pflegers nicht statt; bei der nach § 1912 nur gemäß § 1917 iVm § 1638[5]. 4

Die Bestellung eines **Gegenvormunds** darf nach **Abs 2** auch bei Vorliegen der Voraussetzungen des § 1792 Abs 2 unterbleiben, ist aber außer in den Fällen der §§ 1917 Abs 2 S 1, 1852 Abs 1 **nicht unzulässig**. Ein für den Vormund bestellter Gegenvormund ist nicht zugleich Gegenvormund eines daneben vorhandenen Pflegers (allgM). 5

Abs 3 wurde durch das MHbeG (in Kraft seit dem 1. 1. 1999) eingefügt und bringt die Selbstverständlichkeit zum Ausdruck, dass die in § 1793 Abs 2 durch Verweis auf § 1629a angeordnete Haftungsbeschränkung für **volljährige Pfleglinge** nicht gilt. 6

§ 1916 Berufung als Ergänzungspfleger

Für die nach § 1909 anzuordnende Pflegschaft gelten die Vorschriften über die Berufung zur Vormundschaft nicht.

I. Normzweck

Die Norm soll als Ausnahmeregelung zu § 1915 Abs 1 **Interessenkollisionen** verhindern und gilt nur für die Pflegschaften des § 1909 Abs 1 S 1, Abs 3. Für die Zuwendungspflegschaft des § 1909 Abs 1 S 2 existiert die spezielle Berufungsvorschrift des § 1917. 1

II. Einzelerläuterung

Für die Pflegschaften des § 1909 Abs 1 S 1, Abs 3 schließt § 1916 die Anwendung der §§ 1776 bis 1778 aus; ein **Benennungsrecht der Eltern** besteht daher nicht. 2

Hingegen verbleibt es bei der entsprechenden Anwendung der **Auswahlvorschrift des § 1779 Abs 2** (allgM). Für die gerichtliche Auswahlentscheidung ist ausschließlich das **Interesse des Pfleglings** maßgebend[1]; Verwandte sind nur auszuwählen, wenn nicht die Gefahr von Interessenkollisionen besteht (allgM). Ähnliches gilt für die Berücksichtigung eines Elternvorschlags bei der Auswahlentscheidung. 3

§ 1917 Ernennung des Ergänzungspflegers durch Erblasser und Dritte

(1) Wird die Anordnung einer Pflegschaft nach § 1909 Abs. 1 Satz 2 erforderlich, so ist als Pfleger berufen, wer durch letztwillige Verfügung oder bei der Zuwendung benannt worden ist; die Vorschrift des § 1778 ist entsprechend anzuwenden.

(2) ¹Für den benannten Pfleger können durch letztwillige Verfügung oder bei der Zuwendung die in den §§ 1852 bis 1854 bezeichneten Befreiungen angeordnet werden. ²Das Vormundschaftsgericht kann die Anordnungen außer Kraft setzen, wenn sie das Interesse des Pfleglings gefährden.

(3) ¹Zu einer Abweichung von den Anordnungen des Zuwendenden ist, solange er lebt, seine Zustimmung erforderlich und genügend. ²Ist er zur Abgabe einer Erklärung dauernd außerstande oder ist sein Aufenthalt dauernd unbekannt, so kann das Vormundschaftsgericht die Zustimmung ersetzen.

I. Normzweck

Die Vorschrift, die nur für die **Zuwendungspflegschaft des § 1909 Abs 1 S 2** gilt, erhält demjenigen, der dem Minderjährigen etwas zuwendet, einen gewissen **Einfluss** auf die Verwaltung dieses Vermögens. Die Norm ergänzt insoweit die §§ 1638 Abs 1 und 1803. Der Zuwendende kann daher die Eltern oder den Vormund von der Verwaltung des zugewendeten Vermögens ausschließen, bestimmen, wer die Vermögensverwaltung wahrnehmen und wie sie erfolgen soll. 1

II. Einzelerläuterung

Die Benennung des Pflegers muss in einer **wirksamen letztwilligen Verfügung,** auch isoliert von der Zuwendungsanordnung, enthalten sein oder **bei** der unentgeltlichen Zuwendung unter Lebenden – **nicht danach** (§ 1803) – erfolgen. Der Zuwendende kann auch **sich selbst** benennen[1*], aber nicht bestimmte Personen von der Pflegschaft **ausschließen**[2]. 2

Nach Abs 1 letzter HS gilt § 1778 entsprechend, so dass der wirksam Benannte nur unter dessen Voraussetzungen **übergangen** werden darf (vgl die Erläuterungen zu § 1778); hierfür genügt im Falle 3

---

[5] MünchKommBGB/*Schwab* Rn 10.
[1] BayObLG FamRZ 1959, 125.
[1*] HM, OLG München JFG 21, 181, 188.
[2] BayObLGZ 1977, 105, 111; aA MünchKommBGB/*Schwab* Rn 2; *Soergel/Zimmermann* Rn 2.

§ 1919 Buch 4. Abschnitt 3. Vormundschaft, rechtliche Betreuung, Pflegschaft

des § 1778 Abs Nr 4 ein **nicht unerheblicher Interessenwiderstreit**[3]. Hat der zum Pfleger berufene Vater in der Vergangenheit den Vermögensinteressen der Kinder konkret zuwidergehandelt, kann das seine Übergehung rechtfertigen[4]. Die Verweisung gilt auch für § 1778 Abs 3[5]. Darüber hinaus kommt eine Bestellung des Benannten auch dann nicht in Betracht, wenn die §§ 1780, 1781 und 1784 entgegenstehen. Gegen eine Übergehung hat der Benannte das Recht zur **sofortigen Beschwerde** nach §§ 60 Abs 1 Nr 1, 20, 22 FGG.

4 Der Zuwendende kann den Pfleger nach Abs 2 von den in §§ 1852 bis 1854 aufgeführten Beschränkungen **befreien**; diese Befreiungen kann das VormG unter den Voraussetzungen des § 1857 **außer Kraft setzen** (vgl § 1857 Rn 2, 3).

5 Die Bezugnahme des Abs 3 bezieht sich **ausschließlich auf die Anordnungen des Abs 2**, nicht auf die Benennung des Pflegers in Abs 1[6] und auch nicht auf Anordnungen nach den §§ 1639, 1803 (allgM).

§ 1918 Ende der Pflegschaft kraft Gesetzes

(1) Die Pflegschaft für eine unter elterlicher Sorge oder unter Vormundschaft stehende Person endigt mit der Beendigung der elterlichen Sorge oder der Vormundschaft.

(2) Die Pflegschaft für eine Leibesfrucht endigt mit der Geburt des Kindes.

(3) Die Pflegschaft zur Besorgung einer einzelnen Angelegenheit endigt mit deren Erledigung.

I. Normzweck

1 Die Vorschrift, die der **Klarheit** hinsichtlich der **Beendigung** der Pflegschaft dient, ist sinngemäß auch auf **andere Pflegschaften** als die der §§ 1909, 1911 bis 1914 anzuwenden, soweit nicht Sondervorschriften (zB § 1751 Abs 1 S 3) oder der Gesetzeszweck entgegenstehen[1].

II. Einzelerläuterung

2 **Abs 1** betrifft nur die von der elterlichen Sorge bzw der Vormundschaft abhängige **Pflegschaft des § 1909. Beendigungsgründe der elterlichen Sorge** sind: Volljährigkeit oder Tod des Kindes, Tod oder Todeserklärung der Eltern bzw des alleinsorgeberechtigten Elternteils (§§ 1677, 1680, 1681), Entzug oder Ruhen der **gesamten** elterlichen Sorge, nicht nur von Teilbereichen (allgM), Adoption. Zum **Ende der Vormundschaft** vgl die Erläuterungen zu §§ 1882, 1884. In der Regel führt auch der **Wechsel in der Person** des Sorgeberechtigten zum Ende der Pflegschaft[2].

3 Nach **Abs 2** endet die Pflegschaft des § 1912 mit der **Geburt des Kindes,** auch wenn es tot geboren wird (allgM).

4 **Einzelangelegenheiten** iS des Abs 3 sind zB Pflegschaften für die Führung eines bestimmten Zivilprozesses[3*], den Abschluss eines bestimmten Rechtsgeschäfts, die Auseinandersetzung einer Gemeinschaft nach § 1683[4*] oder den §§ 88, 99 FGG[5*], die Zustimmung zur Zeugenaussage gemäß § 52 Abs 2 StPO oder die Einwilligung in eine bestimmte, von den Eltern oder dem Vormund verweigerte Heilbehandlung. Die Vorschrift ist unanwendbar, wenn die Pflegschaft für einen **Kreis von Angelegenheiten** angeordnet wurde[6*]; eine solche Pflegschaft ist ggf nach § 1919 aufzuheben.

§ 1919 Aufhebung der Pflegschaft bei Wegfall des Grundes

Die Pflegschaft ist von dem Vormundschaftsgericht aufzuheben, wenn der Grund für die Anordnung der Pflegschaft weggefallen ist.

I. Normzweck

1 Das Gesetz knüpft das **Ende der Pflegschaft,** das von verschiedenen Umständen abhängen kann, aus Gründen der Rechtssicherheit im Regelfall an eine **gerichtliche Aufhebungsentscheidung mit konstitutiver Wirkung**; die Beendigung kraft Gesetzes (§ 1918) ist demgegenüber die Ausnahme. Wegen der Gestaltungswirkung des Aufhebungsaktes endet die Pflegschaft auch dann, wenn der

---

[3] BayObLG NJW-FER 1997, 202; OLG Schleswig OLGR 2007, 442.
[4] BayObLG DNotZ 1998, 491.
[5] MünchKommBGB/*Schwab* Rn 10.
[6] HM, MünchKommBGB/*Schwab* Rn 18; *Soergel/Zimmermann* Rn 4; *Staudinger/Bienwald* Rn 9.
[1] MünchKommBGB/*Schwab* Rn 2.
[2] HM, BayObLGZ 20, 29, 32; MünchKommBGB/*Schwab* Rn 10; *Palandt/Diederichsen* Rn 1; *Soergel/Damrau* Rn 2.
[3*] BayObLG FamRZ 1988, 321, LS.
[4*] BayObLGZ 1974, 42 = NJW 1974, 1908.
[5*] BayObGZ 1953, 29, 33.
[6*] HM, MünchKommBGB/*Schwab* Rn 18; RGRK/*Dickescheid* Rn 6; *Soergel/Damrau* Rn 4; aA *Palandt/Diederichsen* Rn 4; offen gelassen von OLG Oldenburg FGPrax 1998, 108.

Aufhebung der Abwesenheitspflegschaft § 1921

Anordnungsgrund in Wahrheit nicht weggefallen ist (allgM). Das hat die verfahrensrechtliche Folge, dass mit der Beschwerde gegen die Aufhebungsentscheidung nur die **erneute Pflegschaftsanordnung** erreicht werden kann[1].

Die Vorschrift ist auf **alle Pflegschaften** des bürgerlichen Rechts anzuwenden (allgM), vgl aber für die Abwesenheitspflegschaft § 1921. Hebt das VormG eine Pflegschaft auf, die bereits kraft Gesetzes nach § 1918 beendet ist oder war die Pflegschaftsanordnung ausnahmsweise nichtig, wirkt der Aufhebungsbeschluss nur deklaratorisch (allgM). 2

II. Einzelerläuterung

Die Aufhebung setzt den **Wegfall des Anordnungsgrundes** voraus; dem steht es nach allgM gleich, wenn er von vornherein nicht bestanden hat[2]. Das ist zB bei § 1909 Abs 1 der Fall, wenn die Eltern oder der Vormund nicht mehr verhindert sind oder der Nacherbfall eingetreten ist, bei § 1909 Abs 3, wenn der Vormund nunmehr bestellt ist (vgl auch § 1912 Rn 6, § 1913 Rn 10, § 1914 Rn 5). Soweit eine Pflegschaft für einen Kreis von Angelegenheiten angeordnet wurde, kann sie ggf auch **teilweise** aufgehoben werden[3]. 3

Die Aufhebungsverfügung wird erst mit ihrer **Mitteilung an den Pfleger** wirksam (§ 16 Abs 1 FGG). Vgl zum **Verfahren** iÜ § 1909 Rn 15–17. Das **Beschwerderecht** gegen die Aufhebungsentscheidung ergibt sich aus § 57 Abs 1 Nr 3 FGG, in nichtvermögensrechtlichen Angelegenheiten, zu denen auch Unterhaltspflegschaften gehören[4], aus § 57 Abs 1 Nr 9 FGG. Der Pfleger hat – auch im Namen des Pflegings – kein Beschwerderecht gegen die Aufhebung der Pflegschaft, es sei denn, die Voraussetzungen des § 57 Abs 1 Nr 9 FGG liegen vor[5]. Gegen die Ablehnung der Aufhebung ist der Pfleger dagegen im eigenen Namen und als Vertreter des Pfleglings beschwerdebefugt. 4

§ 1920 *(weggefallen)*

§ 1921 Aufhebung der Abwesenheitspflegschaft

(1) Die Pflegschaft für einen Abwesenden ist von dem Vormundschaftsgericht aufzuheben, wenn der Abwesende an der Besorgung seiner Vermögensangelegenheiten nicht mehr verhindert ist.

(2) ¹Stirbt der Abwesende, so endigt die Pflegschaft erst mit der Aufhebung durch das Vormundschaftsgericht. ²Das Vormundschaftsgericht hat die Pflegschaft aufzuheben, wenn ihm der Tod des Abwesenden bekannt wird.

(3) Wird der Abwesende für tot erklärt oder wird seine Todeszeit nach den Vorschriften des Verschollenheitsgesetzes festgestellt, so endigt die Pflegschaft mit der Rechtskraft des Beschlusses über die Todeserklärung oder die Feststellung der Todeszeit.

I. Normzweck

Die Vorschrift bezweckt die eindeutige Feststellung des Beendigungszeitpunktes im Interesse der Rechtssicherheit. Daneben sind die §§ 1919, 1918 Abs 3 anwendbar[1*]. 1

II. Einzelerläuterung

Fällt die Verhinderung des Abwesenden weg (zB durch Rückkehr, wenn er einen Bevollmächtigten bestimmt oder sein Aufenthaltsort bekannt wird und die Verbindung mit ihm ohne Schwierigkeiten möglich ist) hat das VormG die Pflegschaft von Amts wegen aufzuheben **(Abs 1)**. 2

Abs 2 und 3 entsprechen § 1884 Abs 1 und 2 (vgl dort Rn 2, 3). Anders als § 1884 Abs 1 setzt § 1921 Abs 2 nicht Verschollenheit voraus. Der Pfleger ist berechtigt, das Todeserklärungsverfahren zu betreiben[2*]. 3

Bis zur Beendigung der Pflegschaft ist der Pfleger **gesetzlicher Vertreter** des Abwesenden; soweit ihm Vertretungsmacht nach dem übertragenen Wirkungskreis auch über den Tod des Pfleglings hinaus zugestanden hat, gilt er auch als Vertreter der Erben[3*]. Solange der Pfleger von der Beendigung der Pflegschaft keine Kenntnis hatte oder haben musste, ist er berechtigt, die ihm übertragenen Geschäfte fortzuführen[4*]. Die Aufhebungsbeschlüsse nach Abs 1 und 2 sind dem Pfleger mitzuteilen und erlangen erst dadurch Wirksamkeit (§ 16 Abs 1 FGG), vgl § 1919 Rn 5. 4

---

[1] AllgM, BayObLG FamRZ 1988, 423, 424.
[2] BayObLG Rpfleger 1990, 119.
[3] BayObLG Rpfleger 1984, 235.
[4] AllgM, OLG Hamm FamRZ 1972, 519.
[5] BGH NJW 1953, 1666, 1667.
[1*] AllgM, BayObLGZ 21, 349, 352 f.
[2*] AllgM, BGHZ 18, 389 = NJW 1956, 102.
[3*] AllgM, BGHZ 5, 240, 243.
[4*] MünchKommBGB/*Schwab* Rn 10.

Sozialgesetzbuch (SGB)

Achtes Buch (VIII) – Kinder- und Jugendhilfe –

idF vom 14. Dezember 2006 (BGBl I S 3134),
zuletzt geändert durch Gesetz vom 19. Februar 2007 (BGBl I S 122)

– Auszug –

2. Kapitel – Vierter Abschnitt

Erster Unterabschnitt. Hilfe zur Erziehung (§§ 27–35)

§ 27 Hilfe zur Erziehung

(1) Ein Personensorgeberechtigter hat bei der Erziehung eines Kindes oder eines Jugendlichen Anspruch auf Hilfe (Hilfe zur Erziehung), wenn eine dem Wohl des Kindes oder des Jugendlichen entsprechende Erziehung nicht gewährleistet ist und die Hilfe für seine Entwicklung geeignet und notwendig ist.

(2) [1]Hilfe zur Erziehung wird insbesondere nach Maßgabe der §§ 28 bis 35 gewährt. [2]Art und Umfang der Hilfe richten sich nach dem erzieherischen Bedarf im Einzelfall; dabei soll das engere soziale Umfeld des Kindes oder des Jugendlichen einbezogen werden. [3]Die Hilfe ist in der Regel im Inland zu erbringen; sie darf nur dann im Ausland erbracht werden, wenn dies nach Maßgabe der Hilfeplanung zur Erreichung des Hilfezieles im Einzelfall erforderlich ist.

(2 a) Ist eine Erziehung des Kindes oder Jugendlichen außerhalb des Elternhauses erforderlich, so entfällt der Anspruch auf Hilfe zur Erziehung nicht dadurch, dass eine andere unterhaltspflichtige Person bereit ist, diese Aufgabe zu übernehmen; die Gewährung von Hilfe zur Erziehung setzt in diesem Fall voraus, dass diese Person bereit und geeignet ist, den Hilfebedarf in Zusammenarbeit mit dem Träger der öffentlichen Jugendhilfe nach Maßgabe der §§ 36 und 37 zu decken.

(3) [1]Hilfe zur Erziehung umfasst insbesondere die Gewährung pädagogischer und damit verbundener therapeutischer Leistungen. [2]Sie soll bei Bedarf Ausbildungs- und Beschäftigungsmaßnahmen im Sinne des § 13 Abs. 2 einschließen.

(4) Wird ein Kind oder eine Jugendliche während ihres Aufenthaltes in einer Einrichtung oder einer Pflegefamilie selbst Mutter eines Kindes, so umfasst die Hilfe zur Erziehung auch die Unterstützung bei der Pflege und Erziehung dieses Kindes.

Schrifttum: *Allert* ua, Strukturprobleme der sozialpädagogischen Familienhilfe, NDV 1989, 343; *Ames/Bürger,* Ursachen der unterschiedlichen Inanspruchnahme von Heimerziehung, NDV 1997, 373; *Birtsch/Münstermann/Trede,* Handbuch der Erziehungshilfen, 2001; *Bizer,* Kostentragungspflicht für die jugendrichterliche Weisung, einen Sozialen Trainingskurs zu besuchen, ZfJ 1992, 616; *Böllert,* Jugend und Gewalt, NP 1997, 328; *Bürger,* Die Zukunft ambulanter Erziehungshilfen, NDV 2004, 241, 277; *ders,* Vollzeitpflege und Heimerziehung – Zurückliegende Entwicklungen und Perspektiven im Feld stationärer Erziehungshilfen, ZfJ 1999, 206; *Breuer/Weuffen,* Besondere Entwicklungsauffälligkeiten bei Fünf- bis Achtjährigen, 3. Aufl 1995; *Fegert,* Was ist seelische Behinderung?, 2. Aufl 1996; *Coester,* Das Kindeswohl als Rechtsbegriff, 1983; *ders,* Die Bedeutung des Kinder- und Jugendhilfegesetzes (KJHG) für das Familienrecht, FamRZ 1991, 253; *ders,* Elternautonomie und Staatsverantwortung bei der Pflege und Erziehung von Kindern, FamRZ 1996, 1181; *Diedrichs-Michel,* Anordnungen von Familien- und Vormundschaftsgerichten gegenüber Jugendämtern, RsDE 1995/29, 43; *Drewniak,* Soziale Gruppenarbeit/Soziale Trainingskurse: Eine theoretische Erklärung, ZfJ 1998, 487; *Elger/Christmann,* Sozialpädagogische Familienhilfe, in: *Blandow/Faltermeier* (Hrsg), Erziehungshilfen in der Bundesrepublik Deutschland, 1989, S 153; *Fahrenhorst,* Der Schutz elterlicher Rechte bei einer Trennung von Eltern und Kind und die Europäische Konvention zum Schutz der Menschenrechte und Grundfreiheiten, FamRZ 1996, 454; *Feuser,* Recht statt Politik?, GL 1998, 10; *Gebert/Schone,* Erziehungsbeistände im Umbruch, 1993; *Gerlach,* Das Wunsch-Wahlrecht bei Inanspruchnahme ambulanter Maßnahmen nach § 35 a SGB VIII, NDV 1997, 330; *ders,* Der Verwaltungsakt mit Dauerwirkung im Sozialhilferecht, ZfSH/SGB 2002, 451; *Gernert,* Zur sozialen Erziehung im Regelkindergarten, GL 1993, 160; *Goldstein,* Kindeswohl oder Elternrecht?, NP 1986, 333; *Golz,* Indikation für sozialpädagogische Familienhilfe, SA 1993, 299; *Grieger,* Der Verwaltungsakt mit Dauerwirkung im Sozialhilferecht, ZfSH/SGB 2002, 451; *Gudat/Rummel,* Die Bedeutung der Sozialwissenschaften für das Recht der Pflegekindschaft – jenseits faktischer Elternschaft, RdJB 1988, 140; *Happ,* Wirtschaftliche Hilfe zur Erziehung und Unterhaltspflicht der Großeltern, NDV 1998, 340; *Harnach-Beck,* Eingliederungshilfe gemäß § 35 a SGB VIII bei Lese-Rechtschreibstörungen?, NDV 1998, 230; *Hoffmann,* Neues zum Beurteilungsspielraum im KJHG-SGB VIII, ZfJ 2003, 41; *Jordan,* „Vollzeitpflege" als Hilfe zur Erziehung – Stand, Anforderungen und fachliche Perspektiven, ZfJ 1992, 18; *Jutzi,* Kostentragung bei gemeinsamer Unterbringung von

Hilfe zur Erziehung **§ 27 SGB VIII**

Mutter und Kind in einer Justizvollzugsanstalt, DöV 2004, 26; Kassler Kommentar, Sozialversicherungsrecht, Stand 2007; *Keßler,* Sozialhilferechtliche Fragen der Beschulung Behinderter, RsDE 1993/22, 29; *Klatetzki,* Flexible Erziehungshilfen, 1996; *Klatetzki/Winter,* Zwischen Streetwork und Heimerziehung, NP 1990, 1; *Klöber,* Wohngruppenarbeit als Hilfe zur Erziehung – Wie kann sie aussehen?, NDV 1995, 407; *Kokoschka/Uhlendorff,* Übungs- und Erfahrungskurse für schwer problembelastete Jugendliche, UJ 1992, 57; *Kramer,* Sozialpädagogische Familienhilfe in der Diskussion, NDV 2001, 28; *Kühl,* Soziale Gruppenarbeit in der öffentlichen Jugendhilfe, ZfJ 1993, 565; *Kunkel,* Hilfe zur Erziehung in freier Trägerschaft und Wächteramt, ZfF 2001, 224; *ders,* Wider einen „Perspektivenwechsel" in der Jugendhilfe, FamRZ 1997, 193; *Krebs-Krüger,* Der behandlungs- und betreuungsorientierte Ansatz in der Tagesgruppenarbeit, UJ 1993, 153; *Kurz-Adam/Frick/Sumser,* Ökonomie und Bedarfsfeststellung in den Erziehungshilfen, ZKJ 2006, 171; *Lakies,* Das Recht der Pflegekindschaft im BGB nach der Kindschaftsrechtsreform, ZfJ 1998, 129; *Lasse,* Erziehungsberatung als Hilfe zur Erziehung, ZfJ 1993, 245; *Lempp,* Seelische Behinderung als Aufgabe der Jugendhilfe, 1994; *Lison,* Frühförderung und Integration aus der Sicht eines Sozialpädiatrischen Zentrums, Gesundheitswesen 1992, 546; *Löble* ua, Psychisch kranke Jugendliche in Familienpflege – erste Ergebnisse anhand von Fallbeispielen, Krankenhauspsychiatrie 1999, 12; *Mann,* Entscheidungszwang der Justiz im Spannungsverhältnis zur familienorientierten Konfliktmoderation der Jugendhilfe, ZfJ 1995, 307; *Maas,* Probleme der Konkretisierung der Hilfe zur Erziehung als jugendhilferechtlicher Individualleistung, RsDE 1994/25, 20; *ders,* Hilfe zur Erziehung zwischen unbestimmtem Rechtsbegriff und Ermessen, RsDE 1998/39, 1; *Menne,* Die Familienverhältnisse in der Fremdunterbringung, ZfJ 2005, 290, 350; *ders,* Zwischen Beratung und Gericht, ZfJ 1992, 66; *ders,* Aktuelle Probleme von Beratungsstellen – Ein Überblick, ZfJ 1994, 470; *Meysen,* Die Jugendhilfe als Ausfallbürge bei schwerer Legasthenie und/oder Dyskalkulie, JAmt 2003, 54; *Mnookin,* Was stimmt nicht mit der Formel „Kindeswohl"?, FamRZ 1975, 1; *Moritz,* Perspektiven für eine gesetzliche Neugestaltung des Jugendhilferechts entwickelt am Beispiel der Erziehungsbeistandschaft, ZfJ 1989, 399; *Motzer,* Die Entwicklung des Rechts der elterlichen Sorge und des Umgangs seit 2002, FamRZ 2004, 1145; *Mrozynski,* Der Rechtsanspruch auf Leistungen im Kinder- und Jugendhilferecht, ZfJ 1999, 403; *ders,* Die Feststellung des erzieherischen Bedarfs bei den Hilfen zur Erziehung als materiell- und verfahrensrechtliches Problem, ZfJ 1999, 467; *ders,* Die sozialrechtlichen Voraussetzungen der Selbstbeschaffung insbesondere von Leistungen der Kinder- und Jugendhilfe, NDV 2000, 110; *ders,* Die Aufgaben der Jugendhilfe bei der Sicherung des Schulerfolgs durch Hilfen zur Erziehung und Eingliederungshilfe, ZfJ 2000, 251; *ders,* Kinder- und jugendhilferechtliche Fragen jugendstrafrechtlicher Erziehungsmaßregeln, ZfJ 1992, 445; *ders,* SGB VIII Kinder- und Jugendhilfe, Kommentar, 4. Aufl 2004; *Nothacker,* Therapiebegriff und therapeutische Leistungen im Kinder- und Jugendhilferecht, ZfSH/SGB 1996, 225; *ders,* Rechtliche Grundlagen und struktureller Bedarf für betreute Wohnformen als Alternative zu traditioneller Heimerziehung, ZfJ 1996, 45; *Oelkers,* Die Rechtsprechung zur elterlichen Sorge – eine Übersicht über die letzten fünf Jahre, FamRZ 1995, 1097; *ders,* Die Rechtsprechung zum Sorge- und Umgangsrecht, FamRZ 1997, 783; *Salgo,* Pflegekindschaft und Staatsintervention, 1987; *ders,* Die Pflegekindschaft in der Kindschaftsrechtsreform vor dem Hintergrund verfassungs- und jugendhilferechtlicher Entwicklungen, FamRZ 1999, 337; *ders,* Gesetzliche Regelungen des Umgangs und deren kindgerechte Umsetzung in der Praxis des Pflegekinderwesens, ZfJ 2003, 361; *Späth,* Zur Geschichte und Entwicklung von Tagesgruppen als Angebot in der Erziehungshilfe, UJ 1995, 77; *Struck,* Erziehungsberatungsstellen in der Diskussion, ZfJ 1994, 71; *ders,* Sozialgesetzbuch Allgemeiner Teil, 3. Aufl 2003; *Nielsen/Nielsen/Müller,* Sozialpädagogische Familienhilfe, 1986; *Nissen,* Die Zukunft der Kinder- und Jugendpsychiatrie, Der Nervenarzt, 1989, 496; *Stadelmann/Marquard,* Neuorganisation der Sozialpädagogischen Familienhilfe, NDV 2000, 234; *Stephan,* Sozialpädagogische Familienhilfe in Hannover, ZfF 1996, 49; *Rademacker,* Auswirkungen der Pflegeversicherung auf Förderung, Assistenz und Pflege behinderter Menschen, RdJB 1996, 225; *Rempe,* Erfahrungsbericht über „Soziale Gruppenarbeit" der Jugendgerichtshilfe Düsseldorf, ZfJ 1995, 366; *Remschmidt/Fombonne,* Entwicklungspsychopathologie, Der Nervenarzt, 1999, 577; *Schlüter/Liedmeier,* Das Verbleiben eines Kindes in der Pflegefamilie nach § 1632 Abs. 4 BGB, FuR 1990, 122; *Schrapper,* Intensive sozialpädagogische Einzelbetreuung, in: *Gernert* (Hrsg) Das Kinder- und Jugendhilfegesetz, 1993; *Schröder,* Von der Sonderförderung zur gemeinsamen Erziehung behinderter und nichtbehinderter Kinder im Kindergarten, ZfF 1992, 97; *Schroeder-Printzen/ v. Wulffen,* Sozialgesetzbuch Verwaltungsverfahren, 4. Aufl 2002; *Schwemmle,* Das hyperkinetische Syndrom des Kindes- und Jugendalters, MedSach 1999, 156; *Seibert,* Verfassung und Kindschaftsrecht – Neue Entwicklungen und offene Fragen, FamRZ 1995, 1457; *Struzyna,* Qualität und Kindesschutz in Familienpflege, ZfJ 2005, 104; *v. Suchodolez,* 100 Jahre LRS-Forschung – Was wissen wir heute?, MedR 2000, 199; *Werner,* Erziehungshilfe nach dem SGB VIII/KJHG im Spannungsfeld von Recht und Fachlichkeit, NDV 1995, 367; *Wiesner/Kaufmann/Mörsberger/Oberloskamp/Struck,* SGB VIII, 2. Aufl 2000; *Wiesner,* Die Neuregelung der Entgeltfinanzierung in der Kinder- und Jugendhilfe, ZfJ 1999, 79; *ders,* Pflegekindschaft und Jugendhilferecht, ZfJ 1989, 101; *Windel,* Zur elterlichen Sorge bei Familienpflege, FamRZ 1997, 713; *Wolf,* Modernisierung des Pflegekinderwesens?, ZKJ 2006, 396; *Zeitler,* Vollzeitpflege bei Großeltern, NDV 1997, 249; *ders,* Leistungen zum Lebensunterhalt an Kinder und Jugendliche, die sich bei ihren Großeltern aufhalten, ZfF 1999, 131; *Zimmermann,* Jugendärztliche Aufgaben bei der integrativen Förderung behinderter Kinder in Bremen, Gesundheitswesen 1992, 559.

Übersicht

	Rn		Rn
I. Normzweck	1	3. Persönliche Zuordnung des Rechtsanspruchs	9
		a) Prüfung der Anspruchsvoraussetzungen	10
II. Einzelerläuterungen	2	b) Wohl des Minderjährigen	14
1. Allgemeiner Anwendungsbereich	2	c) Notwendigkeit und Geeignetheit der Hilfe	18
a) Nachrang der öffentlichen Jugendhilfe	3	4. Verfahrensrecht	22
b) Verantwortung der Familie	4		
2. Leistungsrechtlicher Charakter	5		

I. Normzweck

Die Vorschrift, die eine Grundlagennorm für die Hilfen zur Erziehung darstellt, wurde mit der 1 Reform des Kinder- und Jugendhilferechts zum 1. 1. 1991 eingeführt. In Ostdeutschland galt sie bereits seit dem 3. 10. 1990 (BGBl I S 1990). Sie wurde durch das 1. ÄndG vom 16. 2. 1993 geändert (BGBl I S 239). Dabei wurde Abs 4 gestrichen und als § 35a verselbstständigt. Das Kinder- und Jugendhilfeweiterentwicklungsgesetz (KICK) vom 8. 9. 2005 hat wesentliche Änderungen bei den Kostenbeiträgen für stationäre und teilstationäre Leistungen gebracht. Außerdem wurde die klarstellende Regelung des Abs 2a eingefügt (BGBl I S 2729). Die §§ 27 ff begründen Ansprüche auf Sozialleistungen und haben trotz ihres engen Verhältnisses zu den §§ 1666, 1666a BGB eine eigenständige Bedeutung. Abs 2 enthält weder eine abschließende Aufzählung noch eine Rangfolge der Hilfen.

II. Einzelerläuterungen

2   **1. Allgemeiner Anwendungsbereich.** Die Vorschrift regelt die allgemeinen Voraussetzungen für die Hilfen zur Erziehung. Sie wurde vom Gesetzgeber als Anspruch der Personensorgeberechtigten auf Leistungen zugunsten des Minderjährigen gefasst. Davon abweichend wird in § 35a dem Minderjährigen selbst ein Anspruch eingeräumt. Notwendig sind die Hilfen, wenn das Wohl des Kindes oder Jugendlichen in der familiären Erziehung unter Einbeziehung familienunterstützender Maßnahmen (§§ 11 ff) nicht gewährleistet ist. Die umstrittene Frage der gerichtlichen Kontrolldichte ist folgendermaßen zu beantworten: Das Gesetz verwendet in Abs 1 unbestimmte Rechtsbegriffe. Bei ihrer Anwendung auf den Einzelfall kommt dem Jugendamt kein Beurteilungsspielraum zu[1]. Das BVerwG vertritt die Auffassung, die Entscheidung über die Notwendigkeit und Geeignetheit der Hilfe sei das Ergebnis eines Entscheidungsprozesses, das nicht den Anspruch objektiver Richtigkeit erhebe, jedoch eine angemessene Lösung zur Bewältigung der festgestellten Belastungssituation enthält, die fachlich vertretbar und nachvollziehbar sein muss[2]. Damit kommt das Gericht einem Beurteilungsspielraum sehr nahe. Explizit von einem Beurteilungsspielraum geht der VGH München aus[3]. Demgegenüber meint der VGH Mannheim, dass sich eine so weitgehende Zurücknahme der Prüfungsdichte auch nicht im Hinblick auf die Komplexität jugendhilferechtlicher Bewertungen rechtfertigen ließe[4]. Sachgerecht dürfte es sein, von einem Auswahlermessen und davon auszugehen, die gesetzlichen Merkmale „geeignet und notwendig" würden die Richtung der so intendierten Ermessensausübung bestimmen. Sie erfolgt als Auswahlentscheidung nach Abs 2[5].

3   **a) Nachrang der öffentlichen Jugendhilfe.** In § 10 Abs 1 wird ein allgemeiner Nachrang der Kinder- und Jugendhilfe gegenüber den Verpflichtungen anderer begründet. Dies bezieht sich vor allem auf die Verpflichtungen der Familie, das Schulrecht und Sozialleistungen, insbes auf die §§ 56 ff SGB III und 11 ff SGB V. Eine besondere Ausgestaltung hat das Verhältnis zur Sozialhilfe in § 10 Abs 3 und 4 erfahren. Danach gehen Leistungen der Sozialhilfe nur dann denen der Kinder- und Jugendhilfe vor, wenn Ansprüche auf Leistungen bei geistiger oder körperlicher Behinderung geltend gemacht werden (§§ 54, 54 SGB XII). Unabhängig davon ist der Nachrang der Kinder- und Jugendhilfe im Verhältnis zu den Eltern durch die §§ 90 ff stark modifiziert worden.

4   **b) Verantwortung der Familie.** Unterschiedliche Auffassungen werden zu der Frage vertreten, ob Hilfe zur Erziehung zu leisten ist, wenn die Betreuung des Kindes vom **Vormund** oder von **Verwandten,** insbes von den Großeltern, persönlich sichergestellt wird. Diese Frage wird zwar vor allem für die **Verwandtenpflegestelle** (§§ 23, 33) aufgeworfen[6]. Sie hat jedoch allgemeine Bedeutung für die Hilfen zur Erziehung und ist deswegen in § 27 zu verorten. Man muss dabei von dem Grundsatz ausgehen, dass der Anspruch des Kindes auf Erziehung grds nur von seinen Eltern erfüllt werden kann und muss (§ 1626 Abs 1 BGB). Diese Pflicht kann der Vormund übertragen werden (§§ 1773, 1800 BGB). Er ist jedoch nicht zur persönlichen Leistung verpflichtet. Deswegen kann er auch dann Hilfe zur Erziehung erhalten, wenn er das Kind oder den Jugendlichen selbst betreut[7]. Andere rechtliche Gesichtspunkte ergeben sich bei der Pflege durch die Großeltern. Sie sind, ihre Leistungsfähigkeit vorausgesetzt (§ 1603 BGB), nachrangig nach den Eltern barunterhaltspflichtig (§ 1607 BGB). Sie können diese Unterhaltspflicht auch durch tatsächliche Betreuung erfüllen (§ 1612 BGB). Solange sie dazu bereit sind und dies ausreicht, das Kindeswohl zu gewährleisten, bestand nach bisheriger Auffassung kein Anspruch nach § 27. Dies war aus dem Nachrang des § 10 Abs 1 abzuleiten. Weigern sich die Großeltern, die Erziehung zu übernehmen, so waren auf jeden Fall schon immer Leistungen nach den §§ 27 ff zu erbringen[8]. Dasselbe galt, wenn sie zugleich Vormund sind[9]. Eine gewisse Unstimmigkeit bestand darin, dass die Großeltern trotz ihrer Unterhaltspflicht nicht in das System des Nachrangs der Kinder- und Jugendhilfe und auch der Sozialhilfe einbezogen sind (§§ 90 ff SGB VIII, 93 SGB XII). Außerdem genügt ihre tatsächliche Weigerung, Naturalunterhalt zu leisten, um den Anspruch auf Hilfe zur Erziehung auszulösen. In diesem Falle können die Großeltern nicht einmal zu einem Kostenbeitrag nach § 91 herangezogen werden[10]. Anderen Verwandten, die nicht barunterhaltspflichtig sind (§ 1601 BGB), kann man den persönlichen Einsatz nicht zumuten, der mit der Erziehung eines Kindes verbunden ist. Wird also ein Kind bei Verwandten aufgenommen, so ist

---

[1] BVerfG JZ 1991, 1077, 1081 m Anm *Pietzcker.*
[2] BVerwGE 109, 155.
[3] VGH München JAmt 2004, 545.
[4] VGH Mannheim ZfJ 2003, 68.
[5] Vgl *Maas* RsDE 1998/39, 6.
[6] Vgl DIV DAVorm 1995, 333, 336.
[7] BVerwGE 100, 178.
[8] BVerwG FEVS 47, 433; DIV DAVorm 1998, 371; OVG Münster FEVS 56, 248.
[9] BVerwG FEVS 48, 289.
[10] *Zeitler* NDV 1997, 249; *Happ* NDV 1998, 340; zu weiteren Zweifelsfragen vgl *Zeitler* ZfF 1999, 131.

dann Hilfe zur Erziehung zu leisten, wenn die Eltern ihrer Erziehungsaufgabe nicht gewachsen sind und die Betreuung durch Verwandte zur Wahrung des Kindeswohls erforderlich und ihm dienlich ist[11]. Insoweit dient der mit Wirkung vom 1. 10. 2005 (BGBl I S 2729) angefügte Abs 2 a zumindest einer notwendigen Klarstellung. Danach entfällt der Anspruch auf Hilfe zur Erziehung nicht dadurch, dass eine andere unterhaltspflichtige Person bereit ist, die Aufgabe zu übernehmen. Allerdings ist in diesem Falle vorauszusetzen, dass die Person bereit und geeignet ist, den Hilfebedarf in Zusammenarbeit mit dem JA zu decken. Die restriktiven Auffassungen sind damit obsolet geworden.

2. Leistungsrechtlicher Charakter. Abs 2 S 1 nimmt eine allgemeine Aufzählung der Hilfen zur Erziehung vor. Art und Umfang der Hilfe richten sich nach dem jeweiligen Bedarf. Zur Entscheidung über die Auswahl der Hilfe gehört auch die Einbeziehung des sozialen Umfeldes des Kindes oder Jugendlichen. Nach der Begründung zum Gesetzesentwurf ist damit vor allem die Einbeziehung der Familie gemeint, und zwar auch dann, wenn die Hilfe mit einer Trennung von der Familie verbunden ist[12]. Nach dem Wortlaut der Vorschrift kann aber auch das größere soziale Umfeld des Kindes oder Jugendlichen einbezogen werden. Das erfordert etwa im Hinblick auf die Gruppe der Gleichaltrigen sehr differenzierte Überlegungen. 5

Der Leistungsumfang der Hilfen zur Erziehung wird in Abs 2 nicht abschließend geregelt. Einzelne Hilfearten können miteinander kombiniert[13] und auch durch nicht genannte Hilfearten ergänzt werden. Das könnte etwa die Betreuung eines Kindes sein, das in ein Frauenhaus oder eine Strafanstalt mitgenommen wird[14]. Obwohl junge Volljährige weitgehend die gleichen Leistungen erhalten wie Jugendliche, wurde für sie der Anspruch in einem eigenen Unterabschnitt begründet (§ 41). Da auch seelisch behinderte junge Menschen Leistungen der Kinder- und Jugendhilfe erhalten, war in einem besonderen Unterabschnitt die Regelung des § 35 a erforderlich. Diese Sonderregelung erklärt sich daraus, dass bei diesen jungen Menschen nicht immer ein erzieherischer Bedarf gegeben ist. Gemäß Abs 2 S 2 ist die Hilfe idR im Inland zu erbringen. Im Ausland kann Hilfe nur geleistet werden, wenn dies nach Maßgabe der Hilfeplanung zur Erreichung des Hilfeziels im Einzelfall erforderlich ist. Mit dieser Vorschrift sollen einzelne Missstände der Vergangenheit ausgeschlossen werden, die dazu geführt hatten, dass Minderjährige im Einzelfall ohne eine erforderliche medizinische Grundversorgung geblieben waren. 6

In der Praxis wird eine Auslegung der Vorschrift verfochten, die unmittelbar an Abs 1 anknüpft und aus dieser Regelung ein Konzept **flexibler Erziehungshilfen** entwickelt[15]. Diese werden soweit wie möglich zu einem Jugendhilfeverbund bzw einer -station, die alle Erziehungshilfen anbietet, ausgebaut[16]. Der beispielhaften Aufzählung der Hilfen zur Erziehung in Abs 2 iS von Leistungen nach den §§ 28 bis 35 wird nach dieser Auffassung eine untergeordnete Bedeutung beigemessen. Ihr Vorzug besteht im Wesentlichen darin, dass die Hilfen am Bedarf ausgerichtet werden. Wer dagegen von den §§ 28 bis 35 ausgeht, läuft Gefahr, den Bedarf allzu sehr in das Vorbild dieser Vorschriften einzubinden. Ins Gewicht fallende rechtliche Einwände gegen die flexible Auslegung des § 27 gibt es nicht. Man wird sich vielmehr an der Rspr zu § 40 BSHG aF orientieren können. Auch hier hat sich die Praxis längst über die Vorgaben des Gesetzes hinaus entwickelt. Die in § 40 BSHG aF genannten Leistungen sind nicht in der Weise beispielhaft, dass neue Formen der Hilfe mit diesen eine Ähnlichkeit haben müssten[17]. Für die Hilfen zur Erziehung wird allerdings auch die Auffassung vertreten, die Hilfen nach den §§ 28 bis 35 hätten Vorrang vor anderen, nicht genannten Hilfen. Andernfalls würde die Garantiefunktion des Katalogs unterlaufen[18]. Dagegen ist jedoch einzuwenden, dass zum einen eine Garantiefunktion des Katalogs der §§ 28 bis 35 unterstellt wird und zum anderen dessen Gefährdung durch eine abweichende Entscheidung nicht näher begründet wird. 7

Die Hilfen zur Erziehung unterscheiden sich nicht durch eine Rangfolge im Schweregrad der Störung oder des Ausmaßes der Leistung, sondern allein dadurch, dass sie die jeweils angemessenste Form der Hilfe für einen spezifischen erzieherischen Bedarf sein sollen. Die sachgerechte Auswahl wird durch § 36 Abs 2 im Rahmen einer Ermessensentscheidung (§ 39 SGB I) sichergestellt. Alle Hilfen zur Erziehung ergänzen einander und stehen im günstigsten Falle in einem Verbund miteinander. Sie lassen sich auch nicht immer eindeutig voneinander und zu den Leistungen nach den §§ 11 bis 21 abgrenzen, so etwa die §§ 17 und 28. In der Praxis wird man aber nicht umhinkommen, nach Unterscheidungskriterien für die Leistungen zu suchen, da die Kostenbeiträge je nach Hilfeart unterschiedlich geregelt sind (§§ 91, 92). Die Hilfen sind natürlich von unterschiedlicher pädagogischer Intensität. Sie unterscheiden sich auch danach, ob sie eher kurzzeitig sind oder für längere Dauer gewährt werden. Eine auch in rechtlicher Hinsicht bedeutsame Unterscheidung innerhalb der Hilfen zur Erziehung ist in dem Grade der Distanz zur Herkunftsfamilie zu sehen. Daraus lassen sich dann die drei großen Gruppen, der Beratung, der familienunterstützenden Hilfen und der Hilfen außerhalb der Familie bilden[19]. 8

---

[11] OVG Münster DAVorm 1995, 1156; OVG Schleswig NDV 1995, 417; VG Hamburg RsDE 1996/32, 91; VG Osnabrück ZfJ 1997, 58 zu § 23.
[12] BT-Drucks 11/5948 S 69.
[13] DIJuF JAmt 2004, 187, 416.
[14] *Jutzi* DöV 2004, 26.
[15] *Klatetzki/Winter* S 17 ff.
[16] *Winter* ua in: *Klatetzki/Winter* S 53 ff.
[17] BVerwGE 25, 29.
[18] *Maas* RsDE 1998/39, 12.
[19] *Maas* RsDE 1998/39, 20.

9 **3. Persönliche Zuordnung des Rechtsanspruchs.** Die Hilfen sind als Leistungen an die Personensorgeberechtigten ausgestaltet. In keinem Falle übt das JA ein eigenständiges Erziehungsrecht aus. Eine ohne **Antrag** der Personensorgeberechtigten geleistete Hilfe soll rechtswidrig sein, bleibt also ohne Wirkung auch hinsichtlich etwaiger, von den Eltern zu leistender, Kostenbeiträge[20]. In diesem Zusammenhang ergeben sich aus drei gleichermaßen zu beachtenden Rechtsgrundsätzen praktische Schwierigkeiten. Das Kindeswohl ist zu wahren, dabei ist das vorrangige elterliche Erziehungsrecht aus Art 6 GG grds zu respektieren[21]. Eingriffe in das Personensorgerecht sollen erst erfolgen, wenn das Kindeswohl auch unter Einsatz öffentlicher Hilfen nicht mehr gewährleistet werden kann (§§ 1666, 1666a BGB). Auch der Vormund oder Pfleger können die Hilfe zur Erziehung beantragen. Ist ein JA als Pfleger jedoch nur Inhaber des Aufenthaltsbestimmungsrechts, so hat es nicht die Befugnis, die Hilfen nach den §§ 27 ff zu beantragen[22].

10 **a) Prüfung der Anspruchsvoraussetzungen.** Dem Schutzauftrag bei Kindeswohlgefährdung, der jetzt durch § 8a unterstrichen wird, steht die Konstruktion des § 27 gegenüber[23]. Die Vorschrift ist in einer Weise auszulegen, die zu einer möglichst widerspruchsfreien Anwendung der genannten Grundsätze führt. Unüberwindbar ist dabei der Wortlaut des § 27 Abs 1, nach dem der Anspruch dem Personensorgeberechtigten zusteht. Schon nicht mehr eindeutig, weil im Gesetz überhaupt nicht geregelt, ist die Frage zu beantworten, wie die Antragsbefugnis zu beurteilen ist. Grds steht sie dem Anspruchsinhaber zu. Dabei ist sozialrechtlich folgende Unterscheidung zu treffen: Im Allgemeinen hat der Antrag nur die formelle Bedeutung, das Verwaltungsverfahren in Gang zu setzen. Nur wenn der Antrag einen materiell-rechtlichen Charakter hat, ist er ebenso wie andere gesetzliche Merkmale zu handhaben. Fehlt es in diesem Falle an einem Antrag, so ist die Hilfe mangels Erfüllung aller gesetzlicher Voraussetzungen rechtswidrig. Materiell-rechtlichen Charakter hat eine Norm nur dann, wenn ihre Auslegung ergibt, dass es der Gesetzgeber ins Belieben des Berechtigten gestellt hat, ob der Anspruch entstehen soll. Er soll es also in der Hand haben – durch seinen Antrag – ein gesetzliches Merkmal der Norm entstehen zu lassen[24]. Korrespondierend dazu regelt § 18 SGB X, dass die Behörde nach pflichtgemäßem Ermessen entscheidet, ob und wann sie ein Verwaltungsverfahren durchführt, es sei denn auf Grund einer gesetzlichen Vorschrift ergibt sich, dass sie nur auf Antrag tätig werden darf. Diese Einschränkung kann auch bestehen, wenn der Antrag nur formell-rechtliche Bedeutung hat[25].

11 Es kann letztlich dahinstehen, ob man in § 27 dem Antrag einen materiell-rechtlichen Charakter beimessen muss. ME ist dies zu verneinen, weil die Personensorgeberechtigten ihre Verantwortung fremdnützig wahrnehmen. Es steht damit nicht in ihrem Belieben, ob ein Anspruch auf Hilfen zur Erziehung entsteht. In jedem Falle aber kommt es bei § 27 Abs 1 entscheidend darauf an, ob das JA nicht tätig werden darf, wenn ein – auch nur formell-rechtlich zu verstehender – Antrag nicht vorliegt (§ 18 Nr 2 SGB X). Anhand der Gesetzesmaterialien lässt sich darüber keine Klarheit gewinnen. Zu § 18 SGB X-E heißt es lapidar „Die Vorschrift entspricht § 22 VwVfG". Zur Vermeidung von Wiederholungen wurde auf die Begründung des VwVfG Bezug genommen[26]. Dort aber finden sich naturgemäß keine Ausführungen zum Sozialrecht[27].

12 Generell weist die Literatur darauf hin, dass ein amtswegiges Verfahren die Ausnahme darstellt. Mit Blick auf das Sozialrecht wird vor allem darauf hingewiesen, dass der Kenntnisgrundsatz des § 18 Abs 2 SGB XII die amtswegige Einleitung eines Verwaltungsverfahrens zur Folge haben müsse. Im Übrigen wird allgemein die Auffassung vertreten, ein amtswegiges Verfahren komme immer dann in Betracht, wenn die Gesetzesanwendung überwiegend dem öffentlichen Interesse diene[28]. Das SGB VIII kennt keine Vorschrift, die dem Kenntnisgrundsatz des § 18 Abs 2 SGB XII entspricht. Man wird aber aus dem staatlichen Wächteramt (Art 6 Abs 2 S 2 GG) ableiten müssen, dass die Einleitung eines Verwaltungsverfahrens zwar im Interesse des einzelnen Minderjährigen erfolgt, aber auch im öffentlichen Interesse liegt. Damit kann das JA – entgegen einer vorherrschenden Auffassung[29] – auch ohne den Antrag eines Personensorgeberechtigten ein Verfahren einleiten, also das Vorliegen der Anspruchsvoraussetzungen prüfen. Darin wäre auch eine praktisch sinnvollere Konsequenz der, aus dem Wächteramt abgeleiteten, strafrechtlichen Garantenpflicht[30] zu sehen als dies derzeit in der Beschränkung des JA auf ein Vorgehen nach § 50 Abs 3 der Fall ist. Freilich darf das JA keine Hilfen zur Erziehung gegen den erklärten Willen eines Personensorgeberechtigten tatsächlich gewähren. Bei einer solchen Fallgestaltung ist vielmehr eine Entscheidung nach den §§ 1666, 1666a BGB herbeizuführen (§ 50 Abs 3).

13 In Abs 1 wird der Personensorgeberechtigte als Inhaber des Anspruchs auf Hilfen zur Erziehung angesehen. Das sind die natürlichen Eltern, die Adoptiveltern und der Vormund. Soweit den Eltern die elterliche Sorge teilweise entzogen und auf einen Ergänzungspfleger übertragen wurde, ist dieser im Umfange der Übertragung personensorgeberechtigt. Lebt ein Kind längere Zeit in Familienpflege, so

---

[20] VG Schleswig DAVorm 1994, 522.
[21] *Coester* FamRZ 1996, 1183.
[22] VGH Baden-Württemberg ZfSH/SGB 2005, 480.
[23] *Mrozynski* ZfJ 1999, 405.
[24] BSGE 61, 180.
[25] *v. Wulffen* § 18 SGB X Rn 5, 6; KassKomm/*Krasney* § 18 SGB X Rn 11.
[26] BT-Drucks 8/2034 S 29, 31.
[27] BT-Drucks 7/910 S 47, 48.
[28] *Knack* § 22 Rn 3.1 bis 3.7.
[29] OVG Lüneburg FEVS 48, 116; VG Arnsberg FamRZ 1997, 1374; EuGE 51, 76.
[30] OLG Oldenburg ZfJ 1997, 56; OLG Stuttgart NJW 1998, 3131.

kommen den Pflegeeltern die Befugnisse nach § 1688 Abs 1 BGB zu. Trotzdem sind die Pflegeeltern nicht Personensorgeberechtigte, sondern nur deren Vertreter. Da sie aber auch befugt sind, Ansprüche auf Sozialleistungen für das Kind geltend zu machen, können sie auch Leistungen nach dem SGB VIII für das Kind verlangen.

b) Wohl des Minderjährigen. Als weitere Voraussetzung nennt das Gesetz, dass eine dem Wohl 14 des Kindes oder Jugendlichen entsprechende Erziehung nicht gewährleistet ist. Das BVerwG konkretisiert diese Voraussetzungen dahingehend, dass eine „erzieherische Mangelsituation" festgestellt werden muss. Dazu würde nicht jede beliebige Mangelsituation im Sozialisationsumfeld des Minderjährigen, namentlich nicht eine solche im schulischen Leistungsbereich ausreichen[31]. Diese Voraussetzung engt der VGH Mannheim noch dahingehend ein, dass immer ein objektiver Ausfall der Erziehungsleistung der Eltern festgestellt werden müsse. Deswegen könnte eine Legastheniker-Therapie nicht auf der Grundlage des § 27 durchgeführt werden[32]. Dem Wortlaut des Gesetzes „Wohl des Kindes" dürfte eine solche Auslegung schwerlich entsprechen. Selbst wenn man § 27 als ein Recht der Eltern betrachtet, so kann eine Gefährdung des Kindes doch aus dem gesamten Sozialisationsfeld des Minderjährigen, eine Gefährdung, die selbst „gute Eltern" nicht immer abwenden können. Die Auslegung des § 27 durch die beiden Gerichte erklärt sich wohl auch nur daraus, dass sie verhindern wollen, dass das JA schulische Mangelsituationen ausgleichen muss. Dies ist aber nicht Sache der Gerichte.

Mit der Wahl des Begriffs Kindeswohl wird die Entwicklung bis zu einem gewissen Grade offen 15 gehalten. Nicht zu übersehen ist aber, dass mit diesem Begriff höchst problematische, nämlich schicht- oder geschlechtsspezifische Wertungen einhergehen können[33]. Es ist weder möglich noch sinnvoll, bei der Bestimmung des Begriffs Kindeswohl außerrechtliche Maßstäbe zu vernachlässigen. Man muss sich aber dessen bewusst sein, dass gute pädagogische Absichten auch dazu führen können, dass man zu früh interveniert oder kontrolliert. Es ist deswegen besonders wichtig, den Merkmalen „geeignet und notwendig" in Abs 1 Aufmerksamkeit zu schenken.

Bei der Auslegung des Begriffs **Kindeswohl** ist es zwar hilfreich, an die Rspr zu § 1666 BGB 16 anzuknüpfen (vgl § 1666 BGB Rn 5)[34]. Für die Hilfen zur Erziehung darf man jedoch nicht übersehen, dass sie, anders als es bei § 1666 BGB der Fall ist, nicht mit **Eingriffen** in die elterliche Sorge verbunden sind[35]. Wenn man die Schutzfunktion, die § 1666 BGB auch im Hinblick auf das Elternrecht zukommt[36], in der Kinder- und Jugendhilfe vernachlässigen darf, dann wird man den Begriff Kindeswohls in Abs 1 abweichend, nämlich weiter als in § 1666 BGB auslegen müssen. Der Begriff des Kindeswohls steht in Abs 1 in einem anderen systematischen Zusammenhang als in § 1666 BGB und hat auch eine andere Schutzfunktion[37], weil nur § 1666 BGB auch der Abwehr von Eingriffen in die elterliche Sorge dient[38]. Im SGB VIII ist sie auf den Minderjährigen ausgerichtet. Das bedeutet im Ergebnis, dass Leistungen nach den §§ 27 ff schon zu erbringen sind, noch ehe Maßnahmen nach § 1666 BGB in Betracht kommen. Dies entspricht auch dem Grundsatz des § 1666 a BGB.

Sofern die Personensorgeberechtigten einen notwendigen Antrag auf Hilfen zur Erziehung nicht 17 stellen, kommt nach herrschender Auffassung eine vormundschaftsgerichtliche Entscheidung nach § 1666 BGB und die Bestellung eines Ergänzungspflegers (§ 1909 BGB, § 55 SGB VIII) in Betracht. Das kann aber nicht schon dann geschehen, wenn andernfalls eine an sich wünschenswerte Hilfe unterbleiben würde. Vielmehr müssen die materiellen Voraussetzungen des § 1666 BGB erfüllt sein. In diesem Falle sind idR der Entzug und die Übertragung des Aufenthaltsbestimmungs- und des Erziehungsrechts erforderlich, denn nur dann kann der Ergänzungspfleger die erforderlichen Maßnahmen einleiten[39].

c) Notwendigkeit und Geeignetheit der Hilfe. Das Merkmal der Notwendigkeit der Hilfe ist als 18 ein Hinweis darauf zu verstehen, dass man nicht jede geringfügige Vernachlässigung, nicht jedes Reifeproblem oder ein schichtspezifisch typisches Verhalten zum Anlass für pädagogisches Handeln nehmen darf Besondere Schwierigkeiten entstehen dann, wenn man kulturell bedingte Besonderheiten tolerieren will[40]. Das Merkmal der Geeignetheit der Hilfe zwingt zu einer gründlichen Vorbereitung der Entscheidung über die Auswahl der Hilfe (§ 36) und zu einer nachvollziehbaren Begründung, warum die eine und nicht die andere Hilfe gewährt wurde (§ 35 SGB X). Dies kann und muss unter Beachtung der §§ 5 und 8 geschehen, jedenfalls dann, wenn man die Auswahl unter den Hilfearten als Ermessensentscheidung ansieht. Diese Frage ist umstritten[41], man wird sie aber bejahen müssen. Dabei leiten die Merkmale „geeignet und notwendig" die Entscheidung iS eines intendierten Ermessens. Auf jeden Fall ergeben sich bei der Auswahlentscheidung schwierige Grenzfragen zwischen juristischen und

---

[31] BVerwG JAmt 2005, 524.
[32] VGH Mannheim ZfSH/SGB 2005, 432.
[33] *Mnookin* FamRZ 1975, 1; *Coester* S 163 ff; *Goldstein* NP 1986, 333.
[34] *Motzer* FamRZ 2004, 1145.
[35] Vgl OLG Hamm ZfJ 2005, 373; OLG Stuttgart ZfJ 2005, 448; OLG Brandenburg ZfJ 2005, 26.
[36] OLG Hamm FamRZ 1996, 562; OLG Köln FamRZ 2004, 828; OLG Naumburg FamRZ 2004, 1806.
[37] *Mann* ZfJ 1995, 307; *Coester* FamRZ 1996, 1181.
[38] BVerfG ZfJ 2000, 475; EGMR ZfJ 2002, 288.
[39] BayObLG FamRZ 1995, 1437; LG Leipzig DAVorm 1996, 620; VG Arnsberg FamRZ 1997, 1373; DV NDV 1995, 168; DIV DAVorm 1997, 393; VGH Mannheim JAmt 2005, 364.
[40] BayObLG ZfJ 1993, 150; FamRZ 1997, 956.
[41] Bejahend *Maas* RsDE 1998/39, 12; verneinend *Kunkel* FamRZ 1997, 199.

19 Sieht man die Entscheidung des JA vor diesen Hintergrunderwägungen, dann kann man nicht die Auffassung vertreten, die Entscheidung nach den §§ 27 ff sei nur einer eingeschränkten gerichtlichen Kontrolle zugänglich[43]. Spätestens seit der eingehenden Rspr des BVerfG zum Beurteilungsspielraum[44] wird man auch die Auslegung unbestimmter Rechtsbegriffe, die bei ihrer Anwendung auf den Einzelfall mit pädagogischen Wertungen einhergeht, einer vollen richterlichen Kontrolle unterziehen müssen. Eine eingeschränkte richterliche Kontrolle ist also nur im Ermessensbereich gegeben (Rn 2).

20 Aus Abs 3 ergibt sich, welche konkreten Leistungen die Hilfe umfasst. Danach gehören zur Hilfe pädagogische und damit verbundene therapeutische Leistungen. Durch die gesetzlichen Merkmale „damit verbundenen" wird verdeutlicht, dass es sich hier nicht um therapeutische Maßnahmen ieS handelt. Sind therapeutische Leistungen auf die Behandlung einer Krankheit ausgerichtet, so ist wegen des Nachrangs (§ 10 Abs 1) zunächst zu prüfen, ob Leistungen der Krankenkasse nach den §§ 27 ff SGB V in Betracht kommen. Das wird in besonderem Maße zu einem Abgrenzungsproblem bei den seelisch behinderten jungen Menschen (§ 35 a). Nach Abs 3 werden also vor allem therapeutische Leistungen ohne medizinische Ausrichtung erbracht.

21 Einer praktischen Notwendigkeit dient die neu eingefügte Regelung des Abs 4. Wird ein Kind oder eine Jugendliche während des Aufenthalts in einer Einrichtung oder einer Pflegefamilie (§§ 33, 34) Mutter, so umfasst die Hilfe zur Erziehung auch die Unterstützung bei der Pflege und Erziehung dieses Kindes. Hierbei ergeben sich gewisse Abgrenzungsschwierigkeiten zu § 19. Die Regelung des Abs 4 ist immer dann anwendbar, wenn die Mutterschaft während einer Leistung nach den §§ 33 oder 34 eintritt. In § 19 ist typischerweise die (bevorstehende) Geburt erst der Anlass für eine Intervention des JA.

22 **4. Verfahrensrecht.** Das Verwaltungsverfahren über die Gewährung einer Hilfe zur Erziehung wird auf der Grundlage der §§ 8 ff SGB X durchgeführt. Ergänzt wird es durch die besonderen Regelungen der §§ 5, 8 und vor allem des § 36. Obwohl die §§ 28 ff überwiegend als Sollvorschriften ausgestaltet sind, besteht dennoch nach § 27 Abs 1 uneingeschränkt ein Rechtsanspruch auf die Hilfen zur Erziehung. Die Sollvorschriften normieren also nur den typischen Leistungsrahmen der einzelnen Hilfe zur Erziehung. Hinsichtlich der Entscheidung über die Art der Hilfe hat das JA ein Auswahlermessen (§ 39 SGB I, § 35 SGB X). Das Verfahren endet mit einem Verwaltungsakt (§ 31 SGB X). Im Allgemeinen erteilt das JA nur die Kostenübernahmeerklärung für eine bestimmte Hilfeart. Die tatsächliche Erbringung der Leistung liegt zumeist in den Händen eines Trägers der freien Jugendhilfe (§ 4 Abs 2). Dieser Träger kann allgemein gefördert werden (§ 74 Abs 2). Unabhängig davon, ob dies geschieht, werden idR Vereinbarungen über die Kostenübernahme zwischen den öffentlichen und den freien Trägern geschlossen (§§ 77, 78 a ff). Letztere stehen also in einer Rechtsbeziehung zu den Jugendämtern und zu den Hilfeempfängern. Da Leistungen der Jugend- und Sozialhilfe keine „rentengleichen Dauerleistungen"[45] sind, kann die Hilfe, wenn der Bedarf entfallen ist, jederzeit wieder eingestellt werden. Eine Anhörung nach § 24 SGB X muss also nicht erfolgen. War die Hilfe jedoch zeitabschnittsweise bewilligt worden, so ist innerhalb des Zeitabschnitts ihre Beendigung nur unter den Voraussetzungen der §§ 45, 48 SGB X zulässig[46].

23 In Übereinstimmung mit den allgemeinen sozialrechtlichen Grundsätzen kennt auch das Kinder- und Jugendhilferecht die Möglichkeiten einer Selbstbeschaffung von Leistungen und damit ein punktuelles Abweichen vom Verwaltungsverfahren[47]. Das kann immer dann erfolgen, wenn das Verwaltungsverfahren nicht zu dem materiell-rechtlich vorgesehenen Ergebnis führt, also ein „Systemversagen" feststellbar ist. In diesem Falle kann sich der Berechtigte die erforderliche Hilfe beschaffen und Kostenerstattung verlangen. Diese setzt aber voraus, dass im Beschaffungszeitpunkt der Primäranspruch bestanden hatte. Nach einer Zeitspanne von Missverständnissen zu dieser Frage hat der Gesetzgeber jetzt die Voraussetzungen der Selbstbeschaffung in der klarstellenden Regelung des § 36 a Abs 3 konkretisiert (vgl § 13 Abs 3 SGB V, § 15 SGB IX).

24 Bezüglich des gerichtlichen Verfahrens wurde anfangs die Auffassung vertreten, das Familiengericht könne im Rahmen der Maßnahmen nach § 1666 BGB auch solche nach den §§ 27 ff, und zwar mit verpflichtender Wirkung für das JA anordnen[48]. Ihre sachliche Berechtigung hatte diese Ansicht darin, dass aus den §§ 1666, 1666 a BGB der Grundsatz des Vorranges von Hilfen gegenüber einem Eingriff abzuleiten ist. Aus Rechtsgründen konnte ihr jedoch auch schon bisher nicht gefolgt werden. Die Vorschrift des § 1666 BGB ist eine materiell-rechtliche Regelung. Sie enthält keine Rechtswegzuweisung. Damit fehlt dem Familiengericht eine gesetzliche Grundlage dafür, das JA zu einem bestimmten Tun zu veranlassen. Damit ist gemäß § 40 Abs 1 S 1 VwGO der Verwaltungsrechtsweg gegeben. Die Verpflichtung des JA, eine Leistung zu erbringen, kann also nur in einem verwaltungsgerichtlichen Verfahren durch Urteil nach §§ 113 Abs 4, 114 VwGO festgestellt werden.

---

[42] Vgl *Maas* RsDE 1994/25, 1.
[43] AA *Wiesner* § 37 SGB VIII Rn 44.
[44] BVerfG JZ 1991, 1077, 1081 m Anm *Pietzcker*.
[45] BVerwGE 64, 224.
[46] *Grieger* ZfSH/SGB 2002, 451.
[47] *Mrozynski* NDV 2000, 110.
[48] OLG Frankfurt ZfJ 1993, 561 m Anm *Dickmeis*; *Coester* FamRZ 1991, 253; MünchKommBGB/*Hinz* § 1666 Rn 53.

Inzwischen wurde ein § 36a Abs 1 in das Gesetz eingefügt. Danach trägt das JA die Kosten der Hilfe grundsätzlich nur dann, wenn sie auf der Grundlage seiner Entscheidung erbracht wird; „dies gilt auch in den Fällen, in denen Eltern durch das Familiengericht oder Jugendliche und junge Volljährige durch den Jugendrichter zur Inanspruchnahme von Hilfen verpflichtet werden." Nach dem Vorhergesagten handelt es sich bei dieser Regelung nur um eine, allerdings sehr notwendige, Klarstellung.

§ 28 Erziehungsberatung

¹Erziehungsberatungsstellen und andere Beratungsdienste und -einrichtungen sollen Kinder, Jugendliche, Eltern und andere Erziehungsberechtigte bei der Klärung und Bewältigung individueller und familienbezogener Probleme und der zugrunde liegenden Faktoren, bei der Lösung von Erziehungsfragen sowie bei Trennung und Scheidung unterstützen. ²Dabei sollen Fachkräfte verschiedener Fachrichtungen zusammenwirken, die mit unterschiedlichen methodischen Ansätzen vertraut sind.

I. Normzweck

Vgl § 27 Rn 1. Die Erziehungsberatung gehört wie die sozialpädagogische Familienhilfe (§ 31) zu denjenigen Leistungen, die nicht vorrangig auf den Minderjährigen gerichtet sind, sondern die das „System Familie" zu ihrem Regelungsgegenstand gemacht haben. Leistungsberechtigt sind aber immer die einzelnen Personensorgeberechtigten. Sofern das JA Amtsvormund (§ 55 SGB VIII, § 1773 BGB) und damit auch personensorge- und insoweit erziehungsberechtigt ist, ist die Vorschrift des § 28 zwar nach ihrem Wortlaut noch anwendbar. Dennoch dürfte eine Erziehungsberatung hier sinnwidrig und zumindest durch den Zweck des Auswahlermessens (§ 39 SGB I) ausgeschlossen sein.

II. Einzelerläuterungen

1. Allgemeiner Anwendungsbereich. Das Gesetz erwähnt bereits in § 16 Abs 2 Nr 2 die Beratung in Fragen der Erziehung. Dort aber gehört sie zur allgemeinen Förderung der Familie. Demgegenüber ist die Erziehungsberatung nach § 28 eine Hilfe zur Erziehung[1]. Sie geht also davon aus, dass eine Situation besteht, in der das Wohl des Kindes nicht mehr gewährleistet ist (§ 27 Abs 1). Typischerweise bestehen solche Situationen bei kritischen Entwicklungen in der Familie oder der Schule. Damit ergeben sich gewisse Schwierigkeiten bei der Abgrenzung zu anderen Beratungsdiensten (§§ 11 Abs 3 Nr 6, 16, 17). Das gilt umso mehr, als die Erziehungsberatungsstellen zunehmend auch präventiv tätig werden[2]. Für spezielle Schulprobleme fühlen sich idR die schulpsychologischen Beratungsstellen zuständig. Ihr Vorrang gegenüber den Erziehungsberatungsstellen ergibt sich auch aus der Subsidiaritätsklausel des § 10 Abs 1. Das setzt aber voraus, dass der schulpsychologische Dienst das gesamte Erziehungsproblem angeht. In der Praxis ist hier eine Zusammenarbeit oft unumgänglich.

2. Leistungsrechtlicher Charakter. Der das Leistungsgeschehen dominierende Charakter einer Beratung ist als Abgrenzungsgesichtspunkt des § 28 zu anderen Leistungen des SGB VIII von Bedeutung. Sind spezielle Leistungen für Kinder- und Jugendliche besonders geregelt, so können sie nicht als Erziehungsberatung durchgeführt werden. Das gilt etwa für eine Spieltherapie ebenso wie für die Legasthenie-Behandlung, die beide auf der Grundlage des § 35a zu erbringen sind, sofern eine seelische Behinderung droht oder feststellbar ist[3]. Zwar umfasst die Erziehungsberatung auch therapeutische Anteile, jedoch gibt der Aspekt der Beratung der Gesamtleistung ihr Gepräge[4]. Obwohl sich auch in den Erziehungsberatungsstellen immer mehr eine Methodenvielfalt durchsetzt, arbeiten sie stärker als andere Beratungsdienste mit therapeutischen Verfahren[5]. Der methodische Ansatz, dem sich die Erziehungsberatung verpflichtet fühlt, hat unmittelbare Auswirkungen auf die Auswahl des Klientenkreises und damit auch auf die Versorgungsdichte mit Erziehungsberatungsstellen innerhalb bestimmter Regionen. Geht man mit der WHO davon aus, dass für knapp 50 000 Einwohner eine Erziehungsberatungsstelle erforderlich ist, dann ist diese Zahl zu relativieren, wenn auch andere Dienste Beratungsaufgaben wahrnehmen, bzw wenn die Erziehungsberatung in andere Beratungsdienste integriert wird, wie es etwa in Mecklenburg-Vorpommern der Fall ist[6].

Die Fachkräfte in den Erziehungsberatungsstellen sind vor allem Psychologen, Ärzte, Psychagogen und Sozialarbeiter[7]. Hinsichtlich des methodischen Ansatzes geht das Gesetz von einer Zusammenarbeit der einzelnen Fachrichtungen aus und erklärt nicht nur eine Methode als die für die Erziehungsberatung geeignete[8]. So wurde die Erziehungsberatung in den letzten Jahren auch um andere therapeutische

---

[1] Vgl Struck ZfJ 1994, 71.
[2] ZfJ 1999, 438.
[3] Gerlach NDV 1997, 330; DIV ZfJ 1997, 418.
[4] Vgl Nothacker ZfSH/SGB 1996, 225.
[5] Hundsalz in: Birtsch/Münstermann/Trede S 506, 516.
[6] Menne ZfJ 1994, 474.
[7] ZfJ 1989, 537.
[8] Vgl Bundeskonferenz für Erziehungsberatung ZfJ 2005, 357.

Ansätze, etwa die Verhaltens- und die Gesprächspsychotherapie erweitert. Auch die Familientherapie findet Eingang in die Erziehungsberatung[9].

5   **3. Leistungserbringung.** Das Gesetz sieht vor, dass die Erziehungsberatung von Erziehungsberatungsstellen und anderen Beratungsdiensten und -einrichtungen durchgeführt wird. Auch private psychologische Praxen können die Leistung erbringen, denn die §§ 74, 77 bestimmen nicht, dass ausschließlich Träger der freien Jugendhilfe in Anspruch zu nehmen sind[10]. Die gegenteilige Auffassung berücksichtigt nicht die Rspr des EuGH zum Wettbewerbs- und Vergaberecht. Auch nach der Neufassung der §§ 97 ff GWB ist es nur schwer möglich, Leistungserbringer, die an der Versorgung teilnehmen wollen, auszuschließen. Selbst wenn man sich mit der wohl noch überwiegenden Auffassung gegen eine Anwendbarkeit vergaberechtlicher Bestimmungen auf das Leistungserbringungsrecht des Sozialrechts ausspricht, so darf man dennoch nicht übersehen, dass sich aus Art 12 Abs 1 GG ein grundsätzlicher Anspruch auf Zulassung zur Versorgung ergibt[11]. Der EuGH lässt jedoch im System der Fürsorge eine bevorzugte Behandlung der gemeinnützigen Träger zu[12]. Dies wird man an sich auch in der Kinder- und Jugendhilfe so sehen müssen. Allerdings müsste diese besondere Stellung der gemeinnützigen Träger gesetzlich geregelt sein, was weder in den §§ 75 ff SGB XII noch im SGB VIII geschehen ist. Damit muss man von einer grundsätzlichen Marktfreiheit auch in der Kinder- und Jugendhilfe ausgehen.

6   Es gibt also kein Monopol für die Erziehungsberatung, das bei einem bestimmten Dienst liegt. Erziehungsberatung kann verschiedenen Diensten zugeordnet sein. Spezielle Beratungen, wie zB die Jugendberatung, sind davon aber zu unterscheiden. Sie stellen keine Erziehungsberatung in dem vom Gesetz gemeinten methodischen Sinne dar. Die Regelung des § 28 bietet die Rechtsgrundlage dafür, die Erziehungsberatung anders zu organisieren als bisher. Sie kann etwa, gleichsam als Eingangsstufe, in andere Hilfeformen eingegliedert werden. Sie kann aber auch mit anderen Beratungsdiensten, etwa einer allgemeinen Kinder- und Jugendberatung oder einer Ehe- und Familienberatung, verbunden werden. Das scheint besonders dann wichtig zu sein, wenn es darum geht, sozial schwächere Schichten zu erreichen[13]. Andererseits ist auch das Tätigkeitsfeld der Erziehungsberatung nicht beschränkt. Insbesondere im Zusammenhang mit Trennung und **Scheidung** können auch die Erziehungsberatungsstellen Aufgaben wahrnehmen. Damit ergeben sich Überschneidungen mit den Leistungen nach §§ 17 und 18 Abs 4. Dabei dürfte es in der Praxis schwierig sein, die Zuordnung im Einzelfall danach vorzunehmen, dass die Hilfe nach § 28 erst dann in Betracht kommt, wenn das Kindeswohl nicht mehr gewährleistet ist (§ 27 Abs 1). An dieses – eingrenzende – Merkmal sind die Hilfen nach den §§ 17 und 18 nicht gebunden. Auch der Gesichtspunkt, dass nur die Leistung nach § 28 die Unterstützung von Kindern und Jugendlichen selbst während der Trennung vorschreibt[14], ist eher theoretischer Natur. Eine fachlich richtige Leistungserbringung ist, wie die Neufassung des § 17 Abs 2 erkennen lässt, nicht anders als durch die Unterstützung des Kindes selbst denkbar, wie nach § 28 natürlich auch die Eltern in den Beratungsprozess einzubeziehen sind[15].

Ein weiteres Problem der Leistungserbringung besteht darin, dass Hilfen zur Erziehung, also auch die Erziehungsberatung, durch Verwaltungsakt gewährt werden (§ 27 Rn 20).

7   Der Zugang zu den Beratungsstellen sollte aber möglichst flexibel gestaltet sein. Auf eine verfahrensmäßig unangreifbare Prüfung der Leistungsvoraussetzungen (§§ 8 ff SGB X) kann andererseits nicht verzichtet werden. Das gilt auch bei einer Pauschalfinanzierung der Erziehungsberatungsstelle nach § 74. Es besteht lediglich die Möglichkeit einer unförmlichen Gestaltung des Verfahrens nach den Grundsätzen der §§ 9, 33 Abs 2 S 1 SGB X. Die Schwierigkeiten, die sich aus dem Spannungsverhältnis zwischen materiellem Recht und dem Verwaltungsverfahren ergeben, hat der Gesetzgeber jetzt in § 36 a Abs 2 bis zu einem gewissen Grade Rechnung getragen. Insbesondere bei der Erziehungsberatung soll das JA eine „niederschwellige unmittelbare Inanspruchnahme" der Hilfe zulassen. Dazu schließt es Vereinbarungen mit den Leistungserbringern (§§ 78 a ff). Darin werden die Voraussetzungen und die Ausgestaltung der Leistungserbringung sowie die Übernahme der Kosten geregelt. Diese Erleichterung für die praktische Durchführung der Erziehungsberatung kann aber nicht dazu führen, dass das JA in irgendeiner Form und zu irgendeinem Zeitpunkt feststellt, dass die materiellen Leistungsvoraussetzungen der §§ 27 und 28 erfüllt sind. Als zulässig wird man es aber ansehen müssen, wenn vereinbart wird, dass zumindest in unaufschiebbaren Fällen die Erziehungsberatung sofort begonnen wird und dass in diesem Prozess möglichst formlos (§ 9 SGB X) die Leistungsvoraussetzungen festgestellt werden.

§ 29 Soziale Gruppenarbeit

¹**Die Teilnahme an sozialer Gruppenarbeit soll älteren Kindern und Jugendlichen bei der Überwindung von Entwicklungsschwierigkeiten und Verhaltensproblemen helfen.** ²**Soziale**

---

[9] *Lasse* ZfJ 1993, 245.
[10] AA VG Minden DAVorm 1997, 812.
[11] BVerfG NZS 2004, 420.
[12] EuGH EuzW 1998, 128.
[13] *Menne* ZfJ 1994, 474.
[14] *Menne* ZfJ 1992, 67.
[15] Bundeskonferenz für Erziehungsberatung ZfJ 2002, 66.

Erziehungsbeistand, Betreuungshelfer § 30 SGB VIII

Gruppenarbeit soll auf der Grundlage eines gruppenpädagogischen Konzepts die Entwicklung älterer Kinder und Jugendlicher durch soziales Lernen in der Gruppe fördern.

I. Normzweck

Vgl § 27 Rn 1. Die Vorschrift geht von der Grundannahme aus, dass Entwicklungsschwierigkeiten 1
und Verhaltensprobleme nicht allein Folge individueller Verhältnisse sind, sondern dass sie sich im sozialen Kontext ergeben. Daraus schließt sie, dass die Probleme in eben diesem Kontext zu bearbeiten sind. Im konkreten Fall der Anwendung dieser Norm bedarf es aber immer der Klärung, ob der unterstellte Zusammenhang von Ursache und Wirkung im Einzelfall auch tatsächlich besteht.

II. Einzelerläuterungen

1. Allgemeiner Anwendungsbereich. Deutlicher als bei den anderen Hilfen zur Erziehung wird 2
in der sozialen Gruppenarbeit, dass es ihr um die Verbesserung der sozialen Handlungsfähigkeit geht. Sie wird hauptsächlich in Form von Erziehungs- oder sozialen Trainingskursen durchgeführt. Der Herkunft nach ist die Leistung des § 29 im Jugendstrafrecht zu verorten[1]. Allerdings ist sie in der Jugendhilfe verselbstständigt worden, also keinesfalls eine Annexleistung. Die Praxis ist in der Gestaltung der Trainingskurse frei. Sie werden als Wochenendveranstaltungen oder regelmäßig in der Woche über einen begrenzten Zeitraum, etwa für sechs Monate, durchgeführt. Eine bestimmte Leistungsdauer ist nicht vorgesehen.

Wegen der Ausgestaltung des Angebots sollte die soziale Gruppenarbeit nur für ältere Kinder und 3
Jugendliche durchgeführt werden, wobei das Gesetz eine untere Altersgrenze nicht nennt. Als Ziel der sozialen Gruppenarbeit bezeichnet das Gesetz die Überwindung von Entwicklungsschwierigkeiten und von Verhaltensproblemen. Wenn die soziale Gruppenarbeit mit dieser Zielsetzung auch Eingang in das Jugendstrafverfahren gefunden hat, so muss doch das Jugendamt auch im Falle einer richterlichen Weisung nach § 10 Abs 1 Nr 6 JGG selbstständig prüfen, ob Leistungen nach § 29 zu erbringen sind[2]. Die Auffassung, dass das JA eine eigenständige Prüfung der Leistungsvoraussetzungen vornehmen muss, war wohl schon immer als hM zu bezeichnen[3]. Inzwischen hat sie in § 36 a Abs 1 eine gesetzliche Bestätigung gefunden.

2. Leistungsrechtlicher Charakter. Soziale Gruppenarbeit wird in vielfältiger Form schon seit 4
langem, oftmals in andere Formen der Hilfe integriert, durchgeführt. So kann die soziale Gruppenarbeit auch im Zusammenhang mit der Jugendsozialarbeit oder mit dem erzieherischen Kinder- und Jugendschutz (§§ 13, 14) durchgeführt werden. In einem spezifischen Sinn ist sie auch Bestandteil der Heimerziehung. Ihre Hervorhebung in einer eigenständigen Vorschrift als selbstständige Form der Hilfe zur Erziehung rechtfertigt sich aber wegen ihrer besonderen Methodik. Das Ziel der Stärkung der sozialen Handlungsfähigkeit wird idR auf zwei Wegen angestrebt. Entweder man setzt eher auf der kognitiven Ebene an, also themenorientiert, etwa in Gruppen, die zur schulischen Förderung beitragen. Die Verbesserung in diesem Bereich soll dann auch zu einer Stärkung der sozialen Kompetenzen führen. Damit rührt die Vorschrift an § 32. Man kann auch eher die emotionale Ebene ansprechen. Dies geschieht durch Angebote in der Freizeitbereich, die als Erlebnispädagogik den besonderen Bedürfnissen Jugendlicher (Spannung, Abenteuer, Risiko, Erprobung der Belastbarkeit usw.) entgegenkommen. Doch auch diese Angebote müssen sich in ein Konzept des Erwerbs sozialer Kompetenz einfügen. Neu sind die Ansätze der Erlebnispädagogik in der Jugendarbeit gerade nicht, wenn man sie vor dem Hintergrund der Entwicklung zu Anfang des 20. Jahrhunderts betrachtet. Dass man nach anderen Versuchen immer wieder auf sie zurückgreift, könnte ein Indiz dafür sein, dass sie sehr wirksame Hilfen sind. Man darf allerdings auch die Kritik an bestimmten Entwicklungen in der Erlebnispädagogik nicht übersehen. Bei allen Ansätzen ist wesentlich, dass sie die Förderung des sozialen Lernens mit der Stärkung der Leistungsmotivation zu verbinden suchen.

3. Leistungserbringung. Da die soziale Gruppenarbeit im Wesentlichen ein methodisches Konzept 5
bezeichnet, kann sie in praktisch jede Form der Jugendarbeit integriert werden. Sie kann Bestandteil der Heimerziehung oder auch der Tagesgruppe wie auch selbstständige Hilfeform sein. Typisch für sie ist, dass sie in einer Gruppe von annähernd Gleichaltrigen durchgeführt wird. Insoweit unterscheidet sie sich deutlich von den familienbezogenen Formen der Kinder- und Jugendhilfe (§§ 28, 31).

§ 30 Erziehungsbeistand, Betreuungshelfer

Der Erziehungsbeistand und der Betreuungshelfer sollen das Kind oder den Jugendlichen bei der Bewältigung von Entwicklungsproblemen möglichst unter Einbeziehung des sozialen Umfelds unterstützen und unter Erhaltung des Lebensbezugs zur Familie seine Verselbstständigung fördern.

---

[1] Vgl *Drewniak* ZfJ 1998, 487.
[2] *Mrozynski* ZfJ 1992, 445; aA *Bizer* ZfJ 1992, 616.
[3] Vgl DIJuF 2004, 28, 128.

SGB VIII § 31

I. Normzweck

1 Vgl § 27 Rn 1. Die Erziehungsbeistandschaft hatte sich im Jugendwohlfahrtsgesetz bewährt und wurde deswegen ins SGB VIII übernommen. Der Betreuungshelfer entstand im Jugendstrafrecht (vgl § 10 Abs 1 Nr 5 JGG). Beide Hilfearten erfüllen im Wesentlichen denselben Zweck einer individuellen und flexiblen Betreuung Jugendlicher, die in ihrem Sozialverhalten nicht erheblich beeinträchtigt sind.

II. Einzelerläuterungen

2 **1. Allgemeiner Anwendungsbereich.** Das Gesetz regelt den Erziehungsbeistand und den Betreuungshelfer in einem einzigen Satz. Angesichts der Entwicklung, die diese beiden Hilfen zur Erziehung genommen haben, wäre eine gewisse Trennung in der gesetzlichen Vorschrift sinnvoll gewesen. Im Gesetzgebungsverfahren wurde davon ausgegangen, dass es der weiteren Entwicklung überlassen bleiben soll, ob Erziehungsbeistandschaft mit der Betreuungshilfe zu einem Rechtsinstitut zu verschmelzen ist[1].

3 Ursprünglich war die Schaffung eines Betreuungshelfers erforderlich geworden, weil nach altem Recht die Erziehungsbeistandschaft mit der Volljährigkeit endete. Im Jugendstrafverfahren hatte sich aber erwiesen, dass ein Rechtsinstitut, das dem Erziehungsbeistand ähnlich ist, für Heranwachsende wünschenswert wäre. Die Bestellung eines Erziehungsbeistands war aber bei Heranwachsenden nach § 105 Abs 1 JGG ausgeschlossen. Deswegen entwickelte die Praxis aus der nicht abschließenden Regelung des § 10 Abs 1 JGG eine Betreuungsweisung. Heute wird der Betreuungshelfer ausdrücklich in § 10 Abs 1 Nr 5 JGG erwähnt. Auch im Rahmen der vorläufigen Anordnungen über die Erziehung nach § 71 Abs 1 JGG kommt die Bestellung eines Betreuungshelfers in Betracht. In beiden Fällen findet er seine Entsprechung im Kinder- und Jugendhilferecht in § 30. Zum Verhältnis von Jugendhilfe- und Jugendstrafrecht vgl § 29 Rn 2.

4 **2. Leistungsrechtlicher Charakter.** Der Erziehungsbeistand ist für Kinder und Jugendliche als Hilfe zur Bewältigung von Entwicklungsproblemen gedacht. Die Schwelle für diese Hilfe ist relativ niedrig anzusetzen. Zumindest was die bisherige Arbeit der Erziehungsbeistände angeht, kommt diese Hilfe nicht bei gravierenden Auffälligkeiten in Betracht. Suizidneigung, schwere Drogenprobleme usw sind eher Gesichtspunkte, die gegen die Hilfe nach § 30 und für eine Anwendung des § 35 sprechen.

5 Der Erziehungsbeistand ist familienergänzend und vornehmlich für ältere Kinder und Jugendliche gedacht. Nach Möglichkeit soll das soziale Umfeld in die Hilfe einbezogen werden. Als besonders bedeutsam wird man es ansehen müssen, dass der Erziehungsbeistand die Verselbstständigung des Kindes oder Jugendlichen unter Erhalt des Lebensbezugs zur Familie fördern soll. Diese letztere Aufgabe darf der Erziehungsbeistand nicht zu leicht nehmen. Die Hilfe zur Erziehung nach § 30 ist erforderlich geworden, weil die Familie nicht in der Lage war, ihrer Erziehungsaufgabe in vollem Umfange gerecht zu werden. Es besteht damit die Gefahr, dass durch den Erziehungsbeistand eine Ablösungstendenz eher unterstützt wird. Dies ist nicht die Intention der Erziehungsbeistandschaft. Sie hat vielmehr integrativ zu wirken. Bei schwerwiegenden familiären Problemen ist an die Anwendung des § 31 zu denken.

6 **3. Leistungserbringung.** Aus dem Wortlaut des Gesetzes und der Entwicklung der Erziehungsbeistandschaft muss man schließen, dass der Erziehungsbeistand immer eine bestimmte Einzelperson sein muss. Daraus ergibt sich die Notwendigkeit, dass in irgendeiner Form immer eine bestimmte Person bestellt werden muss, ohne dass ein förmliches Bestellungsverfahren erforderlich wäre. Das Gesetz schreibt auch die nicht berufliche Qualifikation des Erziehungsbeistands vor, wenn auch diese Aufgabe in der Praxis regelmäßig von Sozialarbeitern übernommen wird. Häufiges Thema der Praxis ist die Frage, wie viele Kinder- bzw Jugendliche der Erziehungsbeistand betreuen sollte. Angestrebt wird eine Fallrichtzahl von 20 Klienten, wobei aber zu berücksichtigen ist, dass die Schwierigkeit der Aufgabe des Erziehungsbeistands auch von seinem Klientenkreis abhängt.

§ 31 Sozialpädagogische Familienhilfe

[1]Sozialpädagogische Familienhilfe soll durch intensive Betreuung und Begleitung Familien in ihren Erziehungsaufgaben, bei der Bewältigung von Alltagsproblemen, der Lösung von Konflikten und Krisen sowie im Kontakt mit Ämtern und Institutionen unterstützen und Hilfe zur Selbsthilfe geben. [2]Sie ist in der Regel auf längere Dauer angelegt und erfordert die Mitarbeit der Familie.

I. Normzweck

1 Vgl § 27 Rn 1. Ähnlich wie die Erziehungsberatung nach § 28 macht § 31 das System Familie zum Anknüpfungspunkt der Leistungen. Ein gravierender Unterschied beider Leistungen besteht freilich darin, dass die sozialpädagogische Familienhilfe vor allem bei randständigen Familien in Betracht kommt, während man der Erziehungsberatung eine ausgeprägte Mittelschichtorientierung nachsagt.

---

[1] BT-Drucks 11/5948 S 70.

II. Einzelerläuterungen

1. Allgemeiner Anwendungsbereich. Ursprünglich diente die sozialpädagogische Familienhilfe der Vermeidung einer Heimaufnahme. Sie hat sich aber über diese eingeschränkte Zielsetzung hinaus entwickelt. Die sozialpädagogische Familienhilfe basiert auf der Auffassung, dass Anlass für Leistungen der Kinder- und Jugendhilfe häufig nicht die individuelle Entwicklung des Kindes, sondern die ungünstige Gesamtsituation seiner Familie mit ihren oft diffusen und unstrukturierten Schwierigkeiten ist[1]. Insoweit ist auch heute noch eine Nähe zum Allgemeinen Sozialdienst festzustellen. Infolge ihres umfassenden Charakters rührt die sozialpädagogische Familienhilfe auch an viele andere Leistungen nach den §§ 27 ff. Sie unterscheidet sich von ihnen vor allem durch ihre hohe Leistungsintensität und ihre gezielte Ausrichtung auf das Gesamtsystem der Familie. Der Begriff Familie umfasst auch allein erziehende und unverheiratete Eltern. Ist eine Familie idS gegeben, können auch andere Personen in die Hilfe einbezogen werden. Im Gesetzestext wird die Komplexität der sozialpädagogischen Familienhilfe mit recht allgemeinen Begriffen zum Ausdruck gebracht.

2. Leistungsrechtlicher Charakter. Hauptziel der sozialpädagogischen Familienhilfe ist es, den Zusammenhalt einer belasteten Familie zu festigen bzw einen Bruch zwischen den Familienmitgliedern zu vermeiden. Die Einzelleistungen, die an die Familie erbracht werden, lassen sich nicht abschließend aufzählen. Regelmäßig umfassen sie Hilfen bei der Entschuldung, zur wirtschaftlichen und gesundheitsbewussten Haushaltsführung, bei der Geltendmachung von Ansprüchen auf Sozialleistungen, bei Behördenkontakten, bei der Lösung von Schul- und Mietproblemen und natürlich nicht zuletzt die persönliche Hilfe bei familiären Konflikten. Immer geht es bei der sozialpädagogischen Familienhilfe um die Stärkung der Fähigkeit zur Problemlösung bei den einzelnen Familienmitgliedern[2]. Es ist in diesen Fällen nur konsequent, mit allen Leistungen direkt an der Familie anzusetzen, um sie in ihrer Funktion zu stärken. Auf diese Weise wird die sozialpädagogische Familienhilfe nicht nur pädagogischen Erkenntnissen, sondern auch Art 6 GG besser gerecht als die meisten anderen Leistungen des SGB VIII[3]. Mit Blick auf die mögliche Herausnahme des Kindes aus der Familie muss man ihr gegenüber der Regelung des § 1666 a BGB sogar einen Vorrang vor den Leistungen nach den §§ 33 und 34 beimessen. Insoweit hat sie auch eine gewisse präventive Funktion. Andererseits wird man es nicht als zulässig ansehen können, die Hilfe nach § 31 bereits während der Schwangerschaft, also noch vor der Geburt des Kindes, zu leisten[4]. Das Kinder- und Jugendhilferecht kennt, anders als etwa die Sozialhilfe (§ 15 SGB XII), keine ausgeprägten vorbeugenden und nachgehenden Hilfen, die gleichsam ungeschriebenes Tatbestandsmerkmal jeder Hilfeart sind. Besteht die Notwendigkeit einer Betreuung der Schwangeren, so wird häufig eine Hilfe nach § 19 Abs 1 S 3 erforderlich und notwendig sein.

Die Praxis beschäftigt sich ausgiebig mit der Frage, unter welchen Umständen die sozialpädagogische Familienhilfe in besonderem Maße veranlasst und aussichtsreich ist. Problematisch ist es, in diesen Fällen von einer Indikation zu sprechen. Man kann jedoch ein Gefüge von drei wesentlichen Gesichtspunkten feststellen: Es muss eine bestimmte Problemkonstellation möglichst exakt beschrieben werden. Des Weiteren müssen die Bedingungen festgestellt werden, unter denen angesichts der Ausgangslage eine erfolgreiche Betreuung möglich ist. Schließlich sind die zu erbringenden Leistungsinhalte konkret zu benennen[5]. Die sozialpädagogische Familienhilfe kann also bei einer Überschuldung ganz anders aussehen als bei schweren emotionalen Krisen der Partner oder bei völligem erzieherischen Versagen der Eltern. Als nicht aussichtsreich wird die sozialpädagogische Familienhilfe in Fällen schwerer Sucht oder anderer psychischer Erkrankungen bei einem Familienmitglied angesehen.

3. Leistungserbringung. Die sozialpädagogische Familienhilfe muss intensiver geplant und betrieben werden als andere Formen der Jugendhilfe. Sie ist mit häufigerem und dauerhafterem engen Kontakt der sozialpädagogischen Fachkraft im **Innenraum** der Familie verbunden als es sonst bei sozialen Dienstleistungen der Fall ist. Die Praxis rechnet mit 10 bis 15 Stunden in der Woche über einen Zeitraum von einem bis zwei Jahren. Diese Intensität der Betreuung kann auch eine subtile Form der Kontrolle bedeuten. Im Regelfall erwerben Familienhelfer/innen ein Wissen über die Familie, das dringend einer wirksamen Abschirmung durch den Geheimnisschutz bedarf (§§ 61 ff). Dabei gilt in der sozialpädagogischen Familienhilfe der besondere Vertrauensschutz nach § 65, und zwar auch dann, wenn ein freier Träger der Wohlfahrtspflege tätig geworden ist (§ 61 Abs 4). Von diesem Geheimnisschutz ist das **Zeugnisverweigerungsrecht** zu trennen. Anders als im Strafrecht kann es im Zivilrechtsstreit bestehen. Das ergibt sich aus den §§ 15 Abs 1 S 1 FGG, 383 Abs 1 Nr 6 ZPO für alle Personen, denen kraft ihres Amtes Tatsachen anvertraut werden, deren Geheimhaltung durch ihre Natur oder durch gesetzliche Vorschrift geboten ist. Die Rspr hat bereits anerkannt, dass dies für die sozialpädagogische Familienhilfe jedenfalls für die anschließende gerichtliche Auseinandersetzung um die elterliche Sorge gilt[6].

Als Organisationsformen der sozialpädagogischen Familienhilfe haben sich herausgebildet die alleinige Trägerschaft durch das JA bzw einen freien Träger der Jugendhilfe. Es kommt aber auch eine gemeinsame Trägerschaft durch beide vor. Im Allgemeinen können durch eine Fachkraft zwei bis drei Familien

---

[1] *Helming* in: Birtsch/Münstermann/Trede S 541.
[2] 8. Jugendbericht, BT-Drucks 11/6576 S 139.
[3] Vgl DIJuF JAmt 2002, 350.
[4] DIJuF-Gutachten JAmt 2004, 480.
[5] *Elger/Christmann* S 153; *Stephan* ZfF 1996, 49.
[6] OLG Hamm DAVorm 1991, 1079.

betreut werden[7]. Familienhelferinnen sind zumeist Arbeitnehmerinnen, können aber auch auf Honorarbasis tätig werden[8]. Die personalintensive und damit kostenaufwändige sozialpädagogische Familienhilfe wird häufiger als andere Hilfen zur Erziehung pauschal finanziert. Dies kann vor allem durch Förderung eines freien Trägers nach § 74 Abs 2 erfolgen. Als Finanzierungsform wird auch der Leistungsvertrag genannt[9]. Dieser ist aber mit eine Reihe von rechtlichen Bedenken belastet[10]. Möglich ist auch die fallbezogene Finanzierung. Dabei geht man von bestimmten Erfahrungswerten aus. Für eine erfolgreich durchgeführte Maßnahme werden Kosten von 10.000 bis etwa 40.000 Euro genannt[11]. Die große Bandbreite erklärt sich aus dem sehr unterschiedlichen Zeitaufwand für die Betreuung in den verschiedenen Einzelfällen. Im Allgemeinen können durch eine Fachkraft zwei bis drei Familien betreut werden[12]. Unter dem Kostendruck sind die Fallzahlen eher erhöht worden. Wenn jetzt die Entwicklung dahin gegangen ist, für eine Leistung nach § 30 fünf und für eine solche nach § 31 zwölf Fachleistungsstunden anzusetzen, dann ist ein Unterschied zwischen beiden Leistungsarten qualitativ kaum noch festzustellen[13]. Insoweit können sich auch Zweifel daran ergeben, ob die Fachlichkeit der Hilfe noch gegeben ist (§ 72). Solche Zweifel sind allerdings nicht schon deswegen berechtigt, weil für die Durchführung der Hilfe Honorarkräfte eingesetzt werden[14]. Kostenbeiträge der Betroffenen selbst sind zur sozialpädagogischen Familienhilfe in § 91 nicht vorgesehen.

§ 32 Erziehung in einer Tagesgruppe

¹Hilfe zur Erziehung in einer Tagesgruppe soll die Entwicklung des Kindes oder des Jugendlichen durch soziales Lernen in der Gruppe, Begleitung der schulischen Förderung und Elternarbeit unterstützen und dadurch den Verbleib des Kindes oder des Jugendlichen in seiner Familie sichern. ²Die Hilfe kann auch in geeigneten Formen der Familienpflege geleistet werden.

I. Normzweck

1   Vgl § 27 Rn 1. Die Tagesgruppe, die ursprünglich als Tagesheimgruppe bezeichnet wurde, ist entstanden, um die Kapazitäten des Heimes besser zu nutzen. Das geschah zum einen durch Umwidmung von überflüssig gewordenen Heimplätzen aber zum anderen auch, um die fachlichen Ressourcen des Heimes in der ambulanten bzw teilstationären Versorgung besser einsetzen zu können. Die Tagesgruppenbetreuung kommt für alle Kinder und Jugendlichen in Betracht. Anfangs richtete sie sich hauptsächlich an ältere Kinder bis zum Ende des Schulpflichtalters. Sie hat sich aber weiter entwickelt. Das Durchschnittsalter der Kinder liegt bei 9 Jahren. Des Weiteren haben sich auch Tagesgruppen für Vorschulkinder entwickelt[1].

II. Einzelerläuterungen

2   **1. Allgemeiner Anwendungsbereich.** Die Tagesgruppe ist ein pädagogisches Angebot für Kinder und Jugendliche, bei denen sich Störungen im innerfamiliären Bereich zeigen. Was das methodische Vorgehen betrifft, so ergeben sich bei der Tagesgruppe Verbindungen zur sozialen Gruppenarbeit (§ 29). Erkennbar sind auch Anknüpfungspunkte zur sozialpädagogischen Familienhilfe (§ 31). Insbesondere gehört die **Elternarbeit** zu den Aufgaben der Betreuung in einer Tagesgruppe. Sie ist jedoch nicht so intensiv und wirkt weniger in den familiären Innenraum hinein wie in der sozialpädagogischen Familienhilfe. Schließlich grenzt die Tagesgruppe in besonderen Fällen auch an die Tagespflege, denn S 2 sieht vor, dass diese Art der Hilfe auch in Form der Familienpflege durchgeführt werden kann. In diesem Falle sind aber höhere fachliche Standards gegeben.

3   **2. Leistungsrechtlicher Charakter.** Sofern in der Tagesgruppe nicht besondere Entwicklungsschwierigkeiten oder Verhaltensauffälligkeiten der Kinder und Jugendlichen angegangen werden, kommt der Schulbegleitung eine besondere Bedeutung zu. Soweit die Schulbegleitung nur den Charakter einer **Hausaufgabenhilfe** hat, also lediglich der Sicherung des Schulerfolgs dient, gehört sie nicht zum Leistungsspektrum der Kinder- und Jugendhilfe. In diesem Falle begründet sie, wenn sie nicht nur gelegentlich anfällt, in unterhaltsrechtlicher Sicht einen Mehrbedarf, der durch Erhöhung des Tabellenunterhalts zu decken ist[2]. Sofern ein Unterhaltsanspruch nicht erfüllt wird, waren ursprünglich die Kosten als Hilfe zum Lebensunterhalt nach §§ 11, 12 Abs 2 BSHG zu übernehmen[3]. Die nun anwendbaren §§ 23 Abs 3 SGB II bzw 31 Abs 1 SGB XII kennen solche Leistungen jedoch nicht

---

[7] *Elger/Christmann* S 158.
[8] *Stadelmann/Marquard* NDV 2000, 240; *Kramer* NDV 2001, 28.
[9] *Stadelmann/Marquard* NDV 2000, 240; *Kunkel* ZfF 2001, 224.
[10] *Mrozynski* § 17 SGB I Rn 30.
[11] *Stephan* ZfF 1996, 56; *Hundsalz* in: *Birtsch/Münstermann/Trede* 2001, 520.
[12] *Elger/Christmann* S 158.
[13] Vgl DIJuF JAmt 2003, 241.
[14] Vgl DIJuF-Gutachten JAmt 2005, 15.
[1] *Späth* in: *Birtsch/Münstermann/Trede* S 591.
[2] OLG Zweibrücken FamRZ 1994, 770; OLG Köln FamRZ 1999, 531.
[3] Hess VGH FEVS 35, 453; OVG Lüneburg FEVS 46, 205.

mehr. Sie sind in die Regelsätze eingegangen, die praktisch nicht veränderbar sind (vgl § 20 Abs 1 SGB II, § 28 Abs 1 S 2 SGB XII). Sofern jedoch mit der Hausaufgabenhilfe weitergehende pädagogische Ziele verfolgt werden, kommen Leistungen der Kinder- und Jugendhilfe in Betracht[4].

Auch wenn die schulische Förderung in § 32 genannt ist, darf also die Leistung in der Tagesgruppe nicht auf eine Hausaufgabenhilfe reduziert werden. Ein wesentliches gesetzliches Merkmal und damit auch ein Merkmal der Leistung ist das soziale Lernen in der Gruppe, womit natürlich auch die Situation des Kindes oder Jugendlichen in der Schule verbessert wird und sich damit auch Veränderungen im Leistungsbereich ergeben. Aber nur idS sollte die Tagesgruppe schulbegleitend sein. Das schließt eine enge Kooperation mit der Schule nicht aus. **4**

3. Leistungserbringung. Das Gesetz nennt als **Hauptziele** der Leistung die Entwicklung des Kindes oder Jugendlichen durch soziales Lernen in der Gruppe, Begleitung der schulischen Förderung und Elternarbeit zu unterstützen. Sie ist familienergänzend. Aus dieser Aufgabenstellung ergibt sich als Forderung an die Praxis, dass die Tagesgruppe ihr Angebot zumindest an allen Wochentagen bereithalten muss und dass der Schwerpunkt der Arbeit auf der Betreuung am Nachmittag liegt. Es dürfen keine zu großen Gruppen mit höchstens zehn Kindern oder Jugendlichen gebildet werden. Die Tagesgruppe muss wohnortnah arbeiten und möglichst auch ein begleitendes Freizeitprogramm anbieten. **5**

§ 33 Vollzeitpflege

[1]Hilfe zur Erziehung in Vollzeitpflege soll entsprechend dem Alter und Entwicklungsstand des Kindes oder des Jugendlichen und seinen persönlichen Bindungen sowie den Möglichkeiten der Verbesserung der Erziehungsbedingungen in der Herkunftsfamilie Kindern und Jugendlichen in einer anderen Familie eine zeitlich befristete Erziehungshilfe oder eine auf Dauer angelegte Lebensform bieten. [2]Für besonders entwicklungsbeeinträchtigte Kinder und Jugendliche sind geeignete Formen der Familienpflege zu schaffen und auszubauen.

Übersicht

	Rn		Rn
I. Normzweck................................	1	3. Pflegekinderwesen	6
II. Einzelerläuterungen......................	2	4. Verhältnis zur Herkunftsfamilie	11
1. Allgemeiner Anwendungsbereich............	2	5. Verbleib in der Pflegestelle	14
2. Leistungsrechtlicher Charakter	4	6. Verhältnis zum Familienrecht	15

I. Normzweck

Vgl § 27 Rn 1. Die Vorschrift stellt wie nur wenige andere des SGB VIII eine Nahtstelle zwischen dem Familien- und dem Sozialrecht dar. In zwei Reformen des Kindschaftsrechts war es nicht gelungen, das Pflegekinderwesen einheitlich im Familienrecht zu regeln[1]. Deswegen wird man davon ausgehen müssen, dass die Rechtsstellung des Pflegekindes nunmehr auf nicht absehbare Zeit in beiden Rechtsgebieten verwurzelt bleibt. **1**

II. Einzelerläuterungen

1. Allgemeiner Anwendungsbereich. Der Begriff des Pflegekindes ist in weitgehender Anlehnung an § 56 Abs 2 Nr 2 SGB I zu bestimmen[2]. Danach ist darauf abzustellen, dass das Kind unter Ausschluss einer Fürsorge durch die leiblichen Eltern auf längere Dauer mit den Pflegeeltern in häuslicher Gemeinschaft lebt. Materiell ist eine Verbindung „wie Kinder mit Eltern" abzustellen. Diese allgemeine sozialrechtliche Charakterisierung wird entspr dem Schutzzweck der §§ 33 und 44 aber insoweit modifiziert, als im SGB VIII auch eine bloße Unterkunftsgewährung für die Annahme einer Pflegestelle ausreicht. Umstritten ist das Verhältnis der Adoptionspflege zur Pflegestelle iS des SGB VIII (§ 1751 BGB Rn 9). Auf die Adoptionspflege ist nach wohl überwiegender Auffassung das Pflegekinderrecht nicht anwendbar[3]. ME ist die gegenteilige Auffassung richtig. Insbesondere hat das Pflegegeld solange zu zahlen, bis die natürlichen Eltern des Kindes in die Adoption eingewilligt haben, ihre elterliche Sorge folglich nach § 1751 Abs 1 BGB ruht und das JA Vormund wird. Erst ab diesem Zeitpunkt entsteht gemäß § 1751 Abs 4 S 1 BGB auch eine Unterhaltspflicht der Annehmenden. Bis zur Einwilligung unterscheidet sich die Adoptionspflege rechtlich also in keiner Hinsicht von der Pflege nach § 33[4*]. Zur Verwandtenpflege vgl § 27 Rn 4. **2**

In S 1 ist die Vollzeitpflege für Kinder- und Jugendliche vorgesehen. Das bedeutet, dass sie über Tag und Nacht und damit außerhalb der Herkunftsfamilie erfolgt. Anders als die Tagespflege nach § 23 setzt **3**

---

[4] Hess VGH FEVS 38, 56.
[1] *Salgo* FamRZ 1999, 337.
[2] BSGE 69, 191.
[3] *Wiesner* § 33 SGB VIII Rn 40; DIV-Gutachten DAVorm 1999, 833.
[4*] OVG Münster ZfJ 2001, 467; OLG Brandenburg DA 2000, 171 zu § 1632 Abs 4 BGB; vgl auch VG Magdeburg ZfF 2005, 275.

sie als Hilfe zur Erziehung einen erzieherischen Bedarf iS des § 27 Abs 1 voraus. Bei Kindern bis zu einem Alter von etwa zehn Jahren hat zumindest bei der Neugewährung die Vollzeitpflege Vorrang vor der Heimaufnahme. Bei älteren Kindern und Jugendlichen wird die Hilfe zur Erziehung in einem Heim oder einer sonstigen Wohnform nicht selten gegenüber der Familienpflege bevorzugt. Das hängt natürlich damit zusammen, dass es in den Heimen eine positive Entwicklung gegeben hat. Allgemein gilt Folgendes: Bei jüngeren Kindern ist eine Pflegestelle zu bevorzugen. Gegen eine Pflegestelle kann die Tatsache sprechen, dass in der Herkunftsfamilie des Kindes noch tragfähige Bindungen festzustellen sind, die im Heim besser respektiert werden können. Von besonderen Bedarfssituationen abgesehen muss man insgesamt feststellen, dass sich in den letzten 20 Jahren das Verhältnis von Heimerziehung und Familienpflege mit leichtem Übergewicht zugunsten der Letzteren verschoben hat. Seit einigen Jahren entwickeln sich darüber hinaus sog Erziehungsstellen, in denen die Leistung von mindestens einem fachlich vorgebildeten Pflegeelternteil erbracht wird[5]. Hierbei können sich Abgrenzungsprobleme zur Heimerziehung ergeben[6]. Insgesamt differenzieren sich die beiden Grundformen der Hilfe zur Erziehung, die Pflegestelle und das Heim, immer mehr aus. Dabei kommt es auch zu einer gewissen Angleichung der beiden Formen[7].

4   **2. Leistungsrechtlicher Charakter.** Es ist nicht ganz leicht, die Stellung der Familienpflege innerhalb des Leistungsspektrums der §§ 27 bis 35 zu bestimmen. Ein Rangverhältnis gibt es nicht. Abzustellen ist vielmehr auf den jeweiligen erzieherischen Bedarf. Vor einer Trennung des Kindes von der Familie muss jedoch zunächst geprüft werden, ob familienergänzende Maßnahmen (§§ 31, 32) in Betracht kommen. Bei der Beurteilung der Frage, ob eine Pflegestelle (§ 33) oder die Betreuung in einer sonstigen Wohnform (§ 34) in Betracht kommt, spielen zwei Gesichtspunkte eine Rolle. Solange bei jüngeren Kindern eine Ablösung von der Familie noch nicht angezeigt ist, sollte man eher an die Leistung nach § 33 denken. Dagegen kann sprechen, dass der Bedarf eines Kindes hohe Professionalität der Hilfe verlangt, eine heilpädagogische bzw Sonderpflegestelle aber nicht zur Verfügung steht[8].

5   Die Praxis unterscheidet mehrere Formen von Pflegestellen. Kurzzeitpflegestellen dienen der Versorgung von Kindern, die kurzfristig wegen einer Konfliktlage aus ihrer Familie herausgenommen werden müssen oder sich deswegen dem familiären Einfluss entziehen. Im Rahmen des Jugendschutzes werden sie auch als Bereitschaftspflegestellen geführt[9]. Übergangspflegestellen dienen der zeitlich begrenzten Betreuung von Kindern, wenn zwar keine familiäre Konfliktlage gegeben ist, wohl aber die familiäre Erziehung aus anderen Gründen (zB Krankenhausaufenthalt, Strafhaft) nicht sichergestellt ist. Diese beiden Formen der Kurzzeitpflege stehen heute in Konkurrenz zu den Leistungen nach § 20 bzw zur Inobhutnahme nach § 42 Abs 1 Nr 1. Die Entwicklung in der Praxis wird wohl in Richtung auf einen Ausbau dieser spezialisierten, direkt auf die Bedarfslage bezogenen, Formen der Kinder- und Jugendhilfe gehen. § 33 findet dann im Wesentlichen nur noch Anwendung auf die Dauerpflegestelle mit dem Charakter einer Ersatzfamilie. Mit besonderer Zielsetzung besteht daneben noch die Adoptionspflege (§ 1744 BGB, § 8 AdVermG) Zur Weiterentwicklung der Pflege vgl Deutscher Verein ZfJ 2004, 416.).

6   **3. Pflegekinderwesen.** Die Diskussion um das Pflegekinderwesen war in den letzten Jahren hauptsächlich von der Frage bestimmt, ob es und unter welchen Voraussetzungen es einen Vorrang der sozialen vor der biologischen **Elternschaft** geben könne. Diese Frage wurde vom BVerfG unter engen Voraussetzungen und aus dem Blickwinkel der Wahrung des Kindeswohls bejaht. Dabei spielen für den Begriff der Familie nicht nur verwandtschaftliche, sondern auch soziale Faktoren eine Rolle. Deswegen hat das BVerfG das Verhältnis der Pflegeeltern zum Kind unter den Schutz des Art 6 Abs 1 GG, aber nicht des Abs 2 GG gestellt. Als Konsequenz daraus, sind ua die Pflegeeltern anfechtungsbefugt, wenn eine Hilfe nach § 33 eingestellt wird[10]. Die Rechte der natürlichen Eltern dürfen andererseits nicht übergangen werden. Die Pflegeeltern werden deswegen ua nicht als beschwerdeberechtigt iS des § 20 FGG angesehen, wenn ein Elternteil den Umgang mit dem Kind oder die Rückübertragung der elterlichen Sorge begehrt. Anders ist dies, wenn das Kind aus der Pflegestelle entfernt werden soll[11]. Pädagogisch verständlich, aber rechtlich nicht ganz unbedenklich ist es, wenn das Umgangsrecht der leiblichen Eltern aus § 1684 BGB zeitlich befristet ausgeschlossen wird, um die vertrauensvolle Beziehung des Kindes zu den Pflegeeltern nicht zu gefährden. Damit könnte auch eine Entfremdung des Kindes von den leiblichen Eltern einhergehen. Dies ist aber im Hinblick auf § 37 Abs 1 S 2 zu vermeiden[12].

7   Grundsätzlich dürfen also die Rechte der natürlichen Eltern nicht vernachlässigt werden[13]. Bei einem Streit zwischen Eltern und Pflegeeltern um die Herausgabe des Kindes (§ 1632 Abs 4 BGB) ist deswegen grds von einem Vorrang der Eltern auszugehen[14], soweit diese noch sorgeberechtigt sind[15].

---

[5] *Biermann* in: *Birtsch/Münstermann/Trede* S 621 ff.
[6] *Meysen* JA 2002, 326.
[7] BAG LJÄ ZfJ 2003, 103.
[8] Vgl DIV-Gutachten ZfJ 1998, 342.
[9] OLG Karlsruhe JAmt 2005, 40.
[10] DIJuF JAmt 2001, 35.
[11] OLG Köln FamRZ 2000, 635.
[12] Vgl OLG Hamm FamRZ 2000, 1108; ZfJ 2005, 207.
[13] Vgl *Seibert* FamRZ 1995, 1457; *Fahrenhorst* FamRZ 1996, 454; *Salgo* FamRZ 1999, 337.
[14] OLG Hamm FamRZ 1995, 1507; OLG Köln DAVorm 1998, 140.
[15] OLG Düsseldorf DAVorm 1996, 903.

Ausnahmsweise kann ein Verbleiben des Kindes bei den Pflegeeltern gerechtfertigt sein, wenn anders eine schwere und nachhaltige Schädigung des Wohls des Kindes zu besorgen wäre[16]. Dabei sind alle Umstände zu würdigen, die zur Begründung des Pflegekindverhältnis geführt haben und die bei seiner Beendigung eine Rolle spielen[17]. Auf die Erfüllung der Voraussetzungen des § 1666 BGB als **Anlass** für die Weggabe des Kindes in Familienpflege kommt es in diesem Falle nicht an. Die **Dauer** des Pflegekindverhältnisses allein soll nach Auffassung des Gerichts nicht ausschlaggebend sein. Über diese letztere Voraussetzung scheint sich die Praxis zunehmend hinwegzusetzen[18]. Für sie ist zumeist der Zeitfaktor der entscheidende Gesichtspunkt bei der Prüfung der Frage, ob das Kind in der Pflegefamilie verbleiben soll. In der Sache ist damit aber die Frage der sozialen Elternschaft noch nicht entschieden, denn gerade unter Einbeziehung soziologischer und entwicklungspsychologischer Gesichtspunkte wird man einen bestimmten Zeitraum, der etwa bei zwei Jahren liegt (§ 1632 Abs 4 BGB; § 86 Abs 6), nicht schematisch festlegen können[19]. Es muss also immer im Einzelfall eine Entscheidung über das Kindeswohl getroffen werden[20]. Formelhafte Wendungen über den Vor- oder Nachrang der sozialen Elternschaft verstellen nur die Sicht für das eigentliche Problem, das darin besteht, dass es so schwer ist, zu bestimmen, was das Kindeswohl ist und welche Entscheidung ihm im Einzelfall am besten dient. Die besondere Stellung, die dabei nach Auffassung des BVerfG den natürlichen Eltern zukommt, wird vor allem deutlich, wenn die Herausgabe des Kindes zu dem Zweck verlangt wird, die Pflegeeltern zu wechseln. In diesem Falle muss eine Gefährdung des Kindeswohls mit hinreichender Sicherheit ausgeschlossen werden können[21]. Wird dagegen der Wechsel herbeigeführt, um das Kind in Adoptionspflege zu geben, dann kann wiederum mit Blick auf das Ziel der Adoption eine gewisse psychische Beeinträchtigung des Kindes als Folge der Trennung hingenommen werden, wenn die Adoptiveltern in der Lage sind, das Kind ohne dauerhafte Schädigung in ihre Familie zu integrieren[22]. Bei jedem Konflikt, der zwischen den natürlichen Eltern und den Pflegeeltern zu schlichten ist, muss letztlich das Wohl des Kindes bestimmend sein[23]. Nicht ganz unbedenklich ist es, wenn die Herausnahme des Kindes aus einer familienfremden Pflegestelle mit einem Vorrang der Großeltern gerechtfertigt wird[24]. Nach Auffassung des BVerfG kann sich ein Großelternteil nur dann auf das Elternrecht aus Art 6 Abs 1 GG berufen, wenn er zugleich Vormund ist[25].

In S 2 werden die heilpädagogischen bzw **Sonderpflegestellen** besonders hervorgehoben. Sie zeichnen sich dadurch aus, dass die Pflegeeltern einen eher professionellen Anspruch haben und das ihnen anvertraute schwer verhaltensgestörte oder behinderte Kind therapeutisch betreuen. Die Beratung dieser Pflegeltern (§ 37 Abs 2) muss intensiver sein und oftmals fachliche Gesichtspunkte der Betreuung behinderter Kinder in den Mittelpunkt stellen. Sofern **seelisch behinderte** Kinder in der Vollzeitpflege betreut werden, wird deren Bedarf durch den Träger der Jugendhilfe voll gedeckt (§ 10 Abs 4). Sofern ein **geistig** oder **körperlich behindertes** Kind in der Vollzeitpflege betreut wird, kommen immer auch Leistungen nach den §§ 36 ff SGB XI, 53 ff SGB XII in Betracht[26].

Nicht nur, aber vor allem im Zusammenhang mit Sonderpflegestellen stellt sich die Frage, ob die Pflegeeltern **für Schäden haften,** die das Kind Dritten zufügt (§ 832 BGB). Diese Frage ist grundsätzlich zu bejahen. Allerdings haften sie nicht aus Gesetz, sondern aus der Vereinbarung, die sie mit dem JA schließen. In dieser Vereinbarung wird ihnen regelmäßig die Aufgabe einer Beaufsichtigung des Kindes übertragen[27].

Der Unterhalt des Pflegekindes und die Kosten der Erziehung werden nach § 39 Abs 1 übernommen. Die Ausübung der elterlichen Sorge durch die Pflegeeltern richtet sich nach § 38. Die Pflegeeltern bedürfen gemäß § 44 einer Pflegeerlaubnis.

4. Verhältnis zur Herkunftsfamilie. In S 1 ist vorgesehen, dass die persönlichen Bindungen des Kindes oder Jugendlichen zu seiner Herkunftsfamilie berücksichtigt werden sollen. Als **Herkunftsfamilie** wird man ausschließlich die natürlichen Eltern ansehen müssen. Dagegen wird man nicht die Auffassung vertreten dürfen, dass damit jede Familie gemeint ist, von der ausgehend Vollzeitpflege geleistet wird[28]. Das hätte zur Folge, dass die Verpflichtung, auf eine Rückkehr hinzuarbeiten (§ 37 Abs 1 S 2) auch im Hinblick auf diese Familien besteht. Beim Wechsel von einer Pflegefamilie zu einer anderen, wäre das sicherlich nicht sinnvoll. Dass in besonders gelagerten Fällen dennoch auf die Rückkehr in eine frühere Konstellation, etwa bei Stiefeltern, hingearbeitet werden kann, ist durch die enge Auslegung nicht ausgeschlossen. Das VG Düsseldorf will aus § 37 Abs 1 keinen Anspruch der natürlichen Eltern auf Hilfe zur Rückkehr in die Familie ableiten[29]. Diese Auffassung dürfte schwerlich aus dem Wortlaut des § 37 Abs 1 S 2 abzuleiten sein. Darüber hinaus kennt § 27 keine abschließende

---

[16] BVerfGE 68, 176 = NJW 1985, 423; BVerfGE 79, 51 = NJW 1989, 2519.
[17] *Schlüter/Liedmeier* FuR 1990, 122.
[18] Vgl BayObLG FamRZ 1995, 626.
[19] *Goldstein* NP 1986, 333; *Gudat/Rummel* RdJB 1988, 140; *Wieser* ZfJ 1989, 103.
[20] OLG Celle FamRZ 1990, 191; BayObLG FamRZ 1991, 1080.
[21] BVerfGE 75, 201 = NJW 1988, 125.
[22] BVerfGE 79, 51 = NJW 1989, 2519.
[23] BVerfG JAmt 2005, 370.
[24] OLG Karlsruhe FamRZ 2005, 1501.
[25] BVerfG FPR 2004, 472 = FamRZ 2004, 771.
[26] DIV-Gutachten ZfJ 1998, 342.
[27] DIJuF JAmt 2005, 404.
[28] Vgl DIV-Gutachten DAVorm 1997, 843.
[29] VG Düsseldorf ZfJ 2005, 331.

Aufzählung der einzelnen Hilfearten, so dass zumindest eine unbenannte Hilfe zur Erziehung auf Rückkehr in die Familie zu leisten sein wird. Die gegenteilige Auffassung dürfte auch vor dem Hintergrund des Art 8 EMRK nicht zu rechtfertigen sein[30]. Freilich hat das Wohl des Kindes oberste Priorität[31]. So ist das OLG Stuttgart der Auffassung, dass bei der Unterbringung eines Kindes in einer Pflegefamilie auf der Grundlage des § 1666 BGB eine Überprüfung nach § 1696 BGB in angemessenen Zeitabständen zu erfolgen hat. Dabei sind die Tragweite der Trennung des Kindes von seiner Pflegefamilie, die Intensität der zu ihr entstandenen Bindungen und die Erziehungsfähigkeit der Herkunftsfamilie zu berücksichtigen[32].

12 Das Gesetz geht davon aus, dass es integrierender Bestandteil der Vollzeitpflege ist, die Möglichkeiten der Verbesserung der Erziehungsbedingungen in der Herkunftsfamilie ins Auge zu fassen. Damit hat der Gesetzgeber eine Entscheidung getroffen, die die Kinder- und Jugendhilfe darauf verpflichtet, auf eine Rückkehr des Kindes oder Jugendlichen in seine Herkunftsfamilie hinzuarbeiten. Auch darin liegt jedoch keine Anerkennung irgendeiner Form der Elternschaft. Das Gesetz sieht vielmehr die Erziehungsbedingungen, denen das Kind oder der Jugendliche ausgesetzt ist, als den entscheidenden Faktor an. Ist unter diesen Bedingungen das Kindeswohl gewährleistet, muss die Erziehung in der Herkunftsfamilie erfolgen. Wenn es also im Gesetz ein Rangverhältnis gibt, dann gibt es nur den Vorrang des Kindeswohls. Dabei kann nicht übersehen werden, dass die soziale Lage in der Herkunftsfamilie oft katastrophal ist[33]. Als Anlässe für die Begründung von Pflegekindverhältnissen werden genannt: Vernachlässigung (65,1%), seelische Misshandlung (36,8%), körperliche Misshandlung (23,6%), Elternkonflikte um das Kind (23,6%), sexueller Missbrauch (16,7%), Autonomiekonflikte (12,9%) und 23,3% Sonstiges[34]. Auch wenn dabei nicht immer Art und Ausmaß der Verletzung des Elternrechts erkennbar sind, so scheint es doch, als würde die gesetzliche Idealvorstellung von der Rückkehr in die Herkunftsfamilie für viele Pflegekinder an der Realität scheitern. Immerhin sollen etwa 30 bis 40% in die Herkunftsfamilie zurückkehren[35]. Damit ist aber auch nicht gesagt, dass nunmehr ihre Erziehung gesichert ist. Andererseits darf man sich durch diese Gesichtspunkte nicht zu der Auffassung verleiten lassen, die Betreuung des Kindes in einer Pflegefamilie würde immer schon die bessere Alternative darstellen. Auch der Schutz des Pflegekindes in dieser Familie darf nicht vernachlässigt werden[36].

13 Wird ein Kind oder ein Jugendlicher in Vollzeitpflege gegeben, so wird nach § 36 Abs 2 ein Hilfeplan erstellt und es erfolgt gemäß § 37 eine Beratung und Unterstützung sowohl der Eltern als auch der Pflegeeltern. Damit ist natürlich eine gewisse Konkurrenzlage gegeben, denn häufig gehen die Pflegeeltern davon aus, dass das Kind auf Dauer bei ihnen verbleibt. Nicht selten werden sie eine Adoption (§ 1741 BGB) ins Auge fassen. Das erschwert zumindest dann eine Beratung, wenn die Eltern den Gedanken an die Rückkehr des Kindes noch nicht aufgegeben haben. Mögen sie diese Vorstellung auch nur hegen, um ihr Versagen nicht vor sich selbst oder vor dem Kinde eingestehen zu müssen. Eingedenk der sozialen Lage der Herkunftsfamilie sollte die Beratung sehr behutsam erfolgen.

14 **5. Verbleib in der Pflegestelle.** Das Gesetz geht davon aus, dass die Betreuung in der Vollzeitpflege für Kinder oder Jugendliche entweder eine zeitlich befristete Erziehungshilfe oder eine auf Dauer angelegte Lebensform ist. Daraus kann man zwar schließen, dass beide Formen an sich gleichberechtigt sind. Diese beiden Möglichkeiten stehen jedoch unter dem Vorbehalt der Verbesserung der Erziehungsbedingungen in der Herkunftsfamilie. Dies ergibt sich vor allem aus der Verpflichtung zur Beratung und Unterstützung der Eltern nach § 37 Abs 1 S 2. Die Dauerlösung, der Verbleib in der Pflegestelle, ist nur anzustreben, wenn durch eine zeitlich befristete Lösung das Kindeswohl nicht gewährleistet ist. Richtig ist aber, dass man möglichst schon bei der Begründung des Pflegeverhältnisses klären sollte, ob die eine oder die andere Lösung die gegebene ist. Dadurch kann allen Beteiligten, insbes auch dem Kind, eine Sicherheit in der Beziehung gegeben werden. Lässt sich bei der Begründung der Pflegestelle nicht klären, ob das Kind auf Dauer in ihr verbleiben muss, so darf das JA angesichts der Regelung des § 37 Abs 1 nicht auf eine Dauerlösung hinarbeiten. Über einen längeren Zeitraum ist den Beteiligten eine unklare Lage über den Verbleib des Kindes in der Pflegestelle nicht zumutbar. Nach dem Ablauf von etwa zwei Jahren sollte eine Entscheidung getroffen werden. Bei der Bestimmung der Frist wird man auf die Rspr zu § 1632 Abs 4 BGB und die Regelung des § 86 Abs 6 zurückgreifen können. Die Frist zur Entscheidung ist aber noch nicht die Entscheidung selbst. Bei ihr sind vielmehr alle Umstände des Einzelfalles zu würdigen. Bei kleineren Kindern, etwa bis zu drei Jahren, kann das bedeuten, dass eine Entscheidung schon nach 12 bis 18 Monaten zu treffen ist.

15 **6. Verhältnis zum Familienrecht.** Auf das Pflegekinderrecht wirkt eine Reihe familienrechtlicher Normen ein. Ursprünglich war auch die Ausübung der elterlichen Sorge sowohl im SGB VIII als auch im Familienrecht geregelt. Die Reform des Kindschaftsrechts hat eine gewisse Angleichung gebracht[37]. So haben nun auch ehemalige Pflegeeltern ein Umgangsrecht nach § 1685 Abs 2 BGB. Wesentliche Bestimmungen über die Ausübung der elterlichen Sorge sind jetzt nach § 1688 BGB auch auf andere Erziehungsberechtigte anwendbar. Das gilt gemäß § 1688 Abs 2 BGB unter anderem für die Pfle-

---

[30] EGMR JAmt 2004, 551.
[31] BVerfG JAmt 2005, 370.
[32] OLG Stuttgart FamRZ 2005, 1273.
[33] *Salgo* S 88.
[34] *Salgo* ZfJ 2003, 362.
[35] *Jordan* ZfJ 1992, 19, 20.
[36] Vgl BGH NJW 2005, 68.
[37] *Windel* FamRZ 1997, 713; *Lakies* ZfJ 1998, 129.

geeltern. Doch auch insoweit können die Inhaber der Personensorge etwas anderes erklären oder das Familiengericht etwas anderes anordnen. Für den Fall einer Einschränkung durch die Personensorgeberechtigten bleibt nur die Möglichkeit, nach § 38 SGB VIII das JA anzurufen. Trotz der jetzt stärkeren Stellung der Pflegeeltern kommt ihnen ein Beschwerderecht nach § 20 FGG im Verfahren der Rückübertragung der elterlichen Sorge auf einen Elternteil nicht zu[38].

Wollen die Eltern ihr Kind aus einer Pflegestelle herausnehmen, so ordnet das Familiengericht unter den Voraussetzungen des § 1632 Abs 4 BGB den Verbleib des Kindes in der Pflegestelle an[39]. Grds ist eine solche Verbleibensanordnung gegenüber Maßnahmen nach § 1666 BGB das mildere Mittel und deswegen vorzuziehen[40]. In der Neufassung des § 1632 Abs 4 BGB durch die Reform des Kindschaftsrechts sind zwei Voraussetzungen für die **Verbleibensanordnung** entfallen. Es erfolgt kein Hinweis mehr auf § 1666 BGB. Außerdem werden „Anlass und Dauer" der Familienpflege nicht mehr ausdrücklich erwähnt. Das bedeutet zwar keine substantielle Änderung des § 1632 Abs 4 BGB, ermöglicht aber doch eine gewisse Ausweitung seines Anwendungsspielraumes[41]. Das ergibt sich insbes auch aus der vom Gesetzgeber gewollten Gleichstellung mit § 1682 BGB, der das Verhältnis der **natürlichen** Eltern untereinander regelt[42]. Eine solche Gleichstellung der Pflegeeltern zu den natürlichen Eltern kann es eigentlich nicht geben. 16

Allgemein regelt § 1632 Abs 4 BGB nur noch, dass **durch die** beabsichtigte **Wegnahme** das Kindeswohl gefährdet sein muss. Man wird es trotz der Neufassung der Vorschrift als zulässig ansehen müssen, wenn Anlass und Dauer der Familienpflege berücksichtigt werden. Nach Auffassung einer inzwischen verbreiteten Praxis, ist idR eine Herausnahme des Kindes nicht mehr möglich, wenn die Familienpflege zwei Jahre gedauert hat[43]. Der Anlass für die Familienpflege wird zunehmend vernachlässigt. Vielsagend ist insoweit die amtliche Begründung, in der es heißt, das gesetzliche Merkmal „Anlass und Dauer" wäre überflüssig, weil das Kind ohnehin längere Zeit in Familienpflege gelebt haben müsse[44]. Das bezieht sich aber nur auf die Dauer. 17

Eine Entscheidung über das Sorgerecht ist mit der Verbleibensanordnung nach § 1632 Abs 4 BGB auch weiterhin nicht verbunden[45]. Allerdings kann eine Entscheidung nach § 1666 BGB ergehen. Im Übrigen ist zu betonen, dass eine Verbleibensanordnung nur erfolgt, wenn und solange die Voraussetzungen dafür gegeben sind. Im Rahmen einer Verbleibensanordnung ist sogar verstärkt nach Möglichkeiten für eine Rückführung zu suchen[46]. 18

Auf familienähnliche **Kleinstheime** ist die Regelung des § 1632 Abs 4 BGB nicht anwendbar[47]. Hier kann es also keine Verbleibensanordnung geben. Wollen allerdings die Eltern ihr Kind aus einem Heim nehmen, so kann ein Verbleib des Kindes im Heim uU durch eine Einschränkung der Personensorge nach § 1666 Abs 1 BGB bewirkt werden. Die erforderliche Maßnahme besteht dann darin, dass das Familiengericht anordnet, dass die Personensorgeberechtigten einen Aufenthaltswechsel nicht herbeiführen dürfen. 19

§ 34 Heimerziehung, sonstige betreute Wohnform

¹Hilfe zur Erziehung in einer Einrichtung über Tag und Nacht (Heimerziehung) oder in einer sonstigen betreuten Wohnform soll Kinder und Jugendliche durch eine Verbindung von Alltagsleben mit pädagogischen und therapeutischen Angeboten in ihrer Entwicklung fördern. ²Sie soll entsprechend dem Alter und Entwicklungsstand des Kindes oder des Jugendlichen sowie den Möglichkeiten der Verbesserung der Erziehungsbedingungen in der Herkunftsfamilie
1. eine Rückkehr in die Familie zu erreichen versuchen oder
2. die Erziehung in einer anderen Familie vorbereiten oder
3. eine auf längere Zeit angelegte Lebensform bieten und auf ein selbständiges Leben vorbereiten.

³Jugendliche sollen in Fragen der Ausbildung und Beschäftigung sowie der allgemeinen Lebensführung beraten und unterstützt werden.

I. Normzweck

Vgl § 27 Rn 1. Durch die Vorschrift wurde die überkommene Heimerziehung erheblich umgestaltet. Das Heim war in den vergangenen Jahrzehnten dermaßen in die Kritik geraten, dass der Gesetzgeber ursprünglich diesen Begriff gänzlich vermeiden wollte. Das Heim in seiner neuen Form hat 1

---

[38] BGH DAVorm 1999, 888.
[39] Vgl BayObLG FamRZ 1998, 1040.
[40] Vgl OLG Koblenz FamRZ 2005, 1923.
[41] Vgl OLG Frankfurt FamRZ 2004, 720 m Anm *Doukkani-Bördner*.
[42] BT-Drucks 13/4899 S 96.
[43] OLG Hamm FamRZ 1990, 191; BayObLG FamRZ 1995, 626.
[44] BT-Drucks 13/4899 S 96.
[45] BayObLG ZfJ 1997, 25; OLG Hamm FamRZ 1998, 447.
[46] OLG Hamm ZfJ 1997, 430.
[47] LG Frankfurt FamRZ 1984, 729.

aber neben anderen Leistungen der Kinder- und Jugendhilfe durchaus seine Berechtigung. Gegenüber der Pflegestelle kommt es in erster Linie für ältere Kinder und Jugendliche in Betracht. Es ist vor allem in der Lage, für ein professionelles Hilfsangebot zu sorgen.

II. Einzelerläuterungen

2 **1. Allgemeiner Anwendungsbereich.** Wann die Heimerziehung die geeignetste Form der Hilfen zur Erziehung ist, lässt sich nur schwer sagen[1]. Es ist schon problematisch, von einer Indikation zur Heimerziehung zu sprechen. Wenn es heißt, dass Heimerziehung dann in Frage komme, wenn die familiäre Situation und die in ihr vorhandenen Ressourcen nicht ausreichend sind, dem Kind oder Jugendlichen einen zuverlässigen Lebensort und Orientierungsrahmen zu geben[2], dann lässt sich mit dieser Formel eine Vielfalt im Ergebnis durchaus unterschiedlicher Entscheidungen begründen. Zudem hat das Heim eine so große Binnen- und Außendifferenzierung erfahren, dass mit dem Begriff Heimerziehung keine genaue Umschreibung mehr erfolgen kann. Es bedarf zusätzlicher erklärender Merkmale[3]. Der Bedarf eines Kindes oder Jugendlichen kann so komplex und das im örtlichen Bereich vorhandene erzieherische Angebot kann so unterschiedlich sein, dass es im Grunde unmöglich ist, eine eindeutige Zuordnung von Hilfen zu einem bestimmten Bedarf vorzunehmen. Gesichtspunkte, die für die Entscheidung zu einer Heimerziehung sprechen können, sind in Folgendem zu sehen: Können familiäre Störungen nur im professionellen Rahmen angegangen werden, ist eine Krisensituation mit Selbst- oder Fremdgefährdung gegeben, besteht der konkrete Verdacht von Misshandlungen, oder soll bei älteren Jugendlichen eine Ablösung von der Familie unterstützt werden?

3 **2. Leistungsrechtlicher Charakter.** Das Gesetz beschreibt keinen bestimmten Bedarf, der eine Heimerziehung auslöst. Es beschränkt sich darauf, sie als Hilfe zur Erziehung in einer Einrichtung über Tag und Nacht zu bezeichnen. Dabei ist der Begriff des Heimes ebenso wie der der Einrichtung von untergeordneter Bedeutung. Mit zunehmender Ausdifferenzierung der Organisationsformen sind diese Begriffe schwer zu handhaben. Insoweit ist auch die Anknüpfung an die frühere Rspr nur noch bedingt möglich[4]. Das Gesetz stellt neben den Begriff des Heimes den der sonstigen betreuten Wohnform[5]. Darunter sind vor allem Jugendwohngemeinschaften und das betreute Einzelwohnen zu verstehen. Es können sich aber auch andere Formen entwickeln. Diese neuen Formen lassen sich nur dann unter § 34 subsumieren, wenn sie mit einer Betreuung verbunden sind[6]. Das bloße Zurverfügungstellen von **Wohnraum** ist keine Leistung nach § 34. Es ist idS eben keine Hilfe zur Erziehung.

4 Schwierigkeiten bereitet noch immer die Integration von **Schulbesuch** und **Berufsausbildung** in die Heimerziehung. Dabei werden Heimschulen und heiminterne sonstige Ausbildungs- und Beschäftigungsstätten eher als diskriminierend empfunden. Sinnvoll ist es, wenn die Heimbewohner das allgemein bestehende Bildungsangebot in Anspruch nehmen können. Das ist jedoch nicht immer möglich. Es ist insbes Aufgabe und Entscheidung der Bundesländer, entsprechende schul- und jugendhilferechtliche Regelungen zu treffen. Eine größere Flexibilität besteht für die berufliche Bildung. Jedem Heimbewohner stehen je nach seinem individuellen Bedarf die Leistungen nach den §§ 59 ff oder 97 ff SGB III zu. Sie können grds für den Besuch jeder beruflichen Ausbildungsstätte in Anspruch genommen werden, wenn die allgemeinen Voraussetzungen der §§ 59 ff SGB III erfüllt sind. Bei Heimbewohnern mit schwierigeren persönlichen Problemen kann es im Einzelfall an einer Eignung für die gewählte Bildungsmaßnahme fehlen (§ 64 Abs 2 SGB III). Vor allem für diese Gruppe unter den Heimbewohnern ist die Regelung des § 27 Abs 3 von Bedeutung. Für sie sollen auf der Grundlage des SGB VIII Ausbildungs- und Beschäftigungsmaßnahmen durchgeführt werden. Insoweit verweist das Gesetz auf die Regelung des § 13 Abs 2 und den dort begründeten Nachrang gegenüber den §§ 59 ff SGB III.

5 Die pädagogischen Leistungen, die vom Heim erbracht werden, dienen auch dem Ziel der Verbesserung der Erziehungsbedingungen in der Herkunftsfamilie. Das bedeutet nichts anderes als dass Bestandteil der Heimerziehung auch die **Elternarbeit** ist. Als konkretes Ziel verfolgt das Gesetz zunächst die Rückkehr in die Herkunftsfamilie. Man kann hier, ähnlich wie bei der Vollzeitpflege nach § 33, eine Tendenz des Gesetzes auf vorrangige Förderung der Rückkehr in die Herkunftsfamilie feststellen. Dies entspricht auch der Rspr des EGMR[7]. Doch auch hier gilt als oberster Grundsatz die Wahrung des Wohls des Kindes oder des Jugendlichen. Ist die Rückkehr in die Herkunftsfamilie nicht erreichbar, so soll auf die Erziehung in einer anderen Familie (§ 33) vorbereitet werden. Einen etwas veränderten Akzent bringt die Neufassung des § 34 S 2 Nr 3 in die Heimerziehung. Nunmehr erkennt das Gesetz wieder an, dass das Heim auch eine auf längere Zeit angelegte Lebensform bieten kann. Berücksichtigt man die Tatsache, dass im Entwurf des Gesetzes ursprünglich sogar der Begriff Heim ganz vermieden werden sollte, so muss man jetzt feststellen, dass die Heimerziehung wieder deutlich gestärkt ist. Angesichts der Einbindung des Heimes in das Gesamtsystem der Hilfen zur Erziehung (§§ 27 ff) dürften sich daraus negative Folgen aber nicht ergeben. Ihnen kann auch dadurch entgegengewirkt werden, dass gemäß § 36 Abs 2 S 2 regelmäßig geprüft wird, ob die Heimerziehung noch die

---

[1] *Ames/Bürger* NDV 1997, 373.
[2] *Bürger* in: Birtsch/Münstermann/Trede S 652.
[3] Vgl *Bürger* in: Birtsch/Münstermann/Trede S 646 ff.
[4] BVerwG FEVS 16, 401.
[5] *Nothaker* ZfJ 1996, 45.
[6] *Klöber* NDV 1995, 407.
[7] EGMR ZfJ 2002, 288.

geeignete bzw notwendige Form der Hilfe ist[8]. Auch als auf Dauer angelegte Lebensform muss das Heim auf ein selbstständiges Leben vorbereiten. In S 3 wird noch einmal unterstrichen, dass jede Heimerziehung auf Verselbstständigung in der Lebensführung und auf Unterstützung im Bereich von Ausbildung und Beschäftigung ausgerichtet sein soll.

3. Leistungserbringung. Für die Heimbetreuung ist in besonderem Maße auf die Regelungen der §§ 78 a ff hinzuweisen. Die in § 78 b vorgesehenen Vereinbarungen über Qualität und Entgelt werden ihre praktische Bedeutung vor allem bei der Ausgestaltung der Heime bekommen. In diesem Zusammenhang hat es dann auch erstmals Regelungen über den im Heim zu betreuenden Personenkreis gegeben, § 78 c Abs 1 Nr 2[9]. 6

Angesichts der Stellung des § 34 innerhalb des Systems der Hilfen zur Erziehung wäre es unzutreffend, in der Heimerziehung nur die ultima ratio zu sehen, wenn auch der Familienerziehung zu Recht weiterhin die größte Bedeutung beigemessen wird. Aber auch diesem Ziel kann die Heimerziehung durchaus dienen. So kann nur sie in Einzelfällen das geeignete Angebot sein, um den Kontakt zur Herkunftsfamilie aufrechtzuerhalten. In manchen Fällen ist eine Ausbildung nur im Heim möglich oder es besteht sogar nur dort ein bestimmtes therapeutisches Angebot. Nicht zu unterschätzen ist auch, dass es oft nur im Zusammenhang mit der Heimerziehung ein ausgeprägtes System der Nachbetreuung in Form von Außenwohngruppen, betreutem Einzelwohnen und sonstiger mobiler Betreuung gibt. 7

Dieser Stellung der Heimerziehung im System der Hilfen zur Erziehung entspricht die Entwicklung in der Praxis, nach der das Heim im Verbund mit anderen Hilfsangeboten steht. So ist es einerseits zu einer Entflechtung von Großeinrichtungen gekommen und es haben sich andererseits verschiedene kleinere Einrichtungen zusammengeschlossen, ohne dabei ihre Autonomie aufzugeben. Im günstigsten Falle entsteht ein **Jugendhilfezentrum**, das alle Hilfen zur Erziehung von der Beratung bis zur Heimaufnahme flexibel zur Verfügung stellen kann. 8

Aus dieser Entwicklung ergibt sich für die Entscheidung des JA eine gewisse Schwierigkeit. Wird eine bestimmte Hilfe zur Erziehung gewährt, dann erfolgt dies in Form eines Verwaltungsaktes (§ 31 SGB X). Die Entscheidung ist grds zu begründen (§ 35 SGB X). Diese administrative Kehrseite einer im Grunde pädagogischen Entscheidung stellt an den Mitarbeiter im JA hohe Anforderungen. Er muss den gesamten Jugendhilfeverbund vor Ort kennen. Er muss eine pädagogische Entscheidung treffen und sie so begründen, dass sie unter fachlichen und rechtlichen Gesichtspunkten haltbar ist (§ 35 SGB X). Das bedeutet keineswegs, dass hier ein für allemal eine Festlegung erfolgt. Spätere Änderungen können auch zu einer Änderung der Entscheidung führen. Das ist selbst dann der Fall, wenn im bewilligenden Verwaltungsakt eine Festlegung für einen bestimmten Zeitraum erfolgt war (§ 48 SGB X). Dies kann durchaus schnell und in einer der pädagogischen Aufgabe angemessenen Art und Weise erfolgen. Dabei versteht es sich von selbst, dass nach §§ 12 Abs 2, 24 SGB X auch das Kind und der Jugendliche, also nicht nur die Personensorgeberechtigten, anzuhören sind. Das Recht des Kindes oder Jugendlichen, das in diesem Falle betroffen sein kann (§ 24 Abs 1 SGB X), ist zumindest das Beteiligungsrecht nach § 8 Abs 1. 9

§ 35 Intensive sozialpädagogische Einzelbetreuung

[1]**Intensive sozialpädagogische Einzelbetreuung soll Jugendlichen gewährt werden, die einer intensiven Unterstützung zur sozialen Integration und zu einer eigenverantwortlichen Lebensführung bedürfen.** [2]**Die Hilfe ist in der Regel auf längere Zeit angelegt und soll den individuellen Bedürfnissen des Jugendlichen Rechnung tragen.**

I. Normzweck

Vgl § 27 Rn 1. Die Vorschrift wendet sich an junge Menschen, die selbst unter dem oft schwierigen Klientel der Jugendhilfe noch eine Problemgruppe darstellen. Der Zugang zu ihnen kann oft nur unter persönlichem Einsatz einzelner Fachkräfte gefunden werden und auch dann besteht der Erfolg zumeist nur darin, dass ein weiteres Abgleiten in soziale Randständigkeit und Straffälligkeit verhindert wird. 1

II. Einzelerläuterungen

1. Allgemeiner Anwendungsbereich. Die Hilfe der intensiven sozialpädagogischen Einzelbetreuung ist nicht für Kinder, sondern nur für Jugendliche gedacht, die in ihrer Entwicklung schwer beeinträchtigt und bei denen im Grunde alle anderen Hilfen unzureichend sind. Im Gesetzestext wird diese Leistung allerdings nicht als nachrangig bezeichnet. Sie kann als offene, der jeweiligen individuellen Situation angepasste Form der Hilfe (flexible, mobile Betreuung) auch neben der Hilfen nach den §§ 27 ff in Betracht kommen. Die Ziele der Hilfe werden mit einer Reihe von Begriffen gekennzeichnet, die sich nicht zwangsläufig gerade aus der Erlebnispädagogik ergeben. Das gilt etwa für die Steigerung des Selbstwertgefühls, für Selbstverantwortung und Eigeninitiative, Entwicklung der Lernmotivation, Bewältigung körperlicher Strapazen, Verantwortung für andere, Einstellung auf die Normen der Gruppe, Erhöhung der Konfliktfähigkeit, Entwicklung von Kooperation und Kommunika- 2

---

[8] BR-Drucks 203/92 S 47.
[9] Vgl *Wiesner* ZfJ 1999, 79.

tionsfähigkeiten. Das liest sich wie ein Kompendium der Pädagogik, dürfte aber einer empirischen Grundlage entbehren. Die Offenheit der Hilfe wird heute insoweit kritisch gesehen, als sie „Natur und Grenzerfahrungen" ideologisiert und die Wirksamkeit ihrer Konzepte per se unterstellt. Nicht hinreichend bedacht wird, dass die milieufernen Betreuungsarrangements erlebnispädagogischer Maßnahmen einen Transfer in den Alltag nicht ohne weiteres zulassen[1].

3 In der Gesetzesbegründung werden vor allem Jugendliche aus dem Punker-, Prostituierten-, Drogen- oder Nichtsesshaftenmilieu als diejenigen genannt, an die sich die Hilfe nach § 35 wendet. Man wird sie heute auch bei jungen Menschen einsetzen müssen, die in besonderem Maße gewaltbereit sind[2].

4 **2. Leistungsrechtlicher Charakter.** Die vielfältige Zielsetzung der Hilfe wird auch darin deutlich, dass sich der Regierungsentwurf von ihr verspricht, sie könne dazu beitragen, dass vermieden wird, ältere Jugendliche in Heimen oder Einrichtungen der Psychiatrie unterzubringen[3]. Der schwierige Klientenkreis, an den sich die Hilfe wendet, entzieht sich nicht nur zumeist jeder pädagogischen Einwirkung. Aus dem Zusammenhang der Gesetzesbegründung lässt sich auch ersehen, dass mit diesem Hilfsangebot zudem verhindert werden soll, dass diese Jugendlichen innerhalb anderer Hilfen, etwa in der Heimerziehung, zum Störfaktor werden.

5 Die intensive sozialpädagogische Einzelbetreuung steht im Verbund mit den Hilfen zur Erziehung. So kann man ihr darin eine positive Seite abgewinnen, dass sie neben eine andere Hilfe zur Erziehung treten kann[4]. Vor allem in der Heimerziehung kann es sich als sinnvoll erweisen, bei besonders schwierigen Fällen die Einzelbetreuung neben die allgemeine Heimerziehung treten zu lassen. Dies kann die Heimerziehung entlasten und es zugleich ermöglichen, Jugendlichen mit schweren Entwicklungsstörungen eine ihnen gemäße Betreuung angedeihen zu lassen. In sachlicher Hinsicht können sich auch weitgehende Ähnlichkeiten zwischen der betreuten Wohnform (§ 34 Abs 1) und der intensiven sozialpädagogischen Einzelbetreuung ergeben. Aus § 78 a Abs 1 Nr 4 c ist abzuleiten, dass die Leistung auch in der eigenen Familie erbracht werden kann.

6 Als vorrangiges Ziel der Hilfe nennt § 35 die soziale Integration und sodann die eigenverantwortliche Lebensführung des jungen Menschen. Oft wird man sich nur auf ganz pragmatische Weise auf die Beschaffung einer Unterkunft, von Arbeit oder der Sicherung des Lebensunterhalts auf andere Weise (vgl § 39) beschränken müssen. Zumeist findet man nur so den Zugang zu diesem schwierigen Klientenkreis. Jedoch darf sich die intensive sozialpädagogische Einzelbetreuung schon nach dem Gesetzeswortlaut nicht darauf beschränken. Sie muss zumindest Hilfestellung bei der allgemeinen Bewältigung des Lebensalltags leisten, Fragen des Alkoholkonsums, der Partnerschaft und der Sexualität aufgreifen und Unterstützung bei der Begründung eines Ausbildungsverhältnisses anbieten. Vorrangig ist es, den jungen Menschen vor einem weiteren Abgleiten in soziale Randständigkeit und Kriminalität zu bewahren. Die Hilfe ist jedoch nicht gescheitert, wenn sie nur Minimalziele erreicht.

7 Gewisse Abgrenzungsschwierigkeiten ergeben sich zu den Leistungen der Sozialhilfe. Unter den Leistungsberechtigten, die entweder Anspruch auf Hilfe zum Lebensunterhalt oder nach § 67 SGB XII haben, finden sich zunehmend auch sehr schwierige junge Menschen. An sie sind grds vorrangig Leistungen nach dem SGB VIII zu erbringen (§§ 10 Abs 2 S 1, 41). Das gilt also auch für die Leistungen nach § 35. Die Träger der Sozialhilfe können diesen Personenkreis an die Jugendämter verweisen. Das ist aber dann nicht möglich, wenn nur wirtschaftliche Leistungen zum Lebensunterhalt in Betracht kommen. Solche Leistungen werden in der Jugendhilfe nur als Annexleistungen erbracht (§ 39). Im Streitfalle ist nach § 43 SGB I vorzuleisten.

8 Als wenig glücklich erscheint die Regelung der § 1688 Abs 2 BGB, § 38 SGB VIII, nach der die Person, die die intensive sozialpädagogische Einzelbetreuung übernommen hat, den Personensorgeberechtigten bei der Ausübung der elterlichen Sorge vertritt. Auf der anderen, in § 1688 Abs 2 BGB, § 38 SGB VIII genannten Fällen hat für die Betreuungsform eine relativ klare rechtliche und tatsächliche Struktur. Es besteht also eine gewisse Klarheit über die Vertretungsbefugnis. Im Falle des § 35 wird man das aber nicht sagen können. Der Kontakt zu dem Jugendlichen kann so vielfältig, so sehr von situativen Erfordernissen bestimmt sein, dass eine allgemeine Vertretungsbefugnis kaum die notwendige Rechtssicherheit bringt.

Zweiter Unterabschnitt. Eingliederungshilfe für seelisch behinderte Kinder und Jugendliche (§ 35 a)

§ 35 a Eingliederungshilfe für seelisch behinderte Kinder und Jugendliche

(1) ¹Kinder oder Jugendliche haben Anspruch auf Eingliederungshilfe, wenn
1. ihre seelische Gesundheit mit hoher Wahrscheinlichkeit länger als sechs Monate von dem für ihr Lebensalter typischen Zustand abweicht, und

---

[1] Vgl *Klawe* in: *Birtsch/Münstermann/Trede* S 668, 672, 674.
[2] *Böllert* NP 1997, 328.
[3] BT-Drucks 11/5948 S 72.
[4] AA *Wiesner* § 35 SGB VIII Rn 18.

2. daher ihre Teilhabe am Leben in der Gesellschaft beeinträchtigt ist oder eine solche Beeinträchtigung zu erwarten ist.

²Von einer seelischen Behinderung bedroht im Sinne dieses Buches sind Kinder oder Jugendliche, bei denen eine Beeinträchtigung ihrer Teilhabe am Leben in der Gesellschaft nach fachlicher Erkenntnis mit hoher Wahrscheinlichkeit zu erwarten ist. ³§ 27 Abs. 4 gilt entsprechend.

(1 a) ¹Hinsichtlich der Abweichung der seelischen Gesundheit nach Absatz 1 Satz 1 Nr. 1 hat der Träger der öffentlichen Jugendhilfe die Stellungnahme
1. eines Arztes für Kinder- und Jugendpsychiatrie und -psychotherapie,
2. eines Kinder- und Jugendpsychotherapeuten oder
3. eines Arztes oder eines psychologischen Psychotherapeuten, der über besondere Erfahrungen auf dem Gebiet seelischer Störungen bei Kindern und Jugendlichen verfügt,

einzuholen. ²Die Stellungnahme ist auf der Grundlage der Internationalen Klassifikation der Krankheiten in der vom Deutschen Institut für medizinische Dokumentation und Information herausgegebenen deutschen Fassung zu erstellen. ³Dabei ist auch darzulegen, ob die Abweichung Krankheitswert hat oder auf einer Krankheit beruht. ⁴Die Hilfe soll nicht von der Person oder dem Dienst oder der Einrichtung, der die Person angehört, die die Stellungnahme abgibt, erbracht werden.

(2) Die Hilfe wird nach dem Bedarf im Einzelfall
1. in ambulanter Form,
2. in Tageseinrichtungen für Kinder oder in anderen teilstationären Einrichtungen,
3. durch geeignete Pflegepersonen und
4. in Einrichtungen über Tag und Nacht sowie sonstigen Wohnformen geleistet.

(3) Aufgabe und Ziel der Hilfe, die Bestimmung des Personenkreises sowie die Art der Leistungen richten sich nach § 53 Abs. 3 und 4 Satz 1, den §§ 54, 56 und 57 des Zwölften Buches, soweit diese Bestimmungen auch auf seelisch behinderte oder von einer solchen Behinderung bedrohte Personen Anwendung finden.

(4) ¹Ist gleichzeitig Hilfe zur Erziehung zu leisten, so sollen Einrichtungen, Dienste und Personen in Anspruch genommen werden, die geeignet sind, sowohl die Aufgaben der Eingliederungshilfe zu erfüllen als auch den erzieherischen Bedarf zu decken. ²Sind heilpädagogische Maßnahmen für Kinder, die noch nicht im schulpflichtigen Alter sind, in Tageseinrichtungen für Kinder zu gewähren und lässt der Hilfebedarf es zu, so sollen Einrichtungen in Anspruch genommen werden, in denen behinderte und nichtbehinderte Kinder gemeinsam betreut werden.

Übersicht

	Rn		Rn
I. Normzweck	1	b) Behinderung	5
II. Einzelerläuterungen	2	2. Leistungsrechtlicher Charakter	8
1. Allgemeiner Anwendungsbereich	2	3. Abbau der Sonderversorgung	11
a) Nachrang	3	4. Besonderheiten des Verfahrens	17

I. Normzweck

Vgl § 27 Rn 1. Die Vorschrift hat die ursprüngliche Fassung des § 27 Abs 4 abgelöst. Sie steht in engem Zusammenhang mit § 10 Abs 4. Sie ist das Ergebnis einer langjährigen Diskussion um die Frage, ob seelisch behinderte junge Menschen ihre Leistungen als Sozial- oder Jugendhilfe erhalten sollen. Das hat vor allem einen fachlichen Grund. Aus kinder- und jugendpsychiatrischer Sicht erscheint es nämlich oft nicht sinnvoll bzw überhaupt möglich, in krisenhaft zugespitzten Situationen bei jungen Menschen von Erziehungsbedürftigkeit oder von einer Krankheit zu sprechen[1]. Insoweit wäre die Schaffung eines besonderen Leistungstatbestandes nach § 35 a neben der Hilfe zur Erziehung fachlich jedenfalls nicht geboten gewesen. 1

II. Einzelerläuterungen

1. Allgemeiner Anwendungsbereich. Die Vorschrift stellt den einzigen Leistungstatbestand im zweiten Unterabschnitt dar. Auf Grund der Regelung des § 41 Abs 2 findet sie auch auf junge Volljährige Anwendung. Durch die selbstständige Regelung des § 35 a in einem eigenen Unterabschnitt wird nicht nur dokumentiert, dass die Leistungen der Eingliederungshilfe nicht zu den Hilfen zur Erziehung ieS gehören. Auffallend ist ein rechtssystematischer Unterschied zu den Hilfen zur Erziehung. Auf Letztere sollen nur die Personensorgeberechtigten (§ 27 Rn 13), nicht aber der Minderjährige 2

---
[1] Vgl Nissen, Der Nervenarzt, 1989, S 496; Fegert S 21 ff; Lempp S 13 ff; ZfJ 1991, 466.

einen Anspruch haben. Demgegenüber räumt § 35 a auch Kindern und Jugendlichen selbst einen Anspruch ein.

3 **a) Nachrang.** Die Vorschrift ist in engem Zusammenhang mit § 10 Abs 4 zu sehen. Danach wird das Nachrang-Verhältnis in der Kinder- und Jugendhilfe in der Weise modifiziert, als Leistungen für seelisch behinderte junge Menschen nach § 35 a denen der Eingliederungshilfe nach §§ 53, 54 SGB XII vorgehen. Letztere werden an körperlich oder geistig behinderte Menschen erbracht. Besteht jedoch bei ihnen ein rein erzieherischer Bedarf, so ist dieser nach den Bestimmungen des SGB VIII zu decken[2]. Keinen Nachrang des § 35 a kennt das SGB VIII im Verhältnis zu seinen Leistungen nach den §§ 27 ff. Das Gesetz geht also davon aus, dass die seelische Behinderung gegenüber anderen Entwicklungsproblemen eindeutig abgegrenzt werden kann. Das wird in der Kinder- und Jugendpsychiatrie durchgehend bestritten[3].

4 In der Vergangenheit führten derartige Abgrenzungsschwierigkeiten häufig zu leistungsrechtlichen Auseinandersetzungen zwischen den Trägern der Jugend- und der Sozialhilfe. Durch die Einbeziehung der seelisch behinderten jungen Menschen in die Jugendhilfe sind diese Konfliktfälle zwar wesentlich vermindert aber nicht gänzlich beseitigt worden, da der Begriff der seelischen Behinderung zumindest für das Jugendalter nicht eindeutig zu bestimmen ist. Darüber hinaus gibt es Grenzfälle zwischen seelischen und geistigen Behinderungen, wie beim Autismus. Hier ist § 14 SGB IX anzuwenden. Schwer einzuordnen sind auch Mehrfachbehinderungen. Bei ihnen ist § 35 a anwendbar, wenn das Schwergewicht auf der seelischen Behinderung liegt. Dasselbe gilt, wenn sich ein solches Schwergewicht nicht feststellen lässt. In diesem Falle konnte die Leistungspflicht des Trägers der Sozialhilfe nach den §§ 53, 54 SGB XII nicht positiv begründet werden. Nach dem Grundsatz des § 10 Abs 4 bleibt es also bei einer Zuständigkeit des Trägers der Jugendhilfe.

5 **b) Behinderung.** Ein Anspruch auf Leistungen besteht für junge Menschen, die seelisch behindert oder von einer solchen Behinderung bedroht sind. Anders als § 53 SGB XII fordert § 35 a nicht, dass die Gefährdung der gesellschaftlichen Teilhabe „wesentlich" sein muss[4]. In seiner Neufassung orientiert sich § 35 a an dem Begriff der Behinderung, wie er in § 2 SGB IX formuliert ist. Wesentlich ist die Zweigliedrigkeit des Begriffs, die in Abs 1 Nr 1 und 2 zum Ausdruck kommt. Allgemein ist auf der ersten Stufe auf eine Funktionsstörung abzustellen. Häufig wird zusätzlich die Regelwidrigkeit des Zustandes erwähnt. Dies hat aber keinen zusätzlichen Erklärungswert. Festzustellen ist aber, dass der Begriff der Funktionsstörung im jugendpsychiatrischen Bereich kaum aussagekräftig ist, obwohl wir feststellen müssen, dass unsere geistig-seelischen Möglichkeiten auch eine Funktion im menschlichen Miteinander und bei der Entwicklung einer eigenverantwortlichen Persönlichkeit haben (§ 1). Dennoch ist es aussagekräftiger, dass Abs 1 Nr 1 – auch insoweit übereinstimmend mit § 2 Abs 1 SGB IX – anstelle der Funktionsstörung, jedoch mit gleichem Stellenwert, die seelische Gesundheit zur Leistungsvoraussetzung erhebt. Die medizinische Praxis verwendet zur einheitlichen Diagnostik den Schlüssel der Internationalen Klassifikation der Krankheiten (ICD 10). Wenn in Abs 1 Nr 1 die Abweichung von einem Zustand gefordert wird, der für das Lebensalter untypisch ist, dann ist damit vor allem ausgesagt, dass Alterserscheinungen allein nicht geeignet sind, eine Funktions- oder Gesundheitsstörung zu begründen[5]. In der Kinder- und Jugendhilfe ist dieses gesetzliche Merkmal vor allem ein Hinweis darauf, dass Entwicklungsschwierigkeiten, die sich noch im normalen Rahmen bewegen, noch keine Beeinträchtigung der seelischen Gesundheit darstellen. Die Zeitliche Dimension, nach der die Abweichung mit hoher Wahrscheinlichkeit mehr als sechs Monate andauern muss, hat der Gesetzgeber aus der Zeit vor Geltung des SGB IX übernommen. Größere praktische Bedeutung hat sie nicht. Durch den Zusammenhang mit der Funktions- bzw Gesundheitsstörung ist klargestellt, dass die Annahme einer Behinderung immer auch an medizinische Voraussetzungen geknüpft ist (Abs 1 Nr 1). Jedoch reicht die Notwendigkeit einer Akutbehandlung für die Annahme einer Behinderung nicht aus. Sie geht iS einer Teilhabegefährdung (Integrationsrisiko) darüber hinaus (Abs 1 Nr 2). Dabei ist auf den Stand der jugendpsychiatrischen Erkenntnis abzustellen, die sich längst über den Stand der klassischen Psychiatrie hinaus entwickelt hat. Unstreitig ist die Sucht, also auch die Drogenabhängigkeit, als seelische Behinderung anzusehen[6]. Ob überhaupt eine seelische Behinderung gegeben ist, hat das JA im Grunde schon immer nach den Grundsätzen des § 20 SGB X festgestellt. Nachdem es jedoch in den vergangenen Jahren erhebliche Auseinandersetzungen um die Leistungsvoraussetzungen der Eingliederungshilfe für seelisch behinderte Kinder und Jugendliche gegeben hatte, hat der Gesetzgeber mit Wirkung vom 1. 10. 2005 in Abs 1 S 2 die Leistungsvoraussetzungen präzisiert und in § 35 a einen Abs 1 a eine verfahrensrechtliche Regelung über die Feststellung der Leistungsvoraussetzungen getroffen.

6 Durch Abs 1 a hat sich jetzt eine stärkere medizinische Akzentuierung des Begriffs der Behinderung ergeben. Dies ist auf der ersten Stufe des Begriffs, der Funktionsstörung bzw einer ihr gleichkommenden Beeinträchtigung auch geboten (§ 2 Abs 1 S 1 SGB IX). Auf der zweiten Stufen, der Teilhabebeeinträchtigung (dem Integrationsrisiko), müssen aber auch die Erkenntnisse nichtärztlicher Fachkräfte der Behindertenarbeit einbezogen werden. Dies wird durch die Regelung des Absatz 1 a gewährleistet.

[2] OVG Lüneburg DAVorm 1998, 143.
[3] *Fegert* S 21 ff; *Lempp* S 13 ff.
[4] Hess VGH ZfJ 1997, 435.
[5] Vgl BSGE 85, 39.
[6] Vgl DIV-Gutachten ZfJ 1998, 340.

Dort ist bestimmt, dass hinsichtlich des gesetzlichen Merkmals der „seelischen Gesundheit", dass exakt der ersten Stufe im Begriff der Behinderung entspricht (§ 2 Abs 1 S 1 SGB IX) die Stellungnahme eines Arztes für Kinder- und Jugendpsychiatrie , eines Kinder- und Jugendpsychotherapeuten oder eines Arztes, der über besondere Erfahrungen auf diesen Gebieten verfügt, eingeholt werden muss[7]. Die Stellungnahme muss auf der Grundlage des ICD 10 abgegeben werden. In ihr muss dargelegt werden, ob die seelische Abweichung „Krankheitswert hat oder auf einer Krankheit beruht". Die Hilfe für den Minderjährigen, soll nicht von dem Dienst oder von der Einrichtung erbracht werden, der die Person angehört, die die Stellungnahme abgegeben hat. Das Gegenteil ist aber zulässig. Wurde ein Jugendlicher über eine gewisse Zeit medizinisch versorgt, und soll später eine Leistung auf der Grundlage des § 35 a erbracht werden, so kann von den Fachkräften der bisherigen Betreuungseinrichtung eine Stellungnahme eingeholt werden. Die Einholung solcher Stellungnahmen gehört zum Verfahren nach § 20 SGB X. Damit dürfen die JÄ den Jugendlichen bzw ihren Unterhaltspflichtigen entspr der Regelung des § 64 SGB X nicht die Kosten auferlegen. Allerdings hat jetzt § 97 c SGB VIII die Möglichkeit geschaffen, das durch Landesrecht die Erhebung von Gebühren und Auslagen abweichend von § 64 SGB X geregelt werden kann.

In materiell-rechtlicher Hinsicht ist in § 35 a weiterhin von der allgemeinen Definition der Behinderung in § 2 SGB IX auszugehen. Ergänzend bestimmt Abs 1 S 2 jedoch, dass eine drohende Behinderung (nur) dann vorliegt, wenn bei dem Jugendlichen eine Beeinträchtigung der Teilhabe am Leben in der Gesellschaft nach fachlicher Erkenntnis mit hoher Wahrscheinlichkeit zu erwarten ist. Die fachliche Erkenntnis muss an sich nicht eine ärztliche Erkenntnis sein. Sie muss sich aber vor dem Hintergrund eines im medizinischen Sinne regelwidrigen Zustandes, einer Funktionsstörung, ergeben haben[8]. Vom zweigliedrigen Krankheitsbegriff ist also die Funktionsstörung in den Begriff der Behinderung zu übernehmen. Selbst wenn eine Teilleistungsstörung (zB Dyskalkulie, Legasthenie) gegeben ist, kann noch nicht zwangsläufig von einer drohenden Behinderung ausgegangen werden[9]. Hinzukommen muss ein Integrationsrisiko.

2. Leistungsrechtlicher Charakter. Abs 2 nennt beispielhaft vier Grundformen der Versorgung. Sie reichen von der ambulanten über die teil- und vollstationäre Versorgung bis hin zur Betreuung in Familien. Hierbei ist darauf zu achten, dass je nach Versorgungsform die Kostenbeiträge unterschiedlich sein können (vgl §§ 91 Abs 1 Nr 5 und 6, Abs 2; 92 Abs 1). Die ambulante Betreuung seelisch behinderter junger Menschen wird im Wesentlichen über die Inanspruchnahme sozialpsychiatrischer Dienste erfolgen. Es ist nicht zu erwarten, dass sich Sonderformen für die Kinder- und Jugendhilfe herausbilden. Das bedeutet, dass sich die Jugendämter langfristig auch an der Finanzierung dieser Dienste beteiligen müssen. Der Nr 1 zuzuordnen wäre auch die Entwicklung mobiler Hilfsdienste, die vor allem zur Entlastung von Familien mit seelisch behinderten Kindern oder Jugendlichen beitragen könnten. Hier ergeben sich Abgrenzungsschwierigkeiten zur psychiatrischen häuslichen Krankenpflege nach § 37 SGB V[10]. Die Nr 2 ist nicht auf die Eingliederungshilfe in Tageseinrichtungen für Kinder (§ 22) beschränkt. Allgemein bildet sich in der psychiatrischen Versorgung die Tagesstätte als eine wichtige ergänzende Betreuungsform heraus. Es ist sinnvoll, dass sie von allen jungen Menschen in Anspruch genommen wird. Das kann auf der Grundlage der Nr 2 geschehen, da sie auch andere teilstationäre Einrichtungen nennt. In der Nr 3 sind die Sonderpflegestellen angesprochen. In § 33 S 2 wird eine besondere Verpflichtung des JA zur Schaffung und zum Ausbau dieser Pflegestellen begründet. Den größeren Belastungen der Pflegeeltern ist durch ein höheres Pflegegeld Rechnung zu tragen. Die Betreuung in sonstigen Wohnformen (Nr 4) hat im Drogenbereich eine langjährige Tradition. In der allgemeinen psychiatrischen Versorgung bilden sich solche Betreuungsformen erst allmählich heraus.

Hinsichtlich des Umfanges der Leistungen ist festzustellen, dass der junge Mensch alle Leistungen der medizinischen Rehabilitation (§§ 26 ff SGB IX), der Teilhabe am Arbeitsleben (§§ 33 ff SGB IX) und der Teilhabe am Leben in der Gemeinschaft (§§ 55 ff SGB IX) beanspruchen kann. Dies ergibt sich aus der Verweisung in Abs 4 auf das SGB XII, wobei § 54 Abs 1 S 2 SGB XII auf die versicherungs- und arbeitsförderungsrechtlichen Bestimmungen verweist. Die allgemeinere Vorschrift des Abs 4 wäre besser als Abs 2 geregelt worden. Unter den Leistungen der Eingliederungshilfe treten nach dem Nachranggrundsatz des § 10 Abs 1 S 2 diejenigen zurück, die insbes ein Träger der Sozialversicherung zu erbringen hat[11]. Eine nachrangige Leistungspflicht des JA besteht schon dann, wenn ein Träger der Sozialversicherung die Kosten der Rehabilitation übernimmt, aber nach seinem Leistungsrecht bestimmte Einzelleistungen, wie den Barbetrag zur persönlichen Verfügung, nicht übernehmen kann[12]. Das bedeutet für die Praxis zweierlei. Zum einen ist in allen Zweigen der Sozialversicherung zu prüfen, ob der junge Mensch Versicherungsschutz genießt. Dieser Versicherungsschutz besteht häufig nach den Grundlagenvorschriften der §§ 5 und 10 SGB V sowie § 1 Abs 1 Nr 1 SGB VI. Zu beachten sind aber auch Sondertatbestände bei unterbrochenem Versicherungsverlauf, wie er häufiger bei drogenabhängigen Jugendliche vorkommen kann. Das gilt etwa für die §§ 19, 192 Abs 1 Nr 2 SGB V sowie § 11 Abs 2 Nr 1 SGB VI. Leistungen nach den §§ 97 ff SGB III werden insoweit voraussetzungslos erbracht.

---

[7] Vgl DIJuF JAmt 2005, 515.
[8] OVG Lüneburg FEVS 25, 340 zur Abgrenzung von Entwicklungsstörungen.
[9] VG Braunschweig JAmt 2005, 525.
[10] Vgl BSGE 50, 73.
[11] VGH Mannheim FEVS 52, 225.
[12] OVG Lüneburg NDV-RD 2000, 72.

Besteht kein Versicherungsschutz, muss das JA ohne Einschränkung alle erforderlichen Leistungen erbringen. Besteht dagegen ein Versicherungsschutz, muss das JA immer noch diejenigen Leistungen erbringen, die nicht zum Leistungsspektrum des Trägers der Sozialversicherung gehören, also von diesem nicht erbracht werden. Der Nachrang des JA manifestiert sich aber immer schon zu einer (vorläufigen) Leistungspflicht, wenn ein Versicherungsträger, aus welchem Grunde auch immer, nicht leistet. In diesem Falle hat das JA neben dem Erstattungsanspruch (§ 14 Abs 4 SGB IX, §§ 102 ff SGB X) die Möglichkeit eines Vorgehens nach § 97 a. Von einer Leistung zur Teilhabe am Leben in der Gemeinschaft, die ausschließlich in der Zuständigkeit von Jugend- und Sozialhilfe zu erbringen ist, muss man dagegen dann sprechen, wenn die Befähigung oder Unterstützung eines behinderten jungen Menschen auf bestimmte Lebensbereiche beschränkt bleibt. Das wären etwa die Befähigung zur selbstständigen Haushaltsführung, die Teilnahme am kulturellen Leben, Freizeit, Sport, Geselligkeit, Urlaubsfahrten[13]. Ausgehend von der schwierigen Abgrenzung zur medizinischen Rehabilitation[14] wird man die in Abs 3 umschriebene Aufgabe der Eingliederungshilfe für seelisch behinderte junge Menschen vor allem in den Bereichen Familie, Schule, Ausbildung, Stärkung des Selbstvertrauens, Verselbstständigung bei der Alltagsbewältigung und Kontakt zur Gruppe der Gleichaltrigen sehen müssen. Dient die Eingliederungshilfe einem dieser Ziele, so ist es nicht mehr erheblich, um welche Einzelmaßnahme es sich dabei handelt.

10 Abs 4 steht im Zeichen des im Vordringen begriffenen Integrationsgedankens. In den Sätzen 1 und 2 werden zwei unterschiedliche Sachverhalte geregelt. S 1 bezieht sich auf die in der Reformdiskussion umstrittenen Frage, ob, neben dem Bedarf auf Leistungen der Eingliederungshilfe (§ 35 a) auch ein erzieherischer Bedarf (§§ 27 ff) bestehen kann. Hier wird auf der Ebene der Leistungen die überholte Trennungsdiskussion fortgesetzt. Es wäre sinnvoller gewesen, die frühere Vorschrift des § 27 Abs 4 beizubehalten, von einem einheitlichen Betreuungsbedarf auszugehen und damit eine Festlegung auf „Erziehung" oder „Therapie" zu vermeiden. Durch die Regelungen der §§ 10 Abs 2, 35 a unterstellt der Gesetzgeber aber, dass in der Person eines seelisch behinderten jungen Menschen diese beiden zu unterscheidenden Bedarfssituationen gegeben sein können. Allgemein ausgedrückt: Neben jeden Eingliederungsbedarf, sei es nach § 35 a SGB VIII, sei es nach § 53 SGB XII, kann nach Auffassung des Gesetzgebers ein Erziehungsbedarf treten. Im Einzelfall kann allerdings eine Bedarfsposition so dominierend sein, dass nur eine der genannten Leistungen zu gewähren ist[15]. Treten die Leistungen nebeneinander, so sollen Einrichtungen in Anspruch genommen werden, die eine **einheitliche Betreuung** sicherstellen können (§§ 74, 77, 78 a ff). Als besondere Form der Integration regelt Abs 4 S 2 die heilpädagogische Betreuung in Tageseinrichtungen für Kinder[16]. Der nach § 90 Abs 1 Nr 3 zu leistende Teilnahmebeitrag ist als nicht behinderungsbedingt von den Eltern aufzubringen[17].

11 **3. Abbau der Sonderversorgung.** Das Gesetz sieht nicht ausdrücklich vor, dass Einrichtungen, die eine Integration behinderter und nicht behinderter Kinder anstreben, bevorzugt zu belegen sind (§§ 74, 77). Dies kann aber vor dem Hintergrund des Benachteiligungsverbots des Art 3 Abs 3 S 2 GG ein Gesichtspunkt bei der Ausübung des Ermessens sein. Aus § 35 a RGB ergibt sich dagegen nur die Tendenz, dass sich selbstständige Einrichtungen für behinderte Kinder nicht weiter entwickeln sollen. Will zB ein behindertes Kind einen Regelkindergarten in Anspruch nehmen, so ergibt sich dafür kein unmittelbarer Rechtsanspruch darauf aus § 22 oder § 35 a. Allerdings regelt nunmehr § 19 AGG ein allgemeines Benachteiligungsverbot im Zivilrechtsverkehr. Der auf der öffentlich-rechtlichen Norm des § 22 beruhende Anspruch auf einen Kindergartenplatz wird durch eine privatrechtliche Vereinbarung mit dem Kindergartenträger umgesetzt. Infolgedessen darf es hier keine Diskriminierung wegen einer Behinderung geben. Dem behinderten Kind ist also der Zugang zum Regelkindergarten zu eröffnen. Dies lässt sich auf den Besuch der Regelschule nicht übertragen.

12 Das Schulrecht kennt kein subjektives Recht auf eine angemessene Beschulung, sondern lediglich ein Recht auf Teilhabe an den vorhandenen schulischen Möglichkeiten. Bei der schulischen Förderung behinderter Kinder ergeben sich zusätzliche Probleme mit dem Nachrang der Kinder- und Jugendhilfe auch gegenüber dem Schulrecht[18]. Dabei ist von folgendem Grundsatz auszugehen: Ist das behinderte Kind in der Lage, am Unterricht in der Regelschule teilzunehmen und dabei Lernerfolge zu erzielen, kann der Besuch einer Sonderschule grundsätzlich nicht verlangt werden. Insbesondere ist jetzt das BVerwG der Auffassung, dass die Verweisung des Kindes auf eine Sonderschule, wodurch das JA Aufwendungen vermeiden könnte, keine zumutbare Form der Selbsthilfe für das Kind bzw seine Eltern ist[19]. Andererseits muss man sehen, dass das Benachteiligungsverbot des Art 3 Abs 3 S 2 GG kein Bevorzugungsgebot darstellt. Maßnahmen, die einen behinderten Menschen bevorzugen, sind zulässig, aber nicht ohne Weiteres verfassungsrechtlich geboten[20]. Trotz unterschiedlicher schulrechtlicher Regelungen in den einzelnen Bundesländern gilt für die schulische Integration des behinderten Kindes nur folgender Grundsatz: „Behinderte und nichtbehinderte Kinder sollen gemeinsam unterrichtet werden,

---

[13] Vgl OVG Münster FEVS 29, 149.
[14] Vgl BSGE 54, 54.
[15] OVG Lüneburg DAVorm 1998, 148.
[16] *Schröder* ZfF 1992, 97; *Gernert* GL 1993, 160.
[17] BVerwG FEVS 51, 6.
[18] Vgl *Mrozynski* Teil 1 § 55 SGB IX Rn 44 ff.
[19] BVerwG FEVS 57, 196; VGH München FEVS 56, 285.
[20] BVerfGE 99, 341.

soweit es die organisatorischen personellen und sächlichen Mittel erlauben und es der individuellen Förderung behinderter Kinder entspricht". Insoweit ist es konsequent, zeigt aber auch die Grenzen des Benachteiligungsverbots auf, wenn das OVG Münster die Auffassung vertritt: „Die Schulträger öffentlicher Schulen sind grundsätzlich weder gesetzlich, noch verfassungsrechtlich verpflichtet, die personellen Voraussetzungen für integrative Beschulung zu schaffen[21]. Dies alles hat aber keinen Einfluss auf die Erkenntnis, dass beim Kinde die gesellschaftliche Teilhabe maßgeblich über die Schule vermittelt wird[22]. Zu dieser Erkenntnis war das BSG bereits im Jahre 1981 gelangt, als noch nicht so viel über Benachteiligungsver- und Gleichstellungsgebote geredet wurde[23].

Die gegenwärtige Auseinandersetzung um die Teilleistungsstörungen, und insbes um die insoweit **13** bestehende Pflicht der Schulen[24], ist der Klärung des Begriffs der Behinderung abträglich geworden. Dabei wird häufig nicht die medizinische Erkenntnis beachtet, dass sich der Begriff „Teilleistungsstörung" auf Gehirnfunktionen bezieht und dass eine ihrer möglichen Folgen eine Lernstörung ist. Des Weiteren wird nicht der Tatsache Rechnung getragen, dass Teilleistungsstörungen unterschiedliche Auswirkungen haben. So erfasst die ADS-Problematik die ganze Persönlichkeit des Kindes bereits im Kindergartenalter[25]. Demgegenüber ist die Legasthenie in der Tat zunächst nur die schulische Folge einer Teilleistungsstörung. Ob sich daraus vor dem Hintergrund einer „sekundären Neurotisierung" eine seelische Behinderung ergibt, hängt von weiteren Umständen ab[26]. Nur vor dem Hintergrund der umstrittenen Verteilung der Verantwortlichkeiten zwischen Jugendhilfe und Schule[27] ist die im Augenblick restriktive Rspr zur Auslegung des Begriffs der seelischen Behinderung zu verstehen. Durch sie wird im Grunde das Merkmal der „Wesentlichkeit" der Behinderung, das in § 35 a nicht mehr enthalten ist, wieder in das Gesetz hineininterpretiert. So vertritt das BVerwG im Zusammenhang mit den Teilleistungsstörungen die Auffassung, eine neurotische Entwicklungsstörung und damit eine drohende seelische Behinderung liege erst vor, etwa bei einer Schulphobie, bei totaler Schul- und Lernverweigerung, Rückzug aus jedem sozialen Kontakt und Vereinzelung in der Schule. Das Gericht setzt sich dabei nicht mit dem Begriff der Wesentlichkeit der Behinderung auseinander, sondern übernimmt von der Vorinstanz die Konkretisierung der „behinderungsrelevanten seelischen Störung". Kaum hilfreich ist es dabei, wenn das Gericht die Auffassung vertritt, eine seelische Behinderung liege nur dann vor, wenn eine seelische Störung nach „Breite, Tiefe und Dauer" so intensiv ist, dass die Fähigkeit zur Eingliederung in die Gesellschaft beeinträchtigt wäre[28]. Abgesehen davon, dass die Merkmale Breite, Tiefe und Dauer nicht klarer sind als die Begriffe, die mit ihnen erklärt werden sollen, führen sie leicht zu einem Missverständnis. Aus der seelischen Störung (Krankheit) wird eine Behinderung, wenn die gesellschaftliche Teilhabe beeinträchtigt ist (§ 35 a Abs 1, § 2 Abs 1 SGB IX). Ein Zusatzmerkmal ist nicht erforderlich. Nach Feststellung einer Krankheit durch einen Arzt ist von den Fachkräften des JA zu prüfen, ob die Folge des Abs 1 Nr 2 zumindest einzutreten droht. Etwas anderes fordert das Gesetz nicht und lässt es auch nicht zu (§ 31 SGB I).

Die schulische Förderung aller behinderten Kinder, insbes natürlich die Bildung integrativer Schul- **14** klassen, erfolgt noch weitgehend auf der Basis des Schulrechts[29]. Auf der Grundlage der § 35 a, § 54 Abs 1 Nr 1 SGB XII kommen Sozialleistungen nur flankierend in Betracht[30]. Dazu kann auch die Ermöglichung des Besuchs einer Privatschule gehören, wenn eine andere Möglichkeit der gesellschaftlichen Teilhabe nicht mehr gegeben ist[31]. Die Versorgung von Kindern mit Teilleistungsstörungen, insbes der Legasthenie, ist zunächst einmal Sache der Schule, solange als Folge der Legasthenie eine seelische Behinderung nicht zumindest droht[32]. In diesem Falle muss aber eine Kausalität dergestalt feststellbar sein, dass durch die Behandlung der Legasthenie die seelische Behinderung abgewendet werden kann[33]. Andere Lernbeeinträchtigungen, die vor allem in der Frühförderung anzugehen sind (Wahrnehmungsstörung, hyperkinetisches Syndrom, harmonische Reife- oder Sprachentwicklungsverzögerung), können gleichfalls als seelische Behinderung angesehen werden oder eine solche zur Folge haben[34]. Besonders dramatische Auswirkungen auf das Kind und seine Familie hat das hyperkinetische Syndrom (Aufmerksamkeitsdefizitsyndrom). Es handelt sich dabei um eine auf einer Stoffwechselstörung beruhende erhebliche Konzentrationsschwäche häufig verbunden mit einer Hyperaktivität. Sie stellt sich dem Lehrer in der Anfangsphase oft nur als Verhaltensstörung dar, ist aber als Funktionsstörung anzusehen. Ihre Prävalenz liegt bei immerhin 2–4%[35]. Die Behandlung erfolgt in einer Kombination von medikamentösen und (heil)pädagogischen Maßnahmen.

---

[21] OVG Münster ZfSH/SGB 2005, 232.
[22] Vgl auch VG Schleswig ZfJ 2002, 439.
[23] BSG SozR 2200 § 187 Nr 73.
[24] Vgl OVG Münster FEVS 51, 120; ZfSH/SGB 2005, 232OVG Koblenz JAmt 2004, 432.
[25] Vgl VGH Mannheim FEVS 47 S 314; VGH München FEVS 51, 428.
[26] VGH Mannheim FEVS 51, 471.
[27] Vgl VGH München FEVS 53, 361; OVG Koblenz FEVS 54, 137.
[28] BVerwG FEVS 49, 488, 489.
[29] Vgl *Keßler* RsDE 1993/22, 29; *Rademacker* RdJB 1996, 225; *Feuser* GL 1998, 10; *Mrozynski* RdJB 2003, 121.
[30] BVerfG FamRZ 1998, 21; OVG Münster FamRZ 1996, 1443; VGH München BayVBl 1997, 431; VGH BW FEVS 48, 228.
[31] OVG Münster JAmt 2004, 437; BayVGH ZfSH/SGB 2005, 171.
[32] BVerwG FEVS 46, 360; *Harnach-Beck* NDV 1998, 230.
[33] BVerwG NDV 1985, 266.
[34] Vgl VGH Mannheim FEVS 47, 311–313; EuGE 50, 466.
[35] *Schwemmle* MedSach 1999, 156.

15 Häufig werden prä- und perinatale Schädigungen oder genetische Faktoren als Ursache von Lern- und Verhaltensstörungen im Kindes- und Jugendalter genannt, ohne dass deren Einfluss iE bekannt sein dürfte. Trotz oder wegen der oft unklaren Genese hat sich in der letzten Zeit die Tendenz ergeben, zumindest bei den Teilleistungsstörungen die Aufgabe der Schule deutlicher zu betonen. Das gilt selbst dann, wenn etwa eine Legasthenie mit Sekundärfolgen, wie Schulunlust, Gehemmtheit und Versagungsängsten verbunden ist[36]. Damit korrespondiert die Auffassung, Leistungen zur Linderung der Legasthenie und ihrer Folgen seien als Hilfe zur Erziehung nach den §§ 27 ff zu erbringen, vgl aber § 27 Rn 14[37].

16 Weigert sich der Träger der Jugendhilfe im Hinblick auf die Aufgaben der Schule, Leistungen zu erbringen, so muss bis zu einer Klärung dieser Frage der Träger der Sozialhilfe die erforderlichen Maßnahmen auf der Grundlage der §§ 53, 54 SGB XII durchführen[38]. Es handelt sich hierbei nicht um eine Vorleistung (§ 43 SGB I), sondern um eine unmittelbare Bedarfsdeckung nach § 2 Abs 1 SGB XII. Als Folge der Zuständigkeitsklärung nach § 14 SGB IX werden solche Konflikte in Zukunft seltener auftreten. Sofern das JA § 35 a anwendet, ist es Rehabilitationsträger iS des § 6 Abs 1 Nr 6 SGB IX. Daraus ergeben sich auch einige verfahrensrechtliche Besonderheiten. Üblicherweise geht das JA im Antragsverfahren nach den § 16 SGB I, §§ 8 ff SGB X vor. Diese Vorschriften wurden im SGB IX teilweise modifiziert. Alle Vorschriften sind auch vom JA als Rehabilitationsträger anzuwenden. Mit der jetzt eingeführten Zuständigkeitsklärung wurden die Grundsätze des § 16 SGB I durch § 14 SGB IX ergänzt, aber nicht ausgeschlossen.

17 **4. Besonderheiten des Verfahrens.** Das Jugendamt wendet an sich die §§ 8 ff SGB X an. Soweit Leistungen nach § 35 a erbracht werden, ist es jedoch Rehabilitationsträger (§ 6 Abs 1 Nr 7 SGB IX). Als solcher muss es auch § 14 SGB IX beachten. Abweichend von den §§ 16, 43 SGB I sind insoweit Sonderregelungen zur Weiterleitung von Anträgen und zur vorläufigen Leistungspflicht getroffen worden. Inzwischen hat das BSG zu der umstrittenen Regelung des § 14 SGB IX die erste grundlegende Entscheidung getroffen[39]. Danach gilt Folgendes: Werden Leistungen zur Teilhabe beantragt, so stellt der Rehabilitationsträger innerhalb von zwei Wochen fest, ob er zuständig ist (§ 14 Abs 1 S 1 SGB IX). Stellt er fest, dass er nicht zuständig ist, so leitet er den Antrag an den nach seiner Auffassung zuständigen Träger weiter (§ 14 Abs 1 S 2 SGB IX). Wird der Antrag nicht weitergeleitet, so ergibt sich eine vorläufige Zuständigkeit des Rehabilitationsträgers, bei dem der Antrag gestellt worden war. Das gilt auch, wenn die Weiterleitung lediglich versäumt worden war. Wird der Antrag weitergeleitet, so ergibt sich eine vorläufige Zuständigkeit des Rehabilitationsträgers, an den weitergeleitet wurde. Eine nochmalige Weiterleitung ist unzulässig (§ 14 Abs 2 S 3 SGB IX). Die Frist kann sich nur verlängern, wenn für die Antragsprüfung ein medizinisches Gutachten erforderlich ist. Gleichviel, ob weitergeleitet wird oder nicht: In drei Wochen ist der Rehabilitationsbedarf zu klären. Bei einer Weiterleitung beginnt die Frist erst beim Zugang des Antrags beim zweiten Rehabilitationsträger. Eine gewisse Einschränkung ergibt sich aus § 14 Abs 2 S 6 SGB IX: Kann der Rehabilitationsträger, an den weitergeleitet worden ist, für die beantragte Leistung nicht zuständig sein, so klärt er er unverzüglich mit dem nach seiner Auffassung zuständigen Rehabilitationsträger „von wem und in welcher Weise über den Antrag ... entschieden wird". Also: Es werden Leistungen der medizinischen Rehabilitation bei der Krankenkasse beantragt. Diese leitet den Antrag an die Bundesagentur für Arbeit weiter. Diese kann kein Träger der medizinischen Rehabilitation sein. Hält sie den Träger der Rentenversicherung für sachlich zuständig, so klärt sie mit ihm ab, „wer und in welcher Weise" über den Antrag entscheidet. Auch in diesem Falle darf nicht noch einmal weitergeleitet werden. Der Rehabilitationsträger, an den weitergeleitet wurde, ist für das weitere Geschehen verantwortlich. Er hat lediglich die Möglichkeit, mit dem von ihm für zuständig gehaltenen Träger das weitere Vorgehen abzustimmen. Gelingt dies nicht, muss er selbst leisten. Das System vervollständigend hebt das BSG hervor, dass durch § 14 SGB IX gegenüber § 43 SGB I ein neuer Grundsatz geregelt worden sei: Unabhängig davon, ob weitergeleitet wird oder nicht, gilt Folgendes: Als Ergebnis jeder dieser beiden Möglichkeiten wird „eine nach außen verbindliche neue Zuständigkeit geschaffen". „Nach außen" bezeichnet das Verhältnis zum Leistungsberechtigten. Gleichzeitig bestehen intern die Verpflichtungen des eigentlich zuständigen Rehabilitationsträgers fort. Das bedeutet vor allem, dass er im Verhältnis zum leistenden Rehabilitationsträger zur Erstattung verpflichtet ist (§ 14 Abs 4 SGB IX). Führt eine Zuständigkeitsklärung nach § 14 SGB IX nicht zum Erfolg, so kommt nach umstrittener Auffassung eine Vorleistung nach § 43 SGB I in Betracht[40]. Die Notwendigkeit dazu könnte sich etwa auch dann ergeben, wenn ein JA das Vorliegen einer drohenden Behinderung überhaupt bestreitet, deswegen davon ausgeht, in diesem Falle kein Rehabilitationsträger zu sein und infolgedessen § 14 SGB IX nicht anwendet.

---

[36] OVG Münster NVwZ-RR 1999, 643.
[37] VGH Mannheim RsDE 1996/32, 69.
[38] VGH Mannheim RsDE 1996/32, 78.
[39] BSG FEVS 56, 385.
[40] *Mrozynski* Teil 1 § 14 SGB IX Rn 32.

Buch 5. Erbrecht (§§ 1922–2385)

Abschnitt 1. Erbfolge (§§ 1922–1941)

§ 1922 Gesamtrechtsnachfolge

(1) Mit dem Tode einer Person (Erbfall) geht deren Vermögen (Erbschaft) als Ganzes auf eine oder mehrere andere Personen (Erben) über.

(2) Auf den Anteil eines Miterben (Erbteil) finden die sich auf die Erbschaft beziehenden Vorschriften Anwendung.

Allgemeines Schrifttum zum Erbrecht: Alternativkommentar zum BGB, Bd 6 Erbrecht, 1990; Anwaltkommentar BGB, Bd 5 Erbrecht, 2. Aufl 2007; *Brox/Walker*, Erbrecht, 22. Aufl 2007; *Damrau* (Hrsg), Handkommentar Erbrecht, 2004; Deutscher Erbrechtskommentar 2003; *Ebenroth,* Erbrecht 1992; *Erman,* Handkommentar zum Bürgerlichen Gesetzbuch, Bd 2, 11. Aufl 2004; *Firsching/Graf,* Nachlassrecht, 8. Aufl 2000; *Frieser,* Kompaktkommentar Erbrecht, 2005; *Groll* (Hrsg), Praxis-Handbuch Erbrechtsberatung, 2. Aufl 2005; *Gursky,* Erbrecht, 5. Aufl 2007; *Harder/Kroppenberg,* Grundzüge des Erbrechts, 5. Aufl 2002; juris Praxiskommentar Erbrecht, 3. Aufl 2006; *Kipp/Coing,* Erbrecht, 14. Bearbeitung 1990; *Lange/Kuchinke,* Erbrecht, 5. Aufl 2001; *Leipold,* Erbrecht, 16. Aufl 2006; *v. Lübtow;* Erbrecht Bd I und II, 1971; *Michalski,* BGB – Erbrecht, 3. Aufl 2006; Münchener Kommentar zum Bürgerlichen Gesetzbuch, Bd 9 Erbrecht, 4. Aufl 2004; *Nieder,* Handbuch der Testamentsgestaltung, 2. Aufl 2000; *Olzen,* Erbrecht, 2. Aufl 2005; *Palandt,* Bürgerliches Gesetzbuch, 67. Aufl 2008; *Planck,* Kommentar zum BGB, 5. Bd Erbrecht, 4. Aufl 1930; *Reimann/Bengel/Mayer,* Testament und Erbvertrag, 5. Aufl 2006; RGRK-Kommentar zum BGB, Bd V 1, 12. Aufl 1974, Bd V 2, 12. Aufl 1975; *Schellhammer,* Erbrecht nach Anspruchsgrundlagen, 2. Aufl 2006; Münchener Anwalts-Handbuch, Erbrecht, 2002; *Schlüter,* Erbrecht, 15. Aufl 2004; *Soergel,* Bürgerliches Gesetzbuch, Bd 21 Erbrecht 1 (§§ 1922–2063), 13. Aufl 2002; Bd 22 Erbrecht 2 (§§ 2064–2273), 13. Aufl 2003; Bd 23 Erbrecht 3 (§§ 2274–2385), 13. Aufl 2002; *Staudinger,* Kommentar zum Bürgerlichen Gesetzbuch, §§ 1922–1966 (2000); §§ 1967–2063 (2002); §§ 2064–2196 (2003); §§ 2197–2264 (2003); §§ 2265–2338 a (2006); §§ 2339–2395 (2004); *Tanck,* Erbrecht, 2007; *Weirich,* Erben und Vererben, 5. Aufl 2004.

Schrifttum zu Begriff und Zeitpunkt des Todes (Auswahl): *Englert,* Todesbegriff und Leichnam als Element des Totenrechts, 1979; *Funck,* Der Todeszeitpunkt als Rechtsbegriff, MedR 1992, 182; *Geilen,* Medizinischer Fortschritt und juristischer Todesbegriff, FS Heinitz, 1972, S 373; *ders,* Das Leben des Menschen in den Grenzen des Rechts, FamRZ 1968, 121; *Heun,* Der Hirntod als Kriterium des Todes des Menschen – Verfassungsrechtliche Grundlagen und Konsequenzen, JZ 1996, 213; *Krösl/Scherzer* (Hrsg), Die Bestimmung des Todeszeitpunkts, 1973; *Leipold,* Erbrechtliche Aspekte der künstlichen Befruchtung und der künstlichen Verlängerung des Lebens, FS Kralik, 1986, S 467; *Nagel,* Das Versterben untereinander erbberechtigter Personen aufgrund der gleichen Ursache, Diss Göttingen 1983; *Ruscher,* Die Bestimmung des Todeszeitpunkts als erbrechtlicher Sicht, 1989; *Schmidt-Jortzig,* Wann ist der Mensch tot?, 1999; *Schreiber,* Kriterien des Hirntodes, JZ 1983, 593; *Steffen,* Wie viele Tode stirbt der Mensch?, NJW 1997, 1619; *Stratenwerth,* Zum juristischen Begriff des Todes, FS Engisch, 1969, S 528; *Tröndle,* Der Hirntod, seine rechtliche Bedeutung und das neue Transplantationsgesetz, FS H.J. Hirsch, 1999, S 779; *Wagner/Brocker,* Hirntodkriterium und Lebensgrundrecht, ZRP 1996, 226.

Schrifttum zu Persönlichkeitsrecht und postmortalem Persönlichkeitsschutz (Auswahl; vgl auch bei § 12): *Ahrens,* Fragen der erbrechtlichen Gestaltung postmortaler Persönlichkeitsverwertungen, ZEV 2006, 237; *Beuthien,* Was ist vermögenswert, die Persönlichkeit oder ihr Image? – Begriffliche Unstimmigkeiten in den Marlene-Dietrich-Urteilen, NJW 2003, 1220; *Claus,* Postmortaler Persönlichkeitsschutz im Zeichen allgemeiner Kommerzialisierung, 2004; *Frommeyer,* Persönlichkeitsschutz nach dem Tode und Schadensersatz, JuS 2002, 13; *Götting,* Die Vererblichkeit der vermögenswerten Bestandteile des Persönlichkeitsrechts – ein Meilenstein in der Rechtsprechung des BGH, NJW 2001, 853; *Gregoritza,* Die Kommerzialisierung von Persönlichkeitsrechten Verstorbener, 2003; *Heldrich,* Der Persönlichkeitsschutz Verstorbener, FS H. Lange, 1970, S 162; *Jung,* Die Vererblichkeit des Allgemeinen Persönlichkeitsrechts, 2005; *Lichtenstein,* Der Idealwert und der Geldwert des zivilrechtlichen Persönlichkeitsrechts vor und nach dem Tode, 2005; *Pabst,* Der postmortale Persönlichkeitsschutz in der neueren Rechtsprechung des BVerfG, NJW 2002, 999; *Schulze-Wessel,* Die Vermarktung Verstorbener, 2001; *Seifert,* Postmortaler Schutz des Persönlichkeitsrechts und Schadensersatz, NJW 1999, 1889; *Stein,* Der Schutz von Ansehen und Geheimsphäre Verstorbener, FamRZ 1986, 7; *H.P. Westermann,* Das allgemeine Persönlichkeitsrecht nach dem Tod seines Trägers, FamRZ 1969, 561; *Wortmann,* Die Vererblichkeit vermögensrechtlicher Bestandteile des Persönlichkeitsrechts, 2005.

Übersicht

	Rn		Rn
I. Normzweck	1	c) Beweis	6
		d) Todeserklärung	7
II. Erbrechtliche Grundbegriffe	2	3. Erbe	8
1. Erblasser	2	a) Begriff	8
2. Erbfall	4	b) Zeitpunkt	9
a) Tod einer Person	4	c) Berufung zum Erben und Parteidisposition	10
b) Begriff und Zeitpunkt des Todes	5	4. Erbschaft	11

	Rn
a) Erbschaft und Nachlass	11
b) Vermögen des Erblassers	12
c) Erbteil	13
III. Vermögensübergang auf den oder die Erben	15
1. Gesamtrechtsnachfolge	15
a) Zweck	15
b) Inhalt	17
c) Eintritt der Rechtsnachfolge	18
d) Vermögensverschmelzung und Vermögenssonderung	19
2. Sonderrechtsnachfolge	22
a) Sondererbfolge	22
b) Sonderrechtsnachfolge von Todes wegen außerhalb des Erbrechts	23
IV. Vererblichkeit von Rechtsbeziehungen	24
1. Grundsatz	24
2. Körper, künstliche Körperteile	26
3. Persönlichkeitsrecht, postmortaler Persönlichkeitsschutz	30
4. Vertragliche Schuldverhältnisse	31
a) Grundsatz	31
b) Einzelheiten	34
5. Gestaltungsrechte	45
6. Gesetzliche Schuldverhältnisse	46
7. Rechtsverkehrslagen, werdende Rechte	48
8. Vertretungsmacht, Verfügungsbefugnis	49
9. Gesetzliche Vertretung, Amtsstellungen	53
10. Sachenrechtliche Positionen	54
11. Anwartschaftsrechte	58
12. Handelsgeschäft	59
13. Mitgliedschaftsrechte	60
a) Grundsatz	60
b) Verein, Genossenschaft	61
14. Mitgliedschaft in Personengesellschaften	62

	Rn
a) Allgemeines	62
b) Auflösung mit dem Tod eines Gesellschafters	63
c) Fortsetzung mit den verbliebenen Gesellschaftern	65
d) Eintrittsrecht	67
e) Fortsetzung mit den Erben	68
f) Rechtsgeschäftliche Nachfolgeklausel	73
g) Auslegung von Nachfolgebestimmungen	74
h) Umwandlung in Kommanditistenstellung	75
i) Kommanditanteil	76
j) Mitgliedschaft in sonstigen Vereinigungen	77
15. Kapitalgesellschaften	80
a) Aktiengesellschaft	80
b) GmbH	81
16. Landgüter und Höfe	82
17. Immaterialgüterrechte	83
18. Familienrechtliche Positionen	84
19. Erbrechtliche Positionen	87
20. Übergang öffentlich-rechtlicher Positionen	88
a) Grundlagen	88
b) Sozialrecht	89
c) Beamtenrecht	90
d) Gewerberecht	91
e) Steuerrecht	92
f) Polizei- und Ordnungsrecht	93
g) Waffenrecht	93a
21. Rechtsnachfolge in prozessuale Beziehungen	94
V. Rechtslage vor dem Erbfall	95
1. Entstehung der materiellen Rechtsverhältnisse	95
2. Verpflichtungs- und Verfügungsgeschäfte über den Nachlass zu Lebzeiten des Erblassers	99
3. Sicherung des künftigen Erbrechts	100
4. Feststellungsklagen zu Lebzeiten des Erblassers	101
VI. Verfahren zur Durchsetzung des Erbrechts	104

I. Normzweck

1 § 1922 ist die grundlegende Vorschrift des Erbrechts. Sie enthält zum einen das Prinzip der Privaterbfolge und regelt zugleich die Art und Weise des Rechtsübergangs durch den Grundsatz der Gesamtrechtsnachfolge. Zum anderen erläutert die Vorschrift die Begriffe **Erbfall, Erbschaft, Erbteil** und **Erben.** Wenn das BGB im Erbrecht oder in anderen Bereichen diese Begriffe verwendet, sind die Legaldefinitionen des § 1922 zu beachten.

II. Erbrechtliche Grundbegriffe

2 **1. Erblasser.** Auf eine Definition des Begriffes Erblasser hat das Gesetz verzichtet; sie ist entbehrlich, da hierüber kein Zweifel besteht. Als Erblasser wird die Person bezeichnet, deren Vermögen mit ihrem Tod auf einen oder mehrere Erben übergeht. Der Begriff wird schon vor dem Todesfall verwendet: Erblasser wird auch genannt, wer durch Verfügung von Todes wegen Vorsorge für das Schicksal seines Nachlasses trifft (vgl zB §§ 2247 ff, §§ 2274 ff) oder wer hinsichtlich seines Vermögens einen Erbverzichtsvertrag mit einem Verwandten oder seinem Ehegatten schließt (§§ 2346 ff). Aus der Definition des Erbfalls in Abs 1 („Tod einer Person") folgt, dass Erblasser nur eine **natürliche Person** sein kann. Die Folgen der Beendigung von juristischen Personen und nichtrechtsfähigen Zusammenschlüssen von Personen werden durch das Gesellschafts- und Vereinsrecht geregelt.

3 Die **Staatsangehörigkeit** einer Person bestimmt darüber, ob deutsches Erbrecht anzuwenden ist. Nach Art 25 Abs 1 EGBGB unterliegt die Rechtsnachfolge von Todes wegen dem Recht des Staates, dem der Erblasser zum Zeitpunkt seines Todes angehörte. Bei Staatenlosen (ebenso, wenn die Staatsangehörigkeit nicht festgestellt werden kann) kommt das Recht des gewöhnlichen Aufenthalts zur Anwendung, Art 5 Abs 2 EGBGB. Für im Inland belegenes unbewegliches Vermögen, kann der Erblasser nach Art 25 Abs 2 EGBGB in Form einer Verfügung von Todes wegen die Geltung deutschen Rechts wählen.

4 **2. Erbfall. a) Tod einer Person.** Als Erbfall bezeichnet das Gesetz den Tod einer Person. Dem Tod steht die Todesvermutung gleich, dh die durch Todeserklärung nach dem VerschG (Rn 7) begründete (widerlegliche) Vermutung, dass der Verschollene in dem im Beschluss festgestellten Zeitpunkt gestorben ist (§ 9 Abs 1 S 1 VerschG).

§ 1922

b) Begriff und Zeitpunkt des Todes. Eine Bestimmung des – im Einzelfall für die Erbfolge 5 entscheidenden (vgl § 1923 Rn 3) – Todeszeitpunkts enthält das BGB nicht. Es ist anerkannt, dass der Tod kein unverrückbares, fixiertes Ereignis, sondern ein Prozess ist, der sich über einen gewissen Zeitraum erstreckt. Da § 1922 auf einen Zeitpunkt abstellt, muss ein bestimmtes Ereignis im Sterbeprozess herausgegriffen und zum rechtlich maßgebenden gemacht werden. So gesehen ist der Todeszeitpunkt keine medizinische Vorgegebenheit, sondern eine normative Konvention[1]. Nach herkömmlicher medizinischer Auffassung tritt der Tod infolge des **endgültigen Stillstands von Atmung und Kreislauf** ein. Angesichts der bestehenden Reanimationsmöglichkeiten hat der Ausfall von Atmung und Kreislauf seine zwingende Endgültigkeit verloren. Solange keine maschinellen Hilfsmittel zur künstlichen Aufrechterhaltung von Atmung und Kreislauf eingesetzt werden, ist der endgültige Kreislaufstillstand – auch im Hinblick auf die Feststellbarkeit und damit die Rechtssicherheit – ein geeignetes Kriterium für den Tod eines Menschen[2]. Nach neueren medizinischen Erkenntnissen ist als Todeszeitpunkt der sog **Gesamthirntod** (nach der vom wissenschaftlichen Beirat der Bundesärztekammer veröffentlichten[3] Definition „der Zustand der irreversibel erloschenen Gesamtfunktion des Großhirns, des Kleinhirns und des Hirnstamms") anzusehen. Dieser Zeitpunkt hat nach kontroverser, noch nicht verstummter[4] Diskussion Eingang in das Transplantationsgesetz (§ 3 Abs 2 Nr 2 TPG, ohne allerdings den Gesamthirntod ausdrücklich als Tod des Menschen zu bezeichnen) gefunden; er scheint sich im Bereich des Arztrechts[5] und des Strafrechts[6] durchzusetzen und wird zunehmend von der (erbrechtlichen) Rspr akzeptiert[7]. Die Einwände gegen das Hirntodkonzept betreffen vor allem Fragen der Organentnahme und deren Regelung im Transplantationsgesetz, sie würden nicht hindern, den Gesamthirntod auch für das Erbrecht als maßgebend anzusehen. Soweit (für die Bestimmung des Erbrechts) eine exakte Bestimmung erforderlich ist, entscheidet der Zeitpunkt, in dem die Diagnose und Dokumentation des Hirntodes abgeschlossen sind[8]. Wenn – was der Regelfall ist – keine Hirntoddiagnostik und -dokumentation stattgefunden hat, sondern lediglich ein Herz- und Atemstillstand festgestellt wurde, so ist der Todeszeitpunkt durch Hinzurechnen einer Zeitspanne als so genannter Sterbezeit zu bestimmen[9]. Diese Zeitspanne beträgt nach medizinischen Erkenntnissen höchstens zehn Minuten und ergibt sich aus der Überlebenszeit des Gehirns nach Ausfall von Atmung und Kreislauf.

c) Beweis. Die Beweislast für den Tod des Erblassers trägt, wer ein Erbrecht in Anspruch nimmt. 6 Der Beweis kann durch das vom Standesbeamten geführte Sterbebuch (§ 37 PStG) und die Sterbeurkunde (§ 64 PStG) geführt werden (§§ 60 Abs 1, 66 PStG). Die Eintragung im Sterbebuch beweist (widerleglich) die Tatsache sowie Ort und Zeitpunkt des Todes.

d) Todeserklärung. Dem erwiesenen Tod steht die durch formelle Todeserklärung begründete 7 Todesvermutung gleich. Für tot erklärt werden können unter den Voraussetzungen der §§ 3 bis 7 VerschG Personen, die „verschollen" iS der Legaldefinition des § 1 VerschG sind. Die Todeserklärung gemäß § 9 Abs 1 VerschG begründet auch für das Erbrecht die Vermutung, dass der Verschollene in dem im Beschluss festgestellten Zeitpunkt gestorben ist. Steht der Tod, nicht aber der Zeitpunkt fest, kann nach § 39 VerschG beantragt werden, den Tod und den Zeitpunkt des Todes durch gerichtliche Entscheidung festzustellen. Der Beschluss begründet auch die Vermutung für den festgestellten Todeszeitpunkt (§ 44 Abs 2 VerschG). Die Vermutungen der §§ 9 Abs 1 und 44 Abs 2 VerschG sind nach § 292 S 1 ZPO widerleglich[10].

3. Erbe. a) Begriff. Erbe ist diejenige Person, auf die mit dem Erbfall kraft Gesetzes (§§ 1924 bis 8 1931) oder durch Verfügung von Todes wegen die Gesamtheit der vererblichen Rechtspositionen übergeht. Von **Miterben** spricht das Gesetz (Abs 2, §§ 2032 ff), wenn der Erblasser mehrere Erben hinterlässt. Vom Erben zu unterscheiden sind der Vermächtnisnehmer und die Pflichtteilsberechtigte, die zwar durch den Erbfall Rechte erwerben, jedoch nicht Gesamtrechtsnachfolger werden.

b) Zeitpunkt. Die Rechtsstellung des Erben wird erst mit Anfall der Erbschaft begründet. Dement- 9 sprechend kann Erbe nur werden, wer zum Zeitpunkt des Erbfalls lebt oder wenigstens schon erzeugt ist (und später lebend geboren wird), vgl § 1923. Der Erwerb der Erbenstellung kann weiter hinausgeschoben sein und erst mit einem dem Erbfall nachfolgenden Ereignis eintreten, zB beim Nacherben. Vor dem Erbfall bestehen lediglich Erbaussichten (Rn 95).

c) Berufung zum Erben und Parteidisposition. Erbe kann nur werden, wer durch Gesetz oder 10 eine vom Erblasser errichtete Verfügung von Todes wegen (Testament, Erbvertrag) als Erbe berufen ist; andere Möglichkeiten der Begründung der Erbenstellung gibt es nicht[11]. Durch Ausschlagung kann der Erbe mit Rückwirkung auf den Zeitpunkt des Erbfalls seine Erbenstellung wieder verlieren, § 1953

---

[1] *Leipold*, FS Kralik, 1986, S 467, 481; *Schönke/Schröder/Eser*, 27. Aufl 2006, Vor §§ 211 ff StGB Rn 19 ff.
[2] MünchKommBGB/*Leipold* Rn 12; *Schmidt-Jortzig* S 18.
[3] Deutsches Ärzteblatt 1998, 1381; vgl schon Deutsches Ärzteblatt 1982, 45 (dazu *Schreiber* JZ 1983, 593) mit Fortschreibungen zuletzt 1997.
[4] Vgl *Schmidt-Jortzig* S 11 ff; *Tröndle*, FS H. J. Hirsch, 1999, S 779.
[5] *Laufs*, Arztrecht, 5. Aufl 1993, Rn 277.
[6] *Schönke/Schröder/Eser* Vor §§ 211 ff StGB Rn 19; MünchKommStGB/*Schneider* Vor § 211 Rn 14 ff.
[7] OLG Köln FamRZ 1992, 860; OLG Frankfurt NJW 1997, 3099; BayObLG NJW-RR 1999, 1309.
[8] Vgl Richtlinien zur Feststellung des Hirntodes Kommentar zu Anm 8.
[9] *Soergel/Stein* Rn 4; *Nagel* S 84; gegen diese Lösung MünchKommBGB/*Leipold* Rn 12; *Lange/Kuchinke* § 4 II 1.
[10] Näher *Staudinger/Weick/Habermann* § 9 VerschG Rn 24.
[11] Gegen eine Begründung des Erbrechts kraft Treu und Glauben BGH NJW 1967, 1126; BayObLGZ 1965, 86, 90; RGRK/*Kregel* Rn 2.

Abs 1. Ebenfalls mit Rückwirkung verliert seine Erbenstellung, wer für erbunwürdig erklärt wird (§ 2344) oder wessen Erbeinsetzung wirksam angefochten wurde (§§ 2078 ff, 142 Abs 1). Im Übrigen unterliegen Erwerb und Fortbestand der Erbenstellung nicht der Disposition der Erben oder sonstiger Beteiligter. Eine Einigung der als Erben in Betracht kommenden Personen über die Auslegung einer Verfügung von Todes wegen vermag daher die Erbenstellung nicht zu begründen[12]. Der Erbe kann seine Erbschaft verkaufen (§ 2371), der Miterbe seinen Anteil auf einen Dritten übertragen (§ 2033). Solche Übertragungen erfassen zwar die Beteiligung am ererbten Vermögen, nicht aber die Erbenstellung als solche[13].

4. Erbschaft. a) Erbschaft und Nachlass. Zur Klarstellung sei vorab darauf hingewiesen, dass das Gesetz an vielen Stellen nicht von Erbschaft, sondern von Nachlass spricht, ohne damit einen inhaltlichen Unterschied bezeichnen zu wollen[14]. Der Ausdruck Erbschaft wird häufig, aber nicht durchgehend dann verwendet, wenn es um die Beziehungen des Erben zu dem hinterlassenen Vermögen geht (zB bei der Ausschlagung, § 1942), während der Begriff Nachlass im Allgemeinen das Vermögen des Erblassers als solches ohne unmittelbaren Bezug zu seinem rechtlichen Träger bezeichnet (zB die Vorschriften über die Beschränkung der Erbenhaftung, §§ 1975 ff).

b) Vermögen des Erblassers. Das Gesetz setzt die Erbschaft mit dem Vermögen des Erblassers gleich. Die Streitfrage, ob zum Vermögen iS des § 1922 nur die Rechte des Erblassers[15] oder auch dessen Verbindlichkeiten[16] zählen, gehört seit jeher zu den Diskussionsthemen im Erbrecht. Die Rspr vermeidet eindeutige Festlegungen; Formulierungen deuten in die Richtung einer ganzheitlichen Betrachtung[17]. Für die erste Auffassung wird das Wortlautargument ins Feld geführt, wonach das BGB auch sonst unter Vermögen die Summe der geldwerten Rechte, also das Aktivvermögen verstehe. Aus dem Wortlaut des § 1922 Abs 1 („Vermögen als Ganzes") lässt sich allerdings genauso gut ein Hinweis auf eine ganzheitliche Betrachtungsweise ableiten. Dem Prinzip der Gesamtrechtsnachfolge wird die hM eher gerecht; der Übergang der Erbschaft ist ein Übergang der Rechtsverhältnisse, nicht der einzelnen Berechtigungen und Verpflichtungen. Da der Streit keine unmittelbaren praktischen Konsequenzen hat – der Übergang der Verbindlichkeiten auf den Erben ergibt sich jedenfalls aus § 1967 –, lohnt sich an dieser Stelle eine Vertiefung nicht.

c) Erbteil. Der Erbteil ist nach Abs 2 der **Anteil des Miterben am Nachlass,** genauer gesagt am Gesamthandsvermögen der Erbengemeinschaft. Der Erbteil besteht immer in einer Quote (einem Bruchteil) des Nachlasses, nicht in einem Wertsumme oder an einem Einzelgegenstand. Die Höhe der Quote ergibt sich aus dem Gesetz oder einer Verfügung von Todes wegen. Hat der Erblasser den Anteil eines Miterben nicht bruchteilsmäßig, sondern in einer Summe oder durch Nennung von Gegenständen ausgedrückt, muss die Quote aus der Relation der Summe oder des Gegenstandswertes zum Wert des Gesamtnachlasses errechnet werden.

Nach **Abs 2** sind auf den Erbteil alle Vorschriften anzuwenden, die sich auf die Erbschaft beziehen. Es gelten somit die Bestimmungen über den Anfall, die Annahme und Ausschlagung der Erbschaft (§§ 1942 ff), die Nachlasspflegschaft (§ 1960) und den Erbschaftskauf (§§ 2371 ff). Auf den Erbteil anwendbar sind auch Vorschriften in den anderen Büchern des BGB, soweit sie von Erbschaft sprechen, zB §§ 1432, 1461, 1822 Nr 1 und 2. Trotz dieser Gemeinsamkeiten darf der grundlegende Unterschied zwischen einem **Erbteil als einheitlichem Anteilsrecht** und den Rechten des Alleinerben als Zusammenfassung aller Einzelrechte des Nachlasses nicht übersehen werden. Die gesamthänderische Bindung des Nachlasses findet ihren Niederschlag in zahlreichen Bestimmungen (§§ 2032 bis 2063) über die Ausübung der Rechte durch die Miterbengemeinschaft und über die Geltendmachung von Rechten gegenüber den Miterben. Der Miterbe kann nach § 2033 Abs 1 S 1 nur über seinen Anteil als solchen verfügen, während dem Alleinerben Verfügungen über die einzelnen Nachlassrechte möglich sind. Auch bei den haftungsbeschränkenden Maßnahmen wird der Unterschied zwischen Erbteil und gesamter Erbschaft deutlich; Nachlassverwaltung (§ 2062) und Nachlassinsolvenz (§ 316 Abs 3 InsO) können nicht über den einzelnen Erbteil, sondern nur über den gesamten Nachlass eröffnet werden.

III. Vermögensübergang auf den oder die Erben

1. Gesamtrechtsnachfolge. a) Zweck. Das Gesetz bringt das für das Verständnis unseres Erbrechts elementare Prinzip der **Gesamtrechtsnachfolge (Universalsukzession)** mit der Formulierung zum Ausdruck, die Erbschaft gehe **als Ganzes** auf den oder die Erben über. Damit ist nicht eine Frage der Rechtstechnik angesprochen, sondern ein inhaltliches Prinzip bezeichnet[18]. Ziel der Universalsukzession ist es, das Vermögen des Erblassers im Interesse der Erben und der Nachlassgläubiger unverändert auf den Erben zu überführen. Der einheitliche Übergang der Nachlassrechte und -verbindlichkeiten auf den Erben bzw alle Miterben dient der Rechtsklarheit, da sich auf diese Weise die

---

[12] BayObLGZ 1966, 233, 236; LG Freiburg BWNotZ 1979, 67.
[13] BGHZ 56, 115.
[14] *Staudinger/Marotzke* Rn 103; *Lange/Kuchinke* § 5 I; *Schmidt-Kessel* WM 2003, 2086.
[15] So zB *Kipp/Coing* § 91 II 2; *Erman/Schlüter* Rn 6.
[16] HM, zB *Planck/Flad* Anm 2 a; MünchKommBGB/*Leipold* Rn 16; *Soergel/Stein* Rn 13; *Palandt/Edenhofer* Rn 12; *Muscheler,* Universalsukzession und Vonselbsterwerb, 2002, S 12.
[17] BGHZ 32, 367, 369: „grundsätzlich alle vermögensrechtlichen Positionen".
[18] MünchKommBGB/*Leipold* Rn 93; grundlegend *Windel,* Über die Modi der Nachfolge in das Vermögen einer natürlichen Person beim Todesfall, 1998; *Muscheler,*Universalsukzession und Vonselbsterwerb, 2002, S 5 ff.

Rechtsträger relativ leicht feststellen lassen. Bei einer Miterbengemeinschaft erleichtert die Gesamtrechtsnachfolge die ordnungsgemäße Nachlassabwicklung, indem zunächst die Nachlassverbindlichkeiten aus dem ungeteilten Nachlass beglichen werden und erst dann eine Aufteilung des Nachlasses auf die einzelnen Miterben stattfindet. Auch ein nachträglicher Wechsel des Erben, insbes als Folge einer Ausschlagung, ist mit Hilfe der globalen Zuordnung des Nachlasses leichter zu bewältigen. Der Grundsatz der Gesamtrechtsnachfolge kann und soll zwar nicht verhindern, dass der Nachlass schließlich doch auf einzelne Personen aufgeteilt wird, er schützt aber die Interessen der Nachlassgläubiger, indem er den Nachlass als Haftungseinheit erhält. Diese Wirkung dient andererseits auch dem Schutz des Erben vor Eigenhaftung, weil sie eine Vermögenssonderung (Rn 21) ermöglicht. Schließlich verhindert die Gesamtrechtsnachfolge eine vorschnelle Zerschlagung der wirtschaftlichen Einheit, zu der das Vermögen des Erblassers geworden ist.

Die **Gesamtrechtsnachfolge** ist ein Prinzip des **zwingenden Rechts;** der Erblasser kann grds 16 weder eine Sonderrechtsnachfolge anordnen (zu den Ausnahmen Rn 22) noch vermag er den Rechtsübergang überhaupt auszuschließen. Auch durch Verfügung von Todes wegen kann der Erblasser eine unmittelbare Nachlassteilung in unterschiedlich zugeordnete Vermögensmassen nicht mit dinglicher Wirkung herbeiführen.

b) Inhalt. Die Gesamtrechtsnachfolge bedeutet den **automatischen** und **einheitlichen Übergang** 17 aller vererblichen Rechte und Verbindlichkeiten auf den Erben bzw auf alle Miterben. Der Erbe wird nicht nur Inhaber des Vermögens des Erblassers, in seiner Person setzt sich auch die Rechts- und Pflichtenstellung des Erblassers fort, und zwar grds mit demselben rechtlichen Inhalt und in demselben Zustand. Dass das Vermögen als Ganzes übergeht, bedeutet nicht, dass der Erbe ein einheitliches sachenrechtliches Recht am Nachlass erlangt. Da das Vermögen die Summe der Rechte und Verbindlichkeiten darstellt, erwirbt der Erbe vielmehr eine Vielzahl von Rechten und Pflichten. Alle vererblichen Rechte und Verbindlichkeiten gehen insgesamt und ungeteilt auf den oder die Erben über. Eine unmittelbare Zuweisung einzelner Rechte oder Verbindlichkeiten an einzelne Miterben ist nicht möglich. **Miterben** werden als **Gesamthandsgemeinschaft** Träger der Nachlassrechte und -verbindlichkeiten. Diese Gestaltung der Miterbengemeinschaft ist allerdings nicht begriffsnotwendig mit der Gesamtrechtsnachfolge verknüpft. Im BGB ist das Prinzip der Gesamthand jedoch so eng mit dem einheitlichen Rechtsübergang auf die Erben verbunden, dass es als Bestandteil der Gesamtrechtsnachfolge angesehen wird[19].

c) Eintritt der Rechtsnachfolge. Die vererblichen Rechtsbeziehungen gehen **unmittelbar mit** 18 **dem Erbfall** und in einem einzigen Erwerbsvorgang auf den oder die Erben über. Der Erwerb des Eigentums an beweglichen Sachen ist unabhängig von der Besitzergreifung durch den Erben; der Erwerb des Eigentums an unbeweglichen Sachen vollzieht sich außerhalb des Grundbuchs, das durch den Erbfall unrichtig wird. Für den zum Zeitpunkt des Erbfalls erfolgenden Rechtsübergang sind weder zusätzliche behördliche oder gerichtliche Akte noch Handlungen des Erben selbst (etwa die Annahme der Erbschaft) erforderlich, es gilt der **Grundsatz des Von-selbst-Erwerbs.** Dieser ist allerdings weder zwingende Folge der Universalsukzession noch umgekehrt[20].

d) Vermögensverschmelzung und Vermögenssonderung. Mit dem Erbfall verschmilzt der 19 Nachlass mit dem Eigenvermögen des Erben zu einer rechtlichen Einheit; der Nachlass bildet also kein Sondervermögen[21], auch wenn der Erbe diesen getrennt vom Eigenvermögen hält und verwaltet. Für die Zwangsvollstreckung wird dieser Vorgang indes bis zur Annahme der Erbschaft hinausgeschoben, da bis dahin die Nachlassgläubiger nur auf den Nachlass, die Eigengläubiger nur auf das Eigenvermögen des Erben zugreifen können (§ 778 Abs 1 und 2 ZPO).

Schuldrechtliche Beziehungen zwischen Erblasser und Alleinerben **erlöschen** mit dem Erbfall 20 durch Vereinigung von Recht und Verbindlichkeit **(Konfusion).** Soweit durch den Erbfall ein Recht und eine darauf ruhende Belastung zusammentreffen **(Konsolidation),** gilt Folgendes: Der Nießbrauch des Erben an beweglichen Sachen (§ 1063) und an Rechten (§ 1068) des Erblassers erlischt in der Regel, ebenso das Pfandrecht an beweglichen Sachen (§ 1256) und an Rechten (§ 1273) des jeweils anderen. Dagegen bleiben Rechte an Grundstücken gemäß § 889 auch bei Zusammentreffen von Grundstückseigentum und Belastung bestehen. Verfügungen, die der Erbe vor dem Erbfall als Nichtberechtigter über Nachlassgegenstände getroffen hat, werden nach § 185 Abs 2 wirksam. Entsprechendes gilt für nichtberechtigte Verfügungen des Erblassers über Gegenstände aus dem Eigenvermögen des Erben, wenn der Erbe für Nachlassverbindlichkeiten unbeschränkt (also auch mit den von der Verfügung betroffenen Gegenständen) haftet. Durch die Vereinigung von Nachlass und Eigenvermögen des Erben können sich für den Erben, seine Eigengläubiger und die Nachlassgläubiger Aufrechnungsmöglichkeiten ergeben, die vorher mangels Gegenseitigkeit der Forderungen nicht bestanden (näher § 1977 Rn 2 ff).

Beim Alleinerben haben die Maßnahmen, die zur Beschränkung der Haftung führen, regelmäßig 21 eine **Vermögenssonderung** zur Folge (§§ 1976, 1991 Abs 2). Geht der Nachlass auf **mehrere Erben** über, so bildet er schon auf Grund seiner gesamthänderischen Bindung ein Sondervermögen. Beim Eintritt der Nacherbfolge wird der Nachlass ebenfalls als Sondervermögen behandelt, das nun vom Vorerben auf den Nacherben übergeht (§ 2143). Ausnahmen von den Wirkungen der Konfusion und

---

[19] MünchKommBGB/*Leipold* Rn 99.
[20] *Muscheler,* Universalsukzession und Vonselbsterwerb, 2002, S 2 ff.
[21] Grundlegend *Dauner-Lieb,* Unternehmen in Sondervermögen, 1998, S 79 ff.

§ 1922   Buch 5. Abschnitt 1. Erbfolge

Konsolidation gelten ferner, wenn eine Forderung oder ein Recht des Erblassers den Gegenstand eines Vermächtnisses bildet (§ 2175) und beim Erbschaftskauf (§ 2377).

22   **2. Sonderrechtsnachfolge. a) Sondererbfolge.** Von Sonderrechtsnachfolge (Singularzession) spricht man, wenn einzelne Rechte des Erblassers unmittelbar mit seinem Tod einen besonderen, vom Übergang des sonstigen Nachlasses abweichenden Weg gehen. Diese Sonderrechtsnachfolge kann als erbrechtlicher Erwerb ausgestaltet sein, so dass der Sonderrechtsnachfolger zu den Erben zählt und das nur dem Sonderrechtsnachfolger anfallende Recht zum Nachlass zu rechnen ist. Eine derartige Sondererbfolge findet sich im Bereich des Höferechts (Rn 82) und – als praktisch wichtigste, aber nicht geregelte – bei der Vererbung von Anteilen an einer OHG oder KG (Rn 62 ff). Ein Sondererbrecht für Heimstätten gibt es seit der Aufhebung des Reichsheimstättengesetzes durch Gesetz vom 17. 6. 1993 nicht mehr[22].

23   **b) Sonderrechtsnachfolge von Todes wegen außerhalb des Erbrechts.** Von der Sondererbfolge sind andere Fälle zu unterscheiden, die zu einem unmittelbaren Übergang einzelner Rechte des Erblassers führen, ohne dass diese Rechtsnachfolge mit den Voraussetzungen und den Wirkungen einer Erbfolge verknüpft ist. Der Sonderrechtsnachfolger braucht hier nicht Erbe zu sein[23]. Eine Sonderrechtsnachfolge idS außerhalb des Erbrechts tritt zB hinsichtlich eines **Wohnraum-Mietverhältnisses** nach § 563[24] und im Sozialrecht (Rn 89) ein. Inwieweit durch Rechtsgeschäft eine Sonderrechtsnachfolge von Todes wegen außerhalb des Erbrechts herbeigeführt werden kann, ist umstritten[25]. Die Frage stellt sich insbes bei **Lebensversicherungsverträgen** und anderen Verträgen zugunsten Dritter (zu dieser Problematik s die Erl zu § 2301).

IV. Vererblichkeit von Rechtsbeziehungen

24   **1. Grundsatz.** Mit der im Kern zutreffenden Gleichsetzung der Erbschaft mit dem Vermögen des Erblassers, verstanden als Summe seiner geldwerten Rechtsbeziehungen, ist nicht zugleich das Kriterium für die Vererblichkeit von Rechtspositionen gefunden. Denn es gibt einerseits vermögensrechtliche Beziehungen, die nicht vererblich sind, zB das Nießbrauchsrecht (§ 1061 S 1), andererseits können auch nichtvermögensrechtliche Rechtsverhältnisse auf den Erben übergehen, zB die Mitgliedschaft in einem Verein, wenn dies in der Satzung vorgesehen ist (§§ 38 S 1, 40). Bei **nichtvermögensrechtlichen Rechtsverhältnissen** ist jedoch die **Unvererbbarkeit** die Regel, während **vermögensrechtliche Beziehungen** regelmäßig **vererblich** sind. Soweit nicht positive Rechtsnormen eine klare Aussage über die Frage der Vererblichkeit einer Rechtsbeziehung machen, ist die Antwort unter Beachtung dieses in § 1922 Abs 1 enthaltenen Prinzips zu suchen. Gegen die Vererblichkeit vermögensrechtlicher Positionen kann sprechen, dass das betroffene Recht höchstpersönlichen Zwecken oder individuellen Bedürfnissen gerade des Erblassers dient oder aus sonstigen Gründen untrennbar mit seiner Person verknüpft ist[26]. Ein Indiz für die Nichtvererblichkeit kann die Unübertragbarkeit unter Lebenden sein. Eine vollständige Deckung besteht indes nicht, wie das Beispiel des unter Lebenden als Ganzes nicht übertragbaren (§ 29 Abs 1 UrhG), wohl aber vererblichen (§ 28 Abs 1 UrhG) Urheberrechts zeigt.

25   Die folgende Zusammenstellung gibt einen – zwangsläufig unvollständigen – nach Sachgebieten gegliederten Überblick über die Vererblichkeit von Rechtsbeziehungen. Wegen der Einzelheiten wird auf die Kommentierung der einschlägigen Regelungen verwiesen.

26   **2. Körper, künstliche Körperteile.** Der **Leichnam** ist dem Rechtsverkehr entzogen[27]. Dabei kann dahinstehen, ob er als Sache iS des § 90 anzusehen ist (§ 90 Rn 29 ff); jedenfalls widerspricht es sittlichen Anschauungen, ein Eigentumsrecht an einer Leiche anzunehmen. Der Leichnam ist nicht Bestandteil des Nachlasses, sondern Gegenstand der Totenfürsorge, die in erster Linie dem obliegt, der vom Verstorbenen damit betraut wurde[28]. Gewohnheitsrechtlich steht sie den nächsten Angehörigen und nicht den Erben zu[29]. Für Art und Ort der **Bestattung** ist zunächst der Wille des Verstorbenen maßgebend, in zweiter Linie bestimmen darüber die nächsten Familienangehörigen[30]. Erst wenn keine Familienangehörigen vorhanden sind, steht die Bestimmung den Erben zu, die in jedem Fall nach § 1968 die Beerdigungskosten zu tragen haben[31].

---

[22] Zum Inhalt des Heimstättenrechts MünchKommBGB/*Leipold* 2. Aufl Rn 84 f.
[23] *Staudinger/Marotzke* Rn 54 spricht von „Sukzessionen am Erbrecht vorbei". Gegen die Aushöhlung des gesetzlichen Prinzips der Universalsukzession *Windel*, Über die Modi der Nachfolge in das Vermögen einer natürlichen Person beim Todesfall, 1998, S 10.
[24] *Jendrek* ZEV 2003, 60.
[25] Vgl *Muscheler*,Universalsukzession und Vonselbsterwerb, 2002, S 65 ff.
[26] Näher zum Begriff der „Höchstpersönlichkeit" in diesem Zusammenhang *Dietzel*, Untergang statt Fortbestand – zur Abgrenzung der unvererbbaren Rechtsbeziehungen im Schuldrecht, 1991, S 9 ff; zu Gemengelagen im Rahmen einheitlicher Rechtsverhältnisse *Windel*, Über die Modi der Nachfolge in das Vermögen einer natürlichen Person beim Todesfall, 1998, S 105 ff.
[27] RGSt 64, 313; KG NJW 1990, 782; *Ebenroth* Rn 37.
[28] *Staudinger/Marotzke* Rn 117 f; *Palandt/Edenhofer* Vor § 1922 Rn 9; zum Recht des Totenfürsorgeberechtigten auf Umbettung OLG Karlsruhe NJW 2001, 2980; zu einem Streit über die Art der Bestattung zwischen Totenfürsorgeberechtigten AG Wiesbaden NJW 2007, 2562.
[29] BGH FamRZ 1992, 657; *Soergel/Stein* Rn 19 mwN.
[30] Soweit hier und im Folgenden von (nächsten) Familienangehörigen die Rede ist, gehört dazu auch der eingetragene Lebenspartner (§ 11 Abs 1 LPartG).
[31] Umfassend zur Frage der Bestattung *Staudinger/Marotzke* Rn 118–130; *Soergel/Stein* Rn 19 f.

Künstliche Körperteile, die mit dem Körper fest verbunden sind (künstliche Gelenke, Herzschritt- 27
macher), sind – wie der Leichnam selbst – nicht vererblich. Ob ein Aneignungsrecht besteht und wer
ggf dieses Recht ausüben darf, ist umstritten[32]. Überwiegend wird ein Aneignungsrecht der Erben
angenommen, das diese jedoch nur mit Zustimmung der Familienangehörigen des Verstorbenen rechtswirksam ausüben können[33]. Hilfsmittel wie Brillen, Hörgeräte und abnehmbare Prothesen gehören
dagegen zum Nachlass.

Die Bestimmung über konserviertes Sperma steht nach dem Tod des Spenders nicht den Erben, 28
sondern den nächsten Angehörigen zu, die den erklärten Willen des Verstorbenen zu beachten haben[34].
Da eine Verwendung des Spermas zur Befruchtung nach dem Tod des Spenders durch § 4 Abs 1 Nr 3
ESchG untersagt ist, kann das Bestimmungsrecht nur Fragen der Aufbewahrung, Vernichtung und
Verwendung zu wissenschaftlichen Zwecken betreffen.

Die **Organentnahme** aus dem Körper des Toten zum Zwecke der Übertragung auf andere 29
Menschen ist seit dem 1. 12. 1997 durch das Transplantationsgesetz vom 5. 11. 1997 geregelt[35]. Für die
Zulässigkeit einer Obduktion oder der Verwendung der Leiche zu anatomischen Zwecken kommt es
auf die Zustimmung des Verstorbenen an. Ist ein Wille des Verstorbenen nicht feststellbar, so haben
seine Angehörigen darüber zu bestimmen[36].

3. Persönlichkeitsrecht, postmortaler Persönlichkeitsschutz. Das allgemeine Persönlichkeits- 30
recht (ausf § 12 Rn 93 ff), das von Rspr und Lehre als sonstiges Recht iS des § 823 anerkannt ist, stellt
ein höchstpersönliches Nichtvermögensrecht dar, das nicht vererblich ist. Es erlischt mit dem Tod des
Menschen, ebenso das (Künstler-)Namensrecht einer Person[37]. Im Hinblick auf die Wertentscheidung
des Art 1 GG erkennt die Rspr allerdings neben dem strafrechtlichen Schutz des Andenkens Verstorbener (§ 189 StGB) bei fortwirkender Beeinträchtigung zivilrechtlich einen **postmortalen Persönlichkeitsschutz** in Form von Unterlassungs- und Widerrufsansprüchen an[38]. Der postmortale Persönlichkeitsschutz wird mit der aus Art 1 Abs 1 GG folgenden, nicht mit dem Tod einer Person endenden
Verpflichtung des Staates begründet, den Einzelnen gegen Angriffe auf seine Menschenwürde zu
schützen[39]. Ein Anspruch auf Schmerzensgeld kommt dagegen nicht in Betracht[40]. Geltendmachen
können die Beseitigungs- und Unterlassungsansprüche diejenigen, die der Verstorbene dazu ermächtigt
hat, sowie in Analogie zu § 22 KunstUrhG, § 60 Abs 2 UrhG, § 77 Abs 2 StGB auch die nächsten
Angehörigen des Verstorbenen, ohne dass es auf deren Erbenstellung ankommt[41]. Nach neuerer Rspr
bestehen die vermögenswerten Bestandteile des Persönlichkeitsrechts nach dem Tod fort und gehen auf
die Erben über, die etwa einen Schadensersatzanspruch der Erben bei ungenehmigter Vermarktung des
Bildnisses und des Namens eines Verstorbenen geltend machen können[42]. Das BVerfG[43] sieht gegen
diese richterliche Rechtsfortbildung keine Bedenken.

4. Vertragliche Schuldverhältnisse. a) Grundsatz. Ansprüche und Verbindlichkeiten aus 31
schuldrechtlichen Verträgen sind grds vererblich. Es geht die gesamte vertragsrechtliche Position des
Erblassers auf den Erben über, einschließlich sog **Hilfsansprüche** (zB Anspruch auf Auskunft oder
Rechnungslegung)[44] und **Sicherungsrechte** (wie Bürgschaften, Pfandrechte, Hypotheken). Die Vererblichkeit erstreckt sich auch auf **Gestaltungsrechte** (zB Anfechtungs- und Rücktrittsrecht, s Rn 45)
und **Rechtsverkehrslagen** (Rn 48). Durch gesetzliche Anordnung oder rechtsgeschäftliche Bestimmung kann die Unvererblichkeit eines Schuldverhältnisses angeordnet werden. Zu prüfen bleibt dann
immer noch, ob trotz Unvererblichkeit der Hauptleistung bereits entstandene Gegenansprüche, Ersatzansprüche und Gestaltungsrechte auf die Erben übergehen.

Bei besonders personenbezogenen Rechten und Verpflichtungen regelt das **Gesetz** die **Unvererb-** 32
lichkeit ausdrücklich. Kraft gesetzlicher Regelung erlöschen idR das Vorkaufsrecht mit dem Tod des
Berechtigten (§ 473 S 1), ein schenkungsweise gegebenes Rentenversprechen mit dem Tod des

---

[32] Vgl *Strätz,* Zivilrechtliche Aspekte der Rechtsstellung des Toten unter besonderer Berücksichtigung der Trans-
plantationen, 1971, S 52 ff; *Kallmann* FamRZ 1969, 578; *Görgens* JR 1980, 140.
[33] *Lange/Kuchinke* § 5 III 5 g; *Brox* Rn 12 b; vgl LG Mainz MedR 1984, 199.
[34] MünchKommBGB/*Leipold* Rn 88; ähnlich *Soergel/Stein* Rn 21.
[35] *Deutsch* NJW 1998, 777; *Walter* FamRZ 1998, 201.
[36] *Lange/Kuchinke* § 5 III 5 g.
[37] BGH GRUR 2007, 168 m Anm *Götting* und *Schack* JZ 2007, 366.
[38] BGHZ 50, 133, 137 = NJW 1968, 1773 – Mephisto; BGHZ 107, 384 – Emil Nolde, auch zur Dauer des
postmortalen Persönlichkeitsschutzes; OLG Hamburg NJW 1990, 1995 – Heinz Erhardt; OLG Köln NJW 1999,
1969 – Konrad Adenauer; einen Überblick über den Streitstand gibt *Seifert* NJW 1999, 1889; Teile der Lit lehnen einen
postmortalen Persönlichkeitsschutz mit unterschiedlicher Begründung ab, insbes weil dem Anspruch kein Rechtssubjekt zugeordnet werden könne; *H.P. Westermann* FamRZ 1969, 561; *Stein* FamRZ 1986, 7; MünchKommBGB/
Schwerdtner 4. Aufl § 12 Rn 193 ff.
[39] BVerfGE 30, 173, 194.
[40] BGH NJW 1974, 1371; aA OLG München GRUR-RR 2002, 341 m Bespr *Beuthien* NJW 2003, 1220;
Schmerzensgeldansprüche, die dem Erblasser zu Lebzeiten aus einer Verletzung des Persönlichkeitsrechts entstanden
sind, sind dagegen vererblich.
[41] BGHZ 15, 249; 50, 133, 140; MünchKommBGB/*Leipold* Rn 84; *Stein* FamRZ 1986, 7, 14 ff.
[42] BGHZ 143, 214 – Marlene Dietrich; BGH NJW 2000, 2201 – Der blaue Engel; hierzu *Götting* NJW 2001, 585;
Schack JZ 2000, 1060; *Frommeyer* JuS 2002, 13; *Ahrens* ZEV 2006, 237; krit *Muscheler,* Universalsukzession und
Vonselbsterwerb, 2002, S 133 ff.
[43] NJW 2006, 3409.
[44] BGH NJW 1989, 1601; OLG Frankfurt MDR 1966, 503; *Staudinger/Marotzke* Rn 294 ff.

§ 1922

Schenkers (§ 520), die Dienst- bzw Arbeitsverpflichtung (§ 613 S 1) und die Verpflichtung zur Ausführung eines Auftrags (§ 673 S 1) oder eines Geschäftsbesorgungsvertrags (§ 675) mit dem Tod der verpflichteten Personen.

33 Die Vertragsfreiheit gestattet es, die **Vererblichkeit** einer vertraglichen Forderung oder Verbindlichkeit **durch Vertrag auszuschließen**[45]. Auch ohne ausdrücklichen vertraglichen Ausschluss ist Unvererblichkeit anzunehmen, wenn der Inhalt eines Rechts so stark auf die Person des Berechtigten oder des Verpflichteten zugeschnitten ist, dass ein Subjektswechsel die Leistung in ihrem Wesen verändern würde[46]. So erlischt die Verpflichtung zur Erteilung von Unterricht an eine bestimmte Person mit deren Tod wie umgekehrt der Anspruch auf Herstellung eines Kunstwerkes mit dem Tod des Künstlers.

34 **b) Einzelheiten.** Bei Tod des Berechtigten aus einem **Schenkungsversprechen** erlischt der Anspruch, wenn die Auslegung ergibt, dass die Schenkung ausschließlich diesem zugute kommen sollte. Gemäß § 532 S 2 ist nach dem Tod des Beschenkten der Widerruf der Schenkung wegen groben Undanks nach § 530 nicht mehr zulässig. Der Rückforderungsanspruch des Schenkers wegen Verarmung (§ 528) kann auf Grund seines Zwecks grds nur vom Schenker selbst, nicht von dessen Erben geltend gemacht werden[47]. Wenn dieser Anspruch jedoch durch Vertrag anerkannt oder rechtshängig und damit nach § 400 BGB, § 852 Abs 2 ZPO pfändbar und übertragbar geworden ist, ist auch seine Vererblichkeit zu bejahen[48]. Der Anspruch erlischt nicht mit dem Tod des Schenkers, wenn er vorher gemäß § 93 SGB XII übergeleitet wurde[49] oder wenn der Beschenkte den Anspruch aus § 528 trotz Aufforderung nicht erfüllt hat[50]. Das Gleiche gilt, wenn der Schenker durch Inanspruchnahme unterhaltssichernder Leistungen zu erkennen gegeben hat, dass er ohne die Rückforderung des Geschenks nicht in der Lage ist, seinen Unterhalt zu bestreiten[51].

35 Kein Rechtsübergang findet statt bei den persönlichen **Arbeits-, Dienstleistungs- und Geschäftsbesorgungspflichten** (§§ 675, 672, 673). Die Gegenansprüche des Leistungspflichtigen sind idR vererblich. Eine Ausnahme gilt für Ansprüche auf Urlaub oder Urlaubsabgeltung nach § 7 Abs 4 BUrlG oder daran anknüpfende tarifvertragliche Ansprüche, die wegen ihrer Zweckbestimmung für unvererblich gehalten werden[52]. Den Übergang auf die Erben bejaht die arbeitsgerichtliche Rspr für den Fall, dass der Arbeitgeber mit der Erfüllung des entstandenen Urlaubsabgeltungsanspruchs in Verzug geraten war[53]. Vererblich ist dagegen unter bestimmten Voraussetzungen ein für den Verlust des Arbeitsplatzes vereinbarter (und bereits entstandener) **Abfindungsanspruch** und ein Abfindungsanspruch aus einem Sozialplan[54]. Ansprüche aus vertraglichen Ruhegeldzusagen sind idR auf den Tod des Berechtigten befristet, bei Kapitalisierung ist dagegen der gesamte Anspruch vererblich[55]. Anders als nach früherem Recht haben Erben eines vor dem Insolvenzereignis verstorbenen Arbeitnehmers nach § 183 Abs 3 SGB III Anspruch auf Insolvenzgeld[56].

36 Beim **Werkvertrag** hängt die Vererblichkeit der Verpflichtung des Unternehmers davon ab, ob es bei der geschuldeten Leistung entscheidend auf Sachkunde, Geschicklichkeit, künstlerische oder wissenschaftliche Eignung oder Vertrauenswürdigkeit einer bestimmten Person ankommt.

37 Beim **Reisevertrag** rückt beim Tod des Reisenden vor Reiseantritt der Erbe in den weiter bestehenden Vertrag ein[57]. Der Schadensersatzanspruch des Reisenden wegen nutzlos aufgewendeter Urlaubszeit (§ 651 f Abs 2) kann auf den Erben übergehen[58].

38 Ein **Maklervertrag** (§ 652) endet mit dem Tod des Maklers, nicht aber mit dem Tod des Auftraggebers. Der Provisionsanspruch wird nicht dadurch ausgeschlossen, dass der Makler, der eine für das Zustandekommen des provisionspflichtigen Geschäfts ursächliche Tätigkeit entfaltet hat, vor dem endgültigen Abschluss des Geschäfts stirbt[59].

39 Auch Verträgen über **Gebrauchs- und Nutzungsüberlassung** ist häufig ein persönliches Vertrauenselement eigen. Das Recht des Mieters, Pächters oder Entleihers geht daher nur eingeschränkt durch Kündigungsmöglichkeiten auf den Erben über (vgl §§ 564, 580, 581 Abs 2, 605 Nr 3). Der Tod des Vermieters, Verpächters oder Verleihers gibt keinen gesetzlichen Kündigungsgrund.

40 Bei **sonstigen Dauerschuldverhältnissen** ist die Frage der Vererblichkeit und Auflösbarkeit nach den Umständen des Einzelfalls zu beurteilen. Insbes bei auf lange Dauer angelegten Schuldverhältnissen

---

[45] Beispiel BGH WM 1989, 1813: kein Übergang von Auskunfts- und Rechenschaftsansprüchen gegen einen Generalbevollmächtigten, dem der Erblasser nur höchstpersönlich Rechenschaft schuldete.
[46] Versuch einer Systematisierung dieser Fälle bei *Dietzel*, Untergang statt Fortbestand, 1991, S 40 ff.
[47] OLG Stuttgart BWNotZ 1985, 70; zusammenfassend *Kollhosser* ZEV 1995, 391; *Haarmann* FamRZ 1996, 522.
[48] MünchKommBGB/*Leipold* Rn 24.
[49] BGHZ 96, 380, 383 zu § 90 BSHG aF; dies gilt auch, wenn die Überleitung erst nach dem Tod stattfindet, BGH NJW 1995, 2287; *Zeranski* NJW 1998, 2574.
[50] BGH NJW 1994, 256.
[51] BGH NJW 2001, 2084 m Anm *Kollhosser* ZEV 2001, 289.
[52] BAG AP BGB § 611 Nr 7; BAGE 50, 147; BAG NJW 1987, 461; NJW 1992, 3317; ErfK/*Doerner* § 7 BUrlG Rn 93, 106; aA *Soergel/Stein* Rn 45.
[53] BAG NJW 1997, 2343; im Ergebnis zust ErfK/*Preis* § 613 Rn 6.
[54] BAG ZIP 2006, 1836; NZA 1988, 466; ArbG Passau BB 1992, 570; näher dazu ErfK/*Preis* § 613 Rn 7; *Compensis* DB 1992, 888; *Soergel/Stein* Rn 46.
[55] BGH WM 1983, 43.
[56] MünchKommBGB/*Leipold* Einl ErbR Rn 145; *Lakies* NZA 2000, 565; aA *Damrau/Tanck* Rn 37.
[57] Hierzu und zu weiteren Auswirkungen des Todes des Reisenden vgl *Claussen* NJW 1991, 2813.
[58] *Dietzel*, Untergang statt Fortbestand, 1991, S 134 ff; aA *Lange/Kuchinke* § 5 III 3 b.
[59] BGH NJW 1965, 964; WM 1976, 503; MünchKommBGB/*H. Roth* § 652 Rn 89.

kann die Frage relevant werden, zu welchem Zeitpunkt und auf welche Weise sich die Überleitung des Schuldverhältnisses des Erblassers in ein solches des Erben vollzieht. Maßgebend ist, ob der Erbe mit seiner Person in das Rechtsverhältnis eintritt und dieses für seine Zwecke fortsetzt[60]. Von einem Eintritt des Erben in das Dauerschuldverhältnis wird man dann ausgehen können, wenn der Erbe das Rechtsverhältnis nicht beendet, obwohl es ihm tatsächlich und rechtlich möglich ist.

Alle Rechte des Erblassers aus den mit Kreditinstituten geschlossenen Verträgen über **Giro- und** **41** **Sparkonten, Wertpapierdepots**[61] etc gehen auf die Erben über. Diesen stehen daher die beim Erbfall vorhandenen Guthaben zu, falls nicht der Erblasser die Einlageforderung dem Nachlass durch einen mit der Bank geschlossenen Vertrag zugunsten Dritter entzogen hat (§ 2301 Rn 16 ff). Bei einem sog Oder-Konto, bei dem mehrere Kontoinhaber Gesamtgläubiger iS des § 428 sind, geht die Guthabensforderung des Erblassers auf den Erben über. Bei einem sog Und-Konto, bei dem mehrere Kontoinhaber nur gemeinschaftlich verfügungsberechtigt sind, erhält der Erbe den Anteil des Erblassers an der gemeinschaftlichen Einlage. Mit der Fortführung eines Erblasserkontos für den eigenen Zahlungsverkehr tritt der Erbe in eigene Rechtsbeziehungen zur Bank[62]. Auch der sich aus der Geschäftsverbindung ergebende Auskunftsanspruch nach §§ 675, 666 geht auf den Erben über; das Bankgeheimnis steht dem nicht entgegen[63]. Der unwiderrufliche Treuhandvertrag des Erblassers mit der Bank wirkt nach dessen Tod weiter[64]. Zur postmortalen Vollmacht in der Bankpraxis s Rn 49, 50.

Zum vererblichen Nachlass gehören ferner anlässlich des Erbfalls fällig werdende **Ansprüche aus** **42** **Lebens- und Unfallversicherungen.** Oft wird deren Vererbung aber daran scheitern, dass die Vertragsgestaltung durch die Rechtsfigur des Vertrages zugunsten Dritter auf den Todesfall diese Rechte am Erbrecht „vorbeisteuert". Sind bei einer Kapital-Lebensversicherung „die Erben" als Bezugsberechtigte bestimmt, ist nach der Auslegungsregel des § 167 Abs 2 VVG im Zweifel anzunehmen, dass sich der Rechtserwerb außerhalb des Erbrechts vollzieht und bezugsberechtigt diejenigen sind, die beim Erbfall zu Erben berufen sind, selbst wenn sie ausschlagen. **Sachversicherungen,** wie die Hausratsversicherung, können beim Tode des Versicherungsnehmers auf den Erben übergehen[65]. Im Einzelnen muss durch Auslegung ermittelt werden, ob Vererblichkeit der vertraglichen Position vereinbart war.

Der Anspruch des Patienten auf **Einsicht in die Krankenpapiere** kann zwar auf die Erben **43** übergehen[66], für die Einsichtnahme muss jedoch eine rechtfertigende feststehende oder mutmaßliche Einwilligung des Verstorbenen vorliegen, denn die **ärztliche Schweigepflicht** besteht über den Tod des Patienten hinaus fort[67]. Das Informationsrecht eines Patienten und dessen Recht zur Entbindung von der Schweigepflicht sind Nebenrechte aus dem zwischen Arzt und Patient geschlossenen Behandlungsvertrag. Da das Recht zur Entbindung von der Schweigepflicht im Grundsatz höchstpersönlich ist, kann es auf die Erben allenfalls insoweit übergehen, als der vermögensrechtliche Bereich des Verstorbenen betroffen ist. Soll der behandelnde Arzt zur Klärung der Testierfähigkeit gehört werden, kann von einem Interesse des Erblassers an der Ausräumung von Zweifeln an seiner Geschäfts- und Testierfähigkeit und damit von einem mutmaßlichen Willen zur Befreiung von der Schweigepflicht ausgegangen werden[68].

Bei der **Verschwiegenheitspflicht des Steuerberaters, Notars oder Rechtsanwalts** wird ähnlich **44** zu entscheiden sein: Hinsichtlich der vermögensrechtlichen Verhältnisse geht die Befugnis, von der Schweigepflicht zu entbinden, auf die Erben über[69]. Dient die Verschwiegenheitspflicht dem Schutz höchstpersönlicher Belange des verstorbenen Mandanten, was auch bei vermögensrechtlichem Bezug häufig der Fall sein wird, gilt sie nach dem Tod fort.

5. Gestaltungsrechte. Gestaltungsrechte gehen auf die Erben über, soweit sie nicht ausnahmsweise **45** höchstpersönlicher Natur sind. IdR vollzieht sich der Übergang unselbstständig als Teil oder Annex des Rechtsverhältnisses, auf das sie sich beziehen. Nach § 1922 gehen etwa über das Anfechtungsrecht nach § 119[70], Widerrufs- (zB § 355), Rücktritts- und Kündigungsrechte, ferner das Recht zur Leistungsbestimmung nach §§ 315, 316 und das Wahlrecht nach § 262. Zu erbrechtlichen Gestaltungsrechten s Rn 87.

6. Gesetzliche Schuldverhältnisse. Bei gesetzlichen Schuldverhältnissen ist idR von der Vererb- **46** lichkeit der Rechtsstellung des Erblassers auszugehen. **Schadensersatzansprüche** sind vererblich, gleich aus welchem Rechtsgrund sie herrühren. Nach der Streichung des § 847 Abs 1 S 2 gilt dies auch

---

[60] MünchKommBGB/*Siegmann* § 1967 Rn 20; *Staudinger/Marotzke* Rn 285.
[61] Eingehend zur Rechtslage beim Tod des Bankkunden GroßkommHGB/*Canaris* Bankvertragsrecht, 3. Aufl 1988, Rn 204 ff; BankR-HdB/*Gößmann*, 2. Aufl 2001, § 30 Rn 32 ff.
[62] BGH NJW 1996, 190; NJW 2000, 1258 – auch bei Fortführung eines Oderkontos.
[63] BGHZ 107, 104 m Anm *Kuchinke* JZ 1990, 652; OLG Frankfurt MDR 1966, 503.
[64] BGH WM 1976, 1130.
[65] BGH NJW-RR 1993, 1048; *Prölss/Kollhosser*, VVG, 27. Aufl 2004, § 68 VVG Rn 11.
[66] BGH NJW 1983, 2627 = JZ 1984, 279 m Anm *Giesen* = FamRZ 1983, 1099 m Anm *Bosch*; ausf *Soergel/Stein* Rn 54; für einen Übergang des Auskunftsanspruchs auf die Angehörigen *Staudinger/Marotzke* Rn 298.
[67] BGH NJW 1983, 2627; BGHZ 91, 392, 398; OLG Frankfurt NVersZ 1999, 523; OLG Naumburg NJW 2005, 2018 m Anm *Spickhoff* 1982; zusammenfassend *Hülsmann/Baldamus* ZEV 1999, 91; *Bartsch* NJW 2001, 861; *Hess* ZEV 2006, 479.
[68] BGHZ 91, 392, 400; BayObLG NJW 1987, 1492, 1493 und NJW-RR 1991, 1287; *Lange/Kuchinke* § 5 III 8 b gamma; s aber auch BGH NJW-RR 1999, 450.
[69] MünchKommBGB/*Leipold* Rn 25; *Lange/Kuchinke* § 5 III 8 b gamma.
[70] Es sei denn, es war ausschließlich dem Erblasser vorbehalten, so im Fall BGH FamRZ 1969, 479 betr Anfechtung eines Adoptionsvertrags.

§ 1922

ohne Einschränkung für den Anspruch auf **Schmerzensgeld**; es kommt nicht darauf an, ob der Erblasser zu Lebzeiten den Willen bekundet hat, Schmerzensgeld zu fordern[71]. Wenn die Rechtsgutsverletzung noch zu Lebzeiten des Erblassers stattgefunden hat, der dadurch verursachte Schaden aber erst nach dem Erbfall eingetreten ist, muss geklärt werden, ob der Schaden auch bei Weiterleben des Erblassers entstanden wäre. Dann handelt es sich um einen Schaden, der so zu bewerten ist, als sei er dem Erblasser erwachsen[72]. Bei Verletzung eines höchstpersönlichen Rechtsguts des Erblassers kann der Erbe für nach dem Erbfall eingetretene Schäden keinen Ersatz verlangen; der Tod des Erblassers schließt hier die Schadensbilanz ab[73]. Die Ansprüche aus §§ 844, 845 sind keine vererbten, sondern eigene Ansprüche der Hinterbliebenen.

47   Bei der **bereicherungsrechtlichen Haftung** ist zu beachten, dass die beim Erblasser eingetretene Haftungsverschärfung wegen Bösgläubigkeit (§ 819) auch den Erben trifft. Dieser kann jedoch die Haftung nach allgemeinen Grundsätzen auf den Nachlass beschränken[74].

48   **7. Rechtsverkehrslagen, werdende Rechte.** Der Erbe tritt nicht nur in zu Lebzeiten des Erblassers entstandene Rechte und Verbindlichkeiten ein, sondern auch in Rechtsbeziehungen, die noch im Werden begriffen sind. Auf den Erben gehen auch die vorgefundenen, noch nicht abgeschlossenen Rechtsbeziehungen über, zu deren vollständiger Entstehung noch weitere Ereignisse oder Willenserklärungen erforderlich sind. Man spricht in diesem Zusammenhang von **„Rechtsverkehrslagen"**[75]. In der Person des Erben kann sich die Entstehung eines Rechts oder einer Verbindlichkeit in derselben Weise vollenden, wie dies bei Fortleben des Erblassers möglich gewesen wäre. Nach § 130 Abs 2 werden vom Erblasser abgegebene Willenserklärungen noch nach seinem Tod durch Zugang beim Empfänger wirksam; Vertragsangebote des Erblassers kann der andere Teil idR noch dem Erben gegenüber annehmen (§ 153). Umgekehrt geht auch das Recht des Erblassers, einen Vertrag durch Annahme eines Angebots zustande zu bringen, auf den Erben über[76]; dasselbe gilt für das Recht, einen von einem vollmachtlosen Vertreter abgeschlossenen Vertrag oder das Selbstkontrahieren eines Vertreters zu genehmigen[77]. Der Gewinn aus einem Lotterielos, das im Rahmen eines vom Erblasser abgeschlossenen Gewinnsparvertrages erst nach dem Erbfall erworben wurde, fällt nicht in den Nachlass, wenn der Erbe den Vertrag vor Erwerb des Loses hätte kündigen können[78]. Die Vererblichkeit einer unvollendeten Rechtsstellung setzt nicht voraus, dass sich die auf ihr beruhende Erwerbsaussicht des Erblassers bereits zu einem Anwartschaftsrecht verfestigt hat. Zur Vererblichkeit des Anwartschaftsrechts s Rn 58.

49   **8. Vertretungsmacht, Verfügungsbefugnis.** Ob eine rechtsgeschäftlich erteilte Vertretungsmacht **(Vollmacht)** mit dem Tod des Vollmachtgebers oder des Bevollmächtigten erlischt, hängt von § 168 S 1 vom Schicksal des zugrunde liegenden Rechtsverhältnisses ab. Bei einem Auftrag oder Geschäftsbesorgungsvertrag enden diese Schuldverhältnisse und damit auch die Vollmacht idR mit dem Tod des Beauftragten (§§ 673, 675), nicht dagegen mit dem Tod des Auftraggebers (§§ 672, 675). Die Vollmacht endet mit dem Tod des Vollmachtgebers, wenn sie sich auf ein höchstpersönliches Recht des Vollmachtgebers bezieht, das mit dessen Tod erlischt[79]. Wenn die Vollmacht durch den Tod nicht wegfällt, ist sowohl die Stellung des Bevollmächtigten als auch die des Vollmachtgebers vererblich. Der Erbe des Bevollmächtigten kann dieselben Rechtswirkungen herbeiführen wie der Erblasser. Bei Tod des Vollmachtgebers kann der Bevollmächtigte nunmehr Rechtsgeschäfte mit Wirkung für und gegen die Erben vornehmen. Anstelle einer über den Tod hinauswirkenden **(transmortalen)** Vollmacht kann der Erblasser eine Vollmacht erteilen, die erst mit dem Todesfall beschränkt ist, dh erst beim Erbfall entsteht **(postmortale Vollmacht)**[80]. Im Außenverhältnis bestimmt sich der Umfang der Vollmacht nach dem vom Erblasser festgelegten Inhalt. Die Vollmacht bezieht sich jedoch nur auf den Nachlass[81]. Für den Missbrauch der postmortalen Vollmacht gelten die allgemeinen Grundsätze über den Missbrauch der Vertretungsmacht.

50   Ein großes praktisches Bedürfnis dafür, dass die Vollmacht nicht mit dem Tod des Vollmachtgebers erlischt, besteht im Rechtsverkehr mit Banken. Im Interesse der Fürsorge für den Nachlass und die Erben wird eine Kontovollmacht regelmäßig mit der Maßgabe erteilt, dass sie beim Tod des Kontoinhabers für die Erben in Kraft bleibt[82]. Solange eine über den Tod hinaus wirkende Vollmacht nicht widerrufen ist, muss eine Bank die ihr vom Bevollmächtigten erteilten Weisungen ausführen, ohne verpflichtet zu sein, die Zustimmung der Erben abzuwarten oder durch Zuwarten den Widerruf der

---

[71] BGH NJW 1995, 783.
[72] MünchKommBGB/*Leipold* Rn 30.
[73] *Soergel/Mertens* Vor § 249 Rn 258; *Erman/Kuckuk* Vor § 249 Rn 146.
[74] *Staudinger/Marotzke* Rn 274; *Soergel/Stein* Rn 51.
[75] Eingehend *Staudinger/Marotzke* Rn 303 ff mw Differenzierungen.
[76] OLG Düsseldorf OLGZ 1991, 88, 89.
[77] OLG Hamm OLGZ 1979, 44, 46.
[78] AG Pirmasens NJW-RR 1998, 1463.
[79] BGH FamRZ 1969, 479 betr Vollmacht zur Anfechtung eines Adoptionsvertrags.
[80] *Trapp* ZEV 1995, 314; die postmortale unterscheidet sich von der transmortalen Vollmacht nur hinsichtlich ihres Beginns, vertretungsrechtlich gelten dieselben Grundsätze. Näher zur postmortalen Vollmacht *Seif* AcP 200 (2000), 193.
[81] *Soergel/Leptien* § 168 Rn 32.
[82] Davon zu unterscheiden ist eine Kontovollmacht für den Alleinerben, die diesem zum Zwecke der Legitimationserleichterung gegenüber der Bank erteilt wird, *Trapp* ZEV 1995, 314, 316.

postmortalen Vollmacht zu ermöglichen[83]. Ein Widerruf muss eindeutig erklärt werden, die Benachrichtigung der Bank von der Erbenstellung reicht nicht aus[84].

Die dargelegten Grundsätze gelten auch für die **Handlungsvollmacht** (§ 54 HGB). Für die **Prokura** enthält § 52 Abs 3 HGB eine ausdrückliche Regelung über das Nichterlöschen beim Tod des Inhabers des Handelsgeschäfts. 51

Die rechtsgeschäftlich erteilte **Verfügungsmacht** oder **Einziehungsbefugnis** sollte beim Tod des Ermächtigten bzw des Ermächtigenden in entspr Anwendung des § 168 S 1 wie die Vertretungsmacht behandelt und vom Schicksal des zugrunde liegenden Rechtsverhältnisses abhängig gemacht werden. 52

9. Gesetzliche Vertretung, Amtsstellungen. Die Rechtsstellung eines gesetzlichen Vertreters oder einer Partei kraft Amtes (Insolvenzverwalter, Testamentsvollstrecker, Nachlass- und Zwangsverwalter) ist ebenso auf die Person bezogen wie das Amt des Vormunds, Betreuers oder Pflegers und endet daher mit dem Tod des Vertreters bzw des Amtsträgers. Vererblich sind dagegen die aus der Amtsführung entstandenen Ansprüche und Verbindlichkeiten. Der Tod des Vertretenen bzw des Vermögensinhabers führt nicht notwendig zur Beendigung der Vertreter- oder Amtsstellung: Der Erbe des Gemeinschuldners tritt zB in die insolvenzrechtliche Stellung des Erblassers ein, und der Insolvenzverwalter handelt nun (im Rahmen des als Nachlassinsolvenz fortzusetzenden Verfahrens) mit Wirkung gegenüber dem Erben; das Amt des Testamentsvollstreckers endet nicht zwangsläufig mit dem Tod des Erben (§ 2225 Rn 4). 53

10. Sachenrechtliche Positionen. Dingliche Rechte und die an ihnen bestehenden **dinglichen Belastungen** sind vererblich, soweit nicht ausnahmsweise Sonderregelungen entgegenstehen. Vererblich sind neben dem **Eigentum** (auch in Form des Miteigentums, des Sicherungs- und Treuhandeigentums) die **beschränkt dinglichen Rechte,** wie Pfandrecht, Hypothek, Grundschuld und Rentenschuld. Die gesetzlich geregelte Vererblichkeit des Erbbaurechts (§ 1 Abs 1 ErbbauRG) und des Dauerwohnrechts (§ 33 Abs 1 S 1 WEG) kann nicht abbedungen werden[85]. Sog. Bodenreformgrundstücke (vgl Art 233 § 11 EGBGB) sind nach neuerer Rspr vererblich[86]. Zu den „im Werden begriffenen" dinglichen Rechtsstellungen vgl Rn 48, 58. 54

Subjektiv-dingliche Rechte, die nicht einer individuell bestimmten Person, sondern dem jeweiligen Eigentümer eines Grundstücks zustehen, wie die Grunddienstbarkeit (§ 1018), die Reallast im Falle des § 1105 Abs 2 und das Vorkaufsrecht im Falle des § 1094 Abs 2, sind als Bestandteile des Grundstücks (§ 96) nur zusammen mit dem Grundstückseigentum vererblich. 55

Folgende **beschränkt dinglichen Rechte** erlöschen mit dem Tode des Berechtigten: der Nießbrauch an Sachen (§ 1061) und an Rechten (§ 1068 Abs 2), die beschränkte persönliche Dienstbarkeit (§ 1090 Abs 2 iVm § 1061), das dingliche Vorkaufsrecht, sofern nichts anderes vereinbart wurde (§ 1098 Abs 1 S 1 iVm § 473). Eine subjektiv-persönliche Reallast (§ 1105 Abs 1) ist grds vererblich, kann aber nach dem Inhalt auf die Lebenszeit des Berechtigten beschränkt sein[87]. 56

Der **Besitz** geht nach § 857 in der Form (unmittelbarer/mittelbarer Besitz) auf den Erben über, in der dem Erblasser der Besitz zustand[88]. Dies gilt unabhängig von der Willensrichtung und den tatsächlichen Einwirkungsmöglichkeiten des Erben. Der Übergang setzt nicht voraus, dass der Erbe Kenntnis vom Erbfall und den zu diesem Zeitpunkt bestehenden Besitzverhältnissen hat. Auch der Makel der Fehlerhaftigkeit des Besitzes geht nach § 858 Abs 2 S 2 auf den Erben über und setzt diesen dem Besitzschutzanspruch des § 861 aus[89]. Ferner trifft den Erben (unabhängig von dessen eigener Kenntnis) die verschärfte Haftung des Deliktsbesitzers nach §§ 992, 1007 Abs 3 S 2 als Nachlassverbindlichkeit, wenn der Erblasser den Besitz durch verbotene Eigenmacht oder strafbare Handlung erlangt hatte[90]. 57

11. Anwartschaftsrechte. Gesetzliche und rechtsgeschäftlich begründete Anwartschaftsrechte sind ebenfalls vererblich, zB die Anwartschaft aus aufschiebend bedingter Übereignung (§ 449), das Anwartschaftsrecht des Nacherben im Rahmen des § 2108 Abs 2 und die Rechtsposition aus einer Eintragungsbewilligung. Eine vom Erblasser erklärte Eintragungsbewilligung bzw Auflassung wirkt fort. Ist eine Eintragungsbewilligung oder Auflassung zugunsten des Erblassers erklärt, so ist auch die dadurch begründete Rechtsstellung vererblich, so dass auf Antrag die Erben einzutragen sind[91]. Hat der Inhaber eines Gewerbebetriebs künftige Kaufpreisforderungen gegen seine Kunden im Voraus an seine Bank zur Kreditsicherung abgetreten, so erwirbt die Bank auf Grund dieser Vorausabtretung auch Forderungen aus solchen Verkäufen, die der Erbe des Betriebsinhabers nach dessen Tod tätigt[92]. 58

12. Handelsgeschäft. Ein vom Erblasser betriebenes Handelsgeschäft fällt als wirtschaftliche Einheit in den Nachlass[93]. Das Recht zur Fortführung der Firma bestimmt sich nach § 22 Abs 1 HGB. Das 59

---

[83] BGH NJW 1969, 1245; BGHZ 127, 239 = NJW 1995, 250 m abl Anm *Krampe* ZEV 1995, 187; *Erman/Schlüter* Rn 49.
[84] BankR-HdB/*Schramm* 2. Aufl 2001, § 32 Rn 51.
[85] *Staudinger/Marotzke* Rn 236; *Lange/Kuchinke* § 5 III 3 a Fn 46.
[86] BGHZ 140, 223 = NJW 1999, 1470 m Anm *Grün* ZEV 1999, 279; aA noch BGHZ 132, 71.
[87] BayObLG DNotZ 1989, 567; OLG Köln Rpfleger 1994, 292.
[88] Damit gilt auch die Vermutung des § 1006 zugunsten des Erben fort, BGH NJW 1993, 935.
[89] Zur Frage der unterschiedlichen Gut- und Bösgläubigkeit von Erblasser und Erbe eingehend *Staudinger/Marotzke* Rn 253 ff.
[90] *Staudinger/Marotzke* Rn 252.
[91] KG HRR 1930 Nr 1610; LG Düsseldorf Rpfleger 1987, 14.
[92] BGHZ 32, 367; *Erman/Schlüter* Rn 18.
[93] Ausf *Dauner-Lieb,* Unternehmen in Sondervermögen, 1998, S 152 ff.

§ 1922

Ausmaß der Haftung des Erben für die vom Erblasser begründeten Geschäftsverbindlichkeiten hängt davon ab, ob und ggf unter welcher Firma der Erbe das Geschäft fortführt (vgl § 27 iVm § 25 HGB). Vererbt wird das gesamte Geschäfts- und Betriebsvermögen, einschließlich immaterieller Güter- und gewerblicher Schutzrechte und des „good will". Nicht vererblich ist die **Kaufmannseigenschaft** als solche; sie entsteht ggf neu in der Person des Erben. Auch sonstige gewerbliche Unternehmen gehören als solche in den Nachlass, soweit nach der Art des Unternehmens eine Fortführung durch den oder die Erben denkbar ist. Ist die berufliche Tätigkeit mit der Person des Inhabers so eng verknüpft, dass eine Fortsetzung unter Wahrung der wirtschaftlichen Identität nicht möglich erscheint, erlischt das Unternehmen mit dem Tod des Inhabers; es gehen dann lediglich die einzelnen vererbbaren Rechtsbeziehungen auf die Erben über. Bei freien Berufen ist eine Vererblichkeit der wirtschaftlichen Einheit anzunehmen, wenn diese als solche veräußerbar (zB Praxis) oder durch einen Erben fortführbar ist[94] (Zur Vererblichkeit öffentlich-rechtlicher Gewerbeberechtigungen s Rn 91).

60   **13. Mitgliedschaftsrechte. a) Grundsatz.** Mitgliedschaftsrechte sind idR personenbezogen und damit nicht vererblich. Dies gilt jedoch nicht für alle Mitgliedschaften gleichermaßen. Grds ist zu unterscheiden, ob das Schwergewicht auf der Kapitalbeteiligung liegt oder ob die intensive persönliche Mitarbeit im Vordergrund steht. Nicht personengebunden und damit ohne weiteres vererblich ist die Mitgliedschaft in einer Erbengemeinschaft, einer Wohnungseigentümergemeinschaft oder in einer Rechtsgemeinschaft iS der §§ 741 ff.

61   **b) Verein, Genossenschaft.** Nach § 38 S 1 ist die Mitgliedschaft in einem **rechtsfähigen Verein** nicht übertragbar und damit **nicht vererblich,** es sei denn, die Satzung sieht etwas anderes vor (§ 40). Für den **nichtrechtsfähigen Verein** (§ 54) gelten diese Vorschriften analog[95]. Die Mitgliedschaft in einem **Versicherungsverein auf Gegenseitigkeit** (§§ 15 ff VAG) ist jedenfalls dann vererblich, wenn die Satzung dies bestimmt. Sie geht auch dann auf den Erben über, wenn dieser den versicherten Gegenstand erbt und die Satzung für diesen Fall nicht das Erlöschen der Versicherung vorsieht[96]. Nach § 77 Abs 1 GenG geht die Mitgliedschaft in einer **Genossenschaft** auf den Erben über, endet aber mit dem Schluss des Geschäftsjahres, in dem der Erbfall eingetreten ist. Das Statut kann nach § 77 Abs 2 GenG auch bestimmen, dass beim Tod eines Genossen dessen Mitgliedschaft durch die Erben fortgesetzt wird[97].

62   **14. Mitgliedschaft in Personengesellschaften. a) Allgemeines.** Die Rechtsfolgen beim Tod eines Gesellschafters einer Personengesellschaft zählen zu den am meisten diskutierten Themen des Erbrechts in den letzten Jahrzehnten. Das Gesetz sieht hinsichtlich der Mitgliedschaft in der Gesellschaft, dem Gesellschaftsanteil, für die einzelnen Gesellschaften unterschiedliche Regellösungen vor, lässt aber jeweils die Vereinbarung anderer Gestaltungen ausdrücklich zu. Im Rahmen dieser Kommentierung muss es mit einem kursorischen Überblick sein Bewenden haben; iÜ wird auf die gesellschaftsrechtliche Literatur verwiesen.

63   **b) Auflösung mit dem Tod eines Gesellschafters.** Eine **BGB-Gesellschaft** wird durch den Tod eines Gesellschafters **aufgelöst** (§ 727 Abs 1). Die Gesellschaft wandelt sich in eine Abwicklungsgesellschaft um; der Erbe wird deren Mitglied, Miterben erhalten den Anteil an der Liquidationsgesellschaft zur gesamten Hand[98]. Da die Tätigkeit der Liquidationsgesellschaft zeitlich und sachlich beschränkt ist, führt die Beteiligung der nur beschränkt haftenden Erbengemeinschaft nicht zu unüberwindlichen Schwierigkeiten. Im Gesellschaftsvertrag kann und wird idR vorgesehen werden, dass die Gesellschaft unter den verbliebenen Gesellschaftern oder mit Nachfolgern des Verstorbenen fortgesetzt wird (§ 727 Abs 1 HS 2). Beerbt in einer zweigliedrigen Gesellschaft ein Gesellschafter den anderen und vereinigen sich somit die Gesellschaftsanteile in einer Hand, ist die Gesellschaft beendet[99].

64   Den § 727 zugrunde liegenden Grundsatz der Personenkontinuität hat das HRefG vom 22. 6. 1998 für die **OHG** und die **KG** durch den Grundsatz der Unternehmenskontinuität ersetzt[100]; der Tod eines persönlich haftenden Gesellschafters ist kein Auflösungsgrund mehr (Rn 66). Die Folge der Auflösung bei Tod eines Gesellschafters kann aber durch eine entspr Bestimmung im Gesellschaftsvertrag erreicht werden.

65   **c) Fortsetzung mit den verbliebenen Gesellschaftern.** Bei der **GbR** lässt sich die Fortsetzung der Gesellschaft bei Tod eines Gesellschafters mit den verbleibenden Gesellschaftern durch eine so genannte **einfache Fortsetzungsklausel** erreichen. Unter sofortigem Ausscheiden (§ 736 Abs 1) des Verstorbenen wird die Gesellschaft von den übrigen Gesellschaftern fortgesetzt. Während der Abfindungsanspruch des verstorbenen Gesellschafters[101] nach § 738 Abs 1 S 2 in den Nachlass fällt, wächst sein Anteil an der Gesellschaft den übrigen Gesellschaftern nach § 738 Abs 1 S 1 an.

---

[94] MünchKommBGB/*Leipold* Rn 42; RGRK/*Kregel* Rn 13; *Johannsen* WM 1972, 914.
[95] *Staudinger/Marotzke* Rn 165.
[96] *Prölss/Weigel* 12. Aufl 2005, § 20 VAG Rn 17; *Staudinger/Marotzke* Rn 166.
[97] Näher *Beuthien* 14. Aufl 2004, § 77 GenG Rn 7 ff; zur Rechtslage beim Tod eines Mitglieds einer nach dem Recht der ehemaligen DDR errichteten LPG vgl BGHZ 120, 352.
[98] BGH NJW 1982, 170; MünchKommBGB/*Ulmer* § 727 Rn 14; *Soergel/Hadding* § 727 Rn 4.
[99] MünchKommBGB/*Ulmer* § 705 Rn 60.
[100] Krit zur Neuregelung *Staudinger/Marotzke* Rn 173; MünchKommHGB/*K. Schmidt* § 131 Rn 63 ff.
[101] Ein Ausschluss der Abfindungsansprüche durch Gesellschaftsvertrag ist möglich, BGHZ 22, 186, 194; BGH WM 1971, 1338; MünchKommBGB/*Ulmer* § 738 Rn 61.

Da die Fortsetzung von **OHG** und **KG** unter Ausscheiden des verstorbenen Gesellschafters der gesetzliche Regelfall ist (§§ 131 Abs 3 S 1 Nr 1, 161 Abs 2 HGB), bedarf es hierfür keiner Fortsetzungsklausel mehr. Der Tod eines Gesellschafters bewirkt nur dessen **Ausscheiden**. Beim Tod eines **Kommanditisten** wird die KG nach § 177 HGB mit den Erben fortgesetzt. Auch ohne besondere Regelung im Gesellschaftsvertrag ist also der Kommanditanteil vererblich (Rn 76). Verstirbt der letzte Komplementär, wird die Gesellschaft aufgelöst[102]. 66

d) Eintrittsrecht. Im Gesellschaftsvertrag kann auch ein Eintrittsrecht für den oder die Erben des verstorbenen Gesellschafters (oder für einen Dritten) vorgesehen werden. Diese sog **rechtsgeschäftliche Eintrittsklausel** ist nicht auf den unmittelbaren Übergang der Mitgliedschaft gerichtet. Der Vollzug des Eintritts hängt vielmehr von einer entsprechenden Willenserklärung des Begünstigten ab[103]. Die Vereinbarung einer Eintrittsklausel ist ein berechtigender Vertrag zugunsten Dritter (§§ 328 Abs 1, 331 Abs 1)[104]. Die Gesellschaft wird von den übrigen Gesellschaftern fortgesetzt, der Berechtigte kann seine Aufnahme verlangen. 67

e) Fortsetzung mit den Erben. Neben den Fortsetzungs- und Eintrittsklauseln sind bei Personenhandelsgesellschaften **Nachfolgeklauseln** verbreitet, die die Funktion haben, den Anteil der Gesellschafter an der werbenden Gesellschaft vererblich zu stellen[105]. Die Nachfolgeklauseln, die eine automatische Fortsetzung der Gesellschaft mit dem oder den nachrückenden Erben bewirken sollen, werfen sowohl praktische als auch dogmatische Probleme auf. Fraglich ist zum einen, wie sich das erbrechtliche Prinzip der Universalsukzession mit haftungs- und organisationsrechtlichen Prinzipien des Gesellschaftsrechts in Übereinstimmung bringen lässt, zum anderen ist in dogmatischer Hinsicht die Konstruktion des Rechtsübergangs (gesellschaftsrechtliche oder erbrechtliche Lösung) zu klären. Schon aus Gründen der Rechtssicherheit empfiehlt es sich, mit der inzwischen als gefestigt zu bezeichnenden Rspr[106] davon auszugehen, dass sich der **Erwerb des Gesellschaftsanteils auf erbrechtlicher Grundlage** – und zwar in Form einer Sonderrechtsnachfolge – vollzieht. Der Rechtsgrund für den Übergang der durch die Nachfolgeklausel vererblich gestalteten Mitgliedschaft liegt in der Erbenstellung des Begünstigten, die auf letztwilliger Verfügung oder gesetzlicher Erbfolge beruhen kann. Ist der potentielle Nachfolger nicht Erbe geworden, geht die Nachfolgeklausel ins Leere. Im Einzelfall kann sie in eine Eintrittsklausel (Rn 74) umgedeutet werden. 68

Wird die Person des Nachfolgers in der Klausel nicht bestimmt, sondern nur angeordnet, dass die Mitgliedschaft (der Anteil) des Verstorbenen auf den oder die Erben übergeht, spricht man von einer **einfachen** Nachfolgeklausel. Demgegenüber beschränkt die **qualifizierte Nachfolgeklausel** (durch namentliche Bestimmung oder anhand abstrakter Bezeichnungen im Gesellschaftsvertrag) die Anteilsvererbung auf einen oder einzelne Erben. 69

aa) Einfache Nachfolgeklausel. Ist der Gesellschaftsanteil durch eine Nachfolgeklausel im Gesellschaftsvertrag vererblich gestellt, entscheidet sich nach Erbrecht, wer Rechtsnachfolger wird. Mit dem Erbfall rückt der Erbe ohne weitere Erklärung, in die Gesellschafterstellung ein. Ist der Nachfolger **Alleinerbe**, tritt er in vollem Umfang in die Rechte und Pflichten des Erblassers ein, es sei denn, diese sind höchstpersönlicher Natur oder der Gesellschaftsvertrag sieht im Zusammenhang mit der Nachfolge eine Änderung vor. Ob auch Geschäftsführungs- und Vertretungsrechte übergehen, richtet sich nach dem Gesellschaftsvertrag[107]. Eine gesonderte Ausschlagung der Mitgliedschaft ist nicht möglich (§ 1950). Im Falle einer **Miterbengemeinschaft** ergibt sich eine Diskrepanz zwischen Erbrecht und Gesellschaftsrecht, da nach Erbrecht die Erben den Nachlass, also auch den Gesellschaftsanteil, in Erbengemeinschaft erwerben würden, eine Erbengemeinschaft jedoch nicht Mitglied einer werbenden Personengesellschaft sein kann. Diesen Konflikt zwischen den Grundsätzen des Erbrechts und Gesellschaftsrechts löst die hM zugunsten des Gesellschaftsrechts mit der Annahme einer **Sonderrechtsnachfolge**. Danach vollzieht sich die Nachfolge in der Weise, dass die Miterben den Anteil entspr ihrer erbrechtlichen Beteiligung am Nachlass unmittelbar geteilt erwerben. Der erbrechtliche Grundsatz der Gesamtrechtsnachfolge der Erbengemeinschaft (§ 2032 Abs 1) wird insoweit durchbrochen; es findet eine Sondererbfolge der Miterben in den ihrer Erbquote entsprechenden Teil des vererbten Gesellschaftsanteils statt[108]. 70

bb) Qualifizierte Nachfolgeklausel. Von der einfachen unterscheidet sich die qualifizierte Nachfolgeklausel dadurch, dass der Gesellschaftsanteil nur für einen oder einzelne aus dem Kreis der Erben vererblich gestaltet wird. Voraussetzung für den Anteilsübergang ist auch hier, dass der Erblasser für die Erbenstellung der als Nachfolger im Gesellschaftsvertrag vorgesehenen Person sorgt. Auch in diesem Fall werden der oder die in der Nachfolgeklausel Bestimmten kraft Sonderrechtsnachfolge mit dem Tod des Erblassers Mitglied der Gesellschaft. Ist der Gesellschaftsanteil nur für einen der Erben vererb- 71

---

[102] *Baumbach/Hopt* § 177 HGB Rn 1; *K. Schmidt* GesR § 53 V 1; s auch *Frey/v. Bredow* ZIP 1998, 1621.
[103] BGH NJW 1978, 264, 266.
[104] *MünchKommBGB/Ulmer* § 727 Rn 57; *K. Schmidt* GesR § 45 V 5.
[105] BGHZ 68, 225, 229; *MünchKommBGB/Ulmer* § 727 Rn 28; krit zu dieser Formulierung *Staudinger/Marotzke* Rn 169 ff; *K. Schmidt* GesR 45 V 3.
[106] BGHZ 68, 225 = NJW 1977, 1339 = JZ 1977, 685 m Anm *Wiedemann* = BB 1977, 809 m Anm *Ulmer* 805; BGH NJW 1978, 264; BGH NJW 1983, 2376 = JR 1983, 502 m Anm *U.H. Schneider*; BGHZ 91, 132 = NJW 1984, 2104; BGHZ 98, 48 = NJW 1986, 2431; BGHZ 108, 187 = NJW 1989, 3152; vgl BayObLG DNotZ 1981, 702.
[107] BGH NJW 1959, 192; *Baumbach/Hopt* § 114 HGB Rn 5.
[108] RGZ 16, 40 f; BGHZ 22, 186, 192 f; 55, 267, 269; 68, 225, 237; *MünchKommBGB/Ulmer* § 727 Rn 33; *Soergel/Hadding* § 727 Rn 20 mwN.

lich gestellt, geht er nicht nur in Höhe der auf diesen Erben entfallenden Quote, sondern insgesamt auf diesen über. Die Erbquote bedeutet keine gegenständliche Begrenzung des Erwerbs hinsichtlich des Gesellschaftsanteils[109]. Erhält der Nachfolger in die Gesellschaft auf diesem Wege mehr als ihm nach seiner Erbquote zusteht, ist er im Innenverhältnis den anderen Miterben zum Ausgleich verpflichtet (s die Erl zu § 727). Dogmatisch wird die qualifizierte Nachfolgeklausel insoweit als mit dem Erbfall vollzogene Teilungsanordnung mit unmittelbarer dinglicher Wirkung verstanden[110].

72 **cc) Rechtsfolgen.** Die lange Zeit umstrittene Frage, ob der auf den Erben übergegangene Gesellschaftsanteil als solcher zum Nachlass gehört oder ob wegen der Sondervererbung nur die davon abspaltbaren Vermögensrechte einen Nachlassbestandteil bilden, ist von der höchstrichterlichen Rspr im erstgenannten Sinn entschieden worden[111]. Daher ist grds auch die Anordnung der **Testamentsvollstreckung** (§§ 2197 ff) am Gesellschaftsanteil möglich[112]. Da der Testamentsvollstrecker den Erben nur im Rahmen des Nachlassvermögens verpflichten kann, während die persönliche Haftung der Gesellschafter idR unbegrenzt ist, wird allerdings eine Verwaltungstestamentsvollstreckung am Anteil an einer BGB-Gesellschaft, einer OHG oder am Komplementäranteil abgelehnt[113]. Dagegen ist sie beim Kommanditanteil grds zulässig[114]. Konsequent ist es, die Testamentsvollstreckung auch an Anteilen persönlich haftender Gesellschafter zuzulassen, wenn die genannten Grundsätze des Gesellschaftsrechts dem nicht entgegenstehen[115]. Das ist der Fall, wenn sich die Aufgaben des Testamentsvollstreckers auf die Wahrnehmung und Erhaltung der Anteilsrechte beschränken[116]. Stets setzt die Testamentsvollstreckung die Zustimmung der Mitgesellschafter voraus[117].

73 **f) Rechtsgeschäftliche Nachfolgeklausel.** Außer der beschriebenen erbrechtlichen Lösung ist auch eine rein gesellschaftsrechtliche Regelung der Nachfolge möglich, die beim Tod eines Gesellschafters den Eintritt neuer Gesellschafter gestattet, unabhängig von deren Erbenstellung. Eine rechtsgeschäftliche Nachfolgeklausel ist wirksam, wenn der Begünstigte am Abschluss des Gesellschaftsvertrages beteiligt war oder ihm später beigetreten ist[118]. Eine Klausel, wonach der Benannte automatisch mit dem Tod eines Gesellschafters dessen Gesellschafterstellung erlangen soll, lässt die Rspr[119] ohne Mitwirkung des Betreffenden am Gesellschaftsvertrag nicht zu, weil die Mitgliedschaft ein Bündel von Rechten und Pflichten darstellt, so dass in der Zuwendung typischerweise ein unzulässiger Vertrag zu Lasten Dritter läge.

74 **g) Auslegung von Nachfolgebestimmungen.** Wie sich der Rechtsübergang gestaltet, ist letztlich eine Frage der Auslegung der gesellschaftsvertraglichen Nachfolgeklausel. Aus den dargestellten Grundsätzen hat der BGH mehrere Richtlinien zur Auslegung abgeleitet: Da die rechtsgeschäftliche Nachfolgeklausel idR unzulässig und die Eintrittsklausel wegen der Abfindungsansprüche mit der Gefahr der finanziellen Aushöhlung der Gesellschaft verbunden ist, ist im Zweifel eine erbrechtliche Nachfolgeklausel anzunehmen[120]. Eine unzulässige rechtsgeschäftliche Nachfolgeklausel kann bei einem entspr Gesellschafterwillen in eine Eintrittsklausel umgedeutet werden (§ 140); eine solche kann sich aber auch aus der Umdeutung einer gescheiterten erbrechtlichen Nachfolgeklausel ergeben (Rn 68)[121]. Zugunsten eines am Vertrag Beteiligten ist eine rechtsgeschäftliche Nachfolgeregelung zwar zulässig. Da sie den Gesellschafter, um dessen Nachfolge es geht, bindet, darf sie nur bei einem entspr Parteiwillen angenommen werden[122].

75 **h) Umwandlung in Kommanditistenstellung.** Die Nachfolgeklausel bewirkt, dass der Erbe in die Stellung des Erblassers als persönlich haftender Gesellschafter einer OHG oder Komplementär einer KG einrückt. Dies birgt haftungsrechtliche Risiken für den Erben, da er zwar die Haftung für Nachlassverbindlichkeiten beschränken kann, ihn aber die gesellschaftsrechtliche Haftung für Neu- und Altverbindlichkeiten (§§ 128, 130 HGB) ohne erbrechtliche Beschränkungsmöglichkeit trifft. Um den Erben nicht vor die Wahl zwischen Ausschlagung der gesamten Erbschaft und Übernahme der unbeschränkten persönlichen Haftung zu stellen, gibt ihm das Gesetz die Möglichkeit, die unbeschränkte gesellschaftsrechtliche Haftung zu beseitigen. Gemäß § 139 Abs 1 HGB kann er sein Verbleiben in der Gesellschaft davon abhängig machen, dass die Mitgesellschafter ihm unter Belassung des bisherigen Gewinnanteils die Stellung eines Kommanditisten einräumen. Stimmen die übrigen Gesellschafter diesem Antrag nicht zu, ist der Erbe berechtigt, ohne Einhaltung einer Kündigungsfrist aus der Gesellschaft auszuscheiden (§ 139 Abs 2 HGB). Diese Rechte können durch den Gesellschaftsvertrag nicht ausgeschlossen werden (§ 139 Abs 5 HGB).

---

[109] BGHZ 68, 225, 237 f; 98, 48; 101, 122, 125; 108, 187; anders noch BGHZ 22, 186, 195.
[110] BGHZ 22, 186, 196 f; MünchKommBGB/*Ulmer* § 727 Rn 45; MünchKommHGB/*K. Schmidt* § 139 Rn 20.
[111] BGHZ 98, 48, 52 f; 108, 187, 192.
[112] BGHZ 108, 187; BGH NJW 1996, 1284 MünchKommBGB/*Ulmer* § 705 Rn 109 ff.
[113] RGZ 170, 392, 394 f; BGHZ 24, 106, 112 f; 68, 225, 239; 108, 187, 195.
[114] BGHZ 108, 187, 195 ff.
[115] MünchKommHGB/*K. Schmidt* § 139 Rn 47.
[116] BGH NJW 1996, 1284 f.
[117] BGHZ 68, 225, 241; 108, 187, 191; BGH NJW 1985, 1953 f.
[118] BGHZ 68, 225, 234; MünchKommBGB/*Ulmer* § 727 Rn 51; Soergel/Hadding § 727 Rn 33.
[119] BGHZ 68, 225, 231; zust MünchKommBGB/*Ulmer* § 727 Rn 50; Soergel/Hadding § 727 Rn 33; MünchKommHGB/*K. Schmidt* § 139 Rn 24; aA *Flume* Personengesellschaft § 18 II; *ders*, FS Schilling, 1973, S 23 ff; *Säcker*, Gesellschaftsvertragliche und erbrechtliche Nachfolge in Gesamthandsmitgliedschaften, 1970, S 43 ff; *Brox* Rn 754.
[120] BGHZ 68, 225, 234.
[121] BGH NJW 1978, 264.
[122] BGHZ 68, 225, 234.

Gesamtrechtsnachfolge **§ 1922**

i) Kommanditanteil. Ein Kommanditanteil ist vererblich, es sei denn, der Gesellschaftsvertrag 76
bestimmt etwas anderes. Nach § 177 HGB wird beim Tod des Kommanditisten die Gesellschaft mit
den Erben fortgesetzt. Bei Miterben wird jeder mit dem seinem Erbteil entsprechenden Anteil
Kommanditist[123]. Der Gesellschaftsvertrag kann statt der Vererblichkeit auch Nachfolgeklauseln vorsehen.

j) Mitgliedschaft in sonstigen Vereinigungen. Die Beteiligung an einer **Partnerschaftsgesell-** 77
schaft ist nach § 9 Abs 4 S 1 PartGG grds nicht vererblich. Der Anteil des Ausscheidenden wächst nach
§ 1 Abs 4 PartGG iVm § 738 Abs 1 den übrigen Partnern an. In den Nachlass fällt der Anspruch auf
das Auseinandersetzungsguthaben; er kann nach allgemeinen gesellschaftsrechtlichen Grundsätzen ausgeschlossen werden[124]. Im Partnerschaftsvertrag kann der Anteil gemäß § 9 Abs 4 S 2 PartGG **vererblich** gestellt werden, wobei als Erben des Anteils nur Personen in Betracht kommen, die Partner iS des
§ 1 Abs 1 und 2 sein können[125]. Sieht der Partnerschaftsvertrag die Vererbbarkeit des Anteils vor, stehen
den Partnern die bekannten Gestaltungsmöglichkeiten des Personengesellschaftsrechts zur Verfügung
(Rn 68 ff)[126]. Wer durch Erbfall Partner einer Partnerschaftsgesellschaft wird, hat nach § 9 Abs 4 S 3
PartGG iVm § 139 HGB (nur) die Möglichkeit, aus der Partnerschaftsgesellschaft auszutreten.
Eine Umwandlung des Anteils kennt das PartGG nicht. Zur Vererblichkeit des Anteils an einer EWIV
(Europäische wirtschaftliche Interessenvereinigung) vgl MünchKommBGB/*Leipold* Rn 73.

Beim Tod des Geschäftsinhabers einer **stillen Gesellschaft** wird diese nach § 727 Abs 1 im Regelfall 78
aufgelöst. Die Ansprüche des stillen Gesellschafters gegen die Erben richten sich nach § 235 HGB. Im
Gesellschaftsvertrag kann die Fortführung der Gesellschaft mit den Erben des Geschäftsinhabers vorgesehen werden. Die Regeln über die Sonderrechtsnachfolge passen auf die stille Gesellschaft als reine
Innengesellschaft nicht. Beim Tod des stillen Gesellschafters wird die Gesellschaft nach § 234 Abs 2
HGB nicht aufgelöst. Vielmehr treten der oder die Erben an die Stelle des Erblassers. Abweichende
Vereinbarungen im Gesellschaftsvertrag, etwa die Auflösung der Gesellschaft oder die Fortführung mit
nur einzelnen Erben, denen ein Eintrittsrecht eingeräumt wird[127], sind zulässig. Auch hier ist für eine
erbrechtliche Sondernachfolge kein Platz.

Bei der **Partenreederei** führt der Tod eines Mitglieds nicht zur Auflösung (§ 505 Abs 2 HGB). Der 79
Schiffspart ist vererblich und fällt bei Miterben der Gesamthandsgemeinschaft zu.

15. Kapitalgesellschaften. a) Aktiengesellschaft. Bei den Beteiligungen eines Aktionärs an einer 80
Aktiengesellschaft handelt es sich um rein vermögensrechtliche Positionen, die ohne weiteres vererblich
sind. Dies gilt sowohl für Inhaberaktien als auch für Namensaktien. Erben mehrere Personen, nehmen
sie die Rechte des Erblassers in gesamthänderischer Verbundenheit wahr. Die Vererblichkeit der Aktien
kann durch Satzung nicht ausgeschlossen werden[128], jedoch kann in der Satzung für den Fall des Todes
eine Zwangseinziehung (§ 237 AktG) vorgesehen werden. Des Weiteren sind Aktienbezugsrechte
vererblich[129]. Für die **Kommanditgesellschaft auf Aktien** (§§ 278 ff AktG) verweist § 289 Abs 1
AktG auf das Recht der Kommanditgesellschaft. Die Stellung des Komplementärs vererbt sich wie
diejenige eines Gesellschafters einer OHG (Rn 66 ff), die Stellung des Kommanditaktionärs nach
aktienrechtlichen Grundsätzen.

b) GmbH. Für den Geschäftsanteil an einer GmbH bestimmt § 15 Abs 1 GmbHG die Vererblich- 81
keit. Bei mehreren Erben fällt der Anteil in das gesamthänderisch gebundene Vermögen der Miterbengemeinschaft. Eine Sondererbfolge findet nicht statt[130]. Die Vererblichkeit kann nicht in dem Sinne
ausgeschlossen werden, dass der Anteil mit dem Tod eines Gesellschafters erlischt[131]. Der Gesellschaftsvertrag kann aber für den Fall des Todes eines Gesellschafters Regelungen darüber treffen, was mit dem
Gesellschaftsanteil geschehen soll (Abtretung des ererbten Anteils an die Gesellschafter oder Dritte;
Einziehung des Anteils gegen oder ohne Abfindung). Wegen der Einzelheiten, insbes zur Zulässigkeit
statutarischer Nachfolgeregelungen, muss auf das gesellschaftsrechtliche Schrifttum[132] verwiesen werden.

16. Landgüter und Höfe. Für die Vererbung **landwirtschaftlicher Unternehmen** gilt das 82
allgemeine Erbrecht nur insoweit, als sich aus den in einzelnen Bundesländern geltenden höferechtlichen Vorschriften[133] nichts anderes ergibt. Zur Erhaltung eines landwirtschaftlichen Betriebs wird in
diesen Regelungen bestimmt, dass ein **Hof** mit dem Erbfall im Wege einer **Sonderrechtsnachfolge**
unmittelbar einem der Miterben als Hoferbe zufällt. Hof und hoffreies Vermögen verhalten sich als zwei
rechtlich selbständige Vermögensmassen unterschiedlich, der Hof nach sog **Anerbenrecht**, der sonstige Nachlass nach BGB. Ziel des Anerbenrechts ist die Erhaltung des Hofes bei der Erbfolge als
wirtschaftliche Einheit. Die Berufung zum Hoferben kann auf Gesetz oder Verfügung von Todes

---

[123] BGH NJW 1983, 2376.
[124] MünchKommBGB/*Leipold* Rn 74; *K. Schmidt* NJW 1995, 1, 4.
[125] Zu diesem Erfordernis MünchKommBGB/*Ulmer* § 9 PartGG Rn 25.
[126] MünchKommBGB/*Ulmer* § 9 PartGG Rn 26 ff; *Michalski/Römermann* 3. Aufl 2005, § 9 PartGG Rn 26.
[127] BGH WM 1962, 1084; MünchKommHGB/*K. Schmidt* § 234 Rn 58.
[128] Kölner KommAktG/*Lutter*, 2. Aufl 1988, § 68 Rn 45 ff.
[129] RGZ 65, 21; *Erman/Schlüter* Rn 33.
[130] *Staudinger/Marotzke* Rn 210; *Ulmer/Winter/Löbbe* § 15 GmbHG Rn 12.
[131] *Scholz/Winter* § 15 GmbHG Rn 21; *Lutter/Hommelhoff/Bayer* § 15 GmbHG Rn 8.
[132] Vgl *Ulmer/Winter/Löbbe* § 15 GmbHG vor Rn 210; *Ivo* ZEV 2006, 252.
[133] Überblick über die höferechtlichen Gesetze bei MünchKommBGB/*Leipold* Einl Rn 114 ff.

wegen beruhen. Verfahrensrechtliche Besonderheiten für den Bereich des Anerbenrechts ergeben sich aus dem Gesetz über das gerichtliche Verfahren in Landwirtschaftssachen (LwVG).

83 **17. Immaterialgüterrechte.** Immaterialgüterrechte sind trotz ihres Persönlichkeitsbezugs auch stark vermögensbezogen und damit grds vererblich. Dies gilt für Urheberrechte (§ 28 Abs 1 UrhG)[134], für Patentrechte (§ 15 Abs 1 PatG), Gebrauchsmuster (§ 22 Abs 1 GebrMG) und Geschmacksmuster (§ 29 GeschmMG). Die Vererblichkeit geschützter Marken ergibt sich aus § 27 Abs 1 MarkenG. Soweit Immaterialgüterrechte vererblich sind, gilt dies auch für etwaige aus der Verletzung solcher Rechte entspringende Entschädigungs-, Beseitigungs- und Unterlassungsansprüche[135]. Einschränkungen der Erbenrechte können sich daraus ergeben, dass der Erblasser bereits vor seinem Tod einem Dritten Nutzungsrechte eingeräumt hat.

84 **18. Familienrechtliche Positionen.** Familienrechtliche Beziehungen enden, soweit sie persönlichkeitsbezogen sind (was die Regel ist), mit dem Tod eines der unmittelbar Beteiligten; dies versteht sich von selbst. Zu erwähnen ist lediglich, dass auch das Zustimmungsrecht des Ehegatten nach § 1365 (bzw des Lebenspartners nach § 6 S 2 LPartG iVm § 1365) unvererblich ist[136]. Ein Vaterschaftsanerkenntnis durch die Erben ist nicht möglich, ebenso wenig die Rücknahme des Adoptionsantrags des Erblassers[137]. Auch vermögensbezogene Rechte und Pflichten des Familienrechts sind häufig wegen ihrer höchstpersönlichen Natur nicht vererblich. In bestimmten Fällen sieht das Gesetz jedoch vor, dass die Rechtsposition beim Tode des Inhabers nicht erlischt. So gehen **Unterhaltsansprüche,** die bereits entstanden waren, auf den Erben des Unterhaltsberechtigten über bzw sind von den Erben des Unterhaltsverpflichteten zu erfüllen. Im Übrigen erlöschen Unterhaltsansprüche unter Verwandten nach § 1615 Abs 1 mit dem Tod des Berechtigten oder des Verpflichteten. Der Unterhaltsanspruch eines geschiedenen Ehegatten bzw des Lebenspartners (§ 16 Abs 1 LPartG) erlischt mit dessen Tod, soweit es sich nicht um Ansprüche für die Vergangenheit handelt, § 1586. Beim Tod des Unterhaltsverpflichteten gilt § 1586 b.

85 Vererblich ist nach § 1378 Abs 3 S 1 auch die **Zugewinnausgleichsforderung,** wenn sie vor dem Tod des Ausgleichsberechtigten entstanden ist. Beim Tod eines in **Gütergemeinschaft** lebenden Ehegatten geht dessen Anteil am ehelichen Gesamtgut nach § 1482 auf den oder die Erben über. Die Ehegatten können aber auch nach § 1483 Abs 1 durch Ehevertrag vereinbaren, dass die Gütergemeinschaft nach dem Tod eines Ehegatten zwischen dem überlebenden und den gemeinschaftlichen Abkömmlingen fortgesetzt wird. Die Mitgliedschaft eines Abkömmlings in einer solchen **fortgesetzten Gütergemeinschaft** ist wiederum unvererblich (§ 1490 S 1).

86 Der Anspruch auf **Versorgungsausgleich** erlischt immer mit dem Tod des Berechtigten (§§ 1587 e Abs 2, 1587 k Abs 2, 1587 m). Der Tod des Verpflichteten führt dagegen nach § 1587 e Abs 4 nicht zum Erlöschen des Ausgleichsanspruchs; er ist dann gegen die Erben geltend zu machen[138]. Der schuldrechtliche Ausgleichs- und Abfindungsanspruch (§§ 1587 g, 1587 l) endet auch mit dem Tod des Verpflichteten[139]. Zum Übergang der Ansprüche aus §§ 4 bis 8 VAHRG s § 9 Abs 3 VAHRG.

87 **19. Erbrechtliche Positionen.** Mit dem Erbfall entstandene Rechtspositionen sind grds vererblich, so zB der Erbteil des Miterben, das Vorkaufsrecht des Miterben (§ 2034 Abs 2 S 2), der Pflichtteilsanspruch (§ 2317 Abs 2), das Recht des Nacherben zwischen Eintritt des Erbfalls und des Nacherbfalls (§ 2108 Abs 2), der entstandene Anspruch aus einem Vermächtnis. Dies gilt auch für Gestaltungsrechte, wie das Recht zur Ausschlagung der Erbschaft (§ 1952 Abs 1) oder eines Vermächtnisses (§ 2180 Abs 3). Wegen seiner höchstpersönlichen Natur und Zweckbestimmung ist der Anspruch auf den „Dreißigsten" gemäß § 1969 unvererblich[140]; daggegen ist der Anspruch auf den „Voraus" des Ehegatten und des Lebenspartners vererblich (§ 1932 Rn 10). Das Eintrittsrecht von Abkömmlingen eines mit dem Erblasser Verwandten im Rahmen der gesetzlichen Erbfolge ist keine Rechtsnachfolge in die Erbaussicht des Vorverstorbenen, sondern ein eigenständiges Erbrecht des Eintretenden.

88 **20. Übergang öffentlich-rechtlicher Positionen. a) Grundlagen.** Die Antwort auf die Frage, was mit einem dem öffentlichen Recht zuzuordnenden Rechtsverhältnis geschieht, wenn ein an diesem Rechtsverhältnis beteiligter Bürger stirbt, ist zunächst im öffentlichen Recht zu suchen. Ob ein öffentlich-rechtlicher Anspruch oder eine öffentlich-rechtliche Verbindlichkeit mit dem Tode des Berechtigten oder Verpflichteten auf einen neuen Rechtsträger übergeht, ist nach dem Inhalt des Anspruchs bzw der Verbindlichkeit und nach ihrem gesetzlichen Zweck zu beurteilen[141]. Von der Frage, ob überhaupt eine Rechtsnachfolge stattfindet, ist die weitere Frage zu unterscheiden, in welcher Weise sich diese Nachfolge ggf vollzieht. Dabei kann das öffentliche Recht durchaus einen von der erbrechtlichen Regelung abweichenden Rechtsübergang vorsehen (häufig anzutreffen zB im Versorgungsrecht). Nur wenn eine Regelung für den Fall des Todes in Normen des öffentlichen Rechts nicht vorgesehen und auch nicht ihrem Zweck zu entnehmen ist, kann in vorsichtiger Analogie auf die

---

[134] Zusammenfassend *Klingelhöffer* ZEV 1999, 421.
[135] Näher *Staudinger/Marotzke* Rn 269.
[136] BGH NJW 1982, 1099, 1100.
[137] BayObLG NJW-RR 1996, 1092.
[138] BGH NJW 1982, 1939.
[139] BGH FamRZ 1989, 950; *Palandt/Brudermüller* § 1587 k Rn 4 und § 1587 m Rn 2.
[140] *Erman/Schlüter* Rn 44.
[141] BVerwGE 30, 123, 124; 36, 252, 253; 64, 105, 108.

erbrechtlichen Vorschriften des BGB zurückgegriffen werden. Wegen der Einzelheiten muss auf die einschlägige öffentlich-rechtliche Literatur verwiesen werden.

b) Sozialrecht. Sozialhilfeleistungen sind grds unvererblich, weil sie auf die Bedürfnisse einer bestimmten hilfsbedürftigen Person zugeschnitten und damit höchstpersönlicher Natur sind[142]. Sonderregelungen über die Vererblichkeit finden sich hinsichtlich **sozialrechtlicher Ansprüche** in §§ 56 bis 59 SGB I. Mit dem Tod des Berechtigten erlöschen Ansprüche auf Dienst- und Sachleistungen, § 59 S 1 SGB I. Fällige Ansprüche auf Geldleistungen bleiben dagegen bestehen, sofern sie zum Zeitpunkt des Todes festgestellt sind oder ein Verwaltungsverfahren anhängig ist. § 56 SGB I ordnet insoweit eine Sonderrechtsnachfolge an. Wenn fällige Ansprüche auf Geldleistungen nicht auf einen Sonderrechtsnachfolger (Ehegatten, Lebenspartner, Kinder, Eltern, Haushaltsführer) übergehen, werden sie gemäß § 58 SGB I nach den Vorschriften des BGB vererbt. Ansprüche des Leistungsträgers auf Erstattung von Sozialleistungen gehen analog § 1967 als Nachlassverbindlichkeit auf den Erben des Leistungsempfängers über[143]. 89

c) Beamtenrecht. Das **Beamtenverhältnis** endet mit dem Tod des Beamten (§ 21 Abs 1 BRRG). Vermögensrechtliche Ansprüche, die schon zu Lebzeiten des Beamten entstanden waren (rückständige Dienst- und Versorgungsbezüge) sind grds vererblich. Gemäß § 17 Abs 1 BeamtVG bleiben den Erben die Bezüge für den Sterbemonat. Die Ansprüche auf „**Hinterbliebenenversorgung**" nach §§ 16 ff BeamtVG hängen nicht von der Erbenstellung ab, gehören also nicht zum Nachlass iS der erbrechtlichen Vorschriften. Die Verpflichtung zur Rückzahlung zu viel erhaltener Dienst- oder Versorgungsbezüge ist rein vermögensrechtlicher Natur und geht deshalb trotz ihres öffentlich-rechtlichen Charakters entspr § 1967 auf die Erben über. 90

d) Gewerberecht. Die zur Ausübung von Gewerben erforderlichen öffentlich-rechtlichen Konzessionen, Erlaubnisse, Gestattungen oder Bewilligungen werden meist im Hinblick auf bestimmte, vom Gesetz geforderte persönliche Eigenschaften, Kenntnisse und Fähigkeiten erteilt und sind deshalb grds unvererblich (vgl zB § 3 Nr 1 ApoG). Durch Sondervorschriften (zB § 10 GastG, §§ 4, 22 Abs 4 HwO, § 19 PBefG, § 19 GüKG) wird es jedoch den Erben oder bestimmten Angehörigen des Erblassers gestattet, ein gewerbliches Unternehmen vorübergehend weiterzuführen. 91

e) Steuerrecht. Sowohl Forderungen als auch Schulden (Ausnahme: Zwangsgelder) aus einem **Steuerverhältnis** gehen nach § 45 Abs 1 AO auf den Erben über. Dieser hat nach § 45 Abs 2 AO für die aus dem Nachlass zu entrichtenden Schulden nach den Vorschriften des BGB über die Haftung des Erben für Nachlassverbindlichkeiten einzustehen. Eine unanfechtbare Steuerfestsetzung wirkt auch gegenüber dem Erben des Steuerschuldners (§ 166 AO). Über den Wortlaut des § 45 AO hinaus tritt der Erbe in das Steuerschuldverhältnis als solches ein mit der Folge, dass er auch Wahlmöglichkeiten und Steuervergünstigungen wahrnehmen kann[144]. 92

f) Polizei- und Ordnungsrecht. Eine Rechtsnachfolge des Erben in Polizei- und Ordnungspflichten ist, soweit es sich nicht um höchstpersönliche Pflichten handelt, grds zu bejahen[145]. Unproblematisch ist dies in Fällen der polizeirechtlichen Zustandshaftung, es gilt aber auch für Verhaltenspflichten, die durch Ersatzvornahme erzwungen werden können. 93

g) Waffenrecht. Nach § 20 WaffG ist der Erbe verpflichtet, die Ausstellung einer Waffenbesitzkarte für im Nachlass befindliche Schusswaffen zu veranlassen. Die Erlaubnis zum Waffenbesitz ist dem Erben zu erteilen, wenn der Erblasser berechtigter Besitzer der Waffen war und der Erbe zuverlässig und persönlich geeignet ist[146]. 93 a

21. Rechtsnachfolge in prozessuale Beziehungen. Das Prozessrechtsverhältnis zwischen den Parteien und dem Gericht gehört dem öffentlichen Recht an und wird daher von § 1922 nicht unmittelbar erfasst. Aus mehreren Vorschriften der ZPO ergibt sich jedoch, dass die Rechtswirkungen eines anhängigen Zivilprozesses auf die Erben der verstorbenen Partei übergehen. Nach § 239 ZPO rückt der Erbe als Rechtsnachfolger in das Prozessrechtsverhältnis ein und ist an den erreichten Verfahrensstand gebunden. Auch die Wirkungen bereits vor dem Erbfall ergangener Entscheidungen erstrecken sich auf den Erben der verstorbenen Partei (vgl § 325 Abs 1 ZPO für die Rechtskraft). Ein für oder gegen den Erblasser erstrittener Titel kann nach §§ 727, 731 ZPO auf den Erben übertragen werden. War dem Erblasser ratenfreie Prozesskostenhilfe bewilligt worden und nehmen die Erben nach seinem Tod den Rechtsstreit nicht wieder auf, so können sie nicht von der Landeskasse wegen der durch die Prozessführung des Erblassers verursachten Kosten in Anspruch genommen werden[147]. 94

---

[142] BVerwG NJW 1980, 1119; VGH Mannheim Justiz 1988, 406; MünchKommBGB/*Leipold* Einl ErbR Rn 146 ff.
[143] MünchKommBGB/*Leipold* Einl ErbR Rn 151; *Staudinger/Marotzke* Rn 362.
[144] BFHE 75, 328; BFH NJW 1980, 1184; *Staudinger/Marotzke* Rn 371 mwN.
[145] *Ossenbühl* NJW 1968, 1992; *Schlabach/Simon* NVwZ 1992, 143; diff *Götz*, Allgemeines Polizei- und Ordnungsrecht, 12. Aufl 1995, § 9 VI.
[146] Näher *Damrau/Tanck* Rn 73 ff; *Braun* ZEV 2003, 105; zu beachten ist, dass diese am 1. 4. 2003 in Kraft getretene Regelung auf fünf Jahre befristet ist.
[147] OLG Düsseldorf MDR 1999, 830.

§ 1922

V. Rechtslage vor dem Erbfall

95 **1. Entstehung der materiellen Rechtsverhältnisse.** Das subjektive **Erbrecht** entsteht erst mit dem Tod des Erblassers (Erbfall); vorher besteht lediglich eine Erberwartung. Dies kann nicht allein damit begründet werden, es sei bis zum Erbfall offen, ob der Erbe diesen erlebe. Denn die Unsicherheit, ob eine Person die Erstarkung einer Rechtsposition zum Vollrecht erlebt, ist allen künftigen Rechten eigen. Entscheidend ist, dass sich erst im Zeitpunkt des Erbfalls feststellen lässt, wer kraft Gesetzes oder kraft Verfügung von Todes wegen zum Erben berufen ist: Die für das gesetzliche Erbrecht maßgebenden verwandtschaftlichen, ehelichen oder partnerschaftlichen Beziehungen können sich ändern; ein Testament kann jederzeit widerrufen werden. Daher kann bei gesetzlichen oder testamentarisch berufenen Erben zu Lebzeiten des Erblassers von einer rechtlich gesicherten, im Werden begriffenen Position iS eines Anwartschaftsrechts nicht gesprochen werden[148].

96 Auch wer durch **Erbvertrag des Erblassers mit einem Dritten** als Erbe eingesetzt ist, befindet sich in einer ungesicherten Lage, da den Vertragschließenden die Möglichkeit der einvernehmlichen Aufhebung des Erbvertrags offen steht (§ 2290 Abs 1 S 1). Deutlich stärker ausgeprägt ist die Position desjenigen, der **als Berufener** mit dem Erblasser einen Erbvertrag abgeschlossen hat. Da seine Erbeinsetzung dem alleinigen Willen des Erblassers entzogen ist (vgl § 2289 Abs 1 S 2), kann man bereits hier von einer gesicherten Position sprechen. Dies gilt auch bei einer Einsetzung zum Erben des überlebenden Ehegatten (Lebenspartners) durch **gemeinschaftliches Testament,** wenn die Verfügung wechselbezüglich ist, der erste Ehegatte (Lebenspartner) verstorben ist und der überlebende die angefallene Zuwendung nicht ausgeschlagen hat (§ 2271 Abs 2). Gleichwohl sollte man mit der hM[149] in diesen Fällen nicht von einem Anwartschaftsrecht sprechen. Der zum Erben Berufene kann auch hier vor dem Erbfall nicht über seine Position, etwa durch Übertragung oder Belastung, verfügen.

97 Erbaussichten gesetzlicher oder testamentarisch eingesetzter Erben stellen zu Lebzeiten des Erblassers keine dem Schutz der §§ 263, 266 StGB unterliegenden Erwerbspositionen dar[150].

98 Ein **Pflichtteilsrecht** (als Wurzel eines Pflichtteils*anspruchs*)[151] ist gegenüber dem Erblasser insofern gesichert, als der Erblasser diese Berechtigung als solche nicht durch Verfügung von Todes wegen entziehen kann. Der Pflichtteils*anspruch* unterliegt dagegen derselben Ungewissheit wie das künftige Erbrecht. Dies gilt auch für den **Vermächtnisnehmer,** dessen Anspruch gegen den Erben erst mit dem Erbfall entsteht (§ 2176).

99 **2. Verpflichtungs- und Verfügungsgeschäfte über den Nachlass zu Lebzeiten des Erblassers.** Verträge über den Nachlass eines noch lebenden Erblassers, dh über das künftige Erbrecht eines Alleinerben oder über einen Erbteil, über den Pflichtteil oder ein Vermächtnis aus dem Nachlass, sind nach § 311 Abs 4 nichtig. Ausnahmen bestehen nach § 311b Abs 5 für Verträge zwischen künftigen gesetzlichen Erben über den gesetzlichen Erbteil oder den Pflichtteil.

100 **3. Sicherung des künftigen Erbrechts.** Das künftige Erbrecht kann **nicht** zu Lebzeiten des Erblassers durch eine Vormerkung oder Hypothek **gesichert** werden, weil es sich dabei nicht um einen (künftigen) Anspruch handelt. Pflichtteils- und Vermächtnisansprüche sind zwar vor dem Erbfall künftige Ansprüche, ihre Entstehung ist aber in mehrfacher Hinsicht ungewiss und vor allem nicht allein vom Willen des Berechtigten abhängig. Deshalb ist auch hier eine Sicherung durch Vormerkung oder Hypothek nicht möglich[152]. Ein Vertrag, durch den der Erblasser sich verpflichtet, eine Verfügung von Todes wegen zu errichten oder nicht zu errichten, aufzuheben oder nicht aufzuheben, ist nach § 2302 nichtig. Rechtsgeschäftliche Verpflichtungen des Erblassers gegenüber Erben, über bestimmte Vermögensgegenstände zu Lebzeiten nicht zu verfügen, sind mit schuldrechtlicher Wirkung zulässig (§ 137 S 2), nicht aber mit dinglicher (§ 137 S 1). Verpflichtet sich der Erblasser, bei Verstoß gegen ein solches schuldrechtliches Veräußerungs- oder Belastungsverbot das betreffende Eigentum auf den Erben zu übertragen, so kann auf Grund einer Bewilligung des Erblassers eine Auflassungsvormerkung eingetragen werden[153].

101 **4. Feststellungsklagen zu Lebzeiten des Erblassers.** Eine Feststellungsklage muss nach § 256 ZPO auf Feststellung des Bestehens oder Nichtbestehens eines Rechtsverhältnisses gerichtet sein. Künftige Rechtsbeziehungen oder rechtserhebliche Vorfragen für die Entstehung von Rechten sind keine Rechtsverhältnisse in diesem Sinn. Da der künftige Erbe zu Lebzeiten des Erblassers nur eine tatsächliche Aussicht auf den Erwerb der Erbschaft hat, ist ein Rechtsverhältnis zwischen ihm und dem Erblasser zu verneinen[154]. Daher sind **Klagen auf Feststellung des künftigen** Eintritts oder Nichteintritts eines gesetzlichen oder gewillkürten **Erbrechts** oder auf Feststellung des Entstehens oder Nichtentstehens eines Vermächtnisses **unzulässig.** Dasselbe gilt für Klagen, durch die einzelne Voraussetzungen eines künftigen erbrechtlichen Erwerbs festgestellt werden sollen, zB Klagen auf Feststellung

---

[148] *v. Lübtow* II S 619 nimmt eine „Rechtsanwartschaft" an.
[149] MünchKommBGB/*Leipold* Rn 72; *Palandt/Edenhofer* Rn 3; weitergehend BGHZ 37, 319, 322 bei dem oben beschriebenen Fall des gemeinschaftlichen Testaments.
[150] OLG Stuttgart NStZ 1999, 246.
[151] Zur Unterscheidung von Pflichtteilsrecht und -anspruch BGHZ 28, 177.
[152] BGHZ 12, 115.
[153] BayObLGZ 1978, 287; MünchKommBGB/ *Leipold* Rn 118; *Soergel/Stein* Rn 8.
[154] BGH NJW 1996, 1062, 1063; *Stein/Jonas/Schumann* § 256 Rn 45; *Zöller/Greger* § 256 ZPO Rn 3a, 5; aA *v. Lübtow* II S 619.

der Gültigkeit eines Testaments[155] oder der Wirksamkeit eines Widerrufs. Unzulässig sind ferner Klagen auf Feststellung der Zugehörigkeit eines Grundstücks zum Erblasservermögen[156] oder auf Feststellung einer Ausgleichspflicht zwischen Nacherben vor Eintritt des Nacherbfalls[157].

Als bereits bestehendes Rechtsverhältnis iS des § 256 ZPO ist demgegenüber die **Bindung des Erblassers an einen Erbvertrag**[158] oder – nach dem Tod des ersten Ehegatten (Lebenspartners) – an wechselbezügliche Verfügungen in einem gemeinschaftlichen Testament anzusehen (Rn 96)[159]. Die Berechtigung zur Anfechtung eines Erbvertrags oder eines bindend gewordenen gemeinschaftlichen Testaments sowie die (Un-)Wirksamkeit einer erklärten Anfechtung sind als Vorfragen nicht feststellungsfähig. Generell sollte bedacht werden, dass das Interesse des Erblassers, nicht schon zu Lebzeiten über das Schicksal seines späteren Nachlasses Rechenschaft geben zu müssen, idR höher zu bewerten ist als ein Interesse der potentiellen künftigen Nachlassbeteiligten[160]. Mit der Bejahung eines feststellungsfähigen erbrechtlichen Rechtsverhältnisses sollte man daher zurückhaltend sein, jedenfalls soweit es um Prozesse gegen den Erblasser geht. Der Erblasser selbst kann dagegen eher ein berechtigtes Interesse an einer gerichtlichen Feststellung haben, etwa wenn die Zulässigkeit einer erbrechtlichen Gestaltungsmöglichkeit in Abrede gestellt wird[161]. **102**

Der **Erbverzicht** oder der Verzicht auf das Pflichtteilsrecht äußert schon zu Lebzeiten des Erblassers bindende Wirkung, so dass seine Wirksamkeit Gegenstand einer Feststellungsklage sein kann[162]. Da sich aus dem Pflichtteilsrecht keine Bindungen des Erblassers ergeben, kann das Bestehen eines Pflichtteilsrechts vor dem Erbfall nicht mit einer Klage nach § 256 ZPO festgestellt werden[163]. Ein behauptetes Recht zur Entziehung des Pflichtteils nach §§ 2333 ff ist dagegen feststellungsfähig[164]. Zulässig ist zu Lebzeiten des Erblassers auch die Klage eines Pflichtteilsberechtigten auf Feststellung, dass die in einer letztwilligen Verfügung angeordnete Entziehung des Pflichtteils unwirksam sei[165]. **103**

VI. Verfahren zur Durchsetzung des Erbrechts

Das **Landesrecht** sieht teilweise eine **Ermittlung des Erben von Amts wegen** vor (vgl Art 37 BayAGGVG, §§ 41 Abs 1, 38 LFGG Baden-Württemberg). Im Übrigen bleibt es den in Betracht kommenden Personen überlassen, sich über die Erbenstellung und die Höhe der Erbteile auseinanderzusetzen und ggf die Gerichte anzurufen. Nach § 2259 sind Testamente, die sich nicht in amtlicher Verwahrung befinden, unverzüglich nach Kenntnis vom Tod des Erblassers an das Nachlassgericht abzuliefern. Wer als gesetzlicher oder gewillkürter Erbe ein Erbrecht in Anspruch nimmt, kann beim Nachlassgericht die Erteilung eines Erbscheins beantragen (näher bei §§ 2353 ff). **104**

Für Klagen auf Feststellung des Bestehens oder Nichtbestehens eines Erbrechts sind die **ordentlichen Gerichte** zuständig. Für die **örtliche Zuständigkeit** gilt neben den allgemeinen Regeln (§§ 12 ff ZPO) der besondere Gerichtsstand der Erbschaft (§ 27 ZPO). Das Erbrecht kann auch im Rahmen einer Leistungsklage, zB auf Herausgabe des Nachlasses (§§ 2018 ff), als Vorfrage geklärt werden. Die **Beweislast** folgt allgemeinen Regeln: Wer ein gesetzliches Erbrecht in Anspruch nimmt, muss die jeweiligen tatsächlichen Voraussetzungen beweisen. Wer ein gewillkürtes Erbrecht behauptet, trägt die Beweislast für die Tatsachen, von denen die formgültige Errichtung und die sonstige Wirksamkeit der Verfügung von Todes wegen abhängen[166]. Die Rechtskraft eines Urteils, in dem das Bestehen oder Nichtbestehen eines Erbrechts festgestellt wird, beschränkt sich auf die Parteien und ihre Rechtsnachfolger (§ 325 ZPO), hindert also Dritte nicht, das für andere bereits festgestellte Erbrecht noch für sich in Anspruch zu nehmen. **105**

§ 1923 Erbfähigkeit

(1) Erbe kann nur werden, wer zur Zeit des Erbfalls lebt.
(2) Wer zur Zeit des Erbfalls noch nicht lebte, aber bereits gezeugt war, gilt als vor dem Erbfall geboren.

---

[155] OLG Köln JW 1930, 2064; RGRK/*Kregel* Rn 5.
[156] OLG Celle MDR 1954, 547.
[157] OLG Karlsruhe FamRZ 1989, 1232.
[158] OLG Düsseldorf NJW-RR 1995, 141; Musielak/Foerste § 256 ZPO Rn 21; *Hohmann* ZEV 1994, 133, 134.
[159] BGHZ 37, 331; *Staudinger/Marotzke* Rn 23.
[160] Eingehend *Staudinger/Marotzke* Rn 19 ff unter Berufung auf den Rechtsgedanken des § 312 aF (jetzt § 311 b Abs 4); ähnlich *Lange* NJW 1963, 1571; *Moser*, Die Zulässigkeitsvoraussetzungen der Feststellungsklage unter besonderer Berücksichtigung erbrechtlicher Streitigkeiten zu Lebzeiten des Erblassers, Diss Erlangen-Nürnberg 1981, S 305 ff.
[161] Näher mit Beispielen *Staudinger/Marotzke* Rn 26.
[162] *Mattern* BWNotZ 1962, 240.
[163] MünchKommBGB/*Leipold* Rn 122; *Staudinger/Marotzke* Rn 24, 26, soweit es um Klagen *gegen* den Erblasser geht; zur höchstrichterlichen Rspr BGHZ 28, 177, 178; BGH NJW 1996, 1062, 1063; zust *Palandt/Edenhofer* Rn 5; *Musielak/Foerste* § 256 ZPO Rn 21.
[164] BGHZ 109, 306, 309 = NJW 1990, 911 = JZ 1990, 697 m Anm *Leipold*; aA AK/*Derleder* Rn 3.
[165] BGH NJW 2004, 1874 m krit Anm *Waldner* BGHR 2004, 943.
[166] *Baumgärtel/Schmitz* §§ 1924–1930 Rn 6.

§ 1923

Übersicht

	Rn		Rn
I. Normzweck und Begriff	1	V. Juristische Personen	11
II. Anwendungsbereich	2	VI. Nichtrechtsfähige Personenvereinigungen	12
III. Erbfähigkeit natürlicher Personen	3	1. OHG, KG, BGB-Gesellschaft	12
1. Voraussetzungen	3	2. Nichtrechtsfähiger Verein	14
2. Verschollenheit und Todeserklärung	5		
IV. Erbfähigkeit des Erzeugten	6	VII. Einschränkungen der Erbfähigkeit	15
1. Nasciturus	6	1. Erwerb durch Ausländer oder juristische Personen mit Sitz im Ausland	15
2. Künstliche Befruchtung	7		
3. Beweislast	8	2. Bei Beurkundung mitwirkende Personen	16
4. Erfordernis der lebenden Geburt	9	3. Zuwendungsverbote	17
5. Schwebezustand zwischen Erbfall und Geburt	10		

I. Normzweck und Begriff

1 Die Fähigkeit, den Nachlass des Erblassers als dessen erbrechtlicher Gesamtrechtsnachfolger zu erwerben **(Erbfähigkeit)**, ist Teil der mit Vollendung der Geburt (§ 1) beginnenden allgemeinen Rechtsfähigkeit. Die Vorschrift setzt die Erbfähigkeit der natürlichen und juristischen Person als solche voraus und regelt nur den hierfür maßgeblichen Zeitpunkt. Da die Erbfähigkeit mit dem Tod endet, kann nicht Erbe werden, wer vor oder gleichzeitig mit dem Erblasser stirbt. Indem **Abs 1** festlegt, dass der Erbe den Erbfall erleben muss, werden aber nicht nur die bereits vor dem Erbfall Verstorbenen, sondern auch die erst nach dem Erbfall Geborenen von der Erbfolge ausgeschlossen. **Abs 2** erweitert die Erbfähigkeit auf Personen, die zum Zeitpunkt des Erbfalls noch nicht geboren, aber bereits erzeugt sind (Leibesfrucht, nasciturus).

II. Anwendungsbereich

2 Die Voraussetzungen des § 1923 gelten für **alle Berufungsgründe** (Gesetz, Testament, Erbvertrag). Auf die **Nacherbfolge** ist § 1923 entspr anwendbar (§ 2108 Abs 1). Erforderlich, aber auch ausreichend ist, dass der Nacherbe zum Zeitpunkt des Nacherbfalls lebt oder wenigstens erzeugt ist. Zum Nacherben kann auch eingesetzt werden, wer beim Erbfall noch nicht erzeugt ist (§ 2101 Abs 1). Beim **Vermächtnis** darf der Bedachte nicht schon vor dem Erbfall verstorben sein (§ 2160). Für einen beim Erbfall bereits erzeugten Bedachten gilt § 1923 Abs 2 analog (§ 2178 Rn 2)[1]; war er noch nicht erzeugt, fällt ihm das Vermächtnis mit der Geburt an (§ 2178).

III. Erbfähigkeit natürlicher Personen

3 **1. Voraussetzungen.** Unter den Voraussetzungen des § 1923 kann jede natürliche Person ohne Einschränkung Erbe sein. Der Erbe muss über den Zeitpunkt des Erblassertodes hinaus gelebt haben, und sei es auch nur eine Sekunde. Da somit geringe Zeitdifferenzen über die Erbfolge entscheiden können, erweist sich eine genaue Fixierung des Todeszeitpunkts als notwendig (zu den für den **Todeszeitpunkt** maßgebenden Kriterien s § 1922 Rn 5). Den Schwierigkeiten bei der medizinischen Bestimmung des Todeszeitpunkts darf sich das Nachlassgericht nicht durch die Annahme gleichzeitigen Versterbens in problematischen Fällen entziehen[2]. Wenn die Reihenfolge mehrerer Todesfälle nicht geklärt werden kann, gilt die Vermutung gleichzeitigen Versterbens (sog **Kommorientenvermutung** des § 11 VerschG)[3]. Gleiche Wirkung wie das Vorversterben haben die Ausschlagung der Erbschaft (§ 1953 Abs 2), die Erbunwürdigerklärung (§ 2344 Abs 2), der Erbverzicht (§ 2346 Abs 1 S 2) und ein vor dem 1. 4. 1998 rechtsgültig zustande gekommener vorzeitiger Erbausgleich (Art 227 Abs 1 Nr 2 EGBGB, §§ 1934 d, 1934 e aF).

4 Die **Beweislast** dafür, dass eine (als Erbe in Betracht kommende) Person die andere (den potentiellen Erblasser) überlebt hat, trägt derjenige, der daraus (zB als Erbeserbe) Rechte herleitet[4]. Der Beweis kann mittels öffentlicher Urkunden, in erster Linie Personenstandsbücher oder -urkunden (§§ 60, 66 PStG), geführt werden[5].

5 **2. Verschollenheit und Todeserklärung.** Auch der Verschollene (zum Begriff vgl § 1 Abs 1 VerschG) kann Erbe sein, wenn er den Erbfall erlebt. Für ihn gilt die Lebensvermutung des § 10 VerschG. Danach wird (widerleglich) vermutet, dass ein nicht für tot erklärter Verschollener „bis zu dem in § 9 Abs 3, 4 genannten Zeitpunkt weiter lebt oder gelebt hat". Die **Todeserklärung** begründet die (widerlegliche) Vermutung des Versterbens zu dem im Beschluss genannten Zeitpunkt (§ 9 Abs 1 S 1 VerschG). Der für tot Erklärte kann somit einerseits von Personen beerbt werden, die den fest-

---

[1] MünchKommBGB/*Leipold* Rn 5; *Hafner* BWNotZ 1984, 67.
[2] OLG Köln FamRZ 1992, 860; OLG Hamm FamRZ 1995, 1606; *Palandt/Edenhofer* Rn 5.
[3] BayObLG NJW-RR 1999, 1309; MünchKommBGB/*Leipold* Rn 11 ff.
[4] *Baumgärtel/Schmitz*, HdB der Beweislast im Privatrecht, Bd 2, § 1922 Rn 1 ff.
[5] BayObLG NJW-RR 1999, 1309.

gestellten Zeitpunkt überlebt haben, andererseits kommt er von dem festgestellten Zeitpunkt an nicht mehr als Erbe eines anderen in Betracht. Zur Vermutung des gleichzeitigen Versterbens nach § 11 VerschG, wenn die Reihenfolge mehrerer Todesfälle nicht mit Sicherheit festgestellt werden kann, s Rn 3. Soweit diese Vermutung eingreift, kann keine der betroffenen Personen die andere beerben[6].

IV. Erbfähigkeit des Erzeugten

1. Nasciturus. Die Erbfähigkeit des beim Erbfall noch nicht Geborenen, aber bereits Erzeugten (nasciturus) folgt aus der gesetzlichen Fiktion des **Abs 2**. Sinn der Vorschrift ist es, das erzeugte Kind auch dann am Nachlass des Vaters teilhaben zu lassen, wenn dieser vor der Geburt des Kindes stirbt. 6

2. Künstliche Befruchtung. § 1923 Abs 2 geht von der Existenz einer Leibesfrucht im Mutterleib aus. Die heute möglichen, den Verfassern des BGB noch unbekannten Methoden der Befruchtung außerhalb des Mutterleibs **(in-vitro-Fertilisation)** und der **postmortalen künstlichen Insemination** werfen erhebliche erbrechtliche Probleme auf[7]. Bei der in-vitro-Fertilisation stellt sich die Frage, ob das später lebend geborene Kind bereits ab dem Zeitpunkt der extra-korporalen Befruchtung oder erst mit der Einpflanzung des Embryos in den Mutterleib als erbfähig anzusehen ist. Der Schutzzweck des § 1923 Abs 2 spricht eher für die erste Lösung[8]; aus Gründen der Rechtssicherheit sollte man der letztgenannten Auffassung folgen[9], denn erst mit der Implantation kann der Embryo eindeutig einer bestimmten Familie zugeordnet werden. Im Falle der heute möglichen, nach dem ESchG (s § 4 Abs 1 Nr 3, § 1 Abs 1 Nr 1 und 2) allerdings verbotenen[10] künstlichen Insemination nach dem Tod des Samenspenders kann das auf diese Weise erzeugte Kind nach dem Wortlaut des § 1923 Abs 2 nicht Erbe seines genetischen Vaters sein, da die Fiktion dieser Vorschrift nur bei einem bereits erzeugten Kind eingreift. Die von einem Teil der Lit vorgeschlagene analoge Anwendung[11] ist im Hinblick auf die drohende Ungewissheit über die erbrechtliche Lage (durch die Möglichkeiten einer Kryokonservierung von Sperma könnte lange Zeit nach dem Tod des Samenspenders eine Insemination durchgeführt werden) und die nicht auszuschließenden Manipulationsmöglichkeiten abzulehnen. 7

3. Beweislast. Die Beweislast für das Erzeugtsein zum Zeitpunkt des Erbfalls obliegt demjenigen, der daraus Rechte ableitet. Die Feststellung ist nach den Grundsätzen der freien Beweiswürdigung zu treffen, wobei die Vermutungen der Abstammung (§ 1600 d Abs 3) insoweit nicht anzuwenden sind[12]. 8

4. Erfordernis der lebenden Geburt. Abs 2 ist nicht so zu verstehen, dass schon die Leibesfrucht Erbe wäre. Der Erwerb der Erbenstellung setzt vielmehr voraus, dass die Leibesfrucht nach dem Erbfall lebend geboren wird[13] und hierdurch die Rechtsfähigkeit nach § 1 erlangt. Ist dies der Fall, tritt nach Abs 2 eine rechtliche **Rückwirkung** ein: Der Erzeugte gilt als vor dem Erbfall geboren. Mit der Geburt ist er vom Erbfall an als Träger der Nachlassrechte und -verbindlichkeiten zu behandeln. Dadurch wird vermieden, dass der Nachlass für eine bestimmte Zeitspanne zum subjektlosen Vermögen wird. Die **Ausschlagungsfrist** (§ 1944) beginnt frühestens mit der Geburt[14]; die Ausschlagung kann aber bereits vom Erbfall an erklärt werden[15]. 9

5. Schwebezustand zwischen Erbfall und Geburt. Zwischen Erbfall und Geburt des Erzeugten besteht ein Schwebezustand. Zur Wahrung der künftigen Rechte des nasciturus sind nach § 1912 Abs 2 die Eltern berufen, soweit ihnen die elterliche Sorge zustände, wenn das Kind bereits geboren wäre. Bei entsprechendem Fürsorgebedürfnis kann ein **Nachlasspfleger** (§ 1960 Abs 2) oder ein **Pfleger für die Leibesfrucht** nach § 1912 Abs 1 bestellt werden. Eine Klage auf Feststellung der (bedingten) Erbberechtigung des nasciturus ist (bei vorhandenem Feststellungsinteresse, § 256 Abs 1 ZPO) zulässig, da schon in der Schwebezeit eine rechtlich gesicherte Erbaussicht und damit ein feststellungsfähiges Rechtsverhältnis besteht[16]. Zum Aufschub der Erbauseinandersetzung s § 2043. 10

---

[6] Zum Verhältnis von § 11 zu § 9 VerschG vgl BGHZ 62, 112 = LM VerschG § 11 Nr 3 m Anm *Wüstenberg*; *Staudinger/Otte* Rn 8 mwN; *Nagel*, Das Versterben untereinander erbberechtigter Personen auf Grund derselben Ursache, Diss Göttingen 1983, S 25 ff.
[7] Schrifttum: *Leipold*, FS Kralik, 1986, S 467; *Mansees*, Das Erbrecht des Kindes nach künstlicher Befruchtung, 1991; *Selb*, Rechtsordnung und künstliche Reproduktion des Menschen, 1987; weitere Schrifttumshinweise bei *Soergel/Stein* 1924 vor Rn 30.
[8] MünchKommBGB/*Leipold* Rn 16; *Leipold*, FS Kralik, S 467, 476 f; *Soergel/Stein* Rn 6; *Mansees*, Das Erbrecht des Kindes nach künstlicher Befruchtung, S 64 f, 155 f.
[9] *Staudinger/Otte* Rn 29; *Lange/Kuchinke* § 4 III 2 b alpha; *Schlüter* Rn 35.
[10] Warum *Staudinger/Otte* Rn 26 trotz der Regelung in § 4 ESchG die postmortale Zeugung als „nicht verboten" bezeichnet, bleibt unklar.
[11] *Leipold*, FS Kralik, S 467, 471 ff, jedenfalls soweit es um die Erbfolge nach dem verstorbenen Samenspender geht; *Soergel/Stein* Rn 6; jurisPK/M. *Schmidt* Rn 12; *Brox* Rn 9; dagegen *Mansees*, Das Erbrecht des Kindes nach künstlicher Befruchtung, S 65 ff; *Schlüter* Rn 35.
[12] MünchKommBGB/*Leipold* Rn 18; *Erman/Schlüter* Rn 3; aA *Staudinger/Otte* Rn 20 ff; *Soergel/Stein* Rn 5.
[13] Auf die Dauer des Lebens und die Fähigkeit zum Weiterleben kommt es nicht an, RGRK/*Kregel* Rn 4.
[14] KGJ 34 A 79.
[15] OLG Stuttgart NJW 1993, 2250; OLG Oldenburg FamRZ 1994, 847; MünchKommBGB/*Leipold* Rn 21; Peter Rpfleger 1988, 107; aA LG Berlin Rpfleger 1990, 362.
[16] MünchKommBGB/*Leipold* Rn 22; *Staudinger/Otte* Rn 19.

V. Juristische Personen

11 Eine juristische Person des privaten oder öffentlichen Rechts, die zum Zeitpunkt des Erbfalls rechtsfähig besteht, kann Erbe werden. Dieses bereits aus der allgemeinen Rechtsfähigkeit folgende Ergebnis wird bestätigt durch verschiedene erbrechtliche Normen, die von der Erbfähigkeit juristischer Personen ausgehen (zB §§ 2044 Abs 2 S 3, 2101 Abs 2, 2106 Abs 2, 2109 Abs 2, 2163 Abs 2). Da die Rechtsfähigkeit beim Erbfall bereits vorhanden sein muss, finden auf juristische Personen im Gründungsstadium (Vor-GmbH, Vor-AG) die für Gesamthandsgemeinschaften geltenden Grundsätze Anwendung[17]. Für **Stiftungen**[18], die beim Erbfall noch nicht genehmigt waren, gilt die Sonderbestimmung des § 84[19]. Andere juristische Personen, die erst nach dem Erbfall entstehen, können allenfalls als Nacherbe eingesetzt werden, vgl § 2101 Abs 2[20].

VI. Nichtrechtsfähige Personenvereinigungen

12 **1. OHG, KG, BGB-Gesellschaft.** Grds kann nur erben, wer rechtsfähig ist. Soweit Personenverbindungen zwar nicht voll rechtsfähig sind, aber im Rechtsverkehr einer juristischen Person stark angenähert sind und bei Abschluss von Rechtsgeschäften als selbständige Einheiten auftreten und rechtlich anerkannt werden, ist dem auch im Erbrecht Rechnung zu tragen. An der **Erbfähigkeit von OHG und KG** bestehen daher angesichts der ihnen durch §§ 124 Abs 1, 161 Abs 2 HGB verliehenen Fähigkeit, als Einheit im Rechtsverkehr aufzutreten, keine Zweifel[21].

13 Nachdem der BGH die Rechtsfähigkeit der BGB-Gesellschaft, soweit sie als Außengesellschaft durch Teilnahme am Rechtsverkehr eigene Rechte und Pflichten begründet, bejaht hat[22], ist auch das „Dogma fehlender Erbfähigkeit" der BGB-Gesellschaft überholt[23].

14 **2. Nichtrechtsfähiger Verein.** Der nichtrechtsfähige Verein wird heute – entgegen der Absicht des Gesetzgebers – als selbstständige, vom Mitgliederwechsel unabhängige und unter eigenem Namen auftretende Einheit behandelt (s Erl zu § 54). Dies muss auch im Erbrecht beachtet werden, so dass die **Erbfähigkeit des nichtrechtsfähigen Vereins** zu bejahen ist[24]. Die wohl noch hM verneint zwar die Erbfähigkeit, lässt aber die Erbschaft dem Vereinsvermögen zufallen[25]. Entspr der allgemeinen Rechtslage beim nichtrechtsfähigen Verein haften die Mitglieder für Nachlassverbindlichkeiten von Anfang an nur mit dem Vereinsvermögen[26]. Die Anerkennung der Erbfähigkeit des nichtrechtsfähigen Vereins schließt es nicht aus, im Einzelfall eine Zuwendung an einen nichtrechtsfähigen Verein als Verfügung zugunsten aller Mitglieder als Einzelpersonen oder zugunsten der Vorstandsmitglieder auszulegen.

VII. Einschränkungen der Erbfähigkeit

15 **1. Erwerb durch Ausländer oder juristische Personen mit Sitz im Ausland.** Vorschriften, die den Erwerb von Rechten durch Ausländer oder juristische Personen mit Sitz im Ausland beschränken oder von einer Genehmigung abhängig machen, finden nach Art 86 S 1 EGBGB vom 30. 7. 1998 an keine Anwendung mehr (s Erl zu Art 86 EGBGB).

16 **2. Bei Beurkundung mitwirkende Personen.** Zuwendungen an Personen, die bei der Beurkundung eines notariellen Testaments oder eines Erbvertrags als Notar, Dolmetscher oder Vertrauensperson iS des § 24 BeurkG mitwirken, in der beurkundeten Verfügung von Todes wegen sind unwirksam (§ 27 BeurkG iVm §§ 7, 16 Abs 3, 24 Abs 2 BeurkG). Ähnliches gilt beim Bürgermeistertestament (§ 2249 Abs 1 S 3 und 4) und beim Drei-Zeugen-Testament (§ 2250 Abs 3 S 2). Der Begriff der relativen Erbunfähigkeit[27] passt in diesem Zusammenhang allerdings nicht; der Mangel haftet der Beurkundung, nicht den Personen an[28].

17 **3. Zuwendungsverbote.** Nach § 14 HeimG[29] ist es den Trägern eines Heims untersagt, sich über das vereinbarte Entgelt hinaus, von oder zu Gunsten von Heimbewohnern Geld oder geldwerte Leistungen versprechen oder gewähren zu lassen. Das Verbot schließt auch die Wirksamkeit eines

---

[17] *Lange/Kuchinke* § 4 III 1 Fn 12.
[18] Zur Bedeutung der Stiftung für die Erbnachfolge *Turner* ZEV 1995, 206.
[19] Eine sog Vorstiftung als handlungsfähiges Gebilde zwischen Erbfall und Genehmigung ist abzulehnen, *Schmidt* ZEV 1998, 81.
[20] RGRK/*Kregel* Rn 7; eine analoge Anwendung des § 1923 Abs 2 kommt insoweit nicht in Betracht; MünchKommBGB/*Leipold* Rn 29.
[21] Verneint nur von *Flume* ZHR 1972, 177, 193; *ders* Personengesellschaft § 7 III 6.
[22] BGH NJW 2001, 1056.
[23] MünchKommBGB/*Leipold* Rn 31; Palandt/*Edenhofer* Rn 7; *Lange/Kuchinke* § 4 III 1; *Ulmer* ZIP 2001, 585, 596; *Scherer/Feick* ZEV 2003, 341; aA *Schlüter* Rn 36; *Bestelmeyer* Rpfleger 2004, 604, 608.
[24] MünchKommBGB/*Leipold* Rn 32; Palandt/*Edenhofer* Rn 7; *K. Schmidt* Gesellschaftsrecht, 3. Aufl 2002, § 25 II 1 a.
[25] Staudinger/*Otte* Rn 31; RGRK/*Kregel* Rn 7; Soergel/*Stein* Rn 8; *Lange/Kuchinke* § 4 III 1; *Brox* Rn 7.
[26] MünchKommBGB/*Leipold* Rn 32; aA Erman/*Schlüter* Rn 1.
[27] Erman/*Schlüter* Rn 5; Palandt/*Edenhofer* Rn 1; PWW/*Tschichoflos* Rn 2.
[28] MünchKommBGB/*Leipold* Rn 37; Staudinger/*Otte* Rn 13.
[29] Die Vorschrift, die ein dem Schutz der Heimbewohner dienendes Verbotsgesetz (§ 134) darstellt, enthält keine verfassungswidrige Einschränkung der Testierfreiheit; vgl BVerfG NJW 1998, 312; BGH ZEV 1996, 145; näher zu den Voraussetzungen AnwK-BGB/*Kroiß* Rn 5 ff; *Damrau/Tanck* Rn 10 ff; Soergel/*Stein* Rn 11 ff, der allerdings § 14 HeimG nicht als Verbotsgesetz, sondern als Regelung der relativen Erbfähigkeit ansieht.

Vermächtnisses aus, mit dem ein Angehöriger des Heimbewohners einen Heimträger bedenkt[30]. Weitere Zuwendungsverbote finden sich in beamten- (§ 70 BBG; § 43 BRRG) und tarifrechtlichen (§ 10 BAT) Bestimmungen[31].

§ 1924 Gesetzliche Erben erster Ordnung

(1) Gesetzliche Erben der ersten Ordnung sind die Abkömmlinge des Erblassers.

(2) Ein zur Zeit des Erbfalls lebender Abkömmling schließt die durch ihn mit dem Erblasser verwandten Abkömmlinge von der Erbfolge aus.

(3) An die Stelle eines zur Zeit des Erbfalls nicht mehr lebenden Abkömmlings treten die durch ihn mit dem Erblasser verwandten Abkömmlinge (Erbfolge nach Stämmen).

(4) Kinder erben zu gleichen Teilen.

Schrifttum: *Belling,* Einführung in das Recht der gesetzlichen Erbfolge, Jura 1986, 579; *Olzen,* Die gesetzliche Erbfolge, Jura 1998, 135.

Zur Neuregelung des Erbrechts nichtehelicher Kinder: *Bestelmeyer,* Ist eine Gleichstellungsvereinbarung nach Art. 12 § 10 a NEhelG auch zwischen dem Erblasser und Abkömmlingen seines nichtehelichen Kindes zulässig?, FamRZ 1999, 970; *Böhm,* Die Neuregelung des Erbrechts nichtehelicher Kinder, NJW 1998, 1043; *Radziwill/Steiger,* Erbrechtliche Gleichstellung der vor dem 1. 7. 1949 geborenen nichtehelichen Kinder – Steht der Gesetzgeber in der Pflicht? –, FamRZ 1997, 268; *Rauscher,* Die erbrechtliche Stellung nicht in einer Ehe geborener Kinder nach Erbgleichstellungsgesetz und Kindschaftsrechtsreformgesetz, ZEV 1998, 41; *Schlüter/Fegeler,* Die erbrechtliche Stellung der nichtehelichen Kinder und ihrer Väter nach Inkrafttreten des Erbrechtsgleichstellungsgesetzes, FamRZ 1998, 1337.

Zum Erbrecht von Adoptivkindern: *Dieckmann,* Erbrechtliche Fragen familienrechtlicher Reformgesetze im Spiegel neuerer Lehrbücher, FamRZ 1979, 389; *Dittmann,* Adoption und Erbrecht, Rpfleger 1978, 277; *Kemp,* Die Übergangs- und Schlußvorschriften des Gesetzes über die Annahme als Kind, MittRhNotK 1976, 373; *Kraiß,* Das neue Adoptionsrecht, BWNotZ 1978, 1; *Schmitt-Kammler,* Zur erbrechtlichen Problematik der Verwandten- und Stiefkinderadoption nach § 1756 BGB, FamRZ 1978, 570.

Übersicht

	Rn		Rn
I. Normzweck	1	e) Übergangsregelungen	8
II. Abkömmlinge	2	3. Annahme als Kind	9
1. Begriff	2	a) Annahme eines Minderjährigen	10
2. Das Erbrecht von Kindern nicht miteinander verheirateter Eltern (nichteheliche Kinder)	3	b) Adoption eines Volljährigen	13
a) Gleichstellung mit ehelichen Kindern	3	c) Adoptionen nach altem Recht	14
b) Rechtsstellung der vor dem 1. 7. 1949 geborenen Kinder	4	III. Verteilung innerhalb der ersten Ordnung	15
c) Erbfälle vor dem 1. 4. 1998	6	1. Erbfolge nach Stämmen und Grundsatz der Repräsentation	16
d) Besonderheiten in Erbfällen im Beitrittsgebiet	7	2. Eintrittsprinzip	17

I. Normzweck

Bei der Regelung der gesetzlichen Verwandtenerbfolge geht das Gesetz von einem System der **Ordnungen (Parentelen)** aus. Es fasst die Verwandten in den §§ 1924 bis 1929 in Ordnungen, welche eine Rangfolge der Berechtigung bilden: Jeder Erbe einer vorhergehenden Ordnung schließt alle Angehörigen nachrangiger Ordnungen aus (§ 1930). Die **Abkömmlinge** des Erblassers bilden nach § 1924 die Gruppe der **Erben erster Ordnung**. Das Prinzip der Erbfolge nach Ordnungen wird ergänzt durch den Grundsatz der **Erbfolge nach Stämmen**. In einem Stamm fasst das Gesetz diejenigen Abkömmlinge zusammen, die durch ein und dieselbe Person mit dem Erblasser verwandt sind. Jedes Kind des Erblassers bildet daher zusammen mit seinen Abkömmlingen einen gesonderten Stamm. Dabei schließt der nähere Abkömmling seine eigenen Abkömmlinge aus **(Prinzip der Repräsentation, Abs 2)**, diese kommen erst nach Wegfall des näheren Abkömmlings an seiner Stelle zum Zug **(Eintrittsprinzip, Abs 3)**. Unter gleich nahen Erben kommt es innerhalb des Stammes zu einer **Erbteilung nach Köpfen (Abs 4)**. Die Verteilung innerhalb der ersten Ordnung hat Modellcharakter für die zweite und dritte Ordnung. Das **Gradualsystem**, das auf die Gradnähe der Verwandtschaft abstellt, gilt erst von der vierten Ordnung an. Mit der Entscheidung für das Parentel- und gegen das Gradualsystem erstrebt der Gesetzgeber eine Bevorzugung der jüngeren Generation bei der Erbfolge.

---

[30] OLG München NJW 2006, 2642.
[31] Näher *Soergel/Stein* Rn 13; *Damrau/Tanck* Rn 7.

§ 1924

II. Abkömmlinge

2 **1. Begriff.** In Übereinstimmung mit dem allgemeinen Sprachgebrauch versteht das Gesetz unter Abkömmlingen alle Personen, die vom Erblasser abstammen, also Kinder, Enkel, Urenkel etc **Abkömmlinge** sind danach alle Personen, die mit dem Erblasser in **absteigender gerader Linie verwandt** sind (§ 1589 S 1). Die Voraussetzungen der Abstammung bestimmen sich nach den Regeln des Familienrechts. Maßgebend ist allein die Abstammung im Rechtssinne, nicht die biologische Abstammung[1]. Neue Probleme sind durch die Möglichkeiten der künstlichen Fortpflanzung entstanden (§ 1589 Rn 18 ff; § 1923 Rn 7). Die statusrechtliche Unterscheidung zwischen ehelicher und nichtehelicher Abstammung wurde durch das Kindschaftsrechtsreformgesetz vom 16. 12. 1997, BGBl I S 2942 aufgehoben. Für die vor dem 1. 7. 1998 geborenen Kinder richtet sich die Vaterschaft weiterhin nach früherem Recht (Art 224 § 1 Abs 1 EGBGB iVm §§ 1600 a bis 1600 o aF).

3 **2. Das Erbrecht von Kindern nicht miteinander verheirateter Eltern (nichteheliche Kinder). a) Gleichstellung mit ehelichen Kindern.** Das Kind nicht miteinander verheirateter Eltern (früher im Gesetz nichteheliches Kind genannt) ist Abkömmling seines Vaters im Rechtssinne erst seit Inkrafttreten des NEhelG am 1. 7. 1970. In den seit diesem Zeitpunkt eingetretenen Erbfällen war es zwar gesetzlicher Erbe erster Ordnung nach seinem Vater, wurde aber neben miterbenden ehelichen Kindern und dem Ehegatten auf einen **Erbersatzanspruch** in Höhe des Wertes des gesetzlichen Erbteils verwiesen (Rn 6). Die Annahme einer die gesetzliche Erbfolge begründenden Verwandtschaft zwischen dem nicht mit der Mutter verheirateten Vater und dem Kind setzt die förmliche Feststellung der Vaterschaft voraus – entweder durch rechtskräftiges Urteil (§§ 1592 Nr 3, 1600 d) oder durch Anerkennung der Vaterschaft nach §§ 1592 Nr 2, 1594. Die **volle erbrechtliche Gleichstellung** mit ehelichen Abkömmlingen haben nichteheliche Kinder durch das für Erbfälle seit 1. 4. 1998 geltende Erbrechtsgleichstellungsgesetz vom 16. 12. 1997 erlangt, das die Sonderregelungen der §§ 1934 a bis 1934 e ersatzlos gestrichen hat[2].

4 **b) Rechtsstellung der vor dem 1. 7. 1949 geborenen Kinder.** Als zum 1. 7. 1970 das gesetzliche Erbrecht nichtehelicher Kinder nach dem Vater oder väterlichen Verwandten eingeführt wurde, nahm man Kinder aus, die vor dem 1. 7. 1949 geboren worden, nach damaligem Recht also schon volljährig waren. Insoweit blieb es nach Art 12 § 10 Abs 2 NEhelG bei der Anwendung des früheren Rechts[3]. Danach hatte ein nichteheliches Kind nach seinem Vater (oder väterlichen Vorfahren) kein gesetzliches Erbrecht und kein Pflichtteilsrecht, weil es durch die Fiktion des § 1589 Abs 2 aF mit seinem Vater als **nicht verwandt** galt. Das ErbGleichG ließ diese zeitliche Grenze unangetastet[4]. Auch bei Erbfällen nach Inkrafttreten des ErbGleichG haben also vor dem 1. 7. 1949 geborene nichteheliche Kinder kein gesetzliches Erbrecht nach ihrem Vater[5].

5 Art 12 § 10 a NEhelG ermöglicht jedoch eine Vereinbarung zwischen Vater und Kind über die Nichtanwendung des Art 12 § 10 Abs 2. Die Bestimmung, die durch das KindRG (Art 14 § 14) eingefügt wurde, soll die durch den Wegfall der bisherigen Legitimationsmöglichkeiten (Ehelicherklärung auf Antrag des Vaters, Adoption des nichtehelichen Kindes durch den Vater) entstandene Lücke schließen. Die **Gleichstellungsvereinbarung** kann nur von dem Vater und dem Kind[6] persönlich und in notariell beurkundeter Form geschlossen werden, Art 12 § 10 a Abs 2 S 1 NEhelG. Sie bedarf der Zustimmung der jeweils vorhandenen Ehegatten (Art 12 § 10 a Abs 3 S 1 NEhelG). Aufgrund einer solchen Vereinbarung gelten zwischen dem Vater und dem Kind wechselseitig die allgemeinen Vorschriften über das Erbrecht und das Pflichtteilsrecht.

6 **c) Erbfälle vor dem 1. 4. 1998.** Das beim Tod des Vaters erbberechtigte nichteheliche Kind war neben miterbenden ehelichen Kindern und dem Ehegatten nach § 1934 a aF auf einen **Erbersatzanspruch** beschränkt, weil es keine Erbengemeinschaft mit diesen Personen bilden sollte. Der Erbersatzberechtigte wurde nicht Gesamtrechtsnachfolger, ihm stand stattdessen ein Geldanspruch auf Zahlung des Wertes seines gesetzlichen Erbteils zu. Berechnung und Geltendmachung des Erbersatzanspruchs waren in § 1934 b aF geregelt[7]. Zwischen dem 21. und 27. Lebensjahr konnte ein nichteheliches Kind nach § 1934 d aF von seinem Vater einen vorzeitigen Erbausgleich in Höhe des dreifachen Jahresunterhalts verlangen. Durch den vorzeitigen Erbausgleich entfielen alle gesetzlichen Erbrechte, Erbersatzansprüche und Pflichtteilsansprüche (§ 1934 e aF).

7 **d) Besonderheiten in Erbfällen im Beitrittsgebiet.** In der **ehemaligen DDR** war das **nichteheliche Kind** nach § 365 ZGB in vollem Umfang dem ehelichen **gleichgestellt**. Nach Art 235 § 1 Abs 2 EGBGB gelten bei Erbfällen ab dem Beitrittszeitpunkt (3. 10. 1990) anstelle der §§ 1934 a bis 1034 e, § 2338 a die Vorschriften über das Erbrecht des ehelichen Kindes, wenn das nichteheliche Kind

---

[1] BGH NJW 1989, 2197.
[2] Auch in der Höfeordnung wurde durch Änderung der §§ 5, 12 die Benachteiligung des nichtehelichen Kindes beseitigt.
[3] Das BVerfG hat diese problematische Regelung für verfassungsgemäß erklärt, BVerfGE 44, 1 = NJW 1977, 1677.
[4] Zur Begr BT-Drucks 13/4183 S 13; hierzu *Radziwill/Steiger* FamRZ 1997, 268; *Rauscher* ZEV 1998, 41, 44.
[5] Dies gilt umgekehrt hinsichtlich des Vaters beim Tod seines nichtehelichen Kindes.
[6] Zur Frage, ob die Gleichstellungsvereinbarung auch zwischen dem Vater und den Abkömmlingen eines (vorverstorbenen) nichtehelichen Kindes geschlossen werden kann, *Bestelmeyer* FamRZ 1999, 970.
[7] Zu den Einzelheiten der nur noch in „Altfällen" zur Anwendung kommenden Regelungen des Erbersatzanspruchs vgl die Erl in MünchKommBGB/*Leipold* 3. Aufl §§ 1934 a bis 1934 e.

vor dem 3. 10. 1990 geboren war. Voraussetzung ist, dass der Erblasser zum Beitrittszeitpunkt seinen gewöhnlichen Aufenthalt im Gebiet der ehemaligen DDR hatte und daher nach dem Recht der DDR beerbt worden wäre[8]. Unter dieser Voraussetzung waren auch diejenigen nichtehelichen Kinder erbberechtigt, die vor dem 1. 7. 1949 geboren waren, da das DDR-Recht insoweit keine zeitliche Grenze kannte. Durch die Neufassung des Art 235 § 1 Abs 2 EGBGB durch das ErbGleichG wurde diese Begünstigung der vor dem 1. 7. 1949 geborenen Kinder klargestellt.

e) Übergangsregelungen. Die bis zum 1. 4. 1998 geltenden Vorschriften über das Erbrecht des nichtehelichen Kindes sind nach Art 227 Abs 1 EGBGB weiter anzuwenden, wenn vor diesem Zeitpunkt der Erblasser gestorben ist (Nr 1) oder eine wirksame Vereinbarung über den Erbausgleich getroffen oder der Erbausgleich durch rechtskräftiges Urteil zuerkannt worden ist (Nr 2). Ist es bis zum 31. 3. 1998 nicht zu einem wirksamen vorzeitigen Erbausgleich gekommen, so ist ein solcher nicht mehr möglich[9] und das neue Recht auf einen seit dem 1. 4. 1998 eingetretenen Erbfall anwendbar. Zahlungen, die der Vater im Hinblick auf einen Erbausgleich geleistet und zu Lebzeiten nicht zurückgefordert hat, sind nach den Bestimmungen über die Ausgleichung von Ausstattungen auf den gesetzlichen Erbteil (§§ 2050 Abs 1, 2051 Abs 1) und den Pflichtteil (§ 2315) anzurechnen, Art 227 Abs 2 EGBGB. 8

3. Annahme als Kind. Die Annahme als Kind (Adoption) kann ein gesetzliches Erbrecht begründen. Zu unterscheiden ist zwischen der Adoption eines Minderjährigen (Rn 10–12) und der Volljährigen-Adoption (Rn 13) und danach, ob die Annahme vor oder nach Inkrafttreten des Adoptionsgesetzes am 1. 1. 1977 (Rn 14) erfolgte. 9

a) Annahme eines Minderjährigen. Die Annahme eines Minderjährigen als Kind gibt diesem nach § 1754 Abs 2 in vollem Umfang die Rechtsstellung eines Kindes des Annehmenden. Nimmt ein Ehepaar ein Kind oder ein Ehegatte das Kind des anderen Ehegatten an, erlangt das Kind die rechtliche Stellung eines gemeinschaftlichen Kindes der Ehegatten (§ 1754 Abs 1), wobei die frühere Differenzierung zwischen ehelichen und nichtehelichen Kindern durch das KindRG entfallen ist. Die Verwandtschaftsverhältnisse zu den bisherigen Verwandten erlöschen, § 1755 Abs 1. Das adoptierte Kind kann daher nicht mehr gesetzlicher Erbe seiner leiblichen Eltern und deren Vorfahren sein, es gehört aber zu den gesetzlichen Erben der ersten Ordnung nach dem Annehmenden, dessen Eltern etc. 10

Nimmt ein Ehegatte das Kind seines Ehegatten an **(Stiefkindadoption)**, so erlischt das Verwandtschaftsverhältnis nur zu dem anderen Elternteil und dessen Verwandten, § 1755 Abs 2. Besonderheiten gelten, wenn ein Ehegatte das Kind des anderen Ehegatten annimmt, dessen frühere Ehe durch Tod aufgelöst ist. Nach § 1756 Abs 2 erlöschen die Verwandtschaftsverhältnisse zu den Verwandten des anderen Elternteils nicht, wenn dieser die elterliche Sorge (allein oder gemeinsam) innehatte. Das angenommene Halbwaisenkind kann daher gesetzlicher Erbe der ersten Ordnung nach drei Großelternpaaren sein[10]. 11

Bei einer Adoption durch einen mit dem Kind im zweiten oder dritten Grad Verwandten oder Verschwägerten **(Verwandtenadoption)**, also zB durch Onkel oder Tante, erlischt nach § 1756 Abs 1 nur das Verwandtschaftsverhältnis des Kindes und seiner Abkömmlinge zu den bisherigen Eltern. Das angenommene Kind kann demnach gesetzlicher Erbe der ersten Ordnung nach seinen beiden leiblichen Großelternpaaren und nach dem durch die Adoption vermittelten Großelternpaar werden. Soweit durch eine Verwandtenadoption eine mehrfache Verwandtschaft entsteht (die bisherige und die durch den Annehmenden vermittelte), erhält der Adoptierte innerhalb der ersten drei Ordnungen die in den Stämmen anfallenden Anteile nebeneinander (§ 1927, vgl dort Rn 3). 12

b) Adoption eines Volljährigen. Die Adoption eines Volljährigen begründet idR nur die Verwandtschaft zwischen dem Angenommenen sowie dessen Abkömmlingen und dem Annehmenden, nicht aber zwischen dem Angenommenen und den Verwandten des Annehmenden (§ 1770 Abs 1). Somit sind der Adoptierte und seine Abkömmlinge gesetzliche Erben erster Ordnung nach dem Annehmenden, nicht jedoch nach dessen Eltern etc. Da der Angenommene nach § 1770 Abs 2 mit seinen leiblichen Vorfahren verwandt bleibt, ist er auch gesetzlicher Erbe erster Ordnung nach den leiblichen Eltern und Voreltern. 13

c) Adoptionen nach altem Recht. Bei Adoptionen vor dem 1. 1. 1977 und damit unter Geltung des früheren Rechts sind die Übergangsregelungen in Art 12 AdoptG zu beachten. War der Erblasser am 1. 1. 1977 bereits verstorben, bestimmen sich die erbrechtlichen Verhältnisse stets nach altem Recht (Art 12 § 1 Abs 4 AdoptG). In Erbfällen nach dem 1. 1. 1977 ist zu unterscheiden: War der Angenommene am 1. 1. 1977 bereits volljährig, sind nach Art 12 § 1 Abs 1 AdoptG die neuen Vorschriften über die Volljährigen-Adoption anzuwenden. Hatte der Angenommene am 1. 1. 1977 das 18. Lebensjahr noch nicht vollendet, so galt bis 31. 12. 1977, dh für alle Erbfälle bis zu diesem Datum, das alte Recht, danach grds das neue Recht über die Minderjährigen-Adoption (Art 12 § 2 Abs 1, 2 AdoptG)[11]. 14

---

[8] OLG Brandenburg FamRZ 1997, 1031; OLG Köln FamRZ 1993, 484; *Schlüter/Fegeler* FamRZ 1998, 1337, 1339 f.
[9] OLG Düsseldorf NJW 1999, 1560.
[10] *Schmitt-Kammler* FamRZ 1978, 570.
[11] Zu den Einzelheiten vgl *Soergel/Stein* Rn 27; *Kemp* MittRhNotK 1976, 373.

III. Verteilung innerhalb der ersten Ordnung

15   Vorweg ist ggf zu klären, ob und in welcher Höhe der überlebende Ehegatte nach § 1931 bzw ein Lebenspartner nach § 10 Abs 1 LPartG als Erbe berufen ist. Der verbleibende Rest ist dann nach den folgenden Regeln unter den Abkömmlingen zu verteilen:

16   **1. Erbfolge nach Stämmen und Grundsatz der Repräsentation.** Innerhalb einer Ordnung werden die Erben und die Quoten ihrer Erbteile nach Stämmen ermittelt. Es findet eine **gleichmäßige Aufteilung auf die Stämme** statt[12], da nach **Abs 4** Kinder des Erblassers zu gleichen Teilen als Erben berufen sind. Dabei gilt innerhalb des Stammes der **Grundsatz der Repräsentation**: Ein Abkömmling schließt die durch ihn mit dem Erblasser verwandten Abkömmlinge von der gesetzlichen Erbfolge aus (**Abs 2**). Enkel des Erblassers werden also nicht Erben, wenn beim Erbfall ihr vom Erblasser abstammender Elternteil lebt.

17   **2. Eintrittsprinzip.** Ist ein Abkömmling vorverstorben, treten an seine Stelle die durch ihn mit dem Erblasser verwandten Abkömmlinge. Dieses **Eintrittsrecht** stellt ein eigenes Recht des eintretenden Abkömmlings dar[13] und hängt daher nicht davon ab, ob der Nachrückende Erbe des vorverstorbenen Abkömmlings geworden ist. Der Wortlaut des § 1924 Abs 3 ist insofern zu eng, als er nur von dem Eintritt für einen **nicht mehr lebenden Abkömmling** spricht. Das Eintrittsprinzip gilt aber auch dann, wenn ein lebender Abkömmling nicht Erbe wird, weil er ausgeschlagen hat (§ 1953) oder für erbunwürdig erklärt wurde (§ 2344). Auch für den Fall, dass der nähere Abkömmling durch Testament enterbt wurde (§ 1938), ist ein Eintrittsrecht nach Abs 3 zu bejahen, es sei denn, die Enterbung sollte sich nach dem Willen des Erblassers auf den gesamten Stamm erstrecken[14]. Dagegen schließt ein Erbverzicht eines Abkömmlings nach § 2349 idR auch das gesetzliche Erbrecht der Abkömmlinge des Verzichtenden aus. Ein vor dem 1. 4. 1998 rechtswirksam zustande gekommener vorzeitiger Erbausgleich eines nichtehelichen Kindes brachte auch das Erbrecht seiner Nachkommen zum Erlöschen (§§ 1934 d, 1934 e aF; Art 227 Abs 1 Nr 2 EGBGB).

§ 1925 Gesetzliche Erben zweiter Ordnung

(1) Gesetzliche Erben der zweiten Ordnung sind die Eltern des Erblassers und deren Abkömmlinge.

(2) Leben zur Zeit des Erbfalls die Eltern, so erben sie allein und zu gleichen Teilen.

(3) ¹Lebt zur Zeit des Erbfalls der Vater oder die Mutter nicht mehr, so treten an die Stelle des Verstorbenen dessen Abkömmlinge nach den für die Beerbung in der ersten Ordnung geltenden Vorschriften. ²Sind Abkömmlinge nicht vorhanden, so erbt der überlebende Teil allein.

(4) In den Fällen des § 1756 sind das angenommene Kind und die Abkömmlinge der leiblichen Eltern oder des anderen Elternteils des Kindes im Verhältnis zueinander nicht Erben der zweiten Ordnung.

I. Normzweck

1   Die Eltern des Erblassers treten als gesetzliche Erben der zweiten Ordnung zwar hinter den Abkömmlingen zurück, gehen jedoch den Geschwistern des Erblassers und deren Abkömmlingen vor. Dass in der zweiten Ordnung nicht die jüngere Generation, sondern die ältere zum Zuge kommt, lässt sich mit den engeren persönlichen Bindungen zwischen Kind und Eltern rechtfertigen, aber auch damit, dass im Vermögen des Kindes häufig Werte enthalten sind, die von den Eltern stammen. Wenn ein Elternteil vorverstorben ist, werden nach Abs 3 S 1 dessen Abkömmlinge an seiner Stelle gesetzliche Erben. Dies wird als **Erbrecht nach Linien** bezeichnet, da zwischen den zur väterlichen und den zur mütterlichen Linie gehörenden Verwandten unterschieden wird.

II. Erben zweiter Ordnung

2   Erben zweiter Ordnung sind die leiblichen **Eltern,** also die Personen, von denen der Erblasser unmittelbar abstammt, und deren Abkömmlinge, das sind die voll- und halbbürtigen Geschwister des Erblassers und deren Kinder (Nichten und Neffen des Erblassers) und Kindeskinder.

3   **1. Erbrecht der Eltern (sog Schoßfall).** Die Eltern sind nach **Abs 2** allein (vorbehaltlich des Ehegatten- und Lebenspartnererbrechts) und **zu gleichen Teilen** berufen. Sie schließen daher Geschwister des Erblassers von der gesetzlichen Erbfolge aus und erben zu je ½. Die Ausschlusswirkung des Abs 2 setzt lediglich das Erleben des Erbfalls durch die Eltern als Einzelpersonen und ihre Erbenstellung voraus. Nicht erforderlich ist, dass die Eltern in einer gültigen Ehe leben oder gelebt haben[1].

---

[12] Der Grundsatz der Gleichberechtigung der Stämme ist auch bei der Auslegung letztwilliger Verfügungen zu beachten; OLG München HRR 1938 Nr 156; *Staudinger/Werner* Rn 24.
[13] RGZ 61, 14, 16; *Staudinger/Werner* Rn 17; *Soergel/Stein* Rn 35.
[14] RGZ 61, 14; RG JW 1913, 869 Nr 14; *Staudinger/Werner* Rn 19; *RGRK/Kregel* Rn 8.
[1] *Soergel/Stein* Rn 6; *Staudinger/Werner* Rn 11.

Gesetzliche Erben zweiter Ordnung § 1925

Auch der Vater eines nach dem 1. 7. 1949 geborenen nichtehelichen Kindes gehört in Erbfällen seit 4
dem 1. 7. 1970 zu den Erben zweiter Ordnung, sofern die Vaterschaft förmlich feststeht (vgl § 1924
Rn 3–6).

2. Erbrechtliche Lage bei Vorversterben der Eltern. Ist ein Elternteil bereits verstorben, so fällt 5
dessen Erbteil nicht dem überlebenden anderen Elternteil, sondern nach **Abs 3 S 1** den Abkömmlingen
des verstorbenen Elternteils zu. Dabei sind die für die Beerbung in der ersten Ordnung geltenden
Vorschriften, dh § 1924 Abs 2 bis 4, anzuwenden. Kinder des vorverstorbenen Elternteils erben zu
gleichen Teilen. Nur wenn der vorverstorbene Elternteil keine Abkömmlinge hinterlassen hat, fällt sein
Erbteil nach **Abs 3 S 2** dem überlebenden Elternteil zu, der dann (vorbehaltlich des Ehegatten- und
Lebenspartnererbrechts) Alleinerbe wird.

Sind **beide Elternteile vorverstorben,** treten deren Abkömmlinge an ihre Stelle. Dabei ist 6
zwischen gemeinsamen und einseitigen Abkömmlingen zu unterscheiden, da die Abkömmlinge jeweils
nur an die Stelle der Elternteile treten, mit denen sie verwandt sind. Die Erben der dritten Ordnung
kommen erst zum Zug, wenn kein Abkömmling der Eltern mehr lebt.

Dem Vorversterben steht es gleich, wenn der Vater oder die Mutter des Erblassers durch Ausschla- 7
gung (§ 1953 Abs 2) oder durch Erbunwürdigerklärung (§ 2344 Abs 2) weggefallen oder durch Verfügung von Todes wegen enterbt sind (s auch § 1924 Rn 17). Ein Erbverzicht der Eltern lässt das
gesetzliche Erbrecht ihrer Abkömmlinge unberührt; § 2349 gilt nur für den Verzicht durch einen
Abkömmling oder Seitenverwandten des Erblassers.

III. Besonderheiten bei Annahme als Kind

1. Adoption eines Minderjährigen. S zunächst § 1924 Rn 9 ff und die dortigen Schrifttums- 8
angaben zum Erbrecht bei Adoptionen. Wurde der Erblasser als Minderjähriger adoptiert, so sind – in
Erbfällen nach dem 31. 12. 1976 (zur Rechtslage vor dem 1. 1. 1977 vgl § 1924 Rn 14) – gesetzliche
Erben der zweiten Ordnung die Adoptiveltern (bzw der Adoptivvater oder die Adoptivmutter, vgl
§ 1754 Abs 1, 2) sowie deren Abkömmlinge. Die Verwandtschaftsverhältnisse zu den leiblichen Eltern
sind mit der Annahme nach § 1755 Abs 1 S 1 erloschen.

2. Adoption eines Volljährigen. Da bei der Adoption eines Volljährigen nach § 1770 Abs 1 9
einerseits die Verwandtschaft mit den leiblichen Eltern und deren Abkömmlingen bestehen bleibt,
andererseits eine Verwandtschaft des Adoptierten mit den Adoptiveltern (nicht mit deren Abkömmlingen) begründet wird, sind gesetzliche Erben der zweiten Ordnung nach dem Angenommenen die
Adoptiveltern und die leiblichen Eltern zu gleichen Teilen. Sind ein leiblicher Elternteil oder beide
vorverstorben, treten deren Abkömmlinge an ihre Stelle[2]. Ist ein Adoptivelternteil vorverstorben, so
treten wegen § 1770 Abs 1 nicht dessen Abkömmlinge, sondern der andere Adoptivelternteil ein[3]. Bei
Vorversterben beider Adoptivelternteile werden allein die leiblichen Eltern bzw deren Abkömmlinge
gesetzliche Erben der zweiten Ordnung. Sind umgekehrt die leiblichen Eltern ohne Abkömmlinge
verstorben, kommen allein die Adoptiveltern zum Zug[4]. Erfolgte die Adoption durch eine Einzelperson, so erbt diese neben den leiblichen Eltern zu ½[5].

3. Verwandtenadoption. Wenn der Annehmende und das (minderjährige) Kind **im zweiten oder** 10
dritten Grad verwandt sind (zB Großeltern adoptieren ihren Enkel), so erlöschen nach § 1756 Abs 1
nur die Verwandtschaftsverhältnisse des Kindes zu den leiblichen Eltern. **Abs 4** stellt klar, dass auch die
Abkömmlinge der leiblichen Eltern (= die leiblichen Geschwister des Adoptivkindes) nicht mehr zu
den Erben der zweiten Ordnung gehören, obwohl die leibliche Verwandtschaft in diesem Verhältnis
erhalten geblieben ist. Das Adoptivkind wird also in der zweiten Ordnung nur von den Adoptiveltern
und deren Abkömmlingen beerbt, während es seinerseits beim Tod seiner leiblichen Geschwister nicht
Erbe der zweiten Ordnung wird. Zur Rechtslage innerhalb der dritten Ordnung s § 1926 Rn 8. Die
dargestellten Rechtsfolgen gelten nur für die Auswirkungen der leiblichen Verwandtschaft. Soweit
durch die Adoption wiederum ein Verwandtschaftsverhältnis begründet wird, kann dies zur Berufung
der leiblichen Eltern als gesetzliche Erben der zweiten Ordnung nach dem Adoptierten und zur
Berufung des Adoptivkindes als Erbe zweiter Ordnung nach dem Elternteil, mit dem es durch die
Adoption wieder verwandt ist, führen[6].

4. Stiefkindadoption. Adoptiert ein Ehegatte das Kind des anderen Ehegatten aus einer früheren, 11
durch Tod aufgelösten Ehe, so erlischt nach § 1756 Abs 2 das Verwandtschaftsverhältnis zu den
Verwandten des anderen Elternteils nicht, wenn dieser die elterliche Sorge hatte. Die Abkömmlinge des
verstorbenen leiblichen Elternteils gehören nach **Abs 4** dennoch nicht zu den gesetzlichen Erben der
zweiten Ordnung des Adoptivkindes; sie werden ihrerseits auch nicht von dem angenommenen Kind
in der zweiten Ordnung beerbt. Der Ausschluss aus der zweiten Ordnung erstreckt sich nur auf die
einseitigen Abkömmlinge des vorverstorbenen Elternteils (halbbürtige leibliche Geschwister des Ange-

---

[2] OLG Zweibrücken FGPrax 1996, 189.
[3] MünchKommBGB/*Leipold* Rn 8; *Staudinger/Werner* Rn 18; *Soergel/Stein* Rn 7; *Dittmann* Rpfleger 1978, 277, 282 f.
[4] MünchKommBGB/*Leipold* Rn 8; *Staudinger/Werner* Rn 18.
[5] MünchKommBGB/*Leipold* Rn 8; AnwK-BGB/*Kroiß* Rn 6; aA – zu 1/3 – *Staudinger/Werner* Rn 9; *Soergel/Stein* Rn 6.
[6] MünchKommBGB/*Leipold* Rn 13; *Palandt/Edenhofer* Rn 5; *Soergel/Stein* Rn 10; *Dieckmann* FamRZ 1979, 389, 395; aA *Erman/Schlüter* Rn 11.

nommenen und deren Abkömmlinge), nicht auf die vollbürtigen Geschwister, die als Abkömmlinge des überlebenden (wiederverheirateten) Elternteils an dessen Stelle treten, wenn dieser wegfällt[7].

§ 1926 Gesetzliche Erben dritter Ordnung

(1) Gesetzliche Erben der dritten Ordnung sind die Großeltern des Erblassers und deren Abkömmlinge.

(2) Leben zur Zeit des Erbfalls die Großeltern, so erben sie allein und zu gleichen Teilen.

(3) [1]Lebt zur Zeit des Erbfalls von einem Großelternpaar der Großvater oder die Großmutter nicht mehr, so treten an die Stelle des Verstorbenen dessen Abkömmlinge. [2]Sind Abkömmlinge nicht vorhanden, so fällt der Teil des Verstorbenen dem anderen Teil des Großelternpaars und, wenn dieser nicht mehr lebt, dessen Abkömmlingen zu.

(4) Lebt zur Zeit des Erbfalls ein Großelternpaar nicht mehr und sind Abkömmlinge der Verstorbenen nicht vorhanden, so erben die anderen Großeltern oder ihre Abkömmlinge allein.

(5) Soweit Abkömmlinge an die Stelle ihrer Eltern oder ihrer Voreltern treten, finden die für die Beerbung in der ersten Ordnung geltenden Vorschriften Anwendung.

I. Erbfolge in der dritten Ordnung

1   Auch in der dritten Ordnung, die zum Zuge kommt, wenn Erben der ersten und zweiten Ordnung nicht vorhanden sind, erfolgt die Auswahl der gesetzlichen Erben nach Linien mit Eintritt der Abkömmlinge. Das Gesetz trennt die Erben der dritten Ordnung, die **Großeltern**, in die Vater- und Mutterlinie und fasst die beiden Stämme eines Großelternpaares zu einer Einheit zusammen. Fällt ein Großelternstamm aus, geht der Anteil zunächst an den mit dem weggefallenen Teil verbundenen Stamm und erst wenn auch dieser weggefallen ist, an die beiden Stämme der anderen Linie.

II. Erbrecht der Großeltern

2   Leben alle Großeltern zum Zeitpunkt des Erbfalls, so erben sie nach **Abs 2** allein und zu gleichen Teilen. Ist daneben der **Ehegatte** des Erblassers gesetzlicher Erbe, erhält dieser nach § 1931 Abs 1 S 1 die Hälfte des Nachlasses, bei Zugewinngemeinschaft 3/4 (§§ 1931 Abs 1 S 1, Abs 3, 1371 Abs 1). Das Gleiche gilt, wenn neben Großeltern ein eingetragener **Lebenspartner** gesetzlicher Erbe ist (§§ 10 Abs 1 S 1, 6 S 2 LPartG iVm § 1371 Abs 1).

3   Die väterlichen Großeltern eines nach dem 1. 7. 1949 geborenen nichtehelichen Kindes gehören in Erbfällen seit dem 1. 7. 1970, sofern die Vaterschaft förmlich feststeht, zu den Erben dritter Ordnung (vgl § 1924 Rn 3–6).

III. Erbrecht bei vorverstorbenen Großeltern

4   Ein vorverstorbener Großelternteil wird nach **Abs 3 S 1** von seinen Abkömmlingen ersetzt. Diese schließen, wie sich aus **Abs 5** mit § 1924 Abs 2 bis 4 ergibt, entferntere Abkömmlinge aus und erben zu gleichen Teilen den Anteil, der auf den vorverstorbenen Großelternteil entfallen würde. Der Ehegatte als gesetzlicher Erbe schließt allerdings nach § 1931 Abs 1 S 2 die Großeltern-Abkömmlinge von der Erbfolge aus (näher § 1931 Rn 13). Für den eingetragenen **Lebenspartner** existiert jetzt in § 10 Abs 1 S 2 LPartG dem § 1931 Abs 1 S 2 entspr Regelung. Vgl zum Ganzen § 1931 Rn 23.

IV. Erbrecht bei ausgestorbenen Linien

5   Ist beim Erbfall kein (noch so entfernter) Abkömmling eines vorverstorbenen Großelternteils vorhanden[1], fällt der entspr Anteil an den anderen Teil dieses Großelternpaares **(Abs 3 S 2)**, bzw wenn auch dieser nicht mehr lebt, an dessen Abkömmlinge. Bei Wegfall der ganzen Linie treten das Großelternpaar der anderen Linie oder dessen Abkömmlinge an ihre Stelle **(Abs 4)**.

V. Besonderheiten bei Annahme als Kind

6   **1. Minderjährigen-Adoption.** S zunächst § 1924 Rn 9 ff und die dortigen Schrifttumsangaben zum Erbrecht bei Adoptionen. Bei einer Minderjährigen-Adoption sind (in Erbfällen nach dem 31. 12. 1976, vgl § 1924 Rn 14) – da die bisherigen Verwandtschaftsverhältnisse des Kindes erlöschen (§ 1755 Abs 1 S 1) und das Kind die rechtliche Stellung eines gemeinschaftlichen Kindes der annehmenden Ehegatten erlangt (§ 1754 Abs 1) – die **Eltern der Adoptiveltern** (samt Abkömmlingen) **Erben der dritten Ordnung.**

---

[7] MünchKommBGB/*Leipold* Rn 14; *Soergel/Stein* Rn 11; jurisPK/*Schmidt* Rn 16; *Schmitt-Kammler* FamRZ 1978, 570, 574; aA *Lange/Kuchinke* § 14 II 2 b; *Kraiß* BWNotZ 1977, 1, 5; *Dittmann* Rpfleger 1978, 277, 280.
[1] Auch hier steht ein sonstiger Wegfall (Ausschlagung, Erbunwürdigerklärung, Enterbung) dem Vorversterben gleich; s § 1925 Rn 7.

2. Adoption eines Volljährigen. Erben dritter Ordnung sind allein die Eltern der leiblichen 7
Eltern, also die **leiblichen Großeltern** (und deren Abkömmlinge), weil sich gemäß § 1770 Abs 1 die
Wirkung der Annahme nicht auf die Verwandten der Annehmenden erstreckt und nach § 1770 Abs 2
die leiblichen Verwandtschaftsverhältnisse durch die Adoption unberührt bleiben. Ein Abkömmling des
Adoptierten erhält jedoch neben seinen leiblichen Großeltern mit den Adoptierenden ein drittes Groß-
elternpaar, das als Erbe dritter Ordnung in Betracht kommt[2].

3. Adoption eines Verwandten zweiten oder dritten Grades und Stiefkindadoption. Wird 8
ein (minderjähriger) Verwandter zweiten oder dritten Grades adoptiert (zB ein Neffe von seinem Onkel
und dessen Ehegatten), bleibt die Verwandtschaft zu den beiden leiblichen Großelternpaaren[3] unberührt (§ 1756 Abs 1); hinzu kommen die Eltern des annehmenden Ehegatten, so dass rechtlich eine
Abstammung von drei Großelternpaaren vorliegen kann (vgl § 1756 Rn 2)[4]. Diese drei Großelternpaare (bzw ihre Abkömmlinge) gehören zu den Erben dritter Ordnung nach dem angenommenen
Kind[5]. Die leiblichen Eltern des Erblassers (dh des angenommenen Kindes) zählen wegen § 1756 Abs 1
nicht zu den Abkömmlingen der leiblichen Großeltern, wohl aber dessen leibliche Geschwister. Diese
können nicht Erben der zweiten Ordnung nach dem Adoptierten sein (vgl § 1925 Rn 10), kommen
jedoch als Erben dritter Ordnung zum Zug, wenn ein leiblicher Großelternteil vorverstorben ist.
Umgekehrt gehört der Angenommene zu den gesetzlichen Erben dritter Ordnung beim Tod leiblicher
Geschwister.

Entsprechendes gilt bei einer **Stiefkindadoption** im Falle des § 1756 Abs 2 (vgl § 1925 Rn 11). Da 9
das Kind mit den Eltern seines verstorbenen leiblichen Elternteils verwandt bleibt, hat es ebenfalls drei
Großelternpaare, die alle (mit ihren Abkömmlingen) zu den Erben der dritten Ordnung gehören.

§ 1927 Mehrere Erbteile bei mehrfacher Verwandtschaft

¹Wer in der ersten, der zweiten oder der dritten Ordnung verschiedenen Stämmen angehört, erhält den in jedem dieser Stämme ihm zufallenden Anteil. ²Jeder Anteil gilt als
besonderer Erbteil.

I. Normzweck

Innerhalb der ersten drei Ordnungen, in denen das Parentelsystem gilt, führt die konsequente Durch- 1
führung des Stammeserbenprinzips zur Anerkennung **mehrfachen Erbrechts** auf Grund der Zugehörigkeit zu mehreren Stämmen. § 1927 spricht dies, um Zweifel auszuschließen[1], ausdrücklich aus. Die
mehrfach mit dem Erblasser Verwandten bekommen die ihnen zufallenden Erbteile aus jeder dieser
Verwandtschaften. Der Umstand, dass jeder Erbteil als gesonderter gilt, begünstigt den Erben insofern,
als er Rechte wie zwei verschiedene Erben geltend machen kann. Eine entspr Regelung findet sich in
§ 1934 für den Fall, dass der überlebende Ehegatte zugleich zu den erbberechtigten Verwandten zählt.

II. Zugehörigkeit zu mehreren Stämmen

Voraussetzung für die Anwendung des § 1927 ist die Zugehörigkeit zu verschiedenen Stämmen 2
innerhalb derselben Ordnung; bei verschiedenen Ordnungen gilt § 1930. Die Zugehörigkeit zu
mehreren Stämmen kann dadurch entstehen, dass einer **Ehe zwischen Verwandten** ein Abkömmling
entstammt, der durch beide Stammeseltern mit dem Erblasser verwandt ist. ZB beerbt das Kind aus
einer Ehe zwischen Cousin und Cousine das Urgroßelternpaar in der väterlichen wie in der mütterlichen Linie in erster Ordnung.

Auch die **Adoption eines Verwandten** kann mehrfache Verwandtschaftsbeziehungen begründen, 3
vorausgesetzt die bisherigen Verwandtschaftsbeziehungen des Adoptierten bleiben bestehen, was bei der
Adoption Volljähriger (vgl § 1770 Abs 2) oder bei der Adoption eines im zweiten oder dritten Grad
mit dem Adoptierenden verwandten Kindes (vgl § 1756 Abs 1) der Fall ist. Wird ein Enkel vom
Großvater väterlicherseits adoptiert, so beerbt er diesen in der ersten Ordnung einerseits auf Grund der
Adoption, andererseits (wenn der leibliche Vater des Adoptierten vorverstorben ist) auch kraft Eintritts
nach § 1924 Abs 3. Ebenso kann die Adoption durch Onkel oder Tante zu einem mehrfachen
Erbrecht führen (vgl § 1924 Rn 12).

III. Eigenständigkeit der Erbteile

Die Regelung in **S 2,** dass jeder Anteil als **besonderer Erbteil** gilt, bedeutet im Einzelnen: Jeder 4
Anteil kann gesondert angenommen und ausgeschlagen werden (§ 1951 Abs 1). Im Rahmen einer
Miterbengemeinschaft kann der mehrfach verwandte Erbe über jeden Anteil gesondert nach § 2033

---

[2] Zu weiteren komplizierten, praktisch wenig relevanten Fallgestaltungen vgl *Staudinger/Werner* Rn 11.
[3] Von denen hier ein Paar gleichzeitig zu Adoptivgroßeltern wird.
[4] BT-Drucks 7/3061 S 22.
[5] Soweit ein leibliches Großelternpaar durch die Adoption die Adoptivgroßelterneigenschaft erhalten hat (im
obigen Beispiel die Eltern des Onkels), erbt das Paar nicht doppelt: MünchKommBGB/*Leipold* Rn 8; *Palandt/
Edenhofer* Rn 3; AnwK-BGB/*Kroiß* Rn 15; aA *Staudinger/Werner* Rn 7; *Soergel/Stein* Rn 6.
[1] Mot V S 363.

§ 1929 Buch 5. Abschnitt 1. Erbfolge

Abs 1 verfügen. Die Haftung für Nachlassverbindlichkeiten ist für jeden Anteil selbstständig zu beurteilen (§ 2007 S 1). Vermächtnisse und Auflagen sowie Ausgleichungspflichten können auf einen der Erbteile beschränkt sein; der andere braucht nicht angegriffen zu werden. Streitig ist, ob bei der Berechnung des Pflichtteils, insbes bei Anwendung des § 2305, von der gesamten gesetzlichen Erbquote auszugehen ist. Diese Frage ist zu bejahen, denn wenn dem mehrfach Verwandten ein (unter dem gesetzlichen Erbteil liegender) Erbteil hinterlassen wurde, lässt sich nicht sagen, ob er diesen als Angehöriger des einen oder des anderen Stammes erhält[2].

§ 1928 Gesetzliche Erben vierter Ordnung

(1) Gesetzliche Erben der vierten Ordnung sind die Urgroßeltern des Erblassers und deren Abkömmlinge.

(2) Leben zur Zeit des Erbfalls Urgroßeltern, so erben sie allein; mehrere erben zu gleichen Teilen, ohne Unterschied, ob sie derselben Linie oder verschiedenen Linien angehören.

(3) Leben zur Zeit des Erbfalls Urgroßeltern nicht mehr, so erbt von ihren Abkömmlingen derjenige, welcher mit dem Erblasser dem Grade nach am nächsten verwandt ist; mehrere gleich nahe Verwandte erben zu gleichen Teilen.

I. Normzweck

1   Die Auswahl der Erben ab der vierten Ordnung unterscheidet sich wesentlich von der in den niedrigeren Ordnungen. Es gilt nicht mehr das Erbrecht nach Linien und Stämmen, sondern das **Gradualsystem,** wonach die Gradnähe der Verwandtschaft entscheidet[1].

II. Erben der vierten Ordnung

2   Erben der vierten Ordnung sind nach **Abs 1** die Urgroßeltern des Erblassers und deren Abkömmlinge. Der Ehegatte verdrängt die Erben vierter und höherer Ordnung ganz (§ 1931 Abs 2), ebenso der eingetragene Lebenspartner (§ 10 Abs 2 LPartG).

III. Erbrecht lebender Urgroßeltern

3   Lebt noch ein Urgroßelternteil, so erbt dieser nach **Abs 2** allein und schließt alle Abkömmlinge von Urgroßeltern aus. Mehrere lebende Urgroßeltern erhalten den Nachlass zu gleichen Teilen. Dabei spielt es keine Rolle, ob sie mit dem Erblasser über denselben oder verschiedene Großelternteile verwandt sind.

IV. Erbrecht der Abkömmlinge von Urgroßeltern

4   Wenn kein Urgroßelternteil mehr vorhanden ist, erben von den Nachkommen der Urgroßeltern die nach Graden mit dem Erblasser am nächsten verwandten **(Abs 3).** Der Verwandtschaftsgrad wird nach § 1589 S 3 durch die Zahl der Geburten bestimmt, aus denen sich die Verwandtschaft zum Erblasser ergibt. Da Erblasser und Urgroßeltern stets im dritten Grad verwandt sind, genügt es, von den Urgroßeltern ausgehend die Zahl der vermittelnden Geburten zu zählen. Mehrere mit dem Erblasser gleich nah verwandte Abkömmlinge der Urgroßeltern erben **nach Kopfteilen** (Abs 3 letzter HS). Dabei spielt es keine Rolle, ob sie gemeinsame Abkömmlinge eines Urgroßelternpaares oder einseitige Abkömmlinge eines Urgroßelternteils sind. Ein dem Grade nach näherer halbbürtiger Verwandter geht vollbürtigen entfernteren Verwandten vor. Unter gleich nah mit dem Erblasser verwandten Urgroßeltern-Abkömmlingen erhöht eine mehrfache Verwandtschaft den Erbteil nicht; § 1927 gilt nur für die ersten drei Ordnungen.

§ 1929 Fernere Ordnungen

(1) Gesetzliche Erben der fünften Ordnung und der ferneren Ordnungen sind die entfernteren Voreltern des Erblassers und deren Abkömmlinge.

(2) Die Vorschrift des § 1928 Abs. 2, 3 findet entsprechende Anwendung.

I. Normzweck

1   Innerhalb der fünften bzw der höheren Ordnungen gilt wie schon in der vierten Ordnung das **Gradualsystem** und das **Erbrecht nach Kopfteilen.** Die Erbfolge der fünften und fernerer Ordnungen findet ihre tatsächliche Grenze an den Schwierigkeiten des Nachweises der Verwandtschaft.

---

[2] MünchKommBGB/*Leipold* Rn 4; aA RGRK/*Kregel* Rn 3.
[1] AG Starnberg (Rechtspfleger) FamR 2003, 1131 sieht darin einen Verstoß gegen den Gleichheitsgrundsatz des Art 3 GG und die Erbrechtsgarantie des Art 14 GG. Dabei wurde indes übersehen, dass das BGB nach der Neubekanntmachung im Rahmen der Schuldrechtsmodernisierung kein vorkonstitutionelles Recht mehr darstellt, vgl *Leipold* NJW 2003, 2657; *J. Mayer* ZEV 2004, 298.

II. Erben der fünften Ordnung

Erben der fünften und der ferneren Ordnungen sind alle Personen, von denen die Urgroßeltern des 2 Erblassers in gerader Linie abstammen: Eltern, Großeltern usw der Urgroßeltern und deren Abkömmlinge. Wie sich aus der Verweisung des **Abs 2** auf § 1928 Abs 2 ergibt, erben lebende Voreltern allein und zu gleichen Teilen. Sind keine lebenden Voreltern der fünften Ordnung vorhanden, erhalten (jeweils innerhalb der Ordnung) die dem Grad nach nächsten Abkömmlinge der Voreltern den Nachlass, bei gleicher Gradnähe nach Kopfteilen, Abs 2 iVm § 1928 Abs 3. Der Ehegatte schließt als gesetzlicher Erbe nach § 1931 Abs 2 die Erben ab der vierten Ordnung aus, ebenso der eingetragene Lebenspartner (§ 10 Abs 2 LPartG).

§ 1930 Rangfolge der Ordnungen

Ein Verwandter ist nicht zur Erbfolge berufen, solange ein Verwandter einer vorhergehenden Ordnung vorhanden ist.

I. Normzweck

Der in § 1930 ausgesprochene Grundsatz ergibt sich bereits aus den vorangegangenen Vorschriften: 1 Die **niedrigere Ordnung geht** den höheren Ordnungen **vor**. Solange zB auch nur ein Abkömmling des Erblassers (Angehöriger der ersten Ordnung) beim Erbfall vorhanden ist, sind die Eltern des Erblassers und deren Nachkommen (Erben der zweiten Ordnung) nicht als gesetzliche Erben berufen. Außerhalb der Ordnungen steht der Ehegatte des Erblassers (vgl § 1931).

II. Vorhandensein eines Verwandten

Vorhanden ist ein Verwandter iS des § 1930 dann, wenn er zum Zeitpunkt des Erbfalls **lebt** (§ 1923 2 Abs 1) oder bereits **erzeugt** ist und später lebend geboren wird (§ 1923 Abs 2). Ferner darf der Berufung zum gesetzlichen Erben kein Hindernis entgegenstehen; der Verwandte darf also nicht durch Erbverzicht (§ 2346 Abs 1), vorzeitigen Erbausgleich (§ 1934 e aF), Enterbung (§ 1938), Ausschlagung (§ 1953 Abs 2) oder Erbunwürdigkeit (§ 2344 Abs 2) aus dem Kreis der Erben ausgeschieden sein. In diesen Fällen wird er so behandelt, als wäre er zum Zeitpunkt des Erbfalls nicht vorhanden gewesen.

War in Erbfällen vor dem 1. 4. 1998 der vorrangige Verwandte auf einen Erbersatzanspruch 3 (§ 1934 a aF) verwiesen (vgl § 1924 Rn 6), wahrte er gleichwohl den Rang seiner Ordnung und schloss nachrangige Verwandte von der Erbfolge aus (§ 1930 HS 2 aF, der durch das ErbGleichG gestrichen wurde).

§ 1931 Erbrecht des verwandten Ehegatten

(1) ¹Der überlebende Ehegatte des Erblassers ist neben Verwandten der ersten Ordnung zu einem Viertel, neben Verwandten der zweiten Ordnung oder neben Großeltern zur Hälfte der Erbschaft als gesetzlicher Erbe berufen. ²Treffen mit Großeltern Abkömmlinge von Großeltern zusammen, so erhält der Ehegatte auch von der anderen Hälfte den Anteil, der nach § 1926 den Abkömmlingen zufallen würde.

(2) Sind weder Verwandte der ersten oder der zweiten Ordnung noch Großeltern vorhanden, so erhält der überlebende Ehegatte die ganze Erbschaft.

(3) Die Vorschrift des § 1371 bleibt unberührt.

(4) Bestand beim Erbfall Gütertrennung und sind als gesetzliche Erben neben dem überlebenden Ehegatten ein oder zwei Kinder des Erblassers berufen, so erben der überlebende Ehegatte und jedes Kind zu gleichen Teilen; § 1924 Abs. 3 gilt auch in diesem Falle.

Schrifttum: *Bosch,* Ist das geltende Ehegatten-Erbrecht bei kinderloser Ehe reformbedürftig?, FamRZ 1983, 227; *Braga,* Das Ehegattenerbrecht nach § 1931 Abs. 4 BGB, FamRZ 1972, 105; *Bühler,* Pflichtteilsregelung nach § 1371 BGB nF, BWNotZ 1961, 109; *Kühne,* Zur Reform des gesetzlichen Erb- und Pflichtteilsrechts, JR 1972, 221; *Leipold,* Wandlungen in den Grundlagen des Erbrechts?, AcP 180 (1980), 160; *Odersky,* Die Erbquote des Ehegatten und der Kinder in den Fällen des § 1931 Abs. 4 BGB, Rpfleger 1973, 239; *v. Olshausen,* Gesetzliches Ehegattenerbrecht neben Großeltern und deren Abkömmlingen in Gütersand der Zugewinngemeinschaft, FamRZ 1981, 633; *Staudenmaier,* Ehegattenerbrecht und Großeltern, BWNotZ 1961, 323; *Stöcker,* Ausbau des Ehegattenerbrechts, FamRZ 1970, 444; *Werner,* Zugewinnausgleich bei gleichzeitigem Tod der Ehegatten, FamRZ 1976, 249.

Zum Erbrecht des Lebenspartners: *v. Dickhuth-Harrach,* Erbrecht und Erbrechtsgestaltung eingetragener Lebenspartner, FamRZ 2001, 1660; *Grziwotz,* Die Lebenspartnerschaft zweier Personen gleichen Geschlechts, DNotZ 2001, 280; *Kaiser,* Das Lebenspartnerschaftsgesetz, JZ 2001, 617; *Krüger,* Eingetragene Lebenspartnerschaften und gesetzliches Erbrecht, Rpfleger 2004, 138; *Leipold,* Die neue Lebenspartnerschaft aus erbrechtlicher Sicht, insbesondere bei zusätzlicher Eheschließung, ZEV 2001, 218; *Mayer,* Das Gesetz zur Beendigung der Diskriminierung gleichgeschlechtlicher Gemeinschaften: Lebenspartnerschaften, ZEV 2001, 169; *Rieger,* Das Vermögensrecht der eingetragenen Lebenspartnerschaft, FamRZ 2001, 1497; *Schwab,* Eingetragene Lebenspartnerschaft, FamRZ 2001, 385; *Walter,* Das gesetzliche Erbrecht in der eingetragenen Lebenspartnerschaft, FPR 2005, 279.

§ 1931

Übersicht

	Rn		Rn
I. Normzweck	1	4. Neben Großeltern und Abkömmlingen von Großeltern	13
II. Verhältnis des Ehegattenerbrechts zum Verwandtenerbrecht	2	5. Neben entfernteren Verwandten	14
III. Allgemeine Voraussetzungen des gesetzlichen Ehegattenerbrechts	3	V. Einfluss des Güterstands	15
1. Bestehende Ehe	3	1. Zugewinngemeinschaft	16
2. Überleben des Ehegatten	8	2. Gütertrennung	19
3. Kein Ausschlussgrund	9	3. Gütergemeinschaft	21
IV. Umfang des Erbrechts	10	VI. Das Erbrecht des Lebenspartners	22
1. Grundsatz	10	1. Grundsatz	22
2. Neben Verwandten der ersten Ordnung	11	2. Umfang	23
3. Neben Verwandten der zweiten Ordnung	12	3. Einfluss des Güterstands	24

I. Normzweck

1 Neben der Verwandtschaft mit dem Erblasser ist die Ehe der zweite Berufungsgrund für die gesetzliche Erbfolge[1]. Das gesetzliche Erbrecht des Ehegatten findet seine Rechtfertigung in der durch die eheliche Gemeinschaft begründeten engen Beziehung der Ehegatten. Eine analoge Anwendung des § 1931 auf nichteheliche Lebensgemeinschaften ist daher nicht möglich[2]. Das Ehegattenerbrecht verfolgt sowohl rechtsethische als auch wirtschaftliche Ziele. Die rechtsethische Funktion des Ehegattenerbrechts liegt in der Anerkennung der Teilhabe des überlebenden Ehegatten am Leben des Verstorbenen, die personale Beziehung soll durch die Zuordnung eines Vermögensanteils vergegenständlicht fortbestehen. Der wirtschaftliche Zweck besteht in der Sicherung der weiteren Existenz im Anschluss an den bisherigen Lebenszuschnitt innerhalb der Ehe, den der überlebende Ehegatte durch seinen Anteil an der gemeinsamen Lebensführung und am gemeinschaftlichen Wirtschaften mitgeprägt hat. Vor allem im gesetzlichen Güterstand soll das Erbrecht zum Ausgleich der während der Ehe erzielten Vermögensmehrungen beitragen. Bei den Diskussionen um die Reformbedürftigkeit des Erbrechts nimmt das Ehegattenerbrecht breiten Raum ein[3].

II. Verhältnis des Ehegattenerbrechts zum Verwandtenerbrecht

2 Das BGB reiht den überlebenden Ehegatten des Erblassers nicht in eine der für die gesetzliche Erbfolge bestehenden Ordnungen ein. Es sieht die Erbberechtigung auf Grund Blutsverwandtschaft und auf Grund Ehe als **gleichwertig** an und lässt daher Ehegatten und (nähere) Verwandte nebeneinander zum Zuge kommen. Im Verhältnis zu entfernteren Verwandten wird der überlebende Ehegatte eindeutig bevorzugt (vgl Abs 1 S 2) oder sogar allein berechtigt (Abs 2).

III. Allgemeine Voraussetzungen des gesetzlichen Ehegattenerbrechts

3 **1. Bestehende Ehe.** Erbberechtigt ist der Ehegatte, der zum Zeitpunkt des Erbfalls mit dem Erblasser in einer **gültigen Ehe** gelebt hat. Entscheidend ist allein der Bestand (vgl aber § 1933), nicht die Dauer der Ehe. Ggf. sind Sondervorschriften der Kriegs- und Nachkriegszeit zu beachten. Rechtswirksam mit der Konsequenz eines gesetzlichen Erbrechts sind danach auch die durch Ferntrauungen[4] oder anerkannte Nottrauungen[5] geschlossenen Ehen[6].

4 War die Ehe im Zeitpunkt des Erbfalls **rechtskräftig geschieden** (§ 1564 S 2) oder **aufgehoben** (§ 1313), so wird der bisherige Ehegatte nicht gesetzlicher Erbe. § 1933 lässt das gesetzliche Erbrecht bereits entfallen, wenn der Erblasser vor dem Erbfall bei vorliegenden Scheidungsvoraussetzungen die Scheidung beantragt, dem Scheidungsantrag des anderen Teils zugestimmt oder eine begründete Aufhebungsklage erhoben hatte (§ 1933 Rn 4 ff). Das Getrenntleben allein steht dem Erbrecht nicht entgegen.

5 Die **Nichtigerklärung** einer Ehe (§§ 16, 33 EheG aF), die bis zum Inkrafttreten des Gesetzes zur Neuordnung des Eheschließungsrechts auch noch nach dem Tod eines Ehegatten möglich war (§ 24 EheG aF; § 632 ZPO aF) und zum Verlust des Erbrechts führte, wurde abgeschafft. Die Mängel, die

---

[1] Dies war in den dem Erbrecht des BGB vorausgehenden Partikularrechten nicht die Regel; zur geschichtlichen Entwicklung des Ehegattenerbrechts vgl die Hinweise bei *Lange/Kuchinke* § 12 I 2 mit rechtsvergleichender Betrachtung.
[2] Ganz hM, OLG Saarbrücken NJW 1979, 2050; OLG Frankfurt NJW 1982, 1885; MünchKommBGB/*Leipold* Rn 6; *Lange/Kuchinke* § 12 II 1.
[3] Vgl etwa *Leipold* AcP 180 (1980), 160, 173; *Stöcker* FamRZ 1970, 444; *Kühne* JR 1972, 221; *Bosch* FamRZ 1983, 227; krit zum Ausbau des Ehegattenerbrechts *Staudinger/Otte* Einl §§ 1922 ff Rn 120.
[4] PersonenstandsVO der Wehrmacht idF vom 17. 10. 1942, RGBl I S 597.
[5] Gesetz vom 2. 12. 1950, BGBl I S 778.
[6] Zu weiteren Sonderregelungen *Soergel/Stein* Rn 8 ff; *Staudinger/Werner* Rn 10.

Erbrecht des verwandten Ehegatten § 1931

früher zur Nichtigkeit der Ehe führten, wurden in den Katalog der Aufhebungsgründe des § 1314 aufgenommen.

Bei **Doppelehe** des Erblassers hinterlässt dieser zwei Ehegatten, wenn nicht die Aufhebung der zweiten Ehe nach §§ 1306, 1314 Abs 1 bis zum Erbfall zumindest beantragt ist (§ 1933 S 2). In diesem gesetzlich nicht geregelten Fall sind beide Ehegatten zu Erben berufen, sofern nicht die Ausnahme des § 1318 Abs 5 eingreift. Beide Ehegatten erhalten aber nur einen Anteil gemeinsam[7], da sonst in das gesetzliche Erbrecht der Verwandten, insbes der Abkömmlinge, eingegriffen würde. 6

Lebte der überlebende Ehegatte mit dem Erblasser in einer **Nichtehe** (zB „Eheschließung" ohne Mitwirkung eines Standesbeamten, vgl §§ 11 EheG aF, 1310 Abs 1 S 1), konnte kein gesetzliches Erbrecht entstehen. § 1310 Abs 3 sieht unter bestimmten Voraussetzungen eine Heilung fehlerhafter Eheschließungen vor[8]. 7

2. Überleben des Ehegatten. Das gesetzliche Erbrecht des Ehegatten entsteht nur, wenn dieser den anderen Ehegatten überlebt hat (§ 1923 Abs 1). Bei gleichzeitigem oder als gleichzeitig vermutetem (§ 11 VerschG, s § 1923 Rn 6) Versterben kann kein Ehegatte den anderen beerben. 8

3. Kein Ausschlussgrund. Neben dem speziellen Ausschlussgrund des § 1933 gelten die allgemeinen Ausschließungsgründe: Enterbung durch letztwillige Verfügung des Erblassers (§ 1938), Erbverzicht (§ 2346) und Erbunwürdigkeit (§§ 2339 ff). 9

IV. Umfang des Erbrechts

1. Grundsatz. Die Quote, mit der der überlebende Ehegatte am Nachlass beteiligt wird, hängt zum einen davon ab, in welchem **Güterstand** die Ehegatten zum Zeitpunkt des Erbfalls gelebt haben (dazu unten V.), zum anderen davon, welcher **Ordnung** die daneben erbberechtigten Verwandten angehören. Aus Abs 1 und 2 ergibt sich die „erbrechtliche Grundausstattung"[9] des überlebenden Ehegatten, die im Güterstand der Zugewinngemeinschaft (Rn 16) und der Gütertrennung (Rn 19) erhöht werden kann. Mit dem Maße, in dem die miterbenden Verwandten ferneren Ordnungen angehören, erhöht sich der Anteil des Ehegatten. Da dem Ehegatten ein fester Anteil am Nachlass zusteht und der Rest unter den erbberechtigten Verwandten nach allgemeinen Regeln verteilt wird, ist zwingend zuerst der Ehegattenerbteil zu bestimmen. 10

2. Neben Verwandten der ersten Ordnung. Neben Verwandten der ersten Ordnung (§ 1924) erhält der Ehegatte einen Erbteil von ¼, unabhängig davon, wie viele Abkömmlinge vorhanden sind. Wegen Abs 3 und 4 verbleibt es bei dem Viertel jedoch nur, wenn die Ehegatten im Zeitpunkt des Erbfalls in Gütergemeinschaft gelebt haben oder wenn bei Gütertrennung mehr als zwei Kinder des Erblassers vorhanden sind (Rn 19). 11

3. Neben Verwandten der zweiten Ordnung. Neben Verwandten der zweiten Ordnung (§ 1925) erbt der Ehegatte die Hälfte, wobei ebenfalls Abs 3 zu beachten ist. Es bleibt auch dann bei der Hälfte, wenn beide Eltern des Erblassers vorverstorben sind und nur einseitige Abkömmlinge eines Elternteils als Erben der zweiten Ordnung zum Zuge kommen[10]. 12

4. Neben Großeltern und Abkömmlingen von Großeltern. Neben **Großeltern** ist der Ehegatte zur Hälfte als gesetzlicher Erbe berufen. Sind Großelternteile weggefallen, so erhält der Ehegatte, wenn Abkömmlinge der Großeltern vorhanden sind, die nach § 1926 an der anderen Hälfte teilhaben würden, den auf diese Abkömmlinge entfallenden Anteil (**Abs 1 S 2**). Der Ehegatte geht immer nur den Abkömmlingen von Großeltern, nicht den Großeltern selbst vor. Ist ein Großelternteil vorverstorben, der keine Abkömmlinge hinterlassen hat, so geht dessen Anteil an den anderen Teil des Großelternpaares (§§ 1931 Abs 1 S 2, 1926 Abs 3 S 2). Ist auch der andere Teil weggefallen, ohne Nachkommen hinterlassen zu haben, so fällt der Anteil nach §§ 1931 Abs 1 S 2, 1926 Abs 4 dem anderen noch lebenden Großelternpaar vor[11]. Dass das zufällige Vorhandensein von Abkömmlingen des Großelternteils darüber entscheidet, ob der Anteil dem Ehegatten des Erblassers oder dem anderen Großelternteil bzw -paar zufällt, wird zu Recht als wenig folgerichtig kritisiert, ist aber angesichts der eindeutigen gesetzlichen Regelung hinzunehmen[12]. 13

5. Neben entfernteren Verwandten. Der überlebende Ehegatte schließt nach **Abs 2** alle Verwandten des Erblassers aus, die zu der vierten (§ 1928) oder entfernteren Ordnungen (§ 1929) gehören, sowie die Abkömmlinge von Großeltern in der dritten Ordnung. 14

V. Einfluss des Güterstands

Die ursprüngliche Regelung des BGB, die keinen Einfluss des Güterstandes auf die Erbquote des überlebenden Ehegatten kannte, gilt heute uneingeschränkt nur noch bei der Gütergemeinschaft. Soweit die Eheleute im gesetzlichen Güterstand der Zugewinngemeinschaft oder in Gütertrennung 15

---

[7] MünchKommBGB/*Leipold* Rn 11; *Palandt*/*Edenhofer* Rn 4.
[8] Näher dazu *Hepting* FamRZ 1998, 713, 725.
[9] MünchKommBGB/*Leipold* Rn 20.
[10] OLG Celle FamRZ 2003, 560; LG Bochum Rpfleger 1989, 509; MünchKommBGB/*Leipold* Rn 22.
[11] Näher mit Anwendungsbeispiel *Staudinger*/*Werner* Rn 25; zur Berechnung im Falle der Zugewinngemeinschaft s Rn 16.
[12] Krit *Staudinger*/*Werner* Rn 26; *Soergel*/*Stein* Rn 18; *Lange*/*Kuchinke* § 12 III 4 a.

§ 1931

lebten, kann der Güterstand nach Abs 3 iVm § 1371 bzw nach Abs 4 zur Erhöhung des Ehegattenerbteils über den in Abs 1 und 2 vorgesehenen Rahmen hinaus führen.

16   1. **Zugewinngemeinschaft.** Lebten die Eheleute im Zeitpunkt des Erbfalls im gesetzlichen Güterstand der Zugewinngemeinschaft, so verweist **Abs 3** auf § 1371 mit der undeutlichen Formulierung, dass diese Vorschrift „unberührt" bleibe. Gemäß § 1371 Abs 1 erhöht sich der gesetzliche Erbteil des Ehegatten, wie er sich aus § 1931 Abs 1 ergibt, um ¼. Durch die Erhöhung des gesetzlichen Erbteils soll der Ausgleich des Zugewinns verwirklicht werden (sog **erbrechtliche Lösung**). Die Erhöhung setzt voraus, dass der Ehegatte als gesetzlicher Erbe berufen ist und die Erbschaft aus diesem Berufungsgrund nicht ausgeschlagen hat. Schlägt der Ehegatte, der durch Verfügung von Todes wegen eingesetzt wurde, diese Erbschaft aus und nimmt er sie als gesetzlicher Erbe an (§ 1948 Abs 1), so wird sein gesetzlicher Erbteil ebenfalls nach § 1371 Abs 1 erhöht[13]. Der Ehegatte erhält neben Abkömmlingen somit insgesamt ½, neben Erben der zweiten Ordnung und neben Großeltern ¾ (wenn keine Abkömmlinge von vorverstorbenen Großeltern leben). Trifft der Ehegatte mit Großeltern und Abkömmlingen von Großeltern zusammen, gilt Folgendes: Zunächst muss ausgehend vom erhöhten Ehegattenerbteil von ¾ der Erbteil bestimmt werden, der auf die überlebenden Großeltern und die Abkömmlinge von Großeltern entfallen würde. Danach ist der Anteil der Abkömmlinge von Großeltern dem Ehegattenerbteil nach Abs 1 S 2 zuzuschlagen[14]. Die Auffassung, die zunächst ohne Berücksichtigung des § 1371 Abs 1 die Anteile ermittelt und erst zum Schluss die Erhöhung zum Ehegattenanteil hinzurechnet (mit der Folge, dass der Ehegatte Alleinerbe wäre)[15], verkennt, dass es nicht Sinn der Erbteilserhöhung nach § 1371 Abs 1 ist, erbberechtigte Verwandte von der Erbfolge auszuschließen.

17   Der nach § 1931 Abs 1 iVm § 1371 Abs 1 berechnete Nachlassanteil stellt einen **einheitlichen Erbteil** dar. Er kann nur als Ganzes angenommen oder ausgeschlagen werden (§ 1950); eine Teilausschlagung allein des gesetzlichen Erbteils, der dem Ehegatten ohne Rücksicht auf den Güterstand zusteht, oder nur des nach § 1371 Abs 1 zugefallenen Viertels ist nicht möglich. Das zusätzliche Viertel kann aber Gegenstand eines Erbverzichts sein[16].

18   Anstelle der erbrechtlichen kann der Ehegatte die sog **güterrechtliche Lösung** wählen, indem er die Erbschaft ausschlägt (§ 1371 Abs 3). Er hat dann einen Anspruch gegen die Erben auf Ausgleich des tatsächlich erzielten Zugewinns nach den §§ 1373 ff. Die güterrechtliche Lösung kommt auch dann zum Zuge, wenn der Ehegatte durch Verfügung von Todes wegen vom gesetzlichen Erbrecht ausgeschlossen ist und ihm auch kein Vermächtnis zusteht (§ 1371 Abs 2). In beiden Fällen kann er neben dem konkret berechneten Zugewinnausgleich den Pflichtteil, berechnet auf der Grundlage des nicht erhöhten gesetzlichen Erbteils (sog kleiner Pflichtteil), verlangen (Einzelheiten s § 1371).

19   2. **Gütertrennung.** Die Regelung in **Abs 4** will verhindern, dass im Falle der Gütertrennung ein Ehegatte einen geringeren gesetzlichen Erbteil erhält als ein Kind des Erblassers. Der Gesetzgeber wollte berücksichtigen, dass auch bei Gütertrennung die unentgeltliche Mitarbeit des Ehegatten zum Vermögenserwerb des Erblassers beigetragen hat, und einen Ausgleich dafür schaffen, dass nur den Abkömmlingen (§ 2057 a), nicht aber dem Ehegatten ein besonderer Ausgleichsanspruch zusteht[17]. Der Ehegatte erhält nach Abs 4 neben einem Kind des Erblassers die Hälfte, neben zwei Kindern ¾ und neben drei und mehr Kindern einen Erbteil von 1/3. Voraussetzung ist, dass die Kinder als gesetzliche Erben berufen sind. Wer die Erbschaft ausgeschlagen hat oder durch Erbverzicht, Erbunwürdigkeit oder vorzeitigen Erbausgleich (§ 1934 e aF, Art 227 Abs 1 Nr 2 EGBGB) als gesetzlicher Erbe weggefallen ist, wird nicht mitgezählt[18]. Aus der Verweisung auf § 1924 Abs 3 folgt, dass dieselben Erbquoten gelten, wenn an die Stelle eines vorverstorbenen Kindes dessen Abkömmlinge getreten sind; das Prinzip der Erbfolge nach Stämmen wird also innerhalb des Abs 4 beibehalten. Soweit Abs 4 nicht eingreift, ist der Ehegattenerbteil bei Gütertrennung nach Abs 1 und 2 zu bestimmen. Dies gilt zB auch, wenn die beiden erbberechtigten Kinder des Erblassers ausgeschlagen haben und dadurch der Ehegatte mit Verwandten der zweiten Ordnung zusammentrifft.

20   In Erbfällen vor dem 1. 4. 1998 wurden nichteheliche Kinder, die nach § 1934a aF neben dem Ehegatten nur einen Erbersatzanspruch hatten, im Rahmen des Abs 4 mitgezählt[19].

21   3. **Gütergemeinschaft.** Die Gütergemeinschaft ist der einzige Güterstand, bei dem sich der gesetzliche Erbteil des überlebenden Ehegatten allein nach Abs 1 und 2 bestimmt. In den Nachlass fällt neben dem Sonder- und Vorbehaltsgut der Anteil des verstorbenen Ehegatten am Gesamtgut (§ 1482 S 1). Im Regelfall wird die Gütergemeinschaft durch den Tod eines Ehegatten beendet; die Auseinandersetzung

---

[13] KG OLGZ 1991, 6, 12.
[14] MünchKommBGB/*Leipold* Rn 29 mit Berechnungsbeispiel; *Staudinger/Werner* Rn 37; *Soergel/Stein* Rn 23; *Palandt/Edenhofer* Rn 7; AK/*Derleder* Rn 10; *Lange/Kuchinke* § 12 III 4 b; *v. Olshausen* FamRZ 1981, 633; *Olzen*, Jura 1998, 135, 140.
[15] *Bühler* BWNotZ 1961, 109, 112; *Staudenmaier* BWNotZ 1961, 323; *Erman/Schlüter* Rn 25; *Brox* Rn 65; *Jauernig/Stürner* Rn 4.
[16] *Staudinger/Werner* Rn 39; *Erman/Schlüter* Rn 32.
[17] Krit zu dieser Begründung MünchKommBGB/*Leipold* Rn 34.
[18] MünchKommBGB/*Leipold* Rn 35; *Braga* FamRZ 1972, 105, 107.
[19] *Staudinger/Werner* Rn 46; zur streitigen Frage, wie zu verfahren war, wenn die Zahl der ehelichen Kinder zur Anwendung des § 1931 Abs 4 geführt hätte, während bei Einrechnung der nichtehelichen Kinder § 1931 Abs 1 einschlägig gewesen wäre, vgl MünchKommBGB/*Leipold* 3. Aufl Rn 30; *Odersky* Rpfleger 1973, 239 einerseits und *Staudinger/Werner* Rn 48 andererseits.

erfolgt dann nach §§ 1471 ff. Bei entspr Vereinbarung im Ehevertrag wird die Gütergemeinschaft nach § 1483 Abs 1 S 1 zwischen dem überlebenden Ehegatten und den Abkömmlingen fortgesetzt. In diesem Fall gehört der Anteil des Verstorbenen am Gesamtgut nicht zum Nachlass (§ 1483 Abs 1 S 3).

VI. Das Erbrecht des Lebenspartners

1. Grundsatz. Die erbrechtliche Stellung des Lebenspartners in der eingetragenen Lebenspartnerschaft ist der eines Ehepartners weitgehend angeglichen; die Regelungen über das gesetzliche Erbrecht des Lebenspartners in § 10 Abs 1 und 2 LPartG lehnen sich eng an § 1931 an, insbes nachdem das LPartÜG vom 15. 12. 2004 weitere Angleichungen der Lebenspartnerschaft an die Ehe vorgenommen hat. Das Erbrecht des Lebenspartners ist unter den Voraussetzungen des § 10 Abs 3 LPartG ausgeschlossen (vgl § 1933 Rn 11 ff). Zum Anspruch des überlebenden Lebenspartners auf den Voraus s § 1932 Rn 11 ff. Ist der überlebende Lebenspartner durch Verfügung von Todes wegen von der Erbfolge ausgeschlossen, so kann er nach Maßgabe des § 10 Abs 6 LPartG den Pflichtteil nach §§ 2303 ff verlangen. 22

2. Umfang. Gemäß § 10 Abs 1 S 1 LPartG ist der überlebende Lebenspartner des Erblassers neben **Verwandten der ersten Ordnung** zu einem **Viertel**, neben **Verwandten der zweiten Ordnung** oder neben **Großeltern** zur **Hälfte** als gesetzlicher Erbe berufen. Sind weder Verwandte der ersten noch der zweiten Ordnung, noch Großeltern vorhanden, so erhält der überlebende Lebenspartner die ganze Erbschaft (§ 10 Abs 2 LPartG). Durch den neu eingefügten Abs 1 S 2 wurde nun auch die Regelung des § 1931 Abs 1 S 2 (vgl Rn 13) übernommen[20]. 23

3. Einfluss des Güterstands. Ähnlich wie bei Ehegatten hat der gewählte Güterstand (§ 6 LPartG) uU erheblichen Einfluss auf das gesetzliche Erbrecht des überlebenden Partners. Haben die Lebenspartner – was im Hinblick auf § 6 S 1 LPartG der Regelfall sein dürfte – den Güterstand der **Zugewinngemeinschaft** gewählt[21], so gilt gemäß § 6 S 2 LPartG die Vorschrift des § 1371 entspr. Danach findet ein pauschalierter Ausgleich durch Erhöhung des gesetzlichen Erbteils des überlebenden Partners um ¼ statt (§ 1371 Abs 1). Unter den Voraussetzungen des § 1371 Abs 2 und 3 kann er neben dem Pflichtteil Ausgleich nach güterrechtlichen Regeln verlangen. 24

Bei Gütertrennung trifft der durch das LPartÜG neu eingefügte **Abs 2 S 2** die gleiche Regelung wie § 1931 Abs 4, um zu verhindern, dass der überlebende Lebenspartner einen geringeren gesetzlichen Erbteil erhält als ein Kind des Erblassers. 25

Die Partner können auch den Güterstand der **Gütergemeinschaft** vereinbaren, wie jetzt § 7 LPartG klarstellt. Liegt eine solche Vereinbarung durch Lebenspartnerschaftsvertrag vor, so sind die Regeln über die eheliche Gütergemeinschaft – insbes § 1482 – entspr anwendbar (§ 7 S 2 LPartG). Der Anteil des verstorbenen Lebenspartners am gemeinsamen Vermögen fällt also in den Nachlass. 26

§ 1932 Voraus des Ehegatten

(1) [1]Ist der überlebende Ehegatte neben Verwandten der zweiten Ordnung oder neben Großeltern gesetzlicher Erbe, so gebühren ihm außer dem Erbteil die zum ehelichen Haushalt gehörenden Gegenstände, soweit sie nicht Zubehör eines Grundstücks sind, und die Hochzeitsgeschenke als Voraus. [2]Ist der überlebende Ehegatte neben Verwandten der ersten Ordnung gesetzlicher Erbe, so gebühren ihm diese Gegenstände, soweit er sie zur Führung eines angemessenen Haushalts benötigt.

(2) Auf den Voraus sind die für Vermächtnisse geltenden Vorschriften anzuwenden.

Schrifttum: *Eigel,* Der Voraus des überlebenden Ehegatten, MittRhNotK 1983, 1; *Halm,* Wohnungsmiete und Voraus nach § 1932 BGB, BWNotZ 1966, 270; *Ripfel,* Der gesetzliche Voraus des überlebenden Ehegatten, BWNotZ 1965, 266; *Vlassopoulos,* Der eheliche Hausrat im Familien- und Erbrecht, Diss Tübingen 1983.

I. Normzweck

Der Voraus soll dem überlebenden Ehegatten die Fortsetzung des Haushalts in der bisherigen Weise ermöglichen[1]. Zu der sozialen Komponente tritt ein emotionaler Aspekt: Die Vorschrift hat, was sich insbes in der Einbeziehung der Hochzeitsgeschenke zeigt, auch den Zweck, Eingriffe in den Gefühls- und Persönlichkeitsbereich des trauernden Ehegatten zu vermeiden. § 1932 wird in seiner Zwecksetzung ergänzt durch die (erbrechtsunabhängige) Vorschrift des § 563 im Mietrecht. In Einzelfällen erhält der Ehegatte über § 1932 praktisch den gesamten Nachlass, ohne Alleinerbe zu sein. Die Zuteilung des Voraus ist unabhängig vom Güterstand der Eheleute. Auf die nichteheliche Lebensgemeinschaft ist die Vorschrift nach hM nicht analog anwendbar[2]. 1

---

[20] Zu den Problemen bei der alten Rechtslage *Leipold* ZEV 2001, 218, 219; *v. Dickhuth-Harrach* FamRZ 2001, 1660, 1661.
[21] Die ursprünglich eingeführte Ausgleichsgemeinschaft wurde durch das LPartÜG wieder abgeschafft.
[1] Mot V § 372 f.
[2] MünchKommBGB/*Leipold* Rn 4; *Koutses* FPR 2001, 41.

II. Rechtsnatur des Voraus

2   Der Voraus ist ein dem Ehegatten neben seinem gesetzlichen Erbrecht vom Gesetz zugewandtes Vermächtnis **(Abs 2)**. Da der Ehegatte die zum Voraus zählenden Gegenstände vorab, ohne Anrechnung auf seine Erbquote erhält, handelt es sich um ein **Vorausvermächtnis** iS des § 2150[3]. Aus der Anwendung der Vorschriften über das Vermächtnis ergibt sich, dass die zum Voraus zählenden Gegenstände in den Nachlass fallen und der Ehegatte eine schuldrechtliche Forderung gegen die Erbengemeinschaft auf Übertragung (§ 2174) hat. Der Anspruch des Ehegatten auf den Voraus begründet eine **Nachlassverbindlichkeit,** deren Erfüllung bei der Auseinandersetzung der Erbengemeinschaft vorweg verlangt werden kann (§ 2046). Der Ehegatte hat die Stellung eines Nachlassgläubigers (§ 1967 Abs 2); in der Nachlassinsolvenz ist er Insolvenzgläubiger minderen Ranges (§ 327 Abs 1 Nr 2 InsO). Der (entstandene) Anspruch auf den Voraus ist **vererblich.** Zur Behandlung des Voraus bei der Pflichtteilsberechnung s § 2311 Rn 11. Das Recht des Nacherben erstreckt sich im Zweifel nicht auf den Voraus (§ 2110 Abs 2); beim Erbschaftskauf gilt er im Zweifel nicht als mitverkauft (§ 2373 S 1).

III. Voraussetzungen

3   **1. Gesetzliches Erbrecht.** Der Voraus steht dem Ehegatten nur zu, wenn er neben Verwandten der ersten oder zweiten Ordnung oder neben Großeltern **gesetzlicher Erbe** wird. Neben der Erbfähigkeit nach § 1923 (kein gleichzeitiges Versterben) ist die Erbberechtigung aus § 1931 erforderlich, dh die Ehe muss zum Zeitpunkt des Erbfalls noch bestanden haben (beachte § 1933), und der überlebende Ehegatte darf nicht durch letztwillige Verfügung oder aus sonstigen Gründen (Erbverzicht, Erbunwürdigkeit, Ausschlagung) von der gesetzlichen Erbfolge ausgeschlossen sein. Die Dauer der Ehe ist wie bei § 1931 unerheblich. Der Ehegatte kann, wie sich aus der Verweisung in **Abs 2** auf das Vermächtnisrecht ergibt, den Voraus ausschlagen (§§ 2176, 2180) und die Erbschaft annehmen. Wegen der Abhängigkeit des Voraus von der gesetzlichen Erbfolge soll ihm nach hM das umgekehrte Vorgehen verwehrt sein[4].

4   **2. Voraus bei Erbeinsetzung.** Wenn dem Ehegatten **durch letztwillige Verfügung** der gesetzliche Erbteil zugewendet wurde, ist dieser nicht gesetzlicher Erbe und daher an sich nicht Berechtigter iS des § 1932[5]. Gleichwohl will eine im Vordringen begriffene Meinung[6] den Voraus zubilligen, wenn der Wille des Erblassers ersichtlich ist, dem Ehegatten dieselbe Stellung zukommen zu lassen, die er als gesetzlicher Erbe hätte. Bei konsequenter Umsetzung dieses Gedankens steht dem Ehegatten insbes im Falle des § 2066 der Voraus zu[7]. Nach der Gegenmeinung kann der Ehegatte nach § 1948 die gewillkürte Erbfolge ausschlagen und die gesetzliche herbeiführen, um auf diese Weise an den Voraus zu gelangen. Anerkannt ist, dass der Erblasser durch Verfügung von Todes wegen den Voraus ganz oder teilweise entziehen kann[8].

5   **3. Konkurrenz mit Verwandten.** Der Ehegatte erhält den Voraus uneingeschränkt, wenn er **neben Verwandten der zweiten Ordnung** oder **neben Großeltern** gesetzlicher Erbe wird; sind nur entferntere Verwandte vorhanden, ist er nach § 1931 Abs 2 ohnehin Alleinerbe. **Neben Abkömmlingen** steht dem Ehegatten der Voraus in beschränktem Umfang zu **(Abs 1 S 2)**. Erbt der Ehegatte kraft Gesetzes, während der Erblasser andere Personen an Stelle der berufenen Verwandten zu Miterben gemacht hat, so steht der Voraus dem Ehegatten in dem Umfang zu, wie er ihn neben den Verwandten als gesetzlichen Erben bekommen würde[9].

IV. Gegenständlicher Umfang

6   **1. Haushaltsgegenstände.** Wenn § 1932 von „zum ehelichen Haushalt gehörenden Gegenständen" spricht, so ist dies wie in §§ 1361a, 1369 zu verstehen[10]. Die Gegenstände müssen dem gemeinsamen Haushalt während der Ehe gedient haben. Der gemeinschaftliche Haushalt muss zum Zeitpunkt des Erbfalls bereits begründet gewesen sein. Es genügt daher nicht, dass die Eheleute die Gegenstände für eine geplante gemeinsame Wohnung angeschafft haben[11]. Lebten die Ehegatten zum entscheidenden Zeitpunkt getrennt, bezieht sich der Voraus auf die zum früheren gemeinsamen Haushalt gehörenden Gegenstände einschließlich der an ihre Stelle getretenen Ersatzstücke[12]. Der

---

[3] BGHZ 73, 29, 33; *Belling* Jura 1986, 579, 587; gegen die Einordnung als gesetzliches Vorausvermächtnis *Harder* NJW 1988, 2716; *Ebenroth* Rn 157.
[4] RGRK/*Kregel* Rn 2; *Staudinger/Werner* Rn 9; *v. Lübtow* I S 81; *Soergel/Stein* Rn 11; *Lange/Kuchinke* § 12 IV 4 Fn 143; aA mit dem Argument, dass gegensätzliche Interessen nicht ersichtlich sind, MünchKommBGB/*Leipold* Rn 5.
[5] RGZ 62, 109, 110; BGHZ 73, 29, 33 = NJW 1979, 546; *Staudinger/Werner* Rn 11; *Palandt/Edenhofer* Rn 2.
[6] MünchKommBGB/*Leipold* Rn 6; AK/*Derleder* Rn 2; *Lange/Kuchinke* § 12 IV 4 Fn 142. Die testamentarische Bestimmung durch den Erblasser, seine Lebenspartnerin solle so erben, als sei sie bereits seine Ehefrau, begründet allerdings keinen Anspruch auf den Voraus, OLG Karlsruhe HRR 1936 Nr 266; zust *Staudinger/Werner* Rn 10.
[7] So MünchKommBGB/*Leipold* Rn 6; *Soergel/Stein* Rn 3.
[8] RGRK/*Kregel* Rn 3; *Staudinger/Werner* Rn 30.
[9] MünchKommBGB/*Leipold* Rn 8.
[10] *Staudinger/Werner* Rn 14; aA *Halm* BWNotZ 1966, 270, 271.
[11] RGRK/*Kregel* Rn 5; MünchKommBGB/*Leipold* Rn 9.
[12] KG OLGE 24, 80; aA – § 1932 bei Trennung nicht mehr anwendbar – *Soergel/Stein* Rn 5; jurisPK/*M.Schmidt* Rn 17; differenziert zum Getrenntleben MünchKommBGB/*Leipold* Rn 9; *Lange/Kuchinke* § 12 IV 3 Fn 134.

Voraus des Ehegatten § 1932

Begriff der **Haushaltsgegenstände** ist nicht eng zu verstehen. Er umfasst alle Sachen, die – ohne Rücksicht auf ihren Wert – im Hinblick auf die gemeinsame Lebensführung in den räumlich gegenständlichen Lebensbereich beider Eheleute einbezogen sind, zB Möbel, Geschirr, Küchengeräte, Waschmaschine, Rundfunk-, Fernseh- und Phonogeräte. Auszunehmen sind die Gegenstände, die besonderen (beruflichen, wissenschaftlichen, künstlerischen) Zwecken dienen oder die nach der Verkehrsauffassung dem persönlichen Bereich eines Gatten zuzuordnen sind (zB Kleidung, Schmuck, Kosmetika). Auch ein Pkw ist nach dem Normzweck ein Haushaltsgegenstand, wenn er gemeinsam benutzt wird[13].

Nach Wortlaut und Zweck erfasst § 1932 **Sachen** (körperliche Gegenstände, § 90) **und Rechte,** zB 7
Herausgabeansprüche und Schadensersatzansprüche wegen Entziehung oder Beschädigung von Haushaltsgegenständen. Für diese weite Deutung spricht der Verweis in **Abs 2** auf die Vorschriften des Vermächtnisrechts, wo § 2169 Abs 3 Entsprechendes bestimmt. Das Mietverhältnis bezüglich der ehelichen Wohnung geht gemäß § 563 über, so dass es eines Anspruchs aus § 1932 insoweit nicht bedarf. Einzubeziehen sind jedoch Mietrechte an sonstigen Haushaltsgegenständen sowie Anwartschaftsrechte, ferner Miteigentumsrechte[14].

Das Gesetz nimmt ausdrücklich Gegenstände aus, die **Grundstückszubehör** sind (vgl §§ 97, 98). 8
Damit soll die wirtschaftliche Einheit beachtet werden, die das Grundstück mit seinem Zubehör bildet. Erst recht können Grundstücke mit Haus oder Eigentumswohnung nicht als Haushaltsgegenstände gelten.

2. Hochzeitsgeschenke. Zum Voraus gehören die Hochzeitsgeschenke, dh unentgeltliche Zuwendungen anlässlich der Eheschließung, unabhängig davon, ob sie Haushaltsgegenstände sind und ob sie 9
Grundstückszubehör darstellen. IdR stehen diese Gegenstände im Miteigentum der Eheleute;[15] der Voraus erfasst dann die ideelle Eigentumshälfte, die dem verstorbenen Ehegatten zustand. § 1932 gilt aber auch, wenn der Erblasser Alleineigentümer war[16]. Eine Ausstattung (§ 1624) fällt nicht unter den Begriff des Hochzeitsgeschenks iS des § 1932[17].

3. Einschränkung bei Voraus neben Abkömmlingen. Neben Verwandten der ersten Ordnung 10
erhält der Ehegatte den Voraus nach **Abs 1 S 2** nur, soweit er die Haushaltsgegenstände und Hochzeitsgeschenke zur Führung eines angemessenen Haushalts benötigt. Abzustellen ist auf den Zeitpunkt des Erbfalls[18]. Bei der Bestimmung der Angemessenheit muss die bisherige Haushaltsführung der Eheleute zugrunde gelegt werden, wobei die durch den Tod eintretende Veränderung zu berücksichtigen ist[19]. Das Gesetz beschränkt den Voraus nicht auf die wirtschaftlich unbedingt notwendigen Gegenstände; es spielt auch keine Rolle, ob der Ehegatte in der Lage wäre, die erforderlichen Gegenstände aus eigenen Mitteln zu erwerben. Eine Abwägung mit den Interessen miterbender Abkömmlinge findet nicht statt[20].

V. Voraus des Lebenspartners

Ein Recht auf den Voraus steht auch dem überlebenden Lebenspartner zu, der mit dem Erblasser in 11
eingetragener Lebenspartnerschaft lebte (§ 10 Abs 1 S 3 LPartG). Wie bei § 1932 hängt der Umfang des Vermächtnisses (vgl § 10 Abs 1 S 5 LPartG) davon ab, welche Verwandten neben dem Lebenspartner als gesetzliche Erben zum Zuge kommen: Ist er neben Verwandten der zweiten oder einer höheren Ordnung berufen, so stehen ihm die zum lebenspartnerschaftlichen Haushalt gehörenden Gegenstände, soweit sie nicht Zubehör eines Grundstücks sind, und die Geschenke zur Begründung der Lebenspartnerschaft als Voraus zu (§ 10 Abs 1 S 3 LPartG). Ist er neben Verwandten der ersten Ordnung gesetzlicher Erbe, gebührt ihm der Voraus nur soweit er ihn zur Führung eines angemessenen Haushalts benötigt (§ 10 Abs 1 S 4 LPartG).

Anders als § 1932 macht § 10 LPartG den Voraus nicht ausdrücklich davon abhängig, dass der 12
überlebende Lebenspartner zugleich Erbe wird. Doch kann aus der Formulierung des § 10 Abs 1 S 2 LPartG „zusätzlich" (zum gesetzlichen Erbteil) und aus der Gesetzesbegründung[21] entnommen werden, dass das Recht auf den Voraus nur unter dieser Voraussetzung besteht. Demnach hat der überlebende Lebenspartner in den Fällen, in denen sein Erbrecht wegen eines begründeten Antrags des Erblassers auf Aufhebung der Lebenspartnerschaft wegfällt (§ 10 Abs 3 LPartG) keinen Anspruch auf den Voraus[22].

---

[13] *Palandt/Edenhofer* Rn 5; *Soergel/Stein* Rn 7; *Staudinger/Werner* Rn 15.
[14] AA – mit unrichtigen Zitaten – jurisPK/*M. Schmidt* Rn 10.
[15] KG Recht 1907 Nr 1452; *Staudinger/Werner* Rn 18.
[16] MünchKommBGB/*Leipold* Rn 14.
[17] *Erman/Schlüter* Rn 11; RGRK/*Kregel* Rn 7; aA *Eigel* MittRhNotK 1983, 1, 7.
[18] *Ripfel* BWNotZ 1965, 268; *Staudinger/Werner* Rn 21.
[19] *Soergel/Stein* Rn 9; jurisPK/*M.Schmidt* Rn 12.
[20] *Soergel/Stein* Rn 9; *Staudinger/Werner* Rn 20; AnwK-BGB/*Kroiß* Rn 9; *Vlassopoulos* S 72; aA MünchKommBGB/*Leipold* Rn 15; *Erman/Schlüter* Rn 15.
[21] BT-Drucks 14/3751 S 40.
[22] *Soergel/Stein* Anh § 1931 Rn 13; *Walter* FPR 2005, 279, 282; *Leipold* ZEV 2001, 218, 220; *v. Dickhuth-Harrach* FamRZ 2001, 1660, 1664.

§ 1933

VI. Durchsetzung im Zivilprozess

13 Im Streitfall muss der Anspruch auf den Voraus vor dem **Prozessgericht,** nicht vor dem Nachlassgericht oder im Hausratsverfahren geltend gemacht werden[23].

§ 1933 Ausschluss des Ehegattenerbrechts

[1]**Das Erbrecht des überlebenden Ehegatten sowie das Recht auf den Voraus ist ausgeschlossen, wenn zur Zeit des Todes des Erblassers die Voraussetzungen für die Scheidung der Ehe gegeben waren und der Erblasser die Scheidung beantragt oder ihr zugestimmt hatte.** [2]**Das Gleiche gilt, wenn der Erblasser berechtigt war, die Aufhebung der Ehe zu beantragen, und den Antrag gestellt hatte.** [3]**In diesen Fällen ist der Ehegatte nach Maßgabe der §§ 1569 bis 1586 b unterhaltsberechtigt.**

Schrifttum: *Battes,* Die Änderung erbrechtlicher Vorschriften im Zusammenhang mit der Reform des Scheidungsrechts, FamRZ 1977, 433; *Dieckmann,* Erbrechtliche Fragen familienrechtlicher Reformgesetze im Spiegel neuerer Lehrbücher, FamRZ 1979, 389; *Zopfs,* Die Verfassungswidrigkeit des einseitigen Erbausschlusses in § 1933 BGB, ZEV 1995, 309.

I. Normzweck

1 Die durch das 1. EheRG neu gefasste Vorschrift verfolgte ursprünglich das Ziel, den Ehegatten, der schuldhaft einen Scheidungs- oder Aufhebungsgrund geschaffen hatte, mit dem Verlust des gesetzlichen Erbrechts (einschließlich Voraus und Pflichtteil) zu bestrafen. Nach dem Übergang vom Verschuldens- zum Zerrüttungsprinzip im Scheidungsrecht war der Vorschrift in der bisherigen Form der Boden entzogen. Gleichwohl hat der Gesetzgeber am Ausschluss des Ehegattenerbrechts festgehalten, ihn aber auf den Fall beschränkt, dass der Erblasser einen begründeten Scheidungsantrag gestellt oder diesem zugestimmt hatte sowie auf den Fall der beantragten Aufhebung der Ehe. Nach Beantragung der Scheidung habe das Erbrecht des überlebenden Ehegatten seine innere Berechtigung verloren; außerdem entspreche das gesetzliche Erbrecht in dieser Situation nicht mehr dem mutmaßlichen Willen des Erblassers[1]. Der mit der Neufassung eingefügte S 3 will den Ehegatten, der nach § 1933 sein Erbrecht verloren hat, mit dem geschiedenen gleichstellen.

2 Wenn beide Ehegatten die Scheidung betreiben, ist der (gegenseitige) Erbrechtsausschluss verfassungsrechtlich unbedenklich[2]. Gegen den einseitigen Erbrechtsverlust des Scheidungsgegners im Falle des S 1 Alt 1 werden im Schrifttum beachtliche Gründe vorgebracht[3]. Für die gewillkürte Erbfolge gelten entspr Bestimmungen (§§ 2077, 2268 für das Testament und § 2279 für den Erbvertrag). Dabei handelt es sich allerdings nur um Auslegungsregeln.

II. Voraussetzungen für den Ausschluss

3 Der Erblasser muss seinen Willen, die Scheidung oder Aufhebung der Ehe herbeizuführen, eindeutig und bestimmt bekannt haben.

4 **1. Rechtshängiges Scheidungsverfahren. a) Scheidungsantrag des Erblassers.** Durch das Abstellen auf die Beantragung der Scheidung hat der Gesetzgeber (in vermeidbarer Weise) die Streitfrage provoziert, ob es auf die Einreichung des Antrags, die nach § 622 Abs 1 ZPO das Scheidungsverfahren anhängig macht, ankommt oder auf die zur Rechtshängigkeit führende Zustellung (§§ 622 Abs 2 S 2, 253 Abs 1, 261 Abs 1 ZPO). Mit der hM[4] ist auf den letztgenannten Zeitpunkt abzustellen. Die **Zustellung** des Scheidungsantrags muss danach **vor** dem **Erbfall** erfolgt sein; für eine Rückdatierung bei Zustellung nach dem Erbfall auf den Zeitpunkt der Einreichung ist kein Raum[5], weil es nicht um die Fristwahrung zur Erhaltung eines Rechts geht. Auf die Zulässigkeit des gestellten Antrags kommt es nicht an[6]. Ausreichend ist auch die Erhebung einer Widerklage (in der mündlichen Verhandlung oder durch Zustellung eines Schriftsatzes)[7]. Ein Antrag auf Gewährung von Prozesskostenhilfe genügt dagegen nicht[8]. Die Rücknahme des Scheidungsantrags beseitigt die Wirkung des § 1933. Erfolgt die Rücknahme erst nach dem Erbfall, ändert dies am Ausschluss der Erbenstellung des Ehegatten nichts mehr[9].

---

[23] Krit *Lange/Kuchinke* § 12 IV 3.
[1] BT-Drucks 7/650 S 274; krit zu dieser Begr MünchKommBGB/*Leipold* Rn 2; *Battes* FamRZ 1977, 433, 437.
[2] BVerfG (Kammerentscheidung) FamRZ 1995, 536.
[3] *Battes* FamRZ 1977, 433, 437; *Battis/Thofern* JZ 1990, 1135; *Bengel* ZEV 1994, 360; *Zopfs* ZEV 1995, 309; das BVerfG hat die Verfassungskonformität offen gelassen, ebenso der BGH in BGHZ 111, 329, 333 f und 128, 125, 135.
[4] BGHZ 111, 329 m zust Anm *Battis/Thofern* JZ 1990, 1135; BayObLGZ 1990, 20; OLG Saarbrücken FamRZ 1983, 1274; *Staudinger/Werner* Rn 5; MünchKommBGB/*Leipold* Rn 5; *Palandt/Edenhofer* Rn 2; PWW/*Tschichoflos* Rn 9; aA *Brox* Rn 56.
[5] Vgl die Zitate aaO; für eine analoge Anwendung des § 167 ZPO *Soergel/Stein* Rn 4; *Jauernig/Stürner* Rn 1.
[6] *Staudinger/Werner* Rn 5; *Erman/Schlüter* Rn 2.
[7] BayObLG FamRZ 1975, 514.
[8] *Palandt/Edenhofer* Rn 2; AnwK-BGB/*Kroiß* Rn 3.
[9] OLG Frankfurt NJW 1997, 3099; OLG Stuttgart OLGR 2007, 93; *Soergel/Stein* Rn 4.

b) Zustimmung zur Scheidung. Die Zustimmung setzt Rechtshängigkeit des Scheidungsverfahrens voraus; sie kann zu Protokoll der Geschäftsstelle, in der mündlichen Verhandlung oder in einem Schriftsatz des Prozessbevollmächtigten erklärt werden. Die Zustimmung braucht nicht ausdrücklich erteilt zu werden; es genügt, wenn sich aus der Erklärung ergibt, dass auch der Erblasser die Ehe für gescheitert hält und einer Scheidung nicht entgegentritt[10]. Wegen §§ 78 Abs 3, 630 Abs 2 ZPO genügt auch eine schriftliche Erklärung der anwaltlich nicht vertretenen Partei an das Gericht[11]. Eine lediglich dem anderen Ehegatten gegenüber erteilte Zustimmung[12] reicht ebenso wenig aus wie die bloße Unterzeichnung einer Scheidungsfolgenvereinbarung[13]. Eine im Prozesskostenhilfeverfahren erklärte Zustimmung wird mit der Rechtshängigkeit des Scheidungsverfahrens wirksam[14]. Ein (gemäß § 630 Abs 2 S 1 ZPO bis zum Schluss der mündlichen Verhandlung möglicher) Widerruf der Zustimmung lässt die Rechtsfolge des § 1933 entfallen.

c) Beendigung des Scheidungsverfahrens. Wird das Scheidungsverfahren vor dem Erbfall ohne Scheidungsurteil (sei es wegen Antragsrücknahme oder wegen rechtskräftiger Antragsabweisung) beendet, greift § 1933 nicht ein. Dagegen ändert die nicht rechtskräftige Abweisung des Scheidungsantrags an den Rechtsfolgen des § 1933 nichts[15].

2. Scheidungsvoraussetzungen. Die Voraussetzungen der Scheidung können nach dem Grundtatbestand der § 1565 oder nach den Vermutungen des § 1566 Abs 1 und 2 gegeben sein. Das Gericht, das über die Anwendung des § 1933 zu entscheiden hat (etwa im Erbscheinsverfahren), muss prüfen, ob der Scheidungsantrag erfolgreich gewesen wäre, wenn das Verfahren nicht wegen des Todes des Erblassers beendet worden wäre. Das Scheitern der Ehe (§ 1565 Abs 1) ist nach den subjektiven Vorstellungen der Ehegatten bezüglich ihrer konkreten Lebensgemeinschaft festzustellen[16]. Insoweit gelten die normalen Beweisanforderungen[17]. Die **Beweislast** trifft denjenigen, der sich auf den Wegfall des gesetzlichen Erbrechts beruft[18]. Bei der einverständlichen Scheidung gehört die nach § 630 Abs 1 ZPO erforderliche Einigung über die Scheidungsfolgen nicht zu den Scheidungsvoraussetzungen iS des § 1933[19]. Dagegen ist die allgemeine Härteklausel (§ 1568) im Rahmen der Prüfung nach § 1933 zu beachten, da es auf den zu erwartenden Erfolg des Scheidungsantrags ankommt[20].

3. Rechtshängige Aufhebungsklage. Die Aufhebungsklage des Erblassers (§ 1313) muss zu seinen Lebzeiten durch Zustellung der Antragsschrift (§ 631 Abs 2 ZPO) rechtshängig geworden sein. Ob der Erblasser berechtigt war, die Aufhebung der Ehe zu beantragen, ist nach §§ 1314 ff zu beurteilen. Der Aufhebungsantrag des überlebenden Ehegatten beseitigt dessen Erbrecht nicht.

III. Rechtsfolgen

1. Wegfall des gesetzlichen Erbrechts. Es entfallen das **gesetzliche Erbrecht** (und damit das Pflichtteilsrecht) und das Recht auf den **Voraus** des überlebenden Ehegatten. Die Erbfolge ist so zu beurteilen, als ob die Ehe im Zeitpunkt des Erbfalls bereits rechtskräftig aufgelöst gewesen wäre. Im gesetzlichen Güterstand bleibt der Anspruch auf den Zugewinnausgleich nach § 1371 Abs 2 bestehen[21].

2. Unterhaltsanspruch. Dem überlebenden Ehegatten bleibt nach **S 3** – unabhängig vom Güterstand – ein Unterhaltsanspruch unter den Voraussetzungen der §§ 1569 ff. Der Anspruch richtet sich gegen die Erben (§ 1586 b Abs 1 S 1), die aber nur begrenzt auf den fiktiven Pflichtteil haften (§ 1586 b Abs 1 S 3). Der Unterhaltsanspruch besteht nicht, wenn der Ehegatte vorbehaltlos auf sein gesetzliches Erbrecht oder auf den Pflichtteil verzichtet hat oder dieser ihm entzogen wurde[22].

IV. Ausschluss des Erbrechts des Lebenspartners

1. Antrag auf Aufhebung. Auch in der eingetragenen Lebenspartnerschaft kann das zu Lebzeiten geäußerte Verlangen des Erblassers nach Aufhebung der Partnerschaft zum Wegfall des gesetzlichen[23] Erbrechts des überlebenden Lebenspartners führen (§ 10 Abs 3 LPartG). Das Erbrecht fällt weg, wenn entweder die Voraussetzungen einer Aufhebung nach § 15 Abs 2 Nr 1 oder Nr 2 LPartG gegeben

---

[10] OLG Köln NJW-RR 2003, 655 = ZEV 2003, 326 m Anm *Werner*.
[11] OLG Stuttgart OLGZ 1993, 263.
[12] LG Düsseldorf Rpfleger 1980, 187.
[13] OLG Zweibrücken OLGZ 1983, 160; s auch BGHZ 128, 125 = ZEV 1995, 150 m Anm *Klumpp*.
[14] OLG Zweibrücken NJW 1995, 601.
[15] *MünchKommBGB/Leipold* Rn 12; *Soergel/Stein* Rn 5; *Ebenroth* Rn 140; aA *Staudinger/Werner* Rn 6 für den Fall, dass der Erblasser vor seinem Tod kein Rechtsmittel eingelegt hatte.
[16] BGHZ 128, 125 = NJW 1985, 1082.
[17] *MünchKommBGB/Leipold* Rn 8; *jurisPK/M.Schmidt* Rn 19; für „strenge" Anforderungen *Baumgärtel/Schmitz*, HdB der Beweislast im Privatrecht, Bd 2, Rn 4; *Staudinger/Werner* Rn 10; *Erman/Schlüter* Rn 4.
[18] BGHZ 128, 125; BayObLG Rpfleger 1987, 358; FamRZ 1992, 1349, 1350. Zum Nachweis des Getrenntlebens bei einem im Wachkoma liegenden Ehegatten, vgl OLG Frankfurt NJW 2002, 3033.
[19] OLG Frankfurt OLGZ 1990, 215, 218; *MünchKommBGB/Leipold* Rn 10; *Lange/Kuchinke* § 12 II 2 a; *Dieckmann* FamRZ 1979, 389, 396; aA OLG Zweibrücken NJW 2001, 236; OLG Schleswig NJW 1993, 1082, 1083; OLG Bremen FamRZ 1986, 833; *Staudinger/Werner* Rn 11; *Erman/Schlüter* Rn 3; *Palandt/Edenhofer* Rn 7.
[20] BayObLG Rpfleger 1987, 358; *MünchKommBGB/Leipold* Rn 11; *Erman/Schlüter* Rn 3.
[21] BGHZ 46, 343, 350 = NJW 1966, 2109, 2111.
[22] *Palandt/Edenhofer* Rn 9; *Dieckmann* NJW 1992, 633 und FamRZ 1999, 1029; aA *Grziwotz* FamRZ 1991, 1258; *Pentz* FamRZ 1998, 1344.
[23] Für die gewillkürte Erbfolge enthält § 10 Abs 5 LPartG iVm § 2077 Abs 1 eine entspr Regelung.

§ 1935

waren und der **Erblasser** die **Aufhebung beantragt** oder ihr **zugestimmt** hatte oder wenn der Erblasser einen begründeten Antrag nach § 15 Abs 2 Nr 3 LPartG (wegen unzumutbarer Härte) gestellt hatte. Die Aufhebungsgründe wurden durch das LPartÜG weitgehend den Scheidungsvoraussetzungen angeglichen. Wenn nur der Erblasser die Aufhebung der eingetragenen Lebenspartnerschaft beantragt hatte, führt § 10 Abs 3 S 1 LPartG zum einseitigen Ausschluss des Erbrechts. Der Antragsteller selbst kann also den anderen Partner weiterhin beerben (zu den verfassungsrechtlichen Bedenken hiergegen vgl Rn 2)[24].

12 Das Verfahren auf Aufhebung der Ehe (wegen anfänglicher Mängel) hat jetzt im LPartG in § 15 Abs 2 eine Parallele gefunden.

13 **2. Rechtsfolgen.** Es entfallen gemäß § 10 Abs 3 S 1 das **gesetzliche Erbrecht** (und damit das Pflichtteilsrecht) und das Recht auf den **Voraus** des überlebenden Partners. Die Erbfolge ist so zu beurteilen, als ob die Partnerschaft im Zeitpunkt des Erbfalls bereits aufgehoben gewesen wäre. In Entsprechung zu § 1933 S 3 verweist § 10 Abs 3 S 2 LPartG auf den nachpartnerschaftlichen Unterhalt (§ 16 LPartG) gegen die Erben.

§ 1934 Erbrecht des verwandten Ehegatten

[1]Gehört der überlebende Ehegatte zu den erbberechtigten Verwandten, so erbt er zugleich als Verwandter. [2]Der Erbteil, der ihm auf Grund der Verwandtschaft zufällt, gilt als besonderer Erbteil.

I. Normzweck

1 Die Vorschrift spricht in S 1 eine Selbstverständlichkeit aus und hat insoweit wie § 1927 lediglich klarstellende Funktion. Ihr Anwendungsbereich ist wegen § 1931 Abs 1 S 2 und Abs 2 gering.

II. Anwendungsfälle

2 Da § 1307 Ehen zwischen Verwandten in gerader Linie und zwischen voll- und halbbürtigen Geschwistern verbietet, ist ein Zusammentreffen von Ehegattenerbrecht und Verwandtenerbrecht nach der ersten Ordnung ausgeschlossen, von dem theoretischen Fall abgesehen, dass das Eheverbot nicht beachtet wurde und auch keine Aufhebung der Ehe erfolgt ist. Gehört der Ehegatte der dritten (als Abkömmling von Großeltern des Erblassers) oder einer ferneren Ordnung an, schließt er sich selbst nach § 1931 Abs 1 S 2 oder Abs 2 von der Verwandtenerbfolge aus. Es bleiben **Ehen,** die der überlebende Teil **mit Onkel oder Tante** (oder Großonkel oder Großtante) geschlossen hat. Denn hier kann der überlebende Ehegatte zugleich als Erbe zweiter Ordnung berufen sein, wenn der Erblasser keine Abkömmlinge hinterlässt (Bei Vorversterben des Neffen bzw der Nichte gilt wieder § 1931 Abs 1 S 2, weil die Tante bzw der Onkel Abkömmlinge von Großeltern des Erblassers sind).

III. Rechtsfolgen

3 Der **Verwandtenerbteil** fällt **neben** dem **Ehegattenerbteil** an; beide Anteile gelten als besondere Erbteile (iE § 1927 Rn 4). Der Ehegatte kann zB den Ehegattenerbteil ausschlagen und den Verwandtenerbteil annehmen (§ 1951 Abs 1). Bei Zugewinngemeinschaft ist er in diesem Fall nicht gehindert, den güterrechtlichen Zugewinnausgleich zu verlangen[1].

IV. Erbrecht des Lebenspartners

4 Im LPartG findet sich in § 10 Abs 1 S 6, 7 eine entspr Regelung. Soweit Verwandte eine Lebenspartnerschaft eingehen können (vgl § 1 Abs 2 Nr 2, 3 LPartG) steht dem überlebenden Lebenspartner somit ein etwaiger Verwandtenerbteil neben seinem Lebenspartnererbteil zu.

§ 1935 Folgen der Erbteilserhöhung

Fällt ein gesetzlicher Erbe vor oder nach dem Erbfall weg und erhöht sich infolgedessen der Erbteil eines anderen gesetzlichen Erben, so gilt der Teil, um welchen sich der Erbteil erhöht, in Ansehung der Vermächtnisse und Auflagen, mit denen dieser Erbe oder der wegfallende Erbe beschwert ist, sowie in Ansehung der Ausgleichungspflicht als besonderer Erbteil.

I. Normzweck

1 Die Bestimmung soll verhindern, dass sich die Erhöhung eines gesetzlichen Erbteils infolge Wegfalls eines anderen gesetzlichen Erben letztlich für den Begünstigten zum Nachteil auswirkt[1*]. Dieser Fall

---

[24] S auch *Leipold* ZEV 2001, 218, 219.
[1] MünchKommBGB/*Leipold* Rn 3.
[1*] Mot V S 377.

könnte eintreten, wenn der hinzugekommene Erbteil mit Vermächtnissen, Auflagen oder einer Ausgleichungspflicht beschwert war und sich diese Belastungen nun auf den gesamten Erbteil erstrecken würden. Rechtstechnisch wird dieses Ziel dadurch erreicht, dass die Erhöhung eines Erbteils hinsichtlich der Vermächtnisse etc als besonderer Erbteil behandelt wird. Dadurch wird umgekehrt verhindert, dass bei vorhandener Beschwerung des ursprünglichen Erbteils die Vermächtnisnehmer etc auch auf den hinzugekommenen Erbteil zugreifen können.

II. Voraussetzungen

1. Wegfall vor dem Erbfall. Genau genommen kann ein gesetzlicher Erbe vor dem Erbfall nicht wegfallen, da niemand vor dem Erbfall gesetzlicher Erbe sein kann (§ 1922 Rn 95). Gemeint ist der Wegfall von Personen, die als gesetzlicher Erbe berufen gewesen wären, hätte sich der Erbfall vor dem Wegfall ereignet[2]. Grund für den Wegfall kann sein das Vorversterben, der Erbverzicht (§ 2346), der Ausschluss von der gesetzlichen Erbfolge durch Enterbung (§ 1938), der Ausschluss des Ehegattenerbrechts (§ 1933) oder der (vor dem 1. 4. 1998 rechtsgültig zustande gekommene, vgl Art 227 Abs 1 Nr 2 EGBGB; § 1934 e aF) vorzeitige Erbausgleich. 2

2. Wegfall nach dem Erbfall. Der Wegfall nach dem Erbfall kann auf Ausschlagung (§ 1953) oder Erbunwürdigerklärung (§ 2344) beruhen. Dazu zählt auch der Fall, dass ein beim Erbfall bereits Erzeugter (§ 1923 Abs 2) nicht lebend geboren wird[3]. Dagegen ist nach allgM der Tod eines gesetzlichen Erben nach dem Erbfall nicht gemeint, da sich dadurch an dem erlangten gesetzlichen Erbrecht nichts ändert. 3

3. Erbteilserhöhung bei gesetzlicher Erbfolge. Infolge des Wegfalls des gesetzlichen Erben muss es zu einer Erhöhung des Erbteils eines anderen gesetzlichen Erben gekommen sein. Eine Erhöhung tritt ein, wenn der begünstigte gesetzliche Erbe schon vor dem Wegfall des anderen als gesetzlicher Erbe berufen war, aber zu einer geringeren Quote. Der gesetzliche Erbteil des Ehegatten kann sich nach § 1931 Abs 1, 2 erhöhen, während sich der gesetzliche Erbteil eines Verwandten innerhalb der ersten drei Ordnungen durch Wegfall des Ehegatten oder eines anderen erbberechtigten Verwandten derselben Ordnung ohne Abkömmlinge erhöht. Der gesetzliche Erbteil des eingetragenen Lebenspartners erhöht sich durch Wegfall sämtlicher Abkömmlinge oder Großeltern des Erblassers, § 10 Abs 1 S 1 LPartG. 4

4. Wegfall eines eingesetzten Erben. Nach dem Wortlaut gilt § 1935 nur, wenn der Weggefallene und der Begünstigte als **gesetzliche Erben** berufen sind. Erhöht sich durch Wegfall eines eingesetzten Erben der Erbteil eines anderen eingesetzten Erben durch Anwachsung (§ 2094), so sieht § 2095 dieselbe Rechtsfolge vor wie § 1935. Der Wegfall eines eingesetzten Erben kann aber über § 2088 (soweit der Erblasser nur über einen Teil des Nachlasses verfügt hat und eine Anwachsung ausgeschlossen ist, § 2094 Abs 2, 3) auch dazu führen, dass sich der Erbteil des gesetzlichen Erben erhöht. Da in der Interessenlage kein Unterschied besteht, ist eine analoge Anwendung des § 1935 auf diesen Fall angebracht[4]. 5

III. Rechtsfolgen

1. Einheit und Trennung der Erbteile. Nur für die in § 1935 erwähnten Beschwerungen wird die Erhöhung als besonderer Erbteil behandelt. Ansonsten, zB hinsichtlich Annahme und Ausschlagung sowie der Haftung für Nachlassverbindlichkeiten, ist der Erbteil einschließlich Erhöhung als **Einheit** zu betrachten. 6

2. Vermächtnisse und Auflagen. Ohne die Regelung des § 1935 müsste der Erbe, wenn der ihm zuwachsende Erbteil mit Vermächtnissen oder Auflagen überbelastet ist, auch mit seinem ursprünglichen Erbteil für diese aufkommen. Denn der Wegfall des Beschwerten lässt das Vermächtnis (§ 2161) und die Auflage (§§ 2192, 2161) unberührt; beschwert ist nun der durch den Wegfall Begünstigte. Umgekehrt müsste der Erbe, wenn sein ursprünglicher Erbteil überbelastet ist, die Erhöhung für die Befriedigung der Vermächtnis- und Auflagenbegünstigten verwenden. Nach § 1935 müssen diese nur aus dem jeweils belasteten Erbteil befriedigt werden. Auch die Rechtsfolgen einer Inventarerrichtung und deren Unterlassung beschränken sich auf den jeweiligen Anteil (§ 2007 S 2). 7

3. Ausgleichungspflichten. Die Ausgleichungspflichten eines **Abkömmlings** (§ 2050) erstrecken sich bei seinem Wegfall nach § 2051 auf den Abkömmling, der an seine Stelle tritt. War dieser schon ohne den Wegfall erbberechtigt, ist also sein Anteil erhöht worden, so wirkt sich § 1935 dahin aus, dass bei der Berechnung der Ausgleichungspflichten die Anteile gesondert zu betrachten sind. Soweit die Ausgleichungspflicht aus dem belasteten Anteil nicht erfüllt werden kann, gilt § 2056, wonach aus dem anderen Anteil eine Ausgleichung nicht geleistet werden muss[5]. 8

§ 1936 Gesetzliches Erbrecht des Fiskus

(1) ¹Ist zur Zeit des Erbfalls weder ein Verwandter, ein Lebenspartner noch ein Ehegatte des Erblassers vorhanden, so ist der Fiskus des *Bundesstaats*, dem der Erblasser zur Zeit des

---

[2] MünchKommBGB/*Leipold* Rn 2; *Erman/Schlüter* Rn 2.
[3] MünchKommBGB/*Leipold* Rn 3; *Palandt/Edenhofer* Rn 2.
[4] MünchKommBGB/*Leipold* Rn 6; *Staudinger/Werner* Rn 9; *Erman/Schlüter* Rn 3.
[5] Beispiel bei *Staudinger/Werner* Rn 14.

§ 1936

Todes angehört hat, gesetzlicher Erbe. ²Hat der Erblasser mehreren *Bundesstaaten* angehört, so ist der Fiskus eines jeden dieser *Staaten* zu gleichem Anteil zur Erbfolge berufen.

(2) War der Erblasser ein Deutscher, der keinem *Bundesstaat* angehörte, so ist der *Reichsfiskus* gesetzlicher Erbe.

I. Normzweck

1   Die Vorschrift über das gesetzliche Erbrecht des Staates hat in erster Linie **Ordnungsfunktion**. Der Fiskus wird als Noterbe eingesetzt, um herrenlose Nachlässe zu vermeiden und eine ordnungsgemäße Nachlassabwicklung zu sichern. Volkswirtschaftlich hat das Erbrecht des Staates keine Bedeutung. § 1936 betrifft nur das gesetzliche Erbrecht des Staates; dieser kann natürlich auch durch Verfügung von Todes wegen als Erbe eingesetzt werden. Inhaltlich ist das gesetzliche Erbrecht des Staates wie das Erbrecht Privater ausgestaltet.

II. Voraussetzungen des Staatserbrechts

2   Der Erblasser muss zurzeit des Erbfalls dem **deutschen Erbrecht** unterliegen; Personen mit ausländischer Staatsangehörigkeit werden nach ihrem Heimatrecht beerbt (Art 25 Abs 1 EGBGB). Gilt durch Zurückverweisung des Rechts des Heimatstaates deutsches Erbrecht, ist – bei Vorliegen der weiteren Voraussetzungen – der deutsche Fiskus berufen[1].

3   Als **gesetzlicher Erbe** ist der Staat berufen, wenn weder ein Ehegatte, ein Lebenspartner noch ein Verwandter vorhanden ist. Auch die entferntesten Verwandten gehen dem Staat vor. Der Begriff des Vorhandenseins bestimmt sich wie bei § 1930 (dort Rn 2), verlangt also Erbfähigkeit und Erbberechtigung. Verwandte oder der Ehegatte sind auch dann nicht vorhanden iSd § 1936, wenn sie wegen Erbverzichts, Enterbung, vorzeitigen Erbausgleichs[2], Erbunwürdigerklärung oder Ausschlagung nicht gesetzliche Erben werden.

4   Die gesetzliche Erbfolge des Staates kann sich auch auf einen Bruchteil beschränken, wenn der Erblasser nur über einen Teil verfügt hat (§ 2088) oder wenn einzelne Erben weggefallen sind, ohne dass eine Anwachsung (§ 2094) stattfindet[3]. Der Staat kann im Falle des § 2105 auch **Vorerbe** sein, zum gesetzlichen Nacherben ist er jedoch nicht berufen, § 2104 S 2; ebenso wenig zum Vermächtnisnehmer im Falle des § 2149. Es ist nicht möglich, das gesetzliche Erbrecht des Staates durch eine Negativverfügung, also ohne andere Erben zu bestimmen, auszuschließen. Dies folgt aus § 1938, der nur vom gesetzlichen Erbrecht des Ehegatten, des Lebenspartners und der Verwandten spricht. Das **Landesrecht** kann über § 1936 hinaus dem Fiskus hinsichtlich des Nachlasses einer verpflegten oder unterstützten Person ein Erbrecht zugestehen (s die Erl zu Art 139 EGBGB).

5   Der Staat kann die auf ihn übergegangene Erbschaft erst geltend machen, wenn das Nachlassgericht die Feststellung getroffen hat, dass keine anderen Erben vorhanden sind (§§ 1964 ff). Nach § 1942 Abs 2 darf der Staat nicht ausschlagen; er ist **gesetzlicher Zwangserbe**. Dem entspricht es, dass er keinen Erbverzichtsvertrag schließen kann, wie schon der Wortlaut der einschlägigen Vorschrift (§ 2346 Abs 1 S 1) ergibt, und nicht für erbunwürdig erklärt werden kann.

III. Erbberechtigter Fiskus

6   Die unter Geltung der Reichsverfassung vom 16. 4. 1871 auf der Grundlage einer Bundesstaatenangehörigkeit formulierte Regelung sollte den heutigen staatlichen Gegebenheiten angepasst werden. Träger des staatlichen Erbrechts ist der **Fiskus des Landes**, in dem der Erblasser zum Zeitpunkt seines Todes seine **Niederlassung** hatte, § 1936 Abs 1 S 1 iVm § 4 der VO über die deutsche Staatsangehörigkeit vom 5. 2. 1934, RGBl I S 85[4]. Der Begriff Niederlassung ist dabei weiter als der des Wohnsitzes. Er bezeichnet den Ort, an dem der Erblasser sich tatsächlich aufhielt, ein nur vorübergehendes Verweilen genügt nicht[5]. Hatte der Erblasser Niederlassungen idS in mehreren Bundesländern, erben die Länder nach Abs 1 S 2 zu gleichen Teilen als Miterben.

7   Lässt sich die Zuständigkeit eines Bundeslands nicht nach Maßgabe des § 4 der VO über die deutsche Staatsangehörigkeit ermitteln, wird der **Bundesfiskus** gesetzlicher Erbe (**Abs 2**)[6]. Nach Landesrecht kann an Stelle des Fiskus eine andere Körperschaft, Stiftung oder Anstalt des öffentlichen Rechts gesetzlicher Erbe sein, s die Kommentierung zu Art 138 EGBGB.

---

[1] MünchKommBGB/*Leipold* Rn 15; *Lorenz* Rpfleger 1993, 433.
[2] Wenn er vor dem 1. 4. 1998 rechtsgültig zustande gekommen ist: Art 227 Abs 1 Nr 2 EGBGB, §§ 1934 d, 1934 e aF.
[3] KGJ 48, 71, 73 f.
[4] Die Verordnung wurde durch Art 4 Nr 1 des Gesetzes zur Reform des Staatsangehörigenrechts vom 15. 7. 1999, BGBl I S 1618, aufgehoben. Dies ändert nichts daran, dass auf die Niederlassung in einem Bundesland abzustellen ist; MünchKommBGB/*Leipold* Rn 9; *Palandt/Edenhofer* Rn 5.
[5] RGRK/*Kregel* Rn 3; *Soergel/Stein* Rn 4.
[6] MünchKommBGB/*Leipold* Rn 13; *Palandt/Edenhofer* Rn 3.

Erbeinsetzung durch letztwillige Verfügung § 1937

IV. Inhalt des Staatserbrechts

Der Staat wird (privatrechtlicher) Gesamtrechtsnachfolger wie jeder andere Erbe auch. Das Erbrecht 8 erstreckt sich, soweit keine Sondervorschriften entgegenstehen[7], auf alle vererblichen Rechte – auch Urheber- (§ 28 Abs 1 UrhG) und Patentrechte (§ 15 Abs 1 S 1 PatG) – und Verpflichtungen des Erblassers. Hinsichtlich der Nachlassverbindlichkeiten gelten die normalen Regeln über die Haftungsbeschränkung mit folgenden Besonderheiten: Eine Inventarfrist kann dem Fiskus als gesetzlichem Erben nicht gesetzt werden (§ 2011); auch kann er ohne Vorbehalt im Urteil die beschränkte Haftung geltend machen (§ 780 Abs 2 ZPO).

§ 1936 ist unter den Voraussetzungen des § 45 Abs 3 letzter HS entspr anzuwenden bei Auflösung 9 eines Vereins oder der Entziehung der Rechtsfähigkeit (§ 46 S 1). Gleiches gilt nach § 88 S 2 bei Erlöschen einer Stiftung.

§ 1937 Erbeinsetzung durch letztwillige Verfügung

Der Erblasser kann durch einseitige Verfügung von Todes wegen (Testament, letztwillige Verfügung) den Erben bestimmen.

I. Normzweck

§§ 1937 bis 1941 zählen die wichtigsten Verfügungen auf, die der Erblasser treffen kann. Damit 1 können diese Vorschriften zugleich als die gesetzliche Verankerung des in seinem Kern durch Art 14 Abs 1 S 1 GG geschützten Prinzips der Testierfreiheit verstanden werden. Die Bestimmungen betreffen teilweise die Form, teilweise den Inhalt der Rechtsgeschäfte, durch die der Erblasser das Schicksal seines Vermögens nach seinem Tod regeln kann. Indem § 1937 dem Erblasser gestattet, den Erben durch Testament zu bestimmen, bringt die Vorschrift – zusammen mit § 1938 (Enterbung) und § 1941 (vertragliche Erbeinsetzung) – den **Vorrang der gewillkürten** vor der gesetzlichen **Erbfolge** zum Ausdruck. § 1937 hat darüber hinaus definitorischen Charakter: Die Begriffe Testament, Verfügung von Todes wegen und letztwillige Verfügung werden klargestellt.

II. Begriffserläuterungen

1. Verfügung von Todes wegen. § 1937 verwendet den Begriff der Verfügung von Todes wegen 2 als Oberbegriff für Testament und Erbvertrag. Eine Verfügung von Todes wegen ist eine rechtsgeschäftliche Anordnung des Erblassers, die erst mit dessen Tod Wirkung erlangt. Im Unterschied zu einem Rechtsgeschäft unter Lebenden, das auch Rechtsfolgen haben kann, die erst mit dem Tod eines Beteiligten eintreten (§ 2301), erfolgt die Verfügung von Todes wegen in spezifisch erbrechtlichen Formen. Mit dem Begriff der Verfügung, wie man ihn im Allgemeinen bürgerlich-rechtlichen Sprachgebrauch außerhalb des Erbrechts kennt, hat die Verfügung von Todes wegen nichts zu tun. Verfügungen von Todes wegen lassen die Rechtslage zu Lebzeiten des Erblassers unberührt. Die allgemeinen Vorschriften über Verfügungsgeschäfte, zB § 185, sind daher auf sie nicht anwendbar[1].

2. Testament. Das Testament stellt die **einseitige Verfügung von Todes wegen** dar. § 1937 setzt 3 die Begriffe **Testament** und **letztwillige Verfügung** gleich. An anderen Stellen wird der Begriff Testament für die äußere Einheit der Verfügung verwendet, während die einzelnen darin enthaltenen Anordnungen letztwillige Verfügungen genannt werden, zB in § 2085. Doch kann mit dem Ausdruck letztwillige Verfügung auch das gesamte Testament gemeint sein[2]. In der Bezeichnung der Anordnung als „letztwillige" kommt zum Ausdruck, dass das Testament bis zum Tode des Erblassers frei widerruflich ist (§ 2253), so dass der jeweils letzte (formgerecht niedergelegte) Wille gilt. Die freie Widerruflichkeit unterscheidet das Testament vom **Erbvertrag** (§ 1941), bei dem die vertragsmäßigen Verfügungen (§ 2278 Abs 1) grds bindend sind. Eine Zwischenform stellt das **gemeinschaftliche Testament** von Ehegatten (§ 2265) und Lebenspartnern (§ 10 Abs 4 LPartG) dar. Es enthält einseitige Verfügungen beider Ehegatten, die aber in Form wechselbezüglicher Verfügungen (§ 2270) in besonderer Abhängigkeit voneinander gebracht werden können.

Das sog **Patiententestament**[3], in dem Anordnungen getroffen oder Wünsche geäußert werden, wie 4 in einem bestimmten Krankheitsstadium verfahren werden soll, entfaltet nach dem Willen des Verfassers seine Wirkung vor dem Erbfall und hat schon deshalb mit einem Testament iS des § 1937 nichts zu tun.

III. Zulässiger Inhalt eines Testaments

1. Typenzwang und Wahlfreiheit. Die §§ 1937 bis 1940 zählen, ohne abschließenden Charakter, 5 die wichtigsten Inhalte letztwilliger Verfügungen auf. Insbes im Vierten Buch des BGB werden weitere Regelungsgegenstände letztwilliger Verfügungen genannt. In einem Testament können jedoch nur

---

[7] ZB § 167 Abs 3 VVG – kein Bezugsrecht des Staates aus einer Kapital-Lebensversicherung, vgl MünchKommBGB/*Leipold* Rn 19; *Soergel/Stein* Rn 7.
[1] MünchKommBGB/*Leipold* Rn 5.
[2] Der Gesetzgeber hat die begriffliche Unschärfe gesehen und in Kauf genommen, vgl Mot bei Mugdan V 3.
[3] Näher *Uhlenbruck* NJW 1978, 566; *A. Roth* JZ 2004, 494.

solche Verfügungen getroffen werden, die der Art nach im Gesetz ausdrücklich erwähnt sind oder deren Zulässigkeit durch Auslegung oder Analogie dem Gesetz entnommen werden kann. So kann der Erblasser in einem Testament einen Gegenstand nicht mit dinglicher Wirkung einem anderen als dem Erben zuwenden, denn das auf dem Prinzip der Gesamtrechtsnachfolge beruhende Erbrecht des BGB (§ 1922 Rn 15 ff) lässt ein Vermächtnis nur mit obligatorischer Wirkung zu (§ 2174). Insoweit kann von einem **Typenzwang** gesprochen werden[4]. Welche und wie viele der zulässigen Verfügungen der Erblasser in sein Testament aufnimmt, bleibt seiner Entscheidung überlassen.

6 **2. Erbrechtliche Anordnungen.** Die Erbfolge kann durch **Erbeinsetzung** (Rn 11) sowie durch **Ausschluss von der gesetzlichen Erbfolge** (Enterbung, § 1938) gestaltet werden. Begünstigungen aus dem Nachlass können als **Vermächtnis** (§ 1939) oder als **Auflage** (§ 1940) angeordnet werden. Ob eine Erbeinsetzung vorliegt, ist Auslegungsfrage (vgl §§ 2087, 2304). Das Testament braucht keine Erbeinsetzung oder Enterbung zu enthalten; es kann sich zB in der Zuwendung eines Vermächtnisses oder in einer Auflage erschöpfen.

7 Außer den in §§ 1937 bis 1940 Genannten können weitere, an anderen Stellen geregelte erbrechtliche Anordnungen in Verfügungen von Todes wegen getroffen werden: Hinsichtlich im Inland gelegener Grundstücke kann der Erblasser die Anwendung deutschen Erbrechts wählen (Art 25 Abs 2 EGBGB). Das Gesetz sieht verschiedene Möglichkeiten des **Widerrufs** einer letztwilligen Verfügung vor (§§ 2253 ff). Vertragsmäßige Vermächtnisse oder Auflagen können durch Testament mit Zustimmung des anderen Vertragschließenden aufgehoben werden (§ 2291); ein zwischen Ehegatten geschlossener Erbvertrag ist durch gemeinschaftliches Testament aufhebbar (§ 2292). In bestimmten Fällen ist der Erblasser berechtigt, einem Abkömmling, dem Ehegatten, dem eingetragenen Lebenspartner oder den Eltern den **Pflichtteil** zu **entziehen** (§§ 2333 ff)[5] oder das Pflichtteilsrecht eines Abkömmlings zu beschränken (§ 2338); eine vom Gesetz abweichende Verteilung der Pflichtteilslast gestattet § 2324. Im Gesetz ausdrücklich vorgesehen ist ferner die Möglichkeit einer **Entziehung** oder Modifizierung des sog **Dreißigsten** (§ 1969 Abs 1 S 2). Die gesetzlich nicht geregelte Befugnis des Erblassers, das Recht auf den **Voraus** nach § 1932 zu **entziehen**, folgt aus der Testierfreiheit (§ 1932 Rn 3). Auf die Nachlassabwicklung kann der Erblasser Einfluss nehmen durch **Ausschluss der Auseinandersetzung** (§ 2044) und durch **Teilungsanordnungen** (§ 2048). Um die ordnungsgemäße Durchsetzung seines Willens zu gewährleisten oder um ganz allgemein eine sachgerechte Verwaltung des Nachlasses sicherzustellen, kann der Erblasser einen **Testamentsvollstrecker** ernennen (§ 2197).

8 **3. Familienrechtliche Anordnungen.** Der Erblasser kann durch letztwillige Verfügung nach § 1418 Abs 2 Nr 2 bestimmen, dass bei einem im vertraglichen Güterstand der Gütergemeinschaft lebenden Erben oder Vermächtnisnehmer der Erwerb Vorbehaltsgut wird. In besonderen Fällen darf er nach § 1509 die **Fortsetzung der Gütergemeinschaft ausschließen,** einen gemeinschaftlichen Abkömmling von der fortgesetzten Gütergemeinschaft ausschließen (§ 1511) und hinsichtlich dessen Anteils weitere Anordnungen treffen (§§ 1512 bis 1515). Nach § 1638 kann der Erblasser durch letztwillige Verfügung bestimmen, dass die Eltern des Erben von der Verwaltung des durch den Erbfall erlangten Vermögens ausgeschlossen sind. (Dabei steht dem Erblasser nach § 1917 auch das Recht zu, den nach § 1909 Abs 1 S 2 erforderlichen Pfleger zu benennen.) Weitere Anordnungen über die Verwaltung des Kindesvermögens, soweit durch Erbfall erlangt, sind nach §§ 1639, 1803 und § 1640 Abs 2 Nr 2 möglich. Eltern können nach § 1777 Abs 3 durch letztwillige Verfügung einen **Vormund benennen** oder nach § 1782 bestimmte Personen vom Amt des Vormunds ausschließen (zu weiteren Anordnungen von Eltern bezüglich der Vormundschaft vgl §§ 1797 Abs 3, 1856). Ein Vaterschaftsanerkenntnis in einem notariellen Testament genügt der Form des § 1597.

9 **4. Einsetzung eines Schiedsgerichts.** Die Zulässigkeit einer **Schiedsgerichtsklausel** in einem Testament[6] wird allgemein bejaht und in § 1066 ZPO vorausgesetzt[7]. Für welche Streitigkeiten das Schiedsgericht vorgesehen werden kann, sagt das Gesetz nicht. Einigkeit besteht, dass von der Schiedsklausel nicht erfasst wird, was außerhalb der Verfügungsmacht des Erblassers liegt (zB Ansprüche der Pflichtteilsberechtigten und der Nachlassgläubiger). Auch kann das Schiedsgericht nicht Angelegenheiten regeln, die der Erblasser bewusst nicht geordnet hat oder deren Regelung er Dritten nicht überlassen darf[8], insbes dürfen die Schranken des § 2065 nicht durch die Einschaltung eines Schiedsgerichts umgangen werden. Der Erblasser darf aber Streitigkeiten über solche Regelungen der Schiedsgerichtsbarkeit überantworten, deren Inhalt seiner Dispositionsbefugnis und Gestaltungsfreiheit unterliegt. Die Auslegung eines Testaments, auch die ergänzende, fällt ohne weiteres in den Kompetenzbereich des Schiedsgerichts[9].

10 **5. Verfügungen sonstigen Inhalts.** Nach § 83 ist die **Errichtung einer Stiftung** durch Verfügung von Todes wegen möglich (zu Einzelheiten § 83 Rn 2 ff). Beim Vertrag zugunsten Dritter ist

---

[4] *Kipp/Coing* § 20 I; *Staudinger/Otte* Vor §§ 1937–1941 Rn 14.
[5] In Erbfällen vor dem 1. 4. 1998 war auch eine Entziehung des Erbersatzanspruchs möglich.
[6] Für die Anordnung in einem Erbvertrag gelten die §§ 1025 ff ZPO unmittelbar; OLG Hamm NJW-RR 1991, 455, 456.
[7] *Schwab/Walter* Schiedsgerichtsbarkeit, 7. Aufl 2005, Kap 32 Rn 25; *Baumbach/Lauterbach* § 1066 ZPO Rn 2; zum gleichlautenden § 1048 ZPO aF RGZ 100, 76, 77; OLG Hamm NJW-RR 1991, 455, 456; *Lange/Kuchinke* § 32 II 4; *Nieder*, HdB der Testamentsgestaltung, Rn 771.
[8] RGZ 100, 76; *Staudinger/Otte* Vor §§ 1937–1941 Rn 10.
[9] *Soergel/Stein* Rn 9; *Kipp/Coing* § 78 III.

die vertraglich vorbehaltene Benennung eines anderen Leistungsempfängers im Zweifel durch Verfügung von Todes wegen möglich (§ 332)[10]. Häufig finden sich in Testamenten auch Anordnungen über die Bestattung oder über die Zulässigkeit einer Organentnahme.

6. Rechtsgeschäfte unter Lebenden im Testament. Der Erblasser kann in einem Testament gleichzeitig Erklärungen abgeben, die Rechtsgeschäfte unter Lebenden darstellen. Enthält das Testament solche Rechtsgeschäfte, so ändern diese dadurch nicht ihre Rechtsnatur; über ihre Wirksamkeit (zB Form) bestimmen die sonst geltenden Regeln. Soweit der Zugang einer Erklärung an den Empfänger notwendig ist, genügt die Kenntnisnahme bei Testamentseröffnung (§ 2260) oder die Benachrichtigung durch das Nachlassgericht nach § 2262 (vgl § 130 Abs 2). Die Erteilung einer empfangsbedürftigen **postmortalen Vollmacht** kann also in einem Testament geschehen;[11] ebenso der **Widerruf einer Schenkung**[12]. Möglich ist auch die Befreiung eines Zeugen von der Verschwiegenheitspflicht[13]. 11

IV. Erbeinsetzung

Erbeinsetzung ist die Berufung zur Gesamtrechtsnachfolge in das Vermögen des Erblassers. Sonderformen der Erbeinsetzung sind die Bestimmung eines Ersatzerben (§ 2096) und eines Nacherben (§ 2100). Bei einem Hinweis im Testament auf die gesetzliche Erbfolge ist durch Auslegung zu klären, ob es sich um eine Erbeinsetzung oder lediglich um eine deklaratorische Klarstellung der Geltung des gesetzlichen Erbrechts handelt. Von einer Erbeinsetzung ist auszugehen, wenn der Erblasser sich das Ergebnis der gesetzlichen Erbfolge zu Eigen macht, indem er es in den Gesamtplan des Testaments einbezieht[14]. Die Zuwendung des Pflichtteils stellt im Zweifel keine Erbeinsetzung dar (§ 2304). Zur Abgrenzung zwischen Erbeinsetzung und Vermächtniszuwendung s die Erl zu § 2087. Eine Begründung für die Erbeinsetzung braucht der Erblasser nicht zu geben; er ist inhaltlich in der Auswahl der Personen und in der Bestimmung der Erbteile bis zur Grenze der Sittenwidrigkeit (§ 138) frei, soweit nicht Bindungen durch Erbvertrag (§ 2289 Abs 1) oder wechselbezügliche Verfügungen im gemeinschaftlichen Testament (§ 2271 Abs 1, 2) eingetreten sind. 12

§ 1938 Enterbung ohne Erbeinsetzung

Der Erblasser kann durch Testament einen Verwandten, den Ehegatten oder den Lebenspartner von der gesetzlichen Erbfolge ausschließen, ohne einen Erben einzusetzen.

I. Normzweck

§ 1938 erlaubt dem Erblasser, eine bestimmte Person von der gesetzlichen Erbfolge auszuschließen, ohne gleichzeitig eine positive Anordnung über die Erbfolge zu treffen. Die Zulässigkeit des sog **Negativtestaments** ergibt sich aus der konsequenten Anerkennung der Testierfreiheit[1]. Der Ausdruck „Enterbung" wird oft auch in der Weise gebraucht, dass der Enterbte keinerlei Anteil am Nachlass, also auch nicht den Pflichtteil, erhalten soll. 1

II. Enterbung

1. Anordnung der Enterbung. Ohne Erbeinsetzung kann nur das **gesetzliche Erbrecht des Ehegatten** (unabhängig vom Güterstand), **des Lebenspartners** und **der Verwandten** ausgeschlossen werden, nicht dagegen das gesetzliche Erbrecht des Staates nach § 1936. Der Ausschluss vom gesetzlichen Erbrecht ist in vollem Umfang oder beschränkt auf einen Teil möglich[2], er kann auch bedingt erfolgen[3]. Einer Begründung bedarf die Enterbung nicht[4], auch muss sie nicht ausdrücklich erklärt werden (allgM). Bei der Annahme einer stillschweigenden Ausschließung ist Zurückhaltung geboten; der Ausschließungswille muss im Testament „unzweideutig"[5] zum Ausdruck kommen. Beispiel für eine **stillschweigende Enterbung** ist die Entziehung des Pflichtteils[6]. Umgekehrt kann in der Zuwendung des Pflichtteils zugleich die Ausschließung von der gesetzlichen Erbfolge liegen[7], ebenso (hinsichtlich der Differenz) in der Zuwendung eines Erbteils, der hinter dem gesetzlichen zurückbleibt[8]. Ob eine 2

---

[10] Näher G. *Vollkommer* ZEV 2000, 10; zur Änderung der Bestimmung des Bezugsberechtigten bei der Lebensversicherung BGH NJW 1993, 3133.
[11] OLG Köln Rpfleger 1992, 299.
[12] RGZ 170, 380, 383.
[13] BGH NJW 1960, 550.
[14] MünchKommBGB/*Leipold* Rn 42.
[1] Mot V S 9.
[2] Zur Frage, unter welchen Umständen ein Ausschluss von der gesetzlichen Erbfolge wegen Verstoßes gegen § 138 nichtig ist, vgl *Staudinger/Otte* Vor § 2064 Rn 148 ff.
[3] jurisPK/*M. Schmidt* Rn 9.
[4] BGH NJW 1965, 584.
[5] BayObLGZ 1965, 166, 174; BayObLG FamRZ 1992, 986; *Staudinger/Otte* Rn 7 mwN.
[6] BayObLG FamRZ 1996, 826, 828; MünchKommBGB/*Leipold* Rn 3; *Brox* Rn 265 vgl aber BayObLG ZEV 2000, 280.
[7] RGZ 61, 14, 18; MünchKommBGB/*Leipold* Rn 3.
[8] *Staudinger/Otte* Rn 7.

§ 1939

Enterbung anzunehmen ist, wenn der Erblasser einem gesetzlichen Erben ein Vermächtnis zugewendet hat, ohne das Erbrecht zu erwähnen, ist Auslegungsfrage. In der Erschöpfung des Nachlasses durch Vermächtnisse und Auflagen liegt nicht zwingend der Ausschluss der gesetzlichen Erben[9], da die Vermächtnisse ja ausgeschlagen werden können.

3   Die Enterbung kann in einem **Testament** oder in einem **Erbvertrag** angeordnet werden, im Erbvertrag allerdings nicht als vertragsmäßige (bindende), sondern nur als einseitige frei widerrufliche Verfügung (§§ 2278 Abs 2, 2299)[10]. Im gemeinschaftlichen Testament ist die Enterbung nicht als wechselbezügliche, nach dem Tod des ersten Ehegatten bindende Verfügung möglich (§ 2270 Abs 3).

4   **2. Wirkung der Enterbung.** Die Enterbung von Abkömmlingen, Eltern, Ehegatten und Lebenspartnern hat nach § 2303 zur Folge, dass diese den **Pflichtteil** verlangen können. Eine Entziehung des Pflichtteils kann nur unter den Voraussetzungen der §§ 2333 ff erfolgen. Ist die Pflichtteilsentziehung unwirksam, bringt sie dennoch idR zum Ausdruck, dass der Betroffene überhaupt nichts vom Nachlass erhalten, also jedenfalls von der Erbfolge ausgeschlossen sein soll[11]. Der Ehegatte verliert mit dem gesetzlichen Erbrecht auch das Recht auf den Voraus (§ 1932 Rn 3).

5   Das Gesetz sagt nicht ausdrücklich, wie sich der Ausschluss eines Verwandten, Ehegatten oder Lebenspartners von der gesetzlichen Erbfolge auswirkt. Es steht jedoch außer Zweifel, dass dann die gesetzliche Erbfolge ohne den Ausgeschlossenen gelten soll. Der Ausgeschlossene ist hinsichtlich der Erbfolge als vor dem Erbfall verstorben anzusehen. Durch die Enterbung eines Ehegatten (Lebenspartners) erhöhen sich die gesetzlichen Erbanteile der Verwandten; der Ausschluss sämtlicher Verwandter einer bestimmten Ordnung führt dazu, dass die nächst höhere Ordnung zum Zuge kommt (§ 1930); bei Ausschluss des Ehegatten, des Lebenspartners und der Verwandten erbt der Fiskus (§ 1936 Abs 1). Innerhalb der ersten drei Ordnungen wird ein ausgeschlossener Verwandter durch seine Abkömmlinge ersetzt (§§ 1924 Abs 3, 1925 Abs 3, 1926 Abs 3), es sei denn der Ausschluss erstreckt sich auch auf diese. Eine **Erstreckung auf Abkömmlinge** stellt nicht die Regel dar, ihre Annahme bedarf bes. Anhaltspunkte[12].

6   **3. Enterbung bei unwirksamer Erbeinsetzung.** In der positiven Erbeinsetzung liegt allein schon der Ausschluss der gesetzlichen Erbfolge, ohne dass dies besonders angeordnet werden muss. Ist die Erbeinsetzung unwirksam – und wird die Lücke nicht durch Ersatzerbschaft oder Anwachsung geschlossen –, stellt sich die Frage, ob die Ausschließung der gesetzlichen Erbfolge dennoch Bestand hat. § 2085 ist in diesem Fall nicht anwendbar, da die negative Folge der Enterbung nur die Kehrseite der Erbeinsetzung darstellt[13]. Im Regelfall entfällt mit der Erbeinsetzung die damit korrespondierende Enterbung. Etwas anderes gilt nur, wenn die Verfügung den Willen des Erblassers erkennen lässt, eine von der Erbeinsetzung unabhängige Ausschließung vorzunehmen[14].

§ 1939 Vermächtnis

Der Erblasser kann durch Testament einem anderen, ohne ihn als Erben einzusetzen, einen Vermögensvorteil zuwenden (Vermächtnis).

I. Normzweck

1   Die Vorschrift stellt den Begriff des Vermächtnisses in Abgrenzung zur Erbeinsetzung klar und bejaht die Zulässigkeit eines Vermächtnisses im Testament. Sie wird ergänzt durch § 1941, der die Anordnung von Vermächtnissen im Erbvertrag gestattet. Die Einzelheiten zum Vermächtnis sind in §§ 2147 bis 2191 geregelt.

II. Begriff des Vermächtnisses

2   Das Vermächtnis enthält die letztwillige Zuwendung eines Vermögensvorteils an einen anderen ohne dessen Erbeinsetzung. Aufgrund des Vermächtnisses erlangt der Vermächtnisnehmer (Bedachte) einen **Anspruch** (§ 2174) gegen den Beschwerten. Der Vermächtnisnehmer erwirbt den Vermögensvorteil, der Gegenstand des Vermächtnisses ist, nicht unmittelbar durch das Vermächtnis, sondern erst durch die Erfüllung des Anspruchs aus § 2174. Das BGB kennt nur ein **Vermächtnis mit obligatorischer Wirkung** (Damnationslegat), nicht mit dinglicher Rechtsfolge (Vindikationslegat). Das Vermächtnis ist demnach eine Verfügung von Todes wegen, durch die der Erblasser dem Bedachten einen Anspruch auf eine Leistung gegen den beschwerten Erben oder Vermächtnisnehmer zuwendet. Im Allgemeinen und im Sprachgebrauch des BGB wird sowohl die Verfügung des Erblassers, die das Vermächtnis anordnet, als auch die Zuwendung des Vorteils, schließlich der Anspruch des Begünstigten als Vermächtnis bezeichnet. Das Vermächtnis ist abzugrenzen von der Erbeinsetzung (vgl § 2087 Rn 1 ff), von

---

[9] RG Recht 1930 Nr 1520; BayObLG MDR 1979, 847; *Staudinger/Otte* Rn 7; *Palandt/Edenhofer* Rn 2.
[10] Vgl OLG München NJW-RR 2006, 82.
[11] Dies gilt auch, wenn der Betroffene gar nicht pflichtteilsberechtigt ist; BayObLG NJW-RR 1996, 967.
[12] BayObLGZ 1965, 166, 176; BayObLG FamRZ 1989, 1006; LG Freiburg BWNotZ 1986, 150; LG Neubrandenburg MDR 1995, 1238; MünchKommBGB/*Leipold* Rn 4; *Soergel/Stein* Rn 7; aA *Scherer* ZEV 1999, 41.
[13] MünchKommBGB/*Leipold* Rn 6; *Lange/Kuchinke* § 27 IX 1 b.
[14] OLG München ZEV 2001, 153; MünchKommBGB/*Leipold* Rn 7.

der Auflage (vgl § 1940 Rn 3), von der Schenkung unter Lebenden und der Schenkung von Todes wegen (vgl die Erl bei § 2087 und § 2301).

III. Bedeutung

Dem Vermächtnis kommt als Mittel erbrechtlicher Gestaltung große Bedeutung zu. Durch die Zuwendung eines Vermächtnisses kann der Erblasser natürliche und juristische Personen bedenken, ohne diese zu Mitgliedern der Erbengemeinschaft zu machen. Auf diese Weise können Konflikte in der auf Konsens angelegten Erbengemeinschaft von vornherein vermieden werden. Hauptanwendungsfall des Vermächtnisses dürfte immer noch die Zuwendung von Geld oder Wertgegenständen an Personen sein, die dem Erblasser nahe standen, ohne zu seiner Familie zu gehören. Die gegenüber der Erbeinsetzung flexibleren Gestaltungsmöglichkeiten sind der Grund für die wachsende Bedeutung des Vermächtnisses im Bereich der **Nachfolge in Unternehmensvermögen und -beteiligungen.** Hilfreich ist in diesem Zusammenhang die erweiterte Möglichkeit der Drittbestimmung des Vermächtnisgegenstands oder der Person des Begünstigten (vgl § 2151 Rn 2).

IV. Gegenstand eines Vermächtnisses

Als Gegenstand eines Vermächtnisses kommt alles in Betracht, was Inhalt einer Leistung sein kann (§§ 194, 241 Abs 1); in erster Linie eine Sache oder ein Recht, aber zB auch die Befreiung von einer Verbindlichkeit. Das von § 1939 verwendete Merkmal **„Vermögensvorteil"** ist nicht als Einschränkung der möglichen Gegenstands der Zuwendung zu verstehen[1]. Eine Bereicherung im wirtschaftlichen Sinn braucht nicht vorzuliegen[2]; ein rechtlicher Vorteil genügt, ohne dass eine auch nur mittelbare wirtschaftliche Besserstellung des Bedachten eintreten muss[3]. Ein Vermögensvorteil idS kann auch das Recht zum entgeltlichen Erwerb eines Gegenstandes sein[4].

V. Besondere Arten von Vermächtnissen

Die verschiedenen Arten des Vermächtnisses werden bei den jeweils einschlägigen gesetzlichen Vorschriften behandelt. Die folgende Aufzählung gibt nur einen ersten Überblick über die (teilweise verwirrende) Vielfalt der unter mehreren Aspekten, insbes nach dem Gegenstand der Zuwendung, unterscheidbaren Vermächtnisarten[5].

Um ein **Gattungsvermächtnis** handelt es sich, wenn die vermachte Sache nur der Gattung nach bestimmt ist (§ 2155), während bei einem **Stückvermächtnis** (§ 2169) ein bestimmter zur Erbschaft gehörender Gegenstand vermacht ist. Wenn der Vermächtnisgegenstand nicht vom Erblasser bestimmt wird, sondern auf Grund einer vom Erblasser angegebenen Zweckbestimmung vom Beschwerten oder einem Dritten zu bestimmen ist, liegt ein **Zweckvermächtnis** (§ 2156) vor. Bei einem **Verschaffungsvermächtnis** ist ein nicht zum Nachlass gehörender Gegenstand vermacht (§ 2170). Das **Forderungsvermächtnis** ist dadurch gekennzeichnet, dass der zugewendete Vermögensvorteil eine Forderung des Erblassers ist (§ 2173). Von einem **Universalvermächtnis** spricht man, wenn der gesamte nach Begleichung der Nachlassverbindlichkeiten verbleibende Nachlass vermacht ist. Ist ein Bruchteil des verbleibenden Nachlassrestes vermacht, liegt ein **Quotenvermächtnis** vor. Bei einem **Pflichtteilsvermächtnis** ist ein Geldbetrag in Höhe des Pflichtteils vermacht. Für das **Wahlvermächtnis** (§ 2154) ist kennzeichnend, dass der Vermächtnisnehmer von mehreren Gegenständen nur den einen oder den anderen erhalten soll.

Das einem Erben zugewendete Vermächtnis ist ein **Vorausvermächtnis** (§ 2150). **Untervermächtnis** wird das Vermächtnis genannt, mit dem ein Vermächtnisnehmer (Hauptvermächtnisnehmer, § 2187) beschwert ist (§ 2186). Beim **Ersatzvermächtnis** ist angeordnet, dass der Vermächtnisgegenstand einem anderen zugewendet sein soll, wenn der zunächst Bedachte das Vermächtnis nicht erwirbt (§ 2190). **Nachvermächtnis** heißt das dem ersten Vermächtnisnehmer (Vorvermächtnisnehmer) angefallene Vermächtnis, das vom Eintritt eines bestimmten Zeitpunkts oder Ereignisses einem Dritten (Nachvermächtnisnehmer) zugewendet ist (§ 2191).

VI. Vermächtnisnehmer

Vermächtnisnehmer kann jede natürliche oder juristische Person, unter den Voraussetzungen des § 1923 Abs 2 auch der nasciturus sein. Weitergehend als bei der Erbeinsetzung kann der Erblasser nach § 2178 auch eine noch nicht erzeugte Person zum Vermächtnisnehmer bestimmen. Wegen der nur schuldrechtlichen Wirkungen des Vermächtnisses bestehen keine Bedenken, eine Gesamthandsgemeinschaft als Vermächtnisnehmer anzuerkennen[6].

---

[1] MünchKommBGB/*Leipold* Rn 6; *Michalski* Rn 705.
[2] *Staudinger/Otte* Rn 8; *Erman/Schlüter* Rn 4.
[3] MünchKommBGB/*Leipold* Rn 6; *Staudinger/Otte* Rn 8; aA RGRK/*Kregel* Rn 4; *Planck/Flad* Anm 2; *v. Lübtow* I S 366; *Eidenmüller* JA 1991, 150, 152.
[4] MünchKommBGB/*Leipold* Rn 7; *Staudinger/Otte* Rn 9; zum Vermächtnis eines Ankaufsrechts vgl BGH NJW 2001, 2883.
[5] Vgl jurisPK/*Reymann* 2174 Rn 11–13.
[6] MünchKommBGB/*Schlichting* Vor § 2147 Rn 6; *Soergel/Stein* Vor § 2147 Rn 4; *Lange/Kuchinke* § 29 III 2 a; AnwK-BGB/*J. Mayer* Rn 8.

VII. Gesetzliche Vermächtnisse

9 Auf einige erbrechtliche Ansprüche, die kraft Gesetzes entstehen, sind die Vorschriften über das Vermächtnis anzuwenden. Hierzu zählen der Voraus (§ 1932), der Dreißigste (§ 1969), nicht jedoch der Anspruch aus § 1963 (dort Rn 1) und der Erbersatzanspruch nach § 1934 a aF[7].

§ 1940 Auflage

Der Erblasser kann durch Testament den Erben oder einen Vermächtnisnehmer zu einer Leistung verpflichten, ohne einem anderen ein Recht auf die Leistung zuzuwenden (Auflage).

1 **1. Normzweck.** § 1940 nennt als weiteren zulässigen Inhalt eines Testaments die Auflage und beschreibt ihr Wesen. Mit einer Auflage kann der Erblasser auf das Verhalten der von ihm bedachten Personen in rechtsverbindlicher Weise Einfluss nehmen und dadurch bestimmte Ziele fördern. Einzelheiten über Inhalt und Durchsetzung einer Auflage sind in §§ 2192 bis 2196 geregelt.

2 **2. Begriff der Auflage.** Die Auflage ist eine Verfügung von Todes wegen, durch die einem Erben oder Vermächtnisnehmer eine **Verpflichtung** auferlegt wird, **ohne** dass eine begünstigte Person ein **Recht auf Leistung** erhält. Weil durch die Auflage für den Begünstigten kein Recht entsteht, fasst das Gesetz sie nicht unter den Begriff der Zuwendung.

3 Da der Begünstigte keinen Anspruch auf die Ausführung der Anordnung hat, ist die Auflage einerseits weniger als ein Vermächtnis. Andererseits ist die Auflage mehr als ein letzter Wunsch, Ratschlag oder eine Empfehlung des Erblassers, denen gemeinsam ist, dass sie den Adressaten nicht rechtlich, sondern nur moralisch binden sollen[1]. Für den Beschwerten begründet die Auflage eine Leistungspflicht. Durch den Verpflichtungscharakter hebt sich die Auflage von Anordnungen ab, durch die ein bestimmtes Verhalten lediglich zur Bedingung einer letztwilligen Verfügung gemacht wird. Der Erblasser kann die Erfüllung oder Nichterfüllung der Auflage zur aufschiebenden oder auflösenden Bedingung einer anderen Verfügung machen. Mitunter kann auch fraglich sein, ob eine letztwillige Verfügung eine Erbeinsetzung oder eine Auflage enthält[2].

4 **3. Inhalt der Auflage.** Die Auflage setzt zwingend einen **Beschwerten** voraus. Gegenstand der ihm auferlegten Verpflichtung kann, wie aus dem Begriff „Leistung" folgt, ein Tun oder Unterlassen sein (§ 241 Abs 1 S 2). Um eine vermögenswerte Leistung braucht es sich dabei nicht zu handeln. Die Auflage kann zugunsten einer Person (**Begünstigter**) angeordnet sein, es ist jedoch nicht erforderlich, dass überhaupt jemand begünstigt wird[3]. Die Auflage kann auch Leistungen zum Inhalt haben, die der Allgemeinheit oder einem bestimmten Zweck zugute kommen. Häufiges Beispiel: Auflagen, mit denen dem Beschwerten die Pflege des Grabes oder die Sorge für Tiere des Erblassers zur Pflicht gemacht wird[4]. Die Durchsetzung der Auflage kann nur der **Vollziehungsberechtigte** (vgl § 2194) erzwingen.

5 **4. Unwirksamkeitsgründe.** Eine Auflage kann wegen Sittenwidrigkeit (§ 138 Abs 1) oder wegen Unmöglichkeit oder Verbotswidrigkeit der angeordneten Leistung (§§ 2192, 2171) unwirksam sein. Dass die Auflage zwecklos oder töricht ist, führt noch nicht zur Unwirksamkeit[5]. Eine Verpflichtung, eine bestimmte Verfügung von Todes wegen zu errichten oder zu unterlassen, kann wegen § 2302 (analog) nicht durch eine Auflage begründet werden.

§ 1941 Erbvertrag

(1) Der Erblasser kann durch Vertrag einen Erben einsetzen sowie Vermächtnisse und Auflagen anordnen (Erbvertrag).

(2) Als Erbe (Vertragserbe) oder als Vermächtnisnehmer kann sowohl der andere Vertragschließende als ein Dritter bedacht werden.

I. Normzweck

1 Der Erbvertrag stellt neben dem Testament die zweite Art der Verfügung von Todes wegen dar. Während für das Testament die freie Widerruflichkeit kennzeichnend ist, liegt das Wesen des Erbvertrags in der Bindung an die einmal getroffene Verfügung. Die **Bindung des Erblassers** schafft eine sichere Grundlage für Gegenleistungen, die zu Lebzeiten des Erblassers im Hinblick auf dessen Verfügungen von Todes wegen versprochen und erbracht werden sollen. § 1941 stellt lediglich den Begriff des Erbvertrags den zulässigen vertragsmäßigen Inhalt klar. Einzelheiten sind in §§ 2274 ff geregelt.

---

[7] So aber *Coing* NJW 1988, 1753; dagegen mit Recht *Harder* NJW 1988, 2716, der allerdings die Existenz gesetzlicher Vermächtnisse generell nicht anerkennen will.
[1] RG LZ 17, 866.
[2] BayObLG Rpfleger 1988, 366; NJW-RR 2003, 656.
[3] *Staudinger/Otte* Rn 5; *MünchKommBGB/Leipold* Rn 4; *Lange/Kuchinke* § 30 II 3 b.
[4] Weitere Beispiele bei *Staudinger/Otte* Rn 5; *AnwK-BGB/J. Mayer* Rn 9 ff.
[5] Mot V S 213.

II. Inhalt des Erbvertrags

§ 1941 spricht nur davon, dass in einem Erbvertrag **Erbeinsetzungen, Vermächtnisse** oder **Auflagen** angeordnet werden können. Das bedeutet jedoch nicht, dass allein diese Anordnungen Gegenstand eines Erbvertrags sein können. Nur die genannten Verfügungen haben jedoch an der den Erbvertrag kennzeichnenden Bindungswirkung teil. Sie werden deshalb auch **vertragsmäßige Verfügungen** genannt (vgl § 2278). Inhalt des Erbvertrags kann auch jede andere Verfügung sein, die in einem Testament möglich ist, allerdings nur einseitig und frei widerruflich (vgl § 2299). Umgekehrt müssen Erbeinsetzungen, Vermächtnisse oder Auflagen, wenn sie in einem Erbvertrag enthalten sind, nicht immer vertragsmäßigen Charakter haben; sie können auch als einseitige Verfügungen getroffen werden[1]. Ob eine Verfügung von Todes wegen vertragsmäßig oder nur einseitig vorgenommen wurde, ist durch Auslegung zu ermitteln. Damit ein wirksamer Erbvertrag vorliegt, muss zumindest eine vertragsmäßige Verfügung enthalten sein (vgl § 2278 Rn 1).

III. Rechtsnatur des Erbvertrags

Der Erbvertrag ist eine Verfügung von Todes wegen, die in vertraglicher Form errichtet wird (**Doppelnatur** als **Vertrag** und **Verfügung von Todes** wegen; näher § 2274 Rn 5). Um einen schuldrechtlichen Vertrag handelt es sich nicht, erst recht nicht um einen gegenseitigen iS der §§ 320 ff[2]. Denn in einem Erbvertrag werden keine Verpflichtungen übernommen. Auch als dinglicher Vertrag kann er nicht aufgefasst werden, da er dem Bedachten keinerlei Rechte am Vermögen des Erblassers gibt. Wenn zusammen mit einem Erbvertrag schuldrechtliche, dingliche oder familienrechtliche Vereinbarungen getroffen werden, handelt es sich um verschiedene Verträge in derselben Urkunde. Die Rolle des Vertragspartners kann sich dabei darauf beschränken, die Erklärungen des Erblassers in vertraglicher Form anzunehmen. Dem durch Erbvertrag gebundenen Erblasser bleibt es unbenommen, durch Rechtsgeschäft unter Lebenden zu verfügen (§ 2286).

IV. Abgrenzung zu anderen Verträgen

Vom Erbvertrag zu unterscheiden ist der vertragliche Erbverzicht (§§ 2346, 2352), der keine Verfügung von Todes wegen enthält[3]. Kein Erbvertrag ist auch der Vertrag über den Nachlass eines noch lebenden Dritten (§ 311b Abs 4) oder der Hofübergabevertrag nach § 17 HöfeO, der zwar die Erbfolge vorwegnimmt, aber ein Rechtsgeschäft unter Lebenden darstellt[4].

V. Einteilung der Erbverträge

Nach der **Art der Zuwendung** werden Erbeinsetzungs-, Vermächtnis- und Auflagenverträge unterschieden; nach der **Person des Vertragserblassers** einseitige, bei denen nur ein Vertragsteil als Erblasser verfügt, und zweiseitige, wenn beide Vertragsteile Verfügungen von Todes wegen treffen. Im letzteren Fall stehen die vertragsmäßigen Verfügungen in einem Abhängigkeitsverhältnis (wechselbezügliche Erbverträge, § 2298), wenn nicht ein anderer Wille der Vertragsschließenden anzunehmen ist (§ 2298 Abs 3). Je nach der **Person des Vertragsbedachten** kann man Erbverträge zugunsten des Vertragspartners und solche zugunsten Dritter unterscheiden (vgl Abs 2).

---

[1] RGZ 116, 321; MünchKommBGB/*Leipold* Rn 6.
[2] MünchKommBGB/*Leipold* Rn 4.
[3] Der Erbverzichtsvertrag kann aber mit einem Erbvertrag verbunden werden; BGHZ 22, 364, 367 f.
[4] *Wöhrmann/Stöcker*, Das Landwirtschaftserbrecht, 6. Aufl 1995, § 17 HöfeO Rn 9; RGRK/*Kregel* Rn 10.

Abschnitt 2. Rechtliche Stellung des Erben (§§ 1942–2063)

Titel 1. Annahme und Ausschlagung der Erbschaft, Fürsorge des Nachlassgerichts (§§ 1942–1966)

§ 1942 Anfall und Ausschlagung der Erbschaft

(1) Die Erbschaft geht auf den berufenen Erben unbeschadet des Rechts über, sie auszuschlagen (Anfall der Erbschaft).

(2) Der Fiskus kann die ihm als gesetzlichem Erben angefallene Erbschaft nicht ausschlagen.

I. Normzweck

1 Die Vorschrift regelt den Grundsatz des **Vonselbsterwerbs**: Der Erwerb der Erbschaft erfolgt unmittelbar kraft Gesetzes und ohne Wissen und Wollen des Erben. Die Annahme der Erbschaft ist keine Voraussetzung des Anfalls.

II. Erbschaftsanfall

2 **1. Voraussetzungen. a) Erbschaftsanfall.** Der Erbschaftsanfall setzt die **Berufung zum Erben** durch Gesetz oder Verfügung von Todes wegen und die **Erbfähigkeit** im Zeitpunkt des Erbfalles voraus (zum nasciturus s Rn 8).

3 **b) Genehmigungsvorbehalte.** Spezialgesetzliche Genehmigungsvorbehalte im öffentlichen Dienstrecht (§ 14 Abs 5, 6 HeimG, § 43 BRRG, § 70 BBG, § 19 SG, § 78 Abs 2 ZDG) sollen den Anschein verhindern, der Dienstleistende sei durch Vorteilsgewährung beeinflussbar und verfolge mit der Dienstleistung private Interessen[1]. Diese Vorschriften können ggf nebeneinander anzuwenden sein[2]. Sie erfassen Verfügungen von Todes wegen[3] und führen nach richtiger Ansicht zur Unwirksamkeit der Verfügung nach § 134[4]. Nach aA soll es sich hierbei um ein Verbot der Annahme der Erbschaft handeln[5]; da die Annahme nicht Erwerbsvoraussetzung ist, kommt ein solches gesetzliches Verbot der Annahme indes nicht in Betracht[6].

4 Nach Sinn und Zweck dieser Genehmigungsvorbehalte wird man Nichtigkeit aber nur bei Kenntnis des Begünstigten zu Lebzeiten des Erblassers annehmen können[7]. Auch ansonsten ist maßgeblicher Beurteilungszeitpunkt für die Genehmigungspflichtigkeit auf Grund der Zweckrichtung der Vorschrift die Errichtung der Verfügung; die Genehmigung kann aber auch nach dem Erbfall erteilt werden[8]. Im Fall des § 14 Abs 6 HeimG[9] muss die Genehmigung **vor** der Errichtung der Verfügung vorliegen; eine ohne Genehmigung errichtete Verfügung von Todes wegen muss formgerecht zur Erteilung wiederholt werden[10]. Die Einschränkung der Testierfreiheit durch § 14 HeimG ist verfassungsgemäß[11].

5 Ein Verstoß gegen **§ 10 BAT** ist zwar arbeitsrechtliche Pflichtverletzung[12]; der bloße Verstoß führt auf Grund der grundsätzlichen Abdingbarkeit tarifvertraglicher Verbote nach § 4 Abs 3 TVG aber noch nicht zur Nichtigkeit[13].

6 **c) Landesrechtliche Ausnahmen.** Landesrechtliche Ausnahmen vom Prinzip des sofortigen Übergangs kraft Gesetzes sind nach Art 86 EGBGB zulässig (zB Genehmigungsvorbehalte für ausländische juristische Personen, Ordensangehörige). Die Bestimmung ist heute allerdings weitgehend aufgehoben[14].

---

[1] BVerwG ZEV 1996, 343 m zust Anm *Ebenroth/Kooß*.
[2] *Dubischar* DNotZ 1993, 419, 429.
[3] BVerwG ZEV 1996, 343; BAG NVwZ 1985, 142.
[4] BFH NJW 2006, 2943, 2944; BGHZ 110, 237 = NJW 1990, 1603; OLG München NJW 2006, 2642, 2643; *Palandt/Heinrichs* § 134 Rn 19; *Rossak* ZEV 1996, 41, 44 f.
[5] *Stach* NJW 1988, 943, 944; *Ruf/Hütten* BayVBl 1978, 37, 41.
[6] BayObLG NJW 1992, 55, 57; MünchKommBGB/*Leipold* § 1943 Rn 12; *Staudinger/Otte* § 1943 Rn 12 a.
[7] BGH ZEV 1996, 147, 148; BayObLG NJW 1992, 55, 57, jeweils zu § 14 HeimG.
[8] BVerwG ZEV 1996, 343 zu §§ 19 SG, 78 Abs 2 ZDG; bis zur Erteilung der Genehmigung vgl § 1960 Rn 4.
[9] „(6) Die zuständige Behörde kann in Einzelfällen Ausnahmen von den Verboten der Abs 1 und 5 zulassen, soweit der Schutz der Bewohnerinnen und Bewohner die Aufrechterhaltung der Verbote nicht erfordert und die Leistungen noch nicht versprochen oder gewährt worden sind."
[10] Vgl BGHZ 20, 71, allerdings zu § 138.
[11] BVerfG NJW 1998, 2964.
[12] BAGE 45, 325, 330 = NVwZ 1985, 142, 143.
[13] BGH NJW 2000, 1186 zur Schenkung auf den Todesfall an einen Sparkassenangestellten; *Beckmann* JZ 2001, 150.
[14] Vgl *Staudinger/Otte* Rn 6 f.

d) Stiftungen. Für Stiftungen gilt § 84. 7

2. Zeitpunkt. a) Erbschaftsanfall. Der Anfall der Erbschaft erfolgt mit dem Erbfall. Eine **Rück-** 8 **wirkungsfiktion** besteht beim nasciturus (Anfall bei Geburt mit Rückwirkung auf den Erbfall, § 1923 Abs 2). Bei Wegfall des Erben nach dem Erbfall durch Ausschlagung (§ 1953 Abs 2) oder Erbunwürdigkeit (§ 2344 Abs 2) gilt der Anfall an den Nächstberufenen als mit dem Erbfall erfolgt. Bei einem Zuwendungsverzicht des Erben (§ 2352) gilt § 2346 Abs 1 S 2 nach hM entspr[15]. Bei Verstoß gegen die Genehmigungspflicht der Zuwendung nach öffentlichem Dienstrecht (vgl Rn 3) gilt der Anfall an den Nächstberufenen ebenfalls als mit dem Erbfall erfolgt. Beim **Nacherben** erfolgt der Anfall mit dem Eintritt der Nacherbfolge (§ 2139).

b) Zeitpunkt des Anfalls. Der Zeitpunkt des Anfalls der Erbschaft unterliegt anders als der Anfall 9 des Vermächtnisses (vgl §§ 2177, 2178) **nicht** der Disposition des Erblassers; der Grundsatz des sofortigen Vonselbsterwerbs ist zwingendes Recht[16]. Macht der Erblasser den Anfall der Erbschaft von der Annahmeerklärung des Erben abhängig, ist dies idR als rechtlich unbeachtlicher Zusatz zu werten[17]. Ergibt die Auslegung aber, dass der Erblasser bewusst von der gesetzlichen Regelung abweichen wollte, kann dies nicht als zulässige aufschiebende Bedingung (Anfall erst mit Annahme) gewertet werden, weil die Annahmeerklärung als Willensbedingung in ihrer Wirkung nicht über die Erbenbestimmung hinausginge; die Erbeinsetzung wäre deshalb nach § 2065 nichtig[18]. Nach aA soll in diesem Fall der gesetzliche Erbe Vorerbe (§ 2105), und der gewillkürte Erbe bis zur Annahme Nacherbe sein[19].

3. Ausschlagungsrecht. Das Ausschlagungsrecht korrespondiert mit dem Grundsatz des Vonselbst- 10 erwerbs, der ohne Wissen und Wollen des Erben stattfindet. Es steht nur den Erben zu und ist ein höchstpersönliches Recht[20].

Das Ausschlagungsrecht kann nicht aus einer letztwilligen Verfügung hergeleitet werden, die zu- 10 a nächst unwirksam ist und allenfalls in Folge der Ausschlagung wirksam werden könnte[21].

a) Fiskus als Erbe. Der Fiskus als **gesetzlicher Erbe** nach § 1936 und nach Art 138 EGBGB 11 nach Landesrecht an dessen Stelle berufene Zwangserben haben kein Ausschlagungsrecht (Abs 2), damit die Erbschaft nicht herrenlos wird[22]. Der Fiskus ist durch §§ 1966, 2011 und § 780 Abs 2 ZPO geschützt.

b) Stiftung. Wurde eine Stiftung durch Erbeinsetzung gegründet (§ 84), kann der Stiftungsvorstand 12 nicht ausschlagen[23].

c) Höchstpersönlichkeit des Ausschlagungsrechts. Das Recht zur Ausschlagung steht auf 13 Grund seines persönlichen Charakters allein dem Erben zu (höchstpersönliches Gestaltungsrecht)[24]. Es ist vererblich (§ 1953), aber iÜ weder isoliert noch zusammen mit dem Nachlass übertragbar; es ist unpfändbar (§ 857 Abs 3 ZPO). Das Ausschlagungsrecht nach § 2306 Abs 1 S 2 kann deshalb auch nicht an den Sozialhilfeträger übergeleitet werden[25]. Die Ausschlagung zur Vermeidung des Zugriffs des Sozialhilfeträgers ist **nicht** wegen Sittenwidrigkeit (§ 138) nichtig[26]. Die Rspr zur Sittenwidrigkeit von Unterhaltsverzichten unter Ehegatten (§ 1585 c) zu Lasten des Sozialhilfeträgers[27] ist auf die Erbschaftsausschlagung schon wegen deren höchstpersönlichen Charakters nicht übertragbar; zudem hat die Erbschaft als solche keine Unterhaltsfunktion[28]. Der Sozialhilfeträger kann deshalb auch nicht unter Hinweis auf den Grundsatz der Nachrangigkeit der Sozialhilfe gemäß **§ 2 Abs 1 SGB XII** (= § 2 Abs 1 BSHG aF) die Ausschlagung zur Voraussetzung der Gewährung der Hilfe machen, weil der Pflichtteilsanspruch (§ 2306 Abs 1 S 2) des Hilfeempfängers einzusetzendes Vermögen sei[29]. Wegen des höchstpersönlichen Charakters des Ausschlagungsrechts können Gläubiger des Erben bzw der Insolvenzverwalter die Ausschlagung **nicht** nach dem AnfG bzw der InsO anfechten[30]. Die Ausschlagung ist keine Schenkung an den Nächstberufenen (§ 517).

---

[15] KG JW 1937, 1735; OLG München OLGE 30, 217, 220; *Staudinger/Schotten* § 2352 Rn 28 mwN.
[16] MünchKommBGB/*Leipold* Rn 7.
[17] *Palandt/Edenhofer* Rn 1; MünchKommBGB/*Leipold* Rn 7; *Erman/Schlüter* Rn 2.
[18] MünchKommBGB/*Leipold* Rn 8; BGH NJW 1981, 2051 lässt ausdrücklich offen, ob die (Nach-)Erbeinsetzung unter der Bedingung, dass der Vorerbe keine anderweitige Verfügung von Todes wegen trifft, gegen § 2065 verstößt, vgl § 2065 Rn 19.
[19] *Staudinger/Otte* Rn 5 und § 1944 Rn 2; RGRK/*Johannsen* Rn 1.
[20] Vgl bereits RGZ 84, 342, 348.
[21] OLG Zweibrücken NJW-RR 2005, 8, 9; RGZ 95, 214, 218 f.
[22] Als gewillkürter Erbe kann der Fiskus aber – wie jeder andere Erbe auch – ausschlagen.
[23] RGRK/*Johannsen* Rn 4.
[24] BGH NJW 2007, 2556; RGZ 84, 342, 348.
[25] BGH ZEV 2006, 76, 77, obiter dictum; OLG Frankfurt ZEV 2004, 24, 25; OLG Stuttgart NJW 2001, 3484, 3486; MünchKommBGB/*Leipold* Rn 14; *Staudinger/Otte* Rn 16.
[26] LG Aachen NJW-RR 2005, 307; *Palandt/Edenhofer* § 1945 Rn 2; *Ivo* FamRZ 2003, 6; *J. Mayer* ZEV 2002, 369, 370; ausf *Pohl* AcP 177 (1977), 52, 68 ff; aA OLG Stuttgart NJW 2001, 3484, 3485; *Palandt/Heinrichs* § 138 Rn 45 a.
[27] Ausf *Höger*, Die gerichtliche Kontrolle von Unterhaltsvereinbarungen im Eherecht, 2005, S 104 ff, 224 f.
[28] LG Aachen NJW-RR 2005, 307, 308; *Ivo* FamRZ 2003, 6, 8.
[29] OVG Saarlouis ZErb 2006, 275 zum sog Behindertentestament, m zust Anm *Spall* MittBayNot 2007, 69; *J. Mayer* DNotZ 1994, 347, 356; aA Voraufl.
[30] RGZ 84, 342, 347; MünchKommBGB/*Leipold* Rn 14; *Staudinger/Otte* Rn 15.

§ 1943　　　　　　　　　　　　　　　　　　Buch 5. Abschnitt 2. Rechtliche Stellung des Erben

13 a　Das Recht zur Ausschlagung steht dem Erben daher auch dann zu,
– wenn der Erbe Schuldner eines Insolvenzverfahrens ist (§ 83 Abs 1 S 1 InsO),
– wenn der Erbe sich im Verfahren zur Erlangung der Restschuldbefreiung befindet und die sog Wohlverhaltensperiode noch läuft (in der Ausschlagung ist keine Obliegenheitsverletzung iS des § 295 Abs 1 Nr 2 InsO zu sehen)[31],
– wenn der Erbteil verpfändet ist oder unter Verstoß gegen § 778 Abs 2 ZPO wegen einer Eigenverbindlichkeit des Erben gepfändet wurde[32],
– wenn der Sozialhilfeträger über § 90 SGB XII (= § 88 BSHG aF) auf den Erbteil zugreifen möchte[33],
– bei Vermögensbeschlagnahme nach § 443 StPO.

13 b　Testamentsvollstrecker und Nachlasspfleger können weder ausschlagen noch annehmen. Bei Ehegatten ist bei keinem Güterstand die Zustimmung zur Ausschlagung erforderlich. Dies gilt auch für den – in der Praxis heutzutage freilich seltenen – Fall der ehelichen Gütergemeinschaft. Die Ausschlagung ist dort ebenfalls allein Sache des zum Erben berufenen Ehegatten, selbst wenn er das Gesamtgut nicht bzw nicht allein verwaltet, vgl §§ 1432 Abs 1, 1455 Nr 1[34].

14　Bei nicht Volljährigen, Mündeln und Betreuten bedarf die Ausschlagung durch die Eltern, Vormund oder Betreuer der **Genehmigung** durch das Vormundschaftsgericht (§§ 1643 Abs 2 S 1, 1822 Nr 2, 1908 i). Die **Veräußerung** des Erbteils (§§ 2033, 2371) ist demgegenüber keine Annahme durch schlüssiges Verhalten (§ 1943 Rn 5 a). Bei **Veräußerung des Nacherbenanwartschaftsrechts** steht das Ausschlagungsrecht zwar grds dem Erwerber zu, weil dieser voll in die Rechtsstellung des Nacherben eintritt (vgl auch § 2363 Rn 9 ff)[35]. Allerdings ist in der Veräußerung des Nacherbenanwartschaftsrechts regelmäßig die konkludente Annahme der Nacherbschaft durch den eingesetzten Nacherben zu sehen, die schon ab dem Erbfall zulässig ist (§ 1946; allgM) und eine spätere Ausschlagung durch den Erwerber ausschließt (§ 1943)[36].

§ 1943 Annahme und Ausschlagung der Erbschaft

Der Erbe kann die Erbschaft nicht mehr ausschlagen, wenn er sie angenommen hat oder wenn die für die Ausschlagung vorgeschriebene Frist verstrichen ist; mit dem Ablauf der Frist gilt die Erbschaft als angenommen.

I. Normzweck, Schwebezustand bis zur Annahme

1　Der Erbschaftserwerb durch Anfall der Erbschaft ist zunächst nur ein vorläufiger (vgl § 1942), der sich erst durch Annahme in einen endgültigen wandelt und den Schwebezustand zwischen vorläufiger und endgültiger Erbenstellung beendet („Vollerwerb"[1]). Annahmefiktion tritt ein durch Ablauf der Ausschlagungsfrist (HS 2) oder Anfechtung der Ausschlagung (§ 1957 Abs 1). Bis zur Annahme ist der (vorläufige) Erbe durch die §§ 211, 1958, 1995 Abs 2; §§ 239 Abs 5, 778 ZPO geschützt. Anfechtbare Rechtshandlungen des vorläufigen Erben muss sich der endgültige Erbe im Rahmen des § 131 InsO zurechnen lassen[2].

II. Annahmeerklärung

2　**1. Rechtsnatur.** Die Annahmeerklärung ist die formlose, gestaltende, nicht empfangsbedürftige[3] Willenserklärung, Erbe sein zu wollen[4]. Sie kann auf drei verschiedene Arten erfolgen:
– durch ausdrückliche Erklärung,
– durch schlüssiges Verhalten oder
– auf Grund Fiktion durch Ablauf der Ausschlagungsfrist (HS 2).

Die Annnahmeerklärung wird nach allgemeinen Grundsätzen mit objektiv erkennbarer Äußerung wirksam. Geschäftsfähigkeit eines Adressaten nach § 131 ist nicht erforderlich. Bis zur Erkennbarkeit der Äußerung ist der Widerruf der erklärten Annahme entspr § 130 Abs 1 S 2 möglich[5]. Äußerungen gegenüber am Nachlass völlig unbeteiligten Personen (zB gegenüber seinem Ehegatten oder einem Rechtsberater) sind idR noch nicht als Annahmeerklärung auszulegen[6].

---

[31] LG Mainz ZInsO 2003, 525; MünchKommInsO/*Ehricke* § 295 Rn 49; *Nerlich/Römermann* § 295 InsO Rn 27.
[32] Die Pfändung wegen einer Nachlassverbindlichkeit ist vor Erbschaftsannahme unzulässig (§ 778 Abs 1 ZPO); Gleiches gilt für die Pfändung des Erbteils wegen einer Eigenverbindlichkeit des Erben (§ 778 Abs 2 ZPO).
[33] *Staudinger/Otte* Rn 16.
[34] MünchKommBGB/*Leipold* Rn 14.
[35] MünchKommBGB/*Grunsky* § 2100 Rn 30; RGRK/*Johannsen* 2100 Rn 12; *Soergel/Harder* 2100 Rn 12; aA *Staudinger/Avenarius* § 2100 Rn 82.
[36] RGRK/*Johannsen* Rn 3; Erman/*M. Schmidt* Rn 1; *Staudinger/Avenarius* § 2142 Rn 14; *v. Lübtow* Erbrecht II S 633; aA MünchKommBGB/*Grunsky* § 2142 Rn 6, § 2100 Rn 30.
[1] BGH NJW 2006, 2698.
[2] BGH NJW 1969, 1349 zu § 30 Nr 2 KO.
[3] HM, MünchKommBGB/*Leipold* Rn 9 mwN.
[4] BayObLG NJW-RR 2005, 232 mwN.
[5] MünchKommBGB/*Leipold* Rn 10; *Staudinger/Otte* Rn 3.
[6] MünchKommBGB/*Leipold* Rn 3; *Staudinger/Otte* Rn 6; Erman/*Schlüter* Rn 2.

2. Stellvertretung. Gewillkürte Stellvertretung ist zulässig; die Vollmacht ist formlos gültig. Eine 3 vollmachtlos erklärte Annahme kann nicht genehmigt werden (§ 180 S 1; S 2 ist auf nichtempfangsbedürftige Willenserklärungen nicht anzuwenden). Die Genehmigung durch den Erben ist aber ihrerseits Annahme. Dies gilt auch bei konkludenter Annahme durch Vertragsschluss (zB Erbschaftsverkauf, s Rn 5 a).

Beim **minderjährigen Erben** ist das Verhalten des gesetzlichen Vertreters maßgeblich; für die 3 a Annahme ist die Einwilligung des Familien- oder Vormundschaftsgerichts, anders als bei der Ausschlagung, nicht erforderlich[7]. Gemeinschaftlich sorgeberechtigte Eltern müssen gemeinsam die Annahme bzw Ausschlagung erklären[8]. Im Fall des § 1638 können die Eltern trotz Ausschluss von der Vermögensverwaltung annehmen oder ausschlagen[9] (nicht der nach § 1909 Abs 1 S 2 zu bestellende Ergänzungspfleger[10], weil es sich nicht um einen Akt der Vermögensverwaltung handelt). Der **beschränkt geschäftsfähige Erbe** kann mit Einwilligung des gesetzlichen Vertreters annehmen; eine nachträgliche Genehmigung ist wegen § 111 S 1 nicht möglich[11]. Die nachträgliche Genehmigung kann aber ihrerseits als konkludente Annahmeerklärung des gesetzlichen Vertreters zu werten sein. Die Annahme bedeutet den Verlust des Ausschlagungsrechts und ist daher nicht lediglich rechtlich vorteilhaft (§ 107). Der Erblasser kann den Erben und dessen gesetzlichen Vertreter nicht von der Entscheidung über die Annahme ausschließen.

Annahmebefugt sind Abwesenheitspfleger (§ 1911), Leibesfruchtpfleger (§ 1912) und Betreuer 4 (§§ 1896, 1902); **nicht** Testamentsvollstrecker, Nachlasspfleger[12] und Ergänzungspfleger nach §§ 1909 Abs 1 S 2, 1638. Ob beim **nasciturus** die Annahme erst mit Geburt durch den künftigen gesetzlichen Vertreter oder bereits durch den Leibesfruchtpfleger nach § 1912 möglich ist, ist zwar streitig[13], kann jedoch nicht anders behandelt werden als die Ausschlagung, die nach hM schon vor der Geburt möglich sein soll (vgl § 1946 Rn 2)[14]. Dem steht der Fristbeginn für die Ausschlagung mit Geburt und § 1 nicht entgegen. Denn auch beim Nacherben besteht nach allgM ein Recht zur Annahme ab dem Erbfall, nicht erst ab dem Nacherbfall[15], obwohl die Frist zur Ausschlagung für den Nacherben erst mit dem Nacherbfall bzw dessen Kenntnis beginnt[16]; die Annahme setzt den Erbfall, nicht den Anfall voraus. Zur Ausschlagung s § 1945 Rn 10.

3. Annahme durch schlüssiges Verhalten. Eine **konkludente Annahme** der Erbschaft ist 5 anzunehmen, wenn der Erbe objektiv erkennbar zum Ausdruck bringt, Erbe sein und die Erbschaft behalten zu wollen; ein konkreter Annahmewille ist nicht erforderlich[17]. Auch der vorläufige Erbe hat aber das Recht zur Verwaltung des Nachlasses; bei der Auslegung ist deshalb Zurückhaltung geboten. § 1944 gewährt eine Überlegungsfrist für den vorläufigen Erben. Maßnahmen zur Sicherung und Erhaltung des Nachlasses sind daher noch keine Annahme[18]. Maßgeblich ist grds der objektive Erklärungswert; Willensmängel sind allein eine Frage der Anfechtbarkeit[19].

Die Annahme ist regelmäßig zu **bejahen** bei Erbscheinsantrag[20], Grundbuchberichtigung auf den 5 a Erben[21], Veräußerung (§§ 2033, 2371) oder Verpfändung des Erbteils[22], Geltendmachung des Herausgabeanspruchs nach § 2018, Verfügung über Nachlassgegenstände[23] und Erfüllung von Nachlassforderungen über die laufende Verwaltung hinaus[24]. Vorbehaltlose Führung eines den Nachlass betreffenden Aktivprozesses oder Aufnahme eines unterbrochenen Passivprozesses kann Annahme sein (vgl § 239 ZPO)[25]; die Auskunftsklage gegen den Testamentsvollstrecker muss für eine schlüssige Annahme dagegen nicht genügen, da diese auch zum Zwecke der Prüfung, ob ausgeschlagen werden soll, erhoben werden kann[26].

Die Annahme ist regelmäßig zu **verneinen** bei Verwaltung des Nachlasses durch vorläufige Fort- 6 führung eines Handelsgeschäfts (auch der vorläufige Erbe kann zur Eintragung in das Handelsregister verpflichtet sein, um eine verschärfte Schuldenhaftung des später annehmenden Erben auszuschließen;

---

[7] BayObLG FamRZ 1997, 126; *Palandt/Edenhofer* Rn 4; *Ivo* ZEV 2006, 181; vgl ausf zur Erbschaftsausschlagung für den minderjährigen Erben *Ivo* ZEV 2002, 309.
[8] OLG Frankfurt NJW 1962, 52; *MünchKommBGB/Leipold* § 1945 Rn 12.
[9] BayObLG Rpfleger 1977, 253; OLG Karlsruhe FamRZ 1965, 573, 574; *Palandt/Edenhofer* § 1945 Rn 3.
[10] KG OLGE 32, 13; *MünchKommBGB/Leipold* § 1945 Rn 12; *Staudinger/Engler* § 1638 Rn 16.
[11] *MünchKommBGB/Leipold* Rn 7; *Palandt/Edenhofer* Rn 4; *Erman/Schlüter* Rn 4; aA Voraufl unter Bezug auf § 1831 S 1 und RGZ 118, 145.
[12] KG OLGE 21, 349, 350.
[13] Wie hier bejahend *Staudinger/Otte* § 1946 Rn 5; *MünchKommBGB/Leipold* Rn 7; aA *Palandt/Edenhofer* Rn 4.
[14] OLG Oldenburg FamRZ 1994, 847; OLG Stuttgart NJW 1993, 2250; *MünchKommBGB/Leipold* § 1923 Rn 21 mwN; aA LG Berlin Rpfleger 1990, 362.
[15] RGZ 80, 377, 380; *MünchKommBGB/Grunsky* § 2142 Rn 6 mwN.
[16] RGZ 59, 341, 344; *MünchKommBGB/Leipold* § 1944 Rn 2.
[17] BayObLG FamRZ 1983, 1061; *Palandt/Edenhofer* Rn 2.
[18] OLG Koblenz ZEV 2001, 440, LS = BeckRS 1999, 30083897; *Palandt/Edenhofer* Rn 3.
[19] BayObLG FamRZ 1983, 1061, 1063; ganz hM, *Palandt/Edenhofer* Rn 4 mwN.
[20] BGH RdL 1968, 98, 99; BayObLG NJW-RR 1999, 590, 591 mwN.
[21] KG OLGE 38, 163.
[22] RGZ 80, 377, 385.
[23] BayObLG FamRZ 1988, 213.
[24] OLG Koblenz ZEV 2001, 440, LS = BeckRS 1999, 30083897; *MünchKommBGB/Leipold* Rn 5 mwN.
[25] *MünchKommBGB/Leipold* Rn 5: „zumeist"; weitergehend wohl *Palandt/Edenhofer* Rn 2; s auch § 1958.
[26] Ausf BayObLG NJW-RR 2005, 232.

§ 1944

vgl §§ 27 Abs 1, 25 Abs 2 HGB)[27], Aufstellung eines Nachlassverzeichnisses[28], Antrag auf Bestellung eines Testamentsvollstreckers[29] oder auf Testamentseröffnung[30], auf Nachlassverwaltung[31] oder Nachlassinsolvenz (vgl § 316 Abs 1 InsO). Die bloße Bezahlung der Beerdigungskosten genügt selbstverständlich ebenfalls nicht für eine konkludente Erbschaftsannahme[32].

III. Annahmerecht

7 Das Recht zur Entscheidung über die Annahme steht dem Erben zu. Das zu § 1942 Gesagte gilt entspr (vgl § 1942 Rn 13, 13 a).

IV. Wirkung der Annahme

8 Die Annahme bewirkt den Erwerb der endgültigen Erbenstellung und den Verlust des Ausschlagungsrechts[33]. Nachlassgläubiger können gegen den Erben klagen (§ 1958) und vollstrecken (§ 778 ZPO). Der Erbe ist zur Fortführung eines unterbrochenen Rechtsstreits verpflichtet (§ 239 Abs 5 ZPO). Mit der Annahme endet die Sicherungspflicht des Nachlassgerichts nach § 1960. Zur Ablaufhemmung bei Verjährung s § 211.

V. Beweislast

9 Der Erbschaftserwerb erfolgt unabhängig von der Annahme (Vonselbsterwerb), der berufene Erbe muss die Annahme deshalb nur beweisen, wenn diese rechtsbegründend wirkt (Aufgebotsantrag, § 991 Abs 3 ZPO). Zum Erbscheinsantrag des Miterben, s § 2357 Abs 3 S 1. Beweispflichtig für die Annahme bzw den Ablauf der Ausschlagungsfrist ist
– der Nachlassgläubiger bei Klage gegen den Erben (§ 1958) und bei Vollstreckung in das Eigenvermögen (§ 778 Abs 1 ZPO),
– der Eigengläubiger des Erben bei Vollstreckung in den Nachlass (§ 778 Abs 2 ZPO),
– wer sich auf das Ende der Verjährungshemmung nach § 211 beruft.
Die Voraussetzungen der Ausschlagung hat grds derjenige zu beweisen, der sich hierauf beruft; wer sich allerdings auf den Wegfall des Ausschlagungsrechts durch Fristablauf beruft, ist hierfür beweispflichtig[34].

§ 1944 Ausschlagungsfrist

(1) **Die Ausschlagung kann nur binnen sechs Wochen erfolgen.**

(2) ¹**Die Frist beginnt mit dem Zeitpunkt, in welchem der Erbe von dem Anfall und dem Grunde der Berufung Kenntnis erlangt.** ²**Ist der Erbe durch Verfügung von Todes wegen berufen, so beginnt die Frist nicht vor der Verkündung der Verfügung.** ³**Auf den Lauf der Frist finden die für die Verjährung geltenden Vorschriften der §§ 206, 210 entsprechende Anwendung.**

(3) **Die Frist beträgt sechs Monate, wenn der Erblasser seinen letzten Wohnsitz nur im Ausland gehabt hat oder wenn sich der Erbe bei dem Beginn der Frist im Ausland aufhält.**

I. Normzweck

1 Das Verstreichen der Ausschlagungsfrist bewirkt die Fiktion der Annahme (§ 1943 HS 2). Die Frist ist für den (vorläufigen) Überlegungsfrist und beginnt erst mit positiver Kenntnis von Anfall und Grund der Berufung zu laufen. Da der Erbschaftserwerb ohne Wissen und Wollen des Erben erfolgt, soll dieser auf Grund der Sach- und Rechtslage in der Lage sein, die Entscheidung über die Ausschlagung zu treffen. Daneben dient die Frist der Rechtssicherheit und beendet die Vorläufigkeit der (bis zur Annahme privilegierten; s § 1943 Rn 1) Erbenstellung. Die Ausschlagung kann nach § 1946 auch schon vor Fristbeginn erfolgen.

II. Dauer der Frist

2 Die Ausschlagungsfrist beträgt grds sechs Wochen (§ 1944 Abs 1). Sie beträgt sechs Monate (Abs 3), wenn der Erblasser seinen letzten Wohnsitz ausschließlich im Ausland hatte; der Sterbeort ist dagegen irrelevant[1]. Bei Doppelwohnsitz ist Abs 3 nicht anzuwenden, wenn inländischer Wohnsitz bestand[2].

---

[27] *Palandt/Edenhofer* Rn 3; *MünchKommBGB/Leipold* Rn 5.
[28] *MünchKommBGB/Leipold* Rn 5.
[29] OLG Celle OLGZ 1965, 30.
[30] OLG Celle OLGZ 1965, 30.
[31] *MünchKommBGB/Leipold* Rn 5 mwN.
[32] *Palandt/Edenhofer* Rn 3; *MünchKommBGB/Leipold* Rn 5.
[33] BGH NJW 2006, 2698; *MünchKommBGB/Leipold* Rn 8.
[34] BGH NJW-RR 2000, 1530; *MünchKommBGB/Leipold* Rn 26; *Palandt/Edenhofer* § 1944 Rn 8.
[1] *Palandt/Edenhofer* Rn 1; *Staudinger/Otte* Rn 4.
[2] *Staudinger/Otte* Rn 4.

Hatte der Erblasser seinen Wohnsitz in der ehemaligen DDR und lebte der Ausschlagungsberechtigte im Westen, gilt ebenfalls Abs 3[3]. Die Frist beträgt sechs Monate, wenn der Erbe seinen Aufenthalt bei Beginn der Frist im Ausland hatte. Eine Reise des Erben ist ausreichend[4]. Zur Frage, ob der Aufenthalt des Vertreters des Erben maßgeblich ist, s Rn 12 ff. Die Berechnung der Frist bzw des Fristablaufs erfolgt nach den §§ 187 Abs 1, 188, 193.

III. Fristbeginn

Die Frist beginnt mit **positiver Kenntnis** von Anfall der Erbschaft und Berufungsgrund; schuldhafte Unkenntnis steht nicht gleich[5]. Der Erbe muss tatsächliche und rechtliche Umstände in einer Weise kennen, dass von ihm erwartet werden kann, in die Überlegung über Annahme oder Ausschlagung einzutreten[6]. Für den **nasciturus** beginnt die Frist nicht vor dessen Geburt[7], für den **Nacherben** nicht vor Kenntnis des Eintritts des Nacherbfalles[8]. **3**

1. Kenntnis des Anfalls. Kenntnis des Anfalls der Erbschaft ist das Wissen, dass sich der (vorläufige) Erbschaftserwerb vollzogen hat[9]. Voraussetzung ist die Kenntnis der den Anfall begründenden **Tatsachen**, also der Tod (oder die Todeserklärung) des Erblassers, des die gesetzliche Erbfolge begründenden Familienverhältnisses, das Nichtvorhandensein bzw der Wegfall vorberufener gesetzlicher Erben oder – bei gewillkürter Erbfolge – der Erbeinsetzung; bei Nacherbfolge ist auch Kenntnis des Eintritts des Nacherbfalles erforderlich. Bei gesetzlicher Erbfolge genügt, dass dem Erben keine konkreten Hinweise auf entgegenstehende Verfügungen von Todes wegen bekannt sind[10]. Bei Anfall nach Ausschlagung des zunächst Berufenen beginnt die Frist bei gesetzlicher Erbfolge mit Kenntnis der Ausschlagung[11]. Geht der gesetzliche Erbe zunächst von einer seine Erbenstellung ausschließenden letztwilligen Verfügung aus, beginnt die Frist mit Kenntnis von deren Unwirksamkeit[12]. **4**

Die Kenntnis des Anfalls **fehlt** daher, wenn **5**
– der Erbe (nachvollziehbar) vermutet, von der Erbfolge ausgeschlossen zu sein[13];
– der Erbe irrtümlich ein nichtiges Testament, das ihn von der Erbfolge ausschließt, für wirksam hält[14];
– der Erbe irrtümlich ein wirksames Testament, das seine Berufung zum Erben enthält, für nichtig hält[15].

Ein **Irrtum** über Tatsachen kann der Kenntnis also ebenso entgegenstehen wie eine irrige rechtliche Beurteilung, wenn deren Gründe nicht von vornherein von der Hand zu weisen sind[16]. Andererseits kann kein Rechtsirrtum angenommen werden, wenn der Erbe zwar subjektiv zweifelt, aber bei objektiver Beurteilung die Rechtslage völlig eindeutig ist; der Erbe darf sich nicht blind stellen[17]. Bei juristischen Laien kann in Ausnahmefällen auch das Fehlen von Aktivvermögen die Kenntnis des Anfalls ausschließen[18]. Die Zusammensetzung des Nachlasses oder die Höhe der Erbquote ist für die Kenntnis vom Anfall der Erbschaft dagegen ohne Bedeutung[19]. Im Fall des § 2306 Abs 1 S 2 beginnt die Frist erst, wenn der Erbe weiß, ob der hinterlassene Erbteil die Hälfte des gesetzlichen nach Maßgabe der Quoten- oder Werttheorie übersteigt[20]. **6**

2. Kenntnis des Berufungsgrundes. Kenntnis des Berufungsgrundes ist das Wissen um den konkreten Tatbestand aus dem sich die rechtliche Folge der Berufung ergibt; ein Irrtum über die Art der Berufung schließt die Kenntnis aus[21]. Der **gesetzliche Erbe** muss das konkrete Familienverhältnis kennen, auf dem die Erbfolge beruht. Berufung durch Ehe oder Verwandtschaft sind verschiedene Berufungsgründe, ebenso Berufung als Verwandter zweiter Ordnung statt erster Ordnung (zB bei vermeintlich wirksamer Adoption). Der **gewillkürte Erbe** muss die konkrete Verfügung von Todes **7**

---

[3] OLG Brandenburg ZEV 2002, 283.
[4] MünchKommBGB/*Leipold* Rn 24.
[5] OLG NJW-RR 2000, 1530: „zuverlässige Kenntnis"; ausf OLG Zweibrücken NJW-RR 2006, 1594; OLG München NJW-RR 2006, 1668; OLG Naumburg ZErb 2006, 423; Palandt/*Edenhofer* Rn 2; Staudinger/*Otte* Rn 10 mwN; ausf zur Kenntnis iS des Abs 2 S 1 *Gottwald* ZFE 2006, 253.
[6] OLG Zweibrücken NJW-RR 2006, 1594, 1595; BayObLG FamRZ 1994, 264, 265.
[7] Staudinger/*Otte* Rn 17; MünchKommBGB/*Leipold* Rn 2.
[8] RGZ 59, 341, 344.
[9] Staudinger/*Otte* Rn 7 unter Hinweis auf Mot V S 499.
[10] OLG Zweibrücken NJW-RR 2006, 1594, 1595; OLG Brandenburg FamRZ 1998, 1619, 1621; MünchKommBGB/*Leipold* Rn 9.
[11] KG NJW-RR 2004, 941, 942.
[12] OLG Brandenburg FamRZ 1998, 1619.
[13] OLG Zweibrücken NJW-RR 2006, 1594, 1595; OLG Hamm OLGZ 1969, 288.
[14] Palandt/*Edenhofer* Rn 3.
[15] Staudinger/*Otte* Rn 11.
[16] OLG Zweibrücken NJW-RR 2006, 1594, 1595; OLG Naumburg ZErb 2006, 423.
[17] OLG München NJW-RR 2006, 1668, 1669; MünchKommBGB/*Leipold* Rn 8 und 12.
[18] OLG Zweibrücken NJW-RR 2006, 1594, 1595; BayObLG FamRZ 1994, 264, 265; Staudinger/*Otte* Rn 11; Palandt/*Edenhofer* Rn 3; aA MünchKommBGB/*Leipold* Rn 11.
[19] MünchKommBGB/*Leipold* Rn 11.
[20] RGZ 113, 45, 47 ff; OLG Zweibrücken ZEV 2007, 97, 98; BayObLG NJW 1959, 1734; MünchKommBGB/ *Lange* § 2306 Rn 21 mwN; Palandt/*Edenhofer* 2306 Rn 10.
[21] OLG Zweibrücken NJW-RR 2006, 1594, 1595; Erman/*Schlüter* Rn 5; Palandt/*Edenhofer* Rn 4.

§ 1944

wegen – die „Anordnung" als solche – kennen[22]. Die falsche Einordnung dieser Verfügung als Testament oder Erbvertrag ist unschädlich[23]; ebenso fehlende Kenntnis der genauen Einzelheiten des Inhalts. Bei gewillkürter Erbfolge beginnt die Frist **nicht vor Verkündung** der Verfügung (Abs 2 S 2), dh nicht vor Eröffnung (§ 2260). Erforderlich ist die Kenntnis des Erben von der Eröffnung[24], weil der Erbe den Beginn seiner Überlegungsfrist sonst nicht kennt[25]. Bei gemeinschaftlichem Testament oder Erbvertrag ist die Eröffnung auch für den Beginn der Frist für den überlebenden Teil erforderlich[26]. Ist die Verkündung wegen Verlust oder Zerstörung unmöglich, beginnt die Frist nicht vor Kenntnis der Unmöglichkeit der Verkündung[27].

8   **3. Genehmigungserfordernis.** Ist eine Genehmigung nach Art 86 EGBGB, § 84 (Stiftung) oder nach öffentlichem Recht erforderlich (vgl § 1942 Rn 3 ff), beginnt die Frist nicht vor Erteilung der Genehmigung.

9   **4. Wegfall des gesetzlichen Vertreters.** Bei Wegfall eines für die Kenntnis von Anfall und Berufungsgrund maßgeblichen gesetzlichen Vertreters (vgl Rn 12) vor Ablauf der Frist beginnt die (Überlegungs-)Frist von neuem zu laufen, da die nunmehr zur Entscheidung berufene Person die Entscheidung über die Ausschlagung treffen muss. Erneute Kenntnis von Anfall und Berufungsgrund ist dagegen nicht erforderlich; der neue Vertreter oder geschäftsfähig gewordene Erbe muss die vorgefundene Rechtslage insoweit hinnehmen[28], kann jedoch die Versäumung der Frist nach § 1956 anfechten, wenn er von der Kenntnis des weggefallenen Vertreters nichts wusste (vgl § 1956 Rn 3)[29].

IV. Fristende

10   **1. Rechtsnatur der Frist.** Die Frist ist Ereignisfrist (§ 187). Eine Verlängerung oder Verkürzung der Frist durch das Nachlassgericht oder durch Rechtsgeschäft ist nicht möglich[30]; Gleiches gilt nach richtiger Auffassung für entsprechende Anordnungen des Erblassers[31], weil § 1944 Abs 1 eine gesetzliche Ausschlussfrist enthält (s auch § 1942 Rn 9).

11   **2. Gerichtliche Genehmigung.** Entspr § 206 (höhere Gewalt) ist die Frist **gehemmt** von Antragstellung bis Bekanntmachung der vormundschafts- (§ 1822 Nr 2) oder familiengerichtlichen (§ 1643) Genehmigung der Ausschlagung, danach läuft der Rest der Frist ab (§ 209)[32]. Der Vertreter darf die Überlegungsfrist ausnutzen; Antragstellung vor Ablauf der Frist ist nach richtiger Ansicht ausreichend[33]. Die Ausschlagung kann vor Genehmigungserteilung erklärt werden, da § 1831 S 1 für gesetzlich befristete Erklärungen nicht gilt[34]. Die Genehmigung muss in diesem Fall bis zum Ablauf der (zwischen Antrag und Erteilung gehemmten) Frist beim Nachlassgericht eingegangen sein[35]. Die Annahme durch Fristablauf (§ 1943 HS 2) wegen verspätet vorgelegter gerichtlicher Genehmigung ist bei Unkenntnis der Genehmigungsbedürftigkeit anfechtbar (§ 1956 Rn 3).

V. Maßgebliche Person

12   **1. Nicht geschäftsfähiger Erbe.** Bei gesetzlicher Vertretung des nicht oder nicht voll geschäftsfähigen Erben ist Aufenthalt (Abs 3) und Kenntnis (Abs 2 S 1) des gesetzlichen Vertreters maßgeblich. Bei gemeinschaftlich sorgeberechtigten **Eltern** (§ 1629 Abs 1 S 2) reicht für den Beginn der kurzen Frist des Abs 1 Kenntnis bzw Aufenthalt im Inland eines Elternteils nicht aus[36], da die Ausschlagung durch beide Eltern zu erklären ist[37] und die Entscheidungsfindung, der die Überlegungsfrist dient, durch jeden Elternteil erfolgt. Zum Wegfall des gesetzlichen Vertreters s Rn 9.

---

[22] MünchKommBGB/*Leipold* Rn 3 ff; *Staudinger/Otte* Rn 9; *Palandt/Edenhofer* Rn 4; aA *Erman/Schlüter* Rn 5: danach würde genügen, dass der Erbe eine Verfügung von Todes wegen kennt, er aber auf Grund einer anderen zur Erbfolge berufen ist.
[23] *Palandt/Edenhofer* Rn 4; MünchKommBGB/*Leipold* Rn 5 unter Hinweis auf BayObLG Recht 1920 Nr 2451.
[24] Die Eröffnung (§ 2260 Abs 2) genügt nicht, wenn der Erbe hierzu nicht geladen und auch nicht anwesend war, BayObLG NJW-RR 2005, 232.
[25] BGH NJW 1991, 169; OLG Zweibrücken ZEV 2007, 97, 98.
[26] *Staudinger/Otte* Rn 20.
[27] MünchKommBGB/*Leipold* Rn 17; *Staudinger/Otte* Rn 21 mwN; *Palandt/Edenhofer* Rn 5; ist die Wiederherstellung nach § 46 BeurkG möglich, beginnt die Frist mit Eröffnung der wiederhergestellten Urkunde, vgl MünchKommBGB/*Leipold* Rn 17.
[28] *Staudinger/Otte* Rn 27; *Palandt/Edenhofer* Rn 7.
[29] *Staudinger/Otte* § 1956 Rn 3; *Palandt/Edenhofer* § 1956 Rn 2.
[30] MünchKommBGB/*Leipold* Rn 19; *Palandt/Edenhofer* Rn 7; *Erman/Schlüter* Rn 2.
[31] MünchKommBGB/*Leipold* Rn 19, § 1942 Rn 7; nach verbreiteter Ansicht (ua *Palandt/Edenhofer* Rn 7 unter Hinweis auf OLG Stuttgart OLGZ 1974, 67, 68) soll der Erblasser demgegenüber die Frist dadurch verlängern oder verkürzen können, dass er die Annahme innerhalb eines gewissen Zeitraumes vorschreibt.
[32] BayObLG FamRZ 1983, 834, 835; OLG Frankfurt DNotZ 1966, 613; *Ivo* ZEV 2002, 309, 313 f mwN; MünchKommBGB/*Leipold* Rn 20; ausf hierzu *Sonnenfeld/Zorn* Rpfleger 2004, 533.
[33] MünchKommBGB/*Leipold* Rn 20; *Staudinger/Otte* Rn 26; je mwN; aA RGRK/*Johannsen* Rn 20: Antragstellung zu einem Zeitpunkt erforderlich, in dem mit Genehmigung vor Fristablauf gerechnet werden kann.
[34] RGZ 118, 145, 147; BayObLGZ 1969, 14; MünchKommBGB/*Leipold* Rn 20.
[35] BayObLGZ 1983, 213; OLG Frankfurt FamRZ 1966, 259; MünchKommBGB/*Leipold* Rn 20; *Palandt/Edenhofer* § 1945 Rn 4.
[36] LG Freiburg BWNotZ 1993, 44; *Palandt/Edenhofer* Rn 6; aA MünchKommBGB/*Leipold* Rn 14.
[37] BayObLGZ 1977, 163; *Palandt/Edenhofer* § 1945 Rn 3.

2. Geschäftsfähiger Erbe. Ist für den geschäftsfähigen Erben ein **Betreuer** bestellt, ist nach 13
richtiger Auffassung dennoch Aufenthalt (Abs 3) und Kenntnis (Abs 2 S 1) des Erben maßgeblich[38].
Denn die Frist dient der Willensbildung über die Ausschlagung, die primär dem Erben zusteht. Die
Rechtslage kann insoweit auch nicht anders beurteilt werden als bei gewillkürter Stellvertretung
(Rn 14). Nach hM soll dagegen entscheidend sein, bei wem (Erbe bzw Betreuer) die Frist früher
abläuft[39]. Letzterem kann aber nach Sinn und Zweck der Abwesenheitspflegschaft zumindest für den
Abwesenheitspfleger (§ 1911; § 88 FGG) zugestimmt werden.

3. Gewillkürte Stellvertretung. Bei gewillkürter Stellvertretung des geschäftsfähigen Erben, die 14
sich auf Annahme und Ausschlagung der Erbschaft erstreckt, ist dennoch Aufenthalt (Abs 3) und
Kenntnis (Abs 2 S 1) des Erben maßgeblich[40]. Nach überwM soll dagegen auch hier entscheidend sein,
bei wem (Erbe oder Stellvertreter) die Frist früher abläuft[41]. § 166 Abs 1 ist nicht anzuwenden, weil der
Ablauf der Frist die Annahme durch den Erben nur fingiert und nicht Willenserklärung des Vertreters
ist[42].

4. Erbeserbe. Zur Frist für den Erbeserben s § 1952 Rn 6. 15

5. Vorerbe. Der Vorerbe kann auch nach Eintritt des Nacherbfalles die Erbschaft ausschlagen, wenn 16
die Frist für den Vorerben noch läuft[43].

VI. IPR

Zur Erbausschlagung bei Auslandsberührung vgl *Fetsch* MittBayNot 2007, 285; RNotZ 2006, 77 17
und *Hermann* ZEV 2002, 259.

§ 1945 Form der Ausschlagung

(1) Die Ausschlagung erfolgt durch Erklärung gegenüber dem Nachlassgericht; die Erklärung ist zur Niederschrift des Nachlassgerichts oder in öffentlich beglaubigter Form abzugeben.

(2) Die Niederschrift des Nachlassgerichts wird nach den Vorschriften des Beurkundungsgesetzes errichtet.

(3) [1]Ein Bevollmächtigter bedarf einer öffentlich beglaubigten Vollmacht. [2]Die Vollmacht muss der Erklärung beigefügt oder innerhalb der Ausschlagungsfrist nachgebracht werden.

I. Normzweck

Die Ausschlagung ist Gestaltungsrecht des Berechtigten und als Willenserklärung, nicht als Verfahrenshandlung ausgestaltet. Im Interesse der Rechtssicherheit ist die Niederschrift des Nachlassgerichts oder öffentliche Beglaubigung (§ 129) Formvoraussetzung. Eine förmliche Entscheidung des Nachlassgerichts über die Wirksamkeit der Ausschlagung, insbes die Einhaltung der Frist, erfolgt nicht[1]; das Gericht hat aber seine örtliche Zuständigkeit zu prüfen und ggf die Erklärung zurückzuweisen oder weiterzuleiten[2]. Das Formerfordernis erleichtert im Erbscheinsverfahren die Feststellung des Urhebers und des Zeitpunktes der Erklärung.

II. Rechtsnatur, Inhalt

Die Ausschlagungserklärung ist die einseitige, form- und fristgebundene amtsempfangsbedürftige 2
Willenserklärung[3], nicht Erbe sein zu wollen; das Wort „Ausschlagung" muss nicht verwendet werden[4]. Die Erklärung ist auszulegen (§ 133). Es muss zum Ausdruck kommen, dass der Erbe den Anfall der Erbschaft wenigstens für möglich hält und er auf diese Rechtsstellung verzichtet. Keine Ausschlagung ist die bloße Erklärung der Ansicht, nicht Erbe geworden zu sein, zB weil die gesetzliche Erbe ein unwirksames Testament irrtümlich für wirksam hält[5].

---

[38] *Staudinger/Otte* Rn 15.
[39] KG JW 1935, 3641; MünchKommBGB/*Leipold* Rn 14; *Palandt/Edenhofer* Rn 6; RGRK/*Johannsen* Rn 11; *Planck/Greiff* 4. Aufl Anm 4.
[40] Zutr MünchKommBGB/*Leipold* Rn 14 und 24; *Staudinger/Otte* Rn 15; *Firsching/Graf* Nachlassrecht Rn 4.116.
[41] KG NJW-RR 2005, 592, 594; *Palandt/Edenhofer* Rn 6; RGRK/*Johannsen* Rn 12 und 26; *Erman/Schlüter* Rn 6; *v. Lübtow* Erbrecht II S 683; *Planck/Greiff* 4. Aufl Anm 4 aE.
[42] *Staudinger/Otte* Rn 15; MünchKommBGB/*Leipold* Rn 14, 24; *Erman/Schlüter* Rn 6; *Palandt/Edenhofer* Rn 6; aA wohl BayObLG NJW 1953, 1431, 1432.
[43] BGHZ 44, 152, 156; *Staudinger/Otte* § 1952 Rn 12.
[1] BayObLG FamRZ 1985, 1290; MünchKommBGB/*Leipold* Rn 14.
[2] MünchKommBGB/*Leipold* Rn 14.
[3] *Palandt/Edenhofer* Rn 1; MünchKommBGB/*Leipold* Rn 2.
[4] BayObLGZ 1977, 163, 165 f; OLG Dresden OLGE 35, 178; MünchKommBGB/*Leipold* Rn 3.
[5] OLG Jena OLG-NL 1994, 179; BayObLG NJW 1967, 1135; ausf MünchKommBGB/*Leipold* Rn 3.

III. Form

3 Die öffentliche Beglaubigung erfolgt durch den Notar (§ 129 Abs 1) nach §§ 39 ff BeurkG; notarielle Beurkundung (§ 129 Abs 2; §§ 8 ff BeurkG) ist ebenfalls formgerecht. Ein Anwaltsschriftsatz genügt selbstverständlich nicht[6]. Erfolgt die Ausschlagung zur Niederschrift des Nachlassgerichts, ist das zum Empfang zuständige (§ 73 FGG) oder das ersuchte (§ 2 FGG) Gericht zuständig; funktionell zuständig ist der Rechtspfleger (§ 3 Nr 1 f RPflG). Die Form wird auch bei Niederschrift durch das örtlich unzuständige Nachlassgericht gewahrt (zum Zugang s Rn 5)[7]. Die Ausschlagung durch öffentliche Urkunde iS des § 415 ZPO durch eine Behörde (Jugendamt als Amtsvormund nach §§ 1791 b, 1791 c) ist formgerecht[8].

4 Ist dem zum Erben Berufenen die Formbedürftigkeit der Erbschaftsausschlagung nicht bekannt und glaubt er deshalb, bereits wirksam ausgeschlagen zu haben, so kann er die Versäumung der Ausschlagungsfrist wegen Irrtums anfechten[9].

IV. Empfangszuständigkeit

5 **1. Nachlassgericht.** Die Ausschlagung hat gegenüber dem nach § 73 FGG örtlich zuständigen Amtsgericht[10] als Nachlassgericht zu erfolgen[11]. Die beim örtlich unzuständigen Nachlassgericht eingegangene oder zur Niederschrift erklärte Ausschlagung ist wirksam, wenn sich das Gericht als Nachlassgericht betätigt hat oder untätig bleibt (§ 7 FGG)[12]. Das Gericht kann die Zuständigkeit prüfen und die Erklärung unverzüglich zurückweisen oder an das zuständige Gericht weiterleiten. Im Falle der berechtigten Zurückweisung wegen Unzuständigkeit ist die Ausschlagung unwirksam, kann aber innerhalb offener Frist wirksam wiederholt werden[13]. Bei Weitergabe an das örtlich zuständige Nachlassgericht gilt die Erklärung auch dann als rechtzeitig, wenn sie dort verspätet eingeht[14]. Das Nachlassgericht hat auf Verlangen eine Eingangsbestätigung zu erteilen[15]. Bestehen Zweifel über die örtliche Zuständigkeit, sollte vorsichtshalber gegenüber jedem in Betracht kommenden Nachlassgericht die Ausschlagung erklärt werden.

6 Das deutsche Nachlassgericht ist **international** zuständig, wenn das Erbstatut deutsches Erbrecht ist, es zur Erteilung eines gegenständlich beschränkten Erbscheins nach § 2369 zuständig ist oder im Fall der Rechtsverweigerung ausländischer Behörden[16].

7 Kennt der Erbe die zur Beurteilung der Zuständigkeit maßgeblichen Umstände (insbes den Wohnsitz des Erblassers) nicht, kann eine etwaige Annahme durch Fristablauf (§ 1943 HS 2) nach § 1956 angefochten werden.

8 **2. Höfeordnung.** Der Anfall eines Hofes kann im Geltungsbereich der HöfeO nach § 11 S 1 HöfeO gegenüber dem Landwirtschaftsgericht ausgeschlagen (§ 1950 Rn 3)[17] werden, auch ohne die Erbschaft im Übrigen auszuschlagen[18]; für die Ausschlagung des gesamten Nachlasses bleibt dagegen das Nachlassgericht zuständig[19]. Die Annahme des Hofes unter Ausschlagung der übrigen Erbschaft ist dagegen nach richtiger Ansicht **nicht** möglich[20], weil der Hof kein Erbteil iS des § 1951, sondern Nachlassgegenstand iS des § 1950 ist und es insoweit an einer Ausnahmeregelung wie in § 11 S 1 HöfeO gerade fehlt.

V. Vollmacht

9 Bei gewillkürter Stellvertretung bedarf die Vollmacht nach Abs 3 der öffentlichen Beglaubigung (§ 129). Die Erklärung kann nicht nach § 174 zurückgewiesen werden, weil die Vollmachtsurkunde gemäß Abs 3 S 2 nachgereicht werden kann. Die Vollmacht muss wegen § 180 S 1 bis zum Zugang der Ausschlagungserklärung formgerecht erteilt sein; eine nachträgliche Genehmigung der Ausschlagung des vollmachtlosen Vertreters ist als erneute Ausschlagung auszulegen, die freilich wiederum form- und fristgerecht erfolgen muss[21].

---

[6] LG München FamRZ 2000, 1328; *Palandt/Edenhofer* Rn 5; RGRK/*Johannsen* § 1955 Rn 2.
[7] BayObLG NJW-RR 1994, 586 zur Anfechtung.
[8] BGHZ 45, 362, 366.
[9] OLG Zweibrücken NJW-RR 2006, 1594, 1596; BayObLG NJW-RR 1994, 586; LG Arnsberg Beschluss vom 13. 9. 2006, 6 T 341/06: fehlende Unterschrift unter dem Protokoll der Niederschrift des Nachlassgerichts.
[10] In Baden-Württemberg: staatliches Notariat, §§ 1, 38 BadWürttLFGG, Art 147 EGBGB.
[11] Anders beim Vermächtnis, wo die Erklärung gegenüber dem Beschwerten abzugeben ist, vgl § 2180 Abs 2 S 1.
[12] BGH FamRZ 1977, 786; RGZ 71, 380, 382; *Palandt/Edenhofer* Rn 6; *Staudinger/Otte* Rn 17.
[13] *Palandt/Edenhofer* Rn 6.
[14] MünchKommBGB/*Leipold* Rn 8 mwN; *Staudinger/Otte* Rn 17; *Palandt/Edenhofer* Rn 6; *Erman/Schlüter* Rn 4; vgl auch BGHZ 139, 305 = NJW 1998, 3648 zur Wahrung der Beschlussanfechtungsfrist nach § 23 Abs 4 S 2 WEG bei Anrufung eines unzuständigen Gerichts; aA Voraufl.
[15] MünchKommBGB/*Leipold* Rn 14; *Palandt/Edenhofer* Rn 6; *Staudinger/Otte* Rn 23.
[16] Vgl BayObLG NJW-RR 1998, 799, 800; BayObLGZ 1994, 50; *Hermann* ZEV 2002, 259, 260 mwN.
[17] MünchKommBGB/*Leipold* Rn 9.
[18] MünchKommBGB/*Leipold* § 1950 Rn 8.
[19] BGHZ 58, 105, 106.
[20] *Staudinger/Otte* § 1951 Rn 4; *Erman/Schlüter* § 1951 Rn 6; RGRK/*Johannsen* § 1951 Rn 3; aA MünchKommBGB/*Leipold* § 1950 Rn 9.
[21] *Staudinger/Otte* Rn 12; *Planck/Greiff* 4. Aufl Anm 2; aA MünchKommBGB/*Leipold* Rn 11: Nachreichung der Genehmigung in öffentlich beglaubigter Form innerhalb der Frist genügt entspr § 1945 Abs 3 S 2.

VI. Gesetzlicher Vertreter

1. Abgabe der Erklärung. Beim **geschäftsunfähigen** Erben wird die Ausschlagung durch den gesetzlichen Vertreter erklärt; beim **beschränkt geschäftsfähigen** auch durch den Erben selbst mit Einwilligung des gesetzlichen Vertreters. Eine nachträgliche Genehmigung ist auf Grund § 111 S 1 nicht möglich (vgl § 1943 Rn 3 a). Gemeinschaftlich sorgeberechtigte Eltern müssen beide die Ausschlagung formgerecht erklären[22]; bei alleinigem Sorgerecht eines Elternteils genügt dessen formgerechte Ausschlagung. Die Eltern sind auch bei Ausschluss von der Vermögensverwaltung nach § 1638 ausschlagungsbefugt[23]. § 181 greift für die Eltern selbst dann nicht (auch nicht analog), wenn ein Elternteil durch die Ausschlagung Erbe wird oder zugunsten anderer Kinder die Ausschlagung erklärt[24]. Der geschäftsunfähige Erbe ist ausreichend dadurch geschützt, dass das Familiengericht die erforderliche Genehmigung (Rn 11) verweigern, den Eltern insoweit die Vertretung entziehen und einen Ergänzungspfleger bestellen kann (§§ 1629 Abs 2 S 3, 1796, 1909)[25]. Vgl iÜ § 1943 Rn 3 a. Zu Insolvenz und Gütergemeinschaft s § 1942 Rn 13 a, 13 b. Nachlassverwalter, Nachlasspfleger und Testamentsvollstrecker[26] können die Ausschlagung nicht erklären. 10

2. Gerichtliche Genehmigung. Zur Ausschlagung durch Betreuer oder Pfleger ist die Genehmigung des Vormundschaftsgerichts (§ 1822 Nr 2) erforderlich. Die Eltern bedürfen nach § 1643 Abs 2 S 1 grds einer Genehmigung durch das Familiengericht (vgl ausf bei § 1643)[27]. 11

Das OLG Frankfurt (NJW 1955, 466) bejaht eine Genehmigungspflicht über § 1643 Abs 2 S 2 hinausgehend auch dann, wenn die Erbschaft werthaltig und die Ausschlagung deshalb für das Kind nachteilig ist. Dies erscheint im Ergebnis sinnvoll und nach Sinn und Zweck der gesetzlichen Regelung auch gerechtfertigt, zumal das Kind bei Zuwendung des Nachlasses an Dritte im Wege der Ausschlagung kein Pflichtteilsrecht hat, also schlechter steht als bei einer Schenkung durch den Elternteil. Vgl zur Genehmigungspflicht trotz Vorliegens der tatbestandlichen Voraussetzungen des § 1643 Abs 2 S 2 wegen Interessenkollision *Ivo* ZEV 2002, 309, 312 f. 11.1

Die Genehmigung kann entgegen § 1831 S 1 entspr Abs 3 S 2 nachgereicht werden[28]. Die Ausschlagungsfrist ist während des Genehmigungsverfahrens gehemmt (§ 1944 Rn 11). Bei Unkenntnis der Genehmigungsbedürftigkeit kann die Annahme wegen Fristablaufs (§ 1943 HS 2) angefochten werden[29]. 12

§ 1946 Zeitpunkt für Annahme oder Ausschlagung

Der Erbe kann die Erbschaft annehmen oder ausschlagen, sobald der Erbfall eingetreten ist.

I. Normzweck

Die Beendigung des bis zur Annahme oder Ausschlagung bestehenden Schwebezustandes (§ 1943 Rn 1) soll möglichst zeitnah erfolgen können. Der Beginn der Ausschlagungsfrist oder der Anfall der Erbschaft sind deshalb nicht Voraussetzung; die Ausschlagung kann ab dem Erbfall erfolgen. 1

II. Bedeutung

Der **Ersatzerbe** oder der nachberufene gesetzliche Erbe kann vor Anfall, dh vor Wegfall des zunächst Berufenen, annehmen oder ausschlagen; § 1946 steht nicht entgegen[1]. Der **Nacherbe** kann ab dem Erbfall und vor Eintritt des Nacherbfalles annehmen oder ausschlagen; § 2142 Abs 1 schließt die Annahme ab Erbfall nicht aus[2]. Bei aufschiebend bedingter Erbeinsetzung kann vor Bedingungseintritt (ab dem Erbfall) ausgeschlagen werden[3]. Ist eine **Genehmigung** nach Art 86 EGBGB oder öffentlich-rechtlichen Vorschriften (§ 1942 Rn 3) erforderlich, kann der Erbe vor Erteilung zwar nicht annehmen, wohl aber ausschlagen[4]. Der **Schlusserbe** auf Grund eines Berliner Testaments (§ 2269) kann erst nach Eintritt des Schlusserbfalles annehmen oder ausschlagen[5]. Für den **nasciturus** können die Eltern oder der Leibesfruchtpfleger (§ 1912) nach richtiger Ansicht schon vor der Geburt annehmen oder ausschlagen (str; s zum Meinungsstand § 1943 Rn 4). Die Erklärung vor dem Erbfall ist unwirksam 2

---

[22] OLG Frankfurt NJW 1962, 52; MünchKommBGB/*Leipold* Rn 12.
[23] BayObLG Rpfleger 1977, 253; OLG Karlsruhe FamRZ 1965, 573, 574; *Palandt/Edenhofer* Rn 3.
[24] BayObLG Rpfleger 1983, 483; MünchKommBGB/*Leipold* Rn 12; *Staudinger/Otte* Rn 8; *Palandt/Edenhofer* Rn 3; aA *Buchholz* NJW 1993, 1161; vgl auch *Coing* NJW 1985, 6.
[25] BayObLG Rpfleger 1983, 483; *Palandt/Edenhofer* Rn 3; ausf zur Erbschaftsausschlagung für das minderjährige Kind: *Ivo* ZEV 2002, 309 ff.
[26] OLG Zweibrücken OLGZ 1980, 142; *Palandt/Edenhofer* Rn 2.
[27] *Ivo* ZEV 2006, 181 zutr gegen FG Niedersachsen ZEV 2005, 131; ausf zum Ausnahmefall des § 1643 Abs 2 S 2: *Ivo* ZEV 2002, 309, 310 ff.
[28] RGZ 118, 145, 147; BayObLG Rpfleger 1983, 482; MünchKommBGB/*Leipold* § 1944 Rn 20.
[29] BayObLG FamRZ 1983, 834.
[1] RGZ 80, 377, 382.
[2] AllgM, MünchKommBGB/*Leipold* Rn 3.
[3] MünchKommBGB/*Leipold* Rn 2.
[4] RGZ 76, 384, 385; *Palandt/Edenhofer* Rn 1.
[5] BGH NJW 1998, 543 m Anm *Behrendt* ZEV 1998, 67.

§ 1947   Buch 5. Abschnitt 2. Rechtliche Stellung des Erben

und muss wiederholt werden. Vor Erbfall besteht aber die Möglichkeit des Erbverzichts (§ 2346), Zuwendungsverzichts (§ 2352) oder des Vertrages nach § 311 b Abs 4 und 5.

III. Verpflichtung zur Ausschlagung

3   **1. Schuldrechtlicher Vertrag nach dem Erbfall.** Ein schuldrechtlicher Verpflichtungsvertrag zur Ausschlagung, der **nach** dem Tod des Erblassers abgeschlossen wird, ist formlos zulässig, § 311 b Abs 2, 3 und 4 sind nicht anwendbar[6]. Die Erfüllung dieses Vertrages (durch formgerechte Ausschlagung nach § 1945) ist nur bis zur Annahme bzw Ablauf der Ausschlagungsfrist möglich. Die Frist kann nicht verlängert werden (§ 1944 Rn 10).

4   **2. Vertrag mit dem Erblasser.** Für einen Verpflichtungsvertrag mit dem Erblasser besteht neben Erbverzicht (§ 2346) oder Zuwendungsverzicht (§ 2352) kein Bedürfnis; soweit überhaupt die Zulässigkeit eines solchen Vertrages anerkannt wird, wird zumeist die Einhaltung der Formvorschriften für Erb- und Zuwendungsverzicht gefordert. Dann scheidet aber auch die Möglichkeit aus, einen formnichtigen Erbverzicht in einen solchen schuldrechtlichen Vertrag umzudeuten[7].

5   **3. Vertrag unter Erbanwärtern vor dem Erbfall.** Vor dem Tod des Erblassers ist ein derartiger Verpflichtungsvertrag unter Erbanwärtern nach § 311 b Abs 5 **nur dann** zulässig, wenn die Vertragsparteien aus dem Kreis der gesetzlichen Erben (§§ 1924 ff), nicht notwendig aus den nächstberufenen Erben, stammen[8]. Die Verpflichtung ist auch zulässig hinsichtlich eines künftigen testamentarischen Erbteils, wenn der zugewendete Erbteil den gesetzlichen nicht übersteigt[9]. Die Veränderung der Erbquote nach Vertragsschluss (zB durch Wegfall anderer Miterben) ist unbeachtlich; für die Beurteilung maßgeblich ist der Zeitpunkt des Vertragsschlusses[10]. Die Verpflichtung oder Berechtigung aus einem Vertrag unter Erbanwärtern ist **nicht** vererblich. Wird der Großvater von seinem Enkel beerbt, weil der Vater dieses Enkels vorverstorben ist, erbt dieser Enkel aus eigenem Erbrecht; eine etwaige Verpflichtung aus einem Vertrag seines Vaters mit einem weiteren Erbanwärter fällt mit dessen Erbrecht weg[11].

§ 1947 Bedingung und Zeitbestimmung

Die Annahme und die Ausschlagung können nicht unter einer Bedingung oder einer Zeitbestimmung erfolgen.

I. Normzweck

1   Die Bedingungs- und Befristungsfeindlichkeit ist Wesensmerkmal gestaltender Willenserklärungen[1]. Den (insbes von der Ausschlagung) Betroffenen ist neben der Ausschlagungsfrist (§ 1944) ein weiterer Schwebezustand nicht zumutbar, da sie sich der einseitigen Erklärung nicht entziehen können[2]. Die Vorschrift dient somit der **Rechtsklarheit**.

II. Bedingung

2   Bedingung ist die Bestimmung, die die Rechtswirkung der Erklärung von einem zukünftigen, ungewissen Ereignis abhängig macht. Eine Bedingung liegt nicht vor, wenn die Auslegung (§ 133) ergibt, dass der Erbe die Wirksamkeit der Erklärung nicht vom Eintritt des vorausgesetzten Erfolges abhängig machen will (zB bei schlichter Angabe des Beweggrundes[3] oder bei bloßer Vorstellung von bestimmten Rechtswirkungen, die als Folge der Erklärung in Wirklichkeit nicht eingetreten sind[4]).

3   **1. Rechtsbedingung.** Unschädlich ist, wenn die Rechtswirkungen der Erklärung von ohnehin erforderlichen gesetzlichen Voraussetzungen abhängig sein sollen (sog Rechtsbedingung; zB „falls ich Erbe bin", „falls der Erblasser verstorben ist" oder „falls der vor mir Berufene ausschlägt")[5].

4   **2. Gegenwartsbedingung.** Unschädlich ist auch die sog Gegenwartsbedingung[6]. Eine solche liegt vor, wenn die Rechtswirkungen der Erklärung von einem Ereignis oder einer Rechtsfolge abhängen

---

[6] RG HRR 1929, Nr 292; OLG München OLGE 26, 288; Erman/Schlüter Rn 1; Staudinger/Otte § 1945 Rn 28; RGRK/Johannsen § 1945 Rn 9.
[7] Vgl zum Meinungsstand Damrau ZEV 1995, 425, 427.
[8] Ausf Damrau ZEV 1995, 425 ff.
[9] BGHZ 104, 279 = NJW 1988, 2726; übersteigt die Zuwendung auf Grund Verfügung von Todes wegen den gesetzlichen Erbteil im Zeitpunkt des Vertragsschlusses, gilt § 311 b Abs 4.
[10] Damrau ZEV 1995, 425, 426.
[11] Damrau ZEV 1995, 425, 427.
[1] Palandt/Heinrichs Vor § 158 Rn 13; Staudinger/Bork Vor § 158 Rn 38.
[2] MünchKommBGB/H. P. Westermann § 158 Rn 27; vgl allg BGHZ 97, 267; OLG Stuttgart DNotZ 1979, 107, 109: Bedingungsfeindlichkeit des Rücktritts vom Erbvertrag.
[3] BayObLG Rpfleger 1982, 69; MünchKommBGB/Leipold Rn 4.
[4] OLG Hamm Rpfleger 1981, 402.
[5] MünchKommBGB/Leipold Rn 2; Palandt/Edenhofer Rn 1.
[6] Vgl zum Begriff MünchKommBGB/H.P. Westermann § 158 Rn 52, 53; teilweise wird die Gegenwartsbedingung auch als Scheinbedingung bezeichnet, vgl Staudinger/Bork Vor § 158 Rn 28; vgl auch BAG NJW 1999, 379, 381: „keine ‚echte' Bedingung". Ausf zur Ausschlagung unter einer Gegenwartsbedingung: Specks ZEV 2007, 356 ff.

sollen, die im Zeitpunkt der Erklärung bereits objektiv feststehen und nicht ihrerseits von einem weiteren künftigen Ereignis abhängen; die subjektive Unsicherheit des Erklärenden ist unbeachtlich. Eine solche Gegenwartsbedingung ist **keine** Bedingung iS des § 158, weshalb § 1947 der Wirksamkeit von Annahme und Ausschlagung nicht entgegensteht[7]. Zulässig ist danach die Ausschlagung für den Fall, dass dadurch ein Pflichtteilsanspruch nach § 1371 Abs 3 oder § 2306 Abs 1 S 2 entsteht (str)[8] oder – sofern die Auslegung nicht bereits eine unschädliche Motivangabe ergibt – die Erbschaft einer bestimmten dritten Person als Nächstberufenem **ohne** weitere Ereignisse anfällt (str)[9]; erfordert der Anfall bei dieser Person zusätzlich die Ausschlagung durch einen weiteren Miterben oder einen vorrangig Berufenen, liegt eine unzulässige Bedingung vor[10]. Gleiches gilt für den Fall, dass die Ausschlagung unter die weitere Bedingung gestellt wird, dass der bestimmte Dritte die Erbschaft auch annimmt[11]. Die Ausschlagung nur für den Fall der gesetzlichen Erbfolge ist unschädliche Gegenwartsbedingung und nach § 1949 Abs 2 zulässig (entspr der Annahme nur für den Fall der Berufung durch Verfügung von Todes wegen)[12]. Liegen die Umstände, die den Gegenstand der Gegenwartsbedingung bilden, zum Zeitpunkt der Annahme oder Ausschlagung objektiv nicht vor, ist diese **wirkungslos**.

3. Echte Bedingung. Zur Unwirksamkeit von Annahme oder Ausschlagung führt nur eine rechtsgeschäftliche Bedingung iS des § 158. In den Fällen der Ausschlagung zugunsten Dritter ist dies der Fall, wenn die Ausschlagung unter die Bedingung der Erbschaftsannahme durch den Nächstberufenen gestellt wird, oder es für den Bedingungseintritt der weiteren Ausschlagung eines vorberufenen Erben bedürfte (Rn 4). Generell erscheint bei einer Ausschlagung unter der echten Bedingung, ein bestimmter Dritter werde Erbe, wegen § 1947 eher Zurückhaltung geboten, weil insoweit die Annahme des Dritten ein künftiges ungewisses Ereignis darstellt[13]; eine diesbezügliche Ausschlagung ist deshalb mit besonderer Sorgfalt zu formulieren[14]. Unzulässig iS des § 1947 ist auch die Annahme unter der Bedingung, dass der Nachlass nicht überschuldet ist (auf diese Weise kann der Erbe seine Haftung nicht beschränken, mag es sich dabei auch konstruktiv um eine Gegenwartsbedingung handeln) oder die Erbschaftssteuer ganz oder teilweise erlassen wird[15]. 5

§ 1948 Mehrere Berufungsgründe

(1) Wer durch Verfügung von Todes wegen als Erbe berufen ist, kann, wenn er ohne die Verfügung als gesetzlicher Erbe berufen sein würde, die Erbschaft als eingesetzter Erbe ausschlagen und als gesetzlicher Erbe annehmen.

(2) Wer durch Testament und durch Erbvertrag als Erbe berufen ist, kann die Erbschaft aus dem einen Berufungsgrund annehmen und aus dem anderen ausschlagen.

I. Normzweck

Die Ausschlagung des durch Verfügung von Todes wegen berufenen Erben steht dem Anfall auf Grund gesetzlicher Erbfolge und der Annahme aus diesem Berufungsgrund nicht entgegen. Gleiches gilt nach Abs 2 für die gleichzeitige Berufung auf Grund Testament und Erbvertrag. Im Übrigen kann der Erbe aber jeweils nur insgesamt annehmen oder ausschlagen (§ 1950). Wegen des beschränkten Anwendungsbereichs und der erheblichen Bedeutung der Auslegung der Verfügung von Todes wegen für deren Rechtsfolgen, ist der Einsatz der beschränkten Ausschlagung als erbrechtliches Gestaltungsinstrument nur **bedingt geeignet**[1]. 1

Ist der Erbe auf Grund Verfügung von Todes wegen und Gesetz gleichzeitig zu mehreren Erbteilen berufen, gilt § 1951. 2

II. § 1948 Abs 1

1. Voraussetzungen. Voraussetzung des Abs 1 ist der Eintritt der gesetzlichen Erbfolge des Ausschlagenden aufgrund der Ausschlagung. Die Vorschrift ist deshalb bei erschöpfenden testamentarischen Regelungen der Erbfolge nicht anwendbar[2], zB wenn der Erblasser Ersatz- oder Nacherben berufen hat[3] oder der Wille des Erblassers sonstwie entgegensteht, was jeweils durch Auslegung (§ 133) zu 3

---

[7] OLG Düsseldorf NJW-RR 1998, 150, 151, obiter dictum; MünchKommBGB/*Leipold* Rn 3, 5; AnwK-BGB/*Ivo* Rn 5; *Keim* RNotZ 2006, 602, 608; *Frohn* Rpfleger 1982, 56, 57; offen lassend BayObLG Rpfleger 1982, 69; aA *Specks* ZEV 2007, 356, 358 ff.
[8] OLG Brandenburg ZErb 2004, 132; MünchKommBGB/*Leipold* § 1950 Rn 5; *Frohn* Rpfleger 1982, 56, 57; offen lassend BayObLG FGPrax 2005, 71, 72; aA *Staudinger*/*Otte* § 1950 Rn 7, 8; *Specks* ZEV 2007, 356, 360.
[9] MünchKommBGB/*Leipold* Rn 5; RGRK/*Johannsen* Rn 2; aA *Staudinger*/*Otte* Rn 7: unzulässige Bedingung; *Specks* ZEV 2007, 356, 360: § 1947 analog.
[10] BayObLGZ 1977, 163, 169 f; KG JW 1933, 2067; RGRK/*Johannsen* Rn 2.
[11] MünchKommBGB/*Leipold* Rn 6; *v. Lübtow* Erbrecht II S 697.
[12] MünchKommBGB/*Leipold* Rn 3; *Palandt*/*Edenhofer* Rn 1; *Staudinger*/*Otte* Rn 3.
[13] *Palandt*/*Heinrichs* Rn 2; *Ivo* ZNotP 2004, 396.
[14] Insbes darf die Ausschlagung nur vom unmittelbaren Anfall bei dem Dritten abhängig gemacht werden.
[15] *Staudinger*/*Otte* Rn 2; *Palandt*/*Edenhofer* Rn 1.
[1] Zurückhaltend deshalb auch *Ivo* ZEV 2002, 145, 146.
[2] OLG München NJW-RR 2006, 1668, 1670; OLG Frankfurt NJW 1955, 466; *Palandt*/*Edenhofer* Rn 2.
[3] BayObLGZ 1977, 163, 166.

ermitteln ist; Gleiches gilt, wenn Ersatzerbfolge vermutet wird (§§ 2069, 2102 Abs 1)[4] oder Anwachsung erfolgt (§ 2094)[5].

4   2. **Anwendungsfälle.** Die Vorschrift ist auf folgende Anwendungsfälle beschränkt[6]:
- eingesetzter Alleinerbe, für den Ersatz- oder Nacherben nicht bestimmt sind;
- eingesetzter Miterbe, der nur gesetzliche Miterben hat (§ 2088 Abs 1)[7];
- eingesetzter Miterbe, der eingesetzte Miterben hat, wenn die Anwachsung ausgeschlossen ist (§ 2094 Abs 2 oder Abs 3).

5   Wegen § 1949 Abs 2 muss die Ausschlagung auf die Berufung als eingesetzter Erbe beschränkt werden, sofern der Ausschlagende sein gesetzliches Erbrecht kennt und dieses wahren will. Für das gesetzliche Erbrecht läuft die Ausschlagungsfrist (§ 1944) dann erneut[8]. Von Auflagen und Vermächtnissen kann sich der Erbe durch Ausschlagung nach § 1948 wegen §§ 2161, 2192 idR nicht befreien.

6   Nach verbreiteter Ansicht soll sich der wechselbezüglich eingesetzte Ehegatte von der Bindung an das **gemeinschaftliche Testament** nach § 2271 Abs 2 S 1 nur befreien können, wenn ihm auf Grund der Annahme als gesetzlicher Erbe wesentlich weniger verbleibt als auf Grund des Testaments oder er auch als gesetzlicher Erbe ausschlägt[9]. Dies findet weder im Gesetz noch in der Gesetzesbegründung eine Stütze und ist deshalb eindeutig abzulehnen[10]. Freilich kann die Auslegung ergeben, dass der überlebende Ehegatte für den Fall der Ausschlagung des testamentarisch Zugewendeten auch als gesetzlicher Erbe enterbt sein soll (aufschiebende Bedingung). Darüber hinaus hat der Erblasser grds die Möglichkeit der Benennung von Ersatzerben.

7   Dem eingesetzten Ehegatten gebührt nur bei Ausschlagung als eingesetzter und Annahme als gesetzlicher Erbe der Voraus nach § 1932, der dann bei der Pflichtteilsberechnung nach § 2311 Abs 1 S 2 außer Ansatz bleibt[11].

III. § 1948 Abs 2

8   1. **Voraussetzungen.** Das zu Abs 1 Gesagte gilt entsprechend. Die Vorschrift ist nicht anwendbar, wenn die Berufung zu einem Erbteil auf mehreren Testamenten oder mehreren Erbverträgen beruht[12]. § 1948 Abs 2 ist im Zusammenhang mit § 2289 zu sehen.

9   2. **Anwendungsfälle.** Die Vorschrift hat **kaum praktische Bedeutung.** Der auf Grund erbvertraglicher Verfügung eingesetzte Erbe kann sich von Auflagen oder Vermächtnissen idR nicht befreien, wenn ein späteres Testament des Erblassers diese nicht mehr vorsieht. Zur Ermittlung des Erblasserwillens, der nach den §§ 2161, 2192 maßgeblich ist, muss nach § 157 der beiderseitige Wille der Vertragschließenden herangezogen werden[13]. Die Verfügung muss daher aus der Sicht des anderen (Erb-)Vertragsteils ausgelegt werden und wird wegen der gewollten Bindungswirkung der Verfügung eine Beseitigung der Auflagen oder Vermächtnisse nach § 1948 Abs 2 idR ausschließen. Ausnahmsweise kann sich aus dem in einem nachfolgenden Testament des Erblassers geäußerten Willen etwas anderes ergeben[14].

10   Wird ein Erbe durch Testament zum Alleinerben eingesetzt und in einem späteren Erbvertrag nur zu einer bestimmten Quote, ergibt (unbeschadet der Wirkungen des § 2289) die Auslegung idR den Widerruf und damit die endgültige Beseitigung der früheren testamentarischen Verfügung[15].

11   Nach dem BayObLG[16] kann der Erblasser den Erben für den Fall der Ausschlagung in demselben Testament erneut (mit abweichenden Bedingungen oder Belastungen) einsetzen. Dieser kann dann die „erste" Erbschaft ausschlagen und die dadurch bedingte „weitere" Erbschaft annehmen.

§ 1949 Irrtum über den Berufungsgrund

(1) Die Annahme gilt als nicht erfolgt, wenn der Erbe über den Berufungsgrund im Irrtum war.

(2) Die Ausschlagung erstreckt sich im Zweifel auf alle Berufungsgründe, die dem Erben zur Zeit der Erklärung bekannt sind.

---

[4] BayObLGZ 1977, 163, 166.
[5] BayObLGZ 1977, 163, 166; KG OLGE 21, 302.
[6] *Staudinger/Otte* Rn 3.
[7] Ist dem eingesetzten Miterben ein höherer als der gesetzliche Erbteil zugewendet, kann in diesem Sonderfall der übersteigende Teil den gesetzlichen (Mit-)Erben zugeleitet werden, es sei denn, aus der Verfügung ergibt sich ein entgegenstehender Erblasserwille.
[8] *Staudinger/Otte* Rn 14; *Palandt/Edenhofer* Rn 2.
[9] KG NJW-RR 1991, 330; MünchKommBGB/*Musielak* § 2271 Rn 25; *Staudinger/Kanzleiter* § 2271 Rn 43; RGRK/*Johannsen* § 2271 Rn 25; *v. Lübtow* Erbrecht I S 506; offen gelassen in BayObLG FamRZ 1991, 1232, 1233.
[10] *Palandt/Edenhofer* § 2271 Rn 17; *Erman/M. Schmidt* § 2271 Rn 12; ausf *Tiedtke* FamRZ 1991, 1259.
[11] BGHZ 73, 29 = NJW 1979, 546, 547 mwN.
[12] MünchKommBGB/*Leipold* Rn 11; *Staudinger/Otte* Rn 15; *Palandt/Edenhofer* Rn 3.
[13] Vgl BGHZ 112, 229, 233 = NJW 1991, 169; MünchKommBGB/*Musielak* Vor § 2274 Rn 33 mwN; MünchKommBGB/*Leipold* § 2084 Rn 24.
[14] MünchKommBGB/*Leipold* Rn 10; RGRK/*Johannsen* Rn 11.
[15] MünchKommBGB/*Leipold* Rn 9; *Palandt/Edenhofer* § 2289 Rn 3.
[16] BayObLG ZEV 1996, 425 m Anm *Edenfeld*.

§ 1950

I. Normzweck

Ein **Irrtum** über den Berufungsgrund führt zur Nichtigkeit der Annahme, ohne dass es der Anfechtung bedarf[1]. Dass Gesetz geht davon aus, dass sich Annahme und Ausschlagung auf die Erbschaft auf Grund eines konkreten Berufungsgrundes beziehen, was auch in § 1944 Abs 2 S 1 zum Ausdruck kommt.

II. Nichtigkeit (Abs 1)

Abs 1 gilt für die Annahmeerklärung, nicht aber bei Fiktion der Annahme durch Fristablauf nach § 1943 HS 2, weil der Fristbeginn nach § 1944 Abs 2 S 1 die Kenntnis des Berufungsgrundes voraussetzt[2]. Der Irrtum muss für die Erklärung **ursächlich** sein; Abs 1 gilt deshalb nicht, wenn es dem Erben gleichgültig war, aus welchem Grund er zum Erben berufen war[3]. Abs 1 gilt auch für die Ausschlagung, wenn sich der Erbe über den Berufungsgrund geirrt und (deshalb) ausgeschlagen hat (arg e § 1949 Abs 2)[4].

III. Irrtum

Für den Irrtum kommt es auf die Person an, deren Kenntnis für den Lauf der Frist des § 1944 maßgeblich ist (dort Rn 12 ff). Ein Irrtum liegt vor, wenn sich der Erbe auf Grund Gesetzes berufen glaubt, tatsächlich aber durch Verfügung von Todes wegen berufen ist und umgekehrt[5]. **Berufungsgrund** bedeutet die Art und Weise der konkreten Berufung[6]. Die Vorschrift gilt sowohl für Tatsachenirrtum (zB über Verwandtschaftsverhältnis, Vorhandensein einer Verfügung von Todes wegen) als auch Rechtsirrtum (zB über die Wirksamkeit eines Testaments[7]. Unerheblich ist, ob der Irrtum entschuldbar ist oder nicht[8].

IV. Reichweite der Ausschlagung (Abs 2)

Die Ausschlagung erfasst im Zweifel sämtliche Berufungsgründe, nicht jedoch einen Berufungsgrund, der dem Erben infolge Irrtums unbekannt war, es sei denn, die Auslegung ergibt, der Ausschlagende wollte „auf jeden Fall", also aus jedem Berufungsgrund ausschlagen. Für die Beschränkung auf einzelne Berufungsgründe ist § 1948 anzuwenden. § 1949 Abs 2 gilt auch, wenn die Erbschaft dem Erben auf Grund eines anderen Berufungsgrundes sofort wieder anfallen würde, der Erbe dies weiß und dennoch ohne Beschränkung „pauschal" ausschlägt[9]. Die Auslegungsregel des Abs 2 gilt nicht für den Fall, dass die Erbschaft dem Ausschlagenden durch ein künftiges Ereignis nach der Ausschlagung erneut anfällt (zB Nacherbfall, Ausschlagung vorrangig berufener Erben; Erbunwürdigkeitserklärung vorrangig Berufener)[10]. Ob die Ausschlagung solche künftige Berufung erfasst, ist durch Auslegung (§ 133) zu ermitteln.

§ 1950 Teilannahme; Teilausschlagung

¹Die Annahme und die Ausschlagung können nicht auf einen Teil der Erbschaft beschränkt werden. ²Die Annahme oder Ausschlagung eines Teils ist unwirksam.

I. Normzweck

Das Verbot der Teilausschlagung entspricht dem Grundsatz der Gesamtrechtsnachfolge (§ 1922). Eine Beschränkung der Annahme bzw Ausschlagung auf nicht bestehende Bruchteile der Erbschaft bzw eines Erbteils ist unzulässig; erst recht die Beschränkung auf einzelne Nachlassgegenstände. Hierdurch wird dem Erben versagt, durch Ausschlagung oder Annahme auf die Höhe seiner Erbquote Einfluss zu nehmen[1*]. Die Regelung gilt auch, wenn verschiedene Erbteile auf einem Berufungsgrund beruhen (§ 1951 Abs 2). Sie ist grds im Zusammenhang mit §§ 1948, 1951 Abs 1 und Abs 3, 1952 Abs 3 zu sehen. Instruktiv zur Abgrenzung und zur zulässigen Teilausschlagung Ivo ZEV 2002, 145.

II. Zulässige teilweise Ausschlagung oder Annahme

1. Ausschlagung unter Vorbehalt des Pflichtteils. Die Ausschlagung „unter Vorbehalt des Pflichtteils" (§§ 1371 Abs 3, 2305, 2306 Abs 1 S 2) ist keine unzulässige Teilausschlagung[2*], weil der Pflichtteilsanspruch als schuldrechtlicher Anspruch gegenüber der Erbschaft bzw dem Erbteil wesens-

---

[1] Mangels Anfechtung besteht deshalb auch keine Ersatzpflicht nach § 122.
[2] MünchKommBGB/*Leipold* Rn 4; *Staudinger/Otte* Rn 2.
[3] OLG Karlsruhe ZEV 2007, 380; *Palandt/Edenhofer* Rn 1; MünchKommBGB/*Leipold* Rn 5 mwN.
[4] MünchKommBGB/*Leipold* Rn 7; *Staudinger/Otte* Rn 5; *Palandt/Edenhofer* Rn 4; *Erman/Schlüter* Rn 3.
[5] OLG München NJW-RR 2006, 1668, 1670; MünchKommBGB/*Leipold* Rn 2.
[6] KG HRR 1929, 205; *Palandt/Edenhofer* Rn 2; *Erman/Schlüter* Rn 1.
[7] BGH NJW 1997, 392, 393.
[8] *Palandt/Edenhofer* Rn 3; RGRK/*Johannsen* Rn 3.
[9] MünchKommBGB/*Leipold* Rn 9; *Staudinger/Otte* Rn 11.
[10] KG JW 1935, 2652; MünchKommBGB/*Leipold* Rn 10; *Staudinger/Otte* Rn 12.
[1*] Vgl zu Sinn und Zweck der Regelung weiter KG NJW-RR 2005, 592, 593 mwN.
[2*] OLG Hamm Rpfleger 1981, 402; MünchKommBGB/*Leipold* Rn 5; *Ivo* ZEV 2002, 145; vgl auch BayObLG FGPrax 2005, 71, 72; RGZ 93, 3, 9.

§ 1951

verschieden ist. Der Vorbehalt kann zulässige Wirksamkeitsvoraussetzung iS einer sog Gegenwartsbedingung sein (§ 1947 Rn 4).

3 **2. Teilausschlagung im Bereich der HöfeO.** Nach **§ 11 S 1 HöfeO** kann der Hoferbe den Anfall des Hofes ausschlagen (zuständig ist das Landwirtschaftsgericht) und iÜ annehmen. Die Annahme des Hofes und Ausschlagung der Resterbschaft ist dagegen nicht möglich (§ 1945 Rn 8).

4 **3. Vorausvermächtnis.** Die Ausschlagung von Erbschaft oder Erbteil und Annahme eines Vorausvermächtnisses (§ 2150) ist kein Fall des § 1950 und grds möglich, es sei denn, das Vorausvermächtnis steht unter der Bedingung, dass der Vermächtnisnehmer die Erbschaft annimmt[3]. Entsprechendes gilt für die Ausschlagung des Vorausvermächtnisses (§ 2180) und Annahme der Erbschaft. Das Wesen der Gesamtrechtsnachfolge steht dem nicht entgegen.

5 **4. Nachlassspaltung.** Ebenfalls nicht von § 1950 erfasst sind Fälle der „teilweisen" Ausschlagung bei Nachlassspaltung. Der jeweilige Nachlassteil, der einem eigenen Erbstatut unterliegt, ist als eigenständiger Nachlass anzusehen mit der Folge, dass die Erbschaft für den einen Nachlass angenommen und für den anderen ausgeschlagen werden kann[4].

III. Unzulässige Teilannahme bzw Teilausschlagung

6 **Zulässig** ist die Teilausschlagung immer dann, wenn verschiedene Berufungsgründe iS des § 1948 oder verschiedene Erbteile iS des § 1951 Abs 1 und Abs 3 vorhanden sind[5].

7 Eine nach § 1950 **unzulässige Teilausschlagung** liegt vor bei § 1935 (Erbteilserhöhung), § 2094 (Anwachsung) und § 1371 Abs 1 (pauschaler Zugewinnausgleich durch Erbteilserhöhung), weil hier nicht mehrere Erbteile iS des § 1951 Abs 1 entstehen. Auch bei Sonderrechtsnachfolge in den Anteil an einer Personengesellschaft ist eine Teilausschlagung nicht möglich, weil sog Nachfolgeklauseln die Erbenstellung voraussetzen[6]; selbstständige Erbteile liegen nicht vor. Die unzulässig beschränkte Annahme oder Ausschlagung ist unwirksam und hat die Annahme auf Grund Fristablaufs (§ 1943 HS 2) zur Folge; die Annahme ist **anfechtbar** (§ 1956)[7].

§ 1951 Mehrere Erbteile

(1) Wer zu mehreren Erbteilen berufen ist, kann, wenn die Berufung auf verschiedenen Gründen beruht, den einen Erbteil annehmen und den anderen ausschlagen.

(2) [1]Beruht die Berufung auf demselben Grund, so gilt die Annahme oder Ausschlagung des einen Erbteils auch für den anderen, selbst wenn der andere erst später anfällt. [2]Die Berufung beruht auf demselben Grund auch dann, wenn sie in verschiedenen Testamenten oder vertragsmäßig in verschiedenen zwischen denselben Personen geschlossenen Erbverträgen angeordnet ist.

(3) Setzt der Erblasser einen Erben auf mehrere Erbteile ein, so kann er ihm durch Verfügung von Todes wegen gestatten, den einen Erbteil anzunehmen und den anderen auszuschlagen.

I. Normzweck

1 § 1951 ergänzt die Regelungen zur Teilausschlagung bzw Teilannahme in §§ 1948, 1950 und regelt die Fälle, in denen ein Erbe zu **mehreren** Erbteilen berufen ist, während die §§ 1948, 1950 **einen** angefallenen Erbteil betreffen. Auch hier gilt, eine Beschränkung der Annahme bzw Ausschlagung auf nicht bestehende Bruchteile der Erbschaft bzw eines Erbteils ist unzulässig. Dies ist auch dann der Fall, wenn verschiedene Erbteile auf einem Berufungsgrund beruhen (§ 1951 Abs 2); die Rechtsfolge des Abs 2 steht aber nach Abs 3 zur Disposition des Erblassers.

II. Zulässige teilweise Ausschlagung oder Annahme

2 **1. Ausschlagung unter Vorbehalt des Pflichtteils.** S hierzu § 1950 Rn 2.

3 **2. Teilausschlagung im Bereich der HöfeO.** S hierzu § 1950 Rn 3.

4 **3. Verschiedene Erbteile.** Nach § 1951 Abs 1 ist die Annahme oder Ausschlagung verschiedener Erbteile zulässig bei **verschiedenen Berufungsgründen**. Berufungsgrund ist der konkret maßgebliche Tatbestand, aus dem sich die Berufung zum Erben ergibt[1].

5 **Zulässig** ist die Annahme bzw Ausschlagung eines Erbteils deshalb bei

---

[3] *Ivo* ZEV 2002, 145.
[4] *Ivo* ZEV 2002, 145; *Palandt/Edenhofer* Rn 1; ausf zur Erbausschlagung bei Auslandsberührung *Fetsch* MittBayNot 2007, 285; *Hermann* ZEV 2002, 259.
[5] KG NJW-RR 2005, 592, 593; ausf *Ivo* ZEV 2002, 145, 146 ff.
[6] Umfassend zur früher abw Deutung der Nachfolge in Personengesellschaftsanteile insbes in der Rspr des RG *Siegmann*, Personengesellschaftsanteil und Erbrecht, 1992, S 39–70.
[7] *Staudinger/Otte* § 1951 Rn 12; *Erman/Schlüter* Rn 3.
[1] *Palandt/Edenhofer* Rn 1; *MünchKommBGB/Leipold* Rn 5; *Ivo* ZEV 2002, 145, 147.

– Berufung zu zwei Erbteilen auf Grund gesetzlicher Erbfolge, etwa bei Zugehörigkeit des Erben zu verschiedenen Stämmen (§ 1927) oder bei Berufung auf Grund Ehe und auf Grund Verwandtschaft (§ 1934);
– Berufung auf Grund wirksamer Verfügung von Todes wegen und gesetzlicher Erbfolge;
– Berufung auf Grund von (nebeneinander wirksamen) Testament und Erbvertrag (im Fall des § 2289 ist allerdings § 1948 anzuwenden);
– Berufung auf Grund von (nebeneinander wirksamen) Erbverträgen, die der Erblasser mit verschiedenen Personen geschlossen hat.

Ein **einheitlicher Berufungsgrund** iS des § 1951 Abs 2 liegt dagegen vor, wenn der Erbe durch 5 a
– ein Testament,
– mehrere Testamente,
– einen Erbvertrag oder
– mehrere Erbverträge, die der Erblasser mit derselben Person geschlossen hat,
zu mehreren Erbteilen berufen ist.

4. Gestattung durch den Erblasser. § 1951 Abs 3 lässt die Teilausschlagung zu, wenn der Erb- 6
lasser, der mehrere bestimmte Bruchteile gebildet hat, dies dem Erben gestattet hat. Die **Gestattung** kann stillschweigend erfolgen und idR bereits dann bejaht werden, wenn sich keine Interessen des Erblassers erkennen lassen, die gegen eine Teilausschlagung sprechen[2]. Insbesondere kann der Erblasser durch letztwillige Verfügung die Erbschaft in Bruchteile aufspalten, um eine gesonderte Annahme oder Ausschlagung zu ermöglichen[3]. Mehrere Erbteile liegen auch vor, wenn der Erbe hinsichtlich eines Erbteils Vollerbe und hinsichtlich eines weiteren Nacherbe ist[4]; auch in diesem Fall kann entsprechend Vorstehendem idR von einer stillschweigenden Gestattung ausgegangen werden[5].

5. Erneute Erbeinsetzung. Der Erblasser kann den (Allein-)Erben für den Fall der Ausschlagung in 7
demselben Testament erneut (mit abweichenden Bedingungen oder Belastungen) einsetzen[6]. Dieser kann dann die „erste" Erbschaft ausschlagen und die dadurch bedingte „weitere" Erbschaft annehmen[7].

6. Vorausvermächtnis. S hierzu § 1950 Rn 4. 8

7. Erbeserben. Die Ausschlagung einzelner Erbeserben ist nach § 1952 Abs 3 zulässig. 9

8. Anwendbarkeit des § 1949 Abs 2. Liegen die Voraussetzungen von § 1951 Abs 1 oder 3 vor 10
und schlägt der Erbe ohne Bezugnahme auf einen Erbteil aus, gilt § 1949 Abs 2 entspr[8].

III. Unzulässige Teilannahme bzw -ausschlagung

Kein Fall des § 1951 Abs 1 liegt vor bei § 1935 (Erbteilserhöhung), § 2094 (Anwachsung) und 11
§ 1371 Abs 1 (pauschaler Zugewinnausgleich durch Erbteilserhöhung), da hierdurch nicht mehrere Erbteile entstehen (s auch § 1950 Rn 7).

§ 1952 Vererblichkeit des Ausschlagungsrechts

(1) Das Recht des Erben, die Erbschaft auszuschlagen, ist vererblich.
(2) Stirbt der Erbe vor dem Ablauf der Ausschlagungsfrist, so endet die Frist nicht vor dem Ablauf der für die Erbschaft des Erben vorgeschriebenen Ausschlagungsfrist.
(3) Von mehreren Erben des Erben kann jeder den seinem Erbteil entsprechenden Teil der Erbschaft ausschlagen.

I. Vererblichkeit

Das **Ausschlagungsrecht** ist zwar höchstpersönlich und deshalb nicht auf Dritte übertragbar (§ 1942 1
Rn 13, 13 a); es ist aber vererblich und geht nach Abs 1 auf den **Erbeserben** über, sofern es der Ersterbe noch nicht ausgeübt bzw verloren hatte. Bestand das Ausschlagungsrecht des Ersterben bei dessen Tod noch, kann der Erbeserbe die erste Erbschaft ausschlagen und die zweite annehmen. Nach Sinn und Zweck der Regelung soll der Erbeserbe den Zweitnachlass ohne Schulden des Erstnachlasses bekommen können[1]. Das Ausschlagungsrecht für den Erstnachlass ist Teil des Zweitnachlasses; es geht deshalb mit Ausschlagung der Zweiterbschaft für den Ausschlagenden verloren.

Schlägt der Erbeserbe **nur die Ersterbschaft** aus, fällt diese an den, der bei Ausschlagung des 1 a
Ersterben berufen wäre[2*]. Ist dies der Erbeserbe selbst (zB als Ersatzerbe für den Ersterben oder nächster

---

[2] KG NJW-RR 2005, 592, 593; *Ivo* ZEV 2002, 145, 147.
[3] MünchKommBGB/*Leipold* Rn 7 mwN; *Palandt/Edenhofer* Rn 5; *Ivo* ZEV 2002, 145, 147; aA *Erman/Schlüter* Rn 3.
[4] RGZ 80, 377, 382; *Staudinger/Otte* Rn 7.
[5] MünchKommBGB/*Leipold* Rn 2; *Palandt/Edenhofer* Rn 5.
[6] BayObLG ZEV 1996, 425 m Anm *Edenfeld*.
[7] Diese Konstellation unterfällt allerdings nicht § 1951 Abs 3, sondern § 1948 Abs 2, s dort Rn 11.
[8] MünchKommBGB/*Leipold* Rn 8; *Staudinger/Otte* Rn 6; RGRK/*Johannsen* Rn 9.
[1] MünchKommBGB/*Leipold* Rn 11.
[2*] BayObLG NJW 1953, 1431, 1432; MünchKommBGB/*Leipold* Rn 14; *Staudinger/Otte* Rn 6.

gesetzlicher Erbe des ersten Erblassers), kann so ein Zugriff von Eigengläubigern des Ersterben auf den Nachlass des ersten Erblassers umgangen werden. Die Ausschlagung der Ersterbschaft kann in diesem Fall auch steuerlich sinnvoll sein, weil das Vermögen des Erstversterbenden dann nur einmal der Erbschaftsteuer unterworfen ist und Freibeträge nach beiden Erblassern ausgenützt werden können[3]. Bei Ausschlagung der Ersterbschaft durch den Erbeserben fallen Ansprüche des Ersterben aus § 1371 Abs 2, 3 oder § 2306 Abs 1 S 2 in dessen Nachlass[4].

2	Die Annahme oder die Ausschlagung nur des Erstnachlasses ist ausdrücklich und **exakt** zu formulieren. Ist dies nicht der Fall, wird in der Annahme der Ersterbschaft regelmäßig zugleich eine konkludente Annahme der Zweiterbschaft zu sehen sein[5]. Dagegen wird man ohne weitere Anhaltspunkte in der Ausschlagung der Ersterbschaft nicht zugleich die konkludente Annahme der Zweiterbschaft sehen können, weil der Erbeserbe damit ja zum Ausdruck bringt, er wolle jedenfalls einen bestimmten Teil des Zweitnachlasses (nämlich den darin enthaltenen Erstnachlass) nicht haben[6]; jedenfalls wäre eine solche konkludente Annahme anfechtbar[7]. § 1949 Abs 2 gilt im Rahmen des § 1952 in Bezug auf Erst- und Zweiterbschaft nicht entsprechend.

2 a	Die Annahme oder Ausschlagung nur der Ersterbschaft verliert ihre Wirkung, wenn der Erbeserbe danach die Zweiterbschaft ausschlägt; zur Sicherung der (Erst-)Nachlasssubstanz (§ 1959 Abs 2) trägt die Annahme oder Ausschlagung durch den Erbeserben nicht bei[8]. Hatte der Ersterbe die Erbschaft bereits wirksam angenommen oder ausgeschlagen ist für § 1952 kein Raum[9], allerdings geht das Anfechtungsrecht bzgl der Annahme oder Ausschlagung auf den Erbeserben über, sofern es zur Zeit des Todes noch bestand[10].

II. Vor- und Nacherbschaft

3	**1. Erbeserbe als Vorerbe.** Ist der Erbeserbe Vorerbe, kann er den Erstnachlass mit Wirkung auch gegen den Nacherben ausschlagen[11]. Diese Ausschlagung ist rechtsgeschäftliche Verfügung über einen Nachlassgegenstand. § 2112 steht dem grds nicht entgegen, weil § 2113 Abs 2 wegen § 517 nicht anzuwenden ist[12]. Entspricht die Ausschlagung nicht den Grundsätzen ordnungsgemäßer Verwaltung (praktisch nur bei Überschuldung des Nachlasses), kann ein Schadensersatzanspruch aus §§ 2130, 2131 bestehen[13].

4	**2. Ersterbe als Vorerbe.** Ist der Ersterbe Vorerbe, geht das Ausschlagungsrecht auf dessen Erben und nicht auf den Nacherben über; das gilt auch, wenn der Nacherbfall der Tod des Vorerben ist[14]. Der Erbe des Vorerben kann so uU in den Nachlass des Vorerben fallende Pflichtteilsansprüche nach § 2306 Abs 1 S 2 und Ansprüche nach § 1371 Abs 2 und 3 generieren. Sind Ersatz(vor)erben nicht berufen, wird die Auslegung idR ergeben, dass der Nacherbe Ersatzerbe ist (vgl § 2101 Abs 1); ansonsten tritt gesetzliche Erbfolge ein[15].

5	**3. Ersterbe als Nacherbe.** Ist der Ersterbe Nacherbe, geht das Ausschlagungsrecht nur auf dessen Erben über, wenn der Nacherbfall eingetreten ist oder das Nacherbenanwartschaftsrecht nach § 2108 vererblich ist, da das Ausschlagungsrecht nur zusammen mit der Erbschaft vererblich ist und nicht losgelöst von der Erbschaft einem anderen zustehen kann[16].

III. Frist

6	Hatte die Ausschlagungsfrist für den Erben begonnen, läuft sie für den Erbeserben weiter, auch wenn dieser keine Kenntnis von Anfall und Berufungsgrund (der ersten Erbschaft) hat[17]. Die Frist endet allerdings nach Abs 2 in keinem Fall vor der für die Zweiterbschaft[18]. War der Ersterbe vor Fristbeginn verstorben, richten sich Beginn und Dauer der Frist nur nach dem Erbeserben.

---

[3] *Staudinger/Otte* Rn 6 mwN.
[4] BGH NJW 1965, 2295, 2296; MünchKommBGB/*Leipold* Rn 14.
[5] MünchKommBGB/*Leipold* Rn 6; *Palandt/Edenhofer* Rn 1; *Erman/Schlüter* Rn 2; *Staudinger/Otte* Rn 2.
[6] Zutr MünchKommBGB/*Leipold* Rn 5; aA *Staudinger/Otte* Rn 2; *Erman/Schlüter* Rn 2; RGRK/*Johannsen* Rn 5.
[7] RGRK/*Johannsen* Rn 5.
[8] MünchKommBGB/*Leipold* Rn 6; *Staudinger/Otte* Rn 2; *Palandt/Edenhofer* Rn 1; aA wohl RGRK/*Johannsen* Rn 6; *Erman/Schlüter* Rn 2.
[9] OLG Brandenburg FamRZ 1999, 1461; MünchKommBGB/*Leipold* Rn 2.
[10] OLG Zweibrücken NJW-RR 2005, 8, 9.
[11] *Staudinger/Otte* Rn 11; *Palandt/Edenhofer* Rn 2; RGRK/*Johannsen* Rn 8.
[12] *Staudinger/Otte* Rn 11; problematisch ist hierbei freilich, dass nicht nur Schenkungen als unentgeltlich anzusehen sind, vgl BGHZ 116, 167 = NJW 1992, 564: unbenannte Zuwendung; BGH NJW 1985, 382: teilentgeltlicher Erwerb.
[13] *Palandt/Edenhofer* Rn 2; *Soergel/Stein* Rn 3; aA *Staudinger/Otte* Rn 11.
[14] BGHZ 44, 152 = NJW 1965, 2295.
[15] MünchKommBGB/*Leipold* Rn 3.
[16] BGH NJW 1965, 2295; RG JW 1931, 1354, 1356 m – insoweit – zust Anm *Herzfelder*.
[17] *Palandt/Edenhofer* Rn 1; *Staudinger/Otte* Rn 5; MünchKommBGB/*Leipold* Rn 8.
[18] Vgl BayObLG NJW 1953, 1432 für den Fall, dass die Frist für die Zweiterbschaft sechs Monate (§ 1944 Abs 3) beträgt.

IV. Teilausschlagung

Abs 3 lässt die Teilausschlagung durch einen Erbeserben entgegen dem Grundsatz der §§ 1950, 2033 Abs 2 zu. Die Ausschlagung einer überschuldeten Ersterbschaft soll nicht am Widerstand eines einzelnen Erbeserben scheitern[19]. Nur die Ausschlagung durch alle Miterben hat dieselbe Wirkung wie die Ausschlagung durch den Ersterben. Bei Ausschlagung nur einzelner Miterbeserben wächst der Erbteil (soweit kein Fall des § 2069 vorliegt) nach richtiger Ansicht den übrigen Miterbeserben an (arg e § 1953 Abs 2 entspr – der Erblasser wird nur durch die nicht ausschlagenden Miterbeserben beerbt)[20]. Deshalb können bei Ausschlagung nur einzelner Miterbeserben auch keine „anteiligen" Ansprüche auf Pflichtteil (§ 2306 Abs 1 S 2) oder Zugewinnausgleich (§ 1371 Abs 2, 3) entstehen[21].

Von mehreren Miterben eines Hoferben kann nur der zur Hoferbfolge Berufene ausschlagen; Abs 3 ist insoweit nicht anwendbar[22].

V. Testamentsvollstreckung

Hat der Ersterbe Testamentsvollstreckung für seinen Nachlass angeordnet, erfolgt die Annahme bzw Ausschlagung der Ersterbschaft durch den Testamentsvollstrecker des Erbeserben, weil es sich bei der dem Ersterben zugefallenen Erbschaft aus Sicht des Erbeserben um einen Nachlassgegenstand handelt[23].

§ 1953 Wirkung der Ausschlagung

(1) **Wird die Erbschaft ausgeschlagen, so gilt der Anfall an den Ausschlagenden als nicht erfolgt.**

(2) **Die Erbschaft fällt demjenigen an, welcher berufen sein würde, wenn der Ausschlagende zur Zeit des Erbfalls nicht gelebt hätte; der Anfall gilt als mit dem Erbfall erfolgt.**

(3) ¹**Das Nachlassgericht soll die Ausschlagung demjenigen mitteilen, welchem die Erbschaft infolge der Ausschlagung angefallen ist.** ²**Es hat die Einsicht der Erklärung jedem zu gestatten, der ein rechtliches Interesse glaubhaft macht.**

I. Normzweck

Die Vorschrift bewirkt den unmittelbaren Vonselbsterwerb des endgültigen Erben. Ein herrenloser Nachlass wird vermieden.

II. Rückwirkung

§ 1953 regelt die Wirkung der Ausschlagung durch zwei Fiktionen: Bei wirksamer Ausschlagung gilt der Anfall beim Ausschlagenden als von Anfang an nicht erfolgt (Abs 1), sondern als mit dem Erbfall an den Nächstberufenen angefallen (Abs 2). Der Ausschlagende war also zu keiner Zeit Erbe.

1. Stellung des vorläufigen Erben gegenüber Dritten. Gegenüber Dritten ist der vorläufige Erbe **Nichtberechtigter**. Verfügungen werden unwirksam, soweit nicht § 1959 Abs 2 und 3 eingreifen oder gutgläubiger Erwerb vorliegt. Auch der Erbenbesitz (§ 857) geht rückwirkend auf den nächstberufenen Erben über. Die tatsächliche Sachherrschaft des vorläufigen Erben bleibt unberührt. Dem vorläufigen Erben ist die tatsächliche Sachherrschaft gestattet, so dass keine verbotene Eigenmacht (§ 858) vorliegt und Sachen dem endgültigen Erben nicht abhanden gekommen (§ 935) sind[1]. Zum **gutgläubigen Erwerb** vom vorläufigen Erben s § 1959 Rn 8.

2. Stellung des vorläufigen Erben gegenüber dem endgültigen Erben. Gegenüber dem endgültigen Erben besteht eine **Herausgabepflicht** nach §§ 1953, 1959 Abs 1 iVm §§ 667, 681 (nicht nach §§ 2018 ff; der vorläufige Erbe ist nicht Erbschaftsbesitzer iS dieser Vorschriften)[2] und eine **Auskunftspflicht** nach §§ 1953, 1959 Abs 1 iVm §§ 681, 666 sowie nach § 2027 Abs 2. Im Nachlassinsolvenzverfahren kommt die Anfechtung von Rechtshandlungen des vorläufigen Erben wegen Gläubigerbegünstigung nach § 131 InsO aber auf die Absicht des vorläufigen, nicht des endgültigen Erben an[3]. Ein gegen den vorläufigen Erben ergangenes Urteil bindet den endgültigen Erben nicht, weil keine Rechtsnachfolge iS des § 265 ZPO vorliegt[4].

---

[19] MünchKommBGB/*Leipold* Rn 11.
[20] *Palandt/Edenhofer* Rn 3; MünchKommBGB/*Leipold* Rn 15; *Erman/Schlüter* Rn 4; RGRK/*Johannsen* Rn 12; aA *Staudinger/Otte* Rn 8a; *Heinrich/Heinrich* Rpfleger 1999, 201 mwN.
[21] MünchKommBGB/*Leipold* Rn 16; *Palandt/Edenhofer* Rn 4; *Staudinger/Otte* Rn 9; *Erman/Schlüter* Rn 4; *v. Olshausen* FamRZ 1976, 678, 683; aA *Schmid* BWNotZ 1970, 82, 83; *Schramm* BWNotZ 1966, 34.
[22] *Staudinger/Otte* Rn 9.
[23] Zutr *Staudinger/Marotzke* § 1960 Rn 48 zum Nachlasspfleger; aA MünchKommBGB/*Leipold* Rn 1; Vorauf.
[1] BGH NJW 1969, 1349, obiter dictum; *Palandt/Edenhofer* Rn 4; *Staudinger/Marotzke* § 1959 Rn 14; MünchKommBGB/*Leipold* Rn 4 und § 1959 Rn 7; *Erman/Schlüter* Rn 2.
[2] *Staudinger/Otte* Rn 12; *Staudinger/Marotzke* § 1959 Rn 7 mwN; MünchKommBGB/*Leipold* § 1959 Rn 2.
[3] BGH NJW 1969, 1349 zu § 30 Nr 2 KO; *Palandt/Edenhofer* Rn 3.
[4] BGHZ 106, 359, 364 = NJW 1989, 2885, 2886.

III. Anfall an den Nächstberufenen

5   Der Ausschlagende wird als im Zeitpunkt des Erbfalles nicht lebend betrachtet. Stirbt der Nächstberufene nach dem Erbfall und vor der Ausschlagung hindert dies den Anfall bei diesem nicht[5]. Der Nächstberufene ist zunächst ebenfalls nur vorläufiger Erbe (§§ 1942, 1943); die Ausschlagungsfrist (§ 1944) beginnt frühestens im Zeitpunkt der Ausschlagung, weil die Erbschaft dem Nächstberufenen erst hierdurch anfällt.

6   **1. Gesetzliche Erbfolge.** Bei gesetzlicher Erbfolge gelten die allgemeinen Regeln (vgl §§ 1924 Abs 3, 1925 Abs 3, 1926 Abs 3 und 4, 1931 Abs 2; § 10 Abs 2 LPartG); unter gesetzlichen Miterben kann Erhöhung (§ 1935) eintreten.

7   **2. Gewillkürte Erbfolge.** Bei gewillkürter Erbfolge sind etwaige **Ersatzerben** nächstberufen (§§ 2069[6], 2097, 2102). Fehlt ein Ersatzerbe, kommt bei Miterben Anwachsung (§ 2094) in Betracht. Scheidet Anwachsung aus, erhalten die gesetzlichen Erben den Erbteil (§ 2088).

8   Besteht ein **gemeinschaftliches Testament** und hat der Erblasser später eine den anderen Ehegatten beschränkende Verfügung von Todes wegen errichtet, ohne das gemeinschaftliche Testament zu widerrufen (§ 2271 Abs 1), wird diese spätere Verfügung des Erblassers durch die Ausschlagung des überlebenden Ehegatten nicht nachträglich wirksam[7].

9   Bei Ausschlagung des **Erbvertragserben** kann sich die Erbfolge nach einem früheren Testament des Erblassers richten, wenn dieses mit dem Erbvertrag nicht ausdrücklich oder (wofür idR einiges sprechen dürfte) konkludent widerrufen wurde, da das Recht des Vertragserben im für § 2289 Abs 1 maßgeblichen Zeitpunkt des Erbfalles wegen der Ausschlagung nicht beeinträchtigt ist[8].

10 Bei Ausschlagung des **Nacherben** wird der Vorerbe zum Vollerben, falls kein Ersatznacherbe bestimmt ist (§ 2142 Abs 2) und keine Anwachsung stattfindet. Die Vermutung des § 2069 gilt auch für den als Nacherben eingesetzten Abkömmling[9]. Bei Ausschlagung des Vorerben ist der Nacherbe idR Ersatzerbe (§ 2102 Abs 1)[10].

IV. Weitere Wirkungen

11 **1. Pflichtteil.** Der Ausschlagende ist grds nicht pflichtteilsberechtigt. Ausnahmen bestehen in den Fällen der §§ 2306 Abs 1 S 2, 2307 Abs 1 und § 1371 Abs 2 und 3. Der Anspruch auf den Zusatzpflichtteil nach § 2305 bleibt von der Ausschlagung unberührt. Zum Ehegatten in Zugewinngemeinschaft s bei § 1371[11]. Diese Wirkungen bestehen nicht bei Teilausschlagung einzelner Miterbeserben nach § 1952 Abs 3 (dort Rn 7).

12 **2. Eigengläubiger des Erben.** Durch die Ausschlagung wird der Nachlass dem Zugriff von Eigengläubigern des Erben entzogen. Bei wirksamer Ausschlagung entfällt die gegenüber dem ursprünglichen Erben entstandene Erbschaftsteuer mit Wirkung für die Vergangenheit und entsteht die Erbschaftsteuer in der Person des Nächstberufenen[12].

13 **3. Bindungswirkung (§§ 2271, 2298).** Mit der wirksamen Ausschlagung entfällt die Bindungswirkung von wechselbezüglichen Verfügungen im gemeinschaftlichen Testament (§ 2271 Abs 2 S 1; s auch § 1948 Rn 6) bzw vertragsmäßigen Verfügungen im Erbvertrag (§ 2298 Abs 2 S 3).

14 **4. Keine Schenkung.** Die Ausschlagung ist keine Schenkung (§ 517); ein Vermögenserwerb auf Grund Ausschlagung ist kein schenkungsteuerpflichtiger Erwerb vom Ausschlagenden[13], so dass durch Ausschlagung ggf Freibeträge und Steuerklassen nach dem Erblasser besser genutzt werden können[14].

V. Mitteilungspflicht

15 Das Nachlassgericht ermittelt von Amts wegen (§ 12 FGG) und kostenfrei (§ 105 KostO). Die Ausschlagungsfrist für den Nächstberufenen beginnt mit der Mitteilung nach Abs 3, wenn dieser nicht schon zuvor Kenntnis erlangt hat. Ist der Nächstberufene unbekannt, kommen Sicherungsmaßnahmen nach §§ 1960, 1961 in Betracht.

§ 1954 Anfechtungsfrist

(1) Ist die Annahme oder die Ausschlagung anfechtbar, so kann die Anfechtung nur binnen sechs Wochen erfolgen.

---

[5] RGZ 61, 14, 16; MünchKommBGB/*Leipold* Rn 7; *Staudinger*/*Otte* Rn 8; *Palandt*/*Edenhofer* Rn 1.
[6] Die Vermutung des § 2069 gilt nicht, wenn der Ausschlagende den Pflichtteil verlangt; vgl BGHZ 33, 60, 62 f; *Gothe* MittRhNotK 1998, 193, 203 mwN; RGRK/*Johannsen* § 2069 Rn 8; aA MünchKommBGB/*Leipold* § 2069 Rn 13.
[7] OLG Karlsruhe NJWE-FER 1999, 14.
[8] OLG Zweibrücken ZEV 1999, 439, für Vorversterben des Erbvertragserben.
[9] BGHZ 33, 60, 61; OLG Bremen NJW 1970, 1932; *Palandt*/*Edenhofer* § 2069 Rn 6.
[10] MünchKommBGB/*Leipold* Rn 11.
[11] Vgl auch *J. Mayer* FPR 2006, 129, 131 f; *Gothe* MittRhNotK 1998, 193, 205.
[12] BFH ZEV 2006, 38.
[13] BFH DStR 1977, 641, 642; *Troll* BB 1988, 2153, 2154.
[14] Ausf zur Erbschaftsausschlagung als steuerrechtliches Gestaltungsmittel *Wachter* ZNotP 2004, 176.

(2) ¹Die Frist beginnt im Falle der Anfechtbarkeit wegen Drohung mit dem Zeitpunkt, in welchem die Zwangslage aufhört, in den übrigen Fällen mit dem Zeitpunkt, in welchem der Anfechtungsberechtigte von dem Anfechtungsgrund Kenntnis erlangt. ²Auf den Lauf der Frist finden die für die Verjährung geltenden Vorschriften der §§ 206, 210, 211 entsprechende Anwendung.

(3) Die Frist beträgt sechs Monate, wenn der Erblasser seinen letzten Wohnsitz nur im Ausland gehabt hat oder wenn sich der Erbe bei dem Beginn der Frist im Ausland aufhält.

(4) Die Anfechtung ist ausgeschlossen, wenn seit der Annahme oder der Ausschlagung 30 Jahre verstrichen sind.

I. Anfechtbarkeit

Annahme und Ausschlagung sind gestaltende Willenserklärungen und damit nach Wirksamwerden unwiderruflich, aber anfechtbar. Die §§ 1954 bis 1957 sind ergänzende Sondervorschriften. Der **Anfechtungsgrund** bestimmt sich alleine nach den §§ 119, 120, 123 und der Sondervorschrift des § 2308; die §§ 2078, 2079 gelten nicht[1]. Ein Irrtum über den Berufungsgrund ist Motivirrtum, der jedoch nach § 1949 Abs 1 zur Unwirksamkeit der Annahme führt. **1**

1. Erklärungsirrtum. a) Grundsatz. Ein Anfechtungsgrund wegen Irrtums in der Erklärungshandlung (§ 119 Abs 1 Alt 2) liegt vor, wenn der äußere Tatbestand der Erklärung dem Willen des Erben nicht entspricht. **2**

b) Annahme durch Fristablauf. Die Anfechtung wegen Erklärungsirrtums bei Annahme durch Ablauf der Ausschlagungsfrist (§ 1943 HS 2) ist möglich bei hinzutretender **3**
– Unkenntnis, dass für die Ausschlagung eine Frist einzuhalten ist bzw über die Länge der Frist, oder bei Irrtum über die Rechtsfolgen des Fristablaufs[2];
– Unkenntnis der Genehmigungsbedürftigkeit (bei Annahme wegen verspäteter Vorlage der familienbzw vormundschaftsgerichtlichen Genehmigung, vgl § 1945 Rn 12)[3];
– irrtümlicher Ansicht, die Ausschlagung bereits erklärt zu haben, zB in Unkenntnis der Formbedürftigkeit bzw der Amtsempfangsbedürftigkeit[4];
– irrtümlicher Ansicht, Schweigen habe die Bedeutung der Ausschlagung[5].

c) Annahme durch Erklärung. Bei **ausdrücklich** erklärter Annahme scheidet in den vorstehenden Fällen der Irrtum in der Erklärungshandlung regelmäßig aus, ebenso bei Unkenntnis vom Bestehen des Ausschlagungsrechts[6]. Ein Erklärungs- oder Inhaltsirrtum liegt nicht vor, weil Wille, Bedeutung und Tragweite der Erklärung bei der Annahme nicht auseinanderfallen[7]. **4**

2. Inhaltsirrtum. a) Grundsatz. Ein Anfechtungsgrund wegen **Irrtums über den Inhalt der Erklärung** (§ 119 Abs 1 Alt 1) liegt vor, wenn der äußere Tatbestand der Erklärung mit dem Willen übereinstimmt, der Erklärende aber über Bedeutung und Tragweite der Erklärung irrt. Ein Inhaltsirrtum kann insbes auch darin gesehen werden, dass der Erklärende über **Rechtsfolgen** seiner Willenserklärung irrt, weil das Rechtsgeschäft nicht nur die von ihm erstrebten Rechtswirkungen erzeugt, sondern solche, die sich davon unterscheiden. Ein derartiger Rechtsirrtum berechtigt aber nur dann zur Anfechtung, wenn das vorgenommene Rechtsgeschäft wesentlich andere als die beabsichtigten Wirkungen erzeugt; der nicht erkannte Eintritt zusätzlicher oder mittelbarer Rechtswirkungen, die zu den gewollten und eingetretenen Rechtsfolgen hinzutreten, ist kein Irrtum über den Inhalt der Erklärung mehr, sondern ein unbeachtlicher Motivirrtum[8]. **5**

b) Beispiele für Inhaltsirrtum. Die Anfechtung wegen Inhaltsirrtum ist in folgenden Fällen möglich: **6**
– Unkenntnis über den Wegfall des Pflichtteilsanspruches bei Erbschaftsannahme (Verlust des Wahlrechts nach § 2306 Abs 1 S 2 ist auch für den beschwerten Alleinerben eine wesentliche Rechtsfolge)[9];
– Unkenntnis über den Wegfall des Pflichtteilsanspruches (Nichtvorliegen der Voraussetzungen des § 2306 Abs 1 S 2) bei Ausschlagung[10];

---

[1] *Palandt/Edenhofer* Rn 1.
[2] RGZ 143, 419, 424; BayObLG NJW-RR 1993, 780, 781; OLG Hamm Rpfleger 1985, 364.
[3] BayObLG FamRZ 1983, 834.
[4] RGZ 143, 419, 423 f; OLG Zweibrücken NJW-RR 2006, 1594, 1596; BayObLG NJW-RR 1994, 586.
[5] BayObLG NJW-RR 1994, 586; MünchKommBGB/*Leipold* § 1956 Rn 8.
[6] BayObLG NJW 1988, 1270; *Palandt/Edenhofer* Rn 2; *Staudinger/Otte* Rn 4; MünchKommBGB/*Leipold* Rn 6.
[7] RGZ 134, 195, 198; BayObLG NJW-RR 1995, 904, 906.
[8] BGHZ 168, 210 = NJW 2006, 3353, 3355 zur Anfechtung der Annahme; BGH NJW 1997, 653 zum Erbverzichtsvertrag.
[9] BGHZ 168, 210 = NJW 2006, 3353; OLG Hamm ZEV 2006, 168 m zust Anm *Haas/Jeske*; OLG Düsseldorf ZEV 2001, 109; *Keim* ZEV 2003, 358, 360 f; aA BayObLG NJW-RR 1995, 904: unbeachtlicher Motivirrtum; Voraufl.
[10] OLG Hamm OLGZ 1982, 41, 49 f; *Erman/Palm* § 119 Rn 37; *Keim* ZEV 2003, 358, 360; aA Voraufl; s zur Ausschlagung unter Vorbehalt des Pflichtteils auch § 1947 Rn 4.

§ 1955

– Unkenntnis über den Wegfall des Zugewinnausgleichanspruchs (§ 1371 Abs 3) bei Annahme[11];
– Annahme durch schlüssiges Verhalten in Unkenntnis der Ausschlagungsmöglichkeit[12] (nicht aber bei ausdrücklich erklärter Annahme, s Rn 4)[13];
– Annahme durch schlüssiges Verhalten, wenn der Erbe nicht weiß, dass dadurch das Ausschlagungsrecht verloren geht[14];
– irrtümliche Vorstellung, die Ausschlagung beseitige lediglich im Testament angeordnete Auflagen und der Ausschlagende werde „befreiter" gesetzlicher Erbe[15].

7 **c) Unbeachtlicher Motivirrtum.** Kein Inhaltsirrtum sondern ein unbeachtlicher Motivirrtum liegt in folgenden Fällen vor:
– der Annehmende meint, er könne trotz Annahme die Erfüllung eines Vermächtnisses bis zur Höhe des Pflichtteils verweigern[16];
– der Ausschlagende meint, der Nächstberufene werde die Erbschaft ausschlagen bzw annehmen[17];
– der Ausschlagende irrt sich über die nächstberufene Person[18] (zur Ausschlagung zugunsten einer bestimmten Person s auch § 1947 Rn 4).

8 **3. Eigenschaftsirrtum. a) Grundsatz.** Sache iS des § 119 Abs 2 ist auch die Erbschaft[19], so dass der Irrtum über deren **Zusammensetzung** zur Anfechtung berechtigt, wenn die Zugehörigkeit bestimmter Aktiva oder Passiva zum Nachlass als wesentlich anzusehen ist, beispielsweise die Überschuldung des Nachlasses hiervon abhängt[20]. Daher kann grds auch der Irrtum über die Eigenschaft eines Nachlassgegenstandes die Anfechtung rechtfertigen. Es besteht aber kein Anfechtungsrecht, wenn bei scheinbarer Überschuldung des Nachlasses die Ausschlagung ausdrücklich ohne Rücksicht auf den Berufungsgrund und ungeachtet des Nachlasswertes erklärt wird, sich der Nachlass aber später als werthaltig herausstellt[21].

9 **b) Beispiele für Eigenschaftsirrtum.** Die Anfechtung wegen Eigenschaftsirrtum ist in folgenden Fällen möglich:
– Irrtum über den Bestand wesentlicher Nachlassverbindlichkeiten (zB unbekanntes Vermächtnis, jedenfalls wenn der Pflichtteil des Erben gefährdet ist[22]; unbekannte Steuerschuld);
– unbekannte Überschuldung des Nachlasses auf Grund unbekannter Verbindlichkeiten[23];
– Bestand von bei Ausschlagung unbekanntem Immobilienvermögen im Gebiet der ehemaligen DDR[24];
– bei Annahme unbekannte zusätzliche Miterben[25];
– Irrtum über Beschränkung durch Testamentsvollstreckung[26] oder durch Nacherbenfolge[27].

10 **c) Unbeachtlicher Motivirrtum.** Kein Eigenschaftsirrtum, sondern ein unbeachtlicher Motivirrtum liegt vor bei:
– Irrtum über die Höhe der Erbschaftsteuer[28];
– bloßer Falschbewertung einzelner bekannter Nachlassgegenstände[29];
– Wertsteigerung durch nicht erwartete politische Entwicklung bei Immobilienvermögen auf dem Gebiet der ehemaligen DDR[30];
– Wegfall der Überschuldung durch Erlass oder Verjährenlassen von Nachlassverbindlichkeiten nach wirksamer Ausschlagung[31].

---

[11] Diese Frage wird man nicht anders beurteilen können als die in BGHZ 168, 210 = NJW 2006, 3350 entschiedene Konstellation, weil auch der Verlust des Wahlrechts nach § 1371 Abs 3 für den beschwerten oder geringfügig bedachten Ehegatten eine wesentliche Rechtsfolge ist; aA *Kraiß* BWNotZ 1992, 31, 33; Voraufl.
[12] BayObLG FamRZ 1983, 1061; *Staudinger/Otte* Rn 4.
[13] BayObLG NJW 1988, 1270, 1271.
[14] MünchKommBGB/*Leipold* Rn 5.
[15] OLG Düsseldorf NJW-RR 1998, 150, 151.
[16] BayObLG ZEV 1998, 431, 432.
[17] OLG Stuttgart MDR 1983, 751; *Erman/Schlüter* Rn 3.
[18] OLG Schleswig ZEV 2005, 526 m Anm *Ivo*; OLG Düsseldorf ZEV 1997, 258, 259; *Palandt/Edenhofer* Rn 4.
[19] RGZ 158, 50, 52 f; BayObLG NJW 2003, 216, 221.
[20] BGHZ 106, 359 = NJW 1989, 2885; KG NJW-RR 2004, 941 mwN; *Palandt/Edenhofer* Rn 5.
[21] OLG Düsseldorf ZEV 2005, 255; *Palandt/Edenhofer* Rn 5.
[22] BGHZ 106, 359 = NJW 1989, 2885; *Staudinger/Otte* Rn 8.
[23] RGZ 158, 50, 51; BayObLG NJW-RR 1999, 590, 591 mwN; OLG Zweibrücken ZEV 1996, 428.
[24] BayObLG ZEV 1994, 105.
[25] BGH NJW 1997, 392, 394.
[26] *Palandt/Edenhofer* Rn 5; MünchKommBGB/*Leipold* Rn 13.
[27] OLG Hamm ZEV 2004, 286; BayObLG ZEV 1996, 425 m Anm *Edenfeld*.
[28] KG NJW 1969, 191; *Erman/Schlüter* Rn 3.
[29] RGZ 103, 21, 22; BayObLG NJW-RR 1995, 904 betr Bauland statt Ackerland; *Palandt/Edenhofer* Rn 5.
[30] KG Rpfleger 1993, 114; OLG Frankfurt Rpfleger 1991, 368; *Staudinger/Otte* Rn 8.
[31] BayObLG NJW 2003, 216, 221 m Anm *Ivo*; LG Berlin NJW 1975, 2104.

d) Eigenschaft der Person. Der Irrtum über Eigenschaften der Person des Erblassers, der bekannten 11
Miterben oder der Nachlassgläubiger rechtfertigen die Anfechtung nach richtiger Ansicht nicht, weil
sich Annahme und Ausschlagung nur auf die Erbschaft bzw den Nachlass als solchen beziehen[32].

II. Ursächlichkeit des Irrtums

Ein Irrtum berechtigt zur Anfechtung nur, wenn ohne Irrtum statt Annahme die Ausschlagung 12
erklärt worden wäre oder umgekehrt[33]. Bei dieser Beurteilung hat das wirtschaftliche Ergebnis besonderes Gewicht[34]. Die Ursächlichkeit bei einer unbekannten Verbindlichkeit ist zu verneinen, wenn unter Berücksichtigung dieser Verbindlichkeit ein wesentlicher Reinnachlass verbleibt[35].

III. Anfechtungsfrist

Die Regelung in § 1954 geht den §§ 121, 124 als Spezialvorschrift vor. Die Anfechtungsfrist ist im 13
Wesentlichen wie die Ausschlagungsfrist geregelt (s deshalb bei § 1944). Auch hier ist grds **positive Kenntnis** des Anfechtungsgrundes erforderlich; fahrlässige Unkenntnis oder bloße Verdachtsmomente genügen nicht[36]. Sichere Gewissheit ist nicht erforderlich, es genügt die positive Kenntnis der maßgeblichen Tatsachen und die Erkenntnis, dass der Erklärung eine andere Rechtswirkung beizumessen ist, als der Erbe ihr beimessen wollte[37]. Diese Kenntnis kann sich auch aus den Gründen eines nicht rechtskräftigen Urteils ergeben[38]. § 1944 Abs 2 S 1 gilt nicht entspr, weshalb es für den Fristbeginn allein auf die Kenntnis vom Anfechtungsgrund und nicht auch auf den Ablauf der Anfechtungsfristen für etwa vorrangig berufene Erben ankommt[39]. Die Höchstfrist beträgt 30 Jahre (Abs 4).

IV. Anfechtungsberechtigung

Das Anfechtungsrecht steht wie das Recht, die Annahme oder Ausschlagung zu erklären, nur 14
dem Erben zu (§ 1942 Rn 13, 13 a). Gewillkürte Stellvertretung ist zulässig (§ 1943 Rn 3); für den Fristbeginn (Abs 2 S 1) genügt die Kenntnis eines Bevollmächtigten, wenn die Vollmacht auch die Regelung der Erbschaftsangelegenheiten umfasst[40]. Die Annahme durch den gesetzlichen Vertreter kann der Erbe mit Erreichen der Volljährigkeit selbst anfechten, wenn der Anfechtungsgrund in der Person des Vertreters vorlag (§ 166 Abs 1)[41]. Das Anfechtungsrecht ist entspr § 1952 vererblich[42].

§ 1955 Form der Anfechtung

¹Die Anfechtung der Annahme oder der Ausschlagung erfolgt durch Erklärung gegenüber dem Nachlassgericht. ²Für die Erklärung gelten die Vorschriften des § 1945.

I. Normzweck

Die Vorschrift dient wie § 1945 der **Rechtssicherheit** aller Beteiligten. Die Anfechtung ist amts- 1
empfangsbedürftige Willenserklärung, die gegenüber dem Nachlassgericht abgegeben werden muss. Sie ist als gestaltende Willenserklärung (und auf Grund §§ 1957 Abs 1, 1947) bedingungs- und befristungsfeindlich. Das Nachlassgericht teilt die Anfechtung mit (§ 1957 Abs 2). Die Anfechtung ist mit Zugang unwiderruflich, kann aber ihrerseits wegen Irrtums angefochten werden[1]. Zur **Form** der Erklärung bzw einer diesbezüglichen Vollmacht s bei § 1945.

II. Inhalt

Die Anfechtungserklärung muss grds nicht begründet werden[2], erforderlich ist jedoch, dass für das 2
Nachlassgericht zumindest in groben Zügen erkennbar ist, auf welchen Lebenssachverhalt die Anfechtung gestützt ist (s allg § 143)[3]. Das Nachlassgericht prüft von Amts wegen nur die geltend gemachten

---

[32] Zutr MünchKommBGB/*Leipold* Rn 14 mwN; aA *Kraiß* BWNotZ 1992, 31, 33.
[33] BayObLGZ 1983, 9, 12; MünchKommBGB/*Leipold* Rn 15.
[34] MünchKommBGB/*Leipold* Rn 15; s hierzu BVerfG Rpfleger 1995, 110: bei Ausschlagung im Jahre 1964 wegen irrtümlich angenommener Enteignung von DDR-Grundstücken und Überschuldung des restlichen Nachlasses keine Kausalität, weil auch ohne Irrtum wegen fehlender Zugriffsmöglichkeit ausgeschlagen worden wäre; vgl auch BGH NJW 1988, 2597, 2599: Anfechtung eines Kaufvertrags; RGZ 128, 116, 121: Anfechtung eines Versicherungsvertrags.
[35] BayObLG NJW-RR 1999, 590.
[36] *Palandt/Edenhofer* Rn 6.
[37] KG NJW-RR 2004, 941, 942 f; BayObLG NJW-RR 1993, 780, 781; *Palandt/Edenhofer* Rn 6.
[38] BayObLG NJW-RR 1998, 797.
[39] KG NJW-RR 2004, 941, 942 f.
[40] KG NJW-RR 2004, 801.
[41] OLG Karlsruhe NJW-RR 1995, 1349 betr arglistige Täuschung eines Elternteils.
[42] MünchKommBGB/*Leipold* Rn 18; *Palandt/Edenhofer* Rn 1.
[1] BayObLG DNotZ 1981, 54; MünchKommBGB/*Leipold* Rn 4.
[2] BayObLG ZEV 1994, 105, 106; offen gelassen in BGH NJW 1966, 39, allg zur Irrtumsanfechtung.
[3] MünchKommBGB/*Leipold* Rn 3; zurückhaltender *Staudinger/Otte* Rn 3.

Gründe[4], ein Nachschieben von völlig neuen Gründen ist erneute Anfechtungserklärung[5]; diese kann nur form- und fristgerecht erfolgen. Der Inhalt der Erklärung ist durch Auslegung (§ 133) zu ermitteln[6], das Wort „Anfechtung" muss deshalb nicht fallen. Ergeben sich aus der Erklärung aber keine Anhaltspunkte für einen Anfechtungswillen, rechtfertigt allein die objektive Zweckmäßigkeit es nicht, eine Ausschlagung zugleich als Anfechtung der Annahme auszulegen[7].

III. Gerichtliche Genehmigung

3   Bedarf die Ausschlagung der Genehmigung des Familien- bzw Vormundschaftsgerichts (vgl § 1945 Rn 11), gilt dies auch für die Anfechtung der Annahme (§ 1957 Abs 1)[8]. Die für die Ausschlagung erteilte Genehmigung ist für die Anfechtung der Annahme ausreichend[9]. Die Anfechtung der Ausschlagung bedarf nicht der Genehmigung.

§ 1956 Anfechtung der Fristversäumung

Die Versäumung der Ausschlagungsfrist kann in gleicher Weise wie die Annahme angefochten werden.

1   Die Annahme auf Grund Fristablaufs (§ 1943 HS 2) ist wie die Erklärung der Annahme anfechtbar; der objektive Erklärungswert der Fristversäumung tritt an die Stelle der Willenserklärung[1]. Die erforderliche Ursächlichkeit eines Irrtums ist gegeben, wenn der Erbe bei Kenntnis und verständiger Würdigung des Sachverhaltes die Erbschaft ausgeschlagen hätte.
2   Frist, Form und Wirkung sind die der Anfechtung der Annahme (§§ 1954, 1955, 1957). Eine für die Ausschlagung erteilte vormundschafts- oder familiengerichtliche Erklärung umfasst die Anfechtung der Versäumung der Ausschlagungsfrist[2].
3   Einzelfälle:
– Unkenntnis von der Ausschlagungsmöglichkeit als solcher oder irrige Annahme bereits wirksam ausgeschlagen zu haben bzw bloßes Schweigen genüge als Ausschlagung[3];
– fehlende Kenntnis des neuen gesetzlichen Vertreters[4*] bzw des geschäftsfähig gewordenen Erben vom Fristbeginn (Anfall und Berufungsgrund; § 1944 Rn 9);
– Unkenntnis von der Genehmigungsbedürftigkeit der Ausschlagung[5*];
– unzulässige Teilausschlagung (§ 1950 Rn 7; § 1951 Rn 11);
– Unkenntnis der zur Beurteilung der örtlichen Zuständigkeit des Nachlassgerichts maßgeblichen Umstände (zB letzter Wohnsitz des Erblassers; vgl § 1945 Rn 7).
4   Zu weiteren Anfechtungskonstellationen s ausf bei § 1954.

§ 1957 Wirkung der Anfechtung

(1) Die Anfechtung der Annahme gilt als Ausschlagung, die Anfechtung der Ausschlagung gilt als Annahme.

(2) ¹Das Nachlassgericht soll die Anfechtung der Ausschlagung demjenigen mitteilen, welchem die Erbschaft infolge der Ausschlagung angefallen war. ²Die Vorschrift des § 1953 Abs. 3 Satz 2 findet Anwendung.

I. Wirkung

1   Die Anfechtung bewirkt über die Nichtigkeit der angefochtenen Erklärung (§ 142 Abs 1) hinaus die **gesetzliche Fiktion** der gegenteiligen Erklärung, auch bei Anfechtung der Fristversäumnis (§ 1956). Ein nochmaliger Schwebezustand wird somit vermieden. Die Anfechtung ist ihrerseits anfechtbar[1*], uU auch wegen Unkenntnis der Rechtswirkung des § 1957 Abs 1 (Vorstellung, die Anfechtung habe nur

---

[4] BayObLG ZEV 1994, 105, 106.
[5] BGH NJW 1966, 39; BayObLG ZEV 1994, 105, 106.
[6] BayObLG NJW-RR 1995, 904, 905; MünchKommBGB/*Leipold* Rn 3.
[7] OLG Karlsruhe ZEV 2007, 380, 381; OLG Zweibrücken NJW-RR 2006, 1594, 1596; BayObLG NJW-RR 1993, 780, 781.
[8] BayObLG FamRZ 1983, 834, 835; MünchKommBGB/*Leipold* Rn 5.
[9] RGZ 143, 419, 424; BayObLG FamRZ 1983, 834, 835.
[1] OLG Zweibrücken NJW-RR 2006, 1594, 1596; BayObLG NJW-RR 1994, 586.
[2] RGZ 143, 419, 424; BayObLG FamRZ 1983, 834.
[3] RGZ 143, 419, 424; OLG Zweibrücken NJW-RR 2006, 1594, 1596; BayObLG NJW-RR 1994, 586; Palandt/*Edenhofer* Rn 2.
[4*] BayObLG NJW-RR 1994, 586.
[5*] BayObLG FamRZ 1983, 834.
[1*] BayObLG DNotZ 1981, 54 zur Anfechtung der Anfechtung der ausdrücklich erklärten Annahme; LG Berlin NJW 1991, 1238, 1239 zur Anfechtung der Anfechtung der Fristversäumung gemäß § 1956; MünchKommBGB/*Leipold* § 1955 Rn 4, Rn 1.

negative Wirkung), weil es sich hierbei um eine wesentliche Rechtsfolge handelt[2]. § 1957 gilt auch bei Anfechtung der Annahme durch den Nacherben vor Eintritt des Nacherbfalles[3]. Für die Anfechtung der Anfechtung gelten nicht die Fristen des § 1954, sondern die der §§ 121, 124[4]. Wegen der Wirkung nach Abs 1 müssen bei der Anfechtung der Annahme alle Voraussetzungen einer wirksamen Ausschlagung (zB familien- oder vormundschaftsgerichtliche Genehmigung) erfüllt sein.

II. Rechtsfolgen

Nach Anfechtung der Ausschlagung wird die Erbenstellung (vom Erbfall an) wiederhergestellt. Dem Erben steht der Anspruch nach § 2018 gegenüber dem Erbschaftsbesitzer zu[5]. Der Anfechtende ist nach § 122 Dritten, die auf die Wirksamkeit der Annahme oder Ausschlagung vertrauten, zum Ersatz des **Vertrauensschadens** verpflichtet[6]. Dies umfasst ua die Kosten der Rechtsverfolgung von Nachlassgläubigern gegenüber dem Annehmenden, wenn die Annahme angefochten wird[7]. Das Interesse an der Wirksamkeit der angefochtenen Erklärung stellt die Schadenshöchstgrenze dar; eine Ersatzpflicht in Höhe der unbeschränkten Erbenhaftung besteht deshalb auch bei versäumter Inventarfrist (§ 1994) nicht[8]. Der Notar oder Rechtsberater hat auf die mögliche Ersatzpflicht nach § 122 hinzuweisen[9]. 2

III. Mitteilungspflicht

Die Mitteilungspflicht entspricht § 1953 Abs 3 S 1. Bei Anfechtung der Annahme beginnt die Frist zur Ausschlagung für den Nächstberufenen spätestens mit Zugang der Mitteilung. Für das Einsichtsrecht gilt § 1953 Abs 3 S 2 entspr. 3

§ 1958 Gerichtliche Geltendmachung von Ansprüchen gegen den Erben

Vor der Annahme der Erbschaft kann ein Anspruch, der sich gegen den Nachlass richtet, nicht gegen den Erben gerichtlich geltend gemacht werden.

I. Normzweck

§ 1958 verschafft dem vorläufigen Erben in der Schwebezeit einen Schutz vor Passivprozessen; er wird von der Prozessführung über Erblasser- und Erbfallschulden freigestellt. Der vorläufige Erbe soll die Ausschlagungsfrist als **Überlegungsfrist** nutzen können. Daneben sollen für den Fall der Ausschlagung nutzlose Verfahren vermieden werden. Bis zur Annahme gerät der Erbe nicht in Schuldnerverzug[1]. Die Verjährung ist gehemmt (§ 211). 1

II. Verfahrensrechtliche Besonderheiten in der Schwebezeit

1. Geltendmachung im Prozess. Eine gegen den vorläufigen Erben erhobene Klage ist **mangels Prozessführungsbefugnis** unzulässig[2*]. Maßgeblich ist der Zeitpunkt der letzten mündlichen Verhandlung. Die Annahme ist von Amts wegen zu beachtende Zulässigkeitsvoraussetzung, auch wenn sich der vorläufige Erbe nicht darauf beruft; die Beweislast obliegt dem Kläger[3*]. § 1958 gilt auch für die Widerklage, Arrest[4*] und einstweilige Verfügung und ist entspr anzuwenden auf Verfahren im Rahmen der freiwilligen Gerichtsbarkeit (wenn Ansprüche iS des § 1958 geltend gemacht werden)[5*] sowie auf die negative Feststellungsklage über ein gegen den Nachlass gerichtetes Recht durch den vorläufigen Erben[6*]. In der **vorbehaltlosen Einlassung** auf Passivprozesse, Führung von Aktivprozessen oder Verfahrensaufnahme (§ 239 Abs 1 ZPO) wird häufig die Annahme der Erbschaft durch schlüssiges Verhalten zu sehen sein (vgl § 1943 Rn 5 a)[7*]; nicht aber wenn es sich insoweit um eine erforderliche Fürsorgemaßnahme in Bezug auf den Nachlass handelt (zB Räumungsklage gegen „Mietnomaden"). 2

---

[2] *Malitz*, Münchener Anwaltshandbuch Erbrecht, 2. Aufl 2007, § 22 Rn 62; *Staudinger/Otte* Rn 3; aA MünchKommBGB/*Leipold* Rn 1; Vorauﬂ.
[3] BayObLG MDR 1963, 54; *Palandt/Edenhofer* Rn 1.
[4] BayObLG DNotZ 1981, 54; *Malitz*, Münchener Anwaltshandbuch Erbrecht, 2. Aufl 2007, § 22 Rn 62; *Staudinger/Otte* Rn 3.
[5] MünchKommBGB/*Leipold* Rn 2; *Staudinger/Otte* Rn 4; *Erman/Schlüter* Rn 2; aA *Soergel/Stein* Rn 2.
[6] *Palandt/Edenhofer* Rn 2; *Staudinger/Otte* Rn 3; RGRK/*Johannsen* § 1954 Rn 6; krit MünchKommBGB/*Leipold* Rn 4.
[7] *Staudinger/Otte* Rn 3; MünchKommBGB/*Leipold* Rn 4.
[8] *Kraiß* BWNotZ 1992, 31, 35.
[9] *Kraiß* BWNotZ 1992, 31, 35.
[1] RGZ 79, 201, 203; MünchKommBGB/*Leipold* Rn 18; *Palandt/Edenhofer* Rn 4; *Staudinger/Marotzke* Rn 6.
[2*] *Palandt/Edenhofer* Rn 1; MünchKommBGB/*Leipold* Rn 10; *Staudinger/Marotzke* Rn 3; aA RGZ 60, 179, 181: Passivlegitimation.
[3*] MünchKommBGB/*Leipold* Rn 12 mwN; RGRK/*Johannsen* § 1943 Rn 15.
[4*] RGZ 60, 179.
[5*] *Staudinger/Marotzke* Rn 11; MünchKommBGB/*Leipold* Rn 5; *Planck/Flad* 4. Aufl Anm 7 m Bsp.
[6*] MünchKommBGB/*Leipold* Rn 5; freilich wird man in der vorbehaltlosen Klageerhebung durch den vorläufigen Erben regelmäßig die konkludente Annahme zu sehen haben.
[7*] *Palandt/Edenhofer* Rn 2.

§ 1959   Buch 5. Abschnitt 2. Rechtliche Stellung des Erben

3   Die Geltendmachung eines Anspruchs gegen den Nachlass im Prozess durch **Zurückbehaltungsrecht** wird durch § 1958 nicht beschränkt[8]. Auch die **Aufrechnung** mit einer Forderung gegen den Nachlass ist zulässig (vgl iÜ § 1959 Rn 12)[9]; besteht die Möglichkeit der Ausschlagung oder Anfechtung der Annahme und wäre die Aufrechnung in diesem Fall nicht wirksam, ist die Klage als derzeit unbegründet abzuweisen.

4   Der vorläufige Erbe ist zur Fortführung eines durch Tod des Erblassers unterbrochenen Prozesses berechtigt aber nicht verpflichtet (§ 239 Abs 5 ZPO).

5   **2. Zwangsvollstreckung.** Für die Zwangsvollstreckung bestehen Spezialvorschriften in den §§ 778 ff, 928 ZPO, § 175 ZVG. § 1958 steht der Klauselerteilung oder -umschreibung (§ 727 ZPO) gegen den vorläufigen Erben entgegen[10], der sich hiergegen mittels § 732 ZPO bzw § 768 ZPO wehren kann.

III. Ausnahmen

6   § 1958 gilt nicht bei Testamentsvollstreckung (§ 2213 Abs 2), Nachlassverwaltung (§ 1984 Abs 1 S 3) oder Nachlasspflegschaft (§ 1960 Abs 3). Will ein Nachlassgläubiger Klage erheben oder in den Nachlass vollstrecken (§ 778 Abs 1 ZPO), kann er Nachlasspflegschaft beantragen (vgl § 1961 Rn 2 a). Die Eröffnung des Nachlassinsolvenzverfahrens ist schon vor der Annahme zulässig (§ 316 InsO).

§ 1959 Geschäftsführung vor der Ausschlagung

(1) Besorgt der Erbe vor der Ausschlagung erbschaftliche Geschäfte, so ist er demjenigen gegenüber, welcher Erbe wird, wie ein Geschäftsführer ohne Auftrag berechtigt und verpflichtet.

(2) Verfügt der Erbe vor der Ausschlagung über einen Nachlassgegenstand, so wird die Wirksamkeit der Verfügung durch die Ausschlagung nicht berührt, wenn die Verfügung nicht ohne Nachteil für den Nachlass verschoben werden konnte.

(3) Ein Rechtsgeschäft, das gegenüber dem Erben als solchem vorgenommen werden muss, bleibt, wenn es vor der Ausschlagung dem Ausschlagenden gegenüber vorgenommen wird, auch nach der Ausschlagung wirksam.

I. Normzweck

1   Durch Ausschlagung oder Anfechtung der Annahme (§ 1957 Abs 1) entfällt die Verfügungsberechtigung des vorläufigen Erben mit Rückwirkung zum Erbfall (§ 1953 Abs 1). § 1959 regelt das Rechtsverhältnis zwischen vorläufigem und endgültigem Erben (Abs 1) sowie endgültigem Erben und Dritten (Abs 2 und 3). Eine Verpflichtung des vorläufigen Erben zur Nachlassverwaltung besteht grds nicht, er ist jedoch zu Fürsorgemaßnahmen berechtigt[1]. Notfalls ist die Nachlassfürsorge gemäß § 1960 Aufgabe des Nachlassgerichts.

2   Der vorläufige Erbe ist weder Vertreter noch Erfüllungs- oder Verrichtungsgehilfe des endgültigen Erben[2]. Es gibt auch keinen Grundsatz, das Verhalten des vorläufigen Erben dem endgültigen zuzurechnen[3].

II. Rechtsverhältnis zwischen vorläufigem und endgültigem Erben

3   **1. Abs 1.** Der vorläufige Erbe hat nach §§ 1959 Abs 1, 677 die Interessen des endgültigen Erben zu wahren und dessen wirklichen oder mutmaßlichen Willen zu berücksichtigen[4]. Die Vorschriften der Geschäftsführung ohne Auftrag (§§ 677 ff) sind auch dann anzuwenden, wenn sich der vorläufige Erbe irrtümlich für den endgültigen hält; § 687 Abs 1 ist nicht anwendbar[5]. Die Ansprüche des endgültigen gegen den vorläufigen Erben (§§ 681, 667; § 678) gehören zum Nachlass[6]. Der Aufwendungsersatzanspruch des vorläufigen Erben (§ 683) ist Nachlassverbindlichkeit (§ 1967 Abs 2).

4   Abs 1 berechtigt den vorläufigen Erben über Abs 2 hinaus nicht zu Verfügungen über Nachlassgegenstände. Ein Aufwendungsersatzanspruch entsteht diesbezüglich nicht bei Fehlen des Merkmals der Unaufschiebbarkeit der Verfügung im Interesse des Nachlass, weil dieses insoweit an die Stelle des wirklichen oder mutmaßlichen Willens des Geschäftsherrn iS des § 683 S 1 tritt[7].

---

[8] MünchKommBGB/*Leipold* Rn 6.
[9] MünchKommBGB/*Leipold* Rn 6; *Palandt/Edenhofer* Rn 4.
[10] *Stein/Jonas/Münzberg* § 727 ZPO Rn 24 mwN; MünchKommBGB/*Leipold* Rn 7; *Palandt/Edenhofer* Rn 2.
[1] MünchKommBGB/*Leipold* Rn 1; *Staudinger/Marotzke* Rn 4; *Erman/Schlüter* Rn 1.
[2] BGH VersR 1956, 147, 149: keine „Vertreter- oder vertreterähnliche Stellung"; MünchKommBGB/*Leipold* Rn 1.
[3] Vgl BGH VersR 1956, 147, 149: bei Versicherung des Erblassers wird eine Obliegenheitsverletzung durch den vorläufigen Erben dem endgültigen nicht zugerechnet; der vorläufige Erbe ist deshalb auch nicht Repräsentant des endgültigen Erben als Versicherungsnehmer.
[4] OLG Celle MDR 1970, 1012, 1013; *Palandt/Edenhofer* Rn 2.
[5] *Erman/Schlüter* Rn 3; *Planck/Flad* 4. Aufl Anm 3.
[6] OLG Celle MDR 1970, 1012, 1013; *Palandt/Edenhofer* Rn 2; *Erman/Schlüter* Rn 3.
[7] OLG Düsseldorf ZEV 2000, 64, 66.

2. Konkurrierende Ansprüche. Die §§ 2018 ff sind nicht anzuwenden, da der vorläufige Erbe das   5
Erbrecht bei Erlangung des Erbschaftsbesitzes hatte; die Surrogation nach § 2019 gilt nicht[8]. Der
Auskunftsanspruch aus § 2027 Abs 2 besteht aber grds neben §§ 1959 Abs 1, 681, 666[9]. Bis zur
Ausschlagung ist der Erbe berechtigter Besitzer, so dass Ansprüche aus den §§ 987 ff ausscheiden[10]. Im
Rahmen berechtigter Geschäftsführung iS des § 683 bestehen keine bereicherungsrechtlichen oder
deliktischen Ansprüche, da ein Rechts- bzw rechtfertigender Grund besteht.

III. Verfügung über Nachlassgegenstände

1. Abs 2. Verfügung ist ein Rechtsgeschäft, durch das ein bestehendes Recht übertragen, aufgeho-   6
ben, belastet oder sonst inhaltlich verändert wird (zB Erfüllung, Abtretung, Erlass von Forderungen;
Ausübung von Gestaltungsrechten wie Aufrechnung, Rücktritt, Anfechtung, Kündigung). **Unaufschiebbare Verfügungen** sind nach Abs 2 wirksam; auf den guten Glauben eines Erwerbers kommt es
nicht an. Für die Beurteilung der Dringlichkeit sind die objektiven wirtschaftlichen Verhältnisse im
Zeitpunkt der Verfügung entscheidend[11]. Nicht eilige Verfügungen sind wirksam bei gutgläubigem
Erwerb (Rn 8) oder Genehmigung durch den endgültigen Erben (§ 185 Abs 2).

Nach richtiger Ansicht fällt auch die **Annahme einer Leistung** als Erfüllung einer Nachlassforde-   7
rung unter Abs 2, da hierin zugleich eine Verfügung über die zugrunde liegende Nachlassforderung zu
sehen ist, weil diese erlischt[12]. Die Dringlichkeit iS des Abs 2 („nicht ohne Nachteil für den Nachlass")
ist bei fälligen Forderungen zu bejahen, weil bei Nichtannahme Gläubigerverzug einträte (§ 293)[13].
Nachdem der Schuldner die Vorlage eines Erbscheins (Gutglaubensschutz nach § 2367) nur bei
entsprechender vorheriger Vereinbarung mit dem Erblasser verlangen kann[14], wird man hier aus Gründen des Schuldnerschutzes eher großzügig sein müssen.

2. Gutgläubiger Erwerb. Verfügungen über **nicht zum Nachlass gehörende Gegenstände**   8
fallen nicht unter Abs 2. In diesem Fall ist gutgläubiger Erwerb auf Grund der §§ 892, 893, 932 ff,
1032, 1207, 2366 möglich. Die §§ 892, 893 und § 2366 kommen praktisch nur bei Anfechtung der
Annahme (§ 1957) in Betracht, da mit dem Antrag auf Grundbuchberichtigung bzw Erbscheinserteilung stillschweigend die Annahme erklärt wird (§ 1943 Rn 5 a). Der Erwerber muss auch hinsichtlich
der Endgültigkeit der Erbenstellung gutgläubig sein (§ 2366 Rn 10)[15]. Gutgläubiger Erwerb ist ausgeschlossen, wenn der Erwerber wusste (bzw im Fall des § 932 Abs 2 grob fahrlässig nicht wusste), dass
der vorläufige Erbe noch ausschlagen oder die Annahme anfechten konnte[16]. Der rückwirkende
Übergang des Erbenbesitzes (§ 857) auf den nächstberufenen Erben hat nicht zur Folge, dass eine
bewegliche Nachlasssache abhanden gekommen ist (§ 1953 Rn 3).

Bei gutgläubigem Erwerb ist der **endgültige Erbe** auf die Ansprüche aus Abs 1 sowie Delikts- oder   9
Bereicherungsrecht beschränkt.

3. Grenzen des Anwendungsbereichs von Abs 2. § 1959 Abs 2 gilt nicht für **Verpflichtungs-**   10
geschäfte. Der vorläufige Erbe kann den endgültigen Erben nicht wirksam schuldrechtlich verpflichten, das Verpflichtungsgeschäft bleibt grds zwischen dem vorläufigen Erben und dem Dritten bestehen[17]. Der vorläufige Erbe kann ggf Aufwendungsersatz oder Freistellung verlangen (§§ 1959 Abs 1,
683, 670, 257). Der endgültige Erbe kann ggf die Herausgabe des Erlangten nach §§ 1959 Abs 1, 681,
667 verlangen. Zum **Arbeits-** und **Gesellschaftsrecht** vgl die Nachweise bei MünchKommBGB/
Leipold Rn 8.

IV. Rechtsgeschäft gegenüber dem Erben (Abs 3)

Einseitige empfangsbedürftige Rechtsgeschäfte gegenüber dem vorläufigen Erben bleiben dem   11
endgültigen Erben gegenüber wirksam, wenn sie gegenüber dem Erben vorzunehmen sind. Hierunter
fallen Kündigung, Anfechtung, Widerruf, Genehmigung, Nacherfüllungsverlangen, Rücktritt, Minderung[18], Meldung nach § 1974 Abs 1, Annahme eines Vertragsangebotes des Erblassers[19].

Die **Aufrechnung** eines Nachlassschuldners mit einer Forderung gegen den Nachlass fällt unter   12
Abs 3; die Aufrechnung des persönlichen Schuldners des Erben mit einer Forderung gegen den Nach-

---

[8] *Staudinger/Marotzke* Rn 7; MünchKommBGB/*Leipold* Rn 2.
[9] Vgl iÜ ausf zu den Auskunftspflichten des vorläufigen Erben gegenüber dem endgültigen Erben *Sarres* ZEV 1999, 216.
[10] MünchKommBGB/*Leipold* Rn 2.
[11] OLG Düsseldorf ZEV 2000, 64, 65; MünchKommBGB/*Leipold* Rn 6 – Schulbeispiel: Veräußerung verderblicher Ware; praktische Beispiele: Veräußerung von Wertpapieren wegen drohendem Kursverlust; Kündigung von „Mietnomaden".
[12] *Staudinger/Marotzke* Rn 11; *Erman/Schlüter* Rn 4; *Palandt/Edenhofer* Rn 3; RGRK/*Johannsen* Rn 12; *v. Lübtow* Erbrecht II S 750; *Planck/Flad* 4. Aufl Anm 5; aA MünchKommBGB/*Leipold* Rn 10; *Kipp/Coing* Erbrecht § 90 III 3 c; Voraufl.
[13] *Staudinger/Marotzke* Rn 11; RGRK/*Johannsen* Rn 12; *Planck/Flad* 4. Aufl Anm 5.
[14] BGH NJW 2005, 2779, 2780.
[15] MünchKommBGB/*Leipold* Rn 7.
[16] *Staudinger/Marotzke* Rn 13, 15; MünchKommBGB/*Leipold* Rn 7.
[17] *Staudinger/Marotzke* Rn 12; MünchKommBGB/*Leipold* Rn 6; *Erman/Schlüter* Rn 5; *Palandt/Edenhofer* Rn 3; aA *Bertzel* AcP 158 (1959/60), 107, 119.
[18] MünchKommBGB/*Leipold* Rn 8.
[19] *Erman/Schlüter* Rn 6.

§ 1960　　　　　　　　　　　Buch 5. Abschnitt 2. Rechtliche Stellung des Erben

lass wird dagegen mit der Ausschlagung oder Anfechtung der Annahme rückwirkend wirkungslos (Ausnahme: § 2367).

13　　Die **Mahnung** gegenüber dem vorläufigen Erben setzt diesen wie auch den endgültigen Erben nach Abs 3 erst ab Annahme in Schuldnerverzug, da bis zur Annahme § 1958 dem Schuldnerverzug entgegensteht[20].

14　　Das **Leistungsangebot** des Nachlassschuldners an den vorläufigen Erben begründet nach richtiger Ansicht Gläubigerverzug[21].

V. Prozessführung durch den vorläufigen Erben

15　　Die **aktive Prozessführung** durch den vorläufigen Erben ist Verwaltungshandlung, aber keine Verfügung und fällt nicht unter Abs 2[22].

16　　In der vorbehaltlosen Klageerhebung wird idR die **konkludente Annahme** der Erbschaft zu sehen sein (§ 1943 Rn 5 a, § 1958 Rn 2), erst recht, wenn der vorläufige Erbe auf Leistung an sich selbst und nicht an den endgültigen Erben bzw Hinterlegung zu dessen Gunsten klagt[23].

17　　Ein Urteil gegen den vorläufigen Erben entfaltet nach richtiger Ansicht keine Rechtskraftwirkung gegenüber dem endgültigen Erben[24]; eine Klauselerteilung nach § 727 ZPO ist mangels Rechtsnachfolge iS des § 265 ZPO nicht möglich[25].

18　　Die Eröffnung des **Nachlassinsolvenzverfahrens** ist nach § 316 Abs 1 InsO auch vor der Annahme der Erbschaft zulässig, weshalb deren Beantragung auch nicht als konkludente Annahme zu werten ist[26]. Nach Erbschaftsausschlagung fehlt es dem Ausschlagenden an der Antragsbefugnis, was nach bereits erfolgter Insolvenzeröffnung deren Wirksamkeit aber nicht mehr berührt[27].

§ 1960 Sicherung des Nachlasses; Nachlasspfleger

(1) ¹Bis zur Annahme der Erbschaft hat das Nachlassgericht für die Sicherung des Nachlasses zu sorgen, soweit ein Bedürfnis besteht. ²Das Gleiche gilt, wenn der Erbe unbekannt oder wenn ungewiss ist, ob er die Erbschaft angenommen hat.

(2) Das Nachlassgericht kann insbesondere die Anlegung von Siegeln, die Hinterlegung von Geld, Wertpapieren und Kostbarkeiten sowie die Aufnahme eines Nachlassverzeichnisses anordnen und für denjenigen, welcher Erbe wird, einen Pfleger (Nachlasspfleger) bestellen.

(3) Die Vorschrift des § 1958 findet auf den Nachlasspfleger keine Anwendung.

Übersicht

	Rn		Rn
I. Normzweck	1	2. Bestellung; Entlassung	7
II. Zuständigkeit	2	3. Umfang	9
III. Voraussetzungen	3	4. Rechtsstellung; Rechte und Pflichten	10
1. Sicherungsbedürfnis	3	5. Prozessführung	15
2. Ungewissheit über die Person des Erben	4	6. Haftung	16
IV. Sicherungsmaßnahmen	5	7. Vergütung, Aufwendungsersatz	17
V. Nachlasspflegschaft	6	a) Höhe	18
1. Rechtsnatur	6	b) Aufwendungsersatz, Umsatzsteuer	20
		c) Durchsetzung	21

I. Normzweck

1　　Die Vorschrift dient der Ermittlung der unbekannten Erben und/oder der Erhaltung bzw Sicherung des Nachlasses für den Erben[1], nicht der Befriedigung der Nachlassgläubiger oder Ausführung des Erblasserwillens[2]. Ein Fürsorgebedürfnis kann auch bestehen, wenn der vorläufige Erbe den Nachlass nicht verwaltet[3].

---

[20] RGZ 79, 201, 203; MünchKommBGB/*Leipold* § 1958 Rn 18; *Palandt/Edenhofer* § 1958 Rn 4.
[21] *Staudinger/Marotzke* Rn 19; MünchKommBGB/*Leipold* Rn 10; *Erman/Schlüter* Rn 6; *Planck/Flad* 4. Aufl Anm 5; aA RGRK/*Johannsen* Rn 13.
[22] *Palandt/Edenhofer* Rn 3; *Erman/Schlüter* Rn 7; MünchKommBGB/*Leipold* Rn 11; aA *Staudinger/Marotzke* Rn 21: Aktivprozess des vorläufigen Erben nur unter den Voraussetzungen des Abs 2 zulässig.
[23] *Erman/Schlüter* Rn 7; aA wohl MünchKommBGB/*Leipold* Rn 12.
[24] *Palandt/Edenhofer* Rn 3; RGRK/*Johannsen* Rn 2; teilweise aA MünchKommBGB/*Leipold* Rn 12.
[25] BGHZ 106, 359, 365 = NJW 1989, 2885, 2886.
[26] MünchKommBGB/*Leipold* Rn 13; MünchKommInsO/*Siegmann* § 317 Rn 2.
[27] OLG Koblenz Rpfleger 1989, 510 zum Wegfall der Antragsbefugnis; MünchKommInsO/*Siegmann* § 317 Rn 2.
[1] BGHZ 161, 281, 286 = NJW 2005, 756, 758; BGHZ 49, 1, 4 = NJW 1968, 353.
[2] OLG Stuttgart BWNotZ 1985, 70; MünchKommBGB/*Leipold* Rn 28; *Palandt/Edenhofer* Rn 9, 11.
[3] Eine Verpflichtung des vorläufigen Erben zur Nachlassverwaltung besteht nicht (§ 1959 Rn 1).

II. Zuständigkeit

S hierzu § 1962 Rn 1.

III. Voraussetzungen

1. Sicherungsbedürfnis. Ein Sicherungsbedürfnis besteht bei Gefährdung des Nachlasswertes[4]; die Entscheidung hierüber steht im **pflichtgemäßen Ermessen** des Nachlassgerichts[5]. Maßgeblich ist das Interesse des endgültigen Erben; Nachlassgläubiger sind durch §§ 1961, 1981 Abs 2 geschützt. Ein Sicherungsbedürfnis besteht grds **nicht,** wenn die Nachlassverwaltung durch eine zuverlässige und handlungsfähige Person gesichert ist (vorläufiger Erbe, Testamentsvollstrecker[6], Bevollmächtigter des Erblassers[7]). Dies gilt aber nicht, wenn der Nachlass nach Art und Umfang eine ungewöhnlich schwierige und bedeutsame Verwaltung notwendig macht und wenn nach den Umständen eine den Belangen des noch unbekannten Erben gerecht werdende Verwaltung durch einen vom Erblasser über den Tod hinaus Bevollmächtigten nicht als gewährleistet angesehen werden kann[8].

2. Ungewissheit über die Person des Erben. Ungewissheit über die Person des Erben kann bestehen bei einem **nasciturus** als Erbe (§ 1923 Abs 2), bei noch ausstehender Genehmigung nach öffentlichem Dienstrecht (§ 1942 Rn 3) bzw bei Stiftungen oder ausländischen juristischen Personen, bei Ungewissheit über die Wirksamkeit von Annahme oder Ausschlagung, bei verwickelter oder weitläufiger Erbfolge[9], vor Feststellung der nichtehelichen Vaterschaft[10], bei **konkreten Zweifeln** an der Gültigkeit einer Verfügung von Todes wegen[11], bei Erbscheinseinziehung[12] oder bei wohlbegründetem Erbscheinseinziehungsantrag[13], uU sogar bei gewaltsamem Tod des Erblassers, in den die vorläufigen Erben verwickelt sind[14]. Die Nachlasspflegschaft ist auch zur **Erbenermittlung** grds zulässig, sofern diese nicht nach Landesrecht Aufgabe des Nachlassgerichts ist[15]. Steht nach den klaren tatsächlichen oder rechtlichen Verhältnissen im Zeitpunkt der gerichtlichen Entscheidung mit hoher Wahrscheinlichkeit fest, wer Erbe ist, ist der Erbe nicht „unbekannt" iS des § 1960 Abs 1[16]. Kein Sicherungsbedürfnis besteht bei bekannten zerstrittenen Erben[17]. Bei nur unbekanntem Aufenthalt kann nur **Abwesenheitspflegschaft** (§ 1911) angeordnet werden.

IV. Sicherungsmaßnahmen

Die Wahl des Sicherungsmittels steht im **pflichtgemäßen Ermessen** des Nachlassgerichts; der Katalog des Abs 2 ist nicht abschließend. Für die Siegelung bestehen landesrechtliche Verfahrensvorschriften. Die Hinterlegung richtet sich nach der HintO. Für das Inventarverzeichnis gelten die §§ 2001, 2010. Als **weitere Maßnahmen** kommen Kontensperrung[18], Anordnung der Veräußerung verderblicher Waren, Anstellung von Wachpersonal, Anordnung der Hinterlegung eines Erbscheins[19] in Betracht. Bis zur Bestellung eines Pflegers oder im Fall seiner Verhinderung kann das Nachlassgericht nach §§ 1915, 1846 in unmittelbarer Vertretung des Erben Maßnahmen vornehmen, diesen verpflichten, über Nachlassgegenstände verfügen und zur Abwendung drohender Nachteile ggf auch Nachlassgegenstände veräußern[20].

V. Nachlasspflegschaft

1. Rechtsnatur. Die Nachlasspflegschaft ist die bedeutendste Sicherungsmaßnahme iS des Abs 2; sie ist Unterfall der Pflegschaft. Nach §§ 1915 Abs 1, 1897 sind die Vorschriften der §§ 1773 ff entspr anwendbar.

2. Bestellung; Entlassung. Auswahl und Bestellung des Pflegers erfolgt durch das Nachlassgericht nach pflichtgemäßem Ermessen. Ein Benennungsrecht besteht nicht, die Auswahl ist **nach Eignung** zu treffen (§ 1779 Abs 2 S 1)[21]. Bei mehreren Interessenten (insbes berufsmäßigen Nachlasspflegern) sind die vom BVerfG[22] aufgestellten Grundsätze zur Auswahl von Insolvenzverwaltern entspr anzu-

---

[4] OLG Karlsruhe FGPrax 2003, 229; OLG Düsseldorf FamRZ 1995, 895.
[5] OLG Frankfurt OLGR 2005, 442; BayObLG Rpfleger 2004, 218.
[6] KG MDR 1972, 1036.
[7] KG ZEV 1999, 395: „Generalverwalter des Königshauses".
[8] OLG Karlsruhe FGPrax 2003, 229.
[9] BayObLG Rpfleger 1984, 102.
[10] OLG Stuttgart NJW 1975, 880.
[11] BayObLG NJW-RR 2004, 939, 941: Zweifel an der Wirksamkeit einer Wiederverheiratungsklausel; OLG Karlsruhe FGPrax 2003, 229: ernstliche Zweifel an der Testierfähigkeit des Erblassers; BayObLG FamRZ 1996, 308.
[12] BayObLGZ 1962, 307.
[13] BayObLGZ 1960, 405, 407.
[14] BayObLG Rpfleger 2004, 218.
[15] Vgl für Bayern Art 37 BayAGGVG; für Baden-Württemberg § 41 BadWürttLFGG.
[16] KG NJW-RR 1999, 157; OLG Köln NJW-RR 1989, 454, 455.
[17] OLG Zweibrücken Rpfleger 1986, 433.
[18] KG Rpfleger 1982, 184.
[19] OLG Stuttgart NJW 1975, 880.
[20] BGH DRiZ 1966, 395; *Palandt/Edenhofer* § 1962 Rn 2.
[21] MünchKommBGB/*Leipold* Rn 36; *Palandt/Edenhofer* Rn 10.
[22] BVerfGE 116, 1 = NJW 2006, 2613; BVerfG NJW 2004, 2725.

§ 1960

8   wenden[23]. Ein Nachlassgläubiger ist idR ungeeignet[24]. Die Anordnung ist nach § 34 Abs 2 Nr 2 ErbStG anzuzeigen. Bis zur Aufhebung bleibt eine fehlerhafte Bestellung grds wirksam[25].

8   **Beschwerdeberechtigt** (§§ 20 FGG, 11 RPflG) sind die Erbprätendenten (gegen Auswahl oder Anordnung[26]; gegen Aufhebung[27]; gegen Ablehnung von Aufsichtsmaßnahmen nach § 1837[28]), Erbschaftserwerber[29], Testamentsvollstrecker (nur gegen Anordnung oder zur Einschränkung des Wirkungskreises[30], nicht gegen Auswahl[31]), uU auch Nachlassgläubiger (bei Ablehnung der Erweiterung des Wirkungskreises[32]), **nicht** Ersatz-, Nacherben oder Dritte[33]. Zum Beschwerderecht bei Ablehnung s ergänzend §§ 75, 57 Abs 1 Nr 3 FGG[34].

8 a Für die **Aufhebung der Nachlasspflegschaft** nach Erbscheinserteilung spricht im Regelfall die Vermutung des § 2365, weil der Erbe schon wegen dieser Vermutung nicht unbekannt ist[35]. Im Übrigen genügt zur Aufhebung einer Nachlasspflegschaft die hohe Wahrscheinlichkeit, dass eine bestimmte Person Erbe geworden ist; letzte Gewissheit ist nicht erforderlich[36].

8 b Der Nachlasspfleger ist durch das Nachlassgericht (§ 1962) nach §§ 1915, 1886 zu entlassen, wenn die Fortführung des Amtes das Interesse der von ihm vertretenen Erben gefährden würde, wobei eine objektive Gefährdung ausreicht[37]. **Entlassung** ist freilich (nur) äußerste Maßnahme; der Nachlasspfleger ist gegen die Entlassung beschwerdeberechtigt[38].

9   **3. Umfang.** Wenn die Ungewissheit, wer Erbe geworden ist, nur hinsichtlich eines Erbteils besteht, ist die Anordnung der Nachlasspflegschaft auf diesen Erbteil zu beschränken[39]. Eine **beschränkte Anordnung** ist auch zulässig für einen unbekannten Nacherben[40], zur Verwaltung einzelner Nachlassgegenstände[41], zur Führung eines einzelnen Rechtsstreits[42], für einzelne unbekannte Miterben auch wenn das Nachlassvermögen in seinem Bestand selbst nicht gefährdet ist[43]. Erforderlich ist in diesen Fällen eine klare Abgrenzung der Befugnisse.

10 **4. Rechtsstellung; Rechte und Pflichten.** Soweit es um die Sicherung und Erhaltung des Nachlasses geht, ist der Nachlasspfleger der **gesetzliche Vertreter** des Erben[44]. Die Vertretungsmacht reicht bei Testamentsvollstreckung/Nachlassinsolvenz über die Rechtsmacht des Erben nicht hinaus[45]. Die Verfügungsmacht des Erben wird durch die Nachlasspflegschaft (anders als bei Nachlassverwaltung, § 1984) nicht verdrängt[46]. Die Vertretungsmacht im Außenverhältnis hängt (sofern keine zulässige Beschränkung iS der Rn 9 vorliegt) aus Gründen der Rechtssicherheit nicht vom Zweck- und Pflichtmäßigkeit des Handelns ab[47]; es gelten die Regeln über den Missbrauch der Vertretungsmacht, der Nachlasspfleger haftet dem Erben nach §§ 1915, 1833 (Rn 16).

11 Über **§ 1915** sind insbes anwendbar: §§ 1795, 181 (Verbot von Insichgeschäften)[48], § 1802 (Verzeichnis), § 1804 (keine Schenkung oder Vollzug formnichtiger Schenkungen des Erblassers)[49], §§ 1812, 1821, 1822 (**Genehmigungspflicht** des Nachlassgerichts, § 1962)[50], §§ 1837 ff (**Beaufsichtigung** durch das Nachlassgericht; s § 1962 Rn 2), §§ 1890, 1892 (Herausgabe unter Rechnungslegung bei Beendigung)[51].

12 Die **Vermögenssorge** umfasst das Recht und die Pflicht zur Inbesitznahme von Nachlassgegenständen und Surrogaten (§ 2019 analog[52]) gegenüber den Erbprätendenten[53], nicht jedoch die Heraus-

---

[23] Ausf *Zimmermann* ZEV 2007, 313.
[24] BayObLG NJW-RR 1992, 967.
[25] BGHZ 49, 1, 3 = NJW 1968, 353; *Palandt/Edenhofer* Rn 10.
[26] BayObLG FamRZ 1977, 487 unter II 2 b; LG Heidelberg NJW 1955, 469.
[27] BayObLG ZEV 2003, 202.
[28] BayObLG NJW-RR 1997, 326.
[29] OLG Stuttgart OLGZ 1971, 463.
[30] KG OLGZ 1973, 106.
[31] BayObLG FamRZ 2002, 109.
[32] BayObLG NJW-RR 1997, 326.
[33] BayObLG ZEV 2004, 460: Inhaber einer über den Tod hinaus erteilten Generalvollmacht des Erblassers; OLG Stuttgart OLGZ 1971, 463.
[34] OLG Hamm Rpfleger 1987, 416.
[35] BayObLG ZEV 2003, 202.
[36] OLG München NJW-RR 2006, 80.
[37] OLG Frankfurt OLGR 2005, 405.
[38] OLG Oldenburg FGPrax 1998, 108; *Palandt/Edenhofer* Rn 19.
[39] OLG Köln NJW-RR 1989, 454.
[40] BGH RdL 1968, 97.
[41] KG NJW 1965, 1719.
[42] BayObLG MDR 1960, 750, 751; *Erman/Schlüter* Rn 14.
[43] KG NJW 1971, 565, 566.
[44] BGHZ 94, 312, 314 = NJW 1985, 2596; BGHZ 49, 1, 4 = NJW 1968, 353.
[45] MünchKommBGB/*Leipold* Rn 40.
[46] MünchKommBGB/*Leipold* Rn 42; *Palandt/Edenhofer* Rn 11.
[47] BGH NJW 1968, 353.
[48] RGZ 71, 162.
[49] MünchKommBGB/*Leipold* Rn 55; *Staudinger/Marotzke* Rn 42.
[50] OLG Frankfurt WM 1974, 473: Verfügung über Bankguthaben; OLG München DR 1943, 491: Grundstückskaufvertrag; MünchKommBGB/*Leipold* Rn 51 mwN.
[51] KG Rpfleger 1977, 132.
[52] BGH NJW 1983, 226, 227.
[53] BGHZ 94, 312, 314 = NJW 1985, 2596; BGH NJW 1972, 1752; OLG Hamm ErbR 2006, 56.

Sicherung des Nachlasses; Nachlasspfleger § 1960

gabe von Wohnraum[54]. § 1960 begründet einen **Herausgabeanspruch** gegen Dritte und den Erben, solange das Erbrecht gegenüber dem Nachlasspfleger nicht rechtskräftig festgestellt ist[55]; der Herausgabeanspruch gilt auch bezüglich ausstehender Rentennachzahlungen[56]. Bei klarer Sachlage kann der Pfleger zur Kosten- und Prozessvermeidung Nachlassgläubiger befriedigen[57], in dringenden Fällen auch Nachlassgegenstände veräußern[58]. Durch den Nachlasspfleger begründete Verbindlichkeiten sind **Nachlassverbindlichkeiten** (§ 1967). Bei Fortführung eines Handelsgeschäfts haftet der unbekannte Erbe nach richtiger Ansicht aber nicht persönlich nach § 27 HGB für Geschäftsverbindlichkeiten[59]. Bei erfolgloser eigener Erbenermittlung kann auch die Beauftragung eines gewerblichen Erbenermittlers durch den Nachlasspfleger pflichtgemäß sein[60]. Der Pfleger kann ein **Nachlassinsolvenzverfahren** (§ 317 InsO) oder Gläubigeraufgebot (§ 991 ZPO) beantragen und jedenfalls zeitlich begrenzt auf die Einrede der Verjährung verzichten[61].

Der Nachlasspfleger kann **nicht** die Nachlassauseinandersetzung betreiben (bei Anordnung für nur einen Miterben aber an dieser mitwirken)[62], die Erbschaft **annehmen** oder **ausschlagen** (§ 1943 Rn 4)[63], **Nachlassverwaltung** beantragen[64], einen **Erbschein** beantragen[65] oder gar den Erbteil veräußern[66]. 13

Die **Befriedigung von Nachlassgläubigern** ist grds nicht Aufgabe des Nachlasspflegers[67], kann aber zur Vermeidung weiter Schäden für den Nachlass geboten sein (Rn 12). Der Pfleger ist Nachlassgläubigern aber zur Auskunft über den Bestand des Nachlass verpflichtet (§ 2012 Abs 1 S 2). 14

5. Prozessführung. Der Nachlasspfleger ist **aktiv** und **passiv** (Abs 3) als Vertreter des Erben zur Prozessführung befugt (vgl §§ 53, 243 ZPO). Eine Vollstreckungsklausel muss auf den Erben umgeschrieben werden. Bei Klage gegen den Erbprätendenten ist der Pfleger selbst Partei[68]. Die Unterbrechung oder Aussetzung eines Prozesses nach §§ 239, 246 ZPO endet bei Pflegerbestellung mit der Anzeige nach § 241 ZPO (§§ 243, 246 Abs 2 ZPO)[69]. Der Vorbehalt der Haftungsbeschränkung ist nicht erforderlich (§ 780 Abs 2 ZPO). 15

6. Haftung. Der Nachlasspfleger haftet gegenüber dem **Erben** nach §§ 1915, 1833 Abs 1[70]. Allerdings trifft den Pfleger im Rahmen der Erbenermittlung selbstverständlich keine „Erfolgsgarantie" zugunsten der wahren Erben. Eine unmittelbare Haftung gegenüber **Nachlassgläubigern** besteht nur bei Verletzung der Auskunftspflicht nach § 2012 Abs 1 S 2 oder bei unerlaubter Handlung und ist iÜ mit der Vertreterstellung unvereinbar; § 1985 Abs 2 gilt nicht[71]. Der Erbe hat Pflichtverletzungen des Pflegers nach § 278 zu vertreten, er kann aber die Haftung auf den Nachlass beschränken[72]. Gegenüber dem **Finanzamt** haftet der Nachlasspfleger (nach Bekanntgabe des Steuerbescheids) für Steuerschulden gemäß §§ 69, 34 AO bei Vorsatz oder grober Fahrlässigkeit. 16

7. Vergütung, Aufwendungsersatz. Das Vergütungsrecht wurde durch das am 1. 7. 2005 in Kraft getretene 2. Betreuungsrechtsänderungsgesetz (2. BtÄndG) neu konzipiert, die §§ 1915, 1836 ff geändert und das Berufsvormündervergütungsgesetz (BVormVG) durch das Vormünder- und Betreuervergütungsgesetz (VBVG)[73] ersetzt[74]. 17

a) Höhe. Dem **berufsmäßigen Nachlasspfleger** steht in den Fällen des § 1836 Abs 1 S 2 eine **angemessene Vergütung** zu, dem ehrenamtlichen Pfleger kann eine Vergütung nach Abs 2 bewilligt werden. Für die Bemessung der Vergütung sind bei bemitteltem Nachlass nach § 1915 Abs 1 S 2 nutzbare Fachkenntnisse des Berufspflegers und Umfang und Schwierigkeit der Pflegschaftsgeschäfte maßgeblich (s iE dort). Das erste Kriterium knüpft an § 3 Abs 1 S 2 VBVG an. Der Umfang kommt im konkreten Zeitaufwand des Pflegers zum Ausdruck und wird durch die Zahl der zu vergütenden Stunden berücksichtigt. **Problematisch** ist die Bemessung des Stundensatzes bei mittellosem Nachlass; 18

---

[54] BGH NJW 1981, 2299.
[55] BGH NJW 1983, 226; NJW 1972, 1752; OLG Karlsruhe Rpfleger 2007, 606; die Anwendung des § 2018 lehnt der BGH ab, vgl MünchKommBGB/*Leipold* § 2018 Rn 13.
[56] BSG MDR 1972, 363.
[57] OLG Karlsruhe NJW-RR 1997, 708, 710; BayObLG NJW-RR 1997, 326, 327; MünchKommBGB/*Leipold* Rn 53.
[58] BGH DRiZ 1966, 395.
[59] MünchKommBGB/*Leipold* Rn 52 mwN; MünchKommHGB/*Lieb* § 27 Rn 20 mwN.
[60] OLG Schleswig FGPrax 2005, 129; OLG Frankfurt NJW-RR 2000, 960; *Palandt/Edenhofer* Rn 13.
[61] BayObLG NJW-RR 1997, 326, 327.
[62] RGZ 154, 110, 114; KG NJW 1971, 565; MünchKommBGB/*Leipold* Rn 55 mwN.
[63] *Palandt/Edenhofer* Rn 16; *Staudinger/Marotzke* Rn 48 unter Hinweis auf Mot V S 550 f.
[64] BayObLG 1976, 167, 171; MünchKommBGB/*Leipold* Rn 50 mwN.
[65] OLG Celle JR 1950, 58, 59; *Staudinger/Marotzke* Rn 48. Die Beantragung eines Erbscheins für einen anderen Nachlass, an dem die vom Pfleger vertretenen unbekannten Erben beteiligt sind, ist natürlich möglich.
[66] LG Aachen Rpfleger 1991, 314; MünchKommBGB/*Leipold* Rn 55.
[67] KG JW 1938, 1453, 1454; *Palandt/Edenhofer* Rn 15; MünchKommBGB/*Leipold* Rn 53; *Staudinger/Marotzke* Rn 44; aA *Draschka* Rpfleger 1992, 281, 283.
[68] BGH NJW 1983, 226, 227; *Palandt/Edenhofer* Rn 17.
[69] BGH NJW 1995, 2171.
[70] OLG Hamm NJW-RR 1995, 1159, 1160; MünchKommBGB/*Leipold* Rn 59; *Staudinger/Marotzke* Rn 52.
[71] RGZ 151, 57, 63 f; KG JW 1938, 1453, 1454; MünchKommBGB/*Leipold* Rn 59 mwN.
[72] MünchKommBGB/*Leipold* Rn 60; *Palandt/Edenhofer* Rn 18.
[73] Abgedruckt und kommentiert bei *Palandt* Anh § 1836.
[74] Vgl ausf *Zimmermann* ZEV 2005, 473; *Dodegge* NJW 2005, 1896.

§ 1960 Buch 5. Abschnitt 2. Rechtliche Stellung des Erben

der für die Tätigkeit des Rechtsanwalts vorgesehene Satz nach § 3 S 2 Nr 2 VBVG (33,50 Euro) dürfte regelmäßig zu niedrig sein. Der Rechtsanwalt als Nachlasspfleger muss zumindest kostendeckend arbeiten können; auch sollte die Bereitschaft zur Übernahme eines solchen Amtes nicht gemindert werden[75].

19 Zur **alten Rechtslage** (bis 30. 6. 2005) war im Anschluss an eine Entscheidung des BGH zur Vergütung des Berufsbetreuers, wonach die Stundensätze des § 1 BVormVG auch bei bemittelten Betreuten idR angemessen seien und nur ausnahmsweise überschritten werden dürften[76] umstritten, ob dies auch für den berufsmäßigen Nachlasspfleger gelte. Nach richtiger Ansicht ist dies nicht der Fall, vielmehr bleibt es dabei, dass die dortigen Sätze nur **Mindestbeträge** darstellten, die bei entspr Qualifikation des Pflegers, Schwierigkeit der Tätigkeit und ausreichendem Nachlass regelmäßig überschritten werden können[77]. Bei mittellosem Nachlass erhielt der Pfleger dagegen nur eine Vergütung nach den Stundensätzen des § 1 BVormVG. Tätigkeiten bis 30. 6. 2005 werden weiterhin nach altem Recht abgerechnet (Art 229 § 14 EGBGB).

19a Nach **neuem Recht** erhält der berufsmäßige Nachlasspfleger bei **mittellosem** Nachlass zwar ebenfalls nur die Mindestvergütung nach § 3 Abs 1 VBVG[78]. Bei **vermögendem** Nachlass orientiert sich die Vergütung dagegen nicht an § 3 Abs 1 VBVG[79], sondern an **§ 1915 Abs 1 S 2**. Danach kommt es für die Angemessenheit der Vergütung auf die konkreten Umstände des Einzelfalls an. Die früher teilweise praktizierte Vergütung nach Prozentsätzen des Nachlasses[80] wird dem nicht gerecht und kommt daher nicht in Betracht[81]. Es ist deshalb grds nach Zeitaufwand und Stundensatz abzurechnen, wobei der Satz des § 3 Abs 1 S 2 Nr 2 (33,50 Euro) für den berufsmäßigen Nachlasspfleger, insbes den Rechtsanwalt, regelmäßig zu niedrig sein dürfte[82]. Ein schutzwürdiges Interesse des Erben, seine Angelegenheiten zu einem besonders günstigen Preis geregelt zu erhalten, gibt es nicht[83]. Als Maßstab könnten beispielsweise die Stundensätze, die das JVEG für Sachverständige vorsieht, herangezogen werden (§ 9 JVEG: 50 bis 95 Euro)[84]. Ist ein Rechtsanwalt gerade wegen seiner Rechtskenntnisse zum Nachlasspfleger bestellt, erlaubt der Wortlaut des § 1915 Abs 1 S 2 auch, ihn unmittelbar nach dem RVG abrechnen zu lassen[85].

20 **b) Aufwendungsersatz, Umsatzsteuer.** Ersatz von Aufwendungen kann der berufsmäßige Nachlasspfleger idR neben der Vergütung, die lediglich Entgelt für die Führung des Amts der Nachlasspflegschaft ist, verlangen (§§ 1915, 1835)[86]. Die auf die Vergütung entfallende Umsatzsteuer ist zusätzlich zu ersetzen (§ 3 Abs 1 S 3 VBVG; im Rahmen des § 1915 Abs 1 S 2 kann daher nichts anderes gelten). Der ehrenamtliche Pfleger kann pauschale Aufwandsentschädigung verlangen (§ 1835).

21 **c) Durchsetzung.** Die **Festsetzung** der Vergütung erfolgt auf Antrag oder von Amts wegen (§§ 75, 56g Abs 1 Nr 2, Abs 7 FGG) durch Beschluss des Nachlassgerichts (§ 1962), der konstitutiv ist und mit Unanfechtbarkeit[87] rechtskräftig wird. Aus ihm kann vollstreckt werden (§ 56g Abs 6 FGG). Der Nachlasspfleger darf die festgesetzte Vergütung selbst aus dem Nachlass entnehmen; **Aufwendungsersatz** wird nicht durch das Nachlassgericht festgesetzt und kann grds ebenfalls entnommen werden[88]. Über diesbezügliche materiell-rechtliche Einwendungen (zB mangelhafte Amtsführung, Absprachen zwischen Erbe und Nachlasspfleger usw) hat nicht das Nachlassgericht, sondern das Prozessgericht zu entscheiden[89].

22 Der Vergütungs- und Auslagenersatzanspruch ist **Nachlassverbindlichkeit** (§ 1967)[90] und bei Nachlassinsolvenz Masseverbindlichkeit (§ 324 Abs 1 Nr 5 InsO). **Schuldner** der festgesetzten Vergütung ist allein der Erbe (§ 6 KostO); dies gilt auch dann, wenn ein Dritter die Nachlasspflegschaft veranlasst[91]. Bei Mittellosigkeit des Nachlasses hat die Staatskasse einzustehen (§ 1 Abs 2 S 2 VBVG).

---

[75] *Palandt/Edenhofer* Rn 23.
[76] BGH NJW 2000, 3709.
[77] KG Rpfleger 2006, 76; OLG Dresden NJW 2002, 3480; *Zimmermann* ZEV 2001, 15, 16; aA OLG Hamm FamRZ 2003, 116.
[78] *Zimmermann* ZEV 2005, 473, 474; BT-Drucks 15/4874 S 27; § 3 Abs 3 S 2 VBVG.
[79] BT-Drucks 15/4874 S 27: weil diese „zu einer unangemessen niedrigen Vergütung führen" kann.
[80] So OLG Düsseldorf ZEV 1998, 356, 357.
[81] OLG Zweibrücken Rpfleger 2007, 396; OLG Hamm ZEV 2002, 466, 467; *Zimmermann* ZEV 2005, 473, 474; MünchKommBGB/*Leipold* Rn 66.
[82] *Palandt/Edenhofer* Rn 23; vgl auch BT-Drucks 15/4874 S 27: allenfalls im Einzelfall angemessen.
[83] *Zimmermann* ZEV 2005, 473, 474.
[84] *Zimmermann* ZEV 2005, 473, 474; aA OLG Dresden ZEV 2007, 526, 527 f, das mit zweifelhafter Begründung auf Stundensätze von (nur) mindestens 19,50 Euro bis höchstens 58 Euro kommt.
[85] LG Wuppertal FamRZ 2005, 932; *Palandt/Diederichsen* § 1915 Rn 6.
[86] *Palandt/Edenhofer* Rn 27; § 1915 und § 3 VBVG enthalten im Gegensatz zu § 4 Abs 2 S 1 VBVG keine ausdrückliche Regelung, wonach Aufwendungen des Betreuers durch die Stundensatzvergütung nach § 4 Abs 1 VBVG mit abgegolten sind.
[87] Gegen den Beschluss ist die Beschwerde nach § 56g Abs 5 FGG möglich.
[88] BGH FamRZ 2006, 411; KG MDR 1977, 678; *Palandt/Edenhofer* Rn 27.
[89] OLG Köln ZEV 1994, 316; MünchKommBGB/*Leipold* Rn 76; *Palandt/Edenhofer* Rn 27.
[90] BayObLG FamRZ 1995, 683; OLG Frankfurt Rpfleger 1993, 284.
[91] OLG Düsseldorf OLGR 2002, 376.

§ 1961 Nachlasspflegschaft auf Antrag

Das Nachlassgericht hat in den Fällen des § 1960 Abs. 1 einen Nachlasspfleger zu bestellen, wenn die Bestellung zum Zwecke der gerichtlichen Geltendmachung eines Anspruchs, der sich gegen den Nachlass richtet, von dem Berechtigten beantragt wird.

I. Normzweck

Die **Prozesspflegschaft** dient, anders als die Fürsorgepflegschaft nach § 1960, dem Schutz des Anspruchstellers. § 1961 ermöglicht die Klage gegen den nach § 1958 nicht prozessführungsbefugten Erben (§ 1960 Abs 3) durch Bestellung eines Nachlasspflegers als Vertreter. Die Unterbrechung oder Aussetzung eines Prozesses nach §§ 239, 246 ZPO endet bei Pflegerbestellung mit der Anzeige nach § 241 ZPO (§§ 243, 246 Abs 2 ZPO). § 1961 gilt auch für den inländischen Nachlass eines Ausländers[1]. 1

II. Voraussetzungen

Die Voraussetzungen des **§ 1960 Abs 1** müssen vorliegen. Statt des Sicherungsbedürfnisses iS des § 1960 Abs 1 bedarf es im Rahmen des § 1961 des Rechtsschutzinteresses des Nachlassgläubigers[2]. **Gerichtliche Verfolgung** muss weder unmittelbar bevorstehen, noch deren Beabsichtigung glaubhaft gemacht werden, die Bestellung kann auch zu außergerichtlichen Verhandlungen erfolgen[3]. In Bezug auf das **Rechtsschutzbedürfnis** genügt die schlüssige und substantiierte Darlegung des gegen den Nachlass gerichteten Anspruchs[4]; dessen Glaubhaftmachung ist nicht erforderlich[5]. Die Sicht des Gläubigers, dem bei verwickelten Verhältnissen umfangreiche Nachforschungen nicht zumutbar sind, ist zu berücksichtigten[6]. Das Rechtsschutzbedürfnis **fehlt**, wenn der vorgetragene Anspruch offensichtlich unbegründet ist, die Rechtsverfolgung gegen den Testamentsvollstrecker (§ 2213) möglich ist oder ein Fall des § 1958 nicht vorliegt, weil keine Nachlassverbindlichkeit vorliegt, sondern zB der vorläufige Erbe für eine Verwaltungshandlung persönlich haftet. Ein Miterbe, der seinen Auseinandersetzungsanspruch (§ 2042) verfolgen will, kann Nachlasspflegschaft für einen unbekannten Miterben beantragen[7]. 2

Das Rechtsschutzbedürfnis ist auch dann zu bejahen, wenn es (nur) für die Durchführung der **Zwangsvollstreckung** (§ 778 Abs 1 ZPO) einer Pflegerbestellung bedarf[8]. Hatte die Zwangsvollstreckung gegen den Erblasser zu dessen Lebzeiten bereits begonnen, kann sie grds auch ohne Pflegerbestellung in den Nachlass fortgesetzt werden (§ 779 Abs 1); ggf ist ein besonderer Vertreter nach § 779 Abs 2 S 1 ZPO zu bestellen[9]. Der auf Antrag des **Finanzamts** nach § 81 AO bestellte Vertreter hat die Stellung eines Nachlasspflegers nach § 1961[10]. 2a

III. Rechtsstellung

Der Prozesspfleger ist grds in vollem Umfang Nachlasspfleger. Teilnachlasspflegschaft (für unbekannten Miterben) ist aber ebenso zulässig wie Beschränkung des Aufgabenkreises auf den Prozess. Die Pflegschaft endet bei beschränktem Aufgabenkreis mit Erledigung der Aufgabe (§ 1918 Abs 3), iÜ mit Aufhebung. 3

IV. Kosten

Gerichtskosten und Vergütungsanspruch des Pflegers sind wie bei der Nachlasspflegschaft von den Erben zu tragende Nachlassverbindlichkeiten (§ 6 KostO). Ein Vorschuss kann vom Gläubiger deshalb nicht verlangt werden[11]. 4

§ 1962 Zuständigkeit des Nachlassgerichts

Für die Nachlasspflegschaft tritt an die Stelle des Vormundschaftsgerichts das Nachlassgericht.

---

[1] KG JW 1934, 909; *Palandt/Edenhofer* Rn 1.
[2] BayObLG FamRZ 2003, 562, 563; MünchKommBGB/*Leipold* Rn 8; *Palandt/Edenhofer* Rn 2; *Staudinger/Marotzke* Rn 8.
[3] BayObLG FamRZ 2003, 562, 563; KG NJWE-FER 2000, 15.
[4] OLG Brandenburg FGPrax 2006, 222; *Klingelhöffer*, Vermögensverwaltung in Nachlasssachen, 2002, § 1961 Rn 78.
[5] BayObLG FamRZ 2003, 562, 563; *Palandt/Edenhofer* Rn 3.
[6] BayObLG Rpfleger 1984, 102.
[7] KG OLGZ 1981, 151.
[8] OLG Brandenburg FGPrax 2006, 222; *Zöller/Stöber* § 778 ZPO Rn 6.
[9] *Zöller/Stöber* § 778 ZPO Rn 5, § 779 ZPO Rn 6; *Stein/Jonas/Münzberg* § 779 ZPO Rn 6 ff.
[10] *Palandt/Edenhofer* Rn 5.
[11] OLG Düsseldorf Rpfleger 2002, 227; MünchKommBGB/*Leipold* Rn 12; *Palandt/Edenhofer* Rn 1.

§ 1963 Buch 5. Abschnitt 2. Rechtliche Stellung des Erben

1   Nachlassgericht ist das **Amtsgericht** (§ 72 FGG; Baden-Württemberg: staatliches Notariat §§ 1, 38 BadWürttLFGG[1], Art 147 EGBGB). Örtlich zuständig ist das Amtsgericht für den letzten Wohnsitz des Erblassers (§ 73 FGG), daneben jedes Amtsgericht, in dessen Bezirk ein Fürsorgebedürfnis auftritt (§ 74 FGG). Funktionell zuständig ist grds der **Rechtspfleger** (§ 3 Nr 2 c RPflG), der Richter in den Fällen der §§ 16 Abs 1 Nr 1, 14 Abs 1 Nr 4 RPflG. Die Abgabe an ein anderes Nachlassgericht ist gemäß §§ 75, 46 FGG zulässig; ein wichtiger Grund iS des § 46 Abs 1 S 1 FGG liegt beispielsweise vor, wenn der Nachlass hauptsächlich aus Grundstücken besteht, die in dem Bezirk eines anderen Gerichts belegen sind[2]. Die deutsche Gerichtsbarkeit ist für den inländischen Nachlass eines Ausländers idR international zuständig[3].

2   Das Nachlassgericht hat die Tätigkeit des Nachlasspflegers nach §§ 1915, 1837 Abs 2 zu **beaufsichtigen**, bei Pflichtverletzungen einzuschreiten und Anordnungen ggf mit Ordnungsmitteln durchzusetzen[4]. Die Entlassung des Nachlasspflegers kommt nur in Betracht, wenn weniger einschneidende Maßnahmen erfolglos geblieben sind oder nicht ausreichend erscheinen[5]. In dringenden Fällen kann das Nachlassgericht vor der Bestellung des Nachlasspflegers (oder bei dessen Verhinderung) nach §§ 1915, 1846 in Vertretung der Erben selbst die erforderlichen Maßnahmen treffen und ggf über Nachlassgegenstände verfügen[6].

3   Für Verfügungen des Nachlasspflegers nach §§ 1812, 1821, 1822 ist die erforderliche **Genehmigung** durch das Nachlassgericht, nicht das Vormundschaftsgericht zu erteilen. Eine Umdeutung der vormundschaftsgerichtlichen Genehmigung ist nicht möglich[7]. Die Entscheidung des Rechtspflegers über die Genehmigung ist entgegen §§ 62, 55 FGG anfechtbar[8].

§ 1963 Unterhalt der werdenden Mutter eines Erben

¹Ist zur Zeit des Erbfalls die Geburt eines Erben zu erwarten, so kann die Mutter, falls sie außerstande ist, sich selbst zu unterhalten, bis zur Entbindung angemessenen Unterhalt aus dem Nachlass oder, wenn noch andere Personen als Erben berufen sind, aus dem Erbteil des Kindes verlangen. ²Bei der Bemessung des Erbteils ist anzunehmen, dass nur ein Kind geboren wird.

I. Voraussetzungen

1   § 1963 begründet einen **Unterhaltsanspruch** der werdenden Mutter des Erben und dient dem Schutz des nasciturus. Der Anspruch ist Nachlassverbindlichkeit (§ 1967), nicht gesetzliches Vermächtnis. Der Unterhaltsanspruch entsteht mit dem Erbfall, bei Ersatzberufung des nasciturus (zB nach §§ 1953, 2344) mit Wegfall des vorrangig Berufenen und endet mit der Geburt. Die Vorschrift gilt entsprechend für die werdende Mutter eines Nacherben (§ 2141). Ist der nasciturus nur **Vermächtnisnehmer** oder bloß **pflichtteilsberechtigt** besteht kein Anspruch aus § 1961[1*]. Die gut gemeinte Vorschrift hat freilich kaum praktische Bedeutung[2*].

II. Umfang

2   Geschuldet ist der **angemessene Unterhalt**. Die Vorschriften über die Unterhaltspflicht von Verwandten sind entspr anzuwenden[3*], wobei Unterhalt entgegen § 1613 auch für die Vergangenheit verlangt werden kann, weil der Vorgriff auf das dem nasciturus anfallende Vermögen in seinem Interesse erfolgt[4*]. Der Anspruch umfasst auch Entbindungs- nicht aber sich anschließende Wochenbettkosten[5*]. Besteht ein Anspruch nach **§ 1615 l** gegen den Vater, der nicht Erblasser ist, geht die Verpflichtung des Vaters nach § 1615 l Abs 3 S 2 dem Anspruch aus § 1963 vor. Ist der Vater Erblasser, ist der Anspruch nach § 1963 subsidiär[6*].

---

[1] Näher *Sandweg* BWNotZ 1986, 5.
[2] OLG Brandenburg FGPrax 2006, 222.
[3] BGHZ 49, 1 = NJW 1968, 353; BayObLG Rpfleger 1982, 423.
[4] KG JW 1938, 1453; MünchKommBGB/*Leipold* § 1960 Rn 61; *Palandt/Edenhofer* Rn 2.
[5] OLG Frankfurt OLGR 2005, 405; *Palandt/Edenhofer* § 1960 Rn 19.
[6] *Palandt/Edenhofer* Rn 2.
[7] MünchKommBGB/*Leipold* Rn 3; zurückhaltender *Staudinger/Marotzke* Rn 3; *Erman/Schlüter* Rn 3; aA *Müller* NJW 1956, 652.
[8] BVerfGE 101, 397 = NJW 2000, 1709: Verstoß gegen Art 19 Abs 4 GG; BGH NJW-RR 2003, 955; *Bumiller/Winkler* § 62 FGG Rn 1, § 55 FGG Rn 1.
[1*] MünchKommBGB/*Leipold* Rn 3; *Erman/Schlüter* Rn 4; weitergehend *Staudinger/Marotzke* Rn 4: entspr Anwendung bei Pflichtteilsberechtigung.
[2*] Ausf zum Anspruch aus § 1963 *Stöcker* ZBlJugR 1981, 125.
[3*] MünchKommBGB/*Leipold* Rn 6; *Staudinger/Marotzke* Rn 7; *Palandt/Edenhofer* Rn 2; RGRK/*Kregel* Rn 6.
[4*] Zutr MünchKommBGB/*Leipold* Rn 2; *Staudinger/Marotzke* Rn 7; *Palandt/Edenhofer* Rn 2; *Erman/Schlüter* Rn 4; aA RGRK/*Johannsen* Rn 6.
[5*] MünchKommBGB/*Leipold* Rn 5 mwN.
[6*] Näher *Erman/Schlüter* Rn 9.

III. Durchsetzung

Der Anspruch kann vor Annahme der Erbschaft gegen einen ggf zu bestellenden (§ 1961) Nachlass- 3
pfleger (§§ 1960 Abs 3, 1958) oder Testamentsvollstrecker (§ 2213) gerichtlich geltend gemacht werden. Die Dreimonatseinrede des § 2014 greift nicht[7].

IV. Rückforderung

Bei Totgeburt ist der gezahlte Unterhalt nicht zu erstatten, weil der Anspruchsgrund die Erwartung 4
der Geburt des Erben ist[8]; iÜ stünde einem Bereicherungsanspruch § 814 entgegen, da Mutterschutz auch Anstandspflicht ist[9]. Rückständiger Unterhalt kann in diesem Fall aber nicht verlangt werden[10]. Bei irrtümlicher Annahme der Schwangerschaft oder Wegfall der Erbberechtigung des Kindes (§§ 1953, 2344) besteht ein Anspruch auf Rückforderung aus ungerechtfertigter Bereicherung; die Mutter ist durch § 818 Abs 3 geschützt. Bei Vortäuschen der Schwangerschaft bzw Vaterschaft gelten § 819, § 823 Abs 2 iVm § 263 StGB, § 826.

§ 1964 Erbvermutung für den Fiskus durch Feststellung

(1) **Wird der Erbe nicht innerhalb einer den Umständen entsprechenden Frist ermittelt, so hat das Nachlassgericht festzustellen, dass ein anderer Erbe als der Fiskus nicht vorhanden ist.**

(2) **Die Feststellung begründet die Vermutung, dass der Fiskus gesetzlicher Erbe sei.**

I. Normzweck

§ 1964 ergänzt die §§ 1936, 1942 Abs 2. Nach erfolgloser Erbenermittlung und Durchführung des 1
Aufforderungsverfahrens (§ 1965) ergeht ein Feststellungsbeschluss des Nachlassgerichts nach Abs 1. Während des Verfahrens ist idR Nachlasspflegschaft (§ 1960) anzuordnen[1]. Die Feststellung erfolgt nicht bei gewillkürter Erbfolge des Staates.

II. Wirkungen

Der Feststellungsbeschluss enthält nicht die Feststellung des gesetzlichen Erbrechts des Fiskus 2
(§ 1936), sondern begründet nur eine diesbezügliche **Vermutung** (§ 1964 Abs 2); der Beweis des Gegenteils ist zulässig und kann sowohl im Prozess als auch im Erbscheinsverfahren erbracht werden[2]. Vorhandene unbekannte Erben verlieren ihre Rechte nicht[3]. Der Feststellungsbeschluss ist zur Grundbuchberichtigung nach § 35 GBO nicht ausreichend[4]. Die Vermutung des Abs 2 hat **nicht** die Wirkungen des Erbscheins nach den §§ 2366, 2367, sie ermöglicht keinen gutgläubigen Erwerb[5]. Der Fiskus kann einen Erbschein beantragen. Ein Feststellungsurteil ersetzt den Beschluss nach § 1964 nicht[6]. Zur Aktiv- und Passivlegitimation s § 1966.

III. Verfahren

§ 1964 legt dem Nachlassgericht zunächst eine **Erbenermittlungspflicht** auf, falls der Fiskus als 3
gesetzlicher Erbe in Betracht kommt[7*]; dies gilt grds auch bei Überschuldung des Nachlass[8*]. Bleibt die Erbenermittlung erfolglos, entscheidet das Nachlassgericht nach Durchführung des Aufforderungsverfahrens nach § 1965 durch Beschluss; zuständig ist der Rechtspfleger (§ 3 Nr 2 c RPflG)[9*]. Bei berechtigtem Interesse ist **Akteneinsicht** zu gewähren (§ 78 FGG). Das Nachlassgericht ist an **Urteile** zwischen dem Erbprätendenten und dem Fiskus über das Erbrecht gebunden, soweit die Rechtskraftwirkung reicht[10*]. Zur Begründung der Passivlegitimation des § 1966 hat die Feststellung grds auch bei Überschuldung des Nachlass zu erfolgen[11]. Nach Landesrecht bestehen teilweise Ausnahmen für den

---

[7] *Palandt/Edenhofer* Rn 3.
[8] MünchKommBGB/*Leipold* Rn 10; *Staudinger/Marotzke* Rn 12; RGRK/*Johannsen* Rn 9; *Planck/Flad* 4. Aufl § 1964 Anm 5; aA *Soergel/Stein* Rn 6.
[9] *Palandt/Edenhofer* Rn 1.
[10] MünchKommBGB/*Leipold* Rn 10; *Palandt/Edenhofer* Rn 1.
[1] *Palandt/Edenhofer* Rn 1.
[2] OLG Rostock Urteil vom 24. 10. 1996, 7 U 137/96, juris-Tz 32; MünchKommBGB/*Leipold* Rn 8.
[3] BGH WM 2003, 1681, 1682; OLG Dresden NJWE-FER 1999, 302 f.
[4] BayObLG NJW-RR 1994, 914; OLG Frankfurt MDR 1984, 145.
[5] *Palandt/Edenhofer* Rn 3; MünchKommBGB/*Leipold* Rn 9; *Staudinger/Marotzke* Rn 14; RGRK/*Johannsen* Rn 6.
[6] MünchKommBGB/*Leipold* § 1966 Rn 4; RGRK/*Johannsen* § 1966 Rn 2.
[7*] RGZ 164, 235, 237; *Palandt/Edenhofer* Rn 1; MünchKommBGB/*Leipold* Rn 3.
[8*] LG Stade Rpfleger 2004, 568 m Anm *Bestelmeyer*; MünchKommBGB/*Leipold* Rn 3; *Staudinger/Marotzke* Rn 3.
[9*] Ausf *Frohn* Rpfleger 1986, 37 ff.
[10*] BayObLGZ 1969, 184, 186 betr Erbscheinsverfahren; *Erman/Schlüter* Rn 3.
[11] LG Düsseldorf Rpfleger 1981, 358; MünchKommBGB/*Leipold* Rn 7; *Soergel/Stein* Rn 2; RGRK/*Johannsen* Rn 3; *Planck/Flad* 4. Aufl Anm 2; aA *Frohn* Rpfleger 1986, 37, 38; diff *Staudinger/Marotzke* Rn 7.

§ 1966

Fall der Geringfügigkeit des Nachlass[12]. Der Feststellungsbeschluss kann nach § 18 Abs 1 FGG jederzeit von Amts wegen aufgehoben werden. Die Feststellung ist dem Regierungspräsidenten mitzuteilen (Art 2 VO vom 18. 3. 1935, RGBl I S 381). Auf Grund des Beschlusses ist der Nachlass an den Staat auszuhändigen und eine etwaige Nachlasspflegschaft aufzuheben[13].

IV. Rechtsbehelf

4   Gegen den Beschluss sind Fiskus und Erbprätendenten[14] beschwerdeberechtigt (§ 11 RPflG, §§ 19, 20 FGG); gegen die Ablehnung der Feststellung der Fiskus und Nachlassgläubiger (wegen § 1966). Die Beschwerde ist nicht fristgebunden und auch noch nach Erbscheinserteilung an den Fiskus möglich[15]. Die Anmeldung nach § 1965 ist aber Voraussetzung[16]; fehlt es hieran, kann der angeblich Übergangene Klage nach § 1965 Abs 2 erheben oder einen Erbschein beantragen[17].

5   Der Feststellungsbeschluss steht weder einem **Erbscheinsverfahren** noch einer **Erbschaftsklage** (§§ 2018 ff) oder **Erbrechtsfeststellungsklage** entgegen; die Vermutung des § 1964 Abs 2 führt insoweit aber zur **Beweislast** des Erbprätendenten[18].

§ 1965 Öffentliche Aufforderung zur Anmeldung der Erbrechte

(1) ¹Der Feststellung hat eine öffentliche Aufforderung zur Anmeldung der Erbrechte unter Bestimmung einer Anmeldungsfrist vorauszugehen; die Art der Bekanntmachung und die Dauer der Anmeldungsfrist bestimmen sich nach den für das Aufgebotsverfahren geltenden Vorschriften. ²Die Aufforderung darf unterbleiben, wenn die Kosten dem Bestand des Nachlasses gegenüber unverhältnismäßig groß sind.

(2) ¹Ein Erbrecht bleibt unberücksichtigt, wenn nicht dem Nachlassgericht binnen drei Monaten nach dem Ablauf der Anmeldungsfrist nachgewiesen wird, dass das Erbrecht besteht oder dass es gegen den Fiskus im Wege der Klage geltend gemacht wird. ²Ist eine öffentliche Aufforderung nicht ergangen, so beginnt die dreimonatige Frist mit der gerichtlichen Aufforderung, das Erbrecht oder die Erhebung der Klage nachzuweisen.

1   Die Aufforderung des § 1965 dient zum einen der Ermittlung der Erben, zum anderen der Ermöglichung der in § 1964 vorgesehenen Feststellung[1]. Für die Bekanntmachung und Fristdauer (mindestens sechs Wochen) gelten die §§ 948 bis 950 ZPO; die Berechnung erfolgt nach § 17 FGG, §§ 186 ff BGB. Im Übrigen gelten die Verfahrensvorschriften des FGG. Auf Rechtsnachteile iS des § 947 Abs 2 Nr 3 ZPO braucht nicht hingewiesen zu werden, weil ein Rechtsverlust nicht eintritt. Die **öffentliche Aufforderung** darf erst nach Ablauf der Frist des § 1964 Abs 1 erfolgen[2].

2   Die **Anmeldefrist** (Abs 1) und die **Wartefrist** (Abs 2) sind zu unterscheiden. Wird kein Erbrecht angemeldet, kann der Feststellungsbeschluss ergehen; die Wartefrist ist nicht einzuhalten. Wird ein Erbrecht, bevor der Beschluss ergeht (uU auch erst nach Ablauf der Anmeldefrist), angemeldet, ist die Wartefrist einzuhalten[3]. Ein nicht angemeldetes oder nicht nachgewiesenes Erbrecht bleibt nur im Feststellungsverfahren unberücksichtigt und besteht iÜ selbstverständlich fort[4].

§ 1966 Rechtsstellung des Fiskus vor Feststellung

Von dem Fiskus als gesetzlichem Erben und gegen den Fiskus als gesetzlichen Erben kann ein Recht erst geltend gemacht werden, nachdem von dem Nachlassgericht festgestellt worden ist, dass ein anderer Erbe nicht vorhanden ist.

1   Der Fiskus ist gesetzlicher Zwangserbe (§§ 1936, 1942 Abs 2). Die Feststellung nach § 1964 ist Voraussetzung für die aktive und passive Prozessführungsbefugnis des Fiskus als gesetzlicher Erbe. § 1966 schließt auch die außergerichtliche Geltendmachung aus[1*]. Der Staat soll also nach dem Willen des Gesetzgebers den Nachlass gerade nicht an sich ziehen können, bevor sein gesetzliches Erbrecht

---

[12] Vgl § 41 Abs 1 BadWürttLFGG („Das Nachlaßgericht hat Erben von Amts wegen zu ermitteln. Hiervon kann abgesehen werden, wenn die Ermittlung mit unverhältnismäßigem Aufwand verbunden wäre oder der Nachlaß geringfügig ist."); Art 37 Abs 1 S 2 BayAGGVG („Die Ermittlung der Erben von Amts wegen unterbleibt, wenn zum Nachlaß kein Grundstück oder grundstücksgleiches Recht gehört und nach den Umständen des Falls anzunehmen ist, daß ein die Beerdigungskosten übersteigender Nachlaß nicht vorhanden ist.").
[13] *Erman/Schlüter* Rn 4.
[14] Auch bei möglicher Enterbung, BayObLG FamRZ 1986, 728.
[15] BayObLG JW 1935, 2518.
[16] MünchKommBGB/*Leipold* Rn 11; *Staudinger/Marotzke* Rn 17; RGRK/*Johannsen* § 1965 Rn 8; aA Vorauf.
[17] KG Rpfleger 1970, 340; *Palandt/Edenhofer* Rn 2.
[18] KG OLGZ 1971, 89, 92; MünchKommBGB/*Leipold* Rn 8 mwN; RGRK/*Johannsen* Rn 6.
[1] KG ZEV 1997, 118.
[2] *Palandt/Edenhofer* Rn 1; ausf *Frohn* Rpfleger 1986, 37.
[3] MünchKommBGB/*Leipold* Rn 3; RGRK/*Johannsen* Rn 1; *Staudinger/Marotzke* Rn 8.
[4] BGH WM 2003, 1681, 1682; *Palandt/Edenhofer* Rn 2; MünchKommBGB/*Leipold* Rn 2.
[1*] MünchKommBGB/*Leipold* Rn 1.

nach §§ 1964, 1965 festgestellt worden ist[2]. Er bleibt aber auch vor einer Inanspruchnahme geschützt. Für den Fiskus als gewillkürten Erben gilt § 1958. §§ 1964 bis 1966 finden insoweit keine Anwendung.

§ 1966 betrifft nur aus dem Erbrecht folgende Rechte und Pflichten und verhindert deshalb nicht Verfahren über das Erbrecht selbst[3], insbes Erbschaftsklage (§§ 2018 ff) oder Erbrechtsfeststellungsklage[4]. Ein rechtskräftiges Feststellungsurteil zugunsten des Fiskus ersetzt den Beschluss nach § 1964 nicht, weil das Nachlassgericht wegen anderer Erbberechtigter den Feststellungsbeschluss unterlassen kann[5].

Titel 2. Haftung des Erben für die Nachlassverbindlichkeiten (§§ 1967–2017)

Untertitel 1. Nachlassverbindlichkeiten (§§ 1967–1969)

§ 1967 Erbenhaftung, Nachlassverbindlichkeiten

(1) Der Erbe haftet für die Nachlassverbindlichkeiten.

(2) Zu den Nachlassverbindlichkeiten gehören außer den vom Erblasser herrührenden Schulden die den Erben als solchen treffenden Verbindlichkeiten, insbesondere die Verbindlichkeiten aus Pflichtteilsrechten, Vermächtnissen und Auflagen.

Schrifttum: *Behnke,* Das neuen Minderjährigenhaftungsbeschränkungsgesetz, NJW 1989, 3078; *Boehmer,* Eintritt in pflichtbelastete Rechtslagen des Erblassers, JW 1938, 2634; *Börner,* Das System der Erbenhaftung, JuS 1968, 53, 108; *Bonifacio,* Die Haftung der Erben als Hausgeldschuldner nach dem WEG, MDR 2006, 244; *Christmann,* Die Geltendmachung der Haftungsbeschränkung zugunsten Minderjähriger, ZEV 1999, 416; *Graf,* Möglichkeiten der Haftungsbeschränkung für Minderjährige, JuS 1980, 877; *Harder/Müller-Freienfels,* Grundzüge der Erbenhaftung, JuS 1980, 877; *Joachim,* Die Haftung des Erben für Nachlassverbindlichkeiten, 2002; *Joachim,* Die Haftung des Erben, ZEV 2005, 99; *Lettmann,* Die Beschränkung der Erbenhaftung, RNotZ 2002, 537; *K. Schmidt,* Zum Prozessrecht der beschränkten Erbenhaftung, JR 1989, 45; *Schröder,* Zum Übergang inhaltlich variabler Verpflichtungen auf den Erben, JZ 1978, 379.

Übersicht

	Rn		Rn
I. Bedeutung und Umfang der Erbenhaftung	1	II. Nachlassverbindlichkeiten	13
1. Bedeutung der Norm	1	1. Erblasserschulden	14
2. Möglichkeiten der Haftungsbeschränkung	2	a) Vor dem Erbfall entstanden	14
a) Vorläufige Einreden	3	b) Verpflichtungen aller Art	15
b) Aufgebot der Nachlassgläubiger	4	2. Erbfallschulden	16
c) Amtliche Absonderung des Nachlasses	5	a) Gesetzlich geregelte Erbfallschulden	17
d) Unzulänglichkeitseinreden	6	b) Erbfallverwaltungskosten	18
e) Inventar	7	3. Nachlasserbenschulden	19
3. Unbeschränkte Haftung des Erben	8	a) Allgemeines	19
a) Inventarverfehlungen	9	b) Prozesskosten	20
b) Nichtabgabe der eidesstattlichen Versicherung	10	III. Sonderfälle	21
c) Rechtsgeschäftlicher Verzicht	11	1. Handelsgeschäft	21
4. Verfahren	12	2. Anteil an einer OHG	22

I. Bedeutung und Umfang der Erbenhaftung

1. Bedeutung der Norm. Der Erbe übernimmt nicht nur das Vermögen des Erblassers, sondern 1 auch dessen Verbindlichkeiten. § 1967 Abs 1 ordnet die **vorläufig unbeschränkte** Haftung des Erben an, der Schuldner der vom Erblasser herrührenden sowie der übrigen durch den Erbfall und infolge des Erbfalls entstehenden Verbindlichkeiten wird. Grds hat der Erbe mit dem Nachlass und mit seinem sonstigen Vermögen für die Erfüllung der Nachlassverbindlichkeiten einzustehen. Unter bestimmten Voraussetzungen kann er seine Haftung **auf den Nachlass beschränken;** das setzt idR die Trennung des Nachlasses vom sonstigen Vermögen des Erben voraus (s unter 2., Rn 2 ff). Das Haftungsbeschrän-

---

[2] OLG Dresden VIZ 2000, 55, 56; *Palandt/Edenhofer* Rn 1.
[3] MünchKommBGB/*Leipold* Rn 3.
[4] Vgl BVerfG NJW-RR 2005, 1600; wird der Antrag auf Erteilung eines Erbscheins, der den Antragsteller als Alleinerben ausweisen sollte, letztinstanzlich zurückgewiesen und kommen außer dem Fiskus weitere mögliche Erben (derzeit) nicht in Betracht, soll der Antragsteller wegen § 90 Abs 2 S 1 BVerfGG zunächst (erfolglos) Erbrechtsfeststellungsklage gegen den Fiskus erheben müssen, bevor seine Verfassungsbeschwerde zulässig ist; zweifelhaft.
[5] MünchKommBGB/*Leipold* Rn 4; RGRK/*Johannsen* Rn 2.

§ 1967

kungsrecht kann gegenüber einzelnen oder gegenüber allen Nachlassgläubigern verloren gehen (s unter 3., Rn 8 ff). Gibt es **mehrere Erben**, werden die allgemeinen Vorschriften der §§ 1967 ff durch §§ 2058 ff ergänzt. Die Haftung des **Erbschaftskäufers** entspricht derjenigen des Erben, der die Erbschaft verkauft hat (§§ 2382, 2382).

2 **2. Möglichkeiten der Haftungsbeschränkung.** Die Haftung des Erben beginnt mit der **Annahme der Erbschaft.** Vor Annahme der Erbschaft kann der Erbe nicht in Anspruch genommen werden (§ 1958). Nach diesem Zeitpunkt stehen dem Erben verschiedene Wege zur Verfügung, seine Haftung auf den Nachlass zu beschränken. Die wichtigsten Rechte des Erben gegenüber den Nachlassgläubigern sind[1]:

3 a) **Vorläufige Einreden.** In den ersten drei Monaten nach Annahme der Erbschaft kann der Erbe dann, wenn er noch kein Inventar (§§ 1993 ff) errichtet hat, die Berichtigung einer Nachlassverbindlichkeit verweigern (§ 2014; sog **Dreimonatseinrede**). Hat der Erbe innerhalb des ersten Jahres nach Annahme der Erbschaft ein Aufgebotsverfahren (§§ 1970 ff) beantragt und ist der Antrag zugelassen worden, hat er während der Dauer des Aufgebotsverfahrens ebenfalls das Recht, die Berichtigung der Nachlassverbindlichkeit zu verweigern (§ 2015; sog **Aufgebotseinrede**). Wenn diese Einreden erhoben und im Urteil vorbehalten werden (§§ 305 Abs 1, 780 ZPO), kann der Erbe verlangen, dass die Zwangsvollstreckung auf vorläufige (sichernde) Maßnahmen beschränkt wird (§§ 781, 782 ZPO).

4 b) **Aufgebot der Nachlassgläubiger.** Der Erbe kann die Nachlassgläubiger im **Aufgebotsverfahren** (§§ 1970 ff) zur Anmeldung ihrer Forderungen auffordern. Das Aufgebot als solches führt nicht zu einer Beschränkung der Haftung des Erben. Gegenüber Gläubigern, die durch Urteil ausgeschlossen werden, haftet der Erbe jedoch nur noch mit dem Nachlass (§ 1973). Die Wirkungen des § 1973 treten ebenfalls ein, wenn der Gläubiger seine Forderung später als fünf Jahre nach dem Erbfall geltend macht und die Forderung vorher weder angemeldet worden noch dem Erben auf andere Art und Weise bekannt geworden ist (**Verschweigung; § 1974**).

5 c) **Amtliche Absonderung des Nachlasses.** Der Erbe kann **Nachlassverwaltung** oder die Eröffnung des **Nachlassinsolvenzverfahrens** beantragen (§§ 1975 ff, §§ 315 ff InsO). Beide Verfahren bewirken eine amtliche Absonderung des Nachlasses vom sonstigen Vermögen des Erben. Verwaltungs- und Verfügungsbefugnis gehen auf den Nachlass- oder den Nachlassinsolvenzverwalter über. Nach Abschluss des Nachlassinsolvenzverfahrens haftet der Erbe nur noch nach Bereicherungsrecht (§§ 1989, 1973); nach Beendigung der Nachlassverwaltung kann er entspr §§ 1990, 1991 seine Haftung auf den Nachlass beschränken (str, vgl § 1975 Rn 6).

6 d) **Unzulänglichkeitseinreden.** Reicht der Nachlass nicht aus, die Kosten der Nachlassverwaltung oder des Nachlassinsolvenzverfahrens zu decken, kann sich der Erbe auf die **Dürftigkeit des Nachlasses** berufen (§§ 1990, 1991), den Nachlass den Gläubigern zur Verfügung stellen und die Vollstreckung in sein Privatvermögen einredeweise verweigern. Ist der Nachlass überschuldet und beruht die Überschuldung auf Vermächtnissen und Auflagen, kann der Erbe die Erfüllung der Vermächtnisse und Auflagen verweigern (**Überschwerung; § 1992**). War der Erbe im Zeitpunkt des Erbfalles noch **minderjährig**, kann er seine Haftung auf den Bestand des bei Eintritt der Volljährigkeit vorhandenen Vermögens beschränken; in diesem Fall gelten §§ 1990, 1991 entspr (§ 1629 a)[2].

7 e) **Inventar.** Die Errichtung eines Inventars (§§ 1993 ff) hat für sich genommen keine Beschränkung der Haftung auf den Nachlass zur Folge. Die ordnungsgemäße Errichtung des Inventars ist lediglich die Voraussetzung dafür, dass der Erbe sein Haftungsbeschränkungsrecht nicht verliert (§§ 2005, 2006 Abs 3). Ist das Inventar rechtzeitig errichtet worden, so wird im Verhältnis zwischen dem Erben und den Nachlassgläubigern jedoch vermutet, dass im Zeitpunkt des Erbfalles andere als die angegebenen Nachlassgegenstände nicht vorhanden waren (§ 2009).

8 **3. Unbeschränkte Haftung des Erben.** Der Erbe kann das Recht, seine Haftung auf den Nachlass zu beschränken, gegenüber bestimmten oder gegenüber allen Gläubigern verlieren. Wenn die §§ 1967 ff, 2058 ff von der „unbeschränkten Haftung" eines Erben sprechen, ist damit die **Haftung nach Verlust des Haftungsbeschränkungsrecht** gemeint (vgl zB § 2013). Die unbeschränkte Haftung des Erben tritt in folgenden Fällen ein:

9 a) **Inventarverfehlungen.** Nach ergebnislosem Ablauf der auf Antrag eines Nachlassgläubigers vom Nachlassgericht gesetzten **Inventarfrist** haftet der Erbe gegenüber allen Nachlassgläubigern unbeschränkt (§ 1994 Abs 1 S 2). Gleiches gilt, wenn der Erbe absichtlich ein unvollständiges Inventar errichtet hat, wenn er eine Nachlassverbindlichkeit aufgeführt hat, die in Wirklichkeit nicht besteht, oder wenn er bei amtlicher Aufnahme des Inventars die erforderlichen Auskünfte nicht oder erheblich verzögert erteilt (§ 2005 Abs 1 S 1 und 2).

10 b) **Nichtabgabe der eidesstattlichen Versicherung.** Der Erbe hat auf Antrag eines Nachlassgläubigers zu Protokoll des Nachlassgerichtes eidesstattlich zu versichern, dass er nach bestem Wissen die Nachlassgegenstände so vollständig angegeben habe, als er dazu imstande sei. Verweigert er die Abgabe der eidesstattlichen Versicherung oder erscheint er zweimal unentschuldigt nicht zu einem

---

[1] Vgl den Überblick bei *Graf* ZEV 2000, 125.
[2] Vgl *Christmann* ZEV 1999, 416; *Behnke* NJW 1989, 3078, 3079 f; zur Zwangsvollstreckung aus einem vor Inkrafttreten des § 1629 a erwirkten Titels vgl OLG Koblenz ZEV 1999, 259 m Anm *Christmann*.

anberaumten Termin, haftet er gegenüber dem Gläubiger, der den Antrag gestellt hatte, unbeschränkt (§ 2006 Abs 3).

c) Rechtsgeschäftlicher Verzicht. Der Erbe kann schließlich gegenüber einzelnen oder allen Gläubigern auf die beschränkte Haftung verzichten[3]. In Ausnahmefällen kann in der Beschränkung der Haftung auf den Nachlass eine **unzulässige Rechtsausübung** liegen, etwa dann, wenn der Erbe gegenüber einem Nachlassgläubiger jahrelang ein Verhalten gezeigt hatte, aus dem dieser schließen musste, dass der Erbe die beschränkte Erbenhaftung nicht geltend machen werde, und deshalb davon Abstand genommen hat, rechtzeitig den Antrag auf Bestimmung einer Inventarfrist zu stellen[4]. 11

4. Verfahren. Im Erkenntnisverfahren muss sich der in Anspruch genommene Erbe die Beschränkung der Haftung auf den Nachlass **im Urteil vorbehalten lassen** (§ 780 Abs 1 ZPO), und zwar grds bereits in der Tatsacheninstanz[5]. Es reicht der allgemeine Vorbehalt. Darauf, ob der Erbe bereits die Voraussetzungen einer bestimmten haftungsbeschränkenden Norm dargelegt hat, kommt es nicht an[6]. Wenn sich der Erbe auf eine bestimmte Norm bezieht, steht es im Ermessen des Gerichtes, ob es deren Voraussetzungen feststellt oder ohne weitere Aufklärung des Sachverhalts nur den allgemeinen Vorbehalt des § 780 Abs 1 ZPO ausspricht[7]. Enthält das Urteil nur den allgemeinen Vorbehalt, bleibt die Beschränkung der Haftung auf den Nachlass unberücksichtigt, solange der Erbe sie nicht im Wege der **Vollstreckungsgegenklage** geltend macht (§§ 781, 785, 767 ZPO). Behält sich der Erbe nicht die Beschränkung der Haftung auf den Nachlass vor oder erhebt er keine Vollstreckungsgegenklage, kann der Gläubiger auch in das sonstige Vermögen des Erben vollstrecken. Wird der Prozess durch den Abschluss eines **Vergleichs** beendet, haftet der Erbe unbeschränkt, wenn er keinen Vorbehalt nach § 780 ZPO erklärt hat[8]. 12

II. Nachlassverbindlichkeiten

Nachlassverbindlichkeiten sind die vom Erblasser herrührenden Schulden (**Erblasserschulden**), die den Erben als solchen treffenden **Erbfallschulden** einschließlich der Erbverwaltungskosten sowie diejenigen Schulden, die aus Rechtshandlungen des Erben nach dem Erbfall entstehen und diesen persönlich ebenso wie den Nachlass verpflichten (**Nachlasserbenschulden**). Von Bedeutung ist die Unterscheidung zwischen Nachlassverbindlichkeiten und Eigenschulden des Erben für die Fälle der Beschränkung der Haftung des Erben auf den Nachlass, die für Eigenverbindlichkeiten nicht gilt, sowie der amtlichen Nachlasssonderung durch Nachlassverwaltung oder Nachlassinsolvenzverfahren, wenn der Nachlass nicht mehr für Eigenverbindlichkeiten des Erben in Anspruch genommen werden kann. 13

1. Erblasserschulden. Erblasserschulden sind alle vertraglichen oder gesetzlichen Nachlassverbindlichkeiten, die vom Erblasser herrühren. 14

a) Vor dem Erbfall entstanden. Es handelt sich um Verbindlichkeiten, deren **wesentlicher Entstehungstatbestand** bereits vor dem Erbfall eingetreten war. Vom Erblasser rühren auch „verhaltene", noch werdende und schwebende Rechtsbeziehungen her[9]. Erblasserschulden sind daher alle die erst in der Person des Erben entstehenden Verbindlichkeiten, die als solche schon vom Erblasser entstanden wären, wenn er nicht vor Eintritt der zu ihrer Entstehung nötigen weiteren Voraussetzung verstorben wäre (Beispiel: der Rückforderungsanspruch aus § 528 Abs 1, wenn die Bedürftigkeit des Schenkers erst nach dem Tode des Beschenkten eintritt[10] oder der künftige Auseinandersetzungsanspruch aus einem Gesellschaftsvertrag[11]. Außerdem tritt der Erbe in **pflichtbelastete Rechtslagen** („Haftungslagen") des Erblassers ein[12]. Kommt es etwa auf Grund einer Verkehrssicherungspflichtverletzung des Erblassers nach dem Erbfall, aber bevor der Erbe eingreifen konnte, zu einem Schaden, stellt die Schadensersatzverpflichtung eine Erblasserschuld – also eine reine Nachlassverbindlichkeit – dar[13].

b) Verpflichtungen aller Art. Auf die Art der Verbindlichkeit kommt es grds nicht an. Nicht nur Zahlungsverpflichtungen gehen auf den Erben über, sondern Verpflichtungen aller Art (Verpflichtungen zu einem Tun, Unterlassen oder Dulden, zu vertretbaren und unvertretbaren Handlungen, zur Herausgabe von Sachen, zur Duldung der Zwangsvollstreckung, zur Abgabe einer Willenserklärung oder einer eidesstattlichen Versicherung)[14]. Eine bürgerlich-rechtliche Verbindlichkeit ist dann, wenn 15

---

[3] RGZ 146, 343, 346; RGRK/*Johannsen* Vor § 1967 Rn 21; *Staudinger*/*Marotzke* Vor § 1967 Rn 16.
[4] RGRK/*Johannsen* Vor § 1967 Rn 22.
[5] BGHZ 54, 204 = NJW 1970, 1742 m Anm *Mattern* LM ZPO § 780 Nr 6; BGH NJW 1962, 1250 f; *Staudinger*/ *Marotzke* Vor § 1967 Rn 20; *Erman*/*Schlüter* Vor § 1967 Rn 10; RGRK/*Johannsen* Vor § 1967 Rn 23.
[6] BGHZ 17, 69, 73 = NJW 1955, 788; BGH NJW 1983, 2378, 2379; NJW 1991, 2839, 2840.
[7] RGZ 137, 50, 54 ff; 162, 298, 300; BGH NJW 1954, 635, 636; NJW 1964, 2298, 2300; NJW 1983, 2378, 2379; NJW-RR 1989, 1226, 1230; NJW 1991, 2839, 2840; vgl auch § 1973 Rn 8, § 1990 Rn 6 ff.
[8] BGH NJW 1991, 2839, 2840.
[9] BGHZ 32, 367, 369 = NJW 1960, 1715; BGHZ 80, 205, 210 = NJW 1981, 1446; BGH NJW 1991, 2558; ZEV 2001, 68; ZEV 2001, 241; RGRK/*Johannsen* Rn 5; *Erman*/*Schlüter* Rn 3; MünchKommBGB/*Siegmann* Rn 9; *Lange*/*Kuchinke* § 47 II 1 b.
[10] Vgl BGH NJW 1991, 2558; ZEV 2001, 241.
[11] BGH ZEV 2001, 68.
[12] *Boehmer* JW 1938, 2634; *Erman*/*Schlüter* Rn 3; *Staudinger*/*Marotzke* Rn 19.
[13] RGRK/*Johannsen* Rn 5; *Lange*/*Kuchinke* § 47 II 1 b; *Staudinger*/*Marotzke* Rn 23; MünchKommBGB/*Siegmann* Rn 9.
[14] *Lange*/*Kuchinke* § 47 I 1; vgl etwa BGHZ 104, 369 = NJW 1988, 2729 betr eidesstattliche Versicherung; BGH NJW 1985, 3068 betr Auskunft; OLG München OLGZ 1987, 226, 227.

das Gesetz nichts anderes vorsieht, nur dann **unvererblich**, wenn sie nach der Natur der geschuldeten Leistung ausschließlich von dem Erblasser persönlich und von dessen Erben überhaupt nicht erfüllt werden könnte[15]. Kraft gesetzlicher Anordnung unvererblich sind die Verpflichtung aus einem schenkweise gegebenen Rentenversprechen (§ 520), Dienstleistungspflichten (§ 613 S 1), die gesetzlichen Unterhaltspflichten gegenüber Verwandten, die im Zeitpunkt des Erbfalles noch nicht fällig sind (§ 1615 Abs 1) und die Unterhaltspflicht gegenüber dem Ehegatten während des Bestehens der ehelichen Lebensgemeinschaft und während des Getrenntlebens (§§ 1360a Abs 3, 1361 Abs 4, 1615 Abs 1). Die Unterhaltspflicht gegenüber dem geschiedenen Ehegatten geht gemäß § 1586b auf den Erben über; der Erbe haftet jedoch nicht über einen Betrag hinaus, der dem Pflichtteil entspricht, welcher dem Berechtigten zustände, wenn die Ehe nicht geschieden worden wäre. Vererblich sind außerdem gemäß § 1615n die Verpflichtungen des Vaters gegenüber der Mutter eines nichtehelichen Kindes aus §§ 1615l, 1615m. **Verbindlichkeiten des Erblassers gegenüber dem Erben** erlöschen mit dem Erbfall durch Konfusion, gelten aber bei Anordnung der Nachlassverwaltung oder Eröffnung des Nachlassinsolvenzverfahrens als nicht erloschen (§ 1976). Ob **öffentlich-rechtliche Verbindlichkeiten** auf den Erben übergehen, richtet sich nach dem öffentlichen Recht, dem die jeweilige Verbindlichkeit zugehört. Nur soweit ausdrückliche Vorschriften fehlen, kann der Rechtsgedanke der §§ 1922, 1967 auf öffentlich-rechtliche Ansprüche und Verbindlichkeiten entspr angewendet werden[16]. Nicht vererblich sind **Geldstrafen und Geldbußen.** Sie dürfen nicht in den Nachlass vollstreckt werden (§§ 459c Abs 3 StPO, 101 OWiG). Stirbt ein im Strafprozess Verurteilter vor Rechtskraft des Urteils, haftet sein Nachlass nicht für die Kosten des Strafprozesses (§ 465 Abs 3 StPO).

16 2. **Erbfallschulden.** Erbfallschulden sind die den Erben als solchen treffenden, aus dem Erbfall herrührenden Verbindlichkeiten, die ihren Rechtsgrund entweder in dem Willen des Erblassers oder unmittelbar im Gesetz haben[17].

17 a) **Gesetzlich geregelte Erbfallschulden.** In Abs 2 ausdrücklich erwähnt sind Verbindlichkeiten aus **Pflichtteilsrechten** (§§ 2147ff), **Vermächtnissen** (§§ 2147ff, 2174) einschließlich des Vorausvermächtnisses (§ 2150)[18] und **Auflagen** (§§ 2192ff). Den Erben als solchen treffen außerdem gesetzliche Vermächtnisse wie der vor dem 1.4.1998 entstandene Erbersatzanspruch (§ 1934b aF), der Ausbildungsanspruch nach § 1371 Abs 4[19], der Anspruch des Ehegatten auf den Voraus (§ 1932), der Anspruch auf den Dreißigsten (§ 1969), der Unterhaltsanspruch der werdenden Mutter eines Erben (§ 1963), der Anspruch aus einem in einem Übergabevertrag nach § 17 HöfeO vereinbarten Altenteil[20] sowie die Verpflichtung zur Tragung der Kosten der standesgemäßen Beerdigung des Erblassers (§ 1968).

18 b) **Erbfallverwaltungskosten.** Zu den Erbfallschulden gehören außerdem die Erbfallverwaltungs- oder Nachlasskostenschulden[21], etwa die Kosten einer Todeserklärung (§ 34 Abs 2 VerschG), die Kosten, die durch die Eröffnung der Verfügung von Todes wegen, die Sicherung des Nachlasses, die Errichtung des Nachlassinventars, die Nachlasspflegschaft[22], die Nachlassverwaltung oder die Pflegschaft für einen Nacherben entstehen (§ 6 S 1 KostO), sowie diejenigen Verbindlichkeiten, die aus der Geschäftsführung der mit der Verwaltung des Nachlasses betrauten Personen (Nachlasspfleger, Nachlassverwalter, verwaltender Testamentsvollstrecker) stammen. Soweit die Eingehung der Verbindlichkeit einer ordnungsgemäßen Verwaltung des Nachlasses entsprach, sind auch die vom **vorläufigen Erben** bis zur Ausschlagung (§ 1959) und vom **Vorerben** begründete Verbindlichkeiten Nachlassverbindlichkeiten[23]. Eine Verbindlichkeit ist in **ordnungsmäßiger Verwaltung des Nachlasses** eingegangen worden, wenn sie dessen Erhaltung oder Verbesserung diente. Ob das der Fall ist, ist **objektiv** aus der Sicht eines sorgfältigen Verwalters unabhängig davon zu prüfen, ob die Verbindlichkeit ausdrücklich für den Nachlass übernommen worden oder die Beziehung zum Nachlass dem Geschäftsgegner erkennbar gemacht worden ist[24]. Den Erben als solchen treffen schließlich alle Verbindlichkeiten, die er selbst in ordnungsgemäßer Verwaltung des Nachlasses eingeht, etwa bei Fortführung eines zum Nachlass gehörenden Handelsgeschäftes oder sonstigen Betriebs[25]; idR werden damit jedoch zugleich Eigenverbindlichkeiten des Erben begründet (Rn 17).

19 3. **Nachlasserbenschulden. a) Allgemeines.** Nachlasserbenschulden sind Verbindlichkeiten, die Nachlassverbindlichkeiten und zugleich persönliche Verbindlichkeiten des Erben sind. Sie entstehen aus Rechtshandlungen des Erben nach dem Erbfall im Rahmen **ordnungsmäßiger Verwaltung** des

---

[15] BGHZ 104, 369 = NJW 1988, 2729; BGH NJW 1985, 3068.
[16] BGH LM GVG § 13 Nr 116 = MDR 1971, 553; BVerwGE 21, 302, 303; vgl MünchKommBGB/*Leipold* Einl § 1922 Rn 136ff mwN; für eine unmittelbare Anwendung der §§ 1922, 1967 *Staudinger/Marotzke* Rn 14ff und § 1922 Rn 351ff.
[17] *Johannsen* WM 1972, 914, 919.
[18] RGZ 93, 196, 197.
[19] MünchKommBGB/*Siegmann* Rn 10; *Staudinger/Marotzke* Rn 31; *Palandt/Edenhofer* Rn 6.
[20] BGHZ 8, 213, 217.
[21] *Erman/Schlüter* Rn 7; *Staudinger/Marotzke* Rn 37; MünchKommBGB/*Siegmann* Rn 12.
[22] OLG Köln OLGR 1999, 280.
[23] BGHZ 32, 60 = NJW 1960, 959; RGZ 90, 91, 96.
[24] BGHZ 32, 60, 64 = NJW 1960, 959; RGZ 90, 91, 95; RGRK/*Johannsen* Rn 12; *Erman/Schlüter* Rn 7; MünchKommBGB/*Siegmann* Rn 17; *Staudinger/Marotzke* Rn 42; *Soergel/Stein* Rn 8.
[25] BGHZ 32, 60, 64, 66 = NJW 1960, 959; BGHZ 38, 187, 193; BGHZ 71, 180, 187 = NJW 1978, 1385 und 1801.

Nachlasses (Rn 16)[26]. Die Gläubiger solcher Verbindlichkeiten können sowohl den Nachlass als auch das sonstige Vermögen des Erben in Anspruch nehmen. Auch Ansprüche aus **ungerechtfertigter Bereicherung** können Nachlasserbenschulden darstellen. Voraussetzung einer Nachlasserbenschuld ist nicht zwingend ein Rechtsgeschäft des Erben. Es genügt, dass der Erbe durch eine den Nachlass betreffende Verwaltungshandlung die Voraussetzung dafür geschaffen hat, dass eine Forderung gegen den Nachlass erhoben werden kann. Erbfallschuld ist daher auch die Verpflichtung zur Rückzahlung von Rentenzahlungen, die nach dem Tode des Erblassers auf dessen von der Erbengemeinschaft fortgeführtes Konto gelangt sind[27]. Der Erbe kann **vereinbaren,** dass er für die Erfüllung einer im Rahmen ordnungsgemäßer Verwaltung eingegangenen Verbindlichkeit nur mit dem Nachlass haftet[28]. Eine solche Vereinbarung kann in der Weise zustande kommen, dass der Erbe zum Ausdruck bringt, er handele nur für den Nachlass, und der andere Teil darauf eingeht. Setzt der Erbe den Betrieb eines vom Erblasser geführten Handelsgeschäfts fort, so kann ein in diesem Betrieb geschlossener Vertrag den Nachlass allein belasten, wenn der Vertrag erkennbar ohne jede Bezugnahme auf die Person des Erben, etwa nur unter der Firma des Erblassers, geschlossen worden ist[29]. Darlegungs- und beweispflichtig für die Voraussetzungen der Beschränkung der Haftung auf den Nachlass ist der Erbe[30].

b) Prozesskosten. Hinsichtlich der **Kosten eines Zivilprozesses** ist zu unterscheiden: Die Kosten 20 eines Prozesses, den der Erblasser geführt hat, stellen eine reine Nachlassverbindlichkeit dar[31]. Der Erbe kann die Beschränkung seiner Haftung auf den Nachlass ohne Vorbehalt nach § 780 ZPO im Wege der Vollstreckungsgegenklage (§§ 781, 785, 767 ZPO) geltend machen[32]. Hat der Erbe den Prozess fortgesetzt, handelt es sich bei den bis zu seinem Eintritt in den Rechtsstreit entstandenen Kosten ebenfalls um reine Nachlassverbindlichkeiten. Der Erbe muss sich insoweit die Beschränkung der Haftung auf den Nachlass vorbehalten lassen[33]. Für die danach entstandenen Kosten haftet der Erbe persönlich, der Nachlass nur dann, wenn die Fortsetzung des Prozesses zur ordnungsgemäßen Verwaltung des Nachlasses gehört[34]. Die Kosten eines Zivilprozesses, den der Erbe im Zusammenhang mit dem Nachlass führt, können unter den genannten Voraussetzungen ebenfalls Nachlasserbenschulden sein[35]. Ein etwa ausgesprochener Vorbehalt der beschränkten Erbenhaftung bezieht sich nur auf die Hauptsache, nicht auf die Kostenentscheidung[36].

III. Sonderfälle

1. Handelsgeschäft. Gehört zum Nachlass ein einzelkaufmännisches Handelsgeschäft, ist zwischen 21 der handelsrechtlichen und der erbrechtlichen Haftung des Erben zu unterscheiden. Der Erbe als solcher haftet nach den allgemeinen Vorschriften über die Erbenhaftung. Führt er das Geschäft unter der bisherigen Firma mit oder ohne Beifügung eines den Nachfolgeverhältnis andeutenden Zusatzes fort, haftet er für die Altschulden außerdem nach §§ 27, 25 HGB, also grds unbeschränkbar, wenn er die Geschäftstätigkeit nicht innerhalb von drei Monaten ab Kenntnis vom Anfall der Erbschaft (§ 27 Abs 2 HGB) wieder einstellt[37]. Gleiches gilt, wenn in einer **zweigliedrigen Gesellschaft** einer der beiden Gesellschafter stirbt und von dem anderen allein beerbt wird[38]. Durch Handelsregistereintragung nach § 25 Abs 2 HGB kann der Erbe auch die handelsrechtliche Haftung für Altschulden auf den Nachlass beschränken[39]. Neue Geschäftsschulden, die in ordnungsgemäßer Verwaltung des Nachlasses begründet werden, sind Nachlasserbenschulden, für die – wenn die Vertragsparteien keine Beschränkung der Haftung auf den Nachlass vereinbaren – sowohl der Nachlass als auch der Erbe persönlich haften[40]. Gehörte die Begründung der Verbindlichkeit nicht mehr zur ordnungsgemäße Verwaltung des Nachlasses, wird keine Nachlasserbenschuld, sondern nur eine Eigenverbindlichkeit des Erben begründet; denn für die handelsrechtliche Haftung kommt es nicht darauf an, ob die Eingehung der Verbindlichkeit im Rahmen ordnungsmäßiger Verwaltung des Nachlasses liegt[41].

---

[26] BGHZ 71, 180, 187 = NJW 1978, 1385 und 1801; BayObLG ZEV 2000, 151 f m krit Anm *Marotzke:* Wohngeldschulden für eine ererbte Eigentümerwohnung, die aus Eigentümerbeschlüssen nach dem Erbfall herrühren; krit dazu auch *Bonifacio* MDR 2006, 244; *Siegmann* NZM 2000, 995; *Erman/Schlüter* Rn 9; RGRK/*Johannsen* Rn 12; *Staudinger/Marotzke* Rn 42; *Soergel/Stein* Rn 8.
[27] BGHZ 71, 180 = NJW 1978, 1385, 1801 m Anm *Girisch* LM § 812 Nr 129; krit *Lange/Kuchinke* § 47 V m Fn 80; MünchKommBGB/*Siegmann* Rn 13; aA LG Kassel NJW-RR 1992, 585, 586.
[28] RGZ 90, 91, 94; 146, 343, 345 f.
[29] BGH BB 1968, 769, 770; RGRK/*Johannsen* Rn 12.
[30] RGZ 146, 343, 346.
[31] MünchKommBGB/*Siegmann* Rn 37; *Soergel/Stein* Rn 12.
[32] BGHZ 54, 204, 207 = NJW 1970, 1742 m Anm *Mattern* LM ZPO § 780 Nr 6; OLG Celle NJW-RR 1988, 133.
[33] BGHZ 54, 204, 207 = NJW 1970, 1742.
[34] MünchKommBGB/*Siegmann* Rn 3; *Staudinger/Marotzke* Rn 47; weitergehend BGH BGHR § 90 Prozesskosten 1: die Kosten einer nach dem Tod des Erblassers eingelegten Revision sind Eigenschulden der Erben; aA RGRK/*Johannsen* Rn 14: der Erbe haftet nur mit dem Nachlass.
[35] Vgl OLG Karlsruhe JurBüro 2007, 41.
[36] LG Leipzig ZEV 1999, 234 m zust Anm *Damrau*; *Staudinger/Marotzke* Rn 47.
[37] Vgl BGHZ 113, 132, 134 = NJW 1991, 844.
[38] BGHZ 113, 132, 134 ff = NJW 1991, 844.
[39] *Staudinger/Marotzke* Rn 59; MünchKommBGB/*Siegmann* Rn 42; *Soergel/Stein* Vor § 1967 Rn 19; *Erman/Schlüter* Rn 11; jeweils auch mN zur aA.
[40] *Erman/Schlüter* Rn 12; *Staudinger/Marotzke* Rn 60.
[41] BGHZ 32, 60, 66 f = NJW 1960, 959; *Staudinger/Marotzke* Rn 63.

§ 1968 Buch 5. Abschnitt 2. Rechtliche Stellung des Erben

22 **2. Anteil an einer OHG.** Bei Sonderrechtsnachfolge in einen Anteil an einer OHG kann der Erbe gemäß § 139 Abs 1 HGB sein Verbleiben in der Gesellschaft davon abhängig machen, dass ihm unter Belassung des bisherigen Gewinnanteils die **Stellung eines Kommanditisten** eingeräumt und der auf ihn fallende Teil der Einlage des Erblassers als seine Kommanditeinlage anerkannt wird. Macht er von dieser Möglichkeit Gebrauch, haftet er für die bis dahin entstandenen Gesellschaftsschulden ausschließlich nach erbrechtlichen Grundsätzen (§ 139 Abs 4 HGB), nicht auch unbeschränkbar gemäß §§ 173, 171 f HGB bis zur Höhe der noch nicht gezahlten Einlage[42]. Bleibt der Erbe **persönlich haftender Gesellschafter,** haftet er gemäß §§ 130, 128 HGB auch für die Altschulden persönlich und unbeschränkbar. Beides gilt auch für den Erben des persönlich haftenden Gesellschafters einer **KG** (§ 161 Abs 2 HGB). Der Erbe eines **Kommanditisten** haftet dann, wenn der Erblasser die übernommene Kommanditeinlage nicht voll eingezahlt hatte oder wenn die Einlage zurückgezahlt worden war, gemäß §§ 171 Abs 1, 172 Abs 4 HGB, ohne dass er sich insoweit auf die beschränkte Erbenhaftung berufen könnte[43]. Wird die Gesellschaft mit dem Tode eines Gesellschafters oder nach dem Erbfall, aber innerhalb der Frist des § 139 Abs 3 HGB **aufgelöst,** haftet der Erbe für die vorhandenen Gesellschaftsschulden nur erbrechtlich, also auch mit der Möglichkeit der Beschränkung der Haftung auf den Nachlass[44]. Die Vererbung eines Anteils an einer bereits **vor dem Erbfall in Liquidation befindlichen Gesellschaft** vollzieht sich nach erbrechtlichen Regeln; der Erbe haftet daher ausschließlich nach erbrechtlichen Grundsätzen[45].

§ 1968 Beerdigungskosten

Der Erbe trägt die Kosten der Beerdigung des Erblassers.

Schrifttum: *Berger,* Die Erstattung der Beerdigungskosten, Diss Köln 1968; *Damrau,* Grabpflegekosten sind Nachlassverbindlichkeiten, ZEV 2004, 456; *Gaedke,* Handbuch des Friedhofs- und Bestattungsrechts, 6. Aufl 1992; *Jacoby,* Die Tilgung der Bestattungskosten vom Nachlasskonto, WM 2003, 368; *Märker,* Grabpflegekosten als Nachlassverbindlichkeiten?, MDR 1992, 21; *Stelkens/Cohrs,* Bestattungspflicht und Bestattungskostenpflicht, NVwZ 2002, 917; *Weimar,* Aufwendungen für Trauerkleidung als Beerdigungskosten, MDR 1967, 980; *Widmann,* Zur Bedeutung des § 1968 als Anspruchsgrundlage, FamRZ 1988, 351; *Zimmermann,* Rechtsfragen zum Thema „Friedhof und Bestattung", ZEV 1997, 440.

I. Bedeutung der Norm

1 **1. Allgemeines.** § 1968 regelt die Pflicht des Erben, die **Kosten der Beerdigung des Erblassers** zu tragen. Demjenigen, der die Beerdigung vorgenommen hat und dazu Verbindlichkeiten eingegangen ist, gewährt § 1968 grds einen Freistellungs- oder Erstattungsanspruch gegen den oder die Erben. Ergänzt wird § 1968 durch §§ 1615 Abs 2, 1360a Abs 3, 1361 Abs 3, 1615 m. Sind die Beerdigungskosten vom Erben nicht zu erlangen, hat der **Unterhaltsverpflichtete** sie zu tragen. Im Falle der Tötung steht dem Erben oder dem Unterhaltsverpflichteten ein **Ersatzanspruch gegen den Täter** zu (§ 844 Abs 1, §§ 5 Abs 1 S 2 HPflG, 35 Abs 1 S 2 LuftVG, 10 Abs 1 S 1 StVG, 7 Abs 1 S 2 ProdHaftG, 12 Abs 1 S 2 UmweltHG). Gemäß § 74 SGB XII hat der **zuständige Sozialhilfeträger** die erforderlichen Kosten einer Bestattung zu übernehmen, wenn und soweit dem hierzu Verpflichteten nicht zugemutet werden kann, die Kosten zu tragen. Anspruchsberechtigt gemäß § 74 SGB XII ist nicht derjenige, der im Rahmen der ihm obliegenden Totenfürsorge berechtigt ist, die Bestattung des Verstorbenen durchzuführen, sondern derjenige, der öffentlich-rechtlich verpflichtet ist, die Kosten der Bestattung zu tragen[1]. Der Anspruch aus § 1968 ist eine **Nachlassverbindlichkeit**[2], im Nachlassinsolvenzverfahren eine Masseverbindlichkeit (§ 324 Abs 1 Nr 2 InsO).

2 **2. Totenfürsorge.** Nicht in § 1968 geregelt sind das Recht, die Totenfürsorge wahrzunehmen, sowie die in den Friedhofsgesetzen der Länder und dem teilweise als Landesrecht fortgeltenden Feuerbestattungsgesetz vom 15. 5. 1934 (RGBl I S 380) normierte **öffentlich-rechtliche Bestattungspflicht.** Zur Totenfürsorge gehört die Bestimmung der **Bestattungsart** und des **Ortes der letzten Ruhestätte** sowie ggf die Entscheidung über eine Umbettung der Leiche oder der Urne. In erster Linie entscheidet der **Wille des Verstorbenen.** Wenn und soweit ein erkennbarer Wille nicht vorliegt, sind nach einem ungeschriebenen gewohnheitsrechtlichen Rechtsgrundsatz die **nächsten Angehörigen des Verstorbenen** berechtigt und verpflichtet, über die Art der Bestattung zu entscheiden und den Ort der letzten Ruhestätte auszuwählen[3]. Unter den nächsten Angehörigen gebührt idR dem **Ehegatten** der Vorrang[4]. Ob die Angehörigen Erben des Verstorbenen geworden sind, ist unerheblich. Hat der Verstorbene

---

[42] *Soergel/Stein* Vor § 1967 Rn 26; *Staudinger/Marotzke* Rn 68 f; *Lange/Kuchinke* § 47 VI 2 a; aA *Schörnig* ZEV 2001, 129, 133.
[43] BGHZ 108, 187 = NJW 1989, 3152, 3155.
[44] BGH NJW 1982, 45; RGZ 72, 119, 121; *Soergel/Stein* Vor § 1967 Rn 24.
[45] BGH NJW 1995, 3314 m zust Anm *Wilhelm* LM HGB § 173 Nr 1; NJW 1982, 45.
[1] OVG Münster NJW 1998, 2154.
[2] MünchKommBGB/*Siegmann* Rn 2; *Soergel/Stein* Rn 1; *Staudinger/Marotzke* Rn 1; RGRK/*Johannsen* Rn 1.
[3] RGZ 154, 269, 270 f; BGHZ 61, 238 = NJW 1973, 2103; BGH LM Nr 2; NJW-RR 1992, 834.
[4] OLG Schleswig NJW-RR 1987, 72; OLG Zweibrücken MDR 1993, 878; AG Frankfurt FamRZ 1997, 1505.

jemanden mit der Wahrnehmung dieser Belange betraut, ist diese Person berechtigt, die Totenfürsorge wahrzunehmen, auch wenn sie nicht zum Kreis der sonst berufenen Angehörigen gehört[5]. Bei der Ermittlung des **Willens des Verstorbenen** kommt es nicht nur auf dessen ausdrückliche Willensbekundung, etwa in einer letztwilligen Verfügung, an; vielmehr genügt es, wenn aus den Umständen ein bestimmter Wille des Erblassers mit Sicherheit erschlossen werden kann[6]. Obliegt die Auswahl des Ortes der Bestattung den Angehörigen und besteht unter ihnen Streit darüber, ob eine Umbettung erfolgen soll, weil der Bestattungsort nicht richtig oder nicht von der zur Entscheidung berechtigten Person ausgewählt worden ist, können Pietät und die Achtung vor der Totenruhe (Art 1 Abs 1 GG) einem Verlangen nach **Umbettung** entgegenstehen[7]. Die Umbettung einer einmal beigesetzten Leiche kann nur aus ganz besonderen Gründen verlangt werden, etwa dann, wenn mit der Umbettung die Würde des Verstorbenen besser gewahrt und seinem mutmaßlichen Willen besser Rechnung getragen wird[8]. Hatte der Verstorbene selbst den Ort der Bestattung bestimmt, ist diese Anordnung jedoch auch dann verbindlich und von den zur Totenfürsorge berechtigten Personen zu achten, wenn dies eine Umbettung erforderlich macht[9]. Darlegungs- und beweispflichtig für einen entsprechenden letzten Willen des Verstorbene ist derjenige, der gegen den Willen der nächsten Angehörigen eine Umbettung verlangt[10].

II. Voraussetzungen und Inhalt des Anspruchs

1. Aktiv- und Passivlegitimation. Der Anspruch aus § 1968 richtet sich gegen den oder die Erben. 3
Bei mehreren Erben haften die Miterben als Gesamtschuldner (§§ 2058, 421). Anspruchsberechtigt ist derjenige, der als Inhaber des Rechts, die Totenfürsorge wahrzunehmen, die Beerdigung veranlasst hat[11]. Ein Dritter, der die Beerdigung eigenmächtig übernommen hat, kann nur nach den Grundsätzen der Geschäftsführung ohne Auftrag (§§ 677 ff) Erstattung seiner Aufwendungen verlangen[12]. Kreditinstitute sind nicht berechtigt, einem Bestattungsinstitut die Kosten der Beerdigung eigenmächtig aus einem Guthaben des Erblassers zu erstatten[13]. Steht dem **Erben** die Totenfürsorge zu und geht er in deren Wahrnehmung Verbindlichkeiten ein, begründet er Nachlasserbenschulden (§ 1967 Rn 17), für die er dem Vertragspartner (etwa dem Beerdigungsunternehmer) auch persönlich haftet[14]. Wenn Nachlassverwaltung angeordnet oder das Nachlassinsolvenzverfahren eröffnet worden ist, kann der Erbe gemäß §§ 1978, 1979 Erstattung seiner Aufwendungen aus dem Nachlass verlangen. Die **Vertragspartner** dessen, der die Beerdigung veranlasst hat, haben keinen Anspruch aus § 1968 gegen den Erben[15], sondern müssen sich an ihren jeweiligen Vertragspartner halten. Hat der Erbschaftsbesitzer die Beerdigung veranlasst, kann er gemäß § 2022 Abs 2 Erstattung seiner Aufwendungen verlangen. Der Anspruch aus § 1968 kann am Gerichtsstand der Erbschaft (§ 28 ZPO) eingeklagt werden[16].

2. Beerdigungskosten. a) Begriff. Bis zum Inkrafttreten des EGInsO vom 5. 10. 1994 (BGBl I 4
S 2911) am 1. 1. 1999 verhielt sich § 1968 über die Kosten der „standesmäßigen" Beerdigung des Erblassers. Darunter wurden diejenigen Kosten verstanden, die nach den in den Kreisen des Erblassers herrschenden Auffassungen und Gebräuchen sowie dem Herkommen unter Berücksichtigung der Leistungsfähigkeit des Nachlasses oder des Erben[17] zu einer würdigen und angemessenen Bestattung gehören[18]. Dass das EGInsO das Adjektiv „standesmäßig" gestrichen hat, bedeutet keine inhaltliche Änderung der Vorschrift[19].

b) Einzelheiten. Zu den Beerdigungskosten gehören über die eigentlichen **Kosten der Bestattung** 5
(oder der **Feuerbestattung**)[20] hinaus die Kosten für **Traueranzeigen und Danksagungen**[21], für die

---

[5] BGH NJW-RR 1992, 834; OLG Karlsruhe MDR 1990, 443.
[6] RGZ 100, 171, 173; 154, 269, 270; BGH LM Nr 2 Bl 2; NJW-RR 1992, 834, 835.
[7] RGZ 154, 269, 273; BGH LM Nr 2; BGH NJW-RR 1992, 834, 835.
[8] RGZ 108, 217, 219; 154, 269, 275; OLG Karlsruhe NJW 1954, 720, 721; OLG Karlsruhe MDR 1990, 443; OLG Oldenburg NJW-RR 1990, 1416; OVG Münster ZevKR 37 (1992), 286, 289; MünchKommBGB/*Siegmann* Rn 7.
[9] BGH LM Nr 2; OLG Karlsruhe MDR 1990, 443.
[10] BGH NJW-RR 1992, 834, 835; *Baumgärtel/Schmitz* Rn 1.
[11] OLG Saarbrücken WM 2002, 2241; *Widmann* FamRZ 1988, 351, 352; *Jauernig/Stürner* Rn 2; *Soergel/Stein* Rn 3.
[12] LG Itzehoe WM 2002, 503, 504; *Widmann* FamRZ 1988, 351, 352; *Jauernig/Stürner* Rn 2; *Palandt/Edenhofer* Rn 2; aA OLG Saarbrücken OLGR 2002, 228 f.
[13] OLG Saarbrücken WM 2002, 2240, 2241; LG Itzehoe WM 2002, 503, 504; *Jacoby* WM 2003, 374 f.
[14] MünchKommBGB/*Siegmann* Rn 2; *Jauernig/Stürner* Rn 1; *Palandt/Edenhofer* Rn 2; RGRK/*Johannsen* Rn 1; *Soergel/Stein* Rn 2; *Erman/Schlüter* Rn 3.
[15] MünchKommBGB/*Siegmann* Rn 2; *Soergel/Stein* Rn 3; aA *Staudinger/Marotzke* Rn 13 f.
[16] OLG Karlsruhe OLGR 2003, 347.
[17] RGZ 139, 393, 398; BGHZ 32, 72, 73 = NJW 1960, 910; *Soergel/Stein* Rn 5; aA *Staudinger/Marotzke* Rn 3: auf die Leistungsfähigkeit des Erben komme es nicht an.
[18] RGZ 139, 393, 394; 160, 255, 256; BGHZ 32, 72, 73 = NJW 1960, 910; BGHZ 61, 238, 239 = NJW 1973, 2103; OLG München NJW 1974, 703, 704; OLG Düsseldorf NJW-RR 1995, 1161, 1162; AG Grimma NJW-RR 1997, 1027; MünchKommBGB/*Siegmann* Rn 4; *Soergel/Stein* Rn 4; *Staudinger/Marotzke* Rn 3; *Erman/Schlüter* Rn 5; *Jauernig/Stürner* Rn 4.
[19] OLG Saarbrücken OLGR 2003, 228 f; MünchKommBGB/*Siegmann* Rn 4; *Palandt/Edenhofer* Rn 3; *Staudinger/Marotzke* Rn 32; vgl BT-Drucks 12/2803 S 39.
[20] RGZ 154, 269, 270; *Lange/Kuchinke* § 47 III 2 b; MünchKommBGB/*Siegmann* Rn 4; RGRK/*Johannsen* Rn 2.
[21] MünchKommBGB/*Siegmann* Rn 4; *Staudinger/Marotzke* Rn 9.

Herrichtung der **Grabstätte**, den **Grabstein**[22], die Ausrichtung der üblichen kirchlichen und/oder bürgerlichen **Leichenfeier**[23]. Nicht erstattungsfähig sind die Mehrkosten eines Doppel-[24] oder Familiengrabes[25], die Kosten für Trauerkleidung[26] und die Reisekosten für die Teilnahme an der Beerdigung. **Reisekosten** können allenfalls dann zu erstatten sein, wenn ein naher Angehöriger infolge seiner Bedürftigkeit gehindert wäre, an der Beerdigung teilzunehmen[27], oder wenn die Reisekosten bei Erfüllung der öffentlich-rechtlichen Pflicht zur Durchführung der Beerdigung entstanden sind[28]. Die Kosten einer gebuchten und dann wegen Teilnahme an der Beerdigung nicht angetretenen Urlaubsreise stellen keine Beerdigungskosten dar[29]. Die Beerdigung ist mit der Herrichtung einer zur Dauereinrichtung bestimmten und geeigneten Grabstätte abgeschlossen, so dass die Kosten für die Instandhaltung und Pflege der Grabstätte und des Grabdenkmals **(Grabpflege)** nicht mehr zu den vom Erben zu tragenden Beerdigungskosten gehört[30]. Bei Vorliegen wichtiger Gründe (Rn 2) können jedoch die Kosten für die Umbettung und für die Einrichtung einer neuen Grabstätte zu den Beerdigungskosten gehören[31].

6   3. **Verfügungen des Erblassers.** Der Erblasser kann durch letztwillige Verfügung – etwa in Form einer Auflage (§§ 1940, 2192) – abweichende Anordnungen treffen[32]. Hatte der Erblasser selbst einen Grabpflegevertrag geschlossen, gehören die dadurch begründeten Verbindlichkeiten zu den Nachlassverbindlichkeiten.

§ 1969 Dreißigster

(1) ¹**Der Erbe ist verpflichtet, Familienangehörigen des Erblassers, die zur Zeit des Todes des Erblassers zu dessen Hausstand gehören und von ihm Unterhalt bezogen haben, in den ersten 30 Tagen nach dem Eintritt des Erbfalls in demselben Umfang, wie der Erblasser es getan hat, Unterhalt zu gewähren und die Benutzung der Wohnung und der Haushaltsgegenstände zu gestatten.** ²**Der Erblasser kann durch letztwillige Verfügung eine abweichende Anordnung treffen.**

(2) **Die Vorschriften über Vermächtnisse finden entsprechende Anwendung.**

I. Bedeutung der Norm

1   Der Anspruch auf Unterhalt für die ersten 30 Tage nach dem Erbfall (der sog „**Dreißigste**") dient dem Schutz der vom Erblasser abhängig gewesenen Personen, die sich auf neue Lebensumstände einstellen müssen. Nach Absatz 2 sind die **Vorschriften über Vermächtnisse** entspr anwendbar. Der Erblasser kann durch letztwillige Verfügung abweichende Anordnungen treffen, etwa den Anspruch erweitern oder verringern, einen Vorrang anordnen (§ 2189) oder einen anderen als den Erben beschweren (§ 2147). In einem Erbvertrag kann der Dreißigste vertragsmäßig erweitert (§ 2278 Abs 2), aber nur einseitig verringert oder entzogen werden (§§ 2278 Abs 2, 2299).

II. Voraussetzungen und Inhalt des Anspruchs

2   1. **Voraussetzungen des Anspruchs.** Anspruchsberechtigt sind Familienangehörige des Erblassers, die mit diesem zusammen in häuslicher Gemeinschaft gelebt und von ihm Unterhalt bezogen haben.

a) **Familienangehörige.** Familienangehörige sind der Ehegatte des Erblassers, Verwandte und Verschwägerte unabhängig welchen Grades sowie sonstige Personen wie Pflegekinder oder Freunde, die der Erblasser als zur Familie gehörig angesehen und behandelt hat[1]. Auch der Partner einer eheähnlichen Gemeinschaft – nach der Definition des BGH eine Lebensgemeinschaft zwischen Mann und Frau, die auf Dauer angelegt ist, keine weitere Lebensgemeinschaft zulässt und sich durch innere Bindungen auszeichne, die ein gegenseitiges Einstehen der Partner füreinander begründet[2] – ist idS „familienangehörig"[3]. Familienangehörige sind auch Lebenspartner (§ 11 Abs 1 LPartG). Nicht anspruchsberechtigt sind Angestellte, die nicht auf Grund ihrer persönlichen Beziehung zum Erblasser, sondern auf Grund eines **Dienstvertrages** zu dessen Hausstand gehörten. Gleiches gilt für solche

---

[22] RGZ 139, 398, 394; OLG München NJW 1974, 703, 704; OLG Düsseldorf NJW-RR 1995, 1161, 1162.
[23] OLG München NJW 1974, 703, 704; AG Grimma NJW-RR 1997, 1027; *Staudinger/Marotzke* Rn 7.
[24] BGHZ 61, 238 = NJW 1973, 2103.
[25] OLG Celle r+s 1997, 160, 161.
[26] *Lange/Kuchinke* § 47 III 2 b m Fn 46; *MünchKommBGB/Siegmann* Rn 4; aA – mittlerweile überholt – *Weimar* MDR 1967, 980, 981.
[27] BGHZ 32, 72, 74 = NJW 1960, 910; OLG Karlsruhe MDR 1970, 48, 49; *Lange/Kuchinke* § 47 III 2 b m Fn 47.
[28] OLG Karlsruhe MDR 1970, 48, 49; *Staudinger/Marotzke* Rn 8.
[29] BGH NJW 1989, 2317 zu § 844 Abs 1.
[30] RGZ 160, 255, 256; BGHZ 61, 238, 239 = NJW 1973, 2103; OLG Düsseldorf r+s 1997, 159, 160; aA *Damrau* ZEV 2004, 456; vgl auch *Lange/Kuchinke* § 47 III 2 b m Fn 48 für das erste Jahr nach der Beerdigung.
[31] OLG München NJW 1974, 703; *MünchKommBGB/Siegmann* Rn 4; *Staudinger/Marotzke* Rn 6.
[32] *Staudinger/Marotzke* Rn 11; *MünchKommBGB/Siegmann* Rn 8.
[1] *RGRK/Johannsen* Rn 2; *Erman/Schlüter* Rn 2; *Staudinger/Marotzke* Rn 4; *MünchKommBGB/Siegmann* Rn 2.
[2] BGHZ 121, 116, 122 ff = NJW 1993, 999, 1001.
[3] OLG Düsseldorf NJW 1983, 1566; *MünchKommBGB/Siegmann* Rn 2; *Staudinger/Marotzke* Rn 4; *Soergel/Stein* Rn 2; *Erman/Schlüter* Rn 2; aA *RGRK/Johannsen* Rn 2; *Jauernig/Stürner* Rn 1.

Personen, die überwiegend aus wirtschaftlichen Gründen mit dem Erblasser zusammenlebten (etwa Mitglieder einer Wohngemeinschaft).

b) Zum Hausstand gehörig. Der Familienangehörige muss im Zeitpunkt des Todes des Erblassers zu dessen Hausstand (vgl § 1619) gehört, also in dessen Haus oder Wohnung seinen Lebensmittelpunkt gehabt haben. Ein nur vorübergehender Aufenthalt im Haushalt des Erblassers reicht nicht aus. Umgekehrt schadet eine vorübergehende Abwesenheit (etwa zu Studienzwecken) nicht. Der getrennt lebende Ehegatte (vgl § 1567) gehört nicht mehr zum Hausstand des Erblassers. 3

c) Unterhalt. Der Erblasser muss dem Familienangehörigen tatsächlich Unterhalt gewährt haben. Ob ein Unterhaltsanspruch nach gesetzlichen Vorschriften bestand, ist unerheblich. 4

2. Inhalt des Anspruchs. Der Erbe hat **Unterhalt** nach Art und Umfang so zu gewähren, wie der Erblasser es getan hat, und die **Nutzung der Wohnung und der Haushaltsgegenstände** zu gestatten. §§ 1610, 1612 gelten nicht. Nur wenn der Haushalt entgegen § 1969 vor Ablauf der Frist von 30 Tagen aufgelöst wird, kommt ein Anspruch auf Geld in Betracht. Die Frist beginnt mit dem auf den Todestag folgenden Tag (§§ 187 Abs 1, 188 Abs 1). Ein Anspruch gegen den Erben auf Zutritt zur Wohnung entfällt, wenn der Familienangehörige gemäß §§ 569a, 569b Mieter der Wohnung geworden ist. Der Zutrittsanspruch solcher Familienangehöriger, die nicht Mieter der Wohnung geworden sind, richtet sich gegen den neuen Mieter, auch wenn dieser nicht Erbe ist[4]. 5

3. Durchsetzung des Anspruchs. § 1969 begründet eine **Nachlassverbindlichkeit** (Erbfallschuld) iS von § 1967 Abs 1, für die die allgemeinen Vorschriften über die Erbenhaftung gelten. Solange der Erbe nicht in Anspruch genommen werden kann (§ 1958), ist gemäß §§ 1960, 1961 ein Nachlasspfleger zu bestellen. Der Anspruch aus § 1969 ist grds weder pfändbar noch übertragbar (§§ 399, 400; §§ 850b Abs 1 Nr 2 und Abs 2, 851 ZPO). Gegen ihn kann weder aufgerechnet werden (§ 394), noch kann ein Zurückbehaltungsrecht geltend gemacht werden. Die aufschiebenden Einreden der §§ 2014, 2015 sind nach Sinn und Zweck der Vorschrift ebenfalls ausgeschlossen. 6

4. Beweislast. Darlegungs- und beweispflichtig für die tatsächlichen Voraussetzungen des § 1969 sowie für Art und Umfang der Unterhaltsleistungen des Erblassers ist der Anspruchssteller. Wer sich auf eine abweichende letztwillige Verfügung des Erblassers beruft, ist für deren Wirksamkeit beweispflichtig[5]. 7

Untertitel 2. Aufgebot der Nachlassgläubiger (§§ 1970–1974)

§ 1970 Anmeldung der Forderungen

Die Nachlassgläubiger können im Wege des Aufgebotsverfahrens zur Anmeldung ihrer Forderungen aufgefordert werden.

Schrifttum: *Harder*, Die gerichtliche Zuständigkeit für das Nachlassgläubigeraufgebot gemäß §§ 1970 ff., ZEV 2002, 90.

Übersicht

	Rn		Rn
I. Bedeutung der Norm	1	4. Form	9
II. Betroffene und nicht betroffene Nachlassgläubiger	2	5. Erlass des Aufgebots	10
1. Grundsatz	2	6. Anmeldung einer Forderung	11
2. Ausnahmen	3	7. Weiteres Verfahren	12
3. Unbeschränkte Haftung der Erben	4	8. Kosten	13
4. Forderungen der Erben	5	IV. Wirkungen des Aufgebots	14
III. Aufgebotsverfahren	6	1. Aufgebotseinrede	14
1. Zuständigkeit	6	2. Ausschließungs- und Erschöpfungseinrede	15
2. Antragsrecht	7	3. Eingeschränkte Haftung für die Verwaltung des Nachlasses	16
3. Frist	8	4. Pro-rata-Haftung der Miterben	17

I. Bedeutung der Norm

Ein **Aufgebot** ist die öffentliche gerichtliche Aufforderung zur Anmeldung von Ansprüchen oder Rechten mit der Wirkung, dass die Unterlassung der Anmeldung einen Rechtsnachteil zur Folge hat (§ 946 Abs 1 ZPO). Das **Aufgebot der Nachlassgläubiger** soll dem Erben die Kenntnis möglichst aller **Nachlassverbindlichkeiten** verschaffen. Auf dieser Grundlage soll er entscheiden können, ob er 1

---

[4] *Staudinger/Marotzke* Rn 10; *Soergel/Stein* Rn 5.
[5] *Baumgärtel/Schmitz* Rn 1.

Nachlassverwaltung oder die Eröffnung des Nachlassinsolvenzverfahrens beantragen oder sonst zu den allgemeinen Mitteln der Haftungsbeschränkung greifen soll[1]. Er kann sein eigenes Vermögen gegen unbekannte Nachlassgläubiger sichern (§ 1973), ein Inventar errichten (§ 2001 Abs 1 S 2) und dem Nachlasspfleger, Nachlassverwalter oder Testamentsvollstrecker die notwendigen Unterlagen zur Verteilung der Masse in die Hand geben[2]. Wichtigste **Rechtsfolge** der Durchführung eines Aufgebotsverfahrens ist, dass diejenigen Gläubiger, die sich nicht melden, nur insoweit Befriedigung verlangen können, als nach Befriedigung der nicht ausgeschlossenen Gläubiger noch ein Überschuss verbleibt. Sind mehrere Erben vorhanden, haftet jeder Miterbe nach der Teilung des Nachlasses außerdem nur für den seinem Erbteil entsprechenden Teil der Verbindlichkeit (§ 2060 Nr 1).

II. Betroffene und nicht betroffene Nachlassgläubiger

2   **1. Grundsatz. Nachlassgläubiger** iS von § 1970 sind diejenigen Gläubiger, denen zu Beginn der Aufgebotsfrist (§§ 950, 994 ZPO) eine Forderung – sei sie auch noch bedingt, betagt oder erst dem Grunde nach entstanden – gegen den Nachlass zusteht. Erfasst werden grds alle Nachlassverbindlichkeiten gemäß § 1967 (zu den Ausnahmen unter 2.). Auch Gläubiger, die bereits einen rechtskräftigen Titel gegen den Erblasser oder gegen den Erben erlangt haben, müssen ihre Forderung anmelden[3]. Auf die Frage, ob der Erbe die Forderung kannte, kommt es nicht an. Das Aufgebotsverfahren dient nicht nur der Ermittlung unbekannter Gläubiger, sondern auch der Feststellung derjenigen Gläubiger, die vorrangig aus dem Nachlass zu befriedigen sind (vgl § 1973).

3   **2. Ausnahmen. Nicht betroffen** sind:
– die in § 1971 genannten **dinglich berechtigten Gläubiger** (Pfandgläubiger gemäß §§ 1204, 1273, Aus- und Absonderungsberechtigte gemäß §§ 47, 50, 51 InsO, Gläubiger gemäß § 10 ZVG) und **Vormerkungsberechtigte** (§§ 883 ff) in Ansehung dieser Rechte;
– Pflichtteilsberechtigte, Vermächtnisnehmer und Auflagenbegünstigte (**nachlassbeteiligte Gläubiger**; § 1972).
– Gläubiger, deren Forderung erst nach der öffentlichen Bekanntmachung des Aufgebotes (§ 950 ZPO) **dem Grunde nach entstehen;** denn ihnen kann eine Anmeldung innerhalb der schon in Lauf gesetzten Frist nicht zugemutet werden[4];
– die Eigengläubiger des Erben[5].

4   **3. Unbeschränkte Haftung der Erben.** Gläubiger, denen der Erbe unbeschränkt haftet, verlieren diese Rechtsstellung nicht, wenn sie ihre Forderung nicht anmelden (§ 2013 Abs 1 S 1). Wenn das Aufgebotsverfahren von einem Verwalter betrieben wird, ist die Anmeldung jedoch erforderlich, um das Recht auf Befriedigung aus dem Nachlass zu wahren. Gibt es mehrere Erben, muss die Forderung angemeldet werden, um die nur anteilige Haftung gemäß § 2060 Nr 1 zu vermeiden.

5   **4. Forderungen der Erben.** Eigene Forderungen des (Allein-)Erben, der das Aufgebot beantragt hat, brauchen grds nicht angemeldet zu werden. Seine Ansprüche gegen den Erblasser sind mit dem Erbfall durch Konfusion erloschen (vgl § 1976). Ist das Aufgebotsverfahren von einem Nachlassverwalter oder Testamentsvollstrecker beantragt worden und besteht die Verwaltung im Zeitpunkt des Ausschlussurteils noch, muss jedoch auch der Alleinerbe etwaige Forderungen anmelden[6]. Bei Nachlassverwaltung gilt das Erlöschen der Forderung durch Vereinigung von Recht und Verbindlichkeit nämlich als nicht erfolgt (§ 1976); ist Verwaltungs-Testamentsvollstreckung angeordnet, tritt eine Vereinigung von Recht und Verbindlichkeit oder Belastung von vornherein nicht ein[7]. Hat ein **Miterbe** den Antrag gestellt, müssen die anderen Miterben ihre Forderungen anmelden. Gleiches gilt für den antragstellenden Miterben selbst, weil sich die übrigen Miterben gegenüber jedem Gläubiger auf die Ausschlusswirkung des Urteils berufen können (§ 997 Abs 1 ZPO)[8].

III. Aufgebotsverfahren

6   Das Aufgebotsverfahren ist in den §§ 946 ff, 989 bis 1000 ZPO geregelt.

1. Zuständigkeit. Zuständig ist gemäß § 990 ZPO das Amtsgericht, dem die Verrichtungen des Nachlassgerichts obliegen, idR also dasjenige Amtsgericht, in dessen Bezirk der Erblasser zuletzt seinen Wohnsitz oder Aufenthalt hatte (§ 73 FGG). Die Zuständigkeit innerhalb des Amtsgerichts richtet sich nach dem Geschäftsverteilungsplan. Bei Fehlen einer Regelung ist die Nachlassabteilung zuständig[9].

---

[1] Mot V S 643; *Lange/Kuchinke* § 48 IV 1; *Erman/Schlüter* Rn 1 f; *Staudinger/Marotzke* Rn 1; *MünchKommBGB/Siegmann* Rn 1.
[2] Mot V S 643.
[3] *MünchKommBGB/Siegmann* Rn 15; *RGRK/Johannsen* Rn 1; *Staudinger/Marotzke* Rn 13, 20.
[4] *RGRK/Johannsen* Rn 2; *Staudinger/Marotzke* Rn 19; *Erman/Schlüter* Rn 3.
[5] RGZ 92, 344; *Palandt/Edenhofer* Rn 4.
[6] *Staudinger/Marotzke* Rn 16; *Erman/Schlüter* Rn 3; *Palandt/Edenhofer* Rn 3; *Soergel/Stein* Rn 4; *RGRK/Johannsen* Rn 3.
[7] BGHZ 48, 214, 220 = NJW 1967, 2399.
[8] *Palandt/Edenhofer* Rn 3; *Staudinger/Marotzke* Rn 18; aA *MünchKommBGB/Siegmann* § 1972 Rn 8; *Erman/Schlüter* Rn 3.
[9] *MünchKommBGB/Siegmann* Rn 3; LG Köln MDR MDR 2003, 714 f unter allerdings unzutr Hinweis auf § 2061; aA *Staudinger/Marotzke* Rn 3; *Palandt/Edenhofer* Rn 4; *Harder* ZEV 2002, 90.

Anmeldung der Forderungen § 1970

2. Antragsrecht. Antragsberechtigt ist jeder Erbe nach Annahme der Erbschaft, außerdem der 7
Nachlasspfleger, der Nachlassverwalter und der verwaltende Testamentsvollstrecker (§ 991 Abs 2
ZPO), der Ehegatte des Erben, wenn Gütergemeinschaft besteht und der Nachlass in das Gesamtgut
fällt (§ 999 ZPO), sowie der Erbschaftskäufer (§ 1000 ZPO). Ein Erbe, der allen Nachlassgläubigern
gegenüber unbeschränkt haftet, hat kein Antragsrecht mehr (§ 991 Abs 1 ZPO). Ein unbeschränkt
haftender **Miterbe** kann das Aufgebotsverfahren allerdings noch zum Zwecke der Herbeiführung der
nur anteiligen Haftung (§ 2060 Nr 1) beantragen (§ 997 Abs 2 ZPO). **Nachlasspfleger, Nachlassverwalter und verwaltender Testamentsvollstrecker** sind auch dann noch antragsberechtigt, wenn
der Erbe unbeschränkt haftet[10]. Die haftungsbeschränkende Wirkung des § 1973 kann zwar nicht mehr
eintreten; der Verwalter erhält jedoch einen Überblick über den Bestand des Nachlasses und über die
vorrangig aus dem Nachlass zu befriedigenden Gläubiger.

3. Frist. Eine Frist, innerhalb derer das Aufgebot beantragt werden muss, ist nicht vorgesehen. Die 8
Einrede des Aufgebotsverfahrens – das Recht, die Berichtigung einer Nachlassverbindlichkeit im
Hinblick auf ein laufendes Aufgebotsverfahren zu verweigern – steht dem Erben allerdings nur dann zu,
wenn der Antrag innerhalb eines Jahres nach der Annahme der Erbschaft gestellt und der Antrag
zugelassen worden ist (§ 2015 Abs 1).

4. Form. Der **Antrag** ist schriftlich oder zu Protokoll der Geschäftsstelle zu stellen (§ 947 Abs 1 S 1 9
ZPO). Ihm ist ein Verzeichnis der bekannten Nachlassgläubiger mit Angabe ihres Wohnortes beizufügen
(§ 992 ZPO). Verletzt der Erbe schuldhaft diese Pflicht und hat ein Gläubiger deshalb die Anmeldung
versäumt, ist der Erbe ihm aus positiver Vertragsverletzung schadensersatzpflichtig. Schadensersatz (§ 249)
ist in der Form zu leisten, dass der Erbe sich auf die Ausschlusswirkung nicht berufen darf.

5. Erlass des Aufgebots. Erlassen wird das Aufgebot durch Beschluss des Rechtspflegers (§ 20 Nr 2 10
RPflG, §§ 947 Abs 2, 948, 950, 994 ZPO). Die **Aufgebotsfrist**, die nach den allgemeinen Vorschrif-
ten (§ 950 ZPO) mindestens sechs Wochen beträgt, soll höchstens sechs Monate betragen (§ 994 Abs 1
ZPO). Das Aufgebot soll den bekannten Nachlassgläubigern von Amts wegen zugestellt werden (§ 994
Abs 2 ZPO). Die **öffentliche Bekanntmachung des Aufgebotes** erfolgt durch Anheftung an die
Gerichtstafel und durch einmalige Einrückung in den Bundesanzeiger (§ 948 Abs 1 ZPO).

6. Anmeldung einer Forderung. Die Anmeldung einer Forderung durch einen Nachlassgläubiger 11
hat die Angabe des Gegenstandes und Grundes der Forderung zu enthalten (§ 996 Abs 1 ZPO), damit
die Forderung im Ausschlussurteil eindeutig bezeichnet werden kann.

7. Weiteres Verfahren. Entschieden wird durch **Ausschlussurteil** (§ 952 ZPO), das in öffentlicher 12
Sitzung durch den Richter zu erlassen ist. Das Urteil kann nur ausnahmsweise (§ 957 Abs 2 ZPO)
durch eine beim Landgericht zu erhebende Klage angefochten werden; iÜ findet ein Rechtsmittel nicht
statt (§ 957 Abs 1 ZPO).

8. Kosten. Die Kosten des Aufgebotsverfahrens sind Nachlassverbindlichkeiten und im Nachlassin- 13
solvenzverfahren Massenschulden (§ 324 Abs 1 Nr 4 InsO); denn das Aufgebotsverfahren kommt allen
Nachlassgläubigern zugute.

IV. Wirkungen des Aufgebots

1. Aufgebotseinrede. Hat der Erbe das Aufgebot innerhalb eines Jahres nach Annahme der Erb- 14
schaft beantragt und wurde der Antrag zugelassen, kann der Erbe gemäß § 2015 die Berichtigung der
Nachlassverbindlichkeit bis zur Beendigung des Aufgebotsverfahrens verweigern. Voraussetzung ist, dass
der Erbe nicht bereits unbeschränkt haftet (§ 2016 Abs 1). Im Verhältnis der Miterben untereinander
kann jeder Miterbe verlangen, dass die Auseinandersetzung des Nachlasses bis zur Beendigung des
Aufgebotsverfahrens aufgeschoben wird, wenn der Antrag auf Erlass des Aufgebotes schon gestellt
worden ist oder unverzüglich gestellt werden wird (§ 2045).

2. Ausschließungs- und Erschöpfungseinrede. Das Ausschlussurteil berührt die Forderungen der 15
ausgeschlossenen Gläubiger als solche nicht. Die Haftung des Erben beschränkt sich jedoch auf den
Nachlass. Der Erbe kann außerdem einwenden, dass der Nachlass durch die Befriedigung anderer
Gläubiger bereits erschöpft sei (§ 1973 Abs 1). Im Nachlassinsolvenzverfahren werden die Forderungen
der ausgeschlossenen Gläubigern erst nach den in § 39 InsO genannten Verbindlichkeiten (Zinsen und
Kosten) erfüllt (§ 327 Abs 3 InsO).

3. Eingeschränkte Haftung für die Verwaltung des Nachlasses. Für die Verwaltung des Nach- 16
lasses ist der Erbe den ausgeschlossenen Gläubigern gegenüber nur nach den Vorschriften über die
Herausgabe einer ungerechtfertigten Bereicherung verantwortlich (vgl auch § 328 Abs 2 InsO). Die
§§ 1978, 1979 gelten im Verhältnis zu den ausgeschlossenen Gläubigern nicht; denn ein Erbe, der mit
weiteren Nachlassverbindlichkeiten nicht zu rechnen braucht, ist nicht verpflichtet, den Nachlass wie
ein fremdes Vermögen zu verwalten.

4. Pro-rata-Haftung der Miterben. Miterben haften gemäß § 2060 Nr 1 nur für den ihrem 17
jeweiligen Erbteil entsprechenden Teil der Forderung. Das Aufgebot erstreckt sich insoweit auch auf
die nachlassbeteiligten Gläubiger des § 1972 sowie auf Gläubiger, denen der Miterbe unbeschränkt
haftet (§ 2060 Rn 4).

---

[10] *Staudinger/Marotzke* Rn 7; MünchKommBGB/*Siegmann* Rn 11; *Erman/Schlüter* Vor § 1970 Rn 5; *Palandt/
Edenhofer* Rn 6; *Lange/Kuchinke* § 48 IV 3 a; aA RGRK/*Johannsen* Rn 8; *Soergel/Stein* Rn 1.

§ 1971 Nicht betroffene Gläubiger

¹Pfandgläubiger und Gläubiger, die im Insolvenzverfahren den Pfandgläubigern gleichstehen, sowie Gläubiger, die bei der Zwangsvollstreckung in das unbewegliche Vermögen ein Recht auf Befriedigung aus diesem Vermögen haben, werden, soweit es sich um die Befriedigung aus den ihnen haftenden Gegenständen handelt, durch das Aufgebot nicht betroffen. ²Das Gleiche gilt von Gläubigern, deren Ansprüche durch eine Vormerkung gesichert sind oder denen im Insolvenzverfahren ein Aussonderungsrecht zusteht, in Ansehung des Gegenstands ihres Rechts.

I. Bedeutung der Norm

1   Die in § 1971 genannten Gläubiger werden vom Aufgebotsverfahren nicht betroffen. Es handelt sich um Gläubiger, deren Anspruch dinglich oder durch eine Vormerkung gesichert ist oder die aus sonstigen Gründen Befriedigung nicht aus dem gesamten Nachlass, sondern nur **aus einem bestimmten Nachlassgegenstand** suchen[1]. Ebenfalls nicht vom Aufgebotsverfahren betroffen sind die nachlassbeteiligten Gläubiger des § 1972. Die Ausnahmeregelungen der §§ 1971, 1972 sind nicht abschließend (zu weiteren Ausnahmen vgl § 1970 Rn 3).

II. Vom Aufgebot nicht betroffene Gläubiger

2   **1. Gläubiger des § 1971.** Folgende Gläubiger nimmt § 1971 von den Wirkungen eines Aufgebotsverfahrens aus:
- **Pfandgläubiger** sind Gläubiger, deren Forderung durch ein vertragliches Pfandrecht gesichert ist.
- Im Insolvenzverfahren einem Pfandgläubiger gleichgestellt sind die Inhaber eines **Pfändungspfandrechts** oder eines **gesetzlichen Pfandrechts** (§ 50 Abs 1 InsO) sowie die in § 51 InsO genannten sonstigen **Absonderungsberechtigten** (etwa Sicherungseigentümer).
- Welche Gläubiger bei der Zwangsvollstreckung in das unbewegliche Vermögen ein Recht auf Befriedigung aus diesem Vermögen haben, ergibt sich aus § 10 ZVG (sog **Realberechtigte**).
- Durch eine **Vormerkung** (§§ 883, 884) kann der Anspruch auf Einräumung oder Aufhebung eines Rechtes an einem Grundstück oder an einem das Grundstück belastenden Recht oder auf Änderung des Inhalts oder des Ranges eines solchen Rechtes gesichert werden.
- Ein **Aussonderungsrecht** hat im Insolvenzverfahren derjenige, der auf Grund eines dinglichen oder persönlichen Rechts geltend machen kann, dass ein Gegenstand nicht zur Insolvenzmasse gehört (§ 47 InsO). Der Anspruch auf Herausgabe eines nicht zum Nachlass gehörenden Gegenstandes braucht also im Aufgebotsverfahren nicht angemeldet zu werden.

3   **2. Reichweite der Ausnahmeregelung.** Die Gläubiger des § 1971 werden nur insoweit nicht vom Aufgebotsverfahren betroffen, als es um den **Gegenstand** geht, auf den sich ihr Recht bezieht. Etwa **zugrunde liegende obligatorische Forderungen** müssen angemeldet werden. Gegenüber dem dinglichen oder quasidinglichen Recht steht dem Erben – wenn es sich nicht um ein nach dem Erbfall im Wege der Zwangsvollstreckung erlangtes Recht handelt – **kein Leistungsverweigerungsrecht nach §§ 2014, 2015** zu (§ 2016).

4   **3. § 175 ZVG.** § 1971 wird in Bezug auf solche **Nachlassgläubiger, die wegen einer persönlichen Forderung ein Recht auf Befriedigung aus einem Nachlassgrundstück haben,** durch § 175 ZVG ergänzt. Beantragt der Erbe die Zwangsversteigerung des Grundstücks (§ 175 Abs 1 ZVG), um festzustellen, ob und wie weit der Anspruch des Gläubigers gedeckt ist, kann der Gläubiger verlangen, dass bei der Feststellung des geringsten Gebotes (§ 44 ZVG) nur die seinem Anspruch vorgehenden Rechte berücksichtigt werden (§§ 176, 174 ZVG). Wird sein Recht in das geringste Gebot aufgenommen, kann ihm im Hinblick auf § 52 Abs 1 S 1 ZVG die Befriedigung aus dem übrigen Nachlass und dem Eigenvermögen des Erben verweigert werden (§ 179 ZVG). Der Gläubiger kann also entweder nur sein dingliches Recht geltend machen (§§ 52 Abs 1 S 1, 179 ZVG) oder gemäß §§ 179, 174, 52 Abs 1 S 2 ZVG seinen Ausfall feststellen lassen, um dann seine persönliche Ausfallforderung, die nicht unter § 1971 fällt, aus dem sonstigen Nachlass und/oder dem Eigenvermögen des Erben zu befriedigen[2]. Das Verfahren nach § 175 ZVG findet nicht statt, wenn der Erbe bereits unbeschränkt haftet oder wenn der Nachlassgläubiger im Aufgebotsverfahren ausgeschlossen worden ist oder nach §§ 1974, 1989 einem ausgeschlossenen Gläubiger gleichsteht (§ 175 Abs 2 ZVG).

§ 1972 Nicht betroffene Rechte

Pflichtteilsrechte, Vermächtnisse und Auflagen werden durch das Aufgebot nicht betroffen, unbeschadet der Vorschrift des § 2060 Nr. 1.

---

[1] Mot V S 648.
[2] *Staudinger/Marotzke* Rn 5; RGRK/*Johannsen* Rn 5; MünchKommBGB/*Siegmann* Rn 4.

I. Rechtsstellung der nachlassbeteiligten Gläubiger

Pflichtteilsrechte (§§ 2303 ff), Vermächtnisse (§§ 2147 ff) und Auflagen (§§ 2192 ff) werden durch das Aufgebot nicht betroffen, weil sie dem Erben – jedenfalls idR – aus der letztwilligen Verfügung bekannt sind[1]. Gleichwohl ist die Rechtsstellung der sog nachlassbeteiligten Gläubiger des § 1972 schwächer als diejenige anderer – auch ausgeschlossener – Nachlassgläubiger. Ausgeschlossene Gläubiger gehen den nachlassbeteiligten Gläubigern grds vor (§ 1973 Abs 1 S 2). Pflichtteilsrechte, Vermächtnisse und Auflagen können damit nur gegenüber einem **nicht durch andere Verbindlichkeiten überschuldeten** Nachlass geltend gemacht werden. Hatte der Erbe die in § 1972 genannten Verbindlichkeiten zuvor bereits erfüllt, müssen die anderen Nachlassgläubiger dies nur dann hinnehmen, wenn der Erbe den Umständen nach annehmen durfte, dass der Nachlass **zur Berichtigung aller Nachlassverbindlichkeiten ausreichen** würde (§ 1979). Selbst dann ist die Erfüllung nach § 322 InsO oder § 5 AnfG anfechtbar. Im **Nachlassinsolvenzverfahren** werden Verbindlichkeiten aus Pflichtteilsrechten, Vermächtnissen und Auflagen nachrangig – noch nach den Forderungen des § 39 Abs 1 InsO – erfüllt (§ 327 Abs 1 InsO; vgl auch §§ 322, 328 InsO). Findet ein Nachlassinsolvenzverfahren mangels einer den Kosten entsprechenden Masse nicht statt (§ 1990 Abs 1 S 1), werden die Verbindlichkeiten aus Pflichtteilsrechten, Vermächtnissen und Auflagen ebenfalls nachrangig berichtigt (§ 1991 Abs 4). Beruht die Überschuldung des Nachlasses auf Vermächtnissen und Auflagen, ist der Erbe berechtigt, nach §§ 1990, 1991 vorzugehen und die Befriedigung der Ansprüche zu verweigern, soweit der Nachlass nicht ausreicht (§ 1992).

II. Verwalterhaftung des Erben

Die Bedeutung des § 1972 liegt daher im Wesentlichen darin, dass nachlassbeteiligte Gläubiger – anders als ausgeschlossene Gläubiger – ggf **Schadensersatzansprüche aus §§ 1978, 1979** gegen den Erben geltend machen können[2]. Hinsichtlich dessen, was der Erbe im Nachlassinsolvenzverfahren auf Grund der §§ 1978 und 1979 über den Betrag seiner Bereicherung hinaus zur Masse zu ersetzen hat, geht der nachlassbeteiligte Gläubiger dem ausgeschlossenen Gläubiger vor (§ 328 Abs 2 InsO)[3].

III. Pro-rata-Haftung der Miterben

§ 1972 lässt die Vorschrift des § 2060 Nr 1 unberührt. Nach § 2060 Nr 1 haften Miterben nach der Teilung des Nachlasses nur für den ihrem Erbteil entsprechenden Teil einer Nachlassverbindlichkeit, wenn der Gläubiger im Aufgebotsverfahren ausgeschlossen worden ist. Insoweit wirkt das Ausschlussurteil (§§ 991 ff, 962 ZPO) auch zum Nachteil der Gläubiger des § 1972. Die Anmeldung der Forderung im Aufgebotsverfahren erhält die gesamtschuldnerische Haftung der Miterben über die Teilung hinaus. Die Anmeldung kann auch unter folgendem Gesichtspunkt sinnvoll sein: Die Gläubiger des § 1972 fallen unter **§ 1974** (vgl § 1974 Abs 3, der § 1972 nicht erwähnt). Werden Ansprüche aus Pflichtteilsrechten, Vermächtnissen und Auflagen nicht innerhalb von fünf Jahren nach dem Erbfall geltend gemacht und sind sie dem Erben – etwa weil ein Testament erst später aufgefunden wird – auch nicht bekannt, werden die Gläubiger des § 1972 ebenfalls wie ausgeschlossene Gläubiger behandelt (§ 1974 Abs 1 und 2).

§ 1973 Ausschluss von Nachlassgläubigern

(1) ¹Der Erbe kann die Befriedigung eines im Aufgebotsverfahren ausgeschlossenen Nachlassgläubigers insoweit verweigern, als der Nachlass durch die Befriedigung der nicht ausgeschlossenen Gläubiger erschöpft wird. ²Der Erbe hat jedoch den ausgeschlossenen Gläubiger vor den Verbindlichkeiten aus Pflichtteilsrechten, Vermächtnissen und Auflagen zu befriedigen, es sei denn, dass der Gläubiger seine Forderung erst nach der Berichtigung dieser Verbindlichkeiten geltend macht.

(2) ¹Einen Überschuss hat der Erbe zum Zwecke der Befriedigung des Gläubigers im Wege der Zwangsvollstreckung nach den Vorschriften über die Herausgabe einer ungerechtfertigten Bereicherung herauszugeben. ²Er kann die Herausgabe der noch vorhandenen Nachlassgegenstände durch Zahlung des Wertes abwenden. ³Die rechtskräftige Verurteilung des Erben zur Befriedigung eines ausgeschlossenen Gläubigers wirkt einem anderen Gläubiger gegenüber wie die Befriedigung.

I. Bedeutung der Norm

1. Beschränkung der Haftung auf den Nachlass. § 1973 regelt die **Rechtsfolgen eines Ausschlussurteils** und deren Geltendmachung durch den Erben. Das im Aufgebotsverfahren ergangene Ausschlussurteil (§ 952 ZPO) führt nicht zu einem Erlöschen der Forderungen der ausgeschlossenen Gläubiger. Lediglich die **Haftung des Erben** wird beschränkt. Der Erbe, der sein Recht zur Beschrän-

---

[1] Prot V S 774; vgl auch *Staudinger/Marotzke* Rn 1.
[2] MünchKommBGB/*Siegmann* Rn 5; *Staudinger/Marotzke* Rn 4; *Soergel/Stein* Rn 1; RGRK/*Kregel* Rn 1.
[3] *Staudinger/Marotzke* Rn 4.

§ 1973

kung der Haftung auf den Nachlass bis zum Ausschlussurteil noch nicht verloren hatte (§ 2013 Abs 1 S 2), haftet nur noch mit dem Nachlass. Nicht ausgeschlossene Forderungen – mit Ausnahme der noch nicht erfüllten Forderungen der nachlassbeteiligten Gläubiger des § 1972 – werden vorrangig erfüllt. Dem ausgeschlossenen Gläubiger bleibt nur der Rest, der nach Befriedigung der übrigen Gläubiger verbleibt. Der Erbe haftet nach **Bereicherungsrecht** (§§ 818, 819). Er ist dem ausgeschlossenen Gläubiger auch nicht gemäß §§ 1978, 1979 für den Bestand des Nachlasses verantwortlich. Auf die **Ausschluss- und Erschöpfungseinrede** des § 1973 kann sich der Erbe auch dann berufen, wenn er später gemäß § 1994 oder § 2005 sein Recht zur Beschränkung der Haftung auf den Nachlass verliert (§ 2013 Abs 1 S 2).

2 **2. Entsprechende Anwendung.** Entspr anwendbar ist § 1973, wenn das Nachlassinsolvenzverfahren durch Verteilung der Masse oder durch einen Insolvenzplan beendet worden ist (§ 1989). Gemäß **§ 2060 Nr 1** haftet jeder Miterbe nach der Teilung des Nachlasses nur für den seinem Erbteil entsprechenden Teil der Nachlassverbindlichkeit, wenn der Gläubiger – auch der Gläubiger des § 1972 sowie derjenige Gläubiger, dem der Miterbe unbeschränkt haftet – im Aufgebotsverfahren ausgeschlossen ist.

II. Rechtsfolgen der Ausschließung

3 **1. Rechtsstellung des ausgeschlossenen Gläubigers.** Die Forderung des ausgeschlossenen Gläubigers bleibt unverändert[1]. Auf sie kann ggf die Einrede des nichterfüllten Vertrages (§§ 320, 322) gestützt werden[2]. Der Gläubiger kann sie auch weiterhin zur Aufrechnung gegen Nachlassforderungen verwenden[3]. § 390 S 1 steht nicht entgegen, wenn die Voraussetzungen des § 1973 im Zeitpunkt des Entstehens der Aufrechnungslage noch nicht erfüllt waren[4]. Wenn die einmal erworbene Aufrechnungsbefugnis sogar im Insolvenzverfahren Bestand hat (vgl §§ 94 ff InsO), bleibt sie auch von der Haftungsbeschränkung des § 1973 unberührt. Der Gläubiger bleibt berechtigt, **Nachlassverwaltung** oder die **Eröffnung des Nachlassinsolvenzverfahrens** zu beantragen; denn eine § 219 Abs 1 KO entsprechende Vorschrift gibt es in der seit dem 1. 1. 1999 geltenden InsO nicht mehr[5]. Nach wie vor kann der Gläubiger auch die **Bestimmung einer Inventarfrist** beantragen (§ 1994)[6].

4 **2. Beschränkung der Haftung des Erben auf den Nachlass.** Die Haftung des Erben gegenüber ausgeschlossenen Gläubigern ist endgültig auf den Nachlass beschränkt[7]. Der Erbe kann die Befriedigung des ausgeschlossenen Gläubigers verweigern, soweit der Nachlass durch die Befriedigung der nicht ausgeschlossenen Gläubiger (Abs 1 S 1) sowie der Gläubiger, zu deren Befriedigung er rechtskräftig verurteilt worden ist (Abs 2 S 3), erschöpft wird. Nur Forderungen nachlassbeteiligter Gläubiger (§ 1972), die noch nicht erfüllt worden sind, dürfen nicht vorrangig berücksichtigt werden (Abs 1 S 2). Mehrere ausgeschlossene Gläubiger kann der Erbe in beliebiger Reihenfolge befriedigen.

5 **3. Herausgabe des Überschusses.** Der Überschuss, aus dem die ausgeschlossenen Gläubiger befriedigt werden müssen, ist nach den Vorschriften des Bereicherungsrechts zu errechnen.

6 **a) Berechnung des Überschusses.** Auszugehen ist vom ursprünglichen Aktivbestand des Nachlasses. **Hinzuzurechnen** sind die nach dem Erbfall gezogenen Nutzungen und dasjenige, was der Erbe auf Grund eines zum Nachlass gehörenden Rechtes oder als Ersatz für die Zerstörung, Beschädigung oder Entziehung eines Nachlassgegenstandes erlangt hat (§ 818 Abs 1). Hinzuzurechnen sind außerdem die beim Erbfall infolge Konfusion und Konsolidation erloschenen Verbindlichkeiten des Erben gegenüber dem Erblasser, soweit dieser durch die Befreiung von seiner Verbindlichkeit auf Kosten des Nachlasses bereichert[8]. **Abzuziehen** sind umgekehrt die erloschenen Verbindlichkeiten des Erblassers gegenüber dem Erben, die Forderungen der nicht ausgeschlossenen Gläubiger mit Ausnahme der noch nicht befriedigten nachlassbeteiligten Gläubiger des § 1972, die Forderungen ausgeschlossener Gläubiger, die bereits beglichen oder rechtskräftig ausgeurteilt worden sind, sowie Aufwendungen des Erben aus seinem sonstigen Vermögen. Abzuziehen ist schließlich auch alles, was der Erbe vor Kenntnis oder vor Rechtshängigkeit der ausgeschlossenen Forderung (§§ 818 Abs 4, 819 Abs 1) aus dem Nachlass weggegeben hat, ohne eine Gegenleistung zu erhalten.

7 **b) Maßgeblicher Zeitpunkt.** Hinsichtlich des maßgeblichen Zeitpunkts ist zu unterscheiden: Leistungen an nachlassbeteiligte Gläubiger (§ 1972) dürfen nur berücksichtigt werden, wenn sie erfolgt sind, bevor der ausgeschlossene Gläubiger seine Forderung geltend gemacht hat (Abs 1 S 2 HS 2)[9]. Zahlungen an andere ausgeschlossene Gläubiger können bis zur Rechtskraft des Urteils erfolgt sein, in dem der Erbe – sei es unter dem Vorbehalt der beschränkten Erbenhaftung – zur Befriedigung des ausgeschlossenen Gläubigers verurteilt wird (arg e Abs 2 S 3)[10]. Hinsichtlich einer Verringerung des

---

[1] RGZ 61, 221; Staudinger/Marotzke Rn 27.
[2] Staudinger/Marotzke Rn 6; Erman/Schlüter Rn 4; MünchKommBGB/Siegmann Rn 2.
[3] RGZ 42, 138; Staudinger/Marotzke Rn 6; Erman/Schlüter Rn 2; RGRK/Johannsen Rn 7; MünchKommBGB/Siegmann Rn 2.
[4] Erman/Schlüter Rn 2.
[5] Vgl BT-Drucks 12/2443 S 230; dazu ausf Staudinger/Marotzke § 1975 Rn 36 ff.
[6] MünchKommBGB/Siegmann Rn 2; vgl § 1994 Rn 3 mN auch zur Gegenansicht.
[7] RGZ 83, 330, 331.
[8] Staudinger/Marotzke Rn 15; Erman/Schlüter Rn 3; MünchKommBGB/Siegmann Rn 5; RGRK/Johannsen Rn 14.
[9] Lange/Kuchinke § 49 IX 1 a m Fn 233.
[10] Vgl RGRK/Johannsen Rn 16.

Nachlasses durch eigenen Verbrauch oder Schenkungen gelten §§ 819 Abs 1, 818 Abs 4, 292 Abs 1, 989, hinsichtlich der Erstattung von Aufwendungen §§ 819 Abs 1, 818 Abs 4, 292 Abs 2, 994, 996. Im Übrigen kommt es auf den Zeitpunkt der letzten mündlichen Verhandlung im Erkenntnisverfahren an[11]. Wird der Erbe unter dem Vorbehalt der beschränkten Erbenhaftung (§ 780 ZPO) verurteilt und erhebt er Vollstreckungsgegenklage (§ 785 ZPO), ist auf den Beginn der Zwangsvollstreckung abzustellen[12].

4. Vollstreckungspreisgabe. Den Überschuss hat der Erbe zum Zwecke der Befriedigung des Gläubigers im Wege der Zwangsvollstreckung herauszugeben (Abs 2 S 1). Das bedeutet, dass der Gläubiger – falls sich die Parteien nicht auf eine Leistung an Erfüllungs Statt (§ 364 Abs 1) einigen – die ihm übergebenen Nachlassgegenstände nicht zu Eigentum, sondern nur zum Zwecke der Verwertung erhält[13]. Die Pflicht zur Herausgabe umfasst gemäß §§ 260, 261 auch die Pflicht zur Vorlage eines Bestandsverzeichnisses sowie ggf zur Abgabe der eidesstattlichen Versicherung der Richtigkeit des Verzeichnisses. Der Erbe kann die Herausgabe der noch vorhandenen Nachlassgegenstände **durch Zahlung des Wertes abwenden** (Abs 2 S 3). Entscheidend ist der Wert in demjenigen Zeitpunkt, in dem der Erbe von seinem Wahlrecht Gebrauch macht[14]. Gegenüber anderen Gläubigern kann der Erbe sich nur in Höhe des objektiven Wertes des Nachlassgegenstandes auf die Herausgabe oder die Ablösung der Herausgabe berufen.

III. Verfahren

1. Durchsetzung der Einrede. Die Ausschluss- und Erschöpfungseinrede kann außergerichtlich, im Erkenntnisverfahren oder im Wege der Vollstreckungsgegenklage geltend gemacht werden. Steht bereits im **Erkenntnisverfahren** fest, dass keine Nachlassgegenstände mehr vorhanden sind, ist die Klage des ausgeschlossenen Gläubigers als zurzeit unzulässig abzuweisen[15]. Sind Teile des Nachlasses noch vorhanden, kommt die Verurteilung des Erben bei Vermeidung der Zwangsvollstreckung in den Nachlass oder in näher bezeichnete Nachlassgegenstände in Betracht[16]. Das Prozessgericht ist nicht verpflichtet, dem Vorbringen des Erben zur Erschöpfung oder zum Umfang des noch vorhandenen Nachlasses iE nachzugehen. Es kann den Erben statt dessen unter dem **Vorbehalt der Beschränkung der Haftung auf den Nachlass** verurteilen (§ 780 ZPO)[17]. Der Erbe kann seine Verteidigung ebenfalls auf den Vorbehalt des § 780 ZPO beschränken, der auch die Ausschluss- und Erschöpfungseinrede des § 1973 umfasst. In beiden Fällen wird erst im Rahmen einer vom Erben anzustrengenden **Vollstreckungsgegenklage** (§§ 781, 785, 767 ZPO) geprüft, ob der Nachlass erschöpft ist oder in welche Nachlassgegenstände der ausgeschlossene Gläubiger noch vollstrecken darf. Beruft sich der Erbe nicht auf § 1973 oder allgemein auf § 780 ZPO und wird er uneingeschränkt verurteilt, hat er – von den Ausnahmefällen des § 780 Abs 2 ZPO abgesehen – die Einrede aus § 1973 endgültig verloren.

2. Beweislast. Darlegungs- und beweispflichtig für die Voraussetzungen des § 1973 ist grds der Erbe[18]. Der Erbe hat nachzuweisen, dass ein Aufgebotsverfahren stattgefunden hat, das die Forderung des Gläubigers betraf. Hinsichtlich der Frage der Erschöpfung des Nachlasses ist der Erbe für den Anfangsbestand und für alle Abzüge, die er vornehmen möchte, beweispflichtig. Ein gemäß §§ 1993, 1994 errichtetes Inventar begründet die Vermutung, dass weitere als die in ihm angegebenen Gegenstände nicht vorhanden waren (§ 2009). Der Gläubiger muss Zugänge und Surrogate beweisen[19]. Ist streitig, ob ein nachlassbeteiligter Gläubiger (§ 1972) befriedigt worden ist, bevor oder nachdem der ausgeschlossene Gläubiger seine Forderung geltend gemacht hat, so muss der Erbe den Zeitpunkt der Erfüllung, der Gläubiger den Zeitpunkt der Geltendmachung der Forderung beweisen[20].

§ 1974 Verschweigungseinrede

(1) ¹Ein Nachlassgläubiger, der seine Forderung später als fünf Jahre nach dem Erbfall dem Erben gegenüber geltend macht, steht einem ausgeschlossenen Gläubiger gleich, es sei denn, dass die Forderung dem Erben vor dem Ablauf der fünf Jahre bekannt geworden oder im

---

[11] Soergel/Stein Rn 7; RGRK/Johannsen Rn 16; Palandt/Edenhofer Rn 3; MünchKommBGB/Siegmann Rn 5; im Ergebnis wohl auch Staudinger/Marotzke Rn 17.
[12] RGRK/Johannsen Rn 16; MünchKommBGB/Siegmann Rn 5; Erman/Schlüter Rn 3; aA – Zeitpunkt der letzten mündlichen Verhandlung über die Vollstreckungsgegenklage – Staudinger/Marotzke Rn 17; Palandt/Edenhofer Rn 3; Soergel/Stein Rn 7.
[13] RGRK/Johannsen Rn 19; MünchKommBGB/Siegmann Rn 6; Erman/Schlüter Rn 4.
[14] Staudinger/Marotzke Rn 26; MünchKommBGB/Siegmann Rn 6; Erman/Schlüter Rn 4; aA RGRK/Johannsen Rn 21: Wert im Zeitpunkt des Herausgabeverlangens.
[15] Erman/Schlüter Rn 4; MünchKommBGB/Siegmann Rn 8; Soergel/Stein Rn 6; zu Recht krit Staudinger/Marotzke Rn 30: ob noch Gegenstände vorhanden sind, in die vollstreckt werden kann, ist im Vollstreckungsverfahren zu prüfen; außerdem braucht der Gläubiger den Titel, um Ansprüche nach dem Anfechtungsgesetz durchsetzen zu können.
[16] MünchKommBGB/Siegmann Rn 8; Soergel/Stein Rn 6.
[17] RGZ 83, 330, 332; 137, 50, 54; MünchKommBGB/Siegmann Rn 8; Erman/Schlüter Rn 8; Soergel/Stein Rn 6.
[18] RGZ 61, 221; RGRK/Johannsen Rn 24; Baumgärtel/Schmitz Rn 1.
[19] RGRK/Johannsen Rn 26; Baumgärtel/Schmitz Rn 4.
[20] RGRK/Johannsen Rn 25; Baumgärtel/Schmitz Rn 6.

§ 1974

Aufgebotsverfahren angemeldet worden ist. ²Wird der Erblasser für tot erklärt oder wird seine Todeszeit nach den Vorschriften des Verschollenheitsgesetzes festgestellt, so beginnt die Frist nicht vor dem Eintritt der Rechtskraft des Beschlusses über die Todeserklärung oder die Feststellung der Todeszeit.

(2) Die dem Erben nach § 1973 Abs. 1 Satz 2 obliegende Verpflichtung tritt im Verhältnis von Verbindlichkeiten aus Pflichtteilsrechten, Vermächtnissen und Auflagen zueinander nur insoweit ein, als der Gläubiger im Falle des Nachlassinsolvenzverfahrens im Range vorgehen würde.

(3) Soweit ein Gläubiger nach § 1971 von dem Aufgebot nicht betroffen wird, finden die Vorschriften des Absatzes 1 auf ihn keine Anwendung.

I. Bedeutung der Norm

1 Die „**Verschweigungseinrede**" des § 1974 soll den Erben gegen die Nachteile schützen, die daraus entstehen, dass Nachlassforderungen erst lange Zeit nach dem Erbfall bekannt werden[1]. Gläubiger, die ihre Forderung später als fünf Jahre nach dem Erbfall geltend machen, werden wie ausgeschlossene Gläubiger (§ 1973) behandelt. Die Einrede setzt nicht voraus, dass ein Aufgebotsverfahren nach §§ 1970 ff stattgefunden hat, bleibt aber auch nach durchgeführtem Aufgebot der Nachlassgläubiger anwendbar.

II. Voraussetzungen der Einrede

2 **1. Fristablauf.** Die Frist von **fünf Jahren** beginnt gemäß § 187 Abs 1 mit dem auf den Erbfall folgenden Tag. Die Vorschriften über die Hemmung der Verjährung (§§ 203 ff) sind nicht anwendbar, weil es sich nicht um eine Verjährungs-, sondern um eine Ausschlussfrist handelt[2]. Wird der Erblasser für tot erklärt oder wird seine Todeszeit nach den Vorschriften des Verschollenheitsgesetzes festgestellt, beginnt die Frist nicht vor Rechtskraft des entsprechenden Beschlusses (Abs 1 S 2).

3 **2. Verschweigung.** Die Forderung darf nicht innerhalb der Frist von fünf Jahren dem Erben gegenüber gerichtlich oder außergerichtlich[3] geltend gemacht worden sein. **Dem Erben gegenüber** wird die Forderung auch dann erhoben, wenn der Gläubiger sich an den Nachlasspfleger, den Nachlassverwalter oder den verwaltenden Testamentsvollstrecker wendet[4]. Die Geltendmachung gegenüber einem vorläufigen Erben, der die Erbschaft später ausgeschlagen hat (§ 1953), reicht ebenfalls aus[5]. Darauf, ob der Gläubiger überhaupt in der Lage war, die Forderung geltend zu machen, kommt es nicht an. § 1974 gilt auch für bedingte und befristete Forderungen sowie für Forderungen, die erst nach Fristablauf entstanden sind[6].

4 **3. Keine Kenntnis des Erben.** Die Forderung darf dem Erben nicht vor Fristablauf bekannt geworden sein (Abs 1 S 1). Fahrlässige Unkenntnis steht der Kenntnis nicht gleich[7]. Die Kenntnis eines Miterben wird dem Erben nicht zugerechnet (§ 2060 Rn 5), wohl aber die Kenntnis eines Nachlasspflegers, Nachlassverwalters, Nachlassinsolvenzverwalters, Testamentsvollstreckers oder eines vorläufigen Erben, der die Erbschaft später ausgeschlagen hat[8]. Die **Anmeldung der Forderung im Aufgebotsverfahren** schließt die Verschweigungseinrede ebenfalls aus.

5 **4. Keine unbeschränkte Haftung des Erben.** Der Erbe darf nicht allen Gläubigern gegenüber unbeschränkt haftbar geworden sein (§ 2013 Abs 1 S 1). Tritt die unbeschränkte Haftung erst nach Fristablauf gemäß §§ 1994 Abs 1 S 2 oder § 2005 Abs 1 ein, bleibt die Verschweigungseinrede jedoch erhalten (§ 2013 Abs 1 S 2). Gegenüber den **dinglich oder quasidinglich** berechtigten Gläubigern des § 1971 gilt § 1974 nicht, soweit es um die Befriedigung aus den ihnen haftenden Gegenständen geht (Abs 3).

III. Rechtsfolgen

6 Die Rechtsfolgen des Fristablaufs entsprechen im Wesentlichen denjenigen eines im Aufgebotsverfahren ergangenen Ausschlussurteils (**§ 1973**). Der Erbe haftet nur noch nach **Bereicherungsrecht**. Einen Unterschied gibt es nur für die „nachlassbeteiligten" Gläubiger des § 1972 (Pflichtteils- und Vermächtnisgläubiger und Auflagenberechtigte). Die Verschweigungseinrede kann – anders als die Ausschluss- und Erschöpfungseinrede des § 1973 – grds auch gegenüber **nachlassbeteiligten** Gläubigern erhoben werden (Abs 2). Für das Verhältnis dieser Gläubiger untereinander gilt § 327 InsO entsprechend. Verbindlichkeiten gegenüber Pflichtteilsberechtigten sind gemäß § 327 Abs 1 InsO vor

---

[1] Prot V S 795; RGRK/*Johannsen* Rn 1; MünchKommBGB/*Siegmann* Rn 1.
[2] RGRK/*Johannsen* Rn 4; Staudinger/*Marotzke* Rn 3; Erman/*Schlüter* Rn 2.
[3] Prot V S 796; Staudinger/*Marotzke* Rn 8; MünchKommBGB/*Siegmann* Rn 3; Soergel/*Stein* Rn 4.
[4] RGRK/*Johannsen* Rn 3; Staudinger/*Marotzke* Rn 8; MünchKommBGB/*Siegmann* Rn 3.
[5] RGRK/*Johannsen* Rn 3; MünchKommBGB/*Siegmann* Rn 3; Soergel/*Stein* Rn 4; im Ergebnis zust Staudinger/*Marotzke* Rn 8.
[6] MünchKommBGB/*Siegmann* Rn 5; Palandt/*Edenhofer* Rn 1; zweifelnd Staudinger/*Marotzke* Rn 6 f; aA Soergel/*Stein* Rn 3.
[7] RGRK/*Johannsen* Rn 7; Staudinger/*Marotzke* Rn 10; Lange/Kuchinke § 49 IX 2 m Fn 243.
[8] MünchKommBGB/*Siegmann* Rn 3; Soergel/*Stein* Rn 2; Lange/Kuchinke § 49 IX 2 m Fn 242; zweifelnd RGRK/*Johannsen* Rn 6; aA hinsichtlich der Kenntnis des vorläufigen Erbens Staudinger/*Marotzke* Rn 11.

den Verbindlichkeiten aus den vom Erblasser angeordneten Vermächtnissen zu erfüllen. An dieser Rangordnung ändert sich durch die Verschweigungseinrede grds nichts (§ 327 Abs 3 S 2 InsO). Ausgeschlossene und gemäß § 1974 diesen gleichstehende Verbindlichkeiten werden lediglich erst nach denjenigen Verbindlichkeiten erfüllt, mit denen sie ohne die Beschränkung gleichen Rang hätten (§ 327 Abs 3 S 1 InsO).

IV. Beweislast

Der **Gläubiger** muss beweisen, dass er den Anspruch innerhalb der Frist geltend gemacht hat, dass er ihn im Aufgebotsverfahren angemeldet hat oder dass der Anspruch dem Erben in sonstiger Weise bekannt geworden ist[9]. Steht fest, dass die Haftung des Erben auf die Bereicherung beschränkt ist, muss der Gläubiger auch die Voraussetzungen einer verschärften Haftung (§§ 818 Abs 4, 819 Abs 1 Fall 1) beweisen[10]. Der Erbe muss den Fristablauf sowie ggf die Erschöpfung des Nachlasses oder sonst den Wegfall der Bereicherung beweisen. Haftet der Erbe allen oder einzelnen Gläubigern gegenüber unbeschränkt, muss er ggf beweisen, dass die unbeschränkte Haftung erst nach Ablauf der Frist eingetreten ist[11].   7

Untertitel 3. Beschränkung der Haftung des Erben (§§ 1975-1992)

§ 1975 Nachlassverwaltung; Nachlassinsolvenz

Die Haftung des Erben für die Nachlassverbindlichkeiten beschränkt sich auf den Nachlass, wenn eine Nachlasspflegschaft zum Zwecke der Befriedigung der Nachlassgläubiger (Nachlassverwaltung) angeordnet oder das Nachlassinsolvenzverfahren eröffnet ist.

Schrifttum: *Dauner-Lieb,* Zwangsvollstreckung bei Nachlassverwaltung und Nachlasskonkurs, FS Gaul, 1997, S 93; *Fromm,* Nachlassverwaltung: Eine Bedrohung für mittelständische Unternehmen im Nachlass, ZEV 2006, 298; *Griwotz,* Die Veräußerung eines Handelsgeschäfts durch den Nachlassverwalter, DB 1990, 924; *Siegmann,* Ungereimtheiten und Unklarheiten im Nachlassinsolvenzrecht, ZEV 2000, 221.

I. Bedeutung der Norm

1. Amtliche Nachlasssonderung. Die Vorschriften der §§ 1975 bis 1992 regeln die Voraussetzungen, unter denen der Erbe seine **Haftung auf den Nachlass beschränken** kann. Gemäß § 1975 ist regelmäßige Voraussetzung einer nur beschränkten Haftung die Anordnung der Nachlassverwaltung oder die Eröffnung des Nachlassinsolvenzverfahrens; denn diese Verfahren bewirken eine **Trennung des Nachlasses vom sonstigen Vermögen des Erben unter amtlicher Aufsicht**. Die Befugnis, den Nachlass zu verwalten und über ihn zu verfügen, geht auf den Nachlass- oder den Nachlassinsolvenzverwalter über (§§ 1984, 1985; § 80 InsO), während der Erbe so behandelt wird, als habe er zwischen Erbfall und Sonderung des Nachlasses ein fremdes Vermögen verwaltet (§§ 1978, 1979); gegenüber ausgeschlossenen und diesen gleichgestellten Gläubigern haftet er nach Bereicherungsrecht (§§ 1973, 1974). Zur Sonderung des Nachlasses vom Eigenvermögen des Erben gehört, dass Rechtsverhältnisse, die mit dem Erbfall durch die Vereinigung von Recht und Verbindlichkeit oder Recht und Belastung erloschen sind, als fortbestehend gelten (§ 1976). Aufrechnungen werden unwirksam, soweit unterschiedliche Vermögensmassen von ihnen betroffen waren (§ 1977). Wird auf diese Weise sichergestellt, dass den Nachlassgläubigern der Nachlass vollständig zur Verfügung steht, besteht keine Rechtfertigung mehr für eine zusätzliche persönliche Haftung des Erben; denn mehr als das Vermögen des Erblassers haftete den Nachlassgläubigern auch zu Lebzeiten des Erblassers nicht.   1

2. Voraussetzungen des jeweiligen Verfahrens. Voraussetzung der Anordnung der **Nachlassverwaltung** ist, dass der Nachlass nicht überschuldet und dass auch keine Zahlungsunfähigkeit eingetreten ist (vgl §§ 1985 Abs 2, 1980). Bei Überschuldung oder Zahlungsunfähigkeit muss die Eröffnung des **Nachlassinsolvenzverfahrens** beantragt werden (§ 1980). Ist der Nachlass **dürftig,** deckt also die vorhandene Aktivmasse nicht einmal die Kosten der Nachlassverwaltung oder des Nachlassinsolvenzverfahrens, wird dem Erben so zugemutet, selbst für die Verfahrenskosten aufzukommen. Er kann gemäß §§ 1990, 1991 eine Haftungsbeschränkung ohne amtliches Verfahren herbeiführen. Das gilt auch dann, wenn der Nachlass nicht dürftig ist, die Überschuldung aber nur auf Vermächtnissen und Auflagen beruht (§ 1992). Auch in diesen Fällen haftet der Erbe für die ordnungsgemäße Verwaltung des Nachlasses (§§ 1991 Abs 1, 1978, 1979); die infolge des Erbfalls durch Vereinigung von Recht und Verbindlichkeit oder von Recht und Belastung erloschenen Rechtsverhältnisse gelten ebenfalls als nicht erloschen (§ 1991 Abs 2).   2

---

[9] *Baumgärtel/Schmitz* Rn 1; RGRK/*Johannsen* Rn 16; MünchKommBGB/*Siegmann* Rn 7; *Staudinger/Marotzke* Rn 19.
[10] *Staudinger/Marotzke* Rn 19.
[11] *Baumgärtel/Schmitz* Rn 3; RGRK/*Johannsen* Rn 16.

§ 1975

3. Ausländisches Erbstatut. Bei ausländischem Erbstatut findet eine Nachlassverwaltung idR wegen fehlender internationaler Zuständigkeit des Nachlassgerichtes nicht statt (Grundsatz des Gleichlaufs von anwendbarem Recht und internationaler Zuständigkeit im Bereich der freiwilligen Gerichtsbarkeit)[1].

II. Nachlassverwaltung

1. Allgemeines. Die Nachlassverwaltung ist eine **Nachlasspflegschaft zum Zwecke der Befriedigung der Nachlassgläubiger.** Soweit das Gesetz nichts anderes bestimmt, gelten die allgemeinen Bestimmungen über die Pflegschaft und damit diejenigen über die Vormundschaft (§§ 1915, 1773 ff)[2]. Der Nachlassverwalter ist jedoch nicht Vertreter des Erben, sondern amtlich bestelltes Organ zur Verwaltung einer fremden Vermögensmasse mit eigener Parteistellung (§ 1985 Rn 1 f)[3]. Seine Stellung gleicht eher derjenigen eines Insolvenzverwalters[4]. Die Anordnung der Nachlassverwaltung erfolgt auf Antrag durch das Nachlassgericht (§ 1981 Rn 2 ff). Ihre Wirkungen ergeben sich aus den §§ 1975 bis 1979, 1984, 1985, 2000 sowie den §§ 241 Abs 3, 246 Abs 1, 784 ZPO (§ 1984 Rn 3 ff, 6 ff). Sie endet mit der Eröffnung des Nachlassinsolvenzverfahrens (§ 1988 Abs 1) oder durch Aufhebungsbeschluss des Nachlassgerichtes (§ 1988 Rn 2 ff). Die durch sie entstandenen Kosten sind Nachlassverbindlichkeiten (§ 6 KostO).

2. Haftung des Erben während der Nachlassverwaltung. Während der Dauer der Nachlassverwaltung ist die Haftung des Erben auf den Nachlass beschränkt, wenn der Erbe im Zeitpunkt der Anordnung der Nachlassverwaltung nicht schon unbeschränkt haftete (§ 2013 Abs 1 S 1). **Ansprüche gegen den Nachlass** können während der Nachlassverwaltung nur gegen den Nachlassverwalter geltend gemacht werden (§ 1984 Abs 1 S 2). Wird aus einem vor der Anordnung der Nachlassverwaltung gegen den Erben oder aus einem gegen dem Erblasser selbst erwirkten Urteil in das Eigenvermögen des Erben vollstreckt, muss der Erbe die Haftungsbeschränkung im Wege der Vollstreckungsgegenklage geltend machen (§§ 781, 785, 767 ZPO). Voraussetzung ist, dass der Erbe sich die Beschränkung der Haftung auf den Nachlass hat vorbehalten lassen (§ 780 Abs 1 ZPO). Maßregeln der Zwangsvollstreckung, die zugunsten eines Nachlassgläubigers in das Eigenvermögen des Erben erfolgt sind, kann der Erbe gemäß §§ 781, 784 Abs 1, 767 ZPO aufheben lassen.

3. Haftung des Erben nach Ende der Nachlassverwaltung. Die Beschränkung der Haftung auf den Nachlass bleibt auch nach Aufhebung der Nachlassverwaltung erhalten[5]. Das ist zwar nicht ausdrücklich geregelt. § 1989, der auf § 1973 verweist, gilt nur für die Haftung des Erben nach Durchführung eines Nachlassinsolvenzverfahrens. Aus dem Fehlen einer entsprechenden Regelung für die Nachlassverwaltung kann nicht geschlossen werden, dass insoweit die allgemeinen Vorschriften der §§ 1975 ff gelten. Der Erbe müsste – wenn nicht die Voraussetzungen des § 1990 ff oder der § 1973 f vorliegen – notfalls erneut Nachlassverwaltung oder die Eröffnung des Nachlassinsolvenzverfahrens beantragen, wenn sich weitere Nachlassgläubiger melden[6]. § 1975 enthält jedoch keine zeitliche Grenze. Die einmal eingetretene Haftungsbeschränkung bleibt bestehen. Außerdem soll sich der Erbe nach Aufhebung der Nachlassverwaltung darauf verlassen können, dass ihm ein schuldenfreier Nachlass übergeben wird. Die Haftungsbeschränkung ist nach Aufhebung der Nachlassverwaltung **analog §§ 1990, 1991** geltend zu machen. Die analoge Anwendung der §§ 1990, 1991 hat zur Folge, dass der Erbe entspr §§ 1978, 1979 für die Verwaltung des Nachlasses verantwortlich bleibt. Unter den Voraussetzungen des § 1981 Abs 2 kann ein Gläubiger erneut die Nachlassverwaltung beantragen. Er kann dem Erben auch eine Inventarfrist setzen lassen; denn auch § 2000 S 3 gilt nur für das Nachlassinsolvenzverfahren. Die unbeschränkte Haftung des Erben kann also noch nach §§ 1994 Abs 1 S 2, 2005 Abs 1 S 2 oder § 2006 Abs 3 eintreten.

III. Nachlassinsolvenzverfahren

1. Überblick über das Nachlassinsolvenzverfahren. Das Nachlassinsolvenzverfahren ist im Wesentlichen in §§ 11 Abs 2 Nr 2, 315 bis 334 InsO geregelt. **Zuständig** für die Eröffnung des Nachlassinsolvenzverfahrens ist nicht das Nachlassgericht, sondern das Insolvenzgericht (§ 315 InsO). **Antragsberechtigt** sind jeder Erbe, der Nachlassverwalter oder ein anderer Nachlasspfleger, ein verwaltender Testamentsvollstrecker und jeder Nachlassgläubiger (§ 317 InsO), bei Gütergemeinschaft unter bestimmten Voraussetzungen auch der Ehegatte des Erben (§ 318 InsO); hat der Erbe die Erbschaft wirksam[7] verkauft, tritt der Käufer an seine Stelle (§ 330 Abs 1 InsO). **Eröffnungsgründe** sind die

---

[1] KG OLGZ 1977, 309; Staudinger/Marotzke Rn 37; Palandt/Edenhofer Rn 7; vgl die Erl zu Art 25 EGBGB.
[2] RGZ 72, 260, 263; MünchKommBGB/Siegmann Rn 3; vgl auch BGH ZEV 2000, 155, 157 zur Bereicherungshaftung des Nachlasses für ein vom Nachlassverwalter ohne nachlassgerichtliche Genehmigung aufgenommenes Darlehen.
[3] RGZ 135, 305, 307; MünchKommBGB/Siegmann Rn 3.
[4] RGZ 135, 305, 307; 150, 189, 190; BayObLGZ 1976, 167, 171; RGRK/Johannsen § 1985 Rn 1; vgl auch Griwotz DB 1990, 924, 925.
[5] BGH NJW 1954, 635, 636; BGHZ 41, 30, 32; Erman/Schlüter Rn 5; Palandt/Edenhofer Rn 2; Soergel/Stein Rn 15; RGRK/Johannsen § 1986 Rn 4 ff; MünchKommBGB/Siegmann § 1986 Rn 5; Lange/Kuchinke § 49 VI 2 m Fn 144 f; Brox Erbrecht Rn 662; Jauernig/Stürner Rn 2; aA Staudinger/Marotzke § 1986 Rn 10.
[6] Staudinger/Marotzke § 1986 Rn 10 unter Hinweis auf die Gesetzgebungsgeschichte (Prot V S 817 f), den Wortlaut des § 1990 Abs 1 S 1 und die ältere Literatur.
[7] Vgl OLG Köln ZEV 2000, 240.

Zahlungsunfähigkeit und die Überschuldung (§ 320 S 1 InsO). Erbe, Testamentsvollstrecker, Nachlassverwalter und Nachlasspfleger können auch bei drohender Zahlungsunfähigkeit Insolvenzantrag stellen (§ 320 S 2 InsO). Erbe und Nachlassverwalter sind bei Zahlungsunfähigkeit oder Überschuldung zur Stellung des Antrags **verpflichtet** (§§ 1980, 1985 Abs 2). Antragsfristen gibt es für sie nicht. Die Frist von zwei Jahren ab Annahme der Erbschaft (§ 319 InsO) gilt nur für Nachlassgläubiger. Die Eröffnung des Nachlassinsolvenzverfahrens wird nicht dadurch ausgeschlossen, dass der Erbe die Erbschaft noch nicht angenommen hat, dass er für die Nachlassverbindlichkeiten bereits unbeschränkt haftet oder dass Miterben den Nachlass bereits geteilt haben (§ 316 InsO). Ein Nachlassinsolvenzverfahren findet nur über den gesamten Nachlass statt, nicht über einen Erbteil (§ 316 Abs 3 InsO).

Mit der Eröffnung des Nachlassinsolvenzverfahrens geht das Recht des Erben, den Nachlass zu 8 verwalten und über ihn zu verfügen, auf den **Nachlassinsolvenzverwalter** über (§§ 80 ff InsO). Zur **Masse** gehören die gemäß §§ 1976, 1977 als nicht erloschen geltenden Rechtsverhältnisse, die Ersatzansprüche gegen den Erben gemäß §§ 1978, 1979 sowie Anfechtungsansprüche, etwa wegen der vorzeitigen Erfüllung von Pflichtteilsansprüchen, Vermächtnissen oder Auflagen (§ 322 InsO). Das Eigenvermögen des Erben gehört nicht zur Masse. Im Insolvenzverfahren über einen Nachlass können nur Nachlassverbindlichkeiten geltend gemacht werden (§ 325 InsO), die den allgemeinen Regeln entspr zur Tabelle angemeldet werden müssen (§§ 174 ff InsO). **Masseverbindlichkeiten** sind die in §§ 54, 55 und 324 InsO genannten Verbindlichkeiten. Im Rang nach den „normalen" Nachlassverbindlichkeiten werden die Verbindlichkeiten gemäß § 39 InsO, danach die Verbindlichkeiten gegenüber ausgeschlossenen (§ 1973) oder diesen nach § 1974 gleichstehenden Gläubigern, danach Pflichtteilsansprüche und danach Vermächtnisse und Auflagen berichtigt (§ 327 InsO). Für Aus- und Absonderungsrechte gelten die allgemeinen Bestimmungen der §§ 47, 165 ff InsO. Maßnahmen der Zwangsvollstreckung, die **nach dem Erbfall** erfolgt sind, begründen kein Recht zur abgesonderten Befriedigung (§ 321 InsO).

2. Haftung des Erben. Während des Nachlassinsolvenzverfahrens haftet der Erbe, der das Recht 9 zur Beschränkung der Haftung auf den Nachlass noch nicht verloren hat (§ 2013 Abs 1 S 2), nur mit dem Nachlass. Die Zwangsvollstreckung in sein sonstiges Vermögen kann der Erbe gemäß §§ 781, 784 Abs 1, 785, 767 ZPO abwehren. Endet das Nachlassinsolvenzverfahren mit der **Verteilung der Masse** (§§ 196 ff InsO) oder mit einem **Insolvenzplan** (§ 217 ff InsO), haftet der noch nicht unbeschränkt haftende Erbe gemäß §§ 1989, 1973 nach Bereicherungsrecht (§ 1989 Rn 3 f; § 1973 Rn 3 ff). In allen anderen Fällen bleibt es bei der Anwendung der allgemeinen Vorschriften (§ 1989 Rn 2).

§ 1976 Wirkung auf durch Vereinigung erloschene Rechtsverhältnisse

Ist die Nachlassverwaltung angeordnet oder das Nachlassinsolvenzverfahren eröffnet, so gelten die infolge des Erbfalls durch Vereinigung von Recht und Verbindlichkeit oder von Recht und Belastung erloschenen Rechtsverhältnisse als nicht erloschen.

I. Bedeutung der Norm

1. Grundgedanke. Die Vorschrift des § 1976 ist eine Folge der durch die Anordnung der Nachlass- 1 verwaltung bewirkten **Sonderung des Nachlasses vom Eigenvermögen des Erben.** Die Rechtsverhältnisse, die mit dem Erbfall durch Konfusion (Vereinigung von Recht und Forderung) oder Konsolidation (Vereinigung von Recht und Belastung) erloschen sind, gelten kraft Gesetzes rückwirkend[1] als weiterhin vorhanden. Dadurch steht der Nachlass den Nachlassgläubigern vollständig zur Verfügung. Der Erbe muss seine Forderungen und Rechte wie andere Nachlassgläubiger auch gegenüber dem Nachlassverwalter geltend machen.

2. Ähnliche Vorschriften. Der Rechtsgedanke des § 1976 gilt immer dann, wenn der Bestand des 2 Nachlasses im Zeitpunkt des Erbfalles Grundlage der Berechnung einer Forderung gegen diesen ist, etwa bei der Ermittlung der Höhe eines Pflichtteilsanspruchs oder eines Quotenvermächtnisses[2]. **Entsprechende Bestimmungen** enthalten §§ 1991, 2143, 2175 und 2377. In den Fällen der §§ 1991, 2175 und 2377 wird die Vereinigung von Recht und Verbindlichkeit jedoch nur mit relativer Wirkung – im Verhältnis zu dem jeweilig Betroffenen – rückgängig gemacht. Ist Verwaltungs-**Testamentsvollstreckung** angeordnet, findet eine Vereinigung von Recht und Verbindlichkeit oder Belastung nicht statt[3]; einer (entsprechenden) Anwendung des § 1976 bedarf es deshalb nicht.

II. Rechtsfolgen

1. Fiktion der Wiederherstellung erloschener Rechtsverhältnisse. Die durch Konfusion oder 3 Konsolidation erloschenen Rechtsverhältnisse werden so behandelt, als seien sie nicht erloschen. Diese Wirkung tritt rückwirkend, kraft Gesetzes und gegenüber jedermann ein. Sicherungsrechte wie **Bürg-**

---

[1] BGHZ 48, 214, 218 = NJW 1967, 2399.
[2] *MünchKommBGB/Siegmann* Rn 8; *Staudinger/Marotzke* Rn 2; *Soergel/Stein* Rn 4; vgl auch BGHZ 98, 382 = NJW 1987, 1260 und BGH LM § 2084 Nr 14.
[3] BGHZ 48, 214, 220 = NJW 1967, 2399; *Staudinger/Marotzke* Rn 2; *MünchKommBGB/Siegmann* Rn 9; *RGRK/Kregel* § 2202 Rn 2.

§ 1977

schaften oder **Pfandrechte** gelten als fortbestehend. Eine **Hypothek,** die mit dem Erbfall gemäß §§ 1163 Abs 1 S 2, 1177 zu einer Eigentümergrundschuld geworden ist, gilt wieder als Hypothek. War sie zwischenzeitlich allerdings gelöscht worden und hatte der Erbe ein Grundpfandrecht zugunsten eines Dritten neu bestellt, so kann nach Anordnung der Nachlassverwaltung die wieder einzutragende Hypothek nur mit Rang nach dem Grundpfandrecht des Dritten eingetragen werden[4]. Als fortbestehend geltende Pfandrechte behalten demgegenüber ihren alten Rang[5]. Waren der Erblasser und der Erbe **Miteigentümer eines Grundstücks,** so findet § 1976 auf die beim Erbfall erfolgte Vereinigung beider Miteigentumsanteile entsprechende Anwendung[6]. Ob **Gesellschaftsverhältnisse zwischen Erblasser und Erben** im Falle der Nachlassverwaltung oder des Nachlassinsolvenzverfahrens als nicht erloschen gelten, hat der BGH bisher offen gelassen[7]. Die Rechtsfolgen des § 1976 treten auch dann ein, wenn der Erbe unbeschränkt haftet[8]; denn § 1976 wird in § 2013 Abs 1 S 1 nicht erwähnt.

4 **2. Rechtsbeziehungen zwischen Erbe und Nachlass.** Der Erbe kann die als nicht erloschen geltenden Forderungen dem Nachlassverwalter gegenüber geltend machen[9] oder im Nachlassinsolvenzverfahren zur Tabelle anmelden (§ 235 InsO). Eine Hypothek kann – trotz § 1197 – im Wege der Zwangsvollstreckung durchgesetzt werden[10]. Erbe und Nachlassverwalter können jedenfalls dann **rechtsgeschäftlich neue Rechte begründen,** wenn diese an die Stelle eines der Verwaltung unterliegenden Nachlassgegenstandes treten sollen[11].

5 **3. Verfügungen des Erben.** Verfügungen, die der Erbe zwischen dem Erbfall und der Nachlasssonderung über Nachlassgegenstände vorgenommen hat, behalten ihre Wirkung[12]. Mit der Anordnung der Nachlassverwaltung oder der Eröffnung des Nachlassinsolvenzverfahrens verliert der Erbe zwar die Befugnis, über den Nachlass zu verfügen (§ 1984; § 80 Abs 1 InsO). Die Verfügungsbeschränkung wirkt jedoch nicht zurück. Verfügungen eines Nichtberechtigten, die gemäß § 185 Abs 2 durch **Konvaleszenz** wirksam geworden sind, bleiben ebenfalls bestehen[13].

§ 1977 Wirkung auf eine Aufrechnung

(1) Hat ein Nachlassgläubiger vor der Anordnung der Nachlassverwaltung oder vor der Eröffnung des Nachlassinsolvenzverfahrens seine Forderung gegen eine nicht zum Nachlass gehörende Forderung des Erben ohne dessen Zustimmung aufgerechnet, so ist nach der Anordnung der Nachlassverwaltung oder der Eröffnung des Nachlassinsolvenzverfahrens die Aufrechnung als nicht erfolgt anzusehen.

(2) Das Gleiche gilt, wenn ein Gläubiger, der nicht Nachlassgläubiger ist, die ihm gegen den Erben zustehende Forderung gegen eine zum Nachlass gehörende Forderung aufgerechnet hat.

I. Bedeutung der Norm

1 **1. Grundgedanke.** Die Vorschrift des § 1977 ist ebenso wie diejenige des § 1976 Ausdruck der Absonderung des Nachlasses vom Eigenvermögen des Erben. Mit dem Erbfall wird der (Allein-)Erbe persönlicher Schuldner aller gegen den Nachlass gerichteten Forderungen und zugleich Inhaber aller zum Nachlass gehörenden Ansprüche. Eigengläubiger des Erben können damit ebenso gegen eine Nachlassforderung aufrechnen wie Nachlassgläubiger gegen eine Eigenforderung des Erben. Mit der amtlichen Absonderung des Nachlasses werden das Eigenvermögen des Erben einerseits, der Nachlass andererseits voneinander getrennt. Aufrechnungen, die zu einer Befriedigung des Gläubigers aus der „falschen" Vermögensmasse geführt haben, gelten als nicht erfolgt, die gemäß § 389 erloschenen Forderungen einschließlich ihrer Nebenrechte (Pfandrechte, Bürgschaft) gelten als wiederhergestellt. Dabei dient Abs 1 dem **Schutz des Erben,** der eine Eigenforderung gegen seinen Willen verloren hat, und Abs 2 dem **Schutz der Nachlassgläubiger** vor einer Verringerung des Nachlasses zugunsten eines Eigengläubigers des Erben. Ähnliche Bestimmungen enthalten §§ 783, 784 Abs 1 ZPO.

2 **2. Aufrechnung nach der Nachlasssonderung.** § 1977 setzt eine Aufrechnung nach dem Erbfall und vor der amtlichen Absonderung des Nachlasses durch Anordnung der Nachlassverwaltung oder Eröffnung des Nachlassinsolvenzverfahrens voraus. Nach der Nachlasssonderung gilt: Die von einem

---

[4] *Staudinger/Marotzke* Rn 4; *MünchKommBGB/Siegmann* Rn 5; *Erman/Schlüter* Rn 2; *Soergel/Stein* Rn 1.
[5] *Staudinger/Marotzke* Rn 4; aA *MünchKommBGB/Siegmann* Rn 5; *Lange/Kuhinke* § 49 II 2 c.
[6] *Staudinger/Marotzke* Rn 7; *Soergel/Stein* Rn 2; *Palandt/Edenhofer* Rn 3; krit *MünchKommBGB/Siegmann* Rn 7 m Fn 24.
[7] BGHZ 113, 132 = NJW 1991, 844; verneinend RGZ 136, 97, 99; *Lange/Kuhinke* § 49 II 2 c mit Fn 38; *MünchKommBGB/Siegmann* Rn 7; *RGRK/Johannsen* Rn 2; diff *Staudinger/Marotzke* Rn 9 und *Soergel/Stein* Rn 2; bejahend OLG Hamm ZEV 1999, 234, 236.
[8] *RGRK/Johannsen* Rn 1; *MünchKommBGB/Siegmann* Rn 3; *Erman/Schlüter* Rn 1.
[9] BGHZ 48, 214, 219 = NJW 1967, 2399.
[10] *Lange/Kuhinke* § 49 II 2 c; *MünchKommBGB/Siegmann* Rn 4.
[11] BGH NJW-RR 1991, 683; für die uneingeschränkte Befugnis zur Begründung neuer Rechte *Staudinger/Marotzke* Rn 7; *Erman/Schlüter* Rn 2; *MünchKommBGB/Siegmann* Rn 6; *Palandt/Edenhofer* Rn 2; *Jauernig/Stürner* Rn 1; *Lange/Kuhinke* § 49 II 2 c m Fn 49; aA *RGRK/Johannsen* Rn 2; *Soergel/Stein* Rn 3.
[12] *MünchKommBGB/Siegmann* Rn 10; *Staudinger/Marotzke* Rn 10; *Erman/Schlüter* Rn 2.
[13] *Staudinger/Marotzke* Rn 10; *MünchKommBGB/Siegmann* Rn 11; *Palandt/Edenhofer* Rn 3.

Eigengläubiger des Erben erklärte Aufrechnung gegen eine Nachlassforderung bleibt wirkungslos (§§ 1975, 1984 Abs 1 S 3, Abs 2; § 80 InsO)[1]. Ein **Nachlassgläubiger** kann nur dann gegen eine Eigenforderung des Erben aufrechnen, wenn ihm der Erbe auch mit seinem eigenen Vermögen haftet[2]. Der **Erbe** kann gegenüber einem Eigengläubiger nicht mehr mit einer zum Nachlass gehörenden Forderung aufrechnen, weil ihm insoweit die Verfügungsbefugnis fehlt (§ 1984 Abs 1 S 1; § 80 InsO). Ob der Erbe noch mit einer eigenen Forderung gegen eine Nachlassforderung aufrechnen kann, ist streitig, dürfte im Ergebnis jedoch zu bejahen sein[3]. Rechnet der Erbe mit einer Eigenforderung auf, steht ihm gegen den Nachlass nur ein Aufwendungsersatzanspruch nach Bereicherungsrecht zu (§§ 1978 Abs 3, 683, 684)[4].

II. Aufrechnung durch Nachlassgläubiger (Abs 1)

1. Aufrechnung des Nachlassgläubigers. Nach Abs 1 ist eine Aufrechnung als nicht erfolgt 3 anzusehen, die ein Nachlassgläubiger gegenüber einer Eigenforderung des Erben einseitig erklärt hat. Hat der **Erbe** mit einer Eigenforderung gegen die Forderung des Nachlassgläubigers aufgerechnet, hat die Aufrechnung Bestand. Dem Erben steht – ebenso, wie wenn er die gegen den Nachlass gerichtete Forderung in anderer Weise aus seinem Eigenvermögen beglichen hätte – ein Aufwendungsersatzanspruch nach §§ 1979, 1978 Abs 3 oder § 326 Abs 2 InsO zu. Die Aufrechnung bleibt auch dann bestehen, wenn Nachlassgläubiger und Erbe eine Aufrechnungsvereinbarung getroffen haben; dieser Fall wird ebenso behandelt wie derjenige der Aufrechnung durch den Erben selbst.

2. Kein Verlust des Haftungsbeschränkungsrechts. Abs 1 gilt nicht, wenn der Erbe sein Recht 4 zur Beschränkung der Haftung auf den Nachlass gegenüber allen Gläubigern verloren hat (§ 2013 Abs 1 S 1). Haftet der Erbe auch mit seinem Eigenvermögen für die Erfüllung der Nachlassverbindlichkeiten, besteht kein Grund, den durch die Aufrechnung verursachten Verlust einer Eigenforderung des Erben wieder rückgängig zu machen. Haftet der Erbe nicht generell, sondern nur (oder auch) im Verhältnis zu demjenigen Gläubiger unbeschränkt, der aufgerechnet hatte, ist Abs 1 ebenfalls nicht anwendbar[5]. Sinn und Zweck des § 1977 Abs 1 verlangen insoweit eine einschränkende Auslegung des § 2013 Abs 2.

III. Aufrechnung durch Eigengläubiger (Abs 2)

1. Aufrechnung des Eigengläubigers. Die Aufrechnung, die ein Eigengläubiger des Erben vor 5 der Nachlasssonderung gegenüber einer Nachlassforderung erklärt hat, ist ebenfalls als nicht erfolgt anzusehen. Darauf, ob der Erbe **zugestimmt** hatte, kommt es hier nicht an; denn Abs 2 dient nicht dem Schutz des Erben, sondern dem Schutz der Nachlassgläubiger vor einer Verkürzung des Nachlasses zugunsten des Erben oder eines Dritten[6]. Eine entsprechende Wertung enthält § 784 Abs 2 ZPO, wonach der Nachlassverwalter Zwangsvollstreckungsmaßnahmen eines Gläubigers, der nicht Nachlassgläubiger ist, in den Nachlass aufheben lassen kann. Hat der **Erbe** eine Nachlassforderung gegen die Forderung eines Eigengläubigers aufgerechnet, bleibt die Aufrechnung bestehen[7]. Dieser Fall entspricht demjenigen, dass der Erbe eine Eigenforderung mit Mitteln des Nachlasses beglichen oder sonst in eigenem Interesse über Nachlassgegenstände verfügt hat. Dem Schutzzweck des Abs 2 wäre zwar besser gedient, wenn nicht nur die Zustimmung des Erben zur Aufrechnung durch den Eigengläubiger, sondern auch die vom Erben selbst erklärte Aufrechnung als wirkungslos anzusehen wäre. Damit würde jedoch die Verfügungsbefugnis des Erben entgegen § 1984 Abs 1 und § 80 InsO rückwirkend eingeschränkt (§ 1976 Rn 5). Der Erbe ist den Nachlassgläubigern also lediglich nach § 1978 Abs 1 **ersatzpflichtig**. Erstattungsansprüche sind gemäß § 1978 Abs 2 vom Nachlassverwalter geltend zu machen.

2. Unbeschränkte Haftung des Erben. Abs 2 gilt auch dann, wenn der Erbe allen Nachlass- 6 gläubigern gegenüber unbeschränkt haftet. Dem Wortlaut des § 2013 Abs 1 S 1 nach findet § 1977 bei unbeschränkter Haftung des Erben zwar keine Anwendung. Hätte die durch die Aufrechnung des Eigengläubigers des Erben bewirkte Verkürzung des Nachlasses Bestand, würden die Nachlassgläubiger jedoch durch den Eintritt der unbeschränkten Haftung – die ihren Interessen dienen soll – im Verhältnis zu den Eigengläubigern des Erben und zum Erben selbst benachteiligt. Nach nahezu einhM betrifft die Verweisung in § 2013 Abs 1 S 1 daher nur § 1977 Abs 1[8].

---

[1] *Lange/Kuchinke* § 49 II 2 c m Fn 42; *RGRK/Johannsen* Rn 9; *Erman/Schlüter* Rn 2; *Soergel/Stein* Rn 7.
[2] *Staudinger/Marotzke* Rn 11; *Soergel/Stein* Rn 7; aA *Lange/Kuchinke* § 49 II 2 c m Fn 42: Unabhängig von der Frage unbeschränkter Haftung sei die Aufrechnung mangels Gegenseitigkeit unwirksam.
[3] Dafür *Staudinger/Marotzke* Rn 12; *MünchKommBGB/Siegmann* Rn 2; *RGRK/Johannsen* Rn 9; *Palandt/Edenhofer* Rn 3; *Soergel/Stein* Rn 7; einschränkend – nur mit Zustimmung des Gegners – *Brox* Erbrecht Rn 682; dagegen, weil es auch hier an der Gegenseitigkeit fehle, *Erman/Schlüter* Rn 2.
[4] *RGRK/Johannsen* Rn 9; *Staudinger/Marotzke* Rn 12; *Palandt/Edenhofer* Rn 3.
[5] *Erman/Schlüter* Rn 4; *Palandt/Edenhofer* Rn 5; *MünchKommBGB/Siegmann* Rn 8; *Staudinger/Marotzke* Rn 6.
[6] *Erman/Schlüter* Rn 3; *Palandt/Edenhofer* Rn 4; *Staudinger/Marotzke* Rn 6; *Lange/Kuchinke* § 49 II 2 c m Fn 40; aA *RGRK/Johannsen* Rn 6 unter Hinweis auf RG LZ 16, 1364; *Soergel/Stein* Rn 5; *Jauernig/Stürner* Rn 3.
[7] *Staudinger/Marotzke* Rn 10; *RGRK/Johannsen* Rn 6; *Lange/Kuchinke* § 49 II 2 c m Fn 41; *Soergel/Stein* Rn 6; aA *Erman/Schlüter* Rn 3; *Palandt/Edenhofer* Rn 5.
[8] *Erman/Schlüter* Rn 4; *Palandt/Edenhofer* Rn 5; *MünchKommBGB/Siegmann* Rn 7; *RGRK/Johannsen* Rn 7; *Soergel/Stein* Rn 5; *Jauernig/Stürner* Rn 4.

§ 1978 Verantwortlichkeit des Erben für bisherige Verwaltung, Aufwendungsersatz

(1) ¹Ist die Nachlassverwaltung angeordnet oder das Nachlassinsolvenzverfahren eröffnet, so ist der Erbe den Nachlassgläubigern für die bisherige Verwaltung des Nachlasses so verantwortlich, wie wenn er von der Annahme der Erbschaft an die Verwaltung für sie als Beauftragter zu führen gehabt hätte. ²Auf die vor der Annahme der Erbschaft von dem Erben besorgten erbschaftlichen Geschäfte finden die Vorschriften über die Geschäftsführung ohne Auftrag entsprechende Anwendung.

(2) Die den Nachlassgläubigern nach Absatz 1 zustehenden Ansprüche gelten als zum Nachlass gehörend.

(3) Aufwendungen sind dem Erben aus dem Nachlass zu ersetzen, soweit er nach den Vorschriften über den Auftrag oder über die Geschäftsführung ohne Auftrag Ersatz verlangen könnte.

I. Bedeutung der Norm

1 **1. Sinn und Zweck.** § 1978 regelt – wie §§ 1976 und 1977 – Folgen der **amtlichen Absonderung des Nachlasses vom Eigenvermögen des Erben.** Der Nachlass soll den Nachlassgläubigern möglichst ungeschmälert zur Verfügung stehen. Verfügungen, die der Erbe bis zur amtlichen Nachlasssonderung über Nachlassgegenstände vorgenommen hat, haben zwar Bestand (§ 1976 Rn 5, § 1977 Rn 5). Der Erbe wird jedoch so behandelt, als habe er den Nachlass von der Annahme der Erbschaft an im Auftrag der Nachlassgläubiger verwaltet (Abs 1 S 1); für die Zeit vor Annahme der Erbschaft gelten die Grundsätze der Geschäftsführung ohne Auftrag. Die aus der Verwaltung resultierenden Erstattungs- und Ersatzansprüche gelten als zum Nachlass gehörend, können also nicht von einzelnen Nachlassgläubigern geltend gemacht werden (Abs 2). Der Erbe seinerseits kann wie ein Beauftragter oder ein Geschäftsführer ohne Auftrag Erstattung der mit der Verwaltung des Nachlasses verbundenen Aufwendungen verlangen (Abs 3).

2 **2. Anwendungsbereich.** Entspr anwendbar ist § 1978 bei Dürftigkeit oder Überschwerung des Nachlasses (§§ 1990, 1992, 1991). Haftet der Erbe gegenüber allen Gläubigern **unbeschränkt,** gilt § 1978 nicht (§ 2013 Abs 1 S 1). Bei unbeschränkter persönlicher Haftung des Erben ist ein zusätzlicher Ausgleichsanspruch nicht erforderlich. Haftet der Erbe nur einigen Gläubigern unbeschränkt, bleibt es hingegen bei der Anwendung des § 1978 (§ 2013 Abs 2). Gegenüber **ausgeschlossenen und säumigen** Gläubigern gilt § 1978 wiederum nicht, wenn der Erbe die Einreden aus § 1973 oder § 1974 erhebt (§ 1973 Rn 1, § 1974 Rn 6). In diesen Fällen richten sich die beiderseitigen Ansprüche nach Bereicherungsrecht.

II. Verantwortlichkeit des Erben

3 **1. Bis zur Annahme der Erbschaft.** Abs 1 unterscheidet zwischen der Verantwortlichkeit des Erben bis zur Annahme der Erbschaft (S 2) und nach Annahme der Erbschaft (S 1). Für die Zeit bis zur Annahme der Erbschaft (§ 1943) gelten die Vorschriften über die Geschäftsführung ohne Auftrag entspr (Abs 1 S 2), jedoch nur dann, wenn der Erbe die Erbschaft schließlich tatsächlich angenommen hat. Hat ein vorläufiger Erbe die Erbschaft nicht angenommen, haftet er nicht den Gläubigern nach § 1978, sondern dem endgültigen Erben nach § 1959 Abs 1[1]. Die entsprechende Anwendung der §§ 677 ff bedeutet, dass der Erbe das objektive Interesse der Gesamtheit der Nachlassgläubiger zu wahren hat[2]. Auf den wirklichen oder mutmaßlichen Willen einzelner Gläubiger kommt es nicht an. Obwohl der Erbe vor Annahme der Erbschaft zur Fürsorge für den Nachlass grds nur berechtigt, nicht aber verpflichtet ist, hat er **Vollstreckungsmaßnahmen eines Eigengläubigers** in den Nachlass abzuwehren (vgl §§ 783, 782 ZPO). Lässt er Vollstreckungsmaßnahmen zu, haftet er mindestens in Höhe der durch die Befreiung von der Verbindlichkeit entstandenen Bereicherung[3], wenn nicht sogar eine Schadensersatzpflicht nach dem Recht der Geschäftsführung ohne Auftrag besteht[4]. Der Erbe ist gemäß §§ 681, 666, 259 zur **Rechenschaft** verpflichtet.

4 **2. Ab Annahme der Erbschaft.** Von der Annahme der Erbschaft an wird der Erbe so behandelt, als habe er den Nachlass im Auftrag der Nachlassgläubiger verwaltet. Die Vorschriften über den Auftrag (§§ 662 ff) gelten entsprechend, soweit sie nicht – wie etwa § 664 Abs 1 S 1 – mit der rechtsgeschäftlichen Übernahme der Geschäftsbesorgung wesentlich zusammenhängen[5]. Anwendbar sind insbes die §§ 664 Abs 1 S 2 und 3, 666, 667 und 668. Der Erbe hat den Nachlassgläubigern gemäß §§ 666, 259, 260 **Auskunft** über den Stand des Nachlasses zu erteilen und Rechenschaft abzulegen[6]. Gemäß §§ 667, 668 hat er den Nachlass und alles, was er aus dessen Verwaltung erlangt hat, **herauszugeben.** Surrogate, die ohne Zutun des Erben an die Stelle von Nachlassgegenständen getreten sind, gehören

---

[1] OLG Celle MDR 1970, 1012; RGRK/*Johannsen* Rn 2; *Staudinger/Marotzke* Rn 2.
[2] MünchKommBGB/*Siegmann* Rn 3; *Erman/Schlüter* Rn 2; *Staudinger/Marotzke* Rn 5; RGRK/*Johannsen* Rn 9.
[3] *Staudinger/Marotzke* Rn 7.
[4] *Erman/Schlüter* Rn 2; MünchKommBGB/*Siegmann* Rn 3.
[5] Mot V S 627; *Staudinger/Marotzke* Rn 11; MünchKommBGB/*Siegmann* Rn 4; *Erman/Schlüter* Rn 3; vgl auch RGRK/*Johannsen* Rn 4.
[6] BGH NJW 1992, 2694, 2695.

bereits rechtlich zum Nachlass[7]. Bei **rechtsgeschäftlichem Erwerb** ist eine dingliche Surrogation nach Wortlaut und Entstehungsgeschichte des § 1978 nicht vorgesehen[8] und findet auch grds nicht statt[9]. Der Erbe ist vielmehr nur schuldrechtlich zur Herausgabe verpflichtet (§ 667). Im Insolvenzverfahren über das Eigenvermögen des Erben steht dem Verwalter daher kein Aussonderungsrecht hinsichtlich solcher Gegenstände zu.

3. Haftung für Hilfspersonen. Der Erbe haftet für die ordnungsgemäße Verwaltung und Nutzung 5 des Nachlasses. Hinsichtlich des Verschuldens eines Erfüllungsgehilfen gilt § 278. Für das Verschulden des Nachlasspflegers oder des Testamentsvollstreckers hat der Erbe ebenfalls einzustehen; insoweit haftet er jedoch nur mit dem Nachlass[10]. Nachlassverwalter und Nachlassinsolvenzverwalter haften den Nachlassgläubigern unmittelbar (§ 1985 Abs 2; §§ 60, 61 InsO).

4. Durchsetzung der Ansprüche. Die Ansprüche nach Abs 1 richten sich gegen den Erben 6 persönlich, der sie aus seinem Eigenvermögen zu erfüllen hat[11]. Sie gelten als **zum Nachlass gehörig** (Abs 2). Das bedeutet, dass sie während der Dauer der Nachlassverwaltung oder des Nachlassinsolvenzverfahrens nur vom Verwalter geltend gemacht werden können (§ 1985; § 80 InsO)[12]. Bei der Berechnung des Nachlasswertes etwa im Rahmen der §§ 1980, 1982, 1988 Abs 2, 1990 oder des § 320 InsO sind sie mit zu berücksichtigen. Sofern sie nicht uneinbringlich sind, können sie die Dürftigkeit des Nachlasses ausschließen[13]. Im Rahmen der **§§ 1990, 1992, 1991** können die einzelnen Gläubiger Ansprüche aus § 1978 Abs 1 selbständig geltend machen. Sie sind nicht darauf angewiesen, zunächst den Anspruch des Nachlasses gegen den Erben aus der Verwalterhaftung pfänden und überweisen zu lassen[14]. Eine vom Erben begangene **positive Vertragsverletzung** begründet eine Nachlasserbenschuld, für die der Erbe auch mit seinem sonstigen Vermögen haftet. Sich daraus ergebende Schadensersatzansprüche können auch während der Nachlassverwaltung oder des Nachlassinsolvenzverfahrens gegen den Erben persönlich geltend gemacht werden[15].

III. Ersatzansprüche des Erben (Abs 3)

1. Aufwendungsersatz. Ersatzansprüche des Erben für Aufwendungen aus der Zeit vor der Annahme der Erbschaft folgen aus §§ 683, 684, für Aufwendungen aus der Zeit nach Annahme der 7 Erbschaft aus § 670. Der Aufwendungsersatzanspruch ist zu verzinsen (§ 256). Ggf umfasst er die Befreiung von Verbindlichkeiten, die der Erbe zum Zwecke der Verwaltung des Nachlasses eingegangen ist (§ 257). Alle Ansprüche sind gegen den Nachlassverwalter oder den Nachlassinsolvenzverwalter geltend zu machen. Im Nachlassinsolvenzverfahren stellen sie Masseverbindlichkeiten dar (§ 324 Abs 1 Nr 1 InsO). Außerhalb eines amtlichen Verfahrens (etwa im Falle der §§ 1990, 1992, 1991) ist der Erbe berechtigt, seine Ansprüche vor Vollstreckungspreisgabe des Nachlasses (§ 1990 Abs 1 S 2) selbst zu befriedigen[16]. Ersatzansprüche für Aufwendungen zur Berichtigung einer Nachlassverbindlichkeit sind in § 1979 gesondert geregelt. Anspruch auf eine gesonderte **Verwaltervergütung** hat der Erbe nicht (§ 662)[17].

2. Kein Zurückbehaltungsrecht. Im Nachlassinsolvenzverfahren steht dem Erben wegen der 8 nach §§ 1978, 1979 aus dem Nachlass zu ersetzenden Aufwendungen kein Zurückbehaltungsrecht zu (§ 323 InsO). Die Verwertung der Masse soll nicht verzögert werden[18]. Weil auch die Nachlassverwaltung ohne vermeidbare Verzögerungen abgewickelt werden soll, hat der Erbe – trotz Fehlens einer ausdrücklichen Bestimmung – dem Nachlassverwalter gegenüber ebenfalls kein Zurückbehaltungsrecht[19].

---

[7] BGHZ 46, 221, 222, 229 = NJW 1967, 568; *Staudinger/Marotzke* Rn 15; *MünchKommBGB/Siegmann* Rn 6.
[8] Für eine analoge Anwendung der Surrogationsvorschriften der §§ 2019 Abs 1, 2041 und 2111 Abs 1 *Staudinger/Marotzke* Rn 17 ff mwN; dagegen für den Fall der §§ 1990, 1991, 1978 BGH NJW-RR 1989, 1226, 1227; *Schmitz* WM 1998, Beilage 3 S 1, 5.
[9] *Erman/Schlüter* Rn 6; *Soergel/Stein* Rn 4; *RGRK/Johannsen* Rn 6; aA *Staudinger/Marotzke* Rn 17 ff; aA für den Fall, dass der Erbe erkennbar für den Nachlass handelte, auch *MünchKommBGB/Siegmann* Rn 6 und *Palandt/Edenhofer* Rn 3; offen gelassen von BGH NJW-RR 1989, 1226, 1227.
[10] *MünchKommBGB/Siegmann* Rn 9; *Staudinger/Marotzke* Rn 13; *Erman/Schlüter* Rn 4; *Soergel/Stein* Rn 6.
[11] BGH NJW 1992, 2694, 2695; RGZ 89, 403, 408; *Staudinger/Marotzke* Rn 35; *RGRK/Johannsen* Rn 22; *Lange/Kuchinke* § 49 II 2 c Fn 47.
[12] *Staudinger/Marotzke* Rn 36; *RGRK/Johannsen* Rn 11; *MünchKommBGB/Siegmann* Rn 10; *Erman/Schlüter* Rn 5; vgl den Fall OLG Düsseldorf ZEV 2000, 236 ff.
[13] BGH NJW 1992, 2694, 2695; NJW-RR 1989, 1226, 1228.
[14] BGH NJW-RR 1989, 1226, 1228; *Erman/Schlüter* Rn 5; *Staudinger/Marotzke* Rn 36; *Soergel/Stein* Rn 8; *Palandt/Edenhofer* Rn 4; *MünchKommBGB/Siegmann* Rn 10 m Fn 25; aA *MünchKommBGB/Siegmann* § 1991 Rn 7.
[15] RGZ 92, 341, 343; *RGRK/Johannsen* Rn 12; *Erman/Schlüter* Rn 5.
[16] *Staudinger/Marotzke* Rn 37; *Erman/Schlüter* Rn 6.
[17] BGHZ 122, 297, 306 f = NJW 1993, 1851, 1853; *Erman/Schlüter* Rn 6; *Palandt/Edenhofer* Rn 5; *MünchKommBGB/Siegmann* Rn 13; *Staudinger/Marotzke* Rn 29.
[18] *Staudinger/Marotzke* Rn 30.
[19] *MünchKommBGB/Siegmann* Rn 14; *Erman/Schlüter* Rn 6; *Palandt/Edenhofer* Rn 5; *Soergel/Stein* Rn 9; aA *RGRK/Johannsen* Rn 14: im Nachlassinsolvenzverfahren sei der Erbe durch die Zuerkennung eines Masseanspruchs hinreichend geschützt; eine entsprechende Sicherung fehle im Rahmen der Nachlassverwaltung; diff *Staudinger/Marotzke* Rn 30 f.

§ 1979 Berichtigung von Nachlassverbindlichkeiten

Die Berichtigung einer Nachlassverbindlichkeit durch den Erben müssen die Nachlassgläubiger als für Rechnung des Nachlasses erfolgt gelten lassen, wenn der Erbe den Umständen nach annehmen durfte, dass der Nachlass zur Berichtigung aller Nachlassverbindlichkeiten ausreiche.

I. Bedeutung der Norm

1 **1. Begleichung von Nachlassverbindlichkeiten durch den Erben.** Die Vorschrift des § 1979 bestimmt, unter welchen Voraussetzungen derjenige Erbe, der Nachlassverbindlichkeiten aus eigenen Mitteln beglichen hat, Ersatz seiner Aufwendungen verlangen kann, und derjenige Erbe, der Nachlassverbindlichkeiten aus Mitteln des Nachlasses beglichen hat, von Schadensersatzansprüchen der übrigen Nachlassgläubiger aus § 1978 Abs 1 freigestellt ist. Sie ergänzt § 1978. Nach §§ 1978 Abs 3, 670 könnte der Erbe Aufwendungen zur Begleichung einer Nachlassverbindlichkeit nur dann ersetzt verlangen, wenn er sie den Umständen nach im Interesse aller Nachlassgläubiger für erforderlich halten durfte. § 1979 lässt demgegenüber ausreichen, dass der Erbe von der **Zulänglichkeit des Nachlasses** ausgehen durfte. Ist das der Fall, kann der Erbe Aufwendungsersatz verlangen, wenn er eigene Mittel eingesetzt hat; hat er Nachlassmittel verwandt, haben die übrigen Gläubiger auch bei Unzulänglichkeit des Nachlasses keine Erstattungsansprüche. Diese Regelung dient dem Schutz des Erben. Dass die Erfüllung einer einzelnen Nachlassverbindlichkeit nur unter bestimmten Voraussetzungen als für Rechnung des Nachlasses erfolgt gilt, liegt auch im Interesse der Gesamtheit der Nachlassgläubiger[1].

2 **2. Anwendungsbereich.** Nicht anwendbar ist § 1979, wenn der Erbe allen Nachlassgläubigern gegenüber **unbeschränkt haftet** (§ 2013 Abs 1 S 1). Bei unbeschränkter Haftung tritt der Erbe auch nicht gemäß § 326 Abs 2 InsO in die Rechtsstellung des Gläubigers ein[2]. Dass der Erbe nur einzelnen Gläubigern gegenüber unbeschränkt haftet, schließt die Anwendung des § 1979 dagegen nicht aus (§ 2013 Abs 2). Bei dürftigem oder überschwertem Nachlass (§§ 1990, 1992) verweist § 1991 ebenfalls auf § 1979. Gemäß § 1985 Abs 2 gilt § 1979 entspr für den **Nachlassverwalter**.

II. Voraussetzung und Rechtsfolgen des § 1979

3 **1. Prüfungspflicht des Erben.** Der Erbe muss den Umständen des Falles nach zu der Annahme berechtigt gewesen sein, dass der Nachlass zur Befriedigung aller Gläubiger ausreichen werde. Regelmäßig darf er nur dann von der Zulänglichkeit des Nachlasses ausgehen, wenn er alle Mittel zur Feststellung des Aktiv- und Passivbestandes – vollständige Sichtung des Nachlasses, Überprüfung der Unterlagen des Erblassers, Rückfragen zB bei Angehörigen und möglichen Vertragspartnern, sonstige Ermittlungen[3] – ausgeschöpft hat. Gibt es Anhaltspunkte für das Vorhandensein unbekannter Nachlassverbindlichkeiten, muss der Erbe grds das Aufgebot der Nachlassgläubiger (§§ 1970 ff) beantragen (vgl § 1980 Abs 2 S 2). Ein **rechtskräftiges Urteil gegen den Nachlass** entbindet den Erben nicht von seiner Prüfungspflicht. Ist zweifelhaft, ob alle Schulden beglichen werden können, muss der Erbe vielmehr die Eröffnung des Nachlassinsolvenzverfahrens beantragen, umso die Einzelzwangsvollstreckung zu verhindern (vgl §§ 89, 88, 321 InsO)[4]. Vermächtnisse, Auflagen und die Ansprüche ausgeschlossener und diesen gleichgestellter Gläubiger (§§ 1973, 1974) bleiben bei der Prüfung der Zulänglichkeit des Nachlasses außer Betracht[5].

4 **2. Erfüllung für Rechnung des Nachlasses.** Durfte der Erbe von der Zulänglichkeit des Nachlasses ausgehen, trifft ihn, wenn er Nachlassverbindlichkeiten mit Mitteln des Nachlasses beglichen hat, keine Rückzahlungspflicht. Hat er mit eigenen Mitteln gezahlt, steht ihm ein Erstattungsanspruch zu, der im Nachlassinsolvenzverfahren gemäß § 324 Abs 1 Nr 1 InsO eine Masseverbindlichkeit darstellt. Der Anspruch besteht nur, wenn und soweit die Schuld tatsächlich beglichen worden ist, und nur in Höhe des tatsächlich aufgewandten Betrages[6]. Die rechtskräftige Verurteilung steht der Zahlung nicht gleich. Sind die Voraussetzungen des § 1979 erfüllt, kommt es nicht darauf an, ob die berichtigte Verbindlichkeit ausgeschlossen oder in sonstiger Weise nachrangig war.

5 **3. Verstoß gegen § 1979.** Sind die Voraussetzungen des § 1979 nicht erfüllt, brauchen die Gläubiger die Berichtigung nicht als für Rechnung des Nachlasses erfolgt gelten zu lassen. Hat der Erbe die Forderung mit Mitteln des Nachlasses beglichen, ist er den Gläubigern gemäß § 1978 schadensersatzpflichtig (zur Durchsetzung dieses Anspruchs vgl § 1978 Rn 6). Er haftet jedoch nur so weit, wie vor- und gleichrangige Gläubiger im Nachlassinsolvenzverfahren weniger erhalten, als sie erhalten hätten, wenn die Zahlungen unterblieben wären[7]. Im Nachlassinsolvenzverfahren tritt der Erbe gemäß § 326 Abs 2 InsO an die Stelle des von ihm befriedigten Gläubiger, wenn er eigene Mittel aufgewandt oder

---

[1] MünchKommBGB/*Siegmann* Rn 1; *Erman/Schlüter* Rn 1.
[2] MünchKommBGB/*Siegmann* Rn 2; *Erman/Schlüter* Rn 2; *Staudinger/Marotzke* Rn 3.
[3] Vgl BGH NJW 1985, 140.
[4] MünchKommBGB/*Siegmann* Rn 3; *Erman/Schlüter* Rn 3; *Staudinger/Marotzke* Rn 8.
[5] RGRK/*Johannsen* Rn 7; MünchKommBGB/*Siegmann* Rn 3; *Erman/Schlüter* Rn 3; *Soergel/Stein* Rn 2; aA *Staudinger/Marotzke* Rn 6.
[6] RGRK/*Johannsen* Rn 3; *Staudinger/Marotzke* Rn 10; MünchKommBGB/*Siegmann* Rn 4.
[7] OLG Düsseldorf ZEV 2000, 236 m zust Anm *Küpper*.

dem Nachlass den aufgewandten Betrag erstattet hat[8]. Außerhalb des Nachlassinsolvenzverfahrens hat der Erbe nur einen Bereicherungsanspruch nach §§ 1978 Abs 3, 684 gegen den Nachlass[9].

4. Beweislast. Darlegungs- und beweispflichtig für die Voraussetzungen des § 1979 – für die tatsächlichen Umstände also, auf Grund derer der Erbe die Zulänglichkeit des Nachlasses annehmen durfte – ist sowohl im Aktiv- als auch im Passivprozess der Erbe[10]. Wird der Erbe gemäß §§ 1979, 1978 auf Schadensersatz in Anspruch genommen, muss der Anspruchssteller den Schaden nach Grund und Höhe darlegen und beweisen[11]. 6

III. Anfechtung der Berichtigung einer Nachlassverbindlichkeit

Ergänzt wird § 1979 durch die Vorschriften über die Gläubiger- und die Insolvenzanfechtung. Hat 7
der Erbe Pflichtteilsansprüche, Vermächtnisse oder Auflagen erfüllt, so ist diese Rechtshandlung im Nachlassinsolvenzverfahren gemäß § 322 InsO, außerhalb des Insolvenzverfahrens gemäß § 5 AnfG in gleicher Weise wie eine unentgeltliche Verfügung des Erben – also nach §§ 134, 143 Abs 2 InsO oder 4, 11 Abs 2 AnfG – anfechtbar. Im Nachlassinsolvenzverfahren werden Anfechtungsansprüche vom Nachlassinsolvenzverwalter geltend gemacht (vgl § 129 Abs 1 InsO). Nach hM soll während laufender Nachlassverwaltung nur der Nachlassverwalter anfechtungsberechtigt sein[12].

§ 1980 Antrag auf Eröffnung des Nachlassinsolvenzverfahrens

(1) ¹Hat der Erbe von der Zahlungsunfähigkeit oder der Überschuldung des Nachlasses Kenntnis erlangt, so hat er unverzüglich die Eröffnung des Nachlassinsolvenzverfahrens zu beantragen. ²Verletzt er diese Pflicht, so ist er den Gläubigern für den daraus entstehenden Schaden verantwortlich. ³Bei der Bemessung der Zulänglichkeit des Nachlasses bleiben die Verbindlichkeiten aus Vermächtnissen und Auflagen außer Betracht.
(2) ¹Der Kenntnis der Zahlungsunfähigkeit oder der Überschuldung steht die auf Fahrlässigkeit beruhende Unkenntnis gleich. ²Als Fahrlässigkeit gilt es insbesondere, wenn der Erbe das Aufgebot der Nachlassgläubiger nicht beantragt, obwohl er Grund hat, das Vorhandensein unbekannter Nachlassverbindlichkeiten anzunehmen; das Aufgebot ist nicht erforderlich, wenn die Kosten des Verfahrens dem Bestand des Nachlasses gegenüber unverhältnismäßig groß sind.

I. Bedeutung der Norm

1. Sinn und Zweck. § 1980 verschärft die Haftung des Erben gegenüber § 1978 und ergänzt 1
§ 1979. Der Erbe muss unverzüglich das **Nachlassinsolvenzverfahren** beantragen, sobald er Kenntnis von der Zahlungsunfähigkeit oder der Überschuldung des Nachlasses erlangt. Kommt er dieser Verpflichtung nicht nach, ist er den Gläubigern gegenüber schadensersatzpflichtig. Auch die Vorschrift des § 1980 soll sicherstellen, dass der vorhandene Nachlass bei Beschränkung der Haftung auf den Nachlass den Nachlassgläubigern vollständig zur Verfügung steht; sie soll außerdem zur möglichst gleichmäßigen Befriedigung der Gläubiger bei Unzulänglichkeit des Nachlasses beitragen.

2. Zahlungsunfähigkeit oder Überschuldung. Die **Pflicht,** die Eröffnung des Nachlassinsol- 2
venzverfahrens zu beantragen, besteht bei Zahlungsunfähigkeit und bei Überschuldung des Nachlasses (Abs 1 S 1). **Zahlungsunfähigkeit** liegt vor, wenn die fälligen Zahlungspflichten nicht erfüllt werden (§ 17 Abs 2 S 1 InsO). Sie ist idR anzunehmen, wenn der Schuldner seine Zahlungen eingestellt hat (§ 17 Abs 2 S 2 InsO). Die drohende Zahlungsunfähigkeit kann ebenfalls Grund für die Eröffnung des Nachlassinsolvenzverfahrens sein (§ 320 S 2 InsO); sie begründet jedoch keine Antragspflicht. **Überschuldet** ist der Nachlass, wenn bei Gegenüberstellung der Aktiva und der Passiva des Nachlasses die Verbindlichkeiten den Wert der Nachlassgegenstände übersteigen[1]. Zu den Aktiva gehören die nach §§ 1976, 1977 wieder auflebenden Rechte sowie Ansprüche gegen den Erben aus §§ 1978, 1979.

---

[8] OLG Düsseldorf ZEV 2000, 236, 237 f; MünchKommBGB/*Siegmann* Rn 5; *Staudinger/Marotzke* Rn 16; *Erman/ Schlüter* Rn 4; *Palandt/Edenhofer* Rn 4; HK-InsO/*Marotzke* 4. Aufl § 326 Rn 4; MünchKommInsO/*Siegmann* § 326 Rn 6; weitergehend zB *Uhlenbruck/Lüer* 12. Aufl § 326 InsO Rn 4; *Nerlich/Römermann/Riering* § 326 InsO Rn 4; *Kilger/K. Schmidt* Insolvenzgesetze, 17. Aufl, § 225 KO Anm 2; *Jaeger/Weber* 8. Aufl § 225 KO Rn 9: es komme nicht darauf an, ob der Erbe Nachlassverbindlichkeiten mit Mitteln des Nachlasses oder mit eigenen Mitteln berichtigt habe. Habe der Erbe Nachlassmittel verwandt, sei er dem Nachlass erstattungspflichtig, so dass in beiden Fällen die Nachlassgläubiger auf Kosten des nicht unbeschränkt haftenden Erben bereichert seien.
[9] MünchKommBGB/*Siegmann* Rn 5; RGRK/*Johannsen* Rn 4; *Erman/Schlüter* Rn 4; aA *Staudinger/Marotzke* Rn 15: der Erbe könne analog § 326 Abs 1 InsO aus der Forderung des von ihm befriedigten Nachlassgläubigers vorgehen.
[10] BGH NJW 1985, 140; *Staudinger/Marotzke* Rn 9; RGRK/*Johannsen* Rn 8; *Baumgärtel/Schmitz* §§ 1978–1979 Rn 1.
[11] OLG Düsseldorf ZEV 2000, 236.
[12] MünchKommBGB/*Siegmann* Rn 7; *Palandt/Edenhofer* Rn 5; *Erman/Schlüter* Rn 5; aA RGRK/*Johannsen* Rn 5; *Staudinger/Marotzke* Rn 19 unter zutr Hinweis auf den Wortlaut des § 5 AnfG („so kann ein Nachlassgläubiger … die Leistung … anfechten") sowie darauf, dass § 2 AnfG einen vollstreckbaren Schuldtitel gegen den Schuldner – hier also: den Nachlass – voraussetzt.
[1] BayObLG NJW-RR 1999, 590, 591.

Überschuldet ist der Nachlass auch, wenn nur **Vermächtnisse und Auflagen** nicht erfüllt werden können. In diesem Fall besteht jedoch gemäß § 1980 Abs 1 S 3 keine Antragspflicht des Erben, der nach § 1992 vorgehen kann. Eine Antragspflicht besteht auch dann nicht, wenn die Überschuldung nur auf **ausgeschlossenen oder diesen gleichstehenden Ansprüchen** (§§ 1973, 1974) beruht. Ausgeschlossene und diesen gleichstehende Gläubiger würden im Nachlassinsolvenzverfahren erst nachrangig befriedigt werden (§ 327 Abs 3 InsO), so dass ihnen aus der verspäteten oder unterbliebenen Antragstellung ein Schaden nicht entsteht[2]. Für **Ansprüche auf Zahlung des Pflichtteils** gilt diese Ausnahme nicht[3].

3   **3. Weitere Ausnahmen.** Die Antragspflicht entfällt, wenn kein **inländischer Gerichtsstand** für die Eröffnung des Nachlassinsolvenzverfahrens besteht[4] oder wenn der Erbe bereits allen Gläubigern gegenüber **unbeschränkt haftet** (§ 2013 Abs 1 S 1). Haftet der Erbe nur einzelnen Gläubigern gegenüber unbeschränkt, bleibt es hingegen bei der Antragspflicht (§ 2013 Abs 2). Die Antragspflicht kann durch Vereinbarung mit den Nachlassgläubigern erlassen werden[5]. Ist **Nachlassverwaltung** angeordnet, treffen Antrags- und Schadensersatzpflichten den Nachlassverwalter (§ 1985 Abs 2 S 2). Für Nachlasspfleger und Testamentsvollstrecker gilt § 1980 nicht. Von der Annahme der Erbschaft an bleibt der Erbe auch dann zur Stellung des Insolvenzantrags verpflichtet, wenn wegen eines Erbprätendentenstreits Nachlasspflegschaft angeordnet wird[6]. Machen Nachlasspfleger oder Testamentsvollstrecker von ihrem Antragsrecht (§ 317 Abs 1 InsO) schuldhaft keinen Gebrauch, sind sie ihrerseits dem Erben schadensersatzpflichtig. Die schuldhaft verspätete Stellung des Insolvenzantrags durch den Nachlasspfleger wird dem Erben nicht gemäß §§ 166 Abs 1, 278 zugerechnet[7]. Bei **Dürftigkeit des Nachlasses** (§ 1990) besteht keine Antragspflicht[8]. Die Dürftigkeit darf allerdings nicht nachträglich – nachdem die Voraussetzungen des § 1980 erfüllt waren – eingetreten sein. Der Erbe hat keinen Anspruch auf **Verfahrenskostenhilfe**, um die Abweisung des Antrags mangels Masse (§ 26 InsO) zu erwirken[9]. **Zeitablauf** lässt die Antragspflicht nicht entfallen; nur der Antrag eines Nachlassgläubigers wird unzulässig, wenn seit der Annahme der Erbschaft zwei Jahre verstrichen sind (§ 319 InsO).

II. Voraussetzung und Umfang der Haftung des Erben

4   **1. Kenntnis oder fahrlässige Unkenntnis des Eröffnungsgrundes.** Voraussetzung der Haftung ist objektiv Überschuldung des Nachlasses oder Zahlungsunfähigkeit. Der Erbe muss davon **Kenntnis** erlangt haben. Fahrlässige Unkenntnis steht der Kenntnis gleich (Abs 2). Als Fahrlässigkeit gilt es insbesondere, wenn der Erbe das Aufgebot der Nachlassgläubiger (§ 1970) nicht beantragt hat, obwohl er Grund hatte, das Vorhandensein unbekannter Nachlassverbindlichkeiten anzunehmen (Abs 2 S 2). Der Erbe ist nur dann nicht verpflichtet, das Aufgebotsverfahren einzuleiten, wenn die Verfahrenskosten im Verhältnis zum Bestand des Nachlasses unverhältnismäßig hoch sind (Abs 2 S 2 HS 2). Dann muss er sich jedoch in anderer Weise über den Bestand des Nachlasses informieren.

5   **2. Unterlassener Antrag.** Der Erbe muss es unterlassen haben, **unverzüglich** (§ 121) die Eröffnung des Nachlassinsolvenzverfahren zu beantragen. **Miterben** sind je für sich antragsberechtigt (§ 317 Abs 1 InsO). Eine Haftung kommt daher nur in Betracht, wenn kein Miterbe einen Antrag stellt oder wenn ein Miterbe, der sich an einem Antrag nicht beteiligt hat, im Rahmen seiner Anhörung (§ 317 Abs 2 S 2 InsO) das Verfahren verzögert. In diesem Fall haften die Miterben, in deren Person die Voraussetzungen des § 1980 erfüllt sind, als Gesamtschuldner[10]. **Vor Annahme der Erbschaft** besteht keine Pflicht des Erben, für den Nachlass tätig zu werden[11].

6   **3. Schaden.** Der zu ersetzende Schaden besteht in der Differenz zwischen demjenigen Betrag, den der Gläubiger tatsächlich erhalten hat, und dem, was er erhalten hätte, wenn der Antrag rechtzeitig gestellt worden wäre (§ 249)[12]. Im Nachlassinsolvenzverfahren gehört der Anspruch zur Masse und wird vom Nachlassinsolvenzverwalter gegen den oder die Erben geltend gemacht[13].

7   **4. Beweislast.** Darlegungs- und beweispflichtig für die Voraussetzungen eines Schadensersatzanspruchs nach § 1980 Abs 1 S 2 ist allgemeinen Regeln entspr der Anspruchsteller. Der Anspruchsteller (Gläubiger oder Nachlassinsolvenzverwalter) muss darlegen und beweisen, dass der Nachlass überschuldet oder dass Zahlungsunfähigkeit eingetreten war und dass der Erbe davon Kenntnis hatte

---

[2] MünchKommBGB/*Siegmann* Rn 3; *Soergel/Stein* Rn 2; *Erman/Schlüter* Rn 2; RGRK/*Johannsen* Rn 10; *Palandt/Edenhofer* Rn 3; aA *Staudinger/Marotzke* Rn 3 im Hinblick darauf, dass eine Antragspflicht im Verhältnis zu den gegenüber ausgeschlossenen und ihnen gleichstehenden Gläubigern nachrangigen Pflichtteilsberechtigten besteht.
[3] RGRK/*Johannsen* Rn 14; *Palandt/Edenhofer* Rn 4; MünchKommBGB/*Siegmann* Rn 6.
[4] *Staudinger/Marotzke* Rn 4; *Erman/Schlüter* Rn 2; *Soergel/Stein* Rn 5.
[5] OLG München ZEV 1998, 100, 101; *Staudinger/Marotzke* Rn 6; RGRK/*Johannsen* Rn 10; *Palandt/Edenhofer* Rn 1; *Erman/Schlüter* Rn 2; *Soergel/Stein* Rn 5.
[6] BGHZ 161, 281, 285 = ZEV 2005, 109, 110 m insoweit krit Anm *Marotzke*.
[7] BGHZ 161, 281, 286 ff = ZEV 2005, 109, 110.
[8] MünchKommBGB/*Siegmann* Rn 12; *Staudinger/Marotzke* Rn 7.
[9] LG Neuruppin ZVI 2005, 40 f; AG Hildesheim ZVI 2005, 93.
[10] RGRK/*Johannsen* Rn 13; *Staudinger/Marotzke* Rn 16; *Soergel/Stein* Rn 8.
[11] BGHZ 161, 281, 285 = ZEV 2005, 109; MünchKommBGB/*Siegmann* Rn 8; *Staudinger/Marotzke* Rn 15; aA *Soergel/Stein* Rn 5 für den Fall, dass der Erbe bereits Nachlassverbindlichkeiten beglichen oder andere auf den Nachlass bezogene Aktivitäten entfaltet hatte.
[12] BGH NJW 1985, 140, 141; *Staudinger/Marotzke* Rn 16.
[13] *Staudinger/Marotzke* Rn 17; MünchKommBGB/*Siegmann* Rn 10.

oder auf Grund bestimmter Umstände Kenntnis hätte haben müssen. Für den Umfang des eingetretenen Schadens sowie für die Kausalität zwischen unterlassener Antragstellung und Schaden ist ebenfalls der Gläubiger beweispflichtig[14]. Hat der Erbe kein Aufgebot der Nachlassgläubiger beantragt, werden die Kausalität des Unterlassens für die Unkenntnis des Erben sowie Fahrlässigkeit nur dann vermutet, wenn Grund für die Annahme bestand, dass unbekannte Nachlassgläubiger vorhanden waren; diese Voraussetzung hat ebenfalls der Gläubiger zu beweisen[15]. Gelingt dem Gläubiger der Beweis, kann der Erbe die Vermutung entkräften, indem er nachweist, dass er auch durch das Aufgebot keine Kenntnis von der Überschuldung erlangt hätte oder dass die Verfahrenskosten unverhältnismäßig hoch gewesen wären[16].

§ 1981 Anordnung der Nachlassverwaltung

(1) Die Nachlassverwaltung ist von dem Nachlassgericht anzuordnen, wenn der Erbe die Anordnung beantragt.

(2) ¹Auf Antrag eines Nachlassgläubigers ist die Nachlassverwaltung anzuordnen, wenn Grund zu der Annahme besteht, dass die Befriedigung der Nachlassgläubiger aus dem Nachlass durch das Verhalten oder die Vermögenslage des Erben gefährdet wird. ²Der Antrag kann nicht mehr gestellt werden, wenn seit der Annahme der Erbschaft zwei Jahre verstrichen sind.

(3) Die Vorschrift des § 1785 findet keine Anwendung.

Schrifttum: *Fahrenkamp*, Bis zu welchem Zeitpunkt kann der Erbe seinen Antrag auf Nachlassverwaltung zurücknehmen?, NJW 1975, 1637; *Fromm*, Nachlassverwaltung: Eine Bedrohung für mittelständische Unternehmen, ZEV 2006, 298; *Prange*, Miterbe und Nachlaßverwalter in Personalunion?, MDR 1994, 235; *Reihlein*, Kann ein Miterbe Nachlassverwalter werden?, MDR 1989, 603.

I. Bedeutung der Norm

§ 1981 regelt die Voraussetzungen für die Anordnung der Nachlassverwaltung. Nachlassverwaltung 1 setzt stets einen **Antrag** voraus. Dadurch unterscheidet sie sich von der Nachlasspflegschaft, die von Amts wegen zur Sicherung des Nachlasses angeordnet wird (§ 1960). Antragsberechtigt sind der Erbe (Abs 1) sowie unter bestimmten Voraussetzungen auch Nachlassgläubiger (Abs 2). Ergänzt wird § 1981 durch § 1982 (Ablehnung der Eröffnung mangels Masse) und § 1983 (Pflicht zur Veröffentlichung der Anordnung). Abs 3 stellt durch ausdrücklichen Ausschluss des § 1785 klar, dass das Amt des Nachlassverwalters kein Ehrenamt ist, zu dessen Übernahme jeder Deutsche verpflichtet wäre.

II. Antrag des Erben (Abs 1)

1. Antragsrecht des Erben. Der Erbe kann die Anordnung der Nachlassverwaltung jederzeit – 2 insbes ohne Einhaltung der 2-Jahres-Frist des Abs 2 – beantragen. Voraussetzung ist nur, dass er noch nicht allen Nachlassgläubigern unbeschränkt haftet (§ 2013 Abs 1 S 2). **Miterben** können den Antrag nur bis zur Teilung des Nachlasses und nur gemeinsam stellen (§ 2062). Der Antrag kann auch schon vor der Annahme der Erbschaft gestellt werden[1]. Ob in der Stellung des Antrags die Annahme der Erbschaft liegt, hängt davon ab, ob der Erbe erkennbar endgültig die Verantwortung für den Nachlass übernimmt oder ob es sich um eine reine Vorsichtsmaßnahme handelt. Voraussetzung für die Zulassung des Antrags ist weiter, dass eine die Kosten des Verfahrens deckende Masse vorhanden ist oder ein entsprechender Vorschuss gezahlt wird (§ 1982; dort Rn 2). Andere Voraussetzungen für den Antrag des Erben gibt es nicht. Dass über das Eigenvermögen des Erben das Insolvenzverfahren eröffnet worden ist, hindert die Anordnung der Nachlassverwaltung nicht[2].

2. Kein Antragsrecht bei unbeschränkter Haftung. Der Erbe ist nicht mehr antragsbefugt, wenn 3 er allen Nachlassgläubigern unbeschränkt haftet (§ 2013 Abs 1 S 1). Haftet er nur einzelnen Nachlassgläubigern unbeschränkt, bleibt er hingegen antragsberechtigt (§ 2013 Abs 2). Bei Miterben entfällt das Antragsrecht schon dann, wenn auch nur ein Miterbe allen Nachlassgläubigern unbeschränkt haftet; vgl auch § 2062 Rn 2[3].

3. Weitere Antragsberechtigte. Antragsberechtigt sind auch der **Nacherbe** (§ 2144 Abs 1), der 4 verwaltende **Testamentsvollstrecker** (§ 317 InsO entspr)[4] sowie der **Erbschaftskäufer** (§ 2383). Gehört der Nachlass zum Gesamtgut einer Gütergemeinschaft, können entspr § 318 Abs 1 InsO sowohl

---

[14] *Baumgärtel/Schmitz* Rn 1 ff; *Staudinger/Marotzke* Rn 18; *RGRK/Johannsen* Rn 18.
[15] *Baumgärtel/Schmitz* Rn 4; *Staudinger/Marotzke* Rn 18; *RGRK/Johannsen* Rn 18.
[16] *Baumgärtel/Schmitz* Rn 5 f.
[1] *RGRK/Johannsen* Rn 1; *MünchKommBGB/Siegmann* Rn 2; *Soergel/Stein* Rn 3; *Erman/Schlüter* Rn 2; aA *Staudinger/Marotzke* Rn 11; *Lange/Kuchinke* § 49 III 2 a, weil der vorläufige Erbe sonst die Nachlassverwaltung herbeiführen könne, obwohl der endgültige Erbe den Nachlass privat abwickeln wolle.
[2] LG Aachen NJW 1960, 46, 48 f; *Staudinger/Marotzke* Rn 9; *Palandt/Edenhofer* Rn 3.
[3] *RGRK/Johannsen* Rn 3; *MünchKommBGB/Siegmann* Rn 3; aA *Staudinger/Marotzke* § 2062 Rn 7.
[4] *RGRK/Johannsen* Rn 6; *MünchKommBGB/Siegmann* Rn 4; *Staudinger/Marotzke* Rn 14; *Soergel/Stein* Rn 4; *Erman/Schlüter* Rn 3.

§ 1981

der Ehegatte, der Erbe ist, als auch der Ehegatte, der nicht Erbe ist, aber das Gesamtgut allein oder mit seinem Ehegatten gemeinschaftlich verwaltet, die Anordnung der Nachlassverwaltung beantragen[5]. Der nach §§ 1960, 1961 bestellte **Nachlasspfleger** ist nicht antragsberechtigt, weil er weder für die Beschränkung der Haftung des Erben Sorge zu tragen hat noch zu den Nachlassgläubigern in rechtlicher Beziehung steht[6].

III. Antrag eines Gläubigers (Abs 2)

5 **1. Antragsrecht der Nachlassgläubiger.** Antragsberechtigt ist außerdem jeder Nachlassgläubiger, auch der Gläubiger, der zugleich Miterbe ist, und der nach § 1973 ausgeschlossene Gläubiger[7]. Der Gläubiger ist auch dann antragsberechtigt, wenn der Erbe unbeschränkt haftet. § 2013 Abs 1 S 1 schließt ausdrücklich nur das Antragsrecht des Erben aus. Sinn der Nachlassverwaltung bei unbeschränkter Haftung des Erben ist es, Eigengläubigern des Erben den Zugriff auf den Nachlass zu verwehren. Der Gläubigerantrag kann nach Ablauf von **zwei Jahren** nach Annahme der Erbschaft nicht mehr gestellt werden. Diese zeitliche Grenze entspricht derjenigen des § 319 InsO und erklärt sich daraus, dass eine Trennung von Eigenvermögen des Erben und Nachlass umso schwieriger wird, je mehr Zeit seit der Annahme der Erbschaft vergeht[8].

6 **2. Gefährdung der Befriedigung der Nachlassgläubiger.** Zusätzlich muss Grund zu der Annahme bestehen, dass die Befriedigung der Nachlassgläubiger aus dem Nachlass durch das Verhalten oder die Vermögenslage des Erben gefährdet ist. Ein die Anordnung der Nachlassverwaltung rechtfertigendes Verhalten des Erben liegt etwa in der Verschleuderung von Nachlassgegenständen, in der voreiligen Befriedigung einzelner Gläubiger oder in Gleichgültigkeit oder Verwahrlosung. Auf ein Verschulden des Erben kommt es nicht an. Entsprechendes Verhalten des verwaltenden **Testamentsvollstreckers** ist dem Erben zuzurechnen, wenn er schuldhaft Gegenmaßnahmen zum Schutze der Nachlassgläubiger – etwa einen Antrag auf Entlassung des Testamentsvollstreckers nach § 2227 – unterlässt[9]. Die **schlechte Vermögenslage des Erben** (nicht: des Nachlasses) begründet ein Antragsrecht der Nachlassgläubiger, wenn die Gefahr besteht, dass Eigengläubiger des Erben Zugriff auf den Nachlass nehmen. Die Gesamtheit der Nachlassgläubiger muss vom Verhalten oder der schlechten Vermögenslage des Erben betroffen sein. Die Gefahr, dass ein bestimmter einzelner Anspruch nicht erfüllt wird, reicht nicht aus. Bei Miterben müssen die Voraussetzungen des Abs 2 in der Person mindestens eines der Miterben erfüllt sein.

IV. Verfahren

7 **1. Anordnung der Nachlassverwaltung.** Vorbehaltlich abweichender landesrechtlicher Regelungen (Art 147 EGBGB) ist das Nachlassgericht **zuständig** für die Anordnung der Nachlassverwaltung (vgl § 1962), dort der Rechtspfleger (§§ 3 Nr 2 c, 16 RPflG). Die Antragsberechtigung ist gemäß § 12 FGG **von Amts wegen** festzustellen. Im Falle des Abs 1 muss der Erbe seine Erbenstellung durch letztwillige Verfügung oder durch Erbschein dartun. Anlass, den Eintritt der unbeschränkten Erbenhaftung zu prüfen, hat das Nachlassgericht idR nur, wenn dem Erben zuvor eine Inventarfrist gesetzt worden war (§ 1994); der Erbe muss dann außerdem die rechtzeitige Errichtung des Inventars oder die Voraussetzungen des § 1996 darlegen[10]. Im Falle des Abs 2 hat der Nachlassgläubiger sowie die Gläubigergefährdung **glaubhaft zu machen**. Ggf hat das Nachlassgericht ergänzende Ermittlungen anzustellen (§ 12 FGG)[11]. Allerdings obliegt dem Nachlassgericht hinsichtlich einer vom Erben qualifiziert bestrittenen Forderung weder eine eingehende Aufklärung des Sachverhalts noch die Beantwortung nicht einfacher Rechtsfragen[12]. Bleiben ernsthafte Zweifel, ist der Gläubiger vielmehr auf den Rechtsweg zu verweisen. Die Anordnung der Nachlassverwaltung erfolgt üblicherweise durch Beschluss. Wirksam wird sie gemäß § 16 Abs 1 FGG mit der **Bekanntmachung** gegenüber dem oder den Erben, dem Testamentsvollstrecker oder dem für einen unbekannten Erben bestellten Nachlasspfleger[13]. Die **Auswahl des Nachlassverwalters** hat nach pflichtgemäßem Ermessen zu erfolgen. Insbesondere darf die Gefahr eines Interessenkonfliktes nicht bestehen. Der Erbe kommt nicht in Betracht[14], wohl aber der verwaltende Testamentsvollstrecker oder der Zwangsverwalter eines Nachlassgrundstücks[15].

---

[5] MünchKommBGB/*Siegmann* Rn 4; *Staudinger/Marotzke* Rn 7; *Soergel/Stein* Rn 4; *Erman/Schlüter* Rn 3; aA RGRK/*Johannsen* Rn 4.
[6] BayObLGZ 1976, 167, 172; MünchKommBGB/*Siegmann* Rn 4; RGRK/*Johannsen* Rn 8; *Staudinger/Marotzke* Rn 14; *Erman/Schlüter* Rn 3; aA *Soergel/Stein* Rn 4.
[7] MünchKommBGB/*Siegmann* Rn 5; *Staudinger/Marotzke* Rn 17; *Soergel/Stein* Rn 8; *Erman/Schlüter* Rn 4.
[8] *Staudinger/Marotzke* Rn 20; *Palandt/Edenhofer* Rn 5.
[9] MünchKommBGB/*Siegmann* Rn 6; RGRK/*Johannsen* Rn 14; *Soergel/Stein* Rn 11; *Palandt/Edenhofer* Rn 6; *Erman/Schlüter* Rn 5; aA *Staudinger/Marotzke* Rn 23: das gläubigergefährdende Verhalten des Testamentsvollstreckers sei demjenigen des Erben in jedem Falle gleichzustellen; aA auch *Jauernig/Stürner* Rn 2.
[10] *Baumgärtel/Schmitz* Rn 1.
[11] RGRK/*Johannsen* Rn 15; *Palandt/Edenhofer* Rn 6; *Soergel/Stein* Rn 10; *Erman/Schlüter* Rn 4; *Staudinger/Marotzke* Rn 24; *Baumgärtel/Schmitz* Rn 2.
[12] KG ZEV 2005, 114, 115.
[13] BayObLGZ 1966, 75; 1976, 167; *Staudinger/Marotzke* Rn 27; MünchKommBGB/*Siegmann* Rn 8; *Fahrenkamp* NJW 1975, 1637.
[14] MünchKommBGB/*Siegmann* Rn 8; *Palandt/Edenhofer* Rn 7; *Erman/Schlüter* Rn 6; aA für den Miterben *Staudinger/Marotzke* Rn 29 im Anschluss an *Reihlein* MDR 1989, 603 und *Prange* MDR 1994, 235.
[15] *Staudinger/Marotzke* Rn 30; MünchKommBGB/*Siegmann* Rn 8; *Erman/Schlüter* Rn 6; *Palandt/Edenhofer* Rn 7.

2. Rechtsmittel. Wird die Anordnung der Nachlassverwaltung abgelehnt, kann der Antragsteller   8
gemäß §§ 20 Abs 2 FGG, 11 Abs 1 RPflG **einfache Beschwerde** einlegen; mehrere Miterben, deren
Antrag abgelehnt wurde, sind im Hinblick auf § 2062 nur gemeinsam beschwerdebefugt[16]. Gegen die
Anordnung der Nachlassverwaltung auf Antrag des Alleinerben oder aller Miterben ist die Beschwerde
unzulässig (§ 76 Abs 1 FGG). Erfolgt die Anordnung auf Antrag eines Nachlassgläubigers, steht dem
Erben – bei Miterben jedem Erben – sowie dem verwaltenden Testamentsvollstrecker die sofortige
Beschwerde zu (§§ 76 Abs 2 FGG, 11 Abs 1 RPflG). Der Antrag auf Aufhebung der Nachlassverwaltung wegen Zweckerreichung braucht nicht von allen Miterben gemeinsam gestellt zu werden;
denn es handelt sich bei einem solchen Antrag nur um eine Anregung zu einer vom Nachlassgericht
von Amts wegen zu treffenden Maßnahme[17]. Gegen die Aufhebung der Nachlassverwaltung haben der
Antragsteller und jeder Beteiligten mit rechtlichem Interesse ein Beschwerderecht, nicht jedoch der
Nachlassverwalter selbst[18].

3. Kosten der Nachlassverwaltung. Die Kosten der Nachlassverwaltung fallen als Nachlassver-   9
bindlichkeit dem Erben zur Last (§§ 6, 106 KostO).

§ 1982 Ablehnung der Anordnung der Nachlassverwaltung mangels Masse

Die Anordnung der Nachlassverwaltung kann abgelehnt werden, wenn eine den Kosten entsprechende Masse nicht vorhanden ist.

I. Kostendeckende Masse

Die Kosten der Nachlassverwaltung sind die durch die Nachlassverwaltung entstehenden Gebühren   1
und Auslagen (Kosten der öffentlichen Bekanntmachung, § 1983; Vergütung des Nachlassverwalters,
§ 1987; Gerichtskosten gemäß § 106 KostO in Höhe einer vollen Gebühr nach dem Wert des Nachlasses; Auslagen gemäß §§ 136 ff KostO). Der vorhandene Nachlass entspricht nicht den Kosten, wenn
seine Verwertung keinen oder nur einen geringfügigen Überschuss verspricht[1]. Nicht gerechtfertigt ist
die Ablehnung der Anordnung der Nachlassverwaltung dann, wenn die Kosten einen unverhältnismäßig hohen Teil der Masse in Anspruch nehmen[2]. Ob eine kostendeckende Masse vorhanden ist, hat
das Nachlassgericht nach pflichtgemäßem Ermessen – ggf nach Anhörung eines Sachverständigen – zu
entscheiden. Zum Aktivnachlass gehören Ansprüche gegen den Erben aus §§ 1978 ff sowie erloschene
Forderungen und Rechte, die bei Anordnung der Nachlassverwaltung gemäß §§ 1976, 1977 als nicht
erloschen gelten würden. Stellt sich das Fehlen einer kostendeckenden Masse erst im Laufe des
Verfahrens heraus, kann die Nachlassverwaltung gemäß § 1988 Abs 2 aufgehoben werden. Leistet der
Antragsteller einen die Verfahrenskosten deckenden Vorschuss, darf die Anordnung der Nachlassverwaltung nicht mangels Masse abgelehnt und ein bereits eröffnetes Verfahren nicht aufgehoben werden
(Rechtsgedanke der §§ 26 Abs 1 S 2, 207 Abs 1 S 2 InsO)[3].

II. Rechtsfolgen

Nach unterbliebener oder aufgehobener Nachlassverwaltung kann der Erbe zur Beschränkung seiner   2
Haftung die haftungsbeschränkenden Einreden der §§ 1990, 1991 erheben[4]. Das Prozessgericht ist
insoweit an die Entscheidung des Nachlassgerichts gebunden. Hat das Nachlassgericht die Anordnung
der Nachlassverwaltung mangels Masse abgelehnt, muss das Prozessgericht also ebenfalls von der
Dürftigkeit des Nachlasses ausgehen[5]. Durch einen Beschluss, der die beantragte Anordnung der Nachlassverwaltung ablehnt, weil ein angeforderter Gerichtskostenvorschuss nicht gezahlt worden ist, ist der
Erbe gleichwohl nicht beschwert; denn er kann die Dürftigkeit des Nachlasses auch in anderer Weise
nachweisen[6].

§ 1983 Bekanntmachung

Das Nachlassgericht hat die Anordnung der Nachlassverwaltung durch das für seine Bekanntmachungen bestimmte Blatt zu veröffentlichen.

---

[16] *Palandt/Edenhofer* Rn 8; *MünchKommBGB/Siegmann* Rn 9; *Staudinger/Marotzke* Rn 38; *Soergel/Stein* Rn 6; *Erman/Schlüter* Rn 7.
[17] OLG Frankfurt JZ 1953, 53.
[18] RGZ 151, 59; OLG Jena Rpfleger 1998, 427; *MünchKommBGB/Siegmann* Rn 9; *Staudinger/Marotzke* Rn 39.
[1] *Staudinger/Marotzke* Rn 3; *MünchKommBGB/Siegmann* Rn 1; *Erman/Schlüter* Rn 2.
[2] *Staudinger/Marotzke* Rn 3; *MünchKommBGB/Siegmann* Rn 1; *RGRK/Johannsen* Rn 1; aA *Soergel/Stein* Rn 2; OLG Hamburg OLGRspr 11, 227.
[3] *Staudinger/Marotzke* Rn 4; *RGRK/Johannsen* Rn 1; *Erman/Schlüter* Rn 2.
[4] *Erman/Schlüter* Rn 2; *Soergel/Stein* Rn 5; *Staudinger/Marotzke* Rn 6; *MünchKommBGB/Siegmann* Rn 2; *RGRK/Johannsen* Rn 2.
[5] BGH NJW-RR 1989, 1226.
[6] OLG Düsseldorf ZEV 2000, 155.

§ 1984

I. Öffentliche Bekanntmachung

1 Der Beschluss, durch den die Nachlassverwaltung angeordnet wird, muss veröffentlicht werden. Zu veröffentlichen sind die Tatsache der Anordnung der Nachlassverwaltung, Name und letzter Wohnsitz des Erblassers sowie Name und Anschrift des Nachlassverwalters[1]. Welches Blatt für die Bekanntmachungen des Nachlassgerichts bestimmt ist, ist landesrechtlich geregelt (vgl § 200 FGG). Eine Veröffentlichung im Bundesanzeiger ist nicht vorgesehen[2]. Die Veröffentlichung der Anordnung ist **keine Wirksamkeitsvoraussetzung**[3]. Wirksam wird die Anordnung der Nachlassverwaltung bereits mit der Bekanntmachung (§ 16 FGG) an den oder die Erben oder den Testamentsvollstrecker oder den Nachlasspfleger für unbekannte Erben (§ 1981 Rn 7). Von Bedeutung ist die Veröffentlichung vor allem im Hinblick auf die Frage, ob ein Nachlassschuldner noch mit befreiender Wirkung an den Erben leisten kann. Der Schuldner wird befreit, wenn ihm zurzeit der Leistung die Anordnung der Nachlassverwaltung nicht bekannt war. Vor der Veröffentlichung wird gemäß § 1984 Abs 1 S 2 iVm § 82 S 2 InsO vermutet, dass er keine Kenntnis hatte.

II. Eintragung in das Grundbuch

2 Die Anordnung der Nachlassverwaltung ist in das Grundbuch einzutragen[4]. Andernfalls wäre nach Anordnung der Nachlassverwaltung ein gutgläubiger lastenfreier Erwerb vom Erben möglich. Berechtigt und verpflichtet, den Eintragungsantrag zu stellen, ist gemäß § 13 Abs 1 S 2 GBO der **Nachlassverwalter**[5]. Das **Nachlassgericht** kann ihn gemäß §§ 1985, 1915, 1837 zur Stellung des Antrags anhalten. Zu einem eigenen Eintragungsersuchen ist das Nachlassgericht wegen Fehlens einer gesetzlichen Vorschrift (vgl § 38 GBO) weder verpflichtet noch berechtigt[6]. Trägt das Grundbuchamt die Nachlassverwaltung auf ein (unzulässiges) Ersuchen des Nachlassgerichts hin ein, kommt die Eintragung eines Amtswiderspruchs nicht in Betracht, weil das Grundbuch nicht unrichtig geworden ist (vgl § 53 Abs 1 S 1 GBO)[7].

§ 1984 Wirkung der Anordnung

(1) ¹Mit der Anordnung der Nachlassverwaltung verliert der Erbe die Befugnis, den Nachlass zu verwalten und über ihn zu verfügen. ²Die Vorschriften der §§ 81 und 82 der Insolvenzordnung finden entsprechende Anwendung. ³Ein Anspruch, der sich gegen den Nachlass richtet, kann nur gegen den Nachlassverwalter geltend gemacht werden.

(2) Zwangsvollstreckungen und Arreste in den Nachlass zugunsten eines Gläubigers, der nicht Nachlassgläubiger ist, sind ausgeschlossen.

I. Bedeutung der Norm

1 1. **Folgen der Anordnung der Nachlassverwaltung.** § 1984 regelt die materiell- und verfahrensrechtlichen Folgen der Anordnung der Nachlassverwaltung für Erben, Nachlassgläubiger sowie die Eigengläubiger des Erben. Ergänzt wird die Vorschrift durch die Bestimmungen der §§ 1975 bis 1977 und 2000 sowie der §§ 241, 246, 784 ZPO. Die Rechtsstellung des Nachlassverwalters ergibt sich aus §§ 1985 ff. § 1984 ist auch bei gegenüber allen Nachlassgläubigern unbeschränkter Haftung des Erben anwendbar (vgl § 2013 Abs 1 S 1).

2 2. **Inkrafttreten der Anordnung.** Die Anordnung der Nachlassverwaltung wird gemäß § 16 FGG mit der **Bekanntmachung** an den oder die Erben[1*], den Testamentsvollstrecker oder den für unbekannte Erben bestimmten Nachlasspfleger[2*] wirksam. Auf die öffentliche Bekanntmachung gemäß § 1983 kommt es nicht an. Bei mehreren Miterben treten die Rechtsfolgen des § 1984 bereits mit der ersten Bekanntgabe an einen von ihnen ein, weil Miterben gemäß §§ 2033 Abs 2, 2038, 2040 nur gemeinsam über Nachlassgegenstände verfügen können[3*].

---

[1] *Firsching/Graf* Rn 4813; *Soergel/Stein* Rn 1; ähnlich *Staudinger/Marotzke* Rn 1.
[2] *Erman/Schlüter* Rn 2; *Staudinger/Marotzke* Rn 2; *MünchKommBGB/Siegmann* Rn 1.
[3] *Erman/Schlüter* Rn 1; *Staudinger/Marotzke* Rn 3; *MünchKommBGB/Siegmann* Rn 1; *RGRK/Johannsen* Rn 1.
[4] *Staudinger/Marotzke* § 1984 Rn 12; *MünchKommBGB/Siegmann* Rn 2; *RGRK/Johannsen* Rn 2; *Erman/Schlüter* Rn 2.
[5] *Erman/Schlüter* Rn 2; *MünchKommBGB/Siegmann* Rn 2; *RGRK/Johannsen* Rn 2; *Soergel/Stein* Rn 1; *Palandt/Edenhofer* Rn 2.
[6] *Soergel/Stein* Rn 2; *Palandt/Edenhofer* Rn 2; *RGRK/Johannsen* Rn 3; *MünchKommBGB/Siegmann* Rn 2; aA *Erman/Schlüter* Rn 2: nicht verpflichtet, wohl aber berechtigt; nach *Staudinger/Marotzke* § 1984 Rn 13 ist das Nachlassgericht analog § 32 Abs 2 InsO zu einem Eintragungsersuchen sogar verpflichtet.
[7] *MünchKommBGB/Siegmann* Rn 3; *Soergel/Stein* Rn 2; *Erman/Schlüter* Rn 2.
[1*] BayObLGZ 1966, 75, 76; *Staudinger/Marotzke* Rn 2; *RGRK/Johannsen* Rn 1; *Soergel/Stein* Rn 2.
[2*] BayObLGZ 1976, 167, 171.
[3*] *Staudinger/Marotzke* Rn 2; *RGRK/Johannsen* Rn 1; *MünchKommBGB/Siegmann* § 1981 Rn 8.

II. Materiellrechtliche Folgen der Anordnung der Nachlassverwaltung

1. Verlust der Verwaltungs- und Verfügungsbefugnis. Mit der Anordnung der Nachlassverwaltung verliert der Erbe das Recht, den Nachlass zu verwalten und über ihn zu verfügen. Gleiches gilt für den Testamentsvollstrecker, dessen Amt zwar bestehen bleibt, dessen Verwaltungs- und Verfügungsbefugnisse jedoch ebenfalls erlöschen[5]. Auch ein auf den Nachlass bezogener Auftrag des Erblassers oder des Erben endet (vgl §§ 115, 116 InsO)[6]. Trotz der Anordnung der Nachlassverwaltung bleibt der Erbe berechtigt, seinen Anteil gemäß § 2033 Abs 1 zu veräußern; denn die Veräußerung des Anteils beeinträchtigt die Rechte der Nachlassgläubiger nicht.

2. Unwirksamkeit von Verfügungen des Erben. Verfügungen, die der Erbe nach der Anordnung über Nachlassgegenstände trifft, sind gemäß Abs 1 S 2 iVm § 81 Abs 1 S 1 InsO unwirksam[7]. Die Unwirksamkeit kann nicht nur vom Nachlassverwalter, sondern – soweit Zwecke der Nachlassverwaltung berührt werden – von jedermann geltend gemacht werden[8], etwa vom Schuldner einer nach der Anordnung vom Erben an einen Dritten abgetretenen Nachlassforderung[9]. Der **gutgläubige Erwerb** eines Rechts an einem Grundstück oder einem Recht an einem solchen Recht bleibt gemäß Abs 1 S 2 iVm § 81 Abs 1 S 2 InsO und §§ 892, 893 möglich, wenn die Anordnung der Nachlassverwaltung nicht im Grundbuch eingetragen ist (§ 1983 Rn 2). Bei sonstigen Vermögensgegenständen kommt ein gutgläubiger Erwerb nicht in Betracht, weil § 81 Abs 1 S 2 InsO nur auf §§ 892, 893, nicht jedoch auf §§ 135 Abs 2, 932 ff, 1032, 1207 oder § 16 Abs 2 WG verweist. Nach wohl hM soll gutgläubiger Erwerb jedoch möglich sein, wenn sich der gute Glaube auf die fehlende Zugehörigkeit zum Nachlass bezieht[10]. Gemäß Abs 1 S 2 iVm § 81 Abs 3 InsO wird vermutet, dass eine Verfügung am Tage der Anordnung der Nachlassverwaltung zeitlich nach der Anordnung erfolgte.

3. Leistung an den Nachlassverwalter. Nach Anordnung der Nachlassverwaltung können Nachlassforderungen nur noch durch Leistung an den Nachlassverwalter erfüllt werden. Der Schuldner wird jedoch befreit, wenn ihm die Anordnung der Nachlassverwaltung zurzeit der Leistung nicht bekannt war (Abs 1 S 2 iVm § 82 S 1 InsO). Hat er vor der öffentlichen Bekanntmachung der Anordnung (§ 1983) geleistet, wird vermutet, dass er die Anordnung nicht kannte (Abs 1 S 2 iVm § 82 S 2 InsO). Dann muss der Nachlassverwalter die positive Kenntnis des Schuldners von der Anordnung nachweisen. Erfolgte die Leistung dagegen nach der öffentlichen Bekanntmachung, muss der Schuldner nachweisen, dass ihm die Anordnung nicht bekannt war[11].

III. Verfahrensrechtliche Folgen

1. Verlust der Prozessführungsbefugnis. Mit dem Recht, über den Nachlass zu verfügen, verliert der Erbe auch die aktive und die passive Prozessführungsbefugnis. Nur noch der Nachlassverwalter kann zum Nachlass gehörende Ansprüche gerichtlich durchsetzen; Ansprüche gegen den Nachlass können nur noch gegen den Nachlassverwalter geltend gemacht werden (Abs 1 S 3). Die Klage des Erben gegen einen Nachlassschuldner ist als unzulässig abzuweisen. Sie unterbricht die laufende Verjährung eines Anspruchs. Geht die Klagebefugnis durch Aufhebung der Nachlassverwaltung wieder auf den Erben über, findet insoweit keine Rückwirkung statt[12]. Ebenfalls unzulässig ist die gegen den Erben gerichtete Klage eines Nachlassgläubigers, wenn der Erbe nicht bereits unbeschränkt haftet und die Klage ausdrücklich auf Befriedigung aus dem Eigenvermögen des Erben gerichtet ist[13]. Laufende Prozesse werden gemäß §§ 241 Abs 3, 246 ZPO unterbrochen oder – falls ein Prozessbevollmächtigter bestellt worden war – auf Antrag des Bevollmächtigten ausgesetzt. Der Nachlassverwalter kann den Erben allerdings ermächtigen, den Aktivprozess im eigenen Namen für den Nachlass zu führen[14]. **Nichtvermögensrechtliche Ansprüche,** die nicht „aus dem Nachlasse zu berichtigen" sind (vgl § 1985 Abs 1), werden von Abs 1 S 3 nach dessen Sinn und Zweck nicht erfasst[15]. Der Auskunftsanspruch eines Pflichtteilsberechtigten (§ 2314) kann daher auch während der Nachlassverwaltung gegen den Erben geltend gemacht werden[16].

---

[5] MünchKommBGB/*Siegmann* Rn 2; *Staudinger/Marotzke* Rn 4; *Palandt/Edenhofer* Rn 3; *Soergel/Stein* Rn 3.
[6] *Staudinger/Marotzke* Rn 4; *Soergel/Stein* Rn 3.
[7] RGRK/*Johannsen* Rn 5; *Erman/Schlüter* Rn 3; *Lange/Kuchinke* § 49 III 5; *Soergel/Stein* Rn 4; aA wohl *Staudinger/Marotzke* Rn 9: der Erbe könne Rechte, die der Nachlassverwaltung unterliegen, auf einen Dritten übertragen, der in der Ausübung des erworbenen Rechts dann in jedoch in gleicher Weise wie der Erbe beschränkt sei.
[8] BGHZ 46, 221, 229 = NJW 1967, 568 zu Abs 1 S 2 iVm § 7 KO, in dem von einer Unwirksamkeit der Verfügung „den Konkursgläubigern gegenüber" die Rede war; § 81 Abs 1 S 1 InsO enthält diese Einschränkung nicht mehr.
[9] RGZ 83, 184, 189.
[10] RGRK/*Johannsen* Rn 11; *Palandt/Edenhofer* Rn 3; MünchKommBGB/*Siegmann* Rn 3; *Erman/Schlüter* Rn 3; *Jauernig/Stürner* Rn 4; aA mit guten Gründen *Staudinger/Marotzke* Rn 15; *Soergel/Stein* Rn 4; *Lange/Kuchinke* § 49 III 5 m Fn 90.
[11] *Baumgärtel/Schmitz* Rn 2.
[12] BGHZ 46, 221, 229 f = NJW 1967, 568.
[13] *Palandt/Edenhofer* Rn 4; RGRK/*Johannsen* Rn 19; MünchKommBGB/*Siegmann* Rn 6; *Soergel/Stein* Rn 7; *Erman/Schlüter* Rn 4; wohl auch *Lange/Kuchinke* § 49 III 5; *Staudinger/Marotzke* Rn 24 hält die Klage gegen den Erben nur dann für zulässig, wenn sich die unbeschränkte Haftung des Erben feststellen lässt.
[14] BGHZ 38, 281 = NJW 1963, 297 m Anm *Nirk*; krit *Bötticher* JZ 1963, 582.
[15] *Staudinger/Marotzke* Rn 23; MünchKommBGB/*Siegmann* Rn 5; *Erman/Schlüter* Rn 4.
[16] OLG Celle MDR 1960, 402; RGRK/*Johannsen* Rn 17; *Erman/Schlüter* Rn 4; *Soergel/Stein* Rn 7; MünchKommBGB/*Siegmann* Rn 7; *Staudinger/Marotzke* Rn 23.

§ 1985

7 **2. Zwangsvollstreckung in den Nachlass.** Die Zwangsvollstreckung in den Nachlass findet nur zugunsten der Nachlassgläubiger statt (Abs 2). Vor Anordnung der Nachlassverwaltung begonnene Zwangsvollstreckungsmaßnahmen der Nachlassgläubiger bleiben bestehen oder werden fortgesetzt, ohne dass eine Titelumschreibung nach § 727 ZPO erforderlich wäre[17]. Auch nach der Anordnung können Nachlassgläubiger auf Grund eines gegen den Erben erwirkten Titels die Zwangsvollstreckung in den Nachlass betreiben, der allerdings entspr § 727 ZPO umzuschreiben ist[18].

8 **3. Aufhebung bereits getroffener Maßnahmen.** Nach Anordnung der Nachlassverwaltung kann der Nachlassverwalter die Aufhebung aller Zwangsvollstreckungsmaßnahmen verlangen, die zugunsten der **Eigengläubiger** der Erben in den Nachlass erfolgt sind, und zwar unabhängig davon, ob der Erbe beschränkt oder bereits unbeschränkt haftet (§ 784 Abs 2 ZPO). Der Erbe, der noch nicht unbeschränkt haftet und sich die Beschränkung der Haftung auf den Nachlass im Urteil hat vorbehalten lassen (§ 780 Abs 1 ZPO), kann verlangen, dass Maßregeln der Zwangsvollstreckung, die zugunsten eines **Nachlassgläubigers** in ein nicht zum Nachlass gehörendes Vermögen erfolgt sind, aufgehoben werden (§ 784 Abs 1 ZPO). Beide Rechte sind im Wege der Vollstreckungsgegenklage geltend zu machen (§ 785 ZPO)[19]. Den Eigengläubigern des Erben bleibt die Möglichkeit, gemäß §§ 829, 844 ZPO den künftigen Anspruch des Erben gegen den Nachlassverwalter aus §§ 1975, 1915, 1890 auf Herausgabe des Überschusses zu pfänden (§ 1986 Rn 1)[20].

9 **4. Aufgebot und Inventar.** Auch während der Nachlassverwaltung bleibt der Erbe berechtigt, das Aufgebot der Nachlassgläubiger zu beantragen und ein Inventar zu errichten[21]. Eine Inventarfrist kann während der Nachlassverwaltung weder dem Erben noch dem Nachlassverwalter gesetzt werden (§§ 2000, 2012).

§ 1985 Pflichten und Haftung des Nachlassverwalters

(1) Der Nachlassverwalter hat den Nachlass zu verwalten und die Nachlassverbindlichkeiten aus dem Nachlass zu berichtigen.

(2) ¹Der Nachlassverwalter ist für die Verwaltung des Nachlasses auch den Nachlassgläubigern verantwortlich. ²Die Vorschriften des § 1978 Abs. 2 und der §§ 1979, 1980 finden entsprechende Anwendung.

I. Rechtsstellung des Nachlassverwalters

1 **1. Stellung des Nachlassverwalters.** Der Nachlassverwalter ist ein **amtlich bestelltes Organ zur Verwaltung einer fremden Vermögensmasse mit eigener Parteistellung**[1]. Seine Stellung gleicht derjenigen eines Insolvenzverwalters[2]. Die Verwaltungs- und Verfügungsbefugnisse, die der Erbe mit der Anordnung der Nachlassverwaltung verliert (§ 1984), gehen auf den Nachlassverwalter über. Der Nachlassverwalter ist im Rahmen seines Aufgabenbereichs allein aktiv und passiv prozessführungsbefugt (§ 1984 Rn 6). Inhaber des Nachlasses bleibt jedoch der Erbe. Der Nachlassverwalter kann also nicht als Berechtigter in das Grundbuch eingetragen werden[3]. Ergänzt wird § 1985 durch Vorschriften des Vormundschaftsrechts (vgl §§ 1975, 1915) und weitere Einzelvorschriften. Der Nachlassverwalter kann nicht auf die Beschränkung der Haftung des Erben verzichten (§ 2012). Er ist berechtigt, das Aufgebot der Nachlassgläubiger (§ 991 Abs 2 ZPO) und die Eröffnung des Nachlassinsolvenzverfahrens (§ 317 Abs 1 InsO) zu beantragen. Zur Errichtung eines Inventars ist der Nachlassverwalter nicht verpflichtet (§ 2012). Das Verwaltungsrecht eines **Testamentsvollstreckers** ruht während der Dauer der Nachlassverwaltung (§ 1984 Rn 3).

2 **2. Aufsicht des Nachlassgerichts.** Die Nachlassverwaltung ist eine Nachlasspflegschaft zum Zwecke der Befriedigung der Nachlassgläubiger (§ 1975). Gemäß §§ 1975, 1915 finden damit die für die Vormundschaft geltenden Vorschriften entsprechende Anwendung, soweit keine Sonderbestimmungen (insbes §§ 1981 Abs 3, 1986) bestehen[4]. Der Nachlassverwalter untersteht der Aufsicht des Nachlassgerichts. Er erhält eine Bestallung (§ 1791) und ist förmlich zu treuer und gewissenhafter Führung seines Amtes zu verpflichten (§ 1789). Gemäß § 1802 hat er ein Verzeichnis über den vorhandenen Nachlass

---

[17] MünchKommBGB/*Siegmann* Rn 8; RGRK/*Johannsen* Rn 21; *Palandt*/*Edenhofer* Rn 5; *Staudinger*/*Marotzke* Rn 26; *Erman*/*Schlüter* Rn 5.
[18] BGHZ 113, 132, 137 = NJW 1991, 844; MünchKommBGB/*Siegmann* Rn 9; *Jauernig*/*Stürner* Rn 7; *Staudinger*/*Marotzke* Rn 27; *Soergel*/*Stein* Rn 9; *Stein*/*Jonas*/*Münzberg* § 727 ZPO Rn 27, 31; *Baumbach*/*Hartmann* § 727 ZPO Rn 18; *Dauner-Lieb*, FS Gaul, 1997, S 93, 104; *Loritz* ZZP 95 (1982), 310, 327 f; aA *Erman*/*Schlüter* Rn 5; RGRK/*Johannsen* Rn 21; *Palandt*/*Edenhofer* Rn 5.
[19] OLG Frankfurt NJW-RR 1998, 160 m zust Anm *Stein* ZEV 1998, 178.
[20] RGRK/*Johannsen* Rn 22; MünchKommBGB/*Siegmann* Rn 10; *Lange*/*Kuchinke* § 49 III 5 m Fn 95.
[21] *Staudinger*/*Marotzke* Rn 7; aA RGRK/*Johannsen* § 1970 Rn 11: der Erbe könne während laufender Nachlassverwaltung kein Aufgebot beantragen, weil er nicht zur Verwaltung des Nachlasses berechtigt sei.
[1] RGZ 135, 305, 307; 150, 189, 190; RGRK/*Johannsen* Rn 1; MünchKommBGB/*Siegmann* Rn 1; *Palandt*/*Edenhofer* Rn 1; vgl den Überblick über weitere Theorien bei *Staudinger*/*Marotzke* Rn 2 f.
[2] BGHZ 38, 281, 284 = NJW 1963, 297; RGZ 61, 221, 222; 72, 260, 261; OLG Braunschweig OLGZ 1988, 392, 394; vgl auch die Verweisung in § 1984 Abs 1 S 2.
[3] BGH DNotZ 1961, 485; OLG Hamm OLGZ 1988, 390; *Erman*/*Schlüter* Rn 3.
[4] RGZ 151, 57, 59 f.

aufzunehmen und gemäß §§ 1840, 1841 Rechnung zu legen, die das Nachlassgericht zu prüfen hat (§ 1843). Auf Verlangen hat er dem Nachlassgericht jederzeit Auskunft zu erteilen (§ 1839). Bei Vornahme der in §§ 1822, 1821 aufgeführten Geschäfte bedarf er der Genehmigung des Nachlassgerichts. Das Nachlassgericht kann den Nachlassverwalter durch Festsetzung von Zwangsgeld zur Befolgung seiner Anordnungen anhalten (§ 1837 Abs 3). Würde die Fortführung des Amtes insbes wegen pflichtwidrigen Verhaltens des Nachlassverwalters die Interessen der Erben oder der Nachlassgläubiger gefährden (vgl § 1886), hat das Nachlassgericht den Verwalter zu **entlassen**[5]. Eine solche Gefährdung kann gegeben sein, wenn der Verwalter es beharrlich und langandauernd unterlässt, das Nachlassverzeichnis vorzulegen oder der Pflicht, jährlich Rechnung zu legen (§§ 1840 Abs 1 und 2, 1915 Abs 1), nachzukommen[6]. Auf ein Verschulden des Verwalters kommt es nicht an. Eine objektive Gefährdung der Interessen des Erben oder der Nachlassgläubiger liegt vor, wenn eine Schädigung möglich oder sogar mit einer gewissen Wahrscheinlichkeit zu erwarten ist. In Fragen der **Zweckmäßigkeit** bestimmter Verwaltungsmaßnahmen besteht kein Weisungsrecht des Nachlassgerichts[7]. Gegen seine Entlassung steht dem Nachlassverwalter die sofortige Beschwerde zu (§§ 75, 60 Abs 1 Nr 3 FGG). Lehnt das Nachlassgericht den **Antrag eines Nachlassgläubigers** auf Entlassung des Nachlassverwalters ab, so steht dem Nachlassgläubiger ein Beschwerderecht gegen diese Entscheidung nicht zu[8].

II. Aufgaben des Nachlassverwalters

1. Verwaltung des Nachlasses. Aufgabe des Nachlassverwalters ist die Verwaltung des Nachlasses zum Zwecke der Berichtigung der Nachlassverbindlichkeiten (vgl § 1975). Dazu hat der Nachlassverwalter den Nachlass idR in Besitz zu nehmen (vgl § 1986 Abs 1). Analog § 148 Abs 2 InsO kann er auf Grund einer vollstreckbaren Ausfertigung des Anordnungsbeschlusses die Herausgabe im Gewahrsam des Erben befindlicher Sachen, deren Zugehörigkeit zum Nachlass außer Streit steht, im Wege der Zwangsvollstreckung durchsetzen[9]. Ggf kann der Verwalter vom Erben gemäß §§ 1978, 666, 259, 260 Auskunft, Rechenschaft, Vorlage eines Bestandsverzeichnisses und Abgabe der eidesstattlichen Versicherung verlangen. Gegenüber dem Herausgabeverlangen des Nachlassverwalters hat der Erbe kein Zurückbehaltungsrecht wegen etwaiger Ansprüche aus §§ 1978, 1979; vgl auch § 323 InsO und § 1978 Rn 8[10]. Hat der Nachlassverwalter den Nachlass in Besitz genommen, wird der Erbe zum mittelbaren Besitzer des Nachlasses[11]. Soweit **Grundstücke** zum Nachlass gehören, ist der Nachlassverwalter verpflichtet, die Anordnung der Nachlassverwaltung in das Grundbuch eintragen zu lassen (§ 1983 Rn 3)[12].

2. Reichweite der Nachlassverwaltung. Die Nachlassverwaltung erstreckt sich entspr ihrem Zweck, die Nachlassverbindlichkeiten zu berichtigen, nur auf das **Nachlassvermögen.** Sie betrifft nicht persönliche Rechtsbeziehungen des Erblassers, in die der Erbe mit dem Erbfall eingerückt ist (§ 1984 Rn 6)[13], höchstpersönliche Rechte und Gegenstände ohne Verkehrswert[14]. Unpfändbares Vermögen wird nach Sinn und Zweck der Nachlassverwaltung ebenfalls nicht erfasst[15], wobei die Frage der Unpfändbarkeit nach der Person des Erben – nicht derjenigen des Erblassers – zu beurteilen ist. Nicht der Nachlassverwaltung unterliegen die im Wege der Sondererbfolge übergegangenen **Gesellschaftsanteile an einer Personengesellschaft,** soweit es um die Mitgliedsrechte geht[16]. Zur Teilnahme an Maßnahmen der Geschäftsführung ist der Nachlassverwalter nicht berechtigt. An der Verfügung über ein zum Gesellschaftsvermögen gehörendes Grundstück hat er nicht mitzuwirken[17]. Er ist auch nicht befugt, die Feststellung zu begehren, dass der Gesellschaftsvertrag nichtig oder wirksam angefochten worden sei; denn ein entsprechendes Urteil berührt den Status der Gesellschaft selbst und hat entsprechende rechtliche Auswirkungen auf den weiteren Bestand der Mitgliedschaft der einzelnen Gesellschafter[18]. Die vermögensrechtlichen Ansprüche auf den Gewinnanteil oder das Auseinandersetzungsguthaben unterfallen demgegenüber dem Zuständigkeitsbereich des Nachlassverwalters. Der

---

[5] BayObLG FamRZ 1988, 543; *Lange/Kuchinke* § 49 III 6 a m Fn 98; *Palandt/Edenhofer* Rn 2; *Erman/Schlüter* Rn 2; *Soergel/Stein* Rn 3.
[6] BayObLG FamRZ 1988, 543; vgl auch LG Detmold Rpfleger 1989, 241, 242.
[7] BGHZ 49, 1 = NJW 1968, 353; OLG Frankfurt FGPrax 1998, 64, 65; *Palandt/Edenhofer* Rn 2.
[8] OLG Frankfurt FGPrax 1998, 64 gegen OLG Karlsruhe NJW-RR 1989, 1095, 1096.
[9] Vgl *Erman/Schlüter* Rn 2; RGRK/*Johannsen* Rn 5; zweifelnd offen *Staudinger/Marotzke* Rn 13; aA MünchKommBGB/*Siegmann* Rn 3; *Lange/Kuchinke* § 49 III 6 b m Fn 101; *Palandt/Edenhofer* Rn 5; *Soergel/Stein* Rn 9.
[10] MünchKommBGB/*Siegmann* Rn 3; RGRK/*Johannsen* Rn 6.
[11] *Lange/Kuchinke* § 49 III 6 b m Fn 101.
[12] *Staudinger/Marotzke* Rn 12;.
[13] BGHZ 47, 293, 296 = NJW 1967, 1961; BayObLG NJW-RR 1991, 361, 362; *Staudinger/Marotzke* Rn 19 ff; MünchKommBGB/*Siegmann* Rn 4 ff; RGRK/*Johannsen* Rn 13.
[14] *Palandt/Edenhofer* Rn 4; *Lange/Kuchinke* § 49 III 4 m Fn 79.
[15] *Lange/Kuchinke* § 49 III 4; MünchKommBGB/*Siegmann* Rn 4; *Palandt/Edenhofer* Rn 4; *Staudinger/Marotzke* Rn 19; *Jauernig/Stürner* Rn 2; aA *Soergel/Stein* Rn 7.
[16] BGHZ 47, 293, 295 = NJW 1967, 1961; BGH NJW 1985, 1953; BGHZ 98, 48, 55 = NJW 1986, 2431; BayObLG NJW-RR 1991, 361, 362; RGRK/*Johannsen* Rn 13; MünchKommBGB/*Siegmann* Rn 5 a; *Palandt/Edenhofer* Rn 4; *Erman/Schlüter* Rn 3; *Staudinger/Marotzke* Rn 20; *Soergel/Stein* Rn 6.
[17] BayObLG NJW-RR 1991, 361.
[18] BGHZ 47, 293, 298 = NJW 1967, 1961.

§ 1986　　　　　　　　　　　　　Buch 5. Abschnitt 2. Rechtliche Stellung des Erben

Nachlassverwalter ist auch berechtigt, die Gesellschaft zu kündigen und das Auseinandersetzungsguthaben einzuziehen[19].

5　**3. Berichtigung der Nachlassverbindlichkeiten.** Soweit es zum Zwecke der Berichtigung der Nachlassverbindlichkeiten erforderlich ist[20], hat der Nachlassverwalter den Nachlass zu versilbern. An Weisungen des Erben ist er dabei nicht gebunden. Er hat sorgfältig zu prüfen, welche Nachlassverbindlichkeiten vorhanden sind und in Zukunft noch entstehen könnten und welche Mittel nach einer Verwertung des Nachlasses voraussichtlich zur Verfügung stehen. Nach einer möglichst vollständigen Sichtung des Nachlasses, eingehender Durcharbeitung der Unterlagen des Erblassers, Rückfragen bei Angehörigen und möglichen Vertragspartners und weiteren Ermittlungen sind die Nachlassaktiva und -passiva vollständig zu erfassen und zu bewerten und mindestens in groben Zügen aufzuzeichnen. Hat er Grund zu der Annahme, dass Nachlassverbindlichkeiten vorhanden sind, die ihm bei seinen Ermittlungen noch nicht bekannt geworden sind, muss er das Aufgebot der Nachlassgläubiger (§ 1970) beantragen. Erfüllen darf er eine Nachlassverbindlichkeit erst dann, wenn er den Umständen nach annehmen darf, dass der Nachlass zur Berichtigung aller Nachlassverbindlichkeiten ausreicht (Abs 2 S 1 iVm § 1979); andernfalls kann er zu Schadensersatz verpflichtet sein[21]. Ggf muss er von den aufschiebenden Einreden der §§ 2014, 2015 Gebrauch machen[22].

6　**4. Ende der Nachlassverwaltung.** Ist der Nachlass überschuldet oder ist Zahlungsunfähigkeit eingetreten, hat der Nachlassverwalter unverzüglich die Eröffnung des Nachlassinsolvenzverfahrens zu beantragen (Abs 2 S 2 iVm § 1980). Eine Antragspflicht besteht jedoch nicht, wenn die Überschuldung allein auf Vermächtnissen und Auflagen[23] oder auf gemäß §§ 1973, 1974 ausgeschlossenen Forderungen beruht (§ 1980 Rn 2). Die Nachlassverwaltung endet mit der Eröffnung des Nachlassinsolvenzverfahrens (§ 1988 Abs 1), sonst mit der Aufhebung des Verfahrens mangels Masse (§ 1988 Abs 2) oder wegen Zweckerreichung (§ 1919; § 1988 Rn 2 ff). Nach Berichtigung der bekannten Nachlassverbindlichkeiten und ggf Leistung von Sicherheiten für Gläubiger streitiger, bedingter oder noch nicht fälliger Forderungen muss der Nachlassverwalter den verbliebenen Nachlass an die Erben ausantworten (§ 1986). Die **Verteilung des Nachlasses** unter mehreren Miterben gehört nicht zu den Aufgaben des Nachlassverwalters[24].

III. Verantwortlichkeit des Nachlassverwalters

7　**1. Haftung den Erben gegenüber.** Gegenüber dem Erben haftet der Nachlassverwalter gemäß §§ 1975, 1915, 1833 für jeden aus einer schuldhaften Pflichtverletzung entstandenen Schaden. Eine Begrenzung der Haftung kann sich auf Grund besonderer Vereinbarungen ergeben. Wenn sich der Nachlassverwalter über die ihm gesetzlich obliegenden Pflichten hinaus für die Interessen des Erben eingesetzt und diesem dadurch erhebliche Nachlasswerte erhalten hat, die sonst verloren gegangen wären, kann es gegen Treu und Glauben verstoßen, wenn der Erben den Verwalter für von diesem verschuldete Verluste voll haftbar machen will[25].

8　**2. Haftung den Nachlassgläubigern gegenüber.** Gegenüber den Nachlassgläubigern ist der Nachlassverwalter gemäß § 1985 Abs 2 S 1 für die Verwaltung des Nachlasses verantwortlich. Auch diese Haftung gilt für jeden Schaden, der durch eine schuldhafte Pflichtverletzung verursacht worden ist. Die Ansprüche gegen den Nachlassverwalter gehören zum Nachlass (Abs 2 S 2 iVm § 1978 Abs 2). Endet die Nachlassverwaltung mit der Eröffnung des Nachlassinsolvenzverfahrens (§ 1988 Abs 1), sind sie vom Nachlassinsolvenzverwalter geltend zu machen. Ansonsten können die Nachlassgläubiger ihre Ansprüche nach Aufhebung der Nachlassverwaltung selbständig durchsetzen[26].

9　**3. Verletzung der Aufsichtspflicht des Nachlassgerichts.** Bei schuldhaften Amtspflichtverletzungen des Nachlassgerichts bei der Beaufsichtigung des Nachlassverwalters können sowohl dem Erben als auch den Nachlassgläubigern Amtshaftungsansprüche nach § 839 iVm Art 34 GG zustehen[27].

§ 1986 Herausgabe des Nachlasses

(1) Der Nachlassverwalter darf den Nachlass dem Erben erst ausantworten, wenn die bekannten Nachlassverbindlichkeiten berichtigt sind.

(2) ¹Ist die Berichtigung einer Verbindlichkeit zur Zeit nicht ausführbar oder ist eine Verbindlichkeit streitig, so darf die Ausantwortung des Nachlasses nur erfolgen, wenn dem

---

[19] BayObLG NJW-RR 1991, 3161, 362; RGRK/*Johannsen* Rn 13; *Lange/Kuchinke* § 49 III 4; *Palandt/Edenhofer* Rn 4; *Staudinger/Marotzke* Rn 21.
[20] RGZ 72, 260, 261; *Soergel/Stein* Rn 10; *Lange/Kuchinke* § 49 III 6 c.
[21] BGH NJW 1985, 140.
[22] *Staudinger/Marotzke* Rn 27.
[23] *Staudinger/Marotzke* Rn 29; aA RGRK/*Johannsen* Rn 17.
[24] RGZ 72, 260; *Staudinger/Marotzke* Rn 11; MünchKommBGB/*Siegmann* Rn 9; *Soergel/Stein* Rn 12; RGRK/*Johannsen* Rn 11.
[25] BGH FamRZ 1975, 576 f; *Staudinger/Marotzke* Rn 39; MünchKommBGB/*Siegmann* Rn 10; zweifelnd *Soergel/Stein* Rn 14 m Fn 72.
[26] *Erman/Schlüter* Rn 5; *Staudinger/Marotzke* Rn 41.
[27] Vgl RGZ 88, 264 f; *Erman/Schlüter* Rn 6.

Gläubiger Sicherheit geleistet wird. ²Für eine bedingte Forderung ist Sicherheitsleistung nicht erforderlich, wenn die Möglichkeit des Eintritts der Bedingung eine so entfernte ist, dass die Forderung einen gegenwärtigen Vermögenswert nicht hat.

I. Ausantwortung des Nachlasses

§ 1986 begründet eine Verpflichtung des Nachlassverwalters, den Nachlass nicht vor Berichtigung aller bekannten Nachlassverbindlichkeiten auszuantworten. Ausantwortung des Nachlasses bedeutet die Herausgabe aller Nachlassgegenstände einschließlich der sich auf den Nachlass beziehenden Schriftstücke und Akten an den oder die Erben[1]. Die Teilung des Nachlasses unter mehreren Miterben gehört nicht zu den Aufgaben des Nachlassverwalters (§ 1985 Rn 6)[2]. War Testamentsvollstreckung angeordnet, ist der Nachlass an den Testamentsvollstrecker herauszugeben. Die Nachlassverwaltung endet nicht mit der Ausantwortung des Nachlasses, sondern mit ihrer Aufhebung durch das Nachlassgericht (§§ 1975, 1919; iE § 1988 Rn 2 ff). Hat der Nachlassverwalter den Nachlass vorzeitig zurückgegeben und melden sich weitere Nachlassgläubiger, muss er den Nachlass zurückfordern, um auch diese Gläubiger befriedigen zu können[3]. 1

II. Berichtigung der Nachlassverbindlichkeiten

Der Nachlass darf herausgegeben werden, wenn die bekannten Nachlassverbindlichkeiten berichtigt worden sind. Bestehen Zweifel, ob weitere Nachlassverbindlichkeiten bestehen, ist der Nachlassverwalter gemäß §§ 1985 Abs 2 S 2, 1980 Abs 2 S 2 verpflichtet, ein Aufgebotsverfahren zum Zwecke der Ausschließung von Nachlassgläubigern durchzuführen (§ 1970). Ist die Berichtigung einer Verbindlichkeit nicht durchführbar, etwa weil eine aufschiebende Bedingung noch nicht eingetreten oder ein Nachlassgläubiger nicht auffindbar ist, ist vor Ausantwortung des Nachlasses **Sicherheit zu leisten** (Abs 2; vgl auch § 52 Abs 2). Die Sicherheitsleistung erfolgt nach §§ 232 ff; daneben kommt auch eine Hinterlegung nach §§ 372 ff in Betracht[4]. Sicherheit ist auch für vom Nachlassverwalter – nicht: vom Erben – bestrittene Forderungen zu leisten[5]. Ist im Fall einer bedingten Forderung die Möglichkeit des Bedingungseintritts so fern liegend, dass der Forderung kein gegenwärtiger Vermögenswert zukommt, braucht keine Sicherheit geleistet zu werden (vgl § 191 Abs 2 InsO, § 916 Abs 2 ZPO). 2

III. Herausgabeanspruch des Erben

Nach Beendigung der Nachlassverwaltung besteht ein Anspruch des oder der Erben auf Herausgabe des Nachlasses (§§ 1975, 1915, 1890), der analog § 2039 von jedem Miterben geltend gemacht werden kann[6]. Dieser Anspruch kann schon vor Beendigung der Nachlassverwaltung belastet, abgetreten oder von Gläubigern des Erben gepfändet werden[7]. Der Erbe, der bis zur Anordnung der Nachlassverwaltung noch nicht unbeschränkt haftete, haftet nur noch mit dem Nachlass. Die Haftungsbeschränkung ist analog §§ 1990, 1991 geltend zu machen (§ 1975 Rn 6)[8]. 3

§ 1987 Vergütung des Nachlassverwalters

Der Nachlassverwalter kann für die Führung seines Amts eine angemessene Vergütung verlangen.

Schrifttum: *Zimmermann*, Die Vergütung des Nachlasspflegers seit 1. 7. 2005, ZEV 2005, 473.

I. Angemessene Vergütung

1. Grundsatz. Anders als ein Vormund oder Pfleger (§§ 1836 Abs. 1 S 1, 1915) hat der Nachlassverwalter unabhängig davon Anspruch auf eine angemessene Vergütung, ob er die Verwaltung berufsmäßig führt[1*]. Seine Stellung entspricht auch in dieser Hinsicht eher derjenigen eines Insolvenzverwalters (vgl § 63 InsO). Der Nachlassverwalter hat außerdem Anspruch auf **Erstattung von Aufwendungen** und auf Vorschuss (Rn 5). 1

2. Höhe. Der Höhe nach soll die Vergütung „**angemessen**" sein. Wie sie zu ermitteln ist, ist in Rechtsprechung und Literatur umstritten. Nach früherer ständiger Rechtsprechung kam es auf die besonderen Umstände des einzelnen Falles an. Zu berücksichtigen und nach den Grundsätzen der Billigkeit abzuwägen waren insbes der Wert des Nachlasses, Umfang und Bedeutung der Verwaltergeschäfte, die Dauer der Verwaltung, das Maß der mit den Verwaltergeschäften verbundenen Verant- 2

---

[1] KG NJW 1971, 566.
[2] RGZ 72, 260; *Lange/Kuchinke* § 49 III 6 bei Fn 108.
[3] MünchKommBGB/*Siegmann* Rn 5; *Staudinger/Marotzke* Rn 7; *Erman/Schlüter* Rn 3; *Soergel/Stein* Rn 3.
[4] MünchKommBGB/*Siegmann* Rn 2; *Staudinger/Marotzke* Rn 2; *Soergel/Stein* Rn 4; *RGRK/Johannsen* Rn 2.
[5] OLG Frankfurt JZ 1953, 53; *Staudinger/Marotzke* Rn 6; *Erman/Schlüter* Rn 4; *Soergel/Stein* Rn 4.
[6] RGZ 150, 189, 190; MünchKommBGB/*Siegmann* Rn 3; *Staudinger/Marotzke* Rn 4.
[7] *Erman/Schlüter* Rn 3; MünchKommBGB/*Siegmann* Rn 6.
[8] BGH NJW 1954, 635, 636.
[1*] *Staudinger/Marotzke* Rn 2; *Soergel/Stein* Rn 1; OLG München NJOZ 2006, 1848, 1849.

wortung und der Erfolg der Tätigkeit des Nachlassverwalters[2]. Es hatte sich eine gewisse Übung gebildet, bei kleineren Nachlässen 3–5% und bei größeren Nachlässen 1–2% des Aktivnachlasses zu gewähren[3]. Der Wert des Nachlasses entsprach dem Aktivnachlass ohne Abzug der Schulden[4]. Weil die Nachlassverwaltung eine besondere Form der Nachlasspflegschaft ist (§ 1975), wird seit dem Inkrafttreten des 2. BtÄndG am 1. 7. 2005 in entsprechender Anwendung des § 1915 Abs 1 S 2 eine Abrechnung nach Stundensätzen befürwortet[5]. Schon bisher stellte § 1987 jedoch eine Sondervorschrift für den Nachlassverwalter dar[6]. Hätte der Gesetzgeber über die Verweisungen in §§ 1975, 1960 Abs 2, 1915 Abs 1 die Vorschriften der 1836 ff berufen wollen, wäre § 1987 überflüssig gewesen. Eine am Wert des verwalteten Vermögens orientierte Vergütung entspricht auch eher der auf dieses Vermögen bezogenen Tätigkeit des Nachlassverwalters[7]. Weiterhin nicht zulässig ist es, den Vergütungsanspruch nach der Gebührenordnung des Berufsverbandes, dem der Nachlassverwalter angehört, zu bemessen oder die Bestimmungen über die Vergütung des Insolvenzverwalters anzuwenden[8]. Die Höhe der Vergütung kann sich nach dem Wert des Nachlasses, den nutzbaren Fachkenntnissen des Verwalters, Dauer, Umfang und Schwierigkeit der Geschäftsführung, der Bedeutung und Tragweite der Verwaltungsgeschäfte, der übernommenen Verantwortung sowie dem Erfolg der Tätigkeit richten[9]. Entscheidend ist, dass die Vergütung „angemessen" ist. Die Vergütung, die ein Nachlassinsolvenzverwalter erhalten würde, kann zur Ergebniskontrolle herangezogen werden[10]. Belegbare **Bürokosten** eines zum Nachlassverwalter bestellten Anwaltes stellen grds von dem eigentlichen Vergütungsanspruch zu unterscheidende Aufwendungen dar. Die Inanspruchnahme der Anwaltskanzlei kann aber auch ganz allgemein im Rahmen der Billigkeitserwägungen berücksichtigt werden, ohne dass eine Ermittlung der Bürokosten iE erforderlich wäre[11]. Untreue des Verwalters zum Nachteil der Erben führen nach dem Rechtsgedanken des § 654 zur Verwirkung des Anspruchs auf Vergütung.

II. Verfahren

3   **1. Festsetzung der Vergütung.** Zuständig für die Festsetzung der Vergütung des Nachlassverwalters ist das **Nachlassgericht** (§§ 1975, 1915, 1836, 1962), dort der Rechtspfleger (§§ 3 Nr 2 c, 16 RPflG). Über **Einwendungen des Erben gegen den Vergütungsanspruch** hat das Nachlassgericht nicht zu entscheiden; dafür ist vielmehr das Prozessgericht zuständig. Nur wenn der Nachlassverwalter überhaupt nicht tätig geworden oder wegen Pflichtwidrigkeit nach § 1886 entlassen worden ist, kann die Festsetzung einer Vergütung verweigert werden[12]. Gegen die Festsetzung der Vergütung durch das Nachlassgericht können der Nachlassverwalter und der Erbe **sofortige Beschwerde** einlegen, wenn der Wert des Beschwerdegegenstandes 150 Euro übersteigt oder das Gericht sie wegen der grundsätzlichen Bedeutung der Rechtssache zulässt (§§ 75, 56 g Abs 5 S 1 FGG). Ist die sofortige Beschwerde nicht eröffnet, findet binnen der für die sofortige Beschwerde geltenden Frist die Erinnerung statt (§ 11 Abs 2 RPflG). Die weitere Beschwerde ist statthaft, wenn das Beschwerdegericht sie wegen der grundsätzlichen Bedeutung der zur Entscheidung stehenden Frage zugelassen hat (§§ 75, 56 g Abs 5 S 2 FGG). Nach Aufhebung der Nachlassverwaltung ist eine Änderung der rechtskräftig festgesetzten Vergütung nicht mehr möglich[13].

4   **2. Durchsetzung des Vergütungsanspruchs.** Der Nachlassverwalter kann die festgesetzte Vergütung **dem Nachlass entnehmen**[14]. Aus dem Festsetzungsbeschluss findet die Zwangsvollstreckung nach den Vorschriften der ZPO statt (§§ 75, 56 g Abs 6 FGG). Die Ansprüche auf Vergütung und auf Ersatz von Aufwendungen sind im Nachlassinsolvenzverfahren **Masseverbindlichkeiten** (§ 324 Abs 1 Nr 4, 6 InsO). Eine **Festsetzung gegen die Staatskasse** findet nicht statt. Die Staatskasse haftet auch nicht subsidiär für die Vergütung des Nachlassverwalters[15].

III. Aufwendungsersatz

5   Gemäß §§ 1915 Abs 1, 1835, 669, 670 hat der Nachlassverwalter außerdem **Anspruch auf Erstattung von Aufwendungen.** Als Aufwendungen gelten auch solche Dienste des Verwalters, die zu

---

[2] BayObLGZ 1953, 50; 1972; 156, 157 f; OLG Zweibrücken OLGR 1997, 205, 206; MünchKommBGB/*Siegmann* Rn 2; *Staudinger/Marotzke* Rn 3; *Firsching/Graf* Rn 4672.
[3] OLG Zweibrücken OLGR 1997, 205, 206; *Palandt/Edenhofer* Rn 1; *Fromm* ZEV 2006, 298, 301.
[4] BayObLGZ 1953, 50, 51; 1972, 156, 158; *Staudinger/Marotzke* Rn 4; vgl. auch OLG München NJOZ 2006, 1818 f.
[5] OLG München NJOZ 2006, 1848 f; *Palandt/Edenhofer* Rn 2; *Zimmermann* ZEV 2005, 473, 475; dagegen *Fromm* ZEV 2006, 298, 301.
[6] *Staudinger/Marotzke* Rn 2.
[7] *Staudinger/Marotzke* Rn 3.
[8] BayObLGZ 1953, 50; 1972, 156; OLG Zweibrücken OLGR 1997, 205, 206; *Staudinger/Marotzke* Rn 8; *Erman/Schlüter* Rn 2; *Zimmermann* ZEV 2005, 473, 475; aA *Fromm* ZEV 2006, 298, 301.
[9] *Staudinger/Marotzke* Rn 7.
[10] *Staudinger/Marotzke* Rn 8; *Jochum/Pohl* Nachlasspflegschaft, 3. Aufl 2006, Rn 1130.
[11] BayObLG Rpfleger 1985, 402, 403 m insoweit zust Anm *Eickmann* EWiR 1986, 575, 576; *Soergel/Stein* Rn 2.
[12] MünchKommBGB/*Siegmann* Rn 4.
[13] *Erman/Schlüter* Rn 4; *Soergel/Stein* Rn 3.
[14] *Firsching/Graf* Rn 4674; MünchKommBGB/*Siegmann* Rn 4; *Staudinger/Marotzke* Rn 9.
[15] KG MDR 2006, 694; *Palandt/Edenhofer* Rn 1; *Staudinger/Marotzke* Rn 13; offen OLG München NJOZ 2006, 1848, 1851.

seinem Beruf oder Gewerbe gehören (§ 1835 Abs 3). Ein Rechtsanwalt, der in seiner Eigenschaft als Nachlassverwalter einen den Nachlass betreffenden Rechtsstreit geführt hat, kann dafür Vergütung nach den Vorschriften des RVG verlangen. Aufwendungen sind außerdem die Kosten einer angemessenen Versicherung gegen Schäden (§ 1835 Abs 2). Über den Anspruch auf Aufwendungsersatz entscheidet nach Grund und Höhe ausschließlich das **Prozessgericht**[16]. Die Festsetzung einer „Pauschalvergütung", die sowohl die Vergütung als auch die zu erstattenden Aufwendungen umfasst, ist deshalb nicht zulässig[17]. Die Staatskasse haftet nicht, auch nicht subsidiär, für die Aufwendungen des Nachlassverwalters[18].

§ 1988 Ende und Aufhebung der Nachlassverwaltung

(1) Die Nachlassverwaltung endigt mit der Eröffnung des Nachlassinsolvenzverfahrens.
(2) Die Nachlassverwaltung kann aufgehoben werden, wenn sich ergibt, dass eine den Kosten entsprechende Masse nicht vorhanden ist.

I. Ende der Nachlassverwaltung durch Eröffnung des Nachlassinsolvenzverfahrens (Abs 1)

Die Nachlassverwaltung endet mit der Eröffnung des Nachlassinsolvenzverfahrens, ohne dass ein Aufhebungsbeschluss ergehen müsste. Mit Eröffnung des Nachlassinsolvenzverfahrens ist der Nachlassinsolvenzverwalter befugt, das zum Nachlass gehörende Vermögen zu verwalten und über es zu verfügen (§ 80 Abs 1 InsO). Der Nachlassverwalter hat – wenn er nicht selbst zum Nachlassinsolvenzverwalter ernannt worden ist – den Nachlass an den Nachlassinsolvenzverwalter herauszugeben. Ein Zurückbehaltungsrecht wegen seiner Vergütungsansprüche steht ihm nicht zu (Rechtsgedanke des § 323 InsO)[1]. **Verfügungen,** die der Nachlassverwalter nach Eröffnung des Nachlassinsolvenzverfahrens vornimmt, sind unwirksam. An ihn kann auch nicht mehr mit befreiender Wirkung geleistet werden. Die §§ 81, 82 InsO gelten nicht[2]. Wusste der Nachlassverwalter nicht, dass das Nachlassinsolvenzverfahren eröffnet worden war, kann er sich jedoch auf § 674 berufen[3]. Eine Nachlasspflegschaft nach §§ 1960 ff bleibt trotz Eröffnung des Nachlassinsolvenzverfahrens bestehen[4]. Aufgabe des Nachlasspflegers ist dann die Vertretung des oder der unbekannten Erben gegenüber dem Insolvenzverwalter.

II. Beendigung der Nachlassverwaltung in sonstigen Fällen

1. Aufhebung durch das Nachlassgericht. Von der Ausnahme des § 1988 Abs 1 abgesehen, endet die Nachlassverwaltung erst mit ihrer förmlichen Aufhebung durch das Nachlassgericht (§§ 1975, 1919)[5]. Die Nachlassverwaltung stellt niemals eine Pflegschaft zur Besorgung eines einzelnen Angelegenheit iS von § 1918 Abs 3 dar, die mit Erledigung der übertragenen Aufgabe endet[6]. Aufhebungsgrund ist gemäß Abs 2 das **Fehlen einer die Kosten der Nachlassverwaltung deckenden Masse** (§ 1982 Rn 1,2). Diese Vorschrift entspricht § 207 Abs 1 InsO. Entspr § 207 Abs 1 S 2 InsO kann die Aufhebung der Nachlassverwaltung durch Zahlung eines Kostenvorschusses abgewendet werden.

2. Weitere Aufhebungsgründe. Weitere Aufhebungsgründe sind:
- die **Zweckerreichung** (§ 1919) nach Befriedigung oder Sicherstellung aller bekannten Nachlassgläubiger (§§ 1975, 1919 iVm § 1986)[7];
- die **Zustimmung** aller bekannten Nachlassgläubiger sowie des Erben[8];
- die **Erschöpfung des Nachlasses,** so dass weitere Aufgaben nicht mehr erfüllt werden können[9];
- die wirksame **Ausschlagung der Erbschaft** durch denjenigen Erben, der die Anordnung der Nachlassverwaltung beantragt hatte, wenn der nachrückende Erbe die Aufhebung betreibt[10]; war die Nachlassverwaltung auf Antrag eines Gläubigers angeordnet worden, führt ein Wechsel in der Person

---

[16] Vgl §§ 75, 56 g Abs 1 S 1 Nr 1; BayObLG Rpfleger 1985, 402, 404 m insoweit zust Anm *Eickmann* EWiR 1986, 575, 576; *Lange/Kuchinke* § 49 III 8 m Fn 114; *Staudinger/Marotzke* Rn 8; *MünchKommBGB/Siegmann* Rn 3.
[17] *Staudinger/Marotzke* Rn 5; *MünchKommBGB/Siegmann* Rn 3 m Fn 10; *Soergel/Stein* Rn 4.
[18] KG MDR 2006, 694.
[1] *MünchKommBGB/Siegmann* Rn 2; *Palandt/Edenhofer* Rn 1; *Erman/Schlüter* Rn 2; *Staudinger/Marotzke* Rn 2.
[2] *MünchKommBGB/Siegmann* Rn 2; *Palandt/Edenhofer* Rn 1; *RGRK/Johannsen* Rn 1; aA *Staudinger/Marotzke* Rn 4; *Soergel/Stein* Rn 1 m Fn 2; *Jauernig/Stürner* Rn 1.
[3] *Staudinger/Marotzke* Rn 4; *MünchKommBGB/Siegmann* Rn 2; *Erman/Schlüter* Rn 2; *Soergel/Stein* Rn 1; *RGRK/Johannsen* Rn 1.
[4] *Erman/Schlüter* Rn 1; *RGRK/Johannsen* Rn 1; *MünchKommBGB/Siegmann* Rn 2; *Soergel/Stein* Rn 1.
[5] RGZ 72, 260, 263 f; *RGRK/Johannsen* Rn 4.
[6] *Lange/Kuchinke* § 49 III 7 m Fn 110; *Staudinger/Marotzke* Rn 1; *MünchKommBGB/Siegmann* Rn 1.
[7] BayObLGZ 1976, 167, 173; *MünchKommBGB/Siegmann* Rn 4; *Staudinger/Marotzke* Rn 10; *RGRK/Johannsen* Rn 4; *Palandt/Edenhofer* Rn 3; *Erman/Schlüter* § 1975 Rn 4.
[8] *MünchKommBGB/Siegmann* Rn 4; *Erman/Schlüter* § 1975 Rn 4; *Staudinger/Marotzke* Rn 11; *Soergel/Stein* Rn 2.
[9] *MünchKommBGB/Siegmann* Rn 4; *Erman/Schlüter* § 1975 Rn 4.
[10] *Staudinger/Marotzke* Rn 12; *Erman/Schlüter* § 1975 Rn 4; *MünchKommBGB/Siegmann* Rn 4; *Soergel/Stein* Rn 2.

§ 1988 Buch 5. Abschnitt 2. Rechtliche Stellung des Erben

des Erben dann zur Aufhebung der Nachlassverwaltung, wenn in der Person des neuen Erben die Voraussetzungen des § 1981 Abs 2 nicht mehr erfüllt sind[11];
- der Eintritt des **Nacherbfalles**[12];
- das Nachlassgericht erachtet die Anordnung der Nachlassverwaltung auf Antrag des Erben nachträglich für **nicht gerechtfertigt** (§ 18 FGG)[13]. Die auf Antrag eines Nachlassgläubigers angeordnete Nachlassverwaltung kann nicht auf Grund veränderter Umstände nachträglich aufgehoben werden (§§ 18 Abs 2, 76 Abs 2 FGG).

4   **3. Keine Aufhebungsgründe.** Keine Aufhebungsgründe sind:
- der **Tod des Erben** (Einschränkung s oben);
- die **Rücknahme** des Antrags nach Anordnung der Nachlassverwaltung[14];
- der **Antrag** des Erben oder eines Nachlassgläubigers[15].

III. Verfahren und Rechtsfolgen der Aufhebung

5   **1. Verfahren.** Die Aufhebung der Nachlassverwaltung erfolgt **von Amts wegen**, wenn einer der genannten Aufhebungsgründe vorliegen[16]; der **Antrag** eines Erben oder eines Nachlassgläubigers auf Aufhebung der Nachlassverwaltung stellt nur eine Anregung an das Nachlassgericht dar[17]. Gegen die Ablehnung der Aufhebung steht dem oder den Erben die einfache **Beschwerde** zu (§ 20 Abs 1 FGG, § 11 RPflG). Jeder Miterbe ist allein beschwerdeberechtigt[18]. Gegen die Aufhebung der Nachlassverwaltung steht Nachlassgläubigern und Erben (bei Miterben: jedem einzelnen Miterben) ebenfalls die einfache Beschwerde zu. Der Nachlassverwalter ist nicht beschwerdebefugt[19]. Die Aufhebung wird mit **Zustellung des Aufhebungsbeschlusses** an den Nachlassverwalter wirksam (§ 16 FGG). Die öffentliche Bekanntmachung des Aufhebungsbeschlusses ist nicht vorgeschrieben. Hebt das Beschwerdegericht den Aufhebungsbeschluss auf und ordnet es erneut Nachlassverwaltung an, ist der Verwalter neu auszuwählen und zu verpflichten (§§ 1915, 1791)[20].

6   **2. Ende des Amtes des Nachlassverwalters.** Das Amt des Nachlassverwalters endet mit der Eröffnung des Nachlassinsolvenzverfahrens (Abs 1), mit der Aufhebung der Nachlassverwaltung durch das Nachlassgericht und mit der Entlassung durch das Nachlassgericht, für die über §§ 1975, 1915 die Vorschriften der §§ 1886, 1888, 1889 entspr gelten (§ 1985 Rn 2)[21]. Gegen seine Entlassung steht dem Nachlassverwalter gemäß §§ 75, 60 Abs 1 Nr 3 FGG die sofortige Beschwerde zu[22]. Die Erben – Miterben auch einzeln – können (einfache) Beschwerde nach §§ 19, 20 FGG einlegen, wenn die Entlassung des Nachlassverwalters abgelehnt wird[23]. Ein Nachlassgläubiger ist demgegenüber nicht beschwerdebefugt, wenn das Nachlassgericht seinem „Antrag" auf Entlassung des Nachlassverwalters nicht nachkommt[24].

7   **3. Schlussrechnung und Herausgabe des Nachlasses an den Erben.** Die Aufhebung der Nachlassverwaltung (oder seine Entlassung) verpflichtet den Nachlassverwalter zur Schlussrechnung und zur Herausgabe des Nachlasses an den Erben (§§ 1975, 1915, 1890). Die Pflicht zur Herausgabe des verwalteten Vermögens erstreckt sich auch auf die zum Nachlass gehörenden Urkunden sowie die Akten, die der Verwalter angelegt hatte[25]. Dem Verwalter steht – anders als im Falle des anschließenden Nachlassinsolvenzverfahrens – ein Zurückbehaltungsrecht wegen seiner Vergütungs- und Aufwendungsersatzansprüche zu[26]. Die im Grundbuch eingetragenen Verfügungsbeschränkungen sind auf Antrag des Erben zu löschen[27]. Verfügungen, die der Nachlassverwalter nach Aufhebung der Nachlassverwaltung (oder nach Eröffnung des Nachlassinsolvenzverfahrens) noch vornimmt, sind unwirksam.

---

[11] *Staudinger/Marotzke* Rn 13.
[12] *Soergel/Stein* Rn 2; *Erman/Schlüter* § 1975 Rn 4; *MünchKommBGB/Siegmann* Rn 4; *Firsching/Graf* Rn 4840; einschränkend *Staudinger/Marotzke* Rn 14: habe der Vorerbe den Antrag gestellt, habe es bei der Anordnung zu bleiben, während es bei Antrag eines Gläubigers darauf ankomme, ob die Voraussetzungen des § 1981 Abs 2 auch in der Person des Nacherben erfüllt seien.
[13] *Erman/Schlüter* § 1975 Rn 4; *Staudinger/Marotzke* Rn 15; *MünchKommBGB/Siegmann* Rn 4.
[14] BayObLGZ 1976, 167, 173; *RGRK/Johannsen* Rn 4; *Staudinger/Marotzke* Rn 10; *MünchKommBGB/Siegmann* Rn 5; *Palandt/Edenhofer* Rn 3.
[15] BayObLGZ 1976, 167, 171; *Firsching/Graf* Rn 4836; *Staudinger/Marotzke* Rn 10; *MünchKommBGB/Siegmann* Rn 5.
[16] *Firsching/Graf* Rn 4835; *Soergel/Stein* Rn 2.
[17] OLG Frankfurt JZ 1953, 53.
[18] *Firsching/Graf* Rn 4843 m Fn 345; *MünchKommBGB/Siegmann* Rn 7; *Palandt/Edenhofer* Rn 4.
[19] OLG Jena Rpfleger 1998, 427; RGZ 151, 57, 59 ff; *Firsching/Graf* Rn 4843; *Palandt/Edenhofer* Rn 4; *Soergel/Stein* Rn 5.
[20] *Erman/Schlüter* Rn 4; *MünchKommBGB/Siegmann* Rn 8; *Soergel/Stein* Rn 5.
[21] *Lange/Kuchinke* § 49 III 7; *Soergel/Stein* Rn 6.
[22] *Staudinger/Marotzke* Rn 18.
[23] *Firsching/Graf* Rn 4833.
[24] OLG Frankfurt FGPrax 1998, 64 gegen OLG Karlsruhe NJW-RR 1989, 1095, 1096.
[25] KG NJW 1971, 566.
[26] *Staudinger/Marotzke* Rn 20; *MünchKommBGB/Siegmann* Rn 6; *RGRK/Johannsen* Rn 5.
[27] *RGRK/Johannsen* Rn 5; *Palandt/Edenhofer* Rn 5; nach *Staudinger/Marotzke* Rn 19 und *MünchKommBGB/Siegmann* Rn 6 kann auch der Nachlassverwalter noch die Löschung beantragen.

4. Beschränkte Haftung des Erben. Nach Beendigung der Nachlassverwaltung haftet der Erbe, 8
der sein Recht zur Beschränkung der Haftung auf den Nachlass zuvor noch nicht verloren hatte, nur
noch mit dem Nachlass. Die Haftungsbeschränkung ist analog §§ 1990, 1991 geltend zu machen
(§ 1975 Rn 6)[28].

§ 1989 Erschöpfungseinrede des Erben

Ist das Nachlassinsolvenzverfahren durch Verteilung der Masse oder durch einen Insolvenzplan beendet, so findet auf die Haftung des Erben die Vorschrift des § 1973 entsprechende Anwendung.

I. Bedeutung der Norm

1. Beschränkte Haftung des Erben. Die Vorschrift des § 1989 regelt die Haftung des Erben nach 1
Ende eines Nachlassinsolvenzverfahrens durch Verteilung der Masse (§§ 187 ff, 200 InsO) oder durch
einen Insolvenzplan (§§ 217 ff InsO). In einem solchen Fall haftet der Erbe für Nachlassforderungen
endgültig nur noch mit dem etwa noch verbliebenen Nachlass (§ 1973). Daran ändert sich – falls nicht
abweichende Vereinbarungen zwischen dem Erben und einem Nachlassgläubiger getroffen werden –
auch nichts mehr; denn gemäß § 2000 S 3 kann dem Erben nach Abschluss des Insolvenzverfahrens
durch Verteilung der Masse oder durch Insolvenzplan keine Inventarfrist mehr gesetzt werden (§ 2000
Rn 3). Keine Anwendung findet § 1989, wenn der Erbe bereits vor Eröffnung des Nachlassinsolvenzverfahrens unbeschränkt für die Nachlassverbindlichkeiten haftete (§ 2013 Abs 1 S 1). Haftet der Erbe
nur einzelnen Gläubigern gegenüber unbeschränkt, bleibt im Verhältnis zu den anderen Gläubigern
§ 1989 anwendbar. Ergänzt wird § 1989 durch § 2060 Nr 3: **Miterben** haften nicht nur auf den
Nachlass beschränkt, sondern außerdem nur für den ihrem Erbteil entsprechenden Teil der Nachlassforderung.

2. Keine Anwendung bei Aufhebung des Eröffnungsbeschlusses oder Einstellung des Verfahrens. 2
Nicht anwendbar ist § 1989, wenn das Nachlassinsolvenzverfahren in anderer Weise als durch
Verteilung der Masse oder durch einen Insolvenzplan beendet worden ist. Ist der **Eröffnungsbeschluss
aufgehoben** worden (§ 34 Abs 3 InsO), entfallen damit rückwirkend sämtliche mit der Eröffnung
verbundenen Rechtswirkungen. Die Eröffnung gilt als nicht erfolgt. Eine Beschränkung der Haftung
nach § 1975 tritt nicht ein; der Erbe haftet vielmehr nach den allgemeinen Regeln der §§ 1967 ff[1].
Gleiches gilt, wenn das Nachlassinsolvenzverfahren nach §§ 213 ff InsO **mit Zustimmung aller
Gläubiger eingestellt** wird[2]. In einem solchen Fall haben Erbe und Gläubiger idR jedoch Vereinbarungen getroffen, die im Zweifel Vorrang haben. Ist das Verfahren gemäß § 207 InsO **mangels
Masse eingestellt** worden, kann sich der Erbe auf die Dürftigkeit des Nachlasses berufen (§§ 1990,
1991). § 1973 gilt dann nur gegenüber ausgeschlossenen und diesen gleichstehenden (§ 1974) Gläubigern.

II. Rechtsfolgen

1. Umfang der Haftung des Erben. Nach Vollzug der Schlussverteilung (§§ 187 ff InsO) und 3
Aufhebung des Nachlassinsolvenzverfahrens durch Beschluss (§ 200 InsO) haftet der Erbe gegenüber
Gläubigern, die nicht voll befriedigt worden sind oder die sich am Nachlassinsolvenzverfahren nicht
beteiligt haben, **wie gegenüber ausgeschlossenen Gläubigern** (§ 1973). Er kann die Befriedigung
von Nachlassverbindlichkeiten verweigern, soweit der Nachlass durch das Nachlassinsolvenzverfahren
erschöpft worden ist. In der Regel wird es kein zum Nachlass gehörendes Vermögen mehr geben, so
dass die Haftung praktisch entfällt. Darlegungs- und beweispflichtig für die Erschöpfung des Nachlasses
ist der Erbe[3]. Stellt sich nachträglich heraus, dass noch zum Nachlass gehörende Gegenstände oder
Forderungen – auch Ansprüche gegen den Erben aus § 1978 Abs 1, die allerdings bereits vor Eröffnung
des Nachlassinsolvenzverfahrens begründet worden sein müssen (§ 1973 Rn 1) – vorhanden sind, hat
zunächst eine Nachtragsverteilung zu erfolgen (§§ 203, 204 InsO). **Vollstreckt** ein Gläubiger aus einem
Auszug aus der Tabelle (§ 201 Abs 2 InsO) in das Eigenvermögen des Erben, kann dieser nach §§ 781,
785, 767 ZPO Vollstreckungsgegenklage erheben; eines Vorbehalts nach § 780 ZPO bedarf es dazu
nicht[4].

2. Insolvenzplan. Die Wirkungen eines Insolvenzplans (§§ 217 ff InsO) richten sich nach den im 4
Einzelfall getroffenen Vereinbarungen. Ist nichts anderes bestimmt, bleibt das Recht absonderungsberechtigter Gläubiger auf Befriedigung aus den Gegenständen, an denen Absonderungsrechte bestehen
(§§ 49 ff InsO), unberührt (§ 223 InsO). Die Forderungen nachrangiger Gläubiger (§ 327 InsO:
Pflichtteilsberechtigte, Vermächtnisgläubiger, Auflagenberechtigte und ausgeschlossene Gläubiger) gelten als erlassen (§ 225 InsO). Mit der im gestaltenden Teil des Insolvenzplanes vorgesehenen Befriedi-

---

[28] BGH NJW 1954, 635, 636.
[1] MünchKommBGB/*Siegmann* Rn 2; Palandt/*Edenhofer* Rn 2; Erman/*Schlüter* Rn 1; Staudinger/*Marotzke* Rn 2.
[2] MünchKommBGB/*Siegmann* Rn 3; Staudinger/*Marotzke* Rn 4; RGRK/*Johannsen* Rn 2.
[3] RGRK/*Johannsen* Rn 17; Baumgärtel/*Schmitz* Rn 1.
[4] RGRK/*Johannsen* Rn 6; MünchKommBGB/*Siegmann* Rn 7; Staudinger/*Marotzke* Vor §§ 1967 ff Rn 29.

gung der Insolvenzgläubiger wird der Erbe von seinen restlichen Verbindlichkeiten gegenüber diesen Gläubigern befreit (§ 227 InsO). Ob der Erbe für die Erfüllung des Insolvenzplans nur mit dem Nachlass oder auch mit seinem Eigenvermögen haftet, ist in erster Linie dem Insolvenzplan zu entnehmen oder durch dessen Auslegung zu ermitteln; im Zweifel gelten §§ 1989, 1973[5]. Gläubigern gegenüber, die ihre Forderungen nicht angemeldet hatten, haftet der Erbe nach ebenfalls §§ 1989, 1973; die Vorschrift des § 254 Abs 1 S 3 InsO gilt also nicht[6]. Soweit der Erbe im Insolvenzplan auch die persönliche Haftung übernommen und eigenes Vermögen zur Erfüllung des Plans aufgewandt hat, kann er diese Aufwendungen vor Vollstreckungspreisgabe des Nachlasses an diese Gläubiger abziehen (§ 1973 Rn 5)[7].

§ 1990 Dürftigkeitseinrede des Erben

(1) [1]Ist die Anordnung der Nachlassverwaltung oder die Eröffnung des Nachlassinsolvenzverfahrens wegen Mangels einer den Kosten entsprechenden Masse nicht tunlich oder wird aus diesem Grunde die Nachlassverwaltung aufgehoben oder das Insolvenzverfahren eingestellt, so kann der Erbe die Befriedigung eines Nachlassgläubigers insoweit verweigern, als der Nachlass nicht ausreicht. [2]Der Erbe ist in diesem Falle verpflichtet, den Nachlass zum Zwecke der Befriedigung des Gläubigers im Wege der Zwangsvollstreckung herauszugeben.

(2) Das Recht des Erben wird nicht dadurch ausgeschlossen, dass der Gläubiger nach dem Eintritt des Erbfalls im Wege der Zwangsvollstreckung oder der Arrestvollziehung ein Pfandrecht oder eine Hypothek oder im Wege der einstweiligen Verfügung eine Vormerkung erlangt hat.

Schrifttum: *Lettmann,* Die Beschränkung der Erbenhaftung, RNotZ 2002, 537; *Karsten Schmidt,* Zum Prozessrecht der beschränkten Erbenhaftung, JR 1989, 45; *Wessels,* Zwangsvollstreckungsrechtliche Fragestellungen im Erbrecht, ZFE 2005, 191.

Übersicht

	Rn		Rn
I. Bedeutung der Norm	1	2. Entscheidung über die tatsächlichen Voraussetzungen der Einrede	7
1. Dürftigkeit des Nachlasses	1		
2. Trennung zwischen Nachlass und Eigenvermögen des Erben	2	**IV. Durchsetzung der Einreden im Zwangsvollstreckungsverfahren**	8
3. Anwendungsbereich	3	1. Vollstreckungsgegenklage	8
II. Voraussetzungen der Einreden	4	2. Aufhebung von Zwangsvollstreckungsmaßnahmen (Abs 2)	9
1. Fehlen einer die Verfahrenskosten deckenden Masse	4	3. Rechte der Eigengläubiger des Erben	10
2. Maßgeblicher Zeitpunkt	5	**V. Rechtsfolgen (Abs 1 S 2)**	11
III. Erhebung der Einreden im Erkenntnisverfahren	6	1. Vollstreckungspreisgabe	11
1. Vorbehalt der beschränkten Erbenhaftung	6	2. Freiwillige Herausgabe des Nachlasses	12

I. Bedeutung der Norm

1 **1. Dürftigkeit des Nachlasses.** Deckt der vorhandene Nachlass nicht die Kosten der Nachlassverwaltung oder des Nachlassinsolvenzverfahrens (§ 1975), mutet das Gesetz dem Erben nicht zu, einen Vorschuss aus dem Eigenvermögen leisten zu müssen, um die Beschränkung der Haftung auf den Nachlass zu erreichen. Der Erbe kann zur Abwendung der persönlichen Haftung statt dessen die Dürftigkeit des Nachlasses einwenden und dem Gläubiger den Nachlass zur Verfügung stellen. Auch in diesem Fall tritt die Beschränkung der Haftung auf den Nachlass ein[1]. Begrifflich wird zwischen der Dürftigkeitseinrede, der Unzulänglichkeitseinrede, der Erschöpfungseinrede sowie der Überschwerungseinrede des § 1992 unterschieden[2]. Der Nachlass ist **dürftig,** wenn er die Verfahrenskosten nicht deckt. Er ist **unzulänglich,** wenn er nicht ausreicht, alle Nachlassgläubiger zu befriedigen, und **erschöpft,** wenn keinerlei Nachlassgegenstände mehr vorhanden sind[3]. **Überschwerung** bedeutet, dass der Nachlass überschuldet ist, die Überschuldung aber allein auf Vermächtnissen und Auflagen beruht (§ 1992). Auf die Einreden der §§ 1990 f können sich auch **Nachlasspfleger, Testamentsvoll-

---

[5] *Staudinger/Marotzke* Rn 15; RGRK/*Johannsen* Rn 11; *Soergel/Stein* Rn 3; MünchKommBGB/*Siegmann* Rn 7.
[6] MünchKommBGB/*Siegmann* Rn 7; *Staudinger/Marotzke* Rn 18; *Palandt/Edenhofer* Rn 1; *Erman/Schlüter* Rn 2; *Lange/Kuchinke* § 49 VI 3 b.
[7] *Staudinger/Marotzke* Rn 25.
[1] BGH MDR 1961, 491.
[2] Vgl zB *Erman/Schlüter* Vor §§ 1990–1992 Rn 2; *Staudinger/Marotzke* Rn 2; *Soergel/Stein* Rn 2; RGRK/*Johannsen* Rn 3 f; MünchKommBGB/*Siegmann* Rn 11 f; *Lange/Kuchinke* § 49 VIII 1 a.
[3] KG NJW-RR 2003, 941, 942.

strecker[4] und bei Gütergemeinschaft der verwaltende Ehegatte berufen[5]. Der **Nachlassverwalter** ist bei dürftigem Nachlass verpflichtet, die Aufhebung der Nachlassverwaltung zu beantragen (vgl § 1988 Abs 2).

2. Trennung zwischen Nachlass und Eigenvermögen des Erben. Die Erhebung der Einrede führt im Ergebnis wie die Nachlassverwaltung oder das Nachlassinsolvenzverfahren zu einer Trennung zwischen Nachlass und Eigenvermögen des Erben. Der Erbe bleibt zwar für die Verwaltung des Nachlasses zuständig. Er ist jedoch dem Nachlassgläubiger gegenüber, der ihn in Anspruch nimmt, gemäß §§ 1991, 1978 Abs 1, 1979 verantwortlich. Seine Aufwendungen kann er gemäß §§ 1991, 1978 Abs 3 ersetzt verlangen. Durch Konfusion oder Konsolidation erloschene Rechtsverhältnisse gelten im Verhältnis zum Gläubiger als nicht erloschen (§ 1991 Abs 2). Auf § 1977 verweist § 1991 nicht. Ein Nachlassgläubiger kann jedoch dann, wenn die Voraussetzungen des § 1990 vorliegen, nicht mehr gegen eine private Forderung des Erben **aufrechnen**, weil er sonst mittelbar eine Befriedigung seiner gegen den Nachlass gerichteten Forderung aus dem Eigenvermögen des Erben erreichen würde[6]. Folge der Einreden des § 1990 ist die Verpflichtung des Erben, den noch vorhandenen Nachlass an den jeweiligen Gläubiger **herauszugeben** (Abs 1 S 2). Ergänzende Regelungen dazu enthält § 1991. 2

3. Anwendungsbereich. Die Vorschrift gilt für alle Nachlassverbindlichkeiten, für die der Erbe nicht unbeschränkt haftet, damit auch für Erbfallschulden[7]. Hat der Erbe das Recht, seine **Haftung auf den Nachlass zu beschränken**, allen Gläubigern gegenüber verloren, sind §§ 1990 f nicht anwendbar (§ 2013 Abs 1 S 1); haftet der Erbe nur einzelnen Gläubigern gegenüber unbeschränkt, ist die Einrede der §§ 1990 f diesen Gläubigern gegenüber ausgeschlossen[8]. Die §§ 1990, 1991 gelten entspr für die **Haftung des Erben nach Ende der Nachlassverwaltung** (§ 1975 Rn 6; str). Beruht die Überschuldung des Nachlasses auf Vermächtnissen und Auflagen, sind §§ 1990, 1991 ebenfalls entspr anwendbar (§ 1992). Auf §§ 1990, 1991 verweisen außerdem §§ 1480 S 2, 1489 Abs 2, 1504 S 2, 2036 S 2, 2145 Abs 2 S 2 sowie § 7 VermG und **§ 1629a Abs 1**. Auf §§ 1992, 1991 verweist § 2187 Abs 3. 3

II. Voraussetzungen der Einreden

1. Fehlen einer die Verfahrenskosten deckenden Masse. Die **Dürftigkeitseinrede** setzt voraus, dass eine die Kosten der Nachlassverwaltung (§ 1982 Rn 1) oder des Nachlassinsolvenzverfahrens (vgl § 26 Abs 2 InsO) deckende Masse fehlt und deshalb die Anordnung der Nachlassverwaltung oder die Eröffnung des Nachlassinsolvenzverfahrens nicht tunlich ist. Eine Überschuldung des Nachlasses wird nicht vorausgesetzt[9]. Darlegungs- und beweispflichtig für die Dürftigkeit ist der Erbe[10], der grds (vgl aber Rn 6) zu allen im Zeitpunkt des Erbfalls vorhandenen Nachlassgegenständen und deren Verbleib vortragen muss[11]. Hat das Nachlassgericht mangels Masse die Nachlassverwaltung aufgehoben (§ 1988 Abs 2) oder das Insolvenzgericht das Nachlassinsolvenzverfahren eingestellt (§ 207 Abs 1 InsO), hat die Entscheidung Tatbestandswirkung für das Gericht, das über die Einrede zu entscheiden hat; weiterer Vortrag des Erben ist nicht erforderlich (Abs 1 S 1). Gleiches gilt, wenn die Anordnung der Nachlassverwaltung oder die Eröffnung des Nachlassinsolvenzverfahrens mangels Masse abgelehnt worden sind (§ 1982)[12]. Die Abweisung eines Antrags auf Eröffnung eines Nachlassinsolvenzverfahrens mangels Masse ist jedoch nicht Voraussetzung der Einrede nach § 1990[13]. Voraussetzung der **Unzulänglichkeitseinrede** ist zusätzlich, dass der **Nachlass überschuldet** und eine vollständige Befriedigung des Gläubigers, dem die Einrede entgegengesetzt wird, aus dem Nachlass nicht möglich ist. Auch insoweit trifft den Erben die Beweislast. Hat der Erbe freiwillig oder innerhalb gesetzter Frist ein Inventar errichtet (§§ 1993, 1994), kann er sich gemäß § 2009 gegenüber einem Nachlassgläubiger auf die Vermutung berufen, dass im Zeitpunkt des Erbfalls weitere Nachlassgegenstände nicht vorhanden waren; der Nachlassgläubiger muss diese Vermutung widerlegen[14]. 4

2. Maßgeblicher Zeitpunkt. Maßgebend für die Beurteilung der Fragen, ob die Anordnung der Nachlassverwaltung oder die Eröffnung des Nachlassinsolvenzverfahrens nicht tunlich und ob der 5

---

[4] OLG Jena OLG-NL 2003, 89, 90.
[5] *Palandt/Edenhofer* Rn 4; *Erman/Schlüter* Rn 6; *RGRK/Johannsen* Rn 12; *Soergel/Stein* Rn 7; *MünchKommBGB/Siegmann* Rn 10.
[6] BGHZ 35, 317, 327 f = NJW 1961, 1966; *Erman/Schlüter* Rn 3; *Soergel/Stein* Rn 8; diff *Staudinger/Marotzke* Rn 41.
[7] OLG München NJOZ 2006, 1848, 1851 für die Vergütung des Nachlassverwalters.
[8] *MünchKommBGB/Siegmann* Rn 5; *Staudinger/Marotzke* Rn 9.
[9] *MünchKommBGB/Siegmann* Rn 2; *RGRK/Johannsen* Rn 4; *Soergel/Stein* Rn 2; *Palandt/Edenhofer* Rn 2; *Erman/Schlüter* Rn 1; *Lange/Kuchinke* § 49 VIII 1 b; aA *Staudinger/Marotzke* Rn 3: Der Erbe müsse mindestens dartun, dass die ernsthafte Möglichkeit besteht, dass eine auf den Nachlass begrenzte Zwangsvollstreckung nicht zu einer vollständigen Befriedigung des Gläubigers führen würde.
[10] KG NJW-RR 2003, 941, 942; *Baumgärtel/Schmitz* Rn 1; *MünchKommBGB/Siegmann* Rn 3; *Erman/Schlüter* Rn 1.
[11] *Baumgärtel/Schmitz* Rn 1.
[12] BGH NJW-RR 1989, 1226; BayObLG ZEV 2000, 151, 152; aA OLG Düsseldorf ZEV 2000, 155: Beweiserleichterung.
[13] OLG Düsseldorf ZEV 2000, 155; LG Neuruppin ZVI 2005, 40, 41; AG Hildesheim ZVI 2005, 93; *Siegmann* Rpfleger 2001, 260, 261.
[14] *Baumgärtel/Schmitz* Rn 6; *Staudinger/Marotzke* Rn 11.

§ 1990

Nachlass unzulänglich ist, ist der Zeitpunkt der **Entscheidung über die Einrede**[15]. Es kommt weder auf den Zeitpunkt des Erbfalls noch auf denjenigen der erstmaligen Geltendmachung des Anspruchs[16] oder der Einrede[17] an. Auch wenn die Einrede zunächst unbegründet war, aber infolge nachfolgender Veränderungen begründet wurde, muss das Gericht sie beachten[18]. **Ersatzansprüche gegen den Erben** nach §§ 1978, 1979 gehören gemäß §§ 1991 Abs 1, 1978 Abs 2 zur Masse und können deshalb – sofern sie nicht uneinbringlich sind – die Dürftigkeit des Nachlasses ausschließen (§ 1978 Rn 6)[19].

III. Erhebung der Einreden im Erkenntnisverfahren

6 1. **Vorbehalt der beschränkten Erbenhaftung.** Im Prozess muss sich der in Anspruch genommene Erbe mindestens die Beschränkung der Haftung auf den Nachlass vorbehalten lassen (§ 780 Abs 1 ZPO), und zwar auch dann, wenn der Prozess nicht durch Urteil, sondern durch Abschluss eines Vergleichs beendet wird[20]. Der Vorbehalt kann unabhängig davon in das Urteil aufgenommen werden, ob die Voraussetzungen des § 1990 oder einer anderen haftungsbeschränkenden Norm vorliegen oder nicht; näherer Darlegungen des Erben bedarf es nicht[21]. Voraussetzung ist nur, dass die unbeschränkte Haftung des Erben noch nicht feststeht. Ist der Vorbehalt trotz erhobener Einrede nicht in den Tenor aufgenommen worden, ist hiergegen die Berufung zulässig[22]. Entscheidet der Tatrichter über eine von dem beklagten Erben erhobene Dürftigkeitseinrede nicht und behält er ihm auch nicht die Beschränkung seiner Haftung vor, kann das Revisionsgericht den Vorbehalt auch ohne Revisionsrüge nachholen[23]. Nach einer Entscheidung des OLG Hamm[24] soll eine erstmals in der Berufungsinstanz erhobene Einrede der beschränkten Erbenhaftung gemäß § 531 Abs. 2 ZPO nicht mehr berücksichtigt werden können. Ist die Einrede in der Kostengrundentscheidung nicht berücksichtigt worden, kann sie nicht im Wege der Erinnerung gegen den Kostenansatz (§ 66 GKG) geltend gemacht werden[25]. Aufgrund des Vorbehaltes kann der Erbe gemäß §§ 781, 785, 767 ZPO **Vollstreckungsgegenklage** erheben.

7 2. **Entscheidung über die tatsächlichen Voraussetzungen der Einrede.** Das Gericht kann aber auch bereits im Erkenntnisverfahren über die Dürftigkeit, die Unzulänglichkeit oder die Erschöpfung des Nachlasses entscheiden[26]. Kann der Erbe Dürftigkeit und Erschöpfung des Nachlasses nachweisen, wird die Klage abgewiesen[27]. Weist der Erbe Dürftigkeit und den Bestand des Nachlasses nach, kann das Urteil auf Duldung der Zwangsvollstreckung in diese – genau zu bezeichnenden – Gegenstände oder auf Duldung der Zwangsvollstreckung in den Nachlass lauten. Gegen die Zwangsvollstreckung in nachlassfremde Gegenstände kann sich der Erbe dann mit der Vollstreckungserinnerung (§ 766 ZPO) zur Wehr setzen[28]. Das Prozessgericht ist jedoch nicht verpflichtet, Beweis über das Vorliegen der tatsächlichen Voraussetzungen einer der Einreden zu erheben. Wie es verfährt, steht vielmehr in seinem pflichtgemäßen Ermessen. Es kann sich darauf beschränken, einen Vorbehalt nach § 780 ZPO auszusprechen, so dass der Erbe Vollstreckungsgegenklage erheben muss[29].

IV. Durchsetzung der Einreden im Zwangsvollstreckungsverfahren

8 1. **Vollstreckungsgegenklage.** Gemäß § 781 ZPO bleibt die Beschränkung der Haftung des Erben unberücksichtigt, solange der Erbe sich nicht auf sie beruft. Entsprechende Einwendungen sind gemäß § 785 ZPO im Wege der Vollstreckungsgegenklage (§§ 767, 769, 770 ZPO) geltend zu machen. Das gilt auch für die Einreden des § 1990. Die Vollstreckungsgegenklage kann zum Ziel haben, die Zwangsvollstreckung aus dem – genau zu bezeichnenden – Titel für unzulässig zu erklären. Sie kann aber auch oder zusätzlich darauf gerichtet sein, die Zwangsvollstreckung in einen bestimmten nicht zum Nachlass gehörenden Gegenstand für unzulässig zu erklären[30]. Im Rahmen der Vollstreckungsgegenklage sind die Voraussetzungen der §§ 1990, 1991 (sowie ggf die fehlende Zugehörigkeit des fraglichen

---

[15] BGHZ 85, 274, 280 = NJW 1983, 1485, 1486; MünchKommBGB/*Siegmann* Rn 4; *Erman/Schlüter* Rn 1; *Palandt/Edenhofer* Rn 3; *Baumgärtel/Schmitz* Rn 5.
[16] BGH VersR 1965, 688; *Soergel/Stein* Rn 5; *Lange/Kuchinke* § 49 VIII 1 d; RGRK/*Johannsen* Rn 13.
[17] So wohl *Staudinger/Marotzke* Rn 7.
[18] BGHZ 85, 274, 281 = NJW 1983, 1485.
[19] BGH NJW 1992, 2694, 2695; NJW-RR 1989, 1226, 1228.
[20] BGH NJW 1991, 2839, 2840.
[21] BGHZ 17, 69, 73 = NJW 1955, 788; BGH NJW 1983, 2378, 2379; NJW 1991, 2839, 2840; BGHZ 122, 297 = NJW 1993, 1851; KG NJW-RR 2003, 941, 942.
[22] OLG Schleswig MDR 2005, 350.
[23] BGH NJW 1983, 2378.
[24] MDR 2006, 695 = NJOZ 2006, 920.
[25] BGH BGHR § 1990 Prozesskosten 1; BFH/NV 2007, 251.
[26] BGHZ 122, 297 = NJW 1993, 1851.
[27] BGH NJW 1954, 635, 636; BayObLG ZEV 2000, 151, 153; OLG Celle NJW-RR 1988, 133, 134; AG Kassel NJW-RR 1992, 585, 586; *Erman/Schlüter* Rn 7; MünchKommBGB/*Siegmann* Rn 11; *Staudinger/Marotzke* Rn 22.
[28] BayObLG ZEV 2000, 151, 153.
[29] BGH NJW 1954, 635; NJW 1964, 2298, 2300; NJW 1983, 2378, 2379; NJW-RR 1989, 1226, 1230; RGZ 137, 50, 54 ff; RGZ 162, 298, 300; BayObLG ZEV 2000, 151, 152 f; KG NJW-RR 2003, 941, 942; MünchKommBGB/*Siegmann* Rn 15; K. *Schmidt* JR 1989, 45; RGRK/*Johannsen* Rn 10.
[30] Vgl K. *Schmidt* JR 1989, 45, 47 f.

Dürftigkeitseinrede des Erben § 1990

Gegenstandes zum Nachlass) vom Erben darzulegen und zu beweisen. Der **Gläubiger** kann Widerklage auf Auskunft, Rechnungslegung und Abgabe der eidesstattlichen Versicherung erheben[31].

2. Aufhebung von Zwangsvollstreckungsmaßnahmen (Abs 2). Die Einreden des § 1990 können nicht nur gegenüber künftigen oder gerade begonnenen Zwangsvollstreckungsmaßnahmen erhoben werden. Sie wirken auch gegenüber Pfandrechten und Hypotheken, die ein Nachlassgläubiger nach dem Erbfall im Wege der Zwangsvollstreckung oder der Arrestvollziehung erlangt hat, sowie gegenüber einer im Wege der einstweiligen Verfügung erwirkten Vormerkung. Der Erbe kann analog §§ 784 Abs 1, 785, 767 ZPO Aufhebung der Maßnahme verlangen, soweit sein **Eigenvermögen** von ihr betroffen ist[32]; denn er soll nicht schlechter gestellt sein als im Falle der Anordnung der Nachlassverwaltung oder der Eröffnung des Nachlassinsolvenzverfahrens. Zwangsvollstreckungsmaßnahmen von Nachlassgläubigern in den **Nachlass** haben grds Bestand. Ausnahmsweise kann die Aufhebung verlangt werden, wenn und soweit sie die Ausübung der Rechte des Erben aus Abs 1 beeinträchtigen, etwa dann, wenn der Gläubiger eines Pflichtteilsrechts, eines Vermächtnisses oder einer Auflage eine ihm nicht zustehende vorzugsweise Befriedigung seines Anspruchs erhalten würde (vgl § 1991 Abs 4 und § 327 Abs 1 InsO) oder wenn der Erbe einen eigenen Anspruch gegen den Nachlass (§§ 1991 Abs 1, 1978 Abs 3) nicht mehr durchsetzen könnte[33]. 9

3. Rechte der Eigengläubiger des Erben. Der Fall, dass Eigengläubiger des Erben entsprechende Sicherungsrechte am Nachlass erwirkt haben, ist in §§ 1990, 1991 nicht geregelt. Insbesondere fehlt eine Verweisung auf § 784 Abs 2 ZPO. Weil der Erbe im Falle der Dürftigkeit des Nachlasses wie ein Nachlassverwalter fungiert, kann er jedoch analog § 784 Abs 2 ZPO die Aufhebung solcher Maßnahmen bewirken[34]. Die analoge Anwendung des § 784 Abs 2 ZPO ist nicht deshalb entbehrlich, weil den Nachlassgläubigern Erstattungsansprüche gegen den Erben zustehen könnten[35]; denn dann hätten die Gläubiger zusätzlich das Risiko der Zahlungsunfähigkeit des Erben zu tragen. Lehnte man eine analoge Anwendung des § 784 Abs 2 ZPO ab, wären die Voraussetzungen eines Anspruchs aus § 1978 Abs 1 überdies nicht einmal erfüllt. Kann der Erbe die Pfändung nicht aufheben lassen, kann er auch nicht verantwortlich gemacht werden, wenn er keine entsprechenden Maßnahmen unternimmt. In Betracht käme also allenfalls ein Bereicherungsanspruch des Nachlasses gegen den Erben[36], den die Nachlassgläubiger pfänden und sich zur Einziehung überweisen lassen müssten. Nicht anwendbar ist Abs 2 bei **rechtsgeschäftlich** bestellten Pfand- oder Grundpfandrechten und auf vom Erben bewilligte Vormerkungen[37]. 10

V. Rechtsfolgen (Abs 1 S 2)

1. Vollstreckungspreisgabe. Steht dem Erben eine der Einreden des § 1990 zu und erhebt er diese Einreden in der gebotenen Weise (vgl III. und IV.), **beschränkt sich seine Haftung** auf den Nachlass. Er kann die Befriedigung des Gläubigers insoweit verweigern, als der Nachlass nicht ausreicht (Abs 1 S 1). In diesem Fall ist er jedoch verpflichtet, den Nachlass zum Zwecke der Befriedigung des Gläubigers im Wege der Zwangsvollstreckung herauszugeben. Wie bei § 1973 bedeutet diese Formulierung, dass der Erbe verpflichtet ist, die Zwangsvollstreckung in den Nachlass zu dulden[38]. Das Recht, die Pflicht zur Herausgabe durch Zahlung des Wertes abzuwenden (§ 1973 Abs 2 S 2), ist in § 1990 allerdings nicht vorgesehen. Was zum Nachlass gehört, richtet sich nicht – wie bei § 1973 – nach Bereicherungsrecht, sondern nach den strengeren Regeln der §§ 1991 Abs 1, 1978 bis 1980[39]. Grds sind auch unpfändbare Gegenstände herauszugeben[40]. 11

2. Freiwillige Herausgabe des Nachlasses. Der Erbe braucht die Zwangsvollstreckung nicht abzuwarten, sondern kann den Nachlass freiwillig herausgeben. Erbe und Nachlassgläubiger können zum einen Vereinbarungen über Leistungen an Erfüllungs statt (§ 364 Abs 1) treffen. Allerdings unterliegt der Erbe einer **Verwalterhaftung** der §§ 1991 Abs 1, 1978, 1979, wenn er den bereits dürftigen Nachlass durch schlechte Verwaltung – etwa Herausgabe von Nachlassgegenständen unter Wert – weiter vermindert[41]. Zum anderen können Nachlassgegenstände zum Zwecke der Verwertung im Wege der öffentlichen Versteigerung oder des freihändigen Verkaufs herausgegeben werden. Die Verwertung im Wege der Zwangsvollstreckung ist nur möglich, wenn zuvor ein Titel (etwa nach § 794 Abs 1 Nr 5 ZPO) geschaffen worden ist. 12

---

[31] *Erman/Schlüter* Rn 8.
[32] *Staudinger/Marotzke* Rn 26; *Palandt/Edenhofer* Rn 6; *MünchKommBGB/Siegmann* Rn 6; *RGRK/Johannsen* Rn 17; *Erman/Schlüter* Rn 9; *Soergel/Stein* Rn 12.
[33] *RGRK/Johannsen* Rn 18; *MünchKommBGB/Siegmann* Rn 6; *Staudinger/Marotzke* Rn 27; *Palandt/Edenhofer* Rn 6; *Soergel/Stein* Rn 12.
[34] *Palandt/Edenhofer* Rn 7; *Soergel/Stein* Rn 9; *Erman/Schlüter* Rn 9; *Lange/Kuchinke* § 49 VIII 8 e.
[35] So *MünchKommBGB/Siegmann* Rn 7; im Ergebnis auch *RGRK/Johannsen* Rn 18; *Staudinger/Marotzke* Rn 28.
[36] *Staudinger/Marotzke* Rn 28.
[37] *Staudinger/Marotzke* Rn 25; *MünchKommBGB/Siegmann* Rn 8; *Erman/Schlüter* Rn 9.
[38] RGZ 137, 50, 53; *RGRK/Johannsen* Rn 16; *Staudinger/Marotzke* Rn 29; *MünchKommBGB/Siegmann* Rn 8.
[39] *Staudinger/Marotzke* Rn 31; *RGRK/Johannsen* Rn 16; *Palandt/Edenhofer* Rn 9; *Soergel/Stein* Rn 9; *Erman/Schlüter* Rn 4.
[40] *MünchKommBGB/Siegmann* Rn 13; *Palandt/Edenhofer* Rn 9; *Soergel/Stein* Rn 9; *Lange/Kuchinke* § 49 VIII 2 m Fn 181; aA *Staudinger/Marotzke* Rn 32.
[41] RGZ 137, 50, 53; BGH NJW-RR 1989, 1226, 1228; OLG Frankfurt OLGR 2003, 154, 156.

§ 1991 Folgen der Dürftigkeitseinrede

(1) Macht der Erbe von dem ihm nach § 1990 zustehenden Recht Gebrauch, so finden auf seine Verantwortlichkeit und den Ersatz seiner Aufwendungen die Vorschriften der §§ 1978, 1979 Anwendung.

(2) Die infolge des Erbfalls durch Vereinigung von Recht und Verbindlichkeit oder von Recht und Belastung erloschenen Rechtsverhältnisse gelten im Verhältnis zwischen dem Gläubiger und dem Erben als nicht erloschen.

(3) Die rechtskräftige Verurteilung des Erben zur Befriedigung eines Gläubigers wirkt einem anderen Gläubiger gegenüber wie die Befriedigung.

(4) Die Verbindlichkeiten aus Pflichtteilsrechten, Vermächtnissen und Auflagen hat der Erbe so zu berichtigen, wie sie im Falle des Insolvenzverfahrens zur Berichtigung kommen würden.

I. Verwalterhaftung des Erben

1 **1. Bedeutung der Norm.** Die Vorschrift des § 1991 ergänzt diejenige des § 1990. Sie enthält Regelungen dazu, wie sich der im Falle der Dürftigkeit an die Nachlassgläubiger herauszugebende Nachlass zusammensetzt und in welcher Reihenfolge die Gläubiger befriedigt werden müssen. Dazu verweist sie auf Vorschriften, die bei Nachlassverwaltung und im Nachlassinsolvenzverfahren gelten (§§ 1978, 1979). Wenn sich der Erbe auf die Dürftigkeit des Nachlasses beruft, muss er den Nachlass wie ein Fremdvermögen verwalten. Er haftet, wie wenn er seit Annahme der Erbschaft die Verwaltung als Beauftragter der Nachlassgläubiger zu führen gehabt hätte (Abs 1 iVm § 1978 Abs 1 S 1); für die Zeit bis zur Annahme der Erbschaft haftet er wie ein Geschäftsführer ohne Auftrag (§ 1978 Abs 1 S 2). Die Verantwortung gegenüber den Nachlassgläubigern dauert bis zur vollständigen Herausgabe des Nachlasses (§ 1990 Abs 1 S 2) an[1]. Die gegenüber § 1973 strengere Haftung des Erben ist darin begründet, dass der Erbe im Falle des § 1973 von einem zulänglichen Nachlass ausgehen darf, während §§ 1990, 1991 einen dürftigen Nachlass voraussetzen. § 1980 gilt ebenfalls entsprechend. Dass diese Vorschrift in Abs 1 nicht erwähnt wird, beruht auf einem Redaktionsversehen[2].

2 **2. Durchsetzung der Ansprüche gegen den Erben.** Ansprüche gegen den Erben aus Verwalterhaftung können in verschiedener Weise geltend gemacht werden. Der Gläubiger kann gegenüber der im Erkenntnisverfahren oder im Rahmen einer Vollstreckungsabwehrklage erhobenen Einrede aus § 1990 darlegen, dass der Nachlass wegen eines solchen Anspruchs **nicht dürftig** ist oder jedenfalls zu seiner – des Gläubigers – Befriedigung ausreicht[3]. Sind die Voraussetzungen des § 1990 nach wie vor erfüllt, kann der Gläubiger den Anspruch aus Verwalterhaftung einer Vollstreckungsabwehrklage, mit der die Beschränkung der Haftung auf den Nachlass erstrebt wird, im Wege des **allgemeinen Arglisteinwandes** (§ 242) entgegenhalten. Dann wird die Vollstreckungsabwehrklage abgewiesen, soweit der Erbe gemäß Abs 1 iVm § 1978 zu Ersatzleistungen aus seinem eigenen Vermögen verpflichtet ist[4]. Es ist nicht erforderlich, den Anspruch des Nachlasses gegen den Erben (§ 1978 Abs 2) zu pfänden und zur Einziehung überweisen zu lassen; dieses § 1978 Abs 2 begründet nur die Fiktion[5]. Schließlich kann der Gläubiger den Anspruch aus §§ 1991, 1978 auch **selbstständig einklagen**.

3 **3. Aufwendungsersatzanspruch des Erben.** Umgekehrt kann der Erbe gemäß Abs 1 iVm §§ 1978 Abs 3, 1979 Ersatz seiner Aufwendungen verlangen. Anders als im Falle des § 1973 kann er nicht alles in Anrechnung bringen, was er aus eigenen Mitteln zur Befriedigung von Nachlassgläubigern aufgewandt hat. Anspruchsvoraussetzung ist vielmehr, dass er den Umständen nach annehmen durfte, der Nachlass reiche zur Berichtigung aller Nachlassverbindlichkeiten aus (§ 1979). Im Übrigen gelten für die Zeit ab Annahme der Erbschaft § 670, für die Zeit bis zur Annahme §§ 683, 670 (vgl § 1978 Abs 3). Soweit dem Erben ein Aufwendungsersatzanspruch oder ein sonstiger Anspruch gegen den Nachlass zusteht, kann er sich vorab aus dem Nachlass befriedigen[6].

4 **4. Beweislast.** Darlegungs- und beweispflichtig für die Dürftigkeit des Nachlasses ist zunächst der Erbe (§ 1990 Rn 4)[7]. Demgegenüber muss der Gläubiger darlegen und beweisen, ob und in welchem Umfange der Erbe gemäß Abs 1 iVm §§ 1978, 1979 persönlich haftet[8]. Die Voraussetzungen eines Anspruches auf Ersatz von Aufwendungen oder eines anderen Anspruchs, der gemäß Abs 2 als nicht erloschen gilt, muss wiederum der Erbe darlegen und beweisen[9].

---

[1] *Staudinger/Marotzke* Rn 3; RGRK/*Johannsen* Rn 1.
[2] BGH NJW 1992, 2694, 2695; MünchKommBGB/*Siegmann* Rn 4; RGRK/*Johannsen* Rn 2; *Palandt/Edenhofer* Rn 1; *Staudinger/Marotzke* Rn 8; *Soergel/Stein* Rn 2.
[3] BGH NJW-RR 1989, 1226, 1228; NJW 1992, 2694, 2695; OLG Frankfurt OLGR 2003, 154, 156; *Staudinger/Marotzke* Rn 10.
[4] BGH NJW-RR 1989, 1226, 1228; NJW 1992, 2694, 2695.
[5] BGH NJW-RR 1989, 1226, 1228.
[6] BGHZ 85, 274, 287 = NJW 1983, 1485; RGRK/*Johannsen* Rn 6; *Soergel/Stein* Rn 7; *Staudinger/Marotzke* Rn 13; MünchKommBGB/*Siegmann* Rn 3; *Erman/Schlüter* Rn 4.
[7] *Baumgärtel/Schmitz* Rn 1.
[8] *Baumgärtel/Schmitz* Rn 2; RGRK/*Johannsen* Rn 11.
[9] *Baumgärtel/Schmitz* Rn 2; RGRK/*Johannsen* Rn 11.

II. Berechnung des herauszugebenden Nachlasses

1. Umfang des Nachlasses. Zum Nachlass gehören etwa bestehende **Ansprüche gegen den Erben** aus Verwalterhaftung (§ 1978 Abs 2)[10], Ansprüche gegen den Erben als Empfänger anfechtbar erlangter Nachlassgegenstände[11] sowie Surrogate, die ohne Zutun des Erben an die Stelle von Nachlassgegenständen getreten sind[12]. Hat der Erbe mit Mitteln des Nachlasses andere Vermögenswerte erworben, gehören diese jedoch nicht zum Nachlass. Im Falle des § 1990 sieht das Gesetz **keine dingliche Surrogation** vor. Auch eine entsprechende Anwendung des Surrogationsgrundsatzes im Wege der Rechtsanalogie kommt nicht Betracht, weil das Gesetz durch die Verweisung auf das Auftragsrecht (Abs 1 iVm § 1978) eine abweichende, dem Schuldrecht angehörende Regelung trifft[13]. Allenfalls schuldrechtliche Herausgabeansprüche nach §§ 1991, 1978, 667 können bestehen, wenn der Erbe mit dem Willen handelte, das Geschäft für Rechnung des Nachlasses abzuschließen. Andernfalls bleibt es bei dem Ersatzanspruch gegen den Erben.

2. Wiederaufleben erloschener Rechte und Verbindlichkeiten. Gemäß Abs 2 gelten im Verhältnis zu demjenigen Gläubiger, dem gegenüber sich der Erbe auf § 1990 beruft, die infolge des Erbfalls durch Vereinigung von Recht und Verbindlichkeit oder von Recht und Belastung erloschenen Rechtsverhältnisse als nicht erloschen. Anders als in den Fällen des § 1976 handelt es sich dabei jedoch nur um die rechnerische Ermittlung des herauszugebenden Nachlasses, nicht um die tatsächliche Wiederherstellung erloschener Rechtsverhältnisse[14]. Die infolge des Erbfalls eingetretene Vermögenszuordnung als solche bleibt unberührt[15]. Eigengläubiger des Erben können also nicht dessen (frühere) Ansprüche gegen den Nachlass pfänden.

3. Aufrechnung. Die Aufrechnung eines Nachlassgläubigers gegen eine Eigenforderung des Erben kann der Erbe unter Hinweis auf seine auf den Nachlass beschränkte Haftung zurückweisen[16]; denn andernfalls könnten sich Nachlassgläubiger trotz der beschränkten Haftung aus dem Eigenvermögen des Erben befriedigen. § 1991 verweist nicht auf § 1977. Hat ein Eigengläubiger des Erben gegen eine zum Nachlass gehörende Forderung aufgerechnet, hat die Aufrechnung Bestand[17].

III. Befriedigung der Gläubiger

1. Keine Rangfolge bei zulänglichem Nachlass. Solange der Erbe von der Zulänglichkeit des Nachlasses ausgehen darf, braucht er keine bestimmte Reihenfolge bei der Berichtigung von Nachlassverbindlichkeiten einzuhalten (§ 1979)[18]. Konnte der Erbe erkennen, dass der Nachlass nicht ausreicht, alle Gläubiger zu befriedigen, gelten §§ 1979, 1978 uneingeschränkt, solange die Voraussetzungen des § 1990 nicht erfüllt sind, der Nachlass also noch nicht dürftig ist[19]. Verletzt der Erbe die Pflicht, die Eröffnung des Nachlassinsolvenzverfahrens zu beantragen (§ 1980), macht er sich Gläubigern gegenüber schadensersatzpflichtig, soweit diese weniger erhalten, als sie bei Durchführung eines Nachlassinsolvenzverfahrens bekommen hätten. Das Recht, sich auf § 1990 zu berufen, verliert der Erbe dadurch jedoch nicht[20].

2. Dürftiger Nachlass. Liegen die Voraussetzungen des § 1990 vor, entfällt die Verpflichtung des Erben, Nachlassverwaltung oder die Eröffnung des Nachlassinsolvenzverfahrens zu beantragen. Solange der Nachlass ausreicht, die Forderung des anspruchstellenden Gläubigers zu befriedigen, ist der Erbe verpflichtet, dessen Forderung zu erfüllen. Bei der Prüfung der Frage, ob und wie weit der Nachlass reicht, gilt ein rechtskräftiges Urteil zugunsten anderer Gläubiger wie die Befriedigung (Abs 3). Der titulierte Betrag gilt als nicht mehr im Nachlass vorhanden[21]. Abs 3 ist entspr auf Forderungen des Erben gegen den Erblasser anwendbar, die gemäß Abs 2 als fortbestehend anzusehen sind. Der Erbe kann keinen Titel gegen sich selbst erwirken. Weil eine Schlechterstellung gegenüber allen anderen Gläubigern nicht zu rechtfertigen wäre, wird er stets einem Gläubiger gleichgestellt, der ein rechtskräftiges Urteil erwirkt hat[22]. Gleiches gilt für den Nachlasspfleger wegen seiner Ansprüche auf Vergütung, Gebühren und Auslagenersatz[23].

---

[10] BGH NJW-RR 1989, 1226, 1228; NJW 1992, 2694, 2695.
[11] LG Köln ZIP 1989, 1385.
[12] BGHZ 46, 221, 222, 229 = WM 1967, 68, 71.
[13] BGH NJW-RR 1989, 1226, 1227.
[14] MünchKommBGB/*Siegmann* Rn 5; *Staudinger/Marotzke* Rn 14; *Soergel/Stein* Rn 5; RGRK/*Johannsen* Rn 6; *Erman/Schlüter* Rn 2.
[15] BGHZ 113, 132, 138 = NJW 1991, 844; BGH NJW 1982, 575, 576.
[16] BGHZ 35, 317, 327 f = NJW 1961, 1966; *Palandt/Edenhofer* Rn 2; MünchKommBGB/*Siegmann* Rn 6; diff *Staudinger/Marotzke* § 1990 Rn 41.
[17] *Staudinger/Marotzke* § 1990 Rn 43; *Palandt/Edenhofer* § 1990 Rn 14; MünchKommBGB/*Siegmann* Rn 6; aA *Lange/Kuchinke* § 49 VIII 5 m Fn 202; *Soergel/Stein* § 1990 Rn 8.
[18] RGRK/*Johannsen* Rn 3; *Erman/Schlüter* Rn 3; *Soergel/Stein* Rn 4.
[19] *Staudinger/Marotzke* Rn 5.
[20] *Soergel/Stein* Rn 4; *Erman/Schlüter* Rn 3; MünchKommBGB/*Siegmann* Rn 7.
[21] Vgl BGH NJW-RR 1989, 1226, 1228.
[22] *Soergel/Stein* Rn 7; *Erman/Schlüter* Rn 4; RGRK/*Johannsen* Rn 6; *Palandt/Edenhofer* Rn 4; iE auch *Staudinger/Marotzke* Rn 20.
[23] *Soergel/Stein* Rn 7; *Erman/Schlüter* Rn 4.

§ 1992 Buch 5. Abschnitt 2. Rechtliche Stellung des Erben

10 **3. Verbindlichkeiten gegenüber nachlassbeteiligten Gläubigern.** Verbindlichkeiten aus Pflichtteilsrechten, Vermächtnissen und Auslagen sind wie im Nachlassinsolvenzverfahren erst nach den übrigen Forderungen und nach den Forderungen ausgeschlossener und diesen gleichgestellter Gläubiger zu erfüllen (Abs 4 iVm § 327 Abs 1, 3 InsO). Diese Regelung gilt auch für Pflichtteilsergänzungsansprüche alten Rechts[24]. Bei voreiliger Befriedigung nachlassbeteiligter Gläubiger haftet der Erbe den anderen – vorrangigen – Gläubigern auf den Ausfall. Gilt die Begleichung bestimmter Verbindlichkeiten anderen Gläubigern gegenüber nicht als Erfüllung, so dass der Erbe ersatzpflichtig ist, hat er gegen den voreilig befriedigten Gläubiger einen Bereicherungsanspruch nach Maßgabe der §§ 813, 814[25].

§ 1992 Überschuldung durch Vermächtnisse und Auflagen

¹Beruht die Überschuldung des Nachlasses auf Vermächtnissen und Auflagen, so ist der Erbe, auch wenn die Voraussetzungen des § 1990 nicht vorliegen, berechtigt, die Berichtigung dieser Verbindlichkeiten nach den Vorschriften der §§ 1990, 1991 zu bewirken. ²Er kann die Herausgabe der noch vorhandenen Nachlassgegenstände durch Zahlung des Wertes abwenden.

I. Bedeutung der Norm

1 **1. Überschwerungseinrede.** Beruht die Überschuldung des Nachlasses auf **Vermächtnissen und Auflagen**, ist der Erbe berechtigt (§ 320 InsO), aber nicht verpflichtet (§ 1980 Abs 1 S 3), das Nachlassinsolvenzverfahren zu beantragen. Er kann statt dessen die Berichtigung der Vermächtnisse und Auflagen nach Maßgabe der §§ 1990, 1991 verweigern. Diese Regelung entspricht der auch in anderen Vorschriften zum Ausdruck kommenden schwächeren Stellung der Vermächtnisgläubiger und Auflagenberechtigten. Im Nachlassinsolvenzverfahren werden sie nachrangig berücksichtigt (§ 327 InsO)[1]; ihre vorzeitige Befriedigung ist wie eine unentgeltliche Leistung des Erben anfechtbar (§ 322 InsO). Außerhalb des Nachlassinsolvenzverfahrens gehen ihnen selbst im Aufgebotsverfahren ausgeschlossene und diesen gleichstehende Gläubiger vor (§§ 1973 Abs 1 S 2, 1974); die Erfüllung ist nach § 5 AnfG wie eine unentgeltliche Leistung anfechtbar. § 1992 ist Ausdruck des vermuteten Willens des Erblassers. Der Erblasser ordnet Vermächtnisse und Auflagen in der Erwartung an, dass der Nachlass zu ihrer Erfüllung ausreicht; andernfalls hätte er sie im Zweifel nicht verfügt. Ein Nachlassinsolvenzverfahren würde seinem Willen daher regelmäßig nicht entsprechen[2].

2 **2. Anwendungsbereich.** Auf § 1992 können sich nicht nur der Erbe, sondern auch der **Nachlassverwalter**, der **Testamentsvollstrecker**[3] und der **Nachlasspfleger** berufen[4]. Sind die Voraussetzungen des § 1992 erfüllt, ist der Erbe nicht gezwungen, nach dieser Vorschrift vorzugehen. Er kann statt dessen die Eröffnung des Nachlassinsolvenzverfahrens beantragen[5]. Gegenüber Pflichtteilsberechtigten und Erbersatzanspruchsberechtigten alten Rechts wirkt § 1992 nicht. Entspr anwendbar ist § 1992, wenn ein Vermächtnisnehmer mit einem Vermächtnis oder einer Auflage beschwert ist (§ 2187 Abs 3).

II. Voraussetzungen der Einrede

3 **1. Keine unbeschränkte Haftung des Erben.** § 1992 setzt – wie auch §§ 1990, 1991 – voraus, dass der Erbe noch nicht allen Gläubigern gegenüber unbeschränkt haftet (§ 2013 Abs 1). Haftet der Erbe nur einzelnen Gläubigern gegenüber unbeschränkt, ist die Berufung auf § 1992 nur diesen Gläubigern gegenüber ausgeschlossen. Der Nachlass braucht jedoch nicht iS von § 1990 **dürftig** zu sein[6]. § 1992 erlaubt dem Erben gerade, nach §§ 1990, 1991 vorzugehen, auch wenn eine die Kosten einer Nachlassverwaltung oder eines Nachlassinsolvenzverfahrens deckende Masse vorhanden ist.

4 **2. Überschuldung des Nachlasses.** Der Nachlass muss überschuldet sein[7]. Die Überschuldung muss **auf Vermächtnissen und Auflagen beruhen.** Das folgt bereits aus dem Wortlaut der Norm. Ist der Nachlass auf Grund sonstiger Forderungen überschuldet, ist der Erbe gemäß § 1980 Abs 1 verpflichtet, unverzüglich die Eröffnung des Nachlassinsolvenzverfahrens zu beantragen; auf § 1992 kann

---

[24] BGHZ 85, 272, 280 = NJW 1983, 1485; *Staudinger/Marotzke* Rn 21.
[25] OLG Stuttgart NJW-RR 1989, 1283; *Lange/Kuchinke* § 49 VIII 5 m Fn 201; *Staudinger/Marotzke* Rn 22; *Palandt/Edenhofer* Rn 6; *Erman/Schlüter* Rn 4; *MünchKommBGB/Siegmann* Rn 11.
[1] Gemäß § 219 Abs 1 S 2 KO waren Gläubiger von Vermächtnissen und Auflagen nur berechtigt, die Eröffnung des Nachlasskonkursverfahrens zu beantragen, wenn über das Vermögen des Erben selbst das Konkursverfahren eröffnet worden war. Diese Einschränkung enthält § 317 InsO nicht mehr.
[2] Prot V S 762, 803.
[3] OLG Jena OLG-NL 2003, 89, 90.
[4] *MünchKomm BGB/Siegmann* Rn 3; *Palandt/Edenhofer* Rn 2; *Soergel/Stein* Rn 3; *Erman/Schlüter* Rn 3.
[5] *Staudinger/Marotzke* Rn 1; vgl. § 320 InsO.
[6] *RGRK/Johannsen* Rn 5; *MünchKommBGB/Siegmann* Rn 1.
[7] *Soergel/Stein* Rn 2; *Lange/Kuchinke* § 49 VIII 1 c; aA *Staudinger/Marotzke* Rn 2: die ernsthafte Möglichkeit, dass eine auf den Nachlass begrenzte Zwangsvollstreckung nicht zu einer vollständigen Befriedigung aller Gläubiger führt, reiche aus.

Überschuldung durch Vermächtnisse und Auflagen § 1992

er sich nicht berufen[8]. Eine analoge Anwendung des § 1992 kommt allenfalls dann in Betracht, wenn außer den Vermächtnissen und Auflagen nur die Forderungen ausgeschlossener und diesen gleichstehender Gläubiger nicht berücksichtigt werden könnten (§§ 1973, 1974)[9]; denn solchen Gläubigern gegenüber ist der Erbe ebenfalls nicht verpflichtet, die Eröffnung des Nachlassinsolvenzverfahrens zu beantragen (§ 1980 Rn 2).

3. Weitere Einzelheiten. Maßgeblicher **Zeitpunkt** für die Beurteilung der Frage, ob der Nachlass 5 überschwert ist, ist derjenige der Entscheidung über den geltend gemachten Anspruch (genau: der Zeitpunkt der letzten mündlichen Verhandlung in der Tatsacheninstanz; vgl § 1990 Rn 5 mN auch der Gegenansicht). Zum Nachlass gehören – wie bei § 1990 – auch Ersatzansprüche **gegen den Erben** aus Verwalterhaftung gemäß §§ 1991 Abs 1, 1978, 1979, 1980 sowie Surrogate, die ohne Zutun des Erben an die Stelle von Nachlassgegenständen getreten sind (§ 1991 Rn 5). **Darlegungs- und beweispflichtig** für die Voraussetzungen der Überschwerungseinrede ist der Erbe[10]. Im Erkenntnisverfahren braucht jedoch nicht geklärt zu werden, ob der Nachlass tatsächlich überschuldet ist; der Erbe kann statt dessen unter dem Vorbehalt des § 780 Abs. 1 ZPO verurteilt werden[11].

III. Rechtsfolgen

1. Entsprechende Anwendung der §§ 1990, 1991. Liegen die Voraussetzungen des § 1992 vor, 6 kann der Erbe die Berichtigung der Vermächtnisse und Auflagen nach §§ 1990, 1991 bewirken. Er hat bei der Befriedigung der Gläubiger die im Nachlassinsolvenzverfahren vorgesehene **Rangfolge** einzuhalten (§ 1991 Abs 4 iVm § 329 Abs 1 InsO: Pflichtteilsansprüche vor Verbindlichkeiten aus Vermächtnissen und Auflagen)[12]. Im **Prozess** muss sich der Erbe die Beschränkung der Haftung auf den Nachlass vorbehalten lassen (§ 780 Abs 1 ZPO)[13]. Besteht der verbliebene Nachlass nur noch in Geld, kann auch bereits der Abzugsbetrag festgesetzt werden[14]. Kommt es später doch zur Eröffnung des Nachlassinsolvenzverfahrens, kann der betroffene Vermächtnisgläubiger oder Auflagenberechtigte seine Forderung gleichwohl in voller Höhe anmelden, damit diese keine doppelte Kürzung erfährt[15]; er erhält jedoch nicht mehr als den Betrag der durch den Abzug ermäßigten Forderung. Lautet das Urteil auf Duldung der Zwangsvollstreckung in bestimmte Nachlassgegenstände (§ 1990 Rn 7), kann sich der Erbe im Urteil die Abwendung der Zwangsvollstreckung durch Zahlung des Wertes dieser Gegenstände vorbehalten lassen[16]. **Vollstreckungsmaßnahmen in sein Eigenvermögen** kann der Erbe, der sich die Beschränkung der Haftung auf den Nachlass hat vorbehalten lassen (§ 780 Abs 1 ZPO), gemäß §§ 781, 785, 784 Abs 1 ZPO aufheben lassen.

2. Vollstreckungspreisgabe. Soweit der Nachlass nicht ausreicht, kann der Erbe die Berichtigung 7 der Forderung verweigern. Er ist dann verpflichtet, den noch vorhandenen Nachlass an den anspruchstellenden Gläubiger herauszugeben (§ 1973 Rn 7). Was zu dem herauszugebenden Nachlass gehört, richtet sich nach § 1991 (§ 1991 Rn 5 ff). Zusätzlich gewährt § 1992 S 2 dem Erben das Recht, die Herausgabe der noch vorhandenen Nachlassgegenstände durch **Zahlung des Wertes** abzuwenden. Dieses Recht bezieht sich jedoch nur auf die Herausgabepflicht nach § 1990 Abs 1 S 2[17], nicht auf den Fall, dass dem Vermächtnisnehmer **ein bestimmter Gegenstand** zugewandt worden ist, dessen Leistung er verlangt (§ 2174). Reicht der Nachlass zur Berichtigung eines solchen Anspruchs nicht aus, wandelt dieser sich in einen anteilig gekürzten Geldanspruch um. Der Gläubiger ist berechtigt, gegen Zahlung der Differenz die Herausgabe des zugewandten Gegenstandes in Natur zu verlangen[18].

3. Aufrechnung. Die Aufrechnung der Forderung eines Vermächtnisgläubigers gegen eine Eigen- 8 forderung des Erben ist ausgeschlossen, sobald die Voraussetzungen des § 1992 vorliegen, weil der Erbe andernfalls doch eigenes Vermögen zur Befriedigung des Vermächtnisses oder der Auflage einsetzen müsste. Gegen eine Nachlassforderung können Vermächtnisgläubiger hingegen weiterhin aufrechnen; denn eine Aufrechnung wäre sogar nach Eröffnung des Nachlassinsolvenzverfahrens noch möglich[19].

---

[8] Prot V 803; RG JW 1912, 40; KG OLGRspr 30, 175; OLG München ZEV 1998, 100, 101 m zust Anm *Weber*; MünchKommBGB/*Siegmann* Rn 5; *Staudinger/Marotzke* Rn 3; *Soergel/Stein* Rn 2; *Palandt/Edenhofer* Rn 1; *Lange/Kuchinke* § 49 VIII 1 c; aA *Erman/Schlüter* Rn 2; RGRK/*Johannsen* Rn 2.
[9] *Staudinger/Marotzke* Rn 4; *Soergel/Stein* Rn 2; MünchKommBGB/*Siegmann* Rn 5.
[10] OLG Koblenz NJW-RR 2006, 377, 378; *Baumgärtel/Schmitz* Rn 1; *Staudinger/Marotzke* Rn 8.
[11] OLG Koblenz NJW-RR 2006, 377, 378.
[12] *Lange/Kuchinke* § 49 VIII 4 b.
[13] *Staudinger/Marotzke* Rn 9; *Soergel/Stein* Rn 5; RGRK/*Johannsen* Rn 6; *Palandt/Edenhofer* Rn 2.
[14] RGRK/*Johannsen* Rn 9.
[15] RGRK/*Johannsen* Rn 9; *Staudinger/Marotzke* § 1990 Rn 23.
[16] *Erman/Schlüter* Rn 4; *Soergel/Stein* Rn 5.
[17] *Staudinger/Marotzke* Rn 11; *Soergel/Stein* Rn 4.
[18] BGH NJW 1964, 2298, 2300; *Erman/Schlüter* Rn 3; *Staudinger/Marotzke* Rn 11; *Soergel/Stein* Rn 4; *Palandt/Edenhofer* Rn 3; RGRK/*Johannsen* Rn 8; aA MünchKommBGB/*Siegmann* Rn 9 für den Fall eines Verschaffungsvermächtnisses.
[19] *Staudinger/Marotzke* § 1990 Rn 42; *Palandt/Edenhofer* Rn 4; *Soergel/Stein* Rn 6; aA RGRK/*Johannsen* Rn 11, MünchKommBGB/*Siegmann* Rn 8 und *Lange/Kuchinke* § 49 VIII 5 für den Fall, dass der Nachlass bereits zurzeit des Erbfalls überschuldet war.

Untertitel 4. Inventarerrichtung, unbeschränkte Haftung des Erben (§§ 1993–2013)

§ 1993 Inventarerrichtung

Der Erbe ist berechtigt, ein Verzeichnis des Nachlasses (Inventar) bei dem Nachlassgericht einzureichen (Inventarerrichtung).

Schrifttum: *Weimar,* Risiken bei der Inventarerrichtung für den Erben, MDR 1979, 726; *van Venroy,* Zum Sinn eines Nachlassinventars, AcP 186 (1986), 356; *Gottwald,* Fristsetzung durch das Nachlassgericht und durch Beteiligte, ZEV 2006, 347.

I. Inventar

1 **1. Begriff.** Ein Inventar ist ein **Nachlassverzeichnis,** das beim Nachlassgericht eingereicht (**errichtet**) wird. Es führt nicht zu einer Beschränkung der Haftung des Erben auf den Nachlass. Im Verhältnis des Erben zu den Nachlassgläubigern begründet es lediglich die **Vermutung,** dass zurzeit des Erbfalls weitere als die angegebenen Nachlassgegenstände nicht vorhanden gewesen seien (§ 2009). Muss sich der Erbe nach §§ 1973, 1974, 1978, 1991 gegenüber den Nachlassgläubigern verantworten oder wird er nach § 1980 auf Schadensersatz in Anspruch genommen, kann er sich auf diese Vermutung berufen. Im Übrigen haben die Vorschriften über die Inventarerrichtung für den Erben negative Wirkungen. Mit Errichtung des Inventars verliert er die **Dreimonatseinrede** des § 2014 (§ 2014 Rn 3). Versäumung einer auf Antrag eines Gläubigers vom Nachlassgericht gesetzten Inventarfrist (§ 1994 Abs 1) und Inventaruntreue (§ 2005) führen zur **unbeschränkten Haftung für Nachlassverbindlichkeiten.** Sinn der durch § 1993 ermöglichten freiwilligen Errichtung eines Inventars ist vor allem die Vermeidung dieser nachteiligen Folgen.

2 **2. Sinn und Zweck.** Das Inventar als solches dient in erster Linie den Interessen der **Nachlassgläubiger,** die durch den Antrag an das Nachlassgericht, dem Erben eine Frist zur Errichtung des Inventars zu bestimmen (§ 1994), die unbeschränkte Haftung des Erben herbeiführen können. Wird das Inventar errichtet, können die Gläubiger den **ursprünglichen Bestand des Nachlasses** feststellen, in den Nachlass vollstrecken und den Erben bei nachteiligen Veränderungen ggf auf Schadensersatz in Anspruch nehmen. Auf der Grundlage des Inventars können sie entscheiden, ob ein Antrag auf Anordnung der Nachlassverwaltung oder auf Eröffnung des Nachlassinsolvenzverfahren in Betracht kommt. Jeder Nachlassgläubiger, der eine Forderung gegen den Nachlass glaubhaft macht, kann von Erben verlangen, dass er die Richtigkeit des Inventars zu Protokoll des Nachlassgerichts **an Eides statt versichert** (§ 2006 Abs 1). Verweigert der Erbe die eidesstattliche Versicherung, haftet er dem Gläubiger, der den Antrag gestellt hatte, unbeschränkt (§ 2006 Abs 3).

3 **3. Aufnahme und Errichtung des Inventars.** Die **Aufnahme** des Inventars erfolgt entweder durch den **Erben** unter Hinzuziehung einer zuständigen Behörde (§ 2002) oder auf Antrag des Erben durch das **Nachlassgericht** oder eine von diesem beauftragte Behörde (§ 2003). Welche Behörden zuständig sind, richtet sich nach Landesrecht (Art 148 EGBGB; § 20 Abs 5 BNotO, § 61 Nr 2 BeurkG). Der Erbe kann auch auf ein bereits vorhandenes, den Vorschriften der §§ 2002, 2003 entsprechendes Inventar Bezug nehmen (§ 2004). **Inhaltlich** sollen die im Zeitpunkt des Erbfalles vorhandenen Nachlassgegenstände und die Nachlassverbindlichkeiten vollständig angegeben werden; das Inventar soll außerdem eine Beschreibung der Nachlassgegenstände und die Angabe ihres Wertes enthalten (§ 2001). **Errichtet** wird das Inventar dadurch, dass es beim Nachlassgericht eingereicht wird (§ 1993).

II. Freiwillige Errichtung des Inventars

4 **1. Inventarrecht. Jeder Erbe** ist berechtigt, ein Inventar zu errichten, auch dann, wenn es mehrere Miterben gibt. Das Inventar muss sich auf den gesamten Nachlass beziehen. Ein Inventar über einen Erbteil ist nicht zulässig. Das von einem **Miterben** errichtete Inventar kommt auch den übrigen Miterben zustatten, soweit diese noch nicht unbeschränkt haften (§ 2063 Abs 1). Wenn die Erbschaft zum Gesamtgut gehört, kann der verwaltende Ehegatte, der nicht Erbe ist, das Inventar mit Wirkung für den Erben errichten (§ 2008). Das Inventar kann auch durch einen **Bevollmächtigten** errichtet werden, nicht jedoch durch einen Vertreter ohne Vertretungsmacht (§ 180 S 1 analog)[1]. Der Erbe ist berechtigt, aber **nicht verpflichtet,** ein Inventar zu errichten. § 1993 begründet keine Erfüllungs- oder Schadensersatzansprüche der Nachlassgläubiger[2].

---

[1] Vgl MünchKommBGB/*Siegmann* Rn 6; *Staudinger/Marotzke* Rn 15; RGRK/*Johannsen* Rn 5; *Erman/Schlüter* Rn 2.
[2] KG OLGRspr 14, 295; *Erman/Schlüter* Rn 1; *Palandt/Edenhofer* Rn 1; *Soergel/Stein* Rn 1.

2. Verfahren. Zuständig für die Entgegennahme des Inventars ist das Nachlassgericht, also dasjenige Amtsgericht, in dessen Bezirk der Erblasser seinen Wohnsitz hatte (§§ 72, 73 FGG). Eine gesetzliche **Frist,** innerhalb derer das Inventar errichtet werden müsste, gibt es nicht. Der Erbe bleibt zur Inventarerrichtung berechtigt, bis eine vom Nachlassgericht gesetzte Frist abgelaufen ist. Die freiwillige Errichtung ist auch noch dann möglich, wenn Nachlassverwaltung angeordnet oder das Nachlassinsolvenzverfahren eröffnet worden ist[3]. Der Einreichende kann vom Nachlassgericht eine **Empfangsbestätigung** verlangen. Weigert sich das Nachlassgericht, das Inventar entgegenzunehmen, steht dem Erben die einfache Beschwerde zu (§§ 19, 20 FGG, § 11 RPflG)[4]. Der Gläubiger hat gemäß § 2010 das **Recht auf Einsicht** in das Inventar; bei Vorliegen eines berechtigten Interesses kann er auch Erteilung einer Abschrift verlangen (§ 34 Abs 1 S 2 FGG)[5]. Für die **Kosten,** die durch die Errichtung eines Nachlassinventars entstehen, haften gemäß § 6 S 1 KostO die Erben nach den Vorschriften des BGB über Nachlassverbindlichkeiten. Gemäß § 114 Nr 1 KostO wird für die Entgegennahme eines Nachlassinventars die Hälfte der vollen Gebühr erhoben. Im Nachlassinsolvenzverfahren stellen diese Kosten Masseverbindlichkeiten dar (§ 324 Abs 1 Nr 5 InsO).

§ 1994 Inventarfrist

(1) [1]**Das Nachlassgericht hat dem Erben auf Antrag eines Nachlassgläubigers zur Errichtung des Inventars eine Frist (Inventarfrist) zu bestimmen.** [2]**Nach dem Ablauf der Frist haftet der Erbe für die Nachlassverbindlichkeiten unbeschränkt, wenn nicht vorher das Inventar errichtet wird.**

(2) [1]**Der Antragsteller hat seine Forderung glaubhaft zu machen.** [2]**Auf die Wirksamkeit der Fristbestimmung ist es ohne Einfluss, wenn die Forderung nicht besteht.**

I. Bedeutung der Norm

§ 1993 regelt das Recht des Erben, ein Inventar zu errichten, und definiert die Begriffe „Inventar" 1 und „Errichtung". § 1994 hat demgegenüber die **Inventarpflicht des Erben** zum Gegenstand. Die Nachlassgläubiger müssen dann, wenn der Erbe ihnen nur noch mit dem Nachlass haftet, den ursprünglichen Bestand des Nachlasses und spätere Veränderungen in zuverlässiger Weise feststellen können, um eine Grundlage für Vollstreckungsmaßnahmen und eventuelle Ansprüche gegen den Erben aus §§ 1978 bis 1980 zu erhalten. Unabhängig von der Frage der Haftungsbeschränkung erleichtert das Inventar außerdem die Entscheidung darüber, ob Nachlassverwaltung oder die Eröffnung des Nachlassinsolvenzverfahrens beantragt werden sollte. Die Nachlassgläubiger können dem Erben deshalb vom Nachlassgericht eine **Inventarfrist** zur Errichtung des Inventars setzen lassen. Nach Ablauf der Frist haftet der Erbe unbeschränkt, wenn er das Inventar nicht errichtet hat (§ 1994 Abs 1 S 2). Direkt erzwingen können die Nachlassgläubiger die Inventarerrichtung nicht[1]. Sie sind auch nicht berechtigt, beim Nachlassgericht die amtliche Aufnahme des Inventars (§ 2003) zu beantragen. Durch die unbeschränkte Haftung, die ihnen den Zugriff auf das Privatvermögen des Erben ermöglicht, sind sie hinreichend geschützt.

II. Antragsrecht

1. Nachlassgläubiger. Antragsberechtigt ist grds jeder Nachlassgläubiger, auch der Pflichtteils- 2 berechtigte[2], der Vermächtnisnehmer und der Auflagenbegünstigte sowie der Pfandgläubiger, der die Nachlassforderung gepfändet hat. Ein Pflichtteilsberechtigter, der nicht Erbe ist, hat außerdem einen klagbaren Anspruch aus § 2314 auf Auskunft über den Bestand des Nachlasses durch Vorlage eines Bestandsverzeichnisses (§ 260), das ggf durch eidesstattliche Versicherung zu bekräftigen ist (§ 260 Abs 2). Hat der Erbe ein Inventar nach §§ 1993, 1994 vorgelegt, kann der Pflichtteilsberechtigte auf eidesstattliche Versicherung der Richtigkeit dieses Inventars klagen. Der Klage auf Vorlage eines gesonderten Bestandsverzeichnisses bedarf es nicht[3*].

2. Ausgeschlossene Gläubiger. Auch ein nach §§ 1973, 1974 ausgeschlossener Gläubiger ist 3 antragsberechtigt[4*]. Zwar kann im Verhältnis zu einem ausgeschlossenen Gläubiger keine unbeschränkte Haftung durch Versäumung der Inventarfrist oder durch Inventaruntreue mehr eintreten (§ 2013 Abs 1 S 2). Sinn und Zweck der Inventarfrist erschöpfen sich jedoch nicht in der Rechtsfolge der unbeschränkten Haftung bei Inventarverfehlungen. Dem Gläubiger soll auch die Verfolgung seiner Ansprüche gegen den Nachlass erleichtert werden; er soll eine Grundlage für seine Entscheidung bekommen, ob er Nachlassverwaltung oder Eröffnung des Nachlassinsolvenzverfahrens beantragen oder den Erben

---

[3] MünchKommBGB/*Siegmann* Rn 2; *Staudinger/Marotzke* Rn 27; *Soergel/Stein* Rn 2.
[4] MünchKommBGB/*Siegmann* Rn 8; *Palandt/Edenhofer* § 1994 Rn 5.
[5] RGZ 129, 240, 243.
[1] KG OLGRspr 14, 293, 295; *Staudinger/Marotzke* Rn 3.
[2] *Staudinger/Marotzke* Rn 5 f; BayObLG ZEV 2000, 276, 277.
[3*] RGZ 129, 239, 242; RGRK/*Johannsen* Rn 6.
[4*] MünchKommBGB/*Siegmann* § 1973 Rn 2; *Erman/Schlüter* Rn 2; *Soergel/Stein* Rn 3; *Lange/Kuchinke* § 48 VI 5 a; aA RGRK/*Johannsen* Rn 3; *Staudinger/Marotzke* Rn 8; *Palandt/Edenhofer* Rn 3.

§ 1994 Buch 5. Abschnitt 2. Rechtliche Stellung des Erben

aus §§ 1978 ff in Anspruch nehmen sollte[5]. Dieser Zweck gilt auch im Verhältnis zu einem nach § 1973 ausgeschlossenen Gläubiger. Der ausgeschlossene Gläubiger bleibt berechtigt, Nachlassverwaltung oder Eröffnung des Nachlassinsolvenzverfahrens zu beantragen. Er hat Anspruch darauf, vor Pflichtteils- und Vermächtnisgläubigern sowie Auflagenbegünstigten aus dem Nachlass befriedigt zu werden (§ 1973 Abs 1 S 2). Der Erbe hat ihm den nach Befriedigung der nicht ausgeschlossenen Gläubiger verbliebenen Nachlass herauszugeben (§ 1973 Abs 2). Diese dem ausgeschlossenen Gläubiger verbliebenen Rechte unnötig einzuschränken, besteht kein Anlass.

4   **3. Miterben-Gläubiger.** Ein Nachlassgläubiger, der zugleich Miterbe ist, ist nicht antragsbefugt[6]. Der Miterbe ist selbst in der Lage, sich die erforderlichen Informationen zu verschaffen. Er ist berechtigt und ggf sogar verpflichtet, selbst ein Inventar zu erstellen und dessen Richtigkeit an Eides Statt zu versichern. Die Inventarfrist könnte daher nur dazu dienen, die unbeschränkte Haftung der anderen Erben herbeizuführen. Diese ist im Verhältnis zu einem Miterbengläubiger jedoch ausdrücklich ausgeschlossen (§ 2063 Abs 2; dort Rn 6 mwN). Nur zum Zwecke der Herbeiführung der Haftungsfolgen kann die Errichtung eines Inventars überdies nicht verlangt werden.

5   **4. Mehrere Gläubiger.** Steht eine Nachlassforderung mehreren Gläubigern gemeinsam zu, können diese den Antrag nur gemeinsam stellen. Gehört die Forderung zu einem ungeteilten Nachlass, ist gemäß § 2039 jeder Erbe antragsberechtigt[7].

III. Verfahren

6   **1. Antrag.** Der Antrag ist schriftlich oder zu Protokoll der Geschäftsstelle (§ 11 FGG) des zuständigen Nachlassgerichts (§§ 72, 73 FGG) zu stellen. Der Antragsteller hat den Antragsgegner zu benennen[8]. Gibt es mehrere Erben, kann er einen oder mehrere von ihnen benennen; die Frist muss nicht notwendig allen Erben gesetzt werden (vgl § 2063 Abs 1)[9]. Der Antragsteller muss seine Forderung gemäß §§ 15 Abs 2 FGG, 294 Abs 1 ZPO (nicht: § 294 Abs 2 ZPO, der im FGG-Verfahren nicht gilt) **glaubhaft machen** (Abs 2 S 1)[10]. Kann nur nach eingehender Aufklärung des Sachverhalts und Beantwortung nicht einfacher Rechtsfragen entschieden werden, ob die Forderung besteht, ist die Glaubhaftmachung misslungen; denn beides ist nicht Aufgabe des Nachlassgerichts[11]. Auf die Wirksamkeit der Fristbestimmung ist es ohne Einfluss, wenn die Forderung nicht besteht (Abs 2 S 2). Die übrigen Voraussetzungen des § 1994 – insbes die Erbeneigenschaft desjenigen, dem die Frist gesetzt werden soll – muss das Nachlassgericht von Amts wegen ermitteln (§ 12 FGG)[12]; insoweit ist der Antragsteller zur Glaubhaftmachung nicht verpflichtet[13]. Hat der Erbe die Erbschaft ausgeschlagen, muss das Nachlassgericht die Wirksamkeit der Ausschlagung prüfen und den Antrag ggf ablehnen[14]. Der Erbe, dem die Frist gesetzt werden soll, hat Anspruch auf **rechtliches Gehör** (Art 103 Abs 1 GG)[15].

7   **2. Keine Inventarfrist bei Nachlassverwaltung oder Nachlassinsolvenzverfahren.** Ist Nachlassverwaltung angeordnet oder das Nachlassinsolvenzverfahren eröffnet worden, ist der Antrag unzulässig. Wurde die Eröffnung des Nachlassinsolvenzverfahrens mangels Masse abgelehnt, besteht ein Rechtsschutzbedürfnis demgegenüber nach wie vor[16]. Dem Fiskus als gesetzlichem Erben, einem Nachlasspfleger oder Nachlassverwalter, einem Nachlassinsolvenzverwalter oder einem Testamentsvollstrecker kann keine Inventarfrist gesetzt werden. Hier bestehen eigene Auskunftsansprüche (zB §§ 2012 Abs 1 S 2; § 2011 S 2). Unzulässig ist der Antrag auch, wenn der Erbe bereits ein den Vorschriften der §§ 2002, 2003 entsprechendes Inventar errichtet hat[17]. Der Antrag ist **nicht fristgebunden**.

8   **3. Inventarfrist.** Die Inventarfrist wird durch Beschluss des Nachlassgerichts bestimmt. Einzelheiten regeln §§ 1995 bis 2000. Die Frist soll mindestens einen Monat, höchstens drei Monate betragen und beginnt mit Zustellung des Beschlusses, durch den die Frist bestimmt wird (§ 1995 Abs 1), jedoch nicht vor Annahme der Erbschaft (§ 1995 Abs 2). Die Frist kann auf Antrag des Erben verlängert (§ 1995 Abs 3) und in bestimmten Fällen unverschuldeter Säumnis des Erben auch neu bestimmt werden (§ 1996). Bei Stillstand der Rechtspflege oder mangelnder Geschäftsfähigkeit des Erben ist die Frist wie eine Verjährungsfrist gehemmt (§§ 1997, 206, 210). Stirbt der Erbe vor Ablauf der Frist, endet die Frist nicht vor dem Ablauf der für die Erbschaft des Erben vorgeschriebenen Ausschlagungsfrist (§ 1998). Die Bestimmung der Inventarfrist wird unwirksam, wenn Nachlassverwaltung angeordnet oder das Nachlassinsolvenzverfahren eröffnet wird (§ 2000). Eine dem vorläufigen Erben bestimmte Frist wird gegen-

---

[5] RGZ 129, 239, 244.
[6] Palandt/Edenhofer Rn 3; Staudinger/Marotzke Rn 8; RGRK/Johannsen Rn 5; Lange/Kuchinke § 48 VI 5 a Fn 126; KG Rpfleger 1979, 136 f; Buchholz JR 1990, 45, 48; aA MünchKommBGB/Siegmann Rn 3; Soergel/Stein Rn 2; Erman/Schlüter Rn 2; Gottwald ZEV 2006, 347, 348.
[7] Staudinger/Marotzke Rn 7; MünchKommBGB/Siegmann Rn 2; RGRK/Kregel § 2039 Rn 2.
[8] LG Bochum Rpfleger 1991, 154; Erman/Schlüter Rn 2; Soergel/Stein Rn 5.
[9] Staudinger/Marotzke Rn 15.
[10] BayObLGZ 1992, 162, 163 f mwN.
[11] KG ZEV 2005, 114, 117.
[12] RGRK/Johannsen Rn 8; Staudinger/Marotzke Rn 10.
[13] LG Krefeld MDR 1970, 766.
[14] BayObLG FamRZ 1994, 264.
[15] BayObLGZ 1992, 162.
[16] OLG Stuttgart FGPrax 1995, 68.
[17] Staudinger/Marotzke Rn 18.

standslos, wenn dieser die Erbschaft ausschlägt[18]. Eine einmal gesetzte Frist kann nicht von Amts wegen zurückgenommen werden (§ 18 Abs 2 FGG). Die Anordnungsverfügung ist dem oder den Erben sowie allen Nachlassgläubigern zuzustellen.

4. Rechtsmittel. Wird der Antrag abgelehnt, kann der Nachlassgläubiger, der den Antrag gestellt hatte, einfache Beschwerde einlegen (§§ 19 Abs 1, 20 Abs 2 FGG iVm § 11 Abs 1 RPflG). Wird eine Frist bestimmt, steht dem Erben sowie jedem Gläubiger die sofortige Beschwerde gegen die Anordnung zu (§ 77 Abs 1 und 3 FGG, § 11 Abs 1 RPflG). Die sofortige Beschwerde ist binnen einer Frist von zwei Wochen einzulegen (§ 22 Abs 1 FGG). Die Frist beginnt für die Nachlassgläubiger – die nur die zu lange Dauer der Frist rügen können[19] – mit dem Zeitpunkt, in welchem die Anordnung demjenigen Gläubiger bekannt gemacht worden ist, der den Antrag gestellt hatte (§§ 77 Abs 3, 16 FGG). Für den Erben beginnt die Frist gemäß §§ 22 Abs 1 S 2, 16 FGG mit dem Zeitpunkt, in dem ihm die Anordnung bekannt gemacht worden ist. Die sofortige Beschwerde hat gemäß § 24 Abs 1 FGG keine aufschiebende Wirkung. 9

5. Weiteres Verfahren. Für die Bestimmung und für die Verlängerung der Inventarfrist fallen **Gebühren** nach §§ 114, 115 KostO an. Kostenpflichtig ist der Antragsteller (§ 2 Nr 1 KostO)[20]. Der Erbe haftet gemäß § 6 KostO ebenfalls, jedoch nur nach den Vorschriften über die Nachlassverbindlichkeiten. Gemäß § 78 Abs 1 S 2 FGG hat das Nachlassgericht jedem, der ein berechtigten Interesse glaubhaft macht, **Einsicht in die Anordnungsverfügung** zu gewähren. 10

IV. Rechtsfolgen

1. Wahrung der Frist. Die Inventarfrist wird durch rechtzeitiges Einreichen eines ordnungsgemäßen Inventars (§ 1993), durch einen Antrag auf amtliche Aufnahme des Inventars (§ 2003 Abs 1 S 2) innerhalb der Frist oder durch Bezugnahme auf ein bei dem Nachlassgericht befindliches Inventar (§ 2004) innerhalb der Frist gewahrt. Hat ein Miterbe bereits ein Inventar eingereicht, kommt dieses ohne weiteres allen übrigen Miterben zugute (§ 2063 Abs 1). Gleiches gilt im Verhältnis der in Gütergemeinschaft lebenden Ehegatten zueinander (§ 2008 Abs 1 S 3), im Verhältnis zwischen Vorerben und Nacherben (§ 2144 Abs 2) und im Verhältnis zwischen Erbschaftsverkäufer und Erbschaftskäufer (§ 2383). 11

2. Unbeschränkte Haftung nach Fristablauf. Hat der Erbe innerhalb der Frist kein Inventar errichtet, haftet er für die Nachlassverbindlichkeiten unbeschränkt. Die unbeschränkte Haftung tritt gegenüber allen Nachlassgläubigern ein, nicht nur gegenüber demjenigen, der die Inventarfrist hatte setzen lassen. Einzelheiten ergeben sich aus § 2013: Eine Haftungsbeschränkung nach §§ 1973, 1974 kann nicht mehr eintreten. Der Erbe kann nicht mehr die Anordnung der Nachlassverwaltung beantragen. Ein Nachlassinsolvenzverfahren bleibt möglich, führt aber nicht mehr zu einer Haftungsbeschränkung. Die Einreden der Dürftigkeit und der Überschwerung des Nachlasses (§§ 1990, 1992) sind ebenso ausgeschlossen wie die aufschiebenden Einreden der §§ 2014, 2015 (vgl § 2016 Abs 1) und das Recht, das Aufgebot der Nachlassgläubiger (§ 991 Abs 1 ZPO) oder die Zwangsversteigerung eines zum Nachlass gehörenden Grundstückes (§ 175 Abs 2 ZVG) zu beantragen. **Ausnahmen:** Im Verhältnis der Miterben untereinander (§ 2063 Abs 2) sowie im Verhältnis des Vorerben zum Nacherben (§ 2144 Abs 3) tritt die unbeschränkte Haftung nicht ein. Vor Ablauf der Inventarfrist bereits eingetretene Haftungsbeschränkungen (§§ 1973, 1974, 2000 S 2, 2063 Abs 2, 2144 Abs 3) bleiben erhalten. 12

3. Kein Verschulden des Erben. Auf ein Verschulden des Erben kommt es grds nicht an. Unter den Voraussetzungen des § 1996 Abs 1 – höhere Gewalt oder unverschuldete Unkenntnis der Anordnungsverfügung – kann dem Erben jedoch eine neue Inventarfrist gesetzt werden. Nicht voll geschäftsfähige Erben werden durch § 1997 und § 1999 sowie § 1629 Abs 2 geschützt. Gibt es **mehrere Erben**, haftet nur derjenige Erbe unbeschränkt, der die ihm gesetzte Frist versäumt hat (§ 2063 Rn 2). 13

4. Entscheidung des Prozessgerichts. Ob die Inventarfrist gewahrt worden ist, entscheidet nicht das Nachlassgericht, sondern das Prozessgericht[21]. Die Beweislast obliegt, wie sich aus § 1994 Abs 1 S 2 ergibt, dem Erben[22]. Das Prozessgericht ist an Feststellungen und rechtliche Schlussfolgerungen, die das Nachlassgericht etwa zur Erbenstellung oder zur Wirksamkeit einer Ausschlagung getroffen hat, nicht gebunden[23]. 14

§ 1995 Dauer der Frist

(1) ¹**Die Inventarfrist soll mindestens einen Monat, höchstens drei Monate betragen.** ²Sie beginnt mit der Zustellung des Beschlusses, durch den die Frist bestimmt wird.

---

[18] AG Oldenburg Rpfleger 1990, 21 f.
[19] *Staudinger/Marotzke* Rn 26.
[20] *Firsching/Graf* Rn 4727.
[21] *Staudinger/Marotzke* Rn 37; *Erman/Schlüter* Rn 7; *Palandt/Edenhofer* Rn 1; MünchKommBGB/*Siegmann* Rn 14; *Baumgärtel/Schmitz* Rn 1.
[22] *Staudinger/Marotzke* Rn 32; RGRK/*Johannsen* § 2013 Rn 19; *Baumgärtel/Schmitz* Rn 1.
[23] *Erman/Schlüter* Rn 3; *Staudinger/Marotzke* Rn 37.

§ 1996

(2) Wird die Frist vor der Annahme der Erbschaft bestimmt, so beginnt sie erst mit der Annahme der Erbschaft.

(3) Auf Antrag des Erben kann das Nachlassgericht die Frist nach seinem Ermessen verlängern.

1　**1. Bedeutung der Norm.** Die Vorschrift begrenzt das pflichtgemäße Ermessen des Nachlassgerichts bei der Bestimmung der Inventarfrist. Ein Verstoß gegen die in Abs 1 genannten Mindest- und Höchstgrenzen führt nicht zur Unwirksamkeit der gesetzten Frist, sondern begründet nur ein Beschwerderecht des Erben oder der Nachlassgläubiger (§ 1994 Rn 9)[1]. Die Fristbestimmung beruht auf einem Ermessensfehler, wenn das Nachlassgericht ohne vorherige Anhörung des Erben die gesetzliche Mindestfrist bestimmt[2].

2　**2. Fristbeginn.** Die Inventarfrist beginnt mit der **Zustellung** der Anordnungsverfügung an denjenigen Erben, dem die Frist bestimmt worden ist (§§ 16 Abs 2 FGG, 208 ff, 170 Abs 1, 171 ff ZPO). Ist mehreren Erben eine Frist gesetzt worden, läuft die Frist für jeden Erben gesondert[3]. Für die Berechnung der Frist gelten §§ 187 Abs 1, 188 Abs 2 und 3. Bei unverschuldeter Unkenntnis von der Zustellung – etwa im Falle einer Ersatzzustellung nach §§ 181 ff ZPO – kann gemäß § 1996 Abs 1 S 2, Abs 2 eine neue Inventarfrist bestimmt werden. Eine Frist, die **vor Annahme der Erbschaft** (§§ 1943 ff) bestimmt worden ist, beginnt – entspr dem Rechtsgedanken des § 1958 – erst mit der Annahme der Erbschaft zu laufen (Abs 2).

3　**3. Fristverlängerung.** Ein Antrag des Erben auf Verlängerung der gesetzten Frist (Abs 3) muss vor Fristablauf beim Nachlassgericht eingehen. Das Nachlassgericht entscheidet nach pflichtgemäßem Ermessen. Es kann die Frist über die Dreimonatsfrist des Abs 1 hinaus verlängern[4]; an den Antrag ist es dabei nicht gebunden. Der Antrag kann nicht deshalb abgelehnt werden, weil bis zur Entscheidung über ihn kein Inventar errichtet worden ist[5]. Gegen die Entscheidung über den Verlängerungsantrag ist die **sofortige Beschwerde** des Erben oder jedes Nachlassgläubigers gegeben (§ 77 Abs 2 FGG).

§ 1996 Bestimmung einer neuen Frist

(1) War der Erbe ohne sein Verschulden verhindert, das Inventar rechtzeitig zu errichten, die nach den Umständen gerechtfertigte Verlängerung der Inventarfrist zu beantragen oder die in Absatz 2 bestimmte Frist von zwei Wochen einzuhalten, so hat ihm auf seinen Antrag das Nachlassgericht eine neue Inventarfrist zu bestimmen.

(2) Der Antrag muss binnen zwei Wochen nach der Beseitigung des Hindernisses und spätestens vor dem Ablauf eines Jahres nach dem Ende der zuerst bestimmten Frist gestellt werden.

(3) Vor der Entscheidung soll der Nachlassgläubiger, auf dessen Antrag die erste Frist bestimmt worden ist, wenn tunlich gehört werden.

1　**1. Bedeutung der Norm.** Bei unverschuldeter Versäumung der Inventarfrist können die Folgen des § 1994 durch Bestimmung einer neuen Frist beseitigt werden. Es handelt sich um eine Art von **Wiedereinsetzung in den vorigen Stand**[1*].

2　**2. Voraussetzungen der Wiedereinsetzung.** Der Begriff der höheren Gewalt wurde durch Gesetz vom 9. 12. 2004 (BGBl I S 3214) durch Verschuldensfreiheit ersetzt (Abs 1). Die Verhinderung muss die Errichtung des Inventars innerhalb der Frist und die Stellung eines Verlängerungsantrages nach § 1995 Abs 3 unmöglich gemacht haben; auch ein Antrag nach § 2003 auf amtliche Aufnahme des Inventars darf nicht möglich gewesen sein[2*]. **Schuldlose Unkenntnis** von der Anordnungsverfügung kommt insbes bei Ersatzzustellung oder öffentlicher Zustellung in Betracht. Das Verschulden des gesetzlichen Vertreters (vgl § 170 ZPO) oder seines Zustellungsbevollmächtigten (§§ 171, 172 ZPO) muss sich der Erbe zurechnen lassen (vgl § 85 Abs 2 ZPO)[3*]. Dass ein Dritter den Nachlass in Besitz hat, stellt keinen Wiedereinsetzungsgrund dar, weil der Erbe entweder gegen den Dritten gerichtlich vorgehen und zugleich Verlängerungsantrag (§ 1995 Abs 3) stellen oder die amtliche Aufnahme des Inventars (§ 2003) beantragen kann.

3　**3. Verfahren.** Der Antrag auf Bestimmung einer neuen Frist muss **innerhalb von zwei Wochen** nach Behebung des Hindernisses, spätestens vor Ablauf eines Jahres nach Ende der zuerst bestimmten Frist gestellt werden (Abs 2; vgl § 234 ZPO, § 22 Abs 2 FGG). Wird auch die neue Frist schuldlos

---

[1] MünchKommBGB/*Siegmann* Rn 1; RGRK/*Johannsen* Rn 1.
[2] BayObLGZ 1992, 162, 166 f.
[3] *Staudinger/Marotzke* Rn 4; vgl auch LG Kaiserslautern DAVorm 1973, 625.
[4] KG Rpfleger 1985, 193; OLG Düsseldorf Rpfleger 1997, 216; RGRK/*Johannsen* Rn 4.
[5] OLG Düsseldorf Rpfleger 1997, 216 f.
[1*] RGZ 54, 121.
[2*] RGRK/*Johannsen* Rn 2; MünchKommBGB/*Siegmann* Rn 2.
[3*] RGRK/*Johannsen* Rn 3; MünchKommBGB/*Siegmann* Rn 2.

versäumt, kann auch insoweit „Wiedereinsetzung" beantragt werden, jedoch nur innerhalb eines Jahres nach Ablauf der ersten Frist[1]. Vor der Entscheidung über den Antrag ist dem Nachlassgläubiger, auf dessen Antrag die erste Frist bestimmt worden war, **rechtliches Gehör** zu gewähren (Art 103 Abs 1 GG gegenüber § 1996 Abs 3). Die Entscheidung des Nachlassgerichts kann vom Erben und von jedem Nachlassgläubiger mit der sofortigen Beschwerde angefochten werden (§ 77 Abs 2 und 3 FGG). Das **Prozessgericht** ist an rechtskräftige Entscheidungen des Nachlassgerichts über die Bestimmung oder die Ablehnung der Bestimmung einer neuen Frist gebunden, was den Tatbestand der Fristsetzung angeht[2]. Im Übrigen besteht eine Bindung nicht (§ 1994 Rn 14 mwN).

§ 1997 Hemmung des Fristablaufs

Auf den Lauf der Inventarfrist und der im § 1996 Abs. 2 bestimmten Frist von zwei Wochen finden die für die Verjährung geltenden Vorschriften des § 210 entsprechende Anwendung.

    1. **Bedeutung der Norm.** § 1997 ergänzt §§ 1995, 1996. Hat der nicht geschäftsfähige oder in der Geschäftsfähigkeit beschränkte Erbe **keinen gesetzlichen Vertreter** (§ 210), sind die Inventar- und die zweiwöchige Wiedereinsetzungsfrist gehemmt. „Inventarfrist" ist hier die ursprüngliche Frist des § 1994, die nach § 1995 Abs 3 verlängerte Frist, die nach § 1996 Abs 1 neu bestimmte Frist und die gemäß § 2005 Abs 2 bei unabsichtlicher Unrichtigkeit oder Unvollständigkeit neu bestimmte Frist[1*]. Für die Jahresfrist des § 1996 Abs 2 gilt § 1997 nicht[2*]. Gemäß § 210 enden die Fristen nicht vor dem Ablauf von sechs Monaten nach dem Zeitpunkt, in dem die Person unbeschränkt geschäftsfähig oder der Mangel der Vertretung behoben ist.

    2. **Verschulden des Vertreters.** Versäumt der gesetzliche Vertreter die Frist, wird dies dem Erben zugerechnet[3]. Gemäß § 1999 soll die Inventarfrist deshalb dem Vormundschaftsgericht mitgeteilt werden. Vor einer unbeschränkten Haftung auch mit dem Neuerwerb nach Eintritt der Volljährigkeit schützt § 1629 a.

§ 1998 Tod des Erben vor Fristablauf

Stirbt der Erbe vor dem Ablauf der Inventarfrist oder der im § 1996 Abs. 2 bestimmten Frist von zwei Wochen, so endet die Frist nicht vor dem Ablauf der für die Erbschaft des Erben vorgeschriebenen Ausschlagungsfrist.

    1. **Bedeutung der Norm.** § 1998 überträgt zum Schutz des oder der Erbeserben die Regelung des § 1952 Abs 2 auf die Inventarfrist der §§ 1994, 1995 und die Wiedereinsetzungsfrist des § 1996 Abs 2. Die Inventarfrist endet **nicht vor Ablauf der Ausschlagungsfrist** (§ 1944), und zwar unabhängig davon, ob der Erbeserbe die Erbschaft vorher angenommen hat[1**]. Darauf, ob der Erbeserbe Kenntnis von der Inventarfrist hatte, kommt es nicht an[2**]. Ist die Unkenntnis unverschuldet, kann die Bestimmung einer neuen Frist verlangt werden (§ 1996). § 1995 Abs 3 gilt ebenfalls.

    2. **Mehrere Erbeserben.** Sind mehrere Erbeserben vorhanden, ist jeder zur Errichtung eines Inventars der ganzen Erbschaft berechtigt[3*] und verpflichtet[4]. Die Inventarfristen können für die einzelnen Mit-Erbeserben unterschiedlich laufen (§ 1944). Das von einem der Erbeserben errichtete Inventar kommt gemäß § 2063 Abs 1 auch den übrigen Erbeserben zugute, sofern diese noch nicht unbeschränkt haften.

§ 1999 Mitteilung an das Vormundschaftsgericht

[1]**Steht der Erbe unter elterlicher Sorge oder unter Vormundschaft, so soll das Nachlassgericht dem Vormundschaftsgericht von der Bestimmung der Inventarfrist Mitteilung machen.** [2]**Dies gilt auch, wenn die Nachlassangelegenheit in den Aufgabenkreis eines Betreuers des Erben fällt.**

---

[1] *Palandt/Edenhofer* Rn 1; *MünchKommBGB/Siegmann* Rn 3; *RGRK/Johannsen* Rn 1; *Erman/Schlüter* Rn 1; *Staudinger/Marotzke* Rn 7.
[2] *Soergel/Stein* Rn 6; *Erman/Schlüter* Rn 1; *Palandt/Edenhofer* Rn 2.
[1*] *MünchKommBGB/Siegmann* Rn 5; *RGRK/Johannsen* Rn 1; *Erman/Schlüter* Rn 1.
[2*] *Staudinger/Marotzke* Rn 2.
[3] *MünchKommBGB/Siegmann* Rn 5; *Staudinger/Marotzke* Rn 5; *Soergel/Stein* Rn 3; *Erman/Schlüter* Rn 1.
[1**] *Soergel/Stein* Rn 1.
[2**] *Erman/Schlüter* Rn 1; *RGRK/Johannsen* Rn 1; *Staudinger/Marotzke* Rn 1; *MünchKommBGB/Siegmann* Rn 1; *Soergel/Stein* Rn 1.
[3*] Mot V S 613; *Staudinger/Marotzke* Rn 2.
[4] *RGRK/Johannsen* Rn 2; *MünchKommBGB/Siegmann* Rn 2; *Erman/Schlüter* Rn 1.

§ 2000

1. Bedeutung der Norm. Durch die **Mitteilung des Nachlassgerichts** soll das Vormundschaftsgericht[1] in die Lage versetzt werden, darauf hinwirken zu können, dass das Inventar von den Eltern, vom Vormund, vom Pfleger oder vom Betreuer des Erben – notfalls im Wege eines Antrags nach § 2003 – fristgerecht errichtet wird (§§ 1667, 1837, 1915, 1980 i). Sie hat unmittelbar nach Bestimmung der Frist zu erfolgen. Die Frist ist wirksam, auch wenn die Mitteilung an das Vormundschaftsgericht unterbleibt[2].

2. Schutz des minderjährigen Erben vor Überschuldung. Der verfassungsrechtlich gebotene Schutz des Minderjährigen vor Überschuldung[3] wird durch § 1999 nicht gewährleistet. Diesem Zweck dient § 1629 a, der die Haftung des Minderjährigen auf den Bestand des bei Eintritt der Volljährigkeit vorhandenen Vermögens beschränkt. Er geht den allgemeinen Vorschriften der §§ 2005 Abs 1 S 1 und 2, 2006 Abs 3 als die neuere und speziellere Regelung vor. Der volljährig gewordene Erbe haftet für Nachlassschulden also auch dann nicht mit dem Neuerwerb, wenn er – etwa weil sein gesetzlicher Vertreter die Inventarfrist hat verstreichen lassen – erbrechtlich unbeschränkt haftet[4].

§ 2000 Unwirksamkeit der Fristbestimmung

¹Die Bestimmung einer Inventarfrist wird unwirksam, wenn eine Nachlassverwaltung angeordnet oder das Nachlassinsolvenzverfahren eröffnet wird. ²Während der Dauer der Nachlassverwaltung oder des Nachlassinsolvenzverfahrens kann eine Inventarfrist nicht bestimmt werden. ³Ist das Nachlassinsolvenzverfahren durch Verteilung der Masse oder durch einen Insolvenzplan beendet, so bedarf es zur Abwendung der unbeschränkten Haftung der Inventarerrichtung nicht.

1. Bedeutung der Norm. Mit Anordnung der Nachlassverwaltung oder Eröffnung des Nachlassinsolvenzverfahrens geht die Verantwortung für den Nachlass auf den Nachlass- oder Nachlassinsolvenzverwalter über. Der Nachlassverwalter ist kraft Amtes verpflichtet, ein Verzeichnis des Nachlasses aufzunehmen (§§ 1915 Abs 1, 1802). Gemäß § 2012 Abs 2 hat er den Nachlassgläubigern Auskunft über den Bestand des Nachlasses zu erteilen. Gleiches gilt für den Insolvenzverwalter, der ein Verzeichnis der einzelnen Gegenstände der Insolvenzmasse (§ 151 Abs 1 InsO) und ein Gläubigerverzeichnis (§ 152 InsO) aufzustellen und in der Geschäftsstelle des Insolvenzgerichtes zur Einsicht der Beteiligten niederzulegen hat (§ 154 InsO). Damit ist dem Informationsinteresse der Nachlassgläubiger Genüge getan. Die unbeschränkte Haftung des Erben können die Nachlassgläubiger im Hinblick auf § 1975 nicht mehr erreichen. Eines Inventars des Erben bedarf es daher nicht[1*].

2. Inventarfrist und amtliche Nachlasssonderung. Wird während laufender Inventarfrist Nachlassverwaltung angeordnet oder das Nachlassinsolvenzverfahren eröffnet, wird die Bestimmung der (noch nicht abgelaufenen) Frist **unwirksam** (S 1). Während der Dauer der Nachlassverwaltung oder des Nachlassinsolvenzverfahrens kann eine neue Frist nicht bestimmt werden (S 2). Eine gleichwohl bestimmte Frist ist **wirkungslos,** kann aber aus Gründen der Rechtssicherheit mit der sofortigen Beschwerde nach § 77 FGG angefochten werden[2*]. Ist das Nachlassinsolvenzverfahren durch Verteilung der Masse oder durch einen Insolvenzplan beendet worden, besteht **keine Inventarpflicht** mehr (S 3). Gemäß §§ 1989, 2013 Abs 1 S 2 haftet der Erbe, wenn er sein Haftungsbeschränkungsrecht noch nicht verloren hatte, in einem solchen Fall nur noch nach § 1973. Endet das Nachlassinsolvenzverfahren in anderer Weise, etwa durch Einstellung mangels Masse (§ 207 InsO), bleibt es hingegen bei den allgemeinen Vorschriften (§ 1989 Rn 2; § 1975 Rn 9). Dem Erben kann – ebenso wie nach Beendigung der Nachlassverwaltung (§ 1988 Rn 8) – wieder eine Inventarfrist bestimmt werden[3*].

3. Inventaruntreue. Hatte sich der Erbe vor Anordnung der Nachlassverwaltung oder Eröffnung des Nachlassinsolvenzverfahrens bereits einer Inventaruntreue nach § 2005 schuldig gemacht, bleibt es bei der unbeschränkten Haftung nach § 2005 Abs 1 S 1. Ein freiwillig während der Nachlassverwaltung oder des Nachlassinsolvenzverfahrens errichtetes fehlerhaftes Inventar führt hingegen nicht zur unbeschränkten Haftung[4*]. Die eidesstattliche Versicherung der Vollständigkeit und Richtigkeit (§ 2006) eines freiwillig errichteten Inventars kann nicht verlangt werden (§ 2006 Rn 2).

---

[1] Für Maßnahmen nach § 1667 idF des KindRG vom 16. 12. 1997 ist das Familiengericht zuständig.
[2] *Erman/Schlüter* Rn 1; *Palandt/Edenhofer* Rn 1; *RGRK/Johannsen* Rn 1; *MünchKommBGB/Siegmann* Rn 2; zweifelnd *Staudinger/Marotzke* Rn 3 im Hinblick auf den verfassungsrechtlich gebotenen Schutz des Minderjährigen vor Überschuldung; vgl Rn 2.
[3] Vgl BVerfGE 72, 155 = NJW 1986, 1859.
[4] *Staudinger/Marotzke* § 1997 Rn 5; zum Minderjährigenhaftungsbeschränkungsgesetz vgl *Klüsener* Rpfleger 1999, 55, 56.
[1*] Krit *Staudinger/Marotzke* Rn 2.
[2*] *MünchKommBGB/Siegmann* Rn 3; *Staudinger/Marotzke* Rn 4.
[3*] OLG Stuttgart NJW 1995, 1227; *Staudinger/Marotzke* Rn 6 f; *MünchKommBGB/Siegmann* Rn 4; *RGRK/Johannsen* Rn 4 f; *Erman/Schlüter* Rn 1; *Palandt/Edenhofer* Rn 1.
[4*] *RGRK/Johannsen* Rn 6; *Palandt/Edenhofer* Rn 2; *Erman/Schlüter* Rn 3; zweifelnd *Staudinger/Marotzke* Rn 8.

§ 2001 Inhalt des Inventars

(1) In dem Inventar sollen die bei dem Eintritt des Erbfalls vorhandenen Nachlassgegenstände und die Nachlassverbindlichkeiten vollständig angegeben werden.

(2) Das Inventar soll außerdem eine Beschreibung der Nachlassgegenstände, soweit eine solche zur Bestimmung des Wertes erforderlich ist, und die Angabe des Wertes enthalten.

I. Bedeutung der Norm

§ 2001 betrifft den **Inhalt** des Inventars. Es handelt sich um eine **Ordnungsvorschrift**, deren Nichtbeachtung – solange das eingereichte Schriftstück ein Inventar im Rechtssinne, nämlich eine Bestandsaufnahme des Nachlasses darstellt – nicht zur Unwirksamkeit des Inventars und der damit verbundenen unbeschränkten Haftung führt[1]. Die Folgen absichtlich unrichtiger Angaben regelt § 2005. Über einen **Erbteil** kann ein Inventar nicht errichtet werden. Auch das Inventar eines **Miterben** muss den gesamten Nachlass umfassen[2]. 1

II. Inhalt des Inventars

1. Nachlassgegenstände und Nachlassverbindlichkeiten. Das Inventar soll die **Nachlassgegenstände** (Sachen und Rechte) enthalten, die im **Zeitpunkt des Erbfalls** vorhanden waren. Auf diesen Zeitpunkt bezieht sich die Vermutung der Vollständigkeit des Inventars in § 2009; auch die Rechenschaftspflichten der §§ 1978 Abs 1, 1991 Abs 1, 666 beginnen im Zeitpunkt des Erbfalls. Rechte, die infolge des Erbfalls zur Vereinigung von Recht und Verbindlichkeit oder von Recht und Belastung erloschen sind, sind aufzunehmen, weil sie im Falle der Anordnung der Nachlassverwaltung, der Eröffnung des Nachlassinsolvenzverfahrens oder der Dürftigkeit des Nachlasses als nicht erloschen gelten (§§ 1976, 1991 Abs 2). Gleiches gilt für durch Aufrechnung erloschene Forderungen, soweit die Aufrechnung nach § 1977 Abs 1 unwirksam werden könnte. Gegenstände, die der Erbe bereits zu Lebzeiten vom Erblasser erhalten hat, und Ausgleichsansprüche der Erben untereinander nach §§ 2050 ff gehören nicht zum Nachlass und sind daher nicht aufzunehmen[3]. Für die **Nachlassverbindlichkeiten** ist der **Zeitpunkt der Errichtung des Inventars** maßgeblich[4]. Aufzuführen sind alle Nachlassverbindlichkeiten iS von § 1967 sowie die durch Konfusion und Konsolidation erloschenen Verbindlichkeiten, die wieder aufleben können (§§ 1976, 1991 Abs 2). 2

2. Beschreibung und Wertangabe. Das Inventar soll außerdem eine Beschreibung der Nachlassgegenstände, soweit die zur Bestimmung des Wertes erforderlich ist, und die Angabe des Wertes enthalten (Abs 2). Die Wertangaben sind ebenso wie die Angaben zum Bestand auf den Zeitpunkt des Erbfalles zu beziehen. Ein Sachverständiger muss nicht eingeschaltet werden[5]. Der nach § 2002 zugezogene Beamte ist berechtigt, Bedenken oder seine abweichende Ansicht zu vermerken. Eine entsprechende Amtspflicht besteht jedoch nicht[6]. 3

§ 2002 Aufnahme des Inventars durch den Erben

Der Erbe muss zu der Aufnahme des Inventars eine zuständige Behörde oder einen zuständigen Beamten oder Notar zuziehen.

1. Bedeutung der Norm. Der Erbe kann das Inventar nicht allein errichten. Ein privat erstelltes Inventar bleibt wirkungslos. Auch die öffentliche Beglaubigung eines Privatinventars reicht nicht aus. Vielmehr ist die **Mitwirkung** der zuständigen Behörde, des zuständigen Beamten oder des zuständigen Notars erforderlich. Eine bestimmte **Form** der Mitwirkung ist nicht vorgeschrieben. Üblich, aber nicht zwingend erforderlich ist die Unterschrift der Amtsperson. Für Notare gelten §§ 36, 37, 39 BeurkG. Die Amtsperson ist für die Vollständigkeit und Richtigkeit des Inventars nicht verantwortlich. Ihr obliegt jedoch die Amtspflicht, den Erben auf die Sollvorschriften des § 2001 hinzuweisen[1*]. Zwingend erforderlich ist die **Unterschrift des Erben**[2*]. Nach einer Entscheidung des Oberlandesgerichts Köln soll allerdings ausreichen, dass der Erbe im Termin zur Aufnahme des Inventars ein von einem Rechtsanwalt erstelltes, nicht unterschriebenes Verzeichnis vorlegt und an Eides statt zu Protokoll erklärt, weitere Angaben nicht machen zu können[3*]. 1

---

[1] OLG Hamm NJW 1962, 53, 54; *Erman/Schlüter* Rn 1; *RGRK/Johannsen* Rn 5; *MünchKommBGB/Siegmann* Rn 1; *Staudinger/Marotzke* Rn 1.
[2] *MünchKommBGB/Siegmann* Rn 4; *Erman/Schlüter* Rn 4; *Palandt/Edenhofer* Rn 1; *Staudinger/Marotzke* Rn 7; *Soergel/Stein* Rn 2.
[3] RGZ 24, 194, 195 zur Rechtslage vor Inkrafttreten des BGB; *Erman/Schlüter* Rn 3; *MünchKommBGB/Siegmann* Rn 2; *Staudinger/Marotzke* Rn 3.
[4] BGHZ 32, 60, 65 = NJW 1960, 959, 962; *Staudinger/Marotzke* Rn 3; *Soergel/Stein* Rn 2; *MünchKommBGB/ Siegmann* Rn 3; *RGRK/Johannsen* Rn 3.
[5] *MünchKommBGB/Siegmann* Rn 2; *RGRK/Johannsen* Rn 4; *Staudinger/Marotzke* Rn 5.
[6] Prot V S 736; *Staudinger/Marotzke* Rn 5; *MünchKommBGB/Siegmann* Rn 2.
[1*] *Staudinger/Marotzke* Rn 1.
[2*] RGZ 77, 245, 247; OLG Hamm NJW 1962, 53; *RGRK/Johannsen* Rn 1; *MünchKommBGB/Siegmann* Rn 2; *Palandt/Edenhofer* Rn 1; *Erman/Schlüter* Rn 1; *Soergel/Stein* Rn 2; aA *Staudinger/Marotzke* Rn 2.
[3*] OLG Köln OLGR 1999, 347 f.

§ 2003 Buch 5. Abschnitt 2. Rechtliche Stellung des Erben

2   **2. Zuständigkeiten.** Die Zuständigkeit der Behörde, des Beamten oder des Notars richtet sich nach Landesrecht (Art 147, 148 EGBGB, § 20 Abs 5 BNotO, § 61 Abs 1 Nr 2 BeurkG)[4]. Ein Verstoß gegen Vorschriften über die sachliche Zuständigkeit führt zur Unwirksamkeit des Inventars;[5] die fehlende örtliche Zuständigkeit schadet hingegen nicht. Für die Mitwirkung bei der Aufnahme des Inventars entsteht die Hälfte der vollen Gebühr nach dem Wert der verzeichneten Gegenstände (§ 52 Abs 1 S 2 und 3 KostO). Für diese Kosten haftet der Erbe nach den Vorschriften über die Nachlassverbindlichkeiten (§ 6 KostO). Das Inventar muss **beim zuständigen Nachlassgericht eingereicht** werden (§ 1993)[6]. Die Zuziehung der Amtsperson reicht – anders als der Antrag nach § 2003 – nicht aus, eine nach § 1994 gesetzte Inventarfrist zu wahren[7]. Der Erbe kann sich vertreten lassen. Die Einreichung darf jedoch nicht ohne oder gegen seinen Willen erfolgt sein[8].

§ 2003 Amtliche Aufnahme des Inventars

(1) [1]Auf Antrag des Erben hat das Nachlassgericht entweder das Inventar selbst aufzunehmen oder die Aufnahme einer zuständigen Behörde oder einem zuständigen Beamten oder Notar zu übertragen. [2]Durch die Stellung des Antrags wird die Inventarfrist gewahrt.

(2) Der Erbe ist verpflichtet, die zur Aufnahme des Inventars erforderliche Auskunft zu erteilen.

(3) Das Inventar ist von der Behörde, dem Beamten oder dem Notar bei dem Nachlassgericht einzureichen.

I. Bedeutung der Norm

1   Der Erbe braucht das Inventar nicht selbst zu errichten, sondern kann beim Nachlassgericht die **amtliche Aufnahme** des Inventars beantragen. Der Antrag wahrt die Inventarfrist (§ 2003 Abs 1 S 2). Der Erbe bleibt lediglich verpflichtet, die für das Inventar erforderlichen Auskünfte unverzüglich zu erteilen (§ 2003 Abs 2, vgl auch § 2005 Abs 1 S 2). Analog § 2063 Abs 1 kommt der Antrag auch **Miterben,** die noch nicht unbeschränkt haften, zugute[1].

II. Verfahren

2   **1. Antrag.** Zuständig für die Entgegennahme des Antrags ist das örtliche zuständige (§ 73 FGG) **Nachlassgericht,** und zwar auch dann, wenn das Landesrecht die Zuständigkeit des Nachlassgerichts zur Aufnahme des Inventars ausschließt (Art 148 EGBGB). Der Erbe ist nicht berechtigt, die zuständige Stelle unmittelbar selbst zu beauftragen[2]. **Antragsbefugt** ist der Erbe, bei mehreren Erben jeder einzelne Miterbe. Der Miterbe kann die amtliche Aufnahme des Inventars auch dann verlangen, wenn ein anderer Miterbe den Nachlass in Besitz genommen hat. Pflichtteilsberechtigte oder Vermächtnisnehmer, die nicht Erben sind, und sonstige Nachlassgläubiger sind nicht antragsberechtigt. Gegen die Ablehnung des Antrags auf amtliche Errichtung des Inventars steht dem Antragsteller die **einfache Beschwerde** gemäß §§ 19 Abs 1, 20 Abs 2 FGG zu.

3   **2. Aufnahme des Inventars.** Das Nachlassgericht hat entweder das Inventar selbst aufzunehmen oder eine zuständige Behörde oder einen zuständigen Beamten oder Notar mit der Aufnahme des Inventars zu beauftragen. Es kann auch ein anderes Nachlassgericht um Rechtshilfe ersuchen. Welche Behörden und Beamten zuständig sind, richtet sich ebenso wie die Zuständigkeit der Notare nach Landesrecht (Art 147 EGBGB, § 20 Abs 5 BNotO, § 61 Abs 1 Nr 2 BeurkG). Die Wirksamkeit des Inventars hängt wie bei § 2002 nur von der sachlichen, nicht auch von der örtlichen Zuständigkeit der amtlichen Stelle ab[3]. Die **Aufnahme** ist Sache der vom Nachlassgericht beauftragten amtlichen Stelle. Wie diese sich die erforderlichen Informationen verschafft, steht in ihrem pflichtgemäßen Ermessen. Der Erbe ist gemäß § 2003 Abs 2 zur Mitwirkung verpflichtet. Er hat ggf Auskunft zu erteilen (§ 260 Abs 1)[4*]. Zwangsmittel stehen dem Nachlassgericht oder der zuständigen amtlichen Stelle nicht zur Verfügung. Verweigert der Erbe die Erteilung der Auskunft oder verzögert er sie absichtlich in erheblichem Maße, tritt gemäß § 2005 Abs 1 S 2 auch, wenn eine Inventarfrist gesetzt worden war[5*], jedoch die unbeschränkte Haftung für die Nachlassverbindlichkeiten ein. **„Errichtet"** ist auch das amtlich aufgenommene Inventar erst, wenn es beim Nachlassgericht eingereicht worden ist (§ 1993)[6*].

---

[4] Einzelheiten bei *Firsching/Graf* Rn 4732; *Keidel/Kuntze/Winkler* § 77 FGG Rn 5; MünchKommBGB/*Siegmann* Rn 3; *Soergel/Stein* § 2003 Rn 3.
[5] RGRK/*Johannsen* Rn 7; MünchKommBGB/ *Siegmann* Rn 3; *Erman/Schlüter* Rn 2; *Staudinger/Marotzke* Rn 3; aA *Soergel/Stein* Rn 3: ausreichend sei, dass die Behörde ihre Zuständigkeit bejaht habe.
[6] OLG Hamm NJW 1962, 53.
[7] MünchKommBGB/*Siegmann* Rn 4; *Palandt/Edenhofer* Rn 3; *Erman/Schlüter* Rn 4; *Soergel/Stein* Rn 3.
[8] OLG Hamm NJW 1962, 53.
[1] *Soergel/Stein* Rn 2; *Staudinger/Marotzke* Rn 6; RGRK/*Johannsen* Rn 5.
[2] RGZ 77, 245, 247; *Soergel/Stein* Rn 1; MünchKommBGB/*Siegmann* Rn 2; RGRK/*Johannsen* Rn 2.
[3] *Staudinger/Marotzke* Rn 8; RGRK/*Johannsen* Rn 4.
[4*] RGRK/*Johannsen* Rn 6; *Staudinger/Marotzke* Rn 9; MünchKommBGB/*Siegmann* Rn 3.
[5*] Prot V S 756; *Erman/Schlüter* § 2005 Rn 2; *Staudinger/Marotzke* § 2005 Rn 7; *Soergel/Stein* Rn 3.
[6*] *Staudinger/Marotzke* Rn 2; *Soergel/Stein* Rn 2.

Die Amtspersonen, die das Inventar aufgenommen haben, sind verpflichtet, das Inventar beim Nachlassgericht einzureichen (Abs 3).

§ 2004 Bezugnahme auf ein vorhandenes Inventar

Befindet sich bei dem Nachlassgericht schon ein den Vorschriften der §§ 2002, 2003 entsprechendes Inventar, so genügt es, wenn der Erbe vor dem Ablauf der Inventarfrist dem Nachlassgericht gegenüber erklärt, dass das Inventar als von ihm eingereicht gelten soll.

1. Bedeutung der Norm. Die **Bezugnahme** auf ein bereits beim Nachlassgericht befindliches Inventar stellt – neben dem vom Erben selbst errichteten (§§ 1993, 2002) und dem amtlich aufgenommenen (§ 2003) Inventar – die dritte Möglichkeit der Inventarerrichtung dar. Das vorhandene Inventar muss entweder den Vorschriften des **§ 2002** oder denjenigen des **§ 2003** entsprechen. Einer Bezugnahme bedarf es nicht, wenn ein von einer anderen Person – einem Miterben, einem Vorerben, einem Erbschaftskäufer oder -verkäufer, einem Vertreter des Erben – errichtetes Inventar kraft Gesetzes auch zugunsten des Erben wirkt (§§ 2063, 2144 Abs 2, 2383 Abs 2). § 2004 betrifft vor allem Inventare und Nachlassverzeichnisse des Nachlassgerichts selbst (§ 1960 Abs 2), des Erben, der die Erbschaft später ausgeschlagen hat, des Erbschaftsbesitzers, des Vertreters ohne Vertretungsmacht, des Geschäftsführers ohne Auftrag, des Nachlassverwalters oder des Nachlassinsolvenzverwalters[1]. 1

2. Verfahren. Die Bezugnahme erfolgt durch **formlose Erklärung** gegenüber dem Nachlassgericht. Die Erklärung muss dem Nachlassgericht dann, wenn eine Inventarfrist gesetzt wurde, innerhalb der Frist zugehen. Der Erbe kann sich eines Vertreters bedienen. Die Vollmachtsurkunde kann nachgereicht werden[2]. Ist das in Bezug genommene Inventar unrichtig und weiß der Erbe davon, begeht er durch die Bezugnahme eine **Inventaruntreue** (§ 2005 Abs 1 S 1). Hält der Erbe das Inventar für richtig, schadet ihm die Bezugnahme nicht[3]. Ihm ist analog § 2005 Abs 2 eine neue Inventarfrist zur Errichtung eines richtigen Inventars zu setzen. 2

§ 2005 Unbeschränkte Haftung des Erben bei Unrichtigkeit des Inventars

(1) ¹Führt der Erbe absichtlich eine erhebliche Unvollständigkeit der im Inventar enthaltenen Angabe der Nachlassgegenstände herbei oder bewirkt er in der Absicht, die Nachlassgläubiger zu benachteiligen, die Aufnahme einer nicht bestehenden Nachlassverbindlichkeit, so haftet er für die Nachlassverbindlichkeiten unbeschränkt. ²Das Gleiche gilt, wenn er im Falle des § 2003 die Erteilung der Auskunft verweigert oder absichtlich in erheblichem Maße verzögert.

(2) Ist die Angabe der Nachlassgegenstände unvollständig, ohne dass ein Fall des Absatzes 1 vorliegt, so kann dem Erben zur Ergänzung eine neue Inventarfrist bestimmt werden.

I. Bedeutung der Norm

Das Inventar erfüllt nur dann seinen Zweck, die Nachlassgläubiger über den Bestand des Nachlasses zu informieren (§ 1993 Rn 2), wenn es **inhaltlich richtig** ist. Auch die amtliche Mitwirkung bei der Aufnahme des Inventars (§ 2002) oder die amtliche Aufnahme des Inventars selbst (§ 2003) können die inhaltliche Richtigkeit des Inventars nicht gewährleisten, wenn die Angaben des Erben nicht zutreffen oder unvollständig sind. Durch die in § 2005 unter bestimmten Voraussetzungen angeordnete unbeschränkte Haftung des Erben bei Inventaruntreue soll der Erbe zu **vollständigen und richtigen Angaben veranlasst** werden. Die beiden Tatbestände des Abs 1 S 1 schützen davor, dass den Gläubigern ein zu geringer Bestand des Nachlasses vorgespiegelt wird. Unrichtige Angaben, die den Nachlass wertvoller erscheinen lassen, als er tatsächlich ist, schaden nicht. Abs 1 S 1 gilt sowohl für das freiwillige als auch für das innerhalb gesetzter Frist erstellte Inventar; Abs 1 S 2 setzt eine Frist voraus. Alle Tatbestände des § 2005 gelten nur für ein Inventar iS der §§ 2002, 2003. 1

II. Verlust des Haftungsbeschränkungsrechts

1. Absichtlich unvollständige Angabe der Nachlassgegenstände. Gemäß **Abs 1 S 1 HS 1** verliert der Erbe sein Haftungsbeschränkungsrecht, wenn er absichtlich eine erhebliche Unvollständigkeit der im Inventar enthaltenen Angabe der Nachlassgegenstände herbeiführt. Diese Vorschrift betrifft nur Nachlassgegenstände (**Aktiva**). Der Erbe muss Nachlassgegenstände in erheblichem Umfang – also von erheblichem Wert – verschweigen. Eine unrichtige Beschreibung der vollständig aufgeführten 2

---

[1] *Staudinger/Marotzke* Rn 7; *MünchKommBGB/ Siegmann* Rn 1; *RGRK/Johannsen* Rn 1.
[2] *Staudinger/Marotzke* Rn 8; *Erman/Schlüter* Rn 3; *MünchKommBGB/Siegmann* Rn 3; *Palandt/Edenhofer* Rn 1; aA *RGRK/Johannsen* Rn 4, weil eine § 1945 Abs 2 S 2 entsprechende Vorschrift fehle; vgl auch *Soergel/Stein* Rn 3: die Vollmacht müsse innerhalb der Inventarfrist nachgereicht werden.
[3] *Palandt/Edenhofer* Rn 1; *Soergel/Stein* Rn 5; *Staudinger/Marotzke* Rn 9; *MünchKommBGB/Siegmann* Rn 3; *Soergel/Stein* § 2005 Rn 5; aA *RGRK/Johannsen* Rn 5: der Erbe, der innerhalb ihm gesetzter Frist ein Inventar durch Bezugnahme errichte, handele auf eigene Gefahr; nach Fristablauf hafte er unbeschränkt.

Nachlassgegenstände, unrichtige Wertangaben (vgl § 2001 Abs 2) oder die Nennung tatsächlich nicht vorhandener Nachlassgegenstände erfüllen den Tatbestand der Inventaruntreue nicht. Subjektiv muss der Erbe nicht nur vorsätzlich, sondern „absichtlich" gehandelt haben, also mit den unrichtigen Angaben einen über das Inventar hinausgehenden Zweck – Schädigung von Nachlassgläubigern, Täuschung der Steuerbehörden, Benachteiligung eines Miterben – verfolgt haben[1].

3   **2. Aufnahme nicht bestehender Nachlassverbindlichkeiten. Abs 1 S 1 HS 2** betrifft demgegenüber die Aufnahme einer tatsächlich nicht bestehenden Nachlassverbindlichkeit. Auf die Nachlassverbindlichkeiten **(Passiva)** bezieht sich die Vermutung der Vollständigkeit und Richtigkeit des Inventars im Verhältnis zu den Nachlassgläubigern (§ 2009) nicht. Die Aufnahme tatsächlich nicht bestehender Nachlassverbindlichkeiten ist jedoch geeignet, den Nachlassgläubigern eine Überschuldung des Nachlasses vorzuspiegeln und sie hierdurch etwa zum Abschluss eines für sie nachteiligen Vergleichs zu bewegen[2]. Der Erbe muss in der Absicht gehandelt haben, die Gläubiger zu benachteiligen. Führt der Erbe nicht alle Nachlassverbindlichkeiten auf, verliert er das Haftungsbeschränkungsrecht nicht[3].

4   **3. Inventar durch Bezugnahme.** Beide Tatbestände des Abs 1 S 1 gelten auch, wenn der Erbe das Inventar gemäß § 2004 durch Bezugnahme auf ein bereits vorhandenes, in der beschriebenen Weise unrichtiges Inventar errichtet und dabei in der in § 2005 Abs 1 vorausgesetzten Absicht handelt[4].

5   **4. Verweigerung und Verzögerung der Auskunft.** Gemäß **Abs 1 S 2** verliert der Erbe sein Haftungsbeschränkungsrecht, wenn er die **amtliche Aufnahme** des Inventars gemäß § 2003 beantragt hat und die Erteilung der erforderlichen Auskunft (§ 2003 Abs 2) verweigert oder absichtlich in erheblichem Maße verzögert. Abs 1 S 2 setzt voraus, dass dem Erben gemäß § 1994 Abs 1 eine Inventarfrist gesetzt worden ist[5]. Der Antrag auf amtliche Aufnahme des Inventars gemäß § 2003 Abs 1 wahrte die Inventarfrist zunächst (§ 2003 Abs 1 S 2). Dadurch, dass er die erforderlichen Auskünfte nicht oder nur zögerlich erteilt, könnte der Erbe die Errichtung des Inventars verhindern oder erschweren; in einem solchen Falle soll er so behandelt werden, als wenn er die Errichtung des Inventars innerhalb der gesetzten Frist unterlassen hätte[6]. Die Auskunftsverweigerung muss sich auf solche Punkte beziehen, die bei Errichtung des Inventars durch den Erben selbst gemäß Abs 1 S 1 zur unbeschränkten Haftung geführt hätte (Verschweigen wesentlicher zum Nachlass gehörender Gegenstände, Vorspiegeln einer nicht vorhandenen Verbindlichkeit)[7]. Die unbeschränkte Haftung tritt nicht ein, wenn das Inventar auf Grund der Angaben Dritter – etwa anderer Erben – ohne größere Verzögerungen vollständig errichtet werden konnte[8]. Wurde das Inventar wegen unzureichender Mitwirkung des Erben unvollständig errichtet, kann – bei entsprechender Absicht des Erben – auch ein Fall des Abs 1 S 1 gegeben sein[9].

6   **5. Haftung für Vertreter.** Der Erbe haftet für das Verschulden seines gesetzlichen Vertreters oder seines Bevollmächtigten gemäß § 278[10]. Inventarverfehlungen solcher Personen, deren Inventar dem Erben gemäß §§ 2008 Abs 1 S 3, 2063 Abs 1, 2144 Abs 2, 2383 Abs 2 ohne Bezugnahme (§ 2004) zustatten kommt, wirken nicht zum Nachteil des Erben (§ 2004 Rn 2). Nach verbreiteter Ansicht soll ein ungetreu errichtetes Inventar nicht geeignet sein, die Inventarfrist zu wahren, so dass der Erbe, der im Vertrauen auf ein bereits errichtetes Inventar eine ihm gesetzte Frist verstreichen lässt, gemäß § 1994 Abs 1 S 2 unbeschränkt haftet[11]. Der Erbe, der sich gutgläubig auf ein von einem Dritten errichtetes Inventar verlässt, stünde damit jedoch schlechter als der Erbe, der unvorsätzlich falsche Angaben gemacht hat. Ihm ist daher zunächst analog § 2005 Abs 2 eine Frist zur Berichtigung des vorhandenen Inventars zu setzen, bevor die unbeschränkte Haftung eintritt[12].

7   **6. Eintritt der unbeschränkten Haftung.** Rechtsfolge einer Inventaruntreue ist die unbeschränkte Haftung des Erben gegenüber allen Nachlassgläubigern[13]. Im Prozess trägt der Gläubiger die **Beweislast** für die Voraussetzungen der unbeschränkten Haftung nach § 2005 Abs 1[14]. Eine Klage auf Feststellung der unbeschränkten Erbenhaftung ist nach § 256 ZPO möglich[15].

---

[1] *Staudinger/Marotzke* Rn 4; *Erman/Schlüter* Rn 3; RGRK/*Johannsen* Rn 4; *Soergel/Stein* Rn 3.
[2] Prot V S 739; RGRK/*Johannsen* Rn 5; *Staudinger/Marotzke* Rn 5; *Soergel/Stein* Rn 2.
[3] *Staudinger/Marotzke* Rn 5; *Erman/Schlüter* Rn 2; RGRK/*Johannsen* Rn 5.
[4] *Erman/Schlüter* Rn 2; *Soergel/Stein* Rn 5.
[5] RGRK/*Johannsen* Rn 7; *Staudinger/Marotzke* Rn 7; *Soergel/Stein* Rn 6; MünchKommBGB/*Siegmann* Rn 2; *Erman/Schlüter* Rn 2.
[6] Prot V S 756; RGRK/*Johannsen* Rn 7; *Staudinger/Marotzke* Rn 7.
[7] *Staudinger/Marotzke* Rn 6.
[8] MünchKommBGB/*Siegmann* Rn 2; *Staudinger/Marotzke* Rn 7; *Soergel/Stein* Rn 6.
[9] *Erman/Schlüter* Rn 2; RGRK/*Johannsen* Rn 7; *Staudinger/Marotzke* Rn 8.
[10] RGRK/*Johannsen* Rn 8; *Erman/Schlüter* Rn 5; *Palandt/Edenhofer* Rn 1; einschränkend *Staudinger/Marotzke* Rn 10: Inventarverfehlungen des Nachlasspflegers, -verwalters oder -insolvenzverwalters könnten nicht zum Nachteil des Erben wirken.
[11] RGRK/*Johannsen* Rn 8; *Erman/Schlüter* Rn 5; MünchKommBGB/*Siegmann* Rn 3; aA *Soergel/Stein* Rn 5; *Staudinger/Marotzke* § 2063 Rn 4, 9.
[12] *Soergel/Stein* Rn 5; *Staudinger/Marotzke* § 2063 Rn 9.
[13] RGRK/*Johannsen* Rn 9; *Erman/Schlüter* Rn 1; *Soergel/Stein* Rn 1.
[14] RGRK/*Johannsen* Rn 14; *Staudinger/Marotzke* Rn 20; *Baumgärtel/Schmitz* Rn 1.
[15] RGRK/*Johannsen* Rn 14; *Staudinger/Marotzke* Rn 20.

III. Ergänzung eines unvollständigen Inventars

Die Errichtung eines Inventars nach Ablauf der Inventarfrist oder die nachträgliche Berichtigung eines ungetreu errichteten Inventars heben die einmal eingetretene unbeschränkte Erbenhaftung nicht mehr auf[16]. Ist das Inventar unvollständig, ohne dass die Voraussetzungen des § 2005 Abs 1 erfüllt sind, kann dem Erben eine neue (oder im Falle eines unrichtigen freiwilligen Inventars eine erste) **Inventarfrist** zur Vervollständigung seiner bisherigen Angaben gesetzt werden (Abs 2). Die Frist wird nur auf Antrag eines Nachlassgläubigers gesetzt[17]. Für sie gelten die allgemeinen Vorschriften der §§ 1994 ff. Sie kann auch einem Erben gesetzt werden, dem das von einem anderen Erben errichtete Inventar zugute gekommen ist (vgl § 2063 Abs 1). Versäumt der Erbe die Frist, haftet er gemäß § 1994 Abs 1 S 2 unbeschränkt. Inventaruntreue nach § 2005 Abs 1 S 1 oder 2 führt ebenfalls zur unbeschränkten Haftung. Gegen die Entscheidung des Nachlassgerichts findet die **sofortige Beschwerde** statt (§ 77 Abs 2 FGG). Feststellungen des Nachlassgerichts dazu, ob Inventaruntreue vorlag oder nicht, binden das Prozessgericht nicht[18].

§ 2006 Eidesstattliche Versicherung

(1) Der Erbe hat auf Verlangen eines Nachlassgläubigers zu Protokoll des Nachlassgerichts an Eides statt zu versichern, dass er nach bestem Wissen die Nachlassgegenstände so vollständig angegeben habe, als er dazu imstande sei.

(2) Der Erbe kann vor der Abgabe der eidesstattlichen Versicherung das Inventar vervollständigen.

(3) ¹Verweigert der Erbe die Abgabe der eidesstattlichen Versicherung, so haftet er dem Gläubiger, der den Antrag gestellt hat, unbeschränkt. ²Das Gleiche gilt, wenn er weder in dem Termin noch in einem auf Antrag des Gläubigers bestimmten neuen Termin erscheint, es sei denn, dass ein Grund vorliegt, durch den das Nichterscheinen in diesem Termin genügend entschuldigt wird.

(4) Eine wiederholte Abgabe der eidesstattlichen Versicherung kann derselbe Gläubiger oder ein anderer Gläubiger nur verlangen, wenn Grund zu der Annahme besteht, dass dem Erben nach der Abgabe der eidesstattlichen Versicherung weitere Nachlassgegenstände bekannt geworden sind.

I. Bedeutung der Norm

Das Recht der Nachlassgläubiger, vom Erben die Bekräftigung des Inventars durch eidesstattliche Versicherung zu verlangen, dient ebenfalls dazu, die Vollständigkeit und Richtigkeit des Inventars zu gewährleisten. Etwaige materiellrechtliche Auskunftsansprüche (§§ 1991, 1978, 666, 260) müssten im Klageweg verfolgt werden. Ein Anspruch auf eidesstattliche Versicherung nach § 260 Abs 2 setzt überdies einen Grund für die Annahme voraus, dass das Verzeichnis nicht mit der erforderlichen Sorgfalt erstellt worden ist. § 2006 lässt demgegenüber den Antrag des Nachlassgläubigers an das Nachlassgericht ausreichen. Erzwingen kann der Gläubiger die eidesstattliche Versicherung – anders als im Falle des § 260 Abs 2 – zwar nicht[1]. Verweigert der Erbe die eidesstattliche Versicherung, haftet er dem Gläubiger jedoch unbeschränkt (Abs 3).

II. Voraussetzungen und Verfahren

1. Voraussetzungen der Pflicht zur Abgabe der eidesstattlichen Versicherung. a) Inventarerrichtung durch den Erben selbst. Der Erbe muss ein **Inventar** selbst, durch amtliche Aufnahme oder durch Bezugnahme errichtet haben. Dass dem Erben das von einem Dritten errichtete Inventar kraft Gesetzes zugute kommt, reicht nicht aus (§ 2063 Rn 2)[2].

b) Antrag eines Nachlassgläubigers. Außerdem muss der Antrag eines Nachlassgläubigers vorliegen. Es muss sich nicht um denjenigen Gläubiger handeln, der die Inventarfrist nach § 1994 beantragt hatte. Auch ein nach §§ 1973, 1974 ausgeschlossener Nachlassgläubiger kann die eidesstattliche Versicherung verlangen[3], ebenso ein Pflichtteilsberechtigter. Ein Miterbe ist nicht antragsberechtigt[4]; denn er kann sich selbst über den Bestand des Nachlasses zu unterrichten (§ 2063 Rn 4). Gegenüber einem Miterben kann sich der Erbe überdies auch dann noch auf die Beschränkung seiner Haftung berufen, wenn er den anderen Nachlassgläubigern gegenüber unbeschränkt haftet (§ 2063 Abs 2). Ebenfalls nicht antragsberechtigt sind Nachlassverwalter und Nachlassinsolvenzverwalter[5].

---

[16] RGRK/*Johannsen* Rn 13; *Staudinger/Marotzke* Rn 19; *Palandt/Edenhofer* Rn 4.
[17] *Staudinger/Marotzke* Rn 14; RGRK/*Johannsen* Rn 11; *Soergel/Stein* Rn 7; *Palandt/Edenhofer* Rn 5.
[18] RGRK/*Johannsen* Rn 14; *Staudinger/Marotzke* Rn 20.
[1] RGZ 129, 239, 241; RGRK/*Johannsen* Rn 1; *Staudinger/Marotzke* Rn 2; MünchKommBGB/*Siegmann* Rn 1.
[2] AA *Staudinger/Marotzke* Rn 3.
[3] *Staudinger/Marotzke* Rn 5; *Soergel/Stein* Rn 2; *Erman/Schlüter* Rn 3; RGRK/*Johannsen* Rn 4; *Palandt/Edenhofer* Rn 2.
[4] AA *Staudinger/Marotzke* Rn 5; *Soergel/Stein* Rn 2.
[5] *Staudinger/Marotzke* Rn 5.

§ 2006 Buch 5. Abschnitt 2. Rechtliche Stellung des Erben

4   c) **Abs 4.** Ein **wiederholter Antrag** ist dann, wenn der Erbe die eidesstattliche Versicherung abgegeben hat, nur zulässig, wenn Grund zu der Annahme besteht, dass dem Erben nach Abgabe der eidesstattlichen Versicherung weitere Nachlassgegenstände bekannt geworden sind (Abs 4). Hat der Erbe die eidesstattliche Versicherung verweigert, können andere Nachlassgläubiger ohne weitere Voraussetzungen seine erneute Ladung veranlassen[6].

5   d) **Nachlassverwaltung und Nachlassinsolvenz.** Während laufender **Nachlassverwaltung** kann die eidesstattliche Versicherung nicht verlangt werden (vgl § 2000 S 1 und 2)[7]. Im **Nachlassinsolvenzverfahren** kann das Insolvenzgericht dem Erben auf Antrag des Insolvenzverwalters aufgeben, die Vollständigkeit der Vermögensübersicht eidesstattlich zu versichern (§ 153 Abs 2 InsO). Die Verweigerung dieser eidesstattlichen Versicherung hat einen Verlust des Haftungsbeschränkungsrechts nicht zur Folge[8].

6   **2. Verfahren. a) Verfahren des Nachlassgerichts.** Zuständig ist das Nachlassgericht. Terminsbestimmung kann sowohl von dem Nachlassgläubiger, der den Antrag gestellt hatte, als auch von dem betroffenen Erben beantragt werden (§ 79 S 1 FGG). Zu dem Termin sind beide Teile zu laden; die Anwesenheit des Gläubigers ist nicht erforderlich (§ 79 S 2 und 3 FGG). Für die Eidesleistung gelten die §§ 478 bis 480 und 483 ZPO entspr (§ 79 S 4 FGG). Der Gläubiger hat seine Forderung spätestens im Termin zur Abgabe der eidesstattlichen Versicherung glaubhaft zu machen (vgl § 1994 Abs 2 S 1). Die übrigen Voraussetzungen des § 2006, insbes die Erbenstellung des Antragsgegners, hat das Nachlassgericht von Amts wegen zu ermitteln (§ 12 FGG).

7   b) **Rechtsmittel.** Gegen die Terminsbestimmung ist kein Rechtsmittel gegeben[9]. Gegen eine die Terminsbestimmung oder die Entgegennahme der eidesstattlichen Versicherung ablehnende Entscheidung findet die Beschwerde nach §§ 19, 20 FGG statt[10].

8   c) **Einsicht in das Protokoll.** Gemäß § 78 Abs 1 und 2 FGG kann jeder, der ein berechtigtes Interesse glaubhaft macht, Einsicht in das Protokoll sowie Erteilung einer beglaubigten Abschrift des Protokolls verlangen.

9   d) **Kosten.** Die Kosten (§ 124 KostO) trägt gemäß § 2 Nr 1 KostO der Antragsteller (vgl auch § 261 Abs 3).

10 **3. Inhalt der eidesstattlichen Versicherung.** Ihrem Inhalt nach geht die eidesstattliche Versicherung gemäß Abs 1 dahin, dass der Erbe „nach bestem Wissen die Nachlassgegenstände so vollständig angegeben habe, als er dazu imstande sei". Hat der Erbe das Inventar gemäß § 2004 durch Bezugnahme errichtet, muss die Formulierung entspr angepasst werden. Wie bei § 2005 Abs 2 und entspr der Reichweite der Vermutung des § 2009 bezieht sie sich nur auf die vollständige Angabe der **Nachlassgegenstände,** nicht auf Wertangaben oder Beschreibungen und nicht auf die Nachlassverbindlichkeiten. Der Erbe ist gemäß Abs 2 berechtigt, das Inventar vor Abgabe der eidesstattlichen Versicherung von sich aus zu vervollständigen. Haftet er zu diesem Zeitpunkt bereits unbeschränkt, ändert die Berichtigung des Inventars daran nichts mehr (§ 2005 Rn 8)[11]. Von Bedeutung ist die Berichtigung nur noch für die Frage der Strafbarkeit (vgl §§ 156, 158 StGB).

III. Folgen der Verweigerung der eidesstattlichen Versicherung

11 Die Verweigerung der eidesstattlichen Versicherung führt zur **unbeschränkten Haftung des Erben** gegenüber demjenigen Gläubiger, der **die Eidesleistung verlangt** hatte (Abs 3 S 1). Die Weigerung kann schriftlich oder zu Protokoll des Nachlassgerichts, aber auch unmittelbar gegenüber dem Gläubiger erklärt werden[12]. Einer Weigerung steht es gleich, wenn der Erbe weder in dem Termin noch in einem auf Antrag des Gläubigers bestimmten neuen Termin erscheint, es sei denn, dass der Erbe sein Ausbleiben genügend entschuldigt (Abs 3 S 2). In diesem Fall ist neuer Termin anzuberaumen. Das Prozessgericht ist an die Entscheidung des Nachlassgerichts, das den neuen Termin anberaumt hat, nicht gebunden[13]. Die unbeschränkte Haftung betrifft nur diejenige Forderung, die der Gläubiger in seinem Antrag angegeben hatte[14]. Die Verweigerung der eidesstattlichen Versicherung hat zur Folge, dass dem Inventar gegenüber demjenigen Gläubiger, der den Antrag gestellt hatte, die Vermutungswirkung des § 2009 (dort Rn 3) nicht zukommt[15].

---

[6] RGRK/*Johannsen* Rn 14; *Palandt/Edenhofer* Rn 5; *Erman/Schlüter* Rn 5; *Staudinger/Marotzke* Rn 20.
[7] *Palandt/Edenhofer* Rn 1; RGRK/*Johannsen* Rn 3; aA *Staudinger/Marotzke* Rn 8 und § 2000 Rn 9; diff *Soergel/Stein* Rn 3 und § 2000 Rn 3: hinsichtlich eines freiwillig errichteten Inventars könne die eidesstattliche Versicherung verlangt werden, hinsichtlich des nach Fristsetzung errichteten Inventars nicht.
[8] *Staudinger/Marotzke* § 2000 Rn 10.
[9] *Keidel/Kuntze/Winkler* § 79 Rn 8; MünchKommBGB/*Siegmann* Rn 4.
[10] *Staudinger/Marotzke* Rn 9; *Keidel/Kuntze/Winkler* § 79 Rn 8.
[11] RGRK/*Johannsen* Rn 10.
[12] MünchKommBGB/*Siegmann* Rn 6.
[13] OLG Rostock OLGRspr 4, 118; OLG Hamm FamRZ 1995, 698, 699; RGRK/*Johannsen* Rn 15; *Staudinger/Marotzke* Rn 21; *Soergel/Stein* Rn 7; aA MünchKommBGB/*Siegmann* Rn 6; *Erman/Schlüter* Rn 6; *Palandt/Edenhofer* Rn 3.
[14] *Staudinger/Marotzke* Rn 18; *Erman/Schlüter* Rn 5; MünchKommBGB/*Siegmann* Rn 6; *Palandt/Edenhofer* Rn 5; RGRK/*Johannsen* Rn 13; vgl auch Prot V S 758; aA *Soergel/Stein* Rn 6: unbeschränkte Haftung für alle Forderungen des Gläubigers, der die eidesstattliche Versicherung verlangt hatte.
[15] *Staudinger/Marotzke* Rn 17; aA *Soergel/Stein* Rn 6: dem Inventar komme insgesamt keine Vermutungswirkung mehr zu.

§ 2007 Haftung bei mehreren Erbteilen

¹Ist ein Erbe zu mehreren Erbteilen berufen, so bestimmt sich seine Haftung für die Nachlassverbindlichkeiten in Ansehung eines jeden der Erbteile so, wie wenn die Erbteile verschiedenen Erben gehörten. ²In den Fällen der Anwachsung und des § 1935 gilt dies nur dann, wenn die Erbteile verschieden beschwert sind.

I. Berufung zu mehreren Erbteilen (S 1)

1. Bedeutung der Norm. Die Berufung zu mehreren Erbteilen kann auf verschiedenen Berufungsgründen (vgl §§ 1927, 1934, 1951), der testamentarischen Anordnung des Erblassers oder auf rechtsgeschäftlichem Erwerb eines weiteren Erbteils nach §§ 2033 ff beruhen[1]. Die Erbteile werden hinsichtlich der Haftung so behandelt, als gehörten sie verschiedenen Erben. Haftet der Erbe wegen einer Inventarverfehlung unbeschränkt und erwirbt er nach Eintritt der unbeschränkten Haftung einen weiteren Erbteil, so gilt die unbeschränkte Haftung hinsichtlich des nachträglich erworbenen Erbteils nicht[2]. Obwohl § 2007 unter den Vorschriften steht, die das Inventar betreffen, gilt er für **alle Fälle unbeschränkter Haftung**. 1

2. Anwendungsbereich. Dem Wortlaut nach erschöpft sich der Anwendungsbereich der Vorschrift auf **Fälle des § 2059 Abs 1**. Bis zur Teilung des Nachlasses kann jeder Miterbe die Berichtigung von Nachlassverbindlichkeiten aus seinem Privatvermögen ablehnen. Haftet er bereits unbeschränkt, steht ihm dieses Recht in Ansehung des seinem Erbteil entsprechenden Teiles der Verbindlichkeit nicht zu. Dieser Teil ist nach demjenigen Erbteil zu berechnen, hinsichtlich dessen die unbeschränkte Haftung eingetreten ist; iÜ kann der Erbe nach wie vor den Zugriff auf sein Privatvermögen verhindern[3]. Auf den zu mehreren Erbteilen berufenen **alleinigen Erben** ist § 2059 Abs 1 nach herrschender Meinung **analog** anwendbar. Der Erbe hat die Möglichkeit der Haftungsbeschränkung hinsichtlich derjenigen Erbteile, für die die unbeschränkte Haftung nicht eingetreten ist. Da eine „Teilung" des Nachlasses (§ 2059 Abs 1 S 1) bei nur einem Erben nicht Betracht kommt, soll die Beschränkungsmöglichkeit fortbestehen, solange sie nicht aus anderen Gründen entfällt[4]. 2

II. Anwachsung und Erhöhung (S 2)

§ 2007 erfasst auch die „unechten" Fälle der Berufung zu mehreren Erbteilen, nämlich die Fälle der Anwachsung gemäß §§ 2094, 2095 nach Wegfall eines eingesetzten Erben und der Erhöhung gemäß § 1935 nach Wegfall eines gesetzlichen Erben. Die Haftungsbeschränkung hinsichtlich der Anwachsung oder der Erhöhung des Anteils kann dann, wenn der Erbe mit seinem ursprünglichen Anteil bereits unbeschränkt haftet, **nur gegenüber Vermächtnisnehmern und Auflagenberechtigten** herbeigeführt werden, und zwar nur dann, wenn der ursprüngliche Erbteil einerseits, die Erhöhung oder Anwachsung andererseits unterschiedlich mit Vermächtnissen oder Auflagen beschwert ist. Anderen Nachlassgläubigern gegenüber gilt die Erhöhung oder Anwachsung nicht als besonderer Erbteil[5]. 3

§ 2008 Inventar für eine zum Gesamtgut gehörende Erbschaft

(1) ¹Ist ein in Gütergemeinschaft lebender Ehegatte Erbe und gehört die Erbschaft zum Gesamtgut, so ist die Bestimmung der Inventarfrist nur wirksam, wenn sie auch dem anderen Ehegatten gegenüber erfolgt, sofern dieser das Gesamtgut allein oder mit seinem Ehegatten gemeinschaftlich verwaltet. ²Solange die Frist diesem gegenüber nicht verstrichen ist, endet sie auch nicht dem Ehegatten gegenüber, der Erbe ist. ³Die Errichtung des Inventars durch den anderen Ehegatten kommt dem Ehegatten, der Erbe ist, zustatten.

(2) Die Vorschriften des Absatzes 1 gelten auch nach der Beendigung der Gütergemeinschaft.

I. Bedeutung der Norm

Leben Ehegatten im **Güterstand der Gütergemeinschaft,** kann eine Erbschaft, die einem der beiden anfällt, in das Gesamtgut fallen (vgl etwa § 1418 Abs 1 Nr 2). In diesem Fall sind die Nachlassverbindlichkeiten Gesamtgutsverbindlichkeiten (Umkehrschluss aus §§ 1439, 1461 Abs 1). Der verwaltende Ehegatte haftet für Verbindlichkeiten des anderen Ehegatten, die Gesamtgutsverbindlichkeiten sind, auch persönlich als Gesamtschuldner (§ 1437 Abs 2 S 1). Bei gemeinschaftlicher Verwaltung 1

---

[1] Erman/Schlüter Rn 1.
[2] RGRK/Johannsen Rn 3; Staudinger/Marotzke Rn 12 f.
[3] RGRK/Johannsen Rn 5; Palandt/Edenhofer Rn 1; MünchKommBGB/Siegmann Rn 2; Staudinger/Marotzke Rn 5.
[4] RGRK/Johannsen Rn 5; Soergel/Stein Rn 2; MünchKommBGB/Siegmann Rn 2; Erman/Schlüter Rn 1; Palandt/Edenhofer Rn 1; aA mit beachtlichen Gründen Staudinger/Marotzke Rn 2 ff, der dem Erben nur die Möglichkeit der Haftungsbeschränkung durch Nachlassverwaltung oder Nachlassinsolvenzverfahren erhalten will.
[5] RGRK/Johannsen Rn 7; Palandt/Edenhofer Rn 2; Soergel/Stein Rn 3; Erman/Schlüter Rn 1; MünchKommBGB/Siegmann Rn 3; vgl auch Staudinger/Marotzke Rn 17, 15, demzufolge die Vorschrift des S 2 besagt, dass der Erbe für die Erfüllung von Vermächtnissen und Auflagen nur mit demjenigen Erbteil haftet, der mit dem Vermächtnis oder der Auflage beschwert ist.

Ilse Lohmann

haften beide Ehegatten für Gesamtgutsverbindlichkeiten persönlich als Gesamtschuldner (§ 1459 Abs 2). § 2008 schützt den Ehegatten, der nicht Erbe ist, davor, für Inventarverfehlungen des anderen Ehegatten einstehen zu müssen. Die Inventarfrist (§ 1994 Abs 1) ist darum nur wirksam, wenn sie beiden Ehegatten bestimmt wird; sie endet auch für den Erben erst, wenn sie für den anderen Ehegatten verstrichen ist. Das vom anderen Ehegatten errichtete Inventar kommt auch dem Erben zugute. Die Vorschrift gilt **nicht** für Ehegatten, die in einem anderen Güterstand leben. Sie gilt auch dann nicht, wenn die Ehegatten im Güterstand der Gütergemeinschaft leben, die Erbschaft aber zum Sonder- oder zum Vorbehaltsgut eines der Ehegatten gehört (vgl §§ 1417, 1418 Abs 2 Nr 2). Nicht anwendbar ist sie schließlich, wenn die Ehegatten im Güterstand der Gütergemeinschaft leben und die Erbschaft zum Gesamtgut gehört, der Ehegatte, der nicht Erbe ist, das Gesamtgut jedoch nicht verwaltet (also für Gesamtgutsverbindlichkeiten auch nicht persönlich haftet). In diesen Fällen ist die Inventarfrist allein dem Erben zu setzen. Ob die Erbschaft vor oder nach Begründung der Gütergemeinschaft angefallen ist, ist unerheblich.

II. Inventarerrichtung

2 1. **Inventarerrichtung. a) Inventarrecht und -verpflichtung.** Beide Ehegatten sind **berechtigt,** ohne Mitwirkung des anderen ein Inventar über eine jedem von beiden angefallene Erbschaft zu errichten, die nicht in das Sonder- oder Vorbehaltsgut des anderen fällt (§ 1455 Nr 3). Eine **Inventarfrist** (§ 1994 Abs 1) kann nur beiden Ehegatten gesetzt werden. Die Anordnungsverfügung ist beiden Ehegatten zuzustellen (§ 16 Abs 2 FGG). Die Frist läuft für jeden der Ehegatten gesondert. Solange die dem Ehegatten, der nicht Erbe ist, gesetzte Frist nicht verstrichen ist, endet die dem Erben gesetzte Frist jedoch ebenfalls nicht (Abs 1 S 2). Die dem Erben gesetzte Frist läuft mindestens so lange, wie sie dem anderen Ehegatten gegenüber läuft. Die Inventarfrist wird durch ein vom Erben oder vom Ehegatten des Erben innerhalb der dem Erben gesetzten Frist errichtetes Inventar gewahrt (Abs 1 S 3).

3 b) **Inventarverfehlung.** Jeder Ehegatte kann die vom anderen begangene Inventarverfehlung (Fristversäumnis oder Inventaruntreue) durch ein fristgerechtes und richtiges Inventar abwenden. **Inventaruntreue** mit der Haftungsfolge des § 2005 Abs 1 kommt dann in Betracht, wenn beide Ehegatten das Inventar ungetreu errichten oder der Erbe das Inventar ungetreu errichtet, während der andere Ehegatte untätig bleibt[1]. Eine Inventaruntreue des Ehegatten schadet dem Erben nicht[2]. Hat der Ehegatte das Inventar ungetreu errichtet, ist dem Erben analog § 2005 Abs 2 eine Frist zur Vervollständigung des Inventars zu setzen, bevor die unbeschränkte Haftung eingreift (§ 2005 Rn 6)[3].

4 c) **Eidesstattliche Versicherung.** Zur Abgabe der eidesstattlichen Versicherung (§ 2006) sind beide Ehegatten zu laden[4]. Die von einem Ehegatten abgegebene eidesstattliche Versicherung kommt auch dem anderen Ehegatten zugute[5].

5 2. **Haftungsbeschränkung.** Unabhängig von den Regelungen des § 2008 stehen sowohl dem Erben als auch dem Ehegatten, der das Gesamtgut allein oder mit dem anderen zusammen verwaltet, die allgemeinen Mittel zur Beschränkung der Haftung auf den Nachlass zur Verfügung. Beide Ehegatten sind berechtigt, ohne Mitwirkung des anderen ein Inventar über eine jedem von beiden angefallene Erbschaft zu errichten, die nicht in das Sonder- oder Vorbehaltsgut des anderen fällt (§ 1455 Nr 3). Beide können ohne Mitwirkung des anderen **Nachlassverwaltung**[6] oder die Eröffnung des **Nachlassinsolvenzverfahrens** beantragen (§ 318 Abs 1 InsO); allerdings muss in diesem Fall der Eröffnungsgrund glaubhaft gemacht werden (§ 318 Abs 2 InsO). Beide Ehegatten können unabhängig voneinander das **Aufgebot der Nachlassgläubiger** beantragen; der von einem Ehegatten gestellte Antrag und das von ihm erwirkte Ausschlussurteil kommt auch dem anderen Ehegatten zugute (§ 999 ZPO). Beide Ehegatten können schließlich die Erschöpfungs-, die Unzulänglichkeits- und die Überschwerungseinrede der §§ 1989 bis 1992 sowie die aufschiebenden **Einreden** der §§ 2014, 2015 erheben[7]. Ein **Verzicht** eines Ehegatten auf die beschränkte Erbenhaftung wirkt nur mit Zustimmung des anderen Ehegatten für das Gesamtgut (§§ 1438, 1460). Die **Ausschlagung der Erbschaft** ist dem Erben vorbehalten (§§ 1432 Abs 1 S 1, 1455 Nr 1).

---

[1] RGRK/*Johannsen* Rn 12; *Erman/Schlüter* Rn 3; *Stein/Soergel* Rn 6; *Staudinger/Marotzke* Rn 24 ff.
[2] *Staudinger/Marotzke* Rn 27.
[3] *Staudinger/Marotzke* Rn 27; aA wohl *Erman/Schlüter* Rn 4; RGRK/*Johannsen* Rn 12: Der Erbe müsse das Inventar innerhalb der Inventarfrist berichtigen; nach *Soergel/Stein* Rn 6 gilt § 2005 Abs 2 analog dann, wenn der Erbe gutgläubig gemäß § 2004 Bezug genommen hat, nicht jedoch, wenn er untätig geblieben ist.
[4] RGRK/*Johannsen* Rn 13; *Staudinger/Marotzke* Rn 29; *Palandt/Edenhofer* Rn 4; MünchKommBGB/*Siegmann* Rn 3; aA *Erman/Schlüter* Rn 5: zur Abgabe der Versicherung an Eides statt sei nur derjenige verpflichtet, der das Inventar errichtet habe; ähnlich *Soergel/Stein* Rn 7: beide Ehegatten seien zu laden; verpflichtet sei nur derjenige, der das Inventar errichtet habe.
[5] *Staudinger/Marotzke* Rn 29; RGRK/*Johannsen* Rn 13; *Erman/Schlüter* Rn 5; *Palandt/Edenhofer* Rn 4; MünchKommBGB/*Siegmann* Rn 3.
[6] *Erman/Schlüter* Rn 2; MünchKommBGB/*Siegmann* Rn 5; *Soergel/Stein* Rn 10.
[7] *Erman/Schlüter* Rn 2; *Palandt/Edenhofer* Rn 3; *Staudinger/Marotzke* Rn 5.

3. **Fortgeltung nach Beendigung der Gütergemeinschaft (Abs 2).** Die Gütergemeinschaft 6
endet durch Aufhebung (§§ 1447 ff, 1469 f), durch Auflösung der Ehe durch den Tod eines
Ehegatten (§ 1482) oder durch Beendigung der fortgesetzten Gütergemeinschaft (§§ 1492 ff). Bis zur
Auseinandersetzung bleibt der Ehegatte zur (Mit-)Verwaltung berechtigt und verpflichtet (§ 1472
Abs 1). Insbes bleibt er berechtigt, ein Inventar über eine dem anderen Ehegatten angefallene
Erbschaft zu errichten (§§ 1472 Abs 1, 1450, 155 Nr 3). Bis zur Auseinandersetzung[8] gelten die
Regelungen des § 2008 daher fort. Entsprechende Regelungen enthalten § 318 Abs 1 S 3 InsO,
§ 999 S 2 ZPO.

§ 2009 Wirkung der Inventarerrichtung

Ist das Inventar rechtzeitig errichtet worden, so wird im Verhältnis zwischen dem Erben und den Nachlassgläubigern vermutet, dass zur Zeit des Erbfalls weitere Nachlassgegenstände als die angegebenen nicht vorhanden gewesen seien.

I. Bedeutung der Norm

Die **gesetzliche Vermutung der Vollständigkeit des rechtzeitig errichteten Inventars** soll 1
Streitigkeiten vorbeugen und dem Erben Veranlassung geben, möglichst bald ein Inventar zu
errichten[1]. Will der Erbe seine Haftung gemäß §§ 1973, 1974, 1989, 1990, 1991 oder 1992
beschränken, muss er darlegen und beweisen, dass der Nachlass zur Befriedigung des Gläubigers nicht
ausreicht oder dass es an einer die Kosten der Nachlassverwaltung oder des Nachlassinsolvenzverfahrens deckenden Masse fehlt. Im Rahmen der Zwangsvollstreckung muss der Erbe ggf beweisen,
dass ein bestimmter Gegenstand nicht zum Nachlass, sondern zu seinem eigenen Vermögen gehört
(§§ 781, 784, 785 ZPO). Das Inventar begründet die Vermutung, dass weitere als die im Inventar
genannten Gegenstände im Zeitpunkt des Erbfalles nicht vorhanden waren. Auch die Haftung des
Erben aus § 1978 wird auf die im Inventar angegebenen Gegenstände beschränkt. Die Vermutung
wirkt nur gegenüber **Nachlassgläubigern,** nicht gegenüber Erbschaftsbesitzern, Nacherben, Erbschaftskäufern, Testamentsvollstreckern, Miterben, die nicht zugleich Nachlassgläubiger sind, und
Eigengläubigern des Erben[2].

II. Voraussetzungen und Inhalt der Vermutung

1. Voraussetzungen. Grundlage der Vermutung ist ein rechtzeitig errichtetes Inventar. Der Erbe 2
muss ein **Inventar,** also ein Verzeichnis des Nachlasses (vgl § 1993), in der Form der §§ 2002, 2003
errichtet haben. Fehlen die in § 2001 zusätzlich verlangten Beschreibungen und Wertangaben, wird
das Inventar nicht unwirksam[3]. Auch etwaige Unvollständigkeiten führen, wie sich aus § 2005
Abs 2 ergibt, nicht zwingend zu einer „Unwirksamkeit" des Inventars. Das Inventar darf allerdings
nicht derart mangelhaft sein, dass es zu den Zwecken, die mit der Inventarerrichtung verfolgt
werden, gänzlich ungeeignet ist[4]. **Rechtzeitig errichtet** ist ein Inventar, das entweder freiwillig
(§ 1993) oder innerhalb der vom Nachlassgericht gesetzten Inventarfrist (§ 1994) errichtet worden
ist.

2. Inhalt. Der Inhalt der Vermutung geht dahin, dass zurzeit des Erbfalls weitere als die angegebenen 3
Nachlassgegenstände nicht vorhanden waren. Die Vermutung gilt nicht für die gemäß § 2001 angegebenen Werte und die angegebenen Nachlassverbindlichkeiten und nicht für einen späteren Zuwachs.
Dass die angegebenen Nachlassgegenstände tatsächlich zum Nachlass gehören, wird ebenfalls nicht
vermutet. Soweit die Vermutungswirkung reicht, kann der Nachlassgläubiger den **Beweis des Gegenteils** führen (§ 292 ZPO)[5], auch dann, wenn der Erbe die Richtigkeit des Inventars an Eides Statt
versichert hatte. Gelingt dem Gläubiger der Nachweis, dass im Zeitpunkt des Erbfalles ein weiterer
Nachlassgegenstand vorhanden war, wird die Vermutung iÜ nicht entkräftet[6]. Bei **vorsätzlicher
Inventaruntreue** (§ 2005 Abs 1) bleibt das Inventar wirkungslos. Verweigert der Erbe die eidesstattliche Versicherung der Richtigkeit des Inventars (§ 2006), erlischt die Vollständigkeitsvermutung
gegenüber demjenigen Gläubiger, der den Antrag gestellt hatte[7].

---

[8] *Staudinger/Marotzke* Rn 33; aA RGRK/*Johannsen* Rn 14: über die Auseinandersetzung hinaus, weil der Verwalter des Gesamtgutes gemäß §§ 1437 Abs 2, 1459 Abs 2 weiterhin persönlich hafte.
[1] Prot V S 754 f.
[2] RGRK/*Johannsen* Rn 4; *Palandt/Edenhofer* Rn 1; MünchKommBGB/*Siegmann* Rn 4; *Staudinger/Marotzke* Rn 2.
[3] Das Erfordernis der „Vorschriftsmäßigkeit" ist von der zweiten Kommission gestrichen worden, Prot V S 757; vgl RGRK/*Johannsen* Rn 1; *Staudinger/Marotzke* Rn 5.
[4] Prot V S 757; RGRK/*Johannsen* Rn 1; *Erman/Schlüter* Rn 3; krit *Staudinger/Marotzke* Rn 6: im Interesse der Rechtssicherheit müsse jedes in der Form der §§ 2002, 2003 errichtete Verzeichnis ausreichen.
[5] *Staudinger/Marotzke* Rn 4; MünchKommBGB/*Siegmann* Rn 5; RGRK/*Johannsen* Rn 3; *Erman/Schlüter* Rn 4; *Lange/Kuchinke* § 48 VI 1 Fn 82; aA *van Venroy* AcP 186 (1986), 356, 399 ff, 407; dagegen zutr *Staudinger/Marotzke* Rn 8; *Baumgärtel/Schmitz* Rn 8 m Fn 12.
[6] *Staudinger/Marotzke* Rn 4; MünchKommBGB/*Siegmann* Rn 5; RGRK/*Johannsen* Rn 3; *Erman/Schlüter* Rn 4; aA *Soergel/Stein* Rn 1.
[7] *Staudinger/Marotzke* Rn 7; MünchKommBGB/*Siegmann* Rn 2; RGRK/*Johannsen* Rn 5.

§ 2012   Buch 5. Abschnitt 2. Rechtliche Stellung des Erben

§ 2010 Einsicht des Inventars

Das Nachlassgericht hat die Einsicht des Inventars jedem zu gestatten, der ein rechtliches Interesse glaubhaft macht.

1   **1. Bedeutung der Norm.** Jeder, der ein rechtliches Interesse glaubhaft macht, hat ein materielles Recht auf **Einsicht in das Inventar**[1]. Ein **rechtliches Interesse** folgt aus einem bereits vorhandenen Recht[2]; es ist bei Miterben, Nachlassgläubigern (einschließlich der Steuerbehörden), Nachlassverwaltern und Testamentsvollstreckern stets vorhanden. Bei nur berechtigtem Interesse kann das Nachlassgericht nach § 34 Abs 1 FGG Einsicht gewähren. Die Erteilung einer einfachen oder beglaubigten **Abschrift** setzt ebenfalls ein berechtigtes Interesse voraus (§ 34 Abs 1 S 2 FGG). Wegen des Einsichtsrechts ist die Einreichung eines **versiegelten Inventars** unzulässig[3].

2   **2. Verfahren.** Funktionell zuständig ist der **Rechtspfleger** (§ 3 Nr 2 c RPflG). Das rechtliche Interesse ist glaubhaft zu machen (§ 15 Abs 2 FGG). Gegen die Verweigerung der Einsicht oder der Erteilung einer Abschrift findet die **Beschwerde** statt (§§ 19, 20 FGG, § 11 RPflG).

§ 2011 Keine Inventarfrist für den Fiskus als Erben

[1]Dem Fiskus als gesetzlichem Erben kann eine Inventarfrist nicht bestimmt werden. [2]Der Fiskus ist den Nachlassgläubigern gegenüber verpflichtet, über den Bestand des Nachlasses Auskunft zu erteilen.

1   **1. Bedeutung der Norm.** Der Fiskus kann die ihm als gesetzlichem Erben (vgl § 1936) angefallene Erbschaft nicht ausschlagen (§ 1942 Abs 2). Gleichwohl haftet er nicht von vornherein nur mit dem Nachlass, sondern muss die Beschränkung seiner Haftung erst herbeiführen. § 2011 ist eine von drei Sondervorschriften, die den Fiskus besonders vor dem Eintritt der unbeschränkten Erbenhaftung schützen. Gemäß § 1966 kann erst dann ein Recht gegen den Fiskus als gesetzlichen Erben geltend gemacht werden, wenn das Nachlassgericht festgestellt hat, dass ein anderer Erbe nicht vorhanden ist (vgl §§ 1964, 1965). Wird der Fiskus als gesetzlicher Erbe verurteilt, braucht er sich die Beschränkung seiner Haftung nicht im Urteil vorbehalten zu lassen (§ 780 Abs 2 ZPO). Nach § 2011 kann ihm schließlich eine Inventarfrist, die zu einer unbeschränkten Haftung führen könnte (§ 1994 Abs 1 S 2), nicht gesetzt werden. § 2011 gilt nur für den **Fiskus als gesetzlichen Erben**. Wird der Fiskus Testaments- oder Vertragserbe, gelten nicht §§ 1942 Abs 2, 1966, 2011, sondern die allgemeinen Vorschriften. Auf Körperschaften, Stiftungen und Anstalten des öffentlichen Rechts, die gemäß Art 138 EGBGB nach Landesrecht anstelle des Fiskus gesetzlicher Erbe werden, ist § 2011 ebenfalls anwendbar[1*]. Gleiches gilt, wenn der Fiskus gemäß Art 139 EGBGB gesetzlicher Erbe einer verpflegten oder unterstützten Person wird.

2   **2. Auskunftspflicht.** An die Stelle des Inventars tritt die Verpflichtung des Fiskus, den Nachlassgläubigern über den Bestand des Nachlasses Auskunft zu erteilen (S 2). Der Auskunftsanspruch besteht erst nach Feststellung des Erbrechts des Fiskus (§§ 1964, 1966). Er ist notfalls durch Klage vor den ordentlichen Gerichten geltend zu machen. Der Umfang der Auskunftspflicht richtet sich nach §§ 260, 261. Der Fiskus hat ein Verzeichnis des gegenwärtigen[2*] Bestandes des Nachlasses vorzulegen. Ggf kann der Leiter der Vertretungsbehörde auf Abgabe der eidesstattlichen Versicherung nach § 260 Abs 2 angehalten werden. Aus § 1978 iVm § 666 kann sich eine weitergehenden Rechenschaftspflicht ergeben[3*]. Wird freiwillig ein Inventar errichtet, kann es durch **Inventaruntreue** (§ 2005 Abs 1) sowie dann, wenn die **eidesstattliche Versicherung** nach § 2006 verweigert wird, zu einer unbeschränkten Haftung des Fiskus kommen[4].

§ 2012 Keine Inventarfrist für den Nachlasspfleger und Nachlassverwalter

(1) [1]Einem nach den §§ 1960, 1961 bestellten Nachlasspfleger kann eine Inventarfrist nicht bestimmt werden. [2]Der Nachlasspfleger ist den Nachlassgläubigern gegenüber verpflichtet, über den Bestand des Nachlasses Auskunft zu erteilen. [3]Der Nachlasspfleger kann nicht auf die Beschränkung der Haftung des Erben verzichten.

(2) Diese Vorschriften gelten auch für den Nachlassverwalter.

---

[1] *Staudinger/Marotzke* Rn 1.
[2] *MünchKommBGB/Siegmann* Rn 1.
[3] *Erman/Schlüter* Rn 1; *Palandt/Edenhofer* Rn 2; *Staudinger/Marotzke* § 1993 Rn 21; *MünchKommBGB/Siegmann* Rn 4.
[1*] *RGRK/Johannsen* Rn 3; *Staudinger/Marotzke* Rn 7.
[2*] *RGRK/Johannsen* Rn 2; *Palandt/Edenhofer* Rn 3; *Erman/Schlüter* Rn 3; *Staudinger/Marotzke* Rn 6; *MünchKommBGB/Siegmann* Rn 3.
[3*] *RGRK/Johannsen* Rn 2; *Staudinger/Marotzke* Rn 6; *Erman/Schlüter* Rn 3.
[4] *RGRK/Johannsen* Rn 1; *Staudinger/Marotzke* Rn 2 f; *Soergel/Stein* Rn 1; aA hinsichtlich § 2006 *Erman/Schlüter* Rn 1.

Folgen der unbeschränkten Haftung des Erben § 2013

1. Bedeutung der Norm. Der Erbe soll sein Haftungsbeschränkungsrecht nicht durch Handlungen 1
oder Versäumnisse des Nachlasspflegers (Abs 1) oder des Nachlassverwalters (Abs 2) verlieren können,
auf die er keinen Einfluss hat. Ergänzt wird § 2012 durch § 780 Abs 2 ZPO. Wenn das Urteil gegen
einen Nachlassverwalter oder einen anderen Nachlasspfleger ergeht, ist der Vorbehalt der beschränkten
Erbenhaftung nicht erforderlich. Handlungen oder Unterlassungen des Nachlasspflegers oder -verwalters binden nur den Nachlass, nicht auch den Erben persönlich. Die Interessen der Nachlassgläubiger
werden durch die Auskunftspflicht des Nachlasspflegers oder -verwalters und dessen persönliche
Haftung für etwaige Pflichtverletzungen hinreichend gewahrt.

2. Auskunftspflicht. Dem Nachlasspfleger oder -verwalter kann eine Inventarfrist nicht bestimmt 2
werden. Statt dessen besteht eine Auskunftspflicht gegenüber den Nachlassgläubigern (Abs 1 S 2;
§ 260), die klageweise und im Wege der Zwangsvollstreckung (§§ 888, 889 ZPO) durchgesetzt werden
kann. Die Verweigerung der eidesstattlichen Versicherung gemäß § 260 Abs 2 führt nicht gemäß
§ 2006 Abs 2 zur unbeschränkten Haftung des Erben oder des Verwalters. Gemäß §§ 1915, 1802 ist
der Nachlasspfleger oder -verwalter gegenüber dem Nachlassgericht zur Vorlage eines Vermögensverzeichnisses verpflichtet. Bei schuldhafter Verletzung der Auskunftspflicht aus Abs 1 S 2 **haftet** der
Nachlasspfleger oder -verwalter persönlich[1]; für den Nachlassverwalter vgl § 1985 Abs 2.

3. Stellung des Erben. Während der Dauer der Nachlassverwaltung ist oder wird auch eine etwa 3
dem **Erben** gesetzte Inventarfrist wirkungslos (§ 2000 S 1 und 2). Eine dem Erben während der
Nachlasspflegschaft – also vor Annahme der Erbschaft (vgl § 1960 Abs 1 S 1) – gesetzte Frist beginnt
gemäß § 1995 Abs 2 erst mit Annahme der Erbschaft. Ist der Erbe auf Grund materiellen Rechts zur
Auskunft verpflichtet (vgl etwa § 2314), bleibt diese Pflicht auch während der Nachlassverwaltung
bestehen[2].

§ 2013 Folgen der unbeschränkten Haftung des Erben

(1) ¹Haftet der Erbe für die Nachlassverbindlichkeiten unbeschränkt, so finden die Vorschriften der §§ 1973 bis 1975, 1977 bis 1980, 1989 bis 1992 keine Anwendung; der Erbe ist nicht berechtigt, die Anordnung einer Nachlassverwaltung zu beantragen. ²Auf eine nach § 1973 oder nach § 1974 eingetretene Beschränkung der Haftung kann sich der Erbe jedoch berufen, wenn später der Fall des § 1994 Abs. 1 Satz 2 oder des § 2005 Abs. 1 eintritt.

(2) Die Vorschriften der §§ 1977 bis 1980 und das Recht des Erben, die Anordnung einer Nachlassverwaltung zu beantragen, werden nicht dadurch ausgeschlossen, dass der Erbe einzelnen Nachlassgläubigern gegenüber unbeschränkt haftet.

I. Unbeschränkte Haftung gegenüber allen Gläubigern (Abs 1)

1. Bedeutung der Norm. § 2013 Abs 1 fasst die Auswirkungen der gegenüber allen Nachlass- 1
gläubigern unbeschränkten Erbenhaftung zusammen. „Unbeschränkt" haftet derjenige Erbe, der durch
Versäumung einer ihm gesetzten Inventarfrist (§ 1994 Abs 1 S 2) oder durch Inventaruntreue (§ 2005
Abs 1) das Recht verloren hat, seine Haftung auf den Nachlass zu beschränken. Die Aufzählung der
Abs 1 ist nicht abschließend.

2. Folgen der unbeschränkten Haftung. a) Aufgebot. Ein unbeschränkt haftender Erbe ist 2
gemäß § 991 Abs 1 ZPO nicht mehr berechtigt, das Aufgebot zum Zwecke der Ausschließung von
Nachlassgläubigern zu beantragen. Er verliert die **Ausschließungseinrede** des § 1973 und die **Verschweigungseinrede** des § 1974. Gemäß **Abs 1 S 2** gilt das allerdings nicht, wenn der Erbe das
Haftungsbeschränkungsrecht nach § 1993 Abs 1 S 2 oder nach § 2005 Abs 1 verloren hat, als die
Voraussetzungen der Ausschließungs- oder der Verschweigungseinrede bereits erfüllt waren. Das Aufgebot mit dem Ziel der Beschränkung der Haftung auf einen seinem Erbteil entsprechenden Teil der
Verbindlichkeit kann der (Mit-)Erbe auch dann beantragen, wenn er für die Nachlassverbindlichkeit
unbeschränkt haftet (§ 997 Abs 2 ZPO).

b) Amtliche Nachlasssonderung. Nachlassverwaltung und Nachlassinsolvenzverfahren füh- 3
ren – weil § 1975 ausgeschlossen ist – nicht zu einer Haftungsbeschränkung. Die Nachlassverwaltung
kann nur noch auf **Antrag eines Nachlassgläubigers** angeordnet werden (§ 1981 Abs 2), und zwar
auch dann, wenn nur einer von mehreren Miterben unbeschränkt haftet (§ 2062 Rn 2). Das Recht,
Eröffnung des Nachlassinsolvenzverfahrens zu beantragen, bleibt allerdings auch bei unbeschränkter
Haftung erhalten (§ 316 Abs 2 InsO). Weil eine Haftungsbeschränkung nicht mehr eintritt, gelten
weder § 1989 noch §§ 1990 bis 1992. Die **Aufrechnung** eines Nachlassgläubigers gegenüber einer
dem Erben persönlich zustehenden Forderung ist entgegen § 1977 Abs 1 Bestand, weil die Nachlassgläubiger unbeschränkten Zugriff auf das Eigenvermögen des Erben haben. Aus diesem Grund gelten
auch die §§ 1978 bis 1980 nicht. § 1976 ist demgegenüber nicht ausgeschlossen. Forderungen und
Rechte des Erben, die mit dem Erbfall durch Konfusion oder Konsolidation erloschen waren, gelten als
nicht erloschen, müssen also gegenüber dem Nachlassverwalter oder im Nachlassinsolvenzverfahren

---

[1] Erman/Schlüter Rn 2; Soergel/Stein Rn 2; RGRK/Johannsen Rn 3; Staudinger/Marotzke Rn 10.
[2] OLG Celle MDR 1960, 402; Palandt/Edenhofer Rn 1; Soergel/Stein Rn 3.

§ 2014   Buch 5. Abschnitt 2. Rechtliche Stellung des Erben

geltend gemacht werden. Ebenfalls anwendbar bleibt der dem Schutz der Nachlassgläubiger vor dem Zugriff Dritter dienende § 1977 Abs 2 (dort Rn 6 mwN).

4   **3. Weitere Folgen der unbeschränkten Haftung.** Nicht in Abs 1 erwähnt, jedoch bei unbeschränkter Haftung ebenfalls ausgeschlossen sind gemäß § 2016 Abs 1 die **aufschiebenden Einreden** der §§ 2014 und 2015. Der Erbe kann außerdem nicht mehr die **Zwangsversteigerung** eines Nachlassgrundstücks betreiben (§ 175 Abs 2 ZVG) und trotz Nachlassverwaltung oder Nachlassinsolvenzverfahren die Zwangsvollstreckung in sein sonstiges Vermögen nicht verhindern (§ 784 Abs 1 ZPO). Sondervorschriften für die Haftung der **Miterben untereinander** und für die Haftung des **Nacherben gegenüber dem Vorerben** enthalten §§ 2063 Abs 2 und § 2144 Abs 3.

II. Unbeschränkte Haftung gegenüber einzelnen Gläubigern (Abs 2)

5   Einzelnen Gläubigern gegenüber haftet der Erbe unbeschränkt, wenn er sich weigert, die Richtigkeit eines von ihm erstellten Inventars an Eides Statt zu versichern (§ 2006 Abs 1), wenn er sich die Beschränkung seiner Haftung nicht gemäß § 780 Abs 1 ZPO hat vorbehalten lassen oder wenn er auf die Beschränkung verzichtet hat; dass der Erbe verzichten kann, ergibt ein Umkehrschluss aus § 2013 Abs 1 S 3. **Gegenüber den anderen Gläubigern** gelten die allgemeinen Regeln über die Erbenhaftung. Der Erbe bleibt berechtigt, das Aufgebot der Nachlassgläubiger zu beantragen (§ 1970), nach §§ 1973 bis 1974 zu verfahren, seine Haftung durch Nachlassverwaltung oder Nachlassinsolvenzverfahren zu beschränken (§ 1975) oder die Einreden des §§ 1990 bis 1992 zu erheben. Das setzt Abs 2 als selbstverständlich voraus[1]. Da im Verhältnis zu den übrigen Gläubigern nach wie vor zwischen dem Eigenvermögen des Erben und dem Nachlass unterschieden werden muss, bleiben die §§ 1977 bis 1980 anwendbar. Im Rahmen eines **Nachlassinsolvenzverfahrens** (§§ 315 ff InsO) sollte einem Antrag auf Eigenverwaltung (§ 270 InsO) nicht stattgegeben werden, wenn der Erbe das Haftungsbeschränkungsrecht gemäß § 2006 Abs 3 verloren, sich also dem Verdacht unredlichen Handelns ausgesetzt hat[2].

III. Beweislast

6   Den Eintritt der unbeschränkten Haftung hat der **Nachlassgläubiger** zu beweisen, der den Erben in Anspruch nimmt[3]. Der Beweis kann entweder schon im Erkenntnisverfahren geführt werden, um so eine Verurteilung ohne den Vorbehalt des § 780 ZPO zu erreichen, oder im Rahmen einer vom Erben erhobenen Vollstreckungsgegenklage nach §§ 785, 781 ff, 767 ZPO. Der **Erbe** muss darlegen und beweisen, dass und auf welche Weise er eine Beschränkung der Haftung herbeigeführt hat.

Untertitel 5. Aufschiebende Einreden (§§ 2014-2017)

§ 2014 Dreimonatseinrede

Der Erbe ist berechtigt, die Berichtigung einer Nachlassverbindlichkeit bis zum Ablauf der ersten drei Monate nach der Annahme der Erbschaft, jedoch nicht über die Errichtung des Inventars hinaus, zu verweigern.

I. Bedeutung der Norm

1   Bis zur Annahme der Erbschaft kann der Erbe für Nachlassverbindlichkeiten nicht gerichtlich in Anspruch genommen werden (§ 1958). Die Zwangsvollstreckung wegen eines gegen den Nachlass gerichteten Anspruchs ist nur in den Nachlass möglich (§ 778 Abs 1 ZPO). Mit der Annahme der Erbschaft verliert der Erbe diesen Schutz. Er ist jetzt auch verpflichtet, einen unterbrochenen Prozess des Erblassers wieder aufzunehmen (§§ 239 Abs 5, 246 Abs 2 ZPO). Die aufschiebenden Einreden („Schonungseinreden") der §§ 2014 und 2015 – die **Dreimonatseinrede** des § 2014 und die Aufgebotseinrede des § 2015 – geben ihm eine weitere Überlegungsfrist („Schonfrist"), innerhalb derer er den Nachlass sichten und entscheiden kann, ob er seine persönliche Haftung beschränken, also Nachlassverwaltung oder die Eröffnung des Nachlassinsolvenzverfahrens beantragen sollte. Das Recht, die Berichtigung einer Nachlassverbindlichkeit innerhalb der ersten drei Monate nach der Annahme der Erbschaft zu verweigern, bewirkt, dass der Nachlass nicht zugunsten einzelner Nachlassgläubiger geschmälert wird, sondern für ein etwa erforderliches Nachlassinsolvenzverfahren erhalten bleibt, das der **möglichst gleichmäßigen Befriedigung aller Gläubiger** dient.

II. Voraussetzungen der Einrede

2   **1. Berechtigte.** Berechtigt, die Einrede des § 2014 zu erheben, sind der Erbe, der nach § 1960 oder nach § 1975 bestellte Nachlasspfleger (Nachlassverwalter), der verwaltende Testamentsvollstrecker und der gesamtgutsverwaltende Ehegatte bei der Gütergemeinschaft (§ 1489 Abs 2).

---

[1] *Staudinger/Marotzke* Rn 9; RGRK/*Johannsen* Rn 14 f.
[2] *Staudinger/Marotzke* Rn 10.
[3] *Baumgärtel/Schmitz* Rn 1; MünchKommBGB/*Siegmann* Rn 5; *Erman/Schlüter* Rn 4; *Staudinger/Marotzke* Rn 14.

2. Frist. Die Einrede kann **schon vor Annahme der Erbschaft** geltend gemacht werden[1]. Die Annahme der Erbschaft (oder der Ablauf der Ausschlagungsfrist, vgl § 1943 HS 2) bewirkt lediglich den Beginn der Dreimonatsfrist, die nach §§ 187 Abs 1, 188 Abs 2 und 3 berechnet wird. Bei **Miterben** ist die Frist jeweils gesondert zu berechnen. Wird vor Annahme der Erbschaft ein **Nachlasspfleger** bestellt, beginnt die Frist mit dessen Bestellung (§ 2017). Wenn vor Fristablauf die Eröffnung des **Nachlassinsolvenzverfahrens** beantragt worden ist, bleibt die Beschränkung der Zwangsvollstreckung bis zur rechtskräftigen Entscheidung über den Antrag aufrechterhalten (§ 782 S 2 ZPO). Mit der **Errichtung des Inventars** (§§ 1993, 1994) endet die Frist des § 2014, weil der Erbe auf Grund des Inventars einen ausreichenden Überblick über den Bestand des Nachlasses hat.

3. Ausschluss der Einrede. Ausgeschlossen ist die Dreimonatseinrede, wenn der Erbe allgemein oder gegenüber demjenigen Gläubiger, der den Anspruch geltend macht, **unbeschränkt haftet** (§ 2016 Abs 1; vgl aber § 2016 Rn 1). Bei unbeschränkter Haftung gibt es keine Rechtfertigung für eine Überlegungs- und Prüfungsfrist mehr. Aus dem gleichen Grund kann die Einrede des § 2014 auch nicht gegenüber einem der realberechtigten **Gläubiger des § 1971** geltend gemacht werden, der sein Recht selbst im Nachlassinsolvenzverfahren durchsetzen könnte (§ 2016 Abs 2). Sind dem Erben alle Nachlassgläubiger bekannt und reicht der Nachlass offensichtlich zur Berichtigung der Nachlassverbindlichkeiten aus, kann die Einrede gegen **Treu und Glauben** verstoßen[2].

4. Sofort zu erfüllende Verbindlichkeiten. Eine weitere Einschränkung ergibt sich aus der Natur der Sache hinsichtlich solcher Nachlassverbindlichkeiten, deren Befriedigung **keinen Aufschub duldet**. Das sind vor allem Ansprüche aus § 1963 (Unterhalt der werdenden Mutter eines Erben) und § 1968 (Dreißigster). Die Weitergewährung des Gebrauchs und der Nutzung von Sachen, die ein Mieter oder Pächter des Erblassers in Besitz genommen hat, kann ebenfalls nicht verweigert werden[3]. Sofort zu erfüllen sind schließlich die Anzeige- und Notbesorgungspflichten aus §§ 673 S 2, 727 Abs 2 S 1, 1894 Abs 1 und § 2218, die den Erben als solchen treffen, sowie die Vorlegungspflichten des Erben nach §§ 809 bis 811[4].

5. Vorbehalt. Die Einrede geht verloren, wenn der Erbe sich die Beschränkung der Haftung auf den Nachlass nicht **im Urteil** vorbehalten lässt (§§ 305, 780 Abs 1 ZPO). Eines Vorbehaltes bedarf es nicht, wenn die Vollstreckung aus einem gegen den Erblasser erwirkten Titel begonnen oder fortgesetzt wird (§§ 778, 779 ZPO)[5]. In den Fällen des § 780 Abs 2 ZPO ist ein Vorbehalt ebenfalls nicht erforderlich.

III. Wirkungen der Einrede

1. Prozessuales. Im Prozess führt die Einrede, wenn sie erhoben wird, zu einer Verurteilung des Erben unter dem Vorbehalt der beschränkten Haftung (§§ 305 Abs 1, 780 Abs 1 ZPO)[6]. Das Gericht muss den Vorbehalt ohne Prüfung der Begründetheit in die Urteilsformel aufnehmen[7]. Wird die **Zwangsvollstreckung** aus dem Urteil betrieben (vgl § 781 ZPO), kann der Erbe im Wege der Vollstreckungsgegenklage verlangen, dass die Zwangsvollstreckung für die Dauer der Dreimonatsfrist auf vorläufige Maßnahmen beschränkt wird, die auch zur Vollziehung eines Arrestes zulässig wären (§§ 785, 782 S 1, 930 bis 932 ZPO). Im Urteil, das über die Vollstreckungsgegenklage entscheidet, ist die Dauer der Frist kalendermäßig zu bestimmen[8]. Nach Ablauf dieser Frist können die Pfandgegenstände verwertet werden. Wird vor Ablauf der Dreimonatsfrist die Eröffnung des Nachlassinsolvenzverfahrens beantragt, ist auf Antrag die Beschränkung bis zur rechtskräftigen Entscheidung über die Eröffnung des Insolvenzverfahrens aufrechtzuerhalten (§ 782 S 2 ZPO). Wird das Nachlassinsolvenzverfahren eröffnet, begründen nach Eintritt des Erbfalles erfolgte Maßnahmen der Zwangsvollstreckung kein Recht auf abgesonderte Befriedigung (§ 321 InsO). Eine Beschränkung auf vorläufige Maßnahmen kann der Erbe – solange er nicht unbeschränkt für Nachlassverbindlichkeiten haftet – auch von **Eigengläubigern** verlangen, die in Nachlassgegenstände vollstrecken (§ 783 ZPO).

2. Verzug. Materiellrechtlich begründet die Dreimonatseinrede **kein Leistungsverweigerungsrecht**[9]. Der Erbe, der sich auf sie beruft, gerät in **Leistungsverzug**. Das ist allerdings nicht unumstritten. Wortlaut und Entstehungsgeschichte der Vorschrift[10] könnten für die gegenteilige Ansicht sprechen. Außerdem kann man es für widersprüchlich halten, wenn der Erbe einerseits im Hinblick auf seine Verantwortlichkeit den Gläubigern gegenüber (§§ 1978, 1979) gezwungen ist, von der Einrede Gebrauch zu machen, andererseits aber Verzugs- oder sonstige Schadensersatzansprüche zu Lasten des

---

[1] *Staudinger/Marotzke* Rn 2; aA *Soergel/Stein* Rn 1; *Baumgärtel/Schmitz* Rn 1 m Fn 2.
[2] *Soergel/Stein* Rn 2; *Palandt/Edenhofer* Rn 2; *Staudinger/Marotzke* Rn 6.
[3] *Staudinger/Marotzke* Rn 4; *MünchKommBGB/Siegmann* Rn 3; *Erman/Schlüter* Rn 4; *Soergel/Stein* Rn 1; RGRK/*Johannsen* Rn 12.
[4] *MünchKommBGB/Siegmann* Rn 3.
[5] RGRK/*Johannsen* Rn 13; *Erman/Schlüter* Rn 2.
[6] *MünchKommBGB/Siegmann* Rn 4.
[7] *Lange/Kuchinke* § 48 III 2 m Fn 20.
[8] *MünchKommBGB/Siegmann* Rn 4.
[9] RGZ 79, 201, 204 ff; *MünchKommBGB/Siegmann* Rn 5; *Erman/Schlüter* Vor § 2014 Rn 4; *Palandt/Edenhofer* Rn 3; *Soergel/Stein* Rn 4; *Lange/Kuchinke* § 48 III 2; aA RGRK/*Johannsen* Rn 7; *Staudinger/Marotzke* Rn 8.
[10] Prot V S 785; vgl dazu aber RGZ 79, 201, 205: Die Redaktionskommission ist der Empfehlung nicht gefolgt, den Ausschluss der Verzugsfolgen ausdrücklich in die Endfassung der Vorschrift aufzunehmen.

§ 2015   Buch 5. Abschnitt 2. Rechtliche Stellung des Erben

Nachlasses auslöst. Gleichwohl sprechen die besseren Gründe gegen die Annahme eines materiellrechtlichen Leistungsverweigerungsrechtes. Die Folgen der Unübersichtlichkeit des Nachlasses und das Risiko der nicht rechtzeitigen Erfüllung einer einzelnen Forderung sollten der Erbe und – im Falle der Eröffnung des Nachlassinsolvenzverfahrens – die Gesamtheit der Nachlassgläubiger tragen, nicht der Anspruchsteller.

9 **3. Einzelheiten.** Die **Verjährung** wird, wie ein Umkehrschluss aus § 205 ergibt, durch die Dreimonatseinrede nicht gehemmt[11]. Der Nachlassgläubiger kann auch trotz der Einrede mit seiner Forderung gegen eine Nachlassforderung oder eine Eigenforderung des (Allein-)Erben **aufrechnen;** § 390 S 1 steht nicht entgegen[12].

IV. Beweislast

10 Der **Nachlassgläubiger** muss zur Begründung der Passivlegitimation des Erben darlegen und beweisen, dass dieser die Erbschaft angenommen hat. Falls die Annahme der Erbschaft durch Ablauf der Ausschlagungsfrist erfolgt sein soll, muss er darlegen und beweisen, dass der Erbe zu einem bestimmten Zeitpunkt von dem Anfall der Erbschaft und dem Grund der Berufung Kenntnis erlangt hat[13]. Daraus ergibt sich, ob die Dreimonatsfrist noch läuft. Der Gläubiger muss ggf auch beweisen, dass die Dreimonatsfrist vorzeitig durch Errichtung eines Inventars oder durch Verlust des Haftungsbeschränkungsrechtes geendet hat[14].

§ 2015 Einrede des Aufgebotsverfahrens

(1) Hat der Erbe den Antrag auf Erlassung des Aufgebots der Nachlassgläubiger innerhalb eines Jahres nach der Annahme der Erbschaft gestellt und ist der Antrag zugelassen, so ist der Erbe berechtigt, die Berichtigung einer Nachlassverbindlichkeit bis zur Beendigung des Aufgebotsverfahrens zu verweigern.

(2) Der Beendigung des Aufgebotsverfahrens steht es gleich, wenn der Erbe in dem Aufgebotstermin nicht erschienen ist und nicht binnen zwei Wochen die Bestimmung eines neuen Termins beantragt oder wenn er auch in dem neuen Termin nicht erscheint.

(3) Wird das Ausschlussurteil erlassen oder der Antrag auf Erlassung des Urteils zurückgewiesen, so ist das Verfahren nicht vor dem Ablauf einer mit der Verkündung der Entscheidung beginnenden Frist von zwei Wochen und nicht vor der Erledigung einer rechtzeitig eingelegten Beschwerde als beendigt anzusehen.

I. Bedeutung der Norm

1 Die „Aufgebotseinrede" des § 2015 ergänzt § 2014. § 2014 dient dazu, dem Erben (bzw dem Nachlasspfleger, dem verwaltenden Testamentsvollstrecker und dem gesamtgutsverwaltenden Ehegatten, § 2014 Rn 2) Zeit für die Sichtung des Nachlasses zu gewähren. § 2015 verfolgt dasselbe Ziel im Hinblick auf die Nachlassverbindlichkeiten. Solange ein Aufgebotsverfahren läuft, sollen einzelne Nachlassgläubiger sich nicht zum Nachteil anderer befriedigen dürfen. Auf diese Weise wird zugleich ein späteres Nachlassinsolvenzverfahren vorbereitet. Gegenüber den Nachlassgläubigern kann der Erbe dann, wenn Grund zur Annahme unbekannter Nachlassverbindlichkeiten besteht, verpflichtet sein, das Aufgebot der Nachlassgläubiger zu beantragen (vgl § 1980 Abs 2 S 2); dann ist er auch verpflichtet, die Einrede des § 2015 zu erheben.

II. Voraussetzungen und Wirkung der Einrede

2 **1. Voraussetzungen der Einrede. a) Rechtzeitiger Antrag.** Der **Antrag auf Erlass des Aufgebotes der Nachlassgläubiger** muss innerhalb eines Jahres nach Annahme der Erbschaft gestellt worden sein. Damit soll eine Verschleppung des Verfahrens verhindert werden. Ist ein verwaltender Nachlasspfleger bestellt worden, beginnt die Frist mit der Bestellung des Pflegers (§ 2017). Außerdem muss der Antrag **zugelassen** worden sein (vgl §§ 947 Abs 1 und 2, 991, 992 ZPO). Für die Zulassung des Antrags gilt die Jahresfrist nicht. Vor der Zulassung kann die Einrede nicht erhoben werden. Auf Antrag wird dem Erben im Erkenntnisverfahren allerdings gleichwohl die Beschränkung der Haftung auf den Nachlass vorbehalten. Erst das mit der Vollstreckungsgegenklage nach §§ 785, 782, 783 ZPO befasste Gericht hat die sachlichen Voraussetzungen des § 2015 zu prüfen. Schon vor Zulassung des Antrags können gemäß §§ 785, 767, 769 ZPO einstweilige Anordnungen getroffen werden[1].

---
[11] *Staudinger/Marotzke* § 2014 Rn 10; MünchKommBGB/*Siegmann* § 2014 Rn 5.
[12] MünchKommBGB/*Siegmann* Rn 5; *Soergel/Stein* Rn 5; *Erman/Schlüter* Vor § 2014 Rn 4; *Palandt/Edenhofer* Rn 3; ebenso *Staudinger/Marotzke* Rn 11; aA RGRK/*Johannsen* Rn 10.
[13] RGRK/*Johannsen* Rn 14; MünchKommBGB/*Siegmann* Rn 7; *Staudinger/Marotzke* Rn 15; teilweise aA *Baumgärtel/Schmitz* Rn 1: der Erbe müsse die Voraussetzungen der Einrede beweisen, dazu gehöre auch der Beginn der Dreimonatsfrist; vgl Rn 3.
[14] RGRK/*Johannsen* Rn 14; *Staudinger/Marotzke* Rn 15; *Baumgärtel/Schmitz* Rn 3.
[1] MünchKommBGB/*Siegmann* Rn 2; *Staudinger/Marotzke* Rn 3.

b) Laufendes Verfahren. Die Einrede kann grds bis zum **Abschluss des Aufgebotsverfahrens** 3 erhoben werden. Das Aufgebotsverfahren endet mit rechtskräftiger Zurückweisung des Antrags auf Erlass des Ausschlussurteils oder mit dessen Erlass (§ 952 ZPO). Abs 3 bezieht sich auf §§ 952 Abs 4, 567 ff ZPO. Sind dem Ausschlussurteil Beschränkungen und Vorbehalte beigefügt, ist auch insoweit die **sofortige Beschwerde** statthaft (§ 952 Abs 4 ZPO). Bis zum Ablauf der Beschwerdefrist von zwei Wochen ab Zustellung der Entscheidung (§ 569 Abs 2 S 2 ZPO) bleibt die Einrede erhalten, auch dann, wenn das Urteil keine Beschränkungen und Vorbehalte enthält[2]. Wird Beschwerde eingelegt, kann der Erbe die Einrede noch bis zum rechtskräftigen Abschluss des Beschwerdeverfahrens erheben. Der Beendigung des Aufgebotsverfahrens steht es gleich, wenn der Erbe im Aufgebotstermin nicht erscheint und nicht binnen zwei Wochen die Bestimmung eines neuen Termins beantragt (Abs 2). Gemäß § 954 S 2 ZPO kann ein neuer Termin innerhalb einer Frist von sechs Monaten beantragt werden; diese Frist soll durch § 2015 zur Meidung unnötiger Verzögerungen verkürzt werden. Wenn der Erbe rechtzeitig einen neuen Termin beantragt, aber auch zu diesem Termin nicht erscheint, gilt das Verfahren ebenfalls als beendet. Zu beachten ist § 952 Abs 2 ZPO: Einem in der Sitzung gestellten Antrag wird ein Antrag gleichgestellt, der vor dem Aufgebotstermin schriftlich gestellt oder zu Protokoll der Geschäftsstelle erklärt worden ist. Hat der Erbe einen entsprechenden Antrag gestellt, braucht er im Aufgebotstermin nicht zu erscheinen. Das Aufgebotsverfahren endet schließlich auch mit der Eröffnung des Nachlassinsolvenzverfahrens (§ 993 ZPO).

c) Ausschluss der Einrede. Die Einrede ist ausgeschlossen, wenn der Erbe unbeschränkt haftet 4 (§ 2016 Abs 1; vgl aber § 2016 Rn 1). Im Übrigen gelten die gleichen Einschränkungen wie bei § 2014 (dort Rn 4 ff). Die Inventarerrichtung bleibt – anders als bei § 2014 – ohne Einfluss auf den Lauf der Jahresfrist.

2. Rechtsfolgen. Die Wirkungen der Einrede entsprechen mit einer Ausnahme denjenigen des 5 § 2014 (dort Rn 7 ff): Im Urteil, das auf die Vollstreckungsabwehrklage (§ 785 ZPO) ergeht, kann das Ende der Schonfrist nicht datumsmäßig bestimmt werden, weil das Datum der Beendigung des Aufgebotsverfahrens nicht im Voraus feststeht. Statt dessen ist die Zwangsvollstreckung allgemein „bis zur Beendigung des Aufgebotsverfahrens" zu beschränken.

§ 2016 Ausschluss der Einreden bei unbeschränkter Erbenhaftung

(1) Die Vorschriften der §§ 2014, 2015 finden keine Anwendung, wenn der Erbe unbeschränkt haftet.

(2) Das Gleiche gilt, soweit ein Gläubiger nach § 1971 von dem Aufgebot der Nachlassgläubiger nicht betroffen wird, mit der Maßgabe, dass ein erst nach dem Eintritt des Erbfalls im Wege der Zwangsvollstreckung oder der Arrestvollziehung erlangtes Recht sowie eine erst nach diesem Zeitpunkt im Wege der einstweiligen Verfügung erlangte Vormerkung außer Betracht bleibt.

1. Ausschluss der Einreden der §§ 2014, 2015 bei unbeschränkter Haftung des Erben. Die 1 Schonungseinreden der §§ 2014, 2015 verschaffen dem Erben einen zeitlichen Freiraum, innerhalb dessen er prüfen kann, ob er haftungsbeschränkende Maßnahmen einleiten sollte. Bei gegenüber allen Gläubigern unbeschränkter Haftung besteht dazu keine Notwendigkeit mehr. Der Erbe kann sich deshalb nicht mehr auf §§ 2014, 2015 berufen. Haftet der Erbe nur einzelnen Gläubigern gegenüber unbeschränkt, gilt der Ausschluss der §§ 2014, 2015 nur diesen Gläubigern gegenüber[1]. Nachlassverwalter und verwaltender Testamentsvollstrecker sind unabhängig davon, ob der Erbe unbeschränkt haftet, berechtigt, das Aufgebot der Nachlassgläubiger zu beantragen. Ihnen stehen die Einreden der §§ 2014, 2015 daher auch bei unbeschränkter Haftung des Erben zu[2*].

2. Ausschluss der Einreden gegenüber realberechtigten Gläubigern. Die realberechtigten 2 Gläubiger des § 1971 werden von den aufschiebenden Einreden der §§ 2014, 2015 nicht betroffen, soweit sie nur ihr Recht auf Befriedigung aus den ihnen haftenden Gegenständen geltend machen. Gleiches gilt für Pfändungspfandrechte, Zwangshypotheken und im Wege der einstweiligen Verfügung erlangte Vormerkungen (§ 885), die vor dem Erbfall erwirkt worden sind[3]. Sicherungsrechte, die erst **nach dem Erbfall im Wege der Zwangsvollstreckung erwirkt** worden sind, geben hingegen im Nachlassinsolvenzverfahren kein Recht auf abgesonderte Befriedigung (§ 321 InsO) und sind der Dürftigkeitseinrede des Erben ausgesetzt (§ 1990 Abs 2). Deshalb besteht kein Grund, sie im Vorfeld solcher Maßnahmen zu privilegieren. Der Erbe kann die Einreden der §§ 2014, 2015 erheben und gemäß §§ 782, 783, 785 ZPO im Wege der Vollstreckungsgegenklage eine Beschränkung der Zwangsvollstreckung auf Sicherungsmaßnahmen verlangen.

---

[2] RGRK/*Johannsen* Rn 5; MünchKommBGB/*Siegmann* Rn 2; *Staudinger/Marotzke* Rn 4.
[1] RGRK/*Johannsen* Rn 1; *Staudinger/Marotzke* Rn 1; MünchKommBGB/*Siegmann* Rn 1.
[2*] MünchKommBGB/*Siegmann* Rn 1; *Staudinger/Marotzke* Rn 2; *Erman/Schlüter* Rn 1; *Palandt/Edenhofer* Rn 1; aA *Soergel/Stein* Rn 2.
[3] *Staudinger/Marotzke* Rn 4; MünchKommBGB/*Siegmann* Rn 2; RGRK/*Johannsen* Rn 3.

§ 2018

§ 2017 Fristbeginn bei Nachlasspflegschaft

Wird vor der Annahme der Erbschaft zur Verwaltung des Nachlasses ein Nachlasspfleger bestellt, so beginnen die in § 2014 und in § 2015 Abs. 1 bestimmten Fristen mit der Bestellung.

1 **1. Bedeutung der Norm.** Gemäß § 1960 Abs 3 kann ein Anspruch gegen den Nachlass entgegen der für den Erben geltenden Vorschrift des § 1958 auch schon vor Annahme der Erbschaft gerichtlich geltend gemacht werden. Auf Antrag eines Gläubigers muss sogar eigens zum Zwecke der gerichtlichen Durchsetzung eines gegen den Nachlass gerichteten Anspruchs ein Nachlasspfleger bestellt werden (§ 1961). Der Nachlasspfleger kann sich – unabhängig davon, ob er zur Verwaltung oder nur zur Sicherung des Nachlasses bestellt worden ist – auf die Einreden der §§ 2014, 2015 berufen (§ 2014 Rn 2). § 2017 sieht vor, dass dann, wenn der Nachlasspfleger zur **Verwaltung der Erbschaft** bestellt worden, die Fristen der §§ 2014 und 2015 bereits mit seiner Bestellung beginnen. Es soll verhindert werden, dass die Nachlassgläubiger ihre Forderungen über einen längeren Zeitraum hinweg nicht durchsetzen können[1]. Da der verwaltende Nachlasspfleger verpflichtet ist, den Bestand des Nachlasses zu ermitteln, und dazu auch das Aufgebot der Nachlassgläubiger beantragen kann (§ 991 Abs 2 ZPO), kann er auch feststellen, ob der Nachlass zur Befriedigung aller Gläubiger ausreicht; es gibt keinen Grund, den Fristbeginn weiter aufzuschieben.

2 **2. Verwaltender Nachlasspfleger.** „Nachlasspfleger" ist hier sowohl ein Nachlasspfleger, der gemäß § 1960 zur Verwaltung des Nachlasses bestellt worden ist, als auch ein vor Annahme der Erbschaft bestellter Nachlassverwalter (§ 1975). Die Frist beginnt mit der Bestellung, das heißt mit der Bekanntmachung des Beschlusses gegenüber dem Nachlasspfleger (§ 16 FGG). Nimmt der Erbe die Erbschaft an, muss er den Beginn, ggf sogar den Ablauf der Fristen **gegen sich gelten lassen**[2]. Er wird durch den Nachlasspfleger gesetzlich vertreten; die auf den Nachlass bezogenen Handlungen und Unterlassungen des Nachlasspflegers wirken für und gegen ihn. Der Nachlasspfleger, der nicht zur Verwaltung des Nachlasses, sondern nur zu dessen Sicherung bestellt ist, ist nicht berechtigt, das Aufgebot der Nachlassgläubiger zu beantragen (vgl § 991 Abs 2 ZPO). Für ihn bleibt es bei den Regelungen der §§ 2014, 2015[3].

3 **3. Testamentsvollstrecker.** Ein Testamentsvollstrecker kann vor Annahme der Erbschaft verklagt werden (§§ 2202 Abs 2, 2213 Abs 2). Die Einreden der §§ 2014, 2015 stehen ihm ebenfalls zu. Weil er vor Annahme der Erbschaft nicht berechtigt ist, das Aufgebot der Nachlassgläubiger zu beantragen (vgl § 991 Abs 3 ZPO), kommt eine analoge Anwendung des § 2017 jedoch nicht in Betracht[4].

Titel 3. Erbschaftsanspruch (§§ 2018–2031)

§ 2018 Herausgabepflicht des Erbschaftsbesitzers

Der Erbe kann von jedem, der auf Grund eines ihm in Wirklichkeit nicht zustehenden Erbrechts etwas aus der Erbschaft erlangt hat (Erbschaftsbesitzer), die Herausgabe des Erlangten verlangen.

Schrifttum: *Gursky,* Zur Rechtsnatur des Erbschaftsanspruchs, FS v. Lübtow, 1991, S 211; *Maurer,* Das Rechtsverhältnis zwischen Erbe und Erbschaftsbesitzer – Der Erbschaftsanspruch, 1999; *Olzen,* Der Erbschaftsanspruch, JuS 1989, 374; *Weinkauf,* Der Erbschaftsanspruch als besondere Anspruchsgrundlage zur Wahrung berechtigter Interessen des Erben, Diss Göttingen 1981; *Wendt,* Die Bedeutung des Erbschaftsanspruchs für die allgemeine Güterzuordnung, FS v. Lübtow, 1991, S 229; *Wieling,* Hereditatis petitio und res iudicata, JZ 1986, 5.

Übersicht

	Rn		Rn
I. Zweck und rechtliche Struktur des Erbschaftsanspruchs	1	3. Grundstruktur der gesetzlichen Regelung	3
1. Normzweck	1	4. Rechtsnatur des Erbschaftsanspruchs	6
2. Bedeutung des Erbschaftsanspruchs	2	II. Voraussetzungen des Erbschaftsanspruchs	8

---

[1] *Soergel/Stein* Rn 1; *Palandt/Edenhofer* Rn 1; *Jauernig/Stürner* Rn 1.
[2] RGRK/*Johannsen* Rn 4; *Staudinger/Marotzke* Rn 7; *Soergel/Stein* Rn 2; *MünchKommBGB/Siegmann* Rn 1.
[3] MünchKommBGB/*Siegmann* Rn 1; *Erman/Schlüter* Rn 1; RGRK/*Johannsen* Rn 5; krit *Soergel/Stein* Rn 3; aA *Staudinger/Marotzke* Rn 8: Die Dreimonatsfrist solle stets mit der Bestellung des Nachlasspflegers beginnen, aber für den Erben solle nach Annahme der Erbschaft eine weitere Frist laufen; hilfsweise könne man – um dem Nachlassgläubiger die Durchsetzung seiner Forderung zu ermöglichen – einen nach § 1961 bestellten Nachlasspfleger stets insoweit als zur Verwaltung berufen anzusehen.
[4] *Staudinger/Marotzke* Rn 4; MünchKommBGB/*Siegmann* Rn 3; *Soergel/Stein* Rn 4; *Palandt/Edenhofer* Rn 2; *Lange/Kuchinke* § 48 III 3 a.

	Rn		Rn
1. Gläubiger	8	V. Prozessuale Fragen	21
2. Schuldner	10	1. Klageantrag	21
a) Erbrechtsanmaßung	11	2. Rechtshängigkeit und Rechtskraft	23
b) Einzelfälle	13	3. Zuständigkeit	24
3. Erlangung von Nachlassgegenständen	16	4. Beweislast	25
III. Inhalt der Herausgabepflicht	19	a) Erbrecht des Klägers	26
IV. Einwendungen des Erbschaftsbesitzers	20	b) Erbschaftsbesitz des Beklagten	27

I. Zweck und rechtliche Struktur des Erbschaftsanspruchs

1. Normzweck. Der Erbschaftsanspruch ist ein **Gesamtanspruch** des (wahren) Erben gegen den 1 Erbschaftsbesitzer auf Herausgabe all dessen, was dieser auf Grund eines ihm nicht zustehenden Erbrechts aus der Erbschaft erlangt hat. Ziel der §§ 2018 ff ist es, dem Erben den Nachlass zumindest wertmäßig vollständig zu verschaffen und ihm die Rechtsverfolgung gegen den Erbschaftsbesitzer zu erleichtern[1]. Neben dem **Schutz des Erben**, der eindeutig im Vordergrund steht, bezwecken die Vorschriften in gewissem Umfang auch den **Schutz des gutgläubigen Erbschaftsbesitzers**.

2. Bedeutung des Erbschaftsanspruchs. Der Gesetzgeber war der Auffassung, der Nachlass sei 2 häufig Eingriffen (gut- oder bösgläubiger) Dritter ausgesetzt und bedürfe deshalb besonderer Schutzmaßnahmen[2]. Zur Durchsetzung seiner Rechte ist der **Erbe** jedoch idR **nicht auf** den **Erbschaftsanspruch angewiesen**[3]. Die detaillierte Regelung des Erbschaftsanspruchs im Gesetz (und eine damit einhergehende umfangreiche Erläuterung in Kommentaren) vermittelt den Eindruck einer Bedeutung, die dem Anspruch in der Rechtswirklichkeit keineswegs zukommt. Soweit der Erbe im Eigentum des Erblassers (bzw nunmehr in seinem Eigentum) stehende Gegenstände herausverlangen will, hat er den dinglichen Herausgabeanspruch nach § 985. Da der Erbe gemäß § 857 Besitzer des Nachlasses wird, ist jede Inbesitznahme durch den Erbschaftsbesitzer eine verbotene Eigenmacht (§ 858) mit der Folge eines Herausgabeanspruchs nach § 861. Bewegliche Sachen kann der Erbe ferner von jedem, der sie nach dem Erbfall in Besitz genommen und kein besseres Besitzrecht hat, nach § 1007 herausverlangen. Daneben ist ein auf Naturalrestitution gerichteter Schadensersatzanspruch gemäß §§ 823, 249 Abs 1 denkbar; schließlich kommt ein Bereicherungsanspruch (§ 812 Abs 1) auf Rückgewähr des rechtsgrundlos erlangten Besitzes in Betracht. Diese Kombination unterschiedlicher Ansprüche sichert den Erben idR ausreichend im Verhältnis zum Erbschaftsbesitzer[4].

3. Grundstruktur der gesetzlichen Regelung. Der der hereditatis petitio des römischen und 3 gemeinen Rechts nachgebildete Anspruch[5] geht auf die Herausgabe des aus der Erbschaft Erlangten als Gesamtheit.

Die **Erleichterung** bei der **Rechtsverfolgung** besteht für den Erben darin, dass er mit diesem 4 Anspruch alles herausverlangen kann, was der Erbschaftsbesitzer auf Grund seines vermeintlichen Erbrechts erlangt hat. Dem Erbschaftsbesitzer wird nach § 2030 der Erbschaftserwerber gleichgestellt. Im Unterschied zu Einzelklagen auf Herausgabe braucht der Erbe bei der Klage aus dem Erbschaftsanspruch nicht nachzuweisen, welches Recht dem Erblasser an den herausverlangten Nachlassgegenständen zustand. Er muss lediglich dartun (und ggf beweisen), dass er Erbe ist und der Beklagte etwas aus dem Nachlass erlangt hat. Die Realisierung des Erbschaftsanspruchs wird dem Erben dadurch erleichtert, dass er vom Erbschaftsbesitzer Auskunft über den Bestand der Erbschaft und den Verbleib einzelner Erbschaftsgegenstände verlangen kann (§ 2027 Abs 1). Dem Interesse des Erben, den Nachlass zumindest dem Wert nach vollständig zu erhalten, wird dadurch Rechnung getragen, dass sich die Herausgabepflicht des Erbschaftsbesitzers nicht auf das unmittelbar Erlangte beschränkt, sondern auf Ersatzgegenstände (§ 2019) und alle gezogenen Nutzungen (§ 2020) erstreckt wird. Vor Ablauf der Verjährungsfrist, die 30 Jahre beträgt (§ 197 Abs 1 Nr 2), kann sich der Erbschaftsbesitzer nicht auf Ersitzung berufen (§ 2026).

Der **gutgläubige Erbschaftsbesitzer** wird durch folgende Regelungen geschützt: Er haftet, soweit 5 ihm die Herausgabe der Nachlassgegenstände, der Surrogate und der gezogenen Nutzungen unmöglich geworden ist, nur nach Bereicherungsrecht (§ 2021), also mit der Möglichkeit, sich auf den Wegfall der Bereicherung nach § 818 Abs 3 zu berufen. Ferner kann der gutgläubige Erbschaftsbesitzer Ersatz aller Verwendungen verlangen, die er auf die Erbschaft gemacht hat (§ 2022). Dieser Anspruch ist durch ein Zurückbehaltungsrecht gesichert. Den Schutz des gutgläubigen Erbschaftsbesitzers gewährleistet die Regelung des § 2029 auch für den Fall, dass der Erbe nicht aus dem Gesamtanspruch vorgeht, sondern Einzelansprüche erhebt.

---

[1] Mot V S 575 ff.
[2] Mot V S 575 ff; Prot V S 696 ff.
[3] Zu Ausnahmen *Gursky*, FS v. Lübtow, 1991, S 211, 213 ff.
[4] *Weinkauf* S 173 ff kommt daher zu dem Ergebnis, der Erbschaftsanspruch sei als Sondernorm überflüssig; vgl demgegenüber *Staudinger/Gursky* Vor § 2018 Rn 19.
[5] Hinweise zur geschichtlichen Entwicklung und Rechtsvergleichung bei *Kipp/Coing* § 105 I; *v. Lübtow* II S 1037 ff.

6   **4. Rechtsnatur des Erbschaftsanspruchs.** Die Auffassung, dass es sich bei dem Erbschaftsanspruch um einen **einheitlichen** erbrechtlichen **Gesamtanspruch** handelt, der neben den Einzelansprüchen besteht, kann als allgemein anerkannt gelten[6]. Der Erbschaftsanspruch ist **teils dinglicher, teils obligatorischer Natur.** Der Unterschied zwischen dinglichem und obligatorischem Charakter des Anspruchs gewinnt Bedeutung bei der Einzelzwangsvollstreckung gegen den Erbschaftsbesitzer und bei dessen Insolvenz. Dingliche Ansprüche berechtigen zur Drittwiderspruchsklage nach § 771 ZPO und zur Aussonderung nach § 47 InsO. **Dinglichen** Charakter hat der Anspruch, soweit er auf Herausgabe des Erlangten (§ 2018), der Ersatzgegenstände (§ 2019) und der nicht in das Eigentum des Erbschaftsbesitzers gefallenen Früchte (§ 2020 HS 1) gerichtet ist. **Obligatorischen** Charakter haben dagegen der Anspruch auf Wertersatz nach §§ 2021, 818 Abs 2, die Ansprüche auf Schadensersatz nach §§ 2023 ff und der Anspruch auf Herausgabe der in das Eigentum des Erbschaftsbesitzers gefallenen Früchte (§ 2020 HS 2).

7   Der Erbschaftsanspruch kann **abgetreten**[7], verpfändet und gepfändet werden; er ist (aktiv und passiv) **vererbbar.** Auf ihn sind die allgemeinen Vorschriften des Schuldrechts anwendbar, auch soweit sein Inhalt dinglicher Natur ist[8].

II. Voraussetzungen des Erbschaftsanspruchs

8   **1. Gläubiger.** Gläubiger des Anspruchs (und damit aktiv legitimiert) ist der **Erbe.** Der Vorerbe hat den Anspruch bis zum Eintritt und der Nacherbe nach Eintritt des Nacherbfalls (Der Vorerbe ist im Verhältnis zum Nacherben jedoch nicht Erbschaftsbesitzer, vgl Rn 13). Ein **Miterbe** kann vor der Auseinandersetzung von Dritten wegen der gesamthänderischen Bindung nur die Herausgabe des aus der Erbschaft Erlangten an alle Erben (§ 2039 S 1) oder die Hinterlegung oder Verwahrung für alle Miterben (§ 2039 S 2) fordern. Ferner können den Anspruch erheben der Erwerber eines Erbteils (§ 2033) und der Gläubiger, der einen Erbteil gepfändet hat[9]. Dem Erbschaftskäufer steht der Anspruch erst zu, wenn er ihm durch den Verkäufer abgetreten wurde, wozu dieser nach § 2374 verpflichtet ist.

9   An Stelle des Erben können der verwaltende **Testamentsvollstrecker** (§§ 2211, 2212), der **Nachlassverwalter** (§ 1984) und der **Nachlassinsolvenzverwalter** (§ 80 InsO) während der Dauer ihres Amtes den Erbschaftsanspruch geltend machen. Streitig ist, ob auch der **Nachlasspfleger** als gesetzlicher Vertreter des unbekannten Erben diese Befugnis hat. Dagegen wird vorgebracht, der Nachlasspfleger habe schon einen Herausgabeanspruch aus § 1960, weil die Wahrnehmung seiner Aufgabe voraussetze, dass er den gesamten Nachlass in Besitz nehme. Der Nachlasspfleger sei nicht berufen, den für den Anspruch aus § 2018 vorgreiflichen Streit um das Erbrecht zur Entscheidung zu bringen[10]. Seit der BGH[11] den Herausgabeanspruch des Nachlasspflegers aus § 1960 auf die Surrogate (analog § 2019) ausgedehnt hat, besteht im Ergebnis zwischen beiden Auffassungen kaum noch ein Unterschied. Vorzuziehen ist die Lösung, die im Interesse einer umfassenden Sicherung des Nachlasses dem Nachlasspfleger einen Anspruch aus § 2018 zubilligt[12]. Dass der Nachlasspfleger keinen Rechtsstreit über das Erbrecht führen kann, steht dem nicht entgegen[13]. Das Erbrecht ist im Verfahren über den Erbschaftsanspruch nur eine Vorfrage; auch der Testamentsvollstrecker und der Nachlassverwalter sind zur Erhebung der Erbschaftsklage befugt, ohne einen Prozess über das Erbrecht führen zu können.

10 **2. Schuldner.** Schuldner des Erbschaftsanspruchs (und damit passiv legitimiert) ist, wer auf Grund eines ihm in Wirklichkeit nicht zustehenden Erbrechts etwas aus der Erbschaft erlangt hat (**Erbschaftsbesitzer**). Ihm steht nach § 2030 derjenige gleich, der die Erbschaft vom Erbschaftsbesitzer durch Vertrag erwirbt. Erbschaftsbesitz iS der §§ 2018 ff setzt ein **subjektives** und ein **objektives Element** voraus. Der Anspruchsgegner muss sich ein Erbrecht anmaßen (subjektive Voraussetzung) und auf Grund dieser Anmaßung etwas aus dem Nachlass erlangt haben (objektive Voraussetzung).

11 **a) Erbrechtsanmaßung.** Der Erbschaftsbesitzer muss etwas aus dem Nachlass auf Grund eines angemaßten Erbrechts erlangt haben. Ob er hinsichtlich des Erbrechts gut- oder bösgläubig ist, beeinflusst nur den Umfang der Haftung, nicht die Entstehung des Herausgabeanspruchs. Nach dem Zweck der Vorschrift ist als Erbschaftsbesitzer auch anzusehen, wer dem wahren Erben unter Berufung auf ein angebliches Erbrecht Nachlassgegenstände vorenthält, die er schon vor dem Erbfall, etwa aus Miete oder Verwahrung, besessen[14] oder die er ohne Erbrechtsanmaßung aus dem Nachlass erlangt hat[15]. Die §§ 2018 ff greifen in diesem Fall ab dem Zeitpunkt ein, in dem der Besitzer sich als Erbe geriert. **Kein Erbschaftsbesitzer** ist, wer einen Erbschaftsgegenstand besitzt, ohne ein Besitzrecht geltend zu machen, etwa der Dieb. Der Anspruch aus § 2018 ist ferner nicht gegeben, wenn der Besitzer des Nachlassgegenstands kein Erbrecht für sich in Anspruch nimmt, sondern sich auf seine Rechtsstellung als Eigentümer infolge Rechtsgeschäfts unter Lebenden oder durch Schenkung von Todes wegen oder

---

[6] Ausf zur Deutung des Erbschaftsanspruchs und zu älteren heute nicht mehr vertretenen Lehren *Staudinger/Gursky* Vor § 2018 Rn 14 ff; vgl auch *Maurer* S 31 ff, der den Erbschaftsanspruch als zusätzlichen Einzelanspruch ansieht.
[7] Einschr AK/*Wendt* Rn 5.
[8] *Staudinger/Gursky* Vor § 2018 Rn 20.
[9] RG WarnR 1911 Nr 139.
[10] RGRK/*Kregel* Rn 3; AnwK-BGB/*Fleindl* Rn 2; s auch BGH NJW 1972, 1752; NJW 1981, 2299, 2300; NJW 1983, 226.
[11] NJW 1983, 226, 227 m Anm *Dieckmann* FamRZ 1983, 582.
[12] So MünchKommBGB/*Helms* Rn 13; *Staudinger/Gursky* Rn 3; AK/*Wendt* Rn 17 f.
[13] *Staudinger/Gursky* Rn 3; *Soergel/Dieckmann* Rn 1.
[14] RGZ 81, 293, 294; KG OLGZ 1974, 17, 18.
[15] BGH NJW 1985, 3068, 3069; MünchKommBGB/*Helms* Rn 16; *Staudinger/Gursky* Rn 8; aA *Maurer* S 73.

als Besitzer auf Grund eines persönlichen oder dinglichen Rechts beruft. In diesen Fällen muss der Erbe Einzelklage erheben, wobei er uU zur Erleichterung der Rechtsverfolgung einen Auskunftsanspruch nach § 2027 Abs 2 (vgl dort Rn 8) geltend machen kann.

Die Anmaßung des Erbrechts muss nicht in einer wörtlichen Erklärung bestehen. Es genügt ein Verhalten, das einen sicheren Rückschluss darauf zulässt, dass jemand den Nachlass oder einen Nachlassbestandteil als Erbe beansprucht. Die Bezahlung von Schulden des Erblassers kann aus anderen Gründen erfolgen und reicht als Indiz daher nicht aus. Wer Nachlassgegenstände durch Erbrechtsanmaßung erlangt hat, später die Herausgabe aber nicht mehr wegen eines angeblichen Erbrechts, sondern unter Berufung auf einen Einzelerwerb oder ohne Angabe sonstiger Gründe verweigert, bleibt nach §§ 2018 ff verpflichtet[16]. Der Schuldner soll sich nicht nach Belieben durch Aufgabe der Erbrechtsanmaßung der Verpflichtung zur Herausgabe der Surrogate (§ 2019) und Nutzungen (§ 2020) entziehen können. 12

b) Einzelfälle. Wer sein Erbrecht durch **Erbunwürdigerklärung** (§ 2344) oder **Anfechtung** einer Verfügung von Todes wegen (§ 2078) rückwirkend verloren hat, haftet als Erbschaftsbesitzer, unabhängig davon, ob er sich weiterhin als Erbe aufführt[17]. Der **vorläufige Erbe,** der die Erbschaft ausgeschlagen hat, haftet trotz der Rückwirkung der Ausschlagung nicht nach §§ 2018 ff[18]. Seine Haftung ist abschließend in § 1959 geregelt. § 2018 greift allerdings dann ein, wenn der vorläufige Erbe nach der Ausschlagung zu Unrecht deren Wirksamkeit bestreitet und deshalb Nachlassgegenstände nicht herausgibt[19]. Der **Vorerbe** ist – auch wenn er den Eintritt des Nacherbfalls zu Unrecht bestreitet – im Verhältnis zum Nacherben nicht Erbschaftsbesitzer; seine Haftung bestimmt sich allein nach § 2130 der als lex specialis die §§ 2018 ff verdrängt[20]. Dagegen ist derjenige, der sich die ihm nicht zustehende Stellung eines Vorerben anmaßt, selbstverständlich Erbschaftsbesitzer[21]. Ein **Miterbe** kann einem anderen Miterben gegenüber den Anspruch geltend machen, wenn dieser für sich die Alleinerbenstellung reklamiert und deshalb Alleinbesitz begründet, nicht aber wenn er nur eine höhere als ihm zustehende Quote beansprucht[22]. Die Begründung von Alleinbesitz durch einen Miterben kann nur dann als Anmaßung einer Alleinerbenstellung verstanden werden, wenn sie mit der Negierung des den übrigen Miterben zustehenden Rechts zum Mitbesitz verbunden ist[23]. 13

Testamentsvollstrecker, Nachlasspfleger, Nachlassinsolvenz- und **Nachlassverwalter** sind keine Erbschaftsbesitzer im Verhältnis zum Erben, weil sie den Nachlass nicht auf Grund eines angemaßten Erbrechts, sondern kraft ihres Amtes besitzen. Der Erbe kann aber sowohl gegen den Testamentsvollstrecker als auch gegen den Nachlasspfleger – wenn diese sein Erbrecht bestreiten – Klage auf Feststellung des Erbrechts unter den Voraussetzungen des § 256 ZPO erheben[24]. 14

Der **Erbe des Erbschaftsbesitzers** haftet wie dieser, denn der Erbschaftsanspruch geht als Nachlassverbindlichkeit nach §§ 1922 Abs 1, 1967 Abs 1 auf ihn über. Der Erbe hat jedoch die Möglichkeit der Haftungsbeschränkung, solange er sich nicht das Erbrecht des Gläubigers des Erbschaftsanspruchs anmaßt. Er wird nur dann selbst Erbschaftsbesitzer, wenn er dem Gläubiger des Erbschaftsanspruchs die zu dessen Nachlass gehörenden Gegenstände mit der Begründung vorenthält, diese Erbschaft sei seinem Erblasser angefallen und stehe ihm deshalb als Erbes-Erben zu[25]. 15

3. Erlangung von Nachlassgegenständen. Der Erbschaftsbesitzer muss etwas aus der Erbschaft erlangt haben. Aus der Erbschaft erlangt ist **jeder Vermögensvorteil,** der aus dem Nachlass stammt oder mit Nachlassmitteln (§ 2019) erworben wurde. Häufig wird der Vermögensvorteil in dem Erwerb des (unmittelbaren oder mittelbaren) Besitzes an Nachlassgegenständen bestehen, auch in der Weise, dass er dem Erbschaftsbesitzer auf Grund der Erbrechtsanmaßung von einem Dritten oder dem Erben selbst übergeben worden ist. In Betracht kommt zB auch eine unrichtige Buchposition im Grundbuch[26] oder Handelsregister, die Befreiung von einer Schuld, ein Schuldanerkenntnis, eine Schuldurkunde als Beweismittel (Schuldschein). Blankoschecks, die der Erblasser dem vermeintlichen Erben mit der Maßgabe überlassen hat, dass dieser die Schecks nach dem Erbfall ausfüllen und einlösen solle, sind als aus der Erbschaft erlangt anzusehen und herauszugeben. Die nach dem Erbfall durch Einlösung erhaltene Schecksumme ist allerdings nicht unmittelbar iS von § 2018 erlangt[27]; sie fällt vielmehr unter § 2019[28]. Die Herausgabepflicht erstreckt sich nicht auf eine unwiderrufliche Vollmacht, die der Erblasser dem vermeintlichen Erben zur Erleichterung der Nachlassabwicklung eingeräumt hat[29]. 16

---

[16] BGH NJW 1985, 3068, 3069 m Anm *Dieckmann* FamRZ 1985, 1247; MünchKommBGB/*Helms* Rn 19; *Olzen* JuS 1989, 374, 375.
[17] BGH NJW 1985, 3068, 3069; Palandt/*Edenhofer* Rn 6; Hk-BGB/*Hoeren* Rn 2.
[18] *Soergel*/*Dieckmann* Rn 6; *Lange*/*Kuchinke* § 40 II 3; aA AK/*Wendt* Rn 24.
[19] MünchKommBGB/*Helms* Rn 19; *Soergel*/*Dieckmann* Rn 6; *Erman*/*Schlüter* Rn 2; aA Palandt/*Edenhofer* Rn 7; RGRK/*Kregel* Rn 5; *Brox* Rn 551: Haftung nur nach § 1959.
[20] BGH NJW 1983, 2874, 2875; *Staudinger*/*Gursky* Rn 17; *Erman*/*Schlüter* Rn 2; AK/*Wendt* Rn 8; aA RGRK/*Kregel* Rn 2, 6.
[21] OLG Bremen OLGR 2002, 187.
[22] *Staudinger*/*Gursky* Rn 13; AnwK-BGB/*Fleindl* Rn 14; aA – auch wenn der Miterbe sich ein weitergehendes Erbrecht anmaßt – RGRK/*Kregel* Rn 4; *Planck*/*Flad* Anm 1 a; *Kipp*/*Coing* § 105 II.
[23] BGH ZEV 2004, 378, 379.
[24] BGH NJW 1951, 559 betr Nachlasspfleger; RGRK/*Kregel* Rn 6; *Soergel*/*Dieckmann* Rn 8.
[25] MünchKommBGB/*Helms* Rn 21; *Staudinger*/*Gursky* Rn 8.
[26] Vgl BGH ZEV 2004, 378, 379.
[27] So aber KG NJW 1970, 329; RGRK/*Kregel* Rn 9; *Soergel*/*Dieckmann* Rn 11; jurisPK/*Ehm* Rn 28.
[28] MünchKommBGB/*Helms* Rn 22; *Staudinger*/*Gursky* Rn 24.
[29] *Staudinger*/*Gursky* Rn 28; aA *Wendt*, FS v. Lübtow, 1991, S 229, 230.

§ 2018

17 Der Anspruchsgegner muss den Vermögensvorteil gerade **aus der Erbschaft** erlangt haben. Insoweit genügt es, dass die von ihm in Besitz genommene Sache zwar nicht rechtlich, aber wenigstens der Besitzlage nach zum Nachlass gehörte[30].

18 Die hM will § 2018 auch auf den Fall anwenden, dass ein **Nachlassschuldner** dem Erben gegenüber die Erfüllung der Nachlassforderung mit der Begründung verweigert, die Verbindlichkeit sei durch Konfusion erloschen, weil er Erbe geworden sei[31]. Da der Schuldner nichts erlangt hat (die Verbindlichkeit besteht trotz Erbrechtsanmaßung weiter), passt die Vorschrift hier nicht. Wegen der vergleichbaren Interessenlage können indes einige Regelungen des Erbschaftsanspruchs (zB §§ 2020, 2022) analog angewandt werden[32].

III. Inhalt der Herausgabepflicht

19 Herauszugeben ist die **Gesamtheit der Vorteile**, die der Anspruchsgegner aus dem Nachlass erlangt hat. Der Umfang der Herausgabepflicht richtet sich nach der Art des Erlangten und den Veränderungen, die dieses nach dem Surrogationsprinzip (§ 2019) erfahren hat. § 2020 erstreckt die Herausgabepflicht auf Nutzungen. Ist der Erbschaftsbesitzer zur Herausgabe des primär Erlangten, der Surrogate und Nutzungen außerstande, tritt an die Stelle der Herausgabepflicht eine bereicherungsrechtliche Wertersatzpflicht (§ 2021) bzw eine Schadensersatzpflicht (§§ 2023 ff).

IV. Einwendungen des Erbschaftsbesitzers

20 Der als Erbschaftsbesitzer in Anspruch Genommene kann nicht nur die tatbestandlichen Voraussetzungen des § 2018 bestreiten, gegenüber dem Erbschaftsanspruch als Gesamtanspruch stehen ihm auch alle Einzeleinwendungen und -einreden aus seinem Verhältnis zum Erblasser oder zum Erben zu. Er kann hinsichtlich jeder herausverlangten Sache geltend machen, er sei auf Grund eines dinglichen oder eines gegenüber dem Erblasser oder dem Erben begründeten obligatorischen Rechts zum Besitz berechtigt. Ferner kann sich der Erbschaftsbesitzer gegenüber dem Erbschaftsanspruch auf ein **Zurückbehaltungsrecht** (§ 273 Abs 1) berufen[33]. Wegen eines Pflichtteils- oder Vermächtnisanspruchs steht dem Erbschaftsbesitzer allerdings kein Zurückbehaltungsrecht zu, weil der Erbe durch den Herausgabeanspruch in die Lage versetzt werden soll, die Nachlassverbindlichkeiten zu erfüllen[34]. Gegen die Ausübung eines Zurückbehaltungsrechts bestehen in diesem Fall jedoch keine Bedenken, wenn dadurch eine sinnvolle Nachlassabwicklung nicht gefährdet wird[35].

V. Prozessuale Fragen

21 **1. Klageantrag.** Die Qualifizierung als Gesamtanspruch darf nicht zu dem Schluss verleiten, der Erbe könne eine Klage auf „Herausgabe des Nachlasses" erheben. Auch bei Geltendmachung des Erbschaftsanspruchs müssen die **herausverlangten Gegenstände einzeln** angegeben werden (§ 253 Abs 2 Nr 2 ZPO). Die genaue Bezeichnung der herausverlangten Gegenstände im Klageantrag ist erforderlich für die Bestimmung des Umfangs der Rechtshängigkeit und der Rechtskraft sowie insbes für die Durchführung der Zwangsvollstreckung (§ 883 ZPO). Der Kläger kann den Antrag nach Rechtshängigkeit vervollständigen; eine Ergänzung der im Antrag bezeichneten Gegenstände stellt keine Klageänderung, sondern eine nach § 264 Nr 2 ZPO zulässige Klageerweiterung dar[36].

22 Ist der Erbe bei Klageerhebung nicht in der Lage, die herausverlangten Gegenstände anzugeben, was häufig der Fall sein wird, kann er die Klage auf Auskunft nach § 2027 Abs 1 mit der Herausgabeklage nach § 2018 verbinden (**Stufenklage** nach § 254 ZPO). In diesem Fall behält sich der Kläger die bestimmte Angabe im Klageantrag vor, bis das Bestandsverzeichnis vorgelegt und ggf die eidesstattliche Versicherung (vgl § 2027 Rn 7) geleistet worden ist. Besteht die Möglichkeit, dass der Erbschaftsbesitzer außer den im Klageantrag angegebenen noch weitere Gegenstände in Besitz hat, ist neben der Herausgabeklage ein Antrag auf Feststellung zulässig, dass der Beklagte zur Herausgabe aller weiteren aus der Erbschaft erlangten Gegenstände verpflichtet ist[37]. Denn nur durch eine solche Feststellungsklage kann erreicht werden, dass der Herausgabeanspruch hinsichtlich aller – auch der unbekannten – Gegenstände einheitlich in 30 Jahren nach § 197 Abs 1 Nr 3 verjährt.

23 **2. Rechtshängigkeit und Rechtskraft.** Rechtshängigkeit tritt nur für die im Klageantrag bezeichneten und für die später angegebenen Gegenstände ein. Die **Rechtskraft** eines Urteils erstreckt sich nur auf die im Tenor genannten Gegenstände (§ 322 ZPO). Dabei umfasst die Rechtskraft des stattgebenden Urteils nicht das Erbrecht des Klägers, da dieses nur eine Vorfrage für die Entscheidung über den Erbschaftsanspruch ist[38]. Eine in Rechtskraft erwachsende Feststellung seines Erbrechts kann

---

[30] *Staudinger/Gursky* Rn 31.
[31] RGRK/*Kregel* Rn 8; *Soergel/Dieckmann* Rn 6; *Kipp/Coing* § 106 I 4.
[32] MünchKommBGB/*Helms* Rn 24; *Staudinger/Gursky* Rn 26; abl AK/*Wendt* Rn 58.
[33] Näher *Dütz* NJW 1967, 1105.
[34] BGHZ 120, 96, 102 f; OLG Hamm MDR 1964, 151; KG OLGZ 1974, 17; *Erman/Schlüter* Rn 4; aA *Dütz* NJW 1967, 1105.
[35] MünchKommBGB/*Helms* Rn 27; *Staudinger/Gursky* Rn 37.
[36] MünchKommBGB/*Helms* Rn 28; *Staudinger/Gursky* Vor § 2018 Rn 20.
[37] MünchKommBGB/*Helms* Rn 29; *Lange/Kuchinke* § 40 III 2 a.
[38] AllgM; aA *Wieling* JZ 1986, 5, 11.

der Kläger durch eine mit der Herausgabeklage verbundene Feststellungsklage (§§ 256 Abs 1, 260 ZPO) oder durch Erhebung einer Zwischenfeststellungsklage nach § 256 Abs 2 ZPO erreichen.

3. Zuständigkeit. Für die Klage aus dem Erbschaftsanspruch steht neben dem allgemeinen Gerichtsstand des Beklagten (§§ 12 ff ZPO) der besondere **Gerichtsstand der Erbschaft** nach § 27 ZPO (Wohnsitz des Erblassers) zur Verfügung. Der letztgenannte Gerichtsstand gilt allerdings nicht für Einzelansprüche[39]. Der Gerichtsstand nach § 27 ZPO kann vor allem dann von Vorteil sein, wenn zum Nachlass mehrere, in verschiedenen Orten liegende Grundstücke gehören. Hier müssten die Einzelklagen auf Herausgabe oder Grundbuchberichtigung am ausschließlichen dinglichen Gerichtsstand des § 24 ZPO erhoben werden. § 27 ZPO regelt zugleich die internationale Zuständigkeit[40]. 24

4. Beweislast. Der Kläger muss sein **Erbrecht** und den **Erbschaftsbesitz** des Beklagten beweisen. 25

a) Erbrecht des Klägers. Zum Nachweis seines Erbrechts muss der Kläger den Tod des Erblassers 26
und den Berufungsgrund, auf den er sich stützt, dartun. Als gesetzlicher Erbe muss er nachweisen, dass er mit dem Erblasser verwandt bzw verheiratet war. Besondere, das Erbrecht des Klägers ausschließende Umstände muss der Beklagte behaupten und beweisen[41]. Stützt der Kläger sein Erbrecht auf eine Verfügung von Todes wegen, trägt er die Beweislast für deren formgerechte Errichtung und Inhalt. Die Vorlage eines Erbscheins begründet eine widerlegbare Vermutung für das Erbrecht des Klägers (§ 2365)[42]. Gelingt dem Kläger der Beweis seines Erbrechts nicht, ist die Klage abzuweisen, auch wenn die Erbenstellung des Klägers möglich und die des Beklagten ausgeschlossen erscheint[43].

b) Erbschaftsbesitz des Beklagten. Hinsichtlich des Erbschaftsbesitzes obliegt dem Kläger der 27
Nachweis, dass der Beklagte Nachlassgegenstände auf Grund einer Erbrechtsanmaßung erlangt hat. Der Kläger muss – und darin liegt ein Vorteil des Anspruchs aus § 2018 – nicht dartun, dass der Beklagte die Gegenstände noch besitzt[44]. Vielmehr muss der Beklagte behaupten und beweisen, dass er den Besitz an dem erlangten Gegenstand verloren hat und auch nicht mehr bereichert ist[45]. Die Nachlasszugehörigkeit eines Gegenstands muss der Kläger beweisen, wenn der Beklagte diese bestreitet[46]. Der Nachweis ist erbracht, wenn bewiesen wird, dass der Erblasser einst Berechtigter oder Besitzer (§ 1006 Abs 2) war; bis zum Nachweis des Rechtsverlustes wird Fortdauer der Berechtigung vermutet[47].

§ 2019 Unmittelbare Ersetzung

(1) Als aus der Erbschaft erlangt gilt auch, was der Erbschaftsbesitzer durch Rechtsgeschäft mit Mitteln der Erbschaft erwirbt.

(2) Die Zugehörigkeit einer in solcher Weise erworbenen Forderung zur Erbschaft hat der Schuldner erst dann gegen sich gelten zu lassen, wenn er von der Zugehörigkeit Kenntnis erlangt; die Vorschriften der §§ 406 bis 408 finden entsprechende Anwendung.

Schrifttum: *Martinek*, Der Kommanditanteil als Nachlaßsurrogat – ein neuer Konflikt zwischen Erb- und Gesellschaftsrecht?, ZGR 91, 74; *Strauch*, Mehrheitlicher Rechtssatz, 1972; *Wolf*, Prinzipien und Anwendungsbereich der dinglichen Surrogation, JuS 1975, 643, 710; 1976, 32; 104.

I. Normzweck und Anwendungsbereich

1. Normzweck. Die Regelung über die **unmittelbare dingliche** Ersetzung (**Surrogation**) soll 1
den wirtschaftlichen Wert des Nachlasses erhalten und den Zugriff des Erben auf den Nachlass in seinem wechselnden Bestand sichern. Alle Gegenstände (Sachen oder Forderungen), die der Erbschaftsbesitzer durch Rechtsgeschäft mit Nachlassmitteln erwirbt, gelten deshalb als erlangt iS des § 2018. Sie werden unabhängig vom Willen des Handelnden Nachlassbestandteil, und zwar in der Form, wie es die weggegebenen „Mittel" waren; ein Durchgangserwerb des Erbschaftsbesitzers findet nicht statt. Neben dem vom Gesetzgeber beabsichtigten Schutz des Erben, der vor allem in der Insolvenz des Erbschaftsbesitzers durch ein Aussonderungsrecht (§ 47 InsO) hinsichtlich dieser Ersatzgegenstände gesichert sein soll[1], liegt ein weiterer objektiver Zweck der Surrogation in der Erhaltung des Nachlasses in seinem wechselnden Bestand als Haftungsmasse für die Nachlassgläubiger. Die Zwangsvollstreckung von Eigengläubigern des Erbschaftsbesitzers in Ersatzgegenstände kann mit der Drittwiderspruchsklage (§ 771 ZPO) abgewehrt werden.

---

[39] *Staudinger/Gursky* Vor § 2018 Rn 24; *Stein/Jonas/Schumann* § 27 ZPO Rn 8.
[40] OLG Nürnberg OLGZ 1981, 115.
[41] *Baumgärtel/Schmitz*, HdB der Beweislast im Privatrecht, Bd 2, Rn 2; MünchKommBGB/*Helms* Rn 36.
[42] RGZ 92, 68, 71; *Soergel/Dieckmann* Rn 14; AnwK-BGB/*Fleindl* Rn 25; aA MünchKommBGB/*Helms* RN. 34; *Staudinger/Gursky* Rn 41.
[43] *Staudinger/Gursky* Rn 44; *Erman/Schlüter* Rn 6.
[44] *Baumgärtel/Schmitz* Rn 1.
[45] BGH NJW 1985, 3068, 3070 m Anm *Dieckmann* FamRZ 1985, 1247.
[46] BGH vom 16. 6. 1987, IVa ZR 256/85 (unveröffentlicht) nach *Schmidt-Kessel* WM 1988, Sonderbeilage Nr 8 S 5; OLG Oldenburg WM 1998, 2239 m Anm *Tiedtke* DB 1999, 2352; *Baumgärtel/Schmitz* Rn 6; näher AnwK-BGB/*Fleindl* Rn 28.
[47] *Lange/Kuchinke* § 40 II 2 b.
[1] Prot V S 713 f.

2 **2. Anwendungsbereich.** § 2019 regelt einen Fall der **rechtsgeschäftlichen Surrogation.** Vorausgesetzt wird ein Erwerb durch Rechtsgeschäft, für den der Erbschaftsbesitzer einen Nachlassgegenstand als Gegenleistung hingegeben hat (sog Mittelsurrogation). Für den Eintritt der Surrogation sind die Wertverhältnisse zwischen Nachlass- und Ersatzgegenstand unerheblich. Veräußert der Erbschaftsbesitzer den Ersatzgegenstand weiter, wiederholt sich die Surrogation (Kettensurrogation). Die dingliche Surrogation erfasst das durch das Rechtsgeschäft mit Nachlassmitteln Erworbene. Dies ist in erster Linie die rechtsgeschäftliche Gegenleistung für die weggegebenen Nachlassmittel.

3 Die **gesetzliche Surrogation** (vgl zB §§ 2041, 2111 Abs 1) ist in Abs 1 nicht genannt. Es ist jedoch anerkannt, dass dem Erben auch dasjenige anfällt, was der Erbschaftsbesitzer auf Grund eines zum Nachlass gehörenden Rechts oder als Ersatz für Beeinträchtigung, Zerstörung oder Entziehung eines Nachlassgegenstandes erwirbt[2]. Vielfach ergibt sich diese Rechtsfolge schon aus der Stellung des Erben als Eigentümer oder Inhaber der zum Nachlass gehörenden Sachen und Rechte. Eine dingliche Surrogation ist auch dann geboten, wenn an den Erbschaftsbesitzer in Erfüllung einer Nachlassforderung eine Leistung bewirkt wird, die (zB nach §§ 2019 Abs 2, 407, 2367) dem Erben gegenüber wirksam ist[3].

II. Voraussetzungen der Surrogation

4 **1. Gegenstand des Erwerbs.** Der Erwerb wird regelmäßig in der **Erlangung eines Rechts** bestehen; es kann aber auch eine unrichtige Grundbuchposition erworben werden[4]. Denkbare Ersatzgegenstände sind zB der Kaufpreis oder die Kaufpreisforderung für einen verkauften Nachlassgegenstand, die Mietforderung aus der Vermietung einer zum Nachlass gehörenden Sache oder die Forderung aus einem aus Erbschaftsmittel gegebenen Darlehen[5].

5 Ihre **Grenze** findet die Surrogation bei höchstpersönlichen Rechtspositionen[6], wie zB beim Nießbrauch und bei beschränkt persönlichen Dienstbarkeiten und Rechten, die Bestandteil eines dem Erbschaftsbesitzer gehörenden Grundstücks sind. Ausgeschlossen ist § 2019 Abs 1 aus tatsächlichen Gründen, wenn der erlangte Vorteil völlig in dem Eigenvermögen des Erbschaftsbesitzers aufgegangen ist, etwa wenn der Erbschaftsbesitzer eine eigene Schuld mit Mitteln des Nachlasses getilgt hat. Der Ausgleich erfolgt dann nach § 2021 (s dort Rn 2).

6 **2. Erwerb durch Rechtsgeschäft.** Der **Begriff des Rechtsgeschäfts** ist mit Rücksicht auf den Schutzzweck der Norm **weit auszulegen.** Von der Surrogation erfasst wird auch ein Gegenstand, den der Erbschaftsbesitzer im Wege der Zwangsversteigerung mit Nachlassmitteln erworben hat[7]. Die Zweckrichtung des Rechtsgeschäfts ist unerheblich; es muss sich nicht auf die Erbschaft beziehen. Auch die mit Nachlassmitteln erworbenen für den persönlichen Gebrauch des Erbschaftsbesitzers bestimmten Gegenstände werden Bestandteil des Nachlasses.

7 **3. Erwerb mit Mitteln der Erbschaft. a) Erbschaftsmittel.** Der Erwerb muss mit Mitteln der Erbschaft (Geld, bewegliche und unbewegliche Sachen, Forderungen und sonstige Rechte) erfolgt sein. Einprägsam wird von der „Aufopferung" von Erbschaftsmitteln für den Erwerb gesprochen[8]. Die Surrogation erstreckt sich nicht auf Gegenstände, die der Erbschaftsbesitzer mit eigenen Mitteln für den Nachlass erworben hat. Wird der erworbene Gegenstand zum Teil mit Eigenmitteln des Erbschaftsbesitzers bezahlt, so entsteht Miteigentum im Verhältnis der Anteile (§§ 741 ff).

8 **b) Wirksame Verfügung.** Streitig ist, ob der Ersetzungserwerb nur bei einer von vornherein **wirksamen Verfügung** des Erbschaftsbesitzers über die Erbschaftsmittel eintritt. Die heute hM bejaht eine Surrogation auch bei einer unwirksamen Verfügung des Erbschaftsbesitzers[9], weil wirtschaftlich gesehen Mittel des Nachlasses für den Erwerb hingegeben worden seien. Einigkeit besteht darüber, dass der Erbe nicht vom Erbschaftsbesitzer das Surrogat und zugleich vom Vertragspartner des Erbschaftsbesitzers den Nachlassgegenstand herausverlangen kann. Fordert der Erbe den Ersatzgegenstand vom Erbschaftsbesitzer, liegt darin die (durch die tatsächliche Herausgabe) aufschiebend bedingte Genehmigung der unwirksamen Verfügung[10].

9 **c) Ursächlichkeit zwischen Verfügung und Erwerb.** Zwischen der Verfügung über Nachlassmittel und dem Erwerb des Ersatzgegenstandes muss ein **Zusammenhang** bestehen. Dieser muss nicht unbedingt ein rechtlicher, aber doch wenigstens ein enger wirtschaftlicher sein, so dass sich die Verfügung über Erbschaftsmittel und der Erwerb als Austauschvorgang darstellen[11]. Bringt ein Erbschaftsbesitzer Nachlassgegenstände in eine Kommanditgesellschaft ein und wird er Kommanditist,

---

[2] Prot V S 711; MünchKommBGB/*Helms* Rn 4; *Staudinger/Gursky* Rn 20; *Wolf* JuS 1975, 710, 713.
[3] *Staudinger/Gursky* Rn 20; MünchKommBGB/*Helms* Rn 4; *Wolf* JuS 1975, 710, 713.
[4] MünchKommBGB/*Helms* Rn 5; *Brox* Rn 552; einschr *Staudinger/Gursky* Rn 10.
[5] Weitere Beispiele bei *Staudinger/Gursky* Rn 21.
[6] MünchKommBGB/*Helms* Rn 6; *Staudinger/Gursky* Rn 9.
[7] *Staudinger/Gursky* Rn 18; *Lange/Kuchinke* § 41 III 2 d; aA RGZ 136, 353, 357 zu § 2111.
[8] RGRK/*Kregel* Rn 3; *Staudinger/Gursky* Rn 11; gegen diese Formulierung AK/*Wendt* Rn 9 f.
[9] *Soergel/Dieckmann* Rn 3; *Erman/Schlüter* Rn 1; AK/*Wendt* Rn 11; aA *Staudinger/Gursky* Rn 12; AnwK-BGB/*Fleindl* Rn 11.
[10] RGRK/*Kregel* Rn 2. Zur Frage, ob der Erbe die Herausgabe des Ersatzgegenstandes nur Zug um Zug gegen die Erteilung der Genehmigung fordern kann, vgl MünchKommBGB/*Helms* Rn 11; *Erman/Schlüter* Rn 1.
[11] *Staudinger/Gursky* Rn 15; jurisPK/*Ehm* Rn 9.

III. Rechtsfolgen

§ 2019 ist – im Gegensatz etwa zu § 816 Abs 1 S 1, der einen Fall der obligatorischen Surrogation regelt – keine selbstständige Anspruchsgrundlage. Die durch Rechtsgeschäft mit Mitteln der Erbschaft erworbenen Gegenstände fallen **unmittelbar** dem Erben an, so dass er Herausgabe nach § 2018 verlangen kann. Ein Durchgangserwerb des Erbschaftsbesitzers findet nicht statt. Eine **Ausnahme** vom Grundsatz des unmittelbaren Erwerbs gilt für **Kreditgeschäfte,** bei denen der Erbschaftsbesitzer seine Leistung nicht sofort mit Nachlassmitteln bewirkt. Hier lässt sich ein Durchgangserwerb nicht vermeiden; zunächst erwirbt der Erbschaftsbesitzer die Forderung oder den an ihn geleisteten Gegenstand[13]. Erbringt er später die ihm obliegende Leistung aus Mitteln der Erbschaft, so fällt der Anspruch gegen den Vertragspartner in den Nachlass; ein bereits an den Erbschaftsbesitzer geleisteter Gegenstand wird nun Eigentum des Erben. 10

IV. Schutz gutgläubiger Dritter

Der Erbschaftsbesitzer verfügt als Nichtberechtigter; für Dritte gelten die allgemeinen Vorschriften über den **Schutz des guten Glaubens** (§§ 892, 893, 932 ff, 1138, 1155, 1207, 2366, 2367). An beweglichen Sachen kann der gutgläubige Dritte allerdings kein Eigentum erwerben, da der Erbe nach § 857 Besitzer geworden ist und die Sachen deshalb als abhanden gekommen anzusehen sind. Der redliche Dritte wird geschützt, wenn der Erbschaftsbesitzer durch einen Erbschein ausgewiesen war (§ 2366). Der Schuldner einer Nachlassforderung wird durch Leistung an den durch einen Erbschein ausgewiesenen Erbschaftsbesitzer frei (§ 2367). 11

Einen weitergehenden Schutz gewährt § 2019 Abs 2 dem **Schuldner einer Forderung,** die der Erbschaftsbesitzer im eigenen Namen durch Rechtsgeschäft mit Nachlassmitteln begründet hat und die nach § 2019 Abs 1 dem Erben zusteht. Der Schuldner muss die Surrogation und die daraus folgende Zugehörigkeit der Forderung zum Nachlass erst dann gegen sich gelten lassen, wenn er von der Zugehörigkeit Kenntnis erlangt hat. Solange der Schuldner nicht positiv weiß, dass die Forderung mit Mitteln der Erbschaft erworben wurde und der Erbschaftsbesitzer nicht der Erbe ist, darf er den Erbschaftsbesitzer als seinen Gläubiger betrachten. Aus dieser Regelung folgt, dass der Schuldner nach § 404 dem Erben alle Einwendungen entgegenhalten kann, die bis zum Zeitpunkt der Kenntniserlangung gegenüber dem Erbschaftsbesitzer entstanden waren. 12

Zum **Schutz des Schuldners** gelten ferner die **§§ 406 bis 408.** Der Schuldner kann also mit einer ihm gegen den Erbschaftsbesitzer zustehenden Forderung gegenüber dem Erben aufrechnen, sofern er nicht bei ihrem Erwerb von der Zugehörigkeit der Gegenforderung zum Nachlass Kenntnis hatte oder seine Forderung erst nach Erlangung der Kenntnis und später als die Erbschaftsforderung fällig geworden ist (§ 406). Nicht anwendbar ist dagegen § 405, weil § 2019 Abs 2 den Schuldner und nicht den Erben schützen will[14]. 13

§ 2020 Nutzungen und Früchte

Der Erbschaftsbesitzer hat dem Erben die gezogenen Nutzungen herauszugeben; die Verpflichtung zur Herausgabe erstreckt sich auch auf Früchte, an denen er das Eigentum erworben hat.

I. Normzweck und Anwendungsbereich

Die Vorschrift erstreckt die Herausgabepflicht auf alle Nutzungen (§ 100), die der Erbschaftsbesitzer aus Nachlassgegenständen gezogen hat. Dies entspricht im Wesentlichen der Rechtslage im Eigentümer-Besitzer-Verhältnis. Der Herausgabeanspruch kann dinglicher oder schuldrechtlicher Natur sein[1]. Die Haftung des Erbschaftsbesitzers verschärft sich mit Eintritt der Rechtshängigkeit (§ 2023) oder der Kenntniserlangung von der Unrechtmäßigkeit des Besitzes (§ 2024 S 2). 1

II. Nutzungen

Herauszugeben sind die unmittelbaren und mittelbaren **Sachfrüchte,** die **Rechtsfrüchte** und die **Gebrauchsvorteile** (§§ 100, 99). Die unmittelbaren Sachfrüchte fallen mit der Trennung in das Eigentum des Erben (§§ 953 ff), soweit nicht der gutgläubige Erbschaftsbesitzer nach § 955 das Eigen- 2

---

[12] BGHZ 109, 214 = LM Nr 2 = NJW 1990, 514 m Bespr *Martinek* ZGR 1991, 74. Der Auffassung des BGH hat sich das OLG Düsseldorf (FamRZ 1992, 600) angeschlossen. Der Rspr zust Erman/*Schlüter* Rn 1; AnwK-BGB/*Fleindl* Rn 16; abl *Staudinger*/*Gursky* Rn 16; MünchKommBGB/*Helms* Rn.13.
[13] MünchKommBGB/*Helms* Rn 14; *Staudinger*/*Gursky* Rn 4; Erman/*Schlüter* Rn 1; aA Soergel/*Dieckmann* Rn 1; AK/*Wendt* Rn 4 f; *Ebenroth* Rn 1022.
[14] RGRK/*Kregel* Rn 4; Soergel/*Dieckmann* Rn 9.
[1] Eingehend *Staudinger*/*Gursky* Rn 2.

tum erwirbt[2]. Während der Erbe im ersten Fall einen dinglichen Herausgabeanspruch gegen den Erbschaftsbesitzer hat, steht ihm im zweiten Fall ein schuldrechtlicher Anspruch auf Übereignung der Früchte nach § 2020 HS 2 zu. Mittelbare Sachfrüchte (etwa eine Mietforderung) und Rechtsfrüchte erwirbt der Erbe kraft Surrogation (§ 2019)[3]. Der Anspruch auf Herausgabe dieser Früchte hat dinglichen Charakter. Hinsichtlich Gebrauchsvorteilen einer Nachlasssache besteht ein schuldrechtlicher Anspruch des Erben, der auf Herausgabe der Bereicherung gerichtet ist (§§ 2021, 818 Abs 2).

III. Herausgabe in Natur

3   Gegenstand des Anspruchs sind die Nutzungen, soweit sie noch vorhanden sind, in Natur. Ist dem Erbschaftsbesitzer die Herausgabe unmöglich, so haftet er gemäß § 2021 nach bereicherungsrechtlichen Grundsätzen. Dies gilt auch für den obligatorischen Herausgabeanspruch aus § 2020 HS 2[4]. Für schuldhaft nicht gezogene Nutzungen haftet der gutgläubige Erbschaftsbesitzer nicht.

§ 2021 Herausgabepflicht nach Bereicherungsgrundsätzen

Soweit der Erbschaftsbesitzer zur Herausgabe außerstande ist, bestimmt sich seine Verpflichtung nach den Vorschriften über die Herausgabe einer ungerechtfertigten Bereicherung.

I. Normzweck

1   § 2021 beschränkt die Herausgabepflicht des gutgläubigen, nichtverklagten Erbschaftsbesitzers dem Umfang nach auf eine Haftung nach den Grundsätzen des Bereicherungsrechts. Die Verweisung auf das Bereicherungsrecht bezieht sich nur auf die §§ 818 ff, es handelt sich also um eine **Rechtsfolgenverweisung**[1]. § 2021 enthält ein Haftungsprivileg für den **gutgläubigen** und noch **nicht verklagten Erbschaftsbesitzer**; dieser darf nicht nach §§ 2023 bis 2025 verschärft haften.

II. Voraussetzungen der Bereicherungshaftung

2   Die nach §§ 2018 bis 2020 geschuldete **Herausgabe** des Erlangten in Natur muss dem Erbschaftsbesitzer **unmöglich** sein. Der Grund für die Unmöglichkeit der Herausgabe spielt keine Rolle. Die Unmöglichkeit kann darauf beruhen, dass die Nachlasssache zerstört oder vom Erbschaftsbesitzer verbraucht oder veräußert wurde[2*]. Keine Unmöglichkeit liegt vor, wenn nach § 2019 Surrogation eingetreten und der Ersatzgegenstand noch vorhanden oder wenn durch Verbindung, Vermischung oder Vermengung (§§ 947 f) Miteigentum des Erbschaftsbesitzers entstanden ist[3*]. Die Herausgabe ist dagegen unmöglich, wenn der Erbschaftsbesitzer mit Mitteln der Erbschaft ein höchstpersönliches Recht erworben hat oder das Erlangte völlig in seinem Eigenvermögen aufgegangen ist (vgl § 2019 Rn 5). War der ursprüngliche Anspruch auf Herausgabe von Geld gerichtet und hat der Erbschaftsbesitzer dieses ausgegeben, so kann er sich auf Wegfall der Bereicherung berufen (§ 818 Abs 3).

III. Haftung nach Bereicherungsgrundsätzen

3   **1. Wertersatz.** Die Verweisung auf die §§ 818 ff hat zur Folge, dass der Erbschaftsbesitzer nach § 818 Abs 2 Wertersatz schuldet, wenn ihm die Herausgabe des Erlangten unmöglich ist.

4   **2. Wegfall der Bereicherung.** Die Verpflichtung zum Wertersatz entfällt, wenn der Erbschaftsbesitzer nicht mehr bereichert ist (§ 818 Abs 3). Dabei ist auf die Vermögensmehrung abzustellen, die dem Erbschaftsbesitzer durch die Erbschaft insgesamt zugeflossen ist und nach Abzug aller Ausgaben aus dem Eigenvermögen, die der Erbschaftsbesitzer im Vertrauen auf die Beständigkeit des Erbschaftserwerbs gemacht hat, noch vorhanden ist. Veräußert der Erbschaftsbesitzer Nachlassgegenstände, oder verwendet er den Erlös zur Verbesserung seiner Lebenssituation oder um sich eine (sonst nicht getätigte) Luxusausgabe zu leisten, ist er lediglich um die ersparten normalen Lebenshaltungskosten bereichert; iÜ liegt Wegfall der Bereicherung vor[4*].

5   **Verwendungen** auf die Erbschaft sind als Wegfall der Bereicherung zu berücksichtigen[5]. Dies gilt auch für Kosten eines Rechtsstreits, den der (gutgläubige) Erbschaftsbesitzer geführt hat, um sich den Besitz der Erbschaft zu sichern oder zu erhalten. Dagegen sind Aufwendungen, die der Erbschaftsbesitzer gemacht hat, um in den Besitz der Erbschaft zu gelangen, nicht abzugsfähig[6].

---

[2] *Wendt*, FS v. Lübtow, 1991, S 229, 233 geht trotz § 955 davon aus, dass die Früchte stets dinglich dem Nachlass zuzuordnen sind.
[3] MünchKommBGB/*Helms* Rn 4; *Staudinger/Gursky* Rn 3 f; jurisPK/*Ehm* Rn 4; aA *Planck/Flad* Anm 2 c; *Weinkauf* S 119 ff.
[4] *Staudinger/Gursky* Rn 6; *Maurer* S 155 ff.
[1] *Staudinger/Gursky* Rn 5; *Soergel/Dieckmann* Rn 1.
[2*] Weitere Anwendungsfälle bei *Staudinger/Gursky* Rn 3.
[3*] Im letztgenannten Fall ist dieses Miteigentum herauszugeben, RGRK/*Kregel* Rn 3.
[4*] *Staudinger/Gursky* Rn 7.
[5] RGRK/*Kregel* Rn 5; MünchKommBGB/*Helms* Rn 6.
[6] MünchKommBGB/*Helms* Rn 6; *Soergel/Dieckmann* Rn 5; zT aA *Brox* Rn 555.

3. Unentgeltliche Zuwendung an Dritte. Bei einer unentgeltlichen Zuwendung des Erlangten 6
an einen Dritten gilt § 822. Gegen den Dritten besteht ferner ein Anspruch aus § 816 Abs 1 S 2, wenn
der Erbschaftsbesitzer als Nichtberechtigter wirksam über den Nachlassgegenstand verfügt hat.

4. Haftungsverschärfung. Vom Eintritt der Rechtshängigkeit des Anspruchs aus § 2021 an haftet 7
der Erbschaftsbesitzer verschärft nach §§ 818 Abs 4, 291. § 819 Abs 1 wird durch § 2024 verdrängt,
der als Spezialvorschrift die Ansprüche des Erben gegen den bösgläubigen Erbschaftsbesitzer abschließend regelt[7].

IV. Beweislast

Die **Beweislastverteilung** folgt allgemeinen Regeln. Der Kläger muss die Unmöglichkeit der 8
Herausgabe und den objektiven Wert des nicht (oder nicht mehr) herausgebbaren Nachlassgegenstands
oder des aus dem Nachlass erlangten Vorteils beweisen. Den Wegfall der Bereicherung hat als rechtsvernichtende Einwendung der Beklagte zu beweisen; der Kläger demgegenüber wieder den Eintritt der
Haftungsverschärfung vor Bereicherungswegfall.

§ 2022 Ersatz von Verwendungen und Aufwendungen

(1) ¹Der Erbschaftsbesitzer ist zur Herausgabe der zur Erbschaft gehörenden Sachen nur
gegen Ersatz aller Verwendungen verpflichtet, soweit nicht die Verwendungen durch Anrechnung auf die nach § 2021 herauszugebende Bereicherung gedeckt werden. ²Die für den
Eigentumsanspruch geltenden Vorschriften der §§ 1000 bis 1003 finden Anwendung.

(2) Zu den Verwendungen gehören auch die Aufwendungen, die der Erbschaftsbesitzer zur
Bestreitung von Lasten der Erbschaft oder zur Berichtigung von Nachlassverbindlichkeiten
macht.

(3) Soweit der Erbe für Aufwendungen, die nicht auf einzelne Sachen gemacht worden
sind, insbesondere für die im Absatz 2 bezeichneten Aufwendungen, nach den allgemeinen
Vorschriften in weiterem Umfang Ersatz zu leisten hat, bleibt der Anspruch des Erbschaftsbesitzers unberührt.

I. Normzweck

§ 2022 stellt den **gutgläubigen, unverklagten Erbschaftsbesitzer** wegen der Verwendungen 1
besser als den der Eigentumsklage ausgesetzten Besitzer einer Einzelsache. Weil der Erbschaftsbesitzer
nach § 2020 alle Nutzungen herausgeben muss, kann er Ersatz aller Verwendungen nach den §§ 1000
bis 1003 verlangen, soweit die Verwendungen nicht bereits durch Anrechnung auf die nach § 2021
herauszugebende Bereicherung gedeckt sind.

II. Anwendungsbereich

Nach dem Wortlaut steht der Anspruch auf Verwendungsersatz dem Erbschaftsbesitzer nur gegen- 2
über dem **dinglichen Anspruch auf Herausgabe** der „zur Erbschaft gehörenden Sachen" zu. Nach
allgemeiner Auffassung gilt die Vorschrift jedoch entspr., wenn der Anspruch auf Berichtigung des
Grundbuchs gerichtet ist und für den schuldrechtlichen Anspruch auf Herausgabe der Früchte, an denen
der Erbschaftsbesitzer Eigentum erworben hat (§ 2020 HS 2)[1]. Der gutgläubige unverklagte Erbschaftsbesitzer stünde sonst schlechter als der bösgläubige, der mangels Eigentumserwerbs dem dinglichen
Anspruch ausgesetzt ist und diesem jedenfalls die Rechte aus §§ 2023 Abs 2, 994 Abs 2, 995, 998
entgegenhalten kann. Zu versagen ist der Verwendungsersatzanspruch aus § 2022 gegenüber dem
schuldrechtlichen Anspruch auf Herausgabe der Bereicherung (§ 2021). Hier führt jedoch die Berücksichtigung aller auf den Nachlass gemachten Verwendungen als Minderung der Bereicherung (vgl
§ 2021 Rn 4) wirtschaftlich zum gleichen Ergebnis[2].

III. Voraussetzungen des Verwendungsersatzanspruchs

Verwendungen iSd § 2022 sind alle freiwilligen Aufwendungen des Erbschaftsbesitzers aus seinen 3
Mitteln, die einer einzelnen Nachlasssache oder dem Nachlass als ganzem zugute kommen sollen (zum
Begriff der Verwendung s § 994). Dazu zählen auch die Kosten für die Gewinnung der nach § 2020
herauszugebenden Früchte; § 2022 verdrängt als Spezialvorschrift die §§ 102 und 998[3]. Ersetzt werden
alle Verwendungen, gleichgültig, ob sie notwendig, nützlich oder werterhöhend waren. Die Aufwendungen des Erbschaftsbesitzers müssen sich jedoch stets auf Nachlasssachen (oder die Erbschaft als
Ganzes), nicht notwendig auf die herausverlangte Sache beziehen. Aufwendungen, die im Vertrauen
auf die Beständigkeit des Erbschaftserwerbs auf eigene Sachen gemacht wurden, sind keine erstattungsfähigen Verwendungen. Diese Aufwendungen kann der Erbschaftsbesitzer lediglich als Minderung der

---

[7] MünchKommBGB/*Helms* Rn 8; *Erman/Schlüter* Rn 2.
[1] MünchKommBGB/*Helms* Rn 2; *Staudinger/Gursky* Rn 2; *Brox* Rn 559.
[2] *Staudinger/Gursky* Rn 2.
[3] MünchKommBGB/*Helms* Rn 3; *Staudinger/Gursky* Rn 7.

Bereicherung im Rahmen des § 2021 geltend machen. Keine Verwendung ist die vom Erbschaftsbesitzer eingesetzte Arbeitskraft ohne Verdienstausfall[4].

4   Nach **§ 2022 Abs 2** zählen zu den Verwendungen auch die Aufwendungen, die der Erbschaftsbesitzer zur Bestreitung von Erbschaftslasten oder Berichtigung von Nachlassverbindlichkeiten macht. Darunter fällt zB die Bezahlung von Erbschaftssteuerschulden aus Eigenmitteln des Erbschaftsbesitzers. Der Regelung liegt die Vorstellung zugrunde, dass die Nachlassverbindlichkeit auf Grund der Zahlung des Erbschaftsbesitzers erlischt und deshalb die Zahlung eine Verwendung auf die Erbschaft darstellt. Da der Erbschaftsbesitzer aber auf eine vermeintlich eigene Schuld leistet, steht der Annahme der Schuldtilgung § 267 entgegen, wonach die Leistung eines Dritten nur bei erkennbarem Fremdleistungswillen zum Erlöschen der Schuld führt. Man wird § 2022 Abs 2 so verstehen müssen, dass der Erbschaftsbesitzer durch die nachträgliche Bestimmung, die Leistung solle als für den Erben erbracht gelten, die Erfüllungswirkung herbeiführen und sodann Verwendungsersatz vom Erben verlangen kann[5]. Der Erbschaftsbesitzer kann statt gegen den Erben auch gegen den Nachlassgläubiger aus Leistungskondiktion (§ 812 Abs 1 S 1) vorgehen.

5   Der Erbschaftsbesitzer muss die Verwendungen **vor Rechtshängigkeit** und **vor Eintritt** seiner **Bösgläubigkeit** gemacht haben. Die Verwendungen dürfen nicht durch Anrechnung auf die nach § 2021 herauszugebende Bereicherung gedeckt sein, was § 2022 Abs 1 HS 2 (überflüssigerweise) ausdrücklich hervorhebt.

IV. Durchsetzung des Anspruchs

6   Der Anspruch auf Verwendungsersatz ist nach den für den Eigentumsanspruch geltenden Vorschriften der **§§ 1000 bis 1003** geltend zu machen. Im Einzelnen bedeutet dies:

7   **1. Zurückbehaltungsrecht.** Der Erbschaftsbesitzer hat ein Zurückbehaltungsrecht an allen herauszugebenden Sachen (§ 1000). Dabei ist nicht entscheidend, ob die Verwendungen auf die herausverlangten Sachen oder andere, nicht mehr vorhandene Gegenstände oder die Erbschaft im ganzen gemacht wurden[6]. Das Zurückbehaltungsrecht besteht nicht, wenn der Erbschaftsbesitz durch eine vorsätzlich begangene unerlaubte Handlung erlangt wurde (§ 1000 S 2).

8   **2. Klage auf Verwendungsersatz.** Der Erbschaftsbesitzer hat einen innerhalb der Ausschlussfrist des § 1002 mit der Klage geltend zu machenden Anspruch auf Verwendungsersatz nach § 1001 S 1, wenn der Erbe die Verwendungen genehmigt oder die Sache durch Herausgabe von dem Erbschaftsbesitzer oder in sonstiger Weise wiedererlangt hat. Abzustellen ist hierbei auf die Sache, auf die sich die Verwendung bezieht[7]. Der Wiedererlangung der Sache steht die Erlangung des Surrogats (§ 2019) oder des Werts der Sache (§ 2021) gleich. Bei Verwendungen auf die Erbschaft im Ganzen kann der Erbschaftsbesitzer Verwendungsersatz erst verlangen, wenn der Erbschaftsanspruch insgesamt erfüllt worden ist. Die **Ausschlussfrist** nach **§ 1002,** die bei beweglichen Sachen einen Monat und bei Grundstücken sechs Monate beträgt, beginnt bei Verwendungen auf einzelne Nachlasssachen mit der Herausgabe dieser Sachen, bei Verwendungen auf die Erbschaft im ganzen mit der Herausgabe des letzten Nachlassgegenstandes. Von dem Anspruch auf Verwendungsersatz kann sich der Erbe nach § 1001 S 2 durch Rückgabe des erlangten Nachlassgegenstandes befreien; dabei ist stets die Rückgabe aller wiedererlangten Nachlasssachen erforderlich[8].

9   **3. Befriedigungs- und Wegnahmerecht.** Dem Erbschaftsbesitzer steht ein pfandähnliches **Befriedigungsrecht** nach § 1003 an allen noch in seinem Besitz befindlichen Erbschaftssachen und darüber hinaus in entspr Anwendung der §§ 997, 258 ein **Wegnahmerecht** zu[9].

V. Weitergehende Ansprüche

10 Nach **§ 2022 Abs 3** bleiben dem Erbschaftsbesitzer alle weiteren Ansprüche vorbehalten, die er nach allgemeinen Vorschriften gegen den Erben wegen seiner nicht auf einzelne Sachen gemachten Aufwendungen hat. Gemeint sind damit Aufwendungen auf die gesamte Erbschaft oder auf unkörperliche Nachlassbestandteile (zB Zahlung von Patentgebühren). In Betracht kommen nur Ansprüche aus ungerechtfertigter Bereicherung, nicht dagegen Ansprüche aus Geschäftsführung ohne Auftrag, weil der Erbschaftsbesitzer kein fremdes Geschäft führen will[10].

VI. Beweislast

11 Der **Erbschaftsbesitzer** muss **beweisen,** dass er auf einen Nachlassgegenstand oder die Erbschaft im ganzen Verwendungen gemacht hat. Dem Erben obliegt der Nachweis, dass die Verwendungen bereits durch Anrechnung auf die nach § 2021 herauszugebende Bereicherung gedeckt sind. Soweit der

---

[4] KG OLGZ 1974, 17, 19; OLG Düsseldorf FamRZ 1992, 600, 602; *Staudinger/Gursky* Rn 3; abw Münch-KommBGB/*Helms* Rn 3.
[5] MünchKommBGB/*Helms* Rn 5; *Soergel/Dieckmann* Rn 2; *Staudinger/Gursky* Rn 6.
[6] *Soergel/Dieckmann* Rn 6; *Erman/Schlüter* Rn 1.
[7] MünchKommBGB/*Helms* Rn 11; *Erman/Schlüter* Rn 4; einen anderen Ansatz verfolgt *Staudinger/Gursky* Rn 10.
[8] MünchKommBGB/*Helms* Rn 11; *Staudinger/Gursky* Rn 10; diff *Soergel/Dieckmann* Rn 7; jurisPK/*Ehm* Rn 8.
[9] *Staudinger/Gursky* Rn 11; *Brox* Rn 560.
[10] MünchKommBGB/*Helms* Rn 14; *Erman/Schlüter* Rn 6; aA *Brox* Rn 560.

Erbschaftsbesitzer den ihm nach Abs 3 vorbehaltenen Bereicherungsanspruch geltend macht, muss er dessen Voraussetzungen dartun.

§ 2023 Haftung bei Rechtshängigkeit, Nutzungen und Verwendungen

(1) Hat der Erbschaftsbesitzer zur Erbschaft gehörende Sachen herauszugeben, so bestimmt sich von dem Eintritt der Rechtshängigkeit an der Anspruch des Erben auf Schadensersatz wegen Verschlechterung, Untergangs oder einer aus einem anderen Grund eintretenden Unmöglichkeit der Herausgabe nach den Vorschriften, die für das Verhältnis zwischen dem Eigentümer und dem Besitzer von dem Eintritt der Rechtshängigkeit des Eigentumsanspruchs an gelten.

(2) Das Gleiche gilt von dem Anspruch des Erben auf Herausgabe oder Vergütung von Nutzungen und von dem Anspruch des Erbschaftsbesitzers auf Ersatz von Verwendungen.

I. Normzweck

Der verklagte Erbschaftsbesitzer weiß oder er muss damit rechnen, dass ein anderer Erbe ist. Mit dem Eintritt der Rechtshängigkeit des Erbschaftsanspruchs verschlechtert sich daher seine rechtliche Stellung. Seine Haftung und seine Rechte wegen Verwendungen bestimmen sich von nun an – in dem Umfang, in dem der Erbschaftsanspruch rechtshängig geworden ist (vgl § 2018 Rn 23) – nach den für den Prozessbesitzer geltenden **Vorschriften des Eigentümer-Besitzer-Verhältnisses**. 1

II. Voraussetzungen

Rechtshängigkeit tritt nach §§ 261 Abs 1, 253 Abs 1 ZPO mit Zustellung der Klageschrift ein (für erst im Laufe des Prozesses erhobene Ansprüche gilt § 261 Abs 2 ZPO). Klagerücknahme und rechtskräftige Klageabweisung beseitigen die Haftungsverschärfung rückwirkend. 2

Auf den **Bereicherungsanspruch** gemäß § 2021 ist § 2023 nicht anzuwenden. Für diesen Anspruch ergeben sich die Folgen der Rechtshängigkeit aus **§ 818 Abs 4**, der auf die §§ 291, 292 verweist. Der stets auf Wertersatz gerichtete Bereicherungsanspruch aus § 2021 wird mit Eintritt der Rechtshängigkeit der Höhe nach fixiert, so dass danach die Berufung auf den Wegfall der Bereicherung nicht mehr möglich ist[1]. 3

III. Haftungsverschärfung

Der Erbschaftsbesitzer haftet nun für alle **Schäden,** die dadurch entstehen, dass infolge seines Verschuldens Erbschaftssachen nach Rechtshängigkeit verschlechtert werden, untergehen oder aus anderen Gründen nicht herausgegeben werden können (§ 989). Das schuldhafte Verhalten des Erbschaftsbesitzers muss nach Rechtshängigkeit liegen; dass der Schaden erst nach diesem Zeitpunkt eingetreten ist, reicht nicht aus[2]. Nach § 2023 Abs 1 betrifft die **verschärfte Haftung** des Erbschaftsbesitzers nur den dinglichen **Anspruch auf Herausgabe** der zur Erbschaft gehörenden Sachen; darunter fällt auch der Anspruch auf Herausgabe der Surrogate nach § 2019. **Abs 2** dehnt die Haftungsverschärfung auf den Anspruch des Erben auf **Herausgabe oder Vergütung von Nutzungen** aus. Die Streitfrage, ob die Verweisung des Abs 2 auch für den schuldrechtlichen Anspruch auf Herausgabe der Früchte gilt, an denen der Erbschaftsbesitzer Eigentum erworben hat[3], oder ob insoweit § 292 eingreift[4], kann dahingestellt bleiben, weil auch § 292 auf die für den Prozessbesitzer geltenden Vorschriften verweist. Der Erbschaftsbesitzer haftet nach § 987 Abs 2 auch für schuldhaft **nicht gezogene Nutzungen**. Für **Gebrauchsvorteile,** die er nach Rechtshängigkeit zieht, muss er dem Erben gemäß § 987 Abs 1 in Höhe des objektiven Werts der Vorteile Ersatz leisten (und nicht wie bis zu diesem Zeitpunkt nur im Rahmen seiner Bereicherung). 4

IV. Verwendungsersatz

Für die nach Rechtshängigkeit gemachten Verwendungen kann der Erbschaftsbesitzer Ersatz nur verlangen, wenn diese notwendig waren und sie darüber hinaus dem wirklichen oder mutmaßlichen Willen des Erben entsprochen haben oder der Erbe sie genehmigt hat (§§ 994 Abs 2, 683, 684 S 2), oder wenn der Erbe im Zeitpunkt der Herausgabe insoweit noch bereichert ist (§§ 994 Abs 2, 684 S 1). Der Anspruch auf Ersatz der notwendigen Verwendungen setzt nicht voraus, dass die Verwendungen auf die herausverlangten Gegenstände gemacht wurden[5]. Die Regelung des § 2022 Abs 3, die dem Erbschaftsbesitzer wegen bestimmter Verwendungen gegen den Erben einen Bereicherungsanspruch belässt, gilt auch nach Rechtshängigkeit[6]. 5

---

[1] MünchKommBGB/*Helms* Rn 3; *Staudinger/Gursky* Rn 14; aA *Soergel/Dieckmann* Rn 2.
[2] *Staudinger/Gursky* Rn 6.
[3] So RGRK/*Kregel* Rn 1.
[4] So *Planck/Flad* Anm 2; *Staudinger/Gursky* Rn 2.
[5] MünchKommBGB/*Helms* Rn 6; *Erman/Schlüter* Rn 3; aA *Palandt/Edenhofer* Rn 3.
[6] *Staudinger/Gursky* Rn 12; *Brox* Rn 561.

§ 2024 Haftung bei Kenntnis

¹Ist der Erbschaftsbesitzer bei dem Beginn des Erbschaftsbesitzes nicht in gutem Glauben, so haftet er so, wie wenn der Anspruch des Erben zu dieser Zeit rechtshängig geworden wäre. ²Erfährt der Erbschaftsbesitzer später, dass er nicht Erbe ist, so haftet er in gleicher Weise von der Erlangung der Kenntnis an. ³Eine weitergehende Haftung wegen Verzugs bleibt unberührt.

I. Normzweck

1   Der **bösgläubige Erbschaftsbesitzer** haftet wie der gutgläubige nach Eintritt der Rechtshängigkeit. Die Haftungsverschärfung gilt für den dinglichen wie für den schuldrechtlichen Erbschaftsanspruch, also auch für den bereicherungsrechtlichen Anspruch auf Wertersatz nach § 2021. Dadurch wird ein Auseinanderfallen der Haftung für den dinglichen Anspruch und für den Anspruch aus § 2021 verhindert; während für den dinglichen Anspruch nach § 990 schon grobfahrlässige Unkenntnis vom Fehlen des Besitzrechts beim Besitzerwerb ausreicht, verlangt § 819 positive Kenntnis vom Fehlen des Rechtsgrundes.

II. Bösgläubigkeit

2   Der Erbschaftsbesitzer ist nicht in gutem Glauben iS des § 2024 S 1, wenn er bei Beginn des Erbschaftsbesitzes weiß oder infolge grober Fahrlässigkeit nicht weiß (vgl § 932 Abs 2), dass er nicht der Erbe ist. Die durch das SMG eingeführte amtliche Überschrift, die nur von „Kenntnis" spricht, ist insofern ungenau¹. Unter Beginn des Erbschaftsbesitzes ist der Zeitpunkt zu verstehen, in dem der Erbschaftsbesitzer erstmals als vermeintlicher Erbe etwas aus der Erbschaft erlangt hat². Nicht gutgläubig ist nach **S 2** ferner der Erbschaftsbesitzer, der nach Begründung des Erbschaftsbesitzes **positiv erfährt**, dass er nicht Erbe ist. Der späteren Kenntnis steht es gleich, wenn der Erbschaftsbesitzer von offenkundigen Tatsachen, die sein Erbrecht ausschließen, etwa von einem nachträglich gefundenen Testament bewusst keine Kenntnis nimmt³. Der Erbschaftsbesitzer, der hinsichtlich des Erbrechts bösgläubig ist, aber hinsichtlich eines einzelnen Nachlassgegenstands gutgläubig ein Recht zum Besitz annimmt, ist im Hinblick auf den betreffenden Einzelgegenstand als gutgläubiger Erbschaftsbesitzer anzusehen⁴.

III. Haftungsverschärfung bei Verzug

3   Eine weitere Steigerung der Haftung des bösgläubigen Erbschaftsbesitzers tritt nach **S 3** ein, wenn dieser in Verzug gesetzt wird. Die verschärfte Haftung gilt nicht für den gutgläubigen Erbschaftsbesitzer⁵. § 2024 S 3 eröffnet nur den Weg zur Verzugshaftung; zur Bösgläubigkeit des Erbschaftsbesitzers müssen die Voraussetzungen des § 286 hinzutreten. Der in Verzug geratene Erbschaftsbesitzer muss dann dem Erben nach § 280 alle Schäden ersetzen, die durch die Verzögerung der Herausgabe entstehen. Ferner haftet er nach § 287 S 2 für Zufall.

§ 2025 Haftung bei unerlaubter Handlung

¹Hat der Erbschaftsbesitzer einen Erbschaftsgegenstand durch eine Straftat oder eine zur Erbschaft gehörende Sache durch verbotene Eigenmacht erlangt, so haftet er nach den Vorschriften über den Schadensersatz wegen unerlaubter Handlungen. ²Ein gutgläubiger Erbschaftsbesitzer haftet jedoch wegen verbotener Eigenmacht nach diesen Vorschriften nur, wenn der Erbe den Besitz der Sache bereits tatsächlich ergriffen hatte.

I. Normzweck

1   § 2025 verschärft die Haftung, wenn der Erbschaftsbesitzer einen Erbschaftsgegenstand durch eine Straftat oder eine Nachlasssache durch verbotene Eigenmacht erlangt hat. Wie § 992, dem er nachgebildet ist, stellt § 2025 eine **Rechtsgrundverweisung auf das Deliktsrecht** dar. § 2025 greift insofern über § 992 hinaus, als der Fall der Erlangung durch eine Straftat nicht auf Sachen beschränkt, sondern auf alle Erbschaftsgegenstände erstreckt wird, zB auch auf Rechte. Der Surrogationsgrundsatz (§ 2019) wird durch die Regelung des § 2025 nicht ausgeschlossen, so dass eine Ersatzverpflichtung nur entsteht, wenn der Schaden nicht durch den Zuwachs der Surrogate gedeckt ist.

---
¹ *Rüfner* ZRP 2001, 12, 13; MünchKommBGB/*Helms* Rn 2.
² Näher *Staudinger/Gursky* Rn 4.
³ RGRK/*Kregel* Rn 4; *Kipp/Coing* § 108 II; *Brox* Rn 557.
⁴ MünchKommBGB/*Helms* Rn 4; *Erman/Schlüter* Rn 2; RGRK/*Kregel* Rn 3; krit *Staudinger/Gursky* Rn 6; *Soergel/Dieckmann* Rn 2.
⁵ MünchKommBGB/*Helms* Rn 5; *Staudinger/Gursky* Rn 8; *Erman/Schlüter* Rn 3.

II. Voraussetzungen der Deliktshaftung

1. Erlangung eines Erbschaftsgegenstands durch Straftat. Als Straftatbestände kommen in Betracht Diebstahl, Betrug, Erpressung, Nötigung und Urkundenfälschung sowie die Abgabe einer falschen eidesstattlichen Versicherung im Erbscheinsverfahren. Der Erbschaftsbesitzer, der eine solche Straftat begangen hat, wird regelmäßig bösgläubig iS des § 2024 S 1 sein. Die Haftung nach § 2025 S 1 trifft auch den Erbschaftsbesitzer, der hinsichtlich seines Erbrechts gutgläubig ist und die Straftat (etwa eine Urkundenfälschung) begeht, um den Nachweis oder die Durchsetzung seines vermeintlichen Erbrechts zu ermöglichen[1]. Der Erbschaftsbesitzer muss durch die Straftat einen **Erbschaftsgegenstand**[2] **erlangt** haben. Dazu zählen alle zur Erbschaft gehörenden Sachen und Rechte, auch die Surrogate.

2. Erlangung einer Nachlasssache durch verbotene Eigenmacht. Verbotene Eigenmacht (§ 858) ist nur bei zur Erbschaft gehörenden Sachen möglich. Sie muss wie bei § 992 **vorsätzlich oder fahrlässig** begangen worden sein[3]. Dies folgt daraus, dass bei Erlangung eines Erbschaftsgegenstands durch eine Straftat stets ein Verschulden (sogar Vorsatz) vorliegen muss und insoweit unterschiedliche Voraussetzungen für beide Alternativen des § 2025 nicht gewollt sein können.

Da der Besitz nach § 857 kraft Gesetzes auf den Erben übergeht, kann der Erbschaftsbesitzer verbotene Eigenmacht begehen, bevor der Erbe die tatsächliche Sachherrschaft an den Nachlasssachen erlangt hat. Das damit verbundene unbillige Ergebnis, dass auch der gutgläubige Erbschaftsbesitzer, der nur leicht fahrlässig das fremde Erbrecht verkennt, nach Deliktsrecht haften würde, wird durch **S 2** ausgeschlossen. Danach haftet der gutgläubige Erbschaftsbesitzer wegen verbotener Eigenmacht nur dann nach §§ 823 ff, wenn der Erbe den Besitz[4] der Sache bereits tatsächlich ergriffen hatte.

Wegen der Rechtsgrundverweisung auf das Deliktsrecht haftet der Erbschaftsbesitzer nach den Vorschriften der §§ 823 ff nur, wenn über die verbotene Eigenmacht hinaus der volle **Tatbestand einer unerlaubten Handlung** erfüllt ist. Die deliktische Haftung setzt somit voraus, dass das Verschulden des Erbschaftsbesitzers auch die Verletzung fremden Erbrechts umfasst[5].

III. Rechtsfolgen

Die durch § 2025 eröffnete deliktische Haftung des Erbschaftsbesitzers bestimmt sich nach den §§ 823 ff, 249 ff. Die **Haftung für Zufall** (§ 848) trifft den Erbschaftsbesitzer, wenn bereits die Besitzentziehung eine unerlaubte Handlung war. Der zu ersetzende Betrag ist dann nach § 849 zu verzinsen. Der deliktische Erbschaftsbesitzer kann, selbst wenn er hinsichtlich seines Erbrechts gutgläubig war, nicht Ersatz aller Verwendungen, sondern nur der notwendigen und nützlichen (§§ 850, 994 bis 996) beanspruchen. Für die Verjährung gilt nicht die dreißigjährige Frist des § 197 Abs 1 Nr 2, sondern die regelmäßige Frist des § 195, da § 2025 eine deliktische Haftung begründet[6]. Mit den deliktischen Schadensersatzansprüchen konkurrierende Ansprüche aus §§ 2023, 2024 verjähren dagegen nach §§ 2026, 197 Abs 1 Nr 2 erst in 30 Jahren.

§ 2026 Keine Berufung auf Ersitzung

Der Erbschaftsbesitzer kann sich dem Erben gegenüber, solange nicht der Erbschaftsanspruch verjährt ist, nicht auf die Ersitzung einer Sache berufen, die er als zur Erbschaft gehörend im Besitz hat.

I. Normzweck

Die Vorschrift soll verhindern, dass die Ersitzungsregeln (§§ 937 ff) die Verjährungsfrist, die für den Erbschaftsanspruch 30 Jahre beträgt, unterlaufen. § 2026 ist nur für die Ersitzung von Fahrnis, bei der gemäß § 937 Abs 1 zehn Jahre Eigenbesitz zum Eigentumserwerb führt, bedeutsam. Bei Immobilien sind Ersitzungszeit (§ 900) und Verjährungsfrist gleich lang. Da auch die Regelungen über Hemmung und Unterbrechung (§§ 900 Abs 1 S 2, 939, 941) weitgehend mit dem Verjährungsrecht übereinstimmen, spielt § 2026 hier kaum eine Rolle[1*].

II. Verjährung des Erbschaftsanspruchs

1. Frist. Der Erbschaftsanspruch verjährt **einheitlich in 30 Jahren** (§ 197 Abs 1 Nr 2), unabhängig davon, ob er dinglichen oder schuldrechtlichen Charakter hat. Dies gilt auch für den Erbschaftsanspruch eines Miterben gegen den anderen[2*]. Ausgenommen ist lediglich der deliktische Schadensersatzanspruch nach § 2025, für den die dreijährige Verjährungsfrist gilt (§ 2025 Rn 6).

---

[1] MünchKommBGB/*Helms* Rn 2; RGRK/*Kregel* Rn 2.
[2] Oder die gesamte Erbschaft, MünchKommBGB/*Helms* Rn 3; Staudinger/*Gursky* Rn 3.
[3] Staudinger/*Gursky* Rn 7; Palandt/*Edenhofer* Rn 2; *Kipp/Coing* § 108 V; *Olzen* JuS 1989, 374, 380; aA – kein Verschulden erforderlich – AK/*Wendt* Rn 16 ff; *Maurer* S 180 ff.
[4] Auch den mittelbaren, Soergel/*Dieckmann* Rn 3.
[5] MünchKommBGB/*Helms* Rn 6.
[6] AllgM; aA MünchKommBGB/*Helms* Rn 8; *Lange/Kuchinke* § 40 IV 4 b Fn 100.
[1*] Allenfalls bei Neubeginn der Verjährung durch Anerkenntnis, vgl Soergel/*Dieckmann* Rn 1.
[2*] MünchKommBGB/*Helms* Rn 2; Soergel/*Dieckmann* Rn 2.

§ 2027

3 **2. Beginn der Frist.** Die Verjährungsfrist beginnt für den gesamten Anspruch einheitlich mit dem Zeitpunkt, in dem der Erbschaftsbesitzer erstmals etwas aus der Erbschaft erlangt hat, mag er auch einzelne Gegenstände erst später erhalten haben[3]. In den Fällen, in denen der Anspruchsteller sein Erbrecht durch Anfechtung einer letztwilligen Verfügung (§ 2078) oder durch Anfechtung des Erbschaftserwerbs wegen Erbunwürdigkeit (§§ 2339 ff) geltend machen muss, sind nach Streichung des früheren § 200 (Verjährungsbeginn bei Anfechtung) keine Besonderheiten mehr zu beachten.

4 **3. Hemmung der Verjährung.** Hemmung der Verjährung durch Klageerhebung (§ 204) tritt nur für die im Klageantrag bezeichneten Gegenstände ein, es sei denn, der Erbe hat die Stufenklage erhoben (§ 254 ZPO) und sich die Benennung der beanspruchten Gegenstände vorbehalten.

5 **4. Verjährung bei Rechtsnachfolge.** Einem Rechtsnachfolger, dem der Besitz der Erbschaftsgegenstände auf Grund eines Erbschaftskaufs (§§ 2371, 2385) vom Erbschaftsbesitzer übertragen wurde, kommt nach § 198 die während des Erbschaftsbesitzes seines Vorgängers verstrichene Zeit zugute[4].

6 **5. Einrede der Verjährung.** Als Rechtsfolge der Verjährung steht dem Erbschaftsbesitzer nach allgemeinen Regeln (§ 214) gegenüber dem Herausgabeanspruch des Erben eine Einrede zu. Der Erbschaftsbesitzer erlangt aber nicht die rechtliche Stellung eines Erben: Er haftet nicht für Nachlassverbindlichkeiten, und er kann Nachlassgegenstände nicht von Dritten herausverlangen.

III. Ausschluss des Ersitzungseinwands

7 **1. Herausgabepflicht trotz Ersitzung.** Bei beweglichen Sachen würde die zehnjährige Ersitzungszeit (§ 937 Abs 1) die 30jährige Verjährungsfrist für den Erbschaftsanspruch unterlaufen. Deshalb kann sich der Erbschaftsbesitzer dem Erben gegenüber nicht auf die Ersitzung berufen, solange der Erbschaftsanspruch noch nicht verjährt ist. Dritten gegenüber kann der Erbschaftsbesitzer dagegen ohne Einschränkung die durch Ersitzung erworbene Position unbeschränkt verteidigen. Die Regelung des § 2026 ist dahin zu verstehen, dass der Erbschaftsbesitzer durch die Ersitzung zwar Eigentümer wird, dem Erben gegenüber aber **schuldrechtlich** zur Übertragung des Eigentums verpflichtet ist[5]. Nach anderer Auffassung ist der **Ersitzungserwerb** des Erbschaftsbesitzers während des Laufs der Verjährungsfrist gegenüber dem Erben **relativ unwirksam**[6]. Für diese Auffassung spricht, dass sie zu einem wirksamen Schutz des Erben und der Nachlassgläubiger in der Insolvenz des Erbschaftsbesitzers führt.

8 Gehört die Sache, die der (gutgläubige) Erbschaftsbesitzer als zur Erbschaft gehörend in Besitz hat, einem Dritten, so erwirbt nach Ablauf der Ersitzungsfrist zunächst der Erbschaftsbesitzer Eigentum an der Sache. Das ersessene Eigentum fällt analog § 2019 dem Erben zu[7].

9 **2. Anrechnung der Ersitzungszeit.** Nach § 944 kommt die zugunsten des Erbschaftsbesitzers **verstrichene Ersitzungszeit** dem Erben zustatten, wenn dieser vor Ablauf der Ersitzungszeit die Sache, die der Erbschaftsbesitzer als zur Erbschaft gehörend in Besitz hatte, zurückerhalten hat. Für die Anrechnung kommt es nicht darauf an, ob der Erbschaftsbesitzer im Hinblick auf sein Erbrecht gutgläubig war, wenn er nur die Zugehörigkeit der Sache zum Nachlass in gutem Glauben angenommen hat[8]. Der Erbe kann die Ersitzung nur vollenden, wenn er ebenfalls bezüglich der Zugehörigkeit der Sache zum Nachlass gutgläubig ist und bleibt (§ 937 Abs 2).

§ 2027 Auskunftspflicht des Erbschaftsbesitzers

(1) Der Erbschaftsbesitzer ist verpflichtet, dem Erben über den Bestand der Erbschaft und über den Verbleib der Erbschaftsgegenstände Auskunft zu erteilen.

(2) Die gleiche Verpflichtung hat, wer, ohne Erbschaftsbesitzer zu sein, eine Sache aus dem Nachlass in Besitz nimmt, bevor der Erbe den Besitz tatsächlich ergriffen hat.

I. Normzweck

1 Die **Auskunftspflicht des Erbschaftsbesitzers** soll dem Erben die Durchsetzung des Erbschaftsanspruchs erleichtern und es ihm ermöglichen, die herauszugebenden Gegenstände im Klageantrag mit der nach § 253 Abs 2 ZPO erforderlichen Bestimmtheit einzeln zu benennen. Der Erbschaftsbesitzer ist bereits nach § 2018 iVm § 260 verpflichtet, dem Erben ein Verzeichnis über den Bestand des Nachlasses vorzulegen und dieses ggf durch eidesstattliche Versicherung zu bekräftigen. Nach § 2027 Abs 1 muss er darüber hinaus Auskunft über den Bestand der Erbschaft und über den Verbleib der Nachlassgegenstände erteilen. Die gleiche Verpflichtung trifft (neben dem in § 2030 gleichgestellten Erbschafts-

---

[3] MünchKommBGB/*Helms* Rn 3; *Erman/Schlüter* Rn 1; aA – für jeden Gegenstand ab Besitzerlangung – AK/*Wendt* Rn 3; diff *v.Lübtow* II S 1065 f; *Staudinger/Gursky* Rn 2 ff; schließlich wird die Meinung vertreten, die Frist beginne mit Erlangung eines jeden Erbschaftsgegenstandes insgesamt wieder von neuem, *Ennecerus/Kipp* § 66 I; *Löhnig* ZEV 2004, 267, 269.
[4] *Staudinger/Gursky* Rn 11; *Soergel/Dieckmann* Rn 2.
[5] MünchKommBGB/*Helms* Rn 8; *Erman/Schlüter* Rn 2; RGRK/*Kregel* Rn 3; *Staudinger/Gursky* Rn 15; AnwK-BGB/*Fleindl* Rn 2; *Lange/Kuchinke* § 40 IV 4.
[6] *Soergel/Dieckmann* Rn 3; *Jauernig/Stürner* Rn 1; *Kipp/Coing* § 106 VII 2; *Brox* Rn 569.
[7] MünchKommBGB/*Helms* Rn 8; RGRK/*Kregel* Rn 8; *Staudinger/Gursky* Rn 16.
[8] MünchKommBGB/*Helms* Rn 9; *Staudinger/Gursky* Rn 19.

II. Auskunftsberechtigter

Auskunftsberechtigt sind der **Erbe** und die übrigen **Gläubiger des Erbschaftsanspruchs** (§ 2018 Rn 8 f). Ein Miterbe kann nur verlangen, dass die Auskunft allen Miterben gemeinsam erteilt wird (§ 2039 S 1). Einem Miterben steht gegen den anderen ein Auskunftsanspruch zu, wenn dieser Erbschaftsbesitzer ist (vgl § 2018 Rn 13), oder wenn die Voraussetzungen des Abs 2 vorliegen.

Der **Auskunftsanspruch** ist mit dem Erbschaftsanspruch **vererbbar,** er kann jedoch nicht selbständig abgetreten werden[1]. Der Erblasser kann die Auskunftspflicht nicht im Vorhinein erlassen[2], wohl aber auf den Anspruch verzichten.

III. Inhalt und Umfang der Auskunftspflicht des Erbschaftsbesitzers

1. Anspruchsverpflichteter. Auskunftspflichtig nach § 2027 Abs 1 ist nur der **Erbschaftsbesitzer** iS des § 2018 (dort Rn 10 ff). Streitig ist, ob die Auskunftspflicht auf dessen Erben übergeht[3]. Dies ist im Hinblick auf das besondere Interesse des Erben, die zur Verfügung stehenden Informationsquellen auszuschöpfen und auch auf etwaiges „Zufallswissen" zuzugreifen, zu bejahen[4]. Den hiergegen erhobenen Bedenken kann man dadurch Rechnung tragen, dass man die Verpflichtung beschränkt. Der Erbe des ursprünglichen Auskunftspflichtigen muss nur die ihm mit dem Nachlass zugefallenen besonderen Informationsquellen auswerten; weitergehende Nachforschungen sind ihm nicht zuzumuten[5].

2. Inhalt der Auskunftspflicht. Der Erbschaftsbesitzer hat Auskunft über den (gegenwärtigen) **Bestand der Erbschaft** zu erteilen. Nach § 260 Abs 1 geschieht dies durch Vorlage eines Bestandsverzeichnisses. Das Verzeichnis muss eine übersichtliche Gesamtdarstellung enthalten und den gegenwärtigen Aktivbestand des Nachlasses einschließlich der Surrogate (§ 2019) und Früchte (§ 2020) wiedergeben. Globalangaben („Möbel, Geschirr") reichen nicht aus[6]. Die Auskunftspflicht erstreckt sich auch auf **Nachlassforderungen,** gleichgültig, ob sie von vornherein oder auf Grund Surrogation zum Nachlass gehören, sowie auf Gegenstände, die der Erbschaftsbesitzer als Voraus (§ 1932) oder als Vorausvermächtnis (§ 2150) erhalten hat. Das Verzeichnis muss keine Angaben über Nachlassverbindlichkeiten und über den Wert der Nachlassgegenstände enthalten. Auskunft muss ebenfalls über den **Verbleib von Erbschaftsgegenständen,** die nicht mehr vorhanden oder unauffindbar sind, erteilt werden. Auch insoweit ist eine schriftliche Aufstellung vorzulegen. Im Ergebnis kann die Auskunftspflicht des Erbschaftsbesitzers zu einer Rechenschaftslegung über die Verwaltung des Nachlasses führen[7].

Darüber, ob die nach Verurteilung erteilte Auskunft genügt, ist auf Antrag des Gläubigers im Zwangsvollstreckungsverfahren nach § 888 ZPO oder im Rahmen einer Vollstreckungsabwehrklage nach § 767 ZPO zu entscheiden. Hat der Erbschaftsbesitzer eine den formellen Anforderungen genügende Auskunft erteilt[8], kann der Auskunftsberechtigte grds **keine Ergänzung erzwingen**[9].

Besteht Grund zu der Annahme, dass das Bestandsverzeichnis nicht mit der erforderlichen Sorgfalt erstellt wurde, kann der Auskunftsberechtigte nach § 260 Abs 2 die **Abgabe einer eidesstattlichen Versicherung** verlangen. Das Urteil auf Abgabe der eidesstattlichen Versicherung wird nach § 889 ZPO vollstreckt. Der Erbschaftsbesitzer kann die eidesstattliche Versicherung bis zu seiner Verurteilung auch freiwillig vor dem Amtsgericht seines Wohnsitzes im FGG-Verfahren (§§ 163, 79 FGG) abgeben. Das Gericht der Freiwilligen Gerichtsbarkeit hat nicht zu prüfen, ob Grund zur Annahme einer unsorgfältigen Auskunft besteht[10], es muss jedoch feststellen, ob der Erbe die eidesstattliche Versicherung verlangt hat oder jedenfalls mit ihr einverstanden ist[11].

IV. Auskunftspflicht sonstiger Besitzer von Nachlassgegenständen

Nach **§ 2027 Abs 2** ist auskunftspflichtig der Besitzer, der, ohne Erbschaftsbesitzer zu sein, Sachen aus dem Nachlass in Besitz nimmt, bevor der Erbe den (unmittelbaren oder mittelbaren) Besitz tatsächlich ergriffen hat. Nicht auskunftspflichtig ist dagegen, wer vor dem Tod des Erblassers schon Besitz erlangt hat oder wer nach dem Tod des Erblassers eine Sache in Besitz nimmt, die der Erblasser einem Dritten überlassen hatte. Entscheidendes Kriterium ist das Entfernen der Sache aus dem Nachlass. Die Auskunftspflicht setzt nicht voraus, dass der Besitzer bei seinem Eingriff in den Nachlass Kenntnis vom Erbfall hatte[12]. Die Auskunftspflicht entsteht unabhängig vom Grund für den Eingriff in den Nachlass.

---

[1] OLG Karlsruhe FamRZ 1967, 691, 692; *Schöne* S 82.
[2] OLG Jena Recht 1911 Nr 523; OLG Bremen OLGR 2002, 187; RGRK/*Kregel* Rn 2.
[3] Abl OLG Celle HRR 1935, 680; *Schöne* S 83.
[4] BGH NJW 1985, 3068 m Anm *Dieckmann* FamRZ 1985, 1247; OLG Nürnberg OLGZ 1981, 115, 116; Staudinger/*Gursky* Rn 4; Soergel/*Dieckmann* Rn 4.
[5] *Staudinger/Gursky* Rn 4.
[6] OLG Koblenz ZEV 2005, 61.
[7] Palandt/*Edenhofer* Rn 1; *Schöne* S 85; dagegen Staudinger/*Gursky* Rn 12.
[8] OLG Koblenz ZEV 2005, 61; OLG Düsseldorf OLGR 1991, 12.
[9] Zu Ausnahmen RGZ 84, 41, 44, BGH LM § 260 Nr 1 und OLG Bremen OLGR 2002, 187.
[10] KG KGJ 45, 112.
[11] BayObLGZ 1953, 135, 137.
[12] MünchKommBGB/*Helms* Rn 10; RGRK/*Kregel* Rn 5; aA *Planck/Flad* Anm 2 a.

Unerheblich ist demnach, ob die Inbesitznahme eigennützig oder zum Schutz des Nachlasses, gutgläubig oder bösgläubig erfolgte. Wer kraft Amtes (als Testamentsvollstrecker, Nachlassinsolvenz- oder Nachlassverwalter, Nachlasspfleger) den Nachlass in Besitz nimmt, fällt nicht unter § 2027 Abs 2; dieser Personenkreis ist nach Sondervorschriften rechenschaftspflichtig.

V. Prozessuale Fragen

9   Die Auskunftsklage kann mit der Klage auf Herausgabe verbunden werden (**Stufenklage,** § 254 ZPO). Die isolierte Auskunftsklage bewirkt nicht die Rechtshängigkeit des Erbschaftsanspruchs; sie hat auch keine verjährungsunterbrechende Wirkung. Für den Anspruch aus Abs 1 gilt der **besondere Gerichtsstand nach § 27 ZPO,** nicht dagegen für den Anspruch nach Abs 2[13].

§ 2028 Auskunftspflicht des Hausgenossen

(1) **Wer sich zur Zeit des Erbfalls mit dem Erblasser in häuslicher Gemeinschaft befunden hat, ist verpflichtet, dem Erben auf Verlangen Auskunft darüber zu erteilen, welche erbschaftlichen Geschäfte er geführt hat und was ihm über den Verbleib der Erbschaftsgegenstände bekannt ist.**

(2) **Besteht Grund zu der Annahme, dass die Auskunft nicht mit der erforderlichen Sorgfalt erteilt worden ist, so hat der Verpflichtete auf Verlangen des Erben zu Protokoll an Eides statt zu versichern, dass er seine Angaben nach bestem Wissen so vollständig gemacht habe, als er dazu imstande sei.**

(3) **Die Vorschriften des § 259 Abs. 3 und des § 261 finden Anwendung.**

I. Normzweck

1   Die Regelung trägt dem Umstand Rechnung, dass die mit dem Erblasser in häuslicher Gemeinschaft lebenden Personen häufig Kenntnis vom Verbleib einzelner Nachlassgegenstände haben. Der **Auskunftsanspruch gegen die Hausgenossen** des Erblassers soll dem Erben helfen, einen Überblick über den Nachlass zu gewinnen.

II. Auskunftsberechtigte und -verpflichtete

2   Auskunftsberechtigt sind neben dem Erben die zur Verwaltung des Nachlasses berechtigten sowie die weiteren in § 2027 Rn 2 genannten Personen.

3   Auskunftspflichtig ist, wer sich zum Zeitpunkt des Erbfalls mit dem Erblasser in häuslicher Gemeinschaft befunden hat. Der **Begriff der häuslichen Gemeinschaft** ist im Hinblick auf den Zweck der Vorschrift **weit auszulegen**[1]. Er setzt weder Zugehörigkeit zum Hausstand (§ 1619) noch Familienangehörigkeit (§ 1969) voraus. Auskunftspflichtig ist derjenige, der zurzeit des Erbfalls auf Grund seiner räumlichen und persönlichen Beziehung zum Erblasser Gelegenheit hatte, sich Kenntnis vom Verbleib der Erbschaftsgegenstände zu verschaffen und selbst auf den Nachlass einzuwirken[2].

III. Inhalt der Auskunftspflicht

4   Der Hausgenosse muss auf Verlangen des Erben Auskunft über die von ihm **geführten erbschaftlichen Geschäfte**[3] und darüber geben, was ihm über den Verbleib von Nachlassgegenständen (auch Forderungen) bekannt ist. Dagegen muss er weder Auskunft über den Bestand des Nachlasses erteilen noch ein Bestandsverzeichnis nach § 260 Abs 1 vorlegen. Insoweit ist die Auskunftspflicht des Hausgenossen gegenüber der des Erbschaftsbesitzers eingeschränkt. Hinsichtlich der Führung erbschaftlicher Geschäfte geht die Auskunftspflicht allerdings teilweise über die nach § 2027 hinaus. Auskunft über erbschaftliche Geschäfte kann nach § 2028 deshalb auch dann verlangt werden, wenn der Pflichtige bereits Auskunft nach § 2027 erteilt hat[4].

5   Die Verpflichtung zur Auskunft über den **Verbleib von Erbschaftsgegenständen** erstreckt sich auch auf Gegenstände, die bereits vor dem Tod des Erblassers weggeschafft wurden[5], nicht dagegen solche, die schon zu Lebzeiten des Erblassers auch rechtlich aus dessen Vermögen ausgeschieden sind.

---

[13] *MünchKommBGB/Helms* Rn 14; *Staudinger/Gursky* Rn 7; *Stein/Jonas/Schumann* § 27 ZPO Rn 8; aA OLG Nürnberg OLGZ 1981, 115, 116; *Erman/Schlüter* Rn 3; *RGRK/Kregel* Rn 8: entspr Anwendung des § 27 wegen Sachdienlichkeit.

[1] BGH LM Nr 1; MünchKommBGB/*Helms* Rn 3; *Sarres* ZEV 1998, 422.

[2] RGZ 80, 285, 286; Beispiele mN zur Rspr bei *Staudinger/Gursky* Rn 5.

[3] Insoweit besteht schon eine Auskunftspflicht nach §§ 681, 666, 259 Abs 1, 260 Abs 1; *Soergel/Dieckmann* Rn 3; *Erman/Schlüter* Rn 4.

[4] OLG Braunschweig OLGRspr 26, 296 f; *Schöne* S94 f; MünchKommBGB/*Helms* Rn 5; *Planck/Flad* Anm 4; aA KG OLGRspr 20, 427 f; *Erman/Schlüter* Rn 4.

[5] RGZ 81, 293, 296.

Zur Nachforschung ist der Hausgenosse nicht verpflichtet[6]. Die Auskunftspflicht setzt nicht voraus, dass der Erbe bestimmte vermisste Nachlassgegenstände benennt[7].

IV. Eidesstattliche Versicherung

Die eidesstattliche Versicherung nach **§ 2028 Abs 2** bezieht sich nur auf die Vollständigkeit der in der Auskunft gemachten Angaben und nicht auf die Vollständigkeit des Bestandes. Die Abgabe einer eidesstattlichen Versicherung kann erst verlangt werden, wenn eine Auskunft vorliegt und außerdem Grund zu der Annahme besteht, dass die Auskunft nicht mit der erforderlichen Sorgfalt erteilt wurde. Der Erbe muss Gründe darlegen, aus denen hervorgeht, dass die Auskunft nicht nur objektiv, sondern „wegen mangelnder Sorgfalt" unvollständig oder unrichtig ist[8]. Die objektive Unrichtigkeit ist indes regelmäßig ein Indiz für mangelnde Sorgfalt[9]. Der Auskunftspflichtige kann die eidesstattliche Versicherung vor dem Gericht der freiwilligen Gerichtsbarkeit abgeben (§§ 163, 79 FGG). Zu weiteren Verfahrensfragen kann auf die Erläuterungen zu § 2027 (dort Rn 7) verwiesen werden. 6

Nach **§§ 2028 Abs 3, 259 Abs 3** entfällt die Verpflichtung zur Abgabe einer eidesstattlichen Versicherung in Angelegenheiten von geringer Bedeutung. Entscheidend ist hier die Geringfügigkeit des Nachlasses. Ein Miterbe kann die nach § 2028 geschuldete Auskunft über einen Nachlassgegenstand nicht mit der Begründung verweigern, der Gegenstand sei wertlos[10]. 7

V. Gerichtsstand

Für Ansprüche aus § 2028 gilt nicht der Gerichtsstand der Erbschaft (§ 27 ZPO), sondern der allgemeine Gerichtsstand (§§ 12, 13 ZPO)[11]. 8

§ 2029 Haftung bei Einzelansprüchen des Erben

Die Haftung des Erbschaftsbesitzers bestimmt sich auch gegenüber den Ansprüchen, die dem Erben in Ansehung der einzelnen Erbschaftsgegenstände zustehen, nach den Vorschriften über den Erbschaftsanspruch.

I. Normzweck

Mit dem Erbschaftsanspruch konkurrieren häufig Einzelansprüche auf Herausgabe der Nachlassgegenstände oder der Bereicherung sowie auf Schadensersatz (vgl § 2018 Rn 2). Nach § 2029 richtet sich bei einer **Konkurrenz von Erbschaftsanspruch und Einzelansprüchen** die Haftung des Erbschaftsbesitzers stets nach den Vorschriften über den Erbschaftsanspruch. Sinn dieser Regelung ist es, dem Erbschaftsbesitzer die Vorteile der §§ 2018 ff zu erhalten. Dabei geht es insbes um den Verwendungsersatzanspruch des gutgläubigen Erbschaftsbesitzers (§ 2022). Auf der anderen Seite muss der Erbschaftsbesitzer auch die Vorschriften gegen sich gelten lassen, die ihn gegenüber der Regelung des Einzelanspruchs schlechter stellen;[1] so muss er etwa abweichend von § 993 alle Nutzungen herausgeben (§ 2020). 1

II. Anwendung der Vorschriften über den Erbschaftsanspruch

1. Anwendung von Amts wegen. Die mit dem Erbschaftsanspruch in Konkurrenz[2] stehenden Einzelansprüche werden ipso iure dahin modifiziert, dass sich die Haftung des Erbschaftsbesitzers nach den Vorschriften über den Erbschaftsanspruch richtet. Das Gericht muss daher die Vorschriften über den Erbschaftsanspruch **von Amts wegen** anwenden, wenn unstreitig (oder erwiesen) ist, dass der Beklagte nach §§ 2018 ff haftet. Allerdings muss sich aus dem Vortrag der Parteien ergeben, dass der Beklagte Erbschaftsbesitzer ist. Der im Zivilprozess geltende Verhandlungsgrundsatz verhindert insoweit eine Ermittlung von Amts wegen[3]. 2

2. Anzuwendende Vorschriften. Auf die Einzelansprüche sind nach § 2029 alle Vorschriften der §§ 2018 ff anzuwenden, die Art und Umfang der Leistungspflicht des Erbschaftsbesitzers regeln. Heranzuziehen sind die Vorschriften über die Herausgabe der Surrogate (§ 2019) und der Nutzungen (§ 2020) sowie über die Bereicherung (§ 2021), ferner § 2022. Der gutgläubige Erbschaftsbesitzer kann demnach gegenüber dem Herausgabeanspruch nach § 985 oder § 1007 ein Zurückbehaltungsrecht wegen aller Verwendungen geltend machen, die er auf die herausverlangte oder eine andere Sache oder auf die Erbschaft im ganzen gemacht hat. Anwendbar sind ferner die Vorschriften über die Wirkungen der Rechtshängigkeit (§ 2023) und der Bösgläubigkeit (§ 2024). Der bösgläubige Erbschaftsbesitzer 3

---

[6] *Erman/Schlüter* Rn 4.
[7] BGH DB 1964, 1443.
[8] BGH DB 1964, 1443.
[9] MünchKommBGB/*Helms* Rn 7.
[10] OLG Köln MDR 1961, 147.
[11] *Staudinger/Gursky* § 2027 Rn 7; *Stein/Jonas/Schumann* § 27 ZPO Rn 8; aA *Soergel/Dieckmann* Rn 6.
[1] MünchKommBGB/*Helms* Rn 1; *Soergel/Dieckmann* Rn 1; aA *Gursky*, FS v. Lübtow, 1991, S 211, 217.
[2] Näher zur Art des Konkurrenzverhältnisses *Staudinger/Gursky* Rn 5.
[3] RGRK/*Kregel* Rn 2; *Staudinger/Gursky* Rn 3; weitergehend AK/*Wendt* Rn 12.

§ 2030   Buch 5. Abschnitt 2. Rechtliche Stellung des Erben

haftet abweichend von § 819 also schon dann verschärft, wenn er bei Begründung des Erbschaftsbesitzes infolge grober Fahrlässigkeit nicht weiß, dass er nicht Erbe ist (§ 2024 S 1). Schließlich findet auch der die Verjährung und den Ausschluss des Ersatzeinwands regelnde § 2026 auf Einzelansprüche Anwendung.

4   **3. Die Behandlung von Besitzschutzansprüchen.** Zu den Einzelansprüchen, auf die nach § 2029 die Vorschriften über den Erbschaftsanspruch anwendbar sind, gehören auch die **Besitzschutzansprüche** aus §§ 861, 862 (allgM). Der Erbschaftsbesitzer, der gutgläubig ist und die Erbschaftssache vor der tatsächlichen Besitzergreifung durch den Erben in Besitz genommen hat, kann deshalb trotz § 863 ein Zurückbehaltungsrecht wegen seiner Verwendungen nach §§ 2022, 1000 geltend machen[4]. Auf § 2029 kann sich jedoch der bösgläubige Erbschaftsbesitzer oder derjenige Erbschaftsbesitzer nicht berufen, der schuldhaft die vom Erben bereits begründete tatsächliche Sachherrschaft gebrochen hat[5]. In diesem Fall geht der durch §§ 861, 862 bezweckte Schutz des Rechtsfriedens dem Schutzzweck des § 2029 vor.

5   Dem Erwerber einer einzelnen Nachlasssache kommt § 2029 nicht zugute, weil er selbst nicht Erbschaftsbesitzer ist. Ein Ersatzanspruch steht ihm daher nach § 999 Abs 1 nur wegen Verwendungen zu, die er auf die herausverlangte Sache gemacht hat[6].

III. Gerichtsstand

6   Für die Einzelansprüche des Erben gegen den Erbschaftsbesitzer gilt der besondere Gerichtsstand der Erbschaft (§ 27 ZPO) nicht[7]. § 2029 erklärt nur die materiell-rechtlichen Regelungen für anwendbar.

§ 2030 Rechtsstellung des Erbschaftserwerbers

Wer die Erbschaft durch Vertrag von einem Erbschaftsbesitzer erwirbt, steht im Verhältnis zu dem Erben einem Erbschaftsbesitzer gleich.

I. Normzweck

1   Die Vorschrift erstreckt den Erbschaftsanspruch auf den Erbschaftserwerber. Der Erbe soll auch dann, wenn der Erbschaftsbesitzer auf Grund eines Erbschaftskaufs (§ 2371) oder eines ähnlichen Vertrages (§ 2385) die Erbschaftsgegenstände auf einen Dritten überträgt, von diesem die Erbschaft als Ganzes herausverlangen können, ohne auf Einzelklagen angewiesen zu sein.

II. Gleichstellung des Erbschaftserwerbers mit dem Erbschaftsbesitzer

2   Der Wortlaut der Vorschrift ist ungenau. Im Unterschied zum Erbteil (§ 2033) kann die Erbschaft nicht als Ganzes durch ein einheitliches Rechtsgeschäft erworben werden: Möglich ist nur der Erwerb der einzelnen Erbschaftsgegenstände nach den für ihre Übertragung geltenden Vorschriften. § 2030 bezieht sich daher auf den Fall, dass der Dritte auf Grund eines auf die **Veräußerung des gesamten Nachlasses** gerichteten Verpflichtungsgeschäfts mit dem Erbschaftsbesitzer von diesem Nachlassgegenstände erlangt hat. Ferner fällt unter § 2030 derjenige, dem der Erbschaftsbesitzer seinen angeblichen **Erbteil überträgt** (§ 2033), vorausgesetzt, der Erwerber erhält etwas aus der Erbschaft[1].

3   Die Vorschrift findet **keine Anwendung**, wenn Nachlassgegenstände als Einzelsachen oder Nachlassgegenstände in „Bausch und Bogen", aber ohne dass die ganze Erbschaft als solche zu betreffen, verkauft werden[2]. § 2030 setzt nach dem Zweck der Vorschrift kein formgültiges Verpflichtungsgeschäft voraus[3]. Die Vorschrift ist analog anwendbar, wenn der Erwerber die Erbschaftsgegenstände auf Grund eines Vermächtnisses in einer letztwilligen Verfügung des Erbschaftsbesitzers erlangt hat[4*].

III. Rechtsfolgen

4   **1. Ausschluss des gutgläubigen Erwerbs.** Aus der Gleichstellung des Erbschaftserwerbers mit dem Erbschaftsbesitzer folgt, dass ein **gutgläubiger Erwerb** der Erbschaftsgegenstände durch den Erwerber nach §§ 892 f, 932 ff, 2366 f **ausgeschlossen** ist.

5   **2. Anwendbare Vorschriften.** Der Erbe kann von dem Erbschaftserwerber das Erlangte (§ 2018), die Surrogate (§ 2019), die Nutzungen (§ 2020) und die Bereicherung (§ 2021) herausverlangen. Wenn in der Person des Erbschaftserwerbers die Voraussetzungen für eine Haftungsverschärfung

---

[4] MünchKommBGB/*Helms* Rn 4; *Staudinger/Gursky* Rn 7.
[5] AnwK-BGB/*Fleindl* Rn 4; *Lange/Kuchinke* § 40 III 2 b Fn 69; krit *Soergel/Dieckmann* Rn 2; abw AK/*Wendt* Rn 14. MünchKommBGB/*Helms* Rn 4 und *Staudinger/Gursky* Rn 7 wollen ein Zurückbehaltungsrecht nur ausschließen, wenn der Erbschaftsbesitzer die herauszugebende Sache durch eine vorsätzliche unerlaubte Handlung erlangt hat.
[6] *Staudinger/Gursky* Rn 8; *Soergel/Dieckmann* Rn 4.
[7] OLG Nürnberg OLGZ 1981, 115; *Stein/Jonas/Schumann* § 27 ZPO Rn 2.
[1] MünchKommBGB/*Helms* Rn 2; *Staudinger/Gursky* Rn 2.
[2] RGRK/*Kregel* Rn 2; *Erman/Schlüter* Rn 1.
[3] MünchKommBGB/*Helms* Rn 4; *Soergel/Dieckmann* Rn 1; aA *Erman/Schlüter* Rn 1.
[4*] MünchKommBGB/*Helms* Rn 14; *Staudinger/Gursky* Rn 14; krit AK/*Wendt* Rn 9 ff.

gegeben sind, treffen ihn auch die Folgen aus §§ 2024, 2025. Der Erbschaftserwerber kann seine eigenen und (in entspr Anwendung des § 999) die vom Erbschaftsbesitzer gemachten Verwendungen ersetzt verlangen[5]. Der für den Erwerb der Erbschaft gezahlte Kaufpreis zählt nicht zu den Verwendungen[6].

IV. Zusammentreffen des Anspruchs gegen Erbschaftsbesitzer mit dem gegen Erbschaftserwerber

1. Wahlrecht des Erben. Hat der Erbschaftsbesitzer den Nachlass gegen Entgelt veräußert, so stehen dem Erben nicht nur der Anspruch aus § 2030 gegen den Erwerber, sondern auch Ansprüche aus § 2019 auf den Kaufpreis als Surrogat und – bei verschärfter Haftung nach §§ 2023 ff – auf Schadensersatz gegen den Erbschaftsbesitzer zu. Einigkeit besteht darüber, dass der Erbe, wenn er den Nachlass zurückerhält, nicht auch noch den für ihn gezahlten Erlös verlangen kann und umgekehrt (vgl § 2019 Rn 8) (der Streitstand ist im Wesentlichen der gleiche wie bei der Veräußerung einzelner Nachlassgegenstände). Der Erbe hat die **Wahl zwischen diesen Ansprüchen**, ohne dass freilich ein Gesamtschuldverhältnis vorliegt[7].

2. Inanspruchnahme des Erbschaftsbesitzers. Der Erbe kann von dem Erbschaftsbesitzer nach §§ 2018, 2019 Herausgabe des Kaufpreises nur **Zug um Zug** gegen die **Genehmigung** der Verfügungen verlangen, die der Erbschaftsbesitzer über die Nachlassgegenstände getroffen hat[8]. Nimmt der Erbe den Erbschaftsbesitzer, der nur noch einen Teil des Kaufpreises herausgeben kann, in Anspruch, ist er nur verpflichtet, die Verfügungen über bestimmte Nachlassgegenstände zu genehmigen, die ihrem Gesamtwert nach ein Äquivalent für den herausverlangten Teil des Kaufpreises darstellen. Soweit der Erbe nicht genehmigt, kann er vom Erbschaftserwerber Herausgabe der durch die unwirksamen Verfügungen des Erbschaftsbesitzers erlangten Gegenstände verlangen (§§ 2018, 2030). Dem Erbschaftsbesitzer steht in diesem Fall ein Anspruch aus Rechtsmängelhaftung gegen den Erbschaftsbesitzer zu (§§ 2376, 437). Verlangt der Erbe von dem verschärft haftenden Erbschaftsbesitzer sofort Schadensersatz (§§ 2023 ff), so muss er diesem nach § 255 Zug um Zug gegen die Schadensersatzleistung seine Ansprüche gegen den Erbschaftserwerber abtreten.

3. Inanspruchnahme des Erbschaftserwerbers. Erhält der Erbe von dem nach §§ 2018, 2030 auf Herausgabe in Anspruch genommenen Erbschaftserwerber alle von diesem erlangten Nachlassgegenstände zurück, so entfällt der Anspruch aus §§ 2018, 2019 gegen den Erbschaftsbesitzer auf Herausgabe des Kaufpreises[9]. Gegen den Erbschaftsbesitzer bleibt unter den Voraussetzungen der verschärften Haftung noch der Anspruch aus § 2023 auf Schadensersatz bei Verschlechterung der Gegenstände. Erhält der Erbe dagegen vom Erbschaftserwerber nicht alle von diesem erlangten Erbschaftsgegenstände zurück, so kann er vom Erbschaftsbesitzer nach §§ 2018, 2019 den Teil des Kaufpreises herausverlangen, der das Äquivalent für die nicht wiedererlangten Gegenstände darstellt[10]. Haftet der Erbschaftsbesitzer verschärft, kann der Erbe ferner wegen der nicht zurückerhaltenen Gegenstände einen Schadensersatzanspruch nach §§ 2023 ff geltend machen.

V. Gerichtsstand

Für den Anspruch gegen den Erbschaftserwerber aus § 2030 gilt der besondere Gerichtsstand der Erbschaft (§ 27 ZPO)[11].

§ 2031 Herausgabeanspruch des für tot Erklärten

(1) ¹Überlebt eine Person, die für tot erklärt oder deren Todeszeit nach den Vorschriften des Verschollenheitsgesetzes festgestellt ist, den Zeitpunkt, der als Zeitpunkt ihres Todes gilt, so kann sie die Herausgabe ihres Vermögens nach den für den Erbschaftsanspruch geltenden Vorschriften verlangen. ²Solange sie noch lebt, wird die Verjährung ihres Anspruchs nicht vor dem Ablauf eines Jahres nach dem Zeitpunkt vollendet, in welchem sie von der Todeserklärung oder der Feststellung der Todeszeit Kenntnis erlangt.

(2) Das Gleiche gilt, wenn der Tod einer Person ohne Todeserklärung oder Feststellung der Todeszeit mit Unrecht angenommen worden ist.

I. Normzweck

Die Vorschrift verschafft dem scheinbar Toten einen dem Erbschaftsanspruch entsprechenden Gesamtanspruch auf Herausgabe seines Vermögens gegen diejenigen, die es als vermeintliche oder angeb-

---

[5] *Staudinger/Gursky* Rn 7; aA AK/*Wendt* Rn 26 ff.
[6] Prot V S 723 f; *Staudinger/Gursky* Rn 7.
[7] *Soergel/Dieckmann* Rn 3.
[8] MünchKommBGB/*Helms* Rn 8; *Erman/Schlüter* Rn 4.
[9] MünchKommBGB/*Helms* Rn 11; *Erman/Schlüter* Rn 4.
[10] MünchKommBGB/*Helms* Rn 13; RGRK/*Kregel* Rn 3; *Soergel/Dieckmann* Rn 5; *Kipp/Coing* § 109 III; aA *Staudinger/Gursky* Rn 10.
[11] *Stein/Jonas/Schumann* § 27 ZPO Rn 8.

liche Erben in Besitz genommen haben. Der scheinbar Verstorbene, dessen Vermögen in die Hände der vermeintlichen Erben gelangt ist, befindet sich in einer ähnlichen Lage wie der wahre Erbe, der die Erbschaft vom Erbschaftsbesitzer herausverlangen muss. Die praktische Bedeutung der Vorschrift ist äußerst gering; Rspr liegt nicht vor.

II. Anspruchsberechtigter

2 Anspruchsberechtigt ist nach **Abs 1** derjenige, der für tot erklärt oder dessen Tod für sicher gehalten und dessen Todeszeit nach §§ 39 ff VerschG festgestellt ist, der aber den Zeitpunkt überlebt hat, der als Zeitpunkt seines Todes gilt. Nach **Abs 2** ist auch derjenige anspruchsberechtigt, dessen Tod ohne Todeserklärung oder Feststellung der Todeszeit zu Unrecht angenommen wurde, etwa auf Grund einer unrichtigen Sterbeurkunde. Unerheblich ist, ob der als Erbe Auftretende auch dem Irrtum unterlag, oder ob er wusste, dass der Totgeglaubte noch am Leben war. Erforderlich ist nur, dass die irrtümliche Annahme des Erbfalls es dem angeblichen Erben ermöglicht oder zumindest erleichtert hat, „Nachlassgegenstände" an sich zu bringen[1].

III. Anspruchsgegner

3 Anspruchsgegner ist, wer auf Grund des zu Unrecht angenommenen Todes des Anspruchsberechtigten als dessen vermeintlicher oder angeblicher Erbe etwas aus dem Vermögen des scheinbar Verstorbenen erlangt hat. Der Anspruch richtet sich auch gegen den Rechtsnachfolger iS des § 2030 des vermeintlichen oder angeblichen Erben. Die Vorschrift wird von der hM auch für den Fall angewandt, dass jemand sich für den Verschollenen ausgegeben und so dessen Vermögen in seinen Besitz gebracht hat[2].

IV. Anwendbare Vorschriften

4 Die Verweisung schließt die analoge Anwendung aller Vorschriften über den Erbschaftsanspruch ein. Auch § 2026 ist entspr anwendbar, so dass sich der Anspruchsgegner nicht vor Ablauf der Verjährungsfrist auf Ersitzung berufen kann.

V. Verjährung

5 Um zu verhindern, dass dem Totgeglaubten, der sein Vermögen herausverlangt, die Einrede der Verjährung entgegengesetzt wird, ehe er von der Todeserklärung oder der fälschlichen Annahme seines Todes Kenntnis erlangt hat, beschränkt **Abs 1 S 2** die Verjährung zugunsten des Anspruchsinhabers. Solange der für tot Erklärte oder sonst für tot Gehaltene lebt, endet die (30-jährige) Verjährungsfrist nicht vor Ablauf eines Jahres, nachdem er Kenntnis von der Todeserklärung oder der unrichtigen Annahme seines Todes erlangt hat. Den Zeitpunkt der Kenntniserlangung muss der Anspruchsgegner beweisen.

VI. Schutz gutgläubiger Dritter

6 Gutgläubige Dritte, die von dem vermeintlichen Erben desjenigen, der für tot erklärt wurde, durch Rechtsgeschäft einen Vermögensgegenstand des scheinbar Toten, ein Recht an einem solchen Gegenstand oder die Befreiung von einem zur Erbschaft gehörenden Recht erworben haben, werden nach §§ 2370 Abs 1, 2366 geschützt.

VII. Gerichtsstand

7 Der besondere Gerichtsstand der Erbschaft (§ 27 ZPO) gilt für eine auf § 2031 gestützte Klage nicht[3].

Titel 4. Mehrheit von Erben (§§ 2032–2063)

Untertitel 1. Rechtsverhältnis der Erben untereinander (§§ 2032–2057 a)

§ 2032 Erbengemeinschaft

(1) Hinterlässt der Erblasser mehrere Erben, so wird der Nachlass gemeinschaftliches Vermögen der Erben.
(2) Bis zur Auseinandersetzung gelten die Vorschriften der §§ 2033 bis 2041.

---
[1] *Staudinger/Gursky* Rn 3; *AK/Wendt* Rn 9.
[2] *Palandt/Edenhofer* Rn 1; *Staudinger/Gursky* Rn 5; *Soergel/Dieckmann* Rn 4; zu Recht krit *AK/Wendt* Rn 12 ff.
[3] *Stein/Jonas/Schumann* § 27 ZPO Rn 8.

§ 2032 Erbengemeinschaft

Schrifttum: *Blomeyer,* Die Rechtsnatur der Gesamthand, JR 1971, 397; *Fischer,* Fortführung eines Handelsgeschäftes durch eine Erbengemeinschaft?, ZHR 144 (1980), 1; *Grunewald,* Die Rechtsfähigkeit der Erbengemeinschaft, AcP 197 (1997), 305; *Kapp/Ebeling,* Handbuch der Erbengemeinschaft, 5. Aufl 1996; *Marotzke,* Die Nachlasszugehörigkeit ererbter Personengesellschaftsanteile und der Machtbereich des Testamentsvollstreckers nach dem Urteil des Bundesgerichtshofs vom 14. Mai 1986, AcP 187 (1987), 223; *K. Schmidt,* Die Erbengemeinschaft nach einem Einzelkaufmann, NJW 1985, 2785; *Sarres,* Die Erbengemeinschaft, 1999; *Stodolkowitz,* Nachlasszugehörigkeit vererbter Personengesellschaftsanteile, Einzelkaufmännisches Unternehmen und Erbenmehrheit im Spannungsfeld von Handels-, Gesellschafts-, Familien- und Erbrecht, ZIP 1985, 969; *Ulmer,* Die Gesamthandsgesellschaft – ein noch immer unbekanntes Wesen?, AcP 198 (1998), 113; *Wolf,* Die Fortführung eines Handelsgeschäfts durch die Erbengemeinschaft, AcP 181 (1981), 480.

Übersicht

	Rn		Rn
I. Grundlagen	1	3. Zwangsvollstreckung in den ungeteilten Nachlass	11
1. Systematischer Überblick	1	4. Grundbuch	12
2. Gesamthandsgemeinschaft	2	5. Antragsrecht in FGG-Verfahren	13
3. Beginn und Ende der Erbengemeinschaft	3	**IV. Ausnahme: Sonderrechtsnachfolge**	14
4. Mitglieder der Erbengemeinschaft	4	1. Anteil an einer Personengesellschaft	14
II. Nachlass als Sondervermögen	5	2. Anerbenrecht nach der Höfeordnung	15
1. Rechtsnatur der Erbengemeinschaft	5	3. Weitere Einzelfälle	16
2. Nachlass und Eigenvermögen der einzelnen Miterben	6	**V. Sonderfragen des Handels- und Gesellschaftsrechts**	17
3. Übertragung von Nachlassgegenständen	7	1. Einzelhandelsgeschäft	17
4. Zurechnung des Verschuldens einzelner Miterben	8	2. Anteil an einer Personengesellschaft	18
III. Verfahrensrechtliche Fragen	9	3. GmbH-Anteil	19
1. Keine Parteistellung der Erbengemeinschaft	9	4. Aktiengesellschaft	20
2. Streitgenossenschaft	10		

I. Grundlagen

1. Systematischer Überblick. Das BGB behandelt aus systematischen Gründen den Alleinerben 1 als Regel- und die Mehrheit von Erben als Sonderfall. Die für eine Mehrheit von Erben geltenden Vorschriften finden sich vor allem im 4. Titel des 5. Buches. Der erste Abschnitt des 4. Titels (§§ 2032 bis 2057) regelt das Verhältnis der Miterben untereinander. §§ 2032 bis 2041 betreffen die Erbengemeinschaft bis zur Auseinandersetzung, §§ 2042 bis 2049 die Auseinandersetzung selbst und §§ 2050 bis 2057 die im Rahmen der Auseinandersetzung stattfindende Ausgleichung von Zuwendungen des Erblassers an Abkömmlinge. Der zweite Abschnitt des 4. Titels (§§ 2058 bis 2063) betrifft das Rechtsverhältnis zwischen den Miterben und den Nachlassgläubigern; er ergänzt die allgemeinen Vorschriften über die Erbenhaftung (2. Titel des 5. Buches; §§ 1967 bis 2017). Weitere Vorschriften über die Erbengemeinschaft enthalten §§ 86 bis 98 FGG (Auseinandersetzungs-Vermittlungsverfahren vor dem Nachlassgericht), §§ 316 Abs 2 und 3, 317 Abs 2 InsO (Antragsrecht und Antragsvoraussetzungen im Nachlassinsolvenzverfahren), § 747 ZPO (Voraussetzungen der Zwangsvollstreckung in den ungeteilten Nachlass), § 859 Abs 2 ZPO (Pfändung des Anteils am Nachlass und an einzelnen Nachlassgegenständen) und §§ 180, 185 ZVG (Zwangsversteigerung zum Zwecke der Aufhebung der Gemeinschaft).

2. Gesamthandsgemeinschaft. Gibt es mehrere Erben (Miterben), geht der Nachlass mit dem 2 Erbfall grds ebenfalls – wie im Falle eines einzigen Erben – im Wege der Universalsukzession auf die Miterben über. Mit dem Erbfall wird der Nachlass gemeinschaftliches Vermögen der Miterben. Die Miterben bilden eine Gesamthandsgemeinschaft (Erbengemeinschaft), keine Bruchteilsgemeinschaft. Jedem Miterben stehen sämtliche Nachlassgegenstände zu, begrenzt nur durch die gleichen Rechte der anderen Miterben[1]. Der Nachlass stellt so ein **Sondervermögen** dar, das kraft Gesetzes vom Vermögen der einzelnen Miterben getrennt ist. Eine Sonderrechtsnachfolge von einzelnen Miterben in bestimmte Gegenstände oder Rechte gibt es grds nicht (zu den Ausnahmen unter IV., Rn 14 ff). Die Miterben werden durch den Erbfall **Mitbesitzer** des Nachlasses (§§ 857, 866).

3. Beginn und Ende der Erbengemeinschaft. Die Erbengemeinschaft entsteht kraft Gesetzes mit 3 dem Erbfall. Durch Vereinbarung kann sie nicht begründet oder wiederhergestellt werden[2]. Die Miterben können auch nicht durch Vereinbarung innerhalb einer fortdauernden Erbengemeinschaft eine engere, nur einen Teil der Miterben umfassende „Erbengemeinschaft" begründen[3]. Die Erbengemeinschaft endet mit dem Vollzug der Auseinandersetzung – der Teilung[4] – hinsichtlich sämtlicher

---
[1] OLG Hamm DNotZ 1952, 416.
[2] KG DNotZ 1952, 84; MünchKommBGB/*Heldrich* Rn 6, § 2042 Rn 46; RGRK/*Kregel* Rn 8; Erman/*Schlüter* Vor §§ 2032–2063 Rn 3.
[3] BGH WM 1975, 1110; MünchKommBGB/*Heldrich* Rn 4.
[4] BGH WM 1965, 1155, 1157.

zum Nachlass gehörenden Gegenstände[5]. Sie endet auch dann, wenn ein Miterbe sämtliche Anteile am Nachlass erwirbt[6]. Treten die Miterben vom Auseinandersetzungsvertrag zurück, wird der durch den Rücktritt ausgelöste Anspruch auf Rückgewähr (§ 346 Abs 1) im Wege der dinglichen Surrogation (§ 2041) gemeinschaftliches Nachlassvermögen der Miterben; die Erbengemeinschaft besteht kraft Gesetzes – nicht kraft vertraglicher Vereinbarung – fort[7]. Eine durch wirksame Übertragung aller Erbanteile auf einen Miterben aufgelöste Erbengemeinschaft kann trotz der Nichtigkeit der zugrunde liegenden Vereinbarung nicht im Wege einer Rückabwicklung nach § 812 wiederhergestellt werden. Ist dagegen auch die dingliche Übertragung der Erbanteile nichtig, besteht die Erbengemeinschaft fort[8].

4 4. **Mitglieder der Erbengemeinschaft.** Mitglieder der Erbengemeinschaft sind die unmittelbar durch den Erbfall berufenen Erben. Verstirbt ein Erbe nach dem Erbfall, tritt sein Erbe gemäß § 1922 an seine Stelle. Mehrere Erbeserben bilden eine Untererbengemeinschaft. Der Erwerber eines Erbteils (§ 2033 Abs 1) wird ebenfalls Mitglied der Erbengemeinschaft (§ 2033 Rn 11). Vorerbe (§ 2100) und Ersatzerbe (§ 2096) treten erst mit dem Vor- oder Ersatzerbfall in die Erbengemeinschaft ein[9]. Zwischen Nacherben besteht vor dem Nacherbfall keine Erbengemeinschaft; denn bis dahin steht ihnen kein gemeinschaftliches Vermögen zu[10].

II. Nachlass als Sondervermögen

5 1. **Rechtsnatur der Erbengemeinschaft.** Die Erbengemeinschaft als solche ist **keine Rechtspersönlichkeit**[11]. Die Rspr des Bundesgerichtshofs zur Teilrechtsfähigkeit der Außen-GbR[12] kann auf die Erbengemeinschaft nicht übertragen werden[13]. Gleiches gilt für die Rspr zur Rechtsfähigkeit der Gemeinschaft der Wohnungseigentümer[14]. Der den Miterben zur gesamten Hand zustehende Nachlass bildet jedoch ein Sondervermögen, das in verschiedener Hinsicht **rechtlich verselbständigt** ist. Der einzelne Miterbe kann nur über seinen Anteil am Nachlass verfügen, nicht über einzelne Nachlassgegenstände (§ 2033). Über Nachlassgegenstände können die Miterben nur gemeinsam verfügen (§ 2040). Die Verwaltung des Nachlasses steht den Miterben grds gemeinschaftlich zu (§ 2038). Verbindlichkeiten gegenüber der Erbengemeinschaft können nur durch Leistung an alle Erben erfüllt werden, wenn auch jeder Miterbe Leistung an alle Erben verlangen kann (§ 2039). Was auf Grund eines zum Nachlass gehörenden Rechts oder als Ersatz für zerstörte, beschädigte oder entzogene Nachlassgegenstände oder rechtsgeschäftlich für den Nachlass erworben wird, gehört kraft dinglicher Surrogation ebenfalls zum Nachlass (§ 2041).

6 2. **Nachlass und Eigenvermögen der einzelnen Miterben.** Der gesamthänderisch gebundene Nachlass und das sonstige Vermögen der einzelnen Miterben (Eigenvermögen) bleiben kraft Gesetzes voneinander getrennt. Forderungen des Erblassers gegen einen oder mehrere Miterben und Forderungen eines Erben gegen den Erblasser bleiben auch nach dem Erbfall bestehen[15]. Zu einer **Konfusion** kommt es nicht. Eine **Bürgschaft** erlischt auch nicht teilweise, wenn der Gläubiger und der Bürge den Hauptschuldner gemeinsam beerben[16]. Die **Verfügung eines Nichtberechtigten** bleibt unwirksam, wenn der Nichtberechtigte nur einer von mehreren Erben des Berechtigten ist (vgl § 185 Abs 2 S 1). Eine **Aufrechnung** ist möglich, wenn entweder der einzelne Erbe oder die Erbengemeinschaft zugleich Gläubiger und Schuldner ist (§ 387). Gegenüber einer zum Nachlass gehörenden Forderung kann der Schuldner nicht mit einer ihm gegen einen einzelnen Miterben zustehenden Forderung aufrechnen (§ 2040 Abs 2) oder ein **Zurückbehaltungsrecht** geltend machen[17].

7 3. **Übertragung von Nachlassgegenständen.** Soll ein zum Nachlass gehörender Vermögensgegenstand einem Miterben übertragen werden, muss eine **Übereignung oder Abtretung** nach allgemeinen sachenrechtlichen Grundsätzen erfolgen. Das gilt auch, wenn Bruchteilseigentum aller Miterben begründet werden soll. Geht es um ein **Grundstück,** gelten für das Verpflichtungsgeschäft § 311b Abs 1 S 1 und für das Verfügungsgeschäft §§ 925, 873[18]. Eine rechtsgeschäftliche Übertragung muss auch dann erfolgen, wenn das Grundstück auf eine personengleiche andere Gesamt-

---

[5] MünchKommBGB/*Heldrich* § 2042 Rn 45.
[6] RGZ 88, 116; MünchKommBGB/*Heldrich* Rn 5; RGRK/*Kregel* Rn 8.
[7] RGRK/*Kregel* Rn 8 unter Hinweis auf BGH vom 26. 2. 1953, IV ZR 207/52; MünchKommBGB/*Heldrich* Rn 6.
[8] BGH NJW-RR 2005, 808.
[9] *Palandt*/*Edenhofer* Rn 3; MünchKommBGB/*Heldrich* Rn 1; *Staudinger*/*Werner* Rn 2.
[10] BGH NJW 1993, 1582; MünchKommBGB/*Heldrich* Rn 1; *Jauernig*/*Stürner* Rn 2; aA RGZ 93, 292, 296; *Soergel*/*Wolf* Rn 2.
[11] BGH NJW 1989, 2122, 2124; *Erman*/*Schlüter* Rn 1; RGRK/*Kregel* Rn 4; MünchKommBGB/*Heldrich* Rn 12; *Soergel*/*Wolf* Rn 1; *Staudinger*/*Werner* Rn 5; aA *Grunewald* AcP 197 (1997), 305; dagegen *Ulmer* AcP 198 (1998), 113, 124 ff, jeweils mwN.
[12] BGHZ 146, 341 = NJW 2001, 1056.
[13] BGH NJW 2002, 3389, 3390 m Anm *Marotzke*, ZEV 2002, 506; MünchKommBGB/*Heldrich* Rn 12; *Erman*/*Schlüter* Rn 1; aA *Eberl-Borges* NJW 2006, 1313, 1314.
[14] BGHZ 163, 154 = NJW 2005, 2061; vgl BGH NJW 2006, 3715, 3716.
[15] RGRK/*Kregel* Rn 6; MünchKommBGB/*Heldrich* Rn 27.
[16] RGZ 76, 57, 58; RGRK/*Kregel* Rn 6 unter Hinweis auf RG vom 24. 10. 1910, IV 614/09.
[17] RGZ 132, 83; *Staudinger*/*Werner* Vor § 2032 Rn 14; MünchKommBGB/*Heldrich* Rn 26.
[18] BGHZ 21, 229, 233 = NJW 1956, 1433; RGZ 57, 423; 105, 246, 251; RGRK/*Kregel* Rn 5; *Palandt*/*Edenhofer* Rn 2; *Erman*/*Schlüter* Rn 3; *Soergel*/*Wolf* Rn 38; MünchKommBGB/*Heldrich* Rn 31.

handsgemeinschaft – etwa eine Erbengemeinschaft nach einem anderen Erblasser, eine BGB-Gesellschaft oder eine OHG – übertragen werden soll[19]. Auflassung und Eintragung sind (nur) dann entbehrlich, wenn sämtliche Miterben ihre Erbanteile nach § 2033 Abs 1 auf einen einzigen Erwerber oder auf eine von ihnen gebildete BGB-Gesellschaft übertragen. In einem solchen Fall ist lediglich das Grundbuch zu berichtigen[20].

4. Zurechnung des Verschuldens einzelner Miterben. Pflichtverletzungen und unerlaubte Handlungen, die ein Miterbe im Rahmen der Verwaltung des Nachlasses begeht, werden der Erbengemeinschaft nicht nach § 31, sondern nur unter den Voraussetzungen der §§ 278, 831 zugerechnet[21]. 8

III. Verfahrensrechtliche Fragen

1. Keine Parteistellung der Erbengemeinschaft. Im Prozess ist die Erbengemeinschaft als solche nicht parteifähig[22]. Auch in einem Prozess, an dem sämtliche Miterben beteiligt sind, sind die einzelnen Miterben Partei[23]. Sie können unterschiedlichen prozessualen oder materiell-rechtlichen Einwendungen ausgesetzt sein und Einwendungen selbstständig geltend machen[24]. 9

2. Streitgenossenschaft. **Aktivprozesse** können von einem, von einzelnen oder von allen Miterben mit dem Ziel der Leistung an alle Miterben geführt werden (vgl § 2039). Klagen mehrere, aber nicht alle Miterben in eigenem Namen, besteht zwischen ihnen keine notwendige Streitgenossenschaft; denn jeder Miterbe könnte den Anspruch auch allein verfolgen. Gleiches gilt, wenn alle Miterben klagen[25]. Bei **Passivprozessen** ist zu unterscheiden: Werden mehrere – auch alle – Miterben gemäß § 2058 als Gesamtschuldner in Anspruch genommen, sind sie keine notwendigen Streitgenossen; erhebt der Gläubiger jedoch die Gesamthandklage des § 2059 Abs 2 gegen sämtliche Miterben, besteht notwendige Streitgenossenschaft. Bis zur Teilung hat der Gläubiger grds die freie Wahl, ob er die Gesamtschuldklage nach § 2058 oder die Gesamthandklage nach § 2059 Abs 2 erhebt (vgl – auch zu den Ausnahmen – § 2058 Rn 6; § 2059 Rn 6). 10

3. Zwangsvollstreckung in den ungeteilten Nachlass. Für die Zwangsvollstreckung in den ungeteilten Nachlass ist gemäß § 747 ZPO ein gegen alle Miterben ergangenes Urteil erforderlich. Darauf, ob das Urteil auf eine Gesamtschuld- oder eine Gesamthandklage hin ergangen ist, kommt es nicht an. Es können auch gleich lautende Urteile in verschiedenen Prozessen erwirkt worden sein[26]. Mit einem Urteil gegen nur einen Miterben kann der Gläubiger nur gemäß §§ 859 Abs 2, 857 Abs 1, 829 ZPO in dessen Erbteil vollstrecken. Die Zwangsvollstreckung in das sonstige Vermögen kann der Miterbe gemäß §§ 785, 767 ZPO im Wege der Vollstreckungsgegenklage abwenden, wenn er sich die Beschränkung seiner Haftung auf den Nachlass gemäß § 780 ZPO im Urteil hat vorbehalten lassen. 11

4. Grundbuch. Im Grundbuch soll gemäß § 47 GBO das für die Gemeinschaft maßgebende Rechtsverhältnis – das Rechtsverhältnis „Erbengemeinschaft" also – bezeichnet werden. Die Anteile der einzelnen Teilhaber sind dagegen nicht einzutragen[27]. Die unrichtige Angabe des Gemeinschaftsverhältnisses macht die Auflassung unwirksam[28]. Sind mehrere Personen „als Miterben zu gleichen Teilen" als Eigentümer eingetragen, ist hinreichend deutlich, dass es sich um eine Miterbengemeinschaft zur gesamten Hand, nicht um eine Bruchteilsgemeinschaft handelt. Die am Anteil eines einzelnen Miterben bestellte Hypothek ist nichtig (§ 1114); sie kann auch nicht gemäß § 892 gutgläubig von einem Dritten erworben werden[29]. Wird ein Miterbe seinerseits von mehreren Erben beerbt, entsteht eine **Untererbengemeinschaft,** die im Grundbuch kenntlich gemacht werden muss[30]. 12

5. Antragsrecht in FGG-Verfahren. Antrag auf **Nachlassverwaltung** können die Miterben nur gemeinsam stellen (§ 2062). Die Eröffnung des **Nachlassinsolvenzverfahrens** kann ein Miterbe demgegenüber auch allein beantragen (§ 317 Abs 2 InsO). Der Antrag, der nicht von allen Miterben gestellt worden ist, ist allerdings nur dann zulässig, wenn der Eröffnungsgrund glaubhaft gemacht wird (§ 317 Abs 2 InsO). Jeder Miterbe ist allein berechtigt, einen gemeinschaftlichen **Erbschein** über das Erbrecht und die Erbteile aller Miterben (§ 2357) oder einen Teilerbschein über sein eigenes Erbrecht und die Größe seines Erbteils (§ 2353) zu beantragen. 13

---

[19] OLG Hamm DNotZ 1958, 416; RGRK/*Kregel* Rn 10; MünchKommBGB/*Heldrich* Rn 32; Erman/*Schlüter* Rn 3; *Soergel/Wolf* Rn 38; ebenso OLG Karlsruhe NJW-RR 1995, 1189 für die Übertragung von GmbH-Anteilen auf eine mit der Erbengemeinschaft personengleiche OHG.
[20] MünchKommBGB/*Heldrich* Rn 33; RGRK/*Kregel* Rn 10; Erman/*Schlüter* Rn 3.
[21] Erman/*Schlüter* Rn 5.
[22] BGH NJW 1989, 2133, 2134; NJW 2006, 3715, 3716; Palandt/*Edenhofer* Vor § 2032 Rn 1; Erman/*Schlüter* Rn 1; *Staudinger/Werner* Rn 4.
[23] BGH NJW 1989, 2133, 2134; NJW 2006, 3715, 3716.
[24] BGH NJW 1989, 2133, 2134.
[25] BGHZ 23, 207, 212 f = NJW 1957, 906; OLG Brandenburg OLGR 1998, 421 = OLG-NL 1998, 261; im Ergebnis offen BGH NJW 1989, 2133, 2134; vgl § 2039 Rn 9 mN auch zur Gegenansicht.
[26] RGZ 68, 221, 223; MünchKommBGB/*Heldrich* Rn 41.
[27] RGRK/*Kregel* Rn 7; MünchKommBGB/*Heldrich* Rn 38.
[28] OLG Zweibrücken DNotZ 1965, 613; RGRK/*Kregel* Rn 7; MünchKommBGB/*Heldrich* Rn 38; vgl auch BayObLGZ 1958, 353 = DNotZ 1959, 200, 201.
[29] RGZ 88, 21, 26 m Anm *Kretzschmar* JW 1916, 480; RGRK/*Kregel* Rn 7.
[30] BayObLGZ 1990, 188, 190 f = NJW-RR 1991, 88; MünchKommBGB/*Heldrich* Rn 38; *Soergel/Wolf* Rn 37.

IV. Ausnahme: Sonderrechtsnachfolge

14 **1. Anteil an einer Personengesellschaft.** Der durch eine erbrechtliche Nachfolgeklausel vererblich gestellte Anteil an einer Personengesellschaft wird im Erbfall nicht gemeinschaftliches Vermögen der mehreren Nachfolger-Erben, sondern gelangt im Wege der Sondererbfolge **(Singularsukzession)** unmittelbar und geteilt ohne weiteres Dazutun an die einzelnen Nachfolger[31]. Jeder Erbe erwirbt einen gesonderten Gesellschaftsanteil im Verhältnis seines Erbteils. Sieht der Gesellschaftsvertrag vor, dass die Gesellschaft nur mit einem oder einzelnen Erben fortgesetzt wird (qualifizierte Nachfolgeklausel), erwirbt derjenige Miterbe, dem der Erblasser den Anteil zugewandt hat, den Anteil unmittelbar in demjenigen Umfang, der dem Erblasser zustand[32]. Die Vererbung eines Anteils an einer **Liquidationsgesellschaft** vollzieht sich hingegen nach rein erbrechtlichen Regeln. Bei einer Mehrheit von zur Nachfolge berufenen Erben werden die Erben nicht, wie bei einer noch werbend tätigen Gesellschaft, je für sich, sondern in ihrer gesamthänderischen Verbundenheit als Erbengemeinschaft Gesellschafter[33].

15 **2. Anerbenrecht nach der Höfeordnung.** Gemäß § 4 HöfeO fällt der **Hof** als Teil der Erbschaft kraft Gesetzes nur einem der Erben – dem Hoferben – zu. Aufgrund dieses Anerbenrechts wird der Hoferbe alleiniger Eigentümer des Hofes. Im Verhältnis der Erben zueinander tritt der Wert des Hofes an die Stelle des Hofes.

16 **3. Weitere Einzelfälle.** Ehegatten oder nahe Angehörige, die mit dem Erblasser einen gemeinsamen Hausstand geführt haben, treten gemäß § 563 in das **Mietverhältnis** ein. Ehegatten, Kinder, Eltern oder der Haushaltsführer erwerben im Wege der Sondererbfolge die beim Tod des Berechtigten bestehenden fälligen Ansprüche auf laufende **Geldleistungen gegen den Leistungsträger,** wenn sie zurzeit des Erbfalls mit dem Berechtigten in einem gemeinsamen Haushalt lebten oder von ihm wesentlich unterhalten wurden (§ 56 Abs 1 SGB I). Die allgemeinen Vorschriften über die Erbfolge gelten nur dann, wenn keine Sonderrechtsnachfolger vorhanden sind (§ 58 SGB I). Eigentümer eines **Bodenreformgrundstücks** ist gemäß Art 233 § 11 Abs 2 EGBGB unter bestimmten Voraussetzungen eine von den Erben des eingetragenen Eigentümers gebildete Bruchteilsgemeinschaft. Betroffener iS des **presserechtlichen Gegendarstellungsanspruchs** ist bei einer Veröffentlichung über die Berechtigung eines Dritten an einem Grundstück, das eine Erbengemeinschaft in Anspruch nimmt, auch der einzelne Miterbe, sofern er von nicht unbeträchtlichen Anzahl unbefangener Leser mit der Meldung in Beziehung gebracht wird[34].

V. Sonderfragen des Handels- und Gesellschaftsrechts

17 **1. Einzelhandelsgeschäft.** Das Handelsgeschäft eines Einzelkaufmanns ist vererblich (vgl § 22 Abs 1 HGB). Durch den Erbfall und den Übergang auf mehrere Miterben entsteht nicht kraft Gesetzes eine OHG. Das Handelsgeschäft kann vielmehr von der Erbengemeinschaft als solcher fortgeführt werden, und zwar ohne zeitliche Begrenzung[35]. Die Erbengemeinschaft kann auch in das Handelsregister eingetragen werden[36]. Auf das Verhältnis der Miterben untereinander – nicht auf das Verhältnis zu Dritten – können die Vorschriften des Rechts der OHG anzuwenden sein[37]. Zu einer OHG wird die Erbengemeinschaft nur durch Abschluss eines Gesellschaftsvertrages und Übertragung der zum Handelsgeschäft gehörenden Güter. Führt ein Miterbe das ererbte Handelsgeschäft fort, so liegt darin nur dann eine **Fortführung** durch alle Miterben iS des § 27 HGB, wenn die übrigen Miterben den tätigen Miterben ausdrücklich oder stillschweigend zur Fortführung des Geschäfts ermächtigt haben[38]. Wird das Handelsgeschäft einverständlich fortgeführt, **haften** die Miterben für die vom Erblasser begründeten Verbindlichkeiten nach §§ 25, 27 HGB ohne die Möglichkeit der Beschränkung der Haftung auf den Nachlass. **Prokura** kann einem Miterben nicht erteilt werden, weil der Miterbe entgegen § 48 Abs 1 HGB nicht nur als Vertreter der übrigen Miterben, sondern zugleich in eigenem Namen handeln würde. Die vor dem Erbfall erteilte Prokura eines Miterben erlischt daher mit dem Erbfall[39]. Ein neues Handelsgeschäft kann die Erbengemeinschaft nicht erwerben[40]. Die Erwerber

---

[31] BGHZ 22, 186 = NJW 1957, 180; BGHZ 68, 224 = NJW 1977, 1339; BGH NJW 1983, 2376; OLG Hamm ZEV 1999, 318, 319; MünchKommBGB/*Heldrich* Vor § 2032 Rn 9; MünchKommBGB/*Leipold* § 1922 Rn 60; RGRK/*Kregel* Rn 8; Erman/*Schlüter* Vor § 2032 Rn 9; Soergel/*Wolf* Rn 20.
[32] BGHZ 68, 225 = NJW 1977, 1339; MünchKommBGB/*Heldrich* Vor § 2032 Rn 9; MünchKommBGB/*Leipold* § 1922 Rn 61; Soergel/*Wolf* Rn 24.
[33] BGH NJW 1981, 749, 750; BGH NJW 1982, 170, 171; BGH NJW 1995, 3314 = LM HGB § 173 Nr 1 m Anm *Wilhelm.*
[34] OLG Brandenburg OLG-NL 1999, 218, 220.
[35] BGHZ 30, 391, 394 ff = NJW 1959, 2114; BGHZ 32, 60, 67 = NJW 1960, 959; BGHZ 92, 259, 262 = NJW 1985, 136, 138 m Anm *K. Schmidt* NJW 1985, 2785; Strothmann ZIP 1985, 969; KG KGR 1999, 70, 71; OLG Hamm ZEV 1999, 318, 319; RGZ 132, 138, 142; RGRK/*Kregel* Rn 9; MünchKommBGB/*Heldrich* Rn 44; Staudinger/*Werner* Rn 18; Erman/*Schlüter* Rn 4; Soergel/*Wolf* Rn 5; *Wolf* AcP 181 (1981), 480, 481; aA *Fischer* ZHR 144 (1980), 1.
[36] MünchKommBGB/*Heldrich* Rn 44; Staudinger/*Werner* Rn 18; Erman/*Schlüter* Rn 4.
[37] BGHZ 17, 299 = NJW 1955, 1227; RGRK/*Kregel* Rn 10; *K. Schmidt* NJW 1985, 2785, 2788; krit Staudinger/*Werner* Rn 18.
[38] BGHZ 30, 391 = NJW 1959, 2116.
[39] BGHZ 30, 391 = NJW 1959, 2116; Staudinger/*Werner* Rn 19; aA Soergel/*Wolf* Rn 10; MünchKommBGB/*Heldrich* Rn 47; *K. Schmidt* NJW 1985, 2785, 2789.
[40] RGRK/*Kregel* Rn 9; MünchKommBGB/*Heldrich* Rn 48; Soergel/*Wolf* Rn 9; Erman/*Schlüter* Rn 4.

sämtlicher Miterbenanteile können ein durch die veräußernden Miterben in ungeteilter Erbengemeinschaft betriebenes ererbtes Handelsgeschäft nicht ihrerseits in ungeteilter Erbengemeinschaft fortführen[41].

2. Anteil an einer Personengesellschaft. Der Tod des Gesellschafters einer **OHG** führt dann, wenn der Gesellschaftsvertrag keine abweichenden vertraglichen Bestimmungen enthält, zum Ausscheiden des Gesellschafters (§ 131 Abs 3 Nr 1 HGB). Ist im Gesellschaftsvertrag bestimmt, dass im Falle des Todes eines Gesellschafters die Gesellschaft mit dessen Erben fortgesetzt werden soll (einfache Nachfolgeklausel), werden die Erben im Wege der Sondererbfolge einzeln und im Verhältnis ihrer Anteile Gesellschafter der OHG (Rn 14). Jeder Miterbe kann nach § 139 Abs 1 HGB verlangen, dass ihm die Stellung eines Kommanditisten eingeräumt wird. Sind nur einige Miterben benannt, werden nur sie – ebenfalls im Wege der Sondererbfolge – Gesellschafter der OHG. Eine **Kommanditgesellschaft** wird beim Tod eines Kommanditisten mangels abweichender vertraglicher Bestimmung mit den Erben fortgesetzt (§ 177 HGB). Jeder Miterbe wird mit dem seinem Erbteil entsprechenden Anteil Kommanditist. Für den persönlich haftenden Gesellschafter einer KG gelten die Vorschriften über die OHG entspr (§ 161 Abs 2 HGB). Eine **BGB-Gesellschaft** wird durch den Tod eines Gesellschafters aufgelöst, sofern sich nicht aus dem Gesellschaftsvertrag etwas anderes ergibt (§ 727 Abs 1). Enthält der Gesellschaftsvertrag Nachfolgeregelungen, gilt ebenfalls der Grundsatz der Sondererbfolge[42]. Der im Wege der Erbfolge auf einen Gesellschafter-Erben übergegangene Gesellschaftsanteil gehört grds zum Nachlass[43]. 18

3. GmbH-Anteil. Der Geschäftsanteil an einer GmbH ist vererblich (§ 15 Abs 1 GmbHG). Er steht den Miterben zur gesamten Hand zu (vgl § 18 Abs 1, Abs 3 S 2 GmbHG)[44]. Die Miterben können ihre Anteilsrechte nur gemeinsam ausüben (§ 18 Abs 1 GmbHG), was aber auf der Grundlage einer Mehrheitsentscheidung nach §§ 2038 Abs 2, 747 erfolgen kann[45]. Enthält der Gesellschaftsvertrag der GmbH eine Nachfolgeklausel und fällt der Anteil einer Erbengemeinschaft an, der teils nachfolgeberechtigte und teils nicht nachfolgeberechtigte Erben angehören, ist der vererbte Anteil im Wege der Erbauseinandersetzung auf die nachfolgeberechtigten Erben zu übertragen. Die Nachfolgeregelung hat also keine dingliche Wirkung, sondern muss von den Erben noch umgesetzt werden[46]. Die Verfügung über den Miterbenanteil an einem Nachlass, zu dem ein GmbH-Anteil gehört, bedarf grds nicht der für die Abtretung des Geschäftsanteils erforderlichen Genehmigung[47]. 19

4. Aktiengesellschaft. Aktien sind vererblich. Sie gehen mit dem Erbfall auf die Miterben zur gesamten Hand über[48]. Die Miterben können ihre Rechte nur durch einen gemeinschaftlichen Vertreter ausüben (§ 69 AktG). Die Mitgliedschaft in einer **Genossenschaft** geht mit dem Tode des Genossen ebenfalls auf dessen Erben über, endet aber – wenn das Statut keine abweichenden Regelungen enthält[49] – mit dem Schluss des Geschäftsjahres, in dem der Erbfall eingetreten ist (§ 77 GenG). 20

§ 2033 Verfügungsrecht des Miterben

(1) ¹Jeder Miterbe kann über seinen Anteil an dem Nachlass verfügen. ²Der Vertrag, durch den ein Miterbe über seinen Anteil verfügt, bedarf der notariellen Beurkundung.

(2) Über seinen Anteil an den einzelnen Nachlassgegenständen kann ein Miterbe nicht verfügen.

Schrifttum: *Blomeyer,* Die Rechtsnatur der Gesamthand, JR 1971, 397; *Jünemann,* Gläubigeranfechtung einer Erbteilsübertragung, ZEV 2005, 335; *Keim,* Erbauseinandersetzung und Erbanteilsübertragung, RNotZ 2003, 375; *Keller,* Die Heilung eines formnichtigen Erbteilskaufvertrages oder ähnlichen Vertrages iSv § 2385 Abs. 1 BGB, ZEV 1995, 427; *Kesseler,* Die Vereitelung der Ziele der Testamentsvollstreckung durch Veräußerung des Miterbanteils, NJW 2006, 3672; *Sigler,* Zur Abtretbarkeit des Anspruchs des Miterben auf das Auseinandersetzungsguthaben, MDR 1964, 372; *Wesser/Saalfrank,* Formfreier Grundstückserwerb durch Miterben, NJW 2003, 2937.

Übersicht

	Rn		Rn
I. Bedeutung der Norm	1	III. Anteil am Nachlass	3
II. Miterbe	2	1. Miterbenanteil	3

---

[41] KG KGR 1999, 70 m krit Anm *Ann* EWiR 1999, 159; MünchKommBGB/*Heldrich* Rn 46.
[42] BGH NJW 1981, 750; NJW 1996, 1284, 1285; NJW 1999, 571, 572; MünchKommBGB/*Heldrich* Rn 57; Palandt/*Edenhofer* Rn 10; *Jauernig/Stürner* Rn 10.
[43] BGH NJW 1983, 2376; BGHZ 98, 48 = NJW 1986, 2431; BGHZ 108, 187, 192 = NJW 1989, 3152; BGH NJW 1998, 1313; ausf *Stodolkowitz,* FS Kellermann, S 439; *Marotzke* AcP 187 (1987), 223; MünchKommBGB/*Leipold* § 1922 Rn 62 f mN auch der Gegenansicht.
[44] MünchKommBGB/*Heldrich* Rn 67; Soergel/*Wolf* Rn 35.
[45] BGHZ 49, 184, 192 = NJW 1968, 743; OLG Karlsruhe NJW-RR 1995, 1189, 1190; MünchKommBGB/*Heldrich* Rn 67; Palandt/*Edenhofer* Rn 12; Soergel/*Wolf* Rn 35.
[46] MünchKommBGB/*Leipold* § 1922 Rn 46.
[47] BGHZ 96, 386 = NJW 1985, 2592.
[48] MünchKommBGB/*Heldrich* Rn 68.
[49] MünchKommBGB/*Leipold* § 1922 Rn 47.

§ 2033

	Rn		Rn
2. Auseinandersetzungsguthaben	4	b) Rechtsstellung des Pfandgläubigers	11
IV. Verfügung	5	5. Nießbrauch	12
1. Begriff der Verfügung	5	6. Zwangsvollstreckung	13
2. Form	6	a) Pfändung	13
3. Übertragung eines Anteils	7	b) Verwertung	14
a) Gegenstand der Übertragung	7		
b) Rechtsstellung des Erben nach der Veräußerung	8	**VI. Anteile an Nachlassgegenständen (Abs 2)**	15
c) Rechtsstellung des Erwerbers	9	1. Keine Verfügung über Anteile an Nachlassgegenständen	15
4. Verpfändung	10		
a) Bestellung des Pfandrechts	10	2. Verpflichtungsgeschäft	16

I. Bedeutung der Norm

1   Der Miterbe kann über seinen **Anteil am Nachlass** verfügen. In diesem Punkt unterscheidet sich die Erbengemeinschaft von den anderen Gesamthandsgemeinschaften des BGB, der BGB-Gesellschaft und der ehelichen Gütergemeinschaft (§§ 719 Abs 1, 1419 Abs 1). Der Miterbe soll durch diese Bestimmung in die Lage versetzt werden, seinen Anteil schon vor der Teilung des Nachlasses wirtschaftlich zu verwerten[1]. § 2033 enthält **zwingendes Recht**. Der Erblasser kann zwar die Teilung des Nachlasses aufschieben (§ 2044). Die Veräußerung eines Anteils nach § 2033 kann er jedoch nicht ausschließen oder von der Zustimmung eines Testamentsvollstreckers abhängig machen[2], wenn auch die Erbeinsetzung unter der auflösenden Bedingung einer Anteilsveräußerung stehen kann[3]. Durch Vereinbarung der Erben untereinander kann die Veräußerung des Anteils ebenfalls nicht mit dinglicher Wirkung ausgeschlossen werden (§ 137). Nur durch das Vorkaufsrecht des § 2034 genießen die Miterben einen gewissen Schutz gegen den Eintritt Dritter in die Erbengemeinschaft (§ 2034 Rn 1). § 2033 betrifft nur die **dingliche** Verfügung über einen Nachlassanteil. Der schuldrechtliche Erbschaftskauf und ähnliche Verträge sind in §§ 2371 ff, 2385 geregelt. Verfügungen über **Nachlassgegenstände** können nur von allen Erben gemeinsam getroffen werden (§ 2040). Verfügungen über den **Anteil an einzelnen Nachlassgegenständen** sind nicht möglich (Abs 2).

II. Miterbe

2   Nur der Miterbe oder sein **Rechtsnachfolger** kann über den Anteil am Nachlass verfügen. Für den **Alleinerben** gilt § 2033 nicht[4]. Der Nachlass als solcher kann verkauft werden (§ 2371), kann aber nicht Gegenstand einer Verfügung sein. Der Alleinerbe kann (ebenso wie die Erbengemeinschaft) nur die einzelnen Nachlassgegenstände übertragen. Ist die Erbengemeinschaft durch Vereinigung aller Anteile in einer Hand beendet worden, ist die (dingliche) Rück- oder Weiterübertragung eines Anteils nicht mehr möglich[5]. Den Erben eines Miterben steht der Anteil dieses Miterben zur gesamten Hand zu. Sie können nur gemeinsam über ihn verfügen (§ 2040)[6]. Der **Vorerbe** kann bis zum Eintritt des Nacherbfalles über den Anteil verfügen[7]; die Nacherbfolge bleibt davon jedoch unberührt. Ebenso kann der **Nacherbe** – auch der Allein-Nacherbe[8] – die ihm zustehende Anwartschaft veräußern[9]. Die Verfügungsbefugnis des **Testamentsvollstreckers** nach § 2205 erstreckt sich nicht auf Anteile an dem seiner Verwaltung unterliegenden Nachlass[10].

III. Anteil am Nachlass

3   **1. Miterbenanteil.** Gegenstand der Verfügung ist der Anteil am Nachlass, also die durch die Erbquote bestimmte Berechtigung am Gesamthandsvermögen der Erbengemeinschaft. Möglich ist die Veräußerung eines Nachlassanteils, solange es auch nur einen Gegenstand gibt, hinsichtlich dessen sich die Erbengemeinschaft noch nicht auseinandergesetzt hat[11]. Nach Abschluss der Teilung des Nachlasses können nur noch einzelne Gegenstände übertragen werden[12]. Vor dem Erbfall kann ebenfalls nicht

---

[1] *Staudinger/Werner* Rn 2; *Lange/Kuchinke* § 42 II 1.
[2] LG Essen Rpfleger 1960, 57, 58 m zust Anm *Haegele*; *Staudinger/Werner* Rn 2; *MünchKommBGB/Heldrich* Rn 4; *Erman/Schlüter* Rn 1; *RGRK/Kregel* Rn 5; *Kesseler* NJW 2006, 3672, 3673 f.
[3] *Lange/Kuchinke* § 42 II 2 c.
[4] BGH WM 1967, 978; RGZ 88, 116, 117; *MünchKommBGB/Heldrich* Rn 5; *Staudinger/Werner* Rn 3; aA *Garlichs* MittBayNotK 1998, 149 für den Fall, dass Testamentsvollstreckung angeordnet worden ist.
[5] BGH FamRZ 1992, 659, 660; NJW-RR 2005, 808; RGZ 88, 116, 118; OLG Hamm DNotZ 1966, 744, 747; *Staudinger/Werner* Rn 6; *RGRK/Kregel* Rn 6; *Palandt/Edenhofer* Rn 3.
[6] RGZ 162, 397; 400 f; *Palandt/Edenhofer* Rn 2; *Erman/Schlüter* Rn 4; *Staudinger/Werner* Rn 8.
[7] *RGRK/Kregel* Rn 9; *MünchKommBGB/Heldrich* Rn 6; *Staudinger/Werner* Rn 10; *Soergel/Wolf* Rn 8.
[8] RGZ 101, 185; 103, 354, 358; *RGRK/Kregel* Rn 9.
[9] RGZ 80, 377, 384; 83, 434, 436; 170, 163, 168; *RGRK/Kregel* Rn 9; *MünchKommBGB/Heldrich* Rn 6; *Staudinger/Werner* Rn 11; *Soergel/Wolf* Rn 8.
[10] BGH NJW 1984, 2464, 2465.
[11] BGH NJW 1969, 92; OLG Celle NdsRpfl 1967, 126; *Staudinger/Werner* Rn 5; *MünchKommBGB/Heldrich* Rn 7; *RGRK/Kregel* Rn 14; *Soergel/Wolf* Rn 5.
[12] RGZ 134, 296, 299; *RGRK/Kregel* Rn 4; *Staudinger/Werner* Rn 5.

über Anteile am Nachlass verfügt werden (vgl § 312)[13]. Verfügt werden kann auch über einen **Bruchteil des Anteils**[14]. Ob unter mehreren Erwerbern von Teilen eines Anteils eine (Unter-)Bruchteilsgemeinschaft innerhalb der Gesamthandsgemeinschaft entsteht oder ein einheitliches, dem Miterbenverhältnis nahe stehendes Gesamthandsverhältnis, wobei die wertmäßigen Beteiligungen der Quote der erworbenen Anteilen entspricht, ist streitig[15]. Unter besonderen Umständen kann es im Einzelfall geboten sein, die Veräußerung des einzigen Nachlassgegenstandes durch die Miterben als Anteilsübertragung anzusehen[16].

2. **Auseinandersetzungsguthaben.** Über den Anspruch auf das anteilige Auseinandersetzungsguthaben kann bis zur Auseinandersetzung nicht mit dinglicher Wirkung verfügt werden[17]. Das Gesetz verbietet solche Verfügungen nicht ausdrücklich. Allgemeinen Grundsätzen zufolge kann auch ein künftiger bestimmter oder bestimmbarer Anspruch abgetreten werden. Ließe man die Verfügung über das Auseinandersetzungsguthaben neben § 2033 zu, könnten jedoch der Anteil an der Erbengemeinschaft einerseits, der Anspruch auf das Auseinandersetzungsguthaben andererseits auseinanderfallen, was dem (gemäß §§ 2383, 2385 für die Nachlassverbindlichkeiten haftenden) Erwerber ebenso wie den Nachlassgläubigern schaden könnte. Nimmt man mit dem BGH an, dass am Anteil bestehende Pfand- und Pfändungspfandrechte sich im Wege der dinglichen Surrogation an den zum Auseinandersetzungsguthaben gehörenden Gegenständen und Ansprüchen fortsetzen[18], würde eine selbständige Verfügung über das Guthaben außerdem diesem Surrogationsprinzip widersprechen[19]. Ist die Form des § 2033 Abs 1 S 2 eingehalten, soll die Abtretung des Anspruchs auf das Auseinandersetzungsguthaben idR **in die Abtretung des Anteils umgedeutet** (§ 140) werden können[20]. Gleiches gilt für die Bestellung eines Pfandrechts und einen Pfändungs- und Überweisungsbeschluss[21].

IV. Verfügung

1. **Begriff der Verfügung.** Eine Verfügung ist ein Rechtsgeschäft, durch das ein Recht übertragen, belastet, inhaltlich verändert oder aufgehoben wird[22]. § 2033 erfasst vor allem die Übertragung des Anteils, seine Verpfändung (§§ 1273 ff) sowie die Bestellung eines Nießbrauchs (§§ 1068 ff). Das schuldrechtliche Rechtsgeschäft, das einer Veräußerung des Nachlassanteils zugrunde liegt, ist nicht in § 2033, sondern (teilweise: Kauf und ähnliche Verträge) in §§ 2371 ff, 2385 geregelt.

2. **Form.** Die Verfügung über einen Nachlassanteil muss **notariell beurkundet** werden (Abs 1 S 2). Gleiches gilt für schuldrechtliche Kauf- und ähnliche Verträge, in denen sich der Erbe zur Übertragung des Anteils verpflichtet (§§ 2371, 2385). Das Erfordernis der notariellen Beurkundung dient dem Schutz vor Übereilung, der Beweiserleichterung und der sachkundigen Beratung. Insbesondere soll der Veräußerer vor dem unüberlegten Verlust eines Gesamtrechts bewahrt werden; außerdem soll im Interesse der Nachlassgläubiger der Zeitpunkt des Vertragsschlusses als die Eintritts der Haftung des Erbschafterwerbers eindeutig bestimmt und dem Erwerber eine sichere Legitimationsgrundlage werden[23]. Schuldrechtliches und dingliches Geschäft können in einer Urkunde zusammengefasst werden, müssen dann aber sämtliche erforderlichen Regelungen enthalten. **Mängel der Form des Verpflichtungsgeschäfts** hindern die Wirksamkeit der Verfügung regelmäßig nicht, begründen aber einen Rückgewähranspruch nach § 812 Abs 1 S 1 Fall 1. Anders als im Falle des § 311 b Abs 1 S 2 werden Formmängel nicht durch die Vollziehung der Übertragung geheilt[24]. Notariell beurkundet werden muss trotz § 167 Abs 2 eine **Vollmacht** zur Veräußerung des Anteils, wenn mit ihr eine ähnliche Rechtslage wie bei der Veräußerung geschaffen wird[25]. Das gilt insbes für unwiderrufliche Vollmachten sowie für Vollmachten, die eine Befreiung von der Beschränkung des § 181 enthalten.

3. **Übertragung eines Anteils. a) Gegenstand der Übertragung.** Gegenstand der Verfügung ist der Anteil am Nachlass. Die Mitberechtigung hinsichtlich der einzelnen Nachlassgegenstände geht im Wege der **Gesamtrechtsfolge** auf den Erwerber über. Die Formen, die Voraussetzung für eine

---

[13] BGHZ 37, 319, 324 f; *Erman/Schlüter* Rn 3; *Staudinger/Werner* Rn 10; *Soergel/Wolf* Rn 5.
[14] BGH NJW 1963, 1610; WM 1969, 592; BayObLG NJW 1968, 505; NJW-RR 1991, 1030, 1031; *Staudinger/Werner* Rn 7; *MünchKommBGB/Heldrich* Rn 9; *Soergel/Wolf* Rn 4; *RGRK/Kregel* Rn 1; *Erman/Schlüter* Rn 4.
[15] Vgl KG KGR 1999, 70, 72; OLG Frankfurt OLGR 1999, 227; BayObLGZ 1980, 328, 329; *Lange/Kuchinke* § 42 II 2 a mwN.
[16] BGH FamRZ 1965, 267.
[17] RGZ 60, 126, 131 ff; offen gelassen von RGZ 137, 171, 176 f; *Staudinger/Werner* Rn 12; *Erman/Schlüter* Rn 10; *Palandt/Edenhofer* Rn 5; *MünchKommBGB/Heldrich* Rn 10; *Soergel/Wolf* Rn 6; *Lange/Kuchinke* § 42 II 6; zweifelnd *RGRK/Kregel* Rn 2; aA *Sigler* MDR 1964, 372.
[18] BGHZ 52, 99 = NJW 1969, 1348 gegen RGZ 84, 395, 397; ebenso BayObLG DB 1983, 708, 709; *Staudinger/Werner* Rn 12, 30; *MünchKommBGB/Heldrich* Rn 30; *Soergel/Wolf* Rn 19; aA zB *Palandt/Bassenge* § 1258 Rn 4.
[19] *Staudinger/Werner* Rn 12.
[20] *Erman/Schlüter* Rn 10; *MünchKommBGB/Heldrich* Rn 10; *Soergel/Wolf* Rn 6; *Staudinger/Werner* Rn 13; *RGRK/Kregel* Rn 2; vgl auch Prot V S 839 und zu einem anderen Fall von Umdeutung BGH WM 1964, 94, 95.
[21] *MünchKommBGB/Heldrich* Rn 15; *Staudinger/Werner* Rn 13.
[22] BGHZ 1, 294, 304; *RGRK/Kregel* Rn 10; *MünchKommBGB/Heldrich* Rn 11.
[23] BGH NJW 1998, 1557.
[24] BGH NJW 1967, 1128, 1130 f; WM 1969, 1319, 1320; RGZ 129, 122, 123; 137, 171, 175; *Staudinger/Werner* Rn 19; *RGRK/Kregel* Rn 13; *Soergel/Wolf* Rn 17; *Palandt/Edenhofer* Rn 9; aA *Erman/Schlüter* Rn 6; krit auch *Lange/Kuchinke* § 42 II 4.
[25] KreisG Erfurt MDR 1994, 175; *RGRK/Kregel* Rn 13; *Palandt/Edenhofer* Rn 10; *Erman/Schlüter* Rn 6; *Staudinger/Werner* Rn 18.

Übertragung einzelner Nachlassgegenstände wären, müssen nicht gewahrt werden. Gehört zum Nachlass ein Grundstück, vollzieht sich der Eigentumserwerb des Erwerbers nicht nach §§ 873, 925, sondern außerhalb des Grundbuchs. Die Eintragung im Grundbuch hat im Wege der Grundbuchberichtigung zu erfolgen (§ 22 GBO)[26]. Der (notariell beurkundete) Antrag von Miterben, nur einige von ihnen im Wege der Grundbuchberichtigung als Eigentümer eines Nachlassgrundstücks in das Grundbuch einzutragen, kann deshalb als Erbteilsübertragung auszulegen sein[27]. **Genehmigungserfordernisse** und **Verfügungsbeschränkungen,** die einzelne Nachlassgegenstände betreffen, sind grds ebenfalls unbeachtlich[28]. So bedarf die Verfügung über den Miterbenanteil an einem Nachlass, zu dem ein Geschäftsanteil an einer GmbH gehört, nicht der für die Abtretung des Geschäftsanteils erforderlichen Genehmigung, wenn auch der Erwerber schuldrechtlich verpflichtet sein kann, die den Geschäftsanteil betreffende satzungsmäßige Rechtslage wiederherzustellen[29]. Gehört Wohnungseigentum zum Nachlass, ist eine nach § 12 WEG vereinbarte Zustimmung der anderen Wohnungseigentümer nicht erforderlich[30]. Auch § 5 Abs 1 ErbbauRG (Zustimmung des Grundstückseigentümers zur Veräußerung des Erbbaurechts) ist nicht anwendbar[31]. Vorkaufsrechte nach § 24 BauGB werden durch den Verkauf eines Nachlassanteils ebenfalls nicht ausgelöst[32]. Es gibt jedoch **Ausnahmen**. Besteht der Nachlass im Wesentlichen aus einem land- oder forstwirtschaftlichen Betrieb, stellt § 2 Nr 2 GrdstVG die Veräußerung eines Erbanteils an einen Dritten der Veräußerung eines Grundstücks ausdrücklich gleich. Gesellschaftsanteile an einer BGB-Gesellschaft, die nicht frei veräußerlich sind (§ 719), sollen von der Veräußerung eines Nachlassanteils nicht erfasst sein, weil sie auch nicht Teil des gesamthänderisch gebundenen Vermögens seien[33]. Der **Abfindungsanspruch eines Miterben gegen den Hoferben** (§ 13 HöfeO) gehört nicht zum Nachlassanteil. Er geht nur dann auf den Erwerber über, wenn er gesondert abgetreten wird[34]. Bodenreformland soll nach einer Entscheidung des Kammergerichts ebenfalls nicht zum Nachlass gehören[35].

8 b) **Rechtsstellung des Erben nach der Veräußerung.** Der Erbe, der seinen Anteil veräußert hat, bleibt auch nach der Veräußerung Erbe[36]. Er haftet weiter für die Nachlassverbindlichkeiten (vgl §§ 2382, 2385). Ein vor der Veräußerung ausgestellter Erbschein wird nicht unrichtig; auch nach der Veräußerung ist der Erbe, nicht der Erwerber als Erbe aufzuführen[37]. Der Erbe behält das Recht, nach § 2227 Entlassung eines Testamentsvollstreckers zu beantragen oder nach §§ 2078 ff die letztwillige Verfügung des Erblassers anzufechten[38]. Ihm, nicht dem Erwerber, stehen etwaige Pflichtteilsrest- oder -ergänzungsansprüche zu[39]. Er kann auch noch für erbunwürdig erklärt werden[40]. Das Vorkaufsrecht der §§ 2034 ff kann er allerdings nicht mehr ausüben (§ 2034 Rn 7)[41].

9 c) **Rechtsstellung des Erwerbers.** Der Erwerber tritt mit der Verfügung als Teilhaber in das Gesamthandverhältnis, dh in alle durch die Erbengemeinschaft begründeten, im Erbteil enthaltenen Rechtsbeziehungen des Veräußerers ein[42]. Es handelt sich um einen Fall der **Gesamtrechtsnachfolge**[43]. Der Erwerber erhält alle Verwaltungs-, Benutzungs- und Fruchtziehungsrechte[44], insbes das Recht, die Auseinandersetzung zu verlangen (§ 2042)[45]. Ihn treffen alle mit dem Erbteil verbundenen Beschwerungen und Belastungen, insbes Vermächtnisse, Auflagen, Pflichtteilsansprüche, Teilungsanordnungen, Ausgleichungspflichten[46], Testamentsvollstreckung. Gemäß §§ 2382, 2385 haftet er für die Nachlassverbindlichkeiten. Er kann die Anordnung der Nachlassverwaltung und die Eröffnung des Nachlassinsolvenzverfahrens beantragen[47]. Eine Inventarfrist ist ihm gegenüber zu setzen; ein vom Veräußerer errichtetes Inventar wirkt allerdings auch für ihn (§ 2383 Abs 2). Der Besitz am Nachlass

---

[26] OLG Hamm OLGZ 77, 419, 424; OLG Köln Rpfleger 1993, 349, 350; MünchKommBGB/*Heldrich* Rn 12; *Staudinger/Werner* Rn 20.
[27] OLG Frankfurt MDR 1961, 415 (LS); MünchKommBGB/*Heldrich* Rn 12; *Soergel/Wolf* Rn 7.
[28] BGHZ 92, 386 = NJW 1985, 2592; MünchKommBGB/*Heldrich* Rn 17, 19; *Staudinger/Werner* Rn 20 f; *Soergel/Wolf* Rn 12.
[29] BGHZ 92, 386 = NJW 1985, 2592.
[30] OLG Hamm OLGZ 1979, 419, 423 f = NJW 1980, 1397; *Soergel/Wolf* Rn 12; MünchKommBGB/*Heldrich* Rn 17.
[31] BayObLGZ 1967, 408; MünchKommBGB/*Heldrich* Rn 17.
[32] BGH DNotZ 1970, 423; *Staudinger/Werner* Rn 20.
[33] *Soergel/Wolf* Rn 12.
[34] BGH MDR 1979, 744.
[35] KG KGR 1998, 385, 387.
[36] BGHZ 121, 47 = NJW 1993, 726; KG NJW-RR 1999, 880, 881; *Staudinger/Werner* Rn 24; MünchKommBGB/*Heldrich* Rn 27; *Erman/Schlüter* Rn 5.
[37] RGZ 64, 173, 175; MünchKommBGB/*Heldrich* Rn 27; *Erman/Schlüter* Rn 5; *Staudinger/Werner* Rn 24; vgl auch OLG Düsseldorf OLGZ 1991, 134, 136.
[38] *Staudinger/Werner* Rn 24; *Erman/Schlüter* Rn 5.
[39] MünchKommBGB/*Heldrich* Rn 27; *Lange/Kuchinke* § 42 II 3.
[40] *Palandt/Edenhofer* Rn 7.
[41] BGHZ 121, 47 = NJW 1993, 726.
[42] BGHZ 31, 253, 255 = NJW 1960, 291; RGZ 60, 126, 131; 83, 27, 30; *Staudinger/Werner* Rn 23; MünchKommBGB/*Heldrich* Rn 26.
[43] BayObLG NJW-RR 1987, 398; MünchKommBGB/*Heldrich* Rn 26; *Erman/Schlüter* Rn 5.
[44] RGRK/*Kregel* Rn 12.
[45] RGZ 83, 27, 30; RGRK/*Kregel* Rn 12; *Lange/Kuchinke* § 42 II 3; *Staudinger/Werner* Rn 26.
[46] *Staudinger/Werner* Rn 4; *J. Mayer* ZEV 1996, 441, 442.
[47] *Palandt/Edenhofer* Rn 7; *Erman/Schlüter* Rn 5.

geht nicht gemäß oder analog § 857 auf den Erwerber über, sondern durch Einräumung des unmittelbaren Mitbesitzes nach § 854 Abs 2 oder des mittelbaren Mitbesitzes nach § 870[48]; beides kann zugleich in der Anteilsübertragung liegen. Der Erwerber wird **nicht Erbe**[49]. Erbe ist nur, wer auf Grund eines vom Gesetz anerkannten familienrechtlichen Verhältnisses oder durch letztwillige Verfügung zum Rechtsnachfolger des Erblassers berufen worden ist[50]. Mehrere Erwerber sämtlicher Miterbenanteile können ein durch die veräußernden Miterben in ungeteilter Erbengemeinschaft betriebenes erebtes **Handelsgeschäft** nicht ihrerseits in ungeteilter Erbengemeinschaft fortführen[51]. Durch die erfolgreiche **Anfechtung** der Erbteilsübertragung nach dem AnfG wird diese nicht rückgängig gemacht. Der Erwerber ist lediglich verpflichtet, die Zwangsvollstreckung des Anfechtungsgläubigers in den Anteil zu dulden[52].

4. Verpfändung. a) Bestellung des Pfandrechts. Die Verpfändung eines Nachlassanteils erfolgt nach §§ 1273 ff, also nach den Vorschriften über das Pfandrecht an Rechten. Eine Anzeige nach § 1280 ist nicht erforderlich, weil eine Forderung verpfändet wird[53]. Die Verpfändung bedarf nach Abs 1 S 2 der notariellen Form. Ein Pfandrecht kann nicht mit dem Inhalt bestellt werden, dass die Tilgung der gesicherten Forderung ausgeschlossen ist[54]. Der **Erbe** bleibt nach der Verpfändung zu solchen Rechtshandlungen berechtigt, die das gepfändete Recht nicht beeinträchtigen (§ 1276). Er kann etwa zum Nachlass gehörende Forderungen gemäß § 2039 zur Hinterlegung für alle Miterben einziehen; denn das Pfandrecht am Anteil bleibt davon unberührt[55]. Gleiches gilt für die Veräußerung des Anteils[56]. Gegen den Widerspruch des Pfandgläubigers ist eine Vereinigung aller Erbteile in einer Hand – die zum Erlöschen des Pfandrechts führen würde – jedoch nicht möglich[57]. Die Verpfändung eines Nachlassanteils kann dann, wenn zum Nachlass ein Grundstück gehört, im Wege der Berichtigung im Grundbuch eingetragen werden, weil die eingetragenen Miterben zur Verfügung über das Grundstück sowie zur Auseinandersetzung des Nachlasses und zur Übertragung sämtlicher Miterbenanteile an einen Miterben oder einen Dritten der Zustimmung des Pfandgläubigers bedürfen[58]. 10

b) Rechtsstellung des Pfandgläubigers. Die Rechtsstellung des Pfandgläubigers ergibt sich aus §§ 1273 Abs 2, 1258[59]. Der Pfandgläubiger erwirbt ein Pfandrecht am Nachlassanteil, nicht ein Pfandrecht an einzelnen Gegenständen[60]. Er ist zur Ausübung aller nicht höchstpersönlichen Befugnisse des Miterben berechtigt. Das gilt vor allem für die Verwaltung (§ 2038), für Verfügungen über einen Nachlassgegenstand (§ 2040) sowie für den Antrag auf ein Auseinandersetzungsvermittlungsverfahren vor dem Nachlassgericht (vgl § 86 Abs 2 FGG) und die Mitwirkung bei der Auseinandersetzung (§ 2042)[61]. Die Auseinandersetzung kann gemäß §§ 1273 Abs 2, 1258 Abs 2 zunächst nur vom Pfandgläubiger und vom Miterben gemeinsam, nach Eintritt der Pfandreife vom Gläubiger allein verlangt werden[62]. Nach der Auseinandersetzung setzt sich das Pfandrecht im Wege der dinglichen Surrogation an den dem Schuldner zugewiesenen Gegenständen, Forderungen und Rechten fort[63]. Der Pfandgläubiger hat kein Widerspruchsrecht nach § 771 ZPO, wenn ein anderer Gläubiger die Zwangsvollstreckung in den Anteil betreibt. Er muss jedoch hinsichtlich des Erlöses geltend machen[64]. Im Verhältnis zwischen Pfand- und Pfändungspfandgläubiger gilt das Prioritätsprinzip[65]. Ist ein Testamentsvollstrecker ernannt, ändert die Pfändung des Anteils nichts am Umfang der dem Testamentsvollstrecker zustehenden Befugnisse; denn dem Gläubiger stehen keine weitergehenden Rechte als dem Erben zu. 11

5. Nießbrauch. Ein Nießbrauch an einem Nachlassanteil wird nach §§ 1069, 2033 Abs 1 bestellt. Die Rechtsstellung des Nießbrauchers richtet sich nach §§ 1068 ff. Gemäß §§ 1068 Abs 2, 1066 übt der Nießbraucher die Rechte aus, die sich in Ansehung der Verwaltung und der Nutzung des Nachlasses ergeben. Das Recht auf Auseinandersetzung kann vom Nießbraucher und dem betroffenen Miterben nur gemeinsam ausgeübt werden[66]. 12

---

[48] *Lange/Kuchinke* § 42 II 3; *Erman/Schlüter* Rn 5; *Soergel/Wolf* Rn 13; *MünchKommBGB/Heldrich* Rn 26; *Palandt/Edenhofer* Rn 13; *Staudinger/Werner* Rn 23.
[49] BGHZ 31, 253, 255 = NJW 1960, 291; RGZ 64, 173, 175 f; OLG Düsseldorf OLGZ 1991, 134, 136.
[50] BGHZ 56, 115, 118 = NJW 1971, 1264, 1265; RGZ 64, 173, 175.
[51] KG KGR 1999, 70, 71 m krit Anm *Ann* EWiR 1999, 159 und *Keller* ZEV 1999, 174.
[52] *Jünemann* ZEV 2005, 335, 336.
[53] *MünchKommBGB/Heldrich* Rn 14; *Staudinger/Werner* Rn 22.
[54] BGHZ 23, 293; *Palandt/Edenhofer* Rn 14.
[55] BGH NJW 1968, 2059 für das Pfändungspfandrecht.
[56] *Staudinger/Werner* Rn 27; *MünchKommBGB/Heldrich* Rn 32.
[57] BayObLG NJW 1959, 1780; *MünchKommBGB/Heldrich* Rn 32; *Palandt/Edenhofer* Rn 18.
[58] RGZ 90, 232; BayObLG NJW 1959, 1780; OLG Hamm OLGZ 1977, 283, 286; OLG Frankfurt Rpfleger 1979, 205; *MünchKommBGB/Heldrich* Rn 33; *Lange/Kuchinke* § 42 II 5 b; *Erman/Schlüter* Rn 4.
[59] BGH NJW 1968, 2059, 2060; RGZ 83, 27, 30; RGZ 84, 395, 397; *MünchKommBGB/Heldrich* Rn 30.
[60] BGH NJW 1968, 2059, 2060 für das Pfändungspfandrecht; BayObLG DB 1983, 708.
[61] BGHZ 52, 99 = NJW 1969, 1347; *MünchKommBGB/Heldrich* Rn 31; *Staudinger/Werner* Rn 27.
[62] BGHZ 52, 99 = NJW 1969, 1347; *Staudinger/Werner* Rn 30; *MünchKommBGB/Heldrich* Rn 33.
[63] BGHZ 52, 99 = NJW 1969, 1347; BGH NJW 1968, 2059, 2060; RGZ 60, 126, 133 f; BayObLG DB 1983, 708, 709.
[64] *Staudinger/Werner* Rn 29; *MünchKommBGB/Heldrich* Rn 35.
[65] BGHZ 52, 99 = NJW 1969, 1347.
[66] *MünchKommBGB/Heldrich* Rn 29; *Staudinger/Werner* Rn 32.

13 **6. Zwangsvollstreckung. a) Pfändung.** Der Anteil am Nachlass kann nach §§ 859 Abs 2, 857, 929, 935 ZPO gepfändet werden. Drittschuldner (§ 829 Abs 1 ZPO) sind die übrigen Miterben. Ihnen ist der Pfändungsbeschluss zuzustellen (§ 829 Abs 2 und 3 ZPO)[67]. Zuzustellen ist der Pfändungsbeschluss auch dem verwaltenden Testamentsvollstrecker[68], dem Nachlassverwalter[69] und dem für einen unbekannten Miterben bestellten Nachlasspfleger[70]. Mit der Pfändung erwirbt der Gläubiger ein Pfändungspfandrecht am Anteil, nicht an einzelnen Nachlassgegenständen[71]. Das Pfändungspfandrecht gewährt dem Gläubiger dieselben Rechte wie ein vertragliches Pfandrecht (§ 804 Abs 2 ZPO). Der Erbe darf keine Verfügungen mehr treffen, die die Rechte des Gläubigers beeinträchtigen (§ 829 Abs 1 S 2 ZPO iVm § 136). Übertragungen und Belastungen des Anteils, die das Pfandrecht unberührt lassen, bleiben damit ebenso zulässig wie die Einziehung einer Nachlassforderung nach § 2039[72]. Verfügungen über einzelne Nachlassgegenstände (§ 2040) sind jedoch nur noch mit Zustimmung des Gläubigers möglich.

14 **b) Verwertung.** Zur Verwertung des Anteils kann der Gläubiger – ggf durch Antrag auf Teilungsversteigerung gemäß §§ 2042, 753, 180 ff ZVG[73] – die Auseinandersetzung (§ 2042) betreiben, auch wenn der Erblasser die Auseinandersetzung nach § 2044 ausgeschlossen hatte, oder den Anteil gemäß § 844 ZPO freihändig verkaufen oder versteigern lassen. Das Pfandrecht des Gläubigers setzt im Wege der dinglichen Surrogation an denjenigen Gegenständen fort, die bei der Teilung auf den gepfändeten Erbteil entfallen[74].

VI. Anteile an Nachlassgegenständen (Abs 2)

15 **1. Keine Verfügung über Anteile an Nachlassgegenständen.** Über einen Anteil an einzelnen Nachlassgegenständen kann der Miterbe nicht verfügen (Abs 2). Es ist umstritten, ob sich die Berechtigung der Miterben auf die einzelnen Nachlassgegenstände erstreckt (so die „Theorie der geteilten Mitberechtigung"; dagegen die „Theorie der ungeteilten Gesamtberechtigung")[75]. Jedenfalls aber kann über Anteile an Nachlassgegenständen nicht verfügt werden, und zwar weder von einem Miterben allein noch von allen Miterben gemeinsam. Die Miterben gemeinsam können nur über den Nachlassgegenstände, nicht jedoch über Anteile daran verfügen. Das gilt auch, wenn der Nachlass nur aus einem einzigen Gegenstand besteht[76]. Unzulässig und unwirksam sind daher die Veräußerung eines Anteils an einem Nachlassgrundstück[77], die Belastung des Anteils an einem Nachlassgrundstück mit einem Grundpfandrecht[78], die Übertragung eines Anteils an einem zum Nachlass gehörenden Handelsgeschäft[79] und die Übertragung eines Anteils an einem zum Nachlass gehörenden Anteil an einem anderen Nachlass[80]. Ergänzt wird § 2033 Abs 2 durch § 859 Abs 2 ZPO, wonach der Anteil eines Miterben an den einzelnen Nachlassgegenständen der Pfändung nicht unterworfen ist.

16 **2. Verpflichtungsgeschäft.** Die Verpflichtung, einen Anteil an einem zu einem ungeteilten Nachlass gehörenden Gegenstand zu übereignen, ist nicht wegen rechtlicher Unmöglichkeit nichtig (§ 311a Abs 1); der Schuldner braucht gemäß § 275 Abs 1 jedoch nicht zu leisten[81]. Verkauft ein Miterbe einen Anteil an einem zum Nachlass gehörenden Grundstück an die anderen Miterben, kann dieser Vertrag in einen wirksamen Auseinandersetzungsvertrag über das Nachlassgrundstück umgedeutet werden, wenn alle Miterben mitgewirkt haben und der Auseinandersetzungsvertrag zu demselben Erfolg führt wie der nichtige Kaufvertrag[82]. Eine gemäß Abs 2 nicht erfüllbare Verpflichtung zur Übertragung eines Anteils an einzelnen Nachlassgegenständen kann in eine Verpflichtung zur Übertragung dessen umgedeutet werden, was an Rechten an den betreffenden Gegenständen bei Auseinandersetzung zugeteilt wird[83].

---

[67] RGZ 49, 405, 406 ff; 74, 51, 54; 75, 179, 180; 86, 294, 295; OLG Frankfurt Rpfleger 1979, 205; *Palandt/Edenhofer* Rn 16; *Staudinger/Werner* Rn 33.
[68] RGZ 86, 294, 296; *Palandt/Edenhofer* Rn 15.
[69] *Palandt/Edenhofer* Rn 15.
[70] *Palandt/Edenhofer* Rn 15; *Avenarius* MDR 1997, 1033; aA LG Kassel MDR 1979, 1032.
[71] BGHZ 52, 99 = NJW 1969, 1347, 1348; OLG Frankfurt Rpfleger 1979, 205; BayObLG DB 1983, 708; *Staudinger/Werner* Rn 33; MünchKommBGB/*Heldrich* Rn 36.
[72] BGH NJW 1968, 2059.
[73] BGH NJW-RR 1999, 504 m Anm *Hintze* EWiR 1999, 55.
[74] BGHZ 52, 99 = NJW 1969, 1147, 1149; BayObLG DB 1983, 708, 709.
[75] Vgl iE *Staudinger/Werner* § 2023 Rn 6; RGRK/*Kregel* Rn 14; *Soergel/Wolf* Rn 3; MünchKommBGB/*Heldrich* § 2032 Rn 10; *Lange/Kuchinke* § 42 I 4 b.
[76] OLG Celle NdsRpfl 1967, 126, 127; OLG München OLGR 1999, 140; RGRK/*Kregel* Rn 14; MünchKommBGB/*Heldrich* Rn 38; *Johannsen* WM 1970, 573.
[77] BGHZ 55, 66 = NJW 1971, 321 zur Rechtslage vor Inkrafttreten des BGB; OLG Bremen OLGZ 1987, 10; MünchKommBGB/*Heldrich* Rn 39.
[78] RGZ 88, 21, 26; MünchKommBGB/*Heldrich* Rn 39.
[79] MünchKommBGB/*Heldrich* Rn 39.
[80] RGZ 162, 397, 400 ff; MünchKommBGB/*Heldrich* Rn 39.
[81] MünchKommBGB/*Heldrich* Rn 40; *Staudinger/Werner* Rn 44.
[82] OLG Bremen OLGZ 1987, 10.
[83] OLG Koblenz OLGR 2005, 440; MünchKommBGB/*Heldrich* Rn 40.

§ 2034 Vorkaufsrecht gegenüber dem Verkäufer

(1) Verkauft ein Miterbe seinen Anteil an einen Dritten, so sind die übrigen Miterben zum Vorkauf berechtigt.

(2) [1]Die Frist für die Ausübung des Vorkaufsrechts beträgt zwei Monate. [2]Das Vorkaufsrecht ist vererblich.

Schrifttum: *Ann,* Zum Problem der Vorkaufsberechtigung beim Miterbenvorkaufsrecht nach § 2034 BGB, ZEV 1994, 343; *Diedenhofer,* Das Vorkaufsrecht der Miterben, Diss Augsburg 1992; *Johannsen,* Die Rechtsprechung des Bundesgerichtshofs auf dem Gebiet des Erbrechts – 6. Teil: Die Erbengemeinschaft (2. Abschnitt), WM 1970, 738; *Sieveking,* Zum Miterbenvorkaufsrecht des § 2034 BGB, MDR 1989, 224.

Übersicht

	Rn		Rn
I. Bedeutung der Norm	1	1. Miterben als Berechtigte	6
II. Voraussetzungen des Vorkaufsrechts	2	2. Ausnahmen	7
1. Verkauf des Anteils	2	3. Keine Übertragung des Vorkaufsrechts	8
2. Miterbe als Verkäufer	3	IV. Ausübung des Vorkaufsrechts	9
3. Anteil an der Miterbengemeinschaft als Kaufgegenstand	4	V. Rechtsfolgen	10
4. Verkauf an einen Dritten	5		
III. Vorkaufsberechtigte	6	VI. Erlöschen des Vorkaufsrechts	11

I. Bedeutung der Norm

Nach § 2033 sind die Erben berechtigt, über ihren Anteil am Nachlass zu verfügen. Der Erwerber **1** des Anteils wird Mitglied der Erbengemeinschaft. Das Vorkaufsrecht der übrigen Miterben dient dazu, das Eindringen unerwünschter Mitglieder in die Erbengemeinschaft zu verhindern und die Miterben vor der Verstärkung der Beteiligung bereits eingedrungener Dritter zu schützen[1]. Der durch § 2034 gewährte Schutz ist nicht umfassend. Das Vorkaufsrecht gilt insbes nur im Falle des Verkaufs, nicht auch bei unentgeltlicher Übertragung oder bei Verwertung im Rahmen der Zwangsvollstreckung. Das Vorkaufsrecht der Miterben ist das einzige gesetzliche Vorkaufsrecht im BGB. Die Vorschriften der §§ 463 bis 473 sind anzuwenden, soweit sich aus §§ 2034 bis 2037 nichts anderes ergibt.

II. Voraussetzungen des Vorkaufsrechts

1. Verkauf des Anteils. Das Vorkaufsrecht entsteht im Falle des freiwilligen Verkaufs des Erbanteils **2** (§ 2371). Andere Rechtsgeschäfte – etwa Schenkung, Vergleich, Tausch[2], Sicherungsübereignung, Verpfändung[3] – lösen das Vorkaufsrecht nicht aus. Eine gemischte Schenkung gilt nicht als Kaufvertrag idS[4]. Der Kaufvertrag zwischen dem Erben und dem Dritten muss rechtsgültig, insbes formgültig geschlossen worden sein (vgl § 2371); bedarf es einer behördlichen Genehmigung, muss diese erteilt worden sein[5]. Berufen sich Verkäufer und Dritter gegenüber dem Vorkaufsberechtigten auf die Formnichtigkeit des Vertrages, kann der Vorkaufsberechtigte nicht den Arglisteinwand erheben[6]. Umgehungsgeschäfte, die bei wirtschaftlicher Betrachtungsweise einem Anteilskauf gleichstehen, lösen das Vorkaufsrecht ebenfalls aus (Beispiel: Hingabe des Anteils an Zahlungs statt für eine Geldschuld)[7]. Bei einem Verkauf im Wege der **Zwangsversteigerung** oder einem Verkauf durch den **Insolvenzverwalter** eines Vermögens, zu dem ein Miterbenanteil gehört, gilt das Vorkaufsrecht hingegen nicht (§ 471)[8]. In diesen Fällen haben die Interessen der Gläubiger Vorrang vor dem Interesse der Miterben, die Zusammensetzung der Erbengemeinschaft zu kontrollieren.

2. Miterbe als Verkäufer. Das Vorkaufsrecht entsteht, wenn ein Miterbe seinen Anteil verkauft. **3** Dem Miterben gleichzustellen sind Erben oder Erbeserben des Miterben, die in dessen erbrechtliche Stellung eingetreten sind[9]. Nachlassverwalter, Nachlassinsolvenzverwalter und Testamentsvollstrecker

---
[1] BGH NJW 1993, 726; BGHZ 56, 115, 116 = NJW 1971, 1264 m Anm *Johannsen* LM Nr 9 a; BGHZ 86, 379 = NJW 1983, 1555 m Anm *Hoegen* LM Nr 12; BGH LM Nr 8; MünchKommBGB/*Heldrich* Rn 1; *Staudinger/Werner* Rn 1; *Lange/Kuchinke* § 42 III 1; *Ann,* Die Erbengemeinschaft, 2001, S 216.
[2] AA *Brox* Erbrecht Rn 481 für den Fall, dass die Miterben das Tauschobjekt beschaffen können.
[3] *Soergel/Wolf* Rn 2; RGRK/*Kregel* Rn 2; *Erman/Schlüter* Rn 2; *Staudinger/Werner* Rn 4.
[4] BGH LM Nr 8; MünchKommBGB/*Heldrich* Rn 7; *Erman/Schlüter* Rn 2.
[5] RGZ 170, 203, 206; BGH DNotZ 1960, 551, 552; MünchKommBGB/*Heldrich* Rn 8; *Staudinger/Werner* Rn 4; *Johannsen* WM 1970, 746; RGRK/*Kregel* Rn 2.
[6] RGZ 170, 203; RGRK/*Kregel* Rn 2; *Staudinger/Werner* Rn 4; krit MünchKommBGB/*Heldrich* Rn 10 für den Fall, dass die Vertragsparteien am dinglichen Vollzug des wirksamen Vertrages festhalten.
[7] BGHZ 25, 174, 181 f = NJW 1957, 1515; RGZ 171, 185; OLG Rostock MDR 1999, 941; OLG Dresden ZEV 2004, 508 (LS); RGRK/*Kregel* Rn 2; *Lange/Kuchinke* § 42 III 2a; MünchKommBGB/*Heldrich* Rn 11.
[8] BGH NJW 1977, 37 m krit Anm *Schubert* JR 1977, 284.
[9] BGH NJW 1966, 2207; NJW 1969, 92; LM Nr 6; BGHZ 121, 47, 48 = NJW 1993, 726; MünchKommBGB/*Heldrich* Rn 16; *Staudinger/Werner* Rn 6.

sind zum Verkauf von Erbanteilen nicht berechtigt[10], so dass ein Vorkaufsrecht nicht entstehen kann. Verkauft der Erwerber eines Anteils den Anteil weiter, entsteht kein neues Vorkaufsrecht (§ 2037 Rn 1)[11].

4 3. Anteil an der Miterbengemeinschaft als Kaufgegenstand. Kaufgegenstand muss der Anteil an der Miterbengemeinschaft oder ein Bruchteil dieses Anteils sein (§ 2033). Betreibt ein Erbe die Versteigerung des Nachlasses nach § 753 BGB, § 180 ZVG, steht den Miterben gegenüber dem meistbietenden Dritten kein Vorkaufsrecht zu[12]; denn die Teilungsversteigerung bewirkt die Veräußerung des gesamten Nachlasses, nicht nur eines Anteils. Wird ein Miterbe (des Nachlasses 1) seinerseits von mehreren Erben beerbt (Nachlass 2), begründet die Veräußerung eines Anteils am Nachlass des Erben (Nachlass 2) nur ein Vorkaufsrecht der anderen Erben des Miterben (Nachlass 2), nicht jedoch der anderen Miterben (des Nachlasses 1)[13].

5 4. Verkauf an einen Dritten. Der Anteil muss an einen Dritten verkauft worden sein. Der Verkauf an einen anderen Miterben löst das Vorkaufsrecht nicht aus[14], auch dann nicht, wenn dieser Miterbe seinen eigenen Anteil zuvor selbst verkauft hatte[15]. Das Vorkaufsrecht dient dem Schutz gegen das Eindringen Fremder in die Erbengemeinschaft, nicht jedoch dem Schutze einzelner Miterben vor einer Verschiebung der Gewichte innerhalb der Erbengemeinschaft. Der gesetzliche Erbe eines Miterben, dem der Anteil im Wege der vorweggenommenen Erbfolge übertragen wird, ist ebenfalls nicht Dritter (§ 470)[16]. Dritter bleibt hingegen der Erwerber eines Anteils, der zwar in die vermögensrechtliche Stellung des Veräußerers eintritt, jedoch selbst nicht Erbe wird[17]. § 2034 soll überdies auch davor schützen, dass der Erwerber seine Rechtsposition gegenüber den übrigen Miterben verstärkt[18].

III. Vorkaufsberechtigte

6 1. Miterben als Berechtigte. Das Vorkaufsrecht steht den übrigen Miterben **zur gesamten Hand** zu. Mehrere Erben können das Vorkaufsrecht nur gemeinsam ausüben (§ 472 S 1). Ist es für einen der Miterben erloschen oder übt er das Recht nicht aus, sind die übrigen jedoch berechtigt, das Vorkaufsrecht im ganzen auszuüben (§ 472 S 2). Der Widerspruch des Miterben kann den Eintritt dieser Rechtsfolge nicht verhindern. § 472 S 2 soll die Ausübung des Vorkaufsrechts gerade in derartigen Fällen ermöglichen[19]. Solange die Voraussetzungen des § 472 S 2 im Verhältnis zu den widersprechenden Miterben allerdings nicht erfüllt sind, bleibt es jedoch dabei, dass die Mitwirkung aller anderen Miterben erforderlich ist[20]. Die Weigerung, der Ausübung des von anderen Miterben erklärten Vorkaufsrechts zuzustimmen, erfüllt den Tatbestand des § 472 S 2 nicht. Auch eine entsprechende Anwendung des § 472 S 2 kommt nicht in Betracht[21]. Die Ausübung des Vorkaufsrechts durch einen Miterben allein ist daher nur aufschiebend bedingt durch eine dahingehende Einigung aller Miterben, durch das Erlöschen des Rechts der anderen oder durch den Verzicht auf Ausübung durch die übrigen Miterben möglich und wirksam[22]. Die Ausübung des Vorkaufsrechts kann nicht deshalb als unzulässig angesehen werden, weil der Berechtigte nur zu einem geringen Bruchteil Miterbe ist und der Käufer schon nahezu alle Anteile der übrigen Miterben erworben hat[23].

7 2. Ausnahmen. Der Miterbe, der seinen Anteil an einen Dritten **veräußert** hat, zählt nicht mehr zu den „übrigen Miterben" iS von Abs 1[24]. Zwar ist er Miterbe geblieben. Er bedarf jedoch keines Schutzes mehr vor dem Eindringen Dritter in die Erbengemeinschaft oder vor der Verstärkung der Beteiligung eines Anteilserwerbers[25]. Gleiches gilt für einen Miterben, der sich bereits bindend verpflichtet hat, den Anteil weiterzuveräußern[26]. Nicht vorkaufsberechtigt ist auch der **Dritte,** der gemäß § 2033 einen Erbteil erworben hat[27]. Der Erwerber wird zwar anstelle des Veräußerers Mitglied der Erbengemeinschaft. „Miterbe". Erbe ist jedoch nur, wer auf Grund eines vom Gesetz anerkannten familienrechtlichen Verhältnisses oder durch letztwillige Verfügung als Rechtsnachfolger des Erblassers berufen ist. Der Erwerber gehört außerdem nicht in den Schutzbereich des § 2034, weil

---

[10] *Lange/Kuchinke* § 42 III 2 b.
[11] BGHZ 56, 115, 119 = NJW 1971, 1264, 1265; *Staudinger/Werner* Rn 6.
[12] BGH NJW 1977, 1199.
[13] BGH NJW 1975, 445; *Staudinger/Werner* Rn 6; MünchKommBGB/*Heldrich* Rn 16.
[14] BGH MDR 1972, 128; LM Nr 3; *Staudinger/Werner* Rn 7.
[15] RGZ 170, 203, 207; *Staudinger/Werner* Rn 7; MünchKommBGB/*Heldrich* Rn 19.
[16] MünchKommBGB/*Heldrich* Rn 20; RGRK/*Kregel* Rn 4; diff *Staudinger/Werner* Rn 7.
[17] Grundlegend BGHZ 56, 115, 116 = NJW 1971, 1264; BGHZ 121, 47, 49 = NJW 1993, 726; *Soergel/Wolf* Rn 7; MünchKommBGB/*Heldrich* Rn 19.
[18] BGH NJW-RR 1990, 1218; BGHZ 86, 379, 380 = NJW 1983, 1555 m Anm *Hoegen* LM Nr 12.
[19] BGH MDR 1971, 377; RGZ 158, 57, 63 f; *Staudinger/Werner* Rn 14; MünchKommBGB/*Heldrich* Rn 25.
[20] BGH NJW 1982, 330.
[21] BGH NJW 1982, 330; *Soergel/Wolf* Rn 10.
[22] BGH NJW 1982, 330; RGZ 158, 57, 60; OLG Naumburg OLGR 1999, 372, 373; *Staudinger/Werner* Rn 14; *Soergel/Wolf* Rn 10.
[23] BGH MDR 1972, 128.
[24] BGHZ 121, 47 = NJW 1993, 726; MünchKommBGB/*Heldrich* Rn 22; *Staudinger/Werner* Rn 9; Palandt/*Edenhofer* Rn 3; *Soergel/Wolf* Rn 8; *Erman/Schlüter* Rn 4.
[25] BGHZ 121, 47 = NJW 1993, 726; *Lange/Kuchinke* § 42 III 2 b; krit *Staudinger/Werner* Rn 9.
[26] BGH NJW-RR 1990, 1218; OLG Rostock MDR 1999, 941, 942; *Lange/Kuchinke* § 42 III 3 b.
[27] BGHZ 56, 115, 118 = NJW 1971, 1264; RGRK/*Kregel* Rn 7; *Soergel/Wolf* Rn 8.

er aus freiem Entschluss in die Erbengemeinschaft eintritt und das Risiko eines künftigen Gemeinschafterwechsels tragen muss[28].

3. Keine Übertragung des Vorkaufsrechts. Das Vorkaufsrecht ist zusammen mit dem Erbteil, zu **8** dem es gehört, **vererblich** (Abs 2 S 2; anders § 473 S 1). Es kann jedoch nicht unter Lebenden übertragen oder belastet, insbes nicht gepfändet werden. Wird der Miterbe von einer **Erbengemeinschaft** beerbt, stellt die Entscheidung über die Ausübung des Vorkaufsrechtes für diese eine Verwaltungsmaßnahme iS von § 2038 dar. § 472 S 2 gilt insoweit nicht[29].

IV. Ausübung des Vorkaufsrechts

Das Vorkaufsrecht entsteht mit Abschluss des Kaufvertrags (§ 463). Es wird durch **formlose Erklä- 9 rung** gegenüber dem Verkäufer ausgeübt (§ 464 Abs 1). Hat der Verkäufer den Anteil bereits auf den Käufer übertragen, so kann das Vorkaufsrecht auch noch gegenüber dem Käufer ausgeübt werden (§ 2035 Abs 1 S 1); dem Verkäufer gegenüber erlischt das Vorkaufsrecht mit der Übertragung des Anteils. Das Vorkaufsrecht muss von den übrigen Miterben **gemeinschaftlich** (wenn auch nicht notwendig gleichzeitig) ausgeübt werden (§ 472 S 1). Nur wenn das Vorkaufsrecht für einen der Miterben erloschen ist oder er sein Recht nicht ausübt, sind die übrigen berechtigt, das Vorkaufsrecht im ganzen auszuüben (§ 472 S 2) (Rn 6). Die **Frist,** innerhalb derer das Vorkaufsrecht ausgeübt werden muss, beträgt zwei Monate (Abs 2). Sie beginnt mit dem Zugang der Mitteilung über den Inhalt des mit dem Dritten geschlossenen Vertrag (§ 469 Abs 2). Die Mitteilung muss klar und unmissverständlich sein, den Vertragsinhalt zutreffend wiedergeben[30] und entweder vom Verkäufer oder vom Käufer des Anteils stammen[31]. Anderweitige Kenntnis des Berechtigten setzt die Frist nicht in Lauf[32]. Die Frist läuft für jeden Vorkaufsberechtigten besonders[33]. Sie wird nach §§ 187 Abs 1, 188 Abs 2 und 3 berechnet. Hat der Erwerber den Anteil **weiterveräußert,** beginnt keine neue Frist. Das Vorkaufsrecht kann dem weiteren Zweiterwerber gegenüber nur innerhalb der durch die Erstmitteilung ausgelösten Frist ausgeübt werden (§ 2037; dort Rn 1). Die **Beweislast** für den Zugang der Mitteilung und dessen Zeitpunkt trägt der Veräußerer, nach der Übertragung des Anteils der Erwerber[34].

V. Rechtsfolgen

Das Vorkaufsrecht hat keine dingliche Wirkung, sondern begründet nur einen Anspruch des oder der **10** Berechtigten auf Übertragung des Anteils Zug um Zug gegen Zahlung des Kaufpreises. Wird das Vorkaufsrecht vor Übertragung des Anteils an den Käufer **gegenüber dem Verkäufer** ausgeübt, kommt der Kauf zwischen dem Vorkaufsberechtigten und dem Verkäufer zu denjenigen Bedingungen zustande, die der Verkäufer mit dem Käufer vereinbart hatte (§ 464 Abs 2). Es handelt sich um ein **gesetzliches Schuldverhältnis,** auf das die allgemeinen Regeln über gegenseitige Verträge (etwa § 326) anwendbar sind[35]. Haben mehrere Vorkaufsberechtigte das Vorkaufsrecht gemeinsam ausgeübt, kann jeder von ihnen diesen Anspruch analog §§ 432, 2039 durchsetzen[36]. Mit Übertragung des Anteils erwerben die Miterben, die das Vorkaufsrecht geltend gemacht haben, den Anteil im Verhältnis ihrer Erbteile (vgl §§ 1935, 2094)[37]. Hatte ein Miterbe zuvor bereits einen anderen Anteil erworben, bleibt dieser Anteil bei der Berechnung der Quote außer Betracht; denn in Ansehung des dazuerworbenen Anteils war der Miterbe nicht vorkaufsberechtigt[38]. Wird das Vorkaufsrecht nach Übertragung des Anteils **gegenüber dem Käufer** ausgeübt (§ 2035 Abs 1 S 1), richtet sich der Übertragungsanspruch auf Grund eines zwischen dem Käufer und dem Vorkaufsberechtigten entstehenden gesetzlichen Schuldverhältnisses gegen den Käufer (§ 2035 Rn 2). Die **Kosten** der Übertragung des Anteils tragen die Miterben, weil das Vorkaufsrecht allein ihren Interessen dient[39].

VI. Erlöschen des Vorkaufsrechts

Das Vorkaufsrecht erlischt durch Ablauf der Frist des Abs 2, durch den Verzicht sämtlicher Berech- **11** tigter, durch Rückübertragung des Erbteils an den Veräußerer sowie durch jede Übertragung des Anteils, die das Vorkaufsrecht der Miterben nicht auslöst (Rn 1)[40].

---

[28] BGHZ 56, 115, 118 = NJW 1971, 1264; *Erman/Schlüter* Rn 4.
[29] *Sieveking* MDR 1989, 224, 225; *Soergel/Wolf* Rn 16; MünchKommBGB/*Heldrich* Rn 25.
[30] RGRK/*Kregel* Rn 6; *Soergel/Wolf* Rn 14; *Staudinger/Werner* Rn 16.
[31] BGH WM 1979, 1066, 1067; BGH vom 13. 1. 1960, V ZR 142/58, mitgeteilt bei RGRK/*Kregel* Rn 6 und *Johannsen* WM 1970, 738, 747.
[32] BGH WM 1962, 722, 723.
[33] *Palandt/Edenhofer* Rn 5; *Erman/Schlüter* Rn 6; RGRK/*Kregel* Rn 6; MünchKommBGB/*Heldrich* Rn 29; *Soergel/Wolf* Rn 14; vgl auch BGH NJW 1982, 330.
[34] MünchKommBGB/*Heldrich* Rn 30; *Soergel/Wolf* Rn 14; *Baumgärtel/Schmitz* Rn 1.
[35] OLG Schleswig NJW-RR 1992, 1160, 1161; MünchKommBGB/*Heldrich* Rn 35 ff, 38; *Staudinger/Werner* Rn 18; *Palandt/Edenhofer* Rn 6.
[36] MünchKommBGB/*Heldrich* Rn 35; *Soergel/Wolf* Rn 12.
[37] BGH NJW 1983, 2142, 2143; BayObLGZ 1980, 328, 330; MünchKommBGB/*Heldrich* Rn 36; *Staudinger/Werner* Rn 19.
[38] BGH NJW 1983, 2142, 2143.
[39] *Staudinger/Werner* Rn 20; *Soergel/Wolf* Rn 12; *Palandt/Edenhofer* Rn 6.
[40] *Palandt/Edenhofer* Rn 8; MünchKommBGB/*Heldrich* Rn 42; *Staudinger/Werner* Rn 21; *Lange/Kuchinke* § 42 III 3 f.

§ 2035 Vorkaufsrecht gegenüber dem Käufer

(1) ¹Ist der verkaufte Anteil auf den Käufer übertragen, so können die Miterben das ihnen nach § 2034 dem Verkäufer gegenüber zustehende Vorkaufsrecht dem Käufer gegenüber ausüben. ²Dem Verkäufer gegenüber erlischt das Vorkaufsrecht mit der Übertragung des Anteils.

(2) Der Verkäufer hat die Miterben von der Übertragung unverzüglich zu benachrichtigen.

I. Bedeutung der Norm

1   Hat der Verkäufer den Anteil schon an den Käufer übertragen, bevor die Miterben ihr Vorkaufsrecht ausgeübt haben, erlischt das Vorkaufsrecht der Miterben dem Verkäufer gegenüber (Abs 1 S 2). Die Miterben sind jedoch berechtigt, das Vorkaufsrecht **dem Käufer gegenüber** geltend zu machen (Abs 1 S 1). Diese Regelung stellt eine Besonderheit gegenüber den allgemeinen Bestimmungen der §§ 463 ff dar, denn gemäß § 464 Abs 1 kann ein Vorkaufsrecht sonst nur gegenüber dem Verpflichteten geltend gemacht werden. § 2037 „verlängert" das Vorkaufsrecht weiter hinsichtlich Dritter, denen der Käufer seinerseits den Erbteil überträgt.

II. Ausübung des Vorkaufsrechts gegenüber dem Käufer

2   **1. Ausübung vor Fristablauf.** Voraussetzung für die Ausübung des Vorkaufsrechts gegenüber dem Käufer ist, dass die Frist des § 2034 Abs 2 noch nicht abgelaufen ist. Die Frist beginnt mit der Übertragung auf den Käufer nicht neu zu laufen. Gemäß Abs 2 hat der Verkäufer die Miterben zwar **unverzüglich von der Übertragung zu unterrichten.** Auf den Lauf der Frist des § 2034 Abs 2 hat diese Bestimmung jedoch keinen Einfluss. Sie soll vielmehr sicherstellen, dass die Miterben wissen, gegenüber wem sie das Vorkaufsrecht geltend machen müssen. Solange die Mitteilung nicht erfolgt ist, kann das Vorkaufsrecht gegenüber dem Verkäufer ausgeübt werden[1] (Rechtsgedanke des § 407 Abs 1)[2]. Anderweitig erlangte Kenntnis ersetzt die Mitteilung nicht[3].

3   **2. Rechtsfolgen.** Mit der Ausübung des Vorkaufsrechts entsteht zwischen dem Vorkaufsberechtigten und dem Käufer ein **gesetzliches Schuldverhältnis.** Der Käufer muss sich so behandeln lassen, als sei zwischen dem Verkäufer und dem oder den Vorkaufsberechtigten ein Kaufvertrag zustande gekommen, der auch ihm gegenüber wirkt und ihn zur Übertragung des Anteils verpflichtet[4]. Dieses Schuldverhältnis stellt keinen gegenseitigen Vertrag dar. §§ 320 ff gelten nicht[5]. Der Übertragungsanspruch kann nicht auf einzelne Gegenstände beschränkt werden[6]. Die **Kosten** der Ausübung des Vorkaufsrechtes und der Übertragung tragen die Vorkaufsberechtigten[7]. Die Vorkaufsberechtigten sind außerdem verpflichtet, dem Käufer den etwa bereits gezahlten **Kaufpreis** zu erstatten oder ihn von der Verpflichtung zur Zahlung des Kaufpreises gegenüber dem Verkäufer freizustellen[8]. Mehrere Vorkaufsberechtigte haften als Gesamtschuldner (§ 427)[9]. Dem Käufer steht wegen dieser Ansprüche gegenüber dem Übertragungsverlangen der Vorkaufsberechtigten ein **Zurückbehaltungsrecht** zu, das, wie aus § 320, sondern aus § 273 herzuleiten ist[10]. Miterben erwerben den Anteil mit der Übertragung im Verhältnis ihrer Erbteile (Rechtsgedanke der §§ 1935, 2094 f).

4   **3. Sonderfall: Weiterveräußerung trotz rechtzeitiger Vorkaufserklärung.** Keine besondere Regelung enthält das Gesetz für den Fall, dass der Verkäufer den Anteil nach fristgerecht erfolgter Vorkaufserklärung weiterveräußert[11]. Allgemeinen Grundsätzen nach ist ein Vorkaufsrecht mit seiner Ausübung verbraucht[11]. Danach könnte es gegen den Käufer nicht ausgeübt werden. Diese Lösung würde jedoch dem Schutzzweck des § 2035 widersprechen. Mindestens eine erneute Ausübung des Vorkaufsrechts gegenüber dem Erwerber innerhalb der Frist des § 2034 Abs 2 muss deshalb möglich sein[12]. Dieser Schutz versagt jedoch, wenn die Frist des § 2034 Abs 2 bei Veräußerung des Anteils bereits abgelaufen ist. Die besseren Gründe sprechen deshalb für die Annahme, dass der Käufer die rechtzeitige Ausübung des Vorkaufsrechts gegen sich gelten lassen muss, ohne dass es einer erneuten Ausübung des Vorkaufsrechts ihm gegenüber bedarf[13]. Der Erbteilskäufer ist dann gegen das Risiko

---

[1] BGH WM 1979, 1066, 1067; *Lange/Kuchinke* § 42 III 3 b m Fn 204.
[2] *Soergel/Wolf* Rn 3; MünchKommBGB/*Heldrich* Rn 9; RGRK/*Kregel* Rn 4; Palandt/*Edenhofer* Rn 2; Erman/*Schlüter* Rn 2; *Staudinger/Werner* Rn 3.
[3] BGH WM 1979, 1066, 1067.
[4] BGHZ 6, 85, 87 f = NJW 1952, 870; BGHZ 15, 102 = NJW 1954, 1883, 1884; Palandt/*Edenhofer* Rn 3; *Staudinger/Werner* Rn 2; RGRK/*Kregel* Rn 3; MünchKommBGB/*Heldrich* Rn 3.
[5] BGHZ 15, 102 = NJW 1954, 1883, 1884; RGRK/*Kregel* Rn 3; Palandt/*Edenhofer* Rn 3; *Staudinger/Werner* Rn 2.
[6] BGH LM § 2034 Nr 1; RGRK/*Kregel* Rn 3; Erman/*Schlüter* Rn 3.
[7] *Staudinger/Werner* Rn 2; *Soergel/Wolf* Rn 4; MünchKommBGB/*Heldrich* Rn 3; RGRK/*Kregel* Rn 3.
[8] MünchKommBGB/*Heldrich* Rn 3; RGRK/*Kregel* Rn 3; *Soergel/Wolf* Rn 4; Palandt/*Edenhofer* Rn 3.
[9] *Lange/Kuchinke* § 42 III 3 c; Erman/*Schlüter* Rn 5; *Staudinger/Werner* Rn 2; *Soergel/Wolf* Rn 4.
[10] BGHZ 15, 102, 106 = NJW 1954, 1883, 1884; *Lange/Kuchinke* § 42 III 3 c wollen § 1100 S 1 anwenden.
[11] ZB MünchKommBGB/*Heldrich* § 2034 Rn 42.
[12] *Lange/Kuchinke* § 42 III 3 a.
[13] BGH NJW 2002, 820, 821 m Anm *Kornexl* ZEV 2002, 69; OLG Schleswig NJW-RR 1992, 1160 f; Erman/*Schlüter* Rn 3; MünchKommBGB/*Heldrich* Rn 7; *Soergel/Wolf* Rn 3; *Staudinger/Werner* § 2034 Rn 3 und § 2037 Rn 4.

geschützt, den Erbteil noch nach Zahlung des Kaufpreises auf vorkaufsberechtigte Miterben übertragen zu müssen, wenn die Fälligkeit des Kaufpreises von der Vorlage von Verzichtserklärungen sämtlicher vorkaufsberechtigter Miterben abhängig gemacht worden ist[14].

§ 2036 Haftung des Erbteilkäufers

[1]**Mit der Übertragung des Anteils auf die Miterben wird der Käufer von der Haftung für die Nachlassverbindlichkeiten frei.** [2]**Seine Haftung bleibt jedoch bestehen, soweit er den Nachlassgläubigern nach den §§ 1978 bis 1980 verantwortlich ist; die Vorschriften der §§ 1990, 1991 finden entsprechende Anwendung.**

1. Befreiung von der Haftung gegenüber den Nachlassgläubigern (S 1). Gemäß § 2382 Abs 1 haftet der Käufer des Erbteils vom Abschluss des Kaufvertrages an den Nachlassgläubigern neben dem Erben. Die Haftung dauert fort, auch wenn der Käufer den Anteil weiterveräußert[1]. Von dieser Haftung wird der Käufer gemäß § 2036 S 1 mit der Übertragung des Anteils auf den Miterben frei. § 2036 setzt voraus, dass der Käufer den Anteil vor Ausübung des Vorkaufsrechtes übertragen erhalten hatte. War das noch nicht der Fall, endet seine Haftung mit der Übertragung des Anteils vom Verkäufer an den Vorkaufsberechtigten[2]. Die Haftung des Käufers endet auch dann, wenn dieser sein Haftungsbeschränkungsrecht bereits verloren hatte[3]. In diesem Fall haftet der Erbe, der in den Kaufvertrag eingetreten ist, nach Maßgabe des § 2007 gemäß § 2383 Abs 1 S 2 unbeschränkt.

2. Fortdauer der Haftung für die ordnungsgemäße Verwaltung des Nachlasses (S 2). Als Mitglied der Erbengemeinschaft ist der Käufer, dem der Anteil übertragen worden ist, gemäß §§ 1978 bis 1980 für die ordnungsgemäße Verwaltung des Nachlasses verantwortlich. Nach diesen Vorschriften begründete Schadensersatzansprüche bleiben auch nach Übertragung des Anteils an den Vorkaufsberechtigten bestehen. Sie stellen Eigenverbindlichkeiten des Käufers dar. Der Hinweis auf §§ 1990, 1991 bedeutet, dass der Käufer auch dann gemäß §§ 1978 bis 1980 haftet, wenn wegen Dürftigkeit des Nachlasses keine Nachlassverwaltung und kein Nachlassinsolvenzverfahren stattfinden[4]. Während der Nachlassverwaltung oder des Nachlassinsolvenzverfahrens kann nur der Nachlassverwalter oder der Nachlassinsolvenzverwalter entsprechende Ansprüche gegen den Käufer geltend machen (vgl § 1978 Abs 2)[5].

§ 2037 Weiterveräußerung des Erbteils

Überträgt der Käufer den Anteil auf einen anderen, so finden die Vorschriften der §§ 2033, 2035, 2036 entsprechende Anwendung.

Der Käufer des Erbanteils ist zur **Übertragung des Erbteils auf einen anderen** berechtigt (§§ 2037, 2033). Macht er von dieser Möglichkeit Gebrauch, ist er verpflichtet, die Miterben unverzüglich von der Übertragung zu benachrichtigen (§ 2035 Abs 2); denn die Miterben sind – solange die Mitteilung vom ersten Kauf ausgelöste Frist des § 2034 Abs 2 läuft – auch im Verhältnis zum weiteren Erwerber zur Ausübung des Vorkaufsrechtes berechtigt (§§ 2037, 2035 Abs 1). Der Übertragung muss nicht unbedingt ein Kauf zugrunde liegen. Anders als § 2034 knüpft § 2037 an die „Übertragung", also an das dingliche Geschäft an. Das Vorkaufsrecht muss innerhalb der durch die Mitteilung über den ersten Vorkaufsfall ausgelösten **Frist** des § 2034 Abs 2 ausgeübt werden. § 2037 begründet **kein neues Vorkaufsrecht**[1*], sondern „verlängert" dasjenige Vorkaufsrecht, das den Miterben gemäß § 2034 gegen den Verkäufer zusteht[2*]. Aus diesem Grund verweist § 2037 auch nicht auf § 2034. Der weitere Erwerber wird ebenso wie der erste Käufer mit Übertragung des Anteils auf den Vorkaufsberechtigten von der Haftung aus § 2382 frei (§§ 2037, 2036). Die Übertragung des Anteils auf ein Mitglied der Erbengemeinschaft berechtigt nicht zur Ausübung des Vorkaufsrechts[3*].

§ 2038 Gemeinschaftliche Verwaltung des Nachlasses

(1) [1]**Die Verwaltung des Nachlasses steht den Erben gemeinschaftlich zu.** [2]**Jeder Miterbe ist den anderen gegenüber verpflichtet, zu Maßregeln mitzuwirken, die zur ordnungsmäßigen**

---

[14] *Kornexl* ZEV 2002, 69, 70.
[1] MünchKommBGB/*Heldrich* Rn 1; Palandt/*Edenhofer* Rn 1.
[2] MünchKommBGB/*Heldrich* Rn 2; Erman/*Schlüter* Rn 1; aA RGRK/*Kregel* Rn 1: die Haftung ende bereits mit der Ausübung des Vorkaufsrechtes gegenüber dem Erben gemäß § 2035 Abs 1; ebenso wohl auch *Staudinger/Werner* Rn 2.
[3] Erman/*Schlüter* Rn 1; MünchKommBGB/*Heldrich* Rn 3; Staudinger/*Werner* Rn 3; RGRK/*Kregel* Rn 2.
[4] RGRK/*Kregel* Rn 3; Erman/*Schlüter* Rn 2; MünchKommBGB/*Heldrich* Rn 5; Staudinger/*Werner* Rn 4; Palandt/*Edenhofer* Rn 2.
[5] Soergel/*Wolf* Rn 3; Staudinger/*Werner* Rn 5; RGRK/*Kregel* Rn 3.
[1*] BGHZ 56, 115 = NJW 1971, 1264, 1265.
[2*] Staudinger/*Werner* Rn 3 f; Erman/*Schlüter* Rn 1; Palandt/*Edenhofer* Rn 1; Soergel/*Wolf* Rn 1.
[3*] RGZ 170, 203, 207; RGRK/*Kregel* Rn 1; Soergel/*Wolf* Rn 1.

§ 2038 Buch 5. Abschnitt 2. Rechtliche Stellung des Erben

Verwaltung erforderlich sind; die zur Erhaltung notwendigen Maßregeln kann jeder Miterbe ohne Mitwirkung der anderen treffen.

(2) ¹Die Vorschriften der §§ 743, 745, 746, 748 finden Anwendung. ²Die Teilung der Früchte erfolgt erst bei der Auseinandersetzung. ³Ist die Auseinandersetzung auf längere Zeit als ein Jahr ausgeschlossen, so kann jeder Miterbe am Schluss jedes Jahres die Teilung des Reinertrags verlangen.

Schrifttum: *Eberl-Borges*, Verfügungsgeschäfte der Erbengemeinschaft im Rahmen der Nachlassverwaltung, NJW 2006, 1313; *Jülicher*, Mehrheitsgrundsatz und Minderheitenschutz bei der Erbengemeinschaft, AcP 175 (1975), 143; *Speckmann*, Der Anspruch des Miterben auf Auskunft über den Bestand des Nachlasses, NJW 1973, 1869; *Wernecke*, Die Aufwendungs- und Schadensersatzansprüche bei der Notgeschäftsführung der Miterben – eine Zusammenschau, AcP 193 (1993), 240.

Übersicht

	Rn		Rn
I. Bedeutung der Norm	1	**III. Notgeschäftsführung**	10
1. Grundbegriffe	1	1. Notwendige Erhaltungsmaßnahmen	10
2. Systematische Einordnung	2	2. Wirkung des Notverwaltungsrechts	11
3. Ausnahmen	3	3. Beispiele	12
II. Ordnungsgemäße Verwaltung	4	4. Überschreitung des Notverwaltungsrechts	13
1. Begriff	4	**IV. Außerordentliche Verwaltung**	14
2. Beispiele	5	**V. Fruchtziehung, Gebrauch und Lasten**	16
3. Entscheidung durch Mehrheitsbeschluss	6	1. Früchte	16
4. Rechtsfolgen	7	2. Besitz und Nutzungen	17
5. Mitwirkungspflicht	8	3. Lasten	18
6. Auskunftspflicht	9		

I. Bedeutung der Norm

1 **1. Grundbegriffe.** § 2038 regelt die „Verwaltung" des Nachlasses. Dieser Begriff ist gesetzlich nicht definiert. Er umfasst alle Maßnahmen, die zur Verwahrung, Sicherung, Erhaltung und Vermehrung des Nachlasses sowie zur Gewinnung der Nutzungen und Bestreitung der laufenden Verbindlichkeiten erforderlich oder geeignet sind[1]. Dazu zählen grds auch Verfügungen über Nachlassgegenstände; nur muss neben der Ordnungsgemäßheit die Erforderlichkeit einer solchen Verwaltungsmaßnahme durch besondere Umstände belegt sein, um eine Mitwirkungspflicht (Abs 1 S 2) zu begründen[2]. Grds steht die Verwaltung des Nachlasses den Erben gemeinschaftlich zu (Abs 1 S 1). Das Gesetz unterscheidet jedoch drei Arten von Verwaltung. **Maßnahmen der ordnungsgemäßen Verwaltung** können mit Stimmenmehrheit beschlossen werden (Abs 2 iVm § 745 Abs 1). Die zur Erhaltung des Nachlasses oder einzelner Nachlassgegenstände **notwendigen Maßnahmen** kann jeder Miterbe sogar ohne Mitwirkung der anderen Miterben treffen (Abs 1 S 2 HS 2). **Außerordentliche Verwaltungsmaßnahmen** bedürfen dagegen der Zustimmung sämtlicher Miterben. Nicht zur Verwaltung gehören die Auseinandersetzung des Nachlasses[3] und die Totenfürsorge[4]. Ziel der §§ 2038 ff, 743 ff ist es, Wertverluste des Nachlasses bis zu dessen Teilung zu vermeiden[5].

2 **2. Systematische Einordnung.** Das Gesetz unterscheidet seinem Wortlaut nach weder zwischen Geschäftsführung (**Innenverhältnis**) und Vertretung (**Außenverhältnis**) noch zwischen Verpflichtungen und Verfügungen[6]. § 2038 wirkt deshalb nicht im Verhältnis der Miterben untereinander, sondern auch im Außenverhältnis[7]. Nicht ausdrücklich geregelt ist außerdem das Verhältnis zu § 2040, wonach Miterben nur gemeinsam über Nachlassgegenstände verfügen können. Die speziellere Vorschrift des § 2040 gilt grds auch für Verfügungen, die zugleich Verwaltungsmaßnahmen iS von § 2038 sind[8]. Notgeschäftsführungsmaßnahmen (§ 2038 Abs 1 S 2 HS 2) kann ein Miterbe jedoch auch dann treffen, wenn sie in einer Verfügung bestehen[9]. § 2039, wonach alle Miterben Nachlassforderungen allein zur Leistung an alle Miterben einziehen dürfen, geht als die speziellere Vorschrift § 2038 vor.

---

[1] BGH FamRZ 1965, 267, 269; BGHZ 164, 181 = NJW 2006, 439, 440; RGRK/*Kregel* Rn 1; MünchKommBGB/*Heldrich* Rn 14; *Staudinger/Werner* Rn 4; *Soergel/Wolf* Rn 2; *Palandt/Edenhofer* Rn 3; ausf *Lange/Kuchinke* § 43 I.
[2] BGHZ 164, 181 = NJW 2006, 439, 440.
[3] BGHZ 164, 181 = NJW 2006, 439, 440; *Soergel/Wolf* Rn 6; *Staudinger/Werner* Rn 5; MünchKommBGB/*Heldrich* Rn 17.
[4] RGRK/*Kregel* Rn 8; *Staudinger/Werner* Rn 5.
[5] BGHZ 164, 181 = NJW 2006, 439, 441.
[6] *Palandt/Edenhofer* Rn 3 f; *Brox* Erbrecht Rn 467; *Lange/Kuchinke* § 43 I 2 und 3.
[7] BGHZ 56, 47, 49 ff = NJW 1971, 1265 m Anm *Johannsen* LM Nr 10; BGHZ 164, 181 = NJW 2006, 439, 440; MünchKommBGB/*Heldrich* Rn 6; *Staudinger/Werner* Rn 6; *Palandt/Edenhofer* Rn 3; aA *Erman/Schlüter* Rn 12; *Jülicher* AcP 175 (1975), 143, 147 ff.
[8] Zweifelnd jetzt BGH vom 28. 4. 2006, LwZR 10/05, Rn 11 ff mwN = BeckRS 2006, 6394.
[9] OLG Frankfurt OLGR 1999, 226, 227; MünchKommBGB/*Heldrich* Rn 62; *Soergel/Wolf* Rn 12; *Lange/Kuchinke* § 42 II 4 a; aA OLG Neustadt MDR 1962, 574; RGRK/*Kregel* Rn 5; *Staudinger/Werner* Rn 6 f, 40.

§ 2038 Gemeinschaftliche Verwaltung des Nachlasses

3. Ausnahmen. Die Verwaltungsregelungen des § 2038 finden keine Anwendung, wenn der 3 Nachlass von einem **Testamentsvollstrecker** (§ 2205), **Nachlassverwalter** (§ 1985) oder **Nachlassinsolvenzverwalter** (§ 80 Abs 1 InsO) verwaltet wird[10]. Der Erblasser kann durch **letztwillige Verfügung** einzelnen Miterben oder Dritten bestimmte Verwaltungsbefugnisse einräumen. Darin kann die Anordnung einer Verwaltungsvollstreckung (§ 2209), eine Auflage (§ 1940) oder – wenn zugleich ein Vermögensvorteil zugewandt wird – ein Verwaltungsvorausvermächtnis[11] liegen. Auch die Miterben können einverständlich[12] oder durch Mehrheitsbeschluss (Abs 2, § 745 Abs 1)[13] eine vom Gesetz abweichende Verwaltungsregelung beschließen. Eine derartige **Verwaltungsvereinbarung** kann jeder Miterbe aus wichtigem Grund kündigen[14]. Anspruch auf die Verwaltung des Nachlasses durch einen Fremdverwalter hat ein Miterbe nur dann, wenn die Miterben selbst nicht in der Lage oder nicht bereit sind, den Nachlass ordnungsgemäß zu verwalten[15].

II. Ordnungsgemäße Verwaltung

1. Begriff. Eine ordnungsgemäße Verwaltung ist gemäß Abs 2 iVm § 745 Abs 1 und 2 eine solche, 4 die der Beschaffenheit des gemeinschaftlichen Gegenstandes – des Nachlasses – und dem Interesse aller Miterben nach billigem Ermessen entspricht[16]. Welche Maßnahmen als solche der ordnungsgemäßen Verwaltung anzusehen sind, ist vom Standpunkt eines vernünftig und wirtschaftlich denkenden Beurteilers zu entscheiden[17]. Eine wesentliche Veränderung „des Gegenstandes" – bezogen auf den gesamten Nachlass[18] – kann nicht beschlossen oder verlangt werden (§ 745 Abs 3). „Wesentlich" sind Veränderungen, durch die Zweckbestimmung oder Gestalt des Nachlasses in einschneidender Weise geändert werden würden[19]. Zur ordnungsgemäßen Verwaltung gehören vor allem die Maßnahmen der laufenden Verwaltung, insbes die Inbesitznahme, Verwahrung, Sicherung, Instandhaltung und Nutzung des Nachlasses[20].

2. Beispiele. Maßnahmen ordnungsgemäßer Verwaltung sind zB Instandsetzungs- oder Repara- 5 turarbeiten, die aus Nachlassmitteln beglichen werden können[21], der Wiederaufbau eines abgebrannten Hauses unter Verwendung von Versicherungsleistungen[22] oder der Abschluss eines Miet- oder Pachtvertrages über ein Nachlassgrundstück, das bereits vermietet oder verpachtet gewesen war[23]. Die Kündigung eines Miet- oder Pachtvertrages stellt dagegen eine Verfügung iS von § 2040 über die Miet- oder Pachtzinsforderung dar[24]. **Nicht** zur ordnungsmäßigen Verwaltung gehören wesentliche Veränderungen wie die Errichtung eines Neubaus[25] oder die Anlegung eines Parkplatzes[26] auf einem bisher ungenutzten Grundstück. Die Verpachtung eines Grundstücks stellt keine ordnungsmäßige Verwaltung dar, wenn im Zeitpunkt des Vertragsschlusses bereits die Teilungsversteigerung des Grundstücks beantragt worden war[27]. Ebenfalls nicht zur ordnungsmäßigen Verwaltung gehört die Ausübung der Prostitution in einem zum Nachlass gehörenden Wohnhaus[28]. Ein zum Nachlass gehörendes **Handelsgeschäft** kann nur im Einverständnis aller Miterben fortgeführt werden, weil die Erben in diesem Fall gemäß § 27 HGB für die früheren Geschäftsverbindlichkeiten auch persönlich haften[29]. Die Fortführung durch nur einen Miterben wirkt dann für und gegen die andren Miterben, wenn diese den Handelnden ausdrücklich oder stillschweigend bevollmächtigt hatten[30]. Es stellt keine ordnungsgemäße Nachlassverwaltung gemäß § 2038 Abs 1 S 2 dar, wenn ein Miterbe von einem anderen Miterben die Begleichung von Nachlassverbindlichkeiten verlangt, obwohl feststeht, dass der Nachlass zur Begleichung aller Verbindlichkeiten nicht ausreicht[31].

3. Entscheidung durch Mehrheitsbeschluss. Die Entscheidung erfolgt gemäß Abs 2 S 1 iVm 6 § 745 Abs 1 durch Mehrheitsbeschluss der Miterben. Die Stimmanteile der einzelnen Erben richten

---

[10] *Staudinger/Werner* Rn 22; MünchKommBGB/*Heldrich* Rn 19.
[11] Vgl BGHZ 6, 76, 78 = NJW 1961, 1299; dazu MünchKommBGB/*Heldrich* Rn 20; *Lange/Kuchinke* § 43 II 5 b.
[12] BGH BB 1968, 1219.
[13] BGHZ 56, 47, 51 f = NJW 1971, 1265, 1266; MünchKommBGB/*Heldrich* Rn 21; *Soergel/Wolf* Rn 8.
[14] *Palandt/Edenhofer* Rn 2; vgl auch BGHZ 34, 367 = NJW 1961, 1299.
[15] BGH NJW 1983, 2142.
[16] *Staudinger/Werner* Rn 13; *Soergel/Wolf* Rn 9; MünchKommBGB/*Heldrich* Rn 30; *Palandt/Edenhofer* Rn 6.
[17] BGHZ 6, 76 = NJW 1952, 1252; BGH FamRZ 1965, 267, 269; BGHZ 164, 181 = NJW 2006, 439, 441; OLG Celle JR 1963, 221, 222.
[18] BGHZ 164, 181 = NJW 2006, 439, 440 f; *Ruby/Schindler* ZEV 2006, 468, 470.
[19] BGHZ 101, 24, 28 = NJW 1987, 3177; BGH NJW-RR 2004, 809; BGHZ 164, 181 = NJW 2006, 439, 441.
[20] RGRK/*Kregel* Rn 4.
[21] MünchKommBGB/*Heldrich* Rn 32; *Staudinger/Werner* Rn 17.
[22] BGH DB 1954, 905 f; MünchKommBGB/ *Heldrich* Rn 32.
[23] BGHZ 56, 47, 50 = NJW 1971, 1265, 1266; KG KGR 2002, 102.
[24] BGH NJW 2007, 150, 151; vgl aber § 2040 Rn 2.
[25] BGH DB 1954, 905 f; RGRK/*Kregel* Rn 6; *Soergel/Wolf* Rn 15.
[26] LG Hannover NJW-RR 1990, 454.
[27] OLG Brandenburg OLGR 1998, 9.
[28] OLG Hamm NJW-RR 1992, 329, 330.
[29] BGHZ 30, 391, 394 = NJW 1959, 2114; BGHZ 32, 60, 67 = NJW 1960, 959; *Soergel/Wolf* Rn 7; *Staudinger/Werner* Rn 16.
[30] BGHZ 30, 391, 394 = NJW 1959, 2114; BGHZ 32, 60, 67 = NJW 1960, 959; *Palandt/Edenhofer* § 2032 Rn 4.
[31] OLG Celle ZEV 2003, 203 m insoweit zust Anm *Schindler* FamRZ 2004, 139.

§ 2038 Buch 5. Abschnitt 2. Rechtliche Stellung des Erben

sich nach der Erbquote (§ 745 Abs 1 S 2)[32]. Auch derjenige Erbe ist stimmberechtigt, der Vorausempfänge auszugleichen hat und bei einer Verteilung nichts mehr beanspruchen kann; die Ausübung des Stimmrechts in einem solchen Fall kann allerdings rechtsmissbräuchlich sein[33]. In bestimmten Fällen von Interessenkollision hat der betroffene Erbe entspr dem Rechtsgedanken der § 47 Abs 4 GmbHG, § 43 Abs 6 GenG, § 34 kein Stimmrecht, etwa dann, wenn es um die Geltendmachung einer Nachlassforderung gegen diesen Miterben geht[34]. Wird ein Miterbe übergangen, wird der Mehrheitsbeschluss dadurch nicht ungültig; dem übergangenen Erben stehen allenfalls Schadensersatzansprüche zu[35]. Stimmberechtigt ist auch der Erwerber eines Nachlassanteils (§ 2033). Bereits gefasste Beschlüsse wirken für und gegen den Erwerber (Abs 2 S 1 iVm § 746). Ist ein Erbteil gepfändet worden, ist der Pfandgläubiger stimmberechtigt[36].

7 **4. Rechtsfolgen.** Der Mehrheitsbeschluss wirkt zunächst im Innenverhältnis, im Verhältnis der Erben zueinander. Hat die Mehrheit der Miterben eine ordnungsgemäße Maßnahme zur Verwaltung des Nachlasses beschlossen, kann sie die Maßnahme – solange es sich nicht um eine Verfügung iS von § 2040 handelt – jedoch auch ohne der Mitwirkung der überstimmten Miterben mit Wirkung für und gegen die Erbengemeinschaft ausführen[37]. Der Beschluss gewährt **Vertretungsmacht zur Vertretung auch der überstimmten Erben**[38]. Andernfalls müssten die überstimmten, aber nach wie vor widersprechenden Miterben im Klagewege auf Zustimmung in Anspruch genommen werden, was die Verwaltung des Nachlasses unnötig erschweren würde. Gerichtlich überprüft werden kann ein Mehrheitsbeschluss nur daraufhin, ob ein Fall ordnungsgemäßer Verwaltung vorlag und ob die wesentlichen Verfahrensvorschriften eingehalten worden sind. Die Frage der Zweckmäßigkeit wird hingegen nicht geprüft[39]. Der Mehrheitsbeschluss bedeutet **keine Verfügungsermächtigung.** Verfügungen – Rechtsgeschäfte, durch die bestehende Rechte übertragen, belastet, inhaltlich verändert oder aufgehoben werden – können die Miterben nur gemeinsam vornehmen (§ 2040 Abs 1)[40]. Das gilt auch für Verfügungen, die zugleich Verwaltungsmaßnahmen darstellen. Müssen im Einzelfall Fristen eingehalten werden, kann das Notgeschäftsführungsrecht des Abs 1 S 2 HS 2 eingreifen.

8 **5. Mitwirkungspflicht.** Jeder Miterbe ist den anderen gegenüber verpflichtet, an Maßregeln mitzuwirken, die zur ordnungsgemäßen Verwaltung erforderlich sind (Abs 1 S 2 HS 1). Diese Mitwirkungspflicht kann gerichtlich durchgesetzt werden, soweit ein Mehrheitsbeschluss nicht zustande gekommen ist[41] oder – weil eine Verfügung vorgenommen werden muss oder tatsächliches Handeln des Miterben erforderlich wird – nicht ausreicht. Zuständig für eine solche Klage ist das **Prozessgericht.** Die Klage kann gemäß § 2039 von jedem einzelnen Miterben gegen den oder die sich weigernden Miterben[42] erhoben werden. Sie ist auf Zustimmung zu einer genau zu bezeichnenden Maßnahme oder auf Vornahme einer ebenfalls genau zu bezeichnenden Handlung zu richten. Die Zustimmung gilt gemäß § 894 Abs 1 ZPO mit Rechtskraft des Urteils als erteilt; iÜ muss nach §§ 887, 888 ZPO **vollstreckt** werden. Einen Anspruch auf Zustimmung hat auch ein Miterbe, der gemäß Abs 1 S 2 HS 2 zur alleinigen Notgeschäftsführung berechtigt wäre[43]. Verstößt ein Miterbe gegen seine Mitwirkungspflicht, **haftet** er der Erbengemeinschaft für etwa entstandene Schäden[44]. Für das Verschulden eines Erfüllungsgehilfen hat er nach § 278 einzustehen[45]. Ein **Dritter** hat keinen unmittelbar gegen den Miterben durchsetzbaren Anspruch auf Erfüllung der Mitwirkungspflicht aus § 2038 Abs 1 S 2[46]. Der Mitwirkungsanspruch eines Miterben kann jedoch einem Dritten zur Ausübung überlassen und von diesem im Wege der **Prozessstandschaft** geltend gemacht werden[47]. Die Zustimmung zu Maßnahmen, die nicht zur ordnungsgemäßen Verwaltung gehören, kann nicht verlangt werden.

---

[32] BayObLGZ 1963, 319, 324; MünchKommBGB/*Heldrich* Rn 35; *Palandt/Edenhofer* Rn 10; RGRK/*Kregel* Rn 8.
[33] MünchKommBGB/*Heldrich* Rn 35.
[34] BGHZ 56, 47, 52 ff = NJW 1971, 1265; *Palandt/Edenhofer* Rn 10; *Erman/Schlüter* Rn 5; *Staudinger/Werner* Rn 36.
[35] BGHZ 56, 47, 55 f = NJW 1971, 1265.
[36] Soergel/*Wolf* Rn 16.
[37] BGHZ 56, 47 = NJW 1971, 1265.
[38] BGHZ 56, 47, 51 = NJW 1971, 1265; RGRK/*Kregel* Rn 8; *Palandt/Edenhofer* Rn 12; *Staudinger/Werner* Rn 40; *Soergel/Wolf* Rn 11; MünchKommBGB/*Heldrich* Rn 51; aA *Erman/Schlüter* Rn 12; *Jülicher* AcP 175 (1975), 143 ff.
[39] MünchKommBGB/*Heldrich* Rn 39.
[40] *Muscheler* ZEV 2006, 26; *Staudinger/Werner* Rn 6, 40; MünchKommBGB/*Heldrich* Rn 53; *Palandt/Edenhofer* Rn 4; *Erman/Schlüter* § 2040 Rn 3; *Lange/Kuchinke* § 43 III 6 c; wohl auch BGHZ 56, 47, 50 = NJW 1971, 1265; aA *Soergel/Wolf* Rn 5; *Jauernig/Stürner* Rn 1; *Wernecke* AcP 193 (1993), 240, 243; *Eberl-Borges* NJW 2006, 1313.
[41] BGHZ 6, 76, 84 f = NJW 1952, 1252; MünchKommBGB/*Heldrich* Rn 42; RGRK/*Kregel* Rn 4; *Soergel/Wolf* Rn 19; *Palandt/Edenhofer* Rn 8; *Erman/Schlüter* Rn 5; aA *Staudinger/Werner* Rn 12: komme keine Mehrheit zustande, entspreche die Verwaltung nicht dem Interesse der Miterben und sei nicht mehr ordnungsgemäß.
[42] BGH NJW-RR 1991, 1410; MünchKommBGB/*Heldrich* Rn 42.
[43] *Staudinger/Werner* Rn 12; *Lange/Kuchinke* § 43 II 4 b.
[44] BGHZ 164, 181 = NJW 2006, 439, 440.
[45] MünchKommBGB/*Heldrich* Rn 45; *Palandt/Edenhofer* Rn 8.
[46] BGH NJW 1959, 2061, 2062; *Soergel/Wolf* Rn 21; MünchKommBGB/*Heldrich* Rn 46.
[47] BGH FamRZ 1965, 267, 270; MünchKommBGB/*Heldrich* Rn 46.

6. Auskunftspflicht. Die Miterbenstellung begründet keine für die Bejahung einer Auskunftspflicht **9** genügende Sonderbeziehung[48]. Auskunfts- und Rechenschaftspflichten der Miterben untereinander sind in verschiedenen Einzelvorschriften geregelt. Nach § 2027 ist der Erbschaftsbesitzer verpflichtet, dem Erben Auskunft über den Bestand der Erbschaft und über den Verbleib der Erbschaftsgegenstände zu erteilen; die gleiche Verpflichtung trifft denjenigen, der eine Sache aus dem Nachlass in Besitz genommen hat, bevor der Erbe den Besitz tatsächlich ergriffen hat. Wer sich zurzeit des Erbfalls mit dem Erblasser in häuslicher Gemeinschaft befunden hat, ist verpflichtet, dem Erben auf Verlangen Auskunft darüber zu erteilen, welche erbschaftlichen Geschäfte er geführt hat und was ihm über den Verbleib der Erbschaftsgegenstände bekannt ist (**§ 2028**). Nach § 2057 haben die Miterben untereinander Auskunft über ausgleichspflichtige Zuwendungen zu erteilen. Hat ein Erbe als Beauftragter oder Geschäftsführer ohne Auftrag Nachlassgeschäfte geführt, ist er nach § 666 zur Auskunft verpflichtet. Im Einzelfall kann darüber hinaus ein Auskunftsanspruch aus § 242 bestehen, wenn und soweit vom Bestehen eines Anspruchs ausgegangen werden kann, zu dessen Durchsetzung der Auskunftsanspruch dienen soll[49]. Die Errichtung eines **Inventars** (§§ 1993 ff, 2063) gehört nicht zur Verwaltung des Nachlasses. Die Miterben sind einander nicht verpflichtet, bei der Errichtung eines Inventars mitzuwirken[50]. Dem Miterben bleibt immer die Möglichkeit, gemäß § 2003 die amtliche Aufnahme des Inventars zu beantragen; im Einzelfall mögen auch Auskunftsrechte aus § 242 bestehen.

III. Notgeschäftsführung

1. Notwendige Erhaltungsmaßnahmen. Die zur Erhaltung des Nachlasses notwendigen Maß- **10** regeln kann jeder Miterbe auch ohne Mitwirkung der anderen treffen (Abs 1 S 2 HS 2). Das Notgeschäftsführungsrecht betrifft nur Maßnahmen, die zur ordnungsgemäßen Verwaltung gehören[51]. Sie müssen notwendig sein, um Schaden vom Nachlass oder von einzelnen Nachlassgegenständen abzuwenden[52]. Geht es um einzelne Gegenstände, ist jeweils auch zu prüfen, ob die Maßnahme der ordnungsgemäßen Verwaltung des Gesamtnachlasses entspricht. Art und Weise der zu treffenden Maßnahmen sind vom Standpunkt eines vernünftig und wirtschaftlich denkenden Beurteilers aus zu entscheiden; dabei kommt der wirtschaftlichen Leistungsfähigkeit des Nachlasses eine besondere Bedeutung zu[53]. Maßnahmen, die nicht der Erhaltung, sondern der Verbesserung des Nachlasses dienen, und lediglich nützliche Maßnahmen werden vom Notgeschäftsführungsrecht nicht gedeckt[54]. Voraussetzung des Notgeschäftsführungsrechtes ist schließlich, dass die Zustimmung der anderen Miterben nicht mehr rechtzeitig erlangt werden kann. Das gilt jedenfalls bei bedeutsamen Maßregeln, durch die erhebliche Verpflichtungen für den Nachlass oder die anderen Miterben begründet werden[55].

2. Wirkung des Notverwaltungsrechts. Das Notgeschäftsführungsrecht des Abs 1 S 2 HS 2 wirkt **11** nicht nur im Innenverhältnis, sondern berechtigt den Erben zur **Vertretung** auch der anderen Miterben[56] sowie – anders als ein Mehrheitsbeschluss im Rahmen der ordnungsgemäßen Verwaltung – auch zur **Vornahme von Verfügungen**[57]; denn Abs 1 S 2 HS 2 geht § 2040 vor. Der handelnde Erbe begründet **Nachlasserbenschulden,** für die der Nachlass und er persönlich einzustehen haben (§ 1967 Rn 17). Er kann die Haftung jedoch durch ausdrückliche oder stillschweigende Vereinbarung auf den Nachlass **beschränken**[58]. Dazu reicht es aus, wenn er zum Ausdruck bringt, er handele nicht für den Nachlass, und der andere Teil darauf eingeht[59]. Darlegungs- und **beweispflichtig** für die Voraussetzungen einer Haftungsbeschränkung ist der Erbe[60]. Hat sich der Miterbe persönlich verpflichtet, kann er von den anderen Miterben gemäß Abs 2 iVm § 748 anteilig entspr den Erbquoten Freistellung oder Aufwendungsersatz verlangen[61]. Der einzelne Miterbe ist zur Notgeschäftsführung nicht nur berechtigt,

---

[48] BGH NJW-RR 1989, 450 m Anm *Wassermann* JR 1990, 17; RGZ 81, 30, 34; RGRK/*Kregel* Rn 13; *Staudinger/Werner* Rn 18; *Palandt/Edenhofer* Rn 13; *Lange/Kuchinke* § 43 II 7 c; aA MünchKommBGB/*Heldrich* Rn 48; *Erman/Schlüter* Rn 10; *Speckmann* NJW 1973, 1869.
[49] BGHZ 97, 188 = NJW 1986, 1755; BGH NJW-RR 1989, 450.
[50] RGZ 81, 30, 32; *Palandt/Edenhofer* Rn 8; wohl auch *Staudinger/Werner* Rn 18; aA *Lange/Kuchinke* § 43 II 7 c Fn 96; MünchKommBGB/*Heldrich* Rn 49; eine Mitwirkungspflicht in einem besonders gelagerten Einzelfall bejaht OLG Karlsruhe MDR 1972, 424.
[51] BGHZ 6, 76, 82 f = NJW 1952, 1252; LG Gießen FamRZ 1995, 121, 122; *Brox* Erbrecht Rn 472; *Lange/Kuchinke* § 43 II 4 b; *Staudinger/Werner* Rn 27; MünchKommBGB/*Heldrich* Rn 56; *Palandt/Edenhofer* Rn 14; RGRK/*Kregel* Rn 6.
[52] *Staudinger/Werner* Rn 27; MünchKommBGB/*Heldrich* Rn 56; *Soergel/Wolf* Rn 13.
[53] BGHZ 6, 76, 81 f = NJW 1952, 1252.
[54] *Lange/Kuchinke* § 43 II 4 b.
[55] BGHZ 6, 76, 80 ff = NJW 1952, 1252; OLG Hamm OLGZ 1985, 226.
[56] *Palandt/Edenhofer* Rn 15; MünchKommBGB/*Heldrich* Rn 61; *Staudinger/Werner* Rn 40; *Soergel/Wolf* Rn 12; *Lange/Kuchinke* § 43 II 4 c; *Erman/Schlüter* Rn 13; aA OLG Neustadt MDR 1962, 574; RGRK/*Kregel* Rn 5.
[57] OLG Frankfurt OLGR 1999, 226, 227; MünchKommBGB/*Heldrich* Rn 62; *Soergel/Wolf* Rn 12; *Jauernig/Stürner* Rn 1; *Lange/Kuchinke* § 42 II 4 a; aA OLG Neustadt MDR 1962, 574; RGRK/*Kregel* Rn 5; *Staudinger/Werner* Rn 6 f, 40.
[58] BGH BB 1968, 769, 770; RGZ 146, 343, 345 f; *Erman/Schlüter* Rn 13; MünchKommBGB/*Heldrich* Rn 61; *Soergel/Wolf* Rn 11; *Lange/Kuchinke* § 43 II 3.
[59] BGH BB 1968, 769, 770; *Lange/Kuchinke* § 43 III 3 b; *Erman/Schlüter* Rn 13; RGRK/*Johannsen* § 1967 Rn 12.
[60] RGZ 146, 343, 345 f; *Lange/Kuchinke* § 43 III 3 b m Fn 113; *Staudinger/Werner* Rn 9.
[61] BGH NJW 1987, 3001; RGZ 109, 167, 171; *Lange/Kuchinke* § 43 II 7 b, III 3 d; *Staudinger/Werner* Rn 25; *Palandt/Edenhofer* Rn 15; *Wernecke* AcP 193 (1993), 240, 249; aA MünchKommBGB/*Heldrich* Rn 61: Anspruch aus §§ 669, 670 gegen die Gemeinschaft; nach BGH vom 30. 4. 1970, III ZR 176/68, mitgeteilt bei *Johannsen* WM

sondern erforderlichenfalls auch **verpflichtet.** Ggf muss er sogar eigenes Vermögen einsetzen, wenn nur so Schaden vom Nachlass abgewendet werden kann[62]. Ein Verstoß gegen die Pflicht zur Notgeschäftsführung kann Schadensersatzansprüche der Erbengemeinschaft begründen.

12   **3. Beispiele.** Notwendige Erhaltungsmaßnahmen sind zB unaufschiebbare Reparaturmaßnahmen an einem Haus[63], die Anfechtungsklage gegen die Restitution eines Nachlassgegenstandes[64], die Anfechtung des Beschlusses einer Wohnungseigentümerversammlung[65], die Anfechtungsklage gegen den Gesellschafterbeschluss einer GmbH[66] und sonstige fristgebundene Gestaltungs- und sonstige Klagen, wenn nur durch sie ein zum Nachlass gehörendes Recht erhalten werden kann[67]. **Keine** notwendigen Erhaltungsmaßnahmen sind idR der Wiederaufbau eines zerstörten Hauses auf Kosten des Nachlasses, umfangreiche Sanierungsarbeiten, die die Aufnahme eines Kredits erfordern[68], die langjährige Übertragung von Nachlassaktien auf einen Treuhänder[69] oder der Abschluss eines langfristigen Mietvertrages[70].

13   **4. Überschreitung des Notverwaltungsrechts.** Liegen die Voraussetzungen der Notgeschäftsführung nicht vor und werden die fraglichen Maßnahmen auch nicht nachträglich genehmigt, werden die anderen Miterben nicht verpflichtet[71]. Auch wenn der Miterbe sein Notverwaltungsrecht überschritten hat, können ihm jedoch Ansprüche aus Geschäftsführung ohne Auftrag (§§ 683, 684) zustehen[72].

IV. Außerordentliche Verwaltung

14   **Gemeinschaftliches Handeln aller Miterben** ist für Maßnahmen erforderlich, die nicht zur ordnungsgemäßen Verwaltung gehören. Für Verfügungen gilt § 2040. Hat ein Miterbe einer Maßnahme zunächst zugestimmt, weigert er sich dann aber, etwa erforderliche Erklärungen abzugeben oder Handlungen vorzunehmen, kann er wie im Falle der Mehrheitsverwaltung auf Abgabe der Erklärung oder Vornahme der Handlung in Anspruch genommen werden (Rn 8)[73]. Darauf, dass ein Miterbe einer Maßnahme der außerordentlichen Verwaltung, insbes einer wesentlichen Veränderung des Nachlasses (§ 754 Abs 3) zustimmt, haben die anderen Erben keinen Anspruch[74]. Ein **Handelsgeschäft** kann wegen der damit verbundenen persönlichen Haftung aller Erben (§ 27 HGB) nur im Einverständnis aller Miterben fortgeführt werden[75].

15   Gemeinschaftliche Verwaltung des Nachlasses erfordert nicht zwingend das gleichzeitige gemeinsame Tätigwerden aller Miterben[76]. Im Innenverhältnis ist zwar die Übereinstimmung aller stimmberechtigten Miterben erforderlich. Im Außenverhältnis reicht jedoch das Auftreten einzelner mit Zustimmung aller anderen Miterben.

V. Fruchtziehung, Gebrauch und Lasten

16   **1. Früchte.** Früchte (§ 99) fallen gemäß §§ 953, 2041 in den Nachlass. Jeder Miterbe hat gemäß Abs 2 S 1 in Verbindung mit § 743 Abs 1 Anspruch auf einen seinem Anteil entsprechenden Bruchteil davon. Dieses Recht kann ihm auch durch Mehrheitsbeschluss nicht entzogen werden (§ 745 Abs 3 S 2). Gemäß Abs 2 S 2 erfolgt die Teilung der Früchte erst bei der Auseinandersetzung. Dadurch soll ausgeschlossen werden, dass ein Miterbe Zahlungen erhält, obwohl ihm auf Grund von Ausgleichspflichten und Verbindlichkeiten dem Nachlass gegenüber keine Zahlungen oder nur geringere Zahlungen, als er bereits erhalten hat, zustehen[77]. Die Erben können **einvernehmlich** eine frühere Teilung der Früchte beschließen; ein Mehrheitsbeschluss reicht dafür nicht aus[78]. Ausnahmsweise – nämlich dann, wenn die Auseinandersetzung durch Anordnung des Erblassers oder kraft Gesetzes auf längere Zeit als ein Jahr ausgeschlossen ist (§§ 2043 ff) – kann jeder Miterbe am Schluss jedes Jahres die Teilung des Reinertrages verlangen. Dass sich die Auseinandersetzung über einen Zeitraum von mehr als einem

---

1972, 914, 919, stellen Forderungen aus dem Innenverhältnis der Erbengemeinschaft jedoch keine Nachlassverbindlichkeiten dar.
[62] BGH JZ 1953, 706; *Palandt/Edenhofer* Rn 14; *Soergel/Wolf* Rn 13; einschränkend MünchKommBGB/*Heldrich* Rn 55: nur dann, wenn der Aufwendungsersatzanspruch auch im Falle eines Nachlassinsolvenzverfahrens gedeckt wäre; zweifelnd auch *Lange/Kuchinke* § 43 II 4 c; gegen eine Vorschusspflicht *Staudinger/Werner* Rn 42.
[63] BGHZ 6, 76, 84 = NJW 1952, 1252.
[64] BVerwG NJW 1998, 552.
[65] BayObLG FamRZ 1999, 187.
[66] BGHZ 108, 21, 30 f = NJW 1989, 2694.
[67] BGHZ 94, 117 = NJW 1985, 1826; LG Wiesbaden WuM 1998, 18.
[68] BGHZ 6, 76, 83 f = NJW 1952, 1252.
[69] RGZ 111, 405, 407 ff.
[70] BGH NJW 1958, 2061.
[71] BGH NJW 1958, 2061; MünchKommBGB/*Heldrich* Rn 58; *Staudinger/Werner* Rn 32.
[72] BGH NJW 1987, 3001.
[73] MünchKommBGB/*Heldrich* Rn 26; *Palandt/Edenhofer* Rn 5.
[74] *Staudinger/Werner* Rn 13; RGRK/*Kregel* Rn 4; *Palandt/Edenhofer* Rn 5; *Staudinger/Werner* Rn 13; MünchKommBGB/*Heldrich* Rn 26.
[75] BGHZ 30, 391, 394 = NJW 1959, 2114; BGHZ 32, 60, 67 = NJW 1960, 959.
[76] *Staudinger/Werner* Rn 9; MünchKommBGB/*Heldrich* Rn 24; *Soergel/Wolf* Rn 7; *Erman/Schlüter* Rn 4.
[77] Prot V S 861; RGZ 81, 241, 243; OLG Hamburg MDR 1965, 665; MünchKommBGB/*Heldrich* Rn 64; RGRK/*Kregel* Rn 11; *Staudinger/Werner* Rn 43.
[78] RGZ 81, 241, 243; OLG Hamburg MDR 1965, 665; RGRK/*Kregel* Rn 11; *Staudinger/Werner* Rn 43.

Jahr hingezogen hat, reicht für einen solchen Anspruch jedoch nicht aus[79]. Allenfalls kann eine vorzeitige Teilung im Wege der **gegenständlichen Teilauseinandersetzung** verlangt werden, wenn besondere Gründe dies rechtfertigen und berechtigte Belange der Erbengemeinschaft oder einzelner Miterben nicht beeinträchtigt werden[80]; zu den Voraussetzungen der Teilauseinandersetzung vgl § 2042 Rn 9. Ein solcher Fall liegt etwa dann vor, wenn ein Miterbe den durch die Weiterführung eines zum Nachlass gehörenden Gewerbebetriebs erzielten Gewinn für sich behält und ein anderer Miterbe Herausgabe des ihm bei der endgültigen Auseinandersetzung zufallenden Anteils am Gewinn verlangt[81]. Die **Teilung des Reinertrages** erfolgt nach den gemäß §§ 2055, 2057a unter Berücksichtigung der Ausgleichungsrechte und -pflichten zu ermittelnden bereinigten Teilungsquoten[82]. Ein Miterbe, der bereits abgefunden worden ist, hat keinen Anspruch auf Teilnahme an den Nutzungen der unverteilten Masse mehr[83].

2. Besitz und Nutzungen. Jeder Miterbe ist gemäß Abs 2 S 1 iVm § 743 Abs 2 zum Besitz der Nachlassgegenstände berechtigt. Mit dem Erbfall geht der Besitz auf die Erben über (§ 857). Hat ein Miterbe einen Nachlassgegenstand ohne oder gegen den Willen der anderen Miterben an sich genommen, ist er gleichwohl berechtigter Besitzer, solange kein anderer Miterbe den Mitgebrauch für sich beansprucht[84]. Die Regelung des **Gebrauchs** der Nachlassgegenstände ist Teil der Verwaltung des Nachlasses und kann durch Mehrheitsbeschluss erfolgen (Abs 2 S 1 iVm § 745 Abs 1 und 2)[85]. Überlässt eine Erbengemeinschaft einer aus den Miterben bestehenden OHG den Gebrauch des ihr gehörigen Betriebsgrundstücks unentgeltlich und scheidet einer der Miterben aus der OHG aus, kann dieser gemäß Abs 2 S 1 iVm § 745 Abs 2 von diesem Zeitpunkt an von den anderen Miterben Vergütung für die Gebrauchsüberlassung verlangen[86]. Dieser Anspruch entsteht, wenn der Miterbe ihn erstmals geltend macht[87]. Der Miterbe kann unmittelbar auf Zahlung klagen. Bis zur Auseinandersetzung ist die Klage auf Feststellung des Anspruchs als eines bei der Auseinandersetzung einzustellenden Rechnungspostens zu richten[88]. Abs 2 S 1 iVm § 745 Abs 3 S 2 garantieren nur die Nutzungsquote, nicht aber die reale Eigennutzung[89]. 17

3. Lasten. Die Lasten des Nachlasses sowie einzelner Nachlassgegenstände und die Kosten der Erhaltung, Verwaltung und gemeinsamen Nutzung des Nachlasses tragen die Miterben intern nach dem Verhältnis ihrer Erbteile (Abs 2 iVm § 748). Diese Verpflichtung ist auf die im Nachlass vorhandenen Mittel beschränkt und begründet keine Vorschusspflicht der Miterben[90]. Die Kosten einer nur für einen Miterbenanteil angeordneten **Testamentsvollstreckung** sind von allen Miterben in der ungeteilten Miterbengemeinschaft zu tragen[91]. §§ 2038, 748 betreffen nur das Verhältnis der Miterben untereinander. Dritten gegenüber kann der Miterbe bis zur Teilung des Nachlasses die Berichtigung von Nachlassverbindlichkeiten aus seinem sonstigen Vermögen verweigern (§ 2059). Gegenüber dem Regressanspruch eines Miterben aus §§ 2038, 748 ist § 2059 nicht analog anwendbar[92]. §§ 2038, 748 begründen keinen Anspruch auf Vergütung der eigenen Verwaltungstätigkeit eines Miterben[93]. 18

§ 2039 Nachlassforderungen

¹Gehört ein Anspruch zum Nachlass, so kann der Verpflichtete nur an alle Erben gemeinschaftlich leisten und jeder Miterbe nur die Leistung an alle Erben fordern. ²Jeder Miterbe kann verlangen, dass der Verpflichtete die zu leistende Sache für alle Erben hinterlegt oder, wenn sie sich nicht zur Hinterlegung eignet, an einen gerichtlich zu bestellenden Verwahrer abliefert.

Schrifttum: *Arwed Blomeyer,* Einzelanspruch und gemeinschaftlicher Anspruch von Miterben und Miteigentümern, AcP 159 (1960), 385; *Habermeier,* Die Prozessführungsbefugnis eines Miterben für Gestaltungsprozesse: Gestaltungsklagen im Rahmen des § 2039 BGB, ZZP 105 (1992), 182.

---

[79] RGZ 81, 241, 244; OLG Hamburg MDR 1965, 665.
[80] OLG Hamburg MDR 1965, 665; MünchKommBGB/*Heldrich* Rn 64.
[81] BGH NJW 1963, 1541.
[82] OLG Hamburg MDR 1956, 107; *Meincke* AcP 178 (1978), 45, 60; MünchKommBGB/*Heldrich* Rn 65; *Staudinger/Werner* Rn 43.
[83] RGRK/*Kregel* Rn 11 unter Hinweis auf RG vom 17. 2. 1921, IV 366/20; MünchKommBGB/*Heldrich* Rn 64.
[84] BGH NJW 1987, 3001; ZEV 1999, 233.
[85] *Erman/Schlüter* Rn 7.
[86] BGH NJW 1984, 45.
[87] BGH NJW 1984, 45; NJW 1974, 364.
[88] BGH NJW 1984, 45.
[89] BGH NJW-RR 1995, 267; BGHZ 164, 181 = NJW 2006, 439, 441.
[90] RGRK/*Kregel* Rn 10; *Erman/Schlüter* Rn 9; MünchKommBGB/*Heldrich* Rn 66; *Soergel/Wolf* Rn 30; *Staudinger/Werner* Rn 42.
[91] BGH NJW 1997, 1362 m im Ergebnis zust Anm *Wolf* LM § 2221 Nr 7.
[92] *Staudinger/Werner* Rn 42; wohl auch *Lange/Kuchinke* § 43 III 3 d m Fn 124; aA *Wernecke* AcP 193 (1993), 240, 251 ff für den Fall, dass der Ausgleichsberechtigte die Einrede gegenüber dem Nachlassgläubiger hätte erheben können; ihr folgend *Palandt/Edenhofer* Rn 15.
[93] BGH NJW-RR 1991, 771, 772.

Übersicht

	Rn		Rn
I. Bedeutung der Norm	1	2. Leistung an alle Miterben	7
1. Normzweck	1	3. Hinterlegung	8
2. Berechtigte	2		
II. Zum Nachlass gehörender Anspruch	3	IV. Verfahren und Beweislast	9
1. Ansprüche	3	1. Prozessuale Fragen	9
2. Gestaltungsrechte	4	2. Gegenrechte	10
3. Ansprüche gegen einen Miterben	5	3. Rechtskraft	11
III. Durchsetzung des Anspruchs	6	4. Zwangsvollstreckung	12
1. Klage	6	5. Beweislast	13

I. Bedeutung der Norm

1 **1. Normzweck.** Auch die zum Nachlass gehörenden Ansprüche stehen den **Miterben in ihrer gesamthänderischen Verbundenheit** zu (§ 2032 Abs 1). Erfüllt werden können zum Nachlass gehörende Ansprüche daher nur durch Leistung an alle Miterben gemeinsam (S 1 HS 1). Allgemeinen Grundsätzen entspr könnten sie auch nur von allen Miterben gemeinsam geltend gemacht werden. Jeder Miterbe könnte dann jeden Anspruch zunächst blockieren; er müsste notfalls im Klagewege zur Zustimmung zur beabsichtigten Durchsetzung der Forderung veranlasst werden. Um dies zu verhindern, bestimmt § 1939, dass **jeder Miterbe Leistung an alle Miterben verlangen** kann. Jeder Miterbe soll die durch Untätigkeit einzelner Miterben drohenden Nachteile abwenden, ohne selbst einen unberechtigten Sondervorteil zu haben und ohne erst umständlich auf Zustimmung der übrigen klagen zu müssen[1]. Das Gesetz geht davon aus, dass die Einziehung bestehender Ansprüche jedenfalls im Interesse des Nachlasses liegt, so dass eine einheitliche Willensbildung der Miterbengemeinschaft wie bei sonstigen Verwaltungsmaßnahmen (§ 2038) oder bei Verfügungen über Nachlassgegenstände (§ 2040) entbehrlich ist.

2 **2. Berechtigte. Inhaber** des Anspruchs bleiben die Miterben in ihrer gesamthänderischen Verbundenheit. Die einzelnen Miterben sind lediglich berechtigt, den Anspruch in gesetzlicher Prozessstandschaft für die Erbengemeinschaft durchzusetzen[2]. Die Einziehungs- und Prozessführungsbefugnis steht jedem Miterben unabhängig vom gleichen Recht der anderen Miterben zu. Hat ein Miterbe seinen Anteil **veräußert** (§ 2033), tritt der Erwerber an seine Stelle; denn der Veräußerer bleibt zwar Erbe, ist aber nicht mehr Mitglied der Erbengemeinschaft. Hat der Miterbe seinen Anteil **verpfändet,** bleibt er zur Geltendmachung der zum Nachlass gehörenden Ansprüche befugt[3]. Die Einziehung eines Nachlassanspruchs mit dem Ziel der Hinterlegung für alle Miterben ist keine Maßnahme der Verwertung des Anteils; sie beeinträchtigt das Pfandrecht also nicht. Ist **Testamentsvollstreckung** angeordnet, kommt § 2039 nicht zum Tragen. Ein der Verwaltung des Testamentsvollstreckers unterliegendes Recht kann nur vom Testamentsvollstrecker geltend gemacht werden (§ 2212).

II. Zum Nachlass gehörender Anspruch

3 **1. Ansprüche.** § 2039 gilt für zum Nachlass gehörende Ansprüche iS von § 194 Abs 1[4]. Erfasst sind schuldrechtliche und dingliche Ansprüche sowie Ansprüche des öffentlichen Rechts, zB Unterlassungsansprüche, Freistellungsansprüche[5], der Anspruch auf Hinterlegung (§ 432 Abs 1 S 2), auch wenn die Erbengemeinschaft nur Teilhaberin der Geldforderung ist[6], der Anspruch auf Löschung eines Wohnrechts[7], der Anspruch auf Auseinandersetzung und Antrag auf Teilungsversteigerung nach § 181 ZVG, auch wenn die Gemeinschaft zwischen der Miterbengemeinschaft und einem Dritten besteht[8], der Anspruch auf Berichtigung des Grundbuchs[9], während die Berichtigung selbst gemäß § 2040 von allen Miterben bewilligt und beantragt werden muss[10], Schadensersatzansprüche, die gemäß § 2041 zum Nachlass gehören[11], der Ersatzanspruch gegen einen Notar, der bei der Beurkundung eines Rechtsgeschäfts, das sich auf den Nachlass bezieht, eine ihm gegenüber den Miterben obliegende Amtspflicht verletzt hat[12], der Restitutionsanspruch nach § 1 VermG[13], der Anspruch auf

---

[1] BGHZ 167, 150 = NJW 2006, 1969, 1970.
[2] BGHZ 167, 150 = NJW 2006, 1969, 1970.
[3] BGH NJW 1968, 2059, 2060; *Staudinger/Werner* Rn 5; MünchKommBGB/*Heldrich* Rn 15; *Johannsen* WM 1970, 573, 578.
[4] BGHZ 167, 150 = NJW 2006, 1969, 1970.
[5] RGZ 158, 40, 42; *Palandt/Edenhofer* Rn 2; *Soergel/Wolf* Rn 3; MünchKommBGB/*Heldrich* Rn 5.
[6] BGH NJW 1983, 2020.
[7] BGH WM 1971, 653, 654.
[8] RGZ 108, 422, 424.
[9] BGHZ 44, 367, 370 f = NJW 1966, 773; vgl auch BGH NJW 1976, 1095.
[10] *Erman/Schlüter* Rn 4; *Soergel/Wolf* Rn 4.
[11] BGH NJW 1987, 316.
[12] BGH NJW 1987, 316.
[13] BVerwG ZIP 1997, 940 = DtZ 1997, 234.

Rückabwicklung der Bestellung einer Grundschuld an einem zum Nachlass gehörenden Grundstück[14].

2. Gestaltungsrechte. Keine Ansprüche iS von § 2039 sind Gestaltungsrechte wie die Kündigung[15], die Anfechtung nach §§ 119 ff (anders die Anfechtung nach dem AnfG), der Rücktritt, der Widerruf[16]. Gestaltungsrechte begründen die Ansprüche erst und sind damit gemäß § 2040 der Erbengemeinschaft vorbehalten. Sie können von den Miterben nur gemeinsam ausgeübt werden. Auch die Genehmigung eines Rechtsgeschäfts kann nur durch alle Miterben gemeinsam erfolgen. Ein nicht unter § 2039 fallendes Gestaltungsrecht war auch die Fristsetzung mit Ablehnungsandrohung gemäß § 326 Abs 1 S 1 aF, denn ihr kam nach fruchtlosem Ablauf der Frist Gestaltungswirkung zu[17]. Ausnahmsweise kann ein einzelner Miterbe Gestaltungsrechte unter den Voraussetzungen des § 2038 Abs 1 S 2 HS 2 (Notgeschäftsführung) allein ausüben (§ 2038 Rn 10 ff)[18]. **Mahnungen** sind keine Gestaltungsrechte, weil sie nur der Geltendmachung und Verwirklichung eines bereits bestehenden Anspruchs dienen (vgl auch § 284 Abs 1 S 2)[19]. Jeder Miterbe ist also berechtigt, den Schuldner in Verzug zu setzen. Ebenfalls unter § 2039 fällt der Antrag auf Bestimmung einer Inventarfrist (§ 1994 Rn 5 mN)[20].

3. Ansprüche gegen einen Miterben. Auch Ansprüche gegen einen Miterben können nach § 2039 von anderen Miterben im eigenen Namen geltend gemacht werden[21]. Dem in Anspruch genommenen Miterben kann im Hinblick auf sein Auseinandersetzungsguthaben (§ 2042) ein **Leistungsverweigerungsrecht** nach § 273 zustehen, wenn die Einziehung der Schuld nach den Umständen des Einzelfalls den Grundsätzen einer ordnungsmäßigen Verwaltung des Nachlasses widerspricht, den Miterben unbillig beschweren und damit gegen Treu und Glauben (§ 242) verstoßen würde[22], etwa dann, wenn mit Sicherheit abzusehen ist, dass die Schuld durch die Auseinandersetzungsforderung gedeckt ist[23]. Ein Zurückbehaltungsrecht kommt dann nicht in Betracht, wenn die Einziehung der Forderung zur **ordnungsgemäßen Verwaltung des Nachlasses** erforderlich ist, wenn eine Teilung der Forderung nicht möglich ist oder wenn entgegenstehende Anordnungen des Erblassers vorliegen[24]. Einem Erben, der nicht selbst Schuldner ist, ist es grds nach Treu und Glauben verwehrt, eine gegen einen anderen Miterben gerichtete Forderung einzuziehen[25].

III. Durchsetzung des Anspruchs

1. Klage. § 2039 umfasst die außergerichtliche und die gerichtliche Geltendmachung des Anspruchs sowie dessen Durchsetzung im Wege der Zwangsvollstreckung[26]. Der Miterbe klagt in eigenem Namen auf Leistung an die Erbengemeinschaft. Neben Leistungsklagen kommen auch Klagen auf künftige Leistung, Feststellungs-[27] und Widerklagen in Betracht. Im Falle einer Feststellungsklage muss die Feststellung (oder negative Feststellung) eines mit der Erbengemeinschaft bestehenden Rechtsverhältnisses gerichtet sein[28]. Prozessuale Gestaltungsklagen wie die Vollstreckungsgegenklage nach § 767 ZPO oder die Nichtigkeitsklage nach 579 ZPO fallen ebenfalls unter § 2039, wenn mit ihnen ein zum Nachlass gehörender Anspruch durchgesetzt werden soll. Es handelt sich nicht um der gesamten Erbengemeinschaft vorbehaltene Gestaltungsrechte iS von § 2040, weil nur das richterliche Urteil Gestaltungswirkung hat[29]. Nach Unterbrechung eines Prozesses des Erblassers (§ 239 ZPO) kann jeder Miterbe die Aufnahme des Verfahrens erklären[30]. Jeder Miterbe kann allein Rechtsmittel einlegen, Wiedereinsetzung in den vorigen Stand beantragen, die Wiederaufnahme eines vom Erblasser geführten Prozesses verlangen[31] oder Nichtigkeitsklage erheben[32]. Gestaltungsklagen sind dann zulässig, wenn sie

---

[14] BGHZ 167, 150 = NJW 2006, 1969, 1970.
[15] RGZ 65, 5, 6; *Staudinger/Werner* Rn 17; RGRK/*Kregel* Rn 1; *Palandt/Edenhofer* Rn 4; vgl auch *Schmidt-Kessel* WM 1988, Beilage 8 S 1, 5 unter Hinweis auf BGH vom 28. 1. 1987, IVa ZR 191/85.
[16] BGHZ 14, 251, 254 f = NJW 1954, 1523; BGHZ 108, 21, 30 = NJW 1989, 2694; *Palandt/Edenhofer* Rn 4; *Erman/Schlüter* Rn 4; *Staudinger/Werner* Rn 14; *Soergel/Wolf* Rn 4; *Johannsen* WM 1970, 573, 578.
[17] BGH NJW 2000, 506, 507.
[18] BGHZ 108, 21, 30 f; *Soergel/Wolf* Rn 6.
[19] *Lange/Kuchinke* § 43 III 4 c; *Staudinger/Werner* Rn 17; *Soergel/Wolf* Rn 7; vgl auch *Johannsen* WM 1970, 573, 578 f.
[20] *Staudinger/Werner* Rn 11; RGRK/*Kregel* Rn 2; aA nur KG OLGRspr 35, 360 f.
[21] BGH WM 1975, 1179, 1181; RGZ 65, 5, 8; *Staudinger/Werner* Rn 20; *Erman/Schlüter* Rn 5; RGRK/*Kregel* Rn 15; *Soergel/Wolf* Rn 18; *Palandt/Edenhofer* Rn 13.
[22] RGZ 65, 5, 10; *Staudinger/Werner* Rn 20; *Lange/Kuchinke* § 43 III 4 e.
[23] BGH WM 1971, 653, 655; RGZ 65, 5, 11; RGRK/*Kregel* Rn 15; *Erman/Schlüter* Rn 5.
[24] *Dütz* NJW 1967, 1105, 1108 ff; *Palandt/Edenhofer* Rn 13; *Soergel/Wolf* Rn 18; vgl auch *Staudinger/Werner* Rn 20.
[25] BGH WM 1971, 653, 655.
[26] *Lange/Kuchinke* § 43 III 4 c.
[27] BGHZ 14, 251, 254 = NJW 1954, 1523; *Palandt/Edenhofer* Rn 6; *Staudinger/Werner* Rn 15; RGRK/*Kregel* Rn 2; MünchKommBGB/*Heldrich* Rn 22.
[28] RGRK/*Kregel* Rn 2; MünchKommBGB/*Heldrich* Rn 22.
[29] BGHZ 167, 150 = NJW 2006, 1969, 1970.
[30] BGHZ 14, 251 = NJW 1954, 1523; BGHZ 23, 207, 212 = NJW 1957, 906; BGH NJW 1964, 2301; *Schmidt-Kessel* WM 1988, Beilage 8 S 1, 6 unter Hinweis auf BGH Beschluss vom 25. 9. 1985, IVa ZR 41/84; *Lange/Kuchinke* § 43 III 4 c m Fn 156.
[31] BGHZ 14, 251, 254 = NJW 1954, 1523.
[32] BGHZ 14, 251, 254 f = NJW 1954, 1523.

der Durchsetzung eines Anspruchs der Erbengemeinschaft dienen[33] und für diese lediglich rechtlich vorteilhaft sind (etwa die Drittwiderspruchsklage nach § 771 ZPO)[34]. Der Widerspruch der anderen Miterben ist dann unbeachtlich. Die Klage jedes Miterben unterbricht die **Verjährung** des gesamten Anspruchs[35]. Die Verjährung eines Anspruchs der Miterbengemeinschaft aus unerlaubter Handlung beginnt erst mit der Kenntnis jedes einzelnen Miterben vom Schaden und von der Person des Schädigers[36].

7 **2. Leistung an alle Miterben.** Der Miterbe kann idR nur Leistung an alle Miterben verlangen. Das gilt auch für den Anspruch gegen den Miterben. Geht es um die Herausgabe von Nachlassgegenständen, ist die Klage auf Einräumung des Mitbesitzes der anderen Miterben zu richten[37]. Der Schuldner seinerseits kann sich nur durch Leistung an alle Miterben von seiner Schuld befreien[38]. Der Annahmeverzug auch nur eines Miterben schließt Verzug des Schuldners aus[39]. Mit Zustimmung der anderen Miterben kann der Miterbe auf **Leistung an sich selbst** klagen. Der BGH hat eine Klage auf Leistung an den klagenden Miterben allein auch dann für zulässig gehalten, wenn damit die Auseinandersetzung in zulässiger Weise vorweggenommen wird, etwa dann, wenn die Klage gegen den einzigen Miterben gerichtet ist, Nachlassverbindlichkeiten nicht bestehen und der Kläger nur den Anteil verlangt, der ihm bei der endgültigen Auseinandersetzung zufallen würde[40]. Ein Erbe, der nicht Hoferbe geworden ist, kann von diesem nur Zahlung einer Abfindung an die ungeteilte Erbengemeinschaft verlangen, nicht Zahlung an sich allein[41].

8 **3. Hinterlegung.** Jeder Miterbe kann verlangen, dass der Verpflichtete die zu leistende Sache hinterlegt. Das Hinterlegungsverlangen kann eine unzulässige Rechtsausübung darstellen, wenn – zum Beispiel beim Einziehen von Mietzinsforderungen – die Zahlung für eine ordnungsgemäße Verwaltung des Nachlasses erforderlich wäre[42]. Geht es um ein Grundstück oder eine andere Sache, die sich nicht zur Hinterlegung eignet, kann die Herausgabe an einen gerichtlich bestimmten Verwahrer (§ 165 FGG, vgl auch § 120 Nr 2 KostO) verlangt werden[43].

IV. Verfahren und Beweislast

9 **1. Prozessuale Fragen.** Klagen mehrere, aber nicht alle Miterben in eigenem Namen, besteht zwischen ihnen **keine notwendige Streitgenossenschaft;** denn jeder Miterbe könnte den Anspruch auch allein verfolgen[44]. Das gilt auch, wenn alle Miterben gemeinsam klagen[45]. Ob **Prozesskostenhilfe** zu gewähren ist, richtet sich nach den persönlichen und wirtschaftlichen Verhältnissen desjenigen Erben, der den Prozess führt[46]. Wird jedoch ein vermögensloser Erbe nur vorgeschoben, um Prozesskostenhilfe zu erlangen, kann das rechtsmissbräuchlich sein[47]. Der **Streitwert** der von einem Miterben erhobenen Klage entspricht regelmäßig dem vollen Wert der geltend gemachten Forderung[48]. Ist der Beklagte zugleich Miterbe, mindert sich der Wert um den Erbanteil des Beklagten[49].

10 **2. Gegenrechte.** Der Anspruchsgegner kann nur solche Gegenrechte geltend machen, die sich gegen die Miterbengemeinschaft richten, nicht jedoch Rechte, die ihm nur gegen einzelne Miterben – auch gegen denjenigen Miterben, der den Anspruch durchsetzt – zustehen[50]. Eine Ausnahme hat der BGH in dem Fall zugelassen, dass der klagende Miterbe sich arglistig gegenüber dem Anspruchsgegner verhalten hatte und die anderen Miterben, denen Arglist nicht vorgeworfen werden konnte, der

---

[33] Vgl BGHZ 14, 251, 255 = NJW 1954, 1523.
[34] *Habermeier* ZZP 105 (1992), 182.
[35] BGHZ 94, 117, 123 zu § 744 Abs 2; MünchKommBGB/*Heldrich* Rn 20; *Palandt/Edenhofer* Rn 6; *Erman/Schlüter* Rn 1; *Staudinger/Werner* Rn 26; ebenso *Soergel/Wolf* Rn 11 mit der Begr, die Klage stelle immer zugleich die Ausübung des Notverwaltungsrechtes gemäß § 2038 Abs 1 S 2 dar; aA RGRK/*Kregel* Rn 12; LG Wiesbaden WuM 1998, 18; offen gelassen von BGH NJOZ 2007, 742, 746.
[36] BGH NJOZ 2007, 742, 745 f; OLG Celle NJW 1964, 869; RGRK/*Kregel* Rn 12; *Staudinger/Werner* Rn 26.
[37] OLG Stuttgart Rpfleger 1999, 130; *Soergel/Wolf* Rn 18.
[38] OLG Koblenz NJW-RR 2005, 1678; *Staudinger/Werner* Rn 19; MünchKommBGB/*Heldrich* Rn 10.
[39] *Staudinger/Werner* Rn 19; MünchKommBGB/*Heldrich* Rn 12.
[40] BGH MDR 1963, 578; NJW-RR 2005, 887, 891; NJOZ 2007, 742, 744.
[41] BGH NJOZ 2007, 742, 744 f.
[42] RGRK/*Kregel* Rn 17.
[43] RGZ 105, 246, 250; RGRK/*Kregel* Rn 18; MünchKommBGB/*Heldrich* Rn 17.
[44] RGRK/*Kregel* Rn 9; *Staudinger/Werner* Rn 25; *Erman/Schlüter* Rn 2; aA *Lange/Kuchinke* § 43 III 4 d.
[45] BGHZ 23, 207, 212 f = NJW 1957, 906; BGHZ 92, 351, 354 = NJW 1985, 385 zu § 1011; BFH FamRZ 1989, 975, 977; OLG Brandenburg OLGR 1998, 421; OLG Jena AgrarR 1999, 196; RGRK/*Kregel* Rn 9; unter Hinweis auf § 2039 Abs 1 offen gelassen von BGH NJW 1989, 2133, 2134; aA *Staudinger/Werner* Rn 25; *Erman/Schlüter* Rn 2; *Lange/Kuchinke* § 43 III 4 d; *Jauernig/Stürner* Rn 3; *Baumbach/Lauterbach/Hartmann* § 62 ZPO Rn 10 „Erbrecht"; diff *Soergel/Wolf* Rn 15: eine notwendige Streitgenossenschaft liege nur im Falle einer Gesamthandsklage vor, dann also, wenn alle Miterben in ihrer gesamthänderischen Verbundenheit klagen, nicht jedoch dann, wenn alle Miterben je ihr Sonderrecht aus § 2039 geltend machten.
[46] BVerfG NJW-RR 1998, 1051; *Staudinger/Werner* Rn 29.
[47] OLG Köln MDR 1954, 174; OLG Koblenz MDR 1957, 45 (LS); *Staudinger/Werner* Rn 29; *Palandt/Edenhofer* Rn 8.
[48] BGH FamRZ 1956, 381; RGZ 149, 193; RGRK/*Kregel* Rn 16; *Staudinger/Werner* Rn 30; ausf *Schneider* Rpfleger 1982, 268.
[49] BGH MDR 1958, 676; NJW 1967, 443; RGZ 156, 263, 264; RGRK/*Kregel* Rn 16; *Schneider* Rpfleger 1982, 268, 270.
[50] BGHZ 44, 367, 370 f = NJW 1966, 773.

Erhebung der Klage widersprochen hatten; die Klage wurde als unzulässig abgewiesen[51]. **Gegenrechte der Erbengemeinschaft** gegenüber den Rechten des Anspruchsgegners, die im Wege der Replik eingewandt werden sollen, können wiederum nur von allen Erben gemeinsam ausgeübt werden[52]; doch kann sich ein Miterbe allein auf eine von allen Erben erklärte Aufrechnung berufen[53].

3. Rechtskraft. Die Rechtskraft des zwischen dem Miterben und dem Gegner ergangenen Urteils wirkt nur im Verhältnis der Prozessparteien, nicht jedoch für oder gegen die anderen Miterben[54]. Die Klage aller Miterben auf Feststellung, dass ein vom Erblasser eingegangenes Pachtverhältnis fortbesteht, ist hinsichtlich eines Miterben unzulässig, dem gegenüber das Gegenteil bereits rechtskräftig festgestellt ist[55]. 11

4. Zwangsvollstreckung. Jeder Miterbe kann die Zwangsvollstreckung gegen einen Nachlassschuldner betreiben[56] und dazu eine vollstreckbare Ausfertigung eines Urteils verlangen, das der Erblasser oder alle Erben gemeinsam erwirkt haben. Aus dem Urteil, das ein einzelner Miterbe erwirkt hat, kann nur dieser Miterbe die Zwangsvollstreckung betreiben[57]. 12

5. Beweislast. Der Miterbe muss seine Stellung als Miterbe darlegen und beweisen[58]. Im Übrigen gelten die allgemeinen Regeln. 13

§ 2040 Verfügung über Nachlassgegenstände, Aufrechnung

(1) Die Erben können über einen Nachlassgegenstand nur gemeinschaftlich verfügen.

(2) Gegen eine zum Nachlass gehörende Forderung kann der Schuldner nicht eine ihm gegen einen einzelnen Miterben zustehende Forderung aufrechnen.

Übersicht

	Rn		Rn
I. Bedeutung der Norm	1	2. Verfügungserklärung	6
1. Normzweck	1	3. Klage	7
2. Regelungsbereich	2	4. Verfügungen gegenüber der Erbengemeinschaft	8
II. Verfügung über einen Nachlassgegenstand	3	**IV. Aufrechnung und andere Einwendungen**	9
1. Begriffe und Beispiele	3	1. Aufrechnung	9
2. Keine Verfügungen	4	2. Andere Gegenrechte	10
III. Gemeinschaftliche Verfügung	5	3. Leistungsverweigerungsrecht des Miterben	11
1. Gemeinschaftliches Handeln	5		

I. Bedeutung der Norm

1. Normzweck. Miterben können nur gemeinsam über einen Nachlassgegenstand verfügen (Abs 1). Diese Vorschrift ergänzt § 2033 Abs 2, wonach ein Miterbe über seinen Anteil an den einzelnen Nachlassgegenständen nicht verfügen kann. Die in beiden Vorschriften liegende **Erschwerung der Verfügungen über Nachlassgegenstände** dient einerseits dem Interesse der Miterben, die davor geschützt werden sollen, sich hinsichtlich einzelner Gegenstände mit Fremden auseinandersetzen zu müssen[1], andererseits auch dem gemeinsamen Interesse der Nachlassgläubiger und der Miterben an der Erhaltung des Nachlasses[2]. „Erben" iS von § 2040 sind die Mitglieder der Erbengemeinschaft, also auch die Nacherben nach Eintritt des Nacherbfalles[3] und der Erwerber eines Anteils (§ 2033 Abs 2)[4], nicht jedoch solche Erben, die ihren Anteil veräußert haben. § 2040 gilt nur für einzelne Nachlassgegenstände, nicht für den Nachlass insgesamt oder für Anteile am Nachlass[5]. 1

2. Regelungsbereich. Das Gesetz unterscheidet zwischen der **Verwaltung** des Nachlasses (§ 2038), der **Durchsetzung von Ansprüchen** (§ 2039) und **Verfügungen** (§ 2040). Für die Verwaltung gilt 2

---

[51] BGHZ 44, 367 = NJW 1966, 773.
[52] *Soergel/Wolf* Rn 7.
[53] MünchKommBGB/*Heldrich* Rn 18.
[54] BGHZ 167, 150 = NJW 2006, 1969, 1970; RGZ 44, 185; 93, 127, 129; 149, 193, 194; RGRK/*Kregel* Rn 12; *Lange/Kuchinke* § 43 III 4 d; *Erman/Schlüter* Rn 2; *Soergel/Wolf* Rn 10; *Staudinger/Werner* Rn 25; *Palandt/Edenhofer* Rn 7.
[55] BGH NJW 1989, 2133 m krit Anm *Schilken* NJW 1991, 281; krit auch *Jauernig/Stürner* Rn 7.
[56] KG NJW 1957, 1154; MünchKommBGB/*Heldrich* Rn 28; *Staudinger/Werner* Rn 28; *Lange/Kuchinke* § 43 III 4 c; *Palandt/Edenhofer* Rn 6; RGRK/*Kregel* Rn 12.
[57] RGRK/*Kregel* Rn 12; *Staudinger/Werner* Rn 28.
[58] OLG Colmar OLGRspr 30, 185; *Baumgärtel/Schmitz* Rn 1.
[1] BGHZ 56, 115, 121 = NJW 1971, 1264.
[2] BGH NJW 2007, 150, 151; *Lange/Kuchinke* § 43 IV 1 a; MünchKommBGB/*Heldrich* Rn 1.
[3] RGZ 93, 292, 296; MünchKommBGB/*Heldrich* Rn 2.
[4] RGZ 112, 129, 132; *Staudinger/Werner* Rn 2; MünchKommBGB/*Heldrich* Rn 2; *Erman/Schlüter* Rn 2.
[5] MünchKommBGB/*Heldrich* Rn 2.

gemäß §§ 2038 Abs 2, 745 das Mehrheitsprinzip. Forderungen kann jeder Miterbe allein einziehen. Verfügungen können nur von allen Miterben gemeinsam vorgenommen werden. Die Anwendungsbereiche von § 2039 und § 2040 überschneiden sich nicht. Es ist lediglich zu prüfen, ob im Einzelfall eine Verfügung getroffen oder nur eine bereits bestehende Forderung eingezogen wird. Unklar ist demgegenüber das Verhältnis von § 2038 und § 2040. Grds kommt § 2040 der Vorrang zu. Auch für Verfügungen, die zugleich **Maßnahmen der Verwaltung** darstellen (§ 2038 Rn 4 ff), gilt § 2040[6]. Eine Ausnahme stellen nach hM lediglich **Notgeschäftsführungsmaßnahmen** iS von § 2038 Abs 1 S 2 HS 2 dar, die ein Miterbe auch dann allein vornehmen kann, wenn es sich um Verfügungen handelt (§ 2038 Rn 11)[7].

II. Verfügung über einen Nachlassgegenstand

3   1. **Begriffe und Beispiele.** „Nachlassgegenstände" sind alle Sachen (§ 90) und Rechte, die zum Nachlass gehören, nicht jedoch der Nachlass selbst. „**Verfügungen**" sind Rechtsgeschäfte, durch die bestehende Rechte mit unmittelbarer Wirkung übertragen, belastet, inhaltlich verändert oder aufgehoben werden[8], so zum **Beispiel** die Übereignung einer Sache, die Abtretung einer Forderung[9], der Erlass einer Forderung, der Verzicht auf ein sonstiges Recht[10], die Entgegennahme einer Leistung als Erfüllung[11], die Aufrechnung mit einer zum Nachlass gehörenden Forderung[12], die Zustimmung der Erbengemeinschaft als Grundstückseigentümerin zur Veräußerung eines Erbbaurechts[13], die Löschungsbewilligung für eine Reallast[14]. Verfügungen sind aber auch Erklärungen, die ein Schuldverhältnis umgestalten[15], zum Beispiel die Kündigung einer Forderung[16] oder eines Schuldverhältnisses[17], die Fristsetzung mit Ablehnungsandrohung gemäß § 326 Abs 1 S 1 aF[18], der Rücktritt[19], die Anfechtung nach §§ 119 ff[20] (nicht: die Anfechtung nach dem Anfechtungsgesetz, die nur einen unter § 2039 fallenden Anspruch darstellt), der Abschluss eines Vergleichs über eine zum Nachlass gehörende Forderung oder die Anfechtung eines unbedingt geschlossenen Vergleichs[21], die Anfechtung eines Gesellschafterbeschlusses[22].

4   2. **Keine Verfügungen.** Keine Verfügungen sind die Begründung eines Schuldverhältnisses (die sich allein nach § 2038 richtet)[23], der Widerruf einer abstrakten Vollmacht (die aus Einzelvollmachten der einzelnen Miterben besteht; anders: die Kündigung des zugrunde liegenden Auftragsverhältnisses)[24], der Widerruf eines unter Widerrufsvorbehalt geschlossenen gerichtlichen Vergleichs[25], die Ausschlagung einer zum Nachlass gehörigen Erbschaft[26], der Antrag auf Bestimmung einer Inventarfrist (§ 2039 Rn 4; § 1994 Rn 5), die Einleitung eines Aufgebotsverfahrens[27]; der Widerspruch gegen die Verlängerung eines Mietverhältnisses[28]. Beim **Anerkenntnis** ist zu unterscheiden: Wird ein Miterbe nach § 2058 in Anspruch genommen, kann er den an ihn gerichteten Anspruch mit Wirkung nur gegen sich (§ 425 Abs 1) anerkennen[29]. Ein Anerkenntnis mit Wirkung für die Gesamthand fällt hingegen unter § 2040, verlangt also die Zustimmung aller Miterben[30].

---

[6] *Erman/Schlüter* Rn 3; *Staudinger/Werner* Rn 1; *Palandt/Edenhofer* Rn 1; *MünchKommBGB/Heldrich* Rn 3; aA *Soergel/Wolf* Rn 1; zweifelnd BGH (Landwirtschaftssenat) NJW 2007, 150, 151 m insoweit krit Anm *Schütte*: Verfügungen, die nicht zu einer Nachlassentwertung führen, sollen mehrheitlich vorgenommen werden können.
[7] BGHZ 108, 21, 30 f = NJW 1989, 2694; *Palandt/Edenhofer* Rn 1; *MünchKommBGB/Heldrich* Rn 3; *Erman/Schlüter* Rn 6; *Lange/Kuchinke* § 43 IV 3; weitergehend *Soergel/Wolf* § 2038 Rn 5: Für alle Verfügungen, die zugleich Verwaltungsmaßnahmen darstellen, gelte das Mehrheitsprinzip des § 2038; aA *Staudinger/Werner* Rn 1: Verfügungen seien ausnahmslos nur durch alle Gesamthänder gemeinsam möglich.
[8] Vgl BGHZ 1, 294, 304 = NJW 1951, 645; BGH NJW 2006, 1969, 1970; NJW 2007, 150, 151; *Lange/Kuchinke* § 43 IV 1 a; *MünchKommBGB/Heldrich* Rn 4; *Staudinger/Werner* Rn 5; *Soergel/Wolf* Rn 2.
[9] RGZ 146, 314, 315.
[10] OLG Frankfurt OLGR 1999, 226, 227.
[11] *Staudinger/Werner* Rn 9; *RGRK/Kregel* Rn 2; *Erman/Schlüter* Rn 2; aA *Soergel/Wolf* Rn 16: die geschuldete Leistung dürfe jeder Miterbe allein entgegennehmen; unter § 2040 falle nur die Annahme der Leistung an Erfüllungs statt.
[12] BGHZ 38, 122, 124 = NJW 1963, 244.
[13] OLG Hamm OLGZ 1966, 574 = Rpfleger 1967, 415.
[14] BayObLGZ 1988, 230.
[15] *Staudinger/Werner* Rn 7; *Soergel/Wolf* Rn 3; *MünchKommBGB/Heldrich* Rn 11; vgl auch BGH ZEV 2000, 63, 64.
[16] RGZ 65, 5, 6; 146, 314, 316.
[17] BGH NJW 2006, 1969, 1970; NJW 2007, 150 f.
[18] BGH ZEV 2000, 63 f.
[19] RGZ 151, 304, 312 f.
[20] BGH NJW 1951, 308 (LS); RGZ 107, 238, 239; OLG Düsseldorf NJW 1954, 1041.
[21] *RGRK/Kregel* Rn 2; *MünchKommBGB/Heldrich* Rn 11.
[22] BGHZ 108, 21, 30 = NJW 1989, 2694.
[23] *MünchKommBGB/Heldrich* Rn 12.
[24] BGHZ 30, 391, 397 f = NJW 1959, 2114; *Soergel/Wolf* Rn 4; *Palandt/Edenhofer* Rn 3; *RGRK/Kregel* Rn 2; *Johannsen* WM 1970, 573, 576; *MünchKommBGB/Heldrich* Rn 12.
[25] BGHZ 46, 277 = NJW 1967, 440 m Anm *Johannsen* LM § 2038 Nr 8 und Anm *Bökelmann* JR 1967, 341; *Johannsen* WM 1970, 573, 577.
[26] *Soergel/Wolf* Rn 4.
[27] OLG Bamberg NJW 1966, 1413.
[28] KG KGR 2002, 102.
[29] *Staudinger/Werner* Rn 9; *RGRK/Kregel* Rn 2.
[30] *Staudinger/Werner* Rn 9; *RGRK/Kregel* Rn 2; *Soergel/Wolf* Rn 3; aA für ein konstitutives – nicht für ein deklaratorisches – Anerkenntnis *MünchKommBGB/Heldrich* Rn 12.

III. Gemeinschaftliche Verfügung

1. Gemeinschaftliches Handeln. Die Erben können nur gemeinschaftlich über Nachlassgegenstände 5 verfügen. „Gemeinschaftlich" bedeutet nicht, dass alle Erben gleichzeitig und in gleicher Weise handeln müssten. Ein Miterbe kann namens und in Vollmacht der anderen tätig werden (§ 164 Abs 1). Handelt ein Miterbe als Vertreter ohne Vertretungsmacht, können die anderen Miterben sein Handeln genehmigen (§§ 177 Abs 1, 184 Abs 1). Handelt der Miterbe in eigenem Namen, ist die Verfügung wirksam, wenn die anderen Miterben vorher eingewilligt hatten (§ 185 Abs 1) oder die Verfügung nachträglich genehmigen (§ 185 Abs 2)[31]. Hat eine Erbin in der irrtümlichen Annahme, Alleinerbin ihres verstorbenen Ehemannes zu sein, ihren Kindern ein Nachlassgrundstück übereignet und wird sie dann von ihren Kindern beerbt, kann die Übereignung nach § 185 Abs 2 S 1 3. Fall wirksam werden[32]. Die Zustimmung bedarf nicht der für das Rechtsgeschäft bestimmten Form (§§ 167 Abs 2, 182 Abs 2). Sie kann gegenüber dem handelnden Miterben oder gegenüber dem anderen Teil erklärt werden (§§ 167 Abs 1, 182 Abs 1). Ein einseitiges Rechtsgeschäft ist idR nicht genehmigungsfähig (vgl § 180 und die Ausnahmen in § 180 S 2 und 3)[33].

2. Verfügungserklärung. Auch im Falle einer einheitlichen Verfügung sind die Erklärungen der 6 einzelnen Miterben gesondert auf ihre **Wirksamkeit** zu prüfen[34]. Bei minderjährigen Erben oder Erben, die unter Vormundschaft stehen, sind die Genehmigungserfordernisse der §§ 1643, 1821 f zu beachten. Widerruft ein Miterbe zulässigerweise seine Erklärung oder die Erklärung des Erblassers, ist die Verfügung unwirksam[35].

3. Klage. Eine Klage auf Vornahme einer Verfügung über einen Nachlassgegenstand muss grds 7 gegen alle Miterben gerichtet werden[36]. Eine Ausnahme gilt dann, wenn einzelne Miterben die Verfügung bereits vorgenommen haben, zur Vornahme der Verfügung verurteilt worden sind oder jedenfalls dazu bereit sind, die Verfügung vorzunehmen. In diesem Fall muss die Klage auf Mitwirkung bei der vorzunehmenden oder auf Genehmigung der bereits vorgenommenen Verfügung gerichtet sein[37]. Jeder einzelne Miterbe kann im Wege der Gesamtschuldklage auf Herbeiführung der Verfügung in Anspruch genommen werden[38]. Für die Zwangsvollstreckung in einen Nachlass ist gemäß § 747 ZPO bis zur Teilung ein gegen alle Erben ergangenes Urteil erforderlich. Geht es nur um die Abgabe einer Willenserklärung, gilt § 894 ZPO[39].

4. Verfügungen gegenüber der Erbengemeinschaft. Verfügungen eines Dritten gegenüber der 8 Erbengemeinschaft müssen grds gegenüber sämtlichen Miterben erfolgen. Die Kündigung eines Mietverhältnisses muss gegenüber allen Miterben erklärt werden. Wird ein einzelner Erbe gemäß § 2058 als Gesamtschuldner in Anspruch genommen wird, reicht gemäß § 425 Abs 2 die Kündigung der Forderung ihm gegenüber aus[40], soweit sich nicht aus dem Schuldverhältnis etwas anderes ergibt. Eine Nachlassforderung kann nur durch Leistung an alle Miterben erfüllt werden.

IV. Aufrechnung und andere Einwendungen

1. Aufrechnung. Der Schuldner einer zum Nachlass gehörenden Forderung kann gegenüber dieser 9 Forderung nicht mit einer Forderung aufrechnen, die ihm nur gegen einen der Miterben zusteht (Abs 2). Es fehlt am Erfordernis der Gegenseitigkeit (§ 387 Abs 1). Die Aufrechnung bleibt auch bei Zustimmung des betroffenen Miterben unzulässig[41]; denn in dem Abschluss eines entsprechenden Aufrechnungsvertrages[42] liegt erneut eine Verfügung über ein Nachlassgegenstand, die der Zustimmung aller Miterben bedarf. Hat der Schuldner dagegen eine Forderung, für die sämtliche Miterben als Gesamtschuldner haften, ist die Aufrechnung – trotz an sich ebenfalls fehlender Gegenseitigkeit – als zulässig anzusehen[43]. Ist der Schuldner zugleich **Miterbe** und steht ihm eine Gegenforderung gegen die Erbengemeinschaft zu, kann er die Aufrechnung nicht einseitig erklären, weil er damit zugleich über einen Nachlassgegenstand – die Forderung der Erbengemeinschaft – verfügen würde[44].

---

[31] BGHZ 19, 138 = NJW 1956, 178; BGH WM 1964, 629, 630; RGZ 152, 380, 382 ff; RGRK/*Kregel* Rn 5; *Erman/Schlüter* Rn 2; *Palandt/Edenhofer* Rn 4; *Staudinger/Werner* Rn 14; aA früher RGZ 93, 292; offen gelassen von RGZ 146, 314, 316.
[32] BGH WM 1964, 629.
[33] RGZ 146, 314, 316.
[34] MünchKommBGB/*Heldrich* Rn 16.
[35] OLG Düsseldorf NJW 1956, 876 zur Rücknahme eines Eintragungsantrags; *Staudinger/Werner* Rn 14; *Palandt/Edenhofer* Rn 4.
[36] BGH NJW 1963, 1611; NJW 1995, 58, 60; NJW 1998, 682; RGZ 93, 292, 294 f; OLG Naumburg NJW-RR 1998, 308, 309; *Staudinger/Werner* Rn 21; *Erman/Schlüter* Rn 4; *Palandt/Edenhofer* Rn 5; *Soergel/Wolf* Rn 11.
[37] RGZ 93, 292, 295; 111, 338, 339 f; 112, 129, 132; OLG Hamm OLGZ 1966, 574, 576 = Rpfleger 1967, 415 m Anm *Haegele*; *Staudinger/Werner* Rn 21; MünchKommBGB/*Heldrich* Rn 18.
[38] BGH NJW 1963, 1611, 1612 = JZ 1964, 722 m Anm *Bötticher*; NJW 1998, 682; MünchKommBGB/*Heldrich* § 2059 Rn 2; weitergehend *Staudinger/Marotzke* § 2058 Rn 29: der Gläubiger könne nicht nur auf „Herbeiführung" der Verfügung, sondern unmittelbar auf „Verschaffung" des Rechts klagen.
[39] *Soergel/Wolf* Rn 11.
[40] RGZ 71, 366, 369; OLG Rostock OLGR 30, 188; *Soergel/Wolf* Rn 14; MünchKommBGB/*Heldrich* Rn 17; *Staudinger/Werner* Rn 24.
[41] MünchKommBGB/*Heldrich* Rn 21; *Staudinger/Werner* Rn 27; *Soergel/Wolf* Rn 15.
[42] Vgl BGHZ 94, 132, 135 = NJW 1985, 2409; RGZ 72, 377, 378.
[43] MünchKommBGB/*Heldrich* Rn 21; *Erman/Schlüter* Rn 5; *Staudinger/Werner* Rn 29.
[44] *Erman/Schlüter* Rn 5; *Scheyhing* JZ 1963, 477, 478.

2. Andere Gegenrechte. Andere Gegenrechte – etwa Zurückbehaltungsrechte – kann der Schuldner ebenfalls nur dann geltend machen, wenn sie sich gegen alle Miterben richten[45]. Gegenüber einem Herausgabeanspruch kann er nicht ein Besitzrecht einwenden, das ihm nur einem Miterben gegenüber zusteht[46].

3. Leistungsverweigerungsrecht des Miterben. Ein als Gesamtschuldner (§ 2058) in Anspruch genommener Miterbe kann die Befriedigung des Gläubigers verweigern, solange und soweit sich der Gläubiger durch **Aufrechnung** gegen eine fällige Forderung der Erbengemeinschaft befriedigen kann[47]. Macht er von diesem Zurückbehaltungsrecht Gebrauch, ist die Klage als unbegründet abzuweisen[48].

§ 2041 Unmittelbare Ersetzung

¹Was auf Grund eines zum Nachlass gehörenden Rechts oder als Ersatz für die Zerstörung, Beschädigung oder Entziehung eines Nachlassgegenstands oder durch ein Rechtsgeschäft erworben wird, das sich auf den Nachlass bezieht, gehört zum Nachlass. ²Auf eine durch ein solches Rechtsgeschäft erworbene Forderung findet die Vorschrift des § 2019 Abs. 2 Anwendung.

Schrifttum: *Gross*, Zur Anwendung des § 166 Abs. 2 BGB im Rahmen des § 2041 Satz 1 BGB, MDR 1965, 443; *Krug*, Die dingliche Surrogation bei der Miterbengemeinschaft, ZEV 1999, 381; *Wieser*, Ersatzleistungen an Miterben bei Sachschäden, FS Lange, 1970, S 325; *M. Wolf*, Prinzip und Anwendungsbereich der dinglichen Surrogation, JuS 1975, 643, 710; 1976, 32, 105.

I. Bedeutung der Norm

§ 2041 ordnet für die Erbengemeinschaft das **Ersetzungs- oder Surrogationsprinzip** an. Vermögensgegenstände aus bestimmten Vorgängen und Rechtsgeschäften, die sich auf den Nachlass beziehen, werden kraft Gesetzes mit dinglicher Wirkung dem Nachlass zugewiesen. Jeder Umsatz einzelner Bestandteile des Vermögens und der darin liegende Abfluss realer Werte wird durch die rechtliche Neuzuordnung derjenigen Ersatzgegenstände zum Nachlassvermögen ausgeglichen, in die die abgeflossenen Werte eingegangen sind. Dadurch soll der Wert des Nachlasses unabhängig von dessen konkreter Zusammensetzung erhalten bleiben[1]. Die dingliche Surrogation dient so dem Schutz der Miterben und der Nachlassgläubiger[2]. Gleichzeitig ermöglicht § 2041 der Erbengemeinschaft im Rahmen ihrer Zweckbestimmung – der Erhaltung des Sondervermögens – die Teilnahme am allgemeinen Rechtsverkehr, insbes die Fortführung eines Handelsgeschäftes. Die Erbengemeinschaft kann nicht rechtsgeschäftlich begründet und nach ihrer Auseinandersetzung nicht rechtsgeschäftlich wieder hergestellt werden. Ein Erwerb zum Nachlass ist daher nur im Wege der dinglichen Surrogation möglich[3]. § 2041 setzt ein Sondervermögen voraus, gilt also grds nur für die **Erbengemeinschaft.** Im Falle eines **Alleinerben** wird § 2041 analog angewandt, wenn Testamentsvollstreckung angeordnet und so ein Sondervermögen gebildet worden ist[4]. Weitere Vorschriften über die dingliche Surrogation enthalten § 2019 für den Erbschaftsbesitzer, § 2111 für den Vorerben und § 2374 für den Erbschaftsverkäufer sowie außerhalb des Erbrechts §§ 718 Abs 2, 1370, 1418 Abs 2 Nr 3, 1473 und 1638 Abs 2.

II. Voraussetzungen des Surrogationserwerbs

1. Rechts- und Ersatzsurrogation. Zum Nachlass gehört dasjenige, was auf Grund eines zum Nachlass gehörenden Rechts erworben wird **(Rechtssurrogation)**. Darunter fallen zum Beispiel der Erlös aus der Einziehung einer Nachlassforderung, der auf ein zum Nachlass gehörendes Pfandrecht oder Grundpfandrecht entfallende Verwertungserlös[5] und die Eigentümergrundschuld, die nach Ablösung einer auf einem Nachlassgrundstück lastenden Hypothek entsteht[6]. Zum Nachlass gehört außer-

---

[45] BGHZ 44, 367, 370 = NJW 1966, 773; RGZ 132, 81, 84; *Palandt/Edenhofer* Rn 6; *Staudinger/Werner* Rn 27; RGRK/*Kregel* Rn 8; vgl auch § 2039 Rn 10.
[46] OLG München MDR 1957, 103; *Erman/Schlüter* Rn 5; RGRK/*Kregel* Rn 8; *Palandt/Edenhofer* Rn 5; *Staudinger/Werner* Rn 27.
[47] BGHZ 38, 122 = NJW 1963, 244 m Anm *Mattern* LM § 2058 Nr 3 = JZ 1963, 475 m Anm *Scheyhing*; RGRK/*Kregel* Rn 8.
[48] BGHZ 38, 122 = NJW 1963, 244.
[1] BGHZ 109, 214, 217 = NJW 1990, 514; BGH ZEV 2000, 62, 63; *Lange/Kuchinke* § 41 I 1 und 2; *Krug* ZEV 1999, 381.
[2] BGHZ 109, 214, 217 = NJW 1990, 514; OLG Hamm OLGZ 1975, 164, 166; MünchKommBGB/*Heldrich* Rn 1, 24; *Staudinger/Werner* Rn 1; *Soergel/Wolf* Rn 1.
[3] OLG Köln OLGZ 1965, 117, 118; OLG Hamm OLGZ 1975, 164, 166; *Soergel/Wolf* Rn 1.
[4] RGZ 138, 182, 183 f; OLG Hamburg MDR 1982, 849, 850; BayObLG Rpfleger 1992, 62, 63; RGRK/*Kregel* Rn 8; *Staudinger/Werner* Rn 12; *Soergel/Wolf* Rn 2; anders *Lange/Kuchinke* § 41 VI 3: im Falle der Testamentsvollstreckung sollten §§ 2019, 2111 analog angewandt werden.
[5] *Staudinger/Werner* Rn 3; *Soergel/Wolf* Rn 4.
[6] *Staudinger/Werner* Rn 3; *Soergel/Wolf* Rn 4; aA MünchKommBGB/*Heldrich* Rn 8: die Eigentümergrundschuld falle auf Grund von § 1163 Abs 1 S 2 in den Nachlass; ebenfalls aA *Lange/Kuchinke* § 41 II 2 b Fn 18: der Erwerb eines Grundpfandrechtes bei Zurückzahlung des Rechts oder der Forderung gehöre zur Rechtsgeschäftssurrogation.

dem alles, was ein Ersatzpflichtiger als Ersatz für die Zerstörung, Beschädigung oder Entziehung eines Nachlassgegenstandes geleistet hat (**Ersatzsurrogation**). Der Ersatzanspruch selbst wird ebenfalls von der Ersatzsurrogation erfasst[7], etwa der Anspruch auf Schadensersatz wegen Nicht- oder Schlechterfüllung einer zum Nachlass gehörenden Kaufpreisforderung[8]. In den Nachlass fallen auch Ersatzleistungen, die eine Sachversicherung erbringt[9], Ausgleichsleistungen nach dem Lastenausgleichsgesetz[10] sowie Ansprüche nach dem Vermögensgesetz[11].

2. Beziehungssurrogation. Zum Nachlass gehört schließlich, was durch ein Rechtsgeschäft erworben wird, das sich auf den Nachlass bezieht (Beziehungssurrogation). Wie die Beziehung des Rechtsgeschäftes zum Nachlass beschaffen sein muss, ist wegen des von § 2019 und § 2111 – den Vorschriften, die den Surrogationserwerb bei Verfügungen des Erbschaftsbesitzers und des Nacherben anordnet – verschiedenen Wortlauts des § 2041 streitig. In §§ 2019, 2111 wird nicht die „Beziehung zum Nachlass" vorausgesetzt, sondern der Erwerb „mit Mitteln der Erbschaft" (Mittelsurrogation); fraglich ist daher, ob eine nur objektive Beziehung zum Nachlass (Erwerb mit Mitteln der Erbschaft) im Rahmen des § 2041 notwendig ist oder ob eine subjektive Komponente (Wille des Miterben, für den Nachlass zu handeln) ausreicht oder wenigstens hinzutreten muss[12]. Der Surrogationserwerb tritt jedenfalls ein, wenn sich das Rechtsgeschäft sowohl objektiv als auch nach dem Willen der Handelnden auf den Nachlass bezieht[13]. Eine rein objektive Beziehung reicht im Falle des **Erwerbs mit Mitteln der Erbschaft** aus[14]. Ein Rechtsgeschäft, das objektiv eine Maßnahme der Verwaltung eines Nachlasses darstellt (Beispiel: Verpachtung eines zum Nachlass gehörenden Gewerbebetriebes), bezieht sich auch dann auf den Nachlass, wenn ein Miterbe es im eigenen Namen und in der Absicht abschließt, den Pachtzins für sich einzuziehen[15]. Ansprüche daraus stehen kraft Gesetzes der Erbengemeinschaft zu. Bei einem Erwerb mit **nachlassfremden Mitteln** muss objektiv ein innerer Zusammenhang zwischen Nachlass und Erwerb bestehen. Die Miterben müssen zusätzlich in der Absicht gehandelt haben, für den Nachlass erwerben zu wollen[16], wobei dieser Wille auch gegenüber dem Dritten nicht zum Ausdruck gekommen zu sein muss (vgl S 2 iVm § 2019 Abs 2)[17]. Die reine Absicht, für die Erbengemeinschaft handeln zu wollen, genügt nicht, weil die Erbengemeinschaft nur im Rahmen ihrer Zweckbestimmung am Rechtsverkehr teilnehmen, nicht jedoch den Nachlass beliebig erweitern kann[18].

3. Einzelfälle. Beim Verkauf eines Nachlassgrundstücks steht der Kaufpreisanspruch auf Grund dinglicher Surrogation der Erbengemeinschaft zu[19]. Bringt ein Vorerbe Nachlassgegenstände als seine Einlage in eine Kommanditgesellschaft ein und wird er Kommanditist, dann gehört seine Rechtsstellung als Kommanditist als Surrogat zum Nachlass[20]. Gleiches gilt, wenn der Testamentsvollstrecker mit Mitteln des Nachlasses einen Kommanditanteil erwirbt[21] oder wenn die Erbengemeinschaft, die einen Geschäftsanteil an einer GmbH geerbt hat, im Wege der Kapitalerhöhung weitere Geschäftsanteile hinzuerwirbt[22]. Eine objektive Beziehung zum Nachlass besteht etwa dann, wenn zum Nachlass eine ideelle Grundstückshälfte gehört und die Erbengemeinschaft die andere Grundstückshälfte erwirbt[23], oder dann, wenn ein Grundstück im Zwangsversteigerungsverfahren ersteigert wird, um eine zum Nachlass gehörende Hypothek zu erhalten[24].

---

[7] RGZ 138, 132, 135; BGH NJW 1987, 316; MünchKommBGB/*Heldrich* Rn 9; *Staudinger/Werner* Rn 4; *Soergel/Wolf* Rn 5.
[8] BGH NJW 1987, 316.
[9] MünchKommBGB/*Heldrich* Rn 9.
[10] BArbG 44, 336 = NJW 1966, 592; BGH MDR 1972, 851; RGRK/*Kregel* Rn 5; MünchKommBGB/*Heldrich* Rn 10; *Soergel/Wolf* Rn 5; aA BVerwGE 24, 87, 89; 27, 86; *Palandt/Edenhofer* Rn 1; *Staudinger/Werner* Rn 4.
[11] BGHZ 123, 76, 79 f = NJW 1993, 2176; einschränkend *Wasmuth* DNotZ 1992, 3, 16 f: nur dann, wenn diese Ansprüche bereits dem Erblasser zugestanden hatten; ebenso *Rauscher* JR 1994, 485, 487; *Krug* ZEV 1999, 381; *Palandt/Edenhofer* Rn 1.
[12] Vgl BGH NJW 1968, 1824; Überblick über den Streitstand bei MünchKommBGB/*Heldrich* Rn 13 ff und *Soergel/Wolf* Rn 7 ff.
[13] BGH NJW 1987, 316; ZEV 2000, 62; OLG Köln OLGZ 1965, 117, 119 f; OLG Hamm OLGZ 1975, 164, 166; OLG Düsseldorf OLGR 1998, 121, 122; *Staudinger/Werner* Rn 6.
[14] BGH NJW 1968, 1824; OLG München NJW 1956, 1880; MünchKommBGB/*Heldrich* Rn 20 ff; *Staudinger/Werner* Rn 6; *Soergel/Wolf* Rn 8; RGRK/*Kregel* Rn 3; *Palandt/Edenhofer* Rn 2; *Erman/Schlüter* Rn 2; aA KG NJW 1938, 2199, 2200; *Lange/Kuchinke* § 41 IV.
[15] BGH NJW 1968, 1824; OLG Köln Rpfleger 1987, 409; *Krug* ZEV 1999, 381.
[16] OLG München NJW 1956, 1880; OLG Frankfurt Rpfleger 1989, 53, 60; OLG Düsseldorf OLGR 1998, 121, 122 f; *Palandt/Edenhofer* Rn 2; *Soergel/Wolf* Rn 11; wohl auch RGRK/*Kregel* Rn 2; aA MünchKommBGB/*Heldrich* Rn 25 ff: Eine Surrogation trete nur dann und erst dann ein, wenn die Erbengemeinschaft dem Handelnden seine Aufwendungen erstattet habe.
[17] *Soergel/Wolf* Rn 11.
[18] KG JW 1937, 2199, 2200; OLG Köln OLGZ 1965, 117, 120; *Staudinger/Werner* Rn 6; *Soergel/Wolf* Rn 11.
[19] BGH NJW 2000, 506, 507; OLG Jena NJW 1995, 3126, 3127; OLG Düsseldorf OLGR 1998, 121, 122; OLG München OLGR 1999, 140, 141; OLG Frankfurt OLGR 1999, 226, 227.
[20] BGHZ 109, 214 = NJW 1990, 514.
[21] OLG Hamburg MDR 1982, 849, 850.
[22] OLG Hamm OLGZ 1975, 164, 165 f.
[23] KG JW 1937, 2199, 2200.
[24] RGZ 117, 257, 263 f; *Staudinger/Werner* Rn 7.

§ 2042

III. Rechtsfolgen des Surrogationserwerbs

5   Der Ersatzgegenstand gehört **kraft Gesetzes** zum Nachlass. Ein Durchgangserwerb des handelnden Miterben findet nicht statt[25]. Der handelnde Miterbe ist auch nicht als Vertreter der Erbengemeinschaft anzusehen. Der Wille des Miterben, für den Nachlass handeln zu wollen, braucht (von der bei Rn 3 erörterten Ausnahme abgesehen) nicht vorhanden und nicht erkennbar zu sein[26]. Nur bei einem Erwerb vom Nichtberechtigten kommt eine analoge Anwendung von § 166 Abs 2 in Betracht[27]. Die Verweisung in § 2041 dient dem Schutz des **gutgläubigen Vertragspartners** des Miterben oder des Testamentsvollstreckers. Im Falle der Beziehungssurrogation hat der Schuldner die Zugehörigkeit der Forderung zum Nachlass erst dann gegen sich gelten zu lassen, wenn er davon Kenntnis erlangt. Die Vorschriften der §§ 406 bis 408 finden entsprechende Anwendung (§§ 2041 S 2, 2019 Abs 2).

§ 2042 Auseinandersetzung

(1) Jeder Miterbe kann jederzeit die Auseinandersetzung verlangen, soweit sich nicht aus den §§ 2043 bis 2045 ein anderes ergibt.

(2) Die Vorschriften des § 749 Abs. 2, 3 und der §§ 750 bis 758 finden Anwendung.

Schrifttum: *Grunewald*, Die Vertretung mehrerer Miterben durch einen Rechtsanwalt bzw. eine Sozietät, ZEV 2006, 386; *Johannsen*, Die Rechtsprechung des Bundesgerichtshofs auf dem Gebiete des Erbrechts – 6. Teil: Die Erbengemeinschaft (1. Abschnitt), WM 1970, 573; *ders*, Die Rechtsprechung des Bundesgerichtshofs auf dem Gebiete des Erbrechts – 6. Teil: Die Erbengemeinschaft (2. Abschnitt), WM 1970, 738; *Krenz*, Die Auseinandersetzung der Erbengemeinschaft – Dogmatische, rechtsvergleichende und rechtspolitische Aspekte, AcP 195 (1995), 361; *Ruby*, „Der Miterben Zähmung" durch ein Testament mit „drei Zügeln", ZEV 2007, 18; *Sarres*, Die Erbengemeinschaft und das Teilungskonzept des BGB, ZEV 1999, 377.

Übersicht

	Rn		Rn
I. Bedeutung der Norm	1	3. Vollzug	12
1. Begriffe	1	4. Genehmigungen	13
2. Abweichende Regelungen	2	5. Willensmängel	14
3. Verfahren	3	6. Teilauseinandersetzung	15
II. Anspruch auf Auseinandersetzung	4		
1. Berechtigte und Verpflichtete	4	**IV. Andere Arten der Auseinandersetzung**	16
2. Einschränkungen	5	1. Testamentsvollstreckung	16
3. Inhalt	6	2. Vermittlungsverfahren	17
4. Verfahren	7	a) Antragsvoraussetzungen	18
a) Zuständigkeit	7	b) Verfahrensbeteiligte	19
b) Begründetheit der Klage	8	c) Funktionelle Zuständigkeit	20
5. Teilauseinandersetzung	9	d) Verhandlungstermin	21
		e) Auseinandersetzungsplan	22
III. Auseinandersetzungsvertrag	10	f) Vollstreckungstitel	23
1. Allgemeines	10	g) Widerspruch	24
2. Form	11	3. Zuweisung eines landwirtschaftlichen Betriebs	25

I. Bedeutung der Norm

1   **1. Begriffe.** Grds kann jeder Miterbe jederzeit die Auseinandersetzung verlangen. Auseinandersetzung ist die Aufhebung der unter den Miterben bestehenden Gemeinschaft zur gesamten Hand. Der jederzeit durchsetzbare Anspruch auf Auseinandersetzung ist Ausdruck dessen, dass die Erbengemeinschaft nicht auf Dauer angelegt ist, sondern nur für eine Übergangszeit besteht, bis die Nachlassverbindlichkeiten beglichen, die Nachlassforderungen eingezogen und die Anteile der Miterben errechnet worden sind[1]. Der Begriff **„Auseinandersetzung"** umfasst den schuldrechtlichen Auseinandersetzungsvertrag und dessen dinglichen Vollzug, der auch als **„Teilung"** bezeichnet wird (§§ 2059, 2060). Vollzogen ist die Auseinandersetzung, wenn alle Nachlassgegenstände verteilt, dh mit dinglicher Wirkung auf die einzelnen Miterben übertragen worden sind. Wurden Nachlassgegenstände veräußert, wird der erzielte Erlös zunächst im Wege der dinglichen Surrogation Teil des Nachlasses. Die Auseinandersetzung ist in einem solchen Fall erst nach Teilung des Erlöses vollzogen[2]. Mit der Teilung endet die Erbengemeinschaft. Durch vertragliche Vereinbarung kann sie nicht wieder hergestellt werden.

---

[25] *Soergel/Wolf* Rn 14; *Staudinger/Werner* Rn 1.
[26] BGH NJW 1968, 1824.
[27] *Soergel/Wolf* Rn 15; *Palandt/Edenhofer* Rn 4; *MünchKommBGB/Heldrich* Rn 30; *Gross* MDR 1965, 443.
[1] BGHZ 17, 299, 302 = NJW 1955, 1227; *Rieger* DNotZ 1999, 64; *Lange/Kuchinke* § 43 I 1.
[2] OLG Frankfurt OLGR 1999, 226.

2. Abweichende Regelungen. Die Auseinandersetzung erfolgt nur dann nach §§ 2042 ff, 749 ff, wenn der Erblasser oder die Miterben keine anderen Regelungen getroffen haben. Ist **Testamentsvollstreckung** angeordnet, ist die Auseinandersetzung grds Aufgabe des Testamentsvollstreckers (§ 2204; Ausnahme: § 2209), der sich an etwa vom Erblasser vorgegebene Teilungsanordnungen (§§ 2044, 2048 f) zu halten hat. **Teilungsanordnungen** des Erblassers gehen den gesetzlichen Regelungen ebenfalls vor. Schließlich können die Miterben eine **Auseinandersetzungsvereinbarung** treffen und sich dabei auch über Teilungsanordnungen des Erblassers hinwegsetzen. Nur wenn eine Einigung nicht zustande kommt, ist nach den **gesetzlichen Bestimmungen** zu verfahren, wonach zunächst die Nachlassverbindlichkeiten zu begleichen sind (§ 2046) und der Überschuss im Verhältnis der Erbteile zu teilen ist (§ 2047). 2

3. Verfahren. Die Auseinandersetzung kann durch die **Teilungsversteigerung** eines zum Nachlass gehörenden Grundstücks vorbereitet werden (§ 753 iVm §§ 180, 181 ZVG). Jeder Miterbe ist befugt, zum Zwecke der Gesamtauseinandersetzung selbstständig den Antrag auf Teilungsversteigerung zu stellen (§ 181 Abs 2 ZVG)[3]. Der Anspruch auf Auseinandersetzung kann im Wege der **Klage** durchgesetzt werden. Die **amtliche Vermittlung der Auseinandersetzung** vor dem Nachlassgericht (§§ 86 ff FGG) kann von jedem Erben oder sonstigen Berechtigten (§ 86 Abs 2 FGG) beantragt werden, führt jedoch nur bei Einverständnis aller Beteiligten zum Erfolg (vgl §§ 93 Abs 1 S 1, 95 FGG). Für landwirtschaftliche Betriebe gibt es das **gerichtliche Zuweisungsverfahren nach §§ 13 ff GrdstVG**. 3

II. Anspruch auf Auseinandersetzung

1. Berechtigte und Verpflichtete. Der Auseinandersetzungsanspruch steht jedem Miterben zu. Der Gläubiger eines Pfandrechts oder eines Nießbrauchs an einem Erbteil kann die Auseinandersetzung gemeinsam mit dem betroffenen Miterben verlangen (§§ 1258 Abs 2, 1273 Abs 2, 1066 Abs 2, 1089), der **Pfandgläubiger** nach Eintritt der Verkaufsberechtigung auch allein (§ 1258 Abs 2 S 2). Anspruchsberechtigt sind der **Erwerber eines Erbteils** (§ 2033 Abs 1) anstelle des Erben, dessen Anteil er erworben hat[4]; der für einen Erbteil eingesetzte **Testamentsvollstrecker** anstelle des Erben, dessen Anteil er verwaltet[5]; der **Insolvenzverwalter** im Insolvenzverfahren über das Vermögen eines Erben anstelle des betroffenen Erben[6]; der Gläubiger, der den Anteil **gepfändet und zur Einziehung überwiesen** erhalten hat, anstelle des betroffenen Erben[7]. Der Anspruch auf Auseinandersetzung kann nicht selbstständig abgetreten werden, wohl aber zur Ausübung überlassen werden[8]. **Anspruchsgegner** sind alle anderen Mitglieder der Erbengemeinschaft (Miterben oder Erwerber eines Anteils)[9]. **Inhaltlich** ist der Anspruch auf Mitwirkung bei allen für eine Auseinandersetzung erforderlichen Maßnahmen gerichtet (Zustimmung zur Verwertung von Nachlassgegenständen, Befriedigung von Nachlassgläubigern, Verteilung). Die **Vertretung mehrerer Miterben durch ein und denselben Rechtsanwalt** ist wegen des Verbots, widerstreitende Interessen zu vertreten (§ 43 Abs 4 BRAO), berufsrechtlich problematisch. Der Rechtsanwalt darf die Auseinandersetzung einer Erbengemeinschaft nur dann durchführen, wenn er die Erben zuvor informiert, dass er gegensätzliche Standpunkte nicht durchsetzen wird, und die Erben damit einverstanden sind[10]. 4

2. Einschränkungen. Auseinandersetzung kann grds **jederzeit** verlangt werden. Es gibt jedoch **Ausnahmen**. Die **Miterben** können die Auseinandersetzung vertraglich auf Zeit oder auf Dauer ausschließen. Eine solche Vereinbarung kann nur im Einverständnis aller Miterben getroffen werden. Kündbar ist sie nur aus wichtigem Grund. Sie wirkt auch gegen einen Sonderrechtsnachfolger (§ 751 S 1), nicht jedoch gegen einen Gläubiger, der auf Grund eines nicht nur vorläufig vollstreckbaren Titels den Nachlassanteils eines Miterben gepfändet hat (§ 751 S 2), einen Pfandgläubiger (§§ 1273 Abs 2, 1258 Abs 2 S 2 HS 2) und einen Verwalter im Insolvenzverfahren über das Vermögen eines Miterben (§ 84 Abs 2 S 2 InsO). Die Vereinbarung kann durch schlüssiges Verhalten getroffen werden, etwa dadurch, dass die Miterben ein Unternehmen des Erblassers über Jahre hinweg fortführen; die zwischen den Erben bestehenden Rechtsbeziehungen unterstehen dann dem Recht der OHG[11]. Der **Erblasser** kann die Auseinandersetzung durch letztwillige Verfügung ausschließen oder erschweren (§ 2044); die Miterben – oder der Testamentsvollstrecker gemeinsam mit den Miterben, nicht jedoch der Testamentsvollstrecker allein – können sich allerdings einverständlich über eine solche Anordnung hinwegsetzen (§ 2044 Rn 3)[12]. Von Gesetzes wegen ist die Auseinandersetzung ausgeschlossen, solange und soweit die Erbteile wegen der zu erwartenden Geburt eines Miterben noch **unbestimmt** sind (§ 2043). Jeder Miterbe kann verlangen, dass die Auseinandersetzung bis zum Ende eines **Aufgebotsverfahrens** oder dem Ablauf einer **Anmeldungsfrist** nach § 2061 aufgeschoben wird (§ 2045). Einschränkungen 5

---

[3] Vgl BGH NJW-RR 1999, 504.
[4] BGHZ 96, 174 = NJW 1986, 931.
[5] MünchKommBGB/*Heldrich* Rn 5; *Soergel/Wolf* Rn 13.
[6] *Soergel/Wolf* Rn 13; MünchKommInsO/*Ganter* § 47 Rn 52.
[7] *Soergel/Wolf* Rn 13; *Erman/Schlüter* Rn 1; *Staudinger/Werner* Rn 37; MünchKommBGB/*Heldrich* Rn 5.
[8] BGH FamRZ 1965, 267, 270; MünchKommBGB/*Heldrich* Rn 4; *Staudinger/Werner* Rn 37; *Soergel/Wolf* Rn 13.
[9] RG JW 1904, 61; MünchKommBGB/*Heldrich* Rn 7.
[10] BVerfG ZEV 2006, 413; vgl ausf *Grunewald* ZEV 2006, 386.
[11] BGHZ 17, 299, 301 f = NJW 1955, 1227.
[12] BGHZ 40, 115, 117 = NJW 1963, 2320.

§ 2042   Buch 5. Abschnitt 2. Rechtliche Stellung des Erben

ergeben sich schließlich aus dem allgemeinen Verbot des **Rechtsmissbrauchs**[13]. Während der Nachlassverwaltung oder des Nachlassinsolvenzverfahrens können die Miterben die Auseinandersetzung nicht betreiben, weil ihnen die Befugnis fehlt, über den Nachlass zu verfügen[14]. Der Auseinandersetzungsanspruch **verjährt** nicht (§ 758).

6   **3. Inhalt.** Seinem Inhalt nach ist der Anspruch dann, wenn keine Einigung der Miterben zustande kommt (Rn 10 ff), auf eine Auseinandersetzung nach den vom Erblasser oder gesetzlich vorgegebenen **Auseinandersetzungsregeln** gerichtet. Vorrangig sind **Teilungsanordnungen des Erblassers** (§§ 2044, 2048, 2049). Eine Teilungsanordnung ist nur dann nicht verbindlich, wenn der Erbteil des Erben die Hälfte des gesetzlichen Erbteils nicht übersteigt und durch die Anordnung das Pflichtteilsrecht des Erben geschmälert wird (§ 2306 Abs 1 S 1). Der Erblasser kann nicht nur anordnen, wer welche Gegenstände erhalten soll, sondern auch das einzuhaltende Verfahren regeln oder anordnen, dass die Auseinandersetzung nach dem billigen Ermessen eines Dritten zu erfolgen hat (§ 2048 S 2). Soweit der Erblasser keine Anordnungen getroffen hat, gelten die **gesetzlichen Bestimmungen** (§§ 2042 Abs 2, 2046 ff, 752 ff)[15]. Danach sind zunächst die **Nachlassverbindlichkeiten** zu berichtigen (§ 2046). Dazu ist der Nachlass, soweit erforderlich, in Geld umzusetzen (§ 2046 Abs 3). Der **Überschuss** gebührt den Erben im Verhältnis ihrer Anteile (§ 2047), wobei ggf Ausgleichungspflichten (§§ 2050 ff) und sonstige Ansprüche der Miterben untereinander (§ 756) zu berücksichtigen sind. In erster Linie erfolgt eine Teilung in Natur (§ 752). Soweit die Teilung in Natur nicht möglich ist, ist der Nachlass zu versilbern und der Erlös zu teilen. Dabei sind bewegliche Sachen nach den Vorschriften über den Pfandverkauf zu verkaufen, Grundstücke zwangszuversteigern (§ 180 ZVG) und Forderungen einzuziehen, hilfsweise zu verkaufen (§§ 753, 754). Die Teilung ist in einem solchen Fall erst mit der realen Aufteilung des Erlöses vollzogen[16]. Eine **Teilung in Natur** (§ 752) setzt voraus, dass der Vermögensgegenstand in gleichartige Teile zerlegt und dass eine Realteilung im Verhältnis der Erbteile erfolgen kann; außerdem darf die Teilung keinen unverhältnismäßigen Wertverlust zur Folge haben[17]. Wertpapiere können geteilt werden, wenn mehrere gleichartige Stücke vorhanden sind und jedem Miterben Stücke im Wert seiner Beteiligung zugeteilt werden können[18]. Die Teilung verschiedenartiger Stücke so, dass jeder Miterbe im Ergebnis den gleichen Wert erhält, ist keine Teilung in Natur und damit nur im Einverständnis aller Miterben möglich[19]. Die Teilung eines mit einem Wohnhaus bebauten Hauses in Wohnungseigentumseinheiten stellt ebenfalls keine Teilung in Natur dar[20]. Ein Miterbe kann auch nicht verlangen, dass das Gesamthandseigentum an einem Gegenstand in Bruchteilseigentum umgewandelt wird[21]. Ein zum Nachlass gehörender Erbteil kann gemäß § 2033 Abs 1 durch Übertragung von Bruchteilen in Höhe der jeweiligen Erbquote geteilt werden[22].

7   **4. Verfahren.** Der Anspruch auf Auseinandersetzung kann im Wege der **Klage** geltend gemacht werden.

a) Zuständigkeit. Zuständig ist das Prozessgericht. Die Klage kann an demjenigen Gericht erhoben werden, in dessen Bezirk der Erblasser seinen letzten allgemeinen Gerichtsstand hatte (§ 27 ZPO). Klagegegner sind diejenigen Miterben (oder sonstige Anspruchsverpflichtete wie Anteilserwerber oder Testamentsvollstrecker über einen Anteil), die mit dem vom Kläger vorgeschlagenen Teilungsplan nicht einverstanden sind[23]. Mehrere Beklagte sind keine notwendigen Streitgenossen[24]. Der **Klageantrag** muss grds auf Zustimmung zu einem bestimmten **Teilungsplan,** den der Kläger vorzulegen hat, lauten[25]. Das Gericht ist nicht befugt, vom Antrag abzuweichen und einen eigenen Vorschlag an die Stelle desjenigen des Klägers zu setzen[26]. Voraussetzung einer Klage soll nach vielfach vertretener Ansicht schließlich die **„Teilungsreife"** des Nachlasses sein[27]. Diese Teilungsreife soll insbes fehlen,

---

[13] RGZ 65, 5, 10; OLG Oldenburg MDR 1948, 17 m Anm *Beitzke*; LG Verden NdsRpfl 1948, 110; LG Hamburg MDR 1948, 22; LG Düsseldorf FamRZ 1955, 303, 304; *Staudinger/Werner* Rn 38; RGRK/*Kregel* Rn 15; MünchKommBGB/*Heldrich* Rn 8.
[14] KG KGJ 49 A Nr 21; MünchKommBGB/*Heldrich* Rn 8.
[15] BGHZ 21, 229, 232 = NJW 1956, 1433; BayObLGZ 1974, 42, 46 f; *Palandt/Edenhofer* Rn 3.
[16] OLG Frankfurt OLGR 1999, 226.
[17] *Krenz* AcP 195 (1995), 361, 363.
[18] *Erman/Schlüter* Rn 4.
[19] *Lange/Kuchinke* § 44 IV 3 b; *Krenz* AcP 195 (1995), 361, 364.
[20] BGH DB 1952, 808; OLG München NJW-RR 1991, 1097; *Lange/Kuchinke* § 44 IV 3 b; *Krenz* AcP 195 (1995), 361, 363; aA RGRK/*Kregel* Rn 28; *Erman/Schlüter* Rn 4; *Staudinger/Werner* Rn 53.
[21] BGHZ 21, 229, 232 f = NJW 1956, 1433; *Erman/Schlüter* Rn 4.
[22] BGH NJW 1963, 1610, 1611.
[23] KG NJW 1971, 565; *Staudinger/Werner* Rn 42; *Palandt/Edenhofer* Rn 16; *Soergel/Wolf* Rn 18; RGRK/*Kregel* Rn 23; MünchKommBGB/*Heldrich* Rn 61; *Lange/Kuchinke* § 44 III 6 b; anders früher RG JW 1904, 61: alle Miterben seien zu verklagen.
[24] *Palandt/Edenhofer* Rn 16; RGRK/*Kregel* Rn 23; *Staudinger/Werner* Rn 42; MünchKommBGB/*Heldrich* Rn 62.
[25] OLG Brandenburg OLGR 1998, 1521; MünchKommBGB/*Heldrich* Rn 57; *Staudinger/Werner* Rn 39; RGRK/*Kregel* Rn 22; *Palandt/Edenhofer* Rn 16; *Erman/Schlüter* Rn 16; *Soergel/Wolf* Rn 19.
[26] BGH NJW 1959, 1493, 1494; OLG Brandenburg OLGR 1998, 1521, 1522; *Soergel/Wolf* Rn 19; *Staudinger/Werner* Rn 44; MünchKommBGB/*Heldrich* Rn 70; RGRK/*Kregel* Rn 22; *Johannsen* WM 1970, 738, 744; krit *Krenz* AcP 195 (1995), 361, 384 ff mN der älteren Lit; vgl auch *Sarres* ZEV 1999, 377, 379 f.
[27] KG NJW 1961, 733; OLG Karlsruhe NJW 1974, 956; *Palandt/Edenhofer* Rn 16; *Erman/Schlüter* Rn 16; RGRK/*Kregel* Rn 22; MünchKommBGB/*Heldrich* Rn 59.

Auseinandersetzung § 2042

wenn die Erben über den Bestand des Nachlasses streiten[28]. Richtigerweise ist zu differenzieren: Vorfragen wie die Zugehörigkeit eines Gegenstandes zum Nachlass oder Bestand und Höhe einer Ausgleichspflicht können (und müssen) im Rahmen der Auseinandersetzungsklage geprüft werden. Je nach dem Ergebnis der Prüfung kann ein Teilungsplan unrichtig werden; dann ist die Klage abzuweisen. Diesem Umstand kann der Kläger jedoch durch Hilfsanträge Rechnung tragen[29]. Wenn es vorrangiger Entscheidungen bedarf, die ein anderes Verfahren voraussetzen, muss die Klage als derzeit unbegründet abgewiesen werden[30]. Etwa erforderliche **vormundschaftliche Genehmigungen** (§§ 1821, 1822) müssen zB vor Erlass des Urteil im Auseinandersetzungsprozess vorliegen[31]. Das Urteil im Auseinandersetzungsprozess würde die vormundschaftsgerichtliche Genehmigung nicht ersetzen, die beantragte Rechtsfolge – die Zustimmung des Miterben zum Teilungsplan – jedoch gleichwohl mit der Wirkung des § 894 ZPO aussprechen.

b) Begründetheit der Klage. Begründet ist die Klage, wenn der vorgeschlagene Teilungsplan den jeweils einschlägigen Teilungsvorschriften entspricht (s oben). Soweit es zur **Begleichung von Nachlassverbindlichkeiten** erforderlich ist, den Nachlass teilweise in Geld umzusetzen (§ 2046 Abs 3), ist dem Kläger hinsichtlich der Frage, welche Gegenstände veräußert werden sollen, ein gewisser Beurteilungsspielraum zuzugestehen. Im Grundsatz ist jedoch folgende **Reihenfolge** einzuhalten: verderbliches und übermäßig umfängliches Gut; nicht erhaltenswerte Gegenstände, insbes vertretbare Sachen; erhaltenswerte, wertvolle Einheiten; Erinnerungsstücke[32]. Das Risiko einer unrichtigen Beurteilung trägt auch hier der Kläger. Das Gericht ist jedoch in besonders hohem Maße zu rechtlichen Hinweisen verpflichtet (§ 139 ZPO). Das stattgebende rechtskräftige **Urteil** ersetzt gemäß **§ 894 ZPO** die Zustimmung des oder der anderen Miterben zum Teilungsplan. Die **Durchsetzung des Teilungsplanes** kann (und muss) im Wege der Klage auf Abgabe der erforderlichen dinglichen Erklärungen erzwungen werden[33]. Diese Klage kann mit der Klage auf Auseinandersetzung verbunden werden. Der **Streitwert** einer Auseinandersetzungsklage entspricht dem auf den Kläger entfallenden Teil des streitbefindlichen Nachlasses[34]. Zulässig ist eine Klage auf **Feststellung einzelner Streitpunkte**, wenn eine solche Feststellung der Klärung der für die Auseinandersetzung maßgebenden Grundlagen dient; es müssen nicht unbedingt sämtliche Streitpunkte in einem einzigen Prozess geklärt werden[35]. Der Antrag kann dahingehend lauten, dass ein bestimmter Gegenstand mit einem bestimmten Betrag bei der Auseinandersetzung zu berücksichtigen sei oder auszugleichen sei[36]. Hat der Erblasser die Auseinandersetzung durch Teilungsanordnungen (§ 2048) umfassend geregelt, kann der Miterbe **ausnahmsweise unmittelbar Leistungsklage** auf Übereignung der ihm zugewiesenen Gegenstände erheben[37]. Gleiches gilt etwa dann, wenn der Nachlass ausschließlich aus einer Geldforderung gegen einen Miterben besteht und auf den Kläger ein sofort berechenbarer Teil entfällt[38], oder in sonstigen überschaubaren Fällen[39]. Eine auf § 2018 gestützte „Erbschaftsklage" gegen einen Miterben etwa auf Herausgabe eines Erlösanteils ist regelmäßig als Auseinandersetzungsklage zu verstehen[40].

5. Teilauseinandersetzung. Der Anspruch auf Auseinandersetzung bezieht sich auf den gesamten Nachlass. Anspruch auf Teilauseinandersetzung hat ein Miterbe regelmäßig nicht[41]. Ausnahmsweise kann eine teilweise Auseinandersetzung hinsichtlich bestimmter Teile des Nachlasses verlangt werden, wenn besondere Gründe es rechtfertigen und die Belange der Erbengemeinschaft und der anderen Miterben nicht beeinträchtigt werden[42]. Das ist etwa dann der Fall, wenn es nur zwei Miterben gibt, Nachlassverbindlichkeiten nicht bestehen und der Kläger nur etwas begehrt, was ihm bei der endgültigen Auseinandersetzung ohnehin zufallen würde[43]. Auch ein Anspruch auf vorzeitige Teilung der Nachlassfrüchte (vgl § 2038 Abs 2 S 2) besteht nur ausnahmsweise (§ 2038 Rn 18)[44]. Einer von mehreren Miterben kann grds nicht verlangen, dass nur in Bezug auf ihn eine persönlich beschränkte

---

[28] KG NJW 1961, 733; Palandt/Edenhofer Rn 16; aA anscheinend BGH NJW 1962, 914, zitiert nach Johannsen WM 1970, 739, 744.
[29] BGH NJW 1962, 914; MünchKommBGB/Heldrich Rn 59; Staudinger/Werner Rn 41; Soergel/Wolf Rn 20.
[30] Staudinger/Werner Rn 41; MünchKommBGB/Heldrich Rn 59; Soergel/Wolf Rn 20.
[31] KG NJW 1961, 733, 734; Johannsen WM 1970, 738, 744 f; MünchKommBGB/Heldrich Rn 60.
[32] MünchKommBGB/Heldrich Rn 71; Lange/Kuchinke § 44 III 6 a Fn 196.
[33] Soergel/Wolf Rn 21; MünchKommBGB/Heldrich Rn 58; Staudinger/Werner Rn 62.
[34] BGH NJW 1975, 1415; Soergel/Wolf Rn 24; Baumbach/Lauterbach/Hartmann Anh § 3 ZPO Rn 41 „erbrechtlicher Anspruch"; aA Staudinger/Werner Rn 45 unter Hinweis auf ältere Rspr des BGH: Wert des gesamten Nachlasses, der auseinandergesetzt werden soll; ebenso Johannsen WM 1970, 738, 745; RGRK/Kregel Rn 25; Erman/Schlüter Rn 16.
[35] BGH NJW-RR 1990, 1220; BGHZ 1, 65, 74 = NJW 1951, 311.
[36] BGH NJW 1992, 771; Palandt/Edenhofer Rn 16.
[37] OLG Frankfurt OLGZ 1977, 229 = NJW 1977, 253; Staudinger/Werner Rn 43; MünchKommBGB/Heldrich Rn 66; Soergel/Wolf Rn 22.
[38] BGH NJW-RR 1989, 1206; FamRZ 1989, 273, 274; RGZ 65, 5, 10; Soergel/Wolf Rn 22.
[39] Vgl BGH NJW-RR 1989, 1206: Aufteilung des einzigen noch verbliebenen Geldbetrages.
[40] OLG München NJW-RR 1991, 1097; OLG Dresden OLG-NL 1998, 137, 139; RGRK/Kregel Rn 24; MünchKommBGB/Heldrich Rn 69.
[41] BGH NJW 1985, 51, 52; OLG Hamburg MDR 1965, 665; RGRK/Kregel Rn 20.
[42] BGH NJW 1985, 51, 52; NJW 1963, 1611; vgl auch RGZ 95, 325, 327; RGRK/Kregel Rn 18; Erman/Schlüter Rn 19; Soergel/Wolf Rn 40; Staudinger/Werner Rn 30; MünchKommBGB/Heldrich Rn 19.
[43] BGH NJW 1963, 1611.
[44] OLG Hamburg MDR 1965, 665.

III. Auseinandersetzungsvertrag

10 **1. Allgemeines.** Vorrangig richtet sich die Auseinandersetzung ganz oder teilweise nach den Absprachen, die die Miterben (Erwerber von Erbteilen, Testamentsvollstrecker über den Anteil eines Miterben, Insolvenzverwalter über das Vermögen eines Miterben) untereinander treffen[46]. Zwingende gesetzliche Vorschriften dazu, welche Regelungen in einem Auseinandersetzungsvertrag enthalten sein müssen, gibt es nicht. Die Miterben können die Verteilung der **einzelnen Nachlassgegenstände** regeln[47]. Sie können aber auch ihre **Anteile** auf einen der Miterben übertragen (§ 2033 Abs 1)[48]. Schließlich können Miterben auch im Wege der **Abschichtung** aus einer Erbengemeinschaft ausscheiden[49]; ihr Anteil wächst dann den oder dem verbleibenden Miterben kraft Gesetzes zu.

Zum Beginn des Abschnitts: Teilauseinandersetzung stattfindet, während die Erbengemeinschaft iÜ unter den anderen Miterben fortbestehen solle[45].

11 **2. Form.** Der Auseinandersetzungsvertrag als solcher unterliegt keiner Form[50]. Je nach den in ihm getroffenen Regelungen kann er jedoch gleichwohl formbedürftig sein. Ist in ihm eine Verpflichtung zur Übertragung eines Grundstücks oder eines GmbH-Anteils enthalten, gelten § 311b Abs 1 oder § 15 Abs 3 GmbHG. Verpflichtet sich ein Miterbe, seinen Erbteil gegen eine Abfindung auf die anderen Miterben zu übertragen, kann § 2371 in Betracht kommen, wonach ein Vertrag, durch den der Erbe die ihm angefallene Erbschaft verkauft, der notariellen Beurkundung bedarf. Die Abgrenzung zwischen einem **formfreien Auseinandersetzungsvertrag** und einem **formbedürftigen Erbschaftskauf** erfolgte lange Zeit danach, ob die Erbengemeinschaft durch Übertragung aller Anteile auf einen Erben enden (Auseinandersetzungsvertrag) oder nur ein einzelner Miterbe gegen Abfindung aus einer fortbestehenden Erbengemeinschaft ausscheiden sollte (Erbschaftskauf)[51]. Im letzteren Fall kommt jedoch auch eine grds formfreie „Abschichtung" in Betracht, die nur dann formbedürftig ist, wenn als Abfindung die Leistung eines Gegenstands vereinbart wird, der durch ein formbedürftiges Rechtsgeschäft übertragen werden muss[52]. Ein formnichtiger „Erbschaftskauf" kann ggf im Wege der Konversion (§ 140) als Auseinandersetzungsvertrag aufrechterhalten werden[53]. Ein **Vorkaufsrecht** nach § 24 BauGB wird durch die vertragliche Verpflichtung zur Übereignung eines einem Vorkaufsrecht unterliegenden Gegenstandes an einen der Gesamthandseigentümer im Wege der Erbauseinandersetzung nicht ausgelöst[54].

12 **3. Vollzug.** Der Auseinandersetzungsvertrag als solcher hat nur schuldrechtliche Wirkung. Erst sein Vollzug – die **Teilung** – überführt die Gegenstände mit dinglicher Wirkung in die Alleinberechtigung der dafür vorgesehenen Person[55]. Die Teilung erfolgt nach den allgemeinen Regeln. **Einzelne Nachlassgegenstände** werden übereignet oder abgetreten (§ 929 oder §§ 873, 925, § 398). Eine Auflassung (§ 925) ist auch dann erforderlich, wenn das Eigentum an einem **Nachlassgrundstück** auf eine mit der Erbengemeinschaft personengleiche Bruchteilsgemeinschaft übertragen werden soll[56]. Die Eintragung eines Miterben in das Grundbuch ist auch dann nach § 60 Abs 4 KostO gebührenfrei, wenn dieser ohne Voreintragung der Erbengemeinschaft auf Grund eines Erbauseinandersetzungsvertrages als Eigentümer eingetragen wird[57]. Ein **GmbH-Geschäftsanteil** kann nur mit Genehmigung der übrigen Gesellschafter geteilt werden (§ 17 Abs 1 GmbHG), wenn der Gesellschaftsvertrag nichts anderes bestimmt (§ 17 Abs 3 GmbHG). Die Übertragung des Anteils an einen Erben allein erfolgt im Wege der Abtretung (§ 15 Abs 3 GmbHG), die im Gesellschaftsvertrag von der Zustimmung der übrigen Gesellschafter abhängig gemacht werden kann (§ 15 Abs 5 GmbHG). **Aktien** können nicht geteilt werden (§ 8 Abs 5 AktG). **Anteile am Nachlass** werden gemäß § 2033 Abs 1 durch notariellen Vertrag übertragen.

13 **4. Genehmigungen.** Ein Auseinandersetzungsvertrag kann unter verschiedenen Gesichtspunkten genehmigungspflichtig sein. Steht ein Erbe unter Vormundschaft oder Pflegschaft, bedarf der Auseinandersetzungsvertrag gemäß § 1822 Nr 2 (iVm § 1915) der **vormundschaftsgerichtlichen Genehmigung**. Wird ein minderjähriger Erbe von seinen Eltern vertreten, gilt § 1822 Nr 2 nicht. § 1643

---

[45] BGH NJW 1985, 51; vgl auch OLG München NJW-RR 1991, 1097, 1098.
[46] BGHZ 21, 229, 232 = NJW 1956, 433; BGH WM 1968, 1172, 1173; BayObLGZ 1974, 42, 47; *Palandt/Edenhofer* Rn 4; *MünchKommBGB/Heldrich* Rn 21.
[47] BGH NJW 1998, 1557.
[48] BGH NJW 1998, 1557; BGHZ 86, 379, 381 = NJW 1983, 1555.
[49] BGHZ 138, 8, 11 = NJW 1998, 1557 m zust Anm *Wolf* LM Nr 7 und krit Anm *Rieger* DNotZ 1999, 64; *Reimann* ZEV 1998, 213; *Eberl-Borges* MittRhNotK 1998, 242; *Hillmann* ZEV 1998, 281; *Reimann* MittBayNot 1998, 190; BGH ZEV 2005, 22.
[50] KG KGJ 52 B Nr 13; FamRZ 1963, 467, 468; *Staudinger/Werner* Rn 31 KG; *MünchKommBGB/Heldrich* Rn 36; *RGRK/Kregel* Rn 3; *Soergel/Wolf* Rn 27.
[51] *Soergel/Wolf* Rn 27; *Johannsen* WM 1970, 573 unter Hinweis auf BGH vom 11. 3. 1968, III ZR 223/65; *MünchKommBGB/Heldrich* Rn 36.
[52] BGH NJW 1998, 1557; LG Köln NJW 2003, 2993; *Lange/Kuchinke* § 44 III 2 a; *Jünemann* ZEV 2005, 335, 338.
[53] RGZ 129, 122, 123 f; *Staudinger/Werner* Rn 31; *Palandt/Edenhofer* Rn 6; *RGRK/Kregel* § 2371 Rn 8.
[54] BGH DNotZ 1970, 423 zu § 24 BBauG.
[55] BGH WM 1965, 1155, 1157; OLG Naumburg vom 9. 2. 1999, 11 U 204/98; *MünchKommBGB/Heldrich* Rn 11; *Palandt/Edenhofer* Rn 9.
[56] BGHZ 21, 229, 231 = NJW 1956, 433; RGZ 57, 432, 435; *Palandt/Edenhofer* Rn 9.
[57] OLG München NJW-RR 2006, 648; aA OLG Frankfurt FamRZ 2004, 286 f.

verweist nur auf § 1821 und § 1822 Nr 1, 3, 5, 8 bis 11. Umfasst der Auseinandersetzungsvertrag eines der in diesen Vorschriften genannten Rechtsgeschäfte (etwa ein Grundstücksgeschäft), muss er ebenfalls vom Vormundschaftsgericht genehmigt werden. Sind an der Auseinandersetzung mehrere Minderjährige und ihr gesetzlicher Vertreter beteiligt, muss für jeden der minderjährigen Erben ein eigener **Pfleger** bestellt werden (§ 181). Das gilt nur dann nicht, wenn die Auseinandersetzung nach den gesetzlichen Vorschriften (§§ 2042, 2044, 749 ff) erfolgt, weil es dann nur um die Erfüllung einer Verbindlichkeit – der Ansprüche der anderen Erben auf Mitwirkung bei der Auseinandersetzung – geht[58]. Die Zustimmung des **Ehegatten** ist im gesetzlichen Güterstand nur erforderlich, wenn der Erbteil das gesamte Vermögen des Erben ausmacht und insgesamt übertragen wird[59]. Bei Gütergemeinschaft ist dann, wenn der Erbteil zum Gesamtgut gehört, die Zustimmung des Ehegatten erforderlich, wenn der Erbe das Gesamtgut nicht verwaltet (§ 1422)[60], wenn das Gesamtgut nur aus dem Erbteil besteht (§ 1423) oder wenn zum Nachlass ein Grundstück gehört (§ 1424). Verwalten beide Ehegatten das Gesamtgut gemeinschaftlich, können sie den Auseinandersetzungsvertrag auch nur gemeinsam schließen[61].

5. Willensmängel. Für Abschlussmängel gelten die allgemeinen Regeln. Jeder Miterbe kann seine **14** Zustimmungserklärung ggf nach §§ 119 ff anfechten[62]. Stellt der Auseinandersetzungsvertrag einen Vergleich iS von § 779 dar, gilt im Falle eines beiderseitigen Irrtums vorrangig § 779[63]. Auch eine Anpassung nach den Grundsätzen des Wegfalls der Geschäftsgrundlage kann in Betracht kommen. Gemäß Abs 2 iVm § 757 haben die Miterben einander für **Sach- und Rechtsmängel** der zugeteilten Nachlassgegenstände wie ein Verkäufer Gewähr zu leisten[64].

6. Teilauseinandersetzung. Eine teilweise Auseinandersetzung des Nachlasses ist grds nur im **15** Einverständnis aller Miterben möglich (Rn 9)[65]. Die Miterben können vereinbaren, dass die Miterbengemeinschaft nur hinsichtlich einzelner Gegenstände aufgehoben wird **(gegenständliche Teilauseinandersetzung)** oder dass nur einzelne Miterben aus der Miterbengemeinschaft ausscheiden **(persönliche Teilauseinandersetzung)**; im letzteren Fall kann der einzelne Miterbe seinen Anteil auf die anderen Miterben übertragen (§ 2033 Abs 1) oder im Wege der Abschichtung formlos aus der Erbengemeinschaft ausscheiden[66]. Nicht zulässig ist dagegen eine gegenständliche Teilauseinandersetzung mit einzelnen Miterben. Es können nicht einzelne Nachlassgegenstände einigen Miterben mit der Maßgabe zugewiesen werden, dass die Erbengemeinschaft unter ihnen hinsichtlich dieser Gegenstände fortgesetzt werden soll; denn darin läge die unzulässige Begründung einer Erbengemeinschaft durch Vertrag[67]. Nach der Teilung kann die Erbengemeinschaft weder vertraglich[68] noch im Wege der Rückabwicklung eines nichtigen Erbteilsübertragungsvertrages[69] wiederhergestellt werden.

IV. Andere Arten der Auseinandersetzung

1. Testamentsvollstreckung. Hat der Erblasser Testamentsvollstreckung angeordnet, obliegt die **16** Auseinandersetzung idR dem Testamentsvollstrecker (§ 2204; Ausnahme: § 2208). Eine Auseinandersetzung durch Vereinbarung der Miterben ist ausgeschlossen. Die Erben können nur gegen den Testamentsvollstrecker auf Auseinandersetzung und Teilung klagen oder dessen Entlassung (§ 2227) verlangen. Der Testamentsvollstrecker ist an die vom Erblasser getroffenen Teilungsanordnungen und an die gesetzlichen Auseinandersetzungsregeln gebunden[70]. Eine Bindung an Absprachen der Miterben untereinander besteht nicht[71]; bindend kann jedoch eine Vereinbarung der Miterben dahingehend sein, dass eine Auseinandersetzung überhaupt unterbleibt und die Erbengemeinschaft für immer oder auf Zeit fortgesetzt werden soll (§§ 2204, 2042, 749 Abs 2)[72]. Ist die Testamentsvollstreckung nur für einen Erbteil angeordnet, kann der Testamentsvollstreckung nur den Anspruch des Miterben auf Auseinandersetzung durchsetzen.

2. Vermittlungsverfahren. Gemäß § 86 FGG hat das **Nachlassgericht** auf Antrag jedes Erben **17** (oder des Erwerbers des Erbteils, des Pfandgläubigers oder des Nießbrauchers; § 86 Abs 2 FGG) die Auseinandersetzung zwischen den Beteiligten zu vermitteln.

---

[58] BGHZ 21, 229, 232 = NJW 1956, 433; RGZ 67, 61, 64; 93, 334, 336; *MünchKommBGB/Heldrich* Rn 38; *Palandt/Edenhofer* Rn 7; *Soergel/Wolf* Rn 31; *Staudinger/Werner* Rn 35.
[59] BGHZ 35, 135, 143 = NJW 1961, 1301; *Palandt/Edenhofer* Rn 8; *MünchKommBGB/Heldrich* Rn 39; *Soergel/Wolf* Rn 32; *RGRK/Kregel* Rn 7.
[60] *Soergel/Wolf* Rn 32; *MünchKommBGB/Heldrich* Rn 39; *RGRK/Kregel* Rn 7; *Staudinger/Werner* Rn 34.
[61] *RGRK/Kregel* Rn 7; *Palandt/Edenhofer* Rn 8.
[62] OLG DNotZ 1952, 84; *MünchKommBGB/Heldrich* Rn 41; *Staudinger/Werner* Rn 36; *Soergel/Wolf* Rn 33.
[63] OLG München OLGR 1998, 145; *Staudinger/Werner* Rn 24; *MünchKommBGB/Heldrich* Rn 41; *Soergel/Wolf* Rn 33.
[64] *Erman/Schlüter* Rn 12; vgl auch OLG München OLGR 1998, 145.
[65] BGH NJW 1985, 51, 52; *Palandt/Edenhofer* Rn 17; *Soergel/Wolf* Rn 37; *MünchKommBGB/Heldrich* Rn 17.
[66] BGH NJW 1998, 1557.
[67] BGH WM 1975, 1110; *Soergel/Wolf* Rn 38; *MünchKommBGB/Heldrich* Rn 15; *RGRK/Kregel* Rn 20 mN der älteren Rspr.
[68] KG DNotZ 1952, 84.
[69] BGH NJW-RR 2005, 808.
[70] *Staudinger/Werner* Rn 6; *Soergel/Wolf* Rn 3; *RGRK/Kregel* Rn 12.
[71] RGZ 61, 139, 145; 108, 289, 290; BayObLGZ 1953, 357, 363; *Staudinger/Werner* Rn 6; *MünchKommBGB/Heldrich* Rn 29.
[72] BayObLGZ 1953, 375, 363; *MünchKommBGB/Heldrich* Rn 29; *Staudinger/Werner* Rn 6; *Soergel/Wolf* Rn 3.

18 **a) Antragsvoraussetzungen.** Voraussetzung eines solchen Antrags ist, dass eine Erbengemeinschaft besteht und dass ein Nachlass vorhanden ist[73]. Das Vermittlungsverfahren findet nicht statt, wenn Testamentsvollstreckung angeordnet ist, wenn bereits Klage auf Auseinandersetzung erhoben worden ist, wenn die Auseinandersetzung (etwa nach §§ 2044 ff) ausgeschlossen ist, wenn Nachlassverwaltung angeordnet oder das Nachlassinsolvenzverfahren eröffnet worden ist oder wenn das Erbrecht eines Beteiligten bestritten ist[74].

19 **b) Verfahrensbeteiligte.** Beteiligte des Verfahrens sind die Miterben, die ihren Anteil nicht veräußert haben, der Nacherbe, soweit seine Zustimmung erforderlich ist, die Rechtsnachfolger des Erben, Gläubiger, denen ein Pfandrecht, Pfändungspfandrecht oder Nießbrauch an einem Anteil zusteht, sowie bei Testamentsvollstreckung über einen Anteil der Testamentsvollstrecker[75].

20 **c) Funktionelle Zuständigkeit.** Funktionell zuständig ist der **Rechtspfleger** (Richtervorbehalt in § 16 Abs 1 Nr 8 RPflG für Genehmigungen, die außerhalb des Verfahrens vom Vormundschaftsrichter zu erteilen wären). Nach Landesrecht (zB § 38 BayAGGVG, § 24 HessFGG, § 14 NdsFGG) kann anstelle des Nachlassgerichts auch ein Notar zuständig sein (§§ 193 FGG, 20 Abs 5 BNotO).

21 **d) Verhandlungstermin.** Das Nachlassgericht setzt zunächst einen Verhandlungstermin über **vorbereitende Maßnahmen** an. Die Beteiligten sind zu diesem Termin zu laden (§ 89 FGG). Einigen sich die erschienenen Beteiligten im Termin auf vorbereitende Maßregeln, insbes über die Art der Teilung, so hat das Gericht die Vereinbarung zu beurkunden (§ 91 Abs 1 FGG); sind alle Beteiligten erschienen, hat das Gericht die getroffene Vereinbarung zu bestätigen (§ 91 Abs 2 FGG). Ist ein Beteiligter nicht erschienen, wird ihm der Inhalt der Urkunde mitgeteilt. Er wird außerdem darauf hingewiesen, dass sein Einverständnis angenommen wird, wenn er nicht innerhalb einer gesetzten Frist die Anberaumung eines neuen Termins beantragt oder in dem neuen Termin nicht erscheint (§ 91 Abs 3 FGG). Erscheint er zum rechtzeitig beantragten neuen Termin, ist die Verhandlung fortzusetzen; andernfalls ist die getroffene Vereinbarung zu bestätigen.

22 **e) Auseinandersetzungsplan.** Sobald nach **Lage** der Sache die Auseinandersetzung stattfinden kann, hat das Gericht einen Auseinandersetzungsplan anzufertigen und in einem weiteren Verhandlungstermin bei Einverständnis aller Beteiligten zu beurkunden (§ 93 Abs 1 und 2 FGG). In einfach gelagerten Sachen kann bei Einverständnis aller Beteiligten können Vorbereitungs- und Auseinandersetzungstermin zusammengefasst werden.

23 **f) Vollstreckungstitel.** Der bestätigte Teilungsplan bildet einen Vollstreckungstitel (§ 98 FGG). Kommt eine Einigung der Beteiligten nicht zustande, ist ein Protokoll über die Streitpunkte aufzunehmen und das Verfahren bis zur Erledigung der Streitpunkte auszusetzen (§ 95 S 1 FGG).

24 **g) Widerspruch.** Widerspricht ein Beteiligter im Termin der Durchführung des Vermittlungsverfahrens überhaupt, ist das Verfahren einzustellen[76]. Das Nachlassgericht kann nur eine Einigung der Beteiligten herbeiführen, nicht jedoch streitig über die Auseinandersetzung entscheiden.

25 **3. Zuweisung eines landwirtschaftlichen Betriebs.** Gehört zu einer durch gesetzliche Erbfolge entstandenen Erbengemeinschaft ein landwirtschaftlicher Betrieb, kann das Landwirtschaftsgericht ihn auf Antrag eines Miterben ungeteilt einem der Miterben zuweisen, oder den Betrieb in mehrere Betriebe geteilt werden, kann er geteilt einzelnen Miterben zugewiesen werden (§ 13 Abs 1 GrdstVG). Die Zuweisung ist nur zulässig, wenn der Betrieb mit einer zur Bewirtschaftung geeignete Hofstelle versehen ist und seine Erträge ohne Rücksicht auf die privatrechtlichen Belastungen im Wesentlichen zum Unterhalt einer bäuerlichen Familie ausreichen (§ 14 GrdstVG). Voraussetzung ist außerdem, dass ein Miterbe zur Übernahme und ordnungsgemäßen Bewirtschaftung des Betriebes willens und in der Lage ist (§ 15 GrdstVG). Die übrigen Miterben werden in Höhe des wertmäßigen Anteils am Betrieb abgefunden; dabei ist der Betrieb entspr § 2049 zum **Ertragswert** anzusetzen (§ 16 GrdstVG). Erhebliche Gewinne, die der Erwerber innerhalb von 15 Jahren nach der Zuweisung anders als durch Bewirtschaftung (insbes durch Veräußerung) zieht, sind auf Verlangen der anderen Miterben ebenfalls auszugleichen (§ 17 GrdstVG). Das Zuweisungsverfahren ist unzulässig, solange die Auseinandersetzung ausgeschlossen oder ein zu ihrer Bewirkung berechtigter Testamentsvollstrecker vorhanden ist oder ein Miterbe den Aufschub der Auseinandersetzung verlangen kann. Das nachlassgerichtliche Vermittlungsverfahren hat Vorrang, weil die Miterben sich in erster Linie untereinander einigen sollen (§ 14 Abs 2 GrdstVG)[77]. Das Zuweisungsverfahren geht wiederum der Auseinandersetzungsklage vor[78].

26 Das Grundstücksverkehrsgesetz gilt nur bei gesetzlicher Erbfolge nach dem BGB. Landesrecht kann vorsehen, dass der Hof mit dem Erbfall im Wege der Sondererbfolge unmittelbar einem der Miterben zufällt (Art 64 EGBGB; vgl insbes § 1 der in den Ländern der früheren britischen Zone – Hamburg, Niedersachsen, Schleswig-Holstein und Nordrhein-Westfalen – geltenden **Höfeordnung**). Im Geltungsbereich der Höfeordnung kommt das Zuweisungsverfahren nur in Betracht, wenn kein Hoferbe

---

[73] *Firsching/Graf* Rn 4897; *Keidel/Kuntze/Winkler* § 86 FGG Rn 27 f, 29 ff; *Lange/Kuchinke* § 44 III 5 a; *Staudinger/Werner* Rn 8.
[74] *Firsching/Graf* Rn 4.902; *Staudinger/Werner* Rn 9 f; *Keidel/Kuntze/Winkler* FGG § 86 Rn 29 ff.
[75] *Firsching/Graf* Rn 4.908.
[76] *Firsching/Graf* Rn 4.926; *Lange/Kuchinke* § 44 III 5; *MünchKommBGB/Heldrich* Rn 51; *Keidel/Kuntze/Winkler* § 91 FGG Rn 11.
[77] MünchKommBGB/*Heldrich* Rn 76; *Palandt/Edenhofer* Rn 7.
[78] MünchKommBGB/*Heldrich* Rn 76.

vorhanden oder wirksam bestimmt ist, der Hof daher nach allgemeinem Recht vererbt wird (§ 10 HöfeO)[79].

§ 2043 Aufschub der Auseinandersetzung

(1) Soweit die Erbteile wegen der zu erwartenden Geburt eines Miterben noch unbestimmt sind, ist die Auseinandersetzung bis zur Hebung der Unbestimmtheit ausgeschlossen.

(2) Das Gleiche gilt, soweit die Erbteile deshalb noch unbestimmt sind, weil die Entscheidung über einen Antrag auf Annahme als Kind, über die Aufhebung des Annahmeverhältnisses oder über die Anerkennung einer vom Erblasser errichteten Stiftung als rechtsfähig noch aussteht.

I. Voraussetzungen des Aufschubs

Die Auseinandersetzung ist ausgeschlossen, solange und soweit Erbteile unbestimmt sind. Dadurch sollen die Rechte eines noch nicht existierenden Erben gewahrt bleiben[1]. Abs 1 betrifft den gezeugten, aber noch nicht geborenen Miterben (**nasciturus**). Wer zurzeit des Erbfalls bereits erzeugt war, gilt dann, wenn er lebend geboren wird, als vor dem Erbfall geboren (an den § 1923 Abs 2). Für den nasciturus nehmen die Eltern oder ein zu bestellender Pfleger (§ 1912) an der Verwaltung des Nachlasses (§ 2038) teil[2]. Soweit Erbteile durch die Geburt eines weiteren Erben nicht beeinflusst werden können, kann die Auseinandersetzung bereits erfolgen[3], etwa dann, wenn nur die Anzahl der gemäß § 1924 Abs 3 eintretenden Erbeserben noch nicht feststeht. Ist bei gesetzlicher Erbfolge hingegen ungewiss, ob ein weiterer Abkömmling geboren werden wird, ist die Auseinandersetzung insgesamt ausgeschlossen. Ein **noch nicht Erzeugter** kann nicht gesetzlicher Erbe werden. Er kann auch nicht testamentarisch als Erbe eingesetzt werden (vgl § 2101), so dass seinetwegen keine Unklarheit eintritt. 1

Ist im Zeitpunkt des Erbfalls noch nicht über die **Annahme als Kind** (§§ 1741 ff, 1767 ff) oder die **Aufhebung des Annahmeverhältnisses** (§§ 1760 ff, 1772) entschieden, ist die Auseinandersetzung ebenfalls ausgeschlossen (Abs 2). Wenn die Annahme vor dem Tod des Annehmenden beantragt, aber erst danach ausgesprochen worden ist, gilt sie als vor dem Tod erfolgt (§ 1753 Abs 2 und 3); die vor dem Tod des Annehmenden beantragte, aber erst nachträglich ausgesprochene Aufhebung der Annahme gilt als vor dem Tod aufgehoben (§ 1764 Abs 1). Gleiches gilt schließlich für **Stiftungen** (§§ 80 ff). Wird die Stiftung erst nach dem Tod des Stifters genehmigt, so gilt sie für die Zuwendungen des Stifters als schon vor dessen Tod entstanden (§ 84). Nach Art 86 S 2 EGBGB in der bis zum 29. 7. 1998 geltenden Fassung war § 2043 entspr anwendbar, wenn der Erwerb der Erbschaft durch eine ausländische juristische Person von einer staatlichen Genehmigung abhing. Eine **analoge Anwendung** des § 2043 auf ähnlich gelagerte weitere Fälle ist ausgeschlossen[4]. 2

II. Rechtsfolgen

Eine entgegen § 2043 von den vorhandenen Miterben getroffene **Auseinandersetzungsvereinbarung** ist wirksam; denn § 2043 stellt kein gesetzliches Verbot iS von § 134 dar. Ändert sich die Zusammensetzung der Erbengemeinschaft nicht mehr, bleibt es bei der Vereinbarung. Andernfalls wird die Vereinbarung schwebend unwirksam. Der weitere Erbe kann sie genehmigen (§ 177); verpflichtet ist er dazu jedoch nicht[5]. Gleiches gilt für eine entgegen § 2043 bereits **vollzogene Auseinandersetzung** (§ 185 Abs 2)[6]. Ist eine zulässige Teilauseinandersetzung erfolgt und kommt kein weiterer Erbe hinzu, ist der verbliebene Rest des Gesamthandsvermögens im Wege der Nachtragsauseinandersetzung zu verteilen. Ein **Vermittlungsverfahren** nach § 86 ff FGG kann nicht erfolgen, solange die Auseinandersetzung nach § 2043 aufgeschoben ist[7]. Im **Prozess** ist § 2043 von Amts wegen zu berücksichtigen. 3

§ 2044 Ausschluss der Auseinandersetzung

(1) [1]Der Erblasser kann durch letztwillige Verfügung die Auseinandersetzung in Ansehung des Nachlasses oder einzelner Nachlassgegenstände ausschließen oder von der Einhaltung

---

[79] MünchKommBGB/*Heldrich* Rn 76; *Palandt*/*Edenhofer* Rn 24.
[1] MünchKommBGB/*Heldrich* Rn 1; *Soergel*/*Wolf* Rn 2.
[2] RGRK/*Kregel* Rn 1; *Staudinger*/*Werner* Rn 4; *Erman*/*Schlüter* Rn 1.
[3] *Erman*/*Schlüter* Rn 1; *Staudinger*/*Werner* Rn 2; *Palandt*/*Edenhofer* Rn 1; RGRK/*Kregel* Rn 1; MünchKommBGB/*Heldrich* Rn 4.
[4] *Staudinger*/*Werner* Rn 3; *Palandt*/*Edenhofer* Rn 1; MünchKommBGB/*Heldrich* Rn 7; *Erman*/*Schlüter* Rn 6.
[5] *Erman*/*Schlüter* Rn 7; *Staudinger*/*Werner* Rn 8; *Soergel*/*Wolf* Rn 6; RGRK/*Kregel* Rn 5; *Palandt*/*Edenhofer* Rn 2; MünchKommBGB/*Heldrich* Rn 9 f.
[6] *Erman*/*Schlüter* Rn 7; *Staudinger*/*Werner* Rn 8; *Palandt*/*Edenhofer* Rn 2; RGRK/*Kregel* Rn 5; aA *Lange*/*Kuchinke* § 44 II 2 d: den bekannten Miterben fehle die Rechtsmacht, über Nachlassgegenstände zu verfügen.
[7] *Soergel*/*Wolf* Rn 7; *Staudinger*/*Werner* Rn 9.

einer Kündigungsfrist abhängig machen. ²Die Vorschriften des § 749 Abs. 2, 3, der §§ 750, 751 und des § 1010 Abs. 1 finden entsprechende Anwendung.

(2) ¹Die Verfügung wird unwirksam, wenn 30 Jahre seit dem Eintritt des Erbfalls verstrichen sind. ²Der Erblasser kann jedoch anordnen, dass die Verfügung bis zum Eintritt eines bestimmten Ereignisses in der Person eines Miterben oder, falls er eine Nacherbfolge oder ein Vermächtnis anordnet, bis zum Eintritt der Nacherbfolge oder bis zum Anfall des Vermächtnisses gelten soll. ³Ist der Miterbe, in dessen Person das Ereignis eintreten soll, eine juristische Person, so bewendet es bei der dreißigjährigen Frist.

Schrifttum: *Bengel*, Zur Rechtsnatur des vom Erblasser verfügten Erbteilungsverbots, ZEV 1995, 178; *Kiethe*, Ausschluss der Auseinandersetzung der Erbengemeinschaft mit Verfügungsverbot über den Erbteil – Schutz vor unerwünschten Dritten beim Unternehmernachlass?, ZEV 2003, 225.

I. Bedeutung der Norm

1 § 2044 enthält eine weitere Ausnahme vom Grundsatz des § 2042, dass jeder Miterbe jederzeit die Auseinandersetzung verlangen kann. Der **Erblasser** kann die Teilung des Nachlasses ganz oder teilweise ausschließen, von einer Kündigung abhängig machen oder in anderer Weise erschweren, etwa anordnen, dass die Auseinandersetzung nur von einer Mehrheit der Erben verlangt werden kann[1]. Auf diese Weise kann der Nachlass auch gegen den Willen einzelner Miterben als Einheit erhalten bleiben. Abweichende Vereinbarungen aller Erben sind jedoch wirksam[2]. Die Anordnung kann durch **Testament** oder als einseitige Verfügung in einem **Erbvertrag** (§ 2299) getroffen werden; stellt sie zugleich ein Vermächtnis oder eine Auflage dar, kann sie auch vertragsmäßig erfolgen (§ 2278 Abs 2)[3]. Sie kann sich auf den gesamten Nachlass, auf einzelne Stämme oder auf bestimmte Gegenstände beziehen und kann auch dann angeordnet werden, wenn iÜ die gesetzliche Erbfolge gilt[4]. **Grenzen** ergeben sich in zeitlicher Hinsicht aus Abs 2 und in sachlicher Hinsicht aus Abs 1 S 2 iVm §§ 749 Abs 2 und 3, 750, 751. Das Auseinandersetzungsverbot hat nur **schuldrechtliche Wirkung**. Der dingliche Vollzug eines dem Verbot zuwiderlaufenden Auseinandersetzungsvertrages oder Erbteilkaufvertrages ist gemäß § 137 S 1 wirksam[5].

II. Mögliche Regelungen

2 Je nachdem, welches Ziel der Erblasser verfolgt, kann er den Anspruch auf Auseinandersetzung in unterschiedlicher Weise ausschließen oder beschränken.

3 **1. Vor- und Nacherbfolge.** Im Einzelfall können Zweifel bestehen, ob eine letztwillige Verfügung ein Auseinandersetzungsverbot oder die Anordnung einer Vor- und Nacherbfolge enthält. Die Anordnung: „Kein Verkauf des Grundbesitzes W. darf bis zu 20 Jahren nach meinem Tod nicht erfolgen, um den W. meinen nachrückenden Enkeln zu erhalten" kann als befristetes Auseinandersetzungsverbot zu verstehen sein[6].

4 **2. Vorausvermächtnis.** Der Erblasser kann den Anspruch des einzelnen Miterben gegen die übrigen Miterben auf Erbauseinandersetzung (§ 2042) ausschließen[7]. Diese Anordnung stellt ein Vorausvermächtnis (§ 2150) zugunsten der jeweils anderen Miterben dar[8]. Sie kann jedem Miterben gegenüber eingewandt werden, der die Auseinandersetzung verlangt. Im Einverständnis aller Miterben bleibt die Auseinandersetzung jedoch zulässig[9].

5 **3. Auflage.** Der Erblasser kann die Auseinandersetzung auch für den Fall ausschließen, dass alle Miterben über eine Teilung des Nachlasses einig sind. Dann handelt es sich um eine Auflage (§ 2192) zu Lasten aller Miterben, die nach § 2194 durchgesetzt werden kann[10]. Die Auflage begründet eine schuldrechtliche Unterlassungspflicht der Erben. Sie stellt kein gesetzliches, gerichtliches oder behördliches Verbot dar (§§ 134, 135, 136), sondern nur ein rechtsgeschäftliches Verbot (§ 137), dessen Verletzung die dingliche Wirksamkeit des Verfügungsgeschäfts nicht berührt[11]. Allenfalls kommen Schadensersatzansprüche der nach § 2194 Vollziehungsberechtigten in Betracht. Letztlich gibt es keine Möglichkeit, die Auseinandersetzung zu verhindern (§ 137 S 1).

6 **4. Testamentsvollstreckung.** Hat der Erblasser Testamentsvollstreckung angeordnet und gemäß § 2208 dessen Recht zur Auseinandersetzung des Nachlasses ausgeschlossen, ist eine von den Miterben

---

[1] RGZ 110, 270, 273; *Staudinger/Werner* Rn 1; *MünchKommBGB/Heldrich* Rn 5 mw Beispielen.
[2] *MünchKommBGB/Heldrich* Rn 7.
[3] *Staudinger/Werner* Rn 10; RGRK/*Kregel* Rn 1; *MünchKommBGB/Heldrich* Rn 3; *Erman/Schlüter* Rn 5.
[4] BayObLGZ 1966, 408, 414 = NJW 1967, 1136; *Palandt/Edenhofer* Rn 1.
[5] *MünchKommBGB/Heldrich* Rn 8; *Kiethe* ZEV 2003, 225, 227.
[6] LG München FamRZ 1998, 1538, 1539; vgl aber auch BayObLG FamRZ 1990, 562.
[7] BGHZ 40, 115, 117 = NJW 1963, 2320 = LM Nr 1 m Anm *Nirk*.
[8] RGRK/*Kregel* Rn 2; *MünchKommBGB/Heldrich* Rn 13; *Staudinger/Werner* Rn 6; *Soergel/Wolf* Rn 3; *Erman/Schlüter* Rn 5; *Palandt/Edenhofer* Rn 2.
[9] BGHZ 40, 115, 117 = NJW 1963, 2320.
[10] BGHZ 40, 115, 117 = NJW 1963, 2320; BGH FamRZ 1985, 278; RGRK/*Kregel* Rn 3; *MünchKommBGB/Heldrich* Rn 14; *Staudinger/Werner* Rn 8; *Soergel/Wolf* Rn 3; *Palandt/Edenhofer* Rn 3; *Erman/Schlüter* Rn 4.
[11] BGHZ 40, 115, 117 = NJW 1963, 2320.

und dem Testamentsvollstrecker einvernehmlich vorgenommene Auseinandersetzung gleichwohl wirksam[12].

III. Grenzen des Ausschlusses

1. Wichtiger Grund. Trotz einer Ausschlussanordnung kann die Auseinandersetzung verlangt werden, wenn ein wichtiger Grund vorliegt (Abs 1 S 2 iVm § 749 Abs 2); dieses Recht kann nicht ausgeschlossen werden (§ 749 Abs 3). Ein wichtiger Grund kann darin liegen, dass der Fortbestand der gesamthänderischen Bindung wegen Verfeindung der Miterben trotz der Möglichkeit, einen Verwalter zu bestellen, nicht mehr zumutbar ist[13] oder dass ein Miterbe wegen Vermögensverfalls oder aus anderen Gründen auf die Verwertung des Nachlasses angewiesen ist[14]. Geldbedarf, der auch durch eine Veräußerung oder Verpfändung des Anteils (§ 2033 Abs 1) gedeckt werden könnte, reicht allein aber nicht aus[15]. Ob ein wichtiger Grund gegeben ist, entscheidet der Testamentsvollstrecker, im Vermittlungsverfahren das Nachlassgericht und im Streitfall das Prozessgericht[16]. Eine auf Zeit getroffene Anordnung tritt im Zweifel mit dem **Tod eines Miterben** außer Kraft (§ 750).

2. Gläubiger und Pflichtteilsberechtigte. Hat ein **Gläubiger** einen Anteil gepfändet, kann er ohne Rücksicht auf Anordnungen des Erblassers die Auseinandersetzung verlangen, wenn der Titel nicht nur vorläufig vollstreckbar ist (§ 751 S 2). Gleiches gilt im **Insolvenzverfahren** über das Vermögen eines Miterben (§ 84 Abs 2 S 2 InsO). Die Vorschrift des § 1683, derzufolge bei Wiederheirat eines Elternteils eine zwischen diesem und den Kindern bestehende Vermögensgemeinschaft auseinanderzusetzen ist, geht einer Ausschlussanordnung des Erblassers vor[17]. Gegenüber einem Erben, der zugleich **pflichtteilsberechtigt** ist und dessen Erbteil die Hälfte des gesetzlichen Erbteils nicht übersteigt, gilt der Ausschluss der Auseinandersetzung als nicht angeordnet (§ 2306).

3. Zeitliche Grenzen. Ein zeitlich unbegrenztes Auseinandersetzungsverbot verliert nach Ablauf von **dreißig Jahren** nach dem Erbfall seine Wirkung (**Abs 2**). Diese zeitliche Grenze entspricht derjenigen in §§ 2109, 2162, 2163 und 2210. Die Frist kann sich bis zum Tode des längstlebenden Miterben verlängern (vgl die Fälle des Abs 2 S 2)[18]. Für Erben, die juristische Personen sind, gilt ausnahmslos die Frist von dreißig Jahren (Abs 2 S 3).

IV. Verfahrensfragen

1. Eintragung in das Grundbuch. Gemäß Abs 1 S 2 iVm § 1010 Abs 1 kann ein Auseinandersetzungsverbot in das Grundbuch eingetragen werden, nach wohl hM aber nur dann, wenn der Erblasser hinsichtlich eines Nachlassgrundstücks die Umwandlung der Erbengemeinschaft in eine Bruchteilsgemeinschaft zugelassen, die Teilung der Bruchteilsgemeinschaft aber ausgeschlossen hat[19].

2. Auseinandersetzungsverfahren. Im Prozess über die **Klage eines Miterben auf Zustimmung zu einem Teilungsplan** (§ 2042 Rn 7) ist das Auseinandersetzungsverbot von Amts wegen zu berücksichtigen[20]. Das Nachlassgericht hat den Antrag auf Einleitung des **Vermittlungsverfahrens** (§§ 86 ff FGG) zurückzuweisen[21]. Ein **gerichtliches Zuweisungsverfahren nach dem Grundstücksverkehrsgesetz** ist ebenfalls ausgeschlossen (§ 14 Abs 3 GrdstVG). Betreibt ein Miterbe die Teilungsversteigerung (§ 180 ZVG), kann jeder der anderen Miterben im Wege der **Drittwiderspruchsklage** (§ 771 ZPO) dagegen vorgehen[22]. Die Anordnung wirkt auch gegen einen Einzelrechtsnachfolger eines Miterben (Abs 1 S 2 iVm § 751 S 1).

§ 2045 Aufschub der Auseinandersetzung

¹Jeder Miterbe kann verlangen, dass die Auseinandersetzung bis zur Beendigung des nach § 1970 zulässigen Aufgebotsverfahrens oder bis zum Ablauf der im § 2061 bestimmten Anmeldungsfrist aufgeschoben wird. ²Ist das Aufgebot noch nicht beantragt oder die öffent-

---

[12] BGHZ 40, 115, 118 = NJW 1963, 2320; BGHZ 56, 275, 280 f = NJW 1971, 1805; MünchKommBGB/*Heldrich* Rn 9; RGRK/*Kregel* Rn 3.
[13] LG Düsseldorf FamRZ 1955, 304, im konkreten Fall verneint; Staudinger/*Werner* Rn 12; MünchKommBGB/*Heldrich* Rn 17; Soergel/*Wolf* Rn 5.
[14] Staudinger/*Werner* Rn 12.
[15] *Lange/Kuchinke* § 44 II 4 b m Fn 77; MünchKommBGB/*Heldrich* Rn 17; Soergel/*Wolf* Rn 6.
[16] RGRK/*Kregel* Rn 7 unter Hinweis auf RG vom 11. 6. 1934, IV 50/34; Palandt/*Edenhofer* Rn 5; Staudinger/*Werner* Rn 12.
[17] KG KGJ 21 A Nr 6 zu § 1669 aF; BayObLGZ 1967, 230, 235; Palandt/*Edenhofer* Rn 5; wN auch der Gegenansicht bei Staudinger/*Werner* Rn 15.
[18] RGRK/*Kregel* Rn 8.
[19] RGRK/*Kregel* Rn 7; Staudinger/*Werner* Rn 16; Erman/*Schlüter* Rn 9; Palandt/*Edenhofer* Rn 5; wohl auch KG JW 1935, 3121; vgl *Lange/Kuchinke* § 44 II 3 a Fn 73 mwN; zweifelnd auch MünchKommBGB/*Heldrich* Rn 20 m Fn 53.
[20] Soergel/*Wolf* Rn 3; *Lange/Kuchinke* § 44 II 3 a m Fn 68.
[21] Palandt/*Edenhofer* Rn 3; MünchKommBGB/*Heldrich* Rn 10; Staudinger/*Werner* Rn 9; Keidel/Kuntze/Winkler FGG § 86 Rn 39.
[22] OLG Bamberg JW 1927, 2373; OLG Hamburg NJW 1961, 610; *Lange/Kuchinke* § 44 II 3 a Fn 68; Staudinger/*Werner* Rn 3; Erman/*Schlüter* Rn 1; MünchKommBGB/*Heldrich* Rn 10.

§ 2046   Buch 5. Abschnitt 2. Rechtliche Stellung des Erben

liche Aufforderung nach § 2061 noch nicht erlassen, so kann der Aufschub nur verlangt werden, wenn unverzüglich der Antrag gestellt oder die Aufforderung erlassen wird.

I. Bedeutung der Norm

1   Die Vorschrift des § 2045 enthält neben denjenigen der §§ 2043, 2044 eine weitere Ausnahme vom Grundsatz des § 2042, dass jeder Miterbe jederzeit die Auseinandersetzung verlangen kann. Sie soll dem Erben die Möglichkeit erhalten, seine Haftung für noch nicht berichtigte Nachlassverbindlichkeiten auf den **seinem Erbteil entsprechenden Teil der Nachlassverbindlichkeit** zu beschränken. Gemäß § 2060 Nr 1 haftet der Erbe nur für den seinem Erbteil entsprechenden Teil der Nachlassverbindlichkeit, wenn der Gläubiger im Aufgebotsverfahren ausgeschlossen worden ist. Gleiches gilt gemäß § 2061 Abs 1 für unbekannte Nachlassverbindlichkeiten, deren Inhaber sich auf ein Privataufgebot des Miterben nicht gemeldet haben. Solange das **Aufgebotsverfahren** oder **die im Privataufgebot gesetzte Frist** noch laufen, kann der Erbe die Teilung verweigern. Auch die Zuweisung eines landwirtschaftlichen Betriebes nach §§ 13, 14 GrdstVG ist ausgeschlossen (§ 14 Abs 3 GrdstVG). Das Recht, die Auseinandersetzung zu verweigern, steht auch denjenigen Erben zu, die das Aufgebotsverfahren nicht beantragt haben; denn gemäß § 997 Abs 1 ZPO kommen der von einem Erben gestellte Antrag und das von einem Erben erwirkte Ausschlussurteil auch den anderen Erben zustatten. Gleiches gilt im Falle des Privataufgebots (vgl § 2061 Abs 1 S 2). Bis zur Teilung kann jeder Erbe die Berichtigung von Nachlassverbindlichkeiten aus seinem Privatvermögen verweigern (§ 2059 Abs 1). § 2045 gilt auch, wenn der Erbe bereits **unbeschränkt haftet;**[1] denn §§ 2060 Nr 1, 2061 Abs 1 betreffen nicht die Frage, mit welchem Vermögen der Erbe haftet (Nachlass oder Privatvermögen), sondern die Frage des Haftungsumfangs (gesamtschuldnerische oder nur anteilige Haftung) (§ 2060 Rn 3). Ergänzt werden die genannten Bestimmungen schließlich durch § 2015: Während des Aufgebotsverfahrens kann die Erbengemeinschaft im Falle einer Gesamthandklage (§ 2059 Abs 2) ebenfalls die Berichtigung der Nachlassverbindlichkeit verweigern.

II. Ende des Aufschubs

2   Das Recht, die Auseinandersetzung zu verweigern, endet mit der **Beendigung des Aufgebotsverfahrens.** Das Aufgebotsverfahren endet analog § 2015 Abs 2[2] mit rechtskräftiger Zurückweisung des Antrags auf Erlass des Ausschlussurteils oder nach dessen Erlass mit Ablauf der Beschwerdefrist oder rechtskräftiger Erledigung der Beschwerde. Der Beendigung des Aufgebotsverfahrens steht es gleich, wenn der Erbe in dem Aufgebotstermin nicht erschienen ist und nicht binnen zwei Wochen die Bestimmung eines neuen Termins beantragt oder wenn er auch in dem neuen Termin nicht erscheint (§ 2015 Abs 2)[3]. Im Falle eines Privataufgebots endet das Verweigerungsrecht mit **Ablauf der Anmeldungsfrist.** Ist das Aufgebot noch nicht beantragt oder die öffentliche Aufforderung nach § 2061 noch nicht erlassen, kann der Aufschub nur verlangt werden, wenn unverzüglich (§ 121 Abs 1 S 1) der Antrag gestellt oder die Aufforderung erlassen wird.

III. Verfahren

3   Im **Prozess** ist § 2045 nur auf Einrede des auf Zustimmung zur Auseinandersetzung in Anspruch genommenen Miterben zu beachten. Die Einrede führt nicht zur Abweisung der Klage als derzeit unbegründet. Vielmehr hat das Gericht den Prozess analog § 148 ZPO auszusetzen[4]. Ist das Aufgebot noch nicht beantragt oder die öffentliche Aufforderung noch nicht erlassen (S 2), hat das Gericht die Frist zu bestimmen, innerhalb derer der Antrag oder die Aufforderung zu erfolgen haben[5].

§ 2046 Berichtigung der Nachlassverbindlichkeiten

(1) ¹Aus dem Nachlass sind zunächst die Nachlassverbindlichkeiten zu berichtigen. ²Ist eine Nachlassverbindlichkeit noch nicht fällig oder ist sie streitig, so ist das zur Berichtigung Erforderliche zurückzuhalten.

(2) Fällt eine Nachlassverbindlichkeit nur einigen Miterben zur Last, so können diese die Berichtigung nur aus dem verlangen, was ihnen bei der Auseinandersetzung zukommt.

(3) Zur Berichtigung ist der Nachlass, soweit erforderlich, in Geld umzusetzen.

I. Bedeutung der Norm

1   Die Vorschrift des § 2046 verpflichtet die Miterben, vor der Teilung des Nachlasses die **Nachlassverbindlichkeiten zu berichtigen.** Sie dient den Interessen der einzelnen Miterben, die bis zur

---

[1] RGRK/*Kregel* Rn 1; *Staudinger/Werner* Rn 1; *Erman/Schlüter* Rn 1.
[2] RGRK/*Kregel* Rn 2; *Staudinger/Werner* Rn 2; *Palandt/Edenhofer* Rn 1; *Soergel/Wolf* Rn 1.
[3] RGRK/*Kregel* Rn 2; *Palandt/Edenhofer* Rn 1; MünchKommBGB/*Heldrich* Rn 3; *Soergel/Wolf* Rn 1; *Staudinger/Werner* Rn 2; Einzelheiten zum Abschluss des Aufgebotsverfahrens bei § 2015 Rn 3.
[4] RGRK/*Kregel* Rn 3; *Soergel/Wolf* Rn 1; MünchKommBGB/*Heldrich* Rn 4; *Staudinger/Werner* Rn 5.
[5] RGRK/*Kregel* Rn 3.

Teilung den Zugriff der Gläubiger auf ihr sonstiges Vermögen verhindern können (§ 2059 Abs 1 S 1)[1]. Kein Miterbe ist verpflichtet, einem Teilungsplan zuzustimmen, der die Tilgung der Nachlassverbindlichkeiten nicht vorsieht[2]. Im **Prozess** ist § 2046 von Amts wegen zu beachten[3]. § 2046 gilt nur im Verhältnis der Miterben untereinander. Die **Gläubiger** können sich nicht auf § 2046 berufen[4]. Ihnen bleibt bis zur Teilung nur die Möglichkeit, in den ungeteilten Nachlass zu vollstrecken (§ 2059 Abs 2). Außerdem haften die Erben ggf mit ihrem eigenen Vermögen für die ordnungsgemäße Verwaltung des Nachlasses (§§ 1991 Abs 1, 1978 ff)[5]. § 2046 ist abdingbar. Im Einverständnis aller Miterben können die Miterben den Nachlass jederzeit unabhängig von noch bestehenden Nachlassverbindlichkeiten auseinandersetzen. Ein **Testamentsvollstrecker** ist demgegenüber an § 2046 gebunden (§ 2204)[6]. **Sonderregelungen** gegenüber § 2046 enthalten § 16 Abs 2 GrdstVG und § 15 Abs 2 HöfeO, wonach Nachlassverbindlichkeiten zunächst aus dem außer dem Hof vorhandenen Vermögen zu berichtigen sind.

II. Tilgung der Nachlassverbindlichkeiten vor Teilung

1. Nachlassverbindlichkeiten. Der Begriff der Nachlassverbindlichkeiten entspricht demjenigen des § 1967 (dort Rn 12 ff). Er umfasst Pflichtteils- und Pflichtteilsergänzungsansprüche[7] sowie moralische, nicht klagbare Verpflichtungen[8]. § 2046 gilt auch für Nachlassverbindlichkeiten, die im Verhältnis der Miterben untereinander nur **einem oder einzelnen Erben** zur Last fallen (Beispiel: Auflagen oder Vermächtnisse zu Lasten einzelner Miterben). Wenn der Erblasser im Wege der Teilungsanordnung (§ 2048) bestimmt hat, dass ein Miterbe die auf einem für ihn bestimmten Grundstück lastende Hypothek allein abzulösen hat, ist auch diese Verbindlichkeit grds vor der Teilung zu berichtigen[9]. Der betroffene Miterbe kann jedoch nicht verlangen, dass der gesamte Nachlass eingesetzt wird. Die Tilgung hat vielmehr aus seinem Anteil am Überschuss – nur dem vor der Teilung – zu erfolgen (Abs 2). Die anderen Miterben, die im Innenverhältnis nicht verpflichtet sind, im Außenverhältnis aber haften, können die Berichtigung aus dem gesamten ungeteilten Nachlass verlangen, um so der persönlichen Haftung zu entgehen[10].

2. Forderungen eines Miterben. § 2046 ist grds auch auf Forderungen eines Miterben gegen den Nachlass anzuwenden[11]. Der Miterbe kann verlangen, dass seine Forderung vor der Teilung berichtigt wird. Er kann notfalls Zahlungsklage gegen die übrigen Miterben erheben, und zwar sowohl im Wege der Gesamthand- als auch im Wege der Gesamtschuldklage (§§ 2058, 2059 Abs 2; vgl § 2058 Rn 4)[12]. Zur Vollstreckung in den Nachlass reichen trotz § 747 ZPO Vollstreckungstitel gegen die übrigen Miterben[13]. Wird die Forderung nur von einzelnen Miterben bestritten, können diese auf Einwilligung in die Befriedigung aus dem Nachlass in Anspruch genommen werden[14]. Bei einer nur aus zwei Erben bestehenden Erbengemeinschaft kann der eine Miterbe eine Forderung, die ihm gegen den Erblasser zugestanden hatte, anteilig gegen den anderen Miterben geltend machen[15]. Auch ein Vorausvermächtnis (§ 2150) kann grds vorab durchgesetzt werden, wenn kein entgegenstehender Wille des Erblassers erkennbar ist[16]. Einschränkungen können sich aus dem Grundsatz von **Treu und Glauben** ergeben, etwa dann, wenn der Überschussanteil des Schuldner-Miterben die Forderung deckt und die sofortige Einziehung der Forderung ihn zur Verwertung von Grundbesitz nötigen würde[17], oder umgekehrt dann, wenn die Durchsetzung eines Herausgabe- oder Grundbuchberichtigungsanspruchs, dem der Miterbe eine eigene Forderung entgegensetzt, zur Versilberung des Nachlasses (§ 2046 Abs 3) und zur Begleichung auch der Forderung des Miterben dienen soll[18]. **Forderungen eines Miterben gegen einen anderen Miterben,** die sich auf die Erbengemeinschaft gründen, sind gemäß §§ 2042 Abs 2, 756 bei der Auseinandersetzung aus dem Auseinandersetzungsguthaben des Miterben-Schuldners zu berichtigen. Sonstige Verbindlichkeiten, für die die Miterben gemäß § 748 als Gesamtschuldner im Verhältnis ihrer Anteile haften, sind gemäß §§ 2042, 755 bei der Auseinandersetzung zu begleichen[19].

---

[1] BGHZ 57, 84, 93 f = NJW 1971, 2264, 2266; RGZ 95, 325, 328; OLG Brandenburg FamRZ 1998, 1521, 1522.
[2] OLG Brandenburg FamRZ 1998, 1521, 1522.
[3] *Soergel/Wolf* Rn 2; wohl auch BGH NJW 1985, 51, 52 unter 3.; aA MünchKommBGB/*Heldrich* Rn 3: Einrede.
[4] BGHZ 57, 84, 93 = NJW 1971, 2264, 2266; *Staudinger/Werner* Rn 1; *Soergel/Wolf* Rn 2.
[5] *Staudinger/Werner* Rn 1; RGRK/*Kregel* Rn 1.
[6] BGHZ 57, 84, 93 = NJW 1971, 2264, 2266; RGZ 95, 325, 329; *Staudinger/Werner* Rn 3; *Erman/Schlüter* Rn 1.
[7] BGH FamRZ 1989, 273, 274.
[8] MünchKommBGB/*Heldrich* Rn 2; *Staudinger/Werner* Rn 4; *Soergel/Wolf* Rn 4.
[9] RGZ 95, 325, 327 f; *Staudinger/Werner* Rn 6; *Soergel/Wolf* Rn 7.
[10] MünchKommBGB/*Heldrich* Rn 13; RGRK/*Kregel* Rn 7; *Soergel/Wolf* Rn 7.
[11] BGH NJW 1953, 510 (LS); RGZ 93, 196, 197; MünchKommBGB/*Heldrich* Rn 4; *Staudinger/Werner* Rn 8; *Soergel/Wolf* Rn 6; *Erman/Schlüter* Rn 2.
[12] *Staudinger/Werner* Rn 8 f; MünchKommBGB/*Heldrich* Rn 8; *Soergel/Wolf* Rn 6; *Erman/Schlüter* Rn 2; aA früher RGZ 93, 196, 197: nur Gesamthandsklage.
[13] *Staudinger/Werner* Rn 10.
[14] RG JW 1929, 584 m Anm *Hallstein*; *Soergel/Wolf* Rn 6.
[15] BGH NJW 1953, 501 (LS); *Soergel/Wolf* Rn 6; *Palandt/Edenhofer* Rn 5.
[16] KG OLGZ 1977, 457, 461.
[17] RGZ 65, 5, 10.
[18] RGRK/*Kregel* Rn 2 unter Hinweis auf RG vom 30. 6. 1924, IV 965/23; krit MünchKommBGB/*Heldrich* Rn 6.
[19] MünchKommBGB/*Heldrich* Rn 2; *Staudinger/Werner* Rn 7.

4 **3. Versilberung des Nachlasses.** Zur Berichtigung der Nachlassverbindlichkeiten ist der Nachlass, soweit erforderlich, **in Geld umzusetzen.** Die Verwertung erfolgt nach §§ 2042 Abs 2, 753, 754. Bewegliche Gegenstände werden nach den Vorschriften über den Pfandverkauf, Grundstücke im Wege der Teilungsversteigerung verwertet. Forderungen sind einzuziehen oder notfalls zu verkaufen. Die Auswahl der zu verwertenden Gegenstände muss einverständlich erfolgen. Die Vorbereitung der Auseinandersetzung gehört nicht mehr zur Verwaltung des Nachlasses, so dass §§ 2038, 745 nicht gelten[20]; zu der bei der Verwertung einzuhaltenden Reihenfolge vgl § 2042 Rn 8. Notfalls muss ein widersprechender Miterbe auf Zustimmung verklagt werden. Ein Miterbe ist nicht berechtigt, die Verwertung durch Ausübung eines Zurückbehaltungsrechts wegen seiner Ansprüche auf Erstattung von Auslagen für den Nachlass zu verhindern[21]. Sind Nachlassverbindlichkeiten **noch nicht fällig oder streitig,** kann jeder Miterbe verlangen, dass die zur Begleichung erforderlichen Mittel vorläufig nicht verteilt werden (Abs 1 S 2). „Streitig" ist eine Nachlassverbindlichkeit schon dann, wenn nur unter den Erben Streit besteht[22]. Ein **Gläubiger** kann sich auf Abs 1 S 2 nicht berufen.

§ 2047 Verteilung des Überschusses

(1) Der nach der Berichtigung der Nachlassverbindlichkeiten verbleibende Überschuss gebührt den Erben nach dem Verhältnis der Erbteile.

(2) Schriftstücke, die sich auf die persönlichen Verhältnisse des Erblassers, auf dessen Familie oder auf den ganzen Nachlass beziehen, bleiben gemeinschaftlich.

I. Verteilung des Überschusses (Abs 1)

1 **1. Bedeutung der Norm.** § 2047 begründet einen **schuldrechtlichen Anspruch** des einzelnen Miterben gegen die anderen Miterben auf Übertragung des ihm zustehenden Teils des Überschusses. Der **Überschuss** besteht aus den Nachlassgegenständen, die nach Begleichung der Nachlassverbindlichkeiten (§ 2046) noch vorhanden sind[1]. Die Verteilung richtet sich – wenn die Miterben sich nicht anderweitig einigen oder der Erblasser keine Teilungsanordnung (§ 2048) getroffen hat – nach den Vorschriften der §§ 752 bis 754 (§ 2042 Abs 2)[2]. Grds hat eine Teilung in Natur zu erfolgen (§ 752). Ist das nicht möglich, erfolgt die Aufhebung der Gemeinschaft durch Verkauf des gemeinschaftlichen Gegenstandes nach den Vorschriften über den Pfandverkauf oder im Wege der Teilungsversteigerung (§ 753). Ein im Nachlass befindlicher Erbteil kann gemäß § 2033 Abs 1 durch Übertragung von Bruchteilen in Höhe der jeweiligen Erbquote geteilt werden[3]. Forderungen sind gemeinschaftlich einzuziehen oder – falls dies noch nicht möglich ist – zu verkaufen (§ 754). Die **Teilung** selbst erfolgt durch Übertragung der einzelnen Gegenstände von der Erbengemeinschaft auf den einzelnen Erben. Dabei handelt es sich um ein Verkehrsgeschäft, das den allgemeinen Bestimmungen (etwa §§ 398; 929 ff; 873, 925) unterfällt. Der Überschuss gebührt den Erben **nach dem Verhältnisse der Erbteile.** Die **Teilungsquote,** die von der Erbquote abweichen kann, ist nach §§ 2050 ff zu ermitteln. Der Überschuss ist rechnerisch um auszugleichende Vorempfänge zu vermehren; der sich ergebende Betrag ist im Verhältnis der Erbquoten zu teilen; der Wert der jeweiligen Zuwendung ist vom jeweiligen Anteil abzuziehen (iE § 2055 Rn 3 f)[4].

2 **2. Verfügungen über das Auseinandersetzungsguthaben.** Der Anspruch aus § 2047 kann nicht selbständig abgetreten oder verpfändet werden (§ 2033 Rn 4 mN)[5]. War zuvor ein Anteil am Nachlass gemäß § 2033 Abs 1 auf einen Dritten übertragen worden, steht das Auseinandersetzungsguthaben dem Erwerber zu. Der Inhaber eines **Pfand- oder Pfändungspfandrechts** an einem Anteil am Nachlass muss der Auseinandersetzung zustimmen (§ 1276). Sein Pfandrecht setzt sich im Wege der dinglichen Surrogation an denjenigen Gegenständen fort, die dem Schuldner bei der Auseinandersetzung übertragen werden (§ 2033 Rn 4 mN)[6]. Ein Miterbe, der eine aus der Miterbenstellung herrührende Forderung gegen einen anderen Miterben hat, kann die Berichtigung dieser Forderung aus dem Anteil des Miterben verlangen (§§ 2042 Abs 2, 756).

II. Schriftstücke des Erblassers (Abs 2)

3 Schriftstücke, die sich auf die persönlichen Verhältnisse des Erblassers, auf dessen Familie oder ganzen Nachlass beziehen, bleiben gemeinschaftlich. Die Gesamthandsgemeinschaft besteht insoweit fort. Nachlassgläubiger und Gläubiger einzelner Erben können keinen Zugriff nehmen. Die Entscheidung darüber, wie die Schriftstücke verwahrt werden oder was sonst mit ihnen geschehen soll, stellt

---

[20] *Staudinger/Werner* Rn 17; *Palandt/Edenhofer* Rn 4; *RGRK/Kregel* Rn 8; *MünchKommBGB/Heldrich* Rn 14; *Soergel/Wolf* Rn 8.
[21] *RGRK/Kregel* Rn 8.
[22] *Staudinger/Werner* Rn 15; *MünchKommBGB/Heldrich* Rn 10; *RGRK/Kregel* Rn 6.
[1] *Staudinger/Werner* Rn 1; *MünchKommBGB/Heldrich* Rn 3; *Soergel/Wolf* Rn 2.
[2] *Soergel/Wolf* Rn 3; *RGRK/Kregel* Rn 1; *Erman/Schlüter* Rn 1; *Palandt/Edenhofer* Rn 2.
[3] BGH NJW 1963, 1610, 1611.
[4] BGHZ 96, 174 = NJW 1986, 931.
[5] *Palandt/Edenhofer* Rn 1; *Soergel/Wolf* Rn 4.
[6] BGHZ 52, 99 = NJW 1969, 1347, 1348 f; BayObLG DB 1983, 708, 709; *Palandt/Bassenge* § 1258 Rn 4.

eine Maßnahme der Verwaltung des Nachlasses dar (§§ 2038, 745). Jeder Miterbe hat ein Recht auf Einsicht und auf sachgerechten Gebrauch[7]. Die Miterben können einverständlich (§ 745 Abs 3) eine von Abs 2 abweichende Regelung treffen, etwa bestimmte Schriftstücke einem Miterben zu Alleineigentum übertragen oder an Dritte veräußern. Auf **Familienfotos oder andere Erinnerungsstücke** ist Abs 2 nicht entspr anwendbar[8].

§ 2048 Teilungsanordnungen des Erblassers

¹Der Erblasser kann durch letztwillige Verfügung Anordnungen für die Auseinandersetzung treffen. ²Er kann insbesondere anordnen, dass die Auseinandersetzung nach dem billigen Ermessen eines Dritten erfolgen soll. ³Die von dem Dritten auf Grund der Anordnung getroffene Bestimmung ist für die Erben nicht verbindlich, wenn sie offenbar unbillig ist; die Bestimmung erfolgt in diesem Falle durch Urteil.

Schrifttum: *Coing,* Vorausvermächtnis und Teilungsanordnung, JZ 1962, 529; *Eidenmüller,* Vorausvermächtnis und Teilungsanordnung, JA 1991, 150; *Loritz,* Teilungsanordnung und Vorausvermächtnis, NJW 1988, 2697; *Ruby,* „Der Miterben Zähmung" durch ein Testament mit „drei Zügeln", ZEV 2007, 18.

Übersicht

	Rn		Rn
I. Bedeutung der Norm	1	4. Bewertung	5
II. Teilungsanordnung	2		
1. Mögliche Regelungen	2	III. Bestimmung durch einen Dritten	6
2. Rechtsfolgen im Unterschied zum Vorausvermächtnis	3	1. Allgemeines	6
		2. Offenbare Unbilligkeit	7
3. Abgrenzung Teilungsanordnung – Vorausvermächtnis	4	3. Verfahren	8

I. Bedeutung der Norm

Der Erblasser kann durch letztwillige Verfügung nicht nur die Auseinandersetzung ausschließen oder 1 erschweren (§ 2044), sondern auch Anordnungen dazu treffen, wie der Nachlass unter seine Erben verteilt werden soll. Diese Befugnis ist Teil der Testierfreiheit des Erblassers. Seine **Teilungsanordnungen** haben Vorrang vor den gesetzlichen Auseinandersetzungsregeln[1]. Sie wirken nicht dinglich, sondern begründen eine **schuldrechtliche Verpflichtung** aller Miterben, die entsprechenden Übertragungsakte vorzunehmen[2]. Die Miterben können sich einverständlich über Teilungsanordnungen des Erblassers hinwegsetzen. Selbst wenn es sich um Auflagen iS der §§ 2192 ff handelt, ist eine abweichende Verteilung der Nachlassgegenstände durch alle Miterben gemeinsam dinglich wirksam[3]. Der **Testamentsvollstrecker** ist an Teilungsanordnungen des Erblassers gebunden (§§ 2203, 2204). Widersprechende Verfügungen sind allenfalls mit Zustimmung aller Miterben möglich[4]. Gegenüber einem **pflichtteilsberechtigten Miterben,** dessen Erbteil die Hälfte des gesetzlichen Erbteils nicht übersteigt, gilt eine beschwerende Teilungsanordnung als nicht angeordnet (§ 2306 Abs 1 S 1). Der **Vorerbe** ist bei Ausführung einer Teilungsanordnung von den Beschränkungen der §§ 2113 f befreit[5]. Teilungsanordnungen lassen die Höhe der Erbteile und den Wert der Beteiligung der einzelnen Miterben am Nachlass grds unberührt[6], wobei aber im Einzelfall im Wege der Auslegung zu ermitteln ist, ob der Erblasser nur eine Teilungsanordnung getroffen, (auch oder ausschließlich) ein Vorausvermächtnis (§ 2150) angeordnet oder sogar eine Erbeinsetzung mit unterschiedlichen Quoten gewollt hat (Rn 2 ff). Teilungsanordnungen können nicht in einem Erbvertrag, sondern nur einseitig getroffen werden (§ 2278 Abs 2)[7*].

II. Teilungsanordnung

1. Mögliche Regelungen. Teilungsanordnungen können die **Verwaltung** oder die **Auseinander-** 2 **setzung** des Nachlasses betreffen. Der Erblasser kann einzelnen Miterben bestimmte Nachlassgegenstände zuweisen oder einzelnen Miterben das Recht einräumen, Nachlassgegenstände unter Anrech-

---

[7] *Staudinger/Werner* Rn 4.
[8] *Lange/Kuchinke* § 44 IV 4 d; *Palandt/Edenhofer* Rn 3; *Erman/Schlüter* Rn 3; *Soergel/Wolf* Rn 5.
[1] BGH NJW 1985, 51, 52.
[2] RGZ 110, 270, 274; OLG Neustadt MDR 1960, 497; KG OLGZ 1967, 358, 361; BayObLG FamRZ 1999, 470; OLG Naumburg vom 9. 2. 1999, 11 U 204/98; *Staudinger/Werner* Rn 3; *Soergel/Wolf* Rn 2; *RGRK/Kregel* Rn 4.
[3] BGHZ 40, 115, 117 f = NJW 1963, 2320 betr Auseinandersetzungsverbot; *Soergel/Wolf* Rn 2; *Palandt/Edenhofer* Rn 4.
[4] BGH NJW 1984, 2464, 2465; BGHZ 56, 275, 278 = NJW 1971, 1805 m Anm *Mattern* LM § 2208 Nr 3.
[5] BayObLGZ 1974, 312, 314; BayObLG FamRZ 1992, 728, 728; OLG Hamm FGPrax 1995, 7, 8; *Staudinger/Werner* Rn 5; *MünchKommBGB/Heldrich* Rn 8.
[6] BGH NJW 1985, 51, 52.
[7*] BGH NJW 1982, 441, 442.

§ 2048 Buch 5. Abschnitt 2. Rechtliche Stellung des Erben

nung eines bestimmten oder eines zu bestimmenden Wertes zu übernehmen (**Übernahmerecht**). Einen Sonderfall – das Recht zur Übernahme eines Landgutes gegen Anrechnung des Ertragswertes – regelt § 2049. Der Erblasser kann auch die Art der Verwertung bestimmter Gegenstände festlegen, die Auseinandersetzung verbieten oder einschränken (§ 2044) oder Regelungen dazu treffen, welcher Erbe im Innenverhältnis für bestimmte Nachlassverbindlichkeiten aufkommen soll[8]. Er kann die Auseinandersetzung einem Dritten übertragen (S 2 und 3), einen Schiedsgutachter bestimmen oder für den Fall von Streitigkeiten die Durchführung eines Mediationsverfahrens anordnen[9]. Gehört ein Gesellschaftsanteil an einer Kommanditgesellschaft zum Nachlass, kann der Erblasser eine für die Erben verbindliche Anordnung treffen, den Gesellschaftsvertrag im Rahmen der Auseinandersetzung zu ändern[10].

3   **2. Rechtsfolgen im Unterschied zum Vorausvermächtnis.** Die Teilungsanordnung in der Form der Zuweisung eines bestimmten Gegenstandes hat zur Folge, dass der betreffende Miterbe berechtigt ist, von den anderen Miterben die Übertragung dieses Gegenstandes zu verlangen. Handelt es sich nicht nur um ein Übernahmerecht, ist der Erbe sogar zur Entgegennahme des Gegenstandes verpflichtet. Der Wert des Gegenstandes wird auf den Erbteil angerechnet. Der Erblasser kann jedoch ausdrücklich angeordnet oder jedenfalls erkennbar gewollt haben, dass der Erbe den Gegenstand zusätzlich zu seinem Erbteil erhalten soll. In diesem Fall handelt es sich um ein **Vorausvermächtnis** (§ 2150), das nicht auf den Erbteil angerechnet wird und schon vor der Auseinandersetzung des Nachlasses geltend gemacht (§§ 2174, 2176) oder ausgeschlagen (§ 2180) werden kann. Der Vermächtnisnehmer steht in verschiedener Hinsicht besser als der Erbe. Insbesondere ist das Vorausvermächtnis bei Unzulänglichkeit des Nachlasses im Range zwar nach den Ansprüchen anderer Nachlassgläubiger zu befriedigen (§ 1991 Abs 4 iVm § 327 Abs 1 Nr 2 InsO). Es gehört aber immer noch zu den Nachlassverbindlichkeiten, die vor Auskehr des Überschusses an die Erben zu berichtigen sind (§ 2046). Ist der zugewandte Gegenstand dem Vermächtnisnehmer übertragen worden, kann er allenfalls im Wege der Anfechtung (§ 5 AnfG) oder der Insolvenzanfechtung (§ 322 InsO) für Nachlassverbindlichkeiten in Anspruch genommen werden. Der durch Teilungsanordnung zugewiesene Gegenstand gehört dagegen zum **haftenden Nachlass**[11].

4   **3. Abgrenzung Teilungsanordnung – Vorausvermächtnis.** Die Abgrenzung zwischen einer Teilungsanordnung und einem Vorausvermächtnis kann im Einzelfall schwierig sein, zumal Teilungsanordnung und Vorausvermächtnis nebeneinander vorliegen können[12]. Ein Vermächtnis ist immer dann anzunehmen, wenn der Begünstigte nach dem Willen des Erblassers einen Vermögensvorteil gegenüber den übrigen Miterben bekommen soll[13]; denn es gibt grds **keine wertverschiebende Teilungsanordnung.**[14] Ob der Erblasser den Erben begünstigen wollte, ist im Wege der Auslegung zu ermitteln. Indiz für einen Begünstigungswillen kann sein, dass der Erblasser den zu einem Vermögensvorteil des Begünstigten führenden objektiven „Mehrwert" kannte, während fehlende Kenntnis für das Fehlen eines Begünstigungswillens und damit gegen ein Vorausvermächtnis spricht[15]. Aber auch bei fehlendem Begünstigungswillen – wenn etwa der Erblasser die volle Anrechnung des zugewandten Gegenstandes auf den Erbteil anordnet – kann ein Vorausvermächtnis anzunehmen sein, wenn der Erblasser dem Begünstigten den Gegenstand auch für den Fall zuwenden will, dass dieser die Erbschaft ausschlägt oder aus anderen Gründen nicht Erbe wird[16]. Weist der Erblasser einem von mehreren Miterben Gegenstände zu, deren Wert denjenigen des Erbteils übersteigt, kann auch nur der Mehrbetrag im Wege des Vorausvermächtnisses zugewandt worden sein. Der Erblasser kann aber auch anordnen, dass der Erbe den Mehrbetrag ausgleicht[17]. Zu Leistungen aus seinem Privatvermögen kann der Erbe aber nicht gezwungen werden[18]. Die Teilungsanordnung ist dann gegenstandslos. Im Einzelfall kann die Zuwendung bestimmter Gegenstände trotz der Regelung des § 2087 Abs 2 als **Erbeinsetzung** zu verstehen sein[19]. Hat der Erblasser angeordnet, dass eine als „Erbe" bezeichnete Person einen bestimmten Geldbetrag „als Erbteil" erhalten solle, kann darin neben der Erbeinsetzung eine Teilungsanordnung dahingehend liegen, dass die Person diesen Betrag ohne Auseinandersetzung als Abfindung erhalten soll[20].

5   **4. Bewertung.** Soweit es auf den **Wert** eines zugewiesenen Gegenstandes ankommt und der Erblasser keine abweichende Bestimmung getroffen hat, gilt der objektive Verkehrswert in demjenigen Zeitpunkt, in dem der Anspruch auf Ausführung der Teilungsanordnung entsteht[21]. Für ein zum Nachlass gehörendes

---

[8] BGH LM § 138 (Cd) Nr 2; MünchKommBGB/*Heldrich* Rn 6; *Jauernig/Stürner* Rn 2; *Palandt/Edenhofer* Rn 2.
[9] Vgl zur Zulässigkeit einer Mediationsklausel *Risse* ZEV 1999, 205, 209.
[10] BGH NJW-RR 1990, 1445, 1446: MünchKommBGB/*Heldrich* Rn 6; *Staudinger/Werner* Rn 6.
[11] BayObLGZ 1974, 312, 315; *Palandt/Edenhofer* Rn 7; MünchKommBGB/*Heldrich* Rn 17; *Erman/Schlüter* Rn 7.
[12] BGH NJW 1964, 2298, 2299; OLG Oldenburg FamRZ 1999, 532.
[13] BGHZ 36, 115 = NJW 1962, 343; BGH NJW 1985, 51, 52; NJW 1998, 682; RGRK/*Kregel* Rn 1; *Soergel/Wolf* Rn 8; *Erman/Schlüter* Rn 5; MünchKommBGB/*Heldrich* Rn 16; *Palandt/Edenhofer* Rn 6.
[14] BGH NJW-RR 1990, 1220; OLG Brandenburg FamRZ 1998, 1619, 1623; *Soergel/Wolf* Rn 8; *Rauscher* JR 1982, 155, 156.
[15] *Baumgärtel/Schmitz* Rn 1.
[16] BGH NJW 1995, 720, 721; OLG Düsseldorf FamRZ 1996, 444.
[17] BGH NJW 1985, 51, 52.
[18] *Soergel/Wolf* Rn 8; MünchKommBGB/*Heldrich* Rn 16; *Johannsen* WM 1985 Beilage 1 S 1, 8; *Eidenmüller* JA 1991, 150, 155 m Fn 42.
[19] Vgl BGH LM § 2306 Nr 11; NJW 1997, 392 m Anm *Leipold* LM § 2087 Nr 3.
[20] KG JW 1937, 2200; *Staudinger/Werner* Rn 8 unter Hinweis auf RG vom 24. 10. 1921, IV 147/21; RGRK/*Kregel* Rn 2.
[21] MünchKommBGB/*Heldrich* Rn 20; *Soergel/Wolf* Rn 13; *Palandt/Edenhofer* Rn 9; vgl auch *Erman/Schlüter* Rn 6 im Anschluss an RGZ 170, 163, 171: maßgeblich sei der Wert, den der Erblasser angenommen hatte. Legt man

Unternehmen kann der Mittelwert aus Substanz- und Ertragswert ohne Berücksichtigung des goodwill angesetzt werden[22]. Bei Übernahme eines Landguts ist die Sondervorschrift des § 2049 zu beachten.

III. Bestimmung durch einen Dritten

1. Allgemeines. Der Erblasser kann anordnen, dass die Auseinandersetzung nach dem **billigen Ermessen eines Dritten** erfolgen soll (S 2). „Dritter" kann jede Person, auch ein Miterbe oder ein Testamentsvollstrecker sein[23]. Ob Testamentsvollstreckung (eventuell unter Beschränkung der Rechte gemäß § 2208) oder nur die Übertragung der Auseinandersetzung gewollt ist, ist im Wege der Auslegung zu ermitteln. Der Testamentsvollstrecker kann zugleich die Verteilung vornehmen (§ 2205). Ein sonstiger Dritter kann nur einen schuldrechtlichen Teilungsplan erstellen, den die Miterben ausführen müssen. Die Miterben bleiben gemäß § 2040 zur Verfügung über die Nachlassgegenstände berechtigt[24].

2. Offenbare Unbilligkeit. Die von dem Dritten getroffene Bestimmung ist für die Erben nicht verbindlich, wenn sie offenbar unbillig ist (S 3). Das ist dann der Fall, wenn sie sachlicher Gründe entbehrt und ihre Sachwidrigkeit für jeden auf dem betreffenden Gebiet Sachkundigen erkennbar zutage liegt[25]. Die zu § 319 entwickelten Grundsätze sind entspr heranzuziehen. Unverbindlich ist zum Beispiel die Bestimmung, dass Nachlassgrundstücke gegen einen in wertloser Währung zu zahlenden Kaufpreis zu veräußern seien[26]. Eine offenbare Unbilligkeit kann sich auch daraus ergeben, dass die Bestimmung in einem deutlichen Gegensatz zum Willen des Erblassers steht, keine hinreichenden Gründe für eine Abweichung vorhanden sind und der Spielraum überschritten wird, den der Erblasser dem Dritten durch die Ermessensentscheidung einräumen wollte[27].

3. Verfahren. Sind sich die Miterben einig, können sie die unbillige Bestimmung unbeachtet lassen[28] und den Nachlass selbst auseinandersetzen. Andernfalls erfolgt die Bestimmung durch **Urteil des Prozessgerichts** (S 3 HS 2). Die Klage ist gegen den Dritten zu richten, wenn dieser die Auseinandersetzungsbestimmung in seiner Eigenschaft als Testamentsvollstrecker getroffen hat, sonst gegen die Miterben, die an der getroffenen Bestimmung festhalten wollen[29]. Der Klageantrag hat auf Bestimmung eines billigem Ermessen entsprechenden Teilungsplans durch das Gericht zu lauten[30]. Die Miterben sind keine notwendigen Streitgenossen[31].

Darlegungs- und beweispflichtig für die tatsächlichen Voraussetzungen einer offenbaren Unbilligkeit ist der klagende Miterbe[32]. Das Gericht ist nicht an die gesetzlichen Auseinandersetzungsregeln gebunden, sondern entscheidet seinerseits nach billigem Ermessen. Das Urteil ist ein **Gestaltungsurteil.** Es ersetzt nur die Teilungsbestimmung des Dritten, muss also noch umgesetzt werden. Die Abgabe der erforderlichen Erklärungen kann im Wege der Klage erzwungen werden. Kann oder will der Dritte die Bestimmung nicht treffen oder verzögert er sie unangemessen, erfolgt die Bestimmung ebenfalls durch Urteil (§ 319 Abs 1 S 2 HS 2 entsprechend)[33].

§ 2049 Übernahme eines Landguts

(1) Hat der Erblasser angeordnet, dass einer der Miterben das Recht haben soll, ein zum Nachlass gehörendes Landgut zu übernehmen, so ist im Zweifel anzunehmen, dass das Landgut zu dem Ertragswert angesetzt werden soll.

(2) Der Ertragswert bestimmt sich nach dem Reinertrag, den das Landgut nach seiner bisherigen wirtschaftlichen Bestimmung bei ordnungsmäßiger Bewirtschaftung nachhaltig gewähren kann.

Schrifttum: *Wöhrmann/Stöcker*, Das Landwirtschaftserbrecht, 8. Aufl 2004.

I. Bedeutung der Norm

§ 2049 setzt eine letztwillige Verfügung des Erblassers des Inhalts voraus, dass nur einer von mehreren Erben ein zum Nachlass gehörendes Landgut übernehmen und fortführen soll. Im Zweifel, wenn der Erblasser also keine anderweitige Bestimmung getroffen hat, ist das Landgut bei der Errechnung der

---

jedoch einen anderen als den „wirklichen" Wert eines Gegenstandes zugrunde, kann es zu Wertverschiebungen kommen, die eine reine Teilungsanordnung gerade nicht zulässt.

[22] BGH NJW 1982, 575.
[23] RGZ 110, 270, 274; OLG Stuttgart OLGR 1998, 234, 235; *Staudinger/Werner* Rn 13; *Erman/Schlüter* Rn 10; *Soergel/Wolf* Rn 12; *Ruby* ZEV 2007, 18, 20.
[24] RGZ 110, 270, 274; MünchKommBGB/*Heldrich* Rn 18.
[25] OLG Stuttgart OLGR 1998, 234, 235; *Soergel/Wolf* Rn 12; *Ruby* ZEV 2007, 18, 21.
[26] RGZ 110, 270, 274 f.
[27] OLG Stuttgart OLGR 1998, 234.
[28] RGRK/*Kregel* Rn 8; *Soergel/Wolf* Rn 12; MünchKommBGB/*Heldrich* Rn 19.
[29] RGRK/*Kregel* Rn 8; *Soergel/Wolf* Rn 12; MünchKommBGB/*Heldrich* Rn 19; *Staudinger/Werner* Rn 15.
[30] OLG Stuttgart OLGR 1998, 234, 235; MünchKommBGB/*Heldrich* Rn 19.
[31] *Soergel/Wolf* Rn 12; *Ruby*, ZEV 2007, 18, 21.
[32] OLG Stuttgart OLGR 1998, 234, 237; *Baumgärtel/Schmitz* Rn 2; *Ruby* ZEV 2007, 18, 22.
[33] *Staudinger/Werner* Rn 16; *Palandt/Edenhofer* Rn 3; RGRK/*Kregel* Rn 9; *Soergel/Wolf* Rn 12; *Erman/Schlüter* Rn 10; aA *Kipp/Coing* § 118 V 2 d: die Anordnung des Erblassers sei unwirksam.

Auseinandersetzungs- und Abfindungsansprüche der weichenden Erben mit dem Ertragswert – nicht mit dem Verkehrswert – anzusetzen. Dadurch soll das Landgut auch nach dem Erbfall in seinem Bestand erhalten und seine Weiterführung ermöglicht werden. Der Übernehmer soll nicht mit erbrechtlichen Ansprüchen belastet werden, die über die Ertragskraft des Landguts hinausgehen und dadurch dessen Fortbestand gefährden[1]. Geschützt wird nicht das individuelle Interesse des Übernehmers, sondern das **öffentliche Interesse an der Erhaltung leistungsfähiger Höfe in bäuerlichen Familien**[2]. Die damit verbundene Ungleichbehandlung des übernehmenden Erben einerseits, der zurückgesetzten Erben andererseits ist verfassungsgemäß, solange der Gesetzeszweck – die Erhaltung eines leistungsfähigen landwirtschaftlichen Betriebes in der Hand einer vom Gesetz begünstigten Person – im Einzelfall gewahrt wird[3]. Im Rahmen des gerichtlichen Zuweisungsverfahren nach §§ 13 ff GrdstVG ist § 2049 entspr anwendbar (§ 16 Abs 1 GrdstVG). Ähnliche Vorschriften enthalten §§ 1515 Abs 2, 2312. § 2049 gilt nur im Bereich der Erbfolge nach allgemeinem bürgerlichen Recht, nicht für die Sonderrechtsnachfolge nach der in Hamburg, Nordrhein-Westfalen, Niedersachsen und Schleswig-Holstein geltenden **Höfeordnung** (vgl § 12 Abs 2 HöfeO).

II. Einzelheiten

2 **1. Landgut.** Ein Landgut ist eine Besitzung, die eine zum selbständigen und dauernden Betrieb der Landwirtschaft einschließlich der Viehzucht oder der Forstwirtschaft geeignete und bestimmte Wirtschaftseinheit darstellt und mit den nötigen Wohn- und Wirtschaftsgebäuden versehen ist. Es muss eine gewisse Größe erreichen und für den Inhaber eine selbständige Erwerbsquelle darstellen, wobei der Inhaber neben der Landwirtschaft aber auch einen anderen Beruf ausüben kann. „Landwirtschaft" sind die Bodenbewirtschaftung und die mit der Bodennutzung verbundene Tierhaltung, um pflanzliche oder tierische Erzeugnisse zu gewinnen, sowie die gartenbauliche Erzeugung (vgl § 585 Abs 1 S 2)[4]. Zur Landwirtschaft bestimmt ist ein Landgut, wenn die Absicht besteht, es dauernd unverändert als landwirtschaftliche Einheit beizubehalten[5]. Ein Landgut, das nicht mehr als geschlossene Einheit fortgeführt wird und nicht (mehr) lebensfähig ist, fällt nicht unter § 2049. Gleiches gilt für einen Hof, der zwar noch bewirtschaftet wird, von dem aber abzusehen ist, dass er als solcher nicht gehalten werden kann[6], oder für einen Hof, der aufgegeben werden muss, weil er im Bereich eines geplanten Verkehrsflughafens liegt[7]. **Einzelne Grundstücke**, die Bauerwartungs- oder Bauland geworden sind und die für die Bewirtschaftung des Landguts auf Dauer nicht benötigt werden, können gesondert zum Verkehrswert anzusetzen sein[8]. Grundstücke, die unmittelbar an ein Kieswerk angrenzen und für die die amtliche Genehmigung zum Abbau reicher Kiesvorkommen bereits erteilt ist, sind nicht zum Ertragswert anzusetzen, wenn sie zum Kiesabbau bestimmt sind und ohne Gefahr für die dauernde Lebensfähigkeit des Landguts aus diesem herausgelöst werden können[9].

3 **2. Auslegungsregel bei Anordnung eines Übernahmerechts.** Der Erblasser muss durch **letztwillige Verfügung** angeordnet haben, dass einer der Erben zur **Übernahme** eines zum Nachlass gehörenden Landgutes berechtigt sein soll (§ 2048). Der durch die Anordnung begünstigte Erbe muss zur Übernahme des gesamten Hofes berechtigt sein. Soll der Erbe nur einen Bruchteil des Eigentums an einem Landgut übernehmen, gilt § 2049 (ebenso wie § 2312) nicht[10]. § 2049 enthält nur eine **Auslegungsregel**[11]. Der Erblasser kann abweichende Bestimmungen treffen, insbes die Übernahme zum Verkehrswert anordnen. Liegt der Ertragswert über dem Verkehrswert, ist § 2049 seinem Sinn und Zweck nach nicht anwendbar[12]. Für Übergabeverträge, die die Erbfolge vorwegnehmen, gilt § 2049 entspr[13].

4 **3. Bestimmung des Ertragswertes.** Der Ertragswert bestimmt sich nach dem Reinertrag, den das Landgut nach seiner bisherigen wirtschaftlichen Bestimmung bei ordnungsmäßiger Bewirtschaftung nachhaltig gewähren kann (Abs 2). Damit sind die Kriterien beschrieben, die den Ertragswert bestimmen. Wie der Ertragswert festzustellen ist, kann landesrechtlich geregelt sein (Art 137 EGBGB). Den Ländern ist jedoch nur die verfassungsmäßige Ausführung von § 2049 Abs 2 vorgegebenen materiellen Bewertungskriterien, also der Erlass von Ausführungsvorschriften zu 2049 Abs 2, vorbehalten[14]. Der **Reinertrag** ist auf der Grundlage der bisherigen wirtschaftlichen Bestimmung des Landguts konkret und individuell zu ermitteln. Dabei ist eine ordnungsmäßige Bewirtschaftung des Landguts zu unterstellen. Zweckmäßige Änderungen der Bewirtschaftungsweise, die ohne Änderung der wirtschaft-

---

[1] BGH NJW 1973, 995; BGHZ 98, 382 = NJW 1987, 1260.
[2] BVerfGE 15, 337, 342 = NJW 1963, 947; BVerfGE 67, 348 = NJW 1985, 1329; BGHZ 98, 382 = NJW 1985, 1329; MünchKommBGB/*Heldrich* Rn 2.
[3] BGHZ 98, 382 = NJW 1987, 1260; BGH NJW-RR 1990, 66.
[4] Ausf *Wöhrmann/Stöcker* Rn 11 ff.
[5] BGH NJW 1964, 1414, 1416.
[6] BGHZ 98, 382 = NJW 1987, 1260.
[7] BGH MDR 1984, 204.
[8] BGHZ 98, 382 = NJW 1987, 1260; *Wöhrmann/Stöcker* Rn 108; MünchKommBGB/*Heldrich* Rn 4.
[9] BGH NJW-RR 1992, 66.
[10] BGH NJW 1973, 995; dazu krit MünchKommBGB/*Heldrich* Rn 7.
[11] MünchKommBGB/*Heldrich* Rn 6; RGRK/*Kregel* Rn 2; *Soergel/Wolf* Rn 1; *Staudinger/Werner* Rn 1.
[12] MünchKommBGB/*Heldrich* Rn 7; RGRK/*Kregel* Rn 2; *Soergel/Wolf* Rn 4; *Staudinger/Werner* Rn 1.
[13] BGH NJW 1964, 1323; *Erman/Schlüter* Rn 2; MünchKommBGB/*Heldrich* Rn 7; *Staudinger/Werner* Rn 6.
[14] BVerfG NJW 1988, 2723, 2724; aA RGRK/*Kregel* Rn 4 und *Staudinger/Werner* Rn 5: § 2049 Abs 2 gelte nur subsidiär.

lichen Bestimmung des Ganzen erfolgen können, können bei der Bemessung des Reinertrags berücksichtigt werden[15]. Regelmäßig wird ein Sachverständigengutachten erforderlich[16]. Der **Ertragswert** ist nach betriebswirtschaftlichen Grundsätzen ein bestimmtes Vielfaches des Reinertrags[17]. Welcher Multiplikator anzuwenden ist, ist in den meisten Bundesländern in den Ausführungsgesetzen zum BGB landesrechtlich geregelt[18]. Fehlt eine landesrechtliche Regelung, ist die Vorschrift des § 36 Abs 2 S 3 BewG anzuwenden, die das 18fache des jährlichen Reinertrags vorsieht[19].

§ 2050 Ausgleichungspflicht für Abkömmlinge als gesetzliche Erben

(1) Abkömmlinge, die als gesetzliche Erben zur Erbfolge gelangen, sind verpflichtet, dasjenige, was sie von dem Erblasser bei dessen Lebzeiten als Ausstattung erhalten haben, bei der Auseinandersetzung untereinander zur Ausgleichung zu bringen, soweit nicht der Erblasser bei der Zuwendung ein anderes angeordnet hat.

(2) Zuschüsse, die zu dem Zwecke gegeben worden sind, als Einkünfte verwendet zu werden, sowie Aufwendungen für die Vorbildung zu einem Beruf sind insoweit zur Ausgleichung zu bringen, als sie das den Vermögensverhältnissen des Erblassers entsprechende Maß überstiegen haben.

(3) Andere Zuwendungen unter Lebenden sind zur Ausgleichung zu bringen, wenn der Erblasser bei der Zuwendung die Ausgleichung angeordnet hat.

Schrifttum: *Kerscher,* Zuwendungen an Kinder zur Existenzgründung – Die Ausstattung als ausgleichungspflichtiger Vorempfang, ZEV 1997, 354; *Krug,* Die Kaufkraftproblematik bei ausgleichungspflichtigen Vorempfängen in der Erbteilung, ZEV 2000, 41; *J. Mayer,* Nachträgliche Änderung von erbrechtlichen Anrechnungs- und Ausgleichungsbestimmungen, ZEV 1996, 441; *Mohr,* Ausgleichung und Anrechnung bei Schenkungen, ZEV 1999, 257; *Philipp,* Zur Berücksichtigung des Kaufkraftschwundes bei der Berechnung von Pflichtteilsansprüchen, DB 1976, 664; *Schindler,* Zuwendungsarten bei der Ausgleichung unter Miterben nach § 2050 BGB, ZEV 2006, 389; *Schneider,* Der Streitwert der Miterbenklagen nach § 2039 und 2050 BGB, Rpfleger 1982, 268; *Thubauville,* Die Anrechnung lebzeitiger Leistungen auf Erb- und Pflichtteilsrechte, MittRhNotK 1992, 289; *Weimar,* Rechtsfragen zur Ausgleichungspflicht unter Miterben, JR 1967, 97.

Übersicht

	Rn		Rn
I. Bedeutung der Norm	1	a) Ausstattung	7
1. Normzweck	1	b) Zuschüsse	8
2. Rechtsnatur	2	c) Vorbildung zu einem Beruf	9
3. Anwendungsbereich	3	d) Andere Zuwendungen	10
		5. Abweichende Anordnungen des Erblassers	11
II. Voraussetzungen der Ausgleichung	4		
1. Ausgleichungsverpflichtete	4	**III. Durchsetzung des Anspruchs auf Ausgleichung**	12
2. Ausgleichungsberechtigte	5		
3. Lebzeitige Zuwendungen des Erblassers	6	1. Klageart	12
4. Zuwendungen	7	2. Verfahren	13

I. Bedeutung der Norm

1. Normzweck. Die Vorschriften der §§ 2050 ff über die Ausgleichung lebzeitiger Zuwendungen beruhen auf der Annahme, dass der Erblasser seine Abkömmlinge gleichmäßig bedenken will[1]. Sie setzen den Eintritt der **gesetzlichen Erbfolge** voraus. Bei gewillkürter Erbfolge gelten sie grds nicht (Ausnahme: § 2052). Letztwillige Verfügungen trifft ein Erblasser regelmäßig unter Berücksichtigung lebzeitiger Zuwendungen; Ungleichbehandlungen sind dann gewollt. 1

2. Rechtsnatur. Die Ausgleichung ist **Teil des Auseinandersetzungsverfahrens.** Sie wird in der Weise durchgeführt, dass bei der Auseinandersetzung des Nachlasses der Wert der Zuwendung dem Nachlass hinzugerechnet und dann auf den Anteil, der dem Zuwendungsempfänger zusteht, angerechnet wird (§ 2055). Es erfolgt also nur ein **rechnerischer Ausgleich.** Die Zuwendung selbst geht **endgültig** in das Vermögen des Empfängers über. Der Empfänger ist nicht verpflichtet, sie zum Nachlass zurückzugewähren. Der Ausgleichungsberechtigte erhält (zunächst) auch keinen Zahlungsanspruch, so dass man nicht von einem Vermächtnis zu seinen Gunsten und zu Lasten des Ausgleichungsverpflichteten sprechen kann[2]. Hat ein Miterbe bereits zu Lebzeiten mehr erhalten, als ihm bei der Auseinandersetzung zukommen würde, 2

---

[15] RGRK/*Kregel* Rn 5; *Staudinger/Werner* Rn 4; *Soergel/Wolf* Rn 4; MünchKommBGB/*Heldrich* Rn 6.
[16] BVerfG NJW 1988, 2723, 2725.
[17] Palandt/*Edenhofer* Rn 3; vgl BVerfG NJW 1988, 2723.
[18] Vgl die Zusammenstellung bei *Wöhrmann/Stöcker* Rn 87 ff.
[19] Vgl *Wöhrmann/Stöcker* Rn 91.
[1] BGHZ 65, 75, 77 = NJW 1975, 1831, 1832; MünchKommBGB/*Heldrich* Rn 1; RGRK/*Kregel* Rn 1.
[2] MünchKommBGB/*Heldrich* Rn 17; Erman/*Schlüter* Rn 3; *Soergel/Wolf* Rn 4; *Staudinger/Werner* Rn 6; Palandt/*Edenhofer* Rn 2; aA *Lange/Kuchinke* § 15 III 4 a: die Ausgleichung stelle „ihrem Wesen, wenn auch nicht ihrer Form nach" ein Vermächtnis dar.

§ 2050

so ist er nicht verpflichtet, den Mehrbetrag zum Nachlass zurückzugewähren (§ 2056). Obwohl er jedoch keinen Anspruch auf einen Teil des Auseinandersetzungsguthabens mehr hat, bleibt er **Mitglied der Erbengemeinschaft** mit allen Rechten und Pflichten, die dazu gehören (Verwaltung und Nutzung gemäß § 2038; Verfügungsberechtigung gemäß § 2040; Schuldenhaftung gemäß §§ 2058, 2059). Auf die Erbschaftsquoten haben Ausgleichungsrechte und -pflichten ebenfalls keinen Einfluss. Lediglich die Teilungsquoten nach § 2047 Abs 1 verschieben sich[3].

3 **3. Anwendungsbereich.** § 2050 enthält **dispositives Recht.** Der Erblasser kann in den Grenzen des Pflichtteilsrechts (vgl §§ 2316, 2325, 2329) vor oder bei der Zuwendung abweichende Anordnungen treffen. Nachträgliche Anordnungen sind nur eingeschränkt möglich (Rn 11). Die **Miterben** können nach dem Erbfall einvernehmlich von den §§ 2050 ff abweichende Auseinandersetzungsvereinbarungen schließen[4]. Auf Ausgleichungsansprüche der Miterben bei **qualifizierter Nachfolge in einen Gesellschaftsanteil** sind die §§ 2050 ff (ohne § 2056) entspr anzuwenden[5].

II. Voraussetzungen der Ausgleichung

4 **1. Ausgleichungsverpflichtete.** Ausgleichungspflichtig sind alle Abkömmlinge des Erblassers, die zur gesetzlichen Erbfolge berufen oder durch letztwillige Verfügung auf ihre gesetzlichen Erbteile oder im Verhältnis ihrer gesetzlichen Erbteile eingesetzt worden sind (vgl § 2052) und eine lebzeitige Zuwendung erhalten haben. Es kann sich um **Kinder,** aber auch um **entferntere Abkömmlinge** (Enkel, Urenkel) handeln. Bei entfernteren Abkömmlingen ist § 2053 zu beachten: Zuwendungen, die ein entfernterer Abkömmling zu einer Zeit erhalten hat, als er noch durch einen näheren Abkömmling ausgeschlossen war, sind nicht ausgleichungspflichtig, wenn der Erblasser nicht bei der Zuwendung die Ausgleichung angeordnet hatte. Fällt ein ausgleichungspflichtiger Abkömmling vor oder nach dem Tod des Erblassers weg, so ist der an seine Stelle tretende entferntere Abkömmling wegen der dem näheren Abkömmling gemachten Zuwendung ausgleichungspflichtig (§ 2051 Abs 1). Im Zweifel sind auch die an die Stelle eines weggefallenen Abkömmlings tretenden Ersatzerben im gleichen Umfang wie der weggefallene Abkömmling ausgleichungspflichtig (§ 2051 Abs 2).

5 **2. Ausgleichungsberechtigte.** Ausgleichungsberechtigt sind ebenfalls nur Abkömmlinge des Erblassers, die gesetzliche Erben geworden sind oder auf ihre oder im Verhältnis ihrer gesetzlichen Erbteile eingesetzt worden sind (§ 2052). Für entferntere Abkömmlinge gilt § 2051. Weder ausgleichungspflichtig noch ausgleichungsberechtigt ist der **Ehegatte** des Erblassers. Die Ausgleichung findet nur unter den Abkömmlingen statt. Sind die Abkömmlinge des Erblassers teils zur gesetzlichen Erbfolge berufen, teils durch letztwillige Verfügung abweichend bedacht worden, nehmen nur die kraft gesetzlicher Erbfolge berufenen Abkömmlinge an der Ausgleichung teil. Ausgleichungspflichtig und ausgleichungsberechtigt sind schließlich auch der **Erbteilskäufer** (vgl §§ 2372, 2376)[6], der **Erbeserbe** und der **Gläubiger,** der den Anteil gepfändet hat.

6 **3. Lebzeitige Zuwendungen des Erblassers.** Auszugleichen sind lebzeitige Zuwendungen des Erblassers. „**Erblasser**" ist im Falle eines gemeinschaftlichen Testamentes auch der **zuerst verstorbene Ehegatte**[7]. Es muss sich um **lebzeitige** Zuwendungen gehandelt haben. Der zugewandte Vermögensgegenstand muss zu Lebzeiten des Erblassers endgültig aus dessen Vermögen ausgeschieden sein. Die Anordnung, ein als Darlehen geschuldeter Betrag solle dann, wenn er bis zum Tode des Erblassers noch nicht zurückgezahlt worden ist, nicht zurückgezahlt, sondern auf den Erbteil angerechnet werden, stellt keine Zuwendung unter Lebenden, sondern eine (entspr formbedürftige) Verfügung von Todes wegen dar[8]. Ein Rechtsgeschäft zwischen dem Erblasser und dem Abkömmling ist nicht notwendige Voraussetzung einer Zuwendung. Es reicht **jeglicher Vermögensvorteil** aus, den der Abkömmling aus dem Vermögen des Erblassers erhalten hat[9]. Entgeltliche Zuwendungen sind daher ebenfalls auszugleichen, wenn und soweit der Abkömmling aus ihnen auf Kosten des Erblassers einen Vermögensvorteil erlangt hat[10]. Nicht auszugleichen sind solche Zuwendungen, die nicht zu einer Verminderung des Vermögens des Erblassers und damit nicht zu einer **Verringerung des Nachlasses** geführt haben.

7 **4. Zuwendungen.** § 2050 unterscheidet zwischen „Ausstattung", „Zuschüssen", „Aufwendungen für die Vorbildung zu einem Beruf" und „anderen Zuwendungen".

a) Ausstattung. Der Begriff der Ausstattung entspricht demjenigen in § 1624[11]. „Ausstattung" ist danach dasjenige, was einem Kind mit Rücksicht auf seine Verheiratung oder auf die Erlangung einer selbständigen Lebensstellung zur Begründung oder zur Erhaltung der Wirtschaft oder der Lebensstellung

---

[3] BGHZ 96, 174 = NJW 1986, 931; BayObLG OLGR 37, 253; *Schmitz* WM 1998, Sonderbeilage 3, 1, 6.
[4] RGZ 149, 129, 131; *Erman/Schlüter* Rn 10; *Staudinger/Werner* Rn 3; *Soergel/Wolf* Rn 23; RGRK/*Kregel* Rn 3.
[5] MünchKommBGB/*Heldrich* § 2032 Rn 60; *Palandt/Edenhofer* Rn 3; weitergehend *Soergel/Wolf* Rn 1: auch § 2056.
[6] *Soergel/Wolf* Rn 5; RGRK/*Kregel* Rn 6; *Staudinger/Werner* Rn 4.
[7] *Palandt/Edenhofer* Rn 6; MünchKommBGB/*Heldrich* Rn 6; *Soergel/Wolf* Rn 11; RGRK/*Kregel* § 2052 Rn 4; aA für § 2327 BGHZ 88, 102, 109 = NJW 1983, 2875, 2876; dazu *Mohr* ZEV 1999, 257 f.
[8] RGRK/*Kregel* Rn 15; aA *Schindler*, ZEV 2006, 389, 390.
[9] MünchKommBGB/*Heldrich* Rn 8; *Staudinger/Werner* Rn 17; RGRK/*Kregel* Rn 14; Beispiele bei *Schindler* ZEV 2006, 389, 390.
[10] RGZ 73, 372, 377; MünchKommBGB/*Heldrich* Rn 11; *Staudinger/Werner* Rn 17; RGRK/*Kregel* Rn 14; *Lange/Kuchinke* § 15 III 3 b m Fn 35.
[11] RGRK/*Kregel* Rn 7; *Palandt/Edenhofer* Rn 10; *Erman/Schlüter* Rn 6; vgl auch BGHZ 44, 91.

von dem Vater oder der Mutter zugewandt wird. Die einer Tochter gewährte „**Aussteuer**" ist nur dann als Ausstattung iS von Abs 1 anzusehen und auszugleichen, wenn sie zusätzlich zu einer angemessenen Berufsausbildung (vgl Abs 2) gewährt wird; denn Töchter, die ohne vorherige Berufsausbildung heiraten, würden andernfalls in einer unbilligen und mit dem Grundsatz der Gleichberechtigung nicht zu vereinbarenden Weise gegenüber ihren Geschwistern, insbes ihren Brüdern, benachteiligt[12]. Ausstattungen sind grds **immer auszugleichen**. Eine Ausnahme gilt dann, wenn der Erblasser bei der Zuwendung angeordnet hat, dass die Zuwendung nicht, nur teilweise oder nur unter bestimmten Voraussetzungen auszugleichen ist (Rn 11). Eine Ausstattung, die – wie etwa eine Leibrente iS von § 759 – zugleich als „Zuschuss" iS von Abs 2 anzusehen ist, ist nur unter den Voraussetzungen des Abs 2 ausgleichungspflichtig, dann also, wenn sie das Vermögen des Erblassers entsprechende Maß übersteigt;[13] denn Abs 2 ist gegenüber Abs 1 die speziellere Vorschrift.

b) Zuschüsse. Zuschüsse sind zur Verwendung als Einkünfte bestimmt, wenn der fortlaufende 8 Verbrauch des Empfängers aus ihnen bestritten werden soll. Voraussetzung ist eine gewisse Dauer und Häufigkeit der Zuwendungen. Auszugleichen sind sie nur dann, wenn sie **das den Vermögensverhältnissen des Erblassers entsprechende Maß überstiegen** haben.

c) Vorbildung zu einem Beruf. Die Vorbildung zu einem Beruf (vgl § 1610 Abs 2) ist die Aus- 9 bildung nach Abschluss einer allgemeinbildenden Schule. Dazu gehören etwa der Besuch einer Fachschule, einer Fachhochschule oder einer Hochschule, die Promotion oder die berufliche Weiterbildung oder Umschulung nach Abschluss einer ersten Berufsausbildung. Ob der Erblasser im Rahmen seiner Unterhaltspflicht nach § 1610 Abs 2 zur Übernahme der Kosten verpflichtet war, ist unerheblich[14]. Die Ausbildung endet mit Ablegung der vorgesehenen Abschlussprüfung[15]. Aufwendungen für die **Ausübung eines Berufs** – etwa für die Einrichtung einer Arzt- oder Anwaltspraxis – sind keine Ausbildungskosten mehr, sondern stellen eine „Ausstattung" iS von Abs 1 dar. Eine Aussteuer, die eine Tochter anstelle der Vorbildung zu einem Beruf erhält, ist nicht ausgleichungspflichtig, soweit sie die Kosten einer Ausbildung nicht überschreitet (Rn 7). Ausgleichungspflichtig sind die Kosten der Vorbildung für einen Beruf nicht insgesamt, sondern nur insoweit, als sie **das den Vermögensverhältnissen des Erblassers entsprechende Maß überstiegen** haben. Wann dies der Fall ist, hängt von den Umständen des Einzelfalles ab. Es kommt darauf an, ob der Erblasser die entsprechenden Kosten nach seinen Vermögensverhältnissen im Zeitpunkt der Aufwendungen[16] und unter Berücksichtigung des Ausbildungsbedarfs der anderen Abkömmlinge aufbringen konnte[17]. Dass für die Ausbildung eines Abkömmlings mehr aufgewandt worden ist als für die Ausbildung eines anderen, begründet allein keine Ausgleichungspflicht[18].

d) Andere Zuwendungen. Andere Zuwendungen können etwa Schenkungen, gemischte Schen- 10 kungen, Zuwendungen zur Bestreitung von Sonderausgaben, die Befreiung von Verbindlichkeiten oder auch die Begründung eines schuldrechtlichen Anspruchs des Abkömmlings (Beispiel: Schenkungsversprechen) sein. Sie sind dann auszugleichen, wenn der Erblasser **die Ausgleichung vor oder bei der Zuwendung angeordnet** hat. Eine besondere Form ist für die Anordnung nicht vorgeschrieben, so dass grds auch konkludente Ausgleichungsanordnungen denkbar sind. Das gilt nur dann nicht, wenn die Zuwendung selbst ein formbedürftiges Rechtsgeschäft darstellt und die Ausgleichungsanordnung Teil dieses Rechtsgeschäfts ist. Die Ausgleichungsanordnung muss außerdem entweder vor oder bei der Zuwendung **dem Zuwendungsempfänger zugehen**. Nimmt dieser die Zuwendung in Kenntnis der Ausgleichungsanordnung an, erklärt er sich mit der künftigen Ausgleichung einverstanden[19]. Ein minderjähriger Zuwendungsempfänger kann die Zuwendung gemäß § 107 auch ohne Zustimmung des gesetzlichen Vertreters annehmen; denn die Ausgleichungsanordnung begründet keine schuldrechtliche Verpflichtung des Empfängers[20]. **Nachträgliche** Ausgleichungsanordnungen sind nur im Wege einer **Verfügung von Todes wegen** – durch ein Vermächtnis zugunsten der anderen Erben – möglich[21]. Das **Pflichtteilsrecht** des Zuwendungsempfängers muss dann jedoch ohne Berücksichtigung der Ausgleichungspflicht berechnet werden (vgl § 2316 Abs 1)[22]. Um nachträglich eine Ausgleichungspflicht unabhängig vom Pflichtteilsrecht des Zuwendungsempfängers zu erreichen, müsste der Erblasser zusätzlich einen **Erbverzichtsvertrag** (§ 2346) mit diesem schließen[23]. Gleiches gilt für die nachträgliche Aufhebung einer bei der Zuwendung getroffenen Ausgleichungsanordnung. Auch sie

---

[12] BGH NJW 1982, 575; RGRK/*Kregel* Rn 7; *Soergel/Wolf* Rn 13; MünchKommBGB/*Heldrich* Rn 15; aA *Staudinger/Werner* Rn 30.
[13] RGZ 79, 266, 267; MünchKommBGB/*Heldrich* Rn 15, 24; *Soergel/Wolf* Rn 17; RGRK/*Kregel* Rn 7.
[14] RGZ 114, 52, 53 f; einschränkend MünchKommBGB/*Heldrich* Rn 25: Ausgleichung nur, soweit keine gesetzliche Leistungspflicht bestand.
[15] RGRK/*Kregel* Rn 13; MünchKommBGB/*Heldrich* Rn 25; *Staudinger/Werner* Rn 28.
[16] RGZ 114, 52, 56; MünchKommBGB/*Heldrich* Rn 26; *Soergel/Wolf* Rn 17.
[17] MünchKommBGB/*Heldrich* Rn 26; RGRK/*Kregel* Rn 13.
[18] *Soergel/Wolf* Rn 17; *Palandt/Edenhofer* Rn 10.
[19] RGZ 67, 306, 308; *Staudinger/Werner* Rn 32; RGRK/*Kregel* Rn 18; *Palandt/Edenhofer* Rn 11.
[20] BGHZ 15, 168, 171 = NJW 1955, 1353 m Anm *Lange* 1339 = LM § 107 Nr 1 m Anm *Fischer* = JZ 1955, 243 m Anm *Westermann*; RGRK/*Kregel* Rn 18; MünchKommBGB/*Heldrich* Rn 31.
[21] RGZ 90, 419, 422; RGRK/*Kregel* Rn 19; MünchKommBGB/*Heldrich* Rn 31; *Palandt/Edenhofer* Rn 16; *Soergel/Wolf* Rn 19; *Staudinger/Werner* Rn 33; *J. Mayer* ZEV 1996, 441, 443.
[22] BGH NJW 1982, 575, 577; RGZ 67, 306, 307; RGRK/*Kregel* Rn 19; MünchKommBGB/*Heldrich* Rn 31; *Staudinger/Werner* Rn 33.
[23] RGZ 67, 306, 307; 90, 419, 422; MünchKommBGB/*Heldrich* Rn 31; *Staudinger/Werner* Rn 33; RGRK/*Kregel* Rn 19.

kann nur durch Verfügung von Todes wegen – hier im Wege eines Vermächtnisses zugunsten des Zuwendungsempfängers – erfolgen[24], die den gemäß § 2316 nach dem erhöhten Nachlass zu berechnenden Pflichtteil der anderen Miterben nicht beeinträchtigen kann.

11 **5. Abweichende Anordnungen des Erblassers.** Der Erblasser kann abweichende Anordnungen treffen. Er kann bei Zuwendung einer Ausstattung (Abs 1) anordnen, dass keine Ausgleichung zu erfolgen hat oder dass die Zuwendung nur mit einem bestimmten niedrigeren Wert anzusetzen ist[25]. Gleiches gilt – trotz Fehlens einer entsprechenden Bestimmung im Gesetz – auch für Zuschüsse und für Aufwendungen für die Vorbildung zu einem Beruf iS von Abs 2[26]. Der Erblasser kann anordnen, dass Zuschüsse oder Ausbildungsaufwendungen nicht, mit einem bestimmten Betrag oder insgesamt ausgeglichen werden sollen. **Pflichtteilsrechte** anderer ausgleichungsberechtigter Miterben bleiben von derartigen Anordnungen unberührt. Das folgt für Ausstattungen iS von Abs 1 aus § 2316 Abs 3, gilt aber auch für Zuwendungen nach Abs 2, der lediglich eine Ergänzung des Abs 1 darstellt[27]. Die Anordnung muss **vor oder bei der Zuwendung** getroffen werden (Rn 10). Nachträgliche Änderungen einmal getroffener (oder unterbliebener) Ausgleichungsanordnungen sind nur im Wege einer **Verfügung von Todes wegen** möglich (Rn 10)[28].

III. Durchsetzung des Anspruchs auf Ausgleichung

12 **1. Klageart.** Bis zum Abschluss der Auseinandersetzung (§ 2042) kann ein ausgleichungsberechtigter Miterbe gegen den ausgleichungspflichtigen Miterben Klage auf **Feststellung** der Ausgleichungspflicht erheben; denn eine Klage auf Feststellung eines einzelnen Streitpunktes ist zulässig, wenn die Feststellung einer sinnvollen Klärung der Grundlagen der Erbauseinandersetzung dient. Der Antrag hat dahingehend zu lauten, dass eine bestimmte Zuwendung im Rahmen der Auseinandersetzung mit einem bestimmten Betrag anzusetzen und auszugleichen sei (§ 2055 Rn 6)[29]. Zulässig ist auch eine **Stufenklage** gemäß § 254 ZPO auf Auskunft, Versicherung der Richtigkeit der Auskunft an Eides Statt (vgl § 2057) und Feststellung der Ausgleichungspflicht[30]. Eine **Zahlungsklage** des ausgleichungsberechtigten Miterben kommt regelmäßig nicht in Betracht, solange die Auseinandersetzung noch nicht abgeschlossen ist und der ungeteilte Nachlass für die gebotene Ausgleichung möglicherweise ausreicht. Die Zahlungsklage kann aber zugleich den Antrag auf Feststellung der Ausgleichungspflicht enthalten[31]. Sind Ausgleichungsansprüche bei der Auseinandersetzung nicht berücksichtigt worden, steht dem ausgleichungsberechtigten Miterben nach Abschluss der Auseinandersetzung gegen den oder die ausgleichungspflichtigen Miterben in Höhe des auf ihn entfallenden Ausgleichungsbetrages ein **Zahlungsanspruch aus ungerechtfertigter Bereicherung** zu (§ 812 Abs 1).

13 **2. Verfahren. Zuständig** für Klagen im Zusammenhang mit der Ausgleichung ist auch das Gericht, in dessen Bezirk der Erblasser seinen letzten inländischen Wohnsitz hatte (§ 27 ZPO)[32]. Der **Streitwert** einer Klage auf Feststellung der Ausgleichungspflicht richtet sich nach dem Ausgleichungsinteresse des klagenden Miterben, entspricht regelmäßig also dem Betrag, der von der Ausgleichungssumme auf den Kläger entfallen würde[33]. **Darlegungs- und beweispflichtig** für die tatsächlichen Voraussetzungen einer Ausgleichungspflicht ist derjenige, der Ausgleichung verlangt[34]. Ihm steht gegen die übrigen Erben gemäß § 2057 ein **Auskunftsanspruch** hinsichtlich der ausgleichungspflichtigen Zuwendungen zu. Zu den tatsächlichen Voraussetzungen einer Ausgleichungspflicht gehören auch die Tatsachen, aus denen folgt, dass eine bestimmte Zuwendung eine (grds ausgleichungspflichtige) „Ausstattung" iS von Abs 1, nicht etwa eine (nur bei besonderer Anordnung ausgleichungspflichtige) „Schenkung" iS von Abs 3 darstellt[35]. Vom Gesetz abweichende Anordnungen des Erblassers – einen Ausschluss der Pflicht zur Ausgleichung nach Abs 1 oder Abs 2 oder umgekehrt eine Ausgleichungsanordnung nach Abs 3 – muss derjenige darlegen und beweisen, der sich auf sie beruft.

§ 2051 Ausgleichungspflicht bei Wegfall eines Abkömmlings

(1) Fällt ein Abkömmling, der als Erbe zur Ausgleichung verpflichtet sein würde, vor oder nach dem Erbfall weg, so ist wegen der ihm gemachten Zuwendungen der an seine Stelle tretende Abkömmling zur Ausgleichung verpflichtet.

---

[24] RGZ 90, 419, 422; MünchKommBGB/*Heldrich* Rn 32; *Staudinger/Werner* Rn 34; ausf *J. Mayer* ZEV 1996, 441, 444 mit Formulierungsvorschlag.
[25] *Soergel/Wolf* Rn 22; MünchKommBGB/*Heldrich* Rn 21; RGRK/*Kregel* Rn 8; *Staudinger/Werner* Rn 2.
[26] *Soergel/Wolf* Rn 22; MünchKommBGB/*Heldrich* Rn 28; *Staudinger/Werner* Rn 2.
[27] *Staudinger/Werner* Rn 2; RGRK/*Johannsen* § 2316 Rn 16.
[28] *Staudinger/Werner* Rn 2.
[29] BGH NJW-RR 1990, 220; NJW-RR 1992, 771.
[30] MünchKommBGB/*Heldrich* Rn 38; *Schneider* Rpfleger 1982, 268, 271.
[31] BGH NJW-RR 1992, 771.
[32] BGH NJW 1992, 364; *Baumbach/Lauterbach/Hartmann* § 27 ZPO Rn 9.
[33] BGH FamRZ 1956, 381 m anm *Bosch*; MünchKommBGB/*Heldrich* Rn 40; RGRK/*Kregel* Rn 23; *Schneider* Rpfleger 1982, 268, 270 f.
[34] RGRK/*Kregel* Rn 22; *Staudinger/Werner* Rn 35; MünchKommBGB/*Heldrich* Rn 39; *Baumgärtel/Schmitz* Rn 2; *Schindler* ZEV 2006, 389, 393.
[35] MünchKommBGB/*Heldrich* Rn 39; RGRK/*Kregel* Rn 22; *Soergel/Wolf* Rn 24; *Staudinger/Werner* Rn 35.

(2) Hat der Erblasser für den wegfallenden Abkömmling einen Ersatzerben eingesetzt, so ist im Zweifel anzunehmen, dass dieser nicht mehr erhalten soll, als der Abkömmling unter Berücksichtigung der Ausgleichungspflicht erhalten würde.

I. Bedeutung der Norm

1 Die Ausgleichungspflicht trifft die **an die Stelle eines Miterben tretenden Abkömmlinge** ebenso wie den zunächst berufenen Abkömmling selbst. Diese Regelung beruht wie § 2050 auf der Annahme, dass der Erblasser alle Erbstämme gleichmäßig bedenken will. Vor allem aber sollen Manipulationen zum Nachteil der anderen Miterben ausgeschlossen sein. Ein Miterbe soll Ausgleichungspflichten gegenüber den anderen Miterben nicht durch Ausschlagung oder Erbverzicht zugunsten der an seine Stelle tretenden Abkömmlinge vereiteln können[1]. Bei der Berechnung des **Pflichtteils** ist § 2051 entspr anwendbar (§ 2327 Abs 2).

II. Nachrückende Erben und Ersatzerben

2 **1. Nachrückende Erben.** Ein Abkömmling kann durch Tod vor dem Erbfall (§ 1924 Abs 3), Ausschließung (§ 1938), Ausschlagung der Erbschaft (§ 1953), Erbunwürdigkeit (§ 2344), Erbverzicht (§§ 2346, 2349) oder „relative Erbunfähigkeit" (etwa gemäß §§ 27, 7, 16 Abs 3, 24 Abs 2 BeurkG) wegfallen. Der an seine Stelle tretende Erbe ist zur Ausgleichung verpflichtet, wenn er **ebenfalls Abkömmling des Erblassers** (nicht unbedingt Abkömmling des weggefallenen Erben; Beispiel: dessen Bruder oder Schwester) ist. Treten Geschwister an die Stelle des weggefallenen Erben, wird der Erhöhungsbetrag, um den sich der jeweilige Anteil der Geschwister erhöht, gemäß §§ 1935, 2095 in Ansehung der Ausgleichungspflicht als besonderer Erbteil angesehen[2]. Wird der weggefallene Erbe durch mehrere nachrückende Miterben ersetzt, trifft diese die Ausgleichungspflicht im Verhältnis ihrer Anteile[3].

3 **2. Ausnahmen.** Wurde der ausgleichungspflichtige Abkömmling vom Erblasser übergangen und der „eintretende" Miterbe **unmittelbar durch letztwillige Verfügung** eingesetzt, gilt § 2051 nicht[4]. Ebenfalls nicht von § 2051 erfasst wird der Fall, dass ein Abkömmling bereits endgültig Erbe des Erblassers geworden ist, verstirbt und von seinen gesetzlichen oder durch letztwillige Verfügung eingesetzten Erben beerbt wird. Die Ausgleichungspflicht trifft dann die Erbeserben ohne Rücksicht darauf, ob sie Nachkommen des Erblassers sind[5]. Hat nicht der weggefallene Erbe, sondern der an seine Stelle tretende Nachkomme die Zuwendung erhalten, gilt § 2053 (keine Ausgleichungspflicht, wenn der Erblasser die Ausgleichung nicht bei der Zuwendung angeordnet hat).

4 **3. Ersatzerben.** Der Erblasser kann für den Fall, dass ein Erbe vor oder nach dem Erbfall wegfällt, einen anderen als Ersatzerben einsetzen (§ 2096). Ist der Ersatzerbe Abkömmling des Erblassers, gilt Abs 1[6]. Aber auch in anderen Fällen soll der Ersatzerbe im Zweifel nicht mehr als der gesetzliche Erbe erhalten; er ist daher wie dieser zur Ausgleichung verpflichtet **(Abs 2)**. Ausgleichungsrechte des weggefallenen Abkömmlings bleiben dem Ersatzerben im Zweifel ebenfalls erhalten[7]. Abs 2 enthält eine **Auslegungsregel,** die dann nicht gilt, wenn der Erblasser bei Einsetzung des Ersatzerben eine abweichende Bestimmung getroffen hat[8]. Darlegungs- und beweispflichtig für eine abweichende Bestimmung ist der Ersatzerbe[9]. Bei **Zuwendungen an den Ersatzerben** gilt § 2053 Abs 1.

§ 2052 Ausgleichungspflicht für Abkömmlinge als gewillkürte Erben

Hat der Erblasser die Abkömmlinge auf dasjenige als Erben eingesetzt, was sie als gesetzliche Erben erhalten würden, oder hat er ihre Erbteile so bestimmt, dass sie zueinander in demselben Verhältnisse stehen wie die gesetzlichen Erbteile, so ist im Zweifel anzunehmen, dass die Abkömmlinge nach den §§ 2050, 2051 zur Ausgleichung verpflichtet sein sollen.

1 **1. Bedeutung der Norm.** Die Ausgleichungspflichten der kraft **gesetzlicher Erbfolge** berufenen Nachkommen des Erblassers untereinander beruhen auf der Annahme, dass der Erblasser seine Nachkommen im Zweifel gleich behandeln will. Bei letztwilligen Verfügungen kann davon ausgegangen werden, dass lebzeitige Zuwendungen berücksichtigt worden sind. Nimmt der Erblasser in seiner letztwilligen Verfügung jedoch nur auf die gesetzlichen Regelungen Bezug, sollen im Zweifel auch die Vorschriften über die Ausgleichung wieder gelten[1*]. Voraussetzung ist, dass der Erblasser seinen Abkömmlingen entweder den **gesetzlichen Erbteil** zugewandt (vgl auch § 2066) oder sie – zB neben anderen Erben oder unter Ausschluss des Ehegatten - **im Verhältnis ihrer gesetzlichen**

---

[1] *Staudinger/Werner* Rn 1; *MünchKommBGB/Heldrich* Rn 1; *Soergel/Wolf* Rn 1.
[2] *Soergel/Wolf* Rn 2.
[3] *Soergel/Wolf* Rn 2.
[4] RGRK/*Kregel* Rn 2; *MünchKommBGB/Heldrich* Rn 3; *Staudinger/Werner* Rn 4.
[5] *Staudinger/Werner* Rn 4; *Palandt/Edenhofer* Rn 1.
[6] RGRK/*Kregel* Rn 4.
[7] *Erman/Schlüter* Rn 2; RGRK/*Kregel* Rn 4; *Soergel/Wolf* Rn 5; *Staudinger/Werner* Rn 6.
[8] *Soergel/Wolf* Rn 6; *MünchKommBGB/Heldrich* Rn 7.
[9] RGRK/*Kregel* Rn 4; *Soergel/Wolf* Rn 6; *Baumgärtel/Schmitz* Rn 1; *MünchKommBGB/Heldrich* Rn 7.
[1*] *MünchKommBGB/Heldrich* Rn 1; *Erman/Schlüter* Rn 1; *Staudinger/Werner* Rn 1.

§ 2053   Buch 5. Abschnitt 2. Rechtliche Stellung des Erben

Erbteile eingesetzt hat[2]. Ist ein Stamm von der Erbfolge ausgeschlossen oder übermäßig bedacht, sind aber die übrigen Erben im Verhältnis ihrer gesetzlichen Erbteile eingesetzt worden, bestehen Ausgleichungspflichten zwischen diesen übrigen Erben[3]. Vorausvermächtnisse, die einzelnen Erben ausgesetzt worden sind, ändern im Zweifel nichts am Verhältnis der Erbteile und damit auch nichts an den Ausgleichungspflichten[4]. Im Falle eines **Berliner Testamentes** (§ 2269) sind auch Zuwendungen des erstverstorbenen Ehegatten auszugleichen[5]. § 2052 gilt auch dann, wenn die Nachkommen nicht als Erben, sondern als Ersatzerben eingesetzt worden sind[6].

2   **2. Abweichende Anordnungen des Erblassers.** § 2052 enthält eine **Auslegungsregel**. Der Erblasser kann abweichende Anordnungen treffen. Ein entsprechender Wille des Erblassers kann sich aus der **letztwilligen Verfügung**, aber auch aus Umständen außerhalb der letztwilligen Verfügung **vor oder bei der Zuwendung** ergeben (§ 2050)[7]. In der Anordnung, dass die Erben alles, was nach Abzug der Vorausvermächtnisse verbleibt, unter sich verteilen sollen, kann ein Ausschluss von Ausgleichungspflichten liegen[8]. Die Zuwendung eines Vorausvermächtnisses an einen der Miterben kann einen Ausgleich für lebzeitige Zuwendungen an die anderen Miterben und damit ebenfalls einen Erlass von Ausgleichungspflichten bedeuten[9]. Überträgt der Erblasser bei einem bindend gewordenen gemeinschaftlichen Testament einem seiner beiden zu Schlusserben eingesetzten Söhne Teile seines Vermögens „im Wege vorweggenommener Erbfolge", kann das als Ausgleichungsanordnung iS von §§ 2052, 2050 Abs 3 verstanden werden[10].

§ 2053 Zuwendung an entfernteren oder angenommenen Abkömmling

(1) **Eine Zuwendung, die ein entfernterer Abkömmling vor dem Wegfall des ihn von der Erbfolge ausschließenden näheren Abkömmlings oder ein an die Stelle eines Abkömmlings als Ersatzerbe tretender Abkömmling von dem Erblasser erhalten hat, ist nicht zur Ausgleichung zu bringen, es sei denn, dass der Erblasser bei der Zuwendung die Ausgleichung angeordnet hat.**

(2) **Das Gleiche gilt, wenn ein Abkömmling, bevor er die rechtliche Stellung eines solchen erlangt hatte, eine Zuwendung von dem Erblasser erhalten hat.**

1   **1. Zuwendungen an entferntere Abkömmlinge (Abs 1).** § 2053 setzt eine an sich nach § 2050 Abs 1 und 2 ausgleichungspflichtige Zuwendung an einen Abkömmling voraus, der im Zeitpunkt der Zuwendung nicht gesetzlicher Erbe des späteren Erblassers war (Beispiel: Zuwendung an den Enkel, während das Kind noch lebt). Zuwendungen an einen als Ersatzerben eingesetzten Abkömmling bei Lebzeiten des unmittelbar berufenen gesetzlichen oder nach § 2052 eingesetzten Erben stehen Zuwendungen an einen entfernten Abkömmling gleich. In solchen Fällen geht der Erblasser nicht davon aus, dass der Empfänger ihn beerben wird. Es gibt daher keine Grundlage für die Vermutung, der Erblasser wolle die Zuwendung bei der späteren Erbauseinandersetzung ausgeglichen wissen[1]. Die Zuwendungen sind deshalb nur dann auszugleichen, wenn der Erblasser die Ausgleichung **bei der Zuwendung angeordnet** hat. Darlegungs- und beweispflichtig für eine entsprechende Anordnung ist derjenige Miterbe, der die Ausgleichung verlangt[2*]. Die Anordnung gilt für den Zuwendungsempfänger, der tatsächlich Erbe wird, nicht für den vorrangigen gesetzlichen Erben[3*].

2   **2. Irrtumsfälle.** Nimmt der Erblasser bei der Zuwendung irrtümlich an, es sei noch ein unmittelbarer Erbe vorhanden, ist die Zuwendung grds nicht auszugleichen. Umgekehrt ist im Zweifel Ausgleichung gewollt, wenn der Erblasser den Zuwendungsempfänger für seinen unmittelbaren Erben hielt[4*]. **Darlegungs- und beweispflichtig** für einen Irrtum des Erblassers ist jeweils derjenige Miterbe, der sich auf ihn beruft. Hatte der Erblasser den unmittelbaren Erben im Zeitpunkt der Zuwendung bereits enterbt, ist die Zuwendung bei Fehlen einer abweichenden Anordnung auszugleichen[5*].

---

[2] Vgl den Fall RGZ 90, 419, 420: Ehefrau und vier Kinder wurden zu je 1/5 eingesetzt; damit erbten die Kinder im Verhältnis ihrer gesetzlichen Erbteile.
[3] RGRK/*Kregel* Rn 2; Palandt/*Edenhofer* Rn 2; MünchKommBGB/*Heldrich* Rn 2.
[4] RGZ 90, 419, 420 f; RGRK/*Kregel* Rn 3 unter Hinweis auf RG vom 13. 1. 1910, IV 150/09; *Staudinger/Werner* Rn 4.
[5] RGRK/*Kregel* Rn 4 unter Hinweis auf RG vom 26. 3. 1914, IV 686/13; Palandt/*Edenhofer* Rn 2; *Staudinger/ Werner* Rn 5; Soergel/*Wolf* Rn 4; aA für § 2327 BGHZ 88, 102 = NJW 1983, 2875; dazu ausf *Mohr* ZEV 1999, 257.
[6] RGZ 90, 419, 420; *Staudinger/Werner* Rn 4.
[7] RGZ 90, 419, 421; *Staudinger/Werner* Rn 1; Soergel/*Wolf* Rn 2; Erman/*Schlüter* Rn 2.
[8] Soergel/*Wolf* Rn 2.
[9] RGZ 90, 419, 420 f; RGRK/*Kregel* Rn 3; MünchKommBGB/*Heldrich* Rn 2.
[10] BGHZ 82, 274 = NJW 1982, 43.
[1] RGZ 149, 129, 133 f.
[2*] RGRK/*Kregel* Rn 4; Baumgärtel/*Schmitz* Rn 1.
[3*] MünchKommBGB/*Heldrich* Rn 7; *Staudinger/Werner* Rn 6.
[4*] RGRK/*Kregel* Rn 1; Palandt/*Edenhofer* Rn 1; *Staudinger/Werner* Rn 3; Erman/*Schlüter* Rn 1; Soergel/*Wolf* Rn 2; aA MünchKommBGB/*Heldrich* Rn 4 unter Hinweis darauf, dass in den anderen Vorschriften der §§ 2050 ff stets von einem mutmaßlichen Willen des Erblassers, der an eine objektive Sachlage anknüpfe, ausgegangen werde, während der tatsächliche Wille des Erblassers nur Beachtung finde, wenn er bei der Zuwendung oder bei der letztwilligen Verfügung geäußert worden sei.
[5*] RGZ 149, 129, 134; *Staudinger/Werner* Rn 3.

3. Zuwendungen an spätere Abkömmlinge (Abs 2). Zuwendungen an einen Abkömmling, der diese Stellung erst nach der Zuwendung erwirbt, sind ebenfalls nur dann auszugleichen, wenn der Erblasser die Ausgleichung bei der Zuwendung angeordnet hat (Abs 2). Unter diese Vorschrift fielen bis zum Inkrafttreten des Kindschaftsrechtsreformgesetzes[6] am 1. 7. 1998 vor allem die Fälle des § 1719 (Legitimation eines nichtehelichen Kindes durch nachfolgende Ehe der Eltern) und der §§ 1723 ff (Ehelicherklärung). Seither bezieht sie sich nur noch auf die spätere **Annahme als Kind** (§§ 1741 ff, 1754, 1772).

§ 2054 Zuwendung aus dem Gesamtgut

(1) ¹Eine Zuwendung, die aus dem Gesamtgut der Gütergemeinschaft erfolgt, gilt als von jedem der Ehegatten zur Hälfte gemacht. ²Die Zuwendung gilt jedoch, wenn sie an einen Abkömmling erfolgt, der nur von einem der Ehegatten abstammt, oder wenn einer der Ehegatten wegen der Zuwendung zu dem Gesamtgut Ersatz zu leisten hat, als von diesem Ehegatten gemacht.

(2) Diese Vorschriften sind auf eine Zuwendung aus dem Gesamtgut der fortgesetzten Gütergemeinschaft entsprechend anzuwenden.

I. Bedeutung der Norm

§ 2054 soll Unklarheiten darüber vermeiden helfen, **von welchem Erblasser** eine Zuwendung stammt. Haben Ehegatten gemäß §§ 1419, 1421 bestimmt, dass nur einer von ihnen das Gesamtgut verwaltet, könnte nur der Verwalter als Geber anzusehen sein mit der Folge, dass nur unter seinen Erben eine Ausgleichung stattzufinden hätte. Das Gesamtgut gehört jedoch – unabhängig von der Frage der Verwaltung – beiden Ehegatten. Zuwendungen aus dem Gesamtgut werden daher im Zweifel beiden Ehegatten je zur Hälfte zugeordnet (Ausnahmen: Abs 1 S 2, Abs 2). Eine entsprechende Vorschrift enthält § 2331 für den Pflichtteilsergänzungsanspruch. Für Zuwendungen aus dem gemeinsamen Eigentum von Ehegatten, die gemäß Art 234 § 4 Abs 2 EGBGB die Fortgeltung des **gesetzlichen Güterstandes der Eigentums- und Vermögensgemeinschaft der ehemaligen DDR** gewählt haben, gilt § 2054 entsprechend.

II. Zuwendung aus dem Gesamtgut (Abs 1)

1. Zuwendungen an gemeinsame Abkömmlinge. Abs 1 S 1 regelt den Fall, dass Zuwendungen aus dem Gesamtgut an gemeinsame Abkömmlinge der Ehegatten erfolgen. Solche Zuwendungen werden **jedem der Ehegatten zur Hälfte** zugerechnet. Sie sind nach dem Tode jedes der beiden Ehegatten nach Maßgabe der §§ 2050 ff je zur Hälfte auszugleichen. Jeder der Ehegatten kann selbständig darüber befinden, ob der ihm zuzurechnende Teil der Zuwendung auszugleichen ist oder nicht[1]. Kann nach dem Tode des erstversterbenden Ehegatten eine Ausgleichung nicht erfolgen, weil dessen Anteil am Gesamtgut nicht ausreicht, ist nach dem Tode des anderen Ehegatten eine entspr höhere Ausgleichung vorzunehmen[2]. Im Falle der **fortgesetzten Gütergemeinschaft** (§ 1483) findet die Ausgleichung erst nach dem Tode des zuletzt versterbenden Ehegatten statt (vgl Rn 4).

2. Zuwendungen an einen Abkömmling, der nur von einem der Ehegatten abstammt. Stammt der Abkömmling, der die Zuwendung erhalten hat, nur von einem der Ehegatten ab, wird die Zuwendung nur diesem Ehegatten zugerechnet (Abs 1 S 2). Darauf, wer die Zuwendung erbracht hat, kommt es nicht an[3]. Nach dem Tode dieses Ehegatten ist sie ggf in voller Höhe auszugleichen. Allerdings gilt das nur, soweit die Zuwendung von dem Anteil des zuwendenden Ehegatten gedeckt war, bezogen auf den Zeitpunkt der Beendigung der Gütergemeinschaft[4]. Ebenfalls nur einem Ehegatten zuzurechnen ist die Zuwendung dann, wenn der Ehegatte dem Gesamtgut **Ersatz zu leisten** hat. Das ist zum Beispiel dann der Fall, wenn und soweit der verwaltende Ehegatte einem gemeinschaftlichen Kind eine Ausstattung gewährt, die das dem Gesamtgut entsprechende Maß übersteigt (§§ 1444 Abs 1, 1446, 1476 Abs 2), wenn er Zuwendungen in Benachteiligungsabsicht oder ohne die vorgeschriebene Zustimmung des anderen Ehegatten vornimmt (§§ 1423 bis 1425) oder wenn er Zuwendungen aus seinem Vorbehaltsgut verspricht, aber aus dem Gesamtgut erfüllt (§ 1445).

III. Fortgesetzte Gütergemeinschaft (Abs 2)

Abs 2 behandelt den Fall der fortgesetzten Gütergemeinschaft. Die Ehegatten können durch Ehevertrag vereinbaren, dass die Gütergemeinschaft nach dem Tode eines Ehegatten zwischen dem überlebenden Ehegatten und den gemeinschaftlichen Abkömmlingen fortgesetzt wird. In einem solchen Fall

---

[6] Gesetz zur Reform des Kindschaftsrechts (KindRG) vom 16. 12. 1997, BGBl I S 2942.
[1] MünchKommBGB/*Heldrich* Rn 8.
[2] Palandt/*Edenhofer* Rn 1; MünchKommBGB/*Heldrich* Rn 8; Staudinger/*Werner* Rn 9; aA Soergel/*Wolf* Rn, der § 2056 anwenden will.
[3] RGRK/*Kregel* Rn 4.
[4] RGZ 94, 262, 264 ff; MünchKommBGB/*Heldrich* Rn 10; RGRK/*Kregel* Rn 4; Staudinger/*Werner* Rn 8; Soergel/*Wolf* Rn 4.

gehört der Anteil des verstorbenen Ehegatten nicht zum Nachlass (§ 1483 Abs 1). Zuwendungen des verstorbenen Ehegatten aus dem Gesamtgut werden erst im Rahmen der Auseinandersetzung ausgeglichen, die nach Beendigung der fortgesetzten Gütergemeinschaft – also nach dem Tod des überlebenden Ehegatten (§ 1494) – vorzunehmen ist (§ 1503 Abs 1 und 2)[5]. Bei fortgesetzter Gütergemeinschaft hat der überlebende Ehegatte die rechtliche Stellung des alleinverwaltenden Ehegatten (§ 1487 Abs 1). Zuwendungen aus dem Gesamtgut nach dem Tode des erstverstorbenen Ehegatten werden, wie sich aus der Verweisung auf Abs 1 ergibt, zur Hälfte dem Anteil des überlebenden Ehegatten und zur Hälfte dem Anteil der Abkömmlinge zugeordnet. Soweit der überlebende Ehegatte dem Gesamtgut ersatzpflichtig ist (vgl § 1499 Nr 3), gilt die Zuwendung als nur aus seinem Vermögen erfolgt.

§ 2055 Durchführung der Ausgleichung

(1) [1]**Bei der Auseinandersetzung wird jedem Miterben der Wert der Zuwendung, die er zur Ausgleichung zu bringen hat, auf seinen Erbteil angerechnet.** [2]**Der Wert der sämtlichen Zuwendungen, die zur Ausgleichung zu bringen sind, wird dem Nachlass hinzugerechnet, soweit dieser den Miterben zukommt, unter denen die Ausgleichung stattfindet.**

(2) **Der Wert bestimmt sich nach der Zeit, zu der die Zuwendung erfolgt ist.**

Schrifttum: *Bertolini*, Zur Durchführung der Ausgleichung, MittBayNot 1995, 109; *Ebenroth/Bacher*, Geldwertänderungen bei Vorempfängen, BB 1990, 2053; *Kohler*, Das Geld als Wertmaßstab beim Erb- und Zugewinnausgleich, NJW 1963, 225; *Krug*, Die Kaufkraftproblematik bei ausgleichungspflichtigen Vorempfängen in der Erbteilung, ZEV 2000, 41; *Meincke*, Zum Verfahren der Miterbenausgleichung, AcP 178 (1978), 45; *Werner*, Werterhöhung als ausgleichspflichtiger Zugewinn und erbrechtlicher Vorempfang?, DNotZ 1978, 66.

I. Bedeutung der Norm

1. **Rechtsnatur.** Die Ausgleichung ist **Teil der Auseinandersetzung** des Nachlasses. Sie ist ein rein rechnerischer Vorgang. Der Anteil der ausgleichungspflichtigen Miterben wird geringer, weil der Vorempfang angerechnet wird; der Anteil der ausgleichungsberechtigten Miterben erhöht sich. Dadurch verschieben sich die **Teilungsquoten** (§ 2047). Die **Ausgleichungspflicht** besteht darin, dass der Verpflichtete der Teilung unter Berücksichtigung des Vorempfangs zustimmen muss[1]. Zahlungsansprüche bestehen vor Teilung des Nachlasses nicht[2]. Der ausgleichungsberechtigte Miterbe hat auch keinen Anspruch darauf, dass die Ausgleichung im Wege der Realteilung durchgeführt wird[3]. Die Regelung des § 2055 ist **nicht zwingend**. Der Erblasser kann eine abweichende Verteilung des Nachlasses anordnen. Die an der Auseinandersetzung Beteiligten können einvernehmlich ebenfalls abweichende Regelungen treffen. Pflichtteilsansprüche, die unter Berücksichtigung von Ausgleichungsrechten und -pflichten zu berechnen sind (§ 2316), bleiben davon jedoch unberührt.

2. **Rechtswirkungen der Ausgleichung.** Auf die **Rechtsstellung** der Miterben wirken sich Ausgleichungsrechte und -pflichten grds nicht aus. Das **Stimmrecht** bei Maßnahmen der Verwaltung gemäß §§ 2038 Abs 2, 745 richtet sich bis zur Auseinandersetzung nach den gesetzlichen (oder im Falle des § 2052 den letztwillig verfügten) Erbquoten[4]. Nur die Verteilung des Reinertrages nach § 2038 Abs 2 S 3 erfolgt bereits nach den gemäß §§ 2050 ff bereinigten Teilungsquoten. Ist eine Verteilung nach den Erbquoten erfolgt, sind an viel bezogene Früchte bei der Auseinandersetzung zu erstatten[5*]. **Nachlassgläubigern** gegenüber haften ausgleichungspflichtige und ausgleichungsberechtigte Miterben bei Beschränkung der Haftung auf den Nachlass gemäß § 2059 S 1 vor der Teilung mit ihrem nicht bereinigten Erbteil[6]. **Pfändet** der Gläubiger den Anteil allerdings im Wege der Zwangsvollstreckung, erlangt er hinsichtlich der Ausgleichungsrechte und -pflichten dieselbe Stellung, die der Erbe hatte[7]. Gleiches gilt für den Erwerber eines Erbteils (§ 2033) sowie den Erbeserben[8].

II. Verfahren der Ausgleichung

1. **Grundsatz.** Voraussetzung der Ausgleichung ist, dass die Nachlassverbindlichkeiten beglichen sind. Ausgleichungsansprüche sind **keine Nachlassverbindlichkeiten**[9]. Vorab sind die Anteile derjenigen Miterben zu berechnen, die nicht an der Ausgleichung teilnehmen. Diese Anteile bleiben unverändert. Die **eigentliche Ausgleichung** vollzieht sich in drei Schritten. Der nach Abzug der Verbindlichkeiten und der Anteile der nicht beteiligten Erben verbleibende Nachlass wird rechnerisch um die auszugleichenden Zuwendungen erhöht (Abs 1 S 2). Er wird sodann nach dem Verhältnis der Erbteile

---

[5] *Staudinger/Werner* Rn 10.
[1] *Brox* Erbrecht Rn 512.
[2] BGHZ 96, 174, 180 = NJW 1986, 931; BGH NJW-RR 1989, 259; NJW-RR 1992, 771; *Schmitz* WM 1998, Sonderbeilage Nr 3 S 1, 6.
[3] OLG München NJW-RR 1991, 1097.
[4] *Staudinger/Werner* Rn 14; *Soergel/Wolf* Rn 2; RGRK/*Kregel* Rn 8; MünchKommBGB/*Heldrich* Rn 6.
[5*] RGRK/*Kregel* Rn 8; MünchKommBGB/*Heldrich* Rn 7.
[6] *Staudinger/Werner* Rn 15; *Palandt/Edenhofer* Rn 4; *Soergel/Wolf* Rn 2; RGRK/*Kregel* Rn 8.
[7] *Staudinger/Werner* Rn 16; MünchKommBGB/*Heldrich* Rn 11; RGRK/*Kregel* Rn 10.
[8] RGRK/*Kregel* Rn 10; *Palandt/Edenhofer* Rn 5.
[9] BGH vom 30. 4. 1970, III ZR 176/68, zitiert bei *Johannsen* WM 1972, 914, 919.

der an der Ausgleichung beteiligten Miterben geteilt. Der Anteil des oder der ausgleichungspflichtigen Miterben wird schließlich um den Wert des Vorempfangs vermindert. **Beispiel:** Der Erblasser, der im gesetzlichen Güterstand gelebt hat, wird von seiner Ehefrau und den Kindern A, B und C beerbt. Der Wert des Nachlasses beträgt 100000. A hat 15000, B hat 10000 auszugleichen. Die Ehefrau erhält vorab ½ des Nachlasses = 50000 (§§ 1931 Abs 1 und 3, 1371 Abs 1), denn sie ist an der Ausgleichung nicht beteiligt. Den verbleibenden 50000 werden die Vorempfänge zugezählt. Der Betrag von 75000 wird rechnerisch unter A, B und C verteilt. Unter Abzug der Vorempfänge erhalten A (25000 − 15000 =) 10000 und B (25000 − 10000 =) 15000; C erhält die vollen 25000. Hat ein Miterbe durch die Zuwendung mehr erhalten, als ihm bei der Auseinandersetzung zukommen würde, ist nach § 2056 zu verfahren.

2. Wertermittlung. Der **Wert des Nachlasses** ist bezogen auf den **Zeitpunkt des Erbfalles** zu ermitteln[10]. Auf den Zeitpunkt der Auseinandersetzung kommt es nicht an[11]. Der **Wert der Zuwendung** ist zunächst für den Zeitpunkt der Zuwendung festzustellen (Abs 2) und dann unter Berücksichtigung des **Kaufkraftschwundes** auf den Zeitpunkt des Erbfalls umzurechnen; denn die ausgleichungsberechtigten Miterben werden so gestellt, als sei der zugewandte Gegenstand seinem Wert nach im Zeitpunkt des Erbfalles noch im Nachlass gewesen[12]. Umgerechnet wird, indem der Wert der Zuwendung mit der für das Jahr des Erbfalls geltenden Preisindexzahl für die Lebenshaltung multipliziert und durch die Preisindexzahl für das Jahr der Zuwendung dividiert wird. Besteht die Zuwendung in der schenkweisen Übereignung eines Grundstücks, ist Stichtag für die Bewertung der Schenkung der Tag der Eintragung im Grundbuch[13]. **Zinsen und Nutzungen** bleiben außer Betracht[14]. Sie sollten dem Empfänger nach dem Willen des Erblassers bereits vor dem Erbfall zugute kommen und müssen daher nicht ausgeglichen werden. **Anordnungen des Erblassers,** zu welchem Wert Zuwendungen angerechnet werden sollen, haben grds Vorrang. Bei einer ausgleichungspflichtigen Schenkung kann sich auch ohne ausdrückliche Erklärung aus den Umständen des Falles ergeben, dass für den Wert des Geschenks der Zeitpunkt des Erbfalls und nicht derjenige der Zuweisung maßgeblich sein soll[15]. 4

3. Prozessuales. Klagen im Zusammenhang mit der Ausgleichung können am Gerichtsstand der Erbschaft (§ 27 ZPO) erhoben werden[16]. Bis zur endgültigen Auseinandersetzung des Nachlasses kommt nur eine **Feststellungsklage** in Betracht. Die Klage auf Feststellung eines einzelnen Streitpunktes im Rahmen der Auseinandersetzung ist zulässig, wenn die Feststellung einer sinnvollen Klärung der Grundlagen der Erbauseinandersetzung dient[17]. Der Antrag hat dahingehend zu lauten, dass eine bestimmte Zuwendung im Rahmen der Auseinandersetzung mit einem bestimmten Betrag anzusetzen und auszugleichen sei. Ein solcher Feststellungsantrag kann in einer verfrüht erhobenen Zahlungsklage enthalten sein[18]. Eine **Zahlungsklage** kommt erst in Betracht, wenn der Nachlass ohne Berücksichtigung der Ausgleichungspflichten verteilt worden ist. Grundlage eines solchen Anspruchs ist dann § 812[19]. Hat eine teilweise Auseinandersetzung ohne Berücksichtigung von Vorausempfängen stattgefunden, muss die Ausgleichung bei der Aufteilung des Restes des ungeteilten Nachlasses nachgeholt werden. Ein Zahlungsanspruch aus § 812 besteht solange nicht, wie der ungeteilte Nachlassrest möglicherweise für die gebotene Ausgleichung ausreicht[20]. Streiten die Beteiligten über den Wert der Zuwendung, trägt der Ausgleichungsberechtigte die **Beweislast** dafür, dass die Zuwendung einen höheren als den vom Ausgleichungspflichtigen behaupteten Wert hat[21]. 5

§ 2056 Mehrempfang

[1]Hat ein Miterbe durch die Zuwendung mehr erhalten, als ihm bei der Auseinandersetzung zukommen würde, so ist er zur Herauszahlung des Mehrbetrags nicht verpflichtet. [2]Der Nachlass wird in einem solchen Falle unter den übrigen Erben in der Weise geteilt, dass der Wert der Zuwendung und der Erbteil des Miterben außer Ansatz bleiben.

---

[10] BGHZ 65, 75 = NJW 1975, 1831; BGHZ 96, 174, 180 f = NJW 1986, 931; BGH NJW-RR 1989, 259; *Meincke* AcP 178 (1978), 45, 59 ff; *Palandt/Edenhofer* Rn 3; *Erman/Schlüter* Rn 2.
[11] So aber *Staudinger/Werner* Rn 1; *MünchKommBGB/Heldrich* Rn 12; *Soergel/Wolf* Rn 4; *Krug* ZEV 2000, 41, 43.
[12] BGHZ 65, 75 = NJW 1975, 1831 m Anm *Johannsen* LM § 2325 Nr 1²/13; grundlegend *Kohler* NJW 1963, 225, 227 ff; aA *Staudinger/Werner* Rn 7 ff: Abs 2 bedeute nur, dass der Gegenstand der Zuwendung mit demjenigen Geldbetrag dem Nachlass zu- und dem Ausgleichspflichtigen angerechnet werden müsse, der im Zeitpunkt der Auseinandersetzung aufzuwenden wäre, um ihn in dem Zustand, den er im Zeitpunkt der Zuwendung hatte, zu erwerben.
[13] BGHZ 65, 75 = NJW 1975, 1831.
[14] RGRK/*Kregel* Rn 5; *Staudinger/Werner* Rn 10; *MünchKommBGB/Heldrich* Rn 13; vgl auch BGHZ 11, 206, 209 = NJW 1954, 348.
[15] OLG Hamm MDR 1966, 330; *Erman/Schlüter* Rn 4.
[16] BGH NJW 1992, 364.
[17] BGH NJW-RR 1990, 220; NJW-RR 1992, 771.
[18] BGH NJW-RR 1992, 771.
[19] RGRK/*Kregel* Rn 4 und § 2050 Rn 21; *Erman/Schlüter* Rn 7; vgl auch BGH NJW-RR 1992, 771.
[20] BGH NJW-RR 1992, 771.
[21] *Baumgärtel/Schmitz* Rn 1.

§ 2057   Buch 5. Abschnitt 2. Rechtliche Stellung des Erben

I. Keine Herausgabe des Mehrempfangs (S 1)

1   Ein Miterbe, der durch ausgleichungspflichtige Zuwendungen mehr erhalten hat, als ihm bei einer Auseinandersetzung nach § 2055 zukommen würde, ist **nicht zur Herausgabe des Mehrbetrags verpflichtet**. Auch diese Vorschrift entspricht dem vermuteten Willen des Erblassers, der im Zweifel wollte, dass die lebzeitige Zuwendung auf Dauer beim Empfänger verbleibt[1]. Sie gilt auch gegenüber einem **Pflichtteilsanspruch**, der gemäß § 2316 Abs 1 grds unter Berücksichtigung der Ausgleichungspflichten zu berechnen ist[2]. Scheidet ein Miterbe wegen eines zu hohen Vorempfangs aus der Verteilung aus, richtet sich der Pflichtteil – wie der Anteil der anderen Miterben – nur nach dem tatsächlich vorhandenen Nachlass, ggf zuzüglich der ausgleichungspflichtigen Zuwendungen derjenigen Miterben, die beteiligt bleiben[3]. Handelt es sich bei den ausgleichungspflichtigen Zuwendungen um Schenkungen, kommt allerdings auch ein Anspruch auf **Pflichtteilsergänzung** gemäß § 2325 in Betracht. Ob § 2056 auch auf Pflichtteilsergänzungsansprüche anwendbar ist[4], hat der BGH bisher offen gelassen[5]. Gegenüber einem Anspruch aus § 2329 auf Herausgabe des Geschenks nach den Vorschriften über die ungerechtfertigte Bereicherung kann sich der Erbe nicht auf § 2056 berufen[6]. Der Erblasser kann grds von der gesetzlichen Regelung **abweichende Ausgleichungsanordnungen** treffen. Er kann jedoch nicht die Rückerstattung von zu Lebzeiten unbedingt übertragenem Vermögen anordnen[7]; denn über fremdes Vermögen kann er nicht letztwillig verfügen.

II. Verfahren der Ausgleichung (S 2)

2   **1. Einfache Anwendung.** Hat ein Miterbe durch lebzeitige Zuwendungen mehr als den ihm zustehenden Anteil erlangt, bleiben der Wert der Zuwendung und der Erbteil des Miterben bei der Teilung außer Ansatz. Die übrigen Erben teilen den Nachlass **im Verhältnis ihrer Anteile zueinander**. Beispiel: Die Erben A, B und C erben zu gleichen Teilen ($1/3$). Der Nachlass beträgt 24000; A hat Vorausempfänge von 15000 auszugleichen. Gem. § 2055 wäre von einem Nachlass von (24000 + 15000 =) 39000 auszugehen. Jeder Erbe erhielte $1/3$ = 13000. A hat jedoch bereits 15000 erhalten. Er ist nicht verpflichtet, die überschießenden 2000 herauszugeben; vielmehr bleiben er und die Zuwendung unberücksichtigt. B und C teilen den tatsächlich vorhandenen Nachlass im Verhältnis ihrer Erbteile, erhalten also je die Hälfte = 12000. A bleibt Miterbe und bis zur Teilung Mitglied der Erbengemeinschaft. Das gilt dann, wenn es nur zwei Miterben gibt, auch für denjenigen, der bei der Teilung gemäß § 2056 rechnerisch außer Betracht zu bleiben hat[8]. Der andere Miterbe wird erst mit der Auseinandersetzung alleiniger Eigentümer der zum Nachlass gehörenden Gegenstände.

3   **2. Wiederholte Anwendung.** Haben **mehrere Abkömmlinge Zuwendungen auszugleichen**, muss unter Umständen mehrfach gerechnet werden. Beispiel:[9] Erben sind A zu $1/3$, V und W als Kinder des vorverstorbenen B zu je $1/6$ und X, Y und Z als Kinder des vorverstorbenen C zu je $1/9$ (also im Verhältnis 6:3:3:2:2:2). Der Nachlass beträgt 28000; W hat 8000 auszugleichen und Z 12000. Gemäß § 2055 wäre von einem rechnerischen Nachlass von 48000 auszugehen. Z, der nur $1/9$ von 48000 = 5333,33 zu beanspruchen hat, aber bereits 12000 erhalten hat, bleibt gemäß § 2056 außer Betracht. Nunmehr beträgt der Nachlass 36000 und ein Verhältnis der zur Teilung Berechtigten (ohne Z) von 6:3:3:2:2. W stünden davon $3/16$ = 6750 zu; er hat jedoch bereits 8000 erhalten und scheidet gemäß § 2056 ebenfalls aus. Es bleibt ein Nachlass von 28000, der im Verhältnis von 6:3:2:2 unter A, V, X und Y zu teilen ist. Damit erhalten A 6/13, V 3/13 und X und Y je $2/13$ von 28000.

4   **3. Mehrere Erbteile.** Hat sich der Erbteil eines gesetzlichen Erben durch Wegfall eines anderen gesetzlichen Erben erhöht, gilt der Teil, um welchen sich der Erbteil erhöht, **in Ansehung der Ausgleichungspflicht als besonderer Erbteil** (§ 1935). Die Voraussetzungen des § 2056 sind für jeden Erbteil gesondert zu prüfen. Ist ein Erbteil überschwert, bleibt der andere Erbteil davon unberührt. Gleiches gilt bei der Anwachsung gemäß § 2095 und bei der Berufung zu mehreren Erbanteilen durch mehrfache Verwandtschaft gemäß § 1927 oder durch Testament (§ 2066)[10].

§ 2057 Auskunftspflicht

[1]Jeder Miterbe ist verpflichtet, den übrigen Erben auf Verlangen Auskunft über die Zuwendungen zu erteilen, die er nach den §§ 2050 bis 2053 zur Ausgleichung zu bringen hat. [2]Die Vorschriften der §§ 260, 261 über die Verpflichtung zur Abgabe der eidesstattlichen Versicherung finden entsprechende Anwendung.

---

[1] *Staudinger/Werner* Rn 1; MünchKommBGB/*Heldrich* Rn 1; *Brox* Erbrecht Rn 513.
[2] RGZ 77, 282, 283; RGRK/*Kregel* Rn 1; *Staudinger/Werner* Rn 2.
[3] BGH NJW 1965, 1526; RGRK/*Kregel* Rn 3 unter Hinweis auf RG vom 3. 7. 1911, IV 619/10.
[4] So RGZ 77, 282; *Soergel/Wolf* Rn 2; *Staudinger/Werner* Rn 2; MünchKommBGB/*Heldrich* Rn 4.
[5] BGH NJW 1965, 1526, 1527; dazu und zu RGZ 77, 282 vgl *Keßler* DRiZ 1966, 395, 399.
[6] OLG München vom 16. 6. 1982, 27 U 243/82; ebenso RGRK/*Johannsen* § 2325 Rn 16.
[7] OLG Celle OLGRspr 32, 52; *Staudinger/Werner* Rn 1.
[8] *Staudinger/Werner* Rn 5.
[9] Nach *Staudinger/Werner* Rn 7.
[10] RGRK/*Kregel* Rn 4; *Staudinger/Werner* Rn 8; *Soergel/Wolf* Rn 2; MünchKommBGB/*Leipold* § 1935 Rn 8.

Auskunftspflicht **§ 2057**

Schrifttum: *Lütze,* Der Informationsanspruch im Zivilrecht, JuS 1986, 2; *Sarres,* Auskunftspflichten zwischen Miterben über lebzeitige Zuwendungen gemäß § 2057 BGB, ZEV 2000, 349; *Schöne,* Auskunftsansprüche im Erbrecht, Diss Münster 1983.

I. Auskunftsanspruch des Miterben

1. Bedeutung der Norm. Der Auskunftsanspruch des § 2057 soll die ordnungsgemäße Durch- 1 führung der Ausgleichung gewährleisten; denn Ausgleichung verlangen kann nur, wer die auszugleichenden Vorempfänge kennt. Die Vorschrift wurde erforderlich, weil es keinen allgemeinen Auskunftsanspruch der Miterben untereinander gibt[1].

2. Anspruchsvoraussetzungen. a) Auskunftsrecht. Das Auskunftsrecht steht jedem Miterben zu, 2 der Ausgleichung verlangen könnte. Es fällt nicht unter §§ 2038 oder 2039[2], kann also von jedem Miterben selbständig geltend gemacht werden. Auskunftsberechtigt ist auch der mit der Auseinandersetzung beauftragte Testamentsvollstrecker[3]. Der Nachlass- oder Nachlassinsolvenzverwalter hat nur bei Vorliegen eines besonderen Interesses Anspruch auf Auskunft, etwa dann, wenn eine Nachlassverbindlichkeit berichtet werden soll, mit der nur ein Erbteil belastet ist[4]. Nach § 2057 auskunftsberechtigt ist schließlich auch ein pflichtteilsberechtigter Abkömmling, der nicht Erbe geworden ist[5]; denn der Pflichtteilsanspruch ist unter Berücksichtigung der Ausgleichungspflichten zu berechnen (§ 2316 Abs 1).

b) Auskunftspflicht. Die Auskunftspflicht trifft jeden Miterben, der zur Ausgleichung verpflichtet 3 sein könnte, aber auch jeden pflichtteilsberechtigten Abkömmling, der nicht Erbe geworden ist[6].

3. Inhalt des Anspruchs. Gegenstand der Auskunft sind **alle Zuwendungen,** die unter §§ 2050 ff 4 fallen könnten. Der Auskunftsverpflichtete muss zwar nicht jede Kleinigkeit angeben, die er jemals vom Erblasser erhalten hat[7]. Im Zweifel muss eine Zuwendung jedoch offenbart werden, und zwar unter Angabe aller für und gegen eine Ausgleichspflicht sprechenden Umstände[8]. Anzugeben sind insbes Art und Menge des Vorempfangs, alle wertbildenden Faktoren[9], der Zeitpunkt der Zuwendung und die die Ausgleichungspflicht betreffenden Anordnungen des Erblassers[10]. Ein Anspruch auf Einholung eines **Wertgutachtens** folgt nicht aus § 2057, sondern allenfalls nach allgemeinen Grundsätzen aus § 242[11]. Die Kosten hat ggf der Anspruchsteller zu tragen[12]. Eine bestimmte Form der Auskunft ist nicht vorgeschrieben. Schon aus Beweisgründen kann jedoch regelmäßig eine **schriftliche Auskunft** verlangt werden[13]. Ein Verzeichnis ist dann vorzulegen, wenn ein Inbegriff von Gegenständen zugewandt worden ist (§ 260 Abs 1).

II. Durchsetzung des Auskunftsanspruchs

1. Verfahren. Im **Prozess** muss der Kläger, der Auskunft verlangt, nur seine Stellung als Auskunfts- 5 berechtigter und die Stellung des Beklagten als Auskunftsverpflichteter darlegen und erforderlichenfalls beweisen. Er braucht keine bestimmten Zuwendungen oder auch nur Anhaltspunkte dafür darzulegen, dass Zuwendungen gegeben hat[14]. Der **Klageantrag** kann ohne weitere Spezifizierung darauf gerichtet sein, Auskunft über ausgleichungspflichtige Zuwendungen zu erteilen[15]. Der Wert der Klage beträgt einen Bruchteil (1/4 bis 1/10) des Anspruchs, den die Auskunft vorbereiten soll[16]. Die **Vollstreckung** richtet sich nach § 888 ZPO.

2. Eidesstattliche Versicherung. Wenn Grund zu der Annahme besteht, dass die Auskunft nicht 6 mit der erforderlichen Sorgfalt erteilt worden ist, hat der Verpflichtete auf Verlangen des Berechtigten an Eides Statt zu versichern, dass er die zur Ausgleichung zu bringenden Zuwendungen so vollständig angegeben habe, als er dazu imstande sei (S 2 iVm § 260 Abs 2)[17]. Auf § 259 Abs 3 verweist S 2 nicht, so dass die eidesstattliche Versicherung auch in Angelegenheiten von geringer Bedeutung verlangt werden kann[18]. **Darlegungs- und beweispflichtig** für die Umstände, aus denen die mangelnde

---

[1] BGH NJW-RR 1989, 450; *Staudinger/Werner* Rn 1; *Soergel/Wolf* Rn 2.
[2] BayObLG OLGRspr 37, 253; *Staudinger/Werner* Rn 3; MünchKommBGB/*Heldrich* Rn 3; *Erman/Schlüter* Rn 2.
[3] *Staudinger/Werner* Rn 3; *Soergel/Wolf* Rn 3; RGRK/*Kregel* Rn 2; MünchKommBGB/*Heldrich* Rn 4.
[4] *Staudinger/Werner* Rn 3; *Soergel/Wolf* Rn 3.
[5] RGZ 73, 372, 374 f; OLG Nürnberg NJW 1957, 1482; OLG Zweibrücken FamRZ 1987, 1197, 1198; RGRK/*Kregel* Rn 3 unter Hinweis auf BGH vom 24. 9. 1953, IV ZR 37/53; MünchKommBGB/*Heldrich* Rn 4; *Erman/Schlüter* Rn 2.
[6] OLG Nürnberg NJW 1957, 1482; *Staudinger/Werner* Rn 4; MünchKommBGB/*Heldrich* Rn 5; RGRK/*Kregel* Rn 4.
[7] RGZ 73, 372, 376; RGRK/*Kregel* Rn 5.
[8] RGRK/*Kregel* Rn 5 unter Hinweis auf RG vom 14. 7. 1932, IV 83/32; *Staudinger/Werner* Rn 6; MünchKommBGB/*Heldrich* Rn 6; *Soergel/Wolf* Rn 5.
[9] BayObLG OLGRspr 37, 253 f.
[10] MünchKommBGB/*Heldrich* Rn 6.
[11] OLG Hamm FamRZ 1983, 1279; MünchKommBGB/*Heldrich* Rn 6; *Erman/Schlüter* Rn 3.
[12] MünchKommBGB/*Heldrich* Rn 6; aA *Schopp* Anm zu OLG Hamm FamRZ 1983, 1280.
[13] *Soergel/Wolf* Rn 6.
[14] *Staudinger/Werner* Rn 7; *Baumgärtel/Schmitz* Rn 1.
[15] *Soergel/Wolf* Rn 7; vgl auch den Fall OLG Zweibrücken FamRZ 1987, 1197.
[16] *Soergel/Wolf* Rn 7.
[17] RGRK/*Kregel* Rn 8.
[18] *Staudinger/Werner* Rn 11; RGRK/*Kregel* Rn 7.

§ 2057 a

Sorgfalt bei der Auskunft folgt, ist der Anspruchsteller[19]. Die **Vollstreckung** richtet sich nach §§ 889, 888 ZPO. Die **Kosten** der eidesstattlichen Versicherung trägt derjenige, der die Abgabe der Versicherung verlangt (§ 261 Abs 3).

§ 2057 a Ausgleichungspflicht bei besonderen Leistungen eines Abkömmlings

(1) ¹Ein Abkömmling, der durch Mitarbeit im Haushalt, Beruf oder Geschäft des Erblassers während längerer Zeit, durch erhebliche Geldleistungen oder in anderer Weise in besonderem Maße dazu beigetragen hat, dass das Vermögen des Erblassers erhalten oder vermehrt wurde, kann bei der Auseinandersetzung eine Ausgleichung unter den Abkömmlingen verlangen, die mit ihm als gesetzliche Erben zur Erbfolge gelangen; § 2052 gilt entsprechend. ²Dies gilt auch für einen Abkömmling, der unter Verzicht auf berufliches Einkommen den Erblasser während längerer Zeit gepflegt hat.

(2) ¹Eine Ausgleichung kann nicht verlangt werden, wenn für die Leistungen ein angemessenes Entgelt gewährt oder vereinbart worden ist oder soweit dem Abkömmling wegen seiner Leistungen ein Anspruch aus anderem Rechtsgrund zusteht. ²Der Ausgleichungspflicht steht es nicht entgegen, wenn die Leistungen nach den §§ 1619, 1620 erbracht worden sind.

(3) Die Ausgleichung ist so zu bemessen, wie es mit Rücksicht auf die Dauer und den Umfang der Leistungen und auf den Wert des Nachlasses der Billigkeit entspricht.

(4) ¹Bei der Auseinandersetzung wird der Ausgleichungsbetrag dem Erbteil des ausgleichungsberechtigten Miterben hinzugerechnet. ²Sämtliche Ausgleichungsbeträge werden vom Werte des Nachlasses abgezogen, soweit dieser den Miterben zukommt, unter denen die Ausgleichung stattfindet.

Schrifttum: *Bosch*, Erbrechtliche Probleme des „Nichtehelichengesetzes", FamRZ 1972, 169; *Damrau*, Erbersatzanspruch und Erbausgleich, FamRZ 1969, 579; *Firsching*, Gesetz über die rechtliche Stellung der nichtehelichen Kinder vom 19. 8. 1969, DNotZ 1970, 519; *Odersky*, Nichtehelichen-Gesetz, 4. Aufl 1978; *Petersen*, Die Beweislast bei der Ausgleichspflicht unter Miterben nach § 2057 a BGB, ZEV 2000, 432; *Weimar*, Der Ausgleichsanspruch eines Abkömmlings bei besonderer Mitarbeit und Pflege (§ 2057 a), MDR 1973, 23.

Übersicht

	Rn		Rn
I. Bedeutung der Norm	1	d) Pflegeleistungen	8
1. Normzweck	1	3. Negative Voraussetzungen	9
2. Anwendungsbereich	2		
II. Voraussetzungen des Ausgleichungsanspruchs	3	III. Umfang und Durchführung der Ausgleichung	10
1. Ausgleichungsbeteiligte	3	1. Berechnung des Ausgleichungsanspruchs	10
2. Gegenstand der Ausgleichung	4	2. Durchführung der Ausgleichung	11
a) Mitarbeit im Haushalt, Beruf oder Geschäft des Erblassers	5	3. Berücksichtigung ausgleichungspflichtiger Zuwendungen des Erblassers	12
b) Geldleistungen	6	4. Verfahren	13
c) Leistungen anderer Art	7		

I. Bedeutung der Norm

1 1. Normzweck. § 2057 a will den zur gesetzlichen Erbfolge berufenen Abkömmlingen, die den Erblasser in besonderer Weise unterstützt haben, einen **Ausgleich für dem Erblasser erbrachte Leistungen** gewähren, soweit ein solcher Ausgleich nicht bereits zu Lebzeiten des Erblassers erfolgt ist. Anders als in den anderen Vorschriften der §§ 2050 ff geht es hier nicht um Zuwendungen des Erblassers an die Erben, sondern um **Zuwendungen des Erben an den Erblasser**. Die Vorschrift, die Art 633 des Schweizer ZGB nachgebildet worden ist, wurde durch Art 1 Nr 90 NEhelG[1] eingeführt. Hintergrund der Neuregelung war die Annahme, dass die in § 2057 a beschriebenen Leistungen typischerweise von ehelichen Kindern erbracht werden, die gegenüber den seit dem Inkrafttreten des NEhelG erbersatzanspruchsberechtigten nichtehelichen Kindern nicht benachteiligt werden sollten[2]. Besondere Leistungen ehelicher Kinder werden jedoch nicht vermutet, sondern müssen im Einzelfall – wenn auch bei erleichterter Darlegungslast (vgl III.) – festgestellt werden. Das Erbrechtsgleichstellungsgesetz[3] hat § 2057 a daher unberührt gelassen. Auch ein **Hoferbe** kann einen Ausgleichungsanspruch nach § 2057 a geltend machen[4]. § 2057 a ist **abdingbar**. Der Erblasser kann Ausgleichungsansprüche

---

[19] *Baumgärtel/Schmitz* Rn 2.
[1] Gesetz über die rechtliche Stellung der nichtehelichen Kinder vom 19. 8. 1969, BGBl I S 1243, 1255.
[2] *MünchKommBGB/Heldrich* Rn 1; *Staudinger/Werner* Rn 1; *RGRK/Kregel* Rn 1; *Odersky* Anm I 1.
[3] Gesetz zur erbrechtlichen Gleichstellung nichtehelicher Kinder vom 1. 4. 1998, BGBl I S 2968.
[4] Dazu *Staudinger/Werner* Rn 26; vgl auch OLG Celle OLGR 1996, 214, 216.

durch letztwillige Verfügung ausschließen. Eine solche Anordnung wird regelmäßig als Vermächtnis zugunsten der an sich ausgleichungspflichtigen Miterben anzusehen sein[5]. Ebenso können die Miterben einverständlich abweichende Auseinandersetzungsvereinbarungen treffen.

2. Anwendungsbereich. Gemäß Art 12 § 10 Abs 1 NEhelG gilt § 2057 a nur für **Erbfälle nach dem 30. 6. 1970.** Die auszugleichenden Leistungen können vor dem 1. 7. 1970 erbracht worden sein[6]. Nichteheliche Kinder, die vor dem 1. 7. 1949 geboren worden sind, sind gemäß Art 12 § 10 Abs 1 NEhelG nicht nach dem Vater erbberechtigt; die Frage einer Ausgleichung stellt sich in solchen Fällen deshalb nicht. § 2057 a ist gemäß § 2316 auch bei der Berechnung des **Pflichtteilsanspruchs** anzuwenden, und zwar nicht nur zu Lasten, sondern auch zugunsten des oder der Erben; denn der Pflichtteilsberechtigte soll nicht weniger, aber auch nicht mehr als die Hälfte desjenigen erhalten, was er im Falle gesetzlicher Erbfolge zu beanspruchen hätte[7].

II. Voraussetzungen des Ausgleichungsanspruchs

1. Ausgleichungsbeteiligte. Die Ausgleichung findet unter **mehreren Abkömmlingen** des Erblassers statt, die gemeinsam als gesetzliche Erben zur Erbfolge gelangt oder gemäß § 2052 durch letztwillige Verfügung im Verhältnis ihrer gesetzlichen Erbteile eingesetzt worden sind. Ausgleichungsberechtigt sind Abkömmlinge, die **besondere Leistungen zugunsten des Erblassers** erbracht haben, sowie Abkömmlinge oder Ersatzerben, die an die Stelle eines vorrangig zur Erbfolge berufenen ausgleichungsberechtigten Abkömmlings treten (Rechtsgedanke des § 2051)[8]. Die Leistungen können zu einer Zeit erbracht worden sein, als der betreffende Abkömmling noch durch **vorrangige Erben** von der Erbfolge ausgeschlossen war[9]. Der Ausgleichungsanspruch des § 2057 a knüpft in erster Linie an die objektive Vermehrung des Vermögens des Erblassers an[10]. Der Rechtsgedanke des § 2053, der den vermuteten Willen des Erblassers zur Geltung bringen will, findet deshalb keine Anwendung. Ausgleichungsberechtigt ist gemäß § 2372 auch der **Erbschaftskäufer** sowie der **Erbe** eines ausgleichungsberechtigten Miterben[11].

2. Gegenstand der Ausgleichung. Der Abkömmling muss **Leistungen** erbracht haben, die in besonderen Maße dazu beigetragen haben, **das Vermögen des Erblassers zu erhalten oder zu vermehren** (Abs 1 S 1). Die Leistungen müssen diejenigen anderer Abkömmlinge deutlich überstiegen haben[12]. Die nach den jeweiligen Verhältnissen üblichen Leistungen bleiben außer Betracht[13]. Das Gesetz nennt folgende Arten von „Leistungen":

a) Mitarbeit im Haushalt, Beruf oder Geschäft des Erblassers. Der Abkömmling kann durch Mitarbeit im Haushalt, Beruf oder Geschäft des Erblassers während längerer Zeit zur Erhaltung und Vermehrung des Vermögens des Erblassers beigetragen haben. „**Haushalt**" sind alle Bereiche, die sich auf Wohn- und Aufenthaltsort des Erblassers beziehen und ihm die Lebensführung in häuslicher Hinsicht ermöglichen[14]. Bei der Formulierung „**Beruf oder Geschäft**" hat der Gesetzgeber in erster Linie an eine Mithilfe in einem landwirtschaftlichen oder kleinen gewerblichen Betrieb gedacht[15]. Vom Wortlaut erfasst ist jedoch jede Art der Mitarbeit in jeglichem vom Erblasser ausgeübten Beruf[16]. Ob der Abkömmling haupt- oder nebenberuflich „mitgearbeitet"[17] und ob er die Leistungen selbst, durch Familienangehörige oder durch andere Personen erbracht hat[18], ist unerheblich. Entscheidend ist, dass die Mitarbeit planmäßig über einen längeren Zeitraum hinweg und **nicht nur gelegentlich oder aushilfsweise** erfolgte[19]. Hat der Abkömmling nur teilweise unentgeltlich gearbeitet, ist dieser Teil auszugleichen[20]. Die Mitarbeit muss **in besonderem Maße** dazu beigetragen haben, das Vermögen des Erblassers zu erhalten oder zu vermehren. Das ist immer dann der Fall, wenn der Erblasser ohne die Mitarbeit des Abkömmlings eine andere Arbeitskraft hätte einstellen müssen, die er hätte bezahlen müssen[21]. Steht fest, dass der Abkömmling erhebliche Leistungen erbracht hat, liegt darin ein Beweisanzeichen, das regelmäßig den Schluss auf eine Erhaltung oder Vermehrung des Vermögens des

---

[5] MünchKommBGB/*Heldrich* Rn 3; *Palandt/Edenhofer* Rn 1; RGRK/*Kregel* Rn 7; *Staudinger/Werner* Rn 4; *Damrau* FamRZ 1969, 579, 571; *Bosch* FamRZ 1972, 169, 174.
[6] *Bosch* FamRZ 1972, 169, 173; *Firsching* DNotZ 1970, 519, 536.
[7] OLG Nürnberg NJW 1992, 2303; BGH NJW 1993, 1197; aA OLG Stuttgart DNotZ 1989, 184.
[8] MünchKommBGB/*Heldrich* Rn 7; *Palandt/Edenhofer* Rn 3; RGRK/*Kregel* Rn 3; *Damrau* FamRZ 1969, 579, 580.
[9] *Staudinger/Werner* Rn 21; RGRK/*Kregel* Rn 3; *Erman/Schlüter* Rn 4; MünchKommBGB/*Heldrich* Rn 7; *Soergel/Wolf* Rn 10; aA *Palandt/Edenhofer* Rn 3; *Damrau* FamRZ 1969, 579, 580 f.
[10] *Staudinger/Werner* Rn 21; RGRK/*Kregel* Rn 3; *Erman/Schlüter* Rn 4; *Odersky* Anm II 1.
[11] MünchKommBGB/*Heldrich* Rn 8; *Soergel/Wolf* Rn 10; *Staudinger/Werner* Rn 35.
[12] *Staudinger/Werner* Rn 19; *Odersky* Anm III 2.
[13] MünchKommBGB/*Heldrich* Rn 16; *Palandt/Edenhofer* Rn 4; *Soergel/Wolf* Rn 9; vgl auch OLG Celle OLGR 1996, 214, 216.
[14] *Staudinger/Werner* Rn 10.
[15] BT-Drucks 5/4179 Nr 83 a.
[16] *Staudinger/Werner* Rn 9 und 13; *Erman/Schlüter* Rn 5; RGRK/*Kregel* Rn 5; *Odersky* Anm II 2 b.
[17] *Staudinger/Werner* Rn 13.
[18] BGH NJW 1993, 1197, 1198 = LM § 2316 Nr 3 m Anm *Hohloch*; *Erman/Schlüter* Rn 5.
[19] *Staudinger/Werner* Rn 13; *Soergel/Wolf* Rn 4; RGRK/*Kregel* Rn 5; MünchKommBGB/*Heldrich* Rn 18.
[20] *Erman/Schlüter* Rn 5; *Staudinger/Werner* Rn 24; *Odersky* Anm II 2 c.
[21] *Staudinger/Werner* Rn 14; *Soergel/Wolf* Rn 9; OLG Naumburg vom 24. 3. 1999, 5 U 249/98.

§ 2057a

Erblassers zulässt. Eine Vermutung dahingehend, dass jegliche Mitarbeit das Vermögen des Erblassers erhalten oder vermehrt hat, gibt es jedoch nicht[22].

6 **b) Geldleistungen.** Der Abkömmling kann **erhebliche** Geldleistungen erbracht haben. Ob hinsichtlich der „Erheblichkeit" ein objektiver Maßstab anzulegen ist[23] oder ob es auf die Verhältnisse des Erblassers ankommt[24], ist umstritten. Richtigerweise dürfte darauf abzustellen sein, dass die Zuwendungen den Vermögensstand des Erblassers beeinflusst haben[25]. **Unterhaltsleistungen** sind zum alsbaldigen Verbrauch bestimmt und dienen nicht der Erhaltung und Vermehrung des Vermögens; Unterhaltsleistungen in Erfüllung der gesetzlichen Unterhaltspflicht begründen deshalb keinen Ausgleichungsanspruch[26].

7 **c) Leistungen anderer Art.** Der Abkömmling kann Leistungen anderer Art erbracht haben. In Betracht kommen etwa Sachleistungen, die Gewährung eines zinslosen Darlehens oder auch die Übernahme einer Bürgschaft. Leistungen anderer Art können auch Pflegeleistungen zugunsten des Ehegatten des Erblassers sein, die der Erblasser sonst hätte bezahlen müssen[27].

8 **d) Pflegeleistungen.** Ausgleichung kann schließlich auch ein Abkömmling verlangen, der **den Erblasser während längerer Zeit gepflegt** hat (Abs 1 S 2). Was ein „längerer" Zeitraum ist, ist nach den Umständen des Einzelfalles zu entscheiden, insbes danach, wie aufwändig und zeitintensiv die Pflege war. Auch hier muss es sich um eine „besondere" Leistung gehandelt haben, die sich von gelegentlichen Gefälligkeiten deutlich unterscheidet. Der Abkömmling kann von ihm selbst bezahlte Pflegekräfte eingesetzt haben. Er muss jedoch **ganz oder teilweise auf berufliches Einkommen verzichtet** haben. Wer nicht berufstätig und auch nicht berufswillig ist, „verzichtet" nicht auf Einkommen und ist deshalb nicht ausgleichungsberechtigt[28].

9 **3. Negative Voraussetzungen.** Ausgeschlossen ist ein Anspruch auf Ausgleichung, wenn und soweit für die Leistungen ein **angemessenes Entgelt gewährt** worden ist (Abs 2 S 1 Fall 1). War eine angemessene Gegenleistung nur **vereinbart**, erfolgt ebenfalls keine Ausgleichung (Abs 2 S 1 Fall 2). Der Anspruch auf die Gegenleistung ist eine Nachlassverbindlichkeit gemäß §§ 1967, 1958 ff, die vorrangig aus dem ungeteilten Nachlass zu befriedigen ist. Schließlich entfällt eine Ausgleichung auch dann, wenn eine Gegenleistung nicht erbracht und nicht vereinbart worden ist, aber ein **Ersatz- oder Erstattungsanspruch des Abkömmlings aus einem anderen Rechtsgrund** folgt (Abs 2 S 1 Fall 3). Ansprüche des Abkömmlings können etwa aus Geschäftsführung ohne Auftrag (§§ 677 ff) oder aus Bereicherungsrecht (§§ 812, 818) folgen. Ansprüche gegen den Nachlass gemäß Abs 2 S 2 und 3 schließen die Ausgleichung allerdings nur dann aus, wenn der Abkömmling sie durchsetzen kann. Kann der Abkömmling etwa den Abschluss eines Vertrages mit dem Erblasser nicht beweisen, kann er auf § 2057 a zurückgreifen[29]. Gleiches gilt etwa dann, wenn vertragliche Ansprüche **verjährt** sind[30]. War der vertragliche oder sonstige Anspruch gegen den Erblasser hingegen wegen **Verzichts oder Verwirkung** nicht mehr durchsetzbar, kommt wegen des Verbots widersprüchlichen Verhaltens auch eine Ausgleichung nicht mehr in Betracht[31]. Sind die Leistungen nach §§ 1619, 1620 von einem im elterlichen Haushalt lebenden Kind erbracht worden, steht das einem Anspruch aus § 2057 a nicht entgegen (Abs 2 S 2).

III. Umfang und Durchführung der Ausgleichung

10 **1. Berechnung des Ausgleichungsanspruchs.** Der Ausgleichungsanspruch richtet sich einerseits nach **Art, Umfang und Dauer der Leistungen,** andererseits nach dem **Wert des Nachlasses** (Abs 3). Der Gesetzgeber hat bewusst davon abgesehen, eine genaue Ermittlung der einzelnen Leistungen zu verlangen[32]. Eine genaue Aufrechnung aller einzelnen Leistungen, die der Abkömmling erbracht hat, sowie des Wertes der einzelnen Leistungen ist nicht erforderlich[33]. Entspr geringer ist im Prozess auch die **Darlegungs- und Substantiierungspflicht** desjenigen, der Ausgleichung verlangt[34]. Das Ergebnis hat der **Billigkeit** zu entsprechen. Der Anspruch auf Ausgleichung kann nicht den gesamten vorhandenen Nachlass umfassen, weil die Leistungen auch in Relation zum Nachlass zu bewerten sind[35].

---

[22] *Staudinger/Werner* Rn 14; *Soergel/Wolf* Rn 9; *Baumgärtel/Schmitz* Rn 1; aA *Odersky* Anm II 2 c; MünchKommBGB/*Heldrich* Rn 16.
[23] *Palandt/Edenhofer* Rn 8; *Soergel/Wolf* Rn 5.
[24] MünchKommBGB/*Heldrich* Rn 22; *Lange/Kuchinke* § 15 III 5 c m Fn 59.
[25] MünchKommBGB/*Heldrich* Rn 22.
[26] *Staudinger/Werner* Rn 15; MünchKommBGB/*Heldrich* Rn 22.
[27] *Odersky* Anm II 4; *Staudinger/Werner* Rn 18; MünchKommBGB/*Heldrich* Rn 26.
[28] OLG Düsseldorf OLGR 1998, 81, 82; *Staudinger/Werner* Rn 17; *Soergel/Wolf* Rn 7.
[29] MünchKommBGB/*Heldrich* Rn 31; *Soergel/Wolf* Rn 14; *Staudinger/Werner* Rn 23; *Odersky* Anm II d; *Damrau* FamRZ 1969, 579, 581.
[30] *Staudinger/Werner* Rn 23; MünchKommBGB/*Heldrich* Rn 31; *Soergel/Wolf* Rn 15; zweifelnd *Lange/Kuchinke* § 15 III 5 b Fn 51.
[31] *Staudinger/Werner* Rn 23; MünchKommBGB/*Heldrich* Rn 31; *Soergel/Wolf* Rn 15.
[32] Bericht des Rechtsausschusses, BT-Drucks 5/4179 Nr 83 a.
[33] BGHZ 101, 57, 64 = NJW 1988, 710; BGH NJW 1993, 1197, 1198; OLG Nürnberg NJW 1992, 2303, 2304; OLG Naumburg vom 24. 3. 1999, 5 U 249/98; MünchKommBGB/*Heldrich* Rn 33; *Staudinger/Werner* Rn 27.
[34] OLG Oldenburg OLGR 1999, 176; *Lange/Kuchinke* § 15 III 5 d; *Baumgärtel/Schmitz* Rn 2; MünchKommBGB/*Heldrich* Rn 37.
[35] MünchKommBGB/*Heldrich* Rn 35; *Palandt/Edenhofer* Rn 12; *Staudinger/Werner* Rn 29; *Erman/Schlüter* Rn 10; aA *Soergel/Wolf* Rn 17; offen gelassen von BGH NJW 1993, 1197, 1198.

Gesamtschuldnerische Haftung § 2058

2. Durchführung der Ausgleichung. § 2057 a gewährt **keinen Zahlungsanspruch** des berechtigten gegen die verpflichteten Miterben. Die Ausgleichung erfolgt vielmehr bei der **Teilung des Nachlasses** (Abs 4). Der Ausgleichungsbetrag wird von demjenigen Teil des Nachlasses, der den Abkömmlingen – sowohl den berechtigten als auch den verpflichteten Abkömmlingen – zukommt, abgezogen. Der verbleibende Betrag wird im Verhältnis der Anteile der Abkömmlinge geteilt. Der Anteil des berechtigten Abkömmlings wird um den Ausgleichungsbetrag erhöht. **Beispiel:** Der Erblasser, der im Güterstand der Zugewinngemeinschaft lebte, wird von seiner Ehefrau und den Kindern A und B beerbt. Der Wert des Nachlasses beträgt 120000; A hat einen Ausgleichungsanspruch in Höhe von 10000. Die Ehefrau erhält unabhängig von diesem Anspruch 60000; denn sie ist an der Ausgleichung nicht beteiligt. Der Rest wird um den Ausgleichungsbetrag von 10000 vermindert und auf die Kinder verteilt. Auf A und B entfallen je (50000 : 2 =) 25000. Der Anteil des A wird um den Ausgleichungsbetrag von 10000 vermehrt, so dass A 35000 erhält.

3. Berücksichtigung ausgleichungspflichtiger Zuwendungen des Erblassers. Sind außerdem ausgleichungspflichtige Zuwendungen an einzelne Abkömmlinge zu berücksichtigen, sind diese Vorempfänge dem Nachlasswert zuzurechnen; der Ausgleichsanspruch des nach § 2057 a ausgleichungsberechtigten Abkömmlings ist vom Endwert abzuziehen. Der sich ergebende Betrag ist unter sämtliche Abkömmlinge nach dem Verhältnis ihrer Erbteile zu teilen. Der Anteil derjenigen Miterben, die ausgleichungspflichtige Zuwendungen erhalten hatten, ist um den Wert der jeweiligen Zuwendung zu vermindern; der Anteil des nach § 2057 a ausgleichungsberechtigten Miterben ist um den nach § 2057 a ermittelten Ausgleichungsbetrag zu erhöhen. **Beispiel**[36]: Der Erblasser, der im Güterstand der Zugewinngemeinschaft lebte, wird von seiner Ehefrau sowie seinen Kindern A, B und C beerbt. Der Wert des zu verteilenden Nachlasses beträgt 80000. A hat einen Vorempfang von 7000 auszugleichen; C hat gemäß § 2057 a Anspruch auf Ausgleichung in Höhe von 2000. Die Ehefrau, die nicht an der Ausgleichung beteiligt ist, erhält vorab 40000. Der Vorempfang von 7000 ist den verbleibenden 40000 zuzuzählen; der Ausgleichungsanspruch von 2000 ist abzuziehen. Die sich ergebenden 45000 sind unter A, B und C zu verteilen. Der Anteil des A wird um die vorempfangenen 7000 vermindert und beträgt (15000 – 7000 =) 8000. B erhält 15000. Der Anteil des C erhöht sich um den Ausgleichungsbetrag von 2000 und beträgt 17000.

4. Verfahren. Im Streitfall hat das **Prozessgericht** den Ausgleichungsbetrag festzusetzen. Für eine Klage auf Ausgleichung unter Miterben ist der Gerichtsstand der Erbschaft (§ 27 ZPO) eröffnet[37]. Regelmäßig kommt nur eine **Feststellungsklage** in Betracht, weil der Ausgleichungsanspruch lediglich eine Vorfrage im Rahmen der Erbauseinandersetzung (§ 2042) darstellt[38]. Eine Klage auf Feststellung eines einzelnen Streitpunktes im Rahmen der Auseinandersetzung einer Erbengemeinschaft ist zulässig, wenn die Feststellung einer sinnvollen Klärung der Grundlagen der Erbauseinandersetzung dient[39]. Weil es sich um eine Billigkeitsentscheidung handelt, wird ein **unbezifferter Klageantrag** für zulässig gehalten[40], der auf die Feststellung gerichtet ist, dass ein in das Ermessen des Gerichts gestellter Betrag gemäß § 2057a auszugleichen ist. Für die Höhe des Anspruchs gilt § 287 Abs 2 ZPO. Ein Vermittlungsverfahren nach §§ 86 ff FGG ist gemäß § 95 FGG bis zum rechtskräftigen Abschluss des Rechtsstreits über die Ausgleichung auszusetzen.

Untertitel 2. Rechtsverhältnis zwischen den Erben und den Nachlassgläubigern (§§ 2058-2063)

§ 2058 Gesamtschuldnerische Haftung

Die Erben haften für die gemeinschaftlichen Nachlassverbindlichkeiten als Gesamtschuldner.

Schrifttum: *Börner*, Das System der Erbenhaftung, 3. Teil. Sonderregeln für Miterben, JuS 1968, 108; *Buchholz*, Der Miterbe als Nachlassgläubiger, JR 1990, 45; *Johannsen*, Die Rechtsprechung des Bundesgerichtshofs auf dem Gebiete des Erbrechts – 6. Teil: Die Erbengemeinschaft (1. Abschnitt), WM 1970, 573; *Wernecke*, Die Aufwendungs- und Schadensersatzansprüche bei der Notgeschäftsführung des Miterben – eine Zusammenschau, AcP 193 (1993), 240.

Übersicht

	Rn		Rn
I. Bedeutung der Norm	1	**II. Voraussetzungen der gesamtschuldnerischen Haftung**	3
1. Gesamtschuldnerische Haftung der Erben	1		
2. Möglichkeiten der Beschränkung der Haftung auf den Nachlass	2	1. Gemeinschaftliche Nachlassverbindlichkeiten	3
		2. Verbindlichkeiten gegenüber Miterben	4

---

[36] Nach *Staudinger/Werner* Rn 34.
[37] BGH NJW 1992, 364.
[38] Vgl BGH NJW 1992, 364.
[39] BGH NJW-RR 1990, 220.
[40] *Lange/Kuchinke* § 15 III 5 d; MünchKommBGB/*Heldrich* Rn 37; vgl auch BGH NJW 1992, 364 zum Sachverhalt.

§ 2058

	Rn		Rn
a) Miterben-Gläubiger	4	5. Zwangsvollstreckung	10
b) Ausnahmen	5	**IV. Verhältnis der Miterben untereinander**	11
III. Durchsetzung der gesamtschuldnerischen Haftung	6	1. Mitwirkungspflicht	11
1. Gesamtschuldklage und Gesamthandklage	6	2. Rückgriffsansprüche vor der Teilung	12
2. Erbrechtliche Einwände gegen die Inanspruchnahme	7	3. Rückgriffsansprüche nach der Teilung	13
3. Einwände gegen den geltend gemachten Anspruch	8	**V. Sonderfälle**	14
		1. Landwirtschaftlicher Betrieb	14
4. Verfahrensfragen	9	2. Anteil an einer Personengesellschaft	15

I. Bedeutung der Norm

1 **1. Gesamtschuldnerische Haftung der Erben.** Nach § 2058 haften die Erben für die gemeinschaftlichen Nachlassverbindlichkeiten als Gesamtschuldner (§ 421). Das bedeutet, dass jeder Miterbe für die gesamte Forderung haftet, nicht nur für denjenigen Teil der Forderung, der seiner Erbquote entspricht. Diese Regelung dient insbes den Interessen der Nachlassgläubiger, deren Rechtsstellung sich durch den Tod des Erblassers nicht verschlechtern soll[1]. **Nach Teilung des Nachlasses** bleibt es grds bei der gesamtschuldnerischen Haftung der Miterben[2]. Dadurch sollen die Miterben angehalten werden, die Nachlassverbindlichkeiten vor der Teilung des Nachlasses zu begleichen[3]. **Ausnahmen für die Zeit nach der Teilung** enthalten §§ 2060, 2061. Wenn der Gläubiger im Aufgebotsverfahren ausgeschlossen worden ist, die Nachlassverbindlichkeit den Miterben unbekannt geblieben ist, eine amtliche Sonderung des Nachlasses durch Nachlassverwaltung oder ein Nachlassinsolvenzverfahren stattgefunden hat oder ein Privataufgebot erfolglos geblieben ist, haftet der Miterbe, in dessen Person die Voraussetzungen einer der vier Tatbestände der §§ 2060, 2061 erfüllt sind, nicht als Gesamtschuldner, sondern nur anteilig im Verhältnis seines Erbteils.

2 **2. Möglichkeiten der Beschränkung der Haftung auf den Nachlass.** Nicht in § 2058 geregelt ist die Frage, mit welcher **Vermögensmasse** der Miterbe haftet, ob er also seine Haftung **auf den Nachlass beschränken** kann oder auch mit seinem sonstigen Vermögen eintreten muss. Die Frage der gesamtschuldnerischen oder nur anteiligen Haftung hat mit derjenigen der Beschränkung der Haftung auf den Nachlass nichts zu tun. Ob der Miterbe seine Haftung auf den Nachlass beschränken kann, richtet sich vielmehr grds nach den allgemeinen Vorschriften der §§ 1967 bis 2017. Es gibt jedoch Ausnahmen. Ein im **Aufgebotsverfahren** nach §§ 1970 ff, 989 ff ZPO ergangenes Ausschlussurteil kommt allen Miterben zugut, nicht nur demjenigen, der das Ausschlussverfahren beantragt hat (§ 997 Abs 1 S 1 ZPO). **Nachlassverwaltung** kann nur bis zur Teilung des Nachlasses und nur auf Antrag aller Miterben gemeinsam angeordnet werden (§ 2062). Sie ist ausgeschlossen, wenn auch nur ein Miterbe unbeschränkt haftet (§ 2062 Rn 2 mwN). Der Antrag auf Eröffnung des **Nachlassinsolvenzverfahrens** kann auch von einzelnen Miterben (§ 317 Abs 1 InsO) und noch nach der Teilung des Nachlasses (§ 316 Abs 2 InsO) beantragt werden; wird der Antrag nicht von allen Miterben gestellt, ist der Eröffnungsgrund jedoch glaubhaft zu machen (§ 317 Abs 2 InsO). Gemäß **§ 2059 Abs 1** können Miterben ihre Haftung bis zur Teilung unabhängig vom Vorliegen der Voraussetzungen der §§ 1975, 1990 ff auf den Nachlass beschränken. Die **Inventarfrist** (§ 1994 Abs 1) läuft für jeden Miterben gesondert. Die Inventarerrichtung durch einen Miterben kommt auch den anderen Miterben zugute, soweit sie nicht schon unbeschränkt haften (§ 2063 Abs 1). Wegen dieser Sonderregelungen kann ein Nachlassgläubiger ein **rechtliches Interesse an der Feststellung** haben, ob der beklagte Erbe Allein- oder nur Miterbe ist[4].

II. Voraussetzungen der gesamtschuldnerischen Haftung

3 **1. Gemeinschaftliche Nachlassverbindlichkeiten.** § 2058 gilt für gemeinschaftliche Nachlassverbindlichkeiten. Der Begriff der „**Nachlassverbindlichkeit**" in § 2058 entspricht demjenigen in § 1967. „**Gemeinschaftlich**" sind solche Nachlassverbindlichkeiten, für die alle Miterben haften. Das sind die vom Erblasser herrührenden Verbindlichkeiten sowie Verbindlichkeiten aus der ordnungsgemäßen Verwaltung des Nachlasses (§ 2038). Nicht gemeinschaftlich sind Verbindlichkeiten, die nur einen oder wenige Miterben treffen, etwa aus Vermächtnissen und Auflagen zu Lasten einzelner Miterben (vgl auch § 2046 Abs 2). Nicht gemeinschaftlich ist auch die Verpflichtung zur Pflichtteilsergänzung gegenüber einem pflichtteilsberechtigten Miterben, die den begünstigten Erben selbst nicht trifft[5]. Ansprüche der Nachlassgläubiger gegen einen oder alle Miterben aus § 1978 Abs 1 wegen **nicht**

---
[1] Prot V S 871.
[2] BGH NJW 1998, 682 = LM Nr 8 m Anm *Marotzke*; BayObLG FamRZ 1999, 1175, 1176; BayObLG NJW-RR 2004, 944; *Staudinger/Marotzke* Rn 6.
[3] BGHZ 71, 180, 188 = NJW 1978, 1385; vgl auch Prot V S 871.
[4] OLG Karlsruhe FamRZ 1967, 691, 694.
[5] RGRK/*Kregel* Rn 2; MünchKommBGB/*Heldrich* Rn 18; *Staudinger/Marotzke* Rn 25.

ordnungsgemäßer Verwaltung des Nachlasses fallen nicht unter § 2058. Sie richten sich gegen den jeweiligen Miterben persönlich und gelten gemäß § 1978 Abs 2 als zum Nachlasse gehörend[6].

2. Verbindlichkeiten gegenüber Miterben. a) Miterben-Gläubiger. Auch Gläubiger, die zugleich Miterben sind, können einen (oder mehrere) ihrer Miterben im Wege der Gesamtschuldklage in Anspruch nehmen. Das entspricht mittlerweile einhelliger Ansicht in Rspr und Literatur[7]. Nach ständiger Rspr des Reichsgerichts sollte der Miterben-Gläubiger von einem Miterben zwar nur den dessen Erbquote entsprechenden Teil der Forderung verlangen dürfen[8]. Anlass, die Miterben vor übermäßiger Inanspruchnahme zu schützen, besteht jedoch nicht. Werden sie **vor der Teilung** als Gesamtschuldner in Anspruch genommen, können sie gemäß § 2059 Abs 1 S 1 die Berichtigung der Nachlassverbindlichkeit aus ihrem sonstigen Vermögen verweigern. Sie haften dann nur mit ihrem Anteil am Nachlass. Das gilt gemäß § 2063 Abs 2 sogar dann, wenn sie iÜ unbeschränkt haften. **Nach der Teilung** verdienen die in Anspruch genommenen Miterben deshalb keinen Schutz, weil sie die Möglichkeit gehabt hätten, ihre Zustimmung zur Teilung bis zur Erfüllung des Anspruchs zu verweigern (§ 2046 Abs 1). Der Miterben-Gläubiger kann seine Forderung dann, wenn er im Wege der Gesamtschuldklage vorgeht, allerdings **nicht in voller Höhe** geltend machen, sondern nur **vermindert** um denjenigen Anteil, der seiner Erbquote entspricht[9]; denn in dieser Höhe wäre er Ausgleichs- und Rückgriffsansprüchen des in Anspruch genommen Miterben aus § 426 ausgesetzt (dolo-agit-Einwand). Für die Gesamthandklage (§ 2059 Abs 2) gilt diese Einschränkung nicht.

b) Ausnahmen. Nur in Ausnahmefällen muss sich der Miterben-Gläubiger wegen seiner Forderung auf die Auseinandersetzung (§ 2042) verweisen lassen[10]. Das ist etwa dann der Fall, wenn der Nachlass noch keine bereiten Mittel zur Verfügung hat und dem Gläubiger ein längeres Warten zugemutet werden kann oder wenn der Gläubiger bereits mehr aus dem Nachlass erhalten hat, als ihm bei der Auseinandersetzung endgültig zusteht, und der Mehrempfang die Forderung deckt (§ 242)[11].

III. Durchsetzung der gesamtschuldnerischen Haftung

1. Gesamtschuldklage und Gesamthandklage. Bis zur Teilung hat der Gläubiger die Wahl zwischen der Gesamtschuldklage des § 2058 und der Gesamthandklage des § 2059 Abs 2[12]. Welche Klageart gewollt ist, ist notfalls im Wege der Auslegung des Klageantrags und der Klagegründe zu ermitteln. Die **Gesamthandklage** zielt auf Leistung aus dem ungeteilten Nachlass. Grds müssen sämtliche Miterben verklagt werden (zu Ausnahmen vgl § 2059 Rn 7); sie sind notwendige Streitgenossen (§ 2059 Rn 7 mwN). Mit der **Gesamtschuldklage** können demgegenüber auch einzelne Miterben in Anspruch genommen werden. Werden mehrere Miterben als Gesamtschuldner verklagt, besteht zwischen ihnen keine notwendige Streitgenossenschaft[13]. Begehrt der Gläubiger die Vornahme einer **Verfügung**, muss er grds alle Miterben verklagen; denn die Miterben sind nur gemeinsam zu Verfügungen über Nachlassgegenstände befugt (§ 2040). Einzelne Miterben können allenfalls auf „Herbeiführung" einer Verfügung – etwa einer Auflassung – in Anspruch genommen werden[14].

2. Erbrechtliche Einwände gegen die Inanspruchnahme. Der als Gesamtschuldner in Anspruch genommene Miterbe kann die allgemeinen erbrechtlichen Einwendungen erheben. Auch ein Miterbe kann vor Annahme der Erbschaft nicht verklagt werden (§ 1958). Jedem Miterben stehen die Dreimonatseinrede des § 2014, die Einrede des Aufgebotsverfahrens des § 2015 und die Verschweigungs- und Versäumungseinreden der §§ 1973, 1974 zu. Außerdem kann er sich die Beschränkung der Haftung auf den Nachlass nach §§ 1975, 1990 ff oder § 2059 Abs 1 vorbehalten (§ 780 ZPO). Ob der Miterbe nach der Teilung **als Gesamtschuldner** oder gemäß §§ 2060, 2061 **im Verhältnis seines Anteils** haftet, kann nicht gemäß § 780 ZPO vorbehalten werden. Diese Frage muss vielmehr bereits im Erkenntnisverfahren entschieden werden.

3. Einwände gegen den geltend gemachten Anspruch. Gegenüber dem geltend gemachten Anspruch kann sich ein als Gesamtschuldner verklagter Miterbe nach den **allgemeinen Regeln über die Gesamtschuld** (§§ 421 ff) verteidigen. Er kann mit eigenen Forderungen gegen die Nachlassforderung **aufrechnen**. Die Aufrechnung mit Forderungen anderer Miterben ist wegen fehlender Gegenseitigkeit unzulässig (§ 422 Abs 2). Mit einer zum Nachlass gehörenden, also den Miterben in ihrer gesamthänderischen Verbundenheit zustehenden Forderung kann der einzelne Miterbe ebenfalls nicht aufrechnen, weil die Miterben nur gemeinsam über eine Nachlassforderung verfügen können

---

[6] RGRK/*Kregel* Rn 4; *Soergel/Wolf* Rn 4; *Erman/Schlüter* Rn 1; MünchKommBGB/*Heldrich* Rn 19.
[7] BGH NJW 1963, 711, 712; NJW-RR 1988, 710; MünchKommBGB/*Heldrich* Rn 28; *Erman/Schlüter* Rn 4; RGRK/*Kregel* Rn 7; *Staudinger/Marotzke* Rn 94.
[8] ZB RGZ 93, 196, 197; vgl auch RGRK/*Kregel* Rn 1.
[9] BGH NJW-RR 1988, 710, 711; RGZ 150, 844, 847 f.
[10] BGH NJW-RR 1988, 710; MünchKommBGB/*Heldrich* Rn 29.
[11] BGH LM § 2046 Nr 1; *Johannsen* WM 1970, 573, 580; vgl auch RGZ 93, 196, 197.
[12] BGH NJW 1963, 1611, 1612; NJW-RR 1988, 710; NJW-RR 1992, 151, 152; OLG Naumburg NJW-RR 1998, 308, 309.
[13] BGH NJW 1963, 1611; RGZ 68, 221, 223; OLG Naumburg NJW-RR 1998, 308, 309; MünchKommBGB/*Heldrich* Rn 21; RGRK/*Kregel* Rn 11; *Soergel/Wolf* Rn 10; *Erman/Schlüter* Rn 2.
[14] BGH NJW 1998, 682; NJW 1963, 1611, 1612; RGZ 71, 366, 370; RGRK/*Kregel* Rn 6; MünchKommBGB/*Heldrich* Rn 22; *Soergel/Wolf* Rn 11; *Johannsen* WM 1970, 573, 580; ausf *Staudinger/Marotzke* Rn 61, der vorschlägt, den Miterben auf (etwa) „Verschaffen des Eigentums, insbes Erklärung der Auflassung" in Anspruch zu nehmen; für die Verpflichtung zur Eigentumsverschaffung gelte dann § 283.

§ 2058

(§ 2040). Ihm steht jedoch – entspr dem Rechtsgedanken des § 770 Abs 2 und des § 129 Abs 2 HGB – das Recht zu, die Befriedigung des Gläubigers zu verweigern[15]. Wird das Leistungsverweigerungsrecht ausgeübt, wird die Klage in Höhe der Gegenforderung als unbegründet abgewiesen[16]. Ob sich ein Miterbe gegenüber einem Anspruch aus **ungerechtfertigter Bereicherung** (§§ 812, 818) damit verteidigen kann, dass andere Miterben iS von § 818 Abs 3 nicht mehr bereichert seien, hat der BGH bisher offen gelassen[17].

9 **4. Verfahrensfragen.** Solange die Erben gemäß § 2058 als Gesamtschuldner haften, ist gemäß §§ 28, 27 ZPO auch dasjenige Gericht **örtlich zuständig**, bei dem der Erblasser im Zeitpunkt seines Todes seinen allgemeinen Gerichtsstand hatte[18]. Der **Streitwert** entspricht auch bei Klagen auf Feststellung des Bestehens oder Nichtbestehens einer Nachlassverbindlichkeit dem vollen Wert der Verbindlichkeit[19]. Nimmt ein Gläubiger-Miterbe einen anderen Miterben als Gesamtschuldner in Anspruch, gilt der auf den Kläger selbst entfallende Anteil als außer Streit befindlich und bleibt daher bei der Festsetzung des Streitwerts außer Betracht[20].

10 **5. Zwangsvollstreckung.** Die Zwangsvollstreckung in das Vermögen, das dem Miterben außer seinem Anteil am Nachlass noch gehört, kann der Miterbe nach §§ 780, 785, 767 ZPO im Wege der Vollstreckungsgegenklage abwenden, wenn er unter dem Vorbehalt der beschränkten Erbenhaftung (§ 780 ZPO) verurteilt worden ist. Dem Gläubiger bleibt die Vollstreckung in den Anteil des Miterben am Nachlass gemäß §§ 857 Abs 1, 829 ZPO. Zur Zwangsvollstreckung in den **ungeteilten Nachlass** ist ein gegen alle Miterben ergangenes Urteil erforderlich (§ 747 ZPO). Ob das Urteil auf eine Gesamtschuld- oder eine Gesamthandklage ergangen ist, ist unerheblich[21]. Es braucht auch kein einheitliches Urteil vorzuliegen; ebenso können die Miterben in verschiedenen Prozessen gleich lautend verurteilt worden sein[22]. Dass die Miterben unter dem Vorbehalt der beschränkten Erbenhaftung (§ 780 ZPO) verurteilt worden sind, hindert die Zwangsvollstreckung in den Nachlass nicht.

IV. Verhältnis der Miterben untereinander

11 **1. Mitwirkungspflicht.** Die Miterben sind gemäß §§ 2038 Abs 1 S 2, 2046 Abs 2 einander verpflichtet, vor der Teilung an der Begleichung der Nachlassverbindlichkeiten mitzuwirken[23].

12 **2. Rückgriffsansprüche vor der Teilung.** Hat ein Miterbe vor der Teilung des Nachlasses trotz der Möglichkeit, gemäß § 2059 Abs 1 S 1 die Haftung bis zur Teilung auf den Nachlass zu beschränken, eine Nachlassverbindlichkeit aus seinem Eigenvermögen beglichen, so stehen ihm grds der Ausgleichsanspruch aus § 426 Abs 1 und der Rückgriffsanspruch aus § 426 Abs 2 gegen die übrigen Miterben zu. Macht er diese Ansprüche vor der Teilung mit der **Gesamtschuldklage** (§ 2058) gegen andere oder die anderen Miterben geltend, können diese sich ihrerseits auf § 2059 Abs 1 S 1 berufen[24]. Dem Miterben bleibt die Möglichkeit, den Rückgriffsanspruch aus § 426 Abs 2 im Wege der **Gesamthandklage** (§ 2059 Abs 2) zur Begleichung aus dem ungeteilten Nachlass geltend zu machen. Der Anspruch auf Erstattung des verauslagten Betrages aus dem ungeteilten Nachlass besteht in voller Höhe; denn die volle Leistung aus dem ungeteilten Nachlass trifft jeden Miterben – auch den Anspruchsteller – nur in Höhe seines Anteils[25]. Als Gläubiger des gemäß § 426 Abs 2 übergegangenen Anspruchs ist der Miterbe Nachlassgläubiger. Er kann unter den Voraussetzungen des § 1981 Abs 2 ohne Mitwirkung der übrigen Miterben Nachlassverwaltung beantragen und die übergegangene Forderung im Nachlassinsolvenzverfahren zur Tabelle anmelden[26].

13 **3. Rückgriffsansprüche nach der Teilung.** Nach der Teilung kann der Miterbe von den übrigen Miterben gemäß § 426 Abs 1 und 2 nur anteiligen Ausgleich verlangen. Die Miterben sind nicht zu gleichen Teilen, sondern in Höhe der jeweils auf sie entfallenden **Teilungsquote** - der Erbquote unter Berücksichtigung von nach §§ 2050 ff vorzunehmenden Ausgleichungen – zum Ausgleich verpflichtet[27]. Gegenüber dem Ausgleichsanspruch des Miterben aus § 426 kann sich der in Anspruch genommene Miterbe gemäß § 2063 Abs 2 auch dann auf eine Beschränkung seiner Haftung berufen, wenn er gegenüber anderen Nachlassgläubigern (gemäß § 1994 Abs 1 wegen Versäumung der Inventarfrist oder

---

[15] BGHZ 38, 122 = NJW 1963, 244 m Anm *Mattern* LM Nr 3 und Anm *Scheyhing* JZ 1963, 477; RGRK/*Kregel* Rn 11; MünchKommBGB/*Heldrich* Rn 25; *Palandt/Heinrichs* § 387 Rn 5.
[16] BGHZ 38, 122 = NJW 1963, 244; MünchKommBGB/*Heldrich* Rn 25; RGRK/*Kregel* Rn 11; *Johannsen* WM 1970, 573, 580.
[17] BGH WM 1982, 101, 102.
[18] BayObLG FamRZ 1999, 1175, 1176; BayObLG NJW-RR 2004, 944; *Baumbach/Lauterbach/Hartmann* § 28 ZPO Rn 5; *Soergel/Wolf* Rn 13.
[19] *Soergel/Wolf* Rn 14.
[20] RGZ 156, 263, 264 f; RGRK/*Kregel* Rn 12; *Soergel/Wolf* Rn 14.
[21] *Brox* Erbrecht Rn 694.
[22] RGZ 68, 221, 223; *Soergel/Wolf* Rn 15; MünchKommBGB/*Heldrich* Rn 24; RGRK/*Kregel* Rn 11; *Erman/Schlüter* Rn 3.
[23] RGRK/*Kregel* Rn 14; MünchKommBGB/*Heldrich* Rn 30; *Staudinger/Marotzke* Rn 78.
[24] MünchKommBGB/*Heldrich* Rn 30; *Staudinger/Marotzke* Rn 79.
[25] Vgl *Staudinger/Marotzke* Rn 80.
[26] MünchKommBGB/*Heldrich* Rn 30; *Staudinger/Marotzke* Rn 84.
[27] BayObLGZ 1970, 125, 132 f; RGRK/*Kregel* Rn 14; MünchKommBGB/*Heldrich* Rn 31; *Palandt/Edenhofer* Rn 4; *Erman/Schlüter* Rn 6; aA *Staudinger/Marotzke* Rn 41: maßgeblich seien die ideellen Erbquoten.

gemäß § 2005 Abs 1 wegen Inventaruntreue) unbeschränkt haftet. § 2063 Abs 2 gilt auch für den Rückgriffsanspruch des § 426 Abs 2 aus übergegangenem Recht (§ 2063 Rn 6 mwN)[28].

V. Sonderfälle

1. Landwirtschaftlicher Betrieb. Gehört ein landwirtschaftlicher Betrieb zum Nachlass und wird der Betrieb nach §§ 13 ff GrdstVG einem der Miterben zugewiesen, sind die Nachlassverbindlichkeiten, die im Zeitpunkt der Rechtskraft des Zuweisungsbeschlusses noch bestehen, aus dem außer dem Betrieb vorhandenen Vermögen zu berichtigen, soweit es ausreicht (§ 16 Abs 2 GrdstVG). Reicht der Nachlass nicht aus, kann der Betrieb zugewiesen werden, ohne dass die Frage, wer für welche Nachlassschulden aufkommt, geklärt wird. Die Miterben bleiben gemäß § 2058 nach den allgemeinen Regeln als Gesamtschuldner verpflichtet[29]. Im Geltungsbereich der HöfeO haftet der Hoferbe gemäß § 15 HöfeO auch dann als Gesamtschuldner für die Nachlassverbindlichkeiten, wenn er an den übrigen Nachlass nicht beteiligt ist. Die Nachlassverbindlichkeiten sind zunächst aus dem außer dem Hof vorhandenen Vermögen zu berichtigen (§ 15 Abs 2 HöfeO). Soweit dieses Vermögen nicht ausreicht, ist der Hoferbe den Miterben gegenüber verpflichtet, die Nachlassverbindlichkeiten allein zu tragen und die Miterben von ihnen zu befreien (§ 15 Abs 3 HöfeO). 14

2. Anteil an einer Personengesellschaft. War der Erblasser **persönlich haftender Gesellschafter** einer Personengesellschaft, so ist zu unterscheiden: Soweit der Erblasser für Verbindlichkeiten der Gesellschaft persönlich haftete, haften die Erben nach erbrechtlichen Grundsätzen. Werden einzelne oder alle Miterben auf Grund einer **einfachen oder qualifizierten Nachfolgeklausel** ihrerseits persönlich haftende Gesellschafter oder treten sie auf Grund einer Eintrittsklausel in die Gesellschaft ein, haften sie außerdem gemäß §§ 128, 130 HGB für die vor ihrem Eintritt begründeten Verbindlichkeiten der Gesellschaft, ohne dass sie ihre Haftung beschränken könnten. Das gilt nur für solche Erben nicht, die innerhalb von drei Monaten ab Kenntnis vom Anfall der Erbschaft von ihrem **Recht aus § 139 Abs 1 HGB** Gebrauch machen, also verlangen, dass ihnen unter Belassung des bisherigen Gewinnanteils die Stellung eines Kommanditisten eingeräumt wird. Scheiden sie daraufhin innerhalb der Frist von drei Monaten aus der Gesellschaft aus, wird die Gesellschaft aufgelöst oder wird ihnen die Stellung eine Kommanditisten eingeräumt, so haften sie für die bis dahin entstandenen Gesellschaftsschulden nur nach den allgemeinen Vorschriften über die Erbenhaftung (§ 139 Abs 4 HGB)[30]. War die Gesellschaft im Zeitpunkt des Erbfalls bereits aufgelöst, können die Erben ebenfalls ihre Haftung auf den Nachlass beschränken[31]. 15

§ 2059 Haftung bis zur Teilung

(1) ¹Bis zur Teilung des Nachlasses kann jeder Miterbe die Berichtigung der Nachlassverbindlichkeiten aus dem Vermögen, das er außer seinem Anteil an dem Nachlass hat, verweigern. ²Haftet er für eine Nachlassverbindlichkeit unbeschränkt, so steht ihm dieses Recht in Ansehung des seinem Erbteil entsprechenden Teils der Verbindlichkeit nicht zu.

(2) Das Recht der Nachlassgläubiger, die Befriedigung aus dem ungeteilten Nachlass von sämtlichen Miterben zu verlangen, bleibt unberührt.

Schrifttum: *Bräcklein,* Wann ist ein Nachlass geteilt?, NJW 1967, 431; *Garlichs,* Titelerfordernisse bei der Vollstreckung in den ungeteilten Nachlass, JurBüro 1998, 243; *Werkmüller,* Haftungsbeschränkung und Schadensersatz beim Tod des Verkäufers im schwebenden M&A-Prozess, ZEV 2007, 16; *H. P. Westermann,* Haftung für Nachlassschulden bei Beerbung eines Personengesellschafters durch eine Erbengemeinschaft, AcP 173 (1973), 24.

I. Bedeutung der Norm

1. Gesamtschuldnerische Haftung der Miterben. Miterben haften für die gemeinschaftlichen Nachlassverbindlichkeiten als Gesamtschuldner (§ 1958). Die gesamtschuldnerische Haftung beginnt grds (vgl aber § 1958) bereits mit dem Erbfall. Bis zur Teilung des Nachlasses kann jeder Miterbe jedoch die Befriedigung des Gläubigers aus dem Eigenvermögen – demjenigen Vermögen also, das er außer dem Nachlass besitzt – verweigern. **Grund dieser Regelung** ist, dass ein einzelner Miterbe die Erfüllung einer Nachlassverbindlichkeit aus dem Nachlass nicht bewirken kann; denn die Miterben können nur gemeinschaftlich über Nachlassgegenstände verfügen (§ 2040)[1]. Die Interessen des Gläubigers werden dadurch hinreichend gewahrt, dass er in den **ungeteilten Nachlass vollstrecken** kann (Abs 2). Eine amtliche Sonderung des Nachlasses vom Eigenvermögen der Miterben ist nicht erforderlich, weil der Nachlass von Gesetzes wegen ein Sondervermögen darstellt, nämlich den Miterben zur gesamten Hand zusteht (§§ 2032, 2040). Nach der Teilung des Nachlasses – der Übertragung der Nachlassgegenstände auf die einzelnen Miterben – besteht kein Grund für ein Verweigerungsrecht der Miterben mehr. 1

2. Teilung. § 2059 gilt bis zur Teilung des Nachlasses. „Teilung" bedeutet hier die Aufhebung der gesamthänderischen Bindung des Nachlasses durch die dinglich wirkende Übertragung der Nachlass- 2

---

[28] *Staudinger/Marotzke* Rn 11; aA MünchKommBGB/*Heldrich* § 2063 Rn 7.
[29] *Wöhrmann/Stöcker,* Das Landwirtschaftserbrecht, 8. Aufl 2004, § 16 GrdstVG Rn 8.
[30] Vgl BGHZ 55, 267, 271 ff = NJW 1971, 1268; MünchKommBGB/*Heldrich* Rn 14.
[31] BGH NJW 1982, 45.
[1] MünchKommBGB/*Heldrich* Rn 2 unter Hinweis auf Prot V S 871.

§ 2059 Buch 5. Abschnitt 2. Rechtliche Stellung des Erben

gegenstände auf die einzelnen Miterben[2]. Der Nachlass ist iS von § 2059 geteilt, wenn ein so **erheblicher Teil der Nachlassgegenstände** in das Einzelvermögen der Miterben überführt worden ist, dass die Erbengemeinschaft bei wirtschaftlicher Betrachtung als Ganzes aufgelöst erscheint[3]. Die Teilung iS von § 2059 ist also nicht erst mit der Übertragung des letzten noch verbliebenen Nachlassgegenstandes erfolgt. Andererseits reicht die Verteilung einzelner – wenn auch wertvoller – Gegenstände nicht aus[4]. Darauf, ob der ungeteilte Nachlass noch für die Befriedigung der Nachlassgläubiger ausreicht[5], kommt es nicht an; denn es gibt auch Nachlässe, die von Anfang an überschuldet sind. Die **vorzeitig verteilten Gegenstände** gehören nicht mehr zum Nachlass, sondern zum Eigenvermögen des jeweiligen Miterben, dessen Verwertung gemäß Abs 1 S 1 verhindert werden kann[6]. Den Gläubigern bleibt die Möglichkeit, auf den zum Nachlass gehörenden Anspruch auf Rückgewähr nach §§ 1978, 1991 Abs 1, 2059 Abs 2 zuzugreifen[7]. Ein Anspruch aus § 1978 setzt zwar voraus, dass Nachlassverwaltung angeordnet oder das Nachlassinsolvenzverfahren eröffnet worden ist oder dass der Nachlass iS von § 1990 nicht zur Begleichung der Nachlassverbindlichkeiten ausreicht[8]. Wenn jedoch die Voraussetzungen der §§ 1980, 1981 und 1990 sämtlich nicht erfüllt sind, heißt das zugleich, dass der noch vorhandene Nachlass zur Befriedigung des Gläubigers ausreicht.

II. Haftungsbeschränkungsrecht der Miterben (Abs 1)

3 **1. Leistungsverweigerungsrecht der Miterben.** Einem als Gesamtschuldner in Anspruch genommenen Miterben stehen die **allgemeinen Leistungsverweigerungsrechte jedes Erben** zu. Gemäß § 1958 kann er vor Annahme der Erbschaft nicht in Anspruch genommen werden; die Zwangsvollstreckung ist nur in den Nachlass möglich (§ 778 ZPO). Nach der Annahme der Erbschaft gelten zunächst §§ 2014, 2015 iVm §§ 305, 780 ZPO. Der Miterbe kann auch eine Beschränkung seiner Haftung auf den Nachlass nach § 1975 (Nachlassverwaltung, die gemäß § 2062 allerdings nur bis zur Teilung und von allen Miterben gemeinsam beantragt werden kann, oder Eröffnung des Nachlassinsolvenzverfahrens), nach §§ 1973, 1974 (Ausschluss des Gläubiger im Aufgebotsverfahren oder Versäumung der Fünfjahresfrist) oder nach §§ 1990 ff (Unzulänglichkeitseinreden) herbeiführen. Abs 1 S 1 gibt dem Miterben bis zur Teilung des Nachlasses eine **zusätzliche Möglichkeit der Beschränkung der Haftung auf den Nachlass.** Es handelt sich um eine **Einrede,** die unabhängig von den Voraussetzungen erhoben werden kann, unter denen der Erbe den allgemeinen Vorschriften über die Erbenhaftung zufolge die Inanspruchnahme seines Eigenvermögens verhindern kann. Die Einrede hat allerdings nur **aufschiebende Wirkung** bis zur Teilung des Nachlasses. Trotz Erhebung der Einrede gerät der Miterbe in **Verzug**[9].

4 **2. Verfahrensfragen.** Im **Prozess** führt die Einrede des Abs 1 S 1 nicht zu einer Abweisung der Klage, sondern zum Vorbehalt der beschränkten Erbenhaftung gemäß § 780 Abs 1 ZPO. Schon der allgemeine Vorbehalt des § 780 Abs 1 ZPO wahrt die Rechte aus § 2059 Abs 1 S 1 ZPO. Die Haftung braucht also nicht ausdrücklich „auf den Anteil am Nachlass" beschränkt zu werden[10]. Die **Zwangsvollstreckung** ist dann bis zur Teilung nur in den Anteil des Miterben am ungeteilten Nachlass (§§ 859 Abs 2, 857 ZPO) oder auf Grund eines Titels gegen alle Miterben (§ 747 ZPO) in den Nachlass selbst erlaubt. Vollstreckt der Gläubiger gleichwohl in das Eigenvermögen des Miterben, kann dieser gemäß §§ 781, 785, 767 ZPO Vollstreckungsgegenklage erheben. Die Vollstreckungsgegenklage ist begründet, wenn der Erbe darlegt und notfalls beweist, dass mehrere Erben vorhanden sind und dass der Nachlass noch nicht geteilt worden ist[11]. Hatte der Gläubiger nur auf **„Leistung aus dem Erbteil"** geklagt, bedarf es keines zusätzlichen Vorbehaltes mehr; denn aus einem Urteil, das auf Leistung aus dem Erbteil lautet, kann auch nur in den Erbteil vollstreckt werden[12]. Der beklagte Miterbe kann demgegenüber bei uneingeschränktem Klageantrag eine auf Leistung aus dem Erbteil beschränkte Verurteilung nicht erreichen; denn der Gläubiger hat auch bei Vorliegen der Voraussetzungen des

---

[2] *Erman/Schlüter* Rn 7; *MünchKommBGB/Heldrich* Rn 4.
[3] *MünchKommBGB/Heldrich* Rn 4; *RGRK/Kregel* Rn 5; *Erman/Schlüter* Rn 8; *Staudinger/Marotzke* Rn. 33; *Lange/Kuchinke* § 50 IV 1; *H. P. Westermann* AcP 173 (1973), 24, 30; aA *Brácklein* NJW 1967, 431, 432: erforderlich sei zusätzlich das Bewusstsein der Miterben, dass der Nachlass geteilt und die Erbengemeinschaft aufgelöst worden sei.
[4] RGZ 89, 403, 408.
[5] So *Soergel/Wolf* Rn 2; *Palandt/Edenhofer* Rn 3.
[6] RGZ 89, 403, 408; *Soergel/Wolf* Rn 4; *Palandt/Edenhofer* Rn 3; *Lange/Kuchinke* § 50 IV 1 Fn 36 mwN; *H. P. Westermann* AcP 173 (1973), 24, 31 ff; aA *Staudinger/Marotzke* Rn 35; *MünchKommBGB/Heldrich* Rn 10; *RGRK/Kregel* Rn 6; *Werkmüller* ZEV 2007, 16,: das Leistungsverweigerungsrecht des Abs 1 S 1 sei im Wege der teleologischen Reduktion auf solche Vermögensgegenstände zu beschränken, die dem betroffenen Erben unabhängig vom Erbfall gehörten.
[7] RGZ 89, 403, 408; *Soergel/Wolf* Rn 4; *Palandt/Edenhofer* Rn 3; *Lange/Kuchinke* § 50 IV 1 Fn 36.
[8] *RGRK/Kregel* Rn 13; *MünchKommBGB/Heldrich* Rn 10; *H. P. Westermann* AcP 173 (1973), 24, 31; auch RGZ 89, 403, 408 nimmt eine Pflicht zur Rückgewähr nur an, soweit dies zur Berichtigung der Nachlassverbindlichkeiten erforderlich ist.
[9] OLG München OLGRspr 30, 203 f; *MünchKommBGB/Heldrich* Rn 15; *Soergel/Wolf* Rn 6; *Palandt/Edenhofer* Rn 2; aA *Staudinger/Marotzke* Rn 18 für den Fall, dass der Nachlass nicht ausreicht und der Miterbe mit seinem eigenen Vermögen haftet.
[10] RGZ 71, 366, 371; *MünchKommBGB/Heldrich* Rn 14; *Soergel/Wolf* Rn 5; *RGRK/Kregel* Rn 8.
[11] *RGRK/Kregel* Rn 14; *MünchKommBGB/Heldrich* Rn 14; *Soergel/Wolf* Rn 5; *Erman/Schlüter* Rn 5; *Lange/Kuchinke* § 50 IV 2 d Fn 48; *Palandt/Edenhofer* Rn 2; *Baumgärtel/Schmitz* §§ 2058-2059 Rn 2.
[12] *MünchKommBGB/Heldrich* Rn 14; *RGRK/Kregel* Rn 8.

§ 2059 Abs 1 S 1 Anspruch auf einen Titel, der ihm **nach der Teilung** die Zwangsvollstreckung in das Eigenvermögen der Miterben erlaubt[13]. Erfolgt die Zwangsvollstreckung aus einem Titel, der noch gegen den **Erblasser** ergangen und gemäß § 727 ZPO umgeschrieben worden ist, kann die Einrede des Abs 1 S 1 auch ohne Vorbehalt im Urteil erhoben werden.

3. Teilhaftung bei Verlust des Rechts, die Haftung auf den Nachlass zu beschränken. Haftet ein Miterbe bereits **unbeschränkt** (also auch mit seinem Eigenvermögen), steht ihm das Leistungsverweigerungsrecht hinsichtlich des Anteils, der auf ihn entfällt, nicht zu (S 2); denn ein unbeschränkt haftender Erbe kann die Beschränkung seiner Haftung auf den Nachlass nicht mehr geltend machen (§ 2013). Ein Miterbe, der unbeschränkt haftet, hat jedoch die Möglichkeit, bis zur Teilung die Haftung mit dem Eigenvermögen auf den seinem Erbteil entsprechenden Teil der Forderung zu beschränken. Die Beschränkung erfolgt wie im Falle des Abs 1 S 1 durch **den Vorbehalt der beschränkten Erbenhaftung** nach § 780 ZPO, der ggf im Wege der Vollstreckungsgegenklage nach §§ 781, 785, 767 ZPO durchgesetzt werden muss. Auf Antrag des Gläubigers hat jedoch dann, wenn die iÜ unbeschränkte Haftung feststeht, eine die anteilige Haftung ausnehmende **Beschränkung** des Vorbehaltes zu erfolgen. **Beispiel:** Der Miterbe erbt (und haftet) zu ⅓; die Forderung beträgt 3000. Dem Miterben wird auf Antrag des Gläubigers die Beschränkung der Haftung auf den Nachlass nur bis zur Teilung und nur wegen des 1000 übersteigenden Betrages vorbehalten[14]. „Erbteil" ist hier der durch die Erbquote bestimmte **ideelle Erbteil**, nicht die durch etwaige Ausgleichungen beeinflusste Teilungsquote[15]. Darlegungs- und beweispflichtig für die Voraussetzungen der unbeschränkten Haftung ist der Gläubiger[16]. Gegenüber einem **Gläubiger, der zugleich Miterbe ist,** kann sich der in Anspruch genommene Miterbe auf die Beschränkung der Haftung auch dann berufen, wenn er unbeschränkt haftet (§ 2063 Abs 2).

III. Befriedigung aus dem ungeteilten Nachlass (Abs 2)

1. Gesamthandklage. Nach Abs 2 kann der Nachlassgläubiger von sämtlichen Miterben uneingeschränkt Befriedigung aus dem ungeteilten Nachlass verlangen. Zur Zwangsvollstreckung in den ungeteilten Nachlass ist gemäß § 747 ZPO ein gegen alle Erben ergangenes Urteil erforderlich. Mit der Gesamthandklage des Abs 2 werden die Miterben als Träger des gesamthänderisch gebundenen Nachlasses in Anspruch genommen. Sie muss grds gegen sämtliche Miterben gerichtet werden und begründet unter diesen eine notwendige Streitgenossenschaft nach § 62 ZPO[17]. Eine Gesamthandklage nur gegen einen oder einige der Miterben ist unzulässig. Das gilt nur dann nicht, wenn die nicht mitverklagten Miterben bereits leistungsbereit sind oder schon zur Leistung verurteilt worden sind[18]. Der Gläubiger hat die **Wahl,** ob er die Gesamtschuldklage nach § 2058 oder die Gesamthandklage nach § 2059 Abs 2 erheben will. Welche Klage gemeint ist, muss erforderlichenfalls durch Auslegung des Klageantrags und der Klagegründe ermittelt werden[19]. Aufgrund eines auf eine Gesamthandklage hin ergangenen Urteils kann **nur in den Nachlass** vollstreckt werden[20]. Ist die Klage ausdrücklich auf Befriedigung aus dem ungeteilten Nachlass gerichtet, handelt es sich daher regelmäßig um eine Gesamthandklage. Eine Gesamthandklage liegt idR auch dann vor, wenn der Gläubiger einen Anspruch auf **Vornahme einer Verfügung,** etwa auf Auflassung eines Grundstücks, verfolgt; denn gemäß § 2040 können die Miterben nur gemeinsam über einen Nachlassgegenstand verfügen[21]. Allerdings können einzelne Miterben als Gesamtschuldner (§ 2058) auf Herbeiführung der Auflassung in Anspruch genommen werden (§ 2042 Rn 7)[22]. Ein Grundbuchberichtigungsanspruch soll ausschließlich im Wege der Gesamthandklage verfolgt werden können[23].

2. Verteidigung gegen die Gesamthandklage. Gegenüber einer Gesamthandklage können sich die Miterben nur mit solchen **Einwänden** verteidigen, die der Forderung selbst entgegenstehen, etwa dahingehend, dass die Forderung nicht entstanden, einredebehaftet oder durch Erfüllung erloschen sei. An speziell erbrechtlichen Einwänden kommen neben der Einrede aus § 1958 nur die Dreimonatseinrede des § 2014 sowie die Einrede des Aufgebotsverfahrens des § 2015 in Betracht[24]. Die **Einrede**

---

[13] MünchKommBGB/*Heldrich* Rn 14; *Erman/Schlüter* Rn 5.
[14] Nach RGRK/*Kregel* Rn 9; vgl auch MünchKommBGB/*Heldrich* Rn 16; *Soergel/Wolf* Rn 7; *Palandt/Edenhofer* Rn 1; *Erman/Schlüter* Rn 4.
[15] RGRK/*Kregel* Rn 9; MünchKommBGB/*Heldrich* Rn 16; *Erman/Schlüter* Rn 4; *Palandt/Edenhofer* Rn 1.
[16] MünchKommBGB/*Heldrich* Rn 18; *Soergel/Wolf* Rn 7; RGRK/*Kregel* Rn 14; *Baumgärtel/Schmitz* Rn 2.
[17] BGH NJW 1963, 1611, 1612 m Anm *Bötticher* JZ 1964, 723; RGZ 71, 366, 370 f; RGRK/*Kregel* Rn 11; MünchKommBGB/*Heldrich* Rn 21; *Palandt/Edenhofer* Rn 4; *Erman/Schlüter* § 2058 Rn 2; einschränkend *Soergel/Wolf* Rn 9; aA RGZ 68, 221, 222 f.
[18] BGH NJW 1982, 441; NJW 1995, 58; OLG Naumburg NJW-RR 1998, 308, 309; RGRK/*Kregel* Rn 11; MünchKommBGB/*Heldrich* Rn 21; im Ergebnis ebenso *Staudinger/Marotzke* § 2058 Rn 63: der nicht gegen sämtliche Miterben gerichteten Klage fehle das Rechtsschutzbedürfnis, wenn die nicht mitverklagten Erben nicht bereits geleistet haben oder gesondert verurteilt worden sind oder leistungsbereit sind.
[19] BGH NJW 1963, 1611, 1612; BGH NJW-RR 1988, 710; NJW-RR 1992, 1151, 1152; OLG Naumburg NJW-RR 1998, 308, 309; OLG Jena OLGR 2003, 421.
[20] BGH NJW-RR 1988, 710; MünchKommBGB/*Heldrich* Rn 19; *Soergel/Wolf* Rn 10.
[21] BGH NJW 1963, 1611, 1612.
[22] RGZ 71, 366, 370; BGH NJW 1963, 1611, 1612; NJW 1998, 682.
[23] OLG Naumburg NJW-RR 1998, 308.
[24] MünchKommBGB/*Heldrich* Rn 25.

der beschränkten Erbenhaftung (§ 780 ZPO) braucht nicht erhoben zu werden, weil aus einem Urteil, das auf Leistung aus dem ungeteilten Nachlass lautet, nur in den Nachlass vollstreckt werden kann. Nur wenn nicht hinreichend deutlich ist, dass der Gläubiger eine derart eingeschränkte Verurteilung erstrebt, sollen die Miterben die Aufnahme des Vorbehalts der beschränkten Erbenhaftung verlangen können[25]. Sinnvoller ist es, auf eine exakte Fassung des Klageantrags und des Urteilstenors hinzuwirken.

8 **3. Sonderfall Miterben-Gläubiger.** Auch der Gläubiger, der zugleich Miterbe ist, kann die Gesamthandklage erheben[26]. Obwohl zur Zwangsvollstreckung in den Nachlass bis zur Teilung gemäß § 747 ZPO grds ein gegen alle Erben ergangenes Urteil erforderlich ist, reicht für den Miterben-Gläubiger ein Urteil gegen die anderen Miterben[27]. Sich selbst braucht (und kann) er nicht verklagen. Solange der Miterben-Gläubiger Befriedigung nur aus dem ungeteilten Nachlass verlangt, kann er seinen Anspruch **in voller Höhe** durchsetzen, braucht sich also nicht den seiner Erbquote entsprechenden Teil des Anspruchs anrechnen zu lassen[28]. Nimmt er statt dessen – was grds zulässig ist – einzelne oder alle Miterben gemäß § 2058 als Gesamtschuldner in Anspruch, ist ein seiner Erbquote entsprechender Teil des Anspruchs abzusetzen (iE § 2058 Rn 4)[29].

9 **4. Zwangsvollstreckung in den ungeteilten Nachlass.** Die Zwangsvollstreckung in den ungeteilten Nachlass (§ 747 ZPO) setzt kein auf eine Gesamthandklage nach § 2059 Abs 2 ergangenes einheitliches Urteil gegen alle Miterben voraus. Die Erben können gemäß § 2058, in mehreren Prozessen und sogar nicht als Erben, sondern aus einem anderen Rechtsgrund gleich lautend verurteilt worden sein[30]. Werden die Erben als Gesamtschuldner (§ 2058) in Anspruch genommen, ist der Vorbehalt der beschränkten Erbenhaftung (§ 780 ZPO) zulässig und sinnvoll.

§ 2060 Haftung nach der Teilung

Nach der Teilung des Nachlasses haftet jeder Miterbe nur für den seinem Erbteil entsprechenden Teil einer Nachlassverbindlichkeit:
1. wenn der Gläubiger im Aufgebotsverfahren ausgeschlossen ist; das Aufgebot erstreckt sich insoweit auch auf die im § 1972 bezeichneten Gläubiger sowie auf die Gläubiger, denen der Miterbe unbeschränkt haftet;
2. wenn der Gläubiger seine Forderung später als fünf Jahre nach dem im § 1974 Abs. 1 bestimmten Zeitpunkt geltend macht, es sei denn, dass die Forderung vor dem Ablauf der fünf Jahre dem Miterben bekannt geworden oder im Aufgebotsverfahren angemeldet worden ist; die Vorschrift findet keine Anwendung, soweit der Gläubiger nach § 1971 von dem Aufgebot nicht betroffen wird.
3. wenn das Nachlassinsolvenzverfahren eröffnet und durch Verteilung der Masse oder durch einen Insolvenzplan beendigt worden ist.

I. Bedeutung der Norm

1 **1. Ausnahme vom Grundsatz der gesamtschuldnerischen Haftung der Miterben.** Nach der Teilung des Nachlasses bleibt die gesamtschuldnerische Haftung der Miterben bestehen[1]. Ist eine Nachlassverbindlichkeit nicht gemäß § 2046 vor der Teilung des Nachlasses berichtigt worden, kann der Gläubiger auch nach der Teilung jeden Miterben auf Erfüllung der gesamten Forderung in Anspruch nehmen (§ 2058). Die §§ 2060, 2061 enthalten Ausnahmen von diesem Grundsatz. Unter den in diesen Vorschriften genannten Voraussetzungen haftet der einzelne Miterbe nur für den seinem Erbteil entsprechenden Teil der Nachlassverbindlichkeit (**„Teilhaftung"**). Solchen Erben, die alles getan haben, um die Nachlassgläubiger zu ermitteln und zu befriedigen, kann nach Vorstellung des historischen Gesetzgebers die strenge gesamtschuldnerische Haftung des § 2058 nicht zugemutet werden[2]. „Erbteil" ist hier die **ideelle Erbquote,** nicht der durch etwaige Ausgleichungen beeinflusste Anteil am Überschuss (Teilungsquote)[3]. Die Teilungsquote gilt nur im Innenverhältnis der Miterben untereinan-

---

[25] MünchKommBGB/*Heldrich* Rn 26; RGRK/*Kregel* Rn 13; *Erman/Schlüter* Rn 9; *Palandt/Edenhofer* Rn 4; aA *Soergel/Wolf* Rn 10, der von einer „immanenten Beschränkung des Gesamthandurteils auf das Vermögen der Erbengemeinschaft" ausgeht.
[26] BGH NJW 1963, 1611, 1612; NJW-RR 1988, 710, 711; OLG Karlsruhe NJW-RR 2005, 1317, 1318; RGRK/*Kregel* Rn 12.
[27] *Baumbach/Lauterbach/Hartmann* § 747 ZPO Rn 2; *Soergel/Wolf* Rn 11; MünchKommBGB/*Heldrich* Rn 27; Staudinger/*Marotzke* § 2058 Rn 97; *Erman/Schlüter* § 2058 Rn 4; *Garlichs* JurBüro 1998, 243, 244.
[28] BGH NJW-RR 1988, 710, 711.
[29] BGH NJW-RR 1988, 710, 711.
[30] BGHZ 53, 110, 115 = NJW 1970, 473; MünchKommBGB/*Heldrich* Rn 19; *Baumbach/Lauterbach/Hartmann* § 747 ZPO Rn 2.
[1] BGH NJW 1998, 682 = LM § 2058 Nr 8 m Anm *Marotzke*; WM 1982, 101; BayObLG FamRZ 1999, 1175, 1176; Staudinger/*Marotzke* Rn 1; RGRK/*Kregel* Rn 1; *Erman/Schlüter* Rn 2.
[2] MünchKommBGB/*Heldrich* Rn 1; Staudinger/*Marotzke* Rn 5.
[3] BGH WM 1982, 101, 102; RGRK/*Kregel* Rn 1; *Erman/Schlüter* Rn 2; MünchKommBGB/*Heldrich* Rn 4; *Soergel/Wolf* Rn 5; *Lange/Kuchinke* § 50 V 4 a m Fn 68.

der[4]. Ausgleichsansprüche eines Miterben, der eine Nachlassforderung beglichen hat, sind auf die jeweilige Teilungsquote beschränkt.

2. Folgen für die Nachlassgläubiger. Die Teilhaftung kann dann, wenn die Haftung zugleich auf den Nachlass beschränkt ist, dazu führen, dass ein Nachlassgläubiger teilweise mit seiner Forderung ausfällt. **Beispiel**[5]: Der Erblasser wird von A, B und C zu je $1/3$ beerbt. Der Wert des Nachlasses beträgt 3000. Bei der Auseinandersetzung erhält A wegen auszugleichender Vorempfänge nichts; B und C erhalten je 1500. Ein Nachlassgläubiger, der 1500 zu fordern hat, kann bei Teilhaftung und Beschränkung der Haftung auf dem Nachlass von B und C nur je $1/3$ von 1500, also (2 × 500 =) 1000 verlangen. A, der nichts aus dem Nachlass erhalten hat, ist zu Zahlungen aus seinem eigenen Vermögen nicht verpflichtet. Dieses Ergebnis lässt sich damit rechtfertigen, dass der Gläubiger den Eintritt der Teilhaftung jedenfalls in den Fällen der §§ 2060 Nr 1 und 2, 2061 durch rechtzeitige Anmeldung der Forderung hätte verhindern können[6].

3. Haftungsgegenstand und Haftungsumfang. §§ 2060, 2061 behandeln die Frage des **Haftungsumfanges** (Haftung für die gesamte Nachlassverbindlichkeit oder nur für einen Bruchteil), nicht die Frage des **Haftungsgegenstandes** (Nachlass oder auch Eigenvermögen des Erben). Ob der Erbe mit seinem gesamten Vermögen oder nur auf den Nachlass beschränkt haftet, richtet sich nach den allgemeinen Vorschriften über die Erbenhaftung. Auch wenn der Erbe unbeschränkt – also auch mit seinem eigenen Vermögen – haftet, haftet er unter den Voraussetzungen der §§ 2060 oder 2061 nur für den seinem Erbteil entsprechenden Teil der Nachlassschuld.

II. Tatbestände des § 2060

1. Ausschluss im Aufgebotsverfahren (Nr 1). Die Teilhaftung tritt gegenüber denjenigen Nachlassgläubigern ein, die im **Aufgebotsverfahren** nach §§ 1970 bis 1974 ausgeschlossen worden sind. Einzelheiten ergeben sich aus §§ 989 ff ZPO. **Jeder Miterbe** ist berechtigt, das Aufgebot der Nachlassgläubiger zu beantragen (§§ 991 Abs 1, 997 Abs 3 ZPO). Im Aufgebot ist den Nachlassgläubigern, die sich nicht melden, zusätzlich – neben den Rechtsnachteilen des § 1973 und § 995 ZPO – **anzudrohen,** dass jeder Erbe nach der Teilung des Nachlasses nur für den seinem Erbteil entsprechenden Teil der Verbindlichkeit haftet (§ 997 Abs 1 S 2 ZPO). Das von einem einzelnen Miterben erwirkte Ausschlussurteil kommt auch den anderen Miterben zugute (§ 997 Abs 1 S 1 ZPO). Auch derjenige Miterbe ist antragsberechtigt, der selbst bereits unbeschränkt (= auch mit seinem Eigenvermögen) für Nachlassverbindlichkeiten haftet (§ 997 Abs 3 ZPO). Er haftet nach Erlass des Ausschlussurteils unbeschränkt, jedoch nur für den seinem Erbteil entsprechenden Teil der Nachlassforderung. Die Teilhaftung tritt auch im Verhältnis zu den Pflichtteils-, Vermächtnis- und Auflagengläubigern des § 1972 ein (Nr 1 HS 2). Nur das Recht der Gläubiger dinglicher und ihnen gleichgestellter Rechte auf Befriedigung aus den ihnen haftenden Gegenständen (§ 1971) bleibt unberührt[7]. Anders als im Falle des § 2061 und der Nr 2 kommt es auch dann zur Teilhaftung, wenn der Erbe **Kenntnis** von der Nachlassverbindlichkeit hatte[8]. Die **Teilung** des Nachlasses (§ 2059 Rn 2), die Voraussetzung jeglicher Teilhaftung ist, darf **erst nach Erlass des Ausschlussurteils** erfolgt sein (§ 2061 Rn 2)[9]. Das folgt aus dem Wortlaut der Vorschrift[10] ebenso wie aus ihrem Sinn und Zweck. Miterben, die alles Erforderliche zur Befriedigung der Nachlassgläubiger unternommen haben, sollen nicht länger der strengen gesamtschuldnerischen Haftung des § 2058 unterworfen bleiben. Haben sie voreilig die Teilung vorgenommen, besteht kein Grund für eine Besserstellung.

2. Verspätete Geltendmachung der Forderung (Nr 2). Ein Miterbe haftet auch dann nur anteilig, wenn der Gläubiger seine Forderung **später als fünf Jahre** nach dem in § 1974 Abs 1 bestimmten Zeitpunkt – dem Erbfall oder der Rechtskraft des Beschlusses über die Todeserklärung oder die Feststellung der Todeszeit – geltend macht. Die Frist wird nicht nur durch Klage, sondern auch durch außergerichtliche Zahlungsaufforderung oder Mahnung oder jedes sonstige Verhalten gewahrt, dem der Erbe entnehmen kann, dass der Gläubiger seine Forderung **durchsetzen will.** Das folgt auch daraus, dass – anders als in Nr 1 – die Kenntnis des Erben von der Nachlassverbindlichkeit den Eintritt der Teilhaftung hindert. Es kommt jeweils auf die Kenntnis des in Anspruch genommenen Miterben an. Die Kenntnis anderer Erben wird **nicht zugerechnet,** so dass für ein und dieselbe Forderung ein Erbe als Gesamtschuldner und ein anderer Erbe nur anteilig haften kann[11]. Sind Gläubiger und Miterbe übereinstimmend, aber zu Unrecht der Ansicht, eine Nachlassforderung

---
[4] RGRK/*Kregel* § 2055 Rn 9; MünchKommBGB/*Heldrich* Rn 4; *Soergel/Wolf* Rn 5; *Erman/Schlüter* Rn 2; *Palandt/Edenhofer* Rn 1.
[5] Nach RGRK/*Kregel* Rn 2.
[6] *Erman/Schlüter* Rn 2; MünchKommBGB/*Heldrich* Rn 4; *Soergel/Wolf* Rn 5; krit RGRK/*Kregel* Rn 2 und *Staudinger/Marotzke* Rn 17, 21 ff.
[7] MünchKommBGB/*Heldrich* Rn 7; RGRK/*Kregel* Rn 6; *Soergel/Wolf* Rn 8; *Palandt/Edenhofer* Rn 2; *Erman/Schlüter* Rn 4.
[8] MünchKommBGB/*Heldrich* Rn 7; RGRK/*Kregel* Rn 5; *Palandt/Edenhofer* Rn 2; *Soergel/Wolf* Rn 7; aA *Staudinger/Marotzke* Rn 53 ff.
[9] MünchKommBGB/*Heldrich* Rn 8; *Palandt/Edenhofer* Rn 2; *Soergel/Wolf* Rn 4; *Lange/Kuchinke* § 50 V 4 a Fn 72; aA *Erman/Schlüter* Rn 4; RGRK/*Kregel* Rn 5; *Staudinger/Marotzke* Rn 68.
[10] MünchKommBGB/*Heldrich* Rn 8.
[11] RGRK/*Kregel* Rn 7; MünchKommBGB/*Heldrich* Rn 11; *Staudinger/Marotzke* Rn 76; *Erman/Schlüter* Rn 5.

sei durch Erfüllung erloschen, steht dieser Irrtum der Unkenntnis der Forderung gleich[12]. Hat der Gläubiger die Forderung im Rahmen eines von einem Miterben eingeleiteten **gerichtlichen Aufgebotsverfahren** nach §§ 989 ff ZPO angemeldet, wirkt die Anmeldung gegenüber allen Miterben. Die Anmeldung der Forderung auf eine Aufforderung nach § 2061 hin steht der Anmeldung im Rahmen eines gerichtlichen Aufgebotsverfahrens nicht gleich, kann aber als Geltendmachung der Forderung zu verstehen sein[13]. Vor Ablauf der Fünfjahresfrist kann sich der in Anspruch genommene Miterbe regelmäßig nicht auf **Verwirkung** berufen[14]. Nr 2 gilt nicht für Gläubiger dinglicher oder diesen gleichgestellter Rechte iS von § 1971, soweit sie Befriedigung aus den ihnen haftenden Gegenständen verlangen (HS 2).

6   **3. Nachlassinsolvenzverfahren (Nr 3).** Schließlich haften die Miterben auch dann nur anteilig, wenn das Nachlassinsolvenzverfahren eröffnet und durch Verteilung der Masse oder durch einen Insolvenzplan beendet worden ist. Voraussetzung der Teilhaftung ist, dass das Nachlassinsolvenzverfahren **vor der Teilung eröffnet** worden war. Gemäß § 316 Abs 2 InsO ist die Eröffnung des Nachlassinsolvenzverfahrens auch nach der Teilung des Nachlasses noch zulässig; Teilhaftung kann dann jedoch nicht mehr eintreten[15]. Die **Ausschüttung des gesamten Nachlasses an die Gläubiger** führt zu einer entsprechenden Anwendung der Nr 3[16]. Die Einstellung des Nachlassinsolvenzverfahrens mangels Masse (§ 207 InsO) oder mit Zustimmung der Gläubiger (§ 213 InsO) reicht dagegen allein nicht aus. Im Falle der Beendigung des Nachlassinsolvenzverfahrens durch einen **Insolvenzplan** (§§ 217 ff InsO) tritt Teilhaftung dann nicht ein, wenn der Plan etwas anderes bestimmt.

III. Prozessuale Fragen

7   Die Teilhaftung nach §§ 2060, 2061 ist **keine Haftungsbeschränkung iS von § 780 ZPO**, die sich der in Anspruch genommene Miterbe vorbehalten könnte[17]. § 780 ZPO betrifft nur die gegenständliche Beschränkung der Haftung auf den Nachlass, nicht den Umfang der Haftung eines Miterben. Im Prozess ist die Teilhaftung **von Amts wegen** zu berücksichtigen, ohne dass der Erbe eine entsprechende Einrede erheben müsste[18]. Der Miterbe ist **darlegungs- und beweispflichtig** für die Voraussetzungen der Teilhaftung[19]. Er muss darlegen und beweisen, dass der Nachlass geteilt worden ist, dass ein Ausschlussurteil im Aufgebotsverfahren ergangen ist (Nr 1), dass fünf Jahre seit dem in § 1974 Abs 1 bestimmten Zeitpunkt (dem Erbfall oder dem Zeitpunkt der Rechtskraft des Beschlusses über die Todeserklärung oder der Feststellung der Todeszeit) vergangen sind (Nr 2) oder dass ein Nachlassinsolvenzverfahren eröffnet und durch Verteilung der Masse oder durch einen Insolvenzplan beendet worden ist (Nr 3), während der Gläubiger die Anmeldung im Aufgebotsverfahren (Nr 1 und 2) und die Kenntnis des Erben (Nr 2) beweisen muss[20]. Treten die Voraussetzungen der Teilhaftung erst nach Schluss der letzten mündlichen Verhandlung der letzten Tatsacheninstanz ein (§ 767 Abs 2 ZPO), kann der als Gesamtschuldner verurteilte Miterbe **Vollstreckungsgegenklage** nach § 767 ZPO erheben, um die Teilhaftung geltend zu machen[21].

§ 2061 Aufgebot der Nachlassgläubiger

(1) ¹Jeder Miterbe kann die Nachlassgläubiger öffentlich auffordern, ihre Forderungen binnen sechs Monaten bei ihm oder bei dem Nachlassgericht anzumelden. ²Ist die Aufforderung erfolgt, so haftet nach der Teilung jeder Miterbe nur für den seinem Erbteil entsprechenden Teil einer Forderung, soweit nicht vor dem Ablauf der Frist die Anmeldung erfolgt oder die Forderung ihm zur Zeit der Teilung bekannt ist.

(2) ¹Die Aufforderung ist durch den Bundesanzeiger und durch das für die Bekanntmachungen des Nachlassgerichts bestimmte Blatt zu veröffentlichen. ²Die Frist beginnt mit der letzten Einrückung. ³Die Kosten fallen dem Erben zur Last, der die Aufforderung erlässt.

I. Bedeutung der Norm

1   Das „**Privataufgebot**" des § 2061 stellt eine der insgesamt vier Möglichkeiten dar, wie ein Miterbe seine Haftung auf einen seinem Erbteil entsprechenden Teil der Forderung des Nachlassgläubigers beschränken kann. Die anderen Fälle sind in § 2060 geregelt. Auch § 2061 betrifft nicht eine Beschrän-

---

[12] KG OLGZ 1967, 161 f = NJW 1967, 1437.
[13] RGRK/*Kregel* Rn 7; MünchKommBGB/*Heldrich* Rn 12; Palandt/*Edenhofer* Rn 3; Erman/*Schlüter* Rn 5.
[14] BGH WM 1982, 101, 102.
[15] MünchKommBGB/*Heldrich* Rn 15; Palandt/*Edenhofer* Rn 4; Soergel/*Wolf* Rn 9; Lange/Kuchinke § 50 V 4 a Fn 75; aA RGRK/*Kregel* Rn 12; Staudinger/*Marotzke* Rn 84; Erman/*Schlüter* Rn 5.
[16] Palandt/*Edenhofer* Rn 4; MünchKommBGB/*Heldrich* Rn 15; Erman/*Schlüter* Rn 6.
[17] BFH NJW 1960, 1975, 1976; RGRK/*Kregel* Rn 12; Soergel/*Wolf* Rn 6; Baumbach/Lauterbach/Hartmann § 780 ZPO Rn 2; K. Schmidt JR 1989, 45.
[18] Staudinger/*Marotzke* Rn 28; Palandt/*Edenhofer* Rn 1; Soergel/*Wolf* Rn 6.
[19] RGRK/*Kregel* Rn 12; Staudinger/*Marotzke* Rn 97; MünchKommBGB/*Heldrich* Rn 17; Soergel/*Wolf* Rn 6; Baumgärtel/Schmitz Rn 1.
[20] MünchKommBGB/*Heldrich* Rn 17; Baumgärtel/Schmitz Rn 2.
[21] MünchKommBGB/*Heldrich* Rn 3; RGRK/*Kregel* Rn 12.

kung des Haftungsgegenstandes, sondern eine Beschränkung des Umfanges der Schuld, für die der einzelne Miterbe einzustehen hat (**Teilhaftung**) (§ 2060 Rn 1).

II. Voraussetzungen der Teilhaftung

Voraussetzungen der Teilhaftung sind die öffentliche Aufforderung an die Nachlassgläubiger, ihre Forderung anzumelden, der Ablauf der Sechsmonatsfrist, ohne dass die Forderung angemeldet worden ist oder der Erbe Kenntnis von ihr erlangt hat, sowie die Teilung des Nachlasses. 2

1. Öffentliche Aufforderung. Jeder Miterbe – auch der, der bereits unbeschränkt mit seinem gesamten Vermögen haftet – kann das private Aufgebot der Nachlassgläubiger veranlassen. Er muss die Nachlassgläubiger öffentlich auffordern, ihre Forderungen innerhalb von sechs Monaten bei ihm oder bei dem Nachlassgericht anzumelden. Die Aufforderung muss im Bundesanzeiger und in dem für die Bekanntmachungen des Nachlassgerichts bestimmten Blatt veröffentlicht werden. Auf die Folgen des Fristablaufes braucht nicht hingewiesen zu werden[1]. 3

2. Fristablauf. Die Frist von sechs Monaten beginnt mit der letzten Einrückung der Aufforderung (Abs 2 S 2). Sie wird nach §§ 187, 188, 193 berechnet. § 206 (Hemmung der Verjährung bei höherer Gewalt) gilt nicht, weil es sich um eine Ausschlussfrist handelt. Die fristgerechte (formfreie) **Anmeldung** bei dem Miterben, der das Aufgebot veranlasst hat, oder bei dem Nachlassgericht wirkt gegenüber sämtlichen Miterben. Die anderweitig erlangte **Kenntnis** eines Miterben wird den übrigen Miterben hingegen nicht zugerechnet. 4

3. Teilung des Nachlasses. Schließlich muss der Nachlass geteilt worden sein (§ 2042). Die Teilung darf erst nach Fristablauf vollzogen worden sein[2]. Das Gesetz enthält zwar keine ausdrückliche Einschränkung. § 2061 Abs 1 S 2 stellt jedoch auf die Kenntnis des Miterben „zurzeit der Teilung" ab. Die Teilung vor Fristablauf darf nicht zu einer Besserstellung der Miterben führen. 5

III. Rechtsfolge

Jeder Miterbe – nicht nur derjenige, der das Aufforderungsverfahrens durchgeführt hat – hat nur noch für den seinem ideellen Erbteil entsprechenden Teil der Schuld aufzukommen. Das Privataufgebot wirkt auch gegenüber den Gläubigern des § 1972[3]. Das Recht des dinglich gesicherten Gläubigers auf Befriedigung aus den ihnen haftenden Vermögensgegenständen (§ 1971) bleibt allerdings unberührt[4]. Die **Kosten** (§ 112 Abs 1 Nr 3 KostO) fallen demjenigen Miterben zur Last, der die Aufforderung erlässt (Abs 2 S 3). Der Miterbe kann ggf im Innenverhältnis einen Aufwendungsersatzanspruch aus Auftrag (§ 670) oder Geschäftsführung ohne Auftrag (§§ 683, 670) haben[5]. 6

IV. Beweislast

Der in Anspruch genommene Miterbe hat die ordnungsgemäße öffentliche Aufforderung, den Fristablauf und die Nachlassteilung nach Ablauf der Frist zu beweisen. Der Gläubiger trägt die Beweislast für die rechtzeitige Anmeldung oder die Kenntnis des in Anspruch genommenen Miterben im Zeitpunkt der Teilung[6]. 7

§ 2062 Antrag auf Nachlassverwaltung

Die Anordnung einer Nachlassverwaltung kann von den Erben nur gemeinschaftlich beantragt werden; sie ist ausgeschlossen, wenn der Nachlass geteilt ist.

I. Gemeinschaftlicher Antrag (HS 1)

1. Bedeutung der Norm. Miterben können den Antrag auf Anordnung der Nachlassverwaltung (§ 1981 Abs 1) nur gemeinsam stellen. Mit Anordnung der Nachlassverwaltung verlieren die Erben die Befugnis, den Nachlass zu verwalten und über ihn zu verfügen (§ 1984 Abs 1). Diese Rechtsfolge soll nur im **Einverständnis aller Miterben** eintreten können. Das Nachlassinsolvenzverfahren kann demgegenüber von jedem Erben allein beantragt werden (§ 317 Abs 1 InsO). Das Nachlassinsolvenzverfahren entzieht den Erben zwar ebenfalls die Verwaltungs- und Verfügungsbefugnis; es setzt jedoch einen Insolvenzgrund voraus (§ 320 InsO), und bei Zahlungsunfähigkeit oder Überschuldung besteht eine Rechtspflicht, den Antrag zu stellen (§ 1980 Abs 1). Andere haftungsbeschränkende Maßnahmen (Aufgebot, Inventar) kann jeder Erbe allein einleiten (vgl § 991 Abs 1 ZPO, §§ 1993, 2063). Ergänzt 1

---

[1] *Staudinger/Marotzke* Rn 3; anders § 997 Abs 1 S 2 ZPO für das gerichtliche Aufgebot.
[2] MünchKommBGB/*Heldrich* Rn 5; *Soergel/Wolf* Rn 2; aA *Palandt/Edenhofer* Rn 2: Teilung darf während laufender Frist erfolgt sein; RGRK/*Kregel* Rn 2; *Erman/Schlüter* Rn 2: Aufforderungsverfahren kann nach Vollzug der Teilung noch eingeleitet werden; Nachweise der älteren Lit bei *Lange/Kuchinke* § 48 V Fn 76.
[3] *Staudinger/Marotzke* Rn 11; *Palandt/Edenhofer* Rn 2; RGRK/*Kregel* Rn 3; MünchKommBGB/*Heldrich* Rn 6; aA *Brox* Erbrecht Rn 731; *Lange/Kuchinke* § 48 V.
[4] *Erman/Schlüter* Rn 2; MünchKommBGB/*Heldrich* Rn 6; RGRK/*Kregel* Rn 3; *Staudinger/Marotzke* Rn 11.
[5] MünchKommBGB/*Heldrich* Rn 7; *Soergel/Wolf* Rn 5; RGRK/*Kregel* Rn 6.
[6] MünchKommBGB/*Heldrich* Rn 8; *Staudinger/Marotzke* Rn 12; RGRK/*Kregel* Rn 7; *Baumgärtel/Schmitz* Rn 1.

wird § 2062 durch §§ 2059 Abs 1, 2046. Der Miterbe, der eine Nachlassverwaltung allein nicht durchsetzen kann, kann bis zur Teilung des Nachlasses die Berichtigung von Nachlassverbindlichkeiten aus seinem nicht zum Nachlass gehörenden Vermögen verweigern und braucht einer Teilung des Nachlasses vor Berichtigung der Nachlassverbindlichkeiten nicht zuzustimmen.

2 **2. Einzelheiten.** Der Antrag auf Anordnung der Nachlassverwaltung ist keine Maßnahme der Nachlassverwaltung gemäß § 2038. Deshalb reicht ein Mehrheitsbeschluss der Erbengemeinschaft nicht aus[1]. Ein Mehrheitsbeschluss bindet die Miterben auch nicht untereinander. Das Einverständnis aller Miterben muss vielmehr noch im Zeitpunkt der Entscheidung über den Antrag vorliegen[2]. Ein Miterbe, der zugleich **Nachlassgläubiger** ist, kann in seiner Eigenschaft als Nachlassgläubiger unter den Voraussetzungen des § 1981 Abs 2 allein die Anordnung der Nachlassverwaltung beantragen. Es reicht aus, dass das Verhalten oder die Vermögenslage auch nur eines Miterben die Befriedigung des Nachlassgläubiger zu gefährden scheint. Besteht der Nachlass im Wesentlichen aus einem **Anteil an einer Personengesellschaft,** der im Wege der Sonderrechtsnachfolge auf je einzelne Miterben übergegangen ist, steht den Miterben das Antragsrecht ausnahmsweise ebenfalls je einzeln zu (Rn 6)[3]. Haftet ein Miterbe allen Nachlassgläubigern gegenüber **unbeschränkt,** kann Nachlassverwaltung nicht mehr beantragt werden[4]. Das folgt aus § 2013 Abs 1 S 1 HS 2 und gilt auch für den Antrag eines Nachlassgläubigers.

3 **3. Rechtsbehelfe.** Gemäß § 76 Abs 1 FGG ist gegen eine Verfügung, die auf Antrag des Erben die Nachlassverwaltung anordnet, keine Beschwerde zulässig. Wird jedoch Nachlassverwaltung angeordnet, obwohl nicht alle Erben zugestimmt haben, kann jeder Miterbe Beschwerde nach § 19 FGG einlegen[5]. Gegen die Ablehnung des Antrags auf Anordnung der Nachlassverwaltung sind die Miterben nur gemeinsam beschwerdeberechtigt[6]. Den Antrag, die Nachlassverwaltung wegen Zweckerreichung aufzuheben, kann jeder Miterbe auch allein stellen; denn ein solcher Antrag stellt nur eine Anregung an das Nachlassgericht dar, die Voraussetzungen einer Aufhebung der Nachlassverwaltung von Amts wegen zu prüfen[7].

II. Ausschluss der Nachlassverwaltung nach Teilung (HS 2)

4 **1. Bedeutung der Norm.** Wenn der Nachlass geteilt ist, kann Nachlassverwaltung nicht mehr beantragt werden. Durch diese Vorschrift sollen die Miterben dazu angehalten werden, schon im eigenen Interesse die Nachlassverbindlichkeiten vor der Teilung zu berichtigen (§ 2046). Auch ein Nachlassgläubiger kann nach Teilung des Nachlasses die Nachlassverwaltung nicht mehr beantragen[8].

5 **2. Einzelheiten.** Geteilt ist der Nachlass, wenn ein so erheblicher Teil der Nachlassgegenstände aus der Gesamthand in das Einzelvermögen der Miterben überführt worden ist, dass die Gemeinschaft als im Großen und Ganzen aufgelöst erscheint (§ 2059 Rn 2)[9]. Ist die Erbengemeinschaft ohne Teilung – etwa durch Vereinigung sämtlicher Erbteile in der Hand eines Miterben – aufgehoben worden, ist die Nachlassverwaltung nicht ausgeschlossen[10]. Eine weitere Ausnahme gilt dann, wenn der Erblasser **Gesellschafter einer Personengesellschaft** und im Gesellschaftsvertrag die Fortsetzung der Gesellschaft mit allen oder jedenfalls mehreren Miterben vorgesehen war. Stellte der Gesellschaftsanteil das wesentliche Vermögen des Erblassers dar, ist der Nachlass mit dem Übergang des Anteils auf die nachfolgeberechtigten Miterben (§ 2032 Rn 14) „geteilt"; gleichwohl kann Nachlassverwaltung noch angeordnet werden[11].

6 **3. Haftungsbeschränkung nach Teilung des Nachlasses.** Das Nachlassinsolvenzverfahren kann auch nach Teilung des Nachlasses beantragt und eröffnet werden (§ 316 Abs 2 InsO). Die Miterben können weiterhin das Aufgebotsverfahren (§§ 1970 ff) einleiten[12] und ggf die Erschöpfungs-, Unzulänglichkeits- oder Überschwerungseinrede (§§ 1989 bis 1992) erheben. Ein Privataufgebot (§ 2061) ist nach Teilung des Nachlasses nicht mehr möglich (Rn 2).

§ 2063 Errichtung eines Inventars, Haftungsbeschränkung

(1) Die Errichtung des Inventars durch einen Miterben kommt auch den übrigen Erben zustatten, soweit nicht ihre Haftung für die Nachlassverbindlichkeiten unbeschränkt ist.

---

[1] MünchKommBGB/*Heldrich* Rn 3; *Palandt/Edenhofer* Rn 1.
[2] KG JW 1932, 1389, 1390.
[3] MünchKommBGB/*Heldrich* Rn 10.
[4] MünchKommBGB/*Heldrich* Rn 3; RGRK/*Kregel* Rn 1; *Palandt/Edenhofer* Rn 1; *Soergel/Wolf* Rn 2; *Erman/Schlüter* Rn 1; aA *Staudinger/Marotzke* Rn 12.
[5] MünchKommBGB/*Heldrich* Rn 21; *Palandt/Edenhofer* Rn 1.
[6] KG JW 1932, 1389, 1390; MünchKommBGB/*Heldrich* Rn 6; *Palandt/Edenhofer* Rn 1; RGRK/*Kregel* Rn 2.
[7] OLG Frankfurt JZ 1953, 53; RGRK/*Kregel* Rn 2.
[8] *Erman/Schlüter* Rn 2; *Soergel/Wolf* Rn 3; RGRK/*Kregel* Rn 3; *Palandt/Edenhofer* Rn 2; MünchKommBGB/*Heldrich* Rn 8; aA *Börner* JuS 1968, 108, 112; *Staudinger/Marotzke* Rn 18.
[9] *Staudinger/Marotzke* Rn 21.
[10] RGRK/*Kregel* Rn 3 unter Hinweise auf RG vom 27. 9. 1907, VII 504/06; *Staudinger/Marotzke* Rn 23; *Palandt/Edenhofer* Rn 2; *Soergel/Wolf* Rn 3; *Schlüter/Erman* Rn 2; einschränkend MünchKommBGB/*Heldrich* Rn 9: Nachlassverwaltung bleibe nur im Falle der nicht rechtsgeschäftlichen Übertragung der Erbteile auf den Miterben möglich.
[11] Grundlegend *Börner* AcP 166 (1966), 426, 451 f und *H. P. Westermann* AcP 173 (1973), 24, 36 ff; MünchKommBGB/*Heldrich* Rn 10; *Palandt/Edenhofer* Rn 2; im Ergebnis ebenso *Staudinger/Marotzke* Rn 25 f.
[12] RGRK/*Kregel* Rn 3; MünchKommBGB/*Heldrich* Rn 13.

(2) Ein Miterbe kann sich den übrigen Erben gegenüber auf die Beschränkung seiner Haftung auch dann berufen, wenn er den anderen Nachlassgläubigern gegenüber unbeschränkt haftet.

Schrifttum: *Buchholz,* Der Miterbe als Nachlassgläubiger – Überlegungen zur Auslegung des § 2063 Abs. 2 BGB, JR 1990, 45; *Habersack,* Erbenhaftung und Konvaleszenz – Zum Anwendungsbereich der Konvaleszenz kraft Haftung gem. § 185 Abs. 2 S. 1 Fall 3 BGB, JZ 1991, 70.

I. Inventarerrichtung durch einen Miterben (Abs 1)

1. Bedeutung der Norm. Auch das von einem Miterben allein errichtete Inventar bezieht sich jeweils auf den gesamten Nachlass, nicht nur auf den Anteil des jeweiligen Miterben (§ 2001 Abs 1; dort Rn 1)[1]. Mit einem solchen Inventar ist den Informationsinteressen der Nachlassgläubiger Genüge getan. **Entsprechende Regeln** gelten im Verhältnis der in Gütergemeinschaft lebenden Ehegatten zueinander (§ 2008 Abs 1 S 3), im Verhältnis zwischen Vorerben und Nacherben (§ 2144 Abs 2) und im Verhältnis zwischen Erbschaftsverkäufer und Erbschaftskäufer (§ 2383). 1

2. Einzelheiten. Grds errichtet jeder Miterbe das Inventar allein. Kein Miterbe kann von anderen Miterben Mitwirkung oder Auskunft verlangen; jeder Miterbe ist vielmehr verpflichtet, sich selbst über den Bestand des Nachlasses zu unterrichten. Jeder Miterbe kann auch allein die amtliche Aufnahme des Inventars (§ 2003) beantragen. Liegt ein Inventar vor, brauchen die anderen Miterben es sich nicht gemäß § 2004 zu eigen zu machen, um die Wirkung des § 2063 Abs 1 herbeizuführen[2]. Voraussetzung ist allerdings, dass die Miterben nicht bereits unbeschränkt haften. Inventarverfehlungen eines Miterben führen nicht zu einer unbeschränkten Haftung der übrigen Miterben[3]. Zu einer eidesstattlichen Versicherung gemäß § 2006 Abs 1 ist der Miterbe, der das Inventar nicht selbst errichtet hat, verpflichtet[4]. Ist das Inventar unrichtig oder unvollständig, kann auch einem Miterben, der das Inventar nicht selbst errichtet hat, gemäß § 2005 Abs 2 eine Frist zur Ergänzung des Inventars gesetzt werden[5]. 2

II. Haftungsbeschränkung gegenüber Miterbengläubigern (Abs 2)

1. Bedeutung der Norm. Ein Erbe, der eine Inventarverfehlung – Versäumung der Inventarfrist (§ 1994 Abs 1) oder Inventaruntreue (§ 2005 Abs 1) – begangen hat, haftet den Nachlassgläubigern gegenüber unbeschränkt. Im Verhältnis zu Nachlassgläubigern, die zugleich Miterben sind, tritt diese Rechtsfolge nicht ein. Miterben können sich idR selbst über den Bestand des Nachlasses informieren und selbst ein Inventar errichten. Darum sieht das Gesetz sie in dieser Hinsicht als nicht schutzwürdig an[6]. 3

2. Einzelheiten. a) Haftungsbeschränkung. § 2063 Abs 2 begründet kein Recht zur Haftungsbeschränkung, sondern setzt ein solches Recht voraus. Es gibt keinen allgemeinen Grundsatz, dass ein Erbe gegenüber einem Miterben nur mit dem Nachlass haftet. Lediglich der Verlust des Haftungsbeschränkungsrechts wirkt sich im Verhältnis zu Miterben nicht aus[7]. Der Erbe muss sich die Haftungsbeschränkung gemäß § 780 ZPO vorbehalten und sie im Vollstreckungsverfahren gemäß § 785 ZPO im Wege der Vollstreckungsgegenklage geltend machen. Auch in übrigen gelten die allgemeinen Bestimmungen über die Erbenhaftung und die Beschränkung der Haftung auf den Nachlass. Nur § 2059 Abs 1 S 2 wird durch § 2063 Abs 2 ausgeschlossen[8]. 4

b) Miterbengläubiger. § 2063 Abs 2 gilt nur für Forderungen des Miterbengläubigers, die sich gegen den Nachlass richten[9]. Der Erblasser kann zum Beispiel Schuldner des anspruchstellenden Miterben gewesen sein; er kann dem Miterben ein Vermächtnis ausgesetzt haben (§ 2150); dem Miterben können Pflichtteilsergänzungsansprüche nach §§ 2305, 2326 zustehen. Der Miterbe kann auch dadurch eine Forderung gegen einen Miterben erwerben, dass er eine Nachlassverbindlichkeit berichtigt, für die er als Gesamtschuldner einzustehen hatte (§§ 2058, 426 Abs 1). § 2063 Abs 2 gilt auch gegenüber dem gemäß § 426 Abs 2 **auf den Miterben übergegangenen Anspruch des Nachlassgläubigers**[10]. Sinn und Zweck des § 2063 Abs 2 – der Miterbe bedarf keines Schutzes vor Inventarverfehlungen – betreffen auch Ansprüche aus übergegangenem Recht[11]. 5

---

[1] RGRK/*Johannsen* § 2001 Rn 1; *Soergel/Stein* § 2001 Rn 2; *Palandt/Edenhofer* § 2001 Rn 1.
[2] *Staudinger/Marotzke* Rn 6; RGRK/*Kregel* Rn 1; MünchKommBGB/*Heldrich* Rn 2.
[3] *Staudinger/Marotzke* Rn 4 unter Hinweis auf § 425; MünchKommBGB/*Heldrich* Rn 2; *Erman/Schlüter* Rn 1.
[4] RGRK/*Kregel* Rn 1; *Erman/Schlüter* Rn 1; *Soergel/Wolf* Rn 2; *Palandt/Edenhofer* Rn 1; aA *Staudinger/Marotzke* Rn 15 und § 2006 Rn 3 mit dem für sich genommen zutreffenden Hinweis darauf, dass die in diesem Zusammenhang stets zitierte Entscheidung RGZ 129, 239, 246 nicht die eidesstattliche Versicherung nach § 2006 Abs 1, sondern ein im Rahmen eines Zivilprozesses als Auskunft nach § 2314 behandeltes Inventar betrifft, dessen Richtigkeit andere Erben nach § 260 versichern sollten; bei wertender Betrachtung dürfte allerdings kein Unterschied zwischen § 260 und § 2006 Abs 1 bestehen.
[5] MünchKommBGB/*Heldrich* Rn 2; *Staudinger/Marotzke* Rn 13.
[6] Prot V S 805; MünchKommBGB/*Heldrich* Rn 3; *Palandt/Edenhofer* Rn 2; krit *Staudinger/Marotzke* Rn 19 f.
[7] RGRK/*Kregel* Rn 3; *Staudinger/Marotzke* Rn 25; MünchKommBGB/*Heldrich* Rn 6; aA wohl RGZ 93, 197; RGZ 110, 94, 95 f.
[8] MünchKommBGB/*Heldrich* Rn 5; RGRK/*Kregel* Rn 3.
[9] *Soergel/Wolf* Rn 3.
[10] Prot V S 805; *Staudinger/Marotzke* Rn 17; *Buchholz* JR 1990, 45 mN auch der älteren Lit; aA MünchKommBGB/*Heldrich* Rn 7; *Soergel/Wolf* Rn 3; *Warnecke* AcP 193 (1993), 240, 254 ff.
[11] *Buchholz* JR 1990, 45, 49.

6 **3. Verfügung eines Nichtberechtigten.** Gemäß **§ 185 Abs 2 S 1** wird die Verfügung eines Nichtberechtigten wirksam, wenn der Berechtigte den Nichtberechtigten beerbt und für die Nachlassverbindlichkeiten unbeschränkt haftet. Grund dieser Regelung ist, dass Berechtigung und Verpflichtung in der Person des Erben zusammentreffen[12]. Der Erbe kann den Gegenstand, über den der Erblasser als Nichtberechtigter verfügt hat, nicht herausverlangen, weil ihn als unbeschränkt haftenden Rechtsnachfolger des Erblassers zugleich dessen Verpflichtung zur Überlassung trifft (dolo agit, qui petit, quod statim rediturus est). Hatte der Erblasser zugunsten eines der späteren Miterben verfügt, tritt keine Heilung der Verfügung ein. Der berechtigte Erbe haftet gemäß § 2063 Abs 2 dem Miterben gegenüber nicht unbeschränkt; eine Vereinigung von Recht und Pflicht findet nicht statt[13]. Das gilt auch, wenn der Erblasser als Vorerbe zugunsten eines von mehreren Nacherben unentgeltlich über einen Nachlassgegenstand verfügt hat und seinerseits von den Nacherben beerbt wird[14].

---

[12] RGZ 110, 94, 95; *Habersack* JZ 1991, 70, 71.

[13] *Staudinger/Marotzke* Rn 28; RGRK/*Kregel* Rn 4; MünchKommBGB/*Heldrich* Rn 8; *Palandt/Edenhofer* § 2063 Rn 2; *Erman/Schlüter* Rn 2.

[14] BGH JZ 1953, 599; RGZ 110, 94, 96 unter Hinweis auf §§ 1976, 1991 Abs 2.

Abschnitt 3. Testament (§§ 2064–2273)

Titel 1. Allgemeine Vorschriften (§§ 2064–2086)

§ 2064 Persönliche Errichtung

Der Erblasser kann ein Testament nur persönlich errichten.

1. Sachlicher Geltungsbereich. Die persönliche Errichtung ist beim Testament zwingend vorgeschrieben, um die freie Willensentschließung zu sichern[1]. Gleiches gilt gemäß § 2274 für den **Erbvertrag** und gemäß § 2374 Abs 2 für den **Erbverzichtsvertrag**. § 2064 bezieht sich dabei auf die Form des Testaments, nicht auf den Inhalt. Die Vorschrift erfasst deshalb die Testamentserrichtung ebenso wie das Widerrufstestament (§ 2254) und das widersprechende Testament (§ 2258). Bei der Vernichtung oder Veränderung der Testamentsurkunde gemäß § 2255 kann folgerichtig zwar der reale Akt, nicht dagegen die zwingend erforderliche Willensbildung einem Dritten überlassen werden (vgl § 2255 Rn 6). Beim Widerruf durch Rücknahme aus der amtlichen Verwahrung darf das Testament dem Testierenden aus dem gleichen Grund nur persönlich zurückgegeben werden (§ 2256 Abs 2 S 2). Entsprechendes gilt bei einem Erbvertrag gemäß § 2300 Abs 2 S 2. 1

2. Gebot der persönlichen Errichtung. Diese Vorschrift schließt jede Art von **Vertretung** beim Errichtungsakt aus, sei es im Willen, sei es in der Erklärung[2]. Ausgeschlossen sind die rechtsgeschäftliche Vertretung ebenso wie die Errichtung durch einen gesetzlichen Vertreter (Vater, Mutter, Betreuer, Vormund) oder einen Vertreter kraft Amtes (zB Insolvenzverwalter). Verboten ist aber auch das **Handeln unter fremdem Namen**[3] sowie die **vollmachtlose Vertretung** bei der Errichtung. Ausprägungen dieses Gebots sind § 2229 Abs 2 und § 1903 Abs 2, die die Testamentserrichtung durch einen Minderjährigen ab dem 16. Lebensjahr oder durch einen Betreuten von der Zustimmungspflicht der Eltern bzw des Betreuers befreien. 2

Dieses Gebot gilt uneingeschränkt für alle **Arten** der Testamentserrichtung. Bei der Abfassung eines privatschriftlichen Testaments muss der Text folgerichtig gemäß § 2247 Abs 1 eigenhändig vom Testierenden ge- und unterschrieben werden. Beim öffentlichen Testament muss der Erblasser gemäß § 2232 S 1 entweder seinen letzten Willen mündlich der Urkundsperson erklären oder bei Übergabe einer Schrift jedenfalls die Erklärung, dass diese seinen letzten Willen enthalte, höchstpersönlich abgeben. Gleiches gilt bei Errichtung eines Nottestaments vor dem Bürgermeister gemäß § 2249 oder vor drei Zeugen gemäß §§ 2250, 2251. 3

3. Verstoß. Das von einem Vertreter errichtete Testament ist unheilbar nichtig. Es wird auch nicht durch nachträgliche Genehmigung des Testierenden wirksam[4]. Die Feststellungslast für die Einhaltung des Gebots der persönlichen Errichtung trägt derjenige, der aus der Urkunde Rechte herleitet[5]. 4

§ 2065 Bestimmung durch Dritte

(1) Der Erblasser kann eine letztwillige Verfügung nicht in der Weise treffen, dass ein anderer zu bestimmen hat, ob sie gelten oder nicht gelten soll.

(2) Der Erblasser kann die Bestimmung der Person, die eine Zuwendung erhalten soll, sowie die Bestimmung des Gegenstands der Zuwendung nicht einem anderen überlassen.

Schrifttum: *Bandel*, Schiedsklauseln in Testamenten und Erbverträgen, NotBZ 2005, 381; *Brox*, Die Bestimmung des Nacherben oder des Gegenstands der Zuwendung durch den Vorerben, FS Bartholomeyczik, 1973, S 41; *Frank*, Die Nacherbeneinsetzung unter Vorbehalt anderweitiger Verfügungen des Vorerben, MittBayNot 1987, 231; *Frey*, Flexibilisierung der Nachlaßgestaltung im Lichte von § 2065 BGB, 1996; *Frohnmayer*, Geschiedenentestament, 2004; *Goebel*, Drittbestimmung des Unternehmensnachfolger-Erben? – Eine Rückbesinnung auf die reichsgerichtliche Rechtsprechung zur materiellen Höchstpersönlichkeit des Testaments, DNotZ 2004, 101; *Grossfeld*, Höchstpersönlichkeit der Erbeinsetzung und Auswahlbefugnis Dritter, JZ 1968, 113; *Helms*, Erbrechtliches Drittbestimmungsverbot und kautelarjuristische Praxis, ZEV 2007, 1; *Herrmann*, Einsetzung eines Nacherben unter der Bedingung, daß der Vorerbe nicht letztwillig anders verfügt?, AcP 155 (1956), 434; *Keim, Christopher*, Das Gebot der höchstpersönlichen Erbenbestimmung bei Testamentsgestaltung, ZEV 2003, 137; *Keuk*, Der Erblasserwille post testamentum. Zur Unzulässigkeit der testamentarischen Potestativbedingung, FamRZ 1972, 9; *J. Mayer*, Die superbefreite Vorerbe? – Möglichkeiten und Grenzen der Befreiung des Vorerben, ZEV 2000, 1; *N. Mayer*, Die Bestimmung des Erben durch Dritte, ZEV 1995, 247; *ders*, Ermächtigung des Vorerben zur Beseitigung der Nacherbschaft, ZEV 1996,

---
[1] BGH NJW 1955, 100 stellt auf Verantwortung für Abweichung von der gesetzlichen Erbfolge ab.
[2] BGH NJW 1955, 100.
[3] *Lange/Kuchinke* § 18 I 1.
[4] *Palandt/Edenhofer* Rn 2.
[5] BayObLG FamRZ 2001, 1321; FamRZ 1985, 837.

104; Otte, Die Zulässigkeit testamentarischer Schiedsgerichte, FS Rheinisches Notariat, 1998, S 241; *Schäfer,* Die Mindestanforderungen an die Bestimmtheit des Erblasserwillens bei der letztwilligen Verfügung, BWNotZ 1962, 188; *Schnabel,* Das Geschiedenentestament, 2000; *Sens,* Die Erbenbestimmung durch Dritte, Diss. Marburg 1990; *Stiegeler,* Der Grundsatz der Selbstentscheidung des Erblassers, Diss. Freiburg 1985; *ders,* Die Nacherbeneinsetzung, abhängig vom Willen des Vorerben, BWNotZ 1986, 25; *FranzWagner,* Der Grundsatz der Selbstentscheidung bei Errichtung letztwilliger Verfügungen – eine gesetzgeberische Unentschlossenheit?, Berlin 1997; *Westermann, H.,* Die Auswahl des Nachfolgers im frühzeitigen Unternehmertestament, FS Möring, 1965, S. 183; *Wingerter,* Die Erweiterung der Befugnisse des befreiten Vorerben, 2000; *Zimmermann,* „Quos Titius voluerit" – Höchstpersönliche Willensentscheidung des Erblassers oder „power of appointment", 1991.

Übersicht

	Rn		Rn
I. Sinn und Funktion des § 2065	1	4. Nacherbfolgegestaltung durch den „superbefreiten" Vorerben	9
1. Normzweck	1		
2. Gesetzessystematik	2	**IV. Abgrenzung zulässiger von verbotenen Entscheidungsverlagerungen**	10
a) Grundsatz	2		
b) Ausnahmen	3	1. Geltung erbrechtlicher Verfügungen (Abs 1)	10
II. Vorrang der Auslegung	4	a) Widerrufs-, Änderungs-, Zustimmungsvorbehalt	10
1. Auslegung	4	b) Bedingung	11
2. Verfahrensregelungen	5	2. Erbenbestimmung (Abs 2 Alt 1)	14
		a) Selbstbestimmung durch den Erblasser	14
III. Beweggründe für eine Entscheidungsverlagerung	6	b) Zulässige Auswahlermächtigung für andere Personen	15
1. Unentschiedenheit des Erblassers	6	c) „Nacherbenbestimmung" durch den Vorerben	19
2. Belohnung künftigen Verhaltens	7	3. Erbteilsbestimmung (Abs 2 Alt 2)	20
3. Vorsorgende Unternehmens- bzw Betriebsnachfolge	8	**V. Rechtsfolgen eines Verstoßes**	21

I. Sinn und Funktion des § 2065

1 **1. Normzweck.** Zur Testierfreiheit (Art 14 Abs 1 GG) gehört auch das Recht zur Verlagerung der Entscheidung auf einen anderen[1]. Die Rechtfertigung der durch § 2065 angeordneten Einschränkung dieser Freiheit ist deshalb höchst umstritten. Die Begründungsversuche[2] reichen vom Schutz des gesetzlichen Erbfolgerechts[3] und/oder der Familie[4] über die Sicherung der Entscheidungshoheit des Erblassers[5] bzw die persönliche Verantwortlichkeit des Vermögensinhabers[6] bis hin zur Verhinderung von Erbschleicherei[7], können jedoch allesamt nicht überzeugend darlegen, weshalb das Gesetz bei der Erbeinsetzung, was es bei allen anderen Verfügungsarten mehr oder weniger freizügig erlaubt: das Bedrohungspotential eines Vermächtnisses ist nämlich keinesfalls geringer als das einer Erbeinsetzung[8]. Auch der Hinweis auf die hervorragende Bedeutung des Erben für das höchstpersönliche Recht des Erblassers auf Todesverarbeitung[9] vermag nicht zu überzeugen, weil dabei – entgegen der alltäglichen Erfahrung in der Praxis – unterstellt wird, der Laie unterscheide zwischen Erbschaft und Vermächtnis (§ 2087 Rn 6). Die strikte Einschränkung der Testierfreiheit bezüglich der Erbeinsetzung soll vielmehr, worauf bereits während der Gesetzesberatungen hingewiesen wurde[10], im Interesse der Rechtssicherheit vermeiden, dass mangels Erbenbestimmung die Durchsetzung von Rechten durch oder gegen den Nachlass wesentlich erschwert wird[11]. Ein herrenloser Nachlass kann dabei allerdings nicht entstehen[12], soweit der Personenkreis, aus dem der Erbe gewählt werden soll, bestimmt oder bestimmbar ist, weil diese Personen dann unter der aufschiebenden Bedingung der Drittbestimmung zu Erben eingesetzt sind. Allerdings ist die damit für den – mehr oder weniger langen – Übergangszeit verbundene konstruktive Vorerbschaft der gesetzlichen Erben gemäß § 2105 nur eine Notlösung und wenig praktikabel[13]. Vor allem sind die gesetzlichen Vorerben dabei an der Nachlassverwaltung nicht sonderlich interessiert, wenn und soweit sie nicht gleichzeitig zum Kreis der Nacherben gehören. Daraus resultieren Gefahren für den Nachlass, die der Gesetzgeber bei der Erbeinsetzung durch § 2065 mit Recht weitgehend vermeiden will. Demnach sind nur, aber auch alle Entscheidungsverlagerungen

---

[1] *Frey* S 76 f mwN.
[2] Ausf Darstellung bei *Goebel* DNotZ 2004, 101, 104 ff.
[3] *Staudinger/Otte* Rn 1; AnwK-BGB/*Beck* Rn 1; *Helms* ZEV 2007, 1, 4 f; *Grossfeld* JZ 1968, 113, 118.
[4] *Leipold* AcP 180 (1980), 160, 195.
[5] *Lange/Kuchinke* § 27 I 3.
[6] MünchKommBGB/*Leipold* Rn 1; *Staudinger/Otte* Rn 1.
[7] *Schäfer* BWNotZ 1961, 188, 190; vgl *Mugdan* Prot S 522.
[8] *Frey* S 79 ff, 84 ff; *Goebel* DNotZ 2004, 101, 104 ff; jeweils mwN zu den Gegenauffassungen.
[9] *Goebel* DNotZ 2004, 101, 116 f.
[10] *Mugdan* Prot S 30.
[11] *Schlüter* S 95 f; *Wagner* S 59, 100; *Frohnmayer* S 52 ff; *Schäfer* BWNotZ 1961, 188, 204; vgl auch *Lange/Kuchinke* § 27 I 3; *Staudinger/Otte* Rn 5 a.
[12] *Frohnmayer* S 53; missverständlich *Lange/Kuchinke* § 27 I 3.
[13] *Helms* ZEV 2007, 1, 6; aA *Goebel* DNotZ 2004, 101, 106; *Frey* S 91 ff.

unzulässig, die dazu führen können, dass die Erben beim Tod und, wenn vom Erblasser Nacherbschaft angeordnet ist, beim Nacherbfall noch nicht sicher feststehen. Dieses gesetzgeberische Ziel ist legitim, obwohl auch durch andere Erbfolgegestaltungen Ungewissheit über die Erbfolge entstehen kann[14].

2. Gesetzessystematik. a) Grundsatz. Das Selbstbestimmungsgebot gilt auf Grund seiner systematischen Stellung für **alle erbrechtlichen Verfügungen,** nicht jedoch für die ebenfalls in Verfügungen von Todes wegen möglichen **familienrechtlichen Anordnungen,** dh die Einschränkung der elterlichen Vermögenssorge (§ 1638), die Benennung oder den Ausschluss eines Vormunds für minderjährige Kinder (§§ 1776, 1782). Der Erblasser muss gemäß § 2065 Geltung und Inhalt aller erbrechtlichen Verfügungen eigenverantwortlich festlegen, also seinen Willen vollständig und abschließend selbst bilden. Er darf daher keinem anderen die Entscheidung überlassen, ob und wann eine Verfügung gelten soll (Abs 1), wer Zuwendungsempfänger ist (Abs 2 Alt 1) und welchen Gegenstand dieser erhalten soll (Abs 2 Alt 2). Die beiden Absätze des § 2065 überschneiden sich bei bedingten Erbeinsetzungen allerdings teilweise, weil bei diesen sowohl die Geltung als auch die Person des Erben und deren Erbteil betroffen sind. 2

b) Ausnahmen. Das Verbot, die Entscheidung über die Geltung einem anderen zu überantworten, gilt ausnahmslos für alle Verfügungen. Der Erblasser darf Anordnungen danach zwar aufschiebend oder auflösend bedingen, niemals aber ins freie Belieben eines anderen stellen. Einzige Ausnahme hierzu ist bei **Erbeinsetzungen** § 14 Abs 3 HöfeO, der beim Ehegattenerbhof eine sonst verbotene Drittbestimmung durch den überlebenden Ehepartner zulässt[15]. Bei allen anderen Verfügungen erlaubt das Gesetz dagegen in weitem Umfang Ausnahmen, und zwar abgestuft nach der rechtlichen und wirtschaftlichen Bedeutung der verschiedenen Verfügungsarten. Dabei verdrängen die Ausnahmeregelungen den Grundsatz aber nicht vollständig, so dass Verfügungen, die die dort gezogenen Grenzen überschreiten, gemäß § 2065 nichtig, aber unter Umständen umdeutbar sind (Rn 21). Bei **Vermächtnissen** darf der Erblasser gemäß §§ 2151, 2152 die Auswahl zwischen von ihm bestimmten Vermächtnisnehmern einem anderen überlassen. Gleiches gilt bei der Bestimmung des Gegenstands gemäß §§ 2153 bis 2156. Wegen des im Vermächtnisrecht subsidiär geltenden Selbstbestimmungsgebots kann der Erblasser dem Erben oder einem Dritten aber nicht das Recht vorbehalten zu entscheiden, ob der Vermächtnisnehmer überhaupt einen Anspruch auf Vermögenswerte erhält. Den Rechtsanspruch muss der Erblasser selbst einräumen, und zwar unabhängig davon, ob dieser für den Vermächtnisnehmer wirtschaftlich vorteilhaft ist. Bei **Auflagen** braucht der Erblasser noch nicht einmal den Kreis der Begünstigten festzulegen, wenn er nur den Zweck bestimmt hat (§ 2193 Abs 1). Für den Auflagengegenstand gelten §§ 2153 bis 2156 entspr (§ 2192). Die **Auseinandersetzung** kann gemäß § 2048 S 2 im Wege der **Teilungsanordnung** einem Dritten in der Weise übertragen werden, dass dieser die Entscheidung über die Nachlassverteilung nach billigem Ermessen treffen soll, vorausgesetzt, dass die gerichtliche Nachprüfbarkeit nicht ausgeschlossen wird. Der Erblasser kann gemäß § 2065 Abs 1 zwar nicht die Entscheidung über die Anordnung der **Testamentsvollstreckung** einem anderen vorbehalten, wohl aber die Ernennung des Amtsinhabers (§§ 2198 bis 2200). 3

II. Vorrang der Auslegung

1. Auslegung. § 2065 soll fremdbestimmte Verfügungen verhindern, nicht unbestimmte (s zu dieser Unterscheidung Rn 14). Enthält ein Testament nur unklare oder unvollständige Anordnungen, so ist der erklärte Wille des Erblassers zunächst durch **Auslegung** auf Grund der allgemeinen Auslegungsgrundsätze und der gesetzlichen Auslegungs- und Ergänzungsregeln festzustellen. Nur dann, aber auch immer dann, wenn nach dem Inhalt der Verfügung ein Dritter zur Entscheidung über Geltung, Empfänger oder Gegenstand berufen ist, stellt sich die Frage nach der Vereinbarkeit mit diesem Selbstbestimmungsgebot. Dabei kommt es weniger auf die richtige Wahl der Formulierung als vielmehr auf den vom Erblasser beabsichtigten Erfolg an, dem gemäß § 2084 zur Geltung zu verhelfen ist, bevor gemäß § 140 eine **Umdeutung** in eine zulässige Verfügung zu prüfen ist. Auch diese ist gegenüber der Nichtigkeitsfolge des § 2065 vorrangig[16]. 4

2. Verfahrensregelungen. Kein Fall unzulässiger Fremdbestimmung ist eine Anordnung zu dem Zweck, den unklar oder unvollständig geäußerten Erblasserwillen später zu ermitteln, also beispielsweise die Bestimmung eines **Schiedsgerichts**[17] für den Streitfall oder eines **Schiedsgutachters** iS des § 317[18]. Voraussetzung ist jedoch, dass die dem Schiedsrichter bzw -gutachter übertragenen Aufgaben andernfalls von einem staatlichen Gericht erfüllt werden müssten[19]. Deshalb ist es mit § 2065 unvereinbar, wenn der Erblasser das Schiedsgericht eingesetzt oder den Schiedsgutachter gewählt hat, um die Entscheidung auf dieses bzw diesen zu verlagern. Hat der Erblasser bei einer Schiedsgutachterklausel eine gerichtliche Nachprüfung analog § 319 Abs 1 ausgeschlossen, so dass dessen Entscheidung unter allen Umständen verbindlich sein soll, verstößt eine solche Bestimmung gegen § 2065 und ist unwirksam[20]. 5

---

[14] *Frohnmayer* S 54 f; aA *Schnabel* S 72, 95.
[15] Vgl BGH NJW 1966, 1410; OLG Köln FamRZ 1995, 57.
[16] Vgl BGH NJW-RR 1987, 1090, 1091.
[17] RGZ 100, 76; *Otte,* FS Rheinisches Notariat, S 248; *Erman/M. Schmidt* Rn 4; ausf zum Schiedsverfahrensrecht *Otte* FamRZ 2006, 309; *Bandel* NotBZ 2005, 381, 383 ff; *Schulze* MDR 2000, 314.
[18] MünchKommBGB/*Leipold* Rn 8; *Erman/M. Schmidt* Rn 4.
[19] Vgl *Bandel* NotBZ 2005, 381, 384.
[20] MünchKommBGB/*Leipold* Rn 8; auch *Erman/M. Schmidt* Rn 4; aA *Kipp/Coing* § 18 III 6.

Auch dem **Testamentsvollstrecker** kann die Befugnis der Willensauslegung eingeräumt werden[21]. Unzulässig ist es allerdings, dem Testamentsvollstrecker die Auslegung der Vollstreckungsanordnung selbst zu übertragen[22].

III. Beweggründe für eine Entscheidungsverlagerung

6 **1. Unentschiedenheit des Erblassers.** Bei dieser in der Praxis häufigen Fallgruppe ist man sich weitgehend einig, dass ein Verstoß gegen § 2065 vorliegt[23]. Umstritten ist allein, ob Unentschiedenheit auch dann gegeben ist, wenn diese durch Anordnung des Losentscheids oder durch leicht zu erfüllende Bedingungen verdeckt wird (Rn 11)[24]. Die **alternative Erbeinsetzung**, ebenfalls Ausdruck der Unentschiedenheit, ist dagegen kein Anwendungsfall des § 2065 sondern ein Auslegungsproblem[25].

7 **2. Belohnung künftigen Verhaltens.** In der Praxis ebenso oft anzutreffen, ist der Wunsch, demjenigen etwas zuzuwenden, der den Erblasser pflegt oder sich in sonstiger Weise für ihn einsetzt[26]. Probleme bereiten diese Fälle deshalb, weil der Zuwendungsempfänger erst durch ein von seinem eigenen Willen oder Handeln abhängige, in der Zukunft liegende Bedingung (Potestativbedingung) ermittelt wird. Überraschend viele Gerichtsentscheidungen stellen dabei einen Verstoß gegen § 2065 fest (Rn 11)[27].

8 **3. Vorsorgende Unternehmens- bzw Betriebsnachfolge.** Die Unternehmens- bzw Betriebsnachfolge wird am besten rechtzeitig und zu Lebzeiten des Erblassers durch Vertrag mit allen pflichtteilsberechtigten Familienangehörigen geregelt. Solange die Kinder noch zu jung zur Fortführung sind, scheidet dieser Weg aus und es muss durch Verfügung von Todes wegen sicher gestellt werden, dass nach dem Tod des Erblassers der Betrieb zunächst weiter geführt und der oder die geeignetsten Nachfolger bestimmt werden („Statthalterlösung"). Umstritten ist, ob und inwieweit dies durch Überlassung der Erbenbestimmung ohne Verstoß gegen § 2065 erreicht werden kann[28], oder ob hierzu die Anordnung eines Vermächtnisses gemäß § 2151 erforderlich ist[29]. Für die Regelung im Wege der Erbfolge spricht dabei die einfachere Abwicklung des Übergangs durch die damit verbundene Universalsukzession (Rn 15 ff).

9 **4. Nacherbfolgegestaltung durch den „superbefreiten" Vorerben.** Dient die Anordnung der Vor- und Nacherbschaft in erster Linie dazu, das Entstehen von Erb- oder Pflichtteilsrechten der **Kinder aus einer anderen Beziehung** (Kinder aus früherer Ehe oder nichteheliche Kinder) oder des früheren Ehe- oder Lebenspartners **(„Geschiedenentestament")** zu vermeiden, so geht dies in aller Regel mit dem Wunsch einher, den Vorerben so wenig wie irgend möglich zu belasten. Trotz Ausschluss aller Beschränkungen gemäß § 2136 und Ausnutzung sämtlicher von Rspr und Lit entwickelten weitergehenden Befreiungsmöglichkeiten (§ 2136 Rn 2 ff) ist diese Konstruktion mit dem Nachteil verbunden, dass der Vorerbe vom Erblasser nicht zur Abänderung der angeordneten Nacherbfolge ermächtigt werden kann, ohne mit dem Verbot des § 2065 in Konflikt zu geraten. Folgende Lösungen dieses Problems sind denkbar und werden kontrovers diskutiert:

– Der Vorerbe wird vom Erblasser **ermächtigt**, die Nacherben und/oder deren Erbteile zu bestimmen. Hierher gehört auch diejenige Auffassung, die es erlaubt, die gewillkürten Erben eines anderen zu seinen Nacherben einzusetzen. Umstritten ist bei dieser Gestaltung, wie genau der Erblasser die Auswahlkriterien vorschreiben muss (Rn 14 ff).

– Die Nacherbfolge wird in der Weise **auflösend bedingt**, dass der Vorerbe unbeschränkter Vollerbe wird, wenn bei seinem Tod eine Verfügung über den eigenen Nachlass des Vorerben wirksam wird[30]. Nichts anderes meint die Einsetzung eines Nacherben unter der ausdrücklichen oder stillschweigenden[31] Potestativbedingung, dass der Vorerbe keine anderweitige Verfügung über seinen eigenen Nachlass trifft[32]. Dabei kann die Bedingung inhaltliche Anforderungen an die anderweitige Verfügung stellen (Rn 12)[33].

---

[21] Vgl KG ZEV 1998, 182.
[22] BGH NJW-RR 1987, 1090; NJW 1964, 1316, 1317.
[23] BayObLG NJW-RR 1998, 727; NJW-RR 1993, 138; LG Bonn Rpfleger 1989, 63.
[24] KG NJW-RR 1999, 33.
[25] BayObLG NJW 1999, 1118, 1119; aA MünchKommBGB/*Leipold* § 2073 Rn 10; AnwK-BGB/*Beck* Rn 19, § 2073 Rn 6; s auch § 2073 Rn 3.
[26] Vgl BayObLG FamRZ 1991, 610; *Keim* ZEV 2003, 137.
[27] Vgl einerseits KG ZEV 1999, 313; BayObLG FamRZ 1992, 987; FamRZ 1991, 610; OLG Frankfurt NJW-RR 1992, 72; OLG Dresden NJW 1949, 346; LG Magdeburg Rpfleger 1999, anderseits OLG Frankfurt NJW-RR 1995, 711.
[28] BGH JZ 1954, 98; OLG Celle OLGR 2002, 314; RdL 1999, 328; OLG Karlsruhe NJW-RR 1999, 806; OLG Köln FamRZ 1995, 57; Rpfleger 1984, 236.
[29] BGH NJW 1965, 2201.
[30] BayObLG FamRZ 1991, 1488; BayObLG FamRZ 1965, 457; 1982, 331; OLG Hamm NJW-RR 2000, 78; Rpfleger 1976, 132.
[31] BayObLG FamRZ 1991, 1488; BayObLGZ 1983, 331.
[32] BayObLG NJW 1981, 2051; NJW 1951, 959; OLG Oldenburg NJW-RR 1991, 646; *Wingerter* S 42 f; *Staudinger/Otte* Rn 19; MünchKommBGB/*Leipold* Rn 16; *Palandt/Edenhofer* Rn 6; *Schlüter* Rn 143; aA *Erman/M. Schmidt* Rn 5; *Brox*, FS Bartholomeyczik, S 41, 49 f; *Stiegler* BWNotZ 1986, 27; einschränkend *Herrmann* AcP 155 (1954), 434; krit *Lange/Kuchinke* § 27 I 7 b.
[33] BGH NJW 1972, 1987; *Nieder*, Handbuch der Testamentsgestaltung, 2. Aufl, Rn 636 mwN.

– Schließlich wird es für zulässig gehalten, dem Vorerben sogar zu gestatten, durch eigene Verfügung von Todes wegen den Nachlass unter den vom Erblasser selbst konkret eingesetzten Nacherben anders zu verteilen, ohne dass dadurch die Nacherbfolge entfällt[34]. Gleichzustellen sind Klauseln, nach denen die vom Vorerben zu seinen eigenen Erben eingesetzten Personen zugleich Nacherben sein sollen[35]. Dieses Ergebnis lässt sich konstruktiv nur erreichen, wenn man die Nacherbfolge als **doppelt bedingt** einstuft: einerseits ist die Nacherbeneinsetzung der vom Erblasser bestimmten Personen auflösend bedingt durch die Errichtung einer Verfügung des Vorerben über sein eigenes Vermögen, andererseits ist die Nacherbeneinsetzung der vom Vorerben bestimmten Personen aufschiebend bedingt (Rn 18).

IV. Abgrenzung zulässiger von verbotenen Entscheidungsverlagerungen

1. Geltung erbrechtlicher Verfügungen (Abs 1). a) Widerrufs-, Änderungs-, Zustim- 10
mungsvorbehalt. Die Wirksamkeit weder des gesamten Testaments noch einer einzelnen darin enthaltenen letztwilligen Verfügung darf von einem eigenständigen Willensentschluss einer anderen Person als der des Erblassers abhängen. Der Erblasser kann seine Verfügungen deshalb weder an die Zustimmung eines anderen knüpfen noch einen anderen ermächtigen, sie zu widerrufen oder zu ändern[36]. Deshalb kann dem Längstlebenden in einem gemeinschaftlichen Testament oder Erbvertrag nicht das Recht eingeräumt werden, Zuwendungen des verstorbenen Ehegatten zu ändern oder aufzuheben, „wenn das Verhalten der im Testament bedachten Personen dem Überlebenden berechtigten Anlass zu Beschwerden gibt"[37].

b) Bedingung. aa) Potestativbedingung. Aufschiebende und auflösende Bedingungen sind, wie 11 §§ 2074, 2075 belegen, zulässig, und zwar selbst dann, wenn deren Eintritt allein vom Willen des Bedachten oder eines Dritten abhängt[38]. Dabei ist, um das Verbot des § 2065 Abs 2 Alt 1 nicht völlig leer laufen zu lassen, einschränkend zu fordern, dass für den Erblasser das Ereignis, nicht aber dessen Abhängigkeit vom Willen eines anderen im Vordergrund steht, die Bedingung also nicht auf eine Vertretung im Willen hinausläuft[39]. Macht der Erblasser die Zuwendung davon abhängig, dass ein Dritter eine geringe Geldsumme an eine gemeinnützige Einrichtung spendet, so erweckt dies zwar äußerlich den Anschein einer Potestativbedingung, ist in Wahrheit jedoch eine verbotene Entscheidungsverlagerung[40]. Eine Vertretung im Willen soll nach hM insbes dann vorliegen, wenn zwar das Ereignis bestimmt ist (zB Betreuung im Alter[41], Grabpflege[42], Veranlassung der Einäscherung[43], Beerdigung[44], Abziehen und Aufspannen der tätowierten Haut des Erblassers[45]), dessen Eintritt jedoch von jeder beliebigen Person ohne weiteres herbeigeführt werden kann, ohne dass der **Personenkreis näher festgelegt** hat[46]. Richtiger Ansicht nach ist jedoch die Tatsache, dass der hinreichend genug bestimmte Bedingungseintritt von einer unübersehbaren Zahl von Personen herbeigeführt werden kann, keine Frage der Entscheidungsverlagerung[47]. Ist die Bedingung bestimmt genug, so macht es keinen Unterschied, ob die Handlung von einem oder einer bestimmten größeren Zahl vorgenommen werden kann[48]. Die Quantität des Adressatenkreises ist bei Bestimmtheit der Bedingung kein Problem des § 2065 (Rn 14). Der Erblasser kann dabei auch auf ein erst nach der Errichtung der Verfügung eintretendes Ereignis abstellen: zB eigene Eheschließung, künftige Adoption[49]. § 2065 steht auch nicht entgegen, wenn die Wirksamkeit der Verfügung davon abhängt, ob der Pflichtteil gefordert wird[50], ob eine Person heiratet[51], ob jemand stirbt, ob ein anderer eine bestimmte Ausbildung abschließt, ob der Testamentsvollstrecker geordnete und gesicherte wirtschaftliche Verhältnisse feststellt[52] oder ob ein Dritter adoptiert wird[53], da in all diesen Fällen das Ereignis vom Erblasser selbst

---

[34] Vgl BGH NJW 1972, 1987; OLG Oldenburg Rpfleger 1966, 47; OLG Hamm OLGZ 1973, 103; KG DNotZ 1956, 195; BayObLGZ 1982, 331; *J. Mayer* ZEV 2000, 1, 7; *Palandt/Edenhofer* Rn 6; *Schnabel* S 126 ff.
[35] *Soergel/Loritz* Rn 22; *Frey* S 41; abl *Frank* MittBayNot 1987, 234; krit *J. Mayer* ZEV 2000, 1, 7; unentschieden OLG Stuttgart BWNotZ 1998, 47.
[36] Vgl RGZ 79, 32.
[37] Vgl BGH NJW 1951, 959.
[38] Dagegen *Keuk* FamRZ 1972, 9; *Schlüter* Rn 208.
[39] BGH NJW 1955, 100; OLG Stuttgart FGPrax 2005, 221, 222; OLG Celle OLGR 2004, 126, 127; KG ZEV 1998, 182; MünchKommBGB/*Leipold* Rn 10 mwN; *Schnabel* S 98 ff; großzügiger *Helms* ZEV 2007, 1, 3.
[40] *Wagner* ZEV 1998, 255; *Soergel/Loritz* Rn 13.
[41] OLG Dresden NJW 1949, 346.
[42] BayObLG NJW 1993, 138; FamRZ 1992, 987.
[43] LG Frankfurt MDR 1987, 762.
[44] LG Magdeburg Rpfleger 1999, MünchKommBGB/*Leipold* Rn 25, 28.
[45] KG ZEV 1998, 260 m Anm *Wagner* ZEV 1998, 255.
[46] KG ZEV 1998, 260; BayObLG FamRZ 1992, 987; LG Magdeburg Rpfleger 1999, 493; MünchKommBGB/ *Leipold* Rn 25, 28; AnwK-BGB/*Beck* Rn 15; *Palandt/Edenhofer* Rn 11.
[47] *Wagner* ZEV 1998, 255.
[48] *Wagner* ZEV 1998, 255.
[49] Vgl BayObLGZ 1965, 457, 461.
[50] OLG Hamm MDR 1968, 243; vgl auch BayObLG FGPrax 2004, 35, 37.
[51] Vgl BayObLGZ 1996, 204, 208.
[52] KG ZEV 1998, 182 m zust Anm *Wagner* ZEV 1998, 255.
[53] OLG Köln Rpfleger 1984, 236.

genügend bestimmt ist und allein der Ereigniseintritt von einem Handeln, Dulden oder Unterlassen eines anderen abhängig ist. **Zu unbestimmt** sind jedoch Bedingungen wie „gute und uneigennützige Betreuung der Tochter"[54]. S zur verwandten Problematik der Abgrenzung des Bestimmungs- vom Bezeichnungsrecht Rn 16. Die aufschiebend bedingte Zuwendung ist auch dann unwirksam, wenn **niemand die Bedingung erfüllt,** etwa weil der Erblasser nicht pflegebedürftig geworden ist[55]. Unzulässig ist schließlich eine Anordnung, wonach das von einem Dritten zu ziehende **Los** den Erben bestimmen soll, da eine solche Verfügung eindeutig erkennen lässt, dass der Erblasser gerade keine eigene Entscheidung treffen wollte[56]. Auch wenn § 2065 nur den Fall der Entscheidungsverlagerung auf Dritte erwähnt, so erfasst er doch auch alle anderen **Fälle der Unentschiedenheit**[57].

12 **bb) Auflösend bedingte Nacherbeneinsetzung. (1) Letztwillige Verfügung des Vorerben.** Folgerichtig lässt die hM auch die Einsetzung von Nacherben unter der ausdrücklichen oder stillschweigenden[58] Potestativbedingung zu, dass der Vorerbe keine anderweitige Verfügung über seinen eigenen Nachlass trifft[59]. Der Eintritt oder Ausfall der Bedingung knüpft in diesem Fall nämlich unmittelbar und ausschließlich an das Vorhandensein einer Verfügung des Vorerben über seinen eigenen Nachlass an[60]. Rspr und hM lassen es dabei auch zu, dass der Erblasser den Bedingungseintritt nur mit solchen letztwilligen Verfügungen verbindet, die bestimmten inhaltlichen Anforderungen genügen (zB Verteilung unter gemeinsamen Abkömmlingen oder unter eingesetzten Nacherben)[61]. Diese Wirkung kann dabei nur eine Verfügung haben, die mit dem Tod des Vorerben wirksam wird. Formulierungen, die diesen Bedingungseintritt bereits mit der bloßen Errichtung eintreten lassen wollen, sind dagegen unzulässig[62], weil ihr Bestand durch Widerruf, Anfechtung usw vernichtet werden kann, also nicht gesichert ist. Errichtet der Vorerbe im Falle einer zulässig bedingten Nacherbeneinsetzung eine anderweitige Verfügung, so entfällt die Nacherbeneinsetzung und er wird damit rückwirkend Vollerbe. Da dies aber endgültig erst mit dessen Tod feststeht, unterliegt er bis dahin den Beschränkungen als Vorerbe[63]. Deshalb darf ein Nacherbenvermerk im Grundbuch vorher nicht gelöscht werden[64]. Soll nach der Bestimmung des Erblassers die Bedingung mit einer Verfügung eintreten, in der der Vorerbe nicht auch zugleich über sein eigenes Vermögen wirksam verfügt, so liegt darin eine Verletzung des Selbstbestimmungsgebots.

13 **(2) Übertragung zu Lebzeiten des Vorerben.** Zulässig ist es auch, den Vorerben zu ermächtigen, durch Rechtsgeschäft unter Lebenden über den Nachlass zu verfügen und damit die auflösende Bedingung der Nacherbschaft herbeizuführen[65]. Rechtsunsicherheiten (Rn 1) beim Tod des Vorerben entstehen nicht, da bereits vorher fest steht, dass der Nacherbfall nicht mehr eintreten wird. Der Nacherbenvermerk kann dann bereits zu Lebzeiten gelöscht werden[66].

14 **2. Erbenbestimmung (Abs 2 Alt 1). a) Selbstbestimmung durch den Erblasser.** Der Erblasser muss die Person des Zuwendungsempfängers, also den Erben selbst bestimmen und darf einem anderen bei dessen Feststellung keine eigenständige Entscheidungsbefugnis einräumen (Rn 15). Der Zuwendungsempfänger ist vom Erblasser so konkret zu bezeichnen, dass bei dessen Feststellung jede Willkür eines anderen ausgeschlossen ist. Dabei ist jedoch deutlich zwischen dem Bestimmungsgebot einerseits und dem Verbot der Entscheidungsverlagerung zu unterscheiden[67]. Nicht jede **Unbestimmtheit der Erbeinsetzung** und/oder einer Bedingung verstößt gegen § 2065[68]. Das auslegende Gericht ist kein anderer iS dieser Vorschrift, die unklare Formulierung also keine unzulässige Entscheidungsverlagerung[69]. Führt die Auslegung zu keinem eindeutigen Ergebnis, so ist der Verfügungsinhalt auf Grund der gesetzlichen Ergänzungs- bzw Auslegungsregeln zu ermitteln. Erst nach Auslegung der Verfügung (s zum Vorrang Rn 4) ist zu prüfen, ob gegen das Selbstbestimmungsgebot des § 2065 verstoßen worden ist[70]. Nur, aber auch immer dann, wenn eine derartige Entscheidungsverlagerung festgestellt wird, liegt ein Verstoß gegen § 2065 vor. Die Einsetzung der „Blindenanstalt

---

[54] KG ZEV 1999, 313.
[55] OLG Frankfurt NJW-RR 1992, 72.
[56] *Soergel/Loritz* Rn 15; MünchKommBGB/*Leipold* Rn 23; aA RG SeuffA 91, Nr 106; *Lange/Kuchinke* § 27 I 6 c; *Staudinger/Otte* Rn 12; AnwK-BGB/*Beck* Rn 18.
[57] *Soergel/Loritz* Rn 13; aA *Frey* S 36, 82.
[58] BayObLG FamRZ 1991, 1488.
[59] BGH NJW 1951, 959; NJW 1981, 2051; OLG Stuttgart FGPrax 2005, 221, 222; OLG Oldenburg NJW-RR 1991, 646; *Wingerter* S 42 f; *Staudinger/Otte* Rn 19; MünchKommBGB/*Leipold* Rn 16; *Palandt/Edenhofer* Rn 8; *Schlüter* Rn 143; aA *Erman/M. Schmidt* Rn 5; *Brox*, FS Bartholomeyczik, S 41, 49 f; *Stiegler* BWNotZ 1986, 27; einschränkend *Herrmann* AcP 155 (1954), 434; krit *Lange/Kuchinke* § 27 I 7 b.
[60] Vgl MünchKommBGB/*Leipold* Rn 16.
[61] BGH NJW 1972, 1987; *Nieder*, HdB der Testamentsgestaltung, 2. Aufl, Rn 636 mwN.
[62] *Wingerter* S 47 f; *Brox*, FS Bartholomeyczik, S 41, 44 f; aA *Herrmann* AcP 155 (1955), 433, 438 f.
[63] Vgl *N. Mayer* ZEV 1996, 104; *Palandt/Edenhofer* Rn 6.
[64] OLG Braunschweig Rpfleger 1991, 204.
[65] OLG Hamm MittRhNotK 1999, 312; MünchKommBGB/*Leipold* Rn 17; AnwK-BGB/*Beck* Rn 23; *Keim* ZEV 2003, 137, 140; aA *Lange/Kuchinke* § 27 I 7 c.
[66] *Lange/Kuchinke* § 27 I 7 c.
[67] *Soergel/Loritz* Rn 31.
[68] Falsch daher BayObLG FamRZ 1991, 610, 611; OLG München ZEV 2001, 153, 154; KG ZEV 1999, 313; OLG Köln Rpfleger 1981, 357.
[69] BayObLG FamRZ 2002, 200, 201.
[70] Unrichtig daher AnwK-BGB/*Beck* Rn 5.

in Köln und Umgebung"[71] oder des „Trägers eines noch zu errichtenden Altenheims"[72] oder „einer gemeinnützigen rechtsfähigen Institution für Kinderkrebshilfe"[73] mag zu unbestimmt sein, ist jedoch kein Verstoß gegen § 2065. Der Erblasser kann, ohne das **Selbstbestimmungsgebot** zu verletzen, zwar die gesetzlichen Erben eines anderen zu seinen Erben einsetzen[74], nicht aber dessen gewillkürte Erben[75]. Stirbt der andere nämlich nach dem Erblasser können die Erben beim Erbfall nicht mit der für den Rechtsverkehr notwendigen Sicherheit (Rn 1) festgestellt werden, während bei umgekehrter Reihenfolge der Erbfälle sich das Problem der uneingeschränkten Auswahlermächtigung stellt (Rn 15 f). S zur anderen Rechtslage bei der Nacherbeneinsetzung Rn 19.

b) Zulässige Auswahlermächtigung für andere Personen. aa) Abgrenzung des Bezeichnungs- vom Bestimmungsrecht. Nach hM ist eine Verfügung, mit der der Erblasser die Auswahl des Erben einem von ihm selbst bestimmten Dritten überlässt, dann mit § 2065 Abs 2 vereinbar, wenn er dabei die Auswahlkriterien genau bestimmt hat. Umstritten ist, wie genau der Erblasser die Auswahlkriterien selbst festlegen muss: 15

– Teile der Lit gehen am weitesten und lassen es zu, dass der Erblasser die Entscheidung über den oder die Erben dem **freien Ermessen** eines anderen überträgt[76], allerdings einige nur für den Fall der Unsicherheit der bei Errichtung maßgebenden Umstände[77] und andere wiederum nur unter der Voraussetzung, dass in analoger Anwendung des § 2151 der Personenkreis bestimmt ist[78]. Diese Autoren verkennen den Stellenwert der Norm für die Rechtssicherheit und übersehen, dass zwischen einer Erbeinsetzung und einem (Universal)Vermächtnis unter Umständen zwar kein wirtschaftlicher, wohl aber ein rechtlicher Unterschied besteht (Rn 1)[79].
– Nicht so weit wie diese Stimmen in der Literatur ging das RG im „Ritterguts-Fall", wonach einem Dritten die bindende Erbenbestimmung überlassen werden könne, wenn sowohl der Personenkreis als auch die Auswahlkriterien so genau festgelegt seien, dass der **Willkür eines Dritten kein Raum** bleibe[80]. Diese Entscheidung hat nicht nur in der L[81], sondern auch in der Rspr[82] überwiegend Zustimmung erfahren.
– Der BGH verlangt dagegen, die Festlegungen müssten so genau sein, dass dem Dritten kein Entscheidungsspielraum mehr zustehe, dem anderen dürfe also **nicht die Bestimmung, sondern nur die Bezeichnung** überlassen werden[83]. Die Auffassung des BGH hat teilweise Zustimmung[84], teilweise aber auch Ablehnung erfahren[85], letzteres vor allem deshalb, weil die Abgrenzung praktisch nicht durchführbar sei[86] und weil sie einem anzuerkennenden Gestaltungsbedürfnis vor allem bei Unternehmens- oder Betriebsnachfolgen nicht genügend Rechnung trage[87]. Die Gerichte zitieren dabei in aller Regel zwar den BGH, folgen aber in der Sache der großzügigeren Rspr des RG[88]. Da ein wirtschaftlich vergleichbares Ergebnis durch Anordnung eines Auswahlvermächtnisses gemäß § 2151 erzielt werden kann, überzeugt das zuletzt genannte Argument gegen diese höchstrichterliche Rspr nicht. Die mit der Auffassung des BGH verbundenen Abgrenzungsprobleme zwischen Bestimmung und Bezeichnung sind auch nicht größer als die Frage, ob Personenkreis und Auswahlkriterien bestimmt genug sind. Für die restriktive Handhabung dieser Auswahlermächtigungen spricht letzten Endes die von diesen potentiell ausgehende Gefahr für die Rechtssicherheit, nämlich das Risiko, dass der Berechtigte die Auswahl nicht treffen will oder kann, oder aber Streit darüber entsteht, ob die Kriterien eingehalten oder überschritten wurden. All dies gefährdet die Rechtssicherheit, weil es die Durchsetzung von Ansprüchen durch und gegen den Nachlass erschwert (Rn 1).

Die überwiegende Auffassung sieht es dagegen auf der Grundlage der reichsgerichtlichen Entscheidung als zulässig an, den Erben von einem anderen bestimmen zu lassen, wenn sowohl der Personenkreis als auch die Kriterien der Auswahl hinreichend bestimmt sind. An der **Bestimmtheit des Personenkreises** soll es etwa fehlen bei der Beschränkung auf „19 Nachkommen von Halbgeschwistern"[89], nicht dagegen 16

---

[71] LG Bonn Rpfleger 1989, 63.
[72] BayObLGZ 1998, 100.
[73] OLG München ZEV 2001, 153.
[74] *Schäfer* BWNotZ 1962, 203; *Gaberdiel* Rpfleger 1966, 265.
[75] *Soergel/Loritz* Rn 14; aA AnwKBGB/*Beck* Rn 19.
[76] *Frey* S 101 ff.
[77] *Grossfeld* JZ 1968, 120 f; *Stiegeler* BWNotZ 1986, 25; *Brox*, FS Bartholomeyczik, S 54 f; *Westermann*, FS Möhring, S 195 f; noch weiter *Rötelmann* NJW 1958, 593.
[78] *Sens* S 98 ff.
[79] *Staudinger/Otte* Rn 5 a.
[80] RGZ 159, 296, 299.
[81] *Staudinger/Otte* Rn 32 mwN; *Goebel* DNotZ 2004, 101, 117 f.
[82] Vgl OLG Celre OLGR 2002, 314; RdL 1999, 328; NJW 1958, 953; OLG Karlsruhe NJW-RR 1999, 806; OLG Köln FamRZ 1995, 57; Rpfleger 1984, 236; OLG Hamm NJW-RR 1995, 1477, 1478; DNotZ 1951, 369, 370.
[83] BGH NJW 1955, 100; vgl dagegen BGH NJW 1966, 1410; NJW 1965, 2201; WM 1969, 664 f, die die Formulierungen des RG zumindest verbal aufgreifen.
[84] BayObLG NJW-RR 2000, 1174; NJW 1999, 1119, 1120; OLG Köln Rpfleger 1984, 236, 237; OLG Celle MDR 1965, 578; OLG Dresden NJW 1949, 346; AnwK-BGB/*Beck* Rn 11; *Erman/M. Schmidt* Rn 7 f; *Wagner* S 77 ff.
[85] MünchKommBGB/*Leipold* Rn 26; *Staudinger/Otte* Rn 35; *Soergel/Loritz* Rn 27; *Brox* Rn 104; *Schlüter* Rn 142.
[86] Vgl etwa *Staudinger/Otte* Rn 35.
[87] Vgl etwa MünchKommBGB/*Leipold* Rn 26.
[88] *Goebel* DNotZ 2004, 101, 103 f.
[89] OLG Hamm RdL 1961, 45 f.

§ 2065

bei der Erbeinsetzung eines „künftigen Adoptivkindes, wenn es befähigt sei, ein bestimmtes wirtschaftliches Unternehmen zu führen"[90]. Die Überschaubarkeit ist in diesem Zusammenhang ebenso wenig ein Bestimmtheitskriterium wie bei den Potestativbedingungen (Rn 11)[91]. Außerdem müssen die **Auswahlkriterien ausreichend bestimmt** sein. Dabei genügt es nach den allgemeinen Auslegungsgrundsätzen, dass diese Einschränkungen sich aus Umständen außerhalb der Urkunde ergeben, vorausgesetzt allerdings, es finden sich entsprechende Anhaltspunkte in der Verfügung selbst (§ 2084 Rn 8). Die Rspr lässt es deshalb zu, dass sich die Auswahlkriterien aus den bei Hofübergaben üblichen Gepflogenheiten ergeben[92]. Zu unbestimmt soll dagegen eine mit einer Auswahlermächtigung verbundene Zuwendung an den „Würdigsten meiner Verwandten"[93], an den nach „Neigung, allgemeinen Fähigkeiten und Charaktereigenschaften geeignetere"[94], an den für die Erhaltung und Bewirtschaftung des Grundbesitzes Geeignetsten[95] oder an den Sachkundigsten[96] sein. Bestimmt genug sollen dagegen Kriterien wie „geordnete und vor Gläubigern gesicherte wirtschaftliche Verhältnisse"[97], die Zuwendung an „nächstliegende männliche von G.schen Nachkommen"[98] oder die Zuwendung an den „Chef des Adelshauses"[99] sein. In jedem Fall müssen die Auswahlkriterien **vom Erblasser angeordnet**, nicht nur „empfohlen" werden, weil sonst ein freier Ermessensspielraum eröffnet würde[100]. Angesichts dieser widersprüchlichen Entscheidungen, die sich jedem Versuch der Systematisierung entziehen, kann nur mit allem Nachdruck davor gewarnt werden, bei der Erbfolgegestaltung den Weg einer derartigen Erbeinsetzung mit Auswahlermächtigung zu beschreiten. Die Anordnung eines Auswahlvermächtnisses iS des § 2151 ist auch unter Berücksichtigung der etwas schwierigeren Abwicklung wegen der fehlenden Gesamtrechtsnachfolge in jedem Falle vorzuziehen (Rn 8).

17 bb) **Auswahlberechtigter.** Der zur Auswahl berufene Dritte muss vom Erblasser genau festgelegt sein[101]. Eine besondere Sachkunde braucht er nicht zu besitzen[102]. Auch der Erbe, insbes der Vorerbe, kann zur Auswahl ermächtigt werden. Ein Kollegialorgan ist allerdings dann als Entscheidungsträger ausgeschlossen, wenn seine Zusammensetzung ständig wechselt und vom Erblasser nicht vorausgesehen werden kann[103].

18 cc) **Auswahlverfahren.** Das Gesetz enthält keine Regelung über das Verfahren, wie eine solche Erbenbestimmung zu erfolgen hat. Diese Lücke ist, wenn und soweit das Testament keine Bestimmungen darüber enthält, nach hM durch analoge Anwendung des § 2198 zu schließen[104]. Die Auswahlerklärung ist daher in öffentlich beglaubigter Form gegenüber dem Nachlassgericht abzugeben[105]. Das Nachlassgericht kann analog § 2198 Abs 2 dem Auswahlberechtigten auf Antrag eines Beteiligten eine angemessene Frist setzen, nach deren Ablauf die Bestimmungsrecht auf das Gericht gemäß § 319 Abs 1 S 2 analog übergeht. Die Bestimmung durch den Dritten unterliegt in analoger Anwendung des § 319 Abs 1 S 2 der gerichtlichen Überprüfung nur, wenn sie grob unbillig ist. Nach hM wirkt diese Auswahlerklärung auf den Todesfall zurück[106]. Bis dahin ist der Nachlass nach hM faktisch „herrenlos", ein Zustand, den der Gesetzgeber durch § 2065 eigentlich vermeiden wollte (Rn 1). Jedem Bemühen um die zeitliche Einschränkung des Auswahlverfahrens ist daher die Eingrenzung des Bezeichnungsrechts entspr der engen Rspr des BGH vorzuziehen (Rn 15).

19 c) **„Nacherbenbestimmung" durch den Vorerben.** Der Erblasser kann den Vorerben wie jeden anderen **ermächtigen, die Nacherben zu bezeichnen,** wenn er ihm die Auswahlkriterien fest vorgibt (Rn 14 ff). Zulässig ist es auch, die **Nacherbschaft** dadurch **auflösend zu bedingen,** dass der Vorerbe eine bestimmte andere Verfügung über sein eigenes Vermögen trifft (Rn 12). Die hM hält es schließlich mit dem Gebot des § 2065 Abs 2 Alt 1 für vereinbar, die Nacherbfolge fortbestehen zu lassen und dem Vorerben zu gestatten, durch eigene Verfügung von Todes wegen den **Nachlass unter den Nacherben anders zu verteilen**[107]. Danach sind die vom Erblasser selbst bestimmten Nacherben

---

[90] OLG Köln Rpfleger, 1984, 236.
[91] AA *Staudinger/Otte* Rn 36; *Soergel/Loritz* Rn 31.
[92] BGH JZ 1954, 98; OLG Celle OLGR 2002, 314; RdL 1999, 328; OLG Karlsruhe NJW-RR 1999, 806; OLG Köln FamRZ 1995, 57; Rpfleger 1984, 236; OLG Hamm DNotZ 1951, 369; dagegen *Staudinger/Otte* Rn 36.
[93] LG München I FamRZ 1998, 1261; ähnlich OLG Hamm DNotZ 1951, 369; dagegen *Staudinger/Otte* Rn 36.
[94] OLG Celle RdL 1955, 137.
[95] BayObLG FamRZ 2005, 65, 68.
[96] AA OLG Celle NJW 1958, 954; OLG Köln FamRZ 1995, 57; dagegen auch *Staudinger/Otte* Rn 36; *Soergel/Loritz* Rn 32.
[97] KG DNotZ 1999, 679.
[98] OLG Karlsruhe NJW-RR 1999, 806.
[99] OLG Stuttgart FGPrax 2005, 221, 222.
[100] OLG Hamm NJW-RR 1995, 1477.
[101] BGH NJW 1965, 2201; BayObLGZ 1998, 160.
[102] *Staudinger/Otte* Rn 36; *Soergel/Loritz* Rn 32; aA OLG Celle NJW 1958, 953, 954.
[103] Vgl OLG Celle FamRZ 1955, 223.
[104] MünchKommBGB/*Leipold* Rn 30; *Palandt/Edenhofer* Rn 9; aA OLG Celle NJW 1958, 953, 955.
[105] KG Rpfleger 1998, 288.
[106] *Palandt/Edenhofer* Rn 9.
[107] BGH NJW 1972, 1987, 1988; OLG Oldenburg Rpfleger 1966, 47; OLG Hamm OLGZ 1973, 103; KG DNotZ 1956, 195; BayObLGZ 1982, 331; *J. Mayer* ZEV 2000, 1, 7; *Palandt/Edenhofer* Rn 9; *Schnabel* S 126 ff; aA MünchKommBGB/*Leipold* Rn 18 mwN; OLG Hamm DNotZ 1967, 315, 317; ZEV 1995, 376; OLG Frankfurt DNotZ 2001, 143, 144 m Anm *Kanzleiter*; *Brox* Rn 104; RGRK/*Johannsen* Rn 16; *Schlüter* Rn 143; *Wingerter* S 55 ff; offen gelassen in BGH NJW 1981, 2051, 2052.

nur unter der auflösenden Bedingung eingesetzt, dass der Vorerbe nicht anderweitig verfügt, während die vom Vorerben ausgewählten Personen unter der aufschiebenden Bedingung der Verfügung des Vorerben über sein eigenes Vermögen zu Nacherben des Erblassers eingesetzt sind[108]. Gleichzustellen sind Klauseln, nach denen die vom Vorerben zu seinen eigenen Erben eingesetzten Personen zugleich Nacherben sein sollen[109], wobei teilweise mit Rücksicht auf § 2065 Abs 2 Alt 1 einschränkend gefordert wird, dass die Nacherben einem vom Erblasser bestimmten Personenkreis (zB Abkömmlinge des Vorerben, gesetzliche Erben des Vorerben) entstammen müssen[110]. Unbestreitbar wird damit die Auswahl der Nacherben ebenso wie die Festlegung der Anteile auf den Vorerben verlagert[111], jedoch in einer mit dem Sinn des § 2065 (Rn 1) vereinbaren Weise[112]. Im Unterschied zur Ungewissheit über die Person von Voll- oder Vorerben beim Tod des Erblassers entsteht durch die über die Nacherben keine Rechtsunsicherheit, die das Selbstbestimmungsgebot nach in Rn 1 vertretener Auffassung einzig und allein vermeiden will. Wichtig ist allein, dass spätestens mit dem Eintritt des Nacherbfalls feststeht, welche Personen Nacherben des ursprünglichen Erblassers geworden sind. Dies ist gesichert, wenn auf die Verfügung des Vorerben über seinen eigenen Nachlass abgestellt wird.

3. Erbteilsbestimmung (Abs 2 Alt 2). Der Erblasser muss bei einem Erben auch den Erbteil selbst bestimmen[113]. Diese Entscheidung kann der Erblasser nur im gleichen Ausmaß einem Dritten übertragen, wie die Entscheidung über den Zuwendungsempfänger (Rn 14 ff). Diese Alternative verbietet dem Erblasser auch, die Entscheidung über den Zeitpunkt, zu dem der Nacherbfall eintritt, einem Dritten zu überlassen[114]. **20**

V. Rechtsfolgen eines Verstoßes

Verfügungen, die den Verboten des § 2065 widersprechen, sind **nichtig**, sofern keine Umdeutung in eine zulässige letztwillige Verfügung möglich ist[115]. Dieser Vorschrift kann wegen des in § 2084 zum Ausdruck kommenden Grundsatzes der wohlwollenden Auslegung kein generelles Umdeutungsverbot entnommen werden[116]. Eine gegen § 2065 verstoßende Erbeinsetzung kann unter Umständen in ein Universalvermächtnis zugunsten der vom Vorerben bestimmten Erben[117] oder in eine Zweckauflage[118] **umgedeutet** werden. Umstritten ist, ob bei einer **unwirksamen Ermächtigung zur Bestimmung der Nacherben** der Vorerbe unbeschränkter Vollerbe wird[119] oder analog § 2104 die gesetzlichen Erben Nacherben werden[120]. Die Lösung muss in erster Linie durch Auslegung des Erblasserwillens gefunden werden. Vor allem in den unter Rn 9 dargestellten Fällen ist der Erblasser in aller Regel am Fortbestand der Vor- und Nacherbschaft interessiert, so dass dann § 2104 zum Zuge kommt. Ist ein derartiger Erblasserwille dagegen nicht festzustellen, so dürfte die Auslegung – nicht die analoge Anwendung des § 2142 Abs 2 – zur Vollerbschaft des „Vorerben" führen (s auch § 2104 Rn 6). **21**

§ 2066 Gesetzliche Erben des Erblassers

¹Hat der Erblasser seine gesetzlichen Erben ohne nähere Bestimmung bedacht, so sind diejenigen, welche zur Zeit des Erbfalls seine gesetzlichen Erben sein würden, nach dem Verhältnis ihrer gesetzlichen Erbteile bedacht. ²Ist die Zuwendung unter einer aufschiebenden Bedingung oder unter Bestimmung eines Anfangstermins gemacht und tritt die Bedingung oder der Termin erst nach dem Erbfall ein, so sind im Zweifel diejenigen als bedacht anzusehen, welche die gesetzlichen Erben sein würden, wenn der Erblasser zur Zeit des Eintritts der Bedingung oder des Termins gestorben wäre.

Schrifttum: *Giencke,* Ergänzende Auslegung von Erbverträgen gemäß § 2066 BGB unter Berücksichtigung nichtehelicher Kinder des Erblassers als gesetzliche Erben, FamRZ 1974, 241; *Tappmeier,* Die erbrechtlichen Auslegungsvorschriften in der gerichtlichen Praxis, NJW 1988, 2714.

I. Einsetzung der gesetzlichen Erben ohne Erbteilsbestimmung (S 1)

1. Normzweck. Diese Ergänzungsregel[1] schließt bei einer pauschalen Einsetzung der gesetzlichen Erben ohne Angabe der Erbteilsquoten diese Lücke in der Willensbildung, indem sie die gesetzlichen Erbfolgevorschriften für anwendbar erklärt. **1**

---

[108] *J. Mayer* ZEV 2000, 1, 7.
[109] *Soergel/Loritz* Rn 22; *Frey* S 41; MünchKommBGB/*Leipold* Rn 18; abl *Frank* MittBayNot 1987, 234; krit *J. Mayer* ZEV 2000, 1, 7; unentschieden OLG Stuttgart BWNotZ 1998, 47.
[110] MünchKommBGB/*Leipold* Rn 18; aA *Schnabel* S 127; *Dieterle* BWNotZ 1971, 14, 15; *Gaberdiel* Rpfleger 1966, 265; *Schäfer* BWNotZ 1962, 203.
[111] *Lange/Kuchinke* § 27 I 7 c; MünchKommBGB/*Leipold* Rn 18.
[112] *Frohnmayer* S 55, 60 f.
[113] BayObLG NJW-RR 1990, 1417.
[114] BGH NJW 1955, 100.
[115] *Zimmermann* S 56 ff; MünchKommBGB/*Leipold* Rn 25.
[116] OLG Frankfurt DNotZ 2001, 143 m Anm *Kanzleiter*; aA *Lange/Kuchinke* § 27 I 8.
[117] *Kanzleiter* DNotZ 2001, 149, 153.
[118] BGH NJW-RR 1987, 1090, 1091.
[119] BGH NJW 1986, 1812; OLG Frankfurt DNotZ 2001, 143; *Lange/Kuchinke* § 27 I 9.
[120] OLG Hamm NJW-RR 1995, 1477, 1478.
[1] RG JW 1938, 2972; MünchKommBGB/*Leipold* Rn 2; für Auslegungsregel *Staudinger/Otte* Rn 2.

§ 2066

2 2. **Voraussetzungen. a) Art der Zuwendung.** Die Ergänzungsregel[2] des Satzes 1 gilt zunächst bei der Einsetzung von **Erben** – auch von Vor-, Nach- oder Ersatzerben –, und zwar ohne Rücksicht darauf, ob diese in einem Testament, in einem gemeinschaftlichen Testament oder in einem Erbvertrag erfolgt ist. Auf einseitige Verfügungen in einem Erbvertrag ist diese Ergänzungsregel nämlich gemäß § 2299 Abs 2 S 1 unmittelbar anwendbar und auf vertragsmäßige gemäß § 2279 Abs 1 analog[3]. Der Sinn dieser Regel rechtfertigt eine analoge Anwendung auf ein **Vermächtnis** zugunsten der gesetzlichen Erben[4]. Auch wenn eine **Auflage** nur Begünstigte kennt, so erscheint auch insoweit eine analoge Anwendung dieser Ergänzungsregel geboten[5].

3 b) **Zuwendung an die gesetzlichen Erben. aa) Gesetzliche Erben des Erblassers.** § 2066 S 1 greift unmittelbar nur ein, wenn der Erblasser seine eigenen gesetzlichen Erben mit dieser allgemeinen Bezeichnung eingesetzt, mit einem Vermächtnis bedacht oder durch eine Auflage begünstigt hat. Formulierungen wie „mein gesetzlicher Erbe", „meine Erben" oder „meine rechtmäßigen Erben" erfüllen diese Bedingung ebenfalls. Hat der Erblasser die Zuwendungsempfänger dagegen namentlich erwähnt oder auf sonstige Weise individualisiert (zB meine Kinder), so ist diese Ergänzungsregel selbst dann nicht anwendbar, wenn dies auch die gesetzlichen Erben sind[6]. In diesen Fällen ist der Erblasserwille vielmehr auf Grund § 2091 zu ergänzen. § 2091 ist deshalb immer dann anzuwenden, wenn die vom Erblasser gewählten Formulierungen auf bestimmte oder bestimmbare Personen hinweisen, wobei die Bestimmbarkeit gerade nicht auf den gesetzlichen Erbfolgeregeln beruhen darf. Allerdings kann die diesen beiden Ergänzungsregeln vorgehende Auslegung ergeben, dass namentlich, jedoch ohne Anteilsangabe eingesetzte Personen nicht zu gleichen Teilen, sondern im Verhältnis der gesetzlichen Erbteile begünstigt sein sollen[7].

4 bb) **Gesetzliche Erben anderer Personen.** Die Ergänzungsregel des § 2066 S 1 ist analog anzuwenden, wenn der Erblasser nicht seine eigenen gesetzlichen Erben eingesetzt hat, sondern die einer anderen Person[8]. Dies gilt vor allem für den Fall, dass Ehepartner in einem gemeinschaftlichen Testament oder in einem Erbvertrag die Abkömmlinge nur eines von ihnen zu Erben eingesetzt oder mit einem Vermächtnis bzw mit einer Auflage begünstigt haben[9]. Hat der Erblasser die gesetzlichen Erben eines anderen – etwa des Vorerben – als Nacherben eingesetzt, so ist im Rahmen der analogen Anwendung des § 2066 S 1 bei der Ermittlung der gesetzlichen Erben auf den Zeitpunkt der Nacherbfolge abzustellen[10].

5 c) **Vorrang des abweichenden Erblasserwillens.** Die vorrangige Auslegung der Verfügung muss ergeben, dass der Erblasser keine Bestimmung über die Höhe der Anteile und/oder den für die Ermittlung der gesetzlichen Erben maßgebenden Zeitpunkt getroffen hat. Dabei genügt bereits Gedankenlosigkeit des Erblassers. Es braucht also nicht festgestellt zu werden, dass er die Rechtsfolge des § 2066 gewollt hätte, wenn er das Problem erkannt hätte. Ist nur einer dieser Punkte bestimmt oder durch erläuternde oder ergänzende Auslegung bestimmbar, so gilt die Regel des § 2066 S 1 nur für den anderen. Häufig vergisst der Erblasser nicht nur die Angabe der Bruchteile sondern unterscheidet auch nicht deutlich zwischen den Begriffen „Kinder" und „Abkömmlingen" (zB „alle meine Abkömmlinge", „meine Kinder und deren Abkömmlinge"). Im Wege der ergänzenden Auslegung ist dann zu klären, ob der Erblasser tatsächlich alle Abkömmlinge zu gleichen Teilen oder – entspr der gesetzlichen Erbfolgeregeln – nur seine Kinder zu Erben und deren Abkömmlinge zu Ersatzerben einsetzen wollte. Nur ausnahmsweise wird man in diesen Fällen zur Erbeinsetzung aller Abkömmlinge zu gleichen Teilen gelangen. Mit den Grundsätzen der erläuternden Auslegung unvereinbar ist es aber, in der Einsetzung der Kinder und deren Abkömmlingen eine Einsetzung der Kinder zu Vorerben und deren Abkömmlinge zu Nacherben zu sehen, weil für das einer solchen Erbfolgegestaltung wesentliche Nacheinander mehrerer Erben jeder Anhaltspunkt fehlt[11].

6 3. **Rechtsfolgen. a) Personen und Anteile.** Alle zurzeit des Erbfalls vorhandenen gesetzlichen Erben des Erblassers und – im Falle der analogen Anwendung (vgl Rn 4) – einer anderen Person sind im Verhältnis ihrer gesetzlichen Erbteile (§§ 1924 bis 1930) bedacht, nicht wie im Falle des § 2091 untereinander zu gleichen Anteilen. Soweit die danach berufenen Erben auf Grund des durch das Erbrechtsgleichstellungsgesetz mit Wirkung vom 1. 4. 1998 aufgehobenen § 1934a nur einen Erbersatzanspruch haben, so haben sie diese Rechtsstellung auch bei Anwendbarkeit des § 2066 S 1[12]. Hat ein **Ausländer** eine Verfügung errichtet, auf die kraft Gesetzes oder wirksamer Rechtswahl deutsches

---

[2] RG JW 1938, 2972; MünchKommBGB/*Leipold* Rn 2; für Auslegungsregel *Staudinger/Otte* Rn 2.
[3] Vgl *Giencke* FamRZ 1974, 241.
[4] MünchKommBGB/*Leipold* Rn 7.
[5] MünchKommBGB/*Leipold* Rn 7; *Damrau/Seiler/Rudolf* Rn 13; aA *Staudinger/Otte* Rn 14.
[6] KG JW 1938, 2475.
[7] BayObLG FamRZ 1986, 610; OLG Frankfurt FamRZ 1994, 327.
[8] BayObLG NJW 1991, 1094, 1096; OLG Frankfurt FamRZ 1994, 327 betr Geschwister; OLG Köln FamRZ 1970, 605; MünchKommBGB/*Leipold* Rn 4; *Damrau/Seiler/Rudolf* Rn 12; gegen Analogie und für Auslegung *Erman/M. Schmidt* Rn 7.
[9] Vgl OLG Stuttgart FamRZ 1973, 278; mit Recht abl *Stagl*, Der Wortlaut als Grenze der Auslegung von Testamenten, 2003, S 113 f.
[10] OLG Zweibrücken NJW-RR 1990, 1161; BayObLG ZEV 2001, 440, 441; NJW 1991, 1094, 1096; MünchKommBGB/*Leipold* Rn 4.
[11] AA BGH NJW 1993, 256.
[12] *Böhm* FamRZ 1972, 180, 181; MünchKommBGB/*Leipold* Rn 15; aA *Staudinger/Otte* (1996) Rn 5.

Recht Anwendung findet, so sind im Falle des § 2066 S 1 die Bedachten auf Grund des deutschen Erbrechts zu ermitteln.

b) Zeitpunkt. Anzuwenden sind, soweit nicht ein Fall des § 2066 S 2 vorliegt (vgl Rn 9), die zurzeit des Erbfalls geltenden gesetzlichen Erbfolgeregeln. Haben diese sich zwischen der Errichtung der Verfügung von Todes wegen und dem Erbfall **geändert**, so ist auf das im Zeitpunkt des Erbfalls, des Vermächtnisanfalls usw geltende Recht abzustellen[13]. Anwendungsfälle sind etwa das am 1. 7. 1958 in Kraft getretene Gleichberechtigungsgesetz[14], das am 1. 7. 1970 in Kraft getretene Nichtehelichengesetz[15], das am 1. 1. 1977 in Kraft getretene Adoptionsgesetz[16], das am 1. 4. 1998 in Kraft getretene Erbrechtsgleichstellungsgesetz[17], das in den neuen Bundesländern am 1. 1. 1976 in Kraft getretenen Zivilgesetzbuches der DDR sowie das am 3. 10. 1990 im Beitrittsgebiet wieder eingeführte BGB. Eine abweichende Bestimmung des Erblassers hat jedoch Vorrang vor dieser Regel[18].

c) Anfechtung. Die Rechtsfolge des § 2066 S 1 tritt zwar nicht gegen den erklärten Erblasserwillen (Rn 4), wohl aber unabhängig von dessen Willen ein. Nach dem Tod des Erblassers können bei diesem vorhandene Fehlvorstellungen über den Kreis der Erben, die Höhe der Erbteile und/oder das anwendbare Recht nur noch im Wege der **Anfechtung** gemäß § 2078 geltend gemacht werden[19]. Bei einer vertragsmäßigen Verfügung in einem Erbvertrag oder einer wechselbezüglichen in einem gemeinschaftlichen Testament kommt auch eine Anfechtung durch den Erblasser selbst gemäß § 2281 in Betracht.

II. Zuwendung unter aufschiebender Bedingung oder Befristung (S 2)

Diese Auslegungsregel gilt für Erbeinsetzungen[20], Vermächtnisse und Auflagen, die nicht schon mit dem Erbfall, sondern erst zu einem späteren Zeitpunkt wirksam werden, sei es bei Eintritt eines ungewissen Ereignisses (aufschiebende Bedingung), sei es zu einem bestimmten Zeitpunkt. Kann insoweit der Erblasserwille nicht eindeutig festgestellt werden, so ist der Kreis der gesetzlichen Erben so zu ermitteln, als wäre der Erblasser bzw die andere Person im Zeitpunkt des Wirksamkeitseintritts gestorben. Dies hat zur Folge, dass auch eine erst nach dem Tod des Erblassers erzeugte Person hierdurch begünstigt wird. Diese Regelung gilt auch bei Einsetzung der gesetzlichen Erben zu Nacherben (vgl Rn 4) oder Nachvermächtnisnehmern. Sind die gesetzlichen Erben zu Nacherben eingesetzt, so schließt dies die Vererblichkeit des Nacherbenanwartschaftsrechts gemäß § 2108 Abs 2 S 1 aus[21].

III. Recht in den neuen Bundesländern

Die Regeln des BGB über Auslegung und Ergänzung letztwilliger Verfügungen gelten auch für vor dem 3. 10. 1990 in der ehemaligen DDR errichtete Testamente. Diese Bestimmungen gehören nämlich nicht zu den nach Art 214 Abs 1 EGBGB weiterhin anzuwendenden Vorschriften über Errichtung und Aufhebung des Testaments. Demzufolge sind bei allen **Erbfällen nach dem 2. 10. 1990** die Auslegungs- und Ergänzungsregeln des BGB unmittelbar anzuwenden. Dies gilt auch für § 2066. Dabei wird nicht auf das gesetzliche Erbrecht des ZGB verwiesen, sondern auf das des BGB.

Hat sich der **Erbfall vor dem 3. 10. 1990** ereignet, sind die gesetzlichen Erbfolgeregeln des ZGB heranzuziehen. Dabei wird man durch allgemeine Auslegung oder in Analogie zu § 377 Abs 2 ZGB zu gleichen Ergebnissen kommen wie bei der Anwendung der BGB-Vorschriften. Bei Erbfällen vor dem Beitrittstag ist jedoch zu beachten, dass der Verweis sich auf die gesetzlichen Erbfolgeregeln nach dem ZGB bezieht.

§ 2067 Verwandte des Erblassers

¹Hat der Erblasser seine Verwandten oder seine nächsten Verwandten ohne nähere Bestimmung bedacht, so sind im Zweifel diejenigen Verwandten, welche zur Zeit des Erbfalls seine gesetzlichen Erben sein würden, als nach dem Verhältnis ihrer gesetzlichen Erbteile bedacht anzusehen. ²Die Vorschrift des § 2066 Satz 2 findet Anwendung.

I. Normzweck

Diese Auslegungsregel[1] basiert auf dem Grundgedanken, dass niemand alle seine Blutsverwandten aufsteigender wie absteigender Linie zu gleichen Teilen bedenken will, wenn er seine Verwandten pauschal als Empfänger bezeichnet hat. Das Gesetz unterstellt vielmehr dem Erblasser, die Zuwendung nach den Regeln der gesetzlichen Erbfolge verteilen zu wollen. § 2066 schränkt also die Zahl der

---

[13] KG FamRZ 1961, 447, 448; *Staudinger/Otte* Rn 7; MünchKommBGB/*Leipold* Rn 10; *Soergel/Loritz* Rn 14; aA *Meyer* FamRZ 1957, 397, 398.
[14] Vgl OLG Köln FamRZ 1970, 605, 606.
[15] Vgl OLG Stuttgart FamRZ 1973, 278.
[16] Vgl BayObLG FamRZ 1985, 426.
[17] BGBl 1997 I S 2968.
[18] Vgl KG FamRZ 1961, 447; OLG Köln FamRZ 1970, 605.
[19] Vgl BGH NJW 1981, 1736; MünchKommBGB/*Leipold* Rn 16.
[20] OLG Zweibrücken NJW-RR 1990, 1161.
[21] MünchKommBGB/*Leipold* Rn 18.
[1] Vgl MünchKommBGB/*Leipold* Rn 2.

Zuwendungsempfänger ein und entnimmt – bei mehreren – die Anteile den gesetzlichen Erbfolgebestimmungen.

II. Voraussetzungen

2 1. Art der Zuwendung. Ebenso wie § 2066 (vgl § 2066 Rn 1) gilt § 2067 bei Erbeinsetzungen aller Art unmittelbar und bei Vermächtnissen und Auflagen analog, und zwar ohne Rücksicht darauf, ob diese Verfügungen in einem Testament, einem gemeinschaftlichen Testament oder einem Erbvertrag getroffen worden sind. Wegen der Besonderheiten bei einem vor dem 3. 10. 1990 in der ehemaligen DDR errichteten Testament wird auf § 2066 Rn 10 und Rn 11 verwiesen.

3 2. Zuwendung an Verwandte iS des § 1589. a) Verwandte des Erblassers. Die Auslegungsregel des § 2067 greift nur, aber auch immer dann ein, wenn der Erblasser seine „Verwandten" oder seine „nächsten Verwandten" mit einem dieser Worte oder einer gleichbedeutenden abstrakten Formulierung (zB „übrige Verwandte"[2], „meine Sippe") bedacht hat. Sind die Zuwendungsempfänger dagegen namentlich erwähnt, auf sonstige Weise individualisiert (zB meine Eltern und Geschwister), so ist diese Auslegungsregel nicht anwendbar; das Gleiche gilt, wenn der Erblasser den Begriff „Verwandte" erkennbar anders verstanden als in § 1589. § 2067 gilt auch dann, wenn neben den allgemein als Verwandten bezeichneten Personen noch individualisierte andere (zB Ehepartner, Stiefkind) bedacht wurden, allerdings nur in Ansehung des den Verwandten zugedachten Anteils, so dass diese ihn im Verhältnis der gesetzlichen Erbteile zueinander erhalten. Hat der Erblasser zwar die Verwandten individualisiert, aber vergessen, die Anteile zu bestimmen, so greift nicht etwa § 2067 ein, sondern vielmehr die Regelung des § 2091, die zur gleichmäßigen Beteiligung der bestimmten Zuwendungsempfänger führt.

4 b) Bestimmbarer Kreis der Verwandten des Erblassers. Die Vorschrift ist analog anzuwenden, wenn der Erblasser zwar einen bestimmten oder bestimmbaren Kreis seiner Verwandten bedacht hat, aber ohne die Anteile anzugeben. Hierunter fallen etwa Zuwendungen an seine Kinder, seine Enkel[3], seine Geschwister[4], die Kinder seiner Geschwister[5], seine Neffen und Nichten oder die Verwandten väterlicherseits.

5 c) Verwandte eines anderen. § 2067 ist analog anzuwenden, wenn der Erblasser nicht seine eigenen Verwandten bedacht hat, sondern die einer anderen Person[6]. Im Zweifel sind also diejenigen Verwandten des anderen bedacht, die dessen gesetzlichen Erben wären, wenn dieser im Zeitpunkt des Erbfalls gestorben wäre. Hat der Erblasser dabei die Verwandten eines anderen – etwa des Vorerben – als Nacherben eingesetzt, so ist bei deren Ermittlung auf den Zeitpunkt der Nacherbfolge abzustellen. In allen anderen Fällen, in denen gesetzliche Erben eines Dritten bedacht sind, kommt es bei der Ermittlung auf den Zeitpunkt des Erbfalls, des Vermächtnisanfalls usw an (vgl Rn 8 und § 2066 Rn 9).

III. Vorrang des abweichenden Erblasserwillens

6 Vor dem Rückgriff auf diese Auslegungsregel muss zunächst untersucht werden, welchen Sinngehalt der Erblasser mit dem Wort „Verwandte", „nächste Verwandte" oder einer gleichbedeutenden Formulierung verbunden hat. Dabei ist zu beachten, dass abweichend von § 1589 in der Alltagssprache hierunter regelmäßig auch der Ehepartner, unter Umständen sogar auch Verschwägerte, Stief- oder Pflegekinder verstanden werden[7]. Gerade bei in der ehemaligen DDR vor dem 3. 10. 1991 abgefassten Testamenten liegt eine solche Auslegung nahe, weil nach § 365 Abs 1 ZGB die Ehegatten zu den Erben erster Ordnung rechneten[8]. Häufig werden mit dem Wort „Blutsverwandte" – abweichend von § 1589 – Adoptierte ausgeschlossen. Das Wort „Familie" ist ebenfalls nur selten ein Synonym für Verwandtschaft iS des § 1589, da hierunter im allgemeinen Sprachgebrauch auch die Ehegatte oder Partner einer nichtehelichen oder eingetragenen Lebenspartnerschaft, Schwiegerkinder, Stiefkinder, ja selbst Verschwägerte 2. Grades (zB Schwager) verstanden werden[9]. Die vorrangige Auslegung der Verfügung muss also ergeben, dass der Erblasser den Verwandtenbegriff nicht abweichend von § 1589 verstanden und dabei keine Bestimmung über die Höhe der Anteile und/oder den für die Ermittlung der Verwandten maßgebenden Zeitpunkt getroffen hat[10]. Ist nur einer dieser Punkte bestimmt oder durch Auslegung bestimmbar, so gilt die Regel des § 2067 nur für die offene Frage.

IV. Rechtsfolgen

7 1. Personen und Anteile. Alle zurzeit des Erbfalls vorhandenen gesetzlichen Erben (§§ 1924 bis 1930) des Erblassers und im Falle der analogen Anwendung einer anderen Person sind im Falle der Anwendbarkeit des § 2067 im Verhältnis ihrer gesetzlichen Erbteile zueinander bedacht, nicht wie im

---

[2] Vgl BayObLG FamRZ 1990, 649.
[3] RG JW 1938, 2971; BayObLG NJW 1974, 954.
[4] OLG Düsseldorf DNotZ 1972, 41.
[5] OLG Hamm Rpfleger 1986, 480.
[6] MünchKommBGB/*Leipold* Rn 5 mwN; aA KG JFG 10, 65; *Soergel/Loritz* Rn 13; *Erman/M. Schmidt* Rn 3.
[7] MünchKommBGB/*Leipold* Rn 4 mwN.
[8] Vgl *Erman/M. Schmidt* Rn 2.
[9] *Soergel/Loritz* Rn 13; MünchKommBGB/*Leipold* Rn 5; vgl auch BayObLGZ 1957, 76.
[10] Vgl BayObLG NJW 1992, 322.

Falle des § 2091 untereinander zu gleichen Anteilen. Im Falle der analogen Anwendung auf einen bestimmten Personenkreis ist dieser untereinander nicht zu gleichen Teilen, sondern im Verhältnis der gesetzlichen Erbteile zueinander begünstigt. Soweit die danach berufenen Erben auf Grund des durch das Erbrechtsgleichstellungsgesetz mit Wirkung vom 1. 4. 1998 aufgehobenen § 1934 a nur einen Erbersatzanspruch haben, so haben sie diese Rechtsstellung auch bei Anwendbarkeit des § 2067 S 1[11].

Hat ein **Ausländer** eine Verfügung errichtet, auf die kraft Gesetzes oder wirksamer Rechtswahl deutsches Recht Anwendung findet, so sind im Falle des § 2067 S 1 die Bedachten auf Grund des deutschen Erbrechts zu ermitteln.

2. Zeitpunkt. Maßgebender Zeitpunkt ist der Erbfall. Aufgrund der Verweisung in § 2067 S 2 auf § 2066 S 2 kommt es jedoch bei einer aufschiebend bedingten oder befristeten Zuwendung (Erbeinsetzung, Vermächtnis oder Auflage) abweichend hiervon auf die Gesetzeslage bei Eintritt der Bedingung oder des Termins an. Insoweit und wegen der Rechtslage bei Änderung der gesetzlichen Erbfolgeregeln zwischen Errichtung der Verfügung von Todes wegen und dem maßgeblichen Zeitpunkt wird auf § 2066 Rn 7 und Rn 9 verwiesen. 8

3. Anfechtung. Nach dem Tod des Erblassers können bei diesem vorhandene Fehlvorstellungen über den Kreis der Erben, die Höhe der Erbteile und/oder das anwendbare Recht allein im Wege der Anfechtung gemäß § 2078 geltend gemacht werden. Bei einer vertragsmäßigen Verfügung in einem Erbvertrag kommt auch eine Anfechtung durch den Erblasser selbst gemäß § 2281 in Betracht. 9

§ 2068 Kinder des Erblassers

Hat der Erblasser seine Kinder ohne nähere Bestimmung bedacht und ist ein Kind vor der Errichtung des Testaments mit Hinterlassung von Abkömmlingen gestorben, so ist im Zweifel anzunehmen, dass die Abkömmlinge insoweit bedacht sind, als sie bei der gesetzlichen Erbfolge an die Stelle des Kindes treten würden.

I. Normzweck

Die praktische Bedeutung dieser Auslegungsregel[1] ist äußerst gering, weil sie nur den seltenen Fall erfasst, dass der Erblasser seinen Kindern – ohne nähere Individualisierung – etwas zugewendet hat *und* eines davon – ohne dass er dies bei Testamentserrichtung weiß – bereits verstorben ist. Diese unbewusste Lücke in der Willensbildung des Erblassers wird dadurch geschlossen, dass dann dessen Abkömmlinge nach den Regeln der gesetzlichen Erbfolge (§ 1923 Abs 4) an die Stelle des vorverstorbenen Kindes treten. Stirbt ein Kind dagegen erst *nach* der Testamentserrichtung, so gilt nicht diese Auslegungsregel, sondern § 2069. 1

II. Voraussetzungen

1. Art der Zuwendung. Ebenso wie § 2066 (vgl § 2066 Rn 1) gilt § 2068 bei Erbeinsetzungen aller Art unmittelbar und bei Vermächtnissen und Auflagen analog, und zwar ohne Rücksicht darauf, ob diese Verfügungen in einem gemeinschaftlichen Testament oder einem Erbvertrag getroffen worden sind. Wegen der Besonderheiten bei einem vor dem 3. 10. 1990 in der ehemaligen DDR errichteten Testament wird auf § 2066 Rn 10 f verwiesen. 2

2. Zuwendung an Kinder. a) Kinder des Erblassers. § 2068 setzt voraus, dass der Erblasser in der Verfügung allgemein seine „Kinder" mit diesem Wort oder einer gleichbedeutenden Formulierung (zB „meine Töchter", „meine Söhne") bedacht hat. Zu den Kindern iS des § 2068 iVm § 1924 Abs 4 zählen auch nichteheliche[2] und Adoptivkinder[3], nicht dagegen Volljährige, die adoptiert worden sind[4]. § 2068 ist anzuwenden, wenn der Erblasser dabei eine oder mehrere seiner Kinder iS des § 1924 Abs 4 ausgeschlossen hat, etwa mit den Formulierungen: „meine leiblichen Kinder", „meine ehelichen Kinder", „meine Kinder aus 1. Ehe", „meine Töchter"[5]. Die „nähere Bestimmung" fehlt auch dann, wenn der Erblasser die Höhe der Anteile der berufenen Kinder bestimmt hat, beispielsweise mit den Worten „… meine Kinder aus 1. Ehe und der gemeinsame Sohn"[6]. Trotz der Verwendung des Wortes im Plural gilt die Vorschrift auch im Fall der Einsetzung eines einzigen Kindes mit dieser allgemeinen Bezeichnung. Diese Auslegungsregel ist ihrem Zweck entspr schließlich auch dann anzuwenden, wenn der Erblasser zusätzlich zur Bezeichnung „Kinder" diese teilweise namentlich (zB „meine Kinder Andrea und Christoph") aufgeführt hat[7]. Hat der Erblasser dagegen alle Kinder nur mit Namen erwähnt oder den Begriff „Kinder" erkennbar anders verstanden als § 1924 Abs 4, beispielsweise durch Ausschluss nichtehelicher oder adoptierter Kinder, so greift diese Auslegungsregel nicht ein. Sie gilt auch 3

---

[11] HM, zB MünchKommBGB/*Leipold* Rn 12; aA *Staudinger/Otte* Rn 5.
[1] *Staudinger/Otte* Rn 1; aA *v. Lübtow* I S 285: Umdeutung; vgl dazu auch BayObLG FamRZ 2001, 1561, 1563.
[2] S zum zeitlichen Anwendungsbereich *Palandt/Edenhofer* Rn 1, § 1924 Rn 8 ff.
[3] BayObLG FamRZ 1989, 1118.
[4] LG Mönchengladbach FamRZ 2000, 569; *Staudinger/Otte* Rn 3.
[5] *Staudinger/Otte* Rn 2; MünchKommBGB/*Leipold* Rn 4; *Erman/M. Schmidt* Rn 1.
[6] MünchKommBGB/*Leipold* Rn 2; aA *Erman/M. Schmidt* Rn 1.
[7] MünchKommBGB/*Leipold* Rn 4.

dann nicht, wenn der Erblasser seine „Nachkommen" oder „Abkömmlinge" bedacht hat, weil hierunter außer den Kindern iS des § 1924 Abs 4 auch die Enkelkinder usw zu verstehen sind. Bei einer Zuwendung an Schwieger-, Stief- oder Pflegekinder kommt eine analoge Anwendung in Betracht (Rn 4).

4 **b) Kinder eines anderen.** Hat der Erblasser nicht seine eigenen Kinder, sondern die eines anderen mit dieser völlig abstrakten Bezeichnung bedacht (zB „die Kinder meiner Frau", „meine Schwiegerkinder"), so ist § 2068 analog anzuwenden, weil der darin zum Ausdruck gekommene allgemeine Rechtsgedanke, die Abkömmlinge eines weggefallenen Kindes nach Stämmen gleichmäßig zu bedenken, auch dann trägt[8]. Sind dagegen in der Verfügung die Kinder eines anderen zusätzlich oder ausdrücklich namentlich erwähnt (zB „die Töchter Andrea und Hannah meiner Frau") oder einzelne Kinder ausgeschlossen (zB „die ehelichen Kinder meines Bruders"), so lässt dies auf eine besondere Motivation des Erblassers schließen, die eine Gleichbehandlung mit der Zuwendung an eigene Kinder verbietet.

5 **3. Tod vor Errichtung der Verfügung von Todes wegen.** Während § 2069 den Tod von Abkömmlingen nach Errichtung der Verfügung von Todes wegen regelt, gilt § 2068 nur für den äußerst seltenen Fall, dass der Erblasser ein zu diesem Zeitpunkt bereits verstorbenes Kind einsetzt. Unerheblich ist, ob der Erblasser vom Tod weiß. Hat er die Verfügung jedoch in Kenntnis des Todes eines Kindes errichtet, so kann diese Tatsache die Auslegung des Wortes „Kinder" rechtfertigen, dass er damit die vom verstorbenen Kind hinterlassenen Abkömmlinge von der Erbfolge ausschließen wollte. § 2068 findet keine Anwendung, wenn vor der Errichtung ein Erbverzichtsvertrag geschlossen worden ist.

III. Vorrang des abweichenden Erblasserwillens

6 Um überhaupt auf § 2068 zurückgreifen zu können, muss die Auslegung der Verfügung ergeben, dass der Erblasser mit dem Wort „Kinder" keinen von § 1924 Abs 4 abweichenden Inhalt verbunden hat[9]. Hat der Erblasser jedoch einzelne Kinder, insbes Adoptiv- und/oder nichteheliche Kinder, ausgeschlossen, so findet diese Bestimmung nur bezüglich der anderen Kinder Anwendung. S zur analogen Anwendung bei der Zuwendung an Schwieger-, Stief- oder Pflegekinder Rn 3 f.

IV. Rechtsfolgen

7 Die Abkömmlinge eines vorverstorbenen Kindes treten nach den für den Tod des Erblassers geltenden Regeln des § 1924 Abs 2 bis 4 an dessen Stelle. Maßgebend ist der Zeitpunkt des Erbfalls. Im Übrigen wird auf § 2067 Rn 7 ff verwiesen.

§ 2069 Abkömmlinge des Erblassers

Hat der Erblasser einen seiner Abkömmlinge bedacht und fällt dieser nach der Errichtung des Testaments weg, so ist im Zweifel anzunehmen, dass dessen Abkömmlinge insoweit bedacht sind, als sie bei der gesetzlichen Erbfolge an dessen Stelle treten würden.

Schrifttum: *Baumann,* Zur Bindungswirkung wechselbezüglicher Verfügungen bei gem. § 2069 BGB ermittelten Ersatzerben, ZEV 1994, 351; *Braga,* Über die „ergänzenden Auslegungsregeln" des Erbrechts, insbes. die des § 2069 BGB, GS Dietrich Schultz 1987, S 41; *Nieder,* Die ausdrücklichen oder mutmaßlichen Ersatzbedachten im deutschen Erbrecht, ZEV 1996, 241; *Schopp,* Anwachsung und Ersatzerbschaft, MDR 1978, 10.

Übersicht

	Rn		Rn
I. Normzweck	1	c) Ausschlagung	11
II. Voraussetzungen	2	d) Auflösende Bedingung (Verwirkungsklausel)	12
1. Art der Zuwendung	2	e) Erbunwürdigkeitserklärung	13
2. Zuwendung an Abkömmlinge	3		
a) Abkömmlinge des Erblassers	3	III. Vorrang des abweichenden Erblasserwillens	14
b) Besonderheiten beim „Berliner Modell"	4		
c) Abkömmlinge eines anderen	6	IV. Rechtsfolgen	15
3. Wegfall nach Errichtung der Verfügung	7		
a) Tod des Bedachten	8	V. Recht in den neuen Bundesländern	16
b) Erbverzichtsvertrag	10		

I. Normzweck

1 Vor allem bei der Abfassung eigenhändiger Testamente bedenken Erblasser oft nicht die Möglichkeit, dass Kinder, Enkelkinder usw durch Krankheit oder infolge eines Unfalls vor ihm sterben können, und

---

[8] MünchKommBGB*Leipold* Rn 5; RGRK/*Johannsen* Rn 6; aA KG FamRZ 1991, 486, 489: Ausgangspunkt; *Staudinger/Otte* Rn 9; *Soergel/Loritz* Rn 14; AnwK-BGB/*Beck* Rn 7; *Palandt/Edenhofer* Rn 2: Anhaltspunkt.
[9] Vgl BayObLG NJW 1974, 954, 955.

lassen diesen Fall ungeregelt. Das Gesetz unterstellt mit § 2069, dass normalerweise der Erblasser beim Vorhandensein von Abkömmlingen des Verstorbenen diese entspr der gesetzlichen Eintrittsregel des § 1924 Abs 3 bedacht hätte. Hat der Erblasser mehrere Abkömmlinge bedacht, verhindert die gesetzliche Erbfolgeregelung des § 2069 die demgegenüber subsidiäre Anwachsung an den bzw die anderen Abkömmlinge. Diese Auslegungsregel[1] greift jedoch erst ein, wenn der Erblasserwille weder durch erläuternde noch durch ergänzende Auslegung festgestellt werden kann. Sie gilt auch dann nicht, wenn die Abkömmlinge bereits zurzeit der Testamentserrichtung tot waren; dann greift die Auslegungsregel des § 2068 ein.

II. Voraussetzungen

1. Art der Zuwendung. Ebenso wie § 2066 gilt § 2069 bei **Erbeinsetzungen aller Art** unmittelbar und bei **Vermächtnissen** und **Auflagen** analog, und zwar ohne Rücksicht darauf, ob diese Verfügungen in einem Testament, einem gemeinschaftlichen Testament oder einem Erbvertrag getroffen worden sind (vgl § 2066 Rn 1). Die Auslegungsregel erfasst auch den Wegfall eines zum Nacherben eingesetzten Abkömmlings durch Tod vor dem Erbfall, durch Ausschlagung der Nacherbschaft oder durch Erbunwürdigkeitserklärung; wegen der besonderen Probleme bei der Anwendung des § 2069 auf den Tod des Nacherben zwischen dem des Erblassers und dem Nacherbfall wird auf Rn 9 verwiesen. 2

2. Zuwendung an Abkömmlinge. a) Abkömmlinge des Erblassers. Der Erblasser muss einen oder mehrere Abkömmlinge bedacht haben, also Personen die mit ihm in absteigender gerader Linie verwandt sind (Kinder, Enkel, Urenkel usw). Obwohl der Gesetzeswortlaut den Plural „Abkömmlinge" verwendet, gilt § 2069 auch im Falle der Zuwendung an nur einen einzelnen solcher Nachkommen, zB das einzige Kind[2]. Die Art der **Bezeichnung** des Zuwendungsempfängers in der Verfügung ist im Rahmen des § 2069 ohne Bedeutung. Der Erblasser kann diese ganz oder zum Teil namentlich aufführen oder nur mit allgemeinen Bezeichnungen wie „Kinder", „leibliche Kinder", „Enkelkinder", „Nachkommen" usw individualisieren. Selbst dann, wenn sich die Zuwendung erst unter Zuhilfenahme von anderen Auslegungsregeln (zB § 2068) ergibt, kann § 2069 angewandt werden. Der BGH wendet § 2069 auch dann an, wenn der zulässigerweise von einem Dritten bestimmte Zuwendungsempfänger, vor allem also ein Vermächtnisnehmer, wegfällt[4]. Zu den Abkömmlingen gehören seit dem Inkrafttreten des NEhelG auch **nichteheliche Kinder** sowie **Adoptivkinder** und deren Abkömmlinge, nicht dagegen Stief- oder Pflegekinder. Das Gleiche gilt für die von einem Abkömmling des Erblassers als Minderjährige an Kindes statt Angenommenen[5]. Bei nichtehelichen oder adoptierten Abkömmlingen ist jedoch besonders sorgfältig ein ausschließender Erblasserwillen zu prüfen[6]. 3

b) Besonderheiten beim „Berliner Modell". aa) Abkömmlinge des erstverstorbenen Ehepartners. § 2069 kann bei einem gemeinschaftlichen Testament bzw Erbvertrag in der Form des Berliner Modells (§ 2269) zwar nicht unmittelbar so allein mit den zuerst verstorbenen Ehepartner verwandte Schlusserben bzw Vermächtnisnehmer angewandt werden, jedoch gebietet die vergleichbare Interessenlage eine analoge Anwendung dieser Auslegungsregel[7]. Haben die Ehepartner also einen Abkömmling des zuerst Verstorbenen für den 2. Erbfall bedacht, so treten bei dessen Wegfall seine Abkömmlinge an dessen Stelle, und zwar auf der Basis der gesetzlichen Erbfolgeregeln nach dem Erstverstorbenen[8]. 4

bb) Wechselbezüglichkeit der Schlusserbfolge. Bei einer wechselbezüglichen Schlusserbeneinsetzung in einem gemeinschaftlichen Testament ist umstritten, ob die sich auf Grund dieser Auslegungsregelung ergebende Ersatzberufung der Abkömmlinge eines weggefallenen Schlusserben gleichfalls wechselbezüglichen, also bindenden Charakter hat[9]. Dabei geht es sachlich um die kumulierte Anwendung von zwei Auslegungsregeln, nämlich von § 2069 als Grundlage der Ersatzberufung der Abkömmlinge von Kindern und von § 2270 Abs 2 als Vermutung zugunsten der Wechselbezüglichkeit von Erbeinsetzungen der Abkömmlinge der Erstverstorbenen. Dieses Problem kann sich allerdings nur stellen, wenn weder die erläuternde noch die ergänzende Auslegung der Verfügung die Ersatzberufung der Abkömmlinge rechtfertigen, also erst der Rückgriff auf die Auslegungsregel des § 2069 zur Ersatzerbfolge der Abkömmlinge führt. Nur, aber auch immer dann, schließt sich die Frage an, ob der 5

---

[1] MünchKommBGB/*Leipold* Rn 1 mwN, jedoch zu weit geht, wenn er sie als „Wurzel der ergänzenden Auslegung" bezeichnet.
[2] BayObLGZ 1971, 386; MünchKommBGB/*Leipold* Rn 6 mwN.
[3] Vgl OLG Düsseldorf NJW 1994, 266.
[4] BGH NJW 1969, 1111; aA MünchKommBGB/*Leipold* Rn 7.
[5] BayObLG FamRZ 1985, 426, 427.
[6] Vgl OLG Hamm FGPrax 1999, 64.
[7] BGH ZErb 2001, 14; OLG Hamm OLGZ 1982, 272, 277; BayObLG FamRZ 1991, 234, 235; FGPrax 2001, 248, 249; MünchKommBGB/*Leipold* Rn 5.
[8] OLG Frankfurt FamRZ 1999, 772; LG Berlin FamRZ 1994, 785; fehlerhaft insoweit BayObLG FamRZ 1991, 234.
[9] Dafür BayObLG ZEV 1994, 362, 364; OLG Frankfurt FamRZ 1999, 772; dagegen BGH NJW 2002, 1126; BayObLG FGPrax 2001, 248, 249 unter Aufgabe der bisherigen Rspr; *Baumann* ZEV 1994, 351; *Ritter,* Der Konflikt zwischen einer erbrechtlichen Bindung aus erster Ehe und einer Verfügung des überlebenden Ehegatten zugunsten eines neuen Lebenspartners, 1999, S 291.

Längstlebende an diese durch das Gesetz angeordnete Ersatzberufung gebunden ist. Abzulehnen ist dabei jedoch die Rspr des OLG Hamm, wonach die Ersatzberufung der im Testament nicht erwähnten Abkömmlinge der allgemeinen Lebenserfahrung entspreche, wenn zwischen den Testierenden und den Abkömmlingen „gute familiäre Beziehungen" bestünden[10]. Ein derart allgemeiner und unbestimmter Umstand rechtfertigt es nach den anerkannten Regeln der ergänzenden Auslegung nicht ohne Hinzutreten weiterer Tatsachen, eine Ersatzberufung der Abkömmlinge auf Grund des Testaments anzunehmen. Das OLG Hamm kaschiert damit nur in dogmatisch unzulässiger Weise, dass es der Rspr des BGH, wonach beide Auslegungsregeln nicht kumuliert angewendet werden dürfen[11], nicht folgen will, obwohl gute Gründe hierfür sprechen: Bereits der Wortlaut des § 2270 Abs 2 spricht gegen die kumulierte Anwendung, weil dort eine „getroffene" Verfügung verlangt wird, nicht nur eine kraft Gesetzes dahin auszulegende. Die Tatsache, dass die Testierenden die Abkömmlinge überhaupt nicht erwähnt haben, deutet nach der allgemeinen Lebenserfahrung eher darauf hin, dass sie eine Bindung des Längstlebenden an die Ersatzberufung gerade nicht gewollt haben[12], wenn auch auf Grund erläuternder Auslegung keine sonstigen Anhaltspunkte für einen Bindungswillen festgestellt werden können[13]. Außerdem ist die Einschränkung der verfassungsrechtlich geschützten Testierfreiheit des Längstlebenden allein auf Grund einer gesetzlichen Auslegungsregel ohne rechtfertigende gesicherte Lebenserfahrung unzulässig. Aus den gleichen Gründen ist auch der gegenteilige Versuch, die Anforderungen an die ergänzende Auslegung im Hinblick auf die Wechselbezüglichkeit so herabzusenken, dass diese zum Regelfall und der Rückgriff auf § 2270 Abs 2 vermieden wird, abzulehnen[14].

6   c) Abkömmlinge eines anderen. Die Auslegungsregel des § 2069 ist Ausprägung der allgemeinen Lebenserfahrung, dass in der Einsetzung eines Abkömmlings ein den gesetzlichen Erbfolgeregeln entsprechender Erblasserwille zum Ausdruck kommt, wonach beim Wegfall die nachrückenden Abkömmlinge an dessen Stelle treten sollen. Bei einer nur in der Seitenlinie verwandten Person oder bei jemandem, der mit dem Erblasser weder verwandt noch verschwägert ist, fehlt es an dieser Motivationsgrundlage, so dass – abgesehen von dem unter Rn 3 genannten Fall – eine analoge Anwendung ausscheidet[15]. Bei diesen bedarf die Ersatzberufung der Abkömmlinge des Zuwendungsempfängers einer zusätzlichen Begründung auf der Grundlage der durch ergänzende Auslegung zu ermittelnden Erblasserwillens[16]. Eine Umkehrung dieser Auslegungsregel mit dem Ergebnis, dass bei Einsetzung solcher Personen die Abkömmlinge nicht an die Stelle treten sollen, ist dabei jedoch unzulässig. Gerade bei der Zuwendung an den Ehepartner[17], Geschwister[18], Neffen oder Nichten und unter Umständen auch Cousin oder Cousinen liegt die Ersatzberufung von deren Abkömmlingen sehr nahe[19]. Nach der ständigen Rechtsprechung des BayObLG – ihm folgend – des OLG München soll die Rechtfertigung bereits darin liegen, dass der Erblasser die Erben mit dem Verwandtschaftsverhältnis (zB „Schwestern") bezeichnet hat[20]. Diese Rechtsprechung ist jedoch abzulehnen, weil die Angabe des Verwandtschaftsgrads wertneutral ist und weder auf ein gutes noch ein schlechtes Verwandtschaftsverhältnis hindeutet. Auch der Vater, der seinem Sohn den Erb- oder Pflichtteil entzieht, bezeichnet diesen selbstverständlich als „Sohn" und nicht als „Herrn ...". Auch bei nicht zu den Verwandten iS des § 1589 zählenden Familienangehörigen wie Stiefkindern[21], Schwiegerkindern[22], Neffen des anderen Ehe- oder Lebenspartners[23] usw kann im Einzelfall die ergänzende Auslegung zum gleichen Ergebnis führen wie § 2069. Auch die Erbeinsetzung des nichtehelichen Kindes eines Ehepartners spricht eher gegen eine Ersatzberufung von dessen Abkömmlingen, weil die Einsetzung gerade eines nichtehelichen Kindes auf besondere persönliche Beziehungen zu diesem hindeutet[24]. Auch bei der Zuwendung an einen Partner einer **nichtehelichen Lebensgemeinschaft** steht die persönliche Beziehung zum Erblasser derart im Vordergrund, dass nur unter besonderen Umständen (zB Aufnahme der Abkömmlinge des Partners in den gemeinsamen Haushalt, spätere Heirat) eine Einbeziehung der Abkömmlinge des Partners gerechtfertigt ist[25]. In all diesen Fällen muss – auch an Hand von Umständen außerhalb der Urkunde – zweifelsfrei festgestellt werden, dass die persönlichen Beziehungen mindestens denen zu

---

[10] OLG Hamm FGPrax 2003, 270, 272, bestätigt durch den unveröffentlichten Beschluss vom 7. 10. 2004, 15 W 295/04; abl *Keim* ZEV 2004, 245, 246; krit MünchKommBGB/*Leipold* Rn 23; vgl dagegen auch BayObLG ZEV 2004, 244.
[11] BGH NJW 2002, 1126.
[12] AA *Leipold* JZ 2002, 895, 896.
[13] BGH NJW 2002, 1126; BayObLG 2004, 244, 245 m zust Anm *Keim*; FamRZ 1999, 1388, 1389; *Baumann* ZEV 1994, 351, 353; *Ritter* aaO S 141; *Lange/Kuchinke* § 23 V 2 c; krit *Staudinger/Otte* Rn 19.
[14] So aber *Steiner* JuS 2003, 1054, 1056.
[15] Vgl zB OLG München FGPrax 2006, 223, 224; BayObLG FGPrax 2003, 272; BayObLGZ 1982, 159, 163; MünchKommBGB/*Leipold* Rn 33 mwN.
[16] OLG Hamm Rpfleger 2001, 595, 596.
[17] Vgl BayObLG ZEV 1996, 191, 192.
[18] Vgl BayObLG NotBZ 2004, 280; OLG Karlsruhe FamRZ 1993, 363.
[19] Abl *Perkams* ZEV 2005, 510, 511 f.
[20] OLG München Beschluss vom 21. 5. 2007, 31 Wx 120/06, BeckRS 2007, 9108; BayObLG NJW-RR 1987, 263; NJWE-FER 1997, 36.
[21] BayObLG Rpfleger 2005, 25; ZEV 1999, 353, 355; FamRZ 1976, 552; aA OLG Darmstadt OLGE 16, 75.
[22] Vgl BayObLG Oldenburg NdsRpfl 1950, 73.
[23] Vgl BayObLG FamRZ 2005, 555.
[24] Vgl *Perkams* ZEV 2005, 510; aA BayObLG ZEV 2005, 528.
[25] Vgl OLG Hamm FamRZ 1976, 552; BayObLG FamRZ 1991, 865; NJW-RR 1993, 459; ZEV 2001, 151, 152; dagegen jedoch KG DNotZ 1976, 564.

einem eigenen Abkömmling entsprechen. Dabei reicht eine Berufung auf eine allgemeine Lebenserfahrung nicht aus, da dies praktisch zu einer analogen Anwendung des § 2069 führen würde[26].

3. Wegfall nach Errichtung der Verfügung. § 2069 erfasst mit dem Wort Wegfall außer dem **7** Tod des ursprünglich Bedachten sämtliche rechtlichen Ereignisse, die verhindern, dass ihm das Zugewandte anfällt, jedoch die Wirksamkeit der letztwilligen Verfügung als solche nicht beseitigt. Die Wirksamkeit der letztwilligen Verfügung als Ganzes beseitigen etwa **Widerruf** (§§ 2254 ff), **Rücktritt** (§§ 2293 ff), **Aufhebung** (§ 2271 Abs 2) oder **Anfechtung**[27], so dass diese Ereignisse nicht die Anwendbarkeit dieser Auslegungsregel begründen können. Der bis zum 1. 4. 1998 zulässige **vorzeitige Erbausgleich** beseitigte zwar das gesetzliche Erbrecht, ließ jedoch die testamentarischen oder erbvertraglichen Zuwendungen in ihrer Wirkung unberührt, so dass eine solche Vereinbarung nicht zum Wegfall iS des § 2069 führt.

a) Tod des Bedachten. aa) Zwischen Errichtung und Erbfall. Hauptanwendungsfall des § 2069 **8** ist der Tod des Bedachten nach der Errichtung der Verfügung von Todes wegen, aber vor dem Tod des Erblassers. Diese Auslegungsvorschrift gilt auch für den Fall, dass ein eingesetzter Nacherbe vor dem Erbfall stirbt. Stirbt der Bedachte dagegen bereits vor der Errichtung, so gilt nicht § 2069, sondern § 2068. Es genügt aber auch, wenn der Bedachte zwar in Wahrheit vor der Errichtung gestorben ist, der Erblasser jedoch bei der Errichtung glaubte, dass dieser noch lebte[28].

bb) Nach dem Erbfall. Die Auslegungsregel greift auch dann nicht mehr ein, wenn der Bedachte **9** erst nach dem Tod des Erblassers stirbt. Mit Eintritt des Erbfalls ist dem ursprünglich Bedachten der Zuwendungsgegenstand nämlich bereits angefallen, so dass jetzt die Erbfolgeregeln nach dem Bedachten selbst zur Anwendung gelangen. Steht eine **Zuwendung unter einer aufschiebenden Bedingung,** so treten nach Maßgabe des § 2069 die Abkömmlinge des Bedachten an dessen Stelle, wenn dieser vor dem Eintritt der aufschiebenden Bedingung stirbt[29]. Da § 2069 auch für die **Einsetzung eines Abkömmlings als Nacherben** gilt (vgl Rn 2), ergeben sich besondere Probleme, wenn dieser zwar nach dem Tod des Erblassers, aber noch vor dem Nacherbfall stirbt. In diesem Fall konkurriert die Auslegungsregel des § 2069 mit der des § 2108 Abs 2 S 1. Nach der zuletzt genannten Regel treten in diesem Fall nämlich nicht die Abkömmlinge des Nacherben, sondern dessen (gesetzliche oder gewillkürten) Erben an die Stelle des Verstorbenen. Hat der Erblasser in seiner Verfügung diese Nachfolgefrage geregelt oder lässt sich ein entsprechender Erblasserwille durch Auslegung ermitteln, so kann das Verhältnis beider Vorschriften zueinander dahinstehen. Führt die Auslegung zu keinem zweifelsfreien Ergebnis, so wird man das Konkurrenzverhältnis zwischen beiden Auslegungsregeln mit der hM[30] dahin lösen müssen, dass der Vererblichkeit der Nacherbenanwartschaft (§ 2108 Abs 2 S 1) der Vorrang vor der Ersatzberufung der Abkömmlinge des Nacherben (§ 2069) gebührt. § 2108 erscheint schon von seiner systematischen Stellung im Gesetz für diesen Fall als die speziellere Vorschrift. Außerdem bliebe bei einer Umkehrung des Verhältnisses nahezu kein Anwendungsbereich für diese Bestimmung. Allerdings ist bei der Anwendung des § 2108 Abs 2 S 1 besonders sorgfältig zu prüfen, ob nicht ein abweichender Erblasserwille festgestellt werden kann[31]. Da in der Entscheidung für die Einsetzung von Nacherben regelmäßig ein Wille zur weitreichenden Gestaltung der Erbfolge zum Ausdruck kommt (vgl § 2100 Rn 6 ff), dürfte in vielen Fällen die Ersatzberufung der eigenen Abkömmlinge des Erblassers als Auslegungsergebnis näher liegen als die Zulassung der freien Vererblichkeit iS des § 2108 Abs 2 S 1[32]. Soweit die Auslegung der Nacherbeneinsetzung eine Ersatzberufung der Abkömmlinge des Nacherben ergibt, kommen diese in dem Umfang zur Nacherbfolge, in dem sie im Zeitpunkt des Nacherbfalls gesetzliche Erben des Nacherben geworden wären[33]. Ist die **Nacherbschaft nur aufschiebend bedingt** angeordnet, so muss gemäß § 2108 Abs 2 S 2 iVm § 2074 der Bedachte den Bedingungseintritt erleben, so dass § 2069 zur Anwendung gelangt, wenn ein in dieser Weise eingesetzter Nacherbe vorher stirbt.

b) Erbverzichtsvertrag. Der Verzicht eines Abkömmlings auf sein gesetzliches Erbrecht (§ 2346 **10** Abs 1 S 1) berührt die Wirksamkeit einer testamentarischen oder erbvertraglichen Erbeinsetzung nicht, so dass ein solcher Vertrag nicht zu den Wegfallgründen iS des § 2069 rechnet. Dagegen führt ein **Zuwendungsverzichtsvertrag** (§ 2352) zur Anwendbarkeit dieser Auslegungsregel[34]. Da sich ein derartiger Verzicht grds nicht auf die Abkömmlinge des Verzichtenden erstreckt, treten diese im Zweifel an die Stelle des ursprünglich Bedachten. Dies gilt namentlich dann, wenn der Verzicht gerade zugunsten der Abkömmlinge erfolgt ist[35]. Ist der Verzichtende dagegen voll abgefunden worden, so ist zu vermuten, dass vom Erblasser eine Ersatzberufung seiner Abkömmlinge nicht gewollt ist[36].

---

[26] AA OLG Hamm FGPrax 2003, 270, 272; vgl auch *Perkams* ZEV 2005, 510, 511 f.
[27] RGZ 95, 97; *Staudinger/Otte* Rn 14; aA MünchKommBGB/*Leipold* Rn 15.
[28] HM, zB RGZ 149, 134; *Staudinger/Otte* Rn 5; aA *v. Lübtow* I S 287.
[29] BGH NJW 1958, 22; MünchKommBGB/*Leipold* Rn 9.
[30] BGH NJW 1963, 1150; *Musielak* ZEV 1995, 5, 7; MünchKommBGB/*Leipold* Rn 26; offen BayObLG ZEV 1995, 25, 26.
[31] Vgl MünchKommBGB/*Leipold* Rn 26.
[32] BGH NJW 1958, 22.
[33] MünchKommBGB/*Leipold* Rn 30 mwN.
[34] Vgl OLG München DNotZ 2006, 68.
[35] BGH NJW 1974, 43.
[36] BGH NJW 1974, 43; OLG Hamm OLGZ 1982, 272, 278; MünchKommBGB/*Leipold* Rn 11.

§ 2069

11   **c) Ausschlagung.** Im Grundsatz herrscht Einigkeit darüber, dass auch die Ausschlagung des bedachten Abkömmlings zum Wegfall iS des § 2069 führt. Dies gilt unangefochten jedenfalls dann, wenn der Ausschlagende keinen Pflichtteilsanspruch hat, also durch nähere Verwandte vom Pflichtteil ausgeschlossen ist (§ 2309), ihm der Pflichtteils entzogen ist (§ 2333) oder er auf seinen Pflichtteil vertraglich verzichtet hat (§ 2346 Abs 2). Ebenso besteht heute[37] Übereinstimmung in dem Ziel, den Stamm des ausschlagenden Abkömmlings nicht durch Ersatzberufung und **Pflichtteil** doppelt zu begünstigen und für den „Ungehorsam" auch noch zu belohnen[38]. Bei der Verwirklichung dieses Ziels gehen die Meinungen jedoch auseinander. Der BGH[39] lehnt die Anwendung des § 2069 generell ab, wenn der ausschlagende Abkömmling seinen Pflichtteil verlangt[40], während andere Gerichte[41] das Problem durch erläuternde Auslegung des Erblasserwillens, aber mit ähnlichen Ergebnissen lösen wollen. Andere suchen die dogmatische Begründung in der Pflichtteilslastregelung des § 2320 und differenzieren zwischen Voll- bzw Vorerbschaft einerseits und Nacherbschaft andererseits[42]. Während die Doppelbegünstigung bei Ausschlagung einer Voll- bzw Vorerbschaft durch § 2320 Abs 1 vermieden werde, könne dieses Ziel bei Ausschlagung der Nacherbschaft nur dadurch erreicht werden, dass § 2069 nicht angewendet werde, wenn der Ausschlagende seinen Pflichtteil fordere bzw einen solchen Anspruch bei Ausschlagung habe. Die besseren Argumente sprechen jedoch dafür, § 2069 grds anzuwenden und lediglich im Wege der ergänzenden Auslegung einen abweichenden Erblasserwillen festzustellen, wenn der Stamm des ausschlagenden Abkömmlings trotz der in §§ 2320, 2321 enthaltenen Pflichtteilslastregelungen durch Pflichtteil und Ersatzberufung eine doppelte Begünstigung erfährt[43]. Die Ersatzberufung gemäß § 2069 kommt daher in Betracht, wenn der ausgeschlagene Erbteil den Pflichtteil übersteigt. Wegen der Pflichtteilslastregelung des § 2320 Abs 2 gilt dies selbst dann, wenn Beschwerungen iS des § 2306 Abs 1 angeordnet sind. Gleiches gilt bei Ausschlagung eines Vermächtnisses wegen § 2321. Bei der Ausschlagung durch den Nacherben vermeidet die Pflichtteilslastregelung des § 2320 Abs 2 zwar mit Eintritt des Nacherbfalls die Doppelbegünstigung des Stamms[44], entzieht dem Vorerben aber dahin jedoch den Teil des Nachlasses, der zur Auszahlung des Pflichtteils an den ausschlagenden Abkömmling notwendig ist[45]. Ist dieses Ergebnis vom Erblasser unerwünscht, etwa weil es ihm in besonderem Maße auf die Versorgung des Vorerben ankommt (zB Ehefrau, Behinderter), so ist dies im Rahmen der erläuternden Auslegung ein gewichtiger Anhaltspunkt gegen die Ersatzberufung der Abkömmlinge des Ausschlagenden gemäß § 2069[46]. Entgegen der Auffassung des BGH[47] entfällt danach die Ersatzberufung gemäß § 2069 nicht erst mit der **Forderung des Pflichtteils**, sondern – aus Gründen der Rechtssicherheit – bereits mit der Ausschlagung, wenn dem Ausschlagenden ein Pflichtteil zusteht[48].

12   **d) Auflösende Bedingung (Verwirkungsklausel).** Hat der Erblasser bestimmt, dass die Zuwendung beim Eintritt eines bestimmten Ereignisses (zB Pflichtteilsverlangen, Verheiratung) wieder entfällt (auflösende Bedingung), so ist umstritten, ob diese Auslegungsregel zur Ersatzberufung der Abkömmlinge des ursprünglich Bedachten führt[49] oder sie auf diesen Fall generell[50] oder bei Bedingungseintritt nach dem Tod des Erblassers[51] unanwendbar ist. Der Hinweis auf die fehlende Rückwirkung des Bedingungseintritts zur Begründung der Unanwendbarkeit des § 2069 ist für sich genommen nicht gewichtig genug, da dieses Kriterium nicht notwendiger Bestandteil des Tatbestandselements vom Wegfall ist[52]. Man wird § 2069 zwar grds anwenden, jedoch nach der Intention des Erblassers differenzieren müssen: Steht allein das Interesse des Erblassers im Vordergrund, den Bedachten zu einem bestimmten Verhalten zu veranlassen, so ist die Erstreckung der Ausschlusswirkung auf dessen Abkömmlinge zur Abschreckung nicht notwendig und deshalb auch nicht ohne besondere Anhaltspunkte zu vermuten[53]. Kommt dagegen der Verwirkungsklausel wie bei Pflichtteilssanktionsklauseln im Rahmen von Ehegattentestamenten oder -erbverträgen die weitere Funktion zu, eine Schlechterstellung Dritter – in diesem Fall des überlebenden Ehepartners bzw anderer pflichtteilsberechtigter Abkömmlinge – zu vermeiden, so steht der Erblasserwille regelmäßig dem Nachrücken der Abkömmlinge des Bedachten und damit der Anwendung des § 2069 entgegen[54].

---

[37] AA noch RG WarnR 1931 Nr 241; KG OLGE 24, 77 f.
[38] Vgl *Staudinger/Otte* Rn 10 f; *MünchKommBGB/Leipold* Rn 13, jeweils mwN.
[39] BGH NJW 1960, 1899; ebenso OLG Frankfurt Rpfleger 1970, 391; OLG Stuttgart OLG Rpfleger 1982, 106; LG Köln MittRhNotK 1985, 149 zum Pflichtteilsergänzungsanspruch; vgl auch *Braga* AcP 153 (1954), 144, 154; *v. Lübtow* I S 287 Fn 133 a; *RGRK/Johannsen* Rn 8.
[40] Dagegen zu Recht *Lange/Kuchinke* § 34 VI 3 c Fn 188; vgl auch *MünchKommBGB/Leipold* Rn 13.
[41] BayObLGZ 1962, 239, 244; NJW-RR 2000, 1391: allgemeine Lebenserfahrung; FG DNotZ 1942, 147; DNotZ 1941, 424: tatsächliche Vermutung; OLG Düsseldorf NJW 1956, 1880 f; OLG Celle NdsRpfl 1953, 69 f.
[42] *MünchKommBGB/Leipold* Rn 13; *Erman/M. Schmidt* Rn 4; *Lange/Kuchinke* § 34 VI 3 c; *Palandt/Edenhofer* Rn 3.
[43] Ähnlich *Staudinger/Otte* Rn 12; *Soergel/Loritz* Rn 17.
[44] AA insoweit *Soergel/Loritz* Rn 18.
[45] Vgl *Staudinger/Otte* Rn 11 c f.
[46] Im Ergebnis ebenso *Staudinger/Otte* Rn 12; *Soergel/Loritz* Rn 19; *MünchKommBGB/Leipold* Rn 13.
[47] BGH NJW 1960, 1899.
[48] *Staudinger/Otte* Rn 12; *Soergel/Loritz* Rn 19.
[49] RG JW 1938, 1600; *Schopp* MDR 1978, 10; *Erman/M. Schmidt* Rn 4.
[50] *MünchKommBGB/Leipold* Rn 8, 16.
[51] *Staudinger/Otte* Rn 13.
[52] AM RGZ 95, 97, 98; *MünchKommBGB/Leipold* Rn 8.
[53] *Wacke* DNotZ 1990, 403, 412 f.
[54] KG DNotZ 1942, 147 f.

e) **Erbunwürdigkeitserklärung.** Gemäß § 2344 beseitigt die Erbunwürdigkeitserklärung rückwirkend auf den Tod des Erblassers den Anfall der Zuwendung, so dass in diesem Falle § 2069 ohne Einschränkung zum Zuge kommt[55]. 13

III. Vorrang des abweichenden Erblasserwillens

Wenn und soweit der Erblasser für den Fall, dass ein bedachter Abkömmling nach der Errichtung 14 stirbt oder aus sonstigen Gründen wegfällt, eine Regelung getroffen hat, so geht diese der Anwendung des § 2069 vor. Der abweichende Erblasserwille braucht dabei nicht notwendigerweise in der Verfügung von Todes wegen ihren Niederschlag gefunden zu haben. Es genügen im Wege der Auslegung auch außerhalb der Urkunde feststellbare Umstände, die auf einen abweichenden Willen schließen lassen. Dieser Wille braucht nicht real bei Errichtung der Verfügung vorhanden gewesen zu sein. Auch ein feststellbarer hypothetischer Wille reicht aus[56]. Ergibt dagegen die Auslegung, dass der Erblasser den von § 2069 erfassten Fall überhaupt nicht bedacht hat, so greift diese Auslegungsvorschrift („im Zweifel") ein, da deren Anwendung nur bei einem abweichenden Erblasserwillen ausgeschlossen ist[57]. Allein aus dem Umstand, dass der Erblasser trotz Kenntnis vom Wegfall eines Kindes seine Verfügung nicht geändert hat, kann nicht auf einen von § 2069 abweichenden Willen geschlossen werden, da dies auch Folge der Vorstellung des Erblassers sein kann, der Ersatz des Weggefallenen durch dessen Abkömmlinge sei die normale gesetzliche Regelung[58]. Ebenso wenig schließt ein ausdrücklicher Verzicht auf „Ersatzerbenbestimmungen" in einem öffentlichen Testament die Anwendung dieser Auslegungsregel aus, weil darin sowohl ein Ausschluss der Ersatzerbfolge als auch ein Verzicht auf eine vom Gesetz abweichende Regelung liegen kann, der Erblasserwille also gerade nicht eindeutig ist[59]. Bei der Frage, ob § 2069 durch einen abweichenden Willen verdrängt wird, kommt es auf den realen bzw hypothetischen Erblasserwillen zum **Zeitpunkt der Errichtung** an[60].

IV. Rechtsfolgen

Die Abkömmlinge eines weggefallenen Kindes treten nach den beim Tod des Erblassers geltenden 15 Regeln des § 1924 Abs 2 bis 4 an die Stelle des Kindes. Maßgebend für die Bestimmung, wer als Abkömmling zur Ersatzerbfolge gelangt, ist der Zeitpunkt des Erbfalls. Bei einer aufschiebend bedingten/befristeten Zuwendung ist dagegen der Eintritt der Bedingung bzw Befristung entscheidender Zeitpunkt. Beim Berliner Testament (siehe oben Rn 3) kommt es auf den Schlusserbfall an. Dies gilt in allen Fällen selbst dann, wenn sich die gesetzlichen Erbfolgeregeln nach der Errichtung, aber vor Erb- bzw Anfall geändert haben (§ 2066 Rn 7)[61]. Im Übrigen wird auf § 2067 Rn 7 ff verwiesen.

V. Recht in den neuen Bundesländern

§ 379 Abs 1 S ZGB enthält für vor dem 3. 10. 1990 in der ehemaligen DDR errichtete Testamente 16 eine dem § 2069 inhaltlich entsprechende Vorschrift. Diese ist zwar nicht als Auslegungsregel formuliert, findet jedoch gemäß Abs 2 nur Anwendung, wenn der Erblasser keinen Ersatzerben bestimmt hat, so dass sie im Ergebnis auf das Gleiche hinausläuft wie die Auslegungsregel des § 2069[62].

§ 2070 Abkömmlinge eines Dritten

Hat der Erblasser die Abkömmlinge eines Dritten ohne nähere Bestimmung bedacht, so ist im Zweifel anzunehmen, dass diejenigen Abkömmlinge nicht bedacht sind, welche zur Zeit des Erbfalls oder, wenn die Zuwendung unter einer aufschiebenden Bedingung oder unter Bestimmung eines Anfangstermins gemacht ist und die Bedingung oder der Termin erst nach dem Erbfall eintritt, zur Zeit des Eintritts der Bedingung oder des Termins noch nicht gezeugt sind.

1. Art der Zuwendung. Ebenso wie § 2066 (vgl § 2066 Rn 1) gilt § 2070 bei **Erbeinsetzungen** 1 **aller Art** unmittelbar und bei **Vermächtnissen** und **Auflagen** analog, und zwar ohne Rücksicht darauf, ob diese Verfügungen in einem Testament, einem gemeinschaftlichen Testament oder einem Erbvertrag getroffen worden sind.

2. Zuwendung an Abkömmlinge Dritter. Der Erblasser muss einen oder mehrere Abkömmlinge 2 eines Dritten bedacht haben, also nicht etwa die Abkömmlinge eines eigenen Kindes[1]. Würde man diese Auslegungsregel auch auf die Abkömmlinge eigener Nachkommen (zB Kindeskinder) analog

---

[55] AllgM, zB RGZ 7 95, 97, 98.
[56] BGH NJW 1960, 1899.
[57] OLG Köln FamRZ 1992, 242, 243.
[58] BayObLG FamRZ 1991, 614, 615.
[59] AA BayObLG FGPrax 2005, 71.
[60] *Staudinger/Otte* Rn 19, 24; *Otte* ZEV 2002, 151 f; *Schmucker* DNotZ 2002, 665 f; alle zutr gegen BGH NJW 2002, 1126, 1127.
[61] *Staudinger/Otte* Rn 24, § 2066 Rn 7 ff.
[62] BGH Rpfleger 2001, 348.
[1] OLG Köln NJW-RR 1992, 1031.

anwenden, so würden beim Tod des Erblassers noch nicht erzeugte Abkömmlinge völlig von der Erbfolge ausgeschlossen, gleichstufige Abkömmlinge also ungleich behandelt, nur weil zufälligerweise einige vor und andere nach dem Erbfall erzeugt wurden. Aus gutem Grund ist der Gesetzgeber deshalb davon ausgegangen, dass eine so weitgehende Auslegungsregel dem Erblasserwillen, bezogen auf die eigenen Nachkommen, häufig nicht entspricht. Obwohl der Gesetzeswortlaut den Plural „Abkömmlinge" verwendet, gilt § 2070 auch im Falle der Zuwendung an nur einen einzelnen solcher Nachkommen (zB das einzige Kind). Diese Auslegungsregel greift nur ein, wenn der Erblasser die Abkömmlinge des Dritten mit dieser allgemeinen oder einer gleichwertigen Bezeichnung (zB Kinder, Nachkommen, Enkelkinder) bedacht hat. Im Falle namentlicher oder sonst individualisierender Erwähnung scheidet deren Anwendung aus.

3 **3. Vorrang des abweichenden Erblasserwillens.** Die Auslegungsregel des § 2070 ist vor dem Hintergrund zu sehen, dass bei Einsetzung eines beim Erbfall noch nicht Erzeugten gemäß §§ 1923, 2101 Abs 1, 2106 Abs 2 S 1 dieser Nacherbe und die gesetzlichen Erben bis zu dessen Geburt Vorerben sind. Sie unterstellt, falls der Erblasser keinen abweichenden Willen hatte, dass nicht diese komplizierte Konstruktion gelten soll, sondern nur die beim Erbfall bereits erzeugten Abkömmlinge des Dritten Erbe werden. Der Erblasserwille ist dabei nach den allgemeinen Auslegungsgrundsätzen zu ermitteln. Hat der Erblasser allerdings die Abkömmlinge eines Dritten eingesetzt und sind beim Erbfall außer einem erzeugten, aber noch nicht geborenen Abkömmling keine weiteren des Dritten vorhanden, so ist im Rahmen der ergänzenden Auslegung davon auszugehen, dass der Erblasser die Geltung des § 2270 nicht will, der erzeugte Abkömmling also auf Grund §§ 1923, 2101 Abs 1, 2106 Abs 2 S 1 Nacherbe ist[2].

4 **4. Rechtsfolgen.** § 2070 schließt die zurzeit des Erbfalls, Nacherbfalls, Eintritts einer aufschiebenden Bedingung oder eines Anfangstermins erzeugten, aber noch nicht geborenen Abkömmlinge des Dritten von der Zuwendung aus, regelt aber darüber hinaus nicht, wer bei dieser Art der Zuwendung Erbe usw ist. Zu diesem Zweck kann § 2067 analog angewandt werden (vgl § 2067 Rn 4).

§ 2071 Personengruppe

Hat der Erblasser ohne nähere Bestimmung eine Klasse von Personen oder Personen bedacht, die zu ihm in einem Dienst- oder Geschäftsverhältnis stehen, so ist im Zweifel anzunehmen, dass diejenigen bedacht sind, welche zur Zeit des Erbfalls der bezeichneten Klasse angehören oder in dem bezeichneten Verhältnis stehen.

1 **1. Normzweck.** Eine erbrechtliche Zuwendung (Erbeinsetzung, Vermächtnis, Auflage) ist nur dann rechtswirksam, wenn deren Empfänger bestimmt oder mindestens an Hand der Auslegungsgrundsätze (§ 2084 Rn 6 bzw Rn 35) bestimmbar ist. Zu unbestimmte Empfängerbezeichnungen führen deshalb zur Unwirksamkeit der Zuwendung. Diese Folge vermeiden die Auslegungsregeln der §§ 2071 bis 2073 in Fällen der Mehrdeutigkeit der Empfängerbezeichnung. Die Auslegungsregel des § 2071 befasst sich dabei mit Zuwendungen, bei denen der Empfänger nur auf der Grundlage einer Sammelbezeichnung oder seiner Tätigkeit individualisiert werden kann.

2 **2. Voraussetzungen.** Hat der Erblasser Personen nur mit einer **Gruppenbezeichnung** zu Erben eingesetzt, mit einem Vermächtnis bedacht oder durch eine Auflage begünstigt, so ergeben sich Probleme in zwei Richtungen: Ist die Bezeichnung derart unbestimmt, dass die Individualisierung von Personen oder Personengesamtheiten überhaupt nicht möglich ist (zB „alle wahren Kunstliebhaber"), so ist die Verfügung mangels Bestimmbarkeit des Erben unwirksam.

3 Genügt sie dagegen den Mindestanforderungen an die Bestimmbarkeit, so stellt sich die Frage, ob dabei auf den **Zeitpunkt** der Errichtung der Verfügung oder des Erbfalls abzustellen ist. Nur diese Auslegungsfrage löst § 2071, wenn und soweit der Erblasser diese nicht selbst entschieden hat. Ein abweichender Erblasserwille ist etwa anzunehmen, wenn die Belohnung einer langjährigen Beziehung Grundlage der Zuwendung ist (zB „die langjährige Mitarbeiterin", „meine treue Haushälterin"), die Person jedoch nach der Errichtung, aber vor dem Erbfall aus den Diensten ausgeschieden ist[1]. § 2071 gilt nur für den Fall, dass der Erblasser nicht bereits selbst die Personen durch Namen oder sonstige individuelle Merkmale bestimmt hat. Sie ist jedoch auch auf den Fall, dass die Bedachten zwar nicht als Gruppe, sondern unter Angabe einer Funktionsbezeichnung als Kette aufeinander folgender Amtsinhaber (zB „unser Bürgermeister") erwähnt sind, anwendbar. Dagegen ist im Falle der Einsetzung des Ehepartners ohne Namensangabe im Zweifel derjenige gemeint, mit dem der Erblasser bei Errichtung verheiratet war[2*].

4 **3. Rechtsfolgen.** Maßgebender Zeitpunkt für die Ermittlung der Zugehörigkeit zu der Personengruppe oder -kette ist der Erbfall, nicht die Errichtung der Verfügung von Todes wegen. Da eine den §§ 2066 S 2, 2070 Alt 2 entsprechende Regel fehlt, gilt das Gleiche auch dann, wenn es sich um eine bedingte oder befristete Verfügung handelt. Das Verhältnis der Anteile richtet sich nach §§ 2091, 2157.

---

[2] *Staudinger/Otte* Rn 3; *Erman/M. Schmidt* Rn 1; aA *Kipp/Coing* § 22 V; RGRK/*Johannsen* Rn 4; MünchKommBGB/*Leipold* Rn 3.
[1] MünchKommBGB/*Leipold* Rn 6.
[2*] RGZ 134, 277, 281; *Lange/Kuchinke* § 34 VI 3 f Fn 202; *Soergel/Loritz* Rn 4; *Damrau/Seiler/Rudolf* Rn 5; aA *Lange* JherJb 82 (1932), 1, 24.

§ 2072 Die Armen

Hat der Erblasser die Armen ohne nähere Bestimmung bedacht, so ist im Zweifel anzunehmen, dass die öffentliche Armenkasse der Gemeinde, in deren Bezirk er seinen letzten Wohnsitz gehabt hat, unter der Auflage bedacht ist, das Zugewendete unter Arme zu verteilen.

1. Normzweck. Eine Erbeinsetzung oder ein Vermächtnis, das zwar den Zweck der Zuwendung angibt, aber den Empfänger nicht so genau bezeichnet, dass er durch erläuternde oder ergänzende Auslegung (§ 2084 Rn 6 bzw Rn 35) festgestellt werden kann, ist mangels Bestimmbarkeit unwirksam, es sei denn, bei wohlwollender Auslegung gemäß § 2084 (dort Rn 28) kann die Zuwendung als den Erben oder Vermächtnisnehmer belastende Zweckauflage gemäß § 2193 Abs 1 oder als Verschaffungsvermächtnis mit Bestimmung der Berechtigten durch einen Dritten gemäß §§ 2170, 2151 verstanden werden[1]. Die Unwirksamkeitsfolge vermeidet diese Umdeutungsregel[2] für den Fall einer Zuwendung an die „Armen" dadurch, dass dann der örtliche Träger der Sozialhilfe iS des § 3 Abs 2 SGB XII als Empfänger gilt. 1

2. Voraussetzungen. § 2072 betrifft allein **Erbeinsetzungen**, auch Nacherbeinsetzungen[3], und Vermächtnisse. Bei einer Beschwerung von Erben oder Vermächtnisnehmern mit einer Zweckauflage ist die Vorschrift dagegen nicht anwendbar[4]. Diese Umdeutungsregel greift nicht nur bei der im Gesetz erwähnten Formulierung "Armen" sondern auch bei allen vergleichbaren Zweckbeschreibungen (zB für Bedürftige, für alte und gebrechliche Menschen, für sozial Schwache oder allgemein für soziale Zwecke) ein[5]. 2

§ 2072 ist darüber hinaus analog anzuwenden, wenn der Erblasser zwar nicht alle „Armen", sondern nur einen bestimmten **Kreis generell bedürftiger Menschen**[6] bedacht hat, wobei unerheblich ist, dass nicht alle vom Erblasser bezeichneten Personen arm sind[7]. Wegen der vom Gesetz angeordneten Zuwendung an den örtlichen Träger der Sozialhilfe (Rn 6) kommt eine Analogie nur in Betracht, wenn die Zuwendung zu einem der Sozialhilfe ähnlichen **karitativen Zweck** angeordnet worden ist, also beispielsweise zu Gunsten von Behinderten[8], Waisen[9], Kriegsbeschädigten[10], Alten oder Kranken. Zuwendungen zu sonstigen gemeinnützigen Aufgaben (zB Sportförderung, Tierschutz, Kulturförderung) rechtfertigen die Rechtsfolge des § 2072 nicht, und zwar weder im Wege der Analogie noch unter Berufung auf einen allgemeinen Rechtsgedanken[11]. 3

Deshalb ist § 2072 auch nicht dazu geeignet, generell die Zuwendung an einen **gemeinnützigen Verein** auf den örtlichen zu konkretisieren[12], sondern es muss im Wege ergänzender Auslegung durch äußere Umstände (zB lebzeitige Spenden, Mitgliedschaft des Erblassers) eine Individualisierung vorgenommen werden (§ 2084 Rn 25). 4

Hat der Erblasser als Zuwendungsempfänger eine **nicht rechtsfähige Einrichtung** bezeichnet, beispielsweise ein Heim für körperbehinderte Kinder[13] oder eine Blindenanstalt[14], so findet § 2072 nur und immer dann Anwendung, wenn diese in kommunaler Trägerschaft steht und karitativ tätig ist, weil andernfalls die Rechtsfolge der Umdeutung in eine Zuwendung an den Träger der Sozialhilfe nicht passt[15]. Deshalb gilt diese Bestimmung auch nicht bei einer Zuwendung an "die Kirche", wenn der Erblasser vergessen hat, die bedachte rechtsfähige kirchliche Institution näher zu individualisieren[16]. 5

3. Rechtsfolgen. § 2072 bestimmt die kreisfreie Stadt bzw den Landkreis, in deren bzw dessen örtlichem Zuständigkeitsbereich der Erblasser seinen letzten Wohnsitz hatte, als Träger der Sozialhilfe iS des § 3 Abs 2 SGB XII zum Erben bzw Vermächtnisnehmer. Bei mehreren Wohnsitzen (§ 7 Abs 2) kommt es auf den Hauptwohnsitz an[17]. Ist ein solcher nicht feststellbar, so sind die Träger an allen Wohnsitzen untereinander zu gleichen Teilen bedacht. Beim völligen Fehlen eines inländischen Wohnsitzes zurzeit des Erbfalls kommt es auf den letzten Aufenthaltsort in der Bundesrepublik Deutschland an[18]. 6

---

[1] Vgl zur Auflage BayObLG NJW 1988, 2742; NJW-RR 2000, 1174; OLG Oldenburg NJW-RR 1993, 581; zum Vermächtnis BayObLG ZEV 1998, 385, 386.
[2] *Soergel/Loritz* Rn 1; wohl auch OLG Hamm Rpfleger 1984, 417; aA KG NJW-RR 1993, 76; MünchKommBGB/*Leipold* Rn 1.
[3] Vgl OLG Hamm Rpfleger 1984, 417.
[4] *Staudinger/Otte* Rn 2.
[5] KG OLG Hamm Rpfleger 1984, 417.
[6] Vgl KG NJW-RR 1993, 76.
[7] OLG Hamm Rpfleger 1984, 417.
[8] BayObLG NJW-RR 2000, 1174; OLG Hamm Rpfleger 1984, 417.
[9] Vgl BayObLG NJW-RR 1998, 727; KG OLGE 16, 259.
[10] Vgl KG NJW-RR 1993, 76.
[11] AM OLG Oldenburg NJW-RR 1993, 581: Tierschutz; *Staudinger/Otte* Rn 6; *Erman/M. Schmidt* Rn 1; AnwK-BGB/*Beck* Rn 6.
[12] AA OLG Oldenburg NJW-RR 1993, 581.
[13] Vgl BayObLG NJW-RR 2000, 1174.
[14] AA LG Bonn Rpfleger 1989, 63.
[15] Weitergehend *Staudinger/Otte* Rn 6; *Soergel/Loritz* Rn 7.
[16] Vgl den Fall BayObLG NJW 1999, 1119; s auch § 2084 Rn 25.
[17] *Staudinger/Otte* Rn 4; aA MünchKommBGB/*Leipold* Rn 5.
[18] MünchKommBGB/*Leipold* Rn 4.

§ 2074   Buch 5. Abschnitt 3. Testamtent

Hat der Erblasser bei der Zweckbestimmung eine geografische Festlegung auf eine bestimmte Gemeinde, Stadt, Region usw vorgenommen, so gebührt dieser Anordnung der Vorrang („im Zweifel") vor der gesetzlichen Regel[19]. Die Begünstigung des örtlichen Sozialhilfeträgers ist jedoch mit der Auflage verbunden, das Zugewendete unter den Armen oder an die vom Erblasser zulässigerweise bestimmten Empfänger im eigenen Zuständigkeitsbereich zu verteilen.

§ 2073 Mehrdeutige Bezeichnung

Hat der Erblasser den Bedachten in einer Weise bezeichnet, die auf mehrere Personen passt, und lässt sich nicht ermitteln, wer von ihnen bedacht werden sollte, so gelten sie als zu gleichen Teilen bedacht.

Schrifttum: *Spanke*, Rechtsprobleme alternativer Erbeinsetzung, NJW 2005, 2947.

1   **1. Mehrdeutige Bezeichnung (§ 2073).** Eine erbrechtliche Zuwendung (Erbeinsetzung, Vermächtnis, Auflage) ist nur dann wirksam, wenn deren Empfänger durch erläuternde oder ergänzende Auslegung bestimmbar ist. Die Auslegungsregel des § 2073 vermeidet dabei die Unwirksamkeit von Erbeinsetzungen, Vermächtnissen oder Auflagen, mit denen der Erblasser zwar erkennbar eine oder mehrere bestimmte Personen bedenken wollte, die von ihm gewählte Bezeichnung jedoch auf eine größere Zahl von Personen hinweist, ohne dass durch Auslegung geklärt werden kann, wer Zuwendungsempfänger sein sollte, zB „mein Freund Hans" beim Vorhandensein mehrerer Namensträger im Freundeskreis, „der Staat" in einem vor dem 3. 10. 1990 in der DDR errichteten Testament[1]. Die gewählte Bezeichnung muss auf mehrere Personen passen, die als Bedachte auch tatsächlich in Betracht kommen. Ergibt sich aus äußeren Umständen im Wege der Auslegung, dass einzelne Personen, auf die die objektiv mehrdeutige Bezeichnung passt, überhaupt nicht als Bedachte in Frage kommen, zB Einsetzung „des Tierschutzvereins"[2], Vermächtnis eines Pkw an „eine Schwester", wenn von drei Schwestern nur zwei den Führerschein besitzen, so findet § 2073 nur im Verhältnis der Verbleibenden Anwendung[3]. Der Kreis der Bedachten muss begrenzt sein auf eine überschaubare Gruppe (zB nicht „Herr Maier"). Genügt die Verfügung noch nicht einmal diesen Mindestanforderungen an die Bestimmbarkeit, so ist die betreffende Verfügung unwirksam[4]. § 2073 hilft auch dann nicht weiter, wenn die vom Erblasser bezeichnete Person nicht existiert oder nicht ausfindig gemacht werden kann[5].

2   Mehrere Bedachte, die als Empfänger einer objektiv mehrdeutigen Bezeichnung in Betracht kommen, erben bzw erhalten den Vermächtnisgegenstand oder die Auflagenbegünstigung auf Grund dieser gesetzlichen Auslegungsregel zu gleichen Teilen.

3   **2. Alternative Erbeinsetzung.** Im Unterschied zum Vermächtnis (vgl §§ 2151, 2152) ist die alternative Erbeinsetzung im Gesetz nicht geregelt worden[6]. Eine **analoge Anwendung** des § 2073 scheidet daher richtiger Ansicht nach aus[7]. Im Wege der erläuternden oder ergänzenden **Auslegung** ist vielmehr zu prüfen, ob die Bedachten zu Miterben, zu Vor- und Nacherben oder zu Ersatzerben eingesetzt sind[8]. Scheidet diese Auslegung aus, ist eine **Umdeutung** in ein zulässiges Quoten-Alternativvermächtnis iS der §§ 2151, 2152 in Betracht zu ziehen. Nur, wenn auch immer dann, wenn weder Auslegung noch Umdeutung gemäß § 140 zu einem Ergebnis führen, ist diese Verfügung mangels Bestimmtheit als Erbeinsetzung unwirksam, weil der Erblasser die von § 2065 Abs 2 zwingend geforderte eigene Entscheidung nicht getroffen hat. Dies muss selbst dann gelten, wenn der Erblasser bei der alternativen Erbeinsetzung zugleich bestimmt hat, dass alle seine gesetzlichen Erben ausgeschlossen sind, also der Fiskus Erbe würde. Allerdings wird man dabei in aller Regel im Wege ergänzender Auslegung feststellen können, dass er eine Begünstigung der eingesetzten Personen als Miterben dem Fiskalerbrecht vorziehen würde[9].

§ 2074 Aufschiebende Bedingung

Hat der Erblasser eine letztwillige Zuwendung unter einer aufschiebenden Bedingung gemacht, so ist im Zweifel anzunehmen, dass die Zuwendung nur gelten soll, wenn der Bedachte den Eintritt der Bedingung erlebt.

---

[19] BayObLG NJW-RR 2000, 1174, 1175.
[1] Vgl AG Leipzig Rpfleger 1995, 22 m Anm *Gruber*.
[2] OLG Celle FamRZ 2003, 787.
[3] BayObLG NJW-RR 1990, 1417.
[4] Vgl KG OLGE 40, 114, 116; LG Bonn Rpfleger 1989, 63.
[5] MünchKommBGB/*Leipold* Rn 5.
[6] Prot V S 525.
[7] MünchKommBGB/*Leipold* Rn 10; *Soergel/Loritz* Rn 9 f; *Erman/M. Schmidt* Rn 3; *Spanke* NJW 2005, 2947, 2949 f; aA *Baldus* JR 1969, 179, 180; *Palandt/Edenhofer* § 2065 Rn 13; AnwK-BGB/*Beck* Rn 6 und § 2065 Rn 20; *Staudinger/Otte* Rn 8: für unmittelbare Geltung.
[8] Vgl BGH NJW 1993, 256: Vor- und Nacherben; BayObLG NJW 1999, 1119, 1121: Ersatzerben; *Spanke* NJW 2005, 2947, 2948 f; s auch § 2066 Rn 5.
[9] Im Ergebnis ebenso *Spanke* NJW 2005, 2947, 2950, der aber Umdeutung befürwortet.

§ 2074

Schrifttum: *Binz,* Die erbrechtliche Verwirkungsklausel, Diss. Mainz 1968; *Birk,* Die Problematik der Verwirkungsklausel in letztwilligen Verfügungen, DNotZ 1972, 284; *Gaier,* Die Bedeutung der Grundrechte für das Erbrecht, ZEV 2006, 2; *Haegele,* Bedingte, namentlich unter einer Verwirkungs- oder Strafklausel stehende testamentarische Anordnungen, JurBüro 1969, 1; *Horsch,* Neue Aspekte zur Bestimmung des maßgeblichen Zeitpunkts der Sittenwidrigkeit von letztwilligen Verfügungen, Rpfleger 2005, 285; *Kanzleiter,* Verwirkungsklausel zu Lasten eines Erben, dem ein belasteter Erbteil in Höhe des Pflichtteils (oder weniger) zugewendet ist, DNotZ 1993, 780; *Keuk,* Der Erblasserwille post testamentum. Zur Unzulässigkeit der testamentarischen Potestativbedingung, FamRZ 1972, 9; *Kroppenberg,* „Wer lebt, hat Recht" – Lebzeitiges Rechtsdenken als Fremdkörper in der Inhaltskontrolle von Verfügungen von Todes wegen, DnotZ 2006, 86; *Lübbert,* Verwirkung der Schlußerbfolge durch Geltendmachung des Pflichtteils, NJW 1988, 2706; *J. Mayer,* Ja zu „Jastrow"?; Pflichtteilsklausel auf dem Prüfstand, ZEV 1995, 136; *Neuner,* Die Stellung Körperbehinderter im Privatrecht, NJW 2000, 1822; *Otte,* Die Nichtigkeit letztwilliger Verfügungen wegen Gesetzes- oder Sittenwidrigkeit, JA 1985, 192; *ders,* Die Bedeutung der „Hohenzollern"-Entscheidung des Bundesverfassungsgerichts für die Testierfreiheit, JZ 2004, 393; *Smid,* Rechtliche Schranken der Testierfreiheit aus § 138 I BGB, NJW 1990, 409; *Thielmann,* Sittenwidrige Verfügungen von Todes wegen, 1973; *Wacke,* Rechtsfolgen testamentarischer Verwirkungsklauseln, DNotZ 1990, 403; *Zawar,* Der bedingte oder befristete Erwerb von Todes wegen, DNotZ 1986, 515.

Übersicht

	Rn		Rn
I. Bedingungen bei Verfügungen von Todes wegen	1	4. Unwirksamkeit von Bedingungen	5
1. Begriff	1	a) Bestimmtheitserfordernis	5
2. Abgrenzung zum Motiv	2	b) Gebot der Selbstbestimmung (§ 2065)	6
3. Arten der Bedingungen	3	c) Sittenwidrigkeit (§ 138)	7
a) Aufschiebende Bedingung	3	d) Unmöglichkeit	24
b) Auflösende Bedingung, insbes Verwirkungsklauseln	4	**II. Rechtsfolgen aufschiebender Bedingungen gemäß § 2074**	25

I. Bedingungen bei Verfügungen von Todes wegen

1. Begriff. Bedingung bei Testamenten oder Erbverträgen ist eine Bestimmung des Erblassers, dass 1 die Rechtswirkungen der gesamten Verfügung von Todes wegen, einer einzelnen darin enthaltenen Verfügung (Erbeinsetzung, Vermächtnis, Auflage, Teilungsanordnung, Testamentsvollstreckung usw.) oder eines Teils davon vom Eintritt oder Nichteintritt eines nach dem Erbfall eintretenden Ereignisses abhängig sein sollen. Die grundsätzliche Zulässigkeit solcher Bedingungen bei Verfügungen von Todes wegen ist zwar nirgends ausdrücklich geregelt, ergibt sich jedoch aus den Bestimmungen des Allgemeinen Teils (§§ 158 ff iVm §§ 2074, 2075). Im Unterschied zu einem Rechtsgeschäft unter Lebenden entfaltet eine Verfügung von Todes wegen erst ab dem Tod des Erblassers Rechtswirkungen, so dass die Abhängigkeit der Wirkungen von **zwischen der Errichtung und** einschließlich dem **Erbfall eintretender oder nicht eintretender Umstände** (zB „falls bei meinem Tod keine Abkömmlinge vorhanden sind"), keine Bedingung iS des 3. und 4. Abschnitts des Fünften Buchs vorliegt[1]. An der Zulässigkeit solcher Bedingungen iwS bestehen allerdings ebenfalls keine Zweifel, solange sie bestimmt genug sind und weder sittenwidrig sind noch sonst gegen gesetzliche Vorschriften verstoßen. Gleichfalls nicht zu den Bedingungen zählen Verknüpfungen mit Umständen, von denen die Rechtswirkungen bereits nach dem Gesetz abhängen (zB „für den Fall meines Todes")[2]. Dies sind sog **Rechtsbedingungen,** auf die weder §§ 158 ff noch §§ 2074, 2075, 2104, 2105 Anwendung finden.

2. Abgrenzung zum Motiv. Die Bedingung unterscheidet sich von der bloßen Mitteilung des 2 Motivs allein durch den Rechtsfolgewillen des Erblassers. Bei der Bedingung sollen nach dessen Willen die Rechtswirkungen von dem Umstand abhängen, bei der Mitteilung des Motivs dagegen nicht. Vermutungsregeln bestehen für keine der beiden Auslegungsmöglichkeiten. Hat der Erblasser einen **konkreten Anlass** zur Errichtung der Verfügung angegeben (zB „sollte mir während meines Urlaubs etwas passieren"[3], „falls ich bei der bevorstehenden Operation sterbe", „für den Fall, dass uns beiden etwas zustoßen sollte"[4]), so dürfte nur in seltenen Ausnahmefällen eine echte Bedingung gegeben sein. Selbst dann, wenn der angegebene Umstand für den Erblasser besonderes Gewicht hat (zB erklärte Pflegebereitschaft für Krankheitsfall[5], Zusammenleben bis zum Tod[6]), so lässt dies allein noch nicht den sicheren Schluss auf das Vorliegen einer Bedingung zu. Will der Erblasser den Bedachten beispielsweise durch eine **Verwirkungsklausel** zu einem bestimmten Verhalten veranlassen, so wird man dagegen regelmäßig zur Annahme einer bedingten Zuwendung gelangen müssen. Die Auslegung als bloße Mitteilung des Beweggrundes ist keineswegs ohne jede rechtliche Relevanz, in einem Falle eines beachtlichen Motivirrtums kommt die Anfechtbarkeit der Verfügung gemäß § 2078 Abs 2 in Betracht. Die Anfechtungsregeln sind in ihrer Flexibilität vielfach auch besser geeignet, dem Erblasserwillen Geltung zu verschaffen, als die mit Annahme einer Bedingung eintretenden starren Wirksamkeitsfolgen[7].

---

[1] Vgl MünchKommBGB/*Leipold* Rn 6.
[2] Vgl zur Abgrenzung BayObLG NJW-RR 2003, 296, 297.
[3] BayObLG MDR 1982, 145.
[4] BayObLG NJW-RR 1996, 1351.
[5] BayObLG FamRZ 1993, 1494, 1495.
[6] BayObLG FamRZ 1983, 1226.
[7] Vgl MünchKommBGB/*Leipold* Rn 8.

§ 2074

3 3. Arten der Bedingungen. a) Aufschiebende Bedingung. Bei der aufschiebenden Bedingung wird die Verfügung oder ein Teil davon erst mit Eintritt oder Nichteintritt eines nach dem Erbfall eintretenden Umstands wirksam (vgl § 158 Abs 1). Bei einer derart bedingten Erbeinsetzung tritt gemäß § 2105 Abs 1 auch ohne den Willen des Erblassers konstruktive Vor- und Nacherbschaft in der Weise ein, dass bis zum Bedingungseintritt die gesetzlichen Erben Vorerben und der derart Bedachte Nacherbe wird. Aufschiebend bedingte Vermächtnisse fallen gemäß § 2177 erst mit dem Bedingungseintritt an. Die Ausschlagung derartiger Zuwendungen ist gemäß § 1946 bereits ab dem Erbfall zulässig.

4 b) Auflösende Bedingung, insbes Verwirkungsklauseln. Bei der auflösenden Bedingung wird die mit dem Erbfall wirksam gewordene Verfügung mit dem danach eintretenden oder nicht eintretenden Umstand wieder aufgehoben (vgl § 158 Abs 2). Im Falle einer derart bedingten Erbeinsetzung tritt gemäß § 2104 S 1 konstruktive Vor- und Nacherbschaft in der Weise ein, dass nach dem Bedachten die gesetzlichen Erben des Erblassers Nacherben sind. Einem Vermächtnis unter einer auflösenden Bedingung kommt die Bedeutung eines Nachvermächtnisses (§ 2191) zu. Hauptanwendungsfälle solcher auflösend bedingter Zuwendungen sind Verwirkungsklauseln. Mit ihnen will der Erblasser durch nachträglichen Entzug entweder einer testamentarischen Zuwendung (Erbeinsetzung, Vermächtnis, Auflage) oder der kraft Gesetzes eingetretenen Erbfolge (Enterbung) den Bedachten mittelbar zu einem bestimmten Handeln, Dulden oder Unterlassen anhalten. Klassisches Beispiel für eine solche Klausel ist die Pflichtteilssanktionsklausel im Rahmen von Ehegattentestamenten oder -erbverträgen nach dem Berliner Modell (vgl § 2269 Rn 44 ff). Auch Wiederverheiratungsklauseln können als Verwirkungsklauseln ausgestattet sein. Der Inhalt derartiger Verwirkungsklauseln findet seine Grenze allein im Bestimmtheitserfordernis, im Gebot der Selbstbestimmung (§ 2065) und im Verbot unerlaubter oder sittenwidriger Bedingungen (vgl Rn 8 ff).

5 4. Unwirksamkeit von Bedingungen. a) Bestimmtheitserfordernis. Wegen des in § 2084 verankerten Grundsatzes der wohlwollenden Auslegung wird man wohl nur in ganz seltenen Fällen wegen mangelnder Bestimmtheit zur Nichtigkeit der bedingten Verfügung gelangen[8]. Dies gilt vor allem für **Straf- oder Verwirkungsklauseln.** Darunter sind alle einer Enterbung, einer Erbeinsetzung oder einem Vermächtnis beigefügten Bedingungen zu verstehen, die den gesetzlichen Erbteil bzw den Bestand der Zuwendung davon abhängig machen, dass der Bedachte alle Maßnahmen unterlässt, die den letzten Willen des Erblassers vereiteln. Soll das verbotene Verhalten den Verlust der Zuwendung herbeiführen, so ist diese auflösend bedingt, was gemäß § 2074 „im Zweifel" der Fall ist. Der Erblasser kann die Zuwendung aber auch unter eine aufschiebende Bedingung stellen (zB schriftlicher Verzicht auf das Pflichtteil nach dem Erbfall). Straf- und Verwirkungsklauseln sind in vollem Umfang nach den allgemein für letztwillige Verfügungen geltenden Grundsätzen auslegungsfähig. Der Inhalt muss durch erläuternde und ergänzende Auslegung festgestellt werden; der Grundsatz der wohlwollenden Auslegung (§ 2084) findet ebenfalls Anwendung. Selbst sehr vage formulierte Bedingungen (zB „wer Streit anfängt", „wer das Testament anficht", „wer sich den Bestimmungen dieses Testaments nicht unterwirft", „wer ungehorsam ist") müssen und können deshalb geltungserhaltend aus der dahinter stehenden Zweckrichtung, das mit der Verfügung von Todes wegen erstrebte wirtschaftliche Ergebnis zu sichern, ausgelegt werden[9]. Im Einzelfall ist zu ermitteln, welches konkrete Ereignis den Tatbestand verwirklicht (zB Anfechtung, Klageerhebung, bloße Behauptungen)[10]. Dabei ist zu beachten, dass das Fordern des Pflichtteils bei vagen Formulierungen ohne sonstige Anhaltspunkte den Bedingungseintritt in aller Regel nicht herbeiführt[11]. Dies gilt erst recht für ein vorausgehendes Auskunftsbegehren[12]. Selbst die Verwendung juristischer Fachbegriffe muss in eigenhändig verfassten Testamenten im Wege der Auslegung kritisch hinterfragt werden. In aller Regel meint in eigenhändigen Testamenten der Begriff der Anfechtung nicht die technische iS der §§ 2078 ff sondern jeden Angriff auf den Erblasserwillen[13]. Grds ist zu verlangen, dass der Bedachte in Kenntnis der Verwirkungsklausel gehandelt, also bewusst dagegen verstoßen hat[14]. Dabei macht es keinen Unterschied, ob der Bedachte persönlich oder durch einen Vertreter bzw Pfleger gehandelt hat[15].

6 b) Gebot der Selbstbestimmung (§ 2065). Der Erblasser muss gemäß § 2065 Geltung und Inhalt einer Verfügung selbst bestimmen. Er darf deshalb keinem anderen die Entscheidung überlassen, ob und wann die letztwillige Verfügung gelten soll (§ 2065 Abs 1). Dieses Gebot kann bei den grds zulässigen Potestativbedingungen Probleme bereiten. Insoweit wird auf § 2065 Rn 11 verwiesen.

7 c) Sittenwidrigkeit (§ 138). aa) Grundsätze. (1) Zuwendung. Die erbrechtliche Zuwendung selbst verstößt gegen die guten Sitten iS des § 138 Abs 1[16], wenn dadurch ein vergangenes oder künftiges, **sittenwidriges Verhalten des Empfängers** belohnt oder erreicht werden soll (zB Öffnen

---

[8] *Birk* DNotZ 1972, 284, 299; *Binz* S 59; krit *Staudinger/Otte* Rn 57.
[9] Vgl MünchKommBGB/*Leipold* Rn 30.
[10] Vgl OLG Dresden Rpfleger 1999, 276.
[11] *Lübbert* NJW 1988, 2706, 2713; MünchKommBGB/*Leipold* Rn 30; *Palandt/Edenhofer* Rn 8.
[12] BayObLG NJW-RR 1991, 394.
[13] OLG Dresden Rpfleger 1999, 276; *Palandt/Edenhofer* Rn 8.
[14] BayObLGZ 1962, 47, 57; 1990, 58; für Verzicht auf Bewusstsein: *Staudinger/Otte* Rn 60; für böswillige Gesinnung OLG Stuttgart OLGZ 1968, 246; OLG Braunschweig OLGZ 1977, 185.
[15] OLG Braunschweig OLGZ 1977, 185, 188.
[16] *Kroppenberg* DNotZ 2006, 86, 103 ff plädiert für eine Differenzierung zwischen der Inhaltskontrolle lebzeitiger und erbrechtlicher Rechtsgeschäfte, ohne jedoch Kriterien anzubieten.

der Pulsadern[17], Begehung einer Straftat)[18]. Nachdem § 1 S 1 ProstG den entgeltlichen Geschlechtsverkehr anerkannt hat, kann die Entlohnung per letztwilliger Verfügung („Geliebtentestament") entgegen der bisherigen Rspr[19] nicht mehr länger als sittenwidrig eingestuft werden[20]. Ist der Erblasser von der Betreuung oder Versorgung durch den Zuwendungsempfänger abhängig, so ist die Zuwendung nur dann sittenwidrig, wenn der Bedachte die Zuwendung unter **Ausnutzung des Abhängigkeitsverhältnisses** erwirkt hat[21]. Verletzt der Erblasser durch die Zuwendung seine **ehelichen oder elterlichen Pflichten,** so ist für den Vorwurf der Sittenwidrigkeit kein Raum, weil der Gesetzgeber diese Konflikte durch das Pflichtteils- und Unterhaltsrecht abschließend gelöst hat[22]. Der Erblasser ist auch nicht gehindert, eine Verfügung zugunsten eines Behinderten so auszugestalten, dass der Nachlass dem Zugriff des Trägers der Sozialhilfe dauerhaft und endgültig entzogen ist (**„Behindertentestament"**)[23]. Dies gilt auch für die Entscheidung der Eltern eines behinderten Kindes für die gegenseitige Vor- und die Einsetzung des behinderten Kindes zum Nacherben[24]. Auch das in Art 3 GG verankerte **Diskriminierungsverbot** schränkt die Testierfreiheit nicht ein[25], so dass auch willkürliche Entscheidungen des Erblassers grds anzuerkennen sind, und zwar selbst dann, wenn ihnen Motive zugrunde liegen, die einem Grundrechtsadressaten eine Differenzierung verbieten, etwa auf Grund Alter, Geschlecht, Beruf oder Religion[26]; s aber auch Rn 13.

(2) Bedingung. Das Problem der Sittenwidrigkeit stellt sich vor allem bei **Potestativbedingungen,** 8 die darauf zielen, den Bedachten zu einem bestimmten von seinem eigenen Willen abhängigen Verhalten zu veranlassen oder davon abzuhalten. Dazu gehören vor allem **Wiederverheiratungs- und Verwirkungsklauseln** für den Fall, dass jemand den letzten Willen des Erblassers angreift (zB Pflichtteilsforderung, Anfechtung). Die Grenzen solcher Bedingungen ergeben sich aus § 138. Dabei macht es keinen Unterschied, ob es sich um echte (aufschiebende oder auflösende) Bedingungen oder um Rechtsbedingungen, also Wirksamkeitsvoraussetzungen der Zuwendung oder sonstigen Verfügung selbst (Rn 1), handelt.

Der Erblasser hat bei der Ausgestaltung solcher Bedingungen Grenzen zu beachten, obwohl er 9 selbstverständlich berechtigt ist, die Zuwendung auch ganz zu unterlassen, und niemand einen Anspruch auf eine erbrechtliche Zuwendung erheben kann[27]. Allerdings gewährleistet die Erbrechtsgarantie des Art 14 Abs 1 GG auch das grds unentziehbare Recht der Abkömmlinge auf eine bedarfsunabhängige wirtschaftliche Beteiligung am Nachlass, das allerdings durch das geltende Pflichtteilsrecht in ausreichendem Maße geschützt ist[28]. Unbeschadet des Pflichtteils ist der Erblasser auf Grund der ihm durch Art 14 Abs 1 GG garantierten Testierfreiheit bei der Verfügung über seinen Nachlass nicht zur Orientierung an den allgemeinen gesellschaftlichen Überzeugungen oder an den Anschauungen der Mehrheit der Bevölkerung verpflichtet[29]. Er darf dabei seine persönlichen Wünsche und Vorstellungen frei umsetzen[30]. Dies schließt grds auch das Recht zur Beeinflussung des Zuwendungsempfängers ein. Dieses umfassende Verfügungsrecht kann jedoch mit den Freiheitsrechten des Bedachten kollidieren, und zwar dann, wenn sich die Einflussnahme des Erblassers auf die Lebensführung des Bedachten zur die freie Willensbildung ausschließenden **Fremdbestimmung** verstärkt[31]. In mittlerweile gefestigter Rechtsprechung zieht das BVerfG der durch Art 2 Abs 1 GG garantierten Vertragsfreiheit immer dann Grenzen, wenn die Vertragsparität gestört ist, also ein Partner den Vertragsinhalt faktisch einseitig so bestimmen kann, dass die Selbstbestimmung des anderen sich zur Fremdbestimmung verkehrt[32]. Auch wenn diese Rechtsprechung zur Privatautonomie bei Verträgen sich zwar nicht auf einseitige erbrechtliche Verfügungen übertragen werden kann, weil es bei diesen wesensgemäß keine Störung der Vertragsparität geben

---

[17] Vgl BayObLG FamRZ 1986, 606 f.
[18] *Staudinger/Otte* Vor §§ 2064 ff Rn 149 f.
[19] BGH NJW 1969, 1343; NJW 1970, 1273, 1274; FamRZ 1983, 53; BayObLG FamRZ 2002, 915; OLG Frankfurt FGPrax 1995, 66 f.
[20] *Staudinger/Otte* Vor §§ 2064 ff Rn 150; *Kroppenberg* DNotZ 2006, 86, 103 Fn 93.
[21] OLG Braunschweig FamRZ 2000, 1189 betr Betreuer; BayObLG NJW 1998, 2369, 2370 betr Betreuer; vgl BayObLG ZEV 2005, 345, 348 betr Generalbevollmächtigten; OLG Karlsruhe NJW 2001, 2804 betr Schenkung an Hausarzt.
[22] BayObLG FamRZ 1992, 226, 227; *Ramm* JZ 1970, 132; diff *Staudinger/Otte* Vor §§ 2064 ff Rn 160 ff; aA BGH NJW 1983, 674; BGHZ 111, 36, 40: „in besonders schwerwiegenden Ausnahmefällen"; *Lange/Kuchinke* § 35 IV 5 Fn 85: elterliche Pflicht.
[23] BGH NJW 1994, 248; NJW 1990, 2055; ebenso OLG Frankfurt ZEV 2004, 24, 26; OVG Saarlouis NotBZ 2006, 330, 331; krit *J. Mayer* DNotZ 1994, 347, 349 ff; abl *Raiser* MDR 1995, 237, 238; *Eichenhofer* JZ 1999, 226, 231; s auch § 2100 Rn 14.
[24] S zu dieser Gestaltung § 2100 Rn 19 unter Ziff 3; aA, aber ohne Begr *Ivo* ZErb 2004, 174, 176 Fn 28.
[25] BVerfG NJW 2000, 2495; einschränkend BGH NJW 1999, 566, 569: „nur in eng begrenzten Ausnahmefällen".
[26] *Brox* Rn 263; MünchKommBGB/*Mayer-Maly/Armbrüster* § 138 Rn 21; *Grunsky* JZ 1972, 766; vgl auch BGHZ 70, 313, 325 f; aA *Neuner* NJW 2000, 1822, 1828 betr Behinderung.
[27] *Keuk* FamRZ 1972, 9, 12 ff; krit dazu *Gutmann* NJW 2004, 2347, 2348; *Staudinger/Otte* Rn 32; *Schlüter* Rn 208; vgl zur Abschlussfreiheit bei Verträgen auch BVerfG NJW 2006, 1783, 1784; NJW 2001, 957, 958.
[28] BVerfG NJW 2005, 1561, 1563.
[29] BVerfGE 67, 329, 341; 91, 346, 358.
[30] BVerfG FamRZ 2000, 945, 946.
[31] Vgl MünchKommBGB/*Leipold* Rn 18.
[32] BVerfG NJW 2006, 1783, 1784 betr Versicherungsvertrag; NJW 2005, 2376, 2377 f betr Versicherungsvertrag; NJW 2005, 2363, 2365 f betr Versicherungsvertrag; NJW 2001, 957 = FamRZ 2001, 343 m Anm *Schwab* betr Ehevertrag; BVerfG NJW 2001, 2248 betr Ehevertrag; NJW 1994, 36, 38 f betr Bürgschaft.

§ 2074

kann, so gilt die dahinter stehende Überlegung, dass der Staat verpflichtet ist, den Bürger vor einer die Entscheidungsfreiheit ausschließenden Fremdbestimmung durch andere zu schützen, auch hier[33].

10 Das BVerfG hat sich in dem grundlegenden Lüth-Urteil zu den Grundrechten als „eine objektive Wertordnung, die als verfassungsrechtliche Grundentscheidung für alle Bereiche des Rechts gilt," bekannt und daraus abgeleitet, dass im bürgerlichen Recht ihr Rechtsgehalt vor allem bei Anwendung der Generalklauseln realisiert werden müsse[34]. Später wurden den Grundrechten verschiedentlich Schutzpflichten entnommen, die es der öffentlichen Gewalt gebieten, den Grundrechtsträger vor Verletzungen und Gefährdungen durch Dritte vor allem durch Private zu schützen, die selbst gar nicht Adressaten der Grundrechte sind. Die **mittelbare Drittwirkung** erschöpft sich allerdings nicht in dieser Schutzpflicht des Gesetzgebers. Diese trifft auch den Zivilrichter, der die Normen des bürgerlichen Rechts anwendet[35]. Letztlich lassen sich die Lehre von der mittelbaren Drittwirkung der Grundrechte und ihre Funktion als Schutzpflichten ohnehin nicht scharf voneinander trennen[36]. Im Ergebnis jedenfalls ist man sich weitgehend einig, dass bei der Auslegung unbestimmter Rechtsbegriffe sowie bei der Anwendung der Generalklauseln, vor allem der §§ 138, 242, das in den Grundrechten zum Ausdruck kommende Wertesystem als Maßstab der Entscheidung heranzuziehen ist. Die Generalklauseln dienen damit als „Einbruchsstellen" des Verfassungs- in das Zivilrecht[37]. Vor diesem Hintergrund kann die Rechtsordnung eine derartige Fremdbestimmung der vom Grundgesetz geschützten Freiheitsrechte des Bedachten nicht hinnehmen und muss deshalb der Testierfreiheit des Erblassers insoweit Grenzen setzen[38]. Die richterliche Kontrolle darf unter Berufung auf diese Generalklauseln aber nicht selbst zur Fremdbestimmung des Erblassers entarten, sondern ist nur in Fällen besonders schwerwiegender Eingriffe in Grundrechte des Bedachten eine Korrektur zulässig ist[39]. Deshalb ist „in dubio pro libertate" des Erblassers zu entscheiden[40].

11 **bb) Schutzbedürftige Grundrechte.** Schutzbedürftig sind zunächst alle Freiheitsrechte des Bedachten, die seine unabhängige, persönliche Lebensführung garantieren (zB Eheschließungsfreiheit, Berufsfreiheit, Religionsfreiheit). Diese **Persönlichkeitsrechte** sind umfassend gegen die Testierfreiheit des Erblassers abzuwägen. Dabei muss sich der Erblasser umso stärkere Beschränkungen seiner Testierfreiheit gefallen lassen, je stärker Persönlichkeitsrechte des Bedachten beeinträchtigt oder gefährdet werden[41]. Auch wird man zwischen den einzelnen Persönlichkeitsrechten eine Abstufung nach ihrer Bedeutung vornehmen müssen, so dass Einschränkungen der Berufsfreiheit oder der Freiheit, den Wohnsitz zu bestimmen, viel eher zu akzeptieren sind als Eingriffe in die Eheschließungs- oder Religionsfreiheit. Eingriffe in die persönliche Unversehrtheit des Bedachten wird man sogar völlig abzulehnen haben.

12 Bei den **vermögensbezogenen Freiheitsrechten** des Bedachten aus Art 2 Abs 1, 14 Abs 1 GG ist zu differenzieren[42]: Nachlassbezogene Bedingungen (zB Verfügungsverbot, Verwaltungsauflagen) sind Ausfluss der Testierfreiheit des Erblassers und daher nicht sittenwidrig. Wird der Bedachte darüber hinaus jedoch zu Dispositionen über eigenes Vermögen oder Rechte gezwungen (zB Verzicht auf Rechte, Aufwendungen aus seinem Eigenvermögen), so sind der Testierfreiheit des Erblassers unter besonders außergewöhnlichen Umständen Grenzen zu ziehen[43]. Die eigene Testierfreiheit des Bedachten wiederum wird durch das Erbrecht des BGB, insbesondere durch § 2302, umfassend und ausreichend geschützt, so dass ein Rückgriff auf § 138 von vorneherein ausgeschieden.

13 Dagegen rechtfertigen **diskriminierende Wirkungen** der Verfügung alleine nicht den Vorwurf der Sittenwidrigkeit solcher Bedingungen, und zwar selbst dann nicht, wenn sie einem unmittelbaren Grundrechtsadressaten gemäß Art 3 GG verboten wären[44]. Deshalb ist der Erblasser nicht zu einer Gleichbehandlung seiner Abkömmlinge verpflichtet[45]. Der Erblasser kann auch die Behinderung zum Anlass für eine zulässige, aber den Betroffenen benachteiligende Erbrechtsgestaltung nehmen[46]. Das zum Zwecke der Umsetzung einer europäischen RL Gesetz gewordene allgemeine Diskriminierungsverbot erfasst gemäß § 19 Abs 4 AGG ausdrücklich nicht das Erbrecht.

14 **cc) Eingriff.** Eine sittenwidrige Fremdbestimmung und damit ein Eingriff in die Freiheitsrechte ist ausgeschlossen, wenn der Bedachte ohnehin zu dem erwarteten Verhalten entschlossen oder doch innerlich bereit war[47].

15 Im übrigen müssen sowohl das erstrebte Verhalten als auch die Zuwendung von einer solchen **Erheblichkeit** für den Bedachten sein, dass sie objektiv dazu geeignet sind, dessen freie Willensent-

---

[33] Ähnlich *Gaier* ZEV 2006, 2, 4 f; vgl zur Differenzierung auch *Kroppenberg* DNotZ 2006, 86, 101 ff.
[34] BVerfGE 7, 198, 203 ff.
[35] BVerfG NJW 2006, 1783, 1784; vgl EGMR NJW 2005, 875, 878 Ziff 58 zur Europäischen Menschenrechtskonvention.
[36] *Canaris* AcP 184 (1984), 201, 225 ff, 232 ff; *Röthel* NJW 2001, 1334.
[37] *Gaier* ZEV 2006, 2, 4; abl *Isensee* DNotZ 2004, 754, 764 ff.
[38] Entgegen *Gutmann* NJW 2004, 2347, 2348 geht es nicht nur um ein „Interesse".
[39] Vgl BGH NJW 1999, 566, 568; s ausf Rn 15 ff.
[40] MünchKommBGB/*Leipold* Rn 20.
[41] Vgl *Erman/M. Schmidt* Rn 5.
[42] Vgl *Staudinger/Otte* Rn 61; für Beschränkung auf die Rechte zur persönlichen Lebensführung MünchKommBGB/*Leipold* Rn 18; *Keuk* FamRZ 72, 9.
[43] Vgl zum Pflichtteilsrecht MünchKommBGB/*Leipold* Rn 58.
[44] *Horsch* Rpfleger 2005, 285, 291 f unter Hinweis auf BVerfG NJW 2004, 2008; vgl dagegen EGMR NJW 2005, 875, 878 Ziff 58 zur Europäischen Menschenrechtskonvention; siehe dazu aber § 2084 Rn 13 und 43.
[45] BVerfG NJW 2005, 1561, 1563; NJW 1985, 1455.
[46] AA *Neuner* NJW 2000, 1822, 1828.
[47] *Thielmann* S 120 ff; *Keuk* FamRZ 1972, 12; s zum Erbverzicht *Isensee* DNotZ 2004, 754, 760.

scheidung weitgehend auszuschließen, damit überhaupt von einer grundrechtsrelevanten Fremdbestimmung ausgegangen werden kann[48]. Mit Recht wird deshalb die „Hohenzollern-Entscheidung" des BVerfG kritisiert, die im konkreten Fall bereits eine mittelbare Beeinflussung ausreichen lassen will[49]. Erforderlich ist vielmehr ein Druck auf den Zuwendungsempfänger, der ihm zwar nicht rechtlich, wohl aber faktisch die Möglichkeit der Entscheidungsfreiheit nimmt.

Bedingungen wie regelmäßiger Grabbesuch[50] oder Verweigerung des Zutritts zur Wohnung[51] sind deshalb von vornherein zu **geringfügig** um Einfluss auf die Willensentscheidung des Bedachten gewinnen zu können. Das Gleiche gilt für wertmäßig absolut geringe Zuwendungen[52]. **16**

Bei **höheren Vermögenswerten** kommt es zunächst auf die Relation der Zuwendung zum vorhandenen Vermögen des Bedachten an[53]. Es ist lebensfremd bei der Prüfung der zwanghaften Wirkung den Wert und die Bedeutung der Zuwendung für den Empfänger für unerheblich zu erklären, zumal auch faktische Eingriffe in Grundrechte entscheidungsrelevant sind[54]. Übersteigt die Zuwendung das beim Erbfall vorhandene Eigenvermögen des Zuwendungsempfängers, so wird man in aller Regel von einer massiven Einflussnahme ausgehen müssen. In allen anderen Fällen wird man unter Berücksichtigung der Lebensführung und der sonstigen Vermögensverhältnisse des Bedachten im Einzelfall untersuchen und feststellen müssen, ob die Zuwendung den Empfänger unter einen derartigen Entscheidungszwang setzt[55]. Im Rahmen dieser Abwägung ist der Richter nicht berechtigt, die Gerechtigkeitsvorstellungen des Erblassers durch seine eigenen zu ersetzen[56]. Sittenwidrigkeit und damit Nichtigkeit der Verfügung kann nur in besonders schwerwiegenden Ausnahmefällen angenommen werden[57]. Dabei sind an auflösende Bedingungen strengere Anforderungen zu stellen als an aufschiebende, weil diese nur das Ausbleiben der Zuwendung bewirken, jene aber zu Vermögensverlusten führen[58]. **17**

Der Eingriff beginnt in dem **Zeitpunkt,** in dem die Erwartung eines künftigen Vermögenserwerbs bei objektiver Betrachtung die freie Willensentscheidung des Bedachten ausschließt, und zwar unabhängig davon, ob die Bedingung diese Wirkung bereits bei der Errichtung oder erst später, unter Umständen sogar erst nach dem Erbfall entfaltet[59]. **18**

dd) Bedingte Zuwendungen. (1) Zulässige Bedingungen zur Nachlasssicherung. Nicht sittenwidrig sind danach alle Bedingungen, die im weitesten Sinne geeignet und bestimmt sind, den Bestand des Nachlasses beim Bedachten zu erhalten oder vor dem Zugriff Dritter zu schützen, und zwar selbst dann, wenn dadurch mittelbar Einfluss auf die persönliche Lebensführung des Bedachten genommen wird und weniger einschneidende Mittel (zB Testamentsvollstreckung, wohlwollende Pflichtteilsbeschränkung) zur Verfügung stehen[60]. Bei der Eignungsprüfung ist ein objektiver Maßstab anzulegen. **19**

Zulässig ist daher:
– die Aufforderung, einen **Gesellschaftsvertrag** mit einem bestimmten Inhalt abzuschließen[61].
– die Bedingung, **Gütertrennung** zu vereinbaren oder durch Ehevertrag den Nachlass aus dem Zugewinnausgleich auszunehmen[62].
– die Vereinbarung einer Klausel in einem gemeinschaftlichen Testament oder Erbvertrag zwischen Ehe- bzw Lebenspartnern, wonach bei Wiederheirat oder Eingehung einer neuen Lebenspartnerschaft durch den überlebenden Partner der Nachlass des zuerst verstorbenen ganz oder teilweise für Dritte – meist Abkömmlinge – gesichert werden soll; unbedenklich sind jedoch nur solche **Wiederverheiratungsklauseln,** die vor allem der Sicherung des Nachlasses dienen (sachliche Rechtfertigung) und darüber hinaus die Freiheit des überlebenden Partners nicht stärker einschränken als hierzu erforderlich ist (Verhältnismäßigkeit); mit diesen Grundsätzen unvereinbar ist beispielsweise eine Vorerbeneinsetzung des überlebenden Teils mit der Maßgabe, dass bei dessen Wiederheirat oder der Eingehung einer neuen Lebenspartnerschaft der Nacherbfall eintritt, ohne dass dessen Erb- und Pflichtteilsrechte am Nachlass des zuerst verstorbenen Partners durch Vermächtnisse, insbes Vorausvermächtnisse, ausreichend gewahrt sind[63].

---

[48] Vgl *Gaier* ZEV 2006, 2, 4 f.
[49] BVerfG NJW 2004, 2008 = FamRZ 2004, 765 m Anm *Staudinger*, unter Aufhebung von BGH NJW 1999, 566; OLG Stuttgart ZEV 1998, 185 m Anm *Otte*; abl *Gutmann* NJW 2004, 2347, 2348; *Kroppenberg* DNotZ 2006, 86, 95 ff; *Isensee* DNotZ 2004, 754, 761 f; zust *Paal* JZ 2005, 436, 441.
[50] Vgl BGHZ 42, 327.
[51] BayObLG FamRZ 2001, 1326, 1327.
[52] *Scheuren-Brandes* ZEV 2005, 185, 186 zieht die Grenze beim „angemessenen nachehelichen Unterhalt für die Dauer eines Jahres".
[53] AA *Gutmann* NJW 2004, 2347, 2348; *Isensee* DNotZ 2004, 754, 762.
[54] MünchKommBGB/*Leipold* Rn 20; *Staudinger*/*Otte* Rn 31 a; *Gaier* ZEV 2006, 2, 4; vgl dagegen aber *Gutmann* NJW 2004, 2347, 2348; *Isensee* DNotZ 2004, 754, 763.
[55] BVerfG NJW 2004, 2008, 2010.
[56] Vgl BGH NJW 1999, 566, 568.
[57] BGH NJW 1999, 566, 568; NJW 1983, 674.
[58] Ähnlich *Staudinger*/*Otte* Rn 34.
[59] *Horsch* Rpfleger 2005, 285, 290.
[60] MünchKommBGB/*Leipold* Rn 22, 24.
[61] OLG Stuttgart ZEV 1998, 225.
[62] Einschränkend bei nachvollziehbaren sachlichen Erwägungen MünchKommBGB/*Leipold* Rn 22.
[63] Vgl zu diesen Einschränkungen *Staudinger*/*Otte* Rn 44; *Scheuren-Brandes* ZEV 2005, 185, 186 ff *Otte* AcP 187 (1987), 603, 604; *Gaier* ZEV 2006, 2, 5; s zu den Grenzen auch §2269 Rn 42.

§ 2074

– die Verknüpfung von Zuwendungen mit **Verwirkungsklauseln,** die der Durchsetzung des letzten Willens dienen; sie können nur dann sittenwidrig iS des § 138 Abs 1 sein, wenn sie den Bedachten derart massiv unter Druck setzen, dass er auf die Geltendmachung gesetzlich zwingend ausgestalteter Rechte, die für ihn erhebliche Bedeutung besitzen, verzichtet[64]; siehe zu den praktisch häufigsten Pflichtteilssanktionsklauseln in gemeinschaftlichen Testamenten oder Erbverträgen von Ehepartnern § 2269 Rn 44 ff.
– eine **kaptatorische Verfügung,** bei der die Zuwendung davon abhängt, dass der Bedachte in einer bestimmten Weise über den Nachlass verfügt[65].
– eine Bedingung, die an die Zugehörigkeit oder den **Austritt aus einer Religionsgemeinschaft** anknüpft, wenn andernfalls Gefahr für den Bestand des Zuwendungsgegenstands besteht[66]; das Gleiche gilt für das Verlangen, den **Priesterberuf aufzugeben,** um zu vermeiden, dass der Nachlass oder Teile davon an die Religionsgemeinschaft fällt.
– eine Zuwendung, die eine erfolgreiche **Entziehungskur wegen einer Drogenabhängigkeit** voraussetzen, obwohl Eingriffe in die körperliche Unversehrtheit (zB Kastration eines Sexualstraftäters) eigentlich generell sittenwidrig sind (Rn 11), weil eine wohlwollende Beschränkung iS des § 2338 insoweit nur eine unvollständige Ersatzlösung darstellt.

20 **(2) Sittenwidrige Bedingungen.** Sittenwidrig sind dagegen alle Bedingungen, die erbrechtliche Zuwendungen in vollem Umfang von bestimmten persönlichkeitsbezogenen Entscheidungen des Bedachten abhängig machen, die in überhaupt keinem sachlichen Zusammenhang zum Zuwendungsgegenstand oder dessen Erhaltung stehen[67].

Sittenwidrig ist daher:
– das Verlangen nach **Heirat** einer bestimmten Person[68]; gleiches gilt für das Verlangen, die Heirat einer bestimmten Person zu unterlassen[69].
– die Forderung einer **Ehescheidung**[70].
– die Zuwendung mit einem Wechsel der **Konfession** zu verknüpfen[71]; gleiches gilt für das Verlangen nach **Eintritt in den Priesterstand**[72].
– die Bedingung, einer **politischen Partei** beizutreten oder diese zu verlassen.
– die Einflussnahme auf die Wahl eines **Berufs** oder des **Wohnsitzes,** es sei denn, die Besonderheiten des Zuwendungsgegenstands rechtfertigen ausnahmsweise diese Bedingung unter dem Gesichtspunkt der Nachlasssicherung[73].

21 **ee) Bedingung von Beschränkungen.** Anders ist dagegen zu urteilen, wenn nicht die Zuwendung in dieser Weise bedingt ist, sondern nur einzelne inhaltliche Regelungen mit solchen Ereignissen verknüpft sind (zB Befreiung des Vorerben entfällt mit der Heirat einer bestimmten Person). Macht der Erblasser diese Ereignisse nicht zur Bedingung der Zuwendung selbst sondern lediglich der Testamentsvollstreckung, so ist diese selbst dann nicht sittenwidrig, wenn sie im Rahmen der gesetzlichen Regeln für den Bedachten wirtschaftlich sehr nachteilig ausgestaltet ist[74]. Diese Beschränkungen muss der Erbe bzw Vermächtnisnehmer als Ausfluss der Testierfreiheit hinnehmen.

22 **ff) Irrelevanz der Motive.** Achtbare Motive oder subjektive Einschätzungen des Erblassers können einer objektiv verwerflichen Bedingung diesen Charakter nicht nehmen[75]. Umgekehrt sind Fälle denkbar, in denen der Inhalt der Zuwendung und/oder der Bedingung zwar nicht verwerflich sind, wohl aber der Zweck oder der Beweggrund des Erblassers. Vor allem im Falle von **Rassismus** können staatliche Organe nicht zur rechtlichen Durchsetzung entsprechender Verfügungen verpflichtet sein[76].

23 **gg) Wertewandel nach der Errichtung.** Umstritten ist die Behandlung der Fälle, in denen sich die Wertmaßstäbe nach der Errichtung der Verfügung gewandelt haben. Während die höchstrichterliche Rspr[77] für die Beurteilung der objektiven Voraussetzungen auch bei Verfügungen von Todes wegen auf den Zeitpunkt der Errichtung abstellt, legt das BVerfG[78] und die Lit[79] überwiegend mit Recht die Verhältnisse beim Erbfall zugrunde (ausf § 138 Rn 28).

---

[64] Ähnlich *Staudinger/Otte* Rn 61.
[65] *Staudinger/Otte* Rn 53 mwN.
[66] OLG Düsseldorf NJW 1988, 2615; aA *Smid* NJW 1990, 409, 416.
[67] MünchKommBGB/*Leipold* Rn 19; zu eng dagegen *Schlüter,* FG BGH, 1999, S 575, 584; *ders* Rn 208.
[68] Vgl *Soergel/Loritz* Rn 25 f; OLG Naumburg vom 3. 11. 1998, 9 U 110/98, unveröffentlicht.
[69] Vgl zu einer adligen Ebenbürtigkeitsklausel BVerfG NJW 2004, 2008; mit Recht aA *Isensee* DNotZ 2004, 754, 759 ff; *Gutmann* NJW 2004, 2347; zweifelnd MünchKommBGB/*Leipold* Rn 26; vgl zur Konsensualehe BayObLG ZEV 1997, 119 m Anm *Otte*.
[70] *Gutmann* NJW 2004, 2347, 2349; aA BGH FamRZ 1956, 130; MünchKommBGB/*Leipold* Rn 24; einschränkend *Lange/Kuchinke* § 35 IV 2.
[71] RGZ 21, 279; RG SeuffA 69, Nr 48; aA MünchKommBGB/*Leipold* Rn 24.
[72] BayObLG SeuffA 80 Nr 97.
[73] *Staudinger/Otte* Rn 51; MünchKommBGB/*Leipold* Rn 23.
[74] Vgl OLG Düsseldorf NJW 1988, 2615; MünchKommBGB/*Leipold* Rn 22.
[75] *Staudinger/Otte* Rn 37; ausf dazu *Thielmann* S 131 ff.
[76] Vgl *Soergel/Stein* § 1937 Rn 26; *Staudinger/Otte* Vor §§ 2064 ff Rn 156 f; *Mikat,* 2. FS Nipperdey, Bd 1, S 597 ff; *Horsch* Rpfleger 2005, 285, 292.
[77] BGH NJW 1987, 1878; NJW 1956, 865; OLG Stuttgart ZEV 1998, 185, 186; BayObLG ZEV 1997, 119, 120; offen gelassen in BGHZ 118, 128.
[78] NJW 2004, 2008, 2010 „Hohenzollern-Entscheidung".
[79] *Staudinger/Otte* Vor §§ 2064 ff Rn 179 ff; *Thielmann* S 154 ff mwN.

d) Unmöglichkeit. Ist der Bedingungseintritt objektiv unmöglich, so ist im Falle einer aufschiebenden Bedingung die damit verbundene Zuwendung insgesamt nichtig, wenn die Unmöglichkeit dem Erblasser bekannt war. War sie ihm dagegen nicht bekannt oder wird der Eintritt erst nach der Errichtung unmöglich, so fällt die Zuwendung dem Bedachten mit dem Erbfall bzw mit dem Zeitpunkt, in dem der Bedingungseintritt endgültig unmöglich wird, an, wenn sich ein entsprechender Erblasserwille feststellen lässt[80]. Handelt es sich um eine auflösende Bedingung, so führt die Unmöglichkeit des Bedingungseintritts zum Wegfall der Bedingung, während die Zuwendung wirksam bleibt[81]. 24

II. Rechtsfolgen aufschiebender Bedingungen gemäß § 2074

Diese Auslegungsvorschrift („im Zweifel") regelt für den Fall einer aufschiebend bedingten Zuwendung (Erbeinsetzung, Vermächtnis oder Auflage) nur den Fall, dass der Bedachte vor dem Eintritt der Bedingung gestorben ist. Bei Zuwendungen unter einer Befristung gilt § 163, nicht diese Vorschrift[82]. Mangels eines abweichenden Erblasserwillens ist die aufschiebend bedingte Zuwendung in vollem Umfang unwirksam, wenn der Bedachte vor dem Bedingungseintritt gestorben ist. 25

§ 2075 Auflösende Bedingung

Hat der Erblasser eine letztwillige Zuwendung unter der Bedingung gemacht, dass der Bedachte während eines Zeitraums von unbestimmter Dauer etwas unterlässt oder fortgesetzt tut, so ist, wenn das Unterlassen oder das Tun lediglich in der Willkür des Bedachten liegt, im Zweifel anzunehmen, dass die Zuwendung von der auflösenden Bedingung abhängig sein soll, dass der Bedachte die Handlung vornimmt oder das Tun unterlässt.

1. Normzweck. Hat der Erblasser eine Erbeinsetzung, ein Vermächtnis oder eine Auflage dadurch bedingt, dass der Bedachte fortgesetzt etwas tut (zB „die Mutter pflegt") oder unterlässt (zB „nicht trinkt", „nicht spielt"), jedoch offen gelassen, ob es sich um eine aufschiebende oder eine auflösende Bedingung handelt, so greift diese Auslegungsregel ein[1]. Im Falle einer aufschiebenden Bedingung käme der Bedachte bei einer derartigen Anordnung persönlich überhaupt nicht in den Genuss der Zuwendung, weil regelmäßig erst mit seinem Tod feststeht, ob er die Auflage eingehalten hat oder nicht. Gemäß § 2075 ist eine solche Bestimmung daher als auflösende Bedingung aufzufassen. Der Bedachte erhält damit die Zuwendung sofort. Diese entfällt jedoch iS einer auflösenden Bedingung, sobald der Bedachte der Auflage zuwiderhandelt. 1

2. Voraussetzungen. Voraussetzung ist die Zuwendung unter einer wirksamen **Potestativbedingung**. Wegen der Wirksamkeit derartiger Bedingungen wird zunächst auf § 2074 Rn 5 ff verwiesen. Das Verhalten muss nach dem Gesetzeswortlaut allein vom Willen des Bedachten abhängen, nicht aber von der Mitwirkung eines Dritten. Selbst bei einer Bedingung, einen anderen zu pflegen, ist dieses Kriterium problematisch, weil die Erfüllung dieser Auflage die Mitwirkung der zu pflegenden Person voraussetzt[2]. Das Gleiche gilt für eine Bedingung, der Bedachte müsse im Falle der Verheiratung Gütertrennung vereinbart haben[3]. In derartigen Fällen wird man jedoch, wenn feststeht, dass eine Bedingung gewollt ist, sich deren Art aber nicht durch Auslegung klären lässt, § 2075 analog anwenden müssen[4]. Die einschränkende Formulierung in § 2075 hat lediglich die Bedeutung, dass der Gesetzgeber im Falle der Abhängigkeit von der Mitwirkung eines Dritten keine Vermutungswirkung zugunsten einer Bedingung aufstellen wollte[5]. Steht der **Bedingungscharakter**, nicht jedoch deren Art bei einer Potestativbedingung fest, so macht es keinen Unterschied, ob das intendierte Verhalten ein fortgesetztes Tun oder Unterlassen oder ein einmaliges Ereignis ist. § 2075 ist daher mindestens analog auch auf derartige Bedingungen anzuwenden[6]. Bezeichnenderweise gelangen diejenigen, die die Anwendbarkeit des § 2075 insoweit ablehnen, auf Grund der allgemeinen Auslegungsgrundsätze zum gleichen Ergebnis[7]. Unter § 2075 fallen deshalb auch Verwirkungsklauseln, insbes für den Fall der Geltendmachung des Pflichtteils[8], sowie Wiederverheiratungsklauseln. Es macht schließlich auch keinen Unterschied, ob die Bedingung auf ein Verhalten von unbestimmter Dauer oder auf eine bestimmte Zeit gerichtet ist[9]. 2

3. Rechtsfolgen. Die Zuwendung fällt dem Bedachten mit dem Erbfall an, allerdings auflösend bedingt durch die Zuwiderhandlung. Mit dieser verliert die Zuwendung ex nunc ihre Wirksamkeit. Bei einer **Erbeinsetzung** tritt konstruktiv zwingend Nacherbfolge ein. Nacherben sind die vom Erblasser 3

---

[80] Vgl *Palandt/Edenhofer* Rn 3.
[81] *Palandt/Edenhofer* Rn 3.
[82] KG DNotZ 1955, 412.
[1] BayObLG NJW-FER 1998, 205: „Grundstück richtig bewirtschaftet".
[2] Vgl BayObLG FamRZ 1993, 1494; MünchKommBGB/*Leipold* Rn 3.
[3] Vgl KG OLG FamRZ 1968, 334 m krit Anm *Bosch*.
[4] *Staudinger/Otte* Rn 3; AnwK-BGB/*Beck* Rn 3.
[5] MünchKommBGB/*Leipold* Rn 1.
[6] Für unmittelbare Anwendung *Staudinger/Otte* Rn 3.
[7] Vgl MünchKommBGB/*Leipold* Rn 3.
[8] Vgl BayObLG FamRZ 1995, 1447, 1449; 1990, 1158; s auch § 2074 Rn 5.
[9] Einschränkend MünchKommBGB/*Leipold* Rn 4; für Anwendung von § 2074 AnwK-BGB/*Beck* Rn 4; Palandt/*Edenhofer* Rn 1.

bestimmten Personen. Fehlt eine solche Bestimmung, gilt § 2104. Die Nacherbfolge ist aufschiebend bedingt. Bis dahin hat der Bedachte die Verfügungsbefugnisse eines befreiten Vorerben, wenn und soweit kein abweichender Erblasserwille zu ermitteln ist[10]. Bei einem **Vermächtnis** entfällt dieses ersatzlos, wenn der Erblasser nicht ausdrücklich ein Nachvermächtnis (§ 2191) angeordnet hat. Das auf Grund eines wirkungslos gewordenen Vermächtnisses Erlangte ist gemäß § 812 Abs 1 S 2 von dem oder den Erben rückforderbar; ohne ausdrückliche Bestimmung des Erblassers brauchen die gezogenen Nutzungen nicht erstattet zu werden[11].

§ 2076 Bedingung zum Vorteil eines Dritten

Bezweckt die Bedingung, unter der eine letztwillige Zuwendung gemacht ist, den Vorteil eines Dritten, so gilt sie im Zweifel als eingetreten, wenn der Dritte die zum Eintritt der Bedingung erforderliche Mitwirkung verweigert.

I. Normzweck

1 Hat der Erblasser eine erbrechtliche Zuwendung (Erbeinsetzung, Vermächtnis, Auflage) von einem Unterlassen oder Tun des Beschwerten oder des Bedachten abhängig gemacht, so gilt für diese bedingte Verfügung die allgemeine Bestimmung des § 162. Verhindert derjenige, der durch die Bedingung benachteiligt wird, deren Eintritt, so fingiert § 162 Abs 1 deren Eintritt[1]. Führt dagegen der Begünstigte den Bedingungseintritt wider Treu und Glauben herbei, so vereitelt § 162 Abs 2 den Erfolg. Bei einer erbrechtlichen Zuwendung, die zum Vorteil eines Dritten von einer aufschiebenden Bedingung abhängt (zB Unternehmensvermächtnis unter der Bedingung, dass ein verdienter Mitarbeiter zum Einzelprokuristen bestellt wird), legt § 2076 den Willen des Erblassers ergänzend[2] dahin aus, dass die Bedingung auch dann eintritt, wenn der Dritte die erforderliche Mitwirkung verweigert (zB Mitarbeiter lehnt die Einzelprokura ab). Ein abweichender Erblasserwille hat Vorrang („im Zweifel").

II. Voraussetzungen

2 **1. Aufschiebende Bedingung.** Diese Ergänzungsregel gilt nur bei einer Begünstigung des Dritten durch eine **Bedingung**, nicht dagegen bei der Anordnung eines Vermächtnisses oder einer Auflage zu seinen Gunsten. Allerdings kann trotz der Annahme eines Vermächtnisses oder einer Auflage § 2076 zum Zuge kommen, wenn deren Erfüllung zusätzlich zur Bedingung der Zuwendung an den Bedachten gemacht worden ist[3]. Diese Regel gilt unmittelbar nur bei einer Zuwendung, die vom Eintritt einer aufschiebenden Bedingung abhängt. Siehe zu einer auflösend bedingten Zuwendung unten Rn 5.

3 Die Bedingung muss für den Dritten, nicht aber für den Bedachten oder den Erblasser, einen – nicht notwendigerweise geldwerten – **Vorteil** bringen, insbes Geld- und Sachleistungen, Dienstleistungen, Wohnungsgewährung oder die Einräumung von Rechten. Da die Eheschließung ein komplexes Gefüge von Rechten und Pflichten auslöst, kann eine entsprechende Bedingung nicht als Vorteilsgewährung iS des § 2076 angesehen werden[4]. Die Bedingung muss wirksam sein, also bestimmt genug und nicht sittenwidrig (ausf § 2074 Rn 5 ff). So ist beispielsweise die Bedingung, den Erblasser töten zu lassen, bereits nach § 138 nichtig[5].

4 Die **Verweigerung** der erforderlichen Mitwirkung muss die alleinige Ursache für die Nichterfüllung der Bedingung sein. Unter Verweigerung ist dabei jede Willensäußerung oder jedes Verhalten zu verstehen, aus der bzw dem sich der ernsthafte Wille des Dritten zur endgültigen Ablehnung ergibt. Scheitert die Erfüllung der Bedingung allein oder auch aus sonstigen Gründen (zB mangelnde Leistungsbereitschaft, Unmöglichkeit zur Erfüllung), so findet § 2076 keine Anwendung[6]. Im Unterschied zu § 162 kommt es im Rahmen des § 2076 nicht darauf an, ob die Verweigerung der Mitwirkung durch den Dritten treuwidrig ist.

5 **2. Auflösende Bedingung.** Diese Norm ist auf eine erbrechtliche Zuwendung unter einer auflösenden Bedingung analog anzuwenden. Hat der Erblasser den Fortbestand der erbrechtlichen Zuwendung davon abhängig gemacht, dass der Zuwendungsempfänger etwas für einen Dritten tut (zB pflegt, im Betrieb mitarbeitet), so gilt die auflösende Bedingung als nicht eingetreten, wenn der begünstigte Dritte den Zuwendungsempfänger am erforderlichen Handeln hindert[7].

---

[10] MünchKommBGB/*Leipold* Rn 5; *Zawar*, Das Vermächtnis in der Kautelarjurisprudenz, dargestellt am aufschiebend bedingten oder befristeten Vermächtnis, S 52.
[11] MünchKommBGB/*Leipold* Rn 6.
[1] OLG Hamm OLGZ 1968, 80, 85.
[2] MünchKommBGB/*Leipold* Rn 1.
[3] MünchKommBGB/*Leipold* Rn 2.
[4] MünchKommBGB/*Leipold* Rn 2; aA *Staudinger/Otte* Rn 3; *Palandt/Edenhofer* Rn 2; *Erman/M. Schmidt* Rn 2; AnwK-BGB/*Beck* Rn 4 ff; s zur Sittenwidrigkeit einer solchen Bedingung § 2074 Rn 20.
[5] *Staudinger/Otte* Rn 5; vgl dagegen BayObLG FamRZ 1986, 606.
[6] Vgl BayObLG FamRZ 1986, 606, 607.
[7] MünchKommBGB/*Leipold* Rn 3; *Staudinger/Otte* Rn 4.

III. Rechtsfolgen

Bei einer **aufschiebenden Bedingung** führt § 2076 dazu, dass die Bedingung mit der Verweigerung der Mitwirkung durch den Dritten als eingetreten gilt, der Bedachte mit diesem Zeitpunkt also die Zuwendung erhält. Handelt es sich dagegen um eine **auflösende Bedingung,** so kann der Bedachte die Zuwendung bedingungslos behalten.

§ 2077 Unwirksamkeit letztwilliger Verfügungen bei Auflösung der Ehe oder Verlobung

(1) ¹Eine letztwillige Verfügung, durch die der Erblasser seinen Ehegatten bedacht hat, ist unwirksam, wenn die Ehe vor dem Tode des Erblassers aufgelöst worden ist. ²Der Auflösung der Ehe steht es gleich, wenn zur Zeit des Todes des Erblassers die Voraussetzungen für die Scheidung der Ehe gegeben waren und der Erblasser die Scheidung beantragt oder ihr zugestimmt hatte. ³Das Gleiche gilt, wenn der Erblasser zur Zeit seines Todes berechtigt war, die Aufhebung der Ehe zu beantragen, und den Antrag gestellt hatte.

(2) Eine letztwillige Verfügung, durch die der Erblasser seinen Verlobten bedacht hat, ist unwirksam, wenn das Verlöbnis vor dem Tode des Erblassers aufgelöst worden ist.

(3) Die Verfügung ist nicht unwirksam, wenn anzunehmen ist, dass der Erblasser sie auch für einen solchen Fall getroffen haben würde.

Schrifttum: *Battes,* Zur Wirksamkeit von Testamenten und Erbverträgen nach der Ehescheidung, JZ 1978, 733; *Litzenburger,* Auslegung und Gestaltung erbrechtlicher Zuwendungen an Schwiegerkinder, ZEV 2003, 385; *J. Mayer,* Der Fortbestand letztwilliger Verfügungen bei Scheitern von Ehe, Verlöbnis und Partnerschaft, ZEV 1997, 280; *Muscheler,* Der Einfluß der Eheauflösung auf das gemeinschaftliche Testament, DNotZ 1994, 733; *Reimann,* Erbrechtliche Überlegungen aus Anlaß der Ehescheidung, ZEV 1995, 329; *Siber,* Das Geschiedenentestament, 2000; *Tappmeier,* Auslegung und Anfechtung der Verfügungen von Todes wegen, RG-Praxis, 1929, Bd III, S 350; *Tappmeier,* Erbeinsetzung und Bezugsberechtigung des Ehegatten aus einer Kapitallebensversicherung nach Scheidung der Ehe, DNotZ 1987, 715; *Wirtz,* Die erbrechtliche Position des Ehegatten im Scheidungsverfahren, 2003.

Übersicht

	Rn		Rn
I. Anwendungsbereich	1	b) Rechtshängiges Aufhebungs- oder Scheidungsverfahren	7
1. Zuwendung an Ehepartner bzw Verlobten	1		
2. Zuwendung an Partner einer nichtehelichen Lebensgemeinschaft	2	2. Verlöbnisauflösung (Abs 2)	10
		III. Vorrang des abweichenden Erblasserwillens (Abs 3)	11
3. Zuwendung an Partner bzw Verlobten einer gleichgeschlechtlichen Lebenspartnerschaft	3	1. Realer oder hypothetischer Wille	11
4. Zuwendung an Schwiegerkind	4	2. Aussöhnung oder Wiederheirat	12
5. Rechtsgeschäfte zugunsten des Ehepartners bzw Verlobten	5	IV. Rechtsfolge	13
II. Auflösungstatbestände	6	V. Beweisfragen	14
1. Eheaufhebung oder -scheidung (Abs 1)	6	VI. Recht in den neuen Bundesländern	15
a) Rechtskräftiges Urteil	6		

I. Anwendungsbereich

1. Zuwendung an Ehepartner bzw Verlobten. Diese Auslegungsregel[1] gilt für Erbeinsetzungen, Vermächtnisse und Auflagen. Nach dem Sinn dieser Vorschrift ist eine Anwendung nur auf solche Verfügungen zulässig, die nach der Eheschließung bzw Eingehung des Verlöbnisses getroffen sind[2]; für vorher errichtete Verfügungen gilt § 2077 nicht[3]. Diese Auslegungsregel greift dagegen auch dann ein, wenn bei Testamentserrichtung Erblasser und Bedachter bereits verlobt waren und danach geheiratet haben[4]. Hat der Erblasser in seinem Testament den Erben, Vermächtnisnehmer oder Auflagebegünstigten mit dem Wort „mein Ehemann" bzw „meine Ehefrau" oder einer gleichbedeutenden abstrakten Formulierung bezeichnet, so ist damit stets nur der bei Errichtung mit dem Erblasser verheiratete Ehepartner gemeint[5]. Entsprechendes gilt beim Verlöbnis zwischen künftigen Ehepartnern, also dem ernst gemeinten gegenseitigen Eheversprechen.

2. Zuwendung an Partner einer nichtehelichen Lebensgemeinschaft. Auf die Partner einer nichtehelichen Lebensgemeinschaft ist § 2077 nicht analog anwendbar, weil die darin zum Ausdruck

---

[1] BGH FamRZ 1960, 28; BayObLG FamRZ 1983, 1226, 1228; Schnabel S 26 ff mwN; dagegen für dispositive Rechtssatz: *Muscheler* DNotZ 1994, 733, 736 mwN.
[2] Vgl dazu BayObLG NJWE-FER 2001, 261 betr Verlöbnis.
[3] MünchKommBGB/*Leipold* Rn 6, 14; aA *Staudinger/Otte* Rn 6: Anlass; wohl auch BGH FamRZ 1961, 364, 366.
[4] BGH FamRZ 1961, 364, 366; BayObLG FamRZ 1993, 362.
[5] Vgl RGZ 134, 277, 281; *Lange/Kuchinke* § 34 VI 3 f Fn 202; *Soergel/Loritz* § 2071 Rn 4; *Damrau/Seiler/Rudolf* § 2071 Rn 5; aA *Lange* JherJb 82 (1932), 1, 24.

kommende Entscheidung, überhaupt nicht oder noch nicht heiraten zu wollen, keinen dem § 2077 vergleichbaren Schluss auf die Verknüpfung zwischen Partnerschaft und Zuwendung erlaubt[6]. Außerdem fehlt es bei diesen Partnerschaften an sicheren Anknüpfungspunkten für deren Beendigung, so dass erhebliche Rechtsunsicherheit die Folge einer analogen Anwendung wäre[7].

3. Zuwendung an Partner bzw Verlobten einer gleichgeschlechtlichen Lebenspartnerschaft. Im Unterschied zu einer nichtehelichen Lebensgemeinschaft findet § 2077 auf die Partner einer gleichgeschlechtlichen Lebenspartnerschaft iS des § 1 Abs 1 S 1 LPartG entspr Anwendung (§ 10 Abs 5 LPartG). Der Eheauflösung bzw -scheidung entspricht dabei die Aufhebung gemäß § 15 LPartG. Gemäß § 10 Abs 5 LPartG iVm § 2077 Abs 1 S 2 und 3 genügt es, wenn der verstorbene Lebenspartner die Aufhebung beantragt hatte und die Voraussetzungen des § 15 Abs 2 LPartG beim Tod gegeben sind. Gemäß §§ 1 Abs 3, 10 Abs 5 LPartG gilt § 2077 Abs 2 bei einem ernsthaften Versprechen, diese Partnerschaft einzugehen (Verlöbnis von Lebenspartnern), ebenfalls entsprechend. Deshalb kann auf die Ausführungen zu Rn 1 verwiesen werden.

4. Zuwendung an Schwiegerkind. § 2077 ist auf erbrechtliche Zuwendungen an Schwiegerkinder nach richtiger Auffassung des BGH nicht analog anwendbar[8], weil dafür oft andere Gründe ausschlaggebend sind als allein der Bestand der Ehe mit dem eigenen Kind, beispielsweise die Anerkennung besonderer Verdienste um das Vermögen der Schwiegereltern, die Erwartung persönlicher Betreuung bei Krankheit oder die Hoffnung auf gute Versorgung der Enkelkinder. Diesen Besonderheiten wird die Beweislastregel des § 2077 Abs 3 nicht gerecht. Auch § 2077 Abs 1 S 2 ist auf diese Fälle nicht zugeschnitten, weil bei ihnen eine Aussöhnung zwischen Kind und Schwiegerkind nach dem Tod des Erblassers noch möglich ist[9]. Bei derartigen Zuwendungen ist deshalb durch erläuternde oder ergänzende Auslegung (§ 2084 Rn 6 ff; 35 ff) zu ermitteln, ob sie vom Bestand der Ehe mit dem Kind abhängig sind. Fehlt jeglicher **Hinweis auf die Ehe** mit dem eigenen Kind, so ist in aller Regel von Fortbestand der erbrechtlichen Zuwendung auch bei der Scheidung vom eigenen Kind auszugehen. Ist dagegen das Schwiegerkind in einer Verfügung als „Ehefrau", „künftige Ehefrau"[10], „Schwiegersohn" usw aufgeführt, so ist eine **Erbeinsetzung** mit der Scheidung vom eigenen Kind regelmäßig unwirksam geworden. Bei **Vermächtnissen** wird man sich dagegen mit dieser einfachen Bezugnahme auf die Ehe mit dem Kind nicht begnügen dürfen und untersuchen müssen, ob hierfür andere Motive ausschlaggebend waren[11]. Bei der Gestaltung erbrechtlicher Zuwendungen an Schwiegerkinder sollte vor diesem Hintergrund unbedingt geregelt werden, ob und inwieweit diese vom Fortbestand der Ehe mit dem eigenen Kind abhängig sind, insbes ob sie auflösend bedingt iS der §§ 2074, 2075 für den Fall sind, dass die Ehe nach dem Erbfall geschieden wird[12]. Unter **erbschaftsteuerlichen Gesichtspunkten** sind unmittelbare Zuwendungen an Schwiegerkindern jedoch zu vermeiden, weil diese in der Steuerklasse II versteuert werden müssen (§ 15 Abs 1 ErbStG) und der Grundfreibetrag dabei nur 10 300 Euro beträgt (§ 16 Abs 1 Nr 4 ErbStG). Vorzuziehen sind mittelbare Zuwendungen über das eigene Kind, das dann unter Ausnutzung der günstigen Steuerklasse zwischen Ehegatten in Verbindung mit den hohen Freibeträgen das Vermögen oftmals steuerfrei weitergeben kann. Unmittelbare Zuwendungen an Schwiegerkinder sollten deshalb auf die Ersatzerbeinsetzung an Stelle des eigenen Kindes beschränkt werden, wenn die Ehe der beiden kinderlos geblieben ist.

5. Rechtsgeschäfte zugunsten des Ehepartners bzw Verlobten. § 2077 ist auf andere Rechtsgeschäfte, insbes auf Lebensversicherungsverträge, nicht entspr anzuwenden, weil die von selbst eintretende Nichtigkeitsfolge mit dem schutzwürdigen Vertrauen des Versicherers nicht vereinbar und eine Regelungslücke gar nicht vorhanden ist[13]. Bei Lebensversicherungen bedarf der bezugsberechtigte Ehegatte im Verhältnis zu dem Versicherten eines Rechtsgrundes, um die Versicherungssumme behalten zu dürfen. Mit dem Scheitern der Ehe fällt diese Geschäftsgrundlage im Valutaverhältnis regelmäßig weg, es sei denn, die Versicherung war gerade für diesen Fall als Unterhaltssicherung des Bezugsberechtigten bestimmt[14].

II. Auflösungstatbestände

1. Eheaufhebung oder -scheidung (Abs 1). a) Rechtskräftiges Urteil. Die Ehe kann unter den in §§ 1314, 1315 aufgeführten Voraussetzungen durch rechtskräftiges Urteil gemäß § 1313 aufgehoben werden. Diese **Eheaufhebung** ist mit Wirkung ab dem 1. 7. 1998 an die Stelle des Nichtigkeits- oder Aufhebungsurteils nach dem EheG getreten. Bei vor dem 1. 7. 1998 geschlossenen Ehen ist zusätzlich die Einschränkung des Art 226 Abs 1 EGBGB zu beachten. Mit Rechtskraft des Aufhebungsurteils (§ 1313 S 2) entfällt gemäß § 2077 Abs 1 S 1 die Wirksamkeit einer Zuwendung an den Ehepartner

---

[6] OLG Celle ZEV 2003, 328 m Anm *Leipold*; BayObLG FamRZ 1983, 1226; MünchKommBGB/*Leipold* Rn 15.
[7] BayObLG FamRZ 1983, 1226, 1228; MünchKommBGB/*Leipold* Rn 11; *de Witt-Huffmann*, Nichteheliche Lebensgemeinschaft, Rn 303; aA *Meier-Scherling* DRiZ 1979, 296, 299.
[8] BGH NJW 2003, 2095; *Litzenburger* ZEV 2003, 385, 388 f; aA OLG Saarbrücken NJW 1994, 589; *Leipold* ZEV 2003, 285; MünchKommBGB/*Leipold* Rn 5.
[9] *Litzenburger* ZEV 2003, 385, 389.
[10] Vgl OLG Saarbrücken NJW-RR 1994, 589.
[11] Ausf *Litzenburger* ZEV 2003, 385, 387 f.
[12] Vgl die Gestaltungsvorschläge von *Litzenburger* ZEV 2003, 385, 390.
[13] BGH NJW 1987, 3131; NJW 1995, 1082, 1084; aA MünchKommBGB/*Leipold* Rn 25 mwN.
[14] BGH NJW 1987, 3131.

der aufgelösten Ehe. Dieselbe Rechtsfolge tritt ein, wenn noch **vor dem 1. 7. 1998** die **Nichtigkeits- oder Aufhebungsklage** nach dem mit diesem Tag außer Kraft getretenen EheG erhoben (vgl Art 226 Abs 2 EGBGB) oder rechtskräftig hierüber entschieden worden ist. Auch mit Rechtskraft eines **Scheidungsurteils** entfällt gemäß § 2077 Abs 1 S 2 eine erbrechtliche Zuwendung an den geschiedenen Ehegatten. Wegen einer späteren Aussöhnung oder Wiederheirat wird auf Rn 12 verwiesen.

b) Rechtshängiges Aufhebungs- oder Scheidungsverfahren. Im Rahmen des § 2077 steht es 7 der Rechtskraft eines Aufhebungs- oder Scheidungsurteils gleich, wenn der Erblasser noch vor seinem Tod den zur Einleitung eines solchen Verfahrens erforderlichen **Antrag gestellt** oder, im Falle der Ehescheidung, dem Antrag des anderen **zugestimmt** hat. Das vom Erblasser eingeleitete Aufhebungs- oder Scheidungsverfahren muss rechtshängig sein, die bloße Einreichung bei Gericht genügt nicht. Auch der Eingang bei einem örtlich unzuständigen Gericht ist tatbestandsmäßig[15]. Unzureichend ist jedoch ein Antrag auf Prozesskostenhilfe[16]. Wird der Aufhebungs- oder Scheidungsantrag zurückgenommen oder die Zustimmung zur Scheidung wirksam widerrufen, tritt die Rechtsfolge des § 2077 Abs 1 nicht ein[17].

Das Einverständnis des Erblassers zum Scheidungsbegehren des überlebenden Ehepartners braucht 8 nicht unter Verwendung des Wortes "Zustimmung" erklärt zu werden[18]. Sie bedarf nicht der Form des § 630 ZPO, ein in einer vorbereitenden Schriftsatz des bevollmächtigten Rechtsanwalts ausreicht[19]. Auch eine einverständliche Scheidungsfolgenregelung gemäß § 630 ZPO ist entbehrlich[20]. Das eingeleitete Aufhebungs- oder Scheidungsverfahren hat nur aber auch immer dann die Rechtsfolge des § 2077 Abs 1, wenn es nach **materiellem Recht** zur Auflösung der Ehe geführt hätte[21].

Der Antragstellung durch den Erblasser steht es nicht gleich, wenn der bedachte Ehepartner das 9 Aufhebungs- oder Scheidungsverfahren rechtshängig gemacht hat. Der Scheidungsantrag des Bedachten hat nur unter der Bedingung die Wirkung des § 2077, dass der Erblasser ihm zugestimmt hat. Ist diese Zustimmung vom Erblasser erklärt worden, so entfällt die Zuwendung an den überlebenden Ehepartner selbst dann, wenn dieser seinen Antrag nach der Zustimmung wieder zurückgenommen hat. Diese Differenzierung zwischen den Folgen des Antrags bzw der Zustimmung des Erblassers und den bzw der des Bedachten sichert das Selbstbestimmungsrecht des Erblassers über die Fortgeltung seiner Verfügungen[22]. Die Aufhebungswirkung darf ihm vom Bedachten nicht aufgedrängt werden. Hinzukommen muss sowohl bei Aufhebung als auch bei Scheidung der Ehe noch, dass der Antrag Erfolg gehabt und die Ehe aufgelöst oder geschieden worden wäre[23]. Auf die unwiderlegbare Vermutung des § 1566 Abs 1 kann dabei nur zurückgegriffen werden, wenn auch eine Einigung über die Folgesachen gemäß § 630 Abs 1 Nr 2 und Nr 3 ZPO vorliegt[24]. Die vorstehenden Ausführungen gelten auch für noch vor dem 1. 7. 1998 rechtshängig gewordene **Ehenichtigkeits- oder Aufhebungsverfahren nach dem EheG aF** (vgl Art 226 Abs 2 EGBGB).

2. Verlöbnisauflösung (Abs 2). Das wirksam begründete Verlöbnis kann sowohl durch einvernehmliche Aufhebung als auch durch einseitige Rücktrittserklärung aufgelöst werden. Mit dem Wirksamwerden dieser Auflösungstatbestände entfällt gemäß § 2077 Abs 2 auch die Wirksamkeit einer Zuwendung des einen Verlobten an den anderen. Heiraten die Verlobten nach der Errichtung der Verfügung, so gilt Abs 1, wenn die Ehe später aufgehoben oder geschieden wird. Versöhnen sich die Verlobten nach der Auflösung des Verlöbnisses wieder, gilt das Gleiche wie im Fall der Aussöhnung oder Wiederheirat von Ehegatten (Rn 12). 10

III. Vorrang des abweichenden Erblasserwillens (Abs 3)

1. Realer oder hypothetischer Wille. Diese Auslegungsregel beruht auf dem Grundgedanken, dass 11 jede Zuwendung an den Ehegatten oder Verlobten des Erblassers ihre Rechtfertigung in der gültigen Ehe bzw in dem bestehenden Verlöbnis findet. Ein im Einzelfall festgestellter, abweichender Erblasserwille hat jedoch Vorrang. Auch wenn Abs 3 nur den hypothetischen Erblasserwillen nennt, ist doch auch der wirklich erklärte Wille zu beachten. Der Erblasser kann also den Eintritt der Rechtsfolge durch ausdrückliche Erklärung ausschließen[25]. Hat der Erblasser bei Errichtung des Testaments den Fall der Ehe- oder Verlöbnisauflösung nicht bedacht, so kommt es darauf an, wie sich der Erblasser entschieden hätte, hätte er den Fall der Ehe- oder Verlöbnisauflösung bedacht **(hypothetischer Erblasserwille).** Allein die Tatsache der Errichtung nach der Trennung, aber vor Beantragung der Scheidung reicht nicht aus, einen abweichenden Fortgeltungswillen anzunehmen[26].

---

[15] *Damrau/Seiler/Rudolf* Rn 5.
[16] *Staudinger/Otte* Rn 12; *Bock*, MittRhNotK 1977, 205, 207.
[17] *Soergel/Loritz* Rn 6.
[18] Vgl OLG Frankfurt NJW-RR 1990, 136; aA OLG Stuttgart NJW 1979, 662.
[19] Vgl OLG Frankfurt NJW-RR 1990, 136; *Bock* MittRhNotK 1977, 205, 208; aA OLG Zweibrücken OLGZ 1983, 160; *Damrau/Seiler/Rudolf* Rn 5.
[20] Vgl OLG Frankfurt NJW-RR 1990, 136; aA OLG Bremen FamRZ 1986, 833.
[21] OLG Zweibrücken Rpfleger 2000, 501.
[22] AA *Wirtz* S 147 ff, der Verletzung von Art 2 Abs 1, 6, 6 b annimmt, dabei aber das Wesen einseitiger Verfügungen und das Selbstbestimmungsrecht verkennt.
[23] Vgl OLG Zweibrücken Rpfleger 2000, 501; NJW 1995, 601.
[24] OLG Zweibrücken NJW 2001, 236.
[25] Ausf *J. Mayer* ZEV 1997, 280.
[26] OLG Zweibrücken FamRZ 1998, 1540.

12 **2. Aussöhnung oder Wiederheirat.** Nach hM kommt es dabei allein auf den **Zeitpunkt** der Testamentserrichtung an[27], so dass eine nachträgliche anderslautende Willensäußerung unbeachtlich ist, es sei denn, diese lässt selbst den Rückschluss auf einen bereits bei Errichtung vorhandenen abweichenden Erblasserwillen zu. Nach anderer Ansicht[28] ist auch der nachträgliche reale Wille des Erblassers zu berücksichtigen. Dieser Streit erlangt praktische Bedeutung, wenn sich die Ehegatten nach der Scheidung **aussöhnen** oder **erneut heiraten.** Die hM verwirft die spätere Aussöhnung als Ausdruck einer irrelevanten Willensänderung, weil deren Berücksichtigung mit der Formstrenge testamentarischer Verfügungen nicht zu vereinbaren sei[29]. Inkonsequenter Weise soll bei dem vergleichbaren Fall der Wiederheirat nach einem Teil der Literatur kein Fall des § 2077 vorliegen, so dass dann, wenn Erblasser und Bedachter sowohl bei Testamentserrichtung als auch beim Erbfall miteinander verheiratet waren, die Verfügungen wirksam sind[30]. Andere wiederum bleiben konsequent und kommen in beiden Fällen gleichermaßen gemäß § 2077 Abs 1 zur Unwirksamkeit der Verfügung, wenn und soweit nicht im Rahmen des Abs 3 ein abweichender hypothetischer Aufrechterhaltungswille des Erblassers festgestellt werden kann[31]. Da die bereits angeführte Mindermeinung ohnehin den nachträglichen (hypothetischen oder realen) Erblasserwillen beachtet und § 2077 deshalb nicht anwendet, bleibt die Verfügung sowohl bei Aussöhnung als auch bei Wiederheirat wirksam, sofern kein abweichender Erblasserwille festgestellt wird. Mit der hM können (formlose) **Willensänderungen,** die im Widerspruch zum festgestellten hypothetischen Willen zurzeit der Errichtung stehen, wegen der Formenstrenge des Erbrechts nicht beachtet werden. Folglich ist die Verfügung trotz der Aussöhnung oder der erneuten Verheiratung mit dem Bedachten gemäß § 2077 Abs 1 unwirksam, es sei denn, ein Wille zur Fortgeltung kann festgestellt werden. Formlose Willensäußerungen und sonstige Verhaltensweisen sind dabei als äußere Umstände im Rahmen der Ermittlung des hypothetischen Willens nur insoweit beachtlich, als von diesen auf den bei Errichtung vorhandenen Willen zurückgeschlossen werden kann. Während eine Zuwendung trotz Auflösung bzw Scheidung der Ehe oder des Verlöbnisses ein seltener Ausnahmefall sein wird[32], dürfte dagegen im Falle der Aussöhnung oder Wiederheirat der Wille des Erblassers nahe liegen, die Begünstigung aufrechtzuerhalten. Die praktischen Ergebnisse werden sich allerdings trotz des Streits nicht wesentlich voneinander unterscheiden[33].

IV. Rechtsfolge

13 Rechtsfolge des § 2077 ist die Unwirksamkeit einer Erbeinsetzung oder eines Vermächtnisses zugunsten des Ehepartners bzw Verlobten des Erblassers. Bei einer Auflage entfällt der Vollziehungsanspruch. Enthält das Testament auch Verfügungen zugunsten Dritter, so bleiben diese uneingeschränkt wirksam.

V. Beweisfragen

14 Der bedachte Ehegatte bzw Verlobte trägt die Beweislast dafür, dass der Erblasser die Verfügung auch für den Fall der Ehe- bzw Verlöbnisauflösung vor dem Erbfall getroffen haben würde[34]. Ein Verlobter ist ferner dafür beweispflichtig, dass das Verlöbnis bis zum Erbfall wirksam fortbestanden hat[35]. Hatte der Erblasser vor seinem Tod die Aufhebung oder Scheidung der Ehe beantragt, so trägt der bedachte Ehepartner die Beweislast dafür, dass die Ehe nicht aufgelöst oder geschieden worden wäre[36]. Im Erbscheinsverfahren trifft die Feststellungslast denjenigen, der sich auf die Weitergeltung der letztwilligen Verfügung beruft[37].

VI. Recht in den neuen Bundesländern

15 Ein vor dem 3. 10. 1990 in der ehemaligen DDR von Ehegatten errichtetes gemeinschaftliches Testament wurde gemäß § 392 Abs 3 ZGB seinem gesamten Umfang nach unwirksam, sobald die Ehe geschieden oder für unwirksam erklärt worden war. Ist die Ehe nach dem 2. 10. 1990 geschieden, nach dem EheG aF für nichtig oder für aufgehoben erklärt worden oder nach § 1313 aufgehoben worden, so gilt auch für ein aus der Zeit vor der deutschen Einheit stammendes gemeinschaftliches Testament § 2077 (vgl Art 235 § 2 S 1 EGBGB).

---

[27] BGH FamRZ 1960, 28, 29; FamRZ 1961, 364; BayObLG FamRZ 1996, 760, 762; *Staudinger/Otte* Rn 19; *Soergel/Loritz* Rn 17; MünchKommBGB/*Leipold* Rn 21; *Busse* MittRhNotK 1998, 225, 226.
[28] *Flume* AT S 337; *Kipp/Coing* § 23 V 4; *v.Lübtow* I S 293; *Siber,* FS RG VII, S 362 ff.
[29] Vgl MünchKommBGB/*Leipold* Rn 21 f.
[30] *Staudinger/Otte* Rn 19; *Soergel/Loritz* Rn 17; MünchKommBGB/*Leipold* Rn 23; *Busse* MittRhNotK 1998, 225, 227.
[31] KG FamRZ 1968, 217 m abl Anm *Bosch*; BayObLG FamRZ 1994, 193; *Soergel/Loritz* Rn 17; *Tappmeier* DNotZ 1987, 715, 717, 724.
[32] BayObLG FamRZ 1993, 362, 363; MünchKommBGB/*Leipold* Rn 17.
[33] Vgl *Kuchinke* DNotZ 1996, 306.
[34] BGH FamRZ 1960, 28; BayObLG Rpfleger 1987, 503.
[35] BayObLG Rpfleger 1987, 503.
[36] OLG Bremen FamRZ 1986, 833; vgl auch OLG Frankfurt FamRZ 1990, 136.
[37] BayObLG FamRZ 1993, 362; OLG Bremen FamRZ 1986, 833.

§ 2078 Anfechtung wegen Irrtums oder Drohung

(1) Eine letztwillige Verfügung kann angefochten werden, soweit der Erblasser über den Inhalt seiner Erklärung im Irrtum war oder eine Erklärung dieses Inhalts überhaupt nicht abgeben wollte und anzunehmen ist, dass er die Erklärung bei Kenntnis der Sachlage nicht abgegeben haben würde.

(2) Das Gleiche gilt, soweit der Erblasser zu der Verfügung durch die irrige Annahme oder Erwartung des Eintritts oder Nichteintritts eines Umstands oder widerrechtlich durch Drohung bestimmt worden ist.

(3) Die Vorschrift des § 122 findet keine Anwendung.

Schrifttum: *Bengel,* Zum Verzicht des Erblassers auf Anfechtung bei Verfügungen von Todes wegen, DNotZ 1984, 132; *Grunewald,* Die Auswirkungen eines Irrtums über politische Entwicklungen in der DDR auf Testamente und Erbschaftsausschlagungen, NJW 1991, 1208; *Heinz,* Die Anfechtung gemäß § 2078 Abs. 2 BGB wegen nicht bedachter Umstände, Diss Mannheim 1985; *Joussen,* Die erbrechtliche Anfechtung durch Minderjährige, ZEV 2003, 181; *Jung,* Die Testamentsanfechtung wegen „Übergehens" eines Pflichtteilsberechtigten, AcP 194 (1994), 42; *Keymer,* Die Anfechtung nach § 2078 II BGB und die Lehre von der Geschäftsgrundlage, Diss München 1984; *Leipold,* Der vergeßliche Erblasser und die Anfechtung, ZEV 1995, 99; *Pohl,* „Unbewußte Vorstellungen" als erbrechtlicher Anfechtungsgrund?, 1976; *Ritter,* Der Konflikt zwischen einer erbrechtlichen Bindung aus erster Ehe und einer Verfügung des überlebenden Ehegatten zugunsten eines neuen Lebenspartners, 1999; *Schubert/Czub,* Die Anfechtung letztwilliger Verfügungen, JA 1980, 257, 334; *Wasmuth,* Zur Korrektur abgeschlossener erbrechtlicher Sachverhalte im Bereich der ehemaligen DDR, DNotZ 1992, 3.

Übersicht

	Rn		Rn
I. Vorrang der Auslegung	1	IV. Verhältnis zur Anfechtung aus anderen Gründen oder wegen Erbunwürdigkeit	15
II. Anfechtungsgegenstand	2	V. Wirkung	16
III. Anfechtungsgründe	4	VI. Bestätigung einer anfechtbaren Verfügung	17
1. Irrtum in der Erklärungshandlung (Abs 1 Alt 2)	4	1. Bestätigung durch den Erblasser	17
2. Inhaltsirrtum (Abs 1 Alt 1)	5	2. Bestätigung nach dem Erbfall	18
3. Motivirrtum (Abs 2 Alt 1)	6	VII. Beweisfragen	19
a) Vorstellungen des Erblassers	7	VIII. Recht in den neuen Bundesländern	20
b) Abweichen der Wirklichkeit von den Vorstellungen	12		
c) Kausalität zwischen Irrtum und Verfügung	13		
4. Anfechtung wegen Drohung (Abs 2 Alt 2)	14		

I. Vorrang der Auslegung

Die Auslegung, auch die ergänzende, geht der Anfechtung vor[1]. Die Auslegung dient der Verwirklichung des Erblasserwillens, während die Anfechtung ihn vernichtet (§ 142). Eine zur Anfechtung berechtigende Diskrepanz zwischen dem Willen des Erblassers und seiner Erklärung oder zwischen dessen Vorstellungen und den wirklichen Umständen kann erst dann festgestellt werden, wenn zuvor sein wahrer Wille durch erläuternde und ergänzende Auslegung (s bei § 2084) ermittelt worden ist. 1

II. Anfechtungsgegenstand

Anfechtbar gemäß §§ 2078 ff ist nicht das gesamte Testament, sondern nur einzelne, mehrere und 2 unter Umständen auch alle darin enthaltenen letztwilligen Verfügungen[2]. Verfügungen in einem Testament und solche mit einseitigem Charakter in einem gemeinschaftlichen Testament oder in einem Erbvertrag können nur von anderen Personen als dem Erblasser angefochten werden, und zwar erst nach dessen Tod. Der Erblasser kann diese nämlich ohnehin jederzeit frei widerrufen, bedarf also keines Anfechtungsrechts. Bei einem gemeinschaftlichen Testament können darin getroffene wechselbezügliche Verfügungen vom Erblasser analog §§ 2281 bis 2284 und von jeder anderen Person gemäß §§ 2078 ff angefochten werden, allerdings erst nach dem Tod des Erstversterbenden, da bis dahin jeder Beteiligte seine Verfügungen frei widerrufen kann. Vertragsmäßige Verfügungen in einem Erbvertrag können vom Erblasser gemäß §§ 2281 bis 2284 und nach dessen Tod von anderen Personen gemäß §§ 2078 ff angefochten werden. Auch die Erbvertragsaufhebung gemäß § 2290 kann von Dritten auf diesem Weg angefochten werden (vgl § 2290 Rn 8). Schließlich unterliegen auch der Widerruf eines Testaments (§ 2254), der Widerruf durch Vernichtung (§ 2255)[3] sowie die Rücknahme eines öffentlichen Testaments aus der besonderen amtlichen Verwahrung (§ 2256)[4] der Anfechtbarkeit gemäß §§ 2078 ff. Der Umfang der Anfechtbarkeit hängt dabei davon ab, ob und in welchem Maße die

---

[1] BGH LM § 2100 Nr 1; NJW 1978, 264, 266; MünchKommBGB/*Leipold* Rn 9; krit dazu *Schubert/Czub* JA 1980, 258.
[2] RGZ 70, 391, 394; BGH NJW 1985, 2025, 2026.
[3] RGZ 102, 69; *Erman/M. Schmidt* Rn 4; aA *Lange/Kuchinke* § 23 III 2 b mwN.
[4] KG NJW 1970, 612; BayObLG Rpfleger 2005, 541; FamRZ 1990, 1404; *Erman/M. Schmidt* Rn 4; aA *v. Lübtow* NJW 1968, 1849; *Kipp/Coing* § 31 II 3.

§ 2078

Verfügung durch einen Irrtum oder eine Drohung beeinflusst worden ist. Das **Unterlassen** einer erbrechtlichen Verfügung wegen irriger Vorstellungen über die gesetzlichen Erbfolgeregeln (zB Erblasser hielt Ehepartner für gesetzlichen Alleinerben, weil keine gemeinsamen Abkömmlinge vorhanden sind), kann nicht angefochten werden[5].

3 Umstritten ist die analoge Anwendung auf **Schenkungsverträge zugunsten Dritter** auf den Todesfall[6]. Das Problem kann sich nur dann stellen, wenn das Schenkungsversprechen – ausnahmsweise – gemäß § 518 Abs 1 notariell beurkundet und das Widerrufsrecht ausgeschlossen ist und der Erblasser sich in einem Motivirrtum iS des § 2078 Abs 2 befunden oder einen Pflichtteilsberechtigten (§ 2079) übergangen hat. Die Ablehnung der analogen Anwendung führt zu dem merkwürdigen Ergebnis, dass sich der erbrechtlich gebundene Erblasser zwar vom Erbvertrag lösen könnte, nicht aber von einem Schenkungsvertrag zugunsten eines Dritten auf den Todesfall, obwohl beide Rechtsgeschäfte bei wirtschaftlicher Betrachtung auf dasselbe Ergebnis hinauslaufen. Entgegen dem obiter dictum des BGH[7] ist diese Ungleichbehandlung auch nicht durch den Vertrauensschutz des Schenknehmers zu rechtfertigen. Der Gesetzgeber beurteilt dessen Schutz an vielen Stellen ohnehin als nachrangig gegenüber den verschiedensten Interessen, etwa gegenüber dem Unterhaltsinteresse des Schenkgebers (§ 528), den Rechten der Pflichtteilsberechtigten (§ 2325 Abs 1) oder der Insolvenzgläubiger (§ 134 InsO). Deshalb sollten auf derartige Schenkungsverträge §§ 2078, 2079 analog angewendet werden[8]. Bei zu Lebzeiten zu vollziehenden Verträgen über die **vorweggenommene Erbfolge** (Übergabeverträge) scheidet die analoge Anwendung dagegen aus, weil dadurch unmittelbar Rechte und Pflichten des Erwerbers begründet werden, so dass ein höherer Vertrauensschutz als bei erbrechtlichen Zuwendungen gerechtfertigt ist[9].

III. Anfechtungsgründe

4 **1. Irrtum in der Erklärungshandlung (Abs 1 Alt 2).** Ein derartiger Irrtum liegt nur vor, wenn der Erblasser bei Errichtung der Verfügung eine Erklärung mit diesem Inhalt überhaupt nicht abgeben wollte. Praktische Bedeutung hat diese Alternative vor allem beim Verschreiben des Erblassers in einem eigenhändigen Testament, bei einem Irrtum des mitunterzeichnenden Ehegatten über den Inhalt des vom anderen eigenhändig geschriebenen gemeinschaftlichen Testaments oder bei einem Irrtum des Erblassers über den Inhalt einer dem Notar übergebenen Schrift. Da 2078 Abs 1 Alt 2 wörtlich mit § 119 Abs 1 Alt 2 übereinstimmt, kann in vollem Umfang auf die dortigen Ausführungen verwiesen werden. Anders als bei § 119 Abs 1 kommt es bei der erforderlichen Kausalität zwischen Irrtum und Verfügung nicht auf die Betrachtung aus der Warte eines objektiven Dritten, sondern allein auf die subjektive, unter Umständen sogar irrationale Sichtweise des Erblassers an[10].

5 **2. Inhaltsirrtum (Abs 1 Alt 1).** Beim Inhaltsirrtum muss der Erblasser bei Errichtung der Verfügung unzutreffende Vorstellungen über die Bedeutung seiner abgegebenen Erklärung gehabt haben. Ein solcher Inhaltsirrtum ist etwa zu bejahen bei einer falschen Vorstellung von den gesetzlichen Erbfolgeregeln[11], bei einer Verwechslung von Vor- und Nacherbschaft mit einem Nießbrauchsvermächtnis[12], bei Unwissenheit über die mit vertragsmäßigen Verfügungen in einem Erbvertrag verbundene Bindungswirkung[13], bei Nichterkennen der Tragweite eines Anfechtungsausschlusses für den Fall der Wiederverheiratung usw[14], bei Unkenntnis der zeitlichen Beschränkung einer Nacherbeneinsetzung[15] oder der Rechtsfolgen der Rücknahme eines notariellen Testament bzw Erbvertrags aus der Verwahrung[16]. Auch insoweit kann auf die Ausführungen zu dem wortgleichen § 119 Abs 1 Alt 1 verwiesen werden. Anders als bei § 119 Abs 1 kommt es bei der erforderlichen Kausalität zwischen Irrtum und Verfügung nicht auf die Betrachtung aus der Warte eines objektiven Dritten, sondern allein auf die subjektive, unter Umständen sogar irrationale Sichtweise des Erblassers an.

6 **3. Motivirrtum (Abs 2 Alt 1).** Die besonderen erbrechtlichen Anfechtungsregeln unterscheiden sich von den allgemeinen Bestimmungen der §§ 119 ff hauptsächlich durch die Zulassung der Anfechtung wegen eines sonst unbeachtlichen (vgl § 119 Abs 2) Motivirrtums (§ 2078 Abs 2 Alt 1). Diese Besonderheit hat ihren Grund darin, dass bei Verfügungen von Todes wegen die Übereinstimmung zwischen Wille und Rechtswirkung tragende Rechtsgrundlage ist und gegenüber dem Interesse Dritter an deren Bestand zurückzutreten hat. Allerdings ist gerade bei Anfechtungen der Grundsatz vom Vorrang der Auslegung (Rn 1) besonders sorgfältig zu beachten. Erst wenn den inneren Vorstellungen des Erblassers auch mit den Mitteln der Auslegung nicht zur Geltung verholfen werden kann, kommt

---

[5] *Lange/Kuchinke* § 36 II 1 a.
[6] Dafür: MünchKommBGB/*Leipold* Rn 16; *v. Hippel* NJW 1966, 867; dagegen: BGH NJW 2004, 767, 769 = ZEV 2004, 118, 120 m abl Anm *Leipold*; *Staudinger/Otte* Rn 4.
[7] NJW 2004, 767, 769.
[8] *Leipold* ZEV 2004, 121.
[9] MünchKommBGB/*Leipold* Rn 16; aA *Olzen*, Die vorweggenommene Erbfolge, 1984, S 203 ff.
[10] Vgl BGH FamRZ 1956, 83.
[11] RGZ 70, 391.
[12] RG LZ 20, 340.
[13] BayObLG NJW-RR 1997, 1027; OLG Hamm OLG FamRZ 1967, 697.
[14] BayObLG NJW-RR 1997, 1027.
[15] RG Recht 1919 Nr 2135.
[16] BayObLG Rpfleger 2005, 541; OLG München Rpfleger 2005, 606.

eine Anfechtung auf Grund des § 2078 Abs 2 Alt 1 in Betracht. Ihr Erfolg hängt dabei ganz entscheidend davon ab, dass die Fehlvorstellungen des Erblassers die getroffenen Verfügungen auch tatsächlich wesentlich (mit)beeinflusst haben. Beim Motivirrtum muss der Erblasser bei Errichtung der Verfügung mit der Wirklichkeit nicht übereinstimmende Vorstellungen gehabt haben, die für den konkreten Inhalt der Verfügung ursächlich waren. Im Einzelnen gilt Folgendes:

a) Vorstellungen des Erblassers. aa) Wirkliche Vorstellungen. Der Erblasser muss sich bei 7 Errichtung der Verfügung entweder bestimmte vergangene oder gegenwärtige Tatsachen vorgestellt, oder den Eintritt oder das Ausbleiben zukünftiger Tatsachen oder rechtlicher Wirkungen seiner Verfügung subjektiv erwartet haben. Nur auf derart wirkliche Vorstellungen oder subjektiv sichere Erwartungen des Erblassers kann eine Anfechtung gestützt werden. Hatte der Erblasser bereits bei Errichtung erhebliche Zweifel am Eintritt oder Ausbleiben bestimmter Tatsachen oder Rechtswirkungen, ohne diesem Zweifel bei Abfassung der Verfügung durch Bedingungen, Auflagen, Testamentsvollstreckung oder andere geeignete Anordnungen Rechnung zu tragen, so hat er das entsprechende Risiko bewusst in Kauf genommen. Diese Inkaufnahme des Risikos durch den Erblasser ist zu respektieren und schließt die Anfechtbarkeit aus.

bb) Selbstverständliche oder unbewusste Vorstellungen. Hat der Erblasser bei Errichtung der 8 Verfügung, den Eintritt oder das Ausbleiben zukünftiger Tatsachen oder rechtlicher Wirkungen erwartet, so ist umstritten, in welchem Umfang er sich dieser Ereignisse bewusst gewesen sein muss. Der Bogen der hierzu vertretenen Auffassungen reicht vom Ausschluss des Anfechtungsrechts, wenn sich der Erblasser dazu überhaupt keine Gedanken gemacht hat[17], bis hin zur völligen Gleichstellung der Gedankenlosigkeit mit wirklichen Vorstellungen[18]. Der BGH vertritt demgegenüber in ständiger Rspr eine vermittelnde Auffassung[19]. Danach berechtigen auch solche Vorstellungen und Erwartungen zur Anfechtung gemäß § 2078 Abs 1 Alt 1, die der Erblasser zwar nicht konkret bei Errichtung gehabt, aber dennoch als selbstverständlich seiner Verfügung zugrunde gelegt hat, sie also jederzeit in sein Bewusstsein hätte aufnehmen können[20]. Die Auffassungen in der Literatur reichen von Zustimmung zu dieser Rspr[21] bis zu der Meinung, man solle auch völlig unbewusste Vorstellungen und Erwartungen als Anfechtungsgrund zulassen, dann aber im Rahmen der Kausalitätsprüfung einen strengen Maßstab anlegen[22]. Letztlich läuft auch die zuletzt dargestellte Auffassung auf das gleiche Ergebnis wie die Rspr des BGH hinaus. Da derartige Vorstellungen dadurch gekennzeichnet sind, dass der Erblasser sie nicht geäußert hat, ist deren Feststellung im Einzelfall sehr problematisch. Gleichgültig ob man die Lösung über den Irrtumsbegriff oder über die Kausalität sucht, so wird – wie bei der eigentlich vorrangigen Auslegung – auf einen hypothetischen oder irrealen Willen abgestellt, der, da er – im Gegensatz zur Auslegung – in der Verfügung noch nicht einmal angedeutet sein muss, mit Hilfe der allgemeinen Lebenserfahrung ermittelt werden muss[23]. Auch die Rspr weicht trotz des Festhaltens am Ausgangspunkt der unbewussten Vorstellungen im konkreten Fall doch immer wieder auf die Frage aus, ob allein die enttäuschten Erwartungen den Erblasser zu einer anderen Verfügung veranlasst hätten oder ob deren Inhalt durch weitere Motive getragen werden[24]. Die tragende Funktion kommt daher allein der Kausalitätsprüfung zu, nicht dem Irrtumsbegriff.

cc) Gegenstand der Vorstellungen. Die Erblasservorstellungen können sich auf vergangene, 9 gegenwärtige oder zukünftige Tatsachen und Umstände aller Art beziehen. Sie müssen nicht die Person des Erblassers oder des Bedachten betreffen. Selbst eine Änderung der Gesetze (zB Änderung der gesetzlichen Erbfolgeregeln) oder der politischen oder wirtschaftlichen Verhältnisse (zB deutsche Einigung, Währungsverfall) kommen in Betracht. Der Irrtum kann sich auch auf vom Willen oder Handeln des Erblassers abhängige Umstände beziehen, solange er bei gewissen Formen nicht gegen Treu und Glauben verstößt[25]. Beispiele hierfür sind eine Heirat, die Eingehung einer nichtehelichen Lebensgemeinschaft[26] oder eine Adoption[27]. Demzufolge kann ein Motivirrtum gegeben sein, wenn der Erblasser angenommen hat, es bestehe ein bestimmtes Verwandtschaftsverhältnis zum Bedachten, das gestörte Verhältnis zu diesem werde sich nicht bessern[28], der Bedachte sei verheiratet[29] oder werde heiraten bzw nicht (wieder)heiraten[30], dieser werde eine bestimmte Ausbildung erfolgreich abschließen, er werde keiner bestimmten (religiösen) Sekte angehören[31] oder seine politische Einstellung ändern[32] bzw beibehalten, der Bedachte werde fortlaufend Zahlungen, bestimmte Dienste erbringen oder ihn

---

[17] RGZ 86, 206, 208.
[18] RGZ 77, 165, 174; *Kipp/Coing* § 24 II 2 b; *Brox/Walker* Rn 237; *Schlüter* Rn 234; *Staudinger/Otte* Rn 17; MünchKommBGB/*Leipold* Rn 29; *Soergel/Loritz* Rn 19.
[19] BGH WM 1971, 1153, 1155; FamRZ 1983, 898, 899.
[20] BGH WM 1971, 1153, 1155; FamRZ 1983, 898, 899.
[21] *Erman/M. Schmidt* Rn 7 f; *Palandt/Edenhofer* Rn 6.
[22] Vgl MünchKommBGB/*Leipold* Rn 27 ff.
[23] Vgl *Nieder*, HdB der Testamentsgestaltung, 2. Aufl, Rn 787.
[24] Vgl BGH NJW-RR 1987, 1412.
[25] BGH NJW 1952, 419; FamRZ 1973, 539.
[26] Ausf *Ritter* S 137 ff.
[27] Vgl BGH NJW 1970, 279.
[28] BayObLG NJW-RR 2002, 367, 370.
[29] BayObLG FamRZ 1984, 422.
[30] Vgl RG Recht 1924 Nr 649.
[31] OLG München NJW 1981, 2577.
[32] BGH FamRZ 1956, 83.

betreuen und pflegen[33], ein langjähriger Streit könne nicht beigelegt werden[34], ein erzeugtes Kind werde lebend zur Welt kommen[35], er selbst werde nicht mehr heiraten[36], seine Ehe werde harmonisch und glücklich verlaufen[37], der Bedachte werde keine Zerrüttung der Ehe verursachen[38] oder es werde ganz allgemein keine Unstimmigkeiten zwischen ihm und dem Bedachten kommen[39]. Auch falsche Vorstellungen über Wert[40] bzw Zusammensetzung[41] des eigenen Vermögens oder die Vermögensverhältnisse der Abkömmlinge[42] können einen Anfechtungsgrund darstellen.

10   **dd) Zeitpunkt und Vorstellungswandel.** Nur Fehlvorstellungen, die bereits zurzeit der Testamentserrichtung vorhanden waren, berechtigen zur Anfechtung[43]. Ein späterer Anschauungswandel muss unberücksichtigt bleiben, da andernfalls ein formloser Widerruf zugelassen würde[44]. Hat der Erblasser gegenüber dem Errichtungszeitpunkt beispielsweise seine eigene religiöse oder politische Überzeugung geändert, so ist dies rechtlich bedeutungslos, solange er seine ursprüngliche Verfügung nicht widerruft[45]. Das Gleiche gilt, wenn der Erblasser bis seinem Tod glaubte, es werde gesetzliche Erbfolge eintreten, weil er eine anderslautende, früher errichtete Verfügung vergessen hatte[46], oder wenn er nachträglich die Wirkung einer solchen Verfügung falsch einschätzt[47].

11   **ee) Feststellung in der Verfügung.** Die Vorstellungen des Erblassers brauchen nicht in der Verfügung zum Ausdruck gekommen sein. Im Unterschied zur Auslegung brauchen sie dort noch nicht einmal angedeutet worden zu sein[48]. Hat der Erblasser jedoch seine Beweggründe niedergelegt, so ist bis zum Beweis des Gegenteils davon auszugehen, dass er sich hiervon leiten ließ[49].

12   **b) Abweichen der Wirklichkeit von den Vorstellungen.** Ein Irrtum verlangt, dass zwischen Wirklichkeit und Vorstellungen eine Diskrepanz besteht, wobei deren Ursache völlig bedeutungslos ist. Der Gesetzeswortlaut lässt offen, ob auch erst nach dem Erbfall eingetretene Veränderungen noch einen Anfechtungsgrund darstellen. Nach einer in der Literatur vorherrschenden Meinung gebiete die Rechtssicherheit und der Vertrauensschutz, dass Entwicklungen nach dem Erbfall auf die Gültigkeit einer Verfügung keinen Einfluss mehr haben dürften[50]. Nach einer anderen Meinung ist dagegen auf das Wirksamwerden der Verfügung, also unter Umständen auf den Nacherbfall oder den Bedingungseintritt, abzustellen[51]. In der Rspr herrscht dagegen die zutreffende Auffassung vor, dass auch danach eintretende Wirklichkeitsänderungen zur Anfechtung berechtigen können, und zwar mit dem Argument, dass dem Vertrauensschutz durch die Anfechtungsfrist des § 2082 ausreichend Rechnung getragen sei[52]. Dieser Meinungsstreit hat vor dem Hintergrund der **deutschen Einheit** große praktische Bedeutung. Folgt man der Rechtsprechung, so können viele Verfügungen mit der Begründung angefochten werden, dass der Erblasser habe nicht mit der Änderung der politischen Verhältnisse im Zuge der deutschen Einheit gerechnet.

13   **c) Kausalität zwischen Irrtum und Verfügung.** Nach hier (vgl Rn 8) vertretener Auffassung steht im Mittelpunkt jeder Prüfung dieses Anfechtungsgrundes die Frage nach der Kausalität zwischen Irrtum und Verfügung. Anders als bei § 119 Abs 1 kommt es dabei nicht auf die Betrachtung aus der Warte eines objektiven Dritten, sondern allein auf die subjektive, unter Umständen sogar irrationale Sichtweise des Erblassers an[53]. Die irrige Vorstellung braucht dabei nicht der alleinige Beweggrund für die Verfügung gewesen zu sein. Bei einem Bündel von Motiven muss der irrtumsbedingte Beweggrund aber von so großem Gewicht sein, dass jedenfalls dieser nicht hinweggedacht werden kann, ohne dass auch die Verfügung entfiele[54]. Es ist dabei nur festzustellen, dass der Erblasser auf Grund seiner Betrachtungsweise die angefochtene Verfügung so nicht getroffen hätte. Bedeutungslos ist, ob er an deren Stelle eine andere gesetzt hätte und gegebenenfalls mit welchem Inhalt[55]. Lässt man nach hier vertretener Auffassung die Anfechtung auf der Basis sog unbewusster oder selbstverständlicher Vorstellungen ohne jede Einschränkung zu (Rn 8), so muss im Rahmen der Kausalitätsprüfung ein strenger

---

[33] BGH NJW 1952, 419; NJW 1963, 246, 248; FamRZ 1983, 898.
[34] OLG Köln FamRZ 1990, 1038.
[35] RG WarnR 1914 Nr 125.
[36] RGZ 148, 218.
[37] BayObLG NJW-RR 1990, 200, 201; vgl zur nichtehelichen Lebensgemeinschaft OLG Celle ZEV 2003, 328.
[38] BGH LM Nr 3.
[39] BGH NJW 1963, 246, 248; NJW-RR 1987, 1412.
[40] RG Recht 1912 Nr 449.
[41] OLG Stuttgart BWNotZ 1960, 49.
[42] RGZ 172, 83.
[43] BGH NJW 1965, 688.
[44] MünchKommBGB/*Leipold* Rn 32 gegen *H. Lange* JherJb 82 (1932), 1, 28 ff.
[45] OLG München NJW-RR 1989, 1410.
[46] BGH NJW 1965, 688.
[47] OLG Köln OLGZ 1970, 114.
[48] BGH NJW 1965, 584.
[49] BGH LM Nr 10; KG FamRZ 1977, 271; BayObLG FamRZ 1993, 1494, 1495.
[50] *Grunewald* NJW 1991, 1208, 1211; *Bestelmeyer* Rpfleger 1992, 321, 326; *Erman/M. Schmidt* Rn 9.
[51] MünchKommBGB/*Leipold* Rn 35.
[52] BGH DB 1966, 379; OLG Frankfurt FamRZ 1993, 613; LG Gießen DtZ 1993, 217, 218; vgl auch *Wasmuth* DNotZ 1992, 3, 10; *R. Meyer* ZEV 1994, 12, 14.
[53] BGH FamRZ 1956, 83.
[54] BGH FamRZ 1956, 83; FamRZ 1961, 364, 366.
[55] MünchKommBGB/*Leipold* Rn 39; aA *H. Lange* JherJb 82 (1932), 1, S 35 f.

Maßstab angelegt werden[56]. Wegen der Kausalität bei Angabe des Motivs in der Verfügung wird auf Rn 11 verwiesen. Hat der Erblasser bereits in der Verfügung von Todes wegen auf das Anfechtungsrecht aus konkret bezeichneten Gründen „verzichtet" oder dieses „ausgeschlossen", so entfällt insoweit die Kausalität zwischen Irrtum und Verfügung. Dies gilt aber nur in Bezug auf die konkret bezeichneten Umstände. Ein genereller Verzicht oder Ausschluss des Anfechtungsrechts durch den Erblasser ist dagegen unwirksam[57]. Zum nach Errichtung erklärten Verzicht auf das Anfechtungsrecht s Rn 17.

4. Anfechtung wegen Drohung (Abs 2 Alt 2). Ist der Erblasser rechtswidrig unter Ankündigung 14
eines künftigen Übels, auf dessen Eintritt oder Ausbleiben der Drohende Einfluss zu haben behauptete (Drohung), zu einer Verfügung veranlasst worden, so kann diese gemäß § 2078 Abs 2 Alt 2 angefochten werden. Die Drohung ist rechtswidrig, wenn entweder das angedrohte Übel (Mittel), der erstrebte Erfolg (Zweck) oder der Zweck-Mittel-Relation unerlaubt sind. Das fortgesetzte aufdringliche Bitten[58] reicht ebenso wenig aus wie der Widerspruch gegen die Verfügung[59]. Die Ankündigung einer Pflegeperson, einen hilfsbedürftigen Erblasser zu verlassen, dürfte dagegen regelmäßig die Anfechtung rechtfertigen, und zwar selbst im Falle des Fehlens einer Pflegepflicht[60]. Wer droht, ist für die Anfechtbarkeit ohne Bedeutung. Da der Tatbestand wörtlich mit § 123 Abs 1 übereinstimmt, kann auf die dortigen Ausführungen Bezug genommen werden.

IV. Verhältnis zur Anfechtung aus anderen Gründen oder wegen Erbunwürdigkeit

§ 2078 schließt als Spezialvorschrift für letztwillige Verfügungen eine Anwendung der Anfechtungs- 15
gründe des Allgemeinen Teils (§§ 119 ff) aus. § 2079, der die Anfechtung wegen Übergehens eines Pflichtteilsberechtigten betrifft, regelt einen besonderen Fall eines Motivirrtums, verzichtet jedoch im Unterschied zu § 2078 Abs 2 1. Alt auf die Notwendigkeit irgendwelcher Vorstellungen beim Erblasser. Beide Anfechtungstatbestände können nebeneinander angewendet werden. Das Gleiche gilt für die Anfechtung gemäß §§ 2078 ff und die Anfechtungsklage wegen Erbunwürdigkeit (§ 2342 Abs 1) bzw die Anfechtung wegen Vermächtnisunwürdigkeit (§ 2345 Abs 1).

V. Wirkung

Ist die Anfechtung vom Berechtigten[61] (§ 2080 bzw § 2281) ordnungsgemäß (§ 2081 bzw §§ 2282, 16
2283) und fristgerecht (§ 2082 bzw § 2283) gegenüber dem richtigen Adressaten erklärt worden, so ist die angefochtene letztwillige Verfügung von Anfang an, dh ab Errichtung, nichtig (§ 142 Abs 1), wenn und soweit ein Anfechtungsgrund gemäß §§ 2078, 2079 gegeben ist. Unwirksam ist eine angefochtene Verfügung jedoch nur in dem Umfang, in dem sie durch den Irrtum oder die Drohung kausal beeinflusst ist, so dass bei Teilbarkeit dieser Verfügung (zB Anfechtbarkeit einer auflösenden Bedingung oder der Festsetzung der Höhe eines Herauszahlungsbetrags) deren Rest wirksam bleibt (§ 2085). Da sich die Anfechtbarkeit nur auf die Einzelverfügungen, nicht aber auf die gesamte Verfügung von Todes wegen bezieht (vgl Rn 2), so bleiben die vom Irrtum oder der Drohung nicht beeinflussten weiteren Verfügungen in dem Testament usw wirksam. Die Wirkungen des Erbfalls treten so ein, als wäre die infolge Anfechtung nichtige Verfügung niemals getroffen worden. Dies gilt auch, wenn nur einer von mehreren Berechtigten die Verfügung angefochten hat[62]. Ist keine andere wirksame Verfügung des Erblassers vorhanden, so tritt gesetzliche Erbfolge ein, andernfalls gilt jene. Verliert eine vertragsmäßige Verfügung in einem Erbvertrag oder eine wechselbezügliche in einem gemeinschaftlichen Testament auf diesem Wege ihre Gültigkeit, so entfällt damit auch die erbrechtliche Bindungswirkung (§ 2271 Abs 2 bzw § 2289 Abs 1 S 1), so dass danach errichtete Verfügungen von Todes wegen wieder wirksam werden. Ist die nichtige Verfügung zugleich Basis einer postmortalen Vollmacht, so ist auch diese unwirksam[63].

VI. Bestätigung einer anfechtbaren Verfügung

1. Bestätigung durch den Erblasser. Umstritten ist, ob der Erblasser eine anfechtbare Verfügung 17
in einem Testament oder eine solche mit einseitigem Charakter in einem gemeinschaftlichen Testament oder in einem Erbvertrag nach der Errichtung in Anwendung des § 144 formfrei bestätigen kann[64], oder ob dieses Ergebnis nur durch eine neue formgebundene Verfügung von Todes wegen[65] oder mindestens eine formgerechte Erklärung, die frühere Verfügung aufrechterhalten zu wollen[66], erreicht werden kann. Mit Recht lehnt die hM die unmittelbare Anwendung des § 144 ab, weil der Erblasser gar nicht anfechtungsberechtigt ist. Eine gleichwohl in Betracht zu ziehende analoge Anwendung scheitert an der Bedingung der Vergleichbarkeit zwischen der Bestätigung anfechtbarer Rechtsgeschäfte

---

[56] *Schubert/Czub* JA 1980, 257, 262; MünchKommBGB/*Leipold* Rn 39; ähnlich BGH NJW-RR 1987, 1412.
[57] *Bengel* DNotZ 1984, 132, 138.
[58] RG Recht 1910 Nr 1395.
[59] BGH BWNotZ 1965, 348.
[60] MünchKommBGB/*Leipold* Rn 43.
[61] Ein Minderjähriger kann selbst anfechten, vgl *Joussen* ZEV 2003, 181, 184 ff.
[62] BGH NJW 1985, 2025, 2026; aA MünchKommBGB/*Leipold* § 2080 Rn 8.
[63] MünchKommBGB/*Leipold* Rn 49; offen gelassen von OLG Köln Rpfleger 1992, 299, 300.
[64] *Lange/Kuchinke* § 36 V 2 mwN.
[65] BayObLG Rpfleger 1975, 242; *Bengel* DNotZ 1984, 132, 134; *Kipp/Coing* § 24 VII 1.
[66] OLG Hamm FamRZ 1994, 1062, 1065 mwN.

im Allgemeinen und anfechtbarer letztwilliger Verfügungen im Besonderen. Anders als bei Rechtsgeschäften unter Lebenden kann ein Streit über die erfolgte oder unterlassene Bestätigung erst nach dem Tod des Erblassers, also oft geraume Zeit später entschieden werden. Die Gründe, die generell für die Formgebundenheit der Verfügungen von Todes wegen genannt werden, sprechen daher gleichzeitig gegen die Zulassung einer formfreien Bestätigung. Mit der hM ist daher aus Gründen der Rechtssicherheit zu fordern, dass der Erblasser nur durch eine formgerechte neue Verfügung von Todes wegen die anfechtbare Anordnung bestätigen kann. Die teilweise zugelassene formgerechte Äußerung des Aufrechterhaltungswillens stellt in Wahrheit nichts anderes als eine neue Verfügung von Todes wegen dar. Die formlose Bestätigung ist aber möglicherweise eine Indiz für die fehlende Kausalität zwischen Irrtum bzw Drohung und Verfügung[67].

18   **2. Bestätigung nach dem Erbfall.** Der Anfechtungsberechtigte kann dagegen nach dem Erbfall in Anwendung des § 144 formfrei auf sein Anfechtungsrecht durch Bestätigung verzichten[68]. Hat nur einer von mehreren Berechtigten die anfechtbare Verfügung bestätigt, so kann diese gleichwohl noch von den übrigen angefochten werden.

VII. Beweisfragen

19   Im Erbscheinsverfahren beschränkt sich die Amtsermittlungspflicht nur auf von den Beteiligten vorgetragene Anfechtungsgründe[69]. Die Feststellungslast trifft in diesem Verfahren den Antragsteller, der sich auf eine wirksame Anfechtung beruft. Im Zivilprozess trägt hierfür derjenige die Beweislast, der aus der Anfechtung Rechte für sich herleiten will, meist also der Anfechtende selbst[70]. Es sind alle Beweismittel zugelassen. Auch mündliche Äußerungen des Erblassers, die keinen Niederschlag in einer Verfügung von Todes wegen gefunden haben, sind zu berücksichtigen[71].

VIII. Recht in den neuen Bundesländern

20   Bei Erbfällen zwischen dem 1. 1. 1976 und dem 3. 10. 1990 richtet sich die Anfechtbarkeit letztwilliger Verfügungen nach § 374 Abs 1 ZGB. Obwohl diese Bestimmung den Motivirrtum nicht erwähnt, bestand und besteht Einigkeit darüber, dass auch dieser zur Anfechtung berechtigt[72]. In diesen Fällen hat die Anfechtung gemäß § 374 Abs 2 durch Klageerhebung zu geschehen[73]. Bei Erbfällen nach dem 2. 10. 1990 gelten selbst dann die Anfechtungsregeln der §§ 2078 ff, wenn das Testament vor dem 3. 10. 1990 unter Geltung des Erbrechts der ehemaligen DDR errichtet worden ist[74].

§ 2079 Anfechtung wegen Übergehung eines Pflichtteilsberechtigten

¹Eine letztwillige Verfügung kann angefochten werden, wenn der Erblasser einen zur Zeit des Erbfalls vorhandenen Pflichtteilsberechtigten übergangen hat, dessen Vorhandensein ihm bei der Errichtung der Verfügung nicht bekannt war oder der erst nach der Errichtung geboren oder pflichtteilsberechtigt geworden ist. ²Die Anfechtung ist ausgeschlossen, soweit anzunehmen ist, dass der Erblasser auch bei Kenntnis der Sachlage die Verfügung getroffen haben würde.

Schrifttum: S auch bei § 2078. *Reinicke,* Die Wirkungen der Testamentsanfechtung durch den übergangenen Pflichtteilsberechtigten, NJW 1971, 1961; *Tiedtke,* Die Auswirkungen der Anfechtung eines Testaments durch den übergangenen Pflichtteilsberechtigten, JZ 1988, 649.

I. Anfechtungsgrund

1   **1. Vorhandensein eines Pflichtteilsberechtigten.** Als Pflichtteilsberechtigte kommen nur (leibliche oder adoptierte) **Abkömmlinge** des Erblassers, dessen **Ehepartner** oder dessen **Eltern** in Frage, die ohne die angefochtene Verfügung von Todes wegen zu gesetzlichen Erben berufen wären (§ 2303). Ein solcher Pflichtteilsberechtigter ist vorhanden, wenn er zurzeit des Erbfalls lebt oder mindestens erzeugt ist (§ 1923 Abs 2).

2   **2. Übergehen. a) Nichterwähnung.** Der Pflichtteilsberechtigte ist unstreitig dann übergangen, wenn er in der angefochtenen Verfügung überhaupt nicht erwähnt, also weder enterbt noch als Erbe eingesetzt oder mit einem Vermächtnis bedacht worden ist[1]. Soll sich dagegen die Zuwendung nach der gesetzlichen Erbfolge richten, ist der Pflichtteilsberechtigte nicht übergangen worden[2]. Von einem

---

[67] Vgl OLG Celle ZEV 2003, 328, 329; BayObLG FamRZ 2002, 915, 917; Rpfleger 1975, 242; *Nieder,* Handbuch der Testamentsgestaltung, 2. Aufl, Rn 792.
[68] MünchKommBGB/*Leipold* Rn 51; *Staudinger/Otte* § 2080 Rn 25; aA *Kipp/Coing* § 24 VII 2.
[69] BayObLGZ 1962, 47, 53.
[70] BayObLG FamRZ 1977, 347; KG FamRZ 1977, 271.
[71] BGH NJW 1965, 584.
[72] BGH NJW 1994, 582, 583.
[73] BGH NJW 1994, 582, 583; aA *Bestelmeyer* DtZ 1994, 99.
[74] *Staudinger/Otte* Vor §§ 2064 ff Rn 190, 194, § 2078 Rn 49; aA *Kuchinke* DtZ 1996, 194, 199.
[1] OLG Karlsruhe ZEV 1995, 454; BayObLG ZEV 1994, 106, 107.
[2] BGH ZEV 1995, 456.

Übergehen kann deshalb auch dann nicht gesprochen werden, wenn der Pflichtteilsberechtigte auf Grund der gesetzlichen Auslegungsregel des § 2088 in Ansehung des nicht verfügten Nachlassteils als Erbe eingesetzt ist[3]. Eine Anfechtbarkeit kann sich in diesem Fall jedoch aus § 2078 ergeben.

b) Enterbung. Die Enterbung durch den Erblasser schließt ein Übergehen iS des § 2079 S 1 von vorneherein aus. Dies gilt selbst dann, wenn die Enterbung erst im Wege ergänzender Auslegung der Verfügung des Erblassers entnommen werden kann. Ist die Enterbung jedoch lediglich die mittelbare Rechtsfolge der vollständigen anderweitigen Verteilung des Nachlasses durch den Erblasser an andere Personen, so ist der (mittelbar) enterbte Pflichtteilsberechtigte gemäß § 2079 S 1 übergangen worden[4].

c) Zuwendung unterhalb des Pflichtteils. Einigkeit besteht darüber, dass ein Pflichtteilsberechtigter nicht übergangen ist, wenn er mit einem über dem gesetzlichen Erbe liegenden Erbteil oder Vermächtnis in der Verfügung bedacht worden ist. Umstritten ist jedoch, ob auch eine hinter dem gesetzlichen Erbteil zurückbleibende Zuwendung gemäß § 2079 anfechtbar ist, wenn der Erblasser zum Zeitpunkt der Verfügung nichts von der Pflichtteilsberechtigung des Bedachten wusste. Die Gerichte haben in ständiger Rspr § 2079 restriktiv ausgelegt und die Anfechtbarkeit auch dann verneint, wenn der Berechtigte mit einem unter dem Erbteil liegenden Erbe oder Vermächtnis bedacht worden ist[5]. Nach der überwiegend in der Literatur vertretenen Auffassung sind auch mit weniger als dem gesetzlichen Erbteil Bedachte iS des § 2079 übergangen und damit auf Grund dieser Vorschrift zur Anfechtung berechtigt[6]. Eine vermittelnde Auffassung will nur bei „ganz geringfügigen" Zuwendungen ein Übergehen annehmen, also § 2079 anwenden[7]. Die zuletzt genannte Auffassung bietet jedoch kein sicheres Auslegungskriterium und gefährdet damit die Rechtssicherheit, die § 2079 eigentlich schaffen will. Auch die in der Literatur überwiegend vertretene Auffassung führt in den Tatbestand des § 2079 S 1 ein dem Wortlaut fremdes quantitatives Element ein[8]. Die danach notwendige Differenzierung zwischen Zuwendungen, die den Erbteil überschreiten, und denen, die darunter bleiben, bereitet dabei im Einzelfall unter Umständen erhebliche Schwierigkeiten (zB Vermächtnis mit Untervermächtnis zur Betreuung eines anderen in alten und kranken Tagen) und gefährdet damit die Rechtssicherheit ebenfalls[9]. Zwar ist der Wortlaut der Norm unergiebig[10], jedoch sprechen Funktion und Systematik der Anfechtungstatbestände in §§ 2078, 2079 für die von der Rspr vertretene, restriktive Auslegung. Das Anfechtungsrecht dient nicht der Sicherung der wirtschaftlichen Interessen des Pflichtteilsberechtigten, sondern soll ein Auseinanderfallen von Erblasserwille und Erklärungsinhalt verhindern. Deshalb kann es für die Anfechtung keinen Unterschied machen, ob der Bedachte mehr oder weniger erhalten hat, als ihm bei gesetzlicher Erbfolge zugestanden hätte. Entscheidend ist, ob der Erblasser bei Errichtung der Verfügung an die Person als solche gedacht hat. Nur dann, wenn er diese völlig übersehen hatte, ist die Beweiserleichterung gemäß § 2079 (vgl Rn 9) gerechtfertigt. Ist die Pflichtteilsberechtigte vom Erblasser zwar bedacht worden, und sei es auch noch so geringfügig, so kann der Berechtigte immer noch mit dem Anfechtungsrecht des § 2078 Abs 2 geltend machen, dass die Zuwendung größer ausgefallen wäre, wenn der Erblasser nicht nur die Person, sondern auch die Tatsache der späteren Pflichtteilsberechtigung (zB Heirat, Adoption) in seine Überlegungen mit einbezogen hätte[11]. Dafür allerdings trägt der Pflichtteilsberechtigte dann die Beweislast.

3. Irrtum. a) Unkenntnis der Person und/oder der Pflichtteilsberechtigung. Der Erblasser darf gemäß § 2079 S 1 Alt 1 zurzeit der Errichtung der Verfügung weder vom Vorhandensein der Person als solches, noch von deren Pflichtteilsberechtigung etwas gewusst haben. Hierher gehören zunächst Fälle, in denen dem Erblasser die Geburt eines Abkömmlings nicht bekannt war, oder in denen er eine Person irrtümlich für tot hielt. Die Anfechtbarkeit ist ferner gegeben, wenn der Erblasser bei Errichtung zwar von der Existenz der Person wusste, nicht dagegen von deren Pflichtteilsberechtigung. Eine Unkenntnis der Pflichtteilsberechtigung liegt dann vor, wenn der Erblasser die tatsächlichen Umstände (zB Verwandtschaftsgrad), aus denen sie sich ergibt, nicht kannte. Waren dem Erblasser diese Tatsachen jedoch bekannt, glaubte er jedoch irrtümlich, der Berechtigte habe kein Pflichtteilsrecht (sog Rechtsirrtum), so kann die Verfügung nach hM ebenfalls gemäß § 2079 angefochten werden[12]. Der Grund des Nichtwissens ist für die Anfechtbarkeit bedeutungslos. Erfährt der Erblasser nach der Errichtung von der Person und/oder der Pflichtteilsberechtigung, so lässt dieser Umstand den Anfechtungsgrund des S 1 nicht entfallen, kann jedoch in Verbindung mit der Aufrechterhaltung der Verfügung einen abweichenden Erblasserwillen iS des § 2079 S 2 belegen.

b) Spätere Geburt oder Pflichtteilsberechtigung. Die Verfügung ist auch dann anfechtbar, wenn der Pflichtteilsberechtigte erst nach der Errichtung geboren wird (§ 2079 S 1 Alt 2). Das Gleiche gilt, wenn die Person zwar zurzeit der Errichtung bereits vorhanden war, aber erst danach pflichtteils-

---

[3] MünchKommBGB/*Leipold* Rn 5; aA RGRK/*Johannsen* Rn 12.
[4] MünchKommBGB/*Leipold* Rn 5; aM OLG Hamburg FamRZ 1990, 910, 911; vgl auch *Staudinger/Otte* Rn 3.
[5] RGZ 50, 238, 239 f; 148, 218, 223; BayObLG ZEV 1994, 106, 107; OLG Hamm NJW-RR 1994, 462; OLG Celle NJW 1969, 101; s auch *Schubert/Czub* JA 1980, 257, 261; *Staudinger/Otte* Rn 5 mwN.
[6] *Graf* ZEV 1994, 109; *Ebenroth/Koos* ZEV 1995, 457; *Lange/Kuchinke* § 36 III 4 b; MünchKommBGB/*Leipold* Rn 7.
[7] OLG Karlsruhe ZEV 1995, 454 m abl Anm *Ebenroth/Koos*; *Erman/M. Schmidt* Rn 3; *Palandt/Edenhofer* Rn 3.
[8] BayObLG ZEV 1994, 106, 107.
[9] OLG Karlsruhe ZEV 1995, 454, 456 m abl Anm *Ebenroth/Koss*.
[10] Einerseits BayObLG ZEV 1994, 106, 107; andererseits *Lange/Kuchinke* § 36 III 4 b.
[11] OLG Karlsruhe ZEV 1995, 454, 456.
[12] RG WarnR 1927 Nr 35; *Staudinger/Otte* Rn 7; *Soergel/Loritz* Rn 4; aA MünchKommBGB/*Leipold* Rn 10.

berechtigt geworden ist. Die Ursache kann darin bestehen, dass vorgehende gesetzliche Erben vor dem Erbfall sterben oder der Erblasser heiratet[13] oder einen anderen adoptiert[14]. Dies kann aber auch die Folge einer Gesetzesänderung sein (zB das am 1. 7. 1970 in Kraft getretene NEhelG)[15]. Entsteht das Pflichtteilsrecht nach der Errichtung durch Heirat des Erblassers oder Adoption, so schließt dies die Anfechtbarkeit nur unter besonderen Umständen aus, nämlich dann, wenn das beherrschende Motiv die treuwidrige Schaffung eines Anfechtungsgrundes ist[16]. Ist das Anfechtungsrecht lediglich willkommener Nebeneffekt, so ist dessen Ausübung nicht ausgeschlossen[17].

4. Vorrang des feststellbaren Erblasserwillens. Hätte der Erblasser die angefochtene Verfügung auch dann getroffen, wenn er von der Pflichtteilsberechtigung im Zeitpunkt der Errichtung gewusst hätte, so ist die Anfechtung gemäß S 2 ausgeschlossen. Im Unterschied zum Anfechtungsrecht gemäß § 2078 wird im Rahmen des § 2079 die Kausalität zwischen der Unkenntnis der Pflichtteilsberechtigung und der Verfügung kraft Gesetzes vermutet. Das Gesetz geht also davon aus, dass die Unkenntnis der Pflichtteilsberechtigung einer Person bestimmend für die Verfügung ist. Diese Vermutung entfällt jedoch, wenn ein entgegenstehender realer oder hypothetischer Erblasserwille festgestellt werden kann[18]. Wie bei § 2078 ist dabei allein die Sichtweise des Erblassers maßgebend, also unter Umständen auch irrationale Überlegungen. Es kommt auf den Willen zurzeit der Errichtung der Verfügung an[19]. War im **Zeitpunkt** der Errichtung für den Erblasser absehbar, dass er heiraten werde oder einen anderen adoptieren werde, so ist regelmäßig davon auszugehen, dass er diesen Umstand bei der Verfügung bereits berücksichtigt hatte[20]. Bei der Feststellung des hypothetischen Erblasserwillens gemäß § 2079 S 2 darf kein anderer Umstand geprüft werden als die Kenntnis von der Pflichtteilsberechtigung[21]. Hätte der Erblasser aus anderen Überlegungen heraus die Verfügung nicht getroffen, so ist die Anfechtung über § 2078 eröffnet, nicht über § 2079. Wegen der Bedeutung eines im Testament vom Erblasser erklärten „Verzichts" wird auf § 2078 Rn 13 und wegen der „Bestätigung" durch Aufrechterhaltung trotz Kenntniserlangung von der Pflichtteilsberechtigung wird auf § 2078 Rn 17 verwiesen.

II. Wirkung

Die Anfechtung ist nur wirksam, wenn der Berechtigte (§ 2080 bzw § 2281), wobei ein Minderjähriger selbst zur Anfechtung berechtigt ist[22], wegen Übergehens eines Pflichtteilsberechtigten gemäß § 2079 S 1 ordnungsgemäß (§ 2081 bzw § 2282) und fristgerecht (§ 2082 bzw § 2283) die Anfechtung erklärt hat. Umstritten ist dabei jedoch, ob damit die gesamte Verfügung von Todes wegen (Testament, gemeinschaftliches Testament oder Erbvertrag) unwirksam ist[23], oder nur die einzelne Verfügung, die den Pflichtteilsberechtigten vom gesetzlichen Erbrecht ausschließt[24]. Nach beiden Auffassung gebührt jedoch dem Erblasserwillen der Vorrang. Der Unterschied zwischen beiden Auffassungen beschränkt sich im wesentlich auf die – nicht zu unterschätzende – Beweislastfrage. Kann ein hypothetischer Wille nämlich nicht sicher festgestellt werden, so führt die zuerst genannte Auffassung zur Unwirksamkeit auch aller den Berechtigten nicht betreffenden Verfügungen, während bei der Gegenmeinung nur den gesetzlichen Erbteil ausschließende Verfügungen unwirksam werden, also Regelungen in Bezug auf Dritte weiter gelten. Der Zweck des § 2079, nämlich den Pflichtteilsberechtigten zu schützen, rechtfertigt es richtiger Ansicht nach nicht, den Erblasserwillen gänzlich zu vernichten. Die Wirkung beschränkt sich daher auf die Nichtigkeit der Verfügungen nur in dem Umfang, dass dem Pflichtteilsberechtigten der gesetzliche Erbteil verbleibt. Im Übrigen kann wegen der Wirkungen auf § 2078 Rn 16 verwiesen werden.

III. Beweisfragen

Die gesetzliche Vermutung für die Kausalität zwischen Verfügung und Unkenntnis der Pflichtteilsberechtigung führt hinsichtlich der Beweislast zu einem gravierenden Unterschied gegenüber § 2078. Die Beweislast für einen davon abweichenden realen oder hypothetischen Erblasserwillen trägt danach derjenige, der sich auf die Gültigkeit der Verfügung beruft, also der Anfechtungsgegner[25]. Diese Vermutung streitet für den Anfechtenden, so dass im Falle der Nichtaufklärbarkeit der subjektiven Einstellung des Erblassers allein der Beweis der objektiven Tatbestandselemente der Anfechtung zum Erfolg verhilft.

---

[13] BayObLG FamRZ 1983, 952.
[14] OLG Hamburg FamRZ 1990, 910.
[15] Vgl BGH NJW 1981, 1735.
[16] BGH FamRZ 1970, 79, 82; MünchKommBGB/*Leipold* Rn 12.
[17] AA OLG Hamburg MDR 1965, 139.
[18] Vgl BayObLG ZEV 2001, 314.
[19] BGH NJW 1981, 1735.
[20] BayObLG FamRZ 1992, 988.
[21] BGH LM Nr 1.
[22] vgl *Joussen* ZEV 2003, 181, 184 ff.
[23] BayObLGZ 1971, 147; 1980, 42, 49; OLG Frankfurt NJW-RR 1995, 1350; *Tiedtke* JZ 1988, 649; *Kipp/Coing* § 24 III 1 b; ähnlich *Reinicke* NJW 1971, 1961, 1962 f; diff *Staudinger/Otte* Rn 12 ff.
[24] OLG Köln NJW 1956, 1522; LG Darmstadt JZ 1988, 671; *Soergel/Loritz* Rn 9; MünchKommBGB/*Leipold* Rn 24; *Jung* AcP 194 (1994), 42, 77 ff.
[25] OLG Frankfurt NJW-RR 1995, 1350; OLG Karlsruhe ZEV 1995, 454, 456.

§ 2080 Anfechtungsberechtigte

(1) Zur Anfechtung ist derjenige berechtigt, welchem die Aufhebung der letztwilligen Verfügung unmittelbar zustatten kommen würde.
(2) Bezieht sich in den Fällen des § 2078 der Irrtum nur auf eine bestimmte Person und ist diese anfechtungsberechtigt oder würde sie anfechtungsberechtigt sein, wenn sie zur Zeit des Erbfalls gelebt hätte, so ist ein anderer zur Anfechtung nicht berechtigt.
(3) Im Falle des § 2079 steht das Anfechtungsrecht nur dem Pflichtteilsberechtigten zu.

I. Anwendungsbereich

Die Berechtigung zur Anfechtung ergibt sich in allen Fällen, in denen diese nach dem Tod des Erblassers erfolgt, aus § 2080, und zwar ohne Rücksicht darauf, ob sich diese auf Verfügungen in einem **Testament**, in einem **gemeinschaftlichen Testament** oder in einem **Erbvertrag** bezieht. In den beiden zuletzt genannten Fällen ist es auch belanglos, ob die Anfechtung einseitige oder bindende Verfügungen betrifft. Bei einseitigen Verfügungen ist ein Anfechtungsrecht des Erblassers wegen dessen Recht zum Widerruf von vorneherein unzulässig. Bei wechselbezüglichen bzw vertragsmäßigen Verfügungen in einem gemeinschaftlichen Testament bzw Erbvertrag ergibt sich die Befugnis zur Selbstanfechtung durch den Erblasser aus § 2281. Die Anfechtung durch Dritte vor dem Tod des Erblassers ist in allen Fällen unzulässig. 1

II. Anfechtungsberechtigung

1. Unmittelbare Begünstigung. a) Rechtlicher Vorteil. Zur Anfechtung berechtigt ist nur, wer im Falle der Nichtigkeit der angefochtenen Verfügung ohne Dazwischentreten weiterer Umstände selbst einen rechtlichen Vorteil erlangt[1]. Rechtlicher Vorteil ist ein **Erbrecht** (zB Anfechtung der Erbeinsetzung eines anderen durch einen gesetzlichen Erben), ein Anspruch aus einem **Vermächtnis** (zB Anfechtung des Widerrufs eines Vermächtnisses durch Vermächtnisnehmer), der Wegfall einer **Beschwerung** (zB Anfechtung eines Vermächtnisses, einer Auflage oder einer Testamentsvollstreckung durch einen Erben), einer (auflösenden oder aufschiebenden) **Bedingung** oder eines **Verfügung- und Verwaltungsrechts** (zB Anfechtung des Widerrufs einer Testamentsvollstreckung durch den Testamentsvollstrecker oder einer Verwaltungsbeschränkung durch die Eltern). Da die **Auflage** dem dadurch Begünstigten keinen rechtlichen Anspruch gewährt, kann deren Widerruf nicht durch diesen, wohl aber durch denjenigen, der den Vollzug verlangen kann, angefochten werden[2]. Erhält der Anfechtende durch die Vernichtung der angefochtenen Verfügung ein **Gestaltungsrecht**[3] oder ein **Gestaltungsklagerecht** (zB Erbunwürdigkeitsklage), so liegt bereits darin eine rechtliche Besserstellung iS des § 2080 Abs 1[4]. Wegen der rechtlichen Vorteilhaftigkeit kann ein **Minderjähriger** gemäß § 107 ohne Einwilligung des gesetzlichen Vertreters anfechten[5]. 2

b) Unmittelbarkeit. Dieses Kriterium schränkt das Anfechtungsrecht weiter ein. Sobald der rechtliche Vorteil vom Dazwischentreten weiterer Umstände abhängt (zB Tod eines vorgehenden gesetzlichen Erben), entfällt diese Berechtigung. Hängt der Eintritt der Begünstigung von einem Umstand ab, der rechtlich Rückwirkung auf den Erbfall hat (zB Ausschlagung, Anfechtung, Erbunwürdigkeitserklärung), so fehlt es nicht an der Unmittelbarkeit, wenn die Ausschlagung erklärt wird, die Anfechtung Erfolg hat oder die Erbunwürdigkeitserklärung ergeht. 3

2. Einschränkungen. a) Personenbezogener Irrtum iS des § 2078. Ein derartiger Irrtum liegt immer dann vor, wenn sich der Erblasser über eine Eigenschaft oder ein vergangenes, gegenwärtiges oder künftiges Verhalten einer Person geirrt hat (zB Tod des Bedachten, Heirat, Erfüllung oder Nichterfüllung einer Pflegepflicht, irrtümliche Annahme einer strafbaren Handlung). Abs 2 schließt das Anfechtungsrecht anderer nur aus, wenn die betroffene Person selbst gemäß Abs 1 anfechtungsberechtigt ist, oder wenn sie vor dem Erbfall stirbt. Beim Tod nach dem Erblasser geht das Anfechtungsrecht dagegen auf die Erben des Betroffenen über. Diese Einschränkung gilt nicht im Falle der Anfechtung wegen Drohung (§ 2078 Abs 2 Alt 2). 4

b) Anfechtung wegen Übergehens eines Pflichtteilsberechtigten. Das Recht, eine Verfügung gemäß § 2079 anzufechten, steht ausschließlich dem Pflichtteilsberechtigten selbst zu, nicht dagegen anderen Personen. S zur Selbstanfechtung wechselbezüglicher bzw vertragsmäßiger Verfügungen durch den Erblasser jedoch § 2281 Rn 5. Stirbt der Pflichtteilsberechtigte vor dem Erblasser, so entfällt bereits der Anfechtungsgrund (vgl § 2079 Rn 1). Beim Tod nach dem Erblasser geht das Anfechtungsrecht des übergangenen Pflichtteilsberechtigten auf dessen Erben über. 5

3. Ausschluss gemäß § 2085. Wird eine vertragsmäßige Verfügung in einem Erbvertrag oder eine wechselbezügliche in einem gemeinschaftlichen Testament von einem Dritten gemäß §§ 2078, 2079 angefochten, so ist gemäß § 2085 zu prüfen, ob das dem Erblasser zustehende Selbstanfechtungsrecht 6

---

[1] Vgl MünchKommBGB/*Leipold* Rn 4.
[2] MünchKommBGB/*Leipold* Rn 4.
[3] Vgl BGH NJW 1991, 169: Anfechtbarkeit der Ausschlagung.
[4] *Schubert/Czub* JA 1980, 257, 263; MünchKommBGB/*Leipold* Rn 4; aA *Kipp/Coing* § 24 IV 1 a Fn 48.
[5] *Joussen* ZEV 2003, 181, 184 ff.

§ 2081   Buch 5. Abschnitt 3. Testamtent

gemäß § 2081 vor seinem Tod erloschen ist, sei es auf Grund Verzicht, sei es durch Verzeihung oder sei es in sonstiger Weise. Auf die Ausführungen zu § 2085 wird verwiesen.

III. Mehrheit von Anfechtungsberechtigten

7   Jeder Anfechtungsberechtigte kann die Anfechtung unabhängig von allen anderen erklären. Hat diese jedoch Erfolg, so bewirkt sie nach hM die Nichtigkeit auch gegenüber allen anderen Anfechtungsberechtigten[6]. § 2078 Abs 1 verhilft nämlich der begründeten Anfechtung eines Berechtigten zum Erfolg, „soweit" die Verfügung von dem Willensmangel betroffen ist, und nicht nur, „soweit der Anfechtungsberechtigte durch die Verfügung benachteiligt wird"[7]. Zudem ist bei diesem Verständnis der Gleichlauf der Anfechtung gemäß § 2078 mit derjenigen nach § 2281 bei einem Erbvertrag oder einem gemeinschaftlichen Testament besser zu gewährleisten.

IV. Vererblichkeit und Übertragbarkeit

8   Das entstandene Anfechtungsrecht geht mit dem Tod des Berechtigten auf dessen Erben über, ist jedoch auf Grund seines durch § 2080 belegten, höchstpersönlichen Charakters zu dessen Lebzeiten nicht übertragbar[8]. Es ist damit auch der Pfändung durch einen Gläubiger oder der Ausübung durch den Insolvenzverwalter entzogen. Möglich ist es allerdings, das infolge der erfolgreichen Anfechtung erlangte Recht zu pfänden oder zur Insolvenzmasse zu ziehen.

V. Recht in den neuen Bundesländern

9   Bei vor dem 3. 10. 1990 in der ehemaligen DDR errichteten Testamenten findet bei Anfechtungen die dem § 2080 Abs 1 ähnliche Regelung des § 374 Abs 2 S 4 ZGB Anwendung. Trotz der unterschiedlichen Formulierungen in beiden Normen, so verzichtet § 374 Abs 2 S 4 ZGB auf das Unmittelbarkeitskriterium, ergeben sich bei der Prüfung der Anfechtungsberechtigung insoweit keine abweichenden Ergebnisse. Zu beachten ist jedoch, dass das ZGB Einschränkungen iS des § 2080 Abs 2 und 3 nicht kennt.

§ 2081 Anfechtungserklärung

(1) Die Anfechtung einer letztwilligen Verfügung, durch die ein Erbe eingesetzt, ein gesetzlicher Erbe von der Erbfolge ausgeschlossen, ein Testamentsvollstrecker ernannt oder eine Verfügung solcher Art aufgehoben wird, erfolgt durch Erklärung gegenüber dem Nachlassgericht.

(2) [1]Das Nachlassgericht soll die Anfechtungserklärung demjenigen mitteilen, welchem die angefochtene Verfügung unmittelbar zustatten kommt. [2]Es hat die Einsicht der Erklärung jedem zu gestatten, der ein rechtliches Interesse glaubhaft macht.

(3) Die Vorschrift des Absatzes 1 gilt auch für die Anfechtung einer letztwilligen Verfügung, durch die ein Recht für einen anderen nicht begründet wird, insbesondere für die Anfechtung einer Auflage.

I. Anwendungsbereich

1   Diese Vorschrift gilt für alle Anfechtungen von Verfügungen nach dem Tod des Erblassers, und zwar ohne Rücksicht darauf, ob sie in einem Testament, in einem gemeinschaftlichen Testament oder in einem Erbvertrag enthalten sind und ob sie einseitigen oder bindenden Charakter haben. Der Fall der Selbstanfechtung wechselbezüglicher bzw vertragsmäßiger Verfügungen in einem gemeinschaftlichen Testament oder in einem Erbvertrag durch den Erblasser ist in § 2281 Abs 1 geregelt.

II. Differenzierung nach Verfügungstypen

**1. Erbeinsetzungen, Enterbungen, Testamentsvollstreckerernennungen. a) Zuständigkeit
2   des Nachlassgerichts.** Die Bestimmung dient nicht allein der Rechtssicherheit[1], sondern sichert dem Nachlassgericht auch die zur Erteilung von mit der materiellen Rechtslage übereinstimmenden Erbscheinen und Testamentsvollstreckerzeugnissen notwendigen Kenntnisse. Deshalb muss die Anfechtung von Erbeinsetzungen aller Art, also auch von Ersatz-, Vor- und Nacherbeneinsetzungen, ebenso gegenüber dem Nachlassgericht erklärt werden wie Enterbungen oder der Widerruf derartiger Verfügungen. Da Teilungsanordnungen im Erbschein nicht ausgewiesen werden, verbietet es sich, diese dem Anwendungsbereich des § 2081 Abs 1 zu unterwerfen[2]. Das Gleiche gilt für ein Auseinandersetzungsverbot[3]. Die isolierte Anfechtung der Befreiung des Vorerben ist dagegen ebenfalls gegenüber

---

[6] BGH NJW 1985, 2025, 2026; *Erman/M. Schmidt* Rn 2; aA MünchKommBGB/*Leipold* Rn 8.
[7] BGH NJW 1985, 2025, 2026.
[8] MünchKommBGB/*Leipold* Rn 10 mwN.
[1] Vgl BGH FamRZ 1977, 786.
[2] *Kipp/Coing* § 24 V 1 a; *Staudinger/Otte* Rn 4; aA MünchKommBGB/*Leipold* Rn 6.
[3] *Soergel/Loritz* Rn 7; *Staudinger/Otte* Rn 4; aA *Kipp/Coing* § 24 I a.

dem Gericht zu erklären[4], weil ein Erbschein auch hierüber Aussagen enthält. Auch die teilweise oder vollständige Anfechtung von Testamentsvollstreckerernennungen oder deren Widerruf ist gegenüber dem Nachlassgericht zu erklären. Trotz des etwas undeutlichen Gesetzeswortlauts muss dies auch für Erblasserbestimmungen zum Wirkungskreis gelten[5], da ein Testamentsvollstreckerzeugnis gegebenenfalls Hinweise darauf beinhaltet. Zuständig zur Entgegennahme ist das Nachlassgericht (§§ 72, 73 FGG). Bei Erklärung gegenüber einem unzuständigen Gericht wird diese erst mit Eingang beim zuständigen Amtsgericht wirksam[6]. Hält sich das unzuständige Gericht für berechtigt, die Anfechtungserklärung entgegenzunehmen, so ist diese damit analog § 7 FGG wirksam[7].

b) Inhalt und Form der Erklärung. Die Anfechtungserklärung muss keinen bestimmten Wortlaut haben. Sie muss jedoch mit hinreichender Deutlichkeit erkennen lassen, welche Verfügung angefochten wird, und dass die Anfechtung auf einen Willensmangel gestützt wird[8]. Dagegen braucht nach hM die Anfechtungserklärung den Grund noch nicht zu beinhalten[9]. Auch wenn der Gegenmeinung zuzugeben ist, dass eine unbegründete Anfechtungserklärung dem Gegner nicht ermöglicht, sich auf diese in der Sache einzulassen, so kann doch nicht ohne ausreichende Gesetzesgrundlage ein Begründungserfordernis mit der Folge der Unwirksamkeit einer derartigen Erklärung aufgestellt werden. Es ist jedoch zu beachten, dass über die Rechtzeitigkeit (§ 2082) der Anfechtung nur nach Angabe des Grundes entschieden werden kann[10]. Deshalb ist es zwar möglich, vor der Anfechtung bereits gegebene Gründe nachzuschieben, nicht aber solche, die erst nach deren Zugang beim Nachlassgericht entstanden sind[11]. Die Erklärung muss entweder schriftlich abgegeben oder gemäß § 11 FGG zu Protokoll der Geschäftsstelle des Nachlassgerichts erklärt werden. Die Anfechtung kann auch durch einen Vertreter erklärt werden, der jedoch gemäß § 174 die Vollmachtsurkunde im Original oder in notarieller Ausfertigung vorlegen muss.

c) Verfahren und Kosten. Als amtsempfangsbedürftige Willenserklärung wird die Anfechtung mit dem Zugang beim zuständigen Nachlassgericht (vgl Rn 2) wirksam (§ 130 Abs 1 und 3). Das Gericht hat lediglich seine Zuständigkeit zu prüfen, also keine der anderen Anfechtungsvoraussetzungen[12], und die Erklärung dann kommentarlos jedem durch die angefochtene Verfügung Begünstigten gemäß Abs 2 S 1 mitzuteilen. Diese Mitteilung ist jedoch keine Wirksamkeitsbedingung der Anfechtung. Ist bereits ein Erbschein oder ein Testamentsvollstreckerzeugnis erteilt, so hat das Nachlassgericht von Amts wegen zu prüfen, ob diese eingezogen werden müssen[13]. Gemäß § 2081 Abs 2 S 2 ist jedem, der ein rechtliches Interesse glaubhaft macht, die Einsicht in die Erklärung zu gestatten und auf Antrag eine Abschrift davon zu erteilen. Für die Entgegennahme der Anfechtungserklärung wird gemäß § 112 Abs 1 Nr 4 KostO eine Gebühr aus dem Wert erhoben, den der Anfechtende im Erfolgsfalle erhalten würde[14].

2. Letztwillige Verfügungen, die keine Rechte begründen. Bei Verfügungen, die keine Rechte eines anderen begründen, fehlt es gemäß § 2081 Abs 3 an einem Anfechtungsgegner, der durch die angefochtene Verfügung einen rechtlichen Vorteil hat (vgl § 143 Abs 4 S 1), so dass eine gegenüber § 143 eigenständige Regelung getroffen werden musste. Außer der beispielhaft erwähnten Auflage (§ 1940) gehören hierher das Teilungsverbot (§ 2044)[15], die Entziehung bzw Beschränkung des Pflichtteils (§§ 2336, 2338) und die familienrechtlichen Anordnungen nach § 1418 Abs 2 Nr 2, § 1638 Abs 1 oder § 1909 Abs 1, nicht aber die Teilungsanordnung, die gemäß § 143 Abs 4 S 1 anzufechten ist (vgl Rn 6)[16]. Zu beachten ist, dass bei Verfügungen iS des Abs 3 keine Mitteilungspflicht gemäß Abs 2 S 1 besteht. Das Einsichtsrecht, einschließlich des Rechts auf Abschriften, richtet sich nach § 34 FGG.

3. Sonstige letztwillige Verfügungen. Vermächtnisse und Teilungsanordnungen (vgl Rn 2 und 5) – bzw deren Widerruf werden weder von Abs 1 noch von Abs 3 erfasst und müssen deshalb gemäß der allgemein geltenden Bestimmung des § 143 Abs 4 S 1 durch formlose Erklärung gegenüber demjenigen angefochten werden, der durch die angefochtene Verfügung unmittelbar einen rechtlichen Vorteil erlangt. Die Anfechtung eines Vermächtnisses hat folglich gegenüber dem Vermächtnisnehmer und die einer Teilungsanordnung gegenüber dem daraus Berechtigten zu erfolgen. Wird der Widerruf derartiger Verfügungen angefochten, so ist Adressat der Erklärung bei einem Vermächtnis der damit Beschwerte und bei einer Teilungsanordnung die Erbengemeinschaft. Es gelten hierfür die allgemeinen Bestimmungen über Willenserklärungen, insbes § 131 bei geschäftsunfähigen oder beschränkt geschäftsfähigen Personen. Wird die Anfechtung fälschlicherweise gegenüber dem Nachlassgericht erklärt, so gilt die

---

[4] MünchKommBGB/*Leipold* Rn 6; *Erman/M. Schmidt* Rn 5; aA *Staudinger/Otte* Rn 2.
[5] *Palandt/Edenhofer* Rn 1.
[6] *Staudinger/Otte* Rn 5; aA *Keidel/Zimmermann* 15. Aufl § 7 FGG Rn 6.
[7] BGH FamRZ 1977, 786.
[8] BayObLG FamRZ 1992, 226; OLG München Rpfleger 2005, 606; MünchKommBGB/*Leipold* Rn 16.
[9] BayObLG FamRZ 1989, 1346, 1348; *Palandt/Edenhofer* Rn 2; aA MünchKommBGB/*Leipold* Rn 16; *v. Lübtow* Bd I S 331 f; *Staudinger/Otte* Rn 11; *Soergel/Loritz* Rn 8.
[10] BayObLG NJW-RR 1990, 200.
[11] *Palandt/Edenhofer* Rn 2.
[12] OLG Köln FamRZ 1993, 1124.
[13] BayObLG FamRZ 1990, 1037.
[14] LG München I Rpfleger 1989, 414.
[15] *Soergel/Loritz* Rn 7; *Staudinger/Otte* Rn 4; aA *Kipp/Coing* § 24 V 1 a.
[16] *Kipp/Coing* § 24 V 1 a; RGRK/*Johannsen* Rn 9; aA *Staudinger/Otte* Rn 11; *Palandt/Edenhofer* Rn 1; *Soergel/Loritz* Rn 7.

Erklärung erst dann als zugegangen, wenn dieses sie dem richtigen Adressaten „mitteilt"[17] oder dieser einen Durchschlag erhält[18]. Wegen des Inhalts dieser Anfechtungserklärung wird auf Rn 3 verwiesen.

7   4. Anfechtung unterschiedlicher Verfügungstypen. Werden Verfügungen, die von § 2081 erfasst werden, gemeinsam mit solchen, für die § 143 Abs 4 S 1 gilt, angefochten, so genügt nach hM die einheitliche Anfechtung gegenüber dem Nachlassgericht nicht[19]. Notwendig ist in derartigen Fällen eine doppelte Anfechtung, also zum einen gegenüber dem Nachlassgericht und zum anderen gegenüber dem Begünstigten der angefochtenen, nicht unter § 2081 fallenden Verfügung[20]. In Fällen, in denen eine erforderliche Anfechtungserklärung unterblieben ist, muss jedoch nach § 2085 geprüft werden, ob die wirksam angefochtene Verfügung nicht auch die Nichtigkeit der nicht formgerecht angefochtenen nach sich zieht[21].

III. Rücknahme, Anfechtung und Verzicht

8   Die dem Nachlassgericht bzw dem Anfechtungsgegner ordnungsgemäß zugegangene Anfechtungserklärung kann nicht mehr **zurückgenommen** werden, die Nichtigkeitsfolge als solche nicht mehr beseitigt werden. Die Anfechtungserklärung kann jedoch ihrerseits gemäß §§ 119 ff – nicht §§ 2078 ff – **angefochten** werden[22]. Der Berechtigte kann durch formlose Bestätigung – etwa durch Stellung eines Erbscheinsantrags – auf sein Anfechtungsrecht **verzichten**, vorausgesetzt jedoch, dass dieses materiell bestand und der Bestätigende die Anfechtbarkeit zu dieser Zeit kannte oder mit ihr rechnete[23].

IV. Recht in den neuen Bundesländern

9   Zwischen dem 31. 12. 1975 und dem 3. 10. 1990 in der ehemaligen DDR errichtete Testamente müssen gemäß § 374 Abs 2 S 1, 5 ZGB durch Klage gegen die durch die Verfügung Begünstigten angefochten werden. Dies gilt auch bei Anfechtungen solcher Testamente nach dem 2. 10. 1990. Auf danach errichtete Verfügungen von Todes wegen findet ausschließlich § 2081 Anwendung. Bei Verfügungen von Todes wegen eines deutschen Staatsangehörigen mit dem Sitz in der Bundesrepublik Deutschland aus der Zeit zwischen dem 31. 12. 1975 und dem 3. 10. 1990, die Grundvermögen im Beitrittsgebiet zum Gegenstand haben, führt die gemäß § 25 Abs 2 RAG eintretende Nachlassspaltung insoweit ebenfalls zur Anwendung des § 374 Abs 2 S 1 und 5 ZGB.

§ 2082 Anfechtungsfrist

(1) Die Anfechtung kann nur binnen Jahresfrist erfolgen.

(2) ¹Die Frist beginnt mit dem Zeitpunkt, in welchem der Anfechtungsberechtigte von dem Anfechtungsgrund Kenntnis erlangt. ²Auf den Lauf der Frist finden die für die Verjährung geltenden Vorschriften der §§ 206, 210, 211 entsprechende Anwendung.

(3) Die Anfechtung ist ausgeschlossen, wenn seit dem Erbfall 30 Jahre verstrichen sind.

Schrifttum: *J. Mayer*, Der Rechtsirrtum und seine Folgen im bürgerlichen Recht, 1989; *Rosemeier*, Beginn der Frist zur Anfechtung letztwilliger Verfügungen, ZEV 1995, 124.

I. Jahresfrist

1   1. Beginn. Die Anfechtung auf Grund der §§ 2078, 2079 kann nur binnen eines Jahres ab dem Tag, an dem der Anfechtungsberechtigte Kenntnis vom Anfechtungsgrund erlangt hat, erfolgen. Die Frist beginnt jedoch in keinem Fall vor dem Tod des Erblassers. Wird eine Verfügung innerhalb eines Jahres nach dem Todestag angefochten, so ist die Frist in jedem Falle gewahrt, so dass der Anfechtungsgrund für die Prüfung der Rechtzeitigkeit ohne Bedeutung ist. Erfolgt die Anfechtung dagegen nach Ablauf eines Jahres ab dem Erbfall, so muss der Anfechtungsgrund feststehen, da andernfalls der Zeitpunkt der Kenntniserlangung des Anfechtungsberechtigten nicht ermittelt werden kann[1]. Der Anfechtungsberechtigte kennt den Anfechtungsgrund nur, wenn ihm alle Tatsachen, aus denen sich die Anfechtbarkeit gemäß §§ 2078, 2079 ableitet, zuverlässig bekannt sind. Das Kennenmüssen steht dem Wissen um diese Tatsachen nicht gleich. Solange dem Berechtigten auch nur eine für den Erfolg der Anfechtung gemäß §§ 2078, 2079 notwendige Tatsache nicht bekannt ist, beginnt die Jahresfrist nicht zu laufen. Dabei geht es nur um die den Anfechtungsgrund (§§ 2078, 2079) tragenden Tatsachen, nicht um die für die Anfechtungsberechtigung iS des § 2080 maßgebenden Umstände[2]. Umstritten ist, ob und inwieweit ein Irrtum über die rechtlichen Schlussfolgerungen aus diesen Tatsachen den Fristbeginn

---

[17] BayObLG FamRZ 1992, 862.
[18] KG FamRZ 1977, 271, 273.
[19] AA MünchKommBGB/*Leipold* Rn 14.
[20] BayObLGZ 1960, 490; KG FamRZ 1977, 271; *Palandt/Edenhofer* Rn 9.
[21] Vgl BayObLG 1960, 490.
[22] BayObLGZ 1930, 265, 269.
[23] OLG München Rpfleger 2005, 606.
[1] BayObLG FamRZ 1990, 1037, 1038.
[2] *Erman/M. Schmidt* Rn 3; diff MünchKommBGB/*Leipold* Rn 5 ff.

beeinflussen. Die hM in Rspr[3] und Lit[4] differenziert zwischen dem unbeachtlichen sog bloßen Rechtsirrtum (zB Unkenntnis der Möglichkeit der Anfechtung oder deren Formerfordernisse[5], Annahme des Widerrufs wechselbezüglicher Verfügungen in einem gemeinschaftlichen Testament durch einseitige Vernichtung[6]) und einem solchen, der verhindert, dass der Berechtigte bestimmte Tatsachen zur Kenntnis nimmt. Nach dieser hM beginnt die Frist nicht, solange der Berechtigte glaubt, die anfechtbare Verfügung sei bereits angefochten[7] oder wirksam widerrufen worden[8]. Bei einem gemeinschaftlichen Testament oder einem Ehegattenerbvertrag nach dem Berliner Modell (vgl § 2269) beginnt die Frist im Falle eines Angriffs auf die Enterbung beim ersten Erbfall mit der Kenntnis hiervon nach dem Tod des Erstversterbenden und im Falle der Anfechtung der Schlusserbeneinsetzung nach dem Tod des Längstlebenden[9]. Heiratet der länger lebende Ehegatte noch einmal und übersieht er, dass er durch eine Schlusserbeneinsetzung gebunden ist, so beginnt die Anfechtungsfrist, sobald ihm der Beschluss des Nachlassgerichts zugeht, nicht erst mit der rechtskräftigen Entscheidung[10].

2. Berechnung und Hemmung. Die Jahresfrist des Abs 1 wird unter Anwendung der §§ 187, 188 berechnet. Da es sich bei dieser Frist nicht um eine Verjährungsfrist, sondern um eine Ausschlussfrist handelt, erklärt Abs 2 S 2 die Vorschriften der §§ 206, 210 und 211 über die Fristhemmung für entspr anwendbar. § 206 kommt vor allem in Fällen unrichtiger amtlicher Sachbehandlung – zB falsche Belehrung über Anfechtungsrecht[11], unrichtiger Erbschein[12] – zum Tragen[13]. Im Übrigen wird auf die Kommentierung zu §§ 210 und 211 verwiesen.

3. Wirkung des Fristablaufs. Mit Ablauf der Jahresfrist des Abs 1 entfällt das Anfechtungsrecht. Da es sich hierbei nicht um eine Verjährungs-, sondern um eine echte Ausschlussfrist handelt, ist der Fristablauf auch dann von Amts wegen zu beachten, wenn sich der Anfechtungsgegner nicht darauf beruft. Nach Fristablauf bleibt dem Berechtigten nur noch die Einrede der Anfechtbarkeit gemäß § 2083.

II. 30-Jahresfrist

Die Anfechtung ist ohne Rücksicht auf die Kenntnis des Berechtigten vom Anfechtungsgrund gemäß Abs 3 ausgeschlossen, wenn seit dem Erbfall mehr als 30 Jahre vergangen sind. Die Berechnung dieser Frist erfolgt ebenfalls gemäß §§ 187, 188. Eine Ablaufhemmung ist insoweit ausgeschlossen, und zwar auch im Falle der Testamentserrichtung in der ehemaligen DDR[14]. Auch der Ablauf dieser Frist ist von Amts wegen zu beachten.

III. Beweisfragen

Dem Anfechtenden obliegt es zu beweisen, dass die Anfechtung fristgerecht erfolgt ist. Behauptet der Anfechtungsgegner, der Anfechtende habe bereits früher Kenntnis vom Anfechtungsgrund gehabt, so ist er dafür beweispflichtig[15].

IV. Recht in den neuen Bundesländern

§ 374 Abs 2 S 2 und 3 ZGB enthält eine § 2082 ähnliche Regelung. Die nach § 374 Abs 2 S 1 ZGB erforderliche Anfechtungsklage muss danach „innerhalb eines Jahres nach Kenntnis des Anfechtungsgrundes", spätestens jedoch innerhalb von zehn Jahren nach dem Erbfall erhoben worden sein. Diese Bestimmung gilt nur für Testamente, die zwischen dem 31. 12. 1975 und dem 3. 10. 1990 von einem Deutschen mit Wohnsitz in der ehemaligen DDR errichtet worden sind. Auf davor oder danach errichtete Verfügungen von Todes wegen findet ausschließlich § 2082 Anwendung. Bei Verfügungen von Todes wegen eines deutschen Staatsangehörigen mit dem Sitz in der Bundesrepublik Deutschland aus der Zeit zwischen dem 31. 12. 1975 und dem 3. 10. 1990, die Grundvermögen im Beitrittsgebiet zum Gegenstand gehabt haben, führt die gemäß § 25 Abs 2 RAG eintretende Nachlassspaltung insoweit ebenfalls zur Anwendung des § 374 Abs 2 S 2 und 3 ZGB. Für die Fristberechnung gelten §§ 470, 471 ZGB. Eine Hemmung oder Unterbrechung der Anfechtungsfristen ist im ZGB nicht vorgesehen. Im Übrigen kann wegen des Fristbeginns auf Rn 1 verwiesen werden. Soweit sich der Irrtum auf die mit der deutschen Einigung verbundene Änderung der politischen, rechtlichen und wirtschaftlichen Verhältnisse bezieht (zB Wiedererlangung der Verfügungsmöglichkeiten für Westdeutsche über Grundbesitz im Beitrittsgebiet), so beginnt die Jahresfrist nicht vor dem Wirksamwerden des Einigungsvertrags am 3. 10. 1990;[16] die Zehnjahresfrist bleibt hierdurch jedoch unberührt.

---

[3] BGH NJW 1970, 279; BayObLGZ 1975, 6, 10.
[4] *J. Mayer* S 265 ff; *Rosemeier* ZEV 1995, 124, 129.
[5] Vgl OLG Hamm FamRZ 1994, 849, 851.
[6] BayObLG NJW-RR 1990, 846.
[7] Vgl KG OLGZ 1968, 112.
[8] Vgl OLG Hamm OLGZ 1971, 312.
[9] HM, zB BayObLG FamRZ 1977, 347; MünchKommBGB/*Leipold* Rn 10; aA OLG Frankfurt MDR 1959, 393.
[10] OLG Frankfurt FGPrax 2001, 246, 247; aA KGJ 40, 47 ff.
[11] BayObLGZ 1960, 490.
[12] BayObLGZ 1989, 116.
[13] Vgl BGH NJW 1960, 283.
[14] OLG Frankfurt OLG FamRZ 1993, 858.
[15] BayObLGZ 1963, 260, 265; vgl *Johannsen* WM 1972, 652.
[16] LG Gießen FamRZ 1992, 603.

§ 2083 Anfechtbarkeitseinrede

Ist eine letztwillige Verfügung, durch die eine Verpflichtung zu einer Leistung begründet wird, anfechtbar, so kann der Beschwerte die Leistung verweigern, auch wenn die Anfechtung nach § 2082 ausgeschlossen ist.

1 **1. Voraussetzungen.** Dieses Leistungsverweigerungsrecht gilt nur für Vermächtnisse und Auflagen, nicht jedoch für Teilungsanordnungen, Ausgleichspflichten, Erbeinsetzungen oder Nacherbeneinsetzungen. Die Einrede steht dem mit dem Vermächtnis oder mit der Auflage Beschwerten jedoch nur dann zu, wenn er gemäß § 2080 selbst anfechtungsberechtigt ist. Folglich kann auch ein Testamentsvollstrecker oder ein Nachlassverwalter ohne Vollmacht oder Zustimmung des Anfechtungsberechtigten diese Einrede nicht erheben[1]. Mit diesem Leistungsverweigerungsrecht kann der Beschwerte nur Erfolg haben, wenn ein Anfechtungsgrund gemäß §§ 2078, 2079 auch tatsächlich gegeben ist. Die Einrede ist nicht fristgebunden und kann daher bereits während der Anfechtungsfrist und auch noch nach deren Ablauf erhoben werden.

2 **2. Wirkung.** § 2083 gewährt dem Anfechtungsberechtigten eine echte Einrede, so dass das Leistungsverweigerungsrecht nur berücksichtigt werden kann, wenn er sich innerhalb oder außerhalb des Prozesses darauf beruft. Beruft sich der Berechtigte bei einem Vermächtnis während der Anfechtungsfrist (§ 2082) auf diese Einrede, so liegt darin regelmäßig eine Anfechtungserklärung gemäß § 143 Abs 4 S 1[2]; bei einer Auflage ist dagegen § 2081 Abs 3, 1 zu beachten. Hat der Berechtigte trotz dieser Einrede geleistet, so ist die Rückforderung gemäß § 814 ausgeschlossen; im Falle der Leistung in Unkenntnis dieses Leistungsverweigerungsrechts hat der Beschwerte einen Herausgabeanspruch gemäß § 813.

§ 2084 Auslegung zugunsten der Wirksamkeit

Lässt der Inhalt einer letztwilligen Verfügung verschiedene Auslegungen zu, so ist im Zweifel diejenige Auslegung vorzuziehen, bei welcher die Verfügung Erfolg haben kann.

Schrifttum: *Brox,* Der Bundesgerichtshof und die Andeutungstheorie, JA 1984, 549; *Dressler,* Der erbrechtliche Auslegungsvertrag – Gestaltungshilfe bei einvernehmlichen Nachlassregelungen, ZEV 1999, 289; *Eisele,* Vertragliches Einvernehmen über die Auslegung einer letztwilliger Verfügungen, 2002; *Flume,* Testamentsauslegung bei Falschbezeichnung, NJW 1983, 2007; *H. Foer,* Die Berücksichtigung des Willens des Testators bei der Auslegung mehrdeutiger Verfügungen von Todes wegen, AcP 153 (1954), 492; *Foer,* Die Regel „falsa demonstratio non nocet" – unter besonderer Berücksichtigung der Testamentsauslegung, 1987; *Foerste,* Die Form des Testaments als Grenze seiner Auslegung, DNotZ 1983, 84; *Haegele,* Zur Auslegung testamentarischer Verfügungen, JurBüro 1970, 835; *ders,* Zur Auslegung letztwilliger Verfügungen, BWNotZ 1977, 98; *Kapp,* Die Auslegung von Testamenten, BB 1984, 2077; *Keuk,* Der Erblasserwille post testamentum und die Auslegung des Testaments, 1965; *Krampe,* Die Konversion des Rechtsgeschäfts, 1980; *J. Mayer,* Auslegungsgrundsätze und Urkundsgestaltung im Erbrecht, DNotZ 1998, 772; *Leipold,* Wille, Erklärung und Form – insbesondere bei der Auslegung von Testamenten, FS Müller-Freienfels, 1986, S 421; *Scherer,* Andeutungsformel und falsa demonstratio beim formbedürftigen Rechtsgeschäft in der Rechtsprechung des Reichsgerichts und des Bundesgerichtshofs, 1987; *Selbherr,* Der erbrechtliche Auslegungsvertrag in der zivilrechtlichen und erbschaftssteuerrechtlichen Gestaltungspraxis, ZErb 2005, 10; *Siber,* Auslegung und Anfechtung der Verfügungen von Todes wegen, RG-Praxis Bd III, S 350; *Smid,* Probleme bei der Auslegung letztwilliger Verfügungen, JuS 1987, 283; *Stagl,* Der Wortlaut als Grenze der Auslegung von Testamenten, 2003; *Stumpf,* Erläuternde und ergänzende Auslegung letztwilliger Verfügungen im System privatautonomer Rechtsgestaltung, 1991; *Tappmeier,* Zur Funktion der erbrechtlichen Auslegungsvorschriften des BGB, Diss Bielefeld 1987; *ders,* Die erbrechtlichen Auslegungsvorschriften in der gerichtlichen Praxis, NJW 1988, 2714; *Frank Weiß,* Wirkungen erbrechtlicher Auslegungsverträge, GS Küchenhoff, 1987, S 389; *Welter,* Auslegung und Form testamentarischer Verfügungen, 1985.

Übersicht

	Rn		Rn
I. Ziel der Auslegung	1	d) Zweifelhafte Form	33
II. Erläuternde Auslegung	6	3. Rechtsfolge	34
1. Wortlaut als Anknüpfungspunkt	6	IV. Ergänzende Auslegung	35
2. Andeutung in Urkunde	20	1. Lücke in der Willensbildung	35
a) Grundsätze	20	a) Änderung der Sach- und Rechtslage	37
b) Beispiele	22	b) Ursprüngliche Lücke	41
III. Wohlwollende Auslegung (§ 2084)	28	2. Ermittlung des hypothetischen Willens	42
1. Zweck	28	3. Willensrichtung als Grundlage	43
2. Anwendungsbereich	29	V. Gesetzliche Auslegungs- und Ergänzungsregeln	51
a) Eindeutigkeit des Ziels	29		
b) Mehrdeutigkeit des Wegs	30		
c) Rechtsnatur der Willenserklärung	31	VI. Beweisfragen	52

---

[1] BGH NJW 1962, 1058.
[2] RGRK/*Johannsen* Rn 3.

	Rn		Rn
VII. Auslegungsvertrag	53	4. Wirkung	57
1. Begriff und Zulässigkeit	53	5. Anfechtung	59
2. Gegenstand	55		
3. Form	56	VIII. Recht in den neuen Bundesländern…	60

I. Ziel der Auslegung

Der Erblasser gestaltet durch eine Verfügung von Todes wegen (Testament, gemeinschaftliches 1 Testament, Erbvertrag) die mit seinem Tod eintretende Erbfolge innerhalb der vom Gesetz gezogenen zwingenden Grenzen frei und eigenverantwortlich. Ziel der Auslegung ist es deshalb, den auf den Eintritt oder das Ausbleiben erbrechtlicher Wirkungen gerichteten **Testierwillen des Erblassers** festzustellen (§ 2247 Rn 3). In dem Bemühen, die Authentizität dieses Willens zu gewährleisten, lässt das Gesetz allerdings ausschließlich den formgerecht geäußerten Willen gelten, so dass nur der in der vorgeschriebenen Form erklärte Wille Rechtswirkungen äußern kann. Die Auslegung der verkörperten Erklärung ist ein wertender Vorgang, der darauf gerichtet ist, sich zwischen verschiedenen Deutungsmöglichkeiten zu entscheiden, und zwar für die „zutreffendste" Interpretation, nämlich für diejenige, die eine etwaige Diskrepanz zwischen Wille und Erklärung vermeidet und beide bestmöglich miteinander in Einklang bringt. Die Auslegung letztwilliger Verfügungen ist dabei besonders schwierig, weil der Erklärende nicht mehr befragt werden kann. Um Erblassererklärung und Wille zur Deckung zu bringen, ist der Auslegende bei seiner Entscheidung auf den Textzusammenhang und auf sein Wissen über den Anlass der Erklärung, über alle anderen hermeneutisch bedeutsamen Umstände sowie über zu regelnden Sachverhalt angewiesen. Das Ergebnis der Auslegung ist deshalb nicht etwa logisch zwingend, sondern lediglich eine „durch hinreichende Gründe motivierte Wahl zwischen verschiedenen Deutungsmöglichkeiten"[1]. Der Richter kann sich dieser Entscheidung nicht entziehen und darf die Auslegung unter Berufung auf die Schwierigkeit oder gar Unlösbarkeit dieser Aufgabe nicht abbrechen[2].

Dabei ist zwischen **zwei Auslegungsarten** zu unterscheiden[3]: Während die erläuternde (einfache 2 oder unmittelbare) Auslegung versucht, den vorhandenen (realen) Erblasserwillen zu ermitteln, dient die – demgegenüber nachrangige – ergänzende Auslegung der Feststellung des hypothetischen Erblasserwillens im Falle einer Lückenhaftigkeit der Willensbildung, und zwar dadurch, dass an Hand allgemeiner Erfahrungssätze aus einem äußeren Verhalten des Erblassers auf dessen dahinter stehenden wirklichen Willen geschlossen wird. Die erläuternde Auslegung endet und die ergänzende beginnt, wenn überhaupt keine Willensäußerung des Erblassers zum Gegenstand der Auslegung festgestellt werden kann. Mit Hilfe der ergänzenden Auslegung wird dann der in der Verfügung enthaltene „Sinnüberschuss" dazu verwendet, die Diskrepanz zwischen „Sinngehalt" und „Sinnform" zu überwinden[4].

Die ergänzende Auslegung überschneidet sich dabei teilweise mit den zahlreichen **Auslegungs- und** 3 **Ergänzungsregeln** des Erbrechts (zB §§ 2049 Abs 1, 2051 Abs 2, 2052, 2066 bis 2077, 2087 Abs 1, 2091, 2097, 2098, 2108 Abs 1, 2110 Abs 1, 2, 2268 Abs 2, 2269 Abs 1, 2, 2270 Abs 2, 2298 Abs 3), in denen einige Grundsätze allgemeiner Lebenserfahrung vom Gesetz selbst zum Ausdruck gebracht werden. Diese Auslegungs- und Ergänzungsregeln sind jedoch nicht abschließend und sowohl gegenüber der erläuternden als auch gegenüber der ergänzenden Auslegung subsidiär.

Bei – trotz Auslegung – mehrdeutigen Erklärungen ist ferner die in § 2084 enthaltene Grundsatz der 4 **wohlwollenden Auslegung** zu beachten (Rn 28).

Die Auslegung, einschließlich der ergänzenden Methode, und die Anwendung der etwaigen Aus- 5 legungs- und Ergänzungsregeln, hat Vorrang vor der **Umdeutung** gemäß § 140 und der Anfechtung gemäß §§ 2078 ff[5]. Schließlich dient die Auslegung ebenso wie die zahlreichen gesetzlichen Auslegungs- und Ergänzungsregeln der umfassenden Verwirklichung des Erblasserwillens, während die Umdeutung nur auf ähnliche Ergebnisse und die Anfechtung auf eine Vermeidung ungewollter Wirkungen gerichtet ist.

II. Erläuternde Auslegung

1. Wortlaut als Anknüpfungspunkt. Die Auslegung letztwilliger Verfügungen hat von der all- 6 gemeinen Grundregel des § 133 auszugehen, also den wahren Erblasserwillen zu erforschen, ohne am buchstäblichen Sinn des Ausdrucks haften zu bleiben. Ausgangspunkt jeder Auslegung einer solchen Verfügung ist deshalb die verkörperte Erklärung des Erblassers, der Wortlaut des auszulegenden Testaments oder Erbvertrags.

Der **Wortsinn** ist in einem ersten Schritt an Hand der allgemein anerkannten Auslegungsmethoden 7 zu ermitteln[6]. Regelmäßig wird der Erblasser einen Ausdruck oder eine Wortverbindung auch iS des

---

[1] *Larenz*, Methodenlehre der Rechtswissenschaft, 6. Aufl 1991, S 204.
[2] BGH NJW 1981, 2745, 2746.
[3] Vgl *Larenz*, Methodenlehre der Rechtswissenschaft, 6. Aufl 1991, S 300 f.
[4] *Larenz*, Methodenlehre der Rechtswissenschaft, 6. Aufl 1991, S 301.
[5] Vgl BGH NJW 1978, 264, 266; BayObLGZ 1966, 390, 394; BayObLG FamRZ 1991, 982.
[6] Vgl BayObLG NJW-RR 2002, 296, 297: „Solange meine Ehefrau lebt".

allgemeinen Sprachgebrauchs (allgemeiner Wortsinn) verstanden haben[7]. Weil ein Ausdruck nach dem allgemeinen Sprachgebrauch aber mehrere Bedeutungsvarianten haben kann, ist weiterhin der **Bedeutungszusammenhang** in der bzw den Verfügung(en) von Todes wegen zu berücksichtigen[8]. Dabei ist davon auszugehen, dass gleiche Begriffe gleiche Sachverhalte meinen[9], und dass der Erblasser weder sinnlose noch widersprüchliche Regelungen treffen wollte[10]. Verbleiben auch danach noch verschiedene Bedeutungsvarianten, so ist die dahinter stehende **Regelungsabsicht** des Erblassers zur Entscheidung heranzuziehen[11].

8   Der Auslegung bedürfen in erster Linie nach allgemeinem Sprachgebrauch **mehrdeutige Formulierungen**. Diese können sich beziehen auf:
– die Person des Zuwendungsempfängers[12],
– den Zuwendungsgegenstand[13] oder
– einzelne Modalitäten der Zuwendung, insbes Bedingungen[14].

Auch die **Interpunktion** kann Mehrdeutigkeit verursachen[15].

9   Bis zur Grundsatzentscheidung des BGH[16] schloss die Rspr bei einem eindeutigen Wortlaut einer Verfügung jede weitere Auslegung aus[17]. Der BGH hat mit seiner vorgenannten Entscheidung diese Eindeutigkeitsformel aufgegeben und sich dafür entschieden, iS der **Anhalts- oder Andeutungstheorie** die Frage der formgerechten Verkörperung erst in einem zweiten Auslegungsschritt zu prüfen, so dass der Wortlaut einer formbedürftigen Erklärung keine Auslegungsschranke mehr bildet. Im Gegensatz hierzu hat der EGMR auf der Grundlage von Art 8 iVm Art 14 MRK entschieden, dass es den nationalen Gerichten verboten sei, entgegen dem eindeutigen Wortlaut der Verfügung einen mit der Menschenrechtskonvention, insbes mit dem Diskriminierungsverbot, nicht vereinbaren Inhalt zu geben[18]. Dieses Urteil ist jedoch nicht verallgemeinerungsfähig, weil der Gerichtshof zu Unrecht von einem eindeutigen Wortlaut der Verfügung ausgegangen ist[19]. Darüber hinaus hat der Gerichtshof die Bedeutung der ebenfalls durch die Menschenrechtskonvention geschützten Testierfreiheit des Erblassers verkannt, die – wie die Pflichtteilsrechtsregelungen in allen europäischen Ländern belegen – auch das Recht zur Ungleichbehandlung von Abkömmlingen umfasst. Ausgehend vom erklärten Wortlaut ist deshalb mit dem BGH in einem ersten Schritt zu ermitteln, welchen Sinn gerade der Erblasser damit verbunden hat.

10 Das adäquate Verstehen eines (juristischen) Textes verlangt vom Auslegenden das Bemühen um die Erfassung des **Vorverständnisses des Erklärenden**[20]. Dieses notwendige Hineindenken in die sprachlichen Gewohnheiten des Erklärenden, seine sozialen Beziehungen, seine Lebensverhältnisse sowie seine Interessen darf nicht mit einem vorgefassten Verständnis, also einem Vor-Urteil, verwechselt werden. All diese Umstände müssen auch deshalb angemessen in die Interpretation einfließen, weil es bei der Auslegung letztwilliger Verfügungen allein auf den Verständnishorizont des Erklärenden ankommt (zur Auslegung wechselbezüglicher oder vertragsmäßiger Verfügungen vgl Rn 19). Hat der Erblasser Begriffe abweichend vom allgemeinen Sprachgebrauch (Rn 7) verwendet (zB Ehefrau als „Mutter", Vater als „Opa"), so ist deshalb sein subjektives Verständnis maßgebend (subjektiver Wortsinn), nicht der übliche Bedeutungsinhalt. Um einen vom Üblichen abweichenden Sprachgebrauch des Erblassers festzustellen und zu verstehen, kann auch auf außerhalb der Urkunde liegende Umstände, insbes auf Äußerungen gegenüber Dritten, auf frühere (auch ungültige) Verfügungen oder auf eine allgemeine Lebenserfahrung, zurückgegriffen werden[21]. Dabei geht es in diesem ersten Auslegungsschritt nicht etwa um die Ermittlung des von der Erklärung losgelösten Erblasserwillens, sondern um die Klärung der Frage, was gerade der Erblasser mit diesen Worten sagen wollte[22]. Dabei kommt es allein auf den **Zeitpunkt der Errichtung** der Verfügung an, so dass spätere Meinungsäußerungen nur dann berücksichtigt werden dürfen, wenn sie den sicheren Schluss auf den zu diesem Zeitpunkt vorhandenen Willen des Erblassers erlauben[23].

---

[7] Vgl BGH Rpfleger 1993,160; BayObLG NJW 1999, 1119.
[8] Vgl OLG Frankfurt OLGR 1999, 112: „zur freien Verfügung"; FamRZ 2001, 1173: „schenken"; OLG Düsseldorf, Beschluss vom 29. 1. 2007, 3 Wx 256/06, BeckRS 2007, 2206: Regel-Beispiel-Technik.
[9] Vgl BayObLG Rpfleger 1989, 22.
[10] Vgl BGH NJW 1983, 672, 673; BayObLG ZEV 1998, 146, 147; FamRZ 1997, 1243.
[11] BGH ZEV 2005, 117, 119: Pflichtteilsverwirkungsklausel, m abl Anm *Muscheler*; vgl auch BayObLG NJW-RR 2004, 1085, 1086; OLG Hamm Beschluss vom 9. 7. 2007, 15 W 125/07, BeckRS 2007, 17932: kinderloser Sohn, m Anm *Litzenburger* FD-ErbR 2007, 246258.
[12] BayObLG Rpfleger 1999, 447: „Eheleute"; BayObLG ZEV 1997, 418: „Hauserbe".
[13] OLG Naumburg BeckRS 2007, 3675 [„Vermögen"]; BayObLG FamRZ 1984, 1269: „als Ausbildungshilfe"; BayObLG Rpfleger 1993, 405: „Haus und Grund"; BGH BB 1958, 351: „Geschäft mit allen Aktiven und Passiven".
[14] KG ZEV 1997, 247; OLG Karlsruhe DNotZ 1988, 188: gemeinsames Versterben; BayObLG NJW-RR 1996, 262; Geltendmachung des Pflichtteils.
[15] Vgl BayObLG NJW-RR 1997, 835, 836.
[16] NJW 1983, 672.
[17] Vgl etwa RGZ 70, 391; BGH NJW 1951, 959, 960.
[18] EGMR NJW 2005, 875, 878: Adoptivkinder.
[19] *Staudinger* ZEV 2005, 140, 141 f.
[20] Vgl *Larenz*, Methodenlehre der Rechtswissenschaft, 6. Aufl 1991, S 207 ff, 299 f.
[21] Vgl zu Äußerungen: BGH NJW-RR 1987, 1090, 1091; BayObLG ZEV 1996, 432, 433; ZEV 1994, 47, 48; zur Lebenserfahrung: BGH NJW 1983, 672, 673; BayObLGZ 1982, 159, 164 f; 1976, 67, 75; zu ungültigen Verfügungen: OLG Frankfurt BeckRS 2007, 684.
[22] BGH FamRZ 1987, 475, 476.
[23] KG Rpfleger 2006, 127.

Auslegung zugunsten der Wirksamkeit § 2084

Dabei sind auch nach allgemeinem Sprachgebrauch klare und **eindeutige Formulierungen auslegungsbedürftig und -fähig**[24]. Inhaltliche Widersprüche innerhalb einer auszulegenden Verfügung oder auch zwischen mehreren gültigen Verfügungen von Todes wegen können dazu führen, dass für sich betrachtet eindeutige Formulierungen anders interpretiert werden müssen[25]. 11

Auch bei der Verwendung **juristischer Fachbegriffe** muss im Rahmen der Auslegung geprüft werden, ob der Erblasser diese tatsächlich iS der juristischen Terminologie verstanden hat[26]. Dies gilt bei einer eigenhändig verfassten Verfügung von Todes wegen uneingeschränkt auch dann, wenn der Verfasser selbst Jurist ist oder sich durch einen solchen, insbes durch einen Rechtsanwalt, hat beraten lassen. Allerdings wird bei einem erkennbar sprachlich unbeholfenen Erblasser, was sich vor allem in einer fehlerhaften Orthografie ausdrückt, der Wortlaut in einem selbst und ohne fachkundigen Rat verfassten eigenhändigen Testament nicht der gleiche Stellenwert zukommen wie bei einer insoweit versierteren Person[27]. Bei einem öffentlichen Testament kommt es nicht auf den Verständnishorizont des beurkundenden Notars an, sondern auf den des Erklärenden[28]. Allerdings ist dabei zu vermuten, dass der Notar seine Amtspflichten, den Willen des Erblassers sorgfältig und umfassend zu ermitteln und eindeutig zu formulieren (§ 17 Abs 1 BeurkG), auch tatsächlich erfüllt hat[29]. Erst wenn konkrete Anhaltspunkte für ein pflichtwidriges Verhalten des Notars gegeben sind, sind auch die in einer solchen Verfügung enthaltenen Formulierungen auf ihre Übereinstimmung mit dem wahren Erblasserwillen zu überprüfen[30]. Unabhängig davon kommen dem Verständnis des Notars und dessen Belehrungen bei der Auslegung des Erblasserwillens mindestens eine Indizwirkung zu[31]. 12

Die verfassungsrechtlich geschützte Testierfreiheit des Erblassers verbietet es auch dem **Richter**, seine eigenen Gerechtigkeitsvorstellungen in die auszulegende Verfügung zu projizieren, und zwar auch nicht unter Berufung auf eine allgemeine Lebenserfahrung[32]. Nach dem Urteil des Europäischen Gerichtshofs für Menschenrechte vom 13. 7. 2004 ist es den staatlichen Gerichten darüber hinaus gemäß Art 8, 14 EMRK verboten, bei einem eindeutigen Wortlaut der Verfügung einen Inhalt zu geben, der im Widerspruch zur EMRK insbes zu den Diskriminierungsverboten des Art 8 EMRK steht[33]. In Übereinstimmung mit der Rspr des BVerfG zur mittelbaren Drittwirkung der Grundrechte im Rahmen der zivilrechtlichen Generalklauseln[34] sieht der Gerichtshof in einer über den eindeutigen Inhalt eines Testaments hinausgehenden Auslegung einen eigenständigen Eingriff der staatlichen Gerichte in die Menschenrechte der Bedachten Personen; im entschiedenen Fall war der Wortlaut jedoch keineswegs eindeutig (Rn 9). 13

Hat sich der Erblasser bei einer einseitig testamentarischen Verfügung nachweisbar im Wort vergriffen, so gilt nach allgM das Gewollte, nicht das Erklärte **(falsa demonstratio non nocet)**[35]. Maßstab ist auch hier der Erklärenden-Horizont[36]. Die Anforderungen an die Willenserklärung des Erblassers können dabei nicht strenger sein als die an eine empfangsbedürftige Erklärung. Wenn dort die falsa demonstratio selbst bei formbedürftigen Rechtsgeschäften unschädlich ist, so muss gleiches für letztwillige Erklärungen gelten[37]. Weitgehend ungeklärt ist jedoch der Anwendungsbereich dieses Grundsatzes im Testamentsrecht, zumal wegen des gleichfalls erblasserorientierten Maßstabs der erläuternden Auslegung die Abgrenzung der Fälle der falsa demonstratio hiervon ohnehin schwierig zu begründen und durchzuführen ist. 14

Bei einer **falsa nominatio**[38], also der Falschbezeichnung eines Zuwendungsempfängers oder -gegenstands verzichtet die Rspr auf das Erfordernis der Andeutung völlig[39]. Dagegen fordern Teile der Literatur auch in diesen Fällen einen Anhaltspunkt in der auszulegenden Verfügung[40]. 15

Die Rspr passt durchwegs **falsch verwendete technische Begriffe** im Wege der erläuternden Auslegung dem wirklichen Willen an und fordert deshalb eine Andeutung in der Verfügung[41]. In der 16

---

[24] Vgl BayObLG Rpfleger 2003, 29: Gebäude; BayObLG NJW-RR 2002, 366: Hälfte des Vermögens; BayObLG NJW-RR 2001, 1521: Bestehen der Erbengemeinschaft; BayObLG FamRZ 1997, 1570; ZEV 1996, 470; Rpfleger 1980, 104; OLG Düsseldorf NJW-RR 1999, 1527; OLG Frankfurt FGPrax 1998, 110: gleichzeitiges Versterben.
[25] BGH LM Nr 12 betr Quotenfestlegung bei Erbeinsetzung nach Vermögensgruppen; LM Nr 10 betr Geschäft mit allen Aktiven bei Sonderregelung für bestimmte Grundstücke; MünchKommBGB/*Leipold* Rn 12.
[26] Vgl BayObLG FamRZ 1999, 1392; ZEV 1994, 377: vererben; OLG Hamm Rpfleger 2003, 505: Nacherbe; BayObLG Rpfleger 1998, 72: Schlusserbe; NJW-RR 2002, 873: Miterbe; BGH NJW 1983, 277: Miterbe; BayObLG FamRZ 1989, 99, 101: Ersatzerbe.
[27] Vgl OLG Hamm BeckRS 2007, 2028.
[28] BGH NJW 1981, 1736; OLG Hamm FamRZ 1994, 188.
[29] OLG Hamm Rpfleger 2001, 595, 596; BayObLG NJW-RR 1996, 1037, 1038; OLG Saarbrücken NJW-RR 1994, 844, 846; OLG Köln Rpfleger 1982, 424.
[30] OLG Hamm FGPrax 2005, 265, 266: „Kinder" in Abänderungsvorbehalt; FamRZ 2002, 201, 202; OLG Saarbrücken NJW-RR 1994, 844, 846; KG FamRZ 1987, 413.
[31] OLG Düsseldorf, Beschluss vom 29. 1. 2007, 3 Wx 256/06, BeckRS 2007, 2206.
[32] RGZ 142, 171,174; BGH LM § 133 (B) Nr 1; BayObLGZ 1966, 390, 394.
[33] EGMR NJW 2005, 875, 878; s aber auch Rn 9.
[34] BVerfG NJW 2004, 2008 mwN.
[35] BGH NJW 1981, 1736; MünchKommBGB/*Leipold* Rn 15; aA *Stagl* S 174 ff mwN.
[36] MünchKommBGB/*Leipold* Rn 18.
[37] Vgl BGH NJW 1979, 1350; vgl dazu *Köbl* DNotZ 1983, 598; *Hagen* DNotZ 1984, 267, 283.
[38] Vgl *v.Lübtow* I S 268.
[39] RG LZ 1921, 376: Nichte statt Schwester; OLG Posen SeuffA 58, 14: Nachname.
[40] MünchKommBGB/*Leipold* Rn 19.
[41] Vgl BayObLG FamRZ 1999, 1392: vererben; OLG Hamm Rpfleger 2003, 505: Nacherbe; BayObLG Rpfleger 1998, 72: Schlusserbe; NJW-RR 2002, 873: Miterbe; BGH NJW 1983, 277: BayObLG FamRZ 1989, 99, 101:

§ 2084

Buch 5. Abschnitt 3. Testamtent

Literatur wird dagegen unter Verzicht auf irgendwelche Anhaltspunkte die Anwendung der Regel der falsa demonstratio befürwortet[42].

17 Weiterhin umstritten ist, ob diese Regel auch bei einer **unbewussten Falschbezeichnung** gilt[43]. Andere ziehen in diesen Fällen eine Lösung über den Weg der Anfechtung gemäß § 2078 Abs 1 vor[44]. Die praktischen Unterschiede zwischen diesen Auffassungen dürften sehr gering sein.

18 Verzichtet man aber mit der Rspr bei einer falsa demonstratio auf jede Andeutung im Testament, so sollte der Anwendungsbereich auf die Fälle der falsa nominatio des Zuwendungsempfängers oder -gegenstands beschränkt werden, damit die Formgebote der §§ 2232, 2247 nicht zu stark unterlaufen werden. Bezieht sich die falsche Erklärung dabei auf real existierende Zuwendungsempfänger oder -gegenstände, so ist besonders sorgfältig zu prüfen, ob eine zulässige Falschbezeichnung oder eine formnichtige Willensänderung vorliegt[45].

19 Während es bei der Auslegung einseitiger letztwilliger Verfügungen ausschließlich auf den Horizont des Erklärenden ankommt, ist bei **wechselbezüglichen oder vertragsmäßigen Verfügungen** in einem gemeinschaftlichen Testament bzw Erbvertrag auf Grund des § 157 der auf dieser Grundlage ermittelte Erblasserwille nur in dem Umfang zu berücksichtigen, in dem dieser aus der Sicht des (Ehe)Partners bzw anderen Vertragsteils bei Anwendung der verkehrsüblichen Sorgfalt erkennbar war[46]. Auf dieser Grundlage kann eine nur dem Erblasser bekannte Bedeutung eines Wortes keine Geltung beanspruchen. Bei einem Ehe- und Erbvertrag kann auch die gleichzeitig vereinbarte Gütertrennung für die Auslegung eine entscheidende Bedeutung besitzen[47]. Im Falle einer Diskrepanz zwischen dem Verständnis des Erblassers und des Ehepartners bzw anderen Vertragsteils kann die Verfügung nur in dem Umfang Geltung beanspruchen, in dem sich beide Auffassungen decken. Gerade bei der Verwendung des Begriffs „Abkömmling" in einer gemeinschaftlichen Verfügung ist in aller Regel davon auszugehen, dass sich beide Beteiligte übereinstimmend nur gemeinsame vorgestellt haben, und zwar mangels anderer Anhaltspunkte gleichgültig, ob diese leiblich oder adoptiert sind[48]. Haben die Beteiligten übereinstimmend etwas anderes unter einem beurkundeten Begriff verstanden (falsa demonstratio non nocet), so ist das Gewollte, nicht das Beurkundete maßgebend (Rn 14).

20 **2. Andeutung in Urkunde. a) Grundsätze.** Der so festgestellte Erblasserwille ist jedoch iS der Andeutungstheorie nur bei entsprechenden Anhaltspunkten in der Urkunde formgerecht erklärt, auch wenn diese noch so geringfügig sind[49]. Auf der Grundlage dieser Theorie ist erst in einem zweiten Schritt zu prüfen, ob der Erblasserwille auch formgerecht verkörpert ist[50]. Dazu ist nur erforderlich, dass der auf der Grundlage äußerer Umstände ermittelte Wille des Erklärenden in der Urkunde irgendwie, also wenigstens andeutungsweise oder versteckt, zum Ausdruck kommt (Anhalts- oder Andeutungstheorie)[51]. Die Andeutungstheorie ist der notwendige Kompromiss zwischen der Willenstheorie, die ohne Rücksicht auf die Formgebote dem wahren Willen zum Erfolg verhilft, und der Erklärungstheorie, die nur den formgerecht erklärten Willen gelten lassen will[52]. Beide Extrempositionen werden den Besonderheiten im Erbrecht nicht gerecht. Formgebote verkommen zur Förmelei, wenn sie allein um ihrer selbst willen, eingefordert werden, während eine Materialisierung[53] der erbrechtlichen Auslegung der nachträglichen Verfälschung des Erblasserwillens Tür und Tor öffnen würde. Mittels der Andeutungstheorie wird im Wege praktischer Konkordanz sowohl dem Formerfordernis (§§ 2232, 2247) als auch dem Gebot der erfolgsorientierten Auslegung von letztwilligen Willenserklärungen (§ 2084) möglichst effektiv zur Geltung verholfen. Danach können nur solche letztwilligen Willenserklärungen Geltung beanspruchen, die vom Text bei weitest möglicher Auslegung, wobei individuelle Eigen- und Gewohnheiten des Erblassers zu berücksichtigen sind, noch gedeckt sind. Bei einer notariell beurkundeten Verfügung von Todes wegen kommt es deshalb nicht auf das Verständnis des Notars sondern auf das des bzw der Beteiligten an[54].

21 An dieser Rspr sollte trotz ihrer immer wieder kritisierten Unbestimmtheit festgehalten werden, weil auch alle Alternativen keinen Gewinn an Klarheit für sich verbuchen können[55]. Kritikwürdig ist auch eher die **Handhabung in der Rspr,** die der danach erforderlichen Arbeit am Text der verkörperten Erklärung nicht immer die notwendige Aufmerksamkeit widmet und oftmals dem außerhalb der Urkunde ermittelten Erblasserwillen iS der Willenstheorie zum Erfolg verhilft, ohne auch nur den

---

Ersatzerbe; FamRZ 1991, 98: gehören; FamRZ 1995, 1302: bekommen; FamRZ 1989, 786: verwalten; ZEV 1994, 377: Mietwohnung vererben.
[42] Lange/Kuchinke § 34 III 4.
[43] So Brox, Einschränkung der Irrtumsanfechtung, 1960, S 86 ff, 141 ff; Foerste DNotZ 1993, 84, 93 ff, 96; vgl auch Lange/Kuchinke § 34 III 4.
[44] MünchKommBGB/Leipold Rn 19; Staudinger/Otte Vor § 2064 Rn 36, 47.
[45] So auch Lange/Kuchinke § 34 III 4.
[46] BGH NJW 1984, 781.
[47] BayObLG FamRZ 1986, 1151, 1153.
[48] Unrichtig daher OLG Stuttgart FamRZ 1973, 278: nichteheliches Kind als Abkömmling; vgl auch EGMR NJW 2005, 875, 878; OLG Hamm FGPrax 1999, 64; OLG Düsseldorf FamRZ 1998, 1206.
[49] BGH NJW 1981, 1737; NJW 1985, 1554.
[50] BGH NJW 1981, 1737; Brox JA 1984, 549, 553.
[51] BGH NJW 1981, 1737; BGHZ 80, 246, 248.
[52] Vgl Stagl S 179 ff, der aber Willens- und Andeutungstheorie im Ergebnis ablehnt.
[53] Vgl zu diesem Begriff Canaris AcP 200 (2000), 273.
[54] Vgl den Fall BGH NJW 1981, 1736; aA OLG Bamberg OLGR 2002, 293.
[55] Vgl etwa Lange/Kuchinke § 34 III 2 a.

Auslegung zugunsten der Wirksamkeit § 2084

geringsten Anhaltspunkt im Text der letztwilligen Verfügung anführen zu können[56]. Kann danach dem an Hand von Umständen außerhalb der Urkunde ermittelten Erblasserwillen nicht zur Geltung verholfen werden, so ist dies allerdings kein Versagen der Rechtsordnung oder der Rspr sondern Folge der gesetzlichen Formvorschriften sowie Ausdruck der mit dem Selbstbestimmungsrecht des Erblassers notwendig verbundenen Eigenverantwortung für das von ihm verfasste Testament[57]. Bei einer beurkundeten Verfügung von Todes wegen kommt eine Verletzung der Aufklärungs- und/oder Formulierungspflicht des Notars in Betracht (§ 17 BeurkG Rn 11). Dies entbindet den Richter allerdings nicht von seiner Pflicht zur Aufklärung aller entscheidungserheblichen Zweifel, denn dies ist schließlich Zweck jeder Auslegung[58]. Die Reichweite der im Text enthaltenen Andeutungen bestimmt im Prozess ebenso wie im Erbscheinsverfahren auch den Umfang der Beweisaufnahme, da nicht gedeckte Auslegungen von vorneherein nicht entscheidungserheblich sein können[59]. In zwei Fällen verzichtet die höchstrichterliche Rspr jedoch auf jeglichen Anhaltspunkt in der Urkunde. Dies ist einmal bei einer sog falsa demonstratio (Rn 14 ff) der Fall, zum anderen dann, wenn außergewöhnliche, insbes politische Gründe den Erblasser gezwungen haben, seinen wahren Willen zu verbergen[60].

b) Beispiele. Im Wege erläuternder Auslegung kann so beispielsweise die **Bezeichnung des** 22
Zuwendungsempfängers im Singular (zB Sohn, Tochter, Neffe, Tierschutzverein) beim Hinzukommen weiterer Personen gleicher Verwandtschaftskategorie nach Testamentserrichtung bzw beim Vorhandensein mehrerer juristischer Personen eine Verfügung auch auf diese erstreckt werden[61]. Eine ausdrücklich erklärte Enterbung bestimmter Personen erfasst so auch deren Abkömmlinge, soweit ein entsprechender Erblasserwille durch Umstände außerhalb der Urkunde festgestellt worden ist[62].

Bei **kumulativer oder alternativer Nennung** mehrerer Personen (zB „der Kirche oder einer 23
Stadtverwaltung") ist unter Berücksichtigung grammatikalischer Umstände (zB bestimmter Artikel, Konjunktion, Interpunktion[63], Konjunktiv[64]) und äußerer Tatsachen (zB Mitgliedschaft in Kirche oder Verein) zu ermitteln, ob Miterbengemeinschaft, Vor- und Nacherbfolge oder Ersatzerbfolge gewollt ist[65]. Dabei geht es jedoch zu weit, auf Grund der Aufzählung mehrer Personen mit der Konjunktion „und" (zB Sohn und dessen Abkömmlinge) ohne weitere Anhaltspunkte eine Ersatzerbfolge zu konstruieren (§ 2066 Rn 4). Bei einer Aufzählung unter Verwendung des Wortes „oder" ist sorgfältig zu prüfen, ob sich der Erblasser dabei nicht in der Wortwahl vergriffen und eine kumulative Einsetzung gewollt hat. Letzteres ist immer dann wahrscheinlich, wenn die Person des Zuwendungsempfängers gegenüber dem vom Erblasser mit der Zuwendung verfolgten gemeinnützigen Zweck deutlich in den Hintergrund tritt[66]. Vgl zur alternativen Erbeinsetzung auch § 2073 Rn 3.

Hat der Erblasser nur den **Zweck einer Zuwendung** (zB Tierschutz, Krebshilfe) angegeben, aber 24
keinen Zuwendungsempfänger genannt, so kann es sich entweder um eine Zweckauflage der gesetzlichen Erben oder um die Zuwendung an eine juristische Person handeln, die sich überwiegend diesem Zweck widmet, vorausgesetzt allerdings, dass der Personenkreis iS des § 2065 hinreichend bestimmt ist oder die Undeutungsregel des § 2072 eingreift[67].

Hat der Erblasser eine **juristische Person** nicht hinreichend bezeichnet, insbes Name und/oder Sitz 25
vergessen oder falsch geschrieben, ist bei karitativen Einrichtungen in kommunaler Trägerschaft (zB der Blindenanstalt) § 2072 anzuwenden[68]. Bei anderer Zweckbestimmung (zB Tierschutzverein) muss die Individualisierung auf eine bestimmte Institution durch äußere Umstände (zB Spendenverhalten, Mitgliedschaft des Erblassers) begründet werden[69]. Trifft die Bezeichnung auf mehrere juristische Personen zu, so kann erst dann auf § 2073 zurückgegriffen werden, wenn auch äußere Umstände (zB lebzeitiges Spendenverhalten, Mitgliedschaft) keinen Schluss auf den Erblasserwillen zulassen[70].

Bei einer Zuwendung an eine selbst **nicht rechtsfähige Einrichtung** (zB Kinderkrebsstation, 26
Fakultät) einer juristischen Person oder rechtsfähigen Personenvereinigung (zB Verein) ist in aller Regel diese bedacht, und zwar mit der Auflage, den Nachlass bzw den Gegenstand für die benannte Institution zu verwenden[71].

Auch vom Erblasser **falsch verwendete technische Begriffe** lassen sich auf diesem Wege dem 27
festgestellten, wirklichen Willen anpassen, insbes das Wort „vererben" als Vermächtnis[72] und die

---

[56] Ausf *Stagl* S 109 ff.
[57] Ähnlich *Lange/Kuchinke* § 34 III 6 a.
[58] BGH NJW 1981, 2745, 2746.
[59] BayObLG ZEV 2004, 200.
[60] BGH FamRZ 1977, 786.
[61] Vgl BayObLG FamRZ 1991, 982, 983 betr Sohn; OLG Celle NJW-RR 2003, 368 betr Tierschutzverein.
[62] Vgl BayObLG FamRZ 1989, 1006; LG Neubrandenburg MDR 1995, 1238.
[63] Vgl BayObLG NJW-RR 1997, 835.
[64] Vgl BayObLG Rpfleger 1990, 208.
[65] Vgl BayObLG NJW 1999, 1119.
[66] *Spanke* NJW 2005, 2947, 2949.
[67] BayObLG NJW 1988, 2742; NJW-RR 2000, 1174, 1175; vgl auch OLG Oldenburg NJW-RR 1993, 581.
[68] Vgl LG Bonn Rpfleger 1989, 63.
[69] AA OLG Oldenburg NJW-RR 1993, 581; s auch § 2072 Rn 4.
[70] Teilweise aA BayObLG NJW 1999, 1119 betr Stadtverwaltung und Kirche; vgl auch OLG Celle NJW-RR 2003, 368 betr Tierschutzverein.
[71] Vgl OLG Köln NJW 1986, 2199.
[72] BayObLG FamRZ 1999, 1392; FamRZ 1995, 1302.

Formulierungen „vermachen", „bekommen", „gehören", „verwalten", „meinen Nachlass regeln", „meine (Miet)Wohnung vererben" als Erbeinsetzungen auslegen[73].

III. Wohlwollende Auslegung (§ 2084)

28 **1. Zweck.** Gelingt es trotz Heranziehung auch aller außerhalb der Urkunde liegenden Umstände nicht, der Verfügung einen in rechtlicher Hinsicht eindeutigen Inhalt zu entnehmen, so greift die selten anzuwendende Bestimmung des § 2084 ein. Diese Bestimmung ergänzt für den Fall nicht anders zu behebender Mehrdeutigkeit der Erblassererklärung die allgemeinen Auslegungsvorschriften der §§ 133, 157. Diese Sondervorschrift dient ebenfalls dem allgemeinen Auslegungsziel, dem wahren Erblasserwillen zur rechtlichen Geltung zu verhelfen. Sie besagt dabei nur, dass im seltenen Fall der Mehrdeutigkeit die rechtlich zulässige der unzulässigen Gestaltungsmöglichkeit vorzuziehen ist. Auch die wohlwollende Auslegung dient damit – wie § 133 – dem Ziel, dem rechtlich relevanten Erblasserwillen, allerdings begrenzt durch die gesetzlichen Schranken, zur Geltung zu verhelfen[74].

29 **2. Anwendungsbereich. a) Eindeutigkeit des Ziels.** Für die wohlwollende Auslegung ist kein Raum, wenn der vom Erblasser gewünschte Erfolg nicht zweifelsfrei festgestellt werden kann. Bleibt nach dem durch erläuternde Auslegung ermittelten Inhalt der Verfügung unklar, welche Person **Zuwendungsempfänger** sein soll, so kann diese Unklarheit nur dann durch Rückgriff auf § 2084 behoben werden, wenn deren Identität gegenüber dem Zweck der Zuwendung weniger ins Gewicht fällt (zB Zuwendung für Schulen[75] oder für Tierschutz)[76]. Die wohlwollende Auslegung hilft jedoch in diesen Fällen nur weiter, wenn die Person unklar ist, nicht jedoch, wenn der Erblasser unter Verstoß gegen § 2065 Abs 2 den Zuwendungsempfänger nicht selbst festlegen, sondern dies anderen überlassen wollte. Aus den gleichen Überlegungen heraus können auch Unklarheiten bezüglich des **Zuwendungsgegenstands** nicht über § 2084 gelöst werden[77].

30 **b) Mehrdeutigkeit des Wegs.** Die Auslegung nach § 2084 kann nur stattfinden, wenn zwar das vom Erblasser gewollte Ziel eindeutig feststeht, aber der dazu einzuschlagende rechtliche Weg zweifelhaft ist, zB Vorerbschaft oder Nießbrauchsvermächtnis, Allein- oder Miterbe[78]. Der Inhalt der Verfügung muss mehrere Deutungen zulassen. Hat diese einen eindeutigen, aber unzulässigen Inhalt, kann sie nicht gemäß § 2084 in eine Verfügung mit zulässigem Inhalt umgedeutet werden[79]. Einer unzulässigen Verfügung kann nur im Wege der ergänzenden Auslegung oder der Umdeutung (§ 140) zur Geltung verholfen werden. An der erforderlichen Mehrdeutigkeit fehlt es ferner, wenn der Erblasser Regelungen nur für einen bestimmten Sachverhalt getroffen hat, der allerdings mit einem anderen eine vergleichbare Interessenlage aufweist (zB Schlusserbeneinsetzung im Berliner Testament für den Fall des gemeinsamen Ablebens, nicht jedoch für das zeitliche Aufeinanderfolgen der beiden Erbfälle)[80]. In diesen Fällen wird aber regelmäßig die ergänzende Auslegung weiterhelfen können (Rn 35 ff), wenn nicht bereits die erläuternde Auslegung einen solchen Willen feststellen kann[81].

31 **c) Rechtsnatur der Willenserklärung.** § 2084 setzt das Vorhandensein einer Verfügung von Todes wegen voraus. Die wohlwollende Auslegung entbindet daher nicht von der Pflicht, die endgültige Verfügung von einem Entwurf, einer Ankündigung oder einem Wunsch abzugrenzen[82]. Die Frage nach dem Testierwillen, also dem auf die Herbeiführung der Rechtsfolgen gerichteten Willen[83], kann also nicht offen bleiben, sondern muss durch Auslegung einer eindeutigen Antwort zugeführt werden. Dabei ist zu beachten, dass Formulierungen iS eines Wunsches, einer Erwartung oder ähnliche Redewendungen nur als höfliche Umschreibungen eines Willens darstellen[84]. § 2084 kann insoweit auch nicht analog herangezogen werden[85].

32 Eine analoge Anwendung des § 2084 ist jedoch geboten, wenn zwar der Rechtsfolgewille feststeht, aber zweifelhaft bleibt, ob es sich bei der Willenserklärung um eine **Verfügung von Todes wegen oder** ein **Rechtsgeschäft unter Lebenden** handelt[86]. Folglich kann die Frage nach der Rechtsnatur dann offen gelassen werden, wenn die Willenserklärung nur bei der rechtlichen Qualifizierung in dem einen oder in dem anderen Sinn rechtlich Erfolg haben kann. Nach hM gilt dies auch für die Frage, ob es sich dabei um ein Schenkungsversprechen von Todes wegen oder unter Lebenden handelt[87].

---

[73] BayObLG FamRZ 1995, 1302; ZEV 1994, 377; FamRZ 1991, 98; FamRZ 1989, 786; falsch aber BayObLG vom 8. 4. 2004, 1Z BR 012/04, unveröffentlicht.
[74] Vgl zum Verhältnis des § 2084 zu § 133 MünchKommBGB/*Leipold* Rn 48 f mwN.
[75] Vgl OLG Oldenburg NdsRpfl 1948, 8.
[76] Vgl OLG Oldenburg NJW-RR 1993, 581.
[77] Vgl RG SeuffA 75 Nr 107.
[78] KG JFG 22, 83.
[79] BayObLGZ 1953, 195; MünchKommBGB/*Leipold* Rn 54.
[80] BGH WM 1975, 737; *Palandt/Edenhofer* Rn 15.
[81] Vgl OLG Stuttgart OLG FamRZ 1994, 852; OLG Köln FamRZ 1996, 310.
[82] BayObLGZ 1970, 173; OLG Köln FamRZ 1995, 1301.
[83] Vgl die Beispiele bei *Prior* JuS 1978, 772.
[84] BGH LM § 133 (B) Nr 1; *Werner* JuS 1973, 434.
[85] HM, zB BGH LM Nr 13; WM 1976, 744; aA OLG Stuttgart BWNotZ 1960, 150.
[86] HM, zB BGH LM Nr 13; NJW 1984, 46; FamRZ 1985, 693; MünchKommBGB/*Leipold* Rn 62; aA *Soergel/Stein* § 1937 Rn 2 mwN.
[87] BGH NJW 1988, 2731; aA *Bork* JZ 1988, 1059.

d) Zweifelhafte Form. Die Nichteinhaltung gesetzlicher Formvorschriften (zB Unterschrift, eigenhändiges Schreiben) kann nicht durch wohlwollende Auslegung ignoriert werden[88]. Ist dagegen die Erklärung mehrdeutig oder kann deren Rechtsnatur nicht eindeutig geklärt werden und genügt sie bei einer dieser Auslegungen den Formvorschriften, so ist gemäß § 2084 diese Bedeutungsvariante zu wählen (zB eigenhändig geschriebener Erbvertragsnachtrag als gemeinschaftliches Testament)[89]. 33

3. Rechtsfolge. Kommen nur zwei Auslegungsmöglichkeiten in Betracht, von denen eine rechtlich unzulässig ist, so gilt die andere. Können mehrere rechtlich zulässige Möglichkeiten den gleichen Erfolg herbeiführen, so ist bei der Auslegung im Rahmen des § 2084 diejenige vorzuziehen, die dem Zuwendungsempfänger die wenigsten Umstände und die geringsten Kosten verursacht[90]. 34

IV. Ergänzende Auslegung

1. Lücke in der Willensbildung. Während mit der erläuternden Auslegung der vorhandene Erblasserwille festgestellt wird, werden mit der ergänzenden Auslegung Lücken in der Willensbildung geschlossen. Auch diese Methode dient dem Ziel jeder Auslegung, nämlich den rechtlich relevanten Erblasserwillen zu ermitteln. Die Zulässigkeit und Notwendigkeit dieser ergänzenden Auslegung ist unumstritten, obwohl die dogmatischen Grundlagen hierfür nicht ganz klar sind[91]. Die gleiche Methode, nämlich die Erforschung des hypothetischen Willens, ist auch im Rahmen anderer Vorschriften anzuwenden, so bei der Teilnichtigkeit (§ 2085), bei der Nichtigkeit wegen Eheauflösung (§ 2077 Abs 3) oder bei der Umdeutung (§ 140). 35

Eine **ergänzungsfähige Lücke** liegt nur dann vor, wenn nach dem Gesamtbild der Verfügung, insbes den damit verfolgten Zwecken, deren Unvollständigkeit vom Erblasser nicht gewollt ist. Dabei kommt es auf die erkennbare subjektive Einstellung des Erblassers an, nicht auf die Sichtweise eines objektiven Betrachters. Auch irrationale Erwägungen des Erblassers sind zu berücksichtigen. **Gegenstand der Ergänzung** können sein: 36
– Teile von Verfügungen[92],
– ganze Zuwendungen[93],
– Enterbungen[94] oder
– sonstige erbrechtliche Verfügungen[95].

a) Änderung der Sach- und Rechtslage. Diese planwidrige Lücke kann dabei ihre Ursache in einer nach der Errichtung der Verfügung eingetretenen Änderung der Rechts- oder Sachlage haben. Die Änderung der Sachlage kann auch darin bestehen, dass der Erblasser den Eintritt oder das Ausbleiben einer bestimmten Tatsache erwartet hat. Handelt es sich dabei um eine innere Tatsache, dh eine Einstellung des Erblassers, oder um eine seinem Einfluss unterliegende äußere Tatsache (zB Eheschließung[96], Eintritt in Sekte, Verkauf des Vermächtnisgegenstands)[97], so ist besonders sorgfältig zu prüfen, ob es sich dabei nicht um eine Willensänderung handelt, zu der es der Errichtung einer neuen Verfügung von Todes wegen bedarf. Heiratet der Erblasser nach der Errichtung neu, so beziehen sich Verfügungen zugunsten des Ehegatten grds nicht auf den neuen, weil das Auswechseln des Zuwendungsempfängers einen neuen Entschluss erfordert, nicht jedoch eine Fortentwicklung der alten Verfügung darstellt[98]. Vor dem Erbfall eintretende Änderungen von äußeren Tatsachen, auf die der Erblasser keinen Einfluss hat, sind dagegen regelmäßig geeignet, eine planwidrige Lücke entstehen zu lassen. 37

Umstritten ist allerdings, ob dies auch für **Änderungen nach dem Erbfall** gilt[99]. Das Gebot der Rechtssicherheit, dem das Erbrecht in besonderem Maße verpflichtet ist, verbietet es jedoch einer mit einem bestimmten Inhalt wirksam gewordenen Verfügung nachträglich einen anderen Inhalt zu geben. Deshalb können nach dem Wirksamwerden eintretende Änderungen richtiger Ansicht nach im Wege der ergänzenden Auslegung nicht mehr berücksichtigt werden[100]. Insoweit bleibt allein der Weg der Anfechtung. 38

Dies muss auch für die mit der **deutschen Einigung** eingetretene grundlegende Änderung der staatlichen, rechtlichen und wirtschaftlichen Verhältnisse gelten, soweit der vor dem 3. 10. 1990 39

---

[88] BayObLG FamRZ 1983, 836; MünchKommBGB/*Leipold* Rn 61, 65.
[89] BayObLGZ 1960, 192, 195.
[90] *Palandt/Edenhofer* Rn 13.
[91] Ausf MünchKommBGB/*Leipold* Rn 67 f.
[92] OLG Düsseldorf FamRZ 1998, 389 betr Befreiung des Vorerben]; BayObLG NJWE-FER 2000, 93 betr Zuwendungsgegenstand; RG JW 1911, 115 betr Empfänger; OLG Oldenburg NdsRpfl 1948, 8 betr Empfänger.
[93] BayObLG FamRZ 1991, 982 betr Miterbe; DNotZ 1994, 399 betr Alleinerbe; BayObLGZ 1982, 159 betr Ersatzerbe; BayObLG NJW 1988, 2744 betr Ersatzerbe; ZEV 2001, 24 betr Ersatzerbe; OLG Hamm NJW-RR 1987, 648 betr Ersatzerbe.
[94] BayObLG NJW-RR 1992, 840; LG Freiburg BWNotZ 1983, 123.
[95] Vgl OLG Düsseldorf FamRZ 1999, 958 betr Testamentsvollstreckung.
[96] Vgl RGZ 134, 277; MünchKommBGB/*Leipold* Rn 98.
[97] Vgl BGH NJW 1957, 421; BGHZ 31, 14, 22.
[98] RGZ 134, 277; MünchKommBGB/*Leipold* Rn 98; aA *Brox* Rn 216.
[99] Dafür BGH NJW 1963, 1150; OLG Karlsruhe OLGZ 1981, 399; BayObLGZ 1988, 165; dagegen *R. Meyer* ZEV 1994, 12.
[100] MünchKommBGB/*Leipold* Rn 106 f; *Staudinger/Otte* Vor §§ 2064 ff Rn 102.

Litzenburger

§ 2084

verstorbene Erblasser keine entsprechenden Vorbehalte gemacht hat[101]. Das Gebot der Rechtssicherheit kann nicht im Hinblick auf die Außergewöhnlichkeit eines Ereignisses relativiert werden[102]. Vgl zur Anfechtbarkeit von Verfügungen auf Grund der deutschen Einigung § 2078 Rn 8.

40 Bei einer erst nach dem Erbfall in Kraft tretenden Verfügung, also beispielsweise bei Anordnung der Nacherbfolge, bei aufschiebend bedingten oder erst nach dem Erbfall fällig werdenden Vermächtnissen oder Auflagen, bei dem Vermächtnis fortlaufender Zahlungen oder bei einem erst längere Zeit nach dem Erbfall ausübbaren Ankaufsrecht können auch zwischen dem Erbfall und dem Entstehen dieser Ansprüche eingetretene Änderungen zu einer ergänzenden Auslegung führen. Die gleichen Überlegungen greifen bei Verfügungen mit einer über den Erbfall lang hinaus reichenden Dauerwirkung (zB Dauertestamentsvollstreckung)[103]. Soweit der Erblasser allerdings für derart veränderte Umstände Vorsorge getroffen hat, kann dieser reale vorhandene Wille nicht im Wege der ergänzenden Auslegung korrigiert werden[104], sondern allenfalls durch Umdeutung oder Anfechtung. Eine ergänzende Auslegung ist in den Fällen späterer Änderungen der Sach- oder Rechtslage auch dann nicht von vorneherein ausgeschlossen, wenn dem Erblasser diese noch vor seinem Tod bekannt geworden sind[105]. Allerdings ist die Tatsache, dass er von den Veränderungen erfahren hat, ohne daraufhin die Verfügung zu ändern, dann beachtlich, wenn das Unterlassen der Änderung nicht nur darauf beruht, dass der Erblasser nicht mehr an die Verfügung gedacht hat.

41 **b) Ursprüngliche Lücke.** Auch ursprüngliche, also bei Errichtung vorhandene Lücken können grds im Wege der ergänzenden Auslegung geschlossen werden[106]. Keine ergänzungsfähige Lücke stellen die Fälle dar, in denen der Erblasser absichtlich oder versehentlich den Zuwendungsempfänger oder -gegenstand nicht hinreichend genau selbst bestimmt hat. Das **Selbstbestimmungsgebot** des § 2065 (dort Rn 6 ff, 15 ff) kann nicht durch ergänzende Auslegung außer Kraft gesetzt werden[107]. Auch iÜ stellt nicht jede unheilbar **unwirksame Bestimmung** eine ergänzungsfähige Lücke dar. Schließlich will jeder Erblasser, dass seine Anordnungen auch wirksam, also umgesetzt werden. Dieser generelle rechtliche Testierwille ist jedoch für die Annahme einer planwidrigen Lücke zu wenig. Die bloße Unkenntnis der Rechtslage zurzeit der Errichtung erlaubt daher keine ergänzende Auslegung, sondern allenfalls eine Korrektur im Wege der erläuternden, vor allem aber der wohlwollenden Auslegung. Damit bleiben insoweit nur die Fälle übrig, in denen der Erblasser bei Errichtung die wahre Sachlage nicht kannte (zB Geburt oder Eheschließung eines Kindes)[108]. Hat der Erblasser in Kenntnis derartiger Umstände testiert, so scheidet eine ergänzende Auslegung aus. Zwischen den Fällen der Unkenntnis der Rechtslage und dem Nichtwissen von Tatsachen bei Errichtung sind die Fälle anzusiedeln, in denen der Erblasser zwar alle Tatsachen kennt, aber daraus die falschen rechtlichen Schlussfolgerungen zieht[109]. In diesen Fällen kann im Wege der ergänzenden Auslegung dem wirklichen Willen des Erblassers zur Geltung verholfen werden.

42 **2. Ermittlung des hypothetischen Willens.** Bei der Ermittlung des hypothetischen Erblasserwillens ist der real feststellbare subjektive Wille zu Ende zu denken, also zu erforschen, was der Erblasser geregelt hätte, wenn er von der ergänzungsfähigen Lücke gewusst hätte. Auszugehen ist von den persönlichen Einstellungen des Erblassers, selbst von irrationalen. Dabei kommt es allein auf den Zeitpunkt der Errichtung an. Spätere Willensänderungen dürfen dabei nicht berücksichtigt werden. Einen neuen Entschluss kann der Erblasser nur durch Errichtung einer neuen oder Abänderung einer bestehenden Verfügung verwirklichen.

42 a Die ergänzende Auslegung ist nicht nur bei allen einseitig testamentarischen Verfügungen sondern auch bei **wechselbezüglichen oder vertragsgemäßen** in einem gemeinschaftlichen Testament bzw Erbvertrag zulässig. Bei den zuletzt genannten **Verfügungen** kommt es jedoch nicht allein auf den hypothetischen Willen des Erblassers an. Maßgebend ist vielmehr gemäß § 157 der übereinstimmende hypothetische Wille beider Beteiligten bzw Vertragspartner, und zwar beim Erbvertrag auch dann, wenn nur ein Vertragsteil vertragsmäßig bindend verfügt hat[110]. In beiden Fällen ist von der übereinstimmenden Zielsetzung beider Beteiligter auszugehen. Haben beide Beteiligte unterschiedliche Ziele verfolgt, so ist zwar auf die Zielsetzung des Erblassers abzustellen, jedoch mit der Besonderheit, dass der hypothetische Wille nur in dem Umfang gelten kann, in dem sich der andere bei verständiger Würdigung seiner eigenen Anschauungen darauf eingelassen hätte[111]. Auf dieser Grundlage ist dann zu entscheiden, was verfügt worden wäre, hätten beide die Lückenhaftigkeit erkannt. Das Ergebnis der ergänzenden Auslegung kann dabei auch darin bestehen, zwar die Verfügung des Erblassers inhaltlich

---

[101] OLG Oldenburg DtZ 1992, 290; *Grunewald* NJW 1991, 1208, 1210; *Wasmuth* DNotZ 1992, 3, 8; *Bestelmeyer* Rpfleger 1992, 321, 326; *Palandt/Edenhofer* Rn 10; *Erman/M. Schmidt* Rn 7; aA OLG Frankfurt OLGZ 1993, 382; R. *Meyer* ZEV 1994, 12, 14; *Staudinger/Otte* Vor §§ 2064 ff Rn 101 ff.
[102] AA MünchKommBGB/*Leipold* Rn 109 f.
[103] Vgl BayObLG FamRZ 1988, 325.
[104] Vgl BGH FamRZ 1983, 380, 382.
[105] BayObLG FamRZ 1991, 982, 983.
[106] OLG Naumburg FGPrax 1996, 30, 31; *Soergel/Loritz* Rn 38.
[107] Vgl OLG Köln Rpfleger 1981, 357; BayObLG FamRZ 1981, 402, 403.
[108] Vgl MünchKommBGB/*Leipold* Rn 74.
[109] Vgl BayObLG NJW-RR 1997, 1438: Wirksamkeit einer Verzichtsvereinbarung; BGH NJW 1978, 152: Beitritt zu einer OHG; NJW 1978, 264.
[110] Für gemeinschaftliches Testament KG OLGZ 1966, 506; BayObLGZ 1962, 142; für Erbvertrag BGH FamRZ 1983, 380.
[111] Vgl BGH NJW 1993, 256 für gemeinschaftliches Testament.

fortbestehen zu lassen, jedoch die Bindung an die wechselbezüglichen bzw vertragsmäßigen Verfügungen des anderen Beteiligten bzw Vertragsteils einzuschränken[112] oder sogar ganz zu beseitigen[113].

3. Willensrichtung als Grundlage.

Nach der höchstrichterlichen Rspr kann der hypothetische Erblasserwille nicht grenzenlos berücksichtigt werden, sondern nur in dem Umfang, in dem dieser seine Grundlage in der vom Erblasser real geäußerten Willensrichtung hat[114]. Auch die ergänzende Auslegung darf sich mit Rücksicht auf die Formvorschriften der §§ 2232, 2247 nicht völlig vom Wortlaut der auszulegenden Verfügung entfernen. Diese Formel darf dabei nicht mit der Andeutungstheorie im Rahmen der erläuternden Auslegung verwechselt werden (Rn 20). Einen Anhaltspunkt idS kann es hier schon deshalb nicht geben, weil es andernfalls an einer ergänzungsfähigen Lücke fehlen würde. Richtigerweise muss das Ziel, nicht jedoch das Mittel oder der Weg in der auszulegenden Verfügung irgendwie zum Ausdruck kommen[115]. Die festgestellte Motivation des Erblassers muss zweckgetreu zu Ende gedacht werden[116]. Damit werden spätere Änderungen der Zielrichtung auf Grund neuer Entschlüsse ausgeschlossen. Ihre Rechtfertigung findet diese Einschränkung in den Formvorschriften des Erbrechts, da ohne diese formfreie Verfügungen zugelassen werden müssten[117]. Bei der ergänzenden Auslegung haben die staatlichen Gerichte nach der Rspr des EGMR die Menschenrechte, einschließlich der Diskriminierungsverbote des Art 8 EMRK, zu beachten[118]. **43**

Der Wille, der zu Ende gedacht werden muss, muss in irgendeiner Art seinen erkennbaren, wenngleich unvollkommenen **Niederschlag in der auszulegenden Urkunde** gefunden haben: **44**
– Im günstigsten Falle erlauben in der Verfügung **angegebene Motive** das Weiterentwickeln der Verfügungen[119].
– Fehlen Motivangaben in der Urkunde, so ist der **Sinn der getroffenen Verfügungen** zu Ende zu denken. Dabei kommt es in erster Linie auf die subjektiven Vor- und Einstellungen des Erblassers an. In zweiter Linie sind aber auch Sätze allgemeiner Lebenserfahrung heranzuziehen.

Bei einem Rückschluss von getroffenen auf angeblich **fehlende Verfügungen** ist jedoch einschränkend zu fordern, dass die getroffene Verfügung ohne die zu ergänzende **überhaupt keinen Sinn** ergibt, da sich andernfalls die Auslegung völlig vom Text lösen würde[120]. So ist zB beispielsweise beim besten Willen nicht möglich, in die bloße, aber ausdrückliche Einsetzung der „Kinder" eine Ersatzerbeinsetzung von deren Kinder hineinzulesen[121]. Das Gleiche gilt für die Erbeinsetzung des nichtehelichen Kindes des Ehepartners[122]. **45**

Deshalb kann auch bei einem gemeinschaftlichen Testament von einer Schlusserbeneinsetzung nicht auf eine **gegenseitige Erbeinsetzung** der Ehepartner geschlossen werden[123]. **46**

Auch von einer **Pflichtteils- oder Wiederverheiratungsklausel** (§ 2269 Rn 28 ff bzw 42 ff) darf nicht auf eine Schlusserbeneinsetzung der Kinder geschlossen werden, weil auch ohne die zu ergänzende Verfügung diese Bestimmungen einen eigenständigen Sinn ergeben[124]. Die Ausschlusswirkung einer Pflichtteilssanktionsklausel in einem gemeinschaftlichen Testament oder Ehegattenerbvertrag kann sich nämlich auch allein auf den gesetzlichen Erbteil beim Tod des längerlebenden Elternteils beziehen, setzt also keines zwingend eine Schlusserbeneinsetzung voraus[125]. Gleiches gilt für eine Wiederverheiratungsklausel. **47**

Teilweise zu großzügig verfährt die Rspr vor allem beim **Vorversterben eines Erben** mit der Annahme von Ersatzerbeinsetzungen im Wege ergänzender Auslegung[126]. Richtigerweise muss man in allen weder von § 2069 erfassten noch vergleichbaren Fällen mangels jeglicher Andeutung eine **48**

---

[112] Vgl KG OLGZ 1966, 503 betr Testamentsvollstreckeranordnung.
[113] Vgl KG NJW 1963, 766.
[114] RGZ 99, 82, 86; 142, 171, 275; BGH LM Nr 5; FamRZ 1983, 380, 383; BGHZ 22, 357, 360; *Soergel/Loritz* Rn 36; *Staudinger/Otte* Vor §§ 2064 ff Rn 87 ff; *Schlüter* Rn 193; *Kipp/Coing* § 21 III 5 b; aA *Brox* Rn 201; *v. Lübtow* I S 299; *Keuk* S 81.
[115] Ähnlich BGH NJW 1981, 1737; OLG Hamm FamRZ 1998, 122; *Staudinger/Otte* Vor §§ 2064 ff Rn 87; MünchKommBGB/*Leipold* Rn 81.
[116] Vgl BayObLGZ NJW 1988, 2744; *Keuk* S 85, 87, 88; MünchKommBGB/*Leipold* Rn 84.
[117] BayObLG NJW 1988, 2744.
[118] NJW 2005, 875, 878; s aber Rn 13.
[119] BayObLG NJW-RR 1999, 1167 betr Selbstmord wegen rassistischer Verfolgung; BayObLG ZEV 1997, 339 betr Ausgleich für Vorwegempfang; BayObLG FamRZ 1991, 231 betr Gleichstellung; RGZ 99, 82 betr Sohn „mit Glücksgütern wenig, mit [10] Kindern reich gesegnet".
[120] Vgl BayObLG FamRZ 1994, 853 zur Erbeinsetzung in Abgrenzung zum Vermächtnis; unrichtig daher OLG München Rpfleger 2005, 668, 669.
[121] So aber OLG Hamm FGPrax 2003, 270, 272; s zu dieser Entscheidung auch § 2069 Rn 5.
[122] So aber BayObLG ZEV 2005, 528 m abl Anm *Perkams* ZEV 2005, 510.
[123] BGH NJW 1981, 1737: „wir ... setzen unsere gemeinsamen Kinder ... je zur Hälfte als Erben ein"; vgl dazu auch *Flume* NJW 1983, 2007, 2009; aA *Brox* JA 1984, 549, 557.
[124] Ebenso OLG Karlsruhe Beschluss vom 19. 1. 2006, 14 Wx 28/05, unveröffentlicht; OLG Hamm NJW-RR 2004, 1520; OLG Saarbrücken NJW-RR 1992, 841; *Lange/Kuchinke* § 34 III 2 a; aA OLG München FGPrax 2006, 123, 124; OLG Saarbrücken NJW-RR 1994, 844; BayObLGZ 1959, 199, 204; vgl auch *H.-J. Fischer* ZEV 2005, 189, 190 f.
[125] Unrichtig daher OLG München FGPrax 2006, 123, 124.
[126] OLG München FGPrax 2006, 223: Großneffe; BayObLGZ 1982, 159; OLG Hamm NJW-RR 1991, 1349: Schwiegerkind; OLG Karlsruhe NJW-RR 1992, 1482: Geschwisterkind; BayObLG NJW-RR 1993, 459, 460 Geliebte; BayObLG NJW 1988, 2744: Neffe; vgl dagegen die zutreffende Entscheidung BayObLG Rpfleger 2004, 25: nichteheliches Stiefkind.

§ 2084

ergänzende Auslegung ablehnen[127]. In diesen Fällen kann allerdings unter bestimmten Voraussetzungen auf den Rechtsgedanken des § 2069 zurückgegriffen werden (§ 2069 Rn 6).

49 Beim **Wegfall einer gemeinnützigen juristischen Person** steht der Zweck derart im Vordergrund, dass in aller Regel eine andere Person, die sich überwiegend den gleichen Aufgaben widmet, Zuwendungsempfänger ist, vorausgesetzt allerdings, dass der Personenkreis iS des § 2065 hinreichend bestimmt ist[128].

50 Kein Problem der ergänzenden sondern der erläuternden Auslegung stellt die Frage dar, ob durch Verwendung des **Singulars bei der Bezeichnung eines Zuwendungsempfängers** (zB Sohn, Tochter, Neffe) nach der Errichtung hinzugekommene Personen gleicher Verwandtschaftskategorie ausgeschlossen werden oder nicht[129]. Erlauben weder angegebene Motive noch der Sinn der getroffenen Verfügungen eine Ergänzung, so scheitert diese Art der Auslegung am Mangel einer ausreichenden Andeutung. Die verbleibende Lückenhaftigkeit ist wie im Bereich der erläuternden Auslegung Folge der Verantwortung des Erblassers für die von ihm fehler- bzw lückenhaft verfasste Verfügung und muss deshalb von der Rechtsordnung hingenommen werden, soweit nicht eine Willensergänzung auf Grund gesetzlicher Auslegungs- oder Ergänzungsregeln in Betracht kommt.

V. Gesetzliche Auslegungs- und Ergänzungsregeln

51 Die gesetzlichen Auslegungs- und Ergänzungsregeln (zB §§ 2067, 2069, 2169) greifen nur ein, wenn sich weder der vorhandene (Rn 6 ff) noch der mutmaßliche Wille (Rn 35 ff) zweifelsfrei feststellen lässt. Sie setzen dabei niemals einen diesen Regeln entsprechenden Rechtsfolgewillen des Erblassers voraus. Es genügt vielmehr, wenn der Erblasser die intendierte Folge weder ausgeschlossen hat, noch bei Kenntnis der Lückenhaftigkeit seiner Willensbildung ausgeschlossen hätte[130].

VI. Beweisfragen

52 Die Auslegung selbst ist zwar Rechtsanwendung, nicht jedoch die Feststellung der ihr zugrundezulegenden Tatsachen. Für diese Tatsachenfeststellung gelten die allgemeinen Beweisregeln. Im Zivilprozess trägt die Beweislast also derjenige, der aus einer behaupteten Tatsache in Verbindung mit einer bestimmten Auslegung Rechte für sich herleitet. Die für die Auslegung erforderlichen Tatsachen werden im Erbscheinsverfahren von Amts wegen ermittelt. Die gesetzlichen Auslegungs- und Ergänzungsregeln haben für die Verteilung der Darlegungs- und Beweis- bzw der Feststellungslast entscheidende Bedeutung[131].

VII. Auslegungsvertrag

53 **1. Begriff und Zulässigkeit.** Dies ist ein Vertrag zwischen Personen, die ein Erbrecht oder einen Anspruch auf ein Vermächtnis behaupten oder bestreiten, über die Auslegung einer Verfügung von Todes wegen im Hinblick auf:
- die Erbenstellung[132],
- die Rechte und Pflichten mehrerer Erben untereinander (zB Teilungsverbote und -anordnungen) oder
- Rechte aus Vermächtnissen[133].

54 Der Disposition der Beteiligten entzogen und damit einer derartigen Vereinbarung nicht zugänglich sind dagegen Auflagen (§§ 2192 ff), die Anordnung einer Testamentsvollstreckung (§§ 2197 ff), die Vormundbenennung (§ 1776) und der Entzug der elterlichen Vermögenssorge für den Nachlass (§ 1638). Gleiches gilt im Hinblick auf die Testierfreiheit des Erblassers für die Feststellung des materiellen Erbrechts, die ausschließlich richterliche Aufgabe ist[134]. Die vereinbarte „Auslegung" ist allenfalls Motiv bzw Geschäftsgrundlage eines solchen Vertrags, während unmittelbarer Regelungsgegenstand allein die Verpflichtung ist, die entsprechenden Rechtsfolgen wirtschaftlich herbeizuführen[135]. Die Testierfreiheit des Erblassers wird hierdurch ebenso wenig verletzt wie etwa durch eine Vereinbarung zwischen mehreren Erben, die sich über Teilungsverbote oder -anordnungen des Erblassers hinwegsetzen[136].

---

[127] Zutr daher OLG Hamm OLGZ 1977, 260; BayObLG NJW-RR 1992, 73; ZEV 2001, 24.
[128] Vgl OLG Stuttgart WM 1964, 1111.
[129] AA bezüglich der dogmatischen Einordnung BayObLG FamRZ 1991, 982, 983.
[130] Vgl BGH NJW 1980, 1276, 1277; NJW 1981, 2744.
[131] *Tappmeier* NJW 1988, 2714; *Staudinger/Otte* Vor §§ 2064 ff Rn 120 ff.
[132] Zur Alleinerbschaft BayObLG Z 29, 208; zur Vor- und Nacherbschaft BGH NJW 1986, 1812; NJW 1993, 256; BayObLG FamRZ 1989, 99; OLG Frankfurt DNotZ 2001, 143; zur Ersatzerbfolge BayObLG FamRZ 1992, 355; OLG Karlsruhe FamRZ 1993, 363; zur Enterbung BayObLG NJW-RR 1997, 1368; OLG Hamm Rpfleger 1981, 402; OLG Stuttgart DNotZ 1971, 478.
[133] BGH NJW 1981, 1562.
[134] So bereits Prot II S 499; vgl auch KG Rpfleger 2004, 101, 102; OLG Frankfurt DNotZ 2001, 143, 149; *Eisele* S 48; *Selbherr* ZErb 2005, 10, 12.
[135] BGH NJW 1986, 1812, 1813; *Eisele* S 49 ff; *Weiß* S 393 f; MünchKommBGB/*Leipold* Rn 137; *Lange/Kuchinke* § 34 IV b; aA *Dressler* ZEV 1999, 289, 291 f.
[136] Mit anderer Begr ebenso *Dressler* ZEV 1999, 289, 291.

Auslegung zugunsten der Wirksamkeit **§ 2084**

2. Gegenstand. Die Beteiligten sind dabei nicht darauf beschränkt, unter mehreren vertretbaren 55
Auslegungen eine auszuwählen[137]. Sie können auch eine nach allgemeinem Verständnis abwegige
Interpretation vereinbaren, wie gerade der vom BGH 1986 entschiedene Fall belegt[138]. Ein solcher
Vertrag hat mindestens vergleichsähnlichen Charakter[139]. Er verpflichtet die Beteiligten schuldrechtlich
zur Herbeiführung der Rechtsfolgen, die der zugrunde gelegten Auslegung entsprechen[140]. Der Vertrag
muss für alle denkbaren Auslegungen Rechtsfolgen enthalten und kann nur unter Mitwirkung der
materiell-rechtlichen Inhaber der betroffenen Nachlassgegenstände erfüllt werden. Bei erbrechtsbezogenen
Auslegungsverträgen bedarf es so in aller Regel vorsorglicher Erbschafts- bzw Erbteilsübertragungen.

3. Form. Im Falle von Erbschafts- bzw Erbteilsübertragungen ebenso wie bei Vereinbarungen über 56
Grundstücke, grundstücksgleiche Rechte oder Geschäftsanteile an einer GmbH bedarf der Vertrag nach
den dafür einschlägigen Vorschriften (zB §§ 2033, 2371, 2385, § 929 bzw § 15 GmbHG) der notariellen
Beurkundung[141]. In allen anderen Fällen ist der Abschluss eines Auslegungsvertrags formfrei
möglich. Er kann auch in einem gemeinsam gestellten Erbscheinsantrag enthalten sein[142].

4. Wirkung. Der Vertrag bindet unmittelbar nur die **Vertragsbeteiligten** und verpflichtet sie, unter 57
Umständen auch konkludent gemäß § 242[143], die Rechtsfolgen durch Handeln (zB Herausgabe oder
-zahlung, Antragsrücknahme), Dulden (zB keine Äußerung im Erbscheinsverfahren) oder Unterlassen
(zB Verzicht auf Erbscheinsantrag oder Rechtsmittel) herbeizuführen[144]. Soweit aus Rechtsgründen
erbrechtliche Wirkungen nicht durch Vereinbarung erzielt werden können (zB Vor- und Nacherbfolge,
Testamentsvollstreckung), sind die Beteiligten darauf beschränkt, wirtschaftlich gleichwertige
Ergebnisse herbeizuführen[145]. Bei Verletzung dieser Pflichten gelten §§ 280 ff. Bei einem umfassenden,
erbrechtsbezogenen Auslegungsvertrag kann die darin als Erbe festgestellte Person gemäß § 242 den
Nachlassgläubigern nicht den Einwand entgegenhalten, sie habe überhaupt kein materielles Erbrecht[146].

Die Bindung der **Gerichte bzw Behörden** kann dagegen nur eine mittelbare sein, wobei zu 58
differenzieren ist:
– In einem **Zivilprozess** sind die Beteiligten bei Leistungsklagen verpflichtet, durch Anerkenntnis oder
anerkenntnisähnliche Prozesshandlungen die vereinbarten Rechtsfolgen herbeizuführen, so dass eine
gewisse prozessuale Dispositionsfreiheit besteht, die auch vom Gericht als unzulässige Rechtsausübung
zu beachten ist, wenn sich einer von ihnen hierauf beruft[147]. Im Feststellungsprozess über das Erbrecht
scheidet ein Anerkenntnis dagegen aus[148].
– Im **Erbscheinsverfahren** kann es im Hinblick auf dessen Funktion, die Testierfreiheit des Erblassers
verfahrensmäßig abzusichern, sowie mit Rücksicht auf die mit öffentlichem Glauben verbundene
drittschützende Wirkung des Erbscheins keine materiell-rechtliche Bindung an einen erbrechtsbezogenen
Auslegungsvertrag geben[149]. Der Vertrag erzeugt jedoch verfahrensrechtliche Bindungswirkung
in der Weise, dass er jeden Beteiligten verpflichtet, im Erbscheinsverfahren Erklärungen
abzugeben, zurückzunehmen oder zu unterlassen[150]. Vereinbarungswidrig gestellte Anträge oder
eingelegte Rechtsmittel sind dann mangels Rechtsschutzbedürfnis als unzulässig zu verwerfen, und
zwar unabhängig davon, ob das Gericht die zugrunde gelegte Auslegung für vertretbar hält[151]. Auf
diesem Weg unlösbar ist allerdings die abredewidrige Anregung eines Vertragsteils an das Gericht,
einen Erbschein gemäß § 2361 Abs 1 S 1 von Amts wegen einzuziehen[152]. In diesem Fall sind die
übrigen Beteiligten idR allein auf ihre Ersatz- und sonstigen Ansprüche gemäß §§ 280 ff angewiesen.
Die Testierfreiheit des Erblassers verbietet es, einem Auslegungsvertrag oder einer über viele Jahre

---

[137] AA OLG Frankfurt DNotZ 2001, 143, 149; *Lange/Kuchinke* § 34 IV 3 a; *Dressler* ZEV 1999, 289, 290 f.
[138] BGH NJW 1986, 1812.
[139] KG Rpfleger 2004, 101, 102; OLG Frankfurt DNotZ 2001, 143, 149; offen gelassen von BGH NJW 1986, 1812, 1813; *Lange/Kuchinke* § 34 IV 3 b.
[140] *Eisele* S 49 ff: „Binnenvergleich"; *Weiß* S 394; *Selbherr* ZErb 2005, 10, 12; aA *Dressler* ZEV 1999, 289, 291 f: „ipso jure … bereits vollzogen".
[141] BGH NJW 1986, 1812, 1813 mwN; *Eisele* S 59 ff ausf und nach Fallgruppen diff; MünchKommBGB/*Leipold* Rn 137, 139; für generelle Beurkundungspflicht bei erbrechtsbezogenen Verträgen *Dressler* ZEV 1999, 289, 292; *Selbherr* ZErb 2005, 10, 15.
[142] *Dressler* ZEV 1999, 289, 292; *Eisele* S 75; vgl BGH NJW 1986, 1812, 1813.
[143] *Soergel/Loritz* Rn 31; *Eisele* S 55 f.
[144] BGH JZ 1991, 727: Herausgabe; RG JW 1910, 998: Herauszahlung.
[145] Vgl *Selbherr* Zerb 2005, 10, 12 f.
[146] *Eisele* S 89 ff mwN.
[147] *Selbherr* ZErb 2005, 10, 14; *Weiß* S 401; MünchKommBGB/*Leipold* Rn 138; *Soergel/Loritz* Rn 32.
[148] *Weiß* S 400 f; diff *Eisele* S 111 f, 153 ff; aA *Selbherr* ZErb 2005, 10, 14: Feststellungsklage mangels Statthaftigkeit unzulässig.
[149] Im Ergebnis ebenso BayObLG FamRZ 1991, 617, 618; *Soergel/Loritz* Rn 32; *Weiß* S 405; *Eisele* S 48 f; *Selbherr* ZErb 2005, 10, 13; aA OLG Frankfurt MDR 1990, 56; *Lange/Kuchinke* § 34 IV 3 c; aA bei „vertretbarer Interpretation" *Dressler* ZEV 1999, 289, 292; MünchKommBGB/*Leipold* Rn 139 f; unklar OLG Frankfurt DNotZ 2001, 143, 148 f.
[150] KG Rpfleger 2004, 101, 102; OLG Stuttgart MDR 1984, 403; MünchKommBGB/*Leipold* Rn 138 f; *Eisele* S 140 ff; *Selbherr* ZErb 2005, 10, 13 f; *Keidel/Kuntze/Winkler/Kahl*, 15. Aufl 2003, § 19 FGG Rn 103 ff; vgl zur mittelbaren Bindung auf Grund Feststellungsurteils *Eisele* S 128 ff.
[151] Vgl zum Gerichtsvergleich KG Rpfleger 2004, 101, 102 ff.
[152] Vgl BayObLG FamRZ 1991, 617; FamRZ 1997, 1365; FamRZ 2003, 326.

unangefochtenen Auslegung einer Verfügung eine indizielle Bedeutung für dessen bzw deren Richtigkeit zuzumessen[153].

– Im **Grundbuchverfahren** ersetzt ein Auslegungsvertrag den Erbnachweis gemäß § 35 Abs 1 S 2 GBO auch dann nicht, wenn zwar alle denkbaren Erben die erforderlichen Erklärungen abgeben, aber das materielle Erbrecht nicht geklärt werden kann, weil es sich dabei um eine eng auszulegende Ausnahmebestimmung zum Grundsatz der Pflicht zur Vorlage eines Erbscheins handelt[154].

– Im **Erbschaftsteuerverfahren** richtet sich die Besteuerung nicht nach der materiellen Rechtslage, sondern nach den Vereinbarungen im Auslegungsvertrag[155].

59   5. **Anfechtung.** Der Auslegungsvertrag kann gemäß §§ 119 ff angefochten werden. Die Anfechtung der zugrunde liegenden Verfügung von Todes wegen beinhaltet aber nicht automatisch die Anfechtung des Auslegungsvertrags[156]. Wegen seines vergleichsähnlichen Charakters ist er grds von der Wirksamkeit und der Auslegung der zugrundeliegenden Verfügung unabhängig[157].

VIII. Recht in den neuen Bundesländern

60   Für Erbfälle zwischen dem 31. 12. 1975 und dem 3. 10. 1990 behält § 372 ZGB, der sachlich § 2084 über die wohlwollende Auslegung entspricht[158], weiterhin Gültigkeit. Die Andeutungstheorie gilt auch bei der Auslegung von Verfügungen, auf die das ZGB anzuwenden ist[159]. Die Enterbung für den Fall des Verlassens der DDR in einem vor dem 3. 10. 1990 in der ehemaligen DDR errichteten Testaments ist durch die veränderten politischen Verhältnisse überholt und damit ungültig[160].

§ 2085 Teilweise Unwirksamkeit

Die Unwirksamkeit einer von mehreren in einem Testament enthaltenen Verfügungen hat die Unwirksamkeit der übrigen Verfügungen nur zur Folge, wenn anzunehmen ist, dass der Erblasser diese ohne die unwirksame Verfügung nicht getroffen haben würde.

I. Normzweck

1   Diese Auslegungsregel dient – wie der Grundsatz wohlwollender Auslegung (§ 2084) – der Geltungserhaltung des letzten Willens. Deshalb soll entgegen der allgemeinen Regel des § 139 die Unwirksamkeit einzelner Verfügungen nicht alle anderen Verfügungen bzw Verfügungsteile erfassen. Das Gesetz unterstellt, wenn kein abweichender Wille des Erblassers feststellbar ist, dass sich die Unwirksamkeit einer Verfügung nicht auch auf andere Verfügungen erstreckt. Im Wesentlichen bewirkt diese Vorschrift eine Umkehrung der Beweislast.

II. Anwendungsbereich

2   Die Bestimmung gilt für **Testamente** ebenso wie für alle einseitig testamentarischen Verfügungen in gemeinschaftlichen Testamenten oder Erbverträgen. Die Auswirkung der Nichtigkeit einer bindenden Verfügung in einem **gemeinschaftlichen Testament** auf eine zu dieser wechselbezüglichen oder korrespektiven Anordnung regelt nicht § 2085, sondern die Sondervorschrift des § 2270. § 2085 regelt aber auch im Rahmen eines gemeinschaftlichen Testaments die Frage, ob eine nichtige wechselbezügliche Verfügung auch die Unwirksamkeit sonstiger von ihm getroffener (wechselbezüglicher oder einseitiger) Regelungen zur Folge hat[1]. Beim zweiseitigen **Erbvertrag** hat die Unwirksamkeit einer vertragsmäßigen Verfügung im Zweifel – abweichend von § 2085 – die aller anderen vertragsmäßigen Verfügungen zur Folge (§ 2298 Abs 1 und 2 S 1). Für die Auswirkungen der Nichtigkeit vertragsmäßiger Verfügungen auf die einseitig testamentarischen Verfügungen im Erbvertrag hat dann aber wiederum § 2085 Bedeutung. Diese Vorschrift regelt beim einseitigen Erbvertrag, ob und in welchem Umfang die Nichtigkeit vertragsmäßiger Verfügungen sich auf darin mitenthaltene einseitig testamentarische Verfügungen auswirkt.

3   Voraussetzung ist in allen Fällen, dass der **Inhalt der Verfügungen feststeht.** Kann ein Teil der Verfügungen inhaltlich nicht (mehr) festgestellt werden (zB Verschwinden einer Testamentsseite), so kann nicht auf die Regelung des § 2085 zurückgegriffen werden; der ermittelte Inhalt ist, wenn und soweit er aus sich selbst heraus verständlich und als selbstständige Regelung gewollt ist, wirksam[2].

---

[153] *Eisele* S 136 ff; *Weiß* S 405; aA BGH NJW 1986, 1812, 1813; BayObLG FamRZ 1997, 1365; FamRZ 2003, 326, 327; MünchKommBGB/*Leipold* Rn 141.
[154] Vorsichtiger *Selbherr* ZErb 2005, 10, 15; aA *Eisele* S 147 ff.
[155] BFH BStBl III 1957, 447; BStBl III 1961, 133; BStBl II 1972, 886; FG München EFG 2001, 146, 147; *Eisele* S 91 ff auch zur Einkommen- und Grunderwerbsteuer; *Selbherr* ZErb 2005, 10, 15 ff mit Gestaltungsvorschlägen; vgl auch BFH BStBl II 2000, 588.
[156] *Weiß* S 402; unklar BGH NJW 1986, 1812, 1813 = DNotZ 1987, 109, 112 f m Anm *Cieslar*.
[157] *Weiß* S 393; vgl OLG Frankfurt DNotZ 2001, 143, 149.
[158] KG FamRZ 1995, 762; OLG Naumburg FGPrax 1996, 30; *Wasmuth* DNotZ 1992, 3.
[159] KG FamRZ 1996, 125; OG NJ 1989, 81, 82; offen gelassen von BayObLG FamRZ 1995, 1089, 1092.
[160] BezG Meiningen DtZ 1993, 63.
[1] RGZ 116, 148; OLG Hamburg MDR 1955, 168, 169.
[2] BGH NJW 1955, 460; BayObLGZ 1967, 197, 206; MünchKommBGB/*Leipold* Rn 6; aA *Staudinger*/*Otte* Rn 4 f.

§ 2085 gilt auch nicht für formunwirksame Zusätze, Streichungen, Einschaltungen zu einer gültigen Verfügung von Todes wegen[3].

§ 2085 findet auf das **Verhältnis mehrerer Testamente oder Erbverträge** zueinander ebenfalls keine Anwendung. Die Anwendung scheidet auch dann aus, wenn mehrere Testamente vorliegen und eines hiervon unwirksam ist[4].

III. Voraussetzungen

1. **Mehrheit von Verfügungen.** Die Vorschrift ist ihrem Wortlaut nach nur dann anwendbar, wenn die Verfügung von Todes wegen mehrere Einzelverfügungen enthält. Es kann sich insbes um Erbeinsetzungen, Vermächtnisse[5], Auflagen oder Enterbungen (zB Verweis auf Pflichtteil[6], Pflichtteilsentziehung[7], Pflichtteilssanktionsklausel bei Berliner Testament[8]) handeln.

Betrifft die Unwirksamkeit nicht eine von mehreren Verfügungen, sondern nur einen **Teil einer Verfügung**, so ist umstritten, ob in unmittelbarer Anwendung des § 139[9] grds von der Nichtigkeit der gesamten Verfügung oder in entsprechender Anwendung des § 2085[10] grds von der Geltung des wirksamen Teils auszugehen ist. Beide Auffassungen setzen die Teilbarkeit der einheitlichen Verfügung voraus. Dies erfordert, dass zwischen den einzelnen Teilen kein rechtlich zwingender Zusammenhang besteht[11]. Teilbarkeit ist beispielsweise gegeben bei Belastung mehrerer Erben mit einem Vermächtnis[12], bei Reduktion der sittenwidrigen Erbeinsetzung (Alleinerbe oder Miterbe) auf den geringeren, rechtlich zulässigen Anteil[13], Anordnung der Testamentsvollstreckung für mehrere Erben[14], zwischen einer Schiedsverfügung und einer Erbeinsetzung[15] oder der Anordnung der Vorerbschaft bei ungültiger Nacherbfolge[16]. Dagegen ist die einer Zuwendung beigefügte (aufschiebende oder auflösende) **Bedingung** nicht von dieser zu trennen, so dass weder § 2085 noch § 139 anwendbar ist. Mit der in der Literatur vorherrschenden Auffassung ist der analogen Anwendung des § 2085 der Vorzug zu geben. Das Erbrecht ist durchgängig getragen von dem Bemühen, dem Erblasserwillen soweit wie möglich Geltung zu verschaffen. Diesem Grundprinzip trägt eine analoge Anwendung des § 2085 jedoch besser Rechnung als der eher auf Vernichtung angelegte § 139.

2. **Unwirksamkeit.** Auf den Grund der Unwirksamkeit kommt es nicht an[17]. Sie kann auf einem Formmangel[18], einem Verstoß gegen § 2065[19], auf der Unwirksamkeit einer Pflichtteilsentziehung[20], auf einer Anfechtung[21], auf einer Veräußerung des Vermächtnisgegenstands, auf dem Vorversterben des Bedachten oder auf einem Sittenverstoß beruhen. Nach hM gehören dazu auch die Fälle der Ausschlagung, des Eintritts einer auflösenden Bedingung oder des endgültigen Ausfalls einer aufschiebenden Bedingung[22].

3. **Vorrang des Erblasserwillens.** Da es sich nur um eine Auslegungsregel[23] handelt, kann der Erblasser durch die Aufnahme einer **Teilnichtigkeitsklausel** abweichend von § 2085 erreichen, dass an Stelle der unwirksamen Verfügung eine zulässige Regelung tritt, die mit der weitestgehend möglichen Annäherung zum gewollten wirtschaftlichen Ergebnis führt[24]. Dabei kommt es auf den Zeitpunkt der Errichtung an[25].

IV. Rechtsfolgen

§ 2085 kehrt die Regel des § 139 um, so dass die Unwirksamkeit einzelner Verfügungen die Gültigkeit der nicht betroffenen unberührt lässt. Dasselbe gilt im Falle der Teilbarkeit für die einzelnen Elemente einer Verfügung. Ein abweichender Erblasserwille hat jedoch Vorrang vor der Anwendung

---

[3] MünchKommBGB/*Leipold* Rn 8; RGRK/*Johannsen* Rn 4.
[4] *Soergel/Loritz* Rn 6.
[5] Vgl LG Bonn NJW 1966, 2314.
[6] Dafür OLG Zweibrücken FGPrax 1996, 152; dagegen RG DR 41, 1000.
[7] OLG Hamm FamRZ 1972, 660.
[8] RG JW 1937, 2001.
[9] RGZ 63, 23; BGH NJW 1962, 912; OLG Hamm OLGZ 1973, 83; offen gelassen in BGH NJW 1952, 17; 1959, 2113.
[10] MünchKommBGB/*Leipold* Rn 11; *Soergel/Loritz* Rn 11; *Staudinger/Otte* Rn 11; vgl auch BGH NJW 1983, 277, 278.
[11] Grds hierzu BGH NJW 1959, 2113; OLG Hamm FamRZ 1965, 49.
[12] RG SeuffA 75 Nr 36.
[13] Vgl BGH NJW 1969, 1343; MünchKommBGB/*Leipold* Rn 10; aA *Reinike* NJW 1969, 1343; *Husmann* NJW 1971, 404; *Soergel/Loritz* Rn 10.
[14] BGH NJW 1962, 912.
[15] *Bandel* NotBZ 2005, 381, 383 f.
[16] *Soergel/Loritz* Rn 10; *Palandt/Edenhofer* Rn 5.
[17] Vgl BayObLG FamRZ 1989, 325, 326.
[18] Vgl BayObLG FamRZ 1986, 726.
[19] Vgl BayObLG NJW-RR 1999, 946.
[20] Vgl BGH NJW 1959, 2113; OLG Hamm NJW 1972, 2132.
[21] Vgl BGH NJW 1985, 2025.
[22] *Soergel/Loritz* Rn 9; *Staudinger/Otte* Rn 3; aA MünchKommBGB/*Leipold* Rn 4.
[23] Vgl zB BayObLG NJW-RR 1999, 946.
[24] Vgl *Kohler* DNotZ 1961, 195.
[25] *Staudinger/Otte* Rn 2.

dieser Auslegungsregel. Im Rahmen des § 2085 kann der Erblasser aber nur den Erhalt der Geltung der übrigen Verfügungen bzw Teile von Verfügungen erreichen, niemals jedoch den Ersatz der ungültigen Bestimmung durch eine seinem hypothetischen Willen entsprechende. Die wichtigste praktische Konsequenz des § 2085 besteht in der **Umkehrung der Beweislast** gegenüber der Teilnichtigkeitsvorschrift des § 139. Bei Verfügungen von Todes wegen trifft die Beweislast für die Unwirksamkeit nicht betroffener Verfügungen bzw Teile von Verfügungen denjenigen, der auch deren Unwirksamkeit behauptet[26].

§ 2086 Ergänzungsvorbehalt

Ist einer letztwilligen Verfügung der Vorbehalt einer Ergänzung beigefügt, die Ergänzung aber unterblieben, so ist die Verfügung wirksam, sofern nicht anzunehmen ist, dass die Wirksamkeit von der Ergänzung abhängig sein sollte.

1   1. **Voraussetzungen.** Die Auslegungsvorschrift des § 2086 gilt für letztwillige Verfügungen aller Art, also nicht nur für die erbrechtlichen Zuwendungen (zB Erbeinsetzungen, Vermächtnis), sondern auch für Teilungsanordnungen, Testamentsvollstreckerernennungen usw. Diese müssen allerdings formell und materiell wirksam sein. Erbeinsetzungen oder sonstige Verfügungen, die durch ihre Lückenhaftigkeit in Bezug auf die Geltung der Verfügung oder ihres Inhalts (zB Unbestimmtheit des Erben, offener Geldbetrag beim Vermächtnis) das Selbstbestimmungsgebot des § 2065 verletzen, sind ungültig, ohne dass auf § 2086 zurückgegriffen werden kann. § 2086 schließt nur Lücken im Text, nicht im Willen. Der letztwilligen Verfügung muss daher entnommen werden können, dass der Erblasser deren endgültige Geltung mit der vorbehaltenen Ergänzungen und Erläuterungen wollte. Bereits das Freilassen im Verfügungstext kann einen solchen Ergänzungs- oder Erläuterungsvorbehalt darstellen. Ein festgestellter abweichender Erblasserwille schließt die Anwendung des § 2086 aus.

2   2. **Rechtsfolgen.** Im Gegensatz zu § 154, der bei offenem Einigungsmangel zur Unwirksamkeit des Vertrags führt, erklärt § 2086 die Lückenhaftigkeit einer letztwilligen Verfügung für unbeachtlich, vorausgesetzt jedoch, dass trotz der Lücke eine sinnvolle Regelung übrig bleibt. Andernfalls ist die lückenhafte Verfügung nichtig.

3   3. **Beweislast.** Derjenige, der sich wegen Fehlens der vorbehaltenen Ergänzung auf die Unwirksamkeit der Verfügung beruft, trägt dafür die Beweislast[1].

Titel 2. Erbeinsetzung (§§ 2087–2099)

§ 2087 Zuwendung des Vermögens, eines Bruchteils oder einzelner Gegenstände

(1) Hat der Erblasser sein Vermögen oder einen Bruchteil seines Vermögens dem Bedachten zugewendet, so ist die Verfügung als Erbeinsetzung anzusehen, auch wenn der Bedachte nicht als Erbe bezeichnet ist.

(2) Sind dem Bedachten nur einzelne Gegenstände zugewendet, so ist im Zweifel nicht anzunehmen, dass er Erbe sein soll, auch wenn er als Erbe bezeichnet ist.

Schrifttum: *Bartz,* Erbeinsetzung oder Vermächtnis, Diss. Köln, 1972; *Lindemann,* Erben nach Gegenständen, DNotZ 1951, 215; *Mattern,* Einzelzuwendungen von Todes wegen, DNotZ 1963, 450; *ders,* Einzelzuweisungen auf den Todesfall, BWNotZ 1965, 1; *Otte,* Läßt das Erbrecht des BGB die Erbeinsetzung auf einzelne Gegenstände zu?, NJW 1987, 3164; *Schrader,* Erb- und Nacherbeneinsetzung auf einzelne Nachlaßgegenstände, NJW 1987, 117; *Wendelstein,* Gegenständliche Verteilung des Nachlasses im Testament, BWNotZ 1966, 274.

Übersicht

	Rn		Rn
I. Abgrenzungsproblem und Normzweck	1	c) Gesamtverfügungswille	13
II. Vermögenszuwendung als Erbeinsetzung	4	2. Erbeinsetzung nach Vermögensgruppen	16
		a) Gleichstufigkeit der Zuwendungen	17
III. Zuwendung einzelner Gegenstände	9	b) Gesamtverfügungswille	18
1. Gesamtvermögensverfügung durch Einzelzuwendungen	10	c) Erbquoten	19
a) Gleichstufigkeit der Zuwendungen	11	3. Auslegungsregel des § 2087 Abs 2	20
b) Unvollständigkeit der Vermögenszuwendung	12	IV. Erbschaftsteuer	21
		V. Recht in den neuen Bundesländern	22

---

[26] BGH NJW 1959, 2113.
[1] MünchKommBGB/*Leipold* Rn 2.

§ 2087

I. Abgrenzungsproblem und Normzweck

Mit der **Erbeinsetzung** wendet der Erblasser sein vererbliches Vermögen oder einen Teil hiervon im Wege der Gesamtrechtsnachfolge einem anderen zu. Beim **Vermächtnis** erwirbt der Bedachte dagegen einen gegen den oder die Erben gerichteten Anspruch auf Erbringung irgendeiner Leistung, insbes auf Übertragung eines Gegenstands im Wege der Einzelrechtsnachfolge. Die Erbfolge bezüglich einzelner Gegenstände ist dem BGB also fremd[1]. Eine Ausnahme bilden allein die Sondererbfolgen bei Personengesellschaftsanteilen sowie im Höferecht. Das Gesetz verlangt folglich bei allen Vermögenszuwendungen von Todes wegen, die nicht als Auflage zu qualifizieren sind, eine eindeutige Zuordnung zu einer dieser beiden Kategorien. So klar diese rechtliche Unterscheidung ist, so schwierig ist die Feststellung des Erblasserwillens in der Praxis. Erschwert wird eine eindeutige Abgrenzung durch den Umstand, dass der Erblasser in einigen Fällen wirtschaftlich der Erbeinsetzung vergleichbare Ergebnisse auch durch ein Vermächtnis erreichen kann, so bei Zuwendung eines Bruchteils seines Vermögens als sog **Quotenvermächtnis**[2] oder des nach Tilgung der Verbindlichkeiten verbleibenden Nachlasses als sog **Universalvermächtnis**[3]. Die **Nacherbfolge** kann faktisch auf einzelne Vermögenswerte, vor allem Immobilien, beschränkt werden, indem der Erblasser dem Vorerben das restliche Vermögen im Voraus, also unbelastet durch das Nacherbenrecht, vermacht. Auch Sachgesamtheiten wie Unternehmen können vermacht werden. Die Zuweisung des gesetzlichen Pflichtteils kann entweder als Enterbung (§ 1938) oder als Quotenvermächtnis in Höhe des Pflichtteils eingestuft werden[4]. 1

Der Aussagegehalt des § 2087 Abs 1 erschöpft sich bei dieser Abgrenzungsfrage in der Klarstellung, dass eine Erbeinsetzung auch vorliegen kann, wenn der Bedachte nicht als „Erbe" bezeichnet ist. Der Erblasser braucht bei der Einsetzung von Erben also keinen bestimmten Ausdruck zu verwenden. Diese Auslegungsregel[5] gilt dabei nicht nur für Erbeinsetzungen sondern ebenso für die Berufung zu Vor-, Nach- und Ersatzerben[6]. § 2087 Abs 1 beschäftigt sich dabei aber nur mit einem Teilaspekt des grundlegenden Auslegungsproblems, eine Erbeinsetzung von einem Vermächtnis abzugrenzen. Zudem ist bereits nach den allgemeinen Auslegungsgrundsätzen der §§ 133, 2084 der Erblasserwille festzustellen, ohne dabei am „buchstäblichen Sinne des Ausdrucks zu haften". Damit leistet § 2087 Abs 1 keinen praktisch bedeutsamen Beitrag zur Beantwortung der Frage, ob der Erblasser die Zuwendung als Erbeinsetzung oder als Vermächtnis verstanden wissen wollte. 2

Von ungleich größerem Gewicht ist dagegen die Auslegungsregel des § 2087 Abs 2, die sich mit einem anderen Aspekt dieser Abgrenzungsproblematik beschäftigt. Sie führt bei ergebnisoffener Auslegung („im Zweifel") dazu, dass die Zuwendung einzelner oder mehrerer Gegenstände als Vermächtnisanordnung aufzufassen ist. Dabei erlauben es weder der praktischen Schwierigkeit noch der Umstand, dass bei Annahme der mit Teilungsanordnungen und Vermächtnissen belasteten gesetzlichen Erbfolge gleichwertige wirtschaftliche Ergebnisse eintreten, die Erbeinsetzung zur Ausnahme zu erklären und im Regelfall der Auslegung als Vermächtnis den Vorrang einzuräumen[7]. Ebenso unzulässig ist es, allein auf die ungleichen Werte der zugewendeten Vermögenswerte abzustellen und die Zuwendung des höherwertigen Vermögenswertes allein deshalb als Erbeinsetzung einzustufen[8]. 3

II. Vermögenszuwendung als Erbeinsetzung

Hat der Erblasser einem anderen durch Verfügung von Todes wegen sein Vermögen oder einen Bruchteil davon zugewendet (zB „ich vermache alles", „den Rest erhält"), so ist durch erläuternde oder ergänzende Auslegung zu ermitteln, ob er den anderen zum Alleinerben einsetzen oder ihm ein Universalvermächtnis zukommen lassen bzw ihn zum Miterben berufen oder ihm ein Quotenvermächtnis einräumen wollte. 4

§ 2087 Abs 1 macht deutlich, dass im Mittelpunkt dieser Abgrenzung nicht die formale Bezeichnung des Zuwendungsempfängers sondern die Art des Vermögensübergangs steht. Auch die Quantität oder die Zahl der zugewendeten Vermögenswerte ist bedeutungslos, weil schließlich auch die Zuwendung eines einzelnen Vermögenswertes, der aber das Wesen des Nachlasses ausmacht, eine Erbeinsetzung beinhalten kann[9]. Ebenso belanglos ist die Hervorhebung der künftigen Rechtsstellung des Bedachten als Inhaber von Rechte und Pflichten[10]. Da der zentrale Unterschied zwischen diesen beiden Zuwendungstypen die Gesamtrechtsnachfolge auf der einen und die Singularsukzession auf der anderen Seite ist, ist bei der Abgrenzung auf die vom Erblasser mit der Zuwendung verfolgten **wirtschaftlichen Zwecke** abzustellen. Kommt es dem Erblasser maßgeblich darauf an, dass der Bedachte einen bestimmten Gegenstand ungeschmälert durch Nachlassverbindlichkeiten erhält, so spricht dies für die Annahme 5

---

[1] AA *Schrader* NJW 1987, 117; dagegen jedoch mit Recht *Otte* NJW 1987, 3164; *Staudinger/Otte* Rn 5 f.
[2] BGH NJW 1960, 1759; WM 1978, 377.
[3] BayObLG FamRZ 1986, 728, 731.
[4] BGH Rpfleger 2004, 697, 698; OLG Nürnberg FamRZ 2003, 1229.
[5] *Staudinger/Otte* Rn 2 f; aA MünchKommBGB/*Schlichting* Rn 6: Ergänzungsregel.
[6] Vgl OLG Brandenburg FamRZ 1998, 926.
[7] Missverständlich BGH NJW 1997, 392; AnwK-BGB/*Krafka* Rn 5.
[8] OLG München, Beschluss vom 21. 5. 2007 – 31 Wx 120/06, BeckRS 2007, 9108 mit zustimmender Anm Litzenburger beck-fachdienst Erbrecht Ausgabe 12/2007.
[9] Vgl OLG München, Beschluss vom 21. 5. 2007 – 31 Wx 120/06, BeckRS 2007, 9108 m zust Anm *Litzenburger* beck-fachdienst Erbrecht Ausgabe 12/2007; vgl auch Rn 9 ff.
[10] *Staudinger/Otte* Rn 8.

§ 2087

eines Vermächtnisses[11]. Ist dagegen erkennbar, dass der Erblasser sein Vermögen mehr oder weniger umfassend auf eine oder mehrere Personen übergehen lassen will, die dann auch noch die Nachlassabwicklung übernehmen soll bzw sollen, so deutet dies eher auf eine Erbeinsetzung hin[12]. Für die Erbeinsetzung ist allerdings nicht entscheidend, dass dem Erben nach Begleichung der Nachlassverbindlichkeiten und Erfüllung der Vermächtnisse und Auflagen überhaupt ein wirtschaftlich nennenswerter Vermögensvorteil verbleibt[13]. Deshalb kann der Erblasser den oder die Erben mit einem **Universalvermächtnis** beschweren, so dass dieser bzw diese den nach der Abwicklung verbleibenden Wert einem Dritten auszuliefern hat. In diesem Falle bedarf es allerdings der sorgfältigen Abgrenzung zur Anordnung einer Nacherbfolge. Schließlich ist es möglich, verschiedene Vermögenszuwendungen unterschiedlich auszulegen, nämlich die eine als Erbeinsetzung und die andere als Vermächtnis. Deshalb ist jede Erblasserverfügung gesondert unter diesem Gesichtspunkt zu betrachten.

6 Auf die Worte, mit denen der Erblasser die Vermögenszuwendung anordnet, kommt es nicht an. Dies ist nicht allein Folge des § 2087 Abs 1 sondern ebenso Konsequenz der allgemeinen Auslegungsgrundsätze, wonach selbst eindeutig erscheinende Formulierungen einer erläuternden Auslegung zugänglich sind und Falschbezeichnungen im Wege der ergänzenden Auslegung korrigiert werden müssen (ausf § 2084 Rn 14 ff). Die Auslegung trägt damit auch der Tatsache Rechnung, dass in weiten Teilen der Bevölkerung die Begriffe „vererben" und „vermachen" synonym gebraucht werden, die Wortwahl insoweit also für die Auslegung regelmäßig unergiebig ist[14]. Folglich ist eine Erbeinsetzung auch dann anzunehmen, wenn der Erblasser sein ganzes Vermögen oder Teile davon **„vermacht"**. Der Erblasser kann die Absicht, einem anderen sein Vermögen oder einen Teil hiervon im Wege der Gesamtrechtsnachfolge zuzuwenden, deshalb auf vielfältige Weise ausdrücken, etwa mit den Worten „mein ganzes Hab und Gut", „alles was ich besitze" oder „mein restliches Vermögen"[15]. Auch hinter einer Formulierung, dass ein Erbe einen Vermögensbruchteil Dritten **„herauszugeben"** habe, kann sich eine Erbeinsetzung des Dritten verbergen[16]. Umgekehrt weist die Anordnung, eines der Kinder solle das Vermögen „bei einer nicht überhöhten Last" übernehmen, auf ein bloßes Vermächtnis hin, da sonst keine Übernahme stattfinden könnte[17]. Eine **„Vollmacht"**, das gesamte Vermögen zu verwalten und an sich zu nehmen, kann als Erbeinsetzung aufgefasst werden[18]. Ist der Bedachte zur **freien Verfügung** über den Nachlass befugt und sollen Dritte den bei dessen Tod vorhandenen Rest erhalten, so ist der Bedachte Erbe und die Dritten sind Vermächtnisnehmer[19]. Ob der Erblasser **über sein gesamtes Vermögen verfügen** wollte, ist aus der Sicht des Erblassers zu beurteilen, nicht dagegen vom Standpunkt eines objektiven Beobachters[20].

7 In einer **notariell beurkundeten Verfügung** von Todes wegen ist die Formulierung allerdings von gewichtigerer Bedeutung als in einem eigenhändig verfassten Testament, obwohl es auch bei jenem auf den Verständnishorizont des Erblassers und nicht des Notars ankommt. Es muss nämlich davon ausgegangen werden, dass der Notar seine Aufklärungs- und Formulierungspflicht gemäß § 17 Abs 1 BeurkG gewissenhaft erfüllt hat (s auch § 2084 Rn 12).

8 Hat der Erblasser bei der Vermögenszuwendung den Bedachten **als Erben bezeichnet,** so schließt dies eine Auslegung iS eines Vermächtnisses nicht von vorneherein aus[21]. Nach allgemeinen Auslegungsgrundsätzen sind falsch verwendete technische Begriffe nämlich gemäß § 2084 dem wirklichen Willen anzupassen[22]. Allerdings ist im Falle der Bezeichnung der Bedachten als Erben, ohne dass die Zuwendung irgendeine Einschränkung der Befugnisse oder eine Herausgabepflicht erkennen lässt, von einer das gesamte Vermögen erfassenden Erbeinsetzung auszugehen, und zwar auch in Ansehung von Grundvermögen in der ehemaligen DDR[23]. In diesem Fall ist im Grunde genommen nicht die Bezeichnung als „Erbe" ausschlaggebend für die Einordnung als Erbeinsetzung, sondern das Fehlen jeglicher Einschränkung in gegenständlicher und verfügungsrechtlicher Hinsicht. S zu weiteren Auslegungsproblemen im Zusammenhang mit Erbeinsetzungen § 2084 Rn 22 ff.

III. Zuwendung einzelner Gegenstände

9 Die Zuwendung einzelner Vermögenswerte ist gemäß § 2087 Abs 2 nur „im Zweifel" als Vermächtnisanordnung anzusehen, kann also ebenso gut eine Erbeinsetzung bedeuten. Die erläuternde oder

---

[11] Vgl BGH DNotZ 1972, 500 betr Rückzahlung] BayObLG NJW-RR 2002, 875 betr Geldsumme; diff bei Geldsumme: Staudinger/Otte Rn 13.
[12] Vgl KG FamRZ 2004, 44, 46; OLG Celle MDR 2003, 89: Bestattungskosten; BayObLG NJW-RR 1997, 517, 518; FamRZ 1986, 835, 837; DNotZ 2003, 440, 442; Staudinger/Otte Rn 8, 14.
[13] BayObLG FamRZ 2001, 1174, 1176; FamRZ 1986, 728, 731; FamRZ 1986, 835, 837; KG FamRZ 2004, 44, 46.
[14] Vgl OLG Köln Rpfleger 1992, 199; BayObLG FamRZ 1995, 835; FamRZ 1999, 1392.
[15] Vgl BayObLG NJWE-FER 2001, 182, 183.
[16] Vgl OLG Rostock OLGE 30, 222, 223; OLG Oldenburg DNotZ 1958, 95; LG Köln FamRZ 1965, 581.
[17] Vgl BayObLG FGPrax 2001, 207, 208.
[18] Vgl BayObLG Rpfleger 1999, 184.
[19] Vgl Bremen DNotZ 1956, 149.
[20] OLG Koblenz OLGR 2001, 383: Hausgrundstück in der DDR.
[21] Vgl BayObLG FGPrax 2005, 126, 127.
[22] Vgl BayObLG FamRZ 1999, 1392: vererben; OLG Köln Rpfleger 1992, 199: Universalerbe; OLG Hamm Rpfleger 2003, 505: Nacherbe; BayObLG Rpfleger 1998, 72: Schlusserbe; BayObLG NJW-RR 2002, 873: Miterbe; BGH NJW 1983, 277; BayObLG FamRZ 1989, 99, 101: Ersatzerbe; BayObLG FamRZ 1991, 49: gehören; BayObLG FamRZ 1995, 1302: bekommen; BayObLG FamRZ 1989, 786: verwalten; BayObLG ZEV 1994, 377: Mietwohnung vererben; s auch § 2084 Rn 16.
[23] BayObLG ZEV 1995, 256, 259; OLG Hamm ZEV 1995, 252, 255.

ergänzende Auslegung gemäß § 2084 kann also zum Ergebnis führen, dass der Erblasser mit dieser Zuwendung eine Erbeinsetzung ausdrücken wollte. Dabei werden herkömmlicherweise zwei Fälle unterschieden, nämlich die Erbeinsetzung durch Einzelzuwendung des wesentlichen Vermögens und die Berufung zu Miterben im Verhältnis der zugewendeten Vermögensteile.

1. Gesamtvermögensverfügung durch Einzelzuwendungen. Hat der Erblasser in der Ver- 10 fügung Vermögensbestandteile einzeln aufgeführt und einem anderen zugewendet, so ist vor einem Rückgriff auf die Auslegungsregel des § 2087 Abs 2 im Wege erläuternder oder ergänzender Auslegung festzustellen, ob darin nicht doch eine Erbeinsetzung des Bedachten liegt. Hat der Erblasser mehrere Personen in dieser Weise begünstigt, so sind die Voraussetzungen einer Erbeinsetzung nach Vermögensgruppen zu prüfen (Rn 16). Bei der Auslegung von Einzelzuwendungen als Gesamtvermögensverfügung bedürfen die folgenden Gesichtspunkte der Klärung im Wege der Auslegung:

a) Gleichstufigkeit der Zuwendungen. In einem ersten Schritt müssen jene Einzelzuwendungen 11 aus der Betrachtung ausgeschlossen werden, die der Erblasser eindeutig als Vermächtnisse angeordnet hat, weil es ihm darauf ankam, die Gegenstände dem Bedachten in jedem Fall und ungeschmälert durch Verbindlichkeiten zukommen zu lassen[24]. Nur gleichstufige Einzelzuwendungen können als Gesamtvermögensverfügung auf- und zusammengefasst und als Erbeinsetzung ausgelegt werden. Dabei ist es jedoch nicht zulässig, bereits auf Grund des krassen Wertunterschieds die eine Zuwendung als Vermächtnis, die andere hingegen als Erbeinsetzung auf unterschiedliche Stufen zu stellen. Unzulässig ist es auch, im Falle der Zuwendung eines Hausgrundstücks eine Erbeinsetzung und der eines Geldbetrages ein Vermächtnis anzunehmen ohne die Willensrichtung des Erblassers einer näheren Prüfung zu unterziehen[25]. Maßgebend ist vielmehr der Zweck der Zuwendung (Rn 5).

b) Unvollständigkeit der Vermögenszuwendung. Diese Fallgruppe unterscheidet sich von der 12 unter II. behandelten Zuwendung des Vermögens oder von Vermögensbruchteilen (Rn 16) dadurch, dass der Erblasser in seiner Verfügung nicht alle Vermögensteile aufgeführt und zugewendet hat.

c) Gesamtverfügungswille. Einzelzuwendungen können nur dann als Erbeinsetzung aufgefasst 13 werden, wenn der Erblasser bei Errichtung der Verfügung davon ausging, damit **nahezu über sein gesamtes Vermögen zu verfügen**. Eine genaue Prozentzahl wird hier ebenso wenig wie bei § 1365 angegeben werden können, jedoch wird man dann, wenn keine weiteren Anhaltspunkte für den Erblasserwillen vorhanden sind, doch fordern müssen, dass der so zugewendete Wert mindestens 90% des gesamten Vermögens ausschöpfen muss[26]. Es reicht aber auch aus, wenn der Erblasser zum Ausdruck gebracht hat, dass andere Personen als die ausdrücklich bedachten von der Rechtsnachfolge ausgeschlossen sein sollen, etwa durch Formulierungen wie „alle anderen bekommen nichts" oder durch den ausdrücklichen Wunsch, „keine Erbengemeinschaft entstehen" zu lassen[27].

Maßgebend sind die Wertvorstellungen des Erblassers **bei Errichtung** der Verfügung, nicht dagegen 14 im Zeitpunkt des Erbfalls[28]. Daher wird eine solchermaßen festgestellte Erbeinsetzung nicht durch nach der Errichtung eingetretenen Vermögensmehrungen berührt. Eine Ausnahme ist allein dann zu machen, wenn der Erblasser den späteren Hinzuerwerb von Vermögen bereits in seine Überlegungen zurzeit der Verfügung einbezogen hatte[29]. Der spätere Vermögenserwerb, der nach diesen Regeln nicht zu einer anderen rechtlichen Beurteilung der Zuwendung führt, kann jedoch einen Anfechtungsgrund als Motivirrtum gemäß § 2078 Abs 2 Alt 1 liefern. Gehört ein Zuwendungsgegenstand beim Tode nicht mehr zum Nachlass, so wird er auch bei der Abgrenzung der Erbeinsetzung vom Vermächtnis nicht berücksichtigt, es sei denn, dass der Wille des Erblassers festgestellt werden kann, dass es diesem nicht so sehr auf den Übergang des Gegenstands sondern auf die Begünstigung des Bedachten ankommt[30]. Eine Gesamtverfügung liegt auch dann noch vor, wenn der Erblasser die durch äußere Umstände manifestierte Absicht hatte, die im Testament nicht erwähnten Vermögenswerte noch vor seinem Tod an Dritte zu verschenken[31].

Der Erblasser muss dabei auch wissen und wollen, dass der Zuwendungsempfänger nicht nur die mit 15 dem Gegenstand verbundenen Rechte und Pflichten übernehmen sondern auch die darüber hinausgehende Verantwortung für den Nachlass und dessen Abwicklung tragen soll. Deshalb sind alle Anordnungen, die sich auf die Lasten und Kosten des Nachlasses beziehen, für die Auslegung als Erbeinsetzung von zentraler Bedeutung[32]. Ein Gesamtverfügungswille ist auch dann anzunehmen, wenn der Erblasser alle seine Verwandten vom Erbe ausgeschlossen hat, weil anzunehmen ist, dass die gesetzliche Erbfolge des Fiskus gewollt ist[33]. Das Gleiche hat bei einem gemeinschaftlichen Testament zu gelten, wenn dieses erkennen lässt, dass die Verwandten eines Partners begünstigt, die des

---

[24] Vgl BGH DNotZ 1972, 500; *Staudinger/Otte* Rn 22.
[25] So jedoch OLG Bremen OLGR 2002, 215, 217; BayObLG FamRZ 2000, 1392, 1393 mwN; dagegen aber BayObLG NJW-RR 2002, 873.
[26] Vgl BGH ZEV 2000, 195 [84%]; BayObLG Rpfleger 2000, 217 [88,5%]; FamRZ 1999, 1392, 1394 [77%]; OLG Celle OLGR 2002, 246 [83%]; MDR 2003, 89 [83–84%]; vgl auch BayObLG ZEV 2004, 282, 283 [Hoferbe].
[27] Vgl OLG Düsseldorf, Beschluss vom 29. 1. 2007, 3 WX 256/06, BeckRS 2007, 2206: Pflichtteil auszahlen.
[28] BayObLG FGPrax 2005, 162, 163; FamRZ 1997, 1177, 1178.
[29] Ähnlich *Staudinger/Otte* Rn 27; vgl BayObLG FamRZ 2000, 916.
[30] Vgl BayObLG FamRZ 2002, 1293, 1294; MünchKommBGB/*Schlichting* Rn 12.
[31] BayObLG FamRZ 2005, 1202, 1203; MünchKommBGB/*Schlichting* Rn 12.
[32] Vgl OLG Celle MDR 2003, 89: Bestattungskosten; BayObLG FGPrax 2005, 217, 218; DNotZ 2003, 440, 442; NJW-RR 1997, 517, 518; FamRZ 1986, 835, 837.
[33] Vgl BGH DNotZ 1972, 500; BayObLG FamRZ 1992, 862, 864.

§ 2087

anderen hingegen ausgeschlossen sein sollen[34]. Steht für den Erblasser dagegen im Vordergrund, dass der Bedachte einen bestimmten Gegenstand ungeschmälert durch Nachlassverbindlichkeiten erhält, so spricht dies für die Annahme eines Vermächtnisses[35].

16 **2. Erbeinsetzung nach Vermögensgruppen.** Bei dieser Fallgruppe hat der Erblasser nicht sein gesamtes Vermögen einem oder mehreren zu Bruchteilen zugewandt, sondern Vermögensteile aufgeführt und verschiedenen Personen zugewendet, ohne Erbquoten festzulegen. Dabei kann es sich rechtlich entweder um Vermächtnisse oder um Erbeinsetzungen mit Teilungsanordnungen bzw Vorausvermächtnissen handeln. Die Einordnung in dem einen oder anderen Sinne kann angesichts der Notwendigkeit, die Erbquoten festzustellen, nicht dahinstehen. Hat der Erblasser sein Vermögen in dieser Weise unter seinen gesetzlichen Erben verteilt, so kann darin auch die bloße Anerkennung der gesetzlichen Erbfolge und die Anordnung von Vermächtnissen bzw Teilungsanordnungen liegen[36]. Bei der Auslegung sind folgende Gesichtspunkte maßgebend:

17 **a) Gleichstufigkeit der Zuwendungen.** Sämtliche Einzelzuwendungen müssen in einem ersten Schritt daraufhin überprüft werden, ob sie rechtlich auf gleicher Stufe stehen. Es ist nämlich denkbar, dass der Erblasser die einzelnen Zuwendungen aus unterschiedlichen Motiven angeordnet hat, also einige als Erbeinsetzung andere wiederum als Vermächtnisse verstanden wissen wollte[37]. Auf die entsprechenden Ausführungen unter Rn 11 und 12 wird verwiesen. Nur gleichstufige Einzelzuwendungen können als Erbeinsetzung nach Vermögensgruppen auf- und zusammengefasst werden. An der Gleichstufigkeit fehlt es beispielsweise im Verhältnis einer Vorabzuwendung an einen Miterben im Wege des Vorausvermächtnisses zu einer Verteilung des Restvermögens unter allen Miterben[38].

18 **b) Gesamtverfügungswille.** Im Unterschied zur Erbeinsetzung durch Einzelzuwendung (Rn 10) kommt die Erbeinsetzung nach Vermögensgruppen sowohl bei einer erschöpfenden Verfügung über alle Vermögensteile als auch bei nur das Hauptvermögen erfassenden Zuwendungen an verschiedene Personen in Betracht. Liegen keine allumfassenden Zuwendungen vor, so muss zunächst festgestellt werden, dass der Erblasser bei Errichtung der Verfügung wusste und wollte, damit sein Vermögen erschöpfend auf die Bedachten zu verteilen[39]. Auf die entsprechenden Ausführungen zu Rn 13 ff wird verwiesen.

19 **c) Erbquoten.** Die Höhe der Erbteile richtet sich nach dem Verhältnis der Werte der zugewendeten Vermögensgegenstände zueinander[40]. § 2091 findet daher keine Anwendung[41]. Dabei kommt es grds auf die Wertverhältnisse bei Errichtung der Verfügung an. Tritt allerdings nach der Errichtung eine wesentliche Veränderung bezüglich der zugewendeten Gegenstände ein und stand für den Erblasser bei seiner Verfügung die Absicht im Vordergrund, den Bedachten gerade diese ohne Wertausgleich zukommen zu lassen, sind abweichend hiervon die Werte zurzeit des Erbfalls maßgebend[42].

20 **3. Auslegungsregel des § 2087 Abs 2.** Führt die Auslegung der Zuwendung einzelner Gegenstände nicht zu dem Ergebnis, dass der Erblasser damit praktisch über sein gesamtes Vermögen verfügt oder die Empfänger nach Vermögensgruppen zu Erben eingesetzt hat, so greift diese Auslegungsregel zugunsten der Qualifizierung als Vermächtnis ein. Jede Zuwendung, auf die der Bedachte – anders als bei der Auflage – einen eigenen Anspruch besitzt und die nicht als Erbeinsetzung zu qualifizieren ist, stellt danach ein Vermächtnis dar. Gegenstand eines Vermächtnisses kann – entgegen der missverständlichen Formulierung des § 2087 Abs 2 – jede beliebige Leistung sein.

IV. Erbschaftsteuer

21 Für die Besteuerung ist es ohne Bedeutung, ob der Vermögenserwerb auf einer Erbeinsetzung oder einem Vermächtnis beruht (§ 3 Abs 1 Nr 1 ErbStG). Bei der Erbeinsetzung ist jedoch zu berücksichtigen, dass die vom Erben getragenen Nachlassverbindlichkeiten, einschließlich der Erbfallschulden wie Vermächtnisse, Auflagen und Pflichtteile, zur Ermittlung der Bemessungsgrundlage abzuziehen sind. Der Besteuerung unterliegt daher nur der dem Erben verbleibende Vermögenserwerb. Eine Teilungsanordnung bleibt dabei jedoch unberücksichtigt[43]. Anders verhält es sich jedoch bei einem Vorausvermächtnis. Bei diesem wird – wie bei jedem anderen Vermächtnis auch – nur der Wert des zugewendeten Gegenstands besteuert. Der besondere Freibetrag gemäß § 13a ErbStG in Höhe von 225.000 Euro für Betriebsvermögen wird bei Erwerb auf Grund vorweggenommener Erbfolge oder Erbeinsetzung ebenso gewährt wie bei Anfall auf Grund (Voraus)Vermächtnisses. Ein formunwirksames Vermächtnis kann der Besteuerung dann zugrunde gelegt werden, wenn feststeht, dass – vom Formmangel abgesehen – eine Anordnung des Erblassers von Todes wegen vorliegt und der Beschwerte dem

---

[34] BayObLG FGPrax 205, 162, 163.
[35] Vgl BGH DNotZ 1972, 500: Rückzahlung.
[36] Vgl BayObLG FamRZ 1990, 1156.
[37] Vgl BGH DNotZ 1972, 500.
[38] BayObLG FGPrax 2005, 217, 218.
[39] Vgl BayObLG 2003, 331, 333 zu Schwarzgeldvermögen im Ausland.
[40] BGH DNotZ 1972, 500; BayObLGZ 1963, 319, 324; *Kipp/Coing* § 44 I 6; aA BayObLG FamRZ 1985, 312 für Erbeinsetzung mit Teilungsanordnung.
[41] MünchKommBGB/*Schlichting* Rn 11.
[42] BayObLG FGPrax 2005, 162, 164; *Staudinger/Otte* Rn 28 ff; MünchKommBGB/*Schlichting* Rn 11.
[43] BFH BStBl 1983 II S 329; 1992 II S 669.

Einsetzung auf Bruchteile § 2088

Begünstigten das diesem zugedachte Vermögen überträgt, um dadurch den Willen des Erblassers zu vollziehen[44].

V. Recht in den neuen Bundesländern

§ 375 ZGB enthält dem § 2087 entsprechende Auslegungsregeln, so dass abweichende Auslegungsergebnisse bei vor dem 3. 10. 1990 eingetretenen Erbfällen nicht erzielt werden[45]. Ist Nachlassspaltung bei Erbfällen vor dem 3. 10. 1990 eingetreten, so darf die Auslegungsregel des § 2087 auf Grundvermögen im Beitrittsgebiet nur angewandt werden, wenn sich aus der Verfügung ergibt, dass eine Regelung bezüglich des gesamten Vermögens gewollt war[46]. 22

§ 2088 Einsetzung auf Bruchteile

(1) Hat der Erblasser nur einen Erben eingesetzt und die Einsetzung auf einen Bruchteil der Erbschaft beschränkt, so tritt in Ansehung des übrigen Teils die gesetzliche Erbfolge ein.

(2) Das Gleiche gilt, wenn der Erblasser mehrere Erben unter Beschränkung eines jeden auf einen Bruchteil eingesetzt hat und die Bruchteile das Ganze nicht erschöpfen.

I. Voraussetzungen

1. Erbeinsetzung auf nicht erschöpfenden Bruchteil. Der Erblasser muss zu Erben entweder eine Person zu einem Bruchteil (§ 2088 Abs 1) oder mehrere Personen zu Bruchteilen, die zusammen das Ganze nicht erschöpfen (§ 2088 Abs 2), **eingesetzt** haben. Diese Ergänzungsregelung findet auf Vermächtnisse keine Anwendung. Der Erblasser braucht in seiner Verfügung nicht ausdrücklich Bruchteile anzugeben. Es genügt auch, wenn eine Zuwendung einzelner Vermögenswerte als Erbeinsetzung aufzufassen ist[1]. Bei mehreren Erben ist Abs 2 nur anzuwenden, wenn alle auf Bruchteile eingesetzt sind, und zwar auch dann, wenn diese nur im Wege der Auslegung zu ermitteln sind. Hat der Erblasser die Bruchteile nur teilweise bestimmt und iÜ offen gelassen, so wird der offene Bruchteil nicht gemäß § 2088 Abs 2, sondern gemäß § 2092 Abs 1 nach Kopfprinzip (§ 2091) unter den ohne Erbteilsbestimmung eingesetzten Personen verteilt[2]. 1

Nicht § 2094, sondern diese Ergänzungsregel greift richtiger Ansicht nach auch dann ein, wenn die Einsetzung eines von mehreren Erben von Anfang an **unwirksam** ist[3]. Abs 2 ist darüber hinaus entsprechend anzuwenden, dass mehrere Erben zusammen nur auf einen Bruchteil eingesetzt sind[4]. Fällt dagegen ein eingesetzter Erbe (später) weg (zB nasciturus wird nicht lebend geboren)[5], so ist dies kein Fall des § 2088 Abs 2, sondern des § 2094 (Anwachsung) bzw des § 2096 (Ersatzerbe). 2

2. Keine Beschränkung auf die eingesetzten Personen. Die Ergänzungsregel des § 2088 ist gegenüber der des § 2089 subsidiär, so dass immer dann, wenn der Wille des Erblassers festgestellt werden kann, andere als die eingesetzten Personen von der Erbfolge auszuschließen, deren Bruchteile erhöht werden und die gesetzlichen Erben nicht zum Zuge kommen. Besondere Probleme bereitet in diesem Zusammenhang ein **Teilwiderruf ohne ersetzende Neuregelung**[6]. Eine Vermutung dafür, dass in diesen Fällen stets der Bruchteil der verbleibenden Erben gemäß § 2089 zu erhöhen ist, kann jedenfalls nicht aufgestellt werden[7]. Letztlich ist diese Frage durch erläuternde oder ergänzende Auslegung zu entscheiden. 3

II. Rechtsfolgen

Ist kein abweichender Erblasserwille feststellbar, so tritt bezüglich des nicht verteilten Bruchteils die gesetzliche Erbfolge ein. Ist eine lediglich auf einen Bruchteil eingesetzte Person zugleich gesetzlicher Erbe, so ist durch Auslegung zu ermitteln, ob der Erblasser ihn durch die Bruchteilseinsetzung von der gemäß § 2088 eintretenden gesetzlichen Erbfolge ausschließen wollte[8]. Eine Vermutung für die Enterbung besteht dabei nicht[9]. Ist auf Grund der Auslegung ein Ausschluss vom (weiteren) gesetzlichen Erbteil anzunehmen, so kann der eingesetzte Erbe diesen auch nicht durch Ausschlagung des zugewendeten Erbteils erlangen[10]. Ergibt die Auslegung dagegen, dass mit der Bruchteilseinsetzung ein solcher Ausschluss nicht verbunden sein soll, so erhöht sich der Bruchteil des eingesetzten (gesetzlichen) Erben um den gesetzlichen Erbteil. Diese Erhöhung hat dabei nicht die Bedeutung eines besonderen Erbteils 4

---

[44] BFH BStBl II 2000, 588.
[45] Vgl OLG Köln OLGZ 1994, 334; BayObLG ZEV 1995, 256, 259; KG FamRZ 2004, 44; DtZ 1995, 417.
[46] BayObLG NJW 2000, 440, 441.
[1] KG FamRZ 1996, 125 betr Immobilien im Westen; vgl § 2087 Rn 7 f.
[2] Vgl BayObLG FamRZ 1984, 825.
[3] BGH NJW 1969, 1343, 1346; aA Staudinger/Otte Rn 2; diff Soergel/Loritz Rn 6.
[4] Für unmittelbare Anwendung MünchKommBGB/Schlichting Rn 2; Staudinger/Otte Rn 2.
[5] Vgl RG WarnR 1914 Nr 225.
[6] Vgl KG JFG 6, 147.
[7] MünchKommBGB/Schlichting Rn 4; aA Ebenroth Rn 429; Palandt/Edenhofer § 2089 Rn 1; diff Soergel/Loritz Rn 4.
[8] BayObLGZ 1965, 166, 177.
[9] MünchKommBGB/Schlichting Rn 4; aA AK/Derleder Rn 1.
[10] MünchKommBGB/Schlichting Rn 4.

Litzenburger

§ 2090

Buch 5. Abschnitt 3. Testatment

iS der §§ 1935, 2095. Umstritten ist die Anwendung des durch das Erbrechtsgleichstellungsgesetzes mit Wirkung vom 1. 4. 1998 aufgehobenen § 1934 a[11].

III. Recht in den neuen Bundesländern

5   Für die Auslegung von Testamenten in vor dem 3. 10. 1990 eingetretenen Erbfällen im Beitrittsgebiet gilt § 375 Abs 3 ZGB. Diese Vorschrift entspricht inhaltlich § 2088.

§ 2089 Erhöhung der Bruchteile

Sollen die eingesetzten Erben nach dem Willen des Erblassers die alleinigen Erben sein, so tritt, wenn jeder von ihnen auf einen Bruchteil der Erbschaft eingesetzt ist und die Bruchteile das Ganze nicht erschöpfen, eine verhältnismäßige Erhöhung der Bruchteile ein.

1   **1. Voraussetzungen.** Die Voraussetzungen dieser Ergänzungsregel unterscheiden sich von denen des § 2088 Abs 2 nur in einem Punkt, nämlich im Willen des Erblassers, dass die eingesetzten Erben alle anderen Personen ausschließen sollen oder nicht. Ist ein derartiger Ausschlusswille nicht feststellbar, gilt § 2088 Abs 2, andernfalls § 2089. Auf § 2088 Rn 3 wird verwiesen. Diese Ergänzungsregel gilt gemäß § 2157 entsprechend, wenn der Erblasser denselben Vermögensgegenstand mehreren Personen vermacht hat, ohne selbst die Bruchteile erschöpfend festzulegen.

2   **2. Rechtsfolgen.** Im Unterschied zu § 2088 Abs 2 tritt bezüglich des unverteilten Bruchteils nicht die gesetzliche Erbfolge ein, sondern die Bruchteile der eingesetzten Erben erhöhen sich verhältnismäßig. § 2089 führt dabei nicht etwa zu besonderen Erbteilen iS der §§ 1935, 2095, sondern lediglich zu einem höheren Bruchteil. Die Erhöhung vollzieht sich dabei nicht nach dem Kopfprinzip, sondern im Verhältnis der vom Erblasser bestimmten Erbteile zueinander: Hat der Erblasser beispielsweise A zu $1/2$ (= $6/12$) und B zu $1/4$ (= $3/12$) eingesetzt, so wird das verbleibende $1/4$ nicht etwa zu gleichen Teilen unter A und B verteilt, sondern im Verhältnis der Erbteile zueinander, so dass die eingesetzten Erben des A um $1/6$ auf $2/3$ (= $6/12 + 2/12$) und der des B nur um $1/12$ auf $1/3$ (= $3/12 + 1/12$) erhöht – nicht etwa um jeweils $1/8$. Wollte der Erblasser einen oder mehrere Erben auf den angegebenen Anteil beschränken und den übrigen Erben zusammen den Rest zuwenden, so findet die anteilsmäßige Erhöhung gemäß §§ 1089, 2093 allerdings nur unter diesen übrigen Erben statt, wenn sich der Erblasser bei den Bruchteilen verrechnet hat: Setzt der Erblasser A, B und C zu je $1/4$ Anteil ein, ordnet dabei jedoch an, dass A mit $1/4$ (= $2/8$) ausreichend versorgt ist, so teilen sich B und C das restliche $1/4$, bekommen also jeweils $3/8$ des Nachlasses.

3   **3. Recht in den neuen Bundesländern.** Für vor dem 3. 10. 1990 eingetretene Erbfälle, in denen das ZGB anzuwenden ist, enthält § 376 Abs 1 ZGB eine wörtlich fast vollständig übereinstimmende Regelung.

§ 2090 Minderung der Bruchteile

Ist jeder der eingesetzten Erben auf einen Bruchteil der Erbschaft eingesetzt und übersteigen die Bruchteile das Ganze, so tritt eine verhältnismäßige Minderung der Bruchteile ein.

1   **1. Voraussetzungen.** Diese Ergänzungsregel vermeidet die Unwirksamkeit einer Erbeinsetzung, bei der die Summe aller Bruchteile das Ganze übersteigt. Diese Widersprüchlichkeit löst § 2090 zugunsten der verhältnismäßigen Verringerung der angegebenen Bruchteile. § 2090 ist aber nur anzuwenden, wenn alle Erben auf Bruchteile eingesetzt sind. Hat der Erblasser die Bruchteile nur teilweise bestimmt und iÜ offen gelassen, so gilt § 2092 Abs 2. Ein abweichender Erblasserwille kommt wohl nur dann in Betracht, wenn die Erbeinsetzungen in verschiedenen Verfügungen von Todes wegen enthalten sind. In diesem Falle ist anzunehmen, dass die frühere Erbeinsetzung in dem Umfang widerrufen (§ 2258) ist, der nötig ist, um dem in der späteren Verfügung eingesetzten Erben den darin bestimmten Erbteil zukommen zu lassen.

2   **2. Rechtsfolgen.** Die Anwendung des § 2090 führt zur Minderung der angegebenen Bruchteile, und zwar nicht gleichmäßig, sondern im Verhältnis der Erbteile zueinander: Hat der Erblasser beispielsweise A zu $2/3$ (= $8/12$) und B und C zu je $1/4$ (= je $3/12$) eingesetzt, so hat er $1/6$ (= $2/12$) zu viel verteilt. Die Addition der Zähler 8, 3 und 3 ergibt als neuen Nenner die Zahl 14. Folglich erhalten auf Grund des § 2090 A $8/14$ und B und C je $3/14$. Wollte der Erblasser einem oder mehreren Erben den angegebenen Anteil ungeschmälert zuwenden, so findet die anteilsmäßige Verringerung nur unter diesen übrigen Erben statt: Setzt der Erblasser A, B, C und D zu gleichen Teilen ein, ordnet dabei jedoch an, dass A mindestens $1/3$ (= $3/9$) erhalten soll, so teilen sich B, C und D die restlichen $2/3$ (= $6/9$), bekommen also jeweils $2/9$ des Nachlasses.

3   **3. Recht in den neuen Bundesländern.** Dem § 2090 entspricht für Erbfälle in den neuen Bundesländern, die vor dem 3. 10. 1990 eingetreten sind, die Vorschrift des § 376 Abs 2 ZGB.

---

[11] Vgl hierzu MünchKommBGB/*Schlichting* 3. Aufl Rn 5 mwN.

§ 2091 Unbestimmte Bruchteile

Sind mehrere Erben eingesetzt, ohne dass die Erbteile bestimmt sind, so sind sie zu gleichen Teilen eingesetzt, soweit sich nicht aus den §§ 2066 bis 2069 ein anderes ergibt.

I. Voraussetzungen

1. Unbestimmte Erbteile. Diese Ergänzungsregel ist nur anzuwenden, wenn mindestens zwei Personen zu Erben eingesetzt sind und der Verfügung von Todes wegen die Erbteile weder durch erläuternde noch durch ergänzende Auslegung zu entnehmen sind. Kann die Größe der Erbteile durch erläuternde oder ergänzende Auslegung bestimmt werden, so ist für § 2091 kein Raum mehr[1]. Deshalb schließt auch die Zuwendung einzelner Gegenstände das Zurückgreifen auf diese Ergänzungsregel aus, wenn diese als Erbeinsetzung aufzufassen ist (vgl 2087 Rn 7). Teilungsanordnungen stellen keine Erbteilsbestimmung dar und schließen deshalb nicht aus[2]. Zu bedenken ist im Rahmen der Auslegung ferner, dass die Unbestimmtheit der Erbteile auch eine bloße Bezugnahme auf das gesetzliche Erbrecht sein kann (zB Einsetzung des Bruders und dessen Tochter „zum gesetzlichen Erbteil"), was die Verteilung gemäß § 2091 ausschließen würde[3]. 1

2. Kein abweichender Erblasserwille. Im Rahmen der Auslegung ist weiterhin zu prüfen, ob der Erblasser nicht anstelle des in § 2091 vorgesehenen Kopfprinzips eine Verteilung entspr der Erbfolge nach Stämme bevorzugt[4]. Zu weit geht es jedoch, die Verteilung nach Stämmen oder Gruppen, wenn sie der gesetzlichen Erbfolge näher kommt, zu einer allgemeinen Erfahrungsregel zu erheben und damit den Anwendungsbereich des § 2091 weiter zu verringern[5]. 2

3. Vorrang der §§ 2066 bis 2069. Die Auslegungsregeln der §§ 2066 bis 2069 haben Vorrang vor der Anwendung des § 2091, und zwar auch dann, wenn diese lediglich analog heranzuziehen sind[6]. Bei Einsetzung seiner gesetzlichen Erben, seiner Verwandten, seiner Kinder oder seiner Abkömmlinge erhalten diese daher regelmäßig eine ihrem gesetzlichen Erbteil entsprechende Quote. 3

II. Rechtsfolgen

Diese Ergänzungsregel führt dazu, dass alle eingesetzten Personen untereinander zu gleichen Teilen erben. Hat der Erblasser mehrere auf einen gemeinschaftlichen Erbteil gesetzt (§ 2093), so sind diese mangels abweichender Bestimmung gemäß § 2091 untereinander hieran zu gleichen Bruchteilen beteiligt. Sind mehrere Gruppen von Erben (zB meine Kinder) oder gemeinschaftliche Erbteile iS des § 2093 in der Verfügung aufgeführt, so erfolgt die Quotelung zunächst im Verhältnis der Gruppen bzw gemeinschaftlichen Erbteile zueinander und erst innerhalb der Gruppe nach der Regel des § 2091[7]. 4

III. Recht in den neuen Bundesländern

§ 377 Abs 1 ZGB entspricht der Ergänzungsregel des § 2091, bis auf den Hinweis auf die vorrangigen Auslegungsregeln. Allerdings enthält Abs 2 des § 377 ZGB eine dem § 2067 entsprechende Bestimmung, so dass jedenfalls bei Einsetzung der Verwandten die Regel des Abs 1 durch die Ausnahmevorschrift des Abs 2 ausgeschlossen wird. Aber auch in den von §§ 2066, 2068, 2069 geregelten Fällen wird man bei Auslegung eines Testaments, auf das das ZGB anzuwenden ist, in den meisten Fällen dazu kommen, dass der Erblasser eine anderweitige Bestimmung getroffen hat. 5

§ 2092 Teilweise Einsetzung auf Bruchteile

(1) Sind von mehreren Erben die einen auf Bruchteile, die anderen ohne Bruchteile eingesetzt, so erhalten die letzteren den freigebliebenen Teil der Erbschaft.

(2) Erschöpfen die bestimmten Bruchteile die Erbschaft, so tritt eine verhältnismäßige Minderung der Bruchteile in der Weise ein, dass jeder der ohne Bruchteile eingesetzten Erben so viel erhält wie der mit dem geringsten Bruchteil bedachte Erbe.

1. Nicht erschöpfende Bruchteile (Abs 1). Hat der Erblasser mehrere Erben eingesetzt, jedoch nur bei einem Teil von ihnen die Erbquoten bestimmt, so erhalten diejenigen, deren Bruchteile offen geblieben sind, den nicht verteilten Anteil, und zwar im Zweifel gemäß § 2091 untereinander zu gleichen Teilen. Ein abweichender Erblasserwille geht dieser Rechtsfolge vor. 1

---

[1] BayObLG FamRZ 1986, 610, 611.
[2] BayObLG FamRZ 1985, 312, 314.
[3] RGRK/*Johannsen* Rn 1 unter Hinweis auf BGH vom 18. 2. 1959, V ZR 199/57.
[4] OLG Frankfurt FamRZ 1994, 327; OLG München HRR 1938 Nr 156: gleichmäßige Verteilung an die gesetzlichen Erben.
[5] *Soergel/Loritz* Rn 14 Fn 14; aA *Staudinger/Otte* Rn 2; AnwK-BGB/*Stehlin* Rn 2; s zu diesem Auslegungsproblem auch § 2084 Rn 13.
[6] BayObLG FamRZ 1986, 610.
[7] *Staudinger/Otte* Rn 2 mwN; vgl BayObLG FamRZ 2000, 120: Eheleute.

§ 2094

2 **2. Das Ganze erreichende oder übersteigende Bruchteile (Abs 2).** Während Abs 1 voraussetzt, dass die vom Erblasser bestimmten Erbteile das Ganze nicht voll erreichen, erfasst Abs 2 den umgekehrten Fall: Die Summe der angegebenen Bruchteile erschöpft oder übersteigt das Ganze, so dass die ohne Bruchteilsangabe eingesetzten Erben nichts erhalten würden. Trotz des etwas missverständlichen Wortlauts findet § 2092 Abs 2 nicht nur Anwendung, wenn mindestens zwei Erben zu unterschiedlichen Quoten eingesetzt sind, sondern auch dann, wenn alle den gleichen Bruchteil erhalten sollen. Gemäß § 2092 Abs 2 erhält jeder Erbe ohne Quotenangabe den gleichen Bruchteil wie derjenige mit dem geringsten bestimmten Bruchteil. Da die Summe der Bruchteile das Ganze übersteigt, sind anschließend die Bruchteile gemäß § 2090 zu mindern. Hat der Erblasser beispielsweise A zu $1/2$ (= $6/12$), B zu $1/4$ (= $3/12$), C zu $1/3$ (= $4/12$) und D ohne Bruchteilsbestimmung zu Erben eingesetzt, so erhält D auf Grund § 2092 Abs 2 einen Erbteil von $1/4$ (= $3/12$), also den gleichen wie B. Anschließend sind die Anteile gemäß § 2090 zu mindern. Der gemeinsame Nenner aller dieser Bruchteile ist 12. Aus der Addition aller Zähler ergibt sich der neue Nenner 16 (= 6 + 3 + 4 + 3). Folglich erhält A $6/16$, B $3/16$, C $4/16$ und D – ebenso wie B – $3/16$.

§ 2093 Gemeinschaftlicher Erbteil

Sind einige von mehreren Erben auf einen und denselben Bruchteil der Erbschaft eingesetzt (gemeinschaftlicher Erbteil), so finden in Ansehung des gemeinschaftlichen Erbteils die Vorschriften der §§ 2089 bis 2092 entsprechende Anwendung.

I. Gemeinschaftlicher Erbteil

1 **1. Äußerliche Zusammenfassung.** Es reicht für die Annahme eines gemeinschaftlichen Erbteils iS des § 2093 nicht aus, dass der Erblasser die Erbeinsetzung mehrerer Personen in einem Satz, unter einer Ziffer, unter einem gemeinsamen Oberbegriff (zB Eheleute[1], weitere aus unserer Ehe noch hervorgehende Kinder, meine Geschwister) oder unter einem einheitlichen Bruchteil (zB zu 50% meine beiden Söhne) äußerlich zusammengefasst hat.

2 **2. Sachliche Zusammengehörigkeit.** Diese äußerliche Zusammenfassung (Rn 1) ist zwar eine notwendige, aber keine hinreichende Bedingung für die Anwendbarkeit des § 2093. Hinzutreten muss in jedem Fall aus der Sicht des Erblassers eine sachliche Rechtfertigung für die Anwendung der §§ 2089 bis 2092 und des § 2094 Abs 2 in dieser Gruppe[2]. Es muss also zwischen den derart zusammengefassten entweder eine persönliche (zB Kinder aus erster Ehe, Kinder meines Bruders) oder eine sachliche Beziehung (zB meine Nachbarn, die Vereinsmitglieder) bestehen. Wenn eine solche Beziehung festgestellt werden kann, so steht der Anwendung dieser Regelung nicht entgegen, dass der Erblasser die „Unterbruchteile" bestimmt hat[3]. Da § 2093 nur eine Ergänzungsregel enthält, geht ein abweichender Erblasserwille vor.

II. Rechtsfolgen

3 Sind mehrere Erben iS des § 2093 vom Erblasser zu einer Gruppe zusammengefasst worden, so finden die Ergänzungsregeln der §§ 2089 bis 2092 sowie die Anwachsung gemäß § 2094 Abs 2 nicht im Verhältnis aller Erben, sondern nur im Rahmen dieser Erbengruppe Anwendung. Ein weitergehende Bedeutung hat die Einsetzung auf einen „gemeinschaftlichen Erbteil" nicht. Es entsteht vor allem keine Untererbengemeinschaft, sondern jeder Erbe dieser Gruppe ist unmittelbar selbst mit seinem eigenen Bruchteil an der Erbengemeinschaft beteiligt. Die rechtliche Selbstständigkeit der Erbteile muss auch im Rahmen des Vorkaufsrechts der Miterben beachtet werden, so dass kein vorrangiges Vorkaufsrecht in dieser Erbengruppe besteht[4].

§ 2094 Anwachsung

(1) ¹Sind mehrere Erben in der Weise eingesetzt, dass sie die gesetzliche Erbfolge ausschließen, und fällt einer der Erben vor oder nach dem Eintritt des Erbfalls weg, so wächst dessen Erbteil den übrigen Erben nach dem Verhältnis ihrer Erbteile an. ²Sind einige der Erben auf einen gemeinschaftlichen Erbteil eingesetzt, so tritt die Anwachsung zunächst unter ihnen ein.

(2) Ist durch die Erbeinsetzung nur über einen Teil der Erbschaft verfügt und findet in Ansehung des übrigen Teils die gesetzliche Erbfolge statt, so tritt die Anwachsung unter den eingesetzten Erben nur ein, soweit sie auf einen gemeinschaftlichen Erbteil eingesetzt sind.

(3) Der Erblasser kann die Anwachsung ausschließen.

---

[1] BayObLGZ 1976, 122, 126; Rpfleger 1999, 447, 448.
[2] MünchKommBGB/*Schlichting* Rn 2.
[3] RGRK/*Johannsen* Rn 2.
[4] MünchKommBGB/*Schlichting* Rn 3; aA *Lange/Kuchinke* § 27 III.

Schrifttum: *Faber,* Zur Anwachsung iSv. § 2094 BGB, BWNotZ 1987, 7; *Hilmar Keller,* Die Anwachsung unter Miterben, insbesondere in der Gestaltungspraxis, ZEV 2002, 439; *Schopp,* Anwachsung und Ersatzerbschaft, MDR 1978, 10.

I. Anwachsung bei Ausschluss der gesetzlichen Erbfolge

1. Voraussetzungen. a) Vollständiger Ausschluss der gesetzlichen Erbfolge. Der Erblasser 1 muss durch Verfügung von Todes wegen die gesetzliche Erbfolge vollständig ausgeschlossen haben. Der Ausschluss kann auch die Folge der Anwendung des § 2089 sein. Die Anwachsung gemäß § 2094 Abs 1 findet dabei ohne Rücksicht darauf statt, ob der Erblasser bei Ausschließung der gesetzlichen Erbfolge auch die Größe der Bruchteile bestimmt hat oder diese auf Grund der gesetzlichen Ergänzungsregeln festgestellt werden müssen. Hat der Erblasser mehrere Erben auf einen **gemeinschaftlichen Erbteil** iS des § 2093 eingesetzt, so findet die Anwachsung unter dieser Erbengruppe auch dann statt, wenn der restliche Erbteil an die gesetzlichen Erben fällt. In diesem Sonderfall kommt es allein darauf an, dass der Erblasser bezogen auf den gemeinschaftlichen Erbteil den Eintritt der gesetzlichen Erbfolge vollständig ausgeschlossen hat. § 2094 findet nur auf Erbeinsetzungen Anwendung. Für Vermächtnisse gelten dagegen §§ 2158, 2159.

b) Wegfall eines Miterben. Unter Wegfall ist jedes Ereignis, durch das ein vom Erblasser tatsächlich 2 eingesetzter Miterbe von der Erbfolge ausgeschlossen wird, zu verstehen. Dabei ist es gleichgültig, ob dieses Ereignis vor (zB Tod, Totgeburt des nasciturus[1], Zuwendungsverzicht, auflösende Bedingung) oder nach dem Erbfall (zB Ausschlagung, und zwar auch durch den Erbeserben (§ 1952), Erbunwürdigkeitserklärung, Nichterleben einer aufschiebenden Bedingung) eintritt. Die hM will im Falle einer nichtigen Erbeinsetzung (zB Anfechtung gemäß §§ 2078, 2079; Verstoß gegen §§ 7, 27 BeurkG; Sittenwidrigkeit gemäß § 138) die Anwachsungsregel nicht anwenden, weil ohne eine wirksame Erbeinsetzung der Miterbe nicht „wegfallen" könne[2]. Diesem schwachen sprachlichen Argument ist jedoch mit dem Hinweis auf den Sinn der Anwachsungsregel zu begegnen. Das Gesetz geht mit Recht davon aus, dass der Erblasser grds die Erbfolge vollständig und umfassend regeln will. Dabei ist es für ihn gleichgültig, aus welchem Grund eine von ihm getroffene Verfügung keine Rechtswirkungen äußert. § 2094 findet daher auch in allen Nichtigkeitsfällen Anwendung[3]. Hat der Erblasser dagegen die Erbeinsetzung selbst widerrufen, ohne eine Ersatzregelung zu schaffen, so kann nicht mehr davon ausgegangen werden, dass er eine vollständige Erbfolgeregelung anstrebt. § 2094 ist folglich nicht anwendbar[4]. Stirbt der eingesetzte Erbe nach dem Erbfall, so findet ebenfalls keine Anwachsung statt, weil er in diesem Fall ja bereits Erbe geworden ist.

c) Kein Ausschluss der Anwachsung. § 2094 Abs 3 stellt klar, dass der Erblasser die Anwachsung 3 auch ausschließen kann, und zwar sowohl bezüglich aller Erben als auch bezüglich einzelner oder mehrerer von ihnen. Der Ausschluss muss zwar Bestandteil der Verfügung von Todes wegen sein, braucht aber nicht ausdrücklich erklärt zu werden[5]. Der entsprechende Erblasserwille muss durch Auslegung ermittelt werden, wobei die Beweislast derjenige trägt, der sich auf den Ausschluss beruft[6]. Allerdings liegt in der Erbeinsetzung auf einen Bruchteil für sich allein noch keine Ausschließung der Anwachsung[7]. Ergibt sich aber aus der Verfügung, dass ein Erbe auf alle Fälle nur den ihm zugewiesenen Bruchteil erhalten soll, dann ist für ihn die Anwachsung ausgeschlossen. Voraussetzung für einen derartigen Willen ist aber, dass der Erblasser den Wegfall eines Miterben bewusst von der gesetzlichen abweichende Regelung treffen wollte[8].

Hat der Erblasser **Ersatzerben** berufen, so wird gemäß § 2099 vermutet, dass damit die Anwachsung 4 ausgeschlossen ist. Die Berufung von Ersatzerben, einschließlich der Ersatznacherben (§ 2102 Abs 1), geht der Anwachsung vor. Von besonderer Bedeutung ist in diesem Zusammenhang die Auslegungsregel des § 2069, wonach die Abkömmlinge ausgefallener Kinder im Zweifel nach den Regeln der gesetzlichen Erbfolge zu Ersatzerben berufen sind. S zur Ergänzung lückenhafter Verfügungen um Ersatzbeinsetzungen im Wege ergänzender Auslegung auch § 2084 Rn 45, 48.

Verwirklicht jedoch bei einem gemeinschaftlichen Testament oder Ehegattenerbvertrag nach dem 5 Berliner Modell ein Kind den Tatbestand einer **Pflichtteilssanktionsklausel** (Verwirkungsklausel), so greift regelmäßig nicht die Ersatzberufung gemäß § 2069, sondern die Anwachsung an die übrigen Nachkommen gemäß § 2094 ein[9].

Als Bestandteil der Erbeinsetzung kann der Verzicht auf den Ausschluss der **Anwachsung** in einem 6 gemeinschaftlichen Testament wechselbezüglichen Charakter iS des § 2270 haben oder in einem Erbvertrag mit vertraglicher Bindungswirkung iS des § 2278 erfolgen[10].

---

[1] RG SeuffA 69 Nr 145.
[2] *Kipp/Coing* § 45 I 3 b; RGRK/*Johannsen* Rn 2; *v.Lübtow* I S 361; *Palandt/Edenhofer* Rn 2; diff *Staudinger/Otte* Rn 2 und § 2088 Rn 9; *Soergel/Loritz* Rn 6; *Erman/M. Schmidt* Rn 2.
[3] KG NJW 1956, 1523 mwN; *Lange/Kuchinke* § 27 VII 2; MünchKommBGB/*Schlichting* Rn 3; für analoge Anwendung *Kipp/Coing* § 45 I 3 b; *Erman/M. Schmidt* Rn 2.
[4] BayObLG FamRZ 1993, 736, 737; MünchKommBGB/*Schlichting* Rn 3.
[5] BayObLG FamRZ 1993, 736, 737.
[6] RG HRR 1928 Nr 960.
[7] KG FamRZ 1977, 344, 345; BayObLG FamRZ 1993, 736, 737, *Staudinger/Otte* Rn 10 mwN.
[8] *Staudinger/Otte* Rn 10; verneinend für den Fall ergänzender Auslegung OLG Hamburg FamRZ 1988, 1322, 1323.
[9] KG DNotZ 1942, 147.
[10] *Keller* ZEV 2002, 439, 440; s auch § 2270 Rn 4.

7 **2. Rechtsfolgen der Anwachsung.** Der Wegfall eines oder mehrerer Miterben führt zu einer Erhöhung der Bruchteile der verbleibenden Miterben. Die Anwachsung wirkt dabei auch zugunsten eines Erbeserben, wenn der vorrangig berufene Erbe mit Wirkung auf den Erbfall wegfällt. Hat der Erblasser einige Erben auf einen **gemeinschaftlichen Erbteil** iS des § 2093 eingesetzt, so findet die Anwachsung zunächst unter diesen Erben statt (§ 2094 Abs 1 S 2). Sind in dem zuletzt genannten Fall jedoch alle auf den gemeinschaftlichen Erbteil eingesetzten Personen weggefallen, so wächst der damit völlig freigewordene gemeinschaftliche Erbteil allen übrigen Erben im Verhältnis ihrer Bruchteile an. § 2094 Abs 1 führt dabei nicht etwa zu besonderen Erbteilen iS der §§ 1935, 2095, sondern lediglich zu einem höheren Bruchteil. Die Erhöhung vollzieht sich dabei nicht nach dem Kopfprinzip, sondern im Verhältnis der vom Erblasser bestimmten Erbteile zueinander. Hat der Erblasser beispielsweise A zu $1/2$ sowie B und C zu je $1/4$ eingesetzt und fällt B als Miterbe weg, so wird das offene $1/4$ nicht etwa zu gleichen Teilen unter A und C verteilt, sondern im Verhältnis der Erbteile zueinander, so dass sich der Bruchteil des A um $1/6$ und der des C nur um $1/12$ erhöht, nicht etwa um jeweils $1/8$.

II. Anwachsung bei Teilerbeinsetzung

8 Hat der Erblasser lediglich über einen Teil der Erbschaft verfügt und tritt bezüglich des Restes gesetzliche Erbfolge ein, so kommt eine Anwachsung nur im Verhältnis solcher Miterben in Betracht, die auf einen gemeinschaftlichen Erbteil iS des § 2093 eingesetzt sind. Wenn beispielsweise A und B zu je $1/4$ Bruchteil und C und D zusammen auf einen gemeinschaftlichen Erbteil von $1/4$ eingesetzt sind, so tritt beim Wegfall des B keine Anwachsung und bei dem des C nur an den D ein.

III. Recht in den neuen Bundesländern

9 Im Falle der Anwendbarkeit des ZGB enthält § 379 Abs 1 und 2 ZGB eine dem § 2094 vergleichbare Bestimmung, ohne jedoch den Begriff der Anwachsung zu verwenden. Diese Vorschrift greift dabei ausdrücklich nur bei Tod des eingesetzten Erben vor dem Erbfall, Erbschaftsausschlagung oder Erbunwürdigkeitserklärung ein, so dass bei Nichtigkeit der Unwirksamkeit keine Anwachsung eintritt. Die Anwachsung gemäß § 379 Abs 1 S 1 ZGB tritt jedoch nicht ein, wenn entweder der weggefallene Miterbe ein Nachkomme des Erblassers ist (§ 379 Abs 1 S 2 ZGB) oder der Erblasser einen Ersatzerben bestimmt hat (§ 379 Abs 2 ZGB)[11].

§ 2095 Angewachsener Erbteil

Der durch Anwachsung einem Erben anfallende Erbteil gilt in Ansehung der Vermächtnisse und Auflagen, mit denen dieser Erbe oder der wegfallende Erbe beschwert ist, sowie in Ansehung der Ausgleichungspflicht als besonderer Erbteil.

Schrifttum: *Fürnrohr*, Zur Auswirkung des § 2095 auf die verhältnismäßige Teilung der Pflichtteilslast zwischen Erbe und Vermächtnisnehmer, JW 1912, 61.

1 **1. Einheitlichkeit des Erbteils.** Die Anwachsung gemäß § 2094 führt nicht zu zwei selbstständigen Erbteilen, sondern bewirkt lediglich eine Bruchteilserhöhung des im Grundsatz einheitlichen Erbteils. Dieser einheitliche Erbteil ist Bezugspunkt sämtlicher Rechte und Pflichten. Vor allem kann der eingesetzte Erbe diesen Erbteil nur insgesamt annehmen oder ausschlagen. Ferner haftet er mit dem gesamten Erbteil für die Nachlassverbindlichkeiten. Dieser Grundsatz der Einheitlichkeit wird jedoch von § 2095 in einigen Fällen durchbrochen.

2 **2. Beschwerung mit Vermächtnis oder Auflage.** Die Anwachsung könnte für den begünstigten Erben nachteilige Wirkungen haben, wenn der angewachsene Erbteil durch Vermächtnisse oder Auflagen über seinen Wert hinaus beschwert ist. Er müsste nämlich wegen des Grundsatzes der Einheitlichkeit des Erbteils diese Belastungen aus seinem ursprünglichen Erbteil mit erfüllen, erhielte also weniger als ohne die Anwachsung. Die Anwachsung soll weder den Erben schlechter stellen, noch Vermächtnisnehmern oder Auflagebegünstigten Vorteile verschaffen. Ohne die Regelung des § 2095 könnten diese nicht nur auf den eigentlich belasteten Erbteil, sondern auf den gesamten (einheitlichen) Erbteil zugreifen. § 2095 verhindert dies, indem er für diese Art iS Beschwerungen eine **Trennung in zwei Erbteile** fingiert. Der Erfüllungsanspruch ist folglich durch die Größe des Erbteils, auf dem das Vermächtnis oder die Auflage lastet begrenzt. Der Erbe kann sich bei Erschöpfung des eigentlich belasteten Erbteils daher auf §§ 1991 Abs 4, 1992 berufen. Ferner haftet der Erbe gemäß § 2095 iVm § 2007 S 2 nur mit dem belasteten Erbteil, vorausgesetzt allerdings, dass der ursprüngliche und angewachsene Teil nicht einheitlich belastet sind. Die in § 2095 enthaltene Fiktion der Selbstständigkeit wirkt sich im Rahmen des **Pflichtteilsrechts** dahingehend aus, dass der Erbe die Pflichtteilslast getrennt für jeden Teil gemäß § 2318 Abs 1 und 2 auf den Vermächtnisnehmer oder Auflagebegünstigten abwälzen kann[1]. Die Vorschrift ist **dispositiv**, so dass der Erblasser eine abweichende Bestimmung treffen kann[2].

---

[11] Vgl OLG Naumburg FGPrax 1995, 75.
[1] Grundlegend *Fürnrohr* JW 1912, 6.
[2] MünchKommBGB/*Schlichting* Rn 5.

3. Ausgleichspflicht. Hat gemäß § 2052 im Verhältnis der eingesetzten Abkömmlingen eines 3
Erblassers ein Ausgleich stattzufinden, so fingiert § 2095 auch insoweit eine Verselbstständigung beider
Teile des sonst einheitlichen Erbteils. Ein abweichender Erblasserwille hat Vorrang.

4. Recht in den neuen Bundesländern. Im ZGB fehlt zwar eine dem § 2095 entsprechende 4
Vorschrift, jedoch wird man auf Grund der Auslegungsregel des § 372 ZGB zu gleichen Ergebnissen
gelangen[3].

§ 2096 Ersatzerbe

Der Erblasser kann für den Fall, dass ein Erbe vor oder nach dem Eintritt des Erbfalls wegfällt, einen anderen als Erben einsetzen (Ersatzerbe).

Schrifttum: *Diederichsen,* Ersatzerbfolge oder Nacherbfolge, NJW 1965, 671; *Nieder,* Die ausdrücklichen oder mutmaßlichen Ersatzbedachten im deutschen Erbrecht, ZEV 1996, 241; *Schopp,* Anwachsung und Ersatzerbschaft, MDR 1978, 10; *Weckesser,* Die Anwartschaft des Nacherben, Ersatzerben und Ersatznacherben, Diss Mannheim 1985, *Wübben,* Anwartschaftsrechte im Erbrecht, 2001.

I. Einsetzung zum Ersatzerben

1. Anordnung der Ersatzerbschaft. § 2096 eröffnet dem Erblasser die Möglichkeit, durch Ver- 1
fügung von Todes wegen zu bestimmen, dass beim Wegfall eines Erben ein anderer an dessen Stelle
treten soll (zB „ersatzweise …"). Eine gesetzliche Ersatzerbfolge gibt es nicht. Auch in den Fällen der
§§ 2069, 2102, in denen das Gesetz für typische Sachverhalte Vermutungsregeln zugunsten einer
Ersatzerbschaft aufstellt, tritt die Ersatzerbfolge niemals auf Grund des Gesetzes, sondern allein auf der
Basis des Erblasserwillens ein. Den Umfang der Ersatzerbfolge kann der Erblasser frei bestimmen. So
kann er sich einer eigenen unmittelbaren Erbeinsetzung enthalten und nur für den Wegfall eines
gesetzlichen Erben einen Ersatzerben bestimmen[1]. Der Erblasser kann auch mehrere Ersatzerben
einsetzen. Sind diese **nebeneinander** berufen, so gilt, wenn die Bruchteile nicht bestimmt sind,
§ 2091. Der Erblasser kann mehrere Ersatzerben auch **nacheinander** berufen (zB „ersatzweise …,
weiter ersatzweise …"). Auf die Einsetzung zum Ersatzerben finden die allgemeinen Vorschriften
Anwendung. Fällt etwa ein vom Erblasser eingesetzter Abkömmling weg, so treten dessen Abkömmlinge nach den Regeln der gesetzlichen Erbfolge gemäß § 2069 an dessen Stelle.

Es ist nach wie vor umstritten, ob auch ein ausdrücklich eingesetzter Ersatzerbe zurücktreten muss, 2
wenn ein eingesetzter Abkömmling des Erblassers wegfällt, ob also **§ 2069 Vorrang vor § 2096**
genießen[2]. Die Auslegungsregel des § 2069 soll nur verhindern, dass eine an sich eindeutige Erbeinsetzung durch die spätere tatsächliche Entwicklung entstandene Lücke, nämlich den Wegfall des Bedachten unwirksam wird, nicht aber eine Mehrdeutigkeit der Erbeinsetzung beheben[3*].
Wie anders als durch Einsetzung von Ersatzerben soll der Erblasser zu erkennen geben, dass er für den
Wegfall eines Abkömmlings Vorsorge getroffen hat[4]. Ein Vorrang der Ersatzerbschaft der Abkömmlinge
gemäß § 2069 kann daher nicht angenommen werden. Das Gleiche gilt für das **Verhältnis zu § 2102**,
so dass eingesetzte Ersatzerben für den Vorerben den Rückgriff auf diese Bestimmung für den Zweifelsfall ausschließen[5].

2. Bestimmung des Ersatzerbfalls. Wegfall ist jedes **Ereignis**, durch das ein vom Erblasser 3
tatsächlich eingesetzter Miterbe von der Erbfolge ausgeschlossen wird. Anders als bei § 2094 (vgl dort
Rn 2) besteht im Rahmen des § 2096 Einigkeit darüber, dass unter Wegfall auch die anfängliche oder
nachträgliche Nichtigkeit (zB Anfechtung gemäß §§ 2078, 2079) der Erbeinsetzung zu verstehen ist.
Dabei ist es gleichgültig, ob dieses Ereignis vor (zB Tod, Totgeburt des nasciturus, Zuwendungsverzicht,
auflösende Bedingung) oder nach dem Erbfall (zB Ausschlagung, und zwar auch durch den Erbeserben
(§ 1952), Erbunwürdigkeitserklärung, Nichterleben einer aufschiebenden Bedingung) eintritt. Stirbt
der Erstberufene jedoch erst nach dem Erbfall, so ist für eine Ersatzerbenregelung kein Raum mehr,
weil damit der Nachlass auf den eingesetzten Erben übergegangen ist, vorbehaltlich des Rechts zur
Ausschlagung.

Auch wenn der Ersatzerbeneinsetzung ihrem Wesen nach eine durch Wegfall des vorrangig 4
Berufenen aufschiebend bedingte Erbeinsetzung ist, findet **§ 2074 keine Anwendung,** so dass der
Ersatzberufene nur den Erbfall, nicht dagegen den Wegfall des vorrangig Berufenen (Ersatzerbfall)
erleben muss. Fällt der berufene Erbe nach dem Tod des Erblassers weg (zB Erbschaftsausschlagung), so
gelangt der Ersatzerbe selbst dann zur Erbfolge, wenn er zwar den Tod des Erblassers, nicht aber den

---

[3] *Damrau/Stehlin* Rn 1.
[1] MünchKommBGB/*Schlichting* Rn 5; aA *Palandt/Edenhofer* Rn 1.
[2] Dafür: *Staudinger/Otte* § 2069 Rn 20; *Erman/M. Schmidt* Rn 3; dagegen: *Diederichsen* NJW 1965, 671, 674;
MünchKommBGB/*Schlichting* Rn 8; *Soergel/Loritz* Rn 3; gegen generelle Festlegung: BayObLG NJW-RR 1994,
460 m krit Anm *J. Mayer* MittBayNot 1994, 111; *Lange/Kuchinke* § 27 VII 2.
[3*] *J. Mayer* MittBayNot 1994, 111.
[4] AM BayObLG NJW-RR 1994, 460; *Lange/Kuchinke* § 27 VII 2; vgl Formulierung bei *J. Mayer* MittBayNot
1994, 111.
[5] AA *Erman/M. Schmidt* Rn 2.

§ 2097   Buch 5. Abschnitt 3. Testament

Tag des Wegfalls erlebt hat; der dem Ersatzerben angefallene Nachlass bzw Erbteil steht dann dessen Erben zur Verfügung.

5   Dem Erblasser steht es frei, die Ersatzerbeinsetzung auf einzelne oder mehrere von ihm bestimmte Wegfallgründe zu **beschränken**, etwa für den Fall des Vorversterbens oder der Ausschlagung. In diesem Falle handelt es sich allerdings um eine iS des § 2074 aufschiebend bedingte Ersatzberufung, so dass der Ersatzerbe sowohl den Erbfall als auch den Bedingungseintritt (Ersatzerbfall) erleben muss[6].

6   **3. Abgrenzung zur Nacherbschaft.** Während der Ersatzerbe mit dem Erbfall Rechtsnachfolger des Erblassers wird, erbt der Nacherbe erst, nachdem ein anderer bereits (Vor)Erbe war. In der Praxis bereitet die Abgrenzung der Ersatz- von der Nacherbschaft erhebliche Schwierigkeiten. Dies liegt vor allem daran, dass die Worte „Ersatzerbe" und „Nacherbe" im allgemeinen Sprachgebrauch oft synonym verwendet werden. Können Auslegungsschwierigkeiten nicht behoben werden, so löst § 2102 dieses Problem zugunsten der Ersatzerbeneinsetzung.

II. Ersatzerbfall

7   **1. Eintritt.** Der Ersatzerbe tritt mit Wirkung auf den Zeitpunkt, zu dem der Erstberufene Erbe geworden wäre, an dessen Stelle. Der Erstberufene darf – anders als der Vorerbe im Falle einer Nacherbschaft – nie Erbe geworden sein. Ist der Erstberufene nach dem Erbfall weggefallen, wirkt dieser Grund jedoch auf diesen zurück (vgl Rn 2), so wird der Ersatzerbe so behandelt, als wäre er bereits zurzeit des Erbfalls Erbe geworden.

8   **2. Rechtsstellung.** Erst mit Eintritt des Erbfalls erlangt der Ersatzerbe ein Anwartschaftsrecht, während seine Rechtsposition bis dahin ungesichert ist[7]. Das Anwartschaftsrecht ist mangels abweichender Bestimmung vererblich und übertragbar. Dazu ist allerdings notwendig, dass der Ersatzerbe den Erblasser überlebt. Erlebt er den Erbfall, so braucht er einen etwa erst danach eintretenden Wegfall des Erstberufenen nicht mehr zu erleben. Der Erblasser kann allerdings durch Anordnung einer echten Bedingung iS des § 2074 oder durch mehrfache Ersatzerbenberufung etwas anderes bestimmen. Der Ersatzerbe tritt in alle Rechte und Pflichten des weggefallenen Erstberufenen aus der Erbschaft ein, also auch in die Pflicht zur Ausgleichung (§ 2050 Abs 2) oder zur Erfüllung von Vermächtnissen und Auflagen (vgl §§ 2161, 2192). Der Voraus (§ 1932) steht wegen seinem höchstpersönlichen Charakters regelmäßig nicht dem Ersatzerben zu[8]. Ob dem Ersatzerben auch ein dem Erstberufenen zugewendetes Vorausvermächtnis zusteht, hängt allein vom Erblasserwillen ab[9]. Wegen der Besonderheiten bei der Ersatznacherbschaft wird auf § 2102 Rn 6 verwiesen.

III. Recht in den neuen Bundesländern

9   § 378 ZGB räumt dem Erblasser das Recht zur Berufung eines eingesetzten Erben ein, wenn dieser durch Tod, Ausschlagung oder Erbunwürdigkeitserklärung wegfällt. Richtiger Auffassung nach enthält diese Norm jedoch keine abschließende Regelung, so dass die Ersatzerbeinsetzung auch für einen gesetzlichen Erben und/oder aus anderen Wegfallgründen zulässig ist[10].

§ 2097 Auslegungsregel bei Ersatzerben

Ist jemand für den Fall, dass der zunächst berufene Erbe nicht Erbe sein kann, oder für den Fall, dass er nicht Erbe sein will, als Ersatzerbe eingesetzt, so ist im Zweifel anzunehmen, dass er für beide Fälle eingesetzt ist.

1   **1. Erstreckung auf alle Wegfallgründe.** Diese Auslegungsregel erfasst den seltenen Fall, dass sich der Erblasser lediglich im Ausdruck vergriffen hat, indem er bei der Ersatzerbeneinsetzung als Grund für den Wegfall entweder nur den Tod des Erstberufenen („nicht Erbe sein kann") oder allein die Ausschlagung („nicht Erbe sein will") aufgeführt hat[1]. Hat der Erblasser nicht ausdrücklich etwas anderes bestimmt und kann auch durch Auslegung kein abweichender Wille festgestellt werden, so erstreckt § 2097 den jeweils benannten Fall auch auf alle nicht erwähnten Gründe für den Wegfall (zB Erbunwürdigkeit, Eintritt einer auflösenden Bedingung, Ausfall einer aufschiebenden Bedingung, Sittenwidrigkeit gemäß § 138, Verstoß gegen ein Verbotsgesetz, Ausschlagung). Auch wenn die Ersatzerbeneinsetzung ihrem Wesen nach eine durch den Wegfall des vorrangig Berufenen aufschiebend bedingte Erbeinsetzung ist, findet **§ 2074 keine Anwendung,** so dass der Ersatzberufene nur den Erbfall, nicht dagegen den Zeitpunkt des (späteren) Wegfalls erleben muss (vgl § 2096 Rn 4 f). Dies bedeutet, dass der Ersatzberufene auch dann Erbe wird, wenn er beim Erbfall noch lebt, aber vor der

---

[6] BayObLG NJW 1960, 965; MünchKommBGB/*Schlichting* Rn 5; aA *Soergel/Loritz* Rn 9.
[7] BayObLGZ 1960, 410; MünchKommBGB/*Schlichting* Rn 10 mwN; aA OLG Hamm NJW 1970, 1606; *Wübben* S 335 f.
[8] MünchKommBGB/*Schlichting* Rn 11, diff *Staudinger/Otte* Rn 11.
[9] Vgl OLG Kiel OLGE 34, 283.
[10] MünchKommBGB/*Schlichting* 3. Aufl Rn 14; aA *Hetmeier*, Grundlagen der Privaterbfolge in der Bundesrepublik Deutschland und in der DDR, 1990, S 97; *Freytag*, Das neue Erbrecht der DDR aus der Sicht des BGB, 1981, S 89.
[1] Vgl RGZ 113, 45, 50; BayObLG FamRZ 1989, 666; OLG Düsseldorf DNotZ 1974, 367; OLG Dresden ZBlFG 17, 302.

Erbschaftsausschlagung usw stirbt; in diesem Fall erhalten die Erben des Ersatzerben den Nachlass bzw Erbteil des verstorbenen Ersatzerben. Die Auslegungsregel des § 2097 ist gemäß § 2190 auf Vermächtnisse entspr anwendbar.

2. Ausschluss der Anwendbarkeit. Der Erblasser kann die Ersatzberufung auch auf einzelne Wegfallgründe beschränken (vgl § 2096 Rn 3 und 5) oder die Anwendbarkeit dieser Auslegungsregel völlig ausschließen. Im Wege der ergänzenden Auslegung wird man dabei immer dann einen Ausschluss der Ersatzerbfolgeregelung gemäß § 2097 anzunehmen haben, wenn in Folge der Ausschlagung des zunächst berufenen Nacherben die Erbschaft auf Grund der Auslegungsregel des § 2069 an dessen Abkömmlinge fällt, weil sonst dieser Familienstamm sowohl den Pflichtteil als auch den Erbteil erhalten würde[2]. 2

3. Recht in den neuen Bundesländern. Im ZGB fehlt zwar eine dem § 2097 entsprechende Vorschrift, jedoch wird man auf Grund der Auslegungsregel des § 372 ZGB zu gleichen Ergebnissen gelangen[3]. 3

§ 2098 Wechselseitige Einsetzung als Ersatzerben

(1) Sind die Erben gegenseitig oder sind für einen von ihnen die übrigen als Ersatzerben eingesetzt, so ist im Zweifel anzunehmen, dass sie nach dem Verhältnis ihrer Erbteile als Ersatzerben eingesetzt sind.

(2) Sind die Erben gegenseitig als Ersatzerben eingesetzt, so gehen Erben, die auf einen gemeinschaftlichen Erbteil eingesetzt sind, im Zweifel als Ersatzerben für diesen Erbteil den anderen vor.

1. Voraussetzungen. Hat der Erblasser mehrere Ersatzerben nebeneinander eingesetzt, ohne jedoch die Bruchteile zu bestimmen, so erben sie bei Wegfall des zunächst berufenen Erben im Zweifel gemäß § 2091 zu gleichen Teilen. Hiervon macht § 2098 eine Ausnahme für den Fall, dass zu Ersatzerben ausschließlich sämtliche Miterben des weggefallenen Erben bestimmt sind. Ein solcher Fall ist nach dem ausdrücklichen Wortlaut des Gesetzes auch gegeben, wenn der Erblasser die Erben „gegenseitig" zu Ersatzerben berufen hat. Diese Auslegungsregel greift auch dann ein, wenn der Erblasser nur bei einem Miterben alle anderen zu Ersatzerben eingesetzt hat. Für § 2098 ist jedoch kein Raum, wenn nicht sämtliche Miterben des weggefallenen Erben eingesetzt sind oder neben den ersatzweise berufenen Miterben noch mindestens ein Dritter an dessen Stelle treten soll. Ein abweichender Erblasserwille geht vor. 1

2. Rechtsfolgen. Im Falle des § 2098 Abs 1 treten die Miterben des weggefallenen Erben nicht zu gleichen Teilen, sondern **im Verhältnis ihrer Erbteile** an dessen Stelle. Hat der Erblasser beispielsweise A zu $1/2$, B zu $1/4$ und C und D zu je $1/8$ eingesetzt, so erhalten, wenn A wegfällt, von dessen $1/2$-Bruchteilsanteil B $2/4$ und C und D je $1/4$, so dass zusammen mit ihren ureigenen Erbteilen B $1/2$ und C und D je $1/4$ erben. 2

Sind die mehreren Erben auf einen **gemeinschaftlichen Erbteil** iS des § 2093 eingesetzt, so gilt das Gleiche, wenn einer von ihnen wegfällt und alle vom Erblasser gegenseitig zu Ersatzerben eingesetzt sind (§ 2098 Abs 2), allerdings nur im Verhältnis dieser Erbengruppe zueinander. In beiden Fällen führt diese Auslegungsregel zum gleichen rechnerischen Ergebnis wie die Anwachsung gemäß § 2094. Im Gegensatz zur Anwachsung entstehen jedoch keine einheitlichen Erbteile. Der eigene und der ersatzweise zugefallene Erbteil bleiben rechtlich selbstständig, was vor allem für § 2007 von Bedeutung ist. Eine getrennte Annahme oder Ausschlagung ist jedoch trotzdem nur unter den Voraussetzungen des § 1951 zulässig. 3

3. Recht in den neuen Bundesländern. Im ZGB fehlt zwar eine dem § 2098 entsprechende Vorschrift, jedoch wird man auf Grund der Auslegungsregel des § 372 ZGB zu gleichen Ergebnissen gelangen[1]. 4

§ 2099 Ersatzerbe und Anwachsung

Das Recht des Ersatzerben geht dem Anwachsungsrecht vor.

Schrifttum: *Schopp,* Anwachsung und Ersatzerbschaft, MDR 1978, 10; *Wacke,* Rechtsfolgen testamentarischer Verwirkungsklauseln – Anwachsung oder Ersatzerbschaft?, DNotZ 1990, 403.

1. Subsidiarität der Anwachsung. Diese Vorschrift räumt der Berufung von Ersatzerben den Vorrang vor der Anwachsung iS des § 2094 ein. Die Anwachsung ist gegenüber der Einsetzung von Ersatzerben subsidiär[1*]. Mit der Einsetzung von Ersatzerben schließt der Erblasser deshalb zwangsläufig 1

---

[2] BGH NJW 1960, 1899; BayObLG ZEV 2000, 274, 275 f; OLG Stuttgart Rpfleger 1982, 106; OLG Frankfurt Rpfleger 1970, 391; OLG Zweibrücken OLGZ 1984, 3.
[3] *Damrau/Stehlin* Rn 1.
[1] *Damrau/Stehlin* Rn 1.
[1*] Vgl *Wacke* DNotZ 1990, 403, 416.

§ 2100

insoweit die Anwachsung gemäß § 2094 Abs 3 aus. Diese Rechtsfolge ist aber entgegen einer verbreiteten, aber missverständlichen Formulierung keineswegs zwingend[2]. Dem Erblasser ist es nämlich auf Grund seiner Testierfreiheit sehr wohl möglich, durch eine ausdrückliche Regelung die Anwachsung auf bestimmte Fälle zu beschränken und iU Ersatzerbfolge anzuordnen (zB „Stirbt meine Tochter, so wächst deren Erbteil meinem Sohn an. Lebt auch dieser nicht mehr, so erben die Kinder meiner Tochter zu gleichen Teilen"). Die Anwachsung ist noch nicht einmal die kategorische Folge des völligen Fehlens einer Ersatzerbschaft, weil der Erblasser die Anwachsung ausschließen und zugleich auf die Einsetzung von Ersatzerben verzichten kann, was allerdings die gesetzliche Erbfolge in den frei gewordenen Erbteil bewirkt. Nur in dem seltenen Fall, dass der Erblasser für das gleiche Ereignis sowohl Ersatzerben bestimmt als auch Anwachsung angeordnet hat, greift § 2099 korrigierend zu Gunsten der Ersatzerbeneinsetzung ein. Hat beispielsweise der Erblasser seine beiden Kinder zu Miterben eingesetzt und verfügt, dass beim Vorversterben eines von beiden dessen Erbteil an das andere Kind „und" an die Abkömmlinge des Verstorbenen fallen soll, so führt diese Regel zur Ersatzerbfolge der Abkömmlinge des verstorbenen Miterben. Gleiches gilt, wenn der Erblasser beide Institute nicht kumulativ sondern alternativ („oder") nebeneinander gestellt hat.

2   **2. Fehlen einer Ersatzerbfolgeregelung.** Da die Anwachsung gegenüber der Ersatzerbfolge nur subsidiär ist, kommt sie nur zum Zuge, wenn der Erblasser keine Ersatzerben bestimmt hat oder alle von ihm eingesetzten weggefallen sind. Dabei reicht es aus, wenn die Lücke in einer Verfügung im Wege ergänzender Auslegung durch eine Ersatzerbfolgeregelung geschlossen werden kann. S hierzu die ausführlichen Erläuterungen unter § 2084 Rn 45 und 48. Der Ersatzerbfolge gebührt selbst dann der Vorrang, wenn diese nicht Folge einer Verfügung des Erblassers sondern einer gesetzlichen Auslegungs- oder Ergänzungsregel ist (zB §§ 2069, 2097). Treten auf Grund der Auslegungsregel des § 2069 die Abkömmlinge eines eingesetzten Erben an dessen Stellen, so ist für eine Anwachsung an Miterben deshalb kein Raum mehr[3]. Auch die Einsetzung von Nacherben verdrängt gemäß § 2102 im Zweifel die Anwachsung. Hat der Erblasser für mehrere Miterben einen einzigen Ersatzerben bestimmt, so ist zu untersuchen, ob der Erblasser die Miterben zunächst gegenseitig zu Ersatzerben berufen wollte, so dass der Ersatzerbe erst beim Wegfall des letzten berufenen Miterben zur Ersatzerbfolge gelangen soll, oder ob der Ersatzerbe bereits beim Wegfall eines Miterben sofort an dessen Stelle treten soll. In jedem Fall ist durch Auslegung vorrangig zu ermitteln, ob überhaupt eine Ersatzerbeinsetzung vorliegt[4].

3   **3. Recht in den neuen Bundesländern.** § 379 Abs 2 ZGB enthält eine dem § 2099 sachlich entsprechende Vorschrift.

Titel 3. Einsetzung eines Nacherben (§§ 2100–2146)

§ 2100 Nacherbe

Der Erblasser kann einen Erben in der Weise einsetzen, dass dieser erst Erbe wird, nachdem zunächst ein anderer Erbe geworden ist (Nacherbe).

Schrifttum: *Baltzer,* Das Vor- und Nachvermächtnis in der Kautelarjurisprudenz, 2007; *Bengel,* Gestaltung letztwilliger Verfügungen bei Vorhandensein behinderter Abkömmlinge – Zugleich eine Anmerkung zum BGH-Urteil v. 20. 10. 1993, IV ZR 231/92 –, ZEV 1994, 29; *Bergermann,* Vor- und Nacherbschaft im Grundbuch, MittRhNotK 1972, 743; *Bokelmann,* Nachweis des Erbrechts des Nacherben für Grundbucheintragung, Rpfleger 1971, 1; *Brox,* Bestimmung des Nacherben oder des Gegenstands der Zuwendung durch den Vorerben, FS Bartholomeyczik, 1973, S 41; *Busse,* Verfügungen von Todes wegen Geschiedener, MittRhNotK 1998, 225; *Coing,* Die unvollständige Regelung der Nacherbfolge, NJW 1975, 521; *Diederichsen,* Ersatzerbfolge oder Nacherbfolge, NJW 1965, 671; *Dillmann,* Verfügungen während der Vorerbschaft, RNotZ 2002, 1; *Dressler,* Vor- und Nacherbschaft im Höferecht, AgrarR 2001, 265; *Eckebrecht,* Die Rechtsstellung des erbrechtlichen Anwärters vor und nach dem Erbfall, 1992; *Eichenhofer,* Das Behindertentestament und Sozialhilfe für Vermögende?, JZ 1999, 226; *Engelmann,* Letztwillige Verfügungen zugunsten Verschuldeter oder Sozialhilfebedürftiger, 1999; *Everts,* Letztwillige Verfügungen zugunsten überschuldeter und bedürftiger Personen, ZErb 2005, 353; *Friederich,* Rechtsgeschäfte zwischen Vorerben und Nacherben, 1999; *Fohnmayer,* Geschiedenentestament, 2004; *Grziwotz,* Die umgekehrte Vermächtnislösung beim Behindertentestament – Der Königsweg?, ZEV 2002, 409; *ders,* Das Behindertentestament nach Hartz IV, NotBZ 2006, 149; *Haegele,* Rechtsfragen zur Vor- und Nacherbschaft, Rpfleger 1971, 121; *ders,* Zur Vererblichkeit des Anwartschaftsrechts eines Nacherben, Rpfleger 1967, 161; *Hartmann,* Das sog. Behindertentestament: Vor- und Nacherbschaftskonstruktion oder Vermächtnisvariante?, ZEV 2001, 89; *Heinz-Grimm/Krampe/Pieroth,* Testament zugunsten von Menschen mit geistiger Behinderung, 1997; *Ivo,* Nochmals: Abschied von „Dieterle"?, DNotZ 2002, 260; *ders,* Die Erbschaftsausschlagung zwecks Pflichtteilsgeltendmachung beim „Behindertentestament", ZErb 2004, 174; *Johannsen,* Vor- und Nacherbe, WM 1979, 605; *Joussen,* Das Testament zu Gunsten behinderter Kinder, NJW 2003, 1851; *ders,* Das Ausschlagungsrecht nach § 2306 Abs. 1 S. 2 BGB beim Behindertentestament, ZErb 2003, 134; *Kanzleiter,* Der „unbekannte" Nacherbe, DNotZ 1970, 326; *Litzenburger,* Die interessengerechte Gestaltung des gemeinschaftlichen Testaments von Eltern zugunsten behinderter Kinder, RNotZ 2004, 138; *ders,* Ist das Berliner Testament zum Schutz behinderter Erben vor dem Zugriff des Sozialhilfeträgers noch geeignet?, RNotZ 2005, 162;

---

[2] Vgl MünchKommBGB/*Schlichting* Rn 1; AnwK-BGB/*Gierl* Rn 1; *Damrau/Stehlin* Rn 1; *Schopp* MDR 1978, 10, 12.
[3] MünchKommBGB/*Schlichting* Rn 1.
[4] BayObLG FamRZ 1992, 355, 356; OLG Karlsruhe FamRZ 1993, 363, 364.

van de Loo, Die Gestaltung der Verfügung von Todes wegen zugunsten des betroffenen Behinderten, MittRhNotK 1989, 233; *ders*, Möglichkeiten und Grenzen eines Übergangs des Rechts zur Erbausschlagung durch Abtretung bzw. Überleitung, ZEV 2006, 473; *I. Ludwig*, Der „unbekannte" Nacherbe, DNotZ 1996, 995; *J. Mayer*, Behindertentestament und Pflichtteilsstrafklauseln, MittBayNot 2005, 286; *Musielak*, Zur Vererblichkeit des Anwartschaftsrechts eines Nacherben, ZEV 1995, 5; *Raiser*, Sittenwidriges Behindertentestament und unerträgliche Belastung der Allgemeinheit, MDR 1995, 237; *Schnabel*, Das Geschiedenentestament, 2000; *Settergren*, Das „Behindertentestament" im Spannungsfeld zwischen Privatautonomie und sozialhilferechtlichem Nachrangprinzip, 1999; *Spall*, Zur so genannten Vermächtnislösung beim Behindertentestament, MittBayNot 2001, 249; *ders*, Pflichtteilsstrafklausel beim gemeinschaftlichen Behindertentestament: Kolumbus-Ei oder trojanisches Pferd?, MittBayNot 2003, 356; *Wagner*, Das Geschiedenentestament – eine sinnvolle erbrechtliche Gestaltungsform?, ZEV 1997, 369; *Weckesser*, Die Anwartschaft des Nacherben, Ersatzerben und Ersatznacherben, 1985; *Zawar*, Der bedingte oder befristete Erwerb von Todes wegen, DNotZ 1986, 515.

Übersicht

	Rn		Rn
I. Begriff der Nacherbschaft	1	4. Verwaltungs- und Verfügungsbeschränkungen des Vorerben	25
II. Beweggründe für die Nacherbschaft	6	5. Nacherbfall	28
1. Einflussnahme auf die Erbfolge nach dem Vorerben	6	6. Bedingung und Befristung der Nacherbschaft	29
a) Allgemeines	6	7. Einzelne Abgrenzungsprobleme	31
b) Geschiedenentestament	7	a) Nießbrauchsvermächtnis	31
2. Vermeidung von Pflichtteilsansprüchen	10	b) Ersatzerbschaft	32
3. Versorgung oder Schutz des Vorerben	11	c) Testamentsvollstreckung	33
a) Allgemeines	11	d) Selbstbestimmung der Erbfolge durch Vollerben	34
b) Testament zugunsten Behinderter (Behindertentestament)	12	IV. Rechtliche Stellung des Vor- und des Nacherben	35
c) Testament zugunsten von Sozialhilfe- oder Arbeitslosengeldempfängern (Bedürftigentestament)	20 a	1. Vor dem Nacherbfall	35
		a) Vorerbe	35
III. Anordnung der Nacherbschaft	21	b) Nacherbe	40
1. Wirksame Verfügung von Todes wegen	21	2. Ab dem Nacherbfall	48
2. Vor- und Nacherbe	22	V. Erbschaftsteuer	49
3. Gegenstand und Umfang der Nacherbfolge	24	VI. Recht in den neuen Bundesländern	53

I. Begriff der Nacherbschaft

Nacherbschaft ist das zeitliche Aufeinanderfolgen von mindestens zwei Personen als Erben des Erblassers, wobei der zunächst berufene Vorerbe zum Zwecke der Sicherung des Nacherben gewissen Beschränkungen in seiner Verwaltungs- und Verfügungsbefugnis unterliegt. Der Begriff ist damit durch **drei Elemente** geprägt: **1**
– das Vorhandensein eines Nacherben,
– das den Wechsel der Erben auslösende Ereignis (Nacherbfall) und
– die Einschränkung der Verwaltungs- und Verfügungsbefugnisse des Vorerben.

Der **Nacherbe** ist eine Person, die zeitlich nach einem anderen, dem sog Vorerben, Erbe des Erblassers wird. Der Nacherbe ist Erbe des Erblassers, nicht des Vorerben. Zwischen Vor- und Nacherben besteht daher keine Erbengemeinschaft[1]. **2**

Das Ereignis, mit dem das Erbrecht des Vorerben endet und das des Nacherben beginnt, bezeichnet man als **Nacherbfall**. Dieser muss zwingend zeitlich nach dem Erbfall, dh dem Tod des Erblassers, eintreten. Allerdings ist es möglich einen Nacherben zugleich als Ersatzerben anstelle des Vorerben einzusetzen (vgl § 2102), so dass dann vom Erblasser bestimmte Ereignis sowohl den Nach- als auch den Ersatzerbfall auslösen kann. Diese Gestaltungsmöglichkeit ändert jedoch nichts an dem unverzichtbaren Erfordernis, dass zwischen Erbfall und Nacherbfall mindestens eine logische Sekunde liegen muss. Selbst wenn der Nacherbfall mit dem Tod des Erblassers zusammenfällt, scheidet die Annahme einer Nacherbschaft aus, weil kein anderer zwischenzeitlich (Vor)Erbe geworden ist. Hat der Erblasser vergessen, den Nacherbfall zu regeln, so hilft die Ergänzungsregel des § 2106 weiter. **3**

Schließlich ist vom Begriff der Nacherbschaft, dass der Vorerbe bestimmten **Verwaltungs- und** **4** **Verfügungsbeschränkungen** unterliegt. Deshalb schließt eine Anordnung des Erblassers, dass der Vorerbe völlig schrankenlos über den Nachlass verfügen kann, die Annahme einer Nacherbschaft aus (§ 2136 Rn 2).

Die Nacherbfolge tritt nur ein, wenn alle drei Elemente vom Willen des Erblassers getragen sind. **5** Dabei ist es nicht erforderlich, dass er alle Einzelheiten in der Verfügung geregelt hat. Es genügt, wenn im Wege der Auslegung oder unter Zuhilfenahme der gesetzlichen Auslegungs- und Ergänzungsregeln in den §§ 2101 und 2103 bis 2107 festgestellt werden kann, dass er die Nacherbfolge will. Steht dieser Erblasserwille fest, so können einzelne der drei Elemente im Wege der erläuternden oder ergänzenden Auslegung ermittelt werden. Siehe zur besonders problematischen Abgrenzung zwischen Trennungs-

---

[1] BGH NJW 1993, 1582.

§ 2100

lösung (Vor- und Nacherbfolge), Einheitslösung und Nießbrauchsvermächtnis in gemeinschaftlichen Testamenten oder Ehegattenerbverträgen § 2269 Rn 6 ff.

II. Beweggründe für die Nacherbschaft

6 1. **Einflussnahme auf die Erbfolge nach dem Vorerben.** a) **Allgemeines.** In diesen Fällen will der Erblasser Einfluss darauf nehmen, was mit seinem Nachlass beim Tod des Vorerben oder bei Eintritt eines anderen Ereignisses geschieht. Zu dieser Fallgruppe zählen insbesondere:
– **Wiederverheiratungsklauseln**[2]
– **Geschiedenentestamente** (Rn 7) und
– Testamente von Erblassern, die die **Nachfolge in Unternehmen**[3] oder bei umfangreichem **Grundbesitz** auf lange Sicht selbst bestimmen wollen.

7 b) **Geschiedenentestament.** Die größte praktische Bedeutung innerhalb dieser Fallgruppe hat das „Geschiedenentestament", mit dem der Erblasser seinen früheren Ehe- oder Lebenspartner einer nichtehelichen Lebensgemeinschaft unter allen erdenklichen Umständen von der Teilhabe am eigenen Vermögen ausschließen will, also auch in dem seltenen Fall, dass das gemeinsame Kind nach dem Erbfall, aber vor dem ehemaligen Partner stirbt. Dabei besteht das zentrale Gestaltungsproblem darin, dem Kind das Recht vorzubehalten, sowohl durch lebzeitiges Rechtsgeschäft als auch durch Verfügung von Todes wegen den Nachlass zwischen seinem Ehepartner und den eigenen Abkömmlingen möglichst frei verteilen zu können. Die erbrechtliche Konstruktion muss in einem angemessenen Verhältnis zum verfolgten Ziel stehen, da die Wahrscheinlichkeit, dass das gemeinsame Kind vor den geschiedenen Eltern stirbt, nicht sehr hoch ist. Alle angebotenen Lösungen haben Stärken und Schwächen:

8 aa) **Erbschaftslösung.** Mit der Anordnung der Nacherbschaft kann der Erblasser selbst den weiteren Weg des Nachlasses nach dem Tod des gemeinsamen Kindes bestimmen: Der Vorerbe kann ermächtigt werden, aus dem Kreis seiner gesetzlichen Erben frei auszuwählen, wer Erbe seines eigenen Nachlasses und damit zugleich auch Nacherbe werden soll. Dabei werden aber der andere Elternteil und dessen eigene Abkömmlinge als Nacherben ausgeschlossen. Nach hM ist diese Art der Nacherbeneinsetzung zwar kein Verstoß gegen das Selbstbestimmungsgebot des § 2065 (dort Rn 12 und 19). Dies ist jedoch kein verlässlicher Schutz vor abweichenden Gerichtsentscheidungen[4]. Auch die Sicherung der lebzeitigen Verfügungsfreiheit des Vorerben bereitet dieser Konstruktion Probleme, weil dieser durch § 2136 Grenzen gezogen werden, die nur eingeschränkt erweitert werden können[5]. Das eigentliche Ziel des „superbefreiten Vorerben"[6] wird mit dieser Lösung deshalb letztlich verfehlt.

9 bb) **Vermächtnislösung.** Soll das Kind zu seinen Lebzeiten keinerlei Beschränkungen unterworfen sein, so ist die Anordnung eines aufschiebend bedingten Universalvermächtnisses für den Fall, dass bei dessen Tod Nachlassgegenstände an den anderen Elternteil fallen, dem befreiten Vorerbe deshalb vorzuziehen[7]. Bei einem solchen Vermächtnis unterliegt das zum Erben eingesetzte Kind bei lebzeitigen Rechtsgeschäften weder den Schutzvorschriften der §§ 2113 ff noch der Vorschrift des § 161. Wegen der geringeren gesetzlichen Regelungsdichte besteht allerdings erhöhter Gestaltungsbedarf[8]. Nach hM kann das Kind gemäß § 2151 Abs 2 auch ermächtigt werden, durch eigene Verfügung von Todes wegen den oder die Vermächtnisnehmer aus einem vorgegebenen Personenkreis selbst auszuwählen[9]. Dabei wird jedoch übersehen, dass die Auswahlerklärung ein Rechtsgeschäft unter Lebenden ist, dem Begünstigten also vor dem Tod des Kindes zugehen muss[10]. Das Bestimmungsrecht ist zudem nicht vererblich und erlischt mit dem Tod des Berechtigten[11]. Deshalb muss der Erblasser die Vermächtnisnehmer selbst festlegen und kann die Auswahl nicht der letztwilligen Verfügung des Erben überlassen, so dass diese Lösung die Verfügungsfreiheit des Kindes in erbrechtlicher Hinsicht einschränkt.

10 2. **Vermeidung von Pflichtteilsansprüchen.** Bei dieser Fallgruppe würde der Erblasser eigentlich einen anderen, regelmäßig seinen Ehe- oder Lebenspartner, zum Vollerben einsetzen, wenn damit nicht notwendigerweise die Pflichtteilsansprüche von Personen, die bei dessen Tod pflichtteilsberechtigt sind (zB Kinder aus erster Ehe, Eltern), eine Erhöhung erfahren würden. Ordnet der Erblasser in derartigen Fällen Nacherbschaft an, so kommt es ihm zusätzlich darauf an, den vom Vorerben nicht aufgebrauchten Nachlass von ihm selbst ausgewählten Personen (zB eigene Kinder, Geschwister, Eltern) zukommen zu lassen. Ist es dem Erblasser jedoch gleichgültig, wer das Vermögen nach dem zunächst eingesetzten Erben erhält, kann auf die Anordnung von Nacherbschaft verzichtet werden. Da der Nachlass mit dem Eintritt des Nacherbfalls von selbst auf die Nacherben übergeht, können Personen, die nur nach dem Vorerben pflichtteilsberechtigt sind, hieraus keine eigenen Ansprüche herleiten.

---

[2] Vgl *Sinnshäuser* FamRZ 1972, 273; *Haegele* Rpfleger 1976, 73; *Zawar* DNotZ 1986, 515.
[3] *Nieder*, HdB Testamentsgestaltung, 2. Aufl 2000, Rn 669.
[4] Vgl die knappen Ausführungen in OLG Frankfurt DNotZ 2001, 143, 144 m Anm *Kanzleiter*; dagegen auch *Ivo* DNotZ 2002, 260, 263 ff.
[5] Ausf *Frohnmayer* S 86 ff; ausf § 2136 Rn 2 ff.
[6] *Zawar* DNotZ 1989, 116, 141.
[7] Zur Zulässigkeit *Schnabel* S 141 f.
[8] *J. Mayer* ZEV 2000, 1, 8.
[9] *Frohnmayer* S 117 ff mwN.
[10] *Reimann/Bengel/J. Mayer/Limmer*, Testament und Erbvertrag, Teil A Rn 376; aA *Schnabel* S 156 ff; *Wagner* ZEV 1997, 369, 370.
[11] MünchKommBGB/*Schlichting* § 2151 Rn 13.

3. Versorgung oder Schutz des Vorerben. a) Allgemeines. Die Anordnung der Nacherbschaft 11
kann auch dem Ziel dienen, den Vorerben durch Zuwendung des Ertrags zu versorgen und zugleich
die Substanz vor dem Zugriff Dritter (zB Gläubiger, Träger der Sozialhilfe) zu schützen[12]. Zur
schwierigen Abgrenzung vom Nießbrauchsvermächtnis s Rn 24. Zu dieser Fallgruppe gehören auch
Verfügungen, die in der Absicht der wohlwollenden Beschränkung zum Schutz des Vorerben vor
Verschwendung usw errichtet werden (vgl § 2338). Mit der Anordnung der Nacherbschaft kann der
Vorerbe auch vor seinen eigenen Gläubigern geschützt werden (vgl § 2115), vorausgesetzt, sie wird mit
einer Testamentsvollstreckung verbunden[13].

b) Testament zugunsten Behinderter (Behindertentestament). Hierher gehört schließlich auch 12
das Testament von Eltern zugunsten behinderter Kinder[14]. Damit soll vermieden werden, dass der
Träger der Sozialhilfe unter Hinweis auf den Erb- oder Pflichtteil des Behinderten seine Leistungen auf
Grund des in § 2 Abs 1 SGB XII, § 9 SGB I normierten Grundsatzes der Nachrangigkeit der Sozialhilfe so lange einstellt, bis der Nachlass bzw der Erb- oder Pflichtteil aufgebraucht ist. Die Eltern
bewegen sich dabei im Spannungsfeld zwischen erbrechtlicher Testierfreiheit (Art 14 Abs 1 GG) und
sozialhilferechtlichem Nachrangprinzip (§ 2 Abs 1 SGB XII, § 9 SGB I): das Kind soll durch die
Erbschaft dauerhaft versorgt werden, ohne dass der Sozialhilfeträger auf Substanz und Ertrag des
Vermögens zugreifen kann.

Nach ganz überwM[15] kann der Träger der Sozialhilfe nur Ansprüche, nicht aber Gestaltungsrechte 13
gemäß § 93 Abs 1 SGB XII auf sich überleiten, so dass das **Recht zur Ausschlagung** der Erbschaft
(§ 2306) bzw des Vermächtnisses (§ 2307) beim Behinderten bzw dessen Betreuer verbleibt[16]. Wegen
der faktisch gleichen Wirkung kann der Sozialhilfeträger auch nicht seine Hilfeleistungen gemäß § 26
Abs 1 Nr 1 SGB XII auf das zum Lebensunterhalt Unerlässliche beschränken, wenn der Behinderte
bzw dessen Betreuer es trotz Aufforderung unterlässt, die Erbschaft gemäß §§ 2306, 2307 auszuschlagen
und seinen Pflichtteil zu verlangen[17]. Ob der Gesetzgeber überhaupt berechtigt ist, eine derartige
Einmischung in eine innerfamiliäre Entscheidung zu gestatten, muss im Hinblick auf die Erbrechtsgarantie des Art 14 Abs 1 GG[18] und den Schutz der Familie gemäß Art 6 Abs 1 GG bezweifelt
werden[19].

Mit Recht hat der BGH es außerdem abgelehnt, entsprechende Testamentsgestaltungen wegen 14
Sittenwidrigkeit (§ 138) zu verwerfen[20]. Entgegen einem obiter dictum im ersten BGH-Urteil[21]
kommt es bei dieser Frage auch nicht auf die Höhe des Pflichtteils an[22]. Höchstrichterlich geklärt ist dies
allerdings bisher nur für Nachlässe, bei denen der jährliche Ertrag des Pflichtteils nicht höher ist als die
Sozialhilfeleistungen[23], so dass nach wie vor bei solchen Gestaltungen Vorsicht angebracht ist (zB
salvatorische Klausel, auflösende Bedingungen).

aa) Schutz der Vermögenssubstanz vor dem Zugriff. (1) Vermächtnislösung. Bei ihr wird 15
die unerwünschte Erbengemeinschaft mit dem Längstlebenden bzw den gesunden Abkömmlingen
dadurch vermieden, dass der Behinderte an Stelle seines gesetzlichen Erbteils ein Vorvermächtnis erhält.
Mit dem Tod des Behinderten erwerben die gesunden Abkömmlinge oder gemeinnützige Einrichtungen im Wege des Nachvermächtnisses den Anspruch gegen den Nachlass des Vorerben auf Auskehrung
des noch vorhandenen Vermächtnisrestes (§ 2191)[24]. An Stelle dieser „klassischen" Vorvermächtnislösung kommen selbstverständlich auch einfache Vermächtnisse von Wohn- oder lebenslangen Rentenrechten zu Gunsten des Behinderten bzw. Bedürftigen als im Einzelfall angemessene Problemlösung
in Betracht, soweit ihr Wert nicht hinter dem Pflichtteil zurückbleibt.

Bei einer gemeinschaftlichen Verfügung der Eltern setzen sich diese wie beim Berliner Modell 16
(§ 2269) gegenseitig zu unbeschränkten Vollerben ein, jedoch belastet mit einem derartigen Vorvermächtnis. Haben sie außer dem Behinderten keine weiteren Abkömmlinge, so wird dieser vom Läng-

---

[12] Vgl zum „Bedürftigentestament" bzw „Verschuldetentestament" *J. Mayer* in: *Mayer/Bonefeld/Wälzholz/Weidlich*, Testamentsvollstreckung, 2. Aufl 2005, Rn 610 ff; *Baltzer* S 182 ff; ferner Rn 12 ff.
[13] Vgl OLG Frankfurt NJW-RR 2001, 367, 368; *Flik* BWNotZ 1979, 53.
[14] Vgl *Settergren* S 49 ff; *Hartmann* ZEV 2001, 89; *van de Loo* NJW 1990, 2852; *Krampe* AcP 191 (1991), 526; *Bengel* ZEV 1994, 29; krit *Eichenhofer* JZ 1999, 226; *Raiser* MDR 1995, 237.
[15] *Karpen* MittRhNotK 1988, 131, 149; *Reimann* MittBayNot 1990, 248; 1994, 52; *Kuchinke* FamRZ 1992, 362, 363; *Krampe* AcP 191 (1991), 526, 531 f; *J. Mayer* DNotZ 1994, 347, 355; *Joussen* ZErb 2003, 134, 139 f; *van de Loo* ZEV 2006, 473, 475 f unter Aufgabe seiner in MittRhNotK 1989, 233, 249 und NJW 1990, 2852, 2856 geäußerten Gegenmeinung.
[16] *Eichenhofer* JZ 1999, 226, 228 ff; ausf *Settergren* S 114 ff.
[17] Vgl VGH Baden-Württemberg Justiz 1994, 100; dagegen *Settergren* S 114 ff; *Nieder* NJW 1994, 1264, 1266; *Karpen* MittRhNotK 1988, 131, 149.
[18] Abl *Nieder*, HdB Testamentsgestaltung, 2. Aufl 2000, Rn 1304; vgl OVG *Bautzen* NJW 1997, 2898.
[19] Zweifelnd auch BGH NJW 1994, 248, 251; krit zu diesem Argument dagegen *van de Loo* ZEV 2006, 473, 476.
[20] BGH NJW 1990, 2055; NJW 1994, 248; ebenso OLG Frankfurt ZEV 2004, 24, 26; OVG Saarlouis NotBZ 2006, 330, 331; krit *J. Mayer* DNotZ 1994, 347, 349 ff; abl *Raiser* MDR 1995, 237, 238; *Eichenhofer* JZ 1999, 226, 231.
[21] NJW 1990, 2055, 2056, einschränkend wiederum BGH NJW 1994, 248, 250.
[22] *Settergren* S 109 ff; *Staudinger/Avenarius* Rn 62; aA *Nieder* NJW 1994, 1264, 1266 f.
[23] *Nieder*, HdB Testamentsgestaltung, 2. Aufl 2000, Rn 1304; *Grziwotz* NotBZ 2006, 149, 151; *Damrau* ZEV 1998, 2.
[24] *Baltzer* S 172 ff, 214 ff; *Heinz-Grimm/Krampe/Pieroth* S 21 f, 239 ff, 242 ff; *Spall* MittBayNot 2001, 249; vgl zur Gestaltung auch DNotI-Report 1999, 149; *Hartmann* ZEV 2001, 89, 91; *Joussen* NJW 2003, 1851, 1852 f.

§ 2100

stlebenden zum Schlusserben eingesetzt, jedoch nur als nicht befreiter Vorerbe, so dass der Nachlass mit dem Tod des Vorerben ungeschmälert auf eine oder mehrere gemeinnützige Einrichtungen übergeht.

17 Da das Nachvermächtnis nur einen schuldrechtlichen Anspruch auf Herausgabe des Vermächtnisgegenstands gegen den Nachlass des Vorvermächtnisnehmers begründet, besteht die Gefahr, dass der Träger der Sozialhilfe als Gläubiger am Nachlass des Behinderten den nachrangigen Herausgabeanspruch des Nachvermächtnisnehmers vereitelt, und zwar entweder gemäß § 102 SGB XII bzw § 35 SGB II oder gemäß § 327 Abs 1 Nr 2 InsO[25]. Nach überwM scheidet der **Zugriff des Sozialhilfeträgers** allerdings bereits deshalb aus, weil das Nachvermächtnis nicht vom Vorvermächtnisnehmer angeordnet wurde sondern vom ursprünglichen Erblasser, also das Vorvermächtnis von Anfang an mit dem aufschiebend befristeten Herausgabeanspruch zugunsten der Nachvermächtnisnehmer belastet gewesen ist[26]. Ist Vermächtnisvollstreckung (Rn 13) zum Zwecke der Erfüllung dieses Nachvermächtnisses angeordnet (§ 2223), scheidet ein Zugriff gemäß § 2214 ohnehin aus[27]. Umstritten ist jedoch, ob dieser Schutz nicht mit dem Tod des Behinderten entfällt[28]. Offen und ebenso wenig entschieden ist außerdem, ob der Nachvermächtnisnehmer in **Analogie zu §§ 2385 Abs 1, 2382** nicht für die Schulden des Vorvermächtnisnehmers haftet, weil es sich um ein Universalvermächtnis handelt[29]. Nicht zu unterschätzen ist die Gefahr von **Rechtsprechungs- und/oder Gesetzesänderungen,** weil die Frage, ob der Sozialhilfeträger Zugriff auf den Nachlass hat, erst beim Tod des Behinderten entschieden wird, nicht aber bereits beim Tod des längstlebenden Elternteils.

18 (2) **Erbschaftslösungen.** Bei ihnen wird der Behinderte nur zum nicht befreiten[30] Vorerben und der Längstlebende bzw die gesunden Geschwister bzw deren Abkömmlinge oder, wenn solche nicht vorhanden sind, eine oder mehrere gemeinnützige Einrichtungen zu Nacherben eingesetzt. *Grziwotz*[31] schlägt dagegen unter dem Schlagwort „umgekehrte Vermächtnislösung", obwohl es sich in Wahrheit um die strengste Erbschaftslösung handelt, vor, den Behinderten zum alleinigen, nicht befreiten Vorerben und die gesunden Kinder bzw gemeinnützige Einrichtungen zu Nacherben einzusetzen. Er unterschätzt dabei jedoch Aufwand und Kosten der Vermächtniserfüllung, die im Wege der Singularsukzession zu erfolgen hat, vor allem bei großen Nachlässen[32]. Im Hinblick auf § 2306 Abs 1 S 1 (dort Rn 1, 4 ff, 16 ff) darf der dem Behinderten zugewendete Erbteil unter keinen Umständen niedriger als der gesetzliche Pflichtteil sein. Nach dem vorliegenden RegE eines Gesetzes zur Änderung des Erb- und Verjährungsrechts (Stand: 31. 1. 2008) soll bei einem hinter dem Pflichtteil zurückbleibenden Erbteil in Zukunft die Unwirksamkeit nicht mehr kraft Gesetzes eintreten, sondern der Pflichtteilsberechtigte bzw sein gesetzlicher Vertreter das Recht zur Ausschlagung erhalten.

19 Bei der schwierigen Gestaltung **gemeinschaftlicher Verfügungen von Eltern** zugunsten behinderter Kinder werden drei verschiedene Lösungen angeboten:
– Beim **Berliner Modell** (§ 2269) wird zum Schutz vor der Überleitung des beim ersten Erbfall entstehenden Pflichtteils des zum Schlusserben eingesetzten Behinderten auf den Träger der Sozialhilfe vorgeschlagen, der Schlusserbeneinsetzung erbrechtliche Bindungswirkung zu verleihen[33] und für den Fall, dass der Pflichtteil verlangt wird, eine Strafklausel aufzunehmen, und zwar am besten in Form der sog Jastrowschen Klausel (§ 2269 Rn 43)[34]. Diese Klausel sollte allerdings dahingehend eingeschränkt werden, dass die Enterbung beim Schlusserbfall nicht eintritt, wenn der Sozialhilfeträger den Pflichtteil fordert[35]. Fehlt diese Einschränkung, wird man in aller Regel im Wege der erläuternden Auslegung zum gleichen Ergebnis gelangen, wenn der Schutz vor dem Zugriff des Sozialhilfeträgers hinreichend deutlich zum Ausdruck gebracht worden ist[36]. Gegenüber allen anderen Lösungen weist diese Gestaltung jedoch den Nachteil auf, dass es gemäß § 93 SGB XII im **Ermessen des Trägers der Sozialhilfe** steht, ob beim ersten Erbfall der zivilrechtlich entstandene Pflichtteil (§ 2303) übergeleitet werden kann[37]. Diese Ermessensentscheidung kann nicht von den ordentlichen Gerichten überprüft werden. Gegen die Überleitung durch die Behörde sprechen dabei die Gefahr, dass der Erbe, insbes der längerlebende Elternteil, andernfalls seine freiwilligen materiellen oder persönlichen Fürsorgeleistungen einstellt[38], oder der Verlust des Schlusserbteils infolge einer Pflicht-

---

[25] *Damrau* ZEV 1998, 1, 2 f; krit dazu DNotI-Report 1999, 149; aA *Baltzer* S 90 ff; *Hartmann* ZEV 2001, 89, 91 ff; *Dillmann* RNotZ 2002, 1, 3 rät zur Vorsicht.
[26] *Baltzer* S 95 ff; *Joussen* NJW 2003, 1851, 1852 f; *Karpen* MittRhNotK 1988, 131, 138.
[27] *Hartmann* ZEV 2001, 89, 92.
[28] So *Damrau* ZEV 1998, 1; *Damrau/J. Mayer* ZEV 2001, 293, 294; aA *Hartmann* ZEV 2001, 89, 92.
[29] *Settergren* S 41; *Joussen* NJW 2003, 1851, 1852 f; aA *Baltzer* S 104 ff; *Hartmann* ZEV 2001, 89, 93 f.
[30] *Settergren* S 200 ff ausf zur Zulässigkeit einer befreiten Vorerbschaft.
[31] ZEV 2002, 409; NotBZ 2006, 149, 154 f.
[32] *Grziwotz* NotBZ 2006, 149, 155 Fn 44 übersieht den Zeitaufwand und die Umstände, die bei Unternehmen oder Konten bei verschiedenen Banken unvermeidlich sind; dagegen zutr *G. Müller*, Würzburger Notarhandbuch, 2005, Teil 4 Rn 487.
[33] Vgl *Karpen* MittRhNotK 1988, 131, 149.
[34] Vgl BGH DNotZ 2005, 296; OLG Frankfurt ZEV 2004, 24 m Anm *Spall; van de Loo* MittRhNotK 1989, 233, 247.
[35] Vgl BGH DNotZ 2005, 296, 298 m Anm *Spall*.
[36] BGH DNotZ 2005, 296, 298; *Litzenburger* RNotZ 2005, 162, 164; aA *Spall* ZEV 2004, 28; *ders* DNotZ 2005, 301.
[37] BGH ZEV 2006, 76; DNotZ 2005, 296, 297; OLG Karlsruhe ZEV 2004, 26, 27; *Spall* ZEV 2004, 28; *ders* MittBayNot 2003, 356, 358 ff; *van de Loo* ZEV 2006, 473, 476 f; aA OLG Frankfurt ZEV 2004, 24 m abl Anm *Spall*; vgl auch LG Konstanz MittBayNot 2003, 398.
[38] BVerwGE 34, 219, 224.

teilsanktionsklausel[39]. Von dieser Gestaltungsvariante ist daher abzuraten, wenn der Schutz des behinderten Erben vor dem Zugriff des Sozialhilfeträgers im Vordergrund steht[40].

– Überwiegend wird die **Einsetzung des Behinderten zum nicht befreiten Mitvorerben** empfohlen, und zwar sowohl neben dem Längstlebenden beim Tod des zuerst versterbenden Elternteils als auch neben den gesunden Abkömmlingen beim Tod des Längerlebenden[41]. Entgegen dem allgemein anerkannten Gestaltungsgrundsatz, **Erbengemeinschaften zwischen Eltern und Kindern** zu vermeiden, wird eine solche hier begründet, verbunden mit all den bekannten Problemen, vor allem der gesamthänderischen Bindung des Längstlebenden und der Probleme bei der Verfügung über Nachlassgegenstände. Mit Teilungsanordnungen und Vermächtnissen lassen sich diese Probleme nur schwer lösen[42], wenn bei Testamentserrichtung noch nicht fest steht, welche Vermögenswerte der Längstlebende zur weiteren Lebensführung künftig benötigt. Da der längstlebende Elternteil naturgemäß nicht nur Betreuer seines behinderten Kindes sondern zugleich auch **Verwaltungstestamentsvollstrecker ist** (siehe unten Rn 13), kann nicht sicher ausgeschlossen werden, dass er von einem familienfremden Ergänzungspfleger wegen der Führung der Testamentsvollstreckung **kontrolliert** wird[43], eine für die meisten Eltern schlicht nicht hinnehmbare Verschlechterung ihrer eigenen Lebensqualität.

– Bei einer gemeinschaftlichen Verfügung von Eltern zugunsten behinderter Kinder lassen sich die aufgezeigten Nachteile aller anderen Lösungen durch eine Erbfolgegestaltung auf der Basis des **Trennungsmodells (§ 2269 Rn 2)** weitgehend vermeiden, ohne dass deshalb die Gefahr des Zugriffs des Trägers der Sozialhilfe auf Vermögenssubstanz oder -ertrag erhöht wird[44]. Setzen sich die Eltern gegenseitig zu befreiten Vorerben und die Kinder – darunter den Behinderten – zum Nacherben ein, so kann der Behinderte oder dessen Betreuer bei einer über den gesetzlichen Pflichtteil liegenden Nacherbschaft gemäß § 2306 Abs 2 wählen, ob er den Geldpflichtteil oder den Nachlassanteil will. Die Ausschlagung muss innerhalb von drei Jahren ab Kenntnis vom Erbfall erfolgen, da andernfalls der Pflichtteil verjährt. Dieses Ausschlagungsrecht kann der Träger der Sozialhilfe ebenso wenig gemäß § 93 SGB XII auf sich überleiten wie das gemäß § 2306 Abs 1 S 2 SGB XII (Rn 9). Die Verfügungsfreiheit des Längstlebenden kann durch Übertragungs- und/oder Verfügungsvorbehalte (§ 2136 Rn 3) derjenigen beim Berliner Modell (§ 2269) angenähert werden. Zu große Freiheiten sind aber zu vermeiden, weil andernfalls der Betreuer zur Ausschlagung, zu der er allerdings gemäß §§ 1822 Nr 2, 1908i Abs 1 S 1 der gerichtlichen Genehmigung bedarf, berechtigt sein kann[45]. Das finanzielle Interesse des Trägers der Sozialhilfe ist dabei jedoch bedeutungslos[46]. Steht dem Vorerben ein auf Naturalleistungen beschränkter Auskehrungsanspruch gegen den Testamentsvollstrecker zu, so ist die Ausschlagung für den Behinderten nachteiliger als eine Vorerbschaft nicht befreiter[47]. Der Behinderte ist wie bei allen anderen Erbschaftslösungen Nacherbe und zugleich nicht befreiter Vorerbe (sog mehrfache Nacherbfolge, Rn 23).

bb) Schutz des Ertrags durch Verwaltungstestamentsvollstreckung. Die Anordnung der nicht befreiten Vorerbschaft oder des Vorvermächtnisses für den Behinderten ist jedoch nutzlos, wenn nicht außer der Substanz auch der Ertrag in den vom Erb- und Sozialleistungsrecht gezogenen Grenzen dem Zugriff des Trägers der Sozialhilfe vorenthalten wird, und zwar durch die umfassend angeordnete Dauertestamentsvollstreckung. Geht aus dem Erblasser erkennbar um die Existenzsicherung des Erben bzw Vermächtnisnehmers, kann selbst bei einer unklaren Formulierung der Anweisungen an den Testamentsvollstrecker im Wege der erläuternden Auslegung festgestellt werden, dass ein durchsetzbarer Anspruch des Behinderten auf Auszahlung des Erbteils bzw der Vorvermächtnisses gegen den Testamentsvollstrecker nicht gegeben sein soll[48]. Die entsprechenden Anordnungen sind dabei ebenso wenig sittenwidrig wie die Einsetzung des Behinderten zum nicht befreiten Vorerben[49]. Der Betreuer des Behinderten hat allerdings wegen der zu befürchtenden Interessenkollision keinen Anspruch darauf, auch zum Testamentsvollstrecker ernannt zu werden[50]. Der Zugriff des behinderten Kindes auf den

20

---

[39] BGH ZEV 2006, 76, 77; DNotZ 2005, 296.
[40] *Litzenburger* RNotZ 2005, 162, 164 f.
[41] *Langenfeld*, Testamentsgestaltung, 3. Aufl 2003, Rn 593; *Nieder*, Münchener Vertragshandbuch Bd 6 Bürgerliches Recht II, 5. Aufl 2003, Muster XVI. 19; *Faßbender* in: *Kersten/Bühling*, Formularbuch, 21. Aufl 2001, Muster § 113 39 M; *Wegmann*, Ehegattentestament und Erbvertrag, 2. Aufl, S 79; vgl auch noch *Dittmann/Reimman/Bengel*, Testament und Erbvertrag, 3. Aufl 1999, S 403 ff.
[42] AA *Hartmann* ZEV 2001, 89, 96.
[43] OLG Nürnberg ZEV 2002, 158 m Anm *Schlüter*; OLG Hamm OLG MittBayNot 1994, 53 m abl Anm *Reimann*; BayObLG Rpfleger 1977, 440; LG Frankfurt/M Rpfleger 1990, 207 m Anm *Meyer-Stolte*; *Soergel/Damrau* § 2215 Rn 7; aA OLG Zweibrücken BeckRS 2007, 819; *Damrau* ZEV 1994, 1 f; *Kirchner* MittBayNot 1997, 203, 205; ders MittBayNot 2002, 368, 369; MünchKommBGB/*Brandner* § 2215 Rn 9.
[44] Formulierungsvorschlag bei *Litzenburger* RNotZ 2004, 138, 146 f; dagegen *Ivo* ZErb 2004, 174, 176 Fn 28, der – ohne Begr – die Konstruktion für sittenwidrig hält.
[45] Vgl *Ivo* ZErb 2004, 174, 176 Fn 28.
[46] Vgl BGH DNotZ 2005, 296, 297; anders dagegen bei der Ausschlagung eines unbeschwerten Erbteils OLG Stuttgart NJW 2001, 3484.
[47] OLG Köln Beschluss vom 29. 6. 2007, 16 Wx 112/07; BeckRS 2008, 582 m zust Anm *Litzenburger* FD-ErbR 2008, 250069.
[48] LSG Baden-Württemberg, Beschluss vom 9. 10. 2007, L 7 AS 3528/07, BeckRS 2007, 48003.
[49] OVG Saarlouis NotBZ 2006, 330, 331; LSG Baden-Württemberg Beschluss vom 9. 10. 2007, L 7 AS 3528/07, BeckRS 2007, 48003.
[50] Vgl OLG München vom 18. 4. 2007, 33 Wx 052/07, BeckRS 2007, 6544 m Anm *Litzenburger* beck-fachdienst Erbrecht Ausgabe 10/2007.

§ 2100

Ertrag kann durch diese Anordnung allerdings nur eingeschränkt (§ 2216 Abs 2 S 1), nicht aber vollständig ausgeschlossen werden (§ 2220):
- Die Auskehrung des Ertrags kann gemäß § 2216 nicht dem freien **Ermessen** des Testamentsvollstreckers vorbehalten werden[51].
- Zulässig ist es aber wohl, den Anspruch auf **Naturalleistungen** zu beschränken und dem Testamentsvollstrecker die Befugnis einzuräumen darüber zu entscheiden, in welcher Form diese konkret erfolgen[52].
- Umstritten ist, ob **nicht aufgebrauchte Erträge** dem Vorerben überhaupt vorenthalten werden können[53], wenn und soweit der Behinderte ohne die Erträge seinen Unterhalt nicht bestreiten kann. Ebenso ungeklärt ist, ob das Nachlassgericht mit dieser Begründung einschränkende Anordnungen des Erblassers gemäß § 2216 Abs 2 S 2 aufheben kann[54]. Überwiegend wird dem mit Recht entgegen gehalten, dass nach § 2216 Abs 1 S 1 den Anordnungen des Erblassers der Vorrang gebührt, und zwar sowohl gegenüber dem Gebot der ordnungsgemäßen Verwaltung iS des § 2216 Abs 1 als auch gegenüber der Aufhebungskompetenz des Nachlassgerichts (§ 2216 Abs 2 S 2; s § 2216 Rn 36)[55]. Die Bildung einer Rücklage[56] löst das Problem nicht wirklich, weil dann die beim Tod des behinderten Vorerben noch vorhandene Rücklage nicht mit der Nacherbschaftssubstanz auf die Nacherben übergeht, sondern in den Nachlass des Vorerben fällt, wo sie dem Zugriff des Sozialhilfeträgers ausgesetzt ist. Empfehlenswerter erscheint es demgegenüber, bis zur höchstrichterlichen Klärung dieser zentralen Frage den Nacherbfall mit einer Gerichtsentscheidung eintreten zu lassen, die den Anspruch des Behinderten auf den Ertrag feststellt[57].

20 a c) **Testament zugunsten von Sozialhilfe- oder Arbeitslosengeldempfängern (Bedürftigentestament).** Die gleichen rechtlichen Probleme wie bei einem Behindertentestament (Rn 12 ff) stellen sich, wenn Erben zwar nicht krank, aber aus anderen Gründen auf Sozialhilfe oder Arbeitslosengeld II angewiesen sind. Im Einklang mit dem sozialrechtlichen Subsidiaritätsprinzip sind nämlich sowohl der Anspruch auf Sozialhilfe als auch der auf Arbeitslosengeld II davon abhängig, dass der Bezieher vor der Leistungsgewährung sein Einkommen (§§ 88, 82 SGB XII [Sozialhilfe] bzw § 11 SGB II [Arbeitslosengeld II] und sein Vermögen (§ 90 SGB XII [Sozialhilfe] bzw § 12 SGB II [Arbeitslosengeld II]) verwertet. Entgegen der hM im Erbrecht der Rspr[58] handelt es sich bei Erbschaften – unabhängig von ihrer Zusammensetzung – nicht um Einkommen sondern um Vermögen[59], weil nur diese Auslegung eine gemäß Art 3 Abs 1 GG unzulässige Differenzierung zwischen aus Barvermögen bestehenden Nachlässen gegenüber solchen, die sich ganz oder teilweise aus Sachwerten wie Immobilien zusammensetzen, vermeidet. Ein Zugriff des Empfängers auf die erbrechtliche Zuwendung muss durch die erbrechtliche Gestaltung ausgeschlossen werden, weil diese andernfalls als verwertbares Vermögen den Sozialleistungsanspruch ausschließt. Der zu schützende Erbe wird allerdings nur dann auf die rechtlich mögliche Ausschlagung gemäß § 2306 Abs 1 S 2 verzichten, wenn er diese erbrechtliche Konstruktion als für sich vorteilhaft erkennt. Vor allem die Dauertestamentsvollstreckung (Rn 20) mit ihrer bevormundenden Wirkung bereitet insoweit ein ganz erhebliches Vermittlungsproblem[60]. Um zu verhindern, dass die angeordneten Beschränkungen kraft Gesetzes wegfallen, darf die durch § 2306 Abs 1 S 1 gezogene Untergrenze bei der Erbteilsbemessung nicht unterschritten werden. Nach dem vorliegenden RegE eines Gesetzes zur Änderung des Erb- und Verjährungsrechts (Stand: 31. 1. 2008) soll bei einem hinter dem Pflichtteil zurückbleibenden Erbteil in Zukunft die Unwirksamkeit nicht mehr kraft Gesetzes eintreten, sondern der Pflichtteilsberechtigte bzw sein gesetzlicher Vertreter das Recht zur Ausschlagung erhalten. Schließlich muss in diesen Fällen Vorsorge für den Fall getroffen werden, dass die Abhängigkeit von der Sozialhilfe bzw vom Arbeitslosengeld II endet[61]. Wie beim Behindertentestament lassen sich Erbschafts- und Vermächtnislösungen unterscheiden[62].

III. Anordnung der Nacherbschaft

21 1. **Wirksame Verfügung von Todes wegen.** Die Einsetzung von Nacherben kann nur in einer wirksamen, insbes formgültigen Verfügung von Todes wegen erfolgen. Infolge der Neufassung der Höfeordnung[63] ist mit Wirkung ab dem 1. 7. 1976 die bis dahin einzige, in den Ländern Hamburg, Niedersachsen, Nordrhein-Westfalen und Schleswig-Holstein kraft Gesetzes eintretende Vor- und Nacherbschaft bei der Hoferbfolge entfallen. Die Berufung eines oder mehrerer Nacherben ist Erbeinsetzung iS der §§ 1937, 1941 Abs 1, so dass auf alle dafür geltenden Bestimmungen einschließlich der

---

[51] *Settergren* S 200; DNotI-Report 1996, 48, 49.
[52] *Settergren* S 194 mwN.
[53] So *Krampe* AcP 191 (1991), 527, 544 ff; ähnlich *Nieder* NJW 1994, 1264, 1265; *Settergren* S 193 ff.
[54] So *Otte* JZ 1990, 1027, 1028.
[55] *Eichenhofer* JZ 1999, 226, 229 f; *Nieder* Rn 1306; *Joussen* ZErb 2003, 134, 135 f; DNotI-Report 1996, 48, 52.
[56] *Nieder* Rn 1305.
[57] Vgl *van de Loo* MittRhNotK 1989, 233, 251 aE.
[58] LSG Baden-Württemberg Beschluss vom 21. 2. 2007, L 7 AS 690/07 ER-B, BeckRS 2007, 41689 mwN.
[59] SG Aachen vom 11. 9. 2007, S 11 AS 124/07, BeckRS 2007, 48279; SG Lüneburg Beschluss vom 5. 3. 2007, S 24 AS 14/07 ER, BeckRS 2007, 41896; *Brühl* in: Lehr- und Praxiskommentar SGB II, 2. Aufl, § 11 Rn 6.
[60] *Everts* ZErb 2005, 353 übersieht dies.
[61] S zu den verschiedenen Lösungen *Everts* ZErb 2005, 353, 356 f mwN.
[62] Ausf *Everts* ZErb 2005, 353, 354 m Gestaltungsvorschlag.
[63] Art 3 § 3 des 2. Gesetz zur Änderung der Höfeordnung vom 29. 3. 1976, BGBl I S 881.

Auslegungs- und Ergänzungsregeln zurückgegriffen werden kann. Die Einsetzung von Nacherben kann in einem gemeinschaftlichen Testament auch wechselbezüglich (vgl § 2070) und in einem Erbvertrag vertragsmäßig sein (vgl § 2278).

2. Vor- und Nacherbe. Nacherbfolge tritt nur ein, wenn der Erblasser mindestens zwei Personen in der Weise zu Erben einsetzt, dass der eine den Nachlass zeitlich nach dem anderen erhalten soll. Er kann auch mehrere Personen nebeneinander zu Mitnacherben einsetzen. Wie bei jeder anderen Erbeinsetzung auch kann der Erblasser auf eine namentliche Nennung verzichten und die **Person** des Vor- oder Nacherben mit allgemeinen Begriffen (zB Kinder des Vorerben, meine Verwandten) **kennzeichnen,** vorausgesetzt, dass diese eindeutig auf eine oder mehrere bestimmte Personen hinweisen. Gemäß § 2065 muss der Erblasser die Person des Nacherben selbst bestimmen und darf die Auswahl keinem anderen überlassen. Dies schließt nach hM jedoch nicht aus, zu Nacherben diejenigen einzusetzen, die der Vorerbe zu Erben seines eigenen Nachlasses einsetzt (§ 2065 Rn 12, 19). Hat der Erblasser zwar den **Nacherbfall geregelt,** nicht jedoch, wer bis dahin oder ab dann Vor- bzw Nacherbe sein soll, so tritt dennoch Nacherbfolge ein. In diesem Fall sind die gesetzlichen Erben des Erblassers bei einer auflösenden Bedingung oder Befristung Nacherben (§ 2104) und bei einer aufschiebenden Bedingung oder Befristung Vorerben (§ 2105). Die Annahme einer Nacherbeneinsetzung wird auch nicht durch die Verwendung der Begriffe „Alleinerbe" oder „Universalerbe" für denjenigen, der zunächst Erbe werden soll, also den Vorerben, ausgeschlossen[64]. Auch der Vorerbe kann **„Alleinerbe"** sein[65]. Das Wort **Universalerbe** umschreibt dagegen allein die rechtlichen Wirkungen der Universalsukzession, die sowohl bei Vor- als auch bei Vollerbschaft eintritt[66]. Der „Schlusserbe" in einem „Berliner Testament" kann sowohl Voll- als auch Vorerbe sein[67]. Selbst die Verwendung des Begriffs **„Ersatzerbe"** durch einen juristischen Laien muss im Rahmen der Auslegung hinterfragt werden[68]. Der Gebrauch des Worts **„Vollerbe"** spricht jedoch regelmäßig gegen die Anordnung einer Nacherbfolge[69]. S zu vergleichbaren Auslegungsfragen beim gemeinschaftlichen Testament § 2269 Rn 13 ff.

Der Vorerbe muss den Erbfall, der Nacherbe auch den Nacherbfall erleben. Für den Fall, dass der Vorerbe vor ihm stirbt oder aus einem anderen Grund (zB Erbschaftsausschlagung, Erbunwürdigkeit) wegfällt, kann der Erblasser einen **Ersatz-Vorerben** bestimmen, der – wie der zunächst Berufene – mit dem Nacherbfall seine Erbenstellung verliert. Fehlt eine solche ausdrückliche Einsetzung eines Ersatz-Vorerben, so ist der Nacherbe Ersatzerbe (§ 2102 Abs 1), allerdings ohne Beschränkung durch eine weitere Nacherbeneinsetzung. Auch für den oder die Nacherben können **Ersatz-Nacherben** eingesetzt werden. Fallen vor oder mit dem Nacherbfall alle eingesetzten Nacherben und Ersatz-Nacherben weg (zB Tod, Ausschlagung der Nacherbschaft, Zuwendungsverzichtsvertrag, Erbunwürdigkeitserklärung), so fehlt es an dem für die Nacherbfolge wesentlichen „zweiten Erben" und die Beschränkung des Vorerben durch die Nacherbeneinsetzung entfällt ersatzlos. Der Vorerbe erlangt damit die Rechtsstellung eines unbeschränkten Vollerben und kann völlig frei über den mit seinem eigenen Vermögen zusammenfallenden Nachlass verfügen.

3. Gegenstand und Umfang der Nacherbfolge. Die Nacherbeneinsetzung braucht sich nicht auf den gesamten Nachlass zu beziehen, sondern kann auf einen Erbteil oder den Bruchteil eines Erbteils[70] beschränkt werden. Der Erblasser kann einzelne oder mehrere Nachlassgegenstände insbes dadurch aus der Nacherbfolge ausnehmen, dass er diese dem Vorerben als **Vorausvermächtnis** zur freien Verfügung vermacht (§ 2110 Abs 2). Wird die Nacherbschaft auf den Bruchteil eines Erbteils oder des Nachlasses bei Alleinerbschaft des Vorerben beschränkt, so hat der beschwerte Vorerbe den unbelasteten Teil getrennt vom belasteten zu verwalten. Unzulässig ist dagegen die Beschränkung der Nacherbeneinsetzung auf einzelne oder mehrere Nachlassgegenstände[71]. Dies gilt auch für Sachgesamtheiten wie Unternehmen oder umfangreiches Immobilienvermögen[72]. Eine derart unzulässige Nacherbeneinsetzung kann jedoch regelmäßig in ein Vermächtnis, insbes in ein Nachvermächtnis, umgedeutet werden, um dem Erblasserwillen zur Geltung zu verschaffen. Die Nacherbfolge erfasst zwar keine Vermögenswerte, die der Erblasser Dritten auf Grund eines **Vertrages zugunsten Dritter** (zB Bezugsberechtigung aus einer Lebensversicherung) zugewendet hat. Hat der Erblasser das Bezugsrecht jedoch den „Erben" eingeräumt und Nacherbfolge angeordnet, so steht dieses dem Vorerben nicht persönlich, sondern belastet mit dem Recht des Nacherben zu[73].

4. Verwaltungs- und Verfügungsbeschränkungen des Vorerben. Die wirksame Einsetzung eines oder mehrerer Nacherben hat zwingend zur Folge, dass der Vorerbe den Nachlass bzw Erbteil als Sondervermögen zu verwalten hat und nur eingeschränkt über hierzu gehörende Vermögensgegenstände verfügen kann. **Verfügt der Vorerbe** über den Nachlass des Erblassers selbst **letztwillig,** so wird diese mit dem Nacherbfall unwirksam, wenn und soweit dadurch das Anwartschaftsrecht des Nacherben beeinträchtigt wird.

---

[64] OLG Karlsruhe FGPrax 2006, 78, 79; BayObLG NJW-RR 2002, 296, 297.
[65] RGZ 160, 109, 111.
[66] Unklar MünchKommBGB/*Grunsky* Rn 8.
[67] OLG Karlsruhe NJW-RR 1999, 806.
[68] RG HRR 1932 Nr 1055; BGH LM Nr 1.
[69] MünchKommBGB/*Grunsky* Rn 8.
[70] MünchKommBGB/*Grunsky* Rn 16.
[71] HM, zB MünchKommBGB/*Grunsky* Rn 16; aA *Schrader* NJW 1987, 117.
[72] *Ember* NJW 1982, 87.
[73] *Muscheler* ZEV 1999, 229, 230; aA OLG Schleswig ZEV 1999, 107.

Litzenburger

§ 2100

26 Der Erblasser kann den Vorerben nur von einigen, niemals jedoch von allen gesetzlichen Verwaltungs- und Verfügungsbeschränkungen befreien. Es braucht allerdings nicht sichergestellt zu werden, dass beim Nacherbfall tatsächlich noch Vermögenswerte übrig bleiben[74]. Eine über § 2136 hinausgehende Befreiung schließt die Annahme einer Nacherbeneinsetzung aus[75]. Umgekehrt kann der Erblasser jedoch die **Pflichten des Vorerben** gegenüber dem Nacherben über das gesetzliche Maß hinaus **erweitern**[76] (zB Erweiterung der Rechenschaftspflicht, Einschränkung des Fruchtziehungsrechts), vorausgesetzt allerdings, dass dies nicht auf ein bloßes Nießbrauchsvermächtnis hinausläuft (Rn 31).

27 In der bloßen Bezugnahme auf alle oder einzelne dieser Verwaltungs- und Verfügungsbeschränkungen kann die Anordnung einer Nacherbfolge liegen. Verbietet der Erblasser dem zunächst Berufenen, selbst letztwillig über den geerbten Nachlass zu verfügen, so lässt dies auf den Willen schließen, dass der Nachlass mit dem Tod des (Vor)Erben entweder auf die gesetzlichen Erben oder des Erblassers (§ 2104) übergehen soll. Das Gleiche gilt bei einem Gebot, zugunsten bestimmter Personen letztwillig zu verfügen, oder bei einem Verbot, nicht an andere als die vom Erblasser angegebenen Personen zu vererben[77].

28 **5. Nacherbfall.** Der Erblasser muss auch den Termin oder das Ereignis festlegen, mit dessen Eintritt die Vorerbe aufhört, Erbe zu sein, und der Nachlass des Erblassers im Wege der Gesamtrechtsnachfolge auf den Nacherben als Erben des Erblassers übergeht[78]. Hat er dies versäumt, so tritt der Nacherbfall nach der Ergänzungsregel des § 2106 Abs 1 mit dem Tod des Vorerben ein. Der Erblasser kann jedes andere Ereignis zum Auslöser des Nacherbfalls bestimmen, selbst solche, die vom freien Willensentschluss des Vorerben abhängen (zB Heirat[79], Abschluss eines Studiums, Bau eines Hauses[80], Einlass einer unerwünschten Person ins Haus[81], Errichtung einer Verfügung von Todes wegen über seinen eigenen Nachlass (§ 2065 Rn 12). Der Erblasser darf jedoch wegen des Gebots der Selbstbestimmung (§ 2065 Abs 1) niemals so weit gehen, den Eintritt des Nacherbfalls in das freie Belieben eines Dritten, insbes des Vorerben, zu stellen. Selbst bei Ereignissen, deren Eintritt vom freien Willensentschluss abhängt, muss doch das Ereignis, nicht die freie Entscheidung im Vordergrund stehen. Verstößt eine Regelung des Nacherbfalls gegen das Gebot des § 2065 Abs 1, so ist Nichtigkeit der Nacherbfolge die Konsequenz, da § 2106 Abs 1 nur bei Unvollständigkeit, nicht aber bei Unwirksamkeit eingreift (§ 2106 Rn 3). Hat der Erblasser den Nacherbfall zulässigerweise von einem Ereignis abhängig gemacht, auf dessen Eintritt der Nacherbe Einfluss hat, so fällt er in entsprechender Anwendung des § 162 Abs 2 als Nacherbe weg, wenn er den Nacherbfall treuwidrig herbeigeführt hat, etwa durch Tötung des Vorerben[82]; ob damit der Vorerbe Vollerbe wird oder Ersatz-Nacherbfolge eintritt, ist Auslegungsfrage. Hat dagegen der Vorerbe Einfluss auf den Eintritt des Nacherbfalls ausgeübt, so ist allenfalls in extremen Fällen eine analoge Anwendung des § 162 Abs 1 denkbar, so dass der Nacherbfall als eingetreten gilt[83].

29 **6. Bedingung und Befristung der Nacherbschaft.** Die Nacherbfolge ist begriffsnotwendig bedingt oder befristet, nämlich durch den Nacherbfall. Die Nacherbfolge kann darüber hinaus jedoch an zusätzliche Bedingungen oder Befristungen geknüpft werden. Nach hM ist es zulässig, den Eintritt der Nacherbschaft davon abhängig zu machen, dass der Vorerbe nicht anderweitig über seinen eigenen Nachlass verfügt (§ 2065 Rn 12). Im Rahmen von gemeinschaftlichen Testamenten und Ehegattenerbverträgen ist im Zusammenhang mit einer Wiederverheiratungsklausel umstritten, ob eine auflösend bedingte Vollerbschaft und damit eine aufschiebend bedingte Vorerbschaft rechtlich möglich ist (§ 2269 Rn 31).

30 Zulässig ist schließlich auch die Anordnung **mehrfacher Nacherbfolgen** nacheinander, so dass der Nacherbe seinerseits wieder durch die Einsetzung eines weiteren Nacherben beschwert ist[84]. Der erste Nacherbe ist im Verhältnis zu seinem Nacherben wiederum Vorerbe usw. Mit dieser Anordnung mehrfacher Nacherbfolgen kann jedoch der Erbgang nur im zeitlichen Rahmen des § 2109 vorherbestimmt werden. Bei einer derartigen Nacherbeneinsetzung bedarf ein Vorerbe zu gemäß §§ 2112 ff verbotenen Verfügungen nicht nur der Zustimmung des ersten Nacherben, sondern auch aller weiteren Nacherben. Diese mehrfache Nacherbfolge ist bereits beim Erbfall sowohl im Grundbuch[85], Schiffs- und Luftverkehrsregister als auch im Erbschein[86] zu vermerken.

31 **7. Einzelne Abgrenzungsprobleme. a) Nießbrauchsvermächtnis.** Die Nacherbeneinsetzung ist einem Nießbrauchsvermächtnis in seiner Wirkung ähnlich. Dieses Abgrenzungsproblem stellt sich dabei nicht nur im Rahmen eines Ehegattentestaments nach dem Berliner Modell (§ 2269 Rn 4), sondern auch bei Einzeltestamenten und sonstigen Verfügungen von Todes wegen. Das entscheidende Kriterium zur Abgrenzung der Vorerbschaft vom Nießbrauchsvermächtnis ist der Umfang des Rechts

---

[74] MünchKommBGB/*Grunsky* Rn 7.
[75] Vgl *Bühler* BWNotZ 1967, 179, 180.
[76] RGRK/*Johannsen* Rn 17; MünchKommBGB/*Grunsky* Rn 7.
[77] BayObLGZ 1958, 226.
[78] Vgl BayObLGZ 2001, 127, 131 betr Termin.
[79] BayObLGZ 1966, 227.
[80] BayObLG NJW-RR 2004, 1376.
[81] BayObLG DNotZ 2001, 138.
[82] BGH NJW 1968, 2051.
[83] MünchKommBGB/*Grunsky* § 2106 Rn 1.
[84] *Zawar* DNotZ 1986, 515, 520.
[85] *Soergel/Harder/Wegmann* Vor § 2100 Rn 9.
[86] BayObLG NJW-RR 1990, 199.

des Bedachten zur **Verfügung über die Substanz** des Nachlasses. Räumt der Erblasser dem Begünstigten auch das Recht zur Veräußerung aller Nachlassgegenstände ein, so muss regelmäßig die Anordnung einer befreiten Vorerbschaft angenommen werden, jedoch mit den nicht abdingbaren Beschränkungen gemäß § 2136. Größere Probleme bereiten dagegen die Fälle, in denen der Begünstigte nur eingeschränkt oder überhaupt nicht über die Substanz des Nachlasses verfügen darf, da damit sowohl eine nicht befreite Vorerbschaft als auch ein Nießbrauchsvermächtnis gewollt sein kann. Hier ist weiter zu erforschen, ob es dem Erblasser darauf ankommt, dass das Eigentum usw an den Nachlassgegenständen bereits sofort auf Dritte übergehen oder vorerst dem Begünstigten verbleiben soll. In jenem Fall ist ein Nießbrauchsvermächtnis und in dem zuletzt genannten nicht oder teilweise befreite Vorerbschaft anzunehmen. Räumt der Erblasser dem Begünstigten ein Verfügungsrecht über einzelne Nachlassgegenstände (zB Immobilie) oder den gesamten Nachlass nur unter bestimmten Voraussetzungen (zB Not, Pflegefall, Übersiedlung in Altenheim) ein, so kann darin sowohl eine nur eingeschränkte befreite Vorerbschaft als auch ein mit einem aufschiebend bedingten Vermächtnis des Eigentums verbundenes Nießbrauchsvermächtnis liegen. Soll in derartigen Fällen die Verfügung des Begünstigten ohne Zutun des Dritten möglich sein, so spricht dies für eine teilweise befreite Vorerbschaft. Kommt es dem Erblasser insoweit jedoch auf die Mitwirkung des Dritten an, so liegt ein Nießbrauchsvermächtnis, verbunden mit einem aufschiebend bedingten Vermächtnis am Eigentum, nahe. Führt die Auslegung zu keinem eindeutigen Ergebnis, so wird man in den meisten Fällen zu einer nicht oder, soweit angeordnet, eingeschränkt befreiten Vorerbschaft gelangen. Angesichts der starken Wandlungen im Einkommen- und Erbschaftsteuerrecht verbietet sich eine Abgrenzung der Nacherbschaft vom Nießbrauchsvermächtnis unter Hinweis auf steuerliche Vor- oder Nachteile der einen oder anderen Lösung[87].

b) Ersatzerbschaft. Ein weiteres Abgrenzungsproblem folgt aus der Tatsache, dass im allgemeinen Sprachgebrauch nicht deutlich zwischen „Nacherbe" und „Ersatzerbe" unterschieden wird. Auch scheinbar eindeutige Fachbegriffe müssen im Rahmen der Auslegung auf ihren Regelungsgehalt überprüft werden (§ 2084 Rn 12). Hat sich der Erblasser im Wort vergriffen, so gilt das Gewollte, nicht das Geschriebene. Besondere Vorsicht ist bei der Verwendung des Worts „Nacherbe" oder gleichbedeutender Formulierungen (zB „danach erbt …") in ohne fachkundigen Rat abgefassten eigenhändigen Testamenten geboten[88]. In den seltensten Fällen ist sich ein Laie der weitreichenden Bedeutung einer Nacherbschaft für den Vorerben bewusst, vor allem der damit einhergehenden Verfügungsbeschränkungen und Abhängigkeiten vom Nacherben. Wenn sich aus dem weiteren Text der Verfügung oder sonstigen Umständen nicht ausdrücklich ein Hinweis darauf ergibt, dass diese Beschränkungen wirklich gewollt sind, so ist von Ersatzerbschaft auszugehen. S zu vergleichbaren Auslegungsfragen beim gemeinschaftlichen Testament § 2269 Rn 13 ff. 32

c) Testamentsvollstreckung. Hat der Erblasser eine Person bestimmt, die seinen Nachlass oder einen Teil hiervon bis zu einem bestimmten Ereignis verwalten soll, so kann dies die Anordnung einer Nacherbfolge, aber auch einer Testamentsvollstreckung bedeuten[89]. Dieses Abgrenzungsproblem taucht insbes dann auf, wenn der Erblasser zulässigerweise die Verwaltungsbefugnisse über das gesetzliche Maß hinaus beschränkt hat (Rn 26). Bei dieser Abgrenzung kommt es maßgeblich darauf an, ob und in welchem Umfang der zur Verwaltung berufenen Person eigene Nutzungs- und Fruchtziehungsrechte eingeräumt worden sind. Soll diese Verwaltung – mit Ausnahme einer Vergütung – völlig uneigennützig sein, so deutet dies auf die Anordnung einer Testamentsvollstreckung hin. Soll diese Person dagegen mehr oder weniger frei auch über die Nutzungen verfügen dürfen, so dürfte eine nicht befreite Vor- und Nacherbschaft gewollt sein. 33

d) Selbstbestimmung der Erbfolge durch Vollerben. Der Wille des Erblassers kann auch darauf gerichtet sein, die Festlegung der weiteren Erbfolge der freien Entschließung des Vollerben zu überlassen und insoweit lediglich Wünsche zu äußern. Es muss daher sicher festgestellt werden, ob die Äußerungen des Erblassers einen unmittelbaren Geltungswillen enthalten oder nur einen rechtlich unverbindlichen Wunsch ausdrücken[90]. Hat der Erblasser dem (Vor)Erben Verwaltungs- und Verfügungsbeschränkungen auferlegt, so besteht kein Zweifel daran, dass er damit Nacherbschaft angeordnet hat. Schwieriger sind dagegen solche Fälle zu beurteilen, in denen er diese Fragen ungeregelt gelassen und den weiteren Fortgang der Erbfolge mit unverbindlich erscheinenden Formulierungen umschrieben hat (zB „ich wünsche", „soll den Nachlass herausgeben", „soll vererben an", „sollen erben, wenn der Vorerbe es will"). Hat der Erblasser allerdings Redewendungen iS einer Herausgabepflicht gebraucht, so kann die Ergänzungsregel des § 2103 zur Nacherbfolge führen. In allen anderen Fällen wird die feststellbare Motivation des Erblassers den Ausschlag geben müssen. 34

IV. Rechtliche Stellung des Vor- und des Nacherben

1. Vor dem Nacherbfall. a) Vorerbe. Der Vorerbe tritt zunächst mit dem Tod des Erblassers – wie ein Vollerbe – in alle dessen Rechte und Pflichten, soweit sie vererblich sind, ein. Mit dem Erbfall entsteht ein einem Treuhandverhältnis ähnliches, **gesetzliches Schuldverhältnis** mit den sich aus 35

---

[87] So aber BayObLG NJW 1960, 1765; *Staudinger/Avenarius* Rn 23; MünchKommBGB/*Grunsky* Rn 10.
[88] BGH LM Nr 1.
[89] Vgl MünchKommBGB/*Grunsky* Rn 7.
[90] Vgl MünchKommBGB/*Grunsky* Rn 7.

§§ 2110 ff ergebenden Rechten und Pflichten. Danach ist der Vor- dem Nacherben gegenüber zur ordnungsgemäßen Verwaltung verpflichtet. Eine Pflichtverletzung kann bei Eintritt des Nacherbfalls einen Schadensersatzanspruch des Nach- gegen den Vorerben begründen[91]. Mit Rücksicht auf die zeitliche Begrenzung der Vorerbschaft bildet der Nachlass in der Hand des Vorerben ein von seinem eigenen Vermögen getrenntes **Sondervermögen,** über das er nur eingeschränkt nach Maßgabe der §§ 2112 bis 2119 verfügen kann. Diese Vorschriften schließen insbes **Verfügungen des Vorerben** über Grundstücke, grundstücksgleiche Rechte und Rechte hieran sowie über Schiffe aus, wenn und soweit ihnen der Nacherbe nicht zugestimmt hat. Der Erblasser kann den Vorerben in einer Verfügung von Todes wegen im Rahmen der § 2136 zwar weitgehend, aber nie vollständig von einigen Verfügungsbeschränkungen und einer Reihe von Pflichten befreien **(befreite Vorerbschaft).** Die nicht ausschließbaren Beschränkungen (§ 2113 Abs 2, 3) und Verpflichtungen (§§ 2121, 2122 und 2124 bis 2126) machen das Wesen der Vorerbschaft aus. Diese können nicht entfallen, ohne dass auch die Anordnung der Nacherbschaft entfällt. Vor Verfügungen im Wege der **Zwangsvollstreckung** schützt den Nacherben § 2115. In Falle einer **Insolvenz des Vorerben** ist der Nacherbe durch § 83 InsO iVm § 2115 geschützt.

36 Der Vorerbe unterscheidet sich vom Nießbrauchsvermächtnisnehmer im Wesentlichen dadurch, dass jener Inhaber der Vermögenssubstanz wird, dieser dagegen ausschließlich die Nutzungen ziehen darf. Der **Erwerb der Vermögenssubstanz** durch den Vorerben ist dabei völlig unabhängig von der Befreiung iS des § 2136. Gehört zum Nachlass ein vererblicher Gesellschaftsanteil, wird der Vorerbe folgerichtig anstelle des Erblassers Gesellschafter, und zwar auch mit dem Recht, an Satzungsänderungen mitzuwirken, selbst wenn diese zum Ausschluss der Vererblichkeit und damit zum Nichtnachrücken des Nacherben führen[92]. Der nicht befreite Vorerbe darf über Grundstücke, grundstücksgleiche Rechte, Grundstücksrechte oder Schiffe nur mit Zustimmung des Nacherben verfügen. Vom Erblasser eingesetzte Ersatz-Nacherben brauchen nicht zuzustimmen, wohl aber im Falle mehrfacher Nacherbfolge der oder die weiteren Nacherben. Hat der Erblasser dem Vorerben Verfügungen über Grundbesitz gemäß §§ 2136, 2113 Abs 1 gestattet, so kann dieser ohne Zustimmung des oder der Nacherben in beliebiger Weise darüber verfügen, solange es sich nicht um eine unentgeltliche oder schenkweise getroffene Verfügung (§ 2113 Abs 2) handelt. Unabhängig vom Umfang seiner Verfügungsbefugnis über die Substanz gebühren dem Vorerben bis zum Nacherbfall die vollen Nutzungen (§ 100). Ihm fallen dagegen die Fruchtziehungs- (§ 102) und gewöhnlichen Erhaltungskosten (§ 2124 Abs 1) zur Last. Das Ziel sämtlicher Beschränkungen des Vorerben ist es, dem **Nacherben die Substanz zu erhalten.** Nur diese ist dem Nacherben mit Eintritt des Nacherbfalls herauszugeben (§ 2130), während dem Vorerben die gezogenen Nutzungen verbleiben. Falls der Nacherbe ausschlägt oder sein Recht auf den Vorerben überträgt, verbleibt dem Vorerben der Nachlass im Zweifel in vollem Umfang (§ 2142).

37 Der Vorerbe ist dem Nacherben gegenüber ferner zur **Errichtung eines Inventarverzeichnisses** verpflichtet (§ 2121). Darüber hinaus kann der Nacherbe gemäß § 2127 **Auskunft** über den Bestand des Nachlasses verlangen, wenn sein Anwartschaftsrecht in Gefahr ist.

38 Der Vorerbe kann auch seine **Vorerbschaft veräußern oder belasten,** allerdings ohne dadurch die Rechte des Nacherben schmälern zu können, der richtiger Ansicht nach weiterhin die Herausgabe des Nachlasses und nicht nur des Erlöses verlangen kann[93]. Handelt es sich dabei um einen Verkauf der Vorerbschaft, so steht dem Nacherben in analoger Anwendung der §§ 2034, 2035 das Vorkaufsrecht zu.

39 Zur **Auseinandersetzung der Erbengemeinschaft** bedarf der Vorerbe nicht der Zustimmung von Nacherben oder weiteren Nacherben bei mehrfacher Nacherbfolge, es sei denn, dass von ihr Vermögensgegenstände iS der §§ 2113, 2114 betroffen sind[94]. Die Nacherbschaft bezieht sich nach Vollzug der Auseinandersetzung auf den vom Vorerben hierbei erlangten Vermögenswert (§ 2111 Rn 8).

40 b) **Nacherbe. aa) Anwartschaftsrecht.** Der Nacherbe erlangt mit dem Tod des Erblassers (Erbfall) ein Anwartschaftsrecht.[95] Dies gilt selbst dann, wenn die Anordnung der Nacherbschaft unter einer auflösenden oder aufschiebenden Bedingung oder Befristung erfolgt. Dieses Anwartschaftsrecht hat seine Rechtsgrundlage in der Vererblichkeit gemäß § 2108 Abs 2 und in den Beschränkungen der Verwaltungs- und Verfügungsbefugnis, die dem Vorerben zum Schutze des Nacherben durch die §§ 2110 ff kraft Gesetzes auferlegt sind. Es ist nicht nur **vererblich,** sondern auch auf Dritte oder den Vorerben **übertragbar.** Der Erblasser kann jedoch die Vererblichkeit und/oder die Übertragbarkeit des Nacherben-Anwartschaftsrechts ausschließen oder einschränken, etwa durch die Einsetzung von weiteren Nacherben oder Ersatznacherben[96]. Auch wenn der Erblasser die Vererblichkeit des Anwartschaftsrechts gemäß § 2108 Abs 2 ausgeschlossen hat, kann dieses durch Rechtsgeschäft unter Lebenden übertragen werden[97]. In diesem Fall muss der Erwerber allerdings damit rechnen, dass er nichts erhält,

---

[91] MünchKommBGB/*Grunsky* Rn 19.
[92] BGH NJW 1977, 1540.
[93] *Soergel/Harder/Wegmann* § 2111 Rn 11; MünchKommBGB/*Grunsky* Rn 18; *Erman/M. Schmidt* § 2112 Rn 2; aA *Kipp/Coing* § 49 II 2 b; *v.Lübtow* II S 887; RGRK/*Johannsen* § 2111 Rn 10.
[94] RGZ 75, 363, 366; OLG Hamm ZEV 1995, 336.
[95] AllgM, zB BGHZ 37, 319, 326; NJW 1983, 2244, 2245 f; aA *Weckesser* S 121 ff mwN.
[96] HM, *Soergel/Harder/Wegmann* Rn 13; aA bezüglich Übertragbarkeit: *Staudinger/Avenarius* Rn 76; *Mezger* AcP 152 (1952/53), 382 ff; *Eckebrecht* S 204.
[97] *Lange/Kuchinke* § 28 VII 3 e Fn 258.

bb) Übertragbarkeit der Anwartschaft. Die **Übertragung** der Anwartschaft bedarf in analoger 41
Anwendung des § 2033 Abs 1 S 2 der notariellen Beurkundung, und zwar auch dann, wenn der
alleinige Nacherbe sein Anwartschaftsrecht überträgt[98]. Zulässig ist es auch, nur einen Bruchteil des
Anwartschaftsrechts zu übertragen, sofern dies sich nicht als verbotene Verfügung über einzelne Nachlassgegenstände darstellt. Das schuldrechtliche Geschäft bedarf analog §§ 2371, 2385 ebenfalls der
notariellen Beurkundung. Bei einem Verkauf des Anwartschaftsrechts steht den Mit-Nacherben in
analoger Anwendung der §§ 2034, 2035 das Vorkaufsrecht zu, und zwar auch bei einem Verkauf an
den Vorerben. Diesem wiederum steht in entsprechender Anwendung des gleichen Vorschrift das
Vorkaufsrecht zu, wenn keiner der eingesetzten Nacherben von seinem Vorkaufsrecht Gebrauch macht.
Sind die eingesetzten Ersatz-Nacherben im Zeitpunkt des Nacherbfalls vorhanden, so werden sie ohne
Rücksicht auf die Übertragung des Anwartschaftsrechts auf den Vorerben oder einen Dritten Erben des
Erblassers, es sei denn, sie haben der Übertragung des Nacherbenanwartschaftsrechts zugestimmt.
Entsprechendes gilt für die weiteren Nacherben bei mehrfacher Nacherbfolge. Bei einer Übertragung
ohne Zustimmung der Ersatz-Nacherben bzw weiteren Nacherben wird deren Rechtsstellung nicht
eingeschränkt. Einem einseitigen **Verzicht** des Nacherben auf sein Anwartschaftsrecht stehen die
Vorschriften über die Erbschaftsausschlagung entgegen[99]. Ein Verzichtsvertrag zwischen Vor- und
Nacherbe ist dagegen als Übertragung aufzufassen[100].

Bei den **Wirkungen** der Übertragung ist zwischen dem Erwerb durch den Vorerben oder durch Dritte 42
zu unterscheiden: Erwirbt der **Vorerbe** das Nacherben-Anwartschaftsrecht, so erlangt er damit die
Rechtsstellung eines Vollerben, sofern keine Ersatz-Nacherben eingesetzt sind und auch keine mehrfache
Nacherbfolge angeordnet ist. Wird das Anwartschaftsrecht an einen **Dritten** veräußert, so wird dieser
zwar nicht Nacherbe und braucht deshalb auch nicht im Erbschein angegeben zu werden, erlangt jedoch
die volle Rechtsstellung des Nacherben. Folglich benötigt der Vorerbe ggf zu einer Veräußerung von
Grundbesitz dessen Zustimmung, nicht mehr die des eingesetzten Nacherben. Mit dem Nacherbfall erwirbt der Erwerber ohne Durchgangserwerb den Nachlass und haftet an Stelle des eingesetzten Nacherben für die Nachlassverbindlichkeiten. Auch das Recht, die Nacherbschaft auszuschlagen, geht auf den
Erwerber über. Richtiger Ansicht nach führt die Anwartschaftsübertragung zum Verlust des Ausschlagungsrechts, und zwar entgegen der hM nicht unter dem Gesichtspunkt einer stillschweigenden Annahme
sondern auf Grund des Verbots des venire contra factum proprium (§ 242). Selbst eine entgegenstehende
Erklärung im Übertragungsvertrag kann daher das Ausschlagungsrecht dem Erwerber nicht erhalten.

Aus der Übertragbarkeit folgt die **Verpfändbarkeit** und die **Pfändbarkeit** des Anwartschaftsrechts. 43
Die Verpfändung bedarf in analoger Anwendung des § 2033 Abs 1 S 2 der notariellen Beurkundung[101].
Die Pfändung erfolgt nach § 857 ZPO, wobei der Pfändungsbeschluss nach hM nur dem Nacherben,
nicht dagegen dem Vorerben zugestellt werden muss. Sind weitere Nacherben vorhanden, so ist auch
diesen zuzustellen. Die Pfändung ist beim Vorhandensein von Grundbesitz im Grundbuch einzutragen.
Trotz der Pfändung kann der eingesetzte Nacherbe die Nacherbschaft noch ausschlagen und damit die
Pfändung gegenstandslos machen[102].

cc) Schutz vor Verfügungen des Vorerben. Das Anwartschaftsrecht des Nacherben schützt ihn 44
zwar vor einem Entzug des Rechts als solchem, ist jedoch gefährdet durch Verfügungen des Vorerben.
Diese hat der Nacherbe gemäß § 2112 hinzunehmen, soweit nicht §§ 2113 bis 2115 derartige Verfügungen verbieten. Für den Nacherben besonders gefährlich sind dabei die **Vorschriften über den
gutgläubigen Erwerb** vom Nichtberechtigten, die gemäß 2113 Abs 3 auf Verfügungen des Vorerben entsprechende Anwendung finden. Ist Grundbesitz vorhanden, so wird der Nacherbe vor einem
gutgläubigen Erwerb Dritter (§§ 892, 2113 Abs 3) durch den in Abteilung II des Grundbuchs von
Amts wegen gleichzeitig mit der Eintragung des Vorerben als Eigentümer einzutragenden **Nacherbenvermerk** geschützt. Dieser Schutz gilt dabei nicht im Falle des Erwerbs vom Vorerben, sondern
auch bei dem von jedem späteren Erwerber. Entsprechendes gilt für Schiffe (§ 54 SchiffsRegO) und
Luftfahrzeuge (§ 86 Abs 1 LuftRG). Der Nacherbenvermerk soll den Nacherbfall angeben, muss jedoch
zwingend die Nacherben und ggf weitere Nacherben oder Ersatznacherben mit Namen oder allgemeinen Begriffen (zB die Kinder des Vorerben) bezeichnen. Die Eintragung des Nacherbenvermerk
unterbleibt, wenn der Nacherbe in öffentlicher oder öffentlich beglaubigter Form hierauf verzichtet[103].
Bei Einsetzung von Ersatznacherben bedarf ein derartiger Verzicht auch deren Zustimmung[104]. Ein
solcher **Verzicht** beinhaltet weder eine Ausschlagung der Nacherbschaft noch einen Verzicht auf das
Nacherbenrecht als solches, sondern ist ausschließlich auf die grundbuchliche bzw registerrechtliche
Sicherung beschränkt[105]. Veräußert der Vorerbe den Grundbesitz, das Schiff oder das Luftfahrzeug, so

---

[98] AllgM, zB RGZ 101, 185, 189 ff; *Friederich* Rn 20 mwN; zweifelnd *Harder* ZEV 1995, 453.
[99] KGJ 51, 214, 217; *Friederich* Rn 21.
[100] KG DNotZ 1954, 389, 391; *Gantzer* MittBayNot 1993, 67, 68; zweifelnd *Lange/Kuchinke* § 28 VII 1 c.
[101] *Palandt/Edenhofer* Vor § 2100 Rn 7.
[102] *Lange/Kuchinke* § 28 VII 3 e; *Palandt/Edenhofer* Vor § 2100 Rn 6.
[103] OLG Köln NJW 1955, 634; OLG Frankfurt Rpfleger 1980, 228; BayObLG NJW-RR 1989, 1096; *Palandt/ Edenhofer* Vor § 2100 Rn 10; aA *Bestelmeyer* Rpfleger 1994, 189, 190 mwN zur Gegenmeinung.
[104] OLG Frankfurt OLGZ 1970, 443; OLG Hamm NJW 1969, 1490.
[105] OLG Hamm NJW 1970, 1606; BayObLG NJW 1970, 1794; aA *Bestelmeyer* Rpfleger 1994, 189, 191 mwN zur Gegenmeinung.

wird der Nacherbenvermerk entweder gar nicht erst eingetragen oder, wenn er bereits eingetragen ist, von Amts wegen wieder gelöscht, wenn der Vorerbe auf Grund der Befreiung durch den Erblasser zu dieser berechtigt ist (vgl § 2113 Rn 10) oder der Nacherbe ihr zugestimmt hat[106]. Der Vermerk ist auch dann von Amts wegen zu **löschen,** wenn der Nacherbe sein Anwartschaftsrecht zulässigerweise auf den Vorerben übertragen hat[107].

45 Dem Schutz des Nacherben vor gemäß §§ 2112 ff unzulässigen Verfügungen dient auch das Gebot, das Nacherbenrecht im **Erbschein** anzugeben (§ 2363). Hat der Nacherbe jedoch sein Anwartschaftsrecht auf den Vorerben übertragen und sind keine eingesetzten weiteren Nacherben oder Ersatz-Nacherben vorhanden, so braucht der Nacherbenvermerk nicht mehr aufgenommen zu werden, weil der Vorerbe dann unbeschränkter Vollerbe geworden ist. Damit wird ebenfalls ein gutgläubiger Erwerb vom Vorerben ausgeschlossen.

46 Im **Handelsregister** wird nur der Vorerbe eingetragen, wenn zum Nachlass ein Handelsgeschäft oder ein Gesellschaftsanteil gehört. Da diese Eintragung keinen gutgläubigen Erwerb ermöglicht, scheidet ein Nacherbenvermerk aus.

47 Gefährdet oder beeinträchtigt der Vorerbe durch Verfügungen oder andere Verwaltungsmaßnahmen das Anwartschaftsrecht des Nacherben, so kann dieser zwar nicht auf vorzeitige Herausgabe des Nachlasses oder einzelner Gegenstände klagen, wohl aber **Auskunft** gemäß § 2126, **Feststellung des Zustands** der Erbschaft gemäß § 2122, Aufstellung eines **Wirtschaftsplans** gemäß § 2123, **Sicherheitsleistung** gemäß § 2128 und/oder **Entziehung der Verwaltungsbefugnis** gemäß § 2129 verlangen.

48 **2. Ab dem Nacherbfall.** Der Vorerbe verliert mit dem Eintritt des Nacherbfalls seine rechtliche Stellung als Erbe des Erblassers. Alle Rechte und Pflichten des Erblassers gehen ipso jure auf den oder die eingesetzten Nacherben im Wege der Gesamtrechtsnachfolge (§ 1922) über (§ 2139). Der Vorerbe ist verpflichtet, dem bzw den Nacherben den Nachlass unter Einbehalt der von ihm zulässigerweise gezogenen Nutzungen herauszugeben. Hat der Vorerbe Verwendungen gemacht, die gemäß § 2124 nicht notwendig waren, so kann er gemäß § 2125 deren Ersatz nach den Vorschriften über die Geschäftsführung ohne Auftrag verlangen. Das Grundbuch, das Schiffsregister oder das Luftfahrzeugregister ist zu berichtigen. Ein dem Vorerben erteilter Erbschein muss eingezogen werden. Der oder die Nacherben können einen auf sie ausgestellten (Nach)Erbschein nach dem Erblasser beantragen.

V. Erbschaftsteuer

49 Der Vorerbe hat den Nachlass wie ein Vollerbe ohne Rücksicht auf die Beschränkungen durch die Nacherbfolge zu versteuern (§§ 6 Abs 1, 3 Abs 1 Nr 1 ErbStG). Selbst wenn die wirtschaftliche Stellung des Vorerben durch zusätzliche Anordnungen des Erblassers der eines Nießbrauchers gleichkommt, folgt das Erbschaftsteuerrecht zwingend der zivilrechtlichen Einordnung[108]. Die Erbschaftsteuer wird aus dem Nachlass bezahlt (§ 20 Abs 4 ErbStG), so dass sie letztlich zu Lasten des Nacherben geht. Da die Erbschaftsteuerschuld den Vorerben als Person trifft, geht sie beim Nacherbfall nicht auf den Nacherben über, sondern trifft die eigenen Erben des Vorerben[109].

50 Beim **Nacherbfall** ist der Nachlass ein **zweites Mal zu versteuern.** Tritt die Nacherbfolge durch den Tod des Vorerben ein, so wird im Rahmen der Erbschaftsteuer der unmittelbare Erwerb vom Vorerben fingiert (§ 6 Abs 2 S 1 ErbStG). Freibetrag und Steuersatz richten sich also nach dem Verwandtschaftsverhältnis des Nach- zum Vorerben. Der Nacherbe kann jedoch beantragen, die Besteuerung der Nacherbschaft auf der Grundlage der Verwandtschaft zum Erblasser vorzunehmen (§ 6 Abs 2 S 2 ErbStG). Falls der Nacherbe zugleich auch ganz oder teilweise Vollerbe des Vorerben bezüglich dessen eigenen Vermögens ist, so wird der Nachlass als einheitlicher Erwerb angesehen, damit sich der Antragsteller auf diesem Weg nicht etwa einen doppelten Freibetrag verschaffen kann (§ 6 Abs 2 S 3 bis 5 ErbStG). Die Vermögen sind nach ihrer Herkunft getrennt nach der jeweiligen Steuerklasse zu versteuern. Dabei sind die jeweiligen persönlichen Freibeträge zu berücksichtigen. Der für die Erbfolge in das persönliche Vermögen geltende Freibetrag kann jedoch nur in dem Umfang abgezogen werden, in dem der Freibetrag für den der Nacherbfolge unterliegenden Nachlass nicht verbraucht ist[110]. Eine Anrechnung der vom Vorerben entrichteten Erbschaftsteuer auf die vom Nacherben zu zahlenden erfolgt bei Nacherbfolge auf Grund Tod des Vorerben nicht. Anders dagegen bei jedem anderen den Nacherbfall auslösenden Ereignis. In derartigen Fällen gilt die Vorerbschaft als auflösend bedingter und die Nacherbschaft als aufschiebend bedingter Anfall (§ 6 Abs 3 S 1 ErbStG). Folglich mindert sich die Steuerlast um die vom Vorerben gezahlte Erbschaftsteuer abzüglich der tatsächlich beim Vorerben eingetretenen Bereicherung. Ergibt diese Anrechnungsbestimmung jedoch eine Überzahlung, so scheidet eine Auszahlung der vom Vorerben entrichteten Erbschaftsteuer aus. In diesem Falle wird der Besteuerung das Verwandtschaftsverhältnis zum Erblasser zugrunde gelegt.

51 Überträgt der Vorerbe den Nachlass vorzeitig auf den Nacherben, so unterliegt auch diese **vorweggenommene Nacherbfolge** der Erbschaftsteuer (§ 7 Abs 1 Nr 7 ErbStG). Erhält der Nacherbe für die **Übertragung seines Anwartschaftsrechts auf den Vorerben,** so dass dieser Vollerbe wird, oder für einen Verzicht darauf eine Abfindung, so ist diese erbschaftsteuerpflichtig (§ 3 Abs 2 Nr 6 ErbStG).

---

[106] BayObLG NJW 1959, 1780.
[107] OLG Hamm JMBl NRW 1953, 80; KG DNotZ 1933, 291.
[108] MünchKommBGB/*Grunsky* Rn 42.
[109] *Soergel/Harder/Wegmann* Vor § 2100 Rn 21.
[110] Vgl BFH ZEV 1999, 237 m zust Anm *Ebling*; aA *Moench* DVR 1988, 2.

Die vom Vorerben aus diesem Anlass gezahlte Abfindung kann nicht als Erwerbskosten gemäß § 10 Abs 5 Nr 3 S 1 in Abzug gebracht werden[111]. Veräußert der Nacherbe sein **Anwartschaftsrecht an einen Dritten,** so unterliegt der Erlös als Zuwendung vom Erblasser der Erbschaftsteuer (§ 3 Abs 2 Nr 6 ErbStG). Für die Besteuerung gemäß § 6 Abs 2 S 2 ErbStG ist nicht das Verwandtschaftsverhältnis des Erblassers zum Nacherben, sondern zum Erwerber des Nacherben-Anwartschaftsrechts maßgebend[112].

Stirbt der Nacherbe vor dem **Nacherbfall** und ist das Anwartschaftsrecht gemäß § 2108 Abs 2 vererblich, so unterliegt dieses erst mit Eintritt des Nacherbfalls der Besteuerung, und zwar im Verhältnis zwischen Erblasser und den Erben des Nacherben (§ 10 Abs 4 ErbStG). 52

VI. Recht in den neuen Bundesländern

Mit dem Inkrafttreten des ZGB am 1. 1. 1976 war im Beitrittsgebiet die **Vor- und Nacherbfolge** gemäß § 371 Abs 2 ZGB **verboten.** Vor diesem Termin errichtete Verfügungen blieben zwar wirksam, jedoch wurden die an sich mit der Vorerbschaft verbundenen Verwaltungs- und Verfügungsbeschränkungen durch § 8 Abs 2 S 2 EGZGB in vollem Umfang suspendiert, wenn der Erbfall nach dem 31. 12. 1975 eintrat. Damit waren dem Vorerben zwar zu Lebzeiten Verfügungen aller Art, auch unentgeltliche, gestattet, nicht jedoch die Errichtung einer Verfügung von Todes wegen, die das Erbrecht des Nacherben vereitelt. 53

Bei **Erbfällen vor dem 3. 10. 1990** in der ehemaligen DDR ist das Verbot des § 371 Abs 2 ZGB zu beachten. Eine unzulässige Anordnung der Nacherbfolge kann allerdings umgedeutet werden in eine Vollerbschaft, verbunden mit einem auf Eintritt des „Nacherbfall" aufschiebend bedingten Vermächtnis[113]. 54

Ist der **Erbfall** jedoch **nach dem 2. 10. 1990** eingetreten und wurde die Verfügung von Todes wegen vor dem Beitritt errichtet, so ist eine entgegen § 371 Abs 2 ZGB angeordnete Nacherbfolge wirksam, weil diese Norm keine Errichtungsvoraussetzung sondern materielles Recht regelt und gemäß Art 235 § 2 S 1 EGBGB nur in Ansehung von Vorschriften über die Errichtung eine Fortgeltung des ZGB anordnet[114]. Eine vor dem Inkrafttreten des ZGB angeordnete Nacherbfolge ist selbstverständlich erst recht wirksam, wenn der Erbfall nach dem 2. 10. 1990 eingetreten ist. In allen diesen Fällen gelten die §§ 2100 ff für das gesetzliche Schuldverhältnis zwischen Vor- und Nacherbe sowie für das Anwartschafts- und Erbrecht des Nacherben. 55

§ 2101 Noch nicht gezeugter Nacherbe

(1) [1]Ist eine zur Zeit des Erbfalls noch nicht gezeugte Person als Erbe eingesetzt, so ist im Zweifel anzunehmen, dass sie als Nacherbe eingesetzt ist. [2]Entspricht es nicht dem Willen des Erblassers, dass der Eingesetzte Nacherbe werden soll, so ist die Einsetzung unwirksam.

(2) Das Gleiche gilt von der Einsetzung einer juristischen Person, die erst nach dem Erbfall zur Entstehung gelangt; die Vorschrift des § 84 bleibt unberührt.

I. Erbeinsetzung noch nicht gezeugter Personen

1. Normzweck. Die Einsetzung einer zur Zeit des Erbfalls noch nicht gezeugten Person ist einem Umkehrschluss aus § 1923 Abs 2 zufolge unwirksam. Hat der Erblasser eine oder mehrere zurzeit des Erbfalls noch nicht einmal gezeugte Personen zu seinen Erben eingesetzt, so wird die damit eigentlich verbundene Unwirksamkeit durch **Umdeutung in eine Nacherbeneinsetzung** gemäß § 2101 Abs 1 S 1 vermieden[1]. Der Erblasser braucht nur die Nacherbeneinsetzung zu wollen, nicht aber den Eintritt der Nacherbfolge. Selbst dann, wenn er an diese Möglichkeit überhaupt nicht gedacht hat, greift diese Umdeutungsregel ein[2]. Nur, wenn fest steht, dass der Erblasser den Eintritt der Nacherbfolge abgelehnt hat oder hätte, scheidet gemäß § 2101 Abs 1 S 2 die Umdeutung aus und die Erbeinsetzung ist nichtig. Die **Beweislast** für einen ablehnenden Erblasserwillen trägt, wer sich auf die Unwirksamkeit der Erbeinsetzung beruft. 1

2. Voraussetzung. Die Anwendung dieser Umdeutungsregel setzt die positive Feststellung voraus, dass die **Erbeinsetzung** eines noch nicht Gezeugten vom Erblasser gewollt ist[3]. An die Bestimmtheit einer derartigen Erbeinsetzung sind die allgemeinen Anforderungen zu stellen. Hat der Erblasser bei der Erbeinsetzung allgemeine und damit ungenaue Bezeichnungen verwendet, so findet bei Einsetzung seiner gesetzlichen Erben ohne nähere Bestimmung § 2066, seiner Verwandten § 2067, seiner Kinder § 2068, seiner Abkömmlinge § 2069 und der Abkömmlinge eines Dritten § 2070 als Auslegungsregel Anwendung. In allen diesen Fällen sind zurzeit des Erbfalls noch nicht Gezeugte von der Erbfolge ausgeschlossen, so dass bereits deshalb die Umdeutungsregel des § 2101 Abs 1 nicht eingreifen kann. Dies gilt auch, wenn und soweit die vorgenannten Auslegungsregeln analog angewendet werden 2

---

[111] BFH ZEV 1996, 77.
[112] BFH BStBl 1993, 158.
[113] KG ZEV 1996, 349; OLG Zweibrücken FamRZ 1992, 1474, 1475.
[114] *Schotten/Johnen* DtZ 1991, 225, 234.
[1] OLG Köln DNotZ 1993, 813: leibliche Nachkommen meiner Kinder.
[2] Vgl *Diederichsen* NJW 1965, 671, 675.
[3] OLG Köln DNotZ 1993, 813.

können. Hat der Erblasser neben beim Erbfall bereits vorhandenen oder doch mindestens gezeugten Personen auch eine oder mehrere noch nicht gezeugte eingesetzt, so findet § 2101 Abs 1 ebenfalls Anwendung, allerdings nur in Bezug auf die noch nicht Gezeugten (vgl Rn 4).

3 **3. Rechtsfolgen.** Hat der Erblasser ausschließlich eine oder mehrere beim Erbfall noch nicht gezeugte Personen zu Erben eingesetzt, so sind gemäß § 2105 Abs 2 Alt 2 mangels abweichender Bestimmung die gesetzlichen Erben des Erblassers bis zur Geburt nicht befreite Vorerben. Mit dem Zeitpunkt, in dem feststeht, dass der oder die Eingesetzten nicht mehr geboren werden kann bzw können (zB Gebärunfähigkeit der Mutter der Erben), so entfällt die Nacherbfolge und die gesetzlichen Erben erhalten endgültig die Rechtsstellung von Vollerben. Die gleiche Wirkung hat der Ablauf der 30-Jahresfrist des § 2109.

4 Aus dem **Nebeneinander geborener bzw gezeugter und noch nicht gezeugter Personen** ergeben sich folgende Probleme: Die zurzeit des Erbfalls geborenen oder doch zumindest gezeugten Personen werden mit dem Tod des Erblassers auf Grund der allgemeinen Vorschriften endgültig dessen unbeschränkte Vollerben. Bezüglich der noch nicht gezeugten Erben greift § 2101 Abs 1 S 1 mit der Folge ein, dass diese lediglich Nacherben sind. Gemäß § 2105 Abs 2 Alt 2 wären an sich die gesetzlichen Erben des Erblassers Vorerben. Insoweit ist jedoch von einem abweichenden Erblasserwillen auszugehen, so dass nicht die gesetzlichen Erben des Erblassers, sondern nur die beim Erbfall vorhandenen bzw bereits gezeugten Erben nicht befreite Vorerben sind. Diese Personen sind folglich Voll- und Vorerben in einem, jedoch ohne dass zurzeit des Erbfalls feststeht zu welcher Erbquote. Diese kann erst endgültig angegeben werden, wenn sicher ist, dass keine weitere Person mehr gezeugt werden kann. Bis dahin ist daher die Angabe der eigentlich dem **Erbschein** anzugebenden Erbquote aus sachlichen Gründen unmöglich und kann folgerichtig offen bleiben oder als Mindesterbteil angegeben werden[4]. Im Erbschein muss angegeben werden, dass die Vollerben in einer noch nicht endgültig feststehenden Größe Vorerben für eingesetzte, noch nicht gezeugte Nacherben sind[5]. Trotz ihrer Rechtsstellung als unbeschränkte Miterben unterliegen die beim Erbfall vorhandenen oder wenigstens bereits gezeugten Personen in vollem Umfang den Beschränkungen der §§ 2110 ff, insbes den Verfügungsbeschränkungen der §§ 2112 ff. Die Rechte der unbekannten Nacherben werden durch einen erforderlichenfalls zu bestellenden Pfleger gemäß § 1913 wahrgenommen. Es gehört zu den Amtspflichten eines Notars bei der Beurkundung einer Erbeinsetzung noch nicht gezeugter Personen, den Erblasser auf diese Beschränkungen der Vollerben hinzuweisen[6].

II. Einsetzung noch nicht entstandener juristischer Person

5 § 2101 Abs 1 gilt entspr für die Einsetzung einer beim Erbfall noch nicht entstandenen juristischen Person. Abweichend von diesem Grundsatz gilt gemäß § 84 eine vom Erblasser selbst errichtete, aber erst nach seinem Tod genehmigte bzw anerkannte **Stiftung** als vorher entstanden. Sie wird daher Vollerbe, nicht nur Nacherbe. Dies gilt auch für Stiftungen ausländischen Rechts[7].

§ 2102 Nacherbe und Ersatzerbe

(1) Die Einsetzung als Nacherbe enthält im Zweifel auch die Einsetzung als Ersatzerbe.
(2) Ist zweifelhaft, ob jemand als Ersatzerbe oder als Nacherbe eingesetzt ist, so gilt er als Ersatzerbe.

Schrifttum: *Diederichsen,* Ersatzerbfolge und Nacherbfolge, NJW 1965, 671; *Nehlsen-von Stryk,* Zur Anwendbarkeit von § 2102 Abs 1 BGB bei der Auslegung gemeinschaftlicher Testamente, DNotZ 1988, 147.

I. Wegfall des Vorerben

1 Auf der Grundlage des § 2096 kann der Erblasser einen Ersatzerben für den Fall bestimmen, dass ein eingesetzter Vorerbe vor dem oder mit Rückwirkung auf den Erbfall wegfällt, insbesondere durch Vorversterben, Ausschlagung oder Erbunwürdigkeitserklärung. Wegen des Begriffs Wegfall wird auf § 2096 Rn 2 verwiesen. Fällt der Vorerbe dagegen erst **nach dem Erbfall** weg und wirkt das Ereignis auch nicht auf den Erbfall zurück, also insbes beim Versterben nach dem Erblasser, so hängt die Entscheidung, wer dann Erbe wird, nicht von der Regelung der Ersatzerbfolge, sondern von der Ausgestaltung der Nacherbfolge ab. Bei einem Wegfall vor dem Erbfall stehen dem Erblasser zwei Gestaltungen zur Verfügung:

2 **1. Ersatz-Vorerbe.** Der Erblasser kann an die Stelle eines weggefallenen Vorerben entweder eine andere Person als Ersatz-Vorerben oder die eigentlich zum Nacherben berufene Person als Ersatzerben setzen. Hat der Erblasser sich für einen Ersatz-Vorerben entschieden, so hat dieser bis zum Eintritt des Nacherbfalls die gleiche rechtliche Stellung wie der zunächst zum Vorerben Berufene.

---

[4] OLG Düsseldorf DNotZ 1978, 683, 684; OLG Hamm Rpfleger 1969, 299, 300; *Nieder* DNotZ 1993, 816, 820.
[5] Formulierungsvorschlag: OLG Köln DNotZ 1993, 813; *Nieder* DNotZ 1993, 816, 820 f; *Eschelbach* Rpfleger 1992, 393.
[6] OLG Köln DNotZ 1993, 813 m zust Anm *Nieder*.
[7] BayObLGZ 1965, 77.

2. Nacherbe als Ersatzerbe (§ 2102 Abs 1). Stattdessen kann der Erblasser auch den eingesetzten 3
Nacherben als Ersatzerben an die Stelle des Vorerben treten lassen, und zwar mit der Folge, dass der
Nacherbe unmittelbarer und unbeschränkter Vollerbe wird, es sei denn, es ist mehrfache Nacherbfolge
angeordnet. Diese Ersatzregelung tritt dabei nicht nur dann ein, wenn der Erblasser dies ausdrücklich
angeordnet hat oder dies im Wege der ergänzenden Auslegung der Verfügung entnommen werden
kann. Gemäß der **Auslegungsregel** des § 2102 Abs 1[1] tritt ein eingesetzter Nacherbe auch bei einem
offenen Auslegungsergebnis als Vollerbe an die Stelle des Vorerben. Dabei ist es gleichgültig, ob die
Nacherbfolge auf einer ausdrücklichen Anordnung des Erblassers oder auf einer Auslegungsregel (zB
§§ 2102 Abs 2, 2103) beruht. Eine beim Erbfall nicht vorhandene Person, die auch noch nicht erzeugt
ist, kann selbst dann nicht Ersatzerbe auf Grund des § 2102 Abs 1 werden, wenn sie wirksam als
Nacherbe eingesetzt ist. Wer als Ersatzerbe an die Stelle des Vorerben treten soll, muss zurzeit des
Erbfalls geboren, mindestens jedoch erzeugt sein. Hat der Erblasser sowohl vorhandene als auch beim
Erbfall noch nicht erzeugte Personen zu Nacherben eingesetzt, so werden die beim Erbfall bereits
vorhandenen Mitnacherben auf Grund des § 2101 Abs 1 teilweise Voll- und teilweise Vorerben für die
noch nicht Erzeugten (vgl § 2101 Rn 4). Sind dagegen alle eingesetzten Nacherben beim Tod des
Erblassers noch nicht erzeugt, so treten gemäß §§ 2101 Abs 1, 2105 Abs 2 Alt 2 die gesetzlichen Erben
des Erblassers an die Stelle des Vorerben, während die noch nicht erzeugten Nacherben bis zur Geburt
sind. Sind mehrere Nacherben nacheinander eingesetzt, so sind diese in der angeordneten Reihenfolge
auch Ersatz-Nacherben gemäß § 2102 Abs 1, wenn kein anderer Erblasserwille festzustellen ist.

Ein **abweichender Erblasserwille** geht der Auslegungsregel des § 2102 Abs 1 vor. Für die Bestim- 4
mung von Ersatzerben für den weggefallenen Vorerben gilt § 2096. Der Erblasser kann auch einen
oder mehrere Mit-Vorerben als Ersatzerben eines anderen Vorerben berufen. Kann der Verfügung
entnommen werden, dass der Erblasser die eingesetzten Nacherben in jedem Falle erst mit dem Nacherbfall (zB bestimmtes Lebensalter der Nacherben) zur Erbfolge gelangen lassen wollte, gilt diese
Auslegungsregel ebenfalls nicht und auf der Grundlage des § 2105 werden die gesetzlichen Erben des
Erblassers Vorerben bis dahin[2].

Richtiger Ansicht nach findet diese Auslegungsregel auch im Rahmen eines **gemeinschaftlichen** 5
Testaments oder eines zweiseitigen Erbvertrags, in dem sich die Beteiligten gegenseitig zu Vorerben
und einen oder mehrere Dritte zu Nacherben eingesetzt haben (Trennungsprinzip), Anwendung[3].
Enthält die Verfügung keine Regelung über die Erbfolge bezüglich des eigenen Nachlasses des Längstlebenden, so ist deshalb § 2102 Abs 1 anzuwenden und der oder die zu Nacherben eingesetzten Dritten
sind dessen Erben, es sei denn, dass ein abweichender Erblasserwille festgestellt werden kann. Diese
Ersatzerbfolge auf Grund des § 2102 Abs 1 hat jedoch regelmäßig keine wechselbezügliche bzw vertragsgemäße Bindungswirkung, kann also von jedem einseitig testamentarisch geändert werden[4]. Wie bei
§ 2069 (dort Rn 4) scheidet eine kumulative Anwendung der Auslegungsregel des § 2270 Abs 2 aus, weil
die Ersatzerbeneinsetzung nicht durch den Erblasser verfügt sondern ihm kraft Gesetzes unterstellt wird[5].

II. Vermutung der Ersatzerbschaft gemäß § 2102 Abs 2

§ 2102 Abs 2 beschäftigt sich mit dem praktisch wichtigen Problem, dass vor allem in ohne fach- 6
kundigen Rat errichteten Verfügungen von Todes wegen zwischen den Begriffen Nach- und Ersatzerben in einer Vielzahl von Fällen überhaupt nicht unterschieden wird oder mit diesen Worten falsche
Inhalte verbunden werden. Diese Bestimmung entbindet jedoch nicht von der Notwendigkeit, den
wahren Erblasserwillen durch Auslegung zu erforschen. Wegen der schwierigen Abgrenzung wird auf
die Ausführungen zu § 2100 Rn 22 und § 2269 Rn 14 verwiesen. Auch vom Notar beurkundete
Verfügungen sind auslegungsfähig, weil der Wille der Beteiligten ausschlaggebend ist, nicht aber die
Vorstellungen des Notars (§ 2084 Rn 12).

Führt diese Auslegung jedoch zu keinem Ergebnis in der einen oder in der anderen Richtung, so tritt 7
kraft dieser Vermutungsregel[6] Ersatz-, nicht Nacherbfolge ein. Diese Vorschrift trägt der praktischen
Erfahrung Rechnung, dass die mit einer Nacherbeneinsetzung verbundenen Beschränkungen des
Vorerben in seiner Verwaltungs- und Verfügungsfreiheit selten gewollt sind, wenn nicht sachliche
Gründe ausnahmsweise dafür sprechen.

III. Wegfall des Nacherben

1. Ersatznacherben. Auf der Grundlage des § 2096 kann der Erblasser auch für den Fall, dass der 8
Nacherbe vor dem Nacherbfall wegfällt, einen oder mehrere Ersatznacherben bestimmen. Der Ersatznacherbe muss zurzeit des Nacherbfalls vorhanden oder mindestens erzeugt sein[7]. Hat der Erblasser

---

[1] *Staudinger/Avenarius* Rn 1; aA *Soergel/Harder/Wegmann* Rn 2: Ergänzungsregel.
[2] Vgl RG Recht 22 Nr 438.
[3] BGH FamRZ 1987, 475; OLG Hamm FGPrax 2005, 74, 76; Rpfleger 2001, 595, 596; KG NJW-RR 1987, 451; OLG Oldenburg MDR 1999, 232; *Nehlsen-von Stryk* DNotZ 1988, 147; *Muscheler* JZ 1994, 630; *Erman/M. Schmidt* Rn 3; aA OLG Karlsruhe FamRZ 1970, 255, 256; MünchKommBGB/*Grunsky* Rn 3.
[4] Vgl OLG Karlsruhe ZEV 2003, 281; KG NJW-RR 1987, 451; aA OLG Oldenburg MDR 1999, 232; OLG Celle FamRZ 2003, 887, 888; offen gelassen BGH ZEV 1999, 26; OLG Hamm FGPrax 2005, 74, 76.
[5] Krit OLG Hamm FGPrax 2005, 74, 76.
[6] *Erman/M. Schmidt* Rn 4; aA *Staudinger/Avenarius* Rn 9; BayObLG NJWE-FER 2000, 127, 128.
[7] *Palandt/Edenhofer* Rn 5.

jedoch beim Nacherbfall noch nicht erzeugte Personen zu Ersatznacherben eingesetzt, so sind die gesetzlichen Erben des Erblassers Ersatznach- und zugleich Vorerben für die noch nicht erzeugte Person, die erst mit Geburt Erbe wird (§§ 2101, 2105). Das den Ersatzerbfall auslösende Ereignis kann vor oder, wenn das Ereignis auf den Nacherbfall zurückwirkt, auch nach dem Nacherbfall (zB Ausschlagung der Nacherbschaft, Erbunwürdigkeit) eintreten.

9 **2. Rechtsstellung des Ersatznacherben. a) Anwartschaftsrecht.** Der Ersatznacherbe hat bis zum Nacherbfall ein vererbliches und übertragbares Anwartschaftsrecht,[8] das jedoch im Vergleich zu dem des zunächst berufenen Nacherben schwächer ausgestaltet ist, weil der Ersatz-Nacherbe bis zum Ersatznacherbfall keine eigenständigen und unmittelbaren Rechte gegenüber dem Vorerben bezüglich des Nachlasses hat. Verfügungen des Vorerben über Nachlassgegenstände bedürfen deshalb zur Wirksamkeit nur der Zustimmung des Nacherben, nicht des Ersatznacherben. Hat der Vorerbe mit Zustimmung des Nacherben wirksam über einen Nachlassgegenstand verfügt, so enden damit auch die Rechte des Ersatznacherben hieran und setzen sich kraft dinglicher Surrogation an den Ersatzgegenständen fort. Das Anwartschaftsrecht des Ersatznacherben wird durch eine etwaige Übertragung des Anwartschaftsrechts durch den Nacherben (vgl § 2100 Rn 41) nicht eingeschränkt. Trotz einer Übertragung durch den zunächst berufenen Nacherben auf den Vorerben oder einen Dritten wird der Ersatznacherbe mit dem Ersatznacherbfall Erbe des Erblassers. Diese Folge tritt nur dann nicht ein, wenn der Ersatz-Nacherbe auch sein eigenes Anwartschaftsrecht auf den Vorerben oder den Dritten übertragen oder der Übertragung des Nacherbenanwartschaftsrechts zugestimmt hat. Im Falle der Übertragung auf den Vorerben wird dieser Vollerbe, wenn keine weiteren Ersatz-Nacherben oder weiteren Nacherben im Falle mehrfacher Nacherbfolge eingesetzt sind. Die Übertragung des Anwartschaftsrechts des Ersatz-Nacherben geschieht nach den gleichen Regeln wie die Abtretung des Nacherben-Anwartschaftsrechts (vgl § 2100 Rn 41).

10 **b) Erbschein und Grundbuch.** Erbschein wie Nacherbenvermerk im Grundbuch dienen dazu, im Rechtsverkehr ein vollständiges Bild der Erbfolge und der Verfügungsbeschränkungen zu geben, so dass richtiger Ansicht nach in beiden auch der Ersatznacherbe anzugeben ist[9]. Da die Angabe des Ersatz-Nacherben im Nacherbenvermerk auch dessen Schutz dient, bleibt er im Grundbuch auch dann eingetragen, wenn der Nacherbe sein Anwartschaftsrecht auf den Vorerben oder einen Dritten überträgt, es sei denn, mit Zustimmung des Ersatz-Nacherben[10].

§ 2103 Anordnung der Herausgabe der Erbschaft

Hat der Erblasser angeordnet, dass der Erbe mit dem Eintritt eines bestimmten Zeitpunkts oder Ereignisses die Erbschaft einem anderen herausgeben soll, so ist anzunehmen, dass der andere als Nacherbe eingesetzt ist.

I. Normzweck

1 Trotz der missverständlichen Formulierung („ist anzunehmen") enthält § 2103 keine gesetzliche Fiktion, sondern eine Auslegungsregel[1]. Diese knüpft an die praktische Erfahrung an, dass juristische Laien bei der Abfassung eigenhändiger Testamente häufig zwar die Herausgabepflicht ausdrücklich regeln, aber nicht eindeutig zwischen Herausgabevermächtnis und Anordnung der Vor- und Nacherbfolge unterscheiden. Bei einem offenen Auslegungsergebnis führt § 2103 deshalb zwangsläufig zur Vor- und Nacherbschaft. Diese Norm hat nicht den Sinn, die Verfügung vor der Unwirksamkeit zu schützen, sondern die Institution der Vor- und Nacherbschaft wegen ihrer dinglichen Wirkungen und dem damit verbundenen Schutz des Zuwendungsempfängers zu bevorzugen[2].

II. Voraussetzungen

2 **1. Anordnung der Herausgabe.** Die Auslegungsregel findet nicht nur dann Anwendung, wenn der Erblasser das Wort „Herausgabe" verwendet. Auch vergleichbare Formulierungen wie „teilen", „weitergeben", „ausliefern" oder „überlassen" führen bei einem offenen Auslegungsergebnis über § 2103 zur Vor- und Nacherbfolge[3]. Hauptanwendungsfall dieser Norm sind Anordnungen, in denen der Erbe bei Wiederverheiratung zur Herausgabe des Nachlasses oder eines Teils hiervon an Abkömmlinge verpflichtet wird[4].

3 **2. Herausgabezeitpunkt.** Der Erblasser muss dem Herausgabepflichtigen zumindest vorübergehend die Stellung eines Vorerben zugedacht haben, und zwar gleichgültig, ob dieser als gewillkürter oder als gesetzlicher Erbe berufen ist[5]. Der Herausgabezeitpunkt muss also nach dem Tod des Erblassers liegen,

---

[8] MünchKommBGB/*Leipold* Rn 9; aA *Schmidt* BWNotZ 1966, 142; *Becher* NJW 1969, 1463.
[9] OLG Hamm DNotZ 1966, 108; aA *Becher* NJW 1969, 1763.
[10] OLG Hamm NJW 1970, 1606.
[1] *Staudinger/Avenarius* Rn 1; MünchKomm/*Grunsky* Rn 1; aA *Soergel/Harder/Wegmann* Rn 1: Ergänzungsregel.
[2] Vgl *Staudinger/Avenarius* Rn 1.
[3] Vgl *Staudinger/Avenarius* Rn 8.
[4] Vgl KG OLGE 39, 17.
[5] RG LZ 1923, 321 f.

um auf § 2103 zurückgreifen zu können. Fallen dagegen Herausgabezeitpunkt und Erbfall zusammen, so kann die Verfügung richtiger Ansicht nach nicht als Vermächtnis, sondern allenfalls als Erbeinsetzung des Herausgabeberechtigten, verbunden mit einer Testamentsvollstreckung durch den Herausgabepflichtigen aufrechterhalten werden[6]. Den Zeitpunkt der Herausgabe kann der Erblasser im Hinblick auf die Auslegungsregel des § 2106 zwar offen lassen, darf die Entscheidung hierüber jedoch wegen § 2065 Abs 2 Alt 2 nicht einem Dritten überlassen[7]. Im zuletzt genannten Fall ist die Anordnung jedoch keineswegs unwirksam, sondern muss entgegen der Grundregel des § 2103 als Vermächtnis aufgefasst werden.

3. Umfang der Herausgabepflicht. Sie kann sich auf den gesamten Nachlass oder einen Bruchteil hiervon beziehen[8]. Bei einer Erbenmehrheit kann sie auch auf den Erbteil eines Miterben oder einen Teil hiervon beschränkt werden. Sind dagegen nur einzelne oder Nachlassgegenstände herauszugeben und handelt es sich in Wahrheit nicht doch um eine Erbeinsetzung (§ 2087 Abs 1), so handelt es sich nicht um die Anordnung einer Nacherbfolge, sondern nur um ein Vermächtnis. Muss der Erbe nur den bei Eintritt des Ereignisses (Nacherbfall) vorhandenen Nachlass weitergeben, so handelt es sich um eine Nacherbeneinsetzung auf den Überrest iS des § 2137, so dass der beschwerte Vorerbe, soweit zulässig, von allen gesetzlichen Beschränkungen und Verpflichtungen befreit ist[9].   4

4. Berechtigter. Der Erblasser muss den Berechtigten selbst bestimmen. Die Auslegungsregeln der §§ 2066 bis 2073, 2104 können dabei jedoch herangezogen werden. Hat der Erblasser diese Festlegungen einem Dritten in einer nicht mit § 2065 zu vereinbarenden Weise überlassen, ist die Umdeutung der Anordnung in ein Vermächtnis geboten.   5

III. Vorrang des Erblasserwillens

Der Erblasser braucht nur die Herausgabe zu wollen, nicht jedoch den Eintritt der Nacherbfolge. Die Nacherbfolge tritt andererseits nicht ein, wenn der Erblasser diese abgelehnt hat oder hätte. Im Falle der Ablehnung durch den Erblasser ist ein aufschiebend bedingtes Vermächtnis anzunehmen, sofern die sonstigen Voraussetzungen für eine derartige Zuwendung gegeben sind[10]. Auch die Herausgabe des gesamten Nachlasses kann als **Universalvermächtnis** zulässig sein (vgl § 2087 Rn 1). Der Erblasser kann folglich statt der Anordnung der Nacherbfolge den Vollerben mit dem Vermächtnis beschweren, bei Eintritt eines bestimmten Ereignisses, also auch erst mit dessen Tod, den Nachlass an einen anderen herauszugeben[11]. Mit der durch ein solches **Herausgabevermächtnis** eintretenden größeren Verfügungsfreiheit des Vollerben, die über die eines bis zur Grenze des § 2136 umfassend befreiten Vorerben hinausgeht, korrespondiert jedoch ein deutlich geringerer Schutz des Vermächtnisnehmers vor beeinträchtigenden Verfügungen[12].   6

§ 2104 Gesetzliche Erben als Nacherben

[1]Hat der Erblasser angeordnet, dass der Erbe nur bis zu dem Eintritt eines bestimmten Zeitpunkts oder Ereignisses Erbe sein soll, ohne zu bestimmen, wer alsdann die Erbschaft erhalten soll, so ist anzunehmen, dass als Nacherben diejenigen eingesetzt sind, welche die gesetzlichen Erben des Erblassers sein würden, wenn er zur Zeit des Eintritts des Zeitpunkts oder des Ereignisses gestorben wäre. [2]Der Fiskus gehört nicht zu den gesetzlichen Erben im Sinne dieser Vorschrift.

Schrifttum: *Coing,* Die unvollständige Regelung der Nacherbfolge, NJW 1975, 521; *Kanzleiter,* Der „unbekannte" Nacherbe, DNotZ 1970, 326; *I. Ludwig,* Der „unbekannte" Nacherbe, DNotZ 1996, 995.

I. Normzweck

Zu den drei Elementen, die den Begriff der Nacherbfolge bilden (§ 2100 Rn 1), gehört auch die Bestimmung der Personen, die zeitlich nach dem Vorerben den Nachlass erhalten sollen. Hat der Erblasser bei der Anordnung einer Nacherbfolge die Nacherben nicht bestimmt und können diese auch nicht im Wege der erläuternden oder ergänzenden Auslegung ermittelt werden[1], so wird die Unwirksamkeit dieser unvollständigen Verfügung durch § 2104 in der Weise vermieden, dass dann diejenigen Nacherben sind, die bei Eintritt des Nacherbfalls die gesetzlichen Erben des Erblassers, nicht die Vorerben, geworden wären (sog **konstruktive Nacherbfolge**).   1

---

[6] MünchKommBGB/*Grunsky* Rn 2; *Palandt/Edenhofer* Rn 2; *Soergel/Harder/Wegmann* Rn 2; aA *Staudinger/Avenarius* Rn 3.
[7] BGH NJW 1955, 100.
[8] KG OLGE 11, 239; *Staudinger/Avenarius* Rn 4.
[9] RGZ 152, 189, 190.
[10] Vgl BayObLGZ 1922, 94; *Erman/M. Schmidt* Rn 2.
[11] *G. Müller* ZEV 1996, 179, 181.
[12] Vgl ausf *J. Mayer* ZEV 2000, 1, 8 f; *Zawar* DNotZ 1986, 515, 521.
[1] Vgl BGH NJW 1963, 1150; LG Köln MittRhNotK 1962, 549.

Litzenburger

§ 2104 Buch 5. Abschnitt 3. Testament

II. Voraussetzungen

2 1. Bestimmung des Nacherbfalls und des Vorerben. Die konstruktive Nacherbfolge auf Grund des § 2104 tritt nur ein, wenn der Erblasser mindestens sowohl den Vorerben als auch den Nacherbfall bestimmt hat. Hat er den oder die Nacherben, nicht aber den oder die Vorerben bestimmt, so tritt die konstruktive Vorerbfolge gemäß § 2105 ein. An die Bestimmung des oder der **Vorerben** sind die allgemeinen Anforderungen zu stellen. Es genügt, wenn sich der oder die Vorerben nur auf Grund von Auslegungsregeln (zB §§ 2066 ff) ermitteln lassen. Die konstruktive Nacherbfolge tritt auch dann ein, wenn der Erblasser die Nacherbfolge auf einen von mehreren Erben oder auf einen Bruchteil des Nachlasses oder eines Erbteils beschränkt hat. Bezieht sich die Anordnung des Erblassers jedoch nur auf einen oder einzelne Nachlassgegenstände, so ist keine Nacherbfolge, sondern ein aufschiebend bedingtes Vermächtnis gewollt und § 2104 findet keine Anwendung. Diese Ergänzungsregel gilt aber auch dann, wenn nur bestimmt ist, wer Vorerbe werden soll, und der Nacherbfall sich noch nicht einmal durch erläuternde oder ergänzende Auslegung ermitteln lässt. In diesem Fall wird der im Hinblick auf den **Nacherbfall** und den Nacherben doppelt unvollständige letzte Wille des Erblassers einerseits durch § 2106 Abs 1 und andererseits durch § 2104 ergänzt. Beide Vorschriften lassen sich nebeneinander anwenden[2]. Voraussetzung ist jedoch, dass der Wille des Erblassers feststeht, den Vorerben nur auf Zeit einzusetzen.

3 2. Unvollständige Nacherbenbestimmung. a) Lückenhafte Willensbildung. § 2104 gilt unmittelbar nur für solche Fälle, in denen der Erblasser bei seinem Tod keine wirksame Verfügung von Todes wegen mit einer Bestimmung der Nacherben hinterlassen hat[3]. Dabei ist es gleichgültig, ob die Lückenhaftigkeit der Willensbildung von Anfang an bestand oder nachträglich durch Aufhebung, Widerruf usw der Verfügung mit der Nacherbeneinsetzung entstanden ist[4]. Die Lücke kann auch die Folge einer Formungültigkeit der Verfügung sein, in der die Nacherbe bestimmt worden ist[5]. Haben sich Ehe- oder Lebenspartner in einer gemeinsamen Verfügung von Todes wegen gegenseitig zu Vorerben eingesetzt, aber die Nacherbenbestimmung vergessen, so führt § 2104 zur Nacherbschaft der Personen, die die gesetzlichen Erben des Zuerstverstorbenen geworden wären, wäre dieser zurzeit des Nacherbfalls gestorben. Sind in diesem Fall „die gesetzlichen Erben" jedes Partners zu Nacherben eingesetzt, liegt keine lückenhafte Willensbildung iS des § 2104 vor, weil auf Grund des 2066 diejenigen Personen Nacherben sind, die beim Nacherbfall zu den gesetzlichen Erben des Erblassers gehören[6].

4 b) Ausschlagung der Nacherbschaft. Schlägt der Nacherbe die Nacherbschaft aus und fehlt eine Bestimmung von Ersatznacherben, so greift nicht etwa § 2104 ein, sondern der Vorerbe wird gemäß § 2142 Abs 2 BGB unbeschränkter Vollerbe[7].

5 c) Sonstige Unvollständigkeitsgründe. Das Fehlen von Nacherben kann jedoch noch andere Ursachen haben, nämlich das Vorversterben der eingesetzten Person, das Ausbleiben der Geburt erwarteter Personen (zB Kinderlosigkeit der Ehepartner bei gegenseitiger Vorerbeinsetzung), die Erbunwürdigkeit der Nacherben oder die Unwirksamkeit der Berufung der Nacherben, die wiederum beruhen kann entweder auf einem Verstoß gegen das Selbstbestimmungsgebot des § 2065 oder einer Verletzung eines Verbotsgesetzes (zB § 14 HeimG, §§ 7, 27 BeurkG) oder auf einer erfolgreichen Anfechtung iS des § 2078, 2079. Es ist umstritten, ob und in welchen dieser Fälle die Ergänzungsregel des § 2104 analog heranzuziehen ist. Teilweise wird auch die Auffassung vertreten, dass in diesen Fällen unter analoger Anwendung des § 2142 Abs 2 der Eintritt der Vollerbschaft des Vorerben generell der Ersatzberufung der gesetzlichen Erben über § 2104 vorzuziehen ist[8]. Es lassen sich folgende Fallgruppen unterscheiden:

– **Vorversterben oder Ausbleiben der Geburt des Nacherben:** Nach überwiegender Auffassung soll § 2104 keine Anwendung finden, wenn der eingesetzte Nacherbe vor Eintritt des Nacherbfalls verstirbt und keine Ersatznacherbfolge angeordnet ist, es sei denn, der Vorerbe soll den Nachlass nur bis zu einem bestimmten Termin oder Ereignis behalten dürfen[9]. Wenn der eingesetzte Nacherbe gar nicht erst geboren wird, soll eine analoge Anwendung zwar denkbar sein, es jedoch in aller Regel dem Willen der Eheleute eher entsprechen, dass der Überlebende dann unbeschränkter Erbe des zuerst verstorbenen Ehepartners wird[10].

– **Verstoß gegen das Selbstbestimmungsgebot des § 2065:** Nach hM ist es unter bestimmten Voraussetzungen mit § 2065 vereinbar, die Bezeichnung der Nacherben dem Vorerben oder einem sonstigen Dritten zu überlassen (ausf § 2065 Rn 12, 14 und 19). Hat der Erblasser jedoch die Grenzen einer zulässigen Delegation der Nacherbenbestimmung überschritten, ist umstritten, ob der Vorerbe dann unbeschränkter Vollerbe wird[11] oder analog § 2104 die gesetzlichen Erben Nacherben werden[12].

---

[2] BayObLG FamRZ 1996, 1577, 1578; *Soergel/Harder/Wegmann* Rn 3; *Staudinger/Avenarius* Rn 3.
[3] BGH NJW 1986, 1812; BayObLG Rpfleger 2002, 28, 29.
[4] Vgl BayObLG FamRZ 1991, 1114; *Staudinger/Avenarius* Rn 10.
[5] AA MünchKommBGB/*Grunsky* Rn 3.
[6] KG DNotZ 1935, 826; *Staudinger/Avenarius* Rn 12; aM RGRK/*Johannsen* Rn 8.
[7] *Staudinger/Avenarius* Rn 9.
[8] *Coing* NJW 1975, 521; vgl *Staudinger/Avenarius* Rn 9.
[9] BGH NJW 86, 1812; RG SeuffBl 72, 731; *Palandt/Edenhofer* Rn 2; MünchKommBGB/*Grunsky* Rn 3: idR.
[10] KG OLGE 44, 91; *Soergel/Harder/Wegmann* Rn 2; MünchKommBGB/*Grunsky* Rn 3; *Staudinger/Avenarius* Rn 10; *Palandt/Edenhofer* Rn 3.
[11] BGH NJW 1986, 1812; OLG Frankfurt DNotZ 2001, 143; *Lange/Kuchinke* § 27 I 9.
[12] OLG Hamm NJW-RR 1995, 1477; s auch § 2065 Rn 21.

– **Unwirksamkeit wegen Gesetzesverstoß oder Anfechtung:** Die analoge Anwendung des § 2104 auf die Fälle, in denen die Nacherbenbestimmung infolge eines Verstoßes gegen Verbotsgesetze (zB § 14 HeimG, §§ 7, 27 BeurkG) oder infolge Anfechtung der letztwilligen Verfügung (§§ 2078, 2079) unwirksam wird, ist ebenfalls umstritten[13].

– **Erbunwürdigkeitserklärung:** Wird der Nacherbe gemäß § 2344 für erbunwürdig erklärt und fehlt eine Ersatznacherbenregelung, so soll in Anwendung des allgemeinen Rechtsgedankens des § 2142 Abs 2 der Vorerbe unbeschränkter Vollerbe werden, § 2104 also nicht anwendbar sein[14].

Die in Rspr und Literatur zur Lösung dieser Streitfragen allgemein befürwortete Differenzierung 6 nach den Ursachen für die Unvollständigkeit der Willenserklärung sollte besser ersetzt werden durch eine Unterscheidung an Hand der vom Erblasser mit der Nacherbfolge verfolgten Motive. Die Rechtsfolge des § 2104 auf Grund einer Analogie ist doch nur dann sachlich gerechtfertigt, wenn diese Unvollständigkeitsfälle mit dem Fall einer lückenhaften Willensbildung vergleichbar sind. Dazu muss aber im Wege ergänzender Auslegung festgestellt werden können, dass der Erblasser auch bei Kenntnis dieser Umstände, die zum Wegfall des oder der eingesetzten Nacherben geführt haben, an den Beschränkungen des Vorerben durch die Nacherbfolge festgehalten hätte. Zielt also die Einsetzung von Nacherben vor allem darauf, den Nachlass beim Vorerben vor diesem selbst (zB Verschwendungssucht), vor seinen Gläubigern (zB „Behindertentestament") oder vor seinen Erben (zB „Geschiedenentestament") zu schützen, so ist die Ausgangslage vergleichbar und § 2104 kann analog herangezogen werden. In diesem Fall ist allerdings sorgfältig zu prüfen, ob die Nacherbfolge aller gesetzlichen Erben wirklich vom Erblasser gewollt ist. Hat er nämlich unter Verstoß gegen § 2065 den Vorerben zur Auswahl der Nacherben aus einem bestimmten Personenkreis ermächtigt, hat diese Eingrenzung Vorrang vor der Rechtsfolgenanordnung des § 2104. Dient die angeordnete Nacherbfolge dagegen überwiegend dem Ziel, den Nachlass dem oder den Nacherben zu sichern (zB Kinder aus unterschiedlichen Beziehungen, eigenen Verwandten, Unternehmensnachfolge), so ist bei einem nachträglichen Wegfall des Nacherben – gleich aus welchem dieser Gründe – für eine Analogie zu § 2104 kein Raum mehr, so dass dann der Vorerbe auf Grund ergänzender Auslegung unbeschränkter Vollerbe wird[15]. Es wird allerdings nicht allzu oft vorkommen, dass der Erblasser durch den Schutz des Nacherben motiviert Vorerbschaft anordnet, aber die Berufung des oder der Nacherben vergisst.

3. Vorrang des Erblasserwillens. Bei dieser Vorschrift handelt es sich um eine Auslegungsregel, 7 obwohl der Gesetzeswortlaut den Anschein einer Fiktion („so ist anzunehmen") erweckt[16]. Ein abweichender Erblasserwille geht deshalb der Anwendung des § 2104 vor[17]. Hat der Erblasser etwa seine gesetzlichen Erben oder bei einer Ehegattenverfügung mit einer gegenseitigen Vorerbeneinsetzung die des Erstversterbenden als Nacherben bestimmt, so ist nicht auf der Grundlage des § 2104, sondern durch erläuternde Auslegung zu ermitteln, wer damit gemeint ist[18]. Ein abweichender Erblasserwille ist regelmäßig auch dann anzunehmen, wenn der Erblasser nur einen von mehreren Miterben auf Zeit einsetzen will. In diesem Fall werden nicht die gesetzlichen Erben des Erblassers Nacherben, sondern der betroffene Erbteil wächst gemäß § 2094 den übrigen Erben an. Das Gleiche gilt bei einer auflösend bedingten Erbeinsetzung mehrerer Personen (zB Verwirkungsklausel), wenn die Bedingung nur bei einem oder mehreren aus diesem Kreis (zB Abkömmlinge) eintritt[19]. Hat es der Erblasser dem Vorerben entgegen § 2065 Abs 2 überlassen, die Nacherben aus einem bestimmten Personenkreis auszuwählen, drückt sich in dieser Beschränkung ein die Anwendung des § 2104 ausschließender Erblasserwille aus[20].

III. Rechtsfolgen

Im Falle der Anwendbarkeit des § 2104 werden diejenigen Personen, die die gesetzlichen Erben des 8 Erblassers geworden wären, wenn dieser **zurzeit des Nacherbfalls** gestorben wäre, dessen Nacherben. Zum Kreis der gesetzlichen Erben des Erblassers gehören auch adoptierte und nichteheliche Kinder, nicht dagegen, wer durch Erbunwürdigkeitserklärung (§§ 2339 ff) oder durch Erbverzicht (§§ 2346 ff) ausgeschieden ist[21]. Der Fiskus ist nach Satz 2 ebenfalls als gesetzlicher Erbe ausgeschlossen, so dass denn, wenn außer ihm keine gesetzlichen Erbe vorhanden sind, der Vorerbe unbeschränkter Vollerbe wird[22]. Wegen der Einzelheiten wird auf § 2066 verwiesen.

Bei der konstruktiven Nacherbschaft auf Grund des § 2104 erwerben die gesetzlichen Erben des 9 Erblassers mit dessen Tod **kein vererbliches Anwartschaftsrecht** iS des § 2108 Abs 2[23]. Anders als im Falle einer vollständigen Nacherbeneinsetzung steht bei dieser nämlich erst mit dem Nacherbfall auf Grund der beschriebenen hypothetischen Erbfolgeüberlegungen fest, wer Nacherbe ist. Den gesetzli-

---

[13] Dafür: KG JW 1938, 2821; *Soergel/Harder/Wegmann* Rn 2; *Palandt/Edenhofer* Rn 2 f; dagegen: *Staudinger/Avenarius* Rn 10; diff: MünchKommBGB/*Grunsky* Rn 3 f; *Damrau/Hennicke* Rn 3; vgl auch BGH NJW 1986, 1812.
[14] *Staudinger/Avenarius* Rn 9.
[15] Teilweise ähnlich MünchKommBGB/*Grunsky* Rn 3 f; *Damrau/Hennicke* Rn 3.
[16] MünchKommBGB/*Grunsky* Rn 4 mwN; für Ergänzungsregel *Jauernig/Stürner* Rn 1.
[17] MünchKommBGB/*Grunsky* Rn 4.
[18] BayObLGZ 1966, 227, 232; MünchKommBGB/*Grunsky* Rn 2.
[19] *Hilgers* MittRhNotK 1962, 381, 391.
[20] OLG Frankfurt DNotZ 2001, 143, 145 ff; MünchKommBGB/*Grunsky* Rn 3 a; übersehen in OLG Hamm NJW-RR 1995, 1477.
[21] *Staudinger/Avenarius* Rn 7; *Soergel/Harder/Wegmann* Rn 4.
[22] *Staudinger/Avenarius* Rn 5; MünchKommBGB/*Grunsky* Rn 5.
[23] BayObLGZ 1966, 227, 229.

§ 2105

chen Erben steht trotz dieser Ungewissheit bereits ab dem Erbfall das Recht zur Ausschlagung oder zur Übertragung der künftigen, jedoch ungesicherten Nacherbschaft zu[24]. Stellt sich jedoch nachträglich heraus, dass der ausschlagende oder übertragende gesetzliche Erbe nicht zum Kreis der Nacherben gehört, so bleibt die Ausschlagung bzw Übertragung wirkungslos.

10 Wenn und soweit Handlungen und Erklärungen gegenüber dem Vorerben notwendig sind, insbes also bei Verfügungen gemäß § 2113, ist auf Grund des § 1913 die Bestellung eines **Pflegers für alle noch unbekannten Nacherben** erforderlich. Nach zutreffender hM ist dieser für alle gesetzlichen Erben, also auch für die bereits vorhandenen zu bestellen, weil nicht absehbar ist, ob diese auch tatsächlich Nacherben werden[25].

§ 2105 Gesetzliche Erben als Vorerben

(1) Hat der Erblasser angeordnet, dass der eingesetzte Erbe die Erbschaft erst mit dem Eintritt eines bestimmten Zeitpunkts oder Ereignisses erhalten soll, ohne zu bestimmen, wer bis dahin Erbe sein soll, so sind die gesetzlichen Erben des Erblassers die Vorerben.

(2) Das Gleiche gilt, wenn die Persönlichkeit des Erben durch ein erst nach dem Erbfall eintretendes Ereignis bestimmt werden soll oder wenn die Einsetzung einer zur Zeit des Erbfalls noch nicht gezeugten Person oder einer zu dieser Zeit noch nicht entstandenen juristischen Person als Erbe nach § 2101 als Nacherbeinsetzung anzusehen ist.

Schrifttum: *Damrau,* Der Zeitpunkt des Nacherbfalls, wenn der Vorerbe wegfällt und der Nacherbe noch nicht geboren ist, ZEV 2004, 19.

I. Konstruktive Vorerbschaft (Abs 1)

1 **1. Normzweck.** Zu den drei Elementen, die den Begriff der Nacherbfolge bilden (§ 2100 Rn 1), gehört auch die Bestimmung der Person(en), die zeitlich vor dem Nacherben den Nachlass erhalten soll (en). Zur Vermeidung eines herrenlosen Nachlasses tritt deshalb auf Grund des § 2105 Abs 1 konstruktive Vorerbfolge immer dann ein, wenn der Erblasser lediglich Nacherbe und Nacherbfall bestimmt hat, also ab wann welche Person(en) Erbe sein sollen, nicht jedoch, wer bis dahin (Vor)Erbe sein soll. Hat der Erblasser dagegen die Vor-, nicht aber die Nacherben bestimmt, so tritt gemäß § 2104 konstruktive Nacherbschaft ein.

2 **2. Voraussetzungen. a) Bestimmung des Nacherbfalls und des Nacherben.** Die konstruktive Vorerbfolge auf Grund des § 2105 Abs 1 tritt nur ein, wenn der Erblasser mindestens sowohl den Nacherben als auch den Nacherbfall bestimmt hat. Hat er den oder die Vorerben, nicht aber den oder die Nacherben bestimmt, so tritt die konstruktive Nacherbfolge gemäß § 2104 ein. An die Bestimmung des oder der Nacherben sind die allgemeinen Anforderungen zu stellen. Bezieht sich die Anordnung des Erblassers jedoch nur auf einen oder einzelne Nachlassgegenstände, so ist keine Nachfolge, sondern ein aufschiebend bedingtes Vermächtnis gewollt, § 2105 findet keine Anwendung. Die Ergänzungsregel des § 2105 Abs 1 gilt selbst dann, wenn nur bestimmt ist, wer Nacherbe werden soll, und der Nacherbfall sich auch nicht durch Auslegung ermitteln lässt. In diesem Fall wird der im Hinblick auf den Nacherbfall und den Vorerben unvollständige letzte Wille des Erblassers einerseits durch § 2106 Abs 1 und andererseits durch § 2105 Abs 1 ergänzt. Beide Vorschriften sind also nebeneinander anzuwenden. Voraussetzung ist jedoch stets, dass der Wille des Erblassers feststeht, den Nachlass erst ab einem bestimmten Ereignis oder Termin auf den Nacherben übergehen zu lassen.

3 **b) Unvollständige Vorerbeneinsetzung. aa) Lückenhafte Willensbildung.** § 2105 Abs 2 gilt unmittelbar nur für solche Fälle, in denen in einer Verfügung von Todes wegen die Bestimmung des Vorerben fehlt, obwohl ein anderer den Nachlass erst ab einem Termin oder Ereignis nach dem Tod des Erblassers als Erbe erhalten soll. Dabei ist es gleichgültig, ob die Lückenhaftigkeit der Willensbildung von Anfang an bestand oder nachträglich durch Aufhebung usw der Verfügung mit der Vorerbeneinsetzung entstanden ist[1]. Ist der Erbe unter der Bedingung eingesetzt, dass er die Erbschaft innerhalb einer bestimmten Frist nicht ausschlägt, tritt, wenn nichts anderes angeordnet ist, in der Zwischenzeit konstruktive Vorerbfolge gemäß § 2105 Abs 1 ein[2]. Das Gleiche gilt bei der Anordnung, dass der Erbe für eine bestimmte Zeit ab dem Erbfall nur die Stellung eines Nießbrauchers haben soll[3].

4 **bb) Sonstige Unvollständigkeitsgründe.** Das Fehlen von Vorerben kann jedoch noch andere Ursachen haben, nämlich:
– das Vorversterben der eingesetzten Person, ohne dass Ersatzvorerben bestimmt oder auf Grund von Auslegungsregeln ermittelt werden können,
– die **Ausschlagung** der Vorerbschaft,

---

[24] MünchKommBGB/*Grunsky* Rn 4; aA *Erman/M. Schmidt* Rn 6.
[25] BGH MDR 1968, 484; BayObLGZ 1996, 227, 229; OLG Hamm Rpfleger 1969, 347; aA *Kanzleiter* DNotZ 1970, 326; *Soergel/Harder/Wegmann* Rn 5; MünchKommBGB/*Grunsky* Rn 6.
[1] MünchKommBGB/*Grunsky* Rn 2.
[2] *Soergel/Harder/Wegmann* Rn 2; *Staudinger/Avenarius* Rn 8.
[3] OLG Hamburg OLGE 37, 258.

Eintritt der Nacherbfolge § 2106

– die **Erbunwürdigkeit** des Vorerben oder
– die **Unwirksamkeit** der Berufung des Vorerben, die wiederum beruhen kann entweder auf einem Verstoß gegen das Selbstbestimmungsgebot des § 2065 oder auf einer Verletzung eines Verbotsgesetzes (zB § 14 HeimG, §§ 7, 27 BeurkG) oder auf einer erfolgreichen Anfechtung iS des § 2078 f.

Eine **analoge Anwendung** des § 2105 Abs 1 kommt in all diesen Fällen nur unter der Bedingung 5 in Frage, dass im Wege ergänzender Auslegung festgestellt werden kann, dass der Erblasser auch bei Kenntnis der Umstände, die zum Wegfall des oder der eingesetzten Vorerben geführt haben, daran festgehalten hätte, den Nachlass nicht bereits mit seinem Tod sondern erst später auf den Nacherben übergehen zu lassen[4]. Für eine Aufrechterhaltung der Nacherbfolge trotz des Wegfalls des Vorerben sprechen beispielsweise die Minderjährigkeit des Nacherben oder die zeitlich begrenzte Gefahr des Zugriffs von Gläubigern des Nacherben auf den Nachlass.

II. Ungewissheit des Nacherben (Abs 2)

Die gesetzlichen Erben des Erblassers werden gemäß § 2105 Abs 2 Alt 1 auch dann Vorerben, wenn 6 die Person des Nacherben erst durch ein ab dem Erbfall eintretendes Ereignis (zB künftige Ehefrau des noch unverheirateten Sohns) bestimmt wird. Ist das vor dem Erbfall eingetretene Ereignis dem Erblasser nur nicht bekannt geworden, so tritt keine konstruktive Vorerbschaft gemäß § 2105 ein, sondern die demzufolge beim Erbfall objektiv feststehende Person wird unmittelbar Vollerbe. Die subjektive Ungewissheit steht der objektiven also nicht gleich.

Darüber hinaus stellt § 2105 Abs 2 Alt 2 und Alt 3 die notwendige Ergänzung zu § 2101 für den Fall 7 der Erbeinsetzung noch nicht erzeugter natürlicher bzw noch nicht entstandener juristischer Personen dar. Mangels abweichender Erblasserbestimmung werden auch insoweit die gesetzlichen Erben des Erblassers beim Erbfall Vorerben, und zwar bis zu dem in § 2106 Abs 2 geregelten Nacherbfall. Dies gilt unabhängig davon, ob der Vorerbe vor der Geburt bzw dem Entstehen der juristischen Person stirbt oder aus irgendeinem anderen Grund wegfällt (§ 2096 Rn 2)[5].

III. Vorrang des Erblasserwillens

Bei dieser Vorschrift handelt es sich um eine Auslegungsregel, obwohl der Gesetzeswortlaut den 8 Anschein einer Fiktion („so sind") erweckt[6]. Ein abweichender Erblasserwille geht der Anwendung des § 2105 deshalb vor[7]. Sollen nach dem Willen des Erblassers einer oder einige von mehreren Miterben den Nachlass erst später erhalten, so ist durch Auslegung festzustellen, ob die sofort bedachten Miterben insoweit Vorerben bezüglich der Erbteile der Nacherben sein sollen; es tritt keine Anwachsung ein[8].

IV. Rechtsfolge

Rechtsfolge des § 2105 ist, dass die gesetzlichen Erben des Erblassers beim Erbfall Vorerben werden. 9 Wegen der Einzelheiten wird auf § 2066 Rn 5 f verwiesen.

§ 2106 Eintritt der Nacherbfolge

(1) Hat der Erblasser einen Nacherben eingesetzt, ohne den Zeitpunkt oder das Ereignis zu bestimmen, mit dem die Nacherbfolge eintreten soll, so fällt die Erbschaft dem Nacherben mit dem Tode des Vorerben an.

(2) [1]Ist die Einsetzung einer noch nicht gezeugten Person als Erbe nach § 2101 Abs. 1 als Nacherbeinsetzung anzusehen, so fällt die Erbschaft dem Nacherben mit dessen Geburt an. [2]Im Falle des § 2101 Abs. 2 tritt der Anfall mit der Entstehung der juristischen Person ein.

Schrifttum: *Damrau*, Der Zeitpunkt des Nacherbfalls, wenn der Vorerbe wegfällt und der Nacherbe noch nicht geboren ist, ZEV 2004, 19.

I. Normzweck

Zu den drei Elementen, die den Begriff der Nacherbfolge bilden (siehe § 2100 Rn 1), gehört auch 1 die Bestimmung des Nacherbfalls. Hat der Erblasser zwar die Vor- und Nacherben bestimmt, jedoch nicht geregelt, mit welchem Ereignis der Nachlass vom Vorerben auf den Nacherben übergehen soll (Nacherbfall), so ergänzt § 2106 Abs 1 eine derart unvollständige Anordnung in der Weise, dass dann der Tod des Vorerben der für den Übergang des Nachlasses maßgebliche Zeitpunkt sein soll. Diese Auslegungsregel[1] gilt selbst dann, wenn nur bestimmt ist, wer **Vorerbe** werden soll. Der im Hinblick auf den Nacherbfall und den Nacherben

---

[4] *Staudinger/Avenarius* Rn 7; *RGRK/Johannsen* Rn 1; *Erman/M. Schmidt* Rn 3; gegen Analogie, aber auf Grund ergänzender Auslegung im Ergebnis gleich: *MünchKommBGB/Grunsky* Rn 2.
[5] *Damrau* ZEV 2004, 19, 20; *MünchKommBGB/Grunsky* Rn 2; dagegen nur bei Anfechtung: *Staudinger/Avenarius* Rn 7; *RGRK/Johannsen* Rn 1.
[6] *MünchKommBGB/Grunsky* Rn 1; für Ergänzungsregel *Soergel/Harder/Wegmann* Rn 3.
[7] Vgl RG SeuffA 89 Nr 72.
[8] *MünchKommBGB/Grunsky* Rn 2.
[1] *Staudinger/Avenarius* Rn 1; für Ergänzungsregel *Soergel/Harder/Wegmann* Rn 1; *Jauernig/Stürner* Rn 1.

§ 2107

unvollständige letzte Wille des Erblassers wird dann einerseits durch § 2106 Abs 1 und andererseits durch § 2104 ergänzt. Beide Vorschriften lassen sich nebeneinander anwenden[2]. Das Gleiche gilt bei Bestimmung nur des oder der **Nacherben,** also im Verhältnis zu § 2105 Abs 1. Voraussetzung ist jedoch in beiden Fällen, dass der Wille des Erblassers feststeht, den Nachlass vom Vor- auf den Nacherben übergehen zu lassen. Praktische Relevanz dürfte das Nebeneinander von § 2106 Abs 1 einerseits und von § 2104 bzw § 2105 Abs 1 andererseits nur haben, wenn der Erblasser sich darauf beschränkt, den oder die Eingesetzten schlicht als „Vorerben"[3] bzw „Nacherben" zu bezeichnen.

II. Fehlende Bestimmung des Nacherbfalls

2   **1. Unvollständigkeit.** § 2106 Abs 1 gilt nur, wenn in der Verfügung von Todes wegen die Bestimmung des Nacherbfalls fehlt. Dies kann auch bei einer bedingt angeordneten Nacherbschaft der Fall sein, weil der Bedingungseintritt nicht mit dem Nacherbfall verwechselt werden darf[4]. Die Lückenhaftigkeit der Willensbildung kann von Anfang an bestanden haben oder nachträglich durch Aufhebung, Widerruf usw der Verfügung mit der Bestimmung des Nacherbfalls entstanden sein.

3   **2. Unwirksamkeit.** Ist dagegen die vom Erblasser getroffene Regelung des Nacherbfalls unwirksam, insbes weil er die Bestimmung des Nacherbfalls unter Verstoß gegen § 2065 Abs 1 einem Dritten überlassen hat (vgl § 2100 Rn 28), fehlt es am Merkmal der unvollständigen Regelung durch den Erblasser, so dass § 2106 Abs 1 nicht unmittelbar herangezogen werden kann[5].

4   Eine analoge Anwendung des § 2106 ist im Falle der Unwirksamkeit nur gerechtfertigt, wenn geklärt ist, dass der Erblasser auch bei Kenntnis von der Unwirksamkeit des bestimmten Nacherbfalls an der Nacherbfolge festgehalten hätte. Ein derartiger Erblasserwille wird vor allem dann fehlen, wenn der Übergang des Nachlasses auf den Nacherben nur für einen überschaubaren Zeitraum hinausgeschoben werden soll, also insbes bei Minderjährigkeit des Nacherben oder bei Verfügungen zur Regelung der Unternehmensnachfolge. In derartigen Fällen ist eine Umdeutung in eine sofortige Vollerbeneinsetzung mit Testamentsvollstreckung denkbar.

III. Nacherbfall bei noch nicht erzeugter bzw entstandener Person

5   **1. Folgen der Umdeutung gemäß § 2101.** § 2106 Abs 2 ist wie § 2105 Abs 1 eine notwendige Ergänzung zu § 2101, der die Einsetzung von noch nicht erzeugten natürlichen oder noch nicht entstandenen juristischen Personen „im Zweifel" als Einsetzung zu Nacherben umdeutet. Diese werden deshalb nicht bereits mit dem Erbfall rückwirkend Erbe, sondern sie sind bis zur Geburt bzw Entstehung Nacherben, während die gesetzlichen Erben des Erblassers mit dem Erbfall gemäß § 2105 Abs 2 Vorerben sind. Hat der Erblasser die noch nicht erzeugte bzw entstandene Person ausdrücklich als Nacherbe bezeichnet**,** so gilt nicht § 2106 Abs 2, sondern Abs 1, so dass der Nacherbfall nicht bereits mit der Geburt bzw der Entstehung, sondern erst mit dem Tod des Vorerben eintritt[6]. Da der Erblasserwille der Regelung des § 2106 Abs 1 vorgeht, kann sich im Wege der Auslegung allerdings ergeben, dass der Nacherbfall gleichwohl mit der Geburt bzw mit dem Entstehen der Person eintreten soll, weil die Interimslage so kurz wie möglich sein soll[7].

6   **2. Tod des Vorerben.** Stirbt der Vorerbe vor der Geburt bzw dem Entstehen der Person, aber nach dem Erbfall, so geht seine Rechtsstellung zunächst auf seine eigenen Erben über, von denen der Nacherbe den Nachlass dann nach der Geburt bzw dem Entstehen heraus verlangen kann. Ist in diesem Fall § 2106 Abs 1 anwendbar (vgl Rn 5), so erwirbt die noch nicht erzeugte bzw entstandene Person den Nachlass trotzdem erst mit der Geburt bzw Entstehung von den Erben des Vorerben, nicht jedoch mit Rückwirkung auf den Tod des Vorerben[8].

§ 2107 Kinderloser Vorerbe

Hat der Erblasser einem Abkömmling, der zur Zeit der Errichtung der letztwilligen Verfügung keinen Abkömmling hat oder von dem der Erblasser zu dieser Zeit nicht weiß, dass er einen Abkömmling hat, für die Zeit nach dessen Tode einen Nacherben bestimmt, so ist anzunehmen, dass der Nacherbe nur für den Fall eingesetzt ist, dass der Abkömmling ohne Nachkommenschaft stirbt.

---

[2] BayObLGZ 1975, 62, 66; BayObLG FamRZ 1996, 1577, 1578; *Soergel/Harder/Wegmann* § 2104 Rn 3, *Staudinger/Avenarius* § 2104 Rn 3.
[3] BayObLG FamRZ 1996, 1577.
[4] *Staudinger/Avenarius* Rn 2.
[5] AA *Staudinger/Avenarius* Rn 5, 1; *Damrau/Hennicke* Rn 1; AnwK-BGB/*Gierl* Rn 2, der dabei zu Unrecht BGH NJW 1955, 100 zitiert.
[6] MünchKommBGB/*Grunsky* Rn 4; *Soergel/Harder/Wegmann* Rn 3; aA RGRK/*Johannsen* Rn 2: Vermutung; *Damrau* ZEV 2004, 19, 21: analoge Anwendung des § 2106 Abs 2.
[7] Ähnlich *Staudinger/Avenarius* Rn 7.
[8] MünchKommBGB/*Grunsky* Rn 4.

Kinderloser Vorerbe § 2107

I. Voraussetzungen

1. Einsetzung eines Abkömmlings zum Vorerben. Diese Auslegungsregel geht – ähnlich wie §§ 2079, 2069 – davon aus, dass der Erblasser eigene Nachkommen regelmäßig nicht zugunsten Dritter von der Erbschaft ausschließen will. Folgerichtig unterstellt § 2107 bei einer Einsetzung eines kinderlosen Abkömmlings des Erblassers zum Vorerben, dass der Nachlass nur dann auf den oder die Nacherben übergehen soll, wenn der zum Vorerben berufene Abkömmling ohne eigene Nachkommen verstirbt. Der Vorerbe muss im Zeitpunkt der Errichtung **Abkömmling des Erblassers** sein. Wird er erst nach diesem Zeitpunkt vom Erblasser adoptiert, so findet sich zwar § 2107 keine Anwendung, jedoch kommt eine Irrtumsanfechtung gemäß § 2078 Abs 2 in Betracht, wenn der Vorerbe später noch Kinder bekommt oder adoptiert. Für die Anwendbarkeit des § 2107 ist es gleichgültig, ob der oder die eingesetzten Nacherben familienfremde Dritte oder andere Abkömmlinge des Erblassers sind[1]. Ebenso ist bedeutungslos, ob es sich um ausdrücklich eingesetzte oder auf Grund des § 2104 berufene Nacherben handelt. Der zum Vorerben eingesetzte Abkömmling darf zurzeit der Errichtung der entsprechenden Verfügung von Todes wegen **keinen Abkömmling haben.** § 2107 ist jedoch auch dann anwendbar, wenn der Erblasser zurzeit der Errichtung vom Vorhandensein von Abkömmlingen des Vorerben **nichts weiß.** Zu den Abkömmlingen zählen nicht nur die leiblichen und ehelichen, sondern auch die adoptierten und die nichtehelichen. Wenn der als Vorerbe eingesetzte Abkömmling vor dem Erblasser stirbt oder aus sonstigen Gründen wegfällt (zB Ausschlagung), kann § 2107 nicht eingreifen[2], so dass bei einem Irrtum des Erblassers über das Vorhandensein von Abkömmlingen des eingesetzten Abkömmlings die letztwillige Verfügung allenfalls gemäß §§ 2078 Abs 2, 2079 angefochten werden kann. 1

2. Tod des Vorerben als Nacherbfall. § 2107 gilt nur, wenn der Nacherbfall mit dem Tod des Vorerben eintritt. Es ist gleichgültig, ob der Erblasser dies ausdrücklich bestimmt hat, oder ob dies die Folge des § 2106 Abs 1 ist. Hat der Erblasser jedoch irgendein anderes Ereignis zum Nacherbfall erklärt, so hat er damit den Willen zum Ausschluss künftiger oder ihm unbekannter Abkömmlinge des Vorerben hinreichend deutlich zum Ausdruck gebracht; eine Anwendung des § 2107 scheidet dann aus[3]. § 2107 ist daher bei der Einsetzung noch nicht erzeugter Personen (§ 2101 Abs 1) unanwendbar, weil gemäß § 2106 Abs 2 der Nacherbfall nicht mit dem Tod des Vorerben, sondern mit der Geburt des Nacherben eintritt. Auch im Falle des § 2105 gilt § 2107 nicht[4]. 2

3. Vorrang des Erblasserwillens. Ein abweichender Erblasserwille schließt die Anwendung des § 2107 aus, wenn und soweit sich dafür Anhaltspunkte in der Verfügung von Todes wegen finden lassen. Erfährt der Erblasser nachträglich vom Vorhandensein eines Abkömmlings und ändert er, obwohl er hierzu in der Lage war, seine Verfügung nicht, so ist von einem § 2107 ausschließenden Erblasserwillen auszugehen[5]. 3

II. Rechtsfolgen

1. Tod des Vorerben ohne Abkömmlinge. Stirbt der Vorerbe ohne Abkömmlinge, so tritt mit dem Tod die vom Erblasser angeordnete Nacherbfolge ein. Damit steht endgültig fest, dass der zunächst berufene Abkömmling vom Erbfall bis zu seinem Tod nur Vorerbe war. 4

2. Tod des Vorerben mit Abkömmlingen. Sind beim Tod des Vorerben zumindest bereits erzeugte[6] Abkömmlinge vorhanden, so ist damit die in § 2107 enthaltene auflösende Bedingung für die Nacherbfolge eingetreten. Diese Wirkung tritt unmittelbar kraft Gesetzes ein, so dass es keiner Anfechtung der letztwilligen Verfügung bedarf. Zu den Abkömmlingen des Vorerben zählen alle leiblichen oder adoptierten[7], ehelichen oder nichtehelichen Kinder usw. Das Verwandtschaftsverhältnis muss zurzeit des Todes des Vorerben bestehen. Hat der Vorerbe jedoch eine Person zu dem Zweck an Kindes Statt angenommen, damit den Eintritt der Nacherbfolge zu verhindern, so wird man in analoger Anwendung des § 162 Abs 2 den Eintritt der auflösenden Bedingung gemäß § 2107 verneinen müssen, so dass trotz der Adoption der Nachlass an den oder die Nacherben herauszugeben ist[8]. Hinterlässt der Vorerbe bei seinem Tod idS Abkömmlinge, so entfällt die angeordnete Nacherbfolge auf Grund der auflösenden Bedingung des § 2107 und es steht rückwirkend auf den Tod des Erblassers fest, dass der eingesetzte Abkömmling nicht Vor-, sondern unbeschränkter Vollerbe war. Alle von diesem vorgenommenen Verfügungen werden damit nachträglich in vollem Umfang wirksam. Der eigentlich als Vorerbe eingesetzte Abkömmling wird nach den für die Erbfolge nach ihm geltenden allgemeinen Vorschriften beerbt. Er kann also seine Abkömmlinge durch Verfügung von Todes wegen von der eigenen Erbfolge ausschließen und auf den Pflichtteil beschränken[9]. Die beim Tod des Vorerben vorhandenen Abkömmlinge des „Vorerben" werden nicht Nacherben des Erblassers. 5

---

[1] BGH NJW 1981, 2743, 2744.
[2] HM, zB MünchKommBGB/*Grunsky* Rn 5; *Soergel/Harder/Wegmann* Rn 2; aA *Staudinger/Avenarius* Rn 9: analoge Anwendung des § 2107.
[3] MünchKommBGB/*Grunsky* Rn 5.
[4] *Palandt/Edenhofer* Rn 1; MünchKommBGB/*Grunsky* Rn 5.
[5] MünchKommBGB/*Grunsky* Rn 3.
[6] *Staudinger/Avenarius* Rn 6; MünchKommBGB/*Grunsky* Rn 3.
[7] BayObLG FamRZ 1985, 426; OLG Stuttgart BWNotZ 1984, 21.
[8] *Staudinger/Avenarius* Rn 6; einschränkend MünchKommBGB/*Grunsky* Rn 3.
[9] Vgl BGH NJW 1980, 1277.

Litzenburger

§ 2108

6 **3. Rechtliche Stellung des Vor- und des Nacherben. a) Abkömmling als Vorerbe.** Der eingesetzte Abkömmling hat bis zu seinem Tod die rechtliche Stellung eines Vorerben, weil erst dann der Eintritt der in § 2107 enthaltenen auflösenden Bedingung für die Nacherbfolge endgültig geklärt ist. Diese rechtliche Stellung ändert sich nicht bereits durch die Geburt oder Adoption eines Kindes zu Lebzeiten des Vorerben, sondern erst dadurch, dass dieser Abkömmling den Vorerben überlebt. Ob der Abkömmling die Verfügungs- und Verwaltungsbefugnisse eines befreiten oder eines nicht befreiten Vorerben hat, hängt von den Beweggründen des Erblassers für die Anordnung der Nacherbfolge ab. Im Zweifel wird man jedoch von einer iS des § 2136 befreiten Vorerbschaft ausgehen können[10].

7 **b) Nacherbe.** Nach zutreffender hM ist das Nacherbenrecht durch § 2107 auflösend bedingt[11]. Der Nacherbe erwirbt mit dem Erbfall ein vererbliches und übertragbares, allerdings gemäß § 2107 auflösend bedingtes Anwartschaftsrecht. Ihm stehen – wie jedem anderen Nacherben auch – gegenüber dem als Vorerben eingesetzten Abkömmling des Erblassers die Rechte aus §§ 2112 ff zu. Verbotswidrige Verfügungen des Vorerben werden nachträglich wirksam, wenn einer seiner Abkömmlinge ihn überlebt.

§ 2108 Erbfähigkeit; Vererblichkeit des Nacherbrechts

(1) Die Vorschrift des § 1923 findet auf die Nacherbfolge entsprechende Anwendung.

(2) ¹**Stirbt der eingesetzte Nacherbe vor dem Eintritt des Falles der Nacherbfolge, aber nach dem Eintritt des Erbfalls, so geht sein Recht auf seine Erben über, sofern nicht ein anderer Wille des Erblassers anzunehmen ist.** ²**Ist der Nacherbe unter einer aufschiebenden Bedingung eingesetzt, so bewendet es bei der Vorschrift des § 2074.**

Schrifttum: *Haegele,* Zur Vererblichkeit des Anwartschaftsrechts eines Nacherben, Rpfleger 1967, 161; *Musielak,* Zur Vererblichkeit des Anwartschaftsrechts eines Nacherben, ZEV 1995, 5.

I. Anwendbarkeit des § 1923

1 **1. Tod des Nacherben vor dem Nacherbfall.** Weil § 2108 Abs 1 die entsprechende Anwendung des § 1923 Abs 1 auf die Nacherbfolge vorschreibt, wird Nacherbe nur, wer den Nacherbfall auch erlebt. Stirbt er vorher, so ist zu unterscheiden zwischen dem Tod vor und nach dem Erblasser. Überlebt der Erblasser selbst den eingesetzten Nacherben, wird die Nacherbfolge hinfällig und der als Vorerbe Berufene unbeschränkter Vollerbe. Diese Folge tritt jedoch nicht ein, wenn der Erblasser Ersatz-Nacherben oder weitere Nacherben bestimmt hat. Stirbt der eingesetzte Nacherbe zwar nach dem Erblasser, aber vor dem Erbfall, so geht, wenn und soweit der Erblasser nichts anderes bestimmt hat, gemäß § 2108 Abs 2 das Anwartschaftsrecht auf die Erben des Nacherben über.

2 **2. Nacherbfähigkeit des nasciturus.** Der eingesetzte Nacherbe braucht beim Nacherbfall zwar noch nicht geboren, muss aber bereits erzeugt sein (§§ 1923 Abs 2, 2108 Abs 1). Der nasciturus gilt als vor dem Nacherbfall geboren. Der noch nicht Erzeugte kann beim Nacherbfall nicht unmittelbar Nacherbe werden, sondern erhält auf Grund der §§ 2101 Abs 1, 2106 Abs erst mit seiner Geburt als weiterer Nacherbe den Nachlass.

II. Vererblichkeit der Nacherbenanwartschaft

3 **1. Grundsatz der Vererblichkeit. a) Bedeutung.** Mit dem Tod des Erblassers erwirbt der Nacherbe nach der Regel des § 2108 Abs 2 S 1 ein unentziehbares Anwartschaftsrecht (vgl § 2100 Rn 40). Dieses geht mit dem Tod des Nacherben nach dem Erbfall, aber vor oder gleichzeitig[1] mit dem Eintritt des Nacherbfalls gemäß § 2108 Abs 2 S 1 grds auf dessen eigene – gesetzliche oder testamentarische – Erben über. Der Nacherbe hat es auf Grund dieser Vererblichkeit der Nacherbenanwartschaft in der Hand zu bestimmen, wer für den Fall, dass er vor Eintritt des Nacherbfalls stirbt, Nacherbe wieder. Er kann als Erblasser dieses Anwartschaftsrechts auch beliebige Belastungen und Beschränkungen anordnen (zB Testamentsvollstreckung, Vermächtnis). In gleicher Weise wie das Anwartschaftsrecht des Nacherben ist auch die Rechtsstellung eines weiteren Nacherben vererblich[2].

4 **b) Gesetzliche Erben als Nacherben.** Hat der Erblasser „seine gesetzlichen Erben" zu Nacherben eingesetzt, so geht die Auslegungsregel des § 2066 S 2 dem Grundsatz der Vererblichkeit vor, wenn im Einzelfall kein abweichender Erblasserwille festgestellt werden kann[3]. In diesem Falle werden die gesetzlichen Erben des Erblassers, die beim Tod zurzeit des Nacherbfalls seine gesetzlichen Erben wären, Nacherben (§ 2066 Rn 5 f), nicht aber die eigenen Erben des vor dem Nacherbfall verstorbenen Nacherben.

---

[10] BayObLG WM 1981, 824.
[11] BayObLG Rpfleger 1981, 64; MünchKommBGB/*Grunsky* Rn 6 mwN; *Staudinger/Behrends/Avenarius* Rn 3; aA *Kipp/Coing* § 47 III 4: Bedingung nach gesetzlicher Auslegung.
[1] *Soergel/Harder/Wegmann* Rn 3 mwN.
[2] KG DNotZ 1955, 308.
[3] OLG Bremen NJW 1970, 1923.

c) Abkömmling(e) als Nacherbe(n). Hat der Erblasser einen seiner Abkömmlinge zu Nacherben 5
eingesetzt, ist das Konkurrenzverhältnis zwischen § 2108 Abs 2 S 1 und § 2069 mit der hM[4] dahin zu
lösen, dass der Vererblichkeit der Nacherbenanwartschaft (§ 2108 Abs 2 S 1) der Vorrang vor der Ersatzberufung der Abkömmlinge des Nacherben (§ 2069) gebührt. § 2108 erscheint schon von seiner systematischen Stellung im Gesetz für diesen Fall die speziellere Vorschrift zu sein. Außerdem bliebe bei einer Umkehrung des Verhältnisses nahezu kein Anwendungsbereich für die Bestimmung des § 2108 Abs 2 S 1.
Allerdings ist bei der Anwendung des § 2108 Abs 2 S 1 besonders sorgfältig zu prüfen, ob nicht ein
abweichender Erblasserwille festgestellt werden kann[5]. Da in der Entscheidung für die Einsetzung von
Nacherben regelmäßig ein Wille zur weitreichenden Gestaltung der Erbfolge zum Ausdruck kommt,
dürfte in vielen Fällen die Ersatzberufung der eigenen Abkömmlinge des Erblassers als Auslegungsergebnis
näher liegen als die Zulassung der freien Vererblichkeit iS des § 2108 Abs 2 S 1. Schon geringe Anhaltspunkte rechtfertigen es, einen die Vererblichkeit der Nacherbenanwartschaft ausschließenden Erblasserwille anzunehmen und damit auf Grund des § 2069 zu einer Einsetzung der Abkömmlinge als Ersatz-
Nacherben zu gelangen[6]. Haben sich Eltern in einem **gemeinschaftlichen Testament** oder **Ehegattenerbvertrag** gegenseitig zu Vorerben und einen gemeinsamen Abkömmling jeweils zum Nacherben
eingesetzt, so ist regelmäßig von einem Ausschluss der Vererblichkeit und demgemäß von einer Einsetzung
der Abkömmlinge zu Ersatz-Nacherben auszugehen[7]. Soweit die Auslegung der Nacherbeneinsetzung
eine Ersatzberufung der Abkömmlinge des Nacherben ergibt, kommen diese in dem Umfang zur Nacherbfolge, in dem sie im Zeitpunkt des Nacherbfalls gesetzliche Erben des Nacherben geworden wären[8].

d) Anwachsung bei Tod eines Mit-Nacherben. Stirbt von mehreren Nacherben einer vor oder 6
gleichzeitig mit dem Nacherbfall, so wächst dessen Erbteil nicht gemäß § 2094 den verbleibenden an,
sondern seine Nacherbenanwartschaft geht gemäß § 2108 Abs 2 S 1 auf seine Erben über[9].

2. Ausschluss der Vererblichkeit. a) Aufschiebende Bedingung iS des § 2074. Kraft der 7
Anordnung des § 2108 Abs 2 S 2 ist die Vererblichkeit jedoch ausgeschlossen, wenn der Nacherbfall
von einer aufschiebenden Bedingung iS des § 2074 (zB Wiederverheiratung der Vorerbin) abhängt[10].
In diesem Falle tritt die Nacherbfolge nur dann ein, wenn der eingesetzte Nacherbe den Bedingungs-
eintritt selbst erlebt. Stirbt er vorher, so geht seine Nacherbenanwartschaft nicht gemäß § 2108 Abs 2
auf seine Erben über. Gegebenenfalls treten vom Erblasser eingesetzte Ersatz-Nacherben oder weitere
Nacherben an die Stelle des verstorbenen Nacherben. Sind weder Ersatz-Nacherben noch weitere
Nacherben bestimmt, so entfällt die Nacherbfolge und der Vor- wird unbeschränkter Vollerbe. Der
Erblasser kann jedoch in Abweichung von dieser Auslegungsregel auch für diesen Fall die Vererblichkeit
anordnen[11]. Ist die Nacherbfolge **befristet** oder **auflösend bedingt,** so gilt der Grundsatz der Vererb-
lichkeit (§ 2108 Abs 2 S 1) uneingeschränkt.

b) Anordnung des Erblassers. Der Erblasser kann die Vererblichkeit ganz oder teilweise ausschlie- 8
ßen. Ein derartiger Ausschluss ist im Verhältnis zum Grundsatz der Vererblichkeit (§ 2108 Abs 2 S 1)
die **Ausnahme.** Kann ein dahingehender Erblasserwille auch nicht im Wege der ergänzenden Auslegung zweifelsfrei festgestellt werden, so ist von der Vererblichkeit auszugehen. **Beweispflichtig**, ist, wer
sich auf die Unvererblichkeit der Nacherbenanwartschaft beruft[12].

Der Ausschluss der Vererblichkeit braucht nicht ausdrücklich erklärt zu werden, sondern kann auch 9
durch gleichbedeutende Anordnungen konkludent geschehen. Die Einsetzung eines **Ersatz-Nacherben** genügt für sich allein nicht für die Annahme einer konkludenten Ausschließung der Vererblichkeit
der Nacherbenanwartschaft, da der Ersatz-Nacherbe nicht nur im Fall des Todes des eingesetzten
Nacherben an dessen Stelle tritt, sondern auch bei jedem anderen Ereignis, das wie die Ausschlagung
oder die Feststellung der Erbunwürdigkeit zu dessen Wegfall führt[13]. Es bedarf weiterer Anhaltspunkte,
um den Ausschluss der Vererblichkeit zu rechtfertigen[14]. Ein derartiges Indiz kann die ausdrückliche
Beschränkung der Verfügungsfreiheit des Nacherben (zB „das Haus soll nicht verkauft werden"), die
ausschließliche Einsetzung engster Familienangehöriger zu Vor- und Nacherben[15] oder das erkennbare
Motiv, den Nachlass der Familie zu erhalten[16], sein. Eine dahingehende Vermutung kann jedoch
keinesfalls aufgestellt werden[17].

---

[4] BGH NJW 1963, 1150; *Musielak* ZEV 1995, 5, 7; *Kipp/Coing* § 47 IV 2 b; MünchKommBGB/*Leipold* § 2069
Rn 24; aA KGJ 52, A 73; *v. Lübtow* II S 883; für Auslegung *Soergel/Harder/Wegmann* Rn 6; offen BayObLG ZEV
1995, 25, 26.
[5] Vgl MünchKommBGB/*Leipold* § 2069 Rn 24.
[6] Vgl OLG Köln OLGZ 1968, 91; BayObLG Rpfleger 1983, 11.
[7] *Erman/M. Schmidt* § 2069 Rn 7.
[8] MünchKommBGB/*Leipold* § 2069 Rn 25 mwN.
[9] OLG Stuttgart FamRZ 1994, 1553; BayObLG FamRZ 1996, 1240, 1241; MünchKommBGB/*Grunsky* Rn 6;
einschränkend *v. Lübtow* II S 884 f.
[10] BayObLGZ 1966, 227.
[11] OLG Braunschweig MDR 1956, 296.
[12] MünchKommBGB/*Grunsky* Rn 5.
[13] RGZ 142, 171; BayObLG NJW 1961, 1799; aA *Haegele* Rpfleger 1967, 162; *Kipp/Coing* § 47 IV 2 b; *Soergel/
Harder/Wegmann* Rn 5; offen BGH NJW 1963, 1150.
[14] BayObLG NJW-RR 1994, 460 m Anm *J. Mayer* MittBayNot 1994, 111; OLG Braunschweig FamRZ 1995,
443, 444.
[15] OLG Oldenburg Rpfleger 1989, 106.
[16] BayObLG NJW-RR 1994, 460; *Soergel/Harder/Wegmann* Rn 6.
[17] BGH NJW 1963, 1150; *Soergel/Harder/Wegmann* Rn 5; aA OLG Zweibrücken Rpfleger 1977, 305, 306.

10 Die Einsetzung eines **weiteren Nacherben** im Rahmen mehrfacher Nacherbfolge kann nur dann als hinreichendes Indiz für den Ausschluss der Vererblichkeit angesehen werden, wenn der Tod des vorherigen Nacherben den Nacherbfall auslöst[18]. In allen anderen Fällen werden die Rechte des weiteren Nacherben nicht davon berührt, ob der Nachlass mit dem Tod des vorherigen Nacherben zunächst auf dessen Erben oder auf Ersatz-Nacherben übergeht. Wie bei der Einsetzung von Ersatz-Nacherben (Rn 9) bedarf es weiterer Anhaltspunkte für den Ausschluss der Vererblichkeit.

11 Hat der Erblasser in der Verfügung ausschließlich **engste Familienangehörige bedacht,** so spricht dies gegen die Vererblichkeit der Nacherbenanwartschaft[19]. Allein der Umstand, dass ein Abkömmling zum Nacherben eingesetzt ist, reicht jedoch nicht aus, um einen Ausschluss der Vererblichkeit anzunehmen[20]. Hat der Erblasser in sonstiger Weise erkennbar in dem Bemühen verfügt, den Nachlass der Familie zu erhalten, so ist die Vererblichkeit damit ausgeschlossen.

12 Hat der Erblasser die **Vererblichkeit** vollständig **ausgeschlossen,** so hat der Wegfall des Nacherben zur **Folge,** dass entweder der Vorerbe unbeschränkter Vollerbe wird oder ein oder mehrere Ersatznacherben aufrücken, sei es kraft Gesetzes oder kraft letztwilliger Verfügung. Gegen den Wegfall der Nacherbschaft und für den Eintritt der Ersatznacherben spricht, wenn der Erblasser gerade das weitere Schicksal des Nachlasses bestimmen wollte[21]. Anstatt des vollständigen Ausschlusses kann der Erblasser die Vererblichkeit auch nur **einschränken,** insbes auf einen Bruchteil, nicht jedoch einzelne Nachlassgegenstände, oder auf einen bestimmten Personenkreis (zB leibliche Abkömmlinge, Verwandte)[22]. Wenn und soweit die Erben des Nacherben zu diesem begünstigten Personenkreis gehören, erwerben sie mit dem Tod des Nacherben zunächst die Nacherbenanwartschaft und später mit dem Nacherbfall den Nachlass des ursprünglichen Erblassers. Miterben des Nacherben, die nicht gleichzeitig zu den Begünstigten gehören, sind dabei ausgeschlossen. Falls der Nacherbe ausschließlich von Personen beerbt wird, die nicht zum begünstigten Kreis gehören, so ist die Vererblichkeit der Nacherbenanwartschaft mit der Folge ausgeschlossen, dass entweder Ersatznacherbfolge oder Vollerbschaft des „Vorerben" eintritt. Die Vererblichkeit kann auch zeitlich eingeschränkt werden (zB Tod des Nacherben bis zu einem bestimmten Termin)[23].

III. Übertragbarkeit der Nacherbenanwartschaft

13 Wenn und soweit die Nacherbenanwartschaft vererblich ist, ist sie auch übertragbar, verpfändbar und pfändbar. Allerdings kann der Erblasser die Vererblichkeit zulassen und die Übertragbarkeit ausschließen oder umgekehrt[24]. Wegen der Voraussetzungen und der Wirkungen der Übertragung und Pfändung wird auf § 2100 Rn 41 ff verwiesen. Die Übertragbarkeit endet mit Eintritt des Nacherbfalls, weil damit das Anwartschaftsrecht endet. Von da an kann Gegenstand der Übertragung usw nur der Nachlass bzw der Erbteil sein.

§ 2109 Unwirksamwerden der Nacherbschaft

(1) ¹Die Einsetzung eines Nacherben wird mit dem Ablauf von 30 Jahren nach dem Erbfall unwirksam, wenn nicht vorher der Fall der Nacherbfolge eingetreten ist. ²Sie bleibt auch nach dieser Zeit wirksam,
1. wenn die Nacherbfolge für den Fall angeordnet ist, dass in der Person des Vorerben oder des Nacherben ein bestimmtes Ereignis eintritt, und derjenige, in dessen Person das Ereignis eintreten soll, zur Zeit des Erbfalls lebt,
2. wenn dem Vorerben oder einem Nacherben für den Fall, dass ihm ein Bruder oder eine Schwester geboren wird, der Bruder oder die Schwester als Nacherbe bestimmt ist.

(2) Ist der Vorerbe oder der Nacherbe, in dessen Person das Ereignis eintreten soll, eine juristische Person, so bewendet es bei der dreißigjährigen Frist.

I. Höchstdauer der Nacherbfolge

1 Die mit der Nacherbfolge notwendigerweise verbundenen Beschränkungen des Vorerben sollen nicht auf Dauer gelten. Deshalb unterbindet § 2109 Abs 1 S 1 Nacherbschaften mit einer Dauer von mehr als 30 Jahren ab dem Tod des Erblassers. Mit Fristablauf wird der Vorerbe kraft Gesetzes **unbeschränkter Vollerbe.** Im Falle der Anordnung mehrfacher Nacherbfolgen wird derjenige, der zurzeit des Fristablaufs Vorerbe ist, in dieser Weise begünstigt. Kam es dem Erblasser jedoch erkennbar darauf an, den Nachlass dem Nacherben in jedem Falle zukommen zu lassen, so entfällt abweichend von dieser Regel nicht die Einsetzung des Nacherben, sondern mit Fristablauf **gilt der Nacherbfall als eingetreten**[1].

---

[18] KG DNotZ 1955, 413.
[19] OLG Oldenburg Rpfleger 1989, 106.
[20] BGH NJW 1963, 1150; OLG Köln 1968, 91.
[21] OLG Karlsruhe FGPrax 1999, 155.
[22] MünchKommBGB/*Grunsky* Rn 7.
[23] MünchKommBGB/*Grunsky* Rn 7.
[24] *Soergel/Harder/Wegmann* Rn 11.
[1] OLG Hamburg OLGZ 1985, 538; *Staudinger/Avenarius* Rn 6; MünchKommBGB/*Grunsky* Rn 2.

Die Höchstfrist beginnt mit dem auf den Tod des Erblassers folgenden Tag und endet 30 Jahre später. Der Sinn dieser Vorschrift, nämlich übermäßige Bindungen durch Verfügungen des Erblassers zu vermeiden, rechtfertigt die analoge Anwendung auf **gesellschaftsrechtliche Nachfolgeklauseln**[2].

II. Ausnahmen von der Befristung

1. Personenbezogenes Ereignis als Nacherbfall.

Die zeitliche Beschränkung gilt nicht, wenn der Nacherbfall durch ein Ereignis in der Person des Vor- oder Nacherben ausgelöst wird und diese Person beim Tod des Erblassers bereits **geboren oder** doch zumindest **erzeugt** war[3]. Die Regelung des Nacherbfalls braucht dabei nicht ausdrücklich durch den Erblasser erfolgt zu sein. Die Ausnahme von der Befristung des § 2109 Abs 1 S 1 gilt auch, wenn auf Grund des § 2106 Abs 1 der Tod des Vorerben den Nacherbfall auslöst[4]. Umstritten ist, ob nur **personenspezifische Ereignisse** in Frage kommen[5], oder ob **jedes Ereignis**, einschließlich des Tods des Vorerben, zu Lebzeiten der Person des Vor- oder Nacherben ausreicht[6]. Der Wortlaut der Norm („in der Person") spricht zwar für die zuerst genannte Auffassung, deren sinnorientierte Auslegung jedoch für die zuletzt genannte. Die Norm soll zeitlich unbegrenzte erbrechtliche Regelungen verhindern. Eine über 30 Jahre hinausgehende Bindung erscheint jedoch dann unproblematisch, wenn Vor- oder Nacherbe beim Erbfall bereits vorhanden, mindestens aber erzeugt war und den Nacherbfall noch erlebt. Die Begrenztheit des menschlichen Lebens des Vor- oder Nacherben bildet damit die äußerste zeitliche Schranke, die die Überschreitung der 30-Jahresfrist rechtfertigt. Folgerichtig schließt § 2109 Abs 2 die Anwendung dieser Ausnahmevorschrift auf juristische Personen aus, da es bei ihnen an dieser natürlichen Grenzziehung fehlt. Einer ohnehin schwer zu fassenden zusätzlichen Spezifizierung bedarf es daher nicht. Die Nacherbfolge kann also auch nach Ablauf der 30-jährigen Frist des Abs 1 S 1 eintreten, wenn entweder der Vor- oder der Nacherbe beim Erbfall bereits vorhanden war und der Nacherbfall zu Lebzeiten eines der beiden oder mit dem Tod des Vorerben eintritt. Bei dem Ereignis kann es sich auch um eine vom Willen des Vor- oder Nacherben abhängige **Potestativbedingung** handeln[7]. Eine Überschreitung der 30-Jahresfrist ist demzufolge zulässig, wenn der Nacherbfall abhängt von der Heirat[8], dem Erreichen eines bestimmten Alters, vom Abschluss einer Ausbildung oder vom Erleben der Wiedervereinigung[9] oder sonstiger Ereignisse allgemeiner Art § 2109 Abs 2 schließt die Anwendung dieser Ausnahme zur gesetzlichen Befristung bei **juristischen Personen** aus, so dass bei in deren Person begründeten Nacherbfällen die Nacherbfolge mit Ablauf der 30 Jahre endet. Diese Vorschrift gilt analog für KG und OHG[10].

2. Einsetzung ungeborener Geschwister als Nacherben.

Auch im Falle der Einsetzung ungeborener Geschwister des Vorerben zu Nacherben oder – bei mehrfacher Erbfolge – zu weiteren Nacherben verzichtet das Gesetz auf die Einhaltung der starren 30-Jahres-Frist des § 2109 Abs 1 S 1 und begnügt sich mit der Grenzziehung durch die Lebensdauer von Vater und Mutter des eingesetzten Vor- oder Nacherben (vgl Rn 2). Nach dem Tod beider Elternteile kann der Nacherbfall nicht mehr eintreten. Zu den Geschwistern gehören auch Halbgeschwister, legitimierte Kinder iS der §§ 1719, 1736 und Adoptivkinder, soweit sie als Minderjährige mit der Wirkung des § 1754 angenommen wurden[11], von Vater oder Mutter des eingesetzten Vorerben[12].

§ 2110 Umfang des Nacherbrechts

(1) Das Recht des Nacherben erstreckt sich im Zweifel auf einen Erbteil, der dem Vorerben infolge des Wegfalls eines Miterben anfällt.

(2) Das Recht des Nacherben erstreckt sich im Zweifel nicht auf ein dem Vorerben zugewendetes Vorausvermächtnis.

Schrifttum: *Köster*, Vor- und Nacherbschaft im Erbscheinsverfahren, Rpfleger 2000, 90; *Sonntag*, Zur Rechtsnatur des Vorausvermächtnisses an den Vorerben, ZEV 1996, 450; *Wingerter*, Die Erweiterung der Befugnisse des befreiten Vorerben, 2000.

---

[2] Dafür *Däubler* JZ 1969, 502; *Westermann* JuS 1979, 763; *Soergel/Harder/Wegmann* Rn 1; dagegen *Staudinger/Avenarius* Rn 13.
[3] MünchKommBGB/*Grunsky* Rn 3 mwN.
[4] BGH NJW 1969, 1112; BayObLG FamRZ 1976, 104; BayObLG FamRZ 1990, 320.
[5] RGRK/*Johannsen* Rn 7; *Erman/M. Schmidt* Rn 2; *Brox/Walker* Rn 354.
[6] MünchKommBGB/*Grunsky* Rn 4; *Staudinger/Avenarius* Rn 8; vgl auch LG Berlin NJW 1993, 272.
[7] BGH NJW 1969, 1112.
[8] BayObLGZ 1975, 63.
[9] LG Berlin NJW 1993, 272.
[10] *Lange/Kuchinke* § 28 VII 2 b; *Staudinger/Behrends/Avenarius* Rn 11.
[11] *Staudinger/Avenarius* Rn 9; MünchKommBGB/*Grunsky* Rn 5; aA *Soergel/Harder/Wegmann* Rn 4 mwN; *Palandt/Edenhofer* Rn 5.
[12] MünchKommBGB/*Grunsky* Rn 5.

§ 2111

I. Normzweck

1 Beide Auslegungsregeln gehen von der Überlegung aus, dass der Erblasser „im Zweifel" dem Nacherben all das zuwenden will, was der Vorerbe aus dem Nachlass des Erblassers erhalten hat[1].

II. Wegfall eines Miterben

2 Das Recht des Nacherben erstreckt sich gemäß § 2110 Abs 1, wenn sich kein abweichender Erblasserwille feststellen lässt („im Zweifel"), auch auf einen gemäß § 1935, durch Anwachsung (§ 2094) oder infolge Ersatzberufung (§ 2096) erhöhten Erbteil. Der Wegfall des Miterben nach dem Nacherbfall genügt, da die Wirkungen der Ausschlagung (§ 1953), der Anfechtung (§§ 2078, 2079), der Erbunwürdigkeitserklärung (§ 2344) oder das Nichterleben einer aufschiebenden Bedingung (§ 2074) auf den Erbfall zurückbezogen wird.

III. Vorausvermächtnis an den Vorerben

3 **1. Alleinvorerbe.** Ein Vorausvermächtnis (§ 2150) erhält der Vorerbe nach der Auslegungsregel des § 2110 Abs 2 außerhalb und zusätzlich zu seinem Erbteil, ist also nicht durch die Nacherbeneinsetzung betroffen. Einem alleinigen Vorerben zusätzlich im Wege des Vorausvermächtnisses zugewendete Gegenstände unterliegen deshalb nicht den Beschränkungen der Nacherbfolge. Der alleinige Vorerbe erwirbt dieses freie Verfügungsrecht bereits mit dem Erbfall[2]. Ein im Voraus und zusätzlich zum Erbteil bzw Nachlass vermachter Gegenstand ist beim Nacherbfall nicht an den Nacherben herauszugeben. Der Erblasser kann den Vorerben und Vorausvermächtnisnehmer jedoch mit dem sog „Nachvermächtnis auf den Überrest" belasten, das, was beim Nacherbfall vom Vermächtnisgegenstand noch übrig ist, an den Nacherben herauszugeben, um wenigstens insoweit die Rechtsnachfolge zu sichern (§ 2136 Rn 3).

4 **2. Mitvorerbe.** Bei einem zum Vorerben eingesetzten Miterben ist zu unterscheiden, ob das Vermächtnis auf das Erbteil anzurechnen ist oder nicht[3]. Will der Erblasser den Vorerben lediglich gegenüber den Miterben bevorzugen, so muss dieser sich das Vermächtnis auf seinen Erbteil mit der Folge anrechnen lassen, dass der vermachte Gegenstand den Verfügungsbeschränkungen der §§ 2112 ff unterliegt und bei Eintritt des Nacherbfalls dem Nacherben herauszugeben ist. Kommt es dem Erblasser außerdem jedoch darauf an, dass der Mitvorerbe auch zu seinen Lebzeiten frei verfügen kann, so kann der Vorerbe und Vorausvermächtnisnehmer völlig frei und unbelastet durch §§ 2112 ff hierüber verfügen, und zwar auch letztwillig. Der Erblasser kann mit Hilfe eines Nachvermächtnisses erreichen, dass alles, was beim Nacherbfall vom Vermächtnisgegenstand noch übrig ist, an den Nacherben herauszugeben ist (ben Rn 3).

5 **3. Grundbuch und Erbschein.** Ist dem Vorerben ein Grundstück oder ein grundstücksgleiches Recht in dieser Weise im Voraus vermacht, darf im Grundbuch kein **Nacherbenvermerk** eingetragen werden[4]. In dem einem Vorerben erteilten **Erbschein** sind die ihm außerhalb des Erbteils bzw Nachlasses vermachten Gegenstände mit dem Hinweis aufzuführen, dass sich das Nacherbenrecht nicht hierauf bezieht[5].

§ 2111 Unmittelbare Ersetzung

(1) ¹Zur Erbschaft gehört, was der Vorerbe auf Grund eines zur Erbschaft gehörenden Rechts oder als Ersatz für die Zerstörung, Beschädigung oder Entziehung eines Erbschaftsgegenstands oder durch Rechtsgeschäft mit Mitteln der Erbschaft erwirbt, sofern nicht der Erwerb ihm als Nutzung gebührt. ²Die Zugehörigkeit einer durch Rechtsgeschäft erworbenen Forderung zur Erbschaft hat der Schuldner erst dann gegen sich gelten zu lassen, wenn er von der Zugehörigkeit Kenntnis erlangt; die Vorschriften der §§ 406 bis 408 finden entsprechende Anwendung.

(2) Zur Erbschaft gehört auch, was der Vorerbe dem Inventar eines erbschaftlichen Grundstücks einverleibt.

Schrifttum: *Baur*, „Nutzungen" eines Unternehmens bei Anordnung von Vorerbschaft und Testamentsvollstreckung, JZ 1958, 465; *Baur/Grunsky*, Eine Einmann-OHG, Beitrag zur Vor- und Nacherbschaft an einem OHG-Anteil, ZHG 133 (1969), 208; *Bökelmann*, Nutzungen und Gewinn beim Unternehmensnießbrauch, 1971; *Dillmann*, Verfügungen während der Vorerbschaft, RNotZ 2002, 1; *Hadding*, Zur Rechtsstellung der Vorerben von GmbH-Geschäftsanteilen, FS Bartholomeyczik, 1973, S 74; *Hefermehl*, Vor- und Nacherbfolge bei der Beteiligung an einer Personenhandelsgesellschaft, FS Westermann, 1974, S 223; *Naeve*, Die Auswirkungen des Einkommensteuer auf die Aufteilung von Erbschaftsvermögen und Nutzungen zwischen Vor- und Nacherben, 1995; *Roggendorf*, Surrogationserwerb bei Vor- und Nacherbfolge, MittRhNotK 1981, 29; *Timmann*, Vor- und Nacherbschaft innerhalb der zweigliedrigen OHG oder KG, 2000; *M. Wolf*, Dingliche Surrogation und Wertersatz bei der Nacherbschaft, JuS 1981, 14.

---

[1] *Staudinger/Avenarius* Rn 1; *Planck/Flad* Anm 1.
[2] BGH NJW 1960, 959; *Staudinger/Avenarius* Rn 7 mwN; aA *Staudinger/Otte* § 2150 Rn 4 f mwN; *Sonntag* ZEV 1996, 450.
[3] *Wingerter* S 14.
[4] OLG München DNotZ 1942, 383 = JFG 23, 300; *Soergel/Harder/Wegmann* Rn 2.
[5] KG DNotZ 1940, 410 = JFG 21, 122; MünchKommBGB/*Grunsky* Rn 3; einschränkend *Köster* Rpfleger 2000, 90, 97.

Unmittelbare Ersetzung   § 2111

Übersicht

	Rn		Rn
I. Funktion und Bedeutung des Surrogationsprinzips	1	2. Gesellschaftsbeteiligungen und Einzelunternehmen	11
II. Tatbestände der dinglichen Surrogation	2	a) Gewinnverteilungsgrundsatz	11
1. Erwerb auf Grund eines zur Erbschaft gehörenden Rechts	2	b) Abgrenzungsbilanz	12
2. Ersatzerwerb	3	c) Entnahmerecht des Vorerben	17
3. Erwerb mit Mitteln aus dem Nachlass	4	**IV. Abweichung von der gesetzlichen Surrogation**	18
a) Erwerb durch Vorerben	4	1. Anordnungen des Erblassers	18
b) Einsatz von Mitteln aus dem Nachlass	5	2. Vereinbarung zwischen Vor- und Nacherbe	19
c) Ursächlichkeit des Mitteleinsatzes für Erwerb	6	**V. Wirkungen der Surrogation**	20
d) Erwerb auf Grund Rechtsgeschäfts	7	1. Zeitpunkt	20
4. Inventarerwerb	9	2. Teilweiser Mitteleinsatz	21
III. Keine Surrogation der Nutzungen	10	3. Nacherbenvermerk	22
1. Grundsätze	10	4. Vertrauensschutz gemäß Abs 1 S 2	23
		VI. Beweisfragen	24

I. Funktion und Bedeutung des Surrogationsprinzips

Die dingliche Surrogation des § 2111 dient der **Substanzsicherung**[1] und ist für den Schutz des Nacherben vor Nachlassveränderungen zwischen Erb- und Nacherbfall von zentraler Bedeutung. Ohne die Regelung des § 2111 wäre er auf schuldrechtliche Ersatz- und Ausgleichsansprüche gegen den Vorerben angewiesen. Demgegenüber erstreckt diese Vorschrift den Herausgabeanspruch des Nacherben über die beim Erbfall bereits vorhandenen Nachlassgegenstände hinaus auf die Surrogate iS des § 2111. Diese **dingliche Surrogation** tritt unmittelbar kraft Gesetzes ein und kann weder durch Anordnungen des Erblassers noch durch Vereinbarung zwischen Vor- und Nacherbe oder zwischen Vorerbe und Geschäftspartner erweitert oder eingeschränkt werden. Allerdings kann der schuldrechtliche Herausgabeanspruch des Nach- gegen den Vorerben sowohl durch Anordnungen des Erblassers als auch durch Vereinbarung zwischen Vor- und Nacherbe modifiziert werden (Rn 12 f). § 2111 dient ausschließlich der Substanzsicherung und ändert daher nichts an dem Grundsatz, dass die **Nutzungen** des Nachlasses dem Vorerben gebühren[2]. Die Nutzungen, die dem Vorerben verbleiben, sind daher von den Surrogaten, die dem Nacherben herauszugeben sind, abzugrenzen (Rn 10). Das Surrogationsprinzip bezieht sich auf nicht mehr, aber auch nicht weniger als die Substanz des Nachlasses, und zwar einschließlich der zwischen Erb- und Nacherbfall auf Grund des § 2111 an die Stelle von Nachlassgegenständen getretenen Surrogate. Dem Vorerben ist es folglich verwehrt, Nachlassgegenstände in sein eigenes freies Vermögen überzuführen oder umgekehrt eigene Vermögenswerte dem Nachlass einzuverleiben. Derartige Vermögensverschiebungen sind im Rahmen des § 2111 unbeachtlich[3].

II. Tatbestände der dinglichen Surrogation

1. Erwerb auf Grund eines zur Erbschaft gehörenden Rechts. Der Tatbestand des § 2111 Abs 1 S 1 Alt 1 erfasst nur, was unmittelbar kraft Gesetzes auf Grund eines zur Erbschaft gehörenden Rechts erworben wird, also insbes durch Verbindung und Vermischung (§§ 946 ff), Ersitzung (§ 937), Schatzfund in einer zur Erbschaft gehörenden Sache (§ 984) oder die Annahme einer noch vom Erblasser angefallenen Erbschaft (§ 1952), nicht jedoch den Erwerb des Grundstückseigentums durch Ausschluss des bisherigen Eigentümers gemäß § 927 Abs 2[4]. Sobald der Erwerb durch ein Rechtsgeschäft oder ein wirtschaftlich gleichstehendes Ereignis vermittelt wird, handelt es sich um einen Erwerb mit Mitteln der Erbschaft iS des Abs 1 S 1 Alt 3 (Rn 4 ff).

2. Ersatzerwerb. Zu den Surrogaten gehören gemäß § 2111 Abs 1 S 1 Alt 2 auch alle Gegenstände, die der Vorerbe als Ersatz für die Zerstörung, Beschädigung oder Entziehung eines Nachlassgegenstands erhalten hat, und zwar ohne Rücksicht darauf, ob der Anspruch auf Gesetz oder Rechtsgeschäft beruht, also insbes Schadensersatzleistungen aller Art, einschließlich solcher aus Gefährdungshaftung, Versicherungsleistungen[5], Enteignungsentschädigungen[6], der Lastenausgleich für vom Erblasser eingebrachte Vermögenswerte[7], Leistungen auf Grund des VermG wegen Enteignungen im Gebiet der ehemaligen DDR[8], ein Überschuss aus der Zwangsversteigerung eines Nachlassgrundstücks[9] oder Bereicherungs-

---

[1] BGH NJW-RR 1988, 386.
[2] BGH NJW 1990, 514; MünchKommBGB/*Grunsky* Rn 20.
[3] OLG Köln NJW-RR 1987, 267; MünchKommBGB/*Grunsky* Rn 5; *Staudinger/Avenarius* Rn 6 f.
[4] RGZ 76, 357, 360; MünchKommBGB/*Grunsky* Rn 7; aA *Staudinger/Avenarius* Rn 16.
[5] MünchKommBGB/*Grunsky* Rn 8; zweifelnd *Lange/Kuchinke* § 41 Fn 22.
[6] BGH RdL 1956, 189.
[7] BGH NJW 1966, 592.
[8] *Wasmuth* DNotZ 1992, 3.
[9] BGH NJW 1993, 3198.

ansprüche, vor allem auf Grund des § 951[10]. Diese Alternative erfasst nur unmittelbar als Ersatz an die Stelle des Nachlassgegenstandes getretenen Schadensersatz- oder Bereicherungsansprüche, nicht dagegen den dinglichen Herausgabeanspruch oder den Anspruch auf das Entgelt gemäß § 816 Abs 1 S 1[11].

4 **3. Erwerb mit Mitteln aus dem Nachlass. a) Erwerb durch Vorerben.** Die Surrogation auf der Grundlage des § 2111 Abs 1 S 1 Alt 3 ist nur möglich, wenn dem Vorerben ein **Vermögenswert** zufließt, sei es in Form eines Rechts, des Eigentums oder des Besitzes an einer Sache. Selbst eine vermögenswerte Rechtsposition wie eine unrichtige Grundbucheintragung stellt ein derartiges Surrogat dar[12]. Eine dingliche Surrogation kommt grds auch bei allen höchstpersönlichen und nicht übertragbaren Vermögenswerten (zB Nießbrauch) in Betracht[13]. Davon zu unterscheiden ist die Frage, ob der Nacherbe mit dem Nacherbfall die Herausgabe derartiger Vermögenswerte verlangen kann. Wenn und soweit dies aus rechtlichen Gründen ausgeschlossen ist, zB Nießbrauch[14], Kommanditanteil, so erfasst das Nacherbenrecht doch mindestens einen etwaigen Anspruch auf Wertersatz, insbes ein Abfindungs- oder Auseinandersetzungsguthaben aus unvererblichen und nicht abtretbaren Gesellschaftsbeteiligungen[15]. Ein Vermögenserwerb ist dagegen aus tatsächlichen Gründen nicht gegeben, wenn der Vorerbe mit Nachlassmitteln eigene **Verbindlichkeiten** bezahlt, den Nachlass verschleudert (zB Verschwendung infolge Drogenmissbrauchs) oder der Gegenstand durch **Verbindung, Vermischung oder Verarbeitung** (§§ 946 ff, 950) untergegangen ist[16]. Im zuletzt genannten Fall tritt allerdings Surrogation gemäß Abs 1 S 1 Alt 1 ein (Rn 2). Der Vermögenserwerb muss beim Vorerben eintreten. Handelt der Vorerbe als **Vertreter** eines Dritten und schließt er unter Einsatz von Nachlassmitteln einen echten **Vertrag zugunsten Dritter**, so tritt keine dingliche Surrogation ein[17]. Völlig ohne Bedeutung ist der Wille des Vorerben und/oder des Geschäftspartners, anstelle des Nachlasses das eigene freie Vermögen des Vorerben bereichern zu wollen.

5 **b) Einsatz von Mitteln aus dem Nachlass.** Nachlassmittel sind nur, aber auch immer dann eingesetzt, wenn sie in tatsächlicher Hinsicht aus dem Vermögen des Vorerben weggegeben worden sind. Nach zutreffender hM ist der Eintritt der dinglichen Surrogation nicht von der Wirksamkeit der zugrundeliegenden Verfügung abhängig[18]. Dabei kommt es nur darauf an, dass der **Verlust** der Nachlassmittel objektiv eingetreten ist. Auch wenn der Vorerbe und/oder sein Geschäftspartner die eingesetzten Mittel gutgläubig für Eigenvermögen hält, tritt die Surrogation ein[19]. Die Einschaltung eines Dritten (zB Zwischenfinanzierung über Kreditinstitut) schließt die Surrogation ebenfalls nicht aus, wenn der Nachlass dadurch objektiv geschmälert wird[20]. Nimmt der Vorerbe zum Zwecke des Erwerbs einen **Kredit** mit der Absicht auf, diesen aus dem Nachlass zu tilgen, so fällt der erworbene Vermögenswert selbst dann sofort in den Nachlass, wenn die Tilgung anschließend tatsächlich aus dem Eigenvermögen erfolgt; der Vorerbe ist in diesem Fall auf Aufwendungsersatzansprüche gegen den Nacherben beschränkt[21]. Wird der Kredit vom Vorerben in der Absicht aufgenommen, diesen mit eigenen Mitteln zurückzuzahlen, so tritt Surrogation nur und erst ein, wenn später die Rückzahlung aus dem Nachlass erfolgt[22]. In beiden Fällen ist es unerheblich, ob zur Sicherung des Kredits Rechte, insbes Grundpfandrechte, an Nachlassgegenständen für die Gläubiger bestellt werden. Ausschlaggebend ist allein die erkennbare Willensrichtung des Vorerben bei der Kreditaufnahme, wobei allerdings die Stellung von Sicherheiten ein Indiz in der einen oder anderen Richtung sein kann. Erfüllt der Vorerbe aus seinem freien Eigenvermögen eine **Nachlassverbindlichkeit**, die durch ein Pfandrecht oder ein Grundpfandrecht an einem Nachlassgegenstand gesichert ist, so fallen weder die Rückgriffsansprüche noch etwaige Eigentümergrundschulden oder Rückgewähransprüche in den Nachlass, sondern stehen dem Vorerben zur freien Verfügung[23]. Wegen der Rechtsfolgen eines Erwerbs, der nur zum Teil auf Einsatz von Nachlassmitteln beruht, wird auf Rn 15 verwiesen.

6 **c) Ursächlichkeit des Mitteleinsatzes für Erwerb.** Der Mitteleinsatz muss für den beim Vorerben eingetretenen Vermögenserwerb ursächlich sein. Dazu bedarf es keines rechtlichen Kausalverhältnisses. Es genügt vielmehr jeder wirtschaftliche Zusammenhang, der die Mittelhingabe und den Vermögenserwerb als Austauschvorgang erscheinen lässt[24]. Folglich ergreift § 2111 Abs 1 S 1 Alt 3 auch alle Gegengeschenke, die durch die Schenkung aus dem Nachlass motiviert sind.

---

[10] MünchKommBGB/*Grunsky* Rn 8.
[11] *Lange/Kuchinke* § 41 II 2 c.
[12] Vgl *Roggendorff* MittRhNotK 1981, 29, 33; *Staudinger/Gursky* § 2019 Rn 5.
[13] BGH NJW 1990, 514; *Palandt/Edenhofer* Rn 5; aA *Roggendorff* MittRhNotK 1981, 29, 33.
[14] *Lange/Kuchinke* § 41 III 2 d.
[15] BGH NJW 1990, 514.
[16] *Roggendorff* MittRhNotK 1981, 29, 33; vgl *Lange/Kuchinke* § 41 III 2 d.
[17] *Roggendorff* MittRhNotK 1981, 29, 33.
[18] *Roggendorff* MittRhNotK 1981, 29, 33, 34 mwN; aA *Böhm*, Surrogation trotz Unwirksamkeit einer Verfügung?, 1973, S 25, 39.
[19] *Palandt/Edenhofer* Rn 5.
[20] BGH NJW 1990, 1237, 1238.
[21] MünchKommBGB/*Grunsky* Rn 15.
[22] BGH NJW 1990, 1237, 1238.
[23] BGH NJW 1993, 3198.
[24] *Roggendorff* MittRhNotK 1981, 29, 33.

d) Erwerb auf Grund Rechtsgeschäfts. Umstritten ist, ob die dingliche Surrogation nur bei einem Vermögenserwerb auf der Grundlage eines Rechtsgeschäfts eintritt[25], oder ob dazu auch wirtschaftlich gleichstehende Austauschverhältnisse ausreichen, bei denen jedoch formal das **Gesetz** (zB Entstehen einer Eigentümergrundschuld durch Rückzahlung einer hypothekarisch gesicherten Forderung) oder ein **Hoheitsakt** (zB Zuschlag in der Zwangsversteigerung) den Rechtsgrund bildet[26]. Die engere Auffassung kann sich auf den Wortlaut des Gesetzes berufen. Nimmt man jedoch den Zweck des Surrogationsprinzips, dem Nacherben die Substanz des Nachlasses zu sichern, ernst, so kann man die dadurch entstehende Regelungslücke nicht hinnehmen. Deshalb kann es allein darauf ankommen, ob der Austauschvorgang wirtschaftlich einem rechtsgeschäftlichen gleichsteht, nicht jedoch auf die rechtstechnische Ausgestaltung. Losgelöst von den Meinungsunterschieden zur Rechtsnatur der Erfüllung ist deshalb auch jede Leistung zur Erfüllung einer Nachlassforderung deren Surrogat. Etwa bestellte Sicherheiten (zB Grundpfandrechte) fallen damit ebenfalls in den Nachlass.

Die Art des Geschäfts, das dem Erwerb zugrunde liegt, ist ohne jede Bedeutung. Bei einem **Kauf-** **oder Tauschvertrag** erfasst § 2111 die Gegenleistung. Bei einer **Auseinandersetzung** der Erbengemeinschaft sind Surrogat diejenigen Vermögenswerte, die der Vorerbe dabei erwirbt[27]. Folglich ist bei auf Grund der Erbauseinandersetzung durch den Vorerben erlangtem Grundbesitz der Nacherbenvermerk einzutragen[28]. Bei einer Versteigerung zum Zwecke der Auseinandersetzung der Erbengemeinschaft ist der dem Vorerben gebührende Anteil am Versteigerungserlös Surrogat iS des § 2111[29]. Verwendet der Vorerbe Nachlassmittel zur Durchführung der **Kapitalerhöhung** bei einer juristischen Person, so fällt der dabei erworbene Gesellschaftsanteil (zB Aktie) in den Nachlass. Übt der Vorerbe bei einer Kapitalerhöhung zum Nachlass gehörende Bezugsrechte aus, so fallen die erworbenen Gesellschaftsanteile ohne Rücksicht darauf, ob dieser Zuzahlungen aus seinem Eigenvermögen erbracht hat, in das erbrechtliche Sondervermögen, unbeschadet eines entsprechenden Ausgleichsanspruchs nach dem Nacherbfall[30]. Scheidet der Vorerbe aus einer **Personengesellschaft** aus oder wird eine **Gesellschaft aufgelöst,** so fällt das Auseinandersetzungs- bzw Abfindungsguthaben in den Nachlass[31]. Bei der Bestellung von **Sicherheiten** an Nachlassgegenständen (zB Grundschulden, Hypotheken, Pfandrechte) für eigene Schulden des Vorerben oder für solche von Dritten sind Surrogate die für den Fall der Befriedigung des Gläubigers entstehenden Rückgriffsansprüche gegen den Schuldner bzw die von diesem zur Freistellung erworbenen Vermögenswerte.

4. Inventarerwerb. Der Surrogationstatbestand des § 2111 Abs 2, der inhaltlich den §§ 588 Abs 2, 1048 Abs 1 entspricht, kommt nur dann zum Tragen, wenn der Vorerbe die Inventargegenstände mit Mitteln aus seinem eigenen freien Vermögen erworben hat, weil andernfalls Abs 1 eingreifen würde. Inventargegenstände gehören selbst dann zum Nachlass, wenn sie nicht als Ersatz für weggefallene Gegenstände angeschafft worden sind. Ersatzansprüche des Vorerben ergeben sich aus §§ 2124, 2125 und Wegnahmerechte aus § 2125 Abs 2.

III. Keine Surrogation der Nutzungen

1. Grundsätze. Die Nutzungen (§§ 99, 100) des Nachlasses zwischen Erb- und Nacherbfall stehen dem Vorerben als dessen Inhaber kraft eigenen Rechts zu. Sie gehören als Surrogate zwar zum Nachlass, gebühren jedoch dem Vorerben und sind deshalb nicht an den Nacherben herauszugeben[32]. Dieses Grundprinzip der Nacherbfolge wird durch § 2111 Abs 1 S 1 letzter HS anerkannt. Diese Verteilungsregel betrifft jedoch ausschließlich das Verhältnis zwischen Vor- und Nacherbe. Dass Nachlassgläubiger vollen Zugriff auf die Nutzungen haben. Der Vorerbe hat nur Anspruch auf die Nutzungen zwischen Erb- und Nacherbfall, so dass er die von ihm gezogenen, auf diesen Zeitraum entfallenden Nutzungen beim Nacherbfall behalten kann. Soweit Nutzungen für diese Zeit erst nach dem Nacherbfall gezogen werden können (zB Auflösung von Kapital- und Gewinnrücklagen, Gewinnausschüttung auf Grund Gewinnverwendungsbeschluss einer Kapitalgesellschaft), kann der Vorerbe vom Nacherben deren Herausgabe als ungerechtfertigte Bereicherung (§§ 812 ff) fordern. Nutzungen aus der Zeit vor dem Tod des Erblassers sind vom Vorerben beim Nacherbfall herauszugeben. Nutzungen, die der Vorerbe bis zum Nacherbfall gezogen hat, gehen in sein Vermögen selbst dann über, wenn er dabei die Grenzen einer ordnungsgemäßen Wirtschaft überschritten hat (Übermaßfrüchte)[33].

2. Gesellschaftsbeteiligungen und Einzelunternehmen. a) Gewinnverteilungsgrundsatz. Zu den Nutzungen gehört bei Gesellschaftsbeteiligungen oder Einzelunternehmen der Anspruch auf den laufenden Gewinn, nicht dagegen der Gewinn aus Veräußerungsgeschäften dieser Beteiligungen, einschließlich etwaiger Bezugsrechte[34], oder Unternehmen[35]. Soweit in dem Gewinn der Gesellschaft

---

[25] RGZ 136, 353, 357; RGRK/*Johannsen* Rn 6; *Palandt/Edenhofer* Rn 3.
[26] *Kipp/Coing* § 49 II 2 a; *Brox* Rn 578; *Soergel/Harder/Wegmann* Rn 9; MünchKommBGB/*Grunsky* Rn 13; *Roggendorff* MittRhNotK 1981, 29, 33.
[27] BGH DNotZ 2001, 392, 394; OLG Hamm ZEV 1995, 336.
[28] BayObLG FamRZ 1987, 104; OLG Hamm NJW-RR 1995, 1289.
[29] MünchKommBGB/*Grunsky* Rn 9.
[30] *Roggendorff* MittRhNotK 1981, 29, 38; *Staudinger/Avenarius* Rn 38; aA MünchKommBGB/*Grunsky* Rn 9.
[31] MünchKommBGB/*Grunsky* Rn 16.
[32] BGH NJW 1981, 115.
[33] *Dillmann* RNotZ 2002, 1, 5.
[34] *Erman/M. Schmidt* Rn 6.
[35] Vgl MünchKommBGB/*Grunsky* Rn 28.

§ 2111

oder des Einzelunternehmens außerordentliche Gewinne (zB Teilbetriebsveräußerung, Verkauf von Beteiligungen an anderen Unternehmen) enthalten sind, gebühren auch diese als Nutzung dem Vorerben[36]. Wird dagegen bei einer Kapitalgesellschaft das Grund- bzw Stammkapital aus Gesellschaftsmitteln durch Rücklagenumwandlung erhöht, so stehen die dabei entstandenen Beteiligungen nicht etwa dem Vorerben zu, sondern gebühren als Surrogate dem Nacherben[37].

12   **b) Abgrenzungsbilanz.** Dem Vorerben steht nicht der Bruttogewinn, sondern nur der nach Abzug der Steuern verbleibende Reingewinn zu[38]. Der Gewinn oder Verlust ist auf der Basis der jährlich[39] zu erstellenden Handelsbilanz zu ermitteln[40], die jedoch zum Zwecke der Nutzungsabgrenzung zwischen Vor- und Nacherbe zu korrigieren ist[41]. Wenn die Gesellschaft oder das Unternehmen nicht ohnehin bereits kraft Gesetzes bilanzierungspflichtig ist, ist allein zu diesem Zweck eine Bilanz zu erstellen.

13   Für diese Abgrenzungsbilanz gelten folgende Besonderheiten:
– Gemäß §§ 253, 280 HGB zulässige **stille Reserven** sind aufzulösen[42].
– Abweichend von den Vorschriften des Handelsrechts rechnen auch das zwischen Erb- und Nacherbfall erbrachte **Eigenkapital** (§§ 266 Abs 3 A. I., 272 HGB) sowie die in diesem Zeitraum entstandenen (freien) Kapital- (§ 266 Abs 3 A. II. HGB)[43] und **Gewinnrücklagen** (§ 266 Abs 3 A. III. HGB) zum Gewinn. Das Gleiche gilt für einen in dieser Zeit gebildeten **Gewinn- oder Verlustvortrag** (§ 266 Abs 3 A. IV. HGB).
– Zweckgebundene **Rückstellungen** iS des § 249 HGB, insbes Pensionsrückstellungen, Steuerrückstellungen oder Rückstellungen wegen bestimmter Geschäftsrisiken, wirken sich erst gewinnerhöhend aus, wenn und sobald sie aufgelöst werden, weil das Ausbleiben des Geschäftsrisikos endgültig feststeht (§ 249 Abs 3 S 2 HGB), und zwar auch dann, wenn dies erst nach dem Nacherbfall geschieht[44]. Die Bildung derartiger Rückstellungen ist zwar Ausdruck der dem Vorerben obliegenden Erhaltungspflicht[45]. Wird jedoch nachträglich festgestellt, dass die entsprechenden Geschäftsrisiken nicht mehr eintreten können, so sind diese gewinnerhöhend aufzulösen, und zwar unabhängig, ob dies vor oder nach dem Nacherbfall geschieht. Verdeckte Gewinnausschüttungen (zB verbilligter Warenbezug, unangemessen hohes Geschäftsführergehalt) stellen keine Nutzung dar, sondern begründen Wertersatzansprüche des Nacherben gemäß § 2133, soweit sie das übliche Maß übersteigen[46].

14   Bei all diesen Bilanzkorrekturen ist jedoch zu berücksichtigen, dass bei der Auflösung stiller Reserven und bei der Berücksichtigung von Eigenkapital, Rücklagen, Gewinn- und Verlustvorträgen sowie Rückstellungen der Vorerbe nur Anspruch auf diese hat, wenn und soweit diese nach dem Tod des Erblassers, aber vor dem Nacherbfall dem Grunde nach entstanden sind[47].

15   Eine **zeitliche Zuordnung** ist zwar äußerst schwierig, jedoch für die nach dem Gesetz notwendige Abgrenzung unerlässlich. Der so ermittelte Gewinn steht im Verhältnis zum Nacherben dem Vorerben als Nutzung zu, und zwar ohne Rücksicht darauf, ob er den Anspruch auf diesen Gewinn nach Gesetz oder Gesellschaftsvertrag realisieren kann. Unerheblich ist daher der Zeitpunkt der Beschlussfassung über die Gewinnverwendung. Wenn und soweit der Gewinn zwischen Erb- und Nacherbfall erwirtschaftet worden ist, gebührt er dem Vorerben[48]. Ist eine **Realisierung** aus irgendeinem Grunde vorerst ausgeschlossen, so kann der Vorerbe seinen Anspruch ggf aus dem Auseinandersetzungsguthaben befriedigen. Kann der Anspruch erst nach Eintritt des Nacherbfalls durchgesetzt werden, so hat der Vorerbe insoweit einen Anspruch aus ungerechtfertigter Bereicherung gegen den Nacherben[49]. Sind vor Eintritt des Nacherbfalls Rücklagen oder Rückstellungen aus der Zeit vor dem Tod des Erblassers aufgelöst worden, fallen die dem Vorerben zugeflossenen Beträge in den Nachlass[50].

16   Entstandene **Verluste** sind durch später erzielte Gewinne auszugleichen, soweit sie nicht durch früher gebildete Rücklagen gedeckt sind[51]. Die Pflicht zum Ausgleich von späteren Verlusten durch früher Gewinne hängt richtiger Auffassung nach von der Art der Gesellschaftsbeteiligung oder des Unternehmens ab. Bei der Beteiligung an einer Kapitalgesellschaft oder bei einer Kommanditeinlage ist eine derartige Pflicht zum Verlustausgleich lediglich bis zur Höhe noch ausstehender Einlagen oder im Gesellschaftsvertrag vorgesehener Nachschüsse gegeben. In allen anderen Fällen ist der Vorerbe dagegen

---
[36] *Roggendorff* MittRhNotK 1981, 29, 37.
[37] *Palandt/Edenhofer* Rn 7.
[38] *Wachter* ZEV 2001, 78, 79.
[39] Ausf *MünchKommBGB/Grunsky* Rn 21.
[40] *Palandt/Edenhofer* Rn 7; *Soergel/Harder/Wegmann* Rn 15; für Steuerbilanz *Staudinger/Avenarius* Rn 40; *Bökelmann* S 249.
[41] *MünchKommBGB/Grunsky* Rn 25.
[42] *MünchKommBGB/Grunsky* Rn 25.
[43] Vgl *Roggendorf* MittRhNotK 1981, 29, 37; aA *Hadding* S 75, 90.
[44] *Timmann* S 130; *Erman/M. Schmidt* Rn 6; einschränkend *MünchKommBGB/Grunsky* Rn 29.
[45] *MünchKommBGB/Grunsky* Rn 29.
[46] AA *Roggendorff* MittRhNotK 1981, 29, 33.
[47] Ähnlich *MünchKommBGB/Grunsky* Rn 28; *Erman/M. Schmidt* Rn 6.
[48] BGH NJW 1990, 514, 515; *MünchKommBGB/Grunsky* Rn 28.
[49] *Erman/M. Schmidt* Rn 6.
[50] *Roggendorff* MittRhNotK 1981, 29, 33.
[51] *Bökelmann* S 251, 183 f; *MünchKommBGB/Grunsky* Rn 26; *Soergel/Harder/Wegmann* Rn 15; diff *Timmann* S 137 ff.

verpflichtet, frühere Gewinne in vollem Umfang zum Verlustausgleich zu verwenden[52]. Dem Vorerben verbleibt damit lediglich der Saldo aus Gewinnen und Verlusten in dieser Zeit.

c) Entnahmerecht des Vorerben. Ob dem Vorerben bei einem defizitären Unternehmen, stets ein Entnahmerecht in Höhe des angemessenen Geschäftsführer- oder Unternehmerlohns[53] oder analog § 122 HGB[54] zusteht, hängt davon ab, ob die Anordnung der Nacherbfolge nach dem Willen des Erblassers der Sicherung des Lebensunterhalts des Vorerben dienen soll. Wollte er dagegen in erster Linie das Unternehmen dem Nacherben erhalten, so kann ein derartiges Entnahmerecht nur angenommen werden, wenn der Erblasser dieses ausdrücklich angeordnet hat. Erfasst die Nacherbfolge noch **weitere Gegenstände oder Sachgesamtheiten**, so sind die Nutzungen aus dem Saldo sämtlicher Erträge hieraus zu ermitteln[55]. 17

IV. Abweichung von der gesetzlichen Surrogation

1. Anordnungen des Erblassers. Der Erblasser kann die Surrogation nicht vollständig **ausschließen**, wohl aber deren Bezugsgröße, nämlich den Umfang des Nacherbenrechts, **einschränken** (vgl § 2100 Rn 24). Er kann insbes durch Zuwendung von Vorausvermächtnissen (§ 2110 Abs 2) oder Auflagen an den Vorerben den Anspruch des Nacherben auf Herausgabe von bestimmten Gegenständen und/oder Nutzungen einschränken oder ganz ausschließen[56]. Der Erblasser kann insbes regeln, in welchem Umfang der Vorerbe berechtigt ist, die Nutzungen des Nachlasses zu ziehen. Gehört ein Unternehmen zum Nachlass, so kann und sollte der Erblasser die Art und Weise der Gewinnermittlung, den Gewinn- und Verlustausgleich sowie Mindestentnahmerechte festlegen. Derartige Anordnungen des Erblassers beschränken oder erweitern zwar den Herausgabeanspruch des Nacherben, ohne damit allerdings die kraft Gesetzes zwingend eintretende Surrogation verhindern zu können. 18

2. Vereinbarung zwischen Vor- und Nacherbe. Die Surrogation kann weder vom Vor- noch vom Nacherben **einseitig** ausgeschlossen oder geändert werden. Dem Vorerben ist es insbes verwehrt, Nachlassgegenstände in sein freies Eigentum zu überführen oder eigenes Vermögen dem Nachlass einzuverleiben. Da der Vorerbe mit Zustimmung des Nacherben den Nachlass beeinträchtigende Verfügungen iS der §§ 2112 ff vornehmen kann, muss es auch zugelassen werden, dass Vor- und Nacherbe gemeinsam durch **Vereinbarung**, insbes im Wege des Vergleichs oder der vorweggenommenen Nacherbfolge, den Umfang des Nachlasses und damit die Bezugsgröße der dinglichen Surrogation festlegen[57]. Dagegen kann die Zustimmung des Testamentsvollstreckers diese Wirkung nicht entfalten[58]. Zur Zulässigkeit von Vereinbarungen zwischen Vor- und Nacherbe, Nachlassgegenstände in das durch Nacherbenrecht unbelastete Eigenvermögen zu überführen, s § 2113 Rn 26. 19

V. Wirkungen der Surrogation

1. Zeitpunkt. Die Surrogationswirkung tritt grds mit dem Erwerb durch den Vorerben ein. Beim noch nicht (vollständig) erfüllten Vertrag tritt die Surrogation erst ein, wenn der veräußerte Gegenstand nach sachenrechtlichen Grundsätzen übereignet oder abgetreten ist. Steht der Vorerbe noch nicht erfüllter Anspruch auf eine Gegenleistung zu, so gehört zunächst dieser Anspruch und ab Erfüllung die Gegenleistung (zB Geld) zum Nachlass. S zum Surrogationszeitpunkt bei einem kreditfinanzierten Erwerb Rn 5. 20

2. Teilweiser Mitteleinsatz. Werden zum Zwecke des Erwerbs eines Gegenstands nur teilweise Mittel aus dem Nachlass verwendet, so fällt nur der diesem Anteil entsprechende Teil im Wege der Surrogation in den Nachlass. Hat der Vorerbe die restlichen Mittel seinem eigenen freien Vermögen entnommen, so wird er nach außen Alleineigentümer bzw alleiniger Inhaber des Vermögensgegenstands, während er im Verhältnis zum Nacherben auf Grund der teilweisen dinglichen Surrogation den gesetzlichen Verfügungs- und Verwaltungsbeschränkungen unterliegt. Mit Eintritt des Nacherbfalls werden der Vor- und der Nacherbe in Gemeinschaft gemäß §§ 741 ff Eigentümer bzw Inhaber des Vermögenswerts, wobei sich die Anteile abweichend von § 742 nach dem Verhältnis der eingesetzten Mittel zueinander bemessen. Eine derartige Aufteilung ist jedoch entgegen der Ansicht des BGH[59] ausgeschlossen, wenn der Vorerbe mit Nachlassmitteln ein Gebäude auf einem eigenen Grundstück mit der Folge errichtet, dass jenes wesentlicher Bestandteil des Grundstücks wird (§§ 93, 94)[60]. Nach § 946 folgt das Eigentum am Gebäude dem am Grundstück, und nicht umgekehrt. Zudem erwirbt der Vorerbe das Eigentum am Gebäude nicht auf Grund des Mitteleinsatzes, sondern der sachenrechtlichen Vorschrift des § 946. 21

---

[52] Für Verlustausgleichspflicht in allen Fällen *Soergel/Harder/Wegmann* Rn 15; gegen jede Ausgleichspflicht MünchKommBGB/*Grunsky* Rn 26; diff *Staudinger/Avenarius* Rn 40.
[53] MünchKommBGB/*Grunsky* Rn 25.
[54] *Soergel/Harder/Wegmann* Rn 15; *Erman/M. Schmidt* Rn 6; abl *Timmann* S 133.
[55] MünchKommBGB/*Grunsky* Rn 23, 26.
[56] MünchKommBGB/*Grunsky* Rn 20.
[57] MünchKommBGB/*Grunsky* Rn 4; *Reimann* DNotZ 2007, 579, 591 f; offen gelassen in BGH NJW 1963, 2320, 2322.
[58] OLG Köln NJW-RR 1987, 267.
[59] NJW 1977, 1631.
[60] *Peters* NJW 1977, 2075; *Roggendorff* MittRhNotK 1981, 29, 31; *M. Wolf* JuS 1981, 14; *Staudinger/Behrends/Avenarius* Rn 3.

§ 2112

22 **3. Nacherbenvermerk.** Wird vom Vorerben ein Grundstück oder ein grundstücksgleiches Recht im Wege der dinglichen Surrogation erworben, so ist von Amts wegen im Grundbuch ein Nacherbenvermerk einzutragen[61]. Entsprechendes gilt beim Erwerb eines Schiffes oder eines Luftfahrzeugs.

23 **4. Vertrauensschutz gemäß Abs 1 S 2.** Der Schuldner einer Forderung, die im Wege der dinglichen Surrogation in den Nachlass gefallen ist, wird in seinem Vertrauen ebenso geschützt wie durch § 2019 Abs 2. Beruht der Forderungserwerb nicht auf einem Rechtsgeschäft, können die §§ 851, 893 und 2367 eingreifen.

VI. Beweisfragen

24 Die Beweislast für den Eintritt der dinglichen Surrogation trägt nach den allgemeinen Regeln der Nacherbe. Hat der Vorerbe jedoch Nachlass- und Eigenvermögen in einer Weise verwaltet, dass für Außenstehende eine Unterscheidung nicht möglich ist (zB gemeinsames Bankkonto), so trägt dieser die Beweislast dafür, dass der Erwerb nicht mit Mitteln des Nachlasses erfolgt ist[62]. Nur so kann einer Umgehung der Surrogationsregeln wirksam begegnet werden. Außerdem hat es allein der Vorerbe in der Hand, für eine getrennte Vermögensverwaltung zu sorgen.

§ 2112 Verfügungsrecht des Vorerben

Der Vorerbe kann über die zur Erbschaft gehörenden Gegenstände verfügen, soweit sich nicht aus den Vorschriften der §§ 2113 bis 2115 ein anderes ergibt.

I. Verpflichtungsgeschäfte

1 Der Vorerbe ist durch §§ 2112 ff nicht gehindert, Verbindlichkeiten mit Wirkung für den Nachlass einzugehen[1]. Derartige Verpflichtungsgeschäfte sind jedoch als **Nachlassverbindlichkeiten** vom Nacherben nach Eintritt des Nacherbfalls nur dann zu erfüllen, wenn der Vorerbe sich dabei im Rahmen ordnungsgemäßer Verwaltung (§ 2120 Rn 2 f) gehalten hat[2]. Sind dagegen die Grenzen ordnungsgemäßer Verwaltung vom Vorerben überschritten worden, so handelt es sich bei diesen Verpflichtungen nicht um Nachlassverbindlichkeiten, so dass für deren Erfüllung nicht der Nach-, sondern ausschließlich der **Vorerbe haftet**[3]. Die Eingehung von Verpflichtungen durch den Vorerben überschreitet immer dann die Grenzen ordnungsgemäßer Verwaltung, wenn das Erfüllungsgeschäft in einer Verfügung besteht, die gemäß §§ 2113 bis 2115 dem Nacherben gegenüber unwirksam ist.

II. Rechtsgeschäftliche Verfügungen

2 **1. Grundsatz der Verfügungsfreiheit.** Der Vorerbe kann als Inhaber des Nachlasses – anders als der mit einem Nießbrauchsvermächtnis Bedachte – sowohl über die gesamte Erbschaft bzw seinen Erbteil als auch über einzelne Nachlassgegenstände grds völlig frei verfügen. Da sich die Verfügungsbeschränkungen der §§ 2113 bis 2115 ausschließlich auf **einzelne Nachlassgegenstände** beziehen, unterliegt der Vorerbe bei einer Verfügung über die **gesamte Erbschaft** oder einen Teil hiervon keinerlei Beschränkungen. Die Verfügung beseitigt jedoch nicht die Belastung mit dem Recht des Nacherben. Das Gleiche gilt für die Vereinbarung der Gütergemeinschaft zwischen dem Vorerben und dessen Ehegatten[4]. Auch die Verfügungen über einzelne Nachlassgegenstände sind zunächst wirksam, und zwar selbst dann, wenn sie gegen §§ 2113 bis 2115 verstoßen. Wenn und soweit derartige Verfügungen gegen diese Beschränkungen verstoßen, werden sie mit Wirkung ab dem Nacherbfall absolut, dh gegenüber jedermann, unwirksam.

3 Gehört ein **Unternehmen** oder eine **Gesellschaftsbeteiligung** zum Nachlass, so unterliegt der Vorerbe bis zum Nacherbfall keinerlei Beschränkungen in seiner Verfügungsbefugnis. Er kann sich folglich im Handelsregister als Firmeninhaber, persönlich haftender Gesellschafter oder Kommanditist eintragen lassen, ohne dass dort das Nacherbenrecht vermerkt wird. Der Nacherbe braucht bei den Registeranmeldungen nicht mitzuwirken. Bei Gesellschaften wird der Vorerbe auf Grund **gesellschaftsvertraglicher Nachfolgeklauseln** entweder unmittelbar oder durch Ausübung eines Eintrittsrechts Gesellschafter. Er kann dann ohne Mitwirkung des Nacherben aus der Gesellschaft austreten, diese kündigen, die Beteiligung veräußern oder belasten sowie Änderungen des Gesellschaftsvertrags oder der Gesellschaftsform (Umwandlungen) zustimmen[5]. Der Vorerbe kann bei einer Kommanditgesellschaft auch die Umwandlung seiner Beteiligung in eine Kommanditistenstellung (§ 139 Abs 1 HGB) verlangen, ohne dass der Nacherbe zustimmen muss. Hat der Vorerbe auf diesem Weg die Rechtsstellung eines Kommanditisten erlangt, so kann der Nacherbe nach dem Nacherbfall nicht mehr

---

[61] OLG Hamm NJW-RR 1995, 1289; BayObLG FamRZ 1987, 104.
[62] MünchKommBGB/*Grunsky* Rn 10.
[1] *Kipp/Coing* § 49 IV 1 b; *Erman/M. Schmidt* Rn 1.
[2] BGH NJW 1960, 959.
[3] MünchKommBGB/*Grunsky* § 2144 Rn 2.
[4] BayObLGZ 1989, 899.
[5] MünchKommBGB/*Grunsky* Rn 6.

verlangen, persönlich haftender Gesellschafter zu werden[6]. Mit dem Nacherbfall übernimmt der Nacherbe die Gesellschafterstellung so wie sie sich dann darstellt. An den infolge des Nacherbfalls etwa notwendigen Handelsregisteranmeldungen müssen sowohl der Nach- als auch der Vorerbe bzw dessen Erben mitwirken[7].

2. Gesetzliche Verfügungsbeschränkungen. Die Verfügungsfreiheit bezüglich einzelner Nachlassgegenstände wird ausschließlich durch §§ 2113 bis 2115 eingeschränkt. Diese Vorschriften gelten für **Verfügungen im technischen Sinne**, also für die Begründung (zB Erbbaurechtsbestellung)[8], dingliche Übertragung, Belastung oder Änderung von Rechten sowie für die Aufgabe von Rechten oder Sachen, nicht dagegen für Verpflichtungsgeschäfte aller Art Nach diesen Vorschriften sind unwirksam unentgeltliche Verfügungen (§ 2113 Abs 2), Verfügungen über Grundstücke, grundstücksgleiche Rechte (zB Erbbaurecht, Gebäudeeigentum), Rechte an einem Grundstück (zB Grundpfandrechte, Nießbrauch), eingetragene Schiffe oder Schiffsbauwerke (§ 2113 Abs 1), Verfügungen im Wege der Zwangsvollstreckung, der Arrestvollziehung oder durch den Insolvenzverwalter (§ 2115) sowie Verfügungen über Hypothekenforderungen, Grund- und Rentenschulden (§ 2114). 4

3. Erweiterungen der Verfügungsfreiheit. Der Erblasser kann den Vorerben von allen in den §§ 2113 bis 2115 enthaltenen Verfügungsbeschränkungen befreien, ausgenommen jedoch die Beschränkung des § 2113 Abs 2, wonach unentgeltliche Verfügungen des Vorerben über Nachlassgegenstände aller Art bei Eintritt des Nacherbfalls unwirksam werden. Eine weitergehende Befreiungsmöglichkeit schließt § 2136 aus (§ 2136 Rn 1). Hat der Erblasser den Vorerben auch zu unentgeltlichen Verfügungen ermächtigt, so schließt dies die Annahme einer Nacherbfolge aus. Zu den alternativen Gestaltungen, um die Verfügungsfreiheit des „Vorerben" zu erweitern, s § 2136 Rn 2 ff. 5

III. Prozessführung

Das Recht des Vorerben, mit Wirkung für den Nachlass Prozesse sowohl aktiv als auch passiv zu führen, wird durch §§ 2112 ff nicht eingeschränkt[9]. Er bedarf dazu keiner Mitwirkung des Nacherben. Die mit Eintritt des Nacherbfalls verbundene Rechtskrafterstreckung ist in § 326 ZPO geregelt, die Unterbrechung bzw Aussetzung in §§ 242, 246 ZPO und die Erteilung vollstreckbarer Ausfertigungen in § 728 Abs 1 ZPO. 6

IV. Letztwillige Verfügungen

Letztwillige Verfügungen des Vorerben werden von §§ 2112 ff nicht erfasst. Tritt der Nacherbfall nicht mit dem Tod des Vorerben ein, so kann dieser mangels einer abweichenden Bestimmung durch den Erblasser letztwillig regeln, wer bis zu diesem Ereignis den Nachlass erwirbt, ohne damit die Rechte des Nacherben zu beeinträchtigen[10]. Hat der Erblasser den Nacherben unter der – nach hM – zulässigen Bedingung eingesetzt, dass der Vorerbe nicht anders über seinen eigenen Nachlass verfügt, so kommt diesem sogar volle Testierfreiheit zu (vgl § 2065 Rn 12). 7

§ 2113 Verfügungen über Grundstücke, Schiffe und Schiffsbauwerke; Schenkungen

(1) Die Verfügung des Vorerben über ein zur Erbschaft gehörendes Grundstück oder Recht an einem Grundstück oder über ein zur Erbschaft gehörendes eingetragenes Schiff oder Schiffsbauwerk ist im Falle des Eintritts der Nacherbfolge insoweit unwirksam, als sie das Recht des Nacherben vereiteln oder beeinträchtigen würde.

(2) ¹Das Gleiche gilt von der Verfügung über einen Erbschaftsgegenstand, die unentgeltlich oder zum Zwecke der Erfüllung eines von dem Vorerben erteilten Schenkungsversprechens erfolgt. ²Ausgenommen sind Schenkungen, durch die einer sittlichen Pflicht oder einer auf den Anstand zu nehmenden Rücksicht entsprochen wird.

(3) Die Vorschriften zugunsten derjenigen, welche Rechte von einem Nichtberechtigten herleiten, finden entsprechende Anwendung.

Schrifttum: *Banck,* Vor- und Nacherbfolge im Gesellschaftsrecht, Diss Schleswig 1983; *Custodis,* Zur Berechtigung des Vorerben, über Gesamtgutsgegenstände zu verfügen – Nacherbfolge bei Beendigung zweigliedriger Gesamthandsgemeinschaften, FS Rheinisches Notariat, 1998, S 163; *Dillmann,* Verfügungen während der Vorerbschaft, RNotZ 2002, 1; *Dressler,* Vor- und Nacherbschaft im Höferecht, AgrarR 2001, 265; *Edelmann,* Beschränkungen des Vorerben nach § 2113 BGB bei Verfügungen über Gegenstände eines Gesamthandsvermögens, Diss Mainz 1975; *Friederich,* Rechtsgeschäfte zwischen Vorerben und Nacherben, 1999; *Harder,* Unentgeltliche Verfügungen und ordnungsmäßige Nachlaßverwaltung des Vorerben, DNotZ 1994, 822; *Heider,* Die Befugnis des Vorerben zu unentgeltlichen Verfügungen über Nachlaßgegenstände, ZEV 1995, 1; *Jung,* Unentgeltliche Verfügungen des Testamentsvollstreckers und des befreiten Vorerben, Rpfleger 1999, 204; *Keim,* Erbauseinandersetzung zwischen Vor- und Nacherben, DNotZ 2003, 822; *Ludwig,* Die Vor- und Nacherbschaft im Grundstücksrecht, 1996; *Lutter,* Zur

---
[6] BGH NJW 1977, 1540, 1541.
[7] *Langenbach* MittRhNotK 1965, 81, 106.
[8] BGHZ 52, 269.
[9] BFH NJW 1970, 79.
[10] *Palandt/Edenhofer* Rn 5; entgegen *Raape* AcP 140 (1940), 233.

§ 2113

Beschränkung des Vorerben im Gesellschaftsrecht, ZGR 1982, 108; *Maurer,* Fragen des (Eigen-)Erwerbs von Nachlaßgegenständen durch den Vor- oder Nacherben, DNotZ 1981, 223; *Neuschwandner,* Unentgeltliche Verfügungen des befreiten Vorereben, BWNotZ 1977, 85; *Paschke,* Nacherbenschutz in der Vorerben-Personengesellschaft, ZIP 1985, 129; *Prölss,* Die Stellung des Vorerben bei beendeter Gütergemeinschaft, JZ 1970, 95; *Pyszka,* Unentgeltliche Verfügungen des Vorerben und des Testamentsvollstreckers, 1989; *Timmann,* Vor- und Nacherbschaft innerhalb der zweigliedrigen OHG oder KG, 2000; *K. Schmidt,* Nacherbenschutz bei Vorerbschaft an Gesamthandsanteilen, FamRZ 1976, 683; *Spellenberg,* Schenkungen und unentgeltliche Verfügung zum Nachteil des Erben oder Pflichtteilsberechtigten, FamRZ 1974, 350; *Staudenmaier,* Zur Verfügungsmacht des Vorerben bei beendeter Gütergemeinschaft, NJW 1965, 380; *Stimpel,* Der Gesellschafter als Vorerbe des verstorbenen einzigen Mitgesellschafters einer offenen Handelsgesellschaft, FS Rowedder, 1994, S 477; *Wehrstedt,* Der „unfreie" befreite Vorerbe, MittRhNotK 1999, 103.

Übersicht

	Rn		Rn
I. Verfügungen über Grundstücke und Schiffe (Abs 1)	1	c) Einseitige Geschäfte, insbes Schenkungsversprechen	18
1. Verfügungsgegenstand und Nachlasszugehörigkeit	1	d) Rechtsgrundlose Verfügungen	19
a) Grundstück, grundstücksgleiches Recht, dingliches Grundstücksrecht oder Schiff	1	e) Verfügungen im Gesellschaftsrecht	20
b) Gesellschaftsanteil	2	3. Keine Anstandsschenkung (Abs 2 S 2)	21
c) Erbteil	3	**III. Unwirksamkeit der Verfügung**	22
d) Grundstück als Bestandteil eines Gesamthandsvermögens	5	1. Bedeutung der Unwirksamkeit	22
2. Verfügung	10	2. Vereitelung oder Beeinträchtigung des Nacherbenrechts	23
3. Verfügender	11	a) Begriffe	23
4. Befreiung vom Verfügungsverbot	12	b) Umfang des Nacherbenrechts	24
II. Unentgeltliche Verfügung (Abs 2)	14	c) Erfüllung von Nachlassverbindlichkeiten	25
1. Verfügungsgegenstand	14	d) Zustimmung des Nacherben	26
2. Unentgeltliche Verfügung	15	e) Wirksamwerden analog § 185 Abs 2	31
a) Begriff	15	3. Gutgläubiger Erwerb (Abs 3)	32
b) Zweiseitige Verträge	16	4. Rückabwicklung unwirksamer Verfügungen	33
		IV. Auskunftsanspruch und Beweisfragen	34

I. Verfügungen über Grundstücke und Schiffe (Abs 1)

1 1. **Verfügungsgegenstand und Nachlasszugehörigkeit. a) Grundstück, grundstücksgleiches Recht, dingliches Grundstücksrecht oder Schiff.** Abs 1 betrifft zunächst alle Verfügungen des Vorerben über sein **Allein- oder Bruchteilseigentum** an einem Grundstück oder an einem **Wohnungs- oder Teileigentum,** einschließlich des Tauschs von Sondereigentumsräumen und Sondernutzungsrechten. Ist der Vorerbe Mitglied einer Erbengemeinschaft nach dem Erblasser, so gilt § 2113 Abs 1 auch für sämtliche Verfügungen, die zum Zwecke der vollständigen oder teilweisen **Auseinandersetzung des Nachlasses des Erblassers** vorgenommen werden[1]. Die Vorschrift gilt auch für Verfügungen über ein ihm allein oder in Bruchteilsgemeinschaft mit anderen gehörendes **Erbbaurecht** (§ 11 Abs 1 S 1 ErbbauRG) oder **Gebäudeeigentum** (Art 233 § 4 Abs 1 S 1 EGBGB). Auch **Dauerwohnrechte** (§§ 31 ff WEG) werden erfasst. Ferner wird der Vorerbe durch diese Bestimmung bei Verfügungen über **dingliche Rechte an einem Grundstück** oder grundstücksgleiche Rechte (zB Grundpfandrecht, Grunddienstbarkeit, beschränkte persönliche Dienstbarkeit, dingliches Vorkaufsrecht, Nießbrauch, Reallast) in seiner Freiheit eingeschränkt. Zu diesen dinglichen Rechten gehören auch Vormerkungen und Rechte auf eine Überbaurente[2]. Diese Verfügungsbeschränkung erfasst dabei alle Grundstücke, grundstücksgleichen Rechte und dinglichen Grundstücksrechte ohne Rücksicht darauf, ob sie von Anfang an zum Nachlass gehört haben oder erst später als Surrogat gemäß § 2111 in den Nachlass gefallen sind. Surrogate für veräußerte Grundstücke, grundstücksgleiche Rechte oder dingliche Grundstücksrechte unterfallen der Vorschrift des § 2113 jedoch nur dann, wenn es sich bei diesen ebenfalls um Grundbesitz oder Grundstücksrechte handelt[3]. § 2113 Abs 1 gilt auch für Verfügungen über im Schiffsregister eingetragene **Schiffe** und **Schiffsbauwerke**[4]. Auch wenn dingliche Rechte an einem eingetragenen Schiff nicht erwähnt sind, wird man § 2113 Abs 1 doch auch auf Verfügungen über Schiffshypotheken anwenden müssen (vgl § 2114 S 1).

2 b) **Gesellschaftsanteil.** Dagegen fallen Verfügungen über Anteile an Personen- oder Kapitalgesellschaften nicht in den Anwendungsbereich dieser Bestimmung, weil einerseits Gesellschaftsanteile von § 2113 Abs 1 gar nicht erfasst werden und andererseits der zum Gesellschaftsvermögen gehörende Grundbesitz nicht unmittelbar zum Nachlass gehört. Dies gilt selbst dann, wenn das Vermögen dieser Gesellschaften ausschließlich oder überwiegend aus Grundstücken, Wohnungs- oder Teileigentum oder grundstücksgleichen Rechten besteht[5]. Derartige mittelbare Verfügungen über Grundstücke und

---
[1] OLG Hamm NJW-RR 1995, 1289 m Anm *Graf* ZEV 1995, 339.
[2] RGZ 118, 230; KG Rpfleger 1974, 222.
[3] MünchKommBGB/*Grunsky* Rn 2; aA BGH RdL 1956, 189 [Enteignungsentschädigung].
[4] *Krieger* DJ 1941, 97.
[5] BGH NJW 1976, 893; MünchKommBGB/*Grunsky* Rn 5 f; aA *Michalski* DB 1987, Beilage 16 S 15.

grundstücksgleiche Rechte werden auch dann nicht von § 2113 Abs 1 erfasst, wenn sie wirtschaftlich auf eine Verfügung über das Grundstück oder grundstücksgleiche Recht hinauslaufen, etwa durch Veräußerung oder Belastung sämtlicher Gesellschaftsanteile. Selbst dann, wenn alle Anteile an einer Kapitalgesellschaft zum Nachlass gehören, scheidet eine Anwendung des § 2113 aus, weil mangels Eintrag der Gesellschafter im Register der Gesellschaft ein Nacherbenvermerk ausscheidet, der Nacherbe also vor Verfügungen des Vorerben ohnehin nicht wirksam geschützt werden kann. In derartigen Fällen noch weiterzugehen und einen gutgläubigen Erwerb sogar völlig auszuschließen, kommt schon deshalb nicht in Betracht, weil dies den Nacherben bei Verfügungen über Gesellschaftsanteile besser stellen würde als bei solchen über Grundstücke oder grundstücksgleiche Rechte[6]. Haben sich dagegen bei einer Personengesellschaft bereits zu Lebzeiten des Erblassers alle Anteile in dessen Hand vereinigt, so fällt das dadurch entstandene Alleineigentum in den Anwendungsbereich des § 2113. Zur Vereinigung aller Anteile an einer zweigliedrigen Personengesellschaft in der Hand des Vorerben mit oder nach dem Tod des Erblassers s Rn 5. In all diesen Fällen scheidet auch eine analoge Anwendung des § 2113 aus. Dagegen spricht vor allem die in § 2112 getroffene gesetzgeberische Grundentscheidung für die Verfügungsfreiheit des Vorerben, die sich mit einer Ausdehnung der Ausnahmevorschrift des § 2113 auf wirtschaftlich gleichwertige Verfügungen nicht verträgt[7].

c) **Erbteil.** Der Vorerbe ist durch § 2113 nicht gehindert, ohne Zustimmung des Nacherben über 3 einen Erbteil des Erblassers am Nachlass eines Dritten, der seinerseits noch ungeteilten, im Gesamthandseigentum aller Miterben befindlichen Grundbesitz enthält, zu verfügen, weil unmittelbarer Nachlassgegenstand der Erbteil, nicht der Gesamthandsanteil am Grundstück oder grundstücksgleichen Recht ist.

Die Verfügungsbeschränkung des § 2113 Abs 1 bezieht sich ausschließlich auf einzelne Nachlass- 4 gegenstände, so dass der Vorerbe bei einer Verfügung über die gesamte Erbschaft oder einen Teil hiervon keinerlei Beschränkungen unterliegt. Die Verfügung beseitigt jedoch nicht die Belastung mit dem Recht des Nacherben.

d) **Grundstück als Bestandteil eines Gesamthandsvermögens.** Verfügt eine Gemeinschaft (zB 5 Erbengemeinschaft, OHG, Gesellschaft bürgerlichen Rechts, Gütergemeinschaft) über ein zum Gesamthandsvermögen gehörendes Grundstück (Rn 1), so scheidet eine unmittelbare Anwendung des § 2113 Abs 1 schon deshalb aus, weil Gegenstand der Nacherbfolge nur das Gesamthandsvermögen selbst, nicht aber die Anteile an den zum Gesamthandsvermögen gehörenden einzelnen Gegenständen sind[8].
Umstritten ist, ob und unter welchen Voraussetzungen § 2113 Abs 1 auf Verfügungen über Grund- 6 stücke (Rn 1) analog anzuwenden ist. Dabei sind folgende Fallgruppen zu unterscheiden:

aa) **Auflösung einer zweigliedrigen Gesamthandsgemeinschaft.** Vereinigen sich mit dem 7 Erbfall sämtliche Anteile an einer **Personengesellschaft** (zB OHG, GbR) oder an einer **Erbengemeinschaft** in der Person des überlebenden Mitgesellschafters bzw -erben und ist dieser zugleich Vorerbe des Erblassers, so wird der Vorerbe sachenrechtlich Alleineigentümer aller zum Gesamthandsvermögen gehörender Grundstücke (Rn 1). Die gleiche Rechtsfolge tritt bei vereinbarter **Gütergemeinschaft** ein, wenn der überlebende Ehepartner zum Vorerben eingesetzt ist und zum Gesamtgut Grundstücke (Rn 1) gehören. Einigkeit besteht über das Ziel, dass der Vorerbe infolge dieser Vereinigung des zum Nachlass gehörenden Anteils mit der eigenen Beteiligung nicht in seiner Verfügungsfreiheit über sein ursprüngliches Vermögen beschränkt werden darf. Die hM – allen voran der BGH – kommt in einer Abwägung der beteiligten Interessen zu dem Schluss, dass der Schutz des Nacherben hinter der Verfügungsfreiheit des Vorerben zurückzustehen habe[9]. Die Gegenmeinung bringt beide Interessen dadurch in Einklang, dass sie das Alleineigentum in einen Anteil, über den der Vorerbe nach wie vor frei verfügen kann, und in einen dem analog heranzuziehenden Verfügungsverbot des § 2113 Abs 1 unterworfenen fiktiven Anteil zerlegt, ohne allerdings die sachenrechtliche Eigentumszuordnung in Frage zu stellen[10]. Bei dieser Zerlegung geht es den Vertretern dieser Auffassung allein darum, einen Anknüpfungspunkt für die Verfügungsbeschränkung des § 2113 Abs 1 zu erhalten, also zu diesem Zweck die Gesamthandgemeinschaft in ihren Bestandteilen als fortbestehend zu fingieren. Der Untergang der Gesamthand durch die Vereinigung aller Anteile in der Person des Vorerben ist schließlich nur eine Erscheinung auf Zeit, nämlich bis zum Eintritt des Nacherbfalls. Mit diesem Ereignis lebt die durch Vereinigung erloschene Gesamthandgemeinschaft zwischen Vor- und Nacherbe wieder auf, damit der Nacherbe erwerben kann, was der Erblasser bei seinem Tod hinterlassen hat oder was als Surrogat an die Stelle von beim Tod vorhandenen Nachlassgegenständen getreten ist (§ 2143 Rn 2). Die Fiktion des Fortbestands der Gesamthand erweist sich damit keineswegs als systemfremd, sondern als Konsequenz aus der Tatsache, dass bei angeordneter Nacherbfolge zwischen dem freien Vermögen des Vorerben und dem mit dem Nacherbenrecht belasteten Nachlass unterschieden werden muss. Im Rahmen der dinglichen Surrogation gemäß § 2111 hat die dort hM auch keine Bedenken gegen eine derartige Zerlegung, wenn nach dem Surrogat nur zum Teil mit Mitteln des Nachlasses erworben worden ist

---

[6] MünchKommBGB/*Grunsky* Rn 6.
[7] Staudinger/*Avenarius* Rn 2; MünchKommBGB/*Grunsky* Rn 1.
[8] BGH BeckRS 2007, 6300.
[9] BGH NJW 1958, 708; NJW 1964, 768; NJW 1976, 893 unter Aufgabe von NJW 1970, 943; BayObLG ZEV 1996, 64 m abl Anm *Kanzleiter*, Staudinger/*Avenarius* Rn 10 ff; Soergel/Harder/*Wegmann* Rn 3; MünchKommBGB/*Grunsky* Rn 3 f; diff zwischen Abs 1 und Abs 2: *Timmann* S 144 ff, 154 f betr OHG und KG.
[10] KG JFG 1, 358 betr Gütergemeinschaft; *Custodis* S 170 ff mwN; K. *Schmidt* FamRZ 1976, 683; *Kanzleiter* ZEV 1996, 66; *Schmid* BWNotZ 1996, 144; *Stimpel* S 489 ff.

§ 2113

(§ 2111 Rn 15). Folglich ist entgegen der hM davon auszugehen, dass in allen drei genannten Fällen die Gesamthandanteile sachenrechtlich zwar im Alleineigentum des Vorerben aufgehen, aber zum Zwecke der Vermögens- und Nachlasstrennung im Rahmen der Nacherbfolge als selbstständige Anteile bis zum Eintritt des Nacherbfalls oder dem endgültigen Ausfallen der Nacherbschaft fortbestehen[11]. Dagegen kann auch nicht eingewandt werden, dass der Vorerbe damit die Verfügungsfreiheit über seinen eigenen Anteil verliere, weil er diese nämlich wegen des Gesamthandcharakters auch bis dahin nicht besessen hat[12]. Die gesamthänderische Bindung wird nach der hier vertretenen Auffassung allerdings über die sachenrechtliche Auflösung hinaus beibehalten, im Interesse des Nacherben. Eine Schlechterstellung des Vorerben gegenüber vorher ist damit nicht verbunden, allerdings – entgegen der hM – auch keine Besserstellung. Praktische Probleme ergeben sich bei dieser Lösung nicht: Im Grundbuch kann ein **Nacherbenvermerk** eingetragen werden, der zum Ausdruck bringt, dass nur der geerbte oder im Wege der dinglichen Surrogation erworbene Anteil vom Nacherbenrecht und damit von den Verfügungsbeschränkungen des § 2113 Abs 1 betroffen ist[13]. Dieser Nacherbenvermerk ist gleichzeitig mit der Grundbuchberichtigung von Amts wegen im Grundbuch einzutragen. Will der Vorerbe anschließend über sein sachenrechtliches Alleineigentum verfügen, so kann er dies tun, allerdings nur mit **Zustimmung des Nacherben.** Dadurch wird der Vorerbe aber nicht stärker belastet als durch die bis zum Tod des Erblassers oder bis zur Surrogation bestehende gesamthänderische Bindung. Den Eingriff in seine bisherigen Rechte muss er als Folge der Erbschaftsannahme hinnehmen (Rn 9).

8 bb) **Anteil an einer mehrgliedrigen Gesamthandgemeinschaft.** Anders ist die Rechtslage, wenn zum Nachlass, für den Vor- und Nacherbschaft angeordnet worden ist, nur ein Anteil an einer Erbengemeinschaft mit weiteren Personen gehört. Bei einer analogen Anwendung des § 2113 Abs 1 auf einen solchen Erbteil, wenn zum Nachlass Grundstücke gehören, würde in bestehende Rechte Dritter, nämlich der unbeteiligten Miterben eingegriffen. Die Abhängigkeit von der zusätzlichen Zustimmung des oder der Nacherben bedeutet für die Miterben ein unzumutbares Verfügungshindernis. Auch der Umstand, dass sich die Miterben jederzeit durch Erbauseinandersetzung der Verfügungsbeschränkung entledigen können, rechtfertigt den Eingriff nicht, weil sie so die Freiheit verlieren, über Zeitpunkt und Art und Weise der Auseinandersetzung nach Belieben zu entscheiden. Deshalb muss der Schutz des Nacherben vor abweichenden Verfügungen des Vorerben in diesen Fallgestaltungen hintan gestellt werden, weil sonst in die bestehenden Rechte der Miterben eingegriffen würde[14]. Das Gleiche muss auch für alle anderen Gesamthandgemeinschaften gelten. Folglich darf in diesen Fällen auch kein Nacherbenvermerk gemäß § 51 GBO im Grundbuch eingetragen werden.

9 Trotz dieser Entscheidung des BGH wird an der in Rn 6 vertretenen Auffassung festgehalten, dass im Falle der Auflösung einer zweigliedrigen Gesamthandgemeinschaft § 2113 Abs 1 analog mit der Folge anzuwenden ist, dass im Grundbuch ein Nacherbenvermerk gemäß § 51 GBO einzutragen ist. Der Unterschied besteht nämlich darin, dass bei einer sachenrechtlichen Vereinigung des Grundstückseigentums in der Hand des Vorerben kein Eingriff in Rechte Dritter stattfindet. Die mit der Vereinigung eintretende Verfügungsbeschränkung ist Folge der Annahme der Vorerbschaft. Will der Vorerbe diese vermeiden, so kann er dies durch Erbschaftsausschlagung erreichen. Da es ein Recht auf Erbschaft nicht gibt, gebührt in diesen speziellen Fällen dem Schutz des Nacherben Vorrang.

10 **2. Verfügung.** Der Verfügungsbegriff des § 2113 Abs 1 ist technisch, nicht wirtschaftlich zu verstehen, erfasst also alle vom Vorerben vorgenommenen Rechtsgeschäfte, die unmittelbar auf Einräumung, Übertragung, inhaltliche Änderung oder Aufhebung eines Rechts an einem Grundstück, grundstücksgleichen Recht, dinglichen Recht an einem Grundstück oder einem Schiff gerichtet sind. Unter den Begriff der **Einräumung** fallen beispielsweise die Bestellung von Erbbaurechten[15], von Grundpfandrechten oder sonstigen dinglichen Rechten an Grundstücken oder grundstücksgleichen Rechten oder von Dauerwohn- oder -nutzungsrechten nach dem WEG. Die Begründung von Wohnungs- oder Teileigentum gemäß § 8 WEG ist keine Verfügung iS des § 2113 Abs 1. Dies gilt auch für die vertragliche Einräumung gemäß § 3, wenn und soweit das Miteigentum am Grundstück sich an allen neuen Einheiten unverändert fortsetzt; andernfalls ist diese unter dem Gesichtspunkt der Eigentumsübertragung zustimmungspflichtig. Der in der Anerkennung eines verjährten Pflichtteilsanspruchs liegende **Verzicht auf die Einrede der Verjährung** ist ebenfalls ein Verfügungsgeschäft[16]. Zu den **Übertragungsgeschäften** gehören neben der Auflassung, der Abtretung oder der Einigung gemäß §§ 929 ff. § 2113 Abs 1 erfasst **Änderungen** eines Erbbaurechts oder eines dinglichen Rechts an einem Grundstück oder grundstücksgleichen Recht. Auch Rangänderungen, insbes Rücktritte[17], fallen hierunter. Zu den **aufhebenden Verfügungen** gehören der Verzicht auf das Eigentum[18] oder Grundstücksrechte[19], die Aufhebung von Erbbaurechten oder die Eigentumsaufgabe. Verfügung iS des § 2113 Abs 1 ist auch

---

[11] *Schmid* BWNotZ 1996, 144, 145; zu weitgehend *K. Schmidt* FamRZ 1976, 683.
[12] *Custodis* S 179 ff; vgl *Timmann* S 152; aA BGH NJW 2007, 2114; NJW 1976, 893; *Edelmann* S 135.
[13] *Ludwig* Rpfleger 1987, 155; aA BGH NJW 2007, 2114; NJW 1976, 893; OLG Köln NJW-RR 1987, 267; BayObLG ZEV 1996, 64.
[14] BGH NJW 2007, 2114, Divergenzbeschluss gegen OLG Hamm Rpfleger 1985, 21.
[15] BGH NJW 1969, 2043.
[16] Vgl BGH NJW 1973, 1690, 1691 m Anm *Waltjen* 2061.
[17] LG Frankenthal MDR 1976, 666 betr Grundpfandrecht; LG Braunschweig Rpfleger 1976, 310 betr Erbbauzins.
[18] BGH Rpfleger 1999, 331.
[19] RGZ 102, 332 betr Löschung einer Hypothek.

die Gestaltungserklärung gemäß § 915 bei einem Überbau[20]. Auch die Bewilligung einer **Vormerkung** (§§ 885 Abs 1 S 1 Alt 2, 883) ist Verfügungsgeschäft iS des § 2113 Abs 1, weil sie zwar in erster Linie einen schuldrechtlichen Anspruch sichert, letzten Endes jedoch nur Durchgangsstadium zur eigentlichen Rechtsänderung ist[21]. Nicht zu den Verfügungsgeschäften gehören die reine **Eintragungsbewilligung** (§ 19 GBO) und der Antrag auf Durchführung der **Teilungsversteigerung**[22], weil es sich in beiden Fällen nur um verfahrensrechtliche Erklärungen handelt. Auch die Vereinbarung der **Gütergemeinschaft** zwischen Ehepartnern fällt nicht unter § 2113 Abs 1[23]. Zwar stellt die Einräumung einer **Baulast**, eines objektiv öffentlichen Rechts, keine Verfügung iS des § 2113 dar, jedoch wird die Bestimmung insoweit wegen der einer Grunddienstbarkeit vergleichbaren Wirkung analog angewendet[24]. Das Ersuchen auf **Löschung des Hofvermerks** (§ 1 Abs 4 HöfeO, § 3 Abs 1 Nr 2 HöfeVfO) ist ebenfalls eine Verfügung in diesem Sinne, weil sich durch die Aufgabe der Hofeigenschaft die eigentumsrechtlichen Bindungen ändern; der Hofvorerbe benötigt deshalb zur Hofaufgabeerklärung die Zustimmung des Nacherben[25]. Der Vorerbe ist nicht gehindert, sich zur Verfügung über Nachlassgrundstücke usw zu **verpflichten** (§ 2112 Rn 1). Stimmt der Nacherbe einer solchen Verfügung nicht zu, so haftet der Vorerbe dem Vertragspartner gegenüber unter dem Gesichtspunkt der Rechtsgewährleistung[26]. Zur Bindungswirkung derartiger Verpflichtungsgeschäfte für den Nacherben s § 2112 Rn 1.

3. Verfügender. Es muss sich um eine Verfügung des **Vorerben** handelt. Ist über den Nachlass bzw den Erbteil des Vorerben Testamentsvollstreckung angeordnet, so unterliegt auch der **Testamentsvollstrecker** den Beschränkungen des § 2113 Abs 1, da seine Befugnisse nicht weiter reichen können als die des Vorerben[27]. Nur dann, wenn der Testamentsvollstrecker sowohl den Nachlass als auch das Nacherbenrecht verwaltet, kann er Verfügungen ohne die Zustimmung des Nacherben treffen[28]. Bei einer Verfügung im Wege der **Zwangsvollstreckung,** der **Arrestvollziehung** oder durch den **Insolvenzverwalter** gilt § 2115. Verfügt ein Dritter als Nichtberechtigter, so gilt § 2113 ebenfalls nicht.

4. Befreiung vom Verfügungsverbot. Der Erblasser kann den Vorerben gemäß § 2136 von den Verfügungsbeschränkungen des § 2113 Abs 1 befreien. Dies kann auch konkludent geschehen, etwa durch Einsetzung des Nacherben auf den Überrest (§ 2137). Die Befreiung kann umfassend sein, aber auch auf einzelne Verfügungen (zB Veräußerungsverbot mit der Erlaubnis, Belastungen vorzunehmen), Verfügungsgegenstände (zB eines von mehreren Grundstücken) oder in sonstiger Weise (zB Veräußerung oder Belastung nur zugunsten gemeinsamer Abkömmlinge) beschränkt werden. Während die Befreiung der vollen Dispositionsfreiheit des Erblassers unterliegt, kann der Anwendungsbereich des § 2113 Abs 1 nicht mit der Folge der absoluten Unwirksamkeit erweitert werden. Um ähnliche Wirkungen zu erreichen, muss der Erblasser bedingte Vermächtnisse (zB aufschiebend bedingte Abtretungspflicht bei Veräußerung eines Gesellschaftsanteils an einen Familienfremden) oder Auflagen anordnen.

Hat der Erblasser den Vorerben zulässigerweise ganz oder teilweise von der Verfügungsbeschränkung des Abs 1 befreit, ist die hierdurch gedeckte Verfügung kraft Gesetzes von Anfang an wirksam. Ein im Grundbuch oder Schiffsregister eingetragener **Nacherbenvermerk** ist auf Antrag des Vorerben nur dann zu löschen, wenn dem Gericht offenkundig oder nachgewiesen ist, dass der Vorerbe zur Verfügung befugt ist. Die Verfügung darf daher keinesfalls unentgeltlich iS des Abs 2 sein. Das Gericht hat diesen Vermerk allerdings bereits dann zu löschen, wenn die allgemeine Lebenserfahrung für ein entgeltliches Geschäft spricht[29]. Dies ist bei einem Kauf- oder Tauschvertrag mit einer Person, die mit dem Vorerben weder verwandt oder verschwägert, noch verheiratet ist, regelmäßig anzunehmen, so dass ein Wertgutachten vom Gericht in derartigen Fällen nicht verlangt werden kann. Das Gleiche gilt für die Bestellung, Änderung oder Aufhebung eines dinglichen Rechts für eine solche Person (zB Grundpfandrechtsbestellung für ein Kreditinstitut)[30]. In all diesen Fällen fließt die Gegenleistung auf Grund des Surrogationsprinzips (§ 2111) ohne Rücksicht darauf in den Nachlass, ob der Vorerbe diese zur Tilgung eigener Verbindlichkeiten oder für eigene Vermögensgegenstände verwendet[31]. In allen anderen Fällen bedarf es des Nachweises der Entgeltlichkeit durch Vorlage von Wertgutachten und/oder Verwendungsnachweisen.

II. Unentgeltliche Verfügung (Abs 2)

1. Verfügungsgegenstand. Das Verbot des § 2113 Abs 2, von dem der Erblasser gemäß § 2136 keine Befreiung erteilen kann, bezieht sich nicht nur auf die von § 2113 Abs 1 erfassten Gegenstände, sondern auf **alle** zum Nachlass gehörenden **Gegenstände,** also auch auf bewegliche Sachen, Forderungen und Gesellschaftsanteile. Ebenso wie Abs 1 muss es sich um Verfügungen über einzelne oder

---

[20] KG Rpfleger 1974, 222.
[21] *Staudinger/Avenarius* Rn 51; aA *Erman/M. Schmidt* Rn 9.
[22] BayObLG NJW 1965, 1966; OLG Celle NJW 1968, 801; OLG Hamm NJW 1969, 516.
[23] BayObLGZ 1989, 114.
[24] VGH Mannheim NJW 1990, 268.
[25] Vgl BGH ZEV 2004, 335, 336.
[26] MünchKommBGB/*Grunsky* Rn 8.
[27] MünchKommBGB/*Grunsky* § 2112 Rn 7; *Soergel/Harder/Wegmann* Rn 1; aA OLG Neustadt NJW 1956, 1881.
[28] BGH NJW 1963, 2320, 2321; BayObLG FamRZ 1991, 984.
[29] KG DNotZ 1993, 607, 609 mwN; *Staudinger/Avenarius* Rn 96; *Dillmann* RNotZ 2002, 1, 14 f.
[30] *Wehrstedt* MittRhNotK 1999, 103, 104 f.
[31] *Wehrstedt* MittRhNotK 1999, 103; gegen *Hennings,* Eintragungen in Abteilung II des Grundbuchs, Anm 16.4.3.

§ 2113

15 **2. Unentgeltliche Verfügung. a) Begriff.** Der Verfügungsbegriff ist wie in Abs 1 (Rn 10) technisch zu verstehen. Unentgeltlich ist eine derartige Verfügung nach st Rspr des BGH, wenn der vom Vorerben weg- oder aufgegebene Vermögenswert wirtschaftlich überhaupt einen Wert hat[32], ihm **objektiv** kein wirtschaftlich vollwertiges Entgelt gegenübersteht und der Vorerbe diese Ungleichwertigkeit **subjektiv** entweder kennt oder bei ordnungsgemäßer Verwaltung iS des § 2120 hätte erkennen müssen[33]. Geht der Vorerbe irrtümlich von der Gleichwertigkeit beider Leistungen aus, so hindert dies die Annahme einer unentgeltlichen Verfügung nicht, wenn sich das Rechtsgeschäft bei objektiver Betrachtung als nicht ordnungsgemäß iS des § 2120 darstellt. Entscheidungserheblich ist also weder der Erkenntnishorizont des Vorerben noch der des Vertragspartners[34], sondern allein der **objektive Maßstab**, der an eine ordnungsgemäße Verwaltung zu stellen ist[35]. Maßgebend ist dabei keine rechtliche, sondern eine **wirtschaftliche Betrachtung**[36], abgestellt auf den **Zeitpunkt der Verfügung**[37].

16 **b) Zweiseitige Verträge.** Rechtsgrund einer unentgeltlichen Verfügung muss nicht notwendigerweise ein **Schenkungsvertrag** iS des § 516 sein. Der Begriff der Unentgeltlichkeit geht darüber hinaus. Er erfasst auch **gemischte Schenkungen**, durch die Ehe motivierte Zuwendungen an einen Ehegatten (sog **unbenannte oder ehebedingte Zuwendung**)[38] und jeden anderen Vertrag, bei dem der Wert der Leistung des Vertragspartners objektiv hinter dem des Nachlassgegenstands, über den der Vorerbe vertragsgemäß verfügt hat, zurückbleibt.

17 Der Begriff der **Gegenleistung** ist in einem weiten Sinn zu verstehen, so dass auch nur konditionell oder kausal mit der Verfügung verknüpfte Leistungen hierunter fallen. Eine Gegenleistung kann allerdings nur berücksichtigt werden, wenn sie in den Nachlass gelangt ist. Bei einem noch nicht erfüllten Vertrag fällt dabei zunächst der Anspruch auf die Gegenleistung und nach Erfüllung dieser selbst in den Nachlass (§ 2111 Rn 14). Leistet der Vertragspartner dagegen **an einen Dritten**, so ist die Verfügung unentgeltlich und damit unwirksam[39]. Bei einer Leistung an den Vorerben ist zu unterscheiden. Der Vorerbe erwirbt kraft dinglicher Surrogation gemäß § 2111 den vom Vertragspartner an ihn geleisteten Gegenstand grds als **Nachlassbestandteil**, selbst wenn der Vorerbe und/oder der andere Teil den Gegenstand in das eigene freie Vermögen des Vorerben übergehen lassen wollen[40]. Gelangt die Gegenleistung jedoch ausnahmsweise in das Eigenvermögen eines nicht befreiten Vorerben, so ist sie unbeachtlich und die Verfügung des Vorerben unentgeltlich. Da der befreite Vorerbe gemäß §§ 2134, 2136 zum Eigenverbrauch berechtigt ist, eine Beeinträchtigung des Nacherbenrechts also ausgeschlossen ist[41], spielt es bei diesem keine Rolle, ob die Gegenleistung in das freie Eigenvermögen oder in den gebundenen Nachlass fällt[42]. In beiden Fällen ist die Gegenleistung geeignet, der Verfügung die Unentgeltlichkeit zu nehmen. Danach kann zwar der befreite, nicht aber der § 2134 unterworfene Vorerbe einen Nachlassgegenstand gegen eine **Leibrente**, die unter Berücksichtigung der normalen statistischen Lebenserwartung dem Wert des Verfügungsgegenstands entspricht, veräußern[43]. Richtiger Ansicht nach handelt es sich dabei jedoch nur dann um eine zulässige entgeltliche Verfügung, wenn die Rente beim vorzeitigen Ableben für eine festgelegte Mindestdauer weiter zu zahlen ist[44], und zwar nicht an die Erben des Vorerben, sondern an den Nacherben[45]. Ist die Rente beim vorzeitigen Ableben des Vorerben an dessen Erben zu zahlen, ist die Verfügung insoweit unentgeltlich (Rn 24). Behält sich der Vorerbe bei der Verfügung Rechte am Verfügungsgegenstand vor (zB Grundstücksübertragung gegen Vorbehalt des Nießbrauchs oder Wohnrechts), ist das vorbehaltene Recht keine Gegenleistung, sondern mindert den Wert der Verfügung des Vorerben[46]. Die Leistungen sind mit den Verkehrswerten anzusetzen, die sich bei objektiver Betrachtung auf Grund der für die einzelnen Vermögensgegenstände geltenden **Bewertungsgrundsätze** ergeben. Bei Grundbesitz kommt es deshalb auf den erzielbaren Verkaufspreis an. Eine Leibrente ist mit ihrem kapitalisierten Wert auf der Basis der Anlage 9

---

[32] BGH NJW 1984, 366, 367; Rpfleger 1999, 331.
[33] BGH NJW 1991, 842, 843; NJW 1984, 366, 367; NJW 1952, 698; MünchKommBGB/*Grunsky* Rn 22; für Einigung über Unentgeltlichkeit *Spellenberg* FamRZ 1974, 350; für objektiven Begriff *Harder* DNotZ 1994, 822, 828; aA *Pyska* S 111.
[34] AA *Harder* DNotZ 1994, 822, 828.
[35] BGH NJW 1984, 366, 367.
[36] MünchKommBGB/*Grunsky* Rn 22.
[37] BayObLGZ 1957, 285.
[38] BGH NJW 1992, 564; MünchKommBGB/*Grunsky* Rn 25; *Lange/Kuchinke* § 28 IV 6 c mwN.
[39] MünchKommBGB/*Grunsky* Rn 24.
[40] MünchKommBGB/*Grunsky* Rn 23.
[41] BGH NJW 1985, 382, 383.
[42] BGH NJW 1984, 366, 367; NJW 1977, 1540; OLG Hamm OLG FamRZ 1991, 113, 115; MünchKommBGB/*Grunsky* Rn 23.
[43] BGH NJW 1977, 1631; OLG Hamm FamRZ 1991, 113, 115; MünchKommBGB/*Grunsky* Rn 23; *Soergel/Harder* Rn 18.
[44] OLG Hamm FamRZ 1991, 113, 115; *Soergel/Harder/Wegmann* Rn 19; aA *Brinkmann* Rpfleger 1991, 299; MünchKommBGB/*Grunsky* Rn 23; *Erman/M. Schmidt* Rn 14.
[45] MünchKommBGB/*Grunsky* Rn 23.
[46] OLG Braunschweig FamRZ 1995, 443; *Palandt/Edenhofer* Rn 10.

zu § 14 Abs 1 BewG in ihrer jeweils geltenden Fassung anzusetzen; § 24 Abs 2 KostO ist wegen seiner anderen Zielsetzung als Maßstab ungeeignet[47]. Ist eine **Forderung uneinbringlich,** so ist sie wertlos und ein Verzicht auf deren Erlangung oder Geltendmachung nicht unentgeltlich[48].

c) Einseitige Geschäfte, insbes Schenkungsversprechen. § 2113 Abs 2 S 1 erwähnt die Erfüllung eines Schenkungsversprechens iS der §§ 516, 518 als Musterbeispiel einer unentgeltlichen Verfügung. Das Verfügungsverbot gilt jedoch auch für alle anderen einseitigen Erklärungen, die nicht mindestens kausal iS des § 812 Abs 1 S 2 2. Alt mit einer Gegenleistung verknüpft sind. Hierzu zählen beispielsweise die **Eigentumsaufgabe** (§ 959), die **Auslobung** (§ 657), die Errichtung einer **Stiftung** (§ 81), die **Anerkennung** einer unwirksamen oder einredebehafteten, insbes verjährten Forderung gegen den Nachlass, der **Verzicht** auf eine unwirksame Nachlassforderung oder das abstrakte **Schuldanerkenntnis.** Bei der **Aufrechnung** einer Nachlassforderung gegen eine Forderung, deren Schuldner zur Aufrechnung höchstpersönlich ist, ist zu unterscheiden. Die vom Vorerben erklärte Aufrechnung ist eine unentgeltliche Verfügung iS des § 2113 Abs 2 und daher unwirksam, weil der Verlust der Nachlassforderung nicht durch ein Surrogat ausgeglichen wird, mithin das Nacherbenrecht vereitelt wird[49]. Nutzt dagegen der Schuldner der Nachlassforderung oder ein eigener Gläubiger des Vorerben diese Aufrechnungslage aus, so ist die Aufrechnungserklärung in analoger Anwendung des § 394 unwirksam, weil sie einer gemäß § 2115 unzulässigen Zwangsverfügung gegen den Nachlass wirtschaftlich gleichsteht[50].

d) Rechtsgrundlose Verfügungen. Umstritten ist, ob Verfügungen des Vorerben, die ohne Rechtsgrund erfolgt sind, von § 2113 Abs 2 als unentgeltliche erfasst und damit **unwirksam** sind[51], **oder** ob sie außerhalb des Anwendungsbereichs dieser Norm liegen und gemäß §§ 812 ff **zurückabzuwickeln** sind[52]. Richtig dürfte sein, danach zu differenzieren, ob der rechtsgrundlosen Verfügung des Vorerben eine tatsächliche Gegenleistung des anderen gegenübersteht oder nicht[53]. Hat der Vorerbe mit der Verfügung ohne rechtliche Verpflichtung eine Leistung erbracht (zB Erfüllung eines nichtigen Vermächtnisses), so ist es weder mit dem Wortlaut noch mit dem Sinn des § 2113 Abs 2 zu vereinbaren, diese als entgeltlich einzuordnen und aus dem Anwendungsbereich dieser Norm auszunehmen. Die Unwirksamkeitsfolge des § 2113 Abs 2 ist insoweit die adäquate Rechtsfolge. Sind dagegen rechtsgrundlos Leistungen tatsächlich ausgetauscht worden, so liegt wirtschaftlich betrachtet eine entgeltliche Verfügung vor, so dass die Rückabwicklung ausschließlich über das Bereicherungsrecht (§§ 812 ff) zu erfolgen hat.

e) Verfügungen im Gesellschaftsrecht. Auch die Zustimmung des Vorerben zur **Änderung eines Gesellschaftsvertrags** bzw einer Satzung einer Kapitalgesellschaft kann eine unentgeltliche Verfügung beinhalten, wenn und soweit sie in die Mitgliedschaftsrechte (zB Stimmrecht, Gewinnverteilung, Veräußerungsbeschränkungen, Abfindungsregeln, Kündigungsvorschriften, Einziehungsregeln) eingreift. Änderungen, die allein die Zusammensetzung und das Verfahren der Gesellschaftsorgane betreffen, sind dagegen regelmäßig keine unentgeltlichen Verfügungen. Bei der Beurteilung der Unentgeltlichkeit kann es nicht allein darauf ankommen, ob sich diese Änderung als Maßnahme ordnungsgemäßer Verwaltung iS des § 2120 darstellt[54]. Andernfalls könnte der Erblasser durch Befreiung von der Beschränkung des § 2120 dem Vorerben entgegen der zwingenden Verbotsnorm des § 2113 Abs 2 insoweit völlig freie Hand geben. Außerdem kann die damit verbundene Unsicherheit im Beurteilungsmaßstab den Mitgesellschaftern nicht zugemutet werden. Richtiger Ansicht nach ist die Zustimmung zur Änderung dann keine unentgeltliche Verfügung iS des § 2113 Abs 2, wenn die Vertragsänderung alle Gesellschafter gleichmäßig betrifft oder die den Vorerben stärker belastende Änderung vor allem dazu dient, die Mitgesellschafter zu zusätzlichen Leistungen für die Erhaltung oder Stärkung des Gesellschaftsunternehmens (zB Nachschüsse, zusätzliche Arbeitsleistung) zu veranlassen[55]. Bei der Beurteilung der Änderungen kommt es nicht auf die abstrakte Formulierung, sondern auf die nahe liegenden tatsächlichen Wirkungen an, so dass eine Verringerung der Abfindungsleistung für den Todesfall bei einem sehr alten Vorerben benachteiligend wirken und damit gemäß § 2113 Abs 2 unzulässig sein kann[56]. Das freiwillige **Ausscheiden** aus einer Gesellschaft kann eine unentgeltliche Verfügung sein, wenn und soweit die dafür zu gewährende Abfindung erheblich unter dem wirklichen Wert der Beteiligung liegt (zB Ausscheiden zum Buchwert, Ausklammern der stillen Reserven)[57].

3. Keine Anstandsschenkung (Abs 2 S 2). Aus dem Anwendungsbereich dieses Verfügungsverbots ausdrücklich ausgenommen sind Anstandsschenkungen, also alle Fälle, in denen gemäß § 534 sowohl die Rückforderung als auch der Widerruf ausgeschlossen ist. Die sittliche Verpflichtung zur Schenkung muss in der Person des Vorerben bestehen, und zwar in der Weise, dass deren Erfüllung gerade aus dem Nachlass und nicht aus dem freien Eigenvermögen des Vorerben geboten ist[58].

---

[47] AA MünchKommBGB/*Grunsky* Rn 25; RGRK/*Johannsen* Rn 22; *Soergel/Harder/Wegmann* Rn 21.
[48] Vgl BGH NJW 1984, 366, 367.
[49] MünchKommBGB/*Grunsky* § 2115 Rn 9.
[50] AllgM, zB RGZ 80, 30, 33; *Staudinger/Avenarius* § 2115 Rn 4; RGRK/*Johannsen* § 2115 Rn 4.
[51] RGZ 105, 246; 163, 348, 357; *Lange/Kuchinke* § 28 IV 6 c; *Brox/Walker* Rn 363.
[52] *Spellenberg* FamRZ 1974, 350, 353; *Soergel/Harder/Wegmann* Rn 19.
[53] MünchKommBGB/*Grunsky* Rn 27.
[54] So *Harder* DNotZ 1994, 822, 825.
[55] BGH NJW 1981, 115; MünchKommBGB/*Grunsky* Rn 22 a.
[56] BGH NJW 1981, 115.
[57] BGH NJW 1984, 362; vgl dazu ausf *Paschke* ZIP 1985, 129; *Ebling* BB 1983, 1933.
[58] MünchKommBGB/*Grunsky* Rn 29.

§ 2113

Hierunter fällt vor allem die Unterstützung dem Erblasser nahe stehender Personen (zB Ehegatte, Lebenspartner, Abkömmlinge). Aber auch die Erfüllung formunwirksamer Vermächtnisse und Auflagen gehören hierher, ebenso die Anerkennung eines verjährten Pflichtteilsanspruchs[59]. Die Höhe der Schenkung muss angemessen sein, andernfalls handelt es sich hinsichtlich des die Angemessenheitsgrenze übersteigenden Betrags um eine unentgeltliche Verfügung iS des § 2113 Abs 2 S 1. Nicht zu den Anstandsschenkungen gehört die Ausstattung iS des § 1624, so dass derartige Zuwendungen dem Vorerben durch § 2113 Abs 2 verboten sind[60].

III. Unwirksamkeit der Verfügung

22 **1. Bedeutung der Unwirksamkeit.** Eine von § 2113 Abs 1 und/oder Abs 2 erfasste Verfügung des Vorerben ist zunächst umfassend wirksam[61]. Sie wird erst mit Eintritt des Nacherbfalls unwirksam, und zwar nur in dem Umfang, in dem sie das Recht des Nacherben beeinträchtigt oder vereitelt. Eine nur **teilweise unentgeltliche Verfügung,** insbes eine gemischte Schenkung, wird nach hM von da an in vollem Umfang unwirksam[62]; zu damit auftretenden Rückabwicklungsprobleme s Rn 24. Hat der Vorerbe unter einer auflösenden Bedingung oder Befristung verfügt und tritt das Ereignis bzw der Termin vor, spätestens jedoch mit dem Nacherbfall (zB Tod des Vorerben ist auflösende Befristung des Nießbrauchs und zugleich Nacherbfall) ein, so wird das Recht des Nacherben hierdurch nicht beeinträchtigt. Da das **Erbbaurecht** bedingungsfeindlich ist (§ 1 Abs 4 S 1 ErbbauRG), kann dieses weder durch den Nacherbfall, noch durch ein sonstiges Ereignis auflösend bedingt sein. Im Übrigen ist ein vom Vorerben bestelltes Erbbaurecht bis zum Nacherbfall, längstens jedoch bis zur vereinbarten Laufzeit wirksam; die Unwirksamkeit tritt erst mit dem Nacherbfall ein[63]. Eine vom Vorerben entgegen § 2113 erklärte **Auflassung** ist bedingungs- und befristungsfeindlich (§ 925 Abs 2), wird also stets mit Wirkung ab dem Nacherbfall unwirksam. Die Unwirksamkeit tritt mit dem Nacherbfall von selbst ein und **wirkt gegenüber jedermann,** so dass sich sowohl der Nacherbe als auch jeder Dritte auf sie berufen kann. Bereits vor dem Nacherbfall kann der Nacherbe die dann eintretende Unwirksamkeit gegenüber dem Vorerben oder dem am Verfügungsgeschäft beteiligten Dritten durch Gerichtsurteil feststellen lassen[64]. Schadensersatzansprüche stehen dem Nacherben dagegen erst ab dem Nacherbfall zu. **Entfällt die Nacherbfolge,** so werden damit alle Verfügungen des Vorerben endgültig wirksam, weil er damit nachträglich unbeschränkter Vollerbe geworden ist.

23 **2. Vereitelung oder Beeinträchtigung des Nacherbenrechts. a) Begriffe.** Eine verbotswidrige Verfügung des Vorerben wird mit dem Nacherbfall nur dann und in dem Umfang unwirksam, in dem sie das Recht des Nacherben auf den Verfügungsgegenstand entweder vollständig **ausschließt** (zB Auflassung, Einigung gemäß §§ 929 ff, Abtretung, Verzicht, Aufhebung) oder in irgendeiner Form **beeinträchtigt,** insbes durch Belastung mit Rechten Dritter (zB Grundpfandrechte, Nießbrauch) oder durch sonstige Beschränkungen (zB Vormerkung, Baulast). Die Vereitelung oder Beeinträchtigung des Nacherbenrechts beurteilt sich nach **rechtlichen,** nicht nach wirtschaftlichen **Gesichtspunkten**[65]. Selbst dann, wenn die Gegenleistung beim Nacherbfall noch im Nachlass vorhanden ist[66] oder sich das Geschäft als wirtschaftlich günstig herausstellt, ist die Verfügung absolut nichtig. Aus diesem Grunde kann der Vorerbe ohne Zustimmung des Nacherben auch nicht einen von § 2113 Abs 1 betroffenen Nachlassgegenstand gegen einen gleichwertigen Gegenstand aus dem eigenen Vermögen austauschen[67]. Auch die Löschung eines ranglezten Grundpfandrechts stellt eine Beeinträchtigung im rechtlichen Sinne dar[68], weil bei der bis zum Nacherbfall möglichen Eintragung von nachrangigen Grundpfandrechten dem Nachlass hierdurch die Rangstelle entzogen würde. Dagegen ist die Umwandlung eines Brief- in ein Buchrecht und umgekehrt rechtlich neutral[69].

24 **b) Umfang des Nacherbenrechts.** Eine Vereitelung oder Beeinträchtigung des Nacherbenrechts kommt nur in Betracht, wenn der Verfügungsgegenstand vom Umfang des Nacherbenrechts erfasst wird. § 2113 ist deshalb auf dem Vorerben im Voraus vermachte Gegenstände (vgl § 2110) nicht anwendbar. Das Nacherbenrecht umfasst dagegen auch Nachlassgegenstände, die der Erblasser Dritten zugewendet hat (Rn 22).

25 **c) Erfüllung von Nachlassverbindlichkeiten.** Keine Vereitelung oder Beeinträchtigung des Nacherbenrechts liegt nach hM vor, wenn und soweit der Vorerbe mit der Verfügung eine vom Erblasser vor seinem Tod begründete Verpflichtung – zB Auflassung zu einem vom Erblasser abgeschlossenen Grundstückskaufvertrag; Löschung bei eingetragener Löschungsvormerkung[70] – oder Drit-

---

[59] BGH NJW 1973, 1690; *Waltjen* NJW 1973, 2061.
[60] RG Warn 42 Nr 89.
[61] BGH NJW 1969, 2043.
[62] BGH NJW 1985, 382; NJW 1952, 598; OLG Hamm Rpfleger 1971, 174; *Staudinger/Avenarius* Rn 65; aA MünchKommBGB/*Grunsky* Rn 28.
[63] BGH NJW 1969, 2043; aA *Soergel/Harder* Rn 14 f mwN.
[64] RGZ 139, 343, 347; BGH NJW 1969, 2043; aA OLG Celle MDR 1954, 547.
[65] AllgM, zB MünchKommBGB/*Grunsky* Rn 11.
[66] Vgl *Thiesing* AcP 94 (1903), 233.
[67] OLG Stuttgart OLGZ 1973, 262; OLG Köln NJW-RR 1987, 267.
[68] AA MünchKommBGB/*Grunsky* Rn 11; KG DNotZ 1938, 115; LG Frankenthal BayNotZ 1983, 231; *Dillmann* RNotZ 2002, 1, 10.
[69] *Dillmann* RNotZ 2002, 1, 10.
[70] OLG Saarbrücken DNotZ 1950, 66.

ten zugewendete Vermächtnisse, Auflagen oder Teilungsanordnungen erfüllt[71]. Der Umstand, dass der Nacherbe diese Nachlassverbindlichkeiten (§ 1967) in gleicher Weise erfüllen müsste wie der Vorerbe, schließe – so diese Auffassung – eine Beeinträchtigung seines Herausgabeanspruchs gegen den Vorerben aus. Der Nachweis gegenüber dem Grundbuchamt kann dabei nach einer Meinung nur durch eine öffentliche Urkunde geführt werden[72], nach einer anderen dagegen auch durch ein privatschriftliches Testament[73]. Diese Auffassung ist mit dem Wortlaut des § 2120 S 1 nicht vereinbar. Diese Vorschrift behandelt die Berichtigung von Nachlassverbindlichkeiten als Maßnahmen ordnungsmäßiger Verwaltung durch den Vorerben. Die in § 2120 S 1 angeordnete Pflicht des Nacherben, der Erfüllung von Nachlassverbindlichkeiten durch den Vorerben zuzustimmen, setzt zwingend voraus, dass dieser der Zustimmung überhaupt bedarf, also §§ 2113 bis 2115 auch für derartige Verfügungsgeschäfte gelten. Wendet man §§ 2113, 2120 auch auf Verfügungen zum Zwecke der Erfüllung von Nachlassverbindlichkeiten an, so erhält der Nacherbe dadurch die Gelegenheit, selbst zu prüfen, ob diese notwendig sind und sich im Rahmen der Verbindlichkeit halten. Mit der hier vertretenen Auffassung werden auch die Probleme der hM vermieden, die entstehen, wenn die erfüllte Nachlassverbindlichkeit nicht bestand, einredebehaftet oder unwirksam war, ebenso die Schwierigkeiten bei Überschreiten der Grenzen der Erfüllungspflicht[74]. Richtiger Ansicht[75] nach sind auch Verfügungen zum Zwecke der Erfüllung von Nachlassverbindlichkeiten gemäß § 2113 unwirksam, wenn und solange der Nacherbe, wozu er gemäß § 2120 S 1 verpflichtet ist, diesen nicht zugestimmt hat.

d) Zustimmung des Nacherben. Die Zustimmung des Nacherben zu einer Verfügung des Vorerben iS des § 2113 beinhaltet, wie § 2120 S 1 belegt, einen Verzicht auf das Nacherbenrecht[76] und schließt dessen Vereitelung oder Beeinträchtigung mit der Folge aus, dass das Verfügungsgeschäft auch für die Zeit ab dem Nacherbfall wirksam bleibt[77]. Mit Zustimmung des Nacherben kann der Vorerbe einen Nachlassgegenstand auch ohne förmliches Verfügungsgeschäft in sein eigenes freies Vermögen überführen (Freigabe oder Eigenerwerb des Vorerben)[78]. In analoger Anwendung des § 185 ist es dabei unerheblich, ob der Nacherbe in die Verfügung vorher eingewilligt oder ob er diese nachträglich genehmigt hat. Entspricht die Verfügung ordnungsgemäßer Verwaltung, was insbes bei der Erfüllung von Nachlassverbindlichkeiten (Rn 21) der Fall ist, so ist der Nacherbe verpflichtet, diese Zustimmung zu erteilen (§ 2120 S 1). 26

Die Zustimmung bedarf **keiner Form,** kann also auch durch schlüssiges Verhalten konkludent erteilt werden, beispielsweise durch vorzeitige Auflassung eines Grundstücks durch den Vor- und den Nacherben[79]. Sie kann entweder an den Vorerben oder an den Partner des Verfügungsgeschäfts **adressiert** sein[80]. 27

Die Zustimmung ist **vom Nacherben** – bei mehreren von allen – zu erteilen. Ist das Nacherbenanwartschaftsrecht ge- oder verpfändet worden, so bedarf es zur Wirksamkeit auch der Zustimmung des Pfandrechtsgläubigers. Hat der Erblasser einen Nacherben unter einer Bedingung eingesetzt oder mehrfache Nacherbfolge angeordnet, so ist zusätzlich auch die Zustimmung des **bedingten**[81] bzw **weiteren Nacherben**[82] zur Wirksamkeit der Verfügung notwendig. Dies gilt auch dann, wenn der Nachlassgegenstand vorzeitig vom Vor- auf den zunächst berufenen Nacherben übertragen werden soll[83]. Solange der zunächst berufene Nacherbe noch lebt und auch nicht aus sonstigen Gründen weggefallen ist, bedarf es zur Wirksamkeit der Verfügung nicht der Zustimmung des **Ersatznacherben**[84]. Die vom Nacherben erklärte Zustimmung wirkt gegenüber dem Ersatznacherben selbst dann, wenn der Nacherbe anschließend vor dem Nacherbfall wegfällt und der Ersatznacherbe zur Erbfolge gelangt. Wirkt allerdings der Wegfall des Nacherben wie bei der Erbunwürdigkeitserklärung auf den Erbfall zurück, so war der Ersatznacherbe bereits im Zeitpunkt der Verfügung Nacherbe, so dass es seiner Zustimmung bedurft hätte[85]. 28

Ist für den Nacherben **Testamentsvollstreckung** mit der Befugnis, auch dessen Rechte gegenüber dem Vorerben wahrzunehmen, angeordnet, so ist der Testamentsvollstrecker, nicht der Nacherbe zur Erteilung der Zustimmung zuständig. 29

---

[71] OLG Düsseldorf DNotZ 2003, 637; BayObLG FamRZ 1992, 728; DNotZ 2001, 808, 809; OLG Hamm NJW-RR 1995, 1289; *Deimann* Rpfleger 1978, 244; *Schlüter* Rn 752; *Jauernig/Stürner* Rn 2; *Soergel/Harder/Wegmann* Rn 14; *Staudinger/Avenarius* Rn 53; aA MünchKommBGB/*Grunsky* Rn 13 mwN; unentschieden *Erman/M. Schmidt* Rn 4.
[72] BayObLGZ 1971, 336, 339; 1974, 312, 316; OLG Hamburg Rpfleger 1984, 313, 314.
[73] OLG Düsseldorf ZEV 2003, 296 m zust Anm *Ivo*; OLG Hamm NJW-RR 1996, 1230, 1231 f; offen gelassen von BayObLG ZEV 2001, 403.
[74] Vgl OLG Hamm FGPrax 1995, 7.
[75] *Friederich* Rn 84 ff; MünchKommBGB/*Grunsky* Rn 12 f; *Brox* Rn 350; *Ebenroth* Rn 564.
[76] OLG Schleswig Rpfleger 1968, 325; *Palandt/Edenhofer* Rn 5.
[77] BGH NJW 1963, 2320; ausf dazu *Friederich* Rn 136 ff.
[78] BayObLG NJW-RR 2005, 956; MünchKommBGB/*Grunsky* Rn 15; *Keim* DNotZ 2003, 822, 829 ff; aA *Maurer* DNotZ 1981, 223, 226 f.
[79] *Maurer* DNotZ 1981, 223, 224 f.
[80] OLG Hamm NJW 1965, 1489, 1490.
[81] OLG Hamm DNotZ 1970, 360; *Heider* ZEV 1995, 1, 3.
[82] RGZ 145, 316, 321; OLG Hamm OLGZ 75, 150, 155; RGRK/*Johannsen* Rn 39; MünchKommBGB/*Grunsky* Rn 14; ausf *Friederich* Rn 58 ff.
[83] *Heider* ZEV 1995, 1, 4 f.
[84] BGH NJW 1963, 2320; *Dillmann* RNotZ 2002, 1, 11.
[85] MünchKommBGB/*Grunsky* § 2102 Rn 10.

§ 2113

30 Der gesetzliche Vertreter, der für einen **Minderjährigen** zustimmt oder dessen Erklärung genehmigt, bedarf hierzu – außer bei Grundpfandrechten – gemäß §§ 1821 Abs 1 Nr 1, Abs 2 der vormundschaftsgerichtlichen Genehmigung[86]. Da die Zustimmung des Nacherben zur Verfügung ein einseitiges Rechtsgeschäft ist, kann die vormundschaftsgerichtliche Genehmigung nicht nachträglich eingeholt werden (§ 1831 S 1). Wurde die vorherige Einholung vergessen, so muss die Zustimmungserklärung des gesetzlichen Vertreters nach der Genehmigungserteilung dem Vorerben oder dem Erwerber als Adressaten (Rn 24) erneut zugestellt werden. Ist der gesetzliche Vertreter selbst Vorerbe, so kann er die Zustimmung gemäß § 181 weder selbst erteilen noch die des Minderjährigen genehmigen, und zwar auch dann nicht, wenn die Zustimmung bzw Genehmigung dem anderen Teil des Verfügungsgeschäfts gegenüber erklärt wird[87]. Der Interessenwiderstreit, den § 181 vermeiden soll, besteht unabhängig vom Adressaten der Erklärung. Ist der Nacherbe unbekannt, insbes noch nicht erzeugt, so ist gemäß § 1913 ein Pfleger zu bestellen[88].

31 e) **Wirksamwerden analog § 185 Abs 2.** In analoger Anwendung des § 185 Abs 2 wird eine unter Verstoß gegen § 2113 vorgenommene Verfügung wirksam, sobald der Vorerbe das Grundstück usw durch wirksame Übertragung des Nacherbenrechts oder durch Wegfall der Nacherbfolge nachträglich zur völlig freien Verfügung erhält[89]. Eine Verfügung des Vorerben wird ferner wirksam, wenn der Nacherbe dessen unbeschränkt haftender Erbe wird[90]. In beiden Fällen wird die Verfügung nicht von Anfang, sondern erst ab dem jeweiligen Ereignis wirksam.

32 3. **Gutgläubiger Erwerb (Abs 3).** Ein Dritter kann einen Nachlassgegenstand gemäß § 2113 Abs 3, der der Regelung des § 161 Abs 3 entspricht, gutgläubig erwerben, wenn der Dritte von der Nacherbfolge nichts weiß. Bei entgeltlichen Verfügungen iS des Abs 1 ist ein gutgläubiger Erwerb trotz Kenntnis des Dritten von der Nacherbfolge möglich, wenn er von einer Befreiung von diesem Verfügungsverbot ausging. Bei **Grundstücken**, grundstücksgleichen Rechten und dinglichen Grundstücksrechten sowie im Schiffsregister eingetragenen Schiffen ist ein gutgläubiger Erwerb stets ausgeschlossen, wenn ein Nacherbenvermerk (ausf § 2100 Rn 28) im Grundbuch bzw Schiffsregister eingetragen ist (§§ 2113 Abs 3, 892 Abs 1 bzw § 54 SchRegO). Solange der Vorerbe noch nicht im Grundbuch bzw Schiffsregister als Eigentümer oder Berechtigter eingetragen ist, kann der Dritte sich nicht darauf berufen, er habe den Vorerben gutgläubig für einen unbeschränkt verfügungsbefugten Vollerben gehalten[91]. Ist im Grundbuch bzw Schiffsregister zu Unrecht eine Befreiung des Vorerben vom Verfügungsverbot des § 2113 Abs 1 eingetragen (vgl § 51 GBO), so ist eine entgeltliche Verfügung zugunsten eines gutgläubigen Erwerbers auch ohne Zustimmung des Nacherben wirksam[92]. Bei einer ganz oder teilweise unentgeltlichen Verfügung nützt der gute Glaube dagegen nichts, weil vom Verbot des § 2113 Abs 2 keine Befreiung erteilt werden kann. Ein gutgläubiger Erwerb **beweglicher Sachen** auf Grund einer ganz oder teilweise unentgeltlichen Verfügung iS des § 2113 Abs 2 ist gemäß § 932 Abs 2 nur möglich, wenn die Unkenntnis vom Verfügungsverbot nicht auf grober Fahrlässigkeit des Dritten beruht. Ist in einem dem Vorerben erteilten Erbschein die Nacherbfolge nicht erwähnt, so kann ein gutgläubiger Dritter sowohl bewegliche Sachen als auch alle anderen Nachlassgegenstände, bei denen ein gutgläubiger Erwerb sonst nicht vorgesehen ist (zB **Forderungen, Gesellschaftsanteile**), wirksam ohne Zustimmung des Nacherben erwerben (§ 2366)[93].

33 4. **Rückabwicklung unwirksamer Verfügungen.** Der Nacherbe kann ab dem Eintritt des Nacherbfalls die Rückabwicklung der ihm gegenüber unwirksamen Verfügung vom Erwerber verlangen, dh bei einer **Übertragung** die Rückübertragung, bei einer **Belastung** oder **Änderung** deren Aufhebung und bei einer **Aufhebung** eines Rechts dessen Wiedereinräumung. Bei Grundstücken und grundstücksgleichen Rechten hat der Nacherbe Anspruch auf Berichtigung des Grundbuchs gemäß § 894[94]. Bei einer **teilweise unentgeltlichen Verfügung** kann der Erwerber die Rückabwicklung nach hM nicht durch eine Ausgleichszahlung in Höhe der Wertdifferenz zwischen Verfügungsgegenstand und Gegenleistung abwenden[95]. Der Erwerber braucht den Nachlassgegenstand nur Zug um Zug gegen Rückgewähr der Gegenleistung herauszugeben (Zurückbehaltungsrecht). Die Nutzungen und die Verwendungen werden für die Zeit bis zum Eintritt des Nacherbfalls nur gemäß den für das Verhältnis des Vor- zum Nacherben geltenden Vorschriften der §§ 2124 bis 2126 ausgeglichen, und erst ab diesem Zeitpunkt gemäß §§ 987 ff[96]. Der Nacherbe kann allerdings darauf verzichten, die Unwirksamkeit gegenüber dem Dritten geltend zu machen und statt dessen gegen Abtretung seiner Rechte gegenüber dem Dritten vom Vorerben vollen Schadensersatz verlangen. Anspruchsgrundlage dieses Schadensersatzanspruchs ist beim befreiten Vorerben § 2138 Abs 2, iÜ §§ 2130, 2131.

---

[86] OLG Karlsruhe RJA 17, 22.
[87] MünchKommBGB/*Grunsky* Rn 15; *Palandt/Edenhofer* Rn 6; *Coing* NJW 1985, 6, 8; aA BGH NJW 1963, 2320; OLG Hamm OLG NJW 1965, 1490; *Soergel/Harder/Wegmann* Rn 11.
[88] *Kanzleiter* DNotZ 1970, 330.
[89] OLG München FamRZ 1971, 93, 94; MünchKommBGB/*Grunsky* Rn 17.
[90] RGZ 110, 94; OLG München FamRZ 1971, 93, 94; MünchKommBGB/*Grunsky* Rn 17.
[91] BGH NJW 1970, 943 m Anm *Batsch* 1314.
[92] *Batsch* NJW 1970, 1314.
[93] Vgl OLG Hamm DNotZ 1963, 562.
[94] BGH NJW 1985, 382.
[95] BGH NJW 1985, 382; NJW 1952, 598; OLG Hamm Rpfleger 1971, 174; *Staudinger/Avenarius* Rn 66; aA MünchKommBGB/*Grunsky* Rn 28, 30; *Brox/Walker* Rn 563.
[96] BGH NJW 1985, 382, 383 f.

IV. Auskunftsanspruch und Beweisfragen

Der Nacherbe kann auf Grund seines allgemeinen Anspruchs auf Rechenschaft gemäß § 2130 Abs 2 vom **Vorerben** auch Auskunft über von diesem vorgenommene Verfügungen iS des § 2113 Abs 1 und 2 verlangen. Liegen Anhaltspunkte dafür vor, dass derartige Verfügungen vorgenommen wurden, so kann der Nacherbe unmittelbar vom **Erwerber** Auskunft verlangen, wenn diese vom Vorerben nicht mehr zu erlangen ist (zB Tod des Vorerben)[97].

Nach den allgemeinen Beweisregeln hat der Nacherbe die Tatbestandsvoraussetzungen des § 2113 Abs 1 und 2 zu beweisen, der Erwerber dagegen die Voraussetzungen, aus denen sich der gutgläubige Erwerb herleitet. Verweigert der Erwerber die Auskunft über die Unentgeltlichkeit einer Verfügung iS des § 2113 Abs 2, so geht die Beweislast insoweit auf ihn über.

34

35

§ 2114 Verfügungen über Hypothekenforderungen, Grund- und Rentenschulden

¹Gehört zur Erbschaft eine Hypothekenforderung, eine Grundschuld, eine Rentenschuld oder eine Schiffshypothekenforderung, so steht die Kündigung und die Einziehung dem Vorerben zu. ²Der Vorerbe kann jedoch nur verlangen, dass das Kapital an ihn nach Beibringung der Einwilligung des Nacherben gezahlt oder dass es für ihn und den Nacherben hinterlegt wird. ³Auf andere Verfügungen über die Hypothekenforderung, die Grundschuld, die Rentenschuld oder die Schiffshypothekenforderung findet die Vorschrift des § 2113 Anwendung.

I. Normzweck und Anwendungsbereich

Der nicht befreite Vorerbe darf gemäß § 2113 Abs 1 in keiner Weise über eine Hypothekenforderung, ein Grundpfandrecht oder eine Schiffshypothek verfügen, während dem befreiten Vorerben allein unentgeltliche Verfügungen durch § 2113 Abs 2 verboten sind. § 2113 erfasst dabei außer der Abtretung, der Aufhebung (Löschung), der Verpfändung, der Umwandlung einer Hypothek in eine Grundschuld, der umgekehrten Umwandlung, der vom Vorerben erklärten Aufrechnung auch die von § 2114 speziell geregelten Fälle der Kündigung und Einziehung. Zwecks Erleichterung der Nachlassverwaltung erlaubt § 2114 es dem Vorerben abweichend vom Grundsatz des § 2113, mit Wirkung für und gegen den Nacherben die vorbezeichneten Forderungen aus Grundpfandrechten oder Schiffshypotheken durch Kündigung fällig zu stellen und alle Rechtshandlungen, die zur anschließenden Geltendmachung des Rechts erforderlich sind, vorzunehmen (Einziehung). Alle anderen Verfügungen unterliegen gemäß § 2114 S 3 den allgemein geltenden Beschränkungen des § 2113.

1

II. Kündigung

Der Vorerbe darf gemäß § 2114 S 1 eine Hypothekenforderung, ein Grundpfandrecht oder eine Schiffshypothek ohne Zustimmung des Nacherben durch Kündigung fällig stellen (zB §§ 1141, 1185 Abs 2, 1193). Unter Kündigung ist dabei nicht nur die vom Vorererben erklärte, sondern auch die ihm gegenüber abgebene Kündigung des Schuldners bzw Eigentümers zu verstehen. Auch eine ordnungswidrige Kündigung durch den Vorerben ist wirksam, kann diesen aber gemäß § 2131 schadensersatzpflichtig machen.

2

III. Einziehungs- und Empfangszuständigkeit

1. Hauptschuld. a) Einziehung. § 2114 S 2 ordnet die Einziehung der Forderungen aus Grundpfandrechten und Schiffshypotheken ebenfalls dem Kompetenzbereich des Vorerben zu. Unter Einziehung sind dabei alle zur Erlangung der Zahlung erforderlichen Maßnahmen, einschließlich der gerichtlichen Durchsetzung und der Einleitung[1] und Durchführung der Zwangsvollstreckung, zu verstehen. Auch die Entgegennahme von Zahlungen gehört eigentlich zur Einziehung in diesem Sinne, ist jedoch durch § 2114 S 2 einer besonderen, einschränkenden Regelung unterworfen. Alle danach zulässigen Einziehungsmaßnahmen sind dem Nacherben gegenüber selbst dann wirksam, wenn sie nicht der ordnungsgemäßen Verwaltung des Nachlasses entsprechen, können aber unter dieser Voraussetzung Schadensersatzansprüche des Nacherben gemäß § 2131 rechtfertigen.

3

b) Empfangszuständigkeit. aa) Hinterlegung. Die Empfangszuständigkeit des Vorerben in Ansehung der Hauptforderung ist zum Schutze des Nacherben durch § 2114 S 2 eingeschränkt. Der Vorerbe kann deshalb bei Einziehung des Kapitals gemäß § 2114 S 2 nur die Hinterlegung des Geldbetrags (§§ 372 ff) für den Nacherben und sich verlangen, es sei denn, der Erblasser hat den Vorerben gemäß § 2136 ohne dieser Beschränkung befreit oder der Nacherbe stimmt der Zahlung an den Vorerben allein zu. Bei mehreren Nacherben bedarf es der Zustimmung aller. Auch die Zustimmung bedingt eingesetzter oder weiterer Nacherben ist erforderlich, nicht dagegen die der Ersatznacherben. Eine Zustimmungspflicht kann sich aus § 2120 S 1 ergeben. Der hinterlegte Betrag fällt kraft dinglicher Surrogation gemäß § 2111 in den Nachlass, wenn und soweit der Erblasser nicht etwas anderes bestimmt hat.

4

---

[97] Vgl BGH NJW 1972, 907, 908 m Anm *Johannsen*.
[1] RGZ 136, 353, 358.

§ 2115

5 Auf **freiwillige Zahlungen** des Schuldners ist § 2114 S 2 analog anzuwenden, so dass auch diese nicht an den Vorerben geleistet sondern allenfalls hinterlegt werden dürfen[2].

6 **bb) Zahlung.** Eine ohne Einwilligung des Nacherben geleistete Zahlung hat diesem gegenüber keine schuldbefreiende Wirkung[3]. Der Nacherbe kann die Zahlung allerdings auch nachträglich noch genehmigen. Fehlt die Eintragung des Nacherbenvermerks im Grundbuch oder Schiffsregister, so kann sich eine Empfangszuständigkeit auch unter dem Aspekt des Rechtsscheins ergeben[4]. Auch wenn die Zahlung an den Vorerben danach schuldbefreiende Wirkung gegenüber dem Nacherben entfaltet, so fällt der Betrag kraft dinglicher Surrogation gemäß § 2111 in den Nachlass, es sei denn, der Erblasser hat etwas anderes angeordnet.

7 **2. Nebenforderungen.** Auf Zinsen und Nebenleistungen findet § 2114 S 2 keine Anwendung, und zwar auch dann nicht, wenn es sich um Rückstände aus der Zeit vor dem Erbfall handelt. Diese Nebenforderungen kann der Vorerbe daher ohne Rücksicht darauf einziehen, ob sie ihm als Nutzungen gebühren oder nicht[5].

§ 2115 Zwangsvollstreckungsverfügungen gegen Vorerben

¹Eine Verfügung über einen Erbschaftsgegenstand, die im Wege der Zwangsvollstreckung oder der Arrestvollziehung oder durch den Insolvenzverwalter erfolgt, ist im Falle des Eintritts der Nacherbfolge insoweit unwirksam, als sie das Recht des Nacherben vereiteln oder beeinträchtigen würde. ²Die Verfügung ist unbeschränkt wirksam, wenn der Anspruch eines Nachlassgläubigers oder ein an einem Erbschaftsgegenstand bestehendes Recht geltend gemacht wird, das im Falle des Eintritts der Nacherbfolge dem Nacherben gegenüber wirksam ist.

Schrifttum: *Kessel*, Eingriffe in die Vorerbschaft, MittRhNotK 1991, 137; *Stimpel*, Der Gesellschafter als Vorerbe des verstorbenen einzigen Mitgesellschafters einer offenen Handelsgesellschaft, FS Heinz Rowedder, 1994, S 477; *Timmann*, Vor- und Nacherbschaft innerhalb der zweigliedrigen OHG und KG, 2000.

I. Erbschaftsgegenstand

1 Jeder **Gegenstand**, der zum Nachlass gehört, sei es von Anfang an, sei es nachträglich auf Grund dinglicher Surrogation gemäß § 2111, wird durch § 2115 vor Zwangsverfügungen Dritter geschützt. Diese Vorschrift gilt daher für Zwangsverfügungen in bewegliche Sachen, Grundstücke, grundstücksgleiche Rechte, Schiffe, dingliche und sonstige Rechte aller Art, Forderungen, Erbteile oder Gesellschaftsanteile, soweit sie überhaupt pfändbar sind bzw der Verfügungsbefugnis des Insolvenzverwalters unterliegen. Während der Vorerbe bei rechtsgeschäftlichen Verfügungen dem Nacherben gemäß §§ 2130, 2131 für die Ordnungsmäßigkeit verantwortlich ist, scheidet bei Zwangsverfügungen eine derartige Haftung des Vorerben grds aus. Folgerichtig ist es für die Anwendung des § 2115 bedeutungslos, ob der Vorerbe eine entsprechende Verfügung hätte vornehmen können. Dies ist auch der Grund dafür, dass § 2115 auch bei befreiter Vorerbschaft gilt, der Erblasser also gemäß § 2136 hiervon nicht befreien kann. Bei alleiniger Vorerbschaft kann nie in den Nachlass selbst, sondern nur in die Nachlassgegenstände vollstreckt werden. Diese wiederum sind durch § 2115 vor dem Zugriff der Eigengläubiger des Vorerben geschützt[1]. § 2115 schließt dagegen die Pfändung eines **Miterbenanteils** gemäß § 859 Abs 2 ZPO nicht aus[2*]. Richtiger Auffassung nach scheitert an der Befriedigung des Pfandrechtsgläubigers in diesem Fall aber daran, dass die bei Auseinandersetzung erworbenen Vermögensgegenstände ebenfalls den Beschränkungen des § 2115 unterliegen[3*]. Wird eine zweigliedrige **Gesamthandsgemeinschaft** (Personengesellschaft, Erbengemeinschaft, Gütergemeinschaftsehe) durch den Tod des Erblassers aufgelöst und der bisherige Mitgesellschafter, Miterbe bzw Ehegatte Vorerbe, so ist auch nach der Auflösung eine Vollstreckung in das bisherige Gesamthandsvermögen zum Schutze des Nacherben weiterhin unzulässig (vgl § 2113 Rn 5)[4*]. Die Eigengläubiger des Vorerben sollen durch den Tod des Erblassers nicht besser gestellt werden. Ihre Befriedigung können sie nur in dem Umfang erlangen, in dem dies bis zum Tod des Erblassers möglich war. Analog § 1976 kann daher nur der fiktive Anspruch des Vorerben am Auseinandersetzungsguthaben gepfändet werden[5*]. Der Kündigung einer Personengesellschaft gemäß § 725 bzw § 135 HGB bedarf es nicht, jedoch sind bei einer OHG die weiteren Voraussetzungen des § 135 HGB analog heranzuziehen[6].

---

[2] BGH FamRZ 1970, 192.
[3] BGH FamRZ 1970, 192.
[4] *Staudinger/Avenarius* Rn 11.
[5] *Staudinger/Avenarius* Rn 3; MünchKommBGB/*Grunsky* Rn 3.
[1] *Kessel* MittRhNotK 1991, 137, 140.
[2*] *Kessel* MittRhNotK 1991, 137, 140.
[3*] OLG Celle NJW 1968, 801; *Kessel* MittRhNotK 1991, 137, 140; *Haegele* BWNotZ 1975, 129, 132; aA *Engelmann*, Letztwillige Verfügungen zugunsten Verschuldeter oder Sozialhilfeempfänger, 1999, S 103.
[4*] AA *Timmann* S 63 ff.
[5*] *Timmann* S 62 f, 69; *Stimpel* S 98; vgl BGHZ 47, 293, 296; 91, 132, 135 f.
[6] *Timmann* S 65 ff.

II. Zwangsverfügung

1. Grundsatz. § 2115 S 1 Alt 1 gilt nur für die **Zwangsvollstreckung** wegen Geldforderungen (§§ 803 bis 871 ZPO) aus einem gegen den Vorerben ergangenen oder wirksam gewordenen Urteil oder sonstigen Vollstreckungstitel in Erbschaftsgegenstände. Der Vollstreckung aus einem auf die Abgabe einer Willenserklärung (§§ 894, 895 ZPO) gerichteten Urteil oder sonstigen Vollstreckungstitel steht § 2115 nicht entgegen, unter Umständen jedoch § 2113[7]. Das Gleiche gilt für die Verurteilung zur Eigentumsverschaffung einer beweglichen Sache gemäß § 897 ZPO[8]. Bei Grundstücken und grundstücksgleichen Rechten werden nur die Zwangsversteigerung und die Zwangsvollstreckung von § 2115 S 1 Alt 1 erfasst, **nicht** jedoch die **Teilungsversteigerung** gemäß §§ 180 ff ZVG[9]. Im Falle der Teilungsversteigerung ist der Nacherbenvermerk mit dem Zuschlagsbeschluss im Grundbuch zu löschen, während der Überschuss als Surrogat gemäß § 2111 in den Nachlass fällt. § 2115 S 1 Alt 2 stellt ferner klar, dass auch die **Vollziehung eines Arrestes** (§ 928 ZPO) als Zwangsverfügung gegen den Vorerben im gleichen Umfang unzulässig ist wie die Zwangsvollstreckung wegen Geldforderungen. Im Insolvenzverfahren über das Vermögen des Vorerben darf der **Insolvenzverwalter** nicht über zum Nachlass gehörende Erbschaftsgegenstände verfügen (§ 2115 S 1 Alt 3). Die **Kündigung einer Personengesellschaft gemäß § 135 HGB**, an der der Vorerbe mit einem zum Nachlass gehörenden Gesellschaftsanteil beteiligt ist, steht wirtschaftlich einer Zwangsverfügung iS des § 2115 S 1 gleich, so dass diese Vorschrift insoweit entspr anzuwenden ist[10]. Auch die von einem persönlichen Gläubiger des Vorerben mit einer Nachlassforderung erklärte **Aufrechnung** hat eine vergleichbare Wirkung, so dass diese in analoger Anwendung des § 394 unwirksam ist (vgl auch § 2113 Rn 14)[11].

2. Ausnahmen. Da auch der Nacherbe ab dem Nacherbfall für die Erfüllung der **Nachlassverbindlichkeiten** haftet, können diese gemäß § 2115 wirksam bereits vor diesem Zeitpunkt zwangsweise durchgesetzt[12] oder vom Insolvenzverwalter[13] befriedigt werden (§ 2115 S 2 Alt 1). Unerheblich ist dabei, ob die Nachlassverbindlichkeit vom Erblasser oder durch ordnungsgemäße Verwaltung des Vorerben begründet worden ist. Schließlich sind alle Zwangsvollstreckungsmaßnahmen dem Nacherben gegenüber wirksam, die der Durchsetzung eines auch nach dem Eintritt des Nacherbfalls wirksamen **dinglichen Rechts** an einem Erbschaftsgegenstand (zB Pfandrecht, auch Vermieterpfandrecht[14], Grundpfandrecht, Nießbrauch) dienen (§ 2115 S 2 Alt 2), und zwar gleichgültig, ob dieses bereits beim Tod des Erblassers bestand oder danach gemäß § 2113 wirksam vom Vorerben begründet worden ist. Ist die Bestellung des Rechts durch den Vorerben dem Nacherben gegenüber gemäß § 2113 unwirksam, insbes die unbefreiter Vorerbschaft[15] oder mangelnder Zustimmung des Nacherben, so ist es auch dessen Durchsetzung im Wege der Zwangsvollstreckung gemäß § 2115. Ein gemäß § 2115 S 1 wirksam gegenüber dem Vorerben begründetes Pfändungspfandrecht kann dagegen nicht gemäß § 2115 S 2 Alt 2 durchgesetzt werden[16].

III. Unwirksamkeit

Wie bei § 2113 (vgl § 2113 Rn 18) ist die **Unwirksamkeitsfolge** auf den Eintritt des Nacherbfalls **aufgeschoben,** so dass jedenfalls bis dahin alle gegen den Vorerben gerichteten Zwangsverfügungen iS des § 2115 S 1 in vollem Umfang wirksam sind. Derartige Maßnahmen werden – hier wie dort – jedoch mit dem Nacherbfall nur in dem Umfang absolut unwirksam[17], in dem sie das Recht des Nacherben vereiteln oder beeinträchtigen (vgl § 2113 Rn 19 ff). Bis zum Nacherbfall vorgenommene Maßnahmen der Zwangsvollstreckung sind wirksam. Um den Schutz des Nacherben in verfahrensmäßiger Hinsicht bis dahin nicht leer laufen zu lassen, enthalten § 83 Abs 2 InsO für das Insolvenzverfahren und § 773 ZPO für das Zwangsvollstreckungsverfahren **Verwertungsverbote.** In der Einzelvollstreckung kann der Nacherbe bei Zuwiderhandlung gegen das Veräußerungs- und Überweisungsverbot des § 773 die Widerspruchsklage erheben (§§ 771, 773 S 2 ZPO). Die mit dem Nacherbfall eintretende Unwirksamkeit macht die bis dahin erfolgten Zwangsverfügungen, insbes Pfandrechtsbegründung, Eintragung einer Sicherungshypothek, Anordnung und Durchführung der Zwangsverwaltung oder Anordnung einer Zwangsversteigerung jedoch nicht unzulässig, so dass dem Nacherben dagegen zunächst kein Widerspruchsrecht zusteht, wohl aber ein Anspruch auf **Sicherheitsleistung** gegen den Vorerben gemäß § 2128. Erst ab dem Nacherbfall kann der Nacherbe die Aufhebung dieser Maßnahmen verlangen, wenn und soweit sie das Nacherbenrecht vereiteln oder beeinträchtigen und über den Zeitpunkt des Nacherbfalls hinaus Wirkungen entfalten. Eine Vereitelung oder Beeinträchtigung des Nacherbenrechts ist ausgeschlossen, wenn sich die Zwangsverfügung nur auf die dem Vorerben ohnehin gebührenden **Nutzungen** des Nachlassgegenstands

---

[7] AllgM, zB *Staudinger/Avenarius* Rn 16 f; *Soergel/Harder/Wegmann* Rn 2.
[8] MünchKommBGB/*Grunsky* Rn 6.
[9] BayObLG NJW 1965, 1966; *Staudinger/Avenarius* Rn 14.
[10] *Soergel/Harder/Wegmann* Rn 4.
[11] RGZ 80, 30 = JW 1912, 90; *Staudinger/Avenarius* Rn 4 mwN.
[12] LG Glogau JW 1938, 458; *Soergel/Harder/Wegmann* Rn 11.
[13] OLG Jena HRR 1933 Nr 830.
[14] OLG Frankfurt OLGE 1933, 151; MünchKommBGB/*Grunsky* Rn 5; aA *Staudinger/Avenarius* Rn 7.
[15] RGZ 133, 263, 265: Hypothek für persönliche Schuld des Vorerben.
[16] RGRK/*Johannsen* Rn 12.
[17] BGHZ 33, 76, 86.

§ 2116   Buch 5. Abschnitt 3. Testamtent

bezieht[18]. Die Anordnung und Durchführung der **Zwangsverwaltung** über ein Nachlassgrundstück ist bis zum Eintritt des Nacherbfalls zulässig.

IV. Gutgläubiger Erwerb

5   Soweit eine Zwangsverfügung gemäß § 2115 dem Nacherben gegenüber ab dem Nacherbfall unwirksam ist, kann ein Dritter den Erbschaftsgegenstand auch nicht in gutem Glauben an das Nichtbestehen des Nacherbenrechts erwerben[19]. Die Gutglaubensvorschriften der §§ 892 f, 932 ff sind auf rechtsgeschäftliche Verfügungen, nicht auf hoheitliche Maßnahmen zugeschnitten. Wird gegen das Verwertungsverbot des § 773 ZPO verstoßen, so kann der Nacherbe nach Eintritt des Nacherbfalls vom Erwerber die Rückübertragung verlangen[20]. Geschieht die Verwertung allerdings durch freihändige Veräußerung nach § 825 ZPO oder durch den Gerichtsvollzieher im Wege der Versteigerung, so erwirbt der gutgläubige Dritte den betreffenden Erbschaftsgegenstand unbelastet mit dem Nacherbenrecht, während der Nacherbe in diesem Fall auf einen Bereicherungsanspruch gegen den betreibenden Gläubiger in Höhe des Erlöses angewiesen ist. Veräußert der Insolvenzverwalter entgegen § 83 Abs 2 InsO einen Nachlassgegenstand, so erwirbt der gutgläubige Dritte nach hM diesen, frei vom Nacherbenrecht[21].

V. Auskunftsanspruch

6   Bei konkreter Gefahr von Verfügungen iS des § 2115 kann der Nacherbe auf der Grundlage des § 242 Auskunft verlangen[22]. Der Erblasser kann diesen Anspruch ganz oder teilweise ausschließen.

§ 2116 Hinterlegung von Wertpapieren

(1) ¹**Der Vorerbe hat auf Verlangen des Nacherben die zur Erbschaft gehörenden Inhaberpapiere nebst den Erneuerungsscheinen bei einer Hinterlegungsstelle oder bei der *Reichsbank*, bei der *Deutschen Zentralgenossenschaftskasse* oder bei der Deutschen Girozentrale (Deutschen Kommunalbank) mit der Bestimmung zu hinterlegen, dass die Herausgabe nur mit Zustimmung des Nacherben verlangt werden kann.** ²Die Hinterlegung von Inhaberpapieren, die nach § 92 zu den verbrauchbaren Sachen gehören, sowie von Zins-, Renten- oder Gewinnanteilscheinen kann nicht verlangt werden. ³Den Inhaberpapieren stehen Orderpapiere gleich, die mit Blankoindossament versehen sind.

(2) **Über die hinterlegten Papiere kann der Vorerbe nur mit Zustimmung des Nacherben verfügen.**

1   **1. Hinterlegungsverlangen.** Der Nacherbe kann bei Inhaberpapieren und sonstigen leicht verkehrsfähigen Wertpapieren zum Schutz vor Verfügungen des Vorerben von diesem deren Hinterlegung verlangen. Der nicht gemäß 2136 von dieser Pflicht befreite Vorerbe ist nur und erst zu dieser Hinterlegung verpflichtet, wenn der Nacherbe sie verlangt[1]. Ist der Nacherbe minderjährig kann auch ein Elternteil, der selbst Vorerbe ist, dieses Verlangen regelmäßig auch ohne Pflegerbestellung stellen[2]. Bis zur tatsächlichen Hinterlegung kann der Vorerbe im Rahmen der §§ 2112, 2113 Abs 2 frei über diese Wertpapiere verfügen. Verzögert der Vorerbe die Hinterlegung, macht er sich schadensersatzpflichtig.

2   **2. Hinterlegungspflichtige Wertpapiere. Inhaberpapiere** sind Schuldverschreibungen auf den Inhaber (§ 793 ff), Erneuerungsbriefe (§ 805), Inhabergrundschuldbriefe (§ 1195), Inhaberrentenschuldbriefe (§ 1199) und Inhaberaktien (§§ 10, 278 Abs 3 AktG). **Orderpapiere** sind nur dann zu hinterlegen, wenn sie mit einem Blankoindossament versehen sind (§ 2116 Abs 1 S 3). Dazu gehören Wechsel (§§ 12, 13, 16 WG), Schecks (§§ 14, 16 ScheckG), kaufmännische Orderpapiere (§ 363 HGB), Orderschuldverschreibungen (§ 808 a) und Namensaktien (§ 68 AktG). Füllt der Vorerbe das Blankoindossament, wozu er auch noch immer Nacherben berechtigt ist, so entfällt bei Orderpapieren damit die Hinterlegungspflicht[3]. Legitimationspapiere (§ 808) wie Sparbücher oder Pfandscheine sind ebenso wenig zu hinterlegen wie Inhaberpapiere, die gemäß § 92 verbrauchbare Sachen sind (zB Banknoten, Inhaberzeichen gemäß § 807).

3   Umstritten ist, ob Wertpapiere, die zu einem **Betriebsvermögen** gehören, von der Hinterlegungspflicht generell ausgenommen sind[4]. Dieser Pflicht liegt der Gedanke zugrunde, den Nacherben vor einer rechtswidrigen Veräußerung leicht handelbarer Wertpapiere zu schützen. Bei Betrieben, zu deren Finanzvermögen solche Wertpapiere gehören, würde eine generelle Pflicht zur Hinterlegung Umschichtungen von Finanz- in Anlage- oder Umlaufvermögen und damit den Fortbestand des Handelsgeschäfts uU erheblich gefährden. In aller Regel wird dem Erblasser die Fortführung des Betriebs

---

[18] RGZ 80, 1, 7; RGRK/*Johannsen* Rn 8; *Staudinger/Avenarius* Rn 27.
[19] AllgM, zB MünchKommBGB/*Grunsky* Rn 11.
[20] MünchKommBGB/*Grunsky* Rn 11; aA Palandt/*Edenhofer* Rn 2; *Staudinger/Avenarius* Rn 24, 27.
[21] RGRK/*Johannsen* Rn 15; *Soergel/Harder* Rn 13; aA *Staudinger/Behrends/Avenarius* Rn 24.
[22] *Sarres* ZEV 2004, 56, 57.
[1] Vgl zur Durchsetzung OLG Oldenburg Rpfleger 1966, 18.
[2] OLG Frankfurt FamRZ 1964, 154.
[3] MünchKommBGB/*Grunsky* Rn 4.
[4] So *Staudinger/Avenarius* Rn 3; aA *Damrau/Hennicke* Rn 3; wohl auch *Nieder*, HdB Erbrecht, 2. Aufl, Rn 666.

wichtiger sein als der Schutz des Nacherben vor Veräußerungen des Finanzvermögens. Wenn der Erblasser nicht ausdrücklich etwas anderes bestimmt hat, ist der Vorerbe in diesem Fall deshalb von der Hinterlegungspflicht gemäß § 2136 befreit.

3. Hinterlegung. Hinterlegungsstellen sind die Amtsgerichte (§ 1 Abs 2 HinterlO) oder die Bundes- oder Landeszentralbanken (§ 27 HinterlO). Das Verfahren und die Anlegung regelt die HinterlO. Mit der Hinterlegung verliert der Vorerbe gemäß § 2116 Abs 2 sein alleiniges Verfügungsrecht. Dieses **Verfügungsverbot** (§ 137) macht jede entgegenstehende Verfügung des Vorerben von Anfang an unwirksam. Zu Verfügungen ist er nur noch mit Zustimmung des Nacherben befugt. Die Zustimmung kann vorher als Einwilligung oder nachträglich als Genehmigung erteilt werden. Eine Zustimmungspflicht kann sich aus § 2120 S 1 ergeben. Gibt die Hinterlegungsstelle die Wertpapiere an den Vorerben heraus, so endet das Verfügungsverbot damit selbst dann, wenn der Nacherbe nicht zugestimmt hatte[5]. Ein Dritter kann die Wertpapiere vom Vorerben gutgläubig nur dann erwerben, wenn die Hinterlegungsstelle sie dem Dritten aushändigt (§ 934)[6]. 4

4. Auskunftsanspruch. Bei einem Verstoß gegen § 2116 kann der Nacherbe vom Vorerben Auskunft verlangen[7]. Der Erblasser kann diesen Anspruch ganz oder teilweise ausschließen. 5

§ 2117 Umschreibung; Umwandlung

¹Der Vorerbe kann die Inhaberpapiere, statt sie nach § 2116 zu hinterlegen, auf seinen Namen mit der Bestimmung umschreiben lassen, dass er über sie nur mit Zustimmung des Nacherben verfügen kann. ²Sind die Papiere vom Bund oder von einem Land ausgestellt, so kann er sie mit der gleichen Bestimmung in Buchforderungen gegen den Bund oder das Land umwandeln lassen.

Der Vorerbe kann Inhaberpapiere auch, nachdem der Nacherbe die Hinterlegung gemäß § 2116 verlangt hat, anstatt sie zu hinterlegen in der Weise auf seinen Namen umschreiben lassen, dass er über diese nur gemeinsam mit dem Nacherben verfügungsberechtigt ist. Der Erblasser kann den Vorerben hiervon **befreien** (§ 2136). Die Umschreibung erfolgt gemäß § 806. 1

Bei vom Bund oder einem Bundesland ausgestellten Papieren kann die Umwandlung in eine Buchforderung gemäß dem BSchuWG vom 12. 7. 2006 (BGBl I S 1466) erfolgen. Auf von einer kommunalen Gebietskörperschaft ausgestellte Inhaberpapiere findet § 2117 entsprechende Anwendung. 2

§ 2118 Sperrvermerk im Schuldbuch

Gehören zur Erbschaft Buchforderungen gegen den Bund oder ein Land, so ist der Vorerbe auf Verlangen des Nacherben verpflichtet, in das Schuldbuch den Vermerk eintragen zu lassen, dass er über die Forderungen nur mit Zustimmung des Nacherben verfügen kann.

Zu den **Buchforderungen** gegen den Bund oder ein Bundesland s das gemäß VO vom 13. 12. 1949 (BGBl 1950 S 1) weiterhin (längstens bis 31. 12. 2008) anzuwendende Reichsschulbuchgesetz vom 21. 5. 1910 (RGBl I S 840 idF vom 17. 11. 1939, RGBl I S 2298). 1

Der Vorerbe braucht den Sperrvermerk mit dem Wortlaut des § 2118 im Schuldbuch nur auf Verlangen des Nacherben eintragen zu lassen. Bis dahin kann er im Rahmen der §§ 2112, 2113 Abs 2 frei verfügen. Der Sperrvermerk enthält ein **Verfügungsverbot** (§ 137), so dass der Vorerbe nur noch mit Zustimmung des Nacherben, zu der § 2120 S 1 verpflichtet sein kann, über den Stamm der Forderung verfügen kann. Die Sperrwirkung bezieht sich nicht auf die Zinsforderungen. Der Erblasser kann den Vorerben gemäß § 2136 von dieser Pflicht **befreien**. 2

§ 2119 Anlegung von Geld

Geld, das nach den Regeln einer ordnungsmäßigen Wirtschaft dauernd anzulegen ist, darf der Vorerbe nur nach den für die Anlegung von Mündelgeld geltenden Vorschriften anlegen.

Schrifttum: *Coing*, Die Anlagevorschriften des deutschen Erbrechts, FS Kaufmann, 1972, S 127; *Ordemann*, Die mündelsichere Anlage von Nachlassgeldern durch den Vorerben, MDR 1967, 642; *Sturm*, Die Anlegung von Mündelgeld als Entscheidungsproblem, DB 1976, 805.

1. Anlagepflicht. § 2119 verpflichtet den Vorerben, zum Nachlass gehörendes Geld anzulegen. Unerheblich ist dabei, ob dieses bereits beim Erbfall vorhanden oder später im Wege der dinglichen Surrogation gemäß § 2111 hinzugekommen ist. Diese Anlagepflicht dient dazu, dem Nacherben die Substanz des Nachlasses wirtschaftlich zu erhalten. Der Nacherbe kann grds nicht verlangen, dass vom 1

---

[5] Staudinger/*Avenarius* Rn 11.
[6] MünchKommBGB/*Grunsky* Rn 2; aA Soergel/*Harder*/*Wegmann* Rn 5.
[7] *Sarres* ZEV 2004, 56, 57.

§ 2120

Erblasser bereits angelegtes Geld in eine andere Anlageform umgewandelt wird. Bei spekulativer Anlageform kann eine andere Anlage jedoch unter dem Gesichtspunkt ordnungsgemäßer Verwaltung mit der Folge geboten sein, dass der Vorerbe im Falle des Unterlassens dem Nacherben auf Schadensersatz haftet. Endet jedoch eine Geldanlage durch Zeitablauf usw., so greift von da an wieder die Anlagepflicht des § 2119. Diese Pflicht gilt auch bei ausländischer Währung. Die **Befreiung** von dieser Geldanlagepflicht durch den Erblasser ist jedoch gemäß § 2136 möglich.

2 Die Pflicht zur mündelsicheren Anlage hängt weiter davon ab, ob diese nach den Regeln einer **ordnungsgemäßen Verwaltung** des Nachlasses geboten ist. S zum Begriff der ordnungsmäßigen Verwaltung § 2120 Rn 2 ff. Keine Anlagepflicht besteht daher, wenn das Geld kurzfristig zur Begleichung von Nachlassverbindlichkeiten oder in sonstiger Weise zur Verwaltung des Nachlasses benötigt wird. Im Übrigen ist grds von einer Anlagepflicht auszugehen. Der Vorerbe kann sich dabei nicht darauf berufen, dass er sein Eigenvermögen auch nicht besser angelegt habe. Es ist ein **objektiver Maßstab** anzulegen, bei dem die persönlichen Bedürfnisse des Vorerben hinter der Sicherung des Nachlasses für den Nacherben zurückstehen müssen.

3 **2. Mündelsichere Anlage und Haftung.** Die Anlage hat gemäß §§ 1806, 1807 zwingend mündelsicher zu erfolgen[1]. Dem Vorerben steht trotz des missverständlichen Gesetzeswortlauts („darf") kein Ermessensspielraum zu[2]. Die Pflicht besteht **kraft Gesetzes**, ohne dass der Nacherbe die Anlage zuvor verlangt haben muss. Weder zur Anlage noch zum Abheben benötigt der Vorerbe die Zustimmung des Nacherben[3]. Erfüllt der Vorerbe diese Pflicht nicht unverzüglich nach Eintritt der Voraussetzungen des § 2119, kann der Nacherbe gemäß § 2128 Sicherheitsleistung verlangen und die Anlage durch Klage erzwingen[4]. Außerdem haftet der Vor- dem Nacherben gegenüber wegen dieser Pflichtwidrigkeit auf Schadensersatz. Bei kurzfristig für die Nachlassverwaltung, insbes für die Erfüllung der Nachlassverbindlichkeiten, benötigten Geldern wird der strenge Haftungsmaßstab des § 2119 durch den des § 2131 ersetzt[5].

4 **3. Auskunftsanspruch.** Auf der Grundlage des § 242, der insoweit nicht durch § 2127 verdrängt wird, ist der nicht befreite Vorerbe verpflichtet, dem Nacherben Auskunft über die Anlage zu geben, wenn dieser nur so darüber entscheiden kann, ob er gemäß § 2128 Sicherheitsleistung verlangen soll[6]. Der Erblasser kann diesem Auskunftsanspruch ganz oder teilweise ausschließen.

§ 2120 Einwilligungspflicht des Nacherben

[1]Ist zur ordnungsmäßigen Verwaltung, insbesondere zur Berichtigung von Nachlassverbindlichkeiten, eine Verfügung erforderlich, die der Vorerbe nicht mit Wirkung gegen den Nacherben vornehmen kann, so ist der Nacherbe dem Vorerben gegenüber verpflichtet, seine Einwilligung zu der Verfügung zu erteilen. [2]Die Einwilligung ist auf Verlangen in öffentlich beglaubigter Form zu erklären. [3]Die Kosten der Beglaubigung fallen dem Vorerben zur Last.

Schrifttum: *Harder*, Unentgeltliche Verfügungen und ordnungsmäßige Nachlaßverwaltung des Vorerben, DNotZ 1994, 822; *Timmann*, Vor- und Nacherbschaft innerhalb der zweigliedrigen OHG oder KG, 2000.

1 **1. Normzweck und Anwendungsbereich.** Die Vorschrift soll den Vorerben einerseits nach außen im Rechtsverkehr zur Verfügung legitimieren und andererseits vor Schadensersatzansprüchen des Nacherben gemäß §§ 2130, 2131 schützen[1*]. Dabei regelt § 2120 allein die Rechte und Pflichten im Verhältnis zwischen Vor- und Nacherben. Um dem Vorerben die notwendige Rechtssicherheit bei der Verwaltung des Nachlasses zu verschaffen, kann dieser verlangen, dass der Nacherbe unter der Voraussetzung des § 2120 S 1 nicht erst der **Verfügung**, sondern bereits der Eingehung der **Verpflichtung** hierzu zustimmt[2*]. Ferner hat der Vorerbe den Anspruch darauf, dass der Nacherbe einer gemäß §§ 2112 ff an sich **zustimmungsfreien Verfügung** (zB Grundstücksverkauf gegen Leibrente bei befreiter Vorerbschaft) zustimmt, um deren Vollzug im Grundbuch oder den Erwerb durch einen Dritten, der das Nacherbenrecht kennt und daher nicht gutgläubig ist, zweifelsfrei zu ermöglichen[3*]. Hat der Nacherbe, nachdem er vom Vorerben wahrheitsgemäß[4*] und nachprüfbar über Art und Grund der Verfügung unterrichtet worden ist[5*], einer Verfügung, zu der die materiellrechtlich die Zustimmung erforderlich ist, zugestimmt, so sind insoweit Schadensersatzansprüche des Nacherben gegen den Vorerben ausgeschlossen[6*]. Stimmt der Nacherbe dagegen einem an sich

---

[1] Gegen analoge Anwendung der §§ 1809, 1810 LG Lüneburg WM 2002, 2242 f.
[2] Vgl MünchKommBGB/*Grunsky* Rn 3.
[3] *Staudinger/Avenarius* Rn 6; *Soergel/Harder* Rn 3; *Damrau/Hennicke* Rn 4; aA *Ordemann* MDR 1967, 424; MünchKommBGB/*Grunsky* Rn 4.
[4] RGZ 73, 4; OLG Stuttgart OLGZ 1918, 318.
[5] RGZ 73, 4, 7; MünchKommBGB/*Grunsky* Rn 2.
[6] LG Berlin ZEV 2002, 160 m zust Anm *Krug*; *Sarres* ZEV 2004, 56, 57; *Staudinger/Avenarius* Rn 8; *Damrau/Hennicke* Rn 3; aA AnwK-BGB/*Gierl* Rn 5.
[1*] Mot V S 117; ausf zur Entstehungsgeschichte *Harder* DNotZ 1994, 822.
[2*] RGZ 90, 91, 96; MünchKommBGB/*Grunsky* Rn 3; einschränkend *Staudinger/Avenarius* Rn 12.
[3*] Vgl RGZ 148, 385, 390 f; *Staudinger/Avenarius* Rn 7.
[4*] Mit Recht MünchKommBGB/*Grunsky* Rn 2.
[5*] OLG Düsseldorf NJW-RR 1996, 905.
[6*] AllgM, zB RGZ 148, 385, 391; OLG Düsseldorf NJW-RR 1996, 905; *Soergel/Harder/Wegmann* Rn 9.

zustimmungsfreien Geschäft zu, um den Vollzug zu ermöglichen, so ist ein derart weitgehender Ausschluss von Schadensersatzansprüchen schon deshalb nicht gerechtfertigt, weil sich die Prüfung auf die Frage der Zustimmungsfreiheit, nicht aber auf die Ordnungsmäßigkeit der Verfügung bezieht.

2. Ordnungsmäßige Verwaltung. Dieser Begriff stellt den Maßstab dafür dar, ob und in welchem Umfang der Vorerbe unter Berücksichtigung der ihm grds obliegenden Pflicht zur wirtschaftlichen Erhaltung der Substanz des Nachlasses über einzelne Nachlassgegenstände zugunsten Dritter verfügen darf[7]. Der Vorerbe hat den wirtschaftlichen Wert des Nachlasses zu erhalten, nach Möglichkeit sogar zu vermehren, ohne dabei die berechtigten Ansprüche Dritter zu vernachlässigen. Er hat sich dabei in erster Linie an dem geäußerten oder hypothetischen Willen des Erblassers zu orientieren. Der Erblasser kann dabei zwar den Maßstab ordnungsmäßiger Verwaltung anders definieren, insbes auch unwirtschaftliche, anderen Zwecken dienende Verfügungen zulassen oder verbieten[8], den Vorerben aber **niemals völlig** von der Pflicht des § 2120 S 1 zur wirtschaftlichen Erhaltung der Substanz des Nachlasses **befreien** (§ 2136). Soweit der Erblasser keine eigenen Regeln für die ordnungsgemäße Nachlassverwaltung aufgestellt hat, richtet diese sich nach einem **objektiven Maßstab**. Die beachtenswerten Interessen des Vorerben erschöpfen sich in dem Recht auf die Nutzungen des Nachlasses (§ 2111 Rn 10 ff). Persönliche Interessen des Vorerben an der Verfügung über die Substanz des Nachlasses sind dagegen völlig unbeachtlich. Auch die Vernachlässigung wirtschaftlicher Gesichtspunkt bei der Verwaltung des Eigenvermögens widerspricht den gemäß § 2120 S 1 anzulegenden Maßstab an die Nachlassverwaltung nicht. Grds ist auf die einzelne Verfügung abzustellen. Würde die einzelne Verfügung zwar nicht isoliert, wohl aber in Verbindung mit früheren unwirtschaftlichen Verfügungen die Substanz gefährden, so kann ausnahmsweise unter diesem Gesichtspunkt ihre Ordnungsmäßigkeit verneint werden[9]. Die Zustimmungspflicht zu einem Verkauf hängt ganz wesentlich von der beabsichtigten Verwendung des Erlöses ab[10]. Bei der **Führung eines Unternehmens** steht dem Vorerben ein weiter Handlungsspielraum zu, dessen äußerste Grenzen von den allgemeinen Gesetzen und ggf vom Gesellschaftsvertrag, insbes dem Unternehmensgegenstand, gezogen werden. Nur im Falle der Überschreitung dieser äußersten Beschränkungen ist die Geschäftsführung durch den Vorerben nicht ordnungsgemäß[11]. Der Vorerbe haftet nicht für einen bestimmten Erfolg[12].

Die Berichtigung der **Nachlassverbindlichkeiten** (§ 1967) ist bereits nach dem Wortlaut des § 2120 S 1 eine Maßnahme ordnungsmäßiger Nachlassverwaltung (vgl § 2113 Rn 22). Die Erfüllung unwirksamer oder einredebehafteter, insbes verjährter Nachlassverbindlichkeiten gegenüber Dritten ist jedoch nur ausnahmsweise ordnungsgemäß (zB Erfüllung eines formnichtigen Vermächtnisses). Es ist nicht zu beanstanden, dass zur Erfüllung fälliger Nachlassverbindlichkeiten Vermögenswerte verkauft oder sonst entgeltlich veräußert werden, wenn der Nachlass die dazu notwendigen Mittel nicht enthält[13]. Auch der Verkauf zur **Abwendung einer drohenden Enteignung** ist ordnungsgemäß, wenn die Enteignungsentschädigung unter dem Verkaufspreis liegt[14]. Die ganz oder teilweise **unentgeltliche Verfügung** (vgl § 2113 Rn 11 ff) ist dagegen unter keinen Umständen ordnungsgemäß iS des § 2120 S 1. Die **Kreditaufnahme** zur Befriedigung von Nachlassverbindlichkeiten ist dann ordnungsgemäß, wenn der Nachlass auch durch wirtschaftlich sinnvollen Verkauf von Gegenständen nicht zu deren Erfüllung ausreicht. In allen anderen Fällen ist die Kreditaufnahme dagegen generell unzulässig, wenn die Tilgung und Verzinsung langfristig nur unter Verminderung der Substanz des Nachlasses erfolgen kann und/oder die Verwendung zur Erhaltung der Substanz des Nachlasses nicht sichergestellt ist, zB Einschaltung eines Treuhänders[15]. Ist der Vor- zugleich Miterbe, so entspricht es ordnungsgemäßer Verwaltung zum Zwecke der **Auseinandersetzung** der Erbengemeinschaft über Nachlassgegenstände zu verfügen[16].

3. Zustimmungspflicht. Ist die Verfügung eine Maßnahme ordnungsgemäßer Verwaltung, so ist jeder Nacherbe auf Verlangen des Vorerben unverzüglich zur Erteilung der Zustimmung verpflichtet. Inhaber des Anspruchs ist ausschließlich der Vorerbe, der diesen auch an den Geschäftspartner abtreten kann[17]. Ist für den Nacherben Testamentsvollstreckung angeordnet, so richtet sich der Anspruch gegen diesen. Bei einer Pflegschaft für noch nicht erzeugte oder unbekannte Nacherben ist der Pfleger für die Zustimmung verantwortlich. Auch wenn § 2120 S 1 nur die vorherige Zustimmung, also die **Einwilligung**, regelt, so gilt diese Vorschrift auch für die Aufforderung zur nachträglichen **Genehmigung**[18]. Wegen der Erklärung wird auf § 2113 Rn 23 verwiesen. Die Zustimmung bedarf nach materiellem Recht grds keiner **Form**. Verpflichtet der Nacherbe jedoch zur Einwilligung in die Veräußerung von Grundstücken, so bedarf diese Verpflichtung der notariellen Beurkundung gemäß § 311 b Abs 1 S 1[19]. Erteilt der Nacherbe diese Einwilligung bereits vor der Verfügung, so ist dazu

---

[7] Ähnlich RGZ 105, 248; vgl auch BGH NJW 1993, 1582.
[8] MünchKommBGB/*Grunsky* Rn 6.
[9] BGH WM 1973, 361.
[10] RGZ 148, 385, 391; *Soergel/Harder/Wegmann* Rn 4.
[11] Ausf *Timmann* S 163 ff mwN.
[12] Vgl BGHZ 135, 244, 253.
[13] MünchKommBGB/*Grunsky* Rn 4.
[14] BGH LM Nr 2/3; KG Rpfleger 1974, 222.
[15] BGH NJW 1990, 1237; NJW 1993, 1582; NJW 1993, 3198; einschränkend MünchKommBGB/*Grunsky* Rn 5.
[16] BayObLG NJW 1958, 1684; *Soergel/Harder/Wegmann* Rn 6.
[17] MünchKommBGB/*Grunsky* Rn 7 mwN.
[18] AllgM, zB RGRK/*Johannsen* Rn 5; *Soergel/Harder/Wegmann* Rn 10.
[19] BGH NJW 1972, 581.

§ 2121

keine notarielle Beurkundung erforderlich. Auf Verlangen des Vorerben ist die Zustimmung jedoch in allen Fällen in öffentlich beglaubigter Form (§ 129) zu erklären, vor allem bei Grundstücksgeschäften im Hinblick auf § 29 GBO. Die **Kosten** der Beglaubigung hat der Vorerbe aus seinem Eigenvermögen zu bezahlen, nicht aus dem Nachlass, weil es sich um Erhaltungskosten iS des § 2124 Abs 1 handelt[20].

5   **4. Beweislast.** Der Vorerbe trägt die Beweislast dafür, dass die Verfügung zur ordnungsgemäßen Verwaltung erforderlich ist. Der Vorerbe kann die Leistungsklage auch dann erheben, wenn zweifelhaft ist, ob es zur Vornahme der Verfügung der Zustimmung des Nacherben bedarf[21].

§ 2121 Verzeichnis der Erbschaftsgegenstände

(1) ¹Der Vorerbe hat dem Nacherben auf Verlangen ein Verzeichnis der zur Erbschaft gehörenden Gegenstände mitzuteilen. ²Das Verzeichnis ist mit der Angabe des Tages der Aufnahme zu versehen und von dem Vorerben zu unterzeichnen; der Vorerbe hat auf Verlangen die Unterzeichnung öffentlich beglaubigen zu lassen.

(2) Der Nacherbe kann verlangen, dass er bei der Aufnahme des Verzeichnisses zugezogen wird.

(3) Der Vorerbe ist berechtigt und auf Verlangen des Nacherben verpflichtet, das Verzeichnis durch die zuständige Behörde oder durch einen zuständigen Beamten oder Notar aufnehmen zu lassen.

(4) Die Kosten der Aufnahme und der Beglaubigung fallen der Erbschaft zur Last.

Schrifttum: *Maximilian Zimmer*, Die Aufnahme des Nachlassverzeichnisses durch den Notar, NotBZ 2005, 208.

I. Anspruch

1   **1. Gläubiger.** Das Nachlassverzeichnis dient dazu, ein Beweismittel zu schaffen, auf dessen Grundlage bei Eintritt der Nacherbfolge die vermögensrechtlichen Beziehungen zwischen Vor- und Nacherbe abgewickelt werden können. Der Erblasser kann den Vorerben von der Pflicht zur Errichtung des Nachlassverzeichnisses **nicht befreien** (§ 2136). Das Nachlassverzeichnis ist nur zu erstellen, wenn der **Nacherbe** dies verlangt. Bei mehreren Nacherben kann jeder von ihnen, auch gegen den Willen der anderen, die Aufstellung des Verzeichnisses verlangen[1]. Dieser Anspruch steht auch einem bedingt eingesetzten Nacherben oder einem weiteren Nacherben bei mehrfacher Nacherbfolge zu, **nicht** dagegen einem **Ersatznacherben** vor dem Wegfall des zunächst Berufenen[2]. Hat der Erblasser einen **Testamentsvollstrecker** zur Verwaltung des Nacherbenrechts eingesetzt (§ 2222), so kann nur dieser, nicht der Nacherbe die Errichtung des Nachlassverzeichnisses fordern[3].

2   **2. Schuldner.** Zur Errichtung des Nachlassverzeichnisses verpflichtet ist der **Vorerbe**, und zwar auch dann, wenn er nur Miterbe neben unbeschränkten Vollerben ist. Mehrere Vorerben müssen das Verzeichnis gemeinsam erstellen. Bei **mehrfacher Nacherbfolge** ist der erste Nacherbe hierzu erst verpflichtet, nachdem der erste Nacherbfall eingetreten ist. Ein **Testamentsvollstrecker** für den Vorerben ist an dessen Stelle zur Errichtung des Verzeichnisses verpflichtet[4].

3   **3. Durchsetzung.** Der Nacherbe kann den Anspruch zu jedem beliebigen Zeitpunkt geltend machen, auch noch lange Zeit nach dem Erbfall, aber **nur ein einziges Mal**[5]. Auch spätere Veränderungen des Nachlasses berechtigen den Nacherben nicht, ein neues oder eine Ergänzung des vorhandenen Verzeichnisses zu verlangen[6]. Hat der Vorerbe einmal ein derartiges Verzeichnis erstellt, so können auch andere bzw weitere Nacherben später kein neues mehr verlangen[7]. Die gerichtliche Durchsetzung erfolgt im Prozesswege, nicht im Verfahren nach dem FGG. Die **Zwangsvollstreckung** geschieht nach Maßgabe des § 888 ZPO. Mit dem Eintritt des Nacherbfalls erlischt der Anspruch und der Nacherbe ist auf seinen Auskunftsanspruch gemäß § 2130 Abs 2 angewiesen[8]. Von dieser einmaligen Pflicht zur Erstellung eines Nachlassverzeichnisses ist der – auch mehrmals mögliche – Anspruch auf **Auskunft wegen** erheblicher Verletzungen **der Rechte des Nacherben** infolge der Verwaltung durch den Vorerben (zB Verstöße gegen §§ 2113 bis 2117, 2119) zu unterscheiden[9].

---

[20] MünchKommBGB/*Grunsky* Rn 9.
[21] AnwK-BGB/*Gierl* Rn 14; aA *Staudinger/Behrens/Avenarius* Rn 7.
[1] RGZ 98, 25, 26; MünchKommBGB/*Grunsky* Rn 1.
[2] RGZ 145, 316; MünchKommBGB/*Grunsky* Rn 1.
[3] BGH NJW 1995, 456.
[4] *Staudinger/Avenarius* Rn 3; MünchKommBGB/*Grunsky* Rn.2; aA *Soergel/Harder/Wegmann* Rn 5.
[5] BGH NJW 1999, 456.
[6] *Soergel/Harder/Wegmann* Rn 4; MünchKommBGB/*Grunsky* Rn 3; einschränkend *Staudinger/Avenarius* Rn 1.
[7] MünchKommBGB/*Grunsky* Rn 3; *Soergel/Harder/Wegmann* Rn 5; aA *Staudinger/Avenarius* Rn 2; *Erman/M. Schmidt* Rn 2.
[8] RGZ 98, 25, 26; MünchKommBGB/*Grunsky* Rn 4.
[9] Ausf *Sarres* ZEV 2004, 56, 57 f.

II. Verzeichnis

1. Inhalt. In dem Verzeichnis sind alle im Zeitpunkt der Errichtung[10] vorhandenen und zum Nachlass gehörenden Gegenstände aufzuführen, und zwar ohne Rücksicht darauf, ob diese von Anfang an zur Erbschaft gehörten oder nachträglich im Wege der dinglichen Surrogation gemäß § 2111 dazugekommen sind. Über Veränderungen zwischen dem Erbfall und dem Errichtungszeitpunkt kann der Nacherbe Auskunft gemäß § 2127 beanspruchen. Die vorhandenen Gegenstände müssen bestimmbar angegeben werden, brauchen jedoch nicht mit Wertangaben versehen zu werden[11]. Nachlassverbindlichkeiten brauchen nicht aufgeführt zu werden[12]. Der Nacherbe kann auf Grund des § 2121 nicht die Vorlage der Bilanz eines zum Nachlass gehörenden Unternehmens verlangen[13]. 4

2. Verfahren. Das Verzeichnis ist vom Vorerben oder, wenn Testamentsvollstreckung für den Nacherben angeordnet ist, vom Testamentsvollstrecker aufzustellen. Der Vorerbe kann dieses gemäß § 2121 Abs 3 auch von einem Notar (§ 20 Abs 1 BNotO) oder der bzw dem nach Landesrecht zuständigen Behörde bzw Beamten errichten lassen. Auf Verlangen des Nacherben ist er hierzu sogar verpflichtet. Der Nacherbe hat zwar ein Recht auf Anwesenheit, nicht aber auf Beeinflussung des Inhalts (§ 2121 Abs 2). 5

3. Schriftform. Das Verzeichnis ist schriftlich abzufassen und muss unter Angabe des Datums vom Vorerben bzw Testamentsvollstrecker mit dem Namen unterschrieben sein. Die Unterzeichnung muss grds höchstpersönlich erfolgen. Bei Geschäftsunfähigen oder beschränkt Geschäftsfähigen hat der gesetzliche Vertreter zu unterschreiben. Für juristische Personen haben deren gesetzliche Vertretungsorgane zu unterschreiben. Auf Verlangen ist die Unterschrift öffentlich zu beglaubigen. Der Vorerbe braucht die Richtigkeit des Verzeichnisses nicht eidesstattlich zu versichern[14]. Eine eidesstattliche Versicherung kann nur über §§ 2127, 260 erreicht werden. 6

4. Kosten. Die Kosten der Aufnahme, einschließlich der öffentlichen Unterschriftsbeglaubigung, fallen als Nachlassverbindlichkeit dem Nachlass zur Last, wenn der Nacherbe dies verlangt hat[15]. Bei freiwilliger Errichtung sind es vom Vorerben zu tragende Erhaltungskosten iS des § 2124. 7

5. Wirkung. Das Nachlassverzeichnis ist eine frei zu würdigende Beweisurkunde. Anders als dem Inventar gemäß § 2009 kommt dem Verzeichnis iS des § 2121 nicht die Vermutung der Vollständigkeit zu[16]. Auch die Aufnahme durch einen Notar oder die nach Landesrecht zuständige Stelle erhöht den Beweiswert nicht. Da der Notar oder die nach Landesrecht zuständige Stelle die Nachlasszugehörigkeit überhaupt weder prüfen kann noch muss[17], ist der Beweiswert gegenüber einem vom Vorerben selbst errichteten Verzeichnis sogar vermindert. 8

§ 2122 Feststellung des Zustands der Erbschaft

¹Der Vorerbe kann den Zustand der zur Erbschaft gehörenden Sachen auf seine Kosten durch Sachverständige feststellen lassen. ²Das gleiche Recht steht dem Nacherben zu.

1. Anspruch des Nacherben. Zur Sicherung der beim Nacherbfall erforderlichen Abwicklung kann der Nacherbe gemäß § 2122 S 2 auf eigene Kosten den **tatsächlichen Zustand** der zum Nachlass gehörenden Sachen feststellen lassen, auch wenn die Rechte des Nacherben nicht verletzt oder gefährdet sind. Den Anspruch kann jeder Nacherbe, auch der bedingt eingesetzte und der weitere, in den Grenzen des § 226 auch wiederholt geltend machen. Mehrere Nacherben können diese Feststellung getrennt voneinander betreiben. Eine eigene Zustandsfeststellung durch den Vorerben (S 1) schließt diejenige durch den Nacherben nicht aus. Der Anspruch des Nacherben erlischt mit dem Nacherbfall. Der Erblasser kann den Vorerben von der Pflicht zur Duldung dieser Zustandsfeststellung **nicht befreien** (§ 2136). 1

2. Verfahren. Das Verfahren richtet sich nach § 164 FGG. Der Vorerbe ist gemäß § 809 zur Vorlegung der Sachen verpflichtet¹. Auch wenn Ziel des Verfahrens nur die Feststellung des tatsächlichen Zustands der Sachen ist, so kann dabei auch deren **Wert** ermittelt werden². Die Kosten (§ 120 Nr 1 KostO) trägt der Antragsteller. Sie fallen nicht dem Nachlass zur Last. 2

§ 2123 Wirtschaftsplan

(1) ¹Gehört ein Wald zur Erbschaft, so kann sowohl der Vorerbe als der Nacherbe verlangen, dass das Maß der Nutzung und die Art der wirtschaftlichen Behandlung durch einen

---

[10] BGH NJW 1995, 456.
[11] RGRK/*Johannsen* Rn 5.
[12] MünchKommBGB/*Grunsky* Rn 5.
[13] MünchKommBGB/*Grunsky* Rn 5.
[14] KG OLGE 21, 235; OLG Braunschweig OLGE 26, 337.
[15] HM, zB *Soergel/Harder/Wegmann* Rn 6; *Staudinger/Avenarius* Rn 8; aA MünchKommBGB/*Grunsky* Rn 10.
[16] RGRK/*Johannsen* Rn 7.
[17] *Zimmer* NotBZ 2005, 208, 210 f; aA zu § 2314 OLG Celle DNotZ 2003, 62, 63; *Nieder* ZErb 204, 60, 64.
¹ MünchKommBGB/*Grunsky* Rn 2.
² BGH NJW 1981, 2051; Erman/M. *Schmidt* Rn 1.

§ 2124

Wirtschaftsplan festgestellt werden. ²Tritt eine erhebliche Änderung der Umstände ein, so kann jeder Teil eine entsprechende Änderung des Wirtschaftsplans verlangen. ³Die Kosten fallen der Erbschaft zur Last.

(2) Das Gleiche gilt, wenn ein Bergwerk oder eine andere auf Gewinnung von Bodenbestandteilen gerichtete Anlage zur Erbschaft gehört.

1 Die Vorschrift entspricht bis auf die Kostenregelung dem für den Nießbrauch geltenden § 1038. Vor- und Nacherbe haben den Wirtschaftsplan gemeinsam aufzustellen. Der Erblasser kann den Vorerben von dieser Pflicht befreien (§ 2136).

§ 2124 Erhaltungskosten

(1) Der Vorerbe trägt dem Nacherben gegenüber die gewöhnlichen Erhaltungskosten.

(2) ¹Andere Aufwendungen, die der Vorerbe zum Zwecke der Erhaltung von Erbschaftsgegenständen den Umständen nach für erforderlich halten darf, kann er aus der Erbschaft bestreiten. ²Bestreitet er sie aus seinem Vermögen, so ist der Nacherbe im Falle des Eintritts der Nacherbfolge zum Ersatz verpflichtet.

I. Lastenverteilungsregel

1 §§ 2124 bis 2126 regeln im Verhältnis zwischen Vor- und Nacherbe zueinander, wer von ihnen die Erhaltungskosten (§ 2124), die sonstigen Verwendungen (§ 2125) und die außerordentlichen, auf dem Stamm der Erbschaft liegenden Lasten (§ 2126) zu tragen hat. Der Erblasser kann den Vorerben dabei zwar nicht von der Pflicht zur Lastentragung befreien (§ 2136), jedoch durch entsprechende Vermächtnisse oder Auflagen zugunsten des Vorerben diese dem Nacherben auferlegen. Auch Vor- und Nacherbe können miteinander eine abweichende Vereinbarung treffen. Ungeachtet dieser allein im Innenverhältnis geltenden Regelungen haftet bis zum Nacherbfall allein der Vorerbe den Nachlassgläubigern für die Erfüllung.

II. Gewöhnliche Erhaltungskosten

2 **1. Begriff und Abgrenzungen.** Diese Kosten belasten den Vorerben, weil ihm auch die Nutzungen gebühren. Gewöhnliche Erhaltungskosten sind diejenigen, die regelmäßig aufgewendet werden müssen, um den Nachlass oder die zu ihm gehörenden Gegenstände tatsächlich und rechtlich in dem vorhandenen Zustand zu erhalten[1]. Von einem regelmäßigen Erhaltungsaufwand kann allerdings dann nicht mehr die Rede sein, wenn der Zeitraum für die Wiederkehr üblicherweise mehr als ein paar Jahre beträgt (zB Austausch eines Heizungsbrenners)[2]. Hierunter fallen verschleißbedingte Reparatur- und Ausbesserungsarbeiten (zB Fassadenanstrich), nicht aber wertverbessernde Umbauten[3]. Auch auf Nachlassgegenstände erhobene Steuern[4], Beiträge[5] und Versicherungsprämien (zB Kfz-Haftpflichtversicherung, Gebäudeversicherung) gehören zu den gewöhnlichen Erhaltungskosten. Ferner hat der Vorerbe die Zinsen auf Nachlassverbindlichkeiten oder Grundpfandrechte, die Verwaltungskosten eines Wertpapierdepots und die Kontoführungsgebühren zu tragen. Zu den gewöhnlichen Erhaltungskosten gehören ferner die mit der Verwaltung des Nachlasses als solches regelmäßig verbundene Kosten (vgl § 2120 S 3). Für die Abgrenzung der gewöhnlichen (Abs 1) von den sonstigen Erhaltungskosten (Abs 2) kommt es nicht darauf an, ob die anfallenden Kosten aus dem Ertrag bestritten werden können[6]. Bei einem zum Nachlass gehörenden Unternehmen sind die laufenden Betriebsausgaben (zB Löhne, Rohstoffe[7], Steuern, Zinsen) entgegen der hM[8] keine gewöhnlichen Erhaltungskosten, die dem Vorerben zusätzlich zur Last fallen, sondern mindern seinen allein aus der Erbschaft gebührenden Gewinn[9]. Der Vorerbe trägt die Erhaltungslast jedoch nur für die Zeit zwischen Erb- und Nacherbfall. Für die zeitliche Abgrenzung der Erhaltungsaufwendungen kommt es gemäß § 103 nicht auf die Fälligkeit, sondern auf den Zeitraum an, auf den sie sich sachlich beziehen.

3 **2. Ersatzansprüche.** Unterlässt der Vorerbe zur Erhaltung gewöhnlich notwendige Maßnahmen, so macht sich der Vor- gegenüber dem Nacherben nach §§ 2130, 2131 schadensersatzpflichtig. Der Vorerbe darf die ihm persönlich zur Last fallenden gewöhnlichen Erhaltungskosten – im Unterschied zu den Aufwendungen iS des § 2124 Abs 2 – nicht aus dem Nachlass bezahlen. Entnimmt er dem Nachlass dennoch Mittel, so ist er dem Nacherben insoweit gemäß § 2134 zum Wertersatz verpflichtet. Übersteigen allerdings die Erhaltungsaufwendungen die Nutzungen und können diese auch nicht durch Veräußerung von Nachlassgegenständen gedeckt werden, so hat der Vorerbe diese zwar auch aus

---

[1] BGH NJW 1993, 3198; vgl auch *Voit* ZEV 1994, 138.
[2] *Voit* ZEV 1994, 138, 139; vgl BGH NJW 1969, 1847.
[3] Vgl BGH NJW 1993, 3198 betr Fenstereinbau.
[4] Vgl BGH NJW 1985, 382, 384.
[5] Vgl BGH NJW 1991, 1736 betr Erschließungsbeiträge.
[6] BGH NJW 1993, 3198; *Palandt/Edenhofer* Rn 2; aA MünchKommBGB/*Grunsky* Rn 3; *Soergel/Harder* Rn 4.
[7] Vgl BGH FamRZ 1973, 187.
[8] *Staudinger/Avenarius* Rn 6; *Soergel/Harder* Rn 4; *Ebenroth* Rn 610.
[9] Ausf MünchKommBGB/*Grunsky* Rn 3.

III. Außergewöhnliche Erhaltungsaufwendungen

1. Verwendung der Erbschaft. § 2124 Abs 2 S 1 erfasst alle Aufwendungen, die zwar ebenfalls der Erhaltung des Nachlasses oder der dazu gehörenden Gegenstände dienen, aber **nicht regelmäßig** in einem überschaubaren Zeitrahmen anfallen oder **über** das zur bloßen **Zustandserhaltung** erforderliche Maß **hinausgehen**. Hierunter fallen daher insbes wertsteigernde Maßnahmen wie vollständige Erneuerung eines undichten Daches, Fassadenrenovierung mit besserer Isolierung, Einbau von besseren Wärme- oder Lärmschutzfenstern[10], Wiederaufbau eines abgebrannten Hauses. Auch die Kosten eines Rechtsstreits fallen unter § 2124 Abs 2 S 1, es sei denn, dieser bezieht sich ausschließlich auf die dem Vorerben gebührenden Nutzungen des Nachlasses oder ist offensichtlich ohne Erfolgsaussicht. In den zuletzt genannten Fällen hat der Vorerbe diese Kosten aus seinem Eigenvermögen zu bezahlen. Bei der Entscheidung über diese Tatbestandsvoraussetzung kommt es jedoch nicht auf die Sicht eines objektiven Dritten an, sondern – wie im Auftragsrecht (§ 670) – darauf, ob der Vorerbe die Maßnahme nach seinem in gutem Glauben ausgeübten Ermessen für erforderlich halten durfte[11]. Außergewöhnlichen Aufwendungen des Vorerben, denen der **Nacherbe zugestimmt** hat, gelten idS als erforderlich und fallen aher dem Nachlass zur Last[12]. Waren die Erhaltungsaufwendungen auch nach diesem subjektiven Maßstab nicht notwendig, so greift § 2125 ein. Zur Bezahlung der unter § 2124 Abs 2 S 1 fallenden Erhaltungsaufwendungen kann der Vorerbe auf den Nachlass zugreifen. Zu diesem Zweck kann er auch Nachlassgegenstände verkaufen, wobei auch ein nicht befreiter Vorerbe gemäß § 2120 S 1 die Zustimmung des Nacherben verlangen kann, wenn und soweit der Nachlass zur Bezahlung nicht genügend Mittel enthält. Der Vorerbe kann zu diesem Zweck aber auch Kredit aufnehmen. Allerdings hat er nach richtiger Ansicht die dafür zu entrichtenden Zinsen als gewöhnlichen Erhaltungsaufwand aus seinem Eigenvermögen zu zahlen, während er die Tilgungsleistungen in vollem Umfang[13] dem Nachlass entnehmen darf[14].

2. Ersatzanspruch des Vorerben. Wenn und soweit der Vorerbe unter § 2124 fallende Erhaltungsaufwendungen aus seinem Eigenvermögen bestritten hat, kann er gemäß § 2124 Abs 2 S 2 mit Eintritt des Nacherbfalls vom Nacherben hierfür Ersatz verlangen. Zinsen kann er erst ab Fälligkeit dieser Forderung (§ 256), also ab dem Nacherbfall verlangen. Dieser Anspruch besteht unabhängig vom weiteren Schicksal des Nachlassgegenstands. Der Nachlass braucht insbes zurzeit des Nacherbfalls nicht bereichert zu sein. Der Vorerbe kann jedoch im Vorgriff auf diesen Erstattungsanspruch die Aufwendungen aus dem Nachlass entnehmen. Müssen dazu Nachlassgegenstände veräußert werden, muss der Nacherbe gemäß § 2120 S 1 zustimmen.

IV. Beweislast

Der Vorerbe muss beweisen, dass es sich nicht um gewöhnlichen Erhaltungsaufwand iS des § 2124 Abs 1 gehandelt und der Kosten nicht aus Mitteln der Erbschaft bestritten hat[15].

§ 2125 Verwendungen; Wegnahmerecht

(1) Macht der Vorerbe Verwendungen auf die Erbschaft, die nicht unter die Vorschrift des § 2124 fallen, so ist der Nacherbe im Falle des Eintritts der Nacherbfolge nach den Vorschriften über die Geschäftsführung ohne Auftrag zum Ersatz verpflichtet.

(2) Der Vorerbe ist berechtigt, eine Einrichtung, mit der er eine zur Erbschaft gehörende Sache versehen hat, wegzunehmen.

1. Verwendungsersatzanspruch. Für alle Aufwendungen des Vorerben auf den Nachlass oder einzelne zum Nachlass gehörende Gegenstände, die weder gewöhnliche Erhaltungskosten (§ 2124 Abs 1) noch außergewöhnliche Erhaltungsaufwendungen (§ 2124 Abs 2) sind, kann dieser vom Nacherben Ersatz nur nach den für die Geschäftsführung ohne Auftrag geltenden Bestimmungen der §§ 683 f verlangen. Verwendungen iS des § 2125 Abs 1 sind beispielsweise die Bebauung eines Grundstücks, der Umbau eines Gebäudes, die Modernisierung und Umgestaltung eines Betriebes[1] oder die Führung eines aussichtslosen Prozesses. Entsprechen diese Aufwendungen dem wirklichen oder mutmaßlichen Interesse des Nacherben, so kann der Vorerbe gemäß §§ 683, 2125 Abs 1 ab dem Nacherbfall vom Nacherben vollen Ersatz verlangen; ebenso, wenn der Nacherbe die Verwendungen des Vorerben nachträglich genehmigt (§§ 683, 684 S 2, 2125 Abs 1). Andernfalls kann der Vorerbe

---

[10] Vgl BGH FamRZ 1973, 187.
[11] RGRK/*Johannsen* Rn 8; *Palandt/Edenhofer* Rn 3.
[12] MünchKommBGB/*Grunsky* § 2125 Rn 1.
[13] BGH NJW 2004, 2981, 2982; NJW 1994, 1152, 1153; dagegen einschränkend BGH FamRZ 1973, 187; *Palandt/Edenhofer* Rn 4.
[14] *Voit* ZEV 1994, 138, 140 ff m ausf Begr; *Dillmann* RNotZ 2002, 1, 6.
[15] BGH NJW 1993, 3198, 3199.
[1] MünchKommBGB/*Grunsky* Rn 1; aA RGRK/*Johannsen* Rn 1; AnwK-BGB/*Gierl* § 2124 Rn 7 Fn 19.

§ 2127   Buch 5. Abschnitt 3. Testament

dagegen nur Bereicherungsansprüche gemäß §§ 684 S 1, 2125 Abs 1 gegen den Nacherben geltend machen. § 2125 Abs 1 verweigert dem Vorerben – anders als § 2124 Abs 2 S 1 – das Recht, diese Verwendungen vor dem Nacherbfall dem Nachlass zu entnehmen. Bestreitet der Vorerbe diese mit Nachlassmitteln, so muss er diese dem Nacherben gemäß § 2134 beim Nacherbfall ersetzen, wenn und soweit der Nacherbe nicht umgekehrt gemäß §§ 683, 684, 2125 Abs 1 zur Erstattung verpflichtet ist.

2   **2. Wegnahmerecht.** Der Vorerbe ist gemäß § 2125 Abs 2 jederzeit zur Wegnahme berechtigt, nicht verpflichtet. § 258 findet Anwendung. Dieses Recht bezieht sich auch auf Sachen, die der Vorerbe dem Inventar eines Nachlassgrundstücks einverleibt hat (§ 2111 Abs 2)². Das Wegnahmerecht besteht unabhängig von einem Ersatzanspruch des Vorerben gemäß Abs 1. Der Nacherbe kann dem Ersatzanspruch des Vorerben gemäß Abs 1 also auch nicht dieses Wegnahmerecht entgegenhalten. Übt der Vorerbe sein Wegnahmerecht aus, so muss er sich den Wert der weggenommenen Einrichtung auf seinen Ersatzanspruch gemäß Abs 1 anrechnen lassen.

§ 2126 Außerordentliche Lasten

¹Der Vorerbe hat im Verhältnis zu dem Nacherben nicht die außerordentlichen Lasten zu tragen, die als auf den Stammwert der Erbschaftsgegenstände gelegt anzusehen sind. ²Auf diese Lasten findet die Vorschrift des § 2124 Abs. 2 Anwendung.

1   **1. Privatrechtliche Lasten.** § 2126 gilt zunächst für alle privatrechtlichen Lasten, die nicht nur die dem Vorerben gebührenden Nutzungen, sondern die Substanz der Erbschaft betreffen und grds nicht in regelmäßig wiederkehrenden Leistungen bestehen¹. Dazu gehören beispielsweise die Erblasserschulden, die Beerdigungskosten, die Erfüllung von Vermächtnissen, Auflagen oder Pflichtteilsansprüchen, soweit der Vorerbe nicht diese Last allein zu tragen hat, der Anspruch auf den Dreißigsten (§ 1969) oder die Testamentsvollstreckervergütung. Auch das Kapital während der Vorerbschaft fällig werdender Grundpfandrechte zählt zu diesen außerordentlichen Lasten, nicht aber die vom Vorerben gemäß § 2124 Abs 1 zu tragenden Zinsen. Auch bei der Tilgungshypothek ist zwischen Zins- und Tilgungsanteil zu unterscheiden²*.

2   **2. Abgaben.** Auch dem öffentlichen Recht angehörenden einmaligen Lasten wie die Erschließungs- und Ausbaubeiträge nach Baugesetzbuch oder Kommunalabgabengesetz (sog **Erschließungsbeiträge**) fallen unter diesen Begriff, nicht dagegen wiederkehrende Beiträge nach den Kommunalabgabengesetzen (zB Verkehrsanlagenbeitrag, Kanalbeitrag). Auch die **Gerichtsgebühren** für alle Maßnahmen, die die Erbschaft betreffen (zB Testamentseröffnung, Ernennung des Testamentsvollstreckers, Erbschein, Nachlassverwaltung), sind außerordentliche Lasten iS des § 2126. Zu diesen gehören auch alle einmalig anfallenden **Steuern** wie die Erbschaftsteuer (§ 20 Abs 4 ErbStG) oder die infolge einer Veräußerung einer wesentlichen Beteiligung an einer Kapitalgesellschaft (§ 17 EStG) oder eines Gewerbebetriebs (§ 16 EStG) anfallende Einkommensteuer. Soweit die Veräußerung umsatzsteuerpflichtig ist, ist auch die Umsatzsteuer eine außerordentliche Last. Wiederkehrende Steuern wie Grundsteuer, Kraftfahrzeugsteuer oder Gewerbesteuer sind dagegen vom Vorerben gemäß § 2124 Abs 1 zu tragen, soweit sie sich nicht als laufende Betriebsausgaben eines Unternehmens lediglich gewinnmindernd auswirken (§ 2124 Rn 2).

§ 2127 Auskunftsrecht des Nacherben

Der Nacherbe ist berechtigt, von dem Vorerben Auskunft über den Bestand der Erbschaft zu verlangen, wenn Grund zu der Annahme besteht, dass der Vorerbe durch seine Verwaltung die Rechte des Nacherben erheblich verletzt.

Schrifttum: *Sarres,* Auskunftspflichten bei Vor- und Nacherbschaft, ZEV 2004, 56.

1   **1. Anspruch.** Der Auskunftsanspruch steht dem Nacherben (§ 2121 Rn 1) zu und richtet sich gegen den Vorerben (§ 2121 Rn 2). Die Auskunft kann in der Zeit zwischen Erb- und Nacherbfall nur verlangt werden, wenn und sobald die Rechte des Nacherben durch die Verwaltung des Vorerben erheblich gefährdet erscheinen. Der Anspruch kann bei Vorliegen eines neuen Grundes auch mehrmals geltend gemacht werden. Die Maßnahmen des Vorerben müssen das Nacherbenrecht nicht tatsächlich verletzt haben. Die Gefahr einer erst künftigen Verletzung reicht aus. Das Auskunftsverlangen kann dabei nur auf eine Maßnahme des Vorerben gestützt werden, die nicht ordnungsgemäß iS § 2120 S 1 (§ 2120 Rn 2)¹* oder sonst objektiv pflichtwidrig ist und sich auf dem Nacherbenrecht unterliegende Nachlassgegenstände oder Nutzungen bezieht (§§ 2110, 2111). Auf ein Verschulden des Vorerben kommt es nicht an. Die zu erwartende Verletzung muss erheblich sein, darf also – wirtschaftlich betrachtet – den Nachlass oder einzelne Gegenstände nicht nur unwesentlich beeinträchtigen oder nicht nur unwesent-

---

² MünchKommBGB/*Grunsky* Rn 3; *Soergel/Harder/Wegnabb* Rn 3; *Brox* Rn 610; aA *Staudinger/Behrends/Avenarius* Rn 5; *Erman/M. Schmidt* Rn 2; *Palandt/Edenhofer* Rn 2.
¹ BGH NJW 1956, 1070.
²* OLG Stuttgart BWNotZ 1961, 92; MünchKommBGB/*Grunsky* Rn 3; aA *Staudinger/Avenarius* § 2124 Rn 8.
¹* RGZ 149, 65, 68.

liche Teile betreffen². Die gerichtliche Durchsetzung erfolgt im Prozesswege³. Mit dem Eintritt des Nacherbfalls erlischt der Anspruch und der Nacherbe ist auf seinen Auskunftsanspruch gemäß § 2130 Abs 2 angewiesen. § 2127 schließt einen auf § 242 gestützten Auskunftsanspruch des Nacherben gegen den nicht befreiten Vorerben über die ordnungsmäßige Wirtschaft (zB mündelsichere Anlage) nicht aus⁴.

2. Inhalt des Auskunftsanspruchs. Der Vorerbe hat Auskunft über den Bestand des gesamten Nachlasses im Zeitpunkt des Auskunftsbegehrens zu geben, und zwar ohne Rücksicht darauf, ob die Nachlassgegenstände von Anfang an dazu gehörten oder erst nachträglich im Wege der dinglichen Surrogation gemäß § 2111 hinzugekommen sind. Der Auskunftsanspruch geht über den Anspruch auf Errichtung eines Nachlassverzeichnisses (§ 2121) hinaus und verlangt auch die Auflistung (§ 260 Abs 1) der zum Nachlass außer den Sachen gehörenden Vermögensgegenstände sowie der Nachlassverbindlichkeiten. Über den Verbleib von Nachlassgegenständen braucht der Vorerbe dabei keine Auskunft zu geben⁵. Entgegen der hM⁶ genügt der Vorerbe seiner Auskunftspflicht nicht, wenn er lediglich auf ein Nachlassverzeichnis Bezug nimmt und nur die Veränderungen mitteilt⁷. Der Vorerbe ist trotz der früheren Errichtung eines Verzeichnisses iS des § 2121 gemäß §§ 260 Abs 1, 2127 zur Erstellung eines neuen umfassenderen Bestandsverzeichnisses verpflichtet. Unter den Voraussetzungen des § 260 Abs 2 hat er die Richtigkeit und Vollständigkeit eidesstattlich zu versichern.

3. Verjährung. Der Auskunftsanspruch unterliegt der 30-jährigen Verjährungsfrist des § 197 Abs 1 Nr 2. Die Frist beginnt mit Eintritt der Umstände, die die Annahme einer Verletzung der Nacherbenrechte rechtfertigen, ohne dass es darauf ankommt, ob oder wann der Nacherbe hiervon Kenntnis erlangt hat (§ 200 S 1).

§ 2128 Sicherheitsleistung

(1) Wird durch das Verhalten des Vorerben oder durch seine ungünstige Vermögenslage die Besorgnis einer erheblichen Verletzung der Rechte des Nacherben begründet, so kann der Nacherbe Sicherheitsleistung verlangen.

(2) Die für die Verpflichtung des Nießbrauchers zur Sicherheitsleistung geltende Vorschrift des § 1052 findet entsprechende Anwendung.

1. Anspruch. Der Nacherbe (§ 2121 Rn 1) kann vom Vorerben (§ 2121 Rn 2) Sicherheitsleistung fordern, wenn und sobald die Rechte des Nacherben durch das Verhalten oder die ungünstigen Vermögensverhältnisse des Vorerben erheblich gefährdet erscheinen. Das Nacherbenrecht muss nicht tatsächlich verletzt worden sein. Die Gefahr einer erst künftigen Verletzung reicht aus. Das Sicherheitsverlangen kann dabei nur auf ein **Verhalten des Vorerben** gestützt werden, das nicht ordnungsgemäß iS des § 2120 S 1 (§ 2120 Rn 2 f) oder aus sonstigen Gründen objektiv pflichtwidrig ist¹ und sich auf dem Nacherbenrecht unterliegende Nachlassgegenstände oder Nutzungen bezieht (§§ 2110, 2111)²*. Auf ein Verschulden des Vorerben kommt es nicht an³*. Pflichtwidrigkeiten, die ein Sicherheitsverlangen rechtfertigen, sind beispielsweise Verfügungen ohne die Zustimmung des Nacherben, wenn kein Anspruch auf deren Erteilung besteht (§§ 2113 bis 2118, 2120)⁴*, die eigennützige Verwendung von Nachlassgegenständen, die Errichtung eines unrichtigen Nachlassverzeichnisses (§ 2121)⁵* oder die Erteilung einer falschen Auskunft (§ 2127) oder das Nicht-Eintreiben von Nachlassforderungen. Die Besorgnis der Nachlassgefährdung kann auch mit der unwirtschaftlichen Verwaltung des Eigenvermögens durch den Vorerben begründet werden⁶*. Selbst **ungünstige Vermögensverhältnisse** des Vorerben in Bezug auf sein Eigenvermögen (zB Vollstreckungsversuche persönlicher Gläubiger in den Nachlass) rechtfertigen das Sicherheitsverlangen, unabhängig davon, wann diese eintreten⁷*. Die zu erwartende Verletzung muss erheblich sein, darf also – wirtschaftlich betrachtet – den Nachlass oder einzelne Gegenstände nicht nur unwesentlich beeinträchtigen und nicht nur unwesentliche Teile betreffen. Die gerichtliche Durchsetzung erfolgt im Prozesswege⁸. Mit dem Eintritt des Nacherbfalls erlischt der Anspruch. Dieser Anspruch auf Sicherheitsleistung steht dem Erlass eines Arrestes oder einer einstweiligen Verfügung nicht entgegen⁹. Dies gilt vor allem dann, wenn der Erblasser den Vorerben von der Pflicht zur Sicherheitsleistung iS des § 2128 befreit hat (§ 2136).

---

² Vgl MünchKommBGB/*Grunsky* Rn 3.
³ BGH WM 1966, 373.
⁴ LG Berlin ZEV 2002, 160 m zust Anm *Krug*; vgl *Sarres* ZEV 2004, 56, 57; s auch § 2119 Rn 4.
⁵ BayObLG Recht 1903 Nr 2379; *Staudinger/Behrends/Avenarius* Rn 6.
⁶ *Soergel/Harder* Rn 4; MünchKommBGB/*Grunsky* Rn 4.
⁷ *Staudinger/Behrends/Avenarius* Rn 10.
¹ AA RG SeuffA 74 Nr 13; RGRK/*Johannsen* Rn 1; *Staudinger/Avenarius* Rn 3; *Erman/M. Schmidt* Rn 1.
²* MünchKommBGB/*Grunsky* Rn 1; aA *Staudinger/Behrends/Avenarius* Rn 3; RGRK/*Johannsen* Rn 1; AnwK-BGB/*Gierl* Rn 3.
³* RG JW 1920, 380.
⁴* RGZ 149, 65, 68; OLG Celle OLGZ 1969, 22, 24 f betr Hoffolge.
⁵* RG Recht 1922 Nr 86.
⁶* RG WarnR 1992 Nr 17.
⁷* MünchKommBGB/*Grunsky* Rn 2.
⁸ RGZ 59, 200, 201.
⁹ AllgM, zB *Staudinger/Avenarius* Rn 17.

§ 2130

2 **2. Sicherheitsleistung.** Die Sicherheit ist auf Grund des § 2128 Abs 1 gemäß §§ 232 ff regelmäßig in Höhe des gesamten Nachlasswertes zu leisten[10]. Bezieht sich die drohende Verletzung des Nacherbenrechts nur auf einen Teil des Nachlasses oder einen einzelnen Nachlassgegenstand, so ist nur dessen Wert maßgebend. Die Sicherheitsleistung kann mit Nachlassmitteln erfolgen.

3 **3. Verwalterbestellung.** Leistet der rechtskräftig verurteilte Vorerbe innerhalb der vom Prozessgericht (§ 255 Abs 2 ZPO) oder vom Vollstreckungsgericht (§ 764 ZPO) gesetzten Frist die Sicherheit (§ 2128 Abs 1) nicht, so entzieht das Vollstreckungsgericht auf zusätzlichen Antrag des Nacherben dem Vorerben die Verwaltung des Nachlasses und überträgt sie einem von ihm bestellten Verwalter (§§ 2128 Abs 2, 1052). Bezieht sich der Anspruch auf Sicherheitsleistung nur auf einen Teil des Nachlasses oder einen einzelnen Nachlassgegenstand, so kann nur dessen Verwaltung entzogen und einem Verwalter übertragen werden. Auch der Nacherbe kann zum Verwalter bestellt werden, nicht jedoch der Vorerbe[11]. Die Verwaltervergütung wird vom Gericht festgesetzt und ist den dem Vorerben gebührenden Nutzungen zu entnehmen[12]. Der Vorerbe kann die Aufhebung der Verwaltung durch nachträgliche Sicherheitsleistung erzwingen (§§ 2128 Abs 2, 1052 Abs 3).

4 **4. Verjährung.** Der Anspruch auf Sicherheitsleistung verjährt 30 Jahre ab Eintritt der Umstände, die die Annahme einer Verletzung der Nacherbenrechte rechtfertigen, ohne dass es darauf ankommt, ob oder wann der Nacherbe hiervon Kenntnis erlangt hat (§§ 197 Abs 1 Nr 2, 200 S 1).

§ 2129 Wirkung einer Entziehung der Verwaltung

(1) Wird dem Vorerben die Verwaltung nach der Vorschrift des § 1052 entzogen, so verliert er das Recht, über Erbschaftsgegenstände zu verfügen.

(2) ¹Die Vorschriften zugunsten derjenigen, welche Rechte von einem Nichtberechtigten herleiten, finden entsprechende Anwendung. ²Für die zur Erbschaft gehörenden Forderungen ist die Entziehung der Verwaltung dem Schuldner gegenüber erst wirksam, wenn er von der getroffenen Anordnung Kenntnis erlangt oder wenn ihm eine Mitteilung von der Anordnung zugestellt wird. ³Das Gleiche gilt von der Aufhebung der Entziehung.

1 **1. Verfügungsverbot.** Mit der Vollstreckbarkeit, dh mit dem Erlass (§§ 793, 794 Abs 1 Nr 3 ZPO), des Beschlusses über die Entziehung der Nachlassverwaltung gemäß §§ 2128 Abs 2, 1052 hat der Vorerbe dem Verwalter den Nachlass herauszugeben und das bisher dem Vorerben zustehende Verfügungsrecht geht im gleichen Umfang auf den Verwalter über. Bezieht sich die Entziehung nur auf einen Teil des Nachlasses oder einzelne Nachlassgegenstände, so geht die Verwaltungs- und Verfügungsbefugnis nur in diesem Umfang auf den Verwalter über. Dem Vorerben ist ab diesem Zeitpunkt verboten (§ 137), über vom Beschluss betroffene und darin erwähnte[1] Nachlassgegenstände aller Art zu verfügen. S zum Verfügungsbegriff § 2113 Rn 7. Verfügungen des Vorerben sind nur mit Zustimmung des Nacherben (vgl § 2113 Rn 22) oder in den sonstigen Fällen des § 185 Abs 2 (vgl § 2113 Rn 23) wirksam. Mit der Aufhebung der Entziehung, also insbes durch nachträgliche Sicherheitsleistung (§§ 2128 Abs 2, 1052 Abs 3) entfällt dieses Verfügungsverbot wieder.

2 **2. Gutglaubensschutz.** Kennt ein **Erwerber** die Verfügungsbeschränkung des Vorerben nicht und ist, wenn es sich um Grundstücke, grundstücksgleiche Rechte oder Schiffe handelt, diese auch nicht im Grundbuch bzw Schiffsregister eingetragen, so kann er gemäß §§ 892 ff, 932 ff den Verfügungsgegenstand gutgläubig erwerben (§ 2129 Abs 2 S 1). Eine Berufung auf einen Erbschein ist nicht möglich, da dieser keine Aussage über die Entziehung der Verwaltungsbefugnis enthalten kann[2]. Die Verfügungsbeschränkung ist allerdings zum Zwecke der Verhinderung eines gutgläubigen Erwerbs auf Antrag des Verwalters oder des Nacherben gemäß §§ 13, 22 GBO im Grundbuch einzutragen, von Amts wegen (§ 51 GBO)[3]. Entsprechendes gilt für das Schiffsregister. Der **Schuldner einer Nachlassforderung** kann, solange er von der Entziehung der Verwaltungsbefugnis nichts weiß, mit schuldbefreiender Wirkung an den Vorerben leisten (§ 2129 Abs 2 S 2). Solange er von der Aufhebung der Verwaltung keine Kenntnis hat, kann er mit gleicher Wirkung an den Verwalter leisten (§ 2129 Abs 2 S 3). Die Zustellung der Mitteilung der Anordnung wie der Aufhebung an den Schuldner geschieht auf Antrag des Verwalters oder des Nacherben gemäß § 132.

§ 2130 Herausgabepflicht nach dem Eintritt der Nacherbfolge, Rechenschaftspflicht

(1) ¹Der Vorerbe ist nach dem Eintritt der Nacherbfolge verpflichtet, dem Nacherben die Erbschaft in dem Zustand herauszugeben, der sich bei einer bis zur Herausgabe fortgesetzten

---

[10] OLG Rostock OLGZ 39, 25.
[11] OLG München BayZ 1934, 248.
[12] MünchKommBGB/*Grunsky* Rn 5.
[1] Vgl zur Herausgabepflicht *Soergel/Harder/Wegmann* Rn 2; *Staudinger/Avenarius* Rn 4; aA MünchKommBGB/*Grunsky* Rn 2.
[2] *Staudinger/Avenarius* Rn 6.
[3] *Lange/Kuchinke* § 28 V 6 b.

ordnungsmäßigen Verwaltung ergibt. ²Auf die Herausgabe eines landwirtschaftlichen Grundstücks findet die Vorschrift des § 596 a, auf die Herausgabe eines Landguts finden die Vorschriften der §§ 596 a, 596 b entsprechende Anwendung.

(2) Der Vorerbe hat auf Verlangen Rechenschaft abzulegen.

I. Herausgabeanspruch

1. Verhältnis zu anderen Anspruchsgrundlagen. Mit dem Nacherbfall erwirbt der Nacherbe kraft Gesetzes (§ 2139) den Nachlass, so dass der Anspruch des § 2130 Abs 1 nicht auf Verschaffung des Eigentums usw, sondern der tatsächlichen Verfügungsgewalt, insbes auf die Einräumung des Besitzes an den Nachlassgegenständen, gerichtet ist. Der Nacherbe kann daneben die Herausgabe einzelner, zum Nachlass gehörender Sachen auch gemäß §§ 985, 894 verlangen. Der Herausgabeanspruch des § 2130 Abs 1 verdrängt dagegen als lex specialis Erbschaftsansprüche gemäß §§ 2018 ff[1].

2. Anspruchsgläubiger. Die Herausgabe kann nur vom Nacherben verlangt werden, dem die Erbschaft gemäß § 2139 mit dem Nacherbfall angefallen ist. Besteht zwischen mehreren Nacherben eine Erbengemeinschaft, so kann zwar die Herausgabe an die Gesamthand verlangt werden, allerdings von jedem Nacherben allein. Der Herausgabeanspruch ist nicht selbstständig abtretbar, geht jedoch beim Tod des Nacherben nach dem Nacherbfall auf dessen Erben über, wenn und soweit der Erblasser für diesen Fall keine weitere Nacherbfolge angeordnet hat. Der Vorerbe kann nur durch Herausgabe an den Nacherben mit schuldbefreiender Wirkung leisten.

3. Anspruchsschuldner. Zur Herausgabe ist der **Vorerbe** verpflichtet, nach seinem Tod dessen Erben[2]. Ist für den Vorerben Testamentsvollstreckung angeordnet, so hat der Testamentsvollstrecker den Nachlass anstelle des Vorerben herauszugeben. Ist für Vor- und Nacherbe dieselbe Person zum Testamentsvollstrecker bestellt, so entfällt der Herausgabeanspruch[3]. Ein Herausgabeanspruch gegen **Dritte** kann nicht auf § 2130 Abs 1, sondern nur auf §§ 2018 ff oder auf speziell für einzelne Nachlassgegenstände geltende Rechtsgrundlagen (zB § 985) gestützt werden.

4. Inhalt des Anspruchs. Der Vorerbe hat den gesamten zurzeit des Nacherbfalls vorhandenen Nachlass herauszugeben. Dazu gehören auch die im Wege der **dinglichen Surrogation** gemäß § 2111 bis dahin in den Nachlass gefallenen Gegenstände. Auch vom Vorerben erwirtschaftete **Wertsteigerungen**, die über das zur ordnungsmäßiger Wirtschaft zu fordernde Maß hinausgehen, sind herauszugeben. Die Herausgabepflicht bezieht sich jedoch nur auf die Substanz des Nachlasses, nicht auf die zwischen Erb- und Nacherbfall entstandenen **Nutzungen.** Diese gebühren dem Vorerben, so dass er sie auch nicht herauszugeben hat. Herauszugeben ist der Nachlass in dem **Zustand,** in dem er sich zurzeit des Nacherbfalls befindet. Folglich bindet den Nacherben auch eine erklärte, aber im Grundbuch noch nicht eingetragene Auflassung eines Grundstücks[4]. Hat der Vorerbe zwischen Erb- und Nacherbfall die tatsächliche Verfügungsgewalt über bis dahin zum Nachlass gehörende Gegenstände auf Grund von Verfügungen oder in sonstiger Weise tatsächlich verloren, so entfällt damit ein Herausgabeanspruch und der Nacherbe kann vom Vorerben allenfalls **Schadensersatz** verlangen (vgl Rn 5). Der von allen gesetzlichen Beschränkungen und Verpflichtungen befreite Vorerbe (§ 2137) braucht ohnehin nur herauszugeben, was beim Nacherbfall vorhanden ist (§ 2138); eine weitergehende Befreiung von der Herausgabepflicht durch den Erblasser ist dagegen ausgeschlossen. Der Vorerbe kann wegen der von ihm gemachten außergewöhnlichen Erhaltungsaufwendungen (§ 2124 Abs 2) oder sonstiger Aufwendungen, zu deren Erstattung der Nacherbe gemäß §§ 2125 Abs 2, 683, 684 verpflichtet ist, dem Herausgabeanspruch ein **Zurückbehaltungsrecht** entgegenhalten (§ 273 Abs 2).

II. Schadensersatzanspruch gemäß § 280 Abs 1

Verletzt der Vorerbe seine Pflicht zur ordnungsmäßigen Verwaltung des Nachlasses und kann er deshalb seine Herausgabepflicht gemäß Abs 1 nicht erfüllen, so hat er dem Nacherben den daraus resultierenden Schaden gemäß § 280 Abs 1 zu ersetzen, sobald der Nacherbfall eingetreten ist. Vor dem Nacherbfall stehen dem Nacherben nur der Anspruch auf Beweissicherung gemäß §§ 2121, 2122, 2127 und auf Sicherheitsleistung gemäß §§ 2128, 2129 zu. Die Verwaltung des Vorerben begründet nur dann einen Schadensersatzanspruch, wenn das Gesamtergebnis beim Nacherbfall, nicht nur einzelne Maßnahmen den Anforderungen einer **ordnungsmäßigen Verwaltung** (vgl § 2120 Rn 2) widerspricht. Der an die Ordnungsmäßigkeit anzulegende **Sorgfaltsmaßstab** ergibt sich aus § 2131. Der von allen gesetzlichen Beschränkungen und Verpflichtungen befreite Vorerbe (§ 2137) haftet dabei nur für die Nachlassminderung auf Grund unentgeltlicher Verfügungen iS des § 2113 Abs 2 (§ 2138 Abs 2). Der Vorerbe hat dem Nacherben die Differenz zwischen dem tatsächlichen Nachlasswert beim Nacherbfall und dem, den er bei ordnungsmäßiger Verwaltung gehabt hätte, zu ersetzen. Ist eine Verfügung gemäß § 2113 dem Nacherben gegenüber unwirksam, kann der Nacherbe

---

[1] Palandt/Edenhofer Rn 2; m anderer Begr MünchKommBGB/Grunsky Rn 2.
[2] RGZ 163, 51, 53.
[3] Palandt/Edenhofer Rn 4.
[4] KG DNotZ 1942, 108.

§ 2132

vollen Ersatz verlangen, wenn er im Gegenzug seine Ansprüche gegen den Dritten an den Vorerben abtritt[5].

III. Rechenschaftslegung

6   Die Rechenschaftslegung gemäß § 2130 Abs 2 geschieht nach Maßgabe der §§ 259 bis 261. Der Erblasser kann den Vorerben von dieser Pflicht nicht befreien (§ 2136). Die Rechenschaftspflicht bezieht sich allerdings nur auf die Substanz des Nachlasses, nicht auf die dem Vorerben zustehenden Nutzungen. Hat der Vorerbe vor dem Nacherbfall ein Nachlassverzeichnis (§ 2121) errichtet oder Auskunft gemäß § 2127 erteilt, so kann er hierauf Bezug nehmen und sich auf die Mitteilung von Veränderungen beschränken[6]. Diese Rechenschaftspflicht kann im Prozess auch mittels der Stufenklage (§ 254 ZPO) in Verbindung mit dem Herausgabe- oder Schadensersatzanspruch durchgesetzt werden.

IV. Verjährung

7   Alle Ansprüche aus § 2130 verjähren gemäß §§ 197 Abs 1 Nr 2, 200 innerhalb von 30 Jahren ab Eintritt des Nacherbfalls, ohne dass es darauf ankommt, ob und wann der Anspruchsberechtigte hiervon Kenntnis erlangt hat. Das Gleiche gilt für den auf die Verletzung der Herausgabepflicht gestützten Schadensersatzanspruch gemäß § 280 Abs 1.

§ 2131 Umfang der Sorgfaltspflicht

Der Vorerbe hat dem Nacherben gegenüber in Ansehung der Verwaltung nur für diejenige Sorgfalt einzustehen, welche er in eigenen Angelegenheiten anzuwenden pflegt.

1   **1. Subjektiver Haftungsmaßstab.** Der Vorerbe haftet bei der Verwaltung des Nachlasses nur bei Verletzung der in eigenen Angelegenheiten, dh bei der Verwaltung des Eigenvermögens, angewandten Sorgfalt, es sei denn er hat sich vorsätzlich oder grob fahrlässig pflichtwidrig verhalten (§ 277). Diese Haftungserleichterung greift jedoch nur bei solchen Anspruchsgrundlagen ein, die von einem Verschulden des Vorerben abhängen, vor allem also bei Schadensersatzansprüchen wegen nicht ordnungsmäßiger Verwaltung des Nachlasses (§ 2130 Rn 5). Die Beurteilung einer Maßnahme als ordnungsmäßig richtet sich ebenfalls nicht nach dem subjektiven Maßstab des § 2131, sondern immer, auch bei befreiter Vorerbschaft, nach objektiven Kriterien (vgl § 2120 Rn 2). Verletzt der Vorerbe eine ihm vom Gesetz oder vom Erblasser auferlegte, verschuldensunabhängige Pflicht (zB §§ 2113 bis 2119, 2123, 2133, 2134), so kann sich der Vorerbe demgegenüber nicht darauf berufen, dass er in eigenen Sachen auch nicht anders gehandelt hätte[1]. Die **Beweislast** dafür, dass er auch in eigenen Angelegenheiten nicht sorgfältiger verfährt, trägt der Vorerbe.

2   **2. Haftungserleichterung und -verschärfung.** Der Erblasser kann den Vorerben auch von diesem Haftungsmaßstab **befreien** (§ 2136), so dass er dann nur noch für Nachlassminderungen durch vorsätzliches Verhalten in Beeinträchtigungsabsicht[2] oder durch unentgeltliche Verfügungen iS des § 2113 Abs 2 haftet (§ 2138 Abs 2). Eine weitergehende Befreiung ist nicht möglich. Der Erblasser kann durch letztwillige Verfügung die Haftung auch **verschärfen,** und zwar entweder durch die Anordnung einer generellen Haftung auch für leichte Fahrlässigkeit oder durch Bestimmung konkreter, verschuldensunabhängiger Pflichten[3].

§ 2132 Keine Haftung für gewöhnliche Abnutzung

Veränderungen oder Verschlechterungen von Erbschaftssachen, die durch ordnungsmäßige Benutzung herbeigeführt werden, hat der Vorerbe nicht zu vertreten.

1   **1. Abnutzungen.** Diese Vorschrift präzisiert den bereits in § 2130 Abs 1 enthaltenen Grundsatz, dass der Vorerbe zur Nutzung bis hin zum völligen Verschleiß des Nachlasses bzw einzelner Gegenstände berechtigt ist, wenn er sich dabei in den Grenzen einer ordnungsmäßigen Verwaltung iS des § 2120 (vgl § 2120 Rn 2) hält (vgl §§ 548, 602 und 1050). Allerdings trägt der Vorerbe die **Beweislast** dafür, dass die Verschlechterung Folge einer ordnungsmäßigen Nutzung ist[1*].

2   **2. Befreiung.** Da § 2132 nur eine Ausprägung des § 2130 Abs 1 ist, kann der Erblasser dem Vorerben auch eine weitergehende Abnutzung gestatten, obwohl diese Vorschrift in § 2136 nicht erwähnt ist[2*]. Der befreite Vorerbe haftet nur gemäß § 2138 Abs 2.

---

[5] MünchKommBGB/*Grunsky* Rn 7.
[6] *Erman/M. Schmidt* Rn 5.
[1] RGZ 73, 4, 7.
[2] RGZ 70, 332, 334.
[3] Vgl *Staudinger/Avenarius* Rn 1; MünchKommBGB/*Grunsky* Rn 1.
[1*] MünchKommBGB/*Grunsky* Rn 1.
[2*] *Staudinger/Avenarius* Rn 2; *Soergel/Harder/Wegmann* Rn 2.

Eigennützige Verwendung § 2134

§ 2133 Ordnungswidrige oder übermäßige Fruchtziehung

Zieht der Vorerbe Früchte den Regeln einer ordnungsmäßigen Wirtschaft zuwider oder zieht er Früchte deshalb im Übermaß, weil dies infolge eines besonderen Ereignisses notwendig geworden ist, so gebührt ihm der Wert der Früchte nur insoweit, als durch den ordnungswidrigen oder den übermäßigen Fruchtbezug die ihm gebührenden Nutzungen beeinträchtigt werden und nicht der Wert der Früchte nach den Regeln einer ordnungsmäßigen Wirtschaft zur Wiederherstellung der Sache zu verwenden ist.

1. Wertersatzanspruch. Dem Vorerben gehören (vgl § 953) zwar auch die ordnungswidrig oder auf Grund eines außergewöhnlichen Ereignisses (zB Schnee- oder Windbruch) übermäßig angefallenen Früchte. Allerdings gebühren (§ 2111) diese dem Vorerben im Verhältnis zum Nacherben gemäß § 2133 – abweichend von § 101 – nur so weit, dass dem Vorerben unter Verrechnung mit späteren Mindererträgen die Früchte verbleiben, die er bei ordnungsgemäßer Bewirtschaftung nach Abzug etwaiger Wiederherstellungskosten während der gesamten Vorerbschaft bezogen hätte[1]. Ein Ausgleich mit früheren, ungewöhnlich niedrigen Erträgen ist dagegen ausgeschlossen. Die darüber hinausgehenden Früchte (Übermaßfrüchte) stehen dem Nacherben zu, wenn und soweit der Erblasser den Vorerben nicht von der Pflicht zu deren Herausgabe befreit hat (§ 2136); der vollständig befreite Vorerbe haftet dann nur im Rahmen des § 2138 Abs 2. Vor dem Hintergrund dieser Verteilungsregel verpflichtet § 2133 den Vorerben, dem Nacherben ab dem Nacherbfall den Wert der im Übermaß gezogenen Früchte zu ersetzen. Der Vorerbe ist dagegen nicht zur Herausgabe dieser Früchte verpflichtet[2]. Der Nacherbe kann Sicherheitsleistung wegen eines übermäßigen Fruchtbezugs nur unter den engen Voraussetzungen des § 2128 verlangen. 1

2. Schadensersatzanspruch. Der Nacherbe kann daneben gemäß §§ 2130, 2131 wegen der einer ordnungsgemäßen Bewirtschaftung widersprechenden Fruchtziehung vom Vorerben Schadensersatz verlangen, wenn dadurch – wirtschaftlich betrachtet – die Substanz des Nachlasses verringert worden ist. 2

§ 2134 Eigennützige Verwendung

¹Hat der Vorerbe einen Erbschaftsgegenstand für sich verwendet, so ist er nach dem Eintritt der Nacherbfolge dem Nacherben gegenüber zum Ersatz des Wertes verpflichtet. ²Eine weitergehende Haftung wegen Verschuldens bleibt unberührt.

1. Wertersatzanspruch. Der Vorerbe darf Nachlassgegenstände nur dann für eigene Zwecke verwenden oder verbrauchen, wenn der Erblasser ihm dies gestattet, ihn also von der Wertersatzpflicht des § 2134 S 1 befreit hat (§ 2136). Unerheblich ist, ob der Gegenstand von Anfang an zum Nachlass gehörte oder erst später im Wege der dinglichen Surrogation hinzugekommen ist. § 2134 bezieht sich nur auf die **Substanz** des Nachlasses, nicht auf die dem Vorerben gebührenden Nutzungen, die er in beliebiger Weise für sich verwenden kann. Eine **eigennützige Verwendung** liegt immer dann vor, wenn ein Nachlassgegenstand nicht mehr gemäß § 2130 herausgegeben werden kann, weil der Vorerbe diesen übermäßig iS des § 2132 abgenutzt, über diesen wirksam verfügt hat oder eine Sache durch Verbindung, Vermischung oder Verarbeitung gemäß §§ 946 ff (zB Hausbau auf zum Eigenvermögen gehörenden Grundstück) untergegangen ist, ohne dass Nachlass ein wirtschaftlich vollwertiges Surrogat zugeflossen ist. Da der Nacherbe keinen Anspruch auf die konkrete Zusammensetzung, sondern nur auf den wirtschaftlichen Wert des Nachlasses hat, scheidet ein Wertersatzanspruch nach § 2134 immer dann aus, wenn der mit der eigennützigen Verwendung verbundene Verlust im Wege der dinglichen Surrogation gemäß § 2111 voll ausgeglichen wird[1*]. Beruht die eigennützige Verwendung auf einer gemäß § 2113 gegenüber dem Nacherben **unwirksamen Verfügung,** so kann dieser wählen, ob er die Unwirksamkeit der Verfügung geltend machen oder unter Genehmigung der Verfügung Wertersatz verlangen will[2*]. Der Anspruch aus § 2134 S 1 ist auf Ersatz **des objektiven Werts** des verwendeten Gegenstands, den dieser im Zeitpunkt der Verwendung hatte[3], gerichtet. Spätere Wertveränderungen sind unerheblich. Der Wertersatzpflicht tritt erst mit dem Nacherbfall ein. Vorher kann der Nacherbe unter den Voraussetzungen des § 2128 die Leistung einer angemessenen Sicherheit verlangen. 1

2. Schadensersatzanspruch. Einen über den bloßen Wertersatz hinausgehenden Schadensersatz nach den §§ 249 ff kann der Nacherbe ebenfalls verlangen, wenn der Vorerbe seine an sich gemäß § 2130 bestehende Herausgabepflicht durch die eigennützige Verwendung schuldhaft (§ 2131) verletzt hat (§ 2134 S 2). Der Vorerbe hat folglich nicht das Recht, nach freiem Ermessen Nachlassgegenstände für sich zu verwenden, wenn er nur bereit ist, Wertersatz gemäß S 1 zu leisten. Jede eigennützige Verwendung ist demnach pflichtwidrig und verpflichtet zum Schadensersatz, wenn die Pflichtverletzung schuldhaft war. Der vollständig **befreite Vorerbe** ist dagegen wegen einer eigennützigen Ver- 2

---

[1] MünchKommBGB/*Grunsky* Rn 2.
[2] MünchKommBGB/*Grunsky* Rn 1; *Soergel/Harder/Wegmann* Rn 4; aA *Palandt/Edenhofer* Rn 1.
[1*] BGHZ 40, 115, 124 = NJW 1963, 2320.
[2*] *Soergel/Harder/Wegmann* Rn 1; MünchKommBGB/*Grunsky* Rn 2.
[3] MünchKommBGB/*Grunsky* Rn 4.

§ 2136

Buch 5. Abschnitt 3. Testamtent

wendung zum Wertersatz überhaupt nicht, und zum Schadensersatz nur im Rahmen des § 2138 Abs 2 verpflichtet, da er grds die beim Nacherbfall tatsächlich vorhandenen Nachlassgegenstände herauszugeben braucht[4].

§ 2135 Miet- und Pachtverhältnis bei der Nacherbfolge

Hat der Vorerbe ein zur Erbschaft gehörendes Grundstück oder eingetragenes Schiff vermietet oder verpachtet, so findet, wenn das Miet- oder Pachtverhältnis bei dem Eintritt der Nacherbfolge noch besteht, die Vorschrift des § 1056 entsprechende Anwendung.

1   1. **Grundstück, grundstücksgleiches Recht oder eingetragenes Schiff.** Vom Vorerben zwischen Erb- und Nacherbfall eingegangene Miet- oder Pachtverhältnisse über ein Grundstück, einschließlich Wohnungs- und Teileigentum, über ein Erbbaurecht, über Gebäudeeigentum oder über ein eingetragenes Schiff, das zum Nachlass gehört, erlöschen nicht mit dem Erbfall, sondern gehen gemäß §§ 2134, 1056 Abs 2, 571 ff auf den Nacherben über. Der Nacherbe tritt mit Wirkung vom Nacherbfall nach Maßgabe der §§ 1056 Abs 1, 571 Abs 1 an Stelle des Vorerben in das Rechtsverhältnis ein, während der Vorerbe nur bis zur Mitteilung des Nacherbfalls an den Mieter bzw Pächter als Bürge für Schadensersatzpflichten gemäß §§ 1056 Abs 1, 571 Abs 2 weiter haftet. Der Nacherbe kann dieses Miet- oder Pachtverhältnis gemäß §§ 1056 Abs 2 unter Beachtung etwaiger Kündigungsschutzbestimmungen innerhalb der gesetzlichen Frist kündigen. Diese Kündigung ist jedoch ausgeschlossen, wenn der Nacherbe dem vom Vorerben abgeschlossenen Vertrag zugestimmt hat oder gemäß § 2120 S 1 als Maßnahme ordnungsgemäßer Verwaltung (zB Wohnung in einem Mietshaus) hätte zustimmen müssen. Wegen der sonstigen Rechtsfolgen dieser Verweisung siehe die Ausführungen zu § 1056. Die bereits **vom Erblasser** abgeschlossene Miet- oder Pachtverträge gehen kraft gesetzlicher Gesamtrechtsnachfolge auf den Nacherben als dessen Rechtsnachfolger über.

2   2. **Bewegliche Sache.** Der **vom Vorerben** zwischen Erb- und Nacherbfall abgeschlossene Miet- oder Pachtvertrag über eine zum Nachlass gehörende bewegliche Sache ist dem Nacherben gegenüber unwirksam, so dass der Nacherbe vom Mieter bzw Pächter deren Herausgabe verlangen kann. Der Mieter bzw Pächter hat allenfalls Ansprüche gegen den Vorerben wegen Nichterfüllung des Miet- oder Pachtvertrags. An einen **vom Erblasser** gebundenen Vertrag ist der Nacherbe als dessen Rechtsnachfolger gebunden.

§ 2136 Befreiung des Vorerben

Der Erblasser kann den Vorerben von den Beschränkungen und Verpflichtungen des § 2113 Abs. 1 und der §§ 2114, 2116 bis 2119, 2123, 2127 bis 2131, 2133, 2134 befreien.

Schrifttum: *Dillmann,* Verfügungen während der Vorerbschaft, RNotZ 2002, 1; *Lukas,* Vollmacht von Todes wegen, 2000; *Wingerter,* Die Erweiterung der Befugnisse des befreiten Vorerben, 2000; *J. Mayer,* Der superbefreite Vorerbe? – Möglichkeiten und Grenzen der Befreiung des Vorerben ZEV 2000, 1; *G. Müller,* Möglichkeiten der Befreiung des Vorerben über § 2136 BGB hinaus, ZEV 1996, 179.

Übersicht

	Rn		Rn
I. Dispositionsfreiheit des Erblassers	1	3. Zusätzliche Einschränkungen der Verfügungsfreiheit	8
1. Zwingende Beschränkungen und Verpflichtungen	1	II. Anordnung der Befreiung iS des § 2136	9
2. Erweiterungen der Verfügungsfreiheit	2	1. Verfügung von Todes wegen	9
a) Vorausvermächtnis	3	2. Umfang der Befreiung	10
b) Genehmigungsvermächtnis	4	3. Einzelne Auslegungsprobleme	11
c) Lastenverteilungsvermächtnis oder -auflage	5	III. Erbschein	13
d) Postmortale Vollmacht	6	IV. Nacherbenvermerk im Grundbuch	14
e) Bestellung des Vorerben zum Testamentsvollstrecker für Nacherben	7		

I. Dispositionsfreiheit des Erblassers

1   1. **Zwingende Beschränkungen und Verpflichtungen.** § 2136 zählt alle Beschränkungen und Verpflichtungen, von denen der Erblasser den Vorerben befreien kann, abschließend auf. Da § 2132, der die Haftung des Vorerben für Abnutzungen im Rahmen ordnungsmäßiger Verwaltung ausschließt, nur eine Ausprägung des in § 2130 enthaltenen allgemeinen Verwaltungsgrundsatzes ist, kann trotz der Nichterwähnung in § 2136 der Erblasser den Vorerben über § 2130 von dieser Beschränkung ebenfalls befreien, so dass der Vorerbe dann auch überobligationsmäßige Verschlechterungen nicht zu vertreten hat. **Keine Befreiung** ist möglich vom dinglichen Surrogationsprinzip (§ 2111)[1], vom Verbot unent-

---

[4] BGH NJW 1977, 1631; NJW 1983, 2874.
[1] OLG Köln NJW-RR 1987, 267.

geltlicher Verfügungen (§ 2113 Abs 2, 3), von der Unwirksamkeit der Zwangsverfügungen iS des § 2115, von der Pflicht zur Errichtung eines Nachlassverzeichnisses (§ 2121) oder zur Duldung der Zustandsfeststellung (§ 2122 S 2), von der Belastung des Vorerben mit den gewöhnlichen Erhaltungskosten (§ 2124 Abs 1)[2] oder von der Schadensersatzpflicht des § 2128 Abs 2 bei Einsetzung auf den Überrest (§ 2137).

2. Erweiterungen der Verfügungsfreiheit. § 2136 zieht die äußerste Grenze, über die hinaus eine Befreiung nicht möglich ist. Der Erblasser kann sich jedoch anderer zulässiger Gestaltungsmöglichkeiten bedienen, um die Verfügungsfreiheit des Vorerben zu erweitern. Will der Erblasser dem Vorerben eine darüber hinausgehende Verfügungs- und Gestaltungsfreiheit einräumen, so ist stets zu beachten, dass § 2136 der Testierfreiheit Grenzen zieht, die nicht überschritten werden können, ohne die Vor- und Nacherbschaft in ihrem Wesen in Frage zu stellen. Der Erblasser kann sich der Vor- und Nacherbschaft nur in der von dem Gesetz vorgegebenen Form bedienen. Es steht ihm selbstverständlich frei, erbrechtliche Instrumentarien zu nutzen, um das gleiche Ergebnis zu erreichen. Der Umkehrschluss jedoch, dass das, was auf anderem Weg erreichbar ist, auch im Rahmen der Vor- und Nacherbschaft zulässig sein muss, verkennt die der Rechtssicherheit dienende Funktion des numerus clausus im Erbrecht[3]. Gestaltungen, die dem Vorerben bei wirtschaftlicher Betrachtung Freiheiten einräumen, die über das in § 2136 zugelassene Maß hinausgehen, wecken daher regelmäßig Zweifel am Erblasserwillen, eine Vor- und Nacherbschaft anzuordnen[4]. In Fällen unzulässiger Erweiterungen der Verfügungs- und Gestaltungsmöglichkeiten des Vorerben wird man daher oft zum Ergebnis gelangen müssen, dass Vollerbschaft gewollt ist, und zwar beschwert mit einem Nachvermächtnis zugunsten des „Nacherben". Eine Erweiterung der Verfügungsbefugnisse bedeutet es auch, wenn die Nacherbeneinsetzung dadurch auflösend bedingt wird, dass der Vorerbe in einer bestimmten Weise anderweitig verfügt (§ 2065 Rn 12 f).

a) Vorausvermächtnis. Die Verfügungsbeschränkungen beziehen sich nicht auf alle Nachlassgegenstände schlechthin, sondern lediglich auf solche, die bei Eintritt des Nacherbfalls dem Nacherben zufallen. Deshalb kann der Vorerbe über alle Nachlassgegenstände, die ihm im Voraus, also zusätzlich zur Erbschaft bzw zum Erbteil, vermacht worden sind (vgl § 2110 Rn 2), ohne jede Einschränkung durch §§ 2113 bis 2115 frei verfügen. Da das Vorausvermächtnis auch an aufschiebende Bedingungen geknüpft werden kann, ist es zulässig, dem Vorerben das Recht einzuräumen, durch Rechtsgeschäft unter Lebenden (**Übertragungsvorbehalt**) oder durch Verfügung von Todes wegen (**Verfügungsvorbehalt**) über bestimmte Nachlassgegenstände entweder frei oder in eingegrenzter Weise zu verfügen[5]. Mit einer derartigen Verfügung wird das Vorausvermächtnis wirksam und der betroffene Nachlassgegenstand vom Nacherbenrecht frei. Will der Erblasser dem Vorerben zwar die völlig freie Verfügung durch Rechtsgeschäft unter Lebenden ermöglichen, aber dennoch die Rechtsnachfolge bei Eintritt des Nacherbfalls bestimmen, so kann der Vorerbe mit einem Vorausvermächtnisnehmer mit einem **Nachvermächtnis** (§ 2191) zugunsten des Nacherben beschwert werden[6]. Dabei kann der Erblasser den Umfang der Verfügungsfreiheit des Vorerben und Vorausvermächtnisnehmer frei festlegen und sogar anordnen, dass nur der dann noch vorhandene Vermächtnisgegenstand an den Nacherben herauszugeben ist **(Nachvermächtnis auf den Überrest)**[7]. Der Erblasser hat den Vorerben damit von jeder Schadensersatzpflicht gemäß §§ 2179, 160, 281, 282 befreit. Dies ist mit dem Enthaftungsverbot des § 276 Abs 2 ebenso wie mit dem Selbstbestimmungsgebot des § 2065 Abs 2 vereinbar[8]. Handelt der Vorausvermächtnisnehmer jedoch allein in Beeinträchtigungsabsicht, so können sich Ansprüche des Nacherben aus §§ 134, 138, 226 ergeben. Durch ein **Wahl-Vorausvermächtnis** (§§ 2154, 2150) kann der Erblasser dem Vorerben sogar das Recht übertragen, den Vermächtnisgegenstand selbst zu bestimmen[9].

b) Genehmigungsvermächtnis. Umstritten ist, ob der Erblasser dem Vorerben mit dem Nacherbfall den Anspruch gegen den Nacherben vermachen kann, generell allen[10] oder wenigstens bestimmten[11] unentgeltlichen Verfügungen zuzustimmen. Richtiger Ansicht nach sind jedoch beide Auffassungen mit dem zwingenden Charakter des § 2136 unvereinbar[12]. Derart unzulässige Umgehungen führen jedoch nur dann zur Nichtigkeit der Verfügung, wenn dem Erblasserwille nicht durch wohlwollende Auslegung (§ 2084) oder **Umdeutung** (§ 140) Geltung verschafft werden kann. Die zu frei ausgestaltete „Vorerbeneinsetzung" des Längstlebenden in einem gemeinschaftlichen Testament nach dem Berli-

---

[2] *Staudinger/Avenarius* Rn 10; Vor §§ 2124 ff Rn 1 weist zu Recht auf die mittelbare Befreiung über § 2134 hin.
[3] Dies verkennt *Wingerter* S 88.
[4] Vgl *Bühler* BWNotZ 1967, 179, 180.
[5] *J. Mayer* ZEV 2000, 1, 5 mwN; vgl OLG Hamm MittRhNotK 1999, 312.
[6] Ausf *Wingerter* S 15 ff.
[7] *Wingerter* S 24 ff; vgl auch *Bengel* NJW 1990, 1826, 1829.
[8] *Wingerter* S 24 ff mwN; *Zawar*, Das Vermächtnis in der Kautelarjurisprudenz, S 104 f.
[9] *Kanzleiter*, FS Schippel, S 287, 300.
[10] OLG Düsseldorf ZEV 2000, 29, 30 m abl Anm *Wübben*; *Staudinger/Avenarius* Rn 7; unentschieden *Wingerter* S 89 ff; *Dillmann* RNotZ 2002, 1, 19.
[11] *Palandt/Edenhofer* § 2138 Rn 5; *Kipp/Coing* § 51 III 1 b; *Nieder*, HdB Testamentsgestaltung, 2. Aufl, Rn 619; *Wingerter* S 85 ff.
[12] MünchKommBGB/*Grunsky* Rn 9; *Soergel/Harder/Wegmann* Rn 2; *Frohnmayer*, Geschiedenentestament, 2004, S 90 f; im Ergebnis ebenso *Wübben* ZEV 2000, 30, 31; unentschieden *J. Mayer* ZEV 2000, 1, 4; *G. Müller* ZEV 1996, 179, 180.

ner Modell (§ 2269) kann als Vollerbeinsetzung und die „Nacherbeneinsetzung" des Dritten als Schlusserbeinsetzung aufgefasst werden[13]. Der unzulässigen Gestattung unentgeltlicher Verfügungen iS des § 2113 Abs 2 (zB Verpflichtung des Nacherben, allen unentgeltlichen Verfügungen zuzustimmen)[14] kann als ein Vorausvermächtnis iS des § 2110 Abs 2 Geltung verschafft werden (vgl oben Rn 3), vorausgesetzt, sie bezieht sich auf einzelne bestimmte Nachlassgegenstände (zB Vorerbe kann mit dem Haus nach Belieben verfahren).

5   c) **Lastenverteilungsvermächtnis oder -auflage.** Von den Lastenverteilungsvorschriften der §§ 2124 bis 2126 kann der Erblasser zwar keine Befreiung erteilen, wohl aber durch Vermächtnis oder Auflage erreichen, dass der Nacherbe dem Vorerben die nach dem Gesetz eigentlich von diesem zu tragenden Aufwendungen zu erstatten hat. Derartige Gestaltungen sind jedoch nur bis zu der Grenze zulässig, wo jede Beschränkung des Vorerben zugunsten des Nacherben faktisch beseitigt wird.

6   d) **Postmortale Vollmacht.** Dem Erblasser steht es grds frei, mit Wirkung für und gegen seine Erben, also über seinen Tod hinaus, Vollmachten zu erteilen. Zwar kann auch der Vorerbe in dieser Weise bevollmächtigt werden, jedoch erlischt eine postmortale Vollmacht **zur freien Verfügung** über den Nachlass durch Konsolidation[15]. Die Bevollmächtigung des Vorerben, in beliebiger Weise **über das Nacherbenrecht zu verfügen,** steht im Widerspruch zu § 2136, der die äußerste Grenze der Befreiungsmöglichkeiten im Rahmen der Nacherbfolge zieht[16]. Die Erteilung einer solchen Vollmacht führt entweder zu deren Unwirksamkeit oder zur Verneinung der Anordnung der Nacherbfolge im Wege der ergänzenden Auslegung.

7   e) **Bestellung des Vorerben zum Testamentsvollstrecker für Nacherben.** Würde man es zulassen, dass der Vorerbe zum Testamentsvollstrecker für den Nacherben bestellt wird, so erlangte jener im Widerspruch zu § 2136 die Möglichkeit, ungehindert durch §§ 2113 bis 2115 und unkontrolliert über alle dem Nacherbenrecht unterliegenden Nachlassgegenstände frei zu verfügen. Dies ist weder mit dem Wesen der Nacherbschaft noch mit dem der Testamentsvollstreckung vereinbar. Die Bestellung des Vorerben zum alleinigen Testamentsvollstrecker für den Nacherben ist deshalb ausgeschlossen, nicht dagegen die Berufung zum Mit-Testamentsvollstrecker[17].

8   **3. Zusätzliche Einschränkungen der Verfügungsfreiheit.** Dem Erblasser steht es andererseits frei, die Verfügungsfreiheit des Vorerben über die gesetzlichen Beschränkungen des Gesetzes hinaus weiter zu beschränken[18]. Dies kann geschehen durch ein **Nießbrauchsvermächtnis,** mit dem die eigentlich dem Vorerben gebührenden Nutzungen dem Nacherben oder einem Dritten zugewendet werden. Der Erblasser kann dem Vorerben im Wege von Vermächtnissen oder Auflagen die **Verfügung** über bestimmte Nachlassgegenstände **verbieten oder** solche Geschäfte **einschränken,** allerdings nicht mit der Folge der Unwirksamkeit widersprechender Verfügungen des Vorerben. Die Sanktionen müssen in der letztwilligen Verfügung selbst geregelt werden (zB Pflicht zur Übereignung an Nacherben bei Verstoß). Auch die Erteilung einer **postmortalen Vollmacht an Dritte** (zB Nacherben) mit Wirkung für und gegen den Vorerben stellen eine weitergehende Einschränkung der Verfügungsmöglichkeiten dar. In einer postmortalen Vollmacht kann der Erblasser das Widerrufsrecht des Vorerben zwar nicht ganz ausschließen, wohl aber auf einen Widerruf aus wichtigem Grund beschränken[19]. Ebenfalls zulässig ist die Beschwerung des Vorerben, auch des umfassend befreiten[20], mit einer **Testamentsvollstreckung.** Testamentsvollstrecker kann auch der Nacherbe sein. Ein Testamentsvollstrecker, dessen Verwaltungsbefugnisse sich auf Vor- und Nacherbschaft bezieht, kann über Nachlassgegenstände im Rahmen des § 2205 verfügen; andernfalls ist ihm diese verwehrt[21].

II. Anordnung der Befreiung iS des § 2136

9   **1. Verfügung von Todes wegen.** Die Befreiung muss in einer wirksamen Verfügung von Todes wegen enthalten sein, wenngleich nicht notwendigerweise in derjenigen, mit der die Nacherbfolge angeordnet worden ist. Eine bestimmte Formulierung ist nicht vorgeschrieben. Der Wille zur Befreiung des Vorerben von den gesetzlichen Beschränkungen und Verpflichtungen muss mindestens andeutungsweise der Verfügung entnommen werden können, wenn auch unter Auswertung außerhalb der Urkunde liegender Umstände[22].

10 **2. Umfang der Befreiung.** Der Erblasser kann bis zur äußersten, von § 2136 gezogenen Grenze den Umfang der Befreiung völlig frei bestimmen. Hat er mehrere Vorerben eingesetzt, so kann er deren Verwaltungs- und Verfügungsrechte unterschiedlich ausgestalten[23]. Fällt der Vorerbe vor dem Nach-

---

[13] OLG Karlsruhe OLGZ 1969, 500.
[14] BGH NJW 1953, 219.
[15] *J. Mayer* ZEV 2000, 1, 5; aA LG Bremen Rpfleger 1993, 235, 236; *Wingerter* S 135 f.
[16] MünchKommBGB/*Grunsky* Rn 8; *Soergel/Harder/Wegmann* Rn 10; aA *Wingerter* S 138 ff.
[17] KG JFG 11, 125; OLG Karlsruhe MDR 1981, 943 f; aA nur *Rohlff* DNotZ 1971, 518.
[18] BayObLGZ 1958, 304; 1959, 128.
[19] BGH WM 1976, 1130, 1132; *Lukas* S 62 ff.
[20] BayObLG NJW 1959, 1920.
[21] Vgl BGH NJW 1990, 2055, 2056.
[22] BGH RdL 1969, 101; OLG Stuttgart Rpfleger 1980, 387; BayObLG MittBayNot 2004, 450, 452; FamRZ 1976, 549.
[23] OLG Stuttgart Rpfleger 1980, 387.

erbfall weg, so ist durch Auslegung zu ermitteln, ob die dem zunächst Berufenen eingeräumte Befreiung auch für den Ersatzvorerben oder die Erben des Vorerben gelten soll. Auch eine gegenständliche Einschränkung der Befreiung ist bedenkenlos zulässig (zB Vorerbe ist bei der Verwaltung des Nachlasses, ausgenommen den Grundbesitz, von den gesetzlichen Beschränkungen befreit). Der Erblasser kann auch einzelne Verfügungsarten zulassen und andere verbieten (zB der Vorerbe darf Grundbesitz belasten, aber nicht veräußern). Ferner kann der Erblasser die Befreiung auf eine oder mehrere der in § 2136 aufgeführten Belastungen beschränken. Schließlich ist es zulässig, eine Befreiung von einer Bedingung abhängig zu machen (zB in der Not darf der Vorerbe den Nachlass aufbrauchen; im Krankheits- oder Pflegefalle darf das Wohnhaus verkauft werden). Auch der Umfang der Befreiung ist durch Auslegung nach den allgemeinen Grundsätzen zu ermitteln. Es besteht dabei keine Auslegungsregel, dass eine dem Vorerben erteilte Befreiung im Zweifel für den gesamten Nachlass und alle Verfügungen iS der §§ 2113 Abs 1, 2114, 2116 bis 2119 gilt[24].

3. Einzelne Auslegungsprobleme. Bei einer Einsetzung zum „befreiten" oder „von allen gesetzlichen Beschränkungen und Verpflichtungen befreiten" Vorerben steht die vollständige Befreiung von allen in § 2136 erwähnten Beschränkungen regelmäßig außer Zweifel. Hat der Erblasser zwar die Veräußerung und/oder Belastung bestimmter Nachlassgegenstände erlaubt (zB der Vorerbe kann mit dem Wohnhaus machen, was er will), so liegt darin nur eine **gegenständlich beschränkte Befreiung**, es sei denn, dass er außer dem erwähnten Gegenstand kein weiteres nennenswertes Vermögen hinterlässt. Allein **die Gestattung letztwilliger Verfügungen** über den Nachlass ist dagegen für die Frage der Befreiung unergiebig, weil sowohl der befreite als auch der nicht befreite Vorerbe an derartigen das Nacherbenrecht beeinträchtigenden Verfügungen gehindert ist (vgl § 2112 Rn 7). Ist für den Vorerben **Testamentsvollstreckung** angeordnet, so kann allein dieser Umstand für noch gegen eine Befreiung angeführt werden. Hat der Erblasser dem Testamentsvollstrecker die Sicherung des Nachlasses bzw einzelner Gegenstände zugunsten des Nacherben auferlegt, so spricht dies gegen eine Befreiung des Vorerben und damit des Testamentsvollstreckers. Dagegen kann **die Zuwendung der uneingeschränkten Nutznießung**, sofern es sich nicht nur um ein Nießbrauchsvermächtnis handelt, eine befreite Vorerbschaft bedeuten. Allein die Bezeichnung des Vorerben als **Universal- oder Alleinerben** besagt nichts über dessen Verwaltungs- und Verfügungsbefugnis[25]. Es kann ohne weitere Anhaltspunkte auch nicht unterstellt werden, dass ein vom Erblasser teilweise zum unbeschränkten Voll- und teilweise zum Vorerben Eingesetzter befreit sein soll[26]. Die **Nähe bzw Ferne der Verwandtschaft** des Erblassers zum Vorerbe einerseits und zum Nacherben andererseits kann ein wichtiges Indiz für oder gegen eine Befreiung darstellen. Ist der Vorerbe der Ehegatte oder ein naher Verwandter, der Nacherbe dagegen nur ein entfernter Verwandter, so spricht dies dann für eine Befreiung, wenn der Vorerbe mit dazu beigetragen hat, das Vermögen des Erblassers aufzubauen oder zu erhalten[27]. Anderseits reicht bei einer gegenseitigen Vorerbeneinsetzung von Ehegatten allein die Tatsache, dass Nacherben die gemeinsamen Kinder[28] oder ein entfernt oder nicht verwandter Dritter[29] ist, für sich allein nicht aus, um deswegen befreite Vorerbschaft anzunehmen. In allen diesen Fällen kommt es letztlich auf die Beweggründe für die Anordnung der Nacherbfolge (vgl § 2100 Rn 3 ff) an. Steht erkennbar die Versorgung des Vorerben im Vordergrund, so ist in diesen Fällen von befreiter Vorerbschaft auszugehen. Will der Erblasser dagegen den Nacherben sichern oder langfristig Einfluss auf die Erbfolge nehmen, so liegt die Annahme einer nicht befreiten Vorerbschaft näher.

Bei einer **Wiederverheiratungsklausel** in einem gemeinschaftlichen Testament nach dem Berliner Modell (§ 2269), wonach mit der Wiederverheiratung der Längstlebende Vorerbe und die Schlusserbe Nacherbe wird, ist ohne gegenteilige Anhaltspunkte im Zweifel von befreiter Vorerbschaft auszugehen (vgl § 2269 Rn 31). Dies gilt auch für eine entsprechende Klausel in einem einseitigen Testament, wonach im Falle der Verheiratung des Vollerben (zB Ehegatte) dieser nurmehr Vor- und andere Personen (zB Kinder des Erblassers) Nacherben sind[30]. Diese Vermutung für eine befreite Vorerbschaft kann nicht ohne weiteres auf sonstige Fälle einer bedingten Erbeinsetzung dieser Art übertragen werden, da tragender Gesichtspunkt der zur Wiederverheiratungsklausel vertretenen Auffassung das zwischen Ehegatten typischerweise bestehende Vertrauensverhältnis ist.

III. Erbschein

Die etwaige Befreiung des Vorerben ist im Erbschein anzugeben (§ 2363 Abs 1 S 2). Die Angaben müssen klar erkennen lassen, ob es sich um eine vollständige oder um eine gegenständlich oder auf einzelne Verfügungen iS der §§ 2113 Abs 1, 2114, 2116 bis 2119 begrenzte[31] Befreiung handelt. Hat der Erblasser dem Vorerben ein Vorausvermächtnis iS des § 2110 Abs 2 zugewendet, so ist auch dies anzugeben, da der Vorerbe dadurch ein freies Verfügungsrecht hierüber erlangt hat (vgl § 2110 Rn 2).

---

[24] AA MünchKommBGB/*Grunsky* Rn 8.
[25] BGH FamRZ 1970, 192; aA ohne Begr OLG Düsseldorf FamRZ 1998, 389 m Anm *Avenarius*.
[26] BayObLG NJW 1958, 1683.
[27] BayObLGZ 1960, 432, 437; OLG Hamm NJW-RR 1997, 453.
[28] MünchKommBGB/*Grunsky* Rn 3; aA OLG Köln HEZ 2, 37.
[29] BGH NJW 1951, 345; BayObLGZ 1960, 432, 437.
[30] BGH FamRZ 1961, 275, 276 mwN; BayObLGZ 1966, 227, 232 f; OLG Hamm DNotZ 1972, 96; *Staudinger/Avenarius* Rn 21; MünchKommBGB/*Grunsky* Rn 4; einschränkend *Soergel/Harder/Wegmann* Rn 6; vgl auch *Dippel* AcP 177 (1977), 349, 361.
[31] BayObLG FamRZ 1983, 839.

§ 2138

Liegt keine umfassende Befreiung vor, so braucht der Erbschein nur auszuweisen, worauf sich die Nacherbfolge bezieht und/oder welche Verfügungen dem Vorerben erlaubt sind. Andere Befreiungen brauchen und können im Erbschein als Ausweis des Verfügungsrechts nicht aufgeführt zu werden.

IV. Nacherbenvermerk im Grundbuch

14 Bei der Eintragung des Vorerben im Grundbuch ist gemäß § 51 GBO von Amts wegen auch die Nacherbfolge zu vermerken. Dabei ist auch eine etwaige Befreiung anzugeben, und zwar nur die hier allein interessierende Befreiung von §§ 2113 Abs 1, 2114. Ist im Nacherbenvermerk die Befreiung von § 2113 Abs 1 angegeben, so ist dieser bei einer Veräußerung von Amts wegen wieder zu löschen, wenn deren Entgeltlichkeit offenkundig oder dem Grundbuchamt gegenüber nachgewiesen (zB Verkehrswertgutachten eines Sachverständigen) ist (vgl § 2113 Rn 10).

§ 2137 Auslegungsregel für die Befreiung

(1) Hat der Erblasser den Nacherben auf dasjenige eingesetzt, was von der Erbschaft bei dem Eintritt der Nacherbfolge übrig sein wird, so gilt die Befreiung von allen im § 2136 bezeichneten Beschränkungen und Verpflichtungen als angeordnet.

(2) Das Gleiche ist im Zweifel anzunehmen, wenn der Erblasser bestimmt hat, dass der Vorerbe zur freien Verfügung über die Erbschaft berechtigt sein soll.

1 **1. Einsetzung auf den Überrest.** Hat der Erblasser mit den in § 2137 Abs 1 enthaltenen Worten oder gleichbedeutenden Formulierungen (zB „kann die Erbschaft aufbrauchen") auf den beim Nacherbfall vorhandenen Rest des Nachlasses eingesetzt, so gilt dies als umfassende Befreiung von den Beschränkungen und Verpflichtungen, von denen § 2136 eine solche zulässt. Diese Bestimmung ist jedoch nur dann **anwendbar**, wenn feststeht, dass Nacherbfolge eintreten soll. Die Auslegung derartiger Formulierungen kann im Einzelfall auch ergeben, dass der „Vorerbe" unbeschränkter Vollerbe sein soll, jedoch belastet mit einem durch den „Nacherbfall" aufschiebend bedingten Vermächtnis an dem gesamten vorhandenen Nachlass zugunsten des „Nacherben"[1].

2 Die **Rechtsfolge** besteht in der umfassenden Befreiung des Vorerben von allen in § 2136 aufgeführten Beschränkungen und Verpflichtungen. Darüber hinaus führt eine Anordnung iS des Abs 1 zur Beschränkung des Herausgabeanspruchs gemäß § 2133 Abs 2. Umstritten ist, ob ein entgegenstehender **Erblasserwille beachtlich** ist oder nicht. Die Beantwortung dieser Frage hängt davon ab, ob man § 2137 Abs 1 mit der hM als unwiderlegbare Ergänzungsregel[2] oder der Gegenansicht als widerlegbare Vermutungsregel[3] auffasst. Für die hM spricht, dass Abs 1 – im Gegensatz zu Abs 2 – nicht die Formulierung „im Zweifel" enthält. Bei dem fließenden Übergang zwischen den Formulierungen beider Absätze erscheint es jedoch nicht sinnvoll, die Abgrenzungsprobleme durch unterschiedliche Rechtsfolgen zu verschärfen[4]. Zudem muss die hM bereits den Tatbestand verneinen, wenn der Erblasser trotz einer Einsetzung auf den Überrest die Befugnisse des Vorerben eingeschränkt wissen will. Richtiger Auffassung nach ist auch § 2137 Abs 1 als widerlegbare Vermutungsregel einzuordnen.

3 **2. Gestattung der freien Verfügung.** Hat der Erblasser dem Vorerben die freie Verfügung über die Erbschaft gestattet, so kommt es nicht darauf an, ob er dies genau mit den Worten des Gesetzes oder mit gleichbedeutenden Formulierungen – zB Einsetzung des Nacherben auf das, worüber Vorerbe nicht anderweitig verfügt hat[5] – getan hat. Entscheidend ist auch insoweit, dass der Wille zur Anordnung der Nacherbfolge feststeht (vgl Rn 1). Rechtsfolge dieser Auslegungsregel ist die umfassende Befreiung von allen gesetzlichen Beschränkungen und Verpflichtungen, soweit § 2136 dies erlaubt, sowie die Anwendbarkeit des § 2138 Abs 1. Ein entgegenstehender Erblasserwille schließt die Anwendung dieser Bestimmung aus.

§ 2138 Beschränkte Herausgabepflicht

(1) ¹Die Herausgabepflicht des Vorerben beschränkt sich in den Fällen des § 2137 auf die bei ihm noch vorhandenen Erbschaftsgegenstände. ²Für Verwendungen auf Gegenstände, die er infolge dieser Beschränkung nicht herauszugeben hat, kann er nicht Ersatz verlangen.

(2) Hat der Vorerbe der Vorschrift des § 2113 Abs. 2 zuwider über einen Erbschaftsgegenstand verfügt oder hat er die Erbschaft in der Absicht, den Nacherben zu benachteiligen, vermindert, so ist er dem Nacherben zum Schadensersatz verpflichtet.

---

[1] Vgl OLG Oldenburg DNotZ 1958, 95; OLG Bremen DNotZ 1956, 149.
[2] *Soergel/Harder/Wegmann* Rn 1; *Palandt/Edenhofer* Rn 1.
[3] MünchKommBGB/*Grunsky* Rn 1; *Staudinger/Avenarius* Rn 5.
[4] MünchKommBGB/*Grunsky* Rn 1.
[5] Vgl OLG Bremen DNotZ 1956, 149.

§ 2139

I. Beschränkung der Herausgabepflicht

Der umfassend befreite Vorerbe braucht, ohne Rücksicht darauf, ob die Befreiung auf einer Anordnung iS des § 2137 oder auf einer anderen Erblasserbestimmung beruht, gemäß § 2138 Abs 1 S 2 nur die beim Nacherbfall **tatsächlich vorhandenen,** zum Nachlass gehörenden **Gegenstände** herauszugeben. Dabei ist es gleichgültig, ob die dann vorhandenen Gegenstände von Anfang an zum Nachlass gehört haben oder erst später im Wege der dinglichen Surrogation gemäß § 2111 hinzugekommen sind. In diesem Punkt unterscheidet sich der Herausgabeanspruch des § 2130 nicht von dem des § 2138 Abs 1 S 2. Der wesentliche Unterschied besteht darin, dass der umfassend befreite Vorerbe nicht für beim Nacherbfall nicht mehr vorhandene Gegenstände haftet, die er entgegen den Regeln einer ordnungsmäßigen Wirtschaft, insbes für sich selbst verwendet hat. Der umfassend befreite Vorerbe ist insbes von der **Pflicht zur ordnungsgemäßen Verwaltung** (§§ 2120 S 1, 2130) ebenso entbunden wie vom **Verbot der eigennützigen Verwendung** (§ 2134)[1]. Folgerichtig entfällt eine Haftung des Vorerben auch dann gemäß § 2138 Abs 1 S 1, wenn dieser zwar nicht von allen Beschränkungen und Verpflichtungen, von denen nach § 2136 Befreiung zulässig ist, wohl aber mindestens von §§ 2113 Abs 1, 2120 S 1, 2130 und 2134 befreit ist. 1

II. Ausschluss des Verwendungsersatzanspruchs

Der Einschränkung des Herausgabeanspruchs gemäß § 2138 Abs 1 korrespondiert der Ausschluss des Verwendungsersatzanspruchs für solche Gegenstände, die demgemäß nicht herauszugeben sind. Bezüglich beim Nacherbfall nicht mehr vorhandener Nachlassgegenstände sind Verwendungsersatzansprüche des Vorerben gemäß §§ 2124 Abs 1, 2125 Abs 1 in vollem Umfang ausgeschlossen. Da der Ausschluss Folge der Beschränkung des Herausgabeanspruchs ist, kann der Vorerbe dagegen den Ersatz seiner Verwendungen auf solche Gegenstände verlangen, die auch der nicht befreite Vorerbe nicht hätte herausgeben müssen, insbes bei nicht zu vertretender Unmöglichkeit, zB vom Blitz getroffenes Haus, beim Sturm gesunkenes Schiff[2]. 2

III. Schadensersatzpflicht

1. Voraussetzungen. Da der umfassend, mindestens jedoch von §§ 2113 Abs 1, 2120 S 1, 2130 und 2134 befreite Vorerbe dem Nacherben nicht für eine ordnungsgemäße Verwaltung haftet (vgl Rn 1), trifft ihn auch keine Schadensersatzpflicht gegenüber dem Nacherben für beim Nacherbfall nicht mehr vorhandene Nachlassgegenstände. Dieser in § 2138 Abs 1 S 1 enthaltene Grundsatz erfährt in Abs 2 zwei Ausnahmen, in denen auch der befreite Vorerbe für den Verlust von Nachlassgegenständen haftet. Die erste Ausnahme bezieht sich auf die auch einem umfassend befreiten Vorerben verbotenen **unentgeltlichen Verfügungen iS des § 2113 Abs 2.** Hat der Vorerbe schuldhaft eine solche Verfügung vorgenommen, so hat er für den daraus resultierenden Schaden auch dann einzustehen, wenn er nicht in Beeinträchtigungsabsicht gehandelt hat[3]. S zum Wahlrecht des Nacherben zwischen Geltendmachen der Unwirksamkeit gegenüber dem Dritten und dem Schadensersatzanspruch gegenüber dem Vorerben § 2113 Rn 24. Hat der Vorerbe in **Beeinträchtigungsabsicht** den Nachlass wirtschaftlich vermindert, ist er zum Ersatz des Schadens ohne Rücksicht auf die Art des schädigenden Handelns, Duldens oder Unterlassens verpflichtet. 3

2. Rechtsfolgen. Der Vorerbe hat die Differenz zwischen dem tatsächlichen Wert des Nachlasses bei Herausgabe und dem Wert zu ersetzen, den dieser ohne die beeinträchtigende Maßnahme gehabt hätte. Maßgebender Zeitpunkt ist nicht etwa das für die Nachlassminderung ursächliche Verhalten des Vorerben[4]. Die Ersatzpflicht tritt erst mit dem Nacherbfall ein, jedoch kann der Nacherbe Feststellungsklage erheben und – ungehindert durch den hier nicht anwendbaren § 2128 – Arreste oder einstweilige Verfügungen erwirken. Die **Verjährung** tritt gemäß **§ 197 Abs 1 Nr 2, 200** 30 Jahre nach Eintritt der Nacherbfolge ein, ohne dass es darauf ankommt, ob oder wann der Nacherbe von der Verfügung erfahren hat. 4

§ 2139 Wirkung des Eintritts der Nacherbfolge

Mit dem Eintritt des Falles der Nacherbfolge hört der Vorerbe auf, Erbe zu sein, und fällt die Erbschaft dem Nacherben an.

I. Gesamtrechtsnachfolge nach dem Erblasser

1. Anfall der Erbschaft. Der Nachlass geht mit Eintritt des vom Erblasser bestimmten Nacherbfalls (vgl § 2100 Rn 13) **kraft Gesetzes** mit allen zu diesem Zeitpunkt dazugehörigen vererblichen Rechten (zB Eigentum an Sachen, Forderungen und sonstigen Ansprüchen, Gesellschaftsanteile) und Pflichten, insbes Nachlassverbindlichkeiten (§ 1967 Abs 2), auf den Nacherben über. Der Nacherbe 1

---

[1] OLG Karlsruhe ZEV 1994, 45 m Anm *Kummer;* MünchKommBGB/*Grunsky* Rn 2.
[2] MünchKommBGB/*Grunsky* Rn 3.
[3] *Soergel/Harder/Wegmann* Rn 3; unrichtig BGH NJW 1958, 708.
[4] MünchKommBGB/*Grunsky* Rn 4.

§ 2139

ist **Rechtsnachfolger des Erblassers,** nicht des Vorerben. Die Nachlasszugehörigkeit richtet sich nach §§ 2110, 2111. Der Anfall der Erbschaft an den Nacherben erfolgt mit unmittelbarer **dinglicher Wirkung,** so dass besondere Übertragungshandlungen wie Auflassungen, Einigungen, Abtretungen oder Schuldübernahmen nicht mehr notwendig sind. Grundbuch sowie Handels- und sonstige Register sind nur zu berichtigen. Nacherbe ist, wenn der eingesetzte Nacherbe aus irgendeinem Grund weggefallen ist, ein **Ersatznacherbe,** nicht aber der **weitere Nacherbe** im Rahmen einer mehrfachen Nacherbfolge (vgl § 2100 Rn 15). Der weitere Nacherbe kommt erst mit dem weiteren Nacherbfall zum Zuge. Hat der Nacherbe sein **Nacherbenanwartschaftsrecht** wirksam auf einen Dritten **übertragen** (vgl § 2100 Rn 24 f), so wird dieser mit dem Nacherbfall Gesamtrechtsnachfolger des Erblassers, nicht der Nachlass wäre ohne diese Übertragung dem veräußernden Nacherben angefallen[1]. Ist der Nacherbe dagegen vor dem Nacherbfall weggefallen und tritt damit ein eingesetzter Ersatznacherbe an seine Stelle, so geht der Nachlass auf diesen, nicht aber auf den Dritten über.

2 Der Nachlass geht in dem **rechtlichen Zustand** über, in dem er sich beim Nacherbfall befindet. Nachlassgegenstände, die zwischen Erb- und Nacherbfall vom Vorerben veräußert worden sind, erwirbt der Nacherbe nicht, und zwar gleichgültig, ob diese Verfügungen dem Nacherben gegenüber wirksam sind oder nicht. Wenn diese Verfügungen dem Nacherben gegenüber unwirksam sind, kann dieser entweder die Rückabwicklung vom Dritten oder Schadensersatz vom Vorerben fordern. Hat der Vorerbe ein Nachlassgrundstück an einen Dritten aufgelassen, ist aber die Eigentumsumschreibung noch nicht erfolgt, so ist auch der Nacherbe an die Auflassung gebunden, unbeschadet seines Rechts, Rückauflassung vom Dritten oder Schadensersatz vom Vorerben zu fordern.

3 **2. Besitzübergang.** Mit dem Nacherbfall geht auch der Herausgabeanspruch gegen einen Dritten aus einem Besitzmittlungsverhältnis (mittelbarer Besitz) automatisch auf den Nacherben über. Dagegen kann der unmittelbare Besitz, begriffen als tatsächliche Sachherrschaft, in dieser Weise nicht von selbst auf den Nacherben übergehen. § 857 ist nicht anwendbar[2]. Allein der Erlangung des unmittelbaren Besitzes an allen Erbschaftsgegenständen dient der Herausgabeanspruch des § 2130. Dieser richtet sich, wenn der Nacherbfall mit dem Tod des Vorerben eingetreten ist, gegen dessen Erben; andernfalls gegen den Vorerben selbst. Hatte der Vorerbe vor dem Nacherbfall den Besitz an den Erbschaftsgegenständen noch gar nicht erlangt, so geht das Besitzrecht unmittelbar vom Erblasser auf den Nacherben über.

4 **3. Übergang der Nachlassverbindlichkeiten.** Die Haftung für die Nachlassverbindlichkeiten (§ 1967 Abs 2) geht mit dem Eintritt des Nacherbfalls **kraft Gesetzes** auf den Nacherben über. Es bedarf keiner rechtsgeschäftlichen Schuldübernahme. Zu den Nachlassverbindlichkeiten gehören auch die Kosten der Beerdigung des Erblassers (§ 1968) und der bei dessen Tod zu zahlende „Dreißigste" (§ 1969), nicht aber die entsprechenden Kosten für den Todesfall des Vorerben[3]. Der Vorerbe wird mit dem Nacherbfall **von der Haftung für alle Nachlassverbindlichkeiten,** für die die Haftung auf den Nacherben übergegangen ist, **befreit.** Die Haftung des Vorerben besteht gemäß § 2145 nur für die nicht auf den Nacherben übergegangenen Nachlassverbindlichkeiten fort. Dazu gehören die Ansprüche aus Pflichtteilsrechten, Vermächtnissen oder Auflagen, wenn der Erblasser dem Vorerben persönlich die Pflichtteilslast gemäß § 2324 auferlegt bzw diesen als solchen mit dem Vermächtnis oder der Auflage beschwert hat[4]. Zu den Nachlassverbindlichkeiten gehören auch **vom Vorerben** in Bezug auf den Nachlass **begründete Verpflichtungen,** wenn der Vorerbe von der Pflicht zur ordnungsmäßigen Nachlassverwaltung (§§ 2120 S 1, 2130) befreit ist (vgl §§ 2136, 2137) oder er sich dabei pflichtgemäß verhalten hat[5]. Bei **nicht befreiter Vorerbschaft** ist daher an Hand der Grundsätze ordnungsmäßiger Verwaltung (§ 2120 Rn 2) zu prüfen, welche Verbindlichkeiten diesen Anforderungen genügen und damit auf den Nacherben übergehen, und welche nicht. Bei der Fortführung eines zum Nachlass gehörenden **Handelsgeschäfts** unter der bisherigen Firma (§§ 27 Abs 1, 25 HGB) geht die Haftung für alle im Betrieb begründeten Verbindlichkeiten ohne Rücksicht auf die Ordnungsmäßigkeit als Nachlassverbindlichkeit auf den Nacherben über[6]. Bei im Rahmen ordnungsgemäßer Verwaltung eingegangenen Nachlassverbindlichkeiten kann der Vorerbe vom Nacherben Freistellung von der persönlichen Haftung verlangen. Wenn und soweit der Nacherbe danach nicht für vom Vorerben begründete Verbindlichkeiten haftet, besteht dessen persönliche Haftung fort (§ 2145).

5 Die Nachlassverbindlichkeiten gehen in dem **Zustand** über, in dem sie sich zurzeit des Nacherbfalls befinden. Der Nacherbe hat daher auch die Rechtsfolgen zu tragen, die durch das Verhalten des Vorerben entstanden sind (zB Verzug, Stundung durch Vorerben), allerdings vorbehaltlich interner Regressansprüche gemäß §§ 2130, 2131 gegen den Vorerben. Umgekehrt kommt dem Nacherben auch eine dem Vorerben gewährte Stundung zugute. Die Wirkungen eines vom Vorerben geltend gemachten Zurückbehaltungsrechts entfallen mit dem Nacherbfall, wenn dieses sich nicht auf eine Nachlassforderung bezieht[7]. S zur Aufrechnung durch den Vorerben § 2113 Rn 14.

---

[1] OLG Düsseldorf MDR 1981, 143; OLG Düsseldorf OLG NJW-RR 1991, 332.
[2] *Lange/Kuchinke* § 28 VIII 2 b.
[3] OLG Celle HRR 1941 Nr 127; *Palandt/Edenhofer* § 2144 Rn 2.
[4] *Kipp/Coing* § 52 I 1.
[5] BGH NJW 1960, 959; *Soergel/Harder/Wegmann* § 2144 Rn 1 f; *MünchKommBGB/Grunsky* § 2144 Rn 2.
[6] BGH NJW 1960, 959; *MünchKommBGB/Grunsky* § 2144 Rn 3.
[7] *MünchKommBGB/Grunsky* Rn 4.

4. Rechte Dritter an Nachlassgegenständen. Auch Rechte Dritter an Nachlassgegenständen 6
werden durch den Nacherbfall grds nicht beeinträchtigt. Dies gilt zunächst uneingeschränkt für alle
bereits **vom Erblasser begründeten Rechte** Dritter am Nachlass bzw an einzelnen Nachlassgegenständen, weil der Nacherbe als dessen Gesamtrechtsnachfolger unmittelbar in die sich daraus ergebenden
Pflichten eintritt. Darüber hinaus sind auch alle **vom Vorerben begründeten Rechte** Dritter dem
Nacherben gegenüber wirksam, wenn dieser umfassend von allen Beschränkungen und Verpflichtungen befreit war oder sich dabei als nicht befreiter Vorerbe im Rahmen ordnungsgemäßer Verwaltung
gehalten hat (vgl Rn 4). Hat der nicht befreite Vorerbe dagegen die Grenzen ordnungsgemäßer
Verwaltung überschritten, so sind die solchermaßen begründeten Rechte Dritter dem Nacherben
gegenüber unwirksam und dieser kann deren Aufhebung mit Wirkung ab dem Nacherbfall verlangen.

5. Prozessführung. Ein Rechtsstreit zwischen dem Vorerben und einem Dritten wird infolge des 7
Nacherbfalls gemäß §§ 239, 242, 246 ZPO unterbrochen. Der Vorerbe verliert die Klagebefugnis, die
auf den Nacherben übergeht. Dessen rechtliche Stellung im weiteren Verfahren ist in § 246 ZPO
geregelt. Die Rechtskrafterstreckung ist in § 326 ZPO geregelt, die Umschreibung des Vollstreckungstitels gegen den Nacherben in § 726 ZPO. Bei der Vollstreckung aus einem Urteil gegen den Vorerben
ist § 2115 zu beachten. Ein Rechtsstreit zwischen Vor- und Nacherbe wird nicht unterbrochen, kann
jedoch unter Umständen durch den Tod des Vorerben seine Erledigung finden (zB pflichtwidrige
Verwaltung durch den Verstorbenen).

6. Vollmacht. Eine **vom Erblasser** erteilte, über seinen Tod hinaus geltende Vollmacht ist auch 8
dem Nacherben gegenüber wirksam, wenn sie nicht vom Vorerben widerrufen worden ist. Ab dem
Nacherbfall steht das Widerrufsrecht allein dem Nacherben zu. Die einem Mitnacherben vom Erblasser
erteilte Prokura für ein zum Nachlass gehörendes Handelsgeschäft soll nach einer Entscheidung des
BGH mit dem Nacherbfall erlöschen, weil die damit eingeräumte Vertretungsmacht mit der Rechtsstellung zwischen Mit-Nacherben nicht vereinbar sei[8].

Eine **vom Vorerben** erteilte Vollmacht, die sich nicht ausschließlich auf den Nachlass oder einzelne 9
Nachlassgegenstände bezieht, bleibt zwar trotz des Nacherbfalls weiterhin gültig, bezieht sich jedoch
von da an nicht mehr auf die Erbschaft, sondern nur noch auf das freie Eigenvermögen des Vorerben[9].
Betrifft eine vom Vorerben erteilte Vollmacht nur den Nachlass oder einzelne dazu gehörende Gegenstände, so verliert sie mit dem Nacherbfall ihre Gültigkeit in vollem Umfang[10]. Eine vom Vorerben
erteilte Vollmacht in Bezug auf den Nachlass wirkt jedoch auch für und gegen den Nacherben, wenn
dieser ihr – auch konkludent – zugestimmt hat oder sie üblicher Bestandteil einer auch dem Nacherben
gegenüber wirksamen Maßnahme ordnungsgemäßer Nachlassverwaltung ist, zB Auflassungsvollmacht
in einem Grundstücksteilflächenkaufvertrag, wenn der Vorerbe von § 2113 Abs 1 befreit ist[11].

7. Ausschlagungsrecht des Vorerben. Hatte der Vorerbe beim Nacherbfall sein Recht zur Aus- 10
schlagung noch nicht verloren, so kann er dieses auch noch nach diesem Zeitpunkt ausüben. Ist der
Nacherbfall mit dem Tod des Vorerben eingetreten, geht dieses Recht auf dessen eigene Erben über[12].
Der Fortbestand dieses Ausschlagungsrechts hindert jedoch den Anfall an den Nacherben gemäß § 2139
nicht[13]. Die Ausübung oder Nichtausübung dieses Rechts entscheidet allein darüber, wer Vorerbe wird,
also gegen wen sich die Ansprüche des Nacherben zu richten haben.

II. Erbschein

Der dem Vorerben erteilte Erbschein wird mit dem Nacherbfall unrichtig und ist von Amts wegen 11
gemäß § 2361 einzuziehen. Der Nacherbe kann die Herausgabe dieses Erbscheins verlangen (§ 2363)
und einen ihn selbst als Erben des Erblassers ausweisenden Erbschein beantragen.

III. Berichtigung von Grundbuch, Handels- und sonstigen Registern

Das Grundbuch wird kraft Gesetzes mit dem Nacherbfall unrichtig und muss berichtigt werden. Der 12
Nacherbe kann diese beantragen. Das Grundbuchamt kann die **Berichtigung** gemäß §§ 82ff GBO
erzwingen. Mit der Umschreibung des Eigentums auf den Nacherben ist ein Nacherbenvermerk gemäß
§ 51 GBO auch ohne ausdrücklichen Antrag zu löschen, weil dieser im Berichtigungsantrag konkludent
eingeschlossen ist[14]. Der Vermerk über eine **mehrfache Nacherbfolge** kann erst gelöscht werden,
wenn auch der Letzte angeordnete Nacherbfall eingetreten ist. Zunächst hat der Nacherbe dem Grundbuchamt durch öffentliche Urkunde (§ 29 GBO) den **Eintritt des Nacherbfalls nachzuweisen** (zB
Sterbeurkunde, wenn Nacherbfall bei Tod des Vorerben eintritt), es sei denn, der Eintritt ist dem
Gericht offenkundig[15]. Nach zutreffender hM muss der Nacherbe zusätzlich sein **Erbrecht** immer
durch Vorlage entweder eines neuen auf ihn lautenden Erbscheins oder einer öffentlich beurkundeten
Verfügung von Todes wegen nebst beglaubigter Abschrift des Eröffnungsprotokolls (vgl § 35 GBO)

---

[8] BGH NJW 1960, 959; *Soergel/Harder/Wegmann* Rn 5.
[9] Ungenau MünchKommBGB/*Grunsky* Rn 5; *Palandt/Edenhofer* Rn 3.
[10] KG JFG 5, 308; OLG Schleswig SchlHA 1962, 174.
[11] *Soergel/Harder/Wegmann* § 2112 Rn 10.
[12] BGHZ 44, 152 = NJW 1965, 2295.
[13] MünchKommBGB/*Grunsky* Rn 6; aA *v. Lübtow* JZ 1969, 502.
[14] MünchKommBGB/*Grunsky* Rn 8; unklar *Palandt/Edenhofer* Rn 6.
[15] Vgl OLG Köln MDR 1965, 993; offen gelassen von BGH NJW 1982, 2499.

§ 2140

nachweisen[16]. Bei einem eigenhändigen Testament oder einer unklaren notariellen Verfügung von Todes wegen ist ein Erbschein vorzulegen. Weder der Vor- noch ein Ersatznacherbe müssen der Eintragung des Nacherben zustimmen.

13 Auch **andere Register,** insbes das Handels-, das Partnerschaftsgesellschafts- und das Genossenschaftsregister, müssen nach dem Nacherbfall berichtigt werden, wenn und soweit der Erblasser oder der Vorerbe als Rechtsnachfolger des Erblassers als **Geschäftsinhaber oder Gesellschafter** eingetragen ist. Die Berichtigung erfolgt auf Anmeldung der für einen Inhaber- oder Gesellschafterwechsel anmeldepflichtigen Personen. Gemäß § 12 Abs 2 S 2 HGB ist der Eintritt der Nacherbfolge durch öffentliche Urkunde nachzuweisen. Dazu ist die Vorlage entweder eines Erbscheins oder einer beglaubigten Abschrift einer notariell beurkundeten Verfügung von Todes wegen nebst Eröffnungsprotokoll erforderlich und ausreichend[17]. Bei einem eigenhändigen Testament oder einer unklaren notariellen Verfügung von Todes wegen[18] ist dagegen ein Erbschein vorzulegen. Der Nacherbe ist an Stelle des Erblassers bzw des Vorerben einzutragen. Selbst bei angeordneter mehrfacher Nacherbfolge, kann und wird dies im Register nicht vermerkt. Eintragungen des Erblassers und/oder des verstorbenen Vorerben als **Vorstand, Geschäftsführer** usw sind dagegen auf Anmeldung unter Vorlage einer Sterbeurkunde zu löschen.

§ 2140 Verfügungen des Vorerben nach Eintritt der Nacherbfolge

[1]**Der Vorerbe ist auch nach dem Eintritt des Falles der Nacherbfolge zur Verfügung über Nachlassgegenstände in dem gleichen Umfang wie vorher berechtigt, bis er von dem Eintritt Kenntnis erlangt oder ihn kennen muss.** [2]**Ein Dritter kann sich auf diese Berechtigung nicht berufen, wenn er bei der Vornahme eines Rechtsgeschäfts den Eintritt kennt oder kennen muss.**

I. Gutgläubigkeit des Vorerben

1 **1. Verfügungsgeschäfte.** Die Verfügungsmacht des Vorerben endet zwar kraft Gesetzes mit dem Eintritt des Nacherbfalls, jedoch genießen gemäß § 2140 S 1 auch danach noch vom Vorerben vorgenommene Verfügungen iS der §§ 2113 bis 2119, 2134 einen Schutz, solange er von dem Eintritt (zB Geburt des eingesetzten Nacherben) ohne eigenes Verschulden nichts weiß. Beruht die Unkenntnis vom eingetretenen Nacherbfall auf leichter Fahrlässigkeit, so verdient der Vorerbe keinen Schutz mehr. Hat der Vorerbe vor dem Zeitpunkt, zu dem er von dem eingetretenen Nacherbfall erfahren hat oder diesen hätte kennen müssen, Verfügungen vorgenommen, so sind diese wirksam, während die späteren unwirksam sind. **Keinen Schutz** gewährt § 2140 S 1 den Erben des Vorerben, wenn der Nacherbfall mit dessen Tod eintritt[1]. War dem Vorerben noch nicht einmal die Anordnung der Nacherbfolge bekannt, so kann er sich ebenfalls nicht auf § 2140 S 1 berufen[2]. Schließlich schützt diese Vorschrift ihn auch nicht, wenn er den Nachlass an den falschen Nacherben herausgibt.

2 Solange der Vorerbe den eingetretenen Nacherbfall nicht kennt und auch nicht kennen muss, kann er in dem bis zum Nacherbfall zulässigen Umfang weiterhin verfügen. Damit behalten alle bis dahin geltenden Befreiungen von Verfügungsverboten ihre Gültigkeit. Verfügungen des umfassend befreiten Vorerben sind ebenso wirksam wie solche des nicht befreiten Vorerben, die sich im Rahmen einer ordnungsgemäßen Nachlassverwaltung halten. Verfügungen, die auch vor dem Nacherbfall dem Nacherben gegenüber unwirksam gewesen wären, sind es auch gemäß § 2140 nicht. Schadensersatzansprüche des Nach- gegen den Vorerben wegen der nach dem Nacherbfall im Rahmen des § 2140 S 1 vorgenommenen Verfügungen sind ausgeschlossen. Diese Bestimmung macht den Vorerben jedoch nicht zum Berechtigten, so dass er gemäß § 816 die durch die Verfügung erlangte Bereicherung an den Nacherben abzuführen hat[3]. Diese Rechtsfolgen des § 2140 S 1 treten unabhängig davon ein, ob der Dritte, zu dessen Gunsten die Verfügung erfolgt ist, gutgläubig ist.

3 **2. Verpflichtungsgeschäfte.** Der Schutz des gutgläubigen Vorerben kann nur dann verwirklicht werden, wenn § 2140 S 1 auch auf schuldrechtliche Verträge über Erbschaftsgegenstände analog angewandt wird[4]. War der Vorerbe umfassend befreit oder hat er sich als nicht befreiter Vorerbe im Rahmen ordnungsgemäßer Nachlassverwaltung gehalten, so geht die eingegangene Verbindlichkeit auf den Nacherben über, der seinerseits verpflichtet ist, den Vorerben hiervon freizustellen.

II. Schutz des gutgläubigen Dritten

4 Waren sowohl der Vorerbe als auch der Dritte, zu dessen Gunsten verfügt wurde, in diesem Zeitpunkt in Ansehung des bereits eingetretenen Nacherbfalls gutgläubig, so ist die Verfügung, die der

---

[16] BGH NJW 1982, 2499; BayObLGZ 1982, 252; MünchKommBGB/*Grunsky* Rn 8.
[17] Vgl zum Nachweis durch Vorlage eines öffentlichen Testaments nebst Eröffnungsprotokoll BGH NJW 2005, 2779, 2780.
[18] Vgl OLG Hamburg NJW 1966, 986.
[1] *Staudinger/Avenarius* Rn 2.
[2] MünchKommBGB/*Grunsky* Rn 1.
[3] MünchKommBGB/*Grunsky* Rn 3.
[4] *Soergel/Harder/Wegmann* Rn 2; MünchKommBGB/*Grunsky* Rn 4.

umfassend befreite Vorerbe oder der nicht befreite Vorerbe im Rahmen ordnungsmäßiger Nachlassverwaltung vorgenommen hat, in vollem Umfang auch gegenüber dem Nacherben wirksam. Er kann weder vom Dritten Rückabwicklung noch vom Vorerben Schadensersatz verlangen, wohl aber gemäß § 816 Herausgabe des Erlöses. War zwar der Vorerbe gutgläubig, nicht aber der Dritte, so kann der Nacherbe von diesem die Rückabwicklung verlangen, jedoch nicht vom Vorerben Schadensersatz. War der Vorerbe bösgläubig, so scheidet zwar der gutgläubige Erwerb durch den Dritten gemäß § 2140 aus, nicht aber der auf Grund der §§ 892, 893, 932, 2366. Der gutgläubige Nachlassschuldner ist in analoger Anwendung der §§ 406 bis 408, 412 geschützt. Dabei steht die fahrlässige Unkenntnis dem Wissen gleich.

§ 2141 Unterhalt der werdenden Mutter eines Nacherben

Ist bei dem Eintritt des Falles der Nacherbfolge die Geburt eines Nacherben zu erwarten, so findet auf den Unterhaltsanspruch der Mutter die Vorschrift des § 1963 entsprechende Anwendung.

1. **Anwendungsbereich.** § 2141 enthält eine Rechtsgrundverweisung auf § 1963 für den Fall, dass der Erblasser einen beim Nacherbfall bereits erzeugten, aber erst danach geborenen Nacherben eingesetzt hat. Unter den weiteren Voraussetzungen des § 1963 kann die Mutter dieses Kindes aus dem Nachlass, vertreten durch den Pfleger des Kindes als noch unbekanntem Nacherben, Unterhalt verlangen.

2. **Analoge Anwendung.** Diese Vorschrift gilt unmittelbar zwar nur für den Fall des § 1923, dass das Kind nach dem Nacherbfall zur Welt kommt, muss jedoch auch auf den analog angewendet werden, dass die Geburt des Kindes selbst den Nacherbfall auslöst (§§ 2101 Abs 1, 2106 Abs 2 S 1)[1]. In diesem Fall richtet sich der Anspruch gegen den Vorerben, der diesen aus der Substanz des Nachlasses erfüllen muss und kann. Hat er den Unterhaltsanspruch aus seinem persönlichen Vermögen erfüllt, kann er Ersatz vom Nacherben verlangen[2].

§ 2142 Ausschlagung der Nacherbschaft

(1) Der Nacherbe kann die Erbschaft ausschlagen, sobald der Erbfall eingetreten ist.
(2) Schlägt der Nacherbe die Erbschaft aus, so verbleibt sie dem Vorerben, soweit nicht der Erblasser ein anderes bestimmt hat.

1. **Ausschlagungsrecht des Nacherben.** Der Nacherbe kann, was § 2142 Abs 1 lediglich klarstellt, die Nacherbschaft gemäß § 1946 bereits **ab dem Tod des Erblassers** ausschlagen. Den Nacherbfall braucht er nicht abzuwarten. Auch der bedingt eingesetzte Nacherbe oder ein weiterer Nacherbe bei mehrfacher Nacherbfolge kann von da an bereits die Nacherbschaft ausschlagen. Die **Ausschlagungsfrist** (§ 1944) beginnt jedoch frühestens mit dem Zeitpunkt, in dem der Nacherbe von dem Eintritt des Nacherbfalls erfährt[1*]. Ist der Nacherbe nach dem Erblasser pflichtteilsberechtigt und seinerseits mit Anordnungen iS des § 2306 beschwert, so beginnt diese Frist erst dann, wenn er auch von diesen Kenntnis erlangt hat (§ 2306 Abs 1 S 2 HS 2). Wegen der **Verjährung eines Pflichtteilsanspruchs** innerhalb von 3 Jahren ab dem Tod des Erblassers (§ 2332 Abs 2) kann der Nacherbe zu einer Ausschlagung vor dem Nacherbfall gezwungen sein[2*]. Hängt die Länge der Ausschlagungsfrist gemäß § 1944 Abs 3 vom Wohnsitz ab, so ist der des Erblassers maßgebend und nicht der des Vorerben[3].
Der Nacherbe hat die Ausschlagung gemäß §§ 1945, 1947 zu erklären. Für einen **unbekannten,** insbes noch nicht geborenen **Nacherben** handelt dessen Pfleger. Der **minderjährige Nacherbe** wird von seinen Eltern bzw von seinem Vormund vertreten. Auch wenn ein Elternteil oder beide Eltern Vorerben sind, bedarf es regelmäßig keiner Bestellung eines Pflegers für die Entscheidung über die Ausschlagung[4]. **Stirbt der Nacherbe** vor dem Nacherbfall, ohne die Nacherbschaft ausgeschlagen oder angenommen (vgl Rn 5) zu haben, so geht dieses Recht auf dessen Erben über, wenn die Nacherbenanwartschaft vererblich ist (vgl § 2108 Rn 2 ff). Andernfalls erlischt das Ausschlagungsrecht des Nacherben mit dessen Tod und ein eingesetzter Ersatznacherbe kann ab dann die Nacherbschaft ausschlagen oder annehmen[5]. Beim Tod des Nacherben nach dem Nacherbfall steht das Ausschlagungsrecht dessen Erben zu (§ 1952). Zur Ausschlagung der Nacherbschaft durch den Erwerber der Nacherbenanwartschaft s § 2100 Rn 26.

2. **Wirkung der Ausschlagung.** Mit der Ausschlagung der Nacherbschaft entfällt die Nacherbfolge ersatzlos, so dass der Vorerbe damit die rechtliche Stellung eines unbeschränkten Vollerben erhält.

---

[1] AllgM, zB MünchKommBGB/*Grunsky* Rn 2.
[2] *Soergel/Harder/Wegmann* Rn 2.
[1*] BayObLGZ 1966, 271, 274.
[2*] RG LZ 25, 1071.
[3] MünchKommBGB/*Grunsky* Rn 1.
[4] OLG Frankfurt FamRZ 1964, 154.
[5] Vgl RG JW 1931, 1354; BGH NJW 1965, 2295.

§ 2143 Buch 5. Abschnitt 3. Testamtent

Erfolgt die Ausschlagung erst nach dem Nacherbfall, wird der Vorerbe bzw dessen Erbe rückwirkend unbeschränkter Vollerbe des Erblassers. Der Nacherbe hat es wegen der Bedingungsfeindlichkeit (§ 1947) der Ausschlagung nicht in der Hand, diese Wirkung sicherzustellen, so dass, wenn es ihm ganz wesentlich auf dieses Ergebnis ankommt, er allenfalls sein Nacherbenanwartschaftsrecht auf den Vorerben übertragen kann (vgl § 2100 Rn 25 f). Abs 2 gilt nicht, wenn der Nacherbe aus anderen Gründen (zB Erbunwürdigkeitserklärung, Erbverzicht, Anfechtung) wegfällt.

4 Der Erblasser kann jedoch von diesem Grundsatz abweichen, indem er für den Wegfall des Nacherben durch Ausschlagung **Anwachsung** an Mitnacherben anordnet (§ 2094)[6] oder **Ersatznacherben** beruft (§ 2096). Dabei ist es unerheblich, ob die Einsetzung der Ersatznacherben auf einer gesetzlichen Ergänzungs- bzw Auslegungsregel oder einer ausdrücklichen Verfügung des Erblassers beruht. Gemäß § 2069 treten so etwa die Abkömmlinge des Nacherben an dessen Stelle, wenn der Nacherbe seinerseits Abkömmling des Erblassers ist (vgl § 2069 Rn 1). Bei der Feststellung des Erbrechts mehrerer Abkömmlinge des Nacherben kommt es nicht auf den Zeitpunkt der Ausschlagung, sondern auf den Eintritt des Nacherbfalls an[7]. Schlägt der neben anderen Verwandten eingesetzte Nacherbe aus, um seinen Pflichtteil zu erhalten, so entspricht es regelmäßig nicht dem Erblasserwillen, dessen Abkömmlinge an seine Stelle treten zu lassen, da dadurch der Stamm des Ausschlagenden wirtschaftlich bevorzugt wäre (§ 2069 Rn 9).

5 **3. Annahme durch den Nacherben.** Auch der Nacherbe kann die Nacherbschaft bereits ab dem Tod des Erblassers gemäß § 1946 annehmen[8]. Die Annahme ist vor allem deshalb notwendig, um den Erwerber des Nacherbenanwartschaftsrechts vor einer späteren Ausschlagung durch den Nacherben zu schützen (vgl § 2100 Rn 26). Die Annahme erfolgt gegenüber dem Nachlassgericht[9].

§ 2143 Wiederaufleben erloschener Rechtsverhältnisse

Tritt die Nacherbfolge ein, so gelten die infolge des Erbfalls durch Vereinigung von Recht und Verbindlichkeit oder von Recht und Belastung erloschenen Rechtsverhältnisse als nicht erloschen.

Schrifttum: *Timmann,* Vor- und Nacherbschaft innerhalb der zweigliedrigen OHG oder KG, 2000.

1 **1. Voraussetzungen.** Mit dem Erbfall erlöschen die zwischen dem Erblasser und dem Vorerben bestehenden Rechtsverhältnisse in vollem Umfang (§ 1922 Rn 20). Die Unterscheidung zwischen dem mit dem Nacherbenrecht belasteten Nachlass und dem freien Eigenvermögen des Vorerben betrifft allein das Innenverhältnis des Vor- zum Nacherben, kann jedoch eine Ausnahme von der durch den Erbfall eintretenden Konfusion nicht rechtfertigen. Ausnahmsweise kann die Konfusion jedoch unterbleiben, so bei Testamentsvollstreckung für den Vorerben, Nachlassverwaltung oder Nachlassinsolvenz. In diesen Ausnahmefällen bedarf es mangels Konfusion keines Wiederauflebens gemäß § 2143[1]. Im Hinblick auf die zeitliche Beschränkung der Vorerbschaft durch die Nacherbfolge kann die erbfallbedingte Konfusion nur eine zeitweilige sein. Folgerichtig ordnet § 2143 das Wiederaufleben aller infolge Konfusion beim Erbfall erloschenen Rechte und Pflichten zwischen Vorerbe und dem Nachlass des Erblassers mit Wirkung vom Eintritt der Nacherbfolge an. Dies gilt selbst dann, wenn sich die Vorerbschaft nur auf einen Teil des Nachlasses bezieht[2].

2 **2. Wirkungen.** Mit dem Eintritt des Nacherbfalls leben die beim Erbfall erloschenen Rechtsverhältnisse kraft Gesetzes ohne besondere Rechtshandlungen wieder auf. Diese Wirkung beschränkt sich dabei nicht nur auf die Beziehungen zwischen Vor- und Nacherbe, sondern gilt ohne jede Einschränkung auch gegenüber Dritten. Das Wiederaufleben **wirkt** jedoch **nicht auf den Erbfall zurück**, so dass für die Zeit zwischen Erb- und Nacherbfall keine Zinsen zu zahlen oder sonstige Nutzungen zu entschädigen sind. Die **Verjährung** der zeitweilig erloschenen Forderungen und Ansprüche ist durch § 202 gehemmt. Mit dem Recht leben auch etwaige **Sicherheiten** wie Bürgschaften und Pfandrechte wieder auf[3]. Der Rang des wieder entstandenen Pfandrechts richtet sich allerdings nicht nach dem Zeitpunkt der ursprünglichen Bestellung, sondern nach den Verhältnissen bei Eintritt des Nacherbfalls[4]. Bereits vor dem Nacherbfall kann durch **Klage** erhoben werden, **festzustellen,** dass ein Recht mit dessen Eintritt gemäß § 2143 wieder entsteht[5]. Wird eine zweigliedrige **Personengesellschaft** (BGB-Gesellschaft, OHG, KG) durch den Tod des Erblassers aufgelöst und der bisherige Mitgesellschafter Vorerbe, so entsteht in analoger Anwendung des § 2143 kraft Gesetzes mit Eintritt des Nacherbfalls Gesamthandsvermögen zwischen Nacherben und dem Vorerben als

---

[6] Vgl LG Düsseldorf MittRhNotK 1961, 125; BayObLG FamRZ 1962, 538.
[7] MünchKommBGB/*Grunsky* Rn 5.
[8] AllgM, zB MünchKommBGB/*Grunsky* Rn 6.
[9] *Palandt/Edenhofer* Rn 4.
[1] BGH NJW 1967, 2399; MünchKommBGB/*Grunsky* Rn 3.
[2] *Staudinger/Avenarius* Rn 2.
[3] *Soergel/Harder/Wegmann* Rn 2.
[4] MünchKommBGB/*Grunsky* Rn 2.
[5] BGH LM § 2100 Nr 5.

1878 *Litzenburger*

früherem Mitgesellschafter[6]. Dem Nacherben eines persönlich haftenden Gesellschafters steht das Wahlrecht gemäß § 139 HGB zu[7].

§ 2144 Haftung des Nacherben für Nachlassverbindlichkeiten

(1) Die Vorschriften über die Beschränkung der Haftung des Erben für die Nachlassverbindlichkeiten gelten auch für den Nacherben; an die Stelle des Nachlasses tritt dasjenige, was der Nacherbe aus der Erbschaft erlangt, mit Einschluss der ihm gegen den Vorerben als solchen zustehenden Ansprüche.

(2) Das von dem Vorerben errichtete Inventar kommt auch dem Nacherben zustatten.

(3) Der Nacherbe kann sich dem Vorerben gegenüber auf die Beschränkung seiner Haftung auch dann berufen, wenn er den übrigen Nachlassgläubigern gegenüber unbeschränkt haftet.

1. **Haftungsbeschränkungen.** Die Haftung für die Nachlassverbindlichkeiten geht mit dem Eintritt des Nacherbfalls kraft Gesetzes auf den Nacherben über. Es bedarf keiner rechtsgeschäftlichen Schuldübernahme. S zum Übergang der Nachlassverbindlichkeiten § 2139 Rn 4 f. Wenn und soweit die Haftung auf den Nacherben übergegangen ist, kann er diese gemäß §§ 1975 ff durch Beantragung der **Nachlassverwaltung** oder des **Nachlassinsolvenzverfahrens** beschränken. Ferner kann er im Wege des **Aufgebotsverfahrens gemäß § 1970** die Nachlassgläubiger zur Forderungsanmeldung auffordern lassen. Schließlich kommt er auch in den Genuss der **Versäumungsfrist des § 1974**, die trotz angeordneter Nacherbfolge mit dem Erb-, nicht erst mit dem Nacherbfall beginnt. Dem Nacherben steht auch die **Dürftigkeitseinrede (§§ 1990 bis 1992)** zu. Alle diese Rechte stehen dem Nacherben ab dem Nacherbfall auch dann zu, wenn der Vorerbe von diesen Möglichkeiten keinen Gebrauch gemacht oder diese verloren hatte[1]. 1

Andererseits kommen **Rechtshandlungen des Vorerben** zum Zwecke der Haftungsbeschränkung auch dem Nacherben zugute, ohne dass er diese erneut in die Wege leiten muss. Ein Ausschlussurteil auf Grund eines vom Vorerben beantragten **Aufgebots** gemäß § 1970 wirkt auch zugunsten des Nacherben (§ 998 ZPO). Der Nacherbe kann die Aufhebung einer noch vom Vorerben eingeleiteten und beim Nacherbfall noch nicht abgeschlossenen **Nachlassverwaltung** verlangen[2]. Sie ist weiterzuführen, wenn sie von einem Nachlassgläubiger beantragt worden ist und die Gründe des § 1981 Abs 2 auch auf den Nacherben zutreffen; andernfalls ist sie auf Antrag ebenfalls aufzuheben[3]. Ist die Nachlassverwaltung beim Nacherbfall bereits abgeschlossen, so wirkt die damit verbundene Haftungsbeschränkung (§ 1975) auch zugunsten des Nacherben weiter[4]. Das vor dem Nacherbfall abgeschlossene **Nachlasskonkurs- bzw Nachlassinsolvenzverfahren** bewirkt auch eine Beschränkung der Haftung des Nacherben auf den Nachlass[5]. Bei einem schwebenden Verfahren gilt das zur Nachlassverwaltung Gesagte. 2

Im Falle der Haftungsbeschränkung haftet der Nacherbe gemäß § 2144 Abs 1 HS 2 mit dem beim Nacherbfall tatsächlich vorhandenen Nachlass zuzüglich der gegen den Vorerben bestehenden Ansprüche, insbes auf Schadensersatz gemäß §§ 2130 bis 2134, 2138 Abs 2 und Herausgabe gemäß § 2130. 3

2. **Nachlassinventar.** Nur ein Nachlassverzeichnis, das der Vorerbe innerhalb der Inventarfrist, formgerecht und iS des § 2005 Abs 1 vollständig und richtig aufgestellt hat, entbindet den Nacherben gemäß § 2144 Abs 2 von der Pflicht zur erneuten Aufstellung. Hat der Vorerbe nur noch nicht die eidesstattliche Versicherung noch nicht abgegeben, so ist der Nacherbe zu deren Abgabe verpflichtet. Das Gleiche gilt gemäß § 2006 Abs 4, wenn der Nacherbe vom Vorhandensein weiterer Nachlassgegenstände weiß. Dem Nacherben kann auch aufgegeben werden, das vom Vorerben errichtete Inventar iS des § 2005 Abs 2 zu vervollständigen. Entspricht das vorhandene Verzeichnis den genannten Anforderungen nicht oder hat der Vorerbe überhaupt keines errichtet, so bleibt der Nacherbe zu dessen Aufstellung verpflichtet. Ein vom Nacherben aufzustellendes Nachlassinventar muss den Bestand der Erbschaft zur Zeit des Erbfalls wiedergeben. Es kommt also nicht auf den Eintritt des Nacherbfalls an[6*]. Über die seit dem Erbfall eingetretenen Veränderungen muss der Nacherbe gemäß §§ 1991, 1978 Auskunft geben. 4

3. **Haftungsbeschränkung gegenüber dem Vorerben.** Auch wenn der Nacherbe gegenüber Dritten unbeschränkt haftet (§ 2013 Abs 1), haftet er gegenüber den Ansprüchen des Vorerben auf Grund der §§ 2124 Abs 2 bis 2126, 2121 Abs 4, 2143 immer nur mit dem beim Nacherbfall tatsächlich 5

---

[6] *Flume*, Die Personengesellschaft, 1977, S 102; *Timmann* S 92 ff; ähnlich *Stimpel*, FS Rowedder, S 481; aA *H. Westermann* Personengesellschaftsrecht Rn 501: Anspruch auf Einbringung gemäß § 2130.
[7] S zu den Folgen *Timmann* S 96 ff.
[1] MünchKommBGB/*Grunsky* Rn 5.
[2] MünchKommBGB/*Grunsky* Rn 5.
[3] MünchKommBGB/*Grunsky* Rn 5; Soergel/Harder/Wegmann Rn 5.
[4] *Lange/Kuchinke* § 51 II 2 f; MünchKommBGB/*Grunsky* Rn 5.
[5] MünchKommBGB/*Grunsky* Rn 6.
[6*] HM, zB MünchKommBGB/*Grunsky* Rn 10; aA *Meincke*, Das Recht der Nachlassbewertung im BGB, 1973, § 14 II 5.

§ 2145 Buch 5. Abschnitt 3. Testamtent

vorhandenen Nachlass. Der Nacherbe muss diese Haftungsbeschränkung besonders geltend machen und den Vorbehalt gemäß § 780 ZPO erwirken.

§ 2145 Haftung des Vorerben für Nachlassverbindlichkeiten

(1) ¹Der Vorerbe haftet nach dem Eintritt der Nacherbfolge für die Nachlassverbindlichkeiten noch insoweit, als der Nacherbe nicht haftet. ²Die Haftung bleibt auch für diejenigen Nachlassverbindlichkeiten bestehen, welche im Verhältnis zwischen dem Vorerben und dem Nacherben dem Vorerben zur Last fallen.

(2) ¹Der Vorerbe kann nach dem Eintritt der Nacherbfolge die Berichtigung der Nachlassverbindlichkeiten, sofern nicht seine Haftung unbeschränkt ist, insoweit verweigern, als dasjenige nicht ausreicht, was ihm von der Erbschaft gebührt. ²Die Vorschriften der §§ 1990, 1991 finden entsprechende Anwendung.

I. Fortdauernde Eigenhaftung des Vorerben

1 Mit dem Nacherbfall endet die Erbenstellung des Vorerben (§ 2139). Damit wird er auch kraft Gesetzes grds von der Haftung für die Nachlassverbindlichkeiten (§ 1967 Abs 2) frei (vgl § 2139 Rn 4 f). Gegen den Vorerben gerichtete Klagen werden damit unbegründet. Gegen ihn gerichtete Vollstreckungen kann er mit der Vollstreckungsgegenklage (§§ 767, 769 ZPO) abwehren. Die Haftungsbefreiung des Vorerben tritt jedoch gemäß § 2145 Abs 1 in folgenden Fällen nicht ein:

2 **1. Unbeschränkt haftender Vorerbe.** Haftet der Vorerbe zurzeit des Nacherbfalls unbeschränkt, so dauert diese Haftung nach hM weiter, ohne dass er selbst diese danach noch beschränken kann¹. Allerdings kann der Nacherbe die Haftungsbeschränkung herbeiführen, Die Einschränkung des § 2145 Abs 2, wonach der Vorerbe die Dürftigkeitseinrede nur erheben kann, „sofern nicht seine Haftung unbeschränkt ist", setzt diese fortdauernde Haftung stillschweigend voraus. In diesem Fall haften Vor- und Nacherbe gemeinsam als Gesamtschuldner für die Nachlassverbindlichkeiten. Der Vorerbe kann jedoch unter den Voraussetzungen der §§ 2124 ff Ausgleich vom Nacherben fordern.

3 **2. Beschränkt haftender Vorerbe. a) Eigenverbindlichkeiten.** Auch der Vorerbe, der für die Nachlassverbindlichkeiten nur beschränkt haftet, hat für die von ihm eingegangenen Verbindlichkeiten in vollem Umfang persönlich einzustehen. Dazu gehören alle vom Vorerben zum Zwecke der Nachlassverwaltung begründeten Verbindlichkeiten. Für die Haftung **gegenüber Dritten** kommt es dabei nicht darauf an, ob der Vorerbe umfassend von allen Beschränkungen und Verpflichtungen befreit war oder er sich als nicht befreiter Vorerbe dabei pflichtgemäß verhalten hat. Der umfassend befreite bzw der pflichtgemäß handelnde Vorerbe kann allerdings **im Innenverhältnis** vom Nacherben die Freistellung von derartigen Verbindlichkeiten verlangen (vgl auch §§ 2139, 2140). Eigenverbindlichkeiten sind auch die Ansprüche des Nacherben aus der Verwaltung des Nachlasses (§§ 2130, 2131, 2134, 2138 Abs 2) und die Ansprüche der Nachlassgläubiger wegen der Verletzung der Verwaltungspflicht (§§ 1978, 1991).

4 **b) Interne Belastung des Vorerben (Abs 1 S 2).** Der Vorerbe haftet auch für die ihm im Verhältnis zum Nacherben gemäß §§ 2124 bis 2126 zur Last fallenden Nachlassverbindlichkeiten persönlich weiter, also beispielsweise aus der Vorerbschaft rückständige Zinsen auf Nachlassschulden oder gewöhnliche Erhaltungskosten (§ 2124 Abs 1). Für diese Verbindlichkeiten haften Vor- und Nacherbe dem Dritten zwar als Gesamtschuldner, jedoch kann der Nach- vom Vorerben im Innenverhältnis Freistellung bzw Zahlungsausgleich verlangen.

5 **c) Nichthaftung des Nacherben (Abs 1 S 1).** Zunächst haftet der Vorerbe für die ihm persönlich auferlegten Pflichtteilsansprüche (§ 2324), Vermächtnisse oder Auflagen. Außerdem haftet der Vorerbe persönlich weiter, wenn der Nacherbe seine Haftung wirksam beschränkt hat und der Nachlass zur Deckung von Nachlassverbindlichkeiten nicht ausreicht. Schließlich haftet nach hM der Vorerbe für einen unbeschränkt haftenden Nacherben dann, wenn der Gläubiger einer Nachlassverbindlichkeit bei diesem keine Befriedigung erlangen kann². Den Nachlassgläubigern darf durch den Eintritt des Nacherbfalls nicht die Haftungsgrundlage entzogen werden. In allen diesen Fällen haftet der Vorerbe aber nicht neben dem Nacherben, sondern nur subsidiär. Die Haftung des Vorerben entsteht jedoch nicht erst mit einem erfolglosen Vollstreckungsversuch aus einem Vollstreckungstitel, sondern bereits dann, wenn der Gläubiger nachweist, dass eine Durchsetzung aussichtslos ist. Der Vorerbe haftet nur mit dem, was ihm aus der Erbschaft verblieben ist, also mit den Nutzungen und den für sich verwendeten Vermögenswerten. Die Haftung reduziert sich um die vom Nacherben erhaltene Summe³.

II. Dürftigkeitseinrede

6 Der Vorerbe kann die Dürftigkeitseinrede gemäß § 2145 Abs 2 nicht erheben, wenn er zurzeit des Nacherbfalls unbeschränkt gehaftet hat (vgl Rn 2) hat oder es sich um Eigenverbindlichkeiten (vgl

---

¹ HM, zB MünchKommBGB/*Grunsky* Rn 2; aA *Kipp/Coing* § 52 vor 1; *v. Lübtow* I S 1213 f; *Siber*, Haftung für Nachlassschulden nach geltendem und künftigem Recht, 1937, S 126 f.
² HM, zB MünchKommBGB/*Grunsky* Rn 6; *Soergel/Harder/Wegmann* Rn 4; aA *Staudinger/Avenarius* Rn 3.
³ *Palandt/Edenhofer* Rn 1.

Rn 3) handelt. In diesen Fällen haftet der Vorerbe mit seinem gesamten Vermögen. In allen anderen Fällen der Weiterhaftung des Vorerben, kann er die Erfüllung der Nachlassverbindlichkeiten gemäß Abs 2 auf die ihm aus der Erbschaft gebührenden Nutzungen und auf die für sich verwendeten Nachlassgegenstände beschränken. Zusätzlich haftet er den Nachlassgläubigern für Schäden bei der Verwaltung des Nachlasses gemäß §§ 1991, 1978 mit seinem privaten Vermögen. Beweist der Vorerbe, dass ihm aus der Erbschaft nichts verblieben ist, so ist eine gegen ihn gerichtete Klage abzuweisen. Andernfalls muss der Vorerbe einen Vorbehalt der Haftungsbeschränkung gemäß § 780 ZPO erwirken.

§ 2146 Anzeigepflicht des Vorerben gegenüber Nachlassgläubigern

(1) ¹Der Vorerbe ist den Nachlassgläubigern gegenüber verpflichtet, den Eintritt der Nacherbfolge unverzüglich dem Nachlassgericht anzuzeigen. ²Die Anzeige des Vorerben wird durch die Anzeige des Nacherben ersetzt.

(2) Das Nachlassgericht hat die Einsicht der Anzeige jedem zu gestatten, der ein rechtliches Interesse glaubhaft macht.

1. Anzeigepflicht (Abs 1). Um die Nachlassgläubiger schnellstmöglich über den Eintritt der Nacherbfolge zu informieren, ist der Vorerbe verpflichtet, dem zuständigen Nachlassgericht (§§ 72, 73 FGG) unverzüglich, also ohne schuldhaftes Zögern den Eintritt des Nacherbfalls mitzuteilen. Eine Anzeige an die einzelnen Gläubiger ist weder notwendig noch ausreichend. Der Vorerbe hat den Nachlassgläubigern den durch die Nichtanzeige entstandenen Schaden zu ersetzen. Eine Prüfung der Anzeige auf ihren Wahrheitsgehalt durch das Nachlassgericht findet nicht statt. Dieses nimmt die Anzeige nur entgegen. Hierfür wird eine Gebühr gemäß § 112 Abs 1 Nr 5 KostO erhoben. 1

2. Mitteilungspflicht (Abs 2). Das Nachlassgericht braucht die Nachlassgläubiger usw nicht von Amts wegen zu informieren. Dieser sowie jeder andere, der ein rechtliches Interesse hat, kann die Anzeige einsehen bzw eine Abschrift hiervon verlangen. 2

Titel 4. Vermächtnis (§§ 2147–2191)

§ 2147 Beschwerter

¹Mit einem Vermächtnis kann der Erbe oder ein Vermächtnisnehmer beschwert werden. ²Soweit nicht der Erblasser ein anderes bestimmt hat, ist der Erbe beschwert.

Schrifttum: *Bühler,* Das Verschaffungsvermächtnis, Inhalt und Durchsetzung, DNotZ 1964, 581; *Haegele,* Zulässigkeit der Bezeichnung eines Erben oder eines Vermächtnisnehmers durch einen Dritten, BWNotZ 1972, 74; *Hafner,* Ist § 1923 Abs. 2 BGB für einen Vermächtnisnehmer entsprechend anwendbar?, BWNotZ 1984, 67; *Keilbach,* Die Auskunftsrechte des Vermächtnisnehmers, FamRZ 1996, 1191; *Klunzinger,* Die erbrechtliche Ermächtigung zur Auswahl des Betriebsnachfolgers durch Dritte, BB 1970, 1197; *Kuchinke,* Die Rechtsfolgen der Vorausleistung eines Vermächtnisgegenstandes an den Bedachten, JZ 1983, 483; *Muscheler,* Universalsukzession und Vonselbsterwerb, 2002; *Reichel,* Zum Vermächtnisrecht, AcP 138 (1934), 194; *Weimar,* Rechtsfragen zum Vermächtnis, MDR 1973, 735; MDR 1975, 551; *Wübben,* Anwartschaftsrechte im Erbrecht und ihre kautelarjuristische Ausgestaltung, Diss. Erlangen-Nürnberg 1998; *Zawar,* Das Vermächtnis in der Kautelarjurisprudenz, 1983. S auch die Schrifttumshinweise bei §§ 2150, 2179, 2180, 2182, 2191.

I. Normzweck

Die Vorschrift legt fest, wen der Erblasser mit einem Vermächtnis beschweren kann. Nach außen bedeutet Beschwerung mit einem Vermächtnis die Passivlegitimation hinsichtlich des Anspruchs aus § 2174. Das BGB geht davon aus, dass mit einem Vermächtnis beschwert nur derjenige werden darf, der vom Erblasser etwas aus der Erbschaft erhalten hat. **Beschwert** werden können demzufolge nach S 1 nur **Erben** und **Vermächtnisnehmer**. 1

II. Begriff und Gegenstand des Vermächtnisses

Eine Begriffsbestimmung enthält § 1939 (vgl dort Rn 2). Das Vermächtnis ist danach eine Verfügung von Todes wegen, durch die der Erblasser dem Bedachten einen Anspruch auf eine Leistung gegen den Beschwerten zuwendet. Gegenstand eines Vermächtnisses kann jeder Vermögensvorteil sein (§ 1939 Rn 5). 2

III. Beschwerter

1. Erbe. Soweit der Erblasser nichts anderes bestimmt hat, sind nach der **Auslegungsregel** des S 2 der Erbe, bei einer Erbengemeinschaft sämtliche Miterben beschwert. Die anderweitige Bestimmung braucht nicht ausdrücklich getroffen worden zu sein, sie kann sich auch aus den Umständen er- 3

§ 2148

geben[1]. Ob die Erbenstellung auf Testament, Erbvertrag[2] oder Gesetz beruht, ist ohne Belang. Bei Miterben (und mehreren Vermächtnisnehmern) können alle, mehrere oder nur einer von ihnen beschwert sein. Die zulässige Beschwerung eines **Ersatzerben** wird nur dann wirksam, wenn der Ersatzerbfall eintritt (§ 2096); Entsprechendes gilt für den **Nacherben** (Fall des aufschiebend bedingten Vermächtnisses vgl § 2177 Rn 2). Hat der Erblasser nur den Vorerben beschwert, beginnt dessen Haftung mit dem Erbfall, und sie überdauert den Nacherbfall (§ 2145 Abs 1 S 1). Ist bei angeordneter Vor- und Nacherbschaft nicht näher bestimmt, wer mit dem Vermächtnis beschwert sein soll, ist zunächst der Vorerbe beschwert; soweit das Vermächtnis nicht vom Vorerben erfüllt ist, geht die Verpflichtung als Nachlassverbindlichkeit auf den Nacherben über. Sind dem Nacherben Verpflichtungen auferlegt, die er schon vor dem Eintritt des Nacherbfalls erbringen soll, so ist zu prüfen, ob es sich um eine Bedingung für das Nacherbenrecht oder um einen unverbindlichen Wunsch des Erblassers handelt[3]. Wie der Erbe kann auch der Hoferbe beschwert sein, der den Hof im Wege der vorweggenommenen Erbfolge durch Übergabevertrag erhalten hat[4].

4   2. **Vermächtnisnehmer.** Ist ein Vermächtnisnehmer mit einem Vermächtnis beschwert, handelt es sich um ein **Untervermächtnis** (vgl § 2186). Es kann nicht nur der durch Testament oder Erbvertrag eingesetzte Vermächtnisnehmer beschwert werden, sondern auch der Begünstigte bei einem gesetzlichen Vermächtnis[5], ebenso der Untervermächtnisnehmer selbst[6]. Für die Beschwerung des Vermächtnisnehmers enthalten §§ 2186 bis 2188, 2191 spezielle Regelungen.

5   3. **Sonstige Beschwerte.** Beschwert werden kann auch der **durch ein Schenkungsversprechen** gemäß § 2301 Abs 1 **Begünstigte,** da auf die Schenkung auf den Todesfall die Vorschriften über Verfügungen von Todes wegen anzuwenden sind, was zur Anwendung des Vermächtnisrechts führt. Dies gilt nicht für den Begünstigten einer vollzogenen unentgeltlichen Zuwendung unter Lebenden, selbst wenn der Rechtserwerb erst beim Tod des Erblassers eintritt[7]. Mit einem Vermächtnis kann aber beschwert werden, wer auch schon vor dem Tod des Versprechensempfängers erwirbt (§§ 331; 166 Abs 1, 2 VVG)[8]. Denn er steht wirtschaftlich einem Vermächtnisnehmer gleich und kann – parallel zur Ausschlagung – den Erwerb mit rückwirkender Kraft ablehnen (§ 333).

6   **Nicht beschwert** werden kann der **Pflichtteilsberechtigte,** da er nicht Erbe wird und sein Anspruch nicht gemindert werden darf. Ebenso wenig kann der **Erbeserbe** (oder der Erbe des Vermächtnisnehmers) Beschwerter sein. Insoweit kommt jedoch eine Haftung nach § 1967 als Erbe eines Beschwerten in Betracht. Hat der Erblasser in einer Verfügung den Erben eines Erben beschwert, so ist durch Auslegung zu ermitteln, ob nicht in Wirklichkeit der Erbe beschwert und das Vermächtnis erst mit dessen Tod fällig sein soll (vgl § 2181)[9]. Als Beschwerter scheidet aus, wem zwar auf Grund letztwilliger Verfügung, aber nicht aus eigenem Recht etwas zukommt, zB der Auflagenbegünstigte[10].

§ 2148 Mehrere Beschwerte

Sind mehrere Erben oder mehrere Vermächtnisnehmer mit demselben Vermächtnis beschwert, so sind im Zweifel die Erben nach dem Verhältnis der Erbteile, die Vermächtnisnehmer nach dem Verhältnis des Wertes der Vermächtnisse beschwert.

I. Normzweck

1   Die Vorschrift enthält eine **Auslegungsregel** für den Fall der Beschwerung mehrerer Erben oder Vermächtnisnehmer. Danach tritt eine verhältnismäßige Beschwerung nach dem Umfang der Teilhabe am Nachlass ein, sofern nicht der Wille des Erblassers etwas anderes ergibt. Zu unterscheiden ist dabei zwischen der Haftung im Außenverhältnis und der Verteilung der Last im Innenverhältnis.

II. Anwendungsbereich

2   Wenn mehrere Erben mit dem Vermächtnis beschwert sind, haften sie nach außen gemäß § 2058 als Gesamtschuldner; die Aufteilung nach § 2148 ist nur für das **Innenverhältnis** von Bedeutung[1*]. Dies gilt auch, wenn nur ein Teil der Miterben beschwert ist und bei Beschwerung mehrerer Vermächt-

---

[1] OLG Celle ZEV 2000, 200 m Anm *Kummer.*
[2] Bei Vorliegen eines Erbvertrags ist allerdings § 2289 Abs 1 S 2 zu beachten.
[3] BayObLGZ 1966, 271 = NJW 1967, 446; RGRK/*Johannsen* Rn 6; *Staudinger/Otte* Rn 3; einschränkend *Wübben* S 134 ff.
[4] BGHZ 37, 192, 194.
[5] *Soergel/Wolf* Rn 14; *Kipp/Coing* § 54 I 2; diff *Lange/Kuchinke* § 29 V 1 a Fn 140; abl AK/*Dubischar* Rn 6.
[6] *Soergel/Wolf* Rn 14.
[7] BGH NJW-RR 1986, 164.
[8] *Soergel/Wolf* Rn 15; *Lange/Kuchinke* § 29 III 1 a; *Kipp/Coing* § 54 I 3; *Schlüter* Rn 891; *Brox* Rn 407; aA MünchKommBGB/*Schlichting* Rn 6; *Palandt/Edenhofer* Rn 2; AnwK-BGB/*J. Mayer* Rn 9.
[9] RGRK/*Johannsen* Rn 7; *Brox* Rn 408.
[10] AA *Soergel/Wolf* Rn 12, für den Fall, dass der Auflagenbegünstigte die Leistung empfangen hat.
[1*] MünchKommBGB/*Schlichting* Rn 2; *Staudinger/Otte* Rn 4; *Soergel/Wolf* Rn 1; *Brox* Rn 435; aA RGRK/*Johannsen* Rn 3; *Erman/M. Schmidt* Rn 2: bei teilbaren Leistungen soll § 2148 auch im Außenverhältnis gelten.

nisnehmer². Der Erblasser kann sowohl bestimmen, dass die Beschwerten im Außenverhältnis nur anteilig haften, als auch eine von der gesetzlichen Regel abweichende Verteilung im Innenverhältnis anordnen. § 2148 ist entspr anzuwenden, wenn mehrere Erben und Vermächtnisnehmer gemeinsam mit einem Vermächtnis beschwert sind³.

III. Ausgleichsmaßstab

Unter mehreren beschwerten **Miterben** ist nach § 2148 das **Verhältnis der Erbteile** maßgebend. Vorausvermächtnisse oder Vermächtnisse, die nur einen einzelnen Miterben beschweren, bleiben außer Betracht. Bei mehreren beschwerten **Vermächtnisnehmern** ist nach der gesetzlichen Regelung der **Wert der Vermächtnisse** – und zwar im Zeitpunkt des Erbfalls⁴ – maßgebend. Treffen Erben und Vermächtnisnehmer als gemeinsam Beschwerte zusammen, ist einheitlich auf den Wert der Zuwendung abzustellen⁵. 3

§ 2149 Vermächtnis an die gesetzlichen Erben

¹Hat der Erblasser bestimmt, dass dem eingesetzten Erben ein Erbschaftsgegenstand nicht zufallen soll, so gilt der Gegenstand als den gesetzlichen Erben vermacht. ²Der Fiskus gehört nicht zu den gesetzlichen Erben im Sinne dieser Vorschrift.

I. Normzweck

Ähnlich wie §§ 2088, 2104, 2105 dient die Vorschrift dazu, eine lückenhafte Verfügung des Erblassers zu **ergänzen**. Hat dieser die Anordnung getroffen, dass dem eingesetzten Erben ein Erbschaftsgegenstand nicht zufallen soll, ohne jedoch den Begünstigten zu bezeichnen, so gilt die Anordnung als Vermächtnis mit den gesetzlichen Erben als Vermächtnisnehmern. Der dafür gelegentlich verwendete Ausdruck „Negativvermächtnis" ist irreführend, weil es sich hier um ein tatsächlich bestehendes Vermächtnis handelt mit der Besonderheit, dass der Vermächtnisnehmer gesetzlich bestimmt ist. 1

II. Anwendungsbereich

Die Vermutung gilt nur, wenn ein **einzelner Erbschaftsgegenstand** dem eingesetzten Erben nicht zufallen soll. Eine unwirksame Zuwendung als Vermächtnis steht dem Vorenthalten nicht gleich¹; die gesetzlichen Erben treten daher nicht an die Stelle des mit der unwirksamen Zuwendung Bedachten. Werden Bruchteile der Erbschaft dem eingesetzten Erben vorenthalten, so ist § 2088 einschlägig. Hat sich der Erblasser vorbehalten, noch über bestimmte Gegenstände zu verfügen, die vorbehaltene Verfügung aber nicht getroffen, greift § 2086 ein. Wenn der Erblasser dem Erben verboten hat, über Erbschaftsgegenstände unter Lebenden oder von Todes wegen zu verfügen, muss durch Auslegung ermittelt werden, ob ein Nachvermächtnis zugunsten der gesetzlichen Erben (§ 2191), eine Auflage (§ 2192), eine auflösend bedingte Zuwendung oder nur ein unverbindlicher Wunsch vorliegt. 2

III. Zuwendung an den gesetzlichen Erben

Der dem eingesetzten Erben vorenthaltene Gegenstand gilt als den gesetzlichen Erben, zu denen nach S 2 der **Fiskus nicht** gehört, vermacht. Sind mehrere gesetzliche Erben vorhanden, so gilt diese im Zweifel nach dem Verhältnis ihrer gesetzlichen Erbteile bedacht. Ist gesetzlicher Erbe der Fiskus, tritt die in S 1 angeordnete Rechtsfolge nicht ein. Es fehlt dann an einem Vermächtnisnehmer, so dass der Erbschaftsgegenstand dem eingesetzten Erben verbleibt, falls nicht ein anderer Wille des Erblassers erkennbar ist. 3

§ 2150 Vorausvermächtnis

Das einem Erben zugewendete Vermächtnis (Vorausvermächtnis) gilt als Vermächtnis auch insoweit, als der Erbe selbst beschwert ist.

Schrifttum: *Benk,* Teilungsanordnung, Vorausvermächtnis, Übernahmerecht, MittRhNotK 1963, 53; *Bürger,* Einzelzuwendungen an Erben, MDR 1986, 371; *ders,* Neue Abgrenzung erbrechtlicher Sonderzuwendungen, MDR 1986, 445; *Coing,* Vorausvermächtnis und Teilungsanordnung, JZ 1962, 529; *Eidenmüller,* Vorausvermächtnis und Teilungsanordnung, JA 1991, 150; *Grunsky,* Zur Abgrenzung der Teilungsanordnung gegenüber dem Vorausvermächtnis, JZ 1963, 250; *Loritz,* Teilungsanordnung und Vorausvermächtnis, NJW 1988, 2697; *Rudolf,* Teilungsanordnung und Vorausvermächtnis, Diss Tübingen 1966; *Sonntag,* Zur Rechtsnatur des Vorausvermächtnisses an den Vorerben, ZEV 1996, 450. S auch die Schrifttumsangaben bei § 2048.

---

² AllgM; aA *Planck/Flad* Anm 2; *Kipp/Coing* § 54 II; *v. Lübtow* I S 376.
³ *Soergel/Wolf* Rn 3; *Staudinger/Otte* Rn 5.
⁴ *Staudinger/Otte* Rn 6.
⁵ MünchKommBGB/*Schlichting* Rn 9; RGRK/*Johannsen* Rn 2.
¹ MünchKommBGB/*Schlichting* Rn 2; AnwK-BGB/*J. Mayer* Rn 2.

§ 2150

I. Normzweck

1 Auch ein Erbe oder Miterbe kann Vermächtnisnehmer sein. Das Vermächtnis zugunsten des Erben nennt das Gesetz **Vorausvermächtnis,** unabhängig davon, ob der Erbe mit diesem Vermächtnis beschwert ist oder nicht. Der Zweck der Vorschrift liegt in der Feststellung, dass die Beschwerung eines (Mit-)Erben mit einem Vermächtnis zugunsten dieses Erben selbst möglich ist. Allerdings kann der Erbe gegen sich selbst nicht den Anspruch des Vermächtnisnehmers aus § 2174 haben. Deshalb arbeitet das Gesetz mit einer Fiktion („gilt als Vermächtnis"). Gegenüber Dritten (Miterben, anderen Vermächtnisnehmern und Nachlassgläubigern) gewährt die Einordnung einer Zuwendung als Vermächtnis dem bedachten Erben eine bessere Stellung.

II. Zuwendung an den Erben

2 Jeder Erbe (Alleinerbe, Vor- oder Nacherbe, Miterbe) kann mit einem Vorausvermächtnis bedacht werden.

3 **1. Vorausvermächtnis zugunsten eines Alleinerben.** Die rechtlichen Wirkungen und Vorteile des Vermächtnisses zugunsten eines Alleinerben liegen in Folgendem: Der bedachte und zugleich beschwerte Erbe kann die Erbschaft ausschlagen und das Vermächtnis annehmen und umgekehrt. Die Unwirksamkeit der Erbeinsetzung lässt idR die Wirksamkeit des Vermächtnisses unangetastet (vgl § 2085). Der Verkauf der Erbschaft erfasst im Zweifel nicht das Vorausvermächtnis (§ 2373). Für die Frage, ob die Erbschaft mit Vermächtnissen überschwert ist (§ 1992), kann der Erbe das Vorausvermächtnis mit in Ansatz bringen. In den Fällen, in denen das Erlöschen eines Rechtsverhältnisses infolge der durch den Erbfall eingetretenen Vereinigung von Recht und Verbindlichkeit in einer Person als nicht eingetreten gilt, steht dem Alleinerben ausnahmsweise ein Anspruch aus § 2174 zu, so bei Nachlassverwaltung und Nachlassinsolvenz (§ 1976); ferner bei der Dürftigkeitsrede (§ 1991 Abs 2) und beim Erbschaftskauf (§ 2377). Anderen Vermächtnisnehmern steht der Alleinerbe als Vorausvermächtnisnehmer im Range gleich (§ 327 InsO).

4 **2. Vorausvermächtnis zugunsten eines Vorerben.** Das einem **Vorerben** gemachte Vorausvermächtnis unterliegt im Zweifel nach § 2110 Abs 2 nicht dem Recht des Nacherben; der Vermächtnisgegenstand fällt also beim Eintritt des Nacherbfalls nicht nach § 2139 dem Nacherben an. Ein Vorausvermächtnis zugunsten des alleinigen Vorerben ist nicht schon deshalb anzunehmen, weil der Erblasser im Testament ausdrücklich einzelne Gegenstände genannt hat, die der Vorerbe erhalten soll. Denn dies kann auch geschehen sein, um die Wichtigkeit dieser Gegenstände hervorzuheben[1]. Ist der Bedachte der **alleinige Vorerbe,** hat das Vorausvermächtnis **dingliche Wirkung**[2]. Die Kombination von alleiniger Vorerbschaft und Vorausvermächtnis führt demnach zu dem singulären Fall der gegenständlich beschränkten Vollerbschaft. Wegen der dinglichen Wirkung ist – als Ausnahme zu dem Grundsatz, dass Vermächtnisse im Erbschein nicht aufgeführt werden – im **Erbschein** anzugeben, dass sich das Recht des Nacherben nicht auf den Gegenstand des Vorausvermächtnisses erstreckt. Handelt es sich bei dem Gegenstand des Vorausvermächtnisses um ein Grundstück, so ist im Falle des § 2110 Abs 2 die Eintragung eines Nacherbenvermerks unzulässig[3].

5 **3. Vorausvermächtnis zugunsten eines Miterben. a) Beschwerung mit dem Vermächtnis.** Ist einem **Miterben** ein Vorausvermächtnis zugewendet, ist er nach § 2147 S 2 auch **mitbeschwert,** falls der Erblasser keine andere Anordnung getroffen hat. Dies führt zu dem Ergebnis, dass der Miterbe den vollen Wert des Vermächtnisses erhält, jedoch mit seiner Erbquote nur an dem entspr verringerten Nachlass beteiligt ist. Sind mehrere Miterben mit einem Vermächtnisgegenstand bedacht und zugleich mitbeschwert, so gelten für das Verhältnis ihrer Beschwerung § 2148, für den Anteil des Einzelnen am Vermächtnisgegenstand dagegen §§ 2157, 2091 (zu gleichen Teilen)[4]. Eine andere Bestimmung iS des § 2147 S 2 liegt vor, wenn der Erblasser zum Ausdruck gebracht hat, dass dem Bedachten das Vermächtnis in vollem Umfang über dasjenige hinaus zugute kommen soll, was er sonst als Erbe erhalten würde.

6 **b) Abgrenzung zur Teilungsanordnung.** Im Unterschied zur Teilungsanordnung (§ 2048), die auf Durchführung der Auseinandersetzung gerichtet ist, soll das Vorausvermächtnis dem Miterben einen über seine Erbquote hinausgehenden Vermögensvorteil bringen[5]. Während früher als wesentliches Kriterium für die Abgrenzung zur Teilungsanordnung der **Begünstigungswille** des Erblassers angesehen wurde[6], wird in jüngerer Zeit zunehmend darauf abgestellt, ob der Erblasser einem Miterben Gegenstände zugewiesen hat, deren Wert höher ist, als diesem nach der Quote bei der Auseinandersetzung zukäme **(Kriterium der Wertverschiebung)**[7]. Soll nach dem Erblasserwillen der Bedachte entscheiden können, ob er einen Übernahmegegenstand erwerben will oder nicht, handelt es sich um

---

[1] BGH NJW 1960, 959, 961.
[2] BGHZ 32, 60; vgl hierzu *Sonntag* ZEV 1996, 450; *Wübben* S 130 ff.
[3] KG OLGE 30, 202; *Staudinger/Otte* Rn 3; *Soergel/Wolf* Rn 4.
[4] RGRK/*Johannsen* Rn 6.
[5] Zusammenfassend *Loritz* NJW 1988, 2697; *Eidenmüller* JA 1991, 150.
[6] BGHZ 36, 115 = NJW 1962, 343 = LM § 2048 Nr 4 m Anm *Mattern*; OLG Nürnberg MDR 1974, 671; *Coing* JZ 1962, 529; *Benk* MittRhNotK 1963, 53; krit *Bürger* MDR 1986, 371 und MDR 1986, 445, der auf den „Sonderungswillen" des Erblassers abstellt. Zur Entwicklung in der Rspr *Rudolf* S 65 ff.
[7] BGH FamRZ 1987, 475, 476; NJW-RR 1990, 1220.

ein Vorausvermächtnis[8], da die Teilungsanordnung für den Bedachten bindend ist, während man ein Vermächtnis ausschlagen bzw auf die Geltendmachung verzichten kann. Folglich ist immer dann von einer Teilungsanordnung auszugehen, wenn der Erblasser den Bedachten auf die Übernahme des Gegenstands festlegen wollte. Zwingend handelt es sich um ein Vermächtnis, wenn der Erblasserwille dahin geht, dass der Bedachte den Gegenstand auch dann erhalten soll, falls er wider Erwarten nicht Erbe wird[9].

c) Kombination von Vorausvermächtnis und Teilungsanordnung. Muss sich der Miterbe nach dem Willen des Erblassers den Wert des ihm zugewiesenen Gegenstands teilweise auf seinen Erbteil anrechnen lassen, kann (wegen des Mehrwerts) eine Kombination von Teilungsanordnung und Vorausvermächtnis vorliegen[10]. 7

d) Durchsetzung des Vorausvermächtnisses. Der mit einem Vorausvermächtnis bedachte Miterbe kann die Erfüllung seines Vermächtnisanspruches schon vor der Erbauseinandersetzung verlangen, und zwar unabhängig davon, ob er mitbeschwert ist. Er ist insoweit **Nachlassgläubiger,** und ihm steht gegen die übrigen Miterben die **Gesamthandsklage** nach § 2059 Abs 2 zu[11]. Für die daneben mögliche Gesamtschuldklage nach § 2058 ist zu berücksichtigen, dass der bedachte Miterbe selbst als Gesamtschuldner haftet. 8

§ 2151 Bestimmungsrecht des Beschwerten oder eines Dritten bei mehreren Bedachten

(1) Der Erblasser kann mehrere mit einem Vermächtnis in der Weise bedenken, dass der Beschwerte oder ein Dritter zu bestimmen hat, wer von den mehreren das Vermächtnis erhalten soll.

(2) Die Bestimmung des Beschwerten erfolgt durch Erklärung gegenüber demjenigen, welcher das Vermächtnis erhalten soll; die Bestimmung des Dritten erfolgt durch Erklärung gegenüber dem Beschwerten.

(3) ¹Kann der Beschwerte oder der Dritte die Bestimmung nicht treffen, so sind die Bedachten Gesamtgläubiger. ²Das Gleiche gilt, wenn das Nachlassgericht dem Beschwerten oder dem Dritten auf Antrag eines der Beteiligten eine Frist zur Abgabe der Erklärung bestimmt hat und die Frist verstrichen ist, sofern nicht vorher die Erklärung erfolgt. ³Der Bedachte, der das Vermächtnis erhält, ist im Zweifel nicht zur Teilung verpflichtet.

I. Normzweck

Die Vorschrift lockert das Prinzip der Höchstpersönlichkeit der Verfügungen von Todes wegen (§ 2065 Abs 2). Da in der Zuwendung eines Gegenstands oder einer Sachgesamtheit ein Vermächtnis auch dann liegen kann, wenn die Zuwendung das Vermögen des Erblassers ganz oder nahezu ganz umfasst, hat die Bestimmung erhebliche Bedeutung[1]. Der Erblasser kann über § 2151 einer Person, die durch einen Dritten ausgewählt werden soll, ein Unternehmen zuwenden, ohne die für die Erbeinsetzung nach § 2065 Abs 2 geltenden restriktiven Bedingungen beachten zu müssen. Der vermachte Gegenstand muss bestimmt sein; andernfalls gelten zusätzlich §§ 2154 bis 2156. 1

II. Angabe eines bestimmten Personenkreises

Der Erblasser muss in der letztwilligen Verfügung einen **überschaubaren Kreis von Personen,** aus denen der Vermächtnisnehmer ausgewählt werden soll, **bestimmt** angegeben haben. Bleibt zweifelhaft, wer zu diesem Kreis zählt, liegt kein wirksames Vermächtnis vor; eine Umdeutung in eine Auflage ist möglich[2]. Zu dem vom Erblasser angegebenen Personenkreis können sowohl **Erben** gehören, da § 2151 auch für das Vorausvermächtnis gilt[3], als auch der Beschwerte und sogar derjenige, der die Bestimmung zu treffen hat[4]. Verändert sich der Personenkreis bis zum Erbfall, sind §§ 2066 bis 2071 zu beachten. 2

III. Bestimmungsberechtigter

Die Auswahl kann dem **Beschwerten** oder einem **Dritten** (zB Testamentsvollstrecker, überlebender Ehegatte) übertragen werden. Sie kann auch mehreren zustehen, die entspr § 317 Abs 2 im Zweifel einstimmig entscheiden müssen. Das Bestimmungsrecht ist nicht übertragbar. 3

---

[8] BGHZ 36, 115, 117; *Staudinger/Otte* Rn 11; krit *Grunsky* JZ 1963, 250.
[9] BGH ZEV 1995, 144, 145; *Staudinger/Otte* Rn 12.
[10] BGH NJW-RR 1990, 1220, 1221; LG Karlsruhe FamRZ 2006, 447; MünchKommBGB/*Schlichting* Rn 8; krit *Staudinger/Otte* Rn 10; AnwK-BGB/*J. Mayer* Rn 13.
[11] RGZ 93, 196, 197 – auch zu den Grenzen für die Durchsetzung; KG OLGZ 1977, 457, 461; Münch-KommBGB/*Schlichting* Rn 9.
[1] Zur Zulässigkeit des sog Universalvermächtnisses *Dobroschke* DB 1967, 803; *Staudinger/Otte* Rn 2; AnwK-BGB/ *J. Mayer* Rn 2 mwN.
[2] RGZ 96, 15; *Staudinger/Otte* Rn 3; *Haegele* BWNotZ 1972, 74, 78.
[3] KG JW 1937, 2200, 2201.
[4] *Staudinger/Otte* Rn 3; *Palandt/Edenhofer* Rn 1.

IV. Bestimmungserklärung

4 **1. Ausübung.** Die Bestimmung des Berechtigten erfolgt durch formlose empfangsbedürftige Willenserklärung. Ist der Beschwerte bestimmungsberechtigt, muss die Erklärung gegenüber demjenigen abgegeben werden, der das Vermächtnis erhalten soll; steht das Bestimmungsrecht einem Dritten zu, erfolgt die Erklärung gegenüber dem Beschwerten **(Abs 2)**. Die **Bestimmung** ist in allen Fällen **unwiderruflich**. Bei Willensmängeln ist die Erklärung anfechtbar; allerdings ist ein Irrtum über die Eignung der ausgewählten Person unbeachtlich[5].

5 **2. Nachprüfbarkeit.** Überwiegend wird eine **gerichtliche Nachprüfung** der Bestimmung verneint[6], sofern nicht Arglist oder ein Sittenverstoß vorliegt. Richtig ist, dass das Gericht eine unbillige Bestimmung nicht ersetzen kann, wie sich auch aus Abs 3 ergibt, der bei Unmöglichkeit eine von § 319 Abs 1 S 2 abweichende Regelung trifft. Hinsichtlich der weiteren Frage, ob eine Bestimmung bei Verstoß gegen die Billigkeit unwirksam ist, muss danach unterschieden werden, ob die Anordnung des Erblassers eine Ausrichtung der Auswahlentscheidung an irgendwelchen Kriterien vorsieht oder nicht[7]. Im letzteren Fall erfolgt die Auswahl nach dem freien Belieben des Bestimmungsberechtigten und ist keiner gerichtlichen Kontrolle unterworfen. Dies gilt auch, wenn der Auswahlberechtigte sich selbst als Empfänger der Zuwendung bezeichnet hat[8]. Hat der Erblasser Auswahlkriterien aufgestellt, scheidet eine gerichtliche Überprüfung gleichwohl aus, wenn er dem Bestimmungsberechtigten die letztgültige Entscheidung überlassen wollte. Nur wenn nach dem Erblasserwillen die Anwendung der von ihm aufgestellten Richtlinien gerichtlich überprüfbar sein sollte (was im Zweifel aber nicht anzunehmen ist), kann die Entscheidung wegen **offensichtlicher Unbilligkeit** nach § 319 Abs 1 S 1 unwirksam sein. Ein Verstoß gegen die guten Sitten macht die Auswahlentscheidung nach § 138 Abs 1 nichtig.

6 **3. Erlöschen.** Kann der dazu Berechtigte die Bestimmung nicht mehr treffen, etwa weil er verstorben oder geschäftsunfähig geworden ist, so geht sein **Wahlrecht** nicht, wie bei § 2154 Abs 2 S 1, auf eine andere Person über, sondern es **erlischt**. Dasselbe gilt, wenn eine ihm vom Nachlassgericht gesetzte Frist zur Abgabe der Erklärung verstrichen ist[9]. Zuständig für die Fristsetzung ist der Rechtspfleger (§ 3 Nr 2c RPflG). Die Unmöglichkeit der Bestimmung und die Fristversäumung haben nach **Abs 3** zur Folge, dass sämtliche Bedachte **Gesamtgläubiger** sind (§ 428; Fall der gesetzlichen Gesamtgläubigerschaft) und der Beschwerte gemäß § 428 mit befreiender Wirkung an jeden der Gesamtgläubiger leisten kann. Der Bedachte, der dann das Vermächtnis erhält, ist im Zweifel nach S 3 aber – im Unterschied zur Regelung in § 430 – nicht zur Teilung mit den übrigen Mitgläubigern verpflichtet.

§ 2152 Wahlweise Bedachte

Hat der Erblasser mehrere mit einem Vermächtnis in der Weise bedacht, dass nur der eine oder der andere das Vermächtnis erhalten soll, so ist anzunehmen, dass der Beschwerte bestimmen soll, wer von ihnen das Vermächtnis erhält.

1 Die Vorschrift betrifft den Fall, dass der Erblasser mehrere Personen alternativ mit einem Vermächtnis bedacht hat (Personenwahlvermächtnis). Der Erblasserwille wird dann dahingehend ergänzt, dass der Beschwerte ein **Wahlrecht** haben soll. Andere Anordnungen des Erblassers sind möglich. § 2152 ist auch anwendbar, wenn mehr als zwei Personen zur Wahl stehen und wenn nicht nur einer, sondern mehrere bestimmt werden sollen. Für die Ausübung des Bestimmungsrechts gilt § 2151 Abs 2 und 3.

§ 2153 Bestimmung der Anteile

(1) [1]Der Erblasser kann mehrere mit einem Vermächtnis in der Weise bedenken, dass der Beschwerte oder ein Dritter zu bestimmen hat, was jeder von dem vermachten Gegenstand erhalten soll. [2]Die Bestimmung erfolgt nach § 2151 Abs. 2.

(2) [1]Kann der Beschwerte oder der Dritte die Bestimmung nicht treffen, so sind die Bedachten zu gleichen Teilen berechtigt. [2]Die Vorschrift des § 2151 Abs. 3 Satz 2 findet entsprechende Anwendung.

I. Normzweck und Anwendungsbereich

1 Die Vorschrift lässt bei Verteilung eines Gegenstandes unter mehreren Vermächtnisnehmern die Bestimmung der (realen oder ideellen) Anteile jedes einzelnen durch den Beschwerten oder einen Dritten zu. Der Erblasser muss allerdings sowohl den Kreis der bedachten Personen als auch den zur Verteilung kommenden Gegenstand selbst bestimmt haben. Eine Verbindung von § 2153 mit der

---

[5] *Klunzinger* BB 1970, 1197, 1201; *Palandt/Edenhofer* Rn 2.
[6] RGRK/*Johannsen* Rn 6 f; AK/*Dubischar* Rn 2.
[7] *Kipp/Coing* § 55 III 5; AnwK-BGB/*J. Mayer* Rn 11.
[8] *Staudinger/Otte* Rn 7; *Planck/Flad* Anm 1.
[9] Die Fristsetzung setzt keine abschließende Klärung der Wirksamkeit des Testaments voraus, OLG Stuttgart FamRZ 1996, 1175 zu § 2153 Abs 2 S 2; *Jauernig/Stürner* Rn 4.

Bestimmungsmöglichkeit nach § 2151 ist zulässig[1]. Ist der vermachte Gegenstand nicht bestimmt, gelten darüber hinaus §§ 2154 bis 2156, so dass vielfältige Kombinationen denkbar sind. Der Erblasser kann das Bestimmungsrecht auf die Zuweisung von feststehenden realen Teilen beschränken.

II. Bestimmungsrecht

Die Bestimmung der Anteile kann dem **Beschwerten** oder einem **Dritten** übertragen werden. Im ersten Fall ist die Erklärung gegenüber dem Vermächtnisnehmer, im zweiten Fall gegenüber dem Beschwerten abzugeben (**Abs 1 S 2** iVm § 2151 Abs 2). Dabei braucht die Bestimmung nicht gleichzeitig gegenüber allen Bedachten zu erfolgen; verbindlich ist sie erst, wenn der ganze Gegenstand aufgeteilt ist[2]. Wie bei § 2151, auf dessen Abs 3 S 2 verwiesen wird, kann dem Bestimmungsberechtigten für die Vornahme der Bestimmung vom Nachlassgericht auf Antrag eines Beteiligten eine Frist gesetzt werden (**Abs 2 S 2**). Im Falle der Fristversäumung wie auch im Falle der Unmöglichkeit der Bestimmung tritt aber nicht wie bei § 2151 Abs 3 Gesamtgläubigerschaft ein, vielmehr sind die Bedachten zu gleichen Teilen berechtigt (**Abs 2 S 1**). Ist die Bestimmung in sich widerspruchsvoll, zB weil mehr als das Ganze verteilt wird, ist sie in vollem Umfang nichtig, und es greift Abs 2 ein (Berechtigung zu gleichen Teilen)[3]. Die einmal vollzogene Verteilung ist für die Bestimmenden unwiderruflich und für die Bedachten, außer im Fall der Arglist, nicht anfechtbar (vgl § 2151 Rn 5).

§ 2154 Wahlvermächtnis

(1) ¹Der Erblasser kann ein Vermächtnis in der Art anordnen, dass der Bedachte von mehreren Gegenständen nur den einen oder den anderen erhalten soll. ²Ist in einem solchen Falle die Wahl einem Dritten übertragen, so erfolgt sie durch Erklärung gegenüber dem Beschwerten.

(2) ¹Kann der Dritte die Wahl nicht treffen, so geht das Wahlrecht auf den Beschwerten über. ²Die Vorschrift des § 2151 Abs. 3 Satz 2 findet entsprechende Anwendung.

I. Normzweck und Anwendungsbereich

Die Vorschrift behandelt das sog **Wahlvermächtnis**. Ein Wahlvermächtnis liegt vor, wenn der Erblasser bestimmt, dass der Vermächtnisnehmer von mehreren Gegenständen nur den einen oder anderen erhalten soll. Das durch das Vermächtnis entstehende Schuldverhältnis ist eine Wahlschuld, auf die §§ 262 bis 265 Anwendung finden. Ist auch der Bedachte nicht bestimmt, sind daneben § 2151, 2152 anzuwenden sowie § 2153, wenn die Verteilung an mehrere Bedachte nicht geregelt ist.

Für die **Anwendung des § 2154** ist es ohne Belang, ob die zur Wahl stehenden Gegenstände individuell oder der Gattung nach (dann gilt zusätzlich § 2155) bestimmt sind; ferner, ob sie schon in der Erbschaft vorhanden oder vom Beschwerten erst noch zu beschaffen sind[1*]. Im letzteren Fall ist das Vermächtnis nach § 2169 Abs 1 nur wirksam, wenn der Erblasser den Gegenstand auch dann zuwenden wollte, wenn er nicht zum Nachlass gehört (Wahlverschaffungsvermächtnis). § 2154 gilt nach hM auch für den Fall, dass die Bezeichnung des Vermächtnisgegenstandes ungenau ist und auf mehrere im Nachlass befindliche Gegenstände zutrifft[2*]. Hängt die Bestimmung des vermachten Gegenstandes von einem vom Erblasser festgelegten Ereignis ab, liegt kein Wahlvermächtnis, sondern ein bedingtes Vermächtnis vor[3*].

II. Auswahl des Gegenstandes

1. Wahlrecht des Beschwerten. Hat der Erblasser die Wahl nicht einem Dritten übertragen, so gelten im Verhältnis von Bedachtem und Beschwertem **unmittelbar §§ 262 bis 265**. Danach steht das Wahlrecht im Zweifel dem Beschwerten zu (§ 262). Er übt es nach § 263 Abs 1 durch unwiderrufliche Erklärung gegenüber dem Bedachten aus, wobei die gewählte Leistung als die von Anfang an geschuldete gilt (§ 263 Abs 2). Hierdurch geht die Gefahr des zufälligen Untergangs auf den Bedachten über. Nimmt der Beschwerte die Wahl nicht vor Beginn der Zwangsvollstreckung vor, so kann der Vermächtnisnehmer nach § 264 Abs 1 die Zwangsvollstreckung nach seiner Wahl auf den einen oder anderen Gegenstand richten. Solange der Vermächtnisnehmer den von ihm gewählten Gegenstand nicht ganz oder teilweise empfangen hat, kann sich der Beschwerte durch die Leistung des anderen Gegenstandes von seiner Verpflichtung befreien. Zur Unmöglichkeit vgl § 265.

2. Wahlrecht des Bedachten. Der Erblasser kann den Bedachten selbst wählen lassen. In diesem Fall erfolgt die Wahl durch Erklärung des Bedachten gegenüber dem Beschwerten (§ 263 Abs 1). Auch dann gilt die gewählte Leistung als die von Anfang an geschuldete. Gerät der Bedachte in Annahme-

---

[1] RGZ 96, 15, 17; *Soergel/Wolf* Rn 1.
[2] *Planck/Flad* Anm 2; RGRK/*Johannsen* Rn 2.
[3] RGRK/*Johannsen* Rn 3; AnwK-BGB/*J. Mayer* Rn 6.
[1*] RGRK/*Johannsen* Rn 1.
[2*] MünchKommBGB/*Schlichting* Rn 2; AnwK-BGB/*J. Mayer* Rn 3; *Staudinger/Otte* Rn 10 sieht hierin einen Fall des beschränkten Gattungsvermächtnisses; diff *Soergel/Wolf* Rn 2.
[3*] *Soergel/Wolf* Rn 3; AnwK-BGB/*J. Mayer* Rn 4.

§ 2155

verzug, wozu gemäß § 295 ein wörtliches Angebot der zur Wahl stehenden Leistungen genügt, so gilt § 264 Abs 2.

5 **3. Wahlrecht eines Dritten.** Hat der Erblasser die Wahl einem Dritten übertragen, so erfolgt sie durch Erklärung gegenüber dem Beschwerten **(Abs 1 S 2)**. Ist der Dritte zur Wahl nicht bereit oder nicht in der Lage, oder nimmt er sie innerhalb einer vom Nachlassgericht nach § 2151 Abs 3 S 2 gesetzten Frist nicht vor, so geht das Wahlrecht auf den Beschwerten über **(Abs 2 S 2)**.

6 **4. Mehrere Wahlberechtigte.** Sind mehrere Bedachte wahlberechtigt, so können sie die Wahl nur gemeinschaftlich vornehmen (§ 747 S 2). Auch für die Wahl durch mehrere Beschwerte oder mehrere Dritte (§ 317 Abs 2) ist Übereinstimmung erforderlich[4].

7 **5. Vorlagepflicht.** Der wahlberechtigte Bedachte (oder Dritte) kann nach §§ 242, 809 vom Beschwerten die Vorlage der Gegenstände verlangen, unter denen die Wahl zu treffen ist.

§ 2155 Gattungsvermächtnis

(1) Hat der Erblasser die vermachte Sache nur der Gattung nach bestimmt, so ist eine den Verhältnissen des Bedachten entsprechende Sache zu leisten.

(2) Ist die Bestimmung der Sache dem Bedachten oder einem Dritten übertragen, so finden die nach § 2154 für die Wahl des Dritten geltenden Vorschriften Anwendung.

(3) Entspricht die von dem Bedachten oder dem Dritten getroffene Bestimmung den Verhältnissen des Bedachten offenbar nicht, so hat der Beschwerte so zu leisten, wie wenn der Erblasser über die Bestimmung der Sache keine Anordnung getroffen hätte.

I. Normzweck

1 Ein **Gattungsvermächtnis** liegt vor, wenn der Erblasser den Vermächtnisgegenstand nur der Gattung nach bestimmt hat. Abweichend von § 243 Abs 1 ist beim Gattungsvermächtnis nicht eine Sache mittlerer Art und Güte, sondern eine den Verhältnissen des Bedachten entspr Sache zu leisten.

II. Anwendungsbereich

2 Die Regelung bezieht sich nicht nur auf **körperliche Gegenstände**, sondern zB auch auf **Rechte**[1]. Nicht anzuwenden ist § 2155 auf das Vermächtnis einer Geldsumme[2], weil hier eine nähere Bestimmung des Leistungsinhalts nicht in Betracht kommt. Unerheblich ist, ob ein Gegenstand der fraglichen Art zurzeit des Erbfalls im Nachlass vorhanden ist. § 2169, wonach das Vermächtnis eines zurzeit des Erbfalls nicht zur Erbschaft gehörenden Gegenstandes idR unwirksam ist, gilt nur für das Vermächtnis eines bestimmten Gegenstandes. Der Erblasser kann allerdings auch ein **beschränktes Gattungsvermächtnis** (auch gemischtgenerisches Vermächtnis genannt) anordnen, indem er festlegt, dass eine der Gattung nach bestimmte Sache nur aus den im Nachlass befindlichen Sachen geleistet werden soll. Ob ein solches Vermächtnis als Wahl- oder Gattungsvermächtnis zu behandeln ist, muss durch Auslegung im Einzelfall ermittelt werden[3].

III. Vorerfüllung durch Erblasser

3 Hat der Erblasser schon **zu Lebzeiten** dem Bedachten eine dem Vermächtnis entsprechende Zuwendung gemacht, ist durch Auslegung zu ermitteln, ob das Vermächtnis unter der auflösenden Bedingung steht, dass der Bedachte noch vom Erblasser befriedigt wird[4*]. Denkbar ist auch, dass der Erblasser auf eine künftige Schuld geleistet hat (s auch § 2174 Rn 12)[5].

IV. Bestimmung der Sache

4 **1. Maßstab.** Der Beschwerte hat eine **den Verhältnissen des Bedachten entspr Sache** zu leisten. Es wird auf die Verhältnisse, nicht auf die Bedürfnisse des Bedachten abgestellt; häufig richten sich die Bedürfnisse jedoch nach den Verhältnissen, so dass feinsinnige Differenzierungen hier nicht angebracht sind. Entscheidend ist, was der Erblasser als für den Bedachten passend angesehen hat. Soweit hierfür keine Anhaltspunkte vorliegen, kommt hilfsweise § 243 zur Anwendung[6].

5 **2. Bestimmung durch den Beschwerten.** Die Bestimmung der Sache obliegt, wie sich aus § 243 Abs 2 ergibt, regelmäßig dem **Beschwerten** und wird durch Auswahl der Sache im Rahmen der erforderlichen Leistungshandlung vorgenommen. Bei Mängeln der Sache ist der Beschwerte zur Gewährleistung nach §§ 2182, 2183 verpflichtet. Entspricht die vom Beschwerten getroffene Bestim-

---

[4] Näher *Staudinger/Otte* Rn 5.
[1] OLG Bremen ZEV 2001, 401: Wohnrecht; MünchKommBGB/*Schlichting* Rn 2; *Staudinger/Otte* Rn 2; aA *Palandt/Edenhofer* Rn 1; *Soergel/Wolf* Rn 2; *Lange/Kuchinke* § 29 V 2 c Fn 217.
[2] *Staudinger/Otte* Rn 3; *Soergel/Wolf* Rn 2; aA MünchKommBGB/*Schlichting* Rn 2; *Schlüter* Rn 913.
[3] Näher *Staudinger/Otte* Rn 4, 5; AnwK-BGB/*J. Mayer* Rn 6 f.
[4*] Vgl OLG Hamm MDR 1995, 1236; zust *Leipold* JZ 1996, 287.
[5] *Staudinger/Otte* Rn 6; *Kuchinke* JZ 1983, 483.
[6] Prot V S 197, 198.

mung nicht den Verhältnissen des Bedachten, braucht dieser die angebotene Sache nicht als Erfüllung seines Vermächtnisanspruchs anzunehmen. Eine **Klage** auf Leistung einer dem Standard entspr Sache hat nicht zum Gegenstand, dass das Gericht die Sache bestimmt, vielmehr kann dieses nur die Grundsätze aufstellen, nach denen die zu leistende Sache auszuwählen ist. Die **Vollstreckung** richtet sich nach § 884 iVm § 883 Abs 1 ZPO. Lediglich wenn im Falle eines beschränkten Gattungsvermächtnisses nur eine bestimmte Sache den Verhältnissen des Bedachten entspricht, können Klageantrag und Verurteilung auf diese gerichtet sein[7].

3. Bestimmung durch den Bedachten oder einen Dritten. Hat der Erblasser die Bestimmung 6 der Sache dem Bedachten oder einem Dritten übertragen, so gelten nach **Abs 2** die Vorschriften über das Wahlrecht des Dritten beim Wahlvermächtnis entspr. Wird die Ausübung der Wahl durch den Dritten oder den Bedachten unmöglich oder erfolgt sie nicht innerhalb der vom Nachlassgericht gesetzten Frist (§§ 2154 Abs 2 S 2, 2151 Abs 3 S 2), geht das Bestimmungsrecht auf den Beschwerten über. Dasselbe gilt nach **Abs 3**, wenn die vom Bedachten oder vom Dritten getroffene Bestimmung den Verhältnissen des Bedachten **offenbar** nicht entspricht. Gemeint sind Fälle des Missbrauchs und des erheblichen Irrtums bei Einschätzung der Verhältnisse des Bedachten. Abweichend von § 319 Abs 1 S 2 wird eine unbillige Bestimmung nicht durch das Gericht ersetzt.

V. Beweislast

Der Bedachte hat zu beweisen, dass die von ihm beanspruchte Sache seinen Verhältnissen entspricht 7 oder nach Abs 2 vom Dritten bestimmt ist. Will der Beschwerte hiervon abweichen, muss er die offenbare Unrichtigkeit der getroffenen Bestimmung beweisen[8].

§ 2156 Zweckvermächtnis

¹**Der Erblasser kann bei der Anordnung eines Vermächtnisses, dessen Zweck er bestimmt hat, die Bestimmung der Leistung dem billigen Ermessen des Beschwerten oder eines Dritten überlassen.** ²**Auf ein solches Vermächtnis finden die Vorschriften der §§ 315 bis 319 entsprechende Anwendung.**

I. Normzweck

Auch diese Vorschrift, die das **Zweckvermächtnis** behandelt, lockert das Prinzip der Höchstpersön- 1 lichkeit der Verfügungen von Todes wegen. Abweichend von § 2065 Abs 2 kann der Erblasser die konkrete Bestimmung der Leistung dem billigen Ermessen des Beschwerten oder eines Dritten überlassen, wenn er den Vermächtniszweck bezeichnet hat.

II. Voraussetzungen

Voraussetzung ist, dass der Erblasser selbst das Vermächtnis anordnet und lediglich Art und Gegen- 2 stand der Leistung offen lässt. Daran fehlt es, wenn er zwar einen Zweck bestimmt hat, einem anderen aber die Entscheidung überlässt, ob eine Zuwendung erfolgen soll[1]. Der Erblasser muss den **Vermächtniszweck** so genau bezeichnen, dass der Bestimmungsberechtigte genügend Anhaltspunkte für die Ausübung seines Ermessens hat[2]. Das Bestimmungsrecht erstreckt sich auf Gegenstand, Zeit und Bedingungen der Leistung. Allerdings kann die Bestimmungsbefugnis nach § 2156 mit einer solchen nach § 2151 verbunden werden[3]. Auch § 2153 kann neben § 2156 zur Anwendung kommen.

III. Bestimmung der Leistung

Der Erblasser kann die Bestimmung dem **Beschwerten** oder einem **Dritten, nicht** jedoch dem 3 **Bedachten**[4] überlassen. Die Ermächtigung ist nur mit der Maßgabe wirksam, dass die Leistung nach billigem Ermessen, also nicht nach Belieben[5] bestimmt wird. Für die Bestimmung gelten gemäß **S 2** die **§§ 315 bis 319.** Bei Bestimmung durch den Beschwerten hat dieser seine Erklärung, die unwiderruflich ist, gegenüber dem Bedachten abzugeben; mehrere Beschwerte müssen einstimmig wählen. Bei Bestimmung durch einen Dritten genügt es, wenn die Erklärung gegenüber dem Beschwerten oder dem Bedachten abgegeben wird (§ 318 Abs 1). Mehrere Dritte können die Bestimmung im Zweifel nur übereinstimmend treffen (§ 317 Abs 2). Eine **Anfechtung** der Bestimmungserklärung wegen Irrtums, Drohung oder arglistiger Täuschung ist nach § 318 Abs 2 nur dem Bedachten oder dem Beschwerten

---

[7] *Staudinger/Otte* Rn 8.
[8] *Baumgärtel/Schmitz*, HdB der Beweislast im Privatrecht, Bd 2, Rn 2.
[1] RG WarnR 1911 Nr 42.
[2] Zu den Anforderungen BayObLG NJW-RR 1999, 946 m Anm *J. Mayer* MittBayNot 1999, 447; *Staudinger/Otte* Rn 2.
[3] RGZ 96, 15, 19; zB durch die Anordnung, dass zwei von mehreren Neffen des Erblassers Geldvermächtnisse in Höhe der zur Finanzierung einer Ausbildung notwendigen Beträge erhalten sollen.
[4] BGH NJW 1991, 1885 m Anm *Kanzleiter* DNotZ 1992, 509; MünchKommBGB/*Schlichting* Rn 4; *Staudinger/Otte* Rn 3; AnwK-BGB/*J. Mayer* Rn 10; aA *Erman/M. Schmidt* Rn 1; *Soergel/Wolf* Rn 4.
[5] BGH NJW 1984, 2570; *Palandt/Edenhofer* Rn 1.

§ 2158

möglich. Die Bestimmung durch den Dritten ist nicht verbindlich, wenn sie **offenbar unbillig** ist. Die Beweislast trägt derjenige, der sich auf die Unbilligkeit beruft[6]. In diesem Fall und wenn der Dritte die Bestimmung nicht treffen kann oder will oder wenn er sie verzögert, erfolgt die Bestimmung durch Urteil (§ 319 Abs 1).

§ 2157 Gemeinschaftliches Vermächtnis

Ist mehreren derselbe Gegenstand vermacht, so finden die Vorschriften der §§ 2089 bis 2093 entsprechende Anwendung.

I. Normzweck

1 § 2157 verweist für das sog **gemeinschaftliche Vermächtnis,** bei dem der Erblasser denselben Gegenstand mehreren Bedachten vermacht, die Aufteilung unter ihnen aber nicht oder nicht vollständig geregelt hat und auch kein Bestimmungsberechtigter nach §§ 2151 bis 2153 eingesetzt ist, auf die §§ 2089 bis 2093. Ergänzend sind §§ 2158, 2159 zu beachten.

II. Zuwendung desselben Gegenstandes

2 Ob ein gemeinschaftliches Vermächtnis oder mehrere selbstständige Vermächtnisse, durch die der Erblasser mehreren Bedachten jeweils Teile eines Gegenstandes zugewendet hat, vorliegen, ist durch Auslegung zu ermitteln. Entscheidend ist, ob der Erblasser wollte, dass der **Gegenstand insgesamt** von seinen Vermächtnisanordnungen erfasst und dem Beschwerten entzogen wird. Dabei kommt es für das Vorliegen eines gemeinschaftlichen Vermächtnisses nicht darauf an, ob der vermachte Gegenstand in Natur teilbar ist oder nicht[1].

III. Verweisung auf §§ 2089 bis 2093

3 Die in Bezug genommenen Vorschriften, die für die Erbquoten mehrerer nebeneinander eingesetzter Erben gelten, lassen sich ohne Probleme auf das gemeinschaftliche Vermächtnis übertragen: Erschöpfen die vom Erblasser bestimmten Bruchteile das Ganze nicht, so erhöhen sich die Bruchteile verhältnismäßig (**§ 2089**); übersteigen sie das Ganze, sind sie verhältnismäßig zu mindern (**§ 2090**). Ist eine Teilung vom Erblasser nicht vorgenommen, so sind die Bedachten, soweit sich nicht aus §§ 2066 bis 2069 etwas anderes ergibt, zu gleichen Teilen eingesetzt (**§ 2091**). § 2092 kommt zur Anwendung, wenn einzelnen Bedachten bestimmte Teile zugewiesen sind, anderen nicht. § 2093 gilt, wenn einigen von mehreren Bedachten derselbe Bruchteil des vermachten Gegenstands zugewendet ist.

IV. Gemeinsamer Anspruch der Vermächtnisnehmer

4 Die Vermächtnisnehmer sind beim gemeinschaftlichen Vermächtnis, anders als im Fall des § 2151 Abs 3 S 1, nicht Gesamtgläubiger (§ 428). Bei Teilbarkeit der Leistungspflicht des Beschwerten steht jedem Vermächtnisnehmer ein Anspruch auf Leistung des entspr Teils zu (§ 420). Bei Unteilbarkeit kann jeder Bedachte nach § 432 Leistung an alle fordern. § 432 gilt auch, wenn die Aufteilung nach dem Willen des Erblassers nur für das Innenverhältnis der Bedachten gelten soll[2]. Über seinen ideellen Anteil kann jeder Bedachte nach § 747 S 1 allein verfügen.

§ 2158 Anwachsung

(1) [1]Ist mehreren derselbe Gegenstand vermacht, so wächst, wenn einer von ihnen vor oder nach dem Erbfall wegfällt, dessen Anteil den übrigen Bedachten nach dem Verhältnis ihrer Anteile an. [2]Dies gilt auch dann, wenn der Erblasser die Anteile der Bedachten bestimmt hat. [3]Sind einige der Bedachten zu demselben Anteil berufen, so tritt die Anwachsung zunächst unter ihnen ein.

(2) Der Erblasser kann die Anwachsung ausschließen.

I. Normzweck

1 Die Vorschrift, die der Regelung in § 2094 bei der Erbeinsetzung entspricht, regelt die Anwachsung beim gemeinschaftlichen Vermächtnis. Sie gilt unabhängig davon, ob der Erblasser die Aufteilung unter den Bedachten korrekt vorgenommen oder diese nach § 2157 iVm §§ 2089 bis 2093 zu erfolgen hat.

---

[6] *Baumgärtel/Schmitz,* HdB der Beweislast im Privatrecht, Bd 2, Rn 1.
[1] *Staudinger/Otte* Rn 3; AnwK-BGB/*J. Mayer* Rn 2.
[2] *Soergel/Wolf* Rn 3; *Palandt/Edenhofer* Rn 2.

II. Wegfall des Bedachten

Erfasst ist der **Wegfall vor** dem Erbfall (Tod, § 2160; Verzicht, § 2352) und **nach** dem **Erbfall,** soweit er mit Rückwirkung auf diesen eintritt (Ausschlagung des Vermächtnisses, §§ 2180 Abs 3, 1953 Abs 1; Vermächtnisunwürdigkeit, § 2345; Anfechtung, § 2078; Nichterleben einer Bedingung, §§ 2177, 2074). Dem Wegfall steht es gleich, wenn das Vermächtnis wegen Zeitablaufs nach §§ 2162, 2163 nicht wirksam wird. Dasselbe gilt für die Fälle der Nichtigkeit und anfänglichen Unwirksamkeit der Vermächtnisanordnung[1]. Bei Wegfall eines Vermächtnisnehmers wegen Eintritt einer auflösenden Bedingung oder eines Endtermins ist § 2158 analog anwendbar[2]. Stirbt ein Bedachter nach Anfall des Vermächtnisses (§§ 2176 bis 2178), so kommt es nur zur Anwachsung, wenn seine Erben wirksam ausschlagen[3]. 2

III. Anwachsung

Die Anwachsung wird von § 2158 als Regelfall angesehen; sie tritt kraft Gesetzes ein und führt zu einer **Erhöhung des Anspruchs** der anwachsungsberechtigten Vermächtnisnehmer gegen den Beschwerten, und zwar entspr dem Verhältnis ihrer Anteile an dem vermachten Gegenstand. Nach **Abs 1 S 2** tritt die Anwachsung auch dann ein, wenn der Erblasser die Anteile bestimmt hat[4]. Der anwachsende Vermächtnisteil ist rechtlich nicht selbständig; er kann nicht gesondert angenommen oder ausgeschlagen werden (§§ 2180 Abs 3, 1950). § 2159 fingiert allerdings eine gewisse Selbständigkeit. Sind einige der Bedachten zu demselben Anteil berufen, findet nach **S 3** die Anwachsung, wie bei § 2094 Abs 1 S 2, zunächst unter ihnen statt. 3

IV. Ausschluss der Anwachsung

Die Anwachsung kann nach **Abs 2** ausdrücklich oder konkludent, insbes durch Einsetzung eines Ersatzvermächtnisnehmers (§§ 2190, 2099) ausgeschlossen werden. Eine Anwachsung tritt auch dann nicht ein, wenn ein Ersatzvermächtnisnehmer kraft Gesetzes (§ 2069) an die Stelle des Weggefallenen tritt. Hat der Erblasser die Anwachsung ausgeschlossen und greift keine Ersatzberufung ein, so kommt der Wegfall dem Beschwerten zugute. 4

§ 2159 Selbständigkeit der Anwachsung

Der durch Anwachsung einem Vermächtnisnehmer anfallende Anteil gilt in Ansehung der Vermächtnisse und Auflagen, mit denen dieser oder der wegfallende Vermächtnisnehmer beschwert ist, als besonderes Vermächtnis.

Die Vorschrift entspricht mit Ausnahme der bei Vermächtnissen nicht geltenden Ausgleichspflicht (§§ 2052, 2051) der Regelung in § 2095 für den anwachsenden Erbteil. Der angewachsene Anteil gilt hinsichtlich einer Beschwerung mit Untervermächtnissen und Auflagen als **besonderes Vermächtnis.** Jedes Vermächtnis haftet deshalb nur für die auf ihm lastende Beschwerung, nicht für die Beschwerung des anderen Vermächtnisses – ein Umstand, der von Bedeutung für das Leistungsverweigerungsrecht nach § 2187 ist. Ein Nachvermächtnis erstreckt sich gemäß §§ 2191 Abs 2, 2110 Abs 1 im Zweifel auch auf den durch Anwachsung angefallenen Teil. Abweichend von § 2159 kann der Erblasser anordnen, dass der ursprüngliche und der angewachsene Anteil als Einheit zu behandeln sind. 1

§ 2160 Vorversterben des Bedachten

Ein Vermächtnis ist unwirksam, wenn der Bedachte zur Zeit des Erbfalls nicht mehr lebt.

I. Normzweck

Im Gegensatz zur Erbeinsetzung (vgl § 1923) ist für die Wirksamkeit des Vermächtnisses nicht erforderlich, dass der Bedachte zum Zeitpunkt des Erbfalls bereits lebt oder jedenfalls erzeugt ist. Vielmehr ist allein entscheidend, dass der Bedachte zum Zeitpunkt des Erbfalls noch nicht gestorben ist. 1

II. Anwendungsbereich

Die Vorschrift greift nicht ein, wenn – auch unter Heranziehung des § 2069[1*] – ein Ersatzberufener oder Anwachsungsberechtigter zum Zeitpunkt des Erbfalls lebt. Ein Vermächtnis zu Gunsten „Mutter Teresa" kann auf die Hilfstätigkeit der Bedachten, dh auf den von ihr gegründeten Orden bezogen 2

---

[1] MünchKommBGB/*Schlichting* Rn 2 iVm § 2094 Rn 3; AnwK-BGB/*J. Mayer* Rn 2; *Planck/Flad* Anm 1B; aA *Palandt/Edenhofer* Rn 1 iVm § 2094 Rn 2.
[2] RGZ 148, 336; MünchKommBGB/*Schlichting* Rn 2; eingehend *Staudinger/Otte* Rn 4.
[3] AnwK-BGB/*J. Mayer* Rn 3; *Palandt/Edenhofer* Rn 1.
[4] Vgl Mot V S 186.
[1*] Vgl BayObLG NJW-RR 1997, 517, 519.

§ 2162

werden[2]. § 2160 gilt entspr für ein Vermächtnis zugunsten einer **juristischen Person** (allgM). Die Auslegung kann jedoch ergeben, dass die Nachfolgeorganisation einer nicht mehr bestehenden juristischen Person als bedacht anzusehen ist[3].

III. Rechtsfolgen

3   Aus der Unwirksamkeit des Vermächtnisses folgt, dass nicht etwa die Erben des Vermächtnisnehmers an dessen Stelle treten, sondern dass die **Beschwerung** des mit dem Vermächtnis Belasteten **wegfällt**. Die Unwirksamkeit des Vermächtnisses kommt also dem Beschwerten zugute. Der Wegfall eines Hauptvermächtnisses hat nicht die Unwirksamkeit des Untervermächtnisses zur Folge[4]; mit ihm ist vielmehr nach § 2161 der Erbe beschwert.

§ 2161 Wegfall des Beschwerten

¹Ein Vermächtnis bleibt, sofern nicht ein anderer Wille des Erblassers anzunehmen ist, wirksam, wenn der Beschwerte nicht Erbe oder Vermächtnisnehmer wird. ²Beschwert ist in diesem Falle derjenige, welchem der Wegfall des zunächst Beschwerten unmittelbar zustatten kommt.

I. Normzweck

1   § 2161 regelt den Wegfall des Beschwerten: Wird dieser nicht Erbe oder Vermächtnisnehmer, hat dies, sofern nicht ein anderer Wille des Erblassers anzunehmen ist, auf den Bestand des Vermächtnisses keinen Einfluss.

II. Wegfall des zunächst Beschwerten

2   Wegfall ist im weiten Sinn zu verstehen; darunter fällt nicht nur Vorversterben, Ausschlagung oder Erbunwürdigkeit des zunächst Beschwerten, sondern auch der Widerruf der ursprünglichen Erbeinsetzung[1]. Rückt der Bedachte als (Mit-)Erbe nach, kann das ihm zugewendete Vermächtnis als Vorausvermächtnis bestehen bleiben[2*].

III. Ersatzbeschwerter

3   Mit dem Vermächtnis ist nach **S 2** derjenige beschwert, dem der Wegfall des zunächst Beschwerten (rechtlich) **unmittelbar zustatten** kommt. Das kann zB sein der Ersatzberufene, der Anwachsungsberechtigte oder der gesetzliche Erbe bei Wegfall des eingesetzten. Wer an die Stelle eines weggefallenen Hauptvermächtnisnehmers tritt, haftet nach § 2187 Abs 2 nur im Umfang des bisher Beschwerten.

IV. Abweichende Anordnung des Erblassers

4   Eine abweichende Anordnung kann sich aus den Umständen ergeben, so wenn der Erblasser nur den weggefallenen Beschwerten persönlich belasten wollte oder wenn nur der zunächst Beschwerte zur Erbringung der vermachten Leistung in der Lage war. Dies kann insbes bei speziellen Dienst- und Werkleistungen der Fall sein.

§ 2162 Dreißigjährige Frist für aufgeschobenes Vermächtnis

(1) Ein Vermächtnis, das unter einer aufschiebenden Bedingung oder unter Bestimmung eines Anfangstermins angeordnet ist, wird mit dem Ablauf von 30 Jahren nach dem Erbfall unwirksam, wenn nicht vorher die Bedingung oder der Termin eingetreten ist.

(2) Ist der Bedachte zur Zeit des Erbfalls noch nicht gezeugt oder wird seine Persönlichkeit durch ein erst nach dem Erbfall eintretendes Ereignis bestimmt, so wird das Vermächtnis mit dem Ablauf von 30 Jahren nach dem Erbfall unwirksam, wenn nicht vorher der Bedachte erzeugt oder das Ereignis eingetreten ist, durch das seine Persönlichkeit bestimmt wird.

I. Normzweck

1   § 2162 setzt (ähnlich wie §§ 2109, 2210) für das Wirksamwerden – und nicht wie das Gesetz ungenau formuliert für die Wirksamkeit – von Vermächtnissen eine zeitliche Grenze, weil erbrechtliche Schwebezustände im Interesse der Rechtssicherheit und zur Vermeidung übermäßig langer Einschränkungen der Verfügungs- und Testierfreiheit der Betroffenen nicht auf unabsehbare Zeit andauern sollen.

---

[2] OLG Jena OLG-NL 2003, 89.
[3] So in dem Fall OLG Oldenburg NdsRpfl 1948, 8.
[4] MünchKommBGB/*Schlichting* Rn 2.
[1] RG WarnR 1936 Nr 41; *Staudinger/Otte* Rn 1.
[2*] RG Recht 1913 Nr 1615; RGRK/*Johannsen* Rn 1.

II. Voraussetzungen

Der Schwebezustand ergibt sich dann, wenn das Vermächtnis aufschiebend bedingt oder aufschiebend befristet ist und Bedingung und Termin erst nach dem Erbfall eintreten (vgl § 2177) oder wenn der Bedachte zum Zeitpunkt des Erbfalls noch nicht erzeugt oder seine „Persönlichkeit" durch ein erst nach dem Erbfall eintretendes Ereignis bestimmt wird (vgl § 2178). Vorbehaltlich der Regelung in § 2163 wird das Vermächtnis in diesen Fällen nach **Abs 1** mit Ablauf von **dreißig Jahren** nach dem Erbfall **endgültig unwirksam**. Die Frist, die auch für das Unter- und Nachvermächtnis gilt, spielt keine Rolle mehr, sobald der Schwebezustand vor ihrem Ablauf beendet wird, und zwar unabhängig davon, ob der Vermächtnisanspruch erst später fällig wird[1]. Die Abgrenzung zwischen Aufschieben der Entstehung und der Fälligkeit bereitet im Einzelfall Schwierigkeiten (vgl § 2176 Rn 3). Für die Berechnung der Frist, die mit dem Erbfall beginnt, gilt § 188 Abs 2 Alt 1. Im Falle des **Abs 2** (noch nicht erzeugter Bedachter) verlängert sich die Frist im Ergebnis um die Empfängniszeit.

§ 2163 Ausnahmen von der dreißigjährigen Frist

(1) Das Vermächtnis bleibt in den Fällen des § 2162 auch nach dem Ablauf von 30 Jahren wirksam:
1. wenn es für den Fall angeordnet ist, dass in der Person des Beschwerten oder des Bedachten ein bestimmtes Ereignis eintritt, und derjenige, in dessen Person das Ereignis eintreten soll, zur Zeit des Erbfalls lebt,
2. wenn ein Erbe, ein Nacherbe oder ein Vermächtnisnehmer für den Fall, dass ihm ein Bruder oder eine Schwester geboren wird, mit einem Vermächtnis zugunsten des Bruders oder der Schwester beschwert ist.

(2) Ist der Beschwerte oder der Bedachte, in dessen Person das Ereignis eintreten soll, eine juristische Person, so bewendet es bei der dreißigjährigen Frist.

I. Normzweck

Die § 2109 Abs 1 S 2 entspr Vorschrift schafft in **Abs 1** eine **Ausnahme zu § 2162**, indem sie für bestimmte Fallgestaltungen die dort angeordnete zeitliche Schranke für das Wirksamwerden von Vermächtnissen aufhebt. **Abs 2** schreibt parallel zu § 2109 Abs 2 für juristische Personen die dreißigjährige Frist des § 2162 fest.

II. Voraussetzungen

Das **Ereignis** iS des **Abs 1 Nr 1** kann auch auf dem Willen des Bedachten oder Beschwerten und deren eigenen Handeln beruhen (zB Scheidung oder Wiederverheiratung). Es muss nicht unmittelbar den Beschwerten oder Bedachten in seiner Stellung als Person berühren, vielmehr genügt es, wenn seine vermögensrechtliche Position betroffen wird[1*], etwa der Eintritt der Insolvenz oder der Verkauf eines Grundstücks. Allerdings muss das Ereignis einen Bezug zur Person des Betroffenen haben, allgemeine Vorgänge reichen nicht aus[2]. Eine Erweiterung oder analoge Anwendung der Ausnahmeregelung verbietet sich im Hinblick auf den Verkehrsschutz[3].

Bei **Nr 2** reicht die Geburt von Halbgeschwistern aus; die Annahme eines Minderjährigen an Kindes Statt ist nach § 1754 der Geburt eines Kindes des Annehmenden gleichzustellen.

§ 2164 Erstreckung auf Zubehör und Ersatzansprüche

(1) Das Vermächtnis einer Sache erstreckt sich im Zweifel auf das zur Zeit des Erbfalls vorhandene Zubehör.

(2) Hat der Erblasser wegen einer nach der Anordnung des Vermächtnisses erfolgten Beschädigung der Sache einen Anspruch auf Ersatz der Minderung des Wertes, so erstreckt sich im Zweifel das Vermächtnis auf diesen Anspruch.

I. Normzweck

§ 2164 will dem Gedanken der **wirtschaftlichen Einheit** Rechnung tragen. Üblicherweise wird der Erblasser den Vermächtnisgegenstand mit der Hauptsache bezeichnen, aber das Zubehör mitvermachen wollen (Abs 1). Auch wird er im Allgemeinen für den Fall einer Beschädigung der vermachten Sache wollen, dass etwaige Ersatzansprüche dem Bedachten zustehen (Abs 2).

---

[1] BGHR BGB § 2174 Verjährung 1.
[1*] BGH NJW 1969, 1112; *Soergel/Wolf* Rn 2.
[2] *Erman/M. Schmidt* Rn 2.
[3] BGH NJW-RR 1992, 643; MünchKommBGB/*Schlichting* Rn 2; AnwK-BGB/*J. Mayer* Rn 2.

§ 2165

II. Erstreckung auf Zubehör

2 **1. Zubehör im Zeitpunkt des Erbfalls.** § 2164 knüpft an die Begriffsbestimmung des Zubehörs in §§ 97, 98 an. Mitvermacht ist im Zweifel das Zubehör, wie es nach Umfang und Zustand im **Zeitpunkt des Erbfalls** tatsächlich vorhanden ist. Der Zeitpunkt des Erbfalls ist auch bei bedingten und befristeten Vermächtnissen maßgebend[1]. Der Beschwerte muss daher für die bis zum Anfall des Vermächtnisses eingetretenen Verluste und Verschlechterungen Ersatz leisten (s §§ 2179, 160 Abs 1). Er darf jedoch Zubehörstücke im Rahmen ordnungsgemäßer Wirtschaft auswechseln[2]. Das Zubehör muss **nicht** notwendig **im Eigentum des Erblassers** stehen. Nach dem zu ermittelnden Willen des Erblassers kann bei nicht dem Erblasser gehörenden Zubehör der Besitz vermacht (§ 2169 Abs 2) oder ein Verschaffungsvermächtnis gewollt sein. Zu **Bestandteilen** vgl § 2174 Rn 6.

3 **2. Sach- und Rechtsinbegriffe.** Der Erhalt der wirtschaftlichen Einheit ist nicht nur im Verhältnis Hauptsache und Zubehör, sondern auch bei **Sachinbegriffen**, wie Hausrat, oder **Rechtsinbegriffen**, wie Unternehmen oder Vermögen, angezeigt. In entspr Anwendung des § 2164 Abs 1 sind daher alle zum Zeitpunkt des Erbfalls zu diesem Inbegriff gehörenden Sachen vom Vermächtnis erfasst[3]. Die Auslegung kann ergeben, dass sonstige mit der Sache in einem wirtschaftlichen Zusammenhang stehende Gegenstände als mitvermacht gelten, wenn die Sache nur mit ihnen sinnvoll wirtschaftlich genutzt werden kann, zB ein Wegerecht für ein Grundstück[4].

III. Ersatzansprüche wegen Beschädigung

4 Abs 2 ist eine Ausprägung des Surrogationsprinzips. Ausdrücklich geregelt ist nur die Erstreckung des Vermächtnisses auf Ersatzansprüche des Erblassers wegen Minderung des Wertes auf Grund einer **Beschädigung** der Sache **nach Anordnung** des Vermächtnisses. Nach Sinn und Zweck der Vorschrift werden auch Ansprüche wegen einer **vor Anordnung** des Vermächtnisses erfolgten Beschädigung erfasst, jedenfalls dann, wenn der Erblasser zum Zeitpunkt der Anordnung von ihnen keine Kenntnis hatte[5]. Für den Fall des Untergangs oder der Entziehung der Sache sieht § 2169 Abs 3 eine entspr Regelung vor; bei Verbindung, Vermischung und Verarbeitung gilt § 2172 Abs 2. In Betracht kommen vertragliche und deliktische Schadensersatzansprüche und Ansprüche aus Versicherungsverträgen wegen Beschädigung der Sache. Des Weiteren fallen **Gewährleistungsrechte** wegen Mängel des vermachten Gegenstands unter Abs 2; ob dies auch für die Wandelung (§ 462 aF) bzw den Rücktritt (§§ 437 Nr 2, 440, 323) gilt, ist umstritten, aber im Ergebnis zu bejahen[6]. Wird die Sache erst nach dem Erbfall beschädigt, gilt nicht § 2164 Abs 2, vielmehr kann der Bedachte Abtretung des Ersatzanspruchs nach § 285 verlangen (vgl § 2174 Rn 14). In allen Fällen stehen die Ersatzansprüche dem Vermächtnisnehmer nicht unmittelbar zu, er kann nur vom Beschwerten deren Abtretung verlangen (§ 2174).

5 Der **Höhe** nach erfasst der Anspruch nur den Substanzwert der Sache, er erstreckt sich nicht auf einen darüber hinausgehenden Schadensersatzanspruch[7]. Kann der dem Erblasser erwachsene Ersatzanspruch nicht realisiert werden, muss der Beschwerte für den Ausfall nicht aufkommen. Wird der Ersatzanspruch vor dem Erbfall erfüllt, gilt § 2173.

§ 2165 Belastungen

(1) ¹Ist ein zur Erbschaft gehörender Gegenstand vermacht, so kann der Vermächtnisnehmer im Zweifel die Beseitigung der Rechte verlangen, mit denen der Gegenstand belastet ist. ²Steht dem Erblasser ein Anspruch auf die Beseitigung zu, so erstreckt sich im Zweifel das Vermächtnis auf diesen Anspruch.

(2) Ruht auf einem vermachten Grundstück eine Hypothek, Grundschuld oder Rentenschuld, die dem Erblasser selbst zusteht, so ist aus den Umständen zu entnehmen, ob die Hypothek, Grundschuld oder Rentenschuld als mitvermacht zu gelten hat.

I. Normzweck

1 Die Vorschrift beruht auf der Erwägung, dass der Vermächtnisnehmer grds nur das erhalten soll, was auch dem Erblasser zustand. Deshalb soll er nach **Abs 1** im Zweifel nicht die Beseitigung der auf dem vermachten Gegenstand ruhenden Lasten verlangen können. Allerdings ist ihm – ebenfalls im Zweifel – ein schon dem Erblasser zustehender Anspruch auf Beseitigung der Belastung zu übertragen. Für Eigentümergrundpfandrechte verweist **Abs 2** – ohne Auslegungsregel wie in Abs 1 – auf die Umstände des Einzelfalls. Bei einem erbvertraglich vermachten Gegenstand ist hinsichtlich der Belastungen § 2288 Abs 2 zu beachten.

---

[1] MünchKommBGB/*Schlichting* Rn 2; *Soergel/Wolf* Rn 2; aA *Planck/Flad* Anm 1.
[2] *Staudinger/Otte* Rn 4.
[3] *Soergel/Wolf* Rn 1; *Reichel* AcP 138 (1934), 199.
[4] *Planck/Flad* Anm 4; RGRK/*Johannsen* Rn 13.
[5] MünchKommBGB/*Schlichting* Rn 5; *Staudinger/Otte* Rn 9; *Soergel/Wolf* Rn 5; aA RGRK/*Johannsen* Rn 11.
[6] MünchKommBGB/*Schlichting* Rn 5; AnwK-BGB/*J. Mayer* Rn 6; *Soergel/Wolf* Rn 5: analog § 2169 Abs 3; aA RGRK/*Johannsen* Rn 10; *Staudinger/Otte* Rn 9.
[7] *Kipp/Coing* § 58 II.

II. Übergang mit Belastungen

1. Anwendungsbereich. Der Gegenstand muss (im Zeitpunkt des Erbfalls) **zur Erbschaft gehören.** Bei einem Verschaffungsvermächtnis (§ 2170) haftet der Beschwerte für die Lastenfreiheit nach § 2182 Abs 2; beim Gattungsvermächtnis bestimmt sich die Haftung nach § 2182 Abs 1, sofern es sich nicht um ein beschränktes Gattungsvermächtnis handelt (vgl § 2155 Rn 2); für das Grundstücksvermächtnis ist in § 2182 Abs 3 eine Sonderregelung enthalten. Für die Anwendung des Abs 1 ist es unerheblich, ob der Erblasser die Belastung kannte.

Ein **sicherungsübereigneter Gegenstand** gehört nicht mehr zur Erbschaft und fällt daher nicht unter § 2165 Abs 1. Der Wille des Erblassers kann aber dahin gehen, dass er dem Bedachten vom Erben zu verschaffen ist (§§ 2169 Abs 1, 2170), zumindest ist der Anspruch auf Rückübertragung des Sicherungsgutes nach § 2169 Abs 3 als vermacht anzusehen[1].

2. Belastungen. § 2165 Abs 1 gilt für alle **dinglichen** Belastungen, auch für Hypotheken, Grundschulden und Rentenschulden, soweit sie einem anderen als dem Erblasser zustehen. Für **Grundpfandrechte** sind jedoch eine Reihe von Sonderregelungen zu beachten (vgl §§ 2166 bis 2168). Auch **öffentliche Lasten** können unter Abs 1 fallen, ebenso **Pfandrechte**, wobei allerdings häufig anzunehmen sein wird, dass der Wille des Erblassers auf lastenfreie Übertragung gerichtet war, der Bedachte vom Beschwerten somit Ablösung des Pfandrechts verlangen kann[2]. Der **Bedachte** hat nur die dingliche Belastung zu dulden, er **haftet nicht persönlich.** Befriedigt er dennoch den Gläubiger, so geht die Forderung gegen den Erben nach §§ 1249, 268 Abs 3 auf ihn über. Vermietung und Verpachtung begründen keine dinglichen Rechte, so dass § 2165 insoweit nicht passt[3], vielmehr gelten §§ 566 und 986 Abs 2.

3. Beseitigungsanspruch. Der Beschwerte kommt seiner Leistungspflicht gegenüber dem Bedachten nach, wenn er den Vermächtnisgegenstand mit den Eigenschaften überträgt, die dieser zum Zeitpunkt des Erbfalls hat. Eine Ausnahme gilt, wenn dem Erblasser wegen der Belastung des Vermächtnisgegenstands ein Beseitigungsanspruch, zB der Anspruch auf Aufhebung oder Rückübertragung der nicht mehr valutierten Sicherungsgrundschuld zusteht[4]. Dieser Anspruch ist nach **Abs 1 S 2** im Zweifel mitvermacht und vom Beschwerten abzutreten.

III. Grundpfandrechte des Erblassers

Die Regelung in **Abs 2** erfasst Hypotheken, Grundschulden und Rentenschulden, die dem Erblasser selbst am vermachten Grundstück zustehen. Maßgebend ist die materiell-rechtliche Lage und nicht die Eintragung im Grundbuch. Die Auslegungsregel des Abs 1 gilt nur, solange kein anderer auf lastenfreie Übertragung gerichteter Wille des Erblassers feststeht[5]. Hat der Erblasser die Schuld getilgt, sprechen die Umstände eher dafür, dass er das Grundstück für unbelastet hielt und es in seinem gesamten wirtschaftlichen Wert vermachen wollte. Bei einer vorläufigen Eigentümergrundschuld kann dagegen eher davon ausgegangen werden, dass sie nicht mitvermacht sein soll[6]. Der **Bedachte** hat die Darlegungs- und **Beweislast** dafür, dass Grundpfandrechte mitvermacht sind[7].

§ 2166 Belastung mit einer Hypothek

(1) ¹Ist ein vermachtes Grundstück, das zur Erbschaft gehört, mit einer Hypothek für eine Schuld des Erblassers oder für eine Schuld belastet, zu deren Berichtigung der Erblasser dem Schuldner gegenüber verpflichtet ist, so ist der Vermächtnisnehmer im Zweifel dem Erben gegenüber zur rechtzeitigen Befriedigung des Gläubigers insoweit verpflichtet, als die Schuld durch den Wert des Grundstücks gedeckt wird. ²Der Wert bestimmt sich nach der Zeit, zu welcher das Eigentum auf den Vermächtnisnehmer übergeht; er wird unter Abzug der Belastungen berechnet, die der Hypothek im Range vorgehen.

(2) Ist dem Erblasser gegenüber ein Dritter zur Berichtigung der Schuld verpflichtet, so besteht die Verpflichtung des Vermächtnisnehmers im Zweifel nur insoweit, als die Erbe die Berichtigung nicht von dem Dritten erlangen kann.

(3) Auf eine Hypothek der im § 1190 bezeichneten Art finden diese Vorschriften keine Anwendung.

I. Normzweck

Der Vermächtnisnehmer hat im Zweifel nach § 2165 keinen Anspruch auf Übertragung eines lastenfreien Gegenstandes. Ohne die Regelung des § 2166 könnte der Vermächtnisnehmer diesen

---

[1] Näher *Staudinger/Otte* Rn 5.
[2] MünchKommBGB/*Schlichting* Rn 2; diff *Soergel/Wolf* Rn 2.
[3] *Staudinger/Otte* Rn 6.
[4] Zur Anwendung des § 2165 Abs 1 S 2, wenn ein durch ein Grundpfandrecht gesichertes Bauspardarlehen durch eine vom Erblasser abgeschlossene Risiko-Lebensversicherung abgelöst werden soll, vgl BGH WM 1980, 310.
[5] BGH NJW 1998, 682.
[6] *Soergel/Wolf* Rn 4; *Erman/M. Schmidt* Rn 4; anders mit beachtlichen Gründen AnwK-BGB/*J. Mayer* Rn 8.
[7] MünchKommBGB/*Schlichting* Rn 7; *Baumgärtel/Schmitz*, HdB der Beweislast im Privatrecht, Bd 2, Rn 3; vgl BayObLGZ 2001, 118.

Grundsatz dadurch außer Kraft setzen, dass er den Hypothekengläubiger befriedigt und damit gemäß § 1143 die persönliche Forderung gegen den nach § 1967 für die Erblasserschuld haftenden Erben erwirbt. Deshalb ist der Vermächtnisnehmer dem Erben gegenüber zur rechtzeitigen Befriedigung des Gläubigers insoweit verpflichtet, als die Schuld durch den Wert des Grundstücks gedeckt ist. § 2166 führt aber nicht zu einer Haftung des Vermächtnisnehmers nach außen gegenüber dem Gläubiger.

II. Verpflichtung des Vermächtnisnehmers

2 **1. Innenverhältnis.** Die Pflicht zur Befriedigung des Gläubigers betrifft nur das Verhältnis zwischen Vermächtnisnehmer und Erben. Die Regelung gilt nur **im Zweifel**, wobei der Erblasser (durch Untervermächtnis zugunsten des Erben) anordnen kann, dass der Vermächtnisnehmer die persönliche Schuld im Außenverhältnis übernehmen muss[1]. Greift die gesetzliche Regelung ein, so ist der Vermächtnisnehmer verpflichtet, den Gläubiger bei Fälligkeit der Schuld zu befriedigen; er schuldet aber weder Freistellung des Erben noch Sicherheitsleistung[2].

3 **2. Voraussetzungen.** Das vermachte Grundstück muss **zur Erbschaft gehören** und mit einer Hypothek für eine eigene Schuld des Erblassers oder für eine solche Schuld belastet sein, zu deren Berichtigung der Erblasser dem Schuldner gegenüber verpflichtet ist. Der Erbe kann Befriedigung des Gläubigers nicht vor der Übereignung des Grundstücks an den Vermächtnisnehmer verlangen[3].

4 Eine Verpflichtung des Vermächtnisnehmers besteht nach **Abs 3** nicht im Fall einer **Höchstbetragshypothek** (§ 1190). Dies beruht auf der Überlegung, dass Höchstbetragshypotheken ihrer Art nach zur Sicherung einer Forderung aus laufender Geschäftsbeziehung bestimmt sind und ein Bezug zum belasteten Grundstück fehlt[4].

5 § 2166 gilt entspr für **Grundschulden,** die der Sicherung einer persönlichen Schuld des Erblassers dienen[5]. Auf **Sicherungsgrundschulden,** die in ihrer wirtschaftlichen Funktion der Höchstbetragshypothek entsprechen, also ein Kreditverhältnis in laufender Rechnung mit wechselndem Bestand sichern, ist Abs 3 analog anwendbar[6].

6 **3. Subsidiarität.** Der Vermächtnisnehmer muss für eine persönliche Schuld nach **Abs 2** im Zweifel nicht haften, soweit ein **Dritter** dem Erblasser gegenüber **zur Berichtigung der Schuld** verpflichtet ist. Angesprochen sind hier Fälle, in denen der Erblasser die Hypothek für eine Forderung bestellt hatte, für die er als Bürge (§ 775) oder als Gesamtschuldner (§ 426) haftete. Kann der Erbe die Berichtigung von dem Dritten erlangen, entfällt die Verpflichtung des Vermächtnisnehmers. Zur Vorausklage gegen den Dritten ist der Erbe jedoch nicht verpflichtet[7].

7 **4. Umfang der Verpflichtung.** Die Verpflichtung des Vermächtnisnehmers ist der **Höhe nach begrenzt.** Er ist zur Befriedigung des Gläubigers nur insoweit verpflichtet, als die Schuld durch den Wert des Grundstücks gedeckt ist. Obergrenze ist demnach der Wert des Grundstücks. Dieser bestimmt sich nach dem Zeitpunkt des Eigentumsübergangs auf den Vermächtnisnehmer. Abzustellen ist auf den **Verkehrswert** (vgl §§ 194 BauGB, 9 Abs 2 BewG) **zum Zeitpunkt der Grundbucheintragung** (§§ 873, 925)[8]. Abzuziehen sind nach Abs 1 S 2 HS 2 die Belastungen, die der Hypothek im Rang vorgehen. Auch hier kommt es auf die Verhältnisse zum Zeitpunkt des Eigentumsübergangs an. Belastungen, die nicht vom Vermächtnisnehmer selbst, sondern vom Erben oder einem Dritten zu tragen sind, nicht abzuziehen[9], ist problematisch, weil dann der Vermächtnisnehmer insgesamt zu einem über den Verkehrswert hinausgehenden Betrag in Anspruch genommen werden könnte[10]. Die auf Abs 3 gestützte Auffassung, eine Höchstbetragshypothek und eine ihr gleichgestellte (vgl Rn 5) Sicherungsgrundschuld seien nicht abzuziehen[11], verkennt, dass diese Vorschrift nur die Frage regelt, ob der Vermächtnisnehmer dem Erben gegenüber auch zur Befriedigung des Gläubigers einer Höchstbetragshypothek verpflichtet ist, während es bei der Frage der Abzugsfähigkeit um den Umfang der Ausgleichspflicht geht[12]. **Nicht abzuziehen** sind die iS von § 2165 Abs 2 mitvermachten Grundpfandrechte, es sei denn der Erblasser wollte ihren Wert dem Bedachten zukommen lassen.

8 **Befriedigt** der Vermächtnisnehmer den Gläubiger in vollem Umfang, obwohl er nach § 2166 hierzu nicht verpflichtet ist, erwirbt er in Höhe des überschießenden Betrags die persönliche Forderung (§ 1143). Leistet der Erbe auf die persönliche Schuld, geht nach § 1164 die Hypothek in Höhe des Schuldbetrags auf ihn über, dessen Berichtigung er vom Vermächtnisnehmer verlangen kann.

---

[1] BGH NJW 1963, 1612.
[2] MünchKommBGB/*Schlichting* Rn 2; *Staudinger/Otte* Rn 3.
[3] MünchKommBGB/*Schlichting* Rn 3.
[4] Näher dazu MünchKommBGB/*Schlichting* Rn 5; RGRK/*Johannsen* Rn 9; abw *Staudinger/Otte* Rn 9.
[5] BGH NJW 1963, 1612; KG NJW 1961, 1680; RGRK/*Johannsen* Rn 2.
[6] BGHZ 37, 233, 245 f = NJW 1962, 1715 = LM BBauG § 19 Nr 1 m Anm *Mattern*; RGRK/*Johannsen* Rn 2; *Erman/M. Schmidt* Rn 3.
[7] MünchKommBGB/*Schlichting* Rn 6.
[8] AnwK-BGB/*J. Mayer* Rn 7; abw MünchKommBGB/*Schlichting* Rn 8: Zeitpunkt der Auflassung.
[9] *Soergel/Wolf* Rn 3.
[10] *Staudinger/Otte* Rn 6; AnwK-BGB/*J. Mayer* Rn 7.
[11] MünchKommBGB/*Schlichting* Rn 9; *Soergel/Wolf* Rn 3; *Erman/M. Schmidt* Rn 1.
[12] *Staudinger/Otte* Rn 6; AnwK-BGB/*J. Mayer* Rn 7.

§ 2167 Belastung mit einer Gesamthypothek

¹Sind neben dem vermachten Grundstück andere zur Erbschaft gehörende Grundstücke mit der Hypothek belastet, so beschränkt sich die im § 2166 bestimmte Verpflichtung des Vermächtnisnehmers im Zweifel auf den Teil der Schuld, der dem Verhältnis des Wertes des vermachten Grundstücks zu dem Werte der sämtlichen Grundstücke entspricht. ²Der Wert wird nach § 2166 Abs. 1 Satz 2 berechnet.

Die Vorschrift enthält eine **Auslegungsregel**, die § 2166 für den Fall ergänzt, dass neben dem vermachten Grundstück andere zum Nachlass gehörende Grundstücke mit einer **Gesamthypothek** belastet sind. Der Vermächtnisnehmer ist dann nur in den von § 2166 gesteckten Grenzen zur Berichtigung der persönlichen Schuld im Verhältnis des Wertes des vermachten Grundstücks zum Wert der anderen Grundstücke verpflichtet[1]. Für die Wertberechnung gilt § 2166 Abs 1 S 2 (vgl dort Rn 5). Die Beschränkung des § 2167 hat nur Bedeutung im Verhältnis zwischen dem Vermächtnisnehmer und dem Erben. Nach außen besteht die dingliche Haftung des Vermächtnisnehmers als Eigentümer des vermachten Grundstücks gemäß § 1132 Abs 1 für die Forderung in voller Höhe. 1

Lastet eine Gesamthypothek auf Nachlassgrundstücken und auf **nicht zum Nachlass gehörenden** Grundstücken, verbleibt es bei der Regel des § 2166[2]. Gehören einige der gesamtbelasteten Grundstücke zum Nachlass, andere dagegen nicht, ist für die anteilige Minderung der Verpflichtung des Vermächtnisnehmers maßgebend, in welchem Verhältnis der Wert des vermachten Grundstücks zum Wert der anderen dem Erblasser gehörenden belasteten Grundstücke steht; die übrigen nicht zur Erbschaft gehörenden belasteten Grundstücke bleiben unberücksichtigt[3]. 2

§ 2168 Belastung mit einer Gesamtgrundschuld

(1) ¹Besteht an mehreren zur Erbschaft gehörenden Grundstücken eine Gesamtgrundschuld oder eine Gesamtrentenschuld und ist eines dieser Grundstücke vermacht, so ist der Vermächtnisnehmer im Zweifel dem Erben gegenüber zur Befriedigung des Gläubigers in Höhe des Teils der Grundschuld oder der Rentenschuld verpflichtet, der dem Verhältnis des Wertes des vermachten Grundstücks zu dem Wert der sämtlichen Grundstücke entspricht. ²Der Wert wird nach § 2166 Abs. 1 Satz 2 berechnet.

(2) Ist neben dem vermachten Grundstück ein nicht zur Erbschaft gehörendes Grundstück mit einer Gesamtgrundschuld oder einer Gesamtrentenschuld belastet, so finden, wenn der Erblasser zur Zeit des Erbfalls gegenüber dem Eigentümer des anderen Grundstücks oder einem Rechtsvorgänger des Eigentümers zur Befriedigung des Gläubigers verpflichtet ist, die Vorschriften des § 2166 Abs. 1 und des § 2167 entsprechende Anwendung.

I. Normzweck

Abs 1 stellt – was sich aus dem Wortlaut nicht klar ergibt[1*] – für Gesamtgrundschulden und Gesamtrentenschulden die Parallelvorschrift zu § 2167 dar. **Abs 2** erweitert die Ausgleichspflicht des Vermächtnisnehmers auf eine Ersatzverpflichtung des Erblassers gegenüber dem Eigentümer eines gesamtbelasteten Grundstücks. 1

II. Umfang der Verpflichtung des Vermächtnisnehmers

Für die Gesamtgrundschuld und die Gesamtrentenschuld gilt das bei § 2167 für die Gesamthypothek Gesagte. Hinsichtlich der Wertberechnung wird auf § 2166 Abs 1 S 2 verwiesen. Allerdings **fehlt** in § 2168 die **Verweisung auf § 2166 Abs 1 S 1 und Abs 2**, wonach der Vermächtnisnehmer die persönliche Schuld des Erblassers nur bis zur Höhe des Grundstückswertes befriedigen muss und geltend machen kann, ein Dritter sei dem Erblasser gegenüber zur Berichtigung der Schuld verpflichtet und dazu auch in der Lage. Nach allgM handelt es sich hierbei um ein **Redaktionsversehen**[2*]; ein Grund für eine abweichende Regelung besteht nicht. 2

Abs 2 enthält eine Erweiterung des § 2166 Abs 1. Dort ist vorausgesetzt, dass der Erblasser persönlicher Schuldner oder dem persönlichen Schuldner gegenüber zur Berichtigung der Schuld verpflichtet war. Nach § 2168 Abs 2 reicht eine Verpflichtung gegenüber dem Eigentümer eines mitbelasteten Grundstücks (oder gegenüber dessen Rechtsvorgänger) aus. Auch unter diesen Voraussetzungen muss also der Vermächtnisnehmer im Verhältnis zum Erben den Gläubiger befriedigen. Die hM wendet die Vorschrift unter Berufung auf ihren Sinn und Zweck darüber hinaus auch dann an, wenn der Erblasser nicht dem Eigentümer, sondern dem Schuldner gegenüber zur Befriedigung des Gläubigers verpflichtet war oder diesem persönlich haftete[3*]. Für den Umfang der 3

---

[1] Anwendungsbeispiel bei *Staudinger/Otte* Rn 1 und AnwK-BGB/*J. Mayer* Rn 4.
[2] RGRK/*Johannsen* Rn 3 ff; AnwK-BGB/*J. Mayer* Rn 2.
[3] *Staudinger/Otte* Rn 3; RGRK/*Johannsen* Rn 4.
[1*] Zu den Gründen *Staudinger/Otte* Rn 1.
[2*] *Planck/Flad* Anm 1; *Palandt/Edenhofer* Rn 1.
[3*] MünchKommBGB/*Schlichting* Rn 3; *Staudinger/Otte* Rn 3; AnwK-BGB/*J. Mayer* Rn 3.

Verpflichtung des Vermächtnisnehmers gegenüber dem Erben gilt das zu §§ 2166, 2167 Gesagte entspr[4].

§ 2168 a Anwendung auf Schiffe, Schiffsbauwerke und Schiffshypotheken

§ 2165 Abs. 2, §§ 2166, 2167 gelten sinngemäß für eingetragene Schiffe und Schiffsbauwerke und für Schiffshypotheken.

1 Die durch Art II Nr 29 der DVOSchiffRG vom 2. 12. 1940 (RGBl I S 1609) in das BGB eingefügte Vorschrift bestimmt die sinngemäße Anwendung der §§ 2165 Abs 2, 2166, 2167 für eingetragene Schiffe und Schiffsbauwerke und für Schiffshypotheken (§§ 8, 24 ff, 76 ff SchiffRG). Ein Nießbrauch an dem eingetragenen Schiff (§ 9 SchiffRG) ist nach § 2165 Abs 1 zu behandeln. Die Anwendung des § 2165 Abs 2 wird nur selten in Betracht kommen, da die Schiffshypothek grds mit der Forderung erlischt (§ 57 SchiffRG).

2 Zur sinngemäßen Anwendung des § 2168 a auf Luftfahrzeuge vgl § 98 Abs 2 LuftRG[1].

§ 2169 Vermächtnis fremder Gegenstände

(1) Das Vermächtnis eines bestimmten Gegenstands ist unwirksam, soweit der Gegenstand zur Zeit des Erbfalls nicht zur Erbschaft gehört, es sei denn, dass der Gegenstand dem Bedachten auch für den Fall zugewendet sein soll, dass er nicht zur Erbschaft gehört.

(2) Hat der Erblasser nur den Besitz der vermachten Sache, so gilt im Zweifel der Besitz als vermacht, es sei denn, dass er dem Bedachten keinen rechtlichen Vorteil gewährt.

(3) Steht dem Erblasser ein Anspruch auf Leistung des vermachten Gegenstands oder, falls der Gegenstand nach der Anordnung des Vermächtnisses untergegangen oder dem Erblasser entzogen worden ist, ein Anspruch auf Ersatz des Wertes zu, so gilt im Zweifel der Anspruch als vermacht.

(4) Zur Erbschaft gehört im Sinne des Absatzes 1 ein Gegenstand nicht, wenn der Erblasser zu dessen Veräußerung verpflichtet ist.

I. Normzweck

1 Die Regelung in **Abs 1** beruht auf der Erwägung, dass der Erblasser im Regelfall nur solche Gegenstände durch letztwillige Verfügung zuwenden will, die beim Erbfall noch zu seinem Vermögen gehören[1*]. Aus wirtschaftlichen Gründen zählt **Abs 4** dazu nicht mehr einen Gegenstand, zu dessen Veräußerung der Erblasser verpflichtet ist. Das Vermächtnis eines **fremden Gegenstandes** ist grds **unwirksam**, es sei denn der Erblasser hat den Gegenstand auch für den Fall zuwenden wollen, dass er nicht zur Erbschaft gehört (sog **Verschaffungsvermächtnis, § 2170**). Die Auslegungsregel des **Abs 2** trägt dem Umstand Rechnung, dass bereits der Besitz als solcher eine vorteilhafte Position verschaffen kann. Beim Wertersatzanspruch nach **Abs 3** spielt der im Erbrecht zentrale Surrogationsgedanke eine Rolle.

II. Unwirksamkeit des Vermächtnisses

2 **1. Anwendungsbereich.** Die Vorschrift betrifft nur das Vermächtnis, das sich auf einen **bestimmten Gegenstand** (Sache oder Recht) bezieht. Sie gilt also nur für das **Stückvermächtnis**, auch soweit es Gegenstand eines Wahlvermächtnisses ist (vgl § 2154 Rn 2). Auf Gattungsvermächtnisse (§ 2155) passt § 2169 nicht, anders bei einem beschränkten Gattungsvermächtnis (vgl § 2155 Rn 2)[2]. Unerheblich ist, ob der Gegenstand durch Testament oder Erbvertrag zugewendet wurde. Da die Bindungswirkung des Erbvertrags und des gemeinschaftlichen Testaments die Verfügungsbefugnis zu Lebzeiten nicht einschränkt, kann der Erblasser den Tatbestand des § 2169 Abs 1 durch Veräußerung des Vermächtnisgegenstandes herbeiführen (s § 2286 Rn 7)[3].

3 **2. Fehlende Zugehörigkeit zur Erbschaft.** Maßgebend ist der **Zeitpunkt des Erbfalls**, nicht der der Anordnung oder des Anfalls des Vermächtnisses. Aus welchen Gründen der Gegenstand nicht mehr Teil der Erbschaft ist, spielt keine Rolle[4*].

4 Gegenstände, die zu einem **Gesamthandsvermögen** gehören, an dem der Erblasser beteiligt ist, gehören nicht zu dessen Nachlass[5] – auch nicht zu seiner Beteiligung entspr Quote. Die Auslegung

---

[4] Näher MünchKommBGB/*Schlichting* Rn 3.
[1] Gesetz über Rechte an Luftfahrzeugen vom 26. 2. 1959, BGBl I S 57.
[1*] Mot V S 143.
[2] MünchKommBGB/*Schlichting* Rn 3.
[3] BGHZ 31, 13; OLG Stuttgart BWNotZ 1958, 307; *Staudinger/Otte* Rn 6; AK/*Dubischar* Rn 4. Zu beachten ist, dass sich der Erblasser neben der erbvertraglichen Bindung durch einen schuldrechtlichen Vertrag mit dem Bedachten verpflichten kann, über den vermachten Gegenstand unter Lebenden nicht mehr zu verfügen.
[4*] BGHZ 22, 357, 358 = NJW 1957, 421 = LM Nr 1 m Anm *Johannsen*; Veräußerung durch Erblasser selbst.
[5] BGH NJW 1964, 2298; BayObLG NJW-RR 2003, 293; OLG Saarbrücken OLGR 2006, 108.

der letztwilligen Verfügung kann jedoch ergeben, dass der Anteil an der Gesamthandsberechtigung oder der Auseinandersetzungsanspruch zugewendet werden soll. Ist der Erblasser dagegen zu einem ideellen **Bruchteil** an dem vermachten Gegenstand beteiligt, ist das Vermächtnis hinsichtlich des dem Erblasser gehörenden Anteils unbedenklich wirksam; iÜ kommt ein Verschaffungsvermächtnis in Betracht. Stand dem Erblasser ein Anwartschaftsrecht zu, wird dieses idR mitvermacht sein[6].

Die **Ausnahmeregelung** in **Abs 4** rechnet aus wirtschaftlichen Gründen einen Gegenstand auch 5 dann nicht mehr zur Erbschaft, wenn der Erblasser zu dessen **Veräußerung verpflichtet** ist. Die Verpflichtung muss im Zeitpunkt des Erbfalls wirksam gewesen sein; die Rückwirkung einer ggf erforderlichen Genehmigung (§ 184 Abs 1) ist zu beachten. Ob die Gegenleistung für die Veräußerung des Gegenstandes ihrerseits vermacht sein soll, ist durch Auslegung zu klären[7].

3. Rechtsfolgen der Unwirksamkeit. Gehört der vermachte Gegenstand nicht zur Erbschaft, so 6 wird die **Unwirksamkeit** des Vermächtnisses **vermutet**. Es besteht dann kein Anspruch des Vermächtnisnehmers auf den bestimmten Gegenstand. Ist dieser nur noch teilweise vorhanden, so beschränkt sich das Vermächtnis auf den zum Zeitpunkt des Erbfalls noch zum Nachlass gehörenden Teil. Entsprechendes gilt, wenn der Gegenstand erst teilweise vorhanden ist. Das nach Abs 1 unwirksame Vermächtnis ist nicht ohne jede rechtliche Bedeutung: Es kann Grundlage für ein „Sekundärvermächtnis" nach Abs 2, 3 sein[8].

III. Pflicht zur Verschaffung

Gehört ein Gegenstand nicht zur Erbschaft, kann das darauf gerichtete Vermächtnis gleichwohl 7 wirksam sein, wenn der Erblasser angeordnet hat oder wenn im Wege der Auslegung anzunehmen ist, dass der Gegenstand dem Bedachten auch für den Fall der Nichtzugehörigkeit zugewendet sein soll **(Abs 1 letzter HS)**. Der Beschwerte muss dann dem Bedachten den Gegenstand verschaffen (§ 2170 Abs 1). Der nach Abs 1 HS 2 erforderliche **qualifizierte Zuwendungswille** setzt nicht zwingend das Bewusstsein voraus, dass der vermachte Gegenstand nicht zum Nachlass zählt[9]. Die Kenntnis des Erblassers von der Nichtzugehörigkeit zum Nachlass ist aber ein wichtiges Indiz für ein Verschaffungsvermächtnis[10]. Ein Verschaffungsvermächtnis liegt auch dann nahe, wenn der Gegenstand zwar nicht rechtlich zum Nachlass zählt, aber wirtschaftlich in ihm enthalten ist, etwa als Bestandteil eines Gesamthandsvermögens, an dem der Erblasser beteiligt ist[11]. Geht der Erblasser irrtümlich von seiner alleinigen Berechtigung aus, hängt das Vorliegen eines Verschaffungsvermächtnisses von der Intensität des Zuwendungswillens ab[12].

Die **Beweislast** dafür, dass der Vermächtnisgegenstand nicht zur Erbschaft gehört, trägt der Be- 8 schwerte. Dagegen muss der Bedachte darlegen und beweisen, dass der Erblasser entgegen der Regel des Abs 1 einen nicht zur Erbschaft gehörenden Gegenstand zuwenden wollte[13].

IV. Vermächtnis des Besitzes

Die **Auslegungsregel** des Abs 2 greift erst ein, wenn die Nichtzugehörigkeit der vermachten Sache 9 zum Nachlass bewiesen oder unstreitig ist. Der Anspruch des Bedachten auf Einräumung des Besitzes entfällt dann, wenn der Besitz ihm keinen rechtlichen Vorteil (zB aus §§ 937 ff, 994 ff, 1006) gewährt. Dies ist etwa der Fall, wenn der Erblasser die Sache unrechtmäßig besessen hat und mit dem Besitz auch kein Zurückbehaltungsrecht verbunden ist[14].

V. Vermächtnis des Leistungs- oder Wertersatzanspruchs

1. Auslegungsregel. Abs 3 ist ebenfalls eine **Auslegungsregel**. Danach tritt im Zweifel ein An- 10 spruch auf Leistung des vermachten Gegenstandes oder ein Ersatzanspruch an die Stelle des Gegenstandes. Hat der Erblasser den Ersatz bereits erhalten, gilt § 2173. Der Grundsatz des Abs 3 kann nicht zu einer allgemeinen Surrogationsregel erweitert werden[15]. Auf die **freiwillige Veräußerung** des Vermächtnisgegenstandes durch den Erblasser ist Abs 3 daher nicht analog anwendbar. Im Wege der ergänzenden Auslegung kann freilich der Veräußerungserlös als vermacht gelten (Wertersatzvermächtnis)[16].

2. Anspruch auf Leistung. Der Anspruch auf Leistung (zB Übereignung einer Sache) gebührt dem 11 Bedachten so, wie er in der Person des Erblassers bestand. Unerheblich ist, ob der Erblasser wusste, dass der Erwerb noch nicht vollendet war. Richtet sich der Leistungsanspruch gegen den Bedachten selbst, liegt ein **Befreiungsvermächtnis** (vgl § 2173 Rn 6) vor.

---

[6] *Soergel/Wolf* Rn 4; MünchKommBGB/*Schlichting* Rn 7; AnwK-BGB/*J. Mayer* Rn 4. Die Vermutung des Abs 1 HS 1 spricht allerdings dafür, dass noch zu erbringende Kaufpreisraten vom Bedachten zu leisten sind.
[7] Vgl OLG Nürnberg NJW 1956, 1882.
[8] MünchKommBGB/*Schlichting* Rn 8; *Staudinger/Otte* Rn 10.
[9] BGH NJW 1983, 937; OLG München OLGR 1997, 225.
[10] BGH NJW 1984, 731, 732; OLG Celle MDR 1950, 353.
[11] Weit. Beispiele bei *Soergel/Wolf* Rn 11.
[12] BGH NJW 1984, 731; OLG Oldenburg FamRZ 1999, 532.
[13] *Baumgärtel/Schmitz*, HdB der Beweislast im Privatrecht, Bd 2, Rn 2.
[14] Diff *Staudinger/Otte* Rn 14.
[15] BGHZ 22, 357, 359 = NJW 1957, 421 = LM Nr 1 m Anm *Johannsen*; MünchKommBGB/*Schlichting* Rn 15; *Soergel/Wolf* Rn 14.
[16] BGHZ 22, 357; 31, 13, 22; KG FamRZ 1977, 267, 270.

12 **3. Wertersatzanspruch.** Wertersatzansprüche gelten **im Zweifel** als vermacht, wenn der Gegenstand nach Anordnung des Vermächtnisses **untergegangen** ist oder dem Erblasser **entzogen** wurde (zu Ansprüchen wegen Beschädigung vgl § 2164 Abs 2). Der Wortlaut der Vorschrift stellt darauf ab, dass der Untergang oder die Entziehung des Gegenstandes nach Anordnung des Vermächtnisses stattgefunden hat. Dem wird der Fall gleichgestellt, dass der Anspruch bereits vor Anordnung vorhanden, dem Erblasser aber nicht bekannt war[17]. Wie bei § 2164 Abs 2 (dort Rn 5) ist der Ersatzanspruch nur insoweit als vermacht anzusehen, als er den Wertverlust abgilt.

§ 2170 Verschaffungsvermächtnis

(1) Ist das Vermächtnis eines Gegenstands, der zur Zeit des Erbfalls nicht zur Erbschaft gehört, nach § 2169 Abs. 1 wirksam, so hat der Beschwerte den Gegenstand dem Bedachten zu verschaffen.

(2) ¹Ist der Beschwerte zur Verschaffung außerstande, so hat er den Wert zu entrichten. ²Ist die Verschaffung nur mit unverhältnismäßigen Aufwendungen möglich, so kann sich der Beschwerte durch Entrichtung des Wertes befreien.

I. Normzweck

1 Die Vorschrift knüpft an § 2169 Abs 1 an, wonach das Vermächtnis eines zum Zeitpunkt des Erbfalls nicht zum Nachlass gehörenden Gegenstandes wirksam ist, wenn er nach dem Willen des Erblassers dem Bedachten auch für diesen Fall zugewendet sein soll. Der Beschwerte muss dann nach **Abs 1** dem Bedachten den **Gegenstand** (eventuell mit Zubehör, § 2164) **verschaffen**. Abs 2 nimmt darauf Rücksicht, dass der Beschwerte sich nicht selbst zur Verschaffung des Gegenstandes verpflichtet, sondern den Willen des Erblassers auszuführen hat. Deshalb soll er nicht schadensersatzpflichtig sein, wenn er zur Verschaffung außerstande ist. Aus der Unmöglichkeit der Verschaffung des Gegenstandes soll dem Beschwerten aber auch kein Vorteil erwachsen; er muss Wertersatz leisten **(Abs 2 S 1)**. Ist die Verschaffung des Gegenstandes zwar nicht unmöglich, aber nur mit unverhältnismäßigen Aufwendungen durchführbar, kann sich der Beschwerte durch Entrichtung des Wertes befreien **(Abs 2 S 2)**.

II. Verschaffungspflicht

2 **1. Grundsatz.** Als zu verschaffender Gegenstand kommt alles in Betracht, was als Vermächtnis zugewendet werden kann, naturgemäß aber nicht ein Geldbetrag. Sofern die Erben beschwert sind, handelt es sich bei der Verschaffungspflicht um eine **Nachlassverbindlichkeit** (§ 1967 Abs 2). Wenn der Erblasser nichts anderes angeordnet hat[1], haftet der Beschwerte für Rechtsmängel nach Gewährleistungsregeln wie ein Verkäufer (§ 2182 Abs 2); für Sachmängel besteht keine Haftung (Umkehrschluss aus § 2182 Abs 2 iVm Abs 1 S 2 und § 2183). Bei der Verpflichtung des Beschwerten ist danach zu unterscheiden, wem der Gegenstand gehört:

3 **2. Gegenstand gehört einem Dritten.** Wie sich der Beschwerte den Gegenstand verschafft, bleibt ihm überlassen. Er kann ihn selbst erwerben und dem Vermächtnisnehmer übertragen oder den Dritten veranlassen, den Gegenstand unmittelbar zu übergeben. Denkbar ist schließlich, dass der Beschwerte den Vermächtnisnehmer mit der Beschaffung beauftragt. Sofern nicht Abs 2 eingreift, kann der Bedachte seinen Verschaffungsanspruch klageweise durchsetzen und nach § 887 ZPO vollstrecken[2]. Der Klageantrag ist darauf zu richten, dass der Beschwerte die Bereitschaft des Dritten herbeiführt, den vermachten Gegenstand an den Beschwerten oder den Bedachten zu veräußern.

4 **3. Gegenstand gehört dem Beschwerten selbst.** In diesem Fall ist der Beschwerte nach § 2174 unmittelbar zur Leistung des Gegenstandes verpflichtet. Die Vollstreckung des Anspruchs richtet sich nach § 894 ZPO, soweit es um die dingliche Einigung geht, hinsichtlich der Übergabe nach § 897 ZPO. Ist der Beschwerte Miterbe, kann er bis zur Teilung die Erfüllung des Vermächtnisses verweigern (§ 2059 Abs 1), weil der Vermächtnisgegenstand zu seinem Eigenvermögen gehört[3].

5 **4. Gegenstand gehört dem Bedachten.** Das Vermächtnis, dem Bedachten einen ihm schon gehörenden Gegenstand zu verschaffen, geht ins Leere. Die Verfügung kann jedoch dahin auszulegen sein, dass der Beschwerte dem Bedachten den Wert des Gegenstandes bezahlen oder die Unkosten der Beschaffung ersetzen soll[4]. Denkbar ist auch ein Vermächtnis auf Befreiung von einem Recht (etwa auf Herausgabe), das der Beschwerte an dem Gegenstand hat[5].

---

[17] MünchKommBGB/*Schlichting* Rn 14; *Staudinger/Otte* Rn 15; RGRK/*Johannsen* Rn 22.
[1] *Soergel/Wolf* Rn 10; jurisPK-BGB/*Reymann* Rn 14.
[2] § 887 Abs 3 ZPO steht nicht entgegen; ausf zur Zwangsvollstreckung *Staudinger/Otte* Rn 13–15; DtErbRK/*Schäckel* Rn 7; *Bühler* DNotZ 1964, 581, 590 ff.
[3] MünchKommBGB/*Schlichting* Rn 8.
[4] *Planck/Flad* Anm 3; *v. Lübtow* I S 383.
[5] MünchKommBGB/*Schlichting* Rn 9.

III. Unmöglichkeit der Verschaffung

1. Unvermögen. Abs 2 S 1 bestimmt für den Fall der subjektiven Unmöglichkeit (Unvermögen: der **Beschwerte** ist **zur Verschaffung außerstande**), dass dieser nicht von der Verpflichtung zur Leistung frei wird, sondern Wertersatz zu erbringen hat. Die Verschaffung des einem Dritten gehörenden Gegenstandes kann daran scheitern, dass der Dritte zur Veräußerung nicht oder nur zu einem für den Beschwerten unerschwinglichen Preis bereit ist. Diese Umstände muss der Beschwerte beweisen. Der Erblasser kann in der Vermächtnisanordnung einen Endtermin für die Verschaffungsbemühungen setzen und die Nichtverschaffung zur auflösenden Bedingung für die Zuwendung an ihn machen[6]. Nicht mit dem Unvermögen gleichzusetzen ist die Herbeiführung der erbrechtlichen Haftungsbeschränkung durch den mit dem Verschaffungsvermächtnis Beschwerten[7]. 6

2. Wertersatz. Die infolge Unmöglichkeit eintretende Verpflichtung zum **Wertersatz** ist endgültig und sie entfällt auch dann nicht, wenn das Unvermögen des Beschwerten endet[8]. Der Wert bestimmt sich nach objektiven Kriterien (Verkehrswert), wobei der Erblasser eine abweichende Festsetzung anordnen kann. Maßgebend für die Wertbestimmung ist der Zeitpunkt, in dem der Ersatzanspruch entsteht, dh sobald vom dauernden Unvermögen des Beschwerten zur Verschaffung des Gegenstandes auszugehen ist[9]. 7

3. Objektive Unmöglichkeit und nachträgliches Unvermögen. Bei anfänglicher **objektiver Unmöglichkeit** (die Verschaffung ist jedermann unmöglich) zum Zeitpunkt des Erbfalls greift § 2171 ein. Beruht sie auf Verbindung, Vermischung, Verarbeitung oder Vermengung, gilt § 2182. Wird die Verschaffung nach dem Erbfall aus Gründen, die der Beschwerte nicht zu vertreten hat, (nachträglich) unmöglich, ist der Anspruch auf Leistung nach § 275 Abs 1 ausgeschlossen; es kommt nur ein Anspruch des Vermächtnisnehmers nach § 285 Abs 1 in Betracht[10]. Auch wenn die Leistung infolge eines Umstands nachträglich unmöglich wird, den der Beschwerte zu vertreten hat, wird § 2170 Abs 2 nicht von §§ 283, 280 verdrängt[11]. Bei **zu vertretendem nachträglichen Unvermögen** haftet der Beschwerte dagegen nach §§ 275 Abs 4, 280, 283 bis 285 auf Schadensersatz[12]. 8

4. Ersetzungsbefugnis. Ist dem Beschwerten die Verschaffung nur mit **unverhältnismäßigen Aufwendungen** möglich, so kann er sich nach **Abs 2 S 2** durch Entrichtung des Werts befreien. Unverhältnismäßigkeit liegt bei einem weit über das normale Maß hinausgehenden Ungleichgewicht zwischen dem Wert des Vermächtnisgegenstandes und dem von dem Dritten hierfür geforderten Preis vor (wegen der Bestimmung des Werts vgl Rn 7). Hier ist der Zeitpunkt der tatsächlichen Leistung auf Grund der Ersetzungsbefugnis maßgebend[13]. 9

§ 2171 Unmöglichkeit, gesetzliches Verbot

(1) Ein Vermächtnis, das auf eine zur Zeit des Erbfalls für jedermann unmögliche Leistung gerichtet ist oder gegen ein zu dieser Zeit bestehendes gesetzliches Verbot verstößt, ist unwirksam.

(2) Die Unmöglichkeit der Leistung steht der Gültigkeit des Vermächtnisses nicht entgegen, wenn die Unmöglichkeit behoben werden kann und das Vermächtnis für den Fall zugewendet ist, dass die Leistung möglich wird.

(3) Wird ein Vermächtnis, das auf eine unmögliche Leistung gerichtet ist, unter einer anderen aufschiebenden Bedingung oder unter Bestimmung eines Anfangstermins zugewendet, so ist das Vermächtnis gültig, wenn die Unmöglichkeit vor dem Eintritt der Bedingung oder des Termins behoben wird.

I. Normzweck

Die Vorschrift wurde durch das SMG umgestaltet. Früher hatte § 2171 im Hinblick auf die Unmöglichkeit nur zum Inhalt, was bereits aus der Anwendung der §§ 306, 308, 309 aF gefolgt wäre. In Abgrenzung zu § 306 aF bestimmte § 2171 lediglich, dass es für die Frage, ob ein Vermächtnis wegen Unmöglichkeit unwirksam ist, nicht auf den Zeitpunkt der Errichtung der letztwilligen Verfügung ankommt, sondern auf den Zeitpunkt des Erbfalls bzw bei bedingten oder befristeten Vermächtnissen auf den Zeitpunkt des Eintritts der Bedingung oder des Termins. Nachdem § 311 a nunmehr die Wirksamkeit eines Vertrags auch bei anfänglicher objektiver Unmöglichkeit anordnet, stellt § 2171 eine **Ausnahmevorschrift** dar, wonach – entgegen der Regelung im Schuldrecht – die anfängliche objektive Unmöglichkeit weiterhin zur Unwirksamkeit des Vermächtnisses führt. Von diesem Grundsatz sind nach Abs 2 und 3 zwei Fallgruppen ausgenommen. 1

---

[6] *Bühler* DNotZ 1964, 581, 588.
[7] AnwK-BGB/*J. Mayer* Rn 11; eingehend *Staudinger/Otte* Rn 9.
[8] MünchKommBGB/*Schlichting* Rn 12.
[9] RGRK/*Johannsen* Rn 16; *Palandt/Edenhofer* Rn 2.
[10] *Staudinger/Otte* Rn 6 mwN.
[11] *Staudinger/Otte* Rn 7; aA *Soergel/Wolf* Rn 6; AnwK-BGB/*J. Mayer* Rn 15.
[12] *Staudinger/Otte* Rn 8; MünchKommBGB/*Schlichting* Rn 13; AnwK-BGB/*J. Mayer* Rn 16; aA *Soergel/Wolf* Rn 16.
[13] RGRK/*Johannsen* Rn 16.

§ 2172

II. Anwendungsbereich

2 § 2171 betrifft die **anfängliche Unmöglichkeit**. Der Zusatz „für jedermann" stellt klar, dass die Vorschrift den Fall der **objektiven Unmöglichkeit** erfasst. Für den Sonderfall, dass die Unmöglichkeit auf Verbindung, Vermischung oder Verarbeitung beruht, enthält § 2172 eine spezielle Regelung, während § 2173 das Erlöschen einer vermachten Forderung durch Erfüllung vor dem Erbfall behandelt. Zu den weiteren Formen und Folgen der Unmöglichkeit vgl § 2174 Rn 14; für das Verschaffungsvermächtnis vgl § 2170 Rn 6 ff.

III. Unmöglichkeit zur Zeit des Erbfalls

3 § 2171 gilt sowohl für die **tatsächliche** wie für die **rechtliche** Unmöglichkeit. Entscheidend für die Unwirksamkeit ist, dass die Unmöglichkeit zum **Zeitpunkt des Erbfalls** besteht. Das auf eine unmögliche Leistung gerichtete Vermächtnis ist nach **Abs 2** gültig, wenn die Unmöglichkeit behebbar ist und das Vermächtnis auch für diesen Fall zugewendet worden ist. Das Gesetz sieht das Möglichwerden der Leistung als aufschiebende Bedingung an, wie sich aus dem Wortlaut des Abs 3 („andere") ergibt. Fällt das Vermächtnis nicht schon mit dem Erbfall, sondern erst mit dem Eintritt einer aufschiebenden Bedingung oder eines Anfangstermins (§ 2177) an, so kommt es für die Gültigkeit nach **Abs 3** darauf an, ob die Unmöglichkeit vor Eintritt der Bedingung oder des Termins behoben wird. Bei § 2178 ist der Zeitpunkt der Geburt des Bedachten bzw der Eintritt des näher bezeichneten Ereignisses entscheidend. Keine objektive Unmöglichkeit liegt vor, wenn der vermachte Gegenstand bereits dem Bedachten gehört. Das Vermächtnis kann in diesem Fall wegen Zweckerreichung unwirksam sein (vgl aber § 2170 Rn 5)[1].

4 Fehlt zum maßgebenden Zeitpunkt eine zur Erfüllung des Vermächtnisses erforderliche **Genehmigung**, ist das Vermächtnis bis zur Entscheidung über die Genehmigung (oder dem Wegfall des Genehmigungserfordernisses) schwebend unwirksam[2]. Die genehmigungsbedürftige Leistung wird erst dann (nachträglich) unmöglich, wenn die Genehmigung endgültig versagt wird.

IV. Rechtsfolgen

5 § 2171 ordnet die **Unwirksamkeit** des Vermächtnisses an, spricht also nicht wie § 306 aF von Nichtigkeit. Weil der maßgebende Zeitpunkt für die Unmöglichkeit erst später liegt, kann ein Vermächtnis nicht von vornherein als wirkungslos bezeichnet werden[3]. Bei Unmöglichkeit wegen Untergangs oder Entziehung des vermachten Gegenstands kann ein Ersatzanspruch nach § 2169 Abs 3 vermacht sein.

V. Verstoß gegen gesetzliches Verbot

6 Ein Verstoß gegen ein gesetzliches Verbot macht das Vermächtnis schon nach **§ 134** nichtig. Anwendungsbeispiele für gesetzliche Verbote sind selten[4]. Hinsichtlich des maßgebenden Zeitpunkts kann auf die Ausführungen zur Unmöglichkeit (Rn 3) verwiesen werden. Entscheidend ist auch hier nicht der Zeitpunkt der Anordnung des Vermächtnisses, sondern der des Erbfalls bzw nach Abs 3 der des späteren Anfalls des Vermächtnisses[5]. Bei einem Verstoß gegen die guten Sitten ist das Vermächtnis nach § 138 nichtig.

§ 2172 Verbindung, Vermischung, Vermengung der vermachten Sache

(1) Die Leistung einer vermachten Sache gilt auch dann als unmöglich, wenn die Sache mit einer anderen Sache in solcher Weise verbunden, vermischt oder vermengt worden ist, dass nach den §§ 946 bis 948 das Eigentum an der anderen Sache sich auf sie erstreckt oder Miteigentum eingetreten ist, oder wenn sie in solcher Weise verarbeitet oder umgebildet worden ist, dass nach § 950 derjenige, welcher die neue Sache hergestellt hat, Eigentümer geworden ist.

(2) ¹Ist die Verbindung, Vermischung oder Vermengung durch einen anderen als den Erblasser erfolgt und hat der Erblasser dadurch Miteigentum erworben, so gilt im Zweifel das Miteigentum als vermacht; steht dem Erblasser ein Recht zur Wegnahme der verbundenen Sache zu, so gilt im Zweifel dieses Recht als vermacht. ²Im Falle der Verarbeitung oder Umbildung durch einen anderen als den Erblasser bewendet es bei der Vorschrift des § 2169 Abs. 3.

I. Normzweck

1 Die unübersichtliche Vorschrift regelt in **Abs 1**, dass die Leistung einer vermachten Sache auch dann als unmöglich iS von § 2171 anzusehen ist, wenn infolge Verbindung, Vermischung und Vermengung (§§ 946 bis 948) das Eigentum an der anderen Sache sich auf die vermachte Sache erstreckt oder

---

[1] *Soergel/Wolf* Rn 3; für objektive Unmöglichkeit *Staudinger/Otte* Rn 3.
[2] BGHZ 37, 233, 235.
[3] Prot V S 173.
[4] Aus der Rspr BGHR BGB § 2174 Jagdpacht 1; LG Köln NJW-RR 1990, 13 betr Pfändungsschutz; im Ergebnis verneint; LG München II ZEV 1995, 373, 375 betr Kulturgüterschutzgesetz; im Ergebnis verneint.
[5] Problematisch daher OLG Frankfurt NJW 1972, 398.

Miteigentum an der gemeinsamen Sache eingetreten ist, oder wenn die vermachte Sache durch Verarbeitung (§ 950) Eigentum desjenigen geworden ist, der die neue Sache hergestellt hat. **Abs 2** enthält eine **Auslegungsregel** für den Fall der Verbindung etc durch einen anderen als den Erblasser.

II. Voraussetzungen

§ 2172 bezieht sich nur auf Verbindungen etc **bis zum Erbfall**[1]. Danach gelten die allgemeinen Grundsätze über die Haftung des Beschwerten gegenüber dem Vermächtnisnehmer (vgl § 2174 Rn 14). Die Vorschrift erfasst nur Verbindungen etc, die die **Eigentumsverhältnisse** an der vermachten Sache **ändern**. Sie gilt also zB nicht, wenn die dem Erblasser gehörende vermachte Sache als die Hauptsache anzusehen und der Erblasser nach §§ 946, 947 Abs 2, 948 Alleineigentümer geblieben ist. Unerheblich ist hingegen, dass eine Änderung der Eigentumsverhältnisse nicht eingetreten ist, weil der Erblasser Eigentümer aller in die Verbindung etc einbezogenen Sachen war und er selbst die Verbindung vorgenommen hat. Entscheidend ist nur, dass das Eigentum an der vermachten Sache nicht mehr besteht[2]. 2

III. Rechtsfolgen

Aus Abs 1 iVm § 2171 ergibt sich die **Unwirksamkeit des Vermächtnisses,** soweit es um den ursprünglichen Vermächtnisgegenstand geht. Es kann jedoch stattdessen etwas anderes wirksam vermacht sein (Rn 4). § 2172 ist **abdingbar**[3]; aus den Umständen kann auf einen anderen Erblasserwillen geschlossen werden. 3

IV. Verbindung etc durch einen anderen

Abs 2 regelt die Verbindung etc durch einen anderen als den Erblasser. Auch hier tritt unter den Voraussetzungen des Abs 1 Unmöglichkeit ein; es gilt aber im Zweifel das vom Erblasser erworbene Miteigentum oder ein ihm erwachsenes Wegnahmerecht (§ 951 Abs 2) als vermacht. Für den Fall der Verarbeitung durch einen anderen als den Erblasser verweist Abs 2 S 2 auf § 2169 Abs 3. Danach ist im Zweifel der Wertersatzanspruch des Erblassers gegen den Verarbeiter nach § 951 Abs 1 vermacht. In den Fällen der Verbindung etc durch den **Erblasser** selbst kann die Auslegung ergeben, dass anstelle des ursprünglichen Vermächtnisgegenstandes ein Miteigentumsanteil, ein Wegnahmerecht oder der Wert der Sache vermacht sein soll[4]. 4

§ 2173 Forderungsvermächtnis

[1]Hat der Erblasser eine ihm zustehende Forderung vermacht, so ist, wenn vor dem Erbfall die Leistung erfolgt und der geleistete Gegenstand noch in der Erbschaft vorhanden ist, im Zweifel anzunehmen, dass dem Bedachten dieser Gegenstand zugewendet sein soll. [2]War die Forderung auf die Zahlung einer Geldsumme gerichtet, so gilt im Zweifel die entsprechende Geldsumme als vermacht, auch wenn sich eine solche in der Erbschaft nicht vorfindet.

I. Normzweck

Aufgrund eines Forderungsvermächtnisses erlangt der Bedachte nach § 2174 einen Anspruch auf Abtretung der vermachten Forderung. § 2173 enthält eine **Auslegungsregel** für den Fall, dass die vermachte Forderung vor dem Erbfall durch Leistung erlischt. Damit wäre das Vermächtnis gemäß § 2171 unwirksam, weil es auf eine anfänglich unmögliche Leistung (Übertragung einer nicht mehr bestehenden Forderung) gerichtet ist. Dieses Ergebnis entspricht im Allgemeinen nicht dem Willen des Erblassers. § 2173 sieht daher vor, dass im Zweifel anstelle der nicht mehr bestehenden Forderung der durch die Leistung in das Vermögen des Erblassers gelangte Gegenstand zugewendet sein soll. Bei Zahlungsansprüchen gilt diese Auslegungsregel nach S 2 auch dann, wenn sich eine der Leistung entspr Geldsumme nicht mehr in der Erbschaft befindet. 1

II. Voraussetzungen

1. Forderung des Erblassers. Die Vorschrift gilt nur für den Fall, dass der Erblasser eine **ihm zustehende** Forderung vermacht hat. Die Wirksamkeit von Vermächtnissen, die eine dem Beschwerten oder einem Dritten zustehende Forderung betrifft, richtet sich nach §§ 2169, 2170. Unter § 2173 fallen auch Wertpapiere, die eine Forderung verbriefen (insbes Sparbuch)[1*], sowie mittelbar vermachte Forderungen, zB der Ersatzanspruch für den untergegangenen oder beschädigten ursprünglichen Vermächtnisgegenstand (§ 2164 Abs 2 und § 2169 Abs 3), und dingliche Verwertungsrechte. 2

---
[1] MünchKommBGB/*Schlichting* Rn 2; *Staudinger/Otte* Rn 2.
[2] MünchKommBGB/*Schlichting* Rn 3; *Staudinger/Otte* Rn 2; jurisPK/*Reymann* Rn 5.
[3] Erman/*M. Schmidt* Rn 1; *Soergel/Wolf* Rn 4.
[4] RGRK/*Johannsen* Rn 7; AnwK-BGB/*J. Mayer* Rn 5.
[1*] Näher *Staudinger/Otte* Rn 2, 3.

§ 2174

Buch 5. Abschnitt 3. Testament

3   **2. Leistung vor dem Erbfall.** Die Leistung des Schuldners muss vor dem Erbfall, nicht notwendig nach Anordnung des Vermächtnisses erfolgt sein. Die Rechtsfolgen der Leistung nach dem Erbfall bestimmen sich nach §§ 275 ff, insbes nach § 285. Wie die Leistung vor dem Erbfall erfolgt, freiwillig oder im Wege der Zwangsvollstreckung, und wer sie erbringt, der Schuldner oder ein Dritter, spielt keine Rolle. § 2173 ist auch anzuwenden, wenn die Leistung nicht zum Erlöschen der Forderung geführt hat, sondern diese, zB nach § 774 Abs 1, auf den Leistenden übergegangen ist[2]. **Erfüllungssurrogate** können uU der Leistung gleichgestellt werden; unproblematisch ist dies bei der Aufrechnung gegenüber einer vermachten Geldforderung. Keine Leistung auf die Forderung ist das Entgelt für die Veräußerung der Forderung an einen Dritten. Da diese Art der Verwertung wirtschaftlich der Einziehung der Forderung entspricht, gilt jedoch auch hier § 2173[3].

4   **3. Vorhandensein der Leistung in der Erbschaft.** Zusätzliche Voraussetzung ist, dass der geleistete Gegenstand noch in der Erbschaft vorhanden ist. Diese Einschränkung gilt nach S 2 nicht, wenn die Forderung auf Leistung einer **Geldsumme** gerichtet war. Ohne Bedeutung ist, ob der Erblasser den geleisteten Geldbetrag in anderen, noch vorhandenen Vermögenswerten angelegt oder ob er ihn verbraucht hat. Sind Forderungen mit wechselndem Bestand vermacht, insbes Guthaben auf laufenden oder Sparkonten, wird der Erblasserwille regelmäßig dahin gehen, das beim Erbfall vorhandene Guthaben zu vermachen, nicht jedoch zusätzlich den Wert der vom Erblasser nach Anordnung des Vermächtnisses abgehobenen Beträge[4]. Allerdings kann auch der bereits abgehobene Betrag vermacht sein[5], insbes wenn er im Zeitpunkt des Erbfalls noch nicht verbraucht ist[6].

III. Rechtsfolgen

5   Im Zweifel soll der auf die Forderung geleistete Gegenstand zugewendet sein. Mit der Leistung der geschuldeten Geldsumme an den Erblasser wird das Forderungsvermächtnis durch ein **Geldvermächtnis** ersetzt, was es auch im Fall der Einzahlung des bar geleisteten Geldes auf ein Bankkonto bleibt.

IV. Befreiungsvermächtnis, Schuldvermächtnis

6   **1. Befreiungsvermächtnis.** Der Erblasser kann dem Bedachten auch die Befreiung von einer Schuld zuwenden. Handelt es sich um eine Schuld gegenüber dem Erblasser selbst, hat der Beschwerte dem Vermächtnisnehmer die Schuld zu erlassen (§ 397); sie erlischt nicht von selbst mit dem Anfall der Erbschaft[7]. Ist Gläubiger der Forderung ein Dritter, so hat der Beschwerte die Befreiung herbeizuführen. Hat der Bedachte vor dem Erbfall seine Schuld erfüllt, ist § 2173 entspr anzuwenden, dem Bedachten ist also im Zweifel das von ihm an den Erblasser Geleistete vermacht[8].

7   **2. Schuldvermächtnis.** Der Erblasser kann dem Bedachten zuwenden, was er ihm ohnehin schuldet. Der Sinn eines solchen Vermächtnisses liegt in einer Stärkung der Gläubigerstellung des Bedachten; es kommt in seiner Wirkung einem Schuldanerkenntnis gleich[9]. Ist die Schuld bereits getilgt, ist das Vermächtnis nach § 2171 unwirksam. War der Erblasser von der irrtümlichen Annahme ausgegangen, dass die Schuld bestehe, kann das Schuldvermächtnis nach § 2078 angefochten werden[10].

§ 2174 Vermächtnisanspruch

Durch das Vermächtnis wird für den Bedachten das Recht begründet, von dem Beschwerten die Leistung des vermachten Gegenstands zu fordern.

I. Normzweck

1   § 2174 ist die **zentrale Vorschrift** des Vermächtnisrechts. Sie stellt klar, dass der Bedachte mit dem Erbfall den ihm zugewendeten Vermögensvorteil nicht unmittelbar erwirbt, sondern nur einen Anspruch gegen den Beschwerten auf Leistung des vermachten Gegenstandes hat. Damit hat sich das BGB – mit Rücksicht auf die Belange der Nachlassgläubiger – gegen das sog Vindikationslegat des römischen und gemeinen Rechts entschieden, wonach ein Vermächtnis von Sachen, die dem Erblasser gehörten, zum unmittelbaren Rechtserwerb des Vermächtnisnehmers führte[1]. Ausnahmen von der nur schuldrechtlichen Wirkung des Vermächtnisses bestehen beim Vorausvermächtnis für den alleinigen Vorerben (vgl § 2150 Rn 4) und in landesrechtlichen Regelungen gemäß Art 139 EGBGB.

---

[2] MünchKommBGB/*Schlichting* Rn 3.
[3] KG OLGE 10, 302; *Staudinger/Otte* Rn 7; *Soergel/Wolf* Rn 5; aA *Planck/Flad* Anm 1 a.
[4] OLG Koblenz FamRZ 1998, 579; MünchKommBGB/*Schlichting* Rn 5.
[5] Vgl OLG Karlsruhe NJW-RR 2005, 1317.
[6] OLG Düsseldorf OLGR 1995, 300; *Staudinger/Otte* Rn 3; AnwK-BGB/*J. Mayer* Rn 10.
[7] BGH NJW 1964, 764.
[8] MünchKommBGB/*Schlichting* Rn 7; *Soergel/Wolf* Rn 9.
[9] BGH NJW 1986, 2571, 2572.
[10] *Palandt/Edenhofer* Rn 5; *v. Lübtow* I S 373.
[1] Zu den Gründen *Staudinger/Otte* Rn 4 ff; ausf Darstellung der Vor- und Nachteile des Vindikationslegats bei *Muscheler*, Universalsukzession und Vonselbsterwerb, S 99 ff.

II. Rechtsstellung des Vermächtnisnehmers

Der Vermächtnisnehmer ist nicht dinglich am Nachlass beteiligt, sondern nur **Nachlassgläubiger**. 2
Der eigene Anspruch auf den vermachten Gegenstand unterscheidet ihn wiederum vom Auflagenbegünstigten, der kein Recht auf die Vollziehung der Auflage hat. Allerdings behandelt das Gesetz den Vermächtnisnehmer in verschiedener Hinsicht als Nachlassgläubiger zweiter Klasse, so zB in der Nachlassinsolvenz (§ 327 Abs 1 Nr 2 InsO) und im Aufgebotsverfahren, wo er sogar hinter den ausgeschlossenen Gläubigern zurücktreten muss (vgl §§ 1973, 1974). Der Vermächtnisnehmer ist nicht nur hinsichtlich der Durchsetzung seines Anspruchs in einer eher schwachen Position, er kann seinerseits **erbrechtlichen Belastungen** unterworfen werden. So ist es möglich, ihn mit einem Vermächtnis (§ 2147) oder einer Auflage zu beschweren, und der Vermächtnisgegenstand kann der Testamentsvollstreckung unterliegen. Der Vermächtnisanspruch kann wegen **Vermächtnisunwürdigkeit** nach § 2345 durch Anfechtung wegfallen.

Der Vermächtnisnehmer hat vor dem Erbfall **kein Anwartschaftsrecht**, sondern nur eine mehr 3
oder weniger begründete tatsächliche Aussicht auf einen Anspruch (Dies gilt auch bei erbvertraglicher Einsetzung, vgl § 2286 Rn 2). Damit scheidet eine Vormerkung ebenso aus wie eine Klage auf Feststellung, dass ein Vermächtnis entstanden sei. Eine Anwartschaft, die auch dinglich gesichert werden kann, besteht nach dem Erbfall für den unter einer aufschiebenden Bedingung oder Befristung eingesetzten Vermächtnisnehmer für die Zeit bis zum Anfall des Vermächtnisses oder dem Ausfall der Bedingung (vgl § 2179 Rn 7). Im **Erbschein** wird das Vermächtnis nicht aufgeführt, zur Ausnahme beim Vorausvermächtnis für einen alleinigen Vorerben s § 2150 Rn 4.

III. Vermächtnisanspruch

1. Allgemeines. Für den Anspruch gelten vorbehaltlich abweichender Bestimmungen durch den 4
Erblasser die **Regeln des Allgemeinen Schuldrechts**, soweit nicht erbrechtliche Vorschriften, zB über die beschränkte Erbenhaftung, vorgehen. Gläubiger des Vermächtnisanspruchs ist der Bedachte, Schuldner der Beschwerte. Mit einem Vermächtnis beschwert werden sowohl einen Erben und Vermächtnisnehmer (§ 2147 S 1); den Bedachten bestimmt der Erblasser (§ 2065 Abs 2), ausnahmsweise der Beschwerte oder ein Dritter (vgl §§ 2151 Abs 1, 2152).

2. Entstehung. Der Anspruch des Bedachten gegen den Beschwerten entsteht mit dem Anfall des 5
Vermächtnisses. Dieser tritt grds mit dem Erbfall ein (§ 2176), in den Fällen der §§ 2177, 2178 zu einem späteren Zeitpunkt. Vom Anfall des Vermächtnisses ist die **Fälligkeit** der Vermächtnisforderung zu unterscheiden (vgl § 2176 Rn 3). Sofern der Erblasser nichts anderes bestimmt hat, ist der Vermächtnisanspruch nach § 271 sofort fällig. Hinausgeschoben wird die Fälligkeit in §§ 2181, 2186.

3. Inhalt des Anspruchs. a) Umfang. IdR geht der Anspruch auf Übereignung der vermachten 6
Sache oder Abtretung des vermachten Rechts. Zur Erstreckung des Vermächtnisses auf Zubehör vgl § 2164 Rn 2. **Bestandteile** einer Sache sind auch ohne ausdrückliche Regelung oder Anordnung des Erblassers grds mitvermacht. Sie können aber trotz § 93 vom Erblasser zum Gegenstand eines selbstständigen Vermächtnisses gemacht oder von einem Vermächtnis ausgenommen werden[2]. **Verzinslich** ist die Vermächtnisforderung, wenn der Erblasser nichts Gegenteiliges anordnet, nur im Falle des Verzugs und der Rechtshängigkeit (§§ 288 Abs 1, 291). **Nebenpflichten** ergeben sich durch Auslegung der Vermächtnisanordnung, aus Treu und Glauben oder entsprechende Anwendung anderer Vorschriften.

b) Auskunft. Einen **Auskunftsanspruch** des Vermächtnisnehmers sieht das Gesetz nicht vor. Je 7
nach Art der Anordnung („Vermächtnis in Höhe des Betrages des Pflichtteils")[3] ist der Vermächtnisnehmer auf zuverlässige Kenntnis vom Bestand des Nachlasses angewiesen. In diesen Fällen wird man ihm gemäß § 242 einen Auskunftsanspruch und uU einen Anspruch auf Rechnungslegung zubilligen müssen[4]. Umgekehrt kann der Erblasserwille auch dahin gehen, einen Auskunftsanspruch gerade auszuschließen[5]. Beim Wahlvermächtnis besteht ein **Anspruch auf Vorlegung** nach § 809 (§ 2154 Rn 7).

4. Einfluss veränderter Umstände. Die Regeln über die **Störung der Geschäftsgrundlage** 8
(§ 313) sind auf Vermächtnisse **nicht anwendbar**[6]. Wer die Erbschaft annimmt, unterliegt den Anordnungen des Erblassers und muss diese bis zur Erschöpfung des Nachlasses erfüllen. Wesentlichen Änderungen von Umständen, auf denen der Erblasserwille aufbaut, kann durch Testamentsanfechtung oder ergänzende Auslegung Rechnung getragen werden.

5. Übertragbarkeit des Anspruchs. Der Vermächtnisanspruch ist vom Erbfall an **abtretbar** und 9
vererblich. Einer Vereinbarung über die Abtretung des künftigen Anspruchs steht § 311 b Abs 4 S 2 entgegen[7]. Nach hM ist der Erblasser gehindert, die Abtretbarkeit entspr § 399 auszuschließen[8]; er kann jedoch ein durch die Abtretung des Anspruchs auflösend bedingtes Vermächtnis anordnen. § 399 greift

---
[2] MünchKommBGB/*Schlichting* § 2164 Rn 3; *Staudinger/Otte* § 2164 Rn 5.
[3] Vgl RGZ 129, 239.
[4] Näher *Staudinger/Otte* Rn 12; AK/*Dubischar* Rn 4; zusammenfassend *Keilbach* FamRZ 1996, 1191; s auch OLG Oldenburg ZEV 2001, 276.
[5] *Keilbach* FamRZ 1996, 1191, 1193 f.
[6] BGH NJW 1993, 850; MünchKommBGB/*Schlichting* Rn 13.
[7] BGHZ 104, 279 = NJW 1988, 2726, 2727.
[8] RGRK/*Johannsen* Rn 19; *Soergel/Wolf* Rn 12; aA MünchKommBGB/*Schlichting* Rn 14; *Kipp/Coing* § 63 I.

§ 2174

ein, wenn sich im Falle der Abtretung die Schuld des Beschwerten inhaltlich ändern würde[9]. Soweit der Vermächtnisanspruch abtretbar ist, kann er auch **gepfändet** werden.

10   **6. Erfüllung des Anspruchs. a) Allgemeines.** Aus der schuldrechtlichen Natur des Vermächtnisses folgt, dass zum Übergang des vermachten Gegenstandes auf den Bedachten ein Erfüllungsgeschäft erforderlich ist. Dessen Inhalt richtet sich nach der Art des vermachten Gegenstandes, also zB Einigung und Übergabe bei einer beweglichen Sache, Auflassung und Eintragung im Grundbuch bei einem Grundstück, Abtretung bei einer Forderung. Entspr sind bei einer klageweisen Durchsetzung die Anträge zu formulieren. Bei einem Nießbrauchvermächtnis (§ 1089) muss der Nießbrauch in Vollzug des Vermächtnisses an den einzelnen Gegenständen nach den für diese maßgeblichen Regeln bestellt werden. **Erfüllungsort** für das Vermächtnis ist gemäß § 269 Abs 1 der Wohnort des Beschwerten, sofern sich aus der Anordnung des Erblassers oder der Natur des Schuldverhältnisses nichts anderes ergibt[10].

11   **b) Genehmigungsbedürftigkeit.** Zur Erfüllung des Vermächtnisanspruchs kann eine behördliche Genehmigung erforderlich sein, zB nach § 2 GrdstVG[11]. Genehmigungsbedürftig nach dieser Vorschrift ist das Vollzugsgeschäft, nicht schon die Vermächtnisanordnung[12]. Für Eltern, Vormund und Betreuer ist das Erfordernis der vormundschaftsgerichtlichen Genehmigung nach §§ 1821, 1822, 1643 zu beachten[13]. Wird eine für das Erfüllungsgeschäft notwendige Genehmigung endgültig versagt, liegt nachträgliche Unmöglichkeit vor (vgl § 2171 Rn 4).

12   **c) Vorerfüllung.** Der Erblasser kann den erst mit seinem Tod entstehenden Vermächtnisanspruch schon zu Lebzeiten erfüllen. Bei einem Stückvermächtnis kann dies die Unwirksamkeit des Vermächtnisses nach § 2171 zur Folge haben. Bei einem Gattungsvermächtnis macht dagegen die Leistung des Erblassers das Vermächtnis nicht unwirksam. Denkbar ist, dass der Erblasser zur Erfüllung eines zukünftigen Vermächtnisanspruchs geleistet hat[14]. Die **Beweislast,** dass der Erblasser zur Erfüllung eines Vermächtnisses geleistet hat oder – was auch in Betracht kommt – das Vermächtnis unter der auflösenden Bedingung angeordnet hatte, dass der Bedachte den Gegenstand schon von dem Erbfall erhalten werde, liegt beim Beschwerten[15]. Anstelle einer Vorerfüllung kann auch eine Schenkung vorliegen[16], ohne dass damit der Wille des Bedachten zum Verzicht auf den Vermächtnisanspruch verbunden sein muss.

13   **d) Kosten der Erfüllung.** Die Kosten der Erfüllung des Vermächtnisses hat idR der Beschwerte zu tragen[17]. Auch die Kosten der Grundbuchumschreibung fallen dem mit einem Grundstücksvermächtnis Beschwerten zur Last[18].

IV. Haftung des Beschwerten

14   Bei **Leistungsstörungen** gelten die Regeln des Allgemeinen Schuldrechts für Schadensersatz wegen Pflichtverletzungen (§§ 280 ff), die durch einzelne Sonderregelungen (zB § 2171 für anfängliche objektive Unmöglichkeit, § 2170 für das Unvermögen beim Verschaffungsvermächtnis) überlagert werden. Auch die gesetzlichen Regelungen der faktischen und persönlichen Unmöglichkeit (§ 275 Abs 2 und 3), die dem Schuldner ein Leistungsverweigerungsrecht (Einrede) geben, sind auf das Vermächtnis anwendbar. Wegen schuldhafter Herbeiführung nachträglicher Unmöglichkeit der Erfüllung haftet der Beschwerte nach §§ 275 Abs 1, 4, 280 Abs 1, 3, 283 bis 285; wegen Verzugs nach §§ 280 Abs 2, 286. Nachträgliches Unvermögen beim Gattungsvermächtnis hat der Beschwerte nach den allgemeinen Vorschriften (§ 276) zu vertreten. Den Beschwerten trifft insoweit das Beschaffungsrisiko. Im Falle der nachträglichen Unmöglichkeit muss der Beschwerte ein Surrogat, das er infolge des zur Unmöglichkeit führenden Umstands erlangt hat, nach § 285 herausgeben. Hier kommen insbes Schadensersatzansprüche gegen Dritte wegen Zerstörung oder Entziehung des Vermächtnisgegenstands in Betracht[19]. Die **Gewährleistung** für Rechts- und Sachmängel ist in §§ 2182, 2183 für das Gattungsvermächtnis normiert. Beim Stückvermächtnis gibt es keine Gewährleistung für Sachmängel; die Frage, ob der Vermächtnisnehmer den Vermächtnisgegenstand frei von Rechten Dritter verlangen kann, ist abschließend in §§ 2165 bis 2168 geregelt.

V. Durchsetzung des Vermächtnisanspruchs

15   **1. Allgemeines.** Die Verpflichtung aus dem Vermächtnis ist, falls der Erbe beschwert ist, eine **Nachlassverbindlichkeit.** Der Anspruch ist ggf gegenüber dem Nachlasspfleger, dem Nachlassverwalter, dem Nachlassinsolvenzverwalter oder dem Testamentsvollstrecker geltend zu machen; gegen den Erben nicht vor Annahme der Erbschaft (§ 1958). Ist für den Vermächtnisnehmer Testamentsvollstreckung angeordnet, obliegt die Geltendmachung dem Testamentsvollstrecker.

---

[9] BGH JZ 1958, 665 m zust Anm *Baumgärtel* 654.
[10] *Staudinger/Otte* Rn 14; aA *Soergel/Wolf* Rn 9: Wohnsitz des Erblassers.
[11] Vgl OLG Karlsruhe AgrarR 1975, 106.
[12] *Staudinger/Otte* Rn 24; *Palandt/Edenhofer* Rn 4; aA *Soergel/Wolf* Rn 3. Nach § 16 HöfeO bedarf bereits die Vermächtnisanordnung der Genehmigung.
[13] Weitere Fälle der Genehmigungsbedürftigkeit bei *Staudinger/Otte* Rn 24.
[14] OLG Hamm MDR 1995, 1236; zust *Leipold* JZ 1996, 287, 295; *Staudinger/Otte* Rn 27; *Kuchinke* JZ 1983, 483.
[15] OLG Hamm MDR 1995, 1236.
[16] OLG München NJW-RR 1989, 1410, 1411.
[17] *Soergel/Wolf* Rn 17; *Palandt/Edenhofer* Rn 5.
[18] BGH NJW 1963, 1602.
[19] Anwendungsfall der Drittschadensliquidation, vgl *Staudinger/Otte* Rn 30.

Anfall des Vermächtnisses § 2176

2. Einreden und Einwendungen. Einreden und Einwendungen des Beschwerten können sich aus dem durch das Vermächtnis begründeten Schuldverhältnis ergeben. Denkbar ist ein Zurückbehaltungsrecht bei Vorleistungspflicht des Bedachten. Wegen eines Ersatzanspruchs des Beschwerten für Verwendungen s § 2185. Auch das Pflichtteilsrecht kann dem Vermächtnisanspruch Grenzen setzen (vgl § 2306 und die Kürzungsrechte nach §§ 2318, 2322, 2323); auf § 818 Abs 3 kann sich der Beschwerte nicht berufen[20]. Der Vermächtnisanspruch **verjährt** nach § 197 Abs 1 Nr 2 **in 30 Jahren** (Fristbeginn: § 200). Die gilt auch für Folge- und Sekundäransprüche des Bedachten[21]. Bilden regelmäßig wiederkehrende Leistungen den Gegenstand des Vermächtnisses, verjährt der Anspruch auf die einzelne Teilleistung gemäß § 197 Abs 2 in drei Jahren (Fristbeginn: § 199 Abs 1). Hinsichtlich der Verjährung der vermachten Forderung, die sich nach allgemeinen Vorschriften (insbes § 195) richtet, ist die Ablaufhemmung nach § 211 zu beachten.   16

3. Gerichtsstand. Nach § 27 ZPO ist Gerichtsstand für den Vermächtnisanspruch (neben dem Wohnsitz des Beschwerten, § 13 ZPO) auch das Gericht, bei dem der Erblasser zum Zeitpunkt des Erbfalls seinen allgemeinen Gerichtsstand hatte. Nicht in Betracht kommt der Gerichtsstand des Erfüllungsorts (§ 29 ZPO), weil der Streit aus dem Vermächtnis kein Vertragsverhältnis betrifft.   17

VI. Sicherung des Anspruchs

Besondere **Sicherungsrechte** des Vermächtnisnehmers sieht das Gesetz nicht vor. Ob ein Anspruch auf Sicherung mitvermacht ist, ist eine Frage der Auslegung[22]. Bei Gefährdung seines Anspruchs stehen dem Vermächtnisnehmer nach dem Erbfall die allgemeinen Möglichkeiten (Arrest, einstweilige Verfügung, bei Grundstücksrechten Sicherung durch Vormerkung) zu Gebote[23]. Außerdem kann er nach § 1981 Abs 2 Nachlassverwaltung beantragen.   18

§ 2175 Wiederaufleben erloschener Rechtsverhältnisse

Hat der Erblasser eine ihm gegen den Erben zustehende Forderung oder hat er ein Recht vermacht, mit dem eine Sache oder ein Recht des Erben belastet ist, so gelten die infolge des Erbfalls durch Vereinigung von Recht und Verbindlichkeit oder von Recht und Belastung erloschenen Rechtsverhältnisse in Ansehung des Vermächtnisses als nicht erloschen.

I. Normzweck

Ist Vermächtnisgegenstand eine Forderung des Erblassers gegen den Erben oder ein Recht des Erblassers, mit dem eine Sache oder ein Recht des Erben belastet ist, würde mit dem Erbfall in der Person des Erben Vereinigung von Schuld und Forderung (Konfusion) bzw von Eigentum und Belastung (Konsolidation) eintreten. Folge wäre die Unwirksamkeit des Vermächtnisses nach §§ 2169, 2171. Dieses unerwünschte Ergebnis will die Vorschrift verhindern, indem sie anordnet, dass Konfusion und Konsolidation in Ansehung des Vermächtnisses als nicht eingetreten gelten. Für den Fall der Konsolidation sieht bereits § 889 (für Grundstücke) eine entspr sachenrechtliche Regelung vor.   1

II. Rechtsfolgen

Die Forderung oder das Recht gelten **in Ansehung des Vermächtnisses** als nicht erloschen. Mit dieser Einschränkung soll ein „relatives Nichterlöschen"[1] ausgedrückt werden. Soweit das Fortbestehen fingiert wird, bleiben auch akzessorische Sicherheiten (Pfandrechte, Bürgschaften) bestehen. Die fingierte Forderung fällt dem Vermächtnisnehmer nicht automatisch zu; er hat nur einen Anspruch darauf, dass sie ihm nach § 2174 übertragen wird. Die Klage auf Abtretung der Forderung kann mit der Klage auf Erfüllung verbunden werden[2].   2

Nicht anwendbar ist § 2175 bei unvererblichen Forderungen oder Rechten. Diese erlöschen mit dem Erbfall; nach § 2169 Abs 1 ist das Vermächtnis insoweit unwirksam.   3

§ 2176 Anfall des Vermächtnisses

Die Forderung des Vermächtnisnehmers kommt, unbeschadet des Rechts, das Vermächtnis auszuschlagen, zur Entstehung (Anfall des Vermächtnisses) mit dem Erbfall.

---

[20] OLG Naumburg FamRZ 2007, 1047.
[21] Eingehend *Löhnig* ZEV 2004, 267; diff *Staudinger/Otte* Rn 16 ff; *Otte* ZGS 2004, 450; der BGH hat jetzt klargestellt, dass die 30-jährige Verjährungsfrist des § 197 Abs 2 Nr 2 für alle Ansprüche aus dem Erbrecht gilt, NJW 2007, 2174.
[22] RG JR 1925 Nr 1526; BayObLG HRR 1935 Nr 132.
[23] Vgl *Halding-Hoppenheit* RNotZ 2005, 311; ausf jurisPK-BGB/*Reymann* Rn 21 ff; zur Möglichkeit einer schuldrechtlichen Verpflichtung, nicht über einen Gegenstand zu verfügen, vgl BGH NJW 1959, 2252.
[1] Mot V S 177; krit zu dieser Argumentation MünchKommBGB/*Schlichting* Rn 4.
[2] RGRK/*Johannsen* Rn 4; *Staudinger/Otte* Rn 3; *Soergel/Wolf* Rn 5.

§ 2177

Buch 5. Abschnitt 3. Testament

I. Normzweck

1 Die Vorschrift regelt neben dem Entstehungszeitpunkt **(Anfall)** auch die Möglichkeit der Ausschlagung eines Vermächtnisses. Entstehungszeitpunkt ist nach der Regelvorschrift des § 2176 der Erbfall, Ausnahmen enthalten §§ 2177, 2178.

II. Anfall und Fälligkeit

2 **1. Anfall.** Das Vermächtnis fällt mit dem Zeitpunkt des Erbfalls an. Vor Eintritt des Erbfalls besteht keine rechtlich gesicherte Anwartschaft, sondern lediglich eine tatsächliche Aussicht (vgl § 2174 Rn 3)[1]. Der Anspruch entsteht ohne Zutun des Bedachten und setzt nicht dessen Kenntnis vom Eintritt des Erbfalls voraus. Ist nur ein Nacherbe mit einem Vermächtnis beschwert, gilt § 2177. Auch das Untervermächtnis fällt grds mit dem Erbfall an (zur Fälligkeit Rn 3). Ergänzt wird die Stichtagswirkung des Erbfalls durch § 2160. Der Vermächtnisnehmer muss zum Zeitpunkt des Erbfalls gelebt haben.

3 **2. Fälligkeit.** Über die Fälligkeit des Anspruchs sagt § 2176 nichts aus. Es gilt – soweit eine ausdrückliche oder im Wege der Auslegung ermittelbare Erblasseranordnung fehlt – die allgemeine Regel des § 271 Abs 1, wenn nicht der Erblasser eine abweichende Anordnung getroffen hat: Der Vermächtnisnehmer kann die Leistung **sofort** verlangen. Zu beachten sind allerdings die erbrechtlichen Sperren des § 2014 (Dreimonatseinrede) und des § 1958 (keine Klage gegen den Erben vor Annahme der Erbschaft). Bei Beschwerung des Vermächtnisnehmers ist der gegen diesen gerichtete Anspruch aus dem Untervermächtnis nach § 2186 erst fällig, wenn er Erfüllung des ihm zugewendeten Vermächtnisses verlangen kann. Bei **Anordnungen des Erblassers** ist im Wege der Auslegung zu ermitteln, ob die Entstehung des Anspruchs (dann § 2177) oder die Fälligkeit hinausgeschoben werden soll. Die Anordnung, der Vermächtnisnehmer solle das Vermächtnis erst mit Erreichen eines bestimmten Alters erhalten, bedeutet nicht zwingend ein Hinausschieben des Anfalls[2]. Weichen Entstehung und Fälligkeit voneinander ab, muss im Einzelfall entschieden werden, welcher Zeitpunkt zB für eine Wertberechnung maßgebend ist[3].

§ 2177 Anfall bei einer Bedingung oder Befristung

Ist das Vermächtnis unter einer aufschiebenden Bedingung oder unter Bestimmung eines Anfangstermins angeordnet und tritt die Bedingung oder der Termin erst nach dem Erbfall ein, so erfolgt der Anfall des Vermächtnisses mit dem Eintritt der Bedingung oder des Termins.

I. Normzweck

1 Die Vorschrift, die der Regelung in § 158 Abs 1 und § 163 entspricht, enthält eine Ausnahme von § 2176. Ist ein Vermächtnis unter einer aufschiebenden Bedingung oder Bestimmung eines Anfangstermins angeordnet, die bis zum Erbfall noch nicht eingetreten sind, so fällt es erst mit deren Eintritt an. In der Zeit zwischen Erbfall und späterem Anfall des Vermächtnisses steht dem Vermächtnisnehmer gemäß § 2179 bereits eine geschützte (übertragbare) **Anwartschaft** zu. Die zeitlichen Grenzen der §§ 2162, 2163 sind zu beachten.

II. Aufschiebend bedingtes Vermächtnis

2 Ob der Erblasser das Vermächtnis unter einer aufschiebenden Bedingung angeordnet hat, ist nach den Umständen des Einzelfalls zu entscheiden[1*]. Nach § 2074 soll eine aufschiebend bedingte Zuwendung im Zweifel nur gelten, wenn der Bedachte den Eintritt der Bedingung erlebt. Nach dem Willen des Erblassers kann das Vermächtnis auch mit dem Eintritt der Bedingung an den Erben des Bedachten fallen. Dies ist insbes unter den Voraussetzungen des § 2069 anzunehmen, da diese Vorschrift von § 2074 nicht verdrängt wird[2*]. Der Erblasser kann durch aufschiebende Bedingungen auch mehrere Vermächtnisse gestaffelt nacheinander in der Weise zuwenden, dass das spätere Vermächtnis jeweils beim Tod des vorhergehenden Bedachten anfällt[3*]. Ein aufschiebend bedingtes Vermächtnis liegt zB vor, wenn ein Nacherbe mit einem Vermächtnis beschwert ist; der Anspruch entsteht dann erst mit dem Nacherbfall. Das Vermächtnis kann aber schon vor dem Nacherbfall anfallen, wenn der Nacherbe den Nachlass vorher vom Vorerben durch Rechtsgeschäft unter Lebenden erhält[4].

---

[1] BGHZ 12, 115; BGH NJW 1961, 1915, 1916.
[2] RG Recht 1913 Nr 2883.
[3] Näher *Soergel/Wolf* Rn 4.
[1*] Beispiele aus der Praxis für aufschiebend bedingte Vermächtnisse bei *Zawar* S 16 ff.
[2*] BGH NJW 1958, 22; *Soergel/Wolf* Rn 1.
[3*] BGH NJW-RR 1992, 643, 644.
[4] OLG Celle FamRZ 1998, 1335.

III. Befristetes Vermächtnis

Auch das befristete (vgl § 163) Vermächtnis fällt nicht mit dem Erbfall an. Maßgebend für den Anfall des Vermächtnisses ist vielmehr der Eintritt des vom Erblasser angeordneten Termins. § 2074 gilt bei der Befristung nicht; die Anwartschaft auf ein solches Vermächtnis geht daher auf die Erben des Bedachten über. Die Auslegung kann allerdings ergeben, dass der Vermächtnisnehmer den Anfangstermin erleben muss. Nicht jede Fristsetzung in einem Vermächtnis enthält die Bestimmung eines Anfangstermins iS von § 2177. Vielmehr muss in jedem Einzelfall geprüft werden, ob der Erblasser nicht lediglich die Fälligkeit des Vermächtnisses aufschieben wollte, ohne den Anfall (§ 2176) vom Eintritt eines Termins abhängig zu machen (**betagtes Vermächtnis**)[5]. Die Unterscheidung ist von Bedeutung für den Ausschluss der Kondizierbarkeit des vor Fälligkeit Geleisteten (§ 813 Abs 2), für die Anwendbarkeit der §§ 2162, 2163 und für den Zeitpunkt des Rechts der Fruchtziehung (§ 2184). 3

IV. Auflösend bedingtes oder befristetes Vermächtnis

Für das auflösend bedingte und für das unter Bestimmung eines Endtermins zugewendete Vermächtnis sieht das Gesetz keine Regelung vor. Ist die Bedingung oder der Endtermin schon vor dem Erbfall eingetreten, wird das Vermächtnis hinfällig, wenn nicht ein Ersatzvermächtnis (§ 2190) vorgesehen ist. Wenn es nach dem Erbfall (= Anfall) zum Eintritt der Bedingung oder des Endtermins kommt, kann der Beschwerte die Rückgewähr des Vermächtnisgegenstands verlangen[6], es sei denn, es handelt sich um ein Nachvermächtnis (§ 2191). Hat der Erblasser verfügt, dass beim Eintritt der Bedingung oder des Termins der Gegenstand an den Beschwerten herauszugeben ist, liegt ein **Rückvermächtnis** vor[7]. 4

§ 2178 Anfall bei einem noch nicht gezeugten oder bestimmten Bedachten

Ist der Bedachte zur Zeit des Erbfalls noch nicht gezeugt oder wird seine Persönlichkeit durch ein erst nach dem Erbfall eintretendes Ereignis bestimmt, so erfolgt der Anfall des Vermächtnisses im ersteren Falle mit der Geburt, im letzteren Falle mit dem Eintritt des Ereignisses.

I. Normzweck

Aus der Vorschrift, die eine weitere Ausnahme von der Regel des § 2176 enthält, lässt sich entnehmen, dass auch eine Person bedacht werden kann, die beim Erbfall noch nicht erzeugt ist oder deren „Persönlichkeit" noch nicht feststeht. Da der Vermächtnisanspruch jedoch einen Berechtigten als Subjekt voraussetzt, kann der Anspruch, wenn der Bedachte zum Zeitpunkt des Erbfalls als Subjekt noch nicht existiert oder seine Person erst durch ein nach dem Erbfall eintretendes Ereignis bestimmt wird, nicht schon mit dem Erbfall entstehen. Zeitliche Schranken ergeben sich auch hier aus §§ 2162, 2163. 1

II. Anwendungsfälle

1. Noch nicht erzeugter Bedachter. Dem beim Erbfall noch nicht Erzeugten fällt das Vermächtnis mit der Geburt an. Bis dahin wird es wie ein aufschiebend bedingtes Vermächtnis behandelt (§ 2179). Eine Rückbeziehung des Anfalls auf den Zeitpunkt der Erzeugung ist nicht vorgesehen. Dagegen gilt für den nasciturus die Rückbeziehung nach § 1923 Abs 2, so dass ihm das Vermächtnis mit dem Erbfall anfällt (§ 2176)[1]. 2

2. Bestimmung durch ein Ereignis nach dem Erbfall. Der Bedachte kann durch ein nach dem Erbfall eintretendes Ereignis bestimmt werden. Dann fällt ihm das Vermächtnis mit dem Eintritt des Ereignisses an. Keine Bestimmung idS stellt die Bestimmung des Vermächtnisnehmers durch eine Erklärung nach §§ 2151, 2152 dar. 3

3. Juristische Personen. Auf juristische Personen ist die Vorschrift entspr anwendbar[2]. Bei Stiftungen ist die Fiktion des § 84 zu beachten. 4

§ 2179 Schwebezeit

Für die Zeit zwischen dem Erbfall und dem Anfall des Vermächtnisses finden in den Fällen der §§ 2177, 2178 die Vorschriften Anwendung, die für den Fall gelten, dass eine Leistung unter einer aufschiebenden Bedingung geschuldet wird.

---

[5] Beispiele und Grenzfälle bei *Soergel/Wolf* Rn 5, 6; zur (uneinheitlichen) Terminologie *Staudinger/Otte* Rn 4.
[6] BGH BWNotZ 1961, 229 für das auflösend bedingte Vermächtnis.
[7] BayObLG Rpfleger 1981, 190; OLG Frankfurt ZEV 1997, 295 m Anm *Skibbe*.
[1] *Hafner* BWNotZ 1984, 67; *Palandt/Edenhofer* Rn 1; aA AnwK-BGB/*J. Mayer* § 2176 Rn 5; *Soergel/Wolf* Rn 3.
[2] *v. Lübtow* I S 384; MünchKommBGB/*Schlichting* Rn 4; teilweise wird auch von der unmittelbaren Anwendbarkeit des § 2178 ausgegangen (Bildung der juristischen Person als Ereignis), so *Erman/M. Schmidt* Rn 2; RGRK/ *Johannsen* Rn 2.

§ 2180

Schrifttum: *Bühler,* Zum Inhalt der Vermächtnisanwartschaft im Vergleich zur Anwartschaft des Nacherben, BWNotZ 1967, 174; *Bungeroth,* Die Wirksamkeit von Verfügungen über bedingt vermachte Gegenstände, NJW 1967, 1357; *Gudian,* Kann der mit einem Vorausvermächtnis Beschwerte wie ein Vorerbe befreit werden?, NJW 1967, 431.

I. Normzweck

1 Mit dem Erbfall entsteht beim „normalen" Vermächtnis nach §§ 2174, 2176 der Anspruch auf Leistung des vermachten Gegenstandes. Beim aufschiebend bedingten oder befristeten Vermächtnis, bei dem der Anfall nach §§ 2177, 2178 hinausgeschoben ist, soll der Bedachte nicht bis zum späteren Anfall schutzlos sein. Daher finden in dieser Schwebezeit nach § 2179 die Vorschriften Anwendung, die für den Fall gelten, dass eine Leistung unter einer aufschiebenden Bedingung geschuldet wird. Für auflösend bedingte oder befristete Vermächtnisse findet die Vorschrift keine Anwendung[1].

II. Anwendbare Vorschriften

2 Der Umfang der Verweisung ist unklar. Unproblematisch ist, dass im Fall des Eintritts der Bedingung der Beschwerte nach § **160** haftet, wenn er während der Schwebezeit das von der Bedingung abhängige Recht durch sein Verschulden vereitelt oder beeinträchtigt hat. Der Beschwerte hat eine Verpflichtung zur ordnungsgemäßen Verwaltung des Vermächtnisgegenstands;[2] er haftet für jedes Verschulden (§ 276). Nach hM kann der Erblasser allerdings den Haftungsmaßstab mildern[3]. Für Erfüllungsgehilfen muss der Beschwerte nach § 278 einstehen.

3 Keine besonderen Probleme wirft auch die Anwendung des § **162** auf: Niemand kann sich auf den Eintritt oder Nichteintritt eines Ereignisses berufen, den er selbst treuwidrig herbeigeführt oder verhindert hat[4].

4 Dagegen ergeben sich hinsichtlich der Anwendbarkeit von § **161** (Schutz gegen Zwischenverfügungen) Zweifel. Die Anwartschaft auf einen schuldrechtlichen Anspruch kann nicht stärker geschützt sein als der Anspruch selbst[5]. Für diesen gibt es jedoch keinen aus § 161 folgenden Schutz gegen Zwischenverfügungen des Beschwerten über den Vermächtnisgegenstand.

5 Obwohl § 2179 nicht auf § 285 verweist, besteht Einigkeit, dass der Beschwerte bei Eintritt der Bedingung den Ersatz für eine vermachte Sache schuldet, deren Herausgabe nach dem Erbfall unmöglich geworden ist[6].

III. Rechtsstellung des Bedachten

6 **1. Anwartschaft.** Aus der Anwendbarkeit der §§ 160 Abs 1, 162, 285 folgt, dass der Bedachte zwischen Erbfall und Eintritt oder Ausfall der Bedingung bzw Eintritt des Endtermins bereits eine geschützte Rechtsposition hat. Diese Anwartschaft ist – sofern nicht § 2074 entgegensteht – vererblich, unter Lebenden übertragbar, und sie kann gepfändet[7] und verpfändet werden. Entspr §§ 2142 Abs 1, 1946 kann der Bedachte das Vermächtnis schon vor dem Anfall ausschlagen oder annehmen.

7 **2. Sicherung.** Gegen eine **Gefährdung** des aufschiebend bedingten oder befristeten Vermächtnisanspruchs kommt ein **Arrest** oder eine **einstweilige Verfügung** in Betracht[8]. In der Insolvenz des Beschwerten gelten für die aufschiebend bedingten oder befristeten Vermächtnisansprüche §§ 95, 191 InsO. Die Vermächtnisforderung kann auch durch eine **Hypothek** gesichert werden; ein Anspruch auf hypothekarische Sicherung kann nach dem Inhalt der letztwilligen Verfügung mitvermacht sein[9]. Ist das Vermächtnis auf ein Grundstück oder ein Grundstücksrecht gerichtet, kann der künftige oder bedingte Anspruch des Vermächtnisnehmers durch eine **Vormerkung** gesichert werden[10]. Bei Ungewissheit über die Person des Vermächtnisnehmers kommt eine Pflegerbestellung nach § 1913 in Betracht.

8 **3. Auskunft.** Umstritten ist, ob der Vermächtnisnehmer vor dem Anfall des Vermächtnisses nicht nur einen aus § 242 folgenden Auskunftsanspruch, sondern auch schon einen Anspruch auf Vorlegung eines Verzeichnisses nach § 260 hat[11].

§ 2180 Annahme und Ausschlagung

(1) Der Vermächtnisnehmer kann das Vermächtnis nicht mehr ausschlagen, wenn er es angenommen hat.

---

[1] *Staudinger/Otte* Rn 16; AnwK-BGB/*J. Mayer* Rn 3.
[2] BGHZ 114, 16 = NJW 1991, 1736.
[3] *Bühler* BWNotZ 1967, 174, 180; *Soergel/Wolf* Rn 2.
[4] Vgl OLG Stuttgart FamRZ 1981, 818 m Anm *Bausch.*
[5] *Brox* Rn 429; *Bungeroth* NJW 1967, 1357; *Zawar* S 38 f; *Wübben* S 178; teilweise abw *Gudian* NJW 1967, 431.
[6] MünchKommBGB/*Schlichting* Rn 5; *Staudinger/Otte* Rn 3; *Zawar* S 42.
[7] BGH MDR 1963, 824.
[8] *Bungeroth* NJW 1967, 1357.
[9] RG DNotZ 1932, 539.
[10] BayObLG Rpfleger 1981, 190; *Staudinger/Otte* Rn 12; *Zawar* S 90 ff.
[11] Bejahend *Staudinger/Otte* Rn 13; *Soergel/Wolf* Rn 5.

§ 2180

(2) ¹Die Annahme sowie die Ausschlagung des Vermächtnisses erfolgt durch Erklärung gegenüber dem Beschwerten. ²Die Erklärung kann erst nach dem Eintritt des Erbfalls abgegeben werden; sie ist unwirksam, wenn sie unter einer Bedingung oder einer Zeitbestimmung abgegeben wird.

(3) Die für die Annahme und die Ausschlagung einer Erbschaft geltenden Vorschriften des § 1950, des § 1952 Abs. 1, 3 und des § 1953 Abs. 1, 2 finden entsprechende Anwendung.

Schrifttum: *van Venrooy*, Annahme und Ausschlagung von Vermächtnissen, 1990; *Pentz*, Ausschlagung von Vermächtnissen bei mehreren Beschwerten, JR 1999, 138.

I. Normzweck

Die bereits aus § 2176 folgende Möglichkeit des Bedachten, ein **Vermächtnis auszuschlagen,** wird durch § 2180 konkretisiert. Die Vorschrift trägt dem Gedanken Rechnung, dass sich niemand eine Zuwendung aufdrängen lassen muss[1]. Natürlich steht es dem Bedachten auch ohne Ausschlagung frei, die Geltendmachung seiner Forderung zu unterlassen. Im Vergleich zur Annahme und Ausschlagung der Erbschaft (§§ 1942 ff) sind die Anforderungen an die Erklärungen des Vermächtnisnehmers geringer. 1

II. Annahme

1. Annahmeerklärung. Die empfangsbedürftige Erklärung des Vermächtnisnehmers ist formfrei und kann ausdrücklich oder konkludent[2] abgegeben werden. Anders als bei der Annahme der Erbschaft kann ein Vermächtnis nicht durch ein Verhalten angenommen werden, das nicht zur Kenntnis des Erklärungsempfängers gelangt. **Vertretung** in der Erklärung ist **zulässig.** Die Erklärung ist **bedingungs-** und **befristungsfeindlich (Abs 2 S 2).** Durch die Verweisung in Abs 3 auf § 1950 wird die Beschränkung von Annahme und Ausschlagung auf einen Teil des Vermächtnisses ausgeschlossen. Wer zu mehreren Vermächtnissen berufen ist, kann das eine annehmen, das andere ausschlagen; die einschränkenden Voraussetzungen des § 1951 gelten insoweit nicht. Lebt der Vermächtnisnehmer in Gütergemeinschaft, ist er nach §§ 1432 Abs 1 S 1, 1455 Nr 1 allein berechtigt, das Vermächtnis anzunehmen. 2

2. Erklärungsempfänger. Erklärungsempfänger ist nicht das Nachlassgericht, sondern nach **Abs 2 S 1** der **Beschwerte.** Es genügt aber, wenn das Nachlassgericht eine ihm gegenüber abgegebene Erklärung dem Beschwerten (dem mutmaßlichen Willen des Vermächtnisnehmers entspr) mitteilt[3]. Wenn der Vermächtnisanspruch gegenüber dem Testamentsvollstrecker oder dem Nachlasspfleger geltend gemacht werden muss, kann diesen gegenüber auch die Annahme erklärt werden[4]. 3

3. Zeitpunkt der Erklärung. Die Erklärung kann **erst nach dem Erbfall** abgegeben werden[5]. Eine **Frist** für die (Annahme- oder Ausschlagungs-)Erklärung besteht im Unterschied zu § 1944 nicht. Der Erblasser kann allerdings anordnen, dass der Bedachte binnen bestimmter Frist die Annahme erklären muss[6]. Ist ein Pflichtteilsberechtigter mit einem Vermächtnis bedacht, kann ihn der beschwerte Erbe nach § 2307 Abs 2 unter Bestimmung einer angemessenen Frist zur Erklärung über die Annahme des Vermächtnisses auffordern. Mit dem fruchtlosen Ablauf der Frist gilt das Vermächtnis als ausgeschlagen. 4

4. Wirkung der Annahme. Die Wirkung der Annahme besteht nach **Abs 1** nur darin, dass der Vermächtnisnehmer das Vermächtnis nicht mehr ausschlagen kann. Der Bedachte kann nunmehr mit der Annahme der Leistung in Verzug geraten. 5

5. Anfechtung der Annahme. Die Annahme ist **unwiderruflich,** aber als Willenserklärung nach allgemeinen Vorschriften (§§ 119 ff) **anfechtbar.** Die speziellen, für Annahme und Ausschlagung einer Erbschaft geltenden Anfechtungsregeln nach §§ 1954 ff sind nicht anwendbar. Eine besondere Anfechtungsmöglichkeit sieht § 2308 für den Fall vor, dass ein mit einem Vermächtnis bedachter Pflichtteilsberechtigter das Vermächtnis ausgeschlagen hat. Die hM bejaht in diesem Fall eine Anfechtungsmöglichkeit auch für die Annahme (vgl § 2308 Rn 8). 6

---

[1] *van Venrooy* S 12 ff sieht Annahme und Ausschlagung als auf eine Rechtsgrundabrede bezogen, kraft deren der Vermächtnisnehmer die Zuwendung behalten dürfe. Die Aussetzung eines Vermächtnisses bedeutet danach zum einen die Zuwendung iS des § 2174, zum anderen den Antrag des Erblassers an den Vermächtnisnehmer, hinsichtlich des rechtlichen Grundes für das Behaltendürfen übereinzukommen. Die „Annahme" dieses Antrags erfolge nach § 2180. Diese Auffassung kehrt das traditionelle Verständnis zum Verhältnis von Annahme und Ausschlagung um: Während nach hM die Annahme lediglich ein Verzicht auf die Ausschlagung ist, klärt sich die Rechtslage nach *van Venrooy* stets durch die Annahme des Vermächtnisses. Mit überzeugenden Argumenten gegen die Konstruktion *Muscheler* S 192 ff; abl auch *Staudinger/Otte* Rn 17; AnwK-BGB/*J. Mayer* Rn 5.
[2] Zu einem Fall schlüssigen Verhaltens OLG Stuttgart ZEV 1998, 24; bloßes Wohnenbleiben in einer durch Vermächtnis zugewendeten Wohnung bedeutet noch nicht eine konkludente Annahme, OLG Oldenburg OLGR 1999, 106.
[3] RGZ 113, 234, 237 f für die Ausschlagungserklärung.
[4] RG DJZ 1924, 475; OLG Stuttgart Recht 1910 Nr 931.
[5] Bei hinausgeschobenen Vermächtnissen (§ 2177) aber schon vor dem Anfall, BGH NJW 2001, 520 für Ausschlagung.
[6] *Reichel* AcP 138 (1934), 202 f.

§ 2182   Buch 5. Abschnitt 3. Testament

III. Ausschlagung

7   **1. Allgemeines.** Für die **Erklärung** des Vermächtnisnehmers und ihre **Anfechtung** kann auf die Ausführungen zur Annahme verwiesen werden. Bei mehreren Beschwerten genügt es, wenn der Bedachte die Ausschlagung einem gegenüber erklärt[7]. Die Ausschlagung bedarf im Unterschied zur Annahme der vormundschaftsgerichtlichen Genehmigung (§§ 1822 Nr 2, 1643 Abs 2). Die Pfändung seines Anspruchs hindert den Vermächtnisnehmer nicht an der Ausschlagung[8]. Ein Vermächtnis kann auch dann noch ausgeschlagen werden, wenn es mit Erfolg nach § 2078 angefochten oder der Beschwerte nach § 275 Abs 1 frei geworden ist[9]. Das Ausschlagungsrecht steht nach dem in Abs 3 für entspr anwendbar erklärten § 1952 auch den **Erben** des Bedachten zu.

8   **2. Wirkung der Ausschlagung.** Die Ausschlagung hat nach § 1953, auf den Abs 3 verweist, zur Folge, dass der **Anfall** an den Ausschlagenden **als nicht erfolgt gilt.** Das Vermächtnis fällt demjenigen an, der berufen sein würde, wenn der Ausschlagende zur Zeit des Erbfalls nicht gelebt hätte; der Anfall gilt als mit dem Erbfall erfolgt. Die entsprechende Anwendung von § 1953 Abs 2 erlangt nur Bedeutung, wenn der Erblasser einen Ersatzvermächtnisnehmer berufen hat, was sich auch aus § 2069 ergeben kann. Maßgeblicher Zeitpunkt für die Frage, wer berufen sein würde, ist der Erbfall[10], in den Fällen der §§ 2177, 2178 der spätere Anfall. Greift weder Ersatzberufung noch Anwachsung (§ 2158) ein, ist das Vermächtnis hinfällig. Untervermächtnisse (§ 2186) werden nach § 2161 von der Ausschlagung durch den Hauptbedachten im Zweifel nicht berührt.

IV. Verzicht und Erlass

9   Auf den Vermächtnisanspruch kann vor dem Erbfall durch Vertrag mit dem Erblasser (§ 2352) **verzichtet** werden. Nach dem Erbfall ist zum Verzicht ein **Erlassvertrag** mit dem Beschwerten erforderlich. Bei Gütergemeinschaft ist nach Annahme des Vermächtnisses durch einen Ehegatten (§ 1455 Nr 1) ein Verzicht nur noch unter Mitwirkung des anderen Ehegatten möglich[11].

§ 2181 Fälligkeit bei Beliebigkeit

Ist die Zeit der Erfüllung eines Vermächtnisses dem freien Belieben des Beschwerten überlassen, so wird die Leistung im Zweifel mit dem Tode des Beschwerten fällig.

I. Fälligkeit des Vermächtnisses

1   § 2181 enthält eine Auslegungsregel für den Eintritt der Fälligkeit des Vermächtnisses; der Anfall richtet sich nach §§ 2176 bis 2178. Grds wird der Vermächtnisanspruch gemäß § 271 Abs 1 mit seiner Entstehung fällig. Der Erblasser kann anordnen, dass die Fälligkeit erst zu einem späteren Zeitpunkt eintreten soll. §§ 2162, 2163 kommen beim Aufschub der Fälligkeit nicht zur Anwendung, da die zeitliche Begrenzung nur für die Entstehung des Anspruchs, nicht für den Eintritt der Fälligkeit gilt.

II. Aufschub der Fälligkeit

2   Ein Aufschub der Fälligkeit liegt nach der **Auslegungsregel** des § 2181 vor, wenn der Erblasser die Erfüllung des Vermächtnisses dem freien Belieben des Beschwerten überlassen hat. Fälligkeitszeitpunkt ist dann der Tod des Beschwerten. Davor kann dieser zwar erfüllen (§ 271 Abs 2), der Bedachte aber nicht Erfüllung verlangen. Eine Klage auf Feststellung der befristeten Verpflichtung (§ 256 Abs 1 ZPO) ist jedoch möglich[1]. Ist die Vermächtnisschuld bis zum Tod des Beschwerten nicht erfüllt, haften die Erben für die Nachlassverbindlichkeit. Eine Haftungsbeschränkung, auf die sich schon der Beschwerte hätte berufen können (insbes nach § 1992), kommt auch ihnen zugute[2]. § 2181 bewirkt nur einen Aufschub der Fälligkeit, sagt aber nichts darüber, ob dem Beschwerten bis zu seinem Tod auch die Früchte des Vermächtnisgegenstandes (§ 2184) zustehen. IdR wird dies dem Erblasserwillen entsprechen. Mit dem Recht zum Fruchtbezug korrespondiert, dass der Beschwerte Verwendungen nicht ersetzt bekommt und die Lasten zu tragen hat (§ 2185).

§ 2182 Gewährleistung für Rechtsmängel

(1) ¹Ist eine nur der Gattung nach bestimmte Sache vermacht, so hat der Beschwerte die gleichen Verpflichtungen wie ein Verkäufer nach den Vorschriften des § 433 Abs. 1 Satz 1,

---

[7] *Pentz* JR 1999, 138.
[8] MünchKommBGB/*Schlichting* Rn 7.
[9] MünchKommBGB/*Schlichting* Rn 7; *Staudinger*/*Otte* Rn 8.
[10] *Staudinger*/*Otte* Rn 15; *Palandt*/*Edenhofer* Rn 3; aA – Zeitpunkt des Entstehens einer vererblichen Anwartschaft – *Erman*/*M. Schmidt* Rn 3; RGRK/*Johannsen* Rn 13.
[11] OLG Stuttgart ZEV 1998, 24 m Anm *Ch. Wolf.*
[1] RG WarnR 1919 Nr 198; *Erman*/*M. Schmidt* Rn 1; *Palandt*/*Edenhofer* Rn 1.
[2] MünchKommBGB/*Schlichting* Rn 1.

Gewährleistung für Rechtsmängel § 2182

der §§ 436, 452 und 453. ²Er hat die Sache dem Vermächtnisnehmer frei von Rechtsmängeln im Sinne des § 435 zu verschaffen. ³§ 444 findet entsprechende Anwendung.

(2) Dasselbe gilt im Zweifel, wenn ein bestimmter nicht zur Erbschaft gehörender Gegenstand vermacht ist, unbeschadet der sich aus dem § 2170 ergebenden Beschränkung der Haftung.

(3) Ist ein Grundstück Gegenstand des Vermächtnisses, so haftet der Beschwerte im Zweifel nicht für die Freiheit des Grundstücks von Grunddienstbarkeiten, beschränkten persönlichen Dienstbarkeiten und Reallasten.

Schrifttum: *Amend*, Schuldrechtsreform und Mängelhaftung beim Gattungsvermächtnis, ZEV 2002, 227; *Brambring*, Die Auswirkung der Schuldrechtsreform auf das Erbrecht, ZEV 2002, 137; *Schlichting*, Schuldrechtsmodernisierung im Erbrecht, ZEV 2002, 478.

I. Vorbemerkung

Die redaktionelle Anpassung der §§ 2182, 2183 durch das Schuldrechtsmodernisierungsgesetz ist insoweit nicht geglückt, als noch immer von „Gewährleistung" und von „Schadensersatz wegen Nichterfüllung" gesprochen wird – Begriffe, die im Kaufrecht bzw Allgemeinen Schuldrecht nicht mehr verwendet werden. Außerdem besteht im Vermächtnisrecht die Differenzierung zwischen Stück- und Gattungsschuld und die Unterscheidung zwischen den Rechtsfolgen von Sach- und Rechtsmängeln fort[1]. Für Vermächtnisse, deren Entstehungstatbestand sich bis zum 31. 12. 2001 verwirklicht hatte, gilt nach Art 229 § 5 EGBGB das alte Recht weiter[2]. 1

II. Normzweck

§§ 2182, 2183 regeln die **Rechts- und Sachmängelhaftung** des Beschwerten. Die Vorschriften gelten allerdings nur für das **Gattungs-** und das **Verschaffungsvermächtnis**. Beim Stückvermächtnis wird es dem Erblasserwillen entsprechen, dass der Bedachte den Vermächtnisgegenstand in dem rechtlichen und tatsächlichen Zustand erhält, wie er sich im Nachlass befindet[3]. Beim beschränkten Gattungsvermächtnis (§ 2155 Rn 2) ist § 2182 anwendbar, es sei denn sämtliche zum Nachlass gehörenden Gegenstände der Gattung weisen den gleichen Rechtsmangel auf[4]. Die Gewährleistung ist zu unterscheiden von den Rechtsfolgen, die sich daraus ergeben, dass der Vermächtnisgegenstand vor dem Erbfall verschlechtert wird oder untergeht (§§ 2164 Abs 2, 2169 Abs 3) oder dass die Leistung nach dem Erbfall unmöglich wird (vgl § 2174 Rn 14). 2

III. Rechtsverschaffungspflicht beim Gattungsvermächtnis

§ 2182 regelt die Haftung für **Rechtsmängel**. Sein **Abs 1** bestimmt, dass den Beschwerten die gleichen **Verpflichtungen** treffen **wie** einen **Verkäufer**. Der Beschwerte ist damit gemäß § 433 Abs 1 S 1 verpflichtet, dem Bedachten eine dessen Verhältnissen entsprechende Sache (§ 2155) zu übergeben und ihm Eigentum daran zu verschaffen. Ist ein **Recht** vermacht, ist er nach §§ 453 Abs 1, 433 Abs 1 S 1 verpflichtet, das Recht zu übertragen und, wenn das Recht zum Besitz einer Sache berechtigt, die Sache zu übergeben (§ 453 Abs 2). Die Sache muss **frei von Rechtsmängeln** iS des § 435 verschafft werden (Abs 1 S 2), wobei gemäß § 435 S 2 nicht bestehende, aber im Grundbuch eingetragene Rechte einem Rechtsmangel gleichstehen. **Abs 3** schränkt die Verschaffungspflicht ein, wenn Gegenstand des Gattungsvermächtnisses ein Grundstück ist. Der Beschwerte muss nach dem neu gefassten § 436 Abs 1 Erschließungs- und sonstige Anliegerbeiträge für Maßnahmen tragen, die bis zum Anfall des Vermächtnisses bautechnisch begonnen wurden; für die Freiheit des Grundstücks von anderen öffentlichen Abgaben und Lasten haftet er dagegen nach § 436 Abs 2 nicht. 3

IV. Haftung für Rechtsmängel beim Gattungsvermächtnis

Da § 2182 Abs 1 nicht auf § 437 verweist, findet das kaufrechtliche Gewährleistungsregime keine Anwendung auf Rechtsmängel[5]. Die **Haftung des Beschwerten** bestimmt sich vielmehr **nach §§ 275 ff**. Ist der Vermächtnisgegenstand mit Rechtsmängeln behaftet, so stellt dies eine Pflichtverletzung iS des § 280 Abs 1 dar. Zugleich hat die Beschwerte die Leistung nicht wie geschuldet erbracht (§ 281 Abs 1). Sofern der Beschwerte die Pflichtverletzung zu vertreten hat, kann der Bedachte nach § 280 Abs 1 Ersatz des hierdurch entstandenen Schadens verlangen oder nach § 281 Abs 1 vorgehen. 4

---

[1] Hierzu und zu weiteren Ungereimtheiten AnwK-BGB/*J. Mayer* Rn 4; *Amend* ZEV 2002, 227; *Brambing* ZEV 2002, 137, 140.
[2] Näher AnwK-BGB/*J. Mayer* Rn 5.
[3] Der Erblasser kann jedoch zusätzlich anordnen, dass der Beschwerte den Vermächtnisgegenstand lastenfrei zu übertragen oder vorhandene Sachmängel zu beseitigen hat; MünchKommBGB/*Schlichting* Rn 1. Umgekehrt kann der Erblasser auch beim Gattungs- und Verschaffungsvermächtnis die Haftung nach § 2182 ganz ausschließen; § 444 gilt hierfür nicht.
[4] *Staudinger/Otte* Rn 9; AnwK-BGB/*J. Mayer* Rn 2.
[5] *Soergel/Wolf* Rn 2; AnwK-BGB/*J.Mayer* Rn 7; nach aA – *Staudinger/Otte* Rn 5; *Palandt/Edenhofer* Rn 2; *Schlichting* ZEV 2002, 478 – bestimmen sich die Rechte des Bedachten nach § 437; er könnte also nach §§ 437 Nr 1, 439 auch Nacherfüllung verlangen.

§ 2183 Buch 5. Abschnitt 3. Testament

Verlangt der Vermächtnisnehmer Schadensersatz statt der Leistung, ist der Beschwerte zur Rückforderung des Geleisteten berechtigt (§ 281 Abs 5). Die **Beweislast** für den Rechtsmangel trifft nach allgemeinen Regeln (§ 363) den Bedachten. Der Beschwerte muss allerdings **Auskunft** über die rechtlichen Verhältnisse erteilen und zum Beweis dienende Urkunden herausgeben. Eine Vereinbarung zwischen dem Beschwerten und dem Bedachten, dass die Rechtsmängelhaftung erlassen oder beschränkt werden soll, ist nichtig, wenn der Beschwerte den Mangel arglistig verschweigt oder wenn eine Beschaffenheitsgarantie vorliegt (§§ 2182 Abs 1 S 3, 444).

V. Haftung für Rechtsmängel beim Verschaffungsvermächtnis

5   Auch bei einem Verschaffungsvermächtnis hat der Bedachte grds Anspruch auf einen von Rechtsmängeln freien Gegenstand, so dass im Zweifel die in Abs 1 in Bezug genommenen Vorschriften gelten. Abs 2 berücksichtigt jedoch, dass § 2170 Abs 2 die Verpflichtungen des mit einem Verschaffungsvermächtnis Beschwerten wesentlich einschränkt. Im Falle des Unvermögens muss dieser nur Wertersatz leisten. Erfordert die Verschaffung unverhältnismäßige Aufwendungen, kann er sich durch Entrichtung des Werts befreien. Bestand das vermachte Recht entgegen der Annahme des Erblassers schon beim Erbfall nicht, greift § 2171 ein; für eine Rechtsmängelhaftung des Beschwerten ist kein Raum[6].

VI. Haftung für Rechtsmängel beim Wahlvermächtnis

6   Ein Wahlvermächtnis kann ebenfalls auf einen nur der Gattung nach bestimmten Gegenstand gerichtet sein (§ 2154 Rn 2). Ist dies der Fall, greift wie beim Wahlverschaffungsvermächtnis § 2182 ein[7].

VII. Verjährung

7   Für die Verjährung gilt nicht § 438, sondern § 197 Abs 1 Nr 2 (30 Jahre)[8].

§ 2183 Gewährleistung für Sachmängeln

¹Ist eine nur der Gattung nach bestimmte Sache vermacht, so kann der Vermächtnisnehmer, wenn die geleistete Sache mangelhaft ist, verlangen, dass ihm anstelle der mangelhaften Sache eine mangelfreie geliefert wird. ²Hat der Beschwerte einen Sachmangel arglistig verschwiegen, so kann der Vermächtnisnehmer statt der Lieferung einer mangelfreien Sache Schadensersatz wegen Nichterfüllung verlangen. ³Auf diese Ansprüche finden die für die Gewährleistung wegen Mängeln einer verkauften Sache geltenden Vorschriften entsprechende Anwendung.

I. Normzweck

1   § 2183 sieht nur für das **Gattungsvermächtnis** eine **Sachmängelhaftung** vor, die allerdings auf Nachlieferung und Schadensersatz beschränkt ist. Für das Stückvermächtnis gilt die Vorschrift nicht (§ 2182 Rn 2)[1]. Soweit der Beschwerte eine Verschlechterung des Vermächtnisgegenstands zu vertreten hat, haftet er wegen positiver Forderungsverletzung (§ 280 Abs 1 und Abs 3 iVm § 281 Abs 1)[2].

II. Voraussetzungen

2   Ob ein Sachmangel vorliegt, bestimmt sich nach § 434, wobei die in § 2155 Abs 1 enthaltene Modifizierung des Begriffs Gattungsschuld zu beachten ist (vgl dort Rn 3). Danach ist zunächst die vom Erblasser bestimmte Beschaffenheit der Sache maßgebend. Hat er eine solche Bestimmung nicht getroffen, so ist nach § 2155 eine den Verhältnissen des Bedachten entsprechende Sache zu leisten. 434 Abs 1 S 3 passt auf das Vermächtnis nicht, dagegen dürften Abs 2 und Abs 3 anwendbar sein.

III. Rechtsfolgen

3   § 2183 erwähnt ausdrücklich das **Nachlieferungsrecht** und – bei arglistigem Verschweigen – den Anspruch auf **Schadensersatz**. Im Schrifttum wird teilweise dem Bedachten auch ein Anspruch auf Nachbesserung (§ 439 Abs 1) zugebilligt[3]. Dies mag in Ausnahmefällen sachgerecht sein[4]. Auf diese Ansprüche finden nach **S 3** die kaufrechtlichen Vorschriften über Gewährleistung wegen Sachmängeln entsprechende Anwendung. Daraus folgt, dass die Gewährleistungsrechte des Vermächtnisnehmers nach

---

[6] *Staudinger/Otte* Rn 8; MünchKommBGB/*Schlichting* Rn 9.
[7] *Staudinger/Otte* Rn 9.
[8] AnwK-BGB/*J. Mayer* Rn 13; aA *Staudinger/Otte* § 2183 Rn 4; vgl jetzt BGH NJW 2007, 2174.
[1] Palandt/*Edenhofer* Rn 1; AnwK-BGB/*J. Mayer* Rn 1.
[2] *Staudinger/Otte* Rn 5.
[3] MünchKommBGB/*Schlichting* Rn 4; Palandt/*Edenhofer* Rn 2; Erman/*M. Schmidt* Rn 1; *Schlichting* ZEV 2002, 478, 479; *Amend* ZEV 2002, 227, 229.
[4] Soergel/*Wolf* Rn 2; AnwK-BGB/*J. Mayer* Rn 5.

§ 442 entfallen können. Ferner sind anwendbar § 444 (Gewährleistungsausschluss außer im Falle der Arglist) und § 438 (Verjährung).

Hat der Beschwerte einen Sachmangel arglistig verschwiegen, so kann der Vermächtnisnehmer nach S 2 statt der Lieferung einer mangelfreien Sache Schadensersatz[5] wegen Nichterfüllung verlangen. Während der Geltung des § 463 aF war anerkannt, dass das Vorspiegeln einer Eigenschaft in arglistiger Absicht dem arglistigen Verschweigen eines Sachmangels gleichzustellen ist. Diese Gleichstellung hat bei § 2183 weiterhin ihre Berechtigung[6]. 4

§ 2184 Früchte; Nutzungen

[1]Ist ein bestimmter zur Erbschaft gehörender Gegenstand vermacht, so hat der Beschwerte dem Vermächtnisnehmer auch die seit dem Anfall des Vermächtnisses gezogenen Früchte sowie das sonst auf Grund des vermachten Rechts Erlangte herauszugeben. [2]Für Nutzungen, die nicht zu den Früchten gehören, hat der Beschwerte nicht Ersatz zu leisten.

I. Normzweck und Anwendungsbereich

§§ 2184, 2185 regeln, wem die zwischen Anfall des Vermächtnisses und seiner Erfüllung gezogenen Früchte zustehen und wer die in diesem Zeitraum gemachten Verwendungen tragen muss. Die Regelungen sind **nicht zwingend;** der Erblasser kann abweichende Anordnungen treffen. Nach seinem Wortlaut bezieht sich § 2184 nur auf das **Stückvermächtnis.** Einigkeit besteht darüber, dass die Vorschrift für das Gattungsvermächtnis nicht gilt. Beim **Verschaffungsvermächtnis** gilt § 2184 ab dem Zeitpunkt, in dem der Beschwerte den Besitz an der Sache erlangt[1]. Beim **Wahlvermächtnis** ist § 2184 vom Zeitpunkt der Wahl an und unter der Voraussetzung anwendbar, dass ein zur Erbschaft gehörender Gegenstand gewählt wurde. Eine entspr Anwendung der Vorschrift für eine Teilungsanordnung wird überwiegend bejaht[2]. 1

I. Herausgabe gezogener Früchte

Herauszugeben sind nach S 1 die seit dem Anfall gezogenen Früchte. Es muss sich um Früchte (vgl § 99) handeln, die auf den Vermächtnisgegenstand entfallen. Dies ist nicht der Fall bei einer vom Beschwerten erzielten Miete, wenn dem Bedachten das Recht zur unentgeltlichen Benutzung von Räumen übertragen war, er dieses Recht aber nicht genutzt hat[3]. Ist der Nießbrauch an einer Sache vermacht, sind Früchte der Sache erst vom Zeitpunkt der Bestellung des Nießbrauchs Früchte des Vermächtnisgegenstandes[4]. Für die zeitliche Zuordnung der Früchte ist § 101, für den Ersatz der Gewinnungskosten § 102 zu beachten. 2

Bei Verletzung der Herausgabepflicht haftet der Beschwerte nach §§ 275 ff. Hat er für gezogene, aber nicht mehr vorhandene Früchte einen Ersatz erlangt, gilt § 285. 3

Für **nicht gezogene Früchte** ist kein Ersatz zu leisten. Ab Verzug oder Rechtshängigkeit (§ 286; § 292 iVm § 987 Abs 2) kann sich der Beschwerte jedoch schadensersatzpflichtig machen, wenn er es unterlässt, die Früchte zu ziehen. Die bloße Kenntnis des Beschwerten davon, dass ein Vermächtnisanspruch besteht, begründet nach allgM noch keine verschärfte Haftung. 4

III. Herausgabe des sonst Erlangten

Die in § 2184 weiter geregelte Verpflichtung, das „sonst auf Grund eines vermachten Rechtes Erlangte" herauszugeben, kann einen Erwerb nach §§ 946 ff und – der Vollständigkeit halber sei es erwähnt – einen Schatzfund (§ 984) erfassen. Für Nutzungen, die nicht zu den Früchten gehören, muss der Beschwerte nach S 2 keinen Ersatz leisten. Hierzu zählen die Gebrauchsvorteile (§ 100), zB die Benutzung von Räumen in einem vermachten Wohnhaus. 5

§ 2185 Ersatz von Verwendungen und Aufwendungen

Ist eine bestimmte zur Erbschaft gehörende Sache vermacht, so kann der Beschwerte für die nach dem Erbfall auf die Sache gemachten Verwendungen sowie für Aufwendungen, die er nach dem Erbfall zur Bestreitung von Lasten der Sache gemacht hat, Ersatz nach den Vorschriften verlangen, die für das Verhältnis zwischen dem Besitzer und dem Eigentümer gelten.

---

[5] Der Gesetzgeber hat es versäumt, beim Schuldrechtsmodernisierungsgesetz den Wortlaut des § 2183 anzupassen. Anstelle von „Schadensersatz wegen Nichterfüllung" müsste es „Schadensersatz statt der Leistung" (vgl § 281) heißen.
[6] MünchKommBGB/*Schlichting* Rn 3; AnwK-BGB/*J. Mayer* Rn 5.
[1] *Staudinger/Otte* Rn 8; *Soergel/Wolf* Rn 5; AnwK-BGB/*J.Mayer* Rn 3; aA RGRK/*Johannsen* Rn 1; MünchKommBGB/*Schlichting* Rn 2; *Jauernig/Stürner* Rn 4.
[2] OLG Celle OLGR 2003, 86; AnwK-BGB/*J. Mayer* Rn 3; *Flume* DB 1990, 2390; aA *Staudinger/Gursky* Rn 9.
[3] OLG Stuttgart OLGE 6, 313; AnwK-BGB/*J. Mayer* Rn 6; krit *Staudinger/Otte* Rn 2.
[4] KG NJW 1964, 1808.

§ 2185

I. Normzweck

1 Der Pflicht des Beschwerten, die Nutzungen herauszugeben, stellt § 2185 den Anspruch auf Verwendungsersatz gegenüber. Die Vorschrift betrifft Verwendungen auf eine bestimmte zur Erbschaft gehörende Sache. Verwiesen wird auf die Vorschriften, die für das Verhältnis zwischen dem Besitzer und dem Eigentümer gelten (§§ 994 ff). Auch diese Regelung ist **nicht zwingend**.

II. Anwendungsbereich

2 § 2185 gilt nur für das **Stückvermächtnis**. Für das Verschaffungsvermächtnis hat das Gesetz die Frage von Verwendungsersatzansprüchen bewusst nicht geregelt[1]. Nach dem Willen des Erblassers kann aber die Regelung auch auf das Vermächtnis zur Verschaffung einer Sache angewendet werden. § 2185 ist jedenfalls von dem Zeitpunkt an entspr anwendbar, in dem der Beschwerte den Gegenstand zum Zwecke der Erfüllung des Vermächtnisses erwirbt[2] (vgl § 2184 Rn 1). Für ein Gattungsvermächtnis gilt § 2185 nicht. Die Anwendbarkeit auf das Wahlvermächtnis ist nach denselben Grundsätzen zu beurteilen wie bei § 2184 (vgl dort Rn 1). Teilweise wird eine Anwendung des § 2185 auf unkörperliche Gegenstände befürwortet[3].

III. Verwendungsersatzansprüche

3 **1. Verwendungen.** Zum Begriff der Verwendungen vgl § 2022 Rn 3. Erfasst werden alle **nach dem Erbfall** gemachten Verwendungen bzw Aufwendungen des Beschwerten, ohne Rücksicht darauf, ob das Vermächtnis schon angefallen oder angenommen war. Bei rückständigen Kosten für Verwendungen, die vom Erblasser veranlasst wurden, und bei rückständigen vom Erblasser herrührenden Lasten, die der Beschwerte nach dem Erbfall begleicht, ist danach zu fragen, ob nach dem Willen des Erblassers der Wert des Vermächtnisgegenstandes dem Bedachten ungeschmälert zukommen oder der Beschwerte vor weiteren Unkosten wegen des Vermächtnisgegenstands bewahrt werden sollte. Wegen der Grundtendenz des § 2185 ist im Zweifel letzteres anzunehmen[4].

4 **2. Notwendige Verwendungen.** Für **notwendige Verwendungen** – dazu gehören nach § 995 S 1 auch die **Aufwendungen zur Bestreitung von Lasten** der Sache – kann der Beschwerte grds Ersatz verlangen (§ 994 Abs 1 S 1). Nach §§ 994 Abs 1 S 2, 995 S 2 sind jedoch die gewöhnlichen Erhaltungskosten und die gewöhnlichen Lasten für die Zeit ausgenommen, für welche dem Beschwerten die Nutzungen verbleiben. **Nutzungen** verbleiben dem Beschwerten gemäß § 2184 für die Zeit zwischen Erbfall und Anfall des Vermächtnisses. Nach dem Vermächtnisanfall muss der Beschwerte zwar die Früchte herausgeben (§ 2184 S 1), es verbleiben ihm aber die sonstigen Nutzungen. Im Einzelnen sind daher solche schwierige Abgrenzungen in zeitlicher und gegenständlicher Hinsicht erforderlich[5]. Zu den erstattungsfähigen Verwendungen werden auch die Kosten eines (nicht von vornherein aussichtslosen) Rechtsstreits wegen des Vermächtnisgegenstandes gerechnet[6].

5 Für notwendige **Verwendungen, die der Beschwerte nach Eintritt der Rechtshängigkeit oder Bösgläubigkeit** macht (§§ 994 Abs 2, 995 iVm § 990), bestimmt sich sein Anspruch auf Verwendungsersatz nach den Vorschriften über die Geschäftsführung ohne Auftrag. Der entgegenstehende wirkliche Wille des Bedachten lässt den Ersatzanspruch aus §§ 683, 670 entfallen und beschränkt die Verpflichtung des Bedachten auf den Wert der eingetretenen Bereicherung (§ 684). Wenn die Verwendung eine nach § 1978 gebotene Verwaltungsmaßnahme betrifft, ist allerdings der entgegenstehende Wille unbeachtlich[7]. Nach hM ist der Beschwerte nicht erst **bösgläubig**, wenn er den Anfall des bedingten oder befristeten Vermächtnisses kennt, sondern schon mit Kenntnis (oder der grobfahrlässigen Unkenntnis) der Vermächtnisanordnung, jedenfalls dann, wenn der spätere Anfall nicht zweifelhaft ist[8].

6 **3. Andere Verwendungen.** Für andere als notwendige Verwendungen kann der Beschwerte nach § 996 Ersatz nur verlangen, wenn sie vor Eintritt der Rechtshängigkeit oder der Bösgläubigkeit gemacht worden sind. Außerdem ist der Anspruch auf die zurzeit der Leistung des Vermächtnisses noch vorhandene Werterhöhung beschränkt.

7 **4. Inhalt und Geltendmachung des Anspruchs.** Insoweit kann im Wesentlichen auf §§ 997 bis 1003 verwiesen werden. Nach § 999 Abs 1 kann ein beschwerter Nacherbe Verwendungen des Vorerben und ein beschwerter Vermächtnisnehmer solche des Erben ersetzt verlangen. Die **Beweislast** für die Erbringung von Verwendungen trägt der Beschwerte. Der Anspruch unterliegt der 30-jährigen Verjährung nach § 197 Abs 1 Nr 2[9].

---

[1] Prot V 236.
[2] *Erman/M. Schmidt* Rn 1; *Staudinger/Otte* Rn 10.
[3] *Kipp/Coing* § 58 VII; *Zawar* S 67.
[4] *Staudinger/Otte* Rn 4; AnwK-BGB/*J.Mayer* Rn 3; aA LG Osnabrück NJW-RR 2003, 1373.
[5] Einzelheiten bei MünchKommBGB/*Schlichting* Rn 4.
[6] MünchKommBGB/*Schlichting* Rn 4; *Soergel/Wolf* Rn 2; enger Mot V S 204.
[7] *Erman/M. Schmidt* Rn 2; MünchKommBGB/*Schlichting* Rn 5; *Staudinger/Otte* Rn 6; aA *Planck/Flad* Anm 2 a; *Soergel/Wolf* Rn 2.
[8] BGHZ 114, 16, 28 = NJW 1991, 1736 = JZ 1991, 986 m Anm *Leipold*; MünchKommBGB/*Schlichting* Rn 5.
[9] *Löhnig* ZEV 2004, 267, 270; aA *Staudinger/Otte* Rn 9.

§ 2186 Fälligkeit eines Untervermächtnisses oder einer Auflage

Ist ein Vermächtnisnehmer mit einem Vermächtnis oder einer Auflage beschwert, so ist er zur Erfüllung erst dann verpflichtet, wenn er die Erfüllung des ihm zugewendeten Vermächtnisses zu verlangen berechtigt ist.

I. Normzweck

Nach § 2147 kann auch der Vermächtnisnehmer mit einem Vermächtnis beschwert werden. Dieses Vermächtnis wird **Untervermächtnis** genannt, während das dem beschwerten Vermächtnisnehmer zugewendete Hauptvermächtnis heißt. Der mit einem Untervermächtnis (oder einer Auflage) beschwerte Vermächtnisnehmer soll erst dann leisten müssen, wenn er seinerseits die Erfüllung des ihm zugewendeten Vermächtnisses verlangen kann. Diese Regelung trägt dem Umstand Rechnung, dass dem Hauptvermächtnisnehmer nicht der Nachlass zur Verfügung steht, um Vermächtnisse oder Auflagen zu erfüllen und dass er sich auch nicht auf die Verteidigungsmöglichkeiten des Erben (zB die aufschiebenden Einreden nach §§ 2014 f) berufen kann. 1

II. Untervermächtnis

Ein gesetzlich geregelter Fall des Untervermächtnisses ist das Nachvermächtnis nach § 2191 (vgl dort Rn 1, 3). Für das Untervermächtnis gelten dieselben Regeln wie für Vermächtnisse allgemein, soweit nicht Unterschiede gerade daraus folgen, dass der Anspruch sich nicht gegen den Erben richtet, also keine Nachlassverbindlichkeit sein kann. 2

Entstehungszeitpunkt ist der Erbfall (§ 2176), sofern das Untervermächtnis auf Grund der §§ 2177, 2178 nicht erst zu einem späteren Zeitpunkt anfällt. Ein unbedingtes und unbefristetes Untervermächtnis entsteht, wenn das Hauptvermächtnis aufschiebend bedingt ist, entgegen § 2176 nicht schon mit dem Erbfall, sondern erst bei dessen Anfall[1]. Für die **Fälligkeit** des Anspruchs des Untervermächtnisnehmers gilt grds § 271. Die Fälligkeitsregelung des **§ 2186 ist zwingend**. Der Berechtigung des Hauptvermächtnisnehmers, die Erfüllung zu verlangen, kann zB entgegenstehen, dass der Erbe sich auf ein Leistungsverweigerungsrecht, etwa nach § 2014, berufen hat. Sofern der Hauptvermächtnisnehmer Erfüllung verlangen kann, ist es unerheblich, ob der Anspruch tatsächlich erfüllt worden ist. Eine Stundungsabrede zwischen Erbe und Hauptvermächtnisnehmer muss sich der Untervermächtnisnehmer nicht entgegenhalten lassen[2]. Auch ist es für die Fälligkeit des Untervermächtnisses ohne Bedeutung, ob der Hauptvermächtnisnehmer das Vermächtnis bereits angenommen hat. 3

Der Hauptvermächtnisnehmer trägt die **Beweislast** für die Umstände, aus denen sich ergibt, dass er die Erfüllung des ihm zugewendeten Vermächtnisses noch nicht verlangen kann, während der Untervermächtnisnehmer beweisen muss, dass sein Anspruch entstanden ist[3]. 4

§ 2187 Haftung des Hauptvermächtnisnehmers

(1) Ein Vermächtnisnehmer, der mit einem Vermächtnis oder einer Auflage beschwert ist, kann die Erfüllung auch nach der Annahme des ihm zugewendeten Vermächtnisses insoweit verweigern, als dasjenige, was er aus dem Vermächtnis erhält, zur Erfüllung nicht ausreicht.

(2) Tritt nach § 2161 ein anderer an die Stelle des beschwerten Vermächtnisnehmers, so haftet er nicht weiter, als der Vermächtnisnehmer haften würde.

(3) Die für die Haftung des Erben geltende Vorschrift des § 1992 findet entsprechende Anwendung.

I. Normzweck

§§ 2187, 2188 regeln den **Umfang der Haftung** des Hauptvermächtnisnehmers. Da es sich bei dem Untervermächtnis nicht um eine Nachlassverbindlichkeit handelt, kann sich der Beschwerte nicht auf die Möglichkeiten der Haftungsbeschränkung nach §§ 1975 bis 1992 berufen. Der mit einem Untervermächtnis beschwerte Vermächtnisnehmer soll aber nicht mehr leisten müssen, als er selbst aus dem Vermächtnis erhält (gegenständliche Haftungsbeschränkung). Soweit mehr von ihm verlangt wird, gibt § 2187 Abs 1 ein Recht zur Leistungsverweigerung, für dessen Geltendmachung Abs 3 auf § 1992 verweist. 1

II. Beschränkung auf den Wert des Hauptvermächtnisses

1. Voraussetzungen. Entscheidend ist, was der Hauptvermächtnisnehmer erhält, dh was ihm wirtschaftlich zufließt. Dem Hauptvermächtnisnehmer ist die Berufung auf § 2187 verwehrt, wenn er es schuldhaft versäumt hat, seinen Anspruch geltend zu machen. Bei mehreren Vermächtnissen desselben 2

---

[1] MünchKommBGB/*Schlichting* Rn 4; *Staudinger*/*Otte* Rn 3.
[2] MünchKommBGB/*Schlichting* Rn 5; *Soergel*/*Wolf* Rn 2.
[3] *Staudinger*/*Otte* Rn 7; *Baumgärtel*/*Schmitz*, HdB der Beweislast im Privatrecht, Bd 2, Rn 4.

§ 2188

Bedachten kommt es darauf an, ob das Untervermächtnis aus dem jeweils beschwerten Vermächtnis erfüllt werden kann.

3   **2. Recht zur Erfüllungsverweigerung.** Nach Abs 3 ist auf die Haftungsbeschränkung § 1992 entspr anzuwenden. Danach kann der Hauptvermächtnisnehmer, soweit das ihm zugewendete Vermächtnis zur Erfüllung der ihm auferlegten Beschwerung nicht ausreicht, die **Erfüllung verweigern** (§ 1992 iVm § 1990 Abs 1 S 1). Er ist in diesem Fall jedoch verpflichtet, das Erlangte zum Zwecke der Befriedigung des Untervermächtnisnehmers im Wege der Zwangsvollstreckung herauszugeben (§ 1990 Abs 1 S 2), oder er kann sich durch Zahlung des Werts des Hauptvermächtnisses (§ 1992 S 2) von seiner Leistungspflicht befreien. Bei mehreren Untervermächtnissen oder Auflagen muss der Vermächtnisnehmer § 1991 Abs 4 beachten. Da Vermächtnisse und Auflagen in der Insolvenz denselben Rang haben (§ 327 Abs 1 Nr 2 InsO), sind die Unteransprüche gleichmäßig zu kürzen, wenn nicht der Erblasser etwas anderes angeordnet hat (vgl § 2189). Falls die Unzulänglichkeit des Hauptvermächtnisses auf die Verwaltung des Vermächtnisgegenstandes durch den Hauptvermächtnisnehmer zurückzuführen ist, kommt eine Schadensersatzverpflichtung nach §§ 1991 Abs 1, 1978 in Betracht[1].

4   **3. Haftungsbeschränkung des Ersatzbeschwerten.** Ist nach § 2161 an die Stelle des ursprünglich Beschwerten ein anderer getreten, haftet dieser[2] nach **Abs 2** nicht weiter, als der Vermächtnisnehmer haften würde. Bei einem anwachsungsberechtigten Mitvermächtnisnehmer ist § 2159 zu beachten. Wenn aber an die Stelle des zunächst Beschwerten der Erbe getreten ist, greift die Privilegierung des Abs 2 auch dann ein, wenn der Erbe als solcher schon unbeschränkt haftet[3].

III. Prozessuale Geltendmachung

5   Prozessual führt § 786 ZPO zur entsprechenden Anwendung von §§ 780 Abs 1, 781, 785 ZPO. Die **Haftungsbeschränkung** kann demnach nur berücksichtigt werden, wenn sie **im Urteil vorbehalten** ist, was wiederum voraussetzt, dass sich der Hauptvermächtnisnehmer im Prozess darauf berufen hat. Zur Durchsetzung der Haftungsbeschränkung muss der Vermächtnisnehmer nach §§ 781, 785 ZPO die Vollstreckungsgegenklage (§ 767 ZPO) erheben und ggf entspr Anträge auf vorläufige Maßnahmen nach §§ 769, 770 ZPO stellen.

§ 2188 Kürzung der Beschwerungen

Wird die einem Vermächtnisnehmer gebührende Leistung auf Grund der Beschränkung der Haftung des Erben, wegen eines Pflichtteilsanspruchs oder in Gemäßheit des § 2187 gekürzt, so kann der Vermächtnisnehmer, sofern nicht ein anderer Wille des Erblassers anzunehmen ist, die ihm auferlegten Beschwerungen verhältnismäßig kürzen.

I. Normzweck

1   Der Vorschrift liegt die Annahme zugrunde, dass der Erblasser von einem bestimmten Wertverhältnis zwischen Hauptvermächtnis und dessen Beschwerungen ausging. Wird das Hauptvermächtnis aus den in § 2188 genannten Gründen gekürzt, soll durch entspr Kürzung der auf ihm ruhenden Beschwerungen das ursprüngliche Verhältnis wiederhergestellt werden, sofern nicht ein anderer Wille des Erblassers anzunehmen ist.

II. Voraussetzungen

2   Die einem Vermächtnisnehmer gebührende **Leistung** kann auf Grund der Beschränkungen der Haftung des Erben (§ 327 InsO, §§ 1990 bis 1992), wegen eines Pflichtteilsanspruchs (§§ 2318, 2322 bis 2324) oder nach § 2187 **gekürzt** worden sein. Bei Minderung eines Vermächtnisanteils nach §§ 2157, 2090 ist die Vorschrift entspr anwendbar[1*].

III. Rechtsfolgen

3   Der Hauptvermächtnisnehmer kann die ihn treffende **Kürzung anteilig weitergeben;** er muss also die gegen ihn gerichteten Ansprüche nur in der Höhe der Quote erfüllen, auf die sein Anspruch herabgesetzt worden ist. Ist als Untervermächtnis ein unteilbarer Gegenstand vermacht, kann der Untervermächtnisnehmer den Gegenstand nur gegen Zahlung eines Betrages verlangen, der – bezogen auf den Wert des Gegenstandes – der Kürzungsquote entspricht[2*]. Ist er zur Zahlung des Ausgleichsbetrags nicht bereit, kann sich der Hauptvermächtnisnehmer durch Zahlung des gekürzten Wertes des Untervermächtnisses befreien. Gerade bei Zuwendung eines unteilbaren Gegenstandes kann sich ein abweichender Wille des Erblassers ergeben.

---

[1] Ausf *Staudinger/Otte* Rn 7.
[2] Ist dies ein Ersatzvermächtnisnehmer, würde sich die Rechtsfolge bereits unmittelbar aus Abs 1 ergeben.
[3] Näher *Staudinger/Otte* Rn 5.
[1*] *Soergel/Wolf* Rn 1; *Staudinger/Otte* Rn 5.
[2*] Vgl zu § 2322 BGHZ 19, 309 = NJW 1956, 507 = LM § 2322 Nr 1 m Anm *Johannsen*.

Die Kürzung des Untervermächtnisses nach § 2188 tritt nicht automatisch mit der Kürzung des Hauptvermächtnisses ein. Vielmehr muss der Hauptvermächtnisnehmer seine Kürzungsbefugnis einredeweise geltend machen. § 2188 gibt insoweit ein **Leistungsverweigerungsrecht**, dessen Voraussetzungen vom Hauptvermächtnisnehmer zu beweisen sind. Anders als bei § 2187 (dort Rn 5) wirkt sich die Geltendmachung des Kürzungsrechts bereits im Erkenntnisverfahren aus. 4

§ 2189 Anordnung eines Vorrangs

Der Erblasser kann für den Fall, dass die dem Erben oder einem Vermächtnisnehmer auferlegten Vermächtnisse und Auflagen auf Grund der Beschränkung der Haftung des Erben, wegen eines Pflichtteilsanspruchs oder in Gemäßheit der §§ 2187, 2188 gekürzt werden, durch Verfügung von Todes wegen anordnen, dass ein Vermächtnis oder eine Auflage den Vorrang vor den übrigen Beschwerungen haben soll.

Tritt eine Kürzung nach den in § 2188 näher bezeichneten Regelungen ein, würden im Verhältnis 1
von Hauptvermächtnisnehmer und Untervermächtnisnehmern oder den Vollzugsberechtigten bei einer Auflage alle Unteransprüche anteilig gekürzt. § 2189 räumt dem Erblasser die Möglichkeit ein, für den Fall von Kürzungen, die sich auf mehrere Vermächtnisse und Auflagen auswirken, anzuordnen, dass ein Vermächtnis oder eine Auflage den Vorrang vor den übrigen Beschwerungen haben soll[1]. Diese Rangordnung gilt auch im Nachlassinsolvenzverfahren (§ 327 Abs 2 S 2 InsO).

§ 2190 Ersatzvermächtnisnehmer

Hat der Erblasser für den Fall, dass der zunächst Bedachte das Vermächtnis nicht erwirbt, den Gegenstand des Vermächtnisses einem anderen zugewendet, so finden die für die Einsetzung eines Ersatzerben geltenden Vorschriften der §§ 2097 bis 2099 entsprechende Anwendung.

I. Normzweck

Für den Fall, dass der zunächst Bedachte das Vermächtnis nicht erwirbt, kann der Erblasser den 1
Gegenstand des Vermächtnisses einem anderen zuwenden. Man spricht dann von einem **Ersatzvermächtnis**, das von einem Nachvermächtnis (§ 2191) zu unterscheiden ist, bei dem zunächst ein anderer das Vermächtnis erworben haben muss. § 2190 ordnet die entspr Anwendung der für den Ersatzerben geltenden §§ 2097 bis 2099 an.

II. Voraussetzungen

Die Berufung zum Ersatzvermächtnisnehmer ist eine **bedingte** Zuwendung eines Vermächtnisses. 2
Die Bedingung besteht darin, dass der zunächst Bedachte das Vermächtnis nicht erwirbt. Es muss eine ausdrückliche oder stillschweigende (beachte § 2069) Ersatzberufung durch den Erblasser vorliegen. Nach § 2191 Abs 2 iVm § 2102 Abs 1 enthält die Einsetzung als Nachvermächtnisnehmer im Zweifel zugleich die Einsetzung als Ersatzvermächtnisnehmer. Der zunächst Bedachte darf das Vermächtnis nicht „erworben" haben, dh es darf ihm nicht angefallen sein. Neben dem Wegfall durch Tod vor dem Erbfall (§ 2160), dem Verzicht (§ 2352) und der Ausschlagung des Vermächtnisses (§ 2180) kommen beispielsweise auch die Fälle der Nichtigkeit der Anordnung, deren Anfechtung (§ 2078) oder der Eintritt einer auflösenden Bedingung oder eines Endtermins in Betracht. Es ist nicht erforderlich, dass der Ersatzvermächtnisnehmer zum Zeitpunkt des Erbfalls schon lebt oder erzeugt ist (vgl § 2178).

III. Entsprechende Anwendung der §§ 2097 bis 2099

Ist die Ersatzberufung für den Fall angeordnet, dass der zunächst Eingesetzte nicht Vermächtnis- 3
nehmer sein kann oder nicht sein will, so ist im Zweifel Ersatzberufung für beide Fälle anzunehmen (§ 2097). Der Anwendungsbereich des § 2098 beschränkt sich auf den Fall, dass mehreren Vermächtnisnehmern derselbe Gegenstand zugewendet worden ist, der ihnen anteilig zusteht[1*]. Das Recht des Ersatzvermächtnisnehmers geht dem Anwachsungsrecht vor (§ 2099).

§ 2191 Nachvermächtnisnehmer

(1) Hat der Erblasser den vermachten Gegenstand von einem nach dem Anfall des Vermächtnisses eintretenden bestimmten Zeitpunkt oder Ereignis an einem Dritten zugewendet, so gilt der erste Vermächtnisnehmer als beschwert.

---

[1] Beispiel bei MünchKommBGB/*Schlichting* Rn 2.
[1*] *Staudinger/Otte* Rn 7; weitergehend MünchKommBGB/*Schlichting* Rn 5; *Lange/Kuchinke* § 29 V 1 b.

Müller-Christmann

§ 2191

(2) **Auf das Vermächtnis finden die für die Einsetzung eines Nacherben geltenden Vorschriften des § 2102, des § 2106 Abs. 1, des § 2107 und des § 2110 Abs. 1 entsprechende Anwendung.**

Schrifttum: *Bengel*, Rechtsfragen zum Vor- und Nachvermächtnis, NJW 1990, 1826; *Damrau/J. Mayer*, Zur Vor- und Nachvermächtnislösung beim sog. Behindertentestament, ZEV 2001, 293; *Hartmann*, Das sog. Behindertentestament: Vor- und Nacherbschaftskonstruktion oder Vermächtnisvariante, ZEV 2001, 89; *Maur*, Die Rechtsstellung des Vorvermächtnisnehmers bei zugunsten des Nachvermächtnisnehmers eingetragener Vormerkung, NJW 1990, 1161; *Schlichting*, Der Verwendungsersatzanspruch des Vorvermächtnisnehmers gegen den Nachvermächtnisnehmer, ZEV 2000, 385; *Watzek*, Vor- und Nachvermächtnis, MittRhNotK 1999, 37; *Werkmüller*, Gestaltungsmöglichkeiten des Erblassers im Rahmen der Anordnung von Vor- und Nachvermächtnissen, ZEV 1999, 343; *Zawar*, Der bedingte und befristete Erwerb von Todes wegen, DNotZ 1986, 515.

I. Normzweck

1   Will der Erblasser den vermachten Gegenstand ab einem nach Anfall des Vermächtnisses eintretenden Zeitpunkt oder Ereignis einem Dritten zuwenden, stellt § 2191 die Möglichkeit des sog **Nachvermächtnisses** (Der Begriff wird in § 2338 verwendet) zur Verfügung. Die Vorschrift verweist – eingeschränkt – auf die Regelungen über die Nacherbeneinsetzung. Das Nachvermächtnis unterscheidet sich vom Ersatzvermächtnis dadurch, dass der erste Vermächtnisnehmer nicht wegfällt, sondern seine Stellung als Vermächtnisnehmer beibehält, um das Nachvermächtnis durch Leistung des ihm nicht mehr zustehenden Vermächtnisgegenstandes zu erfüllen. Da mit dem Nachvermächtnis der Vorvermächtnisnehmer beschwert ist, stellt das Nachvermächtnis immer auch ein Untervermächtnis dar. Es findet zunehmend Anwendung im Rahmen eines sog Behindertentestaments[1].

II. Anordnung und Inhalt des Nachvermächtnisses

2   **1. Anordnung.** Ein Nachvermächtnis kann ausdrücklich angeordnet sein oder sich aus dem auszulegenden Willen des Erblassers ergeben, etwa wenn ein Ehegatte dem anderen bestimmte Gegenstände als Vermächtnis zuwendet mit der Bestimmung, er solle die Gegenstände einzelnen der gemeinsamen Kinder „vererben"[2]. Kein Nachvermächtnis liegt vor, wenn der Erblasser den Vermächtnisgegenstand zunächst durch Teilungsanordnung einem Erben zugewiesen und bestimmt hat, dass dieser ihn an einen Dritten herauszugeben habe; in diesem Fall ist nicht ein Vermächtnisnehmer, sondern ein Erbe beschwert[3]. Gegen die Anordnung eines Nachvermächtnisses können im Einzelfall die in **Abs 2** für anwendbar erklärten §§ 2102, 2107 sprechen: Ist zweifelhaft, ob jemand als Ersatzvermächtnisnehmer oder als Nachvermächtnisnehmer eingesetzt ist, so gilt er bei entspr Anwendung des § 2102 Abs 2 als Ersatzvermächtnisnehmer. Der Erblasser kann mehrere Nachvermächtnisse hintereinander anordnen[4], wobei eine zeitliche Grenze durch §§ 2162, 2163 gezogen wird. Ist Nachvermächtnisnehmer der mit dem Vermächtnis seinerseits Beschwerte, spricht man von einem **Rückvermächtnis**[5].

3   **2. Inhalt.** Das Nachvermächtnis ist ein **Untervermächtnis** mit der Besonderheit, dass der Gegenstand beider Vermächtnisse übereinstimmt. Für **die Identität des Gegenstandes** genügt es bei einem Sachinbegriff (zB Hoteleinrichtung), dass dieser keine grundlegenden Veränderungen erfahren hat. Die Identität wird ferner nicht berührt durch Austausch von Teilen einer Sache im Rahmen einer Reparatur. Das Nachvermächtnis kann sich von vornherein auf reale oder ideelle Teile der vermachten Sache oder auf eine bestimmte Menge vertretbarer Sachen beschränken. Das Recht des Nachvermächtnisnehmers erstreckt sich nach dem in Abs 2 für anwendbar erklärten § 2110 Abs 1 im Zweifel auf einen Vermächtnisanteil, der dem Vorvermächtnisnehmer infolge Wegfalls eines Mitvermächtnisnehmers anfällt. Ein Nachvermächtnis auf den „Überrest", also auf das, was im Zeitpunkt des Nachvermächtnisanfalls bei dem frei verfügungsberechtigten Vorvermächtnisnehmer noch vorhanden ist, ist möglich[6].

III. Beschwerung des Vorvermächtnisnehmers

4   Beschwert ist der Vorvermächtnisnehmer, dem das Vermächtnis vor dem Nachvermächtnisnehmer zustand. Trotz des Wortlauts enthält **Abs 1** keine Fiktion, sondern nur eine **Auslegungsregel**[7], die klarstellt, dass die Beschwerung nicht den Erben trifft. Der Bedachte hat gegen den Vorvermächtnisnehmer einen (aufschiebend bedingten oder befristeten) schuldrechtlichen Anspruch, der sich auch dann nicht gegen den Erben richtet, wenn dieser als Eigentümer des vermachten Grundstücks eingetragen ist[8]. Der **Vorvermächtnisnehmer** ist **nicht verfügungsbeschränkt** wie ein Vorerbe[9]. Er ist jedoch gemäß §§ 2177, 2179, 160 zu einer ordnungsgemäßen Verwaltung im Interesse des Nach-

---

[1] Näher AnwK-BGB/*J. Mayer* Rn 29; *Hartmann* ZEV 2001, 89; *Damrau/J.Mayer* ZEV 2001.
[2] Vgl den bei *Keßler* DRiZ 1966, 395, 398 Fn 35 wiedergegebenen Fall; s auch BGH BWNotZ 1961, 229.
[3] *Staudinger/Otte* Rn 3; RGRK/*Johannsen* Rn 1.
[4] BayObLG Rpfleger 1981, 190; BGH NJW 1991, 1736; *Werkmüller* ZEV 1999, 343.
[5] Vgl OLG Frankfurt ZEV 1997, 295 m Anm *Skibbe*.
[6] *Staudinger/Otte* Rn 2; AnwK-BGB/*J. Mayer* Rn 21; *Bengel* NJW 1990, 1826, 1829.
[7] *Soergel/Wolf* Rn 5.
[8] OGH NJW 1950, 596; *Palandt/Edenhofer* Rn 1; RGRK/*Johannsen* Rn 5.
[9] *Erman/M. Schmidt* Rn 2; *Zawar* S 61.

vermächtnisnehmers verpflichtet. Für Verwendungen des Vorvermächtnisnehmers gilt § 2185, nicht §§ 2124 ff[10]. Für die Frage der Bösgläubigkeit (§§ 2185, 994 Abs 2) stellt die Rspr nicht erst auf die Kenntnis vom Anfall des bedingten oder befristeten Vermächtnisses ab, sondern auf die Kenntnis der Vermächtnisanordnung, jedenfalls wenn der spätere Anfall nicht zweifelhaft ist (§ 2185 Rn 5).

IV. Rechtsstellung des Nachvermächtnisnehmers

1. Anfall. Das Nachvermächtnis ist **aufschiebend bedingt** oder **befristet** (§ 2177). Hat der Erblasser den Zeitpunkt oder das Ereignis nicht bestimmt, so fällt das Nachvermächtnis mit dem Tod des ersten Vermächtnisnehmers an (§ 2191 Abs 2 iVm § 2106 Abs 1). Der Anspruch des Nachvermächtnisnehmers entsteht mit dem Anfall und richtet sich nach den Regeln des Untervermächtnisses. Er ist unabhängig davon, ob der Vermächtnisanspruch des Vorvermächtnisnehmers vom Erben schon erfüllt worden ist[11]. Das Nachvermächtnis kann erst nach dem Erbfall, aber schon vor Eintritt des Nachvermächtnisfalles ausgeschlagen werden. Schlägt der Nachvermächtnisnehmer das Vermächtnis aus, so verbleibt es dem ersten Vermächtnisnehmer, soweit weder ein Ersatzvermächtnisnehmer noch ein Anwachsungsberechtigter vorhanden ist[12]. 5

2. Anwartschaft. Der Nachbedachte hat ab Erbfall eine Anwartschaft[13]. Zu seinem Schutz greift vor dem Anfall des Nachvermächtnisses **§ 2179** ein. Die dem Schutz des Nacherben dienenden Regelungen (etwa dingliche Surrogation nach § 2111) sind in der Schwebezeit jedoch nicht anwendbar[14], soweit sich nicht aus der Verweisung in Abs 2 etwas anderes ergibt. Der künftige Anspruch des Nachvermächtnisnehmers kann durch **Vormerkung** gesichert werden, wenn Gegenstand des Nachvermächtnisses ein Grundstück oder ein Grundstücksrecht ist[15]. 6

Titel 5. Auflage (§§ 2192–2196)

§ 2192 Anzuwendende Vorschriften

Auf eine Auflage finden die für letztwillige Zuwendungen geltenden Vorschriften der §§ 2065, 2147, 2148, 2154 bis 2156, 2161, 2171, 2181 entsprechende Anwendung.

Schrifttum: *Sturm*, Der Vollziehungsberechtigte der erbrechtlichen Auflage und seine Befugnisse, Diss Konstanz 1985; *Vorwerk*, Geldzuwendung durch erbrechtliche Auflage, ZEV 1998, 297.

I. Begriff und Normzweck

Eine Auflage ist nach der Legaldefinition des § 1940 eine Verfügung von Todes wegen, die den Erben oder den Vermächtnisnehmer mit der Verpflichtung zu einer Leistung beschwert, ohne einem anderen ein Recht auf die Leistung zuzuwenden. Sie wird durch Testament oder Erbvertrag angeordnet. **Gegenstand** der Auflage kann jede Verpflichtung zu einer Leistung – Tun oder Unterlassen – sein (§ 1940 Rn 5). Um eine vermögenswerte Leistung braucht es sich dabei nicht zu handeln. § 2192 bestimmt, dass einzelne für letztwillige Zuwendungen geltende Vorschriften entspr anwendbar sind. 1

II. Ausdrücklich für anwendbar erklärte Vorschriften

Obwohl die Auflage nicht als Zuwendung gilt (vgl § 1940 Rn 2), findet eine Reihe von Vorschriften über Zuwendungen entspr Anwendung, vor allem Vorschriften aus dem Vermächtnisrecht. Die Aufzählung in § 2192 ist **nicht abschließend**. Es können weitere Vorschriften des Vermächtnisrechts entspr angewandt werden, soweit ihres nicht durch das Fehlen einer Berechtigung des Begünstigten ausgeschlossen ist. Im Einzelnen besagen die **für anwendbar erklärten Vorschriften** Folgendes: 2

1. Höchstpersönlichkeit. Nach (dem bereits unmittelbar anzuwendenden) § 2065 Abs 1 kann der Erblasser eine Auflage nicht in der Weise anordnen, dass ein anderer zu bestimmen hat, ob sie gelten oder nicht gelten soll. Das Verbot des § 2065 Abs 2, die Bestimmung der Person des Empfängers oder des Gegenstands einer Auflage einem Dritten zu überlassen, wird durch § 2156 und auch durch § 2193 erheblich aufgelockert. 3

---

[10] BGHZ 114, 16 = NJW 1991, 1736; MünchKommBGB/*Schlichting* Rn 6; *Erman/M. Schmidt* Rn 3; *Wübben* S 222 ff; aA *Maur* NJW 1990, 1161.
[11] MünchKommBGB/*Schlichting* Rn 9.
[12] BGH NJW 2001, 520.
[13] BGH MDR 1963, 824; *Palandt/Edenhofer* Rn 2; *Bengel* NJW 1990, 1826, 1827; krit *Watzek* MittRhNotK 1999, 37, 40 f; *Zawar* DNotZ 1986, 515, 524.
[14] Vgl RG WarnR 1910 Nr 157; *Staudinger/Otte* Rn 6.
[15] BayObLG Rpfleger 1981, 190; LG Stuttgart BWNotZ 1999, 22; OLG Frankfurt OLGR 1999, 112; näher dazu *Bengel* NJW 1990, 1826, 1828 f; *Watzek* MittRhNotK 1999, 37, 42 ff.

§ 2192

4 **2. Beschwerung.** Mit einer Auflage beschwert werden kann nur der **Erbe** oder ein **Vermächtnisnehmer** (§§ 2192, 2147). Fehlt eine nähere Bestimmung, ist der Erbe beschwert (§ 2147 S 2). Eine Unterauflage, dh die Beschwerung des durch eine Auflage Begünstigten mit einer Auflage, ist nicht möglich[1]. Im Innenverhältnis gilt, dass mehrere mit einer Auflage beschwerte Erben im Zweifel nach dem Verhältnis ihrer Erbteile, mehrere Vermächtnisnehmer nach dem Verhältnis des Werts ihrer Vermächtnisse beschwert sind (§ 2148). Nach § 2161 bleibt die Anordnung einer Auflage im Zweifel auch dann wirksam, wenn der mit ihr Beschwerte nicht Erbe oder Vermächtnisnehmer wird. Beschwert ist dann derjenige, dem der Wegfall des zunächst Beschwerten unmittelbar zustatten kommt. Die weiteren Vorschriften über die Beschwerung eines Vermächtnisnehmers (§§ 2186 bis 2189) gelten, wie sich schon aus dem Wortlaut dieser Normen ergibt, auch für die Auflage.

5 **3. Wahl-, Gattungs- und Zweckauflage.** Der Erblasser kann eine Auflage in der Art anordnen, dass der Beschwerte von mehreren Leistungen nur die eine oder andere zu erbringen hat (§ 2154 Abs 1). Das **Wahlrecht** steht nach § 262 im Zweifel dem Beschwerten zu. Ist es einem Dritten übertragen, gelten § 2154 Abs 1 S 2, Abs 2. Auch der Begünstigte kann wie ein beliebiger Dritter das Wahlrecht erhalten. Hat der Erblasser eine Auflage angeordnet, bei der die Leistung nur der **Gattung** nach bestimmt ist, so ist den Verhältnissen der Leistungsempfängers entsprechende Leistung zu erbringen (§ 2155 Abs 1). Der Erblasser kann bei einer Auflage, deren **Zweck** er bestimmt hat, die Bestimmung der Leistung dem billigen Ermessen des Beschwerten oder eines Dritten überlassen. Dann gelten nach § 2156 die §§ 315 bis 319 entspr.

6 **4. Unmögliche und verbotene Leistung.** Die Anordnung einer Auflage, die auf eine zurzeit des Erbfalls unmögliche Leistung gerichtet ist oder die gegen ein zu dieser Zeit bestehendes gesetzliches Verbot verstößt, ist unwirksam (§ 2171 S 1). Steht die Auflage unter einer aufschiebenden Bedingung oder Befristung, ist für die Beurteilung der Zeitpunkt des Eintritts der Bedingung bzw des Terminsmaßgebend (§ 2171 Abs 3).

7 **5. Fälligkeit.** Ist die Zeit der Erfüllung einer Auflage in das freie Belieben des Beschwerten gestellt, wird die Leistung nach § 2181 im Zweifel erst mit dem Tode des Beschwerten fällig.

III. Anwendbarkeit der übrigen Vorschriften des Vermächtnisrechts

8 **Nicht anwendbar** sind grds die Vorschriften, die einen Bedachten voraussetzen. Deshalb ist auch eine Ausschlagung der Auflage nicht möglich[2]. Die Bestimmungen über die zeitlichen Grenzen (§§ 2162, 2163) gelten für die Auflage nicht, da der Gesetzgeber eine der Stiftung ähnliche Dauerwirkung ermöglichen wollte[3]. Für die Anwendung der §§ 2151 bis 2153 besteht angesichts der Regelung in § 2193 kein Bedürfnis. Die Vorschriften über Inhalt und Umfang der Leistungspflicht beim Vermächtnis (§§ 2164 bis 2170, 2172, 2173) sind – bei entspr Fallgestaltung – auch auf die Auflage anwendbar[4]. Der Erblasser kann somit mittels einer Auflage auch Gegenstände zuwenden, die ihm nicht gehören und die nicht in den Nachlass fallen. Für die Haftung des Beschwerten für Rechtsmängel, Sachmängel und die Herausgabe von Nutzungen sind die §§ 2182 bis 2184 heranzuziehen. Allerdings haftet der Beschwerte bei der Auflage nicht auf Schadensersatz wegen Nichterfüllung (§ 2194 Rn 5). Gegen die Anwendbarkeit der Regelung über den Verwendungsersatz (§ 2185) spricht, dass dieser Anspruch nach § 1000 als Gegenrecht geltend zu machen ist, was hier ausscheidet[5].

IV. Anwendbarkeit der allgemeinen erbrechtlichen Vorschriften

9 Anwendbar sind die allgemeinen Vorschriften über letztwillige Verfügungen (zB die Bestimmungen über die Anfechtung, §§ 2078 ff und die Auslegungsregel des § 2084), soweit nicht die Besonderheiten der Auflage im Einzelfall entgegenstehen. Nicht anwendbar sind dagegen die Bestimmungen, die einen Bedachten voraussetzen, insbes gilt § 2307 nicht.

V. Stellung des Begünstigten

10 Die Begünstigung stellt lediglich einen Reflex der dem Beschwerten auferlegten Verpflichtung dar, sie enthält **keinen Anspruch auf Vollziehung** der Auflage. Es ist für die Auflage nicht einmal Voraussetzung, dass es einen Begünstigten gibt, da sie auch Leistungen zum Inhalt haben kann, die keinem bestimmten Rechtssubjekt, sondern der Allgemeinheit oder einem Zweck zugute kommen. Auch wenn der Begünstigte keinen Anspruch hat, ist die an ihn vom Beschwerten erbrachte Leistung nicht ohne Rechtsgrund erfolgt und daher nicht kondizierbar. Dies rechtfertigt es jedoch nicht, von einer „schuldrechtlichen Anwartschaft" des Begünstigten zu sprechen[6].

---

[1] *Staudinger/Otte* Rn 3; *Soergel/Dieckmann* Rn 3.
[2] AllgM; aA *Lange/Kuchinke* § 30 III 2; die Ausschlagung einer Auflage kommt allerdings im Rahmen des § 2271 Abs 2 S 1 in Betracht; vgl AnwK-BGB/*J. Mayer* Rn 13; MünchKommBGB/*Musielak* § 2271 Rn 21.
[3] Prot V S 243, 308; dazu *Staudinger/Otte* Rn 20.
[4] *Staudinger/Otte* Rn 22; *Soergel/Dieckmann* Rn 12.
[5] *Staudinger/Otte* Rn 24; für die Anwendbarkeit des § 2185 AnwK-BGB/*J. Mayer* Rn 15; *Soergel/Dieckmann* Rn 12.
[6] So aber *Lange/Kuchinke* § 30 III 2; dagegen MünchKommBGB/*Schlichting* Rn 10; *Staudinger/Otte* Rn 12.

§ 2193 Bestimmung des Begünstigten, Vollziehungsfrist

(1) Der Erblasser kann bei der Anordnung einer Auflage, deren Zweck er bestimmt hat, die Bestimmung der Person, an welche die Leistung erfolgen soll, dem Beschwerten oder einem Dritten überlassen.

(2) Steht die Bestimmung dem Beschwerten zu, so kann ihm, wenn er zur Vollziehung der Auflage rechtskräftig verurteilt ist, von dem Kläger eine angemessene Frist zur Vollziehung bestimmt werden; nach dem Ablauf der Frist ist der Kläger berechtigt, die Bestimmung zu treffen, wenn nicht die Vollziehung rechtzeitig erfolgt.

(3) ¹Steht die Bestimmung einem Dritten zu, so erfolgt sie durch Erklärung gegenüber dem Beschwerten. ²Kann der Dritte die Bestimmung nicht treffen, so geht das Bestimmungsrecht auf den Beschwerten über. ³Die Vorschrift des § 2151 Abs. 3 Satz 2 findet entsprechende Anwendung; zu den Beteiligten im Sinne dieser Vorschrift gehören der Beschwerte und diejenigen, welche die Vollziehung der Auflage zu verlangen berechtigt sind.

I. Normzweck

Bei der Auflage, die keinen Anspruch des Begünstigten begründet, ist das Bedürfnis nach Festlegung von Person und Gegenstand durch den Erblasser im Vergleich zur Erbeinsetzung (§ 2065 Abs 2) und selbst zu den schon gelockerten Bindungen beim Vermächtnis (§§ 2151 bis 2156) deutlich geringer. Daher räumt § 2193 dem Erblasser die Möglichkeit ein, sich auf die Anordnung des Zwecks der Auflage zu beschränken und die Bestimmung des Leistungsempfängers dem Beschwerten oder einem Dritten zu überlassen. 1

II. Bestimmung des Zwecks

Der Erblasser muss zwar **Geltung und Zweck** der Auflage selbst bestimmen, hinsichtlich der Genauigkeit der Zweckbestimmung ist die Rspr jedoch großzügig[1]. Es reicht aus, dass der Erblasser den Zweck der Auflage wenigstens in erkennbaren Umrissen angegeben hat. Die Zweckbestimmung braucht keinen Hinweis auf den Empfänger zu enthalten. Als ausreichend wurde zB angesehen: „zu römisch-katholischen kirchlichen Zwecken"[2] und „zu frommen und wohltätigen Zwecken"[3]. 2

III. Bestimmung des Leistungsempfängers

Entgegen § 2065 Abs 2 und über §§ 2156, 2192 hinaus kann die Bestimmung des Leistungsempfängers dem **Beschwerten** oder einem **Dritten** überlassen werden. Der Beschwerte trifft die Bestimmung nicht durch Erklärung, sondern dadurch, dass er die Auflage tatsächlich erfüllt, während der Dritte die Bestimmung durch Erklärung gegenüber dem Beschwerten vornimmt (**Abs 3 S 1**). Das Bestimmungsrecht geht auf den Beschwerten über, wenn der Dritte die Bestimmung nicht zu treffen vermag (**Abs 3 S 2**) oder eine vom Nachlassgericht (zuständig ist der Rechtspfleger, § 3 Nr 2c RPflG) gesetzte Frist ungenutzt verstreichen lässt (**Abs 3 S 3** iVm § 2151 Abs 3 S 2). 3

Wenn der Erblasser nichts anderes angeordnet hat, kann das Bestimmungsrecht nach **freiem Belieben** ausgeübt werden. Die **gerichtliche Nachprüfung** beschränkt sich dann darauf, ob die Bestimmung arglistig ist oder ihren Zweck verfehlt[4]. Der Erblasser ist nicht gehindert, die Ausübung des Bestimmungsrechts nach **billigem Ermessen** zu verlangen[5]. Wer die Unwirksamkeit der Bestimmung geltend macht, trägt die **Beweislast;** den Gegner kann jedoch wegen größerer Sachnähe eine Darlegungslast treffen[6]. 4

IV. Fristsetzung

Bleibt der Beschwerte untätig, so kann der vollziehungsberechtigte Kläger (vgl § 2194 Rn 2 ff) ihm nach **Abs 2** entweder im Urteil (§ 255 Abs 2 ZPO) eine angemessene Frist setzen lassen oder nach rechtskräftigem Abschluss des Verfahrens selbst eine Frist setzen. Nach fruchtlosem Ablauf der Frist geht das Bestimmungsrecht auf den Kläger über. Abs 2 HS 2 ist nicht entspr anwendbar, wenn die getroffene Bestimmung sich als unwirksam erweist; vielmehr bleibt dann der Berechtigte verpflichtet, eine wirksame Bestimmung nachzuholen[7]. 5

§ 2194 Anspruch auf Vollziehung

¹Die Vollziehung einer Auflage können der Erbe, der Miterbe und derjenige verlangen, welchem der Wegfall des mit der Auflage zunächst Beschwerten unmittelbar zustatten kom-

---

[1] Beispiel RGZ 96, 15; weitere Fälle bei *Staudinger/Otte* Rn 2; AnwK-BGB/*J. Mayer* Rn 3.
[2] OLG Köln OLGE 18, 319.
[3] BayObLGZ 13, 743.
[4] BGHZ 121, 357, 361 = NJW 1993, 2168, 2169; zur Frage der gerichtlichen Nachprüfbarkeit § 2151 Rn 5 und *Staudinger/Otte* Rn 5.
[5] *Staudinger/Otte* Rn 5; aA wohl RGRK/*Johannsen* Rn 4.
[6] BGHZ 121, 357, 361 m Anm *Schubert* JR 1994, 158.
[7] BGHZ 121, 357, 361; Palandt/*Edenhofer* Rn 2.

§ 2195

men würde. ²Liegt die Vollziehung im öffentlichen Interesse, so kann auch die zuständige Behörde die Vollziehung verlangen.

I. Normzweck

1   Da bei der Auflage der Beschwerte zwar zur Vollziehung der Auflage verpflichtet ist, dem Begünstigten aber ein Recht auf Leistung nicht zugewendet wird, muss verhindert werden, dass die Erfüllung der Auflage dem Belieben des Beschwerten überlassen ist. Die Vorschrift räumt daher bestimmten Personen und – wenn die Vollziehung im öffentlichen Interesse liegt – der zuständigen Behörde das Recht ein, die Erfüllung zu verlangen.

II. Vollziehungsberechtigte Personen

2   **1. Erben und Wegfallbegünstigte.** Die Vollziehung der Auflage können verlangen der **Erbe** von dem beschwerten Vermächtnisnehmer, der **Miterbe** von dem beschwerten Miterben oder dem Vermächtnisnehmer (und zwar unabhängig davon, ob der Miterbe selbst durch die Auflage beschwert ist und die anderen Miterben von ihm seinerseits Erfüllung verlangen können), sowie derjenige, dem der Wegfall des mit der Auflage zunächst Beschwerten unmittelbar zustatten kommen würde (§§ 2161, 2192). Entscheidend sind insoweit allein rechtliche Kriterien, nicht der Eintritt eines Vermögenszuwachses. Vollziehungsberechtigt kann auch eine Person sein, die zum **Kreis der Begünstigten** gehört[1].

3   **2. Testamentsvollstrecker und sonstige vom Erblasser Ermächtigte.** § 2194 zählt die Vollziehungsberechtigten nicht abschließend auf. Anerkannt ist, dass auch der **Testamentsvollstrecker** die Vollziehung verlangen kann[2]; dies folgt schon aus §§ 2208 Abs 2, 2203, 2223. Die Vollziehungsberechtigung des Testamentsvollstreckers schließt die anderer in § 2194 ausdrücklich genannter Personen nicht aus; § 2212 gilt nicht entspr[3]. Darüber hinaus ist klagebefugt derjenige, dem der **Erblasser** in seiner letztwilligen Verfügung ausdrücklich das **Recht eingeräumt** hat, die Vollziehung der Auflage zu verlangen[4]. Die Vollziehungsberechtigung der Erben geht bei deren Tod auf ihre Erben über. Im Übrigen gibt es keine Rechtsnachfolge in die Vollziehungsberechtigung.

4   **3. Behörden.** Bei **öffentlichem Interesse** an der Vollziehung der Auflage steht das Klagerecht als Partei kraft Amtes der nach Landesrecht[5] zuständigen Behörde zu. Das öffentliche Interesse ist zu bejahen, wenn die Vollziehung einem Zweck dient, den zu fördern zu den Aufgaben des Staates oder einer sonstigen Person des öffentlichen Rechts zählt. Im Streitfall hat das ordentliche Gericht das Vorliegen dieses Interesses zu prüfen.

III. Inhalt und Durchsetzung des Vollziehungsrechts

5   Das Recht auf Vollziehung ist als **fremdnütziges Recht** weder übertragbar noch pfändbar. Der Vollziehungsberechtigte kann nur Leistung an den Begünstigten verlangen. Bei Nichterfüllung besteht kein Schadensersatzanspruch, da ein Schaden begrifflich ausgeschlossen ist (vgl aber § 2196)[6]. Ob sich die Auflage dann auf einen Ersatzgegenstand erstreckt und ob eine Veränderung der Verhältnisse zu einer inhaltlichen Änderung der Auflage führt, ist Auslegungsfrage. Eine Verpflichtung, die Vollziehung der Auflage zu verlangen, besteht nicht. Ein ausdrücklicher **Verzicht** auf das Vollziehungsrecht ist zulässig, wenn er dem Willen des Erblassers entspricht[7]. Eine Vereinbarung, welche die Durchsetzung des Vollziehungsanspruchs vereiteln soll, verstößt gegen § 138[8].

6   Im Wege der Klage kann der Vollziehungsberechtigte verlangen, dass der Beschwerte die Auflage vollzieht. Die Klage kann nach § 27 ZPO am Gerichtsstand der Erbschaft erhoben werden.

§ 2195 Verhältnis von Auflage und Zuwendung

Die Unwirksamkeit einer Auflage hat die Unwirksamkeit der unter der Auflage gemachten Zuwendung nur zur Folge, wenn anzunehmen ist, dass der Erblasser die Zuwendung nicht ohne die Auflage gemacht haben würde.

---

[1] Str; bejahend OLG Karlsruhe NJW-RR 2004, 1307; MünchKommBGB/*Schlichting* Rn 3; *Staudinger*/*Otte* Rn 9; aA RGRK/*Johannsen* Rn 4; *Soergel*/*Dieckmann* Rn 7; AnwK-BGB/*J. Mayer* Rn 9; jurisPK/*Kniesbeck* Rn 5; *Vorwerk* ZEV 1998, 297.
[2] BayObLGZ 1986, 34; NJW-RR 1991, 523; *Lange*/*Kuchinke* § 30 III 3 b.
[3] MünchKommBGB/*Schlichting* Rn 4; aA LG Braunschweig MDR 1955, 169.
[4] *Staudinger*/*Otte* Rn 6; *Palandt*/*Edenhofer* Rn 2; der Erblasser kann den Kreis der Berechtigten auch einschränken.
[5] Die einschlägigen landesrechtlichen Regelungen sind zusammengefasst bei MünchKommBGB/*Schlichting* Rn 8.
[6] MünchKommBGB/*Schlichting* Rn 9.
[7] RGRK/*Johannsen* Rn 9; *Soergel*/*Dieckmann* Rn 11; *Palandt*/*Edenhofer* Rn 1; weitergehend MünchKommBGB/*Schlichting* Rn 7; *Staudinger*/*Otte* Rn 13; *Erman*/*M. Schmidt* Rn 3; AnwK-BGB/*J. Mayer* Rn 17; enger *Lange*/*Kuchinke* § 30 III 3 c.
[8] BGHZ 121, 357, 367 = NJW 1993, 2168, 2171; RGRK/*Johannsen* Rn 9; *Haß* SchlHA 1978, 61; zurückhaltender MünchKommBGB/*Schlichting* Rn 7.

Unmöglichkeit der Vollziehung § 2196

Die Vorschrift bestätigt für die Auflage den Grundsatz des § 2085. Die **Selbstständigkeit der** 1
Auflage ist danach die Regel, es sei denn, dem Erblasser kam es in erster Linie auf die Erfüllung der
Auflage an. Wendet er zB dem Bedachten eine monatliche Geldzahlung für die Grabpflege zu, so ist
anzunehmen, dass die Zahlung mit dem Wegfall des Grabes eingestellt werden soll. Die Unwirksamkeit
der Auflage kann von Anfang an bestehen (Unmöglichkeit, Sittenwidrigkeit, Anfechtung) oder nachträglich eintreten (Ausfall oder Eintritt einer Bedingung). Eine Veränderung der Umstände macht die
Auflage noch nicht unwirksam, wenn dem mit ihr zum Ausdruck gebrachten Willen des Erblassers auf
eine andere Art der Vollziehung Rechnung getragen werden kann[1]. Umgekehrt entfällt die Auflage
nicht notwendig durch eine teilweise Unwirksamkeit der Zuwendung[2]. Wird der vom Erblasser in
Aussicht genommene Beschwerte nicht Erbe oder Vermächtnisnehmer, so bleibt die Auflage zu Lasten
der nachrückenden Erben oder Vermächtnisnehmers erhalten (§§ 2192, 2161).

§ 2196 Unmöglichkeit der Vollziehung

(1) Wird die Vollziehung einer Auflage infolge eines von dem Beschwerten zu vertretenden Umstands unmöglich, so kann derjenige, welchem der Wegfall des zunächst Beschwerten unmittelbar zustatten kommen würde, die Herausgabe der Zuwendung nach den Vorschriften über die Herausgabe einer ungerechtfertigten Bereicherung insoweit fordern, als die Zuwendung zur Vollziehung der Auflage hätte verwendet werden müssen.

(2) Das Gleiche gilt, wenn der Beschwerte zur Vollziehung einer Auflage, die nicht durch einen Dritten vollzogen werden kann, rechtskräftig verurteilt ist und die zulässigen Zwangsmittel erfolglos gegen ihn angewendet worden sind.

I. Normzweck

Hinter der – in der Praxis bedeutungslosen – Vorschrift steht die Erwägung, dass der Beschwerte 1
nicht den Vollzug der Auflage soll vereiteln und gleichwohl die Zuwendung, die er zur Vollziehung
der Auflage hätte verwenden müssen, behalten dürfen. Bei **verschuldeter Unmöglichkeit** soll sich
der Beschwerte nicht bereichern dürfen, sofern nicht überhaupt die Zuwendung nach dem Erblasserwillen entfällt.

II. Voraussetzungen des Anspruchs

Die Bestimmung greift nur ein, wenn die Zuwendung wirksam bleibt (vgl § 2195), obwohl die 2
Erfüllung der Auflage unmöglich geworden ist. Der Erblasser kann die Nichtvollziehung der Auflage
auch zur auflösenden Bedingung der Zuwendung machen. § 2196 ist **nicht zwingend**. Insbes ist bei
Unmöglichkeit der Leistung zu prüfen, ob sich der Wille nach dem Willen des Erblassers nicht auf
einen Ersatzgegenstand erstreckt oder dem Erblasserwillen durch eine andere Art der Vollziehung
Rechnung getragen werden kann (vgl § 2084). Die Vorschrift gilt entspr, wenn der Erblasser einen
gesetzlichen Erben mit einer Auflage belastet hat[1*].

Das Gleiche wie bei der zu vertretenden Unmöglichkeit (Abs 1) gilt nach **Abs 2** dann, wenn der 3
Beschwerte zur Vollziehung einer Auflage, die nicht durch einen Dritten vollzogen werden kann,
rechtskräftig verurteilt ist und die Zwangsvollstreckung gegen ihn ergebnislos verläuft. Gemeint ist die
Zwangsvollstreckung nach § 888 ZPO (unvertretbare Handlung) und § 890 ZPO (Unterlassung und
Duldung). Kann auch ein Dritter die Auflage vollziehen, erfolgt die Zwangsvollstreckung nach § 887
ZPO ohnehin auf Kosten des Schuldners.

Hat der Beschwerte die Unmöglichkeit nicht zu vertreten, wird er gemäß § 275 von der Verpflich- 4
tung zur Leistung der Auflage frei; die Zuwendung verbleibt ihm dann ungeschmälert.

III. Anspruchsberechtigung

Nicht jeder Vollziehungsberechtigte nach § 2194 ist anspruchsberechtigt, sondern nur derjenige, 5
dem der Wegfall des zunächst Beschwerten unmittelbar zustatten kommen würde. Nicht anspruchsberechtigt ist demnach der Testamentsvollstrecker[2*], wohl aber uU der Auflagenbegünstigte (§ 2194
Rn 2, 3)[3]. Steht der Anspruch mehreren Personen zu, so kann bei einer teilbaren Leistung jeder nur
den auf ihn entfallenden Teil fordern (§ 420), bei einer unteilbaren Leistung gilt § 432.

IV. Inhalt des Anspruchs

Erreicht werden soll, dass der Beschwerte wirtschaftlich nicht besser steht, als wenn er die Auflage 6
erfüllt hätte. Die Zuwendung ist daher nach **bereicherungsrechtlichen Grundsätzen** insoweit
herauszugeben, als sie zur Erfüllung der Auflage zu verwenden gewesen wäre. Die Verpflichtung zur
Herausgabe erstreckt sich auf die **Nutzungen,** die aus dem Gegenstand der herauszugebenden Zuwen-

---

[1] BGH NJW 1965, 688 = LM Nr 1 m Anm *Kreft.*
[2] RG Gruchot 52, 1087, wo allerdings im Ergebnis ein Abhängigkeitsverhältnis bejaht wurde.
[1*] RGRK/*Johannsen* Rn 6.
[2*] MünchKommBGB/*Schlichting* Rn 4; *Soergel/Dieckmann* Rn 3; abw *Sturm* S 186.
[3] MünchKommBGB/*Schlichting* Rn 4; *Staudinger/Otte* Rn 3; aA RGRK/*Johannsen* Rn 3; *Soergel/Dieckmann* Rn 3.

§ 2197

dung gezogen wurden, sowie auf dasjenige, was der Zuwendungsempfänger auf Grund des erlangten Rechts oder als Ersatz für die Zerstörung, Beschädigung oder Entziehung des zugewendeten Gegenstands erwirbt (§ 818 Abs 1). Ist die Herausgabe wegen der Beschaffenheit der Zuwendung nicht möglich oder ist der Beschwerte aus einem anderen Grunde zur Herausgabe außerstande, so hat er den Wert der Zuwendung zu ersetzen (§ 818 Abs 2). Der Anspruch kann nicht nur entstehen, wenn die Auflage – was freilich die Regel sein wird – eine geldwerte Leistung zum Gegenstand hatte, sondern auch, wenn ihre Erfüllung mit Kosten verbunden gewesen wäre, zB Grabpflege[4]. Die Verpflichtung zur Herausgabe oder zum Wertersatz ist ausgeschlossen, wenn der Empfänger der Zuwendung nicht mehr bereichert ist (§ 818 Abs 3). Die Haftung des Beschwerten verschärft sich nach allgemeinen Regeln mit Eintritt der Rechtshängigkeit (§ 818 Abs 4) und sobald er Kenntnis davon erlangt, dass die Erfüllung der Auflage infolge eines von ihm zu vertretenden Umstands unmöglich geworden ist (§ 819). Eine Verpflichtung des Anspruchsberechtigten, die Auflage mit dem Erlangten zu erfüllen, ist nicht anzuerkennen[5].

Titel 6. Testamentsvollstrecker (§§ 2197–2228)

§ 2197 Ernennung des Testamentsvollstreckers

(1) Der Erblasser kann durch Testament einen oder mehrere Testamentsvollstrecker ernennen.

(2) Der Erblasser kann für den Fall, dass der ernannte Testamentsvollstrecker vor oder nach der Annahme des Amts wegfällt, einen anderen Testamentsvollstrecker ernennen.

Schrifttum: *Adams*, Interessenkonflikte des Testamentsvollstreckers, 1997; *dies*, Der Alleinerbe als Testamentsvollstrecker, ZEV 1998, 321; *App*, Aufgaben und Bestellung eines Testamentsvollstreckers – Überblick, DAVorm 1996, 16; *Bengel/Reimann*, Handbuch der Testamentsvollstreckung, 3. Aufl 2001 (zitiert: Bengel/Reimann HdB); *Best*, Steuerberater als Testamentsvollstrecker, DStR 2000, 2000; *Bestelmeyer*, Die Rechtsfolgen eines ohne gleichzeitige Verlautbarung der Erbfolge im Grundbuch eingetragenen Nacherben- oder Testamentsvollstreckervermerks, ZEV 1996, 261; *ders*, Zur Fortdauer eines nachlassgerichtlichen Zeugnisses über die Fortdauer des Amtes des Testamentsvollstreckers – Ein Beitrag zum Regelungsgehalt des § 2368 Abs 3, 2. HS BGB –, ZEV 1997, 316; *Bonefeld*, Die Beendigung des Testamentsvollstreckeramtes, ZErb 2000, 184; *ders*, Die Verjährung der Testamentsvollstreckerhaftung, ZErb 2003, 247; *ders*, Betreuer oder gesetzlicher Vertreter und Testamentsvollstreckung, ZErb 2007, 2; *Burgard*, Die Haftung des Erben für Delikte des Testamentsvollstreckers, FamRZ 2000, 1269; *Damrau*, Das Ende des Testamentsvollstreckung über ein Vorvermächtnis, FS Kraft, 1998, S 37; *ders*, Lebenslange Testamentsvollstreckung im Insolvenzfall, MDR 2000, 255; *ders*, Lebenslange Testamentsvollstreckung im Insolvenzfall, WPK-Mitt 2000, 146; *ders*, Auswirkungen des Testamentsvollstreckeramtes auf elterliche Sorge, Vormundschaft und Betreuung, ZEV 1994, 1; *ders*, Der Nachlass vor Beginn des Testamentsvollstreckeramtes, ZEV 1996, 81; *ders*, Das Bestimmungsrecht des Testamentsvollstreckers, FamRZ 2004, 421; *Eibl*, Die Erbteilsvollstreckung, 2002; *Everts*, Heimgesetz und Testamentsvollstreckung, ZEV 2006, 544; *Farkas-Richling*, Ordnungsgemäße Verwaltung des Nachlassvermögens im Wertpapierbereich nach § 2216 BGB, ZEV 2007, 310; *Feiter*, Die Testamentsvollstreckung – ein neues Geschäftsfeld für den steuerberatenden Beruf, DStR 2006, 484; *Garlichs*, Der Testamentsvollstrecker privat, ZEV 1996, 447; *ders*, Die Übertragbarkeit der Alleinerbschaft bei Testamentsvollstreckung, MittBayNot 1998, 149; *ders*, Passivprozesse des Testamentsvollstreckers. Erkenntnisverfahren und Zwangsvollstreckung gegen den Testamentsvollstrecker und den durch Testamentsvollstreckung belasteten Erben, 1996; *ders*, Die Befugnis zur Vollstreckungserinnerung bei Testamentsvollstreckung, Rpfleger 1999, 60; *ders/Mankel*, Die passive Prozessführungsbefugnis des Testamentsvollstreckers bei Teilverwaltung, MDR 1998, 511; *Gergen*, Die Durchsetzung von Ansprüchen gegen den Erben oder den Testamentsvollstrecker bei Pflichtteilsvermächtnissen, ZErb 2006, 404; *Groß*, Stimmrecht und Stimmrechtsausschluss bei der Testamentsvollstreckung am GmbH-Anteil, GmbHR 1994, 596; *Grunsky*, Das Schicksal der Testamentsvollstreckung bei Veräußerung der Erbschaft, FS Otte, 2005, S 113; *Grunsky/Hohmann*, Die Teilbarkeit des Testamentsvollstreckeramtes, ZEV 2005, 41; *Gutbell*, Schutz des Nachlasses gegen Zwangsvollstreckungsmaßnahmen bei Testamentsvollstreckung und Vorerbschaft, ZEV 2001, 260; *Haegele*, Pflichten, Rechte und Haftung des Testamentsvollstreckers, ZEV 1997, 429; *Henssler*, Geschäftsmäßige Rechtsberatung durch Testamentsvollstrecker, ZEV 1994, 261; *Hohloch*, Auskunftspflicht des Nacherbentestamentsvollstreckers [Anm. zu BGH v. 9. 11. 1994 – IV ZR 319/93 –, FamRZ 1995, 158], JuS 1995, 459; *Janke*, Zur rechtlichen Stellung des Testamentsvollstreckers bei DDR-Erbfällen vor dem 1. 1. 1976, DtZ 1994, 364; *Jung*, Unentgeltliche Verfügungen des Testamentsvollstreckers und des befreiten Vorerben, Rpfleger 1999, 204; *Keim*, Teilung der Verfügungsbefugnis zwischen Testamentsvollstrecker und Erben durch den Willen des Erblassers?, ZEV 2002, 132; *Kessler*, Die Vereitelung der Ziele der Testamentsvollstreckung durch Veräußerung der Miterbenanteile, NJW 2006, 3672; *Kessler*, Der Testamentsvollstrecker im Prozess, DRiZ 1965, 195, 1967, 299; *Kirchner*, Vormundschaft und Testamentsvollstreckung im Elterntestament, MittBayNot 1997, 203; *ders*, Zur Erforderlichkeit eines Ergänzungspflegers bei (Mit-)Testamentsvollstreckung durch den gesetzlichen Vertreter des Erben – Zugleich Anmerkung zum Beschluss des OLG Nürnberg vom 29. 6. 2001 – 11 UF 1441/01 (FamRZ 2002, 272) – MittBayNot 2002, 368; *Kirnberger*, Die steuerliche Behandlung der Testamentsvollstreckung, 1998; *ders*, Testamentsvollstreckervergütung und Umsatzsteuer, ZEV 1998, 342; *Kleine-Cosack*, Testamentsvollstreckung durch Steuerberater und Banken: Plädoyer ein Anwaltsmonopol, DB 2000, 2109; *Klinghöffer*, Testamentsvollstreckung und Pflichtteilsrecht, ZEV 2000, 261; *Klumpp*, Handlungsspielraum und Haftung bei Vermögensanlagen durch den Testamentsvollstrecker, ZEV 1994, 65; *Kraiß*, Testamentsvollstrecker und Vermächtnis, BWNotZ 1986, 12; *V. Lang*, Die Zulässigkeit der Testamentsvollstreckung durch Banken und Sparkas-

---

[4] Staudinger/Otte Rn 4; Soergel/Dieckmann Rn 8.
[5] Staudinger/Otte Rn 6; MünchKommBGB/Schlichting Rn 8; aA Kipp/Coing § 65 III; v. Lübtow I S 396.

sen, NJW 1999, 2332; *Lauer*, Der Testamentsvollstrecker in der Grauzone rechtlicher Befugnisse, Diss Würzburg 1999; *Lehmann*, Die unbeschränkte Verfügungsbefugnis des Testamentsvollstreckers, AcP 188 (1988), 1; *J. Mayer/Bonefeld/Wälzholz/Weidlich*, Testamentsvollstreckung, 2. Aufl 2005 (zitiert: Bearbeiter in: Mayer/Bonefeld/Wälzholz/Weidlich); *J. Mayer*, Testamentsvollstreckung durch Steuerberater, Banken und Sparkassen, MittBayNot 2005, 366; *Meyding*, Testamentsvollstreckervermerk und Verschaffungsvermächtnis, ZEV 1995, 100; *ders*, Erbvertrag und nachträgliche Auswechslung des Testamentsvollstreckers, ZEV 1994, 98; *Morgen*, Die Testamentsvollstreckervergütung bei Erbteilsvollstreckungen, ZEV 1996, 170; *v. Morgen/Götting*, Gespaltene Testamentsvollstreckung bei gesamtdeutschen Nachlässen, DtZ 1994, 199; *Müller*, Zur Heilung der Verpflichtungsbefugnis eines Testamentsvollstreckers, JZ 1981, 370; *Muscheler*, Die Haftungsordnung der Testamentsvollstreckung, 1994; *ders*, Die Entlassung des Testamentsvollstreckers, AcP 197 (1997), 227; *ders*, Die Freigabe von Nachlassgegenständen durch den Testamentsvollstrecker, ZEV 1996, 401; *ders*, Testamentsvollstreckung über Erbteile, AcP 195 (1995), 35; *D. Peters*, Die Eignung der Testamentsvollstreckung zur unternehmerischen Vermögensverwaltung von Großvermögen, Diss Hamburg 1998/99; *Piltz*, Zur steuerlichen Haftung des Testamentsvollstreckers, ZEV 2001, 262; *v. Preuschen*, Testamentsvollstreckung für Erbteile, FamRZ 1993, 1390; *Piltz*, Zur steuerlichen Haftung des Testamentsvollstreckers, ZEV 2001, 262; *Reimann*, Ende der Testamentsvollstreckung durch Umwandlungen, ZEV 2000, 381; *ders*, Die Kontrolle des Testamentsvollstreckers, FamRZ 1995, 588; *ders*, Zur Festsetzung der Testamentsvollstreckervergütung, ZEV 1995, 57; *ders*, Gesamtschuldnerische Haftung sukzessiv tätiger Testamentsvollstrecker in der Wirtschaftsrechtspraxis, 3. Aufl 1998; *ders*, Gesamtschuldnerische Haftung sukzessiv tätiger Testamentsvollstrecker?, ZEV 2004, 234; *ders*, Vereinbarungen zwischen Testamentsvollstreckern und Erben über die vorzeitige Beendigung der Testamentsvollstreckung, NJW 2005, 789; *ders*, Zur Beweislast im Testamentsvollstreckerhaftpflichtverfahren, ZEV 2006, 186; *ders*, Testamentsvollstreckung und postmortale Vollmacht als Instrumente der Kautelarjurisprudenz, BB 1984, 1394; *Säcker*, Die Bestimmung des Nachfolgers durch den Testamentsvollstrecker – oder: Das Erbrecht in den Fängen der Begriffsjurisprudenz?, ZEV 2006, 288; *Sarres*, Die Auskunftspflichten des Testamentsvollstreckers, ZEV 2000, 90; *Schaub*, Die Legitimation des im öffentlichen Testament nicht bezeichneten Testamentsvollstreckers, ZEV 1995, 361; *ders*, Testamentsvollstreckung durch Banken, FamRZ 1995, 845; *ders*, Unentgeltliche Verfügungen des Testamentsvollstreckers, ZEV 2001, 257; *Scheuren-Brandes*, Auseinandersetzungsverbot und Dauertestamentsvollstreckung gemäß §§ 2209 ff BGB, ZEV 2007, 306; *A. Schmitz*, Kapitalanlageentscheidungen des Testamentsvollstreckers, 2002; *ders*, Testamentsvollstreckung und Kapitalanlagen – Richtlinien für die Anlage von Nachlassvermögen durch den Testamentsvollstrecker, ZErb 2003, 3; *ders*, Interessenkollisionen bei der Anlage von Nachlassvermögen durch Kreditinstitute bei Testamentsvollstreckung, ZErb 2005, 74; *W. Schneider*, Zur Antragsbefugnis und zu den Eintragungsgrundlagen im Grundbuchberichtigungsverfahren bei angeordneter Testamentsvollstreckung, MittRhNotK 2000, 283; *Spall*, Vollzug eines Nachvermächtnisses durch den Testamentsvollstrecker, ZEV 2002, 5; *Stracke*, Die geschäftsmäßige Rechtsberatung durch Testamentsvollstrecker, Diss Regensburg 2000; *ders*, Testamentsvollstreckung und Rechtsberatung, ZEV 2001, 250; *Tanz*, Das dingliche Verwaltungsrecht des Testamentsvollstreckers unter besonderer Berücksichtigung amtswalterloser Übergangszeiten, 2000; *Tiling*, Die Vergütung des Testamentsvollstreckers, ZEV 1998, 331; *Tiedtke*, Der Testamentsvollstrecker als gesetzlicher oder gewillkürter Prozessstandschafter, JZ 1981, 429; *Wellkamp*, Das gesetzliche Verfügungsrecht des Testamentsvollstreckers und dessen Einschränkung durch den Erblasser, ZErb 2000, 177; *Werkmüller*, Vollmacht und Testamentsvollstreckung als Instrumente der Nachfolgegestaltung bei Bankkonten, ZEV 2000, 305; *Winkler*, Der Testamentsvollstrecker, 18. Aufl 2007; *Zahn*, Testamentsvollstreckung im Grundbuchverkehr, MittRhNotK 2000, 89; *Zankl*, Vertretungs- und schadensersatzrechtliche Aspekte der Testamentsvollstreckung, JBl 1998, 293; *Zeising*, Pflichten und Haftung des Testamentsvollstreckers bei der Verwaltung von Großvermögen, 2004; *W. Zimmermann*, Die Testamentsvollstreckung, 2. Aufl 2004; *ders*, Betreuung und Testamentsvollstreckung, FS Schwab, 2005, S 1099; *ders*, Testamentsvollstreckung durch Banken, ZErb 2007, 278; *ders*, Die Auswahl von Testamentsvollstreckern, Nachlasspflegern und Nachlassverwaltern durch das Nachlassgericht, ZEV 2007, 313; – Schrifttum zur Testamentsvollstreckung im Handels- und Gesellschaftsrecht und im Grundbuchverkehr s bei § 2205, zur Vergütung des Testamentsvollstreckers bei § 2221.

Übersicht

	Rn		Rn
I. Gesetzesüberblick	1	3. Bedingte oder beschränkte Anordnung	23
		4. Wortlaut der Anordnung	24
II. Allgemeines zur Testamentsvollstreckung	2	V. Ernennung des Testamentsvollstreckers	25
1. Sondervermögen	2	1. Ernennung	25
2. Aufgabeneröffnung durch Erblasseranordnung	3	2. Person des Testamentsvollstreckers	27
3. Rechtsstellung des Testamentsvollstreckers	5	a) Grundsätze	27
a) Treuhänder und Inhaber eines privaten Amtes	5	b) Rechtsberatungsgesetz, berufsrechtliche Beschränkungen	30
b) Das Verhältnis des Testamentsvollstreckers zu den Erben	8	c) Erbe als Testamentsvollstrecker	33
c) Verhältnis des Testamentsvollstreckers zum Nachlassgericht	9	VI. Schwebezustand zwischen Anordnung und Ernennung	35
4. Nachweis des Amtes	10	VII. Vermeintlicher Testamentsvollstrecker	37
a) Erbschein	11		
b) Testamentsvollstreckerzeugnis	12	VIII. Testamentsvollstreckung und Vollmachten des Erblassers	40
c) Grundbuch	13	1. Grundsätzliches zur Vollmacht des Erblassers	40
d) Handelsregister	14	2. Vollmacht für den Testamentsvollstrecker	44
III. Normzweck des § 2197	17	3. Widerruf	45
IV. Anordnung der Testamentsvollstreckung	18	IX. Kollisionsrechtliche Fragen	47
1. Grundsatz der Eigenanordnung, Form	18	1. Ehemalige DDR	47
2. Wirksamkeit der Anordnung	20	2. Testamentsvollstreckung bei Auslandsbezug	48

§ 2197

I. Gesetzesüberblick

1 Die §§ 2197 bis 2202 behandeln die Ernennung des Testamentsvollstreckers, die Annahme des Amtes und seine Ablehnung, die §§ 2203 bis 2209 die Regelaufgaben und die Befugnisse, § 2210 die Dauer der Verwaltungsvollstreckung, die §§ 2211 bis 2214 die Verfügungsbeschränkungen des Erben, das Prozessführungsrecht des Testamentsvollstreckers und den Pfändungsschutz vor Eigengläubigern des Erben. Die §§ 2215 bis 2220 regeln die Rechte und Pflichten des Testamentsvollstreckers gegenüber den Erben, insbes auch die Haftung (§ 2219), § 2221 die Vergütung des Testamentsvollstreckers. Die §§ 2222, 2223 betreffen die Sonderfälle der Nacherben- und Vermächtnisvollstreckung, § 2224 die Ausübung des Amts durch mehrere Testamentsvollstrecker. Die §§ 2225 bis 2227 regeln die vorzeitige Beendigung des Amts des konkret amtierenden Testamentsvollstreckers, insbes bei seinem Tod, Kündigung und Entlassung; § 2228 gewährt ein Akteneinsichtsrecht.

II. Allgemeines zur Testamentsvollstreckung

2 **1. Sondervermögen.** Durch die Anordnung einer Testamentsvollstreckung kann der Erblasser in besonders starker Weise die Durchsetzung seiner verschiedensten **Vorstellungen über den Tod hinaus sichern**[1]. Dabei leitet der Testamentsvollstrecker seine Legitimation direkt vom Willen des Erblassers ab[2]. Als Instrument der erbrechtlichen Gestaltung kommt ihm große praktische Bedeutung zu. Durch die Anordnung greift der Erblasser in die sonst unbeschränkte Rechts- und Handlungszuständigkeit die Erben ein. Es kommt zu einer Trennung von Inhaberschaft und Ausübung der Rechte[3]: Der Erbe behält zwar die Rechtsträgerschaft. Der vom Testamentsvollstrecker verwaltete Nachlass(-teil) wird jedoch ein Sondervermögen, das mit dem Erbfall vom sonstigen (Eigen-)Vermögen des Erben getrennt ist[4]. Soweit das Verwaltungsrecht des Testamentsvollstreckers reicht, ist der Erbe idR von der rechtlichen (§ 2211) und der tatsächlichen Verfügungsmöglichkeit ausgeschlossen (§ 2205); Eigengläubigern des Erben ist die Zwangsvollstreckung in den Nachlass insoweit verwehrt. Soweit der Testamentsvollstrecker in Ausübung seines Amtes Verpflichtungen begründet, handelt es sich um Nachlassverbindlichkeiten (§§ 2206, 2207), auch wenn diese uU lange nach dem Erbfall entstehen. Der Erbe kann daher die Haftung hierfür nach erbrechtlichen Grundsätzen beschränken.

3 **2. Aufgabeneröffnung durch Erblasseranordnung.** Aber der Erblasser entscheidet nicht nur, **ob** eine Testamentsvollstreckung über seinen Nachlass stattfindet. Er kann auch die zeitlichen und gegenständlichen Grenzen, aber auch noch weitere Einzelheiten, also das **„wie"** der Testamentsvollstreckung, in sehr großem Umfang nach seinen Vorstellungen bestimmen. Zur Durchführung der vielfältigen, vom Erblasser verfolgten Aufgaben stellt ihm das Gesetz dabei drei **Grundtypen der Testamentsvollstreckung** zur Verfügung: Den Regelfall der ausführenden oder Abwicklungsvollstreckung (§§ 2203, 2204), die reine Verwaltungsvollstreckung (§ 2209 S 1 HS 1) und die Dauervollstreckung (§ 2209 S 1 HS 2), mit einer Verwaltung des Nachlasses nach Erledigung der sonst getroffenen Auflagen. Daneben bestehen noch Sonderformen (Nacherbenvollstreckung, § 2222; Vermächtnisvollstreckung, § 2223; die lediglich beaufsichtigende Testamentsvollstreckung, § 2208 Abs 2).

4 Ein großer **Teil der praktischen Probleme** der Testamentsvollstreckung resultieren daraus, dass die Befugnisse (§§ 2203 bis 2209) des Testamentsvollstreckers im Gesetz nur sehr allgemein umschrieben sind. Die konkrete Zulässigkeit der Maßnahmen bestimmt sich immer erst auf Grund der vom Erblasser hierzu getroffenen Anordnungen und – da solche meist fehlen – erst durch Rückgriff auf die vom Erblasser mit der Testamentsvollstreckung verfolgten Zwecke. Erst durch diese **funktionale Betrachtungsweise** kann in vielen Fällen der konkrete Umfang der Verwaltungsrechte des Testamentsvollstreckers ermittelt werden. Die Aufgabenstellung bestimmt die Befugnisse. Denn das Gesetz ermöglicht, dem Testamentsvollstrecker Rechtsmacht vom weitesten Bereich bis zu den engsten Begrenzungen einzuräumen[5].

5 **3. Rechtsstellung des Testamentsvollstreckers. a) Treuhänder und Inhaber eines privaten Amtes.** Nach heute hM hat der Testamentsvollstrecker die „Stellung eines Treuhänders und ist Inhaber eines privaten Amtes"[6]. Weder die sog „Vertretertheorie", nach der Testamentsvollstrecker als Vertreter des Nachlasses oder der Erben handelt, noch die reine Treuhandtheorie haben sich durchgesetzt[7]. Dieses private Amt ist dem Testamentsvollstrecker vom Erblasser übertragen. Er übt kraft **eigenen Rechts** die Verwaltungs- und Verfügungsbefugnisse über den Nachlass aus[8], und zwar unabhängig vom Willen der Erben, aber gemäß dem Willen des Erblassers (daher fremdnützig) und nach dem Gesetz. Der Testamentsvollstrecker ist wegen dieser selbstständigen Rechtsstellung nicht Vertreter des Erben oder des Erblassers, auch wenn durch die Annahme des Amtes ein gesetzliches „Pflichtverhältnis eigener Art" begründet wird[9], das im Gesetz in den §§ 2216 bis 2219 näher geregelt ist.

---

[1] Zu den verschiedenen Zwecken der Testamentsvollstreckung s etwa *Nieder* HdB Rn 891 sowie § 2209 Rn 4.
[2] *Staudinger/Reimann* Vor § 2197 Rn 6; *Bengel* in: *Bengel/Reimann* HdB I Rn 2.
[3] *MünchKommBGB/Zimmermann* § 2205 Rn 1, 3; *Palandt/Edenhofer* Vor § 2197 Rn 1.
[4] Vgl BGHZ 48, 214; *Bengel* in: *Bengel/Reimann* HdB I Rn 3.
[5] *Lange/Kuchinke* § 31 III 5.
[6] BGHZ 25, 275; *Palandt/Edenhofer* Vor § 2197 Rn 2; *Bengel* in: *Bengel/Reimann* HdB I Rn 11.
[7] *Bengel* in: *Bengel/Reimann* HdB I Rn 11; zum Theorienstreit ausf *Lange/Kuchinke* § 31 III 2.
[8] *Palandt/Edenhofer* Vor § 2197 Rn 2; *Lange/Kuchinke* § 31 III 5.
[9] BGHZ 25, 280.

Ernennung des Testamentsvollstreckers **§ 2197**

Als **Träger eines eigenen Amtes** hat er gegenüber den Erben eine weit gehende freie, **unabhängi-** 6
ge Stellung[10]. Man spricht auch von der Machtfülle des Testamentsvollstreckers[11]. Er darf aber umgekehrt nicht nach subjektiven Beurteilungen entscheiden, sondern allein nach objektiven Gesichtspunkten[12] und dem Willen des Erblassers. Diese Rechtsstellung des Testamentsvollstreckers verbietet aber nicht, dass er Vereinbarungen mit den Erben über die Art und Durchführung seiner Aufgaben trifft (etwa einen Auseinandersetzungsvertrag), wenn er dadurch nur nicht seine **Unabhängigkeit** verliert[13].

Jedoch ist ungehindert dieser Amtsfunktion die Rechtsstellung des Testamentsvollstreckers der eines 7
gesetzlichen Vertreters angenähert[14]: Eigentümer des Nachlasses ist der Erbe. Im Rahmen der vom Testamentsvollstrecker vorgenommenen Verwaltung treffen die daraus resultierenden Rechte und Pflichten letztlich auch den Erben. Es gelten daher die Bestimmungen der §§ 181, 211 nF, 278, 254 und § 241 ZPO für den Testamentsvollstrecker entspr[15]. Wie ein Vertreter hat der Testamentsvollstrecker auch bei seinen Handlungen offen zu legen, dass er in dieser Funktion agiert, da er sonst persönlich haftbar gemacht werden kann (arg § 164 Abs 2)[16].

b) Das Verhältnis des Testamentsvollstreckers zu den Erben. Es besteht kein Auftragsverhältnis, 8
sondern ein **gesetzliches Schuldverhältnis**. Die Verfügungsbefugnis des Testamentsvollstreckers schließt die des Erben aus (§ 2211). Der Testamentsvollstrecker hat gegenüber den Erben das Recht, die Herausgabe des Nachlasses (§ 2205 S 1), den Ersatz seiner notwendigen Aufwendungen (§§ 2218, 670) und eine angemessene Vergütung zu verlangen (§ 2221). Die **Pflichten** des Testamentsvollstreckers gegenüber den Erben ergeben sich im Wesentlichen aus den §§ 2215 bis 2219 und sind nach den Vorgaben, die der Erblasser machen kann, gemäß § 2220 weitgehend zwingend. Nicht im Gesetz geregelt sind die Fälle eines **Interessenkonflikts** zwischen Erben und Testamentsvollstrecker. Die Rspr weicht viel zu oft bei einem dauerhaften Interessengegensatz auf eine Entlassung nach § 2227 aus[17].

c) Verhältnis des Testamentsvollstreckers zum Nachlassgericht. Da der Testamentsvollstrecker 9
sein Amt und seine selbstständige Rechtsstellung vom Erblasser ableitet, unterliegt er im Allgemeinen nicht der Aufsicht des Nachlassgerichts. Das Gesetz kennt **keine gerichtliche** oder behördliche **Dauerkontrolle** des Testamentsvollstreckers[18]. Das gilt selbst dann, wenn der Erblasser dies anordnet[19]. Das Nachlassgericht kann ihm daher auch nicht durch einstweilige Anordnung ein konkretes Handeln untersagen[20] oder durch Ordnungsstrafen zur Führung seiner Geschäfte anhalten[21]. Jedoch sieht das Gesetz in bestimmten Situationen Mitwirkungs- und Entscheidungsbefugnisse des Nachlassgerichts vor (§§ 2198 Abs 2, 2200, 2216 Abs 2 S 2, 2224 Abs 1 S 1, 2227).

4. Nachweis des Amtes. Das Amt beginnt bereits mit Vorliegen der gesetzlichen Voraussetzun- 10
gen: Anordnung der Testamentsvollstreckung durch den Erblasser, Eintritt des Erbfalls, uU Ernennung des konkreten Testamentsvollstreckers nach den §§ 2198 bis 2200 und Antritt des Amtes. Bereits damit bestehen die Verfügungs- und Verpflichtungsbefugnis des Testamentsvollstreckers und alle mit dem Amt verbundenen Rechte und Pflichten ohne Kundmachung nach außen[22]. Zur Erleichterung des Rechtsverkehrs bedarf es jedoch der **Publizierung** des Amtes, des Amtsinhabers und der damit verbundenen Befugnisse in verschiedenen Registern und Zeugnissen, die zT auch einen gutgläubigen Erwerb ermöglichen, wenn entgegen der dort getroffenen amtlichen Verlautbarung keine Testamentsvollstreckung besteht oder ein anderer Testamentsvollstrecker oder mit anderen Befugnissen berufen ist.

a) Erbschein. Im Erbschein ist die sich aus der bestehenden Testamentsvollstreckung ergebende 11
Beschränkung der (dinglichen) Verfügungsmacht des Erben anzugeben § 2364 Abs 1, s Erl dort[23].

b) Testamentsvollstreckerzeugnis. Der eigentlichen Legitimation des Testamentsvollstreckers 12
dient das Testamentsvollstreckerzeugnis mit dem damit verbundenen **öffentlichen Glauben** (§ 2368, s Erl dort). Jedoch kann der Testamentsvollstrecker den Beweis seiner Ernennung und seines Amtsantritts auch in anderer Weise führen, insbes auch im Grundbuchverkehr durch Vorlage der entsprechenden Verfügung von Todes wegen in einer öffentlichen Urkunde, der Niederschrift über ihre Eröffnung und des Nachweises der Amtsannahme (§ 35 Abs 2 iVm Abs 1 S 2 GBO)[24].

c) Grundbuch. Dort ist mit der Eintragung der Erbfolge zugleich der Testamentsvollstreckerver- 13
merk einzutragen (§ 52 GBO). Dieser **verhindert** materiell-rechtlich einen **gutgläubigen Erwerb** vom Erben (der sonst nach § 2111 Abs 2 möglich wäre) und sperrt verfahrensrechtlich gegen Ver-

---

[10] RGZ 133, 128.
[11] *Reimann* FamRZ 1995, 588.
[12] *Bengel* in: *Bengel/Reimann* HdB I Rn 11.
[13] *Bengel* in: *Bengel/Reimann* HdB I Rn 13.
[14] *Bengel* in: *Bengel/Reimann* HdB I Rn 12; *Staudinger/Reimann* Vor § 2197 Rn 15.
[15] *Bengel* in: *Bengel/Reimann* HdB I Rn 12; *Palandt/Edenhofer* Vor § 2197 Rn 2.
[16] *Palandt/Edenhofer* Vor § 2197 Rn 2.
[17] *Muscheler* AcP 197 (1997), 226, 292; *Adams*, Interessenkonflikte des Testamentsvollstreckers, 1997.
[18] Eingehend *Reimann* FamRZ 1995, 588, 589 ff; *Palandt/Edenhofer* Vor § 2197 Rn 4.
[19] BayObLGZ 1953, 357, 361; *Reimann* FamRZ 1995, 588, 590.
[20] OLG Köln OLGZ 1987, 280; eingehend hierzu *Staudinger/Reimann* Vor § 2197 Rn 30.
[21] OLG Zweibrücken NJW-RR 2004, 941; *Staudinger/Reimann* Vor § 2197 Rn 22.
[22] *Reimann* in: *Bengel/Reimann* HdB II Rn 243.
[23] Eingehend auch *Staudinger/Reimann* Vor § 2197 Rn 81 ff.
[24] *Staudinger/Reimann* Vor § 2197 Rn 106.

§ 2197

fügungen der Erben[25]. Zu Einzelheiten s § 2205 Rn 57. Entsprechende Vermerke gibt es nach § 55 SchiffRegO und § 86 Abs 1 LuftRG[26].

14 **d) Handelsregister. aa) Eintragungsfähigkeit.** Umstritten ist immer noch, ob die Testamentsvollstreckung im Handelsregister verlautbart werden kann oder gar muss[27]. Eine gesetzliche Regelung fehlt. Zwar ist die Testamentsvollstreckung über einen **Anteil eines Kommanditisten** nach nunmehr gefestigter Rspr zulässig und führt auch zu einer dinglich wirkenden Beschränkung der Rechtsmacht seines Inhabers[28]. Ausgehend von einem ganz anderen Verständnis hatte das RG[29] die Eintragungsfähigkeit verneint. Die wohl überwM in der Lit bejaht unter Bezug auf die Wirkungen der Testamentsvollstreckung über den Kommanditanteil nach §§ 2211, 2114 daher die Eintragungsfähigkeit, zumal dies auch Einflüsse auf die Wirksamkeit von Gesellschafterbeschlüssen haben kann[30]. Begründet wird dies damit, dass die Rspr den Kreis der eintragungsfähigen Tatsachen auch im anderen Zusammenhang erweitert hat (etwa bei der Befreiung von § 181). Zweck des Handelsregisters sei es auch, die wichtigsten Rechtsverhältnisse des Unternehmens zu verlautbaren[31], wozu auch die Folgen einer direkten Testamentsvollstreckung an einem KG-Anteil gehöre.

15 Demgegenüber hat das KG[32] zu Recht die **Eintragungsfähigkeit verneint,** weil zum einen die Eintragung nicht gesetzlich angeordnet ist und zum anderen kein dringendes Bedürfnis bestehe, den Kreis der kraft Gesetzes eintragungsfähigen Vermerke zu erweitern. Auch sonst könne ein Dritter aus dem Handelsregister keine Aussagen über etwa bestehende Verfügungsbeschränkungen des Kommanditisten entnehmen. Die Publizitätsfunktion des Handelsregisters beschränke sich vielmehr auf das Verhältnis des Dritten zu der eingetragenen Gesellschaft. Mit der gleichen Begründung muss man grds auch die Eintragung eines Testamentsvollstreckervermerks an **sonstigen Beteiligungen** einer **Personengesellschaft** oder auch an kaufmännischen Einzelunternehmen ablehnen. Anders sehen aber Teile der Lit unter Bezug auf die Entscheidung des BGH[33], wonach eine Testamentsvollstreckung auch dort „an der Außenseite des Gesellschaftsanteils" oder des Unternehmens möglich ist[34].

16 **bb) Anmeldepflicht.** Anmeldeberechtigt aber auch -verpflichtet zur Bewirkung der Eintragung eines Gesellschafter-Erben in das Handelsregister ist der **Testamentsvollstrecker,** soweit seine Befugnis reicht[35]. Jedoch ergibt sich diesbezüglich eine sehr differenzierte Rechtslage, die zum einen auf den vielfältigen Ausgestaltungsmöglichkeiten der Testamentsvollstreckung beruht, zum anderen aber darauf, dass die Testamentsvollstreckung im handels- und gesellschaftsrechtlichen Bereich nur eingeschränkt zulässig ist (§ 2205 Rn 27 ff). Zum einen kann dem Testamentsvollstrecker die Anmeldebefugnis nur bei einer Verwaltungsvollstreckung zustehen, nicht aber bei einer nur beaufsichtigenden Testamentsvollstreckung oder bei einer reinen Abwicklungsvollstreckung[36], wenn nicht ausnahmsweise der Testamentsvollstrecker weitere Auseinandersetzungsmaßnahmen durchführen muss, etwa eine Vermächtniserfüllung[37]. Das Ausscheiden des Erblassers kann der Testamentsvollstrecker dagegen für die Erben auch dann anmelden, wenn er nur solch eingeschränkte Aufgaben wahrnimmt[38]. Im Übrigen kommt es darauf an, in welcher Art und Weise die Fortführung des Handelsgeschäfts oder der Beteiligung eines vollhaftenden Gesellschafters erfolgt. Dies hängt davon ab, welche der zulässigen „Ersatzlösungen" (§ 2205 Rn 28 ff) gewählt werden[39]: **(1)** Erfolgt die Fortführung auf Grund der sog **Vollmachtlösung,** ist allein der Erbe noch Inhaber des Geschäfts oder der Beteiligung und nur dieser ist anmeldepflichtig. **(2)** Wird dagegen die **Treuhandlösung** gewählt, so ist allein der Testamentsvollstrecker Inhaber des Handelsgeschäfts bzw der Beteiligung, so dass grds allein er in das Handelsregister eingetragen wird und auch nur er anmeldepflichtig ist. Allerdings bedarf es zunächst einer treuhänderischen Übertragung auf ihn, wofür nach allerdings umstrittener Meinung der Erbe allein zur Anmeldung berechtigt, aber auch verpflichtet ist[40]. Soweit der **Testamentsvollstrecker** zur Anmeldung **befugt** ist, besteht grds **kein**

---

[25] BayObLG ZEV 1999, 67.
[26] Dazu etwa *Reimann* in: Bengel/Reimann HdB II Rn 259 ff.
[27] Ausf *Schaub* ZEV 1994, 7.
[28] BGHZ 108, 187 = NJW 1989, 3152.
[29] RGZ 132, 138.
[30] AnwK-BGB/*Weidlich* § 2205 Rn 84; *Palandt/Edenhofer* Vor § 2197 Rn 15; S *Plank* ZEV 1998, 325, 327 ff mwN; *Reimann* DNotZ 1990, 190, 194; *Ulmer* NJW 1990, 73, 82; D. *Mayer* in: Bengel/Reimann HdB V Rn 212; Schlegelberger/K. *Schmidt* § 177 HGB Rn 34; *Winkler,* Der Testamentsvollstrecker, Rn 288; für „deklaratorischen Eintrag" MünchKommBGB/*Zimmermann* § 2205 Rn 37 iVm Rn 23; aA etwa *Soergel/Damrau* § 2205 Rn 44; *Damrau* BWNotZ 1990, 69; *Marotzke* EWiR 1992, 981; *Zimmermann* Rn 248 – mit Umkehrschluss aus § 52 GBO, § 31 InsO –; *Krafka/Willer* Registerrecht, 7. Aufl 2007, Rn 642; offen gelassen von BGHZ 108, 187 = NJW 1989, 3152, 3153.
[31] So etwa *Baumbach/Hopt* § 8 HGB Rn 5.
[32] ZEV 1996, 67 mit Anm *Schaub* = EWiR 1995, 981 m zust Anm *Kick;* ebenso LG Berlin Rpfleger 1993, 25.
[33] BGHZ 98, 48, 56 f = NJW 1986, 2431.
[34] So wohl *Reimann* in: Bengel/Reimann HdB II Rn 270 und die in Fn 30 zur Eintragungsfähigkeit des Testamentsvollstreckervermerkes Genannten.
[35] BGHZ 108, 187, 190 = NJW 1989, 3152 für Kommanditanteil; AnwK-BGB/*Weidlich* § 2205 Rn 81; *Winkler,* Der Testamentsvollstrecker, Rn 288.
[36] KG OLGZ 1991, 261 = NJW-RR 1991, 835; *Damrau* BWNotZ 1990, 69.
[37] AnwK-BGB/*Weidlich* § 2205 Rn 82; D. *Mayer* in: Bengel/Reimann HdB V Rn 211.
[38] KG OLGZ 1991, 261 = NJW-RR 1991, 835; *Reimann* in: Bengel/Reimann HdB II Rn 274.
[39] Eingehend *J. Mayer* in: Mayer/Bonefeld/Wälzholz/Weidlich Rn 69; AnwK-BGB/*Weidlich* § 2205 Rn 81 ff; Keidel/Krafka/Willer Registerrecht Rn 563.
[40] D. *Mayer* in: Bengel/Reimann HdB V Rn 211; aA etwa Keidel/Krafka/Willer Registerrecht Rn 563.

eigenes Anmelderecht der Erben[41]. Davon muss man allerdings dann eine Ausnahme machen, wenn durch das Verhalten des Testamentsvollstreckers eine eigene persönliche Haftung des Gesellschaftererben droht, etwa weil der Testamentsvollstrecker die vom Erben nach § 139 HGB gewählt Stellung als Kommanditist nicht in das Handelsregister eintragen lässt[42].

III. Normzweck des § 2197

Im Testamentsvollstreckerrecht ist zwischen der Anordnung der Testamentsvollstreckung (dem **Amt im abstrakt-funktionellen Sinne**) und der Ernennung des Testamentsvollstreckers als Bestimmung einer bestimmten Person, also des Amtsinhabers, zu unterscheiden[43]. Leider ist schon das Gesetz insoweit nicht präzise. § 2197 betrifft unmittelbar nur die Ernennung des Testamentsvollstreckers, was aber als notwendige Bedingung wiederum die Anordnung der Testamentsvollstreckung voraussetzt. Die Norm selbst bestimmt zum einen die **Form** der Ernennung des Testamentsvollstreckers durch den Erblasser. Zum anderen wird klargestellt, dass der Erblasser einen oder mehrere Testamentsvollstrecker ernennen kann, auch einen **Ersatz-Testamentsvollstrecker** (Abs 2)[44]. 17

IV. Anordnung der Testamentsvollstreckung

1. Grundsatz der Eigenanordnung, Form. Kein Testamentsvollstrecker ohne eine Anordnung der Testamentsvollstreckung: Diese Anordnung ist also logisch immer der Ernennungen des individuellen Testamentsvollstreckers vorgelagert. Sie ist Verfügung von Todes wegen und muss dabei immer durch den Erblasser selbst erfolgen (Grundsatz der Eigenanordnung, § 2065). Eine Vertretung im Willen scheidet dabei aus[45]. Nur die Bestimmung der Person des Testamentsvollstreckers kann nach Maßgabe der §§ 2198 bis 2200 einem anderen überlassen werden (Rn 25 ff). Es muss sich um eine definitive Anordnung handeln, dass der Eintritt der Testamentsvollstreckung so vom Erblasser gewollt ist, nicht nur um einen Wunsch oder eine unverbindliche Vorstellung[46]. Die Anordnung der Testamentsvollstreckung geschieht in der **Form** eines **Testaments**; dieses braucht keine weiteren Bestimmungen zu enthalten. Sie kann wie jede einseitige Verfügung auch jederzeit wieder widerrufen werden (§§ 2253 ff). Die Anordnung durch **Rechtsgeschäft unter Lebenden** ist nicht möglich[47]. Hierin können jedoch uU ein Auftrag und eine auf Grund desselben erteilte Vollmacht (§ 168) gesehen werden, die zwar über den Tod hinaus fortdauern (§ 672), dann jedoch durch den Erben widerruflich sind (§ 671)[48]. 18

Die Anordnung der Testamentsvollstreckung kann auch in ein **gemeinschaftliches Testament** (§§ 2265 ff) oder in einen Erbvertrag aufgenommen werden, dort aber nicht die besondere Qualität einer wechselbezüglichen (vgl § 2270 Abs 3) oder vertragsmäßigen Verfügung (§§ 2299 Abs 1, 2278 Abs 2) erhalten. Daher kann sie auch dann jederzeit und nur unter Beachtung der §§ 2253 ff vom verfügenden Erblasser widerrufen werden[49]. Da das gemeinschaftliche Testament wie auch der zweiseitige Erbvertrag Verfügungen von Todes wegen durch mehrere Personen enthalten, ist klar zu formulieren, wessen Nachlass von der Testamentsvollstreckung erfasst sein soll. In Zweifelsfällen tendiert die Rspr dazu, bei Ehegattenerbverträgen und gemeinschaftlichen Testamenten für die Nachlässe beider Ehegatten je eine Testamentsvollstreckung anzunehmen[50], insbes wenn ein Dritter zum Testamentsvollstrecker berufen wird. Eine Anordnung nur für den zweiten Erbfall wird aber dann angenommen, wenn sich die Ehegatten gegenseitig zu Alleinerben einsetzen und nach dem ersten Todesfall keine besonderen ausführungsbedürftigen Anordnungen verfügt wurden und auch keine Anhaltspunkte für eine Dauervollstreckung vorhanden sind[51]. 19

2. Wirksamkeit der Anordnung. Die Wirksamkeit der Anordnung setzt die Wirksamkeit der sie enthaltenden Verfügung von Todes wegen voraus. Der Erblasser muss daher **testierfähig** sein (§ 2229). Auch darf sie nicht gegen das Gesetz oder die guten Sitten verstoßen (§§ 134, 138), wobei in der Rspr hierzu diskutierte Problembereiche die Einsetzung der Lebenspartnerin im sog „Mätressen-Testament"[52], das Behinderten-Testament[53] und die Einflussnahme auf die Religions- und Gewissensfreiheit durch entsprechende Verfügungen sind[54]. Auch durch eine Anfechtung (§§ 2078 ff) oder in Folge einer ergänzenden Auslegung kann die Anordnung entfallen, etwa wenn die Gründe, weswegen die Testamentsvoll- 20

---

[41] *Schaub* ZEV 1994, 71, 78; *Reimann* in: *Bengel/Reimann* HdB II Rn 274; offenlassend BGHZ 108, 187.
[42] *D. Mayer* in: *Bengel/Reimann* HdB V Rn 211; aA *Schaub* ZEV 1994, 71, 78.
[43] *Staudinger/Reimann* Rn 1.
[44] MünchKommBGB/*Zimmermann* Rn 1.
[45] *Staudinger/Reimann* Rn 10.
[46] LG Darmstadt ZEV 2002, 320.
[47] *Reimann* in: *Bengel/Reimann* HdB II Rn 15.
[48] *Palandt/Edenhofer* Rn 2; *Reimann* in: *Bengel/Reimann* HdB II Rn 15; MünchKommBGB/*Zimmermann* Rn 18.
[49] MünchKommBGB/*Zimmermann* Rn 5; *Staudinger/Reimann* Rn 15.
[50] BayObLGZ 1985, 233, 239 = FamRZ 1985, 1187.
[51] KG HRR 1937 Nr 259; *Granicky* NJW 1957, 407; *Staudinger/Reimann* Rn 15; MünchKommBGB/*Zimmermann* Rn 5.
[52] BGH FamRZ 1954, 194, 198; die Entscheidung ist wohl überholt, so richtig AK/*Finger* Rn 31.
[53] BGHZ 111, 36 = NJW 1990, 2055; BGHZ 123, 368 = NJW 1994, 248.
[54] Zur Sittenwidrigkeit der Testamentsvollstreckung, wenn der Erbe weiterhin der Scientology Church angehört, LG Düsseldorf NJW 1987, 3141; krit hiergegen AK/*Finger* Rn 36; aufgehoben durch OLG Düsseldorf NJW 1988, 2615.

streckung angeordnet wurde, im Erbfall keine Rolle mehr spielen[55]. Des Weiteren muss der Erblasser auch noch die **Testierfreiheit** besitzen, darf also nicht durch eine Verfügung von Todes wegen in einem Erbvertrag oder durch ein gemeinschaftliches Testament gebunden sein. Gegenüber einem Vertragserben eines **Erbvertrags** kann daher die Anordnung der Testamentsvollstreckung grds nur in dem gleichen Erbvertrag selbst erfolgen (§ 2289 Abs 1 S 1 wirkt gegen frühere, Abs 1 S 2 gegen spätere Verfügungen)[56], in einem späterem Erbvertrag mit dem gleichen Vertragspartner, bei Vorliegen eines ausreichenden Änderungsvorbehalts[57], nach entsprechendem Aufhebungsvertrag (§ 2290), durch gemeinschaftliches Testament der gleichen Ehegatten, die ursprünglich verfügten (§ 2292) oder in den Ausnahmefällen der §§ 2293 ff, 2289 Abs 2[58]. Auch bei einem Berliner Testament (§ 2269) kann der längerlebende Ehegatte den bindend eingesetzten Schlusserben grds nicht mehr durch Anordnung einer Testamentsvollstreckung belasten, wenn nicht eine entsprechende Freistellungsbefugnis ausdrücklich angeordnet ist oder sich wenigstens durch Auslegung ermitteln lässt[59] oder wenigstens §§ 2271 Abs 3, 2289 Abs 2 eingreift. Ist die hinsichtlich des ganzen Nachlasses angeordnete Testamentsvollstreckung bezüglich einzelner Miterben wegen eines Verstoßes gegen eine erbvertragliche Bindung unwirksam, kann die Anordnung gegenüber den anderen gültig sein, wenn die **Erbteilsvollstreckung** dem Erblasserwillen entspricht[60].

21 Die Anordnung kann auch nach **§ 2306 Abs 1 S 1** unwirksam sein, wenn dadurch ein **Pflichtteilsberechtigter** beschränkt wird, dem nicht mehr als die Hälfte des gesetzlichen Erbteils hinterlassen wurde (eingehend § 2306 Rn 16 ff). Auch kann die Anordnung wegen eines Verstoßes gegen ein **gesetzliches Verbot** nichtig sein (§ 134), so etwa die Ernennung eines Heimleiters oder eines Heimmitarbeiters nach § 14 HeimG, wenn der Vergütungsanspruch nicht ausgeschlossen ist[61].

22 An einem **einzelkaufmännischen Unternehmen** und einer **voll haftenden Gesellschaftsbeteiligung** ist eine direkte Testamentsvollstreckung nach immer noch hM nicht anerkannt; sie wird hier nur im beschränkten Umfang, an der sog „Außenseite des Unternehmens" bzw der Beteiligung zugelassen (eingehend § 2205 Rn 27 ff, 46)[62].

23 **3. Bedingte oder beschränkte Anordnung.** Die Anordnung der Testamentsvollstreckung kann auch unter einer aufschiebenden oder auflösenden **Bedingung** oder unter der Bestimmung eines Anfangs- oder **Endtermins** getroffen werden[63], zB bis zum Eintritt der Volljährigkeit des Erben. Die Anordnung kann auch (ausdrücklich oder stillschweigend) nur für den Fall getroffen sein, dass eine bestimmte Person Erbe wird. Dient sie nur ganz bestimmten Zwecken (Schutz des Nachlasses vor den Eigengläubigern) und werden diese aber anders erreicht oder die Zweckverfolgung durch Änderung der Verhältnisse gegenstandslos, entfällt damit auch die Testamentsvollstreckungsanordnung[64]. Lässt sich diese beschränkte Zweckverfolgung nicht durch Auslegung unter Zugrundelegung der Andeutungstheorie ermitteln, so kann die Beschränkung durch Anfechtung beseitigt werden (§§ 2078 ff), wobei diese auch dem Erben selbst möglich ist (§ 2080)[65]. Die Testamentsvollstreckung kann auch auf einen Erbteil **(Erbteilsvollstreckung)**[66] oder bestimmte Nachlassgegenstände (Grundstücke, Unternehmen) beschränkt werden (eingehend bei § 2208)[67].

24 **4. Wortlaut der Anordnung.** Ein bestimmter Wortlaut ist nicht vorgeschrieben[68]. So liegt regelmäßig in der Übertragung des Bestimmungsrechts auf einen Dritten (§ 2198) oder im Ersuchen an das Nachlassgericht zur Bestimmung eines Testamentsvollstreckers (§ 2200) die Anordnung der Testamentsvollstreckung[69]. Wie auch sonst im Erbrecht ist bei unklaren Verfügungen der Sinn durch Auslegung zu ermitteln (§ 133)[70]. Entscheidend ist, dass eine bestimmte Person den Nachlass oder Teile hiervon im fremden Interesse und nach dem Willen und den Anordnungen des Erblassers verwalten soll[71]. Dann kann auch mit Bezeichnungen wie Pfleger[72], Kurator, Beistand, Treuhänder, Verwalter, ja sogar mit der Wendung „Bevollmächtigter"[73] eine Testamentsvollstreckung gemeint sein. Jedoch ist

---

[55] BayObLG NJW-RR 2002, 367: Irrtum über die künftige Entwicklung des Lebenswandels der als Erbin eingesetzten Tochter – dort auch zur Abgrenzung von Anfechtung und Auslegung.
[56] MünchKommBGB/*Zimmermann* Rn 4.
[57] Hier sind Beschränkungen möglich und auch häufig, *Staudinger/Reimann* Rn 20; OLG Stuttgart OLGZ 1979, 49; *J. Mayer* in: *Reimann/Bengel/J. Mayer*, Testament und Erbvertrag, § 2278 Rn 13 ff.
[58] *Staudinger/Reimann* Rn 19.
[59] OLG Köln NJW-RR 1991, 525; KG DNotZ 1942, 101.
[60] BayObLG NJW-RR 1991, 6, 8.
[61] AnwK-BGB/*Weidlich* Rn 19; *Zimmermann* Rn 115; *Everts* ZEV 2006, 544, 546; aA *Rossak* MittBayNot 1998, 407: bereits die Einsetzung als Testamentsvollstrecker ist eine unzulässige geldwerte Leistung iS von § 14 HeimG; für Abstellen auf Umstände des Einzelfalls *G. Müller*, Zehn Jahre Deutsches Notarinstitut, S 153, 160.
[62] BGHZ 98, 48, 58; BGH NJW 1985, 1953, 1954; *Staudinger/Reimann* Rn 28 f.
[63] *Staudinger/Reimann* Rn 33; *Palandt/Edenhofer* Rn 4; MünchKommBGB/*Zimmermann* Rn 13; *Soergel/Damrau* Rn 5.
[64] RG LZ 1922, 513; *Staudinger/Reimann* Rn 35; MünchKommBGB/*Zimmermann* Rn 17.
[65] *Staudinger/Reimann* Rn 34.
[66] Eingehend *Muscheler* AcP 195 (1995), 35; s auch § 2208 Rn 10.
[67] *Staudinger/Reimann* Rn 36.
[68] RGZ 92, 68, 72; BayObLGZ 1992, 175, 178 = FamRZ 1992, 1354.
[69] *Staudinger/Reimann* Rn 2.
[70] *Staudinger/Reimann* Rn 38.
[71] MünchKommBGB/*Zimmermann* Rn 6; zur Abgrenzung von Wünschen vgl auch OLG Düsseldorf FamRZ 1999, 958.
[72] OLG Rostock OLGE 26, 344; KGJ 20, A 21, 25.
[73] BayObLGZ 1982, 59, 60 = Rpfleger 1982, 266.

sorgfältige Auslegung geboten. Abzugrenzen ist nicht nur von **familienrechtlichen Anordnungen** (§§ 1639, 1803, 1909 Abs 1 S 2, 1917), sondern vor allem von **letztwilligen Zuwendungen**. Für die Letztgenannten spricht, wenn nach dem Willen des Erblassers das eigene Interesse des Berufenen im Vordergrund steht[74]. Zu unterscheiden ist die Anordnung der Testamentsvollstreckung dabei insbes von der **Erbeinsetzung** unter Auflage[75], einer **Vermächtniszuwendung** (auch eine großzügig bemessene Testamentsvollstreckervergütung kann ein solches sein), insbes eines Verwaltungsvermächtnisses[76], und einer Anordnung nach § 2048[77]. Große Schwierigkeiten bereitet auch die Unterscheidung, ob eine Vor- und Nacherbschaft angeordnet wird oder nur ein Nießbrauch mit einer Testamentsvollstreckung (sog Dispositionsnießbrauch). Die **Vorerbschaft** ist dabei regelmäßig dann anzunehmen, wenn das Verwaltungsrecht im eigenen Interesse des Benannten und zu dessen Nutzen eingeräumt werden soll[78]. So etwa, wenn die Ehefrau bis zu ihrem Tod oder zur Wiederverheiratung den „Nießbrauch" und die uneingeschränkte Verfügung über den Nachlass haben soll[79].

V. Ernennung des Testamentsvollstreckers

1. Ernennung. Die allgemeine Anordnung des Amtes der Testamentsvollstreckung muss durch die Ernennung eines bestimmten Testamentsvollstreckers **umgesetzt** werden. Eine **namentliche Bezeichnung** des Testamentsvollstreckers ist dabei nicht vorgeschrieben, sie kann sich auch hier durch Auslegung ergeben[80]. 25

Die Person des Testamentsvollstreckers kann ernannt werden durch den Erblasser selbst (§ 2197), einen von ihm dazu ermächtigten Dritten (§ 2198), dem zunächst berufenen Testamentsvollstrecker selbst, der einen Mitvollstrecker oder einen Nachfolger ernennt (§ 2199), oder durch das Nachlassgericht, das im Testament vom Erblasser hierum ersucht wurde (§ 2200). Der Erblasser kann für den Fall, dass der zunächst ernannte Testamentsvollstrecker vor oder nach der Annahme des Amtes wegfällt, einen **Ersatztestamentsvollstrecker** ernennen (Abs 2) und sogar mehrere hintereinander berufen[81]. 26

2. Person des Testamentsvollstreckers. a) Grundsätze. Das Gesetz enthält nur in § 2201 (Geschäftsunfähigkeit uÄ) eine Einschränkung der Fähigkeit, Testamentsvollstrecker zu werden. Daher kann im Prinzip **jedermann Testamentsvollstrecker** werden[82], sofern nicht besondere Hinderungsgründe im Einzelfall bestehen. Da er seine Aufgaben und Befugnisse direkt aus der Ernennung durch den Erblasser herleitet, braucht er grds (anders bei § 2200) keine besondere Eignung zu besitzen[83]. Wird ein **gesetzlicher Vertreter,** wie ein Elternteil eines Minderjährigen oder ein Betreuer, zum Testamentsvollstrecker eingesetzt, so kann die damit verbundene Doppelfunktion nach der zT in der Rspr vertretenen Auffassung wegen eines Interessengegensatzes iS von § 1796 zur Anordnung einer Ergänzungspflegschaft oder Ergänzungsbetreuung führen, insbes zur Wahrnehmung von Auskunfts- und Kontrollrechten[84]. 27

Auch **juristische Personen** können Testamentsvollstrecker sein (arg § 2210 S 3) sowie die Personenhandelsgesellschaften OHG und KG (§§ 124, 161 Abs 1 HGB)[85], die EWIV und die freiberufliche Partnerschaftsgesellschaft nach dem PartGG[86]. Nach bislang hM galt dies aber nicht für einen nichtrechtsfähigen Verein und auch nicht für eine **GbR:** soweit es sich hierbei aber um einen überschaubaren Personenkreis handelt (Rechtsanwaltssozietät als GbR) konnte aber die Verfügung idR dahingehend ausgelegt werden, dass die einzelnen Mitglieder derselben gemeinsam und persönlich zur Testamentsvollstreckung berufen sind[87]. Dies wird man nunmehr großzügiger sehen können. Denn nach der neueren Rspr des 2. Senats des BGH[88] besitzt jetzt die **GbR** entgegen der früher überwiegend vertretenen individualistischen Auffassung zur Gesamthand ihre eigene **Rechtsfähigkeit,** soweit sie als Außengesellschaft durch Teilnahme am Rechtsverkehr eigene Rechte und Pflichten begründet. Dies muss dann konsequenter Weise dazu führen, dass man nunmehr auch die GbR als fähig ansieht, selbst 28

---

[74] RGRK/*Kregel* Rn 3; MünchKommBGB/*Zimmermann* Rn 7.
[75] BayObLG ZEV 1996, 33, 34: Beschränkung der Verfügungsmacht entscheidend; vgl auch BayObLG NJW-RR 2004, 1593, 1594, wo wegen der Besonderheiten des Einzelfalls in der Ernennung einer Person zum Testamentsvollstrecker und der Bestimmung, dass diese über alle Konten und Bankdepots sofort verfügen kann, eine Alleinerbeneinsetzung gesehen wurde.
[76] OGHZ 4, 223, 225.
[77] BayObLGZ 1992, 175, 178.
[78] KGJ 30, A 92, 95; OLG München DNotZ 1938, 172; MünchKommBGB/*Zimmermann* Rn 7; *Staudinger/Reimann* Rn 42; *J. Mayer* in: *Dittmann/Reimann/J. Mayer,* Testament und Erbvertrag, § 2269 Rn 38.
[79] BayObLGZ 22, 75.
[80] *Staudinger/Reimann* Rn 45; zu einem Sonderfall in einem gemeinschaftlichen Testament RG BayZ 1921, 148.
[81] *Staudinger/Reimann* Rn 47.
[82] *Lange/Kuchinke* § 31 IV 3 a.
[83] *Lange/Kuchinke* § 31 IV 3 b.
[84] OLG Nürnberg ZEV 2002, 158 m abl Anm *Schlüter;* OLG Hamm FamRZ 1993, 1122; AnwK-BGB/*Weidlich* Rn 13 f; anders jetzt aber OLG Zweibrücken ZEV 2007, 333; eingehend § 2218 Rn 15.
[85] *Schlegelberger/Karsten Schmidt* § 124 HGB Rn 1; MünchKommBGB/*Zimmermann* Rn 9.
[86] *Staudinger/Reimann* Rn 50.
[87] MünchKommBGB/*Zimmermann* Rn 9, jedoch ohne Diskussion der neueren Rspr zur GbR; für entspr Umdeutung *Lange/Kuchinke* § 31 IV 3 b Fn 91; zur Umsatzsteuerpflicht der Sozietät s aber BFH NJW 1988, 224.
[88] BGHZ 146, 341 = NJW 2001, 1056; BGH NJW 2002, 1207; dazu etwa *Palandt/Sprau* § 705 Rn 24 und eingehend zu der neueren Rspr MünchKommBGB/*Ulmer* Vor § 705 Rn 9 ff; krit dagegen *Heil* NZG 2001, 300; *Beuthien* JZ 2003, 715.

§ 2197

und als solches Testamentsvollstrecker werden zu können[89]. Jedoch geschieht dies um den Preis einer weitreichenden, akzessorischen und persönlichen Haftung der Gesellschafter analog § 128 HGB[90]. Die gleichen Grundsätze gelten für den **nichtrechtsfähigen Verein**[91].

29 Aus der **Natur des Sache** oder besonderen gesetzlichen Bestimmungen können sich jedoch **Beschränkungen** hinsichtlich der Zulässigkeit der Berufung zum Testamentsvollstrecker ergeben[92]. So kann etwa eine **Behörde** (§ 1 Abs 4 BVwVfG) nicht Testamentsvollstrecker werden, weil dies zu einer Erweiterung des gesetzlich festgelegten öffentlichen Wirkungskreises durch privatrechtliche Verfügung führt[93]. Jedoch kann die Auslegung ergeben, dass einer ihrer Amtsinhaber auf Grund seiner berufstypischen Sachkompetenz, etwa der gerade amtierende Leiter der Behörde oder der gerade amtierende Notar, zum Testamentsvollstrecker berufen sein soll[94]. Diese **institutionalisierende Bezeichnung** führt auch dazu, dass zugleich eine Ersatztestamentsvollstreckerbestimmung vorliegt, da der jeweils amtierende Amtsinhaber zur Vollstreckung berufen wird[95]. Auch das **Nachlassgericht** oder der zuständige Nachlassrichter können aus dem gleichen Grund nicht ernannt werden[96]. Jedoch wird hier oftmals eine Auslegung ergeben, dass wenigstens nach § 2200 verfahren werden kann.

30 **b) Rechtsberatungsgesetz, berufsrechtliche Beschränkungen.** Bis vor kurzem war heftig umstritten, ob die Tätigkeit eines Testamentsvollstreckers grds eine erlaubnispflichtige Tätigkeit nach Art 1 § 1 RBerG darstellt. Nach dieser Bestimmung darf die Besorgung fremder Angelegenheiten, einschließlich der Rechtsberatung, geschäftsmäßig nur von Personen betrieben werden, denen dazu von der zuständigen Behörde die entsprechende Erlaubnis erteilt ist. Diese Streitfrage betraf insbes die Übernahme der Testamentsvollstreckung durch Banken, Steuerberater, aber auch Wirtschaftsprüfer, die sich zunehmend auch einer Flut von wettbewerbsrechtlichen Unterlassungsklagen in diesem Zusammenhang ausgesetzt sahen. Denn ganz überwiegend wurde eine solche Erlaubnispflicht bejaht[97], wenn nicht ausnahmsweise der Testamentsvollstrecker nach § 2200 durch das Nachlassgericht ernannt wurde, und deshalb die Ausnahmevorschrift des Art 1 § 3 Nr 6 RBerG eingreift.

31 Der Wettbewerbssenat des BGH hat nun in zwei Entscheidungen vom 11. 11. 2004 zu Recht und entsprechend der hier in der Vorauflage vertretenen Auffassung ausdrücklich festgestellt, dass die Tätigkeit eines Testamentsvollstreckers keine Besorgung fremder Rechtsangelegenheiten iS von Art 1 § 1 Abs 1 S 1 RBerG ist[98]. Für die Abgrenzung der erlaubnisfreien Geschäftsbesorgung von erlaubnispflichtiger Rechtsbesorgung ist danach auf den Kern und den Schwerpunkt der Tätigkeit abzustellen, weil eine Besorgung wirtschaftlicher Belange vielfach auch mit rechtlichen Vorgängen verknüpft ist. Entscheidend ist, ob die rechtliche Seite der Angelegenheit im Vordergrund steht und es wesentlich um die Klärung rechtlicher Verhältnisse geht. Die Bestimmungen des RBerG müssen daher auch in gerade im Lichte des Grundrechts der Berufsfreiheit (Art 12 GG) unter Beachtung des Verhältnismäßigkeitsgrundsatzes gesehen werden, wie das BVerfG deutlich hervorgehoben hat[99]. Dabei ist nach Ansicht des BGH von besonderer Bedeutung, ob der Auftraggeber im Rahmen der Geschäftsbesorgung eine besondere rechtliche Prüfung des Inhalts des Geschäfts oder der mit diesen verbundenen Risiken ausdrücklich wünscht oder zumindest erkennbar erwartet. Der Erblasser nehme aber die Auswahl des Testamentsvollstreckers häufig gerade nicht im Hinblick auf dessen rechtliche Kenntnisse vor, sondern auf Grund eines besonderen Vertrauensverhältnisses oder besonderer Kenntnisse und Fähigkeiten auf anderen Gebieten. Zur Erfüllung der Aufgaben des Testamentsvollstreckers komme es nicht maßgeblich auf seine rechtliche Qualifikation an. Vielmehr kann und muss er bei der Beurteilung von Rechtsfragen qualifizierten Rechtsrat anderer einholen, falls er die erforderlichen Kenntnisse nicht selbst besitzt. Dass die Funktionsfähigkeit der Rechtspflege durch die geschäftsmäßige Besorgung von Testamentsvollstreckungen durch Personen, die keine Erlaubnis nach RBerG besitzen, in irgendeiner Weise beeinträchtigt würde, sei nicht festzustellen. Dementsprechend bestimmt nun der ab dem 1. 7. 2008 geltende § 5 Abs 2 Nr 1 des neuen Rechtsdienstleistungsgesetzes (RDG) vom 12. 12. 2007 (BGBl I S 2840),

---

[89] AnwK-BGB/*Weidlich* Rn 10; *Staudinger/Reimann* Rn 50; dem zuneigend *Damrau/Bonefeld* Rn 32; wohl eher abl *Soergel/Damrau* Rn 8.
[90] *Palandt/Sprau* § 714 Rn 12 ff.
[91] AnwK-BGB/*Weidlich* Rn 10; *Staudinger/Reimann* Rn 50.
[92] *Staudinger/Reimann* Rn 49.
[93] *Staudinger/Reimann* Rn 51; *Soergel/Damrau* Rn 7; *Lange/Kuchinke* § 31 IVa Fn 93; MünchKommBGB/*Zimmermann* Rn 9; aA RGRK/*Kregel* Rn 4.
[94] BayObLGZ 20, 55; *Staudinger/Reimann* Rn 51.
[95] *Staudinger/Reimann* Rn 51, der hierauf die zeitliche Beschränkung der §§ 2210 S 3, 2163 Abs 2 anwenden will.
[96] MünchKommBGB/*Zimmermann* Rn 9.
[97] OLG Karlsruhe NJW-RR 1994, 236 = ZEV 1994, 300 betr Sparkasse; OLG Düsseldorf NJW-RR 2002, 280 = ZEV 2000, 458 m Anm *Grunewald* = DNotZ 2001, 641 m Anm *Sandkühler*; OLG Hamm NJW-RR 2002, 1286 betr Steuerberater; OLG Hamm OLGR 2004, 250 betr Wirtschaftsprüfer; OLG Düsseldorf NJW-RR 2002, 566 = ZEV 2002, 27 m Anm *Grunewald* = EWiR 2001, 973 (*Vortmann*) betr Banken, für Abwicklungsvollstreckung; LG Münster NJW-RR 2001, 1292 betr Steuerberater; OLG Hamm ZEV 2001, 250; für die geschäftsmäßige Rechtsberatung durch Testamentsvollstrecker, 1999, S 248 f; *Staudinger/Reimann* Rn 65 f; für Banken auch *Schaub* FamRZ 1996, 845, 846; *Leverenz* ZBB 1995, 156; **aA** aber *Vortmann* ZBB 1994, 259; *ders* WM 1995, 1745; *ders* WuB VIII D Art 1 § 1 RBerG 4.02; *Kleine-Cosack* BB 2000, 2109; *Watrin* DStR 2002, 422, 424; Vorauf Rn 30.
[98] Für Steuerberater BGH NJW 2005, 968 = ZEV 2005, 123 m Anm *Stracke*; für Banken BGH NJW 2005, 969 = ZEV 2005, 122; dazu etwa *J. Lang* ZfIR 2005, 353; *J. Mayer* MittBayNot 2005, 366.
[99] BVerfG NJW 1998, 3481 f „Masterpat-Beschluss"; ebenso jetzt BVerfG NJW 2002, 3531 = ZEV 2003, 119 für Ermittler über die tatsächlichen Voraussetzungen für das Bestehen von Restitutionsansprüchen nach dem VermG; s auch BVerfG NJW 2004, 2662.

dass die im Zusammenhang mit einer Testamentsvollstreckung erbrachten Rechtsdienstleistungen eine erlaubte Nebentätigkeit darstellen[100]. Konsequenter Weise bedeutet daher die Befugnis der Bank, Testamentsvollstreckungen durchzuführen, nicht, dass sie befugt ist, Rechtsberatung für das die Testamentsvollstreckung erst anordnende Testament vorzunehmen[101].

Rechtsanwälte, Steuerberater und **Wirtschaftsprüfer** sind idR gerade wegen ihrer Berufsverschwiegenheit und Sachkunde besonders als Testamentsvollstrecker geeignet. Dies stellt für sie regelmäßig eine berufstypische Tätigkeit dar[102]. Besondere berufsrechtliche Beschränkungen bestehen hier prinzipiell nicht (§ 3 BRAO, § 57 Abs 3 Nr 2 und 3 StBerG, § 43 Abs 4 Nr 1 und 4 WPO)[103]. Dem **Rechtsanwalt** ist jedoch die Übernahme des Amtes nach § 45 Abs 2 Nr 1 BRAO verwehrt, wenn er zuvor gegen den Träger des zu verwaltenden Vermögens tätig geworden ist (zur Erweiterung auf den Sozius s § 45 Abs 3 BRAO); vgl auch das Vertretungsverbot nach § 43 a BRAO, das auch im Zusammenhang mit einer Testamentsvollstreckung gilt[104]. Auch ist die Führung eines **Einzelunternehmens** oder die Übernahme einer Vollhaftung bei einer Personenhandelsgesellschaft durch einen Steuerberater oder Wirtschaftsprüfer ein Verstoß gegen das Gewerbegebot (§ 57 Abs 4 Nr 1 StBerG; § 41 BOStB; § 43 Abs 3 Nr 1 WPO)[105]. Bei einer Testamentsvollstreckung durch **Banken** sind zum einen die aus § 181 ergebenden Probleme zu beachten[106]. Zum anderen ist zu berücksichtigen, dass auch das Substitutionsverbot hier Grenzen setzt (allg § 2218 Rn 4 f). Die sich hier ergebenden praktischen Probleme dürfen nicht unterschätzt werden. So wird nunmehr sogar gefordert, dass es eine gegen § 2216 verstoßende Verwaltungsmaßnahme darstellt, wenn Nachlassvermögen durch eine Bank in bankeigene Kapitalanlagen oder solche ihrer Tochterunternehmen investiert wird[107]. Der **Notar**, dessen Ernennung zum Testamentsvollstrecker beurkundet, verstößt gegen das Mitwirkungsverbot des §§ 27, 7 BeurkG, so dass diese Anordnung nichtig ist (§ 125); der Fortbestand des übrigen Teils der Verfügung richtet sich nach § 2085[108]. Möglich ist aber, dass in der notariellen Verfügung von Todes wegen nur die Anordnung der Testamentsvollstreckung getroffen wird und durch ein separates **Ergänzungstestament** (privatschriftlich oder vor einem anderen Notar) dann einer Ernennung des Urkundsnotars erfolgt[109]. Die Beurkundung der Ernennung durch den **Notar-Sozius** hatte der BGH zunächst für zulässig gehalten, auch wenn der beurkundende Sozius über den Sozietätsvertrag später wieder an der Vergütung des Testamentsvollstreckers beteiligt ist[110]. Jedoch verstößt ein solches Verfahren seit dem 8. 9. 1998 gegen das Mitwirkungsverbot des § 3 Abs 1 Nr 4 BeurkG[111]. Allerdings wird dadurch die Wirksamkeit der Verfügung nicht berührt[112].

c) Erbe als Testamentsvollstrecker. Bei der Einsetzung eines Erben zum Testamentsvollstrecker sind teilweise Beschränkungen zu beachten: Hier gilt der Grundsatz: Eine Testamentsvollstreckung ist nur zulässig, wenn die mit der Erbschaft an sich verbundenen Verwaltungs- und Verfügungsrechte wenigstens teilweise zwischen Erben und Testamentsvollstrecker aufgeteilt werden und sich diese durch „checks and balances" gegenseitig kontrollieren. Ein **Alleinerbe** kann daher grds nicht der einzige Testamentsvollstrecker sein, da er nicht sich selbst in seiner Herrschaftsmacht beschränken kann[113]. Jedoch kann ein Alleinerbe oder alleiniger Vorerbe dann zugleich Erbentestamentsvollstrecker sein, wenn sich die Testamentsvollstreckung auf die sofortige Erfüllung eines Vermächtnisses beschränkt und das Nachlassgericht bei groben Pflichtverstößen einen anderen Testamentsvollstrecker ernennen kann[114]. Dadurch wird insbes die Pfändung durch Eigengläubiger des Erben in das Vermächtnisobjekt verhindert (§ 2214). Ebenfalls möglich ist auch eine **Vermächtnisvollstreckung** (§ 2223) durch den Alleinerben, da damit der Vermächtnisnehmer belastet wird, oder die Einsetzung des Erben zu einem von mehreren Testamentsvollstreckern, die das Amt gemeinschaftlich

---

[100] AnwK-BGB/*Weidlich* Rn 15.
[101] LG Freiburg NJW-RR 2006, 423 = MittBayNot 2006, 342 m Anm *Muscheler*; OLG Karlsruhe ZEV 2007, 179.
[102] BFH ZEV 1998, 358 m Anm *Henssler*, betr Rechtsanwalt; sie ist aber bei einem Wirtschaftsprüfer keine Beratungsleistung iS des § 3 a Abs 4 Nr 3 UStG, BFHE 202, 191 = NJW-RR 2003, 1702.
[103] *Staudinger/Reimann* Rn 65; eingehend *Sandkühler* in: *Bengel/Reimann* HdB XI Rn 1 ff betr Rechtsanwalt, 44 ff; 50 ff; *Carlé* KÖSDI 1989, 75526.
[104] *Knöfel* NJW 2005, 6, 8.
[105] *Sandkühler* in: *Bengel/Reimann* HdB XI Rn 43, 68; zum Steuerberater *Streck* DStR 1991, 593; zu Abgrenzungsfragen *Feiter* DStR 2006, 484, 485.
[106] *Staudinger/Reimann* Rn 66.
[107] *A. Schmitz* ZErb 2005, 74; s auch § 2216 Rn 13.
[108] *Staudinger/Reimann* Rn 60; eingehend dazu und zum Folgenden *Sandkühler* in: *Bengel/Reimann* HdB XI Rn 24 ff; *J. Mayer* in: *Mayer/Bonefeld/Wälzholz/Weidlich* Testamentsvollstreckung Rn 631.
[109] OLG Oldenburg DNotZ 1990, 431; LG Göttingen DNotZ 1952, 445; MünchKommBGB/*Zimmermann* Rn 11.
[110] BGH NJW 1997, 946 = DNotZ 1997, 466 m Anm *Reimann* = ZEV 1997, 113 m Anm *Kummer* = m krit Anm *Moritz* JZ 1997, 953.
[111] Eingefügt durch Gesetz vom 31. 8. 1998, BGBl I S 2585; dazu *Sandkühler* in: *Bengel/Reimann* HdB XI Rn 30 f.
[112] AA nur MünchKommBGB/*Zimmermann* Rn 12, der übersieht, dass § 3 Abs 1 BeurkG eine „Soll-Vorschrift" ist; dazu etwa *Soergel/J. Mayer* § 3 BeurkG Rn 22.
[113] RGZ 77, 177, 178; 163, 57, 58; BayObLG NJW-RR 2005, 232, 233; MünchKommBGB/*Zimmermann* Rn 11; aA *Adams* ZEV 1998, 321.
[114] BGH NJW-RR 2005, 591 = ZEV 2005, 205 m Anm *Adams*; aA aber *Bestelmeyer* FamRZ 2005, 1829; weitergehender als der BGH dagegen AnwK-BGB/*Weidlich* Rn 11, insbes ohne Beschränkung auf den sofortigen Vollzug des Vermächtnisses.

führen[115]. Ein **Miterbe** kann Testamentsvollstrecker werden, weil er dadurch mehr Rechte erlangt als durch die Erbenstellung[116]. Auch alle Miterben können zu Testamentsvollstreckern berufen werden; soweit keine Dritten zum Testamentsvollstrecker ernannt wurden, entscheidet bei Meinungsverschiedenheiten das Nachlassgericht (§ 2224 Abs 1 S 1), soweit nicht einzelnen als sog Nebenvollstreckern ein besonderer Aufgabenkreis zugewiesen wurde[117].

34 Dagegen kann der alleinige **Vorerbe**, mit Ausnahme des Sonderfalls der Vermächtniserfüllung, nicht zum alleinigen Testamentsvollstrecker berufen werden[118], auch nicht zum Nacherbentestamentsvollstrecker nach § 2222, da dadurch die Kontrollrechte der Nacherben ausgeschaltet werden können. Möglich sind jedoch folgende Kombinationen der Berufung des Erben zum Testamentsvollstrecker bei der Vor- und Nacherbschaft (s auch § 2222 Rn 5)[119]: Der Vorerbe kann ernannt werden zum Vermächtnisvollstrecker (§ 2223) oder der alleinige Vorerbe neben anderen Mitvollstreckern an der Vorerbschaft zum Testamentsvollstrecker, wenn gewährleistet ist, dass bei Wegfall eines Testamentsvollstreckers der Vorerbe nicht zur alleinigen Vollstreckung berufen ist[120]. Möglich ist auch, einen Mitvorerben zum Testamentsvollstrecker und zugleich zum Nacherbenvollstrecker zu ernennen, wenn die Vollstreckung durch ein Testamentsvollstreckerkollegium ausgeübt wird[121]. Von mehreren Vorerben kann einer zum Testamentsvollstrecker nach § 2222 berufen werden[122]. Der Nacherbe oder einer von mehreren kann zum Testamentsvollstrecker benannt werden, der den Vorerben belastet[123].

VI. Schwebezustand zwischen Anordnung und Ernennung

35 Probleme ergeben sich bei verzögertem Amtsbeginn, etwa bei fehlender Ernennung des Testamentsvollstreckers nach §§ 2198, 2200, noch nicht erfolgter Amtsannahme (§ 2202 Abs 1) oder bei einem Amtswechsel nach §§ 2225, 2227. Unstrittig ist, dass in dieser Zwischenzeit der Erbe über die der Testamentsvollstreckung unterliegenden Gegenstände nicht verfügen kann (§ 2211) und diese auch nicht dem Zugriff seiner Eigengläubiger unterliegen (§ 2214)[124].

36 Für den noch „**unbekannten Testamentsvollstrecker**" ist analog § 1960 die Anordnung einer Nachlasspflegschaft durch das mit diesen Problemen vertraute Nachlassgericht der richtige Weg[125].

VII. Vermeintlicher Testamentsvollstrecker

37 Die Anordnung der Testamentsvollstreckung oder zumindest die Ernennung des Testamentsvollstreckers kann von Anfang an unwirksam sein oder werden, etwa durch Zeitablauf, Aufgabenbeendigung.

38 Zur Lösung der entstehenden Probleme bei einem vermeintlichen Testamentsvollstrecker wird teilweise befürwortet, hierfür die § 177 entspr anzuwenden[126]. Richtigerweise muss man differenzieren: Für die **Vergütung** und den Aufwendungsersatz kommt es nach der Rspr darauf an, ob die Erben der Testamentsvollstreckung von Anfang an widersprochen haben (ausf § 2221 Rn 28)[127]. Für das **Außenverhältnis** richtet sich die Wirksamkeit von Verfügungen und Verpflichtungen nach den allgemeinen Gutglaubensvorschriften. Hier kommt vor allem dem Testamentsvollstreckerzeugnis eine besondere Bedeutung zu. Denn ist es erteilt, so gelten die Vorschriften über den Erbschein entspr (§§ 2368, 2365), und zwar auch dann, wenn der im Zeugnis benannte Testamentsvollstrecker in Wahrheit keiner war[128]. Weist sich der Testamentsvollstrecker in anderer Weise aus (Vorlage des Testaments und Ausfertigung der Annahmeerklärung), so gelten die Grundsätze der Anscheinsvollmacht[129].

39 Für das **Innenverhältnis** zum Erben besteht eine gesetzliche Regelung nur in dem Fall, dass die zunächst bestehende Testamentsvollstreckung später erloschen ist (§§ 2218 Abs 1, 674). Zugunsten des Testamentsvollstreckers wird die Fortdauer des Amtes so lange unterstellt, bis er vom Erlöschen des Amts Kenntnis erlangt oder das Erlöschen zumindest kennen musste, wobei bereits leichte Fahrlässigkeit schadet. Die anderen Fallgestaltungen sind gesetzlich nicht geregelt. Die Vorschriften über die Ge-

---

[115] RGZ 163, 57, 58; KG JFG 11, 121, 125 = JW 1933, 2915 m Anm *Löning; Staudinger/Reimann* Rn 53; *Soergel/Damrau* Rn 10.
[116] BGHZ 30, 67 = NJW 1959, 1429; MünchKommBGB/*Zimmermann* Rn 11; *Staudinger/Reimann* Rn 53; *Soergel/Damrau* Rn 13.
[117] *Soergel/Damrau* Rn 3; *Palandt/Edenhofer* Rn 3; MünchKommBGB/*Zimmermann* Rn 12; der Erblasser kann auch von der gemeinschaftlichen Amtsführung abweichen und Entscheidung durch Mehrheitsbeschluss anordnen; BayObLG Rpfleger 2001, 548, 549.
[118] RGZ 79, 177; OLG Karlsruhe MDR 1981, 943; *Staudinger/Reimann* Rn 54; *D. Mayer* in: *Bengel/Reimann* HdB V Rn 287; aA *Rohlff* DNotZ 1971, 527 ff.
[119] *Nieder* HdB Rn 649; *D. Mayer* in: *Bengel/Reimann* HdB V Rn 288 ff; *Staudinger/Reimann* Rn 54.
[120] BayObLGZ 1976, 67 = NJW 1976, 1692.
[121] BayObLGZ 1976, 67.
[122] BayObLGZ 1989, 183, 186 = NJW-RR 1989, 96.
[123] BayObLG NJW 1959, 1920.
[124] MünchKommBGB/*Zimmermann* Rn 2.
[125] *Bengel* in: *Bengel/Reimann* HdB I Rn 16, aA – Pflegerbestellung nach § 1913 durch das Vormundschaftsgericht – *Damrau* ZEV 1996, 81, 83; *Palandt/Edenhofer* § 2000 Rn 5.
[126] Eingehend *Naegele*, Das vermeintliche Testamentsvollstreckeramt, Diss Konstanz 1986.
[127] BGHZ 69, 235 = NJW 1977, 1726; *Winkler*, Der Testamentsvollstrecker, Rn 632.
[128] *Bengel* in: *Bengel/Reimann* HdB I Rn 240; *Staudinger/Reimann* Rn 75.
[129] *Bengel* in: *Bengel/Reimann* HdB I Rn 241; *Staudinger/Reimann* Rn 75. Soweit auch die Duldungsvollmacht gelten soll, ist dies nur in den Fällen des vom Erben veranlassten Rechtsscheins richtig.

schäftsführung ohne Auftrag können nicht direkt angewandt werden, weil der vermeintliche Testamentsvollstrecker hier ja gerade glaubt, ein eigenes Geschäft zu führen[130]. Eine Analogie zu §§ 2218, 674 wird jedoch bejaht, wenn der Testamentsvollstrecker im guten Glauben an die Innehabung des Amtes handelte[131]. Für die Haftung des vermeintlichen Testamentsvollstreckers gilt § 2219 zum Schutz der Erben entsprechend.

VIII. Testamentsvollstreckung und Vollmachten des Erblassers

1. Grundsätzliches zur Vollmacht des Erblassers. Die Erteilung einer Vollmacht über den Tod des Vollmachtgebers hinaus (sog **transmortale** Vollmacht)[132] oder aber erst mit Wirkung ab dem Tod des Vollmachtsgebers (**postmortale** Vollmacht) ist grds zulässig[133]. Dies kann sinnvoll und notwendig sein, etwa wenn die Testamentsvollstreckung überhaupt nicht zulässig ist, so bei Fällen mit Auslandsberührung oder bei Unternehmen und Gesellschaftsbeteiligungen (§ 2205 Rn 27 ff). Nach hM und Rspr stehen grds Vollmacht und Testamentsvollstreckung **isoliert** nebeneinander. Die Anordnung der Testamentsvollstreckung mit entsprechenden Beschränkungen berührt daher grds die erteilte Vollmacht nicht, und zwar unabhängig von der Reihenfolge, in der die Anordnung dieser Maßnahmen getroffen wurde[134]. 40

Die Vollmacht kann durch **Rechtsgeschäft unter Lebenden** als Außen- oder Innenvollmacht (§ 167 Abs 1) erteilt werden, was grds **formfrei** möglich ist (§ 167 Abs 2). Bei Grundbuchsachen bedarf es jedoch des Nachweises in der Form des § 29 GBO[135]. Eine **kausale Vollmacht,** die von einem Grundverhältnis abhängig ist (oftmals Auftrag) erlischt nach §§ 168 S 1, 672 S 1, 675 im Zweifel nicht mit dem Tod des Vollmachtgebers. Besteht kein Grundverhältnis (sog **isolierte Vollmacht**) ist ggf durch Auslegung zu ermitteln, ob durch den Tod des Vollmachtgebers die Vollmacht erlischt, jedoch ist dies idR zu verneinen[136]. Die postmortale Vollmacht kann aber auch in einer **Verfügung von Todes wegen** erteilt werden[137]. Dabei stellt sich jedoch das Problem des Zugangs der Vollmachtserteilung als empfangsbedürftige Willenserklärung und auch das des Nachweises durch die entsprechende Vollmachtsurkunde, da das Testament bzw der Erbvertrag nach dem Erbfall bei den Nachlassakten verbleibt[138]. 41

Der Bevollmächtigte **vertritt** die Erben[139]. Der Umfang der Vertretungsmacht wird durch die Vollmachtserteilung des Erblassers festgelegt. Jedoch erstreckt sich diese grds nur auf den Nachlass, nicht aber auf das persönliche Vermögen des Erben (insoweit gilt die Wertung des § 2206 Abs 1 zumindest durch Auslegung)[140]. Dabei kann der Bevollmächtigte mangels ausdrücklich getroffener Beschränkung auch unentgeltlich über die Nachlassgegenstände verfügen[141]. Soweit die **Erben minderjährig** sind, bedarf es weder der Zustimmung des gesetzlichen Vertreters noch der Genehmigung des Familiengerichts, da der Bevollmächtigte aus eigenem Recht handelt und der Minderjährige nur mit dem Nachlass verpflichtet wird[142]. Beschränkungen der Vollmacht können sich aus § 181 und den Grundsätzen über den Vollmachtsmissbrauch ergeben. 42

Soweit die Vollmacht für den **Alleinerben** erteilt wurde, erlischt diese grds durch Konfusion, jedoch bleiben die vom Bevollmächtigten nach dem Erbfall abgeschlossenen Rechtsgeschäfte zumindest dann wirksam, wenn der Bevollmächtigte bei deren Abschluss vom Tod des Vollmachtgebers nichts wusste, da sie als Willenserklärungen im eigenen Namen umzudeuten sind[143]. Daneben kommt die Wirk- 43

---

[130] *Bengel* in: *Bengel/Reimann* HdB I Rn 236.
[131] *Bengel* in: *Bengel/Reimann* HdB I Rn 238; *Soergel/Dieckmann* § 2218 Rn 20; *Winkler,* Der Testamentsvollstrecker, Rn 633.
[132] BGHZ 87, 18, 25.
[133] RGZ 114, 351, 354 betr Auflassungsvollmacht; LZ 1926, 1326; *Staudinger/Reimann* Vor § 2197 Rn 53; *Palandt/Edenhofer* Vor § 2197 Rn 16; eingehend hierzu *Trapp* ZEV 1995, 314.
[134] BGH NJW 1962, 860; RGZ 88, 345; 106, 186; OLG Hamburg DNotZ 1967, 31; *Palandt/Edenhofer* Vor § 2197 Rn 19; *PWW/Schiemann* Vor §§ 2197 ff; Rn 3; *Winkler,* Der Testamentsvollstrecker, Rn 253; *Soergel/Damrau* § 2205 Rn 62; *AK/Finger* Rn 22 ff; aA *Staudinger/Reimann* Vor § 2197 Rn 68 und § 2211 Rn 12: Bevollmächtigter könne als Vertreter der Erben nach dem Erbfall nur im Rahmen der Verfügungsmacht der Erben handeln; dabei wird verkannt, dass der Vertreter seine Rechtsstellung originär vom Erblasser und nicht vom Erben ableitet; diff – auf den Willen des Erblasser abstellend – MünchKommBGB/*Zimmermann* Rn 13; *Bengel* in: *Bengel/Reimann* HdB I Rn 38 ff nach dem Zeitpunkt der getroffenen Maßnahmen. Die Überlegungen der differenzierenden Auffassungen sollten aber schon aus Gründen des Vertrauensschutzes des Rechtsverkehrs nur für das Innenverhältnis Erbe (als Geschäftsherr) und Bevollmächtigter gelten.
[135] *Staudinger/Reimann* Vor § 2197 Rn 61.
[136] *Bengel* in: *Bengel/Reimann* HdB I Rn 43.
[137] RGZ 170, 380, 383; OLG Köln NJW 1950, 702; *Staudinger/Reimann* Rn 56; *Bengel* in: *Bengel/Reimann* HdB I Rn 46.
[138] Dazu *Staudinger/Reimann* Vor § 2197 Rn 59.
[139] BGHZ 87, 19; OLG Hamburg DNotZ 1967, 31.
[140] MünchKommBGB/*Zimmermann* Vor § 2197 Rn 14; iE ebenso RGZ 106, 185, 187; BGH NJW 1962, 1798 obiter dictum; FamRZ 1983, 477; *Soergel/Damrau* § 2205 Rn 61; *Bengel* in: *Bengel/Reimann* HdB I Rn 48; *Winkler,* Der Testamentsvollstrecker, Rn 244; aA *Reithmann* BB 1984, 197.
[141] *Staudinger/Reimann* Vor § 2197 Rn 65.
[142] RGZ 88, 345; 106, 185, 187; *Bengel* in: *Bengel/Reimann* HdB I Rn 50; *Staudinger/Reimann* Vor § 2197 Rn 66.
[143] *Staudinger/Reimann* Vor § 2197 Rn 70; *Klaus* NJW 1948, 627, diff *Bengel* in: *Bengel/Reimann* HdB I Rn 51; für Erlöschen der Vollmacht des alleinigen Vorerben KGJ 43, 157, 160.

§ 2197

44 samkeit des Rechtsgeschäftes nach Rechtsscheinsgrundsätzen (Anscheins- oder Duldungsvollmacht) in Betracht.

44 **2. Vollmacht für den Testamentsvollstrecker.** Der Erblasser kann sogar dem Testamentsvollstrecker eine **postmortale Vollmacht**[144], ja sogar eine **Generalvollmacht** erteilen[145]. Wenn der Testamentsvollstrecker auf Grund dieser Vollmacht tätig wird, unterliegt er nicht den Beschränkungen des Rechts der Testamentsvollstreckung (etwa nach § 2205 S 3)[146] und benötigt keinen Erbnachweis oder Testamentsvollstreckerzeugnis. Eine Generalvollmacht wird auch nicht dadurch eingeschränkt, dass der Bevollmächtigte Testamentsvollstrecker ist; vielmehr erweitert eine solche Vollmacht die Position des Testamentsvollstreckers. Ein besonderes Schutzbedürfnis für den Erben besteht hier nicht, so weit der Erbe die Vollmacht widerrufen kann[147]. Die einzige gesetzliche Schranke für den bevollmächtigten Testamentsvollstrecker besteht in dem Verbot, die Vollmacht zu missbrauchen[148]. Zudem muss eine über den Tod hinaus wirkende **Generalvollmacht widerruflich** sein, da sie sonst die Erben unzulässig „knebeln" würde[149]. Zur Vollmacht des Testamentsvollstreckers s § 2218 Rn 6.

45 **3. Widerruf.** Hinsichtlich des Widerrufs einer Vollmacht ist zu unterscheiden: Die Widerruflichkeit einer kausalen post- oder transmortalen Vollmacht richtet sich nach dem zu Grunde liegenden Rechtsgeschäft (zB Auftrag; hier grds frei widerruflich, §§ 671 Abs 1, 168). Die abstrakte oder isolierte Vollmacht ist grds stets widerruflich, weil ihr kein bestimmtes Rechtsgeschäft zugrunde liegt[150]. **Widerrufsberechtigt** ist bei mehreren Miterben jeder einzelne für sich; jedoch wird dadurch die Vertretungsmacht gegenüber den anderen, nicht widerrufenden Miterben nicht berührt[151]. Soweit in der Verfügung von Todes wegen nichts anderes bestimmt ist, kann der Testamentsvollstrecker die einem Dritten erteilte widerrufliche Vollmacht auch im Rahmen seines Verwaltungsrechts (§ 2205) widerrufen, und ist unter Umständen nach § 2216 hierzu verpflichtet[152].

46 Gegen einen Widerruf der Vollmacht kann der Testamentsvollstrecker nach hM dadurch geschützt werden, dass die Beibehaltung derselben dem Erben zur **Auflage** gemacht wird, deren Einhaltung sogar der gleiche Testamentsvollstrecker überwachen kann; auch kann die Erfüllung dieser Anordnung zur Bedingung für die Beibehaltung der Erbenstellung gemacht werden[153].

IX. Kollisionsrechtliche Fragen

47 **1. Ehemalige DDR.** Soweit beim Tod eines deutschen Erblassers mit ständigem Wohnsitz in der **DDR** das dort früher geltende Erbrecht zur Anwendung kommt (Art 235 § 1 EGBGB), ist für Erbfälle in der Zeit zwischen dem 1. 1. 1976 und dem 2. 10. 1990 zu berücksichtigen, dass nach dem ZGB der DDR zwar eine Testamentsvollstreckung möglich war, der Testamentsvollstrecker dort aber eine wesentlich schwächere Position hatte; insbes trat keine Verfügungsbeschränkung des Erben ein; auch eine Dauertestamentsvollstreckung war nicht möglich (§ 371 Abs 2 ZGB)[154]. Im Übrigen bestimmte sich das Verhältnis zwischen Erbe und Testamentsvollstrecker nach den allgemeinen Vertretungs- (§§ 53 ff ZGB)[155] und Auftragsregeln (§§ 275 ff ZGB). Kommt es zu einer Nachlassspaltung, weil ein „westdeutscher" Erblasser Immobilien in der früheren DDR hinterließ, so führt dies bei einer Testamentsvollstreckung, die den gesamten Nachlass umfasst, auch zu einer sog **gespaltenen Testamentsvollstreckung**[156]. Dabei sind die unterschiedlichen Bestimmungen der beiden Rechtsordnungen in Übereinstimmung zu bringen[157].

48 **2. Testamentsvollstreckung bei Auslandsbezug.** Das **Erbstatut** entscheidet über die Zulässigkeit einer Testamentsvollstreckung, die Wirksamkeit der Ernennung eines Testamentsvollstreckers, dessen Rechtsstellung und Einzelbefugnisse sowie seine Entlassung[158]. Soweit gemäß Art 25 EGBGB deutsches Erbrecht Anwendung findet, ist bei Verfügungen von Todes wegen, die nach ausländischem Recht errichtet wurden und Rechtsinstitute verwenden, die keine Entsprechung im deutschen Recht finden, im Wege der Angleichung zu prüfen, ob diese nach ihrem Sinn und Zweck die gleiche

---

[144] OLG Köln NJW-RR 1992, 1357.
[145] BGH NJW 1962, 1718; BayObLG NJW-RR 1996, 714; *Palandt/Edenhofer* Einf § 2197 Rn 18; *Bengel* in: *Bengel/Reimann* HdB I Rn 52; *Staudinger/Reimann* Vor § 2197 Rn 76.
[146] BGH NJW 1962, 1718 m Anm *Haegele*, zugleich zum Vollmachtsmissbrauch.
[147] *Staudinger/Reimann* Vor § 2197 Rn 76.
[148] BGH DNotZ 1963, 305; BayObLG NJW-RR 1996, 714; *Bengel* in: *Bengel/Reimann* HdB I Rn 53; *Staudinger/Reimann* Vor § 2197 Rn 76.
[149] *Röhm* DB 1969, 1977; *Palandt/Edenhofer* Vor § 2197 Rn 18, mit Umdeutung in widerrufliche Vollmacht; bereits aus grundsätzlichen Erwägungen heraus ist eine sog „abstrakte Generalvollmacht" an sich stets widerruflich, vgl *Staudinger/Reimann* Vor §§ 2197 ff Rn 71 ff; *Nieder* HdB Rn 927 hält auch eine Befreiung von § 181 in der Generalvollmacht für unzulässig.
[150] RG SeuffA 79 Nr 221; *Staudinger/Reimann* Vor § 2197 Rn 72; aA MünchKommBGB/*Zimmermann* Rn 17.
[151] RG JW 1938, 1892; *Palandt/Edenhofer* Vor § 2197 Rn 20; *Staudinger/Reimann* Rn 73; *Bengel* in: *Bengel/Reimann* HdB I Rn 56.
[152] *Staudinger/Reimann* Vor § 2197 Rn 73; *Bengel* in: *Bengel/Reimann* HdB I Rn 57.
[153] *Lange* JuS 1970, 102; *Staudinger/Reimann* Vor § 2197 Rn 77; *Nieder* HdB Rn 928.
[154] Zur Rechtsstellung nach DDR-ZGB OLG Jena OLG-NL 1995, 270; *Janke* DtZ 1994, 364.
[155] Zur Widerruflichkeit KG ZEV 1995, 335.
[156] KG ZEV 1996, 234; dazu *Rehm* ZEV 1996, 207.
[157] Dazu etwa *Staudinger/Reimann* Vor § 2197 Rn 115; *v. Morgen/Götting* DtZ 1994, 199, 201 ff.
[158] BGH NJW 1963, 46, 47; AnwK-BGB/*Weidlich* Vor §§ 2197 ff Rn 21; *Sieghörtner* in: *Reimann/Bengel/J. Mayer* Systematischer Teil B Rn 43; *Bonefeld* in: *Mayer/Bonefeld/Wälzholz/Weidlich* Rn 1019.

Funktion wie eine Testamentsvollstreckung besitzt[159]. Gelangt **ausländisches Erbrecht** zur Anwendung, so kann in entsprechender Anwendung der §§ 2368, 2369 ein **„Fremdrechtstestamentsvollstreckerzeugnis"** durch ein deutsches Nachlassgericht erteilt werden, welches das Bestehen und die Verwaltungs- und Verfügungsbefugnisse des Testamentsvollstreckers nach ausländischem Recht bezeugt, jedoch territorial beschränkt auf die in Deutschland belegenen Nachlassgegenstände. Voraussetzung hierfür ist, dass die **Testamentsvollstreckung nach ausländischem Recht** dem deutschen Recht **funktionell vergleichbar** ist[160]. Dabei sind jedoch die sich nach dem ausländischen Erbstatut ergebenden Befugnisse des Testamentsvollstreckers, die von denen des deutschen Rechts durchaus abweichen können, genau zu bezeichnen; ggf sich im Wege der Angleichung die ausländischen Rechtsbegriff in die „Begriffswelt des BGB" zu transferieren[161]. Die Anordnung eines „trustee" oder „executors" nach **amerikanischem Recht** kann je nach den Umständen des Einzelfalls als Testamentsvollstrecker iS des BGB behandelt werden[162]. Kommt ausländisches Recht nur teilweise zur Anwendung, etwa wegen Art 3 Abs 3 EGBGB oder durch eine beschränkte Rechtswahl nach Art 25 Abs 2 EGBGB, kann eine **Nachlassspaltung** (Art 25 EGBGB Rn 50) und damit auch eine gespaltene Testamentsvollstreckung eintreten[163].

§ 2198 Bestimmung des Testamentsvollstreckers durch einen Dritten

(1) ¹Der Erblasser kann die Bestimmung der Person des Testamentsvollstreckers einem Dritten überlassen. ²Die Bestimmung erfolgt durch Erklärung gegenüber dem Nachlassgericht; die Erklärung ist in öffentlich beglaubigter Form abzugeben.

(2) Das Bestimmungsrecht des Dritten erlischt mit dem Ablauf einer ihm auf Antrag eines der Beteiligten von dem Nachlassgericht bestimmten Frist.

I. Normzweck

Die Vorschrift ermöglicht dem Erblasser, zwar nicht die Anordnung der Testamentsvollstreckung im Allgemeinen, wohl aber die Bestimmung der Person des Testamentsvollstreckers einem **Dritten** zu überlassen. Dies ist eine Ausnahme vom Grundsatz des § 2065. 1

II. Voraussetzung des Bestimmungsrechts

Erforderlich ist, dass der Erblasser selbst die Anordnung der Testamentsvollstreckung im Allgemeinen 2
verfügt hat (Grundsatz der Eigenanordnung, § 2197 Rn 18). Jedoch ergibt eine wohlwollende Auslegung (§ 2084) eines bloßen Bestimmungsrechts idR, dass der Erblasser auch die Testamentsvollstreckung als solche anordnen wollte[1]. Zum Bestimmungsberechtigten kann grds **jeder** geschäftsfähige Dritte berufen werden, auch eine juristische Person oder der Leiter einer Behörde[2], und zwar als Amtsperson oder aber auch privat, aber auch der Alleinerbe, der sich dann allerdings nicht selbst zum Testamentsvollstrecker ernennen kann[3]. Der **beurkundende Notar** selbst kann jedoch nicht zum Bestimmungsberechtigten berufen werden, da er durch das Gestaltungsrecht einen (wenn auch mehr verfahrensmäßigen) „rechtlichen Vorteil" iS des § 7 BeurkG erlangt[4].

---

[159] AnwK-BGB/*Weidlich* Vor §§ 2197 ff Rn 21; *Sieghörtner* in: *Reimann/Bengel/J. Mayer* Systematischer Teil B Rn 43; *Haas* in: *Bengel/Reimann* IX Rn 2.
[160] *Staudinger/Schilken* § 2368 Rn 39 mwN; *Staudinger/Dörner* Art 25 EGBGB Rn 842; MünchKommBGB/*J. Mayer* § 2368 Rn 27; *Haas* in: *Bengel/Reimann* IX Rn 453; ausf Länderbericht bei *Haas* in: *Bengel/Reimann* IX Rn 132 ff.
[161] Eingehend zum Fremdrechtstestamentsvollstreckerzeugnis MünchKommBGB/*J. Mayer* § 2368 Rn 26 ff; s auch *Staudinger/Schilken* § 2368 Rn 37 ff; *Soergel/Zimmermann* § 2368 Rn 3.
[162] OLG Brandenburg FGPrax 2001, 206 = ZEV 2001, 492 (LS); OLG Frankfurt DNotZ 1972, 542; BayObLGZ 1980, 42 zum „executor", der regelmäßig mit dem Testamentsvollstrecker deutschen Rechts nicht vergleichbar ist; zu den Sicherungsbefugnissen des executors LG Heidelberg IPRax 1992, 170; zur Rechtsstellung des von einem Gericht des Staates New York eingesetzten Administrators KG RzW 1972, 409; zur steuerlichen Behandlung BFHE 160, 272 = BStBl 1990 II S 786; BFHE 153, 422 = BStBl 1988 II S 808; FG München UVR 1996, 22; zur Auslegung, wenn ein deutscher Erblasser den Begriff „executor" verwendet, LG Hamburg IPRspr 1994, Nr 130, 290; eingehend zu diesen Fragen MünchKommBGB/*J. Mayer* § 2368 Rn 27 f.
[163] BayObLGZ 1999, 296, 301 = ZEV 1999, 485 betr Österreich; BayObLG ZEV 2005, 168 = FGPrax 2005, 69 betr Nachlassspaltung wegen eines in Florida/USA belegenen Grundstücks.
[1] *Greiser* DFG 1939, 216; MünchKommBGB/*Zimmermann* Rn 2.
[2] KG JW 1938, 1900: Präsident der Anwaltskammer; OLG Hamm DNotZ 1965, 487: Direktor des Amtsgerichts.
[3] RGZ 92, 68, 72.
[4] *Staudinger/Reimann* Rn 3; *Reimann* DNotZ 1994, 659, 664; AnwK-BGB/*Weidlich* Rn 2; unklar MünchKommBGB/*Zimmermann* Rn 3, der ohne Begründung in der Ausübung des Bestimmungsrechts die Erlangungen eines wirtschaftlichen Vorteils sieht; anders *Sandkühler* in: *Bengel/Reimann* HdB XI Rn 27, der nur Mitwirkungsverbot nach § 3 Abs 1 Nr 1 BeurkG annimmt; für Unwirksamkeit nach § 27 BeurkG *Zimmermann* Rn 94; aA MünchKommBGB/*Brandner* 3. Aufl Rn 3; *Soergel/Damrau* Rn 2.

III. Durchführung der Bestimmung

3 **1. Bestimmungsentscheidung.** Wenn keine besonderen Vorgaben seitens des Erblassers vorliegen, kann zum Testamentsvollstrecker **jede Person** ernannt werden, die auch der Erblasser selbst hätte ernennen können[5]. Die Aufgabe des Bestimmungsberechtigten erschöpft sich allein in dieser Entscheidung[6]. Er kann weder vom Nachlassgericht noch vom Erben im Wege der Klage zur Ausübung seines Rechts gezwungen werden. Auch **haftet** er weder den Erben noch sonstigen Nachlassbeteiligten für die Auswahl des Testamentsvollstreckers, außer bei § 826[7]. Der Bestimmungsberechtigte kann – wenn der Erblasser dies nicht ausschließt – den Testamentsvollstrecker mit **Einschränkungen berufen,** also unter Bedingungen, auf Zeit oder nur für bestimmte Nachlassteile[8].

4 **2. Bestimmungserklärung.** Sie muss dem zuständigen Nachlassgericht (§§ 72, 73 FGG) zugehen (amtsempfangsbedürftig), wobei § 130 hierfür entspr gilt, und ist dann unwiderruflich[9], jedoch nach §§ 119, 123 anfechtbar[10]. Die Erklärung gegenüber dem sachlich unzuständigen Gericht ist unwirksam, die gegenüber dem örtlich unzuständigen Amtsgericht fristgerecht abgegebene ist wirksam, auch wenn sie erst nach dem Ablauf der Frist des § 2198 Abs 2 beim örtlich zuständigen Gericht durch Weiterleitung eingeht[11]. Eine Vertretung im Willen ist nicht möglich[12]. Wenn der Ernannte das Amt nicht annimmt oder die Ernennung aus anderem Grunde unwirksam ist, so kann das Bestimmungsrecht nochmals ausgeübt werden, denn das deutsche Zivilrecht kennt keinen Grundsatz, dass eine Gestaltungsbefugnis durch die unwirksame Ausübung eines ermächtigenden Gestaltungsrechts erlischt[13].

5 **Öffentliche Beglaubigung** der Bestimmungserklärung ist erforderlich (Abs 1 S 2, § 129); dies genügt aber auch dann, wenn der Erblasser Beurkundung ausdrücklich vorschrieb[14]. Die Bestimmung kann wohl auch in einer öffentlichen Verfügung von Todes wegen getroffen werden, wenn sie nur mit Willen des Erblassers dem Nachlassgericht zugeht[15]. Keiner Beglaubigung bedürfen **öffentliche Urkunden,** die im Rahmen ihrer Zuständigkeit von Gerichten, Ämtern, Amtsinhabern und Behörden errichtet werden, wie die in amtlicher Form erfolgte Bestimmung des Testamentsvollstreckers durch den Präsidenten des OLG[16] oder der Anwaltskammer[17] oder durch einen Notar mittels einer Eigenurkunde[18]. Demgegenüber wurde eine Beglaubigung nach § 129 verlangt für den Präsident der IHK[19] und den Amtsgerichtsdirektor[20]. Entscheidend für die Entbehrlichkeit einer gesonderten Beglaubigung muss sein, dass die Bestimmung des Testamentsvollstreckers vom Leiter einer öffentlichen Behörde (hieran fehlt es bei der IHK) als Teil seiner amtlichen Aufgabe wahrgenommen wird[21].

6 Die **Kosten** der Beglaubigung und der für die Entgegennahme der Erklärung bei Gericht anfallenden Gebühr (§§ 112 Abs 1 Nr 6, 115 KostO) trägt zunächst der Erklärende, jedoch letztlich der Nachlass (§§ 2218, 670). Eine Benachrichtigung des Erben und des Testamentsvollstreckers ist gesetzlich nicht vorgesehen, aber zweckmäßig[22].

IV. Dauer des Bestimmungsrechts

7 **1. Fristsetzung durch den Erblasser.** Das Bestimmungsrecht ist an sich **unbefristet.** Jedoch kann der Erblasser eine entsprechende Ausübungsfrist setzen. Diese kann vom Nachlassgericht verkürzt oder verlängert werden[23].

8 **2. Fristsetzung durch das Nachlassgericht.** Auf Antrag eines Beteiligten kann das Nachlassgericht eine Frist zur Ausübung des Bestimmungsrechts setzen (Abs 2). **Antragsberechtigt** ist jeder, der ein rechtliches Interesse an der Klarstellung hat[24], also der Erbe, Vor- oder Nacherbe, Pflichtteils-

---

[5] MünchKommBGB/*Zimmermann* Rn 4.
[6] *Staudinger/Reimann* Rn 4.
[7] *Staudinger/Reimann* Rn 4; MünchKommBGB/*Zimmermann* Rn 5.
[8] *Soergel/Damrau* Rn 3; *Reimann* in: *Bengel/Reimann* HdB II Rn 139.
[9] AnwK-BGB/*Weidlich* Rn 4; einschränkend *Zimmermann* Rn 61: bis zur Amtsannahme widerruflich.
[10] AnwK-BGB/*Weidlich* Rn 4; jurisPK/*Heilmann* Rn 6.
[11] AnwK-BGB/*Weidlich* Rn 4; MünchKommBGB/*Zimmermann* Rn 6.
[12] *Staudinger/Reimann* Rn 11.
[13] AnwK-BGB/*Weidlich* Rn 4; *Reimann* in: *Bengel/Reimann* HdB II Rn 144; *Säcker* ZEV 2006, 288, 292; aA *Damrau* FamRZ 2004, 421.
[14] *Soergel/Damrau* Rn 4; MünchKommBGB/*Zimmermann* Rn 7; *Winkler,* Der Testamentsvollstrecker, Rn 46 Fn 3; *Palandt/Edenhofer* Rn 2; aA *Staudinger/Reimann* Rn 13; RGRK/*Kregel* Rn 5.
[15] MünchKommBGB/*Zimmermann* Rn 7; *Reimann* in: *Bengel/Reimann* HdB II Rn 156; eingehend *Staudinger/Reimann* Rn 14; aA – bloßer fristgemäßer Zugang ausreichend – *Palandt/Edenhofer* Rn 2; *Staudinger/Reimann* Rn 13.
[16] OLG Stuttgart NJW-RR 1986, 7.
[17] KG JFG 23, 306.
[18] OLG Neustadt DNotZ 1951, 339.
[19] KG JW 1938, 1900.
[20] OLG Hamm DNotZ 1965, 487.
[21] *Soergel/Damrau* Rn 5; dies ist weit auszulegen. AA MünchKommBGB/*Zimmermann* Rn 7: auch ein Behördenleiter handle nicht als Privatperson; ebenso einschränkend *Zimmermann* Rn 64, der darauf hinweist, dass auch die Ernennung von Schiedsrichtern zum Aufgabenkreis eines Gerichtspräsidenten gehört.
[22] MünchKommBGB/*Zimmermann* Rn 8.
[23] *Palandt/Edenhofer* Rn 3; anders *Staudinger/Reimann* Rn 19: Anpassung nur bei unangemessener Frist; nach MünchKommBGB/*Zimmermann* Rn 10 ist nur Verkürzung möglich.
[24] BGHZ 35, 296, 299 = NJW 1961, 1717; MünchKommBGB/*Zimmermann* Rn 12; *Staudinger/Reimann* Rn 23.

berechtigter, Vermächtnisnehmer, Nachlassgläubiger[25], Auflagebegünstigter[26]. Funktionell zuständig ist der Rechtspfleger (§ 3 Nr 2 c RPflG), der durch Beschluss entscheidet[27]. Gebühr nach § 113 KostO. Das Bestimmungsrecht erlischt, wenn nicht bis zum Fristablauf beim Nachlassgericht die entsprechende Erklärung eingeht oder schon vorher die Bestimmung verweigert wird. Dadurch wird die Anordnung der Testamentsvollstreckung hinfällig, sofern nicht Vorsorge dagegen getroffen wurde, etwa eine Bestimmung nach § 2200[28] oder ein Ersatztestamentsvollstrecker für diese Fallgestaltung angeordnet wurde.

Gegen die **Fristbestimmung** ist die **sofortige Beschwerde** gegeben (§§ 80, 22 FGG); daher ist auch keine Abänderungsmöglichkeit nach Ablauf der Rechtsmittelfrist möglich, § 18 Abs 2 FGG. Beschwerdegrund kann eine zu kurz bemessene Frist sein[29]. Wird die **Fristbestimmung abgelehnt**, ist dagegen einfache Beschwerde statthaft (§§ 19, 20 Abs 2 FGG).

V. Entscheidungen über die Wirksamkeit

Entscheidungen über die Wirksamkeit der Ernennung trifft das Prozessgericht. Das Nachlassgericht entscheidet mittelbar hierüber im Rahmen der Erteilung eines Testamentsvollstreckerzeugnisses (§ 2368)[30].

§ 2199 Ernennung eines Mitvollstreckers oder Nachfolgers

(1) Der Erblasser kann den Testamentsvollstrecker ermächtigen, einen oder mehrere Mitvollstrecker zu ernennen.
(2) Der Erblasser kann den Testamentsvollstrecker ermächtigen, einen Nachfolger zu ernennen.
(3) Die Ernennung erfolgt nach § 2198 Abs. 1 Satz 2.

I. Normzweck

Die Vorschrift enthält neben § 2198 und § 2200 eine weitere Möglichkeit, durch die Anordnung eines Dritten einen Testamentsvollstrecker zu ernennen. Denn § 2199 ermöglicht dem Erblasser, den **Testamentsvollstrecker** zu ermächtigen, einen **Mitvollstrecker** oder einen **Nachfolger** zu ernennen. Die damit übertragene Entscheidung betrifft hier nicht nur die Person des zu ernennenden Testamentsvollstreckers, sondern auch die Frage, ob ein Nachfolger oder Mitvollstrecker überhaupt ernannt wird[1]. Durch die Bestimmung des Nachfolgers und Kündigung nach § 2226 kann der zunächst ernannte Testamentsvollstrecker sein Amt sogar gleichsam auf eine vom ihm ausgewählte Person übertragen (eingehender Rn 6)[2].

II. Voraussetzung und Ausübung der Ermächtigung

1. Ermächtigungsanordnung. Die Ermächtigung hierzu muss in einer wirksamen einseitigen **Verfügung von Todes wegen** vom Erblasser selbst angeordnet sein. Einem Dritten kann der Erblasser das Ermächtigungsrecht nicht einräumen, so dass eine Subdelegierung nicht möglich ist[3]. Die Ermächtigung setzt zum einen die allgemeine Anordnung einer Testamentsvollstreckung voraus, die durch den Erblasser immer persönlich getroffen werden muss. Zum anderen ist erforderlich, dass die Ernennung zum Testamentsvollstrecker wirksam ist; andernfalls kann der ernannte Ermächtigte trotz der Ermächtigung keinen Nachfolger oder Mitvollstrecker ernennen. Es kann aber dann immer noch ein konkludentes Ersuchen iS des § 2200 vorliegen[4]. Die Ermächtigung kann unter **Bedingungen** ausgesprochen werden, dass etwa bestimmte Ereignisse für die Benennung eines Nachfolgers eingetreten sein müssen. Jedoch kann die Ermächtigung nicht über den von § 2199 gezogenen Rahmen hinausgehen, so dass der zunächst ernannte Testamentsvollstrecker nicht berechtigt ist, den von ihm bereits ernannten Mitvollstrecker oder Nachfolger wieder abzusetzen[5] oder abweichende Anordnungen nach § 2224 Abs 1 S 3 zu treffen[6].

---

[25] BGHZ 35, 296, 299 = NJW 1961, 1717; OLG Düsseldorf ZEV 2004, 67 m Anm *Damrau*.
[26] Letzteres str, so wie hier *Staudinger/Reimann* Rn 24; BGB-RGRK/*Kregel* Rn 5; *Zimmermann* Testamentsvollstreckung Rn 69; aA LG Verden MDR 155, 231; *Palandt/Edenhofer* Rn 3.
[27] Muster bei *Ferid/Graf* Nachlassrecht Rn 4.437.
[28] *Soergel/Damrau* Rn 7; was auch stillschweigend geschehen kann, *Winkler*, Der Testamentsvollstrecker, Rn 47.
[29] KG HRR 1939 Nr 1166.
[30] *Staudinger/Reimann* Rn 28.
[1] *Reimann* in: *Reimann/Bengel* HdB II Rn 159.
[2] MünchKommBGB/*Zimmermann* Rn 1.
[3] KG OLGE 44, 96, 100.
[4] BayObLG Rpfleger 1988, 67; OLG Zweibrücken FamRZ 2000, 323, 324 = ZEV 2001, 27 m Anm *Damrau*; *Winkler*, Der Testamentsvollstrecker, Rn 76.
[5] *Staudinger/Reimann* Rn 2.
[6] MünchKommBGB/*Zimmermann* Rn 2.

3 **2. Ausübung der Ermächtigung.** Ob von der Ermächtigung Gebrauch gemacht wird, steht im **freien Ermessen** des Testamentsvollstreckers[7]. Die bloße Ermächtigung begründet daher keine Verpflichtung, hiervon Gebrauch zu machen. Diese kann sich auch nicht mittelbar dadurch ergeben, dass bei einem dahin gehenden Willen des Erblassers, einen Mitvollstrecker zu ernennen, das Unterlassen ein wichtiger Grund zur Entlassung nach § 2227 oder ein Haftungstatbestand (§ 2219) wäre. Denn dies wäre eine unzulässige Erweiterung des Pflichtenkreises des Testamentsvollstreckers[8]. Jedoch kann sich der ermächtigte Testamentsvollstrecker durch Vertrag mit dem Erblasser oder den Erben zur Vornahme der Ernennung verpflichten[9]. Sind **mehrere Testamentsvollstrecker** zur Ernennung berufen, ist es eine Frage der Auslegung, ob die Ausübung der Ermächtigung durch Mehrheits- oder durch einstimmigen Beschluss erfolgen muss. Eine Entscheidung nach § 2224 Abs 1 S 1 HS 2 durch das Nachlassgericht ist nicht möglich[10].

4 Die Ernennung erfolgt durch **öffentlich beglaubigte Erklärung** gegenüber dem Nachlassgericht und wird mit dem Eingang dort wirksam (§§ 2199 Abs 3, 2198 Abs 1 S 2). Kostenschuldner der hierfür anfallenden Gebühr nach § 112 Abs 1 Nr 6 KostO ist zwar der Testamentsvollstrecker, jedoch kann er Ersatz von den Erben nach §§ 2218, 670 verlangen. Eine Fristbestimmung nach § 2198 Abs 2 ist hier nicht möglich[11]. Das **Ernennungsrecht** des Testamentsvollstreckers **beginnt** frühestens mit seiner Amtsannahme, bei abweichender Anordnung des Erblassers auch später. Es **endet** mit dem Erlöschen seines Amts[12]. Das bloße Vorliegen eines Entlassungsgrundes beendet das Ernennungsrecht nicht, erst die förmliche Entlassung durch das Nachlassgericht (§ 2227)[13]. Bei einer Kündigung (§ 2226) muss daher die Ernennungserklärung spätestens mit dem Kündigungsschreiben beim Nachlassgericht eingehen[14]. Jedoch kann die Auslegung des Erblasserwillens ergeben, dass der Testamentsvollstrecker auch **nach Beendigung** seines Amtes zur Ernennung eines Nachfolgers berechtigt sein soll. Dies beruht aber nicht auf einer Nachwirkung seines Amtes[15], sondern auf der Annahme eines Bestimmungsrechts nach § 2198 in solchen Fällen[16]. Auch wenn der Ernannte das **Amt nicht annimmt** oder die Ernennung aus anderem Grunde unwirksam ist, so kann das Bestimmungsrecht nochmals ausgeübt werden, denn das deutsche Zivilrecht kennt keinen Grundsatz, dass eine Gestaltungsbefugnis durch die unwirksame Ausübung des Gestaltungsrechts erlischt[17]. Auf die Ernennungserklärung findet **§ 130 Abs 2** Anwendung, so dass es genügt, wenn der Ernennungsberechtigte bis zu seinem Tod alles getan hat, was von ihm aus zu tun war, um die Wirksamkeit der Erklärung herbeizuführen, auch wenn die Erklärung erst später beim Nachlassgericht eingeht[18].

5 **3. Grenzen der Ermächtigung.** Soweit keine abweichende Anordnung des Erblassers vorliegt, kann der Testamentsvollstrecker **jede Person** als Nachfolger oder Mitvollstrecker ernennen, die auch der Erblasser ernennen könnte. Jedoch **haftet** der Testamentsvollstrecker – anders als der Dritte nach § 2198 – nach § 2219 für eine **sorgfältige Auswahl**[19].

6 Als **Grenze des Ernennungsrechts** lässt sich angeben, dass der Testamentsvollstrecker nicht berechtigt ist, ohne die Kündigung seines Amtes seine Aufgaben und Pflichten als Ganzes und dauernd unmittelbar auf einen anderen, gleichsam als seinen Nachfolger, zu übertragen; daran ändert auch die Zustimmung der Erben nichts[20]. Vielmehr muss er erst einen Nachfolger benennen und dann kündigen; in der Zeit zwischen Kündigung und Annahme des Amtes durch den Nachfolger besteht die Testamentsvollstreckung im abstrakten Sinne fort, das Amt des konkreten Testamentsvollstreckers ist aber „verwaist"[21]. Die Erteilung einer **Generalvollmacht**, auch an einen Mitvollstrecker oder vorgesehenen Nachfolger, ist jedoch zulässig, sofern sie nur jederzeit widerruflich ist, denn durch die Widerrufsmöglichkeit bleibt der zunächst berufene Testamentsvollstrecker „Herr der Verwaltung"[22].

---

[7] MünchKommBGB/*Zimmermann* Rn 3; *Soergel/Damrau* Rn 3.
[8] MünchKommBGB/*Zimmermann* Rn 4; aA *Soergel/Damrau* Rn 3; *Staudinger/Reimann* Rn 8: Haftung aus § 2219 bei Nichtausübung des Rechtes, wenn es im Sinn der Anordnung liegt, dass Mitvollstrecker oder Nachfolger ernannt werden soll.
[9] *Soergel/Damrau* Rn 3; MünchKommBGB/*Zimmermann* Rn 3.
[10] OLG Hamburg OLGE 44, 96; *Staudinger/Reimann* Rn 4; *Soergel/Damrau* Rn 3; diff und aA KG Recht 1914 Nr 1117; MünchKommBGB/*Zimmermann* Rn 2: § 2224 Abs 1, wenn mehrere Testamentsvollstrecker gemeinsam entscheiden sollen, dagegen dann nicht, wenn bei mehreren Vollstreckern einer allein ermächtigt ist.
[11] *Soergel/Damrau* Rn 6; MünchKommBGB/*Zimmermann* Rn 5.
[12] *Staudinger/Reimann* Rn 7, 12.
[13] KG JW 1928, 1943.
[14] *Winkler,* Der Testamentsvollstrecker, Rn 49 Fn 3; MünchKommBGB/*Zimmermann* Rn 6.
[15] So aber *Staudinger/Reimann* Rn 12.
[16] Im Ergebnis ebenso AnwK-BGB/*Weidlich* Rn 2; MünchKommBGB/*Zimmermann* Rn 6; *Erman/M. Schmidt* Rn 2; hiergegen *Soergel/Damrau* Rn 5.
[17] AnwK-BGB/*Weidlich* § 2198 Rn 4; *Reimann* in: *Bengel/Reimann* HdB II Rn 144; *Säcker* ZEV 2006, 288, 292; aA *Damrau* FamRZ 2004, 421.
[18] KG HRR 1936 Nr 953; anders bei bewusster Zugangsverzögerung, *Haegele* BWNotZ 1974, 112, wenn also etwa bestimmt wurde, dass die Erklärung erst nach dem Tode zugehen soll, AnwK-BGB/*Weidlich* Rn3; MünchKommBGB/*Zimmermann* Rn 7.
[19] *Staudinger/Reimann* Rn 8; *Soergel/Damrau* Rn 4.
[20] RGZ 81, 166, 170; KGJ 41, 75, 78; *Staudinger/Reimann* Rn 12.
[21] *Staudinger/Reimann* Rn 12.
[22] KG JFG 7, 279 = JW 1930, 1074 m Anm *Herzfelder*; *Soergel/Damrau* Rn 7; *Staudinger/Reimann* Rn 13; MünchKommBGB/*Zimmermann* Rn 11; aA KGJ 27 A 197, 199; OLG Hamburg OLG 10, 303; *v. Lübtow* II 987.

III. Ernennung eines Mitvollstreckers

Möglich ist, dass nach dem Willen des Erblassers der zunächst berufene Testamentsvollstrecker sein Amt **nur gemeinschaftlich** mit dem von ihm erst noch zu berufenden Mitvollstrecker ausüben soll[23]. Hierfür bedarf es aber besonderer Anhaltspunkte. Sind sie vorhanden, so besteht zwar von Anfang an eine wirksame Testamentsvollstreckung (wichtig für §§ 2211, 2214), die Aufgabe des Testamentsvollstreckers erschöpft sich jedoch zunächst in der Ernennung des Mitvollstreckers[24]. Wird von dem Ernennungsrecht kein Gebrauch gemacht, so kann der dann eintretende Schwebezustand regelmäßig nur durch eine Entlassung (§ 2227) behoben werden[25]. Die Gegenansicht will in unnötiger Komplizierung zunächst nur ein Benennungsrecht nach § 2198 annehmen und erst mit der Ausübung dieses Rechts den zur Ernennung Berechtigten zum Testamentsvollstrecker machen, was die Möglichkeit der Fristsetzung nach § 2198 Abs 2 schafft[26].

Ohne besondere Anordnung des Erblassers ist der ermächtigte Testamentsvollstrecker zur **Aufgabenabgrenzung** zwischen den Mitvollstreckern nicht befugt, insbes kann er sich nicht zum „Obervollstrecker" berufen oder sich besonders genehme Tätigkeitsbereiche vorbehalten[27].

IV. Ernennung eines Nachfolgers

Eine Nachfolgerernennung setzt begrifflich voraus, dass der ermächtigte Testamentsvollstrecker zunächst einmal das **Amt angetreten** hat, aber dieses auch noch ausübt. Dann kann der Nachfolger für den Fall des Erlöschens des eigenen Amts bestimmt werden (§§ 2225 bis 2227), falls er hierzu nicht nur für den Fall des Vorliegens bestimmter Erlöschensgründe befugt sein soll. Ist die Testamentsvollstreckung, etwa wegen Zweckerreichung, beendet, kann ein Nachfolger nicht mehr ernannt werden[28]. Soll nach der Verfügung von Todes wegen der Nachfolger bereits bei Annahme des Amtes bestimmt werden, so entspricht auch ein späteres Nachholen während der noch bestehenden Amtszeit idR dem Erblasserwillen[29]. Ein **„Splitting des Testamentsvollstreckeramtes"** dergestalt, dass der ermächtigte Testamentsvollstrecker sein Amt teilweise niederlegt und für diesen „frei" werdenden Aufgabenbereich einen Nachfolger bestimmt, ist nach den zur Zulässigkeit einer Teilkündigung des Testamentsvollstreckeramtes entwickelten Grundsätzen (s § 2226 Rn 5) dann möglich, wenn ein entsprechender Wille des Erblassers wenigstens durch Auslegung feststellbar ist[30]. Der ermächtigte Testamentsvollstrecker kann auch den Aufgabenkreis des Nachfolgers einschränken[31]. Denn dies stellt gegenüber der umfassenden Nachfolgerbenennung ein zulässiges „Minus" des Ernennungsrechts dar. Der so ernannte Nachfolger kann seinerseits **wiederum** einen **Nachfolger** nur dann ernennen, wenn auch ihm eine solche Ermächtigung gewährt wurde, was zumindest im Wege der Auslegung feststellbar sein muss[32]. Hierfür spricht nicht nur, dass sonst die Gefahr einer zu großen zeitlichen Ausdehnung der Testamentsvollstreckung bestünde (§ 2210 gilt nur bei der Verwaltungsvollstreckung), sondern vor allem die systematische Überlegung, dass immer zunächst eine Ermächtigung für ein Benennungsrecht vorhanden sein muss.

Bei **mehreren Testamentsvollstreckern** kann jeder Ermächtigte grds seinen eigenen Nachfolger alleine und ohne Zustimmung der anderen wählen[33]. Auch eine Mehrzahl von Nachfolgern kann ernannt werden, wobei auch die Möglichkeit besteht, die Aufgabenverteilung in dem künftigen Testamentsvollstreckergremium festzulegen[34].

§ 2200 Ernennung durch das Nachlassgericht

(1) Hat der Erblasser in dem Testament das Nachlassgericht ersucht, einen Testamentsvollstrecker zu ernennen, so kann das Nachlassgericht die Ernennung vornehmen.

(2) Das Nachlassgericht soll vor der Ernennung die Beteiligten hören, wenn es ohne erhebliche Verzögerung und ohne unverhältnismäßige Kosten geschehen kann.

---

[23] *Kipp/Coing* § 67 I 5 c.
[24] AnwK-BGB/*Weidlich* Rn 5; *Staudinger/Reimann* Rn 9; MünchKommBGB/*Zimmermann* Rn 7.
[25] AnwK-BGB/*Weidlich* Rn 6; *Damrau/Bonefeld* Rn 5; MünchKommBGB/*Zimmermann* Rn 7; *Staudinger/Reimann* Rn 9.
[26] *Kipp/Coing* § 67 I 5 c; *Soergel/Damrau* Rn 3.
[27] *Staudinger/Reimann* Rn 10; MünchKommBGB/*Zimmermann* Rn 7.
[28] MünchKommBGB/*Zimmermann* Rn 8.
[29] KG JW 1928, 1943; *Soergel/Damrau* Rn 5.
[30] KGJ 43 A 88, 90; KG JW 1939, 421; OLG Hamm OLGZ 1991, 388 = NJW-RR 1991, 837, 838 = FamRZ 1992, 113 m Anm *Reimann*; vgl auch RGZ 81, 166, 170; AnwK-BGB/*Weidlich* Rn 10; *Damrau/Bonefeld* Rn 8; ohne Abstellen auf den Erblasserwillen *Staudinger/Reimann* Rn 14; *Winkler*, Der Testamentsvollstrecker, Rn 49; RGRK/*Kregel* Rn 3. MünchKommBGB/*Zimmermann* Rn 9 verlangt offensichtlich eine ausdrückliche Ermächtigung.
[31] *Winkler*, Der Testamentsvollstrecker, Rn 49.
[32] AnwK-BGB/*Weidlich* Rn 10; MünchKommBGB/*Zimmermann* Rn 10; *Staudinger/Reimann* Rn 15; aA *Winkler*, Der Testamentsvollstrecker, Rn 50; *Erman/M. Schmidt* Rn 2: bereits im Zweifel sei dies möglich.
[33] KG DFG 1942, 45; AnwK-BGB/*Weidlich* Rn 10; *Staudinger/Reimann* Rn 16; MünchKommBGB/*Zimmermann* Rn 8.
[34] *Staudinger/Reimann* Rn 17.

I. Normzweck

1 Die Bestimmung enthält eine weitere Möglichkeit, dass an Stelle des Erblassers ein anderer den Testamentsvollstrecker ernennt. Dem kommt große praktische Bedeutung zu, wenn eine vom Erblasser bereits getroffene anderweitige Ernennung fehlschlägt oder aber vor Beendigung der Testamentsvollstreckung der zur Vollstreckung berufene Amtsinhaber wegfällt. Die Ernennungszuständigkeit des Nachlassgerichts leitet sich von einem konkreten Ersuchen des Erblassers ab. Daher kann aus dieser Vorschrift keine allgemeine Hilfszuständigkeit des Nachlassgerichts immer schon dann hergeleitet werden, wenn im Nachlassinteresse eine Ernennung zur Sicherung der Testamentsvollstreckung angezeigt wäre[1].

II. Ernennung durch das Nachlassgericht

2 **1. Ersuchen des Erblassers.** Tatbestandsvoraussetzung für die gerichtliche Ernennung des Testamentsvollstreckers ist ein entsprechendes Ersuchen des Erblassers, nicht aber eines anderen Beteiligten[2]. Dies hat durch den Erblasser selbst in der Form eines „Testaments" zu geschehen und muss dort wenigstens irgendwie zum Ausdruck kommen. Fehlt es an einer ausdrücklichen Erklärung, so kann sich ein solches auch durch **Auslegung,** und zwar auch durch ergänzende, ergeben[3]. Die Rspr ist hierbei relativ großzügig und nimmt einen dahingehenden Erblasserwillen bei einem Wegfall des Testamentsvollstreckers, etwa durch Kündigung, Nichtannahme des Amtes oder Tod des Amtsinhabers ohne Ersatztestamentsvollstrecker bereits dann an, wenn der Erblasser – hätte er die Veränderung vorhergesehen – vermutlich die Ernennung durch das Nachlassgericht gewünscht hätte, insbes weil die mit der Testamentsvollstreckung verfolgten Ziele noch nicht erreicht sind[4]. Will man aber die Vorschrift nicht zu einer **Auffangnorm** einer unvollständigen Testamentsvollstreckerernennung **umfunktionieren,** so sind entgegen dieser Neigung der gerichtlichen Praxis an ein Ernennungsersuchen strenge Anforderungen zu stellen[5]. Es muss sich daher ein entsprechender Wille des Erblassers aus der Verfügung von Todes wegen iS der Andeutungstheorie entnehmen lassen[6]. Mit der hM kann dies idR dann bejaht werden, wenn die Verfügung von Todes wegen zwar die Anordnung der Testamentsvollstreckung als solches enthält, aber die Ernennung der Person fehlt. Ein konkludentes (oder gar stillschweigendes) Ernennungsersuchen ist demgegenüber bei Fehlen anderer Anhaltspunkte idR zu verneinen, wenn ein nach §§ 2198, 2199 benannter Bestimmungsberechtigter sein Recht nicht ausübt oder einer ernannter Testamentsvollstrecker vor oder nach Antritt des Amts ohne Ernennung eines Nachfolgers wegfällt[7]. Hier müssen weitere Gesichtspunkte für die Annahme eines Ernennungsersuchens hinzukommen, wie die konkrete Gefährdung des mit der Testamentsvollstreckung verfolgten Zieles, so etwa der noch erforderliche Ausschluss der geschiedenen Ehefrau von der gesetzlichen Vertretung oder gar des Erben von der Verwaltung[8], Sicherung einer komplizierten Erbauseinandersetzung, Zuwendung eines Grundstücks zu wohltätigen Zwecken, deren Bestimmung nicht den Erben überlassen werden soll[9], nicht aber Fortbestehen der Testamentsvollstreckung über Jahrzehnte hinweg, um ggf auch später noch Nachlassgläubigern die Geltendmachung ihrer Ansprüche gegen einen Testamentsvollstrecker zu ermöglichen[10]. Eine nach § 2198 unzulässige Berufung des Nachlassrichters als Bestimmungsberechtigten kann in ein Ersuchen nach § 2200 umgedeutet werden[11]. Das Ersuchen kann auch bedingt gestellt werden, etwa dass der zunächst Ernannte das Amt nicht annimmt oder ein Benennungsrecht nach §§ 2198 f nicht ausgeübt wird[12].

3 **2. Verfahren. a) Zuständigkeit, Entscheidungsgang. Örtlich zuständig** ist das Amtsgericht des letzten Wohnsitzes des Erblassers (§§ 72, 73 Abs 1 FGG) als Nachlassgericht, also nicht das Prozessgericht oder gar Grundbuchamt[13]. **Funktionell zuständig** ist grds der Richter (§ 16 Abs 1 Nr 2 RPflG), sofern nicht die betreffende Landesregierung von der Möglichkeit zur Aufhebung des Richter-

---

[1] Palandt/Edenhofer Rn 1.
[2] BayObLGZ 16, 128; Staudinger/Reimann Rn 5; Soergel/Damrau Rn 2.
[3] BayObLG FamRZ 1987, 98; NJW-RR 1988, 387, 388; KG OLGZ 1992, 138; OLG Hamm OLGZ 1976, 20; AnwK-BGB/Weidlich Rn 3; Staudinger/Reimann Rn 7.
[4] BayObLG NJW-RR 2003, 224, 225; NJW-RR 1988, 387; BayObLG ZEV 1997, 338, 338; OLG Düsseldorf MDR 1957, 421; OLG Hamm OLGZ 1976, 20; ZEV 2001, 271, 272: in concreto verneint, weil restliche Aufgabenerfüllung ohne gerichtliche Auseinandersetzung nach Auffassung des zuletzt amtierenden Testamentsvollstreckers nicht mehr möglich; OLG Zweibrücken ZEV 2001, 27 m krit Anm Damrau: bei Unwirksamkeit der Testamentsvollstreckerernennung; OLG Zweibrücken FamRZ 2006, 891 = FGPrax 2006, 169; dazu Staudinger/Reimann Rn 7 f, Winkler, Der Testamentsvollstrecker, Rn 75 ff, jeweils m Rspr-Beispielen; bei der Auslegung ist aber zu beachten, dass die Abwicklungs- und nicht die Verwaltungsvollstreckung der Regelfall ist, iE Staudinger/Reimann ZEV 2001, 267, 269.
[5] So richtig MünchKommBGB/Brandner, 3. Aufl Rn 4, abschwächend nunmehr MünchKommBGB/Zimmermann Rn 4; Erman/M. Schmidt Rn 1; krit gegen die ausufernde Gerichtspraxis wohl auch Damrau/Bonefeld Rn 2.
[6] MünchKommBGB/Brandner 3. AuflRn 4; so wohl auch BayObLG NJW-RR 2003, 224, 225; ähnlich Staudinger/Reimann Rn 7, der aber auch andere Umstände genügen lässt.
[7] MünchKommBGB/Zimmermann Rn 4; Staudinger/Reimann Rn 8; Palandt/Edenhofer Rn 2; Kipp/Coing § 67 Fn 12; AnwK-BGB/Weidlich Rn 4.
[8] KG OLGE 43, 401.
[9] BayObLG ZEV 1997, 338, 339.
[10] BayObLG FamRZ 2002, 641, 642 = ZEV 2001, 284.
[11] OLG Hamm DNotZ 1965, 487.
[12] KG OLGE 40, 132; Palandt/Edenhofer Rn 2; Staudinger/Reimann Rn 4.
[13] Staudinger/Reimann Rn 9.

vorbehalts auf Grund der Öffnungsklausel des § 19 Abs 1 S 1 Nr 4 nF RPflG Gebrauch gemacht hat. Das Nachlassgericht hat von Amts wegen zu prüfen, ob ein das die Ernennung rechtfertigendes Ersuchen vorliegt[14]. Nach Abs 2 hat das Nachlassgericht vor der Entscheidung die **Beteiligten** zu **hören,** jedoch mit der Einschränkung, dass dies ohne erhebliche Verzögerungen und ohne unverhältnismäßige Kosten geschehen kann[15]. Wegen Art 103 GG wird jedoch nur im Ausnahmefall von der Anhörung abzusehen sein. Wer **Beteiligter** ist, bestimmt sich danach, ob durch die Entscheidung seine Rechte und Pflichten unmittelbar betroffen werden, so dass ein materieller Beteiligungsbegriff gilt[16], der dem des § 2198 entspricht[17]. Hierzu soll der zu ernennende Testamentsvollstrecker nicht gehören[18], jedoch ist dessen Anhörung zweckmäßig[19] und schon deswegen geboten, weil oftmals nur so das Nachlassgericht seine notwendige Qualifikation feststellen kann[20]

b) Prüfung des Ernennungsersuchens. Das Nachlassgericht hat zunächst zu prüfen, ob ein wirksames Ernennungsersuchen vorliegt. Ist dies der Fall, so steht es nach hM im **pflichtgemäßen Ermessen** des Gerichts („kann"), **ob** unter Berücksichtigung der Lage des Nachlasses, der Interessen der Beteiligten und vor allem des mit der Testamentsvollstreckung vom Erblasser verfolgten Zwecks ein Testamentsvollstrecker zu ernennen ist[21]. Abgelehnt werden kann zwar nicht bei reiner Arbeitsüberlastung[22], aber wenn alle dem Testamentsvollstrecker zugewiesenen Aufgaben bereits erfüllt wurden oder sich sonst erledigt haben[23]. Auch Zweckmäßigkeitsgründe können berücksichtigt werden[24].

Bei der **Auswahlentscheidung** für den Testamentsvollstrecker ist das Nachlassgericht so gestellt, wie der Erblasser selbst. Es hat die Auswahl nach pflichtgemäßem Ermessen zu treffen. Jedoch ist es an die Weisungen des Erblassers, nicht aber an die Vorschläge und Wünsche der anderen Beteiligten gebunden[25], mögen sich auch die Erben auf einen ihnen genehmen Testamentsvollstrecker verständigt haben[26]. IdR wird ein Fachanwalt für Erbrecht in Betracht kommen oder wer sich durch entsprechende Zertifizierungslehrgänge als Testamentsvollstrecker qualifiziert hat[27]. Auch der Notar, der die Verfügung von Todes wegen, die die allgemeine Anordnung der Testamentsvollstreckung und das Ernennungsersuchen enthält, beurkundet hat, kann ernannt werden. Die §§ 7, 27 BeurkG stehen auch dann nicht entgegen, wenn der Notar einen entsprechenden Ernennungswunsch mitbeurkundet hat[28]. Zu berücksichtigen ist bei der Ernennung auch, wenn nach dem Erblasserwillen der Testamentsvollstrecker keine oder eine nur niedrige Vergütung erhalten soll[29].

Eine **fehlerhafte Testamentsvollstreckerernennung** kann in den Fällen des Ermessensnichtgebrauchs oder des fehlerhaften Ermessensgebrauchs einen Amtshaftungsanspruch auslösen nach § 839 BGB, Art 34 GG[30], insbes wenn wegen des Fehlens eines Testamentsvollstreckers der Nachlass nicht handlungsfähig ist[31]. Eine ohne entsprechendes Ersuchen erfolgte Ernennung ist gegenstandslos[32]. Der dadurch hervorgerufene Rechtsschein kann aber mit Hilfe des übergeordneten Gerichts beseitigt werden[33]; zur Behandlung anderer Mängel s Rn 8.

c) Entscheidung des Nachlassgerichts. Das Nachlassgericht entscheidet durch **Beschluss,** der inhaltlich eine Ernennung oder Ablehnung ist[34]. Ein Vorbescheid ist hier nicht zulässig, weil – anders als bei der Erteilung eines unrichtigen Testamentsvollstreckerzeugnisses – hiervon keine Publizitätswirkungen ausgehen, die vollendete Tatsachen schaffen können[35]. Der Ernennungsbeschluss wird dadurch wirksam, dass er dem Ernannten zu Protokoll bekannt gemacht oder förmlich zugestellt wird (§ 16

---

[14] BayObLGZ 16, 128.
[15] AnwK-BGB/*Weidlich* Rn 8.
[16] BayObLG ZEV 2001, 284; *Damrau/Bonefeld* Rn 6; *Palandt/Edenhofer* Rn 6; *Staudinger/Reimann* Rn 12.
[17] AnwK-BGB/*Weidlich* Rn 8; MünchKommBGB/*Zimmermann* Rn 5.
[18] AnwK-BGB/*Weidlich* Rn 8; *Staudinger/Reimann* Rn 12.
[19] MünchKommBGB/*Zimmermann* Rn 8.
[20] KK-Erbrecht/*Rott* Rn 8.
[21] BayObLGZ 2003, 306 = FamRZ 2004, 1406, 1407; OLG Hamm OLGZ 1984, 272, 288 = Rpfleger 1984, 316; KG OLGE 30, 208 Anm 1; AnwK-BGB/*Weidlich* Rn 5; KK-Erbrecht/*Rott* Rn 6; *Palandt/Edenhofer* Rn 4; *Reimann* in: *Bengel/Reimann* HdB II Rn 162; *Staudinger/Reimann* Rn 10; *Winkler,* Der Testamentsvollstrecker, Rn 79; MünchKommBGB/*Zimmermann* Rn 5; aA MünchKommBGB/*Brandner* 3. Aufl Rn 5: Pflicht zur Ernennung; in Fällen der Ermessensreduzierung auf „Null" ist der Streit bedeutungslos.
[22] *Reimann* in: *Bengel/Reimann* HdB II Rn 168; AnwK-BGB/*Weidlich* Rn 5.
[23] BGHZ 41, 23 = NJW 1964, 1316; hier endet das Amt bereits kraft Gesetzes.
[24] *Soergel/Damrau* Rn 5; MünchKommBGB/*Zimmermann* Rn 5.
[25] KG OLGE 40, 132; OLG Hamm Rpfleger 1959, 53; AnwK-BGB/*Weidlich* Rn 6.
[26] KK-Erbrecht/*Rott* Rn 8.
[27] KK-Erbrecht/*Rott* Rn 7; eingehend zur Auswahlunterscheidung des Nachlassgerichts, die dem einzelnen Bewerber nur eine „faire Chance" geben muss, *Zimmermann W,* ZEV 2007, 313.
[28] OLG Stuttgart OLGZ 1990, 14 = DNotZ 1990, 430 m Anm *Reimann*; AnwK-BGB/*Weidlich* Rn 6; *Damrau/Bonefeld* Rn 5; *Staudinger/Reimann* Rn 11.
[29] *Reimann* in: *Bengel/Reimann* HdB II Rn 169: Berufstestamentsvollstrecker scheidet dann idR aus.
[30] MünchKommBGB/*Zimmermann* Rn 7; AnwK-BGB/*Weidlich* Rn 7; KK-Erbrecht/*Rott* Rn 7.
[31] MünchKommBGB/*Zimmermann* Rn 7.
[32] AnwK-BGB/*Weidlich* Rn 9.
[33] BayObLG NJW-RR 1995, 711 = ZEV 1995, 24 m Anm *Klumpp*; dazu krit *Leipold* JZ 1996, 287, 295; aA – als rechtsgestaltende Verfügung wirksam, aber aufhebbar – MünchKommBGB/*Zimmermann* Rn 11; *Soergel/Damrau* Rn 9; OLG Hamburg NJW 1965, 968.
[34] Muster *Firsching/Graf* Nachlassrecht Rn 4.442.
[35] BayObLGZ 1993, 389 m Anm *Graf* ZEV 1994, 106; OLG Hamm OLGZ 1984, 282.

§ 2201   Buch 5. Abschnitt 3. Testament

Abs 2 S 1, Abs 3 FGG)[36]; er muss dabei allen Beteiligten bekannt gemacht werden. Er ist eine rechtsgestaltende Verfügung der freiwilligen Gerichtsbarkeit[37], die auch in der Erteilung eines Testamentsvollstreckerzeugnisses liegen kann[38]. Die nach **§ 113 KostO** anfallenden Gebühren sind vom Nachlass zu tragen.

8   Mit der Bekanntgabe nach § 16 Abs 1 FGG wird die Ernennungsverfügung wirksam. Damit tritt eine **Bindung** ein: Das Nachlassgericht kann die wirksame Ernennung nicht mehr von Amts wegen aufheben[39] und nicht im Erbscheinsverfahren mit den gleichen Beteiligten abermals überprüfen[40]. Als rechtsgestaltender Akt der freiwilligen Gerichtsbarkeit ist er aber ab dann auch für **andere** Behörden, das **Prozessgericht**, das Grundbuchamt und das Registergericht bindend, wenn er nicht nichtig ist[41]. Diese Bindung greift jedoch nur hinsichtlich der Tatsache der Ernennung ein. Andere **Unwirksamkeitsgründe,** wie fehlende oder unwirksame Anordnung der Testamentsvollstreckung oder Beendigung der Testamentsvollstreckung wegen Erledigung der Aufgaben werden hiervon nicht erfasst[42]. Für den Fall des fehlenden Ernennungsersuchens ist dies strittig (dazu Rn 6).

III. Rechtsmittel

9   Bei der **Ablehnung** der Ernennung ist die einfache und fristlose, bei **Ernennung** die **sofortige Beschwerde** nach §§ 81, 22 FGG gegeben[43]. Bei einer **Ernennung** sind beschwerdeberechtigt die Erben, die Miterben auch nach Pfändung ihrer Anteile[44], die Mitvollstrecker, die Nachlassgläubiger[45], die Vermächtnisnehmer[46] und die Pflichtteilsberechtigten[47], nicht aber der ernannte Testamentsvollstrecker selbst, da er das Amt nicht annehmen muss[48]. Die Beschwerde kann auch darauf gestützt werden, dass von Anfang an ein Entlassungsgrund (§ 2227) bestanden hat[49]. Wird die Ernennung eines Testamentsvollstreckers auf sofortige Beschwerde aufgehoben, so wird sie auch dann rückwirkend beseitigt, wenn die Ernennung durch Mitteilung an den Testamentsvollstrecker wirksam geworden und Testamentsvollstreckerzeugnis erteilt ist[50]. **Gegen** die **Ablehnung** der Ernennung kann jeder die einfache Beschwerde erheben, der dadurch unmittelbar in seinen **Rechten** betroffen ist (§ 20 FGG), nicht jedoch Nachlassgläubiger, die keinen Vollstreckungstitel besitzen[51].

10   Wird die **Ernennung** im Beschwerdeverfahren **aufgehoben,** so steht dem Testamentsvollstrecker die sofortige weitere **Beschwerde** zu[52], sofern er das Amt angenommen hatte. Die zwischenzeitlich vorgenommenen Rechtsgeschäfte des Testamentsvollstreckers bleiben nach § 32 FGG wirksam. Seine Rechtsstellung gegenüber den Erben bestimmt sich bei unwirksamer Ernennung nach den Grundsätzen des vermeintlichen Testamentsvollstreckers (§ 2197 Rn 37 ff).

§ 2201 Unwirksamkeit der Ernennung

Die Ernennung des Testamentsvollstreckers ist unwirksam, wenn er zu der Zeit, zu welcher er das Amt anzutreten hat, geschäftsunfähig oder in der Geschäftsfähigkeit beschränkt ist oder nach § 1896 zur Besorgung seiner Vermögensangelegenheiten einen Betreuer erhalten hat.

I. Unfähigkeitsgründe

1   Das Gesetz nennt **nur** drei Gründe für die Unfähigkeit, das Amt des Testamentsvollstreckers zu übernehmen. Der Ernannte darf weder geschäftsunfähig (§ 104) noch in der Geschäftsfähigkeit beschränkt sein (§§ 106, 114), noch darf er nach § 1896 zur Besorgung seiner sämtlichen Vermögensanlegenheiten[1] einen Betreuer erhalten haben. Dabei genügt auch bereits eine vorläufige Betreueranordnung hinsichtlich aller Vermögensangelegenheiten nach § 69f FGG[2]. Eine Betreuerbestellung

---

[36] MünchKommBGB/*Zimmermann* Rn 9; *Staudinger/Reimann* Rn 14. BayObLGZ 1985, 233.
[37] *Firsching/Graf* Nachlassrecht Rn 4.442; AnwK-BGB/*Weidlich* Rn 9.
[38] BayObLGZ 1985, 233; 1987, 46; 1992, 175.
[39] Anders aber bei wirksamer Anfechtung, OLG Köln FamRZ 1993, 1124.
[40] OLG Karlsruhe NJW-RR 1996, 652; MünchKommBGB/*Zimmermann* Rn 11; AnwK-BGB/*Weidlich* Rn 9.
[41] OLG Hamburg NJW 1965, 968; *Staudinger/Reimann* Rn 23; MünchKommBGB/*Zimmermann* Rn 11.
[42] AnwK-BGB/*Weidlich* Rn 9; MünchKommBGB/*Zimmermann* Rn 13; eingehend dazu *Staudinger/Reimann* Rn 24 f.
[43] BayObLG NJW-RR 2003, 224, 225; AnwK-BGB/*Weidlich* Rn 11.
[44] *Palandt/Edenhofer* Rn 8.
[45] KG OLGE 40, 132 Fn 1 b.
[46] KG RJA 8, 189.
[47] BayObLGZ 16, 128; KG OLGZ 40, 132 Fn 1 b.
[48] *Winkler,* Der Testamentsvollstrecker, Rn 84; *Staudinger/Reimann* Rn 17; MünchKommBGB/*Zimmermann* Rn 14.
[49] *Staudinger/Reimann* Rn 18 m ausf Darstellung des Prüfungsmaßstabs.
[50] BayObLG Beschluss vom 7. 4. 1988, BReg 1 Z 58/87.
[51] OLG Düsseldorf ZEV 2004, 67; offenlassend BayObLG FamRZ 2002, 641, 642 = ZEV 2001, 284.
[52] KG OLGZ 1992, 139, 141; AnwK-BGB/*Weidlich* Rn 11; MünchKommBGB/*Zimmermann* Rn 14.
[1] MünchKommBGB/*Zimmermann* Rn 2.
[2] BayObLGZ 1994, 313, 316 f = ZEV 1995, 63 m zust Anm *Damrau*; AnwK-BGB/*Weidlich* Rn 2; daran zu Recht zweifelnd wegen der Endgültigkeit dieser Wirkung MünchKommBGB/*Zimmermann* Rn 3.

nur wegen persönlicher oder auch wegen einzelner Vermögensangelegenheiten führt demgegenüber noch nicht zur Ernennungsunfähigkeit[3].

Bloße Unfähigkeits- oder **Untauglichkeitsgründe** fallen nicht unter diese Vorschrift und berechtigen allenfalls zu einer Entlassung nach § 2227. Wird über das Vermögen des Testamentsvollstreckers ein Insolvenzverfahren eröffnet oder hat er eine eidesstattliche Versicherung nach § 807 ZPO abzugeben, so hindert dies seine Ernennung nicht und macht sie auch bei späterem Eintritt solcher Ereignisse nicht unwirksam. Auch hier bleibt im Einzelfall nur die Entlassung[4], wenn einer der Entlassungsgründe des § 2227 vorliegt, wozu allein der Vermögensverfall nicht zählt. 2

II. Maßgeblicher Zeitpunkt

Dies ist weder der Erbfall noch die Annahme des Amtes, sondern der, in dem der Testamentsvollstrecker sein **Amt anzutreten** hat, also der Moment, in dem der Ernannte nach Kenntnis von seiner Ernennung in der Lage ist, sich über die Annahme des Amtes zu erklären[5]. Tritt der Unfähigkeitsgrund erst später ein, so gilt § 2225. Erfolgt jedoch die Ernennung unter einer **aufschiebenden Bedingung** oder Befristung, so ist der Eintritt dieser Bedingung oder dieses Zeitpunktes maßgebend[6]. 3

III. Rechtsfolge

Bei Vorliegen einer der in § 2201 genannten Mängel ist die Ernennung des konkret von einem Unwirksamkeitsgrund betroffenen Testamentsvollstreckers von vornherein und kraft Gesetzes **unwirksam**. Es bedarf keiner Entlassung oder Aufhebungserklärung durch das Nachlassgericht[7]. Auch wenn der Unfähigkeitsgrund nachträglich wegfällt (etwa durch Eintritt der Volljährigkeit), bleibt die Ernennung unwirksam[8]. Dann kann aber eine neue Ernennung nach §§ 2198, 2200 erfolgen, wenn die Voraussetzungen hierfür vorliegen. Im Übrigen gilt auch hier, dass die Unwirksamkeit der Ernennung eines konkreten Testamentsvollstreckers nicht zum Wegfall des gesamten Amts der Testamentsvollstreckung (im abstrakten Sinn) führt. Fehlt es an der ausdrücklichen Ernennung eines Ersatzvollstreckers, so kann immer noch eine Ernennung eines Testamentsvollstreckers durch das Nachlassgericht nach § 2200 in Betracht kommen, insbes auch durch Annahme eines „konkludenten Erblasserersuchens"[9]. 4

§ 2202 Annahme und Ablehnung des Amts

(1) Das Amt des Testamentsvollstreckers beginnt mit dem Zeitpunkt, in welchem der Ernannte das Amt annimmt.

(2) [1]Die Annahme sowie die Ablehnung des Amts erfolgt durch Erklärung gegenüber dem Nachlassgericht. [2]Die Erklärung kann erst nach dem Eintritt des Erbfalls abgegeben werden; sie ist unwirksam, wenn sie unter einer Bedingung oder einer Zeitbestimmung abgegeben wird.

(3) [1]Das Nachlassgericht kann dem Ernannten auf Antrag eines der Beteiligten eine Frist zur Erklärung über die Annahme bestimmen. [2]Mit dem Ablauf der Frist gilt das Amt als abgelehnt, wenn nicht die Annahme vorher erklärt wird.

I. Normzweck

Nicht bereits der Erbfall oder die Ernennung des Testamentsvollstreckers macht den dazu Berufenen zum Vollstrecker. Der Beginn des Amts setzt vielmehr kumulativ voraus:[1] 1
– Anordnung der Testamentsvollstreckung durch den Erblasser (in der Verfügung von Todes wegen),
– Ernennung des Testamentsvollstreckers durch den Erblasser selbst oder nach §§ 2198, 2199, 2200,
– Annahme des Amtes durch den Ernannten (§ 2202 Abs 1).

Da die Rechte und Pflichten des Testamentsvollstreckers erst mit der Annahme beginnen, stellt das Gesetz aus Gründen der Rechtssicherheit hierfür besondere Form- und Verfahrensvorschriften auf. 2

II. Annahme des Amtes (Abs 2)

1. Erklärungsempfänger. Die Annahme des Amtes wie auch seine Ablehnung erfolgt durch amtsempfangsbedürftige Erklärung gegenüber dem **Nachlassgericht** (Abs 2 S 1). Örtlich zuständig ist dabei 3

---

[3] MünchKommBGB/*Zimmermann* Rn 2; *Soergel/Damrau* Rn 1; *Staudinger/Reimann* Rn 2.
[4] AnwK-BGB/*Weidlich* Rn 3; *Damrau/Bonefeld* Rn 2; *Soergel/Damrau* Rn 2.
[5] KGJ 41, 70; AnwK-BGB/*Weidlich* Rn 4; *Damrau/Bonefeld* Rn 3; *Soergel/Damrau* Rn 3; *Staudinger/Reimann* Rn 4; *Kipp/Coing* § 67 I 8 Fn 17; für das Abstellen auf die Amtsannahme aber KK-Erbrecht/*Rott* Rn 3; MünchKommBGB/*Zimmermann* Rn 3; *Lange/Kuchinke* § 31 IV 3 b Fn 96.
[6] AnwK-BGB/*Weidlich* Rn 4; MünchKommBGB/*Zimmermann* Rn 3; *Staudinger/Reimann* Rn 4.
[7] AnwK-BGB/*Weidlich* Rn 5; MünchKommBGB/*Zimmermann* Rn 4; *Staudinger/Reimann* Rn 3.
[8] BayObLGZ 1994, 313, 316 f = ZEV 1995, 63; KGJ 41, 70; AnwK-BGB/*Weidlich* Rn 5; KK-Erbrecht/*Rott* Rn 9; MünchKommBGB/*Zimmermann* Rn 4; *Soergel/Damrau* Rn 4; diff *Staudinger/Reimann* Rn 5 ff: wenn Betreuungsgrund von Anfang an nicht bestand, sei die Ernennung wirksam.
[9] AnwK-BGB/*Weidlich* Rn 6; KK-Erbrecht/*Rott* Rn 10.
[1] *Reimann* in: *Bengel/Reimann* HdB II Rn 224 ff.

§ 2202

dasjenige, das für die Eröffnung der Verfügung von Todes wegen berufen ist (§§ 72, 73 FGG). Wird die Annahmeerklärung gegenüber einem **unzuständigen Gericht** abgegeben und leitet dieses die Erklärung an das zuständige Nachlassgericht weiter, so tritt die Wirksamkeit der Annahmeerklärung erst mit dem Zugang beim zuständigen Nachlassgericht ein[2].

4   2. **Annahmefähigkeit.** Die Erklärung der Annahme oder ihrer Ablehnung setzt Geschäftsfähigkeit des Testamentsvollstreckers voraus[3]. Soweit Beschränkung in der Geschäftsfähigkeit vorliegt, ist eine Annahme durch gesetzlichen Vertreter möglich[4], wenn die Ernennung aufschiebend bedingt oder befristet angeordnet ist und bis zum Amtsantritt mit der vollen Geschäftsfähigkeit zu rechnen ist[5].

5   3. **Inhalt.** Ein besonderer Inhalt der Annahme- oder Ablehnungserklärung ist nicht vorgeschrieben. Jedoch muss der Wille zur Amtsübernahme oder Amtsablehnung deutlich zum Ausdruck kommen. Eine bloß „stillschweigende Erklärung" genügt nicht[6]. Im Antrag auf Erteilung eines Testamentsvollstreckerzeugnisses liegt konkludent die Annahme des Amts[7]. Die Annahme- oder Ablehnungserklärung ist als Verfahrenshandlung **bedingungsfeindlich, unwiderruflich** und kann auch unter keiner Zeitbestimmung abgegeben werden (§§ 2202 Abs 2 S 2, 130 Abs 1 S 2). Nach einer Ablehnung des Amts ist daher eine Annahme nicht mehr möglich[8]. Teilweise wird auch eine **Teilannahme** des Amtes grds für möglich gehalten, wenn dies dem (zumindest hypothetischen) Willen des Erblassers entspricht, insbes wenn ansonsten kein Testamentsvollstrecker zum Zuge kommt. Eine Aufteilung des Testamentsvollstreckeramtes durch eine Teilannahme zwischen dem zunächst berufenen Testamentsvollstrecker und dem iÜ nachrückenden Ersatztestamentsvollstrecker entspreche dagegen regelmäßig nicht dem Erblasserwillen, weil ein Aufgabensplittung idR zu einer Aufgabenerschwernis führe[9]. Dabei wird jedoch bereits im Ansatz verkannt, dass eine solche Teilannahme eine unzulässige Bedingung ist und daher zur Unwirksamkeit der Annahmeerklärung führt. Anders liegt es nur, wenn der Erblasser, und sei es nur stillschweigend, eine Anordnung von Nebenvollstreckern (§ 2224) mit verschiedenen Aufgabenbereichen verfügt hat.

6   4. **Form.** Es genügt **privatschriftliche Form**[10]. Wegen § 2228 reicht eine rein mündliche Erklärung nicht[11]. Eine mündliche Annahmeerklärung ist daher zu Protokoll des Nachlassgerichts oder zu Protokoll der Geschäftsstelle eines jeden beliebigen Amtsgerichts abzugeben (§ 11 FGG). Jedoch ist die Erklärung erst mit Eingang beim zuständigen Nachlassgericht wirksam[12].

7   5. **Zeitpunkt der Annahmeerklärung.** Die Annahmeerklärung kann erst nach dem Eintritt des Erbfalls abgegeben werden (Abs 2 S 2 HS 1). Der Amtsbeginn ist jedoch unabhängig von der Annahme der Erbschaft und von der Eröffnung des Testaments[13]. Hängt die Bestimmung der Person des Testamentsvollstreckers von der Erklärung eines Dritten ab (§§ 2198, 2199, 2200), so kann die Annahme nicht vor Abgabe derselben erfolgen, da bis dahin die Person des Testamentsvollstreckers eben noch nicht feststeht[14].

8   6. **Erklärungsfrist (Abs 3).** Das Nachlassgericht kann auf Antrag eines Beteiligten eine Frist zur Erklärung über die Annahme bestimmen (Abs 3)[15]. Die Antragsberechtigung entspricht der bei § 2198 (dort Rn 8). Ist der Amtsbeginn vom Eintritt einer Bedingung oder Befristung abhängig, ist vorher eine Fristbestimmung nicht möglich[16]. Eine Fristsetzung ist auch ohne einen entsprechenden Antrag eines Beteiligten, also von Amts wegen, zulässig[17]. Ohne einen solchen Antrag tritt jedoch nicht die Ablehnungswirkung nach Abs 3 S 2 ein, wenn die Annahme nicht fristgerecht erklärt wird[18].

9   Nach Ablauf dieser Frist **gilt die Annahme als abgelehnt,** wenn sie nicht vorher ausdrücklich erklärt wurde (Abs 3 S 2). Zuständig zur Fristbestimmung ist der Rechtspfleger (§§ 3 Nr 2 c, 16 RPflG), der durch Beschluss entscheidet[19]. Gegen die Ablehnung der Fristbestimmung ist die **einfache Beschwerde** zulässig (§§ 19, 20 Abs 2 FGG); sie steht nur dem Antragsteller zu. Gegen die Verfügung

---

[2] AnwK-BGB/*Weidlich* Rn 4.
[3] *Reimann* in: *Bengel/Reimann* HdB II Rn 224.
[4] AA *Staudinger/Reimann* Rn 19; AnwK-BGB/ *Weidlich* Rn 8: wegen der höchstpersönlichen Natur der Amtsannahme sei nur Erklärung des beschränkt Geschäftsfähigen mit Zustimmung seines gesetzlichen Vertreters nach § 107 möglich.
[5] *Palandt/Edenhofer* Rn 3.
[6] Prot V S 253.
[7] BGH WM 1961, 479.
[8] Jedoch ist eine erneute Benennung durch einen Dritten oder das Nachlassgericht möglich, wenn der Erblasser eine solche Möglichkeit in der Verfügung von Todes wegen vorgesehen hat, *Reimann* in: *Bengel/Reimann* HdB II Rn 232).
[9] *Grunsky/Hohmann* ZEV 2005, 41, 43 ff; zust AnwK-BGB/*Weidlich* Rn 6.
[10] KK-Erbrecht/*Rott* Rn 7.
[11] *Staudinger/Reimann* Rn 8; aA *Planck/Flad* Anm 2; *Damrau/Bonefeld* Rn 2; MünchKommBGB/*Zimmermann* Rn 5: schriftliche Abgabe oder Protokollierung keine Wirksamkeitsvoraussetzung; ebenso *Soergel/Damrau* Rn 3; AnwK-BGB/*Weidlich* Rn 5.
[12] *Staudinger/Reimann* Rn 6.
[13] *Palandt/Edenhofer* Rn 1.
[14] OLG Colmar OLGE 26, 349; *Staudinger/Reimann* Rn 13.
[15] Muster hierfür *Firsching/Graf* Nachlassrecht Rn 4.447.
[16] *Palandt/Edenhofer* Rn 4; *Erman/M. Schmidt* Rn 3; *Staudinger/Reimann* Rn 14.
[17] *Reimann* in: *Bengel/Reimann* HdB II Rn 238; MünchKommBGB/*Zimmermann* Rn 10.
[18] MünchKommBGB/*Zimmermann* Rn 10.
[19] Muster bei *Firsching/Graf* Nachlassrecht Rn 4.447.

zur Fristbestimmung ist die **sofortige Beschwerde** gegeben (§ 81 FGG); beschwerdeberechtigt ist hier der Ernannte[20].

7. Kosten. Für die Entgegennahme der Annahme- oder Ablehnungserklärung fällt eine Gebühr nach §§ 112 Abs 1 Nr 6, 115 KostO an, und zwar regelmäßig aus einem angemessenen Teilwert des Nachlasses; Kostenschuldner sind die Erben (§ 6 Abs 2 KostO). Für die Fristbestimmung fällt eine Gebühr nach §§ 113, 115 KostO an, Kostenschuldner ist der Antragsteller (§ 2 Nr 1 KostO).

III. Pflicht zur Amtsannahme?

Eine Annahmeverpflichtung besteht nach dem BGB grds nicht, wie sich aus Kündigungsmöglichkeit nach § 2226 ergibt[21]. Teilweise wird eine **vertragliche Verpflichtung** zwischen dem Erblasser oder dem Erben und dem Ernannten für möglich und einklagbar gehalten, wodurch sich der zum Testamentsvollstrecker Berufene zur Amtsannahme verpflichtet[22]. Hieraus soll auch eine Schadensersatzpflicht entstehen können, wenn kein wichtiger Grund vorliegt, der nach Amtsannahme zur Kündigung berechtigen würde[23]. Dies ist jedoch abzulehnen[24]. Denn ein solchermaßen gezwungener Vollstrecker ist kein guter Treuhänder des Nachlasses; zudem könnte er jederzeit sein Amt niederlegen (§§ 2226, 671 Abs 3); auch dürfte ein erlittener Schaden wegen der nicht erfolgten Amtsübernahme kaum beweisbar sein[25].

Der Erblasser kann aber mittelbar durch eine **Zuwendung** unter der Bedingung der Amtsannahme und -fortführung den Testamentsvollstrecker zu einer solchen Handlung bewegen[26]. Eine Bindung des Erblassers zur Ernennung eines bestimmten Testamentsvollstreckers scheitert an § 2302[27].

IV. Rechtsgeschäfte vor Amtsbeginn

Rechtsgeschäfte vor Amtsbeginn sind unwirksam. Sie werden auch nicht durch die spätere Amtsannahme automatisch wirksam[28]. Ein einseitiges Rechtsgeschäft ist daher grds nichtig (§§ 180, 141). Im Übrigen kann der Testamentsvollstrecker nach Annahme des Amtes die vorher vorgenommenen schuldrechtlichen Verträge nach den §§ 177, 184 genehmigen, ebenso vorher als Nichtberechtigter getätigte Verfügungen nach § 185 Abs 2 S 1 Alt 1[29]; zT wird sogar angenommen, dass die Verfügungsgeschäfte entspr § 185 Abs 2 S 1 Alt 2 mit dem Amtsantritt von selbst und ex nunc wirksam werden[30].

§ 2203 Aufgabe des Testamentsvollstreckers

Der Testamentsvollstrecker hat die letztwilligen Verfügungen des Erblassers zur Ausführung zu bringen.

Übersicht

	Rn		Rn
I. Arten der Testamentsvollstreckung	1	c) Ermittlung der Abwicklungspflichten aus der Verfügung von Todes wegen	8
II. Aufgabenstellung des Testamentsvollstreckers bei der Abwicklungsvollstreckung	2	d) Durchführung der Abwicklungsvollstreckung	9
1. Grundsatz	2	e) Unabhängigkeit der Amtsführung	11
2. Mögliche Aufgabenstellungen	3	f) Steuerliche Pflichten	12
3. Typischer Ablauf einer Abwicklungsvollstreckung	6	**III. Rechte der Erben gegen den Testamentsvollstrecker**	14
a) Testamentseröffnung, Nachlassverhandlung	6		
b) Konstituierung des Nachlasses	7		

---

[20] *Staudinger/Reimann* Rn 16; *Keidel/Winkler* § 81 FGG Rn 2.
[21] *Palandt/Edenhofer* Rn 2; *Staudinger/Reimann* Rn 23; *Damrau/Bonefeld* Rn 7.
[22] *Soergel/Damrau* Rn 2; *RGRK/Kregel* Rn 3; *Kipp/Coing* § 67 II 1; *Staudinger/Reimann* Rn 25, zweifelnd aber hinsichtlich der Urteilswirkung des § 894 ZPO; *AnwK-BGB/Weidlich* Rn 9 bejaht zwar vertragliche Verpflichtung, verneint jedoch Klagbarkeit der Verpflichtung.
[23] *KK-Erbrecht/Rott* Rn 4; *AnwK-BGB/Weidlich* Rn 9.
[24] *Palandt/Edenhofer* Rn 2; *MünchKommBGB/Zimmermann* Rn 2; *Lange/Kuchinke* § 31 IV 4.
[25] Zust *Damrau/Bonefeld* Rn 7; Letzteres räumt auch *Staudinger/Reimann* Rn 25 ein.
[26] *MünchKommBGB/Zimmermann* Rn 2; *Kipp/Coing* § 67 II 1.
[27] *MünchKommBGB/Zimmermann* Rn 2; *Palandt/Edenhofer* Rn 2.
[28] HM, so etwa *Staudinger/Reimann* Rn 32; *MünchKommBGB/Zimmermann* Rn 4; für automatische und rückwirkend analog § 1959 Abs 2 eintretende Wirksamkeit nur *Lange/Kuchinke* § 31 V 3.
[29] *Reimann* in: *Bengel/Reimann* HdB II Rn 242; *Damrau/Bonefeld* Rn 3; *KK-Erbrecht/Rott* Rn 8; *Staudinger/Reimann* Rn 32.
[30] So *Staudinger/Reimann* Rn 32 im Anschluss an RGZ 111, 247, 250; 149, 19, 22; *Klaus Müller* JZ 1981, 377; ebenso ohne jede Problemerörterung OLG München ZEV 2006, 173, 174; wohl auch *Kipp/Coing* § 67 II Fn 25 und *MünchKommBGB/Zimmermann* Rn 4; abl aber zu Recht *AnwK-BGB/Weidlich* Rn 3; *Soergel/Damrau* Rn 5; *Erman/M. Schmidt* Rn 4.

§ 2203

I. Arten der Testamentsvollstreckung

1   Der **Regelfall** der Testamentsvollstreckung ist die Abwicklungsvollstreckung (auch ausführende Testamentsvollstreckung)[1] der §§ 2203 bis 2207. Die **Ausnahme** ist die Verwaltungsvollstreckung mit dem Sonderfall der Dauervollstreckung (§ 2209). Die Anordnung der Testamentsvollstreckung ohne nähere Angaben ist daher als ausführende Testamentsvollstreckung zu verstehen. Nach dem gesetzlichen Grundmodell umfasst dabei die Aufgabe des Testamentsvollstreckers grds den gesamten Nachlass, er ist sog **Generalvollstrecker**[2], jedoch ist eine gegenständliche Beschränkung genauso möglich (§ 2208 Abs 1 S 2, Spezialvollstrecker) wie die Kombination der Verwaltungsvollstreckung hinsichtlich des einen Teils, und die Abwicklungsvollstreckung hinsichtlich des anderen Teils des Nachlasses.

II. Aufgabenstellung des Testamentsvollstreckers bei der Abwicklungsvollstreckung

2   **1. Grundsatz.** Die Hauptaufgabe ist die **Ausführung der Verfügungen von Todes** wegen des Erblassers. Der Testamentsvollstrecker hat dabei die Pflicht, durch die Abwicklung den Endzustand herbeizuführen, den der Erblasser hinsichtlich des Nachlasses wollte[3]. Mit der vollständigen Erfüllung dieser Aufgabe endet das Amt des Abwicklungsvollstreckers von selbst und ohne Zutun des Nachlassgerichts[4]. Im Rahmen dieser Abwicklung sind sämtliche Erblasseranordnungen auszuführen, soweit letztwillig nichts anderes bestimmt ist, die Nachlassverbindlichkeiten zu erfüllen und ein etwa verbleibender Teil des Nachlasses an die Erben entspr der ihnen zustehenden Beteiligung auszukehren[5].

3   **2. Mögliche Aufgabenstellungen.** Sachlich wird die Aufgabe des Abwicklungsvollstreckers durch die vom Erblasser getroffenen **letztwilligen Anordnungen** bestimmt, so dass auch hier der Grundsatz der **Maßgeblichkeit des Erblasserwillens** gilt. Denn innerhalb der zwingenden gesetzlichen Schranken ist der Wille des Erblassers die oberste Norm für die Aufgaben und Befugnisse des Testamentsvollstreckers[6]. Als solche Anordnungen kommen in Betracht[7]: Vollzug von Vermächtnissen, Auflagen, die Erbauseinandersetzung (§ 2204), die Ausübung von Urheberrechten iS § 28 Abs 2 UrhG, die Erfüllung von (See-) Bestattungs- und Grabpflegeanordnungen, sonstige besonders zugewiesene Verwaltungsaufgaben (etwa nach §§ 2048 S 2, 2151 Abs 1, 2153, 2154, 2155 Abs 2, Bestimmung eines Miterben als Nachfolger in eine Gesellschaftsbeteiligung)[8]. Soweit der Vermächtnisnehmer mit Auflagen und Beschwerungen belastet ist (zB Unter- oder Nachvermächtnisse), obliegt im Zweifel auch deren Erfüllung dem Testamentsvollstrecker[9]. Eine direkte **Erweiterung** der gesetzlich bestimmten Rechtsstellung des Testamentsvollstreckers ist **nicht** möglich[10], auch **nicht mit Zustimmung** der Erben[11].

4   **Mittelbar** kann eine Aufgabenerweiterung allerdings dadurch geschehen, dass der Testamentsvollstrecker zum Schiedsrichter (§ 1066 ZPO)[12] oder Schiedsgutachter ernannt wird[13]. Dadurch darf allerdings das **Drittbestimmungsverbot** des § 2065 nicht umgangen werden. Daher kann der Testamentsvollstrecker nicht ermächtigt werden, über die Gültigkeit der gesamten Verfügung von Todes wegen zu entscheiden[14]. Auch darf der Testamentsvollstrecker nicht zum Richter in eigener Sache gemacht werden, so dass er nicht über das Bestehen der Testamentsvollstreckung und die sich hieraus ergebenden Rechte und Pflichten entscheiden kann[15]. Die **Erbeinsetzung unter** einer **Bedingung**, deren Eintritt vom Testamentsvollstrecker festgestellt werden soll, verstößt aber nicht gegen § 2065, wenn die Voraussetzungen des Bedingungseintritts durch sachliche Kriterien hinreichend bestimmt angegeben und nicht dem Ermessen des Testamentsvollstreckers überlassen sind und die Anordnung des Erblassers dahin auszulegen ist, dass er ggf zur Feststellung des Bedingungseintritts verpflichtet ist. Die Feststellung des Bedingungseintritts erfolgt dann analog § 2198 Abs 1 S 2 durch Abgabe einer öffentlich beglaubigten Erklärung gegenüber dem Nachlassgericht[16].

5   Aus der **Aufgabenstellung** heraus **begrenzt** wird die Amtspflicht des Testamentsvollstreckers auf die Ausführung von Verfügungen von Todes wegen, sofern sie ihrer Natur nach überhaupt vollzugsfähig sind. Ausgenommen sind auf alle Fälle **familienrechtliche Anordnungen** (§§ 1639, 1803, 1909, 1917)[17]. **Gegenständlich beschränkt** ist der Testamentsvollstrecker dahingehend, dass seinem Ver-

---

[1] Vgl etwa BayObLGZ 1976, 67, 71 f.
[2] *Lange/Kuchinke* § 31 V 1.
[3] *Staudinger/Reimann* Rn 3; MünchKommBGB/*Zimmermann* Rn 5.
[4] BGHZ 41, 23, 25 = NJW 1964, 1316.
[5] MünchKommBGB/*Zimmermann* Rn 9; *Staudinger/Reimann* Rn 4; *Lange/Kuchinke* § 31 V 1 a.
[6] BayObLG NJW 1976, 1692; NJW-RR 2000, 298, 300.
[7] Vgl MünchKommBGB/*Zimmermann* Rn 9 mwN.
[8] BGH NJW 1986, 581.
[9] BGH WM 1970, 930; AnwK-BGB/*Weidlich* Rn 2; MünchKommBGB/*Zimmermann* Rn 9; *Staudinger/Reimann* Rn 5; s auch § 2223 Rn 2 f.
[10] RG WarnR 1915 Nr 292; *Staudinger/Reimann* Rn 5.
[11] *Staudinger/Reimann* Rn 8; *Soergel/Damrau* Rn 6, 8.
[12] BGHZ 15, 199, 203 = NJW 1955, 100; RGZ 100, 76, 77; AnwK-BGB/*Weidlich* Rn 9; *Kohler* DNotZ 1962, 125, 129; *Winkler*, Der Testamentsvollstrecker, Rn 126; *Haas* ZEV 2007, 49, 54; aA *Kipp/Coing* § 78 III 5.
[13] *Staudinger/Reimann* Rn 5.
[14] BGHZ 15, 199, 200 = NJW 1955, 100; 41, 23, 26 = NJW 1964, 1316; MünchKommBGB/*Zimmermann* Rn 18; *Schaub* in: *Bengel/Reimann* HdB III Rn 136 f.
[15] BGHZ 41, 23, 25 f; AnwK-BGB/*Weidlich* Rn 9; *Haas* ZEV 2007, 49, 54.
[16] KG ZEV 1998, 182 m Anm Fr. *Wagner* = DNotZ 1999, 679 m Anm *Zawar*; *Staudinger/Reimann* Rn 5.
[17] *Staudinger/Reimann* Rn 9.

waltungsrecht nur der Nachlass unterliegt. Was auf Grund eines wirksamen Vertrages zugunsten Dritter auf den Todesfall (§ 331, etwa Lebensversicherungen, Sparverträge mit Drittbegünstigungen) außerhalb des Nachlasses erworben wurde, unterliegt daher nicht mehr seiner Verfügungsbefugnis[18]. Jedoch ist hier zu beachten, dass bei solchen Drittbegünstigungen oftmals im Valutaverhältnis zwischen Erblasser und Begünstigtem noch kein wirksamer Rechtsgrund im Erbfall vorliegt, vielmehr erst nach dem Tod das Angebot des Erblassers auf Abschluss eines Schenkungsvertrags (§ 516) angenommen werden muss. Es kann daher zu einer „Wettlaufsituation" kommen, weil vor Annahme des Angebots der Testamentsvollstrecker das Schenkungsangebot widerrufen kann und dies auch muss, wenn dies dem Erblasserwillen und § 2216 Abs 1 entspricht[19]. Auch bei Gemeinschaftskonten, insbes sog „Oder-Konten", ist für die umgehende Sicherung der Rechte der Erben zu sorgen[20]. Dies kann dadurch geschehen, dass der Testamentsvollstrecker die Befugnis der Erben des Mitkontoinhabers zur alleinigen Verfügung über das Konto widerruft, was nach den Allgemeinen Geschäftsbedingungen der Banken und Sparkassen idR zulässig ist, so dass aus dem „Oder-Konto" ein „Und-Konto" wird[21].

3. Typischer Ablauf einer Abwicklungsvollstreckung. a) Testamentseröffnung, Nachlass- **6** **verhandlung.** Zur ordnungsgemäßen Aufgabenerfüllung hat sich der Testamentsvollstrecker mit dem Nachlassgericht in Verbindung zu setzen und auf die baldige Testamentseröffnung hinzuwirken, damit er gesicherte Kenntnis vom Umfang seiner Aufgaben und der durchzuführenden Verfügung von Todes wegen erlangt[22]. Soweit erforderlich, hat er einen Erbschein zu beantragen (§ 2205 Rn 9)[23] und auch ein Testamentsvollstreckerzeugnis, damit der Nachlass handlungsfähig wird.

b) Konstituierung des Nachlasses. Vorrangig hat der Testamentsvollstrecker die Konstituierung **7** des Nachlasses vorzunehmen, dh die verbindliche und nach außen dokumentierte Abgrenzung der von ihm verwalteten Nachlassobjekte[24]. Hierzu gehört: Ermittlung und **Inbesitznahme** des Nachlasses (keine Besitzerlangung nach § 857), bei Grundstücken Eintragung eines Testamentsvollstreckervermerks (§ 52 GBO) zur Verhinderung eines gutgläubigen Erwerbs, erforderliche Sicherung des Nachlasses, die Erstellung und Übermittlung des Nachlassverzeichnisses (§ 2215, s Erl dort), Unterstützung des Erben bei der Inventaraufnahme (§ 2215 Rn 9), Abgabe der Erbschaftsteuererklärung und Begleichung der Erbschaftsteuer (Rn 12 f), Regulierung anderer Nachlassverbindlichkeiten.

c) Ermittlung der Abwicklungspflichten aus der Verfügung von Todes wegen. Gilt die **8** Maßgeblichkeit des Willens des Erblassers als Richtlinie und Marge des Testamentsvollstreckers, so muss er diesen zunächst aus der Verfügung von Todes wegen ermitteln. Daher gehört es zum Pflichtenkreis des Abwicklungsvollstreckers, die **Rechtswirksamkeit** der **letztwilligen Verfügung zu prüfen** und dabei, so weit erforderlich, nach dem wahren Erblasserwillen in eigener Verantwortung **auszulegen**[25]. Entsteht infolge einer schuldhaften Fehlbeurteilung ein Schaden, haftet der Testamentsvollstrecker hierfür (§ 2219)[26]. Jedoch ist der Testamentsvollstrecker zu einer allseits verbindlichen (authentischen) Interpretation nicht befugt, falls er nicht zusätzlich zum Schiedsrichter berufen ist. Bei Streit über Gültigkeit und Tragweite einer Verfügung von Todes wegen kann daher der Testamentsvollstrecker **Feststellungsklage** nach § 256 ZPO erheben[27]. Auszuführen sind auch solche Anordnungen des Erblassers, die ihren Grund in einem ideellen Interesse haben[28].

d) Durchführung der Abwicklungsvollstreckung. Der so ermittelte Wille des Erblassers ist **9** **Richtschnur** für die Amtsführung des Testamentsvollstreckers[29]. Die **Mittel** und Instrumentarien **zur Ausführung** der letztwilligen Anordnungen finden sich in den § 2205 (Verwaltung, Besitznahme, Verfügungen) und §§ 2206, 2207 (Eingehung von Verbindlichkeiten). Eigenes Vermögen muss der Testamentsvollstrecker hierfür nicht einsetzen[30]. Jedoch hat er ggf das Nachlassinsolvenzverfahren zu beantragen (§§ 315 ff InsO) oder die Dürftigkeitseinrede (§ 1992) zu erheben. Auch in der idR kürzeren „Interimszeit" der Abwicklungsvollstreckung gilt für seine Verwaltung § **2216**, aber immer bezogen und zugeschnitten auf das Ziel der möglichst zügigen Abwicklung; insoweit ist die Rechtslage anders als bei der Verwaltungsvollstreckung.

Eine besondere **Aufklärungspflicht** des Testamentsvollstreckers gegenüber den Erben, etwa über **10** die Vorteile einer taktischen Ausschlagung nach § 2306 Abs 1 S 2, besteht nicht[31]. Auch besteht keine

---

[18] Dazu etwa OLG Schleswig ZEV 1995, 415.
[19] *Staudinger/Reimann* § 2205 Rn 166; *Muscheler* WM 1994, 921 ff; ausz zu diesen Problemen *Schmalz-Brüggemann* ZEV 1996, 84.
[20] *D. Mayer* in: *Bengel/Reimann* HdB V Rn 339.
[21] Eingehend *J. Mayer* in: *Mayer/Bonefeld/Wälzholz/Weidlich* Rn 648 ff.
[22] MünchKommBGB/*Zimmermann* Rn 6.
[23] Zum Antragsrecht AnwK-BGB/*Weidlich* Rn 10.
[24] *Staudinger/Reimann* Rn 23 ff; eingehend hierzu *Klumpp/Schaub* in: *Bengel/Reimann* HdB III; KK-Erbrecht/*Rott* Rn 8 ff; umfassend *Bonefeld* in: *Mayer/Bonefeld/Wälzholz/Weidlich* Rn 655 ff.
[25] Vgl auch BayObLG NJW-RR 1989, 587; AnwK-BGB/*Weidlich* Rn 10.
[26] MünchKommBGB/*Zimmermann* Rn 7; *Staudinger/Reimann* Rn 12.
[27] *Palandt/Edenhofer* Rn 2; *Erman/M. Schmidt* Rn 4; MünchKommBGB/*Zimmermann* Rn 7; *Staudinger/Reimann* Rn 37.
[28] RGZ 74, 215, 218; 105, 246, 250; *Staudinger/Reimann* Rn 36.
[29] MünchKommBGB/*Zimmermann* Rn 13; AnwK-BGB/*Weidlich* Rn 15.
[30] *Staudinger/Reimann* Rn 29.
[31] *Kohler* DNotZ 1958, 246; *Palandt/Edenhofer* Rn 3.

§ 2203

Buch 5. Abschnitt 3. Testament

allgemeine Pflicht zur Anhörung oder Anzeige der Ausführung der letztwilligen Verfügung oder zur Vornahme anderer Verwaltungsmaßnahmen[32], vgl jedoch die Sonderregelung des § 2204 Abs 2.
Zur **Anfechtung** der Verfügung von Todes wegen (§ 2078) oder Erhebung der Anfechtungseinrede ist der Testamentsvollstrecker grds nicht berechtigt, da er nicht selbst Erbe oder Vermächtnisnehmer ist. Dies ist allein Aufgabe der Erben[33]. Ein eigenes Anfechtungsrecht des Testamentsvollstreckers besteht nur hinsichtlich der Anordnungen, die sein Recht als Testamentsvollstrecker einschränken oder gar aufheben[34].

11   e) **Unabhängigkeit der Amtsführung.** An die Weisungen der Erben ist der Testamentsvollstrecker nicht gebunden; hier gilt der Grundsatz der Unabhängigkeit der Amtsführung[35], denn § 2218 verweist gerade nicht auf § 665. Dadurch soll die Umsetzung des Erblasserwillens gesichert werden, und zwar auch und gerade gegen den Willen aller Erben, wenn dies sein muss. Denn oftmals ist ein solcher Interessengegensatz gerade Grund für die Anordnung der Testamentsvollstreckung. Unwirksam ist daher auch jede Abrede zwischen Testamentsvollstrecker und Erben, die die freie Stellung des Testamentsvollstreckers beeinträchtigt (iE § 2218 Rn 2)[36]. Auch das Nachlassgericht übt keine allgemeine Aufsicht über den Testamentsvollstrecker aus.

12   f) **Steuerliche Pflichten. aa) Erbschaftsteuer.** Nach § 31 Abs 5 S 1 ErbStG hat der Testamentsvollstrecker die **Erbschaftsteuererklärung** hinsichtlich des von ihm verwalteten Nachlasses abzugeben, jedoch gilt dies nur, soweit seine **Verwaltungsbefugnis** reicht, so dass die Steuererklärungspflicht den Testamentsvollstrecker hinsichtlich des Vermächtniserwerbs nur dann trifft, wenn der Erblasser angeordnet hat, dass der Testamentsvollstrecker auch nach der Vermächtniserfüllung das Vermächtnisobjekt zu verwalten hat[37]. Auch wenn die Testamentsvollstreckung aus einem anderen Grund gegenständlich beschränkt ist (§ 2208 Abs 1 S 2), etwa auf das Inlandsvermögen, so hat er auch nur diesbezüglich die Steuererklärungspflicht zu erfüllen[38]. Für den nicht der Testamentsvollstreckung unterliegenden Nachlass haben die Erben die Erbschaftsteuererklärung abzugeben, jedoch können aus Gründen der Vereinfachung die Erklärungen in einer von Testamentsvollstrecker und Erben zusammengefassten Erklärung abgegeben werden, wenn nur klar wird, wer inhaltlich für welchen Teil verantwortlich ist[39]. Die Verpflichtung des Testamentsvollstreckers zur Abgabe der Erbschaftsteuererklärung setzt keine entsprechende vorherige Aufforderung des Finanzamts nach § 31 Abs 1 ErbStG an die Erben zur Abgabe der Erklärung voraus[40], wohl aber in entsprechender Anwendung dieser Vorschrift eine entsprechende Aufforderung an ihn[41]. Zur Ausübung **erbschaftsteuerrechtlicher Wahlrechte** (etwa nach § 25 ErbStG) ist der Testamentsvollstrecker nicht befugt, da hierzu nur der eigentliche Steuerschuldner berechtigt ist[42]. Soweit der Testamentsvollstrecker zur Abgabe der Erbschaftsteuererklärung verpflichtet war, ist ihm gegenüber auch der Erbschaftsteuerbescheid bekannt zu geben (§ 32 Abs 1 S 1 ErbStG). Er ist hier Bekanntgabeadressat, während Inhaltsadressat der Erbe als Steuerschuldner ist. Wenn dagegen der Testamentsvollstrecker selbst, etwa als Miterbe, als eigentlicher Steuerschuldner ist oder aber nach § 32 Abs 1 S 2 ErbStG auf Zahlung aus dem Nachlass in Anspruch genommen wird, ist er zugleich Bekanntgabe- und Inhaltsadressat. Daher muss dem Bescheid wenigstens im Wege der Auslegung zu entnehmen sein, ob der Testamentsvollstrecker auf Zahlung der Erbschaftsteuer in Anspruch genommen wird[43]. Andernfalls ist der Bescheid auf die entsprechende Anfechtung hin aufzuheben[44]. In diesem Sonderfall ist auch ausnahmsweise der Testamentsvollstrecker zur Einlegung von **Rechtsbehelfen** im eigenen Namen befugt[45], während dies ansonsten nicht der Fall ist[46]. Weiter hat der Testamentsvollstrecker gemäß § 32 Abs 1 S 2 ErbStG für die **Bezahlung der Erbschaftsteuer** zu sorgen[47], mit persönlicher Haftung nach § 69 AO, wenn er diese Verpflichtung vorsätzlich oder grob fahrlässig verletzt[48]. Dann hat das Finanzamt

---

[32] MünchKommBGB/*Zimmermann* Rn 16; *Staudinger/Reimann* Rn 34.
[33] BGH NJW 1962, 1058.
[34] *Staudinger/Reimann* Rn 17; *Palandt/Edenhofer* Rn 4.
[35] BGHZ 25, 275, 279 f; *Staudinger/Reimann* Rn 35; MünchKommBGB/*Zimmermann* Rn 14.
[36] MünchKommBGB/*Zimmermann* Rn 14.
[37] BFH NJW-RR 1999, 1594; *Wälzholz/Vassel-Knauf* in: *Mayer/Bonefeld/Wälzholz/Weidlich* Rn 1198 mw Details.
[38] *Viskorf/Glier/Hübner/Kobel/Schuck* § 31 ErbStG Rn 14; *Wälzholz/Vassel-Knauf* in: *Mayer/Bonefeld/Wälzholz/Weidlich* Rn 1199.
[39] *Wälzholz/Vassel-Knauf* in: *Mayer/Bonefeld/Wälzholz/Weidlich* Rn 1200; dem zuneigend AnwK-BGB/*Weidlich* Rn 26.
[40] BFH BStBl II 2000, 233 = ZEV 2000, 167; *Wälzholz/Vassel-Knauf* in: *Mayer/Bonefeld/Wälzholz/Weidlich* Rn 1201; aA *Viskorf* FR 1999, 1257, 1258.
[41] *Meincke* § 31 ErbStG Rn 12; *Mönch* § 31 ErbStG Rn 12; *Viskorf/Glier/Hübner/Kobel/Schuck* § 31 ErbStG Rn 13; *Wälzholz/Vassel-Knauf* in: *Mayer/Bonefeld/Wälzholz/Weidlich* Rn 1202; *Viskorf* FR 1999, 1257, 1258; offen gelassen von BFH BStBl II 2000, 233 = ZEV 2000, 167.
[42] *Häfke* ZEV 1997, 429, 432; *Meincke* § 31 ErbStG Rn 13; *Mönch* § 31 ErbStG Rn 12; eingehend dazu *Wälzholz/Vassel-Knauf* in: *Mayer/Bonefeld/Wälzholz/Weidlich* Rn 1270 ff.
[43] *Geck* in: *Reimann/Bengel/J. Mayer* Systematischer Teil C Rn 152; *Wälzholz/Vassel-Knauf* in: *Mayer/Bonefeld/Wälzholz/Weidlich* Rn 1231.
[44] BFH BStBl II 1986, 524.
[45] BFH BStBl II 1986, 524; *Wälzholz/Vassel-Knauf* in: *Mayer/Bonefeld/Wälzholz/Weidlich* Rn 1231.
[46] BFH BStBl II 1982, 262; H 88 ErbStH; *Kapp* DStR 1985, 725, 727; *Wälzholz/Vassel-Knauf* in: *Mayer/Bonefeld/Wälzholz/Weidlich* Rn 1244.
[47] AA für reine Abwicklungsvollstreckung *Troll/Jülicher* § 32 Rn 28, weil dies nicht zu seinen zivilrechtlichen Aufgaben gehöre, was aber wegen § 2046 (vgl § 2204 Rn 5) nicht zutr ist, so richtig *Wälzholz/Vassel-Knauf* in: *Mayer/Bonefeld/Wälzholz/Weidlich* Rn 1307.
[48] Eingehend *Wälzholz/Vassel-Knauf* in: *Mayer/Bonefeld/Wälzholz/Weidlich* Rn 1290 ff.

einen Haftungsbescheid gemäß § 191 AO zu erlassen. Daher hat der Testamentsvollstrecker für den richtigen Wertansatz in der Steuererklärung zu achten und darauf, dass nur so viel vom Nachlass an die Erben ausgekehrt wird, dass zur Erfüllung der Zahlungspflicht dem Testamentsvollstrecker genügend verbleibt[49]. Die steuerliche Verpflichtung, für die Bezahlung der Erbschaftsteuer zu sorgen, geht dabei Anordnungen des Erblassers zur Erbauseinandersetzung, etwa zur umgehenden Erfüllung von Vermächtnissen, vor[50].

bb) Andere steuerliche Pflichten des Testamentsvollstreckers. Weiter begründet § 34 Abs 3 AO ein **steuerliches Pflichtenverhältnis** zwischen Finanzamt und Testamentsvollstrecker. Hiervon kann der Erblasser nicht befreien[51]. Jedoch besteht eine gewisse Akzessorietät zwischen den steuerlichen Pflichten und den zivilrechtlichen Verwaltungsbefugnissen des Testamentsvollstreckers, die sich aus dem Gesetz oder den Bestimmungen des Erblassers ergeben. Denn die steuerlichen Pflichten des Testamentsvollstreckers können nicht weiter gehen als seine zivilrechtlichen Befugnisse[52]. Dies gilt insbes bei einer gegenständlich beschränkten Testamentsvollstreckung (§ 2208 Abs 1 S 2)[53]. Auch wenn Steuerschuldner für die im Zeitpunkt des Erbfalls bereits entstandene **Einkommensteuer** der Erbe und nicht der Nachlass ist, hat der Testamentsvollstrecker wegen § 34 AO die noch ausstehende Einkommensteuererklärung für diesen abzugeben[54]. Stellt er fest, dass eine zu Lebzeiten des Erblassers abgegebene Steuererklärung unrichtig ist, trifft ihn die strafbewehrte (§ 370 AO) Anzeige- und **Berichtigungspflicht** nach §§ 153 Abs 1, 34 AO[55], der er sich durch sofortige Amtsniederlegung entziehen kann[56]. Die bloße Erkennbarkeit der Unrichtigkeit von Steuererklärungen begründet jedoch noch keine Berichtigungspflicht[57]. Für Steuertatbestände, die erst **nach dem Erbfall** durch den Erben verwirklicht werden, ist Steuerpflichtiger grds der Erbe[58], dem gegenüber auch der Steuerbescheid bekannt zu geben ist und der auch die alleinige Befugnis zur Einlegung von Rechtsmitteln besitzt[59]. Allerdings ist der Testamentsvollstrecker im Rahmen der ordnungsgemäßen Nachlassverwaltung (§ 2216) verpflichtet, dem Erben die Mittel aus dem von ihm verwalteten Nachlass zur Verfügung zu stellen, derer der Erbe bedarf, um die Einkommensteuer zu bezahlen, welche die aus dem Nachlass stammenden Erträge betreffen[60]. Führt jedoch der Testamentsvollstrecker als **Treuhänder ein einzelkaufmännisches Unternehmen** fort (§ 2205 Rn 29 ff), so wird er umsatzsteuerrechtlich als Unternehmer angesehen und ist daher diesbezüglich umsatzsteuerpflichtig[61]; ob dies auch ertragsteuerlich so zu sehen ist, ist umstr[62].

III. Rechte der Erben gegen den Testamentsvollstrecker

Insoweit bestehen nur sehr **eingeschränkte Kontrollmöglichkeiten**. Jedoch kann der Erbe, bei mehreren Einzelne, oder auch der Vermächtnisnehmer, auf Erfüllung der dem Testamentsvollstrecker auferlegten Pflichten klagen, notfalls auch eine einstweilige Verfügung erwirken[63]. Bei Meinungsverschiedenheiten zwischen Erben und Testamentsvollstrecker, ob, welche und wie letztwilligen Anordnungen auszuführen sind, kann der Erbe auch eine Feststellungsklage (§ 256 ZPO) erheben, sofern ein eigenes Feststellungsinteresse hieran besteht, weil etwa mit deren Ausführung bereits begonnen wird[64], und eine einstweilige Verfügung erwirken[65].

Erbprätendentenstreitigkeiten zwischen Erbanwärtern untereinander müssen zwischen diesen ausgeführt werden. Der Testamentsvollstrecker ist hieran nicht beteiligt, da er den Nachlass als solches und nicht bestimmte Erben vertritt[66].

---

[49] Eingehend *Piltz* in: *Bengel/Reimann* HdB VIII Rn 57 ff, 86 ff; *Wälzholz/Vassel-Knauf* in: *Mayer/Bonefeld/Wälzholz/Weidlich* Rn 1258 ff; 1304 ff.
[50] *Piltz* ZEV 2001, 262, 263; *Wälzholz/Vassel-Knauf* in: *Mayer/Bonefeld/Wälzholz/Weidlich* Rn 1308.
[51] *Winkler*, Der Testamentsvollstrecker, Rn 749; *Damrau/Bonefeld* Rn 4; *Wälzholz/Vassel-Knauf* in: *Mayer/Bonefeld/Wälzholz/Weidlich* Rn 1177.
[52] *Wälzholz/Vassel-Knauf* in: *Mayer/Bonefeld/Wälzholz/Weidlich* Rn 1173 ff.
[53] Eingehend *Piltz* in: *Bengel/Reimann* HdB VIII Rn 5 ff; vgl BFHE 100, 346 = BStBl 1971 II S 119; BFHE 188, 440 = ZEV 1999, 325.
[54] *Wälzholz/Vassel-Knauf* in: *Mayer/Bonefeld/Wälzholz/Weidlich* Rn 1196; *Häfke* ZEV 1997, 429, 431; *Vernekohl* Erbfolgebesteuerung, 2000, S 16, 17.
[55] Eingehend *Wälzholz/Vassel-Knauf* in: *Mayer/Bonefeld/Wälzholz/Weidlich* Rn 1248 ff.
[56] *Wälzholz/Vassel-Knauf* in: *Mayer/Bonefeld/Wälzholz/Weidlich* Rn 1251; str.
[57] *Piltz* in: *Bengel/Reimann* HdB VIII Rn 24; *Häfke* ZEV 1997, 429, 431; *Wälzholz/Vassel-Knauf* in: *Mayer/Bonefeld/Wälzholz/Weidlich* Rn 1254; *Tippke/Kruse* § 153 AO Rn 12; anders *Staudinger/Reimann* Rn 20.
[58] *Wälzholz/Vassel-Knauf* in: *Mayer/Bonefeld/Wälzholz/Weidlich* Rn 1189 ff.
[59] AnwK-BGB/*Weidlich* Vor § 2197 Rn 27; für Steuererklärungspflicht einschränkend *Wälzholz/Vassel-Knauf* in: *Mayer/Bonefeld/Wälzholz/Weidlich* Rn 1213 ff.
[60] AnwK-BGB/*Weidlich* Vor § 2197 Rn 28; MünchKommBGB/*Zimmermann* § 2209 Rn 10; *Wälzholz/Vassel-Knauf* in: *Mayer/Bonefeld/Wälzholz/Weidlich* Rn 1263.
[61] BFH BStBl II 1991, 191; *Piltz* in: *Bengel/Reimann* HdB VIII Rn 114; vgl auch 16 Abs 5 S 2 UStR.
[62] Vgl *Wälzholz/Vassel-Knauf* in: *Mayer/Bonefeld/Wälzholz/Weidlich* Rn 1140 mwN; *Piltz* in: *Bengel/Reimann* HdB VIII Rn 107 ff.
[63] RGZ 73, 26, 28; OLG Köln OLGZ 1987, 280; *Staudinger/Reimann* Rn 38; *Palandt/Edenhofer* Rn 6; vgl dazu auch Musterformulierungen bei *Bonefeld* in: *Bonefeld/Kroiß/Tanck*, Der Erbprozess, VIII Rn 82 ff.
[64] AnwK-BGB/*Weidlich* Rn 11; *Staudinger/Reimann* Rn 38.
[65] *Staudinger/Reimann* Rn 38.
[66] MünchKommBGB/*Zimmermann* Rn 8; RGRK/*Kregel* Rn 5.

§ 2204 Auseinandersetzung unter Miterben

(1) Der Testamentsvollstrecker hat, wenn mehrere Erben vorhanden sind, die Auseinandersetzung unter ihnen nach Maßgabe der §§ 2042 bis 2056 zu bewirken.
(2) Der Testamentsvollstrecker hat die Erben über den Auseinandersetzungsplan vor der Ausführung zu hören.

Übersicht

	Rn		Rn
I. Normzweck	1	c) Unwirksamkeit des Auseinandersetzungsplans	13
II. Pflicht zur Auseinandersetzung	2	d) Ausführung des Auseinandersetzungsplans	14
III. Vorgaben für die Auseinandersetzung	3	V. Sonderfälle	16
1. Anordnung des Erblassers	3	1. Auseinandersetzungsvereinbarung	16
2. Gesetzliche Vorschriften	4	a) Vorteile	17
3. Vereinbarungen der Erben	7	b) Form	18
IV. Auseinandersetzungsplan	9	c) Genehmigungserfordernisse	19
1. Rechtsnatur, Wirkung	9	d) Vollzug des Auseinandersetzungsvertrages	20
2. Verfahren	10	2. Erbteilsvollstreckung, beschränkte Testamentsvollstreckung	21
a) Anhörung der Erben	11	3. Miterben-Testamentsvollstrecker	22
b) Widerspruch eines Erben	12	VI. Prozessuales	23

I. Normzweck

1 Die Auseinandersetzung des Nachlasses gehört zum Regeltypus der Testamentsvollstreckung. Der Testamentsvollstrecker ist kraft Gesetzes bei Vorhandensein mehrerer Erben auch ohne besondere Anordnung hierzu berufen[1]. Jedoch kann der Erblasser dem Testamentsvollstrecker das Recht zur Auseinandersetzung des Nachlasses ganz entziehen oder auf Teile des Nachlasses beschränken (§ 2208 Abs 1, 2209 S 1). Soweit der Testamentsvollstrecker zur Auseinandersetzung befugt ist, ist sowohl eine amtliche Vermittlung der Auseinandersetzung (§ 86 FGG) ausgeschlossen[2], wie auch ein Zuweisungsverfahren nach dem Grundstücksverkehrsgesetz (§ 14 Abs 3 GrdstVG).

II. Pflicht zur Auseinandersetzung

2 Mit dieser Aufgabenstellung korrespondiert auch eine Pflicht des Testamentsvollstreckers zur Auseinandersetzung, die von jedem Erben eingeklagt und bei Nichtbefolgung auch eine Haftung begründen kann (§ 2219). Die Pflicht besteht auch, wenn nur über einen Teil des Nachlasses Streit besteht[3]. Der Testamentsvollstrecker hat entsprechend den Anordnungen des Erblassers, möglicherweise nach billigem Ermessen (§ 2048), und nach den gesetzlichen Bestimmungen den Nachlass zu teilen, ohne an die Weisungen der Erben gebunden zu sein. Er kann aber Vereinbarungen aller Erben, die den Anordnungen des Erblassers nicht widersprechen, befolgen und vollziehen. Zum Aufschub der Auseinandersetzung auf Wunsch der Erben s Rn 7. Die Auseinandersetzung hat bei Fehlen abweichender Erblasseranordnungen „alsbald" zu erfolgen[4]. Auch wenn Nachlassverbindlichkeiten bestehen, darf er die Auseinandersetzung nicht aufschieben, bis alle erfüllt sind, sondern er hat nur die Beträge, die zur Tilgung zweifelhafter, bestrittener oder noch nicht fälliger Forderungen erforderlich sind, zurückzubehalten (§ 2046 Abs 1 S 2). Durch eine verzögerliche Sachbehandlung darf nicht entgegen dem Erblasserwillen eine Verwaltungsvollstreckung begründet werden[5]. Jedoch ist die Auseinandersetzung aufzuschieben (vgl auch § 2042 Rn 5), wenn wegen Unbestimmtheit der Erbteile, zeitweiligem Ausschluss durch den Erblasser oder auf Grund einer von ihm bestimmten Kündigungsfrist oder wegen des Aufgebots der Nachlassgläubiger ein **Auseinandersetzungshindernis** vorliegt (§§ 2043 bis 2045).

III. Vorgaben für die Auseinandersetzung

3 **1. Anordnung des Erblassers.** Primär richtet sich die Art und Weise der vom Testamentsvollstrecker durchzuführenden Auseinandersetzung nach den letztwilligen Anordnungen des Erblassers[6]. Dadurch kann bestimmt werden, dass bewegliche Nachlassgegenstände nicht freihändig zu verkaufen sind, sondern nach den Regeln über den Pfandverkauf. Der Erblasser kann den Testamentsvollstrecker nach § 2048 S 2 sogar ermächtigen, die Auseinandersetzung nach billigem Ermessen vorzunehmen (vgl aber § 2048 S 3).

---

[1] *Staudinger/Reimann* Rn 1.
[2] *Palandt/Edenhofer* Rn 1; *Staudinger/Reimann* Rn 10; anders liegt es, wenn nur Erbteilsvollstreckung angeordnet ist.
[3] BGH WM 1977, 276.
[4] *Staudinger/Reimann* Rn 12; OLG München OLGR 1994, 225: „mit tunlicher Beschleunigung".
[5] OLG München OLGR 1994, 225.
[6] *Winkler*, Der Testamentsvollstrecker, Rn 511; *Staudinger/Reimann* Rn 16.

2. Gesetzliche Vorschriften. Soweit der Erblasser keine besonderen Bestimmungen getroffen hat, 4
ist der Testamentsvollstrecker zur Durchführung der Auseinandersetzungen nach den gesetzlichen Vorschriften verpflichtet. Abs 1 verweist insoweit ausdrücklich auf die §§ 2042 bis 2056[7]. Auch § 2057 a ist zu beachten. Eine gegenständliche oder persönliche **Teilauseinandersetzung** entspricht nicht diesen Bestimmungen, so dass sie der Testamentsvollstrecker grds nur mit Zustimmung aller Miterben vornehmen kann[8]. Neben der „klassischen Erbauseinandersetzung" nach den genannten Vorschriften kann der Testamentsvollstrecker auch die nunmehr vom BGH[9] als zulässig anerkannte Abschichtung wählen, wenn nur ein oder einzelne Erben aus der Erbengemeinschaft ausscheiden sollen[10].

Bei der Auseinandersetzung hat der Testamentsvollstrecker zuerst Bestand und Höhe der **Nachlass-** 5
verbindlichkeiten (§ 1967) zu ermitteln[11] und diese sodann gemäß § 2046 zu berichtigen[12], weil sonst die Erben die Einrede des ungeteilten Nachlasses nach § 2059 verlieren[13]. Wegen § 2213 Abs 1 S 3 ist er aber nicht berechtigt, eine Pflichtteilsforderung ohne den Willen des Erben mit Wirkung gegen diesen anzuerkennen[14]. Für die Rangordnung der zu erfüllenden der Verbindlichkeiten gilt § 327 InsO. Bei noch nicht fälligen oder streitigen ist das zur Begleichung Erforderliche zurückzubehalten (§ 2046 Abs 2), nicht aber darf die ganze Auseinandersetzung unterbleiben, bis diese alle erfüllt sind[15].

Der nach Begleichung der Nachlassverbindlichkeiten verbleibende Überschuss ist auf die Erben nach 6
dem Verhältnis ihrer Erbteile zu verteilen (§ 2047). Dabei sind die gesetzlichen oder vom Erblasser angeordneten **Ausgleichspflichten** (§§ 2050 ff) vom Testamentsvollstrecker zu beachten, da diese die Erbquoten verändern[16]. Dies stellt eine besondere Haftungsgefahr dar, die nur teilweise dadurch gemindert wird, dass dem Testamentsvollstrecker analog § 2057 ein Auskunftsanspruch zusteht[17]. Da hier jedoch eine Einigung der Erben über die Ausgleichungspflicht den Testamentsvollstrecker bindet, weil es sich um dispositive Normen handelt[18], sollte er zur Minimierung seines Haftungsrisikos (§ 2219) immer auf eine solche hinwirken. Die Teilung hat bei teilbaren Gegenständen in Natur zu erfolgen (§§ 2042 Abs 2, 752)[19]. **Unteilbare Gegenstände** darf der Testamentsvollstrecker **an einzelne Erben** unter Anrechnung auf ihren Erbteil nur **zuweisen**, wenn alle Erben mit dieser Abweichung von der gesetzlichen Regelung einverstanden sind. Dies ergibt sich aus der Verweisung des § 2042 Abs 2 auf § 753[20]. Ansonsten hat der Testamentsvollstrecker die Nachlassgegenstände, die er zur Befriedigung der Nachlassverbindlichkeiten oder zur Verteilung unter den Erben veräußern muss, nach seinem pflichtgemäßen Ermessen im Wege des Pfandverkaufs oder der Zwangsversteigerung zu veräußern oder aber auch durch einen **freihändigen Verkauf.** Insoweit erweitert § 2205 S 2 die Handlungsmöglichkeiten des Testamentsvollstreckers[21]; dies gilt auch für Nachlassgrundstücke[22]. Daneben besteht bei Immobilien die Möglichkeit der freihändigen öffentlichen Versteigerung, etwa durch einen Notar (§ 20 Abs 3 BNotO) oder der Zwangsversteigerung nach § 175 Abs 1 S 2 ZVG iVm § 991 Abs 2 ZPO oder aber nach § 181 Abs 1 S 1 ZVG[23].

3. Vereinbarungen der Erben. Solche binden den Testamentsvollstrecker grds **nicht**, wie sich 7
gerade aus der Unabhängigkeit seiner Amtsführung ergibt[24]. Dabei ist unerheblich, ob die Auseinandersetzung nach dem Ermessen des Testamentsvollstreckers (§ 2048 S 2), nach der Anordnung des Erblassers oder nach den gesetzlichen Vorschriften erfolgt[25]. Von diesem Grundsatz bestehen zwei **Ausnahmen: (1)** Gebunden ist der Testamentsvollstrecker an eine Vereinbarung der Erben, einschließlich der Nacherben (aber nicht der Ersatznacherben), über eine abweichende **Ausgleichungspflicht** oder wenn ein Ausgleichsberechtigter auf die Ausgleichung verzichtet (Rn 6)[26]. **(2)** Weiter muss er eine übereinstimmende Vereinbarung aller Erben über den (ganzen oder teilweisen) **Ausschluss oder Aufschub der Auseinandersetzung** beachten, wenn keine ausdrückliche Anordnung des Erblassers oder ein wichtiger Grund für die Auseinandersetzung (§ 749 Abs 2) vorliegt. Denn die Erben

---

[7] OLG Karlsruhe NJW-RR 1994, 905; *Soergel/Damrau* Rn 9; *Staudinger/Reimann* Rn 12; *Muscheler* AcP 195 (1995), 68; aA *Lange/Kuchinke* § 29 V 6; *Haegele/Winkler* Rn 512; *Zimmermann* Testamentsvollstreckung Rn 663; *Damrau/Bonefeld* Rn 2; ausf zu dieser Verweisung und den sich daraus ergebenden Konsequenzen *Soergel/Damrau* Rn 3–20.
[8] RGZ 95, 325, 327; MünchKommBGB/*Zimmermann* Rn 2; *Soergel/Damrau* Rn 4; zur Ausnahme einer zulässigen Teilauseinandersetzung s *Soergel/Wolf* § 2048 Rn 40.
[9] BGHZ 138, 8 = NJW 1998, 1557.
[10] LG Stuttgart ZEV 2002, 237; *Staudinger/Reimann* Rn 17.
[11] BGHZ 51, 125, 127 = NJW 1969, 424.
[12] RGZ 95, 325, 329.
[13] *Krug* ZErb 2000, 15.
[14] BGHZ 51, 125, 127 = NJW 1969, 424.
[15] RGZ 95, 325, 329.
[16] AllgM, etwa *Winkler,* Der Testamentsvollstrecker, Rn 512; *Palandt/Edenhofer* Rn 3.
[17] *Soergel/Damrau* Rn 20; *Staudinger/Reimann* Rn 26.
[18] *Staudinger/Reimann* Rn 25; *Soergel/Damrau* Rn 20.
[19] Auflistung teilbarer Gegenstände etwa bei *Schaub* in: Bengel/Reimann HdB IV Rn 230 ff.
[20] AnwK-BGB/*Weidlich* Rn 4; *Staudinger/Reimann* Rn 18; *Soergel/Damrau* Rn 9; *Kipp/Coing* § 68 II; die im Vordringen begriffene Gegenmeinung hält eine solche Zuweisung für zulässig, RGZ 108, 289, 290 f; *Lange/Kuchinke* § 31 V 6; MünchKommBGB/*Zimmermann* Rn 14.
[21] RGZ 108, 289; *Soergel/Damrau* Rn 10; *Staudinger/Reimann* Rn 18; *Winkler,* Der Testamentsvollstrecker, Rn 512.
[22] OLG Zweibrücken FGPrax 1997, 109.
[23] *Staudinger/Reimann* Rn 19 f; *Schaub* in: Bengel/Reimann HdB IV Rn 233.
[24] RGZ 61, 145; 85, 1, 8; 108, 290; MünchKommBGB/*Zimmermann* Rn 19; *Staudinger/Reimann* Rn 27.
[25] RGZ 108, 290, 291; *Planck/Flad* Anm 4.
[26] *Schaub* in: Bengel/Reimann HdB IV Rn 249.

haben zwar ein Recht auf Auseinandersetzung, aber keine Pflicht, diese zu dulden[27]. So weit demnach der Nachlass nicht auseinander zu setzen ist, wird teilweise vertreten, dass der Testamentsvollstrecker diesen insoweit den Erben zu überlassen (§ 2217) und sein Amt für beendet zu betrachten hat[28]. Jedoch ist diese Auffassung abzulehnen, weil sonst die Miterben in der Lage wären, auch durch einen nur kurzfristigen Ausschluss der Auseinandersetzung eine ihnen unliebsame Testamentsvollstreckung zu beenden[29]. Zudem ist die Bindung des Testamentsvollstreckers in diesen Ausnahmefällen nur schuldrechtlicher Art. Ein Verstoß hiergegen berührt daher die Wirksamkeit einer abweichenden Verfügung grds nicht[30], wenn sie nicht im Ausnahmefall wegen erkennbarem Missbrauch der Verfügungsmacht unwirksam ist[31]. Daneben begründet der Verstoß gegen den Beschluss über den Auseinandersetzungsausschluss uU Schadensersatzpflichten nach § 2219[32].

8 Soweit jedoch die übereinstimmenden Vorstellungen der Erben mit den Anordnungen des Erblassers vereinbar sind, sollte er diesen Wunsch beachten, was auch sein **Haftungsrisiko minimiert**[33]. Teilweise wird sogar befürwortet, dass er bei Vorliegen eines vernünftigen Grundes einer vom Erblasserwillen abweichenden (einstimmig getroffenen) Vereinbarung der Erben folgen soll[34]. Dies geht aber angesichts der unabhängigen Amtsstellung des Testamentsvollstreckers zu weit. Ob er einer solchen Vereinbarung folgt, steht allein in seinem Ermessen. Eine von der **Anordnung des Erblassers** abweichende Verfügung ist jedenfalls wirksam, wenn ihr alle Erben, einschließlich der Nacherben, zugestimmt haben[35].

IV. Auseinandersetzungsplan

9 **1. Rechtsnatur, Wirkung.** Zur Durchführung der Erbauseinandersetzung hat der Testamentsvollstrecker einen Auseinandersetzungsplan (Teilungsplan) aufzustellen (Abs 2). Dies ist eine einseitige, empfangsbedürftige Willenserklärung[36], wie der Testamentsvollstrecker beabsichtigt, bei der Auseinandersetzung vorzugehen. Der Plan bedarf keiner Form, bei Vorhandensein von Grundstücken auch nicht nach § 311b Abs 1[37], da es sich um eine einseitig feststellende Erklärung handelt[38]. Ihm kommt nur schuldrechtliche Wirkung zu, so dass er erst noch dinglich zu vollziehen ist, etwa durch Auflassung und Grundbuchumschreibung bei Grundstücken, §§ 873, 925[39]. Der Auseinandersetzungsplan **bindet** die Erben und den Testamentsvollstrecker erst, wenn er (ausdrücklich oder stillschweigend) vom Testamentsvollstrecker durch Erklärung gegenüber den Erben für verbindlich erklärt wurde[40]. Bis dahin kann er jederzeit wieder geändert werden. Auch bei Wegfall der Testamentsvollstreckung vor seinem Vollzug bleiben die Erben noch gebunden, können den Plan jedoch wieder einstimmig aufheben[41].

10 **2. Verfahren.** Inhaltlich hat sich der Auseinandersetzungsplan an den für die Auseinandersetzung geltenden Vorgaben zu halten (Rn 3 ff). Soweit dies geschieht, ist eine Zustimmung der Erben nicht erforderlich, da dadurch nur der gesetzliche Auseinandersetzungsanspruch konkretisiert wird[42]. Ist eine Testamentsbestimmung objektiv nicht eindeutig, steht dem Testamentsvollstrecker bei der Auslegung ein gewisser Ermessensspielraum zu[43].

11 **a) Anhörung der Erben.** Der Testamentsvollstrecker hat die Erben nach Abs 2 nur vor der Ausführung des Auseinandersetzungsplans zu **hören,** also erst nach dessen Verbindlicherklärung. Jedoch ist eine Anhörung bereits vor der Planaufstellung sinnvoll[44]. Die Anhörungspflicht besteht gegenüber denjenigen Erben, die von der Auseinandersetzung tatsächlich betroffen sind. Für abwesende, ungeborene und – falls deren gesetzliche Vertreter an der Erbengemeinschaft beteiligt sind – minderjährige Erben ist eine Pflegerbestellung (§§ 1909, 1911 ff) erforderlich[45]. Dabei ist für jeden Miterben ein besonderer Pfleger zu bestellen[46]. Ist der **Testamentsvollstrecker** zugleich Elternteil eines minderjährigen Erben, so kann er nicht zugleich als **gesetzlicher Vertreter** mitwirken (§§ 1629 Abs 2, 1795

---

[27] BayObLGZ 21, 312; OLG München DNotZ 1936, 810; AnwK-BGB/*Weidlich* Rn 23; Palandt/*Edenhofer* Rn 2; MünchKommBGB/*Zimmermann* Rn 22; Soergel/*Damrau* Rn 5 mw Hinweisen zu ungeklärten Zweifelsfragen; *Winkler,* Der Testamentsvollstrecker, Rn 542; *Schaub* in: Bengel/Reimann HdB IV Rn 249.
[28] AnwK-BGB/*Weidlich* Rn 24; *Winkler,* Der Testamentsvollstrecker, Rn 542; *Schaub* in: Bengel/Reimann HdB IV Rn 250; Staudinger/*Reimann* Rn 7.
[29] *Zimmermann* Rn 660; Palandt/*Edenhofer* Rn 2; *J. Mayer* in: Mayer/Bonefeld/Wälzholz/Weidlich Rn 341; auf die Missbrauchsgefahr weist *Soergel/Damrau* Rn 5 hin.
[30] KG OLGE 40, 112; MünchKommBGB/*Zimmermann* Rn 22; Staudinger/*Reimann* Rn 6.
[31] Soergel/*Damrau* Rn 5.
[32] *Winkler,* Der Testamentsvollstrecker, Rn 542.
[33] Staudinger/*Reimann* Rn 27; MünchKommBGB/*Zimmermann* Rn 19.
[34] So MünchKommBGB/*Zimmermann* Rn 19.
[35] BGHZ 40, 115, 118; 56, 275, 280; *Kegel,* FS Lange, 1976, S 927; *Lange/Kuchinke* § 31 V 6.
[36] BayObLGZ 1967, 230, 240.
[37] AnwK-BGB/*Weidlich* Rn 9; KK-Erbrecht/*Rott* Rn 9; Soergel/*Damrau* Rn 22; *Winkler,* Der Testamentsvollstrecker, Rn 525; MünchKommBGB/*Zimmermann* Rn 4.
[38] MünchKommBGB/*Zimmermann* Rn 4.
[39] *Schaub* in: Bengel/Reimann HdB IV Rn 221 f.
[40] AnwK-BGB/*Weidlich* Rn 7; KK-Erbrecht/*Rott* Rn 9.
[41] RG JW 1938, 2972; AnwK-BGB/*Weidlich* Rn 7; Soergel/*Damrau* Rn 22; Staudinger/*Reimann* Rn 30.
[42] RG JW 1916, 1586; Soergel/*Damrau* Rn 21.
[43] OLG Köln ZEV 1999, 226.
[44] *Schaub* in: Bengel/Reimann HdB IV Rn 236; zust Staudinger/*Reimann* Rn 31.
[45] Staudinger/*Reimann* Rn 31; *Winkler,* Der Testamentsvollstrecker, Rn 520.
[46] AnwK-BGB/*Weidlich* Rn 10; aA für den Teilungsplan *Damrau* ZEV 1994, 1, 4, weil die minderjährigen Kinder „auf derselben Seite stünden".

Abs 2, 181)[47]. Die unterlassene Anhörung führt nicht zur Unwirksamkeit des Auseinandersetzungsplans, kann jedoch unter Umständen eine Haftung nach § 2219 begründen[48]. Einen Nachweis über die Anhörung der Erben kann das Grundbuchamt nicht verlangen[49].

b) Widerspruch eines Erben. Hält sich der Auseinandersetzungsplan an die gesetzlichen Vorgaben **12** oder die Anordnungen des Erblassers, so bedarf er nicht der Genehmigung der Erben[50]. Der Widerspruch eines Erben hindert demnach dessen Ausführung nicht[51]. Vielmehr muss der Erbe hiergegen gerichtliche Schritte einleiten (Rn 23). Eine familiengerichtliche Genehmigung ist für den ordnungsgemäßen Plan auch bei Minderjährigen nicht erforderlich[52].

c) Unwirksamkeit des Auseinandersetzungsplans. Aus der Zustimmungsfreiheit des ordnungs- **13** gemäß errichteten Auseinandersetzungsplans und seiner verbindlichen Wirkung ergibt sich umgekehrt, dass ein nicht entspr den gesetzlichen Vorgaben (Rn 3 ff) errichteter Plan unwirksam ist, von den Erben angefochten werden kann[53] und auch nicht vom Testamentsvollstrecker vollzogen werden darf[54]. Gleiches gilt von einem offenbar unbilligen Auseinandersetzungsplan, wenn die Auseinandersetzung nach dem Ermessen des Testamentsvollstreckers zu bewirken war (§ 2048 S 2 und 3), oder dieser sein sonst bestehendes Auswahlermessen bei der Durchführung der Auseinandersetzung überschritten hat[55]. Entspr der weitgehend unabhängigen Stellung des Testamentsvollstreckers ist ihm dabei ein weiter Ermessensspielraum zuzubilligen[56]. Die Ausführung eines unwirksamen Auseinandersetzungsplans macht den Testamentsvollstrecker schadensersatzpflichtig (§ 2219)[57]. Stimmen die Miterben ausdrücklich oder konkludent einem unwirksamen Auseinandersetzungsplan zu, so stellt sich die durch Auslegung zu klärende Frage, ob hierin der konkludente Abschluss eines Auseinandersetzungsvertrags zu sehen ist[58]; allerdings kann hier, wie auch sonst im Zivilrecht, aus einem einfachen Schweigen der Miterben auf die Planmitteilung des Testamentsvollstreckers nicht auf eine vertragliche Zustimmung geschlossen werden[59]. Erhält ein Miterbe durch die Auseinandersetzung mehr, als ihm auf Grund seiner **Erbquote** gebührt, dann liegt insoweit eine unentgeltliche und damit unwirksame Verfügung vor (§ 2205 S 3). Dies führt konsequenterweise zu einem Anspruch nach § 985, den der Testamentsvollstrecker während seiner Amtsdauer, danach die Miterben (§ 2039) haben[60]. Demgegenüber gewährt hier die Rspr und hM nur einen Bereicherungsanspruch nach § 812[61].

d) Ausführung des Auseinandersetzungsplans. Der Auseinandersetzungsplan wirkt nur **schuld- 14 rechtlich verpflichtend;** er muss daher für die dingliche Rechtsänderung vollzogen werden. Dies kann der Testamentsvollstrecker auf Grund seiner Verfügungsbefugnis nach § 2205 S 2. Bei beweglichen Sachen nach §§ 929 ff, bei Forderungen durch Abtretung nach § 398, bei Grundstücken nach §§ 873, 925 (Auflassung und Grundbucheintragung), bei Geschäftsanteilen an einer GmbH durch die notariell beurkundete Abtretung (§ 15 GmbHG). Allerdings kann der Testamentsvollstrecker grds nicht den Empfänger des Zuzuteilenden vertreten[62], so dass etwa bei der Auflassung von Grundbesitz der Erwerber selbst mitwirken muss, wozu dieser aber verpflichtet ist. Dabei ist durch den Testamentsvollstrecker zu erklären, dass die Übereignung auf Grund des Auseinandersetzungsplans unter Anrechnung auf den Erbteil des erwerbenden Miterben erfolgt, also gerade nicht unentgeltlich[63]. Etwaige Genehmigungspflichten (§ 2 GrdstVG) sind zu beachten.

Ist der Testamentsvollstrecker selbst zugleich **Miterbe**, so ist regelmäßig davon auszugehen, dass der **15** Erblasser ihm trotz eines möglichen Interessenwiderstreits die Vornahme der entsprechenden Rechtsgeschäfte gestattet hat, auch wenn keine ausdrückliche Befreiung von den Beschränkungen des **§ 181** angeordnet wurde. Der Testamentsvollstrecker kann daher das ihm auf Grund des Auseinandersetzungsplans Zugewandte annehmen, insbes Grundbesitz an sich selbst auflassen[64]. Die **Kosten** der Auseinandersetzung tragen die Erben[65].

---

[47] *Staudinger/Reimann* Rn 31; *Damrau* ZEV 1994, 1, 4; vgl auch OLG Hamm OLGZ 1993, 392, wonach sich eine weit gehende Unvereinbarkeit von Testamentsvollstreckung und elterlicher Sorge in einer Person ergibt.
[48] AnwK-BGB/*Weidlich* Rn 11; *Staudinger/Reimann* Rn 31.
[49] *Winkler,* Der Testamentsvollstrecker, Rn 519.
[50] BayObLGZ 1967, 230, 240.
[51] *Schaub* in: *Bengel/Reimann* HdB IV Rn 244.
[52] AnwK-BGB/*Weidlich* Rn 9; *Staudinger/Reimann* Rn 32; *Palandt/Edenhofer* Rn 4.
[53] *Winkler,* Der Testamentsvollstrecker, Rn 533.
[54] RG JW 1938, 2972; OLG Hamburg HansRGZ 1934, B 367; *Staudinger/Reimann* Rn 33.
[55] Weitergehend MünchKommBGB/*Zimmermann* Rn 7; *Staudinger/Reimann* Rn 34, die Unwirksamkeit immer annehmen, wenn der Teilungsplan offenbar unbillig ist.
[56] MünchKommBGB/*Zimmermann* Rn 7; *Staudinger/Reimann* Rn 34; vgl auch OLG Hamburg HansRGZ 1934, B 367.
[57] *Johannsen* WM 1970, 744; MünchKommBGB/*Zimmermann* Rn 7; *Staudinger/Reimann* Rn 35.
[58] Dazu etwa AnwK-BGB/*Weidlich* Rn 15.
[59] Zutr *Damrau/Bonefeld* Rn 9; aA *Zimmermann* Rn 675.
[60] *Soergel/Damrau* Rn 27; AnwK-BGB/*Weidlich* Rn 19.
[61] BGH nach *Johannsen* WM 1970, 738. 744; MünchKommBGB/*Zimmermann* Rn 7; *Erman/Schmidt* Rn 5; RGRK/*Kregel* Rn 5.
[62] *Palandt/Edenhofer* Rn 4; *Staudinger/Reimann* Rn 37.
[63] *Winkler,* Der Testamentsvollstrecker, Rn 527; die „Gegenleistung" ist hier die Aufgabe der Gesamthandsberechtigung und damit der Verlust des Auseinandersetzungsanspruchs, BayObLGZ 1986, 208, 210.
[64] RGZ 61, 139; MünchKommBGB/*Zimmermann* Rn 10; *Schaub* in: *Bengel/Reimann* HdB IV Rn 255; *Staudinger/Reimann* Rn 40.
[65] MünchKommBGB/*Zimmermann* Rn 18; *Schaub* in: *Bengel/Reimann* HdB IV Rn 258.

V. Sonderfälle

16 **1. Auseinandersetzungsvereinbarung.** An Stelle des Auseinandersetzungsplans kann bei entsprechender Einigkeit über die Aufteilung des Nachlasses der Testamentsvollstrecker auch einen Auseinandersetzungsvertrag mit den Erben abschließen. Dieser tritt dann an die Stelle des Auseinandersetzungsplans[66]. Hierbei bedarf es der Mitwirkung aller Erben, da es sich insoweit um einen gegenseitigen schuldrechtlichen Vertrag handelt, der den Rechtsgrund für die Auseinandersetzung und damit den Erwerb der Nachlassgegenstände bildet[67].

17 **a) Vorteile.** Die Vorteile liegen darin, dass in dem Auseinandersetzungsvertrag von dem Willen des Erblassers abgewichen werden kann[68], durch die Beteiligung aller Erben eine Befriedungsfunktion eintritt und die Haftungsgefahr des Testamentsvollstreckers reduziert wird[69]. Erforderlich ist allerdings, dass alle Miterben zustimmen, wobei auch die Nacherben mitwirken müssen[70], ebenso auch die Vermächtnisnehmer, sofern die Vermächtnisse noch nicht erfüllt sind[71].

18 **b) Form.** Der Auseinandersetzungsvertrag bedarf grds keiner besonderen Form, soweit nicht besonders formbedürftige Vereinbarungen enthalten sind (§ 311b Abs 1, § 15 GmbHG)[72]. § 2371 gilt hier nicht (§ 2385 Rn 3)[73].

19 **c) Genehmigungserfordernisse.** Wenn ein Miterbe unter Betreuung oder Pflegschaft oder Vormundschaft steht, bedarf der Auseinandersetzungsvertrag als solcher bereits der vormundschaftsgerichtlichen Genehmigung nach § 1822 Nr 2, nicht jedoch, wenn Eltern für ihre Kinder handeln (vgl § 1643 Abs 1, der diesen Genehmigungstatbestand hier für nicht anwendbar erklärt), jedoch kann sich eine Genehmigungspflicht aus anderen Bestimmungen ergeben, etwa wenn über Grundbesitz verfügt wird (§§ 1643 Abs 1, 1821 Abs 1 Nr 1). Sind die Eltern aber selbst oder ein Verwandter von ihnen aus gerader Linie neben den Kindern an der Erbengemeinschaft beteiligt, so können sie nach §§ 1629 Abs 2, 1795 Abs 1 und 2, 181 ihre Kinder nicht vertreten; daher ist dann die Bestellung eines **Ergänzungspflegers** (§ 1909) erforderlich. Dabei bedarf jeder Minderjährige eines eigenen Pflegers[74]. Inwieweit Genehmigungserfordernisse und Zustimmungspflichten zu dem Auseinandersetzungsvertrag bestehen, richtet sich nach den allgemeinen Rechtsbestimmungen. § 1365 ist zu beachten[75]. Gesetzliche Vorkaufsrechte bestehen nicht, da es sich um keinen Verkauf handelt (§ 2385 Rn 3 mwN)[76].

20 **d) Vollzug des Auseinandersetzungsvertrages.** Da der Auseinandersetzungsvertrag, ebenso wie der Teilungsplan, nur schuldrechtliche Wirkung hat, bedarf er genauso wie dieser eines Vollzugs durch Abgabe der entsprechenden dinglichen Verfügungsgeschäfte, also etwa der Auflassung von der Erbengemeinschaft an den einzelnen erwerbenden Erben[77].

21 **2. Erbteilsvollstreckung, beschränkte Testamentsvollstreckung.** Soweit eine Testamentsvollstreckung nur für einen **bestimmten Erbteil** angeordnet ist, kann der Testamentsvollstrecker nicht allein die umfassende Auseinandersetzung nach § 2204 vornehmen. Denn seine Befugnisse betreffen nur diesen Erbteil. Er kann aber nur im Rahmen der allgemeinen Erbauseinandersetzung die Rechte des betreffenden Erben wahrnehmen und auf die Auseinandersetzung hinwirken[78]. Hierzu kann er jedoch die Auseinandersetzung nach § 2042 verlangen[79], aber auch die amtliche Vermittlung derselben nach § 86 FGG[80]. Zur Erbteilsvollstreckung s auch § 2208 Rn 10. Ist die Testamentsvollstreckung auf **reale Teile** des Nachlasses beschränkt (§ 2208), so kann der Vollstrecker nur diesbezüglich die Auseinandersetzung bewirken.

22 **3. Miterben-Testamentsvollstrecker.** Ist der Testamentsvollstrecker zugleich auch Miterbe, so hat er genauso die Auseinandersetzung zu bewirken. § 181 steht dem nicht entgegen. Auch in Ausführung des ordnungsgemäßen Auseinandersetzungsplans kann er ein Grundstück an sich selbst auflassen[81].

---

[66] BGH DNotZ 1956, 406; *Winkler*, Der Testamentsvollstrecker, Rn 518; *Schaub* in: *Bengel/Reimann* HdB IV Rn 259; AnwK-BGB/*Weidlich* Rn 13: „planersetzende Auseinandersetzungsvereinbarung".
[67] *Winkler*, Der Testamentsvollstrecker, Rn 518; *Schaub* in: *Bengel/Reimann* HdB IV Rn 259.
[68] *Winkler*, Der Testamentsvollstrecker, Rn 530; AnwK-BGB/*Weidlich* Rn 15; *J. Mayer* in: *Mayer/Bonefeld/Wälzholz/Weidlich* Rn 361.
[69] *Schaub* in: *Bengel/Reimann* HdB IV Rn 260; AnwK-BGB/*Weidlich* Rn 16; KK-Erbrecht/*Rott* Rn 5.
[70] BGHZ 57, 84 = WM 1971, 1393; BayObLG FamRZ 1987, 104; 106; AnwK-BGB/*Weidlich* Rn 16.
[71] BayObLG FamRZ 1987, 104; 106; *Winkler*, Der Testamentsvollstrecker, Rn 518; aA AnwK-BGB/*Weidlich* Rn 16 wegen der nur schuldrechtlichen Wirkung des Vermächtnisses.
[72] *Staudinger/Reimann* Rn 43.
[73] *Schaub* in: *Bengel/Reimann* HdB IV Rn 263; *Nieder* in: Münchener Vertragshandbuch VI/2 XIX Anm 2c; *Zunft* JZ 1956, 550.
[74] BGHZ 21, 229; eingehend zu den Problemen der Erbauseinandersetzung bei minderjährigen Erben *Damrau*, Der Minderjährige im Erbrecht, 2002, Rn 217 ff.
[75] BGHZ 35, 135, 143 f; AnwK-BGB/*Weidlich* Rn 14.
[76] BGH DNotZ 1970, 423; *Schaub* in: *Bengel/Reimann* HdB IV Rn 268.
[77] *Schaub* in: *Bengel/Reimann* HdB IV Rn 261; *Nieder* in: Münchener Vertragshandbuch VI/2 XIX Anm 2b.
[78] RGZ 61, 358; *Preuschen* FamRZ 1993, 1390, 1393; eingehend *Muscheler* AcP 195 (1995), 35, 70 f.
[79] AnwK-BGB/*Weidlich* Rn 26; *Staudinger/Reimann* Rn 41.
[80] KGJ 28, A 16, 19 = OLGE 10, 313, 314; AnwK-BGB/*Weidlich* Rn 24.
[81] RGZ 61, 139, 145; *Haegele* Justiz 1955, 218; *Staudinger/Reimann* Rn 40; *Schaub* in: *Bengel/Reimann* HdB IV Rn 255.

VI. Prozessuales

Jeder **Erbe** kann seinen Widerspruch gegen den Auseinandersetzungsplan mit einer **Feststellungs-** 23
klage (§ 256 ZPO) vor dem Prozessgericht gegen den Testamentsvollstrecker geltend machen, wenn dieser gegen die gesetzlichen Vorschriften (Rn 13) verstößt[82]; die Miterben müssen nicht mitverklagt werden, da sie keine notwendigen Streitgenossen sind[83]. Der Erbe kann gegen den Teilungsplan, wenn der Vollzug droht, auch bereits eine einstweilige Verfügung nach § 940 ZPO erwirken[84]. Daneben hat er auch die Möglichkeit der **Leistungsklage** auf eine Auseinandersetzung des Nachlasses nach den Anordnungen des Erblassers, nach den gesetzlichen Vorschriften oder – soweit all dies fehlt – nach billigem Ermessen[85]. Der **Testamentsvollstrecker** hat gegen den widersprechenden Erben ebenfalls die Möglichkeit einer Feststellungsklage[86].

§ 2205 Verwaltung des Nachlasses, Verfügungsbefugnis

¹Der Testamentsvollstrecker hat den Nachlass zu verwalten. ²Er ist insbesondere berechtigt, den Nachlass in Besitz zu nehmen und über die Nachlassgegenstände zu verfügen. ³Zu unentgeltlichen Verfügungen ist er nur berechtigt, soweit sie einer sittlichen Pflicht oder einer auf den Anstand zu nehmenden Rücksicht entsprechen.

Schrifttum zur Testamentsvollstreckung im Handels- und Gesellschaftsrecht: *Keim*, Gekauft ist nicht geschenkt – Der Nachweis der Entgeltlichkeit von Verfügungen des Testamentsvollstreckers im Grundbuchverkehr, ZEV 2007, 470; *Brandner*, Das einzelkaufmännische Unternehmen unter Testamentsvollstreckung, FS Stimpel, 1985, S 991; *ders*, Testamentsvollstreckung am Kommanditanteil ist zulässig, FS Kellermann, 1991, S 37; *Damrau*, Kann ein Testamentsvollstrecker einen Kommanditanteil erwerben?, DNotZ 1984, 660; *ders*, Zur Testamentsvollstreckung am Kommanditanteil, NJW 1994, 2785; *Dörrie*, Die Testamentsvollstreckung im Recht der Personenhandelsgesellschaften und der GmbH, 1994; *ders*, Reichweite der Kompetenzen des Testamentsvollstreckers an Gesellschaftsbeteiligungen, ZEV 1996, 370; *ders*, Erbrecht und Gesellschaftsrecht bei der Verschmelzung, Spaltung und Formwechsel, GmbHR 1996, 245; *Ehrl*, Die Verwaltungsvollstreckung an Kommanditanteilen, 1994; *Everts*, Die Testamentsvollstreckung an Personengesellschaftsbeteiligungen in der notariellen Praxis, MittBayNot 2003, 427; *Faust*, Die Testamentsvollstreckung am Anteil eines persönlich haftenden Gesellschafters, DB 2002, 189; *Frank*, Die Testamentsvollstreckung über Aktien, ZEV 2002, 389; *ders*, Umwandlung einer Personengesellschaft in eine Kapitalgesellschaft durch den Testamentsvollstrecker – ist eine Umwandlungsanordnung anzuraten?, ZEV 2003, 5; *ders*, Verwaltungskompetenz des Testamentsvollstreckers und Organkompetenz, NZG 2002, 898; *Goebel*, Probleme der treuhänderischen und der echten Testamentsvollstreckung über im vermächtnisweise erworbenes Einzelunternehmen, ZEV 2003, 261; *Grigas*, Testamentsvollstreckung im Handels- und Gesellschaftsrecht, BWNotZ 2002, 25; *Groß*, Stimmrecht und Stimmrechtsausschluss bei der Testamentsvollstreckung am GmbH-Anteil, GmbHR 1994, 596; *Hehemann*, Testamentsvollstreckung bei Vererbung von Anteilen an Personengesellschaften, BB 1995, 1301; *Hüfner*, Testamentsvollstreckung an Personengesellschaften, 1990; *John*, Testamentsvollstreckung über ein einzelkaufmännisches Unternehmen, BB 1980, 757; *Klein*, Die Testamentsvollstreckung in Gesellschaftsbeteiligungen an offenen Handelsgesellschaften und Kommanditgesellschaften, DStR 1992, 292; *Klumpp*, Amtspflichten des Testamentsvollstreckers bei Einsetzung eines GmbH-Beirats, ZEV 2006, 257; *Koch*, Streit der BGH-Senate um die Nachlasszugehörigkeit des vererbten Gesellschaftsanteils, BB 1987, 2106; *Lorz*, Testamentsvollstreckung und Unternehmensrecht. Ein Beitrag zur Fortschreibung unternehmensstrategischer Kompetenzen fremdnütziger Vermögensverwalter, 1995; *ders*, Der Testamentsvollstrecker und der Kernbereich der Mitgliedschaft, FS Boujong, 1996, S 319; *Marotzke*, Die Mitgliedschaft in einer offenen Handelsgesellschaft als Gegenstand der Testamentsvollstreckung, JZ 1986, 457; *ders*, Die Nachlasszugehörigkeit ererbter Personengesellschaftsanteile und der Machtbereich des Testamentsvollstreckers nach dem Urteil des Bundesgerichtshofs vom 14. 5. 1986, AcP 187 (1987), 223; *Dieter Mayer*, Testamentsvollstreckung am Kommanditanteil, ZIP 1990, 976; *J. Mayer*, Testamentsvollstreckung über GmbH-Anteile, ZEV 2002, 209; *Michael*, Die Testamentsvollstreckung im Recht der BGB-Gesellschaft, Diss Bochum 1997; *Phillipi*, Testamentsvollstreckung an GmbH-Anteilen, Diss Tübingen 2000; *Plank*, Die Eintragungsfähigkeit des Testamentsvollstreckervermerks im Handelsregister, ZEV 1998, 325; *Priester*, Testamentsvollstreckung an GmbH-Anteil, FS Stimpel, 1985, S 463; *Reimann*, Testamentsvollstreckung an Gesellschaftsanteilen jetzt möglich, MittBayNot 1986, 232; *Schaub*, Die Rechtsnachfolge von Todes wegen im Handelsregister bei Einzelunternehmen und Personenhandelsgesellschaften, ZEV 1994, 71; *Schiemann*, Der Testamentsvollstrecker als Unternehmer, FS Medicus 1999, S 513; *Schleitzer*, Testamentsvollstreckung am Gesellschaftsanteil eines persönlich haftenden Gesellschafters, Diss Mainz 1994; *Stimpel*, Testamentsvollstreckung über den Anteil an einer Gesellschaft bürgerlichen Rechts, FS Brandner, 1996, S 779; *Ulmer*, Nachlasszugehörigkeit ererbter Personengesellschaftsbeteiligungen?, NJW 1984, 1496; *ders*, Testamentsvollstreckung am Kommanditanteil, NJW 1990, 73; *ders*, Testamentsvollstreckung an werbenden Personengesellschaften?, ZHR 146, 555; *Wachter*, Testamentsvollstreckung an GmbH-Geschäftsanteilen, ZNotP 1999, 226; *Weidlich*, Befugnisse des Testamentsvollstreckers bei der Verwaltung von Beteiligungen einer werbenden BGB-Gesellschaft, ZEV 1998, 339; *ders*, Beteiligung des Testamentsvollstreckers und des Erben bei der formwechselnden Umwandlung von Personenhandelsgesellschaften und Gesellschaften mit beschränkter Haftung, MittBayNot 1996, 1; *ders*, Die Testamentsvollstreckung an Beteiligungen einer werbenden OHG bzw. Kommanditgesellschaft, ZEV 1994, 205; *ders*, Die Testamentsvollstreckung im Recht der Personengesellschaften, Diss Erlangen 1993; *Werkmüller*, Der Unternehmensverkauf durch den Testamentsvollstrecker, ZEV 2006, 491; *Winkler*, „Echte" Testamentsvollstreckung am Unternehmen und OHG-Anteil?, FS Schippel, 1996, S 519.

---

[82] OLG Karlsruhe NJW-RR 1994, 905; *Soergel/Damrau* Rn 25; eingehend zum Folgenden *J. Mayer* in: *Mayer/Bonefeld/Walzholz/Weidlich* Rn 357.
[83] OLG Karlsruhe NJW-RR 1994, 905.
[84] OLG Hamburg HansRGZ 1934 B 367; *Soergel/Damrau* Rn 25.
[85] OLG Hamburg HansRGZ 1934 B 367; *Staudinger/Reimann* Rn 32; *Lange/Kuchinke* § 31 V 6 Fn 162; diff *Zimmermann* Testamentsvollstreckung Rn 678; für Erhebung einer „Gestaltungsklage" *Winkler*, Der Testamentsvollstrecker, Rn 532.
[86] MünchKommBGB/*Zimmermann* Rn 8; *Staudinger/Reimann* Rn 32.

§ 2205

Schrifttum zur Testamentsvollstreckung im Grundbuchrecht: *Keim,* Geschenkt ist nicht gekauft ..., ZEV 2007, 470; *Schaub,* Die Veräußerung von Grundstücken durch den Testamentsvollstrecker, ZEV 2000, 49; *Schmenger,* Testamentsvollstreckung im Grundbuchverkehr, BWNotZ 2004, 97; *Weidlich,* Die Löschung des Testamentsvollstreckervermerks ohne Berichtigung des Erbscheins und des Testamentsvollstreckerzeugnisses, MittBayNot 2006, 390.

Schrifttum zur Testamentsvollstreckung im eigentlichen Anwendungsbereich von § 2205: *Jung,* Unentgeltliche Verfügungen des Testamentsvollstreckers und des befreiten Vorerben, Rpfleger 1999, 204; *Müller,* Zur Unentgeltlichkeit der Verfügungen als Schranke der Verfügungsmacht des Testamentsvollstreckers, WM 1982, 466; *Schaub,* Unentgeltliche Verfügungen des Testamentsvollstreckers, ZEV 2001, 257.

Übersicht

	Rn		Rn
I. Normzweck	1	a) Vollmachtslösung	28
II. Verwaltung des Nachlasses	2	b) Treuhandlösung	29
1. Begriff	2	c) Weisungsgeberlösung	33
2. Dauer und Umfang	3	d) Beaufsichtigende Testamentsvollstreckung; andere Wege	34
3. Gegenstand der Verwaltung	5	3. Gesellschafter einer OHG, einer EWIV, einer BGB-Gesellschaft, Komplementär einer KG	36
4. Inhalt des Verwaltungsrechts	10	a) Auflösung	38
5. Besitzrecht	11	b) Fortsetzung unter den verbleibenden Gesellschaftern	39
III. Verfügungsbefugnis	12	c) Fortsetzung einer Gesellschaft mit den Erben	40
1. Grundsatz der unbeschränkten Verfügungsbefugnis	13	d) Gesellschaftsvertragsvertragliches Eintrittsrecht	48
2. Insichgeschäfte des Testamentsvollstreckers	16	4. Kommanditbeteiligung	49
a) Anwendung des § 181	16	5. Stille Gesellschaft	51
b) Beispielsfälle	19	6. GmbH	52
3. Unentgeltliche Verfügungen	21	7. Aktiengesellschaft	54
a) Voraussetzungen	22	8. Genossenschaften	55
b) Rechtsfolge	26	9. Mischformen	56
IV. Das Verwaltungsrecht des Testamentsvollstreckers im Unternehmensbereich	27	V. Testamentsvollstreckung und Grundbuch	57
1. Grundsätzliches Verhältnis von Testamentsvollstreckung und Unternehmensnachfolge	27		
2. Einzelkaufmännisches Unternehmen	28		

I. Normzweck

1 Die Vorschrift gewährt dem Testamentsvollstrecker die **Mittel,** um seine Aufgaben zu erfüllen. Zum einen erhält er ein Verwaltungsrecht (Satz 1). Zum anderen wird ihm eine Verfügungsbefugnis eingeräumt (Satz 2). Damit korrespondierend wird die Rechtsmacht der Erben zur Verwirklichung der Zwecke der Testamentsvollstreckung entspr eingeschränkt, die uU nur noch die reine Rechtsträgerschaft behalten. Damit entsteht eine im deutschen Recht im Allgemeinen nicht übliche Abspaltung von Verwaltungs- und Verfügungsrechten vom Rechtsinhaber mit einer Absonderung des Nachlasses vom Eigenvermögen des Erben[1]. Die durch die Norm gewährten Befugnisse sind aber grds nur Mittel zum Zweck[2], weshalb sich ihr wahrer Umfang und ihre Bedeutung erst aus der konkreten Aufgabenstellung erschließt und konkretisiert (§ 2197 Rn 3).

II. Verwaltung des Nachlasses

2 **1. Begriff.** Die Verwaltung umfasst all die Maßnahmen, die zur Erhaltung, Sicherung, Nutzung und Mehrung des verwalteten Vermögens erforderlich oder zweckdienlich sind. Hierzu gehören die Besitzausübung, die Prozessführung (§§ 2205 S 2, 2212 f), die Verfügung über Nachlassgegenstände und das Eingehen von Nachlassverbindlichkeiten (§§ 2205 S 2, 2206 f), aber auch Maßnahmen rein tatsächlicher Art[3].

3 **2. Dauer und Umfang.** Das Verwaltungsrecht beginnt erst mit der Annahme des Amts durch den Testamentsvollstrecker (§ 2202; dort Rn 1)[4] und endet mit dem Erlöschen des Amtes (§ 2225 Rn 2), wobei bei der Dauervollstreckung und Verwaltungsvollstreckung die zeitliche Grenze des § 2210 zu beachten ist. Hinsichtlich einzelner Nachlassobjekte erlischt es mit der Freigabe nach § 2217 Abs 1[5]. Wird **Nachlassverwaltung** angeordnet (§§ 1981, 1984, 1985) so ruht das Verwaltungsrecht des Testamentsvollstreckers; das Gleiche gilt bei Anordnung eines **Nachlassinsolvenzverfahrens** hinsichtlich des diesem Verfahren unterliegenden Nachlasses, nicht aber hinsichtlich des beschlagnahmefreien

---

[1] MünchKommBGB/*Zimmermann* Rn 1, 3.
[2] *Staudinger*/*Reimann* Rn 1.
[3] *Staudinger*/*Reimann* Rn 5.
[4] MünchKommBGB/*Zimmermann* Rn 12.
[5] MünchKommBGB/*Zimmermann* Rn 12; *Palandt*/*Edenhofer* Rn 1.

Teils desselben[6]. Nach Beendigung dieser Verfahren leben jedoch die alten Befugnisse des Testamentsvollstreckers wieder auf[7]. Ein Insolvenzverfahren über das Eigenvermögen des Erben berührt dagegen die Befugnis des Testamentsvollstreckers nicht, hier gehen die §§ 2211, 2214 vor (s § 2214 Rn 4)[8].

Der **Umfang des Verwaltungsrechts** ist grds ausschließlich und unbeschränkt, erstreckt sich regelmäßig auf den gesamten Nachlass und schließt insoweit die Verfügungsmöglichkeit der Erben aus. Beschränkt wird es durch das Schenkungsverbot (Satz 3), Anordnungen des Erblassers nach § 2208[9] und durch den Grundsatz der ordnungsgemäßen Verwaltung (§§ 2206, 2216)[10]. Der Erblasser kann insbes die Testamentsvollstreckung auf einen Bruchteil des Nachlasses oder gar einen bestimmten Erbteil beschränken (**Erbteilsvollstreckung**, § 2208 Rn 10)[11]. Durch **Pfändung** oder Verpfändung des Erbteils wird das Verwaltungsrecht des Testamentsvollstreckers am Nachlass jedoch nicht beeinträchtigt, da das Pfandrecht nur am Erbteil entsteht[12]. Das Verwaltungsrecht des Testamentsvollstreckers bei einer Testamentsvollstreckung über einen Vorerben wird auch nicht durch die **Nacherbenrechte** beschränkt, die §§ 2113, 2114 gelten hier auch dann nicht, wenn der Testamentsvollstrecker nicht Nacherbe oder Nacherbentestamentsvollstrecker ist[13]. 4

3. Gegenstand der Verwaltung. Gegenstand des Verwaltungsrechts ist grds der **gesamte Nachlass**, einschließlich der Nutzungen[14] und auch eines Erbteils, der bereits dem Erblasser zugestanden hat[15], sowie der **Surrogationserwerb** nach § 2019[16]. Auch wenn im Einzelfall der Voraussetzungen der §§ 2019, 2041, 2111 nicht vorliegen, so findet eine **dingliche Surrogation** im Wege einer Gesamtanalogie zu diesen Vorschriften hinsichtlich des vom Testamentsvollstrecker verwalteten Nachlasses immer statt, wenn Ersatz für die Zerstörung, Beschädigung oder Entziehung dieses Vermögens zu erlangen ist oder ein Rechtsgeschäft mit Mitteln des Nachlasses vorgenommen wird. Dabei genügt eine **objektive Beziehung** zum Nachlass, so dass es auf den entgegenstehenden Willen des Testamentsvollstreckers nicht ankommt. Diese dingliche Surrogation ist deswegen geboten, weil es sich bei dem vom Testamentsvollstrecker verwalteten Nachlass um ein Sondervermögen handelt, das der Verwaltung der Erben und dem Zugriff der Eigengläubiger entzogen ist (§§ 2211, 2214), und das seiner Erhaltung solange bedarf, wie die Testamentsvollstreckung und die damit verfolgten Zwecke, die ohne diese Rechtsfolge gefährdet sein könnten, andauern. Daher gilt dies auch dann, wenn nur ein Erbe vorhanden ist[17]. Allerdings ist im Einzelfall immer zu prüfen, ob nicht der Surrogation entgegensteht, dass bereits vorher auf Grund einer Freigabe der Nachlassteil aus dem Verwaltungsrecht des Testamentsvollstreckers ausschied[18] oder der Verkaufserlös im Wege der teilweisen Nachlassauseinandersetzung an die Erben ausgekehrt wurde und sich die Testamentsvollstreckung, etwa wegen des Fehlens der Anordnung einer Verwaltungsvollstreckung, nicht an den Erlösanteilen fortsetzt[19]. 5

Höchstpersönliche Rechte des Erblassers, die über seinen Tod hinaus fortwirken, und solche persönlichen Rechte, die durch das Eintreten des Erben in die Rechtsposition des Verstorbenen neu entstehen, die aber ihrer Natur nach nicht durch Dritte ausgeübt werden können, unterliegen nicht der Verwaltung des Testamentsvollstreckers[20]. Gleiches gilt für all das, was die grundsätzliche Rechtsstellung des Erben zum Nachlass betrifft[21]. 6

Der **Testamentsvollstrecker** kann daher **nicht erklären** oder geltend machen[22]: eine Annahme oder Ausschlagung einer Erbschaft oder eines Vermächtnisses[23], und zwar auch dann, wenn der Erwerb dem 7

---

[6] Haegele KTS 1969, 159; Emmerich ZHR 132 (1969), 307; Staudinger/Reimann Rn 152 ff; Weidlich MittBayNot 2007, 62; eingehend hierzu Zimmermann Rn 644 ff.
[7] Palandt/Edenhofer Rn 3; Weidlich MittBayNot 2007, 62; vgl auch RG LZ 1919, 875: Nachlassverwalter.
[8] BGH NJW 2006, 2698, 2699; LG Aachen NJW 1960, 46 m Anm Buch; Winkler, Der Testamentsvollstrecker, Rn 474.
[9] BGH NJW 1984, 2464 = JR 1985, 106 m Anm Damrau.
[10] Staudinger/Reimann Rn 6.
[11] Muscheler AcP 195 (1995), 35.
[12] BayObLGZ 1982, 459, 462 = FamRZ 1983, 840; MünchKommBGB/Zimmermann Rn 63.
[13] KG OLGE 34, 297, 298; KG Recht 1915 Nr 1117; OLG Neustadt NJW 1956, 1881; Soergel/Damrau Rn 58; Staudinger/Reimann Rn 8; Staudinger/Avenarius § 2113 Rn 7; Winkler, Der Testamentsvollstrecker, Rn 215; aA Staudinger/Reimann Rn 157; MünchKommBGB/Zimmermann Rn 64; Zimmermann Rn 373; Palandt/Edenhofer Rn 28; Lange/Kuchinke § 31 Fn 232 a; Schaub in: Bengel/Reimann HdB IV Rn 198; von Lübtow II 892.
[14] BGH NJW-RR 1988, 386; Kipp/Coing § 68 III 1; MünchKommBGB/Zimmermann Rn 6.
[15] BGH NJW 1984, 2464.
[16] BGH NJW 1991, 842.
[17] RGZ 138, 132, 133 f; KG JFG 22, 122, 125; OLG Hamm ZEV 2001, 275 bei mehreren Miterben; Krug ZEV 1999, 381, 383; Palandt/Edenhofer Rn 1; MünchKommBGB/Zimmermann Rn 6; Schaub in: Bengel/Reimann HdB IV Rn 68; Staudinger/Reimann Rn 14; ausf hierzu AnwK-BGB/Weidlich Rn 10; Stiebitz, Die Surrogation im Erbrecht, Diss Erlangen-Nürnberg 2006, S 189 ff; aA Kipp/Coing § 68 III 1 für die Vermächtnisvollstreckung und Stiebitz aaO S 194 ff für die Vermächtnisverwaltungsvollstreckung, wobei Stiebitz aber den eigentlichen Zweck der dinglichen Surrogation nicht erörtert und daher nicht erkennt, dass dieser auch dort gilt.
[18] Krug ZEV 1999, 381, 383.
[19] BayObLG NJW-RR 1992, 328 = DNotZ 1993, 399, 401 f m krit Anm Weidlich = FamRZ 1992, 604 m krit Anm Damrau.
[20] RGZ 85, 1, 4 zu § 1477 Abs 2; AnwK-BGB/Weidlich Rn 3; MünchKommBGB/Zimmermann Rn 9; Staudinger/Reimann Rn 17; Soergel/Damrau Rn 5.
[21] MünchKommBGB/Brandner 3. AuflRn 7.
[22] Vgl Bengel in: Bengel/Reimann HdB I Rn 72 ff; Soergel/Damrau Rn 7; Staudinger/Reimann Rn 18 ff; AnwK-BGB/Weidlich Rn 3; Damrau/Bonefeld Rn 3.
[23] Staudinger/Otte 2000 § 1943 Rn 12.

§ 2205

Erblasser bereits angefallen war (arg § 83 Abs 1 InsO)[24], die Anfechtung letztwilliger Verfügungen nach § 2078 oder die Erhebung der Einrede der Anfechtbarkeit nach § 2083[25] oder das Anfechtungsrecht nach §§ 2341, 2345 bei Erbunwürdigkeit[26], die Verfügung über einen Erbteil (§ 2033)[27] oder den Nachlass im Ganzen, die Erbenrechte im Erbprätendentenstreit[28], den Widerruf einer Schenkung nach § 530 Abs 2, einen Anspruch aus beeinträchtigender Schenkung nach § 2287[29], Ansprüche aus Verletzung des Persönlichkeits- und Namensrechts, soweit sie nicht vermögensrechtlicher Natur sind[30], oder aus einem Lastenausgleich, soweit der Erbe persönlich geschädigt ist[31], einen Schadensersatzanspruch eines Vermächtnisnehmers gegen den Testamentsvollstrecker mangels Nachlasszugehörigkeit[32], die Anfechtung einer vormundschaftsgerichtlichen Genehmigung zu einem Vergleich über das Erbrecht des Betroffenen[33], sowie die Rechte der Familienangehörigen nach § 563 beim Tod des Mieters[34]. Zuwendungen auf Grund von **Verträgen zugunsten Dritter** auf den Todesfall oder widerrufliche Bezugsberechtigungen von Lebensversicherungen unterfallen nicht mehr der Vollstreckung, soweit sie vollzogen und damit im Zuwendungsverhältnis zum Begünstigten rechtsbeständig wurden[35]. Ob der Testamentsvollstrecker, soweit dies noch möglich, bis dahin widerrufen muss, richtet sich nach dem Erblasserwillen[36].

8 Demgegenüber **unterliegen grds** der **Verwaltung des Testamentsvollstreckers**[37]: **Urheberrechte** bei entsprechender Anordnung nach § 28 Abs 2 UrhG, die Geltendmachung von **Schadensersatzansprüchen** der Erben nach § 2219 gegen einen früheren Testamentsvollstrecker[38], die Ausgleichsansprüche eines **Handelsvertreters** (§ 89b HGB)[39], **Restitutionsansprüche** nach dem VermG, und zwar auch dann, wenn der Erbfall bereits vor dem Inkrafttreten des Vermögensgesetzes eingetreten war und der vermögensrechtliche Anspruch deshalb unmittelbar in der Person des Rechtsnachfolgers des verstorbenen Geschädigten entstanden ist[40], das Antragsrecht auf **Todeserklärung** eines (Mit-) Erben, sofern dieser vor dem Erblasser verstorben ist (§ 16 Abs 2 VerschG)[41] oder auf Feststellung des wahrscheinlichsten Todeszeitpunkts[42]. Bei Ansprüchen aus **Versicherungsverhältnissen** ist zu differenzieren: soweit es sich um Sachversicherungen handelt (zB Gebäudeversicherung), ist ein Verwaltungsrecht gegeben hinsichtlich der bereits vor dem Erbfall entstandenen Rechte und Pflichten oder soweit sie auf der Verwaltungshandlung des Testamentsvollstreckers im weitesten Sinne beruhen; bei Ansprüchen aus einer Berufshaftpflicht des Erblassers jedoch nicht[43].

9 Daneben kann auch eine **konkurrierende Zuständigkeit** zwischen Testamentsvollstrecker und Erben bestehen. **Beide** sind etwa **berechtigt** zur Beantragung eines Erbscheins (§ 2353)[44] oder dessen Einziehung als unrichtig (§ 2361) oder zur Antragstellung für ein Testamentsvollstreckerzeugnis (§ 2368), da beide materiell betroffen sind[45]. Weiter kann der Testamentsvollstrecker die Rechte der Erben – neben deren fortbestehender Berechtigung – zur **Haftungsbeschränkung** geltend machen, insbes ein Nachlassinsolvenzverfahren beantragen, soweit ihm die Verwaltung des gesamten Nachlasses zusteht (§ 317 Abs 1 InsO)[46], oder eine Nachlassverwaltung (§ 1981)[47], die aufschiebenden Einreden nach §§ 2014, 2015 sowie die Rechte aus §§ 1990, 1992 geltend machen und das Aufgebot der Nachlassgläubiger (§§ 1970 ff, § 991 Abs 2 ZPO) beantragen und die Zwangsversteigerung (§ 175 Abs 1 S 2 ZVG)[48]. Eine

---

[24] *Staudinger/Reimann* Rn 18; *Palandt/Edenhofer* Rn 4.
[25] Vgl BGH NJW 1962, 1058.
[26] *Weiler* DNotZ 1952, 291.
[27] BGH NJW 1984, 2464.
[28] MünchKommBGB/*Zimmermann* § 2203 Rn 8; *Kipp/Coing* § 68 III 9.
[29] RGZ 77, 5, 6 f; BGHZ 78, 1, 3 = NJW 1980, 2461; NJW 1989, 2389; eingehend hierzu *Muscheler* FamRZ 1994, 1361, 1363, *Reimann/Bengel/J. Mayer*, Testament und Erbvertrag, § 2287 Rn 78 ff.
[30] RG Recht 1921 Nr 2319; zur Abgrenzung BGH LM ZPO § 546 Nr 73; *Soergel/Damrau* Rn 6.
[31] KG FamRZ 1969, 677.
[32] RGZ 138, 132, 134.
[33] OLG Zweibrücken OLGZ 1980, 142, 143.
[34] *Soergel/Damrau* Rn 7.
[35] *Reimann* ZEV 1997, 129, 132 f; *D. Mayer* in: *Bengel/Reimann* HdB V Rn 337 f; eingehend hierzu *Schmalz-Brüggemann* ZEV 1996, 84; *J. Mayer* DNotZ 2000, 905, 909 ff, auch zu Möglichkeiten, diese Zuwendungen in die Testamentsvollstreckung einzubeziehen.
[36] *Staudinger/Reimann* Rn 166; *Muscheler* WM 1994, 921.
[37] Vgl etwa *Staudinger/Reimann* Rn 23 ff.
[38] RGZ 138, 132, 133 f; BGH LM § 2219 Nr 4.
[39] MünchKommBGB/*Zimmermann* Rn 9; *Soergel/Damrau* Rn 8; str, aA etwa *Höft* VersR 1965, 553.
[40] BVerwG VIZ 2003, 473, 474 = ZEV 2003, 519: analoge Anwendung des Erbrechts; aA *Hülmann* VIZ 2002, 263.
[41] OLG Frankfurt OLGZ 1977, 407, 408 wenn dies für die Ausführungen nach § 2203 bedeutsam ist.
[42] OLG Düsseldorf OLGZ 1966, 222 f.
[43] *Soergel/Damrau* Rn 7, 54 ff; ausf *Staudinger/Reimann* Rn 21 f.
[44] *Palandt/Edenhofer* § 2353 Rn 12.
[45] Umstritten, wie hier *Winkler*, Der Testamentsvollstrecker, Rn 687; MünchKommBGB/*J. Mayer* § 2368 Rn 20; *Lange/Kuchinke* § 39 VII 2 Fn 273; *v. Lübtow* II 976; dagegen OLG Hamm NJW 1974, 505; BayObLG MDR 1978, 142; *Staudinger/Schilken* 2004 § 2368 Rn 4.
[46] *Staudinger/Reimann* Rn 153; *D. Mayer* in: *Bengel/Reimann* HdB V Rn 409; *Arnold* in: *Gottwald* Insolvenzrechts-HdB § 104 Rn 13; eine Antragspflicht gegenüber den Nachlassgläubigern wird nur teilweise bejaht (*Winkler*, Der Testamentsvollstrecker, Rn 170), jedoch besteht mittelbarer Zwang hierzu zur Vermeidung der Haftung gegenüber den Erben, § 2219.
[47] *Schaub* in: *Bengel/Reimann* HdB IV Rn 271 ff.
[48] *Winkler*, Der Testamentsvollstrecker, Rn 174.

Inventarerrichtungsfrist (§ 1994) kann ihm nicht gestellt werden, da dies ausschließlich Sache des Erben ist und die Testamentsvollstreckung keine beschränkte Erbenhaftung bewirkt[49]. Bei Passivprozessen ergibt sich nach § 2213 uU ebenso eine geteilte Zuständigkeit. Auch Auskunfts- und **Informationsrechte,** etwa gegenüber Banken, können sowohl Testamentsvollstrecker wie Erbe unabhängig voneinander geltend machen[50].

4. Inhalt des Verwaltungsrechts. Art und Umfang des Verwaltungsrechts des Testamentsvollstreckers orientiert sich an den ihm zugewiesenen Aufgaben, weshalb auch hier eine funktionsbezogene Betrachtung angebracht ist. Aus der konkret zugewiesenen Aufgabenstellung lassen sich daher die zur Zweckerreichung erforderlichen Befugnisse im Einzelfall ermitteln („instrumentale Ausstattung" der Testamentsvollstreckung)[51]. Die §§ 2205 ff geben hierfür nur einen allgemeinen Rahmen, was dem Testamentsvollstrecker generell an Rechtsmacht zugewiesen werden kann. S 2 enthält daher keine abschließende Aufzählung der eingeräumten Rechte („insbesondere ...")[52]. Zu den gewöhnlichen Aufgaben gehören daher das Hinwirken auf eine baldige Testamentseröffnung mit amtlicher Erbenfeststellung, die **Konstituierung** und gebotene Sicherung des Nachlasses (§ 2203 Rn 6 ff), die Geltendmachung der zum Nachlass gehörenden Forderungen, auch gegen die Erben[53], die **Entgegennahme von Willenserklärungen** für den Nachlass (Kündigung, Aufrechnung) und die Erfüllung bestehender Verkehrssicherungspflichten und steuerlicher Pflichten, soweit sie den Nachlass betreffen (§ 2203 Rn 12). Auch die **Berichtigung der Nachlassverbindlichkeiten** (§ 1967), einschließlich von Steuerschulden (vgl ausdrücklich § 31 Abs 1 S 2 ErbStG), gehört zu den Verwaltungsaufgaben des Testamentsvollstreckers, und zwar auch bei der reinen Verwaltungsvollstreckung, da dies hier zur ordnungsgemäßen Nachlassverwaltung (§ 2216 Abs 1) zählt[54]; bei der Auseinandersetzungsvollstreckung ergibt sich dies bereits aus §§ 2204, 2046, 2047.

5. Besitzrecht. Der Besitz geht nach § 857 mit dem Erbfall zunächst auf die Erben über; hieran ändert auch die Anordnung einer Testamentsvollstreckung nichts[55]. Macht jedoch der Testamentsvollstrecker von dem ihm in Satz 2 eingeräumten Recht Gebrauch und erlangt die tatsächliche Gewalt (§ 854 Abs 1), so wird er unmittelbarer Besitzer, der Erbe mittelbarer Besitzer (§ 868)[56]. Erst ab dann stehen dem Testamentsvollstrecker die Besitzschutzrechte zu[57]. Soweit die Erben dem Testamentsvollstrecker nicht den Besitz einräumen, ist dies im Klagewege zu durchzusetzen, bei noch unbekannten Erben gegen einen Abwesenheitspfleger des Erben[58]. Dabei steht dem Testamentsvollstrecker ein vorbereitender Auskunftsanspruch nach § 260 Abs 1 einschließlich des Anspruchs auf eidesstattliche Versicherung zu, um sich die erforderliche Klarheit von Umfang und Zusammensetzung des Nachlasses zu verschaffen[59]. Beides kann im Wege der Stufenklage geltend gemacht werden[60].

III. Verfügungsbefugnis

S 2 gewährt dem Testamentsvollstrecker als Ausfluss des Verwaltungsrechts und zur Erfüllung der zugewiesenen Aufgaben eine Verfügungsbefugnis. Sie bezieht sich nur auf die Einzelnen zum verwalteten Nachlass gehörende Gegenstände und Rechte, einschließlich hierzu gehörender Erbanteile an einem Drittnachlass[61], nicht aber auf die **Anteile mehrerer Miterben** am verwalteten Nachlass (§ 2033)[62].

1. Grundsatz der unbeschränkten Verfügungsbefugnis. Die Verfügungsbefugnis steht idR auch dem schlichten Verwaltungsvollstrecker zu[63], aber auch dem Abwicklungs- (§§ 2203, 2204) oder Dauervollstrecker (§ 2209). Inwieweit der Testamentsvollstrecker die nach den allgemeinen Bestimmungen bestehenden Befugnisse aber auch ausüben darf, ist im Einzelfall immer nach den mit der Testamentsvollstreckung verfolgten Zwecken im Wege einer **funktionsbezogenen Betrachtung** und nach den Kriterien der ordnungsgemäßen Nachlassverwaltung zu beurteilen[64]. Die vom Testamentsvollstrecker vorgenommenen Verfügungen wirken unmittelbar für und gegen die Erben[65]. Die Verfügungsmacht ist **ausschließlich,** weil sie insoweit die Verfügungsmacht des Erben verdrängt (§ 2211). Sie ist **unbeschränkt** in **gegenständlicher Hinsicht,** weil sie sich grds auf den gesamten verwaltungsfähigen Nachlass erstreckt (Rn 4), soweit kein abweichender Erblasserwille anzunehmen ist (§ 2208),

---

[49] *Palandt/Edenhofer* Rn 5; *Winkler,* Der Testamentsvollstrecker, Rn 174.
[50] *Damrau/Bonefeld* Rn 4.
[51] MünchKommBGB/*Zimmermann* Rn 10.
[52] MünchKommBGB/*Zimmermann* Rn 10.
[53] *Johannsen* WM 1961, 1407.
[54] MünchKommBGB/*Zimmermann* Rn 11.
[55] RGZ 83, 223, 229; MünchKommBGB/*Zimmermann* Rn 57.
[56] Zu Einzelheiten, auch der klageweisen Durchsetzung, *Schaub* in: *Bengel/Reimann* HdB IV Rn 7 ff.
[57] *Staudinger/Reimann* Rn 31.
[58] OLG Oldenburg NdsRpfl 1948, 10; *Staudinger/Reimann* Rn 30; *Bengel* in: *Bengel/Reimann* HdB I Rn 65.
[59] AnwK-BGB/*Weidlich* Rn 8; *Krug/Rudolf/Kroiß/Littig,* AnwaltFormularE Erbrecht, § 13 Rn 81.
[60] *Krug/Rudolf/Kroiß/Littig,* AnwaltFormularE Erbrecht, § 13 Rn 81; Münchener AnwaltsHdB/*Lorz* § 21 Rn 66.
[61] BGH NJW 1984, 2464.
[62] *Staudinger/Reimann* Rn 33.
[63] KG DR 1944, 245; AK/*Finger* Rn 18.
[64] *Damrau/Bonefeld* Rn 2.
[65] RGZ 59, 361, 366; 76, 125, 126; MünchKommBGB/*Zimmermann* Rn 59.

§ 2205

und auch ihrer **Art** nach, da die Verfügung im Interesse des Verkehrsschutzes auch wirksam ist, wenn sie einer ordnungsgemäßen Verwaltung widerspricht. Dies ist bei der Verpflichtungsbefugnis anders (§ 2206 S 1), was dort als kausale Beschränkung bezeichnet wird[66]. Diese unbeschränkte Verfügungsbefugnis wird nur durch zwei **Ausnahmen** durchbrochen: durch das Schenkungsverbot (S 3, vgl Rn 21 ff) und das Verbot des Selbstkontrahierens (Rn 16).

14 Die **Zustimmung** der Erben ist für die gesetzlich bestehende Verfügungsbefugnis des Testamentsvollstreckers grds unerheblich. Der Testamentsvollstrecker kann sich nicht durch eine Vereinbarung mit den Erben verpflichten, keine Handlungen vorzunehmen und keine Erklärungen abzugeben, denen die Miterben nicht vorher zugestimmt haben[67]. Jedoch kann der Erblasser anordnen, dass Verfügungen der Zustimmung der Erben bedürfen (§ 2208); dies ist vom Testamentsvollstrecker zu beachten und bewirkt eine dingliche Verfügungsbeschränkung[68]. Umgekehrt macht eine Zustimmung aller Erben, einschließlich der Nacherben (ohne Ersatznacherben) und der Vermächtnisnehmer (solange ein Vermächtnis noch nicht erfüllt ist) eine gegen das Schenkungsverbot (Rn 26) oder gegen § 181 (Rn 17) verstoßende Verfügung wirksam[69].

15 Aus der grds bestehenden unbeschränkten Verfügungsbefugnis des Testamentsvollstreckers folgt, dass **Verfügungsbeschränkungen des Erben** nicht auf die des Testamentsvollstreckers durchschlagen, sofern sich die Handlungen des Testamentsvollstreckers nur innerhalb seiner allgemeinen Aufgabenzuweisung und der daraus folgenden allgemeinen Befugnisse halten[70]. Die Aufgabenerfüllung würde sonst durch die beim Erben bestehenden Beschränkungen gerade vereitelt. Ist der Erbe **geschäftsunfähig** oder beschränkt geschäftsfähig, berührt dies daher nicht die Verfügungsmacht des Testamentsvollstreckers[71]. Der Testamentsvollstrecker bedarf daher bei einem minderjährigen Erben auch nicht der sonst für einen gesetzlichen Vertreter erforderlichen familien- oder **vormundschaftsgerichtlichen Genehmigung**[72]. Auch **güterrechtliche Beschränkungen** wirken nicht gegen den Testamentsvollstrecker, so dass seine Verfügungen wirksam sind, auch wenn beim Erben selbst die verfügungshindernden Voraussetzungen der §§ 1365, 1423, 1424 bei Zugewinngemeinschaft oder Gütergemeinschaft vorliegen[73]. Denn der Testamentsvollstrecker leitet seine Rechtsmacht direkt vom Erblasser und nicht vom Erben ab. Auch eine **Pfändung** oder Verpfändung eines Miterbenanteils[74] hindert die Verfügungsbefugnis des Testamentsvollstreckers ebenso wenig wie ein Insolvenzverfahren eines Miterben über sein Eigenvermögen[75]; zur Nachlassinsolvenz s Rn 3.

16 **2. Insichgeschäfte des Testamentsvollstreckers. a) Anwendung des § 181.** Auch wenn der Testamentsvollstrecker nicht der Vertreter der Erben, sondern Treuhänder des Nachlasses ist, so gebietet der Schutzzweck des § 181 doch die entsprechende Anwendung dieser Norm[76]. Demnach ist ein Insichgeschäft nur dann wirksam, wenn es ausschließlich in der Erfüllung einer Verbindlichkeit besteht oder eine Gestattung vorliegt. Die **Gestattung** kann dabei nur durch den Erblasser, ausdrücklich oder stillschweigend[77], erfolgen und muss uU durch Auslegung der Verfügung von Todes wegen ermittelt werden. Aber selbst wenn eine Gestattung angenommen werden kann, ist diese unwirksam, wenn sie gegen das Gebot der ordnungsgemäßen Verwaltung verstößt (§ 2216 Abs 1), da der Erblasser – anders als der Erbe – hiervon den Testamentsvollstrecker nicht befreien kann (§ 2220)[78]. Umgekehrt kann eine Gestattung angenommen werden, wenn das Rechtsgeschäft **ordnungsgemäßer Nachlassverwaltung** entspricht[79], wobei hieran jedoch strenge Anforderungen zu stellen sind. Beschränkungen aus dem Innenverhältnis schlagen daher hier auf das rechtliche Können im Außenverhältnis durch, was aber den Verkehrsschutz insoweit nicht unzulässig beeinträchtigt, da bei solchen Insichgeschäften der Dritte nicht besonders schutzwürdig ist[80]. Andererseits macht im Verkehrsinteresse allein der Umstand, dass außerhalb des Anwendungsbereichs des § 181 irgendein Interessenwiderstreit bei der Amtsausführung entstehen kann, die Verfügung noch nicht unzulässig.

17 Aus der Anwendung des § 181 folgt weiter, dass ein unzulässiges Insichgeschäft grds nicht endgültig nichtig ist, sondern nur **schwebend unwirksam**. Der Mangel kann durch eine Genehmigung entspr

---

[66] MünchKommBGB/*Zimmermann* Rn 59; *Staudinger/Reimann* Rn 75.
[67] BGHZ 25, 275, 279 = NJW 1957, 1916.
[68] MünchKommBGB/*Zimmermann* Rn 60, 89.
[69] AllgM, BGHZ 40, 115, 119 = NJW 1963, 2320; BGHZ 57, 84, 94 = NJW 1971, 2264; BayObLG NJW-RR 1989, 587; MünchKommBGB/*Zimmermann* Rn 80.
[70] MünchKommBGB/*Zimmermann* Rn 93.
[71] *Staudinger/Reimann* Rn 76.
[72] BGH ZEV 2006, 262; RGZ 61, 139, 144; BayObLGZ 1991, 390, 392 = NJW-RR 1992, 328 = FamRZ 1992, 604 m Anm *Damrau*; OLG Hamm DNotZ 1983, 381, 582; KG OLGE 38, 259, 260; AnwK-BGB/*Weidlich* Rn 12.
[73] *Staudinger/Reimann* Rn 79; MünchKommBGB/*Zimmermann* Rn 94; *Ripfel* BWNotZ 1960, 69; *Haegele* Rpfleger 1960, 386; *Palandt/Edenhofer* Rn 28; aA AG *Delmenhorst* FamRZ 1959, 249; *Meyer-Stolte* FamRZ 1960, 386, jeweils zu § 1365.
[74] KG JR 1952, 323, 324.
[75] LG Aachen NJW 1960, 46; *Winkler*, Der Testamentsvollstrecker, Rn 474.
[76] BGHZ 30, 67, 69 f; 51, 209, 214; OLG Frankfurt NJW-RR 1998, 795 = ZEV 1998, 350 m Anm *Damrau*; *Staudinger/Reimann* Rn 60 ff; der Erwerb des Nachlassgrundstücks in der Teilungsversteigerung fällt aber nicht unter § 181, BGH ZEV 2001, 358 = NJW-RR 2001, 1434.
[77] *Soergel/Damrau* Rn 70; BGH WM 1960, 1419, 1420.
[78] BGHZ 30, 67, 70 f; BGH WM 1960, 1419; KG JW 1935, 2755; *Palandt/Edenhofer* Rn 30; MünchKommBGB/*Zimmermann* Rn 85.
[79] BGHZ 30, 67, 70 = NJW 1959, 1429; BGH WM 1960, 1419, 1420; MünchKommBGB/*Zimmermann* Rn 85.
[80] MünchKommBGB/*Zimmermann* Rn 85; *Kipp/Coing* § 68 V 2 a; *Soergel/Damrau* Rn 71.

§ 177 geheilt werden[81]; dazu ist aber nicht nur die Zustimmung aller übrigen Erben, einschließlich der Nacherben (aber nicht Ersatznacherben) erforderlich[82], sondern auch die der noch nicht befriedigten Vermächtnisnehmer, deren Interesse ebenfalls durch § 2216 geschützt wird (Rn 14)[83]. Der Miterbenvollstrecker mit dem gleichen Aufgabenkreis kann allerdings nicht zustimmen, da es um die Wirksamkeit seiner eigenen Handlung geht[84]. Dass das Geschäft dem ausdrücklichen oder stillschweigenden Erblasserwillen widerspricht, beeinträchtigt die Zustimmungsfähigkeit nicht, da auch sonst Erben und Testamentsvollstrecker sich gemeinsam über den Erblasserwillen hinwegsetzen können[85]. Die nachträgliche Zustimmung wirkt auf den Geschäftsabschluss zurück (§ 184 Abs 1), die Verweigerung führt zur Nichtigkeit.

Beweispflichtig für die Gestattung des Selbstkontrahierens durch den Erblasser ist der Testamentsvollstrecker, nicht sein Prozessgegner[86]. Der Testamentsvollstrecker kann den Beweis dadurch führen, dass er die Ordnungsmäßigkeit iS von § 2216 nachweist; denn so weit reicht grds auch die Gestattung. Dass die Gestattung geringeren Umfang hätte, müsste hier die Gegenseite beweisen. Der Testamentsvollstrecker kann aber auch die Gestattung unmittelbar nachweisen; dann ist die Gegenseite für den Ausnahmetatbestand beweispflichtig, dass trotz dieser Gestattung etwa der Rahmen ordnungsmäßiger Verwaltung des Nachlasses (§ 2216) überschritten sei[87]. 18

b) Beispielsfälle. Der Testamentsvollstrecker kann zur ausschließlichen **Erfüllung einer wirksamen Nachlassverbindlichkeit** mit sich selbst kontrahieren, etwa ein Grundstück an sich selbst auflassen, wenn ein entsprechendes Vermächtnis[88], eine Teilungsanordnung oder Auflage zu seinen Gunsten besteht[89]. Auch kann der Miterbenvollstrecker bei der Erbauseinandersetzung sich selbst einen Anteil an einem Nachlassgrundstück auflassen[90], jedoch dann nicht, wenn dies weit unter Wert erfolgt, es sei denn, es liegt ein Vorausvermächtnis vor[91]. 19

Jedoch ist der Testamentsvollstrecker nicht befugt, sich aus Nachlassmitteln ein **Darlehen zu gewähren**[92]. Auch darf ein Testamentsvollstrecker, der einen Geschäftsanteil an einer GmbH verwaltet, nicht über seine Bestellung und Anstellung als Geschäftsführer der Gesellschaft mitentscheiden, wenn nicht der Erblasser oder die Erben ihm dies gestatten[93]. 20

3. Unentgeltliche Verfügungen. Nach S 3 sind dem Testamentsvollstrecker unentgeltliche Verfügungen über den Nachlass verwehrt, sofern nicht Pflicht- und Anstandsschenkungen (§ 534) vorliegt. Insoweit handelt es sich um eine **dinglich wirkende Verfügungsbeschränkung**[94]. Hiervon kann auch der Erblasser nicht befreien (§ 2207 S 2)[95]. Jedoch kann er dem Testamentsvollstrecker eine (post- oder transmortale) Vollmacht zur Vornahme solcher Rechtsgeschäfte erteilen, die jedoch von den Erben widerrufen werden kann[96]. Bezweckt wird mit dem Schenkungsverbot, dass das Nachlassvermögen während der Testamentsvollstreckung zumindest wertmäßig erhalten bleibt; die Vorschrift ist daher § 2113 Abs 2 nachgebildet[97], weshalb die hM und Rspr die Unentgeltlichkeit nach den dazu entwickelten Kriterien bestimmt[98]. 21

a) Voraussetzungen. Für eine unentgeltliche Verfügung idS ist **objektiv** erforderlich, dass der Testamentsvollstrecker ohne gleichwertige Gegenleistung ein Vermögensopfer aus dem Nachlass erbringt und **subjektiv** entweder weiß, dass diesem keine gleichwertige Gegenleistung an die Erbschaft gegenübersteht oder bei ordnungsgemäßer Verwaltung des Nachlasses unter Berücksichtigung seiner künftigen Pflicht zur Herausgabe der Erbschaft an die Erben das Fehlen einer ausreichenden Gegenleistung zumindest hätte erkennen müssen[99]. Gegenüber dem bei §§ 2287, 2325 angewandten Schenkungsbegriff sind die Voraussetzungen für die Anwendung von § 2205 S 3 insoweit erleichtert, als das Bewusstsein der Unentgeltlichkeit nicht vorliegen muss, sondern auf das normative Tatbestandsmerkmal der Erkennbarkeit der Unentgeltlichkeit ausgewichen wird[100]. Auch wird allein auf das Bewusstsein des Testamentsvollstreckers abgestellt und nicht auf die Erkennbarkeit der pflichtwidrigen Unter-Wert- 22

---

[81] RGZ 80, 416, 418 für Fideikommissadministrator.
[82] BGHZ 30, 67, 71.
[83] MünchKommBGB/*Zimmermann* Rn 88; aA *Soergel/Damrau* Rn 71, 79; *Lange/Kuchinke* § 31 V 3.
[84] BGH WM 1973, 360.
[85] *Staudinger/Reimann* Rn 65; *Mattern* BWNotZ 1961, 155; aA *v. Lübtow* JZ 1960, 157; *Palandt/Edenhofer* Rn 30.
[86] AnwK-BGB/*Weidlich* Rn 25; MünchKommBGB/*Zimmermann* Rn 87.
[87] BGHZ 30, 67, 71.
[88] BayObLG MittBayNot 1982, 188 = DNotZ 1983, 176.
[89] *Lange/Kuchinke* § 31 V 3 Fn 140; *Staudinger/Reimann* Rn 68.
[90] OLG Frankfurt NJW-RR 1998, 795, hier werden die beiden Alternativen von § 181 durcheinandergeworfen; *Staudinger/Reimann* Rn 68; *Planck/Flad* Anm 13.
[91] BGHZ 30, 67, 70.
[92] OLG Frankfurt NJW-RR 1998, 795.
[93] BGHZ 51, 209, 214 = NJW 1969, 841, wobei hier § 181 analog angewendet wird; richtigerweise müsste nunmehr § 47 Abs 4 GmbHG entspr gelten.
[94] JurisPK/*Heilmann* Rn 16; *Staudinger/Reimann* Rn 39; MünchKommBGB/*Zimmermann* Rn 70.
[95] *Staudinger/Reimann* Rn 41.
[96] BGH NJW 1962, 1718; *Palandt/Edenhofer* Rn 32.
[97] *Soergel/Damrau* Rn 74; *Pyska*, Unentgeltliche Verfügungen des Vorerben und Testamentsvollstreckers, 1989, S 17 ff.
[98] *Lange/Kuchinke* § 31 VI 2 b.
[99] RGZ 105, 246, 248; BGHZ 5, 173, 182 = NJW 1952, 698; BGHZ 7, 274, 278 = NJW 1953, 219; BGHZ 57, 84, 89 = NJW 1971, 2264; BGH NJW 1963, 1613; NJW 1991, 842.
[100] Ausdrücklich so BGH NJW 1991, 842. Für die Anwendung der allgemeinen Schenkungskriterien *Klaus Müller* WM 1982, 466, 470; für Annahme eines „Ermessensspielraums" des Testamentsvollstreckers *Damrau/Bonefeld* Rn 16.

Veräußerung durch den an sich schutzbedürftigen Vertragspartner[101]. Wenn daher die hM an der Erkennbarkeit der Ungleichheit der beiderseitigen Leistungen durch den Testamentsvollstrecker anknüpft[102], kann dies als Rechtfertigungsgrund für die Zurücksetzung des Verkehrsschutzinteresses nur dann akzeptiert werden, wenn die objektive Ungleichgewichtigkeit **deutlich ersichtlich** ist[103], was in der Praxis angesichts des Systems der freien Preisbildung nicht so häufig vorkommen dürfte. Zudem ist für die Beurteilung der Gleichwertigkeit der Leistungen von **wirtschaftlichen Bewertungsgesichtspunkten** auszugehen[104]. Dabei ist der Zeitpunkt der Vornahme des Rechtsgeschäfts maßgebend[105].

23 Entspr dem Zweck des Schenkungsverbots können nur **Gegenleistungen**, die dem **Nachlass zugute kommen**, für die Annahme einer entgeltlichen Verfügung berücksichtigt werden[106]. Dabei genügt allerdings, wenn eine dingliche Surrogation (dazu Rn 5) zu Gunsten des Nachlasses eintritt[107]. Das Risiko, dass der Testamentsvollstrecker die vereinbarte adäquate Gegenleistung **veruntreut** oder sonst dem Nachlass vorenthält, müssen jedoch die Erben tragen und schließt daher die Entgeltlichkeit nicht aus[108]. Anderes gilt mangels Schutzwürdigkeit, wenn die Pflichtwidrigkeit der Verwendung der Gegenleistung mit dem Vertragspartner vornherein vereinbart war[109]. Werden auf Grund eines gültigen, entgeltlichen Vertrags Verfügungen im Wege einer **ungesicherten Vorleistung** erbracht, sind diese grds wirksam, auch wenn der Schuldner die Gegenleistung nicht erbringt und der Testamentsvollstrecker daher vom Vertrag zurücktritt oder Schadensersatz statt der Leistung verlangt[110]. Eine andere Frage ist, ob sich der Testamentsvollstrecker nicht nach § 2219 haftbar gemacht hat. Eine auf eine Änderung des Gesellschaftsvertrags zielende **Stimmrechtsausübung** in einer Gesellschafterversammlung kann unentgeltlich sein, wenn dadurch nicht gleichmäßig belastend in die Stellung aller Gesellschafter eingegriffen wird[111]. Eine **rechtsgrundlose Verfügung** wird einer unentgeltlichen gleichgestellt[112]. Hierzu zählt auch die Erfüllung eines nichtigen Vermächtnisses.

24 Die **teilweise unentgeltliche Verfügung** ist im Ganzen unwirksam[113]. Doch wird es dabei oftmals – zumindest nach der hier vertretenen Auffassung (Rn 22) – am subjektiven Tatbestandsmerkmal fehlen.

25 An **Beispielsfällen** sind zu nennen[114]: Die ordnungsgemäße Erfüllung einer wirksam bestehenden letztwilligen Verfügung (Vermächtnis, Auflage, Teilungsanordnung), ist nie eine unentgeltliche Verfügung, da der Nachlass dadurch von einer Verbindlichkeit befreit wird[115]. Erfolgt dagegen die Leistung zur Erfüllung einer vermeintlichen Nachlassverbindlichkeit, so liegt objektiv eine unentgeltliche Verfügung vor, so dass es für das Eingreifen des Schenkungsverbots allein auf die subjektive Tatbestandsseite ankommt[116]. Die **überquotale Zuteilung** im Rahmen einer Erbauseinandersetzung ist objektiv eine unentgeltliche Verfügung, sofern nicht vom Erwerber entsprechende Gleichstellungsgelder zu bezahlen sind, die zu einer Kompensation der „Mehrzuteilung" führen[117]. Auch ein **Vergleich** kann eine unentgeltliche Verfügung sein, wobei die Grenze zumindest dann überschritten ist, wenn der Nachlass mehr als zwei Drittel des Werts der streitigen Forderung einbüßt[118]. Die Löschung einer Eigentümergrundschuld ist aber dann kein unentgeltliches Rechtsgeschäft, wenn nachrangige Grundpfandrechte aufrücken, soweit diese einen gesetzlichen Löschungsanspruch nach § 1179 a haben[119] oder an diese die auf Löschung gerichteten Rückgewähransprüche abgetreten wurden.

26 b) Rechtsfolge. Einen **Gutglaubensschutz** gegen die dinglich wirkende Verfügungsbeschränkung des Satz 3 gibt es nicht, da eine dem § 2211 Abs 2 entsprechende Vorschrift fehlt[120]. Dabei ist jedoch zu beachten, dass die subjektiven Tatbestandserfordernisse für § 2205 S 3 gegeben sein müssen (Rn 22).

---

[101] Für die Erkennbarkeit aus der Sicht des Vertragspartners aber zu Recht *Lange/Kuchinke* § 31 VI 2 b.
[102] So deutlich *MünchKommBGB/Zimmermann* Rn 72.
[103] Zust AnwK-BGB/*Weidlich* Rn 14.
[104] *Lange/Kuchinke* § 31 VI 2 b; zust *MünchKommBGB/Zimmermann* Rn 74; *Zimmermann* Rn 476 billigt dem Testamentsvollstrecker beim Preis einen Ermessensspielraum zu; aA *Jung* Rpfleger 1999, 204, 208.
[105] BGH WM 1970, 1422.
[106] RG DRWiss 1939, 1949.
[107] *Damrau/Bonefeld* Rn 17.
[108] *Staudinger/Reimann* Rn 43; *MünchKommBGB/Zimmermann* Rn 75.
[109] KG JW 1938, 949; *Soergel/Damrau* Rn 77.
[110] KG DNotZ 1972, 176, 180; AnwK-BGB/*Weidlich* Rn 15, dort auch zur Vertragsgestaltung zur Risikovermeidung; *MünchKommBGB/Zimmermann* Rn 76; *Damrau/Bonefeld*, § 2205 Rn 18; ebenso *Staudinger/Avenarius* § 2113 Rn 75 zu Verfügungen des Vorerben; aA OLG Hamm Rpfleger 1971, 147; *Schaub* in: *Bengel/Reimann* HdB IV Rn 135; *Zimmermann* Testamentsvollstreckung Rn 479.
[111] *J. Mayer* ZEV 2002, 209, 212.
[112] RGZ 105, 246; 163, 348, 357; *Kipp/Coing* § 68 IV 2 a; *MünchKommBGB/Zimmermann* Rn 76; jurisPK/*Heilmann* Rn 18; aA *Spellenberg* FamRZ 1974, 353.
[113] RG HRR 1937 Nr 11; BGH NJW 1963, 1613, 1614; *MünchKommBGB/Zimmermann* Rn 77; *Soergel/Damrau* Rn 80; AnwK-BGB/*Weidlich* Rn 14.
[114] Ausf *Soergel/Damrau* Rn 83 ff; AnwK-BGB/*Weidlich* Rn 17 f; *Damrau/Bonefeld* Rn 20.
[115] BayObLG NJW-RR 1989, 587; OLG Düsseldorf NJW-RR 1991, 1056 betr Teilungsanordnung; KG OLGZ 1992, 139 betr Auflage; *Staudinger/Reimann* Rn 44.
[116] RGZ 105, 246; *Soergel/Damrau* Rn 84; *Staudinger/Reimann* Rn 44.
[117] BGH NJW 1963, 1613; für die Berücksichtigung der Ausgleichszahlungen KG DNotZ 1972, 176, 177; *Winkler*, Der Testamentsvollstrecker, Rn 198; *MünchKommBGB/Zimmermann* Rn 74.
[118] BGH NJW 1991, 842.
[119] Diesen übersehen *Soergel/Damrau* Rn 84 und *Lange/Kuchinke* § 31 VI 2 b.
[120] *Soergel/Damrau* Rn 81 mwN. Dagegen greifen die Gutglaubensschutzvorschriften dann ein, wenn der Erwerber annimmt, der Testamentsvollstrecker verfüge als Eigentümer, s OLG Hamm ZEV 2001, 275, 276.

Der Verstoß gegen das **Schenkungsverbot** führt zu einer – allerdings nur schwebenden – Unwirksamkeit der Verfügung[121]. Da dieses aber nur den Schutz der Erben, einschließlich der Nacherben (aber ohne Ersatznacherben) und der Vermächtnisnehmer vor ungerechtfertigten Verfügungen des Testamentsvollstreckers bezweckt (Rn 21), entfällt die Verfügungsbeschränkung, wenn diese im Einzelfall ihre **Zustimmung** erteilen[122]. Dabei kommt es nicht darauf an, ob die Verfügung dem Willen des Erblassers, den Grundsätzen ordnungsgemäßer Nachlassverwaltung (§ 2216) oder den Interessen der sonstigen Nachlassgläubiger entspricht[123]; zur ähnlichen Problematik beim Insichgeschäft s Rn 17. Die Zustimmung bedarf nicht der Form des Hauptgeschäfts, bei Grundstücksverfügungen minderjähriger Erben aber der familiengerichtlichen Genehmigung[124], wobei die gesetzlichen Schenkungsverbote (§§ 1641, 1804) zu beachten sind[125], und ist dem Grundbuchamt in der Form des § 29 GBO nachzuweisen[126]. Wird die Genehmigung auch nur durch einen der Zustimmungsberechtigten **verweigert**, so ist die unentgeltliche Verfügung endgültig unwirksam[127].

IV. Das Verwaltungsrecht des Testamentsvollstreckers im Unternehmensbereich
1. Grundsätzliches Verhältnis von Testamentsvollstreckung und Unternehmensnachfolge.   27
Hierzu gilt nach ganz hM immer noch der Grundsatz, dass der Testamentsvollstrecker auf Grund seines Amtes kein Handelsgeschäft führen darf; auch eine **verwaltende Testamentsvollstreckung** an einer Beteiligung eines persönlich haftenden Gesellschafters ist grds nicht zulässig. Dies ergibt sich daraus, dass die **Haftungsgrundsätze des Handelsrechts** mit denen des **Erbrechts unvereinbar** sind[128]. Denn nach Handels- und Gesellschaftsrecht haften Einzelkaufmann und persönlich haftender Gesellschafter grds uneingeschränkt und **unbeschränkbar** auch mit ihrem Privatvermögen (§§ 22, 25, 27, 128, 130 HGB). Nach erbrechtlichen Grundsätzen kann jedoch ein Testamentsvollstrecker Verbindlichkeiten nur für den Nachlass eingehen (§ 2206), nicht aber für die Erben persönlich, die aber Inhaber des Handelsgeschäfts sind; andererseits haftet der Testamentsvollstrecker aber auch nicht selbst und persönlich für solche Verbindlichkeiten, die aus der Unternehmensfortführung entstehen. Der Erbe kann aber bei Nachlassverbindlichkeiten eine Beschränkung seiner Haftung auf den Nachlass herbeiführen (§§ 1967, 1973 ff, 1980, 1990). Dies kann auch der Testamentsvollstrecker nicht verhindern. Durch die Anordnung der Testamentsvollstreckung könnte daher der Erblasser auf Grund der erbrechtlichen Bestimmungen ein Unternehmen mit beschränkter Haftung außerhalb der handelsrechtlichen Formen des GmbH- und Aktienrechts und ohne Einhaltung der dort vorgeschriebenen Bestimmungen der Kapitalaufbringung und Kapitalerhaltung schaffen. Wegen des **Vorrangs des Handelsrechts vor dem Erbrecht** (Art 2 EGHGB) wird dies für unzulässig angesehen. Daher ist eine **verwaltende Testamentsvollstreckung** an einzelkaufmännischen Unternehmen oder einer persönlich haftenden Beteiligung grds nicht möglich[129]. Da die verwaltende Testamentsvollstreckung im Bereich der Unternehmensnachfolge unzulässig ist, wurden **Ersatzlösungen** entwickelt (Rn 28 ff). Dagegen ist nach hM eine **reine Abwicklungsvollstreckung** zulässig, weil unter der Testamentsvollstrecker nur während eines überschaubaren Zeitraums tätig wird. Denn mit Durchführung der Abwicklung endet das Verwaltungs- und Verfügungsrecht des Testamentsvollstreckers und sein Aufgabenkreis ist ohnehin beschränkt und nicht auf Unternehmensfortführung ausgerichtet; daher stellen sich hier die Haftungsprobleme nicht oder zumindest nicht in dieser Schärfe[130]. Auch die **Veräußerung** eines Unternehmens

---

[121] AnwK-BGB/*Weidlich* Rn 20; *Schaub* ZEV 2001, 257; jurisPK/*Heilmann* Rn 19.
[122] BGHZ 57, 84, 92; BayObLGZ 1986, 206. 210 = MittBayNot 1986, 266; BayObLG NJW-RR 1989, 587; *Lehmann* AcP 188, 1; *Staudinger/Reimann* Rn 56; *MünchKommBGB/Zimmermann* Rn 80; *Lange/Kuchinke* § 31 VI 2 b; aA RGZ 74, 219; 105, 247; zweifelnd *Soergel/Damrau* Rn 79.
[123] BGHZ 57, 84, 92; *Lange/Kuchinke* § 31 VI 2 b; *Palandt/Edenhofer* Rn 35; *Winkler*, Der Testamentsvollstrecker, Rn 202; *Staudinger/Reimann* Rn 56; MünchKommBGB/*Zimmermann* Rn 80.
[124] *Mattern* WM 1973, 535; *Staudinger/Reimann* Rn 56; aA *Zimmermann* Rn 489: kein Genehmigungstatbestand vorhanden.
[125] MünchKommBGB/*Zimmermann* Rn 81; *Soergel/Damrau* Rn 78.
[126] KG OLGZ 1992, 138.
[127] MünchKommBGB/*Zimmermann* Rn 81.
[128] Zum Ganzen *Staudinger/Reimann* Rn 90 ff; MünchKommBGB/*Zimmermann* Rn 21; *Weidlich* in: *Mayer/Bonefeld/Wälzholz/Weidlich* Rn 367 ff; *Winkler*, Der Testamentsvollstrecker, Rn 293 a.
[129] BGHZ 12, 100, 102; 24, 106, 113 betr Gesellschaftsanteil; RGZ 132, 138, 144; KG JW 1937, 2599; *Staudinger/Reimann* Rn 91; *D.* Mayer in: *Bengel/Reimann* HdB V Rn 113; *Lange/Kuchinke* § 31 V 7 b; *Soergel/Damrau* Rn 16; *Palandt/Edenhofer* Rn 7; aA *Muscheler* Haftungsordnung S 295 ff, 416 unter Bezug auf die Praxis vor RGZ 132, 138; *ders* WM 1998, 2261, 2277 f wegen § 1629 a; *Winkler*, Der Testamentsvollstrecker, Rn 293 a; vgl auch *Schiemann*, FS Medicus, 1999, S 513, 526 ff; für eine echte Testamentsvollstrecker-Lösung bereits *Baur*, FS Dölle, 1963, S 249 und wohl auch MünchKommBGB/*Zimmermann* Rn 21 und AnwK-BGB/*Weidlich* Rn 33 unter Bezug auf die nunmehr zulässige Gründung von Einmann-GmbHs und Einmann-AGs, jedoch gelten hier gerade besondere Schutzvorschriften zur Kapitalaufbringung. Der Grundsatz der unbeschränkbaren handels- oder gesellschaftsrechtlichen Haftung wird nun aber bei Minderjährigen durch § 1629 a durchbrochen, weshalb *Scherer/Lorz*, MAH Erbrecht § 19 Rn 225 bei einzelkaufmännischen Minderjährigem Testamentsvollstreckung bejahen.
[130] *Staudinger/Reimann* Rn 91; *Lange/Kuchinke* § 31 V Fn 174; MünchKommBGB/*Zimmermann* Rn 18; zur hier angesprochenen erbrechtlichen Haftungsbeschränkung s auch *Muscheler* Haftungsordnung S 398 Fn 45; kritisch gegenüber der Zulässigkeit der Abwicklungsvollstreckung aber AnwK-BGB/*Weidlich* Rn 32; *ders* in: *Mayer/Bonefeld/Wälzholz/Weidlich* Testamentsvollstreckung Rn 371, der zu Recht betont, dass das Handelsrecht über die Dreimonatsfrist des § 27 Abs 2 HGB hinaus keine Haftungsbeschränkung zulässt. Daher wird zu Recht die Einstellung der werbenden Tätigkeit in dieser Frist verlangt, *Scherer/Lorz* MAH Erbrecht § 19 Rn 216.

oder einer Unternehmensbeteiligung durch den Testamentsvollstrecker wird als zulässig angesehen, muss jedoch auf einer entsprechenden Anordnung des Erblassers beruhen oder sich zumindest als ordnungsgemäße Nachlassverwaltung (§ 2216 Abs 1) darstellen, damit sich der Testamentsvollstrecker nicht schadensersatzpflichtig nach § 2219 macht[131].

28 **2. Einzelkaufmännisches Unternehmen. a) Vollmachtslösung.** Der Testamentsvollstrecker kann das Handelsgeschäft als **Bevollmächtigter** der Erben führen[132]; die Erben sind Inhaber des Handelsgeschäfts (mit entsprechendem eigenen **Handelsregistereintrag,** dort kein Testamentsvollstreckervermerk), haften persönlich und unbeschränkbar. Ihnen kommt jedoch die Geschäftserfahrung des Testamentsvollstreckers zugute. Zur Fortführung bedarf es aber entweder des Einverständnisses der Erben oder entsprechender Anordnungen des Erblassers. Die wegen § 2206 erforderliche Erteilung der Vollmacht zur Begründung einer unbeschränkbaren Haftung (Prokura, Generalhandlungsvollmacht) kann zur Bedingung für die Erbeinsetzung gemacht oder deren Erfüllung durch Auflage angeordnet, der grundlose Widerruf ins auflösende Bedingung der Zuwendung gemacht werden[133]. Ein Weisungsrecht im Innenverhältnis ist im Interesse der unabhängigen Fortführung durch den Testamentsvollstrecker auszuschließen[134]. Gegen solche letztwilligen Anordnungen können sich die Erben allerdings durch die Erbschaftsausschlagung wehren, so dass in solchen Verfügungen kein Verstoß gegen § 138 liegt[135]. Zudem ist der Erbe durch die Verpflichtung des Testamentsvollstreckers zur ordnungsgemäßen Nachlassverwaltung (§ 2216) und seine Haftung nach § 2219 sowie die Möglichkeit der Entlassung des Testamentsvollstreckers nach § 2227 bei Pflichtverletzungen ausreichend geschützt[136]. Die Erben sind zudem berechtigt, selbst tätig zu werden, und können so dem Bevollmächtigten Konkurrenz machen oder seine Entscheidungen durch eigene wieder revidieren, da eine verdrängende Vollmacht nicht möglich ist[137].

29 **b) Treuhandlösung.** Der Testamentsvollstrecker kann das Unternehmen als **Treuhänder** übernehmen und dann **nach außen im eigenen Namen und eigener Haftung aber für Rechnung der Erben** fortführen[138]; **er haftet** dann im Außenverhältnis **persönlich** und uneingeschränkt, also auch mit seinem Privatvermögen. Im Innenverhältnis (Treuhandauftragsverhältnis) hat er jedoch einen Anspruch auf Befreiung von der aus seiner Tätigkeit entstandenen unbeschränkten Haftung nach §§ 2218, 670[139], aber wie bei jeder Freistellungssituation besteht das Risiko der Rückdeckung. Umstritten ist zudem, ob die Erben gegenüber diesem Freistellungsanspruch ihre Haftung (erbrechtlich) auf den Nachlass beschränken können[140]. Da diese Art der Fortführung über die gewöhnlichen Aufgaben der Testamentsvollstreckung hinausgeht, wird teilweise gefordert, dass der Testamentsvollstrecker seine Rechte nur wahrnehmen kann, wenn der Erblasser auch hier die Erben durch Auflagen oder Bedingungen zur Durchführung der Treuhandlösung und der damit verbundenen Maßnahmen verpflichtet hat[141].

29a Demgegenüber ist davon auszugehen, dass die Anordnung einer Testamentsvollstreckung im Unternehmensbereich im Zweifel gleichzeitig die Auflage an den Erben enthält, dem Testamentsvollstrecker das Handelsgeschäft treuhänderisch zu übertragen[142]. Der Testamentsvollstrecker führt im Innenverhältnis die **Geschäfte auf Rechnung** der Erben (Rechnungslegung erforderlich) und wegen des Anspruchs auf Haftungsbefreiung sogar auf Risiko der Erben. Daher bedurfte es früher nach hM bei **minderjährigen Erben** für die Fortführung des Unternehmens einer vormundschaftsgerichtlichen

---

[131] *Werkmüller* ZEV 2006, 491.
[132] BGHZ 12, 102; KG JW 1936, 1137; *Staudinger/Reimann* Rn 97–100; *Soergel/Damrau* Rn 19; *Weidlich* in: *Mayer/Bonefeld/Wälzholz/Weidlich* Rn 387 ff; *Winkler,* Der Testamentsvollstrecker, Rn 309 ff.
[133] Eingehend *Lorz*, Testamentsvollstreckung und Unternehmensrecht, 1995, S 37 ff.
[134] Eingehend zu diesen Gestaltungen und deren Zulässigkeit MünchKommBGB/*Zimmermann* Rn 25; *Winkler,* Der Testamentsvollstrecker, Rn 313 f, 353 ff; Bedenken gegen eine solche Auflage BGH BB 1969, 773 = WM 1969, 492; ausf hierzu *Johannsen* WM 1970, 570; *Nieder* HdB Rn 930, 934. Abl zur Vollmachtslösung wegen des Drucks zur Unternehmensfortführung AnwK-BGB/*Weidlich* Rn 36; *ders* ZEV 1994, 205, 210 f; MünchKommBGB/*Zimmermann* Rn 26; *John* BB 1980, 757, 758 (der sogar § 138 bejaht, ebenso *Schopp* Rpfleger 1978, 79); *Nordemann* NJW 1963, 1139; *Dauner-Lieb*, Unternehmen in Sondervermögen, 1998, S 276 ff; *Brandner,* FS Stimpel, S 997, 1003; *Dörrie*, Die Testamentsvollstreckung im Recht der Personengesellschaften und der GmbH, 1993, S 175 ff.
[135] *Winkler,* Der Testamentsvollstrecker, Rn 360; *Soergel/Damrau* Rn 19; aA etwa *John* BB 1980, 757, 758; krit im Hinblick auf § 2206 AnwK-BGB/*Weidlich* Rn 36, jedoch geht es hier um die Haftung auf Grund der erteilten Vollmacht.
[136] BGHZ 12, 100, 103 f; *Soergel/Damrau* Rn 19.
[137] Krit *Ulmer* ZHR 146 (1982), 555, 570 ff.
[138] *Staudinger/Reimann* Rn 93–96; *Dauner-Lieb*, Unternehmen in Sondervermögen, 1998, S 276 ff; *Weidlich* in: *Mayer/Bonefeld/Wälzholz/Weidlich* Rn 378 ff; *Soergel/Damrau* Rn 20 ff; *Winkler,* Der Testamentsvollstrecker, Rn 298 ff.
[139] BGHZ 12, 100, 104; *Winkler,* Der Testamentsvollstrecker, Rn 308.
[140] Bejahend AnwK-BGB/*Weidlich* Rn 37; *Staudinger/Reimann* Rn 95; *Soergel/Damrau* Rn 20 iVm Rn 34; *John* BB 1980, 757, 761; MünchKommBGB/*Zimmermann* Rn 87; zu Recht verneinend, weil neben dem gesetzlichen Schuldverhältnis auf Grund der Testamentsvollstreckung noch ein vertragliches Geschäftsbesorgungsverhältnis besteht, *Winkler,* Der Testamentsvollstrecker, Rn 308; *D. Mayer* in: *Bengel/Reimann* HdB V Rn 127.
[141] *D. Mayer* in: *Bengel/Reimann* HdB V Rn 123; MünchKommBGB/*Zimmermann* § 2205 Rn 28.
[142] *Staudinger/Reimann* Rn 93; *Winkler,* Der Testamentsvollstrecker, Rn 328; *Scherer/Lorz* MAH Erbrecht § 19 Rn 221; *Soergel/Damrau* Rn 23, jedoch mit Wahlmöglichkeit des Testamentsvollstreckers, die Umwandlung in eine GmbH vornehmen zu können; nach BGHZ 24, 106, 112 ist dies dann anzunehmen, wenn der Erbe eine Vollmachtserteilung an den Testamentsvollstrecker ablehnt.

Genehmigung nach § 1822 Nr 3[143]. Durch das zum 1. 1. 1999 in Kraft getretene Minderjährigenhaftungsbegrenzungsgesetz ist der Minderjährige jedoch ausreichend geschützt (Haftungsbeschränkung nach § 1629 a, bei Gesellschaften Sonderkündigungsrecht nach § 723 Abs 1 Nr 2), so dass sich diese Auffassung wohl nicht mehr vertreten lässt[144].

Inhaber des Geschäftsvermögens bleiben grds die **Erben**[145]. Man spricht insoweit von der **Verwaltungstreuhand;** die Stellung des Testamentsvollstreckers ist hier der eines Pächters ähnlich[146]. Es bedarf daher keiner Übertragungsakte (etwa Auflassung bei Grundstücken) zwischen den Erben und dem Testamentsvollstrecker. Auch wenn der Testamentsvollstrecker hier an sich nicht in dieser Eigenschaft tätig wird, verpflichtet und berechtigt er durch seine ordnungsgemäße Verwaltungstätigkeit den Nachlass, so dass dieser etwa auch aus den entsprechenden Geschäften Eigentum erwirbt[147]. Kraft der dem Testamentsvollstrecker zustehenden Verfügungsbefugnis, die sich aus der entsprechenden erbrechtlichen Anordnung ergibt, ist er dazu berechtigt[148]. Diese Befugnis geht aber nur soweit, wie der Testamentsvollstrecker hierzu legitimiert ist, so dass bei Überschreitung der ihm gezogenen Grenzen das Geschäftsvermögen nicht haftet[149]. Die Eigengläubiger des Testamentsvollstreckers können auf das den Erben nach wie vor gehörende Unternehmensvermögen nicht zugreifen[150]. 30

Bei der **Vollrechtstreuhand** wird demgegenüber der Testamentsvollstrecker Eigentümer des Geschäftsvermögens; hierzu sind entsprechende Übertragungsakte erforderlich. Diese Regelung muss wegen ihrer einschneidenden Wirkungen ausdrücklich angeordnet werden[151]; ansonsten ist nur von einer Verwaltungstreuhand auszugehen[152]. Da der Testamentsvollstrecker hier formal Eigentümer des Betriebsvermögens wird, können zwar seine Eigengläubiger hierauf zugreifen, die Erben aber wegen des bestehenden uneigennützigen Treuhandverhältnisses dann erfolgreich **Drittwiderspruchsklage** nach § 771 ZPO erheben[153]. Dies gilt auch für die Gegenstände, die der Testamentsvollstrecker erst später in Ausübung seiner Befugnisse erworben hat[154]. Ob die erbschaftsteuerlichen Vorteile der §§ 13 a, 19 a ErbStG bei der Vollrechtstreuhand eingreifen, ist noch nicht geklärt[155]. 31

Die Überlassung des Handelsgeschäfts an den Testamentsvollstrecker steht sowohl bei der Verwaltungs- wie bei der Vollrechtstreuhand für die Erben einer Geschäftseinstellung gleich, so dass für die Erben hinsichtlich der Altschulden die **Haftungsbeschränkung** nach §§ 25 Abs 2, 27 HGB eintritt, sofern dies fristgerecht innerhalb der dreimonatigen Frist erfolgt[156]. Ob auch der Testamentsvollstrecker bei einer Firmenfortführung wie jeder sonstige Geschäftsnachfolger ebenso die Möglichkeit eines Haftungsausschlusses nach §§ 25 Abs 2, 27 HGB hat, ist nicht unumstritten, aber zu bejahen[157]. In das **Handelsregister** wird der Testamentsvollstrecker als Firmeninhaber eingetragen, weshalb für einen Testamentsvollstreckervermerk kein Raum mehr ist. Dass im Innenverhältnis für Rechnung der Erben gehandelt wird, ist insoweit unerheblich[158]. Bei der **Handelsregisteranmeldung** haben alle Erben mitzuwirken, da sie nach außen eine Übertragung des Handelsgeschäfts vom Erben auf den Testamentsvollstrecker anmelden[159]. Eine Prokuraerteilung durch den Testamentsvollstrecker wie aber auch der Widerruf einer bereits vom Erblasser erteilten ist zulässig[160]. 32

c) **Weisungsgeberlösung.** Der Testamentsvollstrecker kann aber im Außenverhältnis das Handelsgeschäft freigeben und sich **im Innenverhältnis die Entscheidungsbefugnis vorbehalten**[161]. Dies setzt entweder eine entsprechende Anordnung des Erblassers oder aber eine Einigung mit dem Erben 33

---

[143] *Nieder* HdB Rn 934; *D. Mayer* in: *Bengel/Reimann* HdB V Rn 128.
[144] Ebenso *Weidlich* in: *Mayer/Bonefeld/Wälzholz/Weidlich* Rn 381; *Reimann* DNotZ 1999, 179, 194 f.
[145] MünchKommBGB/*Zimmermann* Rn 27.
[146] *Staudinger/Reimann* Rn 94; MünchKommBGB/*Zimmermann* Rn 27; *Weidlich* in: *Mayer/Bonefeld/Wälzholz/Weidlich* Rn 382.
[147] MünchKommBGB/*Zimmermann* Rn 27; zu den konstruktiven Problemen *John* BB 1980, 757, 759; abl *Goebel* ZEV 2003, 261, 262.
[148] *Staudinger/Reimann* Rn 94; *D. Mayer* in: *Bengel/Reimann* HdB V Rn 126; MünchKommBGB/*Zimmermann* Rn 27; *Weidlich* in: *Mayer/Bonefeld/Wälzholz/Weidlich* Rn 382.
[149] *Staudinger/Reimann* Rn 94.
[150] *Soergel/Damrau* Rn 21.
[151] MünchKommBGB/*Zimmermann* Rn 27; AnwK-BGB/*Weidlich* Rn 39; krit gegen die Vollrechtstreuhand *Muscheler* Haftungsordnung S 330 ff.
[152] AnwK-BGB/*Weidlich* Rn 39.
[153] AnwK-BGB/*Weidlich* Rn 38; *Winkler*, Der Testamentsvollstrecker, Rn 306; allgemein zur uneigennützigen Treuhand *Zöller/Herget* § 771 ZPO Rn 14, Stichwort „Treuhand"; übersehen von *Soergel/Damrau* Rn 21.
[154] *Weidlich* in: *Mayer/Bonefeld/Wälzholz/Weidlich* Rn 383; dazu eingehend *Winkler*, Der Testamentsvollstrecker, Rn 306.
[155] *Weidlich* in: *Mayer/Bonefeld/Wälzholz/Weidlich* Rn 383.
[156] KG JW 1939, 104; eingehend hierzu MünchKommBGB/*Zimmermann* Rn 27; *Winkler*, Der Testamentsvollstrecker, Rn 304; RGZ 132, 144; *D. Mayer* in: *Bengel/Reimann* HdB V Rn 124 ff.
[157] *Winkler*, Der Testamentsvollstrecker, Rn 304 mwN; *Staudinger/Reimann* Rn 95; für Analogie der §§ 25, 27 HGB *Soergel/Damrau* Rn 20; offenlassend *Weidlich* in: *Mayer/Bonefeld/Wälzholz/Weidlich* Rn 380; aA *Schlegelberger/Hildebrandt* § 22 HGB Rn 8.
[158] RGZ 132, 138; BayObLGZ 1972, 259; *Palandt/Edenhofer* Rn 5.
[159] AnwK-BGB/*Weidlich* Rn 81; MünchKommBGB/*Zimmermann* Rn 27; *Staudinger/Reimann* Rn 96; str, aA *Keidel/Krafka/Willer* Registerrecht Rn 563; *Soergel/Damrau* Rn 20.
[160] KG NJW 1959, 1086; *Palandt/Edenhofer* Rn 9; *Winkler*, Der Testamentsvollstrecker, Rn 302.
[161] AnwK-BGB/*Weidlich* Rn 40; *Staudinger/Reimann* Rn 101; Formulierungsvorschlag bei *Weidlich* ZEV 1998, 339, 342.

voraus. Verstöße gegen die Weisungsauflagen wirken aber nicht dinglich nach außen. Im Einzelnen ist hierzu vieles ungeklärt, insbes welche Sanktionen bei Nichtbeachtung der Anweisungen eintreten.

34　d) Beaufsichtigende Testamentsvollstreckung; andere Wege. Auf Grund der neueren Rspr des BGH[162] zur Verwaltungsvollstreckung an der „Außenseite" einer Beteiligung an einer Personengesellschaft wird teilweise auch bei einzelkaufmännischen Unternehmen für möglich gehalten, dass der Erbe das Unternehmen lediglich unter der Aufsicht des Testamentsvollstreckers fortführt (Rn 46). Die Rechtslage soll insoweit nicht anders sein als bei einer vollhaftenden Beteiligung an einer Personengesellschaft[163]. Dann könnten im Innenverhältnis die Erben agieren, im **Außenverhältnis** aber ohne den Testamentsvollstrecker nicht über das Betriebsvermögen und das Unternehmen im Ganzen verfügt werden. Die Vollstreckung durch Eigengläubiger der Erben wäre ebenfalls nicht möglich (§ 2214). Dies ist auch mit einer der anderen Ersatzlösungen kombinierbar. Sowohl die beaufsichtigende Testamentsvollstreckung als auch die über einzelne Gegenstände des Betriebsvermögens sind nicht deshalb unzulässig, weil sie wegen der dadurch eintretenden Beschränkung der Vollstreckungsmöglichkeiten der Gläubiger bezüglich der neuen Geschäftsschulden (§ 2214) den oben genannten Haftungsbedenken (Rn 27) ausgesetzt sind. Vielmehr tritt hier eine Verpflichtung durch eigene Tätigkeit des Erben oder die eines vertretungsberechtigten Mitgesellschafters (§ 128 HGB) oder sonst nach allgemeinem Vertretungsrecht (zB § 54 HGB) ein und führt zunächst zu einer dem Grunde nach bestehenden unbeschränkten persönlichen Haftung des aus solchen Rechtsgeschäften Verpflichteten. Dass die der Verwaltung des Testamentsvollstreckers unterliegenden Nachlassobjekte nicht dem Zugriff der Eigengläubiger des Erben unterliegen (§ 2214), ist nicht ungewöhnlich, denn der gute Glaube des Rechtsverkehrs an dem Umfang der Haftung wird grds nicht geschützt. Möglich ist auch eine **Testamentsvollstreckung über einzelne Gegenstände des Betriebsvermögens,** etwa um wertvolle Grundstücke der Verfügungsmacht der Erben und dem Vollstreckungszugriff der Eigengläubiger derselben zu entziehen[164].

35　In Betracht kommt uU auch noch eine sog **Umwandlungsanordnung** an den Testamentsvollstrecker, die zugleich eine die Erben belastende Auflage ist, wonach das Unternehmen durch den Testamentsvollstrecker in eine GmbH oder Aktiengesellschaft überführt werden soll (§§ 152 S 1, 125, 135 Abs 2 UmwG 1995)[165]. Die Testamentsvollstreckung besteht auch nach einer Verschmelzung oder Spaltung (§§ 20, 131 UmwG) oder einem Formwechsel (§ 202 Abs 1 Nr 2 UmwG) an dem neuen Geschäftsanteil weiter[166]. Da die Testamentsvollstreckung bei Kapitalgesellschaften leichter möglich und zudem effektiver ist[167], ist dies eine für die Praxis interessante Gestaltungsmöglichkeit. Hierfür kann der Erblasser bereits zu Lebzeiten Vorsorge treffen, etwa durch Gründung einer sog Vorratsgesellschaft. Ist dies nicht der Fall, oder vom Erblasser eine Umwandlungsanordnung verfügt, so ist unerheblich, ob der Testamentsvollstrecker auf Grund der Treuhand- oder der Vollmachtslösung sein Amt ausübt, weil in beiden Fällen der Testamentsvollstrecker die entsprechende Verfügungsmacht hat[168]. Fehlt es an einer entsprechenden Anordnung des Erblassers, so ist Voraussetzung für eine Umwandlung auf alle Fälle, dass diese eine ordnungsgemäße Nachlassverwaltung (§ 2216) darstellt. Aber selbst wenn dies zutrifft, wird eingewandt, dass eine persönliche Haftung der Gründer eintrete (§ 24 GmbHG, § 46 AktG) und zudem höchstpersönliche Mitgliedschaftsrechte betroffen sind[169], so dass deswegen eine Zustimmung der Erben erforderlich ist[170]. Weiter ist auf alle Fälle notwendig, dass der Testamentsvollstrecker überhaupt die notwendige Rechtsmacht zur Verfügung über das Unternehmen besitzt, so dass die Umwandlung – ausgehend von der hM zur Unzulässigkeit einer direkten Testamentsvollstreckung im handelsrechtlichen Bereich – nicht möglich ist, wenn weder die Vollmachts- noch die Treuhandlösung vom Erblasser angeordnet wurde[171]. Fehlt ihm diese Rechtsmacht, so kann er die Umwandlung nur auf Grund einer ausdrücklichen Zustimmung der Erben vornehmen. Seine bislang nur beschränkten Befugnisse, etwa an der Außenseite der Beteiligung, erweitern sich dann nicht ohne Weiteres auf eine umfassende Testamentsvollstreckung an dem Kapitalgesellschaftsanteil. Jedoch tritt dann keine

---

[162] BGH NJW 1985, 1953.
[163] *D. Mayer* in: *Bengel/Reimann* HdB V Rn 146; *Staudinger/Reimann* Rn 104; *Reimann,* Testamentsvollstreckung in: der Wirtschaftspraxis, Rn 367 ff; *Soergel/Damrau* Rn 22 a.
[164] *D. Mayer* in: *Bengel/Reimann* HdB V Rn 147; AnwK-BGB/*Weidlich* Rn 42; *Reimann,* Testamentsvollstreckung in der Wirtschaftspraxis, Rn 368.
[165] *Staudinger/Reimann* Rn 105; *D. Mayer* in: *Bengel/Reimann* HdB V Rn 142; AnwK-BGB/*Weidlich* Rn 44; dazu auch LG Mannheim ZEV 1999, 443 m Anm *Wenninger;* eingehend etwa *Weidlich* MittBayNot 1996, 1; *Winkler,* Der Testamentsvollstrecker, Rn 379.
[166] *J. Mayer* ZEV 2002, 209, 213 ff; *Weidlich* in: *Mayer/Bonefeld/Wälzholz/Weidlich* Rn 388; *Weidlich* MittBayNot 1996, 1, 2; *A. Pentz* NZG 1999, 826; *Soergel/Damrau* Rn 18; *Winkler,* Der Testamentsvollstrecker, Rn 379.
[167] *D. Mayer* in: *Bengel/Reimann* HdB V Rn 142.
[168] Zutr *Soergel/Damrau* Rn 18; *Scherer/Lorz* MAH Erbrecht § 19 Rn 229; aA *Widmann/D. Mayer* § 152 UmwG Rn 46: nur bei der Treuhandlösung möglich, weil Umwandlung voraussetze, dass die Vermögensgegenstände im Eigentum des übertragenden Rechtsträgers stehen; aber auch dann müsste zwischen Vollrechts- und Ermächtigungstreuhand unterschieden werden.
[169] Vgl *Frank* ZEV 2003, 5, Fn 17; *Wenninger,* Die Testamentsvollstreckung in der Umwandlung, 2002, S 37 ff; *Dörrie* GmbHR 1996, 245; *J. Mayer* ZEV 2002, 209, 215; *D. Mayer* in: *Bengel/Reimann* HdB V Rn 258.
[170] AnwK-BGB/*Weidlich* Rn 79; *J. Mayer* ZEV 2002, 209, 215; *Winkler,* Der Testamentsvollstrecker, Rn 379; *Weidlich* MittBayNot 1996, 1, 3; *D. Mayer* in: *Bengel/Reimann* HdB V Rn 258; *Scherer/Lorz* MAH Erbrecht § 19 Rn 272 ff; aA etwa LG Mannheim ZEV 1999, 443 und MünchKommBGB/*Zimmermann* Rn 24, wenn Gründerhaftung der Erben „praktisch ausgeschlossen" ist – aber wann ist dies der Fall?.
[171] Ähnlich *Winkler,* Der Testamentsvollstrecker, Rn 379.

„Versteinerung" seiner Befugnisse ein, wenn eine sachgerechte Auslegung ergibt, dass der Erblasser für den Fall einer solchen Umwandlung eine entsprechende Erweiterung der Rechtsmacht des Testamentsvollstreckers wollte[172]. Darauf, ob die Umstrukturierung innerhalb der Frist des § 27 Abs 2 HGB vorgenommen wird, kann es dabei nicht ankommen[173].

3. Gesellschafter einer OHG, einer EWIV, einer BGB-Gesellschaft, Komplementär einer KG. Soweit sich hier die Gesellschafternachfolge im Wege des Erbrechts vollzieht (bei den sog einfachen oder qualifizierten Nachfolgeklauseln (§ 1922 Rn 68 ff)[174], bestehen aus der Sicht des Erbrechts an sich keine Bedenken gegen die Zulässigkeit einer Verwaltungsvollstreckung. Unerheblich ist in diesem Zusammenhang, dass hier der Erwerb kraft Gesetzes auf Grund einer **Sondererbfolge**[175] erfolgt, denn insoweit handelt es sich nicht um einen „Erwerb am Nachlass vorbei"[176], was die Verwaltungs- und Verfügungsbefugnis ausschließen würde. Besonderheiten ergeben sich aber hier aus dem Handels- und Gesellschaftsrecht[177]. Die Rspr spricht hier davon, dass eine Testamentsvollstreckung an einer solchen Beteiligung möglich, aber die Rechtsposition des Testamentsvollstreckers „aus im Gesellschaftsrecht wurzelnden Gründen begrenzt" ist[178].

Einer **Auseinandersetzungsvollstreckung** (§ 2204) am vererbten Anteil einer werbenden Gesellschaft bedarf es nicht, weil infolge dieser Sondererbfolge die Beteiligung automatisch auf die dazu berufenen Miterben im Umfang ihrer Erbquoten übergeht[179]; diese Sondererbfolge umfasst dabei auch die an sich selbstständig nach § 717 S 2 abtretbaren **Vermögensansprüche**[180]. Die folgenden Ausführungen beziehen sich daher auf die **Verwaltungsvollstreckung**. Der mögliche Aufgabenbereich des Testamentsvollstreckers hängt aber davon ab, welches **„Schicksal"** die Gesellschaftsbeteiligung des Erblassers im Erbfall auf Grund der Regelungen des Gesetzes oder des Gesellschaftsvertrags für den Fall des Todes des Gesellschafters erfährt.

a) Auflösung. Wird die Gesellschaft mit dem Tod des voll haftenden Gesellschafters aufgelöst (jetzt noch bei der BGB-Gesellschaft die gesetzliche Regel, kraft Gesetzes seit 1. 7. 1998 nicht mehr bei der OHG und KG, vgl § 131 Abs 2 Nr 1 HGB nF), so entsteht bis zur endgültigen Auseinandersetzung unter den Gesellschaftern eine Abwicklungsgesellschaft. Ein Haftungskonflikt zwischen Erbrecht einerseits und Handels- und Gesellschaftsrecht andererseits besteht nicht. Der Anteil an der Liquidationsgesellschaft gehört zum Nachlass und wird allein vom Testamentsvollstrecker verwaltet; insbes kann er sämtliche **Liquidationsansprüche** für die Erben geltend machen[181]. Erfolgt jedoch eine Umwandlung in eine werbende Gesellschaft, so kann dies nur mit Zustimmung der Erben erfolgen[182]. Erwarb aber der Erbe einen Anteil an einer werbenden Gesellschaft, die erst später aufgelöst wird, so soll zwar das Auseinandersetzungsguthaben der Zuständigkeit des Testamentsvollstreckers unterfallen[183], die Abwicklung aber dem Gesellschaftererben[184].

b) Fortsetzung unter den verbleibenden Gesellschaftern. Tritt diese kraft Gesetzes ein (bei der OHG oder dem Tod eines persönlich haftenden Gesellschafters einer KG) oder ist dies bei einer GbR vereinbart, kann der Testamentsvollstrecker die Abfindungsansprüche der Erben gegen die Gesellschaft (§ 738 Abs 1 S 2 BGB, § 105 HGB) geltend machen, die allein seiner Verfügung unterliegen[185]. Gleiches gilt, wenn der Erbe in Ausübung seines Wahlrechts nach § 139 Abs 2 HGB seine an sich vererbliche Gesellschafterstellung gekündigt hat. Dabei steht dieses Wahlrecht wegen seiner höchstpersönlichen Natur allein dem Erben zu[186].

c) Fortsetzung einer Gesellschaft mit den Erben. Wenn eine solche auf Grund einer einfachen oder qualifizierten Nachfolgeklausel eintritt, so können die Rechte eines voll haftenden Gesellschafters auf Grund der handels- und gesellschaftsrechtlichen Besonderheiten nicht einer Testamentsvollstreckung im üblichen Sinne unterworfen werden. Dies gilt zum einen wegen des nicht lösbaren Haftungskonflikts zwischen der an sich unbeschränkbaren handelsrechtlichen Haftung der Gesellschaftserben nach den §§ 128, 130 HGB einerseits und der auf den Nachlass beschränkbaren erbrechtlichen Haftung der vom Testamentsvollstrecker eingegangenen Nachlassverwaltungsschulden andererseits (Rn 27). Zum anderen ergeben sich Probleme wegen des höchstpersönlichen Charakters von Beteiligungen an Personengesellschaften. Da keinem Mitgesellschafter in der von besonderen persönlichen Verhältnissen geprägten Arbeits- und Haftungsgemeinschaft ein anderer ohne deren Willen aufgedrängt werden darf, unterliegen daher die Rechte eines vollhaftenden Gesellschafters grds nicht einer direkten Testaments-

---

[172] AnwK-BGB/*Weidlich* Rn 78; J. Mayer ZEV 2002, 209, 215 f.
[173] AA wohl AnwK-BGB/*Weidlich* Rn 44.
[174] Etwa *Nieder* HdB Rn 1238 ff.
[175] BGHZ 98, 48 = NJW 1986, 2431; BGHZ 108, 187 = NJW 1989, 3152.
[176] MünchKommBGB/*Zimmermann* Rn 15; vgl auch AnwK-BGB/*Weidlich* Rn 47.
[177] Zur Testamentsvollstreckung über Anteile an einer GbR *Scherer/Lorz* MAH Erbrecht § 19 Rn 248 f.
[178] BGHZ 98, 48, 57; BGH ZEV 1996, 110, 111.
[179] AnwK-BGB/*Weidlich* Rn 48; MünchKommBGB/*Zimmermann* Rn 30.
[180] Eingehend AnwK-BGB/*Weidlich* Rn 49.
[181] AnwK-BGB/*Weidlich* Rn 67; MünchKommBGB/*Zimmermann* Rn 31.
[182] AnwK-BGB/*Weidlich* Rn 67; *Ebenroth/Boujong/Joost/Lorz* § 139 HGB Rn 63 mwN.
[183] BGH NJW 1985, 1953, 1954.
[184] AnwK-BGB/*Weidlich* Rn 67; MünchKommBGB/*Zimmermann* Rn 31; *Soergel/Damrau* Rn 28.
[185] BGH NJW 1985, 1953, 1954; *Palandt/Edenhofer* Rn 14.
[186] MünchKommBGB/*Zimmermann* Rn 39; *Soergel/Damrau* Rn 41; *Weidlich* in: *Mayer/Bonefeld/Wälzholz/Weidlich* Rn 397.

vollstreckung[187]. Der Testamentsvollstrecker kann den Erben nicht aus der vererbten Gesellschafterstellung verdrängen.

41 **aa) Testamentsvollstreckung auf Grund Ersatzlösungen.** Wie beim einzelkaufmännischen Unternehmen sind zur Vermeidung der von der hM gesehenen Probleme (Rn 40) **Ersatzlösungen** (Rn 28 ff) möglich[188].

– **Treuhandlösung:** Hier handelt der Testamentsvollstrecker im eigenen Namen und unter eigener (unbeschränkbarer) Haftung (§ 128 HGB)[189], aber für Rechnung der Gesellschafter-Erben, weshalb der Testamentsvollstrecker in das Handelsregister eingetragen wird. Der Gesellschaftsanteil wird dem Testamentsvollstrecker treuhänderisch übertragen[190];
– **Vollmachtslösung:** Hier bleiben die Erben Gesellschafter. Der Testamentsvollstrecker nimmt als deren Bevollmächtigter ihre Gesellschafterrechte wahr, wozu eine Vollmacht erforderlich ist, durch die nur die Gesellschafter-Erben verpflichtet werden;
– **Weisungsgeberlösung** mit bloßer Mitsprache im Innenverhältnis.

42 **Voraussetzung** dafür ist jeweils, dass zum einen wegen der Höchstpersönlichkeit der Gesellschafterbeziehungen die Gesellschafter die Rechtsausübung durch den Testamentsvollstrecker im Gesellschaftsvertrag zulassen oder ihr wenigstens nachträglich zustimmen[191] und zum anderen der Erbe durch entsprechende Auflage verpflichtet wird, die Ausübung der Mitgliedschaftsrechte durch den Testamentsvollstrecker zu dulden. Die Treuhandlösung hat auch hier den **Nachteil,** dass der Testamentsvollstrecker im Außenverhältnis der vollen persönlichen Haftung ausgesetzt ist (§ 128 HGB).

43 **bb) Grenzen der Testamentsvollstreckung.** Aber das Gesellschaftsrecht und das Erbrecht setzen sowohl der Vollmachts- wie der Treuhandlösung und auch der beaufsichtigenden Testamentsvollstreckung enge Schranken.

1. Im **Interesse der übrigen Gesellschafter:** Der Testamentsvollstrecker kann in der Gesellschaft auch auf Grund einer der Ersatzlösungen **nur mitwirken,** wenn die **überlebenden Gesellschafter** – bereits im Voraus im Gesellschaftsvertrag oder im Einzelfall – **zustimmen;** für die Praxis empfiehlt sich eine vorsorgliche gesellschaftsvertragliche Regelung. Die fehlende Zustimmung hindert aber nicht die Testamentsvollstreckung an der sog „Außenseite" des Gesellschaftsbeteiligung[192]. Auch gegen den Grundsatz der Selbstorganschaft wird nicht verstoßen, da dieser nur verbietet, dass sämtliche Gesellschafter von der Geschäftsführung und Vertretung ausgeschlossen werden[193].

44 2. Im **Interesse** des **betroffenen Gesellschafters** selbst:
– **Gesellschaftsrechtliche Beschränkungen** sollen sich aus der sog **Kernrechtsproblematik** ergeben[194]: Sie wurde zum Schutz von Minderheitsgesellschaftern entwickelt[195]. Danach gibt es unentziehbare Rechte, die auch durch einen Mehrheitsbeschluss nicht beseitigt werden können, sondern nur von Anfang an durch Satzung oder Gesellschaftsvertrag. Dagegen lässt sich zu Recht einwenden, dass der systemimmanente Schutz des Gesellschaftererben gegenüber dem Testamentsvollstrecker bereits durch die Ausschlagungsmöglichkeit zur Pflichtteilserlangung nach § 2306 Abs 1 S 2, Abs 2 und die speziell für das Verhältnis zwischen Erben und Testamentsvollstrecker geltenden Bestimmun-

---

[187] RGZ 170, 392; BGHZ 24, 106, 112; 68, 225, 239 allg zur Nachfolgeklausel; BGH DB 1981, 366; BGHZ 98, 48, 55 ff = NJW 1986, 2431; BGHZ 108, 187, 195 = NJW 1989, 3152; *Lange/Kuchinke* § 31 V 7 c; *Staudinger/ Reimann* Rn 107; *Soergel/Damrau* Rn 32 ff; *Palandt/Edenhofer* Rn 11; *Bommert* BB 1984, 178 f; *Weidlich* ZEV 1994, 205, 207; AnwK-BGB/*Weidlich* Rn 59 f; *Schiemann,* FS Medicus, 1999, S 513, 525 f; *Baumbach/Hopt* § 139 HGB Rn 21; eingehend zu diesen Argumenten MünchKommBGB/*Zimmermann* Rn 35 ff; die Unvereinbarkeitsthese von gesellschaftsrechtlich zwingenden unbeschränkten und der beschränkbaren erbrechtlichen Haftung hat neuerdings *Muscheler* Haftungsordnung S 549 ff in Frage gestellt; dem jetzt zust MünchKommBGB/*Zimmermann* Rn 36; *Faust* DB 2002, 189, 193 hält eine Testamentsvollstreckung dann für zulässig, wenn dem Erben ein jederzeitiges Kündigungsrecht oder eine Verlängerung seines Wahlrechts nach § 139 HGB auf die Dauer der Vollstreckung eingeräumt wird.

[188] *Staudinger/Reimann* Rn 108 ff; *D. Mayer* in: *Bengel/Reimann* HdB V Rn 166 ff; *Weidlich* in: *Mayer/Bonefeld/ Wälzholz/Weidlich* Rn 398 ff.

[189] BGHZ 12, 100, 102; RGZ 132, 138, 142; jedoch besteht die Möglichkeit der Haftungsbefreiung über den Aufwendungsersatz nach §§ 2218, 670, 257; umstritten ist, ob die Erben sich dagegen auf die erbrechtliche Haftungsbeschränkung berufen können, vgl *Lange/Kuchinke* § 31 V Fn 203 und oben Rn 29.

[190] *Soergel/Damrau* Rn 34; *Winkler,* Der Testamentsvollstrecker, Rn 349.

[191] *D. Mayer* in: *Bengel/Reimann* HdB V Rn 157; *Winkler,* Der Testamentsvollstrecker, Rn 346 f; dies kann uU bereits in der bloßen Vereinbarung einer einfachen Nachfolgeklausel gesehen werden, so *Staudinger/Reimann* Rn 121; *D. Mayer* in: *Bengel/Reimann* HdB V Rn 157; nicht aber bei einer qualifizierten Nachfolgeklausel, die gerade nur für bestimmte Personen einen Eintritt in die Arbeits- und Haftungsgemeinschaft der Gesellschaft eröffnen möchte, so zutr *Winkler,* Der Testamentsvollstrecker, Rn 347; noch einschränkender MünchKommBGB/*Zimmermann* Rn 34: Einverständnis mit „jedem Anteilserwerber" bedeutet nicht ohne weiteres, dass anstelle des Gesellschaftererben ein Testamentsvollstrecker dessen Rechte wahrnehmen kann.

[192] BGHZ 98, 48, 55 ff = NJW 1986, 2431; *Staudinger/Reimann* Rn 121; *Muscheler* Haftungsordnung S 478 ff.

[193] AnwK-BGB/*Weidlich* Rn 53; iE ebenso MünchKommBGB/*Zimmermann* Rn 37.

[194] *Priester,* FS Stimpel, 1985, S 463, 482; *Ebenroth* AcP 1988, 705 f; *D. Mayer* ZIP 1990, 976 f; *Dörrie* ZEV 1996, 374; *Staudinger/Reimann* Rn 122; *D. Mayer* in: *Bengel/Reimann* HdB V Rn 174 ff; *Weidlich* ZEV 1994, 205, 208 ff; *Lange/ Kuchinke* § 31 V Fn 215; offenlassend BGHZ 108, 187, 198 f = NJW 1989, 3152; eingehend *Weidlich* in: *Mayer/ Bonefeld/Wälzholz/Weidlich* Rn 405; krit gegen diese Übertragung mE zu Recht *Lorz,* Testamentsvollstreckung und Unternehmensrecht, 1995, S 173 ff.

[195] Vgl etwa BGHZ 20, 363, 369; *Wiedemann* GesR I S 360 ff.

gen der §§ 2205 S 3, 2206, 2216 Abs 1, 2218, 2219 verwirklicht wird[196]. Demgegenüber ist die Rollenverteilung bei der Testamentsvollstreckung im Gesellschaftsbereich gerade anders: Der Testamentsvollstrecker hat vielmehr die Minderheitsrecht des Gesellschaftererben gegenüber den Mehrheitsgesellschaftern wahrzunehmen, so dass sich durch die Kernbereichslehre keine Einschränkung der Rechte des Testamentsvollstreckers ergibt[197]. Überträgt man dennoch die Kernbereichslehre auf die Testamentsvollstreckung an Gesellschaftsbeteiligungen, sollen dadurch die Rechtsbefugnisse des Testamentsvollstreckers beschränkt werden. Dieser Kernbereich des Gesellschafters, in den der Testamentsvollstrecker ohne Zustimmung des Gesellschafter-Erbens nicht eingreifen darf, umfasst dabei alle Rechte, die die Rechtsstellung des Gesellschafters in ihrem eigentlichen Bestand erhalten, also Änderungen des Kapitalanteils, der Gewinnbeteiligung, des Auseinandersetzungsguthabens, der handelsrechtlichen Haftung und Änderung der Informations- und Kontrollrechte (§ 118 Abs 2 HGB), das Recht zur Kündigung aus wichtigem Grund uÄ[198]. Zur Ausübung dieser Rechte und zur Stimmrechtsabgabe bedarf der Testamentsvollstrecker der Zustimmung des betroffenen Gesellschafter-Erben[199]. Zur Umstrukturierung einer Personengesellschaft in eine Kapitalgesellschaft auf Grund einer entsprechenden Erblasseranordnung bedarf der Testamentsvollstrecker aber nicht der Zustimmung der Erben, wenn für diese keine weiter gehenden persönlichen Verpflichtungen begründet werden[200].

– Erbrechtliche Grenzen ergeben sich aus dem **Gebot der ordnungsgemäßen Verwaltung** des Nachlasses (§§ 2206 Abs 1 S 1, 2216 Abs 1) und dem **Verbot unentgeltlicher Verfügungen** (§ 2205 S 3)[201]. Der Testamentsvollstrecker ist hiernach nicht berechtigt, an Verträgen (insbes Satzungsänderungen) und Beschlüssen mitzuwirken, die Leistungspflichten einführen, die nicht mit Nachlassmitteln erfüllt werden können oder zu einem einseitigen Rechtsverlust für den Gesellschafter führen[202].

War der **Erbe bereits** vor dem Erbfall (aus eigenem Recht) **Gesellschafter** und erbt er eine Kommanditbeteiligung, könnte sich die Testamentsvollstreckung wegen des bisher unterstellten „**Spaltungsverbots**"[203], auch Grundsatz der **Einheitlichkeit der Beteiligung** genannt, uU nicht realisieren lassen[204]. Nach der neueren Rspr des Erbrechtssenats des BGH schließt das Zusammentreffen von eigenem und erbten Gesellschaftsanteil eine Testamentsvollstreckung nicht aus. Das gelte jedenfalls dann, so weit es sich um die Verwaltung der aus dem Anteil folgenden übertragbaren Vermögensrechte handle[205]. Zur Lösung der sich ergebenden verschiedenen Problemlagen muss daher uU der Anteil vermögensmäßig in einen „Eigenanteil" und einen dem Nachlass zugehörenden Anteil aufgeteilt werden[206]. Angesichts der sich hier ergebenden, vielfach noch nicht geklärten Probleme ist eine **Umstrukturierung** in eine Kapitalgesellschaft (GmbH, AG) dringend zu empfehlen (Rn 35)[207].

cc) **Beaufsichtigende Testamentsvollstreckung an der „Außenseite der Beteiligung".** Nach der neueren Rspr[208] besteht jedoch außer den genannten Ersatzlösungen die Möglichkeit einer sog beaufsichtigenden Testamentsvollstreckung. Danach ergibt sich für eine Testamentsvollstreckung über eine der oben genannten Beteiligungen eine vielschichtige und in den praktischen Auswirkungen zT unübersichtliche Situation[209]: Der Testamentsvollstrecker kann in der Gesellschaft selbst (außerhalb der genannten Ersatzlösungen) nicht selbst für die Erben in ihrer Eigenschaft als Gesellschafter handeln, etwa bei Vertretung der Gesellschafter bei der Geschäftsführung oder bei der Stimmrechtsausübung[210] (also an der sog **Innenseite**). Er kann jedoch eine **beaufsichtigende Funktion** über den Erben haben, also an der „**Außenseite**" der **Beteiligung**. Umgekehrt kann jedoch dem Gesellschaftererben die Verfügungsbefugnis über seine Beteiligung auch mit dinglicher Wirkung durch den Testamentsvollstre-

---

[196] *Brandner,* FS Kellermann, 1991, S 37, 45; *Dörrie* ZEV 1996, 370, 374; *Lorz,* FS Boujong, 1996, S 319, 325 ff; *Everts* MittBayNot 2003, 427, 429; so auch LG Mannheim ZEV 1999, 444.
[197] *Brandner,* FS Kellermann, 1991, S 37, 44; *Hehemann* BB 1995, 1301, 1309; *Lorz,* Testamentsvollstreckung und Unternehmensrecht, 1995, S 173 ff; MünchKommBGB/*Zimmermann* Rn 37; *Muscheler* Haftungsordnung § 18 II 1, S 505; diff *Weidlich* in: *Mayer/Bonefeld/Wälzholz/Weidlich* Rn 405; *ders* ZEV 1994, 205, 208: Anwendbarkeit der Kernbereichslehre mit Einschränkung der Befugnisse des Testamentsvollstreckers nur, soweit das Erbrecht dem Gesellschaftererben nicht annähernd gleiche Befugnisse verleiht.
[198] Eingehend *D. Mayer* in: *Bengel/Reimann* HdB V Rn 174 ff; *Wiedemann* GesR I 360 ff; *Weidlich,* Die Testamentsvollstreckung ..., S 47 ff; *ders* in: *Mayer/Bonefeld/Wälzholz/Weidlich* Rn 405 f.
[199] *Staudinger/Reimann* Rn 112; *Winkler,* Der Testamentsvollstrecker, Rn 372; *Quack* BB 1989, 2273; AnwK-BGB/*Weidlich* Rn 55.
[200] LG Mannheim ZEV 1999, 443 m Anm *Wenninger; Reimann,* Testamentsvollstreckung in der Wirtschaftspraxis, Rn 472 ff; aA wohl *Winkler,* Der Testamentsvollstrecker, Rn 379; *Weidlich* MittBayNot 1996, 1; *ders* MittBayNot 2000, 572; *Kallmeyer/N. Zimmermann* 3. Aufl § 193 UmwG Rn 27; zu den Haftungsgefahren s. aber Rn 35.
[201] Dazu etwa MünchKommBGB/*Zimmermann* Rn 35.
[202] *Reimann* DNotZ 1990, 192; *D. Mayer* in: *Bengel/Reimann* HdB V Rn 184.
[203] BGHZ 24, 106, 113.
[204] BGH DNotZ 1990, 190.
[205] NJW 1996, 1284 = ZEV 1996, 110, 111 m Anm *Lorz.*
[206] *D. Mayer* in: *Bengel/Reimann* HdB V Rn 186; *Weidlich* in: *Mayer/Bonefeld/Wälzholz/Weidlich* Rn 407.
[207] Eingehend zur Testamentsvollstreckung und zum Umwandlungsrecht *D. Mayer* in: *Bengel/Reimann* HdB V Rn 252 ff.
[208] BGH NJW 1985, 1953; BGHZ 98, 48, 56 f = NJW 1986, 2431; BGHZ 108, 187, 195 = NJW 1989, 3152; BGH NJW 1998, 1313 = ZEV 1998, 72; ZEV 1996, 110.
[209] *Reimann* DNotZ 1990, 192; *Lorz* ZEV 1996, 112; AnwK-BGB/*Weidlich* Rn 57 f.
[210] Vgl auch *K. Schmidt* ZGR 1988, 140, 155.

cker entzogen werden. Der Testamentsvollstrecker kann also verhindern, dass der Gesellschaftererbe über den ererbten Anteil verfügt, etwa durch Verkauf oder Verpfändung. Fehlt seine Zustimmung, so bleibt die Maßnahme des Erben unwirksam. Auch § 2214 gilt: Eigengläubiger der Erben können also nicht in die Beteiligung vollstrecken[211]. Auf Grund der Testamentsvollstreckung an der Außenseite der Beteiligung bedarf der Gesellschaftererbe für alle Maßnahmen, die sein Abfindungsguthaben, die Ergebnisverwendung (Ausschüttung oder Thesaurierung) und die Verfügungsmöglichkeit über seine Beteiligung und eine dahingehende Änderung des Gesellschaftsvertrags bezwecken, zu ihrer Wirksamkeit der Zustimmung des Testamentsvollstreckers[212]. Zur Sicherung dieser Befugnisse stehen dem Testamentsvollstrecker auch entsprechende Auskunfts- und Kontrollrechte zu[213].

47 Die **Geschäftsführung** selbst und andere zu einer Haftung der Gesellschaft führende Handlungsbefugnisse verbleiben jedoch beim persönlich haftenden Gesellschafter, weshalb bei dieser Konstruktion die haftungsrechtlichen Divergenzen nicht entstehen. Auch kann der Gesellschafter-Erbe ohne Zustimmung des Testamentsvollstreckers seine Beteiligung kündigen[214], ein dadurch entstehendes Abfindungsguthaben unterliegt dann jedoch wieder voll der Testamentsvollstreckung[215].

48 d) **Gesellschaftsvertragsvertragliches Eintrittsrecht.** Die Testamentsvollstreckung erfasst das Eintrittsrecht nicht, da dieses kraft Gesellschaftsvertrages entsteht und nicht im Erbgang erworben wird[216].

49 4. **Kommanditbeteiligung.** Hier wird beim Tod eines Kommanditisten die Gesellschaft nicht aufgelöst, sondern kraft Gesetzes mit den Erben fortgesetzt, sofern der Gesellschaftsvertrag nichts anderes anordnet (§ 177 HGB). An der so vererblichen Kommanditbeteiligung ist eine Testamentsvollstreckung nunmehr möglich[217]. Voraussetzung ist, dass die übrigen Gesellschafter – im Gesellschaftsvertrag oder im Einzelfall – der Wahrnehmung der Gesellschafterrechte durch den **Testamentsvollstrecker zugestimmt** haben. Der Testamentsvollstrecker nimmt damit grds **alle Rechte des Erben in der Gesellschaft und an der „Außenseite"** (§§ 2205, 2216) **wahr.** Dies ist hier mit den gesellschaftsrechtlichen Besonderheiten leichter vereinbar, da die Haftung des Kommanditisten kraft Gesetzes beschränkt (§ 171 HGB) und er nicht geschäftsführungs- und vertretungsbefugt ist (§ 170 HGB). Auch wenn die Einlage noch nicht geleistet oder zurückgezahlt wird, so steht dies der Testamentsvollstreckung am Anteil eines Kommanditisten nach Ansicht des BGH nicht entgegen. Im erstgenannten Fall beruht die persönliche Haftung des Gesellschaftererben noch auf dem Verhalten des Erblassers und hat mit der Testamentsvollstreckung nichts zu tun. Lässt sich dagegen der Testamentsvollstrecker die Einlage ganz oder teilweise ohne Zustimmung des Erben zurückzahlen, wird sich dessen persönliche – nicht auf das Nachlassvermögen beschränkbare – Haftung nach § 172 Abs 4 HGB wegen des nötigen Schutzes der Gläubiger nicht vermeiden lassen. Die damit für ihn verbundenen Gefahren dürften aber dadurch gemildert sein, dass man Maßnahmen, die zur persönlichen Haftung des Erben führen, nicht mehr als ordnungsgemäße Verwaltung des Nachlasses (§ 2216 Abs 1) wird ansehen können. Das hat dann zur Folge, dass sie entweder durch die Vertretungsbefugnis des Testamentsvollstreckers nicht gedeckt sind oder dass die Rückzahlung der Einlage ohne Zustimmung des Erben dem Testamentsvollstrecker zumindest idR unter dem Gesichtspunkt des dem Geschäftsgegner erkennbaren Missbrauchs der Verwaltungsbefugnis zur Rückgewähr verpflichtet[218].

50 Fehlt die Zustimmung der übrigen Gesellschafter, ist die Testamentsvollstreckeranordnung nicht völlig unwirksam, die Rechte des Testamentsvollstreckers bleiben lediglich auf die „Außenseite" der Beteiligung beschränkt[219], für das Innenverhältnis gilt jedoch, dass sich die Gesellschafter wegen ihres persönlichen Verbunds niemanden in der KG aufdrängen lassen müssen. Die Zustimmung ist handelsrechtlich bedingt, bedarf also nicht erbrechtlicher Formen, und kann daher bereits in den Gesellschaftsvertrag aufgenommen werden[220]. Sie kann auch stillschweigend erteilt werden[221]; davon ist auszugehen, wenn nach dem Gesellschaftsvertrag der Anteil ohnehin frei veräußerlich ist, so idR bei einer „Publikums-KG"[222], nicht aber ohne weiteres bei der Vereinbarung einer einfachen Nachfolgeklausel[223].

---

[211] IE BGHZ 98, 48, 56; *Weidlich* ZEV 1994, 208.
[212] *Reimann*, Testamentsvollstreckung in der Wirtschaftspraxis, Rn 395; *Staudinger/Reimann* Rn 116; *D. Mayer* ZIP 1990, 979; *ders* in: *Bengel/Reimann* HdB V Rn 161 ff mw Einzelheiten.
[213] *D. Mayer* in: *Bengel/Reimann* HdB V Rn 163.
[214] *Dörrie* ZEV 1996, 375.
[215] *D. Mayer* in: *Bengel/Reimann* HdB V Rn 163.
[216] BGHZ 22, 186; MünchKommBGB/*Zimmermann* Rn 39; *Weidlich* in: *Mayer/Bonefeld/Wälzholz/Weidlich* Rn 396.
[217] BGHZ 108, 187, 192 = NJW 1989, 3152.
[218] BGHZ 108, 187, 197 f; AnwK-BGB/*Weidlich* Rn 50; MünchKommBGB/*Zimmermann* Rn 44; *Staudinger/Reimann* Rn 125; *Schlegelberger/K. Schmidt* § 177 HGB Rn 34; aA *Muscheler* Haftungsordnung S 516 ff; die Zulässigkeit offen lassend, wenn den gesetzlichen Bestimmungen der Kommanditist geschäftsführungs- bzw vertretungsbefugt ist, BGHZ 108, 187; jedoch handelt es sich dann um idR nicht vererbliche Sonderrechtseinräumungen; teilweise wird bei Vererblichkeit dieser Rechte dann Zustimmung aller Gesellschafter gefordert, da dadurch umfassende Vertretungsmacht eröffnet wird, *Staudinger/Reimann* Rn 130; *D. Mayer* in: *Bengel/Reimann* HdB V Rn 203.
[219] *Staudinger/Reimann* Rn 126; *Reimann* FamRZ 1992, 117; *Klein* DStR 1992, 326; *D. Mayer* in: *Bengel/Reimann* HdB V Rn 199, 190; aA OLG Hamm FamRZ 1992, 113 = NJW-RR 1991, 837.
[220] *Reimann* FamRZ 1992, 113, 117.
[221] OLG FamRZ 1992, 113, 117= Hamm NJW-RR 1991, 837.
[222] *Ulmer* NJW 1990, 73, 76.
[223] AnwK-BGB/*Weidlich* Rn 52; *Stimpel*, FS Brandner, 1996, S 778; *Scherer/Lorz* MAH Erbrecht § 19 Rn 238; aA *Staudinger/Reimann* Rn 121.

5. Stille Gesellschaft. Beim **Tod** des stillen Gesellschafters wird die Gesellschaft nicht aufgelöst 51
(§ 234 Abs 2 HGB). Der Testamentsvollstrecker kann die Rechte seiner Erben wahrnehmen, wenn der Geschäftsinhaber dem zustimmt[224]. Durch den Tod des **Geschäftsinhabers** wird die Gesellschaft aufgelöst, wenn der Gesellschaftsvertrag nichts anderes bestimmt (§ 727 Abs 1). Der Testamentsvollstrecker hat hier das Guthaben des stillen Gesellschafters zu befriedigen. Wird die Gesellschaft jedoch fortgeführt, so befindet sich der Testamentsvollstrecker in der gleichen Situation wie bei Fortführung eines Einzelunternehmens, so dass die diesbezüglich entwickelten Grundsätze (Rn 27 ff) gelten[225].

6. GmbH. Die Testamentsvollstreckung ist hier nach allgM zulässig. Der Testamentsvollstrecker 52
verwaltet den Geschäftsanteil kraft eigenen Rechts unter Ausschluss der Erben, einschließlich des Stimmrechts[226]. Dies gilt grds auch bei einer **personalistisch strukturierten Gesellschaft**[227], wobei sich hier aber erhebliche Probleme ergeben können, wenn die Satzung oder auch das Gesetz (zB bei einer Freiberufler-GmbH) die höchstpersönliche Ausübung der Mitgliedschaftsrechte, insbes des Stimmrechts vorsieht. Hier ist insoweit die Testamentsvollstreckung an der „Innenseite" des Geschäftsanteils ausgeschlossen, an der „Außenseite" bleibt sie dennoch bestehen (Rn 46)[228]. Probleme ergeben sich[229] in **erbrechtlicher Hinsicht** aus der beschränkten Verpflichtungsbefugnis, insbes bei Kapitalerhöhungen gegen Bar- oder Sacheinlage[230] und **gesellschaftsrechtlich** aus der **Kernrechtsbereichstheorie** (Rn 43)[231]. An seiner Wahl zum **Geschäftsführer** darf der Testamentsvollstrecker nur dann mitwirken, wenn ihm dies vom Erblasser oder Erben ausdrücklich gestattet wurde[232]. Ist er vom Stimmrecht hinsichtlich des zum Nachlass gehörenden Geschäftsanteils ausgeschlossen (§ 47 Abs 4 GmbHG), so treten an seine Stelle insoweit ausnahmsweise die Erben[233].

Die **Gründung** einer GmbH durch einen Testamentsvollstrecker ist wegen der damit verbundenen 53
strengen persönlichen und unbeschränkbaren Haftung (nach §§ 9, 9a, 29, §§ 3 Abs 2, 24 GmbHG und den Grundsätzen der Unterbilanzhaftung bei Eintragung) mit § 2206 grds nicht vereinbar und daher aus gesellschaftsrechtlichen Gründen unzulässig[234]. Daher ist dies nur dann möglich, wenn eine persönliche Haftung der Gesellschafter-Erben ausgeschlossen ist, etwa weil die Stammeinlagen aller Gesellschafter bereits vor der Gründung voll einbezahlt sind[235], oder den Testamentsvollstrecker auf Grund gesonderter Ermächtigung der Erben diese im vollen Umfang persönlich verpflichten kann; letzteres kann bereits der Erblasser durch Auflage sicherstellen[236]. Diese Grundsätze gelten auch für einen **Beteiligungserwerb**[237].

7. Aktiengesellschaft. Hier finden die gleichen Grundsätze wie bei der GmbH Anwendung. 54
Insbesondere verwaltet der Testamentsvollstrecker die zum Nachlass gehörenden Namens- und Inhaberaktien und übt das Stimmrecht (§ 134 AktG) und das Bezugsrecht (§ 186 AktG) aus[238]. Probleme entstehen jedoch, wenn der Testamentsvollstrecker zugleich zum Vorstand oder Aufsichtsrat der Aktiengesellschaft gehört[239] oder bei größeren Beteiligungen an börsenorientierten Kapitalgesellschaften es zu einem Kontrollerwerb durch Erbgang iS der §§ 29 ff WpÜG kommt[240].

8. Genossenschaften. Nach § 77 Abs 1 GenG geht mit dem Tod des Genossen die Mitgliedschaft 55
auf die Erben über, endet aber mit dem Schluss des Geschäftsjahrs, in dem der Erbfall eingetreten ist (befristete Nachfolgeklausel). Bis dahin nimmt der Testamentsvollstrecker die Mitgliedschaftsrechte wahr. § 77 Abs 2 GenG sieht die darüber hinausgehende Fortsetzung der Mitgliedschaft bei besonderen

---

[224] BGH WM 1962, 1084; AnwK-BGB/*Weidlich* Rn 68; MünchKommBGB/*Zimmermann* Rn 49; *Winkler,* Der Testamentsvollstrecker, Rn 389 ff.
[225] AnwK-BGB/*Weidlich* Rn 68; MünchKommBGB/*Zimmermann* Rn 49; *Winkler,* Der Testamentsvollstrecker, Rn 389.
[226] BGHZ 24, 106; BGH NJW 1959, 1820; BGHZ 51, 209; eingehend dazu *Wachter* ZNotP 1999, 226; *Weidlich* in: *Mayer/Bonfeld/Wälzholz/Weidlich* Rn 415 ff.
[227] *Winkler,* Der Testamentsvollstrecker, Rn 398 f.
[228] *Staudinger/Reimann* Rn 142 f; *Winkler,* Der Testamentsvollstrecker, Rn 399 f; *D. Mayer* in: *Bengel/Reimann* HdB V Rn 238; *Weidlich* in: *Mayer/Bonfeld/Wälzholz/Weidlich* Rn 427 f; *J. Mayer* ZEV 2002, 213.
[229] Ausf und praxisbezogen *Winkler,* Der Testamentsvollstrecker, Rn 393 ff; *D. Mayer* in: *Bengel/Reimann* HdB V Rn 235 f.
[230] *Weidlich* in: *Mayer/Bonfeld/Wälzholz/Weidlich* Rn 419 ff; *J. Mayer* ZEV 2002, 209, 211; MünchKommBGB/*Zimmermann* Rn 52; *Dörrie* ZEV 1996, 370, 371 ff; *Lorz,* Testamentsvollstreckung und Unternehmensrecht, S 261 ff.
[231] Zur Anwendung bei der GmbH vgl etwa *v. Burchardt* GmbHR 1954, 150; *Priester,* FS Stimpel, 1985, S 481 ff; *Weidlich* in: *Mayer/Bonfeld/Wälzholz/Weidlich* Rn 429 f; eingehend *J. Mayer* ZEV 2002, 209, 213; aA *Dörrie* ZEV 1996, 370, 374: eines Rückgriffs auf die Kernbereichslehre bedürfe es gar nicht, da der erforderliche Schutz des Gesellschafter-Erben vor der „Fremdherrschaft" des Testamentsvollstreckers systemkonform bereits durch die erbrechtlichen Vorschriften der §§ 2205, 2206, 2216, 2218, 2219 gewährleistet sei.
[232] *Palandt/Edenhofer* Rn 25, 30; *Weidlich* in: *Mayer/Bonfeld/Wälzholz/Weidlich* Rn 426.
[233] BGH BB 1989, 1499.
[234] *J. Mayer* ZEV 2002, 209, 211 f; AnwK-BGB/*Weidlich* Rn 77.
[235] *Weidlich* in: *Mayer/Bonfeld/Wälzholz/Weidlich* Rn 434.
[236] *Winkler* Rn 406; eingehend hierzu *D. Mayer* in: *Bengel/Reimann* HdB V Rn 234.
[237] AnwK-BGB/*Weidlich* Rn 77; *J. Mayer* ZEV 2002, 209, 211 f für die GmbH; für den Erwerb eines Kommanditanteils auf Grund Teilungsanordnung LG Berlin ZEV 2004, 29 m Anm *Rosener.*
[238] MünchKommBGB/*Zimmermann* Rn 53; *D. Mayer* in: *Bengel/Reimann* HdB V Rn 244; eingehend *Frank* ZEV 2002, 389.
[239] *Frank* NZG 2002, 898.
[240] *Werkmüller* ZEV 2006, 491, 492 f; allg zu den WpÜG-Pflichten bei einer erbrechtlichen Nachfolge *Wiesbrock/Zens* ZEV 2006, 137.

§ 2205   Buch 5. Abschnitt 3. Testament

Regelungen des Statuts vor. Die hierzu erforderlichen Erklärungen über die Fortsetzung der Mitgliedschaft kann der Testamentsvollstrecker aber nur abgeben, wenn dadurch keine weiter gehenden Verpflichtungen des Erben entstehen[241].

56   **9. Mischformen.** Für GmbH & Co und „GmbH & Still" gilt das, was für die jeweilige Unternehmensform entwickelt wurde[242].

V. Testamentsvollstreckung und Grundbuch

57   Um einen gutgläubigen Erwerb Dritter (§§ 2211 Abs 2, 892) zu verhindern, schreibt die Verfahrensvorschrift des § 52 GBO vor[243], dass im Grundbuch von Amts wegen ein **Testamentsvollstreckervermerk** einzutragen ist[244], und zwar zugleich mit der Berichtigung des Grundbuchs durch Eintragung der Erben nach Eintritt des Erbfalls[245]. Der Erblasser kann die Eintragung des Testamentsvollstreckervermerks nicht ausschließen; auch der Testamentsvollstrecker kann hierauf nicht verzichten[246]. Nicht im Grundbuch eingetragen werden aber der Name des Testamentsvollstreckers, nähere Angaben über seinen Wirkungskreis und (außer bei § 2222) seine Befugnisse[247].

58   Der Antrag auf **Berichtigung** des Grundbuchs durch Eintragung der Erbfolge als Eigentümer (§§ 13, 22 GBO) ist vom Testamentsvollstrecker zu stellen, wozu das Grundbuchamt nach § 82 GBO anhalten kann. Antragsberechtigt ist hierzu nach hM nur der Testamentsvollstrecker, nicht aber der Erbe[248].

59   In **materiellrechtlicher Hinsicht** verhindert der Vermerk, dass eine unzulässige Verfügung der Erben über §§ 892, 893 zu einem gutgläubigen Erwerb eines Dritten führt. In **grundbuchrechtlicher Hinsicht** sperrt der Testamentsvollstreckervermerk das Grundbuch sogar gegen Eintragungen auf Grund von Verfügungen des Erben, falls nicht die Zustimmung des Testamentsvollstreckers in der Form des § 29 GBO nachgewiesen wird[249].

60   Die **Löschung** des Testamentsvollstreckervermerks[250] erfolgt entweder bei Gegenstandslosigkeit nach § 84 GBO oder auf Antrag. Voraussetzung für die Löschung auf Antrag wegen Unrichtigkeitsnachweises nach § 22 GBO ist etwa, dass die Testamentsvollstreckung beendet ist (bei Amtsniederlegung ist Ersatzberufung zu prüfen) oder dass der Nachlassgegenstand der Verfügungsbefugnis des Testamentsvollstreckers nicht mehr unterliegt, weil er wirksam innerhalb der Verfügungsbefugnis des Testamentsvollstreckers veräußert wurde[251], so auch bei einer Vermächtniserfüllung, wenn diesbezüglich keine sich daran anschließende Testamentsvollstreckung angeordnet ist[252], oder eine zulässige Freigabe nach § 2217 vorliegt[253]. Bei der Prüfung des Nachweises der Unrichtigkeit eines Testamentsvollstreckervermerks ist das Grundbuchamt dabei durch die Erteilung eines die Testamentsvollstreckung ausweisenden Erbscheins oder eines Testamentsvollstreckerzeugnisses nicht gehindert, die Beendigung der Testamentsvollstreckung festzustellen, sondern besitzt gegenüber dem Nachlassgericht eine eigene Prüfungskompetenz[254]. Eine Löschung allein auf Grund der Bewilligung des Testamentsvollstreckers ist nicht möglich[255], uU liegt aber darin eine Freigabe[256].

61   Da durch die Anordnung der Testamentsvollstreckung der Erbe die Verfügungsbefugnis über den Nachlass verliert, welcher der Testamentsvollstreckung unterliegt (§ 2211 Abs 1), muss die für eine Eintragung im Grundbuch nach § 19 GBO erforderliche **Eintragungsbewilligung** allein vom **verfügungsberechtigten Testamentsvollstrecker** abgegeben werden[257].

---

[241] AnwK-BGB/*Weidlich* Rn 75; *D. Mayer* in: Bengel/Reimann HdB V Rn 246; ohne die Einschränkung, dass keine weitergehenden Verpflichtungen entstehen dürfen, MünchKommBGB/*Zimmermann* Rn 54; aA – keinerlei Vertretungsmöglichkeit und den Testamentsvollstrecker – *Staudinger/Reimann* Rn 144; *Winkler*, Der Testamentsvollstrecker, Rn 429 f; *Palandt/Edenhofer* Rn 26; *Soergel/Damrau* Rn 52 a.
[242] *Staudinger/Reimann* Rn 145.
[243] Eingehend Zahn MittRhNotK 2000, 89; vgl auch *Bauer/v. Oefele/Schaub* Erl zu § 52 GBO; *Schöner/Stoeber* Grundbuchrecht Rn 3424 ff; *J. Mayer* in: *Mayer/Bonefeld/Wälzholz/Weidlich* Rn 330 ff; *Schmenger* BWNotZ 2004, 97.
[244] Zur Eintragung bei einer Vermächtnisvollstreckung, wenn der Vermächtnisnehmer nur mit Zustimmung des Testamentsvollstreckers über Grundbesitz verfügen kann, BayObLGZ 1990, 82 = NJW-RR 1990, 844.
[245] Jedoch keine Eintragung des Testamentsvollstreckervermerks ohne die Erbfolge, da der isolierte Vermerk aus sich heraus nicht verständlich wäre, BayObLGZ 1995, 363, 365 = ZEV 1996, 150 m Anm *Schaub*; *Reimann* in: *Bengel/Reimann* HdB II Rn 261; str.
[246] *Winkler*, Der Testamentsvollstrecker, Rn 281; allerdings kann der Nacherbentestamentsvollstrecker auf die Eintragung eines Nacherbenvermerks verzichten, BayObLGZ 1989, 183, 186.
[247] *Winkler*, Der Testamentsvollstrecker, Rn 277.
[248] KGJ 51, 216; OLG München JFG 20, 373; *Staudinger/Reimann* Rn 37; *Soergel/Damrau* Rn 91; *Winkler*, Der Testamentsvollstrecker, Rn 273; aA LG Stuttgart NJW-RR 1998, 665; MünchKommBGB/*Zimmermann* Rn 97.
[249] *Demharter* § 22 GBO Rn 50, 53; MünchKommBGB/*Zimmermann* Rn 97.
[250] Eingehend *J. Mayer* in: *Mayer/Bonefeld/Wälzholz/Weidlich* Rn 331; *Schöner/Stöber* Rn 3473 ff; *Weidlich* MittBayNot 2006, 390; Gutachten DNotI-Report 2001, 21.
[251] BGHZ 56, 275 = NJW 1971, 1805; *Schöner/Stöber* Grundbuchrecht Rn 3474.
[252] LG Aachen Rpfleger 1986, 306 = MittRhNotK 1987, 26; ebenso zur Erbauseinandersetzung OLG Hamm FamRZ 2003, 710 = Rpfleger 2002, 618.
[253] Eingehend *Schöner/Stöber* Grundbuchrecht Rn 3471; *J. Mayer* in: *Mayer/Bonfeld/Wälzholz/Weidlich* Rn 331.
[254] OLG München Rpfleger 2005, 661; dazu *Zimmermann* ZEV 2006, 174.
[255] BayObLGZ 1990, 51, 55 = NJW-RR 1990, 906; *Schöner/Stöber* Grundbuchrecht Rn 3473.
[256] OLG Hamm Rpfleger 1958, 15; MünchKommBGB/*Zimmermann* Rn 88.
[257] *Schöner/Stöber* Grundbuchrecht Rn 101.

Gegenüber dem Grundbuchamt ist der Nachweis der Verfügungsbefugnis durch ein **Testaments-** **62** **vollstreckerzeugnis** (§ 2368) zu führen; das Zeugnis ist in Urschrift oder Ausfertigung vorzulegen. Die Vorlegung des Testamentsvollstreckerzeugnisses wird ersetzt durch die Verweisung auf die das Testamentsvollstreckerzeugnis enthaltenden Nachlassakten des gleichen Amtsgerichts. Der Vorlage eines Testamentsvollstreckerzeugnisses bedarf es dann nicht, wenn der Testamentsvollstrecker in einer öffentlich beurkundeten Verfügung von Todes wegen ernannt wurde; hier genügt gemäß § 35 Abs 2 GBO, wenn eine beglaubigte Abschrift der Verfügung von Todes wegen nebst der Eröffnungsniederschrift vorgelegt und die Amtsannahme nachgewiesen wird[258].

Das Grundbuchamt hat bei allen Verfügungen auf Grund einer Bewilligung des Testamentsvollstre- **63** ckers dessen Verfügungsbefugnis zu prüfen, ansonsten liegt eine Amtspflichtverletzung vor, welche die Eintragung eines Amtswiderspruchs rechtfertigt[259]. Dabei ist insbes § 2205 S 3 zu beachten, wonach der Testamentsvollstrecker zu einer **unentgeltlichen Verfügung** nicht berechtigt ist. Dem Grundbuchamt ist also **nachzuweisen,** dass der Testamentsvollstrecker entweder in Erfüllung einer letztwilligen Verfügung des Erblassers oder wirksamen Verpflichtung handelt[260] oder aber **entgeltlich**[261]. Zur Entgeltlichkeit gehört auch, dass eine vereinbarte Gegenleistung dem Nachlass zufließt[262]. Ein Mittelverwendungsnachweis kann jedoch nicht verlangt werden[263]. Auch brauchen die erforderlichen Nachweise nicht in der Form des § 29 GBO erbracht werden, da dies regelmäßig nicht möglich wäre[264]. Es genügt daher, dass Zweifel an der Pflichtmäßigkeit der Verfügung ausgeräumt werden, in dem der Testamentsvollstrecker den Rechtsgrund und die für seine Verfügung maßgebenden Beweggründe darlegt, wenn dies verständlich und den Realitäten gerecht erscheint und dadurch begründete Zweifel an der Pflichtmäßigkeit der Handlung nicht ersichtlich sind[265]. Damit lässt die Rspr Beweiserleichterungen zu. Das Grundbuchamt muss auf Grund der dargelegten Umstände nur in der Lage sein, nach allgemeinen **Erfahrungssätzen** keinen Zweifel an der Entgeltlichkeit zu haben. Dabei kann es bei einem zweiseitigen Rechtsgeschäft mit einem Dritten bei einer entsprechenden Erklärung des Testamentsvollstreckers über die Entgeltlichkeit von der allgemeinen Lebenserfahrung ausgehen, dass ein Veräußerungsvertrag an einen Nichterben grds voll entgeltlich sein wird[266]. Dabei sind die Erklärungen der Beteiligten grds als wahr zu betrachten, sofern nicht Anhaltspunkte für die Unrichtigkeit bestehen[267].

Bei der Bestellung einer **Fremdgrundschuld** muss der Testamentsvollstrecker dem Grundbuchamt **64** darlegen, ob Anlass hierfür eine Darlehensaufnahme ist und an wen das Darlehen ausgezahlt wird[268]. Bei der Bestellung einer **Eigentümerbriefgrundschuld** entsteht eine Beeinträchtigung des Nachlasses erst mit der Abtretung[269]; die Rechtslage entspricht dann derjenigen bei der Bestellung einer Fremdgrundschuld. Wegen des Schenkungsverbots sind unentgeltliche Zuwendungen des Testamentsvollstreckers nicht zulässig. Die **Ausstattung** (§ 1624) gilt zwar grds nach dem Gesetz nicht als Schenkung, soweit sie die Vermögensverhältnisse des Ausstattungsgebers nicht übersteigt. Sie erfolgt jedoch objektiv unentgeltlich. Daher ist der Testamentsvollstrecker zu ihrer Vornahme nicht berechtigt, wenn nicht eine ausdrückliche wirksame Anordnung des Erblassers hierzu vorliegt[270]. Zu weiteren Einzelfällen vgl die ausführliche Aufstellung von *Schaub* in: *Bengel/Reimann* HdB V Rn 58–107. Stimmen die Erben und Vermächtnisnehmer einer unentgeltlichen Verfügung zu und verleihen dieser dadurch Wirksamkeit, ist dies dem Grundbuchamt in der Form des § 29 GBO nachzuweisen[271].

Da auch **§ 181** die Verfügungsbefugnis des Testamentsvollstreckers beschränkt, ist dies vom Grund- **65** buchamt zu beachten. Der Testamentsvollstrecker muss daher substantiiert vortragen, dass die Verfügung dem Gebot ordnungsgemäßer Verwaltung entspricht; für den Nachweis, der auch hier nicht in der Form des § 29 GBO geführt werden muss, gelten die gleichen Grundsätze wie bei der Unentgeltlichkeit[272].

§ 2206 Eingehung von Verbindlichkeiten

(1) ¹Der Testamentsvollstrecker ist berechtigt, Verbindlichkeiten für den Nachlass einzugehen, soweit die Eingehung zur ordnungsmäßigen Verwaltung erforderlich ist. ²Die Verbind-

---

[258] *Schaub* in: *Bengel/Reimann* HdB V Rn 27.
[259] BayObLG NJW-RR 1989, 587; OLG Zweibrücken Rpfleger 1968, 88; *Riedel* Rpfleger 1966, 175.
[260] BayObLG NJW-RR 1989, 587.
[261] AnwK-BGB/*Weidlich* Rn 28; *Schaub* ZEV 2001, 257, 260; eingehend dazu *Keim* ZEV 2007, 470.
[262] RGZ 125, 242, 245 f.
[263] AnwK-BGB/*Weidlich* Rn 28.
[264] BayObLG NJW-RR 1989, 587; LG Köln MittRhNotK 1989, 172; ausf *Schmenger* BWNotZ 2004, 97, 109.
[265] KGJ 33 A 164, 174; OLG Zweibrücken Rpfleger 1968, 89; BayObLG NJW-RR 1989, 587; *Soergel/Damrau* Rn 95; *Zahn* MittRhNotK 2000, 89, 107 mwN; *Mayer* in: *Mayer/Bonefeld/Wälzholz/Weidlich* Rn 339; *Bauer/v. Oefele/Schaub* § 52 GBO Rn 85 f.
[266] *Winkler,* Der Testamentsvollstrecker, Rn 255; *Schöner/Stöber* Grundbuchrecht Rn 3441; *Schaub* in: *Bengel/Reimann* HdB V Rn 36; *Soergel/Damrau* Rn 96; *Jung* Rpfleger 1999, 204, 207.
[267] RGZ 65, 214, 223 zum Vorerben; vgl auch BGHZ 57, 84, 95 = NJW 1971, 2264.
[268] LG Aachen Rpfleger 1984, 98; *Schöner/Stöber* Grundbuchrecht Rn 3443 f; *Schaub* in: *Bengel/Reimann* HdB V Rn 70.
[269] AnwK-BGB/*Weidlich* Rn 28; *Schöner/Stöber* Grundbuchrecht Rn 3444.
[270] *Schaub* in: *Bengel/Reimann* HdB V Rn 60; *Schöner/Stöber* Grundbuchrecht Rn 3448; *Staudinger/Reimann* Rn 42.
[271] BayObLG DNotZ 1996, 20; MünchKommBGB/*Zimmermann* Rn 100; eingehend zu diesen Fragen *Staudinger/Reimann* Rn 56 f.
[272] MünchKommBGB/*Zimmermann* Rn 101; *Staudinger/Reimann* Rn 73; AnwK-BGB/*Weidlich* Rn 29.

lichkeit zu einer Verfügung über einen Nachlassgegenstand kann der Testamentsvollstrecker für den Nachlass auch dann eingehen, wenn er zu der Verfügung berechtigt ist.

(2) Der Erbe ist verpflichtet, zur Eingehung solcher Verbindlichkeiten seine Einwilligung zu erteilen, unbeschadet des Rechts, die Beschränkung seiner Haftung für die Nachlassverbindlichkeiten geltend zu machen.

Übersicht

	Rn		Rn
I. Normzweck	1	3. Rechtsfolge, Haftung der Erben	8
II. Verpflichtungsbefugnis des Testamentsvollstreckers	3	III. Einwilligung der Erben	11
1. Reine Verpflichtungsgeschäfte	4		
2. Verpflichtung zur Verfügung über einen Nachlassgegenstand	6	IV. Prozessuales	14

I. Normzweck

1 Die Vorschrift ergänzt § 2205 S 1. Während das Gesetz dem Testamentsvollstrecker aber grds eine unbeschränkte Verfügungsbefugnis gibt (§ 2205 Rn 13), begrenzt es die Verpflichtungsbefugnis entspr dem Zweck der Testamentsvollstreckung auf das, was zur ordnungsgemäßen Nachlassverwaltung erforderlich ist (Abs 1 S 1). Der für das Innenverhältnis geltende § 2216 Abs 1 schlägt somit auf das rechtliche Können des Testamentsvollstreckers im Außenverhältnis durch, was als **kausale Beschränkung** der Verpflichtungsbefugnis bezeichnet wird[1].

2 Jedoch macht das Gesetz hiervon **zwei Ausnahmen**:
– Die unbeschränkte Verfügungsbefugnis des § 2205 S 2 gebietet es, dass auch die hierauf gerichteten Verpflichtungen uneingeschränkt wirksam sind (Abs 1 S 2). Denn ohne diese **Deckungsgleichheit von Verpflichtungs- und Verfügungsbefugnis** könnte eine erbrachte Leistung nach § 812 wegen des fehlenden rechtlichen Grundes wieder kondiziert werden, wenn es sich um ordnungsgemäße Nachlassverwaltung handelte.
– Weiter ist bei der komplexen Dauer- und **Verwaltungsvollstreckung** mit regelmäßig zahlreichen Verpflichtungsgeschäften im Zweifel anzunehmen, dass der Testamentsvollstrecker die erweiterte Verpflichtungsbefugnis des § 2207 besitzt (§ 2209 S 2).

II. Verpflichtungsbefugnis des Testamentsvollstreckers

3 Der Tatbestand des § 2206 Abs 1 differenziert an sich nach zwei unterschiedlichen Arten von Verpflichtungen. Dadurch ergeben sich gegenüber dem allgemeinen Vertretungsrecht Besonderheiten (Rn 1). Diese werden jedoch durch die von der Rspr vorgenommene Fortentwicklung der Norm im praktischen Ergebnis wieder weitgehend beseitigt[2].

4 **1. Reine Verpflichtungsgeschäfte.** Zur Eingehung von Verbindlichkeiten, deren Erfüllung keine Verfügung über Nachlassgegenstände erfordert, ist der Testamentsvollstrecker grds nur befugt, wenn dies zur **ordnungsgemäßen Nachlassverwaltung** erforderlich ist (Abs 1 S 1) oder eine erweiterte Verpflichtungsbefugnis nach §§ 2207, 2209 S 2 vorliegt. Zu dieser Art von Rechtsgeschäften gehören Miet-, Dienst- und Darlehensverträge[3], die Eingehung von Wechselverbindlichkeiten für den Nachlass[4], Schuldanerkenntnisse, das Ausbieten einer Nachlasshypothek[5] sowie die Führung eines Prozesses mit dem Abschluss von Vergleichen und Anerkenntnissen[6], wegen § 2213 Abs 1 S 3 aber nicht die Anerkennung streitiger Pflichtteilsforderungen[7]; eingehend zu dieser Problematik § 2213 Rn 8. **Gesellschaftsverträge** kann der Testamentsvollstrecker nur dann für den Nachlass abschießen, wenn dadurch ausschließlich der Nachlass und nicht das Eigenvermögen der Erben verpflichtet wird[8].

5 Nach dem Wortlaut des § 2206 Abs 1 S 1 ist allein das **objektive Vorliegen** einer ordnungsgemäßen Nachlassverwaltung dafür entscheidend, ob eine Verbindlichkeit für den Nachlass wirksam eingegangen wird. Aus Gründen des Verkehrsschutzes genügt es aber für das Entstehen einer wirksamen Nachlassverbindlichkeit bereits, wenn der Geschäftspartner bei Vertragsabschluss **angenommen hat und ohne Fahrlässigkeit annehmen konnte,** dass die Eingehung der Verbindlichkeiten zur ordnungsgemäßen Nachlassverwaltung erforderlich sei, auch wenn dies objektiv nicht der Fall

---

[1] MünchKommBGB/*Zimmermann* Rn 1; AnwK-BGB/*Weidlich* Rn 1.
[2] Zutr *Soergel/Damrau* Rn 1.
[3] AnwK-BGB/*Weidlich* Rn 2.
[4] RGZ 60, 30, 32.
[5] KG JW 1932, 1398.
[6] *Lange/Kuchinke* § 31 VI 3 e.
[7] BGH 51, 125 = NJW 1969, 424; zust MünchKommBGB/*Zimmermann* Rn 3; Erman/M. *Schmidt* Rn 1; abl *Lange/Kuchinke* § 31 VI 3 e Fn 375.
[8] *Staudinger/Reimann* Rn 4.

Eingehung von Verbindlichkeiten § 2206

war[9]. Dabei schadet allerdings bereits leichte Fahrlässigkeit. Jedoch wird teilweise eine Prüfungspflicht des Vertragsgegners verneint[10], was dann zu weit geht, wenn sich auf Grund konkreter Anhaltspunkte Verdachtsmomente für die Ordnungswidrigkeit der Maßnahme ergeben, weil der Dritte dann nicht schutzbedürftig ist[11]. Konnte der Dritte erkennen, dass der Testamentsvollstrecker seine Befugnisse überschreitet, so kann er keine Rechte gegen den Nachlass herleiten. Eine persönliche Haftung des Testamentsvollstreckers nach § 179, die überwiegend angenommen wird[12], scheitert hier an § 179 Abs 3, denn die Erkennbarkeit der Ordnungswidrigkeit bedingt zugleich die der fehlenden Verpflichtungsmacht[13].

2. Verpflichtung zur Verfügung über einen Nachlassgegenstand. Hier entspricht nach Abs 1 S 2 die **Verpflichtungsbefugnis der Verfügungsbefugnis** des § 2205 S 2. Die Verpflichtungsbefugnis ist also nur durch das Schenkungsverbot des § 2205 S 3 und etwaige Anordnungen des Erblassers (§ 2208) beschränkt. Zu den unter Abs 1 S 2 fallenden Rechtsgeschäften gehören etwa Veräußerung oder Belastung eines Grundstücks, nicht aber eine Kreditaufnahme, die durch ein Grundpfandrecht abgesichert wird, da das Sicherungsgeschäft von der rein schuldrechtlichen Darlehensaufnahme zu trennen ist[14]. Für die Wirksamkeit der Verpflichtung nach außen kommt es hier zunächst nicht darauf an, ob deren Eingehung zur ordnungsgemäßen Verwaltung des Nachlasses erforderlich war; dies kann allenfalls Schadensersatzansprüche der Nachlassberechtigten gegen den Testamentsvollstrecker auslösen (§ 2219)[15]. Jedoch wird hier zum Schutze des Nachlasses der im allgemeinen Vertretungsrecht entwickelte Rechtsgedanke der **rechtsmissbräuchlichen Ausübung der Vertretungsmacht** angewandt: Kannte der Dritte die rechtsmissbräuchliche Ausübung der Befugnisse des Vertreters oder musste er diese zumindest kennen, so kann er keine Rechte gegen den Nachlass geltend machen;[16] auch die diesbezügliche Verfügung ist unwirksam[17]. Der Dritte kann allenfalls den Testamentsvollstrecker nach § 179 persönlich in Anspruch nehmen[18]. Dabei ist auch hier zu beachten, dass den Vertragspartner im Allgemeinen **keine** besondere **Prüfungspflicht** trifft, ob und inwieweit der Vertreter im Innenverhältnis gebunden ist, von einer nach außen unbeschränkten Vertretungsmacht nur beschränkten Gebrauch zu machen. Nur dann, wenn der Bevollmächtigte in ersichtlich verdächtiger Weise von seiner Vertretungsmacht Gebrauch macht, kann der Einwand der Arglist (oder der unzulässigen Rechtsausübung) begründet sein[19]. In Ausnahmefällen kommt auch eine Nichtigkeit des Vertrags nach § 138 Abs 1 in Betracht, wenn der Testamentsvollstrecker und der Dritte bewusst zum Nachteil des Nachlasses zusammengewirkt haben **(Kollusion)**; hierzu bedarf es aber eines Treuebruchs durch den Testamentsvollstrecker und einer bewussten Ausnutzung desselben durch den Vertragspartner selbst[20].

Nicht geschützt wird aber der **gute Glaube** des Vertragspartners an das **Bestehen der Verfügungsbefugnis**, die Grundlage für die Verpflichtungsmacht ist[21]. Soweit sich die Beschränkung der allgemeinen Verfügungsbefugnis des Testamentsvollstreckers aus Anordnungen nach § 2208 ergibt, wird der Dritte idR durch § 2368 geschützt, weil derartige Beschränkungen in das Testamentsvollstreckerzeugnis eingetragen werden müssen[22] und ein solches meist vorgelegt werden sollte. Problematischer ist ein Verstoß gegen das Schenkungsverbot des § 2205 S 3, denn hier kommt es nach hM nicht darauf an, dass der Dritte die Unentgeltlichkeit erkennen konnte (vgl § 2205 Rn 22)[23]. Und die Rspr nimmt schon bei der kleinsten Divergenz von Leistung und Gegenleistung eine Unentgeltlichkeit an[24].

3. Rechtsfolge, Haftung der Erben. Soweit der Testamentsvollstrecker im Rahmen seiner Verpflichtungsbefugnis und unter Offenlegung seiner Amtseigenschaft (§ 164 Abs 2) handelt, entsteht für die Erben eine **Nachlassverbindlichkeit** (§ 1967), und zwar eine Nachlassverwaltungsschuld. Sie haften dafür nach den allgemeinen Grundsätzen mit der Möglichkeit der erbrechtlichen Haftungsbeschränkung, wie Abs 2 nochmals betont[25]. Im Nachlassinsolvenzverfahren handelt es sich um Masse-

6

7

8

---

[9] RGZ 83, 348, 353; 130, 131, 134; BGH NJW 1983, 40, 41 = JuS 1983, 309 m Anm *Hohloch*; AnwK-BGB/*Weidlich* Rn 3; *Staudinger/Reimann* Rn 11; *Lange/Kuchinke* § 31 VI 3 c; *Soergel/Damrau* Rn 3.
[10] *Soergel/Damrau* Rn 3; *Lange/Kuchinke* § 31 VI 3 c.
[11] AnwK-BGB/*Weidlich* Rn 3; *Staudinger/Reimann* Rn 11; MünchKommBGB/*Zimmermann* Rn 7.
[12] So etwa *Palandt/Edenhofer* Rn 1; *Staudinger/Reimann* Rn 12.
[13] *Lange/Kuchinke* § 31 VI 3 c; MünchKommBGB/*Zimmermann* Rn 8; *Muscheler* Haftungsordnung S 190.
[14] AnwK-BGB/*Weidlich* Rn 10; MünchKommBGB/*Zimmermann* Rn 4; *Staudinger/Reimann* Rn 7; aA wegen des wirtschaftlichen Zusammenhangs KGJ 27, 192; *Soergel/Damrau* Rn 2; *Zimmermann* Testamentsvollstreckung Rn 394.
[15] BGH NJW-RR 1989, 642.
[16] RGZ 75, 299, 301; 83, 348, 353; 130, 131, 134; BGH NJW 1983, 40; NJW-RR 1989, 642 f; AnwK-BGB/*Weidlich* Rn 11; *Lange/Kuchinke* § 31 VI 3 c; *Winkler*, Der Testamentsvollstrecker, Rn 193; MünchKommBGB/*Zimmermann* Rn 5.
[17] MünchKommBGB/*Zimmermann* Rn 5; *Lange/Kuchinke* § 31 VI 3 c.
[18] So die gängige Formulierung, vgl etwa *Haegele/Winkler*, Der Testamentsvollstrecker, Rn 193; einschränkend zur Haftung nach § 179 zu Recht *Muscheler* Haftungsordnung S 190 f.
[19] BGH NJW-RR 1989, 642.
[20] BGH NJW-RR 1989, 642 f.
[21] *Staudinger/Reimann* Rn 12; MünchKommBGB/*Zimmermann* Rn 5.
[22] *Palandt/Edenhofer* § 2368 Rn 2.
[23] RGZ 105, 250; BGH NJW 1963, 1614; KG OLGZ 1992, 139; MünchKommBGB/*Zimmermann* § 2205 Rn 72; anders aber bei § 2206, jedoch ohne Auseinandersetzung mit der hM, *Staudinger/Reimann* Rn 9.
[24] Vgl etwa MünchKommBGB/*Zimmermann* § 2205 Rn 77 mwN; krit hiergegen *Muscheler* Haftungsordnung S 191.
[25] AnwK-BGB/*Weidlich* Rn 5.

§ 2206

schulden (§ 324 Abs 1 Nr 5 InsO)[26]. Für die Haftung mit dem gesamten Nachlass ist es unerheblich, ob im Einzelfall die Testamentsvollstreckung nur auf bestimmte **Nachlassgegenstände beschränkt** ist[27], allerdings kann der Anspruch dann wegen § 2213 Abs 1 S 2 nur gegen den Erben geltend gemacht werden. Zu beachten ist die Rspr des BFH für **Steuerschulden,** die auf Steuertatbeständen beruhen, die erst nach dem Erbfall verwirklicht werden. Hier liegt eine gegenüber dem allgemeinen Zivilrecht abweichende steuerliche Beurteilung vor. Erzielt der Erbe in seiner Person Einkünfte, so richten sich die einkommensteuerrechtlichen Ansprüche, auch soweit sie aus Erträgen des Nachlassvermögens resultieren, gegen die Erben und nicht gegen den Nachlass, der selbst kein Einkommensteuer- oder Körperschaftsteuersubjekt ist. Der Erbe kann sich daher abweichend von den zivilrechtlichen Vorstellungen nicht auf die erbrechtliche Haftungsbeschränkung berufen, mag der die Einkünfteerzielung begründende Tatbestand auch durch das Verhalten eines Nachlassverwalters verwirklicht worden sein[28].

9 Liegt eine **Erbteilsvollstreckung** vor, so gelten jedoch Besonderheiten, weil die allgemeine Verpflichtungsbefugnis des Testamentsvollstreckers durch die Kompetenzordnung des § 2038 überlagert wird[29]. Vor der **Teilung** des Nachlasses sind daher die sich aus der Erbengemeinschaft ergebenden Beschränkungen zu berücksichtigen. Eine gemeinschaftliche Nachlassverbindlichkeit, für die sämtliche Erben als Gesamtschuldner haften (§ 2058), entsteht daher nur, wenn der Erbteilsvollstrecker die Verbindlichkeiten entweder zusammen mit den übrigen Erben oder bei §§ 2038 Abs 2, 745 Abs 1 zusammen mit der Mehrheit der Erben begründet oder er allein bei Vorliegen der Voraussetzungen des Notgeschäftsführungsrechts nach § 2038 Abs 1 S 2 HS 2 handelt und die Eingehung der Verbindlichkeit ordnungsgemäßer Nachlassverwaltung entspricht. Die von der Testamentsvollstreckung freien Erben haften dabei unbeschränkbar und persönlich, wenn sie entweder selbst handelten oder dem Testamentsvollstrecker entsprechende Vollmacht erteilt haben; es handelt sich um echte **Nachlasserbenschulden.** Demgegenüber liegen bei dem Miterben, für den der Erbteilsvollstrecker nach § 2038 oder aufgrund seiner Testamentsvollstreckereigenschaft handelt, **Nachlassverwaltungsschulden** vor, so dass die erbrechtliche Haftungsbeschränkung möglich ist[30]. Nach der **Nachlassteilung** kommt es darauf an, ob sich das Verwaltungsrecht des Testamentsvollstreckers auf das dem Miterben im Rahmen der Auseinandersetzung zugeteilte Ersatzobjekt erstreckt (§ 2208 Rn 10). In diesem Fall hat der Testamentsvollstrecker hinsichtlich dieses Erben die Regelbefugnisse. Er kann also nach den §§ 2206, 2207, die analog anzuwenden sind, entsprechende Nachlassverbindlichkeiten eingehen, die aber nicht den gesamten Nachlass betreffen[31], sondern nur den Miterben, für den der Vollstrecker noch seine Verwaltungsrechte ausübt. Für den betroffenen Miterben handelt es sich dann um Nachlassverwaltungsschulden, für die er seine Haftung nach den allgemeinen Bestimmungen immer noch beschränken kann[32].

10 Werden die Grenzen der Verpflichtungsbefugnis (Rn 4 ff) vom Testamentsvollstrecker nicht beachtet, so entsteht eine Nachlassverbindlichkeit nur, wenn das Rechtsgeschäft wirksam nach § 184 **genehmigt** wird. Wird das Verpflichtungsgeschäft zur Annahme des Testamentsvollstreckeramtes oder durch den vermeintlichen Testamentsvollstrecker abgeschlossen, so kann eine wirksame, den Nachlass verpflichtende Genehmigung nur vom verwaltungsberechtigten Testamentsvollstrecker erteilt werden; in den anderen Fällen geschieht dies durch den Erben[33]. Der **Testamentsvollstrecker** haftet für die im Rahmen seiner Befugnisse eingegangenen Verbindlichkeiten **nicht persönlich,** wenn er erkennbar für den Nachlass auftritt[34]. Das gegen den Testamentsvollstrecker ergehende Urteil bedarf aber nicht des **Vorbehalts** der **beschränkten Erbenhaftung** (§ 780 Abs 2), da der Testamentsvollstrecker stets nur mit Wirkung auf den Nachlass verurteilt werden kann[35]. Jedoch kommt es für das Vorliegen von Willensmängeln, der Gutgläubigkeit und der Kenntnis oder Nichtkenntnis von Umständen allein auf die Person des Testamentsvollstreckers an, da er der Vertragspartner ist[36]. Für ein Verschulden des Testamentsvollstreckers bei Erfüllung der Nachlassverbindlichkeit haftet der Erbe nach § 278, ebenso für ein Verschulden bei Vertragsverhandlungen (§§ 280 Abs 1, 311 Abs 2 Nr 1 nF, culpa in contrahendo)[37]. Eine eigene Haftung des Testamentsvollstreckers für culpa in contrahendo besteht nur, soweit er bei den Verhandlungen besonderes persönliches Vertrauen in Anspruch genommen hat

---

[26] AnwK-BGB/*Weidlich* Rn 5; KK-Erbrecht/*Rott* Rn 12; MünchKommBGB/*Zimmermann* Rn 14; krit dagegen *Muscheler* Haftungsordnung S 140 ff.
[27] AnwK-BGB/*Weidlich* Rn 6; *Soergel*/*Damrau* Rn 6; *Staudinger*/*Reimann* § 2208 Rn 10; *Muscheler* Haftungsordnung S 251 f; aA noch *Leonhard* Erbrecht Anm II A.
[28] Vgl dazu BFH BStBl II 1992, 781 = NJW 1993, 350 zum Nachlassverwalter, jedoch dürfte diese Rspr auf den Testamentsvollstrecker übertragbar sein, vgl dazu – wenn iE zu Recht krit AnwK-BGB/*Weidlich* Rn 7; *Staudinger*/*Marotzke* § 1967 Rn 36.
[29] *Muscheler* AcP 195 (1995), 35, 60 f; *Soergel*/*Damrau* Rn 6.
[30] Eingehend zu diesen Fragen *Muscheler* AcP 195 (1995), 35 ff; *J. Mayer* in: *Mayer*/*Bonefeld*/*Wälzholz*/*Weidlich* Rn 320.
[31] AA *Muscheler* AcP 195 (1995), 35, 48, wonach hier immer noch „gemeinschaftliche Nachlassverbindlichkeiten" entstehen; ebenso wohl AnwK-BGB/*Weidlich* Rn 6.
[32] Insoweit gilt 2206 zumindest analog, vgl *Klumpp* in: *Bengel*/*Reimann* HdB III Rn 48; *Staudinger*/*Reimann* § 2208 Rn 12; anders *Soergel*/*Damrau* Rn 6 entsprechende Haftungsbeschränkung nur, wenn der Testamentsvollstrecker bei Eingehung der Verbindlichkeiten seine beschränkte Verwaltungsbefugnis offen gelegt hat.
[33] AnwK-BGB/*Weidlich* Rn 9; *Staudinger*/*Reimann* Rn 20 ff; eingehend dazu *Müller* JZ 1981, 370.
[34] RGZ 80, 418; AnwK-BGB/*Weidlich* Rn 5; *Staudinger*/*Reimann* Rn 17.
[35] *Soergel*/*Damrau* Rn 4; MünchKommBGB/*Zimmermann* Rn 14; *Staudinger*/*Reimann* Rn 17.
[36] *Staudinger*/*Reimann* Rn 18; MünchKommBGB/*Zimmermann* Rn 15.
[37] AnwK-BGB/*Weidlich* Rn 8; MünchKommBGB/*Zimmermann* Rn 15.

Erweiterte Verpflichtungsbefugnis § 2207

(§ 311 Abs 3 nF)[38]. Wird das Handeln für den Nachlass nicht hinreichend erkennbar, so liegt ein Eigengeschäft vor, das den Testamentsvollstrecker persönlich verpflichtet[39].

III. Einwilligung der Erben

Abs 2 **bezweckt,** Klarheit darüber zu schaffen, ob eine wirksame Nachlassverbindlichkeit begründet wurde, was im Fall von Abs 1 S 1 besonders problematisch sein kann, aber auch bei anderen Verpflichtungen, wenn eine Verfügungsbeschränkung nach § 2208 anzunehmen ist. Dadurch kann der Testamentsvollstrecker zugleich auch sein Haftungsrisiko (§ 2219) minimieren. Die Verpflichtung des Erben besteht nur gegenüber dem Testamentsvollstrecker, nicht aber gegenüber dem Vertragspartner[40]. Zur Einwilligung verpflichtet sind nur der Erbe und der Vorerbe, nicht aber die Nacherben[41]. 11

Der **Anspruch auf Einwilligung** besteht nur, wenn die Eingehung der Verbindlichkeit zur ordnungsgemäßen Nachlassverwaltung erforderlich ist. Dies gilt auch dann, wenn es sich um Verpflichtungsgeschäfte iS von Abs 1 S 2 handelt; denn hier hängt zwar das Bestehen der Verpflichtungsbefugnis nicht von der Ordnungsmäßigkeit der Maßnahme ab, jedoch kann dem Erben nicht zugemutet werden, in ein ordnungswidriges Rechtsgeschäft einzuwilligen und dadurch den Testamentsvollstrecker noch zu entlasten[42]. 12

Die **Wirkung der Einwilligung** besteht primär darin, dass sie den Testamentsvollstrecker von einer Haftung nach § 2219 entlastet. Die Möglichkeit der erbrechtlichen Haftungsbeschränkung verliert der Erbe dadurch nicht (Abs 2 HS 2). Daneben lässt die Einwilligung das Verpflichtungsgeschäft gegenüber dem Geschäftspartner auch dann wirksam werden, wenn hierfür zunächst keine Verpflichtungsbefugnis bestand. Dies gilt auch dann, wenn der Testamentsvollstrecker offenkundig über seine Verpflichtungsbefugnis hinausgegangen ist, etwa ein unzulässiges Schenkungsversprechen abgab[43]. Denn die Einschränkung der Verpflichtungsbefugnis erfolgt allein im **Interesse der Erben** und gehört nicht zu den institutionellen Schranken der Testamentsvollstreckung; auf diesen Schutz können daher die Erben verzichten[44]. 13

IV. Prozessuales

Im Streitfall ist der Vertragspartner sowohl im Rahmen des Abs 1 S 1 (Rn 5) wie auch in den Fällen des Missbrauchs des Vollstreckeramtes (Rn 6) **beweispflichtig** dafür, dass er ohne Fahrlässigkeit von der Ordnungsmäßigkeit des Handelns des Testamentsvollstreckers ausgehen konnte[45]. Dies gilt auch für den Einwand der unzulässigen Rechtsausübung in diesem Zusammenhang[46]. Der Anspruch auf Einwilligung nach Abs 2 kann vom Testamentsvollstrecker mittels Leistungsklage geltend gemacht werden[47]. Der **Erbe** kann bei Vorliegen der allgemeinen Voraussetzungen des § 256 ZPO bereits während noch andauernder Testamentsvollstreckung gegen den Testamentsvollstrecker oder Geschäftsgegner eine **Klage auf Feststellung** der Unwirksamkeit der Verpflichtung erheben[48]. Auch eine Klage des Erben gegen den Testamentsvollstrecker auf Unterlassung des Rechtsgeschäfts ist möglich[49]. 14

§ 2207 Erweiterte Verpflichtungsbefugnis

¹**Der Erblasser kann anordnen, dass der Testamentsvollstrecker in der Eingehung von Verbindlichkeiten für den Nachlass nicht beschränkt sein soll.** ²**Der Testamentsvollstrecker ist auch in einem solchen Falle zu einem Schenkungsversprechen nur nach Maßgabe des § 2205 Satz 3 berechtigt.**

I. Normzweck

Als Ausnahme zu § 2206 Abs 1 ermöglicht § 2207 eine **Erweiterung der Verpflichtungsbefugnis** des Testamentsvollstreckers im **Interesse des Vertragspartners,** der einen wirksamen Anspruch auch dann erhält, wenn dies nicht einer ordnungsgemäßen Nachlassverwaltung entspricht. Dadurch wird die 1

---

[38] MünchKommBGB/*Zimmermann* Rn 15; weitergehend *Muscheler* Haftungsordnung S 199 ff, der eine grundsätzliche Eigenhaftung des Testamentsvollstreckers aus einem institutionalisierten, rollengebundenen Vertrauen herleitet.
[39] AnwK-BGB/*Weidlich* Rn 5; Soergel/*Damrau* Rn 4.
[40] *Staudinger/Reimann* Rn 13.
[41] OLG Neustadt NJW 1956, 1881.
[42] MünchKommBGB/*Zimmermann* Rn 11; Staudinger/*Reimann* Rn 15; Palandt/*Edenhofer* Rn 3.
[43] Für diesen Fall wird ein Wirksamwerden teilweise verneint: RGZ 74, 217, 219; *Staudinger/Reimann* Rn 16; Erman/M. *Schmidt* Rn 3; nach *v. Lübtow* II 956 kann der Erbe erst nach Beendigung der Testamentsvollstreckung durch Verzicht auf die Geltendmachung der Unwirksamkeit die Heilung herbeiführen.
[44] *Lange/Kuchinke* § 31 IV 3 f; MünchKommBGB/*Zimmermann* Rn 11; *Muscheler* Haftungsordnung S 194; einschränkend *Klaus Müller* JZ 1981, 371, 379: keine Heilung bei eindeutig aus dem Rahmen fallenden Geschäften.
[45] *Staudinger/Reimann* Rn 12; Palandt/*Edenhofer* Rn 1; für die Beweispflicht des Erben *Muscheler* Haftungsordnung S 190.
[46] BGHR BGB § 2206 Abs 1 S 2 Beweislast 1.
[47] AnwK-BGB/*Weidlich* Rn 16.
[48] *Damrau/Bonefeld* Rn 9; MünchKommBGB/*Zimmermann* Rn 11; KK-Erbrecht/*Rott* Rn 11.
[49] MünchKommBGB/*Zimmermann* Rn 11; Soergel/*Damrau* Rn 5.

Bereitschaft des Rechtsverkehrs erhöht, mit einem Testamentsvollstrecker zu kontrahieren, was letztlich wieder für den verwalteten Nachlass nützlich sein kann[1].

II. Begründung, Grenzen

2   Die Anordnung der erweiterten Verpflichtungsbefugnis erfolgt durch Verfügung von Todes wegen des Erblassers, in der dies ausdrücklich oder aber sinngemäß durch die Art der vom Testamentsvollstrecker durchzuführenden Aufgaben bestimmt wird[2]. Besteht eine **Verwaltungsvollstreckung**, so ist die Erweiterung der Verpflichtungsbefugnis auf Grund der Auslegungsregel des § 2209 S 2 im Zweifel anzunehmen. Ist vom Testamentsvollstrecker ein **Verschaffungsvermächtnis** (§§ 2169, 2170) zu erfüllen, so soll in der Anordnung des Vermächtnisses regelmäßig eine Ermächtigung nach § 2207 liegen, damit der Testamentsvollstrecker alle zur Beschaffung des Vermächtnisobjekts erforderlichen Maßnahmen ergreifen kann[3].

3   **Grenzen** der Verpflichtungsermächtigung stellen Schenkungsversprechen dar, die über eine Pflicht- oder Anstandsschenkung hinausgehen (§§ 2207 S 2, 2205 S 3), und zu denen auch nach § 2207 nicht ermächtigt werden kann. Auch kann der Erblasser den Testamentsvollstrecker nicht ermächtigen, den Erben mit seinem **Privatvermögen** unbeschränkbar zu verpflichten, also ihm die erbrechtliche Haftungsbeschränkung auf den Nachlass zu nehmen[4]. Daneben begrenzen die Grundsätze des **Missbrauchs der Verpflichtungsbefugnis** (§ 2206 Rn 6) die Wirkungen einer Anordnung nach § 2207, da auch hier der Vertragspartner bei erkennbarem Ermächtigungsmissbrauch nicht schützenswert ist[5]. Jedoch wird es hier idR an der Evidenz der Erkennbarkeit der Überschreitung der internen Befugnisse des Testamentsvollstreckers fehlen; insbes kommt hier eine **Prüfungspflicht** kaum in Betracht[6].

III. Rechtsfolgen

4   Die erweiterte Verpflichtungsbefugnis wirkt nur im **Außenverhältnis** des Testamentsvollstreckers zu seinem Vertragspartner, weil damit eine wirksame Verpflichtung begründet wird, auch wenn diese keine ordnungsgemäße Nachlassverwaltung darstellt. Mit dem Einwand der ordnungswidrigen Verpflichtung gegenüber Dritten sind sowohl Erbe wie auch Testamentsvollstrecker abgeschnitten. Als für den Rechtsverkehr wesentliche Veränderung der Befugnisse des Testamentsvollstreckers ist die erweiterte Verpflichtungsbefugnis in das **Testamentsvollstreckerzeugnis** aufzunehmen (§ 2368 Abs 1 S 2)[7].

5   Für das **Innenverhältnis** zum Erben bleibt es jedoch nach wie vor dabei, dass der Testamentsvollstrecker zur ordnungsgemäßen Verwaltung des Nachlasses gemäß § 2216 verpflichtet ist, was bei Nichtbeachtung zu einer Schadensersatzpflicht nach § 2219 und Entlassung (§ 2227) führen kann[8]; von diesen Pflichten kann auch der Erblasser nicht befreien (§ 2220).

6   Da das Innenverhältnis nicht berührt wird, hat der Testamentsvollstrecker auch hier einen Anspruch auf die **Einwilligung der Erben** nach § 2206 Abs 2, aber auch wie dort nur, wenn die Eingehung der Verbindlichkeit zur ordnungsgemäßen Nachlassverwaltung erforderlich war[9].

§ 2208 Beschränkung der Rechte des Testamentsvollstreckers, Ausführung durch den Erben

(1) ¹Der Testamentsvollstrecker hat die in den §§ 2203 bis 2206 bestimmten Rechte nicht, soweit anzunehmen ist, dass sie ihm nach dem Willen des Erblassers nicht zustehen sollen. ²Unterliegen der Verwaltung des Testamentsvollstreckers nur einzelne Nachlassgegenstände, so stehen ihm die in § 2205 Satz 2 bestimmten Befugnisse nur in Ansehung dieser Gegenstände zu.

(2) Hat der Testamentsvollstrecker Verfügungen des Erblassers nicht selbst zur Ausführung zu bringen, so kann er die Ausführung von dem Erben verlangen, sofern nicht ein anderer Wille des Erblassers anzunehmen ist.

---

[1] *Soergel/Damrau* Rn 1.
[2] *Erman/M. Schmidt* Rn 1.
[3] RGZ 85, 1, 7; AnwK-BGB/*Weidlich* Rn 6; richtigerweise greift bereits § 2206 Abs 1 S 1 ein, da es sich um eine Maßnahme der ordnungsgemäßen Nachlassverwaltung handelt, MünchKommBGB/*Zimmermann* Rn 4.
[4] BGHZ 12, 100, 103 = NJW 1954, 636; AnwK-BGB/*Weidlich* Rn 3.
[5] MünchKommBGB/*Zimmermann* Rn 3; AnwK-BGB/*Weidlich* Rn 3 und *Soergel/Damrau* Rn 2 wollen den Drittschutz hier sogar nur dann versagen, wenn der Vertragspartner die Überschreitung der internen Befugnisse erkannte oder grob fahrlässig nicht kannte, jedoch lässt sich eine solche Privilegierung gegenüber § 2206 dem Gesetzeswortlaut nicht entnehmen.
[6] MünchKommBGB/*Zimmermann* Rn 3; daher räumt AnwK-BGB/*Weidlich* Rn 3 Fn 2 zu Recht ein, dass die Streitfrage, ob bereits einfache Fahrlässigkeit des Vertragsgegners zur Unwirksamkeit des Rechtsgeschäfts führt, kaum praktische Bedeutung hat.
[7] AnwK-BGB/*Weidlich* Rn 6; *Staudinger/Reimann* Rn 2.
[8] AnwK-BGB/*Weidlich* Rn 2; MünchKommBGB/*Zimmermann* Rn 2; *Damrau/Bonefeld* Rn 2.
[9] MünchKommBGB/*Zimmermann* Rn 7; *Soergel/Damrau* Rn 2; *Staudinger/Reimann* Rn 5 ff; ohne die Differenzierung nach der Ordnungsmäßigkeit *Lange/Kuchinke* § 31 VI 3 g Fn 282; gegen den Einwilligungsanspruch *Planck/Flad* Anm 3.

Beschränkung der Rechte des Testamentsvollstreckers, Ausführung durch den Erben § 2208

Übersicht

	Rn		Rn
I. Normzweck	1	c) Erbteilsvollstreckung	10
		d) Zeitliche Beschränkung	11
II. Beschränkung der Rechte des Testamentsvollstreckers	2	e) Wirkungen der Beschränkung	12
1. Maßgeblichkeit des Erblasserwillens	2	III. Beaufsichtigende Testamentsvollstreckung	15
2. Arten der Beschränkungen	4		
a) Inhaltliche Beschränkungen	5	IV. Erweiterung der Rechte des Testamentsvollstreckers	17
b) Gegenständliche Beschränkungen	8		

I. Normzweck

Eröffnet der Wille des Erblassers überhaupt erst die Handlungsmacht des Testamentsvollstreckers, so 1 bestimmt er auch dessen Befugnisse im Detail. Daher ermöglicht § 2208 die **Einschränkung der gesetzlichen Regelbefugnisse** der §§ 2203 bis 2206. Denn die Vielzahl der Aufgaben, zu deren Erfüllung eine Testamentsvollstreckung angeordnet werden kann, sowie das Spannungsfeld, das zwischen dem Erfordernis einer optimalen Aufgabenerfüllung mit umfangreichen Befugnissen des Testamentsvollstreckers einerseits und der Gefahr einer Übermacht des Testamentsvollstreckers andererseits besteht, erfordern dies Damit kann der Erblasser eine „**Testamentsvollstreckung nach Maß**" entspr seinen individuellen Bedürfnissen schaffen: vom Generalvollstrecker bis hin zum Spezialvollstrecker mit ganz geringen Befugnissen. Zudem ist das auch ein Mittel zur Kontrolle des Testamentsvollstreckers[1].

II. Beschränkung der Rechte des Testamentsvollstreckers

1. Maßgeblichkeit des Erblasserwillens. Maßgeblich dafür, in welchem Umfang die gesetzlichen 2 Regelbefugnisse des Testamentsvollstreckers beschränkt werden, ist der erklärte Wille des Erblassers (Abs 1 S 1). Er muss entweder in einer Verfügung von Todes wegen ausdrücklich geäußert worden sein. Ein solcher Beschränkungswille kann sich aber auch durch Auslegung, und zwar auch aus einer ergänzenden, ergeben, wenn er aus dem mutmaßlichen Erblasserwillen und dem Sinnzusammenhang der letztwilligen Verfügung und vor allem den mit der Testamentsvollstreckung verfolgten Regelungszielen des Erblassers **erkennbar** zum Ausdruck kommt[2]. Hier sind insbes unverbindliche Wünsche von bindenden Anordnungen genau abzugrenzen. Im Rahmen der Auslegung können auch außerhalb der Verfügung von Todes wegen gemachte Äußerungen des Erblassers oder sonstige Umstände herangezogen werden, wenn nur die Erfordernisse der **Andeutungstheorie** beachtet werden[3]. Dabei ist jedoch zu beachten, dass nach dem gesetzlichen Grundmodell der Testamentsvollstrecker zumindest im Rahmen der Abwicklungsvollstreckung sehr weitreichende Befugnisse hat und demnach § 2208 eine **Ausnahmevorschrift** ist. Daher ist auch im Interesse des Verkehrsschutzes Zurückhaltung mit der Annahme von dinglich wirkenden Beschränkungen der Verfügungsmacht geboten[4]; zur Abgrenzung bei der ähnlichen Problematik der Verwaltungsanordnung s § 2216 Rn 26 f. Sie sollten nur dort angenommen werden, wo sie zur Erreichung der testamentarischen Regelungsziele unbedingt erforderlich sind. Deshalb gehen Zweifel am Beschränkungswillen des Erblassers zu Lasten desjenigen, der sich auf eine solche Beschränkung beruft[5].

Eine **Beschränkung der Befugnisse** ist etwa anzunehmen, wenn bei der Verfügung über einen 3 Nachlassgegenstand erhebliche Interessenkonflikte entstehen können[6]. Die unwirksame Anordnung des Erblassers, dass der Testamentsvollstrecker der umfassenden Kontrolle des Nachlassgerichts unterstehen soll, kann dahingehend ausgelegt werden, dass eine Beschränkung der Verfügungsmacht nach Abs 1 S 1 gewollt war[7]. Wegen des gebotenen Verkehrsschutzes (Rn 2) bedeutet die Anordnung einer befreiten Vorerbschaft noch nicht stets und notwendig die Beschränkung der Handlungsmacht des für den Vorerben bestellten Testamentsvollstreckers[8]. Gleiches gilt, wenn der Testamentsvollstrecker dem Vorerben bei Eintritt bestimmter Voraussetzungen den Nachlass herausgeben soll[9] oder bei der Zuwendung eines Nießbrauchs am Nachlass[10]. Bei **Teilungsanordnungen** und anderen zunächst auf die Auseinandersetzung des Nachlasses gerichteten Verfügungen sollte ohne ausdrückliche Bestimmung idR keine dingliche Verfügungsbeschränkung angenommen werden[11].

---

[1] Staudinger/Reimann Rn 1; Reimann in: Bengel/Reimann HdB II Rn 106.
[2] AnwK-BGB/Weidlich Rn 4; Damrau/Bonefeld Rn 1; MünchKommBGB/Zimmermann Rn 6; Soergel/Damrau Rn 3.
[3] Zust AnwK-BGB/Weidlich Rn 4; jetzt ebenso Staudinger/Reimann Rn 4.
[4] AnwK-BGB/Weidlich Rn 4; Soergel/Damrau Rn 3; Damrau/Bonefeld Rn 1; Keim ZEV 2002, 132, 135; Palandt/Edenhofer Rn 3; Damrau JR 1985, 106.
[5] MünchKommBGB/Zimmermann Rn 6 unter unzutr. Bezug auf BGHZ 56, 275, 280 = NJW 1971, 1805.
[6] RGZ 61, 139, 143; RG JW 1938, 1354.
[7] KG OLGE 7, 360; Kipp/Coing § 69 I 3; MünchKommBGB/Zimmermann Rn 6.
[8] RG JW 1938, 1454; BayObLGZ 1958, 299, 304.
[9] BayObLGZ 1959, 129.
[10] BGH LM § 2203 Nr. 1.
[11] Palandt/Edenhofer Rn 3; Soergel/Damrau Rn 3; anders aber BGH NJW 1984, 2464: Anordnung zum Verkauf des Nachlasses und Erlösverteilung; sowie BGHZ 40, 115, 118 = NJW 1963, 2320; 5 BGHZ 6, 275, 278 = NJW 1971,

J. Mayer

4   **2. Arten der Beschränkungen.** Als **Grundsatz** gilt hier, dass ein **Mindestumfang** für die dem Testamentsvollstrecker verbleibenden Rechte gesetzlich **nicht vorgeschrieben** ist[12]. Einzige Aufgabe des Testamentsvollstreckers kann daher die Ausführung einer Bestattungsanordnung sein[13]. Es liegt aber eine **unzulässige Denaturierung** des Amtes vor, wenn der Ernannte nicht wenigstens eine der für eine Testamentsvollstreckung möglichen Aufgaben und Rechte erhält[14]. Systematisch lassen sich dabei unterscheiden: Aufgaben-, Kompetenz-, Objekt-, Zeit- und Personenbeschränkungen[15]. Gesetzlich geregelt sind einige Typen der Testamentsvollstreckung, dies ist aber keine abschließende Aufzählung, wie sich auch aus Abs 1 S 1 ergibt. Denkbar sind dabei folgende Beschränkungen:

5   **a) Inhaltliche Beschränkungen.** Der Erblasser kann dem Testamentsvollstrecker die gesetzlichen Verwaltungs-, Verfügungs- und Verpflichtungsbefugnisse ganz oder teilweise entziehen oder ihm auch nur eingeschränkte Aufgaben mit uU eingeschränkten Befugnissen übertragen, etwa den Verkauf von Nachlassimmobilien und anschließender Verteilung des Erlöses[16]. Zu inhaltlichen Beschränkungen gehören die gesetzlich geregelten Typen von Testamentsvollstreckungen wie **Nacherbentestamentsvollstreckung** nach § 2222 oder eine **Vermächtnisvollstreckung** nach § 2223 oder die Übertragung einer **reinen Verwaltungsvollstreckung** als einzige Aufgabe, ohne eine Erbauseinandersetzung (§ 2209 S 1 HS 1).

6   Es kann aber auch bestimmt werden, dass der Testamentsvollstrecker bestimmte Rechtsgeschäfte, wie etwa Veräußerung von Grundbesitz oder Wechselverbindlichkeiten, gar nicht oder nur wie ein Vorerbe oder nur mit **Zustimmung der Erben** vornehmen darf[17]. Umgekehrt kann dem Testamentsvollstrecker auch nur ein bloßes **Einspruchsrecht** dahingehend eingeräumt werden, dass bestimmte Verfügungen des Erben nur mit Zustimmung des Testamentsvollstreckers zulässig sind[18].

7   Zulässig ist auch eine Beschränkung der Befugnisse des Testamentsvollstreckers dadurch, dass er an **Weisungen Dritter** gebunden ist, wobei Dritter idS nur der (Mit-)Erbe oder ein Mitvollstrecker sein kann, nicht aber ein sonstiger Dritter sein darf (Verbot einer „**Megavollstreckung**")[19]. Jedoch kann eine unzulässige Anordnung uU in die Ernennung eines Mitvollstreckers oder eine Verwaltungsanordnung nach § 2216 Abs 2 umgedeutet werden.

8   **b) Gegenständliche Beschränkungen.** Hier kann dem Testamentsvollstrecker nur die Verwaltung einzelner Nachlassgegenstände zugewiesen werden (§ 2208 Abs 1 S 2), etwa die über ein Unternehmen, über Urheber- oder Erfinderrechte, über ein Grundstück, aber auch über einen gesamthänderisch gebundenen Anteil hieran[20].

9   Zu beachten ist hier, dass die Vorschriften des Testamentsvollstreckerrechts, deren Anwendung voraussetzt, dass der Testamentsvollstrecker die Verwaltung des ganzen Nachlasses hat, **dann gerade nicht anwendbar** sind, wenn der Testamentsvollstrecker nur einzelne Gegenstände verwaltet (vgl § 748 Abs 2 ZPO, § 2213 Abs 1 BGB, §§ 779 Abs 2 S 2, 780 Abs 2, 991 Abs 2 ZPO, § 317 Abs 2 InsO; § 76 Abs 2 FGG, § 40 Abs 2 GBO).

10 **c) Erbteilsvollstreckung.** Die Testamentsvollstreckung kann auch auf den Erbteil eines Miterben oder Mitvorerben beschränkt werden[21]. Die Erbteilsvollstreckung kann sich auch mittelbar dadurch ergeben, dass die für den ganzen Nachlass angeordnete Testamentsvollstreckung bezüglich eines Miterben unwirksam ist[22], etwa nach § 2306 Abs 1 S 1. Bei der Erbteilsvollstreckung übt der Vollstrecker die Rechte des von dieser Anordnung betroffenen Miterben aus. Er hat also grds all die Verwaltungsrechte, die dem einzelnen Miterben zustehen, aber auch nur diese. Er kann also Verwaltungsrechte nach § 2038 wahrnehmen, Ansprüche nach § 2039 geltend machen, gemeinschaftliche Verfügungen über Nachlassgegenstände mit den anderen Miterben nach § 2040 treffen. Nach umstr., aber zutreffender Ansicht kann er auch das dem Miterben zustehende Vorkaufsrecht (§ 2034) ausüben[23], das allerdings den Berechtigten gemeinsam in ihrer gesamthänderischen Verbundenheit zusteht (§ 472). Zur **Verfügung über** den **Erbteil** selbst (Veräußerung, Verpfändung) ist der Testamentsvollstrecker aber kraft

---

2264; OLG Zweibrücken ZEV 2001, 274 = DNotZ 2001, 399 m krit Anm *K. Winkler,* jeweils zum Auseinandersetzungsverbot; *Lange/Kuchinke* § 31 V 1 a.
[12] KGJ 44 A 81; *Nieder* HdB Rn 910.
[13] BayObLG NJW-RR 1986, 629.
[14] RGZ 81, 166, 168; *Kipp/Coing* § 69 I; *Lange/Kuchinke* § 31 V 1 a Fn 111; *Muscheler* AcP 195 (1995), 36 Fn 5.
[15] *Muscheler* AcP 195 (1995), 36.
[16] BGH NJW 1984, 2464; unklar die Aufgabenstellung bei OLG Zweibrücken DNotZ 2001, 399; zu einschränkend *K. Winkler* DNotZ 2001, 404: die Verfügungsmacht könne nicht aus bestimmten Rechtsgründen, zB zur Sicherung der Erbauseinandersetzung, entzogen werden.
[17] AnwK-BGB/*Weidlich* Rn 8; *Damrau/Bonefeld* Rn 2; KK-Erbrecht/*Rott* Rn 6; *Staudinger/Reimann* Rn 6; *Winkler,* Der Testamentsvollstrecker, Rn 145.
[18] KGJ 44 A 81; AnwK-BGB/*Weidlich* Rn 8; *Staudinger/Reimann* Rn 13.
[19] *Damrau/Bonefeld* Rn 3; *Staudinger/Reimann* Rn 14; *Reimann* FamRZ 1995, 592; KGJ 31 A 94, 98 f (wo nur Verpflichtung im Innenverhältnis bejaht); eingehend *J. Mayer* in: *Mayer/Bonefeld/Wälzholz/Weidlich* Rn 196.
[20] BayObLGZ 1982, 59 = Rpfleger 1982, 226.
[21] KGJ 31 A 259; OLG München JFG 15, 262; *Staudinger/Reimann* Rn 16; eingehend *Muscheler* AcP 195 (1995), 35; *J. Mayer* in: *Mayer/Bonefeld/Wälzholz/Weidlich* Rn 318 ff; *Eibl,* Die Testamentsvollstreckung, 2002.
[22] Vgl auch BGH NJW 1962, 912: Fehlgeschlagene Anordnung der Testamentsvollstreckung am gesamten Nachlass beinhaltet wenigstens Erbteilsvollstreckung am einzelnen Erbteil eines Miterben.
[23] AnwK-BGB/*Weidlich* Rn 13; *Klummp* in: *Bengel/Reimann* HdB III Rn 51; MünchKommBGB/*Zimmermann* Rn 11; *Staudinger/Reimann* Rn 16; *J. Mayer* in: *Mayer/Bonefeld/Wälzholz/Weidlich* Rn 323; aA *Muscheler* AcP 195 (1995), 35, 58.

seines Amtes nicht berechtigt (§ 2205 Rn 7)[24]. Er ist auch nicht berechtigt, die **Auseinandersetzung** des Nachlasses zu bewirken (§ 2204), sondern kann sie nur an Stelle des einzelnen Miterben betreiben (§ 2042; s § 2204 Rn 21)[25]. **Nach der Auseinandersetzung** erstreckt sich das Verwaltungsrecht des Testamentsvollstreckers sowie die sich daraus ergebenden Beschränkungen der §§ 2211, 2214 auf die dem Miterben zugeteilten Nachlassgegenstände, soweit kein abweichender Erblasserwille erkennbar ist[26]. Zur Haftung der Erben bei der Erbteilsvollstreckung s § 2206 Rn 9.

d) Zeitliche Beschränkung. Eine solche ist möglich durch eine auflösende Bedingung[27] oder zeitliche 11
Befristung, wobei hier jedoch die durch § 2210 BGB gesetzten Grenzen zu beachten sind. Der Erblasser kann den Testamentsvollstrecker auch ermächtigen, die Testamentsvollstreckung bereits vorher zu beenden, wenn die Entscheidungskriterien hierfür vom Erblasser ausreichend klar bestimmt sind. Möglich ist daher, dass die Testamentsvollstreckung endet, wenn die Erhaltung des Nachlasses gesichert ist[28].

e) Wirkungen der Beschränkung. Die genannten Beschränkungen **wirken dinglich,** also vor- 12
behaltlich des Schutzes durch § 2368 auch gegenüber Dritten, so dass dagegen verstoßende Verfügungen des Testamentsvollstreckers grds **unwirksam** sind[29] und nicht bloß Schadensersatzansprüche (§ 2219) begründen. Dies ergibt sich aus dem Wortlaut von Abs 1 S 1 („hat die … Rechte nicht") wie aus der beschränkten Funktion des Amtes des Testamentsvollstreckers, die in einer Geschäftsbesorgung mit einer Abhängigkeit der Befugnisse vom Inhalt der zugewiesenen Verwaltungsaufgabe besteht[30]. Jedoch sollte man mit der Annahme solch weit reichender Verfügungsbeschränkungen im Verkehrsschutzinteresse zurückhaltend sein (Rn 2 f)[31].

Soweit aber der Testamentsvollstrecker auf Grund einer entsprechenden Erblasseranordnung nach 13
§ 2208 nicht verfügen kann, hat dies nicht zur Folge, dass damit überhaupt niemand verfügungsbefugt ist. Das würde gegen § 137 S 1 verstoßen und systemwidrig zu einer „res extra commercium" mit fideikommissartigen Zuständen führen. Vielmehr können die **Erben und** der **Testamentsvollstrecker** in solchen Fällen **gemeinsam** über die Nachlassgegenstände **verfügen**[32]. Die Beschränkungen des Testamentsvollstreckers gelten nicht, wenn er auf Grund einer vom Erblasser erteilten Generalvollmacht handelt (str, vgl § 2197 Rn 44)[33].

Die somit dinglich wirkenden Verfügungsbeschränkungen nach § 2208 Abs 1 sind gemäß § 2368 14
Abs 1 S 2 in ein **Testamentsvollstreckerzeugnis** einzutragen[34]. Unterblieb das, so kann sich im Dritter auf die unbeschränkte Verfügungsbefugnis berufen, falls er die Beschränkung nicht positiv kannte (§§ 2368 Abs 1 und 3, 2366). Dabei ist es wegen der Publizitätswirkung des Testamentsvollstreckerzeugnisses aber nicht erforderlich, dass der Dritte sich dieses vorlegen lässt[35]. Liegt kein Testamentsvollstreckerzeugnis vor, so gibt es keinen Schutz des guten Glaubens in die unbeschränkte Verfügungsbefugnis des Testamentsvollstreckers[36].

III. Beaufsichtigende Testamentsvollstreckung

Der Erblasser kann auch eine bloße beaufsichtigende Vollstreckung nach Abs 2 verfügen, so dass der 15
Testamentsvollstrecker nur einen Anspruch auf die Ausführung der letztwilligen Anordnungen hat. Hierzu gehören nicht nur Auflagen, sondern auch die Erfüllung von Vermächtnissen, Teilungsanordnungen oder die Herausgabe der Erbschaft an die Nacherben[37]. Dies kann vom Testamentsvollstrecker

---

[24] BGH NJW 1984, 2464 = JR 1985, 104 m Anm *Damrau;* MünchKommBGB/*Zimmermann* Rn 11; *Soergel/Damrau* Rn 5; aA KGJ 28, A 16, 19.
[25] *Staudinger/Reimann* Rn 16; *Muscheler* AcP 195 (1995), 35, 67 ff.
[26] KGJ 31 A 259, 262; AnwK-BGB/*Weidlich* Rn 13; *J. Mayer* in: *Mayer/Bonefeld/Wälzholz/Weidlich* Rn 320; *Staudinger/Reimann* Rn 12; *Soergel/Damrau* Rn 5; aA MünchKommBGB/*Zimmermann* Rn 11: positive Feststellung erforderlich, dass Testamentsvollstreckung fortdauert; zu dieser Frage eingehend auch *Muscheler* AcP 195 (1995), 35, 47.
[27] BayObLG NJW 1976, 1692; *Soergel/Damrau* Rn 2.
[28] *Staudinger/Reimann* Rn 13.
[29] AnwK-BGB/*Weidlich* Rn16 mwN; jurisPK/*Heilmann* Rn 13.
[30] BGHZ 56, 275 = NJW 1971, 1805; BGH NJW 1984, 2464 betr bestimmte Anordnungen zur Auseinandersetzung; OLG Zweibrücken Rpfleger 2001, 173 = DNotZ 2001, 399; MünchKommBGB/*Zimmermann* § 2205 Rn 90; *Lange/Kuchinke* § 31 V 1 a; *Staudinger/Reimann* Rn 17; für lediglich schuldrechtliche Wirkung *Damrau* JR 1985, 106 in seiner Anm zur genannten BGH-Entscheidung NJW 1984, 2464; einschränkend aber jetzt *Soergel/Damrau* Rn 2. *Lehmann* AcP 188 (1988), 1 hält die Verweisung des Abs 1 S 1 auf § 2205 S 2 wegen eines Verstoßes gegen § 137 S 1 für unbedenklich.
[31] So richtig *Soergel/Damrau* Rn 2.
[32] BGHZ 40, 115, 118 = NJW 1963, 2320: Erbteilungsverbot; BGHZ 56, 275, 278, 281 = NJW 1971, 1805: Minderjährige bedürfen aber der familiengerichtlichen Genehmigung nach § 1821 Abs 1 Nr 1; BGH NJW 1984, 2464; AnwK-BGB/*Weidlich* Rn16; PWW/*Schiemann* Rn 3; MünchKommBGB/*Zimmermann* Rn 5; *Staudinger/Reimann* Rn 6; noch weitergehend OLG Zweibrücken DNotZ 2001, 399, 401: Zustimmung der Nießbrauchsvermächtnisnehmerin erforderlich, für die Auseinandersetzungsverbot letztwillig verfügt sei, jedoch kann ein bloßer Vermächtnisanspruch, der noch nicht einmal erfüllt ist, nicht dinglich zugunsten eines Nichterben wirken, *Winkler* DNotZ 2001, 405; *J. Mayer* in: *Mayer/Bonefeld/Wälzholz/Weidlich* Rn 338; *Schmenger* BWNotZ 2004, 97, 113.
[33] MünchKommBGB/*Zimmermann* Rn 5.
[34] AnwK-BGB/*J. Mayer* § 2368 Rn 35.
[35] Vgl zur Parallelproblematik beim Erbschein MünchKommBGB/*J. Mayer* § 2366 Rn 25; offenbar übersehen bei *Staudinger/Reimann* Rn 18.
[36] MünchKommBGB/*Zimmermann* § 2205 Rn 91.
[37] AnwK-BGB/*Weidlich* Rn 14; KK-Erbrecht/*Rott* Rn 8; MünchKommBGB/*Zimmermann* Rn 13.

auch eingeklagt werden[38]; unterliegt er, so hat die Prozesskosten der Nachlass zu tragen, wenn die Prozessführung § 2216 Abs 1 entsprach[39]. Bei Nichterfüllung dieser Erblasseranordnungen durch den Erben kann der Testamentsvollstrecker grds Schadensersatz zu Gunsten des entsprechenden Berechtigten verlangen[40] und muss dies auch, um sich nicht selbst wegen einer Verletzung seiner Aufsichtspflicht haftbar zu machen[41]. Abweichend davon kann bei Nichtvollziehung einer **Auflage** der Testamentsvollstrecker schon mangels eines Leistungsberechtigten keinen **Schadensersatzanspruch** geltend machen[42], und haftet daher auch nicht selbst nach § 2219 gegenüber dem aus der Auflage Begünstigten[43].

16 Der Testamentsvollstrecker hat aber hier grds nur eine beaufsichtigende und beratende Funktion und gerade **keine Verfügungs- oder Verpflichtungsbefugnis** nach §§ 2205, 2206; auch wirkt die Vermögenssonderung tritt wegen der internen Aufgabenwahrnehmung nicht ein, so dass die §§ 2211, 2214 nicht gelten[44]. Daher ist die beaufsichtigende Testamentsvollstreckung nicht in den **Erbschein** aufzunehmen[45]. Umgekehrt ist im Testamentsvollstreckerzeugnis dieser beschränkte Aufgabenkreis ausdrücklich zu vermerken[46]. Soll der Ernannte auch die abgeschwächten Befugnisse und Aufgaben des Abs 2 nicht haben, so ist er kein Testamentsvollstrecker mehr, sondern reiner Berater der Erben[47].

IV. Erweiterung der Rechte des Testamentsvollstreckers

17 Grds kann der Erblasser die Befugnisse des Testamentsvollstreckers über die im Gesetz vorgesehenen Möglichkeiten (§§ 2209, 2220) hinaus nicht erweitern[48]. Dies gilt insbes zum Schutze des Rechtsverkehrs, soweit dadurch nicht in das Rechtsverhältnis des Testamentsvollstreckers zu Dritten eingegriffen wird.

18 Jedoch kann der Erblasser dem Testamentsvollstrecker natürlich diejenigen Befugnisse einräumen, die er **jedem Dritten** auch einräumen könnte (§§ 2151, 2153 bis 2156, 2193, 2048 S 2). Auch eine (allerdings widerrufliche) Generalvollmacht für den Testamentsvollstrecker ist möglich[49]. Auch die Anordnung der Dauervollstreckung (§ 2209 S 1 HS 2) stellt eine zulässige wichtige Erweiterung der Befugnisse des Testamentsvollstreckers dar, ebenso die Erteilung der erweiterten Verpflichtungsbefugnis (§ 2207), die Berufung zum Schiedsrichter oder Schiedsgutachter (§ 2203 Rn 4), aber auch schon die Befreiung von den Beschränkungen des § 181.

19 Die **Zustimmung** der Erben, einschließlich der Nacherben, zu Verfügungen des hierzu dinglich nicht berechtigten Testamentsvollstreckers verleihen diesen nach § 185 Wirksamkeit[50]; die Zustimmung von Vermächtnisnehmern die, dadurch beeinträchtigt werden könnten, ist jedoch nicht erforderlich (Rn 13).

§ 2209 Dauervollstreckung

¹**Der Erblasser kann einem Testamentsvollstrecker die Verwaltung des Nachlasses übertragen, ohne ihm andere Aufgaben als die Verwaltung zuzuweisen; er kann auch anordnen, dass der Testamentsvollstrecker die Verwaltung nach der Erledigung der ihm sonst zugewiesenen Aufgaben fortzuführen hat.** ²**Im Zweifel ist anzunehmen, dass einem solchen Testamentsvollstrecker die im § 2207 bezeichnete Ermächtigung erteilt ist.**

Übersicht

	Rn		Rn
I. Normzweck	1	III. Rechtsfolgen	8
II. Verwaltungsvollstreckung	2	1. Rechtsstellung des Verwaltungsvollstreckers	8
1. Arten	2	a) Grundsätzliches	8
2. Zwecke der Verwaltungsvollstreckung	4	b) Eingehung von Verbindlichkeiten	9
3. Anordnung der Verwaltungsvollstreckung	5	c) Erträgnisse des Nachlasses	10
4. Ausgestaltung der Verwaltungsvollstreckung	6	d) Testamentsvollstreckerzeugnis	11
5. Grenzen der Verwaltungsvollstreckung	7	2. Rechtsstellung der Erben	12

---

[38] JurisPK/*Heilmann* Rn 10.
[39] AnwK-BGB/*Weidlich* Rn 15; *Staudinger/Reimann* Rn 20; *Lange/Kuchinke* § 31 V 1 a Fn 115; aA *Palandt/Edenhofer* Rn 6: nur interner Aufwendungsanspruch des Testamentsvollstreckers gegen den Nachlass nach § 2218.
[40] AnwK-BGB/*Weidlich* Rn 15; *Soergel/Damrau* Rn 6.
[41] AnwK-BGB/*Weidlich* Rn 15; *Staudinger/Reimann* Rn 20.
[42] *Damrau/Bonefeld* Rn 4; jurisPK/*Heilmann* Rn 9; *Staudinger/Reimann* Rn 20.
[43] RG WarnR 1937 Nr 133; *Staudinger/Reimann* Rn 20.
[44] MünchKommBGB/*Zimmermann* Rn 12; *Ulmer* JuS 1986, 856, 859.
[45] BayObLG FamRZ 1991, 986.
[46] BayObLG NJW-RR 1991, 523.
[47] *Palandt/Edenhofer* Rn 6; *Staudinger/Reimann* Rn 21.
[48] RG WarnR 1915 Nr 292; *Soergel/Damrau* Rn 8; *Winkler*, Der Testamentsvollstrecker, Rn 142; *Staudinger/Reimann* Rn 22.
[49] *Staudinger/Reimann* Rn 25.
[50] *Staudinger/Reimann* Rn 26; aA *Lehmann* AcP 188 (1988), 1, 4.

I. Normzweck

Die Vorschrift bestimmt, dass dem Testamentsvollstrecker die **Verwaltung** des Nachlasses auch als alleinige und selbstständige Aufgabe übertragen werden kann (sog Verwaltungsvollstreckung), im Gegensatz zu §§ 2203, 2204. Darin liegt eine inhaltliche Beschränkung der Aufgaben des Testamentsvollstreckers, aber zugleich auch eine zeitliche und sachliche Erweiterung der Rechtsmacht des Testamentsvollstreckers (vgl auch die erweiterte Verpflichtungsbefugnis nach S 2)[1]. Mit der dadurch entstehenden Verstärkung der herrschaftlichen Stellung des Testamentsvollstreckers stellt sich zugleich die Frage seiner Kontrolle[2]. — 1

II. Verwaltungsvollstreckung

1. Arten. Möglich ist die **Verwaltungsvollstreckung ieS.** Hier hat der Testamentsvollstrecker keine anderen Aufgaben, als die reine Verwaltung des Nachlasses zu erledigen (S 1 HS 1)[3]. Dem Testamentsvollstrecker ist hier auch die Erbauseinandersetzung untersagt[4]. — 2

Demgegenüber tritt bei der **Dauervollstreckung** (S 1 HS 2) diese Verwaltungsvollstreckung zu der Abwicklungsvollstreckung (§§ 2203, 2204) hinzu[5] und verlängert den Zeitraum der Testamentsvollstreckung; dabei ist auch die umgekehrte zeitliche Reihenfolge möglich[6]. Der Inhalt des Verwaltungsrechts ist aber iÜ der gleiche wie bei S 1 HS 1[7]. Auch bestehen diese Befugnisse bereits ab dem Erbfall[8]. — 3

2. Zwecke der Verwaltungsvollstreckung. Diese können verschiedenster Art sein und bestimmen sich aus der dadurch eröffneten Möglichkeit, den Erben von Verwaltung und Verfügung über den Nachlass langfristig fern zu halten. In Betracht kommen dabei[9]: Schutz des Nachlasses vor dem Zugriff von ungeeigneten, unerfahrenen oder gar böswilligen Erben, bis hin zur Pflichtteilsbeschränkung in guter Absicht (§ 2338), Einräumung einer bevorzugten Stellung für einen Miterben oder Vermächtnisnehmer (etwa sog Dispositionsnießbrauch für Ehegatten durch Nießbrauchsvermächtnis und Testamentsvollstreckung), Erhaltung eines größeren Vermögens oder Unternehmens für längere Zeit[10], Verhinderung des Zugriffs der Eigengläubiger des Erben (§ 2214; hier ist aber zum optimalen Schutz noch Nacherbeneinsetzung zweckmäßig), Ausschluss eines unfähigen oder verschuldeten Elternteils oder gesetzlichen Vertreters des Erben von der Verwaltung des Nachlasses (als Alternative zu § 1638)[11] und letztlich Nutzbarmachung des Vermögens und die Erzielung von Erträgen durch kontinuierliche und geplante Vermögensverwaltung im weitesten Sinn[12]. — 4

3. Anordnung der Verwaltungsvollstreckung. Verwaltungsvollstreckung kann auch **ohne ausdrückliche** entsprechende **Anordnung** des Erblassers angenommen werden. Erforderlich ist dann eine Auslegung nach den allgemeinen Grundsätzen. Wegen der weitreichenden Wirkung der Verwaltungsvollstreckung, die zudem der gesetzliche Ausnahmefall ist, ist jedoch für deren Annahme ein strenger Maßstab anzulegen[13]. Probleme bereiten auch hier die Abgrenzung der Anordnung von Vor- und Nacherbschaft von Testamentsvollstreckung und Nießbrauch (§ 2197 Rn 24). Enthält eine Verfügung von Todes wegen im Wesentlichen nichts anderes als die Einsetzung eines Alleinerben und die Ernennung eines Testamentsvollstreckers, so liegt es nahe, die Testamentsvollstreckung als eine Dauervollstreckung anzusehen, weil sie sonst keinen Sinn hätte[14]. Da auch die Abwicklungsvollstreckung die Durchführung von erforderlichen Verwaltungsmaßnahmen bis zur Beendigung der Testamentsvollstreckung erfordert, bedeutet die Wendung, dass dem Testamentsvollstrecker die unbeschränkte Verwaltung übertragen werde, nicht notwendig die Anordnung einer Verwaltungsvollstreckung[15]. Die Bestimmung, der Erbe könne über das ihm zugewendete Geldvermögen nicht frei verfügen, sondern habe es zusammen mit einer anderen Person anzulegen, kann eine Anordnung einer Dauervollstreckung sein[16]. — 5

---

[1] *Staudinger/Reimann* Rn 2; MünchKommBGB/*Zimmermann* Rn 1.
[2] Ausf *Reimann* FamRZ 1995, 588.
[3] Die Formulierung, die Verwaltung sei Selbstzweck – so etwa *Staudinger/Reimann* Rn 3; *Soergel/Damrau* Rn 1 –, ist irreführend; natürlich verfolgt der Erblasser mit dieser Anordnung – uU sehr weitreichende – Zwecke.
[4] *Soergel/Damrau* Rn 6.
[5] AnwK-BGB/*Weidlich* Rn 11; jurisPK/*Heilmann* Rn 7.
[6] MünchKommBGB/*Zimmermann* Rn 2.
[7] MünchKommBGB/*Zimmermann* Rn 2; zu § 2207 AnwK/*Weidlich* Rn 11.
[8] *Staudinger/Reimann* Rn 4.
[9] Vgl etwa AnwK-BGB/*Weidlich* Rn 12 ff; *Nieder* HdB Rn 891; jurisPK/*Heilmann* Rn 2.
[10] AnwK-BGB/*Weidlich* Rn12; *Staudinger/Reimann* Rn 9; *Winkler*, Der Testamentsvollstrecker, Rn 132.
[11] Eine Bestellung eines Ergänzungspflegers ist bei § 2209 zur Wahrung der Rechte des Minderjährigen gegenüber dem Testamentsvollstrecker grds nicht erforderlich, LG Dortmund NJW 1959, 2264; *Staudinger/Reimann* Rn 7; MünchKommBGB/*Zimmermann* Rn 5; *Winkler*, Der Testamentsvollstrecker, Rn 133 Fn 5; *Palandt/Edenhofer* Rn 6; aA RGRK/*Kregel* Rn 2; KJG 38 A 73.
[12] BGH NJW-RR 1991, 835, 836; MünchKommBGB/*Zimmermann* Rn 3.
[13] AnwK-BGB/*Weidlich* Rn 2; jurisPK/*Heilmann* Rn 5; *Soergel/Damrau* Rn 3; *Staudinger/Reimann* Rn 10; MünchKommBGB/*Zimmermann* Rn 7.
[14] BGH NJW 1983, 2247 = LM § 185 Nr 26; BayObLGZ 1988, 42, 46 f = FamRZ 1988, 770; MünchKommBGB/*Zimmermann* Rn 7; *Staudinger/Reimann* Rn 10; *Kipp/Coing* § 69 II 2 Fn 9.
[15] OLG Kiel SchlA 1912, 155; dazu *Kipp/Coing* § 69 II 2 Fn 10; *Soergel/Damrau* Rn 3.
[16] BayObLG ZEV 1996, 33, mit Abgrenzung zur Auflage.

6 **4. Ausgestaltung der Verwaltungsvollstreckung.** Auch hier kann der Erblasser die Verwaltung auf einzelne Nachlassgegenstände oder Aufgaben, zB den Grundbesitz, Ausübung des Stimmrechts in einer GmbH[17], Mitwirkung an Satzungsänderungen oder Willensbildung an Stiftung[18], beschränken (§ 2308 Abs 1 S 2)[19]. Sind **mehrere Erben** vorhanden, kann die Verwaltung auch auf einzelne Erbteile beschränkt werden[20]. Erstreckt sie sich auf alle Miterben, so ist die **Auseinandersetzung** während der Verwaltung **ausgeschlossen** (§ 2044)[21]. Wie sonst kann sich der Testamentsvollstrecker aber mit Zustimmung aller betroffenen Erben über diese Bindungen hinwegsetzen[22]. Ist die Vollstreckung auf einen oder einzelne von mehreren Erben beschränkt, so unterliegt grds auch das noch dem Verwaltungsrecht des Testamentsvollstreckers, was dem betreffenden Erben im Rahmen der Erbauseinandersetzung zugewiesen wird (s § 2208 Rn 10)[23].

7 **5. Grenzen der Verwaltungsvollstreckung.** Grenzen setzt zum einen in zeitlicher Hinsicht § 2210 (mit Ausnahmen), sowie zum anderen das Pflichtteilsrecht durch § 2306 Abs 1 S 1, Abs 2, wiederum durchbrochen durch § 2338 (Pflichtteilsbeschränkung in guter Absicht in den dort genannten Ausnahmefällen). Im Falle einer besonders übermäßigen Beschränkung des Erben kommt bei Vorliegen besonderer Umstände eine Nichtigkeit nach **§ 138** in Betracht, jedoch ist dabei der Zweck der Testamentsvollstreckung wohlwollend zu berücksichtigen (§ 2197 Rn 20)[24]. UU besteht eine Anfechtungsmöglichkeit nach den §§ 2078 ff[25]. § 2216 Abs 2 S 2 bietet demgegenüber keine Möglichkeit zur Beseitigung der Anordnung, da deren eigentliche Anordnung dadurch nicht außer Kraft gesetzt werden kann[26]. Auch eine Freigabe nach § 2217 scheidet bei den Fällen des § 2209 idR aus, weil im Allgemeinen durch die Herausgabe an die Erben die Verwaltungsaufgabe unerfüllbar würde[27].

III. Rechtsfolgen

8 **1. Rechtsstellung des Verwaltungsvollstreckers. a) Grundsätzliches.** Die Befugnisse des Verwaltungsvollstreckers unterscheiden sich formal nicht von denen des Abwicklungsvollstreckers; insoweit gilt insbes auch § 2205. Wegen der unterschiedlichen Aufgabenstellung (Rn 2 f) dienen sie aber einem anderen Zweck und werden hierdurch instrumentalisiert[28]. § 2209 schließt auch die Erben (einschließlich des befreiten Vorerben) auf die Dauer der Vollstreckung vom Nachlass aus (§ 2211); ebenso Eigengläubiger (§ 2214) und gesetzliche Verwaltungsrechte (§§ 1626, 1628 f, 1678, 1793, 1794, 1803, vgl Rn 4). Auch der **Pflichtenkatalog** stimmt – sieht man von den durch die andere Aufgabenstellung bedingten Besonderheiten ab – im Allgemeinen mit dem des Abwicklungsvollstreckers überein[29]. Allerdings ist auf Verlangen jährliche Rechnung zu legen (§ 2218 Abs 2); auch besteht während der Dauer der Verwaltungsvollstreckung keine Herausgabepflicht (§§ 2218, 667)[30]. Entspr der unterschiedlichen Zwecksetzung sind auch die **steuerlichen Pflichten** gegenüber der Abwicklungsvollstreckung (§ 2203 Rn 12 f) anders; die nach dem Erbfall fällig werdenden Ertragsteuern schuldet zwar der Erbe (anders uU bei der sog Treuhandlösung, s § 2205 Rn 29 ff, bei kaufmännischen Einzelunternehmen und Gesellschaftsbeteiligungen), jedoch hat der Testamentsvollstrecker ihm grds die zu deren Erfüllung erforderlichen Mittel auszukehren[31], jedoch setzt dies voraus, dass die Auskehrung den Grundsätzen der ordnungsgemäßen Verwaltung entspricht. Eine **Außenprüfung** kann auch gegen den Testamentsvollstrecker hinsichtlich des von ihm verwalteten Nachlasses angeordnet werden[32]. Führt er ein zum Nachlass gehöriges Handelsgeschäft fort, so haftet er für sozialversicherungsrechtliche Beitragsansprüche persönlich und unbeschränkt, wenn er im eigenen Namen nach außen als Inhaber des Handelsgeschäfts auftritt[33].

---

[17] OLG Hamm BB 1956, 511.
[18] BGHZ 41, 23, 27.
[19] MünchKommBGB/*Zimmermann* Rn 8 m weiteren Beispielen.
[20] Dazu *Muscheler* AcP 195 (1995), 35; AnwK-BGB/*Weidlich* Rn 6.
[21] AnwK-BGB/*Weidlich* Rn 5; *Staudinger/Reimann* Rn 12; MünchKommBGB/*Zimmermann* Rn 9; *Erman/M. Schmidt* Rn 1.
[22] BGHZ 41, 115; LG Bremen Rpfleger 1967, 411; AnwK-BGB/*Weidlich* Rn 5; *Winkler,* Der Testamentsvollstrecker, Rn 541; AK/*Finger* Rn 4.
[23] AnwK-BGB/*Weidlich* Rn 6; *Staudinger/Reimann* Rn 12; *Palandt/Edenhofer* Rn 3. MünchKommBGB/*Zimmermann* Rn 9 fordert demgegenüber dafür feststellbaren Willen des Erblassers; im Fall von OLG Hamm FamRZ 2003, 710 war ein solcher Wille ohne weiteres feststellbar.
[24] OLG Düsseldorf NJW 1988, 2615, 2617 betr Sektenzugehörigkeit des Erben; *Staudinger/Reimann* Rn 14; *Kipp/Coing* § 69 II 2 d; AK/*Finger* Rn 2; *Lange* JuS 1970, 101, 107.
[25] MünchKommBGB/*Zimmermann* Rn 18; AK/*Finger* Rn 3.
[26] AllgM, *Soergel/Damrau* Rn 4.
[27] AnwK-BGB/*Weidlich* Rn 10; MünchKommBGB/*Zimmermann* Rn 17, dort auch zu Ausnahmen.
[28] AnwK-BGB/*Weidlich* Rn 10; *Staudinger/Reimann* Rn 15.
[29] AnwK-BGB/*Weidlich* Rn 7.
[30] *Staudinger/Reimann* Rn 15; MünchKommBGB/*Zimmermann* Rn 10; es besteht nicht einmal ein bedingter Herausgabeanspruch der Erben, OLG Stuttgart WürttZ 1924, 23.
[31] AnwK-BGB/*Weidlich* Rn 10; MünchKommBGB/*Zimmermann* Rn 10; PWW/*Schiemann* Rn 2; eingehend dazu *Wälzholz/Vassel-Knauf* in: *Mayer/Bonefeld/Wälzholz/Weidlich* Rn 1263; *Piltz* in: *Bengel/Reimann* HdB VIII Rn 101 ff; zur Auskehrungspflicht Rn 167.
[32] FG Baden-Württemberg EFG 1990, 400.
[33] BSG Breith 1986, 651.

b) Eingehung von Verbindlichkeiten. Nach der Auslegungsregel des S 2 ist der Testamentsvollstrecker im Zweifel in der Eingehung von Verbindlichkeiten für den Nachlass nicht beschränkt; es gilt insoweit nicht die kausale Beschränkung des § 2206, zumal das Verkehrsschutzinteresse bei der länger währenden Verwaltungsvollstreckung dies gebietet[34]. Bei der Dauervollstreckung besteht die **erweiterte Verpflichtungsbefugnis** schon während der reinen Abwicklungsphase[35].   9

c) Erträgnisse des Nachlasses. Die Behandlung derselben richtet sich primär nach den Anordnungen des Erblassers, im Fall der Pflichtteilsbeschränkung in guter Absicht nach § 2338 Abs 1 S 2. Besondere Bedeutung haben Verwaltungsanordnungen des Erblassers hinsichtlich der Verwendung der Erträge im Rahmen eines Behindertentestaments (§ 2216 Rn 27)[36]. Fehlen Anordnungen zur Verwendung der Erträge, so kann der Erbe Herausgabe der Nutzungen vom Testamentsvollstrecker nur dann verlangen, wenn das den Grundsätzen der ordnungsmäßigen Verwaltung (§ 2216) entspricht[37]. Ist Vor- und **Nacherbschaft** angeordnet, so ist für die Auskehrung der Nutzungen die beiderseitige Interessenlage (hohe Ertragsauskehrung für den Vorerben und Substanzmehrung für den Nacherben durch Thesaurierung) angemessen zu berücksichtigen. Der Testamentsvollstrecker darf daher weder die dem Vorerben gebührenden Nutzungen schmälern, noch die Substanz zum Nachteil des Nacherben mindern oder gefährden. Dabei muss er auch die §§ 2124 bis 2126 beachten, die den Ausgleich von Aufwendungen zwischen Vor- und Nacherben regeln[38].   10

d) Testamentsvollstreckerzeugnis. In den Fällen des § 2209 ist die Tatsache des Bestehens der Dauer- und Verwaltungsvollstreckung und deren Dauer anzugeben[39]. Darin sind jedoch gesetzliche Beschränkungen der Befugnisse des Testamentsvollstreckers, die sich aus dem Gesellschaftsrecht ergeben, nicht aufzunehmen[40]. Fehlt es an den erforderlichen Angaben, so ist das Testamentsvollstreckerzeugnis einzuziehen[41]. Schweigt das Testamentsvollstreckerzeugnis zu § 2209, so wird damit bezeugt, dass dem Testamentsvollstrecker nur die nach den §§ 2203 bis 2206 mit dem Amt verbundenen Regelbefugnisse zustehen[42].   11

2. Rechtsstellung der Erben. Als „Kehrseite" der Verwaltungsvollstreckung ist der Erbe in seiner Verwaltungs- und Verfügungsbefugnis zeitlich und gegenständlich entspr eingeschränkt[43]. Die Verwaltungsvollstreckung berührt aber nicht den Tatbestand der Einkunftserzielung iS des EStG, der nach dem Tode des Erblassers grds allein von den Erben verwirklicht wird. Die einkommensteuerlichen Ansprüche richten sich – auch soweit sie aus Erträgen des Nachlassvermögens resultieren – gegen die Erben, nicht gegen den Nachlass[44].   12

§ 2210 Dreißigjährige Frist für die Dauervollstreckung

¹Eine nach § 2209 getroffene Anordnung wird unwirksam, wenn seit dem Erbfall 30 Jahre verstrichen sind. ²Der Erblasser kann jedoch anordnen, dass die Verwaltung bis zum Tode des Erben oder des Testamentsvollstreckers oder bis zum Eintritt eines anderen Ereignisses in der Person des einen oder des anderen fortdauern soll. ³Die Vorschrift des § 2163 Abs. 2 findet entsprechende Anwendung.

I. Normzweck

Der Zweck der zeitlichen Begrenzung ist es, grds zu verhindern, dass dem Erben die Herrschaft über den Nachlass durch eine Verwaltungsvollstreckung sehr lange oder sogar für immer entzogen wird[1]. Dadurch sollen fideikommissarische Zustände mit einer Bindung des Vermögens über viele Jahre hinaus vermieden werden². Die hier gewählte Zeitgrenze von 30 Jahren findet sich auch in anderen erbrechtlichen Bestimmungen (§§ 2109, 2162, 2044 Abs 2). Satz 2 macht allerdings hiervon wieder erhebliche, auch praktisch bedeutsame Ausnahmen.   1

---

[34] MünchKommBGB/*Zimmermann* Rn 11; *Staudinger*/*Reimann* Rn 18.
[35] AnwK-BGB/*Weidlich* Rn 11; MünchKommBGB/*Zimmermann* Rn 13; *Staudinger*/*Reimann* Rn 18.
[36] Dazu etwa AnwK-BGB/*Weidlich* Rn 17; *J. Mayer* in: *Mayer*/*Bonefeld*/*Wälzholz*/*Weidlich* Rn 597.
[37] BGH NJW-RR 1988, 386; FamRZ 1986, 900; diff RG BayZ 1922, 123: Erbenstellung dürfte nicht völlig ihres wirtschaftlichen Inhalts beraubt werden; für Anwendung des § 2217 MünchKommBGB/*Zimmermann* Rn 12, für totale Thesaurierungsmöglichkeit *Staudinger*/*Reimann* Rn 19; ebenso PWW/*Schiemann* Rn 2.
[38] BGH NJW-RR 1988, 386; *Staudinger*/*Reimann* Rn 19.
[39] BGH NJW-RR 1991, 835, 836; BayObLGZ 1992, 175, 179; *Staudinger*/*Reimann* Rn 22; MünchKommBGB/*J. Mayer* § 2368 Rn 34 f.
[40] BGH NJW 1996, 1284 = ZEV 1996, 112 m Anm *Lorz* = EWiR 1996, 261 (*Marotzke*).
[41] OLG Zweibrücken FamRZ 1998, 581.
[42] KG OLGZ 1991, 262 = NJW-RR 1991, 835; MünchKommBGB/*J. Mayer* § 2368 Rn 33.
[43] Vgl etwa MünchKommBGB/*Zimmermann* Rn 16; jurisPK/*Heilmann* Rn 10.
[44] BFHE 179, 222 = NJW-RR 1996, 1025; *Wälzholz*/*Vassel-Knauf* in: *Mayer*/*Bonefeld*/*Wälzholz*/*Weidlich* Rn 1263.
[1] AnwK-BGB/*Weidlich* Rn 1.
[2] Zur Entwicklung des familiengebundenen Vermögens durch Familienfideikommisse *Staudinger*/*J. Mayer* 2005 Art 59 EGBGB Rn 8 ff; Zu den Gründen für die zeitliche Begrenzung iE s *Sasse*, Grenzen der Vermögensperpetuierung bei Verfügungen des Erblassers, 1997, S 61 ff.

II. Zeitliche Begrenzung der Verwaltungsvollstreckung

2 **1. Grundsatz.** Die Höchstgrenze von 30 Jahren gilt nur für die **Verwaltungsvollstreckung** iS von § 2209[3], hier allerdings für jede ihrer Formen, also für die Dauer- wie reine Verwaltungsvollstreckung[4]. Für die **Abwicklungsvollstreckung** (§ 2203) besteht dagegen keine zeitliche Grenze, weil auf Grund ihrer sachlichen Begrenzung davon ausgegangen wird, dass sie in angemessener und überschaubarer Zeit beendet werden kann[5].

3 Die Frist beginnt **mit** dem **Erbfall**. Sofern die Verwaltungsvollstreckung nicht ohnehin für kürzere Zeit durch Bestimmung eines Endtermins oder einer auflösenden Bedingung angeordnet wurde, was in Zweifelsfällen durch Auslegung ermittelt werden muss[6], und auch nicht durch vorzeitige Aufgabenerledigung endete, ist sie grundsätzlich, soweit nicht eine der Ausnahmemöglichkeiten nach S 2 eingreift, mit Ablauf der 30-Jahresfrist von selbst beendet[7]. Einer Aufhebung durch das Nachlassgericht oder einer Amtsniederlegung durch den Testamentsvollstrecker bedarf es dann nicht[8]. Aus der Möglichkeit des Erblassers, durch eine entsprechende Anordnung die Verwaltungsvollstreckung über die Zeitgrenze des S 1 hinaus auf die Lebenszeit des Erben zu verlängern kann nicht der Gegenschluss gezogen werden, dass mangels eines abweichenden Erblasserwillens jede Verwaltungsvollstreckung automatisch mit dem Tod des Erben erlischt[9]. Der Erblasser kann auch ein auf 30 Jahre ernanntes Testamentsvollstrecker-Kollegium ermächtigen, die Beendigung der Verwaltung selbst vorzeitig zu beschließen[10].

4 **2. Ausnahmen.** Als Ausnahme zu § 2210 S 1 lässt S 2 Erblasseranordnungen zu, die eine **Durchbrechung** der **zeitlichen Höchstdauer** bewirken und sogar eine lebenslängliche Beschränkung der Erben ermöglichen. Die Verwaltungsvollstreckung kann nämlich bis **zum Tod des Erben** (auch Nacherben) oder des **Testamentsvollstreckers** festgelegt werden oder bis zum **Eintritt** eines **anderen Ereignisses** in der Person des Erben oder Testamentsvollstreckers (zB Heirat oder Erreichung eines bestimmten Lebensalters). Die Gründe zur Verlängerung der Verwaltungsvollstreckung stehen zueinander in keinem Ausschließlichkeitsverhältnis, so dass der Erblasser diese miteinander kombinieren kann, etwa bis zum Eintritt eines bestimmten Ereignisses, mindestens aber bis zum Tod des Erben[11]. Wenn der Testamentsvollstrecker berechtigt ist, einen Nachfolger zu ernennen (§ 2199 Abs 2), könnte durch Anordnung der Testamentsvollstreckung auf Lebenszeit des Vollstreckers die Testamentsvollstreckung zeitlich nahezu uneingeschränkt fortdauern. Im Wege einer einschränkenden Interpretation nahm die bislang herrschende Generationentheorie an, dass die Verwaltung in Anlehnung an §§ 2109 Abs 1 S 2 Nr 1, 2163 Abs 1 Nr 1 nur dann bis zum Tod des Nachfolgers dauert, wenn dieser zurzeit des Erbfalls bereits gelebt hat. Damit würde ein angemessener Interessenausgleich zwischen dem Willen des Erblassers geschaffen, in seiner Nachlassplanung gegen den Störfall eines unerwarteten Wegfalls des ersten Testamentsvollstreckers geschützt zu werden, und dem Anliegen des Gesetzgebers, eine überlange Nachlassbindung mit Schaffung fideikommissartiger Zustände zu verhindern[12]. Demgegenüber hat der BGH jetzt entsprechend der sog „Amtstheorie" entschieden, dass der (Ersatz-)Testamentsvollstrecker, wenn die Verwaltung bis zu seinem Tod dauern soll, vor Ablauf von 30 Jahren seit dem Erbfall ernannt sein muss, damit nicht das Gesetz in unzulässiger Weise umgangen wird[13]. Wird der Testamentsvollstrecker mit der Ausübung eines **Urheberrechts** (§ 28 Abs 2 UrhG) betraut, gilt § 2210 insoweit nicht; die maximale Schutzfrist beträgt dann 70 Jahre (§§ 28 Abs 2 S 2, 64 UrhG)[14].

5 Ist eine **juristische Person** der Erbe oder Testamentsvollstrecker (etwa eine Bank), bleibt es auf jeden Fall bei der 30-jährigen Frist und damit beim Grundsatz von S 1 (S 3 iVm § 2163 Abs 2), ansonsten wäre die Verwaltungsvollstreckung für ewige Zeiten möglich[15].

III. Rechtsfolge

6 § 2210 führt zur Beendigung der gesamten Verwaltungsvollstreckung, nicht nur zum Ablauf der Amtszeit des gerade amtierenden Testamentsvollstreckers. Damit erlöschen insoweit alle Verwaltungs-, Verfügungs- und Verpflichtungsbefugnisse des Testamentsvollstreckers. Danach vorgenommene Rechtshandlungen sind unwirksam[16], vom Testamentsvollstrecker erteilte Vollmachten erlöschen[17].

---

[3] RGZ 155, 350, 352; AnwK-BGB/*Weidlich* Rn 4; *Damrau/Bonefeld* Rn 1; jurisPK/*Heilmann* Rn 1.
[4] MünchKommBGB/*Zimmermann* Rn 2; jurisPK/*Heilmann* Rn 1.
[5] *Kipp/Coing* § 69 III; MünchKommBGB/*Zimmermann* Rn 1; *Staudinger/Reimann* Rn 7.
[6] *Staudinger/Reimann* Rn 6.
[7] *Staudinger/Reimann* Rn 6; Gutachten DNotI-Report 2007, 3, 4.
[8] RGZ 81, 166, 167 f.
[9] Gutachten DNotI-Report 2007, 3, 4.
[10] BayObLGZ 1976, 67, 80 = NJW 1976, 1692.
[11] KGR Berlin 2007, 229; *Zimmermann* ZEV 2006, 508; aA LG Berlin ZEV 2006, 506, 507.
[12] AnwK-BGB/*Weidlich* Rn 6; *Damrau/Bonefeld* Rn 4; jurisPK/*Heilmann* Rn 3; MünchKommBGB/*Zimmermann* Rn 6; *Staudinger/Reimann* Rn 11; *Kipp/Coing* § 69 III 2; *Soergel/Damrau* Rn 2.
[13] BGH vom 5. 12. 2007, IV ZR 275/06, Tz 21, mwN = BeckRS 2008, 857.
[14] Vgl AnwK-BGB/*Weidlich* Rn 7; *Damrau/Bonefeld* Rn 5; *Staudinger/Reimann* Rn 8; MünchKommBGB/*Zimmermann* Rn 6.
[15] *Staudinger/Reimann* Rn 10.
[16] *Staudinger/Reimann* Rn 12.
[17] KGJ 41, 79, 80 f.

§ 2211 Verfügungsbeschränkung des Erben

(1) Über einen der Verwaltung des Testamentsvollstreckers unterliegenden Nachlassgegenstand kann der Erbe nicht verfügen.

(2) Die Vorschriften zugunsten derjenigen, welche Rechte von einem Nichtberechtigten herleiten, finden entsprechende Anwendung.

I. Normzweck

Die mit der Verleihung der Verfügungsbefugnis an den Testamentsvollstrecker verfolgten Ziele (etwa bei der Anordnung wegen eines noch unreifen Erben) könnten vielfach nicht erreicht werden, wenn der Erbe daneben noch frei verfügungsberechtigt wäre[1]. Daher ordnet die Bestimmung in Ergänzung zu den §§ 2205, 2206 und als Ausnahme zu § 137 an, dass der Testamentsvollstrecker nicht nur die alleinige Verwaltung, sondern auch das ausschließliche Verfügungsrecht über den der Testamentsvollstreckung unterliegenden Nachlass hat. Mit dem Verfügungsrecht des Testamentsvollstreckers korrespondiert insofern zwingend die Entziehung der Verfügungsmacht des Erben[2]. Aus Gründen des Verkehrsschutzes finden jedoch nach Abs 2 die Vorschriften über den gutgläubigen Erwerb vom Nichtberechtigten entsprechende Anwendung. 1

II. Beschränkung der Verfügungsmacht

1. Rechtsnatur, Wirkungen. Die von § 2211 verfügte Entziehung der Verfügungsbefugnis des Erben hat **dingliche Wirkung**[3]. Sie ist nicht lediglich ein relatives Veräußerungsverbot iS von § 135. Eine trotzdem vorgenommene Verfügung des Erben ist nicht nur dem Testamentsvollstrecker, sondern jedermann gegenüber absolut unwirksam, nicht aber nichtig. Es handelt sich aber nur um eine **schwebende Unwirksamkeit**[4]. § 2211 hindert auch nicht daran, dass die **Erben mit Zustimmung des Testamentsvollstreckers** gemeinsam über die Nachlassgegenstände verfügen können[5]. Dies kann auch der Erblasser nicht ausschließen. 2

Durch die ausschließliche Verfügungsbefugnis des Testamentsvollstreckers entsteht ein vom sonstigen Vermögen des Erben getrenntes **Sondervermögen,** das auch dem Zugriff seiner Eigengläubiger entzogen ist (§ 2214), und zwar auch beim Alleinerben[6]. Die Verfügungsbeschränkung bleibt auch im Insolvenzverfahren über das Vermögen des Erben bestehen, da § 80 Abs 2 InsO nicht anwendbar ist (eingehend § 2214 Rn 4)[7] und verhindert eine Einsatzpflicht des Vermögens nach den Bestimmungen des Sozialhilferechts (§§ 90 f SGB XII, früher §§ 88, 89 BSHG)[8]. Die Verfügungsbeschränkung hindert den Erben nicht, Verpflichtungsgeschäfte über das der Verwaltung des Testamentsvollstreckers unterliegende Vermögen einzugehen. Dadurch entsteht jedoch keine Nachlassverbindlichkeit, die vom Testamentsvollstrecker zu erfüllen wäre; der Erbe wird daraus nur **persönlich** verpflichtet[9]. Auch hat der Gläubiger einer solchen Forderung gegenüber einem vom Testamentsvollstrecker geltend gemachten Anspruch des Nachlasses mangels Gegenseitigkeit kein Aufrechnungs- oder Zurückbehaltungsrecht[10]. 3

2. Wirksame Verfügung der Erben. Der **Erbe** kann über einen dem Verwaltungsrecht des Testamentsvollstreckers unterliegenden Nachlassgegenstand **wirksam verfügen,** wenn der Testamentsvollstrecker in eine Verfügung von vornherein einwilligt oder diese später genehmigt, und zwar wird eine solche Verfügung dann von Anfang an wirksam (§§ 185, 184 Abs 1)[11], und zwar auch dann, wenn dies gegen Anordnungen des Erblassers verstößt. Entfällt das Verwaltungsrecht des Testamentsvollstreckers (durch Beendigung der Testamentsvollstreckung infolge Zeitablaufs oder nach § 2217 Abs 1 S 2), so werden die Verfügungen des Erben geheilt, ohne dass es einer Genehmigung oder Bestätigung bedürfte; jedoch tritt hier keine Rückwirkung ein[12]. Die Heilung ist nicht mehr möglich, wenn der Testamentsvollstrecker während seines Verwaltungsrechts bereits eine abweichende Verfügung getroffen hat[13]. Der Erbe kann auch unter der **aufschiebenden Bedingung** des Wegfalls des Verwaltungsrechts des Testamentsvollstreckers verfügen und sich insoweit bereits binden; verfügt aber der Testamentsvollstrecker vorher noch abweichend, so geht diese Zwischenverfügung in ihrer Wirksamkeit vor[14]. 4

---

[1] Mot V S 233.
[2] MünchKommBGB/*Zimmermann* Rn 1.
[3] BGHZ 48, 214, 219 = NJW 1967, 2399; BGHZ 56, 275, 278 = NJW 1971, 1805.
[4] RGZ 87, 432, 433 f; AnwK-BGB/*Weidlich* Rn 7; jurisPK/*Heilmann* Rn 11; PWW/*Schiemann* Rn 2.
[5] BGHZ 56, 275, 278 = NJW 1971, 1805.
[6] BGHZ 48, 214, 219 = NJW 1967, 2399; BGH NJW 1983, 2247; MünchKommBGB/*Zimmermann* Rn 2.
[7] AnwK-BGB/*Weidlich* Rn 3; Staudinger/*Reimann* Rn 2; MünchKommBGB/*Zimmermann* Rn 2.
[8] OVG Saarland ZErb 2006, 275 zum Behindertentestament; VGH Mannheim NJW 1993, 152; AnwK-BGB/*Weidlich* Rn 3; anders aber *Eichenhofer* ZfSH/SGB 1991, 348, 353 ff; *ders* VSSR 1991, 185, 202 ff, was aber mit zivilrechtlichen Kategorien nicht vereinbar ist.
[9] RG HRR 1929 Nr 1833; AnwK-BGB/*Weidlich* Rn 10; jurisPK/*Heilmann* Rn 12.
[10] BGHZ 25, 275, 282; MünchKommBGB/*Zimmermann* Rn 8.
[11] BGHZ 87, 432, 434; AnwK-BGB/*Weidlich* Rn7; jurisPK/*Heilmann* Rn 11.
[12] RGZ 87, 432; RG LZ 1915, 1931; AnwK-BGB/*Weidlich* Rn 7; Staudinger/*Reimann* Rn 4; *Kipp/Coing* § 70 I; *Lange/Kuchinke* § 31 V 4.
[13] *Planck/Flad* Anm 8; Staudinger/*Reimann* Rn 4; *Damrau/Bonefeld* Rn 3.
[14] AnwK-BGB/*Weidlich* Rn 9; Staudinger/*Reimann* Rn 5; MünchKommBGB/*Zimmermann* Rn 12.

§ 2211

5 3. Dauer der Verfügungsbeschränkung. Der Entzug der Verfügungsbefugnis **beginnt** – mangels abweichender Erblasseranordnung – bereits mit dem Erbfall, nicht erst mit dem Amtsantritt des Testamentsvollstreckers, da sonst der Normzweck durch Eigenverfügungen der Erben gefährdet würde[15]. Bis zum förmlichen Amtsantritt besteht somit eine Schwebezeit, in der keiner über den Nachlass verfügen kann (§ 2197 Rn 35 f). Kommt es zu keiner Amtsannahme durch einen Testamentsvollstrecker (alle, einschließlich der Ersatzmänner, lehnen ab oder fallen aus anderen Gründen weg), so sind die von den Erben mittlerweile getroffenen Verfügungen von Anfang an wegen Gegenstandslosigkeit der Testamentsvollstreckung wirksam[16].

6 Mit dem Wegfall des Verfügungsrechts des Testamentsvollstreckers **endet** gleichzeitig die Entziehung der Verfügungsbefugnis für den Erben. Dies kann hinsichtlich des ganzen Nachlasses der Fall sein (Zweckerreichung, Ablauf der Dauer der Testamentsvollstreckung), aber auch nur bezüglich einzelner Gegenstände, die aus der Testamentsvollstreckung ausscheiden, etwa durch Freigabe nach § 2217 Abs 1[17]. Auch zeitliche Unterbrechungen sind denkbar[18].

7 4. Umfang der Verfügungsbeschränkung. Die Verfügungsbeschränkung des Erben besteht nur hinsichtlich der der Verwaltung des Testamentsvollstreckers unterliegenden Gegenstände (§ 2208 Abs 1) einschließlich der **Reinerträge**, sofern auch sie der Testamentsvollstreckung unterworfen wurden[19]. Besteht ein noch nicht vollzogener Anspruch des Erben auf Freigabe (§ 2217 Abs 1), so kann stattdessen auch die Zustimmung des Testamentsvollstreckers zu der beabsichtigten Verfügung verlangt werden[20]. Die Verfügungsbeschränkung des Erben besteht nicht, soweit der Testamentsvollstrecker hinsichtlich eines Nachlassgegenstands an einer Verfügung aus **rechtlichen Gründen** verhindert ist, etwa wegen eines Interessenwiderstreits, es sei denn, der Erblasser hat eine Ersatztestamentsvollstreckung hierfür vorgesehen[21].

8 Verfügungen über einen **Anteil eines Miterben** gehören generell nicht zu den Befugnissen eines Testamentsvollstreckers (§ 2205 Rn 7). Dementsprechend wird durch die Anordnung einer Testamentsvollstreckung die Verfügungsbefugnis des Erben hierüber nicht eingeschränkt, so dass dieser zur **Verpfändung** oder Abtretung des Erbanteils (§ 2033) befugt ist. Jedoch beeinträchtigt die erfolgte Abtretung oder Verpfändung eines Miterbenanteils das Verwaltungs- und Verfügungsrecht des Testamentsvollstreckers hinsichtlich einzelner Nachlassgegenstände nicht, da der Erwerber des Erbteils oder der Pfandgläubiger hieran nicht mehr Rechte erwerben kann, als der Miterbe besitzt[22]. Soweit der Erbe hierfür eine Gegenleistung erhält, unterliegt diese aber nicht mehr der Testamentsvollstreckung[23].

9 5. Verfügungsbegriff. Dieser entspricht dem allgemeinen[24]. Eine Verfügung iS des § 2211 ist daher auch die Kündigung der Miete nach dem Tod des Mieters nach § 569[25] oder die Bewilligung eines Vorkaufsrechts an einem Nachlassgrundstück[26]. **Reine Verwaltungsmaßnahmen tatsächlicher Art** (wie Umbau des Hauses) fallen jedoch nicht unter die Verfügungsbeschränkung, können jedoch vom Testamentsvollstrecker auf Grund seines allgemeinen Verwaltungsrechts (§ 2205 S 2) verhindert werden[27].

III. Gutglaubensschutz (Abs 2)

10 Abs 2 erklärt die Vorschriften zugunsten derjenigen, welche Rechte von einem Nichtberechtigten herleiten, für entspr anwendbar. Der Verweisung bedurfte es, weil der Erbe zwar formell der Rechtsinhaber ist, aber ihm die Verfügungsbefugnis durch Abs 1 entzogen wird. Entspr gelten insbes §§ 932 ff, 892, 893, 1032, 1207, 1244, 2364 ff. Geschützt werden dabei gutgläubige Dritte **bei Rechtsgeschäften mit dem Erben,** wenn sie auf die Verfügungsmacht des Erben vertrauten, weil sie entweder das Bestehen der Testamentsvollstreckung nicht kannten oder gutgläubig annahmen, dass der Gegenstand nicht zum Nachlass gehört, oder zumindest glaubten, dass er der Verwaltung des Testamentsvollstreckers nicht unterliege[28]. Ein gutgläubiger Erwerb ist ausgeschlossen, wenn die Verwaltungsbefugnis des Testamentsvollstreckers nach außen kundgemacht wurde, was bei Grundstücken durch Eintragung des

---

[15] BGHZ 25, 275, 282; 48, 214, 220 = NJW 1967, 2399; AnwK-BGB/*Weidlich* Rn 6; jurisPK/*Heilmann* Rn 3; MünchKommBGB/*Zimmermann* Rn 3.
[16] AnwK-BGB/*Weidlich* Rn 7; MünchKommBGB/*Zimmermann* Rn 3; *Staudinger/Reimann* Rn 6; *Soergel/Damrau* Rn 2.
[17] MünchKommBGB/*Zimmermann* Rn 3; *Staudinger/Reimann* Rn 7.
[18] *Staudinger/Reimann* Rn 8.
[19] RG WarnR 1919 Nr 71; *Staudinger/Reimann* Rn 10.
[20] *Staudinger/Reimann* Rn 10; MünchKommBGB/*Zimmermann* Rn 5; *Erman/M. Schmidt* Rn 3.
[21] OLG München DNotZ 1937, 337; *Staudinger/Reimann* Rn 11.
[22] AnwK-BGB/*Weidlich* Rn 5; *Staudinger/Reimann* Rn 14; MünchKommBGB/*Zimmermann* Rn 6; *Soergel/Damrau* Rn 3; vgl auch KG DNotZ 1941, 127.
[23] AnwK-BGB/*Weidlich* Rn 5; MünchKommBGB/*Zimmermann* Rn 6.
[24] *Palandt/Heinrichs* Überbl § 104 Rn 16.
[25] RGZ 74, 35.
[26] OLG Düsseldorf NJW 1963, 162.
[27] AnwK-BGB/*Weidlich* Rn 2; *Winkler,* Der Testamentsvollstrecker, Rn 231; *Soergel/Damrau* Rn 1; MünchKommBGB/*Zimmermann* Rn 4; aA *Staudinger/Reimann* Rn 15, der auch solche zu den Verfügungen iS der Vorschrift rechnet.
[28] MünchKommBGB/*Zimmermann* Rn 14; *Palandt/Edenhofer* Rn 7.

Testamentsvollstreckervermerks im Grundbuch (§ 52 GBO), bei Schiffen in das Schiffsregister (§ 55 SchiffsRegO) geschieht. Auch im Erbschein wird die Testamentsvollstreckung als Verfügungsbeschränkung eingetragen (§ 2364 Abs 1), so dass derjenige, der eine bewegliche Sache erwirbt und weiß, dass eine Testamentsvollstreckung angeordnet ist, nicht gutgläubig nach § 932 erwirbt, wenn er nur glaubt, das Verwaltungsrecht beziehe sich nicht auf den erworbenen Gegenstand[29]. Auch steht der Besitz des Testamentsvollstreckers oftmals einem gutgläubigem Erwerb entgegen (§ 935). Bei Kenntnis der Nachlasszugehörigkeit handelt aber nicht grob fahrlässig (§ 932 Abs 2), wer es unterlässt, sich einen Erbschein vorlegen zu lassen, weil eine so weit gehende Prüfungspflicht zu verneinen und der Erbschein gerade nicht die alleinige Nachweismöglichkeit hinsichtlich des Bestehens des Erbrechts ist[30]. Der gute Glaube kann auch auf einem **Rechtsirrtum** beruhen, doch wird dieser relativ selten hier in Betracht kommen[31]. Die irrtümliche Annahme, der Testamentsvollstrecker habe der Verfügung des Erben zugestimmt, ist jedenfalls kein Rechts-, sondern ein Tatsachenirrtum.

Geschützt wird auch ein Dritter, der als Schuldner in **Unkenntnis der Verfügungsbeschränkung** 11 an den Erben anstatt an den empfangsberechtigten Testamentsvollstrecker leistet. § 1984 Abs 1 S 2 BGB, § 82 InsO, § 407 Abs 1 gelten insoweit entspr[32]. Die Beweislast dafür, dass der Schuldner bei Leistung die Nachlasszugehörigkeit kannte, trägt dabei der Testamentsvollstrecker[33]. Dieser Schutz gilt auch für die Bank, die bei schuldloser Unkenntnis der Testamentsvollstreckung ein Guthaben an den Erben auszahlt; hat jedoch die Bank Kenntnis hiervon, es jedoch unterlassen, die kontoführende Stelle davon zu benachrichtigen, so wird sie von der Schuld nicht befreit[34]. Eine der Testamentsvollstreckung unterliegende **Forderung** kann vom Erben **nicht gutgläubig erworben** werden, da es hierfür keinen Gutglaubensschutz gibt[35].

Nicht geschützt durch die Verweisung des Abs 2 werden **Rechtsgeschäfte mit dem Testaments-** 12 **vollstrecker** selbst, etwa wenn der Dritte zu Unrecht eine Verfügungsbefugnis des Testamentsvollstreckers annimmt, obwohl dieser durch eine Anordnung nach § 2208 beschränkt ist[36]. Hier hilft allenfalls §§ 2368, 2366[37]. Jedoch geht die Vermutung des Testamentsvollstreckerzeugnisses nicht dahin, dass das Amt im Zeitpunkt der Vorlage des Zeugnisses noch besteht (§ 2368 Rn 19).

§ 2212 Gerichtliche Geltendmachung von der Testamentsvollstreckung unterliegenden Rechten

Ein der Verwaltung des Testamentsvollstreckers unterliegendes Recht kann nur von dem Testamentsvollstrecker gerichtlich geltend gemacht werden.

Schrifttum: *Bonefeld* in: *Bonefeld/Kroiß/Tank*, Der Erbprozess, 2. Aufl 2005, Kap VIII; *Tiedtke*, Der Testamentsvollstrecker als gesetzlicher oder gewillkürter Prozessstandschafter, JZ 1981, 429.

Übersicht

	Rn		Rn
I. Normzweck	1	3. Umfang des Prozessführungsrechts	8
II. Rechtsstellung des Testamentsvollstreckers im Aktivprozess	2	4. Einschränkung des Prozessführungsrechts	10
		5. Verjährung, Unterbrechung des Prozesses	12
III. Prozessführungsrecht für Aktivprozesse	4	6. Rechtskrafterstreckung, Klauselumschreibung	14
1. Grundsatz	4	7. Kosten des Rechtsstreits, Risiken des Testamentsvollstreckers	17
2. Ausnahme: Letztwillige Anordnung, gewillkürte Prozessstandschaft	7		

I. Normzweck

Die umfassende Verwaltungs- und Verfügungsbefugnis gebietet, dem Testamentsvollstrecker auch in 1 prozessualer Hinsicht besondere Befugnisse einzuräumen. § 2212 regelt dabei die Prozessführungsbefugnis für Aktivprozesse, § 2213 die für Passivprozesse. Ergänzt wird dies durch Bestimmungen der

---

[29] *Staudinger/Reimann* Rn 26.
[30] AA aber die hM, vgl AnwK-BGB/*Weidlich* Rn 11; MünchKommBGB/*Zimmermann* Rn 18; *Staudinger/Reimann* Rn 25; *Winkler*, Der Testamentsvollstrecker, Rn 228; abgeschwächt *Soergel/Damrau* Rn 10, der § 2140 analog anwenden will.
[31] MünchKommBGB/*Zimmermann* Rn 18; *Staudinger/Reimann* Rn 20; allg zum Rechtsirrtum und gutgläubigen Erwerb *J. Mayer*, Der Rechtsirrtum und seine Folgen, 1989, S 229 ff; stärker einschränkend AnwK-BGB/*Weidlich* Rn11: „entlastet normalerweise nicht".
[32] AnwK-BGB/*Weidlich* Rn 12; *Staudinger/Reimann* Rn 27; *Soergel/Damrau* Rn 10; *Palandt/Edenhofer* Rn 7.
[33] AnwK-BGB/*Weidlich* Rn 12; MünchKommBGB/*Zimmermann* Rn 17.
[34] OLG Bremen MDR 1964, 328; AnwK-BGB/*Weidlich* Rn 12.
[35] MünchKommBGB/*Zimmermann* Rn 17.
[36] AnwK-BGB/*Weidlich* Rn 13; jurisPK/*Heilmann* Rn 10.
[37] *Palandt/Edenhofer* Rn 8; *Staudinger/Reimann* Rn 19.

ZPO, nämlich § 327 ZPO zur Rechtskraft und den §§ 748, 749, 779 Abs 2, 780 Abs 2 ZPO zur Zwangsvollstreckung.

II. Rechtsstellung des Testamentsvollstreckers im Aktivprozess

2   Der Testamentsvollstrecker ist als Prozesspartei nicht Vertreter der Erben oder des Nachlasses, sondern **Partei kraft Amtes** (§ 116 S 1 Nr 1 ZPO)[1], klagt also im eigenen Namen und auch auf Leistung an sich. Er kann daher als Partei vernommen werden (§§ 445 ff ZPO), der Erbe dagegen als Zeuge (§§ 373 ff ZPO), sofern er nicht Streitgenosse des Testamentsvollstreckers ist[2]. Der Erbe kann weiter in dem Prozess als Nebenintervenient (§§ 66, 69 ZPO) auftreten, ja sogar als Hauptintervenient (§ 64 ZPO), wenn das Recht des Testamentsvollstreckers bestritten ist[3]. Ihm kann auch der Streit verkündet werden (§§ 72 ff ZPO), etwa wenn dem Testamentsvollstrecker ein Haftungsregress nach § 2219 droht. Unter den Voraussetzungen der §§ 114, 116 S 1 Nr 1 ZPO ist dem Testamentsvollstrecker **Prozesskostenhilfe** zu gewähren, wenn die prozesserforderlichen Mittel weder aus dem verwalteten Nachlass noch von den Erben oder den sonstigen an der Prozessdurchführung interessierten Personen aufgebracht werden können und die sonstigen Voraussetzungen hierfür vorliegen[4].

3   Im **eigenen Namen** (und damit nicht nach § 2212) klagt dagegen der Testamentsvollstrecker, wenn es um seine persönlichen Rechte und Pflichten geht, etwa um Aufwendungsersatz (§§ 2218, 670), Vergütung (§ 2221), Schadensersatz (§ 2219)[5], aber auch, wenn es sich um die Rechtsstellung des Testamentsvollstreckers selbst handelt, also etwa darum, ob er wirksam ernannt wurde oder sein Amt bereits beendet ist (vgl auch Rn 10)[6]. Er trägt hier die durch ein etwaiges Unterliegen entstehenden Kosten allein und persönlich[7].

III. Prozessführungsrecht für Aktivprozesse

4   **1. Grundsatz.** § 2212 gilt ausschließlich für Aktivprozesse, also für die Geltendmachung von Rechten, die den Nachlass betreffen. Als Ausfluss des Verwaltungs- und Verfügungsrechts weist § 2212 dem Testamentsvollstrecker das Prozessführungsrecht hierfür zu, soweit das betreffende Recht seiner Verwaltung unterliegt, wobei es allein darauf ankommt, ob dieses konkrete Recht der Testamentsvollstreckung unterfällt[8]. Das Prozessführungsrecht folgt also grds dem tatsächlich bestehenden Verfügungsrecht[9]. Je nach den Anordnungen des Erblassers hierzu kann es daher dem Testamentsvollstrecker oder dem Erben zustehen. Möglich ist auch, dass wegen eines gemeinschaftlichen Verfügungsrechts das Prozessführungsrecht den Erben und dem Testamentsvollstrecker gemeinschaftlich zusteht[10], so dass beide notwendige Streitgenossen sind (§ 62 Abs 1 Alt 2 ZPO). Die Einsetzung eines **„executors"** durch einen deutschen Erblasser ist in diejenige eines Testamentsvollstreckers umzudeuten, dem dann die Befugnis aus § 2212 zukommt[11].

5   Auch **mehrere Testamentsvollstrecker** sind grds notwendige Streitgenossen, sofern sie zur gemeinsamen Vollstreckung berufen sind (§ 2224 Abs 1)[12]. Dagegen kann einer von mehreren Mitvollstreckern allein klagen, wenn er insoweit zur alleinigen Verwaltung des betroffenen Rechts berufen ist (§ 2224 Abs 1 S 3) oder die Prozessführung zur Erhaltung eines Nachlassgegenstands erforderlich ist (§ 2224 Abs 2)[13].

6   Fehlt das Prozessführungsrecht, so ist die entsprechende Klage nicht wegen fehlender Aktivlegitimation als unbegründet, sondern wegen einer fehlenden **Prozessvoraussetzung** als unzulässig abzuweisen[14].

7   **2. Ausnahme: Letztwillige Anordnung, gewillkürte Prozessstandschaft.** § 2212 ist nicht zwingend[15], so dass der Erblasser durch entsprechende Anordnung das Prozessführungsrecht den Erben zuweisen kann (§ 2208 Abs 1 S 1), denn das Prozessführungsrecht ist Teil des Verwaltungsrechts des Testamentsvollstreckers[16]. Auch kann der prozessführungsberechtigte Testamentsvollstrecker die Erben zur Prozessführung im Wege der **gewillkürten Prozessstandschaft** wirksam ermächtigen[17]. Diese

---

[1] BGHZ 51, 125, 128 = NJW 1969, 424; RGZ 68, 257; *Tiedtke* JZ 1981, 429; *Winkler*, Der Testamentsvollstrecker, Rn 432.
[2] OLG Hamburg OLGE 4, 122.
[3] *Staudinger/Reimann* Rn 16.
[4] *Grunsky* NJW 1980, 2041, 2044; *Zimmermann* Rn 613.
[5] BGH NJW-RR 1987, 1090; MünchKommBGB/*Zimmermann* Rn 11.
[6] *Lange/Kuchinke* § 31 VI 4 e.
[7] *Soergel/Damrau* Rn 12.
[8] BGH NJW-RR 1987, 1090.
[9] BGHZ 31, 279, 280 = NJW 1960, 523.
[10] *Staudinger/Reimann* Rn 6.
[11] LG Hamburg IPRspr 1994, 290.
[12] RGZ 98, 173; AnwK-BGB/*Weidlich* Rn 9.
[13] OLG Saarbrücken NJW 1967, 1137; *Staudinger/Reimann* Rn 6.
[14] BGHZ 1, 65, 68 = NJW 1951, 311; BGHZ 31, 279, 280; AnwK-BGB/*Weidlich* Rn 20; jurisPK/*Heilmann* Rn 9; *Kipp/Coing* § 71 I 1; *Stein/Jonas/Bork* Vor § 50 ZPO Rn 20; aA BGHZ 41, 23, 24 ohne Begr.
[15] MünchKommBGB/*Zimmermann* Rn 3; BGHZ 38, 281, 286 = NJW 1963, 297 zur ähnlichen Situation beim Nachlassverwalter.
[16] *Staudinger/Reimann* Rn 7; MünchKommBGB/*Zimmermann* Rn 3.
[17] BFHE 153, 504 = DStR 1989, 103; *Staudinger/Reimann* Rn 8; MünchKommBGB/*Zimmermann* Rn 18; *Kipp/Coing* § 71 I 1; *Lange/Kuchinke* § 31 VI 4 f; *Soergel/Damrau* Rn 3; *Bonefeld* Erbprozess VIII Rn 17 mit Formular; BGHZ 35, 180, 183 = NJW 1961, 1528 zum Konkursverwalter; BGHZ 38, 281, 286 = NJW 1963, 297 für

weist die Besonderheit auf, dass ein eigenes Recht, das jedoch der Verfügungsbefugnis durch den Rechtsinhaber entzogen ist, im eigenen Namen geltend gemacht wird. Die prozessualen Voraussetzungen hierfür liegen idR vor, insbes ergibt sich das schutzwürdige Interesse für die Geltendmachung durch den Erben aus seiner eigenen Rechtsinhaberschaft. Jedoch darf der Testamentsvollstrecker die Ermächtigung nur im Rahmen einer ordnungsgemäßen Verwaltung erteilen (§ 2216 Abs 1), wozu auch gehört, dass das durch den Prozess Zugesprochene seiner Verwaltung unterworfen bleibt[18]. Dies muss der Testamentsvollstrecker nur dann nicht beachten, wenn er zur Freigabe nach § 2217 Abs 1 befugt wäre.

3. Umfang des Prozessführungsrechts.
Ohne ausdrückliche Einschränkung des Erblassers ist der Testamentsvollstrecker grds zu **jeder Art der gerichtlichen Geltendmachung** des seiner Verwaltung unterliegenden Nachlassrechtes berechtigt. Er kann also Klage (auch Feststellungs- und Widerklage) erheben, eine Aufrechnung erklären, Einreden geltend machen, Vollstreckungsgegenklage nach § 767 ZPO erheben[19], Arrest oder einstweilige Verfügung beantragen, Mahn- oder Vollstreckungsbescheid erwirken[20] oder den Nachlass in einer Patentnichtigkeitsklage vertreten[21]. Die Prozessführung kann sowohl die ordentliche Zivil- wie auch die Verwaltungsgerichtsbarkeit betreffen[22], ein Schiedsverfahren[23], aber auch ein finanzgerichtliches Verfahren oder ein solches der freiwilligen Gerichtsbarkeit (zB Antrag auf Berichtigung des Grundbuchs)[24].

Prozessrechtlich ist der Testamentsvollstrecker an sich auch zur Abgabe von Verzichten, Anerkenntnissen und Vergleichen berechtigt (§§ 306, 307 ZPO, § 779). Zu beachten ist jedoch, dass diese Erklärungen auch eine materiell-rechtliche Seite haben und Anordnungen des Erblassers (§ 2208) und das **Schenkungsverbot** (§ 2205 S 3) derartigen Verfügungen Grenzen setzen. Wird hiergegen verstoßen, so schlägt die Nichtigkeit der materiell-rechtlichen Seite nach der von der hM vertretenen Theorie über die Doppelnatur dieser Prozesshandlungen[25] auch auf die Wirksamkeit der prozessualen Seite durch[26], so dass dann keine Verfahrensbeendigung eintritt[27].

4. Einschränkung des Prozessführungsrechts.
Ein Prozessführungsrecht des Testamentsvollstreckers fehlt, wenn er das **Verwaltungsrecht** über den Nachlassgegenstand **verliert**, etwa durch eine Freigabe, oder wenn der Testamentsvollstrecker selbst Schuldner des Nachlasses ist, denn niemand kann sich selbst verklagen[28]. Daher können die Erben auch **Schadensersatzansprüche** (§ 2219) gegen den Testamentsvollstrecker geltend machen, solange nicht ein anderer als Vollstrecker berufen ist[29], das Gleiche gilt für einen Herausgabeanspruch des Erben gegen den Testamentsvollstrecker[30]. Auch besteht kein Prozessführungsrecht des Testamentsvollstreckers für Rechtsstreitigkeiten über den Kreis der **Gesellschafter**, auch wenn deren Anteile an einer Personengesellschaft zum Nachlass gehören, weil die Befugnisse, die unmittelbar die Mitgliedschaftsrechte der Erben berühren, nicht der Testamentsvollstreckung unterliegen[31]. Ebenso wenig ist der Abwicklungsvollstrecker für eine Klage auf Feststellung der Auflösung einer Kommanditgesellschaft, deren Gesellschaftsanteile im Wege der Sondererbfolge (Singularsukzession) auf die Miterben übergegangen sind, prozessführungsbefugt[32].

Weil das **Erbrecht** als solches nicht der Testamentsvollstreckung unterliegt, ist der Testamentsvollstrecker zur prozessualen Feststellung des Erbrechts als solches grds nicht berechtigt[33]. Ein solcher Streit ist zwischen den Erbprätendenten selbst auszutragen. Der Testamentsvollstrecker kann jedoch eine Klagebefugnis auf Feststellung des Bestehens oder Nichtbestehens eines von einem Erbanwärter in Anspruch genommenen Erbrechts, wenn er in dieser Eigenschaft ein rechtliches Interesse hat; Indiz hierfür ist, dass er **Klarheit** benötigt, um sich nicht selbst schadensersatzpflichtig nach § 2219 zu machen[34], oder um eine ihm obliegende Erbauseinandersetzung durchzuführen[35]. Ein solches Urteil

---

Nachlassverwalter; BFH BB 1988, 2024 für Steuererstattungsansprüche; aA *Koch* JZ 1984, 809, 812; eine Unzulässigkeit der Ermächtigung nimmt auch *Zimmermann* Rn 597 an, wenn dadurch das Kostenrisiko verschoben werden soll, weil etwa der Erbe wegen Vermögenslosigkeit kein solches hat.
[18] MünchKommBGB/*Zimmermann* Rn 18; *Zimmermann* Rn 597.
[19] MünchKommBGB/*Zimmermann* Rn 6; aA *Garlichs*, Passivprozesse des Testamentsvollstreckers, Diss 1995, Rn 7, 301: dies sei als Geltendmachung einer Einwendung ein Passivprozess, § 2213.
[20] AnwK-BGB/*Weidlich* Rn 2.
[21] BGH NJW 1966, 2059 = GRUR 1967, 56 m krit Anm *Pietzcker*: Klage ist jedoch gegen den Erben zu richten, § 81 Abs 1 S 2 PatG.
[22] MünchKommBGB/*Zimmermann* Rn 7; aber keine Berechtigung zur Stellung von Beihilfeanträgen bei einem verstorbenen Beamten, BayVGH BayVBl 1983, 698, zweifelhaft.
[23] Eingehend *Staudinger*/*Reimann* Rn 30 ff.
[24] RGZ 61, 145; BayObLGZ 1951, 454.
[25] BGHZ 79, 71, 74 zum Prozessvergleich; *Rosenberg*/*Schwab*/*Gottwald* Zivilprozessrecht § 131 III 1 c.
[26] AnwK-BGB/*Weidlich* Rn 10; jurisPK/*Heilmann* Rn 10; *Zimmermann* Rn 608; *Zöller*/*Stöber* § 794 ZPO Rn 15; aA *Soergel*/*Damrau* Rn 8, der die Erben auf die Ansprüche aus § 2219 verweist.
[27] *Damrau*/*Bonefeld* Rn 7; *Staudinger*/*Reimann* Rn 2; *Zöller*/*Stöber* § 794 ZPO Rn 15; aA *Soergel*/*Damrau* Rn 8.
[28] RGZ 82, 151; RG LZ 1914, 1714; *Staudinger*/*Reimann* Rn 11.
[29] AnwK-BGB/*Weidlich* Rn 18; *Soergel*/*Damrau* Rn 5.
[30] BGH NJW-RR 2003, 217 = FamRZ 2003, 307; MünchKommBGB/*Zimmermann* Rn 17.
[31] BGH NJW 1998, 1313 (Gesellschaftsrechtssenat).
[32] OLG Hamm NJW-RR 2002, 729.
[33] RG LZ 1922, 198; AnwK-BGB/*Weidlich* Rn 13; *Staudinger*/*Reimann* Rn 25; *Soergel*/*Damrau* Rn 6.
[34] BGH NJW-RR 1987, 1090; OLG Karlsruhe FamRZ 2005, 1200 = ZEV 2005, 256 m Anm *Otte*; *Soergel*/*Damrau* Rn 6.
[35] *Staudinger*/*Reimann* Rn 26; MünchKommBGB/*Zimmermann* Rn 10.

nimmt aber nicht an der erweiterten Rechtskraftwirkung des § 327 Abs 1 ZPO teil, weil das Erbrecht als solches der Verwaltung nicht unterliegt, und wirkt daher nicht für und gegen die (anderen) Erben[36]. Der Erbschaftsanspruch gegen den Erbschaftsbesitzer nach § 2018 unterliegt demgegenüber auf alle Fälle der Testamentsvollstreckung[37].

12   **5. Verjährung, Unterbrechung des Prozesses.** Für Ansprüche des Nachlasses wie aber auch für solche, die hiergegen gerichtet sind, ist die **Verjährungshemmung** nach § 211 (früher § 207) zu beachten. Zum Schutze des Nachlasses aber auch seiner Gläubiger wird die Verjährung nicht vor Ablauf von sechs Monaten seit der Amtsannahme durch den Testamentsvollstrecker beendet, so weit der Anspruch der Testamentsvollstreckung unterliegt[38].

13   Bei einem **Wechsel der Person** des Testamentsvollstreckers gelten die §§ 241, 246 ZPO entspr[39]. Fällt die Testamentsvollstreckung insgesamt weg oder zumindest das Verwaltungsrecht an dem geltend gemachten Recht, so finden die §§ 239, 246 ZPO Anwendung[40]. Ein vom Erblasser geführter und durch seinen Tod unterbrochener Rechtsstreit kann auch gegen den Testamentsvollstrecker wieder aufgenommen werden, sofern das Recht seiner Verwaltung unterliegt (§§ 243, 241 ZPO)[41]. Bei zunächst nach dem Tod einer Partei erfolgter Aussetzung des Prozesses kann über die Frage, ob der Testamentsvollstrecker zur Prozessführung berechtigt ist, in einem weiteren Verfahren nach Aussetzungsende entschieden werden[42]. Bei einem Aktivprozess ist die Aufnahme des Prozesses durch den Erben mangels Prozessführungsrecht ausgeschlossen[43].

14   **6. Rechtskrafterstreckung, Klauselumschreibung.** Nach § 327 Abs 1 ZPO wirkt ein Urteil, das zwischen dem Testamentsvollstrecker und einem Dritten über ein der Verwaltung unterliegendes Recht nach § 2212 ergeht, **für und gegen den Erben**. Hierzu gehören auch Feststellungsurteile[44]. Will **nach Beendigung** der Testamentsvollstreckung der Erbe aus einem solchen Urteil die Zwangsvollstreckung betreiben, so muss er sich nach §§ 728 Abs 2, 727 ZPO eine vollstreckbare Ausfertigung erteilen lassen, sog „Umschreibung der Vollstreckungsklausel auf den Erben"[45]. Hierzu muss er seine Erbenstellung und auch die Beendigung der Testamentsvollstreckung in der Form des § 727 Abs 1 ZPO nachweisen, wenn dies nicht offenkundig ist[46].

15   Urteile, die zwischen dem **Erben** und einem Dritten ergehen, wirken nur dann für und gegen den Testamentsvollstrecker, wenn eine gewillkürte Prozessstandschaft vorlag (Rn 7)[47]. Für Klagen des Testamentsvollstreckers auf Feststellung des Erbrechts gilt § 327 ZPO nicht (Rn 11).

16   Ist für den **Erblasser** bereits ein Urteil oder sonstiger **Vollstreckungstitel** (etwa nach § 794 ZPO) **vorhanden**, so wirkt dies auch für den Testamentsvollstrecker, so dass dieser sich eine vollstreckbare Ausfertigung erteilen lassen kann (§§ 749, 727 ZPO; sog „Umschreibung der Vollstreckungsklausel"). Jedoch muss er dazu nachweisen, dass das betreffende Recht seiner Verwaltung unterliegt[48], was auch durch Testamentsvollstreckerzeugnis geschehen kann.

17   **7. Kosten des Rechtsstreits, Risiken des Testamentsvollstreckers.** So weit der Testamentsvollstrecker einen nach § 2212 geführten Rechtsstreit verliert, wird er zwar zur **Kostentragung** nach §§ 91 ff ZPO verurteilt, jedoch trägt diese – so weit keine Pflichtwidrigkeit des Testamentsvollstreckers vorliegt – der Nachlass, in den auch allein aus dem Kostenfestsetzungsbeschluss vollstreckt werden kann[49].

18   Aus einer **pflichtwidrigen Prozessführung** resultiert eine Verpflichtung des Testamentsvollstreckers, den Erben den dadurch entstandenen Schaden zu ersetzen (§ 2219)[50]. Hat er die Prozesskosten bereits aus dem Nachlass entnommen, so ist er dann nach § 2219 zu deren Rückzahlung verpflichtet[51]. Eine solche Ersatzpflicht besteht aber nicht immer schon dann, wenn der Testamentsvollstrecker einen Prozess verloren hat. Vielmehr fallen auch in diesem Fall die Prozesskosten dem Nachlass zur Last, wenn sich der Testamentsvollstrecker unter Anwendung der von einem gewissenhaften Testamentsvoll-

---

[36] RG JW 1919, 724; *Löwisch* DRiZ 1971, 273; MünchKommBGB/*Zimmermann* Rn 10.
[37] Staudinger/Reimann Rn 28; Kipp/Coing § 71 I 3.
[38] RGZ 100, 279, 281; MünchKommBGB/*Zimmermann* Rn 5.
[39] RG WarnR 1913 Nr 330; hierzu und zum Folgenden *Bonefeld* Erbprozess VIII Rn 7 ff; AnwK-BGB/*Weidlich* Rn 24.
[40] RGZ 155, 350; BGH NJW 1964, 2301; jurisPK/*Heilmann* Rn 19; *Zimmermann* Rn 611; aA *Zöller/Greger* § 239 ZPO Rn 7.
[41] Staudinger/Reimann Rn 18.
[42] BGH VersR 1983, 666.
[43] BGHZ 104, 1, 3 = NJW 1988, 1390.
[44] RG *Gruchot* 50, 387.
[45] JurisPK/*Heilmann* Rn 22; KK-Erbrecht/*Rott* Rn 18; s dazu *Scheel* NotBZ 2000, 146, 153 mit Formulierungsvorschlag.
[46] AnwK-BGB/*Weidlich* Rn 32; Zöller/Stöber § 728 Rn 3.
[47] AnwK-BGB/*Weidlich* Rn 28; Staudinger/Reimann Rn 21; Kipp/Coing § 71 I 1; MünchKommBGB/*Zimmermann* Rn 19.
[48] AnwK-BGB/*Weidlich* Rn 29; Staudinger/Reimann Rn 22; Stein/Jonas/Münzberg § 749 ZPO Rn 5; *Zimmermann* Rn 633.
[49] RG JW 1901, 183; AnwK-BGB/*Weidlich* Rn 27; MünchKommBGB/*Zimmermann* Rn 13; eingehend Soergel/*Damrau* Rn 12.
[50] AnwK-BGB/*Weidlich* Rn 27; MünchKommBGB/*Zimmermann* Rn 13.
[51] Staudinger/Reimann § 2218 Rn 31 und § 2219 Rn 5.

strecker zu erwartenden Sorgfalt, unter Berücksichtigung etwaiger besonderer beruflicher Qualifikationen, etwa als Rechtsanwalt, zur Prozessführung entschlossen hatte[52].

§ 2213 Gerichtliche Geltendmachung von Ansprüchen gegen den Nachlass

(1) ¹Ein Anspruch, der sich gegen den Nachlass richtet, kann sowohl gegen den Erben als gegen den Testamentsvollstrecker gerichtlich geltend gemacht werden. ²Steht dem Testamentsvollstrecker nicht die Verwaltung des Nachlasses zu, so ist die Geltendmachung nur gegen den Erben zulässig. ³Ein Pflichtteilsanspruch kann, auch wenn dem Testamentsvollstrecker die Verwaltung des Nachlasses zusteht, nur gegen den Erben geltend gemacht werden.

(2) Die Vorschrift des § 1958 findet auf den Testamentsvollstrecker keine Anwendung.

(3) Ein Nachlassgläubiger, der seinen Anspruch gegen den Erben geltend macht, kann den Anspruch auch gegen den Testamentsvollstrecker dahin geltend machen, dass dieser die Zwangsvollstreckung in die seiner Verwaltung unterliegenden Nachlassgegenstände dulde.

Schrifttum: *Garlichs,* Passivprozesse des Testamentsvollstreckers, Diss 1995; *ders/Mankel,* Die passive Prozessführungsbefugnis des Testamentsvollstreckers bei Teilverwaltung, MDR 1998, 511; *Kessler,* Der Testamentsvollstrecker im Prozess, DRiZ 1965, 195; 1967, 299.

Übersicht

	Rn		Rn
I. Normzweck	1	5. Geltendmachung besonderer Ansprüche	8
II. Passivprozesse gegen den Nachlass	2	III. Stellung des Testamentsvollstreckers im Passivprozess, Verfahrensfragen	10
1. Begriff	2		
2. Testamentsvollstreckung umfasst den gesamten Nachlass	5	IV. Rechtskraft, Klauselumschreibungen	12
3. Gegenständlich beschränkte Testamentsvollstreckung (§ 2208 Abs 1 S 2)	6	V. Zwangsvollstreckung	15
4. Kein Verwaltungsrecht des Testamentsvollstreckers	7	1. Vollstreckungstitel gegen den Erblasser	15
		2. Durchführung der Vollstreckung	16

I. Normzweck

Werden Ansprüche gegen den Nachlass gerichtlich geltend gemacht, ist der Erbe, der die Erbschaft 1 angenommen hat (§ 1958), immer prozessführungsberechtigt, dh, er kann von den Nachlassgläubigern verklagt werden. Denn der Erbe haftet für Nachlassverbindlichkeiten auch persönlich. Daher muss den Gläubigern die Möglichkeit offen stehen, auch auf das **Eigenvermögen der Erben zuzugreifen,** unbeschadet des Rechts des Erben, die Beschränkung der Erbenhaftung zu erklären (§§ 780 Abs 1, 781, 785 ZPO). Soweit jedoch das Verwaltungsrecht des Testamentsvollstreckers besteht, ist für den Nachlassgläubiger ein allein gegen den Erben ergangenes Urteil nur von beschränktem Wert, weil zur Zwangsvollstreckung in den Nachlass nach § 748 ZPO noch ein Titel gegen den Testamentsvollstrecker erforderlich ist[1]. Daher ist auch der Testamentsvollstrecker passiv prozessführungsbefugt, so dass es für den Gläubiger idR empfehlenswert ist, Erben und Testamentsvollstrecker zu verklagen, sofern ein entsprechendes Verwaltungsrecht des Testamentsvollstreckers noch besteht[2].

II. Passivprozesse gegen den Nachlass

1. Begriff. Hierunter fallen **alle gerichtlichen Streitigkeiten,** in denen wegen einer Nachlass- 2 verbindlichkeit (§§ 1967, 1968) eine Leistung aus dem Nachlass verlangt oder deren Feststellung beansprucht wird[3], auch solche aus einem vom Testamentsvollstrecker geschlossenen Vertrag (§ 2206)[4]. Auf die Art der Gerichtsbarkeit (etwa Finanz-[5] oder Verwaltungsgerichtsbarkeit[6] und die Verfahrensart kommt es nicht an. Daher gehören hierzu auch eine negative Feststellungsklage gegen einen Dritten, der sich eines Anspruchs gegen den Nachlass berühmt, oder gegen eine Wiederaufnahme durch eine Restitutionsklage (§ 580 ZPO). Für das Vorliegen eines Passivprozesses kommt es nicht formell auf die Parteirolle im Prozess an (formelle Beklagteneigenschaft), sondern allein materiell darauf, ob ein gegen den Nachlass gerichteter Anspruch „abgewehrt" wird, was auch durch eine Anfechtungsklage gegen einen Leistungsbescheid (Erschließungskosten) geschehen kann[7]. Aus § 2213 Abs 1 leitet die finanzge-

---

[52] BGH NJW 1967, 443 = WM 1967, 25, 29; OLG Karlsruhe NJW-RR 2005, 452.
[1] MünchKommBGB/*Zimmermann* Rn 1; BFH NJW-RR 1996, 1025.
[2] *Soergel/Damrau* Rn 3.
[3] MünchKommBGB/*Zimmermann* Rn 2; *Staudinger/Reimann* Rn 1.
[4] OLG Koblenz OLGR 1997, 260.
[5] BFH BFHE 179, 222 = NJW-RR 1996, 1025.
[6] OVG Münster NVwZ-RR 1997, 62: Anfechtungsklage gegen einen Leistungsbescheid.
[7] OVG Münster NVwZ-RR 1997, 62; offenlassend für die Anfechtung eines Erbschaftsteuerbescheids BFHE 153, 504 = DStR 1989, 103.

richtliche Rspr her, dass auch **Steuerbescheide** gegen den Testamentsvollstrecker als sog „Bekanntgabeadressat" **bekannt gegeben** werden können, wenn der Testamentsvollstrecker im Rahmen seiner Verwaltung des gesamten Nachlasses nach § 2213 Abs 1 zur Erfüllung von Nachlassverbindlichkeiten verpflichtet ist und er zur Begleichung der Steuerschuld aus dem verwalteten Nachlass herangezogen werden soll[8]. Eine Anfechtungsbefugnis wird dem Testamentsvollstrecker aber unter Bezug auf § 350 AO abgesprochen[9], was nicht konsequent ist.

3   **Nicht** unter § 2213 fallen Streitigkeiten der Erbanwärter um das Erbrecht oder der Miterben untereinander über das Bestehen einer Ausgleichspflicht (§§ 2050 ff) oder eine Patentnichtigkeitsklage (§ 2212 Rn 8)[10] oder eine Klage wegen des Erbschaftsanspruchs gegen den Testamentsvollstrecker (§ 2018), weil dieser den Nachlass nicht auf Grund eines zu Unrecht behaupteten Erbrechts in Besitz hat[11].

4   Ebenfalls nicht zu § 2213 gehört die Geltendmachung von **Ansprüchen gegen den Testamentsvollstrecker persönlich**[12], etwa von Schadensersatzansprüchen nach § 2219[13], von Herausgabeansprüchen nach §§ 2218, 667[14], wenn er ein Nachlassverzeichnis erstellen oder Rechnung legen soll[15], wenn er auf Rückerstattung von zu Unrecht dem Nachlass entnommener Beträge verklagt wird[16], ein Anspruch auf Freigabe nach § 2217 Abs 1 verfolgt wird[17], wenn geklärt werden soll, ob er wirksam ernannt[18] oder sein Amt nicht schon beendet ist[19], ja immer, wenn seine **Amtsstellung** und seine Befugnisse strittig sind[20]. In all diesen Fällen ist der Testamentsvollstrecker persönlich zu verklagen.

5   2. **Testamentsvollstreckung umfasst den gesamten Nachlass.** In diesem Regelfall der Testamentsvollstreckung kann der Nachlassgläubiger den **Testamentsvollstrecker allein** oder **nur den Erben** oder **beide gleichzeitig** auf Leistung oder Feststellung verklagen (Abs 1 S 1). Er kann aber auch gegen den Erben auf Leistung und gegen den Testamentsvollstrecker auf Duldung der Zwangsvollstreckung klagen, und zwar gemeinsam wie auch getrennt, da er zur Zwangsvollstreckung in den Nachlass einen Titel gegen den Testamentsvollstrecker benötigt (§ 748 Abs 1 ZPO) und zu der in das Eigenvermögen des Erben einen Leistungstitel gegen diesen[21]. **Vor** der **Annahme der Erbschaft** kann gegen den Erben keine Klage erhoben werden (§ 1958), wohl aber bereits gegen den Testamentsvollstrecker (Abs 2), wenn er das Amt angenommen hat (§ 2202 Abs 1) und iÜ die passive Prozessführungsbefugnis besitzt[22].

6   3. **Gegenständlich beschränkte Testamentsvollstreckung (§ 2208 Abs 1 S 2).** Dann kann der Nachlassgläubiger **nur gegen** den Erben **Leistungsklage** erheben, nicht aber gegen den Testamentsvollstrecker (Abs 1 S 2). Gegen den **Testamentsvollstrecker** ist **nur Klage auf Duldung der Zwangsvollstreckung** zulässig (Abs 3), aber auch erforderlich, wenn der Gläubiger in den Teil des dem Verwaltungsrecht des Testamentsvollstreckers unterliegenden Nachlasses vollstrecken will (§ 748 Abs 2 ZPO, sog Zweiteiltheorie);[23] ansonsten kann nur in das Eigenvermögen des Erben oder den nicht der Testamentsvollstreckung unterworfenen Nachlass vollstreckt werden[24]. Dies gilt auch für dingliche Ansprüche[25]. Eine unzulässige Leistungsklage gegen den Testamentsvollstrecker kann jedoch als zulässige Duldungsklage angesehen werden, und zwar auch noch in der Revisionsinstanz[26]. Gegen die Duldungsklage hat der Testamentsvollstrecker alle materiellen Einwendungen und Einreden des Erben[27].

---

[8] BFH BStBl 1988 II S 120 = NJW 1989, 936; BStBl 1989 II, S 792 = BB 1989, 1817; BFH DStR 2003, 2068 zur Einkommensteuerschuld des Erblassers; dem folgend AEAO zu § 122 Tz 2.13.1.1; dazu *Wälzholz/Vassel-Knauf* in: *Mayer/Bonefeld/Wälzholz/Weidlich* Rn 1228. – Bei der Geltendmachung von **Erschließungsbeiträgen** nach §§ 127 ff BauGB soll dagegen eine Bekanntgabe an den Testamentsvollstrecker nicht möglich sein, da das Entstehen der damit verbundenen persönlichen Beitragspflicht einen Zugang des Bescheids an den Grundstückseigentümer selbst erfordere, HessVGH NVwZ-RR 1992, 322.
[9] BFH BStBl 1974 II S 100 = BB 1974, 74; BStBl 1988 II 946; BStBl 1996 II S 322 = NJW-RR 1996, 1025; *Piltz* in: *Bengel/Reimann* HdB VIII Rn 33; vgl dazu krit *Wälzholz/Vassel-Knauf* in: *Mayer/Bonefeld/Wälzholz/Weidlich* Rn 1243.
[10] BGH NJW 1966, 2059.
[11] RGZ 81, 151; OLG München OLGE 40, 134.
[12] AnwK-BGB/*Weidlich* Rn 17; *Staudinger/Reimann* Rn 3.
[13] BGHZ 41, 23, 40 = NJW 1964, 1316.
[14] BGH NJW-RR 1988, 386.
[15] KG OLGE 10, 303; aA OLG Koblenz NJW-RR 1993, 462.
[16] KG OLGE 25, 16.
[17] OGHZ 2, 45, 48.
[18] MünchKommBGB/*Zimmermann* Rn 3.
[19] *Soergel/Damrau* Rn 8.
[20] Vgl BGH NJW-RR 1987, 1090; OGHZ 2, 45; eingehend hierzu, aber teilweise abw, *Garlichs*, Passivprozesse des Testamentsvollstreckers, Diss 1995, Rn 70 ff; *ders* ZEV 1996, 447; vgl auch *Bonefeld* Erbprozess VIII Rn 68 ff sowie *Soergel/Damrau* Rn 8 mwN. Die theoretische Abgrenzung nimmt *Keßler* DRiZ 1967, 299, 301 danach vor, ob gegen den Nachlass vollstreckt oder der Nachlass die Kosten trägt; *Garlichs* aaO bejaht Amtsklage, nur Urteil soll beim Tod des Testamentsvollstreckers gegen Nachfolger wirken soll.
[21] *Soergel/Damrau* Rn 3 mwN.
[22] MünchKommBGB/*Zimmermann* Rn 4.
[23] KG NJW 1963, 1553; OLG Hamm Rpfleger 1977, 306; BFH NJW-RR 1996, 1025; AnwK-BGB/*Weidlich* Rn 10; *Musielak/Lackmann* § 748 ZPO Rn 5; *Soergel/Damrau* Rn 4; aA *Garlichs/Mantel* MDR 1998, 511, 514 ff auf Grund eines anderen Verständnisses von § 748 ZPO.
[24] AnwK-BGB/*Weidlich* Rn 10; *Soergel/Damrau* Rn 4.
[25] *Planck/Flad* Anm 2 b.
[26] RG HRR 1932 Nr 1453; MünchKommBGB/*Zimmermann* Rn 10.
[27] MünchKommBGB/*Zimmermann* Rn 10.

4. Kein Verwaltungsrecht des Testamentsvollstreckers.
In diesen Fällen, etwa bei der beaufsichtigenden Testamentsvollstreckung, ergeben sich gegenüber der sonstigen Durchsetzung erbrechtlicher Ansprüche keine Besonderheiten. Die Klage ist gegen den Erben zu richten. Ein Duldungstitel gegen den Testamentsvollstrecker ist für die Zwangsvollstreckung nicht erforderlich[28]. Umgekehrt ist auch nur der Erbe zur Führung von Rechtsstreitigkeiten berechtigt, die sich auf Ansprüche gegen den Nachlass beziehen[29].

5. Geltendmachung besonderer Ansprüche.
Pflichtteilsansprüche können nur gegen den Erben geltend gemacht werden, und zwar auch dann, wenn dem Testamentsvollstrecker die Verwaltung des ganzen Nachlasses zusteht (Abs 1 S 3). Hierzu gehören auch die eine Pflichtteilszahlung vorbereitenden Ansprüche, etwa auf Auskunft oder Wertermittlung nach § 2314[30]. Dabei setzt die Zwangsvollstreckung des Pflichtteilsberechtigten nach § 888 ZPO aus einem Auskunftstitel gegen den Erben einen Duldungstitel gegen den Testamentsvollstrecker nicht voraus[31]. Will der Pflichtteilsgläubiger jedoch in den vom Testamentsvollstrecker verwalteten Nachlass oder Nachlassteil wegen des Pflichtteilsanspruchs vollstrecken, so bedarf es hierfür noch eines Duldungsurteils gegen ihn (§ 748 Abs 3 ZPO)[32]. Ab Eröffnung des Insolvenzverfahrens über den Nachlass können allerdings Pflichtteils- sowie Pflichtteilsergänzungsansprüche nur noch gegen den Insolvenzverwalter mit dem Klageziel "Zahlung aus dem vom Testamentsvollstrecker verwalteten Nachlass" verfolgt werden, weil auf diesen das Verwaltungs- und Verfügungsrecht des Schuldners nach § 80 Abs 1 InsO übergegangen ist[33]. Aus Abs 1 S 3 ergibt sich auch, dass der Testamentsvollstrecker gegen den Willen des Erben eine Pflichtteilsforderung **nicht anerkennen darf**[34], sein Anerkenntnis bindet jedenfalls die Erben nicht. Zur Erfüllung von Pflichtteilsansprüchen ist der Testamentsvollstrecker nur berechtigt, wenn es sich um unstreitige handelt[35]. In diesem Fall ist er den Erben zu deren Erfüllung sogar verpflichtet, wenn dies die ordnungsgemäße Nachlassverwaltung (§ 2216 Abs 1) gebietet[36]. Zu pauschal Zimmermann[37] der Testamentsvollstrecker könne „freiwillig zahlen"; denn zahlt er zu viel, haftet er (§ 2219). Für streitige Pflichtteilsansprüche resultiert aus § 2046 Abs 1 S 2 für ihn die Pflicht, das zur Befriedigung Erforderliche zurückzubehalten[38]. Andererseits ist der Testamentsvollstrecker an ein Anerkenntnis des Erben nicht gebunden, weil sonst der Erbe im Einvernehmen mit dem Pflichtteilsberechtigten durch Anerkennung eines höheren Pflichtteilsanspruchs Nachlasswerte dem Verwaltungsrecht des Vollstreckers entziehen könnte. Daher wirkt die Rechtskraft eines Leistungsurteils gegen den Erben nicht im Duldungsprozess gegen den Testamentsvollstrecker[39]. Auf **Vermächtnisse**, die zur Deckung des Pflichtteilsanspruchs angeordnet sind, ist § 2213 Abs 1 S 3 nicht analog anzuwenden, da es sich um eine eng auszulegende Ausnahmevorschrift handelt und der Gedenke des persönlichen und familiären Näheverhältnisses ansonsten bei allen Vermächtnissen für nahe Angehörige eine Passivlegitimation des Testamentsvollstreckers ausschließen würde. Dies gilt zumindest dann, wenn das Vermächtnis nicht wie der Pflichtteilsanspruch auf Geld, sondern Sachleistung gerichtet ist[40].

Ist der **Testamentsvollstrecker selbst der Gläubiger,** so ist gegen den Erben zu klagen. Dann genügt zur Vollstreckung in den Nachlass auch nur ein Titel gegen den Erben[41]. Hierher gehören etwa Streitigkeiten, ob dem Testamentsvollstrecker ein Vermächtnis zusteht oder über die Höhe seiner Vergütung (§ 2221).

III. Stellung des Testamentsvollstreckers im Passivprozess, Verfahrensfragen

Der Testamentsvollstrecker ist auch hier (wie bei den Fällen des § 2212, s dort Rn 2) selbst **Prozesspartei,** nämlich Partei kraft Amtes. Ist nur der Erbe oder der Testamentsvollstrecker verklagt, so kann der jeweils andere als Streithelfer beitreten (§ 66 ZPO) oder es kann ihm der Streit verkündet werden (§ 72 ZPO). Mangels Rechtskrafterstreckung sind in einem gegen den Erben gerichteten Verfahren Erbe und Testamentsvollstrecker keine notwendigen Streitgenossen[42]. Die gegen den Erben erhobene Leistungs- oder Feststellungsklage und die gegen den Testamentsvollstrecker erhobene Klage (auf

---

[28] MünchKommBGB/Zimmermann Rn 12; Soergel/Damrau Rn 5; Staudinger/Reimann Rn 15; Zöller/Stöber § 748 ZPO Rn 8.
[29] Staudinger/Reimann Rn 15; MünchKommBGB/Zimmermann Rn 12.
[30] RGZ 50, 224, 225; JW 1910, 189; AnwK-BGB/Weidlich Rn13; Staudinger/Reimann Rn 17; krit Klingelhöffer ZEV 2000, 261, der auch hier Testamentsvollstrecker für passiv legitimiert hält, weil nur dieser auf Grund seines Verwaltungsrechts diese Ansprüche erfüllen kann.
[31] OLG Dresden ZEV 2003, 289.
[32] LG Heidelberg NJW-RR 1991, 969.
[33] BGH NJW 2006, 2698, 2700; OLG Köln ZEV 2005, 307, Vorinstanz zum genannten BGH-Urteil; Weidlich MitBayNot 2007, 61, 62; aA Marotzke ZEV 2005, 311.
[34] BGHZ 51, 125, 129 f = NJW 1969, 424.
[35] BGHZ 51, 125, 130 f = NJW 1969, 424; OLG München Rpfleger 2003, 588 m Anm Bestelmeyer.
[36] Vgl Staudinger/Reimann Rn 19; Bonefeld Erbprozess VIII Rn 56; MünchKommBGB/Zimmermann Rn 13.
[37] Testamentsvollstreckung Rn 607.
[38] BGHZ 51, 125, 131.
[39] BGHZ 51, 125, 130; OLG Celle MDR 1967, 46; AnwK-BGB/Weidlich Rn 14; MünchKommBGB/Zimmermann Rn 14.
[40] AA Gerken ZErb 2006, 404, 406 unter unzutr Bezug auf RGZ 50, 224, 225, wo es nur um die Anwendung von § 2314 ging.
[41] Soergel/Damrau Rn 6; Stein/Jonas/Münzberg § 748 ZPO Rn 2.
[42] BFH BStBl 1996 II S 322 = NJW-RR 1996, 1025.

§ 2213

Leistung, Feststellung oder Duldung) können als einheitlicher Rechtsstreit (§ 59 ZPO) oder aber auch getrennt verfolgt werden[43]. Sowohl der Erbe als auch der Testamentsvollstrecker können am **Gerichtsstand** der Erbschaft (§§ 27, 28 ZPO) verklagt werden[44]. Bei unterschiedlichem Gerichtsstand kann nach § 36 Nr 3 ZPO die Bestimmung eines zuständigen Gerichts beantragt werden.

11 Nach **Unterbrechung eines Prozesses** durch den Tod einer Partei kann bei einem Passivprozess sowohl der verwaltungsberechtigte Testamentsvollstrecker als aber auch der Erbe das Verfahren wieder aufnehmen (§ 239 ZPO). Hat der Erbe das Verfahren wieder aufgenommen, so kann der gegnerische Kläger den Testamentsvollstrecker auch gegen dessen Willen durch Anzeige seiner Fortsetzungsabsicht hineinziehen[45]. § 239 ZPO gilt in einem Widerspruchsverfahren (§§ 68 ff VwGO) entsprechend; dabei kann die Widerspruchsbehörde auch bei einer Testamentsvollstreckung das Verfahren durch Erklärung gegenüber dem Erben wieder aufnehmen[46].

IV. Rechtskraft, Klauselumschreibungen

12 Ein **gegen den Erblasser** ergangenes Urteil oder ein sonstiger Vollstreckungstitel (zB § 794 ZPO) wirkt auch gegen den Testamentsvollstrecker, jedoch bedarf es nach den §§ 749, 727, 795 ZPO einer entsprechenden Umschreibung der Vollstreckungsklausel[47], es sei denn, mit der Vollstreckung wurde bereits im Erbfall begonnen (s Rn 15).

13 Das im Prozess **gegen den Testamentsvollstrecker** ergangene Leistungsurteil über ein seiner Verwaltung unterliegendes Nachlassrecht hat auch Rechtswirkungen für und gegen den Erben (§ 327 Abs 2 ZPO). Daraus kann in den Nachlass vollstreckt werden (§ 748 Abs 1 ZPO). Jedoch wirken Duldungstitel gegen den Testamentsvollstrecker nicht gegen den Erben bei einer Vollstreckung in sein Eigenvermögen[48]. Das gegen den Testamentsvollstrecker ergangene Leistungsurteil kann jederzeit gegen den Erben **umgeschrieben** werden, sofern der Titel gegen ihn nach § 327 Abs 2 ZPO wirkt (§ 728 Abs 2 ZPO)[49]. Aus dem umgeschriebenen Titel ist auch eine Zwangsvollstreckung in das Eigenvermögen des Erben möglich; jedoch kann der Erbe hier die Beschränkung seiner Haftung geltend machen, auch wenn dies in dem Urteil nicht vorbehalten war (§ 780 Abs 2 ZPO)[50]. Eine auf die Haftungsbeschränkung gestützte Vollstreckungsgegenklage ist aber unbegründet, wenn der Erbe unbeschränkbar haftet (etwa nach § 2013)[51].

14 Die **Rechtskraft** eines **zu Ungunsten des Erben ergangenen Leistungsurteils** wirkt nicht gegen den Testamentsvollstrecker[52]. Eine § 327 Abs 2 ZPO entsprechende Regelung fehlt. Jedoch kann der Testamentsvollstrecker sich auf die Rechtskraft eines **zugunsten des Erben** ergangenen **klageabweisenden Urteils** berufen, was als Prozessvoraussetzung eine Klage unzulässig macht. Denn könnte der Testamentsvollstrecker wegen der gleichen Nachlassverbindlichkeiten verurteilt werden, so würde dieses neue Urteil nach § 327 Abs 2 ZPO gegen den Nachlass wirken und damit der Rechtskraft des ersten Urteils widersprechen[53].

V. Zwangsvollstreckung

15 **1. Vollstreckungstitel gegen den Erblasser.** Liegt bereits ein Vollstreckungstitel gegen den Erblasser vor, so gilt: Wurde die **Zwangsvollstreckung im Erbfall bereits begonnen,** so kann sie auch nach der Ernennung des Testamentsvollstreckers fortgeführt werden, ohne dass es einer neuen Vollstreckungsklausel bedarf (§ 779 Abs 1, Abs 2 S 2 ZPO). Hatte die Zwangsvollstreckung noch nicht begonnen, so bedarf es einer Klauselumschreibung[54]: **Gegen die Erben,** wenn der Nachlass keiner Verwaltung durch den Testamentsvollstrecker unterliegt (§ 727 ZPO), gegen den Testamentsvollstrecker, wenn er den Nachlass verwaltet und in diesen vollstreckt werden soll (§ 749 ZPO), gegen beide bei Teilverwaltungen, wenn in den verwalteten Nachlassteil vollstreckt wird (§§ 749, 748 Abs 2 ZPO)[55].

16 **2. Durchführung der Vollstreckung.** Für die Durchführung der Zwangsvollstreckung während bestehender Testamentsvollstreckung ist § 748 ZPO zu beachten: Aus einem **gegen den Erben** gerichteten Titel kann die Zwangsvollstreckung nur in dessen **Eigenvermögen** erfolgen, der Erbe kann aber die beschränkte Haftung geltend machen[56]. Zur Zwangsvollstreckung in den **verwalteten**

---

[43] MünchKommBGB/*Zimmermann* Rn 13.
[44] MünchKommBGB/*Zimmermann* Rn 17; *Staudinger/Reimann* Rn 25.
[45] BGHZ 104, 1, 5 = NJW 1988, 1390.
[46] OVG Bremen NVwZ 1985, 917.
[47] *Scheel* NotBZ 2000, 146, 153.
[48] *Soergel/Damrau* Rn 14; *Staudinger/Reimann* Rn 13; MünchKommBGB/*Zimmermann* Rn 11.
[49] Eingehend zur Titelumschreibung *Zimmermann* Rn 634 ff; *Bonefeld* Erbprozess VIII Rn 59 ff; *Winkler*, Der Testamentsvollstrecker, Rn 455 ff.
[50] *Soergel/Damrau* Rn 14.
[51] *Staudinger/Reimann* Rn 9; *Kipp/Coing* § 71 II 2 a.
[52] RGZ 109, 166, 167; AnwK-BGB/*Weidlich* Rn 26; MünchKommBGB/*Zimmermann* Rn 7; *Staudinger/Reimann* Rn 6.
[53] MünchKommBGB/*Zimmermann* Rn 7; *Stein/Jonas/Leipold* § 327 ZPO Rn 8; *Staudinger/Reimann* Rn 6; *Zimmermann* Rn 602; *Zöller/Vollkommer* § 327 ZPO Rn 4.
[54] JurisPK/*Heilmann* Rn 21.
[55] JurisPK/*Heilmann* Rn 21; MünchKommBGB/*Zimmermann* Rn 19; *Stein/Jonas/Münzberg* § 749 ZPO Rn 3.
[56] *Soergel/Damrau* Rn 16; unrichtig *D. Mayer* in: *Bengel/Reimann* HdB V Rn 394, wonach nur bei keinerlei Verwaltungsrecht des Testamentsvollstreckers Vollstreckung in den Eigennachlass möglich ist.

Nachlass ist ein Titel gegen den Testamentsvollstrecker erforderlich und genügend (§ 748 Abs 1 und 2 ZPO); der Vorbehalt der beschränkten Erbenhaftung ist hier nicht erforderlich (§ 780 Abs 2 ZPO). Bei einer **Teilverwaltung** (§ 2208 Abs 1 S 2) bedarf es eines Leistungsurteils gegen den Erben, der sich die Haftungsbeschränkung vorbehalten muss (§ 780 Abs 1 ZPO), und zur Zwangsvollstreckung in das verwaltete Nachlassobjekt eines Duldungsurteils gegen den Testamentsvollstrecker (§ 748 Abs 2 ZPO, § 2213 Abs 1 S 2, Abs 3)[57]. Zur Vollstreckung wegen eines Pflichtteilsanspruchs in den Nachlass bedarf es gemäß § 748 Abs 3 ZPO eines Leistungstitels gegen Erben und einer Duldungstitels Testamentsvollstrecker.

17

§ 2214 Gläubiger des Erben

Gläubiger des Erben, die nicht zu den Nachlassgläubigern gehören, können sich nicht an die der Verwaltung des Testamentsvollstreckers unterliegenden Nachlassgegenstände halten.

I. Normzweck

Das Fehlen der Verfügungsbefugnis des Erben muss vollstreckungsrechtlich dadurch ergänzt werden, dass Gläubiger des Erben, die keine Nachlassgläubiger sind (Privatgläubiger, Eigengläubiger) keinen Zugriff auf das der Verwaltung des Testamentsvollstreckers unterliegende Vermögen haben. Ansonsten könnte das Testamentsvollstreckung viele der ihr zugedachten **Aufgaben nicht erfüllen**[1], man denke etwa an die Testamentsvollstreckung beim **überschuldeten Erben**, bei dem das Gesetz die Testamentsvollstreckung zur Bewahrung des Nachlasses ausdrücklich vorsieht (§ 2338 Abs 1), oder beim Behindertentestament. Zugleich zeigt die Bestimmung, dass durch die Testamentsvollstreckung ein vom übrigen Vermögen des Erben zu unterscheidendes **Sondervermögen** entsteht[2].

1

II. Umfang des Zugriffsverbots

Erfasst werden vom Zugriffsverbot des § 2214 nur **persönliche Forderungen der Eigengläubiger** der Erben. Hierzu gehören auch solche, die der Erbe ohne Zustimmung des Testamentsvollstreckers hinsichtlich der der Verwaltung des Testamentsvollstreckers unterliegenden Nachlassgegenstände eingegangen ist; aus solchen Rechtsgeschäften wird nur der Erbe, nicht aber der Nachlass selbst verpflichtet[3]. Nicht betroffen werden von der Vorschrift wirksam begründete **dingliche Verwertungsrechte** an Nachlassgegenständen (Grundpfandrechte, Pfandrechte), mögen diese auch zur Sicherung von privaten Schulden des Erben bestellt worden sein[4].

2

Die Zugriffssperre **beginnt** bereits mit dem Erbfall, nicht erst mit der Amtsannahme des Testamentsvollstreckers (§ 2202). Sie gilt für **jede Art** der Testamentsvollstreckung. Der Vollstreckungsschutz hat daher naturgemäß bei der Verwaltungsvollstreckung die größte Bedeutung, bei der uU jahrzehntelang der Zugriff der Eigengläubiger ausgeschlossen werden kann (§§ 2209, 2210). Aber auch bei der Abwicklungsvollstreckung (§§ 2203, 2204) ist dies wichtig, denn auch diese kann sich über Jahre hinziehen und sichert hier etwa die einem Vermächtnisnehmer zustehenden Objekte vor dem Zugriff der Eigengläubiger des Erben.

3

Das Zugriffsverbot betrifft **jede Art der Zwangsvollstreckung,** sei es eine Einzelvollstreckung, auch wenn sie bedingt durch die Beendigung der Testamentsvollstreckung erfolgt[5], sei es als Gesamtvollstreckung, so dass es auch im **Insolvenzverfahren** des **Erben** zu beachten ist. Auch hier geht hinsichtlich des Nachlasses, der der Testamentsvollstreckung unterliegt, die Verfügungsbefugnis nicht auf den Insolvenzverwalter nach § 80 Abs 2 S 1 InsO über. Allerdings war bisher umstritten, ob der der Testamentsvollstreckung unterliegende Nachlass Bestandteil der Insolvenzmasse ist, wenn über das Vermögen des Erben das Insolvenzverfahren eröffnet wird. Die wohl überwM hatte dies bisher unter Bezug auf § 36 Abs 1 S 1 InsO und das Zugriffsverbot nach § 2214 abgelehnt[6]. Demgegenüber bejaht der BGH nun die Zugehörigkeit eines solchen Nachlasses zur Insolvenzmasse[7]. Dadurch wird dem Umstand Rechnung getragen, dass der der Testamentsvollstreckung unterliegende Nachlass nach § 2214 nicht schlechthin unpfändbar ist, sondern nur für die Eigengläubiger des Erben. Vielmehr bildet der der Testamentsvollstreckung unterliegende Nachlass eine **Sondermasse**, aus der nur die echten Nachlassgläubiger zu befriedigen sind, insbes die Pflichtteilsberechtigten, weshalb deren Ansprüche auch gegen den Insolvenzverwalter geltend zu machen sind. Da die Testamentsvollstreckung auch während des Insolvenzverfahrens fortbesteht, folgt daraus, dass

4

---

[57] MünchKommBGB/*Zimmermann* Rn 21.
[1] *Lange/Kuchinke* § 31 VI 4 k.
[2] Zum Entstehen eines Sondervermögens BGHZ 48, 214, 219 = NJW 1967, 2399.
[3] *Soergel/Damrau* Rn 2.
[4] *Staudinger/Reimann* Rn 2; MünchKommBGB/*Zimmermann* Rn 6.
[5] Vgl RG LZ 1916, 1473.
[6] So etwa *Soergel/Damrau* Rn 1, 3; MünchKommBGB/*Zimmermann* Rn 3; VorauflRn 4.
[7] NJW 2006, 2698 = ZEV 2006, 405 m Anm *Siegmann* = RNotZ 2006, 474 m Anm *Kessler* = MittBayNot 2007, 61 m Anm *Weidlich*; ebenso etwa OLG Köln ZEV 2005, 307 m Anm *Marotzke* = ZIP 2005, 452; *Uhlenbruck*, 12. Aufl 2003, § 83 InsO Rn 5; *Winkler*, Der Testamentsvollstrecker, Rn 474; *D. Mayer* in: *Bengel/Reimann* HdB V Rn 411 f; offenlassend *Zimmermann* Rn 648.

§ 2214

– die Verfügungsbeschränkung des Erben nach § 2211 auch für den Insolvenzverwalter gilt,
– die Eigengläubiger keine Befriedigung aus dem der Testamentsvollstreckung unterliegenden Gegenständen verlangen können, weil insoweit noch das Zugriffsverbot des § 2214 weiter besteht,
– der Testamentsvollstrecker im Rahmen seiner Befugnisse den Nachlass weiter verwalten und über Nachlassgegenstände verfügen kann. Daher kann bis zur Beendigung der Testamentsvollstreckung der Insolvenzverwalter den Nachlass nicht verwerten.

Ein Erbteil eines **Miterben** ist dagegen pfändbar (Rn 6) und unterliegt daher dem Verfügungsrecht des Insolvenzverwalters[8]. Ungeklärte Fragen bestehen auch bei der **Restschuldbefreiung** (§ 286 InsO)[9]: Während der sog Wohlverhaltensphase obliegt es dem Erben, die Erbschaft zur Hälfte an den Treuhänder zur Verteilung an die Gläubiger herauszugeben (§ 295 Abs 1 Nr 2 InsO). Daher muss er bei der reinen Abwicklungsvollstreckung nach Durchführung der Nachlassteilung die ihm gebührenden Erbschaftsgegenstände in Höhe der Hälfte des ihm Zugeteilten an den Treuhänder herauszugeben. Diese Herausgabepflicht trifft den Erben und nicht den Testamentsvollstrecker[10]. Besteht jedoch eine Vollstreckung nach § 2209, so kann der **Alleinerbe** mangels Verfügungsbefugnis (§ 2211) dieser Obliegenheit aus Rechtsgründen nicht nachkommen[11]. Anders liegt es beim **Miterben,** denn dieser ist durch die Testamentsvollstreckung nicht gehindert, über seinen Erbteil zu verfügen (§ 2205 Rn 7); er hat daher grds dessen Hälfte an den Treuhänder abzutreten. Damit steht sich der Miterbe in diesem Verfahren schlechter als der Alleinerbe, weshalb teilweise vertreten wird, dass der Treuhänder verpflichtet sei, nach § 242 auf die Herausgabe zu verzichten[12], was angesichts des Zwecks dieses Verfahrens wohl zu weit geht[13]. Die als ungerecht empfundene Benachteiligung des Miterben lässt sich auch nicht dadurch vermeiden, dass dieser mit einer Erbteilsvollstreckung belastet wird, denn diese nimmt dem Miterben nicht das Recht, über den Erbteil zu verfügen[14]. Ist der Miterbe auch mit einer Nacherbschaft belastet, die mit seinem Tod eintritt, so ist der Miterbenanteil wirtschaftlich ohnehin weitgehend wertlos. Zur **Nachlassinsolvenz** s § 2225 Rn 4.

5   **Nicht erfasst** werden vom Zugriffsverbot die nicht der Testamentsvollstreckung unterliegenden Nachlassgegenstände und die bereits nach § 2217 freigegebenen[15] sowie Ansprüche des Erben gegen den Testamentsvollstrecker auf Freigabe von Nachlassgegenständen nach § 2217 Abs 1 und auf Auskehrung von **Nachlasserträgen**[16], jedoch ist bei der Pflichtteilsbeschränkung in guter Absicht der **Vollstreckungsschutz** des § 863 Abs 1 S 2 ZPO zu beachten, sowie bei fortlaufenden Einkünften auf Grund fürsorglicher Zuwendung der nach § 850 Abs 1 Nr 3 ZPO.

6   Auch ein **Erbanteil eines Miterben** oder eines Vorerben kann nach § 859 Abs 2 ZPO wirksam gepfändet werden, insbes um die Auseinandersetzung des Nachlasses zu bewirken. Dagegen bietet § 2214 keinen Schutz[17], denn der Erbteil unterliegt nicht der Testamentsvollstreckung (§ 2205 Rn 7). Für die wirksame Pfändung bedarf es der Zustellung des Pfändungsbeschlusses an den Testamentsvollstrecker[18]. Die Erbteilspfändung kann ohne Zustimmung des Testamentsvollstreckers im Grundbuch eines zum Nachlass gehörenden Grundstücks eingetragen werden[19]. Durch die Erbteilspfändung wird der Testamentsvollstrecker an der Ausübung seiner Verwaltungs- und Verfügungsbefugnisse nicht gehindert[20]. Die Pfändung beschränkt nur den Erben[21]. Daher kann der Testamentsvollstrecker auch Nachlassgegenstände veräußern, jedoch setzt sich im Allgemeinen[22] das Pfandrecht am Surrogat fort[23].

7   Im Allgemeinen wirkt ein ausdrücklich verfügtes **Auseinandersetzungsverbot** nach § 2044 an sich nicht gegenüber einem Pfändungsgläubiger, der einen nicht nur vorläufig vollstreckbaren Titel besitzt (§§ 2044 Abs 1 S 2, 751 S 2). Anders liegt es, wenn eine Testamentsvollstreckung angeordnet ist. Hier ist in der Anordnung einer echten Dauervollstreckung zwangsläufig ein **befristetes Erbteilungsverbot**

---

[8] AnwK-BGB/*Weidlich* Rn 4.
[9] Eingehend *Damrau* MDR 2000, 255, 256; vgl auch *Zimmermann* Rn 648.
[10] AnwK-BGB/*Weidlich* Rn 5; *Damrau/Bonefeld* Rn 5; aA Voraufl Rn 4.
[11] AnwK-BGB/*Weidlich* Rn 5; *Damrau/Bonefeld* Rn 5; KK-Erbrecht/*Rott* Rn 8.
[12] *Damrau* MDR 2000, 256.
[13] Zust AnwK-BGB/*Weidlich* Rn 5; *Damrau/Bonefeld* Rn 5.
[14] *Muscheler* AcP 195 (1995), 35, 62 mwN; s auch § 2208 Rn 10; aA KGJ 28 A 16, 19; demgegenüber bejaht *Soergel/Damrau* Rn 4 bei einer Erbteilsvollstreckung nach § 2209 wenigstens den Pfändungsschutz des § 2214, weshalb sich daraus auch die Unzulässigkeit der Verwertung in der Restschuldbefreiung (also Ersatzform der Einzelvollstreckung) ergeben könnte; anders aber die hM, die auch bei einer Erbteilsvollstreckung die Pfändung nach § 857 ZPO zulässt, vgl etwa *Muscheler* aaO S 65.
[15] AnwK-BGB/*Weidlich* Rn 4.
[16] *Staudinger/Reimann* Rn 7; MünchKommBGB/*Zimmermann* Rn 4; zu Gestaltungsüberlegungen *Gutbell* ZEV 2001, 260, 261; zum Pfändungsschutz der Erträge nach § 850 b Abs 1 Nr 3 ZPO OLG Frankfurt ZEV 2001, 156.
[17] *Zöller/Stöber* § 859 ZPO Rn 15; *Muscheler* AcP 195 (1995), 35, 65; eingehend zu den sich hieraus ergebenden Problemen *J. Mayer* in: *Mayer/Bonefeld/Wälzholz/Weidlich* Rn 325 ff.
[18] RGZ 86, 294, 296.
[19] RGZ 86, 294, 296; *Soergel/Damrau* 2211 Rn 3.
[20] KG JR 1952, 323; BayObLGZ 1982, 459; *Musielak/Becker* § 859 ZPO Rn 21; *J. Mayer* in: *Mayer/Bonefeld/Wälzholz/Weidlich* Rn 327.
[21] *Soergel/Damrau* Rn 2.
[22] Anders beim Erbteilsvollstrecker, wenn die Testamentsvollstreckung sich an dem dem Miterben bei der Auseinandersetzung Zugeteilten fortsetzt: Hier wirkt § 2214 unmittelbar, so dass das Pfandrecht untergeht, *J. Mayer* in: *Mayer/Bonefeld/Wälzholz/Weidlich* Rn 328.
[23] *Staudinger/Reimann* Rn 7; *Lange/Kuchinke* § 31 VI 4 k; *Bengel* in: *Bengel/Reimann* HdB I Rn 227, 229.

enthalten, das als Ausnahmevorschrift den §§ 751, 2044 vorgeht und somit den Pfändungsgläubiger hindert, die vorzeitige Erbauseinandersetzung zu betreiben, und zwar auch durch eine Teilungsversteigerung (§ 180 ZVG). Ansonsten würde der Alleinerbe mit einem umfassenden Vollstreckungsschutz bevorzugt und der Vollstreckungsschutz des § 863 ZPO durch die vorzeitige Auseinandersetzung des Nachlasses unterlaufen[24].

III. Rechtsfolgen, Durchsetzung des Zugriffsverbots

Eine gegen § 2214 verstoßende Vollstreckung ist **unzulässig**, was vom Vollstreckungsgericht von Amts wegen zu beachten ist[25]. Sie ist aber nicht nichtig[26], weshalb der Testamentsvollstrecker Erinnerung nach § 766 ZPO erheben muss[27], auch eine Drittwiderspruchsklage ist möglich[28]. Eine Klage des Eigengläubigers gegen den Testamentsvollstrecker auf Duldung der Zwangsvollstreckung in den verwalteten Nachlass (§ 2213 Abs 3) ist materiell-rechtlich unbegründet[29]. Gegenüber der Anordnung der Vor- und Nacherbschaft (§ 2115) gewährt die Testamentsvollstreckung den besseren Pfändungsschutz des Nachlasses vor den Eigengläubigern, denn bei der Testamentsvollstreckung ist bereits die Pfändung und nicht erst die Verwertung unzulässig und auch die Erträge können bei entsprechender Anordnung dem Zugriff entzogen werden[30].

8

§ 2215 Nachlassverzeichnis

(1) Der Testamentsvollstrecker hat dem Erben unverzüglich nach der Annahme des Amts ein Verzeichnis der seiner Verwaltung unterliegenden Nachlassgegenstände und der bekannten Nachlassverbindlichkeiten mitzuteilen und ihm die zur Aufnahme des Inventars sonst erforderliche Beihilfe zu leisten.

(2) Das Verzeichnis ist mit der Angabe des Tages der Aufnahme zu versehen und von dem Testamentsvollstrecker zu unterzeichnen; der Testamentsvollstrecker hat auf Verlangen die Unterzeichnung öffentlich beglaubigen zu lassen.

(3) Der Erbe kann verlangen, dass er bei der Aufnahme des Verzeichnisses zugezogen wird.

(4) Der Testamentsvollstrecker ist berechtigt und auf Verlangen des Erben verpflichtet, das Verzeichnis durch die zuständige Behörde oder durch einen zuständigen Beamten oder Notar aufnehmen zu lassen.

(5) Die Kosten der Aufnahme und der Beglaubigung fallen dem Nachlass zur Last.

I. Normzweck, Bedeutung

Das Nachlassverzeichnis ist die unverzichtbare Grundlage für die ordnungsgemäße Amtsführung und Abwicklung durch den Testamentsvollstrecker und wichtiges Kontrollmittel der Erben. Die Verpflichtung zur Nachlassherausgabe und zur Rechnungslegung nach §§ 2218, 666, 667 ergibt sich ihrem Umfang nach aus dem Nachlassverzeichnis. Da dadurch Vermögensänderungen dokumentiert werden, ist es auch es für die Haftung des Testamentsvollstreckers nach § 2219 bedeutsam[1].

1

II. Verpflichtung zur Übermittlung des Nachlassverzeichnisses

Daher ist die Erstellung und Übermittlung des Nachlassverzeichnisses an die Erben eine der **zentralen Pflichten** des Testamentsvollstreckers[2]. Ein Verstoß stellt regelmäßig eine grobe Pflichtverletzung dar[3]. Nach der Annahme des Amtes ist der Testamentsvollstrecker unaufgefordert verpflichtet, den Erben unverzüglich, das heißt ohne schuldhaftes Zögern (§ 121), ein Nachlassverzeichnis vorzulegen (§ 2215 Abs 1). Diese Verpflichtung endet mit der Kündigung des Amtes, und zwar auch dann, wenn bisher noch gar kein Verzeichnis erstellt wurde[4]. Ein Nachfolge-Testamentsvollstrecker hat ein Nachlassverzeichnis aber nur dann zu erstellen, wenn dieses von seinem Vorgänger noch nicht erstellt wurde. Ansonsten ist der Anspruch der Erben auf Erstellung des Verzeichnisses bereits erfüllt.

2

---

[24] AnwK-BGB/*Weidlich* Rn 6; MünchKommBGB/*Zimmermann* Rn 4; *Nieder* HdB Rn 924; *Bengel* in: *Bengel/Reimann* HdB I Rn 223; *Soergel/Damrau* Rn 2; wohl auch *Lange/Kuchinke* § 31 VI 4 k; aA *Ensthaler* Rpfleger 1988, 94, wohl auch *Palandt/Edenhofer* Rn 2; *Winkler,* Der Testamentsvollstrecker, Rn 180; BayObLG ZEV 2006, 209, 212 = MittBayNot 2006, 249 m krit Anm *Damrau.*
[25] *Winkler,* Der Testamentsvollstrecker, Rn 180.
[26] *Schmidt* DJZ 1935, 552.
[27] KK-Erbrecht/*Rott* Rn 9; *Staudinger/Reimann* Rn 4; MünchKommBGB/*Zimmermann* Rn 5.
[28] AnwK-BGB/*Weidlich* Rn2; KK-Erbrecht/*Rott* Rn 9; *Soergel/Damrau* Rn 3.
[29] MünchKommBGB/*Zimmermann* Rn 5.
[30] *Staudinger/Reimann* Rn 6.
[1] *Klumpp* in: *Bengel/Reimann* HdB III Rn 14; *Staudinger/Reimann* Rn 4 f.
[2] BayObLG ZEV 1998, 381, 383.
[3] LG Frankfurt BWNotZ 1981, 117; OLG Hamm OLGZ 1986, 1 = Rpfleger 1986, 16; OLG Koblenz NJW-RR 1993, 462.
[4] OLG Koblenz NJW-RR 1993, 462; AnwK-BGB/*Weidlich* Rn 4.

§ 2215

3   Die **Verpflichtung** besteht **gegenüber** dem Erben[5], bei mehreren gegenüber jedem bezüglich des gesamten Nachlasses, gegenüber einem Nacherben nach Eintritt des Erbfalls[6], gegenüber einem Pfändungsgläubiger des Erbteils und gegenüber dem Nießbrauchsberechtigten an einem Erbteil oder an der Erbschaft (wegen §§ 1035, 1068)[7]. Demgegenüber können Pflichtteilsberechtigte[8] und grds auch **Vermächtnisnehmer** eine solche Aufstellung nicht verlangen. Jedoch kann sich aus § 2219 die mittelbare Verpflichtung ergeben, dem Vermächtnisnehmer im Einzelfall ein Nachlassverzeichnis vorzulegen[9]. Von der Verpflichtung kann der **Erblasser** den Testamentsvollstrecker **nicht befreien** (§ 2220), jedoch kann der Erbe nach dem Erbfall auf diesen Schutz verzichten, und zwar auch stillschweigend[10].

III. Inhalt und Form des Nachlassverzeichnisses

4   Das Nachlassverzeichnis des Testamentsvollstreckers hat nur die seiner Verwaltung unterliegenden Nachlassbestandteile zu erfassen (Grundsatz der **Funktionsbezogenheit** der Pflichten des Testamentsvollstreckers). Die Pflichtaufgabe umfasst die vollständige Auflistung aller hierzu gehörenden Nachlassgegenstände, Nachlassrechte und -verbindlichkeiten, also der Aktiva und Passiva. Insoweit kann man vom **Grundsatz der Vollständigkeit der Nachlasserfassung** sprechen. Daher hat der Testamentsvollstrecker auch auf solche Aktiva und Passiva hinzuweisen, deren Zuordnung zum Nachlass fraglich oder bestritten ist[11]. Jedoch ist eine **genaue Beschreibung** der Nachlassgegenstände ebenso wenig erforderlich wie dass der Testamentsvollstrecker den Wert derselben selbst oder durch sachkundige Dritte ermitteln lässt[12], allerdings kann dies im Einzelfall zur Individualisierung uU geboten sein. Bei Wertpapieren ist eine Einzelauflistung nicht erforderlich, es genügt die Angabe der Bank und Depotnummer[13]. Die genaue Erfüllung der Pflicht aus § 2215 erfordert eine sorgfältige Erfassung des betroffenen Nachlasses, der daher vom Testamentsvollstrecker zu sichten und genau zu ermitteln ist. Er ist daher verpflichtet, alle ihm zugänglichen Erkenntnismöglichkeiten auszuschöpfen[14].

5   **Abgrenzungsprobleme** können hinsichtlich des Umfangs des Nachlasses auftreten bei Schenkungen auf den Todesfall (§ 2301) und unbedingter Schenkung unter Lebenden mit einer lediglich auf den Todesfall hinausgeschobenen Erfüllung[15].

6   Aus § 2215 Abs 2, wonach das Nachlassverzeichnis mit der Angabe des Tages der Aufnahme zu versehen und zu unterschreiben ist, ergibt sich mittelbar das **Schriftformerfordernis**[16]. § 2215 Abs 2 bestimmt keinen **Stichtag** für die Erstellung des Nachlassverzeichnisses. Der Testamentsvollstrecker kann jedoch den Vermögensstatus nur auf den Zeitpunkt seiner Amtsannahme erstellen, da sich ein früherer seiner gesicherten Kenntnis entzieht[17]. Soweit er jedoch erkennen kann, dass sich seit dem Erbfall Veränderungen ergeben haben, sollte er dies im Verzeichnis vermerken[18]. Für die **Inventarerrichtungsfrist** gilt nicht § 1994, sondern es ist „unverzüglich", dh ohne schuldhaftes Zögern zu handeln (§ 121 Abs 1). Erhebliche Schwierigkeiten bei der Erfassung der Vermögenswerte verlängern die Frist[19]. Zu einer **Ergänzung** des Nachlassverzeichnisses ist der Testamentsvollstrecker nur auf Antrag eines Erben verpflichtet[20].

7   **Amtliches Nachlassverzeichnis:** Der Testamentsvollstrecker ist berechtigt und auf Verlangen der Erben verpflichtet, das Verzeichnis durch die zuständige Behörde oder durch einen zuständigen Beamten oder Notar aufnehmen zu lassen (§ 2215 Abs 4, § 20 Abs 1 BNotO)[21]. Die so mit der Aufnahme betraute Amtsperson ist zur Vornahme eigener Ermittlungen berechtigt[22]. Deshalb kommt einem solchen Verzeichnis eine größere Richtigkeitsgewähr zu[23]. Für die Erstellung des Nachlassverzeichnisses gelten im Wesentlichen die gleichen Grundsätze wie bei dem nach § 2314 Abs 1 (vgl auch dort Rn 15) zu errichtenden[24]. Dabei soll der Notar nur innerhalb seines Amtsbereichs tätig werden, sofern nicht besondere berechtigte Interessen der Rechtsuchenden ein Tätigwerden

---

[5] *Palandt/Edenhofer* Rn 1.
[6] Nicht aber vorher, KG OLGE 18, 344.
[7] *Haegele/Winkler*, Der Testamentsvollstrecker, Rn 485.
[8] RGZ 50, 225.
[9] *Klumpp* in: *Bengel/Reimann* HdB III Rn 36.
[10] *Staudinger/Reimann* Rn 7; *Soergel/Damrau* Rn 1; OLG Hamburg OLGE 43, 403.
[11] LG Freiburg NJWE-FER 1997, 39.
[12] *Staudinger/Reimann* Rn 13; *Klumpp* in: *Bengel/Reimann* HdB III Rn 6; *Haegele/Winkler*, Der Testamentsvollstrecker, Rn 487.
[13] *Klumpp* in: *Bengel/Reimann* HdB III Rn 7; aA wohl BayObLGZ 14, 580, 585, wonach eine summarische Bezeichnung nicht zulässig ist; ebenso *Soergel/Damrau* Rn 2.
[14] BGH NJW 1981, 1271 zum gutgläubigen Erwerb eines Nachlassgegenstands durch den Testamentsvollstrecker.
[15] Eingehend *Klumpp* in: *Bengel/Reimann* HdB III Rn 10 ff; *Haegele/Winkler*, Der Testamentsvollstrecker, Rn 488.
[16] LG Frankfurt BWNotZ 1981, 117; *Klumpp* in: *Bengel/Reimann* HdB III Rn 24; jurisPK/*Heilmann* Rn 9.
[17] AnwK-BGB/*Weidlich* Rn 9; KK-Erbrecht/*Rott* Rn 9; *Staudinger/Reimann* Rn 9.
[18] *Klumpp* in: *Bengel/Reimann* HdB III Rn 18; *Staudinger/Reimann* Rn 9.
[19] BayObLGZ 14, 580, 585; BayObLG ZEV 1997, 381, 383.
[20] *Winkler*, Der Testamentsvollstrecker, Rn 490; aA AnwK-BGB/*Weidlich* Rn 14.
[21] Zur Zuständigkeit anderer Stellen in den einzelnen Bundesländern s *Klumpp* in: *Bengel/Reimann* HdB III Rn 28, zT überholt; wichtig ist die Beachtung der sachlichen Zuständigkeit, *Klumpp* aaO Rn 27.
[22] AnwK-BGB/*Weidlich* Rn 12; *Damrau/Bonefeld* Rn 11.
[23] AnwK-BGB/*Weidlich* Rn 12; *Staudinger/Reimann* Rn 5.
[24] *J. Mayer* in: *Mayer/Bonefeld/Wälzholz/Weidlich* Rn 87 f; *Damrau/Bonefeld* Rn 11.

außerhalb des Amtsbereichs gebieten (§ 10 a BNotO). Die Erstellung eines amtlichen Nachlassverzeichnisses kann der Erbe auch noch nach **längerer Zeit** verlangen[25], zumal sich durch die Testamentsvollstreckung der verwaltete Nachlass vom Eigenvermögen des Erben unterscheiden lässt, während dies bei einem Verzeichnis nach § 2314 schwieriger ist. – Liegt jedoch bereits ein ordentliches Nachlassverzeichnis des Testamentsvollstreckers vor, so kann es sein, dass ein späteres amtliches Nachlassverzeichnis zu keiner größeren Klarheit oder Übersichtlichkeit führt und damit keine höhere Richtigkeitsvermutung erzielt[26]. Die **Kosten** für die Aufnahme und Beglaubigung trägt der Nachlass (§ 2215 Abs 5). Entstehen jedoch Kosten durch ein pflichtwidriges Verhalten des Testamentsvollstreckers, so hat er diese persönlich zu tragen, weil der Nachlass hiermit nicht belastet werden darf[27].

Sind **Eltern** bei Minderjährigen zugleich Testamentsvollstrecker und gesetzliche Vertreter, so wird teilweise die Ansicht vertreten, zur Prüfung des vorgelegten Nachlassverzeichnisses müsse ein Ergänzungspfleger bestellt werden, der gesetzliche Vertreter sei hiervon nach §§ 1630, 1795, 181 oder wenigstens nach § 1796 ausgeschlossen[28]. Jedoch ist die Bestellung eines Ergänzungspflegers nicht erforderlich. Vielmehr genügt es, wenn der Testamentsvollstrecker-Elternteil das von ihm nach § 1640 zu erstellende Nachlassverzeichnis dem Familiengericht vorlegt. Dadurch ist der Minderjährige ausreichend geschützt[29]; zur Problematik s auch § 2218 Rn 15. Um die Mitwirkung des Erben nach Abs 3 zu ermöglichen, hat der Testamentsvollstrecker ihm rechtzeitig den Termin der Aufnahme des Verzeichnisses mitzuteilen.

IV. Unterstützung des Erben bei der Inventaraufnahme

Bei der vom Erben nach den gesetzlichen Bestimmungen vorzunehmenden **Aufnahme des Inventars** (zB nach §§ 1993 ff, 2001 ff) hat der Testamentsvollstrecker alle erforderliche Beihilfe zu leisten (§ 2215 Abs 1 aE). Denn die Errichtung des Nachlassverzeichnisses ersetzt nicht die Errichtung des Inventars[30]. Die Hilfeleistung des Testamentsvollstreckers besteht dabei im Wesentlichen[31] in der genauen Beschreibung der Nachlassgegenstände, ggf deren Vorlage und der Auskunft zur und Unterstützung bei der Wertermittlung (besonders bei § 2314 – Pflichtteils- und Pflichtteilsergänzungsanspruch)[32]. Erfüllt das Nachlassverzeichnis bereits diese gesteigerten Anforderungen an ein solches Inventar und wurde es auch beim Nachlassgericht eingereicht, so kann sich der Erbe hierauf zur Erfüllung der ihm obliegenden Inventarerrichtungspflichten berufen; zur Wahrung der Inventarerrichtungsfrist gemäß § 2004 genügt dabei, dass er vor Fristablauf erklärt, dass dieses auch als von ihm errichtetes Inventar gelten soll[33].

V. Rechtsfolgen

Beweisfunktion: Trotz der wichtigen Funktion des Nachlassverzeichnisses hat es nur die Wirkung einer frei zu würdigenden Urkunde; es besitzt insbes keine Vollständigkeitsvermutung iS von § 2009. Es beweist also nur, dass die aufgeführten Gegenstände im Zeitpunkt der Errichtung nach dem Wissen des Testamentsvollstreckers zum Nachlass gehörten. Dagegen ist ein einfacher Gegenbeweis zulässig[34]. Ein solcher ist sogar dann möglich, wenn ein amtliches Nachlassverzeichnis aufgenommen wurde; dies hat zwar eine höhere Richtigkeitsvermutung als ein privates Verzeichnis, ist aber auch grds widerleglich[35].

Eidesstattliche Versicherung: Bestehen Anhaltspunkte dafür, dass der Testamentsvollstrecker nicht mit der erforderlichen Sorgfalt das Nachlassverzeichnis erstellt hat, so kann der Erbe verlangen, dass dessen Vollständigkeit und Richtigkeit eidesstattlich versichert wird (§§ 2218 Abs 1, 666, 260 Abs 2, 261). Zuständig hierfür ist aber nicht der Notar[36], sondern das Amtsgericht, in dessen Bezirk die Verpflichtung nach § 2215 zu erfüllen ist (§ 261 Abs 1 S 1 BGB, §§ 163, 79 FGG). Ist jedoch die klageweise Erzwingung erforderlich, so ist das Prozessgericht zuständig[37].

Folgen der Nichtbeachtung des § 2215: Der Erbe kann den Testamentsvollstrecker auf Aufstellung und Mitteilung des Verzeichnisses verklagen[38]. Gleiches gilt auch für die **Hilfeleistung bei der**

---

[25] RG JW 1916, 673; MünchKommBGB/*Zimmermann* § 2215 Rn 5.
[26] OLG Köln NJW-RR 1992, 8 = FamRZ 1992, 1104 zu einem Nachlassverzeichnis im Pflichtteilsrecht.
[27] *Klumpp* in: Bengel/Reimann HdB III Rn 42.
[28] *Soergel/Damrau* Rn 7; OLG Hamm OLGZ 1993, 392 = MittBayNot 1994, 53 m abl Anm *Reimann*; MünchKommBGB/*Zimmermann* Rn 9; wohl auch *Zimmermann* Rn 194; allg zur Rechenschaftslegungspflicht OLG Nürnberg FamRZ 2002, 272 = ZEV 2002, 158 m Anm *Schlüter*; OLG Zweibrücken ZEV 2007, 333.
[29] KK-Erbrecht/*Rott* Rn 17; *Staudinger/Reimann* Rn 8; *Klumpp* in: Bengel/Reimann HdB III Rn 39; Damrau ZEV 1995, 1 f; *Damrau/Bonefeld* Rn 7; so wohl auch *Winkler*, Der Testamentsvollstrecker, Rn 491.
[30] Das Nachlassverzeichnis muss – anders als das Inventar – keine Beschreibung der Nachlassgegenstände enthalten und keine Wertangaben, MünchKommBGB/*Siegmann* § 2001 Rn 2.
[31] Vgl *Klumpp* in: Bengel/Reimann HdB III Rn 73 ff.
[32] Soweit erforderlich, muss der Testamentsvollstrecker den Wert der Nachlassgegenstände auf Kosten des Nachlasses ermitteln lassen, AnwK-BGB/*Weidlich* Rn 8; MünchKommBGB/*Zimmermann* Rn 10; wohl auch *Winkler*, Der Testamentsvollstrecker, Rn 487.
[33] *Klumpp* in: Bengel/Reimann HdB III Rn 78; *Staudinger/Reimann* Rn 15.
[34] *Klumpp* in: Bengel/Reimann HdB III Rn 20.
[35] OLG Oldenburg NJW-RR 1993, 782 zu einem notariellen Verzeichnis zur Berechnung des Pflichtteilsanspruchs.
[36] *Nieder* ZErb 2004, 60, 65; *Winkler* § 1 BeurkG Rn 31 und § 38 BeurkG Rn 8.
[37] *Winkler*, Der Testamentsvollstrecker, Rn 493; AnwK-BGB/*Weidlich* Rn 14.
[38] *Soergel/Damrau* Rn 5; MünchKommBGB/*Zimmermann* Rn 3.

§ 2216   Buch 5. Abschnitt 3. Testament

Inventaraufnahme[39]. Ein Verstoß gegen § 2215, insbes die Mitteilungspflicht, kann eine **Haftung** nach § 2219 begründen und bei grober Pflichtverletzung eine **Entlassung** des Testamentsvollstreckers rechtfertigen (§ 2227, vgl dort Rn 8)[40].

§ 2216 Ordnungsmäßige Verwaltung des Nachlasses, Befolgung von Anordnungen

(1) Der Testamentsvollstrecker ist zur ordnungsmäßigen Verwaltung des Nachlasses verpflichtet.

(2) ¹Anordnungen, die der Erblasser für die Verwaltung durch letztwillige Verfügung getroffen hat, sind von dem Testamentsvollstrecker zu befolgen. ²Sie können jedoch auf Antrag des Testamentsvollstreckers oder eines anderen Beteiligten von dem Nachlassgericht außer Kraft gesetzt werden, wenn ihre Befolgung den Nachlass erheblich gefährden würde. ³Das Gericht soll vor der Entscheidung, soweit tunlich, die Beteiligten hören.

Übersicht

	Rn		Rn
I. Normzweck	1	2. Verwaltungsanordnungen	26
		a) Begriff und Inhalt	26
II. Ordnungsgemäße Nachlassverwaltung	2	b) Form der Verwaltungsanordnung	29
1. Grundsätze	2	c) Rechtsfolgen	30
a) Inhalt der Verwaltungspflicht	2	3. Außerkraftsetzung durch Nachlassgericht	
b) Ermessensspielraum, Leitbild	9	(Abs 2 S 2)	32
c) Berechtigter der Verpflichtung	11	a) Verfahren	33
d) ABC der ordnungsgemäßen Nachlassverwaltung	12	b) Aufhebungsvoraussetzungen	34
		c) Entscheidungsinhalt	37
e) Rechtsfolgen ordnungswidriger Verwaltung	25	d) Rechtsmittel	38

I. Normzweck

1   Die Verwaltungspflicht des Abs 1 ist das **Korrelat** zu dem nach außen bestehenden umfassenden Verwaltungs- und Verfügungsrecht des Testamentsvollstreckers. Sie begrenzt die grds unabhängige Stellung des Testamentsvollstreckers auch und gerade **zur Sicherung** der mit der Testamentsvollstreckung **verfolgten Aufgaben**. Abs 1 ist daher zwingendes Recht und Grundlage des zwischen Erben und Testamentsvollstrecker bestehenden **gesetzlichen Schuldverhältnisses**[1]. Die fundamentale Pflicht des Testamentsvollstreckers regelt das Gesetz nur äußerst knapp und begnügt sich mit dem **unbestimmten Rechtsbegriff**, dass der Nachlass ordnungsgemäß zu verwalten ist. Entscheidend hierfür ist letztlich immer das **objektive Nachlassinteresse**[2].

II. Ordnungsgemäße Nachlassverwaltung

2   **1. Grundsätze. a) Inhalt der Verwaltungspflicht.** Nach Abs 1 hat der Testamentsvollstrecker idR allein über die Art der Nachlassverwaltung zu entscheiden[3], wenngleich er zur ordnungsgemäßen Verwaltung verpflichtet ist. Dieser Grundsatz wird durch Abs 2 S 1 eingeschränkt: Anordnungen des Erblassers, die dieser durch Verfügung von Todes wegen getroffen hat, sind vom Testamentsvollstrecker zu befolgen.

3   Was unter ordnungsgemäßer Nachlassverwaltung zu verstehen ist, bestimmt sich somit:[4]
– nach den letztwilligen Anordnungen des Erblassers,
– nach dem **Zweck** der Verwaltung und
– den Umständen des Einzelfalls.

4   Der **Zweck der Anordnung** der Testamentsvollstreckung ist dabei von besonderer Bedeutung (funktionsbezogene Betrachtung). Die ordnungsgemäße Verwaltung bei einer Abwicklungsvollstreckung (§ 2203) ist eine andere als bei einer Verwaltungsvollstreckung (§ 2209)[5]. Ist die Verwaltung reiner Selbstzweck, so ist die Nutzbarmachung des Nachlasses nach den allgemein gültigen Regeln über die Vermögensverwaltung zu beurteilen, jedoch immer noch iS des Erblassers unter Berücksichtigung der besonderen Interessen der Erben[6].

5   Die Rspr betont immer wieder, dass die ordnungsmäßige Verwaltung (§ 2216 Abs 1) den Testamentsvollstrecker zu besonderer Gewissenhaftigkeit und Sorgfalt anhält[7]. Der Testamentsvollstrecker

---

[39] OLGE 16, 269; *Staudinger/Reimann* Rn 3; MünchKommBGB/*Zimmermann* Rn 10.
[40] *Soergel/Damrau* Rn 5; MünchKommBGB/*Zimmermann* Rn 3; *Staudinger/Reimann* Rn 6.
[1] BGHZ 25, 275, 280; *Soergel/Damrau* Rn 2.
[2] BGHZ 25, 275, 280; MünchKommBGB/*Zimmermann* Rn 1; *Soergel/Damrau* Rn 3.
[3] *Staudinger/Reimann* Rn 3.
[4] BayObLGZ 1997, 1, 12 = FamRZ 1997, 905; OLG Düsseldorf OLGR 1996, 71; OLG Zweibrücken FamRZ 1989, 788, 789; *Staudinger/Reimann* Rn 4 ff.
[5] MünchKommBGB/*Zimmermann* Rn 2.
[6] *Staudinger/Reimann* Rn 4.
[7] So bereits RGZ 130, 131, 135.

müsse das ihm anvertraute Vermögen erhalten und sichern, Verluste verhindern und die Nutzungen gewährleisten. Dabei sind an die Ordnungsmäßigkeit der Verwaltung stets **strenge Anforderungen** gestellt worden[8].

Inhalt und Umfang der Verwaltungspflicht werden in erster Linie durch die vom Erblasser im Testament getroffenen Einzelanordnungen und die **festgelegte Aufgabe** bestimmt. Innerhalb des so vorgegebenen Bindungsrahmens werden die Verwalterpflichten konkretisiert durch das **objektive Nachlassinteresse** und besonders durch die **allgemeinen Regeln der Wirtschaftlichkeit**[9]. 6

Fehlen besondere Verwaltungsanordnungen, so werden **Inhalt und Grenzen** einer ordnungsgemäßen Nachlassverwaltung in erster Linie durch **objektive Maßstäbe** bestimmt[10]. Eine rein subjektive Mühewaltung würde dem von Abs 1 verfolgten Zweck der Erhaltung des Nachlasses für die verfolgten Aufgaben nicht genügen. Der Testamentsvollstrecker muss daher in jedem Einzelfall wirtschaftlich, vernünftig und aus allgemein nachvollziehbaren Gründen handeln. Dabei genügt es nicht, wenn er nur entspr seinen persönlichen Möglichkeiten und Fähigkeiten handelt, die Amtsführung aber trotzdem nicht objektiven Wirtschaftlichkeitsanforderungen entspricht[11]. Der Testamentsvollstrecker darf sich gerade nicht mit einem mäßigen Erfolg begnügen, wenn die Möglichkeit zu einer besseren Ergebniserzielung besteht (etwa für einen höheren Kaufpreis) und nach seiner Veranlagung und seinen Kenntnissen er diese Möglichkeit zu erkennen und zu verwirklichen weiß[12]. Eine **überdurchschnittliche persönliche Qualifizierung** hebt also die Anforderungen, während unterdurchschnittliche diese nicht senkt. 7

Die Beurteilung der Ordnungsmäßigkeit der Verwaltung hat anhand **aller Umstände** des Einzelfalls zu erfolgen[13]. Auch eine **Unter-Wert-Veräußerung** kann daher gerechtfertigt sein, wenn eine andere Verwertungsmöglichkeit nicht besteht, der Erlös für eine erforderliche Sanierung des übrigen Nachlasses dringend benötigt wird und dies nach einer wirtschaftlichen Vergleichsberechnung immer noch wirtschaftlich vorteilhafter für den Nachlass ist, als die Aufnahme von Krediten auf dem Kapitalmarkt[14]. Zu den Grundsätzen ordnungsgemäßer Nachlassverwaltung gehört auch die **Vermeidung von Interessenkonflikten**[15]. Dies gilt insbes bei der **Testamentsvollstreckung durch Banken**. Hierbei gilt der Grundsatz des Vorrangs der Erbeninteressen vor den eigenen Interessen der testamentsvollstreckenden Bank[16]. Dabei ist allerdings zu beachten, dass die Bank den Bestimmungen des **WpHG** unterliegt, die ihr etwa ein häufiges Kaufen oder Verkaufen von Wertpapieren zum Zwecke der Erzielung provisionspflichtiger Umsätze verbietet[17]. Problematischer ist es jedoch für die testamentsvollstreckende Bank, dass sie nach dem Gebot der **produktiven Nachlassverwaltung** verpflichtet ist, den Nachlass bei einer anderen Bank anzulegen, wenn diese bessere Anlagerenditen bietet[18]. 8

b) Ermessensspielraum, Leitbild. Gerade bei längerdauernder Nachlassverwaltung und **besonders strukturierten Nachlässen** (etwa Unternehmen, größeres Anlagevermögen) wird vom Testamentsvollstrecker ein besonderes Maß an **Eigeninitiative** verlangt[19]. Ob eine Maßnahme wirtschaftlich geboten ist, hat er in eigener Verantwortung zu entscheiden[20]. Hier, aber auch bei der Verwaltung sonstiger Nachlässe, ist ein nicht zu engherzig zu bemessender **Ermessensspielraum** für den Testamentsvollstrecker anzuerkennen, der genügend Raum lässt für wirtschaftlich sinnvolle Eigeninitiative und auch die Eingehung eines wirtschaftlich kalkulierten Risikos nicht ausschließt[21]. Die Bandbreite für die Ermessensentscheidung muss sich dabei an den im konkreten Fall zu bewältigenden Aufgaben 9

---

[8] ZB BGH NJW 1959, 1820; NJW 1967, 443.
[9] BGH NJW 1967, 443; NJW 1987, 1070; BayObLG ZEV 1998, 348, 350; dazu krit, weil sich hieraus wenig konkrete Handlungsrichtlinien ableiten lassen, *J. Mayer* in: *Mayer/Bonefeld/Wälzholz/Weidlich* Rn 124.
[10] BGHZ 25, 275, 280 = NJW 1957, 1916; BGH WM 1967, 25, 28; BayObLG 1976, 67, 87; 1990, 177, 182 f = NJW RR 1990, 1420; *Soergel/Damrau* Rn 3; *AnwK-BGB/Weidlich* Rn 3; *MünchKommBGB/Zimmermann* Rn 2; *Staudinger/Reimann* Rn 5; das RG hatte den Begriff der Ordnungsgemäßheit der Nachlassverwaltung noch rein subjektiv aufgefasst, RGZ 73, 26, 29.
[11] *Schaub* in: *Bengel/Reimann* HdB IV Rn 22.
[12] BGH WM 1967, 25, 27; OLG Düsseldorf OLGR 1996, 71; AG Bremen WM 1993, 1959.
[13] AnwK-BGB/Weidlich Rn 2; MünchKommBGB/*Zimmermann* Rn 2; eingehend *J. Mayer* in: *Mayer/Bonefeld/Wälzholz/Weidlich* Rn 98 ff.
[14] *Schaub* in: *Bengel/Reimann* HdB IV Rn 24; s aber BGH NJW-RR 2001, 1369: Unzulässigkeit der Teilungsversteigerung nach halben Verkehrswert, wenn vorher kein Bemühen um bessere Verwertung.
[15] *Schmitz* ZErb 2005, 74 ff, 80 f, auch aus rechtsvergleichender Sicht, *J. Mayer* in: *Mayer/Bonefeld/Wälzholz/Weidlich* Rn 134.
[16] *Lang* in: *Lange/Werkmüller*, Der Erbfall in der Bankpraxis, 2002, § 25 Rn 126; eingehend zu den Problemen der Testamentsvollstreckung durch Banken *W. Zimmermann* ZEV 2007, 313.
[17] *Zeising*, Pflichten und Haftung eines Testamentsvollstreckers bei der Verwaltung von Großvermögen, 2004, Rn 256 f; iE ebenso *Schaub* FamRZ 1995, 845, 850; überzogen und nicht sachkundig daher die Kritik von *Zimmermann* Rn 103; auch *Schmitz* ZErb 2005, 81 übersieht diese spezialgesetzliche Verpflichtung.
[18] *J. Mayer* in: *Mayer/Bonefeld/Wälzholz/Weidlich* Rn 134; *Schmitz* ZErb 2005, 81 fordert daher sogar eine organisatorische Trennung der Testamentsvollstreckung vom übrigen Bankgeschäft.
[19] *Staudinger/Reimann* Rn 7; *Schaub* in: *Bengel/Reimann* HdB IV Rn 26.
[20] BayObLGZ 1997, 1, 18 = FamRZ 1997, 905.
[21] BGHZ 25, 275, 283: Einziehung einer Forderung; BGH WM 1967, 25, 27; NJW 1987, 1070, 1071: Anlageentscheidung; ZEV 1995, 110; BayObLGZ 1976, 67, 87; 1990, 177, 182 f; BayObLG ZEV 1998, 348, 350; *Staudinger/Reimann* Rn 7; *Schaub* in: *Bengel/Reimann* HdB IV Rn 26; *MünchKommBGB/Zimmermann* Rn 2; *Farkas-Richling* ZEV 2007, 310; *Muscheler* AcP 1997 (1997), 226, 249.

§ 2216 Buch 5. Abschnitt 3. Testament

orientieren. Der Testamentsvollstrecker handelt erst dann pflichtwidrig, wenn er die Grenzen dieses Ermessens überschreitet[22]. Die Grenzen des wirtschaftlichen Ermessens werden dabei durch die **allgemeinen Grundsätze der Wirtschaftlichkeit** gezogen[23]. Sind mehrere Wege zur Verwirklichung der Verwaltungsaufgabe gleichermaßen geeignet, so kann der Testamentsvollstrecker sich zwischen diesen entscheiden[24]. Reine Zweckmäßigkeitsfragen entscheidet der Testamentsvollstrecker allein in eigener Verantwortung[25].

10 Als Leitbild für das Ausmaß des zulässigen Ermessens dient der **„dynamische Geschäftsführer"**, der unter Abwägung auch Risiken eingeht, um neue Chancen zu nutzen[26]. Dabei muss er nicht wie ein Rechtsanwalt oder Notar bei der Beratung Dritter den sichersten Weg gehen[27]. Die Rspr verlangt also **„Solidität und Dynamik"**[28]. Damit sind auch spekulative Anlagen nicht grds ausgeschlossen, wenn sie zwar mit besonderem Risiko, aber mit großer Renditeerwartung verbunden sind. Allerdings dürfen sie nicht den gesamten Nachlass erfassen. Die Grenze des Ermessens wird auf alle Fälle überschritten bei einer **absehbaren Schädigung** des Nachlasses[29] und nicht mehr abwägbaren Risiken (Warentermingeschäften)[30].

11 **c) Berechtigter der Verpflichtung.** Die Verpflichtung nach Abs 1 besteht gegenüber dem Erben (auch Nacherben) und dem Vermächtnisnehmer, nicht aber gegenüber den Nachlassgläubigern oder -schuldnern[31], also auch nicht gegenüber den Pflichtteilsberechtigten[32]. Die Interessen eines Schlusserben bei einem Berliner Testament (§ 2269) hat der Testamentsvollstrecker nur in sehr eingeschränktem Umfang zu berücksichtigen. Die Pflicht zur ordnungsgemäßen Verwaltung gibt dem Erben sogar das Recht, den Testamentsvollstrecker auf deren Einhaltung unmittelbar zu **verklagen**[33], ja sogar einstweiligen Rechtsschutz in Anspruch zu nehmen[34].

12 **d) ABC der ordnungsgemäßen Nachlassverwaltung.** Die folgende Darstellung behandelt allein die Fallkonstellation, dass keine besondere Verwaltungsanordnung des Erblassers (Abs 2 S 1) vorliegt, aber eine längerandauernde Verwaltungs- oder Dauertestamentsvollstreckung[35]. **Zu beachten ist:** Es handelt sich nur um allgemeine Aussagen dahingehend, dass die genannten Maßnahmen nur generell fähig sind, Grundlage einer ordnungsgemäßen Verwaltung zu sein. Ob im konkreten Einzelfall die betreffende Maßnahme wirklich zulässig ist, richtet sich insbes nach der jeweils mit der Testamentsvollstreckung verfolgten Zielsetzung **(funktionelle Betrachtungsweise!)**, bei Rechtsgeschäften aber auch nach ihrer konkreten Ausgestaltung.

13 **Anlage von Geld und Verwaltung von Wertpapieren**[36]: Der Testamentsvollstrecker ist grds nicht verpflichtet, diese Nachlasswerte mündelsicher oder sonst in bestimmter Weise anzulegen und Wertpapiere zu hinterlegen. Für ihn gelten weder die für einen Vormund noch die für einen Vorerben bestehenden besonderen Pflichten entspr[37]. Jedoch können im Wege einer Analogie der Grundkanon der Pflichten eines Vermögensverwalters auch für die Anlageentscheidungen eines Testamentsvollstreckers und die Beurteilung der Ordnungsgemäßheit seines Verhaltens nutzbar bemacht werden[38]. Bei der **Auswahl von Kapitalanlagen** hat der Testamentsvollstrecker die dabei zu erwartende Rendite, ihr Risiko, ihre Inflationsanfälligkeit, etwa damit verbundene Kosten und Steuern, ihre Liquidierbarkeit und Markfähigkeit sowie den Einfluss der allgemeinen wirtschaftlichen Entwicklung[39] zu beachten[40]. Dabei hat der BGH im begrenzten Umfang auch **spekulative Anlagen** als ordnungsgemäße Verwaltung angesehen[41]. Allerdings gilt hier insbes das Gebot der Diversifikation[42] und es besteht im besonderen Maße ein Benachrichtigungspflicht, wenn sich Kursrückgänge abzeichnen[43]. Durch das hier geltende Gebot

---

[22] BGH NJW 1987, 1070, 1071; BayObLGZ 1990, 181 f; MünchKommBGB/*Zimmermann* Rn 1 f; *Winkler,* Der Testamentsvollstrecker, Rn 167.
[23] BayObLG ZEV 1998, 348, 350; *J. Mayer* in: *Mayer/Bonefeld/Wälzholz/Weidlich* Rn 101.
[24] *Staudinger/Reimann* Rn 2; MünchKommBGB/*Zimmermann* Rn 1.
[25] *Palandt/Edenhofer* Rn 2.
[26] *Staudinger/Reimann* Rn 7; *Winkler,* Der Testamentsvollstrecker, Rn 169; BGH WM 1967, 25, 27; *Schmidt-Kessel* WM 1988, Sonderbeilage 13; *Schaub* in: *Bengel/Reimann* HdB IV Rn 27.
[27] BGH NJW 1987, 1070.
[28] *Winkler,* Der Testamentsvollstrecker, Rn 169.
[29] BGHZ 25, 275.
[30] *Staudinger/Reimann* Rn 7; vgl eingehend auch *Schaub* FamRZ 1995, 845.
[31] *Staudinger/Reimann* Rn 8.
[32] BayObLG 1997, 1, 19 = FamRZ 1997, 905.
[33] BGHZ 25, 275, 283 = NJW 1957, 1916; OLG Düsseldorf OLGR 1996, 71; MünchKommBGB/*Zimmermann* Rn 3.
[34] OLG Köln OLGZ 1987, 280, 283 = NJW-RR 1987, 71; *Soergel/Damrau* Rn 2 mwN.
[35] S auch *Staudinger/Reimann* Rn 9 ff; MünchKommBGB/*Zimmermann* Rn 4 ff; *Zimmermann* Rn 421 ff; sowie *Bengel* in: *Bengel/Reimann* HdB I Rn 80 f.
[36] Eingehend *J. Mayer* in: *Mayer/Bonefeld/Wälzholz/Weidlich* Rn 103 ff, zu den einzelnen Anlageformen Rn 139 ff; *Farkas-Richling* ZEV 2007, 310; *Klumpp* ZEV 1994, 68 ff, ders in: *Bengel/Reimann* HdB V Rn 432 ff mit Kriterien zur Anlageentscheidung.
[37] *Staudinger/Reimann* Rn 13; MünchKommBGB/*Zimmermann* Rn 8.
[38] *Zeising* aaO Rn 2 ff; *J. Mayer* in: *Mayer/Bonefeld/Wälzholz/Weidlich* Rn 105.
[39] *Coing,* FS H. Kaufmann, 1972, 127, 134 ff; *Zeising* aaO Rn 197.
[40] *Schmitz* ZErb 2003, 3, 6; AnwK-BGB/*Weidlich* Rn 3.
[41] NJW 1987, 1070, 1071 = EWiR 1987, 595 m Anm *Reimann*.
[42] *J. Mayer* in: *Mayer/Bonefeld/Wälzholz/Weidlich* Rn 127 ff.
[43] *J. Mayer* in: *Mayer/Bonefeld/Wälzholz/Weidlich* Rn 165 f.

der **produktiven Verwaltung** und die Grundsätze der Wirtschaftlichkeit[44] wird der Testamentsvollstrecker letztlich einem gewissen Erfolgszwang unterworfen[45]. Der Testamentsvollstrecker steht also in einem Spannungsfeld zwischen Substanzerhaltung und Nutzbarmachung des Vermögens[46]. Er soll sich mit mündelsicheren Anlagen daher dann nicht zufrieden geben können, wenn sich bessere Anlagemöglichkeiten bieten[47]. Dies setzt Kenntnis der verschiedenen Anlageformen voraus[48]. Mit einer größeren **Sparbuchanlage** darf er sich dabei nicht begnügen, wenn andere Anlageformen mit höherer Rendite bei vertretbarem Risiko zu haben sind[49]. Auch das **frühere Anlageverhalten** des Erblassers ist nicht völlig irrelevant. Insbesondere wenn es um die Feststellung der Anlageziele geht, wird man in diesem früheren Anlageverhalten eine erhebliche Bedeutung und Richtungssetzung zubilligen müssen[50]. **Warentermingeschäfte** sind allerdings höchst spekulativ[51]. Jedoch können Termingeschäfte vom Testamentsvollstrecker grds zu Absicherung von **Kursrisiken** genutzt werden. Allerdings müssen die allgemeinen Grenzen für spekulative Anlagen eingehalten werden. Daher darf wegen des hohen Risikos das spekulativ eingesetzte Kapital insgesamt nur einen geringen Teil des Nachlasses ausmachen[52]. Bei der Anlage von Großvermögen wird unter Beachtung des Grundsatzes der Diversifikation ein Einsatz von maximal 10% des Nachlasses zulässig sein[53]. Aus dem Grundsatz der ordnungsgemäßen Nachlassverwaltung ergibt sich nicht nur die Pflicht, zur ständigen Kontrolle der Anlagen, sondern auch zur **Umschichtung** des Nachlasses, wenn dies wirtschaftlich geboten ist[54]. Vor allem bei großen Nachlässen ist es unter dem Gesichtspunkt der ordnungsgemäßen Nachlassverwaltung oftmals sogar erforderlich, die **Vermögensverwaltung** an spezialisierte Dritte, wie Fondsgesellschaften, Banken oder professionelle **Vermögensverwalter zu übertragen**. Dann verbleibt aber für den Testamentsvollstrecker immer die Verpflichtung der sorgfältigen Auswahl und Überwachung[55].

Ausführung von Verfügungen von Todes wegen: Vor deren Ausführung (§ 2203) hat der Testamentsvollstrecker deren Rechtswirksamkeit zu prüfen und in eigener Verantwortung auszulegen[56]. Bei einer Erbauseinandersetzung sind bestehende Ausgleichspflichten (§§ 2050 ff) zu beachten. **14**

Auskehrung von Erträgen: Wie hoch und wann diese an die Erben auszuzahlen sind, ist nicht nach § 2217 zu entscheiden, sondern allein nach § 2216[57]. Die Nutzungen sind dann herauszugeben, wenn dies zur Bestreitung eines **angemessenen Unterhalts** des Erben erforderlich ist[58]. Soweit die Einkünfte ausreichen, hat der Testamentsvollstrecker dem Erben auch die zur Erfüllung von dessen gesetzlicher Unterhaltspflicht notwendigen Mittel auszukehren[59]. **15**

Eingehung von Dauerschuldverhältnissen: Dies kann auch dann eine ordnungsgemäße Nachlassverwaltung sein, wenn sie die Laufzeit der Testamentsvollstreckung überschreiten[60]. Wichtig ist, dass sie nach Art und eben auch der Dauer zur Verwirklichung der Zwecke der Testamentsvollstreckung erforderlich sind[61]. So kann etwa der Abschluss eines langfristigen Mietvertrags sinnvoll sein, wenn er der Anmietung gewerblicher Räume zur angeordneten Fortführung des hinterlassenen Handelsgeschäfts dient[62]; liegt dagegen eine reine Abwicklungsvollstreckung vor, so ist dies nicht zulässig. **16**

---

[44] *J. Mayer* in: *Mayer/Bonefeld/Wälzholz/Weidlich* Rn 124 f.
[45] *Staudinger/Reimann* Rn 13.
[46] MünchKommBGB/*Zimmermann* Rn 8.
[47] *Soergel/Damrau* Rn 3; *Klumpp* in: *Bengel/Reimann* HdB V Rn 427.
[48] *Klumpp* in: *Bengel/Reimann* HdB V Rn 451 ff; zu den allg Grundsätzen für Vermögensverwalter und deren Nutzbarmachung für den Testamentsvollstrecker *J. Mayer* in: *Mayer/Bonefeld/Wälzholz/Weidlich* Rn 107 ff.
[49] *Klumpp* ZEV 1994, 65, 69; *Zimmermann* Rn 426; AG Bremen WM 1993, 1959; großzügiger jedoch BGH ZEV 1995, 110 bei einer kurzfristigen Festgeldanlage eines Verkaufserlöses; vgl dazu *J. Mayer* in: *Mayer/Bonefeld/Wälzholz/Weidlich* Rn 142.
[50] *J. Mayer* in: *Mayer/Bonefeld/Wälzholz/Weidlich* Rn 135; so auch *Lang* in: *Lange/Werkmüller*, Der Erbfall in der Bankpraxis, § 25 Rn 125 im Rahmen der Bestimmung der erforderlichen Diversifikation; aA etwa *Schaub* FamRZ 1995, 845, 850.
[51] *Klumpp* ZEV 1994, 69; *D. Mayer* in: *Bengel/Reimann* HdB V Rn 341; zur für den Testamentsvollstrecker erforderlichen „Termingeschäftsfähigkeit" nach § 53 Abs 2 BörsG aF *Werkmüller* WM 2000, 1361.
[52] *J. Mayer* in: *Mayer/Bonefeld/Wälzholz/Weidlich* Rn 146; *Zeising* aaO Rn 303 ff; AnwK-BGB/*Weidlich* Rn 6; *Schaub* FamRZ 1995, 845, 850; großzügiger wohl *Werkmüller* WM 2000, 1361, 1366, der der testamentsvollstreckenden Bank empfiehlt, „bei ihrer „Kalkulation nur den Nettobetrag des Nachlasses zugrunde zu legen, „weil die Erben mit ihrem Privatvermögen ggf nicht haften; krit dagegen zu Recht *Zimmermann* Rn 425 Fn 958.
[53] *Zeising* aaO Rn 304; vgl auch *Balzer*, Vermögensverwaltung durch Kreditinstitute, Diss Köln 1998, S 109; für viel weniger als 10% *Zimmermann*, Testamentsvollstreckung, Rn 425; völlig abl dagegen *Klumpp*, ZEV 1994, 69; *Klumpp* in: *Bengel/Reimann* HdB V Rn 465; *Staudinger/Reimann*, § 2216 Rn 16; ebenso für den Regelfall *D. Mayer* in: *Bengel/Reimann*, HdB V Rn 341.
[54] *J. Mayer* in: *Mayer/Bonefeld/Wälzholz/Weidlich* Rn 135; AnwK-BGB/*Weidlich* Rn 7; vgl BGH NJW 1967, 443: Verkauf anderer Wertpapiere, um Bezugsrecht für günstige neue Aktien; *Zimmermann* Rn 424.
[55] KK-Erbrecht/*Rott* Rn 10; eingehend *Zeising* aaO Rn 415 ff; *J. Mayer* in: *Mayer/Bonefeld/Wälzholz/Weidlich* Rn 174 ff.
[56] BGH ZEV 2001, 278; *Damrau/Bonefeld* Rn 8; MünchKommBGB/*Zimmermann* Rn 5.
[57] Zur Vor- und Nacherbschaft BGH Rpfleger 1986, 434; AnwK-BGB/*Weidlich* Rn 11; diff MünchKommBGB/*Zimmermann* § 2217 Rn 4, § 2216 Rn 7; KK-Erbrecht/*Rott* Rn 16 nimmt den § 2217 als „Anhaltspunkt".
[58] RG Recht 1922 Nr 615; AnwK-BGB/*Weidlich* Rn 11; *Damrau/Bonefeld* Rn 10; KK-Erbrecht/*Rott* Rn 16; *Staudinger/Reimann* Rn 9; MünchKommBGB/*Zimmermann* Rn 7; *Winkler*, Der Testamentsvollstrecker, Rn 178.
[59] RG LZ 1918, 1268.
[60] MünchKommBGB/*Zimmermann* Rn 6; *Bengel* in: *Bengel/Reimann* HdB I Rn 82.
[61] *Damrau/Bonefeld* Rn 9; KK-Erbrecht/*Rott* Rn 7.
[62] Zust AnwK-BGB/*Weidlich* Rn 10; KK-Erbrecht/*Rott* Rn 7.

§ 2216

17 **Geltendmachung von Nachlassrechten:** Solche sind grds geltend zu machen, insbes sind Forderungen einzuziehen und Rechtsmittel einzulegen[63], und zwar so rechtzeitig, dass eine Schädigung des Nachlasses ausgeschlossen ist[64]. Die Führung überflüssiger, insbes aussichtsloser Prozesse ist jedoch zu vermeiden[65]. Beauftragt der Testamentsvollstrecker einen Rechtsanwalt mit der fristwahrenden Einspruchseinlegung gegen einen Erbschaftsteuerbescheid, obwohl dies für ihn erkennbar überflüssig war, hat er leichtfertig seine Pflichten verletzt und haftet den Erben daher auf Ersatz des hierdurch entstandenen Schadens[66].

18 **Geschäftsbetrieb:** Hier kann es erforderlich sein, im Rahmen der ordnungsgemäßen Nachlassverwaltung die Erträge, die nicht zum Lebensunterhalt der Erben benötigt werden, in den Betrieb einer zum Nachlass gehörenden Fabrik zu investieren[67]. Im Übrigen kommt es darauf an, ob der Testamentsvollstrecker nur eine überwachende Funktion hat, oder selbst das Unternehmen leiten muss[68].

19 **Grundschuldbestellung:** Die Bestellung eines Grundpfandrechts für Dritte oder die Abtretung einer Eigentümergrundschuld ist nur dann eine ordnungsgemäße Nachlassverwaltung, wenn die gesamte Darlehensvaluta dafür wieder in den Nachlass gelangt[69], keine unübliche Sicherheitsgewährung darstellt[70] und die zugrunde liegende Darlehensaufnahme selbst für die Nachlassverwaltung – ausgehend vom Zweck der Testamentsvollstreckung – objektiv erforderlich war.

20 **Grundstückserwerb:** Das Überlassen von Geld an den Vormund des minderjährigen Erben durch den Testamentsvollstrecker zum Erwerb eines Grundstücks kann eine Freigabe iS von § 2217 darstellen, weshalb der Erwerb nicht mehr zum Nachlass gehört. Es kommt für die Abgrenzung auf die konkreten Vorstellungen der Beteiligten bei den Verhandlungen an[71].

21 **Haftungsbeschränkungen, Insolvenz:** Bei Kenntnis der Nachlassüberschuldung ist der Testamentsvollstrecker berechtigt und wegen § 2216 gegenüber den Erben auch verpflichtet, ein Insolvenzverfahren zu beantragen (§ 317 InsO)[72], jedoch trifft den Testamentsvollstrecker nicht eine Haftung aus § 1980 Abs 1 S 2[73]. Er ist jedoch berechtigt, einen erforderlichen Antrag auf Nachlassverwaltung nach § 1981 und ein Aufgebotsverfahren zum Gläubigerausschluss nach §§ 1970 ff zu stellen[74]. Ein Inventarerrichtungsrecht (§ 1993) hat der Testamentsvollstrecker nicht, auch kann ihm keine Inventarfrist (§ 1994) bestimmt werden[75].

22 **Prüfung der Wirksamkeit früherer Veräußerungen:** Soweit solche nichtig sind, besitzt der Nachlass noch entsprechende Ansprüche, die auch hinsichtlich der Durchsetzbarkeit zu prüfen sind[76]. Dabei wird man aber nur dann eine solche Prüfungspflicht für erforderlich halten, wenn sich für den Testamentsvollstrecker konkrete Anhaltspunkte für die Nichtigkeit im Laufe seiner Tätigkeit ergeben. Eine besondere Fehlersuche muss er nicht betreiben.

23 **Veräußerung und Belastung von Nachlassgrundstücken:** Auch hier kann die ordnungsgemäße Verwaltung solche Verfügungen nach der konkret vorliegenden Situation erfordern. Der BGH[77] hat dabei auch einen Verkauf ohne Mehrung des Nachlasswertes für zulässig gehalten. Jedoch handelt der Testamentsvollstrecker pflichtwidrig, wenn er es zur Versteigerung eines Grundstücks für die Hälfte seines Verkehrswerts kommen lässt, ohne sich zuvor um eine bessere Verwertung etwa durch freihändigen Verkauf nachhaltig zu bemühen[78]. Zur ordnungsgemäßen Nachlassverwaltung gehört in diesem Zusammenhang auch die Belastung des Verkaufsobjekts mit Grundpfandrechten zur Kaufpreisfinanzierung[79].

24 **Verkehrssicherungs- und Überwachungspflichten:** Dies gehört zur ordnungsgemäßen Nachlassverwaltung, da dadurch Haftpflichtansprüchen gegen den Nachlass vorgebeugt wird. Zu erfüllen sind daher Räum- und Streupflichten[80]. Aber auch die Aufsichtspflicht über einen Geschäftsführer einer GmbH, an der der Nachlass beteiligt ist, ist auszuüben, weshalb die Informationsrechte nach § 51a GmbHG wahrzunehmen sind[81]. **Beauftragt** der Testamentsvollstrecker im Rahmen der Nachlassverwaltung zulässiger Weise **andere Personen** (§ 2218 Rn 4), so hat er Kontroll- und Überwachungspflichten, so auch bezüglich der Angemessenheit der Kosten einer Grundstücksver-

---

[63] OLG Düsseldorf OLGR 1996, 71 f.
[64] BGHZ 25, 275, 283 f; *Schaub* in: Bengel/Reimann HdB IV Rn 30.
[65] AnwK-BGB/*Weidlich* Rn 9; MünchKommBGB/*Zimmermann* Rn 4.
[66] BGH ZEV 2000, 195.
[67] RG Recht Nr 615; *Staudinger/Reimann* Rn 10.
[68] KK-Erbrecht/*Rott* Rn 12.
[69] *Bengel* in: Bengel/Reimann HdB I Rn 118.
[70] Soergel/Damrau § 2205 Rn 83.
[71] *Staudinger/Reimann* Rn 11.
[72] *Damrau/Bonefeld* Rn 14; AnwK-BGB/*Weidlich* Rn 13; eingehend *Zimmermann* Rn 643; dazu *Winkler*, Der Testamentsvollstrecker, Rn 170 bei Fn 5; die Verpflichtung zur Antragstellung obliegt dem Testamentsvollstrecker aber nicht im Interesse der Nachlassgläubiger, Soergel/Damrau Rn 5, jedoch kann sich eine Haftung gegenüber den Erben bei verspäteter Antragstellung ergeben, § 2219, *Zimmermann* Rn 643.
[73] AnwK-BGB/*Weidlich* Rn 13; MünchKommBGB/*Zimmermann* Rn 10.
[74] MünchKommBGB/*Zimmermann* Rn 10; *WINKLER*, Der Testamentsvollstrecker, Rn 174.
[75] AnwK-BGB/*Weidlich* Rn 13; *Damrau/Bonefeld* Rn 14; MünchKommBGB/*Zimmermann* Rn 10.
[76] BayObLGZ 27, 78; *Staudinger/Reimann* Rn 16.
[77] NJW-RR 1989, 642.
[78] BGH NJW-RR 2001, 1369.
[79] AnwK-BGB/*Weidlich* Rn 15; *Bengel* in: Bengel/Reimann HdB I Rn 95.
[80] KK-Erbrecht/*Rott* Rn 14.
[81] MünchKommBGB/*Zimmermann* Rn 9; BayObLGZ 1997, 1, 19 = FamRZ 1997, 905.

waltung, auch wenn diese im Einverständnis mit dem Bedachten von einem Dritten ausgeübt wird[82].

e) Rechtsfolgen ordnungswidriger Verwaltung. Ein Verstoß gegen § 2216 Abs 1 hat folgende Wirkungen[83]: **25**
- jeder Erbe kann gegen den Testamentsvollstrecker darauf klagen, dass dieser seine Pflichten erfüllt[84];
- eine schuldhafte Pflichtverletzung führt zu einer **Haftung** des Testamentsvollstreckers nach § 2219 gegenüber den dadurch geschädigten Erben oder Vermächtnisnehmern;
- die Missachtung dieser Grundsätze kann zu einer **Entlassung** des Testamentsvollstreckers durch das Nachlassgericht nach § 2227 führen (§ 2227 Rn 8)[85];
- auch ordnungswidrige **Verfügungen** sind nach außen hin grds gegen den Nachlass **wirksam.** Anderes gilt nur dann, wenn durch **Missbrauch** des Verwaltungsrechts auch dem Geschäftsgegner erkennbar oder sogar bekannt war[86];
- **Verbindlichkeiten,** die der Testamentsvollstrecker eingeht, sind nur dann gegen den Nachlass wirksam, wenn sie zur ordnungsgemäßen Nachlassverwaltung erforderlich waren (§ 2206), es sei denn, der Erblasser hat insoweit nach § 2207 etwas anderes bestimmt oder § 2206 Abs 1 S 2 greift ein.

2. Verwaltungsanordnungen. a) Begriff und Inhalt. Der Testamentsvollstrecker ist an Anordnungen des Erblassers über die Nachlassverwaltung gebunden (§ 2216 Abs 2 S 1)[87]. In Betracht kommen etwa Bestimmungen über die Verwendung von **Nachlasserträgen** oder das Verbot, über bestimmte Nachlassgegenstände zu verfügen[88], wobei klarzustellen ist, dies nicht auch eine dinglich wirkende Beschränkung der Verfügungsbefugnis des Testamentsvollstreckers nach § 2208 darstellt. Weiter kann der Erblasser auch bestimmen, dass der Testamentsvollstrecker die **Weisungen Dritter** zu befolgen hat (§§ 2216 Abs 2 S 1, 2208). Demgegenüber braucht der Testamentsvollstrecker grds die Anordnungen von Erben nicht befolgen, ja er hat die Anordnungen und erkennbaren Wünsche des Erblassers auch und gerade **gegen den Willen der Erben** zu beachten[89]. Anders liegt es, wenn der Erblasser entsprechende Weisungsrechte der Erben in einer Verfügung von Todes wegen ausdrücklich begründet[90]. So kann der Erblasser bestimmen, dass generell oder zu bestimmten Maßnahmen (etwa wie beim Vorerben) die Zustimmung der Erben zu erholen ist. Möglich ist auch eine sog **„Demokratie-Klausel",** wonach es einer Zustimmung einer bestimmten Mehrheit der Erben für bestimmte Verwaltungshandlungen bedarf. Dadurch lässt sich ein abgestuftes System von Kontrollmechanismen entwickeln, das flexibler ist, als die dinglich wirkenden Beschränkungen der Verfügungsbefugnis nach § 2208, weil es nur schuldrechtlich wirkt, aber wegen des drohenden Regresses (§ 2219) trotzdem vom Testamentsvollstrecker beachtet wird[91]. **26**

Besondere Bedeutung haben Verwaltungsanordnungen im Rahmen eines sog **Behindertentestaments**[92]. Dadurch erteilt der Erblasser die Anweisung, aus den Erträgen des Erbteils des Behinderten diesem Zuwendungen zu machen, die einerseits zwar nicht auf Sozialleistungen anzurechnen sind, andererseits aber ihm einen Standard über demjenigen gewähren sollen, was ihm nach dem Sozialhilferecht zukommt. Denn letztlich gewinnt das Behindertentestament aus dieser Anordnung seine legitimierende Wirkung, dass es kein reines „Familienerhaltungstestament" ist. Daher sind derartige **Verwaltungsanweisungen** an den Testamentsvollstrecker **positiv**[93] entspr dem Zweck zu formulieren, den das Behindertentestament nach der Rspr des BGH haben muss, damit es nicht dem Sittenwidrigkeitsverdikt zum Opfer fällt: Es muss **zu einer Verbesserung der Lebensqualität des Behinderten führen,** indem Leistungen zugewandt werden, die er gerade durch den Standard der Sozialhilfe nicht bekommen würde. Letztlich ist damit die Verwaltungsanordnung der Prüfstein dafür, ob das Behinderten-Testament wirklich dem Behinderten gerecht wird. Viele der bislang üblichen Texte erwecken mit ihrer „negativen Anordnung", dass nur solche Leistungen zu erbringen sind, die nicht zu einer Kürzung von Sozialhilfeleistungen führen, doch mittelbar den Eindruck einer „unzulässigen Nachrangvereinbarung", weil der Grundsatz der Subsidiarität von Sozialhilfeleistungen (§ 2 Abs 1 SGB XII) umgangen werden soll[94]. **27**

Von derartigen Verwaltungsanordnungen des Erblassers **zu unterscheiden**[95] sind reine **Weisungen** an den Testamentsvollstrecker, die durch **Auftrag** unter Lebenden erteilt werden, und **28**

---

[82] BGH NJW-RR 1999, 574.
[83] *Staudinger/Reimann* Rn 17.
[84] BGHZ 25, 275, 283.
[85] BayObLGZ 1990, 177, 183 = NJW-RR 1990, 1420; BayObLGZ 1997, 1, 19 ff.
[86] BGH DNotZ 1959, 480.
[87] Zur Auslegung im Zusammenhang mit der Verwaltung von Geschäftsanteilen BayObLGZ 1997, 1, 13 ff = FamRZ 1997, 507.
[88] MünchKommBGB/*Zimmermann* Rn 15; *Staudinger/Reimann* Rn 22 ff.
[89] RGZ 74, 215; zu einem Beanstandungsverbot zu Lasten der Erben und zu Gunsten des Testamentsvollstreckers bei der Unternehmensnachfolge RGZ 73, 26.
[90] *Staudinger/Reimann* Rn 19.
[91] Eingehend *Reimann* FamRZ 1995, 588, 591 f; *Staudinger/Reimann* Rn 24.
[92] Dazu etwa *Joussen* NJW 2003, 1851; *Eichenhofer* NDV 1999, 82, 87; *van de Loo* MittRhNotK 1989, 233, 236; *J. Mayer* in: *Mayer/Bonefeld/Wälzholz/Weidlich* Rn 588, 597.
[93] Dazu etwa der Vorschlag von *Ivo Erbrecht Effektiv* 2004, 42, 44.
[94] *J. Mayer* in: *Mayer/Bonefeld/Wälzholz/Weidlich* Rn 597.
[95] Zur Abgrenzung von letztwilligen Verfügungen anderer Art, wie Vermächtnis und Übernahmerecht eingehend *Soergel/Damrau* Rn 9.

die auch noch der Erbe jederzeit widerrufen kann (§§ 672, 671)[96]. Ebenso sind davon zu unterscheiden reine **Wünsche** des Erblassers für die Nachlassverwaltung, die nicht verbindlich sind und keine Befolgungspflicht des Testamentsvollstreckers auslösen. Verwaltungsanordnungen sind dann anzunehmen, wenn ohne ihre Beachtung der Zweck der Testamentsvollstreckung verfehlt würde[97]. Wünsche, Hoffnungen und Bitten können aber dadurch eine mittelbare rechtliche Bedeutung erlangen, dass sie den eigentlichen Zweck der Testamentsvollstreckung deutlich machen[98].

29 **b) Form der Verwaltungsanordnung.** Nur die in einer **letztwilligen Verfügung** getroffenen Anordnungen sind nach dem ausdrücklichen Gesetzeswortlaut für den Testamentsvollstrecker verbindlich (§ 2216 Abs 2 S 1). Dabei müssen bei einem privatschriftlichen Testament die Grundsätze und Richtlinien der Verwaltungsanordnung in der handschriftlichen Testamentsurkunde selbst aufgenommen sein[99]. Die Einhaltung des Formgebots wird allerdings zT dadurch relativiert, dass auch die Nichtbefolgung mündlicher oder sonstiger Anordnungen (etwa in Briefen) einen Entlassungsgrund nach § 2227 darstellen soll[100] und sich aus Verwaltungsanordnungen der **Zweck** der Testamentsvollstreckung herleiten lässt, der letztlich die Kriterien festlegt, was im vorliegenden Fall unter einer ordnungsgemäßen Verwaltung zu verstehen ist[101].

30 **c) Rechtsfolgen.** Derartige Verwaltungsanordnungen nach § 2216 Abs 2 S 1 wirken – anders als Verfügungsbeschränkungen nach § 2208 – nur **schuldrechtlich**. Setzt sich der Testamentsvollstrecker daher über solche hinweg, so ist grds die betreffende Verfügung trotzdem wirksam, es sei denn, der Geschäftspartner hat den Missbrauch der Verfügungsmacht grob fahrlässig nicht erkannt oder sogar erkannt[102]. Im Verhältnis zum Erben kann jedoch eine Schadensersatzverpflichtung nach § 2219 bei einer schuldhaften Pflichtverletzung entstehen. Zudem kann sich aus einem solchen Verhalten ein Entlassungsgrund ergeben.

31 Die Bindung an die Verwaltungsanordnung ist keine absolute. Ihre Befolgung kann infolge zwischenzeitlich eingetretener Veränderungen nicht mehr dem mutmaßlichen Willen des Erblassers entsprechen und durch **ergänzende Auslegung** beseitigt werden. Mitunter ist auch eine Anfechtung (§ 2078) möglich.

32 **3. Außerkraftsetzung durch Nachlassgericht (Abs 2 S 2).** Da Auslegung und Anfechtung mit Unsicherheiten belastet sind, sieht das Gesetz vor, dass auf Antrag des Testamentsvollstreckers oder eines anderen Beteiligten die Verwaltungsanordnung vom Nachlassgericht außer Kraft gesetzt werden kann (§ 2216 Abs 2 S 2)[103].

33 **a) Verfahren.** Dies setzt einen entsprechenden Antrag voraus; es besteht gerade kein allgemeines Aufsichtsrecht des Nachlassgerichts[104]. **Antragsberechtigt** sind Testamentsvollstrecker (mehrere nur gemeinsam)[105] und jeder am Nachlass Beteiligte, der am Vollzug oder Nichtvollzug der Anordnung ein rechtlich geschütztes Interesse haben kann, also die Erben, Vermächtnisnehmer, Auflagebegünstigte[106], nicht jedoch der Nachlassgläubiger, Nachlassschuldner[107] oder ein Eigengläubiger eines Miterben, der den Erbteil gepfändet hat (deren Interesse wird durch § 2219 genügt)[108]. Vor der Entscheidung soll das Nachlassgericht die Beteiligten hören. Abs 2 S 3 bestimmt dies zwar nur, wenn es „tunlich" ist. Wegen der verfassungsrechtlichen Gewährleistung des rechtlichen Gehörs (Art 103 Abs 1 GG), kommt dieser Pflicht aber grds zwingende Bedeutung zu[109]. Es handelt sich daher auch nicht um eine reine Ordnungsvorschrift, deren Verletzung folgenlos bliebe[110]. Zuständig ist der Richter (§ 16 Abs 1 Nr 3 RPflG).

34 **b) Aufhebungsvoraussetzungen. Gegenstand** der Außerkraftsetzung können wirtschaftliche Maßnahmen wie aber auch solche rechtsgeschäftlicher Art sein[111], **nicht aber** die Testamentsvollstreckung als solches[112], ihre Dauer, die Zahl der Testamentsvollstrecker und die ihnen zustehende Vergütung[113], oder gar angeordnete Auflagen (§ 2192)[114], eine mit der Testamentsvollstrecker verbundene

---

[96] *Staudinger/Reimann* Rn 19; *Soergel/Damrau* Rn Rn 8.
[97] BayObLGZ 1976, 67, 76 = NJW 1976, 1692; *Soergel/Damrau* Rn 8.
[98] BayObLGZ 1976, 67, 76 = NJW 1976, 1692.
[99] *Staudinger/Reimann* Rn 21; allg zu diesen Fragen *Staudinger/Baumann* § 2247 Rn 58 ff.
[100] *Staudinger/Reimann* Rn 21 unter Bezug auf *Planck/Flad* Anm 4; zweifelhaft.
[101] BayObLG NJW 1976, 1692; MünchKommBGB/*Zimmermann* Rn 15.
[102] *Soergel/Damrau* Rn 17.
[103] Zu Einzelheiten in formeller wie materieller Hinsicht s etwa *Staudinger/Reimann* Rn 26 ff.
[104] *Soergel/Damrau* Rn 11.
[105] OLG München JFG 20, 121; *Palandt/Edenhofer* Rn 6; *Staudinger/Reimann* Rn 32. Bei Anordnung selbstständiger Wirkungskreise (§ 2224 Abs 1 S 3) ist jedoch jeder innerhalb seines Wirkungskreises allein antragsberechtigt, *Staudinger/Reimann* Rn 32; MünchKommBGB/*Zimmermann* Rn 23.
[106] BayObLGZ 1982, 459, 461 = Rpfleger 1983, 112; *Soergel/Damrau* Rn 15.
[107] KG RJA 10, 114; *Staudinger/Reimann* Rn 32.
[108] BayObLGZ 1982, 459, 461.
[109] BayObLG ZEV 1998, 348, 349 zur wortgleichen Bestimmung des § 2227 Abs 2; dort auch zur Heilung im Beschwerdeverfahren.
[110] MünchKommBGB/*Zimmermann* Rn 24; aA *Staudinger/Reimann* Rn 33 (reine Ordnungsvorschrift).
[111] *Firsching/Graf* Rn 4.478.
[112] KG JR 1951, 732; HRR 1942 Nr 691.
[113] KG JW 1937, 475.
[114] BayObLGZ 1961, 155.

Nacherbeneinsetzung[115] oder eine Bestattungsanordnung[116]. Eine Teilungsanordnung kann oftmals mit einer Verwaltungsanordnung zusammentreffen. Dann ist es zulässig, die Verwaltungsanordnung außer Kraft zu setzen, ohne dass dadurch die Wirkung der Teilungsanordnung hiervon beeinträchtigt würde[117].

Voraussetzung der Aufhebung ist eine **erhebliche Gefährdung** des Nachlasses durch die Befolgung der getroffenen Verwaltungsanordnung. Entspr der gebotenen funktionalen Betrachtungsweise muss dabei auch und gerade der **Zweck der Testamentsvollstreckung** berücksichtigt werden. Denn in der Gefährdung des Zwecks ist auch die Gefährdung des Nachlasses zu sehen[118]. **Gefährdet** die Verwaltungsanordnung die **wirtschaftliche Existenz** des Erben, ist die Anordnung daher dann aufzuheben, wenn der Zweck der Testamentsvollstreckung nicht darauf gerichtet war, den Nachlass ohne Rücksicht auf die wirtschaftlichen Interessen des Erben zu verwalten[119]. 35

Wollte der Erblasser dagegen durch die Verwaltungsanordnung den Nachlass sichern und den **Zugriff des Erben** ganz oder teilweise **ausschließen**, so kann die so gewollte Thesaurierung nicht mit der Floskel „der Schädigung der am Nachlass interessierten Personen" aufgehoben und der Erblasserwille völlig konterkariert werden, man denke etwa an eine Testamentsvollstreckung hinsichtlich überschuldeter oder „leichtsinniger" Erben oder an ein Behindertentestament[120]. Bloße Unzweckmäßigkeit genügt jedenfalls für ein außer Kraft setzen nicht[121]. 36

c) **Entscheidungsinhalt.** Das Nachlassgericht kann jedoch nur die Verwaltungsanordnungen des Erblassers ganz oder teilweise außer Kraft setzen[122], einschränken, mit Bedingungen versehen[123] oder einen darauf gerichteten Antrag ablehnen. Es kann jedoch **keine eigenen Anordnungen** über die Verwaltung treffen[124]. Eine Außerkraftsetzung ist auch noch möglich, wenn der Testamentsvollstrecker sich bereits eigenmächtig und faktisch über die Anordnung hinweggesetzt hat, da er wegen der Haftungsgefahr hieran ein berechtigtes Interesse besitzt; insoweit hat sich das Verfahren nicht vollständig erledigt[125]. Gebühr nach § 113 KostO. Die Entscheidung wird mit der Bekanntgabe wirksam (§ 16 FGG). 37

d) **Rechtsmittel.** Die stattgebende Entscheidung unterliegt der einfachen Beschwerde (§ 19 FGG); beschwerdeberechtigt ist jeder, der dadurch beeinträchtigt wird (§ 20 Abs 1 FGG, s Rn 33). Wird der Antrag abgelehnt, kann nur der Antragsteller (§ 20 Abs 2 FGG) die einfache Beschwerde erheben, bei mehreren Testamentsvollstreckern mit gemeinschaftlicher Verwaltungsaufgabe nur diese gemeinsam[126]. 38

§ 2217 Überlassung von Nachlassgegenständen

(1) ¹**Der Testamentsvollstrecker hat Nachlassgegenstände, deren er zur Erfüllung seiner Obliegenheiten offenbar nicht bedarf, dem Erben auf Verlangen zur freien Verfügung zu überlassen.** ²**Mit der Überlassung erlischt sein Recht zur Verwaltung der Gegenstände.**

(2) **Wegen Nachlassverbindlichkeiten, die nicht auf einem Vermächtnis oder einer Auflage beruhen, sowie wegen bedingter und betagter Vermächtnisse oder Auflagen kann der Testamentsvollstrecker die Überlassung der Gegenstände nicht verweigern, wenn der Erbe für die Berichtigung der Verbindlichkeiten oder für die Vollziehung der Vermächtnisse oder Auflagen Sicherheit leistet.**

Schrifttum: *Muscheler,* Die Freigabe von Nachlassgegenständen durch den Testamentsvollstrecker, ZEV 1996, 401.

I. Normzweck

Die Testamentsvollstreckung ist zweckgebunden und schränkt die Erben in ihrem Verwaltungs- und Verfügungsrecht über den Nachlass erheblich ein. Um eine zu übermächtige Stellung des Testaments- 1

---

[115] KG HRR 1942 Nr 691; *Soergel/Damrau* Rn 10 mwN.
[116] *Staudinger/Reimann* Rn 31. Zweifelnd MünchKommBGB/*Zimmermann* Rn 20.
[117] *Staudinger/Reimann* Rn 29 mit Beispielen; *Soergel/Damrau* Rn 11; KG JFG 14, 154 = JW 1936, 3484.
[118] MünchKommBGB/*Zimmermann* Rn 18; weitergehend *Kipp/Coing* § 73 II 2: auch eine Schädigung der am Nachlass interessierten Personen sei zu berücksichtigen, weil der Testamentsvollstrecker für sie als Treuhänder tätig werde.
[119] MünchKommBGB/*Zimmermann* Rn 18; vgl auch KG HRR 1933 Nr 1765, KG JW 1936, 3484, wo die wirtschaftliche Sicherstellung gerade bezweckt war.
[120] Zum Behindertentestament *Krampe* AcP 191 (1991), 526 m ausf Rspr-Analyse; *Settergren,* Das „Behindertentament" im Spannungsfeld zwischen Privatautonomie und sozialhilferechtlichem Nachrangprinzip, 1999, S 176 ff; anders *Otte* JZ 1990, 1027, 1028; iE wohl ebenso wie hier *Staudinger/Reimann* Rn 28; MünchKommBGB/*Zimmermann* Rn 18.
[121] RGRK/*Kregel* Rn 28; *Staudinger/Reimann* Rn 28.
[122] Muster bei *Firsching/Graf* Rn 4.479.
[123] *Soergel/Damrau* Rn 11; *Staudinger/Reimann* Rn 33.
[124] KG OLGZ 1971, 220; *Staudinger/Reimann* Rn 33; MünchKommBGB/*Zimmermann* Rn 19; *Soergel/Damrau* Rn 11. AM RGRK/*Kregel* Rn 14.
[125] MünchKommBGB/*Zimmermann* Rn 19; *Kipp/Coing* § 73 II 2 Fn 9; *Soergel/Damrau* Rn 13; aA KG RJA 10, 114; *Staudinger/Reimann* Rn 27.
[126] MünchKommBGB/*Zimmermann* Rn 25; *Staudinger/Reimann* Rn 34; aA *Soergel/Damrau* Rn 16: jeder allein beschwerdeberechtigt.

vollstreckers zu verhindern, gibt Abs 1 daher den Erben einen Anspruch auf Freigabe hinsichtlich des zur Zweckverfolgung nicht mehr benötigten Nachlasses; dadurch erlangen diese hieran die uneingeschränkte Verfügungsmacht[1]. Befreiung von der Freigabeverpflichtung ist möglich (§ 2220).

II. Freigabepflicht (Abs 1)

2 1. **Voraussetzungen.** **Freigabefähig** sind nur solche Nachlassgegenstände, deren der Testamentsvollstrecker zur Erfüllung seiner Obliegenheiten offenbar (also eindeutig) nicht mehr bedarf. Dies ist nach dem **Zweck** der Testamentsvollstreckung und objektiven Kriterien zu bestimmen, also funktionsabhängig[2]. Beim Regeltyp der **Abwicklungsvollstreckung** benötigt der Testamentsvollstrecker nur die Gegenstände, die er zur Ausführung der Verfügung von Todes wegen (§ 2203) und zur Begleichung von Nachlassverbindlichkeiten (Erbschaftsteuer) braucht, bei der **Auseinandersetzungsvollstreckung** benötigt er demgegenüber grds den gesamten Nachlass bis zur Schlussverteilung, wenn nicht sein Aufgabenfeld gegenständlich eingeschränkt ist oder alle Miterben durch Vereinbarung die Auseinandersetzung ausschließen, was den Testamentsvollstrecker bindet[3]. Ist die **Verwaltungsvollstreckung** oder Dauervollstreckung angeordnet (§ 2209 S 1), so ist eine Freigabe nach hM grds ausgeschlossen[4]; dabei ist aber zu beachten, dass auch bei diesen Vollstreckungsformen die Testamentsvollstreckung nicht reiner Selbstzweck ist. Es kann sich daher auch hier aus den Anordnungen des Erblassers ergeben, dass gewisse Nachlassgegenstände nicht mehr zur Verwaltung erforderlich und daher freizugeben sind[5]. Vor **Erledigung der steuerlichen Pflichten** (insbes §§ 31 Abs 5, 32 Abs 1 S 2 ErbStG) besteht aber auf alle Fälle kein Freigabeanspruch, soweit nicht feststeht, ob der Testamentsvollstrecker den Nachlass zur Erfüllung seiner steuerlichen Pflichten benötigt.

3 Ob auch die **Nutzungen** an den Erben herauszugeben sind, beurteilt sich nach § 2216 und nicht nach § 2217[6], also insbes danach, ob die Grundsätze ordnungsgemäßer Verwaltung dies gebieten.

4 Die Freigabepflicht des Testamentsvollstreckers setzt ein entsprechendes **Freigabeverlangen** des Erben voraus. Es richtet sich inhaltlich auf die vollständige Aufgabe des Verwaltungs- und Verfügungsrechts des Testamentsvollstreckers[7]. Es ist selbst eine Verfügung, so dass bei mehreren Erben diese zusammen das Recht geltend machen müssen (§ 2040, es gilt nicht § 2039, da kein Nachlassanspruch besteht)[8]. Der aus der Freigabepflicht resultierende Freigabeanspruch des Erben ist abtretbar und pfändbar[9].

5 Da die Freigabe eine Amtshandlung des Testamentsvollstreckers ist, kann sie von ihm erst nach wirksamem Amtsantritt vorgenommen werden[10]. Ein Zurückbehaltungsrecht wegen seiner Vergütung oder anderer Erstattungsforderungen steht dem Testamentsvollstrecker nicht zu[11].

6 2. **Rechtsnatur und Form der Freigabe.** Die Freigabe ist nach mittlerweile hM ein einseitiges, abstraktes, dingliches Rechtsgeschäft, das durch **empfangsbedürftige Willenserklärung** zu Stande kommt und den Verzicht auf das Verwaltungs- und Verfügungsrecht des Testamentsvollstreckers hinsichtlich des betreffenden Gegenstandes enthält[12]. Dabei treten die Rechtswirkungen unabhängig vom Willen des Erblassers kraft Gesetzes ein. Ein Irrtum des Testamentsvollstreckers ist unbeachtlich[13]. Die Eigentumsverhältnisse werden dadurch nicht geändert; der Rechtsgrund besteht in der Erfüllung der Verpflichtung aus § 2217 Abs 1 S 1[14]. Die Erklärung kann **formlos** erfolgen[15]. Gegenüber dem Grundbuchamt ist sie allerdings in der Form des § 29 GBO nachzuweisen;[16] ist der Testamentsvollstre-

---

[1] MünchKommBGB/*Zimmermann* Rn 1; jurisPK/*Heilmann* Rn 1.
[2] *Klumpp* in: Bengel/Reimann HdB VI Rn 163.
[3] Staudinger/Reimann Rn 11; *Klumpp* in: Bengel/Reimann HdB VI Rn 167 f; *Soergel*/*Damrau* Rn 2.
[4] BGHZ 56, 275, 284 = NJW 1971, 1805; RG HRR 1929 Nr 1652; vgl hierzu *Lange* JuS 1970, 101, 106; AnwK-BGB/*Weidlich* Rn 3; *Klumpp* in: Bengel/Reimann HdB VI Rn 170; KK-Erbrecht/*Rott* Rn 2.
[5] OLG Köln ZEV 2000, 231, 232: Wegfall des Sicherungszwecks; zust AnwK-BGB/*Weidlich* Rn 3; ähnlich MünchKommBGB/*Zimmermann* Rn 3.
[6] BGH NJW-RR 1986, 1096; *Winkler*, Der Testamentsvollstrecker, Rn 192; Staudinger/Reimann Rn 13; für Freigabeanspruch auf Grund Ermessensreduzierung MünchKommBGB/*Zimmermann* Rn 4.
[7] MünchKommBGB/*Zimmermann* Rn 6.
[8] AnwK-BGB/*Weidlich* Rn 5; Staudinger/Reimann Rn 8; *Klumpp* in: Bengel/Reimann HdB VI Rn 176; MünchKommBGB/*Zimmermann* Rn 5; für § 2039 *Muscheler* ZEV 1996, 401 f; *Damrau*/*Bonefeld* Rn 4.
[9] Staudinger/Reimann Rn 7; MünchKommBGB/*Zimmermann* Rn 5.
[10] KG DNotZ 1942, 225.
[11] RG HRR 1930 Nr 1110; jurisPK/*Heilmann* Rn 8; KK-Erbrecht/*Rott* Rn 7; MünchKommBGB/*Zimmermann* Rn 5; Staudinger/Reimann Rn 14; *Palandt*/*Edenhofer* Rn 3; aA *Klumpp* in: Bengel/Reimann HdB VI Rn 175; teilweise anders *Muscheler* ZEV 1996, 401, 402.
[12] AnwK-BGB/*Weidlich* Rn 9; *Damrau*/*Bonefeld* Rn 5; *Palandt*/*Edenhofer* Rn 5; Staudinger/Reimann Rn 15; AK/*Finger* Rn 9; *Lange*/*Kuchinke* § 31 VIII Fn 368; *Soergel*/*Damrau* Rn 7; LG München FamRZ 1992, 606; MünchKommBGB/*Zimmermann* Rn 7; aA – Realakt – OLG Hamm OLGZ 1973, 258, 261 = DNotZ 1973, 428; vgl auch die Nachweise bei *Muscheler* ZEV 1996, 401, 402 f mwN; dieser sieht darin nicht einen Verzicht, sondern eine Übertragung des Verwaltungsrechts des Testamentsvollstreckers auf den Erben durch Vertrag, wofür gute Gründe (etwa Zurückweisungsmöglichkeit) sprechen.
[13] Staudinger/Reimann Rn 16.
[14] *Soergel*/*Damrau* Rn 5.
[15] AnwK-BGB/*Weidlich* Rn 10; *Damrau*/*Bonefeld* Rn 5.
[16] OLG Hamm OLGZ 1973, 258.

cker selbst Notar, so genügt eine Eigenurkunde nicht[17]. Ein Prüfungsrecht über das Vorliegen der Voraussetzungen des § 2217 hat das Grundbuchamt nicht[18].

Keine Freigabe liegt vor, wenn der Testamentsvollstrecker dem Erben nur die Verwaltung und Nutznießung eines Nachlassobjektes überlässt, sich aber die Verfügung vorbehält[19]. Auch zur Zustimmung zu einer Grundbucheintragung (Vorkaufsrecht) bedeutet noch keine Freigabe iS von § 2217[20]. Sie kann auch **konkludent** abgegeben werden. So zB, wenn ein Handelsgeschäft zur Führung im eigenen Namen überlassen wird[21]. Auch kann die Freigabe in der Überlassung der Führung eines Rechtsstreits über Nachlassgegenstände durch den Erben liegen[22]. Nach Ansicht das BayObLG führt eine vom Testamentsvollstrecker vorgenommene Teilerbauseinandersetzung hinsichtlich eines Verkaufserlöses zwischen den Erben dazu, dass das Verwaltungsrecht des Testamentsvollstreckers erlischt[23]. Dabei wird verkannt, dass auch eine Testamentsvollstreckung an bereits auseinander gesetzten Nachlassobjekten möglich ist[24]. Entscheidend ist der Zweck der Testamentsvollstreckung (Dauervollstreckung) und die in diesem Lichte auszulegende Erklärung des Testamentsvollstreckers. Wegen der weit reichenden Folgen der Freigabe wird man verlangen müssen, dass hinreichend klar zum Ausdruck kommt, dass der Testamentsvollstrecker den Nachlassgegenstand endgültig aus seiner Verfügungsmacht entlassen wollte[25]. 7

3. Wirkung der Freigabe. Der Testamentsvollstrecker verliert durch die Überlassung an die Erben hinsichtlich der freigegebenen Objekte die **Verwaltungs-, Verfügungs-** und **Prozessführungsbefugnis** (Abs 1 S 2). Damit erlischt auch der Pfändungsschutz gegen Eigengläubiger des Erben nach § 2214. Die Freigabe ist auch dann dinglich wirksam, wenn die sachlich-rechtlichen Voraussetzungen für den Freigabeanspruch nach § 2217 Abs 1 fehlen (s aber Rn 9)[26]. Die Freigabe führt zur Löschung des Testamentsvollstreckervermerks (§ 52 GBO, § 55 SchiffsRegO). Erfolgte die Freigabe bereits vor Eintragung des entsprechenden Vermerks, so kann dieser von Anfang an unterbleiben[27]. Setzen Testamentsvollstrecker und Erben den Nachlass dergestalt auseinander, dass Gesamthandseigentum der Erbengemeinschaft in Bruchteilseigentum umgewandelt wird, so ist der Testamentsvollstreckervermerk im Grundbuch zu löschen, auch wenn die Voraussetzungen des § 2217 nicht vorlagen[28]. 8

Eine **Rückgängigmachung** der Freigabe ist grds möglich, indem der Erbe an den ihm überlassenen Nachlassobjekt dem Testamentsvollstrecker die Verfügungsgewalt freiwillig zurückgibt[29]. Wenn der Testamentsvollstrecker jedoch ohne Rechtsgrund einen vermeintlichen Freigabeanspruch erfüllte, ohne den Mangel der Freigabepflicht zu erkennen (§ 814), kann er vom Erben die Wiederherstellung des Verwaltungsrechts, bei Unmöglichkeit der Herausgabe Wertersatz verlangen (§§ 812 Abs 1 S 1, 818 Abs 2)[30]. 9

III. Freigabe gegen Sicherheitsleistung (Abs 2)

Eine **Erweiterung des Freigabeanspruches** ergibt sich dann, wenn der Testamentsvollstrecker Nachlassgegenstände für die Berichtigung von Nachlassverbindlichkeiten oder zur Vollziehung von bedingten oder betagten Vermächtnissen oder Auflagen benötigt, der Erbe hierfür aber entsprechende Sicherheiten leistet. Für die Sicherheitsleistung gelten die §§ 232 ff. Berechtigter der Sicherheitsleistungen ist grds der Testamentsvollstrecker[31]. Jedoch genügt es, wenn die Sicherheit dem Gläubiger, Vermächtnisnehmer oder Auflagenberechtigten geleistet und dem Testamentsvollstrecker nachgewiesen wird[32]. 10

IV. Freiwillige Freigabe

Eine **freiwillige Freigabe** des Testamentsvollstreckers unabhängig von den Voraussetzungen nach Abs 1 (ohne Verlangen und Entbehrlichkeit) ist möglich. Allerdings kann der Testamentsvollstrecker dadurch seine Pflicht zur ordnungsgemäßen Verwaltung verletzen und sich haftbar machen (§ 2219). 11

---

[17] OLG Düsseldorf DNotZ 1989, 638.
[18] *Klumpp* in: *Bengel/Reimann* HdB VI Rn 186; *Staudinger/Reimann* Rn 19; aA AG Starnberg Rpfleger 1985, 57 bei einem bekannten Verfügungsverbot.
[19] *Palandt/Edenhofer* Rn 5; *Staudinger/Reimann* Rn 17; *Soergel/Damrau* Rn 9; aA LG Hannover JR 1950, 693 m Anm *Hartung*.
[20] OLG Düsseldorf NJW 1963, 162.
[21] BGHZ 12, 100, 104.
[22] RG Recht 1919 Nr 1536; *Klumpp* in: *Bengel/Reimann* HdB VI Rn 183.
[23] BayObLGZ 1991, 390, 393 = NJW-RR 1992, 328 = DNotZ 1993, 399 m abl Anm *Weidlich*; *Damrau* FamRZ 1992, 604.
[24] *Muscheler* ZEV 1996, 401, 404; krit zu dieser Entscheidung auch *Damrau* FamRZ 1992, 604, 605.
[25] MünchKommBGB/*Zimmermann* Rn 7.
[26] BGHZ 56, 275, 284; BayObLGZ 1991, 390, 393; AnwK-BGB/*Weidlich* Rn 11; *Staudinger/Reimann* Rn 9; MünchKommBGB/*Zimmermann* Rn 9.
[27] KG 40, 212.
[28] BGHZ 56, 275 = NJW 1971, 1805.
[29] *Palandt/Edenhofer* Rn 7; KG 40, 207; aA BayObLGZ 1992, 390.
[30] BGHZ 12, 100, 105 = NJW 1954, 636; BGHZ 24, 106, 109 = NJW 1957, 1026; MünchKommBGB/*Zimmermann* Rn 9; *Staudinger/Reimann* Rn 20; *Soergel/Damrau* Rn 9.
[31] MünchKommBGB/*Zimmermann* Rn 11.
[32] MünchKommBGB/*Zimmermann* Rn 11; *Soergel/Damrau* Rn 12; RGRK/*Kregel* Rn 12; *Kipp/Coing* § 73 II 4 e; *Staudinger/Reimann* Rn 23; aA *Lange/Kuchinke* § 31 VIII Fn 372: für Direktabsicherung.

Dinglich wirksam ist eine solche Freigabe trotzdem. Nur wenn der Erblasser dem Testamentsvollstrecker die Veräußerung eines seiner Verwaltung unterliegenden Nachlassobjektes untersagt hat (§§ 2216 Abs 2, 2208), darf der Testamentsvollstrecker den Nachlassgegenstand nicht den Erben zur freien Verfügung überlassen. Stimmen jedoch alle Erben, einschließlich der Nacherben zu, so ist die Freigabe trotz des fehlenden rechtlichen Dürfens wirksam; einer Zustimmung der Vermächtnisnehmer bedarf es nicht[33]. Begründet wird dieses **Freigaberecht** damit, dass auch eine rechtsgrundlose Freigabe iS von Abs 1 dinglich wirksam ist (Rn 8), und dass die Interessen der Erben, denen der Testamentsvollstrecker dienen müsse, durch die Nichtbeachtung der vom Erblasser gesetzten Verfügungsschranke nicht beeinträchtigt wird, wenn der Erbe selbst zustimme. Auch aus § 137 soll sich dies ergeben.

12 Eine weitere Ausnahme von diesem unbeschränkten, grds zustimmungsfreien Freigaberecht macht der BGH nur dann, wenn die freiwillige Freigabe bewusst eine unentgeltliche Verfügung des Erben vorbereite und ermögliche, mittels derer das Nachlassobjekt dem Nachlass und der diesbezüglich getroffenen Anordnungen (hier Vermächtnis) entzogen werde **(Umgehungsargument)**. Dann sei die Verfügung nur wirksam, wenn auch der Vermächtnisnehmer zustimme, mag dadurch auch sein Vermächtnisanspruch nicht betroffen sein[34]. Bei dieser allein auf die Interessen der Erben und Vermächtnisnehmer bezogenen Argumentation wird übersehen, dass die Anordnung der Testamentsvollstreckung oftmals den Grund darin hat, den Erben von der Verfügung auszuschließen (etwa bei § 2209, aber auch bei § 2203). Durch die freiwillige Freigabe könnte der Zweck der Testamentsvollstreckung somit konterkariert, ja die Testamentsvollstreckung sogar „auf kaltem Wege" beseitigt werden[35]. Damit eine gewisse Korrektur über die Haftung (§ 2219, für Dritte uU nach § 823) besteht, ist aber eine klare Trennung zwischen dem nach außen bestehenden „rechtlichen Können" – iS der weit reichenden BGH-Rspr – und dem Überschreiten des internen „Dürfens", entspr der Erblasseranordnungen, vorzunehmen, welches den Haftungsgrund bildet[36]. Auch sollte man in diesen Fällen einem Testamentsvollstrecker-Nachfolger das Recht zur Rückforderung der zu Unrecht freigegebenen Nachlassobjekte gewähren[37].

§ 2218 Rechtsverhältnis zum Erben; Rechnungslegung

(1) **Auf das Rechtsverhältnis zwischen dem Testamentsvollstrecker und dem Erben finden die für den Auftrag geltenden Vorschriften der §§ 664, 666 bis 668, 670, des § 673 Satz 2 und des § 674 entsprechende Anwendung.**

(2) **Bei einer länger dauernden Verwaltung kann der Erbe jährlich Rechnungslegung verlangen.**

Übersicht

	Rn		Rn
I. Normzweck, Berechtigter und Verpflichteter	1	c) Rechenschaftspflicht	12
II. Anzuwendende Vorschriften des Auftragsrechts	4	3. Herausgabepflicht (§ 667)	16
1. Zuziehung Dritter (§ 664)	4	4. Verzinsungspflicht (§ 668)	17
2. Auskunfts- und Rechenschaftspflicht (§ 666)	7	5. Aufwendungsersatz (§ 670)	18
a) Benachrichtigungspflicht	9	6. Tod des Testamentsvollstreckers (§ 673 S 2)	21
b) Auskunftspflicht	11	7. Unterstellte Fortdauer des Amtes (§ 674)	22

I. Normzweck, Berechtigter und Verpflichteter

1 Zwischen dem Erben und dem Testamentsvollstrecker besteht ein gesetzliches Schuldverhältnis, das auf dem Willen des Erblassers beruht, aber durch das Gesetz ausgestaltet wird[1], und zwar durch Verweisung auf bestimmte Normen das Auftragsrechts. Daraus ergibt sich im Umkehrschluss, dass hier iÜ gerade kein Auftragsverhältnis besteht[2]; es handelt sich insoweit nur um eine Rechtsfolgenverweisung[3]. Der Testamentsvollstrecker ist daher insbes gegenüber den Erben nicht weisungsgebunden[4].

2 Die in Abs 1 genannten Bestimmungen sind im Verhältnis Testamentsvollstrecker zum Erben **zwingend** (§ 2220). Jedoch kann der Erbe nach Eintritt des Erbfalls auf die **Rechte verzichten** oder

---

[33] BGHZ 56, 275, 284 = NJW 1971, 1085; BGHZ 57, 84, 87 = NJW 1971, 2264; KGJ 40, 207, 212; *Staudinger/Reimann* Rn 9; *Nieder* HdB Rn 922; *MünchKommBGB/Zimmermann* Rn 12; *Winkler*, Der Testamentsvollstrecker, Rn 501 ff; aA *Muscheler* ZEV 1996, 401, 405 unter Bezug auf das Schenkungsverbot, § 2205 S 3.
[34] BGHZ 57, 84, 94; ebenso AG Starnberg Rpfleger 1985, 57; *Palandt/Edenhofer* Rn 3.
[35] *Lange/Kuchinke* § 31 VIII 1.
[36] Dafür *Staudinger/Reimann* Rn 4; ähnlich *Soergel/Damrau* Rn 4.
[37] *Lange/Kuchinke* § 31 VIII Fn 370; *Klumpp* in: *Bengel/Reimann* HdB VI Rn 214; *Staudinger/Reimann* Rn 4.
[1] BGHZ 69, 235, 238; RGJW 1936, 3390; PWW/*Schiemann* Rn 1.
[2] *Winkler*, Der Testamentsvollstrecker, Rn 467; *Lange/Kuchinke* § 31 VII 1; vgl auch BGHZ 69, 235, 238.
[3] *Staudinger/Reimann* Rn 2.
[4] BGHZ 25, 275, 279; 30, 67, 73 = NJW 1959, 1429.

hierüber eine modifizierende Vereinbarung mit dem Testamentsvollstrecker abschließen. Die Gestaltungsfreiheit ist jedoch begrenzt durch die Grundstruktur des Amts des Testamentsvollstreckers: Das Amt im Ganzen darf **nicht übertragbar** gemacht werden[5]. Auch kann sich der Testamentsvollstrecker nicht generell dem Willen der Erben unterwerfen, indem er sich verpflichtet, nur solche Handlungen vorzunehmen, denen die Erben zuvor zugestimmt haben, oder sein Amt jederzeit auf Verlangen eines Miterben niederzulegen[6]. Jedoch ist die Verpflichtung zur Vornahme bestimmter konkret festgelegter Handlungen möglich[7].

Die Ansprüche aus Abs 1 stehen dem **Erben** zu, mehreren zwar nicht nach § 2039, weil die Ansprüche nicht zum Nachlass gehören, aber nach § 432[8]. Dagegen besteht keine Informationspflicht des Testamentsvollstreckers gegenüber dem **Nacherben** über Rechtsgeschäfte des befreiten Vorerben, die nicht zur Vorerbschaft gehörende Vermögenswerte betreffen[9]. Die Ansprüche aus § 2218 richten sich gegen den Testamentsvollstrecker persönlich, der im Fall des Unterliegens auch die Prozesskosten persönlich zu tragen hat;[10] bei mehreren Vollstreckern ist grds jeder verpflichtet (vgl § 2224 Rn 4). Für Vermächtnisnehmer und Pflichtteilsberechtigte (hier aber § 2314) gilt § 2218 nicht[11]. Jedoch können dem Vermächtnisnehmer entsprechende Rechte mitvermacht werden, und zwar auch stillschweigend, etwa wenn Gegenstand und Umfang des Vermächtnisses nur so bestimmt werden können, so bei einem Vermächtnis über einen Sachinbegriff mit wechselndem Bestand[12]. Auf das im Gesetz nicht geregelte Rechtsverhältnis zwischen dem Testamentsvollstrecker und seinem **Nachfolger** ist Abs 1 entspr anwendbar[13].

3

II. Anzuwendende Vorschriften des Auftragsrechts

1. Zuziehung Dritter (§ 664). Der Testamentsvollstrecker darf selbst mit Zustimmung der Erben sein **Amt nicht im Ganzen** auf Dritte so übertragen, dass diese insgesamt an seine Stelle treten, weil dies mit der Höchstpersönlichkeit des Amts und seiner Vertrauensstellung nicht vereinbar ist (Rn 2)[14]. Davon nicht berührt wird die Bestimmung eines Nachfolgers nach § 2199, beruht sie doch auf einer ausdrücklichen Ermächtigung des Erblassers[15]. Das Übertragungsverbot gilt aber grds für die ganze oder teilweise Übertragung der **Ausführung** von Testamentsvollstreckeraufgaben an Dritte in deren eigener Verantwortung (§ 664 Abs 1 S 2; **Substitution**)[16]. Eine Substitution ist jedoch mit Einverständnis des Erblassers möglich[17], die sich auch aus den Umständen des Einzelfalls unter Berücksichtigung der Grundsätze ordnungsgemäßer Verwaltung (§ 2216 Abs 1) ergeben kann[18]. Dabei sind Aufgabe der Testamentsvollstreckung, deren Umfang und Schwierigkeit, die Vorbildung des Testamentsvollstreckers und die vorgesehene Vergütung zu berücksichtigen[19]. IdR erwartet der Erblasser dabei, dass der Testamentsvollstrecker den Kernbereich der Aufgaben in eigener Verantwortung wahrnimmt[20]. Bei sehr umfangreichen oder schwierigen Nachlässen ist jedoch eine **Substitution im Interesse des Nachlasses** oftmals geradezu geboten, etwa hinsichtlich der Vermögensverwaltung bei Großvermögen auf Banken, Fondsgesellschaften oder professionelle Vermögensverwalter, jedoch unter Festsetzung der Anlagestrategie mit Fixierung der Ertragsziele und des Risikos durch den Testamentsvollstrecker[21]. Dann haftet der Testamentsvollstrecker nur für ein Auswahl- oder Aufsichtsverschulden (§ 664 Abs 1 S 2), bei unerlaubter Substitution für jeden Schaden, der ohne die unzulässige Übertragung nicht entstanden wäre[22]. Für das Verschulden eines Gehilfen haftet er nach § 278 (§ 664 Abs 1 S 3).

4

Nach der **Art der Aufgaben** ist dabei jedoch zu unterscheiden zwischen denen, die er selbst erfüllen muss (idR zumindest immer die Überwachung von Hilfspersonen), und solchen, deren Erledigung durch Dritte als selbstständige Vertragspartner er nur **zu veranlassen** hat, etwa die Reparatur eines

5

---

[5] RGZ 81, 166, 170; *Staudinger/Reimann* Rn 3.
[6] BGHZ 25, 275, 279 ff; 30, 67, 73; AnwK-BGB/*Weidlich* Rn 1.
[7] *Soergel/Damrau* Rn 1.
[8] RGZ 86, 66, 68; MünchKommBGB/*Zimmermann* Rn 3; *Soergel/Damrau* Rn 9; aA BGH NJW 1965, 396; *Staudinger/Reimann* Rn 4, 21: § 2039; dass die Erben zugleich Mitvollstrecker sind, steht den Ansprüchen nicht entgegen, BayObLG Rpfleger 2001, 548, 550.
[9] OLG Celle OLGR 2001, 38.
[10] BGHZ 41, 23, 30 = NJW 1964, 1316.
[11] RGZ 50, 224; *Soergel/Damrau* Rn 17; MünchKommBGB/*Zimmermann* Rn 4.
[12] BGH WM 1964, 950; OLG Oldenburg ZEV 2001, 276, 277; RGRK/*Johannsen* § 2174 Rn 14; OLG Oldenburg ZEV 2001, 276, 277 für Bankguthaben; AnwK-BGB/*Weidlich* Rn22; MünchKommBGB/*Zimmermann* Rn 24; eingehend zu den Auskunftsansprüchen des Vermächtnisnehmers AnwK-BGB/*J. Mayer* § 2174 Rn 22.
[13] BGH NJW 1972, 1660; KK-Erbrecht/*Rott* Rn 5; jurisPK/*Heilmann* Rn 3; *Staudinger/Reimann* Rn 8.
[14] RGZ 81, 166, 170; Mot V S 219; *Damrau/Bonefeld* Rn 14; KK-Erbrecht/*Rott* Rn 7; *Staudinger/Reimann* Rn 9 f; *Soergel/Damrau* Rn 2; *Palandt/Edenhofer* Rn 2.
[15] *Damrau/Bonefeld* Rn 14.
[16] MünchKommBGB/*Zimmermann* Rn 5.
[17] AnwK-BGB/*Weidlich* Rn 3; jurisPK/*Heilmann* Rn 4; *Lange/Kuchinke* § 31 VII 1.
[18] AnwK-BGB/*Weidlich* Rn 3; *Damrau/Bonefeld* Rn 4; jurisPK/*Heilmann* Rn 4.
[19] *Soergel/Damrau* Rn 2.
[20] BGH NJW 1983, 40, 41; *Johannsen* WM 1985, Beilage 1, 21; *Soergel/Damrau* Rn 2.
[21] *Zeising*, Pflichten und Haftung des Testamentsvollstreckers bei der Verwaltung von Großvermögen, 2004, Rn 418 ff; wenig substantiiert zum Substitutionsverbot bei der Testamentsvollstreckung durch Banken *Bonefeld* in: *Mayer/Bonefeld/Wälzholz/Weidlich* Rn 1027 ff.
[22] AnwK-BGB/*Weidlich* Rn 5; MünchKommBGB/*Zimmermann* Rn 5; *Kipp/Coing* § 73 II 5; *Palandt/Edenhofer* Rn 2.

§ 2218 Buch 5. Abschnitt 3. Testament

Hauses durch einen Handwerker[23]. Besitzt er für letzteres die erforderliche Sachkunde selbst nicht, so besteht seine Verpflichtung nur darin, einen geeigneten **Fachmann** mit der Ausführung zu beauftragen, anzuweisen und zu beaufsichtigen[24]. Hat er **selbst** die notwendigen Fähigkeiten (etwa selbst Handwerker), so ist er ohne besondere Anordnung des Erblassers[25] grds nicht verpflichtet, die nicht zu den typischen Testamentsvollstreckeraufgaben gehörenden Maßnahmen persönlich durchzuführen[26], kann dies aber gegen angemessene Vergütung tun[27]. Seine besonderen Qualifikationen hat er nur dann **ohne besondere Vergütung** in den Dienst des Nachlasses zu stellen, wenn sich ein dahingehender Wille des Erblassers ausdrücklich oder aus den Umständen (Ernennung wegen dieser besonderen Sachkunde, besondere Vergütungsanordnung) ermitteln lässt[28].

6 **Vollmachten** kann der Testamentsvollstrecker auch ohne besondere Ermächtigung im Rahmen einer ordnungsgemäßen Verwaltung an Dritte für einzelne Geschäfte **(Spezialvollmacht)** oder Geschäftsbereiche (Art- oder Gattungsvollmacht) erteilen, etwa Bankvollmachten oder an einen Rechtsanwalt[29]. Bei einer Verhinderung an seiner Amtsausübung muss er dies sogar. Führt er ein Handelsgeschäft fort, so kann er auch eine **Prokura** oder Handlungsvollmacht (§ 54 HGB) gewähren[30]. Nach der hM kann er sogar eine **Generalvollmacht** erteilen, wenn dies nicht dem ausdrücklichen Willen des Erblassers widerspricht und dem Testamentsvollstrecker das Recht zum Widerruf verbleibt[31]. Mit Beendigung der Testamentsvollstreckung im Ganzen (also im abstrakt-funktionellen Sinn) erlischt die Vollmacht, nicht aber schon mit einem Wechsel in der Person des Testamentsvollstreckers[32]. Davon zu unterscheiden ist die Geschäftsführungsbefugnis und -pflicht, die grds beim Testamentsvollstrecker bleibt[33].

7 **2. Auskunfts- und Rechenschaftspflicht (§ 666).** § 666 enthält drei **Informationspflichten:** die Benachrichtigungspflicht, die Auskunftspflicht und die Rechenschaftspflicht. Diese Grundpflichten werden durch Abs 2 und § 2215 erweitert und ergänzt. Sie sollen den Erben dazu befähigen, seine jeweilige Situation stets richtig und vollständig zu beurteilen, so dass er alle Rechte, insbesondere gegen den Testamentsvollstrecker, rechtzeitig ausüben kann[34]. Der Anspruch aus § 666 geht aber auf Leistung an alle Erben, was zu praktischen Schwierigkeiten führen kann[35]. Daher wird die Zulässigkeit der Anordnung von **Gruppenvertretungsklauseln** diskutiert (näher § 2220 Rn 4)[36]. Ein Zurückbehaltungsrecht, etwa wegen seiner Vergütung, steht dem Testamentsvollstrecker nicht zu[37]. Die Ansprüche sind nicht selbständig abtretbar und pfändbar, gehen aber mit dem Erbteil über[38]. Sie **verjähren** als erbrechtliche Ansprüche nach § 197 Abs 1 Nr 2 nF in 30 Jahren, denn trotz der Verweisung des § 2218 Abs 1 auf das Auftragsrecht handelt es sich um einen Anspruch mit erbrechtlicher Grundlage und nach dem Zweck des Schuldrechtsmodernisierungsgesetzes ist im Interesse der Rechtssicherheit dieser Begriff weit und ohne übertriebene Differenzierungen auszulegen[39]. Die **Kosten** trägt beim Auskunftserteilungsanspruch und bei der Rechnungslegung der Nachlass, da es sich um Amtspflichten des Testamentsvollstreckers handelt[40].

---

[23] *Kipp/Coing* § 73 II 5; *Staudinger/Reimann* Rn 10; *Soergel/Damrau* Rn 2; *Damrau/Bonefeld* Rn 16.
[24] AnwK-BGB/*Weidlich* Rn4; jurisPK/*Heilmann* Rn 4.
[25] *Damrau/Bonefeld* Rn 15.
[26] AnwK-BGB/*Weidlich* Rn 4; *Damrau/Bonefeld* Rn 16; jurisPK/*Heilmann* Rn 4; MünchKommBGB/*Zimmermann* Rn 6; *Staudinger/Reimann* Rn 10; aA BGH NJW 2003, 3268 für außergerichtliche Streitbeilegung durch Anwaltstestamentsvollstrecker.
[27] *Staudinger/Reimann* Rn 10; *Soergel/Damrau* Rn 2; MünchKommBGB/*Zimmermann* Rn 6.
[28] BGH NJW 1983, 40, 41; *Staudinger/Reimann* Rn 10.
[29] KG OLGE 9, 408; 19, 275; KGJ 32 A 91, 93; *Staudinger/Reimann* Rn 13; MünchKommBGB/*Zimmermann* Rn 7.
[30] AnwK-BGB/*Weidlich* Rn 6; MünchKommBGB/*Zimmermann* Rn 7; *Staudinger/Reimann* Rn 13.
[31] KG JW 1930, 1074; AnwK-BGB/*Weidlich* Rn 6; PWW/*Schiemann* Rn 2; *Staudinger/Reimann* Rn 13; Palandt/*Edenhofer* Rn 2; *Soergel/Damrau* Rn 3; MünchKommBGB/*Zimmermann* Rn 7 mit Zusatz: interne Entscheidungsbefugnis müsse verbleiben und keine verbotene Vollübertragung; zurückhaltend *Klumpp* in: Bengel/Reimann HdB VI Rn 23 ff; abl *Winkler*, Der Testamentsvollstrecker, Rn 468: zulässig nur bei ausdrücklicher Ermächtigung; v. *Lübtow* 987; *Kipp/Coing* § 73 II 5 b, bedenklich; widersprüchlich *Damrau/Bonefeld* Rn 18, wonach sich eine Generalvollmacht nur auf „bestimmte Bereiche" beziehen dürfe, dann aber sie ja keine Generalvollmacht.
[32] AnwK-BGB/*Weidlich* Rn6; *Winkler* ZEV 2001, 283; *Kipp/Coing* § 73 II 5 b; *Staudinger/Reimann* Rn 14; *Zimmermann* Rn 315; dem zuneigend MünchKommBGB/*Zimmermann* Rn 7; aA OLG Düsseldorf ZEV 2001, 281, 282, was aber der Rechtslage bei den Fällen der Beendigung der gesetzlichen Vertretungsmacht widerspricht, vgl Staudinger/*Dilcher* § 164 Rn 24; unklar *Damrau/Bonefeld* Rn 18.
[33] *Kipp/Coing* § 73 II 5 b.
[34] *Staudinger/Reimann* Rn 16; jurisPK/*Heilmann* Rn 7.
[35] *Klumpp* in: Bengel/Reimann HdB VI Rn 314.
[36] *Staudinger/Reimann* Rn 37; *Klumpp* in: Bengel/Reimann HdB VI Rn 315 f.
[37] OLG Düsseldorf JW 1925, 2147; *Soergel/Damrau* Rn 9; *Staudinger/Reimann* Rn 21; *Klumpp* in: Bengel/Reimann HdB VI Rn 116.
[38] KG JW 1930, 1014.
[39] BGH NJW 2007, 2174; AnwK-BGB/*Weidlich* Rn 12: Auskunft, Rn 18: Rechnungslegung; *Damrau/Bonefeld* Rn 35; offenbar auch Palandt/*Heinrichs* § 197 Rn 8; ebenso vor dem SMG *Klumpp* in: Bengel/Reimann HdB VI Rn 124, 330; vgl auch BGHZ 108, 393, 398 = NJW 1990, 180 zum Auskunftsanspruch nach § 2314; aA OLG Karlsruhe ZErb 2006, 1 = ZEV 2006, 317 m zust Anm *Baldus*; *Löhnig* ZEV 2004, 267, 272; Palandt/*Edenhofer* Rn 1: schuldrechtlicher Anspruch, der der Regelverjährung nach § 195 unterliegt; eingehend für eine teleologische Reduktion der erbrechtlichen Ansprüche iS von § 197 Abs 1 Nr 2 *Otte* ZEV 2002, 500, 501.
[40] *Klumpp* in: Bengel/Reimann HdB VI Rn 113, 328.

Einen Anspruch auf **Entlastung** durch die Erben hat der Testamentsvollstrecker nach hM nicht[41]. Jedoch wird die Zulässigkeit einer Klage des Testamentsvollstreckers auf **Feststellung** gegenüber den Erben bejaht, dass diesen nach der Rechenschaftsablegung keine weiteren Ansprüche mehr gegen den Testamentsvollstrecker zustehen, oder dass er bei Ausführung einzelner Geschäfte seine Pflichten ordnungsgemäß erfüllt hat[42]. Jedoch ist das Feststellungsinteresse für eine solche Klage besonders zu prüfen[43]. Auf Grund eigenen Entschlusses können die Erben allerdings den Testamentsvollstrecker entlasten; dies ist eine Billigung der bisherigen Verwaltungshandlungen des Testamentsvollstreckers, wodurch die Erben mit Präklusionswirkung mit der Geltendmachung sämtlicher Ersatzansprüche ausgeschlossen sind[44]. Eine Entlastung des Testamentsvollstreckers kann auch durch andere Personen erteilt werden, die von der Testamentsvollstreckung konkret betroffen sind, so von einem Vermächtnisnehmer oder einem Auflagebegünstigten[45], jedoch wirkt diese Entlastung dann nur gegen diese selbst.

a) Benachrichtigungspflicht. Die Benachrichtigungspflicht ist vom Testamentsvollstrecker **unaufgefordert** und vor Geschäftsabschluss zu erfüllen[46], sie besteht aber nicht vor jedem Geschäftsabschluss[47] oder bei bloß **vorbereitenden Verwaltungsmaßnahmen,** kann sich aber aus den besonderen Umständen des Einzelfalls ergeben[48]. **Maßstab** für die Benachrichtigungspflicht ist, ob die jeweilige **objektive wirtschaftliche** oder sonstige **Situation des Nachlasses** und der darauf bezogenen Geschäfte für einen **umsichtigen** und gewissenhaften **Testamentsvollstrecker** eine Information des Erben gebietet, damit der Erbe seine Rechte wahrnehmen, Pflichten erfüllen und sachgerechte Entscheidungen treffen kann[49]. Die Intensität dieser Pflicht steigert sich immer dann, wenn über die gewöhnliche Amtsführung hinaus (den „Alltag des Testamentsvollstreckers") objektiv die Gefährdung von Interessen der Erben möglich erscheint[50], besonders bei risikobehafteten Geschäften oder solchen, die nur für einzelne der Erben vorteilhaft erscheinen, etwa bei einer ungerechtfertigten Bevorzugung, oder gar bei „Insichgeschäften" des Testamentsvollstreckers[51] oder wenn eine **wesentliche Abweichung** der Verwaltung von dem vom Erblasser angenommenen Lauf der Dinge beabsichtigt wird. Je nach der konkreten Lebenssituation kann es sich um eine **Aufklärungs-, Beratungs-** und auch **Warnpflicht** handeln[52].

Besondere Benachrichtigungspflichten können sich für den Testamentsvollstrecker ergeben, wenn er speziellen **berufsspezifischen Pflichten** unterliegt, etwa als Steuerberater oder Rechtsanwalt. Diese besonderen Pflichten überlagern seine allgemeinen[53]. Die bislang geltende „sekundäre Schadensersatzverpflichtung" eines Rechtsanwalts, wenn er es unterließ, auf einen früher von ihm gemachten Fehler hinzuweisen[54], ist jedoch durch die Neuregelung der Anwaltshaftung durch das Gesetz zur Anpassung von Verjährungsvorschriften obsolet geworden, weil nunmehr für die Pflichtverletzungen aus dem Mandatsverhältnis die kenntnisabhängige Regelverjährung des § 195 gilt[55]. Im Zusammenhang mit der **Verwaltung von Kapitalvermögen** durch den Testamentsvollstrecker gilt jedoch, dass bei besonders **bedeutsamen Anlageentscheidungen,** insbes wenn von der bisherigen Anlagestrategie abgewichen wird, oder wenn umfangreiche oder risikoträchtige Maßnahmen ergriffen werden, eine vorherige Informations- und sogar Anhörungspflicht des Testamentsvollstreckers besteht[56]. Eine Benachrichtigungspflicht ist aber auch dann anzunehmen, wenn der Nachlass **erhebliche Verluste** erlitten hat. So wird das **Eingreifen der Benachrichtigungspflicht** bereits bei einem Verlust von **5%** des Portfolios angenommen[57], teilweise aber auch erst bei 20 bis 30%[58]. Zutreffender erscheint es, nach der **Struktur des Nachlasses** zu differenzieren. Genau entgegen *Zeising*[59] ist jedoch bei einem Portfolio, dass ausschließlich **konservative Werte** enthält, die Benachrichtigungspflicht erst bei einem Verlust

---

[41] OLG München OLGR 1994, 225; AnwK-BGB/*Weidlich* Rn 20; *Winkler, Der Testamentsvollstrecker,* Rn 554; *Damrau/Bonefeld* Rn 64; *Staudinger/Reimann* Rn 21; MünchKommBGB/*Zimmermann* Rn 15; *Soergel/Damrau* Rn 7: anders bezüglich einzelner Geschäfte; dafür aber *Planck/Flad* Anm 2 b; *Klumpp* in: *Bengel/Reimann* HdB VI Rn 336 ff unter Hinweis auf die grds andere Stellung des Testamentsvollstreckers gegenüber einem „einfachen" Beauftragten.
[42] RG WarnR 1909 Nr 245 = JW 1909, 75, 76; AnwK-BGB/*Weidlich* Rn 20; *Staudinger/Reimann* Rn 21; *Soergel/Damrau* Rn 7.
[43] *Damrau/Bonefeld* Rn 66.
[44] *Damrau/Bonefeld* Rn 55 ff mz Details.
[45] *Damrau/Bonefeld* Rn 56.
[46] BayObLG ZEV 1998, 348, 349; *Winkler,* Der Testamentsvollstrecker, Rn 477; KK-Erbrecht/*Rott* Rn 9.
[47] RGZ 130, 131, 139.
[48] AnwK-BGB/*Weidlich* Rn 13; *Winkler,* Der Testamentsvollstrecker, Rn 477.
[49] *Staudinger/Reimann,* § 2218 Rn 17; KK-Erbrecht/*Rott* Rn 9; *Sarres* ZEV 2000, 90, 91; allg für das Auftragsrecht MünchKommBGB/*Seiler* § 666 Rn 5.
[50] Vgl etwa AnwK-BGB/*Weidlich* Rn 13; *Damrau/Bonefeld* Rn 22.
[51] BGHZ 30, 67, 72.
[52] *Staudinger/Martinek* § 666 Rn 1; *Klumpp* in: *Bengel/Reimann* HdB VI Rn 73.
[53] *Klumpp* in: *Bengel/Reimann* HdB VI Rn 75; *Damrau/Bonefeld* Rn 23; eingehend *J. Mayer* in: *Mayer/Bonefeld/Wälzholz/Weidlich* Rn 242 f.
[54] BGHZ 94, 380, 386 = NJW 1985, 2250; BGH NJW 1996, 48; NJW 1993, 2747, 2751; NJW 1987, 326.
[55] *J. Mayer* in: *Mayer/Bonefeld/Wälzholz/Weidlich* Rn 242.
[56] *Lang* in *Lange/Werkmüller,* Der Erbfall in der Bankpraxis, 2002, § 25 Rn 139; allg hierzu *Klumpp* in: *Bengel/Reimann* HdB VI Rn 63 ff, 69 unter Analyse der bisherigen Rspr; *Winkler,* Der Testamentsvollstrecker, Rn 477; *J. Mayer* in: *Mayer/Bonefeld/Wälzholz/Weidlich* Rn 163.
[57] *Balzer,* Vermögensverwaltung durch Kreditinstitute, Diss Köln 1998, S 108; *Schäfer/Müller,* Haftung für fehlerhafte Wertpapierdienstleistungen, Rn 275.
[58] *Vortmann* WM 1995, 1745, 1749.
[59] Pflichten und Haftung des Testamentsvollstreckers bei *Verwaltung* von Großvermögen, 2004, Rn 465.

§ 2218   Buch 5. Abschnitt 3. Testament

von 20% oder mehr zu bejahen, während bei **risikobehafteten Anlageformen** bereits bei 10% die Grenze zu ziehen ist, weil hier die Gefahr des Totalverlustes insoweit größer ist, als sich auch bei dem Restnachlass kurzfristig erhebliche Vermögensverluste ergeben können[60]. Die Dokumentationspflichten nach **§ 34 Abs 1 WpHG** treffen jedoch den Testamentsvollstrecker nicht, es sei denn, er betreibt selbst ein Wertpapierdienstleistungsunternehmen[61]. Die Benachrichtigungspflichten sind **nicht einklagbar**, können aber bei Nichtbeachtung zu einer Haftung nach § 2219 oder einer Entlassung nach § 2227 führen[62].

11   b) **Auskunftspflicht.** Sie setzt immer ein entsprechendes Verlangen des Erben voraus, welches Zeitpunkt und Inhalt bestimmt[63]. Die Auskunftspflicht wird jedoch begrenzt durch den Zweck, dem Berechtigten die Nachrichten und den Kenntnisstand zu verschaffen, den er benötigt, um seine jeweilige Rechtsposition und seine tatsächliche Stellung während der Dauer der Testamentsvollstreckung richtig und vollständig beurteilen zu können[64]. Er soll also immer „up to date" sein[65]. Weitere **Beschränkungen** ergeben sich aus dem allgemeinen Schikaneverbot und dem Grundsatz von Treu und Glauben[66]. Soweit ein Auskunftsanspruch dem Grunde nach besteht, ist er umfassend, also absolut. Dem Testamentsvollstrecker steht insoweit kein Auskunftsverweigerungsrecht, etwa iS der StPO oder der ZPO zu[67].

12   c) **Rechenschaftspflicht.** Die Rechnungslegungspflicht besteht nur **auf Verlangen**[68]. Sie erfordert genauere Informationen als die Auskunftspflicht[69] mit Darstellung des gesamten Ablaufs und aller Ergebnisse der Geschäftstätigkeit[70]. Ein Anspruch hierauf besteht schon, wenn die Aufgaben des Testamentsvollstreckers zwar noch nicht völlig, aber doch wenigstens in der Hauptsache erledigt sind[71]. Bei länger als ein Jahr dauernder Verwaltung ist zudem auf Verlangen **jährlich** Rechnung zu legen (Abs 2), dies gilt aber nicht nur für eine Vollstreckung nach § 2209, sondern auch für eine dementsprechend andauernde Abwicklungsvollstreckung[72]. Zur Erfüllung dieser Verpflichtung ist dem Testamentsvollstrecker eine angemessene Frist zuzubilligen[73].

13   Die Rechenschaft muss folgende Anforderungen erfüllen[74]: Sie muss **vollständig** sein, also alle erheblichen Tatsachen enthalten, soweit wie möglich **richtig** sein, also mit größtmöglicher Sorgfalt erfüllt werden, sie muss übersichtlich und **verständlich** sein und sie muss **verifizierbar**, also nachprüfbar sein[75]. Sie muss alles enthalten, was Relevanz zum Nachlass hat oder auch nur haben kann[76]. Die Rechenschaftsablegung muss den Erben die Prüfung ermöglichen, ob und in welcher Höhe ihnen Ansprüche gegen den Testamentsvollstrecker zustehen[77]; das Erforderliche bestimmt sich nach den Umständen des Einzelfalls[78]. Einnahmen und Ausgaben sind zu dokumentieren. Soweit üblicherweise Belege erteilt zu werden pflegen, sind diese vorzulegen[79]. Sind erforderliche Belege verloren gegangen, so sind sie zu rekonstruieren oder Ersatz zu beschaffen[80]. Jedoch erschöpft sich die Rechnungslegung nicht in der bloßen Vorlage von Belegen[81]. Man spricht hier von der **Rechnungslegung** als Spezialfall der Rechenschaftsablegung[82]. Zu Einzelheiten über Umfang und Form der Rechenschaftsablegung s *Klumpp*[83].

14   Wenn die Voraussetzungen der §§ 259 Abs 2, 260 Abs 2 vorliegen, kann der Erbe verlangen, dass der Testamentsvollstrecker eine **eidesstattliche Versicherung** bezüglich seiner Abrechnung ablegt[84].

---

[60] *J. Mayer* in: *Mayer/Bonefeld/Wälzholz/Weidlich* Rn 165 f.
[61] *J. Mayer* in: *Mayer/Bonefeld/Wälzholz/Weidlich* Rn 168; aA *Zeising* aaO Rn 472 ff.
[62] BayObLG ZEV 1998, 348, 349; AnwK-BGB/*Weidlich* Rn 14; KK-Erbrecht/*Rott* Rn 11; zur Haftung s auch BGHZ 30, 67.
[63] MünchKommBGB/*Seiler* § 666 Rn 7.
[64] *Klumpp* in: *Bengel/Reimann* HdB VI Rn 83 unter Bezug auf BGHZ 109, 260, 266 zum Auskunftsanspruch bei Unterhalt.
[65] Zum Umfang des Auskunftsrechts des Nacherben gegen den Nacherbentestamentsvollstrecker BGHZ 127, 360 = NJW 1995, 456 = ZEV 1995, 67 m Anm *Skibbe*.
[66] *Klumpp* in: *Bengel/Reimann* HdB VI Rn 84; AnwK-BGB/*Weidlich* Rn 11.
[67] AnwK-BGB/*Weidlich* Rn 11; *Sarres* ZEV 2000, 90, 92; *Damrau/Bonefeld* Rn 29; *Klumpp* in: *Bengel/Reimann* HdB VI Rn 86; *Winkler*, Der Testamentsvollstrecker, Rn 480.
[68] *Damrau/Bonefeld* Rn 39; AnwK-BGB/*Weidlich* Rn 15.
[69] BGHZ 39, 87, 92, 94 = NJW 1963, 950.
[70] *Klumpp* in: *Bengel/Reimann* HdB VI Rn 242.
[71] *Staudinger/Reimann* Rn 19.
[72] AnwK-BGB/*Weidlich* Rn 17.
[73] BayObLG ZEV 1998, 348, 349.
[74] *Damrau/Bonefeld* Rn 44; *J. Mayer* in: *Mayer/Bonefeld/Wälzholz/Weidlich* Rn 256 ff.
[75] Nach *Klumpp* in: *Bengel/Reimann* HdB VI Rn 242; MünchKommBGB/*Seiler* § 666 Rn 8; *Winkler*, Der Testamentsvollstrecker, Rn 483; *Sarres* ZEV 2000, 90, 92.
[76] *Klumpp* in: *Bengel/Reimann* HdB VI Rn 296.
[77] OLG Düsseldorf OLGR 1998, 80.
[78] *Winkler*, Der Testamentsvollstrecker, Rn 551.
[79] *Winkler*, Der Testamentsvollstrecker, Rn 483; *Klumpp* in: *Bengel/Reimann* HdB VI Rn 244.
[80] *Klumpp* in: *Bengel/Reimann* HdB VI Rn 271.
[81] JurisPK/*Heilmann* Rn 8.
[82] MünchKommBGB/*Seiler* § 666 Rn 10.
[83] In: *Bengel/Reimann* HdB VI Rn 267 ff; s auch *J. Mayer* in: *Mayer/Bonefeld/Wälzholz/Weidlich* Rn 256 ff; *Damrau/Bonefeld* Rn 37 ff.
[84] AnwK-BGB/*Weidlich* Rn 19; *Staudinger/Reimann* Rn 24; iE *Klumpp* in: *Bengel/Reimann* HdB VI Rn 346 ff.

Eine **Verpflichtung** der Erben, zur Überprüfung des Rechenschaftsberichts besteht nicht, auch nicht auf Grund eines besonderen Treue- und Näheverhältnisses[85].

Soweit der Testamentsvollstrecker zugleich gesetzlicher Vertreter eines **Minderjährigen** ist, ist er an sich gehindert, den **Rechenschaftsablegungsanspruch** des minderjährigen Erben gegen sich **geltend zu machen** oder die Rechnungslegung zu überprüfen (§§ 1795 Abs 2, 181, 1629 Abs 2); es müsste eigentlich hierfür ein Ergänzungspfleger bestellt werden[86]. Für den Normalfall ist trotzdem keine Pflegerbestellung erforderlich, denn ein gesetzlicher Vertreter ist gesetzlich nach **§ 1640** ohnehin verpflichtet, ein Verzeichnis über das von Todes wegen erworbene Vermögen zu erstellen und dies mit der Versicherung der Vollständigkeit und Richtigkeit versehen dem Familiengericht einzureichen. Ansonsten ist der gesetzliche Vertreter während der Dauer der elterlichen Sorge weder dem Familien- bzw Vormundschaftsgericht noch gegenüber dem Erben rechenschaftspflichtig, wenn nicht im Einzelfall eine entsprechende Anordnung des Familiengerichts nach § 1667 bei Gefährdung des Kindesvermögens erfolgt[87].

3. Herausgabepflicht (§ 667). Nach Beendigung des Amts besteht für den Testamentsvollstrecker eine Herausgabepflicht bezüglich des Nachlasses[88]. Dazu gehört alles, was er in Ausübung des Amts erlangt hat[89], auch Gewinne, Früchte, Zubehör, Aktien und Surrogate des Nachlasses[90]. Er hat weiter ein Verzeichnis der herauszugebenden Gegenstände vorzulegen und unter den Voraussetzungen des § 260 Abs 2 dessen Richtigkeit an Eides statt zu versichern. Soweit das Nachlassverzeichnis noch ein zutreffendes Bild gibt, kann darauf Bezug genommen werden[91].

4. Verzinsungspflicht (§ 668). Der Testamentsvollstrecker hat Nachlassgelder, die er für sich verwendet hat, ab dem Verwendungszeitpunkt zu verzinsen, und zwar mit 4% (§ 246), der höhere Zinssatz des § 288 nF gilt erst ab Verzug[92]; daneben kann ein Anspruch aus § 2219 bestehen.

5. Aufwendungsersatz (§ 670). Seine in Ausübung seines Amtes gemachten Auslagen erhält der Testamentsvollstrecker ersetzt, so weit er sie den Umständen nach **für erforderlich** halten konnte. Auch die in seiner Amtseigenschaft durch die Geltendmachung von Nachlassforderungen verursachten **Prozess- und Anwaltskosten** sind, soweit sie den Testamentsvollstrecker nicht etwa wegen überflüssigen oder leichtfertigen Prozessierens nach § 2219 selbst treffen, vom Nachlass zu tragen, auch wenn der Prozess verloren geht[93]. Dies gilt auch für die Kosten, die der Testamentsvollstrecker eines **Miterben** wegen einer Nachlassforderung gegenüber einem anderen Miterben ohne Erfolg gerichtlich geltend macht. Haben jedoch gemeinschaftliche Testamentsvollstrecker zur Klärung von **Meinungsverschiedenheiten** nach **§ 2224 Abs 1 S 1 HS 2** das Nachlassgericht angerufen, so können sie eine Erstattung der Verfahrenskosten nicht zusätzlich zu ihrer Vergütung aus dem Nachlass verlangen[94]. Auch die Kosten aus **persönlichen Prozessen,** etwa wegen der ihm zustehenden Vergütung, hat der Testamentsvollstrecker alleine zu tragen; soweit der Testamentsvollstrecker aber auch einen solchen Prozess für erforderlich halten durfte, um den **letzten Willen des Erblassers** zu verteidigen (Klärung der Gültigkeit des Testaments oder Wirksamkeit einer Entlassung), besteht ein Aufwendungsersatzanspruch[95]. Zum ersatzfähigen Aufwand gehören auch Kosten für die **Einschaltung notwendiger Hilfspersonen,** nicht jedoch wegen eigener Arbeitsüberlastung[96].

---

[85] Damrau/Bonefeld Rn 47; aA Klumpp in: Bengel/Reimann HdB VI Rn 333.
[86] Winkler, Der Testamentsvollstrecker, Rn 557; Staudinger/Reimann Rn 22; aA, weil kein unter §§ 1795, 181 fallendes Rechtsgeschäft, OLG Hamm OLGZ 1993, 392 = MittBayNot 1994, 53 m krit Anm Reimann; Klumpp in: Bengel/Reimann HdB VI Rn 264; Damrau/Bonefeld Rn 43; zur kostenrechtlichen Behandlung BayObLGZ 1980, 324 = Rpfleger 1981, 125; eingehend zur Problematik Damrau/Bonefeld Rn 9 ff.
[87] Bonefeld ZErb 2007, 2; Winkler, Der Testamentsvollstrecker, Rn 557; Damrau ZEV 1994, 1, 3; Staudinger/Reimann Rn 22; auch OLG Zweibrücken ZEV 2007, 333 verneint bei Eltern einen Interessengegensatz, weil diese die „natürlichen Verwalter der Kinderinteressen" sind; aA OLG Hamm OLGZ 1993, 392 = MittBayNot 1994, 53 m krit Anm Reimann, wobei das Gericht wegen des Interessengegensatzes die Möglichkeit der Entziehung der Vertretungsmacht nach § 1796 bejaht, was dann zur Pflegerbestellung führt; ebenso Zimmermann Rn 196 und jetzt OLG Nürnberg FamRZ 2002, 272 = ZEV 2002, 158 m abl Anm Schlüter. Zu Auslegungen durch Gestaltung der letztwilligen Verfügungen Kirchner MittBayNot 1997, 203, 205 und Reimann MittBayNot 1994, 55, 56 sowie auch Bonefeld ZErb 2007, 2 f mit der Anordnung einer Nebenvollstreckung mit dem Aufgabenkreis Wahrnehmung der Auskunfts- und Rechenschaftsrechte des Erben, wobei aber übersehen wird, dass auch der „Nebenvollstrecker" im hier bestehenden gesetzlichen Schuldverhältnis zwischen Erben und Testamentsvollstrecker nach § 666 die Rechte des Testamentsvollstreckers wahrzunehmen hat und das aus Sicht des Minderjährigen uU bestehende Defizit der Wahrnehmung seiner Rechte durch eine andere Person wahrzunehmen ist.
[88] Eingehend Klumpp in: Bengel/Reimann HdB VI Rn 158 ff.
[89] BGH NJW 1972, 1660.
[90] AnwK-BGB/Weidlich Rn 30; Soergel/Damrau Rn 10; jurisPK/Heilmann Rn 9.
[91] Staudinger/Reimann Rn 19.
[92] AnwK-BGB/Weidlich Rn 31.
[93] BGHZ 69, 235, 241 = NJW 1977, 1726; BGH NJW 1967, 443 = WM 1967, 25, 29 sub III 2; OLG Karlsruhe NJW-RR 2005, 452; Staudinger/Reimann Rn 31; MünchKommBGB/Zimmermann Rn 20 mwN; Soergel/Damrau Rn 13.
[94] BGH NJW 2003, 3268, 3269 = FamRZ 2003, 1654.
[95] RG JW 1936, 3388, 3390; Winkler, Der Testamentsvollstrecker, Rn 636; Soergel/Damrau Rn 13; Palandt/Edenhofer Rn 5; ohne die Differenzierung nach persönlichen und als Amtsinhaber geführten Prozessen MünchKommBGB/Zimmermann Rn 19.
[96] OLG Koblenz JurBüro 1992, 398.

19 Erstattungsfähige Aufwendungen sind uU auch solche für sog **Berufsdienste**, die ein Rechtsanwalt, Steuerberater, Wirtschaftsprüfer im Zusammenhang mit der Testamentsvollstreckung erbringt (§ 2221 Rn 24 ff). Ob die Prämie für den Abschluss einer ausreichenden **Vermögenshaftpflichtversicherung** des Testamentsvollstreckers als erforderliche Aufwendung (§§ 2218, 670) vom Nachlass zu tragen ist, ist umstritten[97], sollte aber dann bejaht werden, wenn der Anwalt als Testamentsvollstrecker zur Ausübung seiner anwaltlichen Tätigkeit verpflichtet ist, denn wenn der „Normal-Testamentsvollstrecker" einen Anwalt beauftragen würde, wären diese Aufwendungen auch in dessen Honorar „eingepreist".

20 Für den Aufwendungsersatz besteht **kein** Anspruch auf **Vorschuss**, weil auf § 669 nicht verwiesen wird; jedoch ist der Anspruch nach § 271 sofort fällig, stellt eine Nachlassverbindlichkeit dar (§ 1967) und kann dadurch erfüllt werden, dass der Testamentsvollstrecker die entsprechenden Mittel aus dem Nachlass entnimmt[98]. Der Aufwendungsersatzanspruch ist nach seiner systematischen Stellung als erbrechtlicher Anspruch zu qualifizieren und **verjährt** daher nach § 197 Abs 1 Nr 2[99]; die Gegenauffassung[100], die eine teleologische Reduktion der Verjährungsregelung vornehmen will, ist in sich nicht schlüssig, weil sie übersieht, dass die Verweisung auf das schuldrechtliche Auftragsrecht nur rechtstechnische, aber keine sachlichen Gründe hat, und verstößt in dem besonders sensiblen Bereich des Verjährungsrechts gegen das Rechtsstaatsgebot der Rechtssicherheit. Daneben kommen dem Testamentsvollstrecker bezüglich des Auslagenersatzanspruchs die Bestimmungen der §§ 256, 257 zu Gute[101]. Zum Aufwendungsanspruch des **vermeintlichen Testamentsvollstreckers** s § 2221 Rn 28.

21 6. Tod des Testamentsvollstreckers (§ 673 S 2). Er beendet das Amt des konkreten Amtsinhabers. Die Erben des Testamentsvollstreckers haben daher eine Anzeigepflicht hierzu gegenüber den Erben, deren Nachlass verwaltet wird; Anzeige an das Nachlassgericht kann zudem zweckmäßig sein. Bei Gefahr im Verzuge haben sie sogar die notwendigen Vollstreckeraufgaben zu erledigen, bis der verständigte Erbe oder der Nachfolger des verstorbenen Testamentsvollstreckers selbst das erforderliche veranlassen kann. Insoweit gilt der Erbe des Testamentsvollstreckers als mit der Vollstreckung beauftragt (§ 673 S 2)[102].

22 7. Unterstellte Fortdauer des Amtes (§ 674). Es handelt sich um eine Schutzvorschrift zu Gunsten des Testamentsvollstreckers, der vom Erlöschen seines Amtes keine Kenntnis hat und auch keine haben muss (leichte Fahrlässigkeit schadet, vgl § 122 Abs 2)[103]. Die Vorschrift ist **nicht anwendbar,** wenn der Testamentsvollstrecker entlassen wird (§ 2227)[104], was ihm zudem bekannt gemacht werden muss (§ 16 Abs 1 FGG), oder die Testamentsvollstreckung infolge der Ausführung aller Aufgaben gegenstandslos wird[105] oder bei einem **vermeintlichen Testamentsvollstrecker,** der auf Grund irriger Testamentsauslegung eine wirksame Ernennung behauptet[106]. Soweit die Fiktion eingreift, bewirkt sie, dass auch die Pflichten des Testamentsvollstreckers fortbestehen; sie kommt aber auch den gutgläubigen Dritten, die vom Testamentsvollstrecker einen Nachlassgegenstand erwerben, zugute (§§ 674, 169)[107].

§ 2219 Haftung des Testamentsvollstreckers

(1) Verletzt der Testamentsvollstrecker die ihm obliegenden Verpflichtungen, so ist er, wenn ihm ein Verschulden zur Last fällt, für den daraus entstehenden Schaden dem Erben und, soweit ein Vermächtnis zu vollziehen ist, auch dem Vermächtnisnehmer verantwortlich.

(2) Mehrere Testamentsvollstrecker, denen ein Verschulden zur Last fällt, haften als Gesamtschuldner.

Schrifttum: *Burgard,* Die Haftung des Erben für Delikte des Testamentsvollstreckers, FamRZ 2000, 1269; *Muscheler,* Die Haftungsordnung der Testamentsvollstreckers, 1994; *Pickel,* Die Haftung des Testamentsvollstreckers und seine Versicherung, Diss Köln 1986; *Reimann,* Gesamtschuldnerische Haftung sukzessiv tätiger Testamentsvollstrecker, ZEV 2004, 234; *ders,* Zur Beweislast im Testamentsvollstreckerhaftpflichtverfahren, ZEV 2006, 186.

---

[97] Bejahend AnwK-BGB/*Weidlich* Rn 34; *Riederer v. Paar* in: *Bengel/Reimann* HdB XII Rn 157; *Soergel/Damrau* Rn 13; *Lorz* in: Münchener Anwaltshandbuch Erbrecht § 19 Rn 193; nur für den nicht berufsmäßigen: *Zimmermann* Testamentsvollstreckung Rn 783 aE, 735; nur bei Nachlassverwaltungen, die mit besonderem Haftungsrisiko verbunden sind: *Reimann* DStR 2002, 2008, 2011 und *Lieb,* Die Vergütung des Testamentsvollstreckers, Rn 317; aA aber *Muscheler* Haftungsordnung S 229 bei Fn 193; *Winkler,* Der Testamentsvollstrecker, Rn 566 bei Fn 4.
[98] AnwK-BGB/*Weidlich* Rn 33; *Soergel/Damrau* Rn 12; *Damrau/Bonefeld* Rn 51.
[99] BGH NJW 2007, 2174; AnwK-BGB/*Weidlich* Rn 34; *Zimmermann* Testamentsvollstreckung Rn 735; *Lieb,* Die Vergütung des Testamentsvollstreckers, Rn 298 Fn 451.
[100] *Staudinger/Reimann,* § 2221 Rn 14 ohne Begr; *Palandt/Edenhofer* Rn 6; so, wenn auch nur obiter dictum OLG Karlsruhe ZErb 2006, 1 = ZEV 2006, 317 m zust Anm *Baldus.*
[101] *Damrau/Bonefeld* Rn 51.
[102] *Staudinger/Reimann* Rn 34.
[103] *Soergel/Damrau* Rn 16; *Staudinger/Reimann* Rn 35.
[104] AnwK-BGB/*Weidlich* Rn 36; *Staudinger/Reimann* Rn 35; *Palandt/Edenhofer* Rn 8; MünchKommBGB/*Zimmermann* Rn 22.
[105] BGHZ 41, 23, 30 = NJW 1964, 1316; *Palandt/Edenhofer* Rn 8.
[106] BGHZ 69, 235, 240 = NJW 1977, 1726.
[107] AnwK-BGB/*Weidlich* Rn 36; *Soergel/Damrau* Rn 16; *Staudinger/Reimann* Rn 35.

Übersicht

	Rn		Rn
I. Normzweck...............................	1	5. Verjährung, Aufrechnung...................	13
II. Haftung des Testamentsvollstreckers	2	6. Befreiung von der Haftung.................	15
1. Anspruchsberechtigte	2	7. Mitverschulden............................	17
2. Haftungsschuldner	4	III. Der Haftpflichtprozess...................	18
3. Haftungsvoraussetzungen	6	IV. Weitere Haftungsfragen	19
a) Objektive Pflichtverletzung...............	6	1. Andere Haftung des Testamentsvollstreckers .	19
b) Verschulden	8	2. Haftung der Erben für pflichtwidriges Verhalten des Testamentsvollstreckers..............	20
c) Kausalität	11		
4. Haftungsfolgen............................	12		

I. Normzweck

Die Haftung des Testamentsvollstreckers ist das Korrektiv zu seiner umfassenden Rechtsmacht und relativ freien Stellung. Die Norm dient daher nicht nur dem Schadensausgleich, sondern auch der Sicherung, dass der Testamentsvollstrecker verantwortlich handelt[1]. Angesichts der oft schwierigen Aufgaben trägt er ein hohes persönliches Haftungsrisiko[2]. **1**

II. Haftung des Testamentsvollstreckers

1. Anspruchsberechtigte. Der Testamentsvollstrecker haftet gegenüber dem **Erben**. Der Anspruch aus § 2219 gehört zum **Nachlass** (analog § 2041)[3]. Seine Geltendmachung nach Beendigung des Amts des pflichtwidrigen Testamentsvollstreckers ist Aufgabe des neuen Testamentsvollstreckers (§ 2212)[4]. Dagegen sind die Erben an der Geltendmachung von Schadensersatzansprüchen gegen den amtierenden Testamentsvollstrecker nicht gehindert, weil der Testamentsvollstrecker als Nachlassschuldner insoweit infolge einer rechtlichen Verhinderung von der Vertretung des Nachlasses ausgeschlossen ist[5]. Soweit der Ersatzanspruch nicht zum Aufgabenkreis des neuen Testamentsvollstreckers gehört, gilt bei mehreren Erben für die Geltendmachung grds § 2039, für die Verfügung hierüber § 2040[6]. So weit nur ein Erbe geschädigt wurde, steht ihm allerdings der Anspruch alleine zu[7]. Auch für den **Nacherben** kann nach Eintritt des Nacherbfalls gegen den Testamentsvollstrecker der Vorerbschaft ein Anspruch nach § 2219 bestehen, da der Testamentsvollstrecker auch hier die Interessen des Nacherben zu berücksichtigen hat, die uU mit denen des Vorerben kollidieren können[8]. Daneben kann auch der Nacherbentestamentsvollstrecker (§ 2222) haften[9]. **2**

Der Testamentsvollstrecker haftet auch gegenüber dem **Vermächtnisnehmer**, soweit ein Vermächtnis zu vollziehen ist; dies gilt auch für Unter- und Nachvermächtnisse[10], und nicht nur für die reine Vermächtnisvollstreckung (§ 2223). Dieser Anspruch gehört nicht zum Nachlass[11]. Der Vermächtnisnehmer ist dabei nicht gehalten, etwa ihm wegen des vereitelten Vermächtnisanspruchs zustehende Ersatzansprüche zunächst gegen die Erben oder sonstigen Beschwerten geltend zu machen[12]. Den **übrigen Nachlassbeteiligten** gegenüber, also etwa dem Pflichtteilsberechtigten, dem Auflagebegünstigten[13] oder den Nachlassgläubigern[14] haftet der Testamentsvollstrecker nach § 2219 nicht, sondern – da es an einem gesetzlichen Schuldverhältnis fehlt – allenfalls nach den §§ 823 ff[15]. **3**

2. Haftungsschuldner. Der **Testamentsvollstrecker** haftet nach § 2219 persönlich[16] und unbeschränkbar. Der Normzweck gebietet es, die Vorschrift auf das Verhalten des **vermeintlichen Testamentsvollstreckers entspr** anzuwenden, da der Erbe/Vermächtnisnehmer gerade auch vor **4**

---

[1] MünchKommBGB/*Zimmermann* Rn 1.
[2] *Riederer v. Paar* in: *Bengel/Reimann* HdB XII Rn 7 f.
[3] RGZ 138, 132, 133 f.
[4] BGH MDR 1958, 670; RGZ 138, 132, 133 f; *Palandt/Edenhofer* Rn 4.
[5] RGZ 98, 173, 175; 138, 132, 135; MünchKommBGB/*Zimmermann* Rn 6.
[6] MünchKommBGB/*Zimmermann* Rn 6.
[7] *Riederer v. Paar* in: *Bengel/Reimann* HdB XII Rn 14; *Soergel/Damrau* Rn 2.
[8] BGH NJW-RR 1988, 386, 387; *Riederer v. Paar* in: *Bengel/Reimann* HdB XII Rn 12; AnwK-BGB/*Weidlich* Rn 13; ebenso wohl *Winkler*, Der Testamentsvollstrecker, Rn 562.
[9] AnwK-BGB/*Weidlich* Rn 13; *Riederer v. Paar* in: *Bengel/Reimann* HdB XII Rn 12.
[10] *Riederer v. Paar* in: *Bengel/Reimann* HdB XII Rn 15.
[11] RGZ 138, 132, 134 f.
[12] BGH LM § 2258 Nr 1.
[13] AnwK-BGB/*Weidlich* Rn 15; so wohl auch KK-Erbrecht/*Rott* Rn 13; aA *Damrau/Bonefeld* Rn 2 für den durch eine Wertauflage Begünstigten; jedoch übersteigt dies den Wortlaut der Norm und ließe sich daher nur durch eine Analogie begründen, die zu Lasten den Haftungsschuldners ginge und daher rechtsstaatlichen Bedenken unterliegt; zur Problematik auch *Muscheler* Haftungsordnung S 180 ff.
[14] Vgl LAG Berlin ZFSH/SGB 2003, 105 für Ansprüche der Arbeitnehmer des vom Testamentsvollstrecker fortgeführten Unternehmens.
[15] AnwK-BGB/*Weidlich* Rn 15; MünchKommBGB/*Zimmermann* Rn 7 f; *Soergel/Damrau* Rn 7. *Muscheler* Haftungsordnung S 226 ff will den Nachlassgläubigern bei pflichtwidriger Nachlassverwaltung durch die Möglichkeit der Drittschadensliquidation helfen.
[16] Dies war nach dem DDR-ZGB anders, OLG Jena OLG-NL 1995, 270.

§ 2219

dessen Handlungen geschützt werden soll[17]. Dabei ist es unerheblich, ob überhaupt keine wirksame Testamentsvollstreckung angeordnet wurde oder nur die Bestellung des betreffenden Testamentsvollstreckers unwirksam war[18]. Genehmigt der später wirksam ernannte Testamentsvollstrecker zu Unrecht die Handlungen seines Vorgängers, so kann dies zu seiner eigenen Haftung nach § 2219 führen[19].

5 **Mehrere Testamentsvollstrecker,** denen ein Verschulden zur Last fällt, haften nach Abs 2 als Gesamtschuldner (§§ 421 ff), und zwar im Innenverhältnis grds zu gleichen Teilen, jedoch kann hier § 1833 Abs 2 S 2 analog angewandt werden[20]. Die gesamtschuldnerische Haftung setzt aber voraus, dass die in Anspruch genommenen Testamentsvollstrecker das gesamte Amt gemeinsam führen (§ 2224 Abs 1 S 1) und jeden von ihnen wenigstens ein Überwachungsverschulden trifft[21]. Weist aber der Erblasser jedem von ihnen einen gesonderten Wirkungskreis zur selbstständigen Wahrnehmung (**Nebenvollstreckung,** § 2224 Abs 1 S 3) zu, so haftet jeder nur für seinen Wirkungskreis, es sei denn, die anderen wären immerhin zu seiner Aufsicht ernannt[22]. Eine lediglich interne Aufgabenverteilung durch Vereinbarung der Mitvollstrecker ändert jedoch an der nach außen fortbestehenden gesamtschuldnerischen Haftung nichts; sie ist nur für den Gesamtschuldnerausgleich im Innenverhältnis von Bedeutung[23]. Soweit Testamentsvollstrecker **sukzessiv tätig werden,** wie zB der Erstvollstrecker und Amtsnachfolger, ist Abs 2 nicht einschlägig. Eine gesamtschuldnerische Haftung kommt daher nur in Betracht, wenn es zu einer Überlagerung des pflichtwidrigen Verhaltens kommt[24].

6 **3. Haftungsvoraussetzungen. a) Objektive Pflichtverletzung.** Voraussetzung der Haftung ist eine Verletzung der dem Testamentsvollstrecker obliegenden Pflichten. Diese ergeben sich aus dem **Gesetz** (§§ 2203 bis 2209, 2215 bis 2218, 2226 S 3), besonders aus der Generalklausel des § 2216 Abs 1 (ordnungsgemäße Verwaltung des Nachlasses), ihrerseits konkretisiert durch die vom Erblasser verfolgten Zwecke der Testamentsvollstreckung (eingehend § 2216 Rn 4 ff)[25], und vor allem aus dem tatsächlichen **Willen des Erblassers.** Dieser erschließt sich primär aus der hinterlassenen Verfügung von Todes wegen, aber auch ein sonst geäußerter Wille ist maßgeblich, wenn er dem Testamentsvollstrecker bekannt war[26], etwa aus Briefwechsel[27]. Die Beweislast für eine solche nicht in einer Verfügung von Todes wegen niedergelegte Willensäußerung trägt allerdings der Testamentsvollstrecker[28]. Den Willen des Erblassers hat der Testamentsvollstrecker auch und gerade gegenüber einem abweichenden Willen aller Erben zu vertreten. Bei Veränderung der Umstände nach dem Erbfall hat man mitunter auch auf den **mutmaßlichen Willen** des Testamentsvollstreckers abzustellen, mag dieser auch schwer zu ermitteln sein. Soweit hierfür konkrete Anhaltspunkte fehlen, greifen im Streitfall die Gerichte auf die allgemeine Lebenserfahrung zurück[29].

7 Der Grundsatz der ordnungsmäßigen Verwaltung (§ 2216 Abs 1) verpflichtet den Testamentsvollstrecker **zu besonderer Gewissenhaftigkeit** und Sorgfalt[30]. Dabei sind an die Ordnungsmäßigkeit der Verwaltung stets **strenge Anforderungen** zu stellen[31]. Auf der anderen Seite hat die Rspr nicht verkannt, dass der Testamentsvollstrecker bei der Verwaltung des Nachlasses weithin nach seinem Ermessen entscheidet. Nur wenn er die Grenzen des ihm eingeräumten Ermessens überschreitet, verstößt er gegen seine Pflicht zu ordnungsmäßiger Verwaltung des Nachlasses[32], etwa wenn sein Vorgehen zu einer Schädigung des Nachlasses führt[33]. Zum **Pflichtenkatalog** des Testamentsvollstreckers s § 2216 Rn 2 ff und den Überblick zur Haftungsrechtsprechung bei *Riederer v. Paar* in: *Bengel/Reimann* HdB XII Rn 91–120 und *Zimmermann* Rn 770; zur Haftung wegen einer pflichtwidrigen **Prozessführung** s § 2212 Rn 17 f.

8 **b) Verschulden.** Haftungsvoraussetzung ist ein Verschulden iS von § 276 (Vorsatz oder Fahrlässigkeit). Für die Beurteilung der anzuwendenden Sorgfalt (§ 276 Abs 2) gilt – wie auch sonst im Zivilrecht – ein **objektiver Sorgfaltsmaßstab**[34]. Gerade der Normzweck des § 2219 schließt daher die Anwend-

---

[17] Vgl RG JW 1937, 3187 zur Haftung eines Gesamtgutsverwalters; AnwK-BGB/*Weidlich* Rn 8; *Muscheler* Haftungsordnung S 216 f.
[18] *Staudinger/Reimann* Rn 20; *Riederer v. Paar* in: *Bengel/Reimann* HdB XII Rn 30.
[19] AnwK-BGB/*Weidlich* Rn 8; *Staudinger/Reimann* Rn 21; zT wird dabei eine Gesamtschuldnerschaft von vermeintlichem Testamentsvollstrecker und dem später genehmigenden angenommen, *Naegele,* Das vermeintliche Testamentsvollstreckeramt, 1986, S 70 ff.
[20] *Staudinger/Reimann* Rn 19; *Riederer v. Paar* in: *Bengel/Reimann* HdB XII Rn 64.
[21] *Riederer v. Paar* in: *Bengel/Reimann* HdB XII Rn 63; MünchKommBGB/*Zimmermann* Rn 5; die Haftung bereits eines Testamentsvollstreckers lässt offenbar genügen *Staudinger/Reimann* Rn 18 und wohl auch OLG Koblenz JurBüro 1992, 398.
[22] AnwK-BGB/*Weidlich* Rn 9; *Staudinger/Reimann* Rn 18; MünchKommBGB/*Zimmermann* Rn 5.
[23] AnwK-BGB/*Weidlich* Rn 9; *Riederer v. Paar* in: *Bengel/Reimann* HdB XII Rn 62.
[24] *Reimann* ZEV 2004, 234, 237; AnwK-BGB/*Weidlich* Rn 9.
[25] *Zimmermann* Rn 770; *Damrau/Bonefeld* Rn 7.
[26] BayObLGZ 1976, 67.
[27] AnwK-BGB/*Weidlich* Rn 2.
[28] AnwK-BGB/*Weidlich* Rn 2; *Riederer v. Paar* in: *Bengel/Reimann* HdB XII Rn 34.
[29] *Riederer v. Paar* in: *Bengel/Reimann* HdB XII Rn 38.
[30] RGZ 130, 131, 135.
[31] BGH NJW 1959, 1820; WM 1967, 25, 27.
[32] BGHZ 25, 275, 283 f.
[33] BGH NJW 1987, 1070.
[34] AnwK-BGB/*Weidlich* Rn 4; *Damrau/Bonefeld* Rn 8; der Sache nach ebenso, weil auf § 276 verweisend, jurisPK/*Heilmann* Rn 8; KK-Erbrecht/*Rott* Rn 8.

barkeit eines subjektiven Fahrlässigkeitsbegriffs aus[35]. Hieraus ergibt sich zugleich, dass für den Testamentsvollstrecker das Maß an Umsicht und Sorgfalt erforderlich ist, das nach dem Urteil besonnener und gewissenhafter Angehöriger des in Betracht kommenden Verkehrskreises zu beachten ist[36]. Vergleichsmaßstab ist also quasi ein „Otto-Normal-Testamentsvollstrecker". An die Sorgfalt des Testamentsvollstreckers sind im Hinblick auf die von ihm übernommene Vertrauensstellung hohe Anforderungen zu stellen[37]. Soweit eine bestimmte sorglose Handhabung verkehrsüblich ist, entlastet dies daher den Testamentsvollstrecker nicht[38]. Besitzt der Testamentsvollstrecker darüber hinausgehende **besondere Qualifikationen,** so muss er auch bei der Ausübung seines Amtes die sonst in seinem Beruf geltenden Standards (etwa als Steuerberater oder Rechtsanwalt) beachten[39], zumal ihn der Erblasser idR gerade wegen dieser besonderen Befähigungen zum Testamentsvollstrecker berufen hat. Fühlt der Testamentsvollstrecker sich in einzelnen, bestimmten Situationen überfordert, so hat er sich entsprechender sachkundiger **Berater** zu bedienen (Steuerberater, Rechtsanwalt, Anlageberater). Dabei haftet der Testamentsvollstrecker nach § 2219 für die gewissenhafte **Auswahl** eines qualifizierten Beraters. Soweit ihm hierbei kein Verschulden zur Last gelegt werden kann, haftet er dann grds nicht mehr selbst für etwaige Fehler dieses Beraters[40]. Jedoch kann den Testamentsvollstrecker ein **Überwachungsverschulden** treffen, wenn er die Fehler des eingeschalteten Beraters bei zumutbarer Aufmerksamkeit hätte erkennen und verhindern können[41].

Fühlt er sich **generell überfordert,** so muss er die Annahme des Amtes ablehnen[42], ansonsten ergibt sich seine Haftung letztlich aus einer Art „Übernahmeverschulden". Verschulden seines **Erfüllungsgehilfen** hat er wie eigenes zu vertreten (§ 278)[43].

Weitere Voraussetzung einer fahrlässigen Handlung ist die **Vorhersehbarkeit** eines schädigenden Erfolges. Dabei erfolgt die Beurteilung eines Verschuldens aus der Sicht des damals zur Handlung berufenen Testamentsvollstreckers auf Grund einer „ex-ante-Betrachtung"[44], was letztlich zu einer Reduzierung der Haftungsanforderungen führt[45].

c) Kausalität. Die Pflichtverletzung des Testamentsvollstreckers muss für den Schaden des Erben oder Vermächtnisnehmers ursächlich geworden sein. Insoweit gelten die allgemeinen Regeln über die **haftungsbegründende** (Ursächlichkeit des Fehlers des Testamentsvollstreckers für die Rechtsgutverletzung) und **haftungsausfüllende Kausalität** (Ursachenzusammenhang zwischen Rechtsgutverletzung und geltendgemachtem Schaden)[46]. Besondere Bedeutung kommt in diesem Zusammenhang den Problemkreisen des „Zurechnungszusammenhangs" und des „rechtmäßigen Alternativverhaltens" zu, also die Prüfung der Frage, wie sich die Vermögenslage von Erben und Vermächtnisnehmer darstellen würde, wenn der Testamentsvollstrecker sich pflichtgemäß verhalten hätte[47].

4. Haftungsfolgen. Bei einer schuldhaften Pflichtverletzung des Testamentsvollstreckers kann der Erbe/Vermächtnisnehmer nicht nur Schadensersatz (§ 249) nach § 2219 fordern und dessen Entlassung, sondern auch auf die **Erfüllung** bestimmter Verpflichtungen klagen, etwa auf Einhaltung der Grenzen der Testamentsvollstreckung[48] oder Freistellung von Ansprüchen Dritter. Dies kann auch im Wege einer Stufenklage (§ 254 ZPO) erfolgen[49]. Geht der Erbe von der Schadensersatzforderung zum Erfüllungsanspruch über, so liegt darin keine Klageänderung (§ 264 Nr 3 ZPO)[50].

5. Verjährung, Aufrechnung. Die Ansprüche aus § 2219 verjähren als erbrechtliche nach § 197 Abs 1 Nr 2 nF in **30 Jahren**[51]. An der Einordnung als erbrechtlicher Anspruch ist aus Gründen der

---

[35] Anders *Riederer v. Paar* in: *Bengel/Reimann* HdB XII Rn 48 unter Verkennung des im Zivilrecht geltenden objektiven Fahrlässigkeitsbegriffs.
[36] BGH NJW 1972, 151; OLG Köln NJW-RR 1990, 793.
[37] RGZ 130, 131, 135; MünchKommBGB/*Zimmermann* Rn 11.
[38] *Zimmermann* Testamentsvollstreckung Rn 772.
[39] OLG Karlsruhe NJW-RR 2005, 452; AnwK-BGB/*Weidlich* Rn 4.
[40] *Riederer v. Paar* in: *Bengel/Reimann* HdB XII Rn 52, 68 f; bei der Übertragung einzelner Obliegenheiten auf Fachleute findet § 278 keine Anwendung, *Riederer v. Paar* aaO Rn 69; *Staudinger/Reimann* Rn 9; vgl auch BGH NJW-RR 1993, 849, 850 zum Vermögensverwalter.
[41] *Riederer v. Paar* in: *Bengel/Reimann* HdB XII Rn 52.
[42] OLG Stuttgart BWNotZ 1962, 61; *Winkler,* Der Testamentsvollstrecker, Rn 560.
[43] MünchKommBGB/*Zimmermann* Rn 4; *Winkler,* Der Testamentsvollstrecker, Rn 561.
[44] OLG Karlsruhe NJW-RR 2005, 452, 454; AnwK-BGB/*Weidlich* Rn 5.
[45] *Riederer v. Paar* in: *Bengel/Reimann* HdB XII Rn 53; *Staudinger/Reimann* Rn 7; vgl auch OLG Hamburg OLGE 44, 95; KG OLGE 46, 230.
[46] *Staudinger/Reimann* Rn 12.
[47] AnwK-BGB/*Weidlich* Rn 7; *Krug/Rudolf/Kroiß/Littig* AnwaltFormulare Erbrecht § 13 Rn 264; eingehend zu diesen Fragen *Riederer v. Paar* in: *Bengel/Reimann* HdB XII Rn 56–59.
[48] RGZ 73, 26, 28.
[49] *Staudinger/Reimann* Rn 13.
[50] *Damrau/Bonefeld* Rn 10; *Staudinger/Reimann* Rn 14; *Stein/Jonas/Schumann* § 264 ZPO Rn 75, 77; *Zimmermann* Testamentsvollstreckung Rn 768; str; zT wird dies als Parteiänderung betrachtet, da sich der Schadensersatzanspruch gegen den Testamentsvollstrecker persönlich richtet, der Erfüllungsanspruch aber gegen den Testamentsvollstrecker in seiner Amtseigenschaft, BGHZ 21, 285, 287; *Soergel/Damrau* Rn 6.
[51] BGH NJW 2002, 3773 = ZEV 2002, 499m abl Anm *Otte,* zum alten Verjährungsrecht, daher nur obiter dictum; ausdrücklich nochmals BGH NJW-RR 2003, 352; BGH NJW 2007, 2174 für alle erbrechtlichen Ansprüche aus dem 5. Buch des BGB, soweit keine ausdrückliche Sonderregelung getroffen; AnwK-BGB/*Mansel* § 197 Rn 41; AnwK-BGB/*Weidlich* Rn 21; *Bonefeld* ZErb 2003, 247; *Damrau/Bonefeld* Rn 11 ff m ausf Begr; *Brambring* ZEV 2002,

14 Rechtssicherheit auch gegen Bestrebungen, den Anwendungsbereich von § 197 Abs 1 Nr 2 teleologisch zu reduzieren, festzuhalten.

14 Eine **Aufrechnung** mit Honorarforderungen nach § 2221 wird grds für möglich gehalten[52]. Jedoch ist § 393 zu beachten[53]. Zudem muss die Vergütungsforderung **fällig** sein, was meist erst mit dem Ende der Testamentsvollstreckung der Fall ist[54].

15 **6. Befreiung von der Haftung.** Der Erblasser kann den Testamentsvollstrecker nicht von seiner Haftpflicht aus § 2219 befreien, auch nicht mittelbar dadurch, dass er die Anforderungen an seine Sorgfalt herabschraubt[55]. Auch ein sog **Befreiungsvermächtnis** ist nicht möglich, durch das dem Testamentsvollstrecker ein Anspruch auf Erlass der Schadensersatzansprüche vermacht wird (§ 2220 Rn 3)[56].

16 Nach Eintritt des **Erbfalls** kann aber der **Erbe** nicht nur einen bereits entstandenen Schadensersatzanspruch erlassen, sondern durch Vertrag für die Zukunft auf die Haftung des Testamentsvollstreckers verzichten, die Grenze bildet § 276 Abs 3[57]. Bei mehreren Erben muss dies allerdings durch alle Erben geschehen, da es sich um eine einheitliche Nachlassforderung handelt, wenn nicht im Einzelfall der Anspruch einem allein als dem einzig Geschädigten zusteht[58]. Die Zustimmung des von einer konkreten Verwaltungsmaßnahme betroffenen Erben (bei Nacherben auch durch diese[59] und des betroffenen Vermächtnisnehmers schließt ebenfalls die Haftung aus, und zwar auch dann, wenn es sich um ein pflichtwidriges Verhalten handelt[60].

17 **7. Mitverschulden.** Ein mitwirkendes Verschulden des Geschädigten ist nach § 254 zu berücksichtigen[61]; ein solches kann auch darin liegen, dass der Erbe durch eine rechtzeitige Klageerhebung gegen den Testamentsvollstrecker oder einen Entlassungsantrag den Schaden hätte verhindern oder reduzieren können[62].

III. Der Haftpflichtprozess

18 Der Anspruch des Erben (nicht aber des Vermächtnisnehmers) aus § 2219 gehört zum Nachlass (s Rn 2 auch zur Aktivlegitimation). Die Haftpflichtklage ist gegen die Person des Testamentsvollstreckers selbst zu richten, nicht gegen ihn als Partei kraft Amtes, da er für den Anspruch aus § 2219 persönlich haftet[63]. Unterliegt er, trägt er die Kosten persönlich[64]. Die **Darlegungs- und Beweislast** trägt für alle Tatbestandsvoraussetzungen der Kläger[65]. Bezüglich der haftungsausfüllenden Kausalität besteht allerdings die Möglichkeit der Beweiserleichterung[66]. Bei einer Testamentsvollstreckung über Geschäftsanteile kommt eine analoge Anwendung von § 93 Abs 2 AktG in Betracht[67]. Der Testamentsvollstrecker seinerseits kann negative Feststellungsklage erheben, dass Schadensersatzansprüche nicht bestehen[68].

IV. Weitere Haftungsfragen

19 **1. Andere Haftung des Testamentsvollstreckers.** Mit der Haftung aus § 2219 kann eine solche aus unerlaubter Handlung **konkurrieren**[69], die auch den Testamentsvollstrecker persönlich trifft[70],

---

137; *Staudinger/Reimann* Rn 22; *Soergel/Niedenführ* § 197 Rn 18; *MünchKommBGB/Grothe* § 197 Rn 11; *MünchKommBGB/Zimmermann* Rn 15; *Winkler*, Der Testamentsvollstrecker, Rn 569; *Borgmann* NJW 2005, 22, 30; aA *Baldus* FamRZ 2003, 308; *Löhnig* ZEV 2004, 267, 273; *Riederer v. Paar* in: *Bengel/Reimann* HdB XII Rn 77 ff: Regelverjährung nach § 195 nF von drei Jahren; ebenso auch *Soergel/Damrau* Rn 10, der aber teilweise § 199 Abs 3 anwendet.

[52] *Staudinger/Reimann* Rn 23; *Riederer v. Paar* in: *Bengel/Reimann* HdB XII Rn 87.
[53] AnwK-BGB/*Weidlich* Rn 21.
[54] *Riederer v. Paar* in: *Bengel/Reimann* HdB XII Rn 89.
[55] *Staudinger/Reimann* Rn 15; MünchKommBGB/*Zimmermann* Rn 3.
[56] RGZ 98, 173, 175; 138, 132, 135; MünchKommBGB/*Zimmermann* Rn 3; *Soergel/Damrau* Rn 2; *Kipp/Coing* § 73 II 7.
[57] *Staudinger/Reimann* Rn 16; *Riederer v. Paar* in: *Bengel/Reimann* HdB XII Rn 85 f; einschränkend AnwK-BGB/*Weidlich* Rn 17: der Betroffene müsse die rechtlichen und wirtschaftlichen Folgen in gleicher Weise wie der Testamentsvollstrecker beurteilen können.
[58] AnwK-BGB/*Weidlich* Rn 15.
[59] KG DJZ 1932, 1230.
[60] MünchKommBGB/*Zimmermann* Rn 3; *Soergel/Damrau* Rn 1; krit hiergegen aus der Sicht der Nachlassgläubiger *Muscheler* Haftungsordnung 214 f.
[61] RGZ 138, 132, 137; *Staudinger/Reimann* Rn 11; *Winkler*, Der Testamentsvollstrecker, Rn 564; eingehend hierzu *Riederer v. Paar* in: *Bengel/Reimann* HdB XII Rn 73–76.
[62] MünchKommBGB/*Zimmermann* Rn 2.
[63] *Damrau/Bonefeld* Rn 15.
[64] *Damrau/Bonefeld* Rn 15.
[65] *Baumgärtel/Laumen* Rn 1, 2; AnwK-BGB/*Weidlich* Rn 23; vgl auch *Reimann* ZEV 2006, 186; bei einem Streit über die Zulässigkeit eines Insichgeschäfts kehrt sich die Beweislast hinsichtlich der objektiven Pflichtwidrigkeit um; der Testamentsvollstrecker hat hier die Ordnungsmäßigkeit des Geschäfts zu beweisen, BGHZ 30, 67, 69 = NJW 1959, 1429.
[66] *Riederer v. Paar* in: *Bengel/Reimann* HdB XII Rn 127 f; *Staudinger/Reimann* Rn 34.
[67] *Reimann* ZEV 2006, 186, 189; offenlassend AnwK-BGB/*Weidlich* Rn 23.
[68] Vgl AnwK-BGB/*Weidlich* Rn 23; *Staudinger/Reimann* § 2218 Rn 21; *Palandt/Edenhofer* Rn 4; *Damrau/Bonefeld* Rn 15.
[69] *Palandt/Edenhofer* Rn 5; jurisPK/*Heilmann* Rn 17.
[70] BGH LM § 823 (Ad) Nr 1.

jedoch geht die Haftung aus § 2219 insoweit weiter, als sie auch die Haftung für Vermögensschäden jenseits von § 826 umfasst[71]. Für einen **Verrichtungsgehilfen** haftet der Testamentsvollstrecker nach § 831[72]. Verwirklicht der Testamentsvollstrecker in seiner Person die Voraussetzungen einer **Gefährdungshaftung** (§ 7 StVG, § 838), haftet er auch hierfür[73]. Bei der Verletzung steuerlicher Pflichten kommt auch die sehr weit reichende Haftung nach §§ 69, 71 AO in Betracht[74]. **Berufsrechtliche Haftungsnormen** (§§ 51b BRAO, 19 BNotO) finden auf die Tätigkeit als Testamentsvollstrecker keine Anwendung, mag dieser auch Rechtsanwalt oder Notar sein;[75] dabei können Abgrenzungsprobleme auftreten, da hier auch eine besondere Mandatsübernahme durch den Rechtsanwalt oder Steuerberater möglich ist (wenn § 181 gewahrt wird). In Zweifelsfällen wird man dabei davon ausgehen müssen, dass jede Tätigkeit des Testamentsvollstreckers, die im weitesten Sinn mit der Nachlassverwaltung zu tun hat, seinem Amt und nicht seiner Tätigkeit als Rechtsanwalt oder Steuerberater zuzurechnen ist[76]. Soweit der für den Nachlass handelnde Testamentsvollstrecker nicht wirksam bestellt oder von seinem Amt bereits wieder abberufen war (sog **vermeintlicher Testamentsvollstrecker**), kann er gegenüber den **Geschäftspartnern** nach § 179 als vollmachtloser Vertreter haften, eventuell auch aus „culpa in contrahendo" (§§ 311 Abs 2, 3, 280 Abs 1 nF), ja uU kommt sogar eine Drittschadensliquidation in Betracht[77].

2. Haftung der Erben für pflichtwidriges Verhalten des Testamentsvollstreckers. § 278 findet auf das gesetzliche Schuldverhältnis des Testamentsvollstreckers zu den Erben Anwendung, so dass die Erben für sein Verschulden im Rahmen von Vertrags- und Sonderbeziehungen (vorbehaltlich der beschränkten Erbenhaftung nach § 1978) in gleichem Umfang haften wie für eigenes[78]. Die Frage, ob die Erben für **unerlaubte Handlungen** des Testamentsvollstreckers haften, die dieser anlässlich seiner Amtsführung begeht, ist umstritten: Eine Haftung nach § 831 scheidet aus, da der Testamentsvollstrecker nicht Verrichtungsgehilfe des Erben ist, weil es hier gerade an einer Weisungsabhängigkeit fehlt[79]. Wurde die deliktische Handlung im inneren Zusammenhang mit der Amtsführung begangen, so wird teilweise eine Erbenhaftung **analog § 31** bejaht[80]; dem wird man für den Bereich der Verwaltungsvollstreckung folgen müssen, da es sich hier um ein außenorientiertes Organisationsgefüge mit stiftungsähnlichem Charakter handelt[81].

20

§ 2220 Zwingendes Recht

Der Erblasser kann den Testamentsvollstrecker nicht von den ihm nach den §§ 2215, 2216, 2218, 2219 obliegenden Verpflichtungen befreien.

I. Normzweck

Die Vorschrift will verhindern, dass der Erblasser in der Ausgestaltung der von ihm verfügten Testamentsvollstreckung so weit geht, dass der Erbe praktisch der **Willkür des Testamentsvollstreckers** ausgeliefert ist[1]. Sie dient daher dem Schutz des Erben durch Schaffung **zwingender** gesetzlicher Bestimmungen. Das vom Gesetz vorgegebene Schuldverhältnis zwischen Testamentsvollstrecker und Erben kann daher nur in bestimmtem Umfang modifiziert werden.

1

II. Inhalt und Reichweite des Befreiungsverbots

Nach § 2220 kann der Erblasser den Testamentsvollstrecker nicht von den Pflichten befreien, die ihn nach §§ 2215, 2216, 2218 und 2219 treffen, also insbes nicht von der Pflicht zur Aufnahme und Übermittlung des Nachlassverzeichnisses, zur ordnungsgemäßen Verwaltung, zur Auskunftserteilung, Rechenschaftslegung, Abgabe einer eidesstattlichen Versicherung (§§ 666, 259, 260), von der Anzeige-

2

---

[71] AnwK-BGB/*Weidlich* Rn 1; *Krug/Rudolf/Kroiß/Littig* AnwaltFormulare Erbrecht § 13 Rn 256.
[72] RG WarnR 1914, Nr 127 bei Übertragung der Verkehrssicherungspflicht.
[73] RGZ 159, 337, 344 f; *Muscheler* Haftungsordnung S 234 f; AnwK-BGB/*Weidlich* Rn 1.
[74] *Piltz* in: *Bengel/Reimann* HdB VIII Rn 85 ff; *ders* ZEV 2001, 262; *Wälzholz/Vassel-Knauf* in: *Mayer/Bonefeld/Wälzholz/Weidlich* Rn 1285 ff.
[75] *Riederer v. Paar* in: *Bengel/Reimann* HdB XII Rn 2.
[76] AnwK-BGB/*Weidlich* Rn1; *Krug/Rudolf/Kroiß/Littig* AnwaltFormulare Erbrecht § 13 Rn 254; noch weiter gehend *Riederer v. Paar* in: *Bengel/Reimann* HdB XII Rn 3: jede Tätigkeit dieser Art sei der Testamentsvollstreckung zuzuordnen und damit der Haftung nach § 2219 unterworfen.
[77] *Riederer v. Paar* in: *Bengel/Reimann* HdB XII Rn 21; OLG Hamm NJW 1994, 666; *Muscheler* Haftungsordnung S 216 f, 226; letzterer bejaht sogar eine Eigenhaftung des Vollstreckers aus pVV unter dem Gesichtspunkt des „institutionalisierten Vertrauens", aaO S 208.
[78] BGH WM 1957, 514, 515; RGZ 144, 399, 402; *Palandt/Edenhofer* Rn 5; *Winkler*, Der Testamentsvollstrecker, Rn 568.
[79] BGH WM 1957, 514, 516; AnwK-BGB/*Weidlich* Rn 20; *Soergel/Damrau* Rn 8; *Staudinger/Belling/Eberl-Borges* § 831 Rn 62; für analoge Anwendung des § 831 aber *Burgard* FamRZ 2000, 1269, 1273 wegen der Pflicht nach § 2216; *Staudinger/Reimann* Rn 28.
[80] AnwK-BGB/*Weidlich* Rn 20; MünchKommBGB/*Zimmermann* Rn 18; *John* AcP 181 (1981), 150, 156 f; *Pickel*, Die Haftung des Testamentsvollstreckers, S 187 ff; abl aber etwa *Soergel/Damrau* Rn 8; *Erman/M. Schmidt* Rn 7; RGRK/*Kregel* Rn 1.
[81] *Muscheler* Haftungsordnung S 243 f.
[1] *Staudinger/Reimann* Rn 1; AnwK-BGB/*Weidlich* Rn 1: Schutzvorschrift für den Erben.

und Fortführungspflicht (§ 673 S 2), von der Pflicht zur Herausgabe des Nachlasses an den Erben (§ 667) oder von der Verpflichtung zum Ersatz des verschuldeten Schadens, wobei auch die Reduzierung des Haftungsmaßstabs (etwa nur für Vorsatz und grobe Fahrlässigkeit) nicht zulässig ist (§ 2219 Rn 15)[2].

3   Einschränkungen der genannten Rechte und **Umgehungsversuche** sind hinsichtlich ihrer Zulässigkeit am Schutzzweck der Vorschrift zu messen. Unzulässig sind daher sog Befreiungsvermächtnisse, wonach dem Testamentsvollstrecker ein Anspruch auf Erlass von Schadensersatzforderungen zugewandt wird (§ 2219 Rn 15)[3]. Nicht möglich ist es auch, den Erben bei der Ausübung der ihm zwingend zustehenden Rechte an die Zustimmung eines Dritten oder Schiedsgerichts zu binden[4], wozu auch das Recht gehört, die Entlassung des Testamentsvollstreckers zu beantragen (§ 2227)[5]. Der Erbe muss die uneingeschränkte Möglichkeit haben, seine Rechte selbst und direkt geltend zu machen[6].

4   **Modifizierungen** der Rechenschaftspflicht (§§ 2218, 666) sind nur im beschränkten Umfang zulässig. Diskutiert werden hier die im Gesellschaftsrecht[7] entwickelten **Gruppenvertretungsklauseln**, wonach bei einer Vielzahl von Erben nur ein gemeinsamer Vertreter diese Rechte geltend machen kann. Dies ist aber nur dann zulässig, wenn der Erblasser nur die obligatorische Vertretung anordnet, die Wahl des Vertreters aber den Erben vorbehalten bleibt und bei Untätigkeit des Vertreters oder wenn seine Wahl nicht zustande kommt, die Rechte der einzelnen Erben wieder aufleben[8].

5   Daneben bestehen noch weitere **gesetzliche Befreiungsverbote**, so hinsichtlich des Verbots der unentgeltlichen Verfügungen (§ 2205 S 3) und der Verpflichtung hierzu (§ 2207 S 2). Auch § 2227 ist zwingend. Eine besonders übermäßige Beschränkung der Rechtsstellung des Erben kann nach § 138 in besonders gelagerten Fällen nichtig sein[9].

III. Rechtsfolgen des Verstoßes

6   Soweit Erblasseranordnungen gegen das Befreiungsverbot verstoßen, sind sie unwirksam (§ 125)[10]. Davon bleiben jedoch die iU zur Testamentsvollstreckung getroffenen Anordnungen idR unberührt (§ 2084). Im Einzelfall kann sich allerdings auch die Frage stellen, ob nicht im Wege der Auslegung angenommen werden kann, dass der Erblasser in Wahrheit den Testamentsvollstrecker zum befreiten Vorerben einsetzen wollte, den formal zum Erben Berufenen aber nur zum Nacherben, und zwar eingesetzt auf den Überrest (§ 2137). Im Hinblick auf § 2084 wird man dies nicht ausschließen können[11], aber an die Berufung zum Erben strenge Anforderungen stellen müssen[12].

IV. Zustimmung des Erben

7   Der Erbe kann nach Eintritt des Erbfalls auf den Schutz des § 2220 verzichten[13]. Bei einer Erbengemeinschaft ist ein Verzicht auf einen bereits entstandenen Schadensersatzanspruch grds nur durch alle möglich (§ 2219 Rn 16)[14].

§ 2221 Vergütung des Testamentsvollstreckers

Der Testamentsvollstrecker kann für die Führung seines Amts eine angemessene Vergütung verlangen, sofern nicht der Erblasser ein anderes bestimmt hat.

Schrifttum: *Birk,* Vergütung und Aufwendungsersatz des Testamentsvollstreckers, 2003; *Eckelskemper,* Die Vergütung des Testamentsvollstreckers, MittRhNotK 1981, 147; *Ebeling,* Erweiterter Abzug von Testamentsvollstreckergebühren nach gewandeltem Einkommensteuerrecht – Verständnis des Bundesfinanzhofs zur Erbauseinandersetzung, BB 1992, 325; *Glaser,* Das Honorar des Testamentsvollstreckers, MDR 1983, 93; *ders,* Die Vergütung für Tätigkeiten des Testamentsvollstreckers, JurBüro 1978, 1105; *Haas/Lieb,* Die Angemessenheit der Testamentsvollstreckervergütung nach § 2221 BGB, ZErb 2002, 202; *Kirnberger,* Testamentsvollstreckervergütung und Umsatzsteuer, ZEV 1998, 342; *ders,* Besteuerung der Testamentsvollstreckervergütung als Einkommen …, ZEV 2001, 267; *Klinghöffer,* Vermögensverwaltung in Nachlasssachen, 2002; *Lieb,* Die Vergütung des Testamentsvollstreckers,

---

[2] AnwK-BGB/*Weidlich* Rn 2; *Damrau/Bonefeld* Rn 1; MünchKommBGB/*Zimmermann* Rn 2.
[3] RGZ 133, 129, 135; MünchKommBGB/*Zimmermann* Rn 3; *Soergel/Damrau* Rn 2.
[4] RGZ 133, 128, 135 f; *Staudinger/Reimann* Rn 1; *Soergel/Damrau* Rn 1.
[5] *Soergel/Damrau* Rn 2.
[6] MünchKommBGB/*Zimmermann* Rn 3.
[7] BGHZ 46, 291 = NJW 1967, 826; *K. Schmidt* ZHR 146 (1982), 525.
[8] AnwK-BGB/*Weidlich* Rn 5; *Damrau/Bonefeld* Rn 3; *Staudinger/Reimann* Rn 3; *Klumpp* in: *Bengel/Reimann* HdB VI Rn 314 ff.
[9] OLG München JFG 14, 428; MünchKommBGB/*Zimmermann* Rn 5: nur in besonderen Ausnahmefällen; großzügiger wohl *Staudinger/Reimann* Rn 4.
[10] MünchKommBGB/*Zimmermann* Rn 4; *Staudinger/Reimann* Rn 4.
[11] AnwK-BGB/*Weidlich* Rn 6; *Staudinger/Reimann* Rn 4; hiergegen aber MünchKommBGB/*Zimmermann* Rn 6, jedoch geht es hier nicht um Umdeutung, sondern Auslegung.
[12] *Staudinger/Reimann* Rn 4.
[13] OLG Hamburg OLGE 43, 403; AnwK-BGB/*Weidlich* Rn 1; *Winkler,* Der Testamentsvollstrecker, Rn 142.
[14] AnwK-BGB/*Weidlich* Rn 1; jurisPK/*Heilmann* Rn 4; *Staudinger/Reimann* Rn 5.

2004; *Möhring*, Zur Testamentsvollstreckervergütung, BB 1979, 868; *v. Morgen*, Die Testamentsvollstreckervergütung bei Erbteilsvollstreckungen, ZEV 1996, 170; *Mümmeler*, Vergütung des Testamentsvollstreckers, JurBüro 1988, 829; *Reimann*, Zur Festsetzung der Testamentsvollstreckervergütung, ZEV 1995, 57; *ders*, Die Testamentsvollstreckervergütung nach den Empfehlungen des deutschen Notarvereins, DNotZ 2001, 344; *ders*, Die Berechnung der Testamentsvollstreckervergütung nach den neueren Tabellen, DStR 2002, 2008; *Reithmann*, Die Vergütung des Testamentsvollstreckers im notariellen Testament, ZEV 2001, 385; *Tschischgale*, Die Vergütung des Testamentsvollstreckers, JurBüro 1965, 89; *Schuhmann*, Zur Angemessenheit des Testamentsvollstreckerhonorars im Erbschaftsteuerrecht, UVR 1991, 363; *Tiling*, Die Vergütung des Testamentsvollstreckers, ZEV 1998, 331; *Voss/Targan*, Die Ermittlung der Bemessungsgrundlage der Testamentsvollstreckervergütung – insbesondere die Berücksichtigung des „fiktiven Nachlasses", ZErb 2007, 241; *Zimmermann*, Die angemessene Testamentsvollstreckervergütung, ZEV 2001, 334.

Übersicht

	Rn		Rn
I. Normzweck	1	V. Vergütungsanspruch	19
II. Vergütungsbestimmung durch den Erblasser	2	1. Schuldner	19
		2. Fälligkeit	20
III. Vergütungsvereinbarung	4	3. Vorschuss, Entnahmerecht, Zurückbehaltung	21
IV. Angemessene Vergütung	5	4. Verjährung, Verwirkung	23
1. Grundsatz: Funktionsgerechte Vergütung	5	5. Aufwendungsersatz, Berufsdienste	24
2. Bemessungsgrundsätze	7	VI. Vergütung des vermeintlichen Testamentsvollstreckers	28
a) Wert- oder Zeitgebühr?	7		
b) Bezugsgröße	8		
c) Die Gebührentatbestände	9	VII. Festsetzung der Vergütung, Prozessuales	29
d) Vergütungssätze	11		
e) Sonderfall Verwaltungsvollstreckung	13		
f) Zu- und Abschläge, Obergrenze	15	VIII. Besteuerung der Vergütung	30
3. Mehrere Testamentsvollstrecker	18		

I. Normzweck

Das Amt des Testamentsvollstreckers ist je nach seiner konkreten Aufgabenstellung mit viel Arbeit, Mühen und Haftungsrisiken verbunden. Zum Ausgleich sieht das Gesetz eine angemessene Vergütung vor, soweit der Erblasser keine abweichende Anordnung getroffen hat. Die gesetzliche Vergütungsregelung ist unzulänglich; trotz Bemühungen von Rspr und Literatur sind nicht alle Zweifelsfragen bislang befriedigend geklärt[1]. 1

II. Vergütungsbestimmung durch den Erblasser

Ob und in welcher Höhe der Testamentsvollstrecker eine Vergütung erhält, bestimmt zunächst allein der Erblasser, es gilt der Grundsatz des **Vorrangs und der Maßgeblichkeit des Erblasserwillens**[2]. Hat dieser Höhe und Zahlungsweise der Vergütung festgelegt oder diese gar ganz ausgeschlossen, findet eine gerichtliche Überprüfung dieser Anordnung nicht statt[3]. § 2216 Abs 2 S 2 ist hier nicht anwendbar[4]. Ist der Testamentsvollstrecker mit dieser Regelung nicht einverstanden, so bleibt ihm nur die Möglichkeit, die Testamentsvollstreckung abzulehnen. Erfährt der Testamentsvollstrecker erst durch ein nachträglich aufgefundenes Testament, dass er das Amt unentgeltlich führen muss, so kann er kündigen und für seine bisher geleistete Tätigkeit eine angemessene Vergütung verlangen[5]. Der Erblasser kann auch bestimmen, dass die Vergütung durch einen Dritten oder sogar durch den Testamentsvollstrecker selbst festgesetzt wird (§§ 315 ff). Überschreitet der Testamentsvollstrecker dabei jedoch die Grenzen des billigen Ermessens, so ist § 319 anwendbar[6]. 2

Die Erblasseranordnung zur Vergütung muss durch Verfügung von Todes wegen in der dafür vorgeschriebenen **Form** erfolgen. Ob dem Formerfordernis durch bloßes Verweisen auf die üblichen „Tabellen" (Rn 11) genügt wird, wird neuerdings bezweifelt[7], ist aber zu bejahen, da auf offenkundige Tatsachen iS von § 291 ZPO Bezug genommen werden kann, und hierzu wird man diese allgemein zugänglichen Vergütungstabellen rechnen können[8]. Eine mündliche Absprache kann nur im Rahmen einer Auslegung nach den allgemeinen Grundsätzen Bedeutung erlangen[9]. Liegt **keine ausdrückliche** 3

---

[1] *Winkler*, Der Testamentvollstrecker, Rn 570.
[2] *Lieb* Rn 8; BayObLG Rpfleger 1980, 152: dies ist auch durch Auslegung festzustellen.
[3] *Eckelskemper* in: *Bengel/Reimann* HdB X Rn 1; AnwK-BGB/*Weidlich* Rn 2.
[4] MünchKommBGB/*Zimmermann* Rn 4.
[5] *Palandt/Edenhofer* Rn 1; *Winkler*, Der Testamentvollstrecker, Rn 629.
[6] AnwK-BGB/*Weidlich* Rn 3; *Winkler*, Der Testamentvollstrecker, Rn 614; *Eckelskemper* in: *Bengel/Reimann* HdB X Rn 126.
[7] *Zimmermann* ZEV 2001, 334, 335; *ders* Testamentsvollstreckung Rn 690.
[8] AnwK-BGB/*Weidlich* Rn 38; *Lieb* Rn 39 ff; *Eckelskemper* aaO Rn 3; *Reithmann* ZEV 2001, 385; *Staudinger/Reimann* Rn 25; *Soergel/Damrau* Rn 2 m zutr Hinweis, dass bereits eine Andeutung iS der Andeutungstheorie genügt; zu Vermeidungsstrategien *J. Mayer* in: *Mayer/Bonefeld/Wälzholz/Weidlich* Rn 465 f.
[9] BayObLG Rpfleger 1980, 152, 153; AnwK-BGB/*Weidlich* Rn 2; *Soergel/Damrau* Rn 2.

§ 2221

Ermächtigung zur Festlegung der Vergütung vor, so besteht kein Selbstbestimmungsrecht des Testamentsvollstreckers[10].

III. Vergütungsvereinbarung

4 Möglich und empfehlenswert ist eine Vereinbarung des Testamentsvollstreckers mit den Erben über die zu zahlende Vergütung. Diese ist auch dann wirksam, wenn sie einer Vergütungsanordnung des Erblassers widerspricht[11]. Die Beteiligten können sogar neben der vom Erblasser festgelegten Vergütung eine weitere, etwa zusätzlich zur sog Regelvergütung, vereinbaren[12]. Allerdings dürfen durch solche Vereinbarungen nicht die anderen Nachlassbeteiligten, wie Vermächtnisnehmer oder Nachlassgläubiger, in ihren Rechten gefährdet werden; anderenfalls könnte dies eine Haftung des Erben gegen die Nachlassgläubiger begründen (§ 1978)[13].

IV. Angemessene Vergütung

5 **1. Grundsatz: Funktionsgerechte Vergütung.** Besteht keine Anordnung des Erblassers zur Vergütung, so kann der Testamentsvollstrecker eine angemessene Vergütung verlangen. Die §§ 316, 315 gelten hierfür entspr[14]. Nach dem Gesetzeswortlaut bestimmt sich die Angemessenheit dabei nach dem ausgeführten Amt. Hieraus und dem Ausgleichsgedanken (Rn 1) ist das **Differenzierungsgebot** zu entnehmen, wonach sich die Vergütungsbemessung nach dem konkret zu bewältigenden Aufgaben- und Pflichtenkreis des Testamentsvollstreckers richtet[15]. Auch hier hat daher – wie in anderen Bereichen des Testamentsvollstreckerrechts – eine **funktionelle Betrachtungsweise** zu erfolgen (§ 2197 Rn 3). Daher ist zunächst festzustellen, welche Aufgaben der Testamentsvollstrecker eigentlich zu erfüllen hat, weshalb die **Anforderungsprofil** zu erstellen ist. Dabei sind die Besonderheiten des Einzelfalls genau zu berücksichtigen, die üblichen „Tabellenwerte" (Rn 11 f) liefern dafür nur einen beschränkten Anhaltspunkt. Auch die im Vordringen befindliche Fallgruppenbildung (Rn 16 f) kann hierzu nur eine „grob Einordnungshilfe" ergeben, Abweichungen nach oben und unten sind im Einzelfall immer möglich. Weiter ergibt sich aus dem Grundsatz der Angemessenheit die Geltung des **Äquivalenzprinzips**[16]. Die erbrachte Tätigkeit muss aber den übernommenen und erfüllten Aufgaben des Testamentsvollstreckers angemessen sein. Hierbei wird auch der Umfang des Nachlasses und die Zahl der wahrzunehmenden Aufgaben bedeutsam, also auch ein **quantitatives Element**.

6 Davon ausgehend haben Rspr und Lit **Kriterien für** die Bemessung der **Angemessenheit** der Vergütung aufgestellt, die weniger auf formelle, sondern primär materielle Umstände abstellen[17]. Daher sind bei der Bemessung der Angemessenheit der Vergütung zu berücksichtigen: die **Art** der Testamentsvollstreckung (Abwicklungsvollstreckung, Verwaltungsvollstreckung, Dauervollstreckung), deren **Gegenstand** (Art, Umfang und Wert, etwa bei einer Unternehmensverwaltung), die **Dauer** und die Besonderheiten bei der Durchführung, wie Umfang und Schwierigkeiten der zu erwartenden Geschäfte, der Größe der Verantwortung und die Notwendigkeit von Vorkenntnissen und Erfahrungen; auch der erzielte Erfolg soll berücksichtigungsfähig sein[18]. Für die Umsatzsteuerbelastung ist dies strittig (s auch Rn 33[19]). Auch wenn diese Kriterien keine stringente Problemlösung im Wege einer exakten mathematischen Ableitung ermöglichen, so handelt es sich doch um keine Leerformeln[20]. Vielmehr wird deutlich, dass die Bestimmung der Angemessenheit der Vergütung nicht im Wege einer deduktiv-juristischen, sondern nur durch eine mehr typologisch-wertende Betrachtung des Einzelfalls zu bestimmen ist. Damit ist zwar ein bedauerlicher Verlust an Rechtssicherheit verbunden[21], jedoch hat der BGH zutreffend hervorgehoben, dass sich aus dem Begriff der Angemessenheit der Vergütung bereits ihrer Natur nach ergibt, dass diese nur im Rahmen eines Ermessensspielraums bestimmt werden kann[22].

7 **2. Bemessungsgrundsätze. a) Wert- oder Zeitgebühr?** Entgegen einer neueren Mindermeinung, welche die Bestimmung der angemessenen Vergütung am **Zeitaufwand** orientiert[23], legen die Rspr und ganz hM der Bestimmung der Testamentsvollstreckervergütung den Nachlasswert zu

---

[10] BGH NJW 1963, 1615; AnwK-BGB/*Weidlich* Rn 3; MünchKommBGB/*Zimmermann* Rn 5; allgM.
[11] *Winkler*, Der Testamentsvollstrecker, Rn 574; *Lieb* Rn 56.
[12] RG JW 1936, 3388; vgl auch Hess FG EFG 1991, 332.
[13] *Winkler*, Der Testamentsvollstrecker, Rn 574; MünchKommBGB/*Zimmermann* Rn 6.
[14] *Staudinger/Reimann* Rn 26.
[15] BGH NJW 1963, 487 = MDR 1963, 293; NJW 1967, 2400 = LM Nr 4; BGH ZEV 2005, 22, 23; *Eckelskemper* in: *Bengel/Reimann* HdB X Rn 4, 11; *Lieb* Rn 77 ff; *Staudinger/Reimann* Rn 29.
[16] *Lieb* Rn 86; *Tiling* ZEV 1998, 331; *Staudinger/Reimann* Rn 29.
[17] Vgl etwa BGH NJW 1963, 487 = MDR 1963, 293; NJW 1967, 2400 = LM Nr 4; AnwK-BGB/*Weidlich* Rn 5; *Eckelskemper* in: *Bengel/Reimann* X Rn 11; *Lieb* Rn 83 ff; *Staudinger/Reimann* Rn 31.
[18] BGH LM Nr 2 = NJW 1963, 487; Hess FG EFG 1991, 332 m Anm *Schuhmann*; *Eckelskemper* in: *Bengel/Reimann* HdB X Rn 11; *Staudinger/Reimann* Rn 31; MünchKommBGB/*Zimmermann* Rn 8.
[19] Dafür *Eckelskemper* in: *Bengel/Reimann* HdB X Rn 11; aA OLG Köln NJW-RR 1994, 328 = ZEV 1994, 118 m Anm *Klingerhöffer* = JurBüro 1993, 669 m Anm *Mümmler*; OLG Frankfurt OLGR 2000, 86.
[20] So aber *Reimann* DNotZ 2001, 344, 346.
[21] *Lieb* Rn 91.
[22] BGH NJW 1963, 487 = MDR 1963, 293; NJW 1967, 2400; ZEV 2005, 22, 23.
[23] *Birk* Vergütung S 103 ff und vor allem *Zimmermann* ZEV 2001, 334 ff; *ders* Testamentsvollstreckung Rn 711 f; MünchKommBGB/*Zimmermann* Rn 17; dem offenbar zuneigend *Damrau/Bonefeld* Rn 23.

Grunde und wenden daher eine **Wertgebühr** an[24]. Dabei ist zu berücksichtigen, dass in der Wertgebühr die Größe des Nachlasses, dessen Wert und Umfang, das Maß der Verantwortung und damit auch die Gefahr der Haftung des Testamentsvollstreckers besonders zum Ausdruck kommt und damit auch dem Gedanken des Äquivalenzprinzips (Rn 5) eher entspricht, während dies bei der Zeitvergütung nur durch Zu- oder Abschläge zu realisieren wäre, die zudem einer quantitativen Rechtfertigung bedürften. Dagegen bevorzugt die Abrechnung nach **Zeitaufwand** den „Bummler" und den wenig sachkundigen Testamentsvollstrecker, so dass ein uU langwieriger Streit über die objektive Notwendigkeit des angesetzten Zeitaufwands entsteht[25]. Setzt man zudem die Vergütung für den Zeitaufwand zu niedrig an, so wird sich vielfach kaum eine qualifizierte Person zur Übernahme der häufig schwierigen Testamentsvollstreckung bereit erklären, wenn man nicht lukrative Stundensätze zubilligt[26]. Zutr hat daher der BGH[27] in Übereinstimmung mit seiner früheren Rspr erst unlängst betont, dass eine am Nachlasswert ausgerichtete Vergütungsbemessung „zulässig und der Rechtssicherheit und dem Rechtsfrieden förderlich" ist, und damit ausdrücklich die Ansicht der Vorinstanz gebilligt, welche den Ansatz einer Zeitgebühr ausdrücklich verworfen hat.

b) Bezugsgröße. Erfasst die Testamentsvollstreckung den ganzen Nachlass, so ist Bezugsgröße grds **8** der **Bruttowert** desselben, dh also die Summe des Aktivvermögens, einschließlich der zu berücksichtigenden Vorempfänge (§§ 2050 ff)[28] ohne Abzug der Nachlassverbindlichkeiten, nicht aber der Nettowert[29]. Denn die Schuldenregulierung ist besonders aufwändig und stellt normalerweise eine Hauptaufgabe der Testamentsvollstreckung dar. Anderes gilt nur, wenn die Schuldenregulierung nicht zum Aufgabenbereich der Testamentsvollstreckung gehört[30]. Ist die Testamentsvollstreckung nur auf **bestimmte Teile** des Nachlasses beschränkt, so kann nur deren Wert herangezogen werden[31], so ist bei einer Erbteilsvollstreckung bei einem noch nicht auseinandergesetzten Nachlass ein Abschlag von $1/3$ von dem Gesamtwert des Nachlasses nicht zu beanstanden[32]. Nimmt der Testamentsvollstrecker verschiedene Aufgaben wahr, so ist hierfür ein **maßgeblicher Zeitpunkt** zu bestimmen: für die sog **Regel-** und die **Konstituierungsgebühr** (Rn 9) ist der **Bewertungsstichtag** der Zeitpunkt des Erbfalls, unabhängig späterer Wertveränderungen[33]. Bei **Sondergebühren** sind spätere Veränderungen von Wert und Zusammensetzung des Nachlasses grds zu berücksichtigen, also Wertsteigerungen oder Wertminderungen und Verringerung des Nachlasses durch Freigaben und Teilerbauseinandersetzungen bei einer besonderen Vergütung für die Erbauseinandersetzung[34]. Bewertungsgrundlage ist der **Verkehrswert** (gemeine Wert) des Nachlasses[35], nicht aber steuerliche Bewertungsverfahren, wie etwa die Einheitswerte oder das Stuttgarter Verfahren[36], es sei denn, der Erblasser hätte ausdrücklich eine diesbezügliche Anordnung getroffen[37].

c) Die Gebührentatbestände. Ausgehend von der funktionalen Betrachtungsweise und dem **9** Differenzierungsgebot (Rn 5) liegt es nahe, an Hand der Regeltypen der Testamentsvollstreckung verschiedene Gebühren- bzw Vergütungstatbestände festzulegen. Daher teilt man üblicherweise[38] die

---

[24] BGH NJW 1963, 487 = MDR 1963, 293; NJW 1967, 2400 = LM Nr 4; ZEV 2005, 22, 23; OLG Karlsruhe ZEV 2001, 286; AnwK-BGB/*Weidlich* Rn 6; *Haas/Lieb* ZErb 2002, 202, 203; *Klingelhöffer* Vermögensverwaltung Rn 311 ff; *Lieb* Rn 106; *Reimann* DStR 2002, 2008; *Palandt/Edenhofer* Rn 5; *Winkler*, Der Testamentsvollstrecker, Rn 573; für den Regelfall auch *Eckelskemper* in: *Bengel/Reimann* HdB X Rn 57 ff.
[25] Eingehend zur Kritik *Klingelhöffer* Vermögensverwaltung Rn 327; *Lieb* Rn 102 ff.
[26] So will *Damrau/Bonefeld* Rn 23 für berufsmäßige Testamentsvollstrecker einen Netto-Stundensatz von 120 bis 150 Euro, für nicht berufsmäßige von 80 bis 100 Euro annehmen; *Birk* Vergütung S 106 ff, differenziert noch stärker und gewährt bei ersteren, wenn sie Rechtsanwälte oder Wirtschaftsprüfer sind, 120 Euro zuzüglich Zuschlagsmöglichkeiten, bei anderen berufsmäßigen Vollstreckern mit nachgewiesenen Fachkenntnissen von nur 85 Euro, bei nicht berufsmäßigen Testamentsvollstreckern billigt er nur Stundensätze von 25 bis 60 Euro zu; ohne konkrete Vorschläge MünchKommBGB/*Zimmermann* Rn 17.
[27] ZEV 2005, 22, 24 m Anm *Haas/Lieb.*
[28] *Eckelskemper* in: *Bengel/Reimann* HdB X Rn 15; der fiktive Nachlass ist immer zu berücksichtigen, wenn der Testamentsvollstrecker damit befasst ist, vgl *Voss/Targan* ZErb 2007, 241, 246.
[29] BGH LM Nr 4 = NJW 1967, 2402; *J. Mayer* in: *Mayer/Bonefeld/Wälzholz/Weidlich* Rn 481; *Winkler*, Der Testamentsvollstrecker, Rn 592; *Reimann* DNotZ 2001, 344, 346; *Palandt/Edenhofer* Rn 33; *Lieb* Rn 10; MünchKommBGB/*Zimmermann* Rn 8; *Tiling* ZEV 1998, 331; aA OLG Hamburg HRR 1933 Nr 1766.
[30] BGH NJW 1967, 2402; *Glaser* NJW 1962, 1999.
[31] AnwK-BGB/*Weidlich* Rn 7; *Reimann* DNotZ 2001, 344, 348; *Lieb* Rn 124 ff m Beispielen, jedoch entgegen diesem oder Lebensversicherungen und Verträge zu Gunsten Dritter, vgl *J. Mayer* in: *Mayer/Bonefeld/Wälzholz/Weidlich* Rn 478.
[32] BGH ZEV 2005, 22, 23 m Anm *Haas.*
[33] BGH DNotZ 1964, 171, 173 f = NJW 1963, 1615 = LM Nr 3; *Lieb* Rn 139 f.
[34] BGH DNotZ 1964, 171, 174; KG NJW 1974, 752; *Staudinger/Reimann* Rn 37; *Palandt/Edenhofer* Rn 10; MünchKommBGB/*Zimmermann* Rn 8; *Soergel/Damrau* Rn 10; *Winkler*, Der Testamentsvollstrecker, Rn 593; gegen die Berücksichtigung allgemeiner Wertschwankungen bei der Verwaltungsvollstreckung aber *Staudinger/Reimann* Rn 36, jedoch dagegen ins Recht wegen der Haftungsgefahr des Vollstreckers *Lieb* Rn 144.
[35] AllgM, AnwK-BGB/*Weidlich* Rn 7; *Staudinger/Reimann* Rn 34; krit bezüglich der Bewertung von Gesellschaftsbeteiligungen *Klingelhöffer* Vermögensverwaltung Rn 318 f.
[36] *Staudinger/Reimann* Rn 34; *Lieb* Rn 128.
[37] AnwK-BGB/*Weidlich* Rn 7; *Lieb* Rn 129; *Staudinger/Reimann* Rn 34; *Winkler*, Der Testamentsvollstrecker, Rn 591; *Soergel/Damrau* Rn 10.
[38] Vgl etwa *Scherer/Lorz* MAH Erbrecht § 19 Rn 172; *Klingelhöffer* ZEV 1994, 120 f; AnwK-BGB/*Weidlich* Rn 9 ff; *Damrau/Bonefeld* Rn 5; *Klingelhöffer* Vermögensverwaltung Rn 313 ff; *Lieb* Rn 146 ff; *J. Mayer* in: *Mayer/*

mögliche Vergütungen für den Testamentsvollstrecker entspr den vorzunehmenden Aufgaben wie folgt ein:
- die **Regelvergütung** (auch Grund- oder Vollstreckungsgebühr)[39], die grds immer anfällt und für die Abwicklung und Auseinandersetzung (Abwicklungsvollstreckung) des Nachlasses gezahlt wird;
- die **Konstituierungsgebühr** zur Abgeltung der Arbeit des Testamentsvollstreckers bei Übernahme des Amts für Ermittlung und Inbesitznahme des Nachlasses (§ 2205), Aufstellung und Mitteilung des Nachlassverzeichnisses (§ 2215) sowie Regulierung der Nachlassverbindlichkeiten, Erbschaftsteuererklärung und Begleichung von Steuerschulden;
- die periodische **Verwaltungsgebühr,** wenn Aufgabe des Testamentsvollstreckers die Nachlassverwaltung ist (Verwaltungsvollstreckung, § 2209 S 1 HS 1), die jährlich zu bezahlen ist[40];
- eine **besondere Auseinandersetzungsgebühr**[41].

10   Bedauerlicherweise bestehen jedoch für die Praxis keine gesicherten Erkenntnisse darüber, in welchem Verhältnis diese Gebührenarten zueinander stehen[42]. Jedoch herrscht Übereinstimmung insoweit, als auch bei einer „Aufspaltung" in mehrere „Gebührentatbestände" die Angemessenheit der von den Erben zu entrichtenden **Gesamtvergütung** (Rn 17) gewahrt werden muss[43] und es eine „Abschlussgebühr", die nach der Beendigung der Testamentsvollstreckung zu zahlen wäre, nicht gibt[44]. Auch ist eine **Vergütungsobergrenze** anzunehmen (Rn 15 ff). Anstelle der einfachen Addition der sich aus den verschiedenen „Gebührentatbeständen" ergebenden Vergütungssätze setzt sich daher immer mehr durch, dass ausgehend vom Ansatz einer der genannten Gebühren Zu- oder uU auch Abschläge zu machen sind[45]. Die vorstehende Aufgliederung der tätigkeitsbezogenen Vergütung ist daher letztlich nur ein Hilfsmittel, damit der Testamentsvollstrecker bei einem Rechtsstreit mit dem Vergütungsschuldner seine Forderung plausibler darlegen und im Prozess substantiieren kann, um den „unbestimmten Rechtsbegriff" der „Angemessenheit" zu konkretisieren und seine Forderung transparenter zu machen[46]. Daher sollte auch nicht von „Gebührenarten" im eigentlichen Sinne, sondern von „Gebührentatbeständen" oder „Gebührenmerkmalen" gesprochen werden. Mit diesen Vorbehalten, die zudem angesichts des Fehlens einer klarstellenden Rspr zu machen sind, wird man von folgenden Grundsätzen ausgehen müssen[47]:
- Obliegt dem Testamentsvollstrecker der **Normaltyp** der Testamentsvollstreckung, nämlich die **Abwicklungs- und Auseinandersetzungsvollstreckung** (§§ 2203 ff), so kann eine zusätzliche Konstituierungsgebühr nicht verlangt werden[48], eine zusätzliche Auseinandersetzungsgebühr kommt nur ausnahmsweise in Betracht[49]. Es bleibt bei der **Regelgebühr** (= Grundgebühr).
- Eine **Konstituierungsgebühr** scheidet daher grds bei der Abwicklungsvollstreckung aus[50]. Dagegen kommt sie neben einer anfallenden periodischen Verwaltungsgebühr in Betracht, wenn die Konstituierung eine besonders aufwändige Tätigkeit erfordert (Ausnahmefall)[51].
- Eine **Verwaltungsgebühr** kommt bei der Verwaltungs- oder Dauertestamentsvollstreckung (§ 2209) in Frage, was jedoch eine längere oder umfangreiche und zeitraubende Tätigkeit voraussetzt[52], aber auch bei einer länger hinausgeschobenen Erbauseinandersetzung im Falle der zunächst nur als Abwicklungsvollstreckung gedachten Testamentsvollstreckung möglich ist[53]. Sie kann offensichtlich **zusätzlich zur Grundgebühr** verlangt werden, wenn diese die ebenfalls mit angeordnete Auseinandersetzung abdeckt[54].
- Eine besondere **Auseinandersetzungsgebühr** scheidet grds aus; sie ist im Normalfall durch die Grundgebühr abgedeckt. Sie kann nur dann verlangt werden, wenn die Auseinandersetzung auf Konstituierung und lange Verwaltung nach Jahren folgt und besonders anspruchsvoll und schwierig ist und damit über die Tätigkeit hinausgeht, die im Regelfall mit der normalen Abwicklungsvollstreckung (Normaltyp) verbunden ist, denn dann ist sie von der Grundgebühr nicht abgegolten[55]. Zu weitreichend, weil die Regelaufgaben des Testamentsvollstreckers (§§ 2203, 2204) verkennend ist die

---

Bonefeld/Wälzholz/Weidlich Rn 503; *MünchKommBGB/Zimmermann* Rn 11 ff; *Palandt/Edenhofer* Rn 4 ff; s auch tabellarischen Überblick bei *Tiling* ZEV 1998, 331, 333; vgl auch *Staudinger/Reimann* Rn 43 ff.
[39] OLG Köln ZEV 1994, 118; *Palandt/Edenhofer* § 2221 Rn 4; *Lieb* Rn 148 ff.
[40] Vgl etwa AnwK-BGB/*Weidlich* Rn 21 f; *Klingelhöffer* Vermögensverwaltung Rn 315; *Lieb* Rn 167 ff.
[41] *Klingelhöffer*, Vermögensverwaltung Rn 316; *Palandt/Edenhofer* Rn 9.
[42] *Klingelhöffer* ZEV 1994, 121.
[43] *MünchKommBGB/Zimmermann* Rn 11; OLG Köln ZEV 1995, 70 = NJW-RR 1995, 202.
[44] *Staudinger/Reimann*, 13. Bearb. 1996, Rn 44.
[45] So etwa *Lieb* Rn 186 ff; AnwK-BGB/*Weidlich* Rn 15 ff; *Staudinger/Reimann* Rn 43 ff.
[46] *J. Mayer* in: *Mayer/Bonefeld/Wälzholz/Weidlich* Rn 505; ähnlich auch *Lieb* Rn 213 f.
[47] Vgl auch *Damrau/Bonefeld* Rn 6; *Palandt/Edenhofer* Rn 5; *MünchKommBGB/Zimmermann* Rn 11 ff; *Lieb* Rn 213 ff; *Zimmermann*, Die Testamentsvollstreckung Rn 704.
[48] *Tiling* ZEV 1998, 333.
[49] *MünchKommBGB/Zimmermann* Rn 12.
[50] BayObLGZ 1972, 379; OLG Köln ZEV 1994, 118, 119; *MünchKommBGB/Zimmermann* Rn 13; *Soergel/Damrau* Rn 9.
[51] *Palandt/Edenhofer* Rn 7; *MünchKommBGB/Zimmermann* Rn 13.
[52] OLG Köln ZEV 1995, 70, 71: ein Jahr nicht genügend.
[53] *MünchKommBGB/Zimmermann* Rn 14.
[54] So wohl OLG Köln ZEV 1994, 118, 120.
[55] OLG Köln ZEV 1994, 118, 120 = FamRZ 1994, 328, 329 = NJW-RR 1994, 269; *Palandt/Edenhofer* Rn 9; *MünchKommBGB/Zimmermann* Rn 12; *Tiling* ZEV 1998, 331, 334, großzügiger.

Auffassung[56], dass eine vom Testamentsvollstrecker bewirkte Auseinandersetzung „stets eine angemessene Erhöhung der normalen Vergütung" zur Folge habe und zwar mit einem Zuschlag von 70 bis 80% auf die Sätze des Rheinischen Notariats.

d) Vergütungssätze. Stehen Bezugsgröße und Vergütungstatbestand fest, so bedarf es Vergütungssätze, um daraus die konkrete Vergütung zu berechnen[57]. Soweit man davon ausgeht, dass sich die Vergütung des Testamentsvollstreckers nach einer Wertgebühr richtet (Rn 7), sind hier Vomhundertsätze allgemein üblich, die sich auf den Bruttowert des Nachlasses beziehen (s Rn 8). Hierfür wurden in der Praxis verschiedene Tabellen entwickelt, die zwar praktikabel sind, bei denen aber umstritten ist, ob sie wirklich im Einzelfall zutreffenderweise die vom Gesetz verlangte Angemessenheit sichern („**Tabellenstreit**")[58]. Jedenfalls dürfen sie nicht zu schematisch angewandt werden[59]. Die **Rheinische Tabelle** von 1925[60] ist die am längsten gebräuchliche, die auch von der Rspr und Teilen der Lit immer noch überwiegend bevorzugt wird. Die dort genannten RM-Beträge verstanden sich früher in DM und können nun wohl im Verhältnis 2:1 auf Euro umgestellt werden[62]. Keine Einigkeit besteht darüber, ob diese Sätze sich nur auf die Konstituierung[63] oder auch auf die anschließenden Abschnitte der Testamentsvollstreckung beziehen[64]. Nach dem Wortlaut der Tabelle mit der Verwendung des Wortes „Regelfall" ist wohl davon auszugehen, dass die dort genannten Sätze eine „normale Konstituierung" und eine Verwaltung in überschaubarer Zeit mit anschließend normaler Abwicklung umfassen sollen[65]. Nach dem OLG Köln kann aber auch die nach der Rheinischen Tabelle sich ergebende Vergütungshöhe zu hoch sein, wenn ein nur geringer Zeit- und Schwierigkeitsaufwand bestand, der Testamentsvollstrecker zugleich selbst Miterbe ist und als Erbe in ähnlichem Umfang hätte tätig werden müssen[66]. Eine **Erhöhung** der „Rheinischen Tabelle" wird von der Rspr trotz der seit 1925 eingetretenen Veränderungen abgelehnt[67]. Teilweise wird jedoch im Schrifttum gefordert, gewisse **Zuschläge** zu diesen Sätzen zu machen, so von 20% bis 40 bzw 50%[68]. Die Vergütungsempfehlungen des **Deutschen Notarvereins**[69] verstehen sich als „Nachfolgemodell" der Rheinischen Tabelle; sie gehen über diese noch hinaus, weil sie nicht nur Vergütungssätze enthalten, sondern auch noch weiterreichendere Vergütungsempfehlungen: Ausgegangen wird dabei von einem Vergütungsgrundbetrag für die normale Abwicklung; je nach der konkreten Ausgestaltung der Testamentsvollstreckung werden hierzu Zuschläge gemacht. Diese Empfehlungen führen idR zu einer erheblich höheren Vergütung. Daneben finden in der Praxis noch weitere Tabellen Anwendung, so insbes die sog „**Möhring'sche Tabelle**"[70], die in der Praxis häufig verwendet wird[71] und nunmehr von *Klinghöffer*[72] weiterentwickelt wurde, sowie die **Tabelle von Tschischgale**[73], die nunmehr überraschender Weise vom OLG Frankfurt gebilligt wurde[74]. Andere Tabellen, wie etwa die „**Berliner Praxis**"[75] oder die Tabellen von *Groll*[76] und *Eckelskemper*[77], finden sich nur in den Erläuterungsbüchern und Kommentaren.

11

---

[56] *Winkler*, Der Testamentsvollstrecker, Rn 590; *Eckelskemper* in: *Bengel/Reimann* HdB X Rn 68.
[57] KG NJW 1974, 752.
[58] *Eckelskemper* in: *Bengel/Reimann* HdB, 2. Aufl, X Rn 16.
[59] OLG Köln ZEV 1995, 70.
[60] Vom Verein für das Notariat in Rheinpreußen, JW 1935, 1831 = DNotZ 1935, 623.
[61] BGH LM Nr 2 = NJW 1967, 2400; OLG Köln NJW-RR 1987, 1097; NJW-RR 1994, 269 = FamRZ 1994, 328; OLG Düsseldorf MittRhNotK 1996, 172; *Palandt/Edenhofer* Rn 10: jedenfalls dann, wenn Nachlasswert im Wesentlichen aus Immobilien besteht. Für die Tabelle von *Tschischgale* aber OLG Frankfurt OLGR 2000, 86 = MDR 2000, 788.
[62] *Lieb* Rn 151.
[63] *Winkler*, Der Testamentsvollstrecker, Rn 580, 590.
[64] Vgl etwa *Eckelskemper* in: *Bengel/Reimann* HdB X Rn 65; *Klinghöffer* ZEV 1994, 121; vgl auch OLG Düsseldorf MittRhNotK 1996, 172: bei anschließender längerer Verwaltungstätigkeit mit umfangreicher, zeitraubender Tätigkeit kann eine höhere Gebühr angemessen sein.
[65] OLG Düsseldorf MittRhNotK 1996, 172; *Damrau/Bonefeld* Rn 10; *Soergel/Damrau* Rn 9; *Lieb* Rn 153; so auch *Staudinger/Reimann*, 13. Bearbeitung, Rn 39.
[66] OLG Köln ZEV 1995, 70 = NJW-RR 1995, 202.
[67] BGH NJW 1967, 2400, 2402; OLG Köln NJW-RR 1987, 1097, 1098; für Anhebung aber OLG Karlsruhe ZEV 2001, 286, 287; offenlassend *Soergel/Damrau* Rn 9, 10; *Palandt/Edenhofer* Rn 10.
[68] Für Letzteres etwa *Winkler*, Der Testamentsvollstrecker, Rn 581; für generelle Neuberechnung *Eckelskemper* in: *Bengel/Reimann* HdB X Rn 44 ff; für Anpassungsbedürftigkeit auch *Lieb* Rn 154 ff mit eingehender Darstellung.
[69] ZEV 2000, 181, dazu auch www.dnotv.de; tabellarische Übersichten bei *J. Mayer* in: *Mayer/Bonefeld/Wälzholz/Weidlich* § 485 ff; *Damrau/Bonefeld* Rn 15 ff; dazu eingehend *Eckelskemper* Rn 36 ff; dazu zust *Reimann* DNotZ 2001, 344, 355 f; *Weirich*, Erben und Vererben, Rn 584; krit, da sich eine sehr hohe Vergütung ergibt, *MünchKommBGB/Zimmermann* Rn 10; in Übereinstimmung mit dieser Tabelle hat das BayObLG FamRZ 2002, 197, 199 für einen Nachlasspfleger eine entsprechende Vergütung zugebilligt.
[70] *Möhring/Beisswingert/Klinghöffer*, Vermögensverwaltung in Vormundschafts- und Nachlasssachen, 7. Aufl 1992, S 224 ff.
[71] *Damrau/Bonefeld* Rn 11; *Lieb* Rn 165; empfehlend etwa *Winkler*, Der Testamentsvollstrecker, Rn 582; *Kapp/Ebeling* § 10 ErbStG Rn 136; gebilligt durch OLG Karlsruhe ZEV 2001, 286; OLG Köln NJW-RR 1987, 1414, 1415.
[72] Vermögensverwaltung Rn 323.
[73] JurBüro 1965, 89, 93.
[74] OLG Frankfurt OLGR 2000, 86 = MDR 2000, 788, 789.
[75] *Gerold/Schmidt/Madert*, 14. Aufl 1999, § 1 BRAGO Rn 25; dazu *Tilling* ZEV 1998, 331, 336.
[76] Praxishandbuch Erbrechtsberatung C IX Rn 213.
[77] In: *Bengel/Reimann* HdB X Rn 59.

§ 2221

Die Tabellen im Überblick:

Brutto-Nachlasswert in Euro	Rheinische Tabelle	Möhring'sche Tabelle, fortentwickelt von Klingelhöffer	Tschischgale (Regelfall – umgestellt auf Euro im Verhältnis 1 : 2	Deutscher Notarverein
Bis zu 2500 Euro	4%	7,5%	**5%** **max 500 Euro**	4%
Bis zu 10 000 Euro	4%			
Bis zu 10 225 Euro	4%		3,75%, max 1500	
Bis zu 12 500 Euro	3%			
Bis zu 25 000 Euro	3%	7%		
Bis zu 50 000 Euro	3%	6%		
Bis zu 51 129 Euro	3%	5%	2,5%, max 11 250	
Bis zu 100 000 Euro	2%	5%		
Bis zu 200 000 Euro	2%	4,5%		
Bis zu 250 000 Euro	2%			
Bis zu 500 000 Euro	2%	4%		3%
Bis zu 511 291 Euro	2%	3%		
Bis zu 1 000 000 Euro	1%	3%	1,25%	2,5%
Bis zu 1 250 000 Euro	1%			
Bis zu 2 500 000	1%	1%		
Bis zu 5 000 000	1%			2,0%
Darüber	1%			1,5%

Dabei ist allerdings zu beachten, dass die Tabellen teilweise **unterschiedlich anzuwenden** sind. Bei der *Rheinischen Tabelle* und der Tabelle von *Tschischgale* erfolgt die Berechnung der Gebühr stufenweise und jeweils gesondert für jede Wertstufe; erst die Addition der einzelnen sich danach ergebenden Beträge ergibt die Vergütung[78]. Bei der von *Klingelhöffer* fortentwickelten Möhring'schen Tabelle wird demgegenüber die Vergütung bis zu dem unter dem Nachlasswert liegenden Schwellenwert einheitlich ermittelt; dann wird der Betrag berechnet, der sich aus dem Prozentsatz für den nächsten Schwellenwert ergibt[79]. Bei einem Nachlass von 268.000 Euro ergibt sich demnach die Vergütung durch Ansatz von 4,5% aus 200.000 Euro zuzüglich von 4% aus 68.000 Euro, also insgesamt 11.720 Euro. Demgegenüber kann bei den Empfehlungen des Deutschen Notarvereins die Vergütung grds direkt aus der Tabelle abgelesen werden; nur damit durch das Überschreiten einer Wertstufe die Vergütung auf Grund der dann eintretenden Degression nicht niedriger ausfällt als bei Ansatz des Nachlasses unterhalb dieser Wertstufe ist mindestens der höchste Betrag der vorigen Stufe maßgeblich.

12   Die Anwendung der verschiedenen Tabellen führt zu ganz **unterschiedlichen Vergütungen**: So errechnet etwa *Bonefeld*[80] Folgendes:

Nachlass in Euro	Rheinische Tabelle	Tschischgale	Klingelhöffer	Deutscher Notarverein	Mittelwert
50 000 Euro	1600	2000	3000	2000	2150
250 000 Euro	5600	7000	9000	10 000	7900
500 000 Euro	10 600	13 250	20 000	15 000	14 712,50
2,5 Mio Euro	30 600	38 250	45 000	62 500	44 087,50

Der **BGH** hat die Anwendung der „alten Rheinischen Tabelle" als akzeptable Grundlage bezeichnet, jedoch mit der Einschränkung, dass jeder von den Einzelfallumständen abweichende **Schematismus zu vermeiden** sei und die Besonderheiten des Einzelfalls nicht außer Acht gelassen werden dürften, weil diese Tabellenwerte nur einen Anhalt für die Fälle gäben, in denen der Testamentsvollstrecker die üblichen Aufgaben einer Nachlassabwicklung erfülle[81]. Er hat weiter betont, dass es in der Natur der Sache liegt, dass die Angemessenheit der Vergütung nur im Rahmen eines Ermessensspielraums bestimmt werden kann, meint damit aber offenbar die eingeschränkte Revisibilität der Entscheidung der Tatsachen-

---

[78] Berechnungsbeispiele etwa bei *Staudinger/Reimann* Rn 40.
[79] Vgl *Klingelhöffer*, Vermögensverwaltung Rn 323; übersehen etwa bei AnwK-BGB/*Weidlich* Rn 11.
[80] In: *Mayer/Bonefeld/Wälzholz/Weidlich* Rn 1064 f; vgl auch *Lieb* Rn 163; *Zimmermann* Testamentsvollstreckung Rn 706.
[81] BGH NJW 1963, 487; NJW 1967, 876; gegen schematische Anwendung der Tabellen erst unlängst wieder BGH ZEV 2005, 22, 23.

instanz, nicht aber einen Ermessensspielraum des Testamentsvollstreckers[82]. Die Rspr beschränkt sich daher im Wesentlichen darauf zu überprüfen, ob die festgesetzte Gebühr offensichtlich unangemessen ist. Dazu wird man feststellen können, dass keine der in der Praxis verwandten Gebührentabellen offensichtlich unangemessen ist, weil diese sonst dort nicht angewendet werden würden. Jedoch bietet die einseitige Festlegung des Testamentsvollstreckers auf eine der Tabellenwerte ein erhebliches „Restrisiko" in einem Prozess. Es liegt daher nahe, zur Beendigung des „Tabellenstreits" den goldenen Schnitt zu machen und ein **„arithmetisches Mittel"** aus den genannten, in der Praxis verwandten Tabellen von *Tschischgale, Klingelhöffer* und des *Deutschen Notarvereins* sowie der *Rheinischen Tabelle* zu bilden[83].

e) Sonderfall Verwaltungsvollstreckung. Bei länger andauernder Verwaltungsvollstreckung **13** (§ 2209) ist mittlerweile unbestritten, dass nicht die oben genannten allgemeinen Tabellenwerte anzusetzen sind, und überwiegend anerkannt, dass die Vergütung in periodischen Zeitabschnitten zu erbringen ist, und zwar meist jährlich[84]. Der **Höhe** nach werden genannt: Entweder bezogen auf den Bruttonachlass Werte von jährlich ⅓ bis ½% des Nachlasses[85] oder aber vom Jahresbetrag der laufenden Einkünfte 2 bis 4%[86]. Die allein am Ertrag orientierte Bestimmung der Verwaltungsvergütung birgt die Gefahr in sich, dass der Testamentsvollstrecker im eigenen Interesse nach einer möglichst hohen Gewinnmaximierung strebt und notwendige Investitionen unterlässt. Sie wird daher bei der Testamentsvollstreckung über einen umfangreichen Nachlass und des sich für den Testamentsvollstrecker ergebenden Arbeitsaufwands seiner erhöhten Verantwortung nicht gerecht[87]. Daher ist eine am Ertrag ausgerichtete Bemessung der Vergütung nur bei der „einfachen" **Verwaltung** von Konten und **Sparguthaben** angemessen[88], ansonsten der Bruttowert des Nachlasses mit den oben genannten, wiederum je nach der Aufgabenstellung zu erhöhenden oder zu vermindernden Prozentbruchteilen. Soweit es um die Verwaltung von Grundstücken und **Mietshäusern** geht, wird man aber mindestens den Betrag ansetzen müssen, den auch gewerbliche Hausverwaltungen für derartige Tätigkeiten verlangen[89]. Dort werden Vergütungen von **3 bis 8%** der Nettojahresmieten vereinbart, aber letztlich zeigt sich hier kein bundeseinheitliches Bild[90].

Hat der Testamentsvollstrecker eine **unternehmerische Tätigkeit** auszuüben, wird oftmals vor- **14** geschlagen, ihm eine **Gewinnbeteiligung** zuzubilligen[91], wobei noch nicht abschließend geklärt ist, ob dies nur bei einem **eigenen Haftungsrisiko** (bei der sog Treuhandlösung, s § 2205 Rn 29) zulässig ist. Das LG Hamburg hat bei erfolgreicher Unternehmenstätigkeit **10%** des bilanzierten Reingewinns als angemessen angesehen[92]. Dadurch besteht allerdings uU die Gefahr eines „Raubbau-Treibens" zu Lasten einer gesunden Unternehmensstruktur. Bei Unternehmen mit geringer oder keiner Ertragsaussicht wird es schwierig sein, einen geeigneten Testamentsvollstrecker zu finden[93]. Richtiger ist es daher, sich für die Bemessung der Vergütung an den **Gehältern** entsprechender **Geschäftsführer** oder Vorstandsmitglieder vergleichbarer Unternehmen zu orientieren, wird doch nur dies einer funktionsbezogenen Beurteilung gerecht[94]. Allerdings gibt es hier ganz erhebliche Differenzen in den Gehaltsstrukturen[95]. Soweit nur eine beaufsichtigende Testamentsvollstreckung über das gesamte Unternehmen angeordnet ist, kann man sich für die Bemessung der Vergütung an entsprechenden Gehältern von Aufsichtsratsmitgliedern orientieren[96].

---

[82] *J. Mayer* in: *Mayer/Bonefeld/Wälzholz/Weidlich* Rn 496; aA *Lieb* Rn 488 im Gegensatz zu seinen Ausführungen in Rn 164 ff.
[83] *J. Mayer* in: *Mayer/Bonefeld/Wälzholz/Weidlich* Rn 496.
[84] AnwK-BGB/*Weidlich* Rn 21; *Klingelhöffer* Vermögensverwaltung Rn 324; *Lieb* Rn 169; ausf *Winkler*, Der Testamentsvollstrecker, Rn 595 ff.
[85] KG NJW 1974, 752; *Eckelskemper* in: *Bengel/Reimann* HdB X Rn 69; *Tiling* ZEV 1998, 331, 334; MünchKommBGB/*Zimmermann* Rn 14; *Haas/Lieb* ZErb 2002, 202, 208; OLG Köln NJW-RR 1994, 269, 270 spricht von ⅓ bis ¼.
[86] OLG Düsseldorf MittRhNotK 1996, 172; *Winkler*, Der Testamentsvollstrecker, Rn 595 ff; *Glaser* DB 1979, 877; *Klingelhöffer*, Vermögensverwaltung Rn 324; nur referenzierend BGH NJW 1967, 876. Vergütungsempfehlungen des Deutschen Notarvereins Ziff III 1: ⅓ bis ½% des Nachlassbruttowerts jährlich, oder, wenn höher 2 bis 4% des Nachlassbruttoertrags.
[87] *Lieb* Rn 170 f; *J. Mayer* in: *Mayer/Bonefeld/Wälzholz/Weidlich* Rn 497.
[88] Bei Wertpapieren wie Aktien ist wegen des damit verbundenen Haftungsrisikos (dazu *Klumpp* ZEV 1994, 65) sicherlich eine höhere Vergütung anzusetzen; ähnlich *Lieb* Rn 170.
[89] OLG Hamburg HansRGZ 1936, B 145; AnwK-BGB/*Weidlich* Rn 21; *Lieb* Rn 172; *Soergel/Damrau* Rn 9.
[90] *Eckelskemper* in: *Bengel/Reimann* HdB X Rn 69.
[91] *Soergel/Damrau* Rn 9; *Tiling* ZEV 1998, 338; ausf zur gesamten Problematik *Lieb* Rn 172 ff; *J. Mayer* in: *Mayer/Bonefeld/Wälzholz/Weidlich* Rn 498 ff.
[92] MDR 1959, 761; dem zust *Winkler*, Der Testamentsvollstrecker, Rn 599; ebenso wohl *Staudinger/Reimann* Rn 51 bei der Vollrechtstreuhand mit Übernahme der Unternehmerstellung bei Personengesellschaft auch die Vergütungsempfehlungen des Deutschen Notarvereins Ziff III 2 a. Auch BGH DNotZ 1964, 164, 171 verweist auf diese Entscheidung und rechtfertigt eine hohe Vergütung mit dem Unternehmerrisiko; darunter versteht der BGH allerdings offensichtlich das Haftungsrisiko des Testamentsvollstreckers gegenüber den Erben und dass der Testamentsvollstrecker uU keinen Reingewinn mehr erwirtschaftet. *Eckelskemper* in: *Bengel/Reimann* HdB X Rn 96; *Lieb* Rn 179.
[93] *Eckelskemper* in: *Bengel/Reimann* HdB X Rn 100; zust *Lieb* Rn 177.
[94] *Lieb* Rn 180 ff; AnwK-BGB/*Weidlich* Rn 22; MünchKommBGB/*Zimmermann* Rn 14; *Tiling* ZEV 1998, 331, 338; *Winkler*, Der Testamentsvollstrecker, Rn 600; *Klingelhöffer* Vermögensverwaltung Rn 325; *J. Mayer* in: *Mayer/Bonefeld/Wälzholz/Weidlich* Rn 500.
[95] *Eckelskemper* in: *Bengel/Reimann* HdB X Rn 193.
[96] *Reimann*, Testamentsvollstreckung in der Wirtschaftspraxis, Rn 727. Vergütungsempfehlungen des Deutschen Notarvereins Ziff III 2 c; *Staudinger/Reimann* Rn 51; *Lieb* Rn 182.

§ 2221

15 **f) Zu- und Abschläge, Obergrenze.** Das bloße Abstellen auf Gebührentatbestände und Gebührenhöhe in Abhängigkeit vom Nachlasswert wird dem Differenzierungsgebot und den vielfältigen Ausgestaltungen und Anforderungen, die bei einer Testamentsvollstreckung im Einzelfall auftreten können, nicht gerecht. Denn dadurch werden von den in Rn 6 dargestellten nur die Kriterien „Regeltypus der Testamentsvollstreckung" und das quantitative Element „Nachlasswert" erfasst[97]. Daher wird in der Lit zunehmend die Auffassung vertreten, die übrigen qualitativen Merkmale zur Bestimmung der Vergütung der Testamentsvollstreckung durch ein System von Zu- und Abschlägen von den so zunächst ermittelten Werten zu bestimmen, wobei die Insolvenzrechtliche Vergütungsordnung (InsVV) vielfach als Modell herangezogen wird[98]. Und auch in der veröffentlichten Rspr werden vielfach solche Zu- und Abschläge gemacht[99]. Dabei wird betont, dass die Tabellenwerte nicht schematisch auf den Einzelfall angewandt werden dürften und nur einen Anhalt für die Fälle geben würden, in denen der Testamentsvollstrecker die üblichen Aufgaben der Nachlassabwicklung erfüllt[100].

16 Die Bildung von **fallgruppenorientierten Zu- und Abschlägen** ist in der Tat eine sachgerechte Methode zur Verwirklichung der Einzelfallgerechtigkeit. Nicht zu Unrecht hat der Gesetzgeber bei der neu geschaffenen **insolvenzrechtlichen Vergütungsordnung** (InsVV) vom 19. 8. 1998 (BGBl I S 2205) dort ausdrücklich ein System von Zu- und Abschlägen normiert. Durch die Vornahme von **Abschlägen** kann insbes der vorzeitigen **Beendigung** des Amtes[101] oder einer zu langsamen und wenig effektiv durchgeführten Testamentsvollstreckung[102] Rechnung getragen werden. Zusammen mit **Fallgruppen**[103] kann dies zu praktisch tauglichen Lösungsansätzen führen, wenngleich dies naturgemäß auch keine allgemein gültige Lösung für jeden Einzelfall liefern kann. Liegt jedoch eine typische Fallgestaltung vor, so kann die **Angemessenheit** der hierfür allgemein entwickelten Vergütungsregelung **vermutet** werden, jedoch ist der Beweis des Gegenteils möglich[104]. Für die praktische Tauglichkeit ist es dabei wichtig, dass nicht nur zu ermitteln ist, wann Zu- und Abschläge zu machen sind, sondern auch, in welcher Höhe dies zu geschehen hat. Ein klares, sachlich differenziertes System schlägt *Eckelskemper*[105] vor, während die Bemühungen von *Lieb*[106] zu sehr im Unverbindlichen bleiben. Das ausgefeilteste und transparenteste System enthalten die neuen Empfehlungen des Deutschen Notarvereins (Rn 11), das es den Beteiligten auch ermöglicht, die Berechnung nachzuvollziehen und zu überprüfen[107]. Es wird daher den Anforderungen am besten gerecht, die an ein Vergütungsmodell zu stellen sind, nämlich dass dieses der Rechtssicherheit und dem Rechtsfrieden förderlich ist, wie der BGH erst unlängst betont hat[108]. Der Nachteil der Empfehlungen des Deutschen Notarvereins, dass diese tendenziell zu etwas zu hohen Vergütungen führen[109], liegt im Wesentlichen daran, dass die Vergütungssätze als solche zu hoch angesetzt werden. Das kann aber nach dem hiesigen Ansatz, ein arithmetisches Mittel (Rn 12) aus den gängigen Tabellen zu bilden ist, vermieden werden.

17 Aber auch wenn man die Empfehlungen des Deutschen Notarvereins nicht anwendet wird man von dem Vergütungstatbestand (Rn 9) auszugehen haben, der der **Schwerpunkt** der Tätigkeit des Testamentsvollstreckers ist (Verwaltungsvollstreckung, Abwicklungsvollstreckung), und entsprechende Zu- und Abschläge machen. Treffen mehrere der genannten Erschwerungsgründe zusammen, so sind sie jeweils gesondert zu berücksichtigen; für die Vergütung sind dann entsprechende Zu- oder auch Abschläge zu tätigen, so dass man wegen des **Grundsatzes der einheitlichen Gesamtvergütung** zu

---

[97] AnwK-BGB/*Weidlich* Rn 15; *Lieb* Rn 184 ff; vgl auch *Reimann* DNotZ 2001, 344, 347; *ders* DStR 2002, 2008, 2009.
[98] So etwa *Eckelskemper* in: *Bengel/Reimann* HdB X Rn 105; AnwK-BGB/*Weidlich* Rn 15 f; *Damrau/Bonefeld* Rn 23; *Staudinger/Reimann* Rn 43 ff; *ders* DNotZ 2001, 344, 347; *J. Mayer* in: *Mayer/Bonefeld/Wälzholz/Weidlich* Rn 502 und Rn 507 ff m ausf Fallgruppenbildung; gegen die Anwendung der InsVV aber *Birk* Vergütung S 94 ff; für ein umfangreiches System von Zu- und Abschlägen auch *Lieb* Rn 186 ff mz Fallgruppenbildungen, jedoch ohne größeren Bezug auf die InsVV.
[99] Vgl etwa die Übersichten bei AnwK-BGB/*Weidlich* Rn 16 ff; *Eckelskemper* in: *Bengel/Reimann* HdB X Rn 70 ff; *J. Mayer* in: *Mayer/Bonefeld/Wälzholz/Weidlich* Rn 507; zu Zuschläge OLG Köln ZEV 1994, 118, 119: 50% Zuschlag zur Regelvergütung, weil Abwicklung und Aufteilung des Nachlasses einen Umfang erreicht hat, der über dem Durchschnitt lag und zwei Grundstücke zu verkaufen waren; Hess FG EFG 1991, 333: bei drei letztwilligen Verfügungen und 55 Vermächtnisnehmern ein Vergütungssatz von 5% aus 588000 DM; OLG Düsseldorf Mitt-RhNotK 1996, 172 zur Verwaltungsvollstreckung; bei einer Erbteilsvollstreckung hat es der BGH (ZEV 2005, 222, 23 m Anm *Haas/Lieb*) gebilligt, wenn für die Vergütungsbemessung zunächst vom gesamten Nachlasswert ausgegangen wurde und dann ein Abschlag von $1/3$ gemacht wurde; vgl auch OLG Düsseldorf ZEV 1998, 356, 357 bei Vergütung eines Nachlasspflegers entspr der Rheinischen Tabelle; zu Abschlägen OLG Köln NJW-RR 1995, 202 = ZEV 1995, 70, 71, weil Testamentsvollstrecker als Miterbe und Bevollmächtigter auch ohne das Amt handeln konnte und musste. Ausführliches System von Zuschlägen je nach Aufgabenstellung Vergütungsempfehlungen des Deutschen Notarvereins (Rn 11) Ziff II.
[100] BGH NJW 1963, 487; NJW 1967, 876.
[101] Vgl OLG Hamburg OLGE 18, 320, 321; *Tiling* ZEV 1998, 331; *Lieb* Rn 225.
[102] OLG Frankfurt OLGR 2000, 86 = MDR 2000, 788, 789.
[103] *Staudinger/Reimann* Rn 41 ff; *Eckelskemper* in: *Bengel/Reimann* HdB X Rn 74 ff; *Lieb* Rn 187 ff; *J. Mayer* in: *Mayer/Bonefeld/Wälzholz/Weidlich* Rn 507 ff.
[104] *Lieb* Rn 188; *Staudinger/Reimann* Rn 45.
[105] In: *Bengel/Reimann* HdB X Rn 74 ff, 105.
[106] Rn 207 ff, 229 f.
[107] *Staudinger/Reimann* Rn 43.
[108] BGH ZEV 2005, 22, 23 m Anm *Haas/Lieb*.
[109] So zutr MünchKommBGB/*Zimmermann* Rn 10.

einer einheitlichen Gebühr kommt. Anerkannt ist jedoch, dass es eine **Gesamtobergrenze** für die Testamentsvollstreckervergütung gibt, die in den neueren Stellungnahmen bei **12%** des Nachlasswertes angesetzt wird[110]. Bei der **Verwaltungsvollstreckung** fallen jedoch periodisch zu zahlende Vergütungen an, so dass diese zusätzlich zur Konstitierungsgebühr zu vergüten sind; dabei kann die 12%-Grenze nicht gelten, da die Verwaltungsvollstreckung uU viele Jahrzehnte dauern kann[111]. Dieses quasi „interpolierende Verfahren" stellt allerdings nur ein praktisches Hilfsmittel für eine transparentere Vergütungsberechnung dar.

3. Mehrere Testamentsvollstrecker. Hier ist die Vergütung weder schematisch zu teilen noch einfach zu vervielfältigen[112]. Jeder Testamentsvollstrecker erhält vielmehr eine individuelle Vergütung nach Maßgabe seiner Tätigkeit[113]. Daher ist die Tätigkeit nach Umfang, Dauer und Verantwortung festzustellen und, wenn nach einem Regelsatz verfahren werden soll, daraufhin zu überprüfen, ob sie diesen üblichen Aufgaben entsprach oder aber ein Abweichen nach oben oder unten gerechtfertigt ist. Auch hier erfolgt also wieder eine **funktionsbezogene Betrachtung.** Dann ist weiter zu prüfen, ob das Vorhandensein eines oder mehrerer Testamentsvollstrecker Anlass geben könnte, eine Kürzung für angemessen zu halten, sei es unter dem Gesichtspunkt der Funktionsteilung, einer sonstigen Erleichterung der Tätigkeit oder der Verantwortungsteilung[114].

Wenn mehrere Testamentsvollstrecker das in **§ 2224 Abs 1 S 1 HS 2** vorgesehene Verfahren zur Herstellung eines einverständlichen Verwaltungshandelns beschreiten, können sie dessen Kosten nicht zusätzlich zu der von ihnen beanspruchten Vergütung aus dem Nachlass ersetzt verlangen[115]. Wurden nacheinander mehrere Testamentsvollstrecker tätig, so erhält bei solch **„sukzessiver Tätigkeit"** der Nachfolger die Vergütung nur für die Tätigkeit, die nicht bereits der Vorgänger abgeschlossen hat[116].

V. Vergütungsanspruch

1. Schuldner. Schuldner des Vergütungsanspruchs sind bei Fehlen einer abweichenden Anordnung des Erblassers die **Erben,** da es sich um eine **Nachlassverbindlichkeit** (Erblasserschuld) handelt (Insolvenzverfahren: § 324 Abs 1 Nr 5 InsO). Auch wenn die Testamentsvollstreckung nur hinsichtlich eines **Miterbenanteils** angeordnet ist, sind diese Kosten von allen Miterben zu tragen, so lange die Erbengemeinschaft noch besteht, denn es handelt sich um eine gemeinschaftliche Nachlassverbindlichkeit iS von §§ 2046 Abs 1, 2058 und um gemeinschaftliche Kosten der Verwaltung iS von §§ 2038, 748. Für die Erfüllung der gemeinschaftlichen Nachlassverbindlichkeiten gilt dabei im Innenverhältnis unter den Miterben § 426. Die Höhe ihrer Beiträge bestimmt sich dabei nach ihren Erbanteilen[117]. In besonderen Fällen kann jedoch die **Auslegung** der Verfügung von Todes wegen ergeben, dass die Vergütung allein oder im Einzelfall der Testamentsvollstreckung belastete Miterbe zu entrichten hat[118]. Bei **Vermächtnisvollstreckung** (**§ 2223**) hat die Vergütung im Zweifel der Vermächtnisnehmer zu tragen[119]. Gleiches gilt, wenn der Testamentsvollstrecker den Vermächtnisgegenstand auf Dauer zu verwalten hat[120]. Ist es aber alleinige Aufgabe des Testamentsvollstreckers, für die **Vermächtniserfüllung** zu sorgen, so handelt es sich um Kosten der Vermächtniserfüllung, die nach allg Grundsätzen der Erbe als damit Belasteter allein zu bezahlen hat[121]. Ist eine **Nacherbentestamentsvollstreckung** iS

---

[110] Hess FG EFG 1991, 333; *Möhringer/Beisswingert/Klingelhöffer* S 230; *Eckelskemper* in: *Bengel/Reimann* HdB X Rn 73; *Winkler,* Der Testamentsvollstrecker, Rn 601: „mit Vorbehalt"; *Tiling* ZEV 1998, 335 mit der Differenzierung, dass bei Nachlasswerten unter 100 000 DM dies zu wenig ist; ähnlich AnwK-BGB/*Weidlich* Rn 20; einschränkender *Lieb* Rn 214; lediglich diese Grenze referierend *Staudinger/Reimann* Rn 56. Die Vergütungsempfehlungen des Deutschen Notarvereins sehen in Ziff II 2 als Gesamtvergütung idR das Dreifache des Grundbetrags vor.
[111] *Tiling* ZEV 1998, 335; AnwK-BGB/*Weidlich* Rn 20; *Reimann* DNotZ 2001, 334, 345; *ders* DStR 2002, 2008, 2010; *Lieb* Rn 214.
[112] AllgM, vgl etwa *Staudinger/Reimann* Rn 54; anders noch OLG Stuttgart BWNotZ 1961, 92.
[113] BGH LM Nr 2 = NJW 1967, 2400, 2401; AnwK-BGB/*Weidlich* Rn 24; *Staudinger/Reimann* Rn 62; *Eckelskemper* in: *Bengel/Reimann* HdB X Rn 147.
[114] BGH LM Nr 2 = NJW 1967, 2400; *Reimann,* Testamentsvollstreckung in der Wirtschaftsrechtspraxis, Rn 738; ausf *J. Mayer* in: *Mayer/Bonefeld/Wälzholz/Weidlich* Rn 540 f; *Lieb* Rn 238; vgl Vergütungsempfehlungen des Deutschen Notarvereins (Rn 9) Ziff V; OLG Karlsruhe ZEV 2001, 286, 287 hat bei Aufgabenabgrenzung in Teilbereichen, Mitverantwortung iÜ jedem 75% der Regelvergütung zuerkannt.
[115] BGH NJW 2003, 3268 = ZEV 2003, 413 m krit Anm *v. Morgen.*
[116] *Lieb* Rn 242; *Staudinger/Reimann* Rn 54.
[117] BGH NJW 1991, 1362, 1363 = LM Nr 7 m Anm *M. Wolf* = ZEV 1997, 116 m Anm *v. Morgen* = MittBayNot 1998, 109 m Anm *K. Winkler.*
[118] *v. Morgen* ZEV 1997, 117; *Muscheler* ZEV 1996, 184; *Eckelskemper* in: *Bengel/Reimann* HdB X Rn 141; *Damrau/Bonefeld* Rn 25; *Lieb* Rn 281; aA *Staudinger/Reimann* Rn 5 ohne Begr; generell für das Abstellen auf die individuelle Auslegung *Zimmermann* Testamentsvollstreckung Rn 727.
[119] AnwK-BGB/*Weidlich* Rn 29; *Winkler,* Der Testamentsvollstrecker, Rn 641; *Damrau/Bonefeld* Rn 25; *Zimmermann* Testamentsvollstreckung Rn 726.
[120] *Winkler,* Der Testamentsvollstrecker, Rn 641 iVm Rn 162; *Zimmermann* Testamentsvollstreckung Rn 726; aA wohl *Muscheler* ZEV 1996, 185, 186.
[121] AnwK-BGB/*Weidlich* Rn 29; *Zimmermann* Testamentsvollstreckung Rn 726; *Muscheler* ZEV 1996, 185; *Lieb* Rn 287; aA *Eckelskemper* in: *Bengel/Reimann* HdB X Rn 137: Schuldner sei der Vermächtnisnehmer, weil die Vollstreckung nur in seinem Interesse angeordnet wurde; eingehend zum Streitstand Gutachten DNotI-Report 2007, 18 f, dort auch zum Quotenvermächtnis.

von § 2222 angeordnet, so dient diese allein den Interessen des Nacherben, was dafür spricht, dass dieser allein Schuldner des Vergütungsanspruchs ist[122].

2. Fälligkeit. So weit nichts anderes bestimmt ist, ist die Vergütung erst nach Beendigung des Amtes in einem Betrag zur Zahlung fällig, wenn der Testamentsvollstrecker alle seine Pflichten, insbes seine Pflicht zur Rechnungslegung (§§ 2218, 666) erfüllt hat[123]. Bei längerwährenden Verwaltungen ist sie aber in regelmäßigen Zeitabschnitten zu entrichten[124], und zwar hier nachträglich nach Ablauf des Verwaltungsjahres, entspr der Rechnungslegungspflicht[125]. Es entspricht jedoch hier gerade der Angemessenheit der Vergütung, dass bei der ersten Zahlung die bei Beginn der Testamentsvollstreckung regelmäßig erhöhte Arbeitsbelastung entspr berücksichtigt und daher die erste Jahreszahlung entspr höher angesetzt wird[126].

3. Vorschuss, Entnahmerecht, Zurückbehaltung. Der Testamentsvollstrecker hat kein Recht auf einen **Vorschuss** (keine Verweisung auf § 669)[127]. Dies benötigt er aber auch nicht, da er auf Grund seines Verfügungsrechts in der Lage ist, die ihm zustehende und fällige Vergütung selbst zu entnehmen[128]. Dies gilt auch für die Schlussvergütung[129]. Da er jedoch ohne ausdrückliche Ermächtigung des Erblassers nicht zur verbindlichen Festsetzung der Vergütung berechtigt ist, trägt er das Risiko dafür, dass sich bei einer gerichtlichen Überprüfung herausstellt, dass er zu viel entnommen hat[130]. Aus dem Entnahmerecht ergibt sich zudem nicht das Recht, zu diesem Zweck einzelne Nachlassgegenstände zu verkaufen; die Zulässigkeit eines solchen Verhaltens richtet sich vielmehr allein nach § 2216 Abs 1 und somit nach den Umständen des Einzelfalls[131]. Wertvolle Nachlassgegenstände darf der Vollstrecker jedenfalls nur dann versilbern, wenn besondere Umstände dies rechtfertigen oder die Erben dem zustimmen[132].

Der **Testamentsvollstrecker** hat wegen seiner fälligen Vergütungs- und Aufwendungsersatzansprüche gegen den Erben ein **Zurückbehaltungsrecht,** so weit es sich nicht um Ansprüche des Erben aus § 2217 (Freigabe) und auf Auskunft und Rechnungslegung (§ 2218) handelt[133]. Sein Zurückbehaltungsrecht besteht auch gegen den Herausgabeanspruch der Erben §§ 2218, 667[134].

4. Verjährung, Verwirkung. Der Vergütungsanspruch ist als **erbrechtlicher** zu qualifizieren, wie sich bereits aus der Gesetzessystematik ergibt und zumal der Erblasser dessen Höhe ausgestalten kann, und **verjährt** daher nach § 197 Abs 1 Nr 2 nF in **30 Jahren** ab der Fälligkeit[135]. Auch wenn bei länger dauernder Verwaltung periodische Teilzahlung verlangt werden kann (Rn 20), führt dies nicht zum Vorliegen regelmäßig wiederkehrender Leistungen iS von § 197 Abs 2 nF mit der kurzen Regelverjährung. Denn die Möglichkeit des Testamentsvollstreckers, zu seinen Gunsten dann frühere Teilzahlungen zu verlangen, ändert nichts daran, dass die Testamentsvollstreckervergütung ihrer Natur nach grds gerade nicht in einer fortlaufenden Leistung besteht[136]. Der Vergütungsanspruch kann allerdings **verwirkt** werden, wenn der Testamentsvollstrecker in besonders schwerer Weise vorsätzlich oder grob fahrlässig gegen seine Amtspflichten verstoßen hat, weil er sich bewusst über die Interessen der von ihm zu betreuenden Personen hinweggesetzt und mit seiner Tätigkeit eigene Interessen oder die anderer verfolgt hat[137]. Die Vergütung ist aber nicht verwirkt, wenn der Testamentsvollstrecker im Bestreben, sein Amt zum Wohl der von ihm betreuten Personen auszuüben, infolge irriger Beurteilung der Sach- oder Rechtslage fehlerhafte Entschlüsse fasst[138]. UU kommen hier aber Abschläge in Betracht[139] oder gar Schadensersatzansprüche.

---

[122] AnwK-BGB/*Weidlich* Rn 29; *Eckelskemper* in: *Bengel/Reimann* HdB X Rn 135; *Zimmermann* Testamentsvollstreckung Rn 725; *Soergel/Damrau* Rn 10.
[123] AnwK-BGB/*Weidlich* Rn 25; *Lieb* Rn 339.
[124] *Staudinger/Reimann* Rn 8.
[125] BayObLGZ 1972, 379; AnwK-BGB/*Weidlich* Rn 25; *Tiling* ZEV 1998, 331, 333; *Staudinger/Reimann* Rn 8; *Eckelskemper* in: *Bengel/Reimann* HdB X Rn 120.
[126] BayObLGZ 1972, 379 = BB 1973, 114; *Staudinger/Reimann* Rn 8; *Zimmermann* Testamentsvollstreckung Rn 721; vgl auch *Lieb* Rn 340 f.
[127] BGH WM 1972, 101, 102; OLG Köln NJW-RR 1987, 1097.
[128] *Staudinger/Reimann* Rn 9; *Palandt/Edenhofer* Rn 14.
[129] *Eckelskemper* in: *Bengel/Reimann* HdB X Rn 80; missverständlich BGH NJW 1957, 947 f.
[130] *Staudinger/Reimann* Rn 10; *Palandt/Edenhofer* Rn 14.
[131] BGH NJW 1963, 1615; *Staudinger/Reimann* Rn 10; *Tiling* ZEV 1998, 331, 338 mit Beispielen; eingehend dazu auch *Zimmermann* Testamentsvollstreckung Rn 728; *Lieb* Rn 347.
[132] BGH BB 1973, 499.
[133] AnwK-BGB/*Weidlich* Rn 26; *Soergel/Damrau* Rn 15; *Staudinger/Reimann* Rn 13; *Palandt/Edenhofer* Rn 16 mit Hinweis auf § 242.
[134] BGH LM Nr 1.
[135] AnwK-BGB/*Weidlich* Rn 27; *Damrau/Bonefeld* Rn 24; *Staudinger/Reimann* Rn 14; *Palandt/Heinrichs* § 197 Rn 8 und § 2221 Rn 13; *Lieb* Rn 353; KK-Erbrecht/*Rott* Rn 29; MünchKommBGB/*Grothe* § 197 Rn 11; *Schlichting* ZEV 2002, 478, 480; *Zimmermann* Testamentsvollstreckung Rn 731; *Soergel/Niederführ* § 197 Rn 18; aA *Soergel/Damrau* Rn 17; *Erman/M. Schmidt* Rn 15; *Löhnig* ZEV 2004, 267, 272: Regelverjährung nach §§ 195, 199; offenlassend jurisPK/*Heilmann* Rn 24.
[136] Zust *Lieb* Rn 354; *Scherer/Lorz* MAH Erbrecht § 19 Rn 187; ebenso *Zimmermann* Testamentsvollstreckung Rn 731; *Winkler*, Der Testamentsvollstrecker, Rn 646; aA *Birk* Vergütung S 130.
[137] BGH LM Nr 5; DNotZ 1980, 164; AnwK-BGB/*Weidlich* Rn 27; *J. Mayer* in: *Mayer/Bonefeld/Wälzholz/Weidlich* Rn 537; *Staudinger/Reimann* Rn 15; ausf *Lieb* Rn 350 ff.
[138] BGH LM Nr 5 = NJW 1976, 1402.
[139] OLG Frankfurt OLGR 2000, 86 bei verzögerter Amtsführung ohne Aufstellung von Nachlassverzeichnis und Auseinandersetzungsplan.

5. Aufwendungsersatz, Berufsdienste. Neben dem Vergütungsanspruch besteht uU ein Anspruch auf Auslagenersatz nach §§ 2218, 670. Dies setzt zum einen voraus, dass die gemachten Aufwendungen mit dem Willen des Erblassers vereinbar sind, und zum anderen, dass sie der Testamentsvollstrecker nach den Umständen des Einzelfalls, insbes unter dem Gesichtspunkt der ordnungsgemäßen Nachlassverwaltung (§ 2216 Abs 1) für erforderlich halten kann[140]. Der Anspruch auf Auslagenersatz ist sofort zur Zahlung **fällig** und unterliegt einer eigenen Verjährung (§ 2218 Rn 20). Hiervon erfasst werden grds auch Aufwendungen des Testamentsvollstreckers für **Hilfskräfte**, die der Testamentsvollstrecker für die Aufgabenbewältigung einsetzt. Allerdings ist genau zu prüfen, ob der Einsatz unter dem Gesichtspunkt der ordnungsgemäßen Amtsführung erforderlich war[141] und ob die Aufwendungen nicht bereits mit der Vergütung ganz oder teilweise abgegolten sein sollten[142].   24

Ist der Testamentsvollstrecker **Rechtsanwalt**, Notar, Steuerberater oder Wirtschaftsprüfer, so kann er für **allgemeine Tätigkeiten**, die jedermann leisten kann und die er auch – wenn es um sein Privatvermögen ginge – selbst leisten würde, keinen zusätzlichen Auslagenersatz fordern; diese sind durch die Vergütung grds abgegolten[143]. Hierzu gehört auch der Einsatz der eigenen Kanzlei für behördliche Verrichtungen und allerlei Anträge und Schriftwechsel im Rahmen der gewöhnlichen Abwicklung.   25

Davon zu unterscheiden ist, wenn der Testamentsvollstrecker mit sich selbst in seiner Eigenschaft als Rechtsanwalt etc – wozu er bei Befreiung von § 181 befugt ist[144] – einen **besonderen Geschäftsbesorgungsvertrag** ua abschließt, etwa zur Führung eines Prozesses für den Nachlass; hier kann er für diese „Extratätigkeit" die gesetzlichen Gebühren seiner Berufsgruppe gesondert verlangen, wenn dies nach objektiven Kriterien erforderlich war und dem Erblasserwillen nicht mit der allgemeinen Vergütung abgegolten sein sollte[145]. Ob **allein** die **Leistung** seiner **besonderen beruflichen Dienste** (Prozessvertretung, besondere steuerliche Beratung) für die Zubilligung einer Sondervergütung ausreichend ist[146], bedarf einer besonderen Prüfung. Oftmals wird die Auslegung ergeben, dass die festgesetzte Vergütung diese Berufsdienste mit umfassen soll[147], und zwar zumindest dann, wenn diese typischerweise vorhersehbar waren, üblicherweise von einem Normaltestamentsvollstrecker miterledigt werden und keinen besonderen Zusatzaufwand erfordern[148]. Ist dies nicht der Fall, so kommt es darauf an, ob ein anderer Testamentsvollstrecker, der nicht einer solchen besonderen Berufsgruppe angehört, die Angelegenheit berechtigterweise einem Rechtsanwalt oder Steuerberater oder sonstig besonders sachkundigen Person übertragen hätte, weil dies für eine ordnungsgemäße Nachlassverwaltung erforderlich war. Dann kann er bei Fehlen einer abweichenden Erblasserwillens die üblichen Gebührensätze verlangen[149].   26

Delegiert der Testamentsvollstrecker Arbeiten, die er an sich selbst in dieser Eigenschaft zu erbringen hat (etwa die Hausverwaltung, Erledigung einfacherer Steuerangelegenheiten durch Rechtsanwalt) an Dritte, so verringern die hierfür anfallenden Kosten die Höhe der als angemessen anzusehenden Testamentsvollstreckervergütung[150]. Dies gilt jedoch gerade nicht, wenn es der Grundsatz der ordnungsgemäßen Nachlassverwaltung gebietet, einen sachkundigen Dritten einzuschalten[151].   27

VI. Vergütung des vermeintlichen Testamentsvollstreckers

Wer als sog vermeintlicher Testamentsvollstrecker tätig gewesen ist, kann je nach Lage des Einzelfalls auch dann, wenn sich seine Ernennung als rechtsunwirksam erweist, eine Vergütung verlangen, und zwar auf Grund eines wenigstens konkludent abgeschlossenen Geschäftsbesorgungsvertrags[152]. Wenn jedoch die Wirksamkeit der Ernennung von Anfang an durch die Erben bestritten wird, kann der Testamentsvollstrecker auch bei eigener Gutgläubigkeit weder Vergütung noch Auslagenersatz beanspruchen, wenn tatsächlich keine wirksame Ernennung vorlag[153].   28

VII. Festsetzung der Vergütung, Prozessuales

Der Streit über das Bestehen, die Höhe oder die Fälligkeit der Vergütung ist zwischen dem Testamentsvollstrecker und dem Schuldner des Vergütungsanspruchs (etwa Erben) vor dem sachlich und örtlich   29

---

[140] *Lieb* Rn 318 ff; *Eckelskemper* in: *Bengel/Reimann* HdB X Rn 115; *Winkler*, Der Testamentsvollstrecker, Rn 637.
[141] OLG Koblenz JurBüro 1992, 398.
[142] *Staudinger/Reimann* Rn 18.
[143] *Soergel/Damrau* Rn § 2218 Rn 14; *Eckelskemper* in: *Bengel/Reimann* HdB X Rn 114.
[144] S etwa *Reimann*, Testamentsvollstreckung in der Wirtschaftspraxis, Rn 96.
[145] *Winkler*, Der Testamentsvollstrecker, Rn 635; MünchKommBGB/*Zimmermann* Rn 24.
[146] So aber *Winkler*, Der Testamentsvollstrecker, Rn 635.
[147] *Palandt/Edenhofer* Rn 6; *Eckelskemper* in: *Bengel/Reimann* HdB X Rn 114; *Kipp/Coing* § 73 IV 2.
[148] *Soergel/Damrau* Rn 16 und § 2218 Rn 18; zust *Lieb* Rn 329.
[149] OLG Frankfurt OLGR 2000, 86; AnwK-BGB/*Weidlich* Rn 30; *Zimmermann* Rn 736; *Winkler*, Der Testamentsvollstrecker, Rn 635; *Lieb* Rn 328 ff mit Beschränkung auf den Rechtsanwalt auf „originären Kernbereich anwaltlicher Tätigkeit"; vgl auch RGZ 149, 121, 124, wo die Frage nur kurz gestreift wird.
[150] OLG Koblenz JurBüro 1992, 398; *Staudinger/Reimann* Rn 18; BGH BB 1967, 184; *Winkler*, Der Testamentsvollstrecker, Rn 636; *J. Mayer* in: *Mayer/Bonefeld/Wälzholz/Weidlich* Rn 526.
[151] BGH BB 1967, 184; *Lieb* Rn 326.
[152] BGH LM Nr 3 = NJW 1963, 1615; eingehend hierzu *Staudinger/Reimann* Rn 58; *Lieb* Rn 254 ff.
[153] BGHZ 69, 235, 240 = NJW 1977, 1726 m Anm *Schelter*; AnwK-BGB/*Weidlich* § 2197 Rn 23; *Staudinger/Reimann* Rn 58; dazu auch *J. Mayer* in: *Mayer/Bonefeld/Wälzholz/Weidlich* Rn 546; aA – für Zubilligung eines Anspruchs allein nach Vertrauensgesichtspunkten – *Winkler*, Der Testamentsvollstrecker, Rn 632 ff; *Tiling* ZEV 1998, 339; *Soergel/Damrau* § 2218 Rn 20; *Lieb* Rn 263; krit zur BGH-Rspr auch *Eckelskemper* in: *Bengel/Reimann* HdB X Rn 155 ff.

§ 2221   Buch 5. Abschnitt 3. Testament

zuständigen **Prozessgericht** auszutragen. Das Nachlassgericht ist hierzu nicht zuständig[154]. Anders liegt es, wenn es durch Anordnung des Erblassers zur schiedsgutachterlichen Festsetzung nach § 317 berufen ist[155], wobei dann aber der Nachlassrichter als Privatperson tätig wird[156]. Bei Erhebung einer Klage auf Feststellung oder Zahlung der angemessenen Vergütung ist deren Höhe im Klageantrag grds betragsmäßig genau zu bezeichnen (§ 253 Abs 2 Nr 2 ZPO)[157]. Eine Ausnahme ist hiervon zu machen, wenn eine Bezifferung nicht möglich oder nicht zumutbar ist, wobei dann allerdings die Angabe eines Mindestbetrags und der Bemessungsgrundlage erforderlich ist[158]. Zur Streitvermeidung kann die zulässige Vereinbarung eines **Schiedsgerichts** zwischen Testamentsvollstrecker und Erben sinnvoll sein[159]; auch der Erblasser kann bereits eine letztwillige Schiedsgerichtsklausel nach § 1066 ZPO treffen[160].

VIII. Besteuerung der Vergütung

30   **Erbschaftsteuer:** Wenn die Testamentsvollstreckervergütung die Grenze der Angemessenheit übersteigt, so ist der darüber liegende Betrag zivilrechtlich als Vermächtnis anzusehen, das allerdings unter der Bedingung der Annahme des Amtes steht[161]. Von dieser zivilrechtlichen Einordnung hat sich nunmehr aber der BFH bei der erbschaftsteuerrechtlichen Beurteilung gelöst. Vielmehr ist nach Ansicht das BFH eine vom Erblasser als Testamentsvollstreckerhonorar bezeichnete Vergütung, die tatsächlich und rechtlich mit der Testamentsvollstreckung zusammenhängt, weil sie der Testamentsvollstrecker nur dann erhält, wenn er sein Amt ausübt, kein Vermächtnis iS der §§ 2147 ff, auch soweit sie eine angemessene Höhe iS des § 2221 übersteigt. Einer Beurteilung als Vermächtnis und damit einer Besteuerung nach §§ 3 Abs 1 Nr 1, 9 Abs 1 Nr 1 ErbStG stehe entgegen, dass der Testamentsvollstrecker auf Grund der Verfügungen des Erblassers im Testament einen Anspruch auf die Vergütung nur im Hinblick auf die Führung seines Amts hat[162]. Damit wird zum einen eine Doppelbesteuerung auch noch mit der Einkommensteuer vermieden, andererseits eröffnet sich damit Gestaltungsmöglichkeiten mit einer Option zur uU günstigeren Erbschaftsteuer, wenn die Zuwendung unabhängig von der Amtsübernahme gewährt wird[163]. Ist die Zuwendung demnach erbschaftsteuerpflichtig, so ist die Unterscheidung zwischen Konstituierungs- und Verwaltungsgebühr für die Abzugsfähigkeit der Testamentsvollstreckergebühren nach § 10 Abs 5 Nr 3 ErbStG bedeutsam, weil die Kosten der Nachlassverwaltung nicht abzugsfähig sind[164].

31   **Ertragsteuer:** Die Testamentsvollstreckervergütung unterliegt grds gemäß § 18 Abs 1 Nr 3 EStG als **Einkünfte aus sonstiger selbstständiger Arbeit** der **Einkommensteuer.** Die im Rahmen einer **freiberuflichen Tätigkeit,** zB als Notar oder Rechtsanwalt ausgeübte Testamentsvollstreckung ist der hauptberuflich ausgeübten eines solchen „Katalogberufs" zuzurechnen und somit nach **§ 18 Abs 1 Nr 1** als freiberufliche Tätigkeit steuerpflichtig, sofern es sich nur um eine gelegentliche Wahrnehmung solcher Tätigkeiten in geringem Umfang handelt[165].

32   **Gewerbesteuer:** Eine Gewerbesteuerpflicht kann dann entstehen, wenn der Testamentsvollstrecker im Rahmen der Testamentsvollstreckungstätigkeit mehrere Hilfskräfte beschäftigt (sog **Vervielfältigungstheorie**)[166]. Bei Freiberuflern (Rechtsanwalt, Notar) ist allerdings die im Rahmen der **freiberuflichen Tätigkeit** iS von § 18 Abs 1 Nr 1 EStG ausgeübte Testamentsvollstreckung idR der Hauptberuflichkeit und damit den sonstigen Einkünften aus selbständiger Arbeit zuzurechnen, so dass die Beschäftigung fachlich vorgebildeter Mitarbeiter solange in gewerbesteuerrechtlicher Sicht unschädlich ist, als der qualifizierte Berufsträger auf Grund eigener Fachkenntnis weiterhin leitend und eigenverantwortlich tätig ist[167]. Soweit auf Grund der sog **Treuhandlösung** der Testamentsvollstrecker ein

---

[154] BGH NJW 1957, 947; OLG Bremen MDR 1963, 314; *Firsching/Graf* Nachlassrecht Rn 4.423; *Winkler,* Der Testamentsvollstrecker, Rn 620; *Lange/Kuchinke* § 31 VII 3; *Lieb* Rn 367; der Testamentsvollstrecker wird in § 56 g Abs 1 und 7 FGG ausdrücklich nicht genannt, vgl dazu *Zimmermann* Testamentsvollstreckung Rn 719.
[155] BGH WM 1972, 101; *Winkler,* Der Testamentsvollstrecker, Rn 620.
[156] *Eckelskemper* in: *Bengel/Reimann* HdB X Rn 142.
[157] RG JW 1937, 3184; AnwK-BGB/*Weidlich* Rn 32; *Lieb* Rn 365; *Winkler,* Der Testamentsvollstrecker, Rn 732; *Erman/Schmidt* Rn 5.
[158] AnwK-BGB/*Weidlich* Rn 32; *Littig* in: *Krug/Rudolf/Kroiß* AnwaltFormulare Erbrecht § 13 Rn 307; *Winkler,* Der Testamentsvollstrecker, Rn 621; *Eckelskemper* in: *Bengel/Reimann* HdB X Rn 143; *Lange/Kuchinke* § 31 VII Fn 359 mwN; aA jetzt MünchKommBGB/*Zimmermann* Rn 7.
[159] MünchKommBGB/*Zimmermann* Rn 7.
[160] *Lieb* Rn 368.
[161] BayObLG Rpfleger 1982, 227; *Palandt/Edenhofer* Rn 1; zurückhaltender *Nieder* HdB Rn 945: kann Vermächtnis sein.
[162] BFH NJW 2005, 1967 = ZErb 2005, 221 m Anm *Gebel*; AnwK-BGB/*Weidlich* Rn 41; dazu auch *Wälzholz* ZErb 2005, 247 sowie *Wälzholz/Vassel* in: *Mayer/Bonefeld/Wälzholz/Weidlich* Rn 1111 ff.
[163] *Wälzholz* ZErb 2005, 247.
[164] *Kapp/Ebeling* § 10 ErbStG Rn 136.
[165] BFH BStBl 1990 II S 1028 = DStR 1990, 737; *Winkler,* Der Testamentsvollstrecker, Rn 653 ff; *Eckelskemper* in: *Bengel/Reimann* HdB X Rn 164; *Schmidt/Wacker* § 18 EStG Rn 97; vgl auch *Olbing* AnwBl 2005, 289.
[166] Ausführlicher zur Vervielfältigungstheorie *Eckelskemper* in: *Bengel/Reimann* HdB X Rn 167 ff; *Wälzholz/Vassel* in: *Mayer/Bonefeld/Wälzholz/Weidlich* Rn 1110 ff; *Lieb* Rn 382 ff.
[167] Ausf *Wälzholz/Vassel* in: *Mayer/Bonefeld/Wälzholz/Weidlich* Rn 1099 ff; *Staudinger/Reimann,* 13. Bearb 1996, Rn 59; *Winkler,* Der Testamentsvollstrecker, Rn 656. *Eckelskemper* in: *Bengel/Reimann,* 13. Bearb 1996, HdB X Rn 167 ff; anders aber jetzt für den Insolvenzverwalter BFH DStR 2002, 353; für die Übernahme dieses Urteil auch auf den Testamentsvollstrecker *Kirchof/Lambrecht* § 18 EStG Rn 153; dagegen zu Recht *Wälzholz/Vassel* in: *Mayer/Bonefeld/Wälzholz/Weidlich* Rn 1102.

Gewerbe fortführt, kommt hierfür eine Gewerbesteuerpflicht in Betracht[168]. Durch die Anrechnung der Gewerbesteuer auf die Einkommensteuer nach § 35 EStG haben sich die hieraus ergebenden Probleme etwas entschärft[169].

Umsatzsteuer: Die Testamentsvollstreckervergütung unterliegt nach ständiger Rspr und Praxis der Finanzverwaltung gemäß § 1 UStG der Umsatzsteuer, sofern das Erfordernis der **Nachhaltigkeit** erfüllt ist. Dies ist bei einem Freiberufler auch dann der Fall, wenn er nur gelegentlich eine Testamentsvollstreckung übernimmt. Denn das Gesamtbild der Verhältnisse wird insoweit durch die daneben betriebene sonstige freiberufliche Tätigkeit geprägt[170]. Dies gilt auch dann, wenn nur eine einzige Testamentsvollstreckung durchgeführt wird, da als Erfüllung des Tatbestandsmerkmals der **Nachhaltigkeit** bereits ausreicht, wenn ein Rechtsverhältnis aufgenommen wird, das durch eine Vielzahl von Handlungen bestimmt wird, wie etwa die Verwaltungsvollstreckung[171]. Auch eine einzige länger dauernde Auseinandersetzungsvollstreckung kann eine nachhaltige und damit umsatzsteuerpflichtige Tätigkeit begründen[172]. Nur in besonders gelagerten Ausnahmefällen wird angenommen, dass die Umsatzsteuerpflicht entfällt[173], so bei der Auseinandersetzung eines durchschnittlichen Haushalts[174] oder ein begünstigter Miterbe oder Vermächtnisnehmer als Testamentsvollstrecker ermächtigt ist, den Vermächtnisgegenstand auf sich zu übertragen[175]. Fehlt es an einer ausdrücklichen Anordnung des Erblassers, so darf der Testamentsvollstrecker nach der immer noch hM die Umsatzsteuer nicht auf die tatsächlich geschuldete Vergütung, also etwa die oben genannten Tabellenwerte, aufschlagen[176]. Die oben genannten Tabellenwerte sind vielmehr „Bruttovergütungen", aus denen der Testamentsvollstrecker die Umsatzsteuer abführen muss. Anders liegt es nur, wenn eine abweichende Anordnung des Erblassers vorliegt[177] oder die in Bezug genommene Tabelle, wie etwa die Empfehlungen des Deutschen Notarvereins, dies anders bestimmen[178].

§ 2222 Nacherbenvollstrecker

Der Erblasser kann einen Testamentsvollstrecker auch zu dem Zwecke ernennen, dass dieser bis zu dem Eintritt einer angeordneten Nacherbfolge die Rechte des Nacherben ausübt und dessen Pflichten erfüllt.

I. Normzweck, Abgrenzung

Den Nacherben stehen bereits vor Eintritt Nacherbfalls verschiedene Kontroll- und Zustimmungsrechte zu, aber damit auch bestimmte Pflichten. Auch für diese Sonderaufgabe will das Gesetz eine Testamentsvollstreckung eröffnen. Zu **unterscheiden** ist jedoch diese Nacherbentestamentsvollstreckung **von anderen Formen der Testamentsvollstreckung**, die im Zusammenhang mit der Anordnung einer Vor- und Nacherbschaft möglich sind. Hier sind noch folgende Kombinationen denkbar:[1] **(a)** Abwicklungstestamentsvollstreckung **(b)** Testamentsvollstreckung nur für die **Vorerbschaft** mit so lange dauernder Verwaltungsvollstreckung (§ 2209) und Wahrnehmung der Verwaltungs- und Verfügungsbefugnis des Vorerben **(c)** Testamentsvollstreckung für die **Nacherbschaft**, eine Verwaltungsvollstreckung, die erst mit dem Nacherbfall beginnt und den Nacherben belastet **(d)** Testamentsvollstreckung **während der Dauer der Vor- und Nacherbschaft:** Verwaltungsvollstreckung, die

---

[168] *Piltz* in: *Bengel/Reimann* HdB VIII Rn 110; *Wälzholz/Vassel* in: *Mayer/Bonefeld/Wälzholz/Weidlich* Rn 1138 ff; abl aber *Lieb* Rn 380 f.
[169] Dazu etwa *Wälzholz/Vassel* in: *Mayer/Bonefeld/Wälzholz/Weidlich* Rn 1103.
[170] Etwa BFH BFH/NV 1996, 938; BFH/NV 2002, 1504 = ZEV 2002, 469; FG Bremen EFG 1989, 39; LG Berlin NJW-RR 1998, 931; eingehend zur Problematik *Eckelskemper* in: *Bengel/Reimann* HdB X Rn 212 ff; *Wälzholz/Vassel* in: *Mayer/Bonefeld/Wälzholz/Weidlich* Rn 1145 ff; *Lieb* Rn 416 ff; *Tiling* ZEV 1998, 336; krit dagegen *Kirnberger* ZEV 1998, 342.
[171] FG Bremen EFG 1989, 39.
[172] BFH BFH/NV 1996, 938; BFH/NV 2002, 1504 = ZEV 2002, 469; BFH ZEV 2006, 45; oftmals wird hier aber Steuerfreiheit nach § 19 UStG eintreten, vgl *Kronthaler* ZEV 2006, 46.
[173] *Winkler*, Der Testamentsvollstrecker, Rn 657; *Staudinger/Reimann* Rn 57; *Wälzholz/Vassel* in: *Mayer/Bonefeld/Wälzholz/Weidlich* Rn 1148.
[174] FG Hamburg EFG 1984, 316; *Tiling* ZEV 1998, 336.
[175] FG München DStRE 2005, 595, nicht rechtskräftig.
[176] KG NJW 1974, 752; OLG Köln NJW-RR 1994, 269; OLG Frankfurt OLGR 2000, 86; als obiter dictum auch BGHZ 46, 268, 276 = NJW 1967, 876; AnwK-BGB/*Weidlich* Rn 23; *Winkler*, Der Testamentsvollstrecker, Rn 660; *Erman/Schmidt* Rn 20; *Mümmler* JurBüro 1989, 22; *Palandt/Edenhofer* Rn 5; *Soergel/Damrau* Rn 19; *Tschischgale* JurBüro 1965, 89, 91; *Wälzholz/Vassel* in: *Mayer/Bonefeld/Wälzholz/Weidlich* Rn 1156; aA etwa *Eckelskemper* in: *Bengel/Reimann* HdB X Rn 234; *Haas/Lieb* ZErb 2002, 202, 211; *Tiling* ZEV 1998, 331, 337; *Zimmermann* Testamentsvollstreckung Rn 710; *Kirnberger* ZEV 1998, 342, 344, der unter angemessener Vergütung eben nur die Nettovergütung versteht: nicht die Bruttovergütung, bei der der Testamentsvollstrecker noch 19% Umsatzsteuer verliert; ebenso OLG Hamburg NJW 1974, 1427; LG Mönchengladbach NJW 1971, 146; *Mümmler* JurBüro 1989, 21, 24; bejaht eine Berücksichtigung der Mehrwertsteuer im Rahmen der Angemessenheit *Staudinger/Reimann* Rn 57; anders jetzt auch die Spezialregelung in § 1 Abs 1 S 3 BVormVG.
[177] *Lieb* Rn 442 ff.
[178] *Staudinger/Reimann* Rn 57 aE; *Wälzholz/Vassel* in: *Mayer/Bonefeld/Wälzholz/Weidlich* Rn 1156.
[1] *Nieder* HdB Rn 654 ff; *D. Mayer* in: *Bengel/Reimann* HdB V Rn 279 ff; AnwK-BGB/*Weidlich* Rn 11 f; jurisPK/*Heilmann* Rn 2.

sowohl Vor- und Nacherben belastet und die Verwaltungs- und Verfügungsbefugnisse beider einschränkt. Die echte Nacherbentestamentsvollstreckung kann mit all diesen Anordnungen kombiniert werden; zur Person des Testamentsvollstreckers s Rn 5.

II. Nacherbentestamentsvollstreckung

2 **1. Zweck.** Sie dient dem **Schutz** des Nacherben **an einer wirksamen Beaufsichtigung** des Vorerben[2]. Der Nacherbentestamentsvollstrecker nimmt an Stelle des Nacherben dessen Rechte in dessen wohlverstandenem Interesse wahr. Zweckmäßig ist sie dann, wenn der Nacherbe minderjährig ist oder unter einer Betreuung steht, denn dann wird die Einschaltung des Familien- oder Vormundschaftsgerichts in vielen Fällen entbehrlich. Ein „muss" für die Gestaltung ist sie, wenn die Nacherben noch nicht gezeugt sind oder ihre Person erst durch ein künftiges Ereignis bestimmt wird (sog „unbekannte Nacherben"). Hierdurch wird die sonst erforderliche Bestellung eines Pflegers (§§ 1913, 1912) entbehrlich; zudem unterliegt die Nacherbentestamentsvollstreckung grds nicht der Aufsicht des Familien- oder Nachlassgerichts[3]. Zur Frage der Kontrolle bei der Rechnungslegung und Errichtung des Nachlassverzeichnisses s § 2218 Rn 15 und § 2215 Rn 3.

3 **2. Anordnung.** Sie muss – wie immer – in einer Verfügung von Todes wegen durch den Erblasser selbst erfolgen (§ 2917). Angesichts der vielfältigen Kombinationsmöglichkeiten (Rn 1) können hier zahlreiche Abgrenzungsprobleme auftreten, die durch sachgerechte Auslegung (§ 2084) zu lösen sind[4], die sich am Zweck der angeordneten Testamentsvollstreckung orientiert. Da die Nacherbentestamentsvollstreckung nicht zu den Regelaufgaben eines Testamentsvollstreckers gehört, ist sie nur bei Vorliegen besonderer Umstände anzunehmen[5].

4 **3. Beginn und Ende der Nacherbentestamentsvollstreckung.** Diese **beginnt** bereits mit dem eigentlichen Erbfall, da gerade ab dann die Kontrollrechte des Nacherben wahrzunehmen sind. Der Erblasser kann aber auch einen späteren Beginn festlegen[6]. Das Amt endet spätestens mit dem Eintritt der Nacherbfolge (§ 2139), etwa nach § 2106 mit dem Tod des Vorerben, bei mehreren aber mit dem Tod des letzten von ihnen[7]. Der Erblasser kann eine frühere Beendigung bestimmen (etwa Volljährigkeit des Nacherben) oder ein Wiederaufleben bei bestimmten Ereignissen[8], nicht aber den Zeitpunkt des Eintritts der Nacherbfolge dem Testamentsvollstrecker überlassen (§ 2065)[9]. Bei mehrfach gestufter Nacherbfolge kann die Nacherbentestamentsvollstreckung bis zum Eintritt sämtlicher Nacherbfolgen bestehen bleiben und erlischt erst dann[10]. Kommt es zu keiner Vorerbschaft (etwa Vorversterben des Vorerben), so ist die Nacherbentestamentsvollstreckung gegenstandslos[11].

5 **4. Person.** Aus der mit der Nacherbentestamentsvollstreckung bezweckten Kontrolle des Vorerben (Rn 2) kann sich ergeben, dass bestimmte Personen nicht zum Nacherbentestamentsvollstrecker ernannt werden dürfen, weil es sonst zu einer Interessenkollision kommt. So darf der einzige Vorerbe nicht zum Nacherbentestamentsvollstrecker ernannt werden, weil sonst die damit beabsichtigte Beaufsichtigung des Vorerben entfallen würde[12]. Jedoch kann der Vorerbe zu einem von mehreren Nacherbentestamentsvollstreckern in gemeinschaftlicher Ausführung (§ 2224 Abs 1 S 1) ernannt werden, weil er dann durch die Mitvollstrecker ausreichend überwacht wird[13]. An der Kontrolle fehlt es aber, wenn von mehreren Vorerben einer zum alleinigen Testamentsvollstrecker nach § 2222 ernannt wird, was deshalb unzulässig ist[14]. Auch kann der alleinige Nacherbe nicht zugleich Nacherbentestamentsvollstrecker sein, weil dafür kein rechtliches Bedürfnis besteht[15]. Möglich ist es jedoch, wenn einer von mehreren Nacherben zum Nacherbenvollstrecker ernannt wird[16] oder die gleiche Person als Testamentsvollstrecker für den Vorerben und als Nacherbentestamentsvollstrecker, wobei den Testamentsvollstrecker hier bereits vor Eintritt des Nacherbfalls umfangreiche Auskunftspflichten treffen[17]. Die im letztgenannten Fall sich ergebende Aufgabenkumulation ist nicht unproblematisch und kann zu Interessenkollisionen führen[18].

---

[2] RGZ 77, 177; jurisPK/*Heilmann* Rn 3; *Soergel/Damrau* Rn 2.
[3] BayObLGZ 1989, 183, 186 = NJW-RR 1989, 1096; *Soergel/Damrau* Rn 2; *Kanzleiter* DNotZ 1970, 335.
[4] BayObLGZ 1989, 183, 186 = NJW-RR 1989, 1096.
[5] BayObLGZ 1959, 128; LG Oldenburg Rpfleger 1981, 197; MünchKommBGB/*Zimmermann* Rn 3.
[6] KK-Erbrecht/*Rott* Rn 14; *Staudinger/Reimann* Rn 19.
[7] BayObLG NJW-RR 1995, 711, 713 = ZEV 1995, 22 m Anm *Klumpp*; AnwK-BGB/*Weidlich* Rn 8; KK-Erbrecht/*Rott* Rn 14.
[8] *Staudinger/Reimann* Rn 20.
[9] BGHZ 15, 199, 200 = NJW 1955, 100.
[10] AnwK-BGB/*Weidlich* Rn8; *Soergel/Damrau* Rn 4.
[11] *Soergel/Damrau* Rn 4.
[12] RGZ 77, 177, 178; BayObLGZ 1959, 129; jurisPK/*Heilmann* Rn 3; MünchKommBGB/*Zimmermann* Rn 4.
[13] KG JFG 11, 126; *Palandt/Edenhofer* Rn 2; KK-Erbrecht/*Rott* Rn 8.
[14] AnwK-BGB/*Weidlich* § 2197 Rn 12; PWW/*Schiemann* Rn 1; *Soergel/Damrau* Rn 6; aA BayObLGZ 1989, 183, 186 = NJW-RR 1989, 1096; *Staudinger/Reimann* Rn 16; *Zimmermann* Rn 173; wohl auch KK-Erbrecht/*Rott* Rn 8; inzident auch BayObLG NJW-RR 1995, 711, 713 = ZEV 1995, 22.
[15] *Zimmermann* Rn 173; zweifelnd *Staudinger/Reimann* Rn 17.
[16] *Staudinger/Reimann* Rn 17.
[17] BGHZ 127, 360, 362 = NJW 1995, 456 = ZEV 1995, 67 m Anm *Skibbe*; aA *Zimmermann* Rn 173.
[18] *Skibbe*, FS Brandner, 1996, S 769 ff.

5. Aufgaben und Befugnisse. Aufgabe des Nacherbentestamentsvollstreckers ist die **Wahrneh-** 6
mung der Rechte und Pflichten des Nacherben gegenüber dem Vorerben. Hieraus ergibt sich, dass
für den Nacherbentestamentsvollstrecker zwar grds die für das Rechtsverhältnis zwischen Erben und
Testamentsvollstrecker im Allgemeinen geltenden Vorschriften entspr anzuwenden ist, jedoch durch
die besondere Zielsetzung überlagert und eingeschränkt werden. Der Nacherbentestamentsvollstrecker
hat nicht mehr, aber auch nicht weniger Rechte und Pflichten, als sie den Nacherben im Allgemeinen
gegenüber einem Vorerben vor Eintritt des Nacherbfalls zustehen[19]. Mit der Eintragung der Nacherbschaft im Grundbuch (§ 51 GBO) ist auch die Beschränkung der Wahrnehmung der Rechte der
Nacherben durch den Nacherbentestamentsvollstrecker dort einzutragen. Auch im Erbschein sind die
sich hieraus ergebenden Beschränkungen, nicht aber die Person des Nacherbenvollstreckers, zu vermerken[20]. Auf Antrag erhält der Nacherbentestamentsvollstrecker gemäß § 2368 ein entsprechendes
Testamentsvollstreckerzeugnis[21].

a) Verhältnis zum Vorerben. Die **Befugnisse und Verpflichtungen** des Nacherbentestaments- 7
vollstreckers im Außenverhältnis zum Vorerben ergeben sich entspr seiner Aufgabenstellung aus den
Rechten des Nacherben bis zum Eintritt des Nacherbfalls[22]. Wie dieser kann und muss er den Vorerben
entspr den §§ 2116 bis 2119, 2121 bis 2123, 2127, 2128, 2115 iVm § 773 ZPO beaufsichtigen, dabei
aber die dem befreiten Vorerben eingeräumten Erleichterungen beachten (§§ 2136, 2137). Der
Nacherbentestamentsvollstrecker erteilt auch an Stelle des Nacherben zu Verfügungen des Vorerben
die **erforderlichen Zustimmungen** (§§ 2113 ff), und zwar aus eigenem Recht, so dass es auch bei
minderjährigen Nacherben keiner familiengerichtlichen Genehmigung bedarf[23]. Unentgeltlichen Verfügungen des Vorerben kann er jedoch wegen § 2205 S 3 nicht zustimmen[24], es sei denn, dass dem
Nacherben hierfür ein adäquates Entgelt zufließt[25]. Auch ist er an die Grundsätze der ordnungsgemäßen
Nachlassverwaltung (§ 2216) bei seinen Entscheidungen gebunden[26]. Seine Pflichten gegenüber dem
Vorerben ergeben sich aus §§ 2120 und 2123. Bei einer entsprechenden Pflichtverletzung haftet er
auch gegenüber dem Vorerben nach § 2219[27]. Der Anspruch für die Vergütung (§ 2221) richtet sich
gegen den Nacherben[28]. Bei Rechtsstreitigkeiten über die Rechte und Pflichten des Nacherben ist nur
der Nacherbentestamentsvollstrecker nach den §§ 2212 bis 2213 aktiv und passiv zur **Prozessführung**
legitimiert[29]; das in einem solchen Prozess ergehende Urteil wirkt für und gegen den Nacherben (§ 327
ZPO)[30].

b) Verhältnis zum Nacherben. Den Testamentsvollstrecker treffen auch im Fall des § 2222 die 8
Pflichten zur ordnungsmäßigen Verwaltung der Rechte der Nacherben gemäß § 2216 und er haftet
gemäß § 2219, wenn ihm ein Verschulden zur Last fällt, für den daraus entstehenden Schaden[31]. Eine
Verpflichtung zur Inventarisierung nach § 2215 besteht für ihn aber nicht, da er nicht Nachlassgegenstände, sondern nur die Rechte des Nacherben verwaltet. Jedoch muss er den Anspruch nach § 2121
auf ein Verzeichnis der zur Erbschaft gehörende Gegenstände gegen den Vorerben geltend machen,
und zwar auch dann, wenn er zugleich auch dessen Vollstrecker ist; daneben ist er dem Nacherben
gegenüber auf Verlangen darüber auskunftspflichtig (§§ 2218, 666); und zwar schon vor dem Nacherbfall[32]. Über die Rechtsstellung des Nacherben als solche kann er allerdings nicht verfügen, insbs
nicht dessen Anwartschaftsrecht übertragen oder hierauf verzichten[33], wohl aber auf die Sicherung der
Nacherbenrechte durch Eintragung eines Nacherbenvermerks (§ 51 GBO)[34].

§ 2223 Vermächtnisvollstrecker

**Der Erblasser kann einen Testamentsvollstrecker auch zu dem Zwecke ernennen, dass
dieser für die Ausführung der einem Vermächtnisnehmer auferlegten Beschwerungen sorgt.**

---

[19] BGHZ 127, 260, 363 = NJW 1995, 456; *Soergel/Damrau* Rn 5 ff; etwas anders akzentuiert *Schaub* in: *Bengel/
Reimann* HdB IV Rn 209; *Staudinger/Reimann* Rn 11 ff.
[20] KGJ 43 A 92; AnwK-BGB/*Weidlich* Rn 10; MünchKommBGB/*J. Mayer* § 2363 Rn 15; MünchKommBGB/
Zimmermann Rn 7.
[21] AnwK-BGB/*Weidlich* Rn 10; MünchKommBGB/*J. Mayer* § 2368 Rn 35; *Zimmermann* Rn 181.
[22] Vgl etwa die Aufstellung bei *Zimmermann* Rn 175.
[23] Vgl etwa BayObLGZ 1989, 183, 186 = NJW-RR 1989, 1096: keine Kontrolle des (damals noch zuständigen)
Vormundschaftsgerichts; AnwK-BGB/*Weidlich* Rn 4; *Winkler*, Der Testamentsvollstrecker, Rn 155; Münch-
KommBGB/*Zimmermann* Rn 5.
[24] *Soergel/Damrau* Rn 7; *Damrau/Bonefeld* Rn 3.
[25] *Keim* ZEV 2007, 470, 474; eingehend *ders* ZErb 2008, 5, 7 f.
[26] *Schaub* in: *Bengel/Reimann* HdB IV Rn 210.
[27] *Staudinger/Reimann* Rn 25; zweifelnd *Kipp/Coing* § 76 III.
[28] *Soergel/Damrau* Rn 10; *Staudinger/Reimann* Rn 24; dazu oben § 2221 Rn 19.
[29] *Zimmermann* Rn 176.
[30] *Soergel/Damrau* Rn 9; *Staudinger/Reimann* Rn 14.
[31] BGHZ 127, 360, 362 = NJW 1995, 456; MünchKommBGB/*Zimmermann* Rn 5; *Soergel/Damrau* Rn 11;
Staudinger/Reimann Rn 23; *Zimmermann* Rn 180.
[32] BGHZ 127, 360, 364 = NJW 1995, 456; vgl auch *Zimmermann* Rn 180.
[33] BayObLGZ 1989, 183, 186 = NJW-RR 1989, 1096; KG JW 1937, 1553; AnwK-BGB/*Weidlich* Rn 5; Münch-
KommBGB/*Zimmermann* Rn 6; *Zimmermann* Rn 178.
[34] BayObLGZ 1989, 183, 186.

§ 2223　　　　　　　　　　　　　　　　　　　　　　　　　　　Buch 5. Abschnitt 3. Testament

Schrifttum: *Damrau*, Das Ende der Testamentsvollstreckung über ein Vorvermächtnis, FS Kraft, 1998, S 37; *Kraiß*, Testamentsvollstrecker und Vermächtnis, BWNotZ 1986, 12; *Spall*, Vollzug eines Nachlassvermächtnisses durch den Testamentsvollstrecker, ZEV 2002, 5.

I. Normzweck, Abgrenzung

1　**1. Geregelte Fallgruppe.** Die Vorschrift betrifft nur den Fall, dass der Testamentsvollstrecker mit der beschränkten Aufgabe betraut ist, für die Ausführung einer dem Vermächtnisnehmer auferlegten Beschwerung (Untervermächtnis, Nachvermächtnis, Auflage) zu sorgen. Daneben bestehen noch andere Möglichkeiten, eine Testamentsvollstrecker mit Vermächtnisbezug anzuordnen (Rn 2 f).

2　**2. Andere Funktionen der Testamentsvollstreckung bei Vermächtnissen.** Zugleich lässt sich aus dem Gesetzeswortlaut des § 2223 („auch") wie auch aus § 2338 Abs 1 S 1 herleiten, dass der Erblasser den Vermächtnisnehmer mit anderen Arten der Testamentsvollstreckung belasten kann, etwa mit einer **Verwaltungsvollstreckung** hinsichtlich des Vermächtnisobjekts **nach der Vermächtniserfüllung** (§§ 2209, 2210 gelten entsprechend), mag dies die einzige Aufgabe sein oder aber erst nach der Ausführung von Beschwerungen iS des § 2223 erfolgen[1].

3　Der Testamentsvollstrecker kann aber auch **gleichzeitig** für den **Erben** und den **Vermächtnisnehmer** ernannt werden, was man als **Kombinationslösung** mit großem Aufgabenkreis nach §§ 2203, 2204, 2223 bezeichnen kann[2]. Ob bei allgemein gehaltener Anordnung der Testamentsvollstreckung er auch die Aufgaben des § 2223 hat, ist durch Auslegung zu ermitteln. Hat der Testamentsvollstrecker für die Ausführung aller Erblasseranordnungen zu sorgen, ist das zu bejahen[3], ansonsten im Zweifel zu verneinen, da die allgemeine Mitverwaltung des Vermächtnisses eine Aufgabenerweiterung darstellt[4]. Ist die Testamentsvollstreckung entspr der allgemeinen Regelaufgabe der §§ 2203, 2204 auf die Abwicklung und Auseinandersetzung beschränkt, so erlischt mit der Vermächtniserfüllung die Verfügungsbeschränkung (§ 2211) und ein entsprechender Testamentsvollstreckervermerk ist im Grundbuch zu löschen[5].

II. Vermächtnisvollstreckung

4　**1. Aufgabe.** Diese ist hier, nach den Anordnungen des Erblassers die dem Vermächtnisnehmer auferlegten Beschwerungen auszuführen. Hierzu gehört die Erfüllung der Untervermächtnisse (§ 2186), und Auflagen (§§ 2192 ff), bei der Vorvermächtnisvollstreckung aber nicht die Erfüllung des Nachvermächtnisses (§ 2191), denn mit Eintritt des Nachvermächtnisfalls endet sein Amt[6]. In entsprechender Anwendung ist auch die Anordnung eines **Nachvermächtnistestamentsvollstreckers** – analog dem Nacherbentestamentsvollstrecker (§ 2222) – zur Wahrnehmung der Rechte und Pflichten des Nachvermächtnisnehmers für die Zeit zwischen dem Erbfall und dem Anfall des Nachvermächtnisses möglich, wobei aber zu beachten ist, dass hier keine dinglich wirkende Verfügungsbeschränkung beim Vorvermächtnisnehmer besteht[7]. Nach den Erblasseranordnungen (§ 2208) richtet sich auch, ob der Testamentsvollstrecker die Beschwerungen **selbst zu vollziehen** (§ 2203 – Regelfall) oder nur die Ausführung zu überwachen hat (§ 2208 Abs 2)[8].

5　Der Erblasser kann aber die **Aufgaben und Befugnisse** des Testamentsvollstreckers auch hier **einschränken** (§ 2208). So kann seine Aufgabe darin erschöpfen, dass der Vermächtnisnehmer über das vermachte Grundstück nur mit Zustimmung des Testamentsvollstreckers verfügen kann, was auch dinglich wirkt[9].

6　**2. Befugnisse.** Diese richten sich nach der Aufgabenstellung und den ausdrücklichen Anordnungen des Erblassers[10]. Ist demnach **nichts besonderes** anzunehmen (Rn 4 f), so gelten auch für die Vollstre-

---

[1] BGHZ 13, 203, 205 f = NJW 1954, 1036; BayObLGZ 1986, 34, 39 = NJW-RR 1986, 629; FamRZ 1991, 490; BayObLG vom 25. 1. 1978, 1 Z 101/77; AnwK-BGB/*Weidlich* Rn 3; KK-Erbrecht/*Rott* Rn 3; MünchKommBGB/*Zimmermann* Rn 2, 6; *Kipp/Coing* § 76 I 3; *Palandt/Edenhofer* Rn 2; zur einkommensteuerlichen Behandlung BFH BStBl 1995 II S 714 = NJW 1995, 2406, 2407.
[2] BGHZ 13, 203, 205 f; zu Auslegungsfragen in diesem Kontext OLG Karlsruhe ZEV 1999, 438 = FamRZ 2000, 914.
[3] *Soergel/Damrau* Rn 2; *Staudinger/Reimann* Rn 5.
[4] KG OLGE 18, 336; *Soergel/Damrau* Rn 2; aA wegen § 2203 AnwK-BGB/*Weidlich* Rn 2; *Staudinger/Reimann* Rn 5.
[5] LG Aachen Rpfleger 1986, 306.
[6] *Damrau/J. Mayer* ZEV 2001, 293, 294; aA RG DJZ 1924, 475; *Hartmann* ZEV 2001, 89, 91; MünchKommBGB/*Zimmermann* Rn 3; *Spall* ZEV 2002, 5, jedoch mit zT unklarem Verständnis der verschiednen Arten der Testamentsvollstreckung; ebenso unklar AnwK-BGB/*Weidlich* Rn 4 Fn 6 in Kritik zur hiesigen Auffassung; dem Erblasser bleibt aber die Möglichkeit, zur Erfüllung des Nachvermächtnisses ausdrücklich eine weitere Testamentsvollstreckung (§ 2203) anzuordnen, so möglicherweise im Fall von BGH NJW 2001, 520; eingehend dazu AnwK-BGB/*J. Mayer* § 2191 Rn 30.
[7] *Soergel/Damrau* Rn 9; *Bengel* NJW 1990, 1826, 1829; *Winkler*, Der Testamentsvollstrecker, Rn 163; *Dieterich* NJW 1971, 2017; AnwK-BGB/*Weidlich* Rn 5; MünchKommBGB/*Zimmermann* Rn 3; einschränkend *Staudinger/Reimann* Rn 10, der das Sicherungsbedürfnis des Nachvermächtnisnehmers unterschätzt.
[8] MünchKommBGB/*Zimmermann* Rn 3; *Staudinger/Reimann* Rn 6.
[9] BayObLGZ 1990, 82, 85 f = NJW-RR 1990, 844.
[10] *Damrau/Bonefeld* Rn 2; zu verkürzt AnwK-BGB/*Weidlich* Rn 6, wonach diese den allgemeinen Rechten des Testamentsvollstreckers entsprächen.

ckung nach § 2223 die allgemeinen Vorschriften über die Testamentsvollstreckung entspr[11], jedoch immer mit dem Blickwinkel auf die begrenztere Aufgabenstellung und objektmäßig beschränkt auf den Vermächtnisgegenstand[12]. Der Testamentsvollstrecker hat also den Vermächtnisanspruch als Grundlage für die Ausführung der eigentlichen Anordnung geltend zu machen (notfalls gerichtlich), nach der Erfüllung desselben den Vermächtnisgegenstand in Besitz zu nehmen, zu verwalten und entspr der Zwecksetzung der Testamentsvollstreckung darüber zu verfügen (§ 2205). Der Vermächtnisnehmer ist dabei von der Verfügung ausgeschlossen, soweit dies zur Erfüllung der Beschwerungen erforderlich ist (§ 2211)[13]. Über den Vermächtnisanspruch samt Ausschlagungsrecht selbst kann der Testamentsvollstrecker allerdings nicht verfügen, da ja der Testamentsvollstrecker auch sonst über die Grundlage für seine Verwaltung, den Erbteil, nicht verfügen kann[14]. Eine Vollziehung der Anordnung des Erblassers durch den Testamentsvollstrecker selbst scheidet aber aus, wenn nicht vertretbare Handlungen zu erbringen sind[15].

Ein der Verwaltung unterliegendes Recht kann nur der Testamentsvollstrecker geltend machen (§ 2212), mit Rechtskrafterstreckung gegen den Vermächtnisnehmer (§ 327 Abs 1 ZPO). Für Passivprozesse, etwa auf Erfüllung der angeordneten Beschwerungen bei Klage des Untervermächtnisnehmers, gilt § 2213[16]. Privatgläubiger können während der Dauer der Vollstreckung nicht in das Vermächtnisobjekt vollstrecken, soweit dadurch die Erfüllung der Beschwerung beeinträchtigt würde (§ 2214)[17]. **Verbindlichkeiten** kann der Testamentsvollstrecker entspr § 2206 eingehen, jedoch haftet daraus – da es keine gesetzliche Haftungsbeschränkung auf das Vermächtnisobjekt gibt – nur der vermachte Gegenstand, wenn der Testamentsvollstrecker seine beschränkte Aufgabenstellung deutlich gemacht hat (sonst § 179);[18] allerdings gilt für die Wirksamkeit derartiger Verpflichtungen zudem noch die kausale Beschränkung auf den Aufgabenkreis (§ 2206; dort Rn 1)[19]. Die Haftung des Testamentsvollstreckers bestimmt sich auch hier nach § 2219[20], die gegenüber dem Vermächtnisnehmer, dem Nachvermächtnisnehmer, dem Untervermächtnisnehmer und überhaupt gegen jeden in Betracht kommt, der aus der angeordneten Beschwerung begünstigt wird[21]. Der Vergütungsanspruch (§ 2221) richtet sich nicht gegen den Erben, sondern gegen den (Unter-) Vermächtnisnehmer[22]. Unentgeltliche Geschäfte sind untersagt (§ 2205 S 3). Im Übrigen gelten auch hier die §§ 2217 ff[23].

3. Person des Vermächtnisvollstreckers. Der Alleinerbe kann zwar nicht zu seinem eigenen Testamentsvollstrecker ernannt werden, aber zum Vermächtnisvollstrecker mit den Regelaufgaben des § 2223[24]. Auch der Bedachte selbst kann dazu berufen werden[25]. Der alleinige Vermächtnisnehmer, der mit der zu erfüllenden Beschwerung belastet ist, kann aber wegen der Interessenkollision nicht zum Vermächtnisvollstrecker ernannt werden[26].

III. Testamentsvollstreckerzeugnis, Grundbuch

Auch dem Vermächtnisvollstrecker ist auf Antrag ein **Testamentsvollstreckerzeugnis** (§ 2368) zu erteilen, in dem aber der beschränkte Aufgabenkreis zu vermerken ist[27]. Im **Erbschein** soll die Vermächtnisvollstreckung nicht aufzunehmen sein[28], was nur dann richtig ist, wenn der Testamentsvollstrecker nur für die Erfüllung der Beschwerungen durch den Vermächtnisnehmer zu sorgen hat, nicht aber – wie bei der Kombinationslösung (Rn 3) – zugleich auch für die eigentliche Vermächtniserfüllung. Soweit die Vermächtnisvollstreckung mit dinglicher Wirkung angeordnet ist, kann und muss zum Schutz der Begünstigten ein entsprechender Vermerk (§ 52 GBO) auch an einem davon betroffenen Grundstück im Grundbuch eingetragen werden[29].

---

[11] BayObLGZ 1990, 82, 85 f = NJW-RR 1990, 844.
[12] MünchKommBGB/*Zimmermann* Rn 4.
[13] AnwK-BGB/*Weidlich* Rn 6; Soergel/*Damrau* Rn 3; MünchKommBGB/*Zimmermann* Rn 4.
[14] Soergel/*Damrau* Rn 3.
[15] Unklar Staudinger/*Reimann* Rn 6.
[16] RG DJZ 1924, 475; MünchKommBGB/*Zimmermann* Rn 4; Soergel/*Damrau* Rn 4.
[17] Staudinger/*Reimann* Rn 13.
[18] Damrau/*Bonefeld* Rn 2; Soergel/*Damrau* Rn 5; MünchKommBGB/*Zimmermann* Rn 4; Staudinger/*Reimann* Rn 10; aM AnwK-BGB/*Weidlich* Rn 6: Haftung des gesamten Nachlasses.
[19] Zumindest dies übersieht AnwK-BGB/*Weidlich* Rn 6.
[20] AnwK-BGB/*Weidlich* Rn 8; jurisPK/*Heilmann* Rn 8.
[21] MünchKommBGB/*Zimmermann* Rn 4 aE.
[22] AnwK-BGB/*Weidlich* Rn 7; Damrau/*Bonefeld* Rn 4; jurisPK/*Heilmann* Rn 8; Soergel/*Damrau* Rn 7; Staudinger/ Reimann Rn 18; aA *Muscheler* ZEV 1996, 185; *Zimmermann* Rn 726.
[23] JurisPK/*Heilmann* Rn 8; Staudinger/*Reimann* Rn 16.
[24] *Winkler*, Der Testamentsvollstrecker, Rn 163; Staudinger/*Reimann* Rn 20.
[25] MünchKommBGB/*Zimmermann* Rn 6.
[26] AnwK-BGB/*Weidlich* Rn 9; Staudinger/*Reimann* Rn 19.
[27] BayObLGZ 1986, 34 = NJW-RR 1986, 629; AnwK-BGB/*Weidlich* Rn 10; Damrau/*Bonefeld* Rn 3; KK-Erbrecht/*Rott* Rn 8; *Winkler*, Der Testamentsvollstrecker, Rn 691; zur Ermittlungspflicht des Nachlassgerichts hierbei BayObLGZ 1984, 225.
[28] KGJ 43, 92, 94 = OLGE 26, 354; KGJ 46, 141, 144; Staudinger/*Reimann* Rn 21; Soergel/*Damrau* Rn 7.
[29] BayObLGZ 1990, 82, 84 f = NJW-RR 1990, 844; AnwK-BGB/*Weidlich* Rn 10; jurisPK/*Heilmann* Rn 8; D. *Mayer* in: Bengel/Reimann HdB V Rn 297.

§ 2224 Mehrere Testamentsvollstrecker

(1) ¹Mehrere Testamentsvollstrecker führen das Amt gemeinschaftlich; bei einer Meinungsverschiedenheit entscheidet das Nachlassgericht. ²Fällt einer von ihnen weg, so führen die übrigen das Amt allein. ³Der Erblasser kann abweichende Anordnungen treffen.

(2) Jeder Testamentsvollstrecker ist berechtigt, ohne Zustimmung der anderen Testamentsvollstrecker diejenigen Maßregeln zu treffen, welche zur Erhaltung eines der gemeinschaftlichen Verwaltung unterliegenden Nachlassgegenstands notwendig sind.

I. Normzweck

1   Die Ernennung mehrerer Testamentsvollstrecker kann für die Verwirklichung der Ziele der Testamentsvollstreckung zweckmäßig sein, insbes bei großen oder schwierig strukturierten Nachlässen. Auch kann damit Fachkompetenz verstärkt, Verantwortung verteilt und gegenseitige Kontrolle geschaffen werden[1]. Jedoch entsteht durch die Personenmehrheit auch entsprechender Regelungsbedarf und Konfliktpotenzial[2]. Die Vorschrift bestimmt daher, wie die Verwaltung gemeinschaftlich zu führen ist (Gesamtvollstreckung), dass bei Meinungsverschiedenheiten das Nachlassgericht entscheidet und bei Wegfall eines Testamentsvollstreckers die übrigen das Amt weiterführen. Die Vorschrift ist gegenüber den **Anordnungen** des Erblassers subsidiär (Abs 1 S 3).

II. Mehrere Testamentsvollstrecker

2   **1. Gesamtvollstreckung.** Es können mehrere Testamentsvollstrecker ernannt werden (§§ 2197, 2199, 2200), eine gesetzliche Höchstzahl gibt es nicht[3]. Keine Ernennung zum Testamentsvollstrecker liegt idR vor, wenn der Erblasser bestimmt, dass der Rat einer bestimmten Person (Rechtsanwalt, Steuerberater) einzuholen oder gar deren Zustimmung erforderlich ist; hier handelt es sich meist um eine reine Verwaltungsanordnung (§ 2216 Abs 2)[4]. Mangels abweichender Erblasseranordnung führen mehrere Testamentsvollstrecker das Amt **gemeinschaftlich** (Abs 1 S 1). Das bedeutet, dass Entscheidungen im Innenverhältnis einstimmig getroffen werden müssen und jeder von ihnen nach außen beim Abschluss der entsprechenden Rechtsgeschäfte mitwirken muss, soweit nicht ausnahmsweise Abs 2 eingreift[5]. Soweit es an der erforderlichen Zustimmung eines Mitvollstreckers fehlt, ist das Rechtsgeschäft schwebend unwirksam; es kann aber durch die nachträgliche Genehmigung der anderen Mitvollstrecker oder notfalls durch Entscheidung des Nachlassgerichts rückwirkend wirksam werden (§ 185)[6]. Handelt ein Testamentsvollstrecker, so genügt es, wenn sich aus den Umständen das Handeln für den anderen ergibt (§ 164 Abs 1 S 2)[7], was aber nicht die entsprechende Vollmacht oder Nachgenehmigung entbehrlich macht.

3   Aus der gemeinsamen Amtsführung folgt, dass auch Anträge und Beschwerden in Gerichts- und FGG-Verfahren von den Testamentsvollstreckern gemeinsam gestellt bzw eingelegt werden müssen[8], etwa auf Eröffnung eines Nachlassinsolvenzverfahrens, auf Grundbuchberichtigung[9], auf Aufhebung einer Verwaltungsanordnung nach § 2216 Abs 2 S 2, nicht jedoch bei Anträgen nach Abs 1 S 1 HS 2 oder nach § 82 FGG[10]. Bei Aktivprozessen (§ 2212) im Bereich der gemeinsamen Amtsführung müssen grds alle miteinander Klage erheben und sind daher **notwendige Streitgenossen** (§ 62 ZPO), bei **Passivprozessen** sind sie es nur dann, wenn die begehrte Handlung nur gemeinsam erfüllt werden kann (also nicht bei §§ 2218, 666)[11]. Die Nachfolgerernennung nach § 2199 Abs 2 gehört nicht zur Amtsführung[12].

4   Die Gesamtvollstrecker können jedoch die Ausführung bestimmter Aufgaben der Testamentsvollstreckung (Hausverwaltung) auf einen **Dritten** per **Auftrag** übertragen[13], wozu wiederum alle mitwirken müssen. Sie können auch die Aufgaben nach bestimmten Gebieten **unter sich verteilen**[14] und sich auch gegenseitig bevollmächtigen; jedoch hat all dies nur interne Wirkung und ändert nichts an ihrer gemeinschaftlich fortbestehenden Verantwortung und Haftung (§ 2219 Abs 2)[15]. Auch die Auskunfts-

---

[1] AnwK-BGB/*Weidlich* Rn 22; jurisPK/*Heilmann* Rn 5; KK-Erbrecht/*Rott* Rn 1.
[2] AnwK-BGB/*Weidlich* Rn 22; *Tanck/Krug/Daragan*, AnwaltFormulare Testamente in der anwaltlichen und notariellen Praxis, § 18 Rn 76.
[3] MünchKommBGB/*Zimmermann* Rn 2.
[4] RGZ 130, 131, 138; MünchKommBGB/*Zimmermann* Rn 2.
[5] BGH NJW 1967, 2402; AnwK-BGB/*Weidlich* Rn 2; MünchKommBGB/*Zimmermann* Rn 5; Staudinger/*Reimann* Rn 12 ff.
[6] RG JW 1932, 1358; AnwK-BGB/*Weidlich* Rn 2; *Damrau/Bonefeld* Rn 2; MünchKommBGB/*Zimmermann* Rn 5; Staudinger/*Reimann* Rn 16.
[7] BGH NJW-RR 1994, 963.
[8] JurisPK/*Heilmann* Rn 8; MünchKommBGB/*Zimmermann* Rn 6; Staudinger/*Reimann* Rn 18.
[9] Staudinger/*Reimann* Rn 18; jetzt auch Soergel/*Damrau* Rn 4.
[10] JurisPK/*Heilmann* Rn 8.
[11] AnwK-BGB/*Weidlich* Rn 4; *Damrau/Bonefeld* Rn 9; jurisPK/*Heilmann* Rn 9; Staudinger/*Reimann* Rn 19; aA offenbar Musielak/*Werth* § 62 ZPO Rn 12.
[12] KG DFG 1942, 45; Staudinger/*Reimann* Rn 23.
[13] KG JFG 7, 279; Palandt/*Edenhofer* Rn 1.
[14] AnwK-BGB/*Weidlich* Rn 3.
[15] BGH NJW 1967, 2400; Palandt/*Edenhofer* Rn 2; Staudinger/*Reimann* Rn 13.

und Rechenschaftspflichten und die sonstigen Pflichten nach §§ 2218, 666 treffen nach wie vor jeden der Mitvollstrecker, und zwar jeden allein[16].

2. Entscheidung des Nachlassgerichts. Bei Meinungsverschiedenheiten über die Amtsführung entscheidet auf Antrag das Nachlassgericht (bei landwirtschaftlichen Grundstücken iS der HöfeO das Landwirtschaftsgericht)[17]. **Antragsberechtigt** ist jeder Mitvollstrecker allein, aber auch alle sonst am Nachlass im materiellen Sinn Beteiligten[18], also Erbe, Vermächtnisnehmer, nicht aber ein Dritter, mit dem ein Rechtsgeschäft geschlossen wurde[19]. Funktionell zuständig ist der Richter (§ 16 Abs 1 Nr 4 RPflG). **Prüfungsgegenstand** ist ein **tatsächliches Verhalten**, das in Ausführung der Verwaltungsaufgabe vorgenommen wird, also die **sachlich- und zweckmäßige Amtsführung**[20]. Entschieden wird zB über die Notwendigkeit und Zweckmäßigkeit eines Rechtsgeschäfts (§ 2216 Abs 1), über die Anlegung von Nachlassgeldern, über einen Auseinandersetzungsplan, über die gemeinschaftlich vorzunehmende Ernennung eines weiteren Mitvollstreckers[21]. Der ordentliche Rechtsweg ist dann ausgeschlossen.

Das **Prozessgericht** ist dagegen allein zuständig, wenn es sich um eine persönliche Aufgabe handelt, etwa der Ernennung eines Testamentsvollstreckers durch einen allein (§ 2199 Abs 2)[22], um die Frage, ob die betreffende Handlung überhaupt zum Verwaltungskreis der Testamentsvollstreckung gehört[23], wenn es um eigene Rechte und Pflichten des Testamentsvollstreckers geht, weil er etwa selbst Schuldner oder Gläubiger des Nachlasses ist (sog Drittbeziehungen)[24], oder wenn sich die Testamentsvollstrecker **ausschließlich** um eine **Rechtsfrage** streiten, etwa eine Auslegung des Testaments[25] oder die Berechtigung eines Testamentsvollstreckers zur Geldentnahme aus dem Nachlass oder ob für eine Handlung alle Testamentsvollstrecker mitwirken müssen[26]. Soweit jedoch eine Rechtsfrage eine **Vorfrage** für die umstrittene Amtshandlung ist, so hat das Nachlassgericht ausnahmsweise auch hierüber „inzident" zu entscheiden, auch wenn diese der Grund für die Meinungsverschiedenheit ist[27]. Denn sonst könnte dieses Verfahren in vielen Fällen nicht die ihm an sich zugedachte Aufgabe erfüllen[28].

Prüfungsmaßstab ist die **Zweckmäßigkeit** der Verwaltungshandlung[29], wobei aber auch immer über die Rechtmäßigkeit derselben als Vorfrage zu entscheiden ist[30]. Der **Entscheidungsinhalt**[31] kann darin bestehen, dass eine der von den Testamentsvollstreckern vorgetragenen Meinungen gebilligt wird oder alle abgelehnt werden. Allenfalls können geringfügige Modifikationen vom Nachlassgericht selbst vorgenommen werden[32]. Keinesfalls kann es selbst die Entscheidungskompetenz völlig an sich ziehen und an Stelle der Testamentsvollstrecker eine von keinem vorgeschlagene Entscheidung fällen[33]. Die Entscheidung bindet ein Prozessgericht nicht[34], jedoch umgekehrt eine zwischen den gleichen Parteien ergangenes Prozessurteil das Nachlassgericht[35]. Die Verfügung, die vom Gericht jederzeit wieder geändert werden kann, wird mit der Bekanntgabe nach § 16 FGG wirksam.

Der **Entscheidungstenor** lautet dahingehend, dass die betreffende Verwaltungsmaßnahme gebilligt wird. Sie ersetzt nicht die Zustimmung des sich bisher verweigernden Mitvollstreckers, wie sich aus der anderen Fassung in §§ 1365 Abs 2, 1369 Abs 2, 1426 ergibt. Die fehlende Willenserklärung muss ggf

---

[16] RG JW 1913, 495; MünchKommBGB/*Zimmermann* Rn 8.
[17] *Soergel/Damrau* Rn 12.
[18] KG OLGE 30, 209; AnwK-BGB/*Weidlich* Rn 7; KK-Erbrecht/*Rott* Rn 17; MünchKommBGB/*Zimmermann* Rn 13; *Staudinger/Reimann* Rn 25; aA *Damrau/Bonefeld* Rn 6; *Soergel/Damrau* Rn 13; *Zimmermann* Rn 219: Klage vor dem Prozessgericht zu erheben.
[19] MünchKommBGB/*Zimmermann* Rn 13.
[20] BGHZ 20, 264, 266; BayObLG MDR 1978, 142; AnwK-BGB/*Weidlich* Rn5; jurisPK/*Heilmann* Rn 13; MünchKommBGB/*Zimmermann* Rn 10.
[21] KG Recht 1914 Nr 1117; AnwK-BGB/*Weidlich* Rn5 mwN.
[22] *Staudinger/Reimann* Rn 23; MünchKommBGB/*Zimmermann* Rn 11.
[23] BGHZ 20, 264, 268.
[24] KG OLGE 30, 209; *Staudinger/Reimann* Rn 24.
[25] BGHZ 20, 264, 268; AnwK-BGB/*Weidlich* Rn 5; *Staudinger/Reimann* Rn 22; MünchKommBGB Rn 11; aA *der* Testamentsvollstreckung Rn 217, weil die Testamentsauslegung zu den ureigensten Aufgaben den Nachlassgerichts gehöre.
[26] MünchKommBGB/*Zimmermann* Rn 11; *Staudinger/Reimann* Rn 22.
[27] AnwK-BGB/*Weidlich* Rn 6; *Damrau/Bonefeld* Rn 5; jurisPK/*Heilmann* Rn 15; MünchKommBGB/*Zimmermann* Rn 12; PWW/*Schiemann* Rn 2; *Staudinger/Reimann* Rn 22; KG Recht 1914 Nr 1117; aA OLG Hamburg MDR 1953, 364; *Soergel/Damrau* Rn 9; der LS von BGHZ 20, 264, 267 f scheint eine Vorfragenkompetenz über Rechtsfragen auszuschließen, die Entscheidungsgründe lassen dies aber offen.
[28] *Firsching/Graf* Nachlassrecht Rn 4.475.
[29] BayObLG MDR 1978, 142; *Staudinger/Reimann* Rn 27.
[30] *Firsching/Graf* Nachlassrecht Rn 4.475; so auch BGHZ 20, 264, 269, „denn der Richter kann nicht dazu gezwungen werden, einem von ihm als gesetzwidrig erkannten Vorschlage beizutreten"; vgl auch *Schaub* DJZ 1908, 700. *Soergel/Damrau* Rn 14 verlangt auch die Prüfung der Rechtmäßigkeit; herrsche jedoch darüber zwischen den Testamentsvollstreckern Streit, so sei das Prozessgericht zuständig.
[31] Muster bei *Firsching/Graf* Nachlassrecht Rn 4.474.
[32] OLG München JFG 15, 344; *Staudinger/Reimann* Rn 26; *Soergel/Damrau* Rn 11; jurisPK/*Heilmann* Rn 15: „Spielraum".
[33] KG JW 1936, 1017; AnwK-BGB/*Weidlich* Rn 9; Palandt/*Edenhofer* Rn 4; PWW/*Schiemann* Rn 3; jurisPK/*Heilmann* Rn 15.
[34] AnwK-BGB/*Weidlich* Rn6; jurisPK/*Heilmann* Rn 6; MünchKommBGB/*Zimmermann* Rn 15.
[35] *Firsching/Graf* Nachlassrecht Rn 4.475.

§ 2224

erzwungen werden[36]. Da aber **Schadensersatz** bei Weigerung droht (§ 2219), wird dies selten nötig sein. Die Gebühren richten sich nach § 113 KostO.

9 **Rechtsmittel** ist die einfache Beschwerde[37], ausnahmsweise aber die **sofortige Beschwerde** (§§ 82 Abs 2, 53, 60 Abs 1 Nr 6 FGG), soweit über Meinungsverschiedenheiten hinsichtlich der Vornahme eines Rechtsgeschäfts entschieden wird; in diesem Fall wird die Entscheidung auch erst mit der Rechtskraft wirksam (§ 82 Abs 2 FGG), jedoch kann bei Gefahr im Verzuge die sofortige Wirksamkeit angeordnet werden (§ 53 Abs 2 FGG). Beschwerdeberechtigt gegen die Antragsablehnung ist nur der Antragsteller (§ 20 Abs 2 FGG)[38], gegen eine stattgebende Entscheidung jeder Testamentsvollstrecker und auch alle sonst materiell Betroffenen, wenn ihre Rechte beeinträchtigt werden[39].

III. Wegfall eines Mitvollstreckers

10 Geschieht dies, so führen die Übrigen das Amt fort (Abs 1 S 2), bei ursprünglich zwei der verbleibende andere[40], sofern keine abweichende Anordnung des Erblassers vorliegt (Abs 1 S 3). Ein Wegfall liegt vor, wenn der Testamentsvollstrecker tatsächlich oder rechtlich durch in seiner Person liegende Gründe **dauernd verhindert** ist, das Amt auszuüben[41], mag dies bereits vor oder erst nach der Annahme des Amtes eintreten. In Betracht kommt etwa eine Amtsniederlegung (§ 2226), eine Entlassung (§ 2227) oder eine Beendigung des konkreten Amtes aus anderen Gründen (Zeitablauf) oder wenn der Testamentsvollstrecker vermisst ist[42], ja auch wegen eines Interessenwiderstreits oder der Beschränkungen des § 181 bezüglich einzelner Rechtsgeschäfte oder Prozesse, etwa wenn ein Testamentsvollstrecker wegen einer Nachlassforderung verklagt wird[43]. Bei nur **vorübergehender Verhinderung** greift Abs 1 S 2 nicht ein; die übrigen Testamentsvollstrecker können dann allein unter den Voraussetzungen des Abs 2 (Notmaßnahmen) wirksam für den Nachlass handeln oder die sonst erforderliche Genehmigung des verhinderten Testamentsvollstreckers nachträglich beibringen und hierzu auch die Entscheidung des Nachlassgericht nach Abs 1 S 1 HS 2 herbeiführen[44].

IV. Abweichende Anordnungen des Erblassers

11 Diese können nach Abs 1 S 3 getroffen werden, also nur für die in Abs 1 angesprochenen Fälle und nur durch Verfügung von Todes wegen. Dabei können sie sich auf die Amtsführung **mehrerer Testamentsvollstrecker** beziehen (Abs 1 S 1). Soweit sie vom Gesetz abweichend das Vertretungsverhältnis regeln, sind sie im Testamentsvollstreckerzeugnis anzugeben[45]. Möglich sind etwa[46] die Einräumung einer Alleinvertretungsbefugnis für jeden, uU mit einem Widerspruchsrecht für die anderen, oder sogar die Zuweisung bestimmter Wirkungskreise an einen Testamentsvollstrecker zur selbstständigen Aufgabenerfüllung **(Nebenvollstreckung),** was aber am Recht zur Vornahme von Notmaßnahmen nach Abs 2 nichts ändert[47], aber auch über die gegenseitige Vertretung untereinander im Falle der Verhinderung. Auch kann das Einstimmigkeitsprinzip durch einen **Mehrheitsentscheid** ersetzt werden[48], oder bestimmt werden, dass die Ansicht eines bestimmten Testamentsvollstreckers den Ausschlag gibt[49], wie jeweils im Zweifel auch zur Umsetzung des Beschlusses im Außenverhältnis ohne Mitwirkung des überstimmten Vollstreckers und unter Ausschluss des Nachlassgerichts berechtigt[50]. Die Streitentscheidung kann auch einem Dritten oder Schiedsrichter überlassen werden[51].

12 Der Erblasser kann auch für den Wegfall eines Mitvollstreckers (Abs 1 S 2) **abweichende Bestimmungen** hierzu treffen, etwa über ein ersatzweises Nachrücken eines Testamentsvollstreckers (selbst nach § 2197 Abs 2 oder durch Drittbestimmung im weitesten Sinne nach §§ 2198, 2199 und 2200) oder dass die Testamentsvollstreckung insgesamt beendet ist.

---

[36] KG DR 1943, 353; AnwK-BGB/*Weidlich* Rn 10; PWW/*Schiemann* Rn 3; *Staudinger/Reimann* Rn 26; *Soergel/Damrau* Rn 15; *Palandt/Edenhofer* Rn 4; aA MünchKommBGB/*Zimmermann* Rn 14; *Erman/M. Schmidt* Rn 3.
[37] KK-Erbrecht/*Tschichoflos* § 82 FGG Rn 7.
[38] KK-Erbrecht/*Tschichoflos* § 82 FGG Rn 6; *Staudinger/Reimann* Rn 31; *Soergel/Damrau* Rn 16; AnwK-BGB/*Weidlich* Rn 11 fordert bei mehreren Testamentsvollstreckern Beschwerdeerhebung durch alle, jedoch geht dies zu weit, vgl Rauscher Rn 219 für den verfahrenseröffnenden Antrag.
[39] KG OLGE 30, 209; AnwK-BGB/*Weidlich* Rn 11; KK-Erbrecht/*Tschichoflos* § 82 FGG Rn 6; *Staudinger/Reimann* Rn 31; aA *Soergel/Damrau* Rn 16; *Zimmermann* Rn 225: nur die Testamentsvollstrecker.
[40] RGZ 61, 139, 143; KG JR 1955, 65.
[41] *Soergel/Damrau* Rn 18.
[42] OGH NJW 1950, 64.
[43] RGZ 58, 299; 61, 139, 143; 98, 173; *Soergel/Damrau* Rn 18; *Staudinger/Reimann* Rn 36.
[44] AnwK-BGB/*Weidlich* Rn 13; *Soergel/Damrau* Rn 18; *Staudinger/Reimann* Rn 37; MünchKommBGB/*Zimmermann* Rn 19; aA RGRK/*Kregel* Rn 10.
[45] OLG Zweibrücken vom 6. 11. 1991, 3 W 148/91.
[46] Vgl zum Folgenden etwa AnwK-BGB/*Weidlich* Rn 14; jurisPK/*Heilmann* Rn 21; MünchKommBGB/*Zimmermann* Rn 3; PWW/*Schiemann* Rn 1; *Staudinger/Reimann* Rn 5 ff; *Kipp/Coing* § 74 I 2.
[47] MünchKommBGB/*Zimmermann* Rn 3 aE; *Soergel/Damrau* Rn 20; aA AnwK-BGB/*Weidlich* Rn 17, der wegen der Selbstständigkeit der Aufgabenkreise Abs 2 nicht anwenden will.
[48] BayObLG Rpfleger 2001, 548: mit Wirkung für Außenverhältnis; AnwK-BGB/*Weidlich* Rn 15; jurisPK/*Heilmann* Rn 21; *Soergel/Damrau* Rn 3; *Staudinger/Reimann* Rn 6.
[49] JurisPK/*Heilmann* Rn 21.
[50] AnwK-BGB/*Weidlich* Rn 15; *Kipp/Coing* § 74 I 2; *Staudinger/Reimann* Rn 6; *Soergel/Damrau* Rn 3; aA *Winkler,* Der Testamentsvollstrecker, Rn 458.
[51] AnwK-BGB/*Weidlich* Rn 16; *Staudinger/Reimann* Rn 6.

V. Notwendige Erhaltungsmaßnahmen

Solche kann jeder Testamentsvollstrecker auch ohne die Zustimmung der übrigen treffen (Abs 2); sie **13** sind dann auch nach außen wirksam[52]. Hierunter fallen nicht nur Maßnahmen tatsächlicher Art (Instandsetzung), sondern auch rechtlicher[53], wie Klageerhebung[54] bei drohender Verjährung oder Beweisschwierigkeiten, Einlegung eines befristeten Rechtsmittels oder auch Verteidigung gegen Forderungen[55]. Jedoch müssen diese zur Erhaltung **objektiv notwendig** sein, das subjektive „für erforderlich halten" genügt nicht[56]. Liegen die Voraussetzungen des Abs 2 nicht vor, dann hängt die Wirksamkeit eines Rechtsgeschäfts von der Genehmigung durch die anderen Testamentsvollstrecker ab (§§ 177 ff; 185); soweit sie nicht erteilt wird, kann auch das Nachlassgericht nach Abs 1 S 1 angerufen werden[57]. Abs 2 ist **nicht dispositiv**[58].

§ 2225 Erlöschen des Amts des Testamentsvollstreckers

Das Amt des Testamentsvollstreckers erlischt, wenn er stirbt oder wenn ein Fall eintritt, in welchem die Ernennung nach § 2201 unwirksam sein würde.

I. Überblick über die Beendigungstatbestände

Zu unterscheiden ist zwischen der Beendigung des Amtes des konkret amtierenden Testamentsvoll- **1** streckers und der insgesamt eintretenden Beendigung der Testamentsvollstreckung[1]. Das Gesetz regelt in den §§ 2225 bis 2227 nur das Erlöschen des Amts des konkret berufenen Testamentsvollstreckers, nicht das der Testamentsvollstreckung an sich. Als Beendigung des Amtes des **konkret** berufenen **Testamentsvollstreckers** kommen in Betracht: Tod des Testamentsvollstreckers (§ 2225 Alt 1) oder Eintritt der Amtsunfähigkeit (§ 2225 Alt 2 iVm § 2201), Verlust der Rechtsfähigkeit bei juristischen Personen (analog § 2225), Kündigung durch den Testamentsvollstrecker (§ 2226), Entlassung durch das Nachlassgericht (§ 2227).

Die **Testamentsvollstreckung endet insgesamt**[2]: auf Grund **Anordnung** des Erblassers, insbes bei **2** einem Endtermin oder einer auflösender Bedingung oder Befristung oder wenn die Anordnung der Testamentsvollstreckung inhaltlich auf eine bestimmte Person der ursprünglichen Miterben bezogen ist mit der Veräußerung des Erbteils[3]; mit der **Erledigung aller Aufgaben,** was funktionsbezogen zu bestimmen ist[4]; durch Erschöpfung des Nachlasses. Stellt sich später heraus, dass doch noch nicht alle Aufgaben erfüllt waren, so dauert die Testamentsvollstreckung in Wahrheit fort und der Testamentsvollstrecker kann seine Tätigkeit wieder aufnehmen[5]. Die **Verwaltungsvollstreckung** endet nach § 2209 spätestens mit Ablauf der 30-Jahresfrist (§ 2210, mit Ausnahmen), die Nacherbentestamentsvollstreckung bei Eintritt des Nacherbfalls (§ 2222). Das Amt erlischt bei einer reinen **Auseinandersetzungsvollstreckung** auch, wenn die Erben vereinbaren oder beschließen (§ 749 Abs 2), dass die Auseinandersetzung unterbleiben soll, die Erbengemeinschaft also auf Dauer fortgesetzt wird und auch sonst keine Aufgaben mehr zu erfüllen sind[6].

Hinsichtlich **einzelner Nachlassgegenstände** endet die Testamentsvollstreckung mit deren wirk- **3** samer Veräußerung oder Freigabe (§ 2217) oder durch **„partielles Hinauswachsen aus dem Nachlass"**[7]: Im Unternehmensbereich können bei länger dauernder Testamentsvollstreckung und erfolgreichem eigenen Einsatz des Gesellschafter-Erbens die Erträge des Nachlasses zu einem angemessenen Anteil „aus dem Nachlass hinauswachsen" und ausschließlich dem Eigenvermögen des Erben zuzuordnen sein[8]. Gründe des Gläubigerschutzes wie die Wahrung der Eigenrechte der Erben gebieten dann die Annahme einer partiellen Beendigung der Testamentsvollstreckung[9]. Damit erlischt hieran das Verwaltungs- und Verfügungsrecht des Testamentsvollstreckers. Da die Grenzen fließend sind, entstehen für den Umfang der Testamentsvollstreckerrechte erhebliche Abgrenzungsprobleme.

---

[52] MünchKommBGB/*Zimmermann* Rn 16.
[53] *Soergel/Damrau* Rn 20; *Staudinger/Reimann* Rn 41.
[54] RGZ 98, 173.
[55] OLG Saarbrücken NJW 1967, 1137.
[56] MünchKommBGB/*Zimmermann* Rn 16; *Staudinger/Reimann* Rn 43.
[57] AnwK-BGB/*Weidlich* Rn 19; jurisPK/*Heilmann* Rn 23; MünchKommBGB/*Zimmermann* Rn 17; *Palandt/Edenhofer* Rn 6.
[58] *Soergel/Damrau* Rn 20.
[1] AnwK-BGB/*Weidlich* Rn 4; *Soergel/Damrau* Rn 1.
[2] AnwK-BGB/*Weidlich* Rn 4; *Damrau/Bonefeld* Rn 3; jurisPK/*Heilmann* Rn 5.
[3] *Reimann* in: Bengel/Reimann HdB VII Rn 52 a; eingehend *Grunsky*, FS Otte, 2005, S 113, 116 ff mit Fallgruppenbildung.
[4] KG OLGE 34, 299: Errichtung einer Stiftung.
[5] MünchKommBGB/*Zimmermann* Rn 9; RGRK/*Kregel* Rn 10.
[6] BayObLGZ 1953, 357; LG Hannover JR 1950, 693 m Anm Hartung; *Staudinger/Reimann* Rn 2; MünchKommBGB/*Zimmermann* Rn 1; aA *Soergel/Damrau* § 2205 Rn 5: keine Beendigung der Testamentsvollstreckung als solche, sondern der Testamentsvollstrecker wird nur schuldrechtlich hieran gebunden.
[7] *Reimann* in: Bengel/Reimann HdB VII Rn 53 ff.
[8] BGH DNotZ 1987, 116, 120 zum Testamentsvollstrecker; allg zum Verhältnis laufender Gewinn und Nachlasszugehörigkeit BGHZ 91, 132, 137; BGH NJW 1984, 2570, 2573.
[9] *Reimann* in: Bengel/Reimann HdB VII Rn 53 und zum Folgenden.

§ 2225

4 Demgegenüber **endet das Amt nicht**[10]: mit der Eröffnung eines Nachlassinsolvenzverfahrens oder der Anordnung einer Nachlassverwaltung (jedoch ruhen die Befugnisse des Testamentsvollstreckers während der Dauer dieser Verfahren, s § 2205 Rn 3), durch eigene Insolvenz des Testamentsvollstreckers oder wenn dieser zu einer Freiheitsstrafe verurteilt wird (dann aber Entlassung nach § 2227 möglich)[11], durch die irrige Annahme der vollständigen Aufgabenerledigung[12], durch entsprechende Vereinbarung mit den Erben, jedoch kann sich daraus eine Pflicht zur Amtsniederlegung ergeben[13], mit dem Tod des Erben, es sei denn die Testamentsvollstreckung ist ausdrücklich nur für dessen Lebensdauer angeordnet[14].

II. Amtsbeendigungsfälle des § 2225

5 **1. Tod des Testamentsvollstreckers.** Das Amt des konkret berufenen Testamentsvollstreckers erlischt mit seinem Ableben (§ 2225 Alt 1) Das Amt ist nicht vererblich[15]. Der Erbe des Testamentsvollstreckers ist jedoch gemäß §§ 2218, 673 S 2 anzeige- und einstweilen auch besorgungspflichtig[16].

6 **2. Nachträglicher Eintritt der Amtsunfähigkeit.** Das Amt des konkret amtierenden Testamentsvollstreckers erlischt nach § 2225 Alt 2 auch, wenn ein Fall eintritt, in welchem die Ernennung nach § 2201 unwirksam ist, also wenn

– der Testamentsvollstrecker geschäftsunfähig wird (§ 104) oder
– in der Geschäftsfähigkeit beschränkt wird (§ 106); dass dies nachträglich eintritt ist nach dem Wegfall der Entmündigung nicht mehr denkbar oder
– wenn der Testamentsvollstrecker nach § 1896 zur Besorgung seiner sämtlichen Vermögensangelegenheiten einen Betreuer erhalten hat. Bereits die Bestellung eines vorläufigen Betreuers nach § 69 f FGG führt zur Amtsbeendigung[17].

7 Die Testamentsvollstreckung lebt bei Wegfall eines Unfähigkeitsgrunds auch nicht wieder auf[18].

8 **3. Verlust der Rechtsfähigkeit juristischer Personen.** Wie der Tod einer natürlichen Person beendet der Verlust der Rechtsfähigkeit der zur Vollstreckung berufenen juristischen Person das Amt des Testamentsvollstreckers (§ 2225 analog)[19]. Bei einer **handelsrechtlichen Umwandlung** ist nach den einzelnen Tatbeständen des Umwandlungsgesetzes zu unterscheiden[20]: Bei Verschmelzung durch Neugründung (§§ 36 Abs 1 S 1, 20 Abs 1 Nr 2 S 1 UmwG) erlischt die Testamentsvollstreckung, bei einem Formwechsel (§§ 190 ff UmwG) dauert das Amt fort, bei Verschmelzung durch Aufnahme (§ 20 Abs 1 Nr 1 UmwG) nur, wenn der aufnehmende Rechtsträger der Testamentsvollstrecker war[21].

III. Rechtsfolgen der Amtsbeendigung

9 **1. Fortdauer der Testamentsvollstreckung.** Der Tod des Testamentsvollstreckers und die anderen in Rn 1 genannten Fälle beenden zunächst nur das Amt des amtierenden Testamentsvollstreckers; ist ein **weiterer Testamentsvollstrecker** vorhanden (§ 2224 Abs 1 S 2), ein Ersatztestamentsvollstrecker vorgesehen oder zulässigerweise ein Nachfolger benannt (§§ 2197 Abs 2, 2198, 2199 Abs 2, 2200), so setzt dieser die Testamentsvollstreckung fort[22]. Die Ernennungsmöglichkeit nach § 2200 (dort Rn 2) kann sich auch erst durch Auslegung des Erblasserwillens ergeben[23]. Die Verfügungsbeschränkungen der Erben (§ 2211), der Testamentsvollstreckervermerk im Grundbuch (§ 52 GBO) und vom Testamentsvollstrecker erteilte **Vollmachten** bleiben idR dann bestehen (Rn 10). Das **Testamentsvollstreckerzeugnis** wird nach § 2368 Abs 3 HS 2 automatisch kraftlos, weshalb ein Einziehungsverfahren (§ 2361) nicht möglich ist, jedoch das Nachlassgericht bei entsprechender Kenntnis vom Erlöschen des Amtes dessen Rückgabe verlangen wird, damit kein falscher Rechtsschein entsteht[24]. Die Herausgabe- und Rechenschaftspflicht nach § 2218 besteht gegenüber dem Nachfolger; für rechtshängige Prozesse gilt §§ 241, 246 ZPO[25].

10 **2. Beendigung der Testamentsvollstreckung im Ganzen.** In den Fällen von Rn 2 endet die Testamentsvollstreckung insgesamt. Der Erbe erlangt seine Verfügungs- und Verwaltungsbefugnis

---

[10] AnwK-BGB/*Weidlich* Rn 6; *Damrau/Bonefeld* Rn 4.
[11] MünchKommBGB/*Zimmermann* Rn 2; *Soergel/Damrau* Rn 4.
[12] BGH NJW 1962, 912; MünchKommBGB/*Zimmermann* Rn 2.
[13] BGH NJW 1962, 912.
[14] OLG München NJW 1951, 74.
[15] Palandt/*Edenhofer* Rn 1.
[16] *Damrau/Bonefeld* Rn 5; MünchKommBGB/*Zimmermann* Rn 4.
[17] BayObLGZ 1994, 313, 316 f = NJW-RR 1995, 330 = ZEV 1995, 63 m Anm *Damrau*; krit dagegen zu Recht MünchKommBGB/*Zimmermann* § 2201 Rn 2, da durch eine vorläufige Anordnung die endgültige Amtsunfähigkeit eintritt.
[18] MünchKommBGB/*Zimmermann* Rn 5.
[19] Palandt/*Edenhofer* Rn 1; eingehend dazu *Reimann* ZEV 2000, 381 mwN.
[20] *Reimann* in: Bengel/*Reimann* HdB VII Rn 6.
[21] *Reimann* in: Bengel/*Reimann* HdB VII Rn 6; *ders* ZEV 2000, 381; *Damrau/Bonefeld* Rn 7; s auch AnwK-BGB/*Weidlich* Rn 9.
[22] RGZ 156, 76.
[23] Zur Rechtslage bei juristischen Personen *Reimann* ZEV 2000, 385.
[24] MünchKommBGB/*J. Mayer* § 2368 Rn 48 mwN; AnwK-BGB/*Weidlich* Rn 13.
[25] MünchKommBGB/*Zimmermann* Rn 8.

wieder. Daher sind danach vom Testamentsvollstrecker vorgenommene Rechtshandlungen unwirksam. Gleiches gilt bei mehrstufigen Erwerbstatbeständen, wenn diese bis dahin noch nicht vollendet sind (etwa noch ausstehende Grundbucheintragung); § 878 findet nach allerdings zweifelhafter hM hier auch keine entsprechende Anwendung[26]. Ein Testamentsvollstreckerzeugnis wird grds von selbst kraftlos (§ 2368 Abs 3); ein Testamentsvollstreckervermerk ist im Grundbuch auf Antrag zu löschen (§§ 13, 22 GBO)[27]. Entspr dem Unterschied zwischen der Beendigung des Amtes des konkret amtierenden Testamentsvollstreckers und der Beendigung der Testamentsvollstreckung im abstraktfunktionellen Sinn **endet** die von dem Testamentsvollstrecker erteilte **Vollmacht** nicht bereits mit einem Wechsel in der Person des Testamentsvollstreckers, sondern erst mit der Beendigung der Testamentsvollstreckung insgesamt[28]. Dann sind Vollmachtsurkunden zur Vermeidung einer sich aus § 179 ergebenden Haftung des Testamentsvollstreckers zurückzufordern oder für kraftlos zu erklären (§§ 175, 176)[29]. Der Testamentsvollstrecker ist weiter gegenüber dem Erben nach §§ 2218, 666, 667 herausgabe- und rechenschaftspflichtig. Im Falle der Unkenntnis der Amtsbeendigung (praktisch nur bei Erledigung aller Aufgaben) gilt jedoch das Amt zu Gunsten des Testamentsvollstreckers als fortbestehend **(Fiktion des Fortbestehens)**, bis dieser von dem Erlöschen wenigstens Kenntnis erlangen musste (§§ 2218, 674). Prozesse werden nach § 239 ZPO unterbrochen oder nach § 246 ZPO auf Antrag ausgesetzt[30].

Ein **Streit über die Amtsbeendigung** ist grds vor dem Prozessgericht, nicht vor dem Nachlassgericht auszutragen[31]. Jedoch hat mitunter auch das Nachlassgericht hierüber als Vorfrage zu befinden[32]. 11

§ 2226 Kündigung durch den Testamentsvollstrecker

¹**Der Testamentsvollstrecker kann das Amt jederzeit kündigen.** ²**Die Kündigung erfolgt durch Erklärung gegenüber dem Nachlassgericht.** ³**Die Vorschrift des § 671 Abs. 2, 3 findet entsprechende Anwendung.**

I. Normzweck

Wie der Beauftragte kann der Testamentsvollstrecker das ihm übertragene Amt jederzeit mit sofortiger Wirkung kündigen. Damit kann er sich der oftmals undankbaren Amtsführung entledigen, ohne sich in irgendeiner Weise rechtfertigen zu müssen. Der Erblasser kann das Kündigungsrecht nicht ausschließen, wohl aber dadurch **erschweren,** dass er ihm etwas unter der auflösenden Bedingung zuwendet, dass die Zuwendung entfällt, wenn er kündigt[1]. 1

II. Kündigung

1. Zulässigkeit. Nach der Amtsannahme darf der Testamentsvollstrecker kündigen, allerdings **nicht zur Unzeit** (§§ 2226 S 3, 671 Abs 2); die Kündigung muss also zu einem Zeitpunkt erklärt werden, zu dem der Ersatztestamentsvollstrecker oder, wenn keiner vorhanden ist, der Erbe für die Besorgung der dem Testamentsvollstrecker übertragenen Aufgaben anderweitige Vorsorge treffen kann[2]. Das 2

---

[26] OLG Köln MittRhNotK 1981, 139; BayObLG NJW 1956, 1279; KG OLGE 26, 4; 29, 398 f; OLG Celle NJW 1953, 945 = DNotZ 1953, 158; OLG Frankfurt OLGZ 1980, 100; AG Starnberg Rpfleger 1999, 743; *Demharter* § 19 GBO Rn 62; RGRK/*Augustin* § 873 Rn 91; *Soergel/Stürner* § 878 Rn 7; aA etwa OLG Brandenburg VIZ 1995, 35 = OLG-NL 1995, 127 für einen mittelbaren Verwalter nach VermG; LG Neubrandenburg MDR 1995, 491 für Gesamtvollstreckung; *Palandt/Bassenge* § 878 Rn 11; *Böhringer* BWNotZ 1985, 137, 139 f; *Staudinger/Gursky* § 878 Rn 57; *Meikel/Böttcher* Grundbuchrecht Anh zu §§ 19, 20 GBO Rn 72; *Bauer/v. Oefele/Kössinger* § 19 GBO Rn 173; *Schöner/Stöber* Grundbuchrecht Rn 124; MünchKommBGB/*Wacke* § 878 Rn 13; *Schaub* ZEV 2000, 49, 51; *Zahn* MittRhNotK 2000, 89, 108; *Schmenger* BWNotZ 2004, 97, 119; offenlassend BayObLG ZEV 1999, 67 m krit Anm *Reimann* = FamRZ 1999, 474; eingehend hierzu *Schaub* in: *Bengel/Reimann* HdB V Rn 6 ff; *J. Mayer* in: *Mayer/Bonefeld/Wälzholz/Weidlich* Rn 332; für praktische Lösungsmöglichkeiten beim Grundstückskauf mit Vermeidung der Hinterlegung auf Notaranderkonto AnwK-BGB/*Weidlich* Rn 12; *Heil* RNotZ 2001, 269, 270 f; *J. Mayer* in: *Mayer/Bonefeld/Wälzholz/Weidlich* Rn 334.
[27] Dazu etwa *Reimann* in: *Bengel/Reimann* HdB VII Rn 73 ff; *Meikel/Kraiss* § 52 GBO Rn 74.
[28] MünchKommBGB/*Zimmermann* Rn 8; *Palandt/Heinrichs* § 168 Rn 4; MünchKommBGB/*Schramm* § 168 Rn 40; *Kipp/Coing* § 73 II 5 b; *Winkler* ZEV 2001, 282 f; *Winkler*, Der Testamentsvollstrecker, Rn 469; *Zimmermann* Testamentsvollstreckung Rn 315; *Staudinger/Reimann* § 2218 Rn 14; AnwK-BGB/*Weidlich* § 2218 Rn 6; aA OLG Düsseldorf ZEV 2001, 281 m abl Anm *Winkler* = Rpfleger 2001, 425 unter Verkennung des Unterschieds zwischen dem Testamentsvollstrecker und der Testamentsvollstreckung als Amt im funktionell-abstrakten Sinn; KJG 41, 79, 80 f, wo dieser Unterschied immerhin gesehen, aber der Amtstheorie gefolgt wird; *Soergel/Damrau* § 2218 Rn 3; unklar *Staudinger/Schilken* § 168 Rn 33; häufig wird auch formuliert, dass mit der „Beendigung des Testamentsvollstreckeramtes" die Vollmacht erlösche (so etwa *Bengel/Reimann/Klumpp*, VI Rn 29), wobei aber dann immer nicht klar wird, ob damit das Amt im konkreten Sinn oder aber im abstrakt-funktionellen Sinn gemeint ist.
[29] RG DRiZ 1933 Nr 295; AnwK-BGB/*Weidlich* Rn 17.
[30] MünchKommBGB/*Zimmermann* Rn 7.
[31] BGHZ 41, 23, 28 = NJW 1964, 1316.
[32] BayObLGZ 1988, 42, 46 = FamRZ 1988, 770.
[1] MünchKommBGB/*Zimmermann* Rn 1; *Staudinger/Reimann* Rn 1.
[2] AnwK-BGB/*Weidlich* Rn 2; *Staudinger/Reimann* Rn 4; MünchKommBGB/*Zimmermann* Rn 3; *Kipp/Coing* § 75 III.

Verbot der Kündigung zur Unzeit entfällt allerdings dann, wenn ein **wichtiger Grund** hierfür vorliegt (§§ 2226 S 3, 671 Abs 2 S 1), also etwa eine schwere Erkrankung des Testamentsvollstreckers. Jedoch ist an die Annahme eines solchen wichtigen Grundes ein strenger Maßstab anzulegen[3]. Erfolgt die Kündigung zur Unzeit ohne wichtigen Grund, so ist die Kündigung trotzdem wirksam[4], verpflichtet den Testamentsvollstrecker aber gegenüber den Erben zum Ersatz des daraus entstandenen Schadens (§ 671 Abs 2 S 2). Die Haftungsgefahr kann der Testamentsvollstrecker dadurch minimieren, dass er mit einer angemessenen Frist kündigt[5].

3 2. Wirksamwerden, Wirksamkeit. Die Kündigung ist gegenüber dem Nachlassgericht zu erklären (§ 2226 S 2, sog **amtsempfangsbedürftige Willenserklärung**) und wird mit dem Eingang dort wirksam (§ 130 Abs 3). Eine besondere Form für die Kündigung ist nicht vorgeschrieben. Es ist daher auch eine **stillschweigende Kündigung** möglich, wenn auch nicht zweckmäßig[6]. Sie kann auch darin gesehen werden, dass der Antrag auf Erteilung eines Testamentsvollstreckerzeugnisses so nicht mehr weiter verfolgt wird[7].

4 Die Festlegung eines späteren Zeitpunkts, zu dem die Kündigung wirksam werden soll, ist möglich[8]. Ein Widerruf der Kündigung ist nicht zulässig[9], wohl aber ist sie nach § 119 **anfechtbar**, aber auch nur durch Erklärung gegenüber dem Nachlassgericht[10]. Anfechtungsgrund kann sein, dass der Testamentsvollstrecker glaubt, durch seine Kündigung werde die Testamentsvollstreckung insgesamt beendet, während tatsächlich ein Ersatztestamentsvollstrecker zum Zuge kommt[11]. Die Anfechtung der Kündigung soll zu einer **Schadensersatzpflicht** führen (nach §§ 2219, 671 Abs 2, nicht § 122)[12], was aber praktisch schwer vorstellbar ist[13].

5 3. Teilkündigung. Eine Kündigung, die sich auf einen **Teil der Aufgaben** des Testamentsvollstreckers bezieht, ist nicht zulässig, wenn dies dem (zumindest hypothetischen) Willen des Erblassers entspricht[14]. Lässt sich ein dahingehender Wille nicht feststellen, so ist die Kündigung unwirksam und der Testamentsvollstrecker bleibt uneingeschränkt im Amt[15]. Will der Testamentsvollstrecker sein Amt nicht mehr ausüben, so mag er eine Totalkündigung aussprechen[16]. Von **mehreren Testamentsvollstreckern** kann jeder für sich alleine kündigen. Damit endet jedoch das Amt der anderen Mitvollstrecker nur dann, wenn dies dem Willen des Testamentsvollstreckers entspricht[17], was durch Auslegung unter Berücksichtigung der Zwecke der Testamentsvollstreckung zu ermitteln ist (§ 2224 Abs 1 S 2 und 3).

III. Vereinbarungen mit den Erben

6 Ein vertraglicher **Kündigungsverzicht** mit den Erben oder auch mit dem Erblasser ist möglich[18]. Er hindert den Testamentsvollstrecker jedoch dann nicht an der Kündigung, wenn ein wichtiger Grund (Krankheit, Arbeitsüberlastung, Verfeindung) vorliegt (§§ 2226 S 3, 671 Abs 3)[19]. Erfolgt ohne einen solchen wichtigen Grund entgegen der Abrede über den Kündigungsverzicht eine Kündigung, so ist umstritten, ob die abredewidrige Kündigung unwirksam ist oder der Testamentsvollstrecker sich hierauf zumindest nicht berufen darf (§ 242), oder aber die Kündigung nach außen zwar wirksam ist, aber den Testamentsvollstrecker gemäß § 2219 zum Schadensersatz verpflichtet[20].

7 Umgekehrt kann sich der Testamentsvollstrecker gegenüber den Erben **verpflichten, sein Amt** zu einem bestimmten, im Voraus festgelegten Zeitpunkt oder bei Eintritt eines bestimmten Ereignisses **niederzulegen**, denn er kann auch ohne entspr Vereinbarungen jederzeit – wenn auch nicht zur

---

[3] MünchKommBGB/*Zimmermann* Rn 3.
[4] RGZ 100, 95, 97; AnwK-BGB/*Weidlich* Rn 2; *Damrau/Bonefeld* Rn 7; jurisPK/*Heilmann* Rn 10; Münch-KommBGB/*Zimmermann* Rn 3; Staudinger/*Reimann* Rn 4; aA *van Venrooy* JZ 1981, 53, 57: Nichtigkeit nach § 134; dass die Berufung auf die Kündigung nach § 242 ausgeschlossen sein könnte, deutet OLG Koblenz NJW-RR 1993, 462 an.
[5] Soergel/*Damrau* Rn 4.
[6] *Reimann* in: Bengel/Reimann HdB VII Rn 9; Staudinger/*Reimann* Rn 6.
[7] OLG Hamm OLGZ 1991, 388 = NJW-RR 1991, 837; OLG Düsseldorf ZEV 1998, 353, 354.
[8] AnwK-BGB/*Weidlich* Rn 4; *Reimann* in: Bengel/Reimann HdB VII Rn 8.
[9] AnwK-BGB/*Weidlich* Rn 4; KK-Erbrecht/*Rott* Rn 5.
[10] Palandt/*Edenhofer* Rn 1; PWW/*Schiemann* Rn 1; MünchKommBGB/*Zimmermann* Rn 2; Staudinger/*Reimann* Rn 7.
[11] *Reimann* in: Bengel/Reimann HdB VII Rn 9.
[12] AnwK-BGB/*Weidlich* Rn 4; PWW/*Schiemann* Rn 1; Staudinger/*Reimann* Rn 7; Palandt/*Edenhofer* Rn 1.
[13] MünchKommBGB/*Zimmermann* Rn 2.
[14] *Grunsky/Hohmann* ZEV 2005, 41, 45; AnwK-BGB/*Weidlich* Rn 3; MünchKommBGB/*Zimmermann* Rn 2; aA *Zimmermann* Testamentsvollstreckung Rn 827: entscheidend ist, ob die Kündigung auf Teilbereich beschränkbar sei und welchen Willen der Testamentsvollstrecker habe; der Erblasserwille sei wegen § 2226 gerade nicht maßgeblich.
[15] KG HRR 1939 = JW 1939, 421; OLG Hamm OLGZ 1991, 388, 392 = NJW-RR 1991, 837 = DNotZ 1992, 330 m Anm *Winkler* = FamRZ 1992, 113 m abl Anm *Reimann*; AnwK-BGB/*Weidlich* Rn 4; *Grunsky/Hohmann* ZEV 2005, 41, 45; *Winkler*, Der Testamentsvollstrecker Rn 789; aA MünchKommBGB/*Zimmermann* Rn 2; Lange/Kuchinke § 31 Fn 380; Soergel/*Damrau* Rn 3; Staudinger/*Reimann* Rn 3: Amt endet im vollen Umfang.
[16] Zutr *Grunsky/Hohmann* ZEV 2005, 41, 45.
[17] Soergel/*Damrau* Rn 3; Staudinger/*Reimann* Rn 3.
[18] MünchKommBGB/*Zimmermann* Rn 4; Staudinger/*Reimann* Rn 5; Soergel/*Damrau* Rn 1.
[19] Palandt/*Edenhofer* Rn 1; Staudinger/*Reimann* Rn 5; Soergel/*Damrau* Rn 1.
[20] Für Wirksamkeit der Kündigung mit bloßer Haftung nach § 2219 zu Recht: Staudinger/*Reimann* Rn 5; Soergel/*Damrau* Rn 1; dagegen MünchKommBGB/*Zimmermann* Rn 4.

Unzeit – das Amt kündigen[21]. Diese Verpflichtung ist auch einklagbar[22]. Jedoch darf durch solche Vereinbarungen mit den Erben die Unabhängigkeit des Testamentsvollstreckers und die Verpflichtung aus § 2216 Abs 1 nicht eingeschränkt werden[23]. Unzulässig ist daher die Verpflichtung des Testamentsvollstreckers, das Amt jederzeit auf Verlangen der Erben niederzulegen[24]. Weiter ist zu beachten, dass durch die Kündigung nicht zwingend die Testamentsvollstreckung insgesamt (also die im abstrakten Sinn) erlischt (Rn 8).

IV. Rechtsfolgen der Kündigung, Verfahrensfragen

Mit der Kündigung erlischt das Amt des niederlegenden Testamentsvollstreckers. Das bedeutet jedoch noch nicht insgesamt das Ende der Testamentsvollstreckung, wenn Ersatztestamentsvollstrecker vorgesehen oder Nachfolger berufen werden können[25]. Die Kündigung wirkt sich zudem auf die Höhe der geschuldeten **Vergütung** (§ 2221 Rn 16) aus[26]. 8

Für die Entgegennahme der Kündigung durch das Nachlassgericht fällt eine Gebühr an (§ 112 Abs 1 Nr 6 KostO). Eine Streitigkeit über die Wirksamkeit der Kündigung ist vor dem Prozessgericht und nicht vor dem Nachlassgericht zu führen[27]. 9

§ 2227 Entlassung des Testamentsvollstreckers

(1) Das Nachlassgericht kann den Testamentsvollstrecker auf Antrag eines der Beteiligten entlassen, wenn ein wichtiger Grund vorliegt; ein solcher Grund ist insbesondere grobe Pflichtverletzung oder Unfähigkeit zur ordnungsmäßigen Geschäftsführung.

(2) Der Testamentsvollstrecker soll vor der Entlassung, wenn tunlich, gehört werden.

Schrifttum: *Muscheler,* Die Entlassung des Testamentsvollstreckers, AcP 197 (1997), 226.

Übersicht

	Rn		Rn
I. Normzweck	1	d) Versagungsermessen?	16
II. Entlassungsvoraussetzungen	2	III. Verfahrensfragen	17
1. Entlassungsantrag	3	1. Entlassungsverfahren	17
2. Wirksame Testamentsvollstreckung	6	2. Rechtsmittel	20
3. Wichtiger Grund	7	IV. Rechtsfolge	22
a) Grobe Pflichtverletzung	8	V. Internationale Zuständigkeit; Auslandsbezug	23
b) Unfähigkeit zur ordnungsgemäßen Amtsführung	10		
c) Entlassung aus anderen wichtigen Gründen	11		

I. Normzweck

Die Vorschrift will den Erben vor einer zu weit gehenden Rechtsausübung durch den Testamentsvollstrecker schützen[1]. Unter den nur beschränkten gesetzlichen **Kontrollmöglichkeiten** ist der Entlassungsantrag „das schärfste Schwert in der Hand der Erben"[2]. Daher ist jede Erblasseranordnung, durch die das Recht des Erben, einen Entlassungsantrag zu stellen, ausgeschlossen, eingeschränkt oder erschwert wird, unwirksam (§ 2220 Rn 3)[3]. Die Entlassung wird meist gegen den Willen des Testamentsvollstreckers erfolgen (§ 81 Abs 2 FGG), denn stimmt er zu, so kommt dies einer Amtsniederlegung nach § 2226 gleich[4]. 1

II. Entlassungsvoraussetzungen

Die Entlassung erfolgt durch ein förmliches Verfahren vor dem Nachlassgericht, das an Stelle des dem Geschäftsherrn bei einem Auftragsverhältnis zustehenden Widerrufsrechts (§ 671 Abs 1) tritt. Das Entlassungsverfahren schließt nicht aus, dass zugleich vor einem Prozessgericht über die Wirksamkeit der Ernennung oder über die Erfüllung der Pflichten des Testamentsvollstreckers gestritten wird[5]. 2

---

[21] RGZ 156, 70; BGHZ 25, 275, 281 = NJW 1962, 912; *Staudinger/Reimann* Rn 2; MünchKommBGB/*Zimmermann* Rn 5; *Winkler,* Der Testamentsvollstrecker, Rn 790.
[22] BGHZ 25, 275, 281; AnwK-BGB/*Weidlich* Rn 5; *Palandt/Edenhofer* Rn 1; PWW/*Schiemann* Rn 2.
[23] Eingehend und anschaulich zu den verschiedenen Vereinbarungsmöglichkeiten *Reimann* NJW 2005, 789.
[24] BGHZ 25, 275, 281; KK-Erbrecht/*Rott* Rn 3; *Staudinger/Reimann* Rn 2.
[25] MünchKommBGB/*Zimmermann* Rn 6.
[26] *Soergel/Damrau* Rn 1.
[27] AnwK-BGB/*Weidlich* Rn 8; MünchKommBGB/*Zimmermann* Rn 7; *Palandt/Edenhofer* Rn 3.
[1] RGZ 133, 128, 135.
[2] *Muscheler* AcP 197 (1997), 226, 227.
[3] AnwK-BGB/*Weidlich* Rn 1; MünchKommBGB/*Zimmermann* Rn 1.
[4] *Staudinger/Reimann* Rn 1; *Firsching/Graf* Nachlassrecht Rn 4.485.
[5] RGZ 168, 177, 179; RGRK/*Kregel* Rn 11.

§ 2227 Buch 5. Abschnitt 3. Testament

3 **1. Entlassungsantrag.** Die Entlassung erfolgt nur auf (formlosen) Antrag **(Antragsverfahren).** Das Nachlassgericht kann nicht von Amts wegen tätig werden[6]. Der Antrag ist beim zuständigen Nachlassgericht zu stellen (§§ 72, 73 FGG). Er kann bis zur Rechtskraft der Entscheidung jederzeit zurückgenommen werden[7]. Wegen des Schutzzwecks des § 2227 und wegen § 2220 kann der Erblasser nicht bestimmen, dass ein Schiedsgericht über den Entlassungsantrag entscheidet[8]. Erbe und Testamentsvollstrecker können sich dahingehend „vergleichen", dass der Testamentsvollstrecker sich zur Amtsniederlegung verpflichtet[9]. Ein **Minderjähriger** kann wegen einer etwaigen Kostenpflicht bei seinem Unterliegen den Antrag nicht persönlich stellen (kein lediglich rechtlicher Vorteil, § 107)[10]; er bedarf daher in den Fällen des § 1638[11] oder wenn der gesetzliche Vertreter selbst der Testamentsvollstrecker ist (§§ 1795, 181)[12] eines Ergänzungspflegers (§ 1913).

4 **Antragsberechtigt** ist nach Abs 1 jeder „Beteiligte". Dabei ist der **materielle Beteiligtenbegriff** zugrunde zu legen. Hierunter fallen somit nur diejenigen, deren Rechte und Pflichten durch die Entscheidung, ob und wie der Testamentsvollstrecker sein Amt ausübt, unmittelbar betroffen werden[13]. Ein bloß wirtschaftliches Interesse genügt aber nicht. Den Entlassungsantrag können daher stellen[14]: der der Testamentsvollstreckung unterworfene **Erbe** und jeder **Miterbe**, auch wenn er seinen Anteil mittlerweile veräußert hat (§ 2033) oder dieser verpfändet ist, weil die Erbenhaftung fortbesteht[15], nicht aber der Miterbe, dessen Erbteil nicht der Verwaltung des Testamentsvollstreckers unterliegt, weil hier zwischen ihm und dem Vollstrecker nur die allgemein sich aus der Erbengemeinschaft ergebenden Rechtsbeziehungen bestehen[16]; jedoch der **Nacherbe**; der **Vermächtnisnehmer**[17]; der **Mitvollstrecker**[18]; der **Pflichtteilsberechtigte**[19], und zwar auch dann, wenn eine in ihrer Wirksamkeit zweifelhafte Pflichtteilsentziehung vorliegt[20]; der bestimmungsberechtigte Dritte iS von § 2198[21]; der Auflagenberechtigte (§ 2194), nicht aber der Auflagenbegünstigte[22].

5 **Nicht antragsberechtigt** sind aber: der normale Nachlassgläubiger (da sein Interesse wirtschaftlicher Art ist und durch die Beantragung der Nachlassverwaltung ausreichend geschützt wird)[23]; auch nicht Eigengläubiger des Erben, die seinen Erbteil gepfändet haben[24], oder die Staatsanwaltschaft, eine Devisenstelle oder eine sonstige Behörde[25]. Der Testamentsvollstrecker selbst hat kein Antragsrecht, da er das Amt jederzeit kündigen kann (§ 2226)[26].

6 **2. Wirksame Testamentsvollstreckung.** Ein Sachbescheidungsinteresse für den Entlassungsantrag fehlt, wenn keine wirksame Ernennung vorlag[27], das Amt noch nicht angenommen wurde[28], oder das Amt bereits beendet ist, etwa durch Zeitablauf oder infolge Aufgabenerfüllung[29]. Besteht hierüber Streit, so hat sich das Nachlassgericht im Verfahren der freiwilligen Gerichtsbarkeit mit dieser Vorfrage zu befassen.

---

[6] *Staudinger/Reimann* Rn 21.
[7] RGZ 133, 128, 133; *Staudinger/Reimann* Rn 21; MünchKommBGB/*Zimmermann* Rn 2.
[8] RGZ 133, 128, 133; *Musielak/Voit* ZPO § 1066 Rn 4; *Scherer/von Oertzen/Pawlytta* in MAH Erbrecht § 67 Rn 30 mwN; aA Stein/Jonas/Schlosser § 1066 ZPO Rn 3; MünchKommBGB/*Zimmermann* Rn 2; vgl auch LG Hamburg EWiR 1985, 815 m Anm *Damrau*.
[9] *Soergel/Damrau* Rn 13.
[10] BayObLGZ 1967, 230, 239; AnwK-BGB/*Weidlich* Rn 4; *Soergel/Damrau* Rn 16.
[11] BGHZ 106, 96, 99 = NJW 1989, 984; jedoch besteht die Möglichkeit zur Genehmigung der bereits erfolgten Verfahrenshandlung, OLG Frankfurt DNotZ 1965, 482.
[12] BayObLGZ 1967, 230; AnwK-BGB/*Weidlich* Rn 4; *Staudinger/Reimann* Rn 24.
[13] BGHZ 35, 296, 300 = NJW 1961, 1717; KG JFG 5, 154; jurisPK/*Heilmann* Rn 4; MünchKommBGB/*Zimmermann* Rn 4; *Baur* JZ 1962, 123.
[14] Vgl etwa *Staudinger/Reimann* Rn 22 ff; *Palandt/Edenhofer* Rn 7 f; *Muscheler* AcP 197 (1997), 226, 238 f.
[15] KG Recht 1929, Nr 1232; OLG Hamm OLGZ 1986, 1, 2 = Rpfleger 1986, 16; BayObLGZ 16, 68, 69; KK-Erbrecht/*Rott* Rn 5; es ist nicht einmal die Zustimmung des Pfandgläubigers erforderlich.
[16] OLG München ZErb 2005, 424 m Anm *Muscheler* = ZEV 2006, 31 m abl Anm *Reimann*; aA OLG Celle OLGR 2005, 112; *Muscheler* AcP 197 (1997), 226, 239 Fn 41; *Zimmermann* Rn 438.
[17] BGHZ 35, 296, 300; KG JFG 5, 154; OLG Hamm OLGZ 1986, 1, 2.
[18] Nicht aber der frühere Testamentsvollstrecker hinsichtlich des jetzt amtierenden, OLG Köln NJW-RR 1987, 1098.
[19] KG JFG 5, 154, 155 f; OLGE 40, 136; NJW 1963, 1552; NJW-RR 2002, 439; NJW-RR 2005, 809 = FamRZ 2005, 1595; BayObLGZ 1967, 239; aA AG Berlin-Schöneberg ZEV 2000, 32; *Muscheler* AcP 197 (1997), 226, 240 f, der zu Recht kritisiert, dass der Pflichtteilsberechtigte gegenüber dem gewöhnlichen Nachlassgläubiger bevorzugt wird.
[20] OLG Hildesheim MDR 1964, 849.
[21] KGJ 41, 30; aA *Soergel/Damrau* Rn 15.
[22] LG Verden MDR 1955, 231; *Soergel/Damrau* Rn 15.
[23] BGHZ 35, 296, 300; MünchKommBGB/*Zimmermann* Rn 6; aA früher BayObLGZ 21, 206.
[24] LG Stuttgart BWNotZ 1992, 59.
[25] AnwK-BGB/*Weidlich* Rn 4; MünchKommBGB/*Zimmermann* Rn 6; *Soergel/Damrau* Rn 16; *Palandt/Edenhofer* Rn 8; *Lange/Kuchinke* § 31 VIII 2 b; *Firsching/Graf* Nachlassrecht Rn 4.484; aA KG JFG 16, 74 für Devisenstelle; diff *Staudinger/Reimann* Rn 27.
[26] *Staudinger/Reimann* Rn 25; MünchKommBGB/*Zimmermann* Rn 6.
[27] BayObLGZ 1985, 233, 238; AnwK-BGB/*Weidlich* Rn 2.
[28] BayObLGZ 13, 49; *Staudinger/Reimann* Rn 1; *Firsching/Graf* Nachlassrecht Rn 4.483; aA MünchKommBGB/*Zimmermann* Rn 3; *Soergel/Damrau* Rn 13: es solle verhindert werden, dass es zu einem Amtsbeginn kommt; für Zulässigkeit des Antrags, aber Ruhen des Verfahrens bis zur Annahme *Lange/Kuchinke* § 31 VIII 2 b.
[29] KG HRR 1937 Nr 259; BayObLGZ 1953, 357, 362.

3. Wichtiger Grund. Das Gesetz gibt hierfür in Abs 1 zwei nicht abschließende Beispielsfälle ("insbesondere"), die jedoch deutlich machen, dass es auch bei den gesetzlich nicht benannten Entlassungsgründen darauf ankommt, dass die dem Testamentsvollstrecker obliegenden Pflichten in erheblicher Weise nicht erfüllt wurden oder werden[30]. Tendenziell ist festzustellen, dass die Nachlassgerichte den Tatbestand des § 2227 eher zu weit auslegen[31]. Auch werden die gesetzlichen und die nicht benannten wichtigen Gründe bei der Beurteilung verwoben. Es findet eine **"Gesamtschau"** statt: Maßgeblich ist, ob die tatsächlichen Umstände in ihrer Gesamtheit die Merkmale des Rechtsbegriffs "wichtiger Grund" erfüllen[32]. Bei einer **Erbteilsvollstreckung** ist die unterschiedliche Interessenlage bei einem Entlassungsantrag des unbelasteten Miterben zu beachten, wenn der mit der Testamentsvollstreckung belastete Miterbe es bei dieser belassen will[33], wenn man hier überhaupt eine Antragsberechtigung bejaht (Rn 4).

a) Grobe Pflichtverletzung. Zur Umschreibung dieses Tatbestandsmerkmals finden sich im Wesentlichen zwei Definitionen[34]. Zum einen heißt es: „Eine grobe Pflichtverletzung besteht in jedem schuldhaften Verhalten, das die Belange der Beteiligten erheblich gefährdet, vor allem bei strafbarer Untreue (§ 266 StGB), bei Täuschung der Erben über die Werthaltigkeit des Nachlasses[35], aber auch bei minder schweren Verstößen, wie etwa der Nichtbefolgung von Anordnungen des Erblassers oder ordnungswidriger Verwaltung"[36]. Zum Teil wird dahingehend formuliert, eine grobe Pflichtverletzung wäre „in einer erheblichen und schuldhaften Zuwiderhandlung des Vollstreckers gegen die ihm vom Erblasser und Gesetz auferlegten Pflichten zu erblicken"[37]. Als grobe Pflichtverletzung sind in der Rspr angesehen worden[38]: eigennütziges Verhalten[39]; völlige **Untätigkeit**[40], insbes wenn er sich im Rahmen der Anhörung eines Entlassungsverfahrens zu bestimmten Leistungen verpflichtet hat[41]; längerfristige Verzögerung des vom Erblasser im Testament zur Vermächtniserfüllung angeordneten Immobilienverkaufs[42]; Unvermögen, die Auseinandersetzung in gehöriger Weise durchzuführen[43], wofür die langjährige Dauer einer Abwicklungsvollstreckung ein Anzeichen sein kann[44]; der Verstoß gegen eine nur auch nur schuldrechtlich wirkende **Verwaltungsanordnung** (§ 2216)[45], wenn nicht vorher wenigstens ein Antrag auf deren Außerkraftsetzung gestellt wurde[46]; die Auszahlung eines Verkaufserlöses an einen eine zweifelhafte Pflichtteilsforderung stellenden früheren Mitvollstrecker entgegen ausdrücklichen Verwendungsanweisungen des Erblassers[47]; aber auch die nur **teilweise** Auszahlung eines fälligen **Vermächtnisses** trotz hinreichender Nachlassmittel[48]; die Weigerung, entgegen dem Wunsch der Erben ein Vermächtnis vollständig zu erfüllen, obwohl hierzu bereits stattgebendes Teilurteil auf Auskunft vorliegt[49]; die rechtswidrige Zueignung von Pfandbriefen[50]; die **Nichterstellung eines Nachlassverzeichnisses** durch den Testamentsvollstrecker trotz Mahnung und Fristsetzung, wobei grds besondere Umstände hinzukommen müssen, wie Gefährdung der Interessen der Erben, um einen „groben Verstoß" anzunehmen[51]. Auch die Entnahme einer überhöhten **Vergütung,** wenn sie sich

---

[30] Eingehend *Muscheler* AcP 197 (1997), 226, 275 ff.
[31] *Staudinger/Reimann* Rn 2; besonders krit *Muscheler* AcP 197 (1997), 226, 260.
[32] BayObLGZ 1997, 1, 12 = FamRZ 1997, 905; OLG Hamm ZEV 2001, 278, 280; zu wenig berücksichtigt in der Analyse von *Muscheler*; Verdienste um die Nachlassabwicklung sollen einen begründeten Entlassungsgrund nicht aufwiegen können, BayObLG FamRZ 2001, 124, 125, sollten jedoch im Rahmen des Versagungsermessens (Rn 16) berücksichtigt werden.
[33] OLG Celle OLGR 2005, 112.
[34] Nach *Muscheler* AcP 197 (1997), 226, 261.
[35] OLG Sachsen-Anhalt FamRZ 2006, 971.
[36] BayObLGZ 1976, 67, 73; BayObLG Rpfleger 1980, 152; ähnlich mit einer Akzentuierung auf den Verstoß gegen Interessen der Erben OLG Köln OLGZ 1992, 192, 195 = FamRZ 1992, 723; *Soergel/Damrau* Rn 8.
[37] OLG Zweibrücken DNotZ 1973, 112; FamRZ 1989, 789; ähnlich BayObLG FamRZ 1991, 615, 616; ZEV 1997, 381, 382; *Staudinger/Reimann* Rn 5; *Palandt/Edenhofer* Rn 3; *AK/Finger* Rn 7.
[38] Vgl die Nachweise bei *Muscheler* AcP 197 (1997), 226, 261 f; *Soergel/Damrau* Rn 8 f; *Staudinger/Reimann* Rn 5 f.
[39] KG OLGE 44, 96, 98.
[40] Vgl BGH NJW 1962, 912; bei Untätigkeit, wenn es um die Rechte der Nacherben geht: KG OLGE 44, 96, 98.
[41] BayObLG ZEV 1999, 226 = FamRZ 2000, 193.
[42] BayObLG FamRZ 2000, 1055 (über 1½ Jahre).
[43] BayObLG FamRZ 1991, 235, 236.
[44] OLG Köln NJW-RR 2005, 94, 95: zehnjährige Abwicklungsvollstreckung.
[45] BayObLGZ 1997, 1, 13; 1976, 67, 73.
[46] BayObLGZ 1999, 296, 304 ff = ZEV 1999, 485.
[47] OLG Zweibrücken FamRZ 1989, 788.
[48] KG DFG 1943, 133.
[49] BayObLG FamRZ 2001, 124.
[50] OLG Zweibrücken DNotZ 1973, 112, 113.
[51] OLG Hamm OLGZ 1986, 1, 4 ff = Rpfleger 1986, 16: Testamentsvollstrecker war Rechtsanwalt; BayObLG ZEV 1997, 381: bei vom Testamentsvollstrecker zu Unrecht behauptetet Erbenstellung; großzügig bei BayObLGZ 2001, 167, 173 bei irrtümlicher Annahme, es genüge Ausfüllung des vom Nachlassgerichts verlangten Vordrucks; keine grobe Pflichtverletzung auch, wenn das dem Nachlassgericht eingereichte detaillierte Verzeichnis den Erben einen ausreichenden Überblick gibt und diese vom Testamentsvollstrecker nicht zur Abgabe eines besonderen Nachlassverzeichnisses aufforderten, vgl BayObLG FamRZ 2002, 989; s auch BayObLG NJW-RR 2004, 366, 367 bei Erstellung erst acht Monate nach Amtsantritt, wenn Erbe gebotene Mitwirkung verzögert hat. Eine Gefährdung der Erbeninteressen als zusätzliches Erfordernis fordern hier: OLG Schleswig OLGR 2006, 634: bei zusätzlich „mangelnder Kooperationsbereitschaft"; OLG Zweibrücken FGPrax 1997, 109; OLG Köln OLGZ 1992, 192 = FamRZ 1992, 723; strenger aber LG Frankfurt/M BWNotZ 1981, 117: bei sogar mündlich erteilter Auskunft.

nicht mehr in möglichen Grenzen der Angemessenheit hält, kann ebenso eine grobe Pflichtverletzung sein[52] wie die hartnäckige Verweigerung der Auskunfts- und Rechnungslegung über den Stand der Verwaltung (§§ 2218, 666)[53], wobei jedoch zu beachten ist, dass Auskunfts- und auch Rechnungslegungspflicht nach § 2218 Abs 2 nur auf Verlangen geschuldet werden und nicht sofort, sondern innerhalb angemessener Frist zu erbringen sind[54]. In Frage kommen aber auch die ungerechtfertigte und leichtfertige Führung von **Prozessen**, die das Interesse der Erben gefährden[55]; böswillig ungenügende Abrechnung[56]; die Verletzung der Pflicht zur Aufstellung eines Auseinandersetzungsplans und der Anhörungspflicht (§ 2204 Abs 2)[57] wie umgekehrt konkrete Vorschläge zu einer im Testament ausgeschlossenen Nachlassauseinandersetzung einen Entlassungsgrund bildet[58] oder die Bestellung eines Generalbevollmächtigten, der ungeeignet ist oder unter Umständen, die dies für den Nachlass als gefährlich erscheinen lassen[59]. Zwar muss sich der Testamentsvollstrecker Kenntnis über den zu verwaltenden Nachlass verschaffen. Hierzu gehört aber nicht zwingend die Kenntnis solcher Nachlassunterlagen, die jahrelang zurückliegen und für die künftige Verwaltung keine Rolle spielen[60].

9   Bei **unternehmerischen Entscheidungen** ist die Rspr demgegenüber großzügiger: Hier liegt eine grobe Pflichtverletzung nur vor, wenn schon einfachste und ganz nahe liegende Überlegungen nicht angestellt werden und das nicht beachtet wird, was jedem einleuchten muss[61]. Was die Frage der **Ordnungsmäßigkeit der Verwaltung** angeht, so orientieren sich die Verwalterpflichten in erster Linie an den Anordnungen des Erblassers, konkretisiert durch das objektive Nachlassinteresse und die allgemeinen Regeln der Wirtschaftlichkeit der Verwaltung[62]. Der Testamentsvollstrecker entscheidet dabei in eigener Verantwortung, wobei ihm ein angemessener, nicht engherzig zu bemessener Ermessensspielraum zukommt, der ausreichend Raum für wirtschaftlich sinnvolle Eigeninitiative zulässt und auch die Eingehung eines wirtschaftlich kalkulierten, geschäftlichen Risikos nicht ausschließt[63]. Dies ändert aber nichts daran, dass an die Grundsätze der ordnungsgemäßen Verwaltung strenge Anforderungen nach objektiven Kriterien zu stellen sind[64].

10   b) **Unfähigkeit zur ordnungsgemäßen Amtsführung.** Sie ist im weitesten Sinne zu verstehen und setzt **kein Verschulden** voraus. Sie kann eine **tatsächliche** sein, weil der Testamentsvollstrecker den ihm gestellten Aufgaben nicht gewachsen ist, oder eine **Verhinderung aus tatsächlichen** oder **rechtlichen Gründen**. Zusätzlich wird gefordert, dass dadurch die Interessen der Beteiligten oder des Nachlasses gefährdet werden[65]. Unfähig ist der durch Krankheit, Abwesenheit, Verschollenheit oder Haft auf Dauer oder längere Zeit verhinderte Testamentsvollstrecker, wenn dadurch eine ordnungsgemäße Geschäftsführung nicht mehr möglich ist[66]; soweit ein geeigneter Bevollmächtigter vorhanden oder ausreichender Briefverkehr möglich ist, besteht jedoch kein Entlassungsgrund[67]. Nicht ausreichend ist, wenn der Testamentsvollstrecker an der Vornahme einzelner Nachlassmaßnahmen aus **Rechtsgründen** gehindert ist[68], oder gleichzeitig Nachlassschuldner ist[69], wenn nicht der Anspruch für den Nachlass von wesentlicher Bedeutung ist und durch die Nichtgeltendmachung die Interessen der Erben erheblich gefährdet würden[70]. Auch mögliche Schadensersatzansprüche der Erben gegen den Testamentsvollstrecker geben für sich allein keinen Entlassungsgrund[71].

11   c) **Entlassung aus anderen wichtigen Gründen.** Das Gesetz definiert hierzu keine Anforderungen. Ein Verschulden ist nicht erforderlich. In der neueren Rspr. finden sich im Wesentlichen drei immer wieder verwendete **Formeln**[72]: Nach der **ersten** liegt ein wichtiger Grund zur Entlassung vor, wenn der Testamentsvollstrecker durch sein persönliches Verhalten oder die bei ihm bestehenden Verhältnisse begründeten Anlass zu der Annahme gibt, dass ein längeres Verbleiben im Amt der

---

[52] BayObLGZ 1972, 380; OLG Köln NJW-RR 1987, 1097, 1098: Entnahme zu höheren Sätzen als der „Rheinischen Tabelle"; BayObLG FamRZ 1987, 101, 104; FamRZ 1991, 615, 616; OLG Köln MDR 1963, 473; KG JW 1937, 412; ebenso bei unberechtigter Vorschussentnahme, BayObLG ZEV 2000, 315, 316.
[53] BayObLG NJW-RR 1988, 645; BayObLGZ 16, 68, 72; BayObLG Rpfleger 2001, 548, 549 f; KG OLGE 8, 280.
[54] BayObLG ZEV 1998, 348, 349.
[55] KG DFG 1943, 133.
[56] BayObLGZ 16, 68, 72.
[57] RGZ 130, 131, 139; BayObLG ZEV 2000, 315, 316 = FamRZ 2001, 54.
[58] OLG Karlsruhe NJW-RR 2005, 527, 528 bei grob eigennützigen Auseinandersetzungsvorschlag.
[59] KG JW 1930, 1074.
[60] OLG Düsseldorf FamRZ 2000, 191 = ZEV 1999, 226.
[61] BayObLG 1990, 177, 183 = NJW-RR 1990, 1420; *Damrau/Bonefeld* Rn 7.
[62] BayObLG ZEV 1998, 348, 350; BGH NJW 1987, 1070; *Staudinger/Reimann* § 2216 Rn 4.
[63] BGHZ 25, 275, 283; BGH NJW 1987, 1070, 1071; BayObLGZ 1990, 177, 182 f = NJW-RR 1990, 1420 = FamRZ 1990, 1279 (nur eingeschränkte Überprüfbarkeit der unternehmerischen Entscheidung im nachlassgerichtlichen Entlassungsverfahren); BayObLG ZEV 1998, 348, 350; *Muscheler* AcP 197 (1997) 226, 249; *Staudinger/Reimann* Rn 2 ff.
[64] BGH NJW 1959, 1820, 1821; BayObLG ZEV 1998, 350; *Palandt/Edenhofer* Rn 3.
[65] *Soergel/Damrau* Rn 13; ähnlich etwa BayObLG FamRZ 1991, 235, 236.
[66] MünchKommBGB/*Zimmermann* Rn 9; *Soergel/Damrau* Rn 12.
[67] BayObLG FamRZ 1991, 615; KG JW 1916, 920; KGJ 47 A 92; OLG Celle NJW 1947/48, 117.
[68] RGZ 98, 173, 174.
[69] OLG Hamburg LZ 1914, 1399; offenlassend AnwK-BGB/*Weidlich* Rn 9.
[70] OLG Dresden JFG 3, 169.
[71] BayObLGZ 30, 299, 301.
[72] Systematisierung nach *Muscheler* AcP 197 (1997), 226, 263 ff.

Ausführung des Erblasserwillens hinderlich ist oder dass sich daraus eine Schädigung oder eine erhebliche Gefährdung der an der Ausführung oder am Nachlass Beteiligten ergeben würde[73]. Die zweite **Standardformulierung** stellt auf den (zumindest mutmaßlichen) Willen des Erblassers zum Widerruf der Ernennung ab und steht in der Tradition der Vertretertheorie[74]. Danach ist die Entlassung „schon dann" zulässig, wenn Umstände vorliegen, die den Erblasser, wenn er noch lebte, mutmaßlich zum Widerruf der Ernennung des erwählten Testamentsvollstreckers veranlasst hätten und objektiv betrachtet diesen Widerruf so erscheinen ließen, dass er im Interesse der Erben oder sonst Beteiligten liegt"[75]. Daher kann auch eine vom Erblasser nicht mehr verwirklichte Absicht, die Ernennung zu widerrufen, berücksichtigt werden[76]. Die **dritte** der benutzten **Formeln** lautet: „Tatsachen, die dem Erblasser bei der Berufung des Testamentsvollstreckers bekannt waren, rechtfertigen regelmäßig nicht dessen Entlassung; hierbei muss vielmehr berücksichtigt werden, ob der Erblasser diesen Testamentsvollstrecker nicht ernannt hätte, wenn er die späteren Auswirkungen dieser Tatsachen gekannt hätte"[77]. Dabei handelt es sich um eine Einschränkung der nach den beiden erstgenannten Formeln möglichen Entlassung durch einen vermuteten Erblasserwillen[78].

Aus den Anlassfällen der Rspr haben sich **drei Fallgruppen** herausgebildet, bei denen die Entlassung des Testamentsvollstreckers gerechtfertigt sein kann. Wie *Muscheler*[79] gezeigt hat, basieren die von der Rspr dazu gefundenen Lösungen aber durchweg nicht auf ihren Ausgangsformeln, ja sind in sich mitunter wenig überzeugend. **12**

aa) Objektiv gerechtfertigtes Misstrauen. Ein auf Tatsachen und nicht nur subjektiven Einschätzungen beruhendes, also objektiv gerechtfertigtes Misstrauen in die unparteiische Amtsführung kann ein Entlassungsgrund sein, wenn der Testamentsvollstrecker den Beteiligten dazu Anlass gegeben hat, mag dies auch unverschuldet gewesen sein[80]. Dies kann der Fall sein, wenn der Testamentsvollstrecker sich selbst im Wege eines unzulässigen **Insichgeschäfts** ein Darlehen aus der dem Erbin zustehenden Lebensversicherungssumme gewährt[81], oder der Testamentsvollstrecker seine Rechnungslegungspflicht nicht erfüllt[82], oder durch den Verdacht, der Testamentsvollstrecker habe eine Generalvollmacht kurz vor dem Erbfall zu seinem eigenen Vorteil ausgenutzt[83], oder wenn er ein Testament unrichtig auslegt[84], oder dass der Testamentsvollstrecker die eidesstattliche Versicherung abgeben musste und sich daraus eine objektive Gefährdung der Interessen der Erben ergeben hat[85]. Dabei ist zu beachten, dass strukturell das Amt des Testamentsvollstreckers kein Vertrauensverhältnis zu den Erben voraussetzt, ja oftmals sogar Spannungen und Streitigkeiten bedingt, also solche Umstände eher ein Anzeichen für die sachgerechte Amtsführung sind[86]. Daher ist an diesen Entlassungsgrund ein strenger Maßstab anzulegen: Die Erben dürfen nicht in die Lage versetzt werden, einen ihnen lästigen Testamentsvollstrecker durch eigenes feindseliges Verhalten aus dem Amt zu drängen[87]. Die Erben müssen dem Testamentsvollstrecker daher auch eine Chance geben, sein Amt unter vernünftigen Bedingungen anzutreten[88]. Zudem werden hierunter überwiegend die sog Verdachtsfälle subsumiert[89], was weitere Zurückhaltung gebietet[90]. **13**

---

[73] BayObLGZ 1957, 317, 319; 1976, 67, 76; 1985, 298, 302; 1997, 1, 12 = FamRZ 1997, 905; OLG Düsseldorf ZEV 1994, 302, 303; OLG Hamm Rpfleger 1994, 213, 214; *Palandt/Edenhofer* Rn 5; *Staudinger/Reimann* Rn 4; wN zur Rspr bei *Muscheler* AcP 197 (1997), 226, 263 Fn 123.
[74] *Muscheler* AcP 197 (1997), 226, 264 f.
[75] BayObLGZ 1985, 298, 307 = FamRZ 1986, 104; ähnlich BayObLGZ 1957, 317, 320; 1976, 67, 73; BayObLG NJW-RR 1988, 645, 646; FamRZ 1991, 490, 491; NJW-RR 1996, 714, 715 = ZEV 1995, 366 m Anm *Bengel*; OLG Düsseldorf ZEV 1994, 302, 303; OLG Köln OLGZ 1969, 281; einschränkend OLG Hamm ZEV 2001, 278, 280: nur ein Abwägungsgesichtspunkt.
[76] BayObLG FamRZ 1991, 490.
[77] OLG Düsseldorf MittRhNotK 1964, 505; BayObLG FamRZ 1991, 490, 491; NJW-RR 1996, 714, 715; *Staudinger/Reimann* Rn 3; *Soergel/Damrau* Rn 3; *Palandt/Edenhofer* Rn 2; *Lange/Kuchinke* § 31 VIII 2 b.
[78] *Muscheler* AcP 197 (1997), 226, 266.
[79] AcP 197 (1997), 226, 266 ff.
[80] BayObLGZ 1957, 317, 320; 1985, 298, 302; 1988, 42, 48; 1990, 177, 181 = NJW-RR 1990, 1420; 1997, 1, 26 = FamRZ 1997, 905; NJW-RR 1996, 714, 715 = ZEV 1995, 366 m Anm *Bengel*; FamRZ 2005, 935; OLG Düsseldorf OLGZ 1969, 281, 282; OLG Zweibrücken FamRZ 1989, 788, 789; FGPrax 1997, 109; OLG Hamm DNotZ 1994, 417, 418 = Rpfleger 1994, 213; wN bei *Muscheler* AcP 197 (1997), 226, 266, Fn 131 und S 286 ff; die Lit folgt dem überwiegend: AnwK-BGB/*Weidlich* Rn 13; MünchKommBGB/*Zimmermann* Rn 11; *Staudinger/Reimann* Rn 12; AK/*Finger* Rn 6; *Soergel/Damrau* Rn 5; abl nur *Muscheler* AcP 197 (1997), 226, 286 ff; *Lange/Kuchinke* § 31 VIII 2 b: rechtfertigt Entlassung nur, wenn dies den Erblasser zum Widerruf der Ernennung veranlasst hätte und dies objektiv den Interessen der Erben entspreche.
[81] OLG Frankfurt NJW-RR 1998, 795 = ZEV 1998, 350 m Anm *Damrau*.
[82] BayObLG ZEV 1998, 348, 349.
[83] BayObLG NJW-RR 1996, 714, 715 = ZEV 1995, 366 m Anm *Bengel*.
[84] BayObLGZ 1985, 298, 303, sehr weit reichend; anders bei str Auslegungsfrage und vertretbarer Ansicht, BayObLGZ 2001, 167, 170 f = NJW-RR 2002, 77; s Rn 15.
[85] OLG Hamm DNotZ 1994, 417.
[86] *Lange/Kuchinke* § 31 VIII 2 b.
[87] BayObLG FamRZ 1991, 615, 617; BayObLGZ 1997, 1, 25 f = FamRZ 1997, 905; BayObLG FamRZ 2005, 935; AnwK-BGB/*Weidlich* Rn 13.
[88] OLG Düsseldorf FamRZ 2000, 191, 192.
[89] S die Detailanalyse bei *Muscheler* AcP 197 (1997), 226, 285 ff.
[90] Für die Anwendung der Grundsätze der arbeitsrechtlichen Verdachtskündigung *Muscheler* AcP 197 (1997), 226, 287 f.

14 **bb) Feindschaft.** Feindschaften und Spannungen zwischen dem Testamentsvollstrecker und den Erben, aber auch unter Mitvollstreckern, werden immer wieder als Entlassungsgrund angeführt. Angesichts dessen, dass die Testamentsvollstreckung strukturell auf Auseinandersetzung mit den Erben angelegt sein kann, wird hier fast immer zu Recht die Einschränkung gemacht (Rn 13), dass eine Entlassung nur unter besonderen Umständen gerechtfertigt sei[91]. Wann dies ausnahmsweise der Fall sein soll, wird nicht einheitlich beantwortet[92]. Möglich soll sie sein, wenn dadurch die ordnungsgemäße Amtsführung gefährdet wird[93] oder jede Verständigung bei der Verwaltung des Nachlasses ausgeschlossen erscheint[94]. Die Entlassung ist aber abzulehnen, wenn der persönliche von dem rein geschäftlichen Verkehr getrennt werden kann und das geschäftliche noch möglich ist[95]. Überhaupt ist hier ein noch strengerer Maßstab anzulegen, um den Erben nicht ein „freies Hinauskündigen" eines unliebsamen Vollstreckers zu ermöglichen. So kann es gerade im Zweck der Testamentsvollstreckung liegen, dass Spannungen zwischen Vollstrecker und Erben entstehen, etwa wenn der Nachlass weit gehend gegenüber dem verschwendungssüchtigen Erben „thesauriert" oder die Erben schon früher verfeindet waren und der Testamentsvollstrecker „mediatisieren" soll. Spannungen und Zerwürfnisse sind daher nur dann ein Kündigungsgrund, wenn dies „per se" eine grobe Pflichtverletzung ist oder eine zentrale Pflicht des Testamentsvollstreckers nach dem Erblasserwillen gerade die Aufrechterhaltung eines Vertrauensverhältnisses oder der besonderen persönlichen Beziehung ist[96].

15 **cc) Interessengegensatz.** Ein solcher kann nach st Rspr ebenfalls ein Entlassungsgrund sein, wobei allerdings überwiegend verlangt wird, dass es sich um einen erheblichen Interessenkonflikt handelt[97]; auch reicht es nicht aus, wenn der Testamentsvollstrecker bei der Verwaltung nur einzelner Nachlassgegenstände ausgeschlossen ist[98]. Dabei ist zu beachten, dass sich ein Teil der Fälle des Interessenkonflikts anderweitig befriedigend lösen lässt[99], auch wenn es im Testamentsvollstreckerrecht an einer § 1796 entsprechenden Norm fehlt. So hilft etwa die Anwendung des § 181 (§ 2205 Rn 16 f), bei mehreren Vollstreckern die des § 2224 Abs 1 S 2 (dort Rn 10)[100]. Man wird daher auch hier das Vorliegen oder Drohen einer erheblichen Pflichtverletzung fordern müssen[101], wobei es sich dabei auch um eine solche aus einem Auftragsverhältnis zu einer Vollmacht handeln kann[102]. Auch hier ist ein strenger Maßstab anzulegen[103]. Zu weit reichend daher BayObLGZ 1988, 42, 49 f, wonach ein unvereinbarer Interessengegensatz vorliegen soll, wenn der Testamentsvollstrecker zugleich Nießbraucher ist, denn dadurch wird eine gegenüber der Vorerbschaft abgeschwächte Rechtsstellung geschaffen. Auch Differenzen zwischen einem Erben und dem Testamentsvollstrecker bei der **Testamentsauslegung** begründen selbst noch nicht von vornherein einen die Entlassung rechtfertigenden erheblichen Interessengegensatz. Vielmehr können erst die mit einer bestimmten Auslegung verbundenen Auswirkungen auf die Amtsführung des Testamentsvollstreckers einen wichtigen Grund zu Entlassung bilden[104], etwa weil die Einseitigkeit der vom Testamentsvollstrecker vorgenommenen Auslegung die Besorgnis eigennütziger Amtsführung begründet[105], weil der Testamentsvollstrecker durch eine fern liegende oder nicht vertretbare Auslegung ein berechtigtes Misstrauen hervorruft, er befleißige sich nicht der für die Ausübung seines Amtes notwendigen Unparteilichkeit[106], oder weil die vom Testamentsvollstrecker vorgenommene Auslegung die Interessen der Erben nachhaltig gefährdet oder schädigt[107].

16 **d) Versagungsermessen?** Auch wenn der unbestimmte Rechtsbegriff des „wichtigen Grundes" erfüllt ist, so muss nach ganz hM das Nachlassgericht damit den Testamentsvollstrecker noch nicht zwingend entlassen. Vielmehr wird dem Gericht ein Versagungsermessen eingeräumt[108]. Wortlaut

---

[91] BayObLGZ 1953, 357, 364; 1988, 42, 49 = FamRZ 1988, 770; BayObLGZ 1990, 177, 181 = NJW-RR 1990, 1420; OLG Düsseldorf ZEV 1995, 302, 303; KG OLGE 34, 300, 304; OLG Köln OLGZ 1969, 281, 282; OLG Stuttgart OLGZ 1968, 457, 458; *Soergel/Damrau* Rn 4; *Staudinger/Reimann* Rn 11.
[92] S den Rspr-Überblick bei *Muscheler* AcP 197 (1997), 226, 268 ff.
[93] BayObLGZ 1988, 42, 49 = FamRZ 1988, 770; OLG Hamm FamRZ 2001, 1178 = ZEV 2001, 278, 280: frühere anwaltliche Vertretung gegen die Erben mit „harter Vorgehensweise" genügt nicht.
[94] OLG Stuttgart OLGZ 1968, 457, 458.
[95] BayObLGZ 13, 570; ähnlich OLG Stuttgart OLGZ 1968, 457, 458.
[96] *Muscheler* AcP 197 (1997), 226, 288 ff mit eingehender Kritik an der hM.
[97] BayObLGZ 1985, 298, 302; 1997, 1, 26; 2001, 167, 170 ff; BayObLG FamRZ 1991, 490, 491; BayObLG NJW-RR 1996, 714, 715; FamRZ 2005, 934: in Anspruchnahme in Wirklichkeit eines letztwilligen Vorkaufsrechts; AnwK-BGB/*Weidlich* Rn 14; *Palandt/Edenhofer* Rn 5; *Reimann* in: *Bengel/Reimann* HdB VII Rn 22; ähnlich einschränkend MünchKommBGB/*Zimmermann* Rn 10; *Staudinger/Reimann* Rn 17; ganz abl *Soergel/Damrau* Rn 6 Fn 31; vgl auch Rn 10 zur Unfähigkeit aus Rechtsgründen.
[98] BayObLG NJW-RR 1996, 714, 715.
[99] *Muscheler* AcP 197 (1997), 226, 291 ff.
[100] RGZ 58, 299; 61, 143; 98, 173, 174.
[101] *Muscheler* AcP 197 (1997), 226, 293; ähnlich jetzt auch BayObLGZ 2001, 167, 170 f, wonach es darauf ankommt, welche negativen Auswirkungen auf die Amtsführung daraus resultieren.
[102] Vgl den Fall von BayObLG NJW-RR 1996, 714, 715 = ZEV 1995, 366 m Anm *Bengel*.
[103] *Bengel* ZEV 1995, 370.
[104] BayObLG NJW-RR 2004, 366, 368.
[105] BayObLGZ 1985, 298, 302, 304 = FamRZ 1986, 104.
[106] BayObLGZ 1997, 1, 26 = FamRZ 1997, 905.
[107] BayObLGZ 2001, 167, 170 = NJW-RR 2002, 77.
[108] AnwK-BGB/*Weidlich* Rn 15.

(„kann") und Normstruktur der Vorschrift legen dies nahe. Das Gericht hat also nach pflichtgemäßem Ermessen[109] zu prüfen, ob nicht überwiegende Gründe für das Verbleiben des Testamentsvollstreckers im Amt oder aber für seine Abberufung sprechen (Entlassungs- contra Fortführungsinteresse)[110]. Abwägungskriterien sind[111] der (mutmaßliche) Wille des Erblassers, insbes ob dieser nicht eine mangelhafte Verwaltung einem völligen Wegfall der Testamentsvollstreckung vorgezogen hätte[112], sowie die Interessen der Steller des Entlassungsantrags, aber auch der Erben, die an der Testamentsvollstreckung festhalten wollen, und ob der Erbe den Nachlass selbst ordnungsgemäß verwalten könne[113]. Bei der Würdigung des Fortführungsinteresses ist allerdings zu beachten, dass die Entlassung des aktuell amtierenden Testamentsvollstreckers nicht zum Wegfall der gesamten Testamentsvollstreckung führen muss; denn häufig ist ein Ersatzvollstrecker benannt oder es ist zumindest in Wege der ergänzenden Auslegung ein stillschweigenden Ersuchen an das Nachlassgericht nach § 2200 anzunehmen, wonach dieses einen Ersatzvollstrecker ernennen soll[114]. Die mangelnde Kooperationsbereitschaft der Erben kann zu deren Lasten berücksichtigt werden[115], ebenso, wenn der Testamentsvollstrecker nicht mehr an dem einen Entlassungsgrund darstellenden Verhalten festhalten will und der Nachlass im Wesentlichen abgewickelt ist[116]. Allerdings mag es nach der hM Fälle geben, in denen sich das **Ermessen auf Null** reduziert und damit die Entlassung zwingend geboten ist. Angesichts des Normzwecks der wirksamen Kontrolle über die Macht des Testamentsvollstreckers kann dies durchaus praktisch bedeutsam sein.

III. Verfahrensfragen

1. Entlassungsverfahren. Es entscheidet das Nachlassgericht (§§ 72, 73 FGG), **funktionell zuständig** ist grds der Richter (§ 16 Abs 1 Nr 5 RPflG), falls nicht von dem landesrechtlichen Vorbehalt des § 19 Abs 1 Nr 3 RPflG Gebrauch gemacht wurde. Dabei gilt das **Amtsermittlungsverfahren** (§ 12 FGG)[117]. An die von den Beteiligten vorgebrachten Entlassungsgründe ist das Nachlassgericht dabei nicht gebunden[118]. Dem Testamentsvollstrecker ist vor der Entlassung grds immer das **rechtliche Gehör** zu gewähren (Art 103 Abs 1 GG), nicht nur wenn dies tunlich ist; § 2227 Abs 2 ist im Lichte des grundgesetzlichen Verfahrenssatzes als Mussbestimmung zu sehen[119], jedoch muss die Anhörung grds nicht mündlich erfolgen[120]. Zudem kann der Verfahrensfehler geheilt werden, und zwar auch durch das Beschwerdegericht als zweite Tatsacheninstanz[121]. Auch die anderen Beteiligten iS des § 2227 haben Anspruch auf rechtliches Gehör[122]. Die Anhörung kann formlos erfolgen[123]. Bei Bedenken gegen die Zulässigkeit des Antrags hat der Richter darauf hinzuweisen[124]. Wird das Amt des Testamentsvollstreckers in anderer Weise als durch die Entlassung beendet, so ist das Verfahren **erledigt**[125].

17

Die **Entscheidung** ergeht durch Beschluss[126]. Sie wird mit der **Bekanntmachung** an den Testamentsvollstrecker wirksam (§ 16 Abs 1 FGG). Auch wenn gegen sie die sofortige Beschwerde (Rn 20) eingelegt wird, bleibt sie zunächst gemäß § 26 S 1 FGG wirksam. Die Beschwerde hat also keine aufschiebende Wirkung, bis das Beschwerdegericht die Entlassungsverfügung aufhebt, wenn nicht ausnahmsweise § 26 S 2 FGG eingreift[127]. Die in der Zwischenzeit bis zur Aufhebung des Entlassungs-

18

---

[109] Für freies Ermessen sogar *Lange/Kuchinke* § 31 VIII 2 b; *Firsching/Graf* Nachlassrecht Rn 4.485.
[110] So etwa BayObLGZ 1976, 67, 73 f; 1985, 298, 302 f; 1997, 1, 12; BayObLG ZEV 2000, 135, 136; FamRZ 2000, 1055, 1056; OLG Celle OLGZ 1986, 442, 443; OLG Köln NJW-RR 1987, 1414, 1415; OLG Hamm OLGZ 1986, 1, 6 ff; OLG Karlsruhe NJW-RR 2005, 527, 528; OLG Zweibrücken FamRZ 1999, 472; AnwK-BGB/*Weidlich* Rn 15; jurisPK/*Heilmann* Rn 6; KK-Erbrecht/*Rott* 12; *Winkler*, Der Testamentsvollstrecker, Rn 800; Soergel/*Damrau* Rn 2; Staudinger/*Reimann* Rn 32; aA *Muscheler* AcP 197 (1997), 226, 249 ff: gebundene Entscheidung; für freies Ermessen *Lange/Kuchinke* § 31 VIII 2 b.
[111] Vgl *Muscheler* AcP 197 (1997), 226, 245 ff und praxisbezogen *Zimmermann* Rn 795; soweit er jedoch bei einem „berufsmäßigen, honorierten Testamentsvollstrecker" eine Entlassung eher als bei einem „ehrenamtlichen" für möglich hält, darf diese Wertung nicht absolutiert werden.
[112] BayObLGZ 34, 311; OLG Hamm OLGZ 1986, 1, 6 ff; *Lange/Kuchinke* § 31 VIII 2 b; jetzt auch MünchKommBGB/*Zimmermann* Rn 7.
[113] BayObLG FamRZ 1987, 101, 102.
[114] *Bonefeld* in: *Mayer/Bonefeld/Wälzholz/Weidlich* Rn 1088.
[115] OLG Düsseldorf ZEV 1999, 226; BayObLG FamRZ 2000, 1055, 1056.
[116] BayObLG FamRZ 2000, 1053 (LS).
[117] BayObLGZ 34, 311; 1957, 317; KK-Erbrecht/*Rott* Rn 24.
[118] AnwK-BGB/*Weidlich* Rn 18; jurisPK/*Heilmann* Rn 6; MünchKommBGB/*Zimmermann* Rn 13; Palandt/*Edenhofer* Rn 9.
[119] BayObLG ZEV 1998, 348, 349; AnwK-BGB/*Weidlich* Rn 18; jurisPK/*Heilmann* Rn 16; Soergel/*Damrau* Rn 17; *Muscheler* AcP 197 (1997), 226, 244 mwN.
[120] OLG Köln NJW-RR 2005, 94, 95.
[121] BayObLG ZEV 1998, 348, 349; NJW-RR 1991, 1098, 1100.
[122] OLG Hamm Rpfleger 1994, 213; AnwK-BGB/*Weidlich* Rn 18; Soergel/*Damrau* Rn 17.
[123] BayObLG ZEV 1997, 381, 382.
[124] BGZ 106, 96 = NJW 1989, 984.
[125] BayObLG ZEV 1995, 370 m Anm *Winkler*; OLG Hamm NJW-RR 2002, 1300: Aufgabenerledigung durch Insolvenz des vom Testamentsvollstrecker fortzuführenden Unternehmens.
[126] Muster bei *Firsching/Graf* Nachlassrecht Rn 4.486.
[127] AnwK-BGB/*Weidlich* Rn 20; *Firsching/Graf* Nachlassrecht Rn 4.487; *Bonefeld* in: *Mayer/Bonefeld/Wälzholz/Weidlich* Rn 1089 ff mz taktischen Überlegungen zu dieser Problematik.

§ 2227

beschlusses vom Testamentsvollstrecker getätigten Rechtsgeschäfte sind aber wirksam (§ 32 FGG analog)[128]. Das Nachlassgericht kann keine **vorläufige Anordnungen** treffen, insbes keine vorläufige Amtsenthebung aussprechen oder die vorläufige Untersagung der Amtsgeschäfte[129]. Als Eingriff in die Rechtsstellung des Testamentsvollstreckers bedürfte es hierfür einer Rechtsgrundlage und eine solche ist hinsichtlich der Untersagung nicht einmal für die Hauptsacheentscheidung vorgesehen. Eine entsprechende Rechtsgrundlage besteht auch nicht auf Grund des § 24 Abs 3 FGG, der nur für das Beschwerdegericht gilt. Jedoch kann das Beschwerdegericht danach anordnen, dass der Testamentsvollstrecker bei Vorliegen einer Entlassungsverfügung durch die erste Instanz bis zur Entscheidung über die Beschwerde weiterhin im Amt bleibt[130]. Auch eine einstweilige Verfügung des Prozessgerichts (§ 935 ZPO) für solche vorläufigen Maßnahmen ist nicht zulässig[131]. Mangels Rechtsgrundlage ist auch in der Hauptsache keine zeitweilige Entlassung möglich, auch keine Untersagung der Vornahme bestimmter Verwaltungshandlungen[132]. Eine Belassung im Amt unter Auflagen sieht das Gesetz ebenfalls nicht vor[133].

19   Die **Gerichtskosten** richten sich nach § 113 KostO, eine Kostenerstattung kann nach § 13 a FGG angeordnet werden[134]. Ob der Testamentsvollstrecker die ihm entstandenen oder auferlegten Kosten des Verfahrens dem Nachlass entnehmen kann, hängt davon ab, ob er das Verfahren für erforderlich halten durfte, um den Erblasserwillen zu verteidigen[135]. Bei Erledigung des Verfahrens gilt § 91 a ZPO entspr[136].

20   **2. Rechtsmittel.** Gegen die **Entlassungsverfügung** des Nachlassgerichts, durch die der Testamentsvollstrecker gegen seinen Willen entlassen wird, hat er und jeder andere Beteiligte, der dadurch beschwert ist, die **sofortige, allerdings befristete Beschwerde** (§§ 81 Abs 2, 20 Abs 1, 22 FGG)[137]. Gegen die Entscheidung des Beschwerdegerichts findet die **sofortige weitere Beschwerde** statt (§ 29 Abs 2 FGG)[138]. Dabei sind auch diejenigen Beteiligten beschwerdeberechtigt, die zunächst den Entlassungsantrag nicht gestellt haben, aber zum Zeitpunkt der Beschwerdeeinlegung hierzu noch berechtigt wären[139], aber nicht mehr ein Pflichtteilsberechtigter, wenn sein gegen den Nachlass gerichteter Anspruch erfüllt ist, und zwar auch dann, wenn er mit dem Entlassungsvorbringen Regressansprüche gegen den Testamentsvollstrecker begründen will[140]. Die sofortige Beschwerde hat keine **aufschiebende Wirkung** (Rn 18). Gegen die **Ablehnung** des Entlassungsantrags ist dagegen die einfache, nicht fristgebundene Beschwerde nach § 19 Abs 1 FGG statthaft, die nur für den Antragsteller zulässig ist (§ 20 Abs 2 FGG).

21   Ob ein wichtiger Grund vorliegt, ist eine **Tat- und Rechtsfrage**[141]. Die Frage, ob bei Vorliegen eines wichtigen Grundes wegen des von der hM angenommenen Versagungsermessens (Rn 16) die Entlassung erfolgen soll, ist eine Ermessensfrage („kann")[142]. Die tatsächliche Beurteilung des Nachlassgerichts kann vom Rechtsbeschwerdegericht überhaupt nicht nachgeprüft werden, die Beurteilungs- und Ermessensentscheidung nur insoweit, als ein Rechtsfehler zu Grunde liegt[143]. Hinzu kommt, dass die Rspr der Tatsacheninstanz hinsichtlich der Frage des Vorliegens eines wichtigen Grundes einen **Beurteilungsspielraum** einräumt, der genauso wie die Ermessensausübung nur eingeschränkt überprüfbar ist[144].

---

[128] BayObLGZ 1959, 128, 131; *Soergel/Damrau* Rn 21.
[129] BayObLG FamRZ 1987, 101, 104; KG OLGE 46, 231; OLG Köln OLGZ 1987, 280 = NJW-RR 1987, 71; *Reimann* FamRZ 1995, 588, 590; *Muscheler* AcP 197 (1997), 226, 257; jurisPK/*Heilmann* Rn 19; *Winkler*, Der Testamentsvollstrecker, Rn 804.
[130] BayObLG FamRZ 1991, 235, 236; *Soergel/Damrau* Rn 19.
[131] *Soergel/Damrau* Rn 19; *Muscheler* AcP 197 (1997), 226, 257 Fn 90.
[132] *Muscheler* AcP 197 (1997), 226, 259; jetzt auch MünchKommBGB/*Zimmermann* Rn 14, anders noch die 2. Aufl, wo diese Anordnung auf § 2208 gestützt wurde; hier besteht aber einstweiliger Rechtsschutz nach §§ 935 ff ZPO gegen die geplante Einzelmaßnahme, MünchKommBGB/*Zimmermann* Rn 14.
[133] *Muscheler* AcP 197 (1997), 226, 251; tendenziell in diese Richtung aber OLG Hamm OLGZ 1986, 1, 8.
[134] *Damrau/Bonefeld* Rn 16; KK-Erbrecht/*Rott* Rn 27.
[135] OLG Hamburg MDR 1963, 423; OLG Oldenburg NJW-RR 1996, 582; jurisPK/*Heilmann* Rn 21.
[136] OLG Celle NdsRpfl 1961, 199.
[137] Zur Wiedereinsetzung in den vorigen Stand BayObLG NJW-RR 2002, 287.
[138] BayObLG NJW-RR 1996, 714 mwN.
[139] BayObLG NJW-RR 1996, 714; AnwK-BGB/*Weidlich* Rn 20.
[140] KG NJW-RR 2005, 809, 810 f.
[141] BayObLG FamRZ 1987, 101, 102; BayObLGZ 1990, 177, 181 = NJW-RR 1990, 1420; OLG Düsseldorf ZEV 1994, 302, 303 betont, dass dies ein „unbestimmter Rechtsbegriff" ist; *Staudinger/Reimann* Rn 32; *Soergel/Damrau* Rn 2.
[142] OLG Hamm OLGZ 1986, 1, 7; *Soergel/Damrau* Rn 2.
[143] BayObLG NJW-RR 1996, 714; OLG Hamm OLGZ 1986, 1, 6 ff; OLG Düsseldorf ZEV 1994, 302, 303; AnwK-BGB/*Weidlich* Rn 20; aA OLG Oldenburg FamRZ 1999, 472: Ermessensausübung kann vom Rechtsbeschwerdegericht bei geklärtem Sachverhalt nachgeholt werden; zu den Anforderungen an die Begründungspflicht der Tatsacheninstanz BayObLG ZEV 2000, 315.
[144] BayObLGZ 1990, 177, 183 = NJW-RR 1990, 1420, aber offenbar nur bei unternehmerischen Entscheidungen; BayObLG ZEV 1998, 348, 350: bei der Beurteilung der Nachlassverwaltung; OLG Köln NJW-RR 1987, 1415: generell.

IV. Rechtsfolge

Die Entlassung ist ein rechtsgestaltender Akt und **beendet** nur das Amt des **konkret amtierenden Testamentsvollstreckers**[145]. Ein Testamentsvollstreckerzeugnis wird von selbst kraftlos (§ 2368 Abs 3 HS 2)[146]. Das Nachlassgericht ist demgegenüber nicht befugt, die Testamentsvollstreckung insgesamt aufzuheben[147]. Jedoch kann die gesamte Testamentsvollstreckung (im abstrakten Sinn) beendet sein, wenn der Erblasser nicht für Ersatzvollstrecker gesorgt hat (§§ 2224 Abs 1 S 2 und 3, 2197 Abs 2, 2198, 2199) oder wenn auch Ersatzmänner entweder selbst kündigen oder entlassen werden[148] und auch kein Ersuchen an das Nachlassgericht nach § 2200 anzunehmen ist. Nur dann wird auch der Erbschein, in dem nur das Bestehen der Testamentsvollstreckung als solche, nicht aber der amtierende Testamentsvollstrecker eingetragen ist, unrichtig und ist einzuziehen[149]. Ob die Vollstreckung beendet ist, entscheidet im Streitfall das Prozessgericht[150]. Eine Wiedereinsetzung ist nicht möglich, auch wenn die Entlassungsgründe weggefallen sind. Es kommt allerdings eine erneute Ernennung nach § 2200 in Betracht, wenn die Voraussetzungen vorliegen[151]. 22

V. Internationale Zuständigkeit; Auslandsbezug

Das nach § 73 FGG örtlich zuständige Nachlassgericht kann einen **nach ausländischem Recht** ernannten Testamentsvollstrecker entlassen, wenn dies dringend geboten und nach dem zur Anwendung berufenen ausländischen Recht möglich ist[152]. Kommt es infolge einer Nachlassspaltung auch zu einer gespaltenen Testamentsvollstreckung[153], so sind die deutschen Nachlassgerichte nach dem **Gleichlaufgrundsatz** nur insoweit international zuständig, als die Testamentsvollstreckung nach deutschem Recht zu beurteilen ist[154]. 23

Die **Entlassung durch** ein **ausländisches Gericht** oder Behörde ist nur anzuerkennen, wenn ein rechtsstaatliches Verfahren gewährleistet war, wozu die Gewährung rechtlichen Gehörs und gerichtliche Überprüfung des Entlassungsakts einer Verwaltungsbehörde gehören[155]. Nimmt der Testamentsvollstrecker irrigerweise sein Amt auch hinsichtlich im Ausland belegener Teile des Nachlasses in Anspruch, so kann er die Unterlassung von notwendigen Maßnahmen nicht damit rechtfertigen, er sei hierfür nicht zuständig gewesen[156]. 24

§ 2228 Akteneinsicht

Das Nachlassgericht hat die Einsicht der nach § 2198 Abs. 1 Satz 2, § 2199 Abs. 3, § 2202 Abs. 2, § 2226 Satz 2 abgegebenen Erklärungen jedem zu gestatten, der ein rechtliches Interesse glaubhaft macht.

In den genannten Fällen hat das Nachlassgericht als zentrale Auskunftsstelle Einsicht in die dort genannten Unterlagen zu gewähren. Voraussetzung hierfür ist jedoch, dass ein rechtliches (nicht bloß wirtschaftliches) Interesse glaubhaft gemacht wird (§ 34 FGG)[1]. Zuständig hierfür ist innerhalb der ihm übertragenen Angelegenheiten der Rechtspfleger (§ 4 Abs 1 RPflG), ansonsten der Richter[2]. Gegen die Verweigerung ist die einfache Beschwerde statthaft (§ 19 FGG)[3]. Die Akteneinsicht ist gebührenfrei; für die Erteilung von Abschriften fallen Schreibauslagen an (§ 136 KostO). 1

Die Einsicht in andere **Akten** und **Abschriften** bestimmt sich nach den allgemeinen Bestimmungen der §§ 34, 78, 85 FGG. 2

---

[145] *Damrau/Bonefeld* Rn 17.
[146] BayObLGZ 1959, 128, 131; bei Aufhebung des Entlassungsbeschlusses durch das Beschwerdegericht gilt das Zeugnis aber als weiterhin wirksam, BayObLG aaO; *Palandt/Edenhofer* § 2368 Rn 10; aA *Bestelmeyer* ZEV 1997, 316, 320.
[147] BayObLGZ 1953, 357, 361; *Winkler*, Der Testamentsvollstrecker, Rn 812; *Staudinger/Reimann* Rn 37; aA *Vogel* JW 1934, 1400.
[148] *Staudinger/Reimann* Rn 37.
[149] Übersehen bei KK-Erbrecht/*Rott* Rn 31.
[150] OLG Schleswig SchlHA 1957, 303; KK-Erbrecht/*Rott* Rn 9.
[151] BayObLGZ 1964, 153.
[152] BayObLGZ 1965, 377, 383; OLG Hamm OLGZ 1973, 289; OLG Frankfurt OLGZ 1977, 180; MünchKommBGB/*Zimmermann* Rn 19.
[153] Vgl etwa den Fall von BayObLG NJW-RR 2005, 594, 595, in dem bzgl der Grundstücke in Florida sich die Testamentsvollstreckung nach dortigem Recht richtete.
[154] BayObLGZ 1999, 296, 303 = ZEV 1999, 485; BayObLG NJW-RR 2005, 594, 595.
[155] KG JZ 1967, 123 m Anm *Wengler*, *Johannsen* WM 1969, 1403; MünchKommBGB/*Zimmermann* Rn 19.
[156] BayObLG NJW-RR 2005, 594, 595 = ZEV 2005, 168.
[1] AnwK-BGB/*Weidlich* Rn 1; *Damrau/Bonefeld* Rn 1 mz Beispielen; KK-Erbrecht/*Rott* Rn 3; *Staudinger/Reimann* Rn 2; MünchKommBGB/*Zimmermann* Rn 2.
[2] AnwK-BGB/*Weidlich* Rn 1; *Firsching/Graf* Nachlassrecht Rn 3.59.
[3] AnwK-BGB/*Weidlich* Rn 1; *Firsching/Graf* Rn 4.329; KK-Erbrecht/*Rott* Rn 7; MünchKommBGB/*Zimmermann* Rn 2; *Damrau/Bonefeld* Rn 1 übersieht, dass die Erinnerung nach § 11 RPflG regelmäßig nicht mehr in Betracht kommt.

Titel 7. Errichtung und Aufhebung eines Testaments
(§§ 2229–2264)

§ 2229 Testierfähigkeit Minderjähriger, Testierunfähigkeit

(1) Ein Minderjähriger kann ein Testament erst errichten, wenn er das 16. Lebensjahr vollendet hat.

(2) Der Minderjährige bedarf zur Errichtung eines Testaments nicht der Zustimmung seines gesetzlichen Vertreters.

(3) (weggefallen)

(4) Wer wegen krankhafter Störung der Geistestätigkeit, wegen Geistesschwäche oder wegen Bewusstseinsstörung nicht in der Lage ist, die Bedeutung einer von ihm abgegebenen Willenserklärung einzusehen und nach dieser Einsicht zu handeln, kann ein Testament nicht errichten.

Schrifttum: *Cypionk,* Die Auswirkungen des Betreuungsgesetzes auf die Praxis des Notars, DNotZ 1991, 571; *Hahn,* Die Auswirkungen des Betreuungsrechts auf das Erbrecht, FamRZ 1991, 27; *Lichtenwimmer,* Die Feststellung der Geschäfts- und Testierfähigkeit durch den Notar, MittBayNot 2002, 240; *Roth,* Das Datum der Testamentserrichtung – Ein Beitrag zur Feststellungslast bei möglicher Testierunfähigkeit, ZEV 1997, 94; *Weser,* Die Auswirkungen des Betreuungsgesetzes auf die notarielle Praxis, MittBayNot 1992, 161; *Wetterling,* Psychiatrische Gesichtspunkte zur Beurteilung der Testierfähigkeit Dementer, ZEV 1995, 46.

Übersicht

	Rn		Rn
I. Testierfähigkeit	1	2. Rechtsfolgen	12
II. Testierfähigkeit Minderjähriger	7	IV. Beweisfragen	13
III. Testierunfähigkeit infolge Geistesstörungen	8		
1. Voraussetzungen	8	V. Recht in den neuen Bundesländern	18

I. Testierfähigkeit

1 Wer ein Testament errichtet, aufhebt oder ändert, muss während des gesamten Vorgangs, also vom Beginn der Errichtung bis zum Abschluss (zB Unterzeichnung durch Erblasser), testierfähig sein[1]. Der anschließende Wegfall dieser Fähigkeit ist ohne Bedeutung. **Testier- und Geschäftsfähigkeit** decken sich weitgehend, jedoch nicht vollständig. Darunter ist die persönliche Befähigung des Erblassers zur rechtswirksamen Errichtung, Aufhebung und Änderung eines Testaments zu verstehen.

2 Das Gesetz selbst regelt in § 2229 Abs 4 nicht etwa die Testierfähigkeit, sondern nur deren Gegenteil, nämlich die **Testierunfähigkeit**. Damit stellt sich die Testierunfähigkeit wegen Geistesstörungen als Ausnahme von der bei einem Volljährigen (§ 2) oder einem Minderjährigen, der das 16. Lebensjahr vollendet hat (§ 2229 Abs 1), regelmäßig gegebenen Testierfähigkeit dar. Jeder, der das 16. Lebensjahr vollendet hat, ist demzufolge testierfähig, solange nicht bewiesen ist, dass die Voraussetzungen des Abs 4 gegeben sind. Dies gilt auch für denjenigen, für den **Betreuung** angeordnet ist[2]. Auch für diesen gilt die Vermutung der Testierfähigkeit. Es kommt im Einzelfall darauf an, aus welchen Gründen die Betreuung angeordnet worden ist. Auf die im Betreuungsverfahren eingeholten Gutachten kann zu diesem Zweck zurückgegriffen werden. Das Vormundschaftsgericht kann die Testamentserrichtung nicht von der Einwilligung eines Betreuers abhängig machen (§ 1903 Abs 2). Hat ein Entmündigter vor dem 1. 1. 1992 ein Testament errichtet, so ist dieses gemäß § 2229 Abs 3 aF unwirksam. Daran hat sich auch durch die Umwandlung der Vormundschaft in eine Betreuung nichts geändert[3]. Siehe zur Testierfähigkeit von **Ausländern** Art 25 Rn 26 und Art 26 Rn 5 EGBGB. Bei **Staatenlosen** ist Art 5 Abs 2 EGBGB zu beachten.

3 Die **Testierfähigkeit** beinhaltet drei Elemente, nämlich:
– das **Wissen,** überhaupt ein Testament zu errichten,
– die **Fähigkeit zur Einsicht** in die Bedeutung der einzelnen Anordnungen und
– die dementsprechende **Handlungsfähigkeit.**

Der Erblasser muss demnach wissen, dass er ein Testament errichtet, sich selbstständig ein klares Urteil über die Vor- und Nachteile der einzelnen Anordnungen, insbes über deren Auswirkungen auf die

---
[1] BGH NJW 1959, 1822; BayObLG ZEV 1996, 392 m Anm *Jerschke.*
[2] OLG Hamm FamRZ 2004, 659.
[3] *Hahn* FamRZ 1991, 24, 27.

persönlichen und wirtschaftlichen Verhältnisse der Betroffenen, und die Gründe, die für oder gegen ihre sittliche Berechtigung sprechen, bilden und ohne Einflussnahme Dritter den Inhalt des Testaments selbst bestimmen können[4]. Eine **Mitwirkung Dritter** ist dadurch jedoch nicht ausgeschlossen, wenn nur der Erblasser trotz der Beratung durch diese noch zu eigenständigen Entschlüssen fähig ist[5]. Diese Einsichts- und Handlungsfähigkeit ist grds nicht teilbar, ist also entweder in vollem Umfang oder überhaupt nicht gegeben.

Umstritten ist, ob es eine nach der Schwierigkeit der Materie abgestufte **(relative) Testierfähigkeit** 4 gibt[6]. Dabei stimmen alle jedoch darin überein, dass der Erblasser nicht nur allgemeine Vorstellungen von einem Testament haben darf, sondern die Folgen der konkreten Erklärungen überblicken können muss[7]. Die eigentliche Streitfrage entzündet sich deshalb daran, ob ein Erblasser zwar ein Testament mit einfachen Regelungen (zB Erbeinsetzung), nicht aber mit schwierigen und komplexen Anordnungen (zB mehrfache Vor- und Nacherbschaften) errichten kann. Die hM lehnt eine derartige Relativierung mit Recht ab, weil sie die Rechtssicherheit gefährdet. Es ist schwierig genug, Kriterien zur Beurteilung der Testierfähigkeit zu finden. Diese Probleme würden durch diese weitere Relativierung nur noch zusätzlich verschärft.

Davon zu unterscheiden ist die ebenfalls umstrittene Frage nach den Auswirkungen einer **partiellen,** 5 dh einer nur für einen bestimmten, gegenständlich abgegrenzten Kreis von Angelegenheiten (zB Verfolgungswahn) fehlenden Testierfähigkeit auf die Wirksamkeit von Verfügungen außerhalb des betroffenen Lebensbereichs[8]. Die hM und vor allem die neuere Rspr lässt keine Ausnahme vom Grundsatz der Unteilbarkeit der Einsichtsfähigkeit zu[9]. In seltenen Ausnahmefällen wird man jedoch, ohne die Rechtssicherheit zu gefährden, zu dem Ergebnis gelangen müssen, dass diejenigen Verfügungen in dem Testament ausnahmsweise trotzdem gültig sind, die sicher nicht durch die krankhaften Zwangsvorstellungen beeinflusst sind und völlig unabhängig von der nichtigen Verfügung gelten können und sollen. Deshalb ist die Enterbung eines Kindes wegen Verfolgungswahns unwirksam und die des anderen wegen Straftaten gültig; diese Differenzierung gilt aber nicht bei einer Alleinerbeinsetzung des anderen oder einer Zuwendung an eine gemeinnützige Einrichtung[10]. Hätte der Erblasser nämlich getrennte Testamente errichtet, so wäre auch nach hM das eine gültig und das andere nicht. Die Testierfähigkeit ist bei einem öffentlichen Testament vom beurkundenden Notar von Amts wegen zu prüfen. Er soll seine entsprechenden Wahrnehmungen in der Niederschrift vermerken (§ 28 BeurkG). Fehlt die Testierfähigkeit, soll er die Beurkundung ablehnen (§ 11 Abs 1 BeurkG).

Zur Testierfähigkeit in einem weiteren Sinne gehört auch die **Beherrschung der persönlichen** 6 **Techniken**, wie Lesen, Schreiben, Sprechen und Hören, die notwendig sind, um ein formgerechtes Testament zu errichten (zB Schreibfähigkeit bei eigenhändigem Testament). Das Fehlen einzelner dieser Befähigungen schließt die Testamentserrichtung nicht gänzlich aus, erfordert jedoch unter Umständen die Einhaltung besonderer Verfahren (vgl §§ 22, 23, 24 BeurkG) oder Testamentsformen (vgl §§ 2233 Abs 2, 2247 Abs 4).

II. Testierfähigkeit Minderjähriger

Der Minderjährige wird mit der **Vollendung seines 16. Lebensjahres** testierfähig (Abs 1). Ein vor 7 diesem Zeitpunkt errichtetes Testament ist unheilbar nichtig. Ein aus diesem Grund nichtiges Testament kann auch nicht durch nachträgliche **Genehmigung** wirksam werden. Bei der Berechnung des Lebensalters ist gemäß § 187 Abs 2 der Tag der Geburt mitzurechnen. Der Minderjährige, der das 16. Lebensjahr vollendet hat, kann ohne Zustimmung seines gesetzlichen Vertreters ein Testament errichten (Abs 2). Er kann dies jedoch nicht in allen einem Volljährigen zu Gebote stehenden Testamentsformen tun. Minderjährige können weder ein eigenhändiges Testament (§§ 2231 Nr 2, 2247), noch ein öffentliches Testament durch Übergabe einer verschlossenen Schrift (§ 2233 Abs 1) errichten. Das **öffentliche Testament** eines Minderjährigen kann folglich nur entweder durch mündliche Erklärung oder durch Übergabe einer offenen Schrift errichtet werden.

III. Testierunfähigkeit infolge Geistesstörungen

1. Voraussetzungen. Nicht jede krankhafte Störung der Geistestätigkeit, Geistesschwäche oder 8 Bewusstseinsstörung schließt die Testierfähigkeit einer Person, die das 16. Lebensjahr vollendet hat, aus. Dies ist nur dann der Fall, wenn diese Krankheiten bzw Zustände dazu führen, dass dem Erblasser nicht bewusst ist, ein Testament zu errichten, oder er die Tragweite der einzelnen Anordnungen nicht beurteilen (Einsichtsfähigkeit) oder den Inhalt nicht selbst ohne bestimmenden Einfluss Dritter gestalten (Handlungsfähigkeit) kann (vgl Rn 3). Testierunfähig sind Personen dann, wenn sich ihre Erwägungen oder Entschlüsse nach allgemeiner Verkehrsauffassung selbst unter Würdigung der beson-

---

[4] Vgl BGH NJW 1959, 1822; BayObLG FamRZ 1984, 1043; OLG Köln NJW-RR 1991, 1412.
[5] Vgl BayObLG FamRZ 1990, 318.
[6] Dagegen: BGH NJW 1959, 1587; NJW 1970, 1680, 1681; *Staudinger/Baumann* Rn 13; *Damrau/R. Weber* Rn 25; dafür: OLG Köln NJW 1960, 1389; *Reimann/Bengel/J. Mayer/Voit* Rn 12; MünchKommBGB/*Hagena* Rn 15.
[7] BGH FamRZ 1958, 127, 128; OLG Köln NJW-RR 1994, 396; OLG Hamm FamRZ 1997, 1026, 1027.
[8] BGHZ 18, 184; BGH Rpfleger 1991, 205; BayObLG 1991, 59; *Weser* MittBayNot 1992, 169; *Klingelhöffer* ZEV 1997, 92 ff.
[9] BayObLG NJW 1992, 248, 249; *Soergel/J. Mayer* Rn 12; *Staudinger/Baumann* Rn 20; MünchKommBGB/*Burkart* 3. Aufl Rn 12; *Weser* MittBayNot 1992, 161, 169.
[10] *Reimann/Bengel/J. Mayer/Voit* Rn 15; MünchKommBGB/*Hagena* Rn 16.

§ 2229

deren Lebensumstände und der subjektiven (irrationalen) Einstellungen des Erblassers nicht mehr als freie Willensentscheidungen darstellen, sondern als **krankheits- bzw zustandsbedingt zwanghafte Entscheidungen.** Demnach reicht keineswegs jede irrationale Entscheidung zur Verneinung der Testierfähigkeit aus. Erst dann, wenn der Betreffende dabei von Vorstellungen in einer Weise beeinflusst worden ist, die zwanghaft andere vernünftige Entscheidungen von vornherein ausgeschlossen haben, ist die Testierfähigkeit nicht mehr gegeben[11]. Das Testament ist dann nämlich nicht mehr Ausdruck einer freien und selbstbestimmten Willensentscheidung, sondern zwanghafter Vorstellungen.

9 **Psychopathie, Rauschgiftsucht oder querulatorische Veranlagung** führen deshalb nur unter Hinzutreten besonderer Umstände, insbes fortgeschrittener Gehirnbeeinträchtigungen, zur Testierunfähigkeit[12]. Allerdings können psychopathische Vorstellungen ein solches Ausmaß erreichen, dass ein zwanghaftes Verhalten und damit Testierunfähigkeit gegeben ist[13]. Eine sich an die Testamentserrichtung sich unmittelbar anschließende Selbsttötung rechtfertigt es nicht, einen die Testierfähigkeit ausschließenden Geisteszustand zu unterstellen, wenn nicht weitere Umstände hinzutreten[14]. Bei **Altersdemenz oder Cerebralsklerose** muss auf Grund des gesamten Verhaltens des Erblassers und des Gesamtbildes seiner Persönlichkeit die Testierfähigkeit überprüft werden[15]. Es gibt aber keine absolute Testierunfähigkeit, so dass keine Krankheitserscheinung es rechtfertigt, ohne weitere Feststellungen Geistesstörungen zu unterstellen[16]. **Intelligenzmängel** beseitigen die Testierfähigkeit solange nicht, solange sie die Fähigkeit zur eigenen Willensbildung nicht ausschließen. Das für die Testierfähigkeit notwendige Wissen und die Einsichts- und Handlungsfähigkeit darf nicht nur allgemeiner Art sein, sondern muss gerade in Bezug auf das konkrete Testament gegeben sein[17]. Deshalb reicht es nicht aus, wenn der Erblasser den vom Notar oder von einem Dritten vorgefertigten Inhalt nur gedankenlos bestätigt. Reine **Entscheidungsschwäche** und die damit verbundene leichte Beeinflussbarkeit schließen die Testierfähigkeit dann nicht aus, wenn sie nicht den Grad übermäßiger Beherrschung durch Dritte erreichen.

10 **Bewusstseinsstörungen** sind beispielsweise hochgradige Trunkenheit, schwerer Rausch, Entziehungserscheinungen bei einem Rauschgiftsüchtigen, manische seelische Depressionen, schwere Gedächtnisschwäche oder epileptische Anfälle. Auch den Gewaltanwendung oder die Drohung mit Gewalt oder einem für den Erblasser empfindlichen Übel (zB Einstellung der Betreuung, Androhen des Verlassens) kann den Grad einer Bewusstseinsstörung erreichen, wenn dadurch der Wille des Testierenden zwanghaft auf eine bestimmte Entscheidung gerichtet wird.

11 Dabei kommt es nur auf den Zeitpunkt der Errichtung an, so dass es gleichgültig ist, ob die Krankheit oder der Zustand von Dauer oder nur vorübergehender Natur war. Bei wechselhaftem Geistes- oder Gesundheitszustand sind die in **lichten Momenten** errichteten Testamente wirksam[18]. Erleidet der Erblasser nach der Vorbesprechung des Testamentsinhalts einen Schlaganfall mit Bewusstseinstrübung, so reicht es nach BGHZ 30, 294 aus, wenn sich dessen Fähigkeiten bei der nachfolgenden Beurkundung auf das Verstehen und Billigen des Testamentsinhalts beschränkt[19].

12 **2. Rechtsfolgen.** Das im Zustande der Testierunfähigkeit errichtete Testament ist seinem gesamten Inhalt nach unheilbar nichtig. Wird der Erblasser später wieder testierfähig, so kann die Nichtigkeit nicht durch Genehmigung geheilt werden. Es bleibt nichts anderes übrig, als das Testament erneut zu errichten.

IV. Beweisfragen

13 Bis zum vollen **Beweis des Gegenteils** ist der Erblasser als testierfähig zu betrachten. Dies gilt auch für den unter Betreuung stehenden Erblasser[20]. Bloße Zweifel genügen nicht zur Feststellung der Testierunfähigkeit[21]. Allerdings kann das Gericht zur vollen Überzeugung auch dann gelangen, wenn der Sachverständige den Erblasser nur mit hoher Wahrscheinlichkeit für testierunfähig hält[22]. Der Umfang der Ermittlungen richtet sich nach den Umständen des Einzelfalls, jedoch ist mit Rücksicht auf die besondere Tragweite dieser Frage eine sorgfältige und gewissenhafte Untersuchung geboten[23].

14 Es gehört zu den Amtspflichten des Notars bei der **Beurkundung,** das Vorliegen der Testierfähigkeit zu prüfen. Er muss sich vor der Beurkundung einer letztwilligen Verfügung von der Testierfähigkeit des Erblassers und der konkreten Testierfreiheit hinsichtlich der gewünschten Art der Verfügung von Todes wegen zu überzeugen. Dazu genügt die Befragung des Erblassers, vorausgesetzt, dass die Antworten sich mit seinen eigenen Wahrnehmungen decken[24]. Die in der Niederschrift hierzu getroffenen tatsächlichen Feststellungen gemäß § 28 BeurkG nehmen an der Beweiskraft der öffentlichen Urkunde gemäß

---

[11] LG Stuttgart BWNotZ 1986, 13.
[12] BayObLGZ 1991, 59, 64 f; BayObLG FamRZ 1992, 724; 1996, 1109.
[13] BGH FamRZ 1959, 237.
[14] BGH NJW 1951, 481; BayObLG Rpfleger 1984, 317; FamRZ 1985, 539; FamRZ 1990, 801.
[15] BayObLG FamRZ 1996, 566; 1997, 1511; OLG Düsseldorf FamRZ 1998, 1064.
[16] MünchKommBGB/*Hagena* Rn 17.
[17] BGH NJW 1959, 1822; BayObLG FamRZ 1991, 990.
[18] Ausf *Wetterling/Neubauer* ZEV 1995, 46.
[19] MünchKommBGB/*Hagena* Rn 4; aA *Lange/Kuchinke* § 18 II 1 Fn 10.
[20] OLG Frankfurt FamRZ 1996, 635.
[21] AllgM, zB BGHZ 18, 184.
[22] AllgM, zB BGH NJW 1959, 1822.
[23] OLG Frankfurt NJW-RR 1998, 870.
[24] Vgl BGH NJW 1963, 1972.

§ 418 ZPO teil. Das Fehlen eines solchen Vermerks macht die Urkunde nicht unwirksam, sondern überantwortet diese Frage der freien Beweiswürdigung durch das angerufene Gericht. Ist der Notar von der Testierunfähigkeit überzeugt, so hat er die Beurkundung abzulehnen (§ 11 Abs 1 BeurkG). In Zweifelsfällen sollte der Notar, den behandelnden Hausarzt befragen sowie einschlägige Gerichtsakten, insbes in Betreuungsfällen, beiziehen.

Im **Erbscheinsverfahren** gibt es zwar keine formelle Beweislast, jedoch trifft die entsprechende Feststellungslast denjenigen, der sich auf die daraus hergeleitete Unwirksamkeit des Testaments beruft. Auch in diesem Verfahren richtet sich der Ermittlungsumfang nach den Umständen des Einzelfalls. Das Gericht ist von Amts wegen zur Untersuchung verpflichtet und dabei nicht an den Vortrag der Beteiligten gebunden[25]. Anlass für derartige Ermittlungen sind jedoch nur konkrete auffällige Verhaltensweisen des Erblassers, nicht bloße unbestimmte Behauptungen[26]. Bei der Prüfung der Testierfähigkeit sind dabei zunächst die tatsächlichen Verhaltensauffälligkeiten festzustellen (zB Zeugenvernehmung des Urkundsnotars, soweit dessen Feststellungen in der Urkunde nicht ausreichen), um im Anschluss hieran den medizinischen Befund untersuchen zu können (zB ärztliches Attest oder Zeugenvernehmung des behandelnden Arztes)[27]. Regelmäßig wird dann die Einholung eines Fachgutachtens durch einen Psychiater notwendig sein[28]. Zweifel an der Schlüssigkeit oder am sachlichen Gehalt des Gutachtens sind vom Gericht durch Nachfrage zu klären[29]. Vom Gutachter geäußerten Zweifeln muss das Gericht nachgehen[30]. Das Gericht ist an die Feststellungen des Gutachters nicht gebunden, muss sich aber mit diesen inhaltlich auseinandersetzen. 15

Im Wege des **Anscheinsbeweises** ist von der Testierunfähigkeit dann auszugehen, wenn diese zwar für einen vor und für einen danach liegenden Zeitpunkt, nicht jedoch für die Testamentserrichtung festgestellt werden kann[31]. Kann jedoch die Möglichkeit eines lichten Augenblicks nicht mit Sicherheit ausgeschlossen werden, so scheidet ein derartiger Anscheinsbeweis aus[32]. 16

Steht zwar die Testierunfähigkeit für einen **bestimmten Zeitraum** fest, in dem der Erblasser ein undatiertes oder ein falsch datiertes eigenhändiges Testament errichtet hat, so muss derjenige, der aus diesem Testament Rechte herleitet, den vollen Beweis dafür erbringen, dass dieses undatierte Testament nicht innerhalb dieser Frist errichtet wurde[33]. 17

V. Recht in den neuen Bundesländern

In der früheren DDR konnten Jugendliche unter **18 Jahren** kein Testament errichten (§§ 370 Abs 1, 49 ZGB). Ferner musste der Erblasser gemäß § 370 Abs 1 S 2 ZGB handlungsfähig (§ 52 ZGB) gewesen sein. Gemäß Art 235 § 2 EGBGB finden diese Bestimmungen auf vor dem 3. 10. 1990 in der DDR errichtete Verfügungen auch dann Anwendung, wenn der Erbfall erst danach eintritt. Sachliche Unterschiede hinsichtlich der Testierfähigkeit wegen Geistesstörungen iS des § 2229 Abs 4 dürften nicht bestehen. 18

§ 2230 *(weggefallen)*

§ 2231 Ordentliche Testamente

Ein Testament kann in ordentlicher Form errichtet werden
1. **zur Niederschrift eines Notars,**
2. **durch eine vom Erblasser nach § 2247 abgegebene Erklärung.**

1. Zwecke des Formzwangs. Das Gesetz schreibt für alle Verfügungen von Todes wegen (Testament, gemeinschaftliches Testament und Erbvertrag) die Einhaltung bestimmter Formen vor. § 2231 gilt dabei für Testamente ebenso wie für gemeinschaftliche Testamente. Diese Formvorschriften verfolgen verschiedene Zwecke: Der Erblasser soll persönlich seinen Willen bilden und diesen möglichst deutlich in der Verfügung von Todes wegen zum Ausdruck zu bringen. Durch die Formerfordernisse sollen Vorüberlegungen und Entwürfe von der maßgebenden Verfügung exakt abgegrenzt werden. Das Erfordernis der Eigenhändigkeit eines Testaments bietet zudem eine erhöhte Sicherheit vor Verfälschungen des Erblasserwillens. Bei einem öffentlichen Testament werden durch die notarielle Beratung falsche oder unklare Formulierungen ausgeschlossen. Alle diese Formzwecke tragen in ihrer Gesamtheit dazu bei, verantwortliches Testieren zu fördern und Streitigkeiten über den Inhalt letztwilliger Verfügungen zu vermeiden[1]. Der Formzwang dient damit dem Schutz der Willensautonomie des Erblassers. 1

---

[25] BayObLG FamRZ 1990, 1281.
[26] OLG Hamm FGPrax 1997, 68; BayObLG FamRZ 1997, 1028.
[27] OLG Hamm OLGZ 1989, 271; Rpfleger 1989, 23; OLG Frankfurt NJW-RR 1996, 1159.
[28] BGH FamRZ 1984, 1003.
[29] BayObLG Rpfleger 1988, 67.
[30] BayObLG Rpfleger 1988, 67.
[31] OLG Karlsruhe OLGZ 1982, 280; BayObLG FamRZ 1990, 801, 803; OLG Köln NJW-RR 1991, 1412.
[32] BayObLG ZEV 1994, 303 m Anm *Jerschke*.
[33] BayObLG NJW-RR 1996, 1160; ZEV 2001, 399 m Anm *J. Mayer*.
[1] BGH NJW 1981, 1737, 1738.

2 2. Ordentliche Testamentsformen. § 2231 zählt zwei **Arten** auf, nämlich das öffentliche Testament (§§ 2231 Nr 1, 2232, 2233) und das eigenhändige (einseitige oder gemeinschaftliche) Testament (§§ 2231 Nr 2, 2247, 2267). Daneben steht das Konsulartestament (§§ 10 Abs 1 Nr 1, Abs 2, 11 KonsularG), das Deutsche im Ausland vor einem Konsularbeamten errichten können. Das Konsulartestament gehört ebenfalls zu den ordentlichen öffentlichen Testamenten, weil der Konsularbeamte dabei gemäß § 10 Abs 2 KonsularG an die Stelle des inländischen Notars tritt. Allen ordentlichen Testamentsformen ist gemeinsam, dass ihre Geltungsdauer nicht beschränkt ist und ihre Errichtung keine Notsituation voraussetzt. Das eigenhändige Testament und das öffentliche Testament stehen gleichberechtigt nebeneinander. Die Wahl zwischen beiden Formen steht – von den Einschränkungen des § 2233 bei Minderjährigen und Behinderten abgesehen – dem Erblasser grds frei.

3 Die Mitwirkung des Notars bei der Gestaltung und Formulierung des öffentlichen Testaments erhöht allerdings die **Rechtssicherheit**. Durch die Feststellungen des Notars zur Testierfähigkeit verringert sich das Risiko entsprechender Anfechtungen erheblich. Formulierungen in einem öffentlichen Testament werden nur in Ausnahmefällen Anlass zu Streitigkeiten geben; iU haftet der Notar gemäß § 19a BNotO für etwaige Amtspflichtverletzungen bei der Abfassung des Testaments.

4 Demgegenüber hat das eigenhändige Testament den Vorteil, dass seine Errichtung zunächst nichts kostet. Da bei einem eigenhändigen Testament wie bei gesetzlicher Erbfolge der Erbnachweis nur durch einen Erbschein geführt werden kann, entstehen jedoch später höhere **Kosten** als bei Errichtung einer notariell beurkundeten Verfügung. Diese ersetzt im Grundbuchverkehr gemäß § 35 GBO einen kostenpflichtigen Erbschein. Auch im Geschäftsverkehr mit Versicherungen, Banken und sonstigen Dritten reicht die Vorlage einer vom Amtsgericht eröffneten notariell beurkundeten Verfügung von Todes wegen aus[2]. Da die Beurkundung des Erbscheinsantrags und die Erteilung des Erbscheins je eine volle Gebühr nach der Kostenordnung auslösen, die Beurkundung eines Testaments jedoch nur einmal eine Gebühr, erweist sich das eigenhändige Testament sogar als doppelt so teuer wie das notariell beurkundete. Bei einem gemeinschaftlichen Testament nach dem Berliner Modell iS des § 2269 ist das notariell beurkundete ebenfalls billiger als das eigenhändig verfasste, vorausgesetzt allerdings, dass die Schlusserben namentlich aufgeführt sind. Recht betrachtet, spricht das Kostenargument daher sogar für das notariell beurkundete Testament und gegen das eigenhändig verfasste.

5 3. Außerordentliche Testamentsformen. Diesen Testamentsformen ist gemeinsam, dass deren Errichtung grds nur zulässig ist, wenn – aus bei den einzelnen Vorschriften näher geregelten Gründen – ein ordentliches Testament nicht verfasst werden kann; ferner ist ihre Gültigkeitsdauer nur begrenzt. Außerordentliche Testamente sind das **Bürgermeistertestament** (§§ 2249, 2252), das **Dreizeugentestament** (§§ 2250, 2252) und das **Seetestament** (§§ 2251, 2252). Zu den außerordentlichen Testamentsformen gehört auch das in der Zeit vom 30. 1. 1933 bis zum 8. 5. 1945 zulässige **Verfolgtentestament** (Art 80 REG amZ, Art 67 REG brZ, Art 69 REAO Berlin, § 73 EntschädG Rhld-Pf und Württ-Hohenzollern, § 68 EntschädG Baden)[3]. Auch das **Militärtestament** auf Grund des Gesetzes über die freiwillige Gerichtsbarkeit und andere Rechtsangelegenheiten in der Wehrmacht vom 24. 4. 1934 (RGBl I S 335, 352) gehört hierher[4].

6 4. Recht in den neuen Bundesländern. Seit dem 3. 10. 1990 können auch im Gebiet der ehemaligen DDR Testamente nur nach den erbrechtlichen Bestimmungen des BGB errichtet werden. Gemäß Art 235 §§ 1 und 2 EGBGB ist bei Erbfällen vor dem 3. 10. 1990 das Erbrecht der ehemaligen DDR auch dann anzuwenden, wenn der Erblasser den 3. 10. 1990 überlebt hat. Folglich behalten auch alle vor dem 3. 10. 1990 nach den Bestimmungen der §§ 383 ff ZGB errichteten einseitigen oder gemeinschaftlichen Testamente ihre Gültigkeit. Auch bei Testamenten, die vor dem Inkrafttreten des ZGB am 1. 1. 1976 errichtet wurden, richtet sich die Gültigkeit gemäß § 8 Abs 2 S 1 EGZGB nach den Bestimmungen des ZGB, nicht nach den im Errichtungszeitpunkt geltenden Vorschriften des BGB.

§ 2232 Öffentliches Testament

[1]Zur Niederschrift eines Notars wird ein Testament errichtet, indem der Erblasser dem Notar seinen letzten Willen erklärt oder ihm eine Schrift mit der Erklärung übergibt, dass die Schrift seinen letzten Willen enthalte. [2]Der Erblasser kann die Schrift offen oder verschlossen übergeben; sie braucht nicht von ihm geschrieben zu sein.

Übersicht

	Rn		Rn
I. Beurkundung durch den Notar	1	II. Errichtung durch Erklärung	4
1. Sachliche Zuständigkeit	1	1. Erklärung	4
2. Örtliche Zuständigkeit	2	a) Mündliche Erklärung	4
3. Beurkundungsverbote	3	b) Andere Erklärung	5
		2. Niederschrift	6

---

[2] BGH NJW 2005, 2779.
[3] Ausf *Staudinger/Baumann* Vor § 2229 Rn 38.
[4] Ausf *Staudinger/Baumann* Vor § 2229 Rn 36.

Öffentliches Testament § 2232

	Rn		Rn
a) Inhalt der Niederschrift	7	1. Schriftstück	12
b) Vorlesen, Genehmigung und Unterschriften	8	2. Übergabe	13
c) Mitwirkung von Zeugen oder eines zweiten Notars	9	3. Erklärung	16
d) Verfahrensbesonderheiten bei Behinderung des Erblassers	10	4. Niederschrift	17
3. Verstoß	11	5. Verstoß	18
III. Errichtung durch Übergabe einer Schrift	12	IV. Beweiskraft des öffentlichen Testaments	19
		V. Recht in den neuen Bundesländern	21

I. Beurkundung durch den Notar

1. Sachliche Zuständigkeit. Seit dem 1. 1. 1970 kann das öffentliche Testament iS des § 2231 Nr 1 im **Inland** nur noch vor dem deutschen Notar, Notarvertreter oder Notariatsverwalter und im **Ausland** ausschließlich vor dem Konsularbeamten errichtet werden. § 11 a S 3 BNotO berechtigt einen im Ausland bestellten Notar nicht zu Beurkundungen auf dem Gebiet der Bundesrepublik Deutschland. Noch vor dem 1. 1. 1970 errichtete Verfügungen sind nur dann wirksam, wenn sie den damals geltenden strengeren Vorschriften der §§ 2232 bis 2246 aF entsprechen[1]. Mit dem Außerkrafttreten dieser Vorschriften ist auch die Beurkundungszuständigkeit der Amtsgerichte entfallen. 1

2. Örtliche Zuständigkeit. Unbeschadet der notarrechtlichen Beschränkung der Amtstätigkeit auf den Amtsbereich bzw den OLG-Bezirk kann jeder deutsche Notar gemäß § 2 BeurkG im gesamten **Gebiet der Bundesrepublik Deutschland** Verfügungen von Todes wegen beurkunden. Im Ausland von einem deutschen Notar errichtete Verfügungen von Todes wegen sind dagegen unwirksam. § 11 a S 1 BNotO erlaubt dem deutschen Notar keine Auslandsbeurkundung, sondern nur die Unterstützung des ausländischen Notars. Im **Ausland** liegt die Beurkundungszuständigkeit ausschließlich beim Konsularbeamten. Deutsche **Seeschiffe** und **Flugzeuge** gelten jedoch nicht als Ausland. Durch Art 231 § 7 Abs 1 EGBGB sind vor dem 3. 10. 1990 von Notaren der Bundesrepublik Deutschland auf dem Gebiet der ehemaligen DDR vorgenommene Beurkundungen mit ex-tunc-Wirkung[2] als formgültig anzusehen. 2

3. Beurkundungsverbote. Der Notar hat die Beurkundungsverbote der §§ 3, 6, 7 und 27 BeurkG zu beachten. Unzulässig ist die Beurkundung eines Testaments durch den Notar folglich insbes dann, wenn der Erblasser sein Ehegatte, ein mit ihm in gerader Linie Verwandter (§ 6 Abs 1 BeurkG) ist oder der Notar selbst, sein Ehegatte oder naher Verwandter eine Zuwendung erhält oder als Testamentsvollstrecker eingesetzt ist (§§ 7, 27 BeurkG). Im Falle der Nichtbeachtung der in §§ 6 und 7 enthaltenen Verbote ist die Beurkundung sogar ganz bzw bezüglich der den Notar oder dessen Angehörigen begünstigenden Verfügung unwirksam. 3

II. Errichtung durch Erklärung

1. Erklärung. a) Mündliche Erklärung. Mit dem Inkrafttreten des OLG-Vertretungsänderungsgesetzes am 1. 8. 2002 ist zwar der Zwang zur mündlichen Erklärung entfallen, jedoch wird der Erblasser auch künftig in aller Regel durch das verständlich gesprochene Wort testieren. Die Erklärungsformen können auch miteinander kombiniert werden[3]. Auf vor dem 1. 8. 2002 errichtete Verfügungen von Todes wegen ist die Neuregelung anzuwenden, wenn der Erbfall ab dem 1. 8. 2002 eingetreten ist[4]; eine Ausnahme gilt jedoch bei einem stummen und schreibunfähigen Erblasser (§ 2233 Rn 7). Die Erklärung muss in einer **Sprache** erfolgen, die auch der Notar sicher beherrscht[5]. Für die Abfassung der Niederschrift sind jedoch die §§ 5, 16, 32 BeurkG zu beachten. Da Adressat dieser Erklärung der Notar ist, kommt es allein darauf an, dass dieser – nicht etwa zugezogene Zeugen oder der zweite Notar – die mündliche Erklärung akustisch versteht[6]. Der Erblasser braucht sich dabei nicht in ausführlicher oder zusammenhängender Rede zu erklären[7]. Es reicht aus, wenn der Erblasser auf entsprechende Fragen des Notars mit einem verständlichen „Ja" antworten kann[8]. Hinzukommen muss jedoch die – nicht notwendig sprachliche – Fähigkeit, die Ablehnung auszudrücken, zB durch Kopfschütteln oder entsprechende Handbewegungen. Kann der Erblasser seine Zustimmung allenfalls durch unverständliches Lallen oder durch Gebärden ausdrücken, so kann er kein Testament durch mündliche Erklärung errichten[9], wohl aber durch andere Erklärung (Rn 5). Die mündliche Erklärung kann in der Weise 4

---

[1] OLG Frankfurt DNotZ 1971, 498.
[2] BGH DtZ 1993, 210.
[3] MünchKommBGB/*Hagena* Rn 10.
[4] *Palandt/Edenhofer* Rn 2; *Soergel/J. Mayer* Rn 13; vgl auch BT-Drucks 14/9266 S 52; aA *Reimann/Bengel/J. Mayer/Voit* Rn 7, 8: Errichtungszeitpunkt.
[5] Unklar insoweit *Palandt/Edenhofer* Rn 2.
[6] *Reimann/Bengel/J. Mayer/Voit* Rn 9; MünchKommBGB/*Hagena* Rn 16; aA OGHZ 2, 45; 3, 383.
[7] MünchKommBGB/*Hagena* Rn 7.
[8] AllgM, zB BGH NJW 1962, 1149; BayObLG MittRhNotK 1999, 349, 350.
[9] BGHZ 2, 172; BayObLG DNotZ 1969, 301, 303; aA RGZ 161, 378, 382 f.

Litzenburger 2067

§ 2232

abgegeben werden, dass der Notar einen vorbereiteten Text verliest und den Erblasser wiederholt während der Beurkundung sowie am Ende befragt, ob dies sein Wille sei. Es genügt, wenn der Erblasser nach dem Verlesen der Niederschrift auf die Frage des Notars, ob er mit dem Inhalt einverstanden sei, mit einem „Ja" antwortet[10], nicht dagegen allein das wortlose Unterschreiben der Niederschrift gemäß § 13 Abs 1 S 1 BeurkG[11], weil hier jede Äußerung fehlt. Auch wenn die von § 2232 geforderte Erklärung mit der Genehmigung iS des § 13 Abs 1 S 1 BeurkG zusammenfallen kann, so sind beide Akte doch sorgfältig zu trennen. Der Notar – nicht zugezogene Zeugen oder zugezogener zweiter Notar – muss das gesprochene Wort **unmittelbar** persönlich hören. Der Einsatz von Lautverstärkern[12] oder der Einsatz einer Sprech- und/oder Videoanlage begegnet bei mündlicher Erklärung (s jedoch zur anderen Art der Erklärung Rn 5) keinen Bedenken, wenn der Notar sicher ist, dass die wechselseitige Verständigung unverfälscht stattfindet[13]. Die Wiedergabe mündlicher Erklärungen mittels technischer Aufzeichnungen (zB Tonband, Video, DVD, CD-ROM) genügt nur, wenn das Medium in Anwesenheit des Beteiligten abgespielt und von diesem vor dem Notar persönlich bestätigt wird[14]. Mündliche Erklärungen mittels (Bild)Telefon oder Sprachcomputer genügen nicht den Mindestanforderungen des § 2232 S 1 Alt 1[15]. In der **Niederschrift** braucht nicht angegeben zu werden, dass die Erklärung mündlich erfolgt ist.

5   b) **Andere Erklärung.** Seit dem 1. 8. 2002 (zur Übergangsregelung s Rn 4) ist die mündliche Erklärung jedoch nicht mehr zwingend vorgeschrieben, was vor allem Behinderten die Möglichkeit eröffnet, den letzten Willen in jeder anderen Art und Weise zu erklären. Es reichen alle Mittel nonverbaler unmittelbarer Kommunikation zwischen Beteiligtem und Notar aus. Dabei kommen von Seiten des Beteiligten Gebärden und schriftliche Äußerungen in Betracht, von Seiten des Notars mündliche oder schriftliche Fragen, insbes Suggestivfragen. Bei anderen **Gebärden oder Gesten** als dem allgemein verständlichen Kopfnicken oder -schütteln (zB Hand heben, Mimik) muss sich der Notar vergewissern, dass der Beteiligte und er der Gebärde oder der Geste dieselbe Bedeutung geben. **Unverständliche Laute** lassen dagegen nicht eindeutig erkennen, ob sie Zustimmung oder Ablehnung signalisieren sollen, so dass sie allenfalls in Verbindung mit Gebärden oder Gesten als Erklärung verwertbar sind[16]. Bei allen nicht verbalen Erklärungen ist Grundbedingung, dass der Notar als Adressat den dadurch geäußerten Willen eindeutig feststellen kann[17]. Die Erklärung kann in der Weise abgegeben werden, dass der Notar einen vorbereiteten Text verliest und den Erblasser wiederholt während der Beurkundung sowie am Ende befragt, ob dies sein Wille sei. Es genügt jedoch, wenn der Erblasser nach dem Verlesen der Niederschrift auf die Frage des Notars, ob er mit dem Inhalt einverstanden sei, in der beschriebenen Weise sein Einverständnis unmissverständlich äußert, insbes durch Gesten. Bei einem hörbehinderten Beteiligten kann der Notar die Fragen auch schriftlich vorlegen. Auch **schriftliche Erklärungen** des Beteiligten auf vom Notar gestellte Fragen genügen nun für die Errichtung nach § 2232 S 1. Stellt die schriftliche Erklärung jedoch den ausformulierten letzten Willen dar, so handelt es sich um die Errichtung durch Schriftübergabe (§ 2232 S 1 Alt 2; Rn 12), nicht durch Erklärung. Allein das wortlose Unterschreiben der Niederschrift gemäß § 13 Abs 1 S 1 BeurkG reicht in keinem Fall aus, weil hier jede, nach dem Gesetz erforderliche zusätzliche Äußerung des Beteiligten fehlt. Die Kommunikation zwischen dem Beteiligten und dem Notar muss – wie bei der mündlichen Erklärung – **unmittelbar** stattfinden, allenfalls unter Einschaltung von Verständigungsperson (§ 24 BeurkG) oder des Gebärden- oder Sprachdolmetschers (§§ 22 bzw 16 BeurkG)[18]. Der Notar muss die Gebärden, Gesten oder Laute also ohne technische Hilfsmittel (zB Videokamera, Bildtelefon, DVD, CD-ROM) persönlich wahrnehmen können, während umgekehrt der Beteilige die mündlichen oder schriftlichen Fragen und Erklärungen des Notars unbeeinflusst durch technische Übertragungsmittel wie Sprechanlagen[19], Videoanlagen oder Bildtelefonen verstehen können muss. Bei schriftlichen Äußerungen muss er das Niederschreiben durch den Beteiligten (zB Eingabe über die Tastatur in den Computer) persönlich überwachen.

5a   Gerade bei nonverbaler Kommunikation kommt es in stärkerem Maße als bei mündlichen Erklärungen (Rn 4 aE) darauf an, dass der Notar die wechselseitige optische und akustische Verständigung unmittelbar persönlich verfolgen und sicher überwachen kann. Dem Notar wird mit der Zulassung nonverbaler Erklärungen also eine erhebliche Verantwortung übertragen, verbunden mit nicht geringen Haftungsgefahren. Er sollte deshalb nicht nur den Inhalt der Willenserklärungen in der **Niederschrift** festhalten, sondern außerdem auch die Art und Weise der Kommunikation, und zwar so genau wie irgend möglich. So nehmen diese tatsächlichen Feststellungen auch an der Beweiskraft gemäß § 415

---

[10] BGH NJW 1962, 1149; DNotZ 1952, 75; BayObLG NJW-RR 2000, 456, 458; OLG Hamm NJW 2002, 3410, 3412.
[11] KG DNotZ 1960, 485.
[12] Soergel/J. Mayer Rn 15.
[13] Palandt/Edenhofer Rn 2; Reimann/Bengel/J. Mayer/Voit Rn 10; Soergel/J. Mayer Rn 15; Damrau/R. Weber Rn 8.
[14] Reimann/Bengel/J. Mayer/Voit Rn 10; Soergel/J. Mayer Rn 15.
[15] MünchKommBGB/Hagena Rn 4.
[16] Ohne diese Einschränkung Palandt/Edenhofer Rn 2.
[17] Reimann/Bengel/J. Mayer/Voit Rn 9.
[18] Palandt/Edenhofer Rn 2.
[19] AA bezüglich nonverbaler Kommunikation, wenn Verfälschung „mit Sicherheit" ausgeschlossen werden kann, Palandt/Edenhofer Rn 2; Reimann/Bengel/J. Mayer/Voit Rn 10; Soergel/J. Mayer Rn 15; vgl zur alten Rechtslage OLG Frankfurt NJW 1973, 1131.

ZPO teil. Auch sollte er die für die Beteiligung behinderter Personen vorgesehenen **Verfahrensvorschriften** einhalten, vor allem aber bei einem hör- und sprachbehinderten Beteiligten, mit dem eine Verständigung nicht möglich ist, eine Verständigungsperson gemäß § 24 BeurkG und bei einem schreibunfähigen Beteiligten einen Schreibzeugen gemäß § 25 BeurkG hinzuziehen, weil die Nichtbeachtung dieser Bestimmungen die Unwirksamkeit der Beurkundung zur Folge hätte.

2. Niederschrift. Das Beurkundungsverfahren sowie der notwendige Inhalt der Niederschrift sind im BeurkG (s dort) geregelt. 6

a) Inhalt der Niederschrift. Der Notar kann die Niederschrift in deutscher oder in einer anderen, von ihm beherrschten **Sprache** abfassen (§ 5 BeurkG). Die Niederschrift muss die **Bezeichnung des Notars und des Erblassers** (§ 9 Abs 1 S 1 Nr 1 BeurkG), die Feststellungen des Notars zur **Identität** (§ 10 BeurkG) und **Testierfähigkeit** des Erblassers (§ 28 BeurkG) sowie die mündliche **Erklärung des Erblassers** in ihrem rechtlich relevanten Ergebnis vollständig enthalten (§ 9 Abs 1 S 1 Nr 2, 2 und 3 BeurkG). Die Niederschrift muss keinen Vermerk darüber enthalten, dass der Wille gerade „mündlich" erklärt worden ist; es genügt vielmehr die allgemein übliche Eingangsformel: „Der/Die Erschienene erklärte"[20]. Unter den Voraussetzungen des § 9 Abs 1 S 2, 3 BeurkG kann dabei auch auf Schriftstücke, Karten, Zeichnungen oder Ablichtungen als Anlagen verwiesen werden. Auch **Verweisungen** auf andere notarielle Niederschriften, behördliche Karten, Zeichnungen oder Verzeichnisse gemäß § 13 a BeurkG sind zulässig. Beide in § 2232 S 1 vorgesehenen Errichtungsformen können auch miteinander kombiniert werden, so dass der Erblasser auch eine mitübergebene (offene oder verschlossene) Schrift mit der Erklärung, diese enthalte seinen letzten Willen, der Niederschrift beifügen lassen kann. Die übergebene Schrift wird dadurch jedoch keine Anlage iS des § 9 Abs 1 S 2 BeurkG und braucht daher weder vorgelesen noch mit Schnur und Siegel mit der Niederschrift verbunden zu werden. Der Notar hat bei einer Kombination beider Errichtungsarten allerdings die für beide geltenden Förmlichkeiten gleichzeitig zu beachten. 7

b) Vorlesen, Genehmigung und Unterschriften. Die Niederschrift ist gemäß § 13 Abs 1 S 1 BeurkG dem Erblasser in Gegenwart des Notars vorzulesen, vom Erblasser zu genehmigen und eigenhändig zu unterschreiben. Da das Gesetz ein Vorlesen verlangt, genügt das Selbstlesen durch den Beteiligten nicht[21]. Die Niederschrift muss gemäß § 13 Abs 3 S 1 BeurkG auch vom Notar unterschrieben werden. Das Fehlen seiner Unterschrift führt nur dann zur Nichtigkeit, wenn er die Unterschrift weder rechtzeitig nachgeholt (§ 13 BeurkG Rn 14 ff), noch die Aufschrift auf dem Testamentsumschlag gemäß § 35 BeurkG unterschrieben hat. 8

c) Mitwirkung von Zeugen oder eines zweiten Notars. Auf Verlangen des Erblassers sind zur Beurkundung bis zu zwei Zeugen oder ein zweiter Notar beizuziehen (§ 29 BeurkG). 9

d) Verfahrensbesonderheiten bei Behinderung des Erblassers. Vermag der Erblasser nach seinen Angaben oder nach Überzeugung des Notars nicht hinreichend zu hören, zu sehen, zu sprechen, beherrscht jener die Urkundssprache nicht ausreichend oder kann er seinen Namen oder sogar überhaupt nicht schreiben, so soll dies in der Niederschrift vermerkt werden (§§ 16 Abs 1, 22 Abs 1, 24 Abs 1 S 1, 25 S 1 und 2). Einem **tauben** Erblasser muss dann die Niederschrift anstelle des Vorlesens zur Durchsicht vorgelegt werden (§§ 23, 22 BeurkG). Ihm muss dann aber auch die Frage, ob er den Inhalt der Niederschrift als seinen letzten Willen billige, schriftlich vorgelegt werden[22]. Ist mit ihm auch eine schriftliche Verständigung nicht möglich, ist zusätzlich gemäß § 24 BeurkG eine Vertrauensperson hinzuziehen. Im Falle der **Blindheit** soll ein Zeuge oder ein zweiter Notar an der Beurkundung teilnehmen (§ 22 BeurkG). Kann der Erblasser **nicht sprechen,** so kann er gemäß § 2233 Abs 3, § 31 BeurkG ein öffentliches Testament nur durch Übergabe einer Schrift errichten. Ist der Erblasser der **Urkundssprache nicht mächtig,** so ist gemäß § 32, 16 BeurkG die Niederschrift sowohl mündlich als auch schriftlich zu übersetzen. Kann der Erblasser nur seinen **Namen nicht schreiben,** so ist gemäß § 25 BeurkG ein Schreibzeuge oder ein zweiter Notar hinzuziehen. 10

3. Verstoß. Genügt die Äußerung des Erblassers nicht den Anforderungen des § 2232 S 1 Alt 1 an die Mündlichkeit der Erklärung, so ist das Testament als mündliches öffentliches Testament nichtig (§ 125). Hat der Notar die Muss-Vorschriften des BeurkG über Inhalt und äußeren Ablauf der Beurkundung nicht eingehalten, ist das Testament ebenfalls als öffentliches Testament nichtig. Es ist dann jedoch in eine andere Testamentsform umzudeuten, wenn es in vollem Umfang deren Anforderungen entspricht. 11

III. Errichtung durch Übergabe einer Schrift

1. Schriftstück. Schriftstück ist jede Verkörperung von Schriftzeichen, so dass weder die Art der Verkörperung (Papier, Karton usw), noch die der verwendeten Schriftzeichen (lateinische Schrift, Bilderschrift, Blindenschrift usw), noch die Sprache von Bedeutung sind. Wird allerdings eine nicht allgemein verständliche oder eine chiffrierte Schrift verwendet, so fordert der Zweck der Testamentserrichtung, dass die Übersetzungsmittel mitgeliefert werden[23]. Die **Schriftzeichen** müssen zwar nicht 12

---

[20] RGZ 161, 381.
[21] AA AnwK-BGB/*Stürner* Rn 2; s auch § 13 BeurkG Rn 1.
[22] BGH NJW 1962, 1149; für Zulässigkeit mündlicher Frage *Staudinger/Baumann* Rn 25.
[23] AA *Reimann/Bengel/J. Mayer/Voit* Rn 17.

§ 2232

vom Notar gelesen werden können, aber vom Erblasser[24]. Kann auch dieser die Schriftzeichen nicht lesen, so ist er als leseunfähig zu behandeln und kann gemäß § 2233 Abs 2 nicht durch Übergabe einer Schrift testieren[25]. Der Notar hat in diesem Fall diese Art der Testamentserrichtung gemäß § 4 BeurkG abzulehnen. Das Gleiche gilt für die verwendete **Sprache.** Der Erblasser kann dabei auch eine Sprache wählen, die zwar er selbst, nicht dagegen der Notar versteht[26]. § 5 BeurkG gilt nicht für das übergebene Schriftstück, sondern allein für die vom Notar verfasste Niederschrift. Wenn der Notar im Falle der Übergabe einer offenen Schrift die Schriftzeichen und/oder die Sprache nicht versteht, so muss er sich die zur Erfüllung seiner Prüfungs- und Belehrungspflicht gemäß § 30 S 4 BeurkG erforderlichen Kenntnisse durch Nachfragen beschaffen. Die Testamentserrichtung durch Übergabe von **Bildern, Tonbändern, Disketten, CDs oder DVDs** ist mangels Schriftlichkeit völlig ausgeschlossen. Die Schrift braucht nicht vom Erblasser oder dem Notar geschrieben zu sein. Der **Urheber** ist ohne Bedeutung. Ort, Datum oder Unterschrift sind entbehrlich. Umstritten ist, ob der Erblasser vom Inhalt des Schriftstücks **Kenntnis** genommen haben muss[27]. Richtiger Ansicht nach genügt es, wenn der Erblasser die Möglichkeit hat, die Schrift zu lesen[28]. Die gegenteilige Auffassung würde den Rechtsfrieden erheblich gefährden, weil sie Anfechtungen wegen fehlender Kenntnisnahme Tür und Tor öffnen würde.

13   2. **Übergabe.** Die Schrift muss bei der Übergabe vorhanden sein[29]. Die Übergabe ist nicht sachen-, sondern **erbrechtlicher Natur** und braucht daher nicht körperlich aus der Hand des Erblassers in die Hand des Notars zu erfolgen[30]. Es genügt bereits, dass der Erblasser tatsächlich in der Lage ist, die in der Hand des Notars befindliche – unter Umständen sogar von diesem entworfene und mitgebrachte – Schrift entgegenzunehmen, und diese als von ihm übergeben bezeichnen[31]. Jede andere Sichtweise wäre übertriebener Formalismus und würde die Gefahr von Anfechtungen wegen mangelnder körperlicher Übergabe erheblich erhöhen.

14   Der Erblasser kann selbst entscheiden, ob er dem Notar das Schriftstück **offen oder verschlossen** übergibt. Der Minderjährige kann jedoch abweichend hiervon nur durch Übergabe einer offenen Schrift testieren (§ 2233 Abs 1). Eine offen übergebene Schrift hat der Notar zu lesen, sofern er die verwendete Sprache beherrscht, und den Erblasser gemäß § 30 S 4 BeurkG zu belehren. Versteht der Notar die Sprache der offen übergebenen Schrift nicht oder wird diese verschlossen übergeben, so sollte der Notar, wozu er allerdings grds nicht verpflichtet ist, den Erblasser über den Inhalt befragen und mindestens darüber belehren, dass im Falle des Eingreifens eines Mitwirkungsverbots gemäß §§ 6, 7, 27 BeurkG das Testament ganz bzw teilweise nichtig ist.

15   Werden **mehrere Schriftstücke** gleichzeitig übergeben, so gilt ihr Inhalt losgelöst vom Zeitpunkt der tatsächlichen Abfassung der Schrift als im Zeitpunkt der Übergabe erklärt. Widersprechen sie sich inhaltlich, so heben sie sich gegenseitig auf[32].

16   3. **Erklärung.** Der Erblasser muss erklären, dass die übergebene Schrift seinen letzten Willen enthalte. Hat der Erblasser die Niederschrift genehmigt und eigenhändig unterschrieben, so liegt darin konkludent auch die erforderliche Erklärung[33].

17   4. **Niederschrift.** Die Niederschrift des Notars muss in diesem Fall außer der Bezeichnung des Notars und des Erblassers, der Identitätsfeststellung und der Überzeugung von der Testierfähigkeit des Erblassers nur die Feststellung enthalten, dass dem Notar die beigefügte Schrift (offen oder verschlossen) übergeben wurde und der Erblasser mündlich erklärt habe, dass es sich dabei um seinen letzten Willen handele. Die übergebene Schrift ist zwar Bestandteil des öffentlichen Testaments, nicht aber im verfahrensrechtlichen Sinne Bestandteil der Niederschrift gemäß § 9 Abs 1 S 2 und 3 BeurkG. Sie braucht daher weder vorgelesen noch mit Schnur und Siegel mit der Urschrift verbunden zu werden. Als Bestandteil der öffentlichen Urkunde kommt auch der beigefügten Schrift die Beweiskraft des § 415 ZPO zu. Im Übrigen wird auf Rn 6 ff verwiesen.

18   5. **Verstoß.** Genügt die übergebene Schrift oder die Äußerung des Erblassers nicht den Anforderungen des § 2232 S 1 Alt 2, so ist das Testament als mündliches öffentliches Testament nichtig (§ 125). Enthält die Niederschrift nicht die gemäß § 30 S 1 BeurkG vorgeschriebene Feststellung zur Übergabe der Schrift, so ist das Testament ebenfalls als öffentliches Testament nichtig. Fehlt lediglich die Feststellung zur mündlichen Erklärung des Erblassers in der Niederschrift, so ist das öffentliche Testament dennoch wirksam, wenn diese tatsächlich abgegeben worden ist. Letzteres wird allerdings nicht auf Grund § 415 ZPO vermutet, sondern muss erforderlichenfalls von demjenigen bewiesen werden, der sich auf dieses Testament beruft. Das nichtige Testament ist in ein eigenhändiges Testament umzudeuten, wenn die übergebene Schrift vom Erblasser eigenhändig ge- und unterschrieben worden ist.

---

[24] MünchKommBGB/*Hagena* Rn 18.
[25] *Reimann/Bengel/J. Mayer/Voit* Rn 17; aA *Lange/Kuchinke* § 19 III 3 a Fn 44.
[26] MünchKommBGB/*Burkart* Rn 16.
[27] RGRK/*Kregel* Rn 6; *Palandt/Edenhofer* Rn 3; *Erman/M. Schmidt* Rn 5; AnwK-BGB/*Beck* Rn 22.
[28] RGZ 76, 94; *Reimann/Bengel/J. Mayer/Voit* Rn 17; MünchKommBGB/*Burkart* Rn 16; *Soergel/Harder* Rn 4.
[29] RGZ 81, 34.
[30] *Reimann/Bengel/J. Mayer/Voit* Rn 20.
[31] RGZ 150, 189, 191; *Soergel/Harder* Rn 6; *Reimann/Bengel/J. Mayer/Voit* Rn 20; krit *Kipp/Coing* § 27 IV 2.
[32] *Reimann/Bengel/J. Mayer/Voit* Rn 19.
[33] BGH NJW 1962, 1149.

IV. Beweiskraft des öffentlichen Testaments

Das vom Notar beurkundete Testament ist eine öffentliche Urkunde und begründet damit vollen Beweis der beurkundeten Erklärung (§ 415 ZPO) und der anderen bezeugten Tatsachen (§ 418 ZPO), insbes die Identität des Erblassers[34] oder die Überzeugung des Notars von dessen Testierfähigkeit[35]. Der Einwand, dass der Erblasser unterschrieben habe, ohne der Verlesung zugehört zu haben, ist abgeschnitten. Jede andere Beweiswürdigung ist damit ausgeschlossen[36]. Weist das äußere Erscheinungsbild der Urkunde jedoch Mängel (zB nicht unterschriebene Streichungen, Lücken, Risse, Radierungen) auf, so fehlt insoweit die Beweiskraft (§ 419 ZPO) und das Gericht entscheidet nach den allgemeinen Beweisregeln; dem nicht betroffenen Teil kommt jedoch weiterhin volle Beweiskraft zu. Sind die Änderungen, Einschaltungen und Streichungen allerdings unter Beachtung der gesetzlichen Vorschriften erfolgt, so bleibt die volle Beweiskraft erhalten[37]. 19

Im Grundbuch- und Registerverfahren genügt die Vorlage eines öffentlichen Testaments in Verbindung mit dem Eröffnungsprotokoll des Nachlassgerichts als **Erbnachweis** aus. Auch in allen anderen Fällen kann der Erbnachweis durch die Vorlage eines öffentlichen Testaments geführt werden (ausf § 2260 Rn 16 ff). 20

V. Recht in den neuen Bundesländern

In der ehemaligen DDR konnte in der Zeit **vom 31. 12. 1975 bis zum 2. 10. 1990** ein notarielles Testament durch mündliche oder schriftliche Erklärung gegenüber dem staatlichen Notar errichtet werden (§ 384 S 1 ZGB). Die schriftliche Erklärung brauchte nicht eigenhändig ge- oder unterschrieben zu sein. Der Notar hatte darüber eine Niederschrift zu verfassen, die vom Erblasser und von ihm unterschrieben werden musste (§§ 384 S 2 ZGB). Das Testament musste vom Staatlichen Notariat bis zur Eröffnung verwahrt werden. 21

Auch **vor dem 1. 1. 1976** errichtete Testamente sind nur gültig, wenn sie den vorstehenden Vorschriften entsprechen (§ 8 Abs 2 S 1 EGZGB). Bei diesen Testamenten ist also nicht auf die zurzeit der Errichtung geltenden Bestimmungen des BGB abzustellen. 22

§ 2233 Sonderfälle

(1) Ist der Erblasser minderjährig, so kann er das Testament nur durch eine Erklärung gegenüber dem Notar oder durch Übergabe einer offenen Schrift errichten.

(2) Ist der Erblasser nach seinen Angaben oder nach der Überzeugung des Notars nicht im Stande, Geschriebenes zu lesen, so kann er das Testament nur durch eine Erklärung gegenüber dem Notar errichten.

Schrifttum: *Ertl*, Gestaltung von Testamenten und anderen Rechtsgeschäften für den Todesfall von sprech- oder schreibbehinderten Personen, MittBayNot 1991, 196; *Rossak*, Kann ein schreibunfähiger Stummer ein Testament errichten?, MittBayNot 1991, 193; *ders*, Folgen des verfassungswidrigen Ausschlusses Mehrfachbehinderter von jeglicher Testiermöglichkeit für die notarielle Praxis, ZEV 1999, 254.

I. Errichtung durch Minderjährigen

1. Minderjährigkeit. Die Beschränkung des § 2233 Abs 1 gilt für alle Personen zwischen dem Beginn des 17. Lebensjahres (§ 2229 Abs 1) und der Vollendung des 18. Lebensjahres (§ 2). Bis einschließlich 31. 12. 1974 endete die Minderjährigkeit mit der Vollendung des 21. Lebensjahres, so dass bis dahin jüngere Personen ein öffentliches Testament nur dann auch durch mündliche Erklärung oder Übergabe einer verschlossenen Schrift errichten konnten, wenn sie auf Grund der §§ 3 bis 5 in der bis dahin geltenden Fassung durch Gerichtsbeschluss für volljährig erklärt worden waren. 1

2. Rechtsfolge und Verstoß. Auch wenn § 2229 Abs 1 dem Minderjährigen, der das 16. Lebensjahr vollendet hat, in vollem Umfang die Testierfähigkeit zuerkennt, so darf er sich zu seinem eigenen Schutz nur solcher Errichtungsformen bedienen, die die fachkundige Beratung durch den Notar sicherstellen. Deshalb kann er gemäß § 2233 Abs 1 ein öffentliches Testament nur durch **Übergabe einer offenen Schrift** und gemäß § 2247 Abs 4 ein eigenhändiges Testament überhaupt nicht errichten. 2

War der Erblasser im Zeitpunkt der Errichtung, also bei Übergabe einer verschlossenen Schrift, noch nicht volljährig, so ist das öffentliche Testament unheilbar nichtig (§ 125 S 1) und kann auch nicht durch Genehmigung nach Eintritt der Volljährigkeit rückwirkend in Kraft gesetzt werden. Erfolgt allerdings diese „Genehmigung" in der Form eines seinerseits wirksamen öffentlichen oder eines eigenhändigen Testaments, so enthält dieses den letzten Willen. 3

---

[34] LG Berlin NJW 1962, 1353.
[35] Vgl OGH BrZ 2, 45.
[36] BGH WM 1978, 636.
[37] BGH DNotZ 1967, 177.

II. Errichtung durch Leseunfähigen

4 **1. Leseunfähigkeit.** Der Erblasser ist leseunfähig, wenn er die in der übergebenen Schrift gebrauchten **Schriftzeichen** nicht entziffern oder die darin verwendete **Sprache** nicht verstehen kann[1]. Das Fehlen auch nur einer dieser beiden Fähigkeiten löst das Verbot der Testamentserrichtung durch Schriftübergabe aus. Auf die Art der Schriftzeichen oder der Sprache kommt es dabei nicht an. Der Erblasser muss in der Lage sein, das Schriftstück, das seinen letzten Willen enthält, auch zu verstehen. Eine Rechtsordnung, die den Grundsatz der Höchstpersönlichkeit der Willensbildung in Form der §§ 2064, 2065 an die Spitze der Vorschriften über das Testament gestellt hat und sich in zahlreichen Einzelbestimmungen um die Kongruenz zwischen wirklichem und erklärtem Willen bemüht, kann ein Schriftstück dann nicht als letzten Willen akzeptieren, wenn der Erblasser noch nicht einmal theoretisch in der Lage ist, dieses zu verstehen[2]. Die abstrakte Fähigkeit, Schrift lesen zu können, genügt daher nicht, wenn der Erblasser nicht in der Lage ist, das Gelesene auch zu verstehen, etwa bei einer von ihm nicht beherrschten **Fremdsprache**. Leseunkundig ist auch der Blinde, der die **Blindenschrift** nicht versteht. Allerdings braucht nur der Erblasser die Schriftzeichen entziffern und die Sprache verstehen zu können. Ist nur der Notar hierzu außerstande, so ist dies bedeutungslos. Die Grundlagen zur Erfüllung seiner Prüfungs- und Belehrungspflichten gemäß § 30 S 4 BeurkG kann er sich auch durch Nachfragen verschaffen. **Grund und Dauer** der Leseunfähigkeit sind ohne Bedeutung, wenn diese nur gerade im Zeitpunkt der Übergabe der Schrift gegeben ist. Damit können nicht nur der Analphabet oder der dauerhaft Erblindete, sondern auch der nur zeitweise Sehunfähige (zB Krankheit, Verband, Vergessen der Brille) ein öffentliches Testament nur durch mündliche Erklärung gegenüber dem Notar errichten. Kann ein leseunfähiger Erblasser seinen **Namen nicht schreiben,** so muss gemäß § 25 BeurkG zur Beurkundung ein Zeuge oder ein zweiter Notar als Schreibzeuge hinzugezogen werden. Eine weitergehende schriftliche Verständigungsmöglichkeit ist nicht zu fordern.

5 **2. Feststellung der Leseunfähigkeit.** Die Leseunfähigkeit ist nur dann rechtlich relevant, wenn der Beteiligte sie zugibt oder der Notar von dieser überzeugt ist. Beide Alternativen stehen sich gleichwertig gegenüber, so dass allein die Tatsache der **Erklärung des Beteiligten,** er könne nicht lesen, das Errichtungsverbot auslöst[3]. Verweigert der Beteiligte allerdings eine eindeutige Erklärung oder behauptet er, lesen zu können, so hat der Notar diese Fähigkeit zu erforschen, wenn er konkrete Anhaltspunkte hat, dass die Erklärung falsch ist. Wie der Notar sich diese **Überzeugung** verschafft, ist seinem pflichtgemäßen Ermessen überlassen. Gelangt der Notar zur Überzeugung, dass der Beteiligte entgegen der eigenen Erklärung nicht lesen kann, hat er die Beurkundung durch Schriftübergabe gemäß § 4 BeurkG abzulehnen. Im Zweifel sollte er sich hierfür und damit für die Errichtung durch mündliche oder nonverbale Erklärung entscheiden, um etwaigen Amtshaftungsansprüchen zu entgehen. Auch wenn eine ausdrückliche Vorschrift fehlt, sollte der Notar in analoger Anwendung des § 22 Abs 1 BeurkG die Tatsache der Leseunfähigkeit und die Art ihrer Feststellung in der Niederschrift vermerken[4].

6 **3. Rechtsfolge und Verstoß.** Um die Kongruenz zwischen wirklichem und erklärtem Willen zu sichern, darf der leseunfähige Erblasser ein öffentliches Testament nur durch mündliche Erklärung gegenüber dem Notar, nicht durch Übergabe einer Schrift, die er nicht verstehen kann, errichten. Das von einem tatsächlich leseunkundigen Erblasser durch Schriftübergabe errichtete öffentliche Testament ist nur unter der weiteren Voraussetzung unheilbar nichtig (§ 125), dass entweder der Beteiligte diese mangelnde Fähigkeit offenbart oder der Notar zwar davon überzeugt war, dieser könne nicht lesen, aber dennoch die Schrift entgegengenommen hat. Gemäß § 2233 Abs 2 muss nämlich zur Tatsache der Leseunkundigkeit auch entweder die Erklärung des Erblassers oder die Überzeugung des Notars, dass jener nicht lesen kann, hinzutreten. Das von einem tatsächlich lesekundigen Erblasser durch Schriftübergabe errichtete Testament ist daher trotz gegenteiliger Angaben in der Niederschrift wirksam[5]. Selbst ein grob fahrlässiger Irrtum des Notars über den Rechtsbegriff der Leseunkundigkeit oder die tatsächlichen Voraussetzungen führt nicht zur Nichtigkeit des Testaments.

III. Errichtung durch stumme und schreibunfähige Erblasser

7 **1. Errichtung vor dem 1. 8. 2002.** Das Zusammenwirken von § 2233 Abs 2 aF und § 2233 Abs 3 aF iVm § 31 BeurkG aF führte vor dem Inkrafttreten des OLG-Vertretungsänderungsgesetzes am 1. 8. 2002 zu dem verfassungswidrigen Ergebnis, dass ein schreibunfähiger und stummer Erblasser faktisch nicht testieren konnte. Mit guten Gründen hielt dies das BVerfG in seiner Entscheidung vom 19. 1. 1999[6] weder mit Art 2 Abs 1, 14 GG noch mit dem als Willkürverbot begriffenen Art 3 GG für vereinbar. Das Gericht hat deshalb die vorgenannten Bestimmungen – schon vor dem Inkrafttreten des OLG-Vertretungsänderungsgesetzes – in dem Umfang für **unwirksam** erklärt, in dem sie einem stummen und schreibunfähigen Erblasser die Testiermöglichkeit vorenthielten. Die Entscheidung hat über den entschiedenen Sachverhalt auch für alle anderen Fälle der Mehrfachbehinderung Bedeutung,

---

[1] RGZ 38, 242, 244; MünchKommBGB/*Hagena* Rn 10.
[2] *Reimann/Bengel/J. Mayer/Voit* Rn 6.
[3] Zur Stummheit OLG Hamm MittRhNotK 1999, 314, 315.
[4] Vgl *Palandt/Edenhofer* Rn 3.
[5] *Reimann/Bengel/J. Mayer/Voit* Rn 10; Erman/*M. Schmidt* Rn 3; MünchKommBGB/*Hagena* Rn 15.
[6] BVerfGE 99, 341 = NJW 1999, 1853.

wenn und soweit §§ 2232, 2233 BGB aF, § 31 BeurkG aF Beteiligten das Testieren faktisch unmöglich machen würden[7].

Der rechtsstaatlich gebotene Vertrauensschutz und das Gebot der Rechtssicherheit, dem das Beurkundungsrecht in BGB und BeurkG gerade bei Verfügungen von Todes wegen in ganz besonderem Maße verpflichtet ist, führt unter Abwägung mit der in der Verfassung verankerten Testierfreiheit behinderter Menschen zu der **Übergangsregelung,** in vor der Verkündung der Entscheidung des Verfassungsgerichts rechtskräftig abgeschlossenen Zivilprozessen oder beendeten Erbscheinsverfahren, bei denen sich keine Partei bzw kein Beteiligter auf die erstmals von *Rossak*[8] im Oktober 1991 in Rspr und Lit geäußerten verfassungsrechtlichen Bedenken berufen hat, nachträglich keine andere rechtliche Beurteilung eintreten zu lassen[9]. Hat sich dagegen mindestens eine Partei bzw ein Beteiligter auf derartige Bedenken berufen, so kann eine Änderung solcher Entscheidungen im Zivilprozess bzw im Erbscheinsverfahren verlangt werden. Da die zur faktischen Testierunfähigkeit führenden Vorschriften jedoch erst seit Ende Oktober 1991 verfassungsrechtlich in Zweifel gezogen worden sind, dürfte ein Wiederaufgreifen bereits vorher abgeschlossener Verfahren ausscheiden[10]. Bei allen noch nicht im Wege eines Zivilprozesses oder eines Erbscheinverfahrens förmlichen abgeschlossenen Erbfällen, fehlt es dagegen an einem Vertrauensschutztatbestand[11]. Dies gilt auch, wenn der Erbfall vor Oktober 1991 eingetreten ist, weil die Gerichte nicht gezwungen werden können, verfassungswidriges Recht anzuwenden[12].

Eine vor dem 1. 8. 2002 errichtete Verfügung ist infolge dieser Rspr nach hM nur dann unwirksam, wenn der Notar noch nicht einmal die für die Beteiligung Behinderter am **Beurkundungsverfahren** allgemein geltenden §§ 22 bis 26 BeurkG sachlich eingehalten hat, und zwar ohne Rücksicht darauf, ob die Beurkundung vor oder nach der Entscheidung stattgefunden hat[13]. Dem wird allerdings für Beurkundungen zwischen 1991 und dem 19. 1. 1999 eine Parallelwertung zu § 2249 Abs 6 entgegengehalten, so dass es genügen müsse, wenn das vom Notar gewählte Verfahren zwar nicht diesen hohen Anforderungen entspreche, aber dennoch die Gewähr dafür biete, dass der Wille materiell richtig wiedergegeben worden sei[14]. Die strengere und für die Notare ungünstigere hM verdient aber aus Gründen der Rechtssicherheit den Vorzug[15]. Die Bezugnahme der Gegenansicht auf das Bürgermeistertestament versagt dabei schon deshalb, weil dieses auf Grund der engen sachlichen und zeitlichen Gültigkeitsgrenzen eine Ausnahmeerscheinung ist und daher kein Vorbild für das in besonderer Weise auf Rechtssicherheit angelegte notarielle Beurkundungsverfahren sein kann. Ein Notar, der vor dem 19. 1. 1999 – entgegen §§ 2232, 2233 aF iVm § 31 BeurkG aF – die Verfügung von Todes wegen eines derart behinderten Erblassers beurkundet hat, ging – letztlich vom Gericht bestätigt – von der Unwirksamkeit dieser Vorschriften aus[16], so dass er mangels einer besonderen Vorschrift für Verfügungen jedenfalls die für die Beteiligung behinderter Personen an notariellen Beurkundungen allgemein geltenden Bestimmungen der §§ 22ff BeurkG einhalten musste. Die Verfassungswidrigkeit des § 31 BeurkG aF kann also keinen rückwirkenden Dispens von der Einhaltung dieser allgemeinen Vorschriften des Verfahrensrechts rechtfertigen[17].

2. Errichtung nach dem 31. 7. 2002. Mit dem Inkrafttreten des OLG-Vertretungsänderungsgesetzes am 1. 8. 2002 ist der Zwang zur mündlichen Erklärung entfallen, so dass ein stummer und schreibunfähiger Erblasser trotz dieser Behinderung ein ordentliches Testament vor einem Notar durch irgendeine dazu geeignete kommunikative Erklärung errichten kann (ausf § 2232 Rn 5). Nur dann, wenn der Erblasser stumm und taub ist, weder lesen noch schreiben kann und mit ihm auch keine Verständigung durch Einschaltung einer nach § 24 zugezogenen Verständigungsperson möglich ist, fehlt ihm das Mindestmaß an Kommunikationsfähigkeit, das für die Errichtung einer Verfügung von Todes wegen unerlässlich ist[18].

§§ 2234 bis 2246 *(weggefallen, zum BeurkG s nach § 2264)*

§ 2247 Eigenhändiges Testament

(1) Der Erblasser kann ein Testament durch eine eigenhändig geschriebene und unterschriebene Erklärung errichten.

(2) Der Erblasser soll in der Erklärung angeben, zu welcher Zeit (Tag, Monat und Jahr) und an welchem Orte er sie niedergeschrieben hat.

---

[7] Vgl *Rossak* ZEV 1995, 236, 237; *ders* ZEV 1999, 254, 255.
[8] MittBayNot 1991, 193.
[9] Für Anwendung auf Erbscheinsverfahren *Vollkommer* ZEV 1999, 268; *Mittenzwei* FamRZ 2000, 654, 659.
[10] *Rossak* DNotZ 1999, 416, 420.
[11] *Vollkommer* ZEV 1999, 268; unklar *Rossak* MittBayNot 1999, 190, 191.
[12] AA *Reimann/Bengel/J. Mayer/Voit* § 2232 Rn 8; *Rossak* ZEV 1999, 254, 256; zurückhaltend *Soergel/J. Mayer* Rn 11; vgl dazu auch BVerfG NJW 1999, 1853, 1856.
[13] OLG Hamm NJW 2000, 3362; NJW 2002, 3410; *Reimann/Bengel/J. Mayer/Voit* § 2232 Rn 8; *Lettmann* MittRhNotK 2000, 346, 347; *Vollkommer* ZEV 1999, 268; vgl auch BVerfG NJW 1999, 1853, 1855 f.
[14] *Soergel/J. Mayer* Rn 12.
[15] *Lettmann* MittRhNotK 2000, 346, 347.
[16] S zum Problem der fehlenden Nichtanwendungskompetenz *Rossak* ZEV 1999, 254, 256 f.
[17] *Lettmann* MittRhNotK 2000, 346, 347.
[18] *Rossak* ZEV 1999, 254, 255.

§ 2247

(3) ¹Die Unterschrift soll den Vornamen und den Familiennamen des Erblassers enthalten. ²Unterschreibt der Erblasser in anderer Weise und reicht diese Unterzeichnung zur Feststellung der Urheberschaft des Erblassers und der Ernstlichkeit seiner Erklärung aus, so steht eine solche Unterzeichnung der Gültigkeit des Testaments nicht entgegen.

(4) Wer minderjährig ist oder Geschriebenes nicht zu lesen vermag, kann ein Testament nicht nach obigen Vorschriften errichten.

(5) ¹Enthält ein nach Absatz 1 errichtetes Testament keine Angabe über die Zeit der Errichtung und ergeben sich hieraus Zweifel über seine Gültigkeit, so ist das Testament nur dann als gültig anzusehen, wenn sich die notwendigen Feststellungen über die Zeit der Errichtung anderweit treffen lassen. ²Dasselbe gilt entsprechend für ein Testament, das keine Angabe über den Ort der Errichtung enthält.

Schrifttum: *Haegele*, Zum eigenhändigen Testament, BWNotZ 1977, 29; *Grundmann*, Favor Testamenti. Zu Formfreiheit und Formzwang bei privatschriftlichen Testamenten, AcP 187 (1987), 429; *Holzhauer*, Die eigenhändige Unterschrift, 1973; *Schulze*, Über die Verwendung der Blindenschrift bei der Errichtung letztwilliger Verfügungen, DNotZ 1955, 629; *Werner*, Zur Eigenhändigkeit letztwilliger Verfügungen, DNotZ 1972, 6; *ders*, Das kopierte Erblasserschreiben, JuS 1973, 434.

Übersicht

	Rn		Rn
I. Person des Erblassers	1	c) Bezugnahme auf ein notarielles Testament oder einen Erbvertrag	18
1. Volljährigkeit	1	d) Bezugnahme beim gemeinschaftlichen Testament	20
2. Keine Testierunfähigkeit	2	e) Bezugnahme beim Nottestament	21
3. Testierwille	3	8. Zusätze, Einschaltungen, Streichungen und Nachträge	22
4. Behinderungen	4		
II. Eigenhändige Schrift	5	**III. Eigenhändige Unterschrift**	23
1. Material der Schrift	5	1. Unterschrift und Eigenhändigkeit	23
2. Schriftzeichen und Sprache	6	2. Ort der Unterschrift	24
3. Entbehrlichkeit einer Überschrift	7	3. Zeitpunkt der Unterschrift	27
4. Brief, Postkarte oder Telefaxvorlage	8	4. Zusätze, Einschaltungen, Streichungen und Nachträge	28
5. Eigenhändigkeit der Schrift	9		
a) Allgemeines	10	**IV. Zeit und Ort der Errichtung**	29
b) Schreibhilfe	11	1. Zeitangabe	29
c) Verbot mechanischer oder elektronischer Schrift	12	2. Ortsangabe	30
6. Anlage	13	**V. Verstoß**	31
a) Begriff und Abgrenzung	13		
b) Erläuterungsfunktion	14	**VI. Beweisfragen**	32
c) Ergänzungsfunktion	15		
7. Bezugnahme	16	**VII. Recht in den neuen Bundesländern**	33
a) Begriff und Abgrenzung	16		
b) Bezugnahme auf ein eigenhändiges Testament	17		

I. Person des Erblassers

1. Volljährigkeit. Wer ein eigenhändiges Testament errichten will, muss das 18. Lebensjahr vollendet haben, also volljährig sein (§ 2247 Abs 4 Alt 1)¹. War der Erblasser im Zeitpunkt der Errichtung, also bei Unterzeichnung des Testaments, noch nicht volljährig, so ist das Testament unheilbar nichtig (§ 125) und kann auch nicht durch formlose Genehmigung nach Eintritt der Volljährigkeit rückwirkend in Kraft gesetzt werden. Der Erblasser kann jedoch in einem nach Volljährigkeit errichteten gültigen Testament auf das gemäß § 2247 Abs 4 Alt 1 unwirksame Schriftstück Bezug nehmen und damit den Text des nichtigen Testaments zum Inhalt des wirksamen machen, und zwar sowohl durch einfache Bestätigung (zB Unterzeichnung mit neuem Datum²) oder durch „Ergänzung", mit der der Inhalt des ungültigen Testaments in den Testierwillen für die neue letztwillige Verfügung aufgenommen wird (zB „Ich ändere das Testament vom").

2. Keine Testierunfähigkeit. Der Erblasser darf zurzeit der Testamentserrichtung nicht gemäß § 2229 Abs 4 testierunfähig sein.

3. Testierwille. Der Erblasser muss wissen und wollen, seinen letzten Willen schriftlich niederzulegen. Entspricht das Testament in vollem Umfang den Anforderungen des § 2247, so ist davon auszugehen, dass er bei Errichtung vorhanden war³. Der Zwang zum eigenhändigen Schreiben und Unterschreiben dient schließlich auch dem Zweck, einen sicheren Rückschluss von der abgegebenen

---

¹ S zur Volljährigkeitserklärung gemäß §§ 3 bis 5 in der bis zum 31. 12. 1974 geltenden Fassung § 2233 Rn 1.
² Vgl OLG Dresden NJWE-FER 1998, 61.
³ KG OLGZ 91, 144; *Palandt/Edenhofer* Rn 4; aA BayObLG ZEV 2000, 365 m abl Anm *Kroppenberg*.

Eigenhändiges Testament § 2247

Erklärung auf den wahren Testierwillen zu ermöglichen[4]. Zweifel am Testierwillen tauchen deshalb regelmäßig nur in Grenzfällen auf, also etwa bei einem Testament in Brief- oder Postkartenform (Rn 8), bei Absichtserklärungen[5], bei nicht einwandfreier Unterzeichnung (Rn 15 ff) oder bei einem in sich unvollständigen oder widersprüchlichen Dokument. Entspricht das Dokument seiner äußeren Form nach nicht den üblichen Gepflogenheiten (zB Brief, Vollmacht), sind an den Nachweis des Testierwillens strenge Anforderungen zu stellen[6].

4. Behinderungen. Eine Person, die Geschriebenes **nicht** zu **lesen** vermag (§ 2233 Rn 4), darf gemäß § 2247 Abs 4 Alt 2 kein eigenhändiges Testament errichten[7], sondern muss das Testament dem Notar mündlich zur Niederschrift erklären (§§ 2233 Abs 2, 2232 S 1 Alt 1). An dem Erfordernis des eigenhändigen Schreibens scheitert die Errichtung durch eine **schreibunfähige** Person. Weil zum Schreiben ein geringeres Maß an Sehkraft genügt als zum Lesen[8], muss ein Erblasser, der ein eigenhändiges Testament niederschreibt, ein höheres Sehvermögen besitzen als einer, der ein öffentliches Testament errichtet (vgl § 22 BeurkG Rn 1). Auch ein **Blinder** kann, selbst wenn er die Blindenschrift lesen kann, kein eigenhändiges Testament errichten, weil die Blindenschrift nur unter Zuhilfenahme einer Schreibmaschine niedergelegt werden kann (Rn 12). Dagegen können **taube und/oder stumme Menschen** ohne weiteres ein Testament eigenhändig schreiben und unterschreiben. 4

II. Eigenhändige Schrift

1. Material der Schrift. Der Erblasser kann das Material, auf dem er schreibt (zB Papier, Holz, Tafel, gebrauchter Umschlag)[9], ebenso frei wählen wie das Schreibzeug (zB Füllfederhalter, Kugelschreiber, Filzstift, Bleistift, Kreide). Bei nicht dauerhaft haltbarem Material und/oder Schreibzeug (zB Filzdeckel, Bleistift, Kreide) ist zum einen die Verlustgefahr groß, zum anderen können Zweifel bestehen, ob der Erblasser wirklich testieren wollte oder nur entwarf[10]. Der Erblasser kann zur formwirksamen Errichtung eines eigenhändigen Testaments auch auf früher von ihm selbst geschriebene Schriftstücke zurückgreifen; maßgebend ist letztlich, dass im Zeitpunkt seines Todes ein Testament vorhanden ist, das nach dem Willen des Erblassers seine gesamten Erklärungen deckt (vgl Rn 17)[11]. 5

2. Schriftzeichen und Sprache. Zulässig sind alle Arten von Schriftzeichen und Sprachen, die der Erblasser beherrscht[12]. Deshalb kann ein Analphabet kein eigenhändiges Testament errichten, und zwar selbst dann nicht, wenn er die von ihm nicht beherrschten Buchstaben von einer Vorlage abmalt. Schwerste Fehler in der Orthografie sind ein Indiz für Sprachbeherrschung, wenn auch mangelhafte[13]. Um die Schrift entziffern zu können, darf auch auf Umstände (zB Dechiffrierschlüssel) außerhalb der Urkunde und das Gutachten eines Sachverständigen zurückgegriffen werden[14]. Sind die Schriftzeichen allerdings überhaupt nicht zu entziffern, ist das Testament unwirksam[15]. Die Form ist auch dann nicht gewahrt, wenn der Sinn objektiv nicht lesbarer Buchstabenfolgen nur unter Berücksichtigung außerhalb der Urkunden liegender Umstände ermittelt werden kann[16]. Sind lediglich Teile des Testaments völlig unleserlich, so bleiben alle anderen verständlichen Teile mit einem selbstständigen Regelungsinhalt wirksam, wenn diese nach dem erkennbaren Willen des Erblassers ohne die unlesbaren Teile gelten sollen (§ 2085). 6

3. Entbehrlichkeit einer Überschrift. Das Testament braucht keine Überschrift zu enthalten, insbes keine Kennzeichnung als „letzter Wille", „Verfügung von Todes wegen" oder „Testament". Selbst das Wort „Entwurf" auf dem Testament ist unschädlich, wenn auf Grund der besonderen Umstände des Einzelfalls am Testierwillen des Erblassers keine Zweifel bestehen[17]. Deshalb schadet es auch nicht, wenn die Überschrift mit der Maschine oder dem Computer geschrieben ist[18]. 7

4. Brief, Postkarte oder Telefaxvorlage. Auch ein **Brief** oder eine **Postkarte** kann ein formgültiges Testament enthalten, sofern er bzw sie zumindest in dem dafür in Frage kommenden Teil eigenhändig ge- und unterschrieben ist[19]. Vor allem bei einer Postkarte ist zu beachten, dass die Absenderangabe regelmäßig keine formgültige Unterschrift bedeutet. Auch eine **Telefaxvorlage** kann ein Testament enthalten, nicht dagegen dessen Ausdruck beim Empfänger, da dieser nicht unmittelbar von der Hand des Absenders, sondern mittels Datenübertragungstechnik hergestellt wird (Rn 12). Bei all diesen Dokumenten ist jedoch besonders streng zu prüfen, ob der Erblasser diese tatsächlich mit Testierwillen abgefasst hatte oder nur eine entsprechende Regelung ankündigen oder entwerfen 8

---

[4] Vgl BGH NJW 1981, 1737, 1738.
[5] BayObLG Rpfleger 1999, 184, 185; Rpfleger 2001, 134.
[6] BayObLGZ 1991, 158, 162; Rpfleger 1999, 184.
[7] Vgl BayObLG FamRZ 1997, 1028.
[8] OLG Hamm OLGZ 1967, 65, 67.
[9] BayObLG Rpfleger 1977, 438.
[10] *Reimann/Bengel/J. Mayer/Voit* Rn 18.
[11] OLG Zweibrücken FamRZ 1998, 581.
[12] OLG Zweibrücken FamRZ 1992, 608, 609; MünchKommBGB/*Hagena* Rn 13.
[13] Vgl OLG Hamm BeckRS 2006, 14450.
[14] Vgl OLG Hamm FamRZ 1992, 356 m Anm *Musielak*; BayObLG Rpfleger 2001, 181, 183.
[15] MünchKommBGB/*Hagena* Rn 16.
[16] KG NJW-RR 1998, 1298.
[17] BayObLGZ 1970, 173.
[18] BayObLG NJW-RR 2005, 1025.
[19] RGZ 87, 109; BGH WM 1976, 744; KG NJW 1959, 1441; BayObLG MDR 1963, 503, Rpfleger 1980, 189; OLG Stuttgart Rpfleger 1964, 148; OLG Zweibrücken OLGR 1997, 65.

Litzenburger

§ 2247

wollte[20]. Dafür ist zunächst sicher ohne Bedeutung, ob diese Dokumente gerade an den Zuwendungsempfänger gerichtet worden sind[21]. Hat der Erblasser sie nicht abgesandt, so spricht dies für den Entwurfscharakter. Die Absendung selbst deutet auf den Testierwillen nur hin, wenn der Wortlaut der Verfügungen die gewollten Rechtswirkungen unmittelbar selbst anordnet.

9 **5. Eigenhändigkeit der Schrift.** Das Testament muss von Anfang bis zum Ende vom Erblasser eigenhändig geschrieben sein. Nicht von ihm eigenhändig geschriebene Teile eines Testaments sind unwirksam. Im Einzelnen gilt Folgendes:

10 **a) Allgemeines.** Das Merkmal der Eigenhändigkeit ist das **Indiz der geistigen Urheberschaft** des Testamentsinhalts[22]. Dieses Erfordernis ist eine konkrete Ausprägung des in § 2064 enthaltenen Gebots der höchstpersönlichen Errichtung und soll Willensverfälschungen ausschließen. Der Erblasser muss deshalb in seiner individuellen Handschrift den gesamten Text höchstpersönlich selbst schreiben. Das Erfordernis der Eigenhändigkeit bezieht sich dabei nur auf die **rechtlich relevanten Bestandteile** des Testaments, nicht dagegen auf Zusätze, die fehlen könnten, ohne dass die Verfügung damit unwirksam würde (zB Kopfzeile mit Name und Anschrift sowie Ort und Datum)[23]. Zulässig ist es auch, dass der Erblasser einen vorformulierten Text **abschreibt** oder etwa mit Kohlepapier **durchschreibt**[24]. Bei einem Erblasser, der auf Grund einer Behinderung nicht mit der Hand schreibt, genügt auch das Schreiben mit dem Mund, mit dem Fuß oder mit einer Prothese[25]. Nur bei begründeten **Zweifeln** an der Echtheit der Handschrift ist ein Schriftgutachten einzuholen[26].

11 **b) Schreibhilfe.** Die Hand des Erblassers darf beim Schreiben zwar gestützt, aber nicht geführt werden. Der Schreibvorgang muss trotz der Hilfe des Dritten allein vom Willen des Erblassers beherrscht sein. Formt dagegen der Dritte die Schriftzüge, so ist das Testament mangels Eigenhändigkeit ungültig[27]. Ein Testament kann auch nicht in der Weise wirksam errichtet werden, dass der Erblasser sich darauf beschränkt, in den von einem anderen geschriebenen Entwurf lediglich einen Namen einzusetzen und diesen zu unterschreiben[28].

12 **c) Verbot mechanischer oder elektronischer Schrift.** Die Schriftzüge müssen unmittelbar von der Hand des Erblassers geformt sein. Deshalb sind mit der **Schreibmaschine** oder mit einem **Computer** geschriebene bzw ausgedruckte Testamente ungültig. Auch ein **Telegramm** oder ein **Ausdruck aus einem Telefaxgerät** ist kein formgerechtes Testament. Da ein blinder Erblasser nur unter Zuhilfenahme technischer Hilfsmittel in **Blinden- bzw Blindenkurzschrift** schreiben kann, ist er nicht in der Lage, ein eigenhändiges Testament zu errichten[29].

13 **6. Anlage. a) Begriff und Abgrenzung.** Anlage ist jedes mit einem Testament mechanisch dauerhaft verbundene Dokument. Die Frage nach der Formgültigkeit derartiger Anlagen stellt sich erst, wenn zwar das eigenhändige Testament selbst den Mindestanforderungen des § 2247 genügt, nicht aber die beigefügten Unterlagen. Dabei ist – wie im Rahmen des § 9 BeurkG – zwischen erläuternden und ergänzenden Anlagen zu unterscheiden[30]. Die Anlage hat immer dann willensergänzende Funktion, wenn diese ganz oder teilweise eigenständige Verfügungen enthält, die im eigentlichen Testament nicht im erforderlichen Umfang angedeutet sind. Wegen der Mindestanforderungen an die Andeutung s § 2084 Rn 20 ff.

14 **b) Erläuterungsfunktion.** Ist die im Testament enthaltene Willenserklärung aussagekräftig genug, dient die Anlage also lediglich der Konkretisierung des hinreichend im Testament angedeuteten Erblasserwillens, muss die Anlage selbst nicht den Anforderungen des § 2247 genügen[31]. Der Erläuterung dienen beispielsweise die Beschreibung von vermachten Gegenständen, die Angabe der Anschriften der im Testament eindeutig benannten Zuwendungsempfänger, Wertgutachten für Gegenstände oder ein Grundbuchauszug[32]. Der Erblasser braucht in diesem Fall die Anlage also nicht eigenhändig ge- und unterschrieben zu haben. Als erläuternde Anlagen kommen Schriftstücke, einschließlich Kopien und Computerausdrucken, Karten sowie Fotografien in Betracht.

15 **c) Ergänzungsfunktion.** Hat die Anlage dagegen willensergänzende Funktion, muss sie selbst vom Erblasser eigenhändig ge- und unterschrieben sein[33]. Deshalb können Computerausdrucke, Kopien, Karten und Fotografien zwar als erläuternde Anlagen beigefügt werden, nicht aber als ergänzende.

---

[20] KG NJW 1959, 1441; OLG Stuttgart 64, 148; BayObLG Rpfleger 1980, 189; FamRZ 1990, 672; OLG Zweibrücken OLGR 1997, 65; *Palandt/Edenhofer* Rn 4.
[21] RG DJZ 1927, Sp 167.
[22] BGH NJW 1967, 1124.
[23] Vgl OLG Köln ZEV 1998, 435.
[24] BGH NJW 1967, 1124; KG FamRZ 1995, 897; BayObLG FamRZ 1981, 99; FamRZ 1986, 1043.
[25] AllgM, zB *Palandt/Edenhofer* Rn 5.
[26] BayObLG FamRZ 1991, 962, 964; NJWE-FER 2001, 211, 212.
[27] BGH NJW 1967, 1124; NJW 1981, 1900; *Reimann/Bengel/J. Mayer/Voit* Rn 17.
[28] BGH NJW 1958, 547; Rpfleger 1980, 337; BayObLG NJW-RR 1990, 1481.
[29] OLG Hamm NJW 1972, 1204; *Werner* DNotZ 1972, 6, 8; *Reimann/Bengel/J. Mayer/Voit* Rn 16; aA *Staudinger/Firsching* Rn 36.
[30] BGH NJW 1958, 547; BayObLGZ 1979, 215; OLG Hamm FamRZ 1992, 356; OLG Zweibrücken FamRZ 1989, 900; vgl zur Unterscheidung auch § 9 BeurkG Rn 5.
[31] BGH DNotZ 1981, 761, 763; BayObLGZ 1979, 215; OLG Hamm FamRZ 1992, 356.
[32] OLG Naumburg FamRZ 2003, 407.
[33] BGH DNotZ 1981, 761; BayObLGZ 1979, 215; OLG Hamm FamRZ 1992, 356; vgl zum Widerruf eines notariellen Testaments BayObLG MittRhNotK 2000, 75, 76.

Folgerichtig kann der Erblasser bei einem Vermächtnis über eine Grundstücksteilfläche nicht einfach – wie bei einer notariellen Urkunde gemäß § 13 BeurkG – auf einen beigefügten amtlichen Lageplan verweisen, sondern muss die Fläche im Testament hinreichend deutlich beschreiben oder den Plan selbst eigenhändig zeichnen[34].

7. Bezugnahme. a) Begriff und Abgrenzung. Bezugnahme ist der Hinweis in einem Testament auf den Inhalt eines nicht damit mechanisch dauerhaft verbundenen Dokuments. Wie bei den Anlagen (siehe oben Rn 13) ist zwischen erläuternder und ergänzender Bezugnahme zu unterscheiden[35]. Während zum Zwecke der Erläuterung auch auf nicht formgültig errichtete Schriftstücke, Karten und Fotografien verwiesen werden kann, ist dies bei Ergänzungen nicht möglich. Die ergänzende Bezugnahme setzt vielmehr voraus, dass die Bezugsurkunde entweder die Mindestanforderungen des § 2247 als eigenhändiges Testament erfüllt oder ein wirksam beurkundetes öffentliches Testament darstellt. Andernfalls ist die Bezugnahme unwirksam und der Erblasserwille unvollständig geäußert, so dass diesem höchstens auf dem Wege der ergänzenden Auslegung Geltung verschafft werden kann. 16

b) Bezugnahme auf ein eigenhändiges Testament. Diese Bezugnahme ist nur wirksam, wenn auch die in Bezug genommene Urkunde eigenhändig ge- und unterschrieben ist[36]. Ein eigenhändiges Testament kann dabei auch dadurch geändert oder widerrufen werden, dass der Erblasser auf einer Kopie oder wortgleichen Abschrift hiervon eigenhändig den Widerruf erklärt oder Ergänzungen, Änderungen bzw Streichungen vornimmt[37]. Dies gilt auch nach der Rücknahme des ursprünglichen Testaments aus der besonderen amtlichen Verwahrung, weil diese bei einem eigenhändigen Testament die Gültigkeit nicht berührt. Auch ein Widerruf des in Bezug genommenen eigenhändigen und formgültigen Testaments steht einer späteren Bezugnahme nicht entgegen, sofern der Widerruf nicht durch Vernichtung der Testamentsurkunde erfolgt ist. Der Widerruf beseitigt nämlich nur die materielle Wirksamkeit, nicht aber die formellen Gültigkeitsbedingungen, auf die es im Rahmen des § 2247 bei der Bezugnahme allein ankommen kann. 17

c) Bezugnahme auf ein notarielles Testament oder einen Erbvertrag. Gegenstand einer ergänzenden Bezugnahme können sowohl ein notarielles (gemeinschaftliches) Testament als auch ein Erbvertrag sein, vorausgesetzt, dass die Beurkundung wirksam unter Einhaltung vor allem der Vorschriften des Beurkundungsrechts erfolgt ist[38]. Die hM verlangt jedoch bei einer notariell beurkundeten Verfügung von Todes wegen zusätzlich noch, dass die Urkunde dem Erblasser nicht aus der besonderen amtlichen Verwahrung zurückgegeben worden ist, da dies gemäß §§ 2256 Abs 1 S 1, 2300 Abs 2 S 3 zum Widerruf führe und der Urkunde die Eignung zur Bezugnahme nehme[39]. Diese Auffassung verkennt jedoch, dass die Zulässigkeit einer ergänzenden Bezugnahme Form-, nicht Wirksamkeitsfrage ist. Bei der Bezugnahme im Rahmen des § 2247 kann es doch allein darauf ankommen, ob die Urkunde, auf die verwiesen wird, den Erblasserwillen formgerecht – also authentisch – zum Ausdruck bringt, nicht aber, ob die in Bezug genommene Urkunde beim Tode des Erblassers auch ohne den Hinweis materiell wirksam geworden wäre. Der Widerruf beseitigt nur die materielle Wirksamkeit, nicht aber die formellen Gültigkeitsbedingungen. Ebenso wie bei einem eigenhändigen Testament kann der Erblasser deshalb auch auf ein widerrufenes öffentliches Testament Bezug nehmen, vorausgesetzt jedoch, dass die Urkunde nicht vom Erblasser vernichtet worden ist. Der Hinweis auf die Gefahr einer Manipulation an der Urkunde ist in diesem Falle keineswegs größer als bei einem eigenhändigen Testament[40]. Die herrschende Auffassung führt außerdem zu nicht vertretbaren Ergebnissen, wenn der Erblasser erst nach Errichtung des eigenhändigen Testaments die in Bezug genommene notariell beurkundete Verfügung von Todes wegen aus der besonderen amtlichen Verwahrung zurücknimmt. Nach herrschender Meinung führt die Rückgabe nämlich sowohl zur Unwirksamkeit der notariellen Verfügung als auch der Bezugnahme in der eigenhändigen Verfügung, und zwar ohne dass der Erblasser bei der Rückgabe auf diese unerwünschten Nebenfolge hingewiesen worden wäre. Deshalb kann richtiger Ansicht nach auf jede wirksam errichtete Verfügung von Todes wegen Bezug genommen werden, ohne dass es darauf ankommt, ob sie in besondere amtliche Verwahrung gebracht oder aus dieser wieder zurückgenommen wird[41]. Wird die zurückgegebene Notarurkunde allerdings vom Erblasser danach vernichtet, so ist eine wirksame Bezugnahme infolge der Vernichtung nicht mehr gegeben, das darauf bezugnehmende Testament also insoweit unvollständig. S zur ergänzenden Bezugnahme in einer Notarurkunde auf eine andere notarielle Urkunde § 13 a BeurkG Rn 1. 18

In aller Regel wird die Bezugnahme im eigenhändigen Testament durch Angabe des beurkundenden Notars, des Urkundsdatums und der Urkundsnummer erfolgen, zwingend ist dies jedoch nicht, weil Bestimmbarkeit ausreicht (zB Testament vom ...). Die Ergänzung oder Änderung eines solchen Testaments ist auch dadurch möglich, dass der Erblasser auf der Ausfertigung oder der (beglaubigten) Abschrift der Urkunde entsprechende Vermerke anbringt und unterschreibt, auch wenn diese erst in 19

---

[34] MünchKommBGB/*Hagena* Rn 20.
[35] Vgl BGH Rpfleger 1980, 337; DNotZ 1980, 761, 763; OLG Zweibrücken NJW-RR 1989, 1413; ferner § 9 BeurkG Rn 5.
[36] Vgl BGH Rpfleger 1980, 337; BayObLGZ 1979, 215, 218.
[37] BGH NJW 1966, 201; OLG München Rpfleger 2006, 74, 75.
[38] OLG Hamm NJW-RR 2000, 742, 743.
[39] BayObLG NJW-RR 1990, 1481, 1482; MünchKommBGB/*Hagena* Rn 20, § 2256 Rn 8; *Reimann/Bengel/J. Mayer/Voit* Rn 12: regelmäßig; *Staudinger/Baumann* § 2256 Rn 4; offen gelassen von BGH DNotZ 1980, 761, 763.
[40] So aber *Schubert* JR 1981, 25; dagegen mit Recht *Soergel/J. Mayer* Rn 33 Fn 165.
[41] *Soergel/J. Mayer* Rn 33 Fn 164; *Burkhard*, FS v. Lübtow, 1990, S 261; *Lange/Kuchinke* § 20 IV Fn 44.

Verbindung mit den nicht eigenhändig verfassten Passagen der Notarurkunde einen Sinn ergeben[42]. Ein notarielles Testament kann auch in der Weise widerrufen werden, dass der Erblasser auf die Ausfertigung oder (beglaubigte) Abschrift die eigenhändig ge- und unterschriebene Widerrufserklärung setzt. Selbst auf Grund des Urkundsentwurfs, der mit dem beurkundeten Text übereinstimmt, kann mittels eines handschriftlichen Ungültigkeitsvermerks ein notarielles Testament widerrufen werden[43]. Eine Testamentsergänzung bzw -änderung kann dagegen nicht unter Verwendung eines Urkundsentwurfs vorgenommen werden, weil der in Bezug genommene Text nicht formgerecht verkörpert worden ist.

20   **d) Bezugnahme beim gemeinschaftlichen Testament.** Der länger lebende Ehepartner kann in einem eigenhändigen Testament auf ein gemeinschaftliches, nicht von ihm geschriebenes Testament Bezug nehmen, sofern dieses gemäß § 2267 formgültig errichtet worden ist[44].

21   **e) Bezugnahme beim Nottestament.** Auch nach Ablauf der Gültigkeitsfrist eines außerordentlichen Testaments gemäß § 2252 kann die formgerecht verfasste Testamentsurkunde noch zulässiger Gegenstand einer Bezugnahme sein[45].

22   **8. Zusätze, Einschaltungen, Streichungen und Nachträge.** Auch Zusätze, Einschaltungen und Nachträge zum Text müssen vom Erblasser selbst geschrieben werden. Streichungen braucht der Erblasser dagegen nicht höchstpersönlich vorzunehmen. Dabei handelt es sich nämlich um einen teilweisen Widerruf gemäß § 2255, den auch ein Dritter als unselbstständiges Werkzeug in der Hand des Erblassers vornehmen kann (vgl § 2255 Rn 6).

III. Eigenhändige Unterschrift

23   **1. Unterschrift und Eigenhändigkeit.** Die Eigenhändigkeit der Unterschrift soll sowohl die Identität zwischen Schreiber und Testator sicherstellen, als auch die Gewähr dafür bieten, dass der selbst geschriebene Text von dessen Testierwillen getragen ist, der Text also aus dem Stadium der Vorüberlegungen und des Entwerfens herausgetreten und unmittelbar auf die Herbeiführung der niedergelegten Rechtswirkungen gerichtet ist. Diesem Erfordernis genügt jede Unterzeichnung, die eindeutig auf die Urheberschaft einer bestimmten Person schließen lässt. Satz 1 des § 2247 Abs 3 verlangt zwar die Unterzeichnung mit **Vor- und Zunamen**, jedoch genügt es gemäß Satz 2, dass trotz der mangelhaften Unterzeichnung ohne Vor- und Zuname aus dem Testament in sonstiger Weise die Identität des Erblassers eindeutig hervorgeht[46]. Unter dieser Voraussetzung genügt auch die Unterzeichnung mit dem **Verwandtschaftsverhältnis** (zB „Euer Vater", „Eure Tante")[47], mit einem **Künstlernamen**, mit einem **Spitz- oder Kosenamen** oder mit einer **Namensabkürzung**[48]. Nach hM genügt selbst die Unterzeichnung mit den **Anfangsbuchstaben** von Vor- und Zuname, wenn in Verbindung mit dem Text die Identität eindeutig feststeht[49]. Allerdings weist eine derartige Unterzeichnung eher auf einen Testamentsentwurf hin, so dass das Vorhandensein des Testierwillens streng zu prüfen ist. **Reine Handzeichen** (§ 126 Abs 1), **Schnörkel** oder **„drei Kreuze"** genügen dagegen in keinem Fall[50]. Der Erblasser darf sich ebenso wenig wie beim Schreiben des Textes beim Unterschreiben die Hand führen lassen (Rn 11). Die Mitunterzeichnung durch den Erben schadet nicht[51].

24   **2. Ort der Unterschrift.** Die Unterschrift muss am **Ende des Textes** der letztwilligen Verfügung stehen und ihn damit vor nachträglichen Ergänzungen und Zusätzen sichern[52]. Auch die Unterzeichnung auf der Rückseite der vom Erblasser eigenhändig geschriebenen Testamentsurkunde genügt[53]. Ist das Blatt bis zum unteren Rand vollgeschrieben reicht auch die neben oder sogar über dem Text stehende Unterzeichnung aus[54]. Die **Selbstbenennung** im Eingang des Textes ersetzt die Unterschrift am Ende keinesfalls[55]. Das Gesetz unterscheidet nämlich zwischen Nieder- und Unterschrift. Außerdem ist eine Oberschrift keine Unterschrift[56]. Die Selbstbenennung am Ende des Textes ist dagegen zulässig, wenn diese erkennbar ausschließlich Unterschriftfunktion hat (zB „Dies bestimme ich, …, als meinen letzten Willen.")[57].

---

[42] Vgl BGH NJW 1966, 201.
[43] OLG Hamm NJW-RR 2000, 742.
[44] OLG Frankfurt FGPrax 2001, 245; OLG Hamm FamRZ 1992, 356; *Sorgel/J. Mayer* Rn 33, aA *Staudinger/Baumann* Rn 69.
[45] *Soergel/J. Mayer* Rn 33; *Reimann/Bengel/J. Mayer/Voit* Rn 12; aA *Staudinger/Baumann* Rn 70.
[46] S zu den strengeren Anforderungen des BGH beim notariell beurkundeten Testament § 13 BeurkG Rn 10 f.
[47] OLG Naumburg FamRZ 2003, 407; BayObLG MDR 1979, 1024; MDR 1980, 403.
[48] *Reimann/Bengel/J. Mayer/Voit* Rn 20.
[49] OLG Celle NJW 1977, 1690; OLG Stuttgart Justiz 1977, 378; aA *Staudinger/Baumann* Rn 83; RGRK/*Kregel* Rn 17; vgl auch OLG Celle ZEV 1996, 193 zu § 373 ZGB.
[50] RGZ 134, 310.
[51] BayObLG FamRZ 1997, 1029.
[52] BayObLG FGPrax 2004, 38, 39; OLG Hamm FamRZ 1986, 728.
[53] LG Konstanz BWNotZ 2001, 134.
[54] BGH NJW 1992, 892; BayObLGZ 1981, 79; FamRZ 1986, 728; OLG Hamm FamRZ 1986, 728; OLG Celle NJW-RR 1996, 1938; OLG Köln MittRNotK 2000, 30.
[55] HM, zB OLG Köln OLGZ 1967, 69; OLG Hamm OLGZ 1986, 292; BayObLG NJW-RR 1997, 1302; *Reimann/Bengel/J. Mayer/Voit* Rn 21; Palandt/*Edenhofer* Rn 15; aA *Grundmann* AcP 187 (1987), 429, 457.
[56] Vgl BGH NJW 1991, 487, 488.
[57] Palandt/*Edenhofer* Rn 15.

Eigenhändiges Testament § 2247

Enthält das Testament **mehrere Blätter oder Anlagen,** die letztwilligen Verfügungen nicht nur 25
erläutern, sondern inhaltlich ergänzen (vgl zu dieser Unterscheidung Rn 13), so braucht nicht auf jedem Blatt unterschrieben zu werden, wenn auf Grund wechselseitiger Verbindungshinweisen, auf Grund des fortlaufenden Textes oder auf Grund sicherer mechanischer Verknüpfungen kein Zweifel daran möglich ist, dass diese Dokumente zusammengehören[58]. Eine mechanische Verbindung allein mit einer Büro- oder Heftklammer oder in einem Ringhefter[59] dürfte dabei jedoch nicht genügen, anders dagegen bei einer solchen mittels stabilen Ösen.

Ist das selbst nicht unterzeichnete Dokument in einem fest verschlossenen **Briefumschlag** ent- 26
halten, so genügt die Unterzeichnung auf dem Umschlag nur, wenn dieser zusätzlich eine Aufschrift „Mein letzter Wille" oder eine sinngemäße Formulierung besitzt und damit eine Verbindung mit dem Inhalt herstellt[60]. Ein derartiger Verbindungswille kann sich auch daraus ergeben, dass der Erblasser seine Unterschrift über die zugeklebte Lasche eines Testamentsumschlags gesetzt und diesen in einem weiteren Umschlag an das zuständige Nachlassgericht adressiert hat[61]. Hat der handgeschriebene Vor- und Zuname eine andere Funktion, etwa als Absenderangabe, so fehlt es an dieser inhaltlichen Verknüpfung und das Testament ist mangels Unterschrift ungültig[62]. Ebenso ungenügend ist eine Aufschrift „Nach meinem Tod zu öffnen" oder „Hier befindet sich mein Testament"[63]. Ist der Briefumschlag nicht fest verschlossen, reicht die Unterschrift auf diesem nicht aus[64].

3. Zeitpunkt der Unterschrift. Eine bestimmte zeitliche Reihenfolge ist nicht vorgeschrieben. 27
Zwischen Nieder- und Unterschrift kann auch ein erheblicher Zeitraum liegen[65]. Die Unterschrift kann auch zeitlich vor der Niederschrift geleistet werden[66].

4. Zusätze, Einschaltungen, Streichungen und Nachträge. Befinden sich **Zusätze, Einschal-** 28
tungen oder Nachträge auf dem gleichen Blatt wie die Unterschrift und werden sie von dieser räumlich gedeckt, brauchen sie nicht gesondert unterschrieben zu werden. Das Gleiche gilt, wenn das Testament aus mehreren fortlaufenden Blättern besteht (Rn 16), bei denen der Verknüpfungswille erkennbar ist. Befinden sich diese Ergänzungen zwar auf dem gleichen Blatt, ohne von der Unterschrift räumlich gedeckt zu sein, oder gar auf einem besonderen Blatt ohne feste Verbindung mit dem unterschriebenen Blatt (zB Ringbuch, Heftklammer), so führt das Fehlen der erneuten Unterzeichnung zur Unwirksamkeit des Zusatzes, der Einschaltung oder des Nachtrags[67], es sei denn, aus dem sonstigen Wortlaut des Testaments vor der Unterschrift ergibt sich, dass auch dieser vom Testierwillen gedeckt ist (zB „Nachstehende Ergänzung soll gelten"). Es reicht auch aus, wenn der Text des unterschriebenen Dokuments nur unter Zuhilfenahme dieser auf einem besonderen, nicht unterschriebenen Blatt stehenden Zusätze, Einschaltungen und Nachträge einen Sinn ergeben[68]. In allen anderen Fällen sind auf einem besonderen Blatt stehenden Zusätze, Einschaltungen oder Nachträge ohne Unterschrift ungültig[69]. **Streichungen** brauchen nicht besonders unterschrieben zu werden, begründen jedoch ohne Unterschrift ernste Zweifel daran, dass sie vom Testierwillen des Erblassers getragen sind[70].

IV. Zeit und Ort der Errichtung

1. Zeitangabe. Der Erblasser soll den Tag der Errichtung, also der Unterzeichnung, nach Tag, 29
Monat und Jahr in der Erklärung angeben (§ 2247 Abs 2 1. Alt.). Das Fehlen dieser Angabe macht das Testament zwar nicht mehr ungültig, kann aber erhebliche Probleme mit sich bringen: Die **Volljährigkeit,** die **Testierfähigkeit**[71] und die **Lesefähigkeit**[72] müssen gerade im Zeitpunkt der Errichtung gegeben sein, so dass bei Nichtangabe des Errichtungstags unter besonderen Umständen Zweifel an der Gültigkeit aufkommen können. Auch für den **Widerruf** eines Testaments kommt es auf den Errichtungszeitpunkt an, so dass bei zwei sich widersprechenden Testamenten ohne Datierung sich diese gegenseitig aufheben können. Eine **unleserliche oder unrichtige Zeitangabe** steht der fehlenden gleich[73]. Gemäß § 2247 Abs 5 S 1 ist die fehlende, unleserliche oder nachweislich falsche[74]

---

[58] Zu weit jedoch OLG Hamm NJW 2003, 2391, 2392, das formunwirksame Anlagen stets im Wege der Auslegung heranziehen will; vgl dagegen BayObLG Rpfleger 1979, 383; NJW-RR 1997, 389, 390.
[59] OLG Hamm NJW 1983, 689.
[60] BayObLG MDR 1982, 581; FamRZ 1988, 1211; OLG Hamm OLGZ 86, 292; OLG Celle NJW-RR 1996, 1938; *Reimann/Bengel/J. Mayer/Voit* Rn 23; *Palandt/Edenhofer* Rn 16.
[61] BayObLG ZEV 1994, 40.
[62] *Reimann/Bengel/J. Mayer/Voit* Rn 29; aA KG JFG 21, 36.
[63] RGZ 110, 166; OLG Braunschweig OLGZ 35, 376.
[64] OLG Hamm FamRZ 1986, 728; aA BayObLG Rpfleger 1986, 294.
[65] BGH NJW 1974, 1083; BayObLGZ 84, 194; OLG Zweibrücken FamRZ 1998, 581.
[66] *Palandt/Edenhofer* Rn 13.
[67] BGH NJW 1974, 1083; BayObLG Rpfleger 2004, 286; OLG Köln NJW-RR 1994, 74; OLG Frankfurt NJW-RR 1995, 711.
[68] BGH NJW 1974, 1083; OLG Frankfurt NJW-RR 1995, 711.
[69] OLG Hamm Rpfleger 1984, 468; BayObLG FGPrax 2004, 38, 39; FamRZ 1984, 1270.
[70] BayObLG NJW-RR 1997, 1302.
[71] Vgl BayObLG ZEV 2001, 399 m Anm *J. Mayer.*
[72] Vgl BayObLG FamRZ 1995, 898.
[73] OLG Koblenz DNotZ 1970, 426; aM *Lange/Kuchinke* § 20 IV 2 b Fn 58; *Reimann/Bengel/J. Mayer/Voit* Rn 35.
[74] Vgl BayObLG FamRZ 1994, 593; ZEV 2001, 399.

Litzenburger

Datumsangabe jedoch dann unschädlich, wenn für die sichere Datierung andere Angaben im Text selbst enthalten sind (zB „Nach dem Tod meines Mannes ..."). Auch die Zeitangabe soll **eigenhändig** geschrieben werden („in der Erklärung"). Weil das Fehlen dieser Angabe aber die Wirksamkeit nicht berührt, reicht auch ein gestempeltes oder mit der Maschine bzw mit dem Computer geschriebenes Datum aus. In diesem Fall muss jedoch sicher festgestellt werden, dass das so geschriebene Datum den Errichtungszeitpunkt zutreffend wiedergibt. Ohne Bedeutung ist ferner, ob die Zeitangabe vor, neben oder nach der eigenhändigen Unterschrift steht. Enthält ein Testament **mehrere Datierungen,** so ist im Zweifel davon auszugehen, dass das vor der Unterschrift stehende richtig ist[75].

30   2. **Ortsangabe.** Der Erblasser soll gemäß § 2247 Abs 2 2. Alt den Ort der Errichtung angeben. Die fehlende oder unleserliche Angabe ist nach § 2247 Abs 5 S 2 unschädlich, wenn sich der Ort aus sonstigen Angaben im Text ergibt (zB Kreisaltersheim). Die fehlende Ortsangabe dürfte jedoch allenfalls bei Testamenten mit Auslandsberührung Probleme bereiten.

V. Verstoß

31   Ein vom Erblasser nicht eigenhändig ge- und unterschriebenes Testament ist unheilbar nichtig (§ 125)[76], während das Fehlen der Zeit- und/oder Ortsangabe regelmäßig die Wirksamkeit nicht beeinträchtigt. Die Erben und sonstigen Zuwendungsempfänger können auf die Einhaltung dieser zwingenden Vorschriften nicht verzichten. Dies gilt uneingeschränkt im Erbscheinsverfahren, weil der Erbe die Auslegung des Testaments nicht in der Hand haben. Wegen ihrer Vertrautheit mit den persönlichen und sonstigen Verhältnisse des Erblassers kann einem derartigen Auslegungsvertrag auch im Erbscheinsverfahren Indizfunktion zukommen[77]. Aber auch mit Zustimmung aller Erben kann ein nach Überzeugung des Gerichts nichtiges Testament nicht als wirksam angesehen werden[78]. Es besteht allerdings außerhalb des Erbscheinsverfahrens die Möglichkeit, dass die auf Grund der Nichtigkeit zur Erbfolge gelangten Personen die Wirkungen des ungültigen Testaments durch Anerkenntnisvertrag herbeiführen, so als sei es rechtswirksam geworden (ausf § 2084 Rn 53 ff)[79].

VI. Beweisfragen

32   Im **Erbscheinsverfahren** ist die Gültigkeit des Testaments von Amts wegen zu prüfen (§ 2358)[80]. Die Feststellungslast trägt jedoch der Antragsteller, da bei nicht aufzuklärenden Zweifeln an der Gültigkeit der Antrag abgewiesen wird. Im **Zivilprozess** trägt die materielle Beweislast für die Gültigkeit des Testaments diejenige Partei, die sich auf diese letztwillige Verfügung beruft[81]. Bei feststehender **Echtheit der Unterschrift** spricht der Anscheinsbeweis auch für deren Eigenhändigkeit[82]. Lässt sich nicht zweifelsfrei klären, ob der Erblasser im Zeitpunkt der Unterzeichnung testier- und lesefähig war, so ist vom Regelfall der **Testier- und Lesefähigkeit** auszugehen[83]. Die Beweisregeln der §§ 416, 440 Abs 2 ZPO sind nicht anwendbar, da das eigenhändige Schreiben und Unterschreiben kein Echtheits-, sondern ein Formproblem darstellt[84].

VII. Recht in den neuen Bundesländern

33   Eigenhändig ge- und unterschriebene Testamente, die vor dem 3. 10. 1990 gemäß § 385 S 1 HS 1 ZGB errichtet worden sind, sind weiterhin gültig. Wegen der Gültigkeit vor dem 3. 10. 1990 errichteter Verfügungen wird auf § 2232 Rn 20 verweisen. Die Mindestanforderungen an ein eigenhändiges Testament decken sich jedoch trotz etwas unterschiedlicher Formulierungen mit denen des § 2247 Abs 1.

§ 2248 Verwahrung des eigenhändigen Testaments

¹Ein nach der Vorschrift des § 2247 errichtetes Testament ist auf Verlangen des Erblassers in besondere amtliche Verwahrung zu nehmen (§§ 2258 a, 2258 b). ²Dem Erblasser soll über das in Verwahrung genommene Testament ein Hinterlegungsschein erteilt werden.

---

[75] RGZ 115, 112; KG JW 1932, 3122.
[76] AllgM, zB BGH NJW 1981, 1900; aA *Kegel*, FS Flume, S 545, 554 ff.
[77] BGH NJW 1986, 1812.
[78] AA OLG Celle NJW 1957, 876; OLG Frankfurt OLGZ 1990, 15 unter irrtümlicher Berufung auf BGH NJW 1986, 1812.
[79] Vgl BGH NJW 1986, 1812; OLG Frankfurt OLGZ 1990, 15.
[80] Vgl BayObLG ZEV 97, 125 zur Lesefähigkeit.
[81] Vgl BayObLGZ 1962, 303; BayObLG FamRZ 1985, 837; OLG Hamm OLGZ 1966, 498.
[82] OLG Stuttgart BWNotZ 1977, 69; LG Ellwangen BWNotZ 1977, 91; vgl dagegen den Fall BayObLG FamRZ 1999, 332.
[83] OLG Neustadt FamRZ 1961, 541.
[84] OLG Hamm OLGZ 1993, 141; *Palandt/Edenhofer* Rn 20.

Nottestament vor dem Bürgermeister § 2249

1. Verwahrungsmöglichkeit. Das öffentliche Testament muss, das eigenhändige kann in die 1
besondere amtliche Verwahrung des Amtsgerichts gebracht werden (§ 34 Abs 1 S 4 BeurkG bzw
§ 2248 S 1), um sie vor Verlust oder Unterdrückung zu schützen. Die Verwahrung eines eigenhändigen Testaments macht dieses allerdings nicht zu einem öffentlichen Testament. Auch etwaige
Formmängel werden durch die Verwahrung nicht geheilt. In analoger Anwendung des § 2248 kann
auch ein Dreizeugentestament iS der §§ 2250, 2251 in die besondere amtliche Verwahrung genommen
werden (§ 2250 Rn 18).

2. Antrag. Der Verwahrungsantrag bedarf keiner Form und muss auch nicht vom Erblasser persönlich gestellt werden. Er kann sich sowohl eines Vertreters als auch eines Boten oder der Post 2
bedienen.

3. Zuständigkeit und Verfahren. Die Zuständigkeit zur amtlichen Verwahrung ist in § 2258 a 3
geregelt, das Verfahren in § 2258 b. Das Gericht hat das zur Verwahrung vorgelegte Testament weder
formell noch inhaltlich zu prüfen. Nur wenn dem Gericht lediglich eine Ablichtung (Fotokopie) oder
eine den Bestimmungen des § 2247 nicht genügende Abschrift des Testaments zur Verwahrung vorgelegt wird, kann der Verwahrungsantrag abgelehnt werden. Eine weitergehende Prüfung findet nicht
statt. Dem Erblasser muss ein Hinterlegungsschein erteilt werden.

4. Kosten. Für die amtliche Verwahrung fallen Kosten in Höhe einer Viertelgebühr gemäß § 101 4
KostO aus dem um die Schulden verminderten Wert des gesamten Vermögens oder, wenn die
Verfügung nur einen Teil betrifft, des entsprechenden Bruchteils an (§§ 103 Abs 1, 46 Abs 4 KostO).

§ 2249 Nottestament vor dem Bürgermeister

(1) ¹Ist zu besorgen, dass der Erblasser früher sterben werde, als die Errichtung eines
Testaments vor einem Notar möglich ist, so kann er das Testament zur Niederschrift des
Bürgermeisters der Gemeinde, in der er sich aufhält, errichten. ²Der Bürgermeister muss zu
der Beurkundung zwei Zeugen zuziehen. ³Als Zeuge kann nicht zugezogen werden, wer in
dem zu beurkundenden Testament bedacht oder zum Testamentsvollstrecker ernannt wird;
die Vorschriften der §§ 7 und 27 des Beurkundungsgesetzes gelten entsprechend. ⁴Für die
Errichtung gelten die Vorschriften der §§ 2232, 2233 sowie die Vorschriften der §§ 2, 4, 5
Abs. 1, §§ 6 bis 10, 11 Abs. 1 Satz 2, Abs. 2, § 13 Abs. 1, 3, §§ 16, 17, 23, 24, 26 Abs. 1 Nr. 3,
4, Abs. 2, §§ 27, 28, 30, 32, 34, 35 des Beurkundungsgesetzes; der Bürgermeister tritt an die
Stelle des Notars. ⁵Die Niederschrift muss auch von den Zeugen unterschrieben werden.
⁶Vermag der Erblasser nach seinen Angaben oder nach der Überzeugung des Bürgermeisters
seinen Namen nicht zu schreiben, so wird die Unterschrift des Erblassers durch die Feststellung dieser Angabe oder Überzeugung in der Niederschrift ersetzt.

(2) ¹Die Besorgnis, dass die Errichtung eines Testaments vor einem Notar nicht mehr
möglich sein werde, soll in der Niederschrift festgestellt werden. ²Der Gültigkeit des Testaments steht nicht entgegen, dass die Besorgnis nicht begründet war.

(3) ¹Der Bürgermeister soll den Erblasser darauf hinweisen, dass das Testament seine
Gültigkeit verliert, wenn der Erblasser den Ablauf der im § 2252 Abs. 1, 2 vorgesehenen Frist
überlebt. ²Er soll in der Niederschrift feststellen, dass dieser Hinweis gegeben ist.

(4) Für die Anwendung der vorstehenden Vorschriften steht der Vorsteher eines Gutsbezirks dem Bürgermeister einer Gemeinde gleich.

(5) ¹Das Testament kann auch vor demjenigen errichtet werden, der nach den gesetzlichen
Vorschriften zur Vertretung des Bürgermeisters oder des Gutsvorstehers befugt ist. ²Der
Vertreter soll in der Niederschrift feststellen, worauf sich seine Vertretungsbefugnis stützt.

(6) Sind bei Abfassung der Niederschrift über die Errichtung des in den vorstehenden
Absätzen vorgesehenen Testaments Formfehler unterlaufen, ist aber dennoch mit Sicherheit
anzunehmen, dass das Testament eine zuverlässige Wiedergabe der Erklärung des Erblassers
enthält, so steht der Formverstoß der Wirksamkeit der Beurkundung nicht entgegen.

Übersicht

	Rn		Rn
I. Beurkundung durch den Bürgermeister .	1	III. Beurkundungsverfahren	9
1. Sachliche Zuständigkeit	1	1. Zuziehung von zwei Zeugen............	9
a) Besorgnis des vorzeitigen Todes	2	2. Verfahren	10
b) Besorgnis bevorstehender, dauerhafter Testierunfähigkeit........................	3	a) Ablehnungspflicht	11
c) Vermerk in der Niederschrift	4	b) Niederschrift.......................	12
d) Urkundsperson	5	c) Vorlesen, Genehmigung und Unterschriften................................	13
2. Örtliche Zuständigkeit	6	d) Verfahrensbesonderheiten bei Behinderung des Erblassers	14
3. Beurkundungsverbote......................	7	e) Prüfungs- und Belehrungspflicht	15
		f) Verschließung und Verwahrung	16
II. Errichtung durch Erklärung oder Schriftübergabe...................	8	IV. Rechtsfolge von Verstößen und Heilung	17

Litzenburger

	Rn		Rn
1. Zuständigkeitsmängel	17	V. Beschränkte Gültigkeitsdauer	24
2. Formmängel	20		
a) Errichtungsmängel	21	VI. Beweiskraft des Testaments und sonstige Beweisfragen	25
b) Abfassungsmängel	23		

I. Beurkundung durch den Bürgermeister

1 1. **Sachliche Zuständigkeit.** Der Bürgermeister ist gemäß § 2249 nur unter der Bedingung anstelle des Notars zur Beurkundung eines öffentlichen Testaments berechtigt, dass er selbst nach pflichtgemäßem Ermessen davon überzeugt ist, der Erblasser werde sterben, bevor ein solches vor einem Notar errichtet werden könne. Die Beurkundungszuständigkeit des Bürgermeisters ist also gegenüber derjenigen des Notars **subsidiär**. Im Einzelnen gilt zu diesen Voraussetzungen Folgendes:

2 a) **Besorgnis des vorzeitigen Todes.** Der Bürgermeister muss sowohl vom nahen Tod des Erblassers, als auch von der nicht rechtzeitigen Erreichbarkeit eines Notars **subjektiv überzeugt** sein. Geht der Bürgermeister davon aus, dass auch nur eine dieser beiden Voraussetzungen nicht gegeben ist, so darf er gemäß § 2249 nicht beurkunden. Fehlt jedoch aus seiner Sicht allein die Besorgnis der Todesgefahr, so kann sich seine Beurkundungszuständigkeit aus § 2250 Abs 1 1. Alt ergeben, wenn der Aufenthaltsort abgesperrt ist (vgl § 2250 Rn 4) und deshalb kein Notar erreicht werden kann. In all diesen Fällen kommt es nicht darauf an, ob gerade der ortsansässige Notar verhindert ist oder am Aufenthaltsort des Erblassers kein Notar seinen Amtssitz hat. Auch ein Notar aus einem anderen Amtsbereich oder aus einem anderen OLG-Bezirk ist bei Gefahr im Verzug zur Beurkundung eines öffentlichen Testaments außerhalb seines Amtsbereichs berechtigt und verpflichtet; dessen Erreichbarkeit schließt ebenfalls die Beurkundungszuständigkeit des Bürgermeisters aus, wenn dieser von dessen Anwesenheit weiß. Stellt sich jedoch heraus, dass die subjektive Besorgnis des Bürgermeisters **objektiv unbegründet** war, so ist das gleichwohl beurkundete Testament gemäß § 2249 Abs 2 S 2 trotzdem wirksam. Es ist unerheblich, ob die Besorgnis des Bürgermeisters vom Erblasser oder den Zeugen geteilt wird[1].

3 b) **Besorgnis bevorstehender, dauerhafter Testierunfähigkeit.** Gleichzustellen ist der unmittelbar bevorstehende Eintritt der bis zum Tod dauernden oder nur kurzzeitig unterbrochenen Testierunfähigkeit des Erblassers, für den Lebensgefahr besteht[2]. Es ist nicht erforderlich, dass das Ereignis zugleich eine Lebensgefahr darstellt[3].

4 c) **Vermerk in der Niederschrift.** Der Bürgermeister soll in der Niederschrift feststellen, dass er diese Besorgnis subjektiv hat (§ 2249 Abs 2 S 1). Das Fehlen des Vermerks macht die Beurkundung nicht nichtig. Ist in der Niederschrift die erforderliche Besorgnis gemäß § 2249 Abs 2 S 2 festgestellt, so ist bis zum Beweis des Gegenteils gemäß § 415 ZPO von der entsprechenden Überzeugung des Bürgermeisters auszugehen[4].

5 d) **Urkundsperson.** Zur Beurkundung zuständig ist in den Gemeinden der **Bürgermeister** und in den gemeindefreien Gutsbezirken gemäß § 2249 Abs 4 der **Gutsbezirksvorsteher**. Gemeinden sind dabei nur die untersten kommunalen Selbstverwaltungskörperschaften iS des Art 28 Abs 1 GG, also weder die Orts- oder Stadtbezirke usw., noch die Verbands- oder Samtgemeinden usw Auf die Bezeichnung des Amtes in der Gemeindeordnung kommt es nicht an. Gemäß § 2249 Abs 5 S 1 ist auch der gesetzlich bestimmte **Stellvertreter** des Bürgermeisters zur Beurkundung zuständig, nicht dagegen eine vom Bürgermeister durch **Einzel- oder Allgemeinverfügung** bestimmte Person[5]. In Hamburg ist der Standesbeamte zuständig[6], und im Bereich der ehemaligen britischen Besatzungszone der Hauptgemeindebeamte[7]. Der Vertreter soll die Grundlage seiner Befugnis in der Niederschrift vermerken (§ 2249 Abs 5 S 2).

6 2. **Örtliche Zuständigkeit.** Zwar ist der Bürgermeister gemäß § 2249 Abs 1 S 1 nur dann örtlich zuständig, wenn sich der Erblasser auf dem Gemeindegebiet aufhält, ein außerhalb beurkundetes öffentliches Testament ist jedoch gemäß § 2 BeurkG, § 2249 Abs 1 S 4 trotzdem gültig.

7 3. **Beurkundungsverbote.** Der Bürgermeister hat die Beurkundungsverbote der §§ 6 und 7 und 27 BeurkG zu beachten (§ 2249 Abs 1 S 4). Unzulässig ist die Beurkundung eines Testaments durch den Bürgermeister insbes dann, wenn der Erblasser sein Ehegatte, ein mit ihm in gerader Linie Verwandter (§ 6 Abs 1 BeurkG) ist oder der Bürgermeister selbst, sein Ehegatte oder ein naher Verwandter eine Zuwendung erhält oder als Testamentsvollstrecker eingesetzt ist (§§ 7, 27 BeurkG). Im Falle der Nichtbeachtung der Verbote ist die Beurkundung ganz bzw bezüglich der den Bürgermeister oder dessen Angehörigen begünstigenden Verfügung unwirksam. Unschädlich ist dagegen eine **Zuwendung an die Gemeinde** des Bürgermeisters[8].

---

[1] BGH NJW 1952, 181.
[2] BGH NJW 1952, 181; Staudinger/Baumann Rn 18; aA Brox/Walker Rn 130.
[3] Reimann/Bengel/J. Mayer/Voit Rn 4; MünchKommBGB/Hagena Rn 3; aA Brox/Walker Rn 130.
[4] MünchKommBGB/Hagena Rn 6.
[5] Vgl KG NJW 1947/48, 188, 190; Palandt/Edenhofer Rn 5.
[6] Hamb AGBGB vom 20. 5. 1958, AAnz S 441.
[7] Vgl MünchKommBGB/Hagena Rn 9.
[8] MünchKommBGB/Hagena Rn 13.

II. Errichtung durch Erklärung oder Schriftübergabe

Vor dem Bürgermeister kann das öffentliche Testament wie beim Notar entweder durch Erklärung oder durch Übergabe einer (offenen oder verschlossenen) Schrift errichtet werden (§ 2249 Abs 1 S 4, 2232, 2233). Auf die entsprechenden Ausführungen zu § 2232 Rn 4 f und 13 ff und § 2233 Rn 1 ff wird verwiesen. **8**

III. Beurkundungsverfahren

1. Zuziehung von zwei Zeugen. Der Bürgermeister muss immer zwei Zeugen zum gesamten Beurkundungsvorgang hinzuziehen (§ 2249 Abs 1 S 2)[9]. Auf die Zuziehung kann **nicht verzichtet** werden. Als Zeugen **ausgeschlossen** sind alle Personen, die mit dem Erblasser verheiratet oder in gerader Linie verwandt sind (§ 2249 Abs S 4, § 26 Abs 1 Nr 3 und 4 BeurkG) oder im Testament zum Erben, Vermächtnisnehmer oder Testamentsvollstrecker berufen werden (§ 2249 Abs 1 S 3). Im zuletzt genannten Fall ist jedoch wegen der entsprechenden Anwendung der §§ 7, 27 BeurkG nicht das gesamte Testament, sondern nur die begünstigende Verfügung unwirksam. **9**

2. Verfahren. § 2249 enthält hierfür nur einige Besonderheiten und verweist in Abs 1 S 4 auf bestimmte Verfahrensregelungen des BeurkG (siehe Anhang zu § 2229). Im Einzelnen gilt folgendes: **10**

a) Ablehnungspflicht. Der Bürgermeister hat die Beurkundung gemäß § 4 BeurkG insbes abzulehnen, wenn er die von § 2249 Abs 1 S 1 vorausgesetzte Besorgnis nicht hat. Da § 2249 Abs 1 S 4 nicht auf § 11 Abs 1 S 1 BeurkG verweist, darf der Bürgermeister bei fehlender Testierfähigkeit die Beurkundung nicht ablehnen. **11**

b) Niederschrift. Wie sich aus § 2249 Abs 1 S 1, aber auch aus § 2249 Abs 1 S 4 iVm § 8 BeurkG ergibt, setzt das durch mündliche Erklärung gegenüber dem Bürgermeister als Urkundsperson errichtete Nottestament für seine Gültigkeit zwingend eine Niederschrift voraus[10]. Diese schriftliche Aufzeichnung des Willens des Erblassers muss diesem vor seinem Tod in Gegenwart des Bürgermeisters und der beiden Zeugen vorgelesen und von ihm genehmigt worden sein, muss also im Zeitpunkt des Todes des Erblassers bereits vorhanden gewesen sein[11]. Die Niederschrift ist in deutscher **Sprache** abzufassen (§ 5 Abs 1 BeurkG). Die Niederschrift muss die **Bezeichnung des Bürgermeisters und des Erblassers** (§ 9 Abs 1 S 1 Nr 1 BeurkG), die Feststellungen des Bürgermeisters zur **Identität** (§ 10 BeurkG) und **Testierfähigkeit** des Erblassers (§ 28 BeurkG) und die mündliche oder sonstige **Erklärung des Erblassers** in ihrem rechtlich relevanten Ergebnis vollständig enthalten (§ 9 Abs 1 S 1 Nr 2, 2 und 3 BeurkG). Unter den Voraussetzungen des § 9 Abs 1 S 2, 3 BeurkG kann dabei auch auf Schriftstücke, Karten, Zeichnungen oder Ablichtungen als Anlagen verwiesen werden. **12**

c) Vorlesen, Genehmigung und Unterschriften. Die Niederschrift ist gemäß § 13 Abs 1 S 1 BeurkG dem Erblasser in Gegenwart des Bürgermeisters und der Zeugen vorzulesen, vom Erblasser zu genehmigen und eigenhändig zu unterschreiben. Kann der Erblasser seinen Namen nicht schreiben, so kann die Unterzeichnung durch den Erblasser unterbleiben, wenn ein entsprechender Vermerk in der Niederschrift enthalten ist[12] (§ 2249 Abs 1 S 6). Die Niederschrift muss gemäß § 2249 Abs 1 S 5 von den Zeugen und gemäß § 13 Abs 3 S 1 BeurkG vom Bürgermeister unterschrieben werden; andernfalls ist das Testament nichtig. Das Fehlen seiner Unterschrift führt nur zur Nichtigkeit, wenn er die Unterschrift weder rechtzeitig nachgeholt (vgl § 13 BeurkG Rn 14 ff), noch die Aufschrift auf dem Testamentsumschlag gemäß § 35 BeurkG unterschrieben hat (vgl § 35 BeurkG Rn 2). **13**

d) Verfahrensbesonderheiten bei Behinderung des Erblassers. Einem **tauben Erblasser** muss die Niederschrift anstelle des Vorlesens zur Durchsicht vorgelegt werden (§ 23 BeurkG). Ihm muss dann aber auch die Frage, ob er den Inhalt der Niederschrift als seinen letzten Willen billige, schriftlich vorgelegt werden[13]. Ist mit ihm auch eine schriftliche Verständigung nicht möglich, ist zusätzlich gemäß § 24 BeurkG eine Verständigungsperson, die nicht gemäß § 26 Abs 1 Nr 3 und 4 BeurkG ausgeschlossen sein darf, hinzuziehen. Kann der Erblasser **nicht sprechen,** so kann er gemäß § 2233 ein Testament errichten. Ist der Erblasser der **Urkundssprache nicht mächtig,** so ist gemäß §§ 32, 16 BeurkG die Niederschrift sowohl mündlich als auch schriftlich zu übersetzen. Für den Dolmetscher gelten die Ausschlustatbestände der §§ 6, 7, 16 Abs 3 S 2 BeurkG. **14**

e) Prüfungs- und Belehrungspflicht. Der Bürgermeister hat gemäß § 17 BeurkG im gleichen Umfang zu prüfen und zu belehren wie der Notar. Bei Übergabe einer offenen Schrift trifft ihn auch die erweiterte Belehrungspflicht des § 30 S 3 BeurkG. Zusätzlich soll der Bürgermeister gemäß § 2249 Abs 3 den Erblasser auf die nur 3-monatige Gültigkeitsdauer des Testaments hinweisen und dies auch in der Niederschrift vermerken. Der Bürgermeister haftet wegen inhaltlicher Fehler, die eine Amtspflichtverletzung darstellen, gemäß § 839, Art 34 GG[14]. **15**

---

[9] BGH NJW 1972, 202.
[10] BGHZ 37, 79, 89; BayObLG NJW-RR 1996, 711.
[11] BGHZ 54, 89, 97; BayObLGZ 1979, 232, 240 mwN; BayObLG NJW-RR 1996, 711.
[12] S zum Merkmal Angabe oder Überzeugung § 2233 Rn 5.
[13] BGH NJW 1962, 1149, 1152; BayObLGZ 1965, 341; 1968, 268; OLG Hamm DNotZ 1989, 584 m abl Anm *Burkart*; OLG Hamm FamRZ 1994, 993.
[14] Vgl OLG Nürnberg OLGZ 1965, 157.

16 **f) Verschließung und Verwahrung.** Gemäß § 34 Abs 1 BeurkG ist auch das vom Bürgermeister beurkundete öffentliche Testament in einem Umschlag zu verschließen, zu siegeln und beim Amtsgericht zur besonderen amtlichen Verwahrung (§§ 2258 a, 2258 b) abzuliefern.

IV. Rechtsfolge von Verstößen und Heilung

17 **1. Zuständigkeitsmängel.** Die Zuständigkeit zur Beurkundung knüpft an das tatsächliche **Vorhandensein der subjektiven Besorgnis** beim Bürgermeister an, fehlt sie, so darf er nicht beurkunden. Hat der Bürgermeister wider seine eigene Überzeugung beurkundet, so ist das Testament allerdings wirksam, wenn tatsächlich kein Notar rechtzeitig erreichbar war[15]. Das Testament ist dagegen unwirksam, wenn weder subjektiv noch objektiv die Besorgnis des nahen Todes und der nicht rechtzeitigen Erreichbarkeit eines Notars bestand[16]. Dieser Mangel ist auch nicht gemäß § 2249 Abs 6 unbeachtlich, da es sich dabei um eine Zuständigkeits-, nicht um eine Formvorschrift handelt. Der Bürgermeister haftet wegen dieser Amtspflichtverletzung jedoch gemäß § 839, Art 34 GG.

18 Die Beurkundung durch eine Person, die in diesem Zeitpunkt **nicht Bürgermeister oder** auf gesetzlicher Grundlage dessen **Stellvertreter** war, führt ebenfalls zur Nichtigkeit des Testaments. Lagen dagegen bei einer Beurkundung durch einen Stellvertreter nur die Voraussetzungen für die Vertretung in Wahrheit nicht vor, so hat dies auf die Wirksamkeit des Testaments keinen Einfluss.

19 Bei Zuständigkeitsmängeln ist jedoch zu prüfen, ob das Testament nicht in ein Dreizeugentestament gemäß § 2250 **umgedeutet** werden kann.

20 **2. Formmängel.** Die Verletzung von Soll-Vorschriften in § 2249 und im BeurkG führt bereits nach den allgemeinen Regeln nicht zur Nichtigkeit des beurkundeten Testaments. Lediglich bei den als Muss-Vorschriften ausgestalteten Bestimmungen in § 2249 und im BeurkG ist im Hinblick auf die Bestimmung des § 2249 Abs 6 zwischen Mängeln, die den **Errichtungsakt** betreffen, und solchen, die lediglich die **Abfassung der Niederschrift** regeln, zu differenzieren. Bestimmungen, die ausschließlich die Abfassung der Niederschrift ordnen, sind nach § 2249 Abs 6 unschädlich, weil sie die zuverlässige Wiedergabe des Erblasserwillens nicht gefährden. Bei den Errichtungsmängeln tritt dagegen Nichtigkeit des Testaments ein. Dabei besteht Einigkeit darüber, dass Sinn und Zweck dieser Bestimmung eine weite Auslegung des Begriffs der Abfassungsmängel gebietet[17]. Im Einzelnen gilt Folgendes:

21 a) **Errichtungsmängel.** Es dürfen deshalb keinesfalls fehlen:
– eine **Niederschrift** über die Verhandlung gemäß § 8 BeurkG[18];
– die Zuziehung von **zwei Zeugen,** die nicht von der Mitwirkung ausgeschlossen sein dürfen, gemäß § 2249 Abs 1 S 2, 3[19];
– die **Bestimmbarkeit der Person** des Bürgermeisters, der beiden Zeugen, des Erblassers, eines Dolmetschers oder einer Vertrauensperson (vgl § 9 Abs 1 Nr 1 BeurkG);
– im Falle der Errichtung durch **mündliche Erklärung** die Wiedergabe des Erblasserwillens (§ 9 Abs 1 Nr 1, 2 BeurkG), wobei bereits die mündliche Genehmigung genügt, wenn feststeht, dass die Erklärung vom Erblasser stammt;[20]
– im Falle der Schriftübergabe die **übergebene Schrift** als Anlage zur Niederschrift und die Erklärung, dass die Schrift den letzten Willen enthalte, gemäß § 2232[21];
– das **Vorlesen** der Niederschrift nebst der Schriftstücke, auf die gemäß § 9 BeurkG verwiesen wird (§ 13 Abs 1 S 1) in Gegenwart des Bürgermeisters, der Zeugen, des Erblassers, eines Dolmetschers oder einer Vertrauensperson, sofern der Erblasser nicht taub ist[22];
– die Vorlage zur **Durchsicht** bei einem tauben Erblasser gemäß § 23 BeurkG;
– die mündliche **Übersetzung** bei Sprachunkundigen (§§ 16, 32 BeurkG);
– die **Genehmigung** durch den Erblasser[23];
– die **Unterzeichnung durch den Erblasser,** es sei denn, die Niederschrift enthält gemäß § 2249 Abs 1 S 6 einen Vermerk über dessen Schreibunfähigkeit[24];
– die **Unterzeichnung durch den Bürgermeister,** sofern nicht die Heilung gemäß § 35 BeurkG eintritt oder er die Unterschrift vor dem Tod des Erblassers nachholt[25].

22 Auch der **Verstoß gegen das Mitwirkungsverbot** gemäß §§ 6, 7, 27 BeurkG durch den Bürgermeister und/oder die Zeugen ist Errichtungsmangel und führt zur Nichtigkeit, im Falle des § 7 BeurkG jedoch nur zur Nichtigkeit der begünstigenden Verfügung.

23 b) **Abfassungsmängel.** Dagegen betreffen alle anderen, nicht unter a) aufgeführten Verstöße gegen Formvorschriften nur die Abfassung der Niederschrift und führen daher gemäß § 2249 Abs 6 nicht zur

---

[15] Vgl RGZ 171, 27.
[16] BGH NJW 1952, 181.
[17] BGH NJW 1962, 1149, 1152.
[18] AllgM, zB BayObLG NJW-RR 1996, 711.
[19] MünchKommBGB/*Hagena* Rn 33.
[20] BGH NJW 1962, 1149, 1152.
[21] BGH NJW 1962, 1149, 1152.
[22] BayObLG Rpfleger 1977, 439.
[23] BGH NJW 1991, 3210.
[24] HM, zB *Reimann/Bengel/J. Mayer/Voit* Rn 13; aA *Staudinger/Baumann* Rn 35.
[25] MünchKommBGB/*Burkart* Rn 33; aA *Reimann/Bengel/J. Mayer/Voit* Rn 13; ausf BeurkG § 13 Rn 14 ff.

Nichtigkeit des Testaments. Dazu gehören alle Bestimmungen über zwingende Vermerke in der Niederschrift[26], die Ort- und Zeitangabe, die über die Bestimmbarkeit hinausgehende Bezeichnung der mitwirkenden Personen[27], die Feststellungen zur Testierfähigkeit, die Angabe darüber, ob der Erblasser seinen Willen mündlich erklärt hat, wenn sich nur aus der Urkunde deutlich genug ergibt, dass das Testament durch mündliche Erklärung gegenüber dem Bürgermeister errichtet wurde und die Unterschriften der Zeugen[28], die allerdings bis[29] zum Tod des Erblassers nachgeholt werden können.

V. Beschränkte Gültigkeitsdauer

Das vom Bürgermeister beurkundete Testament ist lediglich drei Monate gültig. Mit Ablauf dieser Frist wird es unwirksam, sofern der Erblasser dann noch lebt (§ 2252). 24

VI. Beweiskraft des Testaments und sonstige Beweisfragen

Das vom Bürgermeister beurkundete Testament ist eine **öffentliche Urkunde** mit der vollen Beweiskraft gemäß §§ 415, 418 ZPO. Diese Beweiskraft entfällt jedoch, wenn das äußere Erscheinungsbild Mängel erkennen lässt (ausf 2232 Rn 20). Auch wenn Formmängel gemäß § 2249 Abs 6 nicht zur Nichtigkeit des Testaments führen, so beeinträchtigen diese jedoch die Beweiskraft. Bezüglich solcher Mängel hat das Gericht auf Grund der allgemeinen Beweisregeln zu entscheiden. Im **Erbscheinsverfahren** ist die Gültigkeit des Testaments von Amts wegen zu prüfen (§ 2358). Die Feststellungslast trägt jedoch der Antragsteller, da bei nicht aufzuklärenden Zweifeln an der Gültigkeit der Antrag abgewiesen wird. Im **Zivilprozess** trägt die materielle Beweislast für die Gültigkeit des Testaments, vor allem aber für die Unschädlichkeit von Formmängeln gemäß § 2249 Abs 6, diejenige Partei, die sich auf diese letztwillige Verfügung beruft[30]. 25

§ 2250 Nottestament vor drei Zeugen

(1) Wer sich an einem Orte aufhält, der infolge außerordentlicher Umstände dergestalt abgesperrt ist, dass die Errichtung eines Testaments vor einem Notar nicht möglich oder erheblich erschwert ist, kann das Testament in der durch § 2249 bestimmten Form oder durch mündliche Erklärung vor drei Zeugen errichten.

(2) Wer sich in so naher Todesgefahr befindet, dass voraussichtlich auch die Errichtung eines Testaments nach § 2249 nicht mehr möglich ist, kann das Testament durch mündliche Erklärung vor drei Zeugen errichten.

(3) ¹Wird das Testament durch mündliche Erklärung vor drei Zeugen errichtet, so muss hierüber eine Niederschrift aufgenommen werden. ²Auf die Zeugen sind die Vorschriften des 6 Abs. 1 Nr. 1 bis 3, der §§ 7, 26 Abs. 2 Nr. 2 bis 5 und des § 27 des Beurkundungsgesetzes; auf die Niederschrift sind die Vorschriften der §§ 8 bis 10, 11 Abs. 1 Satz 2, Abs. 2, § 13 Abs. 1, 3 Satz 1, §§ 23, 28 des Beurkundungsgesetzes sowie die Vorschriften des § 2249 Abs. 1 Satz 5, 6, Abs. 2, 6 entsprechend anzuwenden. ³Die Niederschrift kann außer in der deutschen auch in einer anderen Sprache aufgenommen werden. ⁴Der Erblasser und die Zeugen müssen der Sprache der Niederschrift hinreichend kundig sein; dies soll in der Niederschrift festgestellt werden, wenn sie in einer anderen als der deutschen Sprache aufgenommen wird.

Übersicht

	Rn		Rn
I. Arten der Nottestamente gemäß § 2250	1	III. Errichtung durch mündliche Erklärung	10
1. Bürgermeistertestament	1	IV. Verfahren bei Errichtung	11
2. Dreizeugentestament	2	1. Gleichzeitige und persönliche Anwesenheit der Zeugen	11
II. Errichtung vor drei Zeugen	3	2. Verfahren	12
1. Sachliche Zuständigkeit	3	a) Niederschrift	13
a) Annahme der Absperrung	4	b) Vorlesen, Genehmigung und Unterschriften	14
b) Besorgnis des vorzeitigen Todes	5	c) Verfahrensbesonderheiten bei Behinderung des Erblassers	15
c) Besorgnis bevorstehender, dauerhafter Testierunfähigkeit	6	d) Verschließung und Verwahrung	18
d) Vermerk in der Niederschrift	7	V. Rechtsfolge von Verstößen und Heilung	19
e) Person der Zeugen	8		
2. Ort der Errichtung	9		

---

[26] Zur Todesgefahr BayObLGZ 1979, 232; BayObLG NJW 1991, 928; zur Schreibunfähigkeit BGH NJW 1958, 1916.
[27] Palandt/*Edenhofer* Rn 12.
[28] *Erman/M. Schmidt* Rn 6.
[29] MünchKommBGB/*Burkart* Rn 33; aA KG NJW 1947/48, 190; *Reimann/Bengel/J. Mayer/Voit* Rn 13; vgl BeurkG § 13 Rn 14 ff.
[30] BGH BWNotZ 1954, 165; MünchKommBGB/*Burkart* Rn 34.

§ 2250

Buch 5. Abschnitt 3. Testament

	Rn		Rn
1. Zuständigkeitsmängel	19	VII. Beweiskraft des Testaments und sons-	
2. Formmängel	20	tige Beweisfragen	25
a) Errichtungsmängel	21		
b) Abfassungsmängel	23	VIII. Recht in den neuen Bundesländern	26
VI. Beschränkte Gültigkeitsdauer	24		

I. Arten der Nottestamente gemäß § 2250

1 **1. Bürgermeistertestament.** Nach § 2249 darf der Bürgermeister ein Testament nur beurkunden, wenn er von der nahen Todesgefahr des Erblassers überzeugt ist. § 2250 Abs 1 Alt 1 erweitert seine Beurkundungszuständigkeit und begründet sie auch für den Fall, dass der Ort, an dem sich der Erblasser, der Bürgermeister und zwei Zeugen aufhalten, **durch außerordentliche Umstände abgesperrt** ist, so dass irgendein deutscher Notar diesen nicht oder nur mit erheblichen Schwierigkeiten erreichen kann. Im Übrigen gilt § 2249 ohne jede Einschränkung.

2 **2. Dreizeugentestament.** Die Errichtung eines Testaments kann ferner in Anwesenheit von drei Zeugen erfolgen, wenn nach deren **Überzeugung** entweder der Ort, an dem sich der Erblasser und die drei Zeugen aufhalten, durch außerordentliche Umstände abgesperrt ist und ein Notar diesen deshalb nicht oder nur mit erheblichen Schwierigkeiten erreichen kann (§ 2250 Abs 1 Alt 2), oder die Todesgefahr so groß ist, dass weder Notar noch Bürgermeister rechtzeitig herbeigeholt werden können (§ 2250 Abs 2).

II. Errichtung vor drei Zeugen

3 **1. Sachliche Zuständigkeit.** Durch mündliche Erklärung vor drei Zeugen ist die Errichtung nur zulässig, wenn alle drei Zeugen davon überzeugt sind, der Ort, an dem sie sich gemeinsam mit dem Erblasser aufhalten, sei abgesperrt (§ 2250 Abs 1 Alt 2) oder die Todesgefahr sei so groß, dass weder Notar noch Bürgermeister rechtzeitig herbeigeholt werden können (§ 2250 Abs 2) Im Einzelnen gilt zu diesen Voraussetzungen Folgendes:

4 **a) Annahme der Absperrung.** Alle drei Zeugen müssen davon **überzeugt** sein, dass der Aufenthaltsort durch außerordentliche Umstände (zB Bergrutsch, Lawine, Hochwasser, Quarantäne) räumlich[1] derart **abgesperrt** ist, dass deshalb ein Notar diesen überhaupt nicht oder doch nur unter erheblichen Schwierigkeiten erreichen kann. Aufenthaltsort idS kann auch ein Zimmer oder ein einzelnes Haus sein. Für den Erblasser braucht keine Lebensgefahr zu bestehen. Da bereits die Annahme dieser Absperrung ausreicht, ist ein **Irrtum** der Zeugen unbeachtlich. Lag dagegen auch bei nur einem diese Überzeugung nicht vor, so ist das errichtete Testament nur dann wirksam, wenn die Absperrung tatsächlich gegeben war[2]. Unerheblich ist, ob die Annahme der Absperrung auch vom Erblasser geteilt wurde.

5 **b) Besorgnis des vorzeitigen Todes.** Sämtliche Zeugen müssen sowohl vom nahen Tod des Erblassers, als auch von der **nicht** rechtzeitigen **Erreichbarkeit eines Notars und des Bürgermeisters überzeugt** sein. Fehlt auch nur eine dieser beiden Voraussetzungen, so darf das Testament nicht durch Erklärung gegenüber drei Zeugen gemäß § 2250 Abs 2 errichtet werden. Stellt sich jedoch heraus, dass die subjektiv bei allen Zeugen vorhandene Besorgnis objektiv unbegründet war, so ist das gleichwohl errichtete Testament trotzdem wirksam, da allein die Besorgnis erforderlich ist. Es ist unerheblich, ob die Besorgnis aller drei Zeugen vom Erblasser geteilt wird.

6 **c) Besorgnis bevorstehender, dauerhafter Testierunfähigkeit.** Gleichzustellen ist der unmittelbar bevorstehende Eintritt der bis zum Tod dauernden oder nur kurzzeitig unterbrochenen Testierunfähigkeit des Erblassers, für den Lebensgefahr besteht[3].

7 **d) Vermerk in der Niederschrift.** Die Zeugen sollen in der Niederschrift feststellen, dass sie diese Besorgnis subjektiv hatten (§§ 2249 Abs 2 S 1, 2250 Abs 3 S 3). Das Fehlen des Vermerks macht die Beurkundung nicht nichtig.

8 **e) Person der Zeugen.** Zeuge kann **jede natürliche Person** sein, die nicht gemäß §§ 6, 7, 26 Abs 1 Nr 3, 4, Abs 2 BeurkG, § 2250 Abs 3 S 3 von der Mitwirkung ausgeschlossen ist, weiß, dass sie an der Testamentserrichtung als Zeuge teilnimmt, und auch die damit verbundene Verantwortung übernehmen will. Jemand, der im Zeitpunkt der Errichtung zufällig anwesend ist, also weder weiß, noch will, dass er an der Beurkundung verantwortlich teilnimmt, kann kein Zeuge sein[4]. Als Zeuge **ausgeschlossen** sind insbes der Ehegatte oder in gerader Linie mit dem Erblasser verwandte Personen sowie alle Personen, die als Erben, Vermächtnisnehmer oder Testamentsvollstrecker eingesetzt sind (§§ 6, 7, 27 BeurkG). Minderjährige, Geisteskranke oder -schwache, Taube, Stumme oder Blinde sollen nicht als Zeugen zugezogen werden (§ 26 Abs 1 Nr 3, 4, Abs 2 BeurkG). Wegen der Tat-

---

[1] Vgl KG Rpfleger 1968, 391 zur Unzulässigkeit bei Furcht vor Strafverfolgung.
[2] BGH NJW 1952, 181.
[3] HM,zB BGH NJW 1952, 181; LG Freiburg ZEV 2003, 370 m Anm *Dümig*; MünchKommBGB/*Hagena* Rn 3; *Palandt/Edenhofer* Rn 3; aA *Brox/Walker* Rn 130.
[4] Vgl BGH FamRZ 1971, 162; NJW 1972, 162.

bestandsvoraussetzungen der Mitwirkungsverbote wird auf §§ 6, 7, 26 verwiesen. Während die Verletzung eines Mitwirkungsverbots gemäß § 26 BeurkG die Wirksamkeit des Testaments nicht berührt, führt ein Verstoß gegen § 6 BeurkG zur Nichtigkeit der gesamten Verfügung und ein solcher gegen ein Verbot des § 7 BeurkG zur Unwirksamkeit jedenfalls der begünstigenden Verfügung[5]. Sind mehr als drei Zeugen zugezogen, so genügt es, wenn wenigstens drei von ihnen die vorstehenden Anforderungen erfüllen[6].

2. Ort der Errichtung. Bei einem **deutschen Staatsangehörigen** kann das Nottestament vor drei Zeugen auch dann nach diesen Vorschriften errichtet werden, wenn er sich dabei im Ausland aufhält. Auch die Errichtung durch einen **Ausländer, der sich im Inland aufhält,** begegnet keinen Bedenken, weil insoweit die Ortsform gewahrt ist. Ob ein von einem **Ausländer im Ausland** errichtetes Nottestament gemäß § 2250 gültig ist, richtet sich gemäß Art 25 EGBGB nach seinem Heimatrecht.

III. Errichtung durch mündliche Erklärung

Das Testament vor drei Zeugen kann **nur durch mündliche Erklärung**, nicht aber durch Übergabe einer (offenen oder verschlossenen) Schrift oder durch nonverbale Erklärung iS des § 2232 S 1 Alt 1 errichtet werden[7]. Wegen der Mindestanforderungen an die Erklärungen wird auf § 2232 Rn 4 verwiesen. Zu den Ausnahmen bei Errichtung von Testamenten durch **stumme oder sprachunkundige Personen** s Rn 16 f. Hat der Erblasser trotzdem eine **Schrift übergeben,** so ist zu prüfen, ob nicht doch auch eine Errichtung durch mündliche Erklärung rechtswirksam erfolgt ist. Dies ist immer dann der Fall, wenn die übergebene Schrift den Erblasser als Urheber der Willenserklärungen erkennen lässt, die Schrift ihm vorgelesen, von ihm genehmigt und von ihm und den Zeugen unterschrieben wird (vgl Rn 13). Schließlich kommt auch eine Umdeutung in ein eigenhändig ge- und unterschriebenes Testament gemäß § 2247 in Betracht.

IV. Verfahren bei Errichtung

1. Gleichzeitige und persönliche Anwesenheit der Zeugen. Alle drei Zeugen müssen während der gesamten Verlesung der Niederschrift, der Genehmigung[8] und der Unterzeichnung durch den Erblasser gleichzeitig und persönlich anwesend sein[9]. Es genügt daher insbes nicht, wenn ein Zeuge die Niederschrift nachträglich durchliest, sich ein Zeuge in einem anderen Raum aufhält, ohne die Vorgänge optisch und akustisch selbst wahrnehmen zu können[10], oder der Erblasser allen drei Zeugen nacheinander seinen letzten Willen erklärt.

2. Verfahren. § 2250 enthält hierfür nur einige Besonderheiten und verweist in Abs 3 S 3 auf bestimmte Verfahrensregelungen des § 2249 und des BeurkG (siehe Anhang zu § 2229). Dabei treten die Zeugen an die Stelle des Notars bzw des Bürgermeisters, ohne dass diese damit öffentliche Urkundsgewalt erhalten (vgl Rn 24). Im Einzelnen gilt Folgendes:

a) Niederschrift. Wie sich aus § 2249 Abs 1 S 1, aber auch aus § 2250 Abs 3 S 1, 2 iVm § 8 BeurkG ergibt, setzt auch das durch mündliche Erklärung gegenüber den drei Zeugen errichtete Nottestament für seine Gültigkeit zwingend eine Niederschrift voraus. Diese schriftliche Aufzeichnung des Willens des Erblassers muss diesem vor seinem Tod in Gegenwart der drei Zeugen vorgelesen und von ihm genehmigt worden sein. Die Niederschrift ist in deutscher oder jeder anderen **Sprache** abzufassen, die allerdings Erblasser und alle drei Zeugen tatsächlich beherrschen müssen (§ 2250 Abs 3 S 4)[11]; dies soll in der Niederschrift vermerkt werden. Die schriftliche Aufzeichnung in Kurzschrift genügt den an die Niederschrift zu stellenden Anforderungen[12]. Die Niederschrift muss die **Bezeichnung der Zeugen und des Erblassers** (§ 9 Abs 1 S 1 Nr 1 BeurkG), die Feststellungen der Zeugen zur **Identität** (§ 10 BeurkG) und **Testierfähigkeit** des Erblassers (§ 28 BeurkG) und die mündliche **Erklärung des Erblassers** in ihrem rechtlich relevanten Ergebnis vollständig enthalten (§ 9 Abs 1 S 1 Nr 2, 3 und 3 BeurkG). Auch ein vom Erblasser selbst vorbereitetes Schriftstück kann Niederschrift idS sein, vorausgesetzt, dieses wird vorgelesen und vom Erblasser und den drei Zeugen unterzeichnet[13]. Unter den Voraussetzungen des § 9 Abs 1 S 2, 3 BeurkG kann dabei auch auf Schriftstücke, Karten, Zeichnungen oder Ablichtungen als Anlagen verwiesen werden.

b) Vorlesen, Genehmigung und Unterschriften. Die Niederschrift ist gemäß § 13 Abs 1 S 1 BeurkG dem Erblasser bei gleichzeitiger, persönlicher Anwesenheit aller drei Zeugen **vorzulesen**[14], vom Erblasser zu **genehmigen** und eigenhändig zu **unterschreiben**. Unterschreibt der Erblasser nach dem Vorlesen und Genehmigen nur die Abschrift des vorgelesenen Schriftstücks, dann reicht das nicht aus[15].

---

[5] BayObLG NJW-RR 1996, 9.
[6] HM, zB BGH NJW 1991, 3210; aA OLG Frankfurt NJW 1981, 2421; *Erman/M. Schmidt* Rn 5.
[7] OLG Frankfurt HEZ 1, 236.
[8] Insoweit aA KG NJW 1957, 953.
[9] BGH 1970, 1601, 1603; *Reimann/Bengel/J. Mayer/Voit* Rn 9.
[10] Vgl BayObLGZ 1970, 53; BayObLG Rpfleger 1991, 195; MünchKommBGB/*Hagena* Rn 7.
[11] Krit *Lange/Kuchinke* § 21 IV 3.
[12] BayObLGZ 1979, 232.
[13] OLG Zweibrücken NJW-RR 1987, 135; *Lange/Kuchinke* § 21 IV 3.
[14] Vgl BayObLGZ 1979, 232; OLG Frankfurt Rpfleger 1979, 206.
[15] BGH NJW 1991, 3210.

§ 2250　　　　　　　　　　　　　　　　　　　　　　　Buch 5. Abschnitt 3. Testament

Kann der Erblasser zurzeit der Errichtung[16] seinen **Namen nicht** schreiben, so kann die Unterzeichnung durch den Erblasser unterbleiben, wenn ein entsprechender Vermerk in der Niederschrift enthalten ist (§ 2249 Abs 1 S 6). Die Niederschrift muss von den Zeugen gemäß § 13 Abs 3 S 1 BeurkG unterschrieben werden; andernfalls ist das Testament nichtig[17]. Das Fehlen ihrer Unterschriften führt nur dann zur Nichtigkeit, wenn sie diese auch nicht mehr vor Eröffnung des Testaments nachholen[18].

15　　c) **Verfahrensbesonderheiten bei Behinderung des Erblassers.** Anders als beim öffentlichen Testament gelten für einen **blinden Erblasser** keine Verfahrensbesonderheiten. S zum Verfahren im Falle der Unfähigkeit, den **Namen zu schreiben,** Rn 14. Einem **tauben Erblasser** muss die Niederschrift anstelle des Vorlesens zur Durchsicht vorgelegt werden (§ 23 BeurkG).

16　　Kann der Erblasser **nicht sprechen,** so kann er eigentlich in der von § 2250 Abs 1, 2 vorausgesetzten Notsituation ein Testament nicht errichten, weil er einerseits sich nicht mündlich erklären kann, wie andererseits durch § 2250 Abs 1, 2 an der Übergabe einer (offenen oder verschlossenen) Schrift an die drei Zeugen gehindert ist[19]. Im Hinblick auf die Entscheidung des BVerfG[20] zu § 2233 ist diese Zurücksetzung des stummen Erblassers jedoch als verfassungswidrig anzusehen, weil diese weder mit Art 2 Abs 1, 14 GG noch mit dem als Willkürverbot begriffenen Art 3 GG vereinbar ist. Das Gebot der Rechtssicherheit, dem das Beurkundungsrecht in BGB und BeurkG gerade bei Verfügungen von Todes wegen in ganz besonderem Maße verpflichtet ist, reicht nicht aus, um einen Stummen, der sich in der von § 2250 Abs 1, 2 vorausgesetzten Notsituation befindet, von der Testiermöglichkeit faktisch auszuschließen. Angesichts der Schwierigkeiten, die juristische Laien ohnehin mit der eigenständigen Abfassung der mündlichen Erklärung des Erblassers regelmäßig haben[21], erscheint es nicht gerechtfertigt, die unter diesem Gesichtspunkt einfachere Errichtung durch Schriftübergabe und Unterzeichnung durch Erblasser und Zeugen (vgl zu diesem Vorgehen Rn 13) bei einem Stummen auszuschließen. Es fehlt an einem rechtfertigenden Grund sowohl für die Einschränkung der Testiermöglichkeit des Behinderten, als auch für dessen Zurücksetzung gegenüber einem Nicht-Behinderten. Der Ausschluss der Testamentserrichtung durch Übergabe einer offenen oder verschlossenen Schrift durch § 2250 Abs 2 ist folglich insoweit verfassungswidrig als sie einem stummen Erblasser faktisch die Testiermöglichkeit nimmt. Ein stummer Erblasser kann demnach abweichend von § 2250 Abs 1, 2 auch durch Übergabe einer offenen oder verschlossenen Schrift an die drei Zeugen in analoger Anwendung des § 2232 S 1 2. Alt ein Testament formgültig errichten[22]. Die drei Zeugen haben dabei die für den Notar geltenden Vorschriften (vgl 2232 Rn 12 ff) sinngemäß zu beachten. Ist der stumme Erblasser gleichzeitig **taub,** so ist ihm die Niederschrift zur Durchsicht vorzulegen. Kann der stumme Erblasser darüber hinaus auch **nicht schreiben,** so muss es als zulässig angesehen werden, dass die drei Zeugen sich wie ein Notar im vergleichbaren Fall vom letzten Willen des Erblassers Kenntnis verschaffen und diesen dokumentieren (vgl ausf § 2233 Rn 15 ff).

17　　Beherrschen Erblasser und Zeugen **keine gemeinsame Sprache,** so stellt sich die Beschränkung der Testamentserrichtung vor drei Zeugen auf die mündliche Erklärung ebenfalls als verfassungswidrig dar. Art 3 Abs 3 GG verbietet dabei die Diskriminierung wegen der Sprache sogar ausdrücklich. Die Regelung in § 2250 Abs 3 S 4 HS 1 ist bezogen auf die Errichtung durch mündliche Erklärung im Interesse der Rechtssicherheit zwingend geboten, nicht so der Ausschluss der Testamentserrichtung durch Übergabe einer Schrift in einer Sprache, die zwar der Erblasser versteht, nicht aber die Zeugen. Das einzige Kommunikationsproblem, das sich bei Zulassung dieser Errichtungsform in analoger Anwendung des § 2232 S 1 Alt 2 stellt, ist die mündliche Erklärung, dass es sich dabei um den letzten Willen des Erblassers handele. Die durch Art 2 Abs 1, 14 GG abgesicherte Testierfreiheit stellt jedoch ein so hohes Gut dar, dass demgegenüber Bedenken wegen der dadurch etwas eingeschränkten Rechtssicherheit in den Hintergrund zu treten haben. Die besondere Notsituation und die beschränkte Gültigkeitsdauer zwingen verfassungsrechtlich dazu, bei Testamentserrichtung durch Schriftübergabe zuzulassen, dass der Erblasser die entsprechende Erklärung in einer Sprache schreibt, die die Zeugen nicht verstehen[23]. Im Übrigen haben die drei Zeugen dabei die für den Notar geltenden Vorschriften (vgl 2232 Rn 12 ff) sinngemäß zu beachten. Kann der Erblasser in diesem Fall aber auch **nicht (mehr) schreiben,** so kann er ein formgültiges Testament nicht errichten. Der für Verfügungen von Todes wegen generell geltende Formzwang ist seinem Wesen nach in diesem Fall ein sachlich rechtfertigender Grund für den Ausschluss jeder Testiermöglichkeit in einem solchen Fall.

18　　d) **Verschließung und Verwahrung.** Das vor drei Zeugen errichtete Testament braucht zwar nicht in einem Umschlag verschlossen und beim Amtsgericht zur besonderen amtlichen Verwahrung (§§ 2258 a, 2258 b) abgeliefert zu werden. In analoger Anwendung des § 2248 ist dies jedoch möglich[24].

---

[16] Vgl OLG Hamm FamRZ 1991, 1111.
[17] AA OLG Köln NJW-RR 1994, 777.
[18] BayObLGZ 1979, 232.
[19] So aber MünchKommBGB/*Hagena* Rn 13; AnwK-BGB/*Beck* Rn 10.
[20] BVerfG ZEV 1999, 147.
[21] Vgl *Lange/Kuchinke* § 21 IV 3.
[22] AA AnwK-BGB/*Beck* Rn 11, aber ohne auf die verfassungsrechtlichen Argumente einzugehen.
[23] AA AnwK-BGB/*Beck* Rn 15; MünchKommBGB/*Hagena* Rn 13.
[24] BayObLGZ 1979, 232.

V. Rechtsfolge von Verstößen und Heilung

1. Zuständigkeitsmängel. Die Zuständigkeit zur Beurkundung knüpft an die **subjektive Annahme** der Absperrung bzw der Besorgnis der nahen Todesgefahr bei den Zeugen an. Fehlt diese Überzeugung auch bei nur einem Zeugen, so darf das Testament nicht gemäß § 2250 errichtet werden. Das Fehlen der Annahme bzw der Besorgnis ist jedoch dann unschädlich, wenn die Absperrung oder die Todesgefahr **tatsächlich gegeben** waren[25]. Das Testament ist dagegen unwirksam, wenn weder subjektiv noch objektiv die Absperrung bzw die nahe Todesgefahr bestand[26]. Dieser Mangel ist auch nicht gemäß § 2249 Abs 6 unbeachtlich, da es sich dabei um eine Zuständigkeits-, nicht nur um eine Formvorschrift handelt. 19

2. Formmängel. Die Verletzung von Soll-Vorschriften in §§ 2250, 2249 und im BeurkG führt bereits nach den allgemeinen Regeln nicht zur Nichtigkeit des beurkundeten Testaments. Lediglich bei den als Muss-Vorschriften ausgestalteten Bestimmungen in §§ 2250, 2249 und im BeurkG ist im Hinblick auf die Bestimmung des § 2249 Abs 6 zwischen Mängeln, die den **Errichtungsakt** betreffen, und solchen, die lediglich die **Abfassung der Niederschrift** regeln, zu differenzieren. Bestimmungen, die ausschließlich die Abfassung der Niederschrift ordnen, sind nach § 2249 Abs 6 unschädlich, weil sie die zuverlässige Wiedergabe des Erblasserwillens nicht gefährden. Bei den Errichtungsmängeln tritt dagegen Nichtigkeit des Testaments ein. Dabei besteht Einigkeit darüber, dass Sinn und Zweck dieser Bestimmung eine weite Auslegung des Begriffs der Abfassungsmängel gebietet[27]. Im Einzelnen gilt Folgendes: 20

a) Errichtungsmängel. Es dürfen deshalb keinesfalls fehlen: 21
– eine zu Lebzeiten des Erblassers fertiggestellte **Niederschrift** über die Verhandlung gemäß § 8 BeurkG[28];
– die Abfassung in einer **Sprache,** die der Erblasser und alle drei Zeugen hinreichend beherrschen (§ 2250 Abs 3 S 4)[29];
– die gleichzeitige, persönliche Anwesenheit von **drei Zeugen,** die nicht von der Mitwirkung ausgeschlossen sind (§ 2249 Abs 1 S 2, 3)[30];
– die **Bestimmbarkeit** der Person der drei Zeugen und des Erblassers (vgl § 9 Abs 1 Nr 1 BeurkG);
– die **Wiedergabe des Erblasserwillens** (§ 9 Abs 1 Nr 1, 2 BeurkG), wobei bereits die mündliche Genehmigung genügt, wenn feststeht, dass die Erklärung vom Erblasser stammt[31];
– das **Vorlesen** der Niederschrift nebst der Schriftstücke, auf die gemäß § 9 BeurkG verwiesen wird (§ 13 Abs 1 S 1) in Gegenwart der Zeugen und des Erblassers, sofern der Erblasser nicht taub ist[32];
– die **Vorlage** zur Durchsicht bei einem tauben Erblasser gemäß § 23 BeurkG;
– die **Genehmigung** durch den Erblasser[33];
– die **Unterzeichnung** durch den Erblasser, es sei denn, die Niederschrift enthält gemäß § 2249 Abs 1 S 6 einen Vermerk über dessen Schreibunfähigkeit[34];
– nach hM die Unterzeichnung durch mindestens einen Zeugen, der die Unterschrift noch nach dem Tod nachholen kann[35].

Auch der Verstoß gegen das **Mitwirkungsverbot** gemäß §§ 6, 7, 27 BeurkG ist Errichtungsmangel und führt daher zur Nichtigkeit, im Falle des § 7 jedoch nur zur Nichtigkeit der begünstigenden Verfügung. 22

b) Abfassungsmängel. Dagegen betreffen alle anderen, nicht unter a) aufgeführten Verstöße gegen Formvorschriften nur die Abfassung der Niederschrift und führen daher gemäß § 2249 Abs 6 nicht zur Nichtigkeit des Testaments. Dazu gehören insbes alle Bestimmungen über zwingende Vermerke in der Niederschrift, die Ort- und Zeitangabe, die über die Bestimmbarkeit hinausgehende Bezeichnung der mitwirkenden Personen, die Feststellungen zur Testierfähigkeit, die Angabe darüber, ob der Erblasser seinen Willen mündlich erklärt hat, wenn sich nur aus der Urkunde deutlich genug ergibt, dass das Testament durch mündliche Erklärung gegenüber den Zeugen errichtet wurde, und die Unterschriften der Zeugen, sofern mindestens einer vor der Eröffnung unterschrieben hat. 23

VI. Beschränkte Gültigkeitsdauer

Das vor drei Zeugen errichtete Testament ist lediglich drei Monate gültig. Mit Ablauf dieser Frist wird es unwirksam, sofern der Erblasser dann noch lebt (§ 2252). 24

---

[25] Vgl RGZ 171, 27.
[26] BGH NJW 1962, 1149, 1152.
[27] BGH NJW 1962, 1149, 1152.
[28] AllgM, zB BayObLG NJW-RR 1996, 711.
[29] *Palandt/Edenhofer* Rn 7; vgl jedoch oben Rn 17.
[30] MünchKommBGB/*Hagena* Rn 18.
[31] AllgM, zB BGH NJW 1962, 1149, 1152.
[32] BayObLG Rpfleger 1977, 439.
[33] BGH NJW 1991, 3210.
[34] HM, zB *Reimann/Bengel/J. Mayer/Voit* Rn 15; aA *Staudinger/Baumann* Rn 33.
[35] KG NJW 1947/48; OLG Köln Rpfleger 1994, 65; BayObLGZ 1979, 232; offen gelassen von BGHZ 115, 169; *Reimann/Bengel/J. Mayer/Voit* Rn 15; *Palandt/Edenhofer* Rn 10; aA *Erman/M. Schmidt* Rn 9.

VII. Beweiskraft des Testaments und sonstige Beweisfragen

25 Das durch mündliche Erklärung vor drei Zeugen errichtete Testament ist nach hM **keine öffentliche Urkunde**[36]. Die Verweisung auf die für Notar und Bürgermeister geltenden Vorschriften ist keine Verleihung öffentlicher Urkundsgewalt, sondern rein gesetzestechnischer Art Öffentliche Urkundsgewalt ist stets amtsträgerbezogen, um ein Mindestmaß an Eignung und Befähigung zur Herstellung gesetzeskonformer Urkunden sicherzustellen. Der Zufall, der die Zeugen und den Erblasser in der außerordentlichen Notsituation zusammenführt, kann eine solche nicht begründen. Dem Dreizeugentestament fehlt also die volle Beweiskraft gemäß §§ 415, 418 ZPO. Das Gericht hat deshalb über die Gültigkeit auf Grund der **allgemeinen Beweisregeln** zu entscheiden[37]. Im **Erbscheinsverfahren** ist die Gültigkeit des Testaments von Amts wegen zu prüfen (§ 2358). Die Feststellungslast trägt jedoch der Antragsteller, da bei nicht aufzuklärenden Zweifeln an der Gültigkeit der Antrag abgewiesen wird. Im **Zivilprozess** trägt die materielle Beweislast für die Gültigkeit des Testaments, vor allem aber für die Unschädlichkeit von Formmängeln gemäß § 2249 Abs 6, diejenige Partei, die sich auf diese letztwillige Verfügung beruft.

VIII. Recht in den neuen Bundesländern

26 Auch das ZGB erlaubte in besonderen Notsituationen die Errichtung eines Testaments **vor zwei Zeugen** (§ 383 Abs 2 ZGB). Voraussetzung hierfür war zunächst, dass eine für den Erblasser tatsächlich lebensbedrohliche Situation gegeben oder er zumindest hiervon überzeugt war und ein Notar nicht mehr rechtzeitig verständigt werden konnte[38]. Die Zeugen hatten über das durch mündliche Erklärung ihnen gegenüber bereits rechtswirksame Testament eine Niederschrift anzufertigen; Ort und Tag der Errichtung mussten angegeben werden. Die Zeugen mussten unterschreiben. Gemäß § 386 Abs 1 S 4 ZGB sollte die Niederschrift dem Erblasser vorgelesen und von ihm unterzeichnet werden; unterblieb dies, so ist das Nottestament gleichwohl gültig. Dieses Nottestament wurde **drei Monate** nach seiner Errichtung ungültig, wenn der Erblasser dann noch gelebt hat (§ 386 Abs 4 S 1 ZGB).

§ 2251 Nottestament auf See

Wer sich während einer Seereise an Bord eines deutschen Schiffes außerhalb eines inländischen Hafens befindet, kann ein Testament durch mündliche Erklärung vor drei Zeugen nach § 2250 Abs. 3 errichten.

I. Errichtungsvoraussetzungen

1 **1. Deutsches Schiff.** Der Erblasser muss sich im Zeitpunkt der Errichtung des Testaments an Bord eines deutschen Schiffes befinden. Das Schiff, bei dem es sich auch um eine Motoryacht, ein Segelboot oder ein Küstenschiff handeln kann, muss einem deutschen Staatsangehörigen oder einer ihm gleichgestellten Person gehören (§§ 1, 2, 3 Flaggenrechtsgesetz vom 8. 2. 1951, BGBl I S 79, idF vom 26. 10. 1994, BGBl I S 3140); auf eine Eintragung im Schiffsregister kommt es nicht an[1].

2 **2. Seereise.** Das Schiff muss sich auf einer Seereise befinden, so dass nur einige Stunden dauernde Fischerei-, Fähr- oder Vergnügungsfahrten nicht genügen. Der Aufenthalt auf einer künstlichen Insel (zB Bohrplattform) oder einem fest verankerten Schiff (zB Feuerschiff) reicht nicht aus[2]. Die Seereise beginnt mit dem Verlassen des Hafens und endet mit dem Erreichen des Zielhafens. Sie wird unterbrochen, wenn der Erblasser vor Erreichen des Ziels in einem ausländischen Hafen von Bord geht oder das Schiff in einen inländischen Hafen einfährt. Solange sich das Schiff auf Seereise befindet, kann der Erblasser durch mündliche Erklärung vor drei Zeugen gemäß § 2250 ein Testament selbst dann errichten, wenn hierzu kein besonderer Grund (zB Seenot, Krankheit) vorliegt oder sich sogar ein Notar an Bord befindet. S zur Beurkundungszuständigkeit des Notars auf einem deutschen Schiff BeurkG § 2 Rn 1.

3 **3. Ausländischer Hafen.** Solange sich das Schiff in einem deutschen Hafen befindet, kann ein Testament gemäß § 2251 errichtet werden. In einem ausländischen Hafen kann die Errichtung in dieser Weise geschehen, solange sich der Erblasser an Bord befindet.

II. Verfahren, Gültigkeitsdauer und Beweiskraft

4 Das Testament kann nur durch mündliche Erklärung vor drei Zeugen errichtet werden. Das **Verfahren** und die Beachtlichkeit von **Mängeln** richtet sich nach § 2250 Abs 3. Auf die Ausführungen zu § 2250 Rn 10 ff wird verwiesen. Das Testament ist lediglich **drei Monate gültig**. Mit Ablauf dieser Frist wird es unwirksam, sofern der Erblasser dann noch lebt (§ 2252). Das Testament gemäß §§ 2251,

---
[36] BayObLGZ 1979, 232; MünchKommBGB/*Hagena* Rn 20.
[37] HM, zB BGH LM ZPO § 416 Nr 1; BayObLGZ 1979, 232.
[38] *Herrmann*, Erbrecht und Nachlassverfahren in der DDR, Rn 1.36.
[1] MünchKommBGB/*Hagena* Rn 1.
[2] Vgl MünchKommBGB/*Hagena* Rn 2.

2250 Abs 3 ist **keine öffentliche Urkunde,** so dass Förmlichkeiten und Inhalt der freien richterlichen Beweiswürdigung unterliegen (§ 2250 Rn 24).

§ 2252 Gültigkeitsdauer der Nottestamente

(1) Ein nach § 2249, § 2250 oder § 2251 errichtetes Testament gilt als nicht errichtet, wenn seit der Errichtung drei Monate verstrichen sind und der Erblasser noch lebt.
(2) Beginn und Lauf der Frist sind gehemmt, solange der Erblasser außerstande ist, ein Testament vor einem Notar zu errichten.
(3) Tritt im Falle des § 2251 der Erblasser vor dem Ablauf der Frist eine neue Seereise an, so wird die Frist mit der Wirkung unterbrochen, dass nach Beendigung der neuen Reise die volle Frist von neuem zu laufen beginnt.
(4) Wird der Erblasser nach dem Ablauf der Frist für tot erklärt oder wird seine Todeszeit nach den Vorschriften des Verschollenheitsgesetzes festgestellt, so behält das Testament seine Kraft, wenn die Frist zu der Zeit, zu welcher der Erblasser nach den vorhandenen Nachrichten noch gelebt hat, noch nicht verstrichen war.

I. Dreimonatsfrist

1. Beginn. Der Charakter der Außerordentlichkeit aller Testamente gemäß §§ 2249, 2250, 2251 **1** drückt sich in ihrer auf drei Monate begrenzten Gültigkeitsdauer aus. Die Frist beginnt mit dem auf den Tag der Testamentserrichtung folgenden Tag (§ 187 Abs 1). Die Errichtung dieser Testamente ist in dem Moment abgeschlossen, in dem der Erblasser die Niederschrift unterzeichnet hat oder im Falle seiner Schreibunfähigkeit die Zeugen die Niederschrift mit dem entsprechenden Vermerk gemäß § 2249 Abs 1 S 6 unterschrieben haben. Gemäß § 2252 Abs 2 beginnt die Frist allerdings frühestens mit dem Ablauf des Tages zu laufen, an dem der Erblasser wieder in der Lage ist, ein ordentliches Testament vor einem deutschen Notar zu errichten. Die Erreichbarkeit eines deutschen Konsularbeamten im Ausland setzt die Frist nicht in Lauf[1]. Auch die Möglichkeit, ein eigenhändiges Testament gemäß § 2247 abzufassen, löst den Fristbeginn nicht aus. Bei einem auf Grund § 2250 Abs 1 errichteten Testament beginnt der Fristlauf erst an dem auf den Wegfall der Absperrung folgenden Tag[2]. Bei einem Dreizeugentestament auf See (§ 2251) fängt die Frist erst am Tag nach Beendigung der Seereise an.

2. Fristunterbrechung. Der Lauf der Frist wird gemäß § 2252 Abs 2 für die Zeit gehemmt, in der **2** der Erblasser außerstande ist, ein öffentliches Testament vor einem deutschen Notar zu errichten. Der Zeitraum wird in die Dreimonatsfrist nicht eingerechnet (§ 205). Bei einem Dreizeugentestament auf See unterbricht gemäß § 2252 Abs 3 der Antritt einer neuen Seereise den Ablauf der Dreimonatsfrist, und zwar in der Weise, dass nach deren Beendigung wieder die volle Frist zu laufen beginnt.

3. Fristende. Für die Berechnung des Fristendes gilt § 188 Abs 2. Wird der Erblasser nach Frist- **3** ablauf für tot erklärt, werden die Todes- und Lebensvermutungen der §§ 9 Abs 1, 10, 44 Abs 2 VerschG durch § 2252 Abs 4 verdrängt, greifen also nicht ein. Die Vermutung, dass der Verschollene zum festgestellten, nach dem Ablauf der Drei-Monats-Frist liegenden Zeitpunkt gestorben ist, führt folglich nicht zur Unwirksamkeit des Nottestaments, es sei denn, dass eine Nachricht vorhanden ist, wonach der Erblasser nach Ablauf der Frist noch am Leben war[3].

II. Wirkungen des Fristablaufs

Stirbt der Erblasser vor Ablauf dieser Frist, bleibt das Nottestament gültig. Überlebt er den Fristablauf, **4** so wird es mit dem Ende der Frist ungültig. Entspricht das Nottestament auch den Anforderungen des § 2247 an ein eigenhändig ge- und unterschriebenes Testament, so bleibt es als solches gültig, kann aber unter Umständen angefochten werden[4].

III. Beweisfragen

Derjenige, der sich auf die Wirksamkeit eines Nottestaments beruft, muss beweisen, dass der **5** Erblasser noch vor Fristablauf verstorben ist oder dessen letzte Nachricht aus einer Zeit vor deren Ende stammt[5]. Wer sich auf die Ungültigkeit des Nottestaments beruft, muss dagegen beweisen, dass der Erblasser den Fristablauf überlebt hat oder danach noch Nachricht gegeben hat[6]. Dies umfasst jeweils die Beweislast für Fristbeginn und -hemmung ebenso wie für den Tag des Todes oder der letzten Nachricht.

---

[1] MünchKommBGB/*Hagena* Rn 4.
[2] MünchKommBGB/*Hagena* Rn 2.
[3] MünchKommBGB/*Burkart* Rn 6.
[4] RGZ 104, 320; vgl dazu ausf MünchKommBGB/*Hagena* Rn 7 f.
[5] HM, zB *Reimann/Bengel/J. Mayer/Voit* Rn 10; aA *Erman/M. Schmidt* Rn 3.
[6] AllgM, zB MünchKommBGB/*Hagena* Rn 9.

§ 2253 Widerruf eines Testaments

Der Erblasser kann ein Testament sowie eine einzelne in einem Testament enthaltene Verfügung jederzeit widerrufen.

Schrifttum: *v. Lübtow,* Zur Lehre vom Widerruf des Testaments, NJW 1968, 1849.

1 **1. Testierfreiheit und freies Widerrufsrecht.** Die freie Widerrufbarkeit aller Testamente entspringt der Testierfreiheit. Das Widerrufsrecht ist **unverzichtbar** (§ 2302), so dass sich niemand zum Widerruf verpflichten kann[1]. Eine **Einschränkung** besteht jedoch bei gemeinschaftlichen Testamenten für wechselbezügliche Verfügungen gemäß § 2271. Auch bei Erbverträgen erfährt der in § 2253 zum Ausdruck kommende Grundsatz der freien Widerrufbarkeit letztwilliger Verfügungen bei vertragsmäßigen Zuwendungen und Auflagen durch die besonderen Vorschriften der §§ 2289 ff gewisse Ausnahmen. Die Ausübung des Widerrufrechts setzt beim Erblasser Testierfähigkeit (§ 2229) voraus. Der Widerruf kann sich dabei nach dem freien Willen des Widerrufenden auf den gesamten Inhalt eines Testaments oder auch nur einzelne darin enthaltene Verfügungen beziehen.

2 **2. Widerrufsarten.** Der Erblasser kann ein Testament nur durch:
– widerrufendes Testament (§ 2254),
– Vernichtung oder Veränderung der Testamentsurkunde (§ 2255),
– Rücknahme des öffentlichen Testaments aus der besonderen amtlichen Verwahrung (§ 2256) oder
– widersprechendes Testament (§ 2258)

widerrufen. Andere Widerrufsmöglichkeiten gibt es nicht.

3 **3. Wirkung des Widerrufs.** Der Widerruf verhindert, dass die widerrufene letztwillige Verfügung mit dem Tod des Erblassers wirksam wird, und zwar gleichgültig, ob man den rechtsgeschäftlichen Tatbestand als beseitigt ansieht[2] oder die Wirkung auch des Widerrufs erst mit dem Tod eintreten lässt[3]. Das in besonderer amtlicher Verwahrung befindliche Testament ist auch dann gemäß § 2260 zu eröffnen, wenn es widerrufen worden ist[4]. Der Widerruf kann gemäß § 2257 auch selbst widerrufen werden und ist als letztwillige Verfügung gemäß § 2078 anfechtbar, und zwar auch in den Fällen der §§ 2255, 2256 und 2272[5].

4 **4. Recht in den neuen Bundesländern.** Auch in der ehemaligen DDR konnten ein Testament oder einzelne darin getroffene Verfügungen in gleicher Weise jederzeit widerrufen werden (§ 387 ZGB).

§ 2254 Widerruf durch Testament

Der Widerruf erfolgt durch Testament.

I. Normzweck

1 Diese Bestimmung stellt klar, dass der Widerruf eines Testaments selbst Testament ist, also der gleichen Form bedarf wie ein Testament, allerdings nicht derselben wie das zu widerrufende Testament[1*]. Folglich kann ein öffentliches Testament durch ein eigenhändiges, ein ordentliches durch ein Nottestament und umgekehrt widerrufen werden. Der Anwendungsbereich dieser Norm ist allerdings so klein wie diese kurz ist: der reine Widerruf ohne eine Neuregelung dürfte selten vorkommen, weil bei einem eigenhändigen Testament die Vernichtung (§ 2255) der einfachste Weg des Widerrufs ist, während beim öffentlichen Testament die Rücknahme aus der amtlichen Verwahrung (§ 2256) vorzuziehen ist.

II. Widerrufstestament

2 **1. Voraussetzungen und Form.** Das Widerrufstestament ist selbst Verfügung von Todes wegen und muss daher ohne jede Einschränkung allen gesetzlichen Anforderungen an die für den Widerruf gewählte Testamentsform entsprechen. Dazu gehören vor allem die Testierfähigkeit (§ 2229) bei Errichtung des Widerrufstestaments und der häufig bei eigenhändigen Testamenten zweifelhafte Testierwille (vgl § 2247 Rn 3) in der besonderen Ausprägung des Aufhebungswillens. In einem Prozessvergleich kann der Widerruf nicht erklärt werden[2*]. Falls eine Widerrufshandlung (zB Streichungen, Ungültigkeitsvermerke) des Erblassers kein formgültiges Testament darstellt, so ist zu prüfen, ob sie nicht den von § 2255 gestellten Anforderungen an einen Widerruf durch schlüssiges Verhalten entspricht. Vor allem bei nicht eigenhändig ge- und unterschriebenen Entwertungsvermerken (zB annulliert, ungültig, überholt, veraltet) oder einfachen Streichungen auf dem zu widerrufenden Testament ist

---

[1] BGH FamRZ 1960, 80.
[2] HM, zB *Reimann/Bengel/J. Mayer/Voit* Rn 8.
[3] MünchKommBGB/*Hagena* Rn 5.
[4] Vgl MünchKommBGB/*Hagena* § 2254 Rn 8.
[5] Vgl BayObLGZ 1960, 490, 494.
[1*] AllgM, zB OLG Köln OLGZ 1968, 324.
[2*] BGH FamRZ 1960, 30.

Widerruf durch Vernichtung oder Veränderungen § 2255

deren Wirksamkeit auf der Grundlage des § 2255 zu untersuchen. Dagegen reicht die formlose Billigung des Verlustes der Testamentsurkunde in keinem Fall als Widerruf aus[3].

§ 2254 gilt auch für den Widerruf einseitig testamentarischer Verfügungen in einem **gemeinschaftlichen Testament**. Diese können einseitig durch jede beliebige Testamentsform von dem betreffenden Erblasser widerrufen werden. Bei wechselbezüglichen Verfügungen ist dagegen die Sondervorschrift des § 2271 zu beachten. Soweit ein **Erbvertrag** einseitige Verfügungen gemäß § 2299 enthält, findet § 2254 ebenfalls hierauf Anwendung. Bei vertragsgemäßen Verfügungen in einem Erbvertrag sind die besonderen Vorschriften der §§ 2293 ff einzuhalten. 3

2. Inhalt. Eine bestimmte Wortwahl, insbes die Verwendung des Begriffs „Widerruf" ist nicht vorgeschrieben. Es genügt, wenn sich aus dem Testament – eventuell in Verbindung mit Umständen außerhalb der Urkunde[4] – eindeutig der Wille ergibt, eine letztwillige Verfügung nicht wirksam werden zu lassen[5]. Auch ein eigenhändig ge- und unterschriebener Widerrufsvermerk, der erst in Verbindung mit einer maschinengeschriebenen Testamentsabschrift einen voll verständlichen Sinn erhält, ist daher als Widerrufstestament gültig[6]. 4

Der Erblasser kann den Umfang des Widerrufs völlig frei bestimmen. Er kann ein Testament mit einer Vielzahl von Verfügungen oder einzelne Anordnungen oder Teile von letztwilligen Verfügungen widerrufen. Er kann die widerrufene letztwillige Verfügung auch ganz oder teilweise durch andere ersetzen. Hat der Erblasser allerdings bei der Errichtung eines neuen Testaments früher getroffene letztwillige Verfügungen nicht eindeutig genug widerrufen, so liegt ein Anwendungsfall für § 2258 vor, nämlich die Aufhebung durch widersprechendes Testament[7]. Auch der Widerruf unter einer Bedingung ist zulässig, so dass vor allem Klauseln wirksam sind, die eine Zuwendung für den Fall widerrufen, dass sich der Zuwendungsempfänger dem Willen des Erblassers widersetzt, insbes seinen Pflichtteil fordert[8]. 5

3. Kosten des öffentlichen Widerrufstestaments. Bei einem öffentlichen Testament, das nur den Widerruf eines früher errichteten Testaments enthält, wird vom Notar die Hälfte der vollen Gebühr erhoben (§ 46 Abs 2 KostO). Enthält dieses Testament außer dem Widerruf noch andere Verfügungen über den gesamten Nachlass, so wird keine besondere Widerrufsgebühr erhoben. Bei teilweisem Widerruf und/oder bei Verfügungen über Nachlassteile fällt die Widerrufsgebühr nur insoweit an, als der Wert des neuen Testaments hinter dem des widerrufenen zurückbleibt[9]. 6

4. Rechtsfolge. Der gültige Widerruf führt zur Unwirksamkeit des widerrufenen Testaments. Dieses kann jedoch durch den Widerruf des Widerrufs gemäß § 2257 wieder in Kraft gesetzt werden. Diese Folge tritt auch dann ein, wenn der Widerruf durch ein Nottestament erfolgt ist, das gemäß § 2252 Abs 1 durch Zeitablauf ungültig geworden ist. Wird das Widerrufstestament nach den allgemeinen Vorschriften der §§ 2078 ff mit Erfolg angefochten, so bleibt das widerrufene Testament weiterhin gültig. 7

III. Recht in den neuen Bundesländern

§ 387 Abs 2 Nr 1 ZGB enthält eine dem § 2254 entsprechende Regelung. 8

§ 2255 Widerruf durch Vernichtung oder Veränderungen

¹Ein Testament kann auch dadurch widerrufen werden, dass der Erblasser in der Absicht, es aufzuheben, die Testamentsurkunde vernichtet oder an ihr Veränderungen vornimmt, durch die der Wille, eine schriftliche Willenserklärung aufzuheben, ausgedrückt zu werden pflegt. ²Hat der Erblasser die Testamentsurkunde vernichtet oder in der bezeichneten Weise verändert, so wird vermutet, dass er die Aufhebung des Testaments beabsichtigt habe.

Schrifttum: *R. Schmidt,* Der Widerruf des Testaments durch Vernichtung oder Veränderung der Testamentsurkunde, MDR 1951, 321.

Übersicht

	Rn		Rn
I. Widerrufshandlung	1	**II. Subjektive Voraussetzungen**	7
1. Einwirkung auf Testamentsurkunde	1	1. Testierfähigkeit	7
2. Art der Einwirkung	2	2. Aufhebungs- bzw Änderungswille	8
a) Vernichtung	3		
b) Veränderung	4		
3. Zurechenbarkeit der Einwirkung	6	**III. Beschränkte Widerrufswirkung**	10

---

[3] BGH NJW 1951, 559.
[4] Vgl BGH NJW 1981, 2745; BayObLG FamRZ 1990, 315.
[5] Vgl BGH NJW 1951, 559; MünchKommBGB/*Hagena* Rn 4, 8.
[6] BGH NJW 1966, 201.
[7] Vgl zur Abgrenzung ausf BGH NJW 1981, 2745.
[8] Vgl *Reimann/Bengel/J. Mayer/Voit* § 2253 Rn 6.
[9] *Korintenberg/Lappe/Bengel/Reimann* § 46 KostO Rn 14.

	Rn		Rn
IV. Besonderheiten beim gemeinschaftlichen Testament	11	1. Vernichtung	14
1. Vernichtung	11	2. Verlust	15
2. Veränderung	12	3. Veränderung	16
V. Widerruf und Anfechtung des Widerrufs	13	**VII. Recht in den neuen Bundesländern**	17
VI. Beweisfragen	14		

I. Widerrufshandlung

1 **1. Einwirkung auf Testamentsurkunde.** Grundbedingung dieser Art des Widerrufs ist die tatsächliche Einwirkung auf die Testamentsurkunde selbst. Bei **eigenhändigen Testamenten** muss daher das Original vernichtet oder verändert werden, nicht nur Testamentsabschriften, die nicht selbst eigenhändig ge- und unterschrieben sind. Existieren mehrere gleich lautende Testamentsurschriften und ist keine als Abschrift deklariert, hat der Erblasser jedoch nur ein Exemplar verändert oder vernichtet, so reicht dies zur Aufhebung gemäß § 2255 aus; allerdings greift in diesem Fall nicht die gesetzliche Vermutung gemäß § 2255 S 2 ein[1]. Da **öffentliche Testamente** stets in die besondere amtliche Verwahrung gebracht werden müssen und die Rückgabe an den Erblasser zu deren Aufhebung führt (§ 2256 Abs 1 S 1), scheidet bei diesen ein Widerruf iS des § 2255 aus. Streichungen und Entwertungsvermerke auf dem beim Erblasser verbliebenen Ausfertigungen oder (beglaubigten) Abschriften öffentlicher Testamente führen deshalb nur dann zum Widerruf, wenn diese Veränderungen vom Erblasser eigenhändig ge- und unterschrieben sind und damit selbst Widerrufstestamente gemäß § 2254 darstellen (vgl § 2254 Rn 1). Vor Ablieferung eines öffentlichen Testaments ist der Erblasser jedoch berechtigt, sich die Urschrift der Urkunde aushändigen zu lassen, um sie zu vernichten[2]. Die Vernichtung oder Veränderung eines dem eigenhändigen oder öffentlichen Testament vorausgehenden **Entwurfs** reicht für einen Widerruf keinesfalls aus, und zwar selbst dann nicht, wenn zurzeit des Widerrufs die eigentliche Testamentsurkunde für den Erblasser nicht erreichbar ist[3].

2 **2. Art der Einwirkung.** Der Erblasser muss die Testamentsurkunde vernichten oder Änderungen an ihr vornehmen. Im Falle von Änderungen finden jedoch §§ 2254, 2258 Anwendung, wenn diese eigenhändig ge- und unterschrieben sind. Sie sind dann nämlich formgültige Testamente. Ein Rückgriff auf die Ausnahmeregelung des § 2255 ist dann nicht erforderlich. Im Einzelnen gilt folgendes:

3 **a) Vernichtung.** Vernichtung ist nur die vollständige Zerstörung der Urkunde, zB durch Zerreißen, Verbrennen oder Zerschneiden usw. Substanzeingriffe, die nicht zur vollständigen Vernichtung des Urkundenmaterials führen, also etwa das bloße Einreißen oder das Herausreißen oder -schneiden von Stellen, stellen keine Vernichtung, sondern allenfalls eine Veränderung dar (Rn 4). Der **Verlust** oder die Nichtauffindbarkeit sind der Vernichtung nicht gleichzustellen. Ein verlorenes oder sonst abhandengekommenes Testament kann nur in den Formen der §§ 2254, 2258 widerrufen werden. Selbst die ausdrückliche, aber formlose Billigung des Verlustes der Testamentsurkunde durch den Erblasser reicht als Widerruf nicht aus[4].

4 **b) Veränderung.** Veränderung ist jeder **Eingriff in die Schriftzeichen** der Testamentsurkunde, ohne diese vollständig zu zerstören. Der Eingriff muss – anders als bei der Vernichtung – zusätzlich nach der allgemeinen Verkehrsanschauung objektiv geeignet sein, den **Widerrufswillen des Erblassers** zum Ausdruck zu bringen. Die fehlende Eignung kann auch nicht durch einen anderen Willen des Erblassers ersetzt werden; dieser hätte in der Form eines widerrufenden oder widersprechenden Testaments manifestiert werden müssen. § 2255 enthält schließlich eine eng auszulegende Befreiung von den sonst einzuhaltenden Förmlichkeiten bei Errichtung letztwilliger Verfügungen, zu denen auch der Widerruf gehört. Zu den nach § 2255 zulässigen Veränderungen gehören beispielsweise Durchstreichen, Unleserlichmachen, Ausradieren, Einreißen oder -schneiden[5], Ausschneiden[6], Abschneiden oder Wegreißen eines mit für das Verständnis wesentlichen Textes, Wegschneiden der Unterschrift oder das Zerknüllen[7]. Streichungen einzelner Textstellen deuten nicht zwingend auf einen unmittelbaren Widerrufswillen hin, sondern können unter besonderen Umständen auch lediglich der Vorbereitung eines neuen Testaments dienen[8]. Auch das bloße Wegwerfen, ohne die Urkunde zu vernichten oder mindestens zu zerknüllen, reicht nicht aus[9]. Bei nicht eigenhändig unterschriebenen Streichungen fehlt idR die objektive Eignung zur Manifestation des Widerrufswillens, wenn diese mit

---

[1] BayObLG Rpfleger 1983, 12; NJW-RR 1990, 1480; KG ZEV 1995, 107; *Erman/M. Schmidt* Rn 6.
[2] Vgl *Reimann/Bengel/J.Mayer/Voit* Rn 4; s auch § 34 BeurkG Rn 5.
[3] AA BayObLG Rpfleger 1996, 349.
[4] BGH NJW 1951, 559; vgl dagegen den Fall BayObLG NJWE-FER 1998, 109.
[5] Vgl RGZ 69, 413; BayObLGZ 1983, 204; ZEV 1996, 272.
[6] Vgl OLG Hamm NJW-RR 2008, 21.
[7] BayObLG Rpfleger 1980, 283.
[8] BayObLG NJW-RR 1997, 1302.
[9] BayObLG NJW-RR 1997, 1302; MünchKommBGB/*Hagena* Rn 8; *Reimann/Bengel/J. Mayer/Voit* Rn 8; aA *Erman/M. Schmidt* Rn 2.

Bleistift erfolgt sind[10]. Das Gleiche gilt für das bloße Einklammern oder Unterstreichen von Textstellen[11].

Auch nicht eigenhändig unterschriebene[12] Entwertungsvermerke wie „ungültig", „veraltet", „überholt", „gestrichen" oder „annulliert" stellen eine Veränderung idS dar. Bei ihnen ist, sofern sie nicht quer über den Text geschrieben[13] oder mit einer zusätzlichen Streichung verbunden sind, besonders sorgfältig zu prüfen, ob sie auch objektiv geeignet sind, den Widerrufswillen zu manifestieren[14]. Befindet sich das Testament in einem fest verschlossenen Umschlag, so genügt ein nicht unterschriebener Entwertungsvermerk keinesfalls[15]. Dies gilt erst recht für einen offenen Umschlag (vgl § 2247 Rn 26).

3. Zurechenbarkeit der Einwirkung. Der Erblasser muss die Testamentsurkunde höchstpersönlich 6 vernichten oder verändern (vgl § 2065). Er kann sich dabei jedoch einer anderen Person bedienen, die in seiner Gegenwart als unselbstständiges Werkzeug in seinem Auftrag und mit seinem Willen die Handlungen vornimmt[16]. Der Erblasser muss zwar nicht anwesend sein, jedoch darf dem Dritten kein eigener Entscheidungsspielraum eingeräumt sein[17]. Eine nachträgliche Genehmigung der von einem Dritten vorgenommenen Vernichtung oder Veränderung ist nicht möglich, weil § 185 auf Realakte keine Anwendung findet[18]. Die Einwirkung des Dritten muss zu Lebzeiten des Erblassers erfolgen[19]. Auch die zufällige Vernichtung (zB Hochwasser, Brand) erfüllt den Tatbestand nicht, und zwar selbst dann nicht, wenn der Erblasser die Einwirkung im Nachhinein billigend zur Kenntnis nimmt[20].

II. Subjektive Voraussetzungen

1. Testierfähigkeit. Der Widerruf gemäß § 2255 ist seinem Wesen nach eine Willenserklärung 7 durch schlüssige Handlung[21]. Da es sich dabei um eine letztwillige Verfügung handelt, muss der Erblasser im Zeitpunkt der Vernichtung oder Veränderung testierfähig iS des § 2229 sein.

2. Aufhebungs- bzw Änderungswille. Der Erblasser muss wissen und wollen, dass er das Testa- 8 ment vernichtet oder verändert[22]. Weiß der Erblasser nicht, dass es sich bei der vernichteten oder veränderten Urkunde um sein Testament handelt, so ist der Widerruf unwirksam[23]. Das Wissen und Wollen muss im **Zeitpunkt** der Vernichtung oder Veränderung vorhanden sein, die spätere Billigung der Handlung reicht nicht aus, da § 185 auf Realakte nicht anzuwenden ist[24]. War der Erblasser jedoch der Meinung, dass die nachträgliche Billigung ausreiche, so kann die vermeintlich aufgehobene Verfügung analog § 2078 angefochten werden[25]. Hat der Erblasser zunächst ein formnichtiges Testament errichtet und anschließend das frühere Testament vernichtet, so hat er mit Aufhebungswillen gehandelt, sich jedoch in einem Motivirrtum befunden; der Widerruf ist wirksam, aber anfechtbar[26]. Das Gleiche muss gelten, wenn der Erblasser das Testament vernichtet, dann aber nicht mehr dazu kommt, ein neues zu errichten[27]. Bei unfreiwilligem Verlust des Testaments fehlt dagegen der Aufhebungswille[28]. Steht jedoch fest, dass sich das Testament im Besitz des Erblassers befand, ist von der Vernichtung des Originals durch den Erblasser auszugehen, wenn der Erblasser zu Lebzeiten einen entsprechenden Aufhebungswillen geäußert hat[29].

Der Aufhebungs- bzw Änderungswille wird gemäß § 2255 S 2 – allerdings widerlegbar – vermutet, 9 wenn feststeht, dass das Testament vom Erblasser vernichtet oder verändert worden ist. Ist das Testament lediglich unauffindbar oder sonst abhandengekommen (zB Urkundenunterdrückung, Brand), so muss der Aufhebungswille von demjenigen bewiesen werden, der sich auf den Widerruf beruft. Das Gleiche gilt, wenn feststeht, dass der Erblasser das Testament nicht eigenhändig vernichtet oder verändert hat.

---

[10] RG WarnR 1915 Nr 90; Recht 1928, 299.
[11] AA bezüglich Einklammern *Reimann/Bengel/J. Mayer/Voit* Rn 8.
[12] Missverständlich *Schmidt* MDR 1951, 324.
[13] KG DNotZ 1957, 560.
[14] Vgl KG NJW 1957, 1364.
[15] BayObLGZ 1963, 31; *Palandt/Edenhofer* Rn 7.
[16] AllgM, zB BayObLG FamRZ 1992, 1350.
[17] OLG Hamm NJW-RR 2002, 222, 223; BayObLG FamRZ 1992, 1350, 1351; *Reimann/Bengel/J. Mayer/Voit* Rn 10; aA *Staudinger/Baumann* Rn 17.
[18] HM, zB BGH LM § 1960 Nr 1; KG JFG 14, 280, 284; OLG Hamm FGPrax 1996, 28; MünchKommBGB/*Hagena* Rn 13; *Reimann/Bengel/J. Mayer/Voit* Rn 16; aA *Schmidt* MDR 1951, 324.
[19] *Reimann/Bengel/J. Mayer/Voit* Rn 10mwN.
[20] Vgl LG Duisburg NJW-RR 2005, 884.
[21] Vgl BGH NJW 1951, 559.
[22] Vgl BGH NJW 1951, 559.
[23] LwG Neumünster SchlHA 1966, 83.
[24] BGH NJW 1951, 559; offen gelassen in NJW-RR 1990, 515, 516.
[25] *Staudinger/Baumann* Rn 23; aA *Reimann/Bengel/J. Mayer/Voit* Rn 15.
[26] *Reimann/Bengel/J. Mayer/Voit* Rn 14; OLG Hamm ZEV 2002, 108, 109; aA OLG Freiburg Rpfleger 1952, 340; Erman/*M. Schmidt* Rn 7.
[27] AA RGZ 71, 300; 111, 265.
[28] Vgl BGH NJW 1951, 559; BayObLG NJW-RR 1992, 653, 654.
[29] BayObLG NJWE-FER 1998, 109.

§ 2255 Buch 5. Abschnitt 3. Testament

III. Beschränkte Widerrufswirkung

10   Während die **Vernichtung** eine vollständige Aufhebung bewirkt, können die **Veränderungen** sowohl einen umfassenden Widerruf als auch den nur einzelner Verfügungen oder Teile von Anordnungen bewirken[30]. § 2255 gewährt die Formerleichterungen allerdings nur für den Widerruf von Zuwendungen. Wenn und soweit Veränderungen, insbes Streichungen, letztwillige Verfügungen nicht nur „negativ" vernichten, sondern damit auch bestehen bleibende in ihrer rechtlichen Wirkung verändern, so ist **nur der Widerruf gültig,** nicht dagegen die darüber hinausgehende Inhaltsänderung. Solche **„positiven" Anordnungen** sind nur in den vom Gesetz vorgesehenen Formen der ordentlichen oder außerordentlichen Testamente zulässig. Streicht beispielsweise der Erblasser im Falle der Einsetzung von Vor- und Nacherben die Regelungen zur Nacherbfolge ersatzlos, so erhalten die bis dahin als Vorerben eingesetzten Personen eine bessere Rechtsposition, die über die nach § 2255 allein zulässige negative Wirkung hinausgeht. Eine solche Streichung ist daher nicht gemäß § 2255 wirksam, sondern allein in den Formen der §§ 2254, 2258. Ein weiteres Beispiel ist die Erhöhung der Geldsumme bei einem Vermächtnis[31]. Davon zu unterscheiden sind reine Reflexwirkungen des Widerrufs, die zwar eine wirtschaftliche, aber keine rechtliche Änderung bewirken. Beispiele solch zulässiger Reflexwirkungen sind das einfache Wegstreichen eines Namens bei drei eingesetzten Erben, so dass in Ansehung des freigewordenen Teils Anwachsung gemäß §§ 2088 Abs 2, 2089 stattfindet, oder der Wegfall eines Vermächtnisses, so dass dem Erben mehr vom Nachlass verbleibt.

IV. Besonderheiten beim gemeinschaftlichen Testament

11   **1. Vernichtung.** Die Vernichtung der Testamentsurkunde kann auch dann, wenn sie außer wechselbezüglichen auch frei widerrufbare, einseitig testamentarische Verfügungen enthält, nur zu Lebzeiten beider Ehegatten in der Weise vorgenommen werden, dass einer mit Einwilligung des anderen die Urkunde zerstört. Auch hier reicht die nachträgliche Billigung der Vernichtung durch den anderen Ehegatten nicht aus. Die Vernichtung eines gemeinschaftlichen Testaments ist nur zulässig, solange beide Ehegatten leben.

12   **2. Veränderung.** Bei Veränderungen ist zwischen wechselbezüglichen und einseitig testamentarischen Verfügungen zu unterscheiden. Bei den **einseitig** widerruf- und änderbaren Bestimmungen eines Ehegatten kann dieser die Veränderungen nach § 2255 auch ohne den Willen des anderen vornehmen, vorausgesetzt, der geänderte Text enthält nicht zugleich auch eine Anordnung des anderen Ehegatten. **Wechselbezügliche** Verfügungen können dagegen nur so gemäß § 2255 geändert werden, dass ein Ehegatte mit Einwilligung des anderen die Streichung usw vornimmt. Die spätere Zustimmung des anderen genügt nicht. Haben die Ehegatten dem Längstlebenden in Ansehung wechselbezüglicher Verfügungen ein Widerrufsrecht eingeräumt, so kann dieses nicht in der Form des § 2255, sondern nur in analoger Anwendung des § 2297 durch Testament gemäß §§ 2254, 2258 geschehen[32]. Die Veränderung von wechselbezüglichen Verfügungen ist nach dem Tod eines Ehegatten unwirksam.

V. Widerruf und Anfechtung des Widerrufs

13   Der durch Vernichtung oder Veränderung konkludent geäußerte Widerruf gemäß § 2255 kann nicht gemäß § 2257 widerrufen werden[33]. Auch durch das Zusammenkleben oder Aufbewahren eines zerrissenen Testaments oder durch das Unterstreichen durchgestrichener Textstellen kann der Widerruf nicht rückgängig gemacht werden[34]. Hat der Erblasser jedoch die Bestandteile eines vernichteten Testaments in einen fest verschlossenen Umschlag mit der eigenhändig ge- und unterschriebenen Aufschrift „Mein letzter Wille" gesteckt, so liegt ein wirksames eigenhändiges Testament vor[35]. Der Widerruf gemäß § 2255 kann jedoch als letztwillige Verfügung angefochten werden (§§ 2078 ff)[36].

VI. Beweisfragen

14   **1. Vernichtung.** Derjenige, der sich darauf beruft, dass die Vernichtung des Testaments zu dessen Widerruf geführt hat, trägt im Zivilprozess die Beweislast für sämtliche objektiven und subjektiven Voraussetzungen des § 2255 S 1 (Rn 1 bis 8), wobei ihm die widerlegbare tatsächliche Vermutung des Widerrufswillens gemäß § 2255 S 2 zugute kommt. Im Erbscheinsverfahren besteht zwar keine formelle Beweislast, jedoch eine Feststellungslast. Der Sachverhalt ist zwar von Amts wegen zu ermitteln, jedoch trägt im Falle der Nichtaufklärbarkeit die Feststellungslast derjenige, der sein Erbrecht auf den Widerruf stützt. Deshalb ist die Tatsache, dass der Erblasser oder eine **andere Person** als Werkzeug die Testamentsurkunde vernichtet hat, vom Gericht festzustellen[37]. Während dies im Erbscheinsverfahren von Amts wegen mit allen zulässigen Beweismitteln geschieht, erfolgt dies im Zivilprozess grds im

---

[30] Vgl BayObLG NJW-RR 2003, 150; NJW-RR 1995, 1096.
[31] BGH NJW 1974, 1083.
[32] OLG Stuttgart OLG NJW-RR 1986, 632.
[33] AllgM, zB BayObLG NJW-RR 1996, 1094.
[34] BayObLG NJW-RR 1996, 1094 m Anm *Hohmann* ZEV 1996, 271.
[35] OLG Düsseldorf JZ 1951, 309; *Palandt/Endhofer* Rn 14.
[36] Vgl RGZ 102, 69; BayObLGZ 1983, 204; NJW-RR 1996, 1094.
[37] AllgM, zB OLG Zweibrücken NJW-RR 1987, 1158; *Erman/M. Schmidt* Rn 7.

Wege der formellen Beweisaufnahme[38]. Steht die Vernichtung der Testamentsurkunde nach der Überzeugung des Gerichts fest, braucht das Vorhandensein des **Aufhebungswillens** nicht besonders festgestellt zu werden, da dieser gemäß § 2255 S 2 widerlegbar vermutet wird. Im Übrigen ist ein strenger Maßstab geboten[39]. Verbleibende Zweifel gehen zu Lasten desjenigen, der seinen Anspruch auf die Vernichtung stützt[40].

2. Verlust. Ist die **Testamentsurkunde** dagegen **verloren oder sonst abhandengekommen**, so muss das Gericht sich auch vom Aufhebungswillen überzeugen, weil der Verlust der Vernichtung iS des § 2255 S 2 nicht gleichsteht. Es wird also nicht vermutet, dass ein nicht auffindbares Testament vom Erblasser vernichtet worden ist[41]. Steht jedoch fest, dass ein Testament nicht vernichtet worden ist oder der Aufhebungswille fehlte, so kann über Form und Inhalt des verschwundenen Testaments mit allen Mitteln Beweis erhoben werden[42]. Einem notariellen Beglaubigungsvermerk kommt dabei die Beweiskraft des § 418 ZPO zu[43]. Selbst eine einfache Fotokopie kann ausreichen[44]. Bei öffentlichen Testamenten ist dabei die Ersetzung der Urschrift gemäß §§ 46, 68 BeurkG zulässig. Kann nur ein Teil des verschwundenen Testaments in dieser Weise rekonstruiert werden und ist der Wille des Erblassers erkennbar, diesen Teil für sich allein gelten zu lassen, so ist dieser Teil wirksam[45]. Bei verbleibenden Zweifeln trägt die Beweislast und im Erbscheinsverfahren die Feststellungslast, wer sich auf das verlorene Testament beruft. Die Beweislast im Zivilprozess wird jedoch umgekehrt, wenn die andere Partei sich durch Beiseiteschaffen oder in sonstiger Weise der Beweisführung entzieht[46].

15

3. Veränderung. Wie bei der Vernichtung (Rn 14) trägt derjenige, der aus der Veränderung der Testamentsurkunde Rechte ableitet, die Beweislast dafür, dass der Erblasser Urheber der Einwirkung auf die Testamentsurkunde ist. Steht diese Urheberschaft fest, so wird der Änderungswille gemäß § 2255 S 2 bis zum Beweis des Gegenteils in einem tatsächlichen Sinne vermutet. Wer sich dagegen darauf beruft, dass trotz der Änderung an der Testamentsurkunde, etwa durch Ausschneiden oder Wegreißen, der noch lesbare Teil den Erblasserwillen richtig und vollständig wiedergibt, trägt hierfür die Beweis- bzw Feststellungslast[47].

16

VII. Recht in den neuen Bundesländern

Das ZGB regelte den Widerruf durch Vernichtung oder Veränderung zwar nicht ausdrücklich, stellte jedoch in § 387 Abs 3 ZGB die Vermutung auf, dass eine derartige Widerrufshandlung auch in Widerrufsabsicht erfolgt sei. Sachliche Unterschiede gegenüber § 2255 bestehen daher nicht.

17

§ 2256 Widerruf durch Rücknahme des Testaments aus der amtlichen Verwahrung

(1) ¹Ein vor einem Notar oder nach § 2249 errichtetes Testament gilt als widerrufen, wenn die in amtliche Verwahrung genommene Urkunde dem Erblasser zurückgegeben wird. ²Die zurückgebende Stelle soll den Erblasser über die in Satz 1 vorgesehene Folge der Rückgabe belehren, dies auf der Urkunde vermerken und aktenkundig machen, dass beides geschehen ist.

(2) ¹Der Erblasser kann die Rückgabe jederzeit verlangen. ²Das Testament darf nur an den Erblasser persönlich zurückgegeben werden.

(3) Die Vorschriften des Absatzes 2 gelten auch für ein nach § 2248 hinterlegtes Testament; die Rückgabe ist auf die Wirksamkeit des Testaments ohne Einfluss.

I. Rückgabe eines öffentlichen Testaments

1. Antrag. Ein **öffentliches Testament** ist ohne Rücksicht darauf, ob es vom Notar, vom Bürgermeister oder vom Konsularbeamten beurkundet worden ist, gemäß § 34 BeurkG zwingend zur besonderen amtlichen Verwahrung zu bringen. Der Erblasser kann die dementsprechend hinterlegten öffentlichen Testamente gemäß § 2256 jederzeit vom verwahrenden Amtsgericht oder, soweit es die Funktion des Nachlassgerichts wahrnimmt, Notariat zurückverlangen. Der entsprechende Antrag kann **formlos** gestellt werden. Er braucht auch nicht persönlich gestellt zu werden. Der Streit über die Zulässigkeit einer Stellvertretung[1] ist müßig, da jedenfalls die Rückgabe höchstpersönlich erfolgen muss[2].

1

---

[38] Vgl BayObLG FamRZ 1990, 1162; MünchKommBGB/*Hagena* Rn 16 mwN.
[39] Vgl BayObLG NJW-RR 1992, 653; OLG Zweibrücken NJW-RR 1987, 1158.
[40] LG Duisburg NJW-RR 2005, 885.
[41] OLG Hamm NJW 1974, 1827; BayObLG DNotZ 1993, 452; OLG Düsseldorf NJW-RR 1994, 142; KG NJW-RR 1995, 1099; LG Duisburg NJW-RR 2005, 884, 885.
[42] Vgl BayObLG FamRZ 1986, 1043; 1999, 1469.
[43] Vgl KG Beschluss vom 9. 1. 2007, 1 W 188/06, BeckRS 2007, 2003.
[44] OLG Hamm NJW 1974, 1827; BayObLG Rpfleger 1985, 194.
[45] BGH LM § 2085 Nr 1; vgl BayObLG NJW-RR 1990, 1480.
[46] BGH zitiert bei *Johannsen* WM 1971, 402; OLG Düsseldorf NJW-RR 1994, 142; Erman/*M. Schmidt* Rn 9.
[47] OLG Hamm Beschluss vom 14. 8. 2007, 15 W 331/06, BeckRS 2007, 243840 betr Ausschnitt.
[1] Dafür: MünchKommBGB/*Hagena* Rn 6; *Reimann/Bengel/J. Mayer/Voit* Rn 6; dagegen: LG Augsburg Rpfleger 1998, 344, 345; Soergel/*J. Mayer* Rn 5.
[2] Vgl zur praktischen Relevanz MünchKommBGB/*Hagena* Rn 6.

§ 2256 Buch 5. Abschnitt 3. Testament

Der Antrag kann jederzeit zurückgenommen werden. Das Rückgabeverlangen ist keine Willenserklärung, aber geschäftsähnliche Handlung, so dass der Erblasser im Zeitpunkt der Antragstellung testierfähig iS des § 2229 sein muss[3]. Zur Rücknahme von **Erbverträgen** s § 2300 Rn 3 ff.

2 **2. Rückgabe.** Auch wenn das Rückgabeverlangen per Post oder mittels Einschaltung eines Bevollmächtigten gestellt werden kann, so darf die tatsächliche Rückgabe an den Erblasser gemäß § 2256 Abs 2 S 2 nur **höchstpersönlich** erfolgen. Sie darf weder an einen Vertreter[4] noch per Boten (zB Post) erfolgen. Die Rückgabe kann auch durch ein anderes Amtsgericht oder durch den Konsularbeamten im Wege der Rechtshilfe geschehen. Kann der Erblasser das Amtsgericht oder Konsulat nicht persönlich aufsuchen, hat der Rechtspfleger bzw Konsularbeamte den Erblasser zwecks Rückgabe persönlich aufzusuchen. Der Rechtspfleger soll gemäß § 2256 Abs 1 S 2 über die Widerrufswirkung der Rücknahme eines öffentlichen Testaments **belehren**. Die Verletzung dieser Pflicht ändert zwar nichts an der Folge der Rückgabe, kann aber zu Amtshaftungsansprüchen gemäß Art 34 GG, § 839 BGB führen. Über die Rückgabe ist eine **Niederschrift** aufzunehmen und vom Erblasser zu unterzeichnen.

3 Von der Rückgabe ist die **Einsichtnahme** zu unterscheiden. Diese kann der Erblasser ebenfalls jederzeit verlangen. In diesem Fall wird das öffentliche Testament jedoch nach der Kenntnisnahme durch den Erblasser wieder versiegelt und verbleibt so weiterhin in der besonderen amtlichen Verwahrung; die Widerrufswirkung des § 2256 Abs 1 ist damit nicht verbunden[5]. § 2256 gilt auch nicht bei einer **Beschlagnahme** gemäß §§ 96, 97 Abs 1 Nr 3 StPO[6].

4 **3. Widerrufswirkung.** Die antragsgemäß erfolgte höchstpersönliche Aushändigung des öffentlichen Testaments an den testierfähigen Erblasser gilt als vollständiger Widerruf dieses Testaments (§ 2256 Abs 1 S 1). Alle drei Bedingungen, nämlich Antrag, Testierfähigkeit und höchstpersönliche Rückgabe, müssen kumulativ gegeben sein, um die Widerrufswirkung auszulösen. Vor allem bei der Herausgabe des Testaments an einen **Vertreter oder Boten** des Erblassers tritt die Widerrufswirkung nicht ein. Diese Wirkung tritt dabei auch ein, wenn der Erblasser entgegen § 2256 Abs 1 S 2 nicht über diese Folge belehrt worden ist[7]. Selbst ein dieser Wirkung **entgegenstehender Wille** des Erblassers kann die Wirkung dieser Gesetzesfiktion nicht ausschließen[8]. Die Rückgabe eines öffentlichen Testaments ist als geschäftsähnliche Handlung in entsprechender Anwendung des § 2078 Abs 2 **anfechtbar**[9]. Anfechtungsgrund kann sowohl die Drohung[10] als auch ein Irrtum sein. In Betracht kommt vor allem falsche Vorstellungen des Erblassers über die rechtlichen Folgen der Rückgabe[11]. Anfechtungsberechtigt sind die in § 2080 genannten Personen, nicht dagegen der Erblasser, der selbst neu testieren kann. Der materiell wirkende Widerruf eines öffentlichen Testaments schließt unter den allein maßgebenden formalen Gesichtspunkten eine gültige **Bezugnahme** weder in einem eigenhändigen Testament gemäß § 2247 (ausf § 2247 Rn 18) noch in einem notariell beurkundeten Testament oder Erbvertrag aus (§ 13 a BeurkG Rn 1). Die Widerrufswirkung erstreckt sich nicht auf einen mit dem (gemeinschaftlichen) Testament pflichtwidrig (§ 2265 Rn 13) in einer Urkunde zusammengefassten **Pflichtteilsverzichtsvertrag**[12]. Da der Verzichtsvertrag auch formlos aufgehoben werden kann, können dessen Wirkungen allerdings auch durch konkludentes Verhalten beider Vertragsteile beseitigt werden. Die Rücknahme allein reicht hierfür jedenfalls nicht aus, wohl aber die anschließende Vernichtung der Urkunde durch beide Beteiligten.

II. Rückgabe eines eigenhändigen Testaments oder Dreizeugentestaments

5 Auch ein eigenhändiges Testament gemäß § 2247 kann aus der besonderen amtlichen Verwahrung zurückverlangt werden (§ 2256 Abs 3). Da die **Dreizeugentestamente** gemäß §§ 2250, 2251 in analoger Anwendung des § 2248 ebenfalls in diese Verwahrung gegeben werden können (§ 2250 Rn 18), kann der Erblasser in analoger Anwendung des § 2256 Abs 3 auch diese wieder herauslangen. Die Rückgabe dieser Testamente vollzieht sich nach den gleichen Regeln wie bei den öffentlichen Testamenten, jedoch **ohne** dass deren Rückgabe zum **Widerruf** gemäß § 2256 Abs 1 führt.

III. Recht in den neuen Bundesländern

6 § 387 Abs 2 Nr 2 ZGB enthält eine vergleichbare Vorschrift.

---

[3] Vgl BGH NJW 1957, 906; BayObLG Rpfleger 2005, 541; Rpfleger 1973, 170; MünchKommBGB/*Hagena* Rn 6; aA *Soergel/J. Mayer* Rn 7.
[4] Vgl OLG Saarbrücken NJW-RR 1992, 586; LG Augsburg Rpfleger 1998, 344.
[5] Vgl MünchKommBGB/*Burkart* Rn 7.
[6] Vgl LG Freiburg wistra 1998, 35.
[7] BayObLG FGPrax 2005, 73.
[8] MünchKommBGB/*Hagena* Rn 7.
[9] HM, zB BayObLG FamRZ 1990, 1404; *Reimann/Bengel/J. Mayer/Voit* Rn 9 mwN; OLG München Rpfleger 2005, 606: Rechtsgeschäft; aA *v.Lübtow* NJW 1968, 1851; *Merle* AcP 171 (1971), 486, 504.
[10] Vgl BayObLGZ 1960, 494; BayObLG FamRZ 1990, 1404.
[11] RGZ 102, 69; KG JFG 21, 323; BayObLG NJW-RR 1990, 1481; OLG München Rpfleger 2005, 606.
[12] Vgl den Fall LG Oldenburg vom 21. 9. 2007, 13 O 1844/07, BeckRS 2007, 15859 m Anm *Litzenburger* FD-ErbR 2007, 243282.

§ 2257 Widerruf des Widerrufs

Wird der durch Testament erfolgte Widerruf einer letztwilligen Verfügung widerrufen, so ist im Zweifel die Verfügung wirksam, wie wenn sie nicht widerrufen worden wäre.

1. Gegenstand. § 2257 gilt nur für den Widerruf eines widerrufenden Testaments iS des § 2254. Ein durch Vernichtung oder Veränderung (§ 2255) oder Rückgabe aus der amtlichen Verwahrung (§ 2256) eingetretener Widerruf kann dagegen nicht widerrufen werden[1]. Der Erblasser kann die Widerrufswirkung in den beiden zuletzt genannten Fällen nur durch die Errichtung einer neuen, formgerechten Verfügung von Todes wegen beseitigen. Dabei kann es genügen, dass er bei einem zerrissenen Testament die Bestandteile in einen Umschlag steckt, fest verschließt und darauf eigenhändig sinngemäß „Mein letzter Wille" schreibt und diese Worte unterschreibt[2]. 1

2. Widerruf. Der Widerruf des testamentarisch erklärten Widerrufs ist selbst ebenfalls letztwillige Verfügung und kann durch Widerrufstestament (§ 2254), durch Vernichtung oder Veränderung des aufzuhebenden Widerrufstestaments (§ 2255), durch Rücknahme eines öffentlichen Widerrufstestaments aus der besonderen amtlichen Verwahrung (§ 2256) oder durch widersprechendes Testament (§ 2258) geschehen. Die jeweiligen Voraussetzungen sind ohne jede Einschränkung einzuhalten. Bei einem eigenhändigen Testament (§ 2247) kann der Widerruf des widerrufenden Testaments deshalb nicht einfach durch Radieren, Unterpunktieren, Streichung von Ungültigkeitsvermerken oder durch bloßes Zusammenkleben erfolgen. Notwendig ist vielmehr die Errichtung einer formgültigen neuen Verfügung, die den Widerruf zum Inhalt hat. Dazu reicht die erneute Unterzeichnung aus, wenn der Erblasser lediglich die früher geleistete Unterschrift durchgestrichen hatte[3]. 2

3. Wirkungen. Das ursprüngliche Testament tritt nach der widerlegbaren Vermutung (Auslegungsregel) des § 2257 so in Kraft, als wäre es nie widerrufen worden. Die Wirkung des zweiten Widerrufs wird also auf den Zeitpunkt des ersten zurückbezogen. Der Erblasser kann abweichend hiervon bestimmen, dass das ursprüngliche Testament ganz oder teilweise widerrufen bleiben soll[4]. Dieser Wille muss aber zur Überzeugung des Gerichts bewiesen werden[5]. Ein Notar ist bei der Abfassung eines von ihm zu beurkundenden Testaments gemäß § 17 Abs 1 S 1 BeurkG verpflichtet, die Rechtsfolgen des Widerrufs unzweideutig zu regeln, ohne dass auf diese Auslegungsregel zurückgegriffen werden muss. Möglich ist auch ein teilweiser Widerruf oder ein bedingter Widerruf[6]. Auch das zweite Widerrufstestament kann gemäß § 2257 widerrufen werden, und zwar mit der Folge, dass der erste Widerruf wirksam wird und das ursprüngliche Testament aufhebt. 3

§ 2258 Widerruf durch ein späteres Testament

(1) Durch die Errichtung eines Testaments wird ein früheres Testament insoweit aufgehoben, als das spätere Testament mit dem früheren in Widerspruch steht.

(2) Wird das spätere Testament widerrufen, so ist im Zweifel das frühere Testament in gleicher Weise wirksam, wie wenn es nicht aufgehoben worden wäre.

I. Errichtung eines widersprechenden Testaments

1. Späteres Testament. Die Anwendbarkeit des § 2258 Abs 1 setzt voraus, dass der Erblasser mindestens zwei gültige Testamente errichtet hat, von denen das jüngere keine Regelung zur Aufhebung oder Fortgeltung der in dem älteren Testament enthaltenen letztwilligen Verfügungen enthält. Das jüngere Testament muss rechtswirksam sein[1*]. Eine Erbschaftsausschlagung, der Tod eines Bedachten, dessen Erbunwürdigkeit, der Eintritt oder der Ausfall einer Bedingung beseitigen zwar die Durchführbarkeit, nicht aber die Rechtswirksamkeit[2*]. Die Form des späteren Testaments ist bedeutungslos. Alle Testamentsarten stehen gleichwertig nebeneinander, so dass ein öffentliches Testament auch durch ein eigenhändiges aufgehoben werden kann und umgekehrt[3*]. § 2258 Abs 1 ist auch bei einem **gemeinschaftlichen Testament** anzuwenden, und zwar sowohl bei wechselbezüglichen als auch bei einseitig testamentarischen Verfügungen. Bei einem **Erbvertrag** ist dagegen zwischen vertragsmäßigen und einseitigen Verfügungen zu unterscheiden. Für vertragsmäßige Verfügungen regelt § 2289 Abs 1 S 1 die Auswirkungen auf frühere letztwillige Verfügungen des Erblassers, während § 2299 Abs 2 S 1 bei einseitigen Anordnungen § 2258 Abs 1 für anwendbar erklärt. 1

---

[1] HM, zB BayObLG DNotZ 1973, 630; MünchKommBGB/*Hagena* Rn 3; *Reimann/Bengel/J. Mayer/Voit* Rn 4; zweifelnd KG OLGZ 1970, 243.
[2] OLG Düsseldorf JZ 1951, 309; MünchKommBGB/*Hagena* Rn 3; aA *Erman/M. Schmidt* Rn 1.
[3] MünchKommBGB/*Hagena* Rn 3.
[4] Vgl OLG Köln Rpfleger 2006, 322, 323.
[5] Vgl OLG Zweibrücken DNotZ 2003, 875; BayObLG FamRZ 1996, 1112.
[6] Vgl BayObLG FamRZ 1997, 1353.
[1*] BGH NJW 1981, 2745.
[2*] BGH NJW 1985, 969; BayObLG Rpfleger 1987, 59; MünchKommBGB/*Hagena* Rn 3.
[3*] Vgl BayObLGZ 1987, 59.

§ 2258

2   Hat der Erblasser **in dieser Verfügung** selbst eine **Regelung zur Aufhebung** oder Fortgeltung der älteren getroffen, so ist diese maßgebend. § 2258 Abs 1 greift nur beim Fehlen einer solchen Bestimmung oder bei nicht aufzuklärenden Unklarheiten über das Konkurrenzverhältnis zweier zu unterschiedlichen Zeitpunkten errichteten Verfügungen ein.

3   **2. Frühere(s) Testament(e).** Auch das früher errichtete Testament muss gültig sein, da es andernfalls an dem von § 2258 Abs 1 geforderten Konkurrenzverhältnis fehlt. Handelt es sich bei diesem um ein **gemeinschaftliches Testament,** so ist zwischen einseitigen und wechselbezüglichen Verfügungen zu unterscheiden. Der Widerruf wechselbezüglicher Bestimmungen ist abschließend in § 2271 geregelt, während bei einseitigen letztwilligen Verfügungen § 2258 Abs 1 anzuwenden ist. Vergleichbares gilt bei einem **Erbvertrag.** Über § 2299 Abs 2 S 1 gilt diese Vorschrift auch für einseitig testamentarisch getroffene Verfügungen, nicht jedoch für vertragsmäßige Zuwendungen. Diese Norm ist auch dann anzuwenden, wenn der Erblasser vor dem späteren Testament mehrere Verfügungen von Todes wegen errichtet hatte.

4   **3. Datierungsprobleme.** Da § 2258 Abs 1 dem jüngeren Testament den Vorrang vor dem älteren einräumt, kommt der zeitlichen Einordnung eine entscheidende Bedeutung zu. Enthalten alle Verfügungen (vorschriftsmäßige) **Zeitangaben** über den Errichtungszeitpunkt, so sind diese maßgebend, es sei denn, sie sind nachweislich falsch. Mehrere Verfügungen mit dem **gleichen Datum** gelten als gleichzeitig errichtet, so dass § 2258 Abs 1 unanwendbar ist. Widersprechen sich in diesem Fall die letztwilligen Verfügungen, so sind sie in ihren unvereinbaren Teilen unwirksam[4]. Durch Auslegung ist allerdings zu ermitteln, ob und inwieweit die Verfügungen einander iS des § 2258 widersprechen. Dabei führt die Tatsache, dass der Erblasser verschiedene Urkunden errichtet hat, im Zweifel dazu, dass jedes Testament für sich als abschließende Regelung anzusehen ist und die Verfügungen sich gegenseitig aufheben[5]. Das Gleiche gilt, wenn alle Verfügungen **undatiert** sind und sich der tatsächliche Errichtungszeitpunkt nicht feststellen lässt. Undatierte Verfügungen heben sich also gegenseitig auf, soweit sie sich widersprechen, iÜ sind sie wirksam[6]. Treffen ein datiertes und ein Testament ohne Zeitangabe aufeinander, so ist nach allgM im Zweifel das Testament, das zeitlich nicht eingeordnet werden kann, als das früher errichtete anzusehen und bei einem Widerspruch ungültig[7].

5   **4. Inhaltlicher Widerspruch.** Das später errichtete Testament hebt das frühere nur in dem unvereinbaren Teil auf. Der Umfang des Widerrufs folgt dem Umfang der Unvereinbarkeit. Ob und in welchem Umfang sich die Verfügungen widersprechen, ist durch Auslegung nach den allgemeinen Grundsätzen zu ermitteln. Dabei können auch Umstände außerhalb der Urkunde herangezogen werden. Dabei ist zwischen Widerspruch und **Ergänzung** zu unterscheiden. Nicht jede Aufhebung oder Änderung einer Verfügung bedeutet auch einen Widerspruch. So handelt es sich bei zusätzlichen Beschwerungen der in dem früheren Testament Bedachten (zB Beschwerung des Alleinerben mit Nacherbfolge, Vermächtnissen, Auflagen oder Testamentsvollstreckung) nicht um einen Widerspruch, sondern nur um eine Ergänzung, die die Erbeinsetzung unberührt lässt. Dagegen ist die Einsetzung weiterer Erben neben den bislang eingesetzten Alleinerben als ein teilweiser Widerspruch zu qualifizieren. Bei der Auslegung darf weder dem älteren noch dem jüngeren Testament ein größeres Gewicht beigemessen werden; beide stehen insoweit grds gleichwertig auf einer Stufe[8]. Auch bei inhaltlicher Vereinbarkeit mehrerer letztwilliger Verfügungen kann ein Widerspruch dann bestehen, wenn dem durch Auslegung zu entnehmen ist, dass der Erblasser zufolge die spätere Verfügung eine **abschließende Regelung** darstellen soll[9]. In diesem Fall liegt richtiger Ansicht nach ein widerrufendes (§ 2254) und kein widersprechendes Testament (§ 2258) vor[10]. Die bloße **Nichterwähnung** einer in einem früheren Testament getroffenen Verfügung bedeutet noch keine Aufhebung[11]. Wird bei der **Wiederholung** einer früheren Verfügung ein Teil weggelassen, so liegt darin regelmäßig die Aufhebung des nicht wiederholten Teils[12].

6   **5. Kein Aufhebungswille.** Der Erblasser muss bei Errichtung des späteren Testaments Testier-, aber keinen Aufhebungswillen haben. Er braucht nicht einmal an die frühere Verfügung gedacht zu haben. Es genügt, wenn er subjektiv in der neuen Testament enthaltene Verfügung will und diese objektiv in einem Widerspruch zur älteren Anordnung steht[13].

II. Widerruf eines widersprechenden Testaments

7   Wird das widersprechende jüngere Testament vom Erblasser in den Formen der §§ 2254 bis 2256 widerrufen[14], so lebt die Wirksamkeit des früher errichteten wieder auf. Bei § 2258 Abs 2 handelt es

---

[4] Vgl BayObLG NJW-RR 1991, 312; KG OLG NJW-RR 1991, 392; *Reimann/Bengel/J. Mayer/Voit* Rn 10; MünchKommBGB/*Hagena* Rn 8; aA Notariat Gernsbach BWNotZ 1993, 61; *Sonntag* ZEV 1996, 1.
[5] *Reimann/Bengel/J. Mayer/Voit* Rn 10 ff; aA *Sonntag* ZEV 1996, 1, 3 f mwN; zT aA *Staudinger/Baumann* Rn 17.
[6] Vgl BayObLG NJW-RR 1991, 312; KG OLG NJW-RR 1991, 392; *Sonntag* ZEV 1996, 1, 3 f.
[7] Vgl KG OLG NJW-RR 1991, 392, 155; BayObLG NJW-RR 1991, 392.
[8] MünchKommBGB/*Hagena* Rn 4.
[9] BayObLG FamRZ 1989, 441.
[10] Vgl ausf *Erman/M. Schmidt* Rn 2 mwN.
[11] Vgl MünchKommBGB/*Hagena* Rn 4.
[12] Vgl BGH LM Nr 1; BayObLG NJW 1965, 1276; NJWE-FER 1997, 157.
[13] Vgl BGH NJW 1985, 969; BayObLG Rpfleger 1987, 59; FamRZ 1992, 607.
[14] Vgl OLG Dresden NJWE-FER 1998, 61.

sich um eine widerlegbare Auslegungsregel, so dass eine abweichende Bestimmung des Erblassers Vorrang genießt. Möglich ist auch ein teilweiser oder ein bedingter Widerruf. Auch das (zweite) Widerrufstestament kann widerrufen werden, und zwar mit der Folge, dass das (erste) widersprechende Testament wirksam wird und das ursprüngliche Testament aufhebt. Dagegen bleibt eine gemäß § 2258 durch widersprechendes Testament aufgehobene letztwillige Verfügung auch dann unwirksam, wenn die spätere Verfügung aus **tatsächlichen Gründen** (zB Vorversterben des Bedachten) keine Wirkungen entfaltet[15].

III. Recht in den neuen Bundesländern

§ 387 Abs 2 Nr 1 ZGB sieht wie § 2258 Abs 1 den Widerruf durch widersprechendes Testament vor. Da eine dem § 2258 Abs 2 entsprechende Regelung jedoch fehlt, führt die Aufhebung des widersprechenden Testaments nicht zur Wiederherstellung des widerrufenen Testaments[16]. Dieses lebt also trotz der Aufhebung des widersprechenden Testaments nicht wieder auf. Etwas anderes gilt nur dann, wenn dem aufhebenden Testament im Wege der ergänzenden Auslegung der Wille entnommen werden kann, das ursprüngliche Testament wieder in Kraft zu setzen[17]. 8

§ 2258 a Zuständigkeit für die besondere amtliche Verwahrung

(1) Für die besondere amtliche Verwahrung der Testamente sind die Amtsgerichte zuständig.

(2) Örtlich zuständig ist:
1. wenn das Testament vor einem Notar errichtet ist, das Amtsgericht, in dessen Bezirk der Notar seinen Amtssitz hat,
2. wenn das Testament vor dem Bürgermeister einer Gemeinde oder dem Vorsteher eines Gutsbezirks errichtet ist, das Amtsgericht, zu dessen Bezirk die Gemeinde oder der Gutsbezirk gehört,
3. wenn das Testament nach § 2247 errichtet ist, jedes Amtsgericht.

(3) Der Erblasser kann jederzeit die Verwahrung bei einem anderen Amtsgericht verlangen.

1. **Einfache und besondere Verwahrung.** Das Gesetz unterscheidet zwischen der einfachen und der besonderen amtlichen Verwahrung. Bei der einfachen Verwahrungsart werden die Verfügungen von Todes wegen ohne besondere Sicherheitsvorkehrungen gegen Verlust oder Beschädigung in den Gerichtsakten aufgehoben, während bei der in §§ 2258 a, 2258 b geregelten besonderen amtlichen Verwahrung besondere Maßnahmen hiergegen vorgeschrieben sind. Fälle der einfachen amtlichen Verwahrung sind die gemäß § 2259 abgelieferten Verfügungen von Todes wegen oder die bei Erlöschen des Amts oder der Sitzverlegung des Notars vom Amtsgericht gemäß § 51 Abs 1 S 1 BNotO in Verwahrung zu nehmenden Urkunden. 1

2. **Sachliche Zuständigkeit.** Für die Durchführung der besonderen amtlichen Verwahrung der Testamente sind gemäß § 1 Abs 1, 2, 38; 46 Abs 3 LFGG in Baden-Württemberg die Notariate und in allen anderen Bundesländern die Amtsgerichte sachlich zuständig. 2

3. **Örtliche Zuständigkeit.** Die örtliche Zuständigkeit unterliegt gemäß § 2258 a Abs 2 Nr 3, 3; § 11 Abs 2 S 2 KonsularG der freien Disposition des Erblassers. Einem entsprechenden Verlangen ist ohne weitere Prüfung nachzukommen. Der Antrag bedarf keiner Begründung und keiner besonderen Form. Erklärt der Erblasser keinen abweichenden Willen, so ist gemäß § 2258 a Abs 2 Nr 1 das von einem Notar beurkundete Testament dem Amtsgericht in Verwahrung zu geben, in dessen Bezirk dieser seinen Amtssitz hat. Der Bürgermeister oder Gutsvorsteher hat ein von ihm beurkundetes Testament gemäß § 2258 a Abs 2 Nr 2 dem Amtsgericht zu übergeben, zu dessen Bezirk die vertretene Gemeinde oder der Gutsbezirk gehört. § 2258 a Abs 2 Nr 2 ist analog anzuwenden, wenn ein vor drei Zeugen errichtetes Nottestament zur besonderen amtlichen Verwahrung abgeliefert wird (vgl § 2250 Rn 18). Der Konsularbeamte hat gemäß § 11 Abs 2 S 1 KonsularG das Testament beim Amtsgericht Berlin-Schöneberg abzuliefern. 3

Die Ablieferung beim örtlich unzuständigen Notariat oder Amtsgericht begründet ebenfalls die besondere amtliche Verwahrung, jedoch ist das unzuständige Notariat bzw Amtsgericht zur Weiterleitung an die zuständige Stelle verpflichtet. 4

§ 2258 b Verfahren bei der besonderen amtlichen Verwahrung

(1) Die Annahme zur Verwahrung sowie die Herausgabe des Testaments ist von dem Richter anzuordnen und von ihm und dem Urkundsbeamten der Geschäftsstelle gemeinschaftlich zu bewirken.

---

[15] BayObLG DNotZ 1996, 319.
[16] MünchKommBGB/*Hagena* Rn 11.
[17] Vgl *Reimann/Bengel/J. Mayer/Voit* Rn 2.

§ 2258 b

(2) **Die Verwahrung erfolgt unter gemeinschaftlichem Verschluss des Richters und des Urkundsbeamten der Geschäftsstelle.**

(3) [1]**Dem Erblasser soll über das in Verwahrung genommene Testament ein Hinterlegungsschein erteilt werden.** [2]**Der Hinterlegungsschein ist von dem Richter und dem Urkundsbeamten der Geschäftsstelle zu unterschreiben und mit dem Dienstsiegel zu versehen.**

1 **1. Ablieferung und Annahme.** Das öffentliche Testament muss, das **eigenhändige** kann in die besondere amtliche Verwahrung der Amtsgericht gebracht werden (§ 34 Abs 1 S 4 BeurkG bzw § 2248 S 1), um sie vor Verlust oder Unterdrückung zu schützen. Auch das vor **drei Zeugen** errichtete Testament kann in die besondere amtliche Verwahrung gebracht werden (siehe § 2250 Rn 18). Dies gilt auch für das **gemeinschaftliche Testament**. Bei einem eigenhändigen gemeinschaftlichen Testament muss der Antrag von beiden Ehegatten gestellt werden. Der **Erbvertrag** ist auf Verlangen eines Vertragsteils vom Notar zur besonderen amtlichen Verwahrung abzuliefern, und zwar selbst dann, wenn ein anderer Beteiligter widerspricht (§ 34 Abs 2 und 3 BeurkG). Die Ablieferung muss in keinem Fall persönlich erfolgen. Der Erblasser kann sich bei einem eigenhändigen Testament ebenso eines Vertreters oder Boten bedienen wie der Notar, Bürgermeister, Gutsvorsteher, Konsularbeamte oder die drei Zeugen. Abzuliefern ist bei einem notariellen oder konsularischen Testament die **Urschrift** und in allen anderen Fällen das **Original** des Testaments. Wird ein Erbvertrag antragsgemäß zur Verwahrung abgeliefert, so ist ebenfalls die Urschrift dem Amtsgericht auszuhändigen. Ausfertigungen, beglaubigte oder einfache Abschriften, die nicht etwa selbst den Bestimmungen des § 2247 entsprechen, genügen dagegen nicht.

2 Die **Annahme** wird in Baden-Württemberg vom Notar und in allen anderen Bundesländern vom Rechtspfleger, dem gemäß § 3 Nr 2 c RPflG diese Aufgabe übertragen ist, angeordnet. Das Gericht bzw der Notar hat das zur Verwahrung vorgelegte Testament weder formell noch inhaltlich zu prüfen. Nur wenn lediglich eine Ablichtung (Fotokopie) oder eine den Bestimmungen des § 2247 nicht genügende Abschrift des Testaments zur Verwahrung vorgelegt wird, kann die Annahme abgelehnt werden. Eine weitergehende Prüfung findet nicht statt[1].

3 Gegen die **Ablehnung der Annahme** steht dem Erblasser das Recht der Beschwerde zu[2]. Auch der abliefernde Notar ist beschwerdebefugt[3].

4 **2. Verwahrung.** Die Verwahrung hat unter gemeinschaftlichem **Verschluss** des Rechtspflegers und des Urkundsbeamten zu erfolgen. Der Urkundsbeamte hat auf Grund der ihm vorgelegten Annahmeverfügung des Rechtspflegers das Testament gemäß § 27 Abs 4 AktO in das Verwahrungsbuch einzutragen und im Testamentsschrank einzuschließen.

5 Dem Erblasser muss ein **Hinterlegungsschein,** dessen Inhalt § 27 Abs 6 AktO festlegt, erteilt werden. Auf Verlangen ist dem abliefernden Notar oder Bürgermeister der Empfang des Testaments zu bestätigen (§ 27 Abs 6 AktO).

6 Das Amtsgericht bzw das baden-württembergische Notariat hat ferner unverzüglich das für den Geburtsort des Erblassers zuständige Standesamt oder, wenn dieser Ort außerhalb der Bundesrepublik Deutschland liegt, das Standesamt in Berlin-Schöneberg von der Testamentsverwahrung zu **benachrichtigen.** Die Einzelheiten dazu sind in der bundeseinheitlichen Bekanntmachung der Länder über die Benachrichtigung in Nachlasssachen geregelt[4].

7 **3. Herausgabe.** Die Herausgabe eines Testaments ist außer zum Zwecke der Eröffnung gemäß §§ 2260 ff nur möglich, wenn der Erblasser dies beantragt (§ 2256 Abs 2 S 2). Bei einem gemeinschaftlichen Testament muss der Herausgabeantrag von beiden Ehegatten gestellt werden (§ 2272). Die Herausgabe darf nicht abgelehnt werden. Dies gilt selbst dann, wenn der Hinterlegungsschein nicht vorgelegt wird, die Identität des betroffenen Testaments aber eindeutig feststeht[5]. Der Antrag kann formlos gestellt werden und bedarf keiner Begründung. Von der Herausgabe ist jedoch die **bloße Einsichtnahme** in das Testament, die vom Erblasser jederzeit verlangt werden kann (§ 2256 Rn 3), zu unterscheiden. Nach Einsichtnahme ist das Testament erneut zu verschließen. Die Herausgabe wird in Baden-Württemberg vom Notar und in allen anderen Bundesländern vom Rechtspfleger angeordnet. Diesem obliegt bei der Herausgabe eines öffentlichen Testaments auch die Belehrung gemäß § 2256 Abs 1 S 2. Die Belehrung ist auf dem Testament zu vermerken (§ 27 Abs 4 AktO)[6]. Die Herausgabe eines Testaments erfolgt **an den Erblasser höchstpersönlich** (vgl § 2256 Rn 4), bei einem gemeinschaftlichen Testament an beide Ehegatten. Nach dem Tod eines Ehegatten ist die Herausgabe eines gemeinschaftlichen Testaments an den Überlebenden ausgeschlossen. Ein in amtlicher Verwahrung befindlicher Erbvertrag, der nur Verfügungen von Todes wegen enthält, ist den Vertragsschließenden auszuhändigen (§ 2300 Abs 2; vgl dort Rn 3).

8 Gegen die Verweigerung der Herausgabe oder der Einsichtnahme steht nur dem Erblasser und – bei einem Erbvertrag – dem anderen Vertragsteil das Recht der Beschwerde zu, nicht aber der Urkundsperson[7].

---

[1] *Reimann/Bengel/J. Mayer/Voit* Rn 6.
[2] KG OLGZ 1916, 53.
[3] OLG Brandenburg Beschluss vom 19. 6. 2007, 3 Wx 4/07, BeckRS 2007, 19174 mwN.
[4] Abgedruckt zB bei *Huhn/v. Schrukmann* S 938 ff.
[5] MünchKommBGB/*Hagena* Rn 14 mwN; aA *Palandt/Edenhofer* Rn 4.
[6] OLG Hamm FamRZ 1974, 391.
[7] MünchKommBGB/*Hagena* Rn 20; aA *Staudinger/Barmann* Rn 22.

§ 2259 Ablieferungspflicht

(1) Wer ein Testament, das nicht in besondere amtliche Verwahrung gebracht ist, im Besitz hat, ist verpflichtet, es unverzüglich, nachdem er von dem Tode des Erblassers Kenntnis erlangt hat, an das Nachlassgericht abzuliefern.

(2) ¹Befindet sich ein Testament bei einer anderen Behörde als einem Gericht in amtlicher Verwahrung, so ist es nach dem Tode des Erblassers an das Nachlassgericht abzuliefern. ²Das Nachlassgericht hat, wenn es von dem Testament Kenntnis erlangt, die Ablieferung zu veranlassen.

I. Gegenstand der Ablieferungspflicht

Abzuliefern ist jede Urkunde, die nach Form oder Inhalt als Verfügung von Todes wegen erscheint, und zwar selbst dann, wenn die formelle und/oder materielle Unwirksamkeit für jedermann erkennbar ist. Ablieferungspflichtig sind also alle schriftlichen Erklärungen des Erblassers, durch die er die Rechtsverhältnisse nach seinem Tod regeln will, also nicht bloße Ankündigungen oder Entwürfe künftiger Anordnungen. Bei Zweifeln sind jedoch auch die zuletzt genannten Schriftstücke abzuliefern[1]. § 2259 gilt nicht nur für **einseitige Testamente**, sondern auch für **gemeinschaftliche Testamente**. Abgeliefert werden müssen auch durch Rückgabe gemäß § 2256 Abs 1 widerrufene öffentliche Testamente, widerrufene Testamente, aufgehobene **Erbverträge**, durch Zeitablauf ungültig gewordene **Nottestamente**, formnichtige Testamente sowie Testamente mit Widerrufs- oder Ungültigkeitsvermerken. Der Ablieferungspflicht unterliegen auch die im Ausland errichteten oder sich befindlichen Verfügungen von Todes wegen deutscher Staatsangehöriger. Im Inland befindliche Verfügungen ausländischer Staatsangehöriger sind ebenfalls dem Nachlassgericht auszuhändigen, und zwar ohne Rücksicht darauf, wo der Ausländer seinen Wohnsitz hat[2]. Auch Anordnungen, die die Beerdigung regeln, sind abzuliefern, es sei denn, sie beschränken sich auf die Art der Bestattung, zB Feuer- oder Seebestattung[3]. 1

Nicht abzuliefern sind **Erbverzichtsverträge** und **Aufhebungsverträge** gemäß § 2290[4]. 2

Bei einer von einem Notar oder einem Konsularbeamten beurkundeten Verfügung von Todes wegen ist die **Urschrift** abzuliefern, nicht nur eine Ausfertigung oder eine beglaubigte bzw einfache Abschrift. Im Falle des Verlustes der Urschrift kann jedoch auch eine Ausfertigung oder eine beglaubigte Abschrift der Ablieferungspflicht unterliegen. Das Gleiche gilt, wenn ausländisches Recht die Aushändigung der Urschrift der Notarurkunde verbietet oder die im Ausland befindliche Urschrift aus sonstigen Gründen nicht erlangt werden kann[5]. Bei allen anderen Verfügungen von Todes wegen ist das **Original der Urkunde** abzuliefern. Beglaubigte oder einfache Abschriften reichen nicht aus. Sind mehrere gleich lautende Urkunden vorhanden, so sind alle abzuliefern. 3

II. Ablieferungspflichtige

1. Privatperson. Ablieferungspflichtig gemäß § 2259 Abs 1 ist jede Person, die nicht Behörde iS des Abs 2 ist und auf dem Gebiet der Bundesrepublik Deutschland den unmittelbaren Besitz iS des § 857 an einer im Inland befindlichen Verfügung von Todes wegen hat[6]. Diese Pflicht entsteht, sobald diese Person vom Tod des Verfügenden Kenntnis erlangt. Die Verfügung ist unverzüglich, dh ohne schuldhaftes Zögern, (§ 121) dem Nachlassgericht abzuliefern, ohne dass dieses die Aushändigung erst verlangen muss. Die Ablieferung kann auch durch Boten (zB Post) erfolgen. 4

Die Ablieferungspflicht besteht zwar in erster Linie gegenüber dem Nachlassgericht. Jedoch kann auch **jede Person**, die Rechte aus der abzuliefernden Verfügung von Todes wegen geltend machen kann, den Besitzer auf Herausgabe an das Nachlassgericht **verklagen**[7]. 5

Der Erblasser kann den Besitzer nicht von dieser Ablieferungspflicht befreien. Entsprechende **Ablieferungsverbote** sind gemäß § 2263 unwirksam. 6

Erhält das Nachlassgericht Kenntnis, dass eine Person im Inland im unmittelbaren Besitz einer Verfügung von Todes wegen ist, so muss es diese zur Ablieferung auffordern. Kommt der Besitzer dieser Aufforderung innerhalb der gesetzten, angemessenen Frist nicht nach, so kann es die Ablieferung entweder durch Festsetzung von Zwangsgeld (§§ 83 Abs 1, 33 Abs 1 FGG) oder durch Anwendung unmittelbaren Zwangs (§§ 83 Abs 1, 33 Abs 2 FGG) erzwingen. Besteht lediglich eine Vermutung, so kann das Nachlassgericht den vermeintlichen Besitzer zur Abgabe einer eidesstattlichen Versicherung, dass die Verfügung von Todes wegen nicht besitze und deren Verbleib nicht kenne, auffordern (§§ 83 Abs 2, 15 FGG)[8]. Die **zwangsweise Durchsetzung** der Ablieferungspflicht hat von Amts wegen zu erfolgen, ein Antrag ist nicht erforderlich. Wird die von einem Betroffenen beantragte 7

---

[1] Vgl zu § 2260 OLG Frankfurt Rpfleger 1970, 392; KG Rpfleger 1977, 256; OLG Hamm Rpfleger 1983, 252, 253.
[2] Vgl MünchKommBGB/*Hagena* Rn 8, 46.
[3] Vgl *Reimann/Bengel/J. Mayer/Voit* Rn 4.
[4] OLG Düsseldorf MittRhNotK 1973, 199.
[5] MünchKommBGB/*Hagena* Rn 13.
[6] Vgl LG Braunschweig NdsRpfl 1997, 138.
[7] RG WarnR 1913 Nr 246; BayObLG Rpfleger 1984, 19.
[8] KG OLGZ 23, 372; MünchKommBGB/*Hagena* Rn 35.

§ 2260 Buch 5. Abschnitt 3. Testament

zwangsweise Durchsetzung abgelehnt, so ist dagegen der Rechtsbehelf der Beschwerde bzw weiteren Beschwerde gegeben[9].

8 **Liefert** der Besitzer die Verfügung **schuldhaft nicht ab** oder vernichtet er die Urkunde, so ist er gemäß § 823 zum Ersatz des Schadens verpflichtet und unter Umständen sogar wegen Urkundenunterdrückung (§ 274 Abs 1 Nr 1 StGB) strafbar. Ferner kann er gemäß § 2339 Abs 1 Nr 4 für erbunwürdig erklärt werden.

9 **2. Behörden.** Behörden sind alle auf Grund öffentlichen Rechts tätigen Stellen. Dazu gehören Notare, Bürgermeister, Konsulate, Polizeibehörden oder Staatsanwaltschaften. Notare, Bürgermeister und Konsularbeamte sind jedoch bereits auf Grund § 34 Abs 1 BeurkG, § 2249 Abs 1 S 4 bzw § 11 Abs 2 KonsularG verpflichtet, unverzüglich nach der Beurkundung ein Testament zur besonderen amtlichen Verwahrung an das Amtsgericht abzuliefern. Bei diesen greift die Pflicht gemäß § 2259 Abs 2 also nur bei unterbliebener Ablieferung oder bei Erbverträgen, die vom Notar selbst verwahrt werden, ein. In Baden-Württemberg ist das Notariat selbst zur Eröffnung zuständig, so dass für dieses die Ablieferungspflicht gemäß § 2259 Abs 2 nicht gilt.

10 **Verweigert** eine ablieferungspflichtige Behörde die Herausgabe einer Verfügung von Todes wegen, so können keine Zwangsmittel angewendet werden. Es besteht allein die Möglichkeit, über die übergeordnete Behörde die Auslieferung zu erwirken. Die Weigerung, eine Verfügung von Todes wegen abzuliefern, kann aber eine Amtspflichtverletzung darstellen und zum Schadensersatz verpflichten.

III. Zuständigkeit und Verfahren

11 Die Urkunde ist dem örtlich zuständigen Nachlassgericht (§§ 72, 73 FGG) abzuliefern. Wird die Verfügung bei einem unzuständigen Gericht abgeliefert, ist die sich aus § 2259 ergebende Pflicht erfüllt. Das unzuständige Gericht hat die Urkunde an das zuständige Nachlassgericht weiterzuleiten. Für das Verfahren gemäß § 2259 ist der Rechtspfleger funktionell zuständig (§ 3 Nr 2 c RPflG).

12 Nach der Ablieferung wird die Urkunde nicht etwa in die besondere amtliche Verwahrung gebracht, sondern lediglich **zu den Nachlassakten** genommen (§ 27 Abs 11 AktO). Auf Verlangen wird dem Einlieferer eine schriftliche Eingangsbestätigung erteilt.

§ 2260 Eröffnung des Testaments durch das Nachlassgericht

(1) [1]Das Nachlassgericht hat, sobald es von dem Tode des Erblassers Kenntnis erlangt, zur Eröffnung eines in seiner Verwahrung befindlichen Testaments einen Termin zu bestimmen. [2]Zu dem Termin sollen die gesetzlichen Erben des Erblassers und die sonstigen Beteiligten, soweit tunlich, geladen werden.

(2) [1]In dem Termin ist das Testament zu öffnen, den Beteiligten zu verkünden und ihnen auf Verlangen vorzulegen. [2]Die Verkündung darf im Falle der Vorlegung unterbleiben. [3]Die Verkündung unterbleibt ferner, wenn im Termin keiner der Beteiligten erscheint.

(3) [1]Über die Eröffnung ist eine Niederschrift aufzunehmen. [2]War das Testament verschlossen, so ist in der Niederschrift festzustellen, ob der Verschluss unversehrt war.

Schrifttum: *Eickmann,* Das rechtliche Gehör in Verfahren vor dem Rechtspfleger, Rpfleger 1982, 449; *Haegele,* Einzelfragen zur Testaments-Eröffnung, Rpfleger 1968, 137; *Westphal,* Rechtliches Gehör in Nachlaßsachen, Rpfleger 1983, 204.

Übersicht

	Rn		Rn
I. Zuständigkeit	1	3. Eröffnungstermin und -protokoll	11
1. Sachliche Zuständigkeit	1	4. Rechtsbehelf	12
2. Örtliche Zuständigkeit	2	5. Kosten	13
II. Kenntnis vom Tod	3	V. Verwahrung der eröffneten Verfügungen	14
III. Eröffnungspflichtige Verfügungen von Todes wegen	4	VI. Benachrichtigungs- und Hinweispflichten	15
IV. Eröffnungsverfahren	9	VII. Erbnachweis durch Vorlage des Eröffnungsprotokolls	16
1. Verfahrensbeteiligte	9		
2. Ladung	10		

I. Zuständigkeit

1 **1. Sachliche Zuständigkeit.** Sachlich zuständig ist das Nachlassgericht. Dies ist in Baden-Württemberg das Notariat und in allen anderen Bundesländern das Amtsgericht. Bei den Amtsgerichten ist die Eröffnung funktionell dem Rechtspfleger übertragen (§ 3 Nr 2 c RPflG). Wird die Verfügung von

---

[9] OLG Karlsruhe Justiz 1978, 141 zur eidesstattlichen Versicherung.

Eröffnung des Testaments durch das Nachlassgericht § 2260

einem anderen Gericht amtlich verwahrt, so erfolgt die Eröffnung gemäß § 2261 ausnahmsweise durch dieses. Eine weitere Ausnahme enthält § 11 Abs 3 KonsularG, wenn die Verfügung vom Konsularbeamten verwahrt wird. Der Antrag auf Eröffnung durch ein anderes Gericht ist unzulässig[1].

2. Örtliche Zuständigkeit. Örtlich zuständig ist das Nachlassgericht bzw Notariat, in dessen Bezirk 2
der Erblasser seinen letzten Wohnsitz hat, ersatzweise seinen letzten inländischen Aufenthaltsort hatte (§ 73 Abs 1 FGG). Falls der Erblasser bei seinem Tod in der Bundesrepublik Deutschland weder wohnte noch sich aufhielt, gelten die Sonderregelungen des § 73 Abs 2 und 3 FGG. Bei einem Streit zwischen mehreren Gerichten über die örtliche Zuständigkeit ist gemäß § 5 FGG zu verfahren[2].

II. Kenntnis vom Tod

Das Nachlassgericht erhält die Kenntnis vom Tod des Erblassers regelmäßig durch die Benachrichti- 3
gung des Standesbeamten auf Grund der bundeseinheitlichen Bekanntmachung über die Benachrichtigung in Nachlasssachen[3]. Verwahrt das Nachlassgericht die Verfügung nicht selbst, so erhält es durch Übersendung der Verfügung vom Todesfall Kenntnis. Es genügt aber auch, wenn dem Nachlassgericht das Original einer standesamtlichen Sterbeurkunde oder eine Ausfertigung einer Todeserklärung auf Grund des VerschG vorgelegt wird. Das Nachlassgericht hat jedoch auch dann, wenn es auf sonstige Weise vom Tod erfährt, von Amts wegen gemäß § 12 FGG sich Gewissheit über den Tod zu verschaffen.

III. Eröffnungspflichtige Verfügungen von Todes wegen

Zu eröffnen ist jede **Urkunde**, die nach Form oder Inhalt als Verfügung von Todes wegen erscheint, 4
und zwar selbst dann, wenn die formelle und/oder materielle Unwirksamkeit für jedermann erkennbar ist, weil das Eröffnungsverfahren völlig frei bleiben muss von materiell-rechtlichen Fragen[4]. Diese von dem Erbscheins- oder Prozessverfahren vorbehalten. Da der Testamentsbegriff mit dem des § 2259 identisch ist, wird auf § 2259 Rn 1 verwiesen. Der Eröffnungspflicht unterfallen demgemäß sämtliche Verfügungen, die vom Nachlassgericht (einfach oder besonders) amtlich verwahrt oder die gemäß § 2259 abgeliefert werden. Auch bloße Ankündigungen und Entwürfe künftiger Verfügungen sind zu eröffnen, wenn sie für die Auslegung anderer Verfügungen bedeutsam sein können[5]. Auf gemeinschaftliche Testamente ist § 2260 ebenfalls anzuwenden, jedoch mit den sich aus § 2273 ergebenden Besonderheiten, die der Tatsache Rechnung tragen, dass es sich dabei um die äußerliche Zusammenfassung zweier Testamente handelt.

Das Nachlassgericht hat vor der Eröffnung zu **prüfen**, ob die Urkunde eröffnungspflichtig ist, also 5
nach Form oder Inhalt als Verfügung von Todes wegen erscheint. Gelangt es zu der Überzeugung, dass dies nicht der Fall ist, so ist dies in den Nachlassakte zu vermerken und die Eröffnung zu unterlassen; die Urkunde kann unter Zurückbehaltung einer beglaubigten Abschrift zurückgegeben werden. Bestehen jedoch lediglich Zweifel daran, ob es sich um eine eröffnungspflichtige Verfügung handelt, so hat die Eröffnung zu erfolgen[6].

Bei einer von einem Notar oder einem Konsularbeamten beurkundeten Verfügung von Todes 6
wegen ist die **Urschrift** zu eröffnen, nicht nur eine Ausfertigung, beglaubigte oder einfache Abschrift. Im Falle des Verlustes der Urschrift kann jedoch auch eine Ausfertigung oder eine beglaubigte Abschrift eröffnet werden[7]. Das Gleiche gilt, wenn ausländisches Recht die Aushändigung der Urschrift der Notarurkunde verbietet oder die im Ausland befindliche Urschrift aus sonstigen Gründen nicht erlangt werden kann[8]. Bei allen anderen Verfügungen von Todes wegen ist das **Original** der Urkunde zu eröffnen. Beglaubigte oder einfache Abschriften werden bei diesen nicht eröffnet[9]. Sind mehrere gleich lautende Urkunden vorhanden, so sind alle zu eröffnen.

Testamente ausländischer Staatsangehöriger werden vom deutschen Nachlassgericht nur eröff- 7
net, wenn:
– nach der Überzeugung des Nachlassgerichts zumindest in Ansehung eines Nachlassteils deutsches Erbrecht Anwendung findet (zB Rechtswahl[10],
– ein Fremdrechtserbschein gemäß § 2369 beantragt ist[11],
– dies zur Sicherung des Nachlasses notwendig erscheint[12] oder
– die Erben oder anderen Zuwendungsempfänger ohne die Eröffnung rechtsschutzlos bleiben würden[13].

---

[1] BayObLGZ 1931, 91.
[2] KG Rpfleger 1977, 100.
[3] Abgedruckt zB bei *Huhn/v. Schuckmann* S 938 ff.
[4] BayObLG NJW 1990, 128; LG Köln Rpfleger 1992, 436; aA bei „zweifelsfrei" fehlendem Testierwillen; OLG Hamm DNotZ 1983, 620; MünchKommBGB/*Hagena* Rn 13.
[5] *Reimann/Bengel/J. Mayer/Voit* Rn 8 mwN.
[6] Vgl OLG Frankfurt Rpfleger 1970, 392; KG OLG FamRZ 1977, 483; OLG Hamm Rpfleger 1983, 252, 253; *Reimann/Bengel/J. Mayer/Voit* Rn 8.
[7] Vgl KG, Beschluss vom 9. 1. 2007, 1 W 188/06, BeckRS 2007, 2003.
[8] Vgl zur vergleichbaren Rechtslage des § 2259 LG Berlin DFG 1942, 58.
[9] Vgl dagegen MünchKommBGB/*Hagena* Rn 14, der aber übersieht, dass es nur bei notariellen Vorschriften Ausfertigungen und beglaubigte Abschriften gibt, in allen anderen Fällen Originale.
[10] *Reimann/Bengel/J. Mayer/Voit* Rn 12; vgl BayObLGZ 1958, 34, 37.
[11] Vgl LG Lübeck SchlHA 1958, 334.
[12] KG JW 1937, 1728, 1729.
[13] OLG Zweibrücken OLGZ 1985, 413, 416.

Litzenburger

§ 2260 Buch 5. Abschnitt 3. Testament

Bei einer von einem Notar oder einem Konsularbeamten beurkundeten Verfügung von Todes wegen ist die Urschrift zu eröffnen, nicht nur eine Ausfertigung, beglaubigte oder einfache Abschrift. Im Falle des Verlustes der Urschrift kann jedoch auch eine Ausfertigung oder eine beglaubigte Abschrift der Eröffnungspflicht unterliegen. Das Gleiche gilt, wenn ausländisches Recht die Aushändigung der Urschrift der Notarurkunde verbietet oder die im Ausland befindliche Urschrift aus sonstigen Gründen nicht erlangt werden kann[14]. Bei allen anderen Verfügungen von Todes wegen ist das Original der Urkunde zu eröffnen.

8   Ebenso wenig wie der Erblasser die Ablieferung gemäß § 2259 untersagen kann, darf er die Eröffnung verbieten. Ein entsprechendes **Eröffnungsverbot** ist gemäß § 2263 nichtig.

IV. Eröffnungsverfahren

9   **1. Verfahrensbeteiligte.** Am Eröffnungsverfahren sind zunächst alle **gesetzlichen Erben** beteiligt. Dazu zählen zwar alle Verwandten des Erblassers, Adoptivkinder, der Ehegatte (§ 1931) und der Staat (§ 1936). Trotz dieser weiten Gesetzesformulierung sind jedoch zur Eröffnung nur die nächsten Verwandten, also diejenigen, die ohne die Verfügung gesetzliche Erben geworden wären, den Ehegatten, pflichtteilsberechtigte Personen, Enterbte oder Erbunwürdige zu laden[15]. Weiter sind zu beteiligen alle Personen, denen die zu eröffnende Verfügung Rechte zuwendet oder nimmt oder deren Rechtsposition diese unmittelbar ändert[16]. Zu diesen **sonstigen Beteiligten** gehören Erben einschließlich Vor- und Nacherben, Ersatzerben, Vermächtnisnehmer einschließlich Vor- und Nachvermächtnisnehmer, Ersatzvermächtnisnehmer, bei Auflagen sowohl Begünstigte als auch Vollzugsberechtigte, Testamentsvollstrecker sowie Personen, denen die Verfügung Verwaltungsrechte oder die Vormundschaft einräumt oder vorenthält. Die Ladungspflicht sonstiger Beteiligter besteht nur, wenn sich die Betroffenheit aus dem Gericht offen vorliegenden Verfügungen ergibt. Die **Nachlassgläubiger** sind nach allgemeiner Meinung dagegen nicht beteiligt[17].

10 **2. Ladung.** Die Ladung zum Eröffnungstermin erfolgt von Amts wegen unverzüglich nach Kenntnis vom Tod des Erblassers. Sie bedarf keiner Form. Das Gericht hat von Amts wegen die Namen und Anschriften der zu ladenden Personen zu ermitteln, der Umfang der Nachforschungen liegt jedoch in dessen pflichtgemäßen Ermessen, so dass zeitraubende Ermittlungen regelmäßig zu unterbleiben haben. Die Praxis ist entgegen dem Wortlaut dazu übergegangen, von einer Ladung generell abzusehen und den Beteiligten sofort das Eröffnungsprotokoll nebst einer beglaubigten Ablichtung der eröffneten Verfügung zu übersenden. Dieses Vorgehen ist sicher ein Ermessensmissbrauch und daher unzulässig[18].

11 **3. Eröffnungstermin und -protokoll.** An der Verhandlung dürfen andere Personen als die Verfahrensbeteiligten nur mit deren Zustimmung teilnehmen. Im Termin stellt der Rechtspfleger zunächst den Todestag fest. Anschließend prüft er bei verschlossenen Verfügungen die Unversehrtheit des Verschlusses und öffnet diesen. Die Eröffnung erfolgt bei offenen wie bei verschlossenen Verfügungen durch Vorlesen des Urkundstextes, es sei denn, den anwesenden Beteiligten wird auf deren Verlangen die Urkunde zur Einsichtnahme vorgelegt oder es ist zum Termin kein Beteiligter erschienen. Zu Belehrungen, auch über Pflichtteils-, Ausschlagungs-, Anfechtungsrechte oder Erbenhaftung ist das Gericht nicht verpflichtet[19]. Soweit Erörterungen hierüber stattfinden, müssen die erteilten Auskünfte selbstverständlich richtig sein, um keine Amtshaftungsansprüche auszulösen. Über die Eröffnungsverhandlung ist in analoger Anwendung des § 37 BeurkG eine Niederschrift, das sog „Eröffnungsprotokoll", anzufertigen[20]. Darin ist insbes festzuhalten, ob der Verschluss unbeschädigt war[21].

12 **4. Rechtsbehelf.** Hat ein Beteiligter die Eröffnung beantragt und lehnt das Nachlassgericht diese ab, so kann dieser Beschwerde dagegen einlegen. Das Gleiche gilt für einer – nicht notwendigen, in Zweifelsfällen aber durchaus zu empfehlenden – Ankündigung der Eröffnung durch einen Vorbescheid[22]. Auch die Ladung ist beschwerdefähig[23]. Gegen die durchgeführte Eröffnung ist dagegen kein Rechtsbehelf gegeben, da der reale Akt nicht rückgängig gemacht werden kann[24].

13 **5. Kosten.** Für die Eröffnung jeder eröffnungspflichtigen Verfügung fällt die Gebühr gemäß §§ 102, 103 KostO an, so dass bei mehreren Urkunden diese Gebühr mehrfach entsteht[25]. Erfolgt die Eröffnung mehrerer Verfügungen durch dasselbe Gericht bzw Notariat, so wird die Gebühr aus dem zusammengerechneten Wert berechnet (§ 103 Abs 2). Für die bei verschiedenen Amtsgerichten bzw Notariaten eröffneten letztwilligen Verfügungen eines Erblassers fallen die Eröffnungsgebühren mehr-

---

[14] Vgl LG Berlin DFG 1942, 88; MünchKommBGB/*Hagena* Rn 5.
[15] Vgl KG Rpfleger 1979, 139; OLG Hamm OLGZ 1984, 286.
[16] *Haegele* Rpfleger 1968, 137; *Reimann/Bengel/J. Mayer/Voit* Rn 13.
[17] ZB *Haegele* Rpfleger 1968, 137.
[18] Krit auch *Soergel/J. Mayer* Rn 18.
[19] Ebenso *Palandt/Edenhofer* Rn 7; aA MünchKommBGB/*Hagena* Rn 33; AnwK-BGB/*Beck* Rn 8, 16: bürgerfreundliches Verhalten.
[20] Vgl BayObLG Rpfleger 1988, 459; MünchKommBGB/*Hagena* Rn 34.
[21] Ausf MünchKommBGB/*Burkart* Rn 14.
[22] AnwK-BGB/*Beck* Rn 17.
[23] OLG Hamm Rpfleger 1983, 252.
[24] OLG Köln Rpfleger 2003, 503; LG Köln Rpfleger 1992, 436.
[25] KG Rpfleger 1979, 277.

fach an[26]. Geschäftswert ist der Nachlasswert nach Abzug der Verbindlichkeiten (§§ 103 Abs 1, 46 Abs 4 KostO). Diese Kosten sind Nachlasskostenschulden iS des § 1967 Abs 1.

V. Verwahrung der eröffneten Verfügungen

Die eröffneten Verfügungen verbleiben nach der Eröffnung in Urschrift oder Original unverschlossen in den Nachlassakten. Bei einem gemeinschaftlichen Testament ist allerdings die besondere Bestimmung des § 2273 Abs 2 S 2 zu beachten. Stellt sich bei Eröffnung jedoch heraus, dass die eröffnete Urkunde weder nach Form noch nach ihrem Inhalt als Verfügung von Todes wegen erscheint, ist sie zurückzugeben (vgl Rn 5). Die Beteiligten haben selbst dann keinen Anspruch auf Aushändigung der eröffneten Verfügungen, wenn der Erblasser dies angeordnet hat[27] oder ein erhebliches ethisches Interesse an der Herausgabe besteht[28]. **14**

VI. Benachrichtigungs- und Hinweispflichten

Gemäß § 2262 sind die Verfahrensbeteiligten, die bei der Eröffnung – aus welchem Grund auch immer – nicht anwesend waren, über den sie selbst betreffenden Inhalt der eröffneten Verfügung zu informieren. § 83 GBO verpflichtet das Nachlassgericht ferner, wenn und soweit es vom Vorhandensein von Grundbesitz Kenntnis hat, das Grundbuchamt über den Erbfall und die Erben zu informieren. Weiter muss das Gericht nach § 60 Abs 4 KostO auf die Gebührenbegünstigung hinweisen, wenn die erforderliche Grundbuchberichtigung innerhalb von zwei Jahren ab dem Todesfall beantragt wird. Eine beglaubigte Ablichtung der eröffneten Verfügung ist ferner gemäß § 12 Abs 1 S 1 ErbStDV mittels eines vorgeschriebenen Formulars dem für den Wohnsitz des Erblassers zuständigen Erbschaftsteuer-Finanzamt zu übersenden. **15**

VII. Erbnachweis durch Vorlage des Eröffnungsprotokolls

Das gerichtliche Eröffnungsprotokoll kann in Verbindung mit einem öffentlichen Testament oder einem Erbvertrag an Stelle eines Erbscheins den **Erbnachweis** erbringen, vorausgesetzt allerdings, dass sich der Ausfertigung des gerichtlichen Protokolls in Verbindung mit einer beglaubigten Ablichtung der Verfügung von Todes wegen mit den Mitteln einfacher erläuternder Auslegung (§ 2084 Rn 6ff) die Person des oder der Erben entnehmen lässt[29]. Dies gilt selbst dann, wenn bei der Auslegung über die Anwendbarkeit ausländischen Rechts zu entscheiden ist[30]. Bedarf es dagegen der ergänzenden Auslegung (§ 2084 Rn 35ff) oder des Rückgriffs auf gesetzliche Auslegungs- oder Ergänzungsregeln (zB §§ 2069, 2087), um die Person des Erben oder die Erbquote zu bestimmen, fehlt es wegen der dann notwendigen Erforschung von Umständen außerhalb der Testamentsurkunde an der notwendigen Eindeutigkeit der Erbeinsetzung[31]. Die Eignung als Erbnachweis entfällt deshalb insbes dann, wenn: **16**
– die Erben nicht namentlich bezeichnet sind[32],
– bei mehreren Erben – auch Ersatz- oder Nacherben – die Erbquoten nicht angegeben sind,
– beim Wegfall eines Erben (Ersatzerbfolge) in der Verfügung kein Ersatzerbe namentlich eingesetzt ist,
– die Verfügung die Nacherbfolge für einen anderen Fall als den Tod des Vorerben anordnet oder die Nacherben darin nicht namentlich bezeichnet sind[33],
– die Erbeinsetzung bedingt ist, vor allem durch Wiederheirat oder das Geltendmachen des Pflichtteils[34],
– die Wirkungen auf frühere Verfügungen nicht unmissverständlich angegeben sind,
– die Gültigkeit einer Anordnung von der erbrechtlichen Bindungswirkung früherer Verfügungen abhängt und diese sich nicht ausdrücklich aus der Urkunde ergibt[35],
– die Verfügung später durch ein eigenhändiges Testament ganz oder teilweise widerrufen worden ist[36] oder
– zur Unwirksamkeit führende Muss-Bestimmungen des Beurkundungsrechts unzweifelhaft verletzt sind[37].

Nicht verallgemeinerungsfähige **Sonderregelungen** idS gelten im Grundbuchverfahren gemäß § 35 Abs 1 S 2 GBO, im Schiffsregisterverfahren gemäß § 41 Abs 1 S 2 SchiffsRegO und im Registerverfahren für Luftfahrzeuge gemäß § 86 Abs 1 LuftRG. Entsprechendes gilt im Handelsregisterverfahren für den nach § 12 Abs 2 S 2 HGB durch öffentliche Urkunden zu führenden Rechtsnachfolge- **17**

---

[26] OLG Stuttgart Justiz 1996, 139.
[27] Vgl KG Rpfleger 1977, 398.
[28] HM, zB BGH NJW 1978, 1484; BayObLG Rpfleger 2000, 551; aA OLG Hamburg MDR 1975, 666; OLG Stuttgart Rpfleger 1977, 398.
[29] Vgl BGH NJW 2005, 2779 betr Berlin-Darlehen; BayObLG DNotZ 1995, 306.
[30] Vgl LG München I, Beschluss vom 5. 2. 2007, 13 T 13484/06, BeckRS 2007, 5788.
[31] AA zu § 35 GBO OLG Schleswig NJOZ 2006, 3887; OLG Stuttgart Rpfleger 1992, 154 mwN.
[32] Vgl OLG Hamm DNotZ 1966, 180; OLG Köln MittRhNotK 1988, 44.
[33] Vgl BGH NJW 1982, 2994; OLG Stuttgart NJW-RR 1992, 516.
[34] Vgl dagegen den Fall KG DNotZ 2007, 395: Ausschlagung als auflösende Bedingung.
[35] AA zu § 35 GBO OLG Schleswig NJOZ 2006, 3887.
[36] Vgl den Fall BayObLG NJW-RR 1987, 266.
[37] Vgl den Fall OLG Stuttgart MittRhNotK 1990, 280.

nachweis[38]. In all diesen Gerichtsverfahren können durch strafbewehrte eidesstattliche Versicherungen auslegungsrelevante Tatsachen ebenso wie im Erbscheinsverfahren glaubhaft gemacht werden. Weil negative Tatsachen ohnehin nicht anders glaubhaft gemacht werden können, ist das Verlangen nach Vorlage eines Erbscheins allein wegen derartiger Umstände in diesen Gerichtsverfahren ermessensfehlerhaft. Dies gilt vor allem bei Erbeinsetzungen, die von negativen Umständen wie der Nichtwiederheirat, der Nichtforderung des Pflichtteils oder dem Fehlen weiterer Abkömmlinge abhängen[39]. Keinesfalls sind die Gerichte aber außerhalb des förmlichen Erbscheinsverfahrens verpflichtet, eine ergänzende Auslegung vorzunehmen oder gesetzliche Auslegungs- oder Ergänzungsregeln (zB § 2069) anzuwenden (Rn 16).

18 Auch in allen anderen Fällen steht einem **Nachlassschuldner** kraft Gesetzes kein allgemeines Leistungsverweigerungsrecht bis zur Vorlage eines Erbscheins zu, so dass er sich im Falle einer eindeutigen Erbeinsetzung in einem notariell beurkundeten Testament oder Erbvertrag mit einem Eröffnungsprotokoll zufrieden geben muss, obwohl er bei Leistung an den Scheinerben zur nochmaligen Leistung verpflichtet ist[40]. Absolute Sicherheit erreicht der Nachlassschuldner gemäß § 2367 aber nur, wenn ihm ein Erbschein vorgelegt wird, worauf er nach allgM aber grds keinen Anspruch hat, wenn dieser nicht durch besondere Vereinbarung begründet worden ist[41].

19 Deshalb haben die **Banken und Sparkassen** in ihren AGB unter Nr 5 (Legitimationsurkunden) sich nicht nur das Recht vorbehalten, einen Erbschein als Erbnachweis verlangen zu können, sondern außerdem bestimmt, dass im Falle der Leistung an den Nichtberechtigten sie von ihrer Leistungspflicht befreit sind, solange ihnen dabei keine Fahrlässigkeit zur Last fällt[42]. Umstritten ist, unter welchen Voraussetzungen die Vorlage eines Erbscheins verlangt werden kann. Zutreffend dürfte sein, § 315 analog heranzuziehen und bei der nach billigem Ermessen zu treffenden Ermessensentscheidung („kann") eine Abwägung der beiderseitigen Interessen zu verlangen[43]. Nur bei dieser Auslegung sind die entsprechenden Bestimmungen als AGB mit § 307 Abs 2 Nr 1 vereinbar[44]. Die Banken haben sich in rechtlich einwandfreier Weise vor einer doppelten Inanspruchnahme durch ihre AGB geschützt, solange ihnen kein Fahrlässigkeitsvorwurf gemacht werden kann[45]. Wegen dieser in einem Massengeschäft legitimen Leistungsbefreiungsklausel müssen sie sich selbst bei einem hohen Guthaben mit einem Eröffnungsprotokoll nebst öffentlichen Testament oder einem Erbvertrag mit einer eindeutigen Erbeinsetzung zufrieden geben[46]. Auch im Ausland reicht das eröffnete Testament als Legitimation gegenüber Banken aus[47].

20 S zur Belehrungspflicht des Notars über die Möglichkeit dieses Erbnachweises bei der Beurkundung eines Erbscheinsantrags § 17 BeurkG Rn 7.

21 Ist ein **Testamentsvollstrecker** in einer öffentlich beurkundeten Verfügung von Todes wegen ernannt worden, reicht es nach § 35 Abs 2 GBO aus, wenn die Verfügung von Todes wegen nebst Eröffnungsniederschrift und ein Zeugnis des Nachlassgerichts über die Annahme oder die Niederschrift über die Annahmeerklärung vorgelegt wird[48].

§ 2261 Eröffnung durch ein anderes Gericht

¹Hat ein anderes Gericht als das Nachlassgericht das Testament in amtlicher Verwahrung, so liegt dem anderen Gericht die Eröffnung des Testaments ob. ²Das Testament ist nebst einer beglaubigten Abschrift der über die Eröffnung aufgenommenen Niederschrift dem Nachlassgericht zu übersenden; eine beglaubigte Abschrift des Testaments ist zurückzubehalten.

1 **1. Zuständigkeit des Verwahrungsgerichts.** Wird eine Verfügung von Todes wegen von einem **Amtsgericht,** das **nicht** zugleich das **Nachlassgericht** ist, amtlich verwahrt, so geschieht die Eröffnung durch dieses Amtsgericht selbst in eigener Verantwortung. Die Zuständigkeit ist außer bei besonders amtlich verwahrten Verfügungen auch bei nur in den Akten befindlichen Urkunden gegeben. Wird also eine Verfügung von Todes wegen gemäß § 2259 bei einem unzuständigen Amtsgericht abgeliefert, so hat dieses das Eröffnungsverfahren gemäß §§ 2261, 2260 durchzuführen.

---

[38] KG DNotZ 2006, 550, 551; DNotZ 2001, 408, 410; OLG Köln DNotZ 2005, 555; OLG Hamburg NJW 1966, 986; vgl auch DNotI-Report 2006, 209 ff.
[39] Bzgl Pflichtteil wie hier LG Stuttgart BWNotZ 1988, 163; LG Köln MittRhNotK 1988, 177; LG Bochum Rpfleger 1992, 194 m abl Anm *Meyer-Stolte*; aA *Böhringer* BWNotZ 1988, 155, 158 mwN; LG Mannheim BWNotZ 1985, 125 m zust Anm *Pöschl*; unentschieden OLG Frankfurt NJW-RR 1994, 203.
[40] RGZ 54, 343, 344; BGH NJW 2005, 2779; ZEV 2005, 170; WM 1961, 479, 481.
[41] BGH NJW 2005, 2779.
[42] Abgedruckt in NJW 1993, 840 ff.
[43] *C. Keim* WM 2006, 753, 755 ff mN zur Gegenmeinung auf S 755 Fn 32.
[44] *C. Keim* WM 2006, 753, 755 f; *Starke* NJW 2005, 3184, 3186.
[45] OLG Celle NJW 1998, 82 zu § 3 AGBG; *C. Keim* WM 2006, 753, 755 f; aA *Mischke/Nouvertné* ZErb 2005, 234, 236 ff.
[46] *Starke* NJW 2005, 3184, 3186 f; *Ivo* ZErb 2006, 7, 8; *Platz*, Rechtsfragen beim Todesfall, 2. Aufl 2000, Rn 3.167; MünchKommBGB/*J. Mayer* § 2353 Rn 175 Fn 588: idR; DNotI-Report 2005, 83, 84; diff nach Guthabenhöhe *C. Keim* WM 2006, 753, 757 f.
[47] Vgl *Niels Becker* ZEV 2007, 208, 209 betr Schweiz.
[48] KGJ 38, A 129, 136 f.

Benachrichtigung der Beteiligten durch das Nachlassgericht § 2262

§ 2261 S 1 begründet jedoch nur eine Zuständigkeit von Nachlassgerichten. Wird eine solche Verfügung von einem **anderen Gericht** (zB Landgericht) in seinen (Prozess)Akten verwahrt, ist die Urkunde dem zuständigen Nachlassgericht zur Eröffnung gemäß § 2260 zu übersenden. Befindet sich eine Verfügung in den Prozessakten des Amtsgerichts, so ist diese der Nachlassabteilung zum Zwecke der Eröffnung gemäß §§ 2261, 2260 auszuhändigen.

2. Eröffnung und Abgabe an das Nachlassgericht. Die Eröffnung durch das Verwahrungsgericht erfolgt in eigener Verantwortung unter Einhaltung der Bestimmungen des § 2260. Das eröffnende Amtsgericht hat unverzüglich nach dem Eröffnungstermin die Urschrift oder das Original der Verfügung von Todes wegen sowie eine beglaubigte Ablichtung des Eröffnungsprotokolls dem zuständigen Nachlassgericht zu übersenden. In den Akten des abgebenden Gerichts verbleibt lediglich die Niederschrift sowie eine beglaubigte Ablichtung der eröffneten Urkunde. Das Nachlassgericht ist nicht befugt, eine für fehlerhaft gehaltene Eröffnung durch das Verwahrungsgericht zu wiederholen. Ebenso wenig kann das Nachlassgericht die Eröffnung und/oder die Abgabe durch das Verwahrgericht erzwingen. Dies ist allein den Beteiligten mit der **Beschwerde** möglich. Die hM, die dem Nachlassgericht das Beschwerderecht in diesem Fall zuerkennt[1], übersieht, dass es im Verhältnis staatlicher Gerichte keine subjektiven, beschwerdefähigen Rechtspositionen iS des § 20 FGG gibt[2]. Sog. Organstreitigkeiten werden nur in den ausdrücklich zugelassenen Fällen von den Gerichten entschieden. Bestreitet das Nachlassgericht seine Zuständigkeit und lehnt deshalb die Entgegennahme der eröffneten Verfügung von Todes wegen ab, so steht dem Verwahrgericht nach richtiger Ansicht nicht der Rechtsbehelf der Beschwerde[3], sondern allein ein Antrag gemäß § 5 FGG analog zu[4]. Das Nachlassgericht ist nach Eingang der eröffneten Verfügung für das weitere Verfahren verantwortlich, insbes für die Benachrichtigung gemäß § 2262.

§ 2262 Benachrichtigung der Beteiligten durch das Nachlassgericht

Das Nachlassgericht hat die Beteiligten, welche bei der Eröffnung des Testaments nicht zugegen gewesen sind, von dem sie betreffenden Inhalt des Testaments in Kenntnis zu setzen.

1. Zu benachrichtigende Beteiligte. Das Nachlassgericht hat von Amts wegen alle Personen zu benachrichtigen, deren Rechte oder Pflichten durch die Verfügung von Todes wegen unmittelbar erweitert oder eingeschränkt werden und die am Eröffnungstermin gemäß § 2260 Abs 2 nicht teilgenommen haben[1*]. Dazu zählen aus dem Kreis der gesetzlichen Erben alle, die ohne die Verfügung gesetzliche Erben geworden wären und pflichtteilsberechtigt sind oder waren. Weiter sind zu benachrichtigen die in der Verfügung bestimmten Erben einschließlich Vor- und Nacherben, Ersatzerben[2*], Vermächtnisnehmer einschließlich Vor- und Nachvermächtnisnehmer[3*], Ersatzvermächtnisnehmer, bei Auflagen sowohl Begünstigte[4*] als auch Vollzugsberechtigte, Testamentsvollstrecker sowie Personen, denen die Verfügung Verwaltungsrechte oder die Vormundschaft einräumt oder vorenthält. Die Nachlassgläubiger sind dagegen nicht zu benachrichtigen.

Das Nachlassgericht ist verpflichtet, die zu benachrichtigenden Beteiligten von Amts wegen zu ermitteln[5]. Zu diesem Zweck ist es gemäß Art 35 Abs 1 GG berechtigt, vom Standesamt Auskunft über Angehörige des verstorbenen Erblassers aus den Sammelakten zu verlangen[6]. Die Benachrichtigungspflicht besteht nur, wenn die Zugehörigkeit einer Person zum Bedachtenkreis sicher feststeht[7]. Bleibt die Ermittlung erfolglos oder wäre diese mit einem unverhältnismäßigen Aufwand verbunden, so hat das Nachlassgericht einen Nachlasspfleger bzw einen Pfleger für die unbekannten Erben zu bestellen[8].

2. Art und Umfang der Benachrichtigung. Alle eröffnungspflichtigen (§ 2260 Rn 4) Verfügungen von Todes wegen unterliegen auch der Benachrichtigungspflicht des § 2262, so dass bei jeder gemäß §§ 2260, 2261 eröffneten Urkunde der Umfang der Benachrichtigungspflicht zu prüfen ist. Daher unterliegen auch Verfügungen, die für jedermann erkennbar formell und/oder materiell unwirksam sind, der Mitteilungspflicht[9]. § 2262 gilt auch für gemeinschaftliche Testamente.

Jeder Beteiligte iS des § 2262 hat aber nur das Recht, über den Inhalt der Verfügungen informiert zu werden, die geeignet sind, seine Rechte oder Pflichten unmittelbar zu erweitern oder einzuschränken.

---

[1] KG Rpfleger 1972, 405; MünchKommBGB/*Hagena* Rn 22; *Palandt/Edenhofer* Rn 1; offen gelassen in KG OLG Rpfleger 1977, 100.
[2] Vgl BayObLGZ 1986, 118 = Rpfleger 1986, 303.
[3] So aber KG Rpfleger 1972, 405; BayObLG Rpfleger 1986, 303; *Reimann/Bengel/J. Mayer/Voit* Rn 6.
[4] MünchKommBGB/*Burkart* Rn 7.
[1*] Vgl BGH NJW 1978, 633; OLG Frankfurt OLG Rpfleger 1977, 206 m Anm *Haegele*; LG Koblenz Rpfleger 1992, 25.
[2*] OLG Hamm NJW-RR 1994, 75.
[3*] BayObLG NJW-RR 1989, 1284; LG Köln Rpfleger 1992, 436.
[4*] *Staudinger/Baumann* Rn 6; *Reimann/Bengel/J. Mayer/Voit* Rn 4; aA MünchKommBGB/*Hagena* Rn 7.
[5] RGZ 69, 274, 275 f.
[6] OLG Braunschweig NJW-RR 1990, 268.
[7] BayObLG Rpfleger 1979, 460.
[8] Vgl BayObLG Rpfleger 1779, 460.
[9] MünchKommBGB/*Hagena* Rn 18 mwN.

Litzenburger

§ 2263 a

Dies umfasst den Anspruch, auch von widerrufenen oder nichtigen letztwilligen Verfügungen benachrichtigt zu werden[10]. Unterlässt das Nachlassgericht pflichtwidrig die Benachrichtigung gemäß § 2262 ganz oder teilweise, so können Schadensersatzansprüche die Folge sein[11].

5   Die Form der Benachrichtigung wird vom Nachlassgericht nach pflichtgemäßem Ermessen selbst bestimmt[12]. Sie kann auch mündlich oder telefonisch erfolgen, geschieht jedoch regelmäßig durch Übersendung einer (auszugsweisen) beglaubigten Ablichtung mit der Post (§ 27 Abs 12 AktO) an den Beteiligten oder dessen Vertreter. Der Hinweis auf das Recht zur Einsichtnahme oder eine Inhaltswiedergabe, die keine wörtliche Abschrift ist, reichen nicht aus[13].

6   **3. Verzicht auf Benachrichtigung.** Zwar kann der Erblasser gemäß § 2263 weder die Eröffnung noch die Benachrichtigung von vornherein verbieten[14], jedoch kann jeder zu benachrichtigende Beteiligte nach Eintritt des Erbfalls durch formlose Erklärung gegenüber dem Nachlassgericht auf die Benachrichtigung verzichten. Weiterhin ist eine Benachrichtigung entbehrlich, wenn aktenkundig ist, dass der zu informierende Beteiligte bereits Kenntnis vom Inhalt der Verfügung hat, etwa weil er selbst die Urkunde abgeliefert hat[15].

7   **4. Rechtsbehelfe.** Gegen die erfolgte Benachrichtigung ist kein Rechtsbehelf gegeben, wohl aber gegen die vom Nachlassgericht angeordnete, unmittelbar bevorstehende Bekanntgabe[16]. Lehnt das Nachlassgericht die Benachrichtigung eines Beteiligten ab, so ist zwar nicht dagegen, wohl aber gegen die damit verbundene Verweigerung der Einsicht gemäß § 2264 die Beschwerde eröffnet.

§ 2263 Nichtigkeit eines Eröffnungsverbots

Eine Anordnung des Erblassers, durch die er verbietet, das Testament alsbald nach seinem Tode zu eröffnen, ist nichtig.

1   **1. Verbotsumfang.** Der Erblasser hat nicht das Recht, in irgendeiner Form die **Eröffnung** seiner Verfügung von Todes wegen (§§ 2260, 2261) zu verbieten, und zwar weder auf Zeit[1] noch auf Dauer. § 2263 gilt darüber hinaus für jede Anordnung, die die gesetzliche **Ablieferungs-** (§ 2259) **und/oder die Benachrichtigungspflicht** (§ 2262) ausschließt oder einschränkt[2]. Selbst das Verbot des Erblassers, seine Wohnung, vergleichbare oder Räume oder einen Safe zu öffnen, ist aus dem gleichen Grund unbeachtlich[3]. Dieses Verbot gilt sowohl für einseitige als auch für gemeinschaftliche Testamente.

2   **2. Rechtsfolgen.** Solche Verbote sind zunächst **nichtig** und von niemandem zu beachten[4]. Darüber hinaus ist zu prüfen, ob damit nicht ein **Widerruf** der betroffenen Verfügung von Todes wegen verbunden ist. Bei einem nur zeitweiligen Verbot der Eröffnung oder bei einem Ausschließen der Ablieferung oder bei einer Einschränkung der Benachrichtigungspflicht wird regelmäßig kein Widerruf vorliegen, da hierfür andere Gründe maßgebend sein können. Anders verhält es sich dagegen, wenn der Erblasser die Eröffnung oder die Benachrichtigung umfassend und auf Dauer untersagt hat. In einem solchen Fall ist regelmäßig von einem Widerruf der betroffenen Verfügung auszugehen[5]. In allen anderen Fällen ist dagegen die Verfügung ohne das gegen § 2263 verstoßende Verbot gültig[6].

§ 2263 a Eröffnungsfrist für Testamente

¹Befindet sich ein Testament seit mehr als 30 Jahren in amtlicher Verwahrung, so hat die verwahrende Stelle von Amts wegen, soweit tunlich, Ermittlungen darüber anzustellen, ob der Erblasser noch lebt. ²Führen die Ermittlungen nicht zu der Feststellung des Fortlebens des Erblassers, so ist das Testament zu eröffnen. ³Die Vorschriften der §§ 2260 bis 2262 sind entsprechend anzuwenden.

I. Geltungsbereich

1   Die Eröffnungspflicht des § 2263 a erfasst sowohl Testamente als auch gemeinschaftliche Testamente, die mehr als 30 Jahre von einem Gericht amtlich verwahrt werden. Dabei kommt es nicht darauf an, ob es sich um eine besondere oder eine einfache amtliche Verwahrung in den Nachlassakten handelt. In

---

[10] BayObLG NJW-RR 1989, 1284; AnwK-BGB/*Beck* Rn 2; aA MünchKommBGB/*Hagena* Rn 18 bei zweifelsfrei fehlendem Testierwillen.
[11] BGH NJW 1992, 1884.
[12] Vgl BayObLGZ 1931, 91.
[13] MünchKommBGB/*Hagena* Rn 22; aA *Soergel/J. Mayer* Rn 11; RGRK/*Kregel* Rn 2.
[14] RG RJA 16, 200; OLG Düsseldorf OLG DNotZ 1966, 112.
[15] Vgl OLG Dresden 1923, 477.
[16] OLG Düsseldorf OLG DNotZ 1966, 112.
[1] *Reimann/Bengel/J. Mayer/Voit* Rn 3.
[2] KG OLGZ 1979, 269 = Rpfleger 1979, 137, 139.
[3] *Reimann/Bengel/J. Mayer/Voit* Rn 4.
[4] MünchKommBGB/*Hagena* Rn 4; aA – für kurze Zeit – *Soergel/J. Mayer* Rn 2; *Lange/Kuchinke* § 38 III 2 a.
[5] *Reimann/Bengel/J. Mayer/Voit* Rn 4; *Staudinger/Baumann* Rn 4.
[6] Vgl LG Freiburg BWNotZ 1982, 115.

Baden-Württemberg richtet sich diese Vorschrift an das verwahrende Notariat. Die Vorschrift gilt auch für vor dem 1. 1. 1900 errichtete Testamente[1].

II. Ermittlungs- und Eröffnungspflicht

1. 30-Jahresfrist. Die Frist beginnt mit dem Ablauf des Tages, an dem das Testament vom Gericht bzw Notariat in Verwahrung genommen worden ist. Lässt sich dieser Zeitpunkt nicht mehr feststellen, so ist der Tag der Errichtung maßgebend[2]. Für das Fristende gilt § 188. 2

2. Ermittlungspflicht. Hat das Gericht den Fristablauf festgestellt, so hat es von Amts wegen nachzuforschen, ob der Erblasser lebt oder bereits verstorben ist, insbes bei der Meldebehörde oder dem Standesamt nachzufragen. Der Umfang dieser Ermittlungen wird von dem verwahrenden Gericht nach pflichtgemäßem Ermessen bestimmt. Stellt sich dabei heraus, dass der Erblasser noch lebt, so unterbleibt die Eröffnung und eine erneute Ermittlung erfolgt in regelmäßigen Zeitabschnitten von drei bis fünf Jahren[3]. 3

3. Eröffnung. Ergeben die Nachforschungen, dass der Erblasser verstorben ist, erfolgt die Eröffnung unmittelbar gemäß §§ 2260, 2261. Gemäß § 2263 a S 1 ist die Eröffnung nach diesen Vorschriften jedoch auch geboten, wenn nicht festgestellt werden kann, dass der Erblasser noch lebt; die Eröffnung hat dann so zu erfolgen, als wäre der Erblasser im Bezirk des verwahrenden Gerichts verstorben. Stellt sich in diesem Fall nachträglich das Fortleben des Erblassers heraus, so berührt die Eröffnung die Wirksamkeit des Testaments nicht. Dieses ist vielmehr erneut zu verschließen und weiterhin amtlich zu verwahren. 4

§ 2264 Einsichtnahme in das und Abschrifterteilung von dem eröffneten Testament

Wer ein rechtliches Interesse glaubhaft macht, ist berechtigt, ein eröffnetes Testament einzusehen sowie eine Abschrift des Testaments oder einzelner Teile zu fordern; die Abschrift ist auf Verlangen zu beglaubigen.

I. Verhältnis zum allgemeinen Einsichtsrecht gemäß § 34 FGG

Sowohl § 2264 als auch § 34 FGG gewähren ein Recht auf Einsichtnahme in die Nachlassakten einschließlich des Anspruchs auf Erteilung von Abschriften. Beide Vorschriften sind nebeneinander anwendbar[1*]. Dabei ist § 2264 einerseits enger als § 34 FGG, weil er nur ein rechtliches statt eines berechtigten Interesses fordert und sich nur auf das Testament selbst nebst Eröffnungsprotokoll (Rn 7) bezieht, andererseits weiter, weil er einen unmittelbaren Anspruch auf Einsicht und nicht nur auf eine pflichtgemäße Ermessensentscheidung des Gerichts gewährt. Letzteres bedeutet, dass das Nachlassgericht die Interessen des Antragstellers an der Einsicht gegen die Gründe, die für eine Geheimhaltung sprechen, umfassend abzuwägen hat. Nur wenn die Interessen an der Einsicht überwiegen, darf im Rahmen des § 34 FGG Einsicht gewährt werden[2*]. § 2264 nimmt dem Gericht dagegen jeden Ermessensspielraum und räumt dem Einsichtsrecht des Antragstellers den Vorrang ein vor etwaigen Geheimhaltungsinteressen des Erblassers oder der Erben. 1

II. Geltungsbereich

1. Testament. Diese Vorschrift regelt unmittelbar nur das Einsichtsrecht in bereits eröffnete Testamente, einschließlich der gemeinschaftlichen Testamente von Ehe- oder Lebenspartnern. Vor Eröffnung steht das Einsichtsrecht nur dem Erblasser zu. Bei einem gemeinschaftlichen Testament bezieht sich das Einsichtsrecht nur auf die gemäß § 2260 eröffneten Verfügungen des zuerst verstorbenen Ehe- bzw Lebenspartners[3*]. Das Einsichtsrecht gilt nicht gegenüber dem Notar, der eine beglaubigte Ablichtung des Testaments in seiner Urkundensammlung verwahrt[4]. 2

2. Erbvertrag. § 2264 gilt nicht für Erbverträge, weil § 2300 Abs 1 nicht auf ihn verweist. Nach allgemeiner Meinung gilt für die Einsicht in diese nur die allgemeine Vorschrift des § 34 FGG[5]. Der Antragsteller muss danach bei Erbverträgen einerseits zwar kein rechtliches Interesse geltend machen sondern lediglich ein berechtigtes, hat aber andererseits auch keinen unmittelbaren Anspruch auf Einsicht sondern nur auf eine ermessensfehlerfreie Entscheidung des Nachlassgerichts über sein Begehren. Diese Differenzierung zwischen Testamenten und Erbverträgen ist sachlich auch nicht dadurch zu rechtfertigen, dass an letzterem ein nicht testierender Vertragsteil mitgewirkt hat. Dessen Geheimhaltungsinteressen müssen hinter dem Recht desjenigen zurückstehen, der geltend machen kann, dass seine Rechte durch den Erbvertrag unmittelbar verändert werden könnten. Nur so kann er auch beim 3

---

[1] BGH DNotZ 1973, 379.
[2] Reimann/Bengel/J. Mayer/Voit Rn 5.
[3] Vgl Reimann/Bengel/J. Mayer/Voit Rn 6.
[1*] BayObLG DNotZ 1955, 433, 435; Reimann/Bengel/J. Mayer/Voit Rn 2.
[2*] Erman/M. Schmidt Rn 2.
[3*] Reimann/Bengel/J. Mayer/Voit Rn 3; Erman/M. Schmidt Rn 1; aA AG Jena Rpfleger 1998, 249.
[4] BayObLG DNotZ 1955, 433, 434 f.
[5] MünchKommBGB/Hagena Rn 2; Reimann/Bengel/J. Mayer § 2300 Rn 25; Soergel/J. Mayer Rn 11; Staudinger/Baumann Rn 11.

§ 2264

Erbvertrag seine Interessen sachgerecht wahrnehmen. Die willkürliche und deshalb mit dem Gleichheitsgrundsatz des Art 3 Abs 1 GG nicht zu vereinbarende Differenzierung zwischen dem Recht auf Einsicht in ein Testament und in einen Erbvertrag muss bei diesem entweder durch **analoge Anwendung des § 2264** oder durch **Ermessenreduzierung im Rahmen des § 34 FGG** vermieden werden.

III. Voraussetzungen

4 1. **Rechtliches Interesse.** Ein derartiges Interesse ist nur gegeben, wenn ein eröffnetes Testament eigene Rechte des Antragstellers unmittelbar verändert oder mindestens verändern kann[6]. Außer den gemäß § 2262 zu benachrichtigenden Personen (vgl 2262 Rn 1) können daher auch alle gesetzlichen Erben Einsicht verlangen, um ihre eigene Rechtsstellung sowie etwaige Anfechtungsrechte prüfen zu können, vorausgesetzt allerdings, dass sie infolge des Testaments von der gesetzlichen Erbfolge ausgeschlossen sind[7]. Auch Nachlassgläubiger haben dieses Recht, um die Person der Erben ermitteln zu können[8]. Der beurkundende Notar hat dagegen ein eigenes Einsichtsrecht nur, wenn er die Einsicht in die Urschrift benötigt, um als Zeuge auszusagen oder sich gegen den Vorwurf der Amtspflichtverletzung zu wehren[9].

5 Demgegenüber ist ein **berechtigtes Interesse iS des § 34 FGG** bereits dann gegeben, wenn die Einsicht bei vernünftiger Erwägung sachlich gerechtfertigt erscheint, also auch wirtschaftlicher, wissenschaftlicher oder künstlerischer Art sein kann[10]. Das allgemeine Einsichtsrecht haben deshalb auch alle Verwandten des Erblassers, und zwar auch dann, wenn sie so weit entfernt sind, dass sie nicht infolge der Verfügung von Todes wegen von der Erbfolge ausgeschlossen sind[11]. Auch jeder Notar hat im Rahmen des § 34 FGG ein Recht auf Einsicht in die Nachlassakten, einschließlich der Verfügung von Todes wegen; sein berechtigtes Interesse folgt dabei aus der Zuständigkeit zur Beurkundung von Erbscheinsanträgen, deren Vorbereitung die Kenntnis der Nachlassakten voraussetzt.

6 2. **Glaubhaftmachung.** Das rechtliche Interesse ist glaubhaft zu machen, was regelmäßig durch eidesstattliche Versicherung erfolgt (§ 15 Abs 2 FGG). Es sind jedoch auch alle anderen Beweismittel zulässig.

IV. Umfang des Rechts

7 Das Einsichtsrecht muss nicht persönlich ausgeübt werden. Der Berechtigte kann sich dabei auch vertreten lassen[12]. Das Recht auf Einsicht umfasst auch die Befugnis, eigene Aufzeichnungen zu machen, eine Abschrift oder Ablichtung des Testaments einschließlich etwaiger Anlagen sowie des Eröffnungsprotokolls zu verlangen, weil nur beides zusammen den Nachweis des Erbrechts, insbes gegenüber einem auswärtigen Grundbuchamt gemäß § 35 GBO, ermöglicht; die Beschränkung auf die reine Testamentsabschrift ist daher sinnwidrig[13]. Die Urschrift bzw das Original des Testaments darf dagegen nicht herausgegeben werden, auch nicht zur Untersuchung durch einen Sachverständigen[14]. Nach zutreffender hM beziehen sich diese Rechte nicht nur auf den Teil eines Testaments, das den Berechtigten betrifft, sondern auf die gesamte Urkunde nebst Anlagen, da es nicht Aufgabe des Nachlassgerichts sein kann, im Rahmen des Einsichtsrechts in eine materiell-rechtliche Prüfung des Inhalts einzutreten, welche Teile für den Berechtigten relevant sind und welche nicht[15]. Bereits der unterschiedliche Wortlaut der Bekanntmachungspflicht in § 2262 und der Regelung in § 2264 spricht für diese Auslegung.

V. Zuständigkeit und Rechtsbehelfe

8 Zuständig für die Gewährung der Einsicht bzw die Erteilung der Abschrift ist das Nachlassgericht. Solange sich jedoch die Urschrift bzw das Original des Testaments beim Verwahrungsgericht befindet, richten sich die Ansprüche gegen dieses Gericht. Wird die Einsicht und/oder die Abschriftenerteilung verweigert, ist dagegen der Rechtsbehelf der Beschwerde gegeben. Die Art und Weise der Einsichtgewährung und/oder der Abschriftenerteilung steht dagegen im Ermessen des Gerichts und kann mit diesen Rechtsbehelfen nicht angegriffen werden, höchstens mit der Dienstaufsichtsbeschwerde. Gegen die Absicht, Einsicht gemäß § 2264 zu gewähren, steht den Erben der Rechtsbehelf der Beschwerde zu[16].

---

[6] RGZ 151, 57, 63; *Reimann/Bengel/J. Mayer/Voit* Rn 4.
[7] *Reimann/Bengel/J. Mayer/Voit* Rn 4.
[8] MünchKommBGB/*Hagena* Rn.7; *Soergel/J. Mayer* Rn 3; aA *Reimann/Bengel/J. Mayer/Voit* Rn 5; vgl auch BayObLG FGPrax 1997, 32.
[9] *Staudinger/Baumann* Rn 6; MünchKommBGB/*Hagena* Rn 8.
[10] BayObLG FamRZ 1998, 638, 639; OLG Frankfurt NJW-RR 1997, 581, 582; *Reimann/Bengel/J. Mayer/Voit* Rn 4.
[11] AA OLG Zweibrücken NJW-RR 2003, 369; vgl auch LG Lübeck Rpfleger 1985, 151.
[12] OLG Jena ZEV 1998, 262.
[13] So wie hier OLG Düsseldorf OLG DNotZ 1966, 112; aA MünchKommBGB/*Hagena* Rn 15; *Staudinger/Baumann* Rn 8; *Reimann/Bengel/J. Mayer/Voit* Rn 7, die allerdings das Recht aus § 34 FGG ableiten.
[14] Vgl BGH NJW 1978, 1484; OLG Köln Rpfleger 1983, 325; *Reimann/Bengel/J. Mayer/Voit* Rn 7; teilweise aA MünchKommBGB/*Hagena* Rn 16.
[15] OLG Hamm FamRZ 1974, 387, 389; MünchKommBGB/*Hagena* Rn 12; *Palandt/Edenhofer* Rn 2; aA *Reimann/Bengel/J. Mayer/Voit* Rn 6; *Staudinger/Baumann* Rn 12; vgl § 2262 Rn 4.
[16] Vgl KG Rpfleger 1977, 398.

Beurkundungsgesetz (BeurkG)

vom 28. August 1969 (BGBl I S 1513)
zuletzt geändert durch Gesetz vom 12. Dezember 2007 (BGBl I S 2840)

– Auszug –

Allgemeines Schrifttum zum BeurkG: *Eylmann/Vaasen,* Bundesnotarordnung, Beurkundungsgesetz, 2. Aufl 2004; *Frenz* (Hrsg), Neues Berufs- und Verfahrensrecht für Notare, 1999; *Höfer/Huhn,* Allgemeines Urkundenrecht, 1968; *Huhn/v. Schuckmann,* Beurkundungsgesetz; *Jansen,* FGG, Bd III, Beurkundungsgesetz, 1971; *Keim,* Das notarielle Beurkundungsverfahren, 1990; *Mecke/Lerch,* Beurkundungsgesetz, 2. Aufl 1991; *Reimann/Bengel/Mayer,* Testament und Erbvertrag, 5. Aufl 2006; *Riedel/Feil,* Beurkundungsgesetz, 1970; *Winkler,* Beurkundungsgesetz, 16. Aufl 2008.

Erster Abschnitt. Allgemeine Vorschriften (§§ 1–5)

§ 1 Geltungsbereich

(1) Dieses Gesetz gilt für öffentliche Beurkundungen und Verwahrungen durch den Notar.

(2) Soweit für öffentliche Beurkundungen neben dem Notar auch andere Urkundspersonen oder sonstige Stellen zuständig sind, gelten die Vorschriften dieses Gesetzes, ausgenommen § 5 Abs. 2, entsprechend.

Schrifttum: *Bindseil,* Konsularisches Beurkundungswesen, DNotZ 1993, 5; *Reithmann,* Beurkundungen und andere Amtsgeschäfte des Notars, DNotZ 1974, 6.

I. Persönlicher Geltungsbereich

1. Notar. Das Gesetz gilt für alle Notare iS der Bundesnotarordnung ebenso wie für die amtlich bestellten Notarvertreter und die Notariatsverwalter (§§ 39 Abs 4, 57 Abs 1 BNotO). § 1 Abs 1 begründet allerdings selbst keine Zuständigkeit für Beurkundungen, sondern setzt diese voraus (zB § 20 BNotO). 1

2. Sonstige Urkundspersonen oder -stellen. Über Abs 2 gilt das Gesetz auch für andere Urkundspersonen oder -stellen, deren sachliche Beurkundungszuständigkeit mit der der Notare konkurriert (zB Jugendämter, Urkundspersonen bei den Betreuungsbehörden (§ 6 Abs 2 BtBG), Ratsschreiber in Baden-Württemberg, Ortsgerichte in Hessen, Bürgermeister in Rheinland-Pfalz, Amtsgerichte)[1]. Das Gesetz verleiht auch diesen sonstigen Urkundspersonen keine Beurkundungskompetenz, sondern setzt diese voraus und regelt ausschließlich das dabei einzuhaltende Verfahren. Aufgrund des § 10 Abs 3 KonsularG haben auch die Konsularbeamten die dort näher bestimmten Vorschriften dieses Gesetzes zu beachten. Das **Gesetz gilt nicht** für die Protokollierung von gerichtlichen Vergleichen oder die Beurkundung durch Standesbeamte (§ 58). 2

II. Sachlicher Geltungsbereich

1. Beurkundung. Dies ist die Herstellung von Schriftstücken durch eine dazu generell befugte Person, in denen diese von ihr selbst wahrgenommene äußere Tatsachen in amtlicher Eigenschaft feststellt. Tatsachen sind dabei sowohl die Abgabe von Willens- oder sonstigen Erklärungen als auch andere reale Vorgänge (zB Beglaubigung von Unterschriften und Abbildungen, Abnahme von Eiden und eidesstattlichen Versicherungen). Am Merkmal der Wahrnehmung einer äußeren Tatsache fehlt es bei **Eigenurkunden,** die Willenserklärungen der Urkundsperson selbst enthalten (zB Verwaltungsakte, notarielle Berichtigungsurkunden), so dass diese zwar öffentliche Urkunden iS des § 415 ZPO, § 29 GBO sein können[2], jedoch nicht den Bestimmungen des BeurkG unterfallen[3]. Der Urkundsbegriff des § 415 ZPO ist nicht mit dem der Beurkundung des BeurkG identisch[4]. Das BeurkG enthält die Verfahrensbestimmungen, an deren Einhaltung § 415 ZPO erst anknüpfen kann. **Öffentlich** ist eine Beurkundung nur dann, wenn die Urkunde von einer sachlich zuständigen Urkundsperson errichtet 3

---
[1] Übersicht bei *Winkler* Rn 39 ff.
[2] Vgl BGH DNotZ 1981, 252 m Anm *Winkler.*
[3] AllgM, zB BayObLGZ 1975, 227; *Winkler* Rn 3, 6 mwN.
[4] AA *Jansen* Rn 2; *Eylmann/Vaasen/Limmer* Rn 4.

und dazu bestimmt ist, Beweis im allgemeinen Rechtsverkehr zu erbringen. Erklärungen und Beglaubigungen, die nur für den inneren Dienstbetrieb bestimmt sind (zB amtliche Beglaubigungen), werden daher nicht von diesem Gesetz erfasst.

4   2. **Verwahrungen.** In §§ 54a bis 54e enthält das Gesetz außerdem Regelungen für **Verwahrungen** durch den Notar. Für alle sonstigen **betreuenden Tätigkeiten** (zB Rangbescheinigung) gilt das Gesetz nicht[5].

§ 2 Überschreiten des Amtsbezirks

Eine Beurkundung ist nicht deshalb unwirksam, weil der Notar sie außerhalb seines Amtsbezirks oder außerhalb des Landes vorgenommen hat, in dem er zum Notar bestellt ist.

Schrifttum: *Eder,* Die internationale Zuständigkeit des deutschen Notars, BWNotZ 1982, 74; *Goette,* Auslandsbeurkundungen im Kapitalgesellschaftsrecht, MittRhNotK 1997, 1; *Heckschen,* Auslandsbeurkundung und Richtigkeitsgewähr, MittRhNotK 1990, 14; *Reithmann,* Beurkundung, Beglaubigung, Bescheinigung durch inländische und durch ausländische Notare, DNotZ 1995, 360; *Trunk,* Beurkundung gesellschaftsrechtlicher Rechtsakte im deutsch-deutschen Rechtsverkehr, MittBayNot 1990, 215.

1   **1. Normzweck.** Kompetenzüberschreitungen eines Trägers öffentlicher Gewalt führen im Rechtsstaat idR zur Unwirksamkeit oder zur Anfechtbarkeit der Amtshandlungen. Dies gilt grds auch für Verletzungen der Vorschriften über örtliche Zuständigkeiten. § 2 enthält für den Bereich des Beurkundungsrechts eine Ausnahme von diesem Grundsatz. Danach zieht die Überschreitung der durch das Berufsrecht für Notare gezogenen örtlichen Kompetenzgrenzen (Amtsbezirk und Amtsbereich) unter keinen Umständen die Unwirksamkeit der gleichwohl vorgenommenen Beurkundung nach sich. Die Norm verhindert damit, dass sich berufsrechtlich relevante Amtspflichtverletzungen der §§ 10a Abs 2, 11 Abs 2 BNotO auf das Ergebnis, nämlich die notarielle Urkunde, auswirken. Die Folgen einer örtlichen Kompetenzüberschreitung treffen damit zwar den Notar als Amtsträger in Form von Disziplinarmaßnahmen, nicht aber die Beteiligten an der Urkunde. Die äußerste Grenze sowohl der Hoheitsgewalt des Bundesgesetzgebers als auch der Beurkundungskompetenz eines deutschen Notars bilden die Grenzen der Bundesrepublik Deutschland. Deshalb sind außerhalb des Staatsgebiets vorgenommene Beurkundungen unheilbar nichtig.

2   **2. Inlandsbeurkundungen.** Alle Beurkundungen eines deutschen Notars innerhalb der Grenzen der Bundesrepublik Deutschland sind ohne Rücksicht auf die standesrechtlichen Verbote, nicht außerhalb des Amtsbereichs bzw Amtsbezirks tätig zu werden, wirksam. Deutsche **Seeschiffe**, die sich auf hoher See befinden, und in der Luft befindliche deutsche **Flugzeuge** sowie ausländische Flugzeuge, die ausschließlich im deutschen Luftverkehr eingesetzt sind, gelten als Inland.

3   **3. Auslandsbeurkundungen.** Außerhalb der Grenzen der Bundesrepublik Deutschland errichtete Urkunden eines deutschen Notars sind als öffentliche Urkunde unzulässig und haben allenfalls die Wirkung von Privaturkunden. Um eine unwirksame Auslandsbeurkundung handelt es sich bereits dann, wenn eines der beiden Elemente einer öffentlichen Beurkundung, also Tatsachenwahrnehmung und Errichtung der Zeugnisurkunde, außerhalb der Grenzen der Bundesrepublik Deutschland erfolgt ist[1]. Da § 40 nur eine Soll-Vorschrift ist, ist die unzulässige Beglaubigung einer im Ausland vor dem Notar vollzogenen und anerkannten Unterschrift, wenn der Vermerk im Inland gefertigt wird, dennoch wirksam[2]. Dies gilt auch für Beurkundungen in anderen Staaten der **EU**, da die dem Notar verliehene Urkundsgewalt nationalstaatlichen Ursprungs ist[3]. Gemäß Art 231 § 7 Abs 1 EGBGB sind vor dem 3. 10. 1990 von Notaren der Bundesrepublik Deutschland auf dem Gebiet der **ehemaligen DDR** vorgenommene Beurkundungen mit ex-tunc-Wirkung als formwirksam anzusehen.

§ 3 Verbot der Mitwirkung als Notar

(1) [1]Ein Notar soll an einer Beurkundung nicht mitwirken, wenn es sich handelt um
1. eigene Angelegenheiten, auch wenn der Notar nur mitberechtigt oder mitverpflichtet ist,
2. Angelegenheiten seines Ehegatten, früheren Ehegatten oder seines Verlobten,
2 a. Angelegenheiten seines Lebenspartners, früheren Lebenspartners oder Verlobten im Sinne des Lebenspartnerschaftsgesetzes,
3. Angelegenheiten einer Person, die mit dem Notar in gerader Linie verwandt oder verschwägert oder in der Seitenlinie bis zum dritten Grade verwandt oder bis zum zweiten Grade verschwägert ist oder war,
4. Angelegenheiten einer Person, mit der sich der Notar zur gemeinsamen Berufsausübung verbunden oder mit der er gemeinsame Geschäftsräume hat,

---

[5] HM, zB *Winkler* Rn 5, 7; aA *Huhn/v. Schuckmann* Rn 3.
[1] BGH NJW 1998, 2830 m Anm *Saenger* JZ 1999, 103.
[2] *Lerch* Rn 2; *Winkler* Rn 4; aA *Eylmann/Vaasen/Limmer* Rn 9 unter Hinweis auf BGH NJW 1998, 2830: Unterschrift unter Schuldanerkenntnis in USA.
[3] *Winkler* Rn 2; *Reimann/Bengel/J. Mayer/Limmer* Rn 7.

5. Angelegenheiten einer Person, deren gesetzlicher Vertreter der Notar oder eine Person im Sinne der Nummer 4 ist,
6. Angelegenheiten einer Person, deren vertretungsberechtigtem Organ der Notar oder eine Person im Sinne der Nummer 4 angehört,
7. Angelegenheiten einer Person, für die der Notar, eine Person im Sinn der Nummer 4 oder eine mit dieser im Sinn der Nummer 4 oder in einem verbundenen Unternehmen (§ 15 des Aktiengesetzes) verbundene Person außerhalb einer Amtstätigkeit in derselben Angelegenheit bereits tätig war oder ist, es sei denn, diese Tätigkeit wurde im Auftrag aller Personen ausgeübt, die an der Beurkundung beteiligt sein sollen,
8. Angelegenheiten einer Person, die den Notar in derselben Angelegenheit bevollmächtigt hat oder zu der der Notar oder eine Person im Sinne der Nummer 4 in einem ständigen Dienst- oder ähnlichen ständigen Geschäftsverhältnis steht, oder
9. Angelegenheiten einer Gesellschaft, an der der Notar mit mehr als fünf von Hundert der Stimmrechte oder mit einem anteiligen Betrag des Haftkapitals von mehr als 2500 Euro beteiligt ist.

²Der Notar hat vor der Beurkundung nach einer Vorbefassung im Sinne der Nummer 7 zu fragen und in der Urkunde die Antwort zu vermerken.

(2) ¹Handelt es sich um eine Angelegenheit mehrerer Personen und ist der Notar früher in dieser Angelegenheit als gesetzlicher Vertreter oder Bevollmächtigter tätig gewesen oder ist er für eine dieser Personen in anderer Sache als Bevollmächtigter tätig, so soll er vor der Beurkundung darauf hinweisen und fragen, ob er die Beurkundung gleichwohl vornehmen soll. ²In der Urkunde soll er vermerken, daß dies geschehen ist.

(3) ¹Absatz 2 gilt entsprechend, wenn es sich handelt um
1. Angelegenheiten einer Person, deren nicht zur Vertretung berechtigtem Organ der Notar angehört,
2. Angelegenheiten einer Gemeinde oder eines Kreises, deren Organ der Notar angehört,
3. Angelegenheiten einer als Körperschaft des öffentlichen Rechts anerkannten Religions- oder Weltanschauungsgemeinschaft oder einer als Körperschaft des öffentlichen Rechts anerkannten Teilorganisation einer solchen Gemeinschaft, deren Organ der Notar angehört.

²In den Fällen der Nummern 2 und 3 ist Absatz 1 Nr. 6 nicht anwendbar.

Schrifttum: *Armbrüster/Leske*, Die Mitwirkungsverbote des § 3 BeurkG – eine kritische Analyse, ZNotP 2001, 450; *Brücher*, Der mißglückte § 3 BeurkG – notarielle Beglaubigungen, NJW 1999, 2168; *Custodis*, Zur Amtsenthebung bei Verstößen gegen Mitwirkungsverbote, RNotZ 2005, 35; *Dieterle*, Erteilung von Vollzugsvollmachten in notariellen Urkunden, BWNotZ 1991, 172; *Harborth/Lau*, Die Mitwirkungsverbote des § 3 BeurkG und das Instrumentarium zur Kontrolle ihrer Einhaltung, DNotZ 2002, 412; *Harder/Chr. Schmidt*, Zur Auslegung und Anwendung des neuen § 3 BeurkG, DNotZ 1999, 949; *Heller*, „Vorbefassung" des hauptberuflichen Notars?, notar 1998, 13; *Hermanns*, Die Frage- und Vermerkpflicht des § 3 Abs. 1 S. 2 BeurkG, MittRhNotK 1998, 359; *Mihm*, Die Mitwirkungsverbote gem. § 3 BeurkG nach der Novellierung des notariellen Berufsrechts, DNotZ 1999, 8; *Leske*, Die notarielle Unparteilichkeit und ihre Sicherung durch die Mitwirkungsverbote des § 3 Abs. 1 BeurkG, 2004; *Litzenburger*, Verbietet das Berufsrecht dem Notar die Vertretung im Erbscheinsverfahren?, NotBZ 2005, 239.

Übersicht

	Rn		Rn
I. Normzweck	1	d) Angelegenheit von Verwandten oder Verschwägerten (Nr 3)	17
II. Geltungsbereich	2	e) Angelegenheit eines Sozius (Nr 4)	18
		f) Rechtsstellung als gesetzlicher Vertreter (Nr 5)	19
III. Verbotstatbestände (Abs 1)	4		
1. Begriff der materiellen Beteiligung	4	g) Rechtsstellung als organschaftlicher Vertreter (Nr 6)	20
a) Vertrag	5	h) Vorbefassung mit derselben Angelegenheit (Nr 7)	21
b) Einseitige Erklärung	6		
c) Vertretung	12	i) Handeln als Bevollmächtigter oder Beauftragter (Nr 8)	25
d) Versammlungsprotokoll	13		
2. Die einzelnen Verbotstatbestände des Abs 1 S 1	14	j) Qualifizierte Gesellschaftsbeteiligung (Nr 9)	27
a) Eigene Angelegenheit (Nr 1)	14	IV. Hinweis- und Vermerkpflichten (Abs 1 S 2, 2 und 3)	28
b) Angelegenheit des Verlobten oder Ehegatten (Nr 2)	15	V. Rechtsfolgen eines Verstoßes	30
c) Angelegenheiten des Partners einer gleichgeschlechtlichen Lebenspartnerschaft iS des § 1 Abs 1 S 1 LPartG (Nr 2a)	16	1. Wirksamkeit der Urkunde	30
		2. Amtspflichtverletzung und Amtsenthebung	31

I. Normzweck

Die Mitwirkungsverbote des § 3 Abs 1 konkretisieren die durch § 14 Abs 3 S 2 BNotO begründete **1** Amtspflicht des Notars, bei seiner Amtsausübung den Anschein jeglicher Parteilichkeit und Abhängigkeit zu vermeiden. In Anlehnung an die für den ebenfalls zur Unparteilichkeit verpflichteten Richter geltenden Bestimmungen der §§ 41 ff ZPO hat der Gesetzgeber dem Notar zu diesem Zweck bei Beurkundungen Tätigkeitsbeschränkungen auferlegt, die in ihrer Wirkung abgestuft sind. Während die Beurkundungsverbote gemäß §§ 6 und 7 zur völligen bzw teilweisen Unwirksamkeit der Beurkundung führen, stellen Verstöße gegen die Mitwirkungsverbote des § 3 zwar Amtspflichtverletzungen, die gemäß § 50 Nr 9 BNotO sogar zur Amtsenthebung führen, dar, ändern aber an der Wirksamkeit des beurkundeten Rechtsgeschäfts nichts. Die Erstreckung dieser Verbote auch auf die sonstige Amtstätigkeit des Notars durch § 16 Abs 1 BNotO unterstreicht die überragende Bedeutung sowohl für das Beurkundungs- als auch für das Berufsrecht.

II. Geltungsbereich

2   Diese Verbote gelten in **persönlicher** Hinsicht für den beurkundenden Notar, Notarvertreter und Notariatsverwalter ebenso wie für jede sonstige Urkundsperson iS des § 1 Abs 2, nicht aber für den funktionell als Zeuge hinzugezogenen zweiten Notar iS der §§ 22, 25, 29[1]. Der Notarvertreter hat außerdem gemäß § 41 Abs 2 BNotO eine Beurkundung abzulehnen, wenn der vertretene Notar von der Mitwirkung ausgeschlossen wäre.

3   Erfasst werden von § 3 **Beurkundungen aller Art,** also auch sonstige Beurkundungen iS der §§ 36 ff, insbes Tatsachenbescheinigungen und Unterschriftsbeglaubigungen[2], nicht jedoch Verwahrungen gemäß §§ 54 a ff. Gemäß § 16 Abs 1 BNotO ist § 3 jedoch auch bei den in §§ 20 bis 24 BNotO aufgeführten sonstigen Amtstätigkeiten vom Notar zu beachten.

III. Verbotstatbestände (Abs 1)

4   **1. Begriff der materiellen Beteiligung.** Allen Tatbeständen des § 3 Abs 1 ist der wenig aussagekräftige Begriff der „Angelegenheit" gemeinsam[3]. Diese Formulierung dient der alles entscheidenden Abgrenzung der erlaubten von der verbotenen Beurkundung. Die Auslegung bewegt sich dabei in einem Spannungsfeld: eine weite Auslegung gefährdet die Effektivität des notariellen Beurkundens, eine enge dagegen den Anschein der Unparteilichkeit des Notaramtes. Zwischen diesen beiden Polen ist im Wege der Auslegung ein praktikabler Mittelweg zu finden. Dieser sog materielle Beteiligtenbegriff unterscheidet sich vom sog formellen Beteiligtenbegriff des § 6 Abs 2 (§ 6 Rn 7) zunächst dadurch, dass auch nicht selbst an der Beurkundung teilnehmende Personen erfasst werden. Materiell beteiligt sind nur, aber auch sämtliche Personen, deren Rechte und Pflichten durch die Beurkundung unmittelbar rechtlich oder faktisch verändert werden oder in Zukunft verändert werden könnten. Anders als beim Beurkundungsverbot des § 7 (vgl § 7 Rn 1 ff) ist dabei keine wirtschaftliche oder rechtliche Besserstellung erforderlich. Wirtschaftliche Folgen, die nicht zugleich eine Änderung von Rechten oder Pflichten bewirken, reichen dagegen zur Begründung einer materiellen Beteiligung nicht aus, wie § 3 Abs 1 Nr 1 zeigt („nur mitbe*recht*igt oder mitver*pflicht*et"). Die Einwirkung auf die Rechte oder Pflichten müssen außerdem die unmittelbar-kausale Folge der Beurkundung sein[4]. Die notarielle Unparteilichkeit ist deshalb nicht tatbestandsmäßig gefährdet, wenn erst durch eine zusätzliche eigenständige Entscheidung eines Gerichts, einer Behörde oder eines sonstigen Dritten eine rechtliche Betroffenheit idS eintritt (s auch Rn 8). Dies gilt aber nur, solange die anderweitige Entscheidung nicht ihrerseits die notwendige Folge der Beurkundung darstellt. Selbst rein faktische Auswirkungen auf Rechte und Pflichten (zB Beweisposition) genügen zur Annahme einer materiellen Beteiligung an der Beurkundung. Bei der Prüfung der materiellen Beteiligung ist eine wirtschaftliche, nicht am Wortlaut der Urkunde hängende Betrachtung geboten[5].

5   **a) Vertrag.** Beteiligt sind neben den Vertragsparteien auch alle Dritten, von deren **Zustimmung** die Wirksamkeit abhängt (zB § 1365 BGB) oder die im Wege eines **Vertrages zugunsten Dritter** bzw in sonstiger Weise als unmittelbare Folge des Vertragsschlusses Forderungen erwerben (zB Grundstücksmakler)[6]. Ein Dritter, dessen Rechtsposition das Rechtsgeschäft nicht verändert (zB § 571 BGB für Mieter; Abtretung für Schuldner)[7], ist nicht Betroffener iS des § 3. An der **Bestellung oder Aufhebung von Sicherheiten** (zB Bürgschaft) **oder dinglichen Rechten** sind stets auch Schuldner und Gläubiger beteiligt[8]. Ein **Vertragsangebot** betrifft auch den Angebotsempfänger.

6   **b) Einseitige Erklärung.** § 3 gilt auch für die Beurkundung einseitiger Erklärungen[9]. Ein **Schuldanerkenntnis** oder die **Bewilligung eines dinglichen Rechts** betrifft auch den Gläubiger. Eine **Vollmacht** ist Angelegenheit des Vollmachtgebers ebenso wie des Bevollmächtigten. Bei **Verfügungen von Todes wegen** sind auch Erben oder Vermächtnisnehmer beteiligt, nicht dagegen die durch Auflage Begünstigten, da mangels eines Forderungsrechts Anspruch keine unmittelbare Beziehung zwischen Verfügung und Begünstigung besteht[10]. S zum ausdrücklichen Beurkundungsverbot einer

---

[1] *Reimann/Bengel/J. Mayer/Limmer* Rn 5; aA *Huhn/v. Schuckmann/Armbrüster* Rn 1; *Jansen* Rn 3.
[2] *Winkler* Rn 16; *Leske* S 85 f; aA *Lerch* BWNotZ 1999, 41, 47; vgl auch *Maaß* ZNotP 1999, 178, 182 f.
[3] Krit auch *Lerch* Rn 10 ff.
[4] BGH NJW 1985, 2027; OLG Köln DNotZ 1963, 631; *Winkler* Rn 25.
[5] BGH NJW 1985, 2027; *Reimann/Bengel/J. Mayer/Limmer* Rn 7 mwN; krit *Armbrüster/Leske* ZNotP 2001, 450, 454.
[6] BGH NJW 1985, 2027.
[7] *Eylmann/Vaasen/Limmer* Rn 15; aA *Winkler* Rn 19.
[8] *Winkler* Rn 29; *Jansen* Rn 14; aA *Arndt/Lerch/Sandkühler*, 4. Aufl 2000, § 16 BNotO Rn 24 f.
[9] AA *Brücher* NJW 1999, 2168; dagegen zutr *Soergel/J. Mayer* Rn 4.
[10] *Winkler* Rn 29; *Soergel/J. Mayer* Rn 6; *Reimann/Bengel/J. Mayer/Limmer* Rn 10; *Leske* S 187 ff; aA *Lange/Kuchinke* § 19 II 4 c; *Thiel* ZNotP 2003, 244, 246.

Auflage gemäß § 27 dort Rn 2. Ferner sind an ihr beteiligt alle Pflichtteilsberechtigten, deren Erbrecht durch diese Verfügung ausgeschlossen wird[11], sowie alle zum Vormund[12], zum Testamentsvollstrecker[13] oder zum Schiedsrichter oder Schiedsgutachter berufenen Personen. Bei einer **Erbschaftsausschlagung**, deren Anfechtung oder der **Anfechtung der Erbeinsetzung** sind alle betroffen, die dadurch Erben werden würden, nicht dagegen Vermächtnisnehmer oder Pflichtteilsberechtigte[14].

Die Meinungen über die materielle Beteiligung an einem **Erbscheinsantrag** gehen auseinander. Nach hM soll dieser eine Angelegenheit sämtlicher Personen sein, die ein Erbrecht für sich in Anspruch nehmen (Erbprätendenten), nicht aber des Testamentsvollstreckers, Nachlassverwalters oder -pflegers[15]. Nach anderer Auffassung sind an der zur Erlangung des Erbscheins erforderlichen eidesstattlichen Versicherung nur die im Erbscheinsantrag angegebenen Erben und der Antragsteller materiell beteiligt[16]. Bei der Entscheidung sollte man sorgfältig zwischen Antrag und eidesstattlicher Versicherung differenzieren und berücksichtigen, dass nur mittelbare Auswirkungen unstreitig eine materielle Beteiligung iS des § 3 nicht rechtfertigen können (Rn 4).

Der **Antrag auf Erteilung des Erbscheins** ist wie jeder andere Antrag auf Einleitung eines behördlichen oder gerichtlichen Verfahrens ausschließlich eine materielle Angelegenheit des Antragstellers, weil nicht das Verfahren selbst sondern erst die gerichtliche Entscheidung „unmittelbar" in die Rechte anderer Personen eingreifen kann (s auch Rn 4)[17].

Aber auch die zur Erlangung des Erbscheins erforderliche **eidesstattliche Versicherung gemäß § 2356 Abs 1 BGB** macht den Erbscheinsantrag nicht zu einer eigenen Angelegenheit sämtlicher Personen, die im Erbrecht für sich in Anspruch nehmen, geschweige denn derjenigen, die Testamentsvollstrecker, Nachlassverwalter oder -pfleger sind. Auch insoweit fehlt es an der Unmittelbarkeit der Einwirkung auf die Rechte und Pflichten anderer. Die eidesstattliche Versicherung im Erbscheinsverfahren ist nämlich weder zwingende (vgl § 2356 Abs 2 S 2 BGB) noch hinreichende (vgl § 2358 BGB) Voraussetzung für die Erteilung des Erbscheins. Dieser ist vielmehr unmittelbares Ergebnis der von Amts wegen zu bildenden, eigenen Überzeugung des Nachlassgerichts vom Erbrecht gemäß § 2358 BGB. Die eidesstattliche Versicherung zum Zwecke der Erteilung eines gemeinschaftlichen Erbscheins gemäß § 2357 BGB betrifft deshalb zusätzlich zum Antragsteller nur die anderen in der Urkunde aufgeführten Miterben unmittelbar, nicht dagegen andere Personen, die ein Erbrecht für sich in Anspruch nehmen[18]. Entgegen der hM betrifft deshalb erst der mit öffentlichem Glauben versehene Erbschein selbst die Erbprätendenten unmittelbar in ihren Rechten, nicht aber die vorausgehende Antragstellung nebst eidesstattlicher Versicherung.

Dementsprechend ist am Antrag auf Erteilung eines **Testamentsvollstreckerzeugnisses** nebst eidesstattlicher Versicherung nur der Antragsteller und weitere Mittestamentsvollstrecker materiell beteiligt, nicht aber der belastete Erbe. Deshalb überzeugt auch die Entscheidung des BGH aus dem Jahre 1969 zu § 14 Abs 1 S 2 BNotO nicht[19], wonach der Notar mit Rücksicht auf seine Amtspflicht zur Unparteilichkeit die Vertretung des Antragstellers niederlegen müsse, wenn ein Erbe widerspreche[20].

In **Grundbuch- und Registerverfahren** gilt das Gleiche für Anträge, nicht aber für Bewilligungen, weil diese nicht nur verfahrens-, sondern auch materiell-rechtliche Bedeutung (vgl § 876 Abs 2 BGB) haben.

c) Vertretung. Erklärungen eines Vertreters sind seine Angelegenheit ebenso wie die des Vertretenen, und zwar auch bei vollmachtloser Vertretung. Dagegen handelt ein **Verwalter kraft Amtes** (zB Testamentsvollstrecker) nur in eigener Sache für das verwaltete Sondervermögen, nicht aber für die an diesem beteiligten Personen, zB Erben, Gemeinschuldner[21]. Bei **Personengesellschaften** (zB BGB-Gesellschaft, OHG, KG) oder **nicht-rechtsfähigen Vereinen** werden trotz der bei einzelnen von ihnen gegebenen teilweisen rechtlichen Verselbstständigung letztlich die dahinter stehenden Gesellschafter berechtigt und verpflichtet, so dass immer alle Gesellschafter an deren Willenserklärungen beteiligt sind[22]. Dies gilt bei einer treuhänderischen Übertragung sowohl für den Treuhänder als auch für den Treugeber[23]. Erklärungen **juristischer Personen** (zB GmbH, AG, eingetragener Verein) sind dagegen keine Angelegenheiten der Gesellschafter, sofern der Notar oder eine der in Abs 1 S 1 Nr 2 bis 4 genannten Personen keine beherrschende Stellung (zB Einpersonengesellschaft, Gesellschafter-Geschäftsführer mit Beschlussmehrheit) innehat und deshalb mit der Gesellschaft wirtschaftlich gleich-

---

[11] *Reimann/Bengel/J. Mayer/Limmer* Rn 11.
[12] AA KGJ 51 A 91; *Reimann/Bengel/J. Mayer/Limmer* Rn 13; *Soergel/J. Mayer* Rn 6.
[13] OLG Oldenburg DNotZ 1990, 431; *Reimann/Bengel/J. Mayer/Limmer* Rn 11 mwN; *Leske* S 189.
[14] *Lerch* Rn 8; *Schippel/Bracker/Schäfer*, 8. Aufl 2006, § 16 BNotO Rn 19; aA *Jansen* Rn 13.
[15] *Winkler* Rn 52; *Lerch* Rn 21; *Eylmann/Vaasen* Rn 20; *Schippel/Bracker/Schäfer*, 8. Aufl 2006, § 16 BNotO Rn 24; aA *Jansen* Rn 20: Testamentsvollstrecker; LG Berlin Rpfleger 1992, 435: Nachlasspfleger.
[16] *Huhn/v. Schuckmann/Armbrüster* Rn 28, 40; *Leske* S 154 f.
[17] *Huhn/v. Schuckmann/Armbrüster* Rn 28; *Litzenburger* NotBZ 2005, 239, 241; vgl OLG Köln NJW-RR 1993, 698, 699.
[18] *Huhn/v. Schuckmann/Armbrüster* Rn 28, 40; *Litzenburger* NotBZ 2005, 239, 241; im Ergebnis ebenso *Leske* S 154; wohl auch *Schippel/Bracker/Reithmann*, 8. Aufl 2006, § 24 BNotO Rn 100.
[19] DNotZ 1969, 503, 506.
[20] *Litzenburger* NotBZ 2005, 239, 241; *Schippel/Bracker/Reithmann*, 8. Aufl 2006, § 24 BNotO Rn 100; vgl dagegen *Bohnenkamp* DNotZ 2005, 814, 817.
[21] LG Berlin Rpfleger 1992, 435; *Huhn/v. Schuckmann/Armbrüster* Rn 22; *Winkler* Rn 31.
[22] *Winkler* Rn 34; *Lerch* Rn 17; aA für nichtrechtsfähige Vereine *Leske* S 165 ff.
[23] *Winkler* Rn 35.

zusetzen ist[24]. Bei einer Beteiligung des Notars von mehr als 5% der Stimmrechte oder mit Anteilen von mehr als 2.500 Euro am Grund- bzw Stammkapital darf er gemäß Abs 1 S 1 Nr 9 auch dann nicht beurkunden, wenn er die juristische Person nicht wirtschaftlich beherrschen kann.

13   **d) Versammlungsprotokoll.** Dieses ist eine Angelegenheit aller **Teilnehmer** an der Versammlung, und zwar ohne Rücksicht darauf, ob diese als stimm- oder redeberechtigte Mitglieder der Versammlung anwesend bzw vertreten sind, sowie all derjenigen, die einem anderen satzungsmäßigen **Organ** der Körperschaft bzw Personenvereinigung (zB Vorstand, Aufsichtsrat, Beirat) angehören[25]. Die Beteiligung als Aktionär begründet dagegen für sich ein Mitwirkungsverbot nur unter der zusätzlichen Bedingung, dass eine beherrschende Stellung gegeben ist oder er mit mehr als 5% der Stimmrechte oder mit Anteilen von mehr als 2500 Euro am Grund- bzw Stammkapital beteiligt ist[26]. Werden Beschlüsse gefasst, die einen Gesellschafter stärker betreffen als andere (zB Wahlen, Entlastung), so ist er selbst dann beteiligt, wenn er nicht teilnimmt[27]. Betreffen dagegen die Beschlüsse einer **Aktiengesellschaft** die Gesamtheit aller Gesellschafter gleichmäßig (zB Gewinnverwendungsbeschluss), so ist der Notar, wenn weder er noch eine Person iS des Abs 1 S 1 Nr 2 bis 4 als Aktionär anwesend oder vertreten ist, nicht an der Protokollierung gehindert[28]. Das Gleiche gilt bei einer Generalversammlung einer **Genossenschaft**. Ist der Notar dagegen Mitglied einer Vertreterversammlung einer Genossenschaft, so darf er diese selbst dann nicht protokollieren, wenn er in dieser Eigenschaft nicht teilnimmt[29]. Beschlüsse von **Gesellschaften mit beschränkter Haftung** betreffen alle Gesellschafter in ihrer Gesamtheit, so dass bereits die Gesellschafterstellung ein Mitwirkungsverbot begründet[30]. Das Gleiche gilt für **Personen(handels)gesellschaften** und **nicht rechtsfähige Vereine**[31].

14   **2. Die einzelnen Verbotstatbestände des Abs 1 S 1. a) Eigene Angelegenheit (Nr 1). Versammlungsbeschlüsse** darf der Notar nicht protokollieren, wenn er selbst als Mitglied an der Versammlung oder als Angehöriger eines anderen satzungsmäßigen Organs daran teilnimmt (vgl Rn 12). Keine eigenen Angelegenheiten sind Handlungen auf Grund einer **Vollmacht** zur Vorbereitung oder zum Vollzug eines Amtsgeschäfts[32], insbes zum Zwecke der Grundbuchberichtigung[33], zur Abgabe der Identitätserklärung sowie die Doppelermächtigung bei vormundschaftsgerichtlicher Genehmigung[34].

15   **b) Angelegenheit des Verlobten oder Ehegatten (Nr 2).** Das Verbot gilt auch nach einer Scheidung oder gerichtlichen Aufhebung der Ehe. Im Falle des Verlöbnisses entfällt es dagegen mit dessen Auflösung[35]. **Nichteheliche Lebensgemeinschaften** werden von diesem Tatbestand zwar nicht erfasst, uU aber von § 14 BNotO[36].

16   **c) Angelegenheiten des Partners einer gleichgeschlechtlichen Lebenspartnerschaft iS des § 1 Abs 1 S 1 LPartG (Nr 2a).** Das Verbot gilt erst ab der formgerechten Abgabe der Erklärungen gemäß § 1 Abs 1 S 1 LPartG. Der Abschluss eines Lebenspartnerschaftsvertrags oder sonstige vorbereitende Maßnahmen zur Eingehung einer solchen Lebenspartnerschaft reichen nicht aus. Das Verbot gilt auch nach der Aufhebung der Lebensgemeinschaft gemäß § 15 LPartG fort.

17   **d) Angelegenheit von Verwandten oder Verschwägerten (Nr 3).** Die Begriffsbestimmungen in §§ 1589 f BGB gelten auch hier. Das Verbot erfasst auch die durch Adoption begründete Verwandtschaft. Es gilt auch nach Beendigung der Schwägerschaft durch Eheauflösung oder nach Aufhebung der Adoption weiter.

18   **e) Angelegenheit eines Sozius (Nr 4).** Übt der Notar den Beruf entweder in Gemeinschaft mit einem Notar, Rechtsanwalt, Wirtschaftsprüfer usw (§ 9 Abs 2 BNotO) aus (Sozietät) oder nutzt er mit einer solchen Person gemeinsam Geschäftsräume (Bürogemeinschaft), darf er in dessen Angelegenheiten ebenso wenig beurkunden wie in seinen eigenen (zB Testamentsvollstreckerernennung)[37]. Das Verbot endet mit der Auflösung der Sozietät bzw Bürogemeinschaft. Es gilt auch für einen ausgeschiedenen freien Mitarbeiter[38]. **Gemeinschaftliche Berufsausübung** erfasst örtliche, überörtliche oder interprofessionelle Sozietäten ebenso wie auf Dauer angelegte Kooperationsabsprachen (zB wechselseitige Beurkundungen zwischen Anwaltsnotaren)[39]. Der Zweck der Vorschrift, den Anschein der Parteilichkeit zu vermeiden, verbietet es, an diesen Begriff allzu hohe Anforderungen zu stellen[40]. Eine **Büro-**

---

[24] *Winkler* Rn 33 mwN.
[25] *Winkler* Rn 44; *Huhn/v. Schuckmann/Armbrüster* Rn 23; *Arndt/Lerch/Sandkühler*, 4. Aufl 2000, § 16 BNotO Rn 34 ff; aA für Beteiligung als Aktionär oder Vertreter *Schippel/Bracker/Schäfer*, 8. Aufl 2006, § 16 BNotO Rn 22.
[26] *Winkler* Rn 44; aA *Leske* S 176 f; *Baumbach/Hueck* § 130 AktG Rn 2.
[27] *Winkler* Rn 47.
[28] *Winkler* Rn 44; aA *Rohs*, Die Geschäftsführung der Notare, S 149.
[29] *Frenz/Winkler* Rn 232 mwN.
[30] *Frenz/Winkler* Rn 229 mwN; *Winkler* Rn 48 ff; aA *Huhn/v. Schuckmann/Armbrüster* Rn 34; *Jansen* Rn 25.
[31] *Winkler* Rn 39; *Huhn/v. Schuckmann/Armbrüster* Rn 33.
[32] OLG Köln NJW 2005, 2092, 2093; *Winkler* § 7 Rn 8 mwN.
[33] BayObLG DNotZ 1956, 209, 213.
[34] Vgl OLG Zweibrücken DNotZ 1971, 731; BayObLG DNotZ 1983, 369.
[35] Für Ablehnung nach BNotO §§ 16 Abs 2, 14 Abs 3 S 2 *Soergel/J. Mayer* Rn 8.
[36] *Mihm* DNotZ 1999, 8, 13.
[37] *Vaasen/Starke* DNotZ 1998, 661, 669 Fn 42; vgl zum alten Recht noch BGH DNotZ 1997, 466; auch auf § 7 BeurkG Rn 7.
[38] OLG Celle DNotZ 2004, 196, 197; *Vaasen/Starke* DNotZ 1998, 661, 669 f; *Mihm* DNotZ 1999, 8, 14.
[39] *Arndt/Lerch/Sandkühler*, 4. Aufl 2000, § 16 BNotO Rn 54.
[40] Vgl *Mihm* DNotZ 1999, 8, 14; *Frenz/Winkler* Rn 213 f; *Harder/Chr. Schmidt* DNotZ 1999, 949, 955.

gemeinschaft besteht deshalb bereits dann, wenn die Partner entweder Räume, die nebeneinander liegen oder miteinander verbunden sind, benutzen, oder, falls die Räume getrennt sind, Einrichtungsgegenstände (zB Computer- oder Telefonanlage, Empfang) gemeinsam nutzen oder gemeinschaftliches Personal (zB in der Telefonzentrale oder am Empfang) beschäftigen[41]. Für diesen Begriff ist die zivilrechtliche Regelung im Innenverhältnis ohne jede Bedeutung, so dass sowohl der Mitbesitz als auch der Besitz auf Grund eines Untermietverhältnisses ausreicht[42]. Bei gemeinsamer Raumnutzung ist es nicht erforderlich, dass zusätzlich Einrichtungsgegenstände gemeinsam genutzt oder gemeinschaftliches Personal beschäftigt werden[43]. Sind die Kanzleien räumlich getrennt, aber nehmen die Inhaber die Dienste eines selbstständigen Dritten in Anspruch (zB Call-Center, Büroservice, Schreibdienst), so liegt keine Bürogemeinschaft vor. Wer im Wege einer teleologische Reduktion **einseitige nicht empfangsbedürftige Erklärungen** (zB Testament, Unterschriftsbeglaubigung) des Sozius aus dem Anwendungsbereich ausnehmen will[44], gibt damit den einheitlichen materiellen Beteiligtenbegriff auf und kann letztlich nicht rechtfertigen, warum für eine Erklärung des Sozius (Nr 4) etwas anderes gelten soll als für die des eigenen Ehepartners (Nr 2)[45]. Für den Ehepartner des Sozius gilt das Verbot nicht[46].

f) Rechtsstellung als gesetzlicher Vertreter (Nr 5). Ist der Notar gesetzlicher Vertreter – zB elterliche Vermögenssorge, Vormundschaft, Betreuung, Nachlasspfleger[47] – einer Person, darf er in solchen Angelegenheiten, die zu seinem Wirkungskreis gehören, nicht beurkunden, auch wenn er in dieser Eigenschaft in der Urkunde überhaupt keine Erklärung abgibt oder entgegennimmt. Mit Beendigung der gesetzlichen Vertretung entfällt zwar dieses Verbot, jedoch hat er bei Angelegenheiten, die zu seinem Wirkungskreis gehörten, die Hinweispflicht gemäß Abs 2 S 1 zu beachten (Rn 29). Das gleiche Verbot gilt für Angelegenheiten einer Person, deren gesetzlicher Vertreter ein **Sozius** iS des Abs 1 S 1 Nr 4 ist.

g) Rechtsstellung als organschaftlicher Vertreter (Nr 6). Der Notar ist aber auch dann an der Beurkundung gehindert, wenn es sich um die Angelegenheit einer juristischen Person handelt, deren vertretungsberechtigtem Organ (zB Vorstand, Geschäftsführung) er angehört. Unerheblich ist dabei, ob er in dieser Funktion an der Beurkundung teilnimmt, oder ob ohne ihn vertretungsberechtigte andere Organmitglieder die Erklärungen abgeben oder entgegennehmen. Allein die Zugehörigkeit zum vertretungsberechtigten Organ schließt die Beurkundung durch den Notar aus. Die interne Geschäftsverteilung hat dabei keine Bedeutung. Auch dann, wenn ein **Sozius** des Notars iS des Abs 1 S 1 Nr 4 zum Vertretungsorgan einer Person gehört, darf der Notar in deren Angelegenheiten nicht beurkunden. Der **Aufsichtsrat** einer AG oder KGaA ist kein Vertretungsorgan, solange dieser nicht ausnahmsweise gemäß §§ 112, 246 Abs 2 AktG die Gesellschaft vertritt[48]. Bei einem **Verein** ist der Notar nicht bei jeder Vorstandsfunktion ausgeschlossen, sondern nur dann, wenn sein Amt ihm ein Vertretungsrecht iS des § 26 Abs 2 BGB verleiht. Entsprechendes gilt bei einer **Stiftung.** Auf eine Zugehörigkeit zu Organen, die nicht vertretungsberechtigt sind (zB Aufsichtsrat, Vertreterversammlung bei Genossenschaft, erweiterter Vereinsvorstand) hat der Notar bei Beteiligung anderer Personen gemäß § 3 Abs 3 S 1 hinzuweisen (Rn 29). Für die Vertretungsorgane von **Kirchen** und **Religions- und Weltanschauungsgemeinschaften** oder von **Gemeinden** oder **Kreisen** bestimmt Abs 3 S 2 Nr 2 und 3, 3 zwar eine Ausnahme von diesem Beurkundungsverbot, verpflichtet den Notar jedoch, hierauf hinzuweisen (s unten Rn 28).

h) Vorbefassung mit derselben Angelegenheit (Nr 7). Dieser Verbotstatbestand (nF: BGBl 2007 I S 2840, 2849) korrespondiert mit der Zulassung von Sozietäten und Bürogemeinschaften der Anwaltsnotare mit Rechtsanwälten, Patentanwälten, Wirtschaftsprüfern, Steuerberatern und vereidigten Buchprüfern durch § 9 Abs 2 BNotO. Da dem **hauptberuflichen Notar** ohnehin sowohl jede außeramtliche Tätigkeit (§ 8 Abs 1 und 2 S 1 BNotO) als auch eine Sozietät mit anderen Berufen (§ 9 Abs 1 S 1 BNotO) verboten ist, gilt dieser Tatbestand nicht für diesen[49]. Ausnahmen sind jedoch für die Fälle angezeigt, in denen der hauptberufliche Notar vor seiner Ernennung als Rechtsanwalt usw in derselben Angelegenheit tätig war oder im Rahmen einer erlaubten Nebentätigkeit[50]. Die private, nicht geschäftliche Vorbefassung wird dagegen nicht durch diesen Verbotstatbestand, sondern durch die Pflicht zur Selbstablehnung gemäß § 16 Abs 2 BNotO erfasst[51]. Durch dieses Verbot soll die Unparteilichkeit der Beurkundung gesichert werden. War der Notar selbst oder ein **Sozius** iS des Abs 1 S 1 Nr 4 in derselben Angelegenheit als Rechtsanwalt, Patentanwalt, Wirtschaftsprüfer, Steuerberater oder vereidigter Buchprüfer in irgendeiner Weise tätig (zB Entwurfsfertigung, allgemeine Unternehmensberatung,

---

[41] *Winkler* Rn 76; *Eylmann/Vaasen* Rn 41; *Huhn/v. Schuckmann/Armbrüster* Rn 60; aA *Lerch* Rn 32: Einzelgenstände und Wartezimmer.
[42] AA *Harder/Chr. Schmidt* DNotZ 1999, 949, 956; *Winkler* Rn 76.
[43] *Harder/Chr. Schmidt* DNotZ 1999, 949, 955 f; aA *Winkler* Rn 76; *Arndt/Lerch/Sandkühler*, 4. Aufl 2000, § 16 BNotO Rn 55.
[44] *Harder/Chr. Schmidt* DNotZ 1999, 949, 957 f; *Brücher* NJW 1999, 2168; krit zur Gesetzesfassung auch *Soergel/J. Mayer* Rn 10.
[45] *Harborth/Lau* DNotZ 2002, 412, 416 f; *Winkler* Rn 78; *Reimann/Bengel/J. Mayer/Limmer* Rn 18.
[46] Für analoge Anwendung von § 3 Abs 2 *Harborth/Lau* DNotZ 2002, 412, 416; *Winkler* Rn 79.
[47] LG Berlin Rpfleger 1992, 435.
[48] *Winkler* Rn 92; *Lerch* Rn 23; *Schippel/Bracker/Schäfer*, 8. Aufl 2006, § 16 BNotO Rn 70, 80 f; aA *Jansen* Rn 33.
[49] *Heller/Vollrath* MittBayNot 1998, 322, 323 f; *Hermanns* MittRhNotK 1998, 359; *Winkler* Rn 108; *Huhn/v. Schuckmann/Armbrüster* Rn 80; diff *Soergel/J. Mayer* Rn 13; aA *Mihm* DNotZ 1999, 8, 16 f; *Eylmann/Vaasen* Rn 52; *Leske* S 228 ff.
[50] Vgl *Mihm* DNotZ 1999, 8, 17; *Vaasen/Starke* DNotZ 1998, 661, 670.
[51] AA *Eylmann/Vaasen* Rn 42.

BeurkG § 3

Gutachten, Jahresabschluss), so darf der Notar nicht beurkunden. Deshalb muss der Anwaltsnotar vor Beginn seiner Tätigkeit gegenüber den Beteiligten klarstellen, ob er als Notar oder als Rechtsanwalt handelt[52]. Ist die Sozietät oder Bürogemeinschaft zwischenzeitlich aufgelöst worden, so entfällt damit dieses Mitwirkungsverbot endgültig[53]. Dieses Verbot gilt für alle Beurkundungen, also auch für die Beglaubigung von Unterschriften oder Abschriften[54].

22   Die Formulierung **„außerhalb des Amtes"** erfasst beim Anwaltsnotar die Tätigkeit als Rechtsanwalt, Patentanwalt, Wirtschaftsprüfer, Steuerberater oder vereidigter Buchprüfer (§ 8 Abs 2 S 2 BNotO). Darüber hinaus fallen darunter auch alle Nebenbeschäftigungen, und zwar ohne Rücksicht darauf, ob diese einer Genehmigung gemäß § 8 BNotO bedürfen oder nicht. Bei den in § 8 Abs 4 BNotO aufgeführten Tätigkeiten greifen zum Teil jedoch bereits andere Verbote des § 3 ein, so bei Testamentsvollstreckung oder Insolvenzverwaltung Abs 1 S Nr 1 und bei Vormundschaft Abs 1 S 1 Nr 5[55]. Bei wissenschaftlichen Tätigkeiten (zB Aufsätze, Vorträge) handelt der Notar nicht „für" einen Dritten[56]. Private Beratungen außerhalb des Amtes begründen ebenfalls kein Beurkundungsverbot[57].

23   Der Begriff **„derselben Angelegenheit"** ist weit auszulegen und wird durch die Einheitlichkeit des Lebenssachverhalts bestimmt, nicht durch die einem konkreten Mandat zugrunde liegende rechtliche Beurteilung. Die bei Wirtschaftsprüfern und Steuerberatern üblichen dauernden Beratungsverhältnisse führen deshalb zu einem mandantenbezogenen Mitwirkungsverbot[58]. Die Mandatsniederlegung durch ein Mitglied der Sozietät oder Bürogemeinschaft beseitigt das Verbot nicht. Zu beachten ist, dass ein Mandat – auch bei überörtlichen Zusammenschlüssen – grds allen Sozien erteilt ist.

24   Geschah die **Vorbefassung im Auftrag derselben Personen**, die auch materiell, nicht nur formell iS des § 6 Abs 2, an der zu errichtenden Urkunde beteiligt sind, darf der Notar beurkunden. War auch nur ein materiell Beteiligter[59] nicht zugleich auch Auftraggeber im Rahmen der Vorbefassung, so gilt dieser Verbotstatbestand.

25   **i) Handeln als Bevollmächtigter oder Beauftragter (Nr 8).** Dieser Tatbestand greift zunächst immer dann ein, wenn ein Beteiligter dem Notar im Zeitpunkt der Beurkundung eine Vollmacht erteilt hat, die diesen berechtigen würde, in dem konkreten Geschäft („in derselben Angelegenheit") mit Wirkung für und gegen den Vollmachtgeber zu handeln. Dabei ist es ohne Bedeutung, ob der Notar bei dem Geschäft als Bevollmächtigter auftritt. Auch die Erteilung einer Untervollmacht beseitigt das Mitwirkungsverbot nicht[60]. Eine dem Notar erteilte Generalvollmacht schließt jede Beurkundung für den Vollmachtgeber aus. Das Verbot endet zwar mit dem Widerruf der Vollmacht. Der Notar hat jedoch bei Beurkundungen in derselben Angelegenheit, an denen noch andere Personen beteiligt sind, auf die frühere Vollmacht gemäß Abs 2 S 1 hinzuweisen (Rn 29). Es gilt auch im Falle der Bevollmächtigung eines **Sozius** iS des Abs 1 S Nr 4. **Eigenurkunden** (vgl § 1 BeurkG Rn 3) auf Grund einer Vollmacht **zur Vorbereitung und Durchführung von Urkundsgeschäften** sind zulässig[61].

26   Auch beim Bestehen eines **Dienst- oder eines sonstigen Geschäftsverhältnisses** (zB Syndikus, Justitiar) mit einem Beteiligten, kraft dessen dieser dem Notar Weisungen erteilen darf, hindert den Notar an der Beurkundung. Besteht ein derartiges Weisungsverhältnis zum **Sozius** des Notars iS des Abs 1 S Nr 4, darf dieser nicht beurkunden.

27   **j) Qualifizierte Gesellschaftsbeteiligung (Nr 9).** Der Notar unterliegt dem Mitwirkungsverbot, wenn er entweder mit mehr als 5% der vorhandenen Stimmrechte oder mit Anteilen von mehr als 2500 Euro am Grund- bzw Stammkapital beteiligt ist. Der Betrag von 2500 Euro bezieht sich auf die Summe des Nennbetrags aller Anteile am Haftkapital (zB 1100 Aktien im Nennbetrag von 2,50 Euro). Die Vorschrift gilt für alle Gesellschaftsformen mit Ausnahme der Personengesellschaften (vgl Rn 11)[62]. Maßgebend ist der Zeitpunkt der Beurkundung. Der Begriff der Beteiligung ist nicht formal, sondern wirtschaftlich zu verstehen. Deshalb ist der Treugeber ebenso beteiligt wie der Gesellschafter an einer beherrschenden Gesellschaft oder einer Muttergesellschaft. Beteiligungen des Ehegatten oder des Verlobten können dem Notar nicht ohne besondere Gründe (zB Treuhandverhältnis) zugerechnet werden.

IV. Hinweis- und Vermerkpflichten (Abs 1 S 2, 2 und 3)

28   Der Stellenwert des Vorbefassungsverbots des Abs 1 S 1 Nr 7 wird durch die Pflichten des Abs 1 S 2 hervorgehoben. Frage und Antwort müssen in der Urkunde wahrheitsgemäß (§ 348 StGB) vermerkt werden. Da beim hauptberuflichen Notar eine derartige Vorbefassung nur im seltenen Falle einer Anwaltstätigkeit vor der Ernennung oder einer von der Aufsichtsbehörde genehmigten Nebentätigkeit in Frage kommt und das Vorbefassungsverbot aus Anlass der Aufhebung des Soziierungsverbots für

---

[52] BNotK-Richtlinienempfehlung vom 29. 1. 1999 Ziff I.3. DNotZ 1999, 258, 259.
[53] Vgl zum Sozietätswechsel *Mihm* DNotZ 1999, 8, 18.
[54] *Harder/Chr. Schmidt* DNotZ 1999, 952, 963; *Soergel/J. Mayer* Rn 4 Fn 16; aA *Brücher* NJW 1999, 2168 f; *Mihm* DNotZ 1999, 8, 19.
[55] *Heller* notar 1998, 13, 16.
[56] *Heller* notar 1998, 13, 16; *Vaasen/Starke* DNotZ 1998, 661, 670 Fn 24.
[57] *Heller* notar 1998, 13, 16 unter Hinweis auf BT-Drucks 13/4184 S 37; *Mihm* DNotZ 1999, 8, 17; aA *Eylmann* NJW 1998, 2929, 2931; *Brambring* FGPrax 1998, 201.
[58] *Eylmann* NJW 1998, 2929, 2931; *Vaasen/Starke* DNotZ 1998, 661, 671.
[59] *Mihm* DNotZ 1999, 8, 20 mwN.
[60] OLG Hamm DNotZ 1956, 103.
[61] AllgM, zB *Winkler* Rn 155 mwN.
[62] *Mihm* DNotZ 1999, 8, 23.

Rechtsanwälte eingeführt wurde, ist diese Bestimmung im Wege teleologischer Reduktion dahin einzuschränken, dass hauptberufliche Notare nicht standardgemäß nach einer Vorbefassung fragen müssen[63]. Auch beim Anwaltsnotar ist eine Einschränkung geboten. Dieser braucht nicht nach seiner eigenen Vorbefassung fragen, so dass der nicht in einer Sozietät arbeitende Anwaltsnotar ebenfalls nicht verpflichtet ist, die Beteiligten durch unsinnige Fragen zu irritieren[64].

In allen Fällen der Abs 2 und 3 darf der Notar zwar beurkunden, muss jedoch die Beteiligten (§ 6 Abs 2) auf die mögliche Interessenkollision hinweisen. Die Belehrung und die Anweisung aller Beteiligten, gleichwohl zu beurkunden, soll in der Urkunde vermerkt werden. Ist oder war nicht der Notar selbst, sondern nur sein Sozius iS des Abs 1 S 1 Nr 4 bevollmächtigt bzw Organmitglied, so besteht keine Hinweispflicht. 29

V. Rechtsfolgen eines Verstoßes

1. Wirksamkeit der Urkunde. Weder der Verstoß gegen die Verbote des Abs 1 noch die Unterlassung der Hinweise gemäß Abs 2 und 3 führt zur Unwirksamkeit der Urkunde. Wird jedoch zugleich ein absolutes Mitwirkungsverbot gemäß § 7 verletzt, so ist die betroffene Erklärung bzw die gesamte Urkunde aus diesem Grunde unwirksam (§ 7 Rn 9). 30

2. Amtspflichtverletzung und Amtsenthebung. § 3 enthält allerdings unbedingte Amtspflichten des Notars. Zwar kann allein ein Verstoß gegen ein solches Mitwirkungsverbot keine Amtshaftungsansprüche gemäß § 19 BNotO zur Folge haben, wohl aber können solche auf die gleichzeitig verletzten Pflichten aus §§ 6 und 7 (absolute Beurkundungsverbote) oder § 17 (Formulierungs- und Belehrungsgebote) gestützt werden. Eine Verletzung seiner Amtspflichten aus § 3 Abs 1 hat für den Notar aber in jedem Fall disziplinarrechtliche Konsequenzen, und zwar bis hin zur Entfernung aus dem Amt (§§ 97, 95 BNotO). 31

Zusätzlich verpflichtet § 50 Abs 1 Nr 9 BNotO die Aufsichtsbehörde, den Notar des Amtes zu entheben, wenn dieser „wiederholt" und „grob" gegen die Mitwirkungsverbote des § 3 Abs 1 verstoßen hat. Dabei handelt es sich nicht um eine disziplinarrechtliche Sanktion sondern um eine organisatorische Maßnahme zur Sicherung der Neutralität des Notaramtes. Deshalb erfordert die Amtsenthebung auch kein Verschulden des Notars[65]. Wegen des damit verbundenen Eingriffs in die durch Art 12 Abs 1 GG geschützte Berufsfreiheit des Notars (negative subjektive Zulassungsbeschränkung) muss die Enthebung allerdings dem verfassungsrechtlichen Gebot der Verhältnismäßigkeit von Mittel und Zweck gerecht werden[66], muss also zur Wahrung des Vertrauens der Bevölkerung in die Unparteilichkeit des Notaramtes auch erforderlich sein. Dies ist nur dann der Fall, wenn kein milderes, aber ebenso wirksames Mittel zur Verfügung steht. Da wegen der zugleich begangenen Amtspflichtverletzungen disziplinarrechtliche Maßnahmen gemäß §§ 98, 95 BNotO zu Gebote stehen, kommt eine (verschuldensunabhängige) Amtsenthebung nur als ultima ratio in Betracht, wenn weitere Verletzungen mit hoher Wahrscheinlichkeit zu erwarten sind[67]. An die Tatbestandselemente des § 50 Abs 1 Nr 9 BNotO sind deshalb hohe Anforderungen zu stellen: 32

– Der Notar muss zunächst mehrfach eines oder mehrere – auch verschiedene – Mitwirkungsverbote des § 3 Abs 1 verletzt haben[68]. Dabei muss die Verletzung rechtlich und sachlich für jeden Notar offenkundig sein[69]. Die Amtsenthebung kommt auch bei Verletzungen des § 3 Abs 1 durch Unterschriftsbeglaubigungen in Betracht[70].

– Ferner muss der Notar ein Verbot des § 3 Abs 1 so verletzt haben, dass sein konkretes Verhalten den Schluss nahe legt, dass sich derartige Verletzungen wiederholen werden. Nur die so manifestierte Wiederholungsgefahr parteilichen Verhaltens erlaubt es vor dem Hintergrund des Art 12 Abs 1 GG, dem Notar die berufliche Existenz zu nehmen. Eine derart überschießende Handlungstendenz ist beispielsweise gegeben bei einseitigen Vertragsgestaltungen, bei Verletzungen absoluter Beurkundungsverbote gemäß §§ 6 bzw 7 oder bei Beurkundungen trotz Widerspruchs eines Beteiligten[71]. Diese Betrachtungsweise führt im Ergebnis dazu, dass den Verbotstatbeständen des § 3 Abs 1 Nr 1 bis 3 größeres Gefährdungspotential immanent ist als den anderen Vorschriften[72]. In allen anderen Fällen, also insbes bei folgenlosen Verletzungen eines Mitwirkungsverbots, reichen dagegen die disziplinarrechtlichen verschuldensabhängigen Mittel zur Ahndung des Fehlverhaltens völlig aus. Dies muss auch bei Verletzungen des Vorbefassungsverbots gemäß § 3 Abs 1 S 1 Nr 7 gelten, wenn sich die

---

[63] *Huhn/v. Schuckmann/Armbrüster* Rn 80; *Winkler* Rn 126 ff, 142; *Brambring* FGPrax 1998, 201, 202; *Herrmanns* MittRhNotK 1998, 359, 360 f; *Heller* notar 1998, 13, 17 f; aA *Maaß* ZNotP 1999, 178, 179 ff; *Bracker/Schäfer*, 8. Aufl 2006, § 16 BNotO Rn 61; *Leske* S 264 f: nur für Notare in Sozietät.
[64] *Leske* S 266; *Heller* notar 1998, 13, 16; *Mihm* DNotZ 1999, 8, 20.
[65] BGH NJW 2004, 1954, 1956; *Custodis* RNotZ 2005, 35, 39.
[66] BVerfG DNotZ 1978, 42, 43.
[67] Vgl *Custodis* RNotZ 2005, 35, 41; BGH NJW 2004, 1954, 1956 f.
[68] *Custodis* RNotZ 2005, 38.
[69] OLG Celle unveröffentlicher Beschluss vom 22. 9. 2003, Az Not 10/03, unter IV 1, der BGH NJW 2004, 1954 zugrunde liegt; *Leske* S 80.
[70] Bedenklich daher BGH NJW 2004, 1954, 1957 betr Grundschuldformular.
[71] Vgl die Argumentation BGH NJW 2004, 1954, 1957 zur Bedeutung der absoluten Beurkundungsverbote, des Verhaltens der Urkundsbeteiligten oder eines Schadens.
[72] AA BGH NJW 2004, 1954, 1956; *Custodis* RNotZ 2005, 35, 39, der aber im Widerspruch hierzu das Verbot des § 3 Abs 1 Nr 3 als besonders gewichtig neben dem des § 3 Abs 1 S 1 Nr 7 als Kernbestimmung einstuft.

Unparteilichkeit nicht zugleich in einer einseitigen Sachbehandlung niedergeschlagen hat. Die Anforderungen an die Pflichtwidrigkeit sind umso geringer je häufiger der Notar Verbote verletzt hat[73]. Eine Einwilligung sämtlicher Beteiligten ist allerdings völlig unbeachtlich[74].

33 § 54 BNotO erlaubt der Aufsichtsbehörde darüber hinaus, eine **vorläufige Amtsenthebung** vor Abschluss des Hauptsacheverfahrens anzuordnen. Im Unterschied zum Amtsenthebungsverfahren steht diese Maßnahme im pflichtgemäßen Ermessen der Behörde. Diesem Verfahren entspricht im Verwaltungsrecht die Anordnung der sofortigen Vollziehung eines Verwaltungsakts. Deshalb kommt diese Maßnahme nur in dem äußerst seltenen Fall zum Tragen, dass weitere Verstöße gegen die Mitwirkungsverbote des § 3 Abs 1 zu erwarten sind. In allen anderen Fällen genießt der Schutz des Notars vor Eingriffen in seine Berufsfreiheit Vorrang vor dem Allgemeininteresse an einer sofortigen Amtsenthebung. Die Anordnung der vorläufigen Amtsenthebung ist gemäß § 111 BNotO anfechtbar. Eine Klage hat dabei immer dann Erfolg, wenn bei kursorischer Prüfung die Voraussetzungen des § 50 Abs 1 Nr 9 BNotO nicht gegeben sind oder eine Wiederholungsgefahr nicht erkennbar ist. Ebenfalls unzulässig ist die vorläufige Amtsenthebung, wenn das eigentliche Enthebungsverfahren gemäß § 50 BNotO nicht zügig eingeleitet und betrieben wird[75].

§ 4 Ablehnung der Beurkundung

Der Notar soll die Beurkundung ablehnen, wenn sie mit seinen Amtspflichten nicht vereinbar wäre, insbesondere wenn seine Mitwirkung bei Handlungen verlangt wird, mit denen erkennbar unerlaubte oder unredliche Zwecke verfolgt werden.

Schrifttum: *Winkler,* Der Notar im Spannungsfeld zwischen Tätigkeitspflichten und Amtsverweigerung, MittBayNot 1998, 141.

I. Normzweck

1 Diese Norm ist die Antwort des Beurkundungsrechts auf die Urkundsgewährungspflicht des Notars gemäß § 15 Abs 1 BNotO, wonach dieser seine Urkundstätigkeit nicht „ohne ausreichenden Grund" verweigern darf. § 4 gibt dem Notar dabei nicht nur das Recht sondern erlegt ihm auch die Pflicht auf, aus den angegebenen Gründen die Beurkundung abzulehnen (s auch Rn 7). Von § 14 Abs 2 BNotO unterscheidet sich diese Norm nur dadurch, dass sich jene generell auf die notarielle „Amtstätigkeit" und diese konkret auf Beurkundungen gemäß §§ 20 bis 22 bezieht. Nicht erfasst von § 4 werden also die Betreuungstätigkeiten gemäß §§ 23, 24 BNotO, wohl aber die Nebentätigkeiten, zu denen der Notar nach dem BeurkG verpflichtet ist[1]. § 4 hat keinen abschließenden Charakter, verdrängt also Ablehnungsrechte nach anderen Vorschriften nicht, insbes nicht das **Selbstablehnungsrecht wegen Befangenheit** gemäß § 16 Abs 2 BNotO und die **Ablehnungspflicht des Notarvertreters** gemäß § 41 Abs 2 BNotO für den Fall, dass der vertretene Notar von der Mitwirkung gemäß § 3 Abs 1 S 1 ausgeschlossen wäre.

II. Ablehnungsgründe

2 **1. Unwirksame Beurkundungen.** Die Herstellung materiell-rechtlich wirksamer Urkunden ist oberste Amtspflicht des Notars. Deshalb hat er jedes Ersuchen abzulehnen, das auf die Beurkundung von Geschäften gerichtet ist, die ganz oder teilweise unwirksame Klauseln enthalten. Dabei kommt es auf den Grund der anfänglichen Unwirksamkeit nicht an. Diese kann beruhen auf der Verletzung von Verbotsgesetzen iS des § 134 BGB, dem Verstoß gegen § 138 BGB, der Nichteinhaltung von Formvorschriften, Widersprüchen zu zwingenden gesetzlichen Vorschriften (zB §§ 305 ff BGB, §§ 1 ff MaBV) oder der Nichtbeachtung von Beurkundungsvorschriften, die zur völligen oder teilweisen Unwirksamkeit der Urkunde führen (zB §§ 6, 7, 27). Ebenso bedeutungslos ist, ob das Gesetz für den Fall der Unwirksamkeit Heilungsmöglichkeiten vorsieht oder nicht (zB § 311 b Abs 1 S 2 BGB). Der Notar darf als Träger eines öffentlichen Amtes nicht an der Verletzung unmittelbar geltender Gesetzesanordnungen mitwirken, auch wenn zur Wahrung der Rechtssicherheit subsidiär Heilungsmöglichkeiten vorgesehen sind. Davon zu unterscheiden sind schwebend unwirksame Geschäfte, die durch nachträgliche Genehmigung noch wirksam werden können (zB §§ 177, 182, 1365 BGB). Derartige Geschäfte darf der Notar beurkunden, es sei denn, er hat sichere Kenntnis davon hat, dass die Genehmigung nicht erteilt werden wird, das Rechtsgeschäft daher aller Voraussicht nach ohne Rechtswirkungen bleiben wird[2].

3 Da § 4 mit dem grundlegenden Urkundsgewährungsanspruch der Beteiligten korrespondiert, darf der Notar die Beurkundung nur ablehnen, wenn das Geschäft oder einzelne darin enthaltene Klauseln unzweifelhaft nichtig wäre. Hat der Notar nur Zweifel an der Wirksamkeit, so muss er beurkunden, aber seine Zweifel gemäß § 17 Abs 1 mit den Beteiligten erörtern und dies in der Urkunde vermerken.

4 **2. Amtspflichtverletzungen.** Der Notar hat eine Beurkundung auch dann abzulehnen, wenn diese zwar materiell-rechtlich wirksam wäre, aber er gleichzeitig gegen sonstige Amtspflichten verstoßen

---

[73] Vgl BGH NJW 2004, 1954, 1957.
[74] LG Berlin Rpfleger 1992, 435 betr Erbscheinsantrag.
[75] BVerfG DNotZ 1978, 42.
[1] *Huhn/v. Schuckmann/Preuß* Rn 1.
[2] Vgl *Winkler* Rn 12.

würde. In diesem Zusammenhang sind sämtliche Soll-Vorschriften des BeurkG von Relevanz, insbes die Mitwirkungsverbote gemäß § 3 Abs 1, die Gestaltungsgebote des § 17 Abs 2a sowie die Verfahrensvorschriften bei Beteiligung behinderter Beteiligter gemäß §§ 22 ff. In diesen Zusammenhang gehört auch die Bestimmung des § 925 a BGB, wonach der Notar eine Auflassung nur auf der Grundlage eines anderweitig beurkundeten Geschäfts entgegennehmen darf. Zu dieser Fallgruppe gehört auch das umstrittene, unmittelbar dem § 14 Abs 1 S 2 BNotO entnommene Tätigkeitsverbot für den Fall der Parteilichkeit[3]. Auch den Wunsch auf unvollständige Beurkundung muss der Notar im Hinblick auf die Vermutung der Vollständigkeit der notariellen Urkunde ablehnen[4]. Die Beurkundung eines erkennbar gemäß §§ 119 ff BGB anfechtbaren Geschäfts widerspricht den notariellen Amtspflichten aus § 17 Abs 1 und muss daher abgelehnt werden[5]. Nicht verboten ist dem Notar dagegen die Beurkundung eines Rechtsgeschäfts, das gemäß §§ 129 ff InsO oder gemäß § 1 ff AnfG anfechtbar ist bzw sein kann, es sei denn, dass zugleich die Straftatbestände der §§ 283c, 288 StGB erfüllt oder das Geschäft sonst sittenwidrig ist[6].

3. Strafbare Handlungen. Erkennt der Notar, dass das Geschäft Teil einer strafbaren Handlung ist oder sein kann, so hat er ohne Rücksicht darauf, ob ein Straftatbestand erfüllt ist oder werden kann, die Beurkundung gemäß § 4 abzulehnen. Diese Pflicht besteht selbst dann, wenn dem Notar trotz der Beurkundung strafrechtlich kein Beihilfevorwurf gemacht werden könnte. Da diese Norm auf die Unredlichkeit abstellt, kommt es nicht auf die strafrechtliche Qualifizierung sondern auf die Zwecke des Geschäfts an. Ist dieses bestimmt oder geeignet, ein strafrechtlich geschütztes Gut eines anderen in verbotswidriger Weise zu verletzen, so darf der Notar die Beurkundung nicht vornehmen. Dieser Ablehnungsgrund kommt vor allem dann zum Tragen, wenn bei einem Kaufvertrag der Kaufpreis im Hinblick auf die Steuer zu niedrig oder im Hinblick auf die Finanzierung zu hoch angegeben wird[7].

4. Unredliche Zwecke. Indem § 4 selbst unredliche Zwecke als Ablehnungsgrund nennt, sind dem Notar auch Beurkundungen verboten, die formal betrachtet zwar weder eine Amtspflicht verletzen noch unwirksam sind noch eine strafbare Handlung fördern, aber sich als Gesetzesumgehung oder Gestaltungsmissbrauch darstellen[8]. Verboten sind dem Notar deshalb auch alle Beurkundungen, deren Zweck darauf gerichtet ist, Beteiligten oder Dritten eine Sicherheit oder Seriosität vorzutäuschen, die in dieser Form überhaupt nicht besteht, und zwar selbst dann, wenn keine strafbaren Zwecke erkennbar sind[9]. Schließlich darf der Notar keine Erklärung beurkunden, von der er weiß, dass sie unwahr ist, und zwar ohne Rücksicht darauf, ob er seine Kenntnis von Amts wegen oder privat erlangt hat. Der Notar darf weder durch unvollständige noch durch missverständliche Formulierungen einen falschen Anschein erwecken, wobei er auch ein unrichtiges nicht fern liegendes Verständnis durch den geschützten Personenkreis in Rechnung zu stellen hat[10]. Dies gilt vor allem bei eidesstattlichen Versicherungen und Vaterschaftsanerkenntnissen iS der §§ 1592 Abs 1 Nr 2, 1594 ff BGB zum Zwecke der Erlangung eines Aufenthaltsrechts für die Mutter.

III. Ablehnungspflicht

Die Ablehnung ist unbedingte Amtspflicht und steht **nicht im Ermessen** des Notars[11]. Allerdings setzt diese Pflicht voraus, dass der Notar vom Ablehnungsgrund sichere Kenntnis hat. Weder reicht der bloße Verdacht aus, noch ist der Notar verpflichtet, von sich aus Ermittlungen darüber anzustellen, ob ein Grund vorliegt oder nicht. Vor allem darf er auf die Richtigkeit der tatsächlichen Angaben der Beteiligten vertrauen[12].

Erfährt der Notar von einem Ablehnungsgrund **vor der Beurkundung,** so darf er diese nicht sofort ablehnen. Vielmehr ist er gemäß § 17 verpflichtet, auf die Beteiligten einzuwirken, ein Geschäft zu vereinbaren, das nicht im Widerspruch zu § 4 steht. Gelingt dem Notar dies nicht, so hat er die Beurkundung abzulehnen.

Erkennt der Notar den Ablehnungsgrund erst **nach der Beurkundung,** so hat er den weiteren Vollzug der Urkunde abzulehnen[13]. Der Notar hat die Ablehnung den Beteiligten unverzüglich nach sicherer Kenntnis vom Ablehnungsgrund mitzuteilen, und zwar im Hinblick auf das mögliche Beschwerdeverfahren möglichst schriftlich unter Angabe der Gründe[14].

---

[3] Für Ablehnungspflicht OLG Hamm DNotZ 1996, 703, 705; *Leske* S 72 ff mwN; dagegen *Eylmann/Vaasen* § 16 BNotO Rn 3.
[4] Vgl BGH DNotZ 2001, 486.
[5] *Huhn/v. Schuckmann/Preuß* Rn 25.
[6] *Winkler* Rn 10; *Huhn/v. Schuckmann/Preuß* Rn 26; aA *Soergel/J. Mayer* Rn 7; vgl auch OLG Köln DNotZ 1989, 52, 54.
[7] Vgl BGHZ 14, 25, 30; OLG Frankfurt DNotZ 1978, 748.
[8] *Huhn/v. Schuckmann/Preuß* Rn 24.
[9] Vgl ausführlicher *Fembacher* MittBayNot 2002, 496; *Winkler* Rn 28 a mwN.
[10] BGH DNotZ 1973, 245.
[11] *Winkler* § 4 Rn 42, Einl Rn 13, andererseits aber § 4 Rn 5: eingeschränkter Ermessensspielraum.
[12] Vgl BGH DNotZ 1958, 99; DNotZ 1961, 162.
[13] Vgl BGH DNotZ 1987, 558; OLG Zweibrücken MittRhNotk 1995, 208 betr Notaranderkonto; OLG Jena DNotI-Report 1999, 169 betr Ausfertigungen.
[14] Ausf *Winkler* MittBayNot 1998, 141, 147 f.

IV. Rechtsmittel

10 Gegen die Ablehnung ist die Beschwerde zum Landgericht gemäß § 15 BNotO gegeben. In diesem Verfahren haben die Beteiligten darzulegen, dass der Notar nicht berechtigt war, die Beurkundung abzulehnen[15]. Dieses kann den Notar zur Beurkundung bzw zum weiteren Vollzug veranlassen.

§ 5 Urkundensprache

(1) Urkunden werden in deutscher Sprache errichtet.

(2) ¹Der Notar kann auf Verlangen Urkunden auch in einer anderen Sprache errichten. ²Er soll dem Verlangen nur entsprechen, wenn er der fremden Sprache hinreichend kundig ist.

Schrifttum: *Brambring*, Beurkundung von Affidavits, DNotZ 1976, 726; *Hagena*, Die Bestimmungen über die Errichtung einer Urkunde in einer fremden Sprache und die Übersetzung von Niederschriften – insbesondere: Die Beurkundung von Affidavits –, DNotZ 1978, 396.

1 1. **Verhandlungssprache.** Der Notar hat mit den Beteiligten über den Inhalt vor der eigentlichen Beurkundung in einer von ihm zu bestimmenden Sprache, die möglichst alle verstehen, zu verhandeln.

2 2. **Urkundssprache.** Der Urkundentext wird dagegen grds in deutscher Sprache abgefasst. Nur der Notar darf auf Verlangen aller Beteiligten (§ 6 Abs 2) bei hinreichenden Sprachkenntnissen die Urkunde ganz oder teilweise auch in einer anderen Sprache formulieren, nicht dagegen die in § 1 Abs 2 genannten sonstigen Urkundspersonen. Bei einer Beurkundung ohne hinreichende Sprachkenntnis des Notars ist die Urkunde dennoch wirksam, da es sich nur um eine Soll-Vorschrift handelt.

Zweiter Abschnitt. Beurkundung von Willenserklärungen (§§ 6–35)

1. Ausschließung des Notars (§§ 6–7)

§ 6 Ausschließungsgründe

(1) Die Beurkundung von Willenserklärungen ist unwirksam, wenn
1. der Notar selbst,
2. sein Ehegatte,
2 a. sein Lebenspartner,
3. eine Person, die mit ihm in gerader Linie verwandt ist oder war, oder
4. ein Vertreter, der für eine der in den Nummern 1 bis 3 bezeichneten Personen handelt,
an der Beurkundung beteiligt ist.

(2) An der Beurkundung beteiligt sind die Erschienenen, deren im eigenen oder fremden Namen abgegebene Erklärungen beurkundet werden sollen.

I. Sachlicher Geltungsbereich

1 Die Vorschrift gilt dem Wortlaut nach nur für die Beurkundung von **Willenserklärungen,** also Willensäußerungen, die auf die Entstehung, Änderung oder Beendigung eines Rechtsverhältnisses gerichtet sind. Sie gilt damit für einseitige und mehrseitige Rechtsgeschäfte, für Rechtsgeschäfte unter Lebenden und Verfügungen von Todes wegen, für Erklärungen des privaten und des öffentlichen Rechts[1], nicht dagegen für Versammlungsbeschlüsse, da diese nach hM keine Willenserklärungen, sondern Sozialakte sind[2]. Beschlüsse können jedoch gleichwohl auch rechtsgeschäftliche Willenserklärungen beinhalten (zB der Eintritt bzw die Aufnahme einer Person in eine Personengesellschaft)[3]. Bei der nur äußerlichen Zusammenfassung der Beurkundung von Versammlungen und Willenserklärungen (zB Kapitalerhöhungsbeschluss bei der GmbH und Übernahme der dabei entstandenen Stammeinlage) führt die in der Urkunde gleichzeitig enthaltene Willenserklärung zur Anwendung der §§ 6 ff[4]. Der Schutzzweck dieser Normen gebietet die Einbeziehung **geschäftsähnlicher Handlungen mit Erklärungs-**

---

[15] *Winkler* Rn 29.
[1] Ausf *Lerch* § 8 Rn 2.
[2] *Huhn/v. Schuckmann* § 36 Rn 6 mwN.
[3] Vgl BayObLG NJW 1959, 989; *Röll* DNotZ 1979, 644.
[4] *Huhn/v. Schuckmann/Preuß* § 36 Rn 7; *Winkler* Vor § 36 Rn 17.

charakter, dh Erklärungen, bei denen unabhängig vom Willen des Handelnden kraft Gesetzes bestimmte Rechtsfolgen eintreten[5]. Hier sind vor allem zu nennen Mahnungen, Fristsetzungen, Androhungen, Aufforderungen, Weigerungen, Mitteilungen und Anzeigen oder Zugangsbestätigungen. Auch **Prozesserklärungen**, die auf die Änderung, Ergänzung oder Beendigung von Rechtsverhältnissen gerichtet sind (zB Unterwerfung unter die sofortige Zwangsvollstreckung), werden vom zweiten Abschnitt des BeurkG erfasst[6]. Da **Eide und eidesstattliche Versicherungen** keine Willenserklärungen iS des zweiten Abschnitts des BeurkG sind, schreibt § 38 wegen der diesen Beurkundungen zukommenden Bedeutung, insbes im Hinblick auf die Belehrungspflicht des § 17, die entsprechende Anwendung der §§ 6 ff vor.

II. Ausschlusstatbestände (Abs 1)

1. Eigene Angelegenheit (Nr 1). Dieser Tatbestand schließt den Notar bei von ihm selbst abgegebenen Willenserklärungen aus, und zwar gleichgültig, ob er dabei im eigenen oder im fremden Namen handelt. Damit kann er auch nicht die Löschungsbewilligung einer für ihn selbst eingetragenen Hypothek beurkunden[7] oder als Verwalter kraft Amtes (zB Testamentsvollstrecker, Insolvenzverwalter) oder als Vertreter Erklärungen in der Urkunde abgeben oder entgegennehmen. Eigenurkunden zur Vorbereitung oder zum Vollzug einer Urkunde unterliegen dagegen nicht diesem Verbot (vgl § 3 BeurkG Rn 12). 2

2. Angelegenheit des Ehegatten (Nr 2). Abs 1 Nr 2 greift nur ein, wenn der zurzeit der Beurkundung mit dem Notar verheiratete Ehegatte formell beteiligt ist. Eine Beurkundung unter formeller Beteiligung des Verlobten oder früheren Ehegatten führt nicht zur Unwirksamkeit, sondern stellt gemäß § 3 Abs 1 S 1 Nr 2 eine Amtspflichtverletzung des Notars dar (vgl § 3 BeurkG Rn 29). 3

3. Angelegenheiten des Partners einer gleichgeschlechtlichen Lebenspartnerschaft iS des § 1 Abs 1 S 1 LPartG (Nr 2 a). Das Verbot gilt erst ab der formgerechten Abgabe der Erklärungen gemäß § 1 Abs 1 S 1 LPartG. Der Abschluss eines Lebenspartnerschaftsvertrags oder sonstige vorbereitende Maßnahmen zur Eingehung einer solchen Lebenspartnerschaft reichten nicht aus. Das Verbot endet mit der Aufhebung der Lebenspartnerschaft gemäß § 15 LPartG. 4

4. Angelegenheit von Verwandten (Nr 3). Diese Alternative verbietet die Beurkundung von Willenserklärungen der mit dem Notar in gerader Linie Verwandten. Bei allen anderen in § 3 Abs 1 Nr 3 aufgeführten Verwandten sowie Verschwägerten gilt § 6 nicht. 5

5. Angelegenheit von Vertretenen (Nr 4). Abs 1 Nr 4 erfasst alle Fälle, in denen ein rechtsgeschäftlicher oder gesetzlicher Vertreter im Namen der in Nr 1 bis 3 aufgeführten Personen Willenserklärungen in der Urkunde abgibt oder entgegennimmt. Der Vertreter muss allerdings in der Urkunde gerade im Namen dieser Personen handeln. Eine Bevollmächtigung in einer anderen Angelegenheit ist für § 6 ohne Bedeutung, führt jedoch zur Hinweispflicht gemäß § 3 Abs 2. Auch braucht kein wirksames Vertretungsverhältnis zu bestehen. Es genügt daher jedes nach außen erkennbare Handeln für diese Personen, also auch eine vollmachtlose Vertretung[8] oder eine Geschäftsführung ohne Auftrag[9]. Dieses Verbot kann nicht durch die Erteilung einer Untervollmacht umgangen werden[10]. Auch Willenserklärungen von Mitgesellschaftern im Namen einer Personengesellschaft (BGB-Gesellschaft, OHG, KG oder Partnerschaftsgesellschaft) darf der Notar nicht beurkunden, wenn er, sein Ehegatte oder seine Verwandten in gerader Linie hieran mitbeteiligt sind. Bei Beteiligung an einer juristischen Person greift § 6 nicht ein (vgl jedoch § 3 BeurkG Rn 21), wenn ein anderer im Namen der juristischen Person Erklärungen abgibt, weil dabei nur die Körperschaft, nicht aber die einzelnen Mitglieder vertreten werden[11]. 6

III. Formeller Beteiligtenbegriff (Abs 2)

Abs 2 enthält die Legaldefinition des im gesamten BeurkG verwendeten Beteiligtenbegriffs. Formell beteiligt sind die vor dem Notar erscheinenden Personen, die in der Urkunde Erklärungen abgeben. Im Falle der Vertretung ist daher nur der Vertreter, nicht aber der Vertretene formell beteiligt, so dass ohne die Regelung in Abs 1 Nr 4 der Notar, sein Ehegatte oder Verwandte das Verbot durch Einschaltung eines Vertreters umgehen könnten. 7

Davon zu unterscheiden ist der Begriff der Sach- oder **materiellen Beteiligung** in § 3 (dort Rn 3). 8

IV. Rechtsfolgen eines Verstoßes

Der Notar, der trotz eines Ausschlusstatbestands beurkundet, begeht – wie bei § 3 – eine Amtspflichtverletzung und muss daher sowohl disziplinar-, als auch haftungsrechtliche Konsequenzen befürchten. Außerdem droht ihm wegen des gleichzeitigen Verstoßes gegen die Mitwirkungsverbote des § 3 Abs 1 S 1 Nr 1 bis 3 auch die Amtsenthebung gemäß § 50 Abs 1 Nr 9 BNotO (zum Ganzen ausf § 3 Rn 30 ff). 9

---

[5] AA *Lerch* § 8 Rn 3, aber mit der Empfehlung, §§ 6 ff einzuhalten.
[6] *Huhn/v. Schuckmann/Preuß* § 36 Rn 4.
[7] OLG Zweibrücken Rpfleger 1982, 276.
[8] KG DNotZ 1935, 656 = JW 1935, 2068.
[9] *Winkler* Rn 21 mwN.
[10] *Winkler* Rn 21.
[11] OLG Hamm DNotZ 1956, 104; *Winkler* Rn 24.

10 § 6 Abs 1 geht jedoch über die Rechtsfolgeregelung in § 3 hinaus und ordnet die **Unwirksamkeit** der gesamten Beurkundung an. Die Urkunde kann nur noch als Privaturkunde Wirkungen entfalten[12]. Ob die abgegebenen Willenserklärungen trotz unwirksamer Beurkundung gültig sind, richtet sich nach materiellem Recht. Sofern dieses Beurkundung vorschreibt, sind auch die Willenserklärungen nichtig, wenn keine Heilung auf Grund besonderer Vorschriften eintritt. In diesem Zusammenhang ist vor allem auf § 311 b Abs 1 S 1 BGB zu verweisen. § 925 S 1 BGB schreibt für die Auflassung nur die Abgabe der Erklärungen vor einem Notar vor, so dass trotz eines Unwirksamkeitsgrundes gemäß § 6 diese wirksam ist[13]. Bei vereinbarter notarieller Beurkundung kommt es darauf an, ob die Urkundsform – wie regelmäßig gemäß § 125 BGB – Bedingung des Rechtsgeschäfts oder nur Beweissicherung sein sollte[14].

§ 7 Beurkundungen zugunsten des Notars oder seiner Angehörigen

Die Beurkundung von Willenserklärungen ist insoweit unwirksam, als diese darauf gerichtet sind,
1. dem Notar,
2. seinem Ehegatten oder früheren Ehegatten,
2 a. seinem Lebenspartner oder früheren Lebenspartner oder
3. einer Person, die mit ihm in gerader Linie verwandt oder verschwägert oder in der Seitenlinie bis zum dritten Grade verwandt oder bis zum zweiten Grade verschwägert ist oder war,

einen rechtlichen Vorteil zu verschaffen.

I. Ausschlusstatbestände

1 **1. Begriff des rechtlichen Vorteils.** Zentraler Begriff aller Ausschlusstatbestände ist die Verschaffung eines rechtlichen Vorteils als unmittelbare Folge der Beurkundung für den Notar selbst oder eine der anderen in Nr 2 bis 3 aufgeführten Angehörigen. Rechtlicher Vorteil für eine Person ist jede Erweiterung eigener Rechte oder Verminderung eigener Pflichten[1]. Vorteile idS verschaffen Verfügungsgeschäfte dem Erwerber (zB Abtretung, Auflassung, Löschungsbewilligung), Verpflichtungsgeschäfte allen Parteien, Sicherungsgeschäfte dem Gläubiger (zB Grundpfandrechtsbestellungen, Schuldanerkenntnisse, Bürgschaften) oder Verträge zugunsten Dritter diesem. Eine Verminderung von Pflichten enthalten etwa der Erlass von Forderungen sowie Verzichte aller Art.

2 Der Rechtszuwachs oder die Pflichtenreduzierung braucht **nicht vermögensrechtlicher Art** zu sein, auch rein familienrechtliche Auswirkungen genügen[2]. Der Vorteil muss nicht vom Willen der Beteiligten getragen sein[3], es reicht jeder bei abstrakter Betrachtung objektiv feststellbare Zuwachs an Rechten oder Wegfall von Pflichten aus[4]. Selbst die Verbesserung der Beweisposition (zB Quittung, Grundbucheintrag) stellt einen solchen Vorteil dar[5].

3 Eine wirtschaftliche Besserstellung ist dabei nicht zu fordern, so dass mit dem Geschäft verknüpfte **Auflagen, Bedingungen oder Gegenleistungen** bei der Beurteilung keine Rolle spielen[6]. § 7 gilt damit nicht nur für Schenkungen oder sonstige Geschäfte, die objektiv zu einer Vermögensmehrung führen.

4 **2. Unmittelbarkeit des Vorteils.** Der Vorteil muss die unmittelbare Folge der beurkundeten Erklärung sein[7]. Hieran fehlt es etwa bei der Beurkundung eines Grundstückskaufvertrags durch einen Notar, dem infolge dieses Geschäfts eine Provision zusteht[8]. Das Gleiche gilt für die Benennung zum **Vormund** gemäß § 1776 BGB, zum **Gegenvormund** (§§ 1776, 1792 Abs 4 BGB) oder zum **Betreuer** (§ 1897 Abs 4), weil diese Ämter zusätzlich noch die Bestellung durch das Vormundschaftsgericht voraussetzen, also schon deshalb nur mittelbare Folge des Urkundsgeschäfts sind[9]. Auch der Vergütungsanspruch eines in der Urkunde selbst ernannten **Schiedsgutachters, Schiedsrichters**[10] oder **Testamentsvollstreckers** (§ 2197 BGB iVm § 2221 BGB) ist keine unmittelbare Konsequenz des Geschäfts sondern erst Folge der Amtsführung[11], so dass an Stelle dieses Beurkundungsverbots in all diesen Fällen, in denen der Inhaber für andere Personen Rechte und Pflichten begründet, gestaltet, ändert oder aufhebt und hierfür eine Vergütung erhält, lediglich das Mitwirkungsverbot gemäß § 3 eingreift.

---

[12] *Haegele* Rpfleger 1969, 369; *Winkler* Rn 9.
[13] Vgl BGH DNotZ 1993, 55, 57.
[14] BGH DNotZ 1963, 314; *Winkler* DNotZ 1969, 395.
[1] ZB *Winkler* Rn 3.
[2] Vgl KGJ 51, 91.
[3] AA nur *Riedel/Feil* Rn 5.
[4] *Winkler* Rn 4, 9.
[5] *Winkler* Rn 9 mwN; aA *Jansen* Anm 3.
[6] RGZ 88, 147, 150; *Höfer/Huhn* S 240; *Reimann* DNotZ 1990, 433, 434.
[7] Vgl RGZ 88, 147, 150 f; BGH NJW 1997, 946, 947; *Jansen* § 7 Rn 3, 4; *Winkler* Rn 6.
[8] Vgl BGH NJW 1985, 2027.
[9] *Winkler* Rn 7; *Huhn/v. Schuckmann/Armbrüster* Rn 4; aA *Lerch* Rn 6.
[10] AA mit einem zweifelhaften Umkehrschluss aus § 27 *Huhn/v. Schuckmann/Armbrüster* Rn 4; *Winkler* Rn 7; im Ergebnis ebenso MünchKommBGB/*Hagena* Rn 16; krit zum Umkehrschluss auch *Eylmann/Vaasen* Rn 8.
[11] BGH NJW 1997, 946, 947; MünchKommBGB/*Hagena* § 27 Rn 14; *Soergel/J. Mayer* Rn 3; *Lerch* Rn 6.

Die **Unwirksamkeit** der Ernennung des beurkundenden Notars zum **Testamentsvollstrecker** 5
ergibt sich deshalb konstitutiv aus § 27, der die „entsprechende" Anwendung dieses Beurkundungsverbots anordnet. Das Gleiche gilt für dessen jetzigen oder früheren Ehe- bzw Lebenspartner und Personen, die mit dem Notar gemäß Nr 3 verwandt oder verschwägert sind. Die Berufung eines Sozius iS des § 3 Abs 1 S 1 Nr 4 ist im Unterschied hierzu wirksam, aber gemäß § 3 verboten. Die nach dem Erbfall erfolgte Ernennung des beurkundenden Notars oder ausgeschlossener Personen zum Testamentsvollstrecker durch das Nachlassgericht gemäß § 2200 BGB ist selbst dann kein Verstoß gegen § 7, wenn in der Verfügung von Todes wegen lediglich ein entsprechender Wunsch geäußert worden war[12]. Keinen Bedenken begegnet es auch, wenn die notarielle Urkunde alle Modalitäten der Testamentsvollstreckung bestimmt, jedoch die Ernennung des Amtsinhabers einer besonderen eigenhändigen Verfügung von Todes wegen vorbehält[13]. Wegen der Unterschiede bei der Rücknahme von notariellen und eigenhändigen Testamenten aus der besonderen amtlichen Verwahrung (§ 2256 BGB) sollte die eigenhändige Verfügung mit der notariellen Urkunde aber nicht zusammen im gleichen Umschlag zur Verwahrung abgeliefert werden.

3. Eigener Vorteil. Die Beurkundung muss einen eigenen Vorteil für eine der in Nr 1 bis 3 6
aufgeführten Personen bewirken. Handelt ein – gesetzlicher oder rechtsgeschäftlicher – Vertreter für eine solche Person, erwirbt der **Vertretene** einen rechtlichen Vorteil, was zum Eingreifen des § 7 führt. Ein Vorteil einer **Personengesellschaft** (BGB-Gesellschaft, OHG, KG oder Partnerschaftsgesellschaft) oder eines nicht-rechtsfähigen Vereins, an der bzw dem eine dieser Personen als Gesellschafter bzw Mitglied beteiligt ist, ist den Gesellschaftern bzw Mitgliedern selbst zuzurechnen. Dagegen bedeutet die **Beteiligung an einer juristischen Person** auch dann keinen eigenen unmittelbaren Vorteil für einen Gesellschafter, wenn dieser eine Mehrheitsbeteiligung besitzt oder sonst ein Übergewicht über die anderen Gesellschafter hat[14]. Im Interesse der Rechtssicherheit muss der Vorteilsbegriff beim Beurkundungsverbot mit Nichtigkeitsfolge enger ausgelegt werden als beim Mitwirkungsverbot des § 3 Abs 1 S 1. Bei Beurkundung einer Willenserklärung des Notars, die dieser als **Verwalter kraft Amtes** (zB Insolvenzverwalter, Nachlassverwalter, Testamentsvollstrecker), abgibt und die nur einen rechtlichen Vorteil des Sondervermögens bewirkt, ist dieser nicht gemäß § 7 ausgeschlossen, wohl aber durch § 3 Abs 1 S 1 Nr 1[15].

In diesem Zusammenhang ist umstritten, ob die **Vollmachtserteilung** an den beurkundenden Notar 7
oder einen Angehörigen iS der Nr 2, 2a und 3 einen eigenen Vorteil iS des § 7 darstellt. Einigkeit besteht zunächst darüber, dass eine dem beurkundenden Notar erteilte Vollmacht zur Vorbereitung oder zum Vollzug eines Amtsgeschäfts zulässig ist[16]. Die Erteilung einer Vollmacht als solche stellt noch keinen rechtlichen Vorteil iS des § 7 dar[17]. Der Vertreter erlangt nämlich durch die Vollmacht selbst keinen Zuwachs im eigenen Rechtskreis. Soweit jedoch gleichzeitig mit der Vollmachtserteilung ein Auftrag verbunden ist oder ein Geschäftsbesorgungsvertrag abgeschlossen wird, liegt in der Begründung dieses Rechtsverhältnisses der rechtliche Vorteil des „Vertreters". Auch wenn bei dieser Auslegung die entsprechende Beurkundung nicht nach § 7 unwirksam ist, so ist sie dennoch gemäß § 3 Abs 1 S 1 Nr 1 verboten, allerdings ohne Nichtigkeitsfolge.

4. Ausgeschlossene Personen. Der Kreis der ausgeschlossenen Personen ist enger als in § 3 Abs 1 8
S 1 Nr 1 bis 3, aber weiter als in § 6 Abs 1 Nr 1 bis 3. Betroffen sind der Notar selbst, dessen Ehe- oder Lebenspartner iS des § 1 Abs 1 S 1 LPartG sowie seine Verwandten in gerader Linie. § 7 Nr 2 und 2a erfasst – anders als § 6 Abs 1 Nr 2 bzw 2a – auch den früheren Ehe- bzw Lebenspartner. In Übereinstimmung mit § 3 Abs 1 S 1 Nr 3 sind auch alle Personen einbezogen, die mit dem Notar in gerader Linie verschwägert oder in der Seitenlinie bis zum dritten Grade verwandt oder bis zum zweiten Grade verschwägert sind. Dabei greift im Falle der Nr 3 der Tatbestand auch noch nach Ende der Verwandtschaft oder der Schwägerschaft ein.

II. Rechtsfolgen

1. Unwirksamkeit der begünstigenden Erklärung. Bei einem Verstoß ist abweichend von § 6 9
(vgl § 6 Rn 9) nur die Beurkundung der Erklärung unwirksam, die unmittelbar dem Notar oder seinem Angehörigen den rechtlichen Vorteil verschafft. Der übrige Teil der Beurkundung ist wirksam. Über die Auswirkungen dieser teilweisen Unwirksamkeit der Beurkundung entscheiden die Regeln des materiellen Rechts, vor allem also §§ 139 und 2085 BGB. Die Unwirksamkeit der Beurkundung hat daher nicht notwendig auch die Unwirksamkeit des gesamten Inhalts der Urkunde zur Folge.

2. Amtspflichtverletzung. Wegen der Amtspflichtverletzung muss der Notar mit haftungs- und 10
disziplinarrechtlichen Konsequenzen rechnen. Außerdem droht ihm wegen des gleichzeitigen Verstoßes gegen die Mitwirkungsverbote des § 3 Abs 1 S 1 Nr 1 bis 3 auch die Amtsenthebung gemäß § 50 Abs 1 Nr 9 BNotO (zum Ganzen ausf § 3 Rn 30 ff).

---

[12] OLG Stuttgart DNotZ 1990, 430.
[13] Vgl zur Einsetzung des Notars in einem eigenhändigen Testament *Reimann* DNotZ 1990, 433; ders DNotZ 1994, 663.
[14] *Huhn/v. Schuckmann/Armbrüster* Rn 4; aA noch Voraufl; OLG Frankfurt OLGR 1993, 174; *Winkler* Rn 6.
[15] RGZ 49, 129; *Winkler* Rn 10.
[16] *Winkler* Rn 8 mwN.
[17] MünchKommBGB/*Hagena* Rn 16 mwN; *Lerch* Rn 7; aA *Huhn/v. Schuckmann/Armbrüster* Rn 5.

2. Niederschrift (§§ 8–16)

§ 8 Grundsatz

Bei der Beurkundung von Willenserklärungen muß eine Niederschrift über die Verhandlung aufgenommen werden.

Schrifttum: *Kanzleiter,* Die nachträgliche Berichtigung notarieller Urkunden, DNotZ 1990, 478; *Reithmann,* Berichtigung notarieller Urkunden, DNotZ 1999, 27.

I. Verhandlung und Niederschrift

1   Bei der Beurkundung von Willenserklärungen (§ 6 BeurkG Rn 1) muss eine Niederschrift aufgenommen werden, die das rechtlich bedeutsame Ergebnis – nicht den Verlauf – der vorbereitenden Sachverhaltsaufklärung und Willenserforschung durch den Notar oder eine geeignete Hilfsperson wiedergibt. Um die Richtigkeit dieses (Ergebnis-)Protokolls sicherzustellen, muss die Niederschrift in Gegenwart des Notars den Erschienenen vorgelesen, von den Erschienenen genehmigt und von diesen und dem Notar eigenhändig unterschrieben werden (§ 13).

II. Herstellung der Niederschrift

2   Das BeurkG selbst enthält keine Regelungen über die äußere Form der Niederschrift. Diese sind vielmehr in den §§ 28 bis 31 DONot geregelt. Ein Verstoß gegen diese Ordnungsbestimmungen macht die Urkunde nicht unwirksam. Die Niederschrift kann zwar mittels elektronischer Medien vorbereitet werden, die Fixierung selbst hat jedoch stets unter Verwendung von geeignetem Urkundenpapier in haltbarer Schriftform zu erfolgen. Die Niederschrift des Notars ist gemäß § 5 grds in deutscher Sprache abzufassen. Der Schutzzweck dieser Vorschriften verlangt dabei die Verwendung der allgemein verständlichen deutschen oder lateinischen Schriftzeichen[1]. Wird eine Kurzschrift oder eine andere Zeichenschrift gebraucht, so liegt richtiger Ansicht nach trotz der Unzulässigkeit[2] dennoch eine wirksame Beurkundung vor[3], die allerdings keine Beweiswirkung gemäß § 415 ZPO hat, da ihr die vorgeschriebene Schriftform fehlt[4]. Zwingende Mindestanforderungen an den Inhalt enthalten §§ 9 Abs 1 und 13, weitere Bestimmungen, deren Nichtbeachtung die Wirksamkeit nicht berührt, die §§ 9 Abs 2 bis 11, 13, 16, 17 und 22 bis 25. Besondere Vorschriften für Verfügungen von Todes wegen enthalten die §§ 28 bis 33.

III. Änderungen der Niederschrift

3   **1. Vor Abschluss.** Vor der Unterzeichnung der Niederschrift durch die Erschienenen und den Notar sind Änderungen ohne jede Einschränkung zulässig. Diese müssen ebenfalls vorgelesen werden und sind nach pflichtgemäßem Ermessen des Notars im Text, am Schluss vor den Unterschriften oder am Rand des Textes zu vermerken und zu unterschreiben (§ 44a Abs 1). Wird gegen diese Bestimmungen verstoßen, ist zwar nicht die Urkunde unwirksam, jedoch mangelt ihr die Beweiskraft des § 415 ZPO. Wird beim Einsatz elektronischer Datenverarbeitungssysteme der Text während der Beurkundung geändert und neu ausgedruckt, so muss nach allgM nur der geänderte Wortlaut vorgelesen werden, nicht jedoch die unveränderten, aber neu ausgedruckten Teile[5]. Der Notar ist selbstverständlich dafür verantwortlich, dass der unverändert gebliebene Text mit dem zuvor vorgelesenen übereinstimmt.

4   **2. Nach Abschluss.** Nach der Unterzeichnung durch den Notar ist grds jede Änderung des **Erklärungsinhalts** verboten, und zwar auch dann, wenn die Beteiligten einverstanden sind[6]. § 44a Abs 2 gestattet dem Notar allerdings die Berichtigung offensichtlicher Unrichtigkeiten[7]. Aufgrund dieser Bestimmung müssen Fehler in der Urkunde selbst dann berichtigt werden, wenn diese sich nicht aus dem Text, sondern nur auf Grund außerhalb der Urkunde liegender Umstände (zB Grundbuch) korrigieren lassen[8]. Die Berichtigung ist entweder auf der Urschrift nach den Unterschriften oder auf einem besonderen, mit der Urschrift zu verbindenden Blatt schriftlich zu vermerken und unter dem Datum der Richtigstellung von der Urkundsperson zu unterschreiben (§ 44a Abs 2 S 2). Das Siegel sollte beigedrückt werden.

5   Betrifft die Unrichtigkeit lediglich den **Feststellungsinhalt,** also Angaben über die äußeren Umstände der Beurkundung (zB Bezeichnung des Notars oder der Beteiligten, Tag der Verhandlung), so

---

[1] *Winkler* Rn 8.
[2] *Soergel/Mayer* Rn 5; *Winkler* Rn 8; *Jansen* Rn 2; *Erman/M. Schmidt* Rn 4; *Riedel/Feil* Rn 4, wenn alle Beteiligten Schrift lesen können; aA *Riedel* Rpfleger 1969, 84.
[3] *Reimann/Bengel/J. Mayer/Limmer* Rn 6; *Soergel/J. Mayer* Rn 5.
[4] Vgl zum Dreizeugentestament auch BayObLG Rpfleger 1979, 459.
[5] *Kanzleiter* DNotZ 1997, 261; Rundschreiben Nr 19/97 der BNotK vom 3. 7. 1999, abgedruckt in ZNotP 1997, 91; *Winkler* § 13 Rn 11 b ff; aA *Ehlers* NotBZ 1997, 109.
[6] BGH NJW 1971, 1459; OLG Köln NJW-RR 1993, 223.
[7] Vgl OLG Frankfurt DNotZ 1997, 79.
[8] *Brambring* FGPrax 1998, 201, 203; *Eylmann/Vaasen* § 44a BeurkG Rn 14; *Winkler* § 44a Rn 18 f.

Inhalt der Niederschrift § 9 BeurkG

kann die Unrichtigkeit oder die fehlende Angabe durch einen Amtsvermerk des Notars entweder gemäß § 36 oder gemäß § 39 korrigiert bzw ergänzt werden, und zwar ohne Rücksicht darauf, ob der Vermerk zwingend vorgeschrieben ist oder nicht[9].
In beiden Fällen kann die Berichtigung auch dann noch erfolgen, wenn Ausfertigungen oder beglaubigte Abschriften bereits erteilt sind[10]. 6

§ 9 Inhalt der Niederschrift

(1) [1]Die Niederschrift muß enthalten
1. die Bezeichnung des Notars und der Beteiligten
sowie
2. die Erklärungen der Beteiligten.
[2]Erklärungen in einem Schriftstück, auf das in der Niederschrift verwiesen und das dieser beigefügt wird, gelten als in der Niederschrift selbst enthalten. [3]Satz 2 gilt entsprechend, wenn die Beteiligten unter Verwendung von Karten, Zeichnungen oder Abbildungen Erklärungen abgeben.
(2) Die Niederschrift soll Ort und Tag der Verhandlung enthalten.

I. Feststellung der äußeren Umstände

1. Bezeichnung des Notars (Abs 1 S 1 Nr 1 Alt 1). Die Person des Notars muss sich aus der Niederschrift oder einer Anlage hierzu eindeutig ergeben[1]. Der Notar sollte mit Vorname, Familienname und Amtssitz im Rubrum der Urkunde aufgeführt werden, die Identität kann sich jedoch auch aus dem sonstigen Inhalt oder dem Schlussvermerk ergeben. Die Unterschrift muss gemäß § 13 Abs 3 S 1 hinzutreten, reicht also für sich allein zur Identitätsfeststellung nicht aus[2]. Unvollständige Angaben können jedoch auf Grund der Unterschrift ergänzt werden[3]. Die alleinige Angabe des Amtssitzes oder der genauen Kanzleiadresse genügt nur, wenn es dort nur einen einzigen Notar gibt[4]. Für **Notarvertreter, Notariatsverwalter** sowie für die sonstigen Urkundspersonen und -stellen iS des § 1 Abs 2 gilt das Gleiche. Ist in der Urkunde zwar der Notar genannt, nicht aber der beurkundende Notarvertreter oder Notariatsverwalter, so muss wenigstens im Schlussvermerk oder bei der Unterschrift der Zusatz „Notarvertreter" bzw „Notariatsverwalter" angegeben sein[5]. Dabei schadet es nicht, wenn der Notarvertreter als „Notar" bezeichnet ist[6]. Fehlt dagegen auch nur der geringste Hinweis auf die Urkundsperson, ist die Beurkundung unwirksam[7]. In Betracht kommt allerdings eine Berichtigung gemäß § 44 a Abs 2 wegen offensichtlicher Unrichtigkeit[8]. 1

2. Bezeichnung der Beteiligten (Abs 1 S 1 Nr 1 Alt 2). Die Beteiligten (§ 6 Abs 2) sind gemäß § 26 Abs 2 DONot unter Angabe von Vorname, Name, ggf Geburtsname, Wohnort und Wohnung, uU des Geburtsdatums zu bezeichnen (ausf § 10 Rn 1 ff). § 9 gilt zwar nicht für die Bezeichnung des nur materiell Beteiligten (zB Vollmachtgeber), gleichwohl sollte der Notar diesen in gleicher Weise bezeichnen wie den formell Beteiligten. Das Fehlen aller oder einiger dieser Angaben macht jedoch die Urkunde nicht unwirksam, wenn sich aus dem sonstigen Inhalt ergibt, wer als Beteiligter aufgetreten ist. Selbst Berufsangaben wie „Bürgermeister von ..." oder „Mühlenwirt von ..." reichen aus, wenn es in der genannten Gemeinde keinen weiteren Berufsinhaber gibt[9*]. Die Bezeichnung der Beteiligten wird nicht durch die Unterschrift ersetzt (vgl Rn 1). Die Bestimmung gilt nicht für **Zeugen**, den **zweiten Notar**, einen **Dolmetscher** oder eine **Vertrauensperson**. 2

3. Angabe von Ort und Tag der Verhandlung (Abs 2). In der Niederschrift soll außerdem die politische Gemeinde, in der die Beurkundung stattgefunden hat, und der Tag der Verhandlung aufgeführt werden. Auch hier genügt Bestimmbarkeit. Findet die Verhandlung an mehreren Orten und/oder Tagen statt, so sind diese alle anzugeben, mindestens jedoch der Tag, an dem die Unterschriften geleistet wurden[10*]. Dies gilt selbst dann, wenn sich die Verhandlung, was uneingeschränkt zulässig ist, über mehrere Tage erstreckt. 3

---

[9] *Kanzleiter* DNotZ 1990, 478; *Reithmann* DNotZ 1988, 567; aA OLG Hamm DNotZ 1988, 565; *Jansen* Rn 19; unklar bezüglich Muss-Vorschriften *Winkler* § 44 a Rn 24.
[10] *Winkler* § 44 a Rn 25.
[1] *Winkler* Rn 36.
[2] KG DNotZ 1940, 75; *Huhn/v. Schuckmann/Renner* Rn 6; *Winkler* Rn 3.
[3] Vgl BGH NJW 1963, 200: „Vor dem unterzeichneten Notar"; OLG Frankfurt Rpfleger 1986, 184: „erschienen in meinen Amtsräumen"; OLG München JFG 16, 143: „Vor mir erschienen"; vgl auch RGZ 50, 16; krit hierzu *Jansen* Rn 8.
[4] *Reimann/Bengel/J. Mayer/Limmer* Rn 9; zweifelnd *Huhn/v. Schuckmann/Renner* Rn 6.
[5] LG Koblenz DNotZ 1969, 702; *Huhn/v. Schuckmann/Renner* Rn 9; aA *Winkler* Rn 4.
[6] *Reithmann* DNotZ 1988, 567.
[7] OLG Hamm OLG DNotZ 1973, 444; DNotZ 1988, 565; aA *Reithmann* DNotZ 1988, 567.
[8] *Winkler* § 44 a Rn 19; *Eylmann/Vaasen/Limmer* § 44 a Rn 14; aA *Huhn. Schuckmann/Preuß* § 44 a Rn 8.
[9*] Vgl BGH NJW 1963, 200.
[10*] BGH DNotZ 1963, 313.

II. Feststellung der Erklärungen (Abs 1 S 1 Nr 2, S 2 und 3)

4 Das BeurkG bestimmt die Art, in der die Erklärungen der Beteiligten in der Urkunde zu fixieren sind, das materielle Recht (zB § 311 b Abs 1 BGB, § 2276 BGB, § 15 GmbHG) dagegen den Umfang. Die Niederschrift muss alle Erklärungen enthalten, für die das materielle Recht die Beurkundung vorschreibt. Die Erklärungen brauchen nicht wörtlich wiedergegeben zu werden, sondern müssen vom Notar in eigener Verantwortung in rechtlich richtiger Weise niedergeschrieben werden (§ 17 Abs 1 S 1). Das Fehlen der Erklärungen macht die Beurkundung unwirksam, die unrichtige Wiedergabe nimmt ihr dagegen nur die Beweiskraft, wenn die Unrichtigkeit bewiesen wird[11].

5 Die Erklärungen brauchen nicht in der Niederschrift selbst enthalten zu sein, sondern können unter den Voraussetzungen des Abs 1 S 2 dieser auch als **Anlage** beigefügt sein. Als Anlage kommen Schriftstücke, einschließlich Kopien und Computerausdrucken, Karten sowie Fotografien in Betracht. § 9 und ihm folgend §§ 13 a und 14 gelten allerdings nur für solche Dokumente, die selbst Erklärungen der Beteiligten enthalten (**echte Verweisung bzw Bezugnahme**), nicht dagegen für solche, die deren Willen nur erläutern (**unechte Bezugnahme**). Um eine echte Bezugnahme handelt es sich immer dann, wenn durch den Verweis das Rechtsverhältnis zwischen den Beteiligten geregelt wird (zB Baubeschreibung, Lageplan mit Teilflächeneinzeichnung, Inventarverzeichnis oder Bilanzgarantie beim Unternehmenskaufvertrag). Dient die Bezugnahme dagegen nur dem besseren Verständnis dessen, was in der Urkunde bereits geregelt ist (zB Darlehensvertrag bei Schuldübernahme, Vertragsübernahme, Auflistung bestehender Dauerschuldverhältnisse beim Unternehmenskaufvertrag), so liegt keine Verweisung iS der §§ 9, 13 a, 14 vor[12]. In einer Niederschrift kann sowohl auf Schriftstücke als auch auf Karten, Zeichnungen oder Abbildungen Bezug genommen werden. Dagegen scheidet eine Verweisung auf – wie auch immer – der Niederschrift beigefügte Datenträger aller Art (zB CD, Diskette, USB-Stick) aus. Die echte Bezugnahme ist nur wirksam, wenn die Anlage zurzeit der Unterschrift beigefügt war und in der Niederschrift mit hinreichender Deutlichkeit auf die Anlage Bezug genommen werden ist[13]. Nach § 44 S 2 sind diese Anlagen mit Schnur und Prägesiegel mit der Niederschrift zu verbinden[14]. Für den Verweis in der Niederschrift ist kein bestimmter Wortlaut vorgeschrieben. Es muss aber aus dem Text der Niederschrift[15] der Wille der Beteiligten zu entnehmen sein, dass auch die Anlage Gegenstand ihrer Erklärungen sein soll[16]. Das bloße Beifügen genügt aber selbst dann nicht, wenn im Schlussvermerk das Vorlesen bzw Vorlegen der Anlage festgehalten ist[17]. Eine gesonderte Unterzeichnung der Anlagen ist nicht erforderlich. Die Beifügung eines Testamentes als Anlage zu einer Urkunde ist zwar zulässig, jedoch sollte in der Niederschrift ausdrücklich erklärt werden, dass die Anlage den „letzten Willen" enthält[18]. Die formell einwandfrei beigefügten Anlagen nehmen auch an der Beweiskraft des § 415 ZPO teil.

III. Rechtsfolgen fehlender oder falscher Feststellungen

6 § 9 Abs 1 enthält Muss-Vorschriften, so dass beim Fehlen der geforderten Feststellungen zur Person des **Notars,** der Identität der **Beteiligten** und der abgegebenen **Erklärungen** die gesamte Beurkundung unwirksam ist. Das Gleiche gilt bei Unrichtigkeit der insoweit getroffenen Feststellungen, etwa wenn der Notar als Urkundsperson aufgeführt ist, aber der Vertreter beurkundet hat (Rn 1). Erklärungen, die weder in der Niederschrift noch in einer in Bezug genommenen und beigefügten Anlage enthalten sind, sind nicht beurkundet. Darüber hinaus hat die Urkunde die Vermutung der Vollständigkeit für sich[19], so dass gemäß § 415 ZPO davon auszugehen ist, dass außer den festgestellten Erklärungen keine weiteren Erklärungen in Bezug auf den Regelungsgegenstand abgegeben worden sind[20]. Die Bezeichnung der Urkundsperson und der Beteiligten kann nachträglich durch einen Amtsvermerk gemäß §§ 36, 39 ergänzt bzw berichtigt werden. Dagegen bedarf es zur Ergänzung und Berichtigung des Erklärungsinhalts einer Nachtragsbeurkundung, wenn und soweit keine Berichtigung als offensichtliche Unrichtigkeit gemäß § 44 a Abs 2 möglich ist (vgl § 8 BeurkG Rn 4).

7 Das Fehlen oder die Unrichtigkeit der Angaben zu **Ort und Zeit** der Verhandlung berührt dagegen die Wirksamkeit der Beurkundung nicht[21]. Verhandlungsort und -tag können auch später noch durch Amtsvermerk gemäß §§ 36, 39 ergänzt bzw berichtigt werden (vgl § 8 BeurkG Rn 5).

§ 10 Feststellung der Beteiligten

(1) In der Niederschrift soll die Person der Beteiligten so genau bezeichnet werden, daß Zweifel und Verwechslungen ausgeschlossen sind.

---

[11] Vgl BGH DNotZ 1961, 162.
[12] BGH NJW 1979, 1496.
[13] BGH NJW 1994, 1288; NJW 1994, 2095; OLG Celle DNotZ 1954, 32.
[14] Vgl. zu den besonderen Problemen bei Fotografien DNotI-Report 2007, 60.
[15] LG Köln Rpfleger 1993, 71.
[16] BGH NJW 1994, 2095; OLG Celle DNotZ 1954, 32.
[17] OLG Celle DNotZ 1954, 32 m Anm *Keidel;* OLG Köln NJW-RR 1993, 223.
[18] *Soergel/J. Mayer* Rn 12; *Winkler* Rn 34 f mwN.
[19] Vgl BGH NJW 1956, 665.
[20] BGH DNotI-Report 1999, 80.
[21] Zur Strafbarkeit BGH DNotZ 1999, 811 m Anm *Zimmermann.*

Feststellung der Beteiligten § 10 BeurkG

(2) ¹Aus der Niederschrift soll sich ergeben, ob der Notar die Beteiligten kennt oder wie er sich Gewißheit über ihre Person verschafft hat. ²Kann sich der Notar diese Gewißheit nicht verschaffen, wird aber gleichwohl die Aufnahme der Niederschrift verlangt, so soll der Notar dies in der Niederschrift unter Anführung des Sachverhalts angeben.

I. Bezeichnung der Beteiligten (Abs 1)

1. Formell Beteiligte iS des § 6. Die formell an der Urkunde beteiligten Personen sind gemäß §§ 9 Abs 1 Nr 1, 10 Abs 1 in einer Weise zu bezeichnen, die Zweifel über die Identität und Verwechslungen mit anderen Personen ausschließen (s zur Bezeichnung des Vertretenen Rn 4 und § 9 BeurkG Rn 2). Zu den danach notwendigen Mindestangaben bei einer natürlichen Person gehören (mindestens ein) ausgeschriebener **Vorname** sowie der zurzeit der Beurkundung geführte **Familien- bzw Ehename**. Das **Geburtsdatum** gehört ebenfalls zu den Angaben, auf die grds nicht verzichtet werden kann[1]. § 26 Abs 2 DONot fordert zudem die Angabe eines vom Familien- bzw Ehenamen verschiedenen **Geburtsnamens** sowie der genauen **Anschrift** der Wohnung, letzteres jedoch nur, wenn der Beteiligte oder dessen Familie hierdurch nicht gefährdet wird, also beispielsweise bei bekannten Politikern, Sportlern oder Künstlern[2]. Nach der Neufassung der DONot ist die Angabe des **Berufs** zwar nicht mehr vorgeschrieben, aber im Hinblick auf die besonderen Verfahrensgestaltungsvorschriften des § 17 Abs 2 a – vor allem bei Verbraucher- und Eheverträgen – sehr zu empfehlen. Weder § 26 DONot noch §§ 9, 10 dürfen jedoch das vom Verfassung eingeräumte Recht auf informationelle Selbstbestimmung (Art 2 Abs 1 iVm Art 1 GG) beeinträchtigen, soweit nicht überwiegende öffentliche Interessen dies rechtfertigen[3]. Deshalb darf der Notar gegen den **Willen eines Beteiligten** weder das Geburtsdatum noch den Geburtsnamen noch die Wohnanschrift in die Urkunde aufnehmen[4]. Widerspricht ein Beteiligter der Aufnahme personenbezogener Daten in die Urkunde, so darf der Notar die Beurkundung gemäß § 4 nur **ablehnen**, wenn der Verwechslungsgefahr nicht durch andere Identitätsmerkmale vorgebeugt werden kann[5]. Dabei ist zwischen der Beteiligung als Vertreter oder Partei kraft Amtes (zB Testamentsvollstrecker, Insolvenzverwalter) und einer Mitwirkung eines materiell Beteiligten zu unterscheiden[6]. 1

Da die Erklärungen eines **Vertreters** oder einer **Partei kraft Amtes** ohnehin nicht diesen sondern nur den materiell Beteiligten treffen, haben die anderen Beteiligten sowie Gericht und Behörden zwar ein berechtigtes Interesse an der Identitäts- und Legitimitätsprüfung durch den Notar gemäß § 12, nicht aber an der vollständigen Angabe des Geburtsdatums, des Geburtsnamens und der Wohnanschrift des nur formell Beteiligten in der Urkunde[7]. Der Notar wird also dem Wunsch eines Vertreters oder einer Partei kraft Amtes, Geburtsdatum, Geburtsname und/oder Wohnanschrift nicht in die Urkunde aufzunehmen, in aller Regel weiteres entsprechen müssen, wenn dadurch nicht Zweifel an der Zurechenbarkeit der Erklärungen entstehen können[8]. Die Landesjustizverwaltungen haben sich mittlerweile geeinigt, § 26 Abs 3 S 2 lit a DONot so zu ändern, dass bei Vertretern die Angabe der Dienst- oder Geschäftsanschrift zur Bezeichnung genügt. 2

Beim Wunsch eines materiell und formell Beteiligten, auf diese Angaben zu verzichten, ist dagegen ein strengerer Maßstab anzulegen, weil die anderen Beteiligten sowie die Behörden durchaus ein berechtigtes Interesse an der Bekanntgabe dieser personenbezogenen Daten haben. Statt der Wohnanschrift sollte dann aber mindestens der Wohnort und die Geschäfts- oder Büroadresse angegeben werden[9]. Verweigert ein Beteiligter die Aufnahme von Daten, so kann der Notar auf Verlangen aller – nicht nur des betroffenen – Beteiligten dennoch beurkunden, wenn er in der Niederschrift vermerkt, alle Beteiligten hätten die Beurkundung ohne die notwendigen Daten trotz Belehrung über die Folgen unzureichender Angaben zur Person verlangt[10]. 3

2. Materiell Beteiligte. In allen Vertretungsfällen sowie beim Handeln einer Partei kraft Amtes (zB Testamentsvollstrecker, Insolvenzverwalter) muss auf Grund einer sinnorientierten Auslegung der §§ 9 Abs 1 Nr 1, 10 Abs 1 auch der materiell Beteiligte zweifelsfrei erkennbar sein[11]. Eine natürliche Person sollte dabei ebenso wie der formell Beteiligte bezeichnet werden (Rn 1). Zu den Mindestangaben bei einer vertretenen juristischen Person bzw einer Gesellschaft gehören der genaue Name, der Sitz und die genaue Anschrift. Bei eingetragenen Gesellschaften sollte außerdem das Amtsgericht und die Registernummer angegeben werden. 4

---

[1] Vgl *Renner* NotBZ 2002, 432, 435.
[2] Zu dieser Ausnahme ausf *Renner* NotBZ 2002, 432, 433; *Huhn/v. Schuckmann/Renner* § 26 DONot Rn 22.
[3] Vgl BVerfGE 65, 1, 43 f; 80, 367, 373; 84, 375, 379; *Renner* NotBZ 2002, 432, 435.
[4] *Renner* NotBZ 2002, 432, 435; *Winkler* Rn 3; *Weingärtner/Schöttler*, Dienstordnung für Notarinnen und Notare, 8. Aufl 2001, § 26 Rn 378.
[5] Vgl *Weingärtner/Schöttler*, Dienstordnung für Notarinnen und Notare, 8. Aufl 2001, § 26 Rn 379.
[6] Ähnlich *Renner* NotBZ 2002, 432, 435; *Winkler* Rn 3 ff.
[7] Diff und teilweise abw *Renner* NotBZ 2002, 432, 435; *Winkler* Rn 3 ff.
[8] Ausf *Huhn/v. Schuckmann/Renner* § 26 DONot Rn 26 ff.
[9] *Renner* NotBZ 2002, 432, 436.
[10] *Renner* NotBZ 2002, 432, 435.
[11] *Soergel/Mayer* Rn 2; *Winkler* Rn 12; *Weingärtner/Schöttler* aaO § 26 Rn 378.

II. Identitätsfeststellung (Abs 2)

5 **1. Persönliche Kenntnis.** Die persönliche Kenntnis des Notars ist nur gegeben, wenn der Notar selbst – nicht nur ein Mitarbeiter – den Beteiligten persönlich kennt oder mindestens bei einer früheren, jedoch nicht unmittelbar vorausgehenden[12] Beurkundung oder Besprechung in einer dem § 10 Abs 2 genügenden Art und Weise Gewissheit über die Identität des Beteiligten erlangt hat, sei es durch Vorlage eines amtlichen Lichtbildausweises, sei es durch Erkennungszeugen[13]. Die Tatsache, dass der Notar den Beteiligten persönlich kennt, ist in der Urkunde als solche zu vermerken.

6 **2. Amtlicher Lichtbildausweis.** Kennt der Notar den Beteiligten nicht von Person, muss der Notar sich höchstpersönlich[14] einen amtlichen Ausweis mit Lichtbild und Unterschrift (zB Personalausweis, Pass, Führerschein, Dienstausweis) vorlegen lassen[15]. Die Gültigkeitsdauer ist jedoch ohne Bedeutung, solange nur eine einwandfreie Identitätsfeststellung an Hand des Lichtbildes oder der Unterschrift noch möglich ist[16]. Nicht von einer Behörde ausgestellte Ausweise und Dokumente (zB Mitgliedsausweise, Kundenkarten von Banken, Kreditkarten) eignen sich selbst dann nicht als Identizierungsmittel, wenn sie mit Lichtbild und/oder Unterschrift versehen sind[17].

7 Der amtliche Ausweis kann auch **nach der Beurkundung nachgereicht** werden, unbeschadet der Pflicht des Notars, gemäß § 10 Abs 2 S 2 zu verfahren. Der Ausweis sollte aber unverzüglich nach der Beurkundung dem Notar persönlich vorgelegt werden; der Notar hat in einem Amtsvermerk gemäß §§ 36, 39 die Vorlegung zu bestätigen und den Identitätsnachweis festzustellen[18]. In der Urkunde ist genau zu vermerken, welches Dokument der Beteiligte vorgelegt hat, wobei die Angabe „amtlicher Lichtbildausweis" genügt[19], wenngleich bei nicht von einer deutschen Behörde ausgestellten Ausweispapieren die genaue Bezeichnung zu empfehlen ist[20]. Eine Kopie des Ausweises darf nur dann zu den Akten genommen werden, wenn der Beteiligte zustimmt (§ 26 Abs 1 S 2 DONot) oder die Identifizierung nach dem Geldwäschegesetz vorgeschrieben ist[21].

8 **3. Erkennungszeuge.** Schließlich besteht noch die Möglichkeit, die Identifizierung durch Einschaltung eines geeigneten Erkennungszeugen vorzunehmen. Als Erkennungszeuge kommt nur in Betracht, wer dem Beurkundenden persönlich als zuverlässig bekannt und weder an der Beurkundungsangelegenheit beteiligt noch mit einem materiell Beteiligten verheiratet, verwandt oder verschwägert oder auf sonstige Weise eng verbunden ist. Der Zeuge muss dem Notar persönlich bekannt sein[22]. Der Notar braucht nicht zu prüfen, ob der Zeuge den Beteiligten tatsächlich kennt, es sei denn, dass sich für ihn Zweifel hieran aufdrängen[23]. Der Erkennungszeuge braucht nicht zu unterschreiben[24].

9 **4. Ausweis durch besondere Sachkunde.** Der Identifikation durch besondere Sachkunde oder Legitimationspapiere kommt eher theoretische denn praktische Bedeutung zu. Es ist nahezu völlig ausgeschlossen, auf diese Art und Weise eine sichere Identitätsfeststellung zu treffen[25]. Allenfalls dann, wenn jedes andere Identifizierungsmittel unerreichbar oder Gefahr im Verzug ist und der Beteiligte über spezielle Kenntnisse verfügt, die andere nicht haben kann, kann diese Feststellung einmal genügen[26].

10 **5. Mangelnde Identifizierungsmöglichkeit.** Ist auch auf diesem Weg nach dem pflichtgemäßen Ermessen des Notars keine sichere Identifikation des Beteiligten möglich und hat er auch keine Anhaltspunkte für eine Täuschung, darf er die Beurkundung nicht etwa ablehnen, sondern muss gemäß Abs 2 S 2 die Beteiligten auf die Folgen dieses Mangels für den Vollzug und die Beweiskraft der Urkunde hinweisen[27]. Nur wenn alle formell Beteiligten, also nicht nur der nicht zu identifizierende[28], die Beurkundung dennoch verlangen, hat der Notar diese vorzunehmen. Der Grund der Unmöglichkeit der Identitätsfeststellung, die Belehrung durch den Notar und das Beurkundungsverlangen sind in der Urkunde zu vermerken[29].

---

[12] AA *Huhn/v. Schuckmann/Renner* § 26 DONot Rn 13.
[13] *Winkler* Rn 17; aA wohl *Huhn/v. Schuckmann* Rn 14.
[14] *Huhn/v. Schuckmann* Rn 15.
[15] BGH DNotZ 1956, 502; NJW 1955, 839; *Jansen* Rn 6.
[16] OLG Frankfurt DNotZ 1989, 640, 642; *Winkler* Rn 18 mwN.
[17] Vgl BGH DNotZ 1956, 503; OLG Düsseldorf Rpfleger 1956, 210; OLG Celle DNotI-Report 2006, 34: Fahrausweis; *Winkler* Rn 19; diff *Huhn/v. Schuckmann/Renner* § 26 DONot Rn 10.
[18] Vgl LG Würzburg MittBayNot 1975, 34.
[19] Vgl OLG Frankfurt DNotZ 1989, 640, 641 f.
[20] *Huhn/v. Schuckmann/Renner* § 26 DONot Rn 9.
[21] Vgl *Huhn/v. Schuckmann/Renner* Rn 14.
[22] OLG Celle DNotI-Report 2006, 34; *Eylmann/Vaasen/Limmer* Rn 10; aA *Winkler* Rn 21; *Weingärtner/Schöttler* aaO Rn 378; *Reimann/Bengel/J. Mayer/Limmer* Rn 9; *Soergel/J. Mayer* Rn 6.
[23] Vgl RGZ 81, 157, 159; RG JW 1932, 2864.
[24] Vgl zu § 2242 Abs 4 BGB aF BayObLG FGPrax 2003, 130, 132.
[25] Vgl *Huhn/v. Schuckmann/Renner* § 26 DONot Rn 14; *Reimann/Bengel/J. Mayer/Limmer* Rn 11.
[26] Vgl RGZ 78, 241; RG JW 1936, 1956; BGH DNotZ 1956, 502.
[27] *Winkler* Rn 15; aA *Riedel/Feil* Rn 9.
[28] AA *Winkler* Rn 30.
[29] Vgl *Huhn/v. Schuckmann/Renner* § 26 DONot Rn 32 f.

III. Rechtsfolgen einer Pflichtverletzung

Der Notar hat die Amtspflicht, die Feststellung der Beteiligten und ihrer Identität höchstpersönlich und mit „äußerster Sorgfalt"[30] zu treffen. Die **Beurkundung** ist, da es sich um eine Soll-Vorschrift handelt, dennoch **wirksam**. Der Urkunde kommt sogar bis zum Beweis des Gegenteils die Beweiskraft des § 415 ZPO zu. Die Feststellungen des Notars zur Person des Erklärenden dürfen nicht durch eine Behörde, auch nicht durch das Grundbuchamt oder das Handelsregister, einer eigenen Würdigung unterzogen werden, sie sind bindend, und zwar auch dann, wenn ein Vermerk über die Identitätsfeststellung völlig fehlt[31]. Folglich ist die Feststellung des Notars in der Urkunde über die Identität einer verheirateten Person, die noch mit ihrem Geburtsnamen im Grundbuch eingetragen ist, für das Grundbuchamt bindend[32]; die zusätzliche Vorlage einer Heiratsurkunde kann nicht gefordert werden.

§ 11 Feststellungen über die Geschäftsfähigkeit

(1) ¹Fehlt einem Beteiligten nach der Überzeugung des Notars die erforderliche Geschäftsfähigkeit, so soll die Beurkundung abgelehnt werden. ²Zweifel an der erforderlichen Geschäftsfähigkeit eines Beteiligten soll der Notar in der Niederschrift feststellen.

(2) Ist ein Beteiligter schwer krank, so soll dies in der Niederschrift vermerkt und angegeben werden, welche Feststellungen der Notar über die Geschäftsfähigkeit getroffen hat.

Schrifttum: *Kanzleiter,* Feststellungen über die Geschäftsfähigkeit inner- oder außerhalb der Niederschrift? – Bemerkungen zum Beschluß des BayObLG v. 2. 7. 1992 – 3 Z BR 58/92 -, DNotZ 1993, 434.

1. Sachlicher Geltungsbereich. Diese Vorschrift gilt für die Beurkundung von Willenserklärungen aller Art (vgl § 6 BeurkG Rn 1). Für Verfügungen von Todes wegen gelten die ergänzenden Bestimmungen des § 28. Bei Abnahme von Eiden und eidesstattlichen Versicherungen ist gemäß §§ 38, 11 an Stelle der Geschäftsfähigkeit auf die strafrechtliche Eidesfähigkeit abzustellen[1]. Die Bestimmung ist, vor allem wegen der Stimmabgabe, auch auf die Protokollierung von Versammlungen analog anzuwenden.

2. Feststellung der Geschäftsfähigkeit. Die Geschäftsfähigkeit eines Beteiligten richtet sich nach materiellem Recht, bei einem Deutschen also vor allem nach §§ 104 ff BGB und bei einem Ausländer gemäß Art 7 Abs 1 EGBGB nach seinem Heimatrecht. Festzustellen ist gemäß § 11 Abs 1 S 1 jedoch nur die für die Wirksamkeit der beurkundeten Willenserklärung „erforderliche" Geschäftsfähigkeit, also bei Verfügungen von Todes wegen die Testierfähigkeit (§ 2229 BGB)[2]. § 11 verpflichtet den Notar nicht, sich von der Geschäftsfähigkeit jedes formell Beteiligten zu überzeugen, sondern regelt nur die Amtspflichten in den Fällen, in denen der Notar an dieser zweifelt, von deren Fehlen überzeugt ist oder der Beteiligte schwer krank ist. Der Notar braucht ohne besondere Anhaltspunkte keine Nachforschungen zur Geschäftsfähigkeit anzustellen[3], darf also bei Volljährigen sowohl von der Geschäftsfähigkeit und, solange nicht etwa der Name, Geburtsort oder die Sprache Zweifel daran aufkommen lassen, von der deutschen Staatsangehörigkeit[4] ausgehen. Er muss jedoch in jedem Fall das Alter der Beteiligten feststellen[5]. Bei einem Minderjährigen muss der Notar die zur Beurkundung erforderliche Geschäftsfähigkeit sorgfältig überprüfen.

Der Notar braucht außer bei Verfügungen von Todes wegen (§ 28) und bei erkennbarer schwerer Krankheit iS des § 11 Abs 2 nicht seine positive Überzeugung, sondern nur Zweifel an der erforderlichen Geschäftsfähigkeit in der Niederschrift zu vermerken. Die Vermerkpflicht des § 11 Abs 2 löst nur eine solche Krankheit aus, die ihrer Art nach die geistige Fähigkeit zur Vornahme von Geschäften einschränken kann (zB Epilepsie, Cerebralsklerose[6]. Zieht der Notar Erkundigungen beim behandelnden Arzt ein (zB schriftliches Attest), so ist dies im Vermerk mitzuteilen. Ein Attest ist der Urkunde beizufügen[7].

Bei nicht behebbaren Zweifeln des Notars an der erforderlichen Geschäftsfähigkeit, soll er die Beteiligten hierauf ebenso hinweisen wie auf die Folgen der möglicherweise fehlenden Geschäftsfähigkeit und dies alles unter Angabe der die Zweifel auslösenden Tatsachen in der Niederschrift vermerken. Ein Widerspruch der Beteiligten ist unbeachtlich, eine Genehmigung nicht erforderlich.

Ist der Notar dagegen überzeugt, dass einem Beteiligten die erforderliche Geschäftsfähigkeit fehlt, so verpflichtet ihn § 11 Abs 1 S 2, die Beurkundung abzulehnen. Gegen die Ablehnung steht den Beteiligten die Beschwerde gemäß § 15 BNotO zu. Um bei Verfügungen von Todes wegen dem mit einer derartigen Ablehnung verbundenen erheblichen Haftungsrisiko zu entgehen, sollte der Notar

---

[30] BGH DNotZ 1956, 502.
[31] *Winkler* Rn 20 mwN.
[32] Vgl OLG Celle DNotI-Report 2006, 34; LG Mainz DNotZ 1999, 823; LG Berlin NJW 1962, 1353; LG Wuppertal MittRhNotK 1976, 597.
[1] Vgl *Huhn/v. Schuckmann/Renner* Rn 5.
[2] Vgl BayObLG NotBZ 2001, 423, 424.
[3] AllgM, zB BGH MittBayNot 1970, 167; OLG Frankfurt DNotZ 1978, 506.
[4] BGH DNotZ 1963, 315; *Grader* DNotZ 1959, 563; *Keidel/Winkler* Rn 8.
[5] *Huhn/v. Schuckmann/Renner* Rn 8; MünchKommBGB/*Hagena* § 28 BeurkG Rn 18; aA OLG Frankfurt DNotZ 1978, 506; OLG Karlsruhe Justiz 1980, 18; *Winkler* Rn 8.
[6] Vgl OLG Oldenburg DNotZ 1974, 19; *Reimann/Bengel/J. Mayer* Rn 17.
[7] *Winkler* Rn 14.

trotz § 11 Abs 1 S 2 die Beurkundung vornehmen, jedoch alle Tatsachen vollständig in dem Vermerk aufführen, die seiner Meinung nach die Zweifel an der Geschäftsfähigkeit begründen[8].

6   3. Vermerk. Der Vermerk des Notars muss in die Niederschrift oder in eine Anlage iS des § 9 Abs 1 S 2 aufgenommen werden[9]. Die Beifügung in Form eines der Urschrift beigefügten Amtsvermerks genügt nicht, und zwar auch nicht auf Wunsch aller Beteiligten. Richtiger Ansicht nach gilt dies jedoch dann nicht, wenn ein Beteiligter zwar schwer krank, der Notar aber gleichwohl von dessen Geschäftsfähigkeit überzeugt ist[10].

7   4. Rechtsfolgen fehlender Prüfung oder Feststellung. Hat der Notar seine Pflicht zur Prüfung der Geschäftsfähigkeit oder zur Feststellung in der Niederschrift verletzt, so ist die gleichwohl aufgenommene Urkunde wirksam, weil § 11 nur Soll-Vorschriften enthält. Die Feststellungen des Notars binden die Gerichte nicht[11].

§ 12 Nachweise für die Vertretungsberechtigung

[1]Vorgelegte Vollmachten und Ausweise über die Berechtigung eines gesetzlichen Vertreters sollen der Niederschrift in Urschrift oder in beglaubigter Abschrift beigefügt werden. [2]Ergibt sich die Vertretungsberechtigung aus einer Eintragung im Handelsregister oder in einem ähnlichen Register, so genügt die Bescheinigung eines Notars nach § 21 der Bundesnotarordnung.

1   § 12 verpflichtet den Notar nur, sich die Vertretungsnachweise vorlegen zu lassen und darf deren Aushändigung nicht dem Belieben des Vertreters überlassen. Die Pflicht zur Prüfung der Vertretungsbefugnis in materieller Hinsicht ergibt sich dann aus § 17.

2   Der Nachweis einer **rechtsgeschäftlichen Vertretungsmacht** wird bei einer gemäß dem zweiten Abschnitt des BeurkG beurkundeten Vollmacht durch Vorlage der Ausfertigung – nicht einer einfachen oder beglaubigten Abschrift – der Urkunde und in allen anderen Fällen, also auch bei einer Vollmacht, bei der nur die Unterschrift beglaubigt ist, durch das Original geführt. Die Ausfertigung bzw das Original oder eine beglaubigte Ablichtung oder Abschrift hiervon ist als nicht verlesbare und genehmigungsfreie[1] Anlage der Urschrift beizufügen. Nachträgliche Genehmigungen oder Vollmachtsbestätigungen sind der Urschrift in gleicher Weise beizuheften[2]. Behauptet der Vertreter das Vorhandensein einer nur mündlich erteilten Vollmacht oder kann er die Vollmachtsurkunde nicht vorlegen, so muss der Notar diese Tatsache vermerken und die Beteiligten über die Folgen belehren[3].

3   Auch beim Nachweis der **gesetzlichen Vertretungsmacht** hat sich der Notar die Bestallungsurkunde, das Testamentsvollstreckerzeugnis oder das sonstige Zeugnis über das Vertretungsrecht entweder in Urschrift oder in beglaubigter Abschrift vorlegen zu lassen und in gleicher Weise wie bei einer Vollmacht seiner Urkunde als Anlage beizufügen. Die Eltern minderjähriger Kindes brauchen allerdings keinen besonderen Nachweis vorzulegen. Handelt ein Elternteil allein, so genügt die Versicherung, dass der andere verstorben ist oder ihm das Sorgerecht übertragen worden ist (zB § 1671 BGB). Hat der Notar allerdings sichere Kenntnis vom Vorhandensein einer Sorgerechtserklärung gemäß § 1626 a Abs 1 BGB, so hat er die Beurkundung ebenso abzulehnen wie in allen anderen Fällen, in denen er die Unrichtigkeit der Versicherung des handelnden Elternteils erkennt.

4   Ergibt sich die Vertretungsbefugnis aus dem Handels-, Genossenschafts-, Partnerschafts-, Vereins- oder Güterrechtsregister, so kann anstelle eines beglaubigten Registerauszugs eine **Bescheinigung des Notars gemäß § 21 BNotO** der Urkunde beigefügt oder in diese selbst aufgenommen werden.

5   Der Verstoß gegen diese Soll-Vorschrift macht die Beurkundung nicht unwirksam.

§ 13 Vorlesen, Genehmigen, Unterschreiben

(1) [1]Die Niederschrift muß in Gegenwart des Notars den Beteiligten vorgelesen, von ihnen genehmigt und eigenhändig unterschrieben werden; soweit die Niederschrift auf Karten, Zeichnungen oder Abbildungen verweist, müssen diese den Beteiligten anstelle des Vorlesens zur Durchsicht vorgelegt werden. [2]In der Niederschrift soll festgestellt werden, daß dies geschehen ist. [3]Haben die Beteiligten die Niederschrift eigenhändig unterschrieben, so wird vermutet, daß sie in Gegenwart des Notars vorgelesen oder, soweit nach Satz 1 erforderlich, zur Durchsicht vorgelegt und von den Beteiligten genehmigt ist. [4]Die Niederschrift soll den Beteiligten auf Verlangen vor der Genehmigung auch zur Durchsicht vorgelegt werden.

---

[8] Ebenso *Dassel* Recht 1917 Sp 329; krit MünchKommBGB/*Hagena* § 28 BeurkG Rn 19 Fn 23.
[9] BayObLG DNotZ 1993, 471, 473.
[10] *Kanzleiter* DNotZ 1993, 434, 439; *Haegele* Rpfleger 1969, 415; *Winkler* Rn 15.
[11] BayObLG MittBayNot 1975, 18: Grundbuchamt.
[1] Vgl KG DNotI-Report 1998, 29 für Handelsregisterauszug.
[2] *Winkler* Rn 30; *Lerch* Rn 11.
[3] *Huhn/v. Schuckmann/Renner* Rn 8.

(2) [1]Werden mehrere Niederschriften aufgenommen, die ganz oder teilweise übereinstimmen, so genügt es, wenn der übereinstimmende Inhalt den Beteiligten einmal nach Absatz 1 Satz 1 vorgelesen oder anstelle des Vorlesens zur Durchsicht vorgelegt wird. [2]§ 18 der Bundesnotarordnung bleibt unberührt.

(3) [1]Die Niederschrift muß von dem Notar eigenhändig unterschrieben werden. [2]Der Notar soll der Unterschrift seine Amtsbezeichnung beifügen.

Schrifttum: *Heinemann*, Nochmals: Zu den Anforderungen an die Unterschrift der Beteiligten in der notariellen Niederschrift, DNotZ 2003, 243; *Kanzleiter*, Das Vorlesen der Niederschrift, DNotZ 1997, 261; *ders*, Anforderungen an die Unterschriften von Beteiligten und Notar unter der notariellen Niederschrift – Zugleich Anmerkungen zum Urt. des OLG Stuttgart v. 14. 11. 2001 – 3 U 123/01, DNotZ 2002, 520; *ders*, Anforderungen an die Unterzeichnung der Niederschrift durch die Beteiligten – Anmerkungen zum Urteil des BGH vom 25. 10. 2002 – V ZR 279/01 –, MittBayNot 2003, 197; *Renner*, Die Namensunterschrift, NotBZ 2003, 173.

Übersicht

	Rn		Rn
I. Vorlesen der Niederschrift	1	IV. Eigenhändige Unterschrift der Beteiligten	9
1. Äußerer Ablauf des Vorlesens	1	1. Anforderungen	9
2. Umfang der Vorlesepflicht	2	2. Zeit und Ort	17
3. Gegenwärtige Personen	4	3. Wirkung	18
4. Verletzung der Vorlesepflicht	5	4. Nachholung	19
II. Vorlage der Niederschrift zur Durchsicht	6	V. Schlussvermerk (Abs 1 S 2)	20
1. Ersetzende Vorlage (Abs 1 S 1 bis 3)	6	VI. Unterschrift des Notars (Abs 3)	21
2. Ergänzende Vorlage (Abs 1 S 4)	7	1. Anforderungen	21
		2. Wirkung	22
III. Genehmigung durch die Beteiligten	8	3. Nachholung	23

I. Vorlesen der Niederschrift

1. Äußerer Ablauf des Vorlesens. Das **Vorlesen** besteht darin, dass die Schriftzeichen von einer Person wörtlich und laut vernehmlich zur Kenntnis der Beteiligten zu Gehör gebracht werden[1]. Deshalb sind das Abspielen eines Tonbandes[2], lautes Diktieren, das Ablesen des Textes vom Bildschirm oder unter Verwendung eines Beamers beim Einsatz elektronischer **Datenverarbeitungssysteme** unzulässig[3]. Gleiches gilt für den Einsatz einer Sprachsoftware, bei der im Computer gespeicherte Text in Sprachlaute umgewandelt wird. Bei Verwendung elektronischer Datenverarbeitungssysteme muss ein während der Beurkundung geänderter Text ab der ausgedruckten Seite nochmals vorgelesen werden, da Veränderungen auf Grund technischer Defekte sowie Software- oder Eingabefehler nicht sicher ausgeschlossen werden können[4]. Der Notar kann einen anderen vorlesen lassen. Entgegen der hM[5] ist aber das **Selbstlesen** durch einen Beteiligten weder mit dem Wortlaut („vorgelesen") noch mit der zentralen Bedeutung des Vorlesens vereinbar und daher unzulässig[6]. Lautes Diktieren durch die Urkundsperson reicht ebenfalls nicht aus[7]. Das Vorlesen kann **abschnittsweise** erfolgen. Ein Beteiligter kann, soweit nicht ausdrücklich etwas anderes vorgeschrieben ist (zB §§ 925, 1410, 2276, 2290 BGB), nach Verlesung, Genehmigung und Unterzeichnung seiner Willenserklärungen gehen, während die Erklärungen anderer Beteiligter im Anschluss hieran beurkundet werden[8]. Dabei hat jeder Beteiligte an der Stelle zu unterzeichnen, bis zu der ihm der Text vorgelesen worden ist. Im Schlussvermerk sollte die abschnittsweise Beurkundung festgehalten werden[9]. Bei **Sammelbeurkundung** von – höchstens fünf[10] – Niederschriften, die ganz oder weitgehend wörtlich übereinstimmen, muss der Notar – trotz der missverständlichen Formulierung des Abs 2 S 1 – die wortgleichen Teile der Niederschriften einmal in Anwesenheit aller Beteiligten vorlesen[11]. Der Notar muss vor Beginn des Vorlesens darauf hinweisen,

---

[1] *Jansen* Rn 10.
[2] *Winkler* Rn 9; *Lerch* Rn 14; aA OLG Hamm MittBayNot 1977, 253; *Bühling* JR 1960, 3.
[3] OLG Frankfurt DNotZ 2000, 513; *Kanzleiter* 1997, 261, 265; *Winkler* Rn 12; *Lerch* Rn 4, 14; aA LG Stralsund NJW 1997, 3178.
[4] *Ehlers* NotBZ 1997, 109; aA *Huhn/v. Schuckmann/Renner* Rn 11 f, § 29 DONot Rn 11; *Winkler* Rn 13 ff; *Lerch* Rn 5 f mit einer abwegigen Unterscheidung zwischen inhaltlicher und körperlicher Identität; *Kanzleiter* DNotZ 1997, 261; BNotK-Rundschreiben Nr 19/97, abgedruckt in ZNotP 1997, 91.
[5] *Winkler* Rn 8; *Lerch* Rn 14; *Jansen* Rn 11; *Reimann/Bengel/J. Mayer/Limmer* Rn 6; *Staudinger/Hertel* Vor §§ 127 a, 128 BeurkG Rn 359; ebenso MünchKommBGB/*Hagena* § 2232 Rn 98: wenig zu empfehlen.
[6] Vgl *Kurtze*, Die Beurkundung im Jugendamt, S 87; *Soergel/Harder.* Aufl Rn 3; zweifelnd auch *Huhn/v. Schuckmann/Renner* Rn 6.
[7] BayObLG Rpfleger 1979, 458.
[8] OLG Hamburg DNotZ 1994, 306; *Winkler* Rn 26.
[9] OLG Hamburg DNotZ 1994, 306; aA *Keidel/Winkler* § 8 Rn 27.
[10] BNotK-Richtlinienempfehlung vom 29. 1. 1999 II 1 e, abgedruckt in DNotZ 1999, 258, 260.
[11] Ausf *Winkler* Rn 31 ff.

dass dieser Text Erklärungen aller Beteiligten enthalte[12]. Die wortgleichen Teile der nicht verlesenen Niederschriften sind vorzulegen, während die differierenden Stellen den jeweiligen Beteiligten gesondert vorzulesen sind. **Andere Einschränkungen** der Vorlesungspflicht enthalten die §§ 13 a und 14.

2 **2. Umfang der Vorlesepflicht.** Alle in der Niederschrift oder in einer Anlage hierzu enthaltenen **Willenserklärungen** der Beteiligten müssen in vollem Umfang vorgelesen werden (§ 9 Abs 1 S 1 Nr 2). Es genügt nicht, nur die beurkundungspflichtigen Erklärungen vorzulesen[13]. Anlagen, die keine Erklärungen der Beteiligten iS des § 9 Abs 1 S 1 Nr 1 enthalten (zB Vertretungsnachweise[14], erläuternde Anlagen, vgl § 9 Rn 5), müssen nicht vorgelesen werden[15]. Das Gleiche gilt gemäß § 14 Abs 1 S 1, 2 für Bilanzen, Inventare, Nachlassverzeichnisse oder sonstige Bestandsverzeichnisse sowie für nicht einzutragende Bedingungen bei Grundpfandrechtsbestellungen. Weitere Einschränkungen enthält § 13 a. Der **Schlussvermerk** (Abs 1 S 2) braucht nicht vorgelesen zu werden[16].

3 Umstritten ist, ob und in welchem Umfang die **Feststellungen der äußeren Umstände der Beurkundung** (zB Verhandlungsort, Datum, Vermerke zur Geschäftsfähigkeit), vorgelesen werden müssen. Die einen verlangen das Vorlesen aller Feststellungen, und zwar ohne Rücksicht darauf, ob sie vom Gesetz als Muss- oder Soll-Vorschriften ausgestaltet sind[17]. Nach anderer Auffassung bezieht sich die Vorlesepflicht nur auf solche Feststellungen, die nach dem Gesetzeswortlaut getroffen werden „müssen", also auf die Bezeichnung des Notars und der Beteiligten (§ 9 Abs 1 S 1 Nr 1)[18]. Nach richtiger Auffassung ist die Beurkundung selbst dann wirksam, wenn der Notar seine Feststellungen zu den äußeren Umständen überhaupt nicht vorliest[19]. Sie werden nämlich vom Notar kraft Amtes getroffen, und zwar ggf auch gegen den Widerspruch der Beteiligten (vgl § 11 Rn 6), so dass das Vorlesen keinen Sinn ergibt, zumal die Anforderungen an die zwingend vorgeschriebene Bezeichnung des Notars und der Beteiligten äußerst niedrig sind.

4 **3. Gegenwärtige Personen.** Der **Notar** muss immer während des eigentlichen Verlesens ununterbrochen[20] persönlich in der Weise gegenwärtig sein, dass er und die Beteiligten sich gegenseitig akustisch und optisch wahrnehmen können und jederzeit eingreifen kann, so dass der Aufenthalt in einem anderen Raum nur in seltenen Ausnahmefällen ausreicht[21]. Die formell **Beteiligten** (§ 6 Abs 2) müssen ebenfalls ununterbrochen anwesend sein, ausgenommen allein bei abschnittsweiser Beurkundung (vgl Rn 1). § 13 gilt nicht für **Zeugen, Vertrauenspersonen, zweitem Notar oder Dolmetscher** (zB §§ 24 Abs 1 S 2, 25 S 1).

5 **4. Verletzung der Vorlesepflicht.** Der Verstoß gegen die Pflicht zum Vorlesen ist eine Amtspflichtverletzung und führt zur Unwirksamkeit der Beurkundung[22]. Die von den Beteiligten unterschriebene Niederschrift gilt allerdings bis zum Beweis des Gegenteils gemäß Abs 1 S 2 als ordnungsgemäß vorgelesen (vgl Rn 19).

II. Vorlage der Niederschrift zur Durchsicht

6 **1. Ersetzende Vorlage (Abs 1 S 1 bis 3).** Karten, Zeichnungen und Abbildungen iS des § 9 Abs 1 S 3 sind anstelle des Vorlesens den Beteiligten in Gegenwart des Notars zur Durchsicht vorzulegen. Handelt es sich bei ihnen jedoch nur um erläuternde Anlagen (unechte Bezugnahme) (vgl § 9 Rn 5), so brauchen sie nicht in dieser Weise vorgelegt zu werden. Karten, Zeichnungen und Abbildungen verlieren diesen Charakter auch dann nicht, wenn sie lediglich einzelne, nicht zusammenhängende Worte in Schriftform enthalten, es sei denn, diese haben einen eigenen, die Erklärungen der Beteiligten ergänzenden Aussagegehalt (zB Zusicherung von Mindestmaßen oder -wohnflächen in Bauzeichnungen)[23]. Die vorgelegten Anlagen müssen mit den beigefügten identisch sein[24].

7 **2. Ergänzende Vorlage (Abs 1 S 4).** Jeder Beteiligte kann nach dem Vorlesen, aber vor der Genehmigung die Vorlage der Niederschrift zur Durchsicht in Gegenwart des Notars und aller anderen Beteiligten verlangen. Ihm ist die (spätere) Urschrift auszuhändigen, nicht etwa nur eine Kopie oder eine Leseabschrift. Der Notar kann den Beteiligten auch nicht darauf verweisen, dass er vor der Beurkundung einen Entwurf erhalten habe[25]. Diese ergänzende Vorlage braucht nicht in der Niederschrift vermerkt zu werden. Ein Verstoß gegen diese Vorlagepflicht ist für die Wirksamkeit der Beurkundung zwar ohne Bedeutung, kann jedoch unter Umständen einen Anfechtungsgrund darstellen[26].

---

[12] BGH DNotZ 2000, 512; OLG Frankfurt DNotZ 2000, 513.
[13] BGH DNotZ 1974, 50.
[14] KG DNotI-Report 1998, 29.
[15] RGZ 72, 412.
[16] RGZ 62, 1, 5; 79, 366, 368.
[17] *Huhn/v. Schuckmann* 3. Aufl Rn 5.
[18] *Winkler* Rn 25; *Jansen* Rn 4; *Soergel/J. Mayer* Rn 5; *Huhn/v. Schuckmann/Renner* Rn 4.
[19] *Reimann/Bengel/J. Mayer/Limmer* Rn 15; *Promberger* MittBayNot 1971, 13.
[20] BGH NJW 1975, 940.
[21] Vgl RGZ 61, 95, 99 = JW 1905, 491; BGH DNotZ 1975, 365, 367; OLG Celle NdsRPfl 1956, 131; *Winkler* Rn 6.
[22] OLG Frankfurt DNotZ 2000, 513.
[23] *Arnold* DNotZ 1980, 262, 270.
[24] BGH NJW 1994, 1288.
[25] *Lerch* Rn 18.
[26] Vgl BGH NJW 1978, 1480.

III. Genehmigung durch die Beteiligten

Die formell Beteiligten (§ 6 Abs 2), nicht jedoch die sonstigen Mitwirkenden (zB Zeuge, Dolmetscher) müssen **die Niederschrift und die Anlagen** iS des § 9 genehmigen. Nicht der Genehmigungspflicht unterliegen die Feststellungen des Notars zum äußeren Ablauf der Verhandlung, einschließlich der Bezeichnung des Notars und der Beteiligten sowie etwaiger obligatorischer oder fakultativer Belehrungsvermerke[27]. Die Weigerung eines Beteiligten die vom Notar getroffenen Feststellungen zu genehmigen, ist unbeachtlich[28]. Es ist nicht notwendig, dass die Anlagen gesondert genehmigt werden, wenn ordnungsgemäß verwiesen worden ist. Die Genehmigung ist an keine bestimmte **Form** gebunden, muss aber eindeutig sein (zB Kopfnicken[29], widerspruchsloses Unterzeichnen)[30]. Das Anhören „mit dem Ausdruck der Befriedigung" genügt nicht[31]. Bei Testamenten und Erbverträgen muss gemäß §§ 2232, 2276 Abs 1 BGB die Genehmigung durch den Erblasser nicht mehr mündlich erfolgen, so dass es im pflichtgemäßen Ermessen des Notars steht, wie er sich die Gewissheit von der Genehmigung verschafft (zB Kopfnicken, Hand heben). Die Genehmigung muss in **Gegenwart des Notars und** aller anderen **Beteiligten** (§ 6 Abs 2)[32], unter Umständen auch in Anwesenheit der gemäß § 24 Abs 1 S 2 zugezogenen Vertrauensperson oder des Schreibzeugen gemäß § 25 erfolgen, ausgenommen bei abschnittsweiser Verhandlung (vgl Rn 1). Die Genehmigung muss **zeitlich** dem Vorlesen nachfolgen[33]. Ein Beteiligter kann bis zur Vollendung der Unterschrift des Notars seine Genehmigung zurücknehmen. Geschieht dies rechtzeitig, darf der Notar nicht mehr unterschreiben[34]. Ohne Genehmigung der Beteiligten (§ 6 Abs 2) ist die **Beurkundung nicht wirksam**. Ist jedoch die Genehmigung in der Niederschrift vermerkt oder hat der Beteiligte die Niederschrift unterschrieben, so wird die Genehmigung vermutet (vgl Rn 11).

IV. Eigenhändige Unterschrift der Beteiligten

1. Anforderungen. Mit ihrer Unterschrift übernehmen die formell Beteiligten die Verantwortung dafür, dass die beurkundeten Erklärungen echt sind und gelten sollen[35]. Sie ist Ausdruck ihrer Identifizierung mit dem Inhalt, nicht aber Mittel zur Feststellung ihrer Identität (§ 9 Rn 2). Hierdurch unterscheidet sich die Funktion der Unterschrift iS des § 13 ganz wesentlich von der unter privaten Urkunden, zB § 2247 BGB[36]. **Unterschrift iS des § 13** ist also jeder Schriftzug, der die Ernsthaftigkeit des Geltungswillens dadurch zum Ausdruck bringt, dass er auf die Person des Unterzeichnenden hinweist.

Deshalb haben die Beteiligten grds mit **Vor- und Familiennamen** zu unterschreiben (vgl § 25 S 1), wobei eine Abweichung der Unterschrift von der Bezeichnung in der Niederschrift (§ 9 Abs 1 Nr 1) nicht schadet[37]. Bei zweifelsfreier Identifizierbarkeit des Unterzeichners ist auch die Unterschrift allein mit dem Familiennamen zulässig[38]. Zusätze zum Familiennamen (zB senior, unzulässiger Doppelname) sind dabei unschädlich, solange dadurch nicht auf eine andere Person hingewiesen wird. Die Unterzeichnung mit einem oder mehreren Vornamen zusätzlich zum Familiennamen reicht völlig aus[39]. Dies muss selbst dann gelten, wenn es sich nicht um den Vornamen handelt, der im amtlichen Lichtbildausweis als Rufname vermerkt ist. Ferner ist es unschädlich, wenn der Beteilte mit einem von ihm üblicherweise gebrauchten Rufnamen (Spitznamen) an Stelle des oder des amtlichen Vornamens unterschreibt (zB „Marliese" statt „Maria Luise"). Der Notar sollte jedoch in diesem Fall zur sicheren Identifizierung die amtlichen Vornamen in die Niederschrift aufnehmen und den Spitznamen erwähnen (zB „gerufen …"; „alias …").

Die Unterzeichnung allein mit dem bzw einem **Vornamen** lehnt der BGH dagegen völlig ab, es sei denn, dass der Beteiligte „unter diesem in der Öffentlichkeit allgemein bekannt ist" (zB kirchliche Würdenträger, Angehörige des Hochadels, Künstler) oder wenn das ausländische Recht überhaupt keinen Familiennamen führt[40]. Mit Recht ist dieses Urteil auf entschiedene Ablehnung in der Literatur gestoßen[41], weil es nicht ausreichend berücksichtigt, dass die Unterschrift unter der Niederschrift als reine Verfahrenshandlung keine Identifizierungs-, sondern allein Autorisierungsfunktion haben kann. Diese Entscheidung führt auch zu dem willkürlich erscheinenden Ergebnis, dass der Erblasser ein

---

[27] Vgl *Lerch* Rn 19.
[28] *Winkler* Rn 29.
[29] RGZ 108, 397.
[30] RGZ 92, 27.
[31] BayObLG NJW 1966, 56.
[32] BGH NJW 1959, 626; DNotZ 1959, 215, 217.
[33] KG JFG 14, 165.
[34] *Winkler* Rn 43; *Jansen* Rn 25; im Ergebnis ebenso MünchKommBGB/*Hagena* § 2232 Rn 109, der auf Auftragsrücknahme abstellt.
[35] Vgl BGH NJW 2003, 1120; OLG Stuttgart DNotZ 2002, 543.
[36] HM, zB *Winkler* Rn 51; *Keidel* DNotZ 1956, 98, 100; aA *Huhn/v. Schuckmann/Renner* Rn 30 ff; *Renner* NotBZ 2003, 173, 180; unklar OLG Stuttgart DNotZ 2002, 543, 544; widersprüchlich BGH NJW 2003, 1120.
[37] *Glaser* DNotZ 1958, 303; *Reimann/Bengel/J. Mayer/Limmer* Rn 33.
[38] BGH NJW 2003, 1120; vgl KG NJW-RR 1996, 1414.
[39] Vgl *Renner* NotBZ 2002, 432, 433; DNotI-Report 2006, 93, 94 f.
[40] NJW 2003, 1120; ähnlich OLG Stuttgart DNotZ 2002, 543 m abl Anm *Kanzleiter* 520; zust *Winkler* Rn 56 f.
[41] *Kanzleiter* MittBayNot 2003, 197; *Heinemann* DNotZ 2003, 243, 244 ff; im Ergebnis zust *Renner* NotBZ 2003, 173, 186.

eigenhändiges Testament gemäß § 2247 Abs 3 S 1 BGB allein mit dem Vornamen (zB „Dein Hans") unterzeichnen kann (§ 2247 BGB Rn 15), er im Falle der Beurkundung aber mit Vor- *und* Nachnamen unterschreiben muss: obwohl bei der eigenhändigen Urkunde der Unterzeichnung zusätzlich zur Autorisierungs- auch die Identifizierungsfunktion zukommt, sind die Anforderungen nach der Rspr geringer als bei der notariellen Urkunde. Diese Rspr bedarf nicht zuletzt im Hinblick auf das in Art 3 Abs 1 GG enthaltene Willkürverbot dringend der Korrektur.

12 In der notariellen Praxis führt jedoch kein Weg an diesem Urteil vorbei, so dass die Beteiligten anzuhalten sind, mit Vor- und Familiennamen, mindestens jedoch mit letzterem zu unterschreiben. Der **Familiennamen** darf nach dieser Meinung auch nicht **abgekürzt** werden[42]. Unschädlich ist es dagegen, wenn bei einem **Doppelnamen** ein Namensteil fehlt[43]. Die Unterzeichnung mit einem **falschen Vornamen** schadet nur dann, wenn dadurch kein Bezug mehr zu einem formell Beteiligten hergestellt werden kann (zB Eheleute unterschreiben beide mit dem Vornamen des Mannes)[44]. Kein Ausweg ist es jedoch, bei der Ausfertigung der Urkunden die Unterschriften nur abzuschreiben („gez") und nicht mehr zu kopieren, weil dies die Unwirksamkeit der Beurkundung zwar verheimlicht, aber nicht heilt[45]. Vor diesem Hintergrund wird man in Zukunft auch die Unterzeichnung mit dem **Geburtsnamen** anstelle des Familien- bzw Ehenamens zu unterbinden haben[46]. Die Verwendung eines **Künstlernamens** ist danach nur noch zulässig, wenn der Beteiligte unter diesem Namen in der Öffentlichkeit allgemein bekannt ist[47]. Mit dieser Einschränkung ist auch die Unterzeichnung mit einem **Pseudonym** oder einem **Spitznamen** zulässig[48]. Der Einzelkaufmann kann aus dem gleichen Grunde auch mit seinem **Firmennamen** unterschreiben, und zwar entgegen der hM[49] auch bei einem privaten Geschäft. Die Unterzeichnung mit einem **falschen Namen**, unter dem der Beteiligte in der Öffentlichkeit nicht bekannt ist, ist selbst dann unwirksam, wenn diese nur versehentlich erfolgt ist und der Beteiligte die Unterschrift anerkennt[50].

13 Ein **Vertreter** muss als formell Beteiligter mit seinem eigenen Namen unterschreiben, nicht aber mit dem des materiell Beteiligten[51]. Dies gilt auch für den organschaftlichen Vertreter juristischer Personen[52]. Bei **Bürgermeistern** ist gemäß § 67 auch die Beidrückung des Dienstsiegels entbehrlich[53].

14 **Leserlichkeit** der Namensunterschrift oder einzelner Buchstaben[54] ist nicht zu fordern, solange sie die Absicht des Unterzeichners zur ernsthaften und endgültigen Unterschriftsleistung ausreichend erkennen lässt[55]. Unleserliche Unterschriften lassen sich praktisch nicht von **Initialen, Abkürzungen, Paraphen** oder **Handzeichen** unterscheiden. Alle dahingehenden Versuche einer Abgrenzung[56] sind letztlich willkürlich[57], wobei mangels Identifizierungsfunktion die Rspr zu Schriftsätzen im Prozess ohnehin nicht hierher übertragen werden kann[58]. Die äußerste Grenze im Bereich des § 13 dürfte dort zu ziehen sein, wo derartige Schriftzüge jede Individualität vermissen lassen (zB Haken, Bogen, Kreis, Kringel) und nicht mehr Ausdruck einer vollen, endgültigen Unterschriftsleistung sind, zB Initialen[59], einfacher Anfangsbuchstabe[60]. In diesem Zusammenhang kann es nicht darauf ankommen, ob der Beteiligte üblicherweise so unterschreibt[61]. All diese Probleme vermeidet, wer vollständig unleserliche oder abgekürzte Schriftzüge des Beteiligten zurückweist und auf Unterzeichnung mit Vor- und Familienname besteht.

15 Ein **Ausländer** kann auch **fremde Schriftzeichen** verwenden, solange der Notar den Unterschriftscharakter erkennen kann; die Schriftzeichen selbst braucht er nicht lesen zu können[62].

16 Die Unterschrift ist trotz einer Schreibhilfe noch **eigenhändig**, wenn der Beteiligte aktiver Urheber des Schriftzugs ist[63]. Unterschriftsstempel sind deshalb unzulässig. Die Namensunterschrift kann auch mit dem Fuß oder in sonstiger Weise vollzogen werden[64].

---

[42] Vgl OLG Stuttgart DNotZ 2002, 543; aA für Verstümmelungen, Vereinfachungen oder Abkürzungen KG NJW-RR 1996, 1414.
[43] OLG Frankfurt NJW 1989, 3030; BGH NJW 1996, 997.
[44] Zu weit daher *Huhn/Schuckmann* Rn 22.
[45] So *Renner* NotBZ 2003, 173, 187 zutr gegen einen Vorschlag von *Heinemann* DNotZ 2003, 250 f.
[46] Vgl *Soergel/J. Mayer* Rn 11.
[47] Vgl BGH NJW 2003, 1120.
[48] Für uneingeschränkte Zulässigkeit *Kanzleiter* DNotZ 2002, 520, 527.
[49] *Winkler* Rn 59; *Jansen* Rn 18; *Lerch* Rn 25; *Höfer/Huhn* S 139.
[50] KG NJW-RR 1996, 1414; *Huhn/v. Schuckmann/Renner* Rn 44 ff; weitergehend *Kanzleiter* DNotZ 2002, 520, 527; *Winkler* Rn 59.
[51] Vgl LG Darmstadt DNotZ 1942, 178; *Jansen* Rn 18; *Winkler* Rn 59 mwN; *Reimann/Bengel/J. Mayer/Limmer* Rn 34; aA RGZ 50, 51; 74, 69; 76, 99.
[52] Vgl KG KGJ 41, A. 175.
[53] *Winkler* Rn 61; falsch *Riedel/Feil* § 1 Rn 11.
[54] BGH NJW-RR 1991, 511; NJW 1985, 1227; 1988, 713; DNotZ 1974, 561; abl dagegen BGH NJW 1974, 1090; 1992, 243; offen gelassen in BGH NJW 1994, 55.
[55] BGH NJW 1996, 997; KG NJW-RR 1996, 1414; vgl auch OLG Zweibrücken FGPrax 2000, 92.
[56] Vgl BGH DNotZ 1974, 561; NJW 1994, 55; ausf *Winkler* Rn 49 ff; *Reimann/Bengel/J. Mayer/Limmer* Rn 38.
[57] *Kanzleiter* DNotZ 2002, 520, 521 f mwN zur Rspr.
[58] *Soergel/J. Mayer* Rn 12.
[59] Vgl OLG Stuttgart DNotZ 2002, 543.
[60] Ähnlich *Huhn/v. Schuckmann/Renner* Rn 37, 40 f; vgl die Definition bei BGH FamRZ 1997, 737; noch weiter *Kanzleiter* DNotZ 2002, 520, 524 f; 527.
[61] *Kanzleiter* DNotZ 2002, 520, 524 f; aA BGH FamRZ 1997, 737.
[62] *Reimann/Bengel/J. Mayer/Limmer* Rn 39 mwN; *Huhn/v. Schuckmann/Renner* Rn 39.
[63] BGH NJW 1958, 1398; NJW 1981, 1900; *Reimann/Bengel/J. Mayer/Limmer* Rn 37.
[64] Vgl *Jansen* § 25 Rn 2.

2. Zeit und Ort. Die Unterschrift folgt zeitlich sowohl dem Vorlesen als auch der Genehmigung 17
nach, kann jedoch mit dieser auch zeitlich zusammenfallen. Die Unterzeichnung erfolgt zwar regelmäßig nach dem Schlussvermerk, zwingend ist dies aber nicht. Die Unterschrift muss sich jedoch unmittelbar an den Text der Niederschrift anschließen, darf also nicht auf ein gesondertes Blatt isoliert gesetzt werden[65]. Die Anlagen brauchen bei ordnungsgemäßer Verweisung nicht gesondert unterzeichnet zu werden[66]. Bei der Unterzeichnung braucht nur der Notar anwesend zu sein.

3. Wirkung. Die Unterschrift der Beteiligten löst gemäß Abs 1 S 3 die gesetzliche Vermutung aus, 18
dass die Niederschrift nebst den Anlagen iS des § 9 in Gegenwart des Notars vorgelesen bzw vorgelegt und von den Beteiligten, die unterschrieben haben, genehmigt wurde. Der Gegenbeweis ist jedoch möglich. Ein Notar begeht wegen dieser Fiktion keine Straftat iS des § 348 StGB, wenn er wahrheitswidrig im Schlussvermerk das Vorlesen feststellt, sofern die Beteiligten unterschrieben haben[67]. Die Behauptung, eine Klausel überhört zu haben, führt nicht zur Unwirksamkeit der Beurkundung, sondern begründet allenfalls ein Anfechtungsrecht[68]. Verweigert ein Beteiligter die Unterzeichnung oder erfüllt die Unterschrift nicht die Mindestanforderungen, so bleibt die Beurkundung unwirksam.

4. Nachholung. Die Unterschrift kann durch Nachtragsverhandlung nachgeholt werden, wenn die 19
Unterschrift völlig fehlt, nicht den aufgezeigten Mindestanforderungen entspricht oder an der falschen Stelle platziert ist. An der Nachtragsverhandlung müssen die übrigen Beteiligten nicht teilnehmen[69]. Die Nachholung muss unverzüglich nach der Feststellung des Fehlers erfolgen[70]. In der Nachtragsniederschrift muss zum Ausdruck gebracht werden, dass die Unterschrift versehentlich unterlassen wurde, und der Beteiligte bestätigt, dass die Niederschrift ihm am Tage der Errichtung vorgelesen und sie von ihm in Gegenwart des Notars und der übrigen Beteiligten genehmigt worden ist[71]. Keinesfalls reicht eine Eigenurkunde aus, in der der Notar die Anwesenheit des und die Genehmigung durch den Beteiligten bestätigt[72]. Schreibt das materielle Recht ausnahmsweise die gleichzeitige Anwesenheit beider Teile vor (zB §§ 1410, 2276, 2290 BGB), so ist die Mitwirkung aller Beteiligten an einer derartigen Nachtragsverhandlung erforderlich. Da der Auflassung gemäß § 925 BGB zu ihrer Wirksamkeit vor dem Notar nicht mündlich erklärt werden muss, also beredsames Schweigen ausreicht, schadet das Fehlen der Unterschrift eines Beteiligten unter der Urkunde nicht, vorausgesetzt, dass diese sowohl den Veräußerungs- als auch den Erwerbswillen hinreichend deutlich zum Ausdruck bringt[73].

V. Schlussvermerk (Abs 1 S 2)

Eine bestimmte Formulierung ist nicht vorgeschrieben, vor allem bedarf es nicht der Wiedergabe der 20
Gesetzesworte[74]. Diese Feststellungen werden vom Notar kraft Amtes getroffen und müssen daher nur von ihm unterschrieben werden. Die Mitunterzeichnung durch die Beteiligten ist zwar üblich, aber entbehrlich[75]. Räumlich muss dieser Vermerk vor der Unterschrift des Notars stehen. Das Fehlen des Schlussvermerks beeinträchtigt zwar nicht die Wirksamkeit der Beurkundung, aber die Beweiskraft der Urkunde. Der Notar kann jedoch den Schlussvermerk nach Abschluss der Beurkundung durch Nachtragsvermerk (§§ 36, 39) von Amts wegen ergänzen[76].

VI. Unterschrift des Notars (Abs 3)

1. Anforderungen. Der Notar soll zuletzt unterschreiben[77], und zwar unter dem Schlussvermerk[78]. 21
Unterschreibt der Notar früher als die Beteiligten, so darf daran die Wirksamkeit der Beurkundung nicht scheitern[79]. Das Gleiche muss gelten, wenn der Notar nicht räumlich unter den Beteiligten unterschreibt, es sei denn, dass deshalb zweifelhaft ist, ob die Beteiligten in Gegenwart des Notars unterschrieben haben. Die Unterzeichnung durch den Notar braucht nicht in Anwesenheit der Beteiligten erfolgen. An die Unterschrift des Notars sind die gleichen Anforderungen zu stellen wie an der der Beteiligten (vgl Rn 9). Jedoch soll der Notar gemäß Abs 3 S 2 mit dem Zusatz „Notar" unterschreiben. Gemäß § 1 DONot soll er seinen Vornamen idR weglassen. Die Beidrückung des Siegels ist zwar üblich, aber vom Gesetz nicht gefordert[80]. Diese Bestimmungen gelten sinngemäß für den Notarvertreter und den Notariatsverwalter.

---

[65] OLG Hamm DNotZ 2001, 129, 131.
[66] BGH NJW 1994, 1288.
[67] OLG Zweibrücken NJW 2004, 2912.
[68] BGH NJW 1978, 1480.
[69] AA OLG Düsseldorf NJW-RR 1997, 756 f; *Wochner* DNotZ 2000, 302, 306 empfiehlt die förmliche Bestätigung durch alle Beteiligten.
[70] OLG Düsseldorf DNotZ 2000, 299, 301 m Anm *Wochner*; *Reimann/Bengel/J. Mayer/Limmer* Rn 41, § 8 BeurkG Rn 13; *Winkler* Rn 67; *Jansen* § 8 Rn 21; *Eylmann/Vaasen/Limmer* Rn 22; *Huhn/v. Schuckmann/Renner* Rn 50 ff.
[71] OLG Düsseldorf DNotZ 2000, 299.
[72] BayObLG DNotZ 2001, 560 m zust Anm *Reithmann*.
[73] OLG Rostock, unveröffentlicher Beschluss vom 28. 4. 2006, 7 U 48/06; vgl dagegen zu einem anders gelagerten Fall BayObLG DNotZ 2001, 560, 563.
[74] Vgl KG JFG 14, 165.
[75] *Winkler* Rn 71 mwN aus der Rspr.
[76] *Winkler* Rn 73.
[77] *Lerch* Rn 30; aA *Jansen* Rn 38.
[78] BayObLGZ 1976, 275.
[79] *Huhn/v. Schuckmann/Renner* Rn 59; *Lerch* Rn 30.
[80] Vgl *Lerch* Rn 31.

22 **2. Wirkung.** Erst mit der Unterschrift des Notars wird die Beurkundung wirksam. Nach dessen Unterzeichnung dürfen keine Teile der Urschrift ausgetauscht werden[81]. Bei Testamenten heilt jedoch gemäß § 35 die Unterschrift auf dem Testamentsumschlag die fehlende Unterzeichnung auf der Niederschrift.

23 **3. Nachholung.** Nach hM kann eine vergessene Unterschrift vom Notar nur bis zur Erteilung von Ausfertigungen und beglaubigten Abschriften ohne jede Formalität nachgeholt werden[82]. Einige bejahen dies sogar für die **Zeit** nach Erteilung, wenn in den Abschriften die Unterschrift des Notars als vollzogen angegeben ist[83]. Richtiger Ansicht nach ist eine Nachholung ohne diese zeitliche Beschränkung zulässig[84], da die Unterschrift lediglich bezeugt, dass an dem angegebenen Verhandlungstag die Niederschrift den Beteiligten vorgelesen, von diesen genehmigt und unterschrieben wurde[85]; diese Feststellung kann der Notar jederzeit nachholen[86]. Die Nachholung ist auch dann noch möglich, wenn einer der Beteiligten stirbt oder geschäftsunfähig wird[87]. Bei Verfügungen von Todes wegen würde der Notar allerdings mit der Nachholung rückwirkend auf den vorangegangenen Tod des Beteiligten die Verfügung von Todes wegen in Kraft setzen, dies selbst noch nach Monaten und Jahren. Dies ist mit dem Gebot der Rechtssicherheit nicht zu vereinbaren, so dass bei Verfügungen von Todes wegen die Nachholung ab dem Tod des Erblassers – also nicht erst ab der Eröffnung[88] – ausgeschlossen ist[89]. Stirbt der Erblasser jedoch während der Beurkundung, aber nach dem Vorlesen und der Genehmigung, so muss der Notar die gesetzmäßig abgelaufene Verhandlung durch seine Unterschrift abschließen[90].

24 Auch hinsichtlich der **Form** der Nachholung herrscht Streit. Die einen halten unter bestimmten Voraussetzungen eine Nachtragsverhandlung unter Mitwirkung der Beteiligten für erforderlich[91]. Richtig ist folgendes: Der Notar kann bis zum Ablauf des Verhandlungstags die Unterschrift einfach auf die Urschrift setzen, ohne einen zusätzlichen Vermerk anbringen zu müssen[92]. Unterzeichnet er später, so hat er unter Beidrückung seines Dienstsiegels zu vermerken, dass er an einem anderen Tage als dem angegebenen Verhandlungstage die Urkunde unterzeichnet hat[93]. Die Beteiligten sowie die zur Beurkundung zugezogenen Person brauchen nicht mehr mitzuwirken[94].

25 Die Nachholung kann nur durch den beurkundenden Notar **höchstpersönlich** erfolgen, so dass nach Beendigung seines Amtes weder er selbst noch der Notariatsverwalter oder der Amtsnachfolger die Unterschrift nachholen dürfen. Im Falle der Amtssitzverlegung ist eine Nachholung dagegen noch zulässig. Ein Notarvertreter ist zur Nachholung nicht befugt[95]. Umgekehrt kann ein Notarvertreter nach Beendigung der Vertretung die Unterschrift nicht mehr rechtswirksam leisten[96].

§ 13 a Eingeschränkte Beifügungs- und Vorlesungspflicht

(1) ¹Wird in der Niederschrift auf eine andere notarielle Niederschrift verwiesen, die nach den Vorschriften über die Beurkundung von Willenserklärungen errichtet worden ist, so braucht diese nicht vorgelesen zu werden, wenn die Beteiligten erklären, daß ihnen der Inhalt der anderen Niederschrift bekannt ist, und sie auf das Vorlesen verzichten. ²Dies soll in der Niederschrift festgestellt werden. ³Der Notar soll nur beurkunden, wenn den Beteiligten die andere Niederschrift zumindest in beglaubigter Abschrift bei der Beurkundung vorliegt. ⁴Für die Vorlage zur Durchsicht anstelle des Vorlesens von Karten, Zeichnungen oder Abbildungen gelten die Sätze 1 bis 3 entsprechend.

(2) ¹Die andere Niederschrift braucht der Niederschrift nicht beigefügt zu werden, wenn die Beteiligten darauf verzichten. ²In der Niederschrift soll festgestellt werden, daß die Beteiligten auf das Beifügen verzichtet haben.

(3) ¹Kann die andere Niederschrift bei dem Notar oder einer anderen Stelle rechtzeitig vor der Beurkundung eingesehen werden, so soll der Notar dies den Beteiligten vor der Verhandlung mitteilen; befindet sich die andere Niederschrift bei dem Notar, so soll er diese dem Beteiligten auf Verlangen übermitteln. ²Unbeschadet des § 17 soll der Notar die Beteiligten auch über die Bedeutung des Verweisens auf die andere Niederschrift belehren.

---

[81] BGH DNotZ 1999, 350.
[82] OLG Naumburg DNotI-Report 2000, 129; *Lerch* Rn 32; *Huhn/v. Schuckmann/Renner* Rn 61 ff; *Jansen* Rn 40; *Erman/M. Schmidt* Rn 6.
[83] *Winkler* Rn 71; *Keidel* DNotZ 1957, 583; *Eylmann/Vaasen/Limmer* Rn 22.
[84] LG Aachen DNotZ 1976, 428, 431; *Winkler* Rn 88; *Lischka* NotBZ 1999, 8, 11.
[85] Vgl BGH NJW 1975, 940.
[86] *Reimann/Bengel/J. Mayer/Limmer* Rn 50.
[87] *Reimann/Bengel/J. Mayer/Limmer* Rn 47; *Winkler* Rn 88.
[88] So aber BayObLGZ 1976, 279; *Reimann/Bengel/J. Mayer/Limmer* Rn 52.
[89] *Winkler* Rn 91; *Lerch* Rn 35; *Soergel/J. Mayer* Rn 19; *Jansen* Rn 40; *Erman/M. Schmidt* Rn 6.
[90] *Winkler* Rn 91; *Jansen* Rn 40, 38.
[91] *Lerch* Rn 32; gegen „Nachtragsverhandlung" *Eylmann/Vaasen/Limmer* Rn 22; *Winkler* Rn 88.
[92] *Reimann/Bengel/J. Mayer/Limmer* Rn 53.
[93] LG Aachen DNotZ 1976, 428; *Huhn/v. Schuckmann* Rn 31; *Keidel* DNotZ 1957, 583, 589.
[94] AA für Schreibzeugen *Reimann/Bengel/J. Mayer/Limmer* Rn 53.
[95] Vgl *Reimann/Bengel/J. Mayer/Limmer* Rn 51; *Jansen* Rn 41.
[96] Vgl BGH DNotI-Report 1998, 128, 129.

(4) Wird in der Niederschrift auf Karten oder Zeichnungen verwiesen, die von einer öffentlichen Behörde innerhalb der Grenzen ihrer Amtsbefugnisse oder von einer mit öffentlichem Glauben versehenen Person innerhalb des ihr zugewiesenen Geschäftskreises mit Unterschrift und Siegel oder Stempel versehen worden sind, so gelten die Absätze 1 bis 3 entsprechend.

I. Notarielle Niederschrift (Abs 1 bis 3)

1. Bezugsurkunde. Verweis ist die Bezugnahme auf den Inhalt einer von einem deutschen Notar (vgl § 1 BeurkG Rn 1) errichteten **Niederschrift gemäß §§ 6 ff,** und zwar ohne Rücksicht darauf, ob diese Urkunde Willenserklärungen enthält oder nur sonstige Tatsachen – zB Karte, Baubeschreibung[1] – bezeugt[2]. Wie bei den Anlagen ist jedoch zwischen erläuternder und ergänzender Bezugnahme zu unterscheiden[3]. Die Wirksamkeit der echten oder ergänzenden Bezugnahme hängt nur davon ab, dass die Bezugsurkunde formgültig errichtet wurde, nicht aber von deren materieller Wirksamkeit[4]. Deshalb kann in einem Testament oder Erbvertrag auf eine früher beurkundete Verfügung von Todes wegen selbst dann noch verwiesen werden, wenn diese in Folge Rückgabe aus der besonderen amtlichen Verwahrung gemäß §§ 2256 Abs 1 S 1, 2300 Abs 2 S 3 BGB als widerrufen gilt[5]. Hat der Erblasser die zurück gegebene Urkunde jedoch vernichtet und existiert auch keine Ausfertigung oder beglaubigte Abschrift mehr, so scheitert die Bezugnahme aus tatsächlichen Gründen. Bedeutungslos ist ferner, wer an der in Bezug genommenen Niederschrift beteiligt ist[6]. Wurde die Bezugsurkunde entgegen § 13 Abs 1 nicht verlesen, so ist die Verweisung dennoch wirksam, wenn die Beteiligten gemäß § 13 a Abs 1 S 1 erklären, dass sie den Inhalt kennen und auf das Vorlesen verzichten[7]. Zulässig ist auch die Verweisung auf eine Niederschrift, die ihrerseits auf eine weitere Niederschrift Bezug nimmt. Bei dieser **Kettenverweisung** gelten die Bestimmungen des § 13 a ohne Einschränkung für alle in Bezug genommenen Niederschriften. Auch auf die Urkunden deutscher **Konsularbeamter,** die gemäß § 10 Abs 2 KonsularG den Notarurkunden gleichstehen, kann in dieser Weise verwiesen werden. § 17 Abs 2 a setzt der Bezugnahme rechtliche Grenzen (§ 17 BeurkG Rn 28).

2. Kenntnis der Beteiligten vom Inhalt der Bezugsurkunde. Die Beteiligten (§ 6 Abs 2) müssen den Inhalt der Bezugsurkunde auch kennen. Der Notar braucht zwar die Kenntnis nicht nachzuprüfen[8], darf das Verfahren gemäß § 13 a aber dann nicht wählen, wenn er sicher weiß, dass die Beteiligten den Inhalt der Urkunde nicht kennen. Die Beurkundung ist jedoch auch dann wirksam, wenn alle formell Beteiligten tatsächlich das Vorhandensein der Kenntnis bestätigt haben. Fehlt entgegen Abs 1 S 2 nur die Feststellung dieser Erklärung in der Niederschrift, so berührt dies die Wirksamkeit der Beurkundung auch nicht. Gemäß Abs 1 S 3 soll der Notar nur beurkunden, wenn den Beteiligten eine Ausfertigung oder eine beglaubigte Abschrift der in Bezug genommenen Niederschrift vorliegt. Bei einer auszugsweisen Ausfertigung oder beglaubigten Abschrift muss sie selbstverständlich alle Elemente enthalten, die den Gegenstand der Verweisung bilden. Nach hM kann auf die Einhaltung dieser Amtspflichten nicht verzichtet werden[9]. Verweisungen auf umfangreiche Urkunden vor allem im Bereich der Bauherren-, Bauträger- und Erwerber-Modelle sind gemäß § 17 Abs 2 a verboten, wenn damit die Beurkundungspflicht ihrer wahren Funktion beraubt und zur bloßen Formalität degradiert wird[10].

3. Verzicht auf Vorlesen bzw. Vorlage. Der Verzicht aller Beteiligten (§ 6 Abs 2) auf das Vorlesen (Abs 1 S 1) bzw bei Karten, Zeichnungen oder Abbildungen auf die Vorlage zur Durchsicht (Abs 1 S 4) ist für die Wirksamkeit der Verweisung konstitutiv. Ein Verzicht sonstiger Beteiligter (zB Schreibzeuge) ist nicht erforderlich. Fehlt entgegen Abs 1 S 2 der vorgeschriebene Vermerk, so nimmt dies der Beurkundung nur die Beweiskraft iS des § 415 ZPO, nicht aber die Wirksamkeit, wenn der Verzicht tatsächlich erklärt worden ist[11]. Die Tatsache der Beifügung begründet umgekehrt keine Vermutung für die Erklärung des Verzichts[12].

4. Beifügung der Bezugsurkunde (Abs 2). Gemäß Abs 2 S 1 muss die Bezugsurkunde in ihren relevanten Teilen in Ausfertigung oder in beglaubigter Abschrift als (nicht zu verlesende) Anlage beigefügt werden. Das Beifügen darf nur unterbleiben, wenn alle Beteiligten (§ 6 Abs 2) hierauf verzichten. Fehlt diese zusätzliche Verzichtserklärung und ist die Bezugsurkunde auch nicht beigefügt worden, so ist die Beurkundung unwirksam[13]. Das Unterbleiben des gemäß Abs 2 S 1 vorgeschriebe-

---

[1] Vgl *Lichtenberger* NJW 1980, 867; *Winkler* Rpfleger 1980, 172; *Fischer* DNotZ 1982, 153.
[2] *Winkler* Rn 31 mwN.
[3] Ausf *Brambring* DNotZ 1980, 281, 287 ff; vgl auch § 9 BeurkG Rn 1.
[4] *Huhn/von Schuckmann/Renner* Rn 9.
[5] *Soergel/J. Mayer* § 2247 Rn 33; aA MünchKommBGB/*Hagena* §§ 2257 Rn 4.
[6] OLG Düsseldorf Rpfleger 2003, 176.
[7] BGH DNotZ 2004, 188, 189.
[8] *Winkler* Rn 50.
[9] *Winkler* Rn 58 mwN; aA *Lichtenberger* NJW 1980, 867, 869.
[10] Vgl BNotK-Richtlinienempfehlung vom 29. 1. 1999 II 2, abgedruckt in DNotZ 1999, 258, 260; vgl auch BGH vom 8. 12. 2005 – V ZB 144/05, unveröffentlicht.
[11] BGH DNotZ 2004, 188, 189 f; OLG München BGH DNotZ 2004, 188, 189 f; DNotZ 1993, 614, 615.
[12] *Winkler* Rn 62.
[13] *Winkler* Rn 62.

nen Vermerks dieser Erklärung beeinträchtigt zwar die Beweiskraft iS des § 415 ZPO, nicht aber die Wirksamkeit.

5   **5. Wirkungen einer zulässigen Verweisung.** Im Falle einer zulässigen Verweisung gilt der Inhalt der anderen Niederschrift, soweit auf diesen in der zu beurkundenden Niederschrift Bezug genommen worden ist, als deren Inhalt. Ist der zu beurkundenden Niederschrift eine Ausfertigung oder eine beglaubigte Abschrift beigefügt, ist deren Inhalt maßgebend, selbst wenn diese wiederum von der Urschrift abweicht. Wurde auf die Beifügung jedoch verzichtet, so ist bei einer Divergenz zwischen der den Beteiligten vorliegenden Ausfertigung oder beglaubigten Abschrift von der Urschrift letztere maßgebend, es sei denn, aus dem Verweisungsvermerk ergibt sich ausdrücklich etwas anderes[14].

II. Verweisung auf behördliche Karten und Zeichnungen (Abs 4)

6   Die gleichen Erleichterungen des Beurkundungsverfahrens (Abs 1 bis 3) gelten für Karten und Zeichnungen, die von einer öffentlichen Behörde selbst gefertigt oder doch mindestens mit Unterschrift und Siegel oder Stempel versehen worden ist (zB Bauzeichnungen zu einer Baugenehmigung oder einer Abgeschlossenheitsbescheinigung gemäß § 7 Abs 4 Nr 1 WEG). Die Verweisung darf sich dabei nur auf die Karten und Zeichnungen beziehen, nicht aber auf Schriftstücke, auch nicht auf solche, denen diese als Anlagen beigefügt sind[15]. Eine Bezugnahme auf bloße Entwürfe ist unzulässig[16]. Die Bezugnahme ist nur zulässig, wenn die örtlich und sachlich zuständige öffentliche Behörde die Karten und Zeichnungen ausgestellt hat und diese ordnungsgemäß unterzeichnet und gesiegelt sind. Wegen der **Kenntnis der Beteiligten** wird auf Rn 2 verwiesen. Auch bei der Verweisung auf derartige Karten und Zeichnungen ist zwischen der **Vorlage zur Durchsicht** (vgl Rn 3) und dem **Beifügen** (vgl Rn 4) zu unterscheiden.

III. Prüfungs- und Belehrungspflicht (Abs 3 S 2)

7   Der Notar trägt danach die volle Verantwortung sowohl für eine formell und inhaltlich wirksame Verweisung, als auch dafür, dass die Beteiligten Umfang und Tragweite dieser Bezugnahme erfassen. Er muss dazu den Inhalt der Bezugsurkunde bzw der Karten und Zeichnungen genau kennen[17]. Die Freistellung von der Vorlesepflicht durch § 13a entbindet den Notar nicht von seiner umfassenden Prüfungs- und Belehrungspflicht. Ein zusätzlicher Belehrungsvermerk ist nicht vorgeschrieben[18].

§ 14 Eingeschränkte Vorlesungspflicht

(1) ¹Werden Bilanzen, Inventare, Nachlaßverzeichnisse oder sonstige Bestandsverzeichnisse über Sachen, Rechte und Rechtsverhältnisse in ein Schriftstück aufgenommen, auf das in der Niederschrift verwiesen und das dieser beigefügt wird, so braucht es nicht vorgelesen zu werden, wenn die Beteiligten auf das Vorlesen verzichten. ²Das gleiche gilt für Erklärungen, die bei der Bestellung einer Hypothek, Grundschuld, Rentenschuld, Schiffshypothek oder eines Registerpfandrechts an Luftfahrzeugen aufgenommen werden und nicht im Grundbuch, Schiffsregister, Schiffsbauregister oder im Register für Pfandrechte an Luftfahrzeugen selbst angegeben zu werden brauchen. ³Eine Erklärung, sich der sofortigen Zwangsvollstreckung zu unterwerfen, muß in die Niederschrift selbst aufgenommen werden.

(2) ¹Wird nach Absatz 1 das beigefügte Schriftstück nicht vorgelesen, so soll es den Beteiligten zur Kenntnisnahme vorgelegt und von ihnen unterschrieben werden; besteht das Schriftstück aus mehreren Seiten, soll jede Seite von ihnen unterzeichnet werden. ²§ 17 bleibt unberührt.

(3) In der Niederschrift muß festgestellt werden, daß die Beteiligten auf das Vorlesen verzichtet haben; es soll festgestellt werden, daß ihnen das beigefügte Schriftstück zur Kenntnisnahme vorgelegt worden ist.

§ 15 Versteigerungen

¹Bei der Beurkundung von Versteigerungen gelten nur solche Bieter als beteiligt, die an ihr Gebot gebunden bleiben. ²Entfernt sich ein solcher Bieter vor dem Schluß der Verhandlung, so gilt § 13 Abs. 1 insoweit nicht; in der Niederschrift muß festgestellt werden, daß sich der Bieter vor dem Schluß der Verhandlung entfernt hat.

---

[14] Vgl *Huhn/v. Schuckmann/Renner* Rn 22.
[15] *Huhn/v. Schuckmann/Renner* Rn 15; aA *Stauf* RNotZ 2001, 129, 142.
[16] OLG Karlsruhe DNotZ 1990, 422.
[17] Vgl *Huhn/v. Schuckmann/Renner* Rn 16.
[18] Vgl *Winkler* Rn 73.

§ 16 Übersetzung der Niederschrift

(1) Ist ein Beteiligter nach seinen Angaben oder nach der Überzeugung des Notars der deutschen Sprache oder, wenn die Niederschrift in einer anderen als der deutschen Sprache aufgenommen wird, dieser Sprache nicht hinreichend kundig, so soll dies in der Niederschrift festgestellt werden.

(2) ¹Eine Niederschrift, die eine derartige Feststellung enthält, muß dem Beteiligten anstelle des Vorlesens übersetzt werden. ²Wenn der Beteiligte es verlangt, soll die Übersetzung außerdem schriftlich angefertigt und ihm zur Durchsicht vorgelegt werden; die Übersetzung soll der Niederschrift beigefügt werden. ³Der Notar soll den Beteiligten darauf hinweisen, daß dieser eine schriftliche Übersetzung verlangen kann. ⁴Diese Tatsachen sollen in der Niederschrift festgestellt werden.

(3) ¹Für die Übersetzung muß, falls der Notar nicht selbst übersetzt, ein Dolmetscher zugezogen werden. ²Für den Dolmetscher gelten die §§ 6, 7 entsprechend. ³Ist der Dolmetscher nicht allgemein vereidigt, so soll ihn der Notar vereidigen, es sei denn, daß alle Beteiligten darauf verzichten. ⁴Diese Tatsachen sollen in der Niederschrift festgestellt werden. ⁵Die Niederschrift soll auch von dem Dolmetscher unterschrieben werden.

Schrifttum: *Lerch,* Der Dolmetscher bei der Beurkundung, NotBZ 2006, 6.

I. Feststellung der Sprachunkundigkeit

1. Begriff. Ein Beteiligter (§ 6 Abs 2) ist sprachunkundig, wenn er dem Vorlesen oder den Belehrungen in der Urkundssprache (vgl § 5 BeurkG Rn 2) nicht folgen kann (passive Sprachkenntnis) und seine Genehmigung in dieser Sprache nicht erklären kann. Eine vollständige aktive Sprachkompetenz ist nach hM nicht erforderlich[1]. Es genügt, dass er das Vorgelesene auch genehmigen kann[2]. Diese Meinungsunterschiede sind jedoch theoretischer Natur, weil der Notar zum Schutz vor Amtshaftungsansprüchen den sichersten Weg wählen wird, nämlich die Zuziehung eines Dolmetschers. Die Mindestanforderungen an diese Sprachkunde eines Beteiligten wird durch den Zusatz „hinreichend" weiter relativiert. Der Umfang der notwendigen Kompetenz wird deshalb auch durch die Komplexität der zu beurkundenden Willenserklärungen beeinflusst, ist also bei einem Kaufvertrag, einem Ehevertrag oder einer Verfügung von Todes wegen wesentlich höher als bei einer Vollmacht. Dagegen gibt es keine partielle Sprachkompetenz, so dass auch dann, wenn der Beteiligte in der Lage ist, Teile der Urkunde zu verstehen, in vollem Umfang Sprachunkundigkeit iS des Beurkundungsrechts gegeben ist[3].

2. Erklärung des Beteiligten oder Überzeugung des Notars. Erklärt der Beteiligte, der deutschen Sprache nicht hinreichend mächtig zu sein, ist der Notar daran gebunden und muss einen Dolmetscher hinzuziehen[4]. Dies gilt selbst dann, wenn der Notar sichere Anhaltspunkte dafür hat, dass diese Erklärung falsch ist[5]. Nach dem Gesetzeswortlaut stehen beide Alternativen, nämlich die Erklärung einerseits und die Überzeugung des Notars andererseits sich völlig gleichwertig gegenüber, so dass allein die Tatsache der Erklärung die Amtspflicht des § 16 auslöst. Verweigert der Beteiligte allerdings eine eindeutige Erklärung zu seiner Sprachkunde oder behauptet er, die hinreichende Sprachkunde zu besitzen, so hat der Notar die Sprachkompetenz zu erforschen bzw zu überprüfen[6]. Gelangt der Notar zu der Überzeugung, dass der Beteiligte die Urkundssprache nicht ausreichend beherrscht, so hat der Notar auch gegen den Willen des Beteiligten nach § 16 zu verfahren oder aber die Beurkundung gemäß § 4 abzulehnen.

3. Vermerk. Die Erklärung eines Beteiligten, keine hinreichende Sprachkunde zu haben, ist ebenso wie eine diesbezügliche Überzeugung des Notars in der Niederschrift gemäß § 16 Abs 1 zu vermerken. Der Notar soll dabei angeben, ob die Feststellung auf einer Erklärung des Beteiligten oder auf seiner Überzeugung beruht. Das Fehlen, die Unvollständigkeit oder die Unrichtigkeit des Vermerks beeinträchtigt die Wirksamkeit der Beurkundung nicht[7].

II. Übersetzung der Niederschrift

1. Mündliche Übersetzung. Ist in der Urkunde die Sprachunkundigkeit eines Beteiligten vermerkt, so muss ihm diese mündlich in die Sprache übersetzt werden, die dieser versteht. Dies gilt selbst

---

[1] BayObLG NJW-RR 2000, 1175; *Lerch* Rn 2; *Winkler* Rn 7; *Reimann/Bengel/J. Mayer* Rn 4; weitergehend *Huhn/v. Schuckmann/Renner* Rn 7: Dialogfähigkeit mit Notar; aA *Jansen* Rn 3; *Soergel/J. Mayer* Rn 5.
[2] *Winkler* Rn 7; *Lerch* Rn 2.
[3] *Huhn/v. Schuckmann/Renner* Rn 12.
[4] BGH NJW 1963, 1777; *Winkler* Rn 8, 9 mwN.
[5] MünchKommBGB/*Hagena* § 32 Rn 8; *Reimann/Bengel/J. Mayer* Rn 5; aA *Winkler* Rn 8, 9; *Jansen* Rn 5; *Huhn/v. Schuckmann/Renner* Rn 8.
[6] Vgl BayObLG FamRZ 2000, 1124.
[7] Vgl OLG Köln MittBayNot 1999, 59, 60; BayObLG FamRZ 2000, 1124; krit hierzu *Lerch* NotBZ 2006, 6, 7.

BeurkG § 16

dann, wenn der Vermerk über die Sprachunkenntnis objektiv falsch ist. Auf die mündliche Übersetzung kann auch nicht verzichtet werden[8]. Nur wenn an der Beurkundung keine weitere Person formell beteiligt und weder ein Schreibzeuge noch eine Verständigungsperson zugezogen ist, kann auf das Vorlesen vollständige verzichtet werden[9].

5   Die Übersetzung muss ebenso wie das Vorlesen in Gegenwart des Notars geschehen. Die Niederschrift ist mindestens in dem Umfang zu übersetzen, in dem sie gemäß § 13 vorzulesen ist bzw wäre. Auch die Genehmigung des Beteiligten ist zu übersetzen. Der Dolmetscher braucht dagegen bei der Unterschriftsleistung der Beteiligten und des Notars nicht mehr anwesend zu sein.

6   Die Übersetzung ersetzt das Vorlesen gemäß § 13. Aus diesem Grund darf sie sich nicht auf eine sinngemäße Wiedergabe des Urkundstextes beschränken, sondern muss wortgetreu erfolgen[10]. Der sprachkundige Beteiligte verdient keinen geringeren Schutz als derjenige, der die deutsche Sprache beherrscht. Dem wortgetreuen Vorlesen entspricht daher nur die wortwörtliche Übersetzung. Wegen des Erfordernisses der Mündlichkeit reicht allein die Verlesung einer schriftlichen Übersetzung nicht aus. Allerdings begegnet es keinen Bedenken, wenn der Dolmetscher vorbereitete Aufzeichnungen zu Hilfe nimmt.

7   Unterbleibt trotz eines Vermerks über die Sprachunkundigkeit eines Beteiligten die mündliche Übersetzung oder geschieht sie nicht durch einen Übersetzer in der gehörigen Form, so ist die Beurkundung unwirksam[11]. Ist ein Beteiligter sprachunkundig, fehlt jedoch der Vermerk hierüber, so ist die Beurkundung auch ohne mündliche Übersetzung wirksam, da Abs 2 S 1 an den Vermerk, nicht an die Sprachunkundigkeit anknüpft[12]. Der sprachkundige Beteiligte kann in diesem Falle jedoch seine Erklärungen gemäß § 119 BGB wegen Irrtums anfechten.

8   **2. Schriftliche Übersetzung.** Zusätzlich zur zwingend vorgeschriebenen mündlichen Übersetzung ist auf Verlangen des sprachkundigen Beteiligten eine schriftliche Übersetzung zu fertigen, ihm vor seiner Genehmigung der Niederschrift zur Durchsicht vorzulegen und ihr als (nicht verlesbare) Anlage beizufügen. Der Notar soll den Beteiligten auf dieses Recht hinweisen. Bei inhaltlichen Abweichungen gebührt dem Wortlaut der Niederschrift Vorrang vor der Übersetzung[13]. Diese Übersetzung braucht nicht mit Schnur und Siegel mit der Urschrift verbunden zu werden[14]. Ein Verstoß gegen diese Soll-Vorschriften macht allerdings die Beurkundung nicht unwirksam. Dagegen ist bei Verfügungen von Todes wegen die Fertigung einer schriftlichen Übersetzung gemäß § 32 S 1 Wirksamkeitsvoraussetzung, sofern der Testierende nicht hierauf verzichtet.

9   **3. Person des Dolmetschers bzw Übersetzers.** Die Auswahl des Dolmetschers bzw Übersetzers geschieht durch den Notar. Er muss in der Lage sein, sich unmittelbar, also ohne Zwischenschaltung eines weiteren Dolmetschers[15], mit den Beteiligten zu verständigen[16]. Für den Dolmetscher gelten die Ausschlussgründe der §§ 6 und 7 entsprechend. Bei der Beurkundung von Verfügungen von Todes wegen ist auch die Regelung des § 27 zu beachten. Ist der Dolmetscher nicht gemäß § 189 Abs 2 GVG allgemein vereidigt, so soll der Notar ihn vor Beginn der Verlesung bzw Übersetzung[17] der Niederschrift vereidigen. Aufgrund des Abs 3 S 3 haben auch die Urkundspersonen und -stellen iS des § 1 Abs 2 diese Befugnis[18]. Für die Form der Vereidigung gilt § 189 Abs 1 GVG entsprechend. Die Vereidigung darf unterbleiben, wenn alle Beteiligten (§ 6 Abs 2) ausdrücklich darauf verzichten. Der Notar ist an diesen Verzicht jedoch nicht gebunden[19]. Die Zuziehung eines nicht vereidigten oder fachlich ungeeigneten Dolmetschers beeinträchtigt die Wirksamkeit der Beurkundung nicht, kann jedoch zur Anfechtbarkeit der Urkunde führen[20]. Nur die Zuziehung einer gemäß §§ 6 oder 7 ausgeschlossenen Person macht die Beurkundung ganz bzw teilweise, nämlich bezüglich der begünstigenden Erklärung, unwirksam.

10   **4. Vermerk.** Der Notar soll alle diese Tatsachen in der Niederschrift vermerken[21]. Ein ungenügender oder fehlender Vermerk führt jedoch nicht zur Unwirksamkeit der Beurkundung. Ist die mündliche Übersetzung zwar erfolgt, jedoch der entsprechende Vermerk in der Niederschrift versehentlich unterblieben, kann der Notar die erforderliche Feststellung nach Abschluss der Niederschrift nachholen (vgl § 8 BeurkG Rn 4).

11   **5. Unterschrift des Dolmetschers bzw Übersetzers.** Der Dolmetscher soll die Niederschrift zusätzlich zum sprachkundigen Beteiligten unterschreiben. Die Nichtunterzeichnung führt aber nicht zur Unwirksamkeit der Beurkundung.

---

[8] Vgl *Winkler* Rn 12.
[9] *Huhn/v. Schuckmann/Renner* Rn 11.
[10] AM *Winkler* Rn 14; *Huhn/v. Schuckmann/Renner* Rn 12; *Lerch* Rn 4.
[11] *Lerch* NotBZ 2006, 6 mwN.
[12] Krit *Lerch* NotBZ 2006, 6, 7.
[13] *Reimann/Bengel/J. Mayer* Rn 9.
[14] Vgl *Winkler* Rn 17 mwN.
[15] OLG München MittBayNot 1986, 140.
[16] *Winkler* Rn 21.
[17] *Winkler* Rn 26.
[18] *Huhn/v. Schuckmann/Renner* Rn 6; *Lerch* Rn 10; aA *Winkler* Rn 25; *Jansen* Rn 21; *Dumoulin* DNotZ 1973, 55.
[19] Vgl *Winkler* Rn 27.
[20] Vgl *Lerch* NotBZ 2006, 6, 8 f.
[21] Vgl *Winkler* Rn 30.

3. Prüfungs- und Belehrungspflichten (§§ 17–21)

§ 17 Grundsatz

(1) ¹Der Notar soll den Willen der Beteiligten erforschen, den Sachverhalt klären, die Beteiligten über die rechtliche Tragweite des Geschäfts belehren und ihre Erklärungen klar und unzweideutig in der Niederschrift wiedergeben. ²Dabei soll er darauf achten, daß Irrtümer und Zweifel vermieden sowie unerfahrene und ungewandte Beteiligte nicht benachteiligt werden.

(2) ¹Bestehen Zweifel, ob das Geschäft dem Gesetz oder dem wahren Willen der Beteiligten entspricht, so sollen die Bedenken mit den Beteiligten erörtert werden. ²Zweifelt der Notar an der Wirksamkeit des Geschäfts und bestehen die Beteiligten auf der Beurkundung, so soll er die Belehrung und die dazu abgegebenen Erklärungen der Beteiligten in der Niederschrift vermerken.

(2 a) ¹Der Notar soll das Beurkundungsverfahren so gestalten, daß die Einhaltung der Pflichten nach den Absätzen 1 und 2 gewährleistet ist. ²Bei Verbraucherverträgen soll der Notar darauf hinwirken, dass

1. die rechtsgeschäftlichen Erklärungen des Verbrauchers von diesem persönlich oder durch eine Vertrauensperson vor dem Notar abgegeben werden und
2. der Verbraucher ausreichend Gelegenheit erhält, sich vorab mit dem Gegenstand der Beurkundung auseinander zu setzen; bei Verbraucherverträgen, die der Beurkundungspflicht nach § 311 b Abs. 1 Satz 1 und Abs. 3 des Bürgerlichen Gesetzbuches unterliegen, geschieht dies im Regelfall dadurch, dass dem Verbraucher der beabsichtigte Text des Rechtsgeschäfts zwei Wochen vor der Beurkundung zur Verfügung gestellt wird.

³Weitere Amtspflichten des Notars bleiben unberührt.

(3) ¹Kommt ausländisches Recht zur Anwendung oder bestehen darüber Zweifel, so soll der Notar die Beteiligten darauf hinweisen und dies in der Niederschrift vermerken. ²Zur Belehrung über den Inhalt ausländischer Rechtsordnungen ist er nicht verpflichtet.

Schrifttum: *Bardy*, Belehrungspflicht und Haftung des Notars in Fällen mit Auslandsberührung, MittRhNotK 1993, 305; *Böhringer*, Neue Amtspflichten des Notars bei Verbraucherverträgen (§ 17 Abs. 2 a S. 2 BeurkG), BWNotZ 2003, 6; *Bohrer*, Notarsperre für Verbraucherverträge?, DNotZ 2002, 579; *Brambring*, Die neuen Amtspflichten des Notars bei Verbraucherverträgen, § 17 IIa BeurkG, FGPrax 2003, 147; *Daimer/Reithmann*, Die Prüfungs- und Belehrungspflicht des Notars, 4. Aufl 1974; *Grigas*, Ist die Bestellung einer Finanzierungsgrundschuld durch Angestellte des Notars aufgrund einer Vollzugsvollmacht noch wirksam?, BWNotZ 2003, 104; *Haug*, Die Amtshaftung des Notars, 1989; *Hertel*, Erste Anmerkungen zur Ergänzung des § 17 Abs. 2 a BeurkG, ZNotP 2002, 286; *Köhler*, Rechtsprechungsprognose als Amtspflicht des Notars, FS 125 Jahre Bayerisches Notariat, 1987, S 197; *Lerch*, Inhalt und Grenzen der allgemeinen Belehrungspflicht des Notars unter besonderer Berücksichtigung der haftungsrechtlichen Konsequenzen, BWNotZ 1997, 53; *Lichtenberger*, Zum Umfang des Formzwangs und zur Belehrungspflicht, DNotZ 1988, 531; *Litzenburger*, Der Notar als Verbraucherschützer – die Amtspflichten gemäß § 17 Abs. 2 a Satz 2 BeurkG, NotBZ 2002, 280; *ders*, Das Gebot der funktionsgerechten Vorbereitung und Gestaltung der notariellen Beurkundung gemäß § 17 Abs. 2 a, NotBZ 2006, 180; *Maaß*, Zur Auslegung von § 17 Abs. 2 a Satz 2 Nr. 1 BeurkG – Sind Vollmachten in Grundstücksverträgen mit Verbrauchern weiterhin zulässig und können Mitarbeiter des Notars bei deren Vollzug aufgrund solcher Vollmachten weiterhin wirksam handeln?, ZNotP 2002, 455; *Mohnhaupt*, Zur Änderung des Beurkundungsverfahrens durch das OLG-Vertretungsgesetz, NotBZ 2002, 248; *Philippsen*, Die Hinwirkungspflichten des Notars bei Verbraucherverträgen § 17 Abs. 2 a BeurkG, NotBZ 2003, 137; *Rastätter*, Die Prüfungs- und Belehrungspflichten des Notars bei Grundschuldbestellungen, BWNotZ 1990, 57; *Reithmann*, Zur Formulierung der notariellen Urkunde, DNotZ 1973, 152; *Rieger*, Neue Regeln für die Beurkundung von Verbraucherverträgen, MittBayNot 2002, 325; *Ritter*, Auslegungsbedürftigkeit von Urkunden und Notarhaftung, NJW 2004, 2137; *Schmucker*, Die „Entstehungsgeschichte" der Ergänzung von § 17 Abs. 2 a BeurkG – Oder: Was es mit der „ominösen" Zweiwochenfrist auf sich hat!, DNotZ 2002, 510; *Schütze*, Die Anwendung ausländischen Rechts durch deutsche Notare, BWNotZ 1992, 122; *Solveen*, Die Ergänzung des § 17 Abs. 2 a BeurkG und ihre Folgen für die notarielle Praxis, RNotZ 2002, 318; *Sorge*, Die Ergänzung des § 17 Abs. 2 a BeurkG, DNotZ 2002, 593.

Übersicht

	Rn		Rn
I. Erforschung des wahren Willens	1	4. Belehrungsbedürftige Personen	9
II. Klärung des Sachverhalts	2	5. Umfang der Belehrungspflicht	10
III. Belehrungspflicht	3	IV. Formulierungspflicht	11
1. Rechtliche Tragweite	3	V. Zweifel an der Wirksamkeit	12
2. Erweiterte Belehrungspflicht	5	VI. Gestaltung des Beurkundungsverfahrens (Abs 2 a)	13
a) Wirtschaftliche Folgen	5		
b) Steuerliche Folgen	6		
c) Kosten und Gebühren	7		
3. Ausländisches Recht	8	1. Gebot der funktionsgerechten Verfahrensgestaltung	13

Litzenburger

	Rn		Rn
a) Normzweck und Funktion des § 17 Abs 2 a	13	c) Bezugsurkunden	27
b) Gesetzliches Leitbild der Beurkundungsverhandlung.............................	16	d) Sammelbeurkundungen	28
		3. Besondere Amtspflichten beim Verbrauchervertrag (S 2)................................	29
c) Schutzbedürftiger Beteiligter	17	a) Persönliche Anwesenheit des Verbrauchers oder Vertretung durch Vertrauensperson (Nr 1)	31
2. Grundlegende Amtspflichten bei allen Beurkundungen (S 1)..........................	19		
a) Vorbereitung der Beurkundung	20	b) Vorbereitung der Beurkundung (Nr 2)....	39
b) Persönliche Anwesenheit des schutzwürdigen Beteiligten	23	4. Folgen von Amtspflichtverletzungen	47

I. Erforschung des wahren Willens

1   Der Notar hat in eigener Person[1] dafür zu sorgen, dass die niedergelegte Willenserklärung mit dem wahren Willen der Beteiligten übereinstimmt. Hat er die vorbereitende Verhandlung nicht selbst geführt, hat er mit äußerster Sorgfalt während der Beurkundung selbst durch zweckentsprechende Fragen und Erläuterungen die Divergenz zwischen wahrem Willen und fixierter Erklärung zu vermeiden. Verwenden juristische Laien **Rechtsbegriffe,** so darf er sich keinesfalls darauf verlassen, dass diese richtig verwendet werden, sondern muss deren Inhalt erläutern, um Fehlvorstellungen der Beteiligten dadurch offen zu legen. Der Notar muss je nach Art des zu beurkundenden Rechtsgeschäfts alle **regelungsbedürftigen Punkte,** die üblicherweise Gegenstand solcher Urkunden sind, ansprechen und sich vergewissern, ob die Beteiligten hierzu bewusst oder nur aus Versehen oder Unkenntnis keine Abrede getroffen haben[2]. Dies gilt auch, wenn die Beteiligten ihm einen Entwurf vorlegen[3]. Bei der Vorbereitung hat der Notar auch die **verschiedenen Wege** zur Erreichung des von den Beteiligten verfolgten Zwecks aufzuzeigen und deren Vor- und Nachteile in verständlicher Sprache den Beteiligten zu erklären. Dabei kollidieren jedoch verschiedene Pflichten miteinander. Sind an der Beurkundung mehrere Personen beteiligt, so hat er dabei zunächst seine Unparteilichkeit zu wahren. Darüber hinaus hat er von mehreren Gestaltungsmöglichkeiten die nach der im Zeitpunkt der Beurkundung herrschenden Rspr sicherste aufzuzeigen, und zwar selbst dann, wenn sie höhere Kosten verursacht[4]. Von mehreren gleich sicheren Gestaltungsvarianten hat er allerdings diejenige vorzuschlagen, die die geringsten Kosten verursacht[5]. Dem Notar steht dabei jedoch ein gewisser Beurteilungsspielraum zu[6].

II. Klärung des Sachverhalts

2   Ohne ausreichende Kenntnis des gesamten Sachverhalts, den die Beteiligten regeln wollen, kann der Notar weder beraten noch belehren[7]. Er hat daher mit den Beteiligten den **Sachverhalt** so ausführlich zu **erörtern,** dass er alle Tatsachen kennt, um eine dem wahren Willen der Beteiligten entsprechende rechtswirksame Urkunde zu errichten[8]. Bei einem Ehevertrag gehört dazu auch die von den Eheleuten beabsichtigte Rollenverteilung für den Fall der Geburt eines gemeinsamen Kindes (zB Alleinverdienerehe), bei einer Erbfolgegestaltung die möglichst vollständige Erfassung des Erblasserwillens. Der **Umfang** dieser Aufklärungspflicht wird maßgeblich von den die Beurkundungspflicht auslösenden materiell-rechtlichen Vorschriften (zB § 311 b Abs 1 BGB) bestimmt. Bei Verfügungen von Todes wegen ebenso wie bei Eheverträgen richtet sich die Aufklärungspflicht dagegen nach dem konkreten Beurkundungsauftrag[9]. Von den Beteiligten vorgelegte Unterlagen hat der Notar höchstpersönlich zur Kenntnis zu nehmen[10]. Ergeben sich dabei Unklarheiten, Widersprüche oder Lücken, so hat er diese durch Nachfrage bei den Beteiligten zu beseitigen. Gehört zum Vermögen eines Erblassers eine Beteiligung an einem Unternehmen, insbes an einer Personengesellschaft, so muss sich der Notar den Gesellschaftsvertrag vorlegen lassen[11]. Zu Nachforschungen iS eigener Ermittlungen ist er weder berechtigt noch verpflichtet[12]. Können **Ungereimtheiten** von ihm auf diesem Weg nicht geklärt werden, so sollte er dies in der Urkunde niederlegen, in Ausnahmefällen sogar die Beurkundung ablehnen, um Haftungsrisiken zu entgehen. Der Notar darf darauf vertrauen, dass übereinstimmend vorgetragene Tatsachen oder vorgelegte Unterlagen richtig sind[13]. Bei **Rechtstatsachen** (zB Ehegüter-

---

[1] Ausf *Huhn/v. Schuckmann* Rn 50.
[2] Vgl BGH NJW 1994, 2283; krit *Grziwotz* NJW 1995, 641.
[3] *Soergel/J. Mayer* Rn 6; *Winkler* Rn 209.
[4] Vgl BGH DNotZ 1962, 263; BGHZ 19, 5, 10; 27, 274, 276; OLG Frankfurt DNotZ 1978, 748; *Winkler* Rn 210.
[5] Vgl BayObLG DNotZ 1994, 492, 494; *Winkler* Rn 211 mwN.
[6] Vgl OLG Zweibrücken DNotZ 1969, 695.
[7] BGH NJW 1987, 1266.
[8] Vgl BGH NJW 1989, 586; NJW 1996, 520.
[9] Vgl *Soergel/J. Mayer* Rn 12.
[10] BGH NJW 1995, 2794; NJW 1989, 586.
[11] BGH NJW 2002, 2787.
[12] Vgl BGH NJW 1996, 116, 117 betr Spekulationssteuer; *Winkler* Rn 213.
[13] Vgl BGH NJW-RR 1999, 1214, 1215; DNotZ 1958, 99; DNotZ 1961, 162; *Winkler* Rn 213; weitergehend OLG Frankfurt OLGR 2000, 156.

stand, Geschäfts- bzw Testierfähigkeit[14], Auslandsbezug[15], Vorhandensein bindender Verfügungen von Todes wegen) muss der Notar zwar damit rechnen, dass rechtliche Begriffe, die auch unter Laien gebräuchlich sind und die als Tatsachen vorgetragen werden, möglicherweise falsch verstanden werden. Ohne besondere Anhaltspunkte kann er sich allerdings darauf verlassen, dass die von den Beteiligten hierzu gemachten tatsächlichen Angaben, zB Fehlen einer bindenden Verfügung von Todes wegen[16] richtig sind[17].

III. Belehrungspflicht

1. Rechtliche Tragweite. Der Notar hat die Beteiligten in jedem Falle darüber aufzuklären, ob und unter welchen Voraussetzungen der von ihnen erstrebte rechtliche Erfolg sicher eintritt und welche unmittelbaren rechtlichen Wirkungen damit verbunden sind[18]. Dazu gehören Hinweise auf: 3
- alle für die **Rechtswirksamkeit erforderlichen Bedingungen,** wie Geschäftsfähigkeit, Vertretungsbefugnis[19], Verfügungsberechtigung[20], Formvorschriften[21], die Genehmigung gemäß § 177 BGB[22], die Zustimmung gemäß § 1365 BGB[23] und Anzeigepflichten[24];
- alle die **Wirksamkeit verhindernden Bedingungen,** die nicht gegeben sein dürfen, wie Sittenwidrigkeit, Verstoß gegen § 242 BGB[25] oder das Verbot des § 14 HeimG[26];
- alle zum **Vollzug** notwendigen Handlungen und Erklärungen, wie behördliche Genehmigungen[27], Löschungsbewilligungen[28], Grundbucheintragung[29]; keine Vollzugsvoraussetzung iaS für den Bauträgervertrag ist die Baugenehmigung[30];
- **alternative Gestaltungsmöglichkeiten** für den Fall, dass die beurkundete aus Rechtsgründen nicht vollzogen werden kann[31].

Der Notar kann sich dabei auf die Richtigkeit behördlicher Bescheide verlassen[32]. Der Umfang der Belehrungspflicht wird durch die Maßstäbe der Erforderlichkeit und der Angemessenheit begrenzt. Es wird also keine umfassende Vertragsgestaltung geschuldet, sondern lediglich eine an den anerkannten Regeln orientierte[33]. Bei entsprechender Sachkunde eines Beteiligten bezogen auf das konkrete Geschäft kann eine Belehrung sogar ganz entfallen[34]. Der Notar ist auch nicht verpflichtet, ohne besonderen Anlass (zB ungewöhnliche Klauseln, ungesicherte Vorleistungen, Nachfrage eines Beteiligten) über sämtliche Klauseln zu belehren[35]. Die erforderliche Belehrung hat sich zudem auf das angemessene Maß zu beschränken, so dass seitenlange Standardbelehrungsvermerke eigentlich verboten sind[36]. Der Notar sollte die erfolgte Belehrung in der Urkunde dokumentieren, muss dies aber nicht tun. Deshalb darf aus dem Fehlen eines **Vermerks** nicht auf das Unterlassen der gebotenen Belehrung geschlossen werden[37]. Die Pflicht zur Belehrung über die unmittelbaren Rechtsfolgen des Geschäfts geht der Pflicht zur Unparteilichkeit vor[38].

Mit der erweiterten Belehrungspflicht (Rn 5) überschneidet[39] sich die Pflicht des Notars: 4
- im Falle einer **ungesicherten Vorleistungspflicht** den vorleistenden Beteiligten über die damit verbundenen Gefahren zu belehren und außerdem alle dem Geschäft angemessenen und realistischen[40] anderen Wege aufzuzeigen, um diese Risiken zu vermeiden **(doppelte Belehrungspflicht)**[41]. Diese

---

[14] BGH VersR 1961, 921.
[15] Vgl BGH DNotZ 1963, 315.
[16] LG Ravensburg BWNotZ 1959, 163; vgl *Gantner* WM 1996, 701, 703.
[17] Vgl BGH NJW 1991, 1346, 1347; NJW 1987, 1266, 1267; *Leske* NotBZ 2002, 284, 285.
[18] Vgl BGH NJW 2002, 2787 betr gesellschaftsbezogene Erbfolgegestaltung.
[19] BGH NJW 1993, 2744.
[20] BGH NJW 1996, 2037, 2038.
[21] Vgl OLG Celle MittRhNotK 2000, 355.
[22] Vgl OLG Schleswig NJOZ 2004, 1688.
[23] OLG Frankfurt DNotZ 1986, 244.
[24] BGH NJW 1996, 1675, 1676 betr Verpfändung.
[25] OLG Düsseldorf DNotZ 1997, 656, 657 betr Verzicht auf Betreuungsunterhalt gemäß § 1570 BGB.
[26] OLG München ZEV 1996, 145 m Anm *Rossak*.
[27] OLG Hamm NJW-RR 1991, 95 betr Grundstücksteilung.
[28] Vgl BGH NJW-RR 1992, 393.
[29] *Winkler* Rn 224 ff mwN.
[30] OLG Jena NotBZ 2003, 359 m Anm *Otto*.
[31] Vgl OLG Hamm NJW-RR 1991, 95.
[32] OLG Koblenz RNotZ 2002, 116, 117 betr Abgeschlossenheitsbescheinigung.
[33] *Soergel/J. Mayer* Rn 13; *Winkler* Rn 84; zu weit daher BGH NJW 1995, 330; NJW 1994, 2283.
[34] Vgl OLG Köln BWNotZ 1997, 47 betr Kapitalgesellschaft; OLG Koblenz DNotZ 1996, 128, 129 betr Rechtsanwalt.
[35] OLG München MittBayNot 1998, 273 betr befristetes Rücktrittsrecht.
[36] Krit auch *Soergel/J. Mayer* Rn 18.
[37] BGH Rpfleger 1974, 59, 60; *Winkler* Rn 278 mwN.
[38] Vgl BGH DNotZ 1987, 157.
[39] Zur Abgrenzung *Soergel/J. Mayer* Rn 14.
[40] BGH NJW 2006, 3064; MittBayNot 2004, 294, 296; *Armbrüster/Krause* NotBZ 2004, 325, 328 f; weitergehend für speziellen Sachverhalt noch BGH DNotZ 1998, 637, 639; ausf *Soergel/J. Mayer* Rn 15.
[41] BGH NJW-RR 1989, 1492, 1494; NJW 1995, 330, 331; DNotZ 2001, 473, 478 m Anm *Brieske*; DNotZ 1998, 637, 638; NJW 2005, 3495, 3496 mwN; OLG Rostock DNotZ 1996, 123; einschränkend *Soergel/J. Mayer* Rn 14; ausf dazu *Winkler* Rn 232 ff.

Pflicht besteht beispielsweise bei einer Kaufpreisfälligkeit ohne oder vor Eintragung einer Vormerkung[42], bei der Eigentumsumschreibung vor Kaufpreiszahlung[43], bei der Zahlung offener Erschließungskosten an Verkäufer[44] bei der Grundschuldbestellung durch Verkäufer[45] oder bei ungesicherter Darlehensrückzahlung[46].
– bei der Übernahme[47] oder bei der Bestellung dinglicher Rechte[48] auf die von **vorrangigen Grundstücksbelastungen** ausgehenden Gefahren hinzuweisen. Der BGH geht sogar noch einen Schritt weiter und verlangt auch bei vereinbarter Lastenfreiheit einen Hinweis des Notars auf vorhandene Grundstücksbelastungen[49].

5   **2. Erweiterte Belehrungspflicht. a) Wirtschaftliche Folgen.** Der Notar braucht nur über die „rechtlichen" Folgen des beurkundeten Rechtsgeschäfts zu belehren[50], nicht dagegen über dessen wirtschaftliche Auswirkungen[51]. Die Zweckmäßigkeit des Geschäfts hat ihn nicht zu interessieren[52]. Dies gilt vor allem für die Ausgewogenheit von Leistung und Gegenleistung. Er ist weder Vormund der Beteiligten, noch deren Berater in wirtschaftlicher oder steuerlicher Hinsicht[53]. Auch Zweifel an der persönlichen oder wirtschaftlichen Zuverlässigkeit eines Beteiligten oder der von ihm gestellten Sicherheiten[54] braucht und darf der Notar grds nicht äußern[55]. Ausnahmsweise muss der Notar auch über solche wirtschaftliche Auswirkungen belehren, wenn und soweit es nach den besonderen Umständen des Einzelfalls nahe liegt, dass einem Beteiligten ein abwendbarer Schaden droht **(objektiver Anlass)**, ohne dass dieser sich dessen bewusst ist **(subjektive Voraussetzung)**[56]. Diese Pflicht besteht außer bei Beurkundungen auch bei betreuender Tätigkeit iS des § 24 BNotO sowie bei Entwurfsaufträgen[57]. Die Rspr dehnt diese zunächst nur als Ausnahme gedachte erweiterte Belehrungspflicht immer weiter aus[58]. Selbst bei reinen Unterschriftsbeglaubigungen kann den Notar diese Pflicht unter besonderen Umständen treffen, obwohl er dabei zu einer Rechtsbelehrung eigentlich nicht verpflichtet ist[59]. Bei der Erfüllung dieser Pflicht muss der Notar seine Unparteilichkeit wahren[60].

6   **b) Steuerliche Folgen.** Der Notar ist nach § 17 Abs 1 S 1 weder aufgrund seiner Pflicht zur Rechtsbelehrung noch in Folge seiner allgemeinen Betreuungspflicht aus § 14 Abs 1 S 2 BNotO verpflichtet, auf steuerrechtliche Folgen des beurkundeten Geschäfts hinzuweisen[61]. Dies gilt grundsätzlich für alle Steuerarten, also auch für die Einkommen- und die Umsatzsteuer. Der Notar hat allerdings gemäß § 8 Abs 1 S 5, Abs 4 ErbStDV auf die Erbschaft- und Schenkungsteuer und gemäß § 19 auf die grunderwerbsteuerliche Unbedenklichkeitsbescheinigung hinzuweisen[62]. Diese Ausnahmevorschriften vertragen keine erweiternde Auslegung, so dass der Notar über Befreiungstatbestände oder steuergünstige Gestaltung keine Aufklärung schuldet[63]. Keine Belehrungs-, wohl aber eine Warn- und Hinweispflicht besteht ausnahmsweise dann, wenn die Steuerpflicht Folge eines Gestaltungsvorschlags des Notars ist oder dieser erkennt, dass sich ein Beteiligter einer Steuerpflicht nicht bewusst ist[64]. Das Gleiche gilt, wenn und soweit der Notar einen Teilaspekt einer ihm von den Urkundsbeteiligten vorgegebenen steuerlichen Gestaltung des Geschäfts ändert[65]. Umstritten ist, ob der Notar nie[66] oder nur bei positiver Kenntnis der zugrundeliegenden Tatsachen[67] auf die eventuell mit einem Rechtsgeschäft verbundene Einkommensteuerpflicht, etwa eines Spekulationsgewinns, hinweisen muss. Einigkeit besteht jedoch darüber, dass er keine Nachforschungen in dieser Hinsicht anstellen muss, beispielsweise durch Kontrolle der Grundbucheinsicht[68]. Erteilt der Notar von sich aus oder auf Ersuchen der

---

[42] BGH DNotZ 1989, 449.
[43] OLG Rostock DNotZ 1996, 123.
[44] OLG Düsseldorf DNotZ 1990, 62, 63.
[45] BGH DNotZ 2001, 473, 475 f; wegen Vorrang der Unparteilichkeit noch aA BGH DNotZ 1987, 157.
[46] OLG Köln RNotZ 2003, 202, 203.
[47] BGH DNotZ 1995, 407, 408 betr Grundpfandrecht; NJW 2004, 1865, 1866 betr Zentralnotar bei Dienstbarkeit.
[48] BGH DNotZ 1996, 568, 569 betr Altenteil; NJW 1993, 2741, 2742 betr Wegerecht.
[49] BGH DNotZ 2004, 849; DNotZ 1992, 457, 458; DNotZ 1969, 173, 174.
[50] Zur dogmatischen Einordnung *Soergel/J. Mayer* Rn 13.
[51] BGH DNotZ 1992, 813, 815; DNotZ 1965, 115, 117.
[52] BGH DNotZ 1967, 323, 324.
[53] BGH NJW 1975, 2016.
[54] AA BGH DNotZ 1982, 384; dagegen *Winkler* Rn 93.
[55] Vgl BGH WM 1967, 90; OLG Oldenburg DNotZ 1990, 450, 451; LG Duisburg NJW-RR 1995, 950.
[56] BGH DNotZ 1954, 319; NJW 1996, 522; OLG Bamberg OLGR 2001, 42; OLG Koblenz DNotI-Report 1998, 140 betr Rückfall bei Scheidung; vgl ausf *Winkler* Rn 242 ff.
[57] Vgl BGH NJW-RR 2005, 2003.
[58] *Soergel/J. Mayer* Rn 28 ff mwN.
[59] BGH NJW-RR 2005, 1003, 1004.
[60] Vgl BGH DNotZ 2001, 473, 475 f; DNotZ 1987, 157; *Soergel/J. Mayer* Rn 32.
[61] BGH MittBayNot 2008, 68 = BeckRS 2007, 16441; *Winkler* Rn 264.
[62] OLG Schleswig ZEV 2006, 221 betr Schenkungsteuer.
[63] OLG Oldenburg MittBayNot 2000, 56 betr Kettenschenkung; *Winkler* Rn 265.
[64] *Soergel/J. Mayer* Rn 31.
[65] BGH MittBayNot 2008, 68 = BeckRS 2007, 16541.
[66] BGH DNotZ 1981, 775; OLG Bremen DNotZ 1984, 638; *Winkler* Rn 266; *Brambring* FGPrax 1996, 161, 169.
[67] BGH NJW 1995, 2794; NJW 1989, 586; OLG Koblenz MittBayNot 2003, 69; wohl auch *Soergel/J. Mayer* Rn 31.
[68] Vgl BGH NJW 1995, 2794; OLG Koblenz DNotZ 1993, 761; MittBayNot 2003, 69.

Beteiligten in steuerlicher Hinsicht Auskünfte oder Hinweise, so übernimmt er damit eine besondere Betreuungspflicht, die ihn zur gewissenhaften und sorgfältigen Beratung verpflichtet[69]. Im Rahmen der übernommenen Betreuungspflicht haftet der Notar dann für falsche oder unvollständige Auskünfte. Bei einem Unternehmenskaufvertrag ist ein Hinweis auf die Haftung nach § 75 AO nur erforderlich, wenn die Haftung des Käufers nach § 25 Abs 1 HGB gemäß § 25 Abs 2 HGB ausgeschlossen wird[70].

c) Kosten und Gebühren. Der Notar braucht nicht auf die mit der Beurkundung verbundenen Kosten und Gebühren hinzuweisen[71], es sei denn, dem Beteiligten droht ein Schaden, weil er die wahre Rechts- oder Sachlage nicht kennt (zB Formfreiheit des Geschäfts, Entbehrlichkeit eines Erbscheins gemäß § 35 GBO)[72]. Auch eine Belehrung über die gesamtschuldnerische Kostenhaftung ist entbehrlich[73]. Erteilt der Notar allerdings Auskünfte hierüber, so müssen diese selbstverständlich richtig und vollständig sein[74]. Der Notar hat einen kostensparenden Weg vorzuschlagen, wenn dieser eine für die Erreichung des gewollten Erfolgs angemessene und zumindest in gleicher Weise sichere und zweckmäßige rechtliche Form darstellt[75]. Beruht die Erbfolge auf einem öffentlichen Testament oder einem Erbvertrag mit einer eindeutigen Erbfolgeregelung, hat der Notar aus diesem Grund die Amtspflicht, die Beteiligten darüber zu belehren, dass das Erbrecht statt durch Erbschein durch Vorlage der beurkundeten Verfügung von Todes wegen nebst der Niederschrift über die Eröffnung nachgewiesen werden kann[76]. 7

3. Ausländisches Recht. Über den Inhalt ausländischen Rechts muss der Notar nicht belehren[77]. Er ist allerdings nach den Regeln des deutschen internationalen Privatrechts zu prüfen, ob ausländisches Recht Anwendung finden kann, und die Beteiligten hierauf hinzuweisen. Auch auf die Möglichkeit einer Rückverweisung des ausländischen Rechts auf deutsches Recht soll er hinweisen[78]. Der Notar braucht allerdings nicht zu entscheiden, welche Rechtsordnung tatsächlich zur Anwendung gelangt. Auch hier gilt jedoch, dass die von ihm trotzdem erteilten Auskünfte über Anwendbarkeit und/oder Inhalt ausländischen Rechts richtig und vollständig sein müssen. Die Erfüllung dieser Hinweispflicht soll er in der Niederschrift vermerken[79]. Das Fehlen dieses Belehrungsvermerks beeinträchtigt die Wirksamkeit der Beurkundung zwar nicht, kann jedoch in einem Amtshaftungsprozess für den Notar fatale Folgen haben, da er dann die erfolgte Belehrung beweisen muss. Eine neue Rechtslage schafft Art 3 Nr 1 der geplanten EU-Verordnung über das auf außervertragliche Schuldverhältnisse anzuwendende Recht (**Rom-II-VO**). Danach haftet der Notar in Fällen, in denen der Schaden im Ausland eintritt, nach dem im Ausland geltenden Recht, nicht also gemäß § 19 BNotO iVm § 839 BGB mit seiner Subsidiaritätsklausel. Art 10 dieser EU-Verordnung verbietet zwar eine Wahl deutschen Rechts, jedoch gilt für diese Haftung nach ausländischem Recht wohl nicht das im deutschen Recht allgemein anerkannte Verbot der Beschränkung der Notarhaftung[80], so dass sich die Aufnahme einer entsprechenden haftungsbeschränkenden Erklärung in Urkunden mit möglichem Auslandsbezug empfiehlt, also beispielsweise in einem Testament oder in einem Ehevertrag unter Beteiligung von Ausländern. 8

4. Belehrungsbedürftige Personen. Die Belehrungspflichten gemäß § 17 gelten nur gegenüber den formell Beteiligten gemäß § 6 Abs 2[81]. Gegenüber materiell Beteiligten oder Dritten können zwar auch in Umfang und Wirkung ähnliche Amtspflichten – mit der Schadensersatzpflicht des § 19 BNotO – bestehen, diese stützen sich jedoch nicht auf § 17, sondern auf eine überwiegend aus §§ 1, 14 BNotO abgeleitete allgemeine Betreuungspflicht[82]. Diese über § 17 hinausgehende Schadensverhinderungspflicht trifft den Notar aber nur dann, wenn er erkennen kann, dass einem nicht oder nicht materiell beteiligten Dritten infolge der rechtlichen Gestaltung der Urkunde oder ihrer Abwicklung ein Schaden droht, dessen er sich nicht bewusst ist. Eine solche allgemeine Belehrungspflicht entsteht insbes dann, wenn neben dem formell Beteiligten auch nur materielle beteiligte oder gänzlich unbeteiligte Personen an der Beurkundung bzw der vorbereitenden Verhandlung teilnehmen und die Beratungsleistungen des Notars in einem tatsächlichen Sinne in Anspruch nehmen[83]. Eine solche Pflicht besteht beispielsweise gegenüber dem Vorsorgebevollmächtigten, der anlässlich der Beurkundung gemeinsam mit dem Vollmachtgeber zur Beurkundung erscheint[84]. Dagegen reicht es nicht aus, wenn der Notar mit dem Dritten nur zwecks 9

---

[69] Vgl BGH DNotZ 1981, 775; DNotZ 1985, 636.
[70] BGH MittBayNot 2008, 68 = BeckRS 2007, 16441.
[71] Vgl BayObLG DNotZ 1989, 707; OLG Zweibrücken DNotZ 1988, 391; OLG Hamm MittBayNot 1979, 89, 91; aA OLG Stuttgart DNotZ 1983, 642; DNotZ 1985, 121; OLG Celle DNotZ 2004, 196, 198 m abl Anm Kanzleiter.
[72] KG NJW-RR 1999, 861.
[73] KG DNotZ 1969, 245; OLG Zweibrücken DNotZ 1988, 391; LG Leipzig NotBZ 1998, 38.
[74] OLG Düsseldorf RNotZ 2002, 60, 61 mwN.
[75] BayObLG MittBayNot 2000, 575; DNotZ 1984, 110, 112; OLG Saarbrücken DNotZ 1982, 451; vgl dagegen aber LG Hannover ZEV 2006, 224, wonach ein Anwalt nicht auf das kostengünstigere notarielle Testament hinweisen muss.
[76] KG DNotZ 1996, 132, 133; vgl dagegen OLG Hamm DNotZ 1974, 318, wonach Rechtspfleger diese Pflicht nicht hat; siehe zum Nachweis gegenüber Banken und Sparkassen ausf *Keim* WM 2006, 753.
[77] Ausf *Bardy* MittRhNotK 1993, 305.
[78] Vgl *Winkler* Rn 271; *Schütze* DNotZ 1992, 66, 76.
[79] OLG Düsseldorf NJW-RR 1995, 1147.
[80] Vgl *Schippel/Bracker/Schramm*, 8. Aufl 2006, § 19 BNotO Rn 100 mwN.
[81] BGH NJW 1993, 2617, 2618 betr Leibrente ohne Reallast; NJW 1981, 2705 betr Angebot; *Winkler* Rn 11 ff.
[82] Vgl ausf *Winkler* Rn 14 ff; *Huhn/v. Schuckmann/Armbrüster* Rn 6 ff; *Reimann/Bengel/J. Mayer* Rn 13 ff.
[83] Vgl ausf *Winkler* Rn 14 f mwN.
[84] Vgl ausf *Litzenburger* NotBZ 2007, 1.

Erfüllung einer ihm übertragenen Mitteilungs- oder Anzeigepflicht in Verbindung getreten ist[85]. Völlig ausgeschlossen sind auch jene Personen, mit denen der Notar überhaupt keinen Kontakt hatte[86].

10 **5. Umfang der Belehrungspflicht.** Schutzbedürftig sind aber nur jene formell Beteiligten, die auf die Zuverlässigkeit der Beurkundung angewiesen sind und auch tatsächlich darauf vertrauen[87]. Der Umfang der gebotenen Belehrung richtet sich sowohl nach der Art des zu beurkundenden Rechtsgeschäfts als auch nach der Persönlichkeit der Beteiligten. Bei rechtskundigen Beteiligten besteht diese Pflicht in einem geringeren Umfang als bei rechtsunkundigen oder gar geschäftsunerfahrenen Personen[88]. Erklärt ein Beteiligter ausdrücklich, die rechtliche Tragweite überblicken zu können, und hat der Notar auch keinen Anlass hieran zu zweifeln, so braucht er insoweit nicht besonders zu belehren[89]. Die Beweislast hierfür trägt allerdings der Notar[90].

IV. Formulierungspflicht

11   Der Notar hat in eigener Verantwortung den Text der Niederschrift so zu formulieren, dass dieser den wahren Willen der Beteiligten vollständig[91], klar und eindeutig wiedergibt. Dabei sollen Irrtümer und Zweifel vermieden werden (Abs 1 S 2). Deshalb darf der Notar keine Formulierungen wählen:
- bei denen gesetzliche oder richterliche **Auslegungs- oder Ergänzungsregeln** herangezogen werden müssen[92]. Diese Pflicht geht jedoch nicht so weit, dass der Notar nur solche Formulierungen verwenden darf, die keiner Auslegung bedürfen. Ebenso wie Gesetze sind Notarurkunden auslegungsbedürftig und -fähig. Dies gilt vor allem für Erklärungen gegenüber dem Grundbuchamt (zB Teilfläche[93]) und bei notariellen Betreuungsgeschäften iS der §§ 23, 24 BNotO[94].
- die **widersprüchlich** sind. Er hat darauf achten, dass für gleiche Tatbestände und Rechtsfolgen regelmäßig auch die gleichen Begriffe verwendet werden.
- bei denen in Folge von **Meinungsunterschieden** in Rspr und/oder Lit ungewisse Rechtsfolgen eintreten können.
- deren **Rechtsfolgen** nicht eindeutig geregelt sind. Die Regelung kann allerdings auch durch Bezugnahme auf den Gesetzestext geschehen.
- die offensichtlich **unzulässig oder undurchführbar** sind (zB Vollstreckungsunterwerfung im Bauträgervertrag, wenn Ausfertigungserteilung vom – unmöglichen – Nachweis durch öffentliche Urkunde abhängt).

Grds verdient dabei die Gesetzessprache den Vorzug[95]. Die Eigenverantwortung des Notars für die Formulierungen wird nicht dadurch aufgehoben oder eingeschränkt, dass die Beteiligten einen von ihnen selbst oder von einem Dritten (zB Kreditinstitut, Bauträger) ausgearbeiteten Entwurf vorlegen.

V. Zweifel an der Wirksamkeit

12   Hat der Notar ernsthafte Zweifel, ob eine Willenserklärung mit dem wahren Willen der Beteiligten oder mit nicht dispositiven Gesetzesbestimmungen (zB § 138 BGB, §§ 305 ff BGB bei Formularverträgen) übereinstimmt, so muss er im Wege der Erörterung versuchen, Wille, Willenserklärung und Gesetz so in Einklang zu bringen, dass die beurkundete wahre Wille rechtswirksam werden kann[96]. Erreicht der Notar dieses Ziel nicht und hat er weiterhin ernsthafte Zweifel an der Rechtswirksamkeit der zu beurkundenden Willenserklärung, so muss er, wenn die Beteiligten trotzdem auf der Beurkundung bestehen, gemäß Abs 2 S 2 verfahren. Er soll seine geäußerten Zweifel an der Rechtswirksamkeit einer Erklärung sowie das Verlangen der Beteiligten, diese dennoch so zu beurkunden, in der Niederschrift vermerken; diesem Vermerk kommt die Beweiskraft des § 415 ZPO zu. Unterlässt der Notar diese Vermerke, so hat dies für die Wirksamkeit der Beurkundung keine Bedeutung, wohl aber unter Umständen für seine Verantwortlichkeit in einem späteren Amtshaftungsprozess, wenn er diese Tatsachen beweisen muss[97]. Das Unterlassen der Feststellungen gemäß Abs 2 S 2 begründet jedoch nicht die Vermutung, dass auch die Belehrung unterblieben ist, und zwar auch dann nicht, wenn andere Belehrungen ordnungsgemäß vermerkt worden sind[98]. Der Notar darf nach Abs 2 S 2 aber nur verfahren, wenn er ernste Zweifel hat. Die nur entfernte Möglichkeit der Unwirksamkeit wird von dieser Verfahrensregelung ebenso wenig erfasst wie die Gewissheit der Unwirksamkeit einer Willenserklärung. Im zuletzt genannten Fall muss der Notar nach § 4 die Beurkundung ablehnen.

---

[85] OLG Frankfurt OLGZ 1991, 412 betr Vorkaufsrecht.
[86] BGH NJW 1966, 157.
[87] BGH NJW 1958, 1398.
[88] Vgl BGH DNotZ 1982, 504.
[89] OLG Koblenz DNotZ 1996, 128.
[90] BGH NJW 1995, 330.
[91] Vgl *Winkler* Rn 274.
[92] Vgl *Wolfsteiner*, Die vollstreckbare Urkunde, 2. Aufl, Rn 17.18.; aA *Ritter* NJW 2004, 2137, 2138 f.
[93] BGH NJW 2004, 69.
[94] *Ritter* NJW 2004, 2137, 2138.
[95] *Winkler* Rn 275.
[96] Vgl *Reimann/Bengel/J. Mayer* Rn 18.
[97] Vgl ausf *Haug* BWNotZ 1971, 97, 121.
[98] Vgl BGH Rpfleger 1974, 59, 60; *Winkler* Rn 278.

VI. Gestaltung des Beurkundungsverfahrens (Abs 2 a)

1. Gebot der funktionsgerechten Verfahrensgestaltung. a) Normzweck und Funktion des 13
§ **17 Abs 2 a.** Alle Vorschriften, die die notarielle Beurkundung eines Rechtsgeschäfts vorschreiben, beziehen ihren Sinn aus der Beratungs- und Belehrungsfunktion der Beurkundung, manche zusätzlich aus deren Beweissicherungs- bzw Warnfunktion (s etwa § 311 b BGB Rn 1). Gestaltungen des Beurkundungsverfahrens, die diesen Funktionen nicht gerecht werden, sind sinnentleerte Förmelei. Gemäß § 17 Abs 2 a muss die Form des Verfahrens der Funktion der Beurkundungspflicht folgen. Die Beurkundung ist deshalb so zu gestalten, dass vor allem die Beratungs- und Belehrungsfunktion so effektiv wie möglich erfüllt wird.

Der **Widerspruch** des § 17 Abs 2 a **zu den materiellrechtlichen** (zB §§ 145 ff BGB, §§ 164 ff 14 BGB, § 177 BGB) **oder verfahrensrechtlichen Bestimmungen** (zB § 13 a, § 13 Abs 2), die derartige Verfahren ausdrücklich zulassen, ist im Wege praktischer Konkordanz so aufzulösen, dass sowohl die Zielsetzungen dieses Gestaltungsgebots als auch die anderen verfahrensrechtlichen bzw materiellrechtlichen Bestimmungen zur effektiven Geltung kommen, und zwar ohne dabei die grundlegende Pflicht des Notars zur Unparteilichkeit wesentlich zu beeinträchtigen[99].

§ 17 Abs 2 a geht weit über die **Ablehnungspflicht** des § 4 hinaus und soll nach dem Willen des 15 Gesetzgebers die persönliche Verantwortlichkeit des Notars für die Gestaltung des Beurkundungsverfahrens „hervorheben"[100]. Unzureichend ist es deshalb, eine Amtspflichtverletzung nur anzunehmen, wenn die „Gesetzeslage nach dem Willen einer Partei ausgenutzt werden soll"[101] oder der Notar erkennen kann, dass ein beratungs- und schutzbedürftiger Teil von der Beurkundung ausgeschlossen „werden soll"[102]. Auch wenn es aus standesrechtlicher Sicht sicher gerechtfertigt ist, wenn die Richtlinienempfehlungen der Bundesnotarkammer[103] nur auf die **systematische Beurkundung** mit vollmachtlosen Vertretern usw abstellen[104], so verlangt die vom Gesetzgeber beabsichtigte Stärkung der persönlichen Verantwortung des Notars für das Verfahren doch, dass Amtshaftungsansprüche gemäß § 19 BNotO erhoben werden können, ohne dass der Notar sich durch den Hinweis exkulpieren kann, er habe nur in diesem Falle seine Pflichten verletzt, nicht aber systematisch.

b) Gesetzliches Leitbild der Beurkundungsverhandlung. Das Beurkundungsgesetz geht von der 16 Vorstellung aus, dass Willenserklärungen bei gleichzeitiger Anwesenheit aller materiell Beteiligten vom Notar beurkundet werden. An diesem Leitbild hat der Notar sich bei der Verfahrensgestaltung zu orientieren und darf davon nur abweichen, wenn legitime Gründe dies rechtfertigen und er gleichzeitig die mit der Abweichung verbundene Beeinträchtigung der Beratung- und Belehrungsfunktion angemessen auf andere Art und Weise kompensiert[105]. Der Legitimierungs- und Kompensationsbedarf wächst dabei in dem Maße, in dem sich der Notar vom aufgezeigten gesetzgeberischen Leitbild der Beurkundungsverhandlung entfernt. Die Anforderungen an die Legitimierung der Abweichung und an den Umfang der Kompensation richten sich – wie die Pflichten gemäß § 17 Abs 1 und 2 selbst – nach der Beratungs- und Belehrungsbedürftigkeit des ausgeschlossenen materiell Beteiligten.

c) Schutzbedürftiger Beteiligter. Im Mittelpunkt der Amtspflicht zur funktionsgerechten Gestal- 17 tung des Beurkundungsverfahrens steht die Frage, welcher materiell Beteiligte erkennbar der Beratung und Belehrung durch den Notar bedarf. Dies können unter Umständen auch mehrere oder alle materiell am Rechtsgeschäft beteiligten Personen sein. Bei dem besonderen Amtspflichten des Satzes 2 ist kraft Gesetzes der **Verbraucher** schutzwürdig, ohne dass damit eine Schutzbedürftigkeit des Unternehmers nach Satz 1 völlig ausgeschlossen ist, etwa wegen einer Vorleistungspflicht[106]. Bei den allgemeinen Amtspflichten des Satzes 1 richtet sich die Schutzbedürftigkeit nach der Sachkunde des Beteiligten, und zwar bezogen auf das konkret zu beurkundende Geschäft.

Bei einem **Ehevertrag** ist derjenige Partner besonders belehrungsbedürftig, der aller Voraussicht 18 nach im Falle einer Scheidung durch die Vereinbarung gesetzliche Ansprüche aufgibt[107]. Dies kann, aber muss nicht notwendig der kindererziehende Teil sein. Bei **Grundstückskaufverträgen** bedarf regelmäßig der Käufer des besonderen Schutzes, wenn er nicht auf Grund Ausbildung oder Erfahrungen mit früheren Grundstücksgeschäften sachkundig ist[108]. Ausnahmsweise kann aber auch einmal der Verkäufer beratungs- und belehrungsbedürftig sein, nämlich wenn **unübliche Klauseln** (zB gesetzliche Sachmangelhaftung bei Altbauten) vereinbart werden sollen[109]. Enthält ein Vertrag ungewöhnliche **Vorleistungspflichten** (zB Übergabe vor Zahlung, Verzicht auf Vormerkung), so ist der vorleistende Teil belehrungsbedürftig[110]. Während bei Verträgen alle materiell Beteiligten schutzwürdig sein kön-

---

[99] Vgl *Soergel/J. Mayer* Rn 35; *Winkler* Rn 33; dagegen aber *Brambring* FGPrax 1998, 201, 203.
[100] BT-Drucks 13/4184 S 47; aA *Winkler* Rn 36.
[101] *Eylmann/Vaasen/Frenz* Rn 33.
[102] *Winkler* Rn 31 und 33.
[103] DNotZ 1999, 258, II 1 a–d.
[104] *Eylmann/Vaasen/Frenz* Rn 33; *Soergel/J. Mayer* Rn 35; aA *Winkler* Rn 29, 33, 36, 41, 111, 140.
[105] Ähnlich *Soergel/J. Mayer* Rn 35; *Huhn/v. Schuckmann/Armbrüster* Rn 148; *Solveen* RNotZ 2002, 318, 321 f; *Vaasen/Starke* DNotZ 1998, 661, 675; ausführlicher *Litzenburger* RNotZ 2006, 180, 181 f.
[106] Vgl zum Verhältnis beider Sätze zueinander *Litzenburger* RNotZ 2006, 180, 182 f.
[107] Vgl OLG Naumburg DNotZ 2002, 791 m abl Anm *Harders*; vgl zu den Grenzen der Belehrungspflicht OLG Düsseldorf RNotZ 2001, 394.
[108] Vgl jedoch OLG Koblenz DNotZ 1996, 128 zum Rechtsanwalt.
[109] Vgl OLG Nürnberg DNotZ 1990, 456.
[110] Vgl BGH NJW 1971, 1363; NJW 1988, 1143.

nen, sind dies bei **einseitigen Rechtsgeschäften** nur die Beteiligten, die entweder selbst oder durch Vertreter Erklärungen abgeben. So kann bei einer **Vollmacht** nicht der Bevollmächtigte und bei einer **Grundschuldbestellung** nicht die Bank schutzwürdig iS des § 17 Abs 2 a sein. Erforderlichkeit und Umfang der Belehrungspflicht werden jedoch stets durch die erkennbare Sachkunde des Beteiligten begrenzt (zB Kapitalgesellschaft)[111].

19 2. **Grundlegende Amtspflichten bei allen Beurkundungen (S 1).** Die Amtspflichten des Satzes 1 sind im Unterschied zu denen des Satzes 2 nicht nur bei Verbraucherverträgen sondern bei allen Beurkundungen von Willenserklärungen gemäß §§ 8 ff zu beachten. Bei reinen Unterschriftsbeglaubigungen besteht mangels Beratungs- und Belehrungspflichten keine Amtspflicht gemäß § 17 Abs 2 a. Die Amtspflicht des Notars beim Entwurfsauftrag richtet sich nach dem Betreuungsauftrag[112].

20 a) **Vorbereitung der Beurkundung. aa) Entwurfsaushändigung.** Im allgemeinen genügt der Notar seiner Pflicht zur funktionsgerechten Verfahrensgestaltung nur durch Übersendung eines Textes der beabsichtigten Urkunde an die Beteiligten im materiellen Sinne[113]. Dies gilt uneingeschränkt bei allen **Verträgen und mehrseitigen Geschäften** (zB Grundstückskaufverträge, Übergabeverträge, Eheverträge, Scheidungsfolgenvereinbarungen, Erbverträge und gemeinschaftlichen Testamente) und auf einen Vertragsschluss gerichteten Erklärungen (zB Angebot, Annahme, Schenkungsversprechen). Bei **einseitigen Rechtsgeschäften** (zB Vollmachten, Testamente, Bewilligungen) kann dagegen je nach Art und Schwierigkeitsgrad des Geschäfts großzügiger verfahren werden[114].

21 Beurkundet der Notar ohne Entwurfsübersendung, so muss er bei der Beurkundung das Weniger an Vorbereitungsgelegenheit durch ein Mehr an allgemeinverständlicher Erläuterung des Inhalts und der Tragweite wettmachen kompensieren. Ein **Entwurf** idS ist dabei weniger als ein Entwurf iS des § 145 KostO. Wird ein Entwurf vor der Beurkundung geändert, so sollte der Notar entweder eine geänderte Fassung erneut an alle Beteiligten versenden oder mindestens in der Verhandlung deutlich auf die vorgenommenen Änderungen hinweisen[115]. Die Entwurfsübersendung kann auch auf elektronischem Wege geschehen, wenn die Beteiligten dies trotz der damit verbundenen Gefährdungen der Vertraulichkeit[116] verlangen[117].

22 **bb) Bedenkzeit.** § 17 Abs 2 a verbietet dem Notar Beurkundungen, bei denen den Beteiligten ausreichende Bedenkzeiten genommen werden. Ein Entwurf soll deshalb so rechtzeitig übersandt werden, dass jeder Beteiligte den Text unter normalen Umständen auch überprüfen kann. Die Angemessenheit der Frist richtet sich dabei nach Art und Schwierigkeit des Geschäfts ebenso wie nach der Sachkunde der materiell Beteiligten. Die Anforderungen sind bei Verträgen und bei auf deren Abschluss gerichteten einseitigen Erklärungen (zB Angebot, Annahme, Schenkungsversprechen) wesentlich höher als bei Verfahrensanträgen (zB Erbscheinsantrag, Adoptionsantrag), weil bei Verträgen nicht nur die rechtlichen Probleme, sondern auch die widerstreitenden Interessen der Vertragsteile sorgfältig bedacht werden müssen. Bei Verträgen, insbes Kaufverträgen, ist daher die Vergabe von „Blankoterminen" völlig unzulässig[118]. Kurzfristige Termine sind nur zu verantworten sind, wenn das Defizit an Vorbereitungsgelegenheit durch eine besonders intensive Beratung und Belehrung durch den Notar bei der Verhandlung wieder ausgeglichen wird.

23 b) **Persönliche Anwesenheit des schutzwürdigen Beteiligten. aa) Vollmachtlose Vertretung.** Die vollmachtlose Vertretung des beratungs- und belehrungsbedürftigen Beteiligten muss auf seltene und sachlich gerechtfertigte Ausnahmefälle (zB Krankheit) beschränkt bleiben[119]. Weder die Zeit- oder die Reisekostenersparnis[120] für den vollmachtlos Vertretenen noch die Bequemlichkeit für Notar oder Beteiligte sind eine sachliche Rechtfertigung für eine solche Verfahrensweise. Bei Ehe- oder Lebenspartnern, die gemeinsam auf einer Seite eines Vertrages stehen, wird man großzügiger verfahren dürfen.

24 **bb) Rechtsgeschäftliche Vertretung.** Jede Vertretung des schutzbedürftigen Beteiligten widerspricht zwar grds dem Gebot der funktionsgerechten Verfahrensgestaltung, jedoch belegt § 17 Abs 2 a S 2 Nr 1, dass der Gesetzgeber die Beurkundung mit Bevollmächtigten als gleichwertige Alternative zur persönlichen Teilnahme ansieht. Die Anforderungen an das Beurkundungsverfahren sind aber im Rahmen der allgemeinen Amtspflicht nach Abs 2 a S 1 weniger streng als beim Verbrauchervertrag[121]. Es muss im Allgemeinen genügen, wenn der Notar rechtzeitig vor der Beurkundung dem vertretenen Beteiligten einen **Entwurf** des beabsichtigten Rechtsgeschäfts mit der Bitte um Mitteilung von Änderungs- oder Ergänzungswünschen zuleitet.

25 **Vollmachten zum Vollzug** bereits beurkundeter Rechtsgeschäfte, die sich im Rahmen der eingegangenen Verpflichtungen halten (zB Auflassung, Identitätserklärung, Änderung der Teilungserklärung,

---

[111] OLG Köln BWNotZ 1997, 47.
[112] BGH NJW 1993, 729.
[113] *Winkler* Rn 73.
[114] Vgl zum Grundpfandrechtsbestellungsformular *Winkler* Rn 155; *Hertel* ZNotP 2002, 286, 290; *Sorge* MittBayNot 2002, 325, 332.
[115] Vgl BGH MittBayNot 2008, 69: steuerrechtliche Formulierung; zu weit daher OLG Frankfurt DNotI-Report 2000, 19; vgl dagegen BGH vom 22. 5. 2003, IX ZR 201/01, zT veröffentlicht in DNotI-Report 2003, 142.
[116] Vgl *Büttner* BWNotZ 2001, 97, 103 f; *Oertel* MittRhNotK 2000, 181, 193 f.
[117] Zu weit daher *Winkler* Rn 161.
[118] Vgl OLG München MittBayNot 1994, 373; *Kanzleiter* DNotZ 1999, 292, 301.
[119] BayObLG MittBayNot 1993, 242, 243.
[120] AA *Solveen* RNotZ 2002, 318, 321 Fn 55; widersprüchlich *Winkler* Rn 36 und Rn 143.
[121] Zu weit daher *Huhn/v. Schuckmann/Armbrüster* Rn 153.

Berichtigung), gefährden die Funktionsgerechtigkeit des Beurkundungsverfahrens nicht[122]. Auch **Belastungsvollmachten**, die vom Verkäufer erteilt werden, sind Vollzugsgeschäfte zum Kaufvertrag ohne erhöhten Belehrungsbedarf, wenn und soweit die üblichen Sicherungen im Kaufvertrag enthalten sind. Die umgekehrte Bevollmächtigung des Verkäufers durch den Käufer ist dagegen unter allen Umständen unzulässig, weil dadurch der schutzbedürftige Käufer von der Beratung und Belehrung ausgeschlossen wird und zudem die Gefahr einer Interessenkollision besteht[123]. Auch die Bevollmächtigung der **Notarangestellten** zur Bestellung von Finanzierungsgrundpfandrechten durch den Käufer widerspricht dem Gestaltungsgebot des § 17 Abs 2 a S 1, so dass diese nur in sachlich begründeten seltenen Ausnahmefällen (zB längere Abwesenheit bei kurzfristiger Kaufpreisfälligkeit, wenn Grundpfandrecht nicht bereits mit dem Kaufvertrag bestellt werden kann) zulässig ist[124]. Gleiches gilt für die Bevollmächtigung mehrer Käufer untereinander, wenn es sich nicht um Vertrauenspersonen iS des § 17 Abs 2 a S 2 Nr 1 handelt[125].

cc) **Angebot und Annahme.** Die Aufspaltung des Vertragsschlusses in Angebot und Annahme ist nur in sachlich begründeten Ausnahmefällen zulässig. Ist die Aufspaltung gerechtfertigt, so gebietet das aus § 17 Abs 2 a S 1 folgende Kompensationsgebot (Rn 16), dass der schutzbedürftige Beteiligte das Angebot abgibt, damit der Notar seine Beratungs- und Belehrungspflicht diesem gegenüber erfüllen kann[126]. Ein Notar, der an einer **Internetversteigerung** von Immobilien mitwirkt, bei der im Anschluss an das „Gebot" des Meistbietenden der formgerechte Abschluss des Grundstückskaufvertrags durch Angebot und Annahme oder mittels Vollmachten herbeigeführt wird, verletzt die allgemeine Amtspflicht aus § 17 Abs 2 a S 1[127]. 26

c) **Bezugsurkunden.** Geschäftswesentliche Teile der Beurkundung (zB Fälligkeitsregelungen eines Kaufvertrags, gesamter Bauträgerkaufvertrag, Gesellschaftsvertrag beim Bauherrenmodell) dürfen nicht durch Verweisung gemäß § 13 a in Bezugsurkunden ausgelagert werden, wenn dadurch dem schutzbedürftigen Beteiligten (Rn 17 f) die Beratung und die Belehrung durch den Notar vorenthalten wird[128]. Im Zweifel hat sich der Notar gegen die Verweisung und für die Mitbeurkundung zu entscheiden. Bei Zulässigkeit der Verweisung (zB Teilungserklärung nach dem WEG nebst Baubeschreibung) muss der Notar sich in geeigneter Form vergewissern, dass den Beteiligten deren Bedeutung klar ist[129]. Die verkürzte Inhaltsangabe des wesentlichen Inhalts in der Urkunde ist dabei ein gangbarer Weg[130]. 27

d) **Sammelbeurkundungen.** Die Zusammenfassung mehrerer Beurkundungen in einem gemeinsamen Termin ist zwar grds gemäß § 13 Abs 2 zulässig (dort Rn 1), gefährdet jedoch die Beratungs- und Belehrungsfunktion, weil nicht ausgeschlossen werden kann, dass sich einzelne formell Beteiligte (§ 6 Abs 2) behindert fühlen, nachzufragen oder Änderungs- bzw Ergänzungswünsche zu äußern. Nach den Richtlinienempfehlungen der Bundesnotarkammer ist deshalb die Zusammenfassung von mehr als 5 Beurkundungen mit verschiedenen Beteiligten verboten[131]. 28

3. Besondere Amtspflichten beim Verbrauchervertrag (S 2). § 17 Abs 2 a S 2 verschärft zum Teil die Amtspflichten des Notars bei der Beurkundung von Verträgen, an denen mindestens ein Verbraucher (§ 13 BGB) und ein Unternehmer (§ 14 BGB) im materiellen, nicht nur im formellen Sinne[132] (zB Vertreter) beteiligt ist. Sind auf einer Vertragsseite sowohl ein Verbraucher als auch ein Unternehmer beteiligt, so bestehen die besonderen Pflichten des Abs 2 a S 2 nur dem Verbraucher gegenüber, der sich dabei nicht die besondere Sachkunde des Unternehmers nicht zurechnen lassen muss, und zwar selbst dann nicht, wenn er mit diesem verheiratet ist. Bei der Beurkundung von Verträgen zwischen Unternehmern und zwischen Verbrauchern verbleibt es dagegen bei den allgemeinen Amtspflichten des Abs 2 a S 1. Mit der Bezugnahme auf § 310 Abs 3 iVm §§ 13, 14 BGB werden auch alle Meinungsverschiedenheiten und Abgrenzungsschwierigkeiten des materiellen Rechts in den Tatbestand dieser besonderen Amtspflichten importiert[133]. 29

Diese besonderen Amtspflichten gelten dabei außer für die Beurkundung des Verbrauchervertrags selbst auch für die des Angebots, der Annahme, der auf den Abschluss eines derartigen Vertrags gerichteten einseitigen Willenserklärung oder der Vollmacht zu dessen Abschluss. General- und Vorsorgevollmachten werden erfasst, wenn sie erkennbar zur Vornahme eines konkreten Geschäfts erteilt werden. Auf den Vertragstyp kommt es ebenso wenig an wie auf eine verbrauchervertragstypische Gefährdungslage gegeben ist, etwa bei einem Verkauf an ein Unternehmen. 30

a) **Persönliche Anwesenheit des Verbrauchers oder Vertretung durch Vertrauensperson (Nr 1). aa) Vollmachtlose Vertretung.** Der Verbraucher darf gemäß Abs 2 a S 2 Nr 1 bei der 31

---

[122] AllgM, zB *Winkler* Rn 54.
[123] LG Traunstein MittBayNot 2000, 574; *Winkler* Rn 52; vgl auch *Sorge* DNotZ 2002, 593, 602.
[124] Gegen jede Ausnahme *Winkler* Rn 52; zu großzügig *Maaß* ZNotP 1999, 69, 224.
[125] Zu großzügig *Winkler* Rn 139; *Böhringer* BWNotZ 2003, 6, 7; *Sorge* DNotZ 2002, 593, 602.
[126] BayObLG DNotZ 1974, 49, 51; *Winkler* Rn 60.
[127] Vgl BNotK-Rundschreiben Nr 2/2005 vom 26. 1. 2005, veröffentlicht unter www.bnotk.de/bnotk-service/merkblaetter_empfehlungen/rs2; *Litzenburger* RNotZ 2006, 180, 189.
[128] *Winkler* Rn 65.
[129] Vgl BNotK-Richtlinienempfehlung DNotZ 1999, 258 ff, II 2.
[130] *Winkler* Rn 64.
[131] DNotZ 1999, 258 ff, II e.
[132] *Solveen* RNotZ 2002, 318, 319.
[133] Ausführlicher *Philippsen* NotBZ 2003, 137, 138 f; *Solveen* RNotZ 2002, 318, 319; *Sorge* DNotZ 2002, 593, 598 f; *Rieger* MittBayNot 2002, 325, 327 f.

Beurkundung eines Verbrauchervertrags unter keinen Umständen vollmachtlos vertreten werden[134]. Kann der Notar den Verbraucher nicht zur persönlichen Teilnahme veranlassen, so muss er gemäß § 17 Abs 2 a S 2 Nr 1 die Vertretung durch eine Vertrauensperson oder die Aufspaltung des Vertragsschlusses in Angebot und Annahme vorschlagen, wobei das Angebot vom Verbraucher ausgehen muss, um dessen Belehrung zu gewährleisten.

32 **bb) Vertretung durch Vertrauensperson. (1) Anwendungsbereich.** Die Pflicht des Notars darauf hinzuwirken, dass der Verbraucher durch eine Vertrauensperson vertreten wird, gilt nur bei **rechtsgeschäftlicher Vertretung**, nicht dagegen bei gesetzlicher Vertretung. Nicht erfasst werden außerdem Vollmachten zum Vollzug bereits abgeschlossener Verbraucherverträge (Rn 25).

33 Der **Normzweck** dieser Alternative des § 17 Abs 2 a S 2 ist umstritten, wobei sich der Streit am Begriff „Vertrauensperson" entzündet. Die hM folgert aus diesem Begriff, dass es nicht ausreiche, wenn der Vertreter nicht im Lager des Unternehmers stehe. Der Vertreter müsse vielmehr verpflichtet sein, ausschließlich die Interessen des Verbrauchers wahrzunehmen[135]. Damit werden in erster Linie Vollmachten auf Notarangestellte, soweit sie nicht dem Urkundenvollzug dienen (Rn 25), für unzulässig erklärt. Anlass[136] und erklärtes Ziel dieser besonderen Amtspflicht war jedoch allein der Ausschluss „geschäftsmäßiger Vertreter"[137]. Folgerichtig erläutert der Gesetzgeber selbst das Wort „Vertrauensperson" durch Abgrenzung („also") zum „geschäftsmäßigen Vertreter mit unter Umständen konkurrierenden Eigeninteressen"[138], fordert daher gerade kein „Vertrauensverhältnis" sondern lediglich, dass der Vertreter keine eigenen gewerbsmäßigen Interessen am Urkundsgeschäft hat, also nicht im Lager des Unternehmers steht[139]. Der Gesetzgeber wollte und durfte Interessenkollisionen durch geschäftsmäßige Vertreter vermeiden, nicht aber den Verbraucher bei der Wahl seines Vertreters einschränken[140]. Entgegen der überwiegend vorgetragenen Meinung[141] trifft den Notar diese besondere Amtspflicht deshalb nicht bereits, wenn er kein Vertrauensverhältnis zum Verbraucher feststellen kann, sondern erst, wenn der Vertreter für den Notar erkennbar geschäftsmäßige Eigeninteressen am Vertragschluss hat[142].

34 Ehegatten, Lebenspartner einer eingetragenen oder eheähnlichen Lebensgemeinschaft, Verwandte oder Verschwägerte **(Familienangehörige)** sind demnach unstreitig Vertrauenspersonen, und zwar, da sie nicht „geschäftsmäßig" handeln, selbst dann, wenn sie am Vertrag selbst beteiligt sind oder unmittelbar oder mittelbar Vorteile durch dessen Abschluss erwerben[143]. Gleiches gilt für im Auftrag des Verbrauchers tätige **Rechtsanwälte, Steuerberater oder Wirtschaftsprüfer**, die zwar „geschäftsmäßig" handeln, aber von Berufs wegen im Interesse des Vertretenen.

35 Diese besondere Belehrungspflicht gilt andererseits unbestritten für alle anderen Personen, die am Vertrag beteiligt sind oder für den Notar offenkundig durch den Vertragsschluss Vorteile haben können **(Eigeninteresse des Vertreters)**. Dies muss selbst bei General- oder Vorsorgevollmachten gelten, etwa wenn eine Immobilie auf den Vertreter selbst übertragen werden soll.

36 In allen anderen Fällen muss der Notar nach überwM zum Normzweck Nachforschungen bei dem ihm in vielen Fällen unbekannten Verbraucher anstellen, ob der Vertreter dessen Vertrauen genießt[144]. Die Feststellung solcher innerer Tatsachen ist jedoch mit erheblichen Unsicherheiten verbunden[145]. Deshalb wird der bloßen Tatsache der Erteilung der Vollmacht von einigen Autoren[146] Indizwirkung für das Bestehen eines Vertrauensverhältnisses zugestanden. Andere Vertreter der hM kritisieren dies – von ihrem Standpunkt aus zu Recht – als inkonsequent[147]. Einige Vertreter der hM versuchen die selbst geschaffenen Schwierigkeiten für den Notar dadurch abzumildern, dass sie bei **wirtschaftlich geringwertigen Verträgen** (zB geringfügige Grundstücksfläche) einen weniger strengen Maßstab anlegen wollen[148]. Dies steht jedoch nicht nur in Widerspruch zum Wortlaut des Abs 2 a S 2 Nr 2 sondern untergräbt auch die Basis für die generelle, von derartigen Differenzierungen völlig unabhängige Beurkundungspflicht (zB § 311 b BGB). Nach der hier vertretenen Auffassung zum Normzweck (Rn 33) hat der Notar diese Amtspflicht nur, wenn er auf Grund der ihm bekannten Tatsachen ein geschäftsmäßiges Eigeninteresse des Vertreters erkennen kann.

---

[134] Ähnlich *Mohnhaupt* NotBZ 2002, 248, 249, der aber bei einfacher Rechtslage oder geringer wirtschaftlicher Bedeutung Ausnahmen zulassen will; s dagegen jedoch die Ausführungen Rn 36.
[135] OLG Schleswig RNotZ 2007, 626, 627 m krit Anm *Litzenburger*; *Soergel/J. Mayer* Rn 42; *Solveen* RNotZ 2002, 318, 321; *Rieger* MittBayNot 2002, 325, 330; widersprüchlich *Philippsen* NotBZ 2002, 137, 140.
[136] Zur Entstehungsgeschichte ausf *Schmucker* DNotZ 2002, 510; vgl auch *Rieger* MittBayNot 2002, 325, 326.
[137] BT-Drucks 14/9266 S 50.
[138] BT-Drucks 14/9266 S 51.
[139] *Grigas* BWNotZ 2003, 104, 105; *Maaß* ZNotP 2002, 455, 456 ff.
[140] *Maaß* ZNotP 2002, 455, 456 ff.
[141] *Soergel/J. Mayer* Rn 42; *Winkler* Rn 116; *Huhn/v. Schuckmann/Armbrüster* Rn 176; *Böhringer* BWNotZ 2003, 6; *Rieger* MittBayNot 2002, 325, 330; zu verfassungsrechtlichen Bedenken gegen die Auslegung der hM s *Litzenburger* RNotZ 2006, 180, 187.
[142] *Grigas* BWNotZ 2003, 104, 105.
[143] *Winkler* Rn 119; aA bezüglich Eigeninteresse *Soergel/J. Mayer* Rn 42 Fn 242, der dabei das Merkmal der Geschäftsmäßigkeit übersieht.
[144] *Soergel/J. Mayer* Rn 42; *Sorge* DNotZ 2002, 593, 601.
[145] Vgl *Brambring* ZfIR 2002, 507, 604.
[146] *Soergel/J. Mayer* Rn 42; *Brambring* ZfIR 2002, 597, 604; *Solveen* RNotZ 2002, 318, 321: nur Generalvollmacht.
[147] *Winkler* Rn 122; *Solveen* RNotZ 2002, 318, 321: mit Ausnahme von Generalvollmachten.
[148] So aber *Sorge* DNotZ 2002, 593, 601; *Soergel/J. Mayer* Rn 42, der dabei meinen Aufsatz NotBZ 2002, 280 zu Unrecht zitiert; dagegen auch *Huhn/v. Schuckmann/Armbrüster* Rn 177.

Nach der hier zum Normzweck vertretenen Auffassung (Rn 33) ist auch eine Bevollmächtigung von 37 Notarangestellten zulässig, weil neutrale Vertreter jedenfalls nicht im Lager des Unternehmers stehen[149]. Die hM lehnt dagegen die Zulässigkeit ab, weil die Angestellten zur Neutralität verpflichtet seien, also nicht im Lager des Verbrauchers stünden[150]. Entgegen der Auffassung des OLG Schleswig[151] und der Anwendungsempfehlung der BNotK (Rundschreiben Nr 20/2003 S 5) wird die Bevollmächtigung von Notarangestellten nicht durch den einfachen Wunsch des Verbrauchers, so zu verfahren, gerechtfertigt. Der Notar hat gem § 17 Abs 2 a S 1 (Rn 25) zusätzlich zu prüfen, ob der für diesen Wunsch vom Verbraucher vorgetragene Grund so schwer wiegt, dass entgegen dem gesetzlichen Leitbild einer funktionsgerechten Beurkundung (Rn 1) ausnahmsweise auf das persönliche Erscheinen verzichtet werden kann. Dies mag bei kurzfristiger Kaufpreisfälligkeit in Verbindung mit einer länger dauernden Abwesenheit des Verbrauchers der Fall sein. Zweckmäßigkeitserwägungen wie Zeit- und Fahrtkostenersparnisse reichen dagegen sicher nicht aus. Bei unzureichendem Grund hat der Notar die Beurkundung unter Einschaltung seiner Mitarbeiter zu verweigern.

(2) Hinwirken auf Bevollmächtigung einer Vertrauensperson. Dabei handelt es sich der Sache 38 nach um eine Hinweispflicht, die dadurch qualifiziert ist, dass der Notar es nicht nur bei der Belehrung des Verbrauchers belassen darf, sondern die Rückäußerung abwarten muss[152]. Der Verbraucher kann den Notar von dieser besonderen Amtspflicht **nicht** im Vorhinein **befreien**[153], und zwar auch nicht dadurch, dass der Vertreter in der Vollmachtsurkunde trotz des Eigeninteresses als Vertrauensperson bezeichnet wird[154]. Die Beurkundung ist bis zu einer Äußerung des Verbrauchers **aufzuschieben**[155], es sei denn, dass ausnahmsweise überwiegende Interessen des Verbrauchers eine sofortige Beurkundung gebieten (zB Annahme eines wenige Stunden später ablaufenden Vertragsangebots). Äußert sich der Verbraucher auf die Anfrage des Notars nicht, muss der Notar die Beurkundung ablehnen. Die Ankündigung der Beurkundung für den Fall der Nichtäußerung ist unzulässig. Fordert der Verbraucher den Notar nach Erhalt der Belehrung auf zu beurkunden, so muss dieser selbst dann beurkunden, wenn er Zweifel daran hat, ob es sich bei dem Vertreter tatsächlich um eine Vertrauensperson des Verbrauchers handelt[156]. Eine Ablehnungspflicht stünde im Widerspruch zum Wesen einer reinen Hinwirkungspflicht, die keine Erfolgshaftung begründen kann, und wäre zudem ein nicht zu rechtfertigender Eingriff in die Privatautonomie der Beteiligten. Die von Abs 2 a S 2 Nr 1 vorgeschriebene qualifizierte Belehrung ist allerdings zwecklos und muss deshalb entfallen, wenn der Notar sichere Kenntnis davon hat, dass der vertretene **Verbraucher dauerhaft geschäftsunfähig** ist, also insbes bei General- und Vorsorgevollmachten.

b) Vorbereitung der Beurkundung (Nr 2). aa) Pflichten bei allen Verbraucherverträgen 39 **(HS 1).** Der Notar soll dem Verbraucher bei allen Verträgen eine ausreichende, dem Einzelfall angemessene Vorbereitung auf den Beurkundungstermin ermöglichen[157]. Die Aushändigung eines Entwurfs ist dabei aber nur eine von mehreren Möglichkeiten, um diesen Gesetzeszweck sicherzustellen (zB vorbereitendes Gespräch mit dem Notar, ausführliche Beurkundungsverhandlung, Zuziehung eines Rechtsanwalts). Welche Maßnahmen geboten sind, richtet sich sowohl nach Art und Schwierigkeitsgrad des Geschäfts als auch nach der Sachkunde des Verbrauchers. Diese Pflicht deckt sich mit der bereits aus Satz 1 folgenden, für alle Beurkundungen geltenden allgemeinen Amtspflicht[158]. Auf Rn 20 ff wird deshalb verwiesen.

bb) Besondere Pflichten bei Verbraucher-Immobilienverträgen (HS 2). (1) Entwurfsaus- 40 **händigung.** Während beim Verbrauchervertrag im Allgemeinen die rechtzeitige Entwurfsaushändigung nur eine von mehreren Möglichkeiten ist, dem Verbraucher eine angemessene Vorbereitung auf die Beurkundung zu ermöglichen, schreibt der HS 2 dies für sämtliche Grundstücks- oder sonstigen Immobilienverträge iS des § 310 Abs 3 BGB[159] zwischen einem Unternehmer und einem Verbraucher als Regel vor. „**Beabsichtigter Text**" iS des HS 2 ist dabei weniger als ein Entwurf iS des § 145 KostO, aber mehr als ein Muster[160]. Der Text muss also alle Informationen enthalten, die der

---
[149] *Grigas* BWNotZ 2003, 104, 105 f; *Maaß* ZNotP 2002, 455, 456 ff; *Strunz* ZNotP 2002, 389.
[150] OLG Schleswig RNotZ 2007, 626, 627 m krit Anm *Litzenburger*; *Winkler* Rn 123 f; *Soergel/J. Mayer* Rn 43; *Huhn/v. Schuckmann/Armbrüster* Rn 177; *Lerch* Rn 60; *Winkler* FGPrax 2004, 179; *Brambring* ZfIR 2002, 597, 605; *Rieger* MittBayNot 2002, 325, 330; *Sorge* DNotZ 2002, 593, 602 f; *Böhringer* BWNotZ 2003, 6, 7; *Philippsen* NotBZ 2002, 137, 140; vgl auch BNotK-Rundschreiben Nr 20/2003 S 5.
[151] Beschluss vom 6. 7. 2007 – Not 1/07, BeckRS 2007, 15205.
[152] So bereits *Litzenburger* NotBZ 2002, 280, 281: „Hinauszuschieben, bis der Verbraucher sich auf einen entsprechenden Hinweis geäußert hat", grob verfälscht zitiert von OLG Schleswig RNotZ 2007, 626, 627 im Anschluss an das ebenso massiv falsche Zitat von *Brambring* FGPrax 2003, 147, 149; vgl hierzu die ausf Anm von *Litzenburger* RNotZ 2007, 629 ff.
[153] *Solveen* RNotZ 2002, 318, 321.
[154] AA *Sorge* DNotZ 2002, 593, 600.
[155] AA wohl *Solveen* RNotZ 2002, 318, 321.
[156] AA *Rieger* MittBayNot 2002, 325, 331; *Brambring* FGPrax 2003, 147, 149; wohl auch aber unbestimmt *Philippsen* NotBZ 2003, 137, 140.
[157] *Solveen* RNotZ 2002, 318, 322; *Litzenburger* NotBZ 2002, 280, 282; für geringere, aber nicht definierte Anforderungen dagegen *Soergel/J. Mayer* Rn 45 Fn 258.
[158] Vgl auch BNotK-Richtlinienempfehlung DNotV 1999, 258 ff, II 1 S 3.
[159] *Soergel/J. Mayer* Rn 47; für Ausnahmen dagegen *Brambring* ZfIR 2002, 597, 606 f; *Hertel* ZNotP 2002, 286, 288 f.
[160] AA *Winkler* Rn 167; *Staudinger/Hertel* Vor §§ 127 a, 128 (BeurkG) Rn 527; *Lerch* Rn 61; *Sorge* DNotZ 2002, 593, 604; *Rieger* MittBayNot 2002, 325, 332; *Böhringer* BWNotZ 2003, 6, 8.

Verbraucher benötigt, um die rechtlichen und wirtschaftlichen Auswirkungen des Geschäfts überprüfen zu können. Zu den essentialia gehören deshalb bei einem Kaufvertrag Name und Anschrift des Unternehmers[161], die Bezeichnung des Vertragsgegenstands[162], die Höhe des Kaufpreises[163] und die Zahlungsmodalitäten (zB Hinterlegung oder unmittelbare Zahlung, Schuldübernahme oder Löschung von Belastungen), die Erschließungskostenverteilung sowie die Regelungen über die Sach- und Rechtsmangelfreiheit[164]. Wird auf andere Urkunden gemäß § 13a verwiesen (zB Baubeschreibung, Teilungserklärung), so müssen auch diese dem Verbraucher rechtzeitig zur Verfügung gestellt werden[165]. Der völlige Verzicht auf einen Entwurf ist allenfalls in sachlich und rechtlich einfach gelagerten Fällen zulässig, in denen der Vertragstext eigenständig vom Notar vorformuliert worden ist.

41 Wird der Text ohne das Einverständnis des Verbrauchers **geändert oder ergänzt**, muss ein neuer Entwurf versandt werden. Dagegen werden Änderungen in der Verhandlung selbst gar nicht erst erfasst, fordern deshalb zwar keine neue Entwurfserstellung voraus[166], wohl aber eine besonders intensive Belehrung über die rechtliche und unter Umständen auch der wirtschaftlichen Tragweite. Werden die **Vertragsbeteiligten** kurzfristig **ausgewechselt**, kann auf die erneute Entwurfsübersendung ausnahmsweise verzichtet werden, wenn zwischen den Beteiligten ein Vertrauensverhältnis iS des § 17 Abs 2a S 2 Nr 1 besteht[167].

42 **(2) Zweiwöchige Bedenkzeit bei Immobilienverträgen.** Zusätzlich ist bei sämtlichen Verbraucher-Immobilienverträgen iS des § 310 Abs 3 BGB ab der Aushändigung des Entwurfs an den Verbraucher „im Regelfall" eine Frist von zwei Wochen bis zur Beurkundung abzuwarten, doch kann im Einzelfall eine kürzere Frist[168]. Dabei kommt es sowohl auf Art und Schwierigkeitsgrad des Geschäfts als auch auf die Sachkunde des Verbrauchers an. Schwierige sachliche, rechtliche oder wirtschaftliche Fragen sprechen für eine längere Wartezeit, während die vorhandene Sachkunde eines Verbrauchers (zB Jurist, Bankkauffrau bzw -mann, Makler) eine Abkürzung bis hin zum völligen Verzicht auf einen Entwurf erlaubt[169]. Die Wartefrist braucht nicht eingehalten zu werden, wenn der Vertragstext vom Verbraucher selbst oder von dessen Rechtsanwalt vorformuliert wurde[170].

43 Die **Frist beginnt** mit dem Zugang des „beabsichtigten Textes" beim materiell beteiligten Verbraucher oder dessen gesetzlichem Vertreter. Der Zugang bei einem Bevollmächtigten reicht nur aus, wenn es sich um eine Vertrauensperson iS des Abs 2a S 2 Nr 1 handelt[171]. Die Aushändigung kann sowohl durch den Unternehmer als auch durch den Notar erfolgen[172]. Zu den Rechtsfolgen bei Änderungen des Entwurfs s Rn 41.

44 Die Vereinbarung eines zeitlich befristeten **Rücktrittsrechts** entbindet nicht von der besonderen Amtspflicht des Abs 2a S 2 Nr 2, weil dieses eine stärkere rechtliche und psychologische Bindung des Verbrauchers bedeutet als diese vorverlagerte Überlegensfrist[173].

45 **cc) Prüfungs- und Vermerkpflichten des Notars.** Völlig unbestritten ist und war, dass der Verbraucher auf die Einhaltung dieser dem öffentlichen Recht angehörenden besonderen Amtspflichten nicht verzichten kann[174]. Ebenso unumstritten ist, dass der Notar bei einem erkennbaren Missbrauchsfall beide Amtspflichten ohne Rücksicht auf eine entgegenstehende Erklärung des Verbrauchers einhalten muss[175]. Ferner besteht Einigkeit darüber, dass dem Verbraucher das Abwarten der Frist keinesfalls aufgenötigt werden darf, wenn und soweit er sonst einen nicht oder schwer wiedergutzumachenden Schaden erleiden würde[176]. Umstritten ist jedoch, wie sich der Notar zu verhalten hat, wenn der Verbraucher ernsthaft aus eigenem Entschluss heraus eine Beurkundung ohne Entwurf und/oder Einhaltung der Wartefrist verlangt. Kann das Problem nicht durch anderweitige Beratung gelöst werden, darf der Notar die Beurkundung nicht von sich aus hinausschieben, wenn der Verbraucher eine vorzeitige Beurkundung verlangt[177]. Hält der Notar das Vorbringen für nicht gerechtfertigt, so

---

[161] So wohl auch *Brambring* ZflR 2002, 597, 606; aA *Soergel/J. Mayer* Rn 49 Fn 273.
[162] *Philippsen* NotBZ 2002, 137, 144.
[163] *Brambring* ZflR 2002, 597, 606; aA *Philippsen* NotBZ 2002, 137, 140; BNotK-Rundschreiben 20/2003 S 8.
[164] Ebenso *Solveen* RNotZ 2002, 318, 324.
[165] AllgM, zB *Winkler* Rn 170.
[166] *Solveen* RNotZ 2002, 318, 324; *Hertel* ZNotP 2002, 286, 290; *Philippsen* NotBZ 2002, 137, 140; aA *Sorge* DNotZ 2002, 593, 604 für wirtschaftliches aliud; *Soergel/J. Mayer* Rn 45 für atypische oder rechtlich risikobehaftete Änderungen; *Rieger* MittBayNot 2002, 325, 332 sogar für jede erhebliche Änderung.
[167] *Winkler* Rn 192; *Solveen* RNotZ 2002, 318, 324 f; *Rieger* MittBayNot 2002, 325, 333; *Sorge* DNotZ 2002, 593, 604: auch für gleichwertige Objektauswechslung.
[168] BT-Drucks 14/9266 S 51.
[169] Ausf *Litzenburger* RNotZ 2006, 180, 185.
[170] *Brambring* ZflR 2002, 597, 599.
[171] *Sorge* MittBayNot 2002, 325, 333; *Philippsen* NotBZ 2002, 137, 145; strenger *Winkler* Rn 164, der Übersendung an materiell Beteiligten fordert.
[172] BT-Drucks 14/9266 S 51.
[173] HM; zB *Winkler* Rn 182; *Rieger* MittBayNot 2002, 325, 333; aA *Strunz* ZNotP 2002, 389; *Huhn/v. Schuckmann/Armbrüster* Rn 187.
[174] *Winkler* Rn 181 Fn 3 und 199 Fn 4 und *Soergel/J. Mayer* Rn 53 Fn 296 zitieren meinen Aufsatz NotBZ 2002, 280, 283 völlig falsch als Gegenmeinung.
[175] Vgl *Soergel/J. Mayer* Rn 53; *Winkler* Rn 197.
[176] Vgl *Böhringer* BWNotZ 2003, 6, 7 f.
[177] *Winkler* Rn 195 ff; *Bohrer* DNotZ 2002, 579, 593; *Böhringer* BWNotZ 2003, 6, 7; *Mohnhaupt* NotBZ 2002, 248, 249; aA *Philippsen* NotBZ 2002, 137, 144; *Soergel/J. Mayer* Rn 53 für nicht definierten Beurteilungsspielraum.

sollte er seine Bedenken zwar in der Niederschrift festhalten (vgl § 17 Abs 2 S 2), aber dennoch beurkunden, um Haftungsgefahren wegen ungerechtfertigter Ablehnung zu vermeiden[178].

Weder der Hinweis auf diese allgemeine Wartefrist noch das Verlangen des Verbrauchers nach vorzeitiger Beurkundung brauchen in der Urkunde durch **Vermerke** dokumentiert zu werden. Ein Hinweis an den Verbraucher bei der Entwurfsübersendung ist empfehlenswert und ausreichend[179]. 46

4. Folgen von Amtspflichtverletzungen. Da § 17 Abs 2 a eine **Amtspflicht** enthält, hat der Notar missbräuchliche Beurkundungsverfahren gemäß § 4, § 14 Abs 2 BNotO **abzulehnen**. Etwaige Verstöße gegen die allgemeine und/oder die besondere Amtspflicht ändern nichts an der **Wirksamkeit** der Beurkundung. Macht ein Verbraucher Amtshaftungsansprüche geltend, weil er bei ordnungsgemäßem Verfahren den Vertrag so nicht abgeschlossen hätte, so sind sehr strenge Anforderungen an den Nachweis der Kausalität zu stellen[180]. Zudem muss stets ein Mitverschulden durch unterlassene, verzögerte, falsche oder unvollständige Angaben des Verbrauchers geprüft werden. 47

§ 18 Genehmigungserfordernisse

Auf die erforderlichen gerichtlichen oder behördlichen Genehmigungen oder Bestätigungen oder etwa darüber bestehende Zweifel soll der Notar die Beteiligten hinweisen und dies in der Niederschrift vermerken.

§ 19 Unbedenklichkeitsbescheinigung

Darf nach dem Grunderwerbsteuerrecht eine Eintragung im Grundbuch erst vorgenommen werden, wenn die Unbedenklichkeitsbescheinigung des Finanzamts vorliegt, so soll der Notar die Beteiligten darauf hinweisen und dies in der Niederschrift vermerken.

§ 20 Gesetzliches Vorkaufsrecht

Beurkundet der Notar die Veräußerung eines Grundstücks, so soll er, wenn ein gesetzliches Vorkaufsrecht in Betracht kommen könnte, darauf hinweisen und dies in der Niederschrift vermerken.

§ 20 a Vorsorgevollmacht

Beurkundet der Notar eine Vorsorgevollmacht, so soll er auf die Möglichkeit der Registrierung bei dem Zentralen Vorsorgeregister nach § 78 a Abs. 1 der Bundesnotarordnung hinweisen.

I. Vorsorgevollmacht

Die durch Gesetz vom 23. 4. 2004 (BGBl I S 598) mit Wirkung vom 31. 7. 2004 in das BeurkG eingefügte Vorschrift definiert diesen Begriff ebenso wenig wie § 1896 Abs 2 S 2 BGB, der den Erforderlichkeitsgrundsatz des Betreuungsrechts in Bezug auf Vorsorgevollmachten konkretisiert. Da jede Vollmacht an sich objektiv geeignet ist, die Anordnung eines Betreuungsverfahrens ganz oder teilweise zu verhindern, bedarf es im Rahmen des § 20 a der zusätzlichen Einschränkung, dass die Vollmacht auch zu diesem Zweck bestimmt sein muss und der Notar dies bei der Beurkundung auch erkennen kann. Bei einer mit einer Gesundheitsfürsorgevollmacht verbundenen Generalvollmacht ist diese Voraussetzung in aller Regel erfüllt. Das Gleiche gilt bei einer Verbindung mit einer Patienten- und/oder Betreuungsverfügung (§ 1901 a BGB). Bei einer isolierten General- oder einer Spezialvollmacht (zB für Bank- oder Grundstücksgeschäfte) hat der Notar die Amtspflicht des § 20 a dagegen nur, wenn ihm der Vorsorgezweck iS des § 1896 Abs 2 S 2 BGB bekannt ist. Er braucht ohne besonderen Anhaltspunkt auch keine dahingehenden Nachforschungen anzustellen. 1

Nicht erfasst werden **Betreuungsverfügungen** (§ 1901 a BGB) und/oder **Patientenverfügungen**, die nicht mit einer Vollmacht in einer Urkunde verbunden sind, weil sie zwar auch Vorsorgeverfügungen sind, aber eben keine Vollmachten[1]. 2

Diese Vorschrift gilt entspr ihrem Wortlaut und ihrer systematischen Stellung im Gesetz nur für **vom Notar beurkundete Vollmachten,** nicht aber für solche, bei denen er lediglich die Unterschrift des Vollmachtgebers beglaubigt[2]. Insoweit unterscheidet sich der Anwendungsbereich dieser Bestimmung 3

---

[178] *Bohrer* DNotZ 2002, 579, 593; *Böhringer* BWNotZ 2003, 6, 7; *Litzenburger* NotBZ 2002, 280, 283; diff und enger *Winkler* Rn 196 f.
[179] *Winkler* Rn 200 ff.
[180] *Winkler* Rn 205.
[1] Vgl zu §§ 78 a bis 78 c BNotO BT-Drucks 15/2716 S 3.
[2] *Lerch* Rn 1.

von demjenigen des § 78a Abs 1 BNotO über das Zentrale Vorsorgeregister, in das auch vom Notar beglaubigte Vollmachten aufgenommen werden.

II. Hinweispflicht und Vermerk

4   Der Notar soll den Vollmachtgeber auf die Existenz des Zentralen Vorsorgeregisters und dessen Funktion, nämlich die verfahrensrechtliche Absicherung des Erforderlichkeitsgrundsatzes (§ 1896 BGB), hinweisen[3]. Dazu gehört vor allem die Belehrung darüber, dass wegen der unterbliebenen Registrierung eine Betreuung trotz der erteilten Vollmacht angeordnet werden kann. Über die Einzelheiten des Verfahrens, den Umfang der gespeicherten Daten und die entstehenden Gebühren bei der Bundesnotarkammer (§ 78b BNotO) braucht der Notar nicht zu informieren. Die Übermittlung der Daten durch den Notar ist gebührenfrei (§ 147 Abs 4 Nr 6 KostO). Sie hat regelmäßig innerhalb von 3 Arbeitstagen nach der Beurkundung zu erfolgen, damit zeitnah der Schutz vor der Anordnung einer überflüssigen Betreuung gewährleistet ist (vgl auch die Ausführungen zur Ablieferung eines Testaments zur besonderen amtlichen Verwahrung unter § 34 Rn 2).

5   Die Erfüllung dieser Hinweispflicht braucht nicht in der Urkunde vermerkt zu werden. Deshalb braucht auch nicht festgehalten zu werden, dass der Beteiligte die Registrierung abgelehnt hat[4]. Wünscht der Vollmachtgeber die Registrierung, muss aber wegen der notariellen Verschwiegenheitspflicht (§ 18 BNotO) das Einverständnis mit der Weitergabe der personenbezogenen Daten vermerkt werden, und zwar am einfachsten und sichersten in der Urkunde selbst[5].

III. Amtspflichtverletzung

6   Das Unterlassen des vorgeschriebenen Hinweises ist zwar Verletzung einer Amtspflicht mit dienstrechtlichen Konsequenzen, berührt jedoch die Wirksamkeit der Urkunde in keiner Weise.

§ 21 Grundbucheinsicht, Briefvorlage

(1) ¹**Bei Geschäften, die im Grundbuch eingetragene oder einzutragende Rechte zum Gegenstand haben, soll sich der Notar über den Grundbuchinhalt unterrichten.** ²**Sonst soll er nur beurkunden, wenn die Beteiligten trotz Belehrung über die damit verbundenen Gefahren auf einer sofortigen Beurkundung bestehen; dies soll er in der Niederschrift vermerken.**

(2) **Bei der Abtretung oder Belastung eines Briefpfandrechts soll der Notar in der Niederschrift vermerken, ob der Brief vorgelegen hat.**

4. Beteiligung behinderter Personen (§§ 22–26)

§ 22 Hörbehinderte, sprachbehinderte und sehbehinderte Beteiligte

(1) ¹**Vermag ein Beteiligter nach seinen Angaben oder nach der Überzeugung des Notars nicht hinreichend zu hören, zu sprechen oder zu sehen, so soll zu der Beurkundung ein Zeuge oder ein zweiter Notar zugezogen werden, es sei denn, daß alle Beteiligten darauf verzichten.** ²**Auf Verlangen eines hör- oder sprachbehinderten Beteiligten soll der Notar einen Gebärdensprachdolmetscher hinzuziehen.** ³**Diese Tatsachen sollen in der Niederschrift festgestellt werden.**

(2) **Die Niederschrift soll auch von dem Zeugen oder dem zweiten Notar unterschrieben werden.**

I. Feststellung der Behinderung

1   **1. Art der Behinderung. a) Taubheit bzw Hörbehinderung.** Ein Beteiligter (§ 6 Abs 2) vermag nicht hinreichend zu hören, wenn sein Gehörsinn so schwer beeinträchtigt ist, dass eine Verständigung von Mund zu Ohr nicht möglich ist[1]. Der Gehörsinn braucht nicht völlig zu fehlen, er muss jedoch so stark beeinträchtigt sein, dass unter den bei der Beurkundung herrschenden Umständen der Beteiligte laut und deutlich artikulierte Worte selbst durch Einsatz eines Hörgerätes nicht sicher wahrnehmen kann[2].

2   **b) Stummheit bzw Sprachbehinderung.** Nicht hinreichend sprechen kann, wer Sprachlaute nicht oder nur derart unvollkommen hervorbringt, dass sie nicht eindeutig zu verstehen sind[3*]. Ein

---

[3] BT-Drucks 15/2716 S 3; vgl dagegen zum fragwürdigen praktischen Nutzen *Eylmann/Vaasen* §§ 78a bis 78c BNotO Rn 6.
[4] *Eylmann/Vaasen/Frenz* „empfiehlt" dagegen einen Vermerk.
[5] *Eylmann/Vaasen* §§ 78a bis 78c BNotO Rn 2.
[1] *Keidel/Winkler* Rn 5; *Reimann/Bengel/J. Mayer/Bengel* Rn 5.
[2] *Frenz* ZNotP 1998, 373.
[3*] BGHZ 2, 172; OLG Köln DNotZ 1958, 94; BayObLG DNotZ 1969, 301.

Hörbehinderte, sprachbehinderte und sehbehinderte Beteiligte § 22 BeurkG

Beteiligter ist nicht stumm, wenn das Sprechen phasenweise durch Gebärden unterstützt oder ersetzt werden muss, solange er nur fähig ist, bei der Beurkundung ein verständliches Ja-Wort hervorzubringen[4].

c) Blindheit bzw Sehbehinderung. Einem Beteiligten fehlt die hinreichende Sehfähigkeit, wenn 3
er den Beurkundungsvorgang optisch nicht mehr wahrnehmen kann[5]. Es ist nicht notwendig, dass der Beteiligte Geschriebenes noch lesen kann[6]. Andererseits ist totaler Verlust der Sehfähigkeit nicht zu fordern. In allen drei Fällen kommt es auf den Grund der Behinderung ebenso wenig an wie darauf, ob sie ihrer Art nach dauernd oder nur vorübergehend ist (zB Vergessen der Brille).

2. Erklärung des Beteiligten oder Überzeugung des Notars. Erklärt der Beteiligte, nicht 4
hinreichend hören, sprechen oder sehen zu können, ist der Notar daran gebunden und hat das Verfahren gemäß § 22 einzuhalten[7]. Verweigert der Beteiligte allerdings eine eindeutige Erklärung oder behauptet er, die hinreichende Hör-, Sprech- oder Sehfähigkeit zu besitzen, so hat der Notar diese Fähigkeit zu erforschen, wenn er konkrete Anhaltspunkte hat, dass mindestens eine dieser Fähigkeiten fehlt. Ist nach Überzeugung des Notars, die Erklärung des Beteiligten falsch, so hat er auch gegen dessen Willen nach § 22 zu verfahren oder aber die Beurkundung gemäß § 4 abzulehnen. Ein Irrtum des Notars bei der Beurteilung dieser Fähigkeiten berührt die Wirksamkeit der Beurkundung nicht, solange er wenigstens subjektiv zurzeit der Beurkundung von der Behinderung überzeugt war, und zwar auch dann, wenn ein Gericht nachträglich zu einer abweichenden Beurteilung gelangt[8].

II. Zuziehungspflicht

1. Zeuge oder zweiter Notar. Der Notar **muss** bei Feststellung einer derartigen Behinderung 5
eines Beteiligten einen Zeugen oder einen zweiten Notar zur Beurkundung **hinzuziehen,** es sei denn alle – auch die übrigen – Beteiligten (§ 6 Abs 2) verzichten hierauf. Dieser Verzicht ist im Falle der Beteiligung eines Blinden zwar auch dann möglich, wenn der Niederschrift Karten, Zeichnungen, Bestandsverzeichnisse usw beigefügt sind. Der Notar hat dann jedoch dem blinden Beteiligten den wesentlichen Inhalt der Anlagen mündlich zu erläutern. Im Unterschied zur Zuziehung eines Gebärdendolmetschers bedarf es keines Antrags des Beteiligten. Die Pflicht zur Zuziehung eines Zeugen oder zweiten Notars entfällt nicht durch die Zuziehung eines Gebärdendolmetschers gemäß § 22 Abs 1 S 2.

Der Notar entscheidet, ob ein Zeuge oder ein zweiter Notar zugezogen wird, und wählt die **Person** 6
aus, und zwar jeweils in eigener Verantwortung und unabhängig von Vorschlägen der Beteiligten[9]. Zeuge kann jede nicht gemäß § 26 von der Mitwirkung ausgeschlossene natürliche Person sein; wird § 26 nicht beachtet, so macht dies die Beurkundung allerdings nicht unwirksam. Weder der Notar, noch eine Vertrauensperson (§ 24), noch ein Dolmetscher (§ 16) können gleichzeitig als Schreibzeuge fungieren. Bei der Entscheidung zwischen der Zuziehung eines Zeugen oder eines zweiten Notars kommt der Tatsache besondere Bedeutung zu, dass der Notar im Gegensatz zu einem Zeugen der notariellen Verschwiegenheitspflicht gemäß § 18 BNotO unterliegt. Während niemand gezwungen werden kann, als Zeuge mitzuwirken, ist ein Notar gemäß § 15 BNotO verpflichtet, als zweiter Notar an der Beurkundung teilzunehmen. Ist ein Beteiligter mehrfach behindert oder sind mehrere behinderte Personen formell beteiligt, so ist gemäß § 22 doch nur ein Zeuge oder ein zweiter Notar zur Beurkundung hinzuziehen; etwas anderes gilt nur, wenn zwischen den verschiedenen Beteiligten eine Interessenkollision besteht.

Enthält die Niederschrift die Feststellung, dass ein Beteiligter taub, stumm oder blind ist, und wird, 7
obwohl kein gültiger Verzicht aller Beteiligten vorliegt, kein Zeuge oder zweiter Notar gemäß § 22 Abs 1 S 1 zugezogen, so ist die Beurkundung dennoch **wirksam,** das Rechtsgeschäft jedoch unter Umständen anfechtbar.

2. Gebärdensprachdolmetscher. Auf Antrag eines hör- oder sprachbehinderten Beteiligten ist der 8
Notar **verpflichtet,** einen Gebärdensprachdolmetscher **hinzuziehen.** Weil Satz 2 im Unterschied zu Satz 1 ausdrücklich auf das Verlangen des behinderten Beteiligten abstellt, darf dem Behinderten ein Dolmetscher nicht gegen seinen Willen aufgedrängt werden[10]. Allerdings ist es dem Notar nicht verboten, einen entsprechenden Antrag auf Zuziehung anzuregen[11]. Die Zuziehung des Gebärdensprachdolmetschers ersetzt nicht die gemäß § 22 Abs 1 S 1 vorgeschriebene Zuziehung eines Zeugen oder eines zweiten Notars[12].

Schlägt der Beteiligte einen **bestimmten Gebärdensprachdolmetscher** vor, so kann der Notar 9
diesen hinzuziehen, es sei denn, dass er vor oder während der Beurkundung feststellt, dass dieser die unmittelbare Verständigung zwischen dem behinderten Beteiligten und ihm nicht herstellen kann. Fehlt ein solch konkreter Vorschlag, so muss der Notar eine Person nach seinem pflichtgemäßen Ermessen

---

[4] BayObLG DNotZ 1969, 301; OLG Köln DNotZ 1958, 94; *Winkler* Rn 6.
[5] *Reimann/Bengel/J. Mayer/Bengel* Rn 7.
[6] *Reimann/Bengel/J. Mayer/Bengel* Rn 7; *Jansen* Rn 4; aA *Winkler* Rn 7.
[7] OLG Hamm MittRhNotK 1999, 314, 315.
[8] OLG Köln MittRhNotK 1995, 269.
[9] *Reimann/Bengel/J. Mayer/Bengel* Rn 13; aA *Firsching* DNotZ 1955, 287.
[10] *Winkler* Rn 22; dagegen für Ermessen des Notars: *Soergel/J. Mayer* Rn 11; *Reimann/Bengel/J. Mayer/Bengel* Rn 18; *Frank* NotBZ 2003, 9 Fn 10.
[11] *Winkler* Rn 22.
[12] *Rossak* ZEV 2002, 435, 436; *Soergel/J. Mayer* Rn 12; *Reimann/Bengel/J. Mayer/Bengel* Rn 19.

BeurkG § 23

auswählen. Einen allgemein vereidigten Gebärdensprachdolmetscher gibt es allerdings nicht. Die Ausschließungsgründe und Mitwirkungsverbote der §§ 6, 7, 26 und 27 gelten für den Gebärdendolmetscher zwar nicht, jedoch sollte der Notar bei Ausübung seines Auswahlermessens dem in diesen Vorschriften zum Ausdruck gekommenen Rechtsgedanken dadurch Rechnung tragen, dass er Personen, die als Zeugen nach diesen Bestimmungen ausgeschlossen wären, in aller Regel nicht hinzuziehe.

10 Unterbleibt eine beantragte Zuziehung eines Gebärdendolmetschers ist die Beurkundung dennoch **wirksam,** aber uU anfechtbar.

11 **3. Umfang der Zuziehung. a) Anwesenheit.** Der Zeuge, zweite Notar bzw Gebärdensprachdolmetscher muss während des gesamten, in § 13 vorgeschriebenen Vorgangs der Verlesung der Niederschrift, der Genehmigung und der Unterzeichnung durch den behinderten Beteiligten anwesend sein. Zuziehung fordert dabei mehr als bloß zufällige Anwesenheit. Der Zeuge oder zweite Notar muss wissen, dass er an der Errichtung einer öffentlichen Urkunde mitwirkt, und in diesem Bewusstsein seine Aufmerksamkeit auf den Beurkundungsvorgang richten[13]. Der Zeuge oder zweite Notar braucht die Niederschrift jedoch nicht selbst zu genehmigen. Die Genehmigung geschieht durch den behinderten Beteiligten höchstpersönlich.

12 **b) Unterschrift.** Der Zeuge oder zweite Notar soll gemäß § 22 Abs 2 die Niederschrift zusätzlich zum behinderten Beteiligten unterschreiben. Das Fehlen der Unterschrift des Beteiligten macht die Beurkundung unwirksam, die Nichtunterzeichnung durch den Zeugen oder zweiten Notar dagegen nicht. Die Unterzeichnung durch den Gebärdensprachdolmetscher ist zwar nicht vorgeschrieben, jedoch aus Beweisgründen dringend zu empfehlen.

13 **4. Rechtsfolgen der Nichtzuziehung.** Sämtliche Verstöße gegen die nur als Soll-Vorschriften ausgestalteten Amtspflichten des § 22 führen nicht zur Unwirksamkeit der Beurkundung, sondern haben ausschließlich disziplinar- und haftungsrechtliche Konsequenzen.

IV. Vermerk

14 Der Vermerk soll konkret das Gebrechen, an dem der Beteiligte leidet, bezeichnen und angeben, ob die Feststellung auf einer Eigenerklärung des Beteiligten oder auf der Überzeugung des Notars beruht. Ein etwaiger Verzicht aller Beteiligten auf die Zuziehung eines Zeugen oder eines zweiten Notars ist ebenfalls aufzuführen. Ein fehlender oder unvollständiger ist ohne Bedeutung für die Wirksamkeit der Urkunde.

V. Verhältnis zu §§ 23 und 24

15 Bei einem **tauben Beteiligten** gilt zusätzlich immer § 23. Ist mit diesem eine schriftliche Verständigung nicht möglich, gilt neben § 22 auch § 24, der dann an die Stelle des § 23 tritt. Kann der Taube dagegen nur seinen Namen nicht schreiben, so ist anstelle des § 24 jedoch § 25 anzuwenden. Bei einem **stummen Beteiligten,** mit dem eine schriftliche Verständigung nicht möglich, findet daneben auch § 24 Anwendung. Kann er dagegen nur seinen Namen nicht schreiben, so gilt anstelle der zuletzt genannten Bestimmung § 25. Bei einem Taubstummen gelangt infolge der Taubheit § 23 zur Anwendung. Bei einem **blinden Beteiligten,** mit dem eine schriftliche Verständigung nicht möglich ist, gilt § 24 nicht. Kann er dagegen seinen Namen nicht schreiben, so ist § 25 anzuwenden. Ist ein Blinder zugleich auch taub und/oder stumm, so sind auch die für diese Behinderungen geltenden Sondervorschriften anzuwenden.

§ 23 Besonderheiten für hörbehinderte Beteiligte

[1]**Eine Niederschrift, in der nach § 22 Abs. 1 festgestellt ist, daß ein Beteiligter nicht hinreichend zu hören vermag, muß diesem Beteiligten anstelle des Vorlesens zur Durchsicht vorgelegt werden; in der Niederschrift soll festgestellt werden, daß dies geschehen ist.** [2]**Hat der Beteiligte die Niederschrift eigenhändig unterschrieben, so wird vermutet, daß sie ihm zur Durchsicht vorgelegt und von ihm genehmigt worden ist.**

I. Vermerk über die Taubheit eines Beteiligten gemäß § 22

1 Die Rechtsfolgenanordnung des § 23 S 1 HS 1 knüpft an die Feststellung gemäß § 22 Abs 1 an, dass ein Beteiligter nicht hinreichend zu hören vermag. Fehlt diese Feststellung in der Niederschrift, so darf nicht nach § 23 S 1 verfahren werden. Ist entgegen einer in der Niederschrift enthaltenen Feststellung ein Beteiligter objektiv nicht taub, so muss allein auf Grund des Vermerks die Niederschrift diesem dennoch anstelle des Vorlesens zur Durchsicht vorgelegt werden.

II. Vorlagepflicht

2 **1. Verfahren.** Die Vorlage der Niederschrift zur Durchsicht entspricht der ergänzenden Vorlage gemäß § 13 Abs 1 S 4 (vgl § 13 BeurkG Rn 7). Ist **keine schriftliche Verständigung** mit dem tauben Beteiligten möglich, macht die Vorlage keinen Sinn und es muss gemäß § 24 Abs 1 anstelle der

---

[13] BayObLG DNotZ 1985, 217; vgl auch OLG Hamm DNotZ 2000, 706.

Vorlage eine Vertrauensperson hinzugezogen werden[1]. Bei der Beurkundung unter Beteiligung einer tauben Person, die die **Urkundssprache** gemäß § 16 **nicht hinreichend beherrscht,** ergibt weder die Vorlage zur Durchsicht gemäß § 23 S 1 HS 1 noch die mündliche Übersetzung gemäß § 16 Abs 2 einen Sinn. In diesem Ausnahmefall muss zwingend eine schriftliche Übersetzung gefertigt und dem Beteiligten zur Durchsicht vorgelegt werden; andernfalls ist die Beurkundung unwirksam[2]. Ist außer dem tauben Beteiligten keine weitere Person formell beteiligt, kann das **Vorlesen** gänzlich unterbleiben. Weiteren Beteiligten (§ 6 Abs 2) muss die Niederschrift vorgelesen werden, nicht dagegen einem mitwirkenden Zeugen oder zweiten Notar[3].

2. Vermerk. In der Niederschrift soll gemäß § 23 S 1 HS 2 festgestellt werden, dass dem tauben Beteiligten die Niederschrift zur Durchsicht vorgelegt worden ist. Das Fehlen dieses Vermerks macht die Beurkundung allerdings nicht unwirksam. Der Notar kann einen vergessenen Vermerk auch nach Abschluss der Verhandlung anbringen (vgl § 8 Rn 4). 3

3. Rechtsfolgen der Nichtvorlage. Wird die Niederschrift einem tauben Beteiligten trotz eines 4 entsprechenden Vermerks gemäß § 22 Abs 1 nicht zur Durchsicht vorgelegt, so führt dies zur Unwirksamkeit der Beurkundung, und zwar auch dann, wenn er objektiv nicht taub ist. Das Gleiche gilt bei einem sprachunkundigen Beteiligten, wenn diesem trotz einer solchen Feststellung keine schriftliche Übersetzung zur Durchsicht vorgelegt wird. Ist die Taubheit entgegen § 22 Abs 1 nicht vermerkt, tritt die Unwirksamkeit selbst dann nicht ein, wenn die Vorlage zur Durchsicht unterbleibt.

III. Unterschrift des tauben Beteiligten

§ 23 enthält nur bezüglich des Vorlesens eine Sonderregelung gegenüber § 13 Abs 1 S 1, so dass die 5 Genehmigung und die Unterzeichnung nach dieser allgemeinen Bestimmung zu erfolgen hat. Die Unterschrift des tauben Beteiligten begründet darüber hinaus die widerlegbare Vermutung, dass ihm die Niederschrift zur Durchsicht vorgelegt und von ihm in Gegenwart des Notars genehmigt worden ist.

§ 24 Besonderheiten für hör- und sprachbehinderte Beteiligte, mit denen eine schriftliche Verständigung nicht möglich ist

(1) ¹Vermag ein Beteiligter nach seinen Angaben oder nach der Überzeugung des Notars nicht hinreichend zu hören oder zu sprechen und sich auch nicht schriftlich zu verständigen, so soll der Notar dies in der Niederschrift feststellen. ²Wird in der Niederschrift eine solche Feststellung getroffen, so muss zu der Beurkundung eine Person zugezogen werden, die sich mit dem behinderten Beteiligten zu verständigen vermag und mit deren Zuziehung er nach der Überzeugung des Notars einverstanden ist; in der Niederschrift soll festgestellt werden, dass dies geschehen ist. ³Zweifelt der Notar an der Möglichkeit der Verständigung zwischen der zugezogenen Person und dem Beteiligten, so soll er dies in der Niederschrift feststellen. ⁴Die Niederschrift soll auch von der zugezogenen Person unterschrieben werden.

(2) Die Beurkundung von Willenserklärungen ist insoweit unwirksam, als diese darauf gerichtet sind, der nach Absatz 1 zugezogenen Person einen rechtlichen Vorteil zu verschaffen.

(3) Das Erfordernis, nach § 22 einen Zeugen oder zweiten Notar zuzuziehen, bleibt unberührt.

I. Feststellung der Behinderung

§ 24 gilt nur, wenn einem tauben, stummen oder taubstummen Beteiligten (vgl § 22 BeurkG Rn 1) 1 eine **schriftliche Verständigung unmöglich** ist, dieser also weder lesen (zB Blindheit) noch schreiben (zB Lähmungen, Analphabetismus) und die fehlende Fähigkeit auch nicht durch mündliche Verständigung ersetzt werden kann[1*]. Zur Verständigung reicht es aus, wenn der Beteiligte je nach Art seiner Behinderung schriftlich oder mündlich gestellte Fragen des Notars entweder schriftlich oder mündlich beantworten kann.

Die Behinderungen, einschließlich des Unvermögens zur schriftlichen Verständigung, werden entweder durch **Erklärung des Beteiligten** oder auf Grund **Überzeugung des Notars** nach den gleichen Regeln wie bei § 22 festgestellt (vgl § 22 BeurkG Rn 2). 2

Der **Vermerk** soll konkret das Gebrechen, an dem der Beteiligte leidet, bezeichnen, das Unvermögen zur schriftlichen Verständigung festhalten und angeben, ob die Feststellung auf einer Eigenerklärung des Beteiligten oder auf der Überzeugung des Notars beruht. Wird diese Feststellung amtspflichtwidrig unterlassen, so ist die Beurkundung dennoch wirksam. 3

---

[1] *Jansen* Rn 3.
[2] *Winkler* Rn 3; *Reimann/Bengel/J. Mayer/Bengel* Rn 8.
[3] Vgl *Winkler* Rn 4.
[1*] Vgl OLG Hamm ZEV 2002, 446, 449; *Reimann/Bengel/J. Mayer/Bengel* Rn 6.

Litzenburger

II. Zuziehung

4 **1. Pflicht.** Die Rechtsfolgeanordnung des § 24 Abs 1 S 2 knüpft an die Tatsache der Feststellung gemäß § 24 Abs 1 S 1 an. Fehlt diese Feststellung in der Niederschrift, so ist die Beurkundung wirksam, und zwar auch dann, wenn trotz der Behinderungen eines Beteiligten keine Verständigungsperson zur Beurkundung zugezogen worden ist. Ist dagegen die Feststellung gemäß § 24 Abs 1 S 1 objektiv falsch, so muss allein auf Grund des Vermerks die Vertrauensperson zugezogen werden. Auf die Zuziehung können die Beteiligten nicht verzichten. § 24 Abs 3 stellt klar, dass die Zuziehung auch nicht durch die Mitwirkung eines Zeugen oder eines zweiten Notars gemäß § 22 entbehrlich wird.

5 **2. Person.** Die **Auswahl** der Verständigungsperson obliegt zwar dem Notar, sein Auswahlermessen ist jedoch dadurch erheblich eingeschränkt, dass es sich um eine Person handeln muss, die sich mit dem behinderten Beteiligten verständigen kann. Gegen den Willen des Beteiligten darf daher eine Verständigungsperson nicht ausgewählt werden (§ 24 Abs 1 S 2). Der Notar selbst kann nicht zugleich als Verständigungsperson fungieren, wohl aber ein anderer Beteiligter, der nicht gemäß Abs 2 oder § 27 ausgeschlossen ist. Auch die nach §§ 22, 29, 25 hinzugezogenen Zeugen, Schreibzeugen oder Notare sind als Verständigungsperson ausgeschlossen. Dagegen können sowohl der Dolmetscher (§ 16)[2] als auch der Gebärdensprachdolmetscher (§ 22 Abs 1 S 2)[3] zugleich auch diese Aufgabe übernehmen, der Gebärdensprachdolmetscher jedoch nur unter der Bedingung, dass er nicht gemäß § 24 Abs 2 als Verständigungsperson ausgeschlossen ist[4]. Da es sich bei der Verständigungsperson regelmäßig um Angehörige handeln wird, gelten weder die **Mitwirkungsverbote** der §§ 3, 6 und 7 noch die Ausschlussgründe des § 26, § 24 Abs 2 enthält aber einen speziellen, dem § 7 nachgebildeten Ausschlusstatbestand (s deshalb § 7 BeurkG Rn 1 ff). Bei Verfügungen von Todes wegen ist zusätzlich § 27 zu beachten. Sind mehrere Beteiligte behindert iS des § 24, so genügt, sofern keine Interessenkollision besteht, die Zuziehung nur einer Person, vorausgesetzt, diese kann sich mit allen verständigen[5]. **Zweifelt der Notar an der Fähigkeit** der vom Beteiligten ausgewählten Person, sich mit diesem zu verständigen, so darf er die Beurkundung nicht ablehnen, § 4 ablehnen, sondern soll seine Zweifel in der Niederschrift vermerken (§ 24 Abs 1 S 3). Wird dann später festgestellt, dass sich die auf Wunsch des Beteiligten zugezogene Person objektiv nicht mit diesem verständigen konnte, so ist die Beurkundung unwirksam, der Notar hierfür aber nicht verantwortlich, wenn er seine Zweifel in dieser Weise dokumentiert hatte.

6 **3. Umfang der Zuziehung.** Die Verständigungsperson muss während des gesamten, in § 13 vorgeschriebenen Vorgangs der Verlesung der Niederschrift, der Genehmigung und der Unterzeichnung durch den behinderten Beteiligten anwesend sein, und zwar mit dem Bewusstsein, dabei als Verständigungsperson zu fungieren[6]. Die Niederschrift muss trotz der Taubheit des einzigen Beteiligten vorgelesen werden, weil die Verständigungsperson die fehlende unmittelbare Verständigungsmöglichkeit zwischen Notar und Beteiligtem ersetzt, nicht nur, wie der Zeuge oder zweite Notar gemäß § 22, die eingeschränkte Wahrnehmungsfähigkeit ausgleicht[7]. Die Niederschrift bedarf der Genehmigung des Behinderten, nicht dagegen durch die Vertrauensperson.

7 Die Verständigungsperson soll die Niederschrift zusätzlich zum behinderten Beteiligten unterschreiben, ohne dass die Wirksamkeit der Beurkundung davon abhängig ist.

8 **4. Folge der Nichtzuziehung.** Abs 1 S 2 enthält eine Muss-Vorschrift, so dass die Beurkundung unwirksam ist, wenn in der Niederschrift eine Feststellung gemäß Abs 1 S 1 enthalten ist, ohne dass eine Verständigungsperson zur Beurkundung hinzugezogen wurde. Die Zuziehung einer gemäß Abs 2 und/oder § 27 ausgeschlossenen Person macht die Beurkundung bezüglich der begünstigenden Erklärungen unwirksam; iÜ ist die Beurkundung wirksam.

III. Vermerk

9 Zusätzlich zur Feststellung der Behinderungen gemäß § 24 Abs 1 S 1 ist in der Niederschrift gemäß § 24 Abs 1 S 2 zu vermerken, dass eine Verständigungsperson zur Verlesung und zur Genehmigung der Niederschrift hinzugezogen wurde. Sie ist namentlich in der Niederschrift aufzuführen. Ein fehlender oder ungenügender Vermerk macht die Beurkundung allerdings nicht unwirksam. Enthält die Niederschrift zwar einen Vermerk gemäß § 24 Abs 1 S 1, jedoch keinen über die Zuziehung einer Verständigungsperson, so wird bis zum Beweis des Gegenteils vermutet, dass eine solche nicht zugezogen war[8].

§ 25 Schreibunfähige

[1]Vermag ein Beteiligter nach seinen Angaben oder nach der Überzeugung des Notars seinen Namen nicht zu schreiben, so muß bei dem Vorlesen und der Genehmigung ein Zeuge oder ein zweiter Notar zugezogen werden, wenn nicht bereits nach § 22 ein Zeuge

---

[2] OLG Hamm ZEV 2002, 446, 450; LG Paderborn MittBayNot 2000, 240, 241; *Winkler* Rn 12.
[3] *Reimann/Bengel/J. Mayer/Bengel* Rn 12; *Soergel/J. Mayer* Rn 9; *Rossak* ZEV 2002, 435, 436.
[4] *Reimann/Bengel/J. Mayer/Bengel* Rn 12.
[5] Vgl *Winkler* Rn 12; *Huhn/v. Schuckmann* Rn 8.
[6] OLG Hamm NJW 2002, 3410.
[7] *Jansen* Rn 7; *Huhn/v. Schuckmann* Rn 10.
[8] *Winkler* Rn 14.

Verbot der Mitwirkung als Zeuge oder zweiter Notar § 26 BeurkG

oder ein zweiter Notar zugezogen worden ist. ²Diese Tatsachen sollen in der Niederschrift festgestellt werden. ³Die Niederschrift muß von dem Zeugen oder dem zweiten Notar unterschrieben werden.

1. Feststellung der Schreibunfähigkeit. Schreibfähig iS des § 25 S 1 ist, wer wenigstens mit seinem Namen gemäß § 13 Abs 1 S 1 (vgl § 13 BeurkG Rn 9) unterzeichnen kann, auch wenn er sonst weder lesen noch schreiben kann[1]. Der Grund der Schreibunfähigkeit (zB Analphabetismus) ist ebenso bedeutungslos wie deren Dauer. Die Schreibunfähigkeit wird entweder durch **Erklärung des Beteiligten** oder auf Grund **Überzeugung des Notars** nach den gleichen Regeln wie bei § 22 festgestellt (vgl § 22 BeurkG Rn 2). 1

2. Zuziehung eines Zeugen oder eines zweiten Notars. Nicht erst der Vermerk in der Niederschrift, sondern bereits die abgegebene Eigenerklärung oder die vorhandene Überzeugung des Notars, ein Beteiligter könne seinen Namen nicht schreiben, erzwingt die Zuziehung eines Zeugen oder eines zweiten Notars, wenn eine solche Person nicht bereits gemäß § 22 Abs 1 S 1 zugezogen ist. Auf die Zuziehung gemäß S 2 kann – anders als in den Fällen des § 22 – nicht verzichtet werden. Wegen der Auswahl und der Anforderungen, die an den Schreibzeugen zu stellen sind, wird auf § 22 BeurkG Rn 4 verwiesen. Während ein gemäß §§ 22, 29 zugezogener Zeuge oder zweiter Notar als Schreibzeuge fungieren kann, ist dies einem Dolmetscher (§ 16), einem Gebärdendolmetscher (§ 22)[2] und einer Verständigungsperson (§ 24)[3] verwehrt[4]. Der Schreibzeuge muss sich der Mitwirkung bewusst sein[5] und während des gesamten, in § 13 vorgeschriebenen Vorgangs der Verlesung der Niederschrift und der Genehmigung durch den schreibunfähigen Beteiligten anwesend sein. Stellt sich die Schreibunfähigkeit erst bei der Unterschriftsleistung heraus, so muss in Anwesenheit eines beigezogenen Schreibzeugen die Niederschrift in vollem Umfang erneut vorgelesen und genehmigt werden[6]. Die Genehmigung obliegt dem Beteiligten persönlich, während das Unterzeichnen Sache des Schreibzeugen ist. Ohne Unterschrift des Schreibzeugen ist die Beurkundung unwirksam. 2

3. Vermerk. Der Vermerk soll außer der Feststellung der Unfähigkeit zur Unterschriftsleistung auch angeben, ob diese Feststellung auf einer eigenen Erklärung des Beteiligten oder der Überzeugung des Notars beruht. Weiterhin ist festzuhalten, dass deshalb ein Schreibzeuge zur Verlesung und Genehmigung zugezogen wurde und welche Person zugezogen wurde. Ein fehlender oder unvollständiger Vermerk beeinträchtigt die Wirksamkeit der Beurkundung nicht. Der Vermerk kann vom Notar nach Abschluss der Verhandlung nachgeholt werden (vgl § 8 BeurkG Rn 4). 3

4. Folge der Nichtzuziehung. Hat ein Beteiligter erklärt, nicht mit seinem Namen unterzeichnen zu können, oder ist der Notar dieser Überzeugung, so führt die Nichtzuziehung eines Schreibzeugen auch dann zur Unwirksamkeit der Beurkundung, wenn diese Feststellungen nicht in der Niederschrift getroffen sind. 4

§ 26 Verbot der Mitwirkung als Zeuge oder zweiter Notar

(1) Als Zeuge oder zweiter Notar soll bei der Beurkundung nicht zugezogen werden, wer
1. selbst beteiligt ist oder durch einen Beteiligten vertreten wird,
2. aus einer zu beurkundenden Willenserklärung einen rechtlichen Vorteil erlangt,
3. mit dem Notar verheiratet ist,
3 a. mit ihm eine Lebenspartnerschaft führt oder
4. mit ihm in gerader Linie verwandt ist oder war.

(2) Als Zeuge soll bei der Beurkundung ferner nicht zugezogen werden, wer
1. zu dem Notar in einem ständigen Dienstverhältnis steht,
2. minderjährig ist,
3. geisteskrank oder geistesschwach ist,
4. nicht hinreichend zu hören, zu sprechen oder zu sehen vermag,
5. nicht schreiben kann oder
6. der deutschen Sprache nicht hinreichend kundig ist; dies gilt nicht im Falle des § 5 Abs. 2, wenn der Zeuge der Sprache der Niederschrift hinreichend kundig ist.

1. Anwendungsbereich. Diese Vorschrift gilt für die Zuziehung eines Zeugen oder zweiten Notars gemäß §§ 22, 25, 29, nicht aber für die Mitwirkung eines Dolmetschers gemäß § 16, einer Vertrauensperson gemäß § 24 oder eines Erkennungszeugen (vgl § 10 BeurkG Rn 6). 1

2. Mitwirkungsverbote für Zeugen und zweiten Notar. Das Mitwirkungsverbot bei Eigenbeteiligung (**Nr 1**) entspricht § 6 Abs 1 Nr 1 und 4 (vgl § 6 BeurkG Rn 2 und Rn 4). **Nr 2** verbietet jedem die Mitwirkung, der durch die Beurkundung unmittelbar einen rechtlichen Vorteil erlangt (vgl § 7 BeurkG Rn 1 ff). Bei der Beurkundung von Verfügungen von Todes wegen ist auch die Regelung 2

---

[1] BGHZ 31, 136, 141; BGH DNotZ 1968, 188; *Reimann/Bengel/J. Mayer/Bengel* Rn 4.
[2] *Rossak* ZEV 2002, 435, 436.
[3] OLG Hamm NJW 2000, 3362.
[4] *Winkler* Rn 11; *Reimann/Bengel/J. Mayer/Bengel* Rn 9.
[5] BayObLG DNotZ 1985, 217; OLG Hamm NJW 2000, 3362.
[6] Vgl KG JFG 5, 98; *Winkler* Rn 12.

Litzenburger

des § 27 zu beachten. Das Verbot der Mitwirkung bei Beteiligung des Ehegatten (**Nr 3**), eines Lebenspartners iS des § 1 Abs 1 S 1 LPartG (Nr 3 a) oder eines in gerader Linie Verwandten (**Nr 4**) entspricht § 6 Abs 1 Nr 2, 2 a und 3 (vgl § 6 BeurkG Rn 3 bis 5).

3 **3. Mitwirkungsverbote nur für Zeugen.** Angestellte des Notars, auch Hausangestellte oder sonst Beschäftigte, sind als Zeuge ausgeschlossen (**Nr 1**)[1], nicht dagegen Referendare, Notarassessoren oder Notarkassenangestellte[2]. Ein Beschäftigungsverhältnis zu einem Beteiligten bewirkt dagegen kein Mitwirkungsverbot[3]. Minderjährig (**Nr 2**) ist nur, wer noch nicht das 18. Lebensjahr vollendet hat (§ 2 BGB). Eine geisteskranke oder geistesschwache Person (vgl § 2229 BGB Rn 6 ff) ist gemäß **Nr 3** als Zeuge ausgeschlossen. **Nr 4,** der die Mitwirkung eines tauben, stummen oder blinden Zeugen untersagt, greift die Formulierungen in § 22 Abs 1 Satz 1 auf (vgl § 22 BeurkG Rn 1). Umstritten ist der Begriff der Schreibunfähigkeit in **Nr 5.** Die einen folgern aus dem unterschiedlichen Wortlaut in § 25 und in § 26, dass der Zeuge die Schriftzeichen der Urkundensprache beherrschen müsse[4]. Da der Zeuge jedoch in keinem Fall schreiben muss als seinen Namen, reicht es aus, wenn er nur mit seinem Namen unterzeichnen kann (vgl § 25 BeurkG Rn 1)[5]. Wer die Urkundensprache nicht beherrscht (vgl § 16 BeurkG Rn 1), kann gemäß **Nr 6** nicht als Zeuge zugezogen werden.

4 **4. Rechtsfolge von Verstößen.** Die Nichtbeachtung dieser Mitwirkungsverbote („soll") führt nicht zur Unwirksamkeit der Beurkundung[6].

5. Besonderheiten für Verfügungen von Todes wegen (§§ 27–35)

§ 27 Begünstigte Personen

Die §§ 7, 16 Abs. 3 Satz 2, § 24 Abs. 2, § 26 Abs. 1 Nr. 2 gelten entsprechend für Personen, die in einer Verfügung von Todes wegen bedacht oder zum Testamentsvollstrecker ernannt werden.

I. Geltungsbereich der §§ 27 ff

1 § 27 und alle anderen Vorschriften des 5. Unterabschnitts gelten für:
– das öffentliche Testament (§§ 2231 Nr 1, 2232 BGB), und zwar sowohl das einseitige (§ 1937 BGB) als auch das gemeinschaftliche Testament (§ 2265 BGB),
– den Erbvertrag (§ 1941 Abs 1 BGB),
– das widerrufende (§§ 2254, 2231 Nr 1, 2232 BGB) oder widersprechende öffentliche Testament (§§ 2258, 2231 Nr 1, 2232 BGB),
– die Aufhebung durch Erbvertrag (§ 2290 Abs 4 BGB) und
– den Rücktritt vom Erbvertrag durch öffentliches Testament (§§ 2297, 2231 Nr 1, 2232 BGB)[1*].
Auch bei Schenkungsversprechen von Todes wegen (§ 2301) gelten die Bestimmungen der §§ 27 ff BeurkG[2*].

II. Ausschlusstatbestände

2 **1. Notar.** Der beurkundende Notar, Notarvertreter oder Notariatsverwalter ist gemäß §§ 7, 27 von der Beurkundung ausgeschlossen, wenn ihm selbst oder einer in § 7 Nr 2, 2 a und 3 genannten Person (vgl § 7 BeurkG Rn 8) in der zu beurkundenden Verfügung eine erbrechtliche Zuwendung gemacht wird. Neben einer **Erbeinsetzung** und einem **Vermächtnis** wird auch die **Auflage** vom Beurkundungsverbot des § 27 erfasst[3*]. Die Gegenauffassung[4*] verweist zwar zu Recht darauf, dass die Auflage im Unterschied zum Vermächtnis dem Begünstigten keinen unmittelbaren Erfüllungsanspruch gewährt, übersieht jedoch, dass diese Vorschrift jeden „Bedachten" erfasst, also einen insoweit gegenüber § 7 selbstständigen[5*], weil speziellen Tatbestand enthält, so dass der Hinweis auf einen einheitlichen Vorteilsbegriff[6*] fehl am Platze ist. Für die Gleichbehandlung aller erbrechtlichen Zuwendungen sprechen dagegen der Normzweck des § 27, nämlich den Anschein jeder Parteilichkeit zu verhindern[7],

---

[1] *Winkler* Rn 8.
[2] *Reimann/Bengel/J. Mayer/Bengel* Rn 9; aA *Huhn/v. Schuckmann/Armbrüster* Rn 8.
[3] *Winkler* Rn 8.
[4] *Winkler* Rn 12; *Eylmann/Vaasen/Baumann* Rn 5; *Soergel/J. Mayer* Rn 13.
[5] *Huhn/v. Schuckmann/Armbrüster* Rn 11; *Jansen* Rn 14.
[6] Vgl OLG Hamm FamRZ 1991, 1111.
[1*] Vgl *Winkler* Vor §§ 27 ff Rn 3.
[2*] *Huhn/v. Schuckmann/Armbrüster* Vor § 27 Rn 2; *Jansen* Vor §§ 27 ff Rn 5.
[3*] *Lange/Kuchinke* § 19 II 4 c; *Soergel/Mayer* Rn 4; *Höfer/Huhn* S 242.
[4*] MünchKommBGB/*Hagena* Rn 15 mwN; *Erman/M. Schmidt* Rn 3; *Huhn/v. Schuckmann/Armbrüster* Rn 5.
[5*] AA MünchKommBGB/*Hagena* Rn 1; unentschieden *Huhn/v. Schuckmann/Armbrüster* Rn 4, andererseits Rn 5.
[6*] So *Huhn/v. Schuckmann/Armbrüster* Rn 5.
[7] Vgl MünchKommBGB/*Hagena* Rn 1.

und Gründe der Rechtssicherheit, weil die Abgrenzung von Vermächtnissen und Auflagen mitunter äußerst schwierig ist. Das Beurkundungsrecht ist aber gerade im Bereich erbrechtlicher Beurkundungen der Wahrung der Rechtssicherheit in besonderem Maße verpflichtet. Die Ernennung des Notars oder einer der in § 7 Nr 2, 2 a oder 3 genannten Person zum **Testamentsvollstrecker** ist als Ausschlussgrund ausdrücklich genannt (iE § 7 Rn 5). Für alle anderen rechtlichen Vorteile gilt das allgemeine Beurkundungsverbot des § 7.

2. Dolmetscher, Verständigungsperson, Zeuge oder zweiter Notar. Das gleiche Verbot gilt für die Mitwirkung an der Beurkundung als Dolmetscher gemäß §§ 16 Abs 3 S 2, 7, 27. Im Falle der Zuziehung einer Verständigungsperson gemäß § 24 besteht ein Mitwirkungsverbot gemäß §§ 24 Abs 2, 27 nur, wenn diese selbst in dieser Weise durch die Verfügung von Todes wegen begünstigt wird. Das Gleiche gilt für den gemäß §§ 22, 25, 29 zugezogenen Zeugen oder zweiten Notar gemäß §§ 26 Abs 1 Nr 2, 27. 3

III. Rechtsfolge von Verstößen

§ 27 verweist nur auf die einzelnen Ausschlusstatbestände, regelt aber nicht selbst die Rechtsfolge von Verstößen (§ 7 Rn 9 f). 4

§ 28 Feststellungen über die Geschäftsfähigkeit

Der Notar soll seine Wahrnehmungen über die erforderliche Geschäftsfähigkeit des Erblassers in der Niederschrift vermerken.

1. Feststellung der Testier- oder Geschäftsfähigkeit. Bei der Beurkundung von Verfügungen von Todes wegen (§ 27 Rn 1) soll der Notar nicht nur wie bei sonstigen Willenserklärungen gemäß § 11 Zweifel an der Testier- oder Geschäftsfähigkeit[1] in der Niederschrift vermerken, sondern auch im umgekehrten Fall feststellen, dass er sich von dieser überzeugt hat. S zu den Amtspflichten bei der Feststellung der zur Beurkundung erforderlichen Testier- oder Geschäftsfähigkeit § 11 Rn 2 ff. 1

2. Vermerk. Die formelhafte Feststellung, dass der Notar sich durch Unterhaltung von der Testier- bzw Geschäftsfähigkeit überzeugt habe, genügt den Anforderungen des § 28, wenn der Notar keine Zweifel an der erforderlichen Testier- bzw Geschäftsfähigkeit hat[2]. Bei Zweifeln dürfen die Feststellungen auch in einen besonderen Amtsvermerk außerhalb der Urkunde aufgenommen werden, wenn zu befürchten ist, dass durch den Vermerk in der Niederschrift das Selbstwertgefühl des Betroffenen ernsthaft beeinträchtigt und dieser damit seelisch belastet werden könnte[3]. Dieser Amtsvermerk muss dann aber der Urschrift beigefügt und gegebenenfalls in die besondere amtliche Verwahrung gebracht werden[4]. Eine Verletzung dieser Vermerkpflicht macht die Beurkundung zwar nicht unwirksam, kann jedoch im Streitfall für den Notar haftungsrechtliche Konsequenzen haben. 2

§ 29 Zeugen, zweiter Notar

¹Auf Verlangen der Beteiligten soll der Notar bei der Beurkundung bis zu zwei Zeugen oder einen zweiten Notar zuziehen und dies in der Niederschrift vermerken. ²Die Niederschrift soll auch von diesen Personen unterschrieben werden.

1. Verlangen aller Beteiligten (S 1). Verlangen bei der Beurkundung von Verfügungen von Todes wegen (§ 27 Rn 1) alle formell Beteiligten (§ 6 Abs 2) die Zuziehung, so hat diese gemäß S 1 zu erfolgen. Schließt sich auch nur ein Beteiligter diesem Antrag an den Notar nicht an, so darf kein Zeuge oder zweiter Notar beigezogen werden[1*]. Die Beteiligten müssen sich zwischen der Zuziehung von bis zu zwei "oder" eines zweiten Notars entscheiden. Der Notar ist an diese Entscheidung gebunden[2*]. Die Beteiligung eines zweiten Notars verursacht zwar zusätzliche Gebühren (vgl § 151 Abs 2 KostO), jedoch ist dieser im Unterschied zu den Zeugen kraft Amtes zur Verschwiegenheit (vgl § 18 BNotO) verpflichtet. Im Falle der Zuziehung eines Zeugen oder zweiten Notars wegen Behinderung gemäß § 22 oder wegen Schreibunfähigkeit gemäß § 25 kann die Zuziehung eines zweiten Zeugen gemäß § 29 gefordert werden, nicht aber eines zweiten weiteren Notars[3*]. Das Verlangen kann formfrei gestellt werden und braucht nicht begründet zu werden. Es ist zwar nicht vorgeschrieben, jedoch empfehlenswert, in der Niederschrift ausdrücklich zu vermerken, dass auf die Zuziehung von Zeugen oder eines zweiten Notars verzichtet worden ist. 1

---

[1] Vgl BayObLG NotBZ 2001, 423, 424.
[2] Vgl *Winkler* Rn 10, 12.
[3] *Kanzleiter* DNotZ 1993, 434, 439; *Kruse* NotBZ 2001, 448, 453; *Winkler* § 11 Rn 15 ff; unentschieden BayObLG DNotZ 1993, 471, 473.
[4] *Kanzleiter* DNotZ 1993, 434, 441; *Winkler* § 11 Rn 18.
[1*] *Winkler* Rn 5 mwN.
[2*] MünchKommBGB/*Hagena* Rn 5; *Huhn/v. Schuckmann/Armbrüster* Rn 4; aA *Reimann/Bengel/J. Mayer/Bengel* Rn 8; *Jansen* Rn 1.
[3*] Vgl BGH NJW 1958, 274; MünchKommBGB/*Hagena* Rn 6.

2 2. Zuziehung. An das Verlangen der Beteiligten ist der Notar nur hinsichtlich Art und Zahl der Überwachungsperson gebunden, so dass die Auswahl der Person des bzw der Zeugen oder des zweiten Notars ihm obliegt[4]. Die Mitwirkungsverbote der §§ 26 und 27 sind dabei zu beachten. Auch der Dolmetscher (§ 16), der Gebärdensprachdolmetscher (§ 22 Abs 1 S 2) und die Verständigungsperson (§ 24) sind als Zeugen iS des § 29 ausgeschlossen[5]. Zum Umfang der Zuziehung s § 22 BeurkG Rn 5. Das Fehlen der Unterschrift der Zeugen oder des zweiten Notars (S 2) berührt die Wirksamkeit der Beurkundung jedoch ebenso wenig wie das pflichtwidrige Unterlassen der Zuziehung trotz eines ordnungsgemäßen Verlangens. Ist jedoch ein Beteiligter schreibunfähig iS des § 25, so muss mindestens ein Zeuge oder der zweite Notar die Niederschrift unterschreiben, um der Muss-Vorschrift des § 25 S 3 zu genügen.

§ 30 Übergabe einer Schrift

[1]Wird eine Verfügung von Todes wegen durch Übergabe einer Schrift errichtet, so muß die Niederschrift auch die Feststellung enthalten, daß die Schrift übergeben worden ist. [2]Die Schrift soll derart gekennzeichnet werden, daß eine Verwechslung ausgeschlossen ist. [3]In der Niederschrift soll vermerkt werden, ob die Schrift offen oder verschlossen übergeben worden ist. [4]Von dem Inhalt einer offen übergebenen Schrift soll der Notar Kenntnis nehmen, sofern er der Sprache, in der die Schrift verfaßt ist, hinreichend kundig ist; § 17 ist anzuwenden. [5]Die Schrift soll der Niederschrift beigefügt werden; einer Verlesung der Schrift bedarf es nicht.

1 1. Niederschrift. Der Notar muss die Übergabe der – offenen oder verschlossenen – Schrift (§ 2232 S 1 Alt 2 BGB) als eigene Wahrnehmung in der Niederschrift feststellen. Sie muss gemäß § 9 Abs 1 S 2 Nr 2 ferner die mündliche Erklärung des Beteiligten enthalten, dass es sich bei der übergebenen Schrift um seinen letzten Willen handelt[1]. Fehlt eine dieser beiden Feststellungen in der Niederschrift, ist die Beurkundung unwirksam. Ist dagegen nicht angegeben, ob die Schrift offen oder verschlossen übergeben wurde (§ 30 S 3), berührt dies die Wirksamkeit nicht. Während die Niederschrift selbst nach den allgemeinen Regeln vorgelesen, genehmigt und unterschrieben werden muss, braucht das übergebene Schriftstück selbst nicht verlesen zu werden (§ 30 S 5), und zwar auch nicht bei Zuziehung eines Zeugen[2].

2 2. Übergebene Schrift. Die sicherste Art der Kennzeichnung (§ 30 S 2) besteht darin, dass auf dem Schriftstück unter Angabe der Urkundenrolle-Nummer vermerkt wird, zu welcher Niederschrift es als Anlage genommen wird. Aber auch jede andere, eindeutige Kennzeichnung des Schriftstücks genügt den Anforderungen dieser Bestimmung. Das Schriftstück soll gemäß S 5 mit der Niederschrift in den Testamentsumschlag nach § 34 gesteckt werden. Eine Verbindung mit Schnur und Siegel ist nicht erforderlich[3].

3 3. Prüfung- und Belehrungspflicht. Wird dem Notar eine **offene Schrift** übergeben, so braucht er gemäß § 2232 S 1 BGB nur die Übergabe und die Erklärung des Beteiligten hierzu zu beurkunden, nach allgemeinen Grundsätzen über den Inhalt des übergebenen Schriftstücks also nicht zu belehren. § 30 S 4 erweitert die Prüfungs- und Belehrungspflicht und erstreckt sie auch auf den Inhalt der offen übergebenen Schrift. Der Notar muss sie daher lesen, auf ihre Rechtswirksamkeit prüfen und wie bei einer selbst verfassten Verfügung belehren[4*], es sei denn, der Notar versteht die gebrauchte Sprache nicht[5*]. Bei einer **verschlossen übergebenen Schrift** braucht der Notar zwar nicht in dieser Weise zu prüfen und zu belehren, sollte jedoch auf die damit verbundene Gefahr hinweisen, insbes darauf aufmerksam machen, dass seine Einsetzung als Erbe, Vermächtnisnehmer und/oder Testamentsvollstrecker gemäß § 27 nichtig wäre[6]. Erkennt der Notar jedoch, dass sich der Beteiligte der Tragweite der Beurkundung nicht klar ist, so hat der Notar unter dem Gesichtspunkt der erweiterten Belehrungspflicht (vgl § 17 Rn 5) durch gezieltes Nachfragen alle für die Wirksamkeit unerlässlichen Punkte zu erforschen.

4 4. Folge von Verstößen. Fehlt in der Niederschrift der Vermerk über die Tatsache der Schriftübergabe (§ 30 S 1) oder über die mündliche Erklärung des Beteiligten, dass die übergebene Schrift seinen letzten Willen enthalte, so ist die Beurkundung unwirksam. Alle anderen Bestimmungen in § 30 sind lediglich Soll-Vorschriften, die nicht zur Unwirksamkeit führen.

---

[4] MünchKommBGB/*Hagena* Rn 5; *Huhn/v. Schuckmann/Armbrüster* Rn 4; aA *Reimann/Bengel/J. Mayer/Bengel* Rn 8; *Jansen* Rn 1.
[5] AllgM, zB MünchKommBGB/*Hagena* Rn 12 mwN.
[1] Vgl *Winkler* Rn 12.
[2] Vgl *Winkler* Rn 11, 15, 16.
[3] *Reimann/Bengel/J. Mayer/Bengel* Rn 10.
[4*] Vgl BGH DNotZ 1974, 298; *Winkler* Rn 9.
[5*] *Soergel/J. Mayer* Rn 7; *Huhn/v. Schuckmann* Rn 13; aA *Eylmann/Vaasen/Baumann* Rn 4.
[6] *Huhn/v. Schuckmann/Armbrüster* Rn 11 f; MünchKommBGB/*Hagena* Rn 11 f; aA *Soergel/Mayer* Rn 7; *Winkler* Rn 10.

§ 31 *(aufgehoben)*

§ 31 wurde mit Inkrafttreten des Gesetzes zur Änderung des Rechts der Vertretung durch Rechts- 1
anwälte vor den Oberlandesgerichten (BT-Drucks 14/9266) gemäß Art 26 Abs 4 Nr 5 ersatzlos gestrichen. § 31 durfte bereits seit einer Entscheidung des BVerfG[1*] nicht mehr angewendet werden (vgl § 2233 BGB Rn 7 ff), da die andernfalls eintretende faktische Testierunfähigkeit nicht mit der Verfassung zu vereinbaren ist. Wegen des Beurkundungsverfahrens s § 2233 BGB Rn 9.

§ 32 Sprachunkundige

¹Ist ein Erblasser, der dem Notar seinen letzten Willen mündlich erklärt, der Sprache, in der die Niederschrift aufgenommen wird, nicht hinreichend kundig und ist dies in der Niederschrift festgestellt, so muß eine schriftliche Übersetzung angefertigt werden, die der Niederschrift beigefügt werden soll. ²Der Erblasser kann hierauf verzichten; der Verzicht muß in der Niederschrift festgestellt werden.

1. Errichtung durch mündliche Erklärung. Die Pflicht zur Fertigung einer schriftlichen Über- 1
setzung gilt bei Errichtung einer Verfügung von Todes wegen durch mündliche Erklärung, nicht dagegen durch Übergabe einer Schrift. Im zuletzt genannten Fall verbleibt es bei der fakultativen Übersetzungspflicht des § 16 Abs 2 S 2. § 32 regelt nicht den Fall, dass ein behinderter Erblasser seinen letzten Willen in Übereinstimmung mit § 2232 S 1 BGB dem Notar nicht mündlich, sondern in anderer Weise, insbes durch Gebärden oder Kopfnicken, erklärt (§ 2232 BGB Rn 5). Diese Regelungslücke ist durch analoge Anwendung des § 32 zu schließen, weil die Art der Erklärung keine sachliche Rechtfertigung für eine Differenzierung bietet[1].

2. Fertigung der schriftlichen Übersetzung. Die **Feststellung** gemäß § 16 Abs 1, dass ein 2
Beteiligter die Urkundssprache nicht hinreichend beherrscht, löst die Übersetzungspflicht aus. Ist der Vermerk falsch, weil der Beteiligte ausreichende Sprachkunde besitzt, so erzwingt allein der Vermerk die schriftliche Übersetzung der Niederschrift. Der Erblasser kann allerdings hierauf **verzichten** (§ 32 S 2). Ist der Verzicht nicht in der Niederschrift vermerkt, ist die Beurkundung unwirksam. Zur Vermeidung von Haftungsrisiken ist dem Notar dringend zu empfehlen, im Falle eines Verzichts den Testierenden über die möglichen Folgen, insbes das Risiko der Anfechtbarkeit, zu belehren und einen entsprechenden Vermerk in die Niederschrift aufzunehmen. Wegen der Anforderungen an den **Inhalt** der schriftlichen Übersetzung, an die **Person des Übersetzers** sowie an die Art der Vorlegung und Beifügung wird auf § 16 Rn 5 verwiesen.

3. Folge von Verstößen. Unterbleibt trotz eines Vermerks gemäß § 16 Abs 1 über die mangelnde 3
Sprachkunde die Fertigung einer schriftlichen Übersetzung und enthält die Niederschrift auch nicht einen Vermerk gemäß S 2, dass auf deren Fertigung verzichtet wurde, so ist die Beurkundung der Verfügung von Todes wegen unwirksam. Ist nur die Beifügung der schriftlichen Übersetzung unterlassen worden, so berührt dies die Wirksamkeit nicht.

§ 33 Besonderheiten beim Erbvertrag

Bei einem Erbvertrag gelten die §§ 30 und 32 entsprechend auch für die Erklärung des anderen Vertragschließenden.

1. Bedeutung. Bei der Beurkundung eines zwei- oder mehrseitigen Erbvertrags, in dem alle 1
Vertragsteile letztwillige Verfügungen treffen, sind die §§ 30 und 32 ohnehin zu beachten. Die Vorschrift erlangt damit nur für den Fall Bedeutung, dass im Erbvertrag nur *ein* Beteiligter Erben einsetzt oder Vermächtnisse oder Auflagen anordnet und der andere diese Anordnungen mit der Folge annimmt, dass diese erbvertragliche Bindungswirkung entfalten.

2. Verfahren. Erfolgt die Annahme der erbvertraglichen Zuwendungen durch Übergabe einer 2
Schrift, so ist das Verfahren gemäß § 30 auch bezüglich der Annahmeerklärung einzuhalten. Bei der Beurkundung eines Erbvertrags unter Beteiligung einer sprachunkundigen Person ist die Niederschrift zwingend gemäß § 32 schriftlich zu übersetzen, auch wenn derjenige, der vertragsmäßige Verfügungen trifft, die Sprache beherrscht.

§ 34 Verschließung, Verwahrung

(1) ¹Die Niederschrift über die Errichtung eines Testaments soll der Notar in einen Umschlag nehmen und diesen mit dem Prägesiegel verschließen. ²In den Umschlag sollen auch die nach den §§ 30 und 32 beigefügten Schriften genommen werden. ³Auf dem Umschlag soll der Notar den Erblasser seiner Person nach näher bezeichnen und angeben, wann das Testament

---

[1*] NJW 1999, 1853.
[1] *Soergel/J. Mayer* Rn 3; für teleologische Auslegung *Winkler* Rn 6; MünchKommBGB/*Hagena* Rn 4; aA *Erman/M. Schmidt* Rn 2.

errichtet worden ist; diese Aufschrift soll der Notar unterschreiben. [4]Der Notar soll veranlassen, daß das Testament unverzüglich in besondere amtliche Verwahrung gebracht wird.

(2) Beim Abschluß eines Erbvertrages gilt Absatz 1 entsprechend, sofern nicht die Vertragschließenden die besondere amtliche Verwahrung ausschließen; dies ist im Zweifel anzunehmen, wenn der Erbvertrag mit einem anderen Vertrag in derselben Urkunde verbunden wird.

(3) [1]Haben die Beteiligten bei einem Erbvertrag die besondere amtliche Verwahrung ausgeschlossen, so bleibt die Urkunde in der Verwahrung des Notars. [2]Nach Eintritt des Erbfalls hat der Notar die Urkunde an das Nachlaßgericht abzuliefern, in dessen Verwahrung sie verbleibt.

I. Testament und gemeinschaftliches Testament

1   **1. Verschließung.** Die Niederschrift eines (gemeinschaftlichen) Testaments, gleichgültig, ob es durch mündliche Erklärung oder Übergabe einer Schrift errichtet wurde, ist gemäß Abs 1 S 1 in einem Umschlag zu verschließen. Der Umschlag soll dabei dem Muster in der Anlage 1 der bundeseinheitlichen Bekanntmachung über die Benachrichtigung in Nachlasssachen entsprechen[1]. In den Umschlag einzulegen ist zunächst die Urschrift der Testamentsurkunde, und zwar einschließlich der mittels Schnur und Siegel verbundenen Anlagen iS des § 9 Abs 1 S 1. Bei Testamentserrichtung durch Übergabe einer Schrift sind außerdem diese selbst und ggf das besondere Blatt iS des § 31 S 1 mit der Erklärung des Erblassers jeweils im Original beizufügen. Ggf. ist auch eine schriftliche Übersetzung im Original beizufügen, und zwar ohne Rücksicht darauf, ob diese auf Grund des § 32 S oder des § 16 Abs 2 S 2 gefertigt wurde[2]. Nicht beigefügt werden müssen Schriftstücke, auf deren Beifügung verzichtet worden ist (zB § 13 a)[3]. Liegt dem Notar ein ärztliches Attest über die Geschäftsfähigkeit vor, so sollte er dieses auch dann im Original einlegen, wenn er hierauf in der Niederschrift nicht Bezug genommen hat. Andere Anlagen, vor allem bei unechter Bezugnahme (vgl § 9 BeurkG Rn 5), können, aber brauchen nicht beigefügt zu werden. Der Umschlag ist mittels Prägesiegel zu verschließen[4]. Bei der Verschließung muss der Beteiligte nicht anwesend sein[5]. Während das Einlegen und die Versiegelung auch durch Hilfskräfte des Notars zulässig ist, muss der Umschlag von ihm selbst, von seinem amtlich bestellten Vertreter oder von einem Notariatsverwalter unterschrieben werden.

2   **2. Ablieferung.** Das Testament ist von Amts wegen unverzüglich, dh ohne schuldhaftes Zögern (§ 121 BGB), dem gemäß § 2258 a BGB zuständigen Amtsgericht zur besonderen amtlichen Verwahrung abzuliefern. Dies muss zwar nicht am selben Tag, jedoch regelmäßig innerhalb von drei Tagen ab Beurkundung erfolgen; ein längeres Zuwarten als 1 Woche ist wohl nicht zu vertreten, weil wegen der notwendigen Benachrichtigung des Standesbeamten des Geburtsorts die Gefahr besteht, dass das Testament nicht rechtzeitig eröffnet wird, wenn der Erblasser kurz nach Beurkundung stirbt[6]. In der Urkundensammlung verbleibt nur ein Vermerkblatt, es sei denn, die Beteiligten wünschen, dass der Notar eine beglaubigte Abschrift des Testaments zu seiner Urkundensammlung nimmt, § 20 Abs 1 DONot. Die Beteiligten können die Ablieferung nicht verbieten[7]. Der Beteiligte ist jedoch berechtigt, vor der Ablieferung die Testamentsurkunde in Gegenwart des Notars zu vernichten und damit gemäß § 2255 BGB zu widerrufen[8].

II. Erbvertrag

3   **1. Ablieferungs- oder Verwahrungspflicht.** Auch bei einem Erbvertrag ist die besondere amtliche Verwahrung (§§ 2258 a, 2258 b, 2300 BGB) regelmäßig vorgeschrieben. In der Praxis ist die amtliche Verwahrung von Erbverträgen vor allem aus Kostengründen (§§ 101, 103 Abs 1, 46 Abs 4 KostO) allerdings die Ausnahme. Der Erbvertrag wird vom Notar verwahrt, wenn alle Beteiligten (§ 6 Abs 2) der Ablieferung zur amtlichen Verwahrung widersprechen. Der Widerspruch kann jederzeit formlos rückgängig gemacht werden, so dass dann der Erbvertrag später abzuliefern ist[9]. Ist der Erbvertrag mit einem anderen Vertrag, insbes einem Ehevertrag, in einer Urkunde verbunden und haben sich die Beteiligten zur amtlichen Verwahrung weder ausdrücklich noch konkludent geäußert, entfällt gemäß § 34 Abs 2 HS 2 die Ablieferungspflicht. Beantragt jedoch auch nur ein Beteiligter in diesem Fall der verbundenen Erbvertrags die amtliche Verwahrung, so ist die Urkunde abzuliefern[10].

4   **2. Verschließung und Ablieferung.** Ist danach der Erbvertrag zur amtlichen Verwahrung abzuliefern, so sind dabei die Bestimmungen des § 34 Abs 1 für Testamente einzuhalten (vgl Rn 1 f). Auf

---

[1] Abgedruckt zB bei *Huhn/v. Schuckmann* S 938.
[2] *Reimann/Bengel/J. Mayer/Bengel* Rn 5.
[3] *Winkler* Rn 3.
[4] Vgl LG Berlin DNotZ 1984, 640.
[5] Vgl *Winkler* Rn 5.
[6] MünchKommBGB/*Hagena* Rn 19; LG Berlin DNotZ 1984, 640: eine Woche; zu weit *Soergel/J. Mayer* Rn 4, der auf Arbeitsbelastung des Notariats abstellt; ihm folgend *Huhn/v. Schuckmann/Armbrüster* Rn 7.
[7] BGH NJW 1959, 2113; DNotZ 1990, 436.
[8] *Huhn/v. Schuckmann/Armbrüster* Rn 12; *Jansen* Rn 2; vgl zum Erbvertrag KG DNotZ 1938, 450.
[9] HM; zB *Winkler* Rn 15; aA *Jansen* Rn 10.
[10] *Winkler* Rn 17.

übereinstimmendes Verlangen aller formell Beteiligten hat das verwahrende Amtsgericht den Umschlag mit der Urschrift des Erbvertrags zur weiteren Verwahrung an den Notar zurückzugeben[11].

3. Verwahrung durch Notar. Widersprechen alle Beteiligten der amtlichen Verwahrung oder greift die Auslegungsregel des § 34 Abs 2 S 2 ein, so bleibt die Urschrift des Erbvertrags in der Urkundensammlung des Notars (§ 34 Abs 3 S 1) und wird so von diesem kostenfrei verwahrt. Wegen der **Rücknahme** aus der notariellen Verwahrung wird auf § 2300 BGB Rn 3 ff verwiesen. Der Notar hat gemäß Ziffer I.2. der bundeseinheitlichen Anordnung über die Benachrichtigung in Nachlasssachen[12] das Standesamt des Geburtsortes des Testierenden oder die Hauptkartei für Testamente beim Amtsgericht Berlin-Schöneberg zu benachrichtigen (§ 20 Abs 2 DONot). Zusätzlich hat er den Erbvertrag in das Erbvertragsverzeichnis gemäß § 9 DONot aufzunehmen. Nach Eintritt des Erbfalls, von dem der Notar durch das Standesamt des Geburtsorts des Erblassers oder durch das Amtsgericht Berlin-Schöneberg in Kenntnis gesetzt wird, wird die Urschrift an das zuständige Nachlassgericht abgeliefert (§ 34 Abs 3 S 2), wobei der Notar für seine Urkundensammlung eine beglaubigte Abschrift zurückbehält, § 20 Abs 3 DONot. Diese Ablieferungspflicht besteht auch dann, wenn der Erbvertrag seinem ganzen Inhalt nach aufgehoben worden ist. Ist der Erbvertrag mit einem anderen Vertrag (zB Ehevertrag) verbunden, so ist die Urschrift unter Zurückhaltung einer beglaubigten Abschrift für die Urkundensammlung abzuliefern (§§ 9 Abs 3, 20 Abs 3 DONot)[13].

§ 34 a Mitteilungs- und Ablieferungspflichten

(1) Bleibt ein Erbvertrag in der Verwahrung des Notars oder enthält eine Urkunde Erklärungen, nach deren Inhalt die Erbfolge geändert wird, insbesondere Aufhebungsverträge, Rücktritts- und Anfechtungserklärungen, Erbverzichtsverträge, Ehe- und Lebenspartnerschaftsverträge mit erbrechtlichen Auswirkungen, so hat der Notar das zuständige Standesamt oder das Amtsgericht Schöneberg in Berlin schriftlich zu benachrichtigen.

(2) [1]Nach Eintritt des Erbfalls hat der Notar den Erbvertrag an das Nachlassgericht abzuliefern, in dessen Verwahrung er verbleibt. [2]Enthält eine sonstige Urkunde Erklärungen, nach deren Inhalt die Erbfolge geändert wird, so teilt der Notar diese Erklärungen dem Nachlassgericht nach dem Eintritt des Erbfalls in beglaubigter Abschrift mit.

I. Zeitlicher Anwendungsbereich

§ 34 a BeurkG wird durch Art 2 Abs 10 des Gesetzes zur Reform des Personenstandsrechts vom 19. 2. 2007 (BGBl I S 122, 140) mWv 1. 1. 2009 eingefügt. 1

II. Mitteilungspflicht (Abs 1)

Diese Mitteilungspflicht entspricht sachlich derjenigen der Amtsgerichte, die Testamente oder gemeinschaftliche Testamente in Verwahrung nehmen (ab 1. 1. 2009 § 82 a Abs 4 FGG nF). Damit soll nach Eingang der Sterbefallmitteilung beim Standesbeamten des Geburtsortes bzw beim Amtsgericht in Berlin-Schöneberg gewährleistet werden, dass dem Nachlassgericht alle erbrechtsbezogenen Urkunden auch bekannt werden. Der Notar soll eine Kopie seiner Mitteilung der in seiner Urkundensammlung verbliebenen Urschrift beifügen (§ 20 Abs 2 S 2 DONot). 2

1. Erbvertrag. Der Notar wird durch diese sachlich dem § 20 Abs 2 DONot entsprechende Norm verpflichtet, unverzüglich, dh ohne schuldhaftes Zögern (§ 121 BGB), nach der Beurkundung eines Erbvertrags iS des § 2274 BGB bei einem innerhalb der Grenzen der heutigen Bundesrepublik Deutschland geborenen Erblasser den Standesbeamten des Geburtsorts und andernfalls das Amtsgericht Berlin-Schöneberg die Tatsache der Beurkundung unter Angabe der Personalien des Erblassers, dem Tag der Beurkundung, der Urkundenrollennummer und der Art der Urkunde mitzuteilen. Die Einzelheiten regeln die Landesregierungen durch Rechtsverordnungen (§ 82 a Abs 6 S 1 FGG nF). Im Unterschied zur Ablieferungspflicht des § 34 muss dies nicht innerhalb von drei Tagen ab der Beurkundung erfolgen (vgl § 34 Rn 2), weil selbst dann, wenn der Erblasser kurz nach Beurkundung stirbt, ohnehin einige Zeit vergehen wird, bis der Standesbeamte des Geburtsorts die Sterbefallmitteilung erhält. Länger als zwei Wochen sollte der Notar aber unter keinen Umständen mit seiner Mitteilung warten. Die Mitteilungspflicht besteht allerdings dann nicht, wenn der Notar den beurkundeten Erbvertrag gemäß § 34 Abs 2 und 3 zur besonderen amtlichen Verwahrung durch das Amtsgericht abgeliefert hat. 3

2. Sonstige, die Erbfolge ändernde Urkunde. Aus dem Normzweck (Rn 2) folgt, dass nur, aber auch alle vom Notar beurkundeten Erklärungen, durch die sich die Erbfolge nach dem Erblasser ändern kann, in gleicher Weise wie ein Erbvertrag angezeigt werden müssen. Dazu gehören: 4
– die Aufhebung eines Erbvertrags gemäß § 2290 BGB,

---

[11] OLG Hamm DNotZ 1974, 460; MittRhNotK 1989, 146; LG Aachen Rpfleger 1988, 266; *Huhn/v. Schuckmann/Armbrüster* Rn 18.
[12] Abgedruckt zB bei *Huhn/v. Schuckmann* S 938 ff.
[13] *Winkler* Rn 18.

BeurkG § 35

- der Rücktritt von einem Erbvertrag gemäß §§ 2293 bis 2295 BGB,
- die Anfechtung einer Verfügung von Todes wegen,
- der Verzicht auf das gesetzliche Erbrecht (§ 2346 Abs 1 BGB) und/oder auf eine Zuwendung (§ 2352 BGB),
- die Aufhebung eines Erb- oder Zuwendungsverzichtsvertrags (§ 2351 BGB),
- ein Ehevertrag, mit dem die Ehepartner Gütertrennung vereinbaren oder aufheben (§§ 1414, 1931 Abs 4 BGB),
- ein Lebenspartnerschaftsvertrag, mit dem diese Gütertrennung vereinbaren oder aufheben (§§ 7 S 1, 10 Abs 2 S 2 LPartG iVm § 1414 BGB),
- ein Ehevertrag, bei dem ein oder beide Partner das Recht eines Staats wählen, dem sie nicht angehören[1].

5   Keine Mitteilung darf dagegen erfolgen bei Rechtsgeschäften, die die Erbfolge zwar wirtschaftlich beeinflussen können, aber eben nicht rechtlich. An dieser Stelle seien Pflichtteilsverzichtsverträge (§ 2346 Abs 2 BGB), Übergabeverträge mit erbrechtlichen Anrechnungsbestimmungen oder Eheverträge mit Modifizierungen des gesetzlichen Güterstands der Zugewinngemeinschaft, Unterhaltsvereinbarungen und/oder Abreden über den Versorgungsausgleich besonders hervorgehoben. Teilt der Notar auch derartige Urkunden dem Standesbeamten mit, so macht er sich einer Verletzung seiner Verschwiegenheitspflicht gemäß § 18 Abs 1 BNotO schuldig, weil die Offenbarung der mitgeteilten Tatsachen nicht durch § 34a Abs 1 gedeckt war.

III. Ablieferungspflicht (Abs 2)

6   Die Ablieferungspflicht der erbrechtsbezogenen Urkunden soll dem zuständigen Nachlassgericht nach Eintritt des Erbfalls die für seine Tätigkeit insbesondere die Erbscheinserteilung notwendigen Kenntnisse verschaffen.

7   **1. Erbvertrag.** § 34a Abs 2 S 1 wiederholt nur, was bereits §§ 2300 Abs 1, 2259 Abs 1 BGB anordnen, nämlich die Pflicht des Notars, einen von ihm verwahrten Erbvertrag beim zuständigen Nachlassgericht abzuliefern. Zu allem Überfluss ist dem Gesetzgeber bei Formulierung eine Ungenauigkeit unterlaufen: die Ablieferungspflicht beginnt selbstverständlich nicht schon mit dem Eintritt des Erbfalls (Tod des Erblassers) sondern erst – wie § 2259 Abs 1 BGB zutreffend bestimmt – mit dem Zeitpunkt, in dem der Notar durch die Sterbefallanzeige hiervon Kenntnis erlangt. Abzuliefern ist die Urschrift der Erbvertragsurkunde selbst dann, wenn sie mit weiteren Rechtsgeschäften (Ehevertrag, Unterhaltsregelungen, vorweggenommener Erbfolge usw) in einer Urkunde verbunden ist. Hat der Notar bei einem zwei- oder mehrseitigen Erbvertrag die Urschrift bereits bei einem früheren Erbfall eingereicht, so genügt es, wenn er bei weiteren Erbfällen auf die eingereichte Urschrift hinweist. Der abliefernde Notar soll eine beglaubigte Abschrift nebst Kostenrechnung in seiner Urkundensammlung zurückbehalten (§ 20 Abs 4 S 1 DONot).

8   **2. Sonstige, die Erbfolge ändernde Urkunde.** Auch wenn die beispielhafte Aufzählung in § 34a Abs 2 S 2 fehlt, kann in vollem Umfang auf die Ausführungen zur Mitteilungspflicht unter Rn 4 verwiesen werden. Bei diesen Urkunden ist allerdings nicht die Urschrift sondern lediglich eine beglaubigte Abschrift einzureichen. Dies erlaubt es dem Notar bei verbundenen Rechtsgeschäften durch Fertigung einer auszuweisenden Abschrift dem Nachlassgericht nur denjenigen Teil der Urkunde zur Kenntnis zu bringen, der gemäß § 34a Abs 2 S 2 abzuliefern ist. Im Widerstreit zwischen Verschwiegenheits- und Ablieferungspflicht wird man den Notar sogar für verpflichtet halten müssen, diesen Weg zu gehen, vorausgesetzt, dass eine Trennbarkeit der Rechtsgeschäfte gegeben ist. Allerdings wird man vom Notar erwarten dürfen, bereits bei der Formulierung der Urkunde auf die ausreichende Trennbarkeit zu achten (§ 17 Abs 1 S 1).

§ 35 Niederschrift ohne Unterschrift des Notars

Hat der Notar die Niederschrift über die Errichtung einer Verfügung von Todes wegen nicht unterschrieben, so ist die Beurkundung aus diesem Grunde nicht unwirksam, wenn er die Aufschrift auf dem verschlossenen Umschlag unterschrieben hat.

I. Testament und gemeinschaftliches Testament

1   **1. Nachholung der Unterschrift.** Gemäß § 13 Abs 3 S 1 muss der Notar die Niederschrift eigenhändig unterschreiben. Nach hier vertretener Auffassung kann der Notar seine Unterschrift bis zum Tod des Erblassers nachholen (ausf § 13 Rn 19). Erst dann, wenn der Notar seine Unterschrift auch nicht in zulässiger Weise nachgeholt hat, kommt die gesetzliche Fiktion des § 35 zum Zuge.

2   **2. Unterschrift auf Testamentsumschlag.** Die Urschrift der Verfügung von Todes wegen muss gemäß § 34 Abs 1 S 1 bis 3 ordnungsgemäß in dem Umschlag verschlossen worden sein[1*]. Die Ablieferung braucht noch nicht erfolgt zu sein[2]. Nach dem Sinn und Zweck dieser Vorschrift kommt es

---

[1] Vgl Mitteilungen der Notarkammer Koblenz Teil I Nr 1/1990 S 3 ff.
[1*] *Winkler* Rn 4; MünchKommBGB/*Hagena* Rn 11; aA *Huhn/v. Schuckmann/Armbrüster* Rn 7.
[2] *Winkler* Rn 4.

auch nicht darauf an, ob die gemäß § 34 Abs 1 beizufügenden Anlagen eingelegt worden sind, wenn nur die Urschrift selbst sich in dem Umschlag befindet. Hat der beurkundende Notar höchstpersönlich auf dem verschlossenen Umschlag (mit oder ohne Beifügung der Amtsbezeichnung) unterschrieben, so führt die fehlende Unterschrift auf der Urschrift abweichend von § 13 Abs 3 S 1 nicht zur Unwirksamkeit der beurkundeten Verfügung von Todes wegen. § 35 ändert jedoch nichts an der persönlichen Verantwortung des Beurkundenden für die Feststellungen in der Niederschrift, so dass die nach § 34 an sich zulässige Unterschrift des den Notar vertretenden Notarvertreters ebenso wenig diese heilende Funktion besitzt wie die eines Notariatsverwalters anstelle eines ausgeschiedenen Notars[3]. Hat der Notar seine Unterschrift auf dem Umschlag vergessen, so kann er diese – auch noch nach der Ablieferung – bis zum Tod des Erblassers nachholen[4].

II. Erbvertrag

§ 35 gilt bei einem Erbvertrag nur unter der Voraussetzung, dass auch er zum Zwecke der Ablieferung zur amtlichen Verwahrung in der von § 34 Abs 1 S 1 bis 3 vorgesehenen Weise verschlossen und vom beurkundenden Notar unterschrieben worden ist. Die Ablieferung selbst braucht dagegen für die Anwendbarkeit des § 35 noch nicht erfolgt zu sein. Wird der Erbvertrag erst später in die amtliche Verwahrung gebracht, so greift bei fehlender Unterschrift § 35 wie bei einem Testament ein[5]. § 35 gilt auch bei Ehe- und Erbverträgen. Eine Vergleich mit der anders lautenden Formulierung in § 34 Abs 2 HS 2 sowie der Ausnahmecharakter des § 35 gegenüber § 13 Abs 3 S 1 sprechen dafür, die heilende Wirkung nur auf den Erbvertragsteil zu beziehen, nicht jedoch auf einen damit verbundenen anderen Vertrag, insbes einen Ehevertrag[6]. Der Ehevertragsteil ist und bleibt wegen der fehlenden Unterschrift gemäß § 13 Abs 3 S 1 unwirksam.

§§ 36 bis 71 BeurkG (nicht kommentiert)

---

[3] Vgl *Reimann/Bengel/J. Mayer/Bengel* Rn 4.
[4] *Lerch* Rn 4; s auch § 13 Rn 23.
[5] *Winkler* Rn 6; MünchKommBGB/*Burkart* Rn 8; aA *Lerch* Rn 3.
[6] MünchKommBGB/*Hagena* Rn 19; *Winkler* Rn 6; *Huhn/v. Schuckmann/Armbrüster* Rn 10; aA *Lischka* NotBZ 1999, 8, 12.

Titel 8. Gemeinschaftliches Testament (§§ 2265–2273)

§ 2265 Errichtung durch Ehegatten

Ein gemeinschaftliches Testament kann nur von Ehegatten errichtet werden.

Schrifttum: *Battes,* Gemeinschaftliches Testament und Ehegattenerbvertrag als Gestaltungsmittel für die Vermögensordnung der Familie, 1974; *Brambring,* Das „Berliner Testament" als Testamentstyp und die Auswirkungen des neuen Erbschaftsteuerrechts, FS Rheinisches Notariat, 1998, S 145; *Kanzleiter,* Die Aufrechterhaltung der Bestimmungen in unwirksamen gemeinschaftlichen Testamenten als einseitige letztwillige Verfügungen, DNotZ 1973, 133; *ders,* Gemeinschaftliche Testamente bitte nicht auch für Verlobte!, FamRZ 2001, 1198; *Musielak,* Zum Begriff und Wesen des gemeinschaftlichen Testaments, GS Riederer, 1981, S 181; *Pfeiffer,* Das gemeinschaftliche Ehegattentestament – Konzept, Bindungsgrund und Bindungswirkungen, FamRZ 1993, 1266; *Wacke,* Gemeinschaftliche Testamente von Verlobten, FamRZ 2001, 457.

Übersicht

	Rn		Rn
I. Funktion, Begriff und Wesen	1	3. Wechselbezügliches gemeinschaftliches Testament	15
1. Funktion	1		
2. Begriff der Gemeinschaftlichkeit	2	**III. Beteiligte**	16
3. Wesen des gemeinschaftlichen Testaments	8	1. Ehepartner	16
4. Abgrenzung zum Erbvertrag	11	2. Partner einer gleichgeschlechtlichen Lebenspartnerschaft iS des § 1 Abs 1 S 1 LPartG	17
II. Arten des gemeinschaftlichen Testaments	12	**IV. Rechtsfolge von Verstößen**	18
1. Gleichzeitiges oder äußerliches „gemeinschaftliches" Testament	13	1. Umdeutung	18
		a) Formerfordernis	19
2. Gegenseitiges gemeinschaftliches Testament	14	b) Erblasserwille	20
		2. Nichtigkeit	24

I. Funktion, Begriff und Wesen

1 **1. Funktion.** Das Recht von Ehepartnern zur Errichtung eines gemeinschaftlichen Testaments ist eine Konsequenz des ehelichen Güterrechts und zugleich Ausdruck des besonderen Schutzes, den die Ehe gemäß Art 6 Abs 1 GG genießt[1]. Gleichzeitig ermöglicht diese besondere Testamentsform eine **Nachlassplanung,** die einerseits die Versorgung des Längstlebenden, andererseits aber auch die Vermögensinteressen gemeinsamer Kinder sichert, insbes durch die Erbfolgegestaltung nach dem „Berliner Modell" (§ 2269). Die erbrechtliche Bindungsmöglichkeit ist dabei eine wichtige Gestaltungsvoraussetzung[2]. Andererseits ist vor allem bei eigenhändig und ohne fachkundigen Rat verfassten Testamenten der Längstlebende in den allermeisten Fällen von der eingetretenen Bindung bei wechselbezüglichen Zuwendungen überrascht. Die Einräumung dieser Testiermöglichkeit für gleichgeschlechtliche Partner einer eingetragenen Lebenspartnerschaft entspringt dem gesetzgeberischen Wunsch nach weitestgehender rechtlicher Gleichstellung dieser Form des Zusammenlebens mit der Ehe.

2 **2. Begriff der Gemeinschaftlichkeit.** Das Gesetz definiert den von ihm in den §§ 2265 ff verwendeten Begriff nicht und regelt die Rechtsfolgen dieses gemeinschaftlichen Testierens nur lückenhaft. Sicher ist daher zunächst nur, dass es sich um eine **besondere Art des Testament** handelt, nämlich um die Verknüpfung der letztwilligen Verfügungen von Ehe- oder Lebenspartnern. Das gemeinschaftliche Testament muss deshalb letztwillige Verfügungen beider Beteiligten enthalten, wobei die zum Wesen dieser Testamentsart gehörende erbrechtliche Bindung nur eintritt, wenn mindestens eine erbrechtliche Zuwendung (Erbeinsetzung, Vermächtnis, Auflage) eines Partners wechselbezüglich zu einer des anderen ist.

3 Seit Inkrafttreten des BGB ist umstritten, was unter einer **„gemeinschaftlichen Erklärung"** iS der §§ 2265 ff zu verstehen ist. Dabei geht es vor allem um die Frage, welche Anforderungen an die Manifestation des Willens, ein gemeinschaftliches Testament errichten zu wollen, zu stellen sind. Da das gemeinschaftliche Testament begriffsnotwendig die Zusammenfassung von zwei Testamenten darstellt, bedarf es einer zusätzlichen Rechtfertigung dafür, die darüber hinausgehenden Verknüpfungsfolgen eintreten zu lassen. Der Theorienstreit gewinnt praktische Bedeutung immer dann, wenn es um die Abgrenzung des gemeinschaftlichen Testaments von zwei (frei widerruflichen) Testamenten geht, vor allem also bei der Formerleichterung für eigenhändige Testamente gemäß §§ 2267, 2247 und bei der

---

[1] BVerfG NJW 1989, 1986.
[2] AA *Staudinger/Kanzleiter* Vor § 2265 Rn 54 wegen der Möglichkeit, einen Erbvertrag zu errichten.

Frage nach der erbrechtlichen Bindungswirkung von Erbeinsetzungen, Vermächtnissen oder Auflagen gemäß §§ 2270, 2271.

Für die früher herrschende, vor allem vom RG vertretene **objektive Theorie** kam es dabei entscheidend auf die äußere Form, nämlich die „einheitliche Urkunde", nicht aber auf den Willen der Testierenden an[3]. Auch nach dieser Meinung war es allerdings nicht notwendig, dass die Ehegatten ihren Willen in einer einzigen Urkunde niederlegten, sondern auch mehrere räumlich zusammenhängende Schriftstücke wurden als gemeinschaftliches Testament eingeordnet. Die Verwahrung in einem Briefumschlag ohne Auf- und Unterschrift genügte diesen Anforderungen allerdings nicht[4]. Diese Meinung wird heute fast allgemein als zu formalistisch abgelehnt[5]. 4

Heute besteht weitgehend Einigkeit darüber, dass die Wille der Testierenden die wesentliche Grundlage des Begriffs der Gemeinschaftlichkeit bilden muss (**subjektive Theorie**). Gestritten wird jedoch darüber, in welchem Umfang dieser Wille maßgebend ist, vor allem, ob er wenigstens in irgendeiner Weise seinen erkennbaren Ausdruck in der Testamentsurkunde gefunden haben muss: 5

– Teile der Lit und die ältere Rspr lassen es genügen, dass der tatsächliche Wille der Testierenden, gemeinschaftlich ein Testament zu errichten, auch aus außerhalb der Urkunde liegenden Umständen abgeleitet werden kann[6]. Der Wille braucht danach überhaupt **keinen Niederschlag** in der Testamentsurkunde selbst gefunden zu haben.

– Letzteres wird von der mittlerweile hM mit Rücksicht auf die zur Auslegung überwiegend vertretenen Andeutungstheorie (vgl § 2084 Rn 9) mit Recht gefordert[7]. Danach muss der Wille zur gemeinsamen Verfügung nach außen erkennbar in der Urkunde **manifestiert** worden sein[8]. Nach überwM ist dieser Wille tatsächlicher, nicht rechtsgeschäftlicher Natur[9].

Um ein gemeinschaftliches Testament handelt es sich nach heute hM daher nur dann, wenn jeder der beiden Ehe- bzw Lebenspartner im Zeitpunkt der Errichtung[10] in einem tatsächlichen Sinne[11] weiß und will, zusammen mit dem anderen letztwillig zu verfügen, und dies in irgendeiner Weise in der Urkunde angedeutet ist. Daher ist keine gemeinsame Testamentsurkunde erforderlich. Allerdings ist bei Verfügungen in einer **gemeinsamen Urkunde** oder auf einem Blatt in aller Regel von einem gemeinschaftlichen Testament auszugehen[12]. Es genügt aber auch, dass jeder in einem **separaten Schriftstück** seinen letzten Willen formgültig niederlegt und dabei der Errichtungszusammenhang zumindest auf irgendeine Weise angedeutet wird. Weder hinreichend noch erforderlich ist, dass die Verfügungen inhaltlich aufeinander abgestimmt sind. Auch die **Errichtung zweier Einzeltestamente** am gleichen Tag und am gleichen Ort macht diese noch nicht zu einem gemeinschaftlichen Testament[13]. Eine ausreichende Bezugnahme ist jedoch in aller Regel bei der Verwendung des Wortes „wir", der Bestimmung eines „gemeinsamen Erben" oder gleich lautender Regelungen für den Fall des „gleichzeitigen Todes" gegeben[14]. Bei Abfassung in Form von zwei entsprechenden Einzeltestamenten reicht auch die bloße Mitunterzeichnung durch den anderen zur Annahme eines gemeinschaftlichen Testaments aus. Unzureichend ist dagegen die Aufbewahrung zweier Einzeltestamente in einem Briefumschlag, es sei denn, dieser enthält einen eigenhändig ge- und von beiden Ehegatten unterschriebenen Vermerk, der die Zusammengehörigkeit dokumentiert. 6

Besondere Probleme bereiten alle Fälle, in denen die Errichtungsakte beider Beteiligten zeitlich auseinanderfallen (**Differenz der Errichtungsakte**). Sicher ist dabei nur, dass ein gemeinschaftliches Testament auch durch zeitlich aufeinander folgende Erklärungen der Ehe- bzw Lebenspartner errichtet werden kann[15]. Mit Recht lässt es die hM aber nicht zu, dass ein Einzeltestament durch nachträgliche Zustimmung (**nachträgliche Vergemeinschaftung**) des anderen Partners in ein gemeinschaftliches Testament umgewidmet werden kann[16]. S iÜ § 2267 Rn 3. 7

---

[3] Grundlegend RGZ 72, 204, 206.
[4] Vgl dazu, allerdings von der subjektiven Theorie ausgehend, BayObLGZ 1959, 288; OLG Köln OLGZ 1968, 323.
[5] Vgl MünchKommBGB/*Musielak* Vor § 2265 Rn 6 f.
[6] OGH NJW 1949, 304, 306; BayObLG NJW 1959, 1969; *Battes* S 286; *Coing* JZ 1952, 611, 613 Fn 14; *Lutter* FamRZ 1959, 273, 274; *Staudinger/Kanzleiter* Vor § 2265 Rn 18.
[7] BGH NJW 1953, 698, 699; OLG Zweibrücken FGPrax 2002, 231; FGPrax 2000, 244; BayObLG FamRZ 1995, 1447, 1448; OLG Hamm Rpfleger 1978, 310, 311; *Haegele* BWNotZ 1977, 29, 33; MünchKommBGB/*Musielak* Vor § 2265 Rn 9 f; *Soergel/M. Wolf* § 2265 Rn 7; *Palandt/Edenhofer* § 2265 Rn 2.
[8] Ausf zu den unterschiedlichen Theorien *Reimann/Bengel/J. Mayer* Vor § 2265 Rn 16; *Pfeiffer* FamRZ 1993, 1266, 1270.
[9] Für tatsächlichen Willen BayObLG Rpfleger 2002, 521, 522 f; AnwK-BGB/*Radlmayr* Rn 7 mwN; für geschäftsähnlichen Willen *Staudinger/Kanzleiter* Vor § 2265 Rn 18; für rechtsgeschäftlichen Willen *Reimann/Bengel/J. Mayer* Vor § 2265 Rn 21; *Pfeiffer* FamRZ 1993, 1266, 1270.
[10] AA *Palandt/Edenhofer* Vor § 2265 Rn 2.
[11] AA *Pfeiffer* FamRZ 1993, 1266; *Reimann/Bengel/J. Mayer* Vor §§ 2265 ff Rn 22; die rechtsgeschäftlichen Willen annehmen.
[12] OLG Zweibrücken Rpfleger 2000, 551.
[13] Vgl BGH NJW 1953, 698, 699; OLG Zweibrücken FGPrax 2002, 231; FGPrax 2000, 244; OLG Hamm OLGZ 1972, 139 m Anm *Haegele* Rpfleger 1972, 404.
[14] BayObLG FamRZ 1991, 1485; FamRZ 1993, 240; NJW 1959, 1969; OLG Frankfurt OLGZ 1978, 267.
[15] *Pfeiffer* FamRZ 1993, 1266, 1271; *Reimann/Bengel/J. Mayer* Vor § 2265 Rn 23; sehr weitgehend KGJ 51, 82, 86: sieben Jahre.
[16] *Reimann/Bengel/J. Mayer* Vor § 2265 Rn 23 mwN; AnwK-BGB/*Radlmayer* § 2267 Rn 14; aA *Lange/Kuchinke* § 24 III 2 d.

8 **3. Wesen des gemeinschaftlichen Testaments.** Ein gemeinschaftliches Testament muss begriffsnotwendig **letztwillige Verfügungen beider Ehegatten** enthalten. Diese Verfügungen brauchen weder wechselbezüglich (§ 2270) noch gegenseitig, sondern können auch einseitig testamentarischer Natur sein. Selbst ein Testament, das ausschließlich einseitig testamentarische Verfügungen beider Ehegatten enthält, ist ein gemeinschaftliches iS der §§ 2265 ff (vgl Rn 13), allerdings treten mangels wechselbezüglicher Verfügungen keinerlei erbrechtliche Bindungen gemäß §§ 2270, 2271 ein. Es kommt auch nicht darauf an, ob beide Erbfälle oder nur der des Erstversterbenden geregelt werden. Enthält die Urkunde dagegen nur Verfügungen eines Ehegatten, so fehlt es an der vom Gesetz vorausgesetzten Gemeinschaftlichkeit der Errichtung und es liegt – trotz der etwaigen Mitunterzeichnung des anderen – nur ein einseitiges Testament vor.

9 Auch das gemeinschaftliche Testament ist **Testament iS der §§ 2229 ff**, so dass diese Vorschriften Anwendung finden, soweit in den §§ 2265 ff keine Sonderregelungen enthalten sind. Deshalb gelten die allgemeinen Grundsätze zur Testamentsauslegung auch hier, jedoch mit der Einschränkung, dass stets geprüft werden muss, ob das gefundene Auslegungsergebnis auch dem Willen des anderen Ehegatten im Zeitpunkt der Errichtung entspricht[17]. Das Gleiche gilt, wenn es im Rahmen der ergänzenden Auslegung auf den mutmaßlichen oder hypothetischen Erblasserwillen ankommt[18].

10 Auch wenn das gemeinschaftliche Testament nur eine besondere Testamentsform ist, so ähneln die Wirkungen wechselbezüglicher erbrechtlicher Zuwendungen insbes ab dem Tod des Ehe- bzw Lebenspartners stark denen vertragsmäßiger Verfügungen im Erbvertrag, weshalb vor allem die Regeln über die Selbstanfechtung (§§ 2281 ff) und über den Schutz vor lebzeitigen Verfügungen (§§ 2287, 2288) analog Anwendung finden.

11 **4. Abgrenzung zum Erbvertrag.** Die Gemeinsamkeiten ebenso wie die Unterschiede verdeutlicht die folgende Übersicht:

		Gemeinschaftliches Testament	Erbvertrag
Beteiligte		Ehepartner (§ 2265) oder Partner einer eingetragenen Lebenspartnerschaft (§ 10 Abs 4 S 1 LPartG)	jede natürliche Person
Testierfähigkeit bzw Geschäftsfähigkeit		Testierfähigkeit (§ 2229 Abs 4) und Vollendung des 16. Lebensjahres (§ 2229 Abs 1)	unbeschränkte Geschäftsfähigkeit (§§ 2275 Abs 1, 104 Nr 2) und Volljährigkeit (§ 2); Ausnahme für Ehepartner, Verlobte, Lebenspartner gemäß § 2275 Abs 2 und 3
Form		eigenhändiges Testament (§§ 2247, 2267) oder öffentliches Testament (§ 2232)	notarielle Beurkundung bei gleichzeitiger Anwesenheit aller (§ 2276 Abs 1)
Vertretung		unzulässig (§ 2064)	unzulässig bei Erblasser (§ 2274), aber zulässig bei anderem Vertragsteil, der nicht letztwillig verfügt
Verfügungen	*Einseitige Verfügung*	alle erb- oder familienrechtlich zulässigen Verfügungen	
	Wechselbezügliche bzw vertragsmäßige Verfügung	nur erbrechtliche Zuwendungen = Erbeinsetzung *einschließlich Teilungsanordnung* (str.), Vermächtnis, Auflage (§ 2270 Abs 3 bzw § 2278 Abs 2)	
Wesentlicher Inhalt		mindestens *eine* erb- oder familienrechtlich zulässige Verfügung *jedes Beteiligten*, wobei wesenseigene erbrechtliche nur eintritt, wenn eine Zuwendung wechselbezüglich ist	mindestens *eine* vertragsmäßig vereinbarte erbrechtliche Zuwendung *eines Beteiligten*
Schutz vor späteren abweichenden Verfügungen	*Einseitige Verfügung*	kein Schutz	
	Wechselbezügliche bzw vertragsmäßige Verfügung	Schutz gemäß §§ 2270, 2271 Abs 1 S 2	Schutz gemäß §§ 2278, 2289 Abs 1 S 2
Schutz vor lebzeitigen Verfügungen	*Einseitige Verfügung*	kein Schutz	
	Wechselbezügliche bzw vertragsmäßige Verfügung	Schutz gemäß §§ 2287, 2288	

---

[17] Vgl BGHZ 112, 229, 233.
[18] KG OLGZ 1966, 503, 506; BayObLGZ 1962, 137, 142.

		Gemeinschaftliches Testament	Erbvertrag
Einseitiger Widerruf bzw Rücktritt	Einseitige Verfügung	Freies jederzeitiges Widerrufsrecht (§§ 2253 ff)	
	Wechselbezügliche bzw vertragsmäßige Verfügung	freier *Widerruf bis zum Tod* des Partners durch zugangsbedürftige notariell beurkundete Erklärung; danach grds ausgeschlossen (§ 2271), aber *Ausschlagung* der Zuwendung (§ 2271 Abs 2) und Änderungsvorbehalt möglich	*Rücktritt nur* bei Vorbehalt (§ 2293) oder bei Verfehlungen des Bedachten (§ 2294) durch zugangsbedürftige notariell beurkundete Erklärung, aber Änderungsvorbehalt möglich
Anfechtung	Einseitige Verfügung	ab dem Tod des Erblassers durch Dritte (§§ 2078 ff)	
	Wechselbezügliche bzw vertragsmäßige Verfügung	Anfechtung durch Erblasser (§§ 2281 ff analog) und ab dessen Tod durch Dritte (§§ 2078 ff)	
Auflösung der Ehe bzw Lebenspartnerschaft	Einseitige Verfügung	Unwirksamkeit der *Zuwendung an Ehe- bzw Lebenspartner* ab Urteil oder Antrag bzw Zustimmung des Erblassers (§ 2077)	
	Wechselbezügliche bzw vertragsmäßige Verfügung	Unwirksamkeit aller Zuwendungen an Ehe- bzw Lebenspartner *oder Dritte* ab Urteil oder Antrag bzw Zustimmung des Erblassers (§§ 2268, 2077)	Unwirksamkeit der *Zuwendung* an Ehe- bzw Lebenspartner ab Urteil oder Antrag bzw Zustimmung des Erblassers, und zwar bei vertragsmäßiger gemäß §§ 2279, 2077 und bei einseitiger gemäß § 2077
Verwahrung		bei eigenhändigem Testament ist die besondere Verwahrung fakultativ, beim notariellen Testament dagegen obligatorisch (§ 34 Abs 1 S 4 BeurkG)	Verwahrung durch den Notar ist die Regel, aber besondere Verwahrung durch das Gericht kann verlangt werden (§ 34 Abs 2 BeurkG)
Kosten		bei eigenhändiger Errichtung keine, bei notarieller Beurkundung Notarkosten und Kosten der besonderen amtlichen Verwahrung beim Amtsgericht	Kosten der Beurkundung; bei Verwahrung durch den Notar fallen keine Verwahrungskosten an

II. Arten des gemeinschaftlichen Testaments

Traditionell werden nach dem Verhältnis der letztwilligen Verfügungen zueinander folgende Arten unterschieden:

1. Gleichzeitiges oder äußerliches „gemeinschaftliches" Testament. Bei diesem Testament sind die Verfügungen mehrerer Personen nur rein äußerlich in einer Urkunde zusammengefasst und stehen in keinem willentlichen Errichtungszusammenhang. Bei dieser in der Praxis seltenen Form handelt es sich vom Standpunkt der subjektiven Theorien aus nicht um ein gemeinschaftliches Testament iS der §§ 2265 ff, sondern um zwei einseitige Testamente, weshalb auch von einer „Testiergemeinschaft" gesprochen wird[19]. Ein Notar, der zwei Einzeltestamente in dieser Weise rein äußerlich in einer **öffentlichen Urkunde** zusammenfasst, verletzt seine aus § 17 Abs 1 BeurkG folgenden Belehrungs- und Gestaltungspflichten, weil er damit höhere Beurkundungskosten auslöst (vgl § 46 Abs. 1 KostO) und außerdem einem Beteiligten die Möglichkeit nimmt, seine eigenen letztwilligen Verfügungen – ohne persönliche Mitwirkung des anderen Beteiligten – durch Rücknahme aus der besonderen amtlichen Verwahrung gemäß § 2256 Abs 1 S 1 zu widerrufen[20].

2. Gegenseitiges gemeinschaftliches Testament. Ein solches Testament enthält außer gegenseitigen Erbeinsetzungen, Vermächtnissen oder Auflagen keine weiteren Verfügungen, die in dem in § 2270 definierten Verhältnis der Wechselbezüglichkeit zueinander stehen. Bei diesen gegenseitigen Zuwendungen wird notwendigerweise die Verfügung des Erstversterbenden wirksam und die des Längstlebenden gegenstandslos.

3. Wechselbezügliches gemeinschaftliches Testament. Dabei ist mindestens eine Verfügung mit einer des anderen Ehegatten bzw Lebenspartners in der Weise abhängig, dass beide miteinander stehen und fallen sollen, die eine also nicht ohne die andere gelten soll. Dieses Abhängigkeitsverhältnis kann auch einseitig sein, dh es genügt, dass zwar die Verfügung des einen Ehegatten bzw Lebenspartners von der des anderen abhängt, nicht jedoch umgekehrt. Ein gegenseitiges gemeinschaftliches Testament ist regelmäßig, jedoch nicht zwingend auch ein wechselbezügliches Testament.

III. Beteiligte

1. Ehepartner. Das gemeinschaftliche Testament ist gemäß § 2265 **Ehegatten** vorbehalten. Dies ist verfassungsrechtlich nicht zu beanstanden[21]. Ein gemeinschaftliches Testament ist deshalb nur

---

[19] MünchKommBGB/*Musielak* Vor § 2265 Rn 15.
[20] Vgl den Fall LG Oldenburg vom 21. 9. 2007, 13 O 1844/07, BeckRS 2007, 15859 m Anm *Litzenburger* FD-ErbR 2007, 243862.
[21] BVerfG NJW 1989, 1986.

wirksam, wenn die Testierenden im Zeitpunkt der Errichtung in einer gültigen Ehe miteinander verheiratet waren. Heiraten die Testierenden erst nach der Testamentserrichtung, so hat dies keine heilende Wirkung und das gemeinschaftliche Testament bleibt nichtig[22]. Die Auswirkungen einer späteren Auflösung gemäß §§ 1313 ff oder eines Scheidungsverfahrens sind in § 2268 geregelt. Personen, die nicht miteinander verheiratet sind, also auch **Verlobte oder Partner einer nichtehelichen Lebensgemeinschaft,** müssen entweder vor einem Notar einen Erbvertrag oder jeder für sich getrennt ein (einseitiges) Testament errichten. Wird die Form des Erbvertrags gewählt, so kann eine dem gemeinschaftlichen Testament ähnliche Bindungswirkung erreicht werden. Ist mindestens ein Ehepartner Ausländer oder gehört auslandisches Vermögen zum Nachlass (**Auslandsbezug**), so ist die Anerkennung und Wirksamkeit eines gemeinschaftlichen Testaments im Ausland auf Grund der Tatsache, dass diese Testierform in vielen Ländern der Welt verboten ist, sehr zweifelhaft[23].

17   **2. Partner einer gleichgeschlechtlichen Lebenspartnerschaft iS des § 1 Abs 1 S 1 LPartG.** Seit dem 1. 8. 2001 können außer Ehepaaren auch die Partner einer gleichgeschlechtlichen **Lebenspartnerschaft** iS des § 1 Abs 1 S 1 LPartG ein gemeinschaftliches Testament errichten (§ 10 Abs 4 S 1 LPartG). Der Heirat steht dabei die formgerechte Abgabe der Erklärung gemäß § 1 Abs 1 S 1 LPartG gleich. Der Abschluss eines Lebenspartnerschaftsvertrags oder sonstige vorbereitende Maßnahmen zur Eingehung einer solchen Lebenspartnerschaft reichen nicht aus, auch wenn § 1 Abs 3 LPartG mittlerweile das Verlöbnis zwischen (künftigen) Lebenspartnern eingeführt hat. Die Rechtslage ist insoweit nicht anders als beim Verlöbnis zwischen künftigen Ehepartnern (Rn 16). Das Recht zur Errichtung eines gemeinschaftlichen Testaments endet mit der Aufhebung der Partnerschaft gemäß § 15 LPartG. Auf ein Testament zwischen gleichgeschlechtlichen Lebenspartnern finden alle für gemeinschaftliche Testamente von Ehepaaren geltenden Bestimmungen Anwendung. Trotz der ungenauen Verweisung in § 10 Abs 4 S 2 LPartG auf §§ 2266 bis 2273 gelten daher auch §§ 2287, 2288 für ein gemeinschaftliches Testament zwischen Partnern einer gleichgeschlechtlichen Lebenspartnerschaft. Für gemeinschaftliche Testamente von Lebenspartnern gelten auch die §§ 2279 Abs 2, 2280 und 2292.

IV. Rechtsfolge von Verstößen

18   **1. Umdeutung.** Ist das gemeinschaftliche Testament von Personen errichtet worden, die zu dieser Zeit nicht rechtsgültig miteinander verheiratet oder in einer gleichgeschlechtlichen Lebenspartnerschaft verbunden waren, so ist zunächst die Möglichkeit der Umdeutung gemäß § 140[24] in zwei Einzeltestamente oder in einen notariellen Erbvertrag zu prüfen. Das Gleiche gilt, wenn nur einer den Entwurf eines gemeinschaftlichen Testaments eigenhändig ge- und unterschrieben hat[25]. Das Ergebnis kann dabei für mehrere äußerlich in einem gemeinschaftlichen Testament zusammengefasste Einzelverfügungen auch unterschiedlich ausfallen.

19   **a) Formerfordernis.** Die Umdeutung kommt allerdings nur in Betracht, wenn und soweit das gemeinschaftliche Testament auch den für Einzeltestamente oder für einen Erbvertrag geltenden Vorschriften entspricht. Diese Bedingung ist bei Errichtung des gemeinschaftlichen Testaments vor einem Notar für beide Fälle erfüllt. Das Gleiche gilt bei dem in der Praxis äußerst seltenen Fall, dass jeder Testierende in einem eigenhändigen gemeinschaftlichen Testament seine eigenen Verfügungen in vollem Umfang selbst ge- und unterschrieben hat. Ist bei einem solchen gemeinschaftlichen Testament der Text gemäß § 2267 nur von einem eigenhändig geschrieben und von beiden unterzeichnet worden, so kann allenfalls die letztwillige Verfügung des Schreibenden in ein Einzeltestament umgedeutet werden; die des anderen ist nichtig.

20   **b) Erblasserwille.** Die Umdeutung hängt weiter davon ab, ob sie auch dem mutmaßlichen Willen des Erblassers entspricht.

21   Bei **einseitig testamentarischen Verfügungen** wird man regelmäßig zu dem Ergebnis gelangen, dass diese als Bestandteil eines Einzeltestaments gültig sein sollen[26]. Zwingend ist dies jedoch nicht[27]. So sind Fälle denkbar, dass eine solche einseitige Verfügung in ihrer Wirkung von einer (nicht umdeutbaren) wechselbezüglichen Verfügung abhängig ist, so dass eine isolierte Geltung nicht mehr vom Erblasserwillen gedeckt ist.

22   Umstritten ist die Umdeutbarkeit **wechselbezüglicher Verfügungen** in einem gemeinschaftlichen Testament von Personen, die kein gemeinschaftliches Testament errichten dürfen. Entgegen KG[28] ist jedoch ausgeschlossen, die Verfügung grds ohne die erbrechtliche Bindung aufrechtzuerhalten, da das gemeinschaftliche Testament mehr ist als die bloß äußerliche Zusammenfassung zweier Einzeltestamente. Während die früher hM[29] die Umdeutung solcher Verfügungen mit Blick auf die Bestimmung des § 2270 stets am Fehlen des mutmaßlichen Erblasserwillens scheitern lässt, fordert eine im Vordringen

---

[22] MünchKommBGB/*Musielak* Rn 2; aA *Wacke* FamRZ 2001, 457 ff; dagegen *Kanzleiter* FamRZ 2001, 1198.
[23] Vgl *Lehmann* ZEV 2007, 193 betr Europa.
[24] AllgM, zB MünchKommBGB/*Musielak* Rn 5 f mwN.
[25] OLG Frankfurt Rpfleger 1998, 342.
[26] AllgM, zB BGH NJW-RR 1987, 1410; BayObLG FamRZ 1993, 1370.
[27] So mit Recht MünchKommBGB/*Musielak* Rn 8.
[28] OLG NJW 1972, 2133; vgl OLG Frankfurt MDR 1976, 667.
[29] Vgl RGZ 87, 33; *Lutter* FamRZ 1959, 273.

begriffene Meinung[30] mit Recht eine Differenzierung zwischen gegenseitigen Verfügungen und Zuwendungen an Dritte. Bei **gegenseitigen Erbeinsetzungen, Vermächtnissen oder Auflagen** kann ohnehin nur die Verfügung des Erstversterbenden wirksam werden, während die des Überlebenden gegenstandslos wird. Aus der Sicht des Erblassers ist es jedoch regelmäßig ohne Bedeutung, ob die Wirkungslosigkeit Folge des Vorversterbens oder sonstiger Gründe ist. Bei diesen gegenseitigen wechselbezüglichen Verfügungen ist daher mangels anderer Anhaltspunkte grds davon auszugehen, dass der Erblasser deren Wirksamwerden auch für den Fall will, dass die des anderen unwirksam sind[31]. Bei wechselbezüglichen **Zuwendungen an Dritte** will der Erblasser regelmäßig sichergestellt wissen, dass der Dritte letztlich den Gegenstand auch erhält. Trotzdem kann eine Umdeutung nicht generell abgelehnt werden, da die Vorschrift des § 2270 mangels gültigen gemeinschaftlichen Testaments nicht eingreift und ein Umdeutungsverbot dem Gesetz an keiner Stelle entnommen werden kann. Da das Wesen der Wechselbezüglichkeit gerade darin besteht, dass die derart verknüpften Verfügungen miteinander stehen und fallen, ist bei ihnen allerdings eine Aufrechterhaltung als einseitige Verfügung ausgeschlossen[32]. Die Umdeutung wird hier regelmäßig zu dem Ergebnis gelangen, dass die Verfügung mit der Bedingung verknüpft ist, dass das ihm zugewendete letztendlich auch erhält[33]. Bei Vorliegen besonderer Umstände ist jedoch auch jede dieser Verfügungen daraufhin zu untersuchen, ob der Erblasser sie auch in Kenntnis der Ungültigkeit der Verfügungen des anderen getroffen hätte[34]. Die von *M. Wolf*[35] dazu vorgeschlagene Unterscheidung zwischen Bedingungswille und Wirksamkeitserwartung umschreibt das Auslegungsproblem, löst es jedoch nicht.

Ein **von einem Notar beurkundetes gemeinschaftliches Testament** ist regelmäßig in einen Erbvertrag umzudeuten, es sei denn, es wird festgestellt, dass die Testierenden die damit verbundene Bindungswirkung nicht wollten[36].   23

2. Nichtigkeit. Wenn und soweit eine Umdeutung eines von nicht dazu berechtigten Personen errichteten gemeinschaftlichen Testaments gemäß § 140 nicht möglich ist, so ist jede nicht umdeutbare Einzelverfügung in vollem Umfang unwirksam.   24

§ 2266 Gemeinschaftliches Nottestament

Ein gemeinschaftliches Testament kann nach den §§ 2249, 2250 auch dann errichtet werden, wenn die dort vorgesehenen Voraussetzungen nur bei einem der Ehegatten vorliegen.

I. Errichtungsbedingungen

Das gemeinschaftliche Testament kann auch als Nottestament gemäß den Vorschriften der §§ 2249 bis 2251 errichtet werden. § 2266 stellt klar, dass das Bürgermeister- (§ 2249) und das Drei-Zeugen-Testament (§ 2250) auch dann zulässig sind, wenn die dort aufgestellten Bedingungen nur in der Person eines Ehepartners gegeben sind. Praktisch relevant ist diese Ausnahmeregelung allerdings nur in den Fällen naher Todesgefahr, weil die Absperrung nur eines Ehepartners unwahrscheinlich ist. Beim Seetestament (§ 2251) kann sich ein vergleichbares Problem nicht stellen, da sich beide Ehepartner auf dem gleichen Schiff befinden müssen.   1

Nach zutreffender hM sind die Ehepartner im Falle des § 2266 nicht gezwungen, sich bei der Errichtung eines gemeinschaftlichen Testaments der gleichen Testamentsform zu bedienen[1]. Es ist also möglich, dass der Ehegatte, bei dem die Voraussetzungen der §§ 2249, 2250, 2266 erfüllt sind, diese Form wählt und der andere eigenhändig gemäß § 2247 testiert. Die Gegenansicht[2] wendet dagegen zwar mit Recht ein, dass damit das Testament des einen nur zeitlich begrenzt, das andere unbegrenzt gültig ist. Dies ist jedoch kein Grund, den Ehepartnern die freie Wahl der Testamentsformen abzuschneiden. Wenn und soweit die in den unterschiedlichen Testamentsarten enthaltenen Verfügungen wechselbezüglich sind, führt das Unwirksamwerden des Nottestaments durch Zeitablauf gemäß § 2270 Abs 1 auch die Nichtigkeit der korrespektiven Verfügungen des anderen herbei.   2

II. Gültigkeitsdauer

1. Dreimonatsfrist. Auch das gemeinschaftliche Nottestament gemäß §§ 2249, 2250, 2266 wird mit Ablauf von drei Monaten ab Errichtung ungültig (§ 2252 Abs 1), es sei denn, einer der Ehepartner   3

---

[30] BayObLG Rpfleger 2001, 425; Kanzleiter DNotZ 1973, 133, 145 ff; *Reimann/Bengel/J. Mayer* Rn 7 f; MünchKommBGB/*Musielak* Rn 9; *Staudinger/Kanzleiter* Rn 11 f; *Soergel/M. Wolf* Rn 5.
[31] BayObLG Rpfleger 2001, 425; *Staudinger/Kanzleiter* Rn 12; *Kanzleiter* DNotZ 1973, 133, 145 ff; aA KG OLG NJW 1969, 798; OLG Hamm ZEV 1996, 304 m Anm *Kanzleiter*.
[32] BayObLG NJW-RR 1992, 332, 333; NJW-RR 1993, 1157, 1159; Rpfleger 2000, 457; KG Rpfleger 1969, 93; MünchKommBGB/*Musielak* Rn 9; aA *Soergel/M. Wolf* Rn 5.
[33] *Kanzleiter* DNotZ 1973, 149; *Staudinger/Kanzleiter* Rn 13.
[34] MünchKommBGB/*Musielak* Rn 9; *Palandt/Edenhofer* Rn 3; vgl auch OLG Frankfurt FamRZ 1979, 347.
[35] *Soergel/M. Wolf* Vor § 2265 Rn 12.
[36] RG WarnR 1913 Nr 248 *Staudinger/Kanzleiter* Vor § 2265 Rn 33; MünchKommBGB/*Musielak* Rn 10.
[1] *Staudinger/Kanzleiter* Rn 2; *Damrau/Klessinger* Rn 2 f; *Erman/M. Schmidt* Rn 3.
[2] MünchKommBGB/*Musielak* Rn 2.

§ 2267

oder beide sterben vor dem Fristablauf. Auch wenn der Ehegatte, bei dem die Voraussetzungen für das gemeinschaftliche Nottestament nicht vorgelegen hatten, innerhalb dieser Frist stirbt, muss dieses gültig bleiben, weil mit dessen Tod die Möglichkeit zur Errichtung eines gemeinschaftlichen Testaments entfallen ist.

4   **2. Fristhemmung.** Die Dreimonatsfrist ist bei einem gemeinschaftlichen Nottestament gemäß § 2252 Abs 2 gehemmt, solange auch nur einer der beiden Ehepartner außerstande ist, an der Errichtung eines gemeinschaftlichen Testaments in ordentlicher öffentlicher Form mitzuwirken[3].

5   **3. Rechtsfolgen des Fristablaufs.** Erleben beide Ehepartner den Fristablauf, so werden alle in dem gemeinschaftlichen Nottestament enthaltenen Verfügungen unwirksam. Haben sich die Ehepartner unterschiedlicher Testamentsformen bedient (vgl Rn 2), so wird nur das in der Form der §§ 2249, 2250, 2266 errichtete Nottestament mit Fristablauf gemäß § 2252 ungültig, während die wechselbezüglichen Verfügungen in dem anderen Testament gemäß § 2270 Abs 1 unwirksam werden.

6   Umstritten ist die Wirkung des Ablaufs der Dreimonatsfrist auf in dem gemeinschaftlichen Nottestament enthaltene **einseitige Verfügungen** des den Fristablauf überlebenden Ehepartners. Nach einer im Schrifttum vertretenen Auffassung werden die einseitigen Verfügungen eines überlebenden Ehepartners mit Fristablauf in jedem Fall ungültig, so dass er gezwungen ist, diese in einem ordentlichen Testament zu wiederholen[4]. Diese Meinung geht von einer dem Gesetz fremden Differenzierung aus. § 2266 gebietet diese nicht nur nicht, sondern basiert gerade auf dem Gedanken, dass das gemeinschaftliche Nottestament als Einheit zu behandeln ist. Richtiger Ansicht nach bleiben daher auch alle einseitigen Verfügungen in einem gemeinschaftlichen Nottestament ohne Rücksicht darauf wirksam, ob gerade der verfügende Ehegatte gestorben ist oder nicht[5].

§ 2267 Gemeinschaftliches eigenhändiges Testament

[1]**Zur Errichtung eines gemeinschaftlichen Testaments nach § 2247 genügt es, wenn einer der Ehegatten das Testament in der dort vorgeschriebenen Form errichtet und der andere Ehegatte die gemeinschaftliche Erklärung eigenhändig mitunterzeichnet.** [2]**Der mitunterzeichnende Ehegatte soll hierbei angeben, zu welcher Zeit (Tag, Monat und Jahr) und an welchem Orte er seine Unterschrift beigefügt hat.**

Schrifttum: *Asbeck*, Das eigenhändige Ehegattentestament, DB 1961, 869; *Coing*, Zur Form des gemeinschaftlichen eigenhändigen Testaments, JZ 1952, 611; *Rötelmann*, Erfordernisse des eigenhändigen gemeinschaftlichen Testaments, Rpfleger 1958, 146.

I. Formen der Errichtung

1   **1. Ordentliches Testament.** Ein gemeinschaftliches Testament kann sowohl als öffentliches zur Niederschrift des Notars (§§ 2232, 2233 Nr 1) als auch eigenhändig ge- und unterschriebenes Testament (§§ 2247, 2233 Nr 2) errichtet werden. Dabei gelten die gleichen Regelungen wie für einseitige Testamente. Lediglich für die Errichtung eines eigenhändigen gemeinschaftlichen Testaments gewährt § 2267 eine Formerleichterung. Nach zutreffender Ansicht kann ein gemeinschaftliches Testament auch dadurch errichtet werden, dass jeder Ehepartner einen anderen Notar zwecks Beurkundung seiner Verfügungen als gemeinschaftliches öffentliches Testament aufsucht[1]. Beide Ehegatten müssen sich dabei nicht derselben Errichtungsart bedienen, so dass außer dem normalerweise üblichen gemeinsamen mündlichen Erklärung zur Niederschrift des Notars auch Fälle denkbar sind, in denen der eine seine Erklärungen mündlich abgibt und der andere durch Übergabe einer (offenen oder verschlossenen) Schrift an den Notar oder beide eine gemeinsame Schrift aushändigen. Im Hinblick auf die zu fordernde Einheitlichkeit des Errichtungsaktes ist jedoch zusätzlich zur Kenntnis der Verfügungen des anderen ein ausdrücklicher Hinweis auf die gemeinsame Geltung als gemeinschaftliches Testament zu fordern[2].

2   **2. Außerordentliches Testament.** Das gemeinschaftliche Testament kann aber – wie § 2266 belegt – auch als Nottestament vor dem Bürgermeister (§ 2249) oder vor drei Zeugen (§ 2250) errichtet werden. Wenn sich die Ehegatten auf dem gleichen Schiff befinden, ist auch ein Seetestament (§ 2251) zulässig.

II. Einheitlichkeit der Errichtungsformen

3   Nach zutreffender hM sind die Ehegatten nicht gezwungen, sich bei der Errichtung eines gemeinschaftlichen Testaments der gleichen Testamentsform zu bedienen[3*]. Die Gegenansicht[4*] will aus der

---

[3] MünchKommBGB/*Musielak* Rn 5; *Reimann/Bengel/J. Mayer* Rn 7.
[4] *Staudinger/Kanzleiter* Rn 3 ff; *Kipp/Coing* § 33 I 4.
[5] *Reimann/Bengel/J. Mayer* Rn 6; MünchKommBGB/*Musielak* Rn 5; *Soergel/M. Wolf* Rn 3; RGRK/*Johannsen* Rn 3; *Damrau/Klessinger* Rn 5; Erman/*M. Schmidt* Rn 2.
[1] MünchKommBGB/*Musielak* Rn 5; aA *Lange/Kuchinke* § 24 III 2 a; *Schlüter* Rn 339.
[2] BayObLG FamRZ 1991, 1485, 1486 mwN; MünchKommBGB/*Musielak* Rn 5; krit *Lange/Kuchinke* § 24 III 2 b.
[3*] *Staudinger/Kanzleiter* Rn 3; Erman/*M. Schmidt* Rn 3; RGRK/*Johannsen* Rn 2.
[4*] MünchKommBGB/*Musielak* Rn.

Gemeinschaftliches eigenhändiges Testament § 2267

Wahl unterschiedlicher Testamentsformen zwingend auf das Fehlen des Willens zur gemeinschaftlichen Errichtung schließen. Dem kann nicht zugestimmt werden. Es kann gute Gründe für die Wahl unterschiedlicher Formen geben. Falls ein Ehegatte auf Grund Behinderungen zur Errichtung eines eigenhändigen Testaments nicht mehr in der Lage ist, der andere jedoch einen Beurkundungstermin beim Notar nicht wahrnehmen kann, so darf diesem Ehepartner doch nicht der Weg zur Errichtung eines gemeinschaftlichen Testaments abgeschnitten werden. Bei der Kombination ordentlicher und außerordentlicher Testamentsformen führt der Umstand, dass das Testament des einen nur zeitlich begrenzt und das des anderen unbegrenzt gültig ist, das Unwirksamwerden des Nottestaments durch Zeitablauf gemäß § 2270 Abs 1 auch die Nichtigkeit der korrespektiven Verfügungen des anderen herbei.

III. Form des eigenhändigen gemeinschaftlichen Testaments

1. Errichtung. Das eigenhändige gemeinschaftliche Testament kann nur entweder in der Form des § 2267 oder unter Einhaltung der Bestimmungen des § 2247 errichtet werden. **4**

a) **Formerleichterung des § 2267.** Ohne diese Sonderregelung müsste jeder Ehegatte gemäß § 2247 Abs 1 seine eigenen Verfügungen vollständig handschriftlich schreiben und unterschreiben. § 2267 befreit die Ehepartner demgegenüber von der Pflicht, unter Umständen den gesamten gleich lautenden Text zweimal schreiben zu müssen. Danach genügt es, wenn ein Ehegatte den Text eigenhändig schreibt und beide Ehepartner diesen unterschreiben. Zulässig ist es aber auch, wenn ein Ehegatte zunächst seine eigenen Verfügungen niederlegt und unterschreibt, und dann die des anderen Verfügungen zwar ebenfalls schreibt, diese jedoch nur von dem anderen unterzeichnet werden[5]. Dies gilt allerdings nur bei der Niederlegung in einem Schriftstück, weil andernfalls der gemeinsame Errichtungswille nicht hinreichend dokumentiert ist. Ort und Tag der Errichtung sollen auch im Rahmen des § 2267 angegeben werden, wobei das Fehlen dieser Angaben das gemeinschaftliche Testament nicht unwirksam macht. **5**

Da § 2267 erkennbar auf die Testamentsurkunde als Ganzheit abstellt, braucht nicht zwischen wechselbezüglichen und einseitigen Verfügungen unterschieden zu werden. Die Formerleichterung gilt also auch für einseitige Verfügungen des (nur) mitunterzeichnenden Ehepartners. Enthält die Testamentsurkunde jedoch nur Verfügungen eines Ehepartners, so fehlt es an den für ein gemeinschaftliches Testament begriffsnotwendigen (vgl § 2265 Rn 8) Verfügungen beider Ehepartner. In diesem Fall liegt kein gemeinschaftliches Testament iS des § 2267 vor, so dass die darin enthaltenen Verfügungen nur wirksam sind, wenn der verfügende Ehegatte sie selbst eigenhändig ge- und unterschrieben hat. **6**

Die Mitunterzeichnung eines Ehepartners bedeutet idR nicht nur Kenntnisnahme oder Einverständnis mit den Verfügungen des anderen, sondern ist sichtbarer Ausdruck der Miturheberschaft iS des § 2267[6]. Nur in äußerst seltenen Ausnahmefällen[7] fehlt der Mitunterzeichnung diese Funktion. Die Unterzeichnung kann zwar zu einem beliebigen Zeitpunkt zwischen der Abfassung des Textes und dem Tod eines der beiden Ehepartner erfolgen, vorausgesetzt, der andere weiß auch zu dieser Zeit immer noch die Errichtung einer gemeinsamen Verfügung[8]. Die Unterzeichnung kann jedoch nicht blanko im Vorhinein geschehen[9]. Je größer der Zeitraum zwischen der Errichtung durch einen Ehepartner und der Billigung durch den anderen ist, desto strengere Anforderungen sind an den Nachweis der Gemeinschaftlichkeit des Entschlusses zu stellen[10]. S zur Unzulässigkeit der **nachträglichen Vergemeinschaftung** § 2265 Rn 7. **7**

b) **Form des § 2247.** § 2267 gewährt zwar gegenüber dem § 2247 Abs 1 eine Formerleichterung, schließt jedoch eine Errichtung unter Einhaltung dieser Vorschrift nicht aus. Das eigenhändige gemeinschaftliche Testament kann auf dieser Grundlage auch wie folgt abgefasst werden: **8**
– Beide Ehepartner schreiben jeder für sich den gesamten Text des gemeinschaftlichen Testaments wortgleich nieder und unterzeichnen gemeinsam unter beiden Texten.
– Jeder Ehegatte schreibt nur die seinen eigenen Nachlass betreffenden Verfügungen selbst mit der Hand auf das gleiche Blatt bzw den Blattzusammenhang. Unterzeichnen beide Ehepartner am Ende beider Texte, so ist damit der einheitliche Errichtungszusammenhang ausreichend dokumentiert. Unterschreibt nur jeder seine eigenen Verfügungen, so muss zusätzlich der Errichtungszusammenhang irgendwie angedeutet werden.

2. Zusätze, Einschaltungen, Streichungen und Nachträge. Auch Zusätze, Einschaltungen und Nachträge zum Text müssen bei einem eigenhändigen gemeinschaftlichen Testament mindestens von einem Ehepartner selbst geschrieben und von beiden unterzeichnet werden. Solche Änderungen bzw Ergänzungen sind jedoch auch in der Weise zulässig, dass diese von einem Ehepartner mit Wissen und **9**

---

[5] OLG Celle NJW 1957, 876 m abl Anm *Rötelmann*; OLG Hamm NJW-RR 1991, 1352, 1353; LG München I FamRZ 1998, 1391, 1392; *Reimann/Bengel/J. Mayer* Rn 34; *Staudinger/Kanzleiter* Rn 15; aA BGH NJW 1958, 547; *Rötelmann* Rpfleger 1958, 146; *Musielak* FamRZ 1992, 358, 359; *MünchKommBGB/Musielak* Rn 22.
[6] BayObLG FGPrax 2004, 33, 34; NJW 1959, 1969; *MünchKommBGB/Musielak* Rn 14.
[7] Vgl OLG Schleswig SchHA 1955, 21.
[8] HM, zB *MünchKommBGB/Musielak* Rn 15 mwN.
[9] OLG Hamm NJW-RR 1993, 269, 270.
[10] *Lange/Kuchinke* § 24 III 2 b.

Litzenburger

§ 2268

Wollen des anderen vorgenommen werden und von den ursprünglich geleisteten Unterschriften räumlich gedeckt sind. Fehlt es an der räumlichen Deckung durch die Unterschriften beider Ehepartner, so sind solche Zusätze nur wirksam, wenn sie erneut von beiden Ehepartnern eigenhändig unterschrieben werden. Streichungen braucht der Erblasser dagegen nicht höchstpersönlich vorzunehmen. Dabei handelt es sich nämlich um einen teilweisen Widerruf gemäß § 2255, den auch ein Dritter als unselbstständiges Werkzeug in der Hand des Erblassers vornehmen kann. Sind diese Streichungen allerdings nicht von beiden Ehepartnern unterzeichnet, so können Zweifel bestehen, ob sie vom Willen beider Ehepartner getragen sind.

IV. Formmängel

10 **1. Umdeutung.** Ein formnichtiges eigenhändiges gemeinschaftliches Testament kann in ein einseitiges Testament iS des § 2247 umgedeutet werden, wenn und soweit die dort festgelegten Bedingungen erfüllt sind. Dies ist bei einem gemäß § 2267 errichteten gemeinschaftlichen Testament jedoch nur bezüglich der Verfügungen des Ehepartners möglich, der den Text persönlich mit der Hand ge- und unterschrieben hat. Die Verfügungen des nur beitretenden oder mitunterzeichnenden Ehepartners sind dagegen in jedem Fall formungültig. Auch Formulierungen wie „Dies ist auch mein Wille" erlauben keine Umdeutung, da der eigentliche Text eben nicht von dem testierenden Ehepartner geschrieben worden ist[11]. Ob und inwieweit die Unwirksamkeit dieser Verfügungen auch die des schreibenden Ehepartners erfasst, hängt vom Rechtscharakter der beiderseitigen Verfügungen ab. Stehen die Verfügungen beider Ehepartner im Verhältnis der Wechselbezüglichkeit zueinander, so sind alle diese Verfügungen gemäß § 2270 unwirksam. Nur soweit es sich bei den Anordnungen des schreibenden Ehepartners um einseitige Verfügungen handelt, haben sie Gültigkeit.

11 **2. Nichtigkeit.** Wenn und soweit eine Umdeutung ausscheidet, ist ein eigenhändiges gemeinschaftliches Testament, das weder den Anforderungen des § 2247 noch denen des § 2267 genügt, nichtig.

§ 2268 Wirkung der Ehenichtigkeit oder -auflösung

(1) Ein gemeinschaftliches Testament ist in den Fällen des § 2077 seinem ganzen Inhalt nach unwirksam.

(2) Wird die Ehe vor dem Tode eines der Ehegatten aufgelöst oder liegen die Voraussetzungen des § 2077 Abs. 1 Satz 2 oder 3 vor, so bleiben die Verfügungen insoweit wirksam, als anzunehmen ist, dass sie auch für diesen Fall getroffen sein würden.

Schrifttum: *J. Mayer,* Der Fortbestand letztwilliger Verfügungen bei Scheitern von Ehe, Verlöbnis und Partnerschaft, ZEV 1997, 280; *Kim J. Müller,* Die Fortgeltung der Wechselbezüglichkeit von Verfügungen im Rahmen des § 2268 Abs. 2 BGB, Rpfleger 2005, 493; *Muscheler,* Der Einfluß der Eheauflösung auf das gemeinschaftliche Testament, DNotZ 1994, 733; *Wirtz,* Die erbrechtliche Position des Ehegatten im Scheidungsverfahren, 2003.

I. Geltungsbereich

1 § 2268 gilt für alle Verfügungen in einem gemeinschaftlichen Testament, nicht nur für gegenseitige oder sonst wechselbezügliche. Hierdurch unterscheidet sich seine Rechtsfolgenanordnung auch ganz wesentlich von der des § 2077, auf den diese Norm verweist. Nicht nur die den Ehepartner begünstigende Verfügung ist unwirksam, sondern unterschiedslos jede Zuwendung, auch die an einen Dritten. Deshalb kommt im Rahmen des § 2268 der Abgrenzung des gemeinschaftlichen Testaments vom einseitigen Testament besondere Bedeutung zu (§ 2265 Rn 1 ff). § 2268 gilt auch beim sog gleichzeitigen gemeinschaftlichen Testament (vgl § 2265 Rn 10), das eigentlich nur die äußere Zusammenfassung von einseitigen Testamenten enthält. Haben Personen ein gemeinschaftliches Testament errichtet, die zu dieser Zeit nicht oder nicht wirksam miteinander verheiratet waren (sog **Nichtehe**), so ist dieses bereits gemäß § 2265 nichtig (vgl § 2265 Rn 12).

II. Auflösung der Ehe iS der §§ 2268, 2077

2 **1. Aufhebung der Ehe.** Die Aufhebung der Ehe erfolgt gemäß §§ 1313 ff durch Gerichtsurteil. Antragsberechtigt sind die Ehepartner sowie die sonstigen in § 1316 Abs 1 genannten Stellen bzw Personen. Die Aufhebungsgründe sind abschließend in §§ 1314, 1315, 1319 und 1320 geregelt. Die Ehe ist mit Wirkung ab Rechtskraft dieses Urteils aufgelöst (§ 1313 S 2). Mit der Aufhebung der Ehe wird die Grundlage für die Errichtung eines gemeinschaftlichen Testaments beseitigt. Sie führt daher zu dessen Ungültigkeit gemäß §§ 2268, 2077. Dies gilt auch dann, wenn das Urteil erst nach dem Tod eines oder beider Ehepartner ergeht. § 2077 Abs 1 S 3 lässt es genügen, wenn der Erblasser vor seinem Tod den entsprechenden Antrag gestellt hat und dieser in der Sache Erfolg gehabt hätte.

3 **2. Ehescheidung.** Das gemeinschaftliche Testament ist ferner dann in vollem Umfang ungültig, wenn die Ehe gemäß § 1564 geschieden wird. Mit der Rechtskraft des Scheidungsurteils ist die Ehe aufgelöst (§ 1564 S 3). Dem gemeinschaftlichen Testament ist damit die Geltungsgrundlage entzogen und es ist ungültig. Gemäß § 2077 Abs 1 S 2 reicht es auch in diesem Fall aus, wenn der Erblasser vor

---

[11] BayObLGZ 1968, 311.

seinem Tod den entsprechenden Antrag gestellt oder diesem förmlich zugestimmt hat und dieser in der Sache Erfolg gehabt hätte.

3. Antragstellung durch den anderen Ehepartner. Umstritten ist, ob die Beantragung der Aufhebung bzw. Scheidung entgegen § 2077 Abs 1 S 2 und 3 auch dann zur Ungültigkeit des gemeinschaftlichen Testaments führt, wenn nicht der Erblasser, sondern der andere Ehepartner den Antrag gestellt bzw der Scheidung zugestimmt hat und die Ehe daraufhin aufgelöst worden wäre. Der klare und unmissverständliche Wortlaut des § 2077 Abs 1 S 2 und 3, auf den § 2268 verweist, verbietet es, die Wirkungen der §§ 2268, 2077 auch dann eintreten zu lassen, wenn der Ehepartner stirbt, der den Antrag nicht gestellt oder diesem nicht zugestimmt hat[1]. Der Hinweis auf die vergleichbare Interessenlage greift nicht durch. Das Gesetz fordert mit Recht vom Erblasser eine Manifestation seines Aufhebungswillens, nämlich das Stellen des Antrags oder die förmliche Zustimmung. Dies ist eine sichere Basis, um über die Gültigkeit des gemeinschaftlichen Testaments zu befinden. Hat ein Ehepartner vor seinem Tod seinen Aufhebungswillen nicht in dieser Form geäußert, so mag es zwar nahe liegen, einen solchen Willen anzunehmen, was jedoch im Wege der Testamentsanfechtung gemäß § 2078 Abs 2 zu prüfen ist. Dies ist ein adäquates Verfahren, in dem insbes die irrige Annahme des Fortbestands der Ehe einschlägig sein dürfte[2].

III. Aufhebung einer Lebenspartnerschaft

Wird eine gleichgeschlechtliche Lebenspartnerschaft iS des § 1 Abs 1 S 1 LPartG gemäß § 15 aufgehoben, so findet § 2268 entsprechende Anwendung (§ 10 Abs 4 S 2 LPartG). Gemäß § 2077 Abs 1 S 2 werden die letztwilligen Verfügungen bereits dann unwirksam, wenn der Erblasser die Aufhebung beantragt hatte und die Voraussetzungen des § 15 Abs 2 LPartG zurzeit seines Todes vorliegen. Wie bei der Eheauflösung reicht es aber nicht aus, wenn nur der überlebende Partner den Antrag gestellt hat (vgl Rn 4).

IV. Vorrang des abweichenden Erblasserwillens

1. Aufrechterhaltungswille. Diese Auslegungsregel ist gemäß § 2268 Abs 2 nur anzuwenden, wenn und soweit die Beteiligten nicht trotz der Eheauflösung insbes der Scheidung ihre Verfügungen aufrechterhalten wollen. Dies können – und sollten – sie ausdrücklich im gemeinschaftlichen Testament regeln. Fehlt eine solche Bestimmung, so ist im Wege der ergänzenden Auslegung auch anhand außerhalb der Testamentsurkunde liegender Umstände ein solcher Aufrechterhaltungswille zu ermitteln. Er ist vor allem dann anzunehmen, wenn und soweit Ehepartner in einem solchen Testament ihre gemeinsamen Abkömmlinge bedacht haben[3]. Hierauf hat die Eheauflösung nach allgemeiner Lebenserfahrung keinen Einfluss. Im Übrigen ist zwischen einseitig testamentarischen und wechselbezüglichen Verfügungen zu unterscheiden:

Bei **einseitig testamentarischen Anordnungen** ist in aller Regel davon auszugehen, dass sie durch die Eheauflösung nicht beeinflusst werden sollen. Der Aufrechterhaltungswille ist dem Wesen einseitiger Verfügungen immanent.

Umstritten ist die Beurteilung **wechselbezüglicher Verfügungen** im gemeinschaftlichen Testament, wenn eine ausdrückliche Bestimmung fehlt, der Aufrechterhaltungswille also im Wege der erläuternden Auslegung festgestellt werden muss. Nach einer Meinung kann aus dem bindenden Charakter der Verfügung auf das Fehlen eines Aufrechterhaltungswillens geschlossen werden[4]. Andere wiederum halten trotz der Wechselbezüglichkeit einen Aufrechterhaltungswillen für möglich, jedoch gehen die Meinungen darüber auseinander, ob in diesem Falle die Verfügungen mit erbrechtlich bindendem Charakter[5] oder mit einseitig testamentarischer Wirkung[6] fortgelten. Eine schematische Lösung dieser Streitfrage verbietet sich schon deshalb, weil es hier um die am Einzelfall orientierte ergänzende Testamentsauslegung geht[7]. Dabei sollte sorgfältig zwischen dem Ob und dem Wie der Fortgeltung unterschieden werden. Die Wechselbezüglichkeit ist – für sich betrachtet – ein untaugliches Argument für oder gegen den Aufrechterhaltungswillen, und zwar vor allem dann, wenn dieser bindende Charakter nicht Folge einer ausdrücklichen Anordnung sondern der Regelung der §§ 2270, 2271 ist, die Beteiligten sich hierüber also keine Gedanken gemacht hatten. Der Aufrechterhaltungswille bedarf vielmehr der Stütze durch den Wortlaut der Verfügung selbst oder durch Anhaltspunkte außerhalb des Testaments.

Sorgfältig davon zu unterscheiden ist die Frage nach der erbrechtlichen **Bindung der weitergeltenden Verfügung** für die Zeit nach der Eheauflösung. Der Aufrechterhaltungswille kann auf die Fortgeltung entweder als bindende Verfügung oder als einseitige Anordnung gerichtet sein. Falsch ist es jedenfalls, die Wechselbezüglichkeit kategorisch und ohne Einzelprüfung zu verneinen. Es bedarf einer

---

[1] BayObLG FamRZ 1990, 322; *Muscheler* DNotZ 1994, 733, 735; *Lange/Kuchinke* § 24 I 6; *Reimann/Bengel/J. Mayer* Rn 14; *Staudinger/Kanzleiter* Rn 8; für erweiterte Anwendung *MünchKommBGB/Musielak* Rn 13; *Schlüter* Rn 329; *Erman/Schmidt* Rn 4; RGRK/*Johannsen* Rn 3; *Wirtz* S 133 f.
[2] Vgl *Reimann/Bengel/J. Mayer* Rn 14; *Battes* FamRZ 1977, 433; *ders* JZ 1978, 733.
[3] Vgl BGH Rpfleger 2004, 626.
[4] *Palandt/Edenhofer* Rn 2; *Keim* ZEV 2004, 425; vgl BayObLG NJW 1996, 133; OLG Hamm OLGZ 1992, 272.
[5] BGH NJW 2004, 3113, 3114 = ZEV 2004, 423 m Anm *Keim*; *K. Müller* Rpfleger 2005, 493, 497 f.
[6] *Reimann/Bengel/J. Mayer* Rn 12; *Muscheler* DNotZ 1994, 733, 741 ff; *Kuchinke* DNotZ 1996, 306, 310 f.
[7] Zu formal daher *K. Müller* Rpfleger 2005, 493, 497 f.

sachlichen Rechtfertigung dafür, dass der frühere Ehepartner auch nach der Auflösung der Ehe noch an die Verfügung gebunden sein soll. Eine solche ist im Allgemeinen dann gegeben, wenn die Ehepartner im Rahmen eines Scheidungsverfahrens ein derartiges Testament errichtet und zum Zwecke der Vermögensauseinandersetzung bzw des Zugewinnausgleichs ihren gemeinsamen Kindern, Enkeln usw Vermögenswerte zugewendet haben, weil nur bei Fortgeltung als wechselbezüglicher Verfügung der ausgleichsberechtigte Ehepartner sicher sein kann, dass die gemeinsamen Abkömmlinge den betreffenden Vermögensgegenstand auch tatsächlich erhalten. Fehlt dagegen ein rechtfertigender Grund für die Wechselbezüglichkeit, so gilt die Verfügung zwar fort, jedoch nur als einseitig testamentarische, und zwar auch dann, wenn sie bis zur Eheauflösung wechselbezügliche Wirkung entfaltet hat. Dies gilt vor allem dann, wenn die Ehepartner nicht gemeinsame Abkömmlinge sondern solche aus anderen Beziehungen oder sonstige eigene Verwandte eingesetzt haben[8].

10   **2. Aussöhnung oder Wiederheirat.** Zum Meinungsstreit über die Auswirkungen einer Aussöhnung oder einer Wiederheirat der Beteiligten nach einer vorangegangenen Scheidung s § 2077 Rn 6. Nach hM[9] ändert die Aussöhnung oder Wiederheirat der Ehepartner grds nichts an der mit der Auflösung der Ehe eingetretenen Unwirksamkeit aller im gemeinschaftlichen Testament enthaltenen Verfügungen, wenn und soweit nicht im Einzelfall auf Grund besonderer Umstände ein Aufrechterhaltungswille des Erblassers festgestellt werden kann. Den Ehepartnern bleibt dann nichts anderes übrig, als ein neues gemeinschaftliches Testament zu errichten. Wenn das gemeinschaftliche Testament auf Grund eines feststellbaren Aufrechterhaltungswillen iS des Abs 2 trotz der Eheauflösung wirksam sein sollte, so ist im Wege der ergänzenden Auslegung zu prüfen, ob die Verfügungen als einseitig testamentarische oder als wechselbezügliche trotz der Aussöhnung oder Wiederheirat fortgelten (Rn 7).

V. Rechtsfolgen der Auflösung bzw Aufhebung

11   §§ 2268, 2077 enthalten eine Auslegungsregel und ordnen die Unwirksamkeit aller in einem gemeinschaftlichen Testament enthaltenen Verfügungen beider Ehepartner an, wenn die vorbezeichneten Voraussetzungen vorliegen. Dieser Auslegungsregel geht allerdings der dem Testament oder sonstigen außerhalb der Urkunde liegenden Umstände zu entnehmende entgegengesetzte Erblasserwille vor. Ist ein solcher Wille jedoch nicht festzustellen, so sind sämtliche Verfügungen unwirksam, also wechselbezügliche ebenso wie einseitige.

VI. Beweisfragen

12   Kann der Aufrechterhaltungswille nicht festgestellt werden, so ist der gesamte Inhalt des gemeinschaftlichen Testaments nichtig. Die Feststellungslast im Erbscheinsverfahren ebenso wie die materielle Beweislast im Zivilprozess geht damit in vollem Umfang zu Lasten desjenigen, der sich auf die Gültigkeit des gemeinschaftlichen Testaments beruft[10].

§ 2269 Gegenseitige Einsetzung

(1) **Haben die Ehegatten in einem gemeinschaftlichen Testament, durch das sie sich gegenseitig als Erben einsetzen, bestimmt, dass nach dem Tode des Überlebenden der beiderseitige Nachlass an einen Dritten fallen soll, so ist im Zweifel anzunehmen, dass der Dritte für den gesamten Nachlass als Erbe des zuletzt versterbenden Ehegatten eingesetzt ist.**

(2) **Haben die Ehegatten in einem solchen Testament ein Vermächtnis angeordnet, das nach dem Tode des Überlebenden erfüllt werden soll, so ist im Zweifel anzunehmen, dass das Vermächtnis dem Bedachten erst mit dem Tode des Überlebenden anfallen soll.**

Schrifttum: *Borgfeld,* Zweckmäßige Verfügungen in einem Ehegattentestament und § 2269 BGB, Diss Münster 1992; *Buchholz,* Berliner Testament (§ 2269 BGB) und Pflichtteilsrecht der Abkömmlinge – Überlegungen zum Ehegattenerbrecht, FamRZ 1985, 872; *ders,* Erbfolge und Wiederverheiratung, Erscheinungsformen, Regelungszweck und Dogmatik letztwilliger Wiederverheiratungsklauseln, 1986; *ders,* Gestaltungsprobleme des Ehegattenerbrechts: Teilungsprinzip oder Nutzungsprinzip, MDR 1990, 375; *Brambring,* Das „Berliner Testament" als Testamentstyp und die Auswirkungen des neuen Erbschaftsteuerrechts, FS Rheinisches Notariat, 1998, S 145; *Dippel,* Zur Auslegung von Wiederverheiratungsklauseln in gemeinschaftlichen Testamenten und Erbverträgen, AcP 177 (1977), 349; *Feick,* Klauseln zum „gemeinsamen Versterben" in Ehegattentestamenten: Ende eines Mythos? – Zivilrechtliche und erbschaftsteuerliche Folgen, ZEV 2006, 16; *Forster,* Die Wiederverheiratungsklausel in Verfügungen von Todes wegen, Diss Passau 1987; *Haegele,* Wiederverheiratungsklauseln, Rpfleger 1976, 73; *Huken,* Bleibt in einem gemeinschaftlichen Testament mit Wiederverheiratungsklausel die letztwillige Verfügung des überlebenden Ehegatten nach seiner Wiederverheiratung im Zweifel bestehen?, DNotZ 1965, 729; *Hurst,* Wiederverheiratungsklauseln in letztwilligen Verfügungen, MittRhNotK 1962, 435; *Kanzleiter,* Die Aufrechterhaltung der Bestimmungen in unwirksamen gemeinschaftlichen Testamenten als einseitige letztwillige Verfügungen, DNotZ 1973, 133; *Keim,* Der stillschweigende Erbverzicht: sachgerechte Auslegung oder unzulässige Unterstellung?, ZEV 2001, 1; *Leipold,* Die Wirkungen testamentarischer Wiederverheiratungsklauseln, FamRZ 1988, 352; *Lübbert,* Verwirkung oder Schlußerb-

---
[8] Vgl *Reimann/Bengel/J. Mayer* Rn 11; *Damrau/Klessinger* Rn 15.
[9] KG FamRZ 1968, 217, 218; BayObLG NJW 1996, 133 mwN; *Kuchinke* DNotZ 1996, 306, 307; aA *Keuk,* Der Erblasserwille post testamentum, S 53 f; *Foer* AcP 153 (1994), 492, 512.
[10] Vgl KG FamRZ 1968, 217, 218; OLG Hamm OLG NJW-RR 1992, 330, 332; *Dieterle* BWNotZ 1970, 170.

folge durch Geltendmachung des Pflichtteils, NJW 1988, 2706; *J. Mayer,* Ja zu „Jastrow"? – Pflichtteilsklausel auf dem Prüfstand, ZEV 1995, 136; *ders,* Berliner Testament ade? – Ein Auslaufmodell wegen zu hoher Erbschaftsteuerbelastung?, ZEV 1998, 50; *N. Mayer,* Neues zum Berliner Testament aufgrund der Erbschaftsteuerreform?, ZEV 1997, 325; *Meier-Kraut,* Zur Wiederverheiratungsklausel in gemeinschaftlichen Testamenten mit Einheitslösung, NJW 1992, 143; *v. Olshausen,* Die Sicherung gleichmäßiger Vermögensteilhabe bei Berliner Testamenten mit nichtgemeinsamen Kindern als Schlußerben, DNotZ 1979, 707; *Radke,* Verlangen, Erhalten oder Durchsetzen: Gestaltungsalternativen bei der Pflichtteilsklausel, ZEV 2001, 136; *Ripfel,* Das Testament für den Fall des gemeinschaftlichen Unfalltodes von Ehegatten, BB 1961, 583; *Ritter,* Der Konflikt zwischen einer erbrechtlichen Bindung aus erster Ehe und einer Verfügung des überlebenden Ehegatten zugunsten eines neuen Lebenspartners, 1999; *Seufert,* Die Jastrowsche Klausel, Gestaltungsfreiheit und Gestaltungsgrenzen im Erb- und Erbschaftsteuerrecht, 1999; *Simshäuser,* Auslegungsfragen bei Wiederverheiratungsklauseln in gemeinschaftlichen Testamenten und Erbverträgen, FamRZ 1972, 273; *Speth,* Schutz des überlebenden Ehegatten beim gemeinschaftlichen Testament, NJW 1985, 463; *Steffen,* Auslegung von Testamenten und Erbverträgen, RdL 1983, 57; *Stopfer,* Erbrechtliche Pflichtteilsansprüche bei Wiederverheiratung und nichteheliche Lebensgemeinschaft, Diss Regensburg 1988; *Strecker,* Pflichtteilsklausel im Ehegattentestament, MDR 1979, 812; *Strobel,* Nochmals: Pflichtteilsstrafklausel im Ehegattentestament, MDR 1980, 363; *Strötz,* Die Wiederverheiratungsklausel, Diss Augsburg 1981; *Wacke,* Rechtsfolgen testamentarischer Verwirkungsklauseln, DNotZ 1990, 403; *Weiss,* Pflichtteilsklausel im Ehegattentestament, MDR 1979, 812; *Wilhelm,* Wiederverheiratungsklausel, bedingte Erbeinsetzung und Vor- und Nacherbfolge, NJW 1990, 2857; *M. Wolf,* Schutz der Nachlaßgläubiger bei auflösend bedingter Vollerbschaft und Vorerbschaft, FS v. Lübtow, S 325; *Zawar,* Der auflösend bedingte Vollerbe, NJW 1988, 16; *ders,* Zur Wiederverheiratungsklausel, FS Schippel, 1996, S 327.

Übersicht

	Rn		Rn
I. Zweck und Bedeutung der Vorschrift	1	**V. Wiederverheiratungsklauseln**	30
1. Gestaltungsmöglichkeiten	1	1. Begriff und Zweck	30
a) Trennungslösung	2	2. Gestaltungsmöglichkeiten	31
b) Einheitslösung	3	a) Trennungslösung	32
c) Nießbrauchsvermächtnis	4	b) Einheitslösung	34
2. Auslegungsregel	5	3. Verfügungen des Längstlebenden nach der Wiederverheiratung	39
II. Vorrang der Auslegung	6	a) Wegfall der erbrechtlichen Bindung	40
1. Grundzüge	6	b) Weitergeltung der Verfügungen	41
2. Erläuternde Auslegung	13	4. Wiederverheiratung und Pflichtteil des Längstlebenden	42
a) Personenbezogene Begriffe	14		
b) Verfügungsbefugnis regelnde Begriffe	15	**VI. Pflichtteilsrechte**	43
c) Vermögensbezogene Begriffe	16	1. Trennungslösung	43
d) Zeitbezogene Begriffe	17	2. Einheitslösung	44
3. Ergänzende Auslegung	18	a) Aufschiebend bedingte Enterbung auf den 2. Erbfall	45
III. Voraussetzungen der Auslegungsregel des Abs 1	19	b) Jastrowsche Klausel	50
1. Offenes Auslegungsergebnis	19	c) Anrechnung der Pflichtteilszahlung auf den Schlusserbteil	51
2. Wirksames gemeinschaftliches Testament	20	d) Pflichtteilsverzicht	52
3. Gegenseitige Alleinerbeinsetzung (1. Erbfall)	21	**VII. Auslegungsregel bei Vermächtnisanordnung (Abs 2)**	53
4. Erbeinsetzung Dritter (2. Erbfall oder Schlusserbfall)	22	1. Sinn und Zweck	53
a) Einsetzung	22	2. Voraussetzungen	54
b) Einsetzung auf den Tod des überlebenden Ehepartner	23	3. Rechtsstellung des Längstlebenden	55
IV. Rechtswirkungen der einzelnen Gestaltungsmöglichkeiten	27	**VIII. Beweisfragen**	56
1. Einheitslösung (Berliner Testament)	27	**IX. Erbschaftsteuer**	57
2. Trennungslösung	28	**X. Recht in den neuen Bundesländern**	58
3. Nießbrauchsvermächtnislösung	29		

I. Zweck und Bedeutung der Vorschrift

1. Gestaltungsmöglichkeiten. Die gesetzlichen Erbfolgeregeln führen bei Ehepartnern mit Kindern zu unliebsamen Erbengemeinschaften zwischen diesen und dem überlebenden Elternteil. Deshalb entschließen sich viele Eltern zur Errichtung eines gemeinschaftlichen Testaments oder Erbvertrags, in dem sie sich das Vermögen zunächst gegenseitig zuwenden und bestimmen, dass die Kinder dieses erst nach dem Tod des Längstlebenden erhalten sollen. Dazu bieten sich folgende Gestaltungsmöglichkeiten an, die auch in Kombinationsformen denkbar sind: 1

a) Trennungslösung. Jeder Ehepartner setzt den anderen zum Vorerben und den Dritten zum Nacherben (§ 2100) sowie für den Fall, dass der andere vor oder gleichzeitig mit dem Verfügenden sterben sollte, zum Ersatzerben (§§ 2096, 2102 Abs 1) ein. Da der Dritte in diesem Fall den Nachlass zum Teil als Nacherbe des zuerst verstorbenen Ehepartners und zum Teil als Vollerbe des Längstlebenden erhält, wird diese Gestaltung als „Trennungslösung" bezeichnet. 2

3   **b) Einheitslösung.** Bei dieser Variante setzt jeder Ehepartner den anderen zum alleinigen Vollerben und den Dritten zum Ersatzerben für den Fall, dass der andere vor oder gleichzeitig mit dem Verfügenden sterben sollte, ein. Der Dritte erhält damit den Nachlass mit dem Tod des Längstlebenden „einheitlich" als dessen Vollerbe. Für diese Gestaltung hat sich der Begriff „Berliner Testament" eingebürgert.

4   **c) Nießbrauchsvermächtnis.** Jeder Ehepartner setzt dabei den oder die Dritten als Vollerben ein und wendet dem überlebenden Teil nur den Nießbrauch am gesamten Nachlass oder einem Teil hiervon zu (§ 1089 iVm §§ 1085 ff; §§ 2147 ff).

5   **2. Auslegungsregel.** Mit § 2269 hat der Gesetzgeber für den Fall, dass die Auslegung des Testaments nichts anderes ergibt, das Einheitsprinzip bevorzugt und als Regellösung bestimmt. Diese Auslegungsregel („im Zweifel") kommt jedoch nur dann zur Anwendung, wenn an Hand der allgemeinen Auslegungsgrundsätze der wirkliche Erblasserwille nicht eindeutig zu ermitteln ist.

II. Vorrang der Auslegung

6   **1. Grundzüge.** Die zentrale Frage, auf die im Wege der Auslegung eine Antwort gefunden werden muss, besteht darin zu erforschen, in welchem Umfang der Längstlebende über das erworbene Vermögen verfügen darf. Gerade in dieser Beziehung unterscheiden sich die unter Rn 2 ff aufgezeigten Gestaltungsmöglichkeiten.

7   Auch beim gemeinschaftlichen Testament ist gemäß § 133 der wirkliche Wille des Erblassers durch **erläuternde Auslegung** der Verfügung, und zwar auch unter Heranziehung außerhalb der Urkunde liegender Umstände, zu erforschen (vgl § 2084 Rn 6 ff). Der Wortlaut ist dabei Ausgangspunkt, nicht Grenze der Auslegung[1]. Auch scheinbar eindeutige Begriffe müssen hinterfragt werden. Dies gilt in besonderem Maße für von juristischen Laien verwendete Fachbegriffe. Deuten Formulierungen im Text selbst oder Umstände außerhalb der Urkunde an, dass der Erblasser die verwendeten Begriffe anders als allgemein oder in Fachkreisen üblich verstanden hat, so ist der wirkliche Wille auch unter Berücksichtigung aller sonstigen Umstände zu ermitteln.

8   Das gemeinschaftliche Testament weist gegenüber dem einseitigen Testament die Besonderheit auf, dass die Verfügungen beider Ehepartner regelmäßig aufeinander abgestimmt sind. Deshalb kommt es beim gemeinschaftlichen Testament in erster Linie auf den **übereinstimmenden Willen beider Ehepartner** an. Ist eine solche Willensübereinstimmung jedoch nicht festzustellen, so ist letztlich doch der Wille des Verfügenden entscheidend, aber im Hinblick auf § 157 nur so, wie der andere Ehepartner die Erklärung verstehen konnte.

9   Bei einem vor einem Notar beurkundeten **öffentlichen gemeinschaftlichen Testament** kommt es nicht auf dessen Wissen, sondern auf das Verständnis des Erblassers an[2]. Allerdings ist bei einem notariellen Testament zunächst davon auszugehen, dass der Notar amtspflichtgemäß den wirklichen Willen der Ehepartner erforscht hat und die von ihm verwendeten Rechtsbegriffe von diesem auch gedeckt sind[3]. Eine entsprechende Vermutung besteht jedoch nicht. Ergeben sich auch nur leichte Zweifel hieran, so ist an Hand der dargestellten Auslegungsgrundsätze der wirkliche Wille der Ehepartner zu ermitteln.

10 Auch beim gemeinschaftlichen Testament findet das in § 2084 verankerte Prinzip der **wohlwollenden Auslegung** Anwendung. Auf die Ausführungen zu § 2084 Rn 28 ff wird verwiesen.

11 Erst im Anschluss an die Auslegung an Hand des Wortlauts der Urkunde und der ermittelten Umstände außerhalb des Textes ist die **Formfrage** zu stellen, nämlich zu prüfen, ob der wirkliche Erblasserwille formgerecht niedergelegt worden ist[4]. Nach der Andeutungstheorie (vgl § 2084 Rn 9, 20 ff) findet der so festgestellte Erblasserwille nur Beachtung, wenn er in dem Urkundstext zumindest andeutungsweise enthalten ist.

12 Während mit der erläuternden Auslegung der vorhandene Erblasserwille festgestellt wird, werden mit der **ergänzenden Auslegung** Lücken in der Willensbildung geschlossen. Auch diese Auslegungsmethode (§ 2084 Rn 35 ff) ist gegenüber der Auslegungsregel des § 2269 vorrangig.

13 **2. Erläuternde Auslegung.** Die Erforschung des wirklichen Erblasserwillens hat von dem Wortlaut des Textes auszugehen. Auch scheinbar eindeutige Begriffe sind zu hinterfragen, und zwar vor allem dann, wenn einzelne Aussagen in der Urkunde widersprüchlich erscheinen. Die in der alltäglichen Praxis immer wiederkehrenden Begriffe lassen sich in folgende Gruppen zusammenfassen:

14 **a) Personenbezogene Begriffe.** Haben sich die Ehepartner gegenseitig zu **Alleinerben** eingesetzt, so besagt dies nur, dass beim Tod des Zuerstversterbenden außer dem überlebenden Ehepartner kein anderer Erbe werden soll, lässt jedoch die für die Abgrenzung entscheidende Frage der Verfügungsbefugnis unbeantwortet[5]. Auch der Vorerbe kann Alleinerbe sein. Ist jedoch im weiteren Text auch nur angedeutet, dass der überlebende Ehepartner frei verfügen darf, so ist davon auszugehen, dass die Ehepartner die Einheitslösung anordnen wollten. Auch das Wort **Universalerbe** ist für die Entscheidung

---

[1] BGH NJW 1983, 672.
[2] Vgl BGH LM § 2100 Nr 1; KG NJW-RR 1987, 451.
[3] Reimann/Bengel/J. Mayer Rn 31.
[4] BGH NJW 1983, 672; NJW 1985, 1554; FamRZ 1987, 475.
[5] BayObLG FamRZ 2001, 1734, 1735; MünchKommBGB/*Musielak* Rn 18 mwN; aA RGZ 76, 20, 25; RG WarnR 1913, 339 f.

in diesem Zusammenhang irrelevant, da es außer der Tatsache der Alleinerbschaft nur die gesetzliche Regel der Universalsukzession umschreibt[6]. Wird allerdings der Dritte als Universalerbe bezeichnet, ohne auf einen der beiden Ehepartner Bezug zu nehmen, so ist dies eine eindeutige Entscheidung für die Einheitslösung. Haben die Ehepartner bei der gegenseitigen Erbeinsetzung das Wort **Vollerbe** gebraucht, so sind die Verfügungen iS der Einheitslösung auszulegen, es sei denn, die sonstige Auslegung stellt Beschränkungen, die der gesetzlichen Regelung der – auch befreiten – Vorerbschaft vergleichbar sind, fest[7]. Bei der Verwendung der Begriffe **Vorerbe** oder **Nacherbe** durch juristische Laien ist besonders sorgfältig zu prüfen, ob diese Worte nicht missverstanden worden sind[8]. In der Praxis zeigt sich immer wieder, dass der juristische Laie diese Begriffe in erster Linie zeitorientiert versteht. Nur selten ist er sich bewusst, dass das Gesetz die Rechte eines Vorerben zugunsten der des Nacherben erheblich einschränkt. Typisch für dieses Missverständnis ist etwa die – rechtlich ausgeschlossene – Einsetzung Dritter als **Nacherben des Längstlebenden**[9]. Trotz der Verwendung des Begriffs des Nacherben stellt sich diese Verfügung als Ersatzerbeinsetzung dar[10]. Typischerweise ist bei von juristischen Laien ohne fachkundigen Rat verfassten gemeinschaftlichen Testamenten trotz der Verwendung dieser Begriffe davon auszugehen, dass in Wahrheit eine Ersatzerbeinsetzung gewollt ist. Selbst bei notariellen Testamenten ist eine Divergenz zwischen Erblasserwille und -ausdruck nicht ausgeschlossen[11]. Ergeben der weitere Text oder Umstände außerhalb der Urkunde jedoch eine auch noch so geringe Einschränkung der Verfügungsbefugnis des Längstlebenden, so ist von der Entscheidung der Ehepartner für die Trennungslösung auszugehen. Sind die Dritten zu **Ersatzerben** oder **Schlusserben** eingesetzt, so deutet dies zwar auf die Einheitslösung hin. Enthält jedoch das gemeinschaftliche Testament Verfügungsbeschränkungen, die denen eines – auch befreiten – Vorerben vergleichbar sind, so haben die Ehepartner die Trennungslösung gewählt[12]. Haben die Ehepartner sich gegenseitig zu Erben eingesetzt und danach die gesetzlichen Erben oder die Verwandten zur Erbfolge berufen, ohne anzugeben, ob die des Ehemannes oder die der Ehefrau gemeint sind, so haben die Ehepartner sich für die Einheitslösung entschieden. Schwieriger gestaltet sich die Auslegung, wenn dabei nur die gesetzlichen Erben oder Verwandten eines oder beider Ehepartner bestimmt sind, da hier auch eine Vor- und Nacherbschaft denkbar ist. In dem zuletzt genannten Fall müssen weitere Anhaltspunkte zugunsten der einen oder anderen Lösung gefunden werden. Entscheidend dürfte in diesem Fall sein, ob die Ehepartner erkennbar von einem einheitlichen Vermögen in der Hand des Längstlebenden oder von getrennten Vermögensmassen mit entsprechenden Bindungen für den Längstlebenden ausgegangen sind. Jedenfalls allein die Verteilung des Vermögens nach dem Tod des überlebenden Ehepartners an die Verwandten des Ehemannes und der Ehefrau ist dazu nicht aussagekräftig genug.

b) Verfügungsbefugnis regelnde Begriffe. Da im Mittelpunkt dieser Abgrenzung die Frage nach 15
der dem überlebenden Ehepartner eingeräumten Verfügungsbefugnis über den Nachlass steht, sind alle Formulierungen in einem gemeinschaftlichen Testament, die hierzu eine Aussage treffen, von entscheidender Bedeutung. Da auch der befreite Vorerbe durch Rechtsgeschäft unter Lebenden über Nachlassgegenstände verfügen kann, ist es für die Entscheidung regelmäßig unergiebig, wenn dem Längstlebenden das Recht vorbehalten wird, über den Nachlass frei zu verfügen[13]. Wird umgekehrt aber dem Längstlebenden ganz oder teilweise **verboten,** über den Nachlass oder Teile **zu verfügen,** so ist dies als Entscheidung für die Trennungslösung zu werten[14]. Das Gleiche gilt, wenn die Rechtsstellung des überlebenden Teils als reine **Verwaltung** umschrieben wird. Auch dann, wenn dem Längstlebenden auferlegt wird, den Nachlass den Dritten **zu erhalten,** insbes nur über den Ertrag zu verfügen, um die Substanz zu sichern, ist der Erblasserwille auf die Trennungslösung gerichtet[15]. Für die Trennungslösung sprechen auch alle Vorbehalte, die dem oder den Dritten **Kontroll- oder Zustimmungsrechte** gegenüber dem Längstlebenden einräumen[16]. Werden in dem gemeinschaftlichen Testament dem überlebenden Ehepartner dagegen nur die **Nutzungen vorbehalten,** so ist durch Auslegung der übrigen Formulierungen im Text und von sonstigen Umständen außerhalb der Urkunde zu entscheiden, ob die Trennungslösung oder ein Nießbrauchsvermächtnis mit unmittelbarer Erbeinsetzung des Dritten gewollt ist. Die Einheitslösung ist dagegen dann vom Erblasserwillen getragen, wenn dem Längstlebenden das **Recht zur anderweitigen Verfügung** über das Vermögen eingeräumt ist[17]. Schwierig wird es jedoch, wenn in diesem Zusammenhang dem überlebenden Teil das **Recht zum Verbrauchen** vorbehalten wird, da dies auch im Rahmen der Vorerbschaft als weitestgehende Befreiung von den gesetzlichen Beschränkungen möglich ist. In diesem Fall sind zur Entscheidung Formulierungen im Text oder Umstände außerhalb der Urkunde heranzuziehen. Auch die Befugnis,

---

[6] Vgl BayObLGZ 1997, 59, 65 f.
[7] Vgl OLG Oldenburg NJWE-FER 1999, 213.
[8] BGH NJW 1983, 277; BayObLG FamRZ 1992, 1476; OLG Karlsruhe OLGZ 1969, 495; MünchKommBGB/ Musielak Rn 17; *Reimann/Bengel/J. Mayer* Rn 31.
[9] Vgl RG JR 1925, 702; OLG Frankfurt OLGZ 1972, 122.
[10] BayObLG NJW 1967, 1136; OLG NJW-RR 1987, 451; OLG Hamm NJW-RR 1993, 1225; OLG Jena FamRZ 1994, 1208; aA OLG Karlsruhe FamRZ 1970, 255.
[11] Vgl KG Rpfleger 1987, 110; OLG Hamm JZ 1994, 628.
[12] Vgl OLG Karlsruhe BWNotZ 1999, 150, 152.
[13] OLG Hamm Rpfleger 2001, 595, 598; BayObLG FamRZ 1985, 209, 210.
[14] OLG Hamm FamRZ 2003, 1503 betr Hausgrundstück.
[15] BayObLG ZEV 1999, 397, 398; KG DFG 1936, 34 f; MünchKommBGB/*Musielak* Rn 19.
[16] Vgl RGZ 60, 115, 218; MünchKommBGB/*Musielak* Rn 19.
[17] Vgl *Reimann/Bengel/J. Mayer* Rn 38.

anderweitig letztwillig zu verfügen, spricht für die Einheitslösung[18], es sei denn, sie beziehe sich ausdrücklich nur auf das Vermögen des überlebenden Ehepartners. Eine **Pflichtteilssanktionsklausel** (Rn 42 f) zum Schutze des Längstlebenden ist für die Abgrenzung unergiebig, weil auch bei der Trennungslösung die Auswirkungen der Ausschlagung der Nacherbschaft auf die Erbeinsetzung für den Tod des Längstlebenden geregelt werden müssen[19].

16   c) **Vermögensbezogene Begriffe.** Die Entscheidung zwischen Einheits- und Trennungslösung kann jedoch auch an solchen Begriffen fest gemacht werden, die die Vermögensgestaltung in der Hand des Längslebenden umschreiben. Werden dabei Worte wie **beiderseitiges, gemeinsames, gemeinschaftliches**[20], **einheitliches** oder **unser** Vermögen gebraucht, so gehen die Ehepartner wohl von einer Vereinigung des Vermögens in der Hand des Längstlebenden aus, also von der Einheitslösung. Die Trennungslösung ist dagegen gewollt, wenn das Testament bezüglich des gesamten Nachlasses oder Teile davon zwischen den Vermögen beider Ehepartner unterscheidet. Dies ist insbes der Fall, wenn die Vermögen an unterschiedliche Personen fallen sollen. Zwingend ist dies jedoch nicht. Schließlich ist auch denkbar, dass das einheitliche Vermögen des Längstlebenden nur unter mehreren Miterben (zB den Verwandten der Ehefrau und den Verwandten des Ehemannes) geteilt werden soll. Eine Vermögenstrennung ist aber dann als gewollt anzunehmen, wenn die Ehepartner nach Herkunft des Vermögens (zB Vermögen der Ehefrau) und dessen Verbleib nach dem Tod des Längstlebenden differenzieren[21]. Auch in der Zuwendung des **Besitzes** kann in Verbindung mit weiteren Formulierungen, die ein Nießbrauchsvermächtnis ausschließen, eine Entscheidung für eine Vor- und Nacherbfolge liegen[22]. Leben die Ehepartner im Güterstand der Gütergemeinschaft und wenden sie nach dem Tod des Längstlebenden Grundbesitz einem oder mehreren Dritten zu, so kann darin die Entscheidung für die Trennungslösung gesehen werden[23].

17   d) **Zeitbezogene Begriffe.** Da die Vor- und Nacherbschaft die zeitliche Aufeinanderfolge von mehreren Erben des gleichen Erblassers darstellt, sind alle Worte, die eine entsprechende Bedeutung beinhalten, für die Abgrenzung relevant. Setzen sich die Ehepartner gegenseitig zu Erben ein und „danach" den oder die Dritten oder bestimmen, dass das Vermögen oder Teile davon nach dem Tod des Längstlebenden ein Dritter erhalten soll, so deutet dies zwar auf die Trennungslösung hin. Da aber auch das Berliner Testament durch die zeitliche Abfolge zweier Erbfälle gekennzeichnet ist, bedarf es außer dem zeitbezogenen Begriff jedoch noch weiterer Anhaltspunkte für eine Verfügungsbeschränkung in und außerhalb der Urkunde, um zur Auslegung iS der Trennungslösung zu gelangen. In aller Regel ist diese zeitbezogene Formulierung nur eine ungenaue Umschreibung für die Erbfolge nach dem Längstleben, also für den 2. Erbfall im Rahmen des Berliner Modells[24]. Allerdings kann es sich auch um die Anordnung eines durch den Tod des Erben aufschiebend bedingten Vermächtnisses handeln[25].

18   **3. Ergänzende Auslegung.** Die Auslegung darf sich nicht mit einer Interpretation des Wortlauts der Testaments- oder Erbvertragsurkunde begnügen, sondern muss zur Ermittlung des wirklichen Erblasserwillens zusätzlich auch außerhalb des Textes liegende Umstände heranziehen[26], wie zB Bildung und berufliche Stellung des Erblassers und der Bedachten, die Beziehung des Erblassers zu dem Bedachten, die Einkommens- und Vermögensverhältnisse, mündliche Aussagen des Erblassers vor, bei oder nach der Testamentserrichtung zu Motiv und Inhalt, Urkundsentwürfe oder sonstige schriftliche Äußerungen zum Inhalt, wegen Formmangels ungültige Verfügungen oder widerrufene Testamente und Erbverträge. Ergibt die Wortlautinterpretation keine Gewissheit, so sind bei der Auslegung auch Umstände außerhalb der Testamentsurkunde zur Entscheidung zwischen Einheits-, Trennungs- und Nießbrauchsvermächtnislösung heranzuziehen. Als ein solcher Umstand ist auch die Vermögenslosigkeit des Längstlebenden anzusehen. Mit diesem Argument wurde früher die Auslegung iS der Trennungslösung begründet[27]. Zwar ist eine Berücksichtigung dieses Umstandes bei der Auslegung grds zulässig, jedoch wird die gezogene Schlussfolgerung von der hM mit Recht abgelehnt[28]. Es gibt keinen Erfahrungssatz, der es nahe legt, einen nicht vermögenden Ehepartner regelmäßig nur als Vorerben zu behandeln. Es müssen stets weitere Umstände oder Formulierungen im Text des Testaments hinzutreten, um diesen Schluss zu rechtfertigen[29]. Nach der höchstrichterlichen Rspr[30] kann der hypothetische Erblasserwille im Wege der ergänzenden Auslegung aber nicht grenzenlos berücksichtigt werden,

---

[18] OLG Frankfurt Rpfleger 1998, 250.
[19] *Reimann/Bengel/J. Mayer* Rn 30; aA OLG Düsseldorf NJW-RR 1997, 136.
[20] Vgl OLG Frankfurt Rpfleger 1998, 250; OLG Karlsruhe BeckRS 2007, 684: „gemeinsam erarbeitet"; andererseits BayObLG ZEV 1999, 397, 398; ZEV 1999, 397, 398.
[21] Vgl OLG Karlsruhe JFG 7, 131; OLG Köln HEZ 3, 36, 37; *Reimann/Bengel/J. Mayer* Rn 28.
[22] Vgl BayObLG FamRZ 1999, 1332.
[23] BayObLG FamRZ 1988, 542.
[24] Vgl OLG Köln Rpfleger 2003, 193; OLG Hamm FamRZ 1996, 312; vgl zum (einseitigen) Testament OLG Düsseldorf NJWE-FER 2001, 321: „solange er lebt"; OLG Köln Rpfleger 2003, 193: „bis zu deren Tod"; OLG Hamm BeckRS 2007, 2028: „ebenfalls sterben"; vgl zur Abgrenzung auch Rn 14.
[25] OLG Frankfurt ZFE 2002, 262.
[26] BayObLG Rpfleger 1986, 369.
[27] RGZ 79, 278; KG DNotZ 1955, 408; DNotZ 1956, 406, 410; aA RG Recht 1914 Nr 944.
[28] Vgl zu diesem Meinungsstreit ausf MünchKommBGB/*Musielak* Rn 20 mwN.
[29] So BGH vom 2. 2. 67, III ZR 17/65, zitiert nach *Palandt/Edenhofer* Rn 8; BayObLG NJW 1966, 1223; MünchKommBGB/*Musielak* Rn 20.
[30] RGZ 99, 82, 86; 142, 171, 175; BGHZ 22, 357, 360; vgl auch KG OLGZ 1966, 503; BayObLG FamRZ 1991, 982, 984; BayObLG 94, 313, 318; KG Rpfleger 1998, 288.

sondern nur in dem Umfang, in dem dieser seine Grundlage in der vom Erblasser real geäußerten Willensrichtung hat[31]. Diese Formel verlangt nicht eine Verankerung im Sinn der Andeutungstheorie, sondern lediglich ein zweckgerichtetes Zu-Ende-Denken (vgl § 2084 Rn 35).

III. Voraussetzungen der Auslegungsregel des Abs 1

1. Offenes Auslegungsergebnis. Abs 1 findet nur Anwendung, wenn die Auslegung keine Klarheit über den Erblasserwillen gebracht hat. Trotz Anwendung der allgemeinen Auslegungsgrundsätze muss die Entscheidung zwischen den drei Gestaltungsmöglichkeiten offen geblieben sein. Die verbleibenden Zweifel dürfen nicht anders behebbar sein als durch Zurückgreifen auf diese Auslegungsregel. Diese Norm darf keinesfalls als gesetzliche Vermutung missverstanden werden. 19

2. Wirksames gemeinschaftliches Testament. Diese Auslegungsregel findet nur bei gemeinschaftlichen Testamenten und über § 2280 auch bei Ehegattenerbverträgen Anwendung. Nicht zu fordern ist, dass alle oder einzelne darin enthaltene Verfügungen wechselbezüglich (§ 2270) sind. Deshalb gilt § 2269 auch bei nur äußerlich zusammengefassten Testamenten, obwohl es sich bei diesen der Sache nach um die Verbindung von zwei Einzeltestamenten in einer Urkunde handelt. Das gemeinschaftliche Testament bzw der Erbvertrag darf nicht aus irgendwelchen Gründen unwirksam sein. § 2269 ist auch dann nicht anzuwenden, wenn nur die Verfügungen eines der beiden Ehepartner aus irgendeinem Grund ungültig sind, da es dann an der vorausgesetzten Regelung zweier Erbfälle fehlt[32]. 20

3. Gegenseitige Alleinerbeinsetzung (1. Erbfall). Die Ehepartner müssen sich gegenseitig in der Weise zu Erben eingesetzt haben, dass der überlebende den zuerst versterbenden allein beerbt. Ist der überlebende Ehepartner nur zum Miterben eingesetzt oder soll er nur einen Teil des Nachlasses erhalten[33], kommt die Auslegungsregel des Abs 1 nicht zum Zuge. Bedeutungslos ist, ob diese gegenseitige Erbeinsetzung – wie regelmäßig gemäß § 2270 Abs 2 Alt 1 – wechselbezüglich ist oder nicht. 21

4. Erbeinsetzung Dritter (2. Erbfall oder Schlusserbfall). a) Einsetzung. Das gemeinschaftliche Testament oder der Erbvertrag darf nicht nur die gegenseitige Erbeinsetzung enthalten, sondern muss auch für den zweiten Erbfall, nämlich den Tod des Überlebenden, eine Erbeinsetzung eines Dritten enthalten. Auch wenn der Gesetzeswortlaut scheinbar etwas anderes aussagt, so können auch **mehrere Personen** eingesetzt werden. Es kommt auch nicht darauf an, ob der oder die Dritten **Voll- oder Vorerben** sind. Auch dann, wenn der oder die Erben nur Vorerben sein sollen, greift die Auslegungsregel ein[34]. Die Erbeinsetzung Dritter braucht dabei keineswegs immer ausdrücklich zu erfolgen. Es genügt, wenn sie durch Auslegung zu ermitteln ist. Umstritten ist, ob von einer **Pflichtteilssanktionsklausel** auf eine nicht vorhandene Schlusserbeneinsetzung der Abkömmlinge geschlossen werden kann[35]. Auch eine **Wiederverheiratungsklausel** soll eine Schlusserbeneinsetzung beinhalten können[36]. Richtiger Ansicht nach kann von einer Pflichtteils- oder Wiederverheiratungsklausel nicht ohne das Hinzutreten besonderer Umstände in oder außerhalb des Testaments nicht auf eine Schlusserbeneinsetzung der Kinder geschlossen werden, weil auch ohne eine solche diese Bestimmungen einen eigenständigen Sinn ergeben[37]. Vgl auch § 2084 Rn 47. Zweifelhaft kann diese Voraussetzung der Auslegungsregel auch in dem Fall sein, dass die Ehepartner bestimmt haben, dass beim Tod des überlebenden die **gesetzliche Erbfolge** eintreten soll. Ist diese Anordnung als Verzicht auf eine Regelung aufzufassen, so findet § 2269 mangels Schlusserbeneinsetzung keine Anwendung[38]. Es ist jedoch auch denkbar, dass damit die Einsetzung der gesetzlichen Erben des Längstlebenden verbunden sein sollte. Im zuletzt genannten Fall käme § 2269 doch zum Zuge. 22

b) Einsetzung auf den Tod des überlebenden Ehepartner. Die Auslegungsregel des § 2269 Abs 1 gilt nur, wenn die Erbeinsetzung Dritter gerade für den Fall des Todes des überlebenden Ehepartners erfolgt ist. Sie gilt auch, wenn das gemeinschaftliche Testament bzw der Erbvertrag eine Erbeinsetzung sowohl für den gleichzeitigen Tod als auch für den Tod des Überlebenden enthält. 23

Ist in dem Testament oder Erbvertrag dagegen nur eine Regelung für den Fall des **gleichzeitigen Todes**, also des Ablebens beider Ehepartner in derselben Sekunde, vorgesehen, so scheidet eine Anwendung des Abs 1 aus. Gleichzeitiger Tod wird gemäß § 11 VerschG auch dann vermutet, wenn sich bei 24

---

[31] *Soergel/M. Wolf* Rn 36; *Staudinger/Otte* Vor §§ 2064 ff Rn 87 ff; *Schlüter* Rn 193; *Kipp/Coing* § 21 III 5 b; aA *Brox* Rn 201; *v. Lübtow* I S 299; *Keuk*, Erblasserwille post testamentum, S 81.
[32] KG DNotZ 1943, 137, 139; MünchKommBGB/*Musielak* Rn 22; *Reimann/Bengel/J. Mayer* Rn 8; aA KG JW 1937, 1410; *Soergel/M. Wolf* Rn 12.
[33] Vgl BayObLGZ 1907, 458, 466.
[34] BayObLGZ 1966, 408.
[35] BayObLGZ 1959, 199, 206; 1960, 218; OLG Saarbrücken NJW-RR 1994, 844, 845; *Palandt/Edenhofer* Rn 5; aA OLG Hamm DNotZ 1951, 41 m abl Anm *Rohs*; aA für notarielles Testament: OLG Saarbrücken NJW-RR 1992, 841, 842; *Reimann/Bengel/J. Mayer* Rn 12 f; *Staudinger/Kanzleiter* Rn 24; vgl auch OLG Karlsruhe BWNotZ 1995, 168; OLG Bremen ZEV 1995, 365.
[36] OLG Saarbrücken NJW-RR 1994, 844: „bereits mit Wiederverheiratung des Überlebenden erhalten die Kinder ihr Erbe vorzeitig".
[37] Ebenso OLG Karlsruhe Beschluss vom 19. 1. 2006, 14 Wx 28/05, unveröffentlicht; OLG Hamm NJW-RR 2004, 1520; OLG Saarbrücken NJW-RR 1992, 841; *Lange/Kuchinke* § 34 III 2 a; aA OLG München FGPrax 2006, 123, 124; OLG Saarbrücken NJW-RR 1994, 844; BayObLGZ 1959, 199, 204; vgl auch *H.-J. Fischer* ZEV 2005, 189, 190 f.
[38] BayObLG NJW 1965, 916; vgl BayObLG Rpfleger 1981, 282.

mehreren Verschollenen oder für tot erklärten Personen nicht beweisen lässt, wer wen überlebt hat[39]. Bei solchen Formulierungen ist jedoch besonders sorgfältig zu prüfen, ob der Wille der Ehepartner wirklich auf diesen äußerst seltenen Fall gerichtet ist oder ob sie sich nur ungenau ausgedrückt haben[40]. Unzutreffend ist es jedenfalls anzunehmen, dass diese Formulierung keiner weiteren Auslegung zugänglich sei[41]. Es erscheint sogar eher unwahrscheinlich, dass die Ehepartner den seltenen Ausnahmefall regeln und den Normalfall offen lassen wollten[42]. Regelmäßig ist davon auszugehen, dass juristische Laien mit solchen Formulierungen mehr auf die Einheit des Ereignisses (zB Flugzeugabsturz, Autounfall) als auf die Zeitgleichheit abstellen[43]. Selbst kurz aufeinander folgende Todesfälle können von einer solchen Bestimmung erfasst sein[44]. Beruhen die Todesfälle bei einer derartigen Formulierung nicht auf dem gleichen Ereignis (zB Verkehrsunfall) und liegt ein erheblicher Zeitraum zwischen beiden, so bedarf es der Feststellung besonderer Umstände außerhalb des Testaments, um die Erbfolgeregelung auch auf den zweiten Erbfall anwenden zu können[45].

25   Die Verwendung sog **Katastrophenklauseln,** wonach die Erbeinsetzung für den Fall des Todes auf Grund des gleichen Ereignisses erfolgt, sind wohl regelmäßig als Erbeinsetzung auch für den Fall des Überlebens eines Ehepartners aufzufassen, und zwar selbst dann, wenn zwischen beiden Erbfällen Monate oder Jahre liegen. Formulierungen wie „im Falle unseres gemeinsamen Ablebens"[46], „wenn uns beiden etwas zustößt"[47] oder „wenn wir gemeinsam bei einem Unfall ums Leben kommen" führen deshalb regelmäßig zur Anwendung des § 2269. Besondere Probleme bereiten dagegen Klauseln, wonach jeder Ehe- oder Lebenspartner auch für den Fall, dass sie „kurze Zeit" nacheinander sterben, bestimmte Dritte zu Erben einsetzen. Die Dritten sind in diesem Fall unter einer aufschiebenden Bedingung zum Erben des zuerst verstorbenen Ehe- bzw Lebenspartners eingesetzt, was mangels Rückwirkung des Bedingungseintritts zur Vor- und Nacherbfolge mit unerwünschten erbschaftssteuerlichen Konsequenzen führt[48]. Es muss auch bezweifelt werden, ob der Zeitraum zwischen beiden Erbfällen für die Erbfolge nach dem überlebenden Partner eine Rolle spielt.

26   Wenn die Auslegungsregel des § 2269 anwendbar ist, so muss erforderlichenfalls zusätzlich festgestellt werden, ob die Erbeinsetzung des Dritten für den Fall des Überlebens eines Ehepartners wechselbezügliche bzw vertragsmäßige **Bindungswirkung** (§§ 2270, 2271 bzw § 2289) entfaltet oder nicht. Diese Bindungswirkung ist dabei immer dann problematisch, wenn die Schlusserbeneinsetzung entweder nur für den Fall des gleichzeitigen Versterbens getroffen ist, oder sich nur konkludent der Verfügung entnehmen lässt. Das Fehlen einer ausdrücklichen Willensäußerung zu diesen Fragen wird regelmäßig den Schluss rechtfertigen, dass eine Bindungswirkung für den nicht erwähnten Todesfall bzw die Schlusserbeneinsetzung nicht gewollt ist[49]. Dann ist zwar die Auslegungsregel des § 2269 anzuwenden, jedoch ist der überlebende Teil nicht an einer anderweitigen letztwilligen Verfügung gehindert.

IV. Rechtswirkungen der einzelnen Gestaltungsmöglichkeiten

27   **1. Einheitslösung (Berliner Testament).** Bei ihr wird der überlebende Ehepartner mit dem Tod des Erstverstorbenen alleiniger Vollerbe. Er kann in dieser Eigenschaft zu Lebzeiten völlig frei über das beiderseitige Vermögen verfügen. Der Überlebende braucht weder Auskunft über den Nachlass zu geben, noch bedarf er zu irgendwelchen rechtsgeschäftlichen Verfügungen des oder der Dritten. Selbst § 2287 beseitigt diese lebzeitige Verfügungsbefugnis nicht, sondern begründet lediglich Bereicherungsansprüche ab dem Tod des überlebenden Ehepartner, wenn und soweit dieser bei der Verfügung ohne lebzeitiges Eigeninteresse gehandelt hat. Ob und inwieweit der überlebende Ehepartner anderweitig letztwillig verfügen kann, hängt vom Inhalt des gemeinschaftlichen Testaments bzw Erbvertrags ab (zB Änderungsvorbehalt; einseitig testamentarische Verfügungen des Überlebenden). Der oder die Dritten werden jedoch Voll- oder Vorerben des Zuletztversterbenden, nicht Nacherben des Zuerstversterbenden. Richtiger Ansicht nach erwirbt der Schlusserbe mit dem Tod des Zuerstversterbenden noch kein Anwartschaftsrecht[50]. Er hat noch keine gesicherte Rechtsposition, da der Vermögenserwerb durch lebzeitige Rechtsgeschäfte noch vereitelt werden kann. Dennoch steht der Schlusserbe keineswegs rechtlos gegenüber dem überlebenden Ehepartner dar. Er kann Feststellungsklage erheben, wenn der überlebende Ehepartner entgegen der Bindung anderweitig letztwillig ver-

---

[39] Vgl *Völker* NJW 1947/48, 375.
[40] OLG Stuttgart NJW-RR 1994, 592; BayObLG ZEV 1996, 191; BayObLG ZEV 2004, 200: „gleichzeitig sterben" m Anm *Kasper*; OLG Frankfurt Rpfleger 1998, 250: „zugleich versterben"; KG Rpfleger 2006, 127: „plötzlicher Tod".
[41] So aber OLG Karlsruhe NJW-RR 1988, 9; KG FamRZ 1968, 217; FamRZ 1970, 148; diff OLG Stuttgart FamRZ 1982, 1236; aA OLG Stuttgart FamRZ 1994, 852; BayObLG ZEV 1996, 470; OLG Frankfurt FamRZ 1998, 1393, 1394; *Reimann/Bengel/J. Mayer* Rn 20 f; MünchKommBGB/*Musielak* Rn 23 mzN der Rspr.
[42] OLG Frankfurt Rpfleger 1998, 250.
[43] OLG Stuttgart NJW-RR 1994, 592.
[44] BayObLG NJW-RR 1997, 329; OLG Stuttgart FamRZ 1994, 852.
[45] BayObLG ZEV 2004, 200 m Anm *Kasper*.
[46] Vgl BayObLG FamRZ 1988, 879, 880; FamRZ 1990, 563, 564; OLG Karlsruhe NJW-RR 1988, 9, will darunter nur eine Regelung für den Fall des gleichzeitigen Todes verstehen.
[47] Vgl BayObLG ZEV 1996, 472; Rpfleger 2001, 425; OLG Frankfurt Rpfleger 1988, 483, 484; FamRZ 1996, 1039.
[48] Ausf *Feick* ZEV 2006, 16.
[49] Vgl BayObLG FamRZ 1998, 388.
[50] BGH NJW 1962, 1910; *Reimann/Bengel/J. Mayer* Rn 47.

fügt[51], das Testament anficht[52] oder eine rechtsgeschäftliche Verfügung wegen Umgehung des Widerrufsverbots aus § 2271 Abs 2 ausnahmsweise nichtig ist[53].

2. Trennungslösung. Bei ihr wird der überlebende Ehepartner Vorerbe des Zuerstversterbenden, ob befreiter oder nicht befreiter ist dabei Auslegungsfrage. Mit dem Tod des überlebenden Ehepartners wird der Dritte bezüglich des Nachlasses des zuerst verstorbenen Ehepartners Nacherbe. Gleichzeitig ist er bezüglich des Eigenvermögens des Zuletztverstorbenen dessen Voll- oder Vorerbe. Dem Nacherben steht bereits während der Vorerbschaft ein Anwartschaftsrecht zu. Der längstlebende Ehepartner ist als Vorerbe mehr oder weniger stark in seiner lebzeitigen Verfügungsbefugnis eingeschränkt, eine anderweitige letztwillige Verfügung über den Nachlass des zuerst verstorbenen Ehepartners ist ausgeschlossen. 28

3. Nießbrauchsvermächtnislösung. Bei ihr wird der Dritte unmittelbar Erbe des zuerst verstorbenen Ehepartners, während der überlebende lediglich im Wege des Vermächtnisses vom Dritten die Einräumung des Nießbrauchs am gesamten Nachlass oder an einem Teil hiervon verlangen kann. Der Dritte ist in diesem Falle in seiner Verfügungsbefugnis frei, kann jedoch die Belastung mit dem Nießbrauch nicht beseitigen. Der überlebende Ehepartner hat bei dieser Lösung nur die Rechtsstellung eines Nießbrauchers. Verfügungen über das Nießbrauchsrecht als solches sind ausgeschlossen. Dieses Recht endet spätestens mit dem Tod des Überlebenden. Ein früheres Erlöschen (zB Wiederverheiratung) kann bestimmt werden. 29

V. Wiederverheiratungsklauseln

1. Begriff und Zweck. Wiederverheiratungsklausel ist eine Bestimmung in einem gemeinschaftlichen Testament oder Ehegattenerbvertrag, dass der überlebende Ehepartner im Falle seiner Wiederverheiratung den gesamten Nachlass oder Teile hiervon an den oder die Dritten herausgeben soll. Eine Regelung für den Fall der Wiederverheiratung des Längstlebenden kann auch konkludent durch Formulierungen wie „der Überlebende verliert mit einer Wiederheirat sein Erbrecht" oder „mit Wiederheirat erhalten die Kinder ihr gesetzliches Erbe" getroffen werden. Diese Klauseln sollen den Abkömmlingen der Ehepartner den Nachlass erhalten und die Teilhabe des neuen Ehepartners hieran ausschließen. Sittenwidrig sind dabei alle Klauseln, die darauf hinauslaufen, den Längstlebenden für den Fall der Wiederverheiratung durch Enterbung zu strafen (vgl auch Rn 42)[54]. Unzulässig dürfte es sein, den Längstlebenden für den Fall der Wiederverheiratung völlig zu enterben, wenn dieser – ausdrücklich oder konkludent – auf sein Pflichtteil verzichtet hat[55]. Bei einer Einsetzung des Längstlebenden zum Vorerben ist es unzulässig, den Nacherbfall mit dessen Wiederverheiratung eintreten zu lassen, ohne durch Vermächtnisse für einen angemessenen Ausgleich zu sorgen[56]. Die Beweislast für eine solch verwerfliche Absicht hat derjenige, der sich darauf beruft. 30

2. Gestaltungsmöglichkeiten. Der Zweck dieser Wiederverheiratungsklauseln kann entweder durch eine auf die Wiederheirat bedingte **Nacherbeneinsetzung** der Abkömmlinge oder der gesetzlichen Erben (Rn 32 und Rn 35 ff) oder durch ein in gleicher Weise **bedingtes Vermächtnis** auf Herausgabe eines Geldbetrags oder eines bestimmten Nachlassteils (Rn 33 und Rn 38) erreicht werden. Welche von beiden Gestaltungsvarianten gewollt ist, ist bei einer unklaren oder unvollständigen Wiederverheiratungsklausel durch erläuternde und ergänzende **Auslegung** zu ermitteln. Ist der gesamte Nachlass herauszugeben, so ist der Ehegattenwille regelmäßig auf eine bedingte Erbeinsetzung gerichtet, nicht auf die Vermächtnislösung[57]. Da die Vermächtnislösung die Schlusserben schwächer absichert als die Einsetzung zu – wie auch immer – bedingten Erben, kommt es ganz entscheidend darauf an, wie stark der Erblasser diese vor abweichenden Verfügungen schützen will. Je mehr der Erblasser den Überlebenden in seiner Verwaltungs- und Verfügungsbefugnis einschränken will (zB „das Haus darf nicht verkauft werden"), desto mehr wird man die Klausel iS einer bedingten Erbeinsetzung auszulegen haben. Soll dagegen der Überlebende in seiner lebzeitigen Verfügungsfreiheit nicht eingeschränkt werden (zB „der Überlebende kann mit dem Vermögen machen, was er will"), ist die Vermächtnislösung das richtige Auslegungsergebnis. Erst in zweiter Linie geht es dann um die Entscheidung der Frage, ob und welchen Verfügungsbeschränkungen der Überlebende auf Grund einer derartigen Wiederverheiratungsklausel unterworfen ist, also um die Frage nach der dogmatisch einwandfreien Einordnung. 31

a) Trennungslösung. aa) Wiederheirat als den Nacherbfall auslösendes Ereignis. Im Rahmen der Trennungslösung führt eine solche Klausel den **Nacherbfall** außer beim Tod des Längstlebenden auch bei dessen Wiederverheiratung herbei. Der Erblasser kann den überlebenden Ehepartner dabei gemäß § 2136 ganz oder teilweise von den gesetzlichen **Verwaltungs- und Verfügungsbeschränkungen** befreien. Denkbar, aber gemessen am angestrebten Zweck, nämlich der Sicherung der Abkömmlinge, unzureichend ist allein die Bestimmung, dass bei Wiederheirat nicht die Nacherbfolge eintritt, sondern lediglich die bis dahin geltende Befreiung von den gesetzlichen Beschränkungen entfällt. Löst dagegen die Wiederverheiratung den Nacherbfall aus, so begegnet eine damit ein- 32

---
[51] RG HRR 28 Nr 243.
[52] Vgl BGHZ 37, 331.
[53] Vgl BGHZ 59, 343; BGH WM 1973, 680.
[54] Vgl MünchKommBGB/*Musielak* Rn 45.
[55] *Lange/Kuchinke* § 24 IV 3; weitergehend *Reimann/Bengel/J. Mayer* Rn 59; *Staudinger/Otte* 2074 Rn 42 ff.
[56] Ähnlich *Reimann/Bengel/J. Mayer* Rn 59.
[57] *Staudinger/Kanzleiter* Rn 41.

tretende Nacherbfolge, die den Überlebenden **völlig vom Erbe ausschließt** (zB „der Nachlass fällt mit der Wiederheirat den Abkömmlingen zu"), wegen des damit verbundenen völligen Verlusts von Erb- und Pflichtteilsrechten (vgl Rn 42) unter dem Gesichtspunkt der Sittenwidrigkeit (§ 138) rechtlichen Bedenken[58], entspricht aber jedenfalls regelmäßig nicht der üblichen Interessenlage der Beteiligten. Deshalb ist, wenn und soweit nichts anderes bestimmt ist (zB „mit Wiederheirat sollen sich der Überlebende und die Kinder den Nachlass teilen"), davon auszugehen, dass in diesem Falle der überlebende Ehepartner **in Höhe seiner gesetzlichen Erbquote** mit der Wiederverheiratung Vollerbe wird[59]. Der Erblasser kann in diesem Fall allerdings auch anordnen, dass die Nacherbfolge bezüglich dieser Quote erst mit dem Tod des Überlebenden eintritt. Vor allem im Fall der vollständigen Enterbung des überlebenden Ehepartners bei Wiederheirat, kann diesem aufschiebend bedingt der **Nießbrauch** am gesamten Nachlass vermacht werden.

33   bb) **Aufschiebend bedingtes Vermächtnis.** Anstatt die Wiederheirat den Nacherbfall auslösen zu lassen, kann der Erblasser sich auch begnügen, nur ein dadurch aufschiebend bedingtes Vermächtnis zugunsten der Nacherben anordnen (vgl Rn 38).

34   b) **Einheitslösung.** Die Wiederverheiratung des überlebenden Ehepartner verändert die erbrechtliche Lage zum Nachteil des Dritten, wenn dieser im Rahmen der Einheitslösung Schlusserbe werden soll. Mit der Wiederverheiratung wird der neue Ehepartner am Nachlass des überlebenden Ehepartners erb- und damit auch pflichtteilsberechtigt. Selbst wenn der überlebende Ehepartner das gemeinschaftliche Testament bzw den Erbvertrag nicht wegen Übergehens eines Pflichtteilsberechtigten gemäß § 2078 Abs 2 anficht oder auf Grund eines entsprechenden Vorbehalts zugunsten des neuen Partners ändert, schmälert jedenfalls dessen Pflichtteilsrecht den Nachlass beim Tod des Ehepartner. Erschwerend kommt hinzu, dass pflichtteilsberechtigte Abkömmlinge im Vertrauen auf ihre Schlusserbenbestellung regelmäßig den Pflichtteilsanspruch nicht innerhalb der 3-jährigen Verjährungsfrist geltend machen, also auch auf diesem Weg ihre vermögensrechtlichen Interessen nicht mehr ausreichend wahrnehmen können. Darüber hinaus befürchten viele Ehepartner, dass der Überlebende von ihnen in diesem Fall das ererbte Vermögen zu Lebzeiten mit dem neuen Partner über die Maße aufbraucht. Diese nachteiligen Wirkungen sind vor allem bei Ehepartnern mit Kindern häufig unerwünscht. Sie streben eine stärkere Absicherung der Kinder vor einer neuen Heirat des überlebenden Ehepartner an. Dazu bieten sich grds zwei Wege an:

35   aa) **Bedingte Erbeinsetzung.** Das Wesen der Einheitslösung ist geprägt von der Verfügungsfreiheit des überlebenden Ehepartners als Vollerben. Mit dieser kollidiert die Wiederverheiratungsklausel, wenn ab der Heirat die Abkömmlinge Erben werden sollen, da damit eigentlich die Anordnung der Nacherbfolge und damit die Geltung der Verfügungsbeschränkungen der §§ 2113 ff verbunden ist. Im Bemühen, diesen **Widerspruch zwischen Voll- und Vorerbschaft** aufzulösen, stehen sich im Wesentlichen drei Meinungen gegenüber. Die hM[60], die in der Wiederheirat sowohl die auflösende Bedingung der Vollerbschaft als auch die aufschiebende Bedingung der Anordnung der Vor- und Nacherbfolge sieht, wendet unter Berufung auf die in § 2103 zum Ausdruck gekommene Grundentscheidung des Gesetzgebers, bei jeder bedingten Erbeinsetzung die Verfügungsfreiheit des Vorerben zum Schutz der Nacherben zu beschränken, diese Vorschriften an. Nach einer zweiten Auffassung handelt es sich um eine durch die Wiederheirat aufschiebend bedingte Vollerbschaft, verbunden mit einer durch das gleiche Ereignis auflösend bedingten Vor- und Nacherbschaft, und kommt damit ebenfalls zur Geltung dieser Schutzvorschriften[61]. Eine dritte Meinung lehnt die Doppelstellung des überlebenden Ehepartners als Voll- und Vorerbe ab und entnimmt jeder Wiederverheiratungsklausel die Entscheidung des Erblassers für die Trennungslösung und gegen das „Berliner Modell"[62]. Dieser Streit um das rechtliche Verständnis der mit einer solchen Wiederverheiratungsklausel verbundenen Bedingungskonstruktion verdeckt, dass es in Wahrheit um eine (ergänzende oder erläuternde) Auslegung des nicht geäußerten Erblasserwillens geht[63]. Dabei ist die grds mit der Einheitslösung verbundene **Verfügungsfreiheit des überlebenden Ehepartner** gegen das Interesse an der Sicherung des oder der Dritten abzuwägen. Weder die Auffassung, jeder Wiederverheiratungsklausel automatisch eine Entscheidung für die Trennungslösung zu entnehmen, noch die gegenteilige Meinung, eine derartige Regelung schränke die Verfügungsfreiheit des Überlebenden überhaupt nicht ein, bringen diese Intentionen des Erblassers in einen sachgerechten Ausgleich zueinander. Einerseits kommt in der Wiederverheiratungsklausel ein gewisses Misstrauen gegenüber dem Überlebenden zum Ausdruck. Es kann also nicht die Rede davon sein, dass der Längstlebende bis zur Wiederheirat grenzenlose Verfügungsfreiheit genießen solle. Würde man den Längstlebenden nämlich bis zum Bedingungseintritt von den Bindungen der §§ 2113 ff freistellen[64], so könnte der Längstlebende durch lebzeitige Verfügungen die Wiederverheiratungsklausel mit Leichtigkeit unterlaufen, ein von den Ehepartner sicher nicht gewünschtes Ergebnis. Andererseits kann eine Wiederverheiratungsklausel für sich allein nicht

---

[58] Vgl MünchKommBGB/*Musielak* Rn 45; *Reimann/Bengel/J. Mayer* Rn 59; *Otte* AcP 187 (1987), 603.
[59] MünchKommBGB/*Musielak* Rn 47; *Kipp/Coing* § 79 IV 1; aA *Ebenroth* Rn 238.
[60] RGZ 156, 172, 180 f; BGH FamRZ 1961, 275, 276; NJW 1988, 59; *Reimann/Bengel/J. Mayer* Rn 65 f; *Buchholz* S 24 f; *Palandt/Edenhofer* Rn 17 ff; diff hinsichtlich § 2133 f *Staudinger/Kanzleiter* Rn 43 f.
[61] MünchKommBGB/*Musielak* Rn 54 ff m ausf Begr und Darstellung des Meinungsstreits; *Otte* JZ 1986, 1107.
[62] *Wilhelm* NJW 1990, 2857, 2860; *Zawar* NJW 1988, 16, 18; *Lange/Kuchinke* § 24 IV 3 c; *Reimann/Bengel/J. Mayer* Rn 63.
[63] *Staudinger/Kanzleiter* Rn 43; *Lange/Kuchinke* § 24 IV 3 c.
[64] So aber MünchKommBGB/*Musielak* Rn 55 ff; *Meier-Kraut* NJW 1992, 143, 147.

ausreichen, eine eindeutige Entscheidung des Erblassers für die mit der Einheitslösung verbundene Verfügungsfreiheit vollständig zu ignorieren. Allein die hM bietet einen interessengerechten Mittelweg. Nach ihr steht erst mit dem Tod des überlebenden Ehepartner endgültig fest, ob er Vollerbe geblieben oder befreiter Vorerbe geworden ist. Ist er Vollerbe geblieben sind alle lebzeitigen Verfügungen voll wirksam, während andernfalls die Herausgabeansprüche der Nacherben eingreifen.

Der Erblasser kann nach hM zwar die Geltung der §§ 2113 ff nicht vollständig ausschließen[65], aber in dem von § 2136 zugelassenen Umfang **Befreiung** von diesen Beschränkungen erteilen[66]. Bereits geringe Anhaltspunkte für eine Befreiung müssen angesichts der Entscheidung für die Einheitslösung ausreichen. Der Überlebende ist aber nur nicht befreiter Voll- und Vorerbe, wenn und soweit das Interesse des Erblassers am Schutz der Schlusserben das Interesse an dessen Verfügungsfreiheit überwiegt, zB Verwandtschaft nur zum Erblasser[67]. Die hM nimmt beim Fehlen jeglicher Anhaltspunkte eine möglichst weitgehende Befreiung iS des § 2136 an und trägt damit zutreffend der Entscheidung des Erblassers für die mit der Einheitslösung verbundene Verfügungsfreiheit des Überlebenden Rechnung[68]. 36

Nach hM hat eine solche Wiederverheiratungsklausel daher folgende **Wirkungen:** Bleibt der überlebende Ehepartner ledig, so entscheidet sich in der logischen Sekunde vor seinem Tod, dass er endgültig Vollerbe geblieben ist. Damit steht dann auch fest, dass alle seine lebzeitigen Verfügungen wirksam sind. Der oder die Schlusserben erben nur noch den bei seinem Tod vorhandenen Nachlass. Heiratet der Längstlebende dagegen wieder, so endet damit dessen Vollerbschaft und er wird Vor- und der oder die Dritten werden Nacherben. Gleichzeitig löst die Wiederverheiratung den Nacherbfall aus und der überlebende Ehepartner muss den Nachlass des Erstverstorbenen in dem von der Wiederverheiratungsklausel vorgegebenen Umfang an die Nacherben ausliefern. Zusätzlich sind alle Rechtsgeschäfte, die gegen Beschränkungen verstoßen, von denen ein Vorerbe gemäß § 2136 nicht befreit werden kann, ihnen gegenüber unwirksam und die Nacherben können entsprechende Herausgabeansprüche geltend machen. Die in dieser Wiederverheiratungsklausel zum Ausdruck kommende Verfügungsbeschränkung ist sowohl im Erbschein[69] als auch im Grundbuch ähnlich einem Nacherbenvermerk einzutragen. 37

bb) Vermächtnislösung. Vor allem in der notariellen Praxis hat sich, um diesen schwierigen Fragen zur Rechtsstellung des Längstlebenden bis zur Wiederheirat aus dem Wege zu gehen, eine andere Gestaltung durchgesetzt. Der oder die Dritten erhalten ein durch die Wiederheirat des Überlebenden aufschiebend bedingtes Vermächtnis, den Nachlass ganz oder teilweise von diesem fordern zu dürfen[70]. Üblich ist es, den Abkömmlingen Vermögenswerte in Höhe des gesetzlichen Erbteils am Nachlass des zuerst verstorbenen Ehepartners zuzuwenden und dem Überlebenden dabei auch noch das Auswahlrecht der Vermögenswerte zuzugestehen. Zusätzlich kann bestimmt werden, dass etwaige Pflichtteilszahlungen aus dem Nachlass des zuerst verstorbenen Ehepartner auf dieses Vermächtnis anzurechnen sind. Hierdurch wird eine Besserstellung desjenigen ausgeschlossen, der seinen Pflichtteil gefordert hat (vgl auch Rn 42 ff). Der überlebende Ehepartner kann bei einer solchen Klausel zu seinen Lebzeiten bis zur etwaigen Wiederheirat völlig frei über den Nachlass, einschließlich des aufschiebend bedingten Vermächtnisgegenstands, verfügen, da gemäß § 2179 zwar §§ 158, 160 und 162, nicht dagegen § 161 gilt[71]. Das Testament kann jedoch einschränkende Anordnungen enthalten. 38

3. Verfügungen des Längstlebenden nach der Wiederverheiratung. Bei allen Wiederverheiratungsklauseln, also auch bei solchen im Rahmen der Trennungslösung (Rn 32) oder beim Wiederverheiratungsvermächtnis (Rn 38), bedarf es der Klärung, wie sich die Wiederheirat auf die wechselbezüglichen bzw vertragsmäßigen Verfügungen des Längstlebenden auswirken. Hat der Erblasser, was dringend zu empfehlen ist, diese Konsequenzen nicht ausdrücklich selbst geregelt und können diese Fragen auch nicht im Wege der erläuternden oder ergänzenden Auslegung beantwortet werden, so gilt folgendes: 39

a) Wegfall der erbrechtlichen Bindung. Nach hM gehört es zum Inhalt einer jeden Wiederverheiratungsklausel, dass der Überlebende an seine eigenen wechselbezüglichen bzw bindenden Verfügungen ab der Wiederheirat nicht mehr gebunden ist[72]. Auch wenn dies nicht ausdrücklich in der Klausel angegeben ist, gehört dies zu deren Inhalt, sofern nicht ausdrücklich das Gegenteil bestimmt ist[73]. Dies ist dabei völlig unabhängig von der dem überlebenden Ehepartner nach der Wiederverheiratung verbleibenden Rechtsstellung[74]. Die mit der Wiederverheiratung gewonnene 40

---

[65] AA MünchKommBGB/*Musielak* Rn 55 ff; *ders* Rn 369; *Meier-Kraut* NJW 1992, 143.
[66] *Staudinger/Kanzleiter* Rn 44.
[67] Vgl BGH NJW 1951, 354.
[68] BayObLGZ 1966, 227 = FamRZ 1967, 695, 697; OLG Hamm DNotZ 1972, 96; *Simshäuser* FamRZ 1972, 273, 274 mwN; einschränkend *Staudinger/Kanzleiter* Rn 44; *Reimann/Bengel/J. Mayer* Rn 66; aA OLG Stuttgart JFG 6, 162; LG Mannheim MDR 1960, 597, vgl auch BGH NJW 1951, 354.
[69] Vgl *Haegele* Rpfleger 1975, 78.
[70] Vgl ausf *Zawar* DNotZ 1986, 515.
[71] Vgl BayObLGZ 1962, 237.
[72] BayObLG NJW-RR 2002, 366; KG FamRZ 1968, 332; OLG Köln FamRZ 1976, 552; BayObLGZ 1962, 137; aA *Reimann/Bengel/J. Mayer* Rn 70; *Buchholz* S 96 ff, 106 ff; *Dippel* AcP 177 (1977), 349, 362 ff; RGRK/*Johannsen* Rn 20; vgl für Erbvertrag OLG Zweibrücken OLGZ 1973, 717.
[73] AA *Musceler* JZ 1994, 630, 632.
[74] AA *Staudinger/Kanzleiter* Rn 48 f; im Ergebnis ebenso *Simshäuser* FamRZ 1972, 273, 278 f.

§ 2269

Verfügungsfreiheit ist nicht fristgebunden und entfällt auch nicht, wenn die neue Ehe wieder geschieden wird[75]. Der überlebende Ehepartner kann auf diese Weise bei der Trennungslösung selbstverständlich nur seine eigenen Verfügungen, nicht dagegen die Nacherbeneinsetzung seines vorverstorbenen Ehepartners ändern oder aufheben; diese ist für ihn bindend. Behalten die eigenen Verfügungen des Überlebenden dagegen ausnahmsweise ihre Bindungskraft, so kann er diese in analoger Anwendung des § 2078 Abs 2 wegen Übergehens des neuen Ehepartners als Pflichtteilsberechtigten unverzüglich selbst **anfechten**[76].

41 **b) Weitergeltung der Verfügungen.** Umstritten ist weiterhin, ob mit der Wiederverheiratung die Verfügungen des Längstlebenden auch ohne Äußerung eines entsprechenden Aufhebungswillens ohne weiteres gegenstandslos werden[77], oder ob es hierzu zusätzlicher Anhaltspunkte bedarf[78]. Es geht zu weit, allein aus dem Umstand der Aufnahme einer Wiederverheiratungsklausel den Schluss zu ziehen, der Überlebende wolle damit seine eigenen Verfügungen aufgehoben wissen. Ein derartiger Aufhebungswille muss vielmehr an Hand der allgemeinen Auslegungsgrundsätze, also insbes durch ergänzende Auslegung, besonders festgestellt werden[79]. Ein solcher Anhaltspunkt kann sein, dass der Überlebende mit seiner Wiederverheiratung jegliche Beteiligung am Nachlass verliert[80]. Falls dem gemeinschaftlichen Testament bzw dem Ehegattenerbvertrag nicht zu entnehmen ist, welchen Einfluss die Tatsache der Wiederverheiratung auf die darin enthaltenen – einseitigen oder bindenden – letztwilligen Verfügungen des überlebenden Ehepartner hat, ist grds von ihrer Fortgeltung auszugehen[81]. Dies gilt sowohl bei der Einheits- wie bei der Trennungslösung. Der überlebende Ehepartner kann der neuen Lebenssituation durch Errichtung einer neuen letztwilligen Verfügung Rechnung tragen.

42 **4. Wiederverheiratung und Pflichtteil des Längstlebenden.** Heiratet der Überlebende wieder und verliert er deshalb auf Grund einer Wiederverheiratungsklausel sein Erbrecht, so kann er seinen Pflichtteil selbst dann nicht mehr verlangen, wenn er dadurch das ganze Erbschaft verliert. Das Gleiche gilt, wenn der Überlebende trotz der Wiederheirat zwar Vollerbe bleibt, jedoch im Wege des Vermächtnisses (Rn 33 und Rn 38) so viel herausgeben muss, dass ihm weniger als sein Pflichtteil verbleibt. Er hätte unmittelbar nach dem Erbfall die Erbschaft fristgemäß ausschlagen müssen, um seinen Pflichtteil verlangen zu können (§ 2306 Abs 1 S 2). Die Erbschaftsannahme kann er nachträglich auch nicht mehr gemäß §§ 1954, 119 anfechten, weil er sich in Bezug auf die Wiederheirat – wie die Wiederverheiratungsklausel belegt – nicht in einem Irrtum befunden haben kann. Aus diesen Gründen können Wiederverheiratungsklauseln, die dem überlebenden Ehepartner nach der Wiederheirat weniger lassen als seinen Pflichtteil gemäß § 138 sittenwidrig sein[82]. Dies dürfte immer dann der Fall sein, wenn diese Nachteile nicht durch andere Vorteile der Wiederverheiratungsklausel kompensiert werden.

VI. Pflichtteilsrechte

43 **1. Trennungslösung.** Der als Nacherbe eingesetzte Dritte kann seinen Pflichtteil vom überlebenden Ehepartner (Vorerben) nur verlangen, wenn er die Nacherbschaft gemäß § 2306 Abs 1 S 2, Abs 2 ausschlägt. Der Erbteil des Ausschlagenden geht auf Ersatznacherben über oder wächst den anderen Nacherben an. Fehlen entsprechende Anordnungen, wird der Vorerbe gemäß § 2142 Abs 2 Vollerbe. Das Pflichtteilsverlangen hat jedoch grds keine Auswirkungen auf die Vollerbeneinsetzung des Dritten durch den überlebenden Ehepartner, es sei denn, das gemeinschaftliche Testament enthält für diesen Fall eine automatische Ausschlussklausel; es kann auch für diesen Fall einen Änderungsvorbehalt (§ 2271 Rn 19 ff) aufgenommen werden.

44 **2. Einheitslösung.** In diesem Fall kann ein pflichtteilsberechtigter Dritter beim Tod des zuerst verstorbenen Ehepartner vom überlebenden den Pflichtteil fordern. Die Schlusserbeneinsetzung hindert ihn nicht hieran[83]. Das Verlangen beinhaltet weder den Verzicht noch die Ausschlagung des Schlusserbteils[84]. Außerdem kann sich einer von mehreren pflichtteilsberechtigten Kindern bzw Abkömmlingen einen Vorteil gegenüber denjenigen verschaffen, die den Anspruch nicht geltend machen. Dies ist zwar fast immer unerwünscht, kann jedoch nur mittelbar verhindert werden. Beiden Nachteilen wird versucht mit folgenden Pflichtteilssanktionsklauseln zu begegnen:

45 **a) Aufschiebend bedingte Enterbung auf den 2. Erbfall.** Bei dieser Klausel wird derjenige, der den Pflichtteil aus dem Nachlass des zuerst verstorbenen Ehepartner vom überlebenden fordert, auch bei dessen Tod, soweit er dann überhaupt pflichtteilsberechtigt ist, auf den Pflichtteil gesetzt bzw völlig

---

[75] RG DJZ 1934, 281; *Reimann/Bengel/J. Mayer* Rn 72.
[76] *Staudinger/Kanzleiter* Rn 45; *Buchholz* S 66; aA *Reimann/Bengel/J. Mayer* Rn 73; *Damrau/Klessinger* Rn 57.
[77] KG FamRZ 1968, 331 f; OLG Hamm ZEV 1994, 365, 366; *Soergel/M. Wolf* Rn 31.
[78] *Huken* DNotZ 1965, 731 f; *M. Huber* Rpfleger 1981, 41, 44; *Reimann/Bengel/J. Mayer* Rn 71; MünchKommBGB/*Musielak* Rn 62.
[79] Vgl OLG Hamm JR 1987, 376, 377.
[80] OLG Hamm ZEV 1994, 365, 366.
[81] *Palandt/Edenhofer* Rn 19.
[82] Vgl *Gaier* ZEV 2006, 2, 5.
[83] AllgM, zB *Buchholz* FamRZ 1985, 872; *Borgfeld* S 36; aA *Kanoldt* ArchBürgR 40 (1914), 262, 276; *Kochendörfer* JA 1998, 713, 720.
[84] MünchKommBGB/*Musielak* Rn 66.

von der Erbfolge ausgeschlossen. Die Ausschlusswirkung erstreckt sich nur dann auf die **Abkömmlinge** des Pflichtteilsberechtigten, wenn dies der Klausel zu entnehmen ist; andernfalls erfasst sie nur den Anspruchsteller.

Die Ehepartner sind frei zu bestimmen, ob bereits die ernst gemeinte Forderung[85], Verhandlungen über die Höhe[86], die Mahnung, die Erhebung der Gestaltungsklage, das rechtskräftige Urteil oder gar erst die Pflichtteilszahlung[87] die **Sanktionswirkung auslösen** soll[88]. Eine Rückzahlung beseitigt die eingetretenen Folgen nicht wieder[89]. Ferner kommt es nicht darauf an, ob der Pflichtteil vor oder nach dem Tod des Längerlebenden gefordert worden ist[90]. Auch die Annahme der Erbschaft beim Schlusserbfall verhindert den Eintritt der Sanktionswirkung nicht[91]. Wird der Pflichtteilsanspruch jedoch erst nach Eintritt der Verjährung erhoben, so kann die angeordnete Sanktionswirkung schon deshalb nicht eintreten, weil die wirtschaftliche Beeinträchtigung des Nachlasses nicht mehr kausale Folge der Einforderung ist, sondern der freiwilligen Entscheidung des überlebenden Teils, auf die Verjährungseinrede zu verzichten[92]. Die Wirkungen treten auch in allen sonstigen Fällen nicht ein, in denen die Pflichtteilszahlung im Einvernehmen mit dem Längstlebenden erfolgt[93]. Ein Handeln des gesetzlichen Vertreters oder Betreuers muss sich der Pflichtteilsberechtigte zurechnen lassen[94]. Nach zutreffender Auffassung genügt bei einer solchen Klausel die objektive Verwirklichung des Ausschlusstatbestands, eine zusätzliche verwerfliche Gesinnung braucht nicht festgestellt zu werden[95]. Im Übrigen muss der Anspruchsteller vom Inhalt der Pflichtteilssanktionsklausel vor der Verwirklichung des Tatbestands sichere Kenntnis erlangt haben, damit die Ausschlusswirkung überhaupt eintreten kann.

Die unmittelbare Anknüpfung an die Tatbestandsverwirklichung hat jedoch den **Nachteil**, dass auch dann, wenn die Ehepartner ein gemeinschaftliches Testament vor einem Notar errichtet haben, er oder die Schlusserben zum Nachweis des Erbrechts gegenüber dem Grundbuchamt im Hinblick auf § 35 GBO entweder einen Erbschein oder eine eidesstattliche Versicherung vorlegen müssen. Der Nichteintritt dieser Bedingung, von der das Schlusserbrecht abhängt, ist anders nicht nachweisbar. Aus diesem Grund kann es sich empfehlen, lediglich einen Änderungsvorbehalt (§ 2271 Rn 19 ff) für den Längstlebenden aufzunehmen, falls ein Schlusserbe seinen Pflichtteil fordert. Aber alle diese Sanktionsklauseln können letztlich nicht verhindern, dass derjenige Abkömmling, der seinen Pflichtteil fordert, bei einem Berliner Testament sich im Ergebnis besser steht als bei der Trennungslösung. Er erhält nämlich aus dem beim Tod des Längstlebenden in dessen Hand vereinigten Vermögen des Zuerstverstorbenen noch einmal den Pflichtteil[96]. Diese Konsequenz kann nur durch Entscheidung zugunsten des Trennungsprinzips vermieden werden.

Es ist nicht möglich zu bestimmen, dass die **Pflichtteilszahlung** nach dem 1. Erbfall auf den Pflichtteil beim 2. Erbfall anzurechnen ist. Die Ehepartner setzen sich damit in Widerspruch zum zwingenden Pflichtteilsrecht, das jeden Erbfall getrennt behandelt. Solche Pflichtteilssanktionsklauseln sind grds unbedenklich[97]. Auch ohne ausdrückliche Bestimmung muss sich der Berechtigte den empfangenen Pflichtteil auf sein Schlusserbteil anrechnen lassen, sofern und insoweit nicht enterbt ist[98]. Ein gemeinschaftliches Testament, das für den Fall des Pflichtteilsverlangens eines Schlusserben überhaupt keine Regelung enthält, kann nicht dahin „ausgelegt" werden, dass die Schlusserbeneinsetzung nur unter der Bedingung erfolgt sei, der Pflichtteil werde nicht geltend gemacht;[99] die zu enttäuschte Erwartung des Erblassers, der Schlusserbe werde seinen Pflichtteil mit Rücksicht auf die Schlusserbeneinsetzung nicht verlangen, berechtigt allerdings zur Anfechtung gemäß § 2078 Abs 2[100].

Enthält die Klausel keine Regelung zur **Verfügungsfreiheit** des Längstlebenden im Falle der Pflichtteilsforderung, so ist regelmäßig davon auszugehen, dass dieser über den Schlusserbteil des Anspruchstellers frei verfügen kann[101].

b) Jastrowsche Klausel. Auch diese Klausel[102] beinhaltet die vorstehend geschilderte aufschiebend bedingte Enterbung für den 2. Erbfall, ordnet jedoch zusätzlich zugunsten derjenigen, die den Pflicht-

---

[85] Vgl OLG München FGPrax 2006, 123; OLG Dresden Rpfleger 1999, 276.
[86] SHOLG ZEV 1997, 331 m Anm *Lübbert*.
[87] Vgl OLG Zweibrücken FamRZ 1999, 468.
[88] Ausf *Radke* ZEV 2001, 136 ff; *Lübbert* NJW 1988, 2706, 2710 ff.
[89] BayOLG FGPrax 2004, 81, 83.
[90] BGH vom 12. 7. 2006, IV ZR 298/03, DNotI-Report 2006, 145; ZEV 2005, 117; OLG Zweibrücken ZEV 1999, 108, 109; OLG München FGPrax 2006, 123, 125.
[91] BGH vom 12. 7. 2006, IV ZR 298/03, DNotI-Report 2006, 145.
[92] AA BGH vom 12. 7. 2006, IV ZR 298/03, DNotI-Report 2006, 145, in einem obiter dictum, ohne dieses Problem zu erkennen.
[93] BayObLG FamRZ 1964, 472; *Staudinger/Kanzleiter* Rn 58; vgl auch BFH vom 27. 6. 2007, II R 30/05, BeckRS 2007, 24003000 m krit Anm *Litzenburger* beck-fachdienst Erbrecht Ausgabe 14/2007.
[94] BayObLG NJW-RR 1990, 969, 970; OLG Braunschweig OLGZ 1977, 185, 188.
[95] OLG München FGPrax 2006, 123, 125; *Lübbert* NJW 1988, 2706, 2712; aA BayObLG NJW 1964, 205; OLG Stuttgart OLGZ 1968, 246, 247; OLG Braunschweig OLGZ 1977, 185, 188; *Soergel/M. Wolf* Rn 36; *Palandt/Edenhofer* Rn 13.
[96] Vgl BayObLGZ 1966, 55.
[97] Zu weitgehend BayObLGZ 1994, 164.
[98] *Soergel/M. Wolf* Rn 38; RGRK/*Johannsen* Rn 34; aA *Reimann/Bengel/J. Mayer* Rn 92.
[99] MünchKommBGB/*Musielak* Rn 67; *Planck/Greiff* Anm 2 II e.
[100] Vgl OLG Hamm NJW 1972, 1089; *Reimann/Bengel/J. Mayer* Rn 92.
[101] BayObLGZ 1990, 58; *Steiner* MDR 1991, 156.
[102] *Jastrow* DNotZ 1904, 424; vgl ausf *Seufert* S 77 ff; *J. Mayer* ZEV 1995, 136.

§ 2269

teil nicht fordern, verzinsliche Geldvermächtnisse mit auf den Tod des Längstlebenden aufgeschobener Fälligkeit an, um den Pflichtteilsanspruch des fordernden Dritten beim 2. Erbfall weiter zu reduzieren. Rechtliche Bedenken gegen diese Klausel bestehen auch unter dem Gesichtspunkt der Pflichtteilsumgehung oder -beschränkung nicht[103]. Diese Klausel schränkt jedoch den überlebenden Ehepartner in seiner Verfügungsmöglichkeit im Hinblick auf dieses Geldvermächtnis ein. Außerdem führen die dabei regelmäßig mit dem Tod des Längstlebenden fällig werdenden Zinsen bei den forderungsberechtigten Abkömmlingen in dem Jahr, in dem diese ihnen zufließen, zu einer erheblichen Einkommensteuerlast aus Kapitalvermögen; dies kann durch Verzicht auf die Zinspflicht, niedrige Zinsen oder Ratenzahlungen vermieden werden[104].

51   c) **Anrechnung der Pflichtteilszahlung auf den Schlusserbteil.** Falls es den Ehepartner weniger auf die Vermeidung des Pflichtteilsverlangens als auf die Verhinderung der Besserstellung eines Schlusserben, der den Pflichtteil fordert, gegenüber den anderen, die dies nicht tun, ankommt, ist auch eine Bestimmung zulässig, dass die beim 1. Erbfall erhaltene Pflichtteilszahlung auf den Schlusserbteil anzurechnen ist[105].

52   d) **Pflichtteilsverzicht.** Selbstverständlich möglich ist ein Pflichtteilsverzichtsvertrag mit einem Schlusserben. Dieser wird jedoch regelmäßig mit einem Erbvertrag einhergehen, in dem dieser die Schlusserbeneinsetzung mit erbvertraglicher Bindungswirkung annimmt, so dass der überlebende Ehepartner an einer anderweitigen letztwilligen Verfügung gehindert ist. Die lebzeitige Verfügungsbefugnis wird jedoch dadurch nicht ausgeschlossen. Auch können Anfechtungsrechte wegen Übergehens von Pflichtteilsberechtigten, insbes wegen Wiederverheiratung, das Erbrecht des Schlusserben vereiteln. Nach hM liegt in der Errichtung eines Erbvertrags mit den Kindern, in denen den Pflichtteil nicht fordern, Vermächtnisse zugewandt werden, unter Umständen ein stillschweigender Verzicht auf den Pflichtteil nach dem zuerst versterbenden Elternteil[106]. In Weiterführung dieser Rspr will der BGH sogar Erb- und Pflichtteilsverzichte der Ehepartner annehmen, wenn sie ein gemeinschaftliches Testament oder einen Erbvertrag vor einem Notar errichten und dabei schon für den 1. Erbfall Vermächtnisse zugunsten Dritter angeordnet haben[107]. Diese Rspr ist zu Recht auf Ablehnung gestoßen[108]. Die Wirkungen eines Pflichtteilsverzichts, erst recht eines Verzichts auf das Erbrecht gehen weit über die Wirkungen hinaus, die die Erblasser mit einer Verfügung von Todes wegen regelmäßig verbinden. Es ist davon auszugehen, dass dann, wenn ein solcher Verzicht gewollt ist, dieser vom Notar auch in der gehörigen Form und mit der erforderlichen Belehrung klar zum Ausdruck gebracht wird[109].

VII. Auslegungsregel bei Vermächtnisanordnung (Abs 2)

53   1. **Sinn und Zweck.** Enthält ein gemeinschaftliches Testament ein Vermächtnis, so kann zweifelhaft sein und bleiben, welcher Ehepartner es angeordnet hat, also ob es beim 1. oder beim 2. Erbfall anfällt. Abs 2 stellt für den Fall, dass es sich um ein Berliner Testament gemäß Abs 1 handelt, die Auslegungsregel auf, dass eine solche Anordnung als Vermächtnis auf den Tod des Längstlebenden aufzufassen ist. Einer unklaren Regelung darf also nicht allein mit der Begründung der Erfolg versagt werden, diese Frage sei ungeregelt geblieben[110].

54   2. **Voraussetzungen.** Auch diese Auslegungsregel setzt ein offenes Auslegungsergebnis (Rn 19) voraus. Sie knüpft ferner an den vollen Tatbestand des Abs 1 an, so dass auf die dortigen Ausführungen verwiesen werden kann. Zusätzlich muss das Testament ein Vermächtnis zugunsten eines oder mehrerer Dritten enthalten. Bei Auflagen ist diese Regelung daher nicht heranzuziehen. Ferner muss feststehen, dass dieses Vermächtnis nach dem Tod des Längstlebenden zu erfüllen ist. Ergibt die Auslegung, dass es bereits beim 1. Erbfall gelten soll, so ist für diese Auslegungsregel kein Raum.

55   3. **Rechtsstellung des Längstlebenden.** Mit der Entscheidung, ein solches Vermächtnis nicht bereits mit dem Tod des Erstversterbenden entstehen zu lassen und die Fälligkeit aufzuschieben, sichert Abs 2 dem überlebenden Teil größtmögliche Verfügungsfreiheit. Er ist folglich nicht gehindert, zu Lebzeiten frei über den Vermächtnisgegenstand zu verfügen.

VIII. Beweisfragen

56   Wer eine von diesen Auslegungsregeln abweichenden Erblasserwillen behauptet, trägt dafür die materielle Beweislast[111]. Im Rahmen des Erbscheinsverfahrens trägt der Antragsteller die entsprechende Feststellungslast.

---

[103] *Seufert* S 84 ff, 129 f.
[104] Vgl *J. Mayer* ZEV 1998, 50, 55 f.
[105] Vgl OLG Hamm DNotZ 1951, 41; BayObLG FamRZ 1994, 1206.
[106] BGH NJW 1957, 422.
[107] BGH DNotZ 1977, 747; OLG Düsseldorf MittBayNot 1999, 574.
[108] *Reimann/Bengel/J. Mayer* Rn 93 f.
[109] *Keim* ZEV 2001, 1, 3 f.
[110] BGH FamRZ 1960, 432.
[111] *Reimann/Bengel/J. Mayer* Rn 7, 100; MünchKommBGB/*Musielak* Rn 73; jeweils mwN.

IX. Erbschaftsteuer

Das Berliner Testament hat unter erbschaftsteuerlicher Betrachtung den entscheidenden Nachteil, dass der Freibetrag nach dem zuerst verstorbenen Ehepartner (zB bei Kindern 400 000 DM) nicht ausgenutzt wird und damit beim Tod des überlebenden Ehepartners für das in seiner Hand vereinigte Vermögen nur noch der Freibetrag nach diesem zur Verfügung steht. Ist der Schlusserbe mit den Ehepartnern unterschiedlich nah verwandt, so richtet sich der Freibetrag nach dem Verwandtschaftsverhältnis zum Längstlebenden. Ist der Längstlebende jedoch an seine Verfügungen gebunden, so wird gemäß § 15 Abs 3 ErbStG ein höherer Freibetrag nach dem Erstverstorbenen zugrundegelegt. Trotz des missverständlichen Wortlauts findet diese Norm auch beim Vorhandensein eines Änderungsvorbehalts für den Längstlebenden Anwendung, wenn die rechtliche Stellung des steuerpflichtigen Schlusserben nicht verändert worden ist, und zwar auch dann, wenn der Schlusserbe auf Grund einer wertverschiebenden Anordnung des Längstlebenden (zB Vorausvermächtnis) tatsächlich einen geringeren wirtschaftlichen Wert erhält[112]. Da auch Grundbesitz mit verkehrswertnahen Werten der Besteuerung unterworfen ist, wird dieses Regelungsmodell unter diesem Aspekt zunehmend in Zweifel gezogen. Es lassen sich diese negativen erbschaftsteuerlichen Auswirkungen jedoch durch verschiedene Gestaltungen vermeiden, insbes durch Vermächtnisse beim Tod des Zuerstversterbenden zugunsten der Schlusserben oder durch freiwillige Auszahlung der Pflichtteile der Schlusserben innerhalb der dreijährigen Verjährungsfrist für den Pflichtteilsanspruch[113].

57

X. Recht in den neuen Bundesländern

Das in der Zeit vom 1. 1. 1976 bis zum Ablauf des 2. 10. 1990 im Beitrittsgebiet geltende ZGB enthielt in § 371 Abs 2 ein Verbot der Vor- und Nacherbschaft, so dass sich die Abgrenzungsfrage des § 2269 für in dieser Zeit errichtete gemeinschaftliche Testamente gar nicht erst stellt. Bei vor dem 1. 1. 1976 errichteten gemeinschaftlichen Testamenten ist eine Vor- und Nacherbschaft zwar gültig, jedoch gemäß § 8 Abs 2 S 2 EGZGB ohne die darin liegenden Verfügungsbeschränkungen[114]. Zu beachten ist ferner, dass der überlebende Ehepartner gemäß § 392 Abs 4 ZGB seine eigenen Verfügungen frei widerrufen kann, wenn er gleichzeitig die Erbschaft ausschlägt.

58

§ 2270 Wechselbezügliche Verfügungen

(1) Haben die Ehegatten in einem gemeinschaftlichen Testament Verfügungen getroffen, von denen anzunehmen ist, dass die Verfügung des einen nicht ohne die Verfügung des anderen getroffen sein würde, so hat die Nichtigkeit oder der Widerruf der einen Verfügung die Unwirksamkeit der anderen zur Folge.

(2) Ein solches Verhältnis der Verfügungen zueinander ist im Zweifel anzunehmen, wenn sich die Ehegatten gegenseitig bedenken oder wenn dem einen Ehegatten von dem anderen eine Zuwendung gemacht und für den Fall des Überlebens des Bedachten eine Verfügung zugunsten einer Person getroffen wird, die mit dem anderen Ehegatten verwandt ist oder ihm sonst nahe steht.

(3) Auf andere Verfügungen als Erbeinsetzungen, Vermächtnisse oder Auflagen findet die Vorschrift des Absatzes 1 keine Anwendung.

Schrifttum: *Baumann*, Zur Bindungswirkung wechselbezüglicher Verfügungen bei gem. § 2069 BGB ermittelten Ersatzerben, ZEV 1994, 351; *Bengel*, Zum Begriff „Nahestehende Person" in § 2270 Abs. 2 BGB, DNotZ 1977, 5; *Buchholz*, Einseitige Korrespektivität, Rpfleger 1990, 45; *Bühler*, Zur Wechselbezüglichkeit und Bindung beim gemeinschaftlichen Testament und Erbvertrag, DNotZ 1963, 359; *Gergen*, Begünstigung und Begünstigungswille als Abgrenzung zwischen Vorausvermächtnis und Teilungsanordnung – zur Kritik der Rechtsprechung seit BGHZ 36, 115, ZErb 2006, 362; *Gerken*, Die Entstehung der Bindungswirkung bei gemeinschaftlichen Testamenten, RpflJB 1992, 211; *Jakobs*, Gemeinschaftliches Testament und Wechselbezüglichkeit letztwilliger Verfügungen, FS Bosch, 1976, S 447; *Langenfeld*, Freiheit oder Bindung beim gemeinschaftlichen Testament oder Erbvertrag von Ehegatten, NJW 1987, 1577; *Ritter*, Der Konflikt zwischen einer erbrechtlichen Bindung aus erster Ehe und einer Versorgung des überlebenden Ehegatten zugunsten eines neuen Lebenspartners, 1999; *Schmucker*, Die Wechselbezüglichkeit von Verfügungen in gemeinschaftlichen Testamenten in der Rechtsprechung des BayObLG, MittBayNot 2001, 526; *J. Schneider*, Darf zu Lebzeiten des Erblassers Klage erhoben werden auf Feststellung, ob eine Verfügung von Todes wegen bestimmte Folgen hat?, ZEV 1996, 56; *ders*, Wie ist der Rücktritt vom Erbvertrag, wie der Widerruf eines gemeinschaftlichen Testaments zu erklären?, ZEV 1996, 220; *M. Wolf*, Freiheit und Bindung beim gemeinschaftlichen Testament und Erbvertrag, FS Musielak, 2004, S 493.

Übersicht

	Rn		Rn
I. Voraussetzungen der Wechselbezüglichkeit	1	2. Kreis wechselbezüglicher Verfügungen (Abs 3)	4
1. Gemeinschaftliches Testament	1	a) Erbrechtliche Zuwendungen	4

---

[112] BFHE 136, 552 = BStBl II 1983, 44; BFH ZEV 2000, 35 m zust Anm *Jülicher*.
[113] Ausf *J. Mayer* ZEV 1998, 50.
[114] BayObLG NJW 1998, 241, 242.

§ 2270

	Rn		Rn
b) Andere erbrechtliche Verfügungen	5	**II. Rechtsfolgen der Wechselbezüglichkeit**	22
c) Bindungswirkung nicht wechselbezüglicher Verfügungen	6	1. Nichtigkeit oder Widerruf einer Verfügung	22
3. Verknüpfungswille der Ehepartner	7	2. Auswirkung auf wechselbezügliche Verfügungen des Ehepartners	23
a) Arten der Wechselbezüglichkeit	8		
b) Vorrang einer Erblasserbestimmung	9		
c) Ermittlung des Erblasserwillens durch Auslegung	10	**III. Beweisfragen**	24
d) Auslegungsbeispiele	11		
e) Anwendung der Auslegungsregel des Abs 2	14	**IV. Recht in den neuen Bundesländern**	25

I. Voraussetzungen der Wechselbezüglichkeit

1   **1. Gemeinschaftliches Testament.** Diese Norm gilt nur bei Verfügungen in gemeinschaftlichen Testamenten, also weder bei solchen in einem einseitigen Testament noch bei einem Erbvertrag, auch nicht bei einem Ehegattenerbvertrag iS des § 2280. Eine Verfügung in einem gemeinschaftlichen Testament (zB gegenseitige Erbeinsetzung) kann allerdings zu einer solchen in einem Erbvertrag ebenso wechselbezüglich iS des § 2270 Abs 1 sein wie umgekehrt eine erbvertragliche Zuwendung zu einer testamentarischen. Bei einem zweiseitigen Erbvertrag enthält § 2298 eine vergleichbare Regelung für vertragsmäßige Verfügungen. Die auf ihre Wechselbezüglichkeit zu untersuchenden Verfügungen der Ehepartner brauchen dabei nicht in der gleichen Urkunde enthalten zu sein. Nach der hier vertretenen vermittelnden subjektiven Theorie (vgl § 2265 Rn 5 f) kann auch die Niederlegung in **getrennten Urkunden** ein gemeinschaftliches Testament darstellen, wenn ein gemeinsamer Testierwille vorhanden und feststellbar ist. Auch die in verschiedenen gemeinschaftlichen Testamenten enthaltenen Verfügungen können in diesem Abhängigkeitsverhältnis zueinander stehen, wenn und soweit ein entsprechender Verknüpfungswille beider Ehepartner festzustellen ist, zB „Dieses ist unser gemeinsamer Wille"[1]. Dies gilt selbst dann, wenn Jahre zwischen den Errichtungszeitpunkten liegen[2].

2   Für die Feststellung der Wechselbezüglichkeit der in einem gemeinschaftlichen Testament enthaltenen letztwilligen Verfügungen kommt es nicht darauf an, ob dieses in einzelnen Beziehungen **nichtig** ist. Die Funktion des § 2270 Abs 1 ist es nämlich gerade, die Unwirksamkeitsfolge einzelner Verfügungen auf die wechselbezüglichen (korrespektiven) Anordnungen des anderen Ehepartners zu erstrecken. Ist allerdings das gesamte gemeinschaftliche Testament nichtig (zB Errichtung durch Nicht-Ehepartner, Formverstoß), so kann die Frage der Wechselbezüglichkeit der darin enthaltenen Verfügungen dahinstehen.

3   Nicht alle Verfügungen in einem gemeinschaftlichen Testament sind schon deshalb wechselbezüglich, weil sich die Ehepartner der Form des gemeinschaftlichen Testaments bedient haben[3]. Dies gilt auch für ein öffentliches Testament, und zwar selbst dann, wenn die Urkunde einen Vermerk enthält, der Notar habe über die bindende Wirkung der darin enthaltenen Verfügungen belehrt. Die Frage der Wechselbezüglichkeit muss vielmehr für jede **einzelne darin enthaltene Verfügung** gesondert geprüft werden, unter Umständen sogar für Teile davon. Dabei kann sich ergeben, dass einzelne Verfügungen in diesem Abhängigkeitsverhältnis stehen, andere dagegen völlig isoliert nebeneinander gelten sollen. Für solch selbstständige Verfügungen gilt § 2270 Abs 1 nicht, so dass diese wirksam bleiben, auch wenn eine dazu nicht wechselbezügliche Verfügung nichtig ist oder widerrufen wird. Unter Umständen rechtfertigen diese Ereignisse aber deren Anfechtung wegen Irrtums über die Gültigkeit gemäß § 2078 Abs 2.

4   **2. Kreis wechselbezüglicher Verfügungen (Abs 3). a) Erbrechtliche Zuwendungen.** Ob außer den in Abs 3 ausdrücklich aufgeführten **Erbeinsetzungen, Vermächtnissen** oder **Auflagen** auch **Teilungsanordnungen** (§ 2048) wechselbezügliche Bindungswirkung entfalten können, ist umstritten. Die hM lehnt dies unter Hinweis auf den angeblich unmissverständlichen Gesetzeswortlaut ab[4] und ist so zu schwierigen Abgrenzungen zwischen Teilungsanordnungen und bindend möglichen Vorausvermächtnissen gezwungen[5]. Diese Unsicherheiten vermeidet *M. Wolf*[6], indem er den Begriff der Erbeinsetzung wirtschaftlich als Gesamtheit der mit ihr empfangenen Vergünstigungen und Belastungen auffasst. Der Wortlaut der Norm deckt diese wirtschaftliche Interpretation nicht nur[7], sondern spricht sogar für diese Auslegung: nur so ist nämlich schlüssig zu erklären, dass Abs 3 die drei Zuwendungsarten ausdrücklich auflistet und nicht einfach mit dem im vorangehenden Abs 2 sowie an anderen Stellen (zB §§ 2065 Abs 2, 2074, 2075) verwendeten Sammelbegriff der Zuwendung bezeichnet. Mit den drei anderen Zuwendungsarten verbindet die Teilungsanordnung, dass sie ebenso wie diese einen Anspruch auf Vermögenswerte aus dem Nachlass begründet, also in einem umfassenderen

---

[1] Vgl OLG Saarbrücken FamRZ 1990, 1285, 1286; BayObLG FamRZ 1994, 192.
[2] BayObLG ZEV 1999, 227, 228; s aber auch § 2265 Rn 7.
[3] BGH NJW-RR 1987, 1410.
[4] Vgl nur *Lange/Kuchinke* § 24 V 2 a; MünchKommBGB/*Musielak* § 2270 Rn 15 mwN.
[5] Vgl BGH NJW 1995, 721; NJW 1962, 343, 344 f; ausf hierzu *Gergen* ZErb 2006, 362; MünchKommBGB/*Musielak* Rn 15 Fn 52.
[6] S 702 ff, 711.
[7] *M. Wolf* S 701 f.

Sinne eine gegenstandsbezogene Verfügung ist. Das Trennende, nämlich der Umstand, dass sie gegenüber der Erbquote keine Wertverschiebung herbeizuführen vermag (§ 2048 Rn 4) und sie nicht selbstständig ausgeschlagen werden kann, muss insoweit zurücktreten, weil dies keine Rechtfertigungsgründe für die von der hM befürwortete Differenzierung bei der Einordnung als wechselbezügliche Verfügung sein können. Zudem ist jede Teilungsanordnung zwingend an eine Erbeinsetzung – mindestens in Form der (konkludenten) Bestätigung der gesetzlichen Erbfolge – gekoppelt, kann also zwanglos als integrierter Bestandteil der gewillkürten oder bestätigten gesetzlichen Erbfolge verstanden werden. Schließlich erfordert eine gemeinsame und aufeinander abgestimmte Regelung der erbrechtlichen Folgen für die Zeit nach dem Tod beider Beteiligten, die § 2270 gerade ermöglichen will, in vielen Fällen, nicht allein der Erbeinsetzung sondern auch den damit verbundenen Teilungsanordnungen wechselbezügliche Wirkung zuzugestehen. Nicht selten ist den Erblassern die gegenständliche Zuwendung sogar wichtiger als die Erbquote. Die hM vermag die Ausgrenzung der Teilungsanordnung auch vor dem Hintergrund des zur Testierfreiheit (Art 14 Abs 1 GG) gehörenden Rechts, erbrechtliche Bindungen einzugehen, nicht zu rechtfertigen[8]. Der Gewinn an Rechtssicherheit durch Verzicht auf die schwierige Abgrenzung der Teilungsanordnung vom Vorausvermächtnis ist ein weiteres Argument für die hier vertretene Auffassung, dass auch eine Teilungsanordnung (§ 2048) wechselbezügliche Wirkung haben kann. Vor allem kann es dabei nicht darauf ankommen, ob der Erblasser den Empfänger unabhängig und zusätzlich zum Erbteil begünstigen will oder nur im Rahmen der Erbquote durch gegenständliche Zuwendung (zur Abgrenzung s § 2048 Rn 4). Auch das obiter dictum des BFH in der Entscheidung vom 2. 7. 2004 zur Bewertung von Grundstücksvermächtnissen[9] dürfte Teilungsanordnungen einen größeren praktischen Anwendungsraum verschaffen[10]. Daraus erwächst das Bedürfnis nach erbrechtlicher Bindung der Teilungsanordnung als integrierter Bestandteil der Erbeinsetzung. Begreift man den Begriff der Erbeinsetzung wirtschaftlich als Gesamtheit aller hierauf bezogenen Regelungen, so bereitet es keine Mühe, auch dem Verzicht auf Ausschluss der **Anwachsung** (§ 2094) wechselbezügliche Wirkung zuzuerkennen[11]. Nach der hier vertretenen Auffassung genießen auch durch Teilungsanordnungen begünstigte Miterben den **Schutz des § 2287** vor beeinträchtigenden Verfügungen des Erblassers zu dessen Lebzeiten.

b) Andere erbrechtliche Verfügungen. Von diesen gegenstandsbezogenen Verfügungen (erbrechtliche Zuwendungen iwS) unterscheiden sich alle anderen in einem gemeinschaftlichen Testament zulässigen Verfügungen dadurch, dass sie nicht den Zuwendungsgegenstand betreffen sondern lediglich entweder die **Nachlassverwaltung regeln** (Teilungsverbot § 2044), Testamentsvollstreckung (§ 2197), Beschränkung der elterlichen Vermögenssorge (§ 1638) **oder gesetzliche Erb- oder Pflichtteilsrechte entziehen** (Enterbung (§ 1938), Entziehung des Pflichtteils (§§ 2333 ff). Nach dem am Wortlaut haftenden hM können alle diese Verfügungen ohnehin keine wechselbezügliche Bindungskraft entfalten. Das Gleiche gilt nach der hier vertretenen Auffassung, wonach eine Teilungsanordnung allein wegen ihres Zuwendungscharakters in Verbindung mit der Erbeinsetzung wechselbezügliche Bindungswirkung haben kann (Rn 4). *M. Wolf* geht dagegen einen Schritt weiter und will auch allen anderen mit erbrechtlichen Zuwendungen verbundenen belastenden Verfügungen diese Wirkung zumessen, wenn und soweit kein sachlich rechtfertigender Grund für den Ausschluss aus diesem Kreis gegeben ist[12]. Weil die **Testamentsvollstreckung** (§ 2197) persönliches Vertrauen des Erblassers erfordere[13], will er zwischen der nicht bindenden Bestimmung des Amtsinhabers und der wechselbezüglich möglichen Anordnung der Testamentsvollstreckung unterscheiden[14]. Diese Differenzierung lässt sich jedoch nicht durchführen, weil dann der Fall ungelöst bliebe, dass trotz der bindenden Anordnung kein neuer Amtsinhaber ernannt wird. Auch der **Enterbung** gemäß § 1938[15] und der **Entziehung des Pflichtteils** gemäß §§ 2333 ff[16] will er diese erbrechtliche Bindungswirkung zugestehen, übersieht dabei jedoch, dass jedem der Beteiligten das Recht der Verzeihung (vgl § 2337 S 1) bzw der Aussöhnung vorbehalten werden muss, so dass er deshalb gezwungen werden darf, um die eigene Zuwendung gemäß § 2271 Abs 2 S 1 HS 2 ausschlagen zu müssen. Niemand darf gegen seine innere Überzeugung an solch negativen Verfügungen festgehalten werden.

c) Bindungswirkung nicht wechselbezüglicher Verfügungen. Bei allen danach nicht wechselbezüglich möglichen Verfügungen können die Beteiligten einen Widerruf nur dadurch vermeiden, dass sie die erbrechtliche Zuwendung an eine entsprechende **auflösende Bedingung** knüpfen. Nachteil dieser Ersatzkonstruktion ist jedoch, dass bei einem Verstoß zwar die Zuwendung an den anderen entfällt, aber die Erbfolge nach dessen Tod nicht dem entspricht, wie sich beide Beteiligte bei Errichtung des gemeinschaftlichen Testaments vorgestellt hatten[17]. Fehlt eine derartige Bedingung, so kann der Widerruf einer nicht wechselbezüglichen letztwilligen Verfügung auch die Anfechtung der erbrechtlichen Zuwendung an den anderen gemäß § 2078 Abs 2 rechtfertigen.

---

[8] *M. Wolf* S 695, 703.
[9] BStBl II 2004, 1039 = NJW 2005, 624.
[10] Vgl *Geck* ZEV 2006, 201, 203 ff.
[11] Im Ergebnis ebenso *Keller* ZEV 2003, 439, 440.
[12] S 702 ff.
[13] Vgl Motive zum Entwurf des BGB Bd V 1888 S 334; ebenso *M. Wolf* S 703 f.
[14] *M. Wolf* S 703 f; vgl dagegen KG FamRZ 1977, 485; *Bühler* DNotZ 1962, 359, 364.
[15] *M. Wolf* S 695 f, 704 f; vgl dagegen BayObLG NJW-RR 1992, 1536.
[16] *M. Wolf* S 704 f; vgl dagegen RG WarnR 1933 Nr 152; BayObLGZ 21 A, 328, 331.
[17] *Soergel/M. Wolf* Rn 14; *M. Wolf* S 694 ff.

§ 2270 Buch 5. Abschnitt 3. Testament

7   **3. Verknüpfungswille der Ehepartner.** Das Wesen der Wechselbezüglichkeit besteht nach der Begriffsbestimmung des Gesetzes darin, dass nach dem Willen beider Ehepartner die Verfügung des einen nicht ohne die des anderen gelten soll, also die zu untersuchenden Anordnungen nur gemeinsam stehen und fallen sollen.

8   **a) Arten der Wechselbezüglichkeit.** § 2270 regelt eigentlich nur den Fall, dass beide Verfügungen **wechselseitig** in diesem Geltungszusammenhang stehen. §§ 2270, 2271 sind jedoch nach allgM auch auf die Fälle analog anzuwenden, in denen zwar die Verfügung des einen Ehepartners von der des anderen abhängig ist, nicht jedoch umgekehrt[18], das Abhängigkeitsverhältnis also nur **einseitig** ist.

9   **b) Vorrang einer Erblasserbestimmung.** Die Ehepartner können die Wechselbezüglichkeit ihrer Verfügungen ausschließen, den Umfang beschränken[19] oder nur für bestimmte Fälle[20] oder für Teile ihrer Verfügungen iS des Abs 3 anordnen[21]. Ein **Änderungs- oder Aufhebungsvorbehalt** für den überlebenden Ehepartner oder beide gemeinschaftlich[22] beinhaltet nicht notwendigerweise auch den Ausschluss der Rechtswirkungen der Wechselbezüglichkeit gemäß § 2270 Abs 1 (vgl auch § 2271 Rn 21). Zusätzen wie „nach Belieben" oder „aufs Freieste"[23] kann zwar eine solche Ausschlusswirkung entnommen werden[24], nicht aber allein der Ermächtigung „zur freien Verfügung"[25]. Es ist daher dringend anzuraten, in solchen Vorbehaltsklauseln auch zu regeln, ob oder inwieweit die Aufhebung oder Änderung sich auf die übrigen Verfügungen auswirkt. Fehlt nämlich eine solche abweichende Erblasserbestimmung und kann sie auch nicht durch Auslegung des Testamentswortlauts und sonstiger außerhalb der Urkunde liegender Umstände sicher festgestellt werden, so wird die Änderung oder Aufhebung auf Grund eines solchen Vorbehalts über die Auslegungsregel des § 2270 Abs 2 auch zur Ungültigkeit der Verfügungen zugunsten des verfügenden Erblassers führen. Die Wirkungen des § 2270 Abs 1 können auch **nachträglich** noch ausgeschlossen oder beschränkt werden. Ausschluss oder Einschränkung der Wirkungen des § 2270 Abs 1 können auch durch späteres gemeinschaftliches Testament oder Ehegattenerbvertrag wieder aufgehoben werden. Wiederholt ein Ehegatte in einem später errichteten einseitigen Testament eine Verfügung, ohne auf die des anderen Bezug zu nehmen, oder schließt er darin die Geltung des § 2270 Abs 1 aus, so gilt diese Verfügung auch dann, wenn die „wechselbezügliche" des anderen nichtig ist oder widerrufen wird[26].

10 **c) Ermittlung des Erblasserwillens durch Auslegung.** Die Frage der Wechselbezüglichkeit ist im Wege der erläuternden und ergänzenden Auslegung (vgl § 2084 Rn 2 ff) für jede Verfügung getrennt zu prüfen, unter Umständen sogar für Teile von Anordnungen. Dabei ist stets zu untersuchen, ob eine nach dem Verhalten des einen Ehepartners mögliche Auslegung auch dem Willen des anderen entsprochen hat, insbes also, ob eine vom Überlebenden tatsächlich geänderte oder aufgehobene Verfügung erbrechtlich bindend war. Auch für die Ermittlung des mutmaßlichen (hypothetischen) Willens ist die Willensrichtung beider Ehepartner maßgebend. Die Regeln über die ergänzende Testamentsauslegung sind immer dann zu beachten, wenn Umstände eingetreten sind, die die Ehepartner nicht vorausgesehen haben. Diese überraschenden Entwicklungen können dazu führen, die Wirkungen der Wechselbezüglichkeit iS des § 2270 Abs 1 auszuschließen[27]. Ausgangspunkt jeder Auslegung ist die Verfügung selbst.

11 **d) Auslegungsbeispiele. aa) Formulierungen in der Urkunde.** Die **Verschiedenartigkeit der gegenseitigen Zuwendungen** (zB Erbeinsetzung – Nießbrauchsvermächtnis, Einsetzung zum Vollerben – Einsetzung zum (befreiten) Vorerben) ist ein Indiz gegen die Wechselbezüglichkeit[28]. Die **sprachliche Zusammenfassung** der Verfügungen (zB „Wir berufen ...", „unser gemeinsamer Wille") wird man entgegen der hM[29] nur unter der Bedingung als Indiz heranziehen dürfen, dass weitere Umstände für die Wechselbezüglichkeit sprechen. Das Hervorheben der **lebzeitigen Verfügungsbefugnis** des Längstlebenden in einem Berliner Testament rechtfertigt für sich allein nicht den Umkehrschluss, dass damit die erbrechtliche Verfügungsfreiheit ausgeschlossen werden soll[30]. Das **Fehlen einer Wiederverheiratungsklausel** ist für diese Frage ebenfalls unergiebig[31]. Der Vermerk eines Notars in einem **öffentlichen Testament,** er habe über die erbrechtliche Bindungswirkung der darin enthaltenen Verfügungen belehrt, ist für die Auslegung irrelevant, weil er nichts darüber aussagt, welche Zuwendungen bindenden Charakter haben sollen; keinesfalls darf aus einem solch vagen Vermerk der Schluss gezogen werden, alle Zuwendungen hätten wechselbezügliche Wirkung gemäß

---

[18] ZB KG JFG 10, 67; 17, 46; MünchKommBGB/*Musielak* Rn 3; aA *v. Lübtow* I S 491.
[19] Vgl OLG Hamm FGPrax 2005, 265, 266 betr Kinder.
[20] Vgl KG OLGZ 37, 261, 262 f = JW 1937, 2520 betr Wiederverheiratung.
[21] BGH NJW 1951, 959.
[22] Vgl BayObLG NJW-RR 1989, 587.
[23] Vgl jedoch BGH NJW 1964, 2056.
[24] RGZ 79, 32, 34; BGH FamRZ 1956, 83; NJW 1959, 1730, 1731.
[25] BGH FamRZ 1964, 501.
[26] KG JFG 17, 44 = DNotZ 1938, 179; JFG 20, 143; *Reimann/Bengel/J. Mayer* Rn 20.
[27] KG NJW 1963, 768; BayObLG ZEV 1994, 362, 364.
[28] OLG Zweibrücken FGPrax 2003, 274; BayObLG FamRZ 2001, 1734, 1736; OLG Hamm FamRZ 1994, 1210, 1211.
[29] BayObLG ZEV 1999, 227, 229; FamRZ 1994, 1422; OLG Hamm FamRZ 1994, 1210, 1211; *Reimann/Bengel/J. Mayer* Rn 44.
[30] AA BayObLG FamRZ 1994, 1422; *Reimann/Bengel/J. Mayer* Rn 40.
[31] BayObLG ZEV 1994, 362.

§ 2270³². Der Notar sollte deshalb in jedem gemeinschaftlichen Testament und in jedem Erbvertrag genau angeben, welche Abhängigkeiten zwischen den einzelnen Verfügungen bestehen.

bb) Persönliche Beziehungen. Bei der Ermittlung des Erblasserwillens muss auch die Lebenserfahrung berücksichtigt werden, dass beim **Fehlen verwandtschaftlicher Beziehungen** zwischen dem zuerst verstorbenen Beteiligten und dem eingesetzten Schlusserben dem Längstlebenden das Recht zustehen soll, die Erbfolge anderweitig festzulegen³³. Besondere Umstände (zB **langjährige Dienstleistungen, enge persönliche Verbundenheit**) können aber auch in diesen Fällen für die Wechselbezüglichkeit sprechen³⁴. Zuwendungen an **Personen, die nur mit dem Längstlebenden verwandt** sind, entfalten in aller Regel keine Bindungswirkung³⁵. Etwas anderes gilt allerdings, wenn zwischen diesen und dem zuerst verstorbenen außergewöhnlich enge persönliche Beziehungen bestanden haben, was vor allem bei **Stiefkindern** zu prüfen ist³⁶. Die Zuwendung an eine **(gemeinnützige) Einrichtung oder Vereinigung** ist nicht wechselbezüglich³⁷, es sei denn, sie wurde von dem zuerst verstorbenen Beteiligten errichtet³⁸, mitbegründet oder sie sorgt für einen betreuungsbedürftigen Verwandten (zB behindertes Kind).

cc) Besondere Motive. Bei einem **erheblichen Vermögensunterschied** ist es äußerst zweifelhaft, ob sich der vermögendere Beteiligte für den Fall des Überlebens erbrechtlich binden wollte, weil der Gedanke der Versorgung des anderen, wenn dieser überleben sollte, weitaus näher liegt³⁹. Bei langer Ehe bzw Partnerschaft sowie bei erheblichem Anteil am Erwerb des Vermögens (zB langjährige Mitarbeit im Unternehmen) kann etwas anderes gelten⁴⁰. Ähnliche Überlegungen spielen auch bei einem erheblichen **Altersunterschied** zwischen den Beteiligten eine Rolle⁴¹. Die **Jugendlichkeit** der Beteiligten spricht dagegen weder für noch gegen einen erbrechtlichen Bindungswillen⁴². Ist das gemeinschaftliche Testament aus **besonderem Anlass**, etwa vor einer gefährlichen Reise oder einer schweren Operation, errichtet worden, so ist besonders sorgfältig zu prüfen, ob eine weitreichende erbrechtliche Bindung für den Überlebenden wirklich gewollt war⁴³. Wissen die Ehepartner bei der Abfassung des gemeinschaftlichen Testaments vom kurzfristig bevorstehenden Tod eines Ehepartners, so spricht die Tatsache, dass auch der erwartungsgemäß überlebende Ehepartner einen Verwandten des todkranken Ehepartners eingesetzt hat, für die Wechselbezüglichkeit der Schlusserbeneinsetzung⁴⁴.

e) Anwendung der Auslegungsregel des Abs 2. § 2270 Abs 2 stellt für zwei Fälle eine Auslegungsregel auf, nämlich für gegenseitige Ehegattenzuwendungen sowie für Verfügungen zugunsten von mit dem anderen verwandten oder diesem sonst nahe stehenden Personen. Doch bevor auf diese Regel zurückgegriffen werden darf, muss zunächst im Wege erläuternder bzw ergänzender Auslegung der Verknüpfungswille der Beteiligten untersucht werden. Dabei kommt es gemäß §§ 133, 157 auf das übereinstimmende Verständnis beider Beteiligten an. Die verbleibenden Zweifel dürfen also nicht anders behebbar sein, als durch Anwendung dieser Auslegungsvorschrift⁴⁵. Die Auslegung darf unter keinen Umständen mit Blick auf diese Auslegungsregel offen gelassen werden⁴⁶.

aa) Ehegattenzuwendungen. Wenn jeder Ehegatte in einem gemeinschaftlichen Testament den anderen jeweils zum Erben einsetzt, diesem ein Vermächtnis zuwendet oder durch eine Auflage begünstigt, sind diese **gegenseitigen Zuwendungen** „im Zweifel" wechselbezüglich, so dass sie miteinander gemäß § 2270 Abs 1 stehen und fallen. Die Ehepartner brauchen sich dabei nicht zwingend gegenseitig zu Alleinerben einzusetzen. Es genügt vielmehr jede Art der Erbeinsetzung, also auch die Einsetzung zum Miterben, Ersatzerben, Vorerben oder Nacherben. Auch eine Erbeinsetzung des einen Ehepartners kann mit einer umgekehrten Zuwendung eines Vermächtnisses oder einer Auflage wechselbezüglich sein⁴⁷. Die Erbeinsetzung des anderen braucht dabei keineswegs ausdrücklich erfolgt zu sein. Es reicht aus, wenn der Eintritt der gesetzlichen Erbfolge bei Errichtung des Testaments bewusst vorausgesetzt worden ist⁴⁸.

bb) Zuwendungen an Verwandte. Nach § 2270 Abs 2 sind auch die Erbeinsetzungen, Vermächtnisse und Auflagen eines Ehepartners zugunsten von **Verwandten** iS des § 1589, wechselbezüglich zu

---

³² AA OLG Hamm vom 4. 12. 2003, 10 U 36/03, unveröffentlicht.
³³ BayObLGZ 1982, 474; FamRZ 1991, 1232, 1234; NJWE-FER 2001, 213, 214; OLG Hamm NJWE-FER 2001, 157; OLG Koblenz BeckRS 2007, 10387.
³⁴ Vgl BayObLG NJWE-FER 2001, 128, 129.
³⁵ OLG Koblenz BeckRS 2007, 10387; OLG Frankfurt NJWE-FER 2000, 37; ZEV 1997, 420; OLG Köln FamRZ 1996, 310; BayObLG DNotZ 1994, 791, 794.
³⁶ BayObLG NJW-RR 1992, 1223; dagegen aber FamRZ 1986, 392; FamRZ 1984, 1154.
³⁷ BayObLG FamRZ 1986, 604; OLG München ZEV 2000, 104; vgl auch OLG Düsseldorf vom 14. 8. 2000, U 60/00, BeckRS 2000, 30126572.
³⁸ OLG München ZEV 2000, 104 betr Stiftung.
³⁹ OLG Brandenburg FamRZ 1999, 1541, 1542 f; OLG Saarbrücken FamRZ 1990, 1285, 1286; BayObLG Rpfleger 1985, 240; Rpfleger 1981, 282.
⁴⁰ OLG Hamm NJW-RR 1995, 777.
⁴¹ Vgl BayObLG FamRZ 1997, 1241.
⁴² Vgl jedoch BayObLG FamRZ 1995, 251, 253; DNotZ 1993, 127, 128.
⁴³ *Reimann/Bengel/J. Mayer* Rn 32 unter Hinweis auf den Fall OLG München I FamRZ 2000, 705.
⁴⁴ Vgl OLG Düsseldorf, Beschluss vom 14. 9. 2007 – I-3 Wx 131/07, BeckRS 2007, 177455.
⁴⁵ *Reimann/Bengel/J. Mayer* Rn 54; aA KG FamRZ 1993, 1251, 1253; MünchKommBGB/*Musielak* Rn 9.
⁴⁶ Bedenklich daher BayObLG NJW-RR 2002, 1160, 1162.
⁴⁷ MünchKommBGB/*Musielak* Rn 10; aA RGRK/*Johannsen* Rn 14.
⁴⁸ RGRK/*Johannsen* Rn 14.

Verfügungen des anderen Ehepartners, die jenen als Erben, als Vermächtnisnehmer oder durch eine Auflage begünstigen. Die Verwandtschaft muss zurzeit der Testamentserrichtung bestehen und dem Erblasser auch bekannt gewesen sein. Erfährt der Erblasser erst nachträglich von der Person des Verwandten oder wird das Verwandtschaftsverhältnis erst später begründet (zB Adoption), kommt § 2270 Abs 2 allenfalls unter dem Gesichtspunkt eines sonstigen persönlichen Näheverhältnisses zur Anwendung, aber nicht wegen des Verwandtschaftsverhältnisses[49].

17   Im Unterschied zur Fallgruppe der „sonst nahe stehenden Personen" bedarf es nicht der ausdrücklichen Feststellung eines besonderen Näheverhältnisses[50]. Allerdings kann in Ausnahmefällen das völlige Fehlen einer engeren Beziehung zurzeit der Testamentserrichtung im Wege der ergänzenden Auslegung als Indiz dafür herangezogen werden, dass überhaupt keine erbrechtliche Bindung gewünscht war. Die Wechselbezüglichkeit kann auch deshalb zu verneinen sein, weil der eine Ehegatte vermögend ist und der andere entweder kein oder nur im Verhältnis dazu geringfügiges Vermögen besitzt, da nicht anzunehmen ist, dass der vermögendere Teil wegen der Zuwendung des anderen die eigenen Verfügungen getroffen hat (Rn 13).

18   Vor allem bei **kinderlosen Ehepartnern** ist sehr sorgfältig zu prüfen, ob der zuerst verstorbene Teil wirklich die Sicherungsinteressen des oder der Schlusserben über das Recht des länger lebenden Teils zur völlig freien Verfügung über das beiderseitige Vermögen stellen wollte und dieser die Erklärungen des anderen auch so verstanden hat. Zweifel sind allein schon deshalb erlaubt, weil das Berliner Modell den Schlusserben usw ohnehin nur einen geringen Schutz vor einem vollständigen Verlust des Nachlasses bietet. Die Einsetzung der gesetzlichen Erben eines oder beider Ehepartner mit dieser abstrakten Formulierung rechtfertigt die Annahme der Wechselbezüglichkeit zur gegenseitigen Zuwendung in aller Regel nicht[51]. Bei der Verwendung von abstrakten Verwandtschaftsbezeichnungen wie „Geschwister", „Neffen", „Nichten", „Patenkind" ohne individuelle Bezeichnung wird man aus dem gleichen Grund im Rahmen der ergänzenden Auslegung genau zu untersuchen haben, ob ein Verknüpfungswille bestanden hat[52].

19   Haben die Beteiligten die **gemeinsamen Abkömmlinge** zu Schlusserben eingesetzt oder sonst bedacht, ist diese Zuwendung regelmäßig nicht wechselbezüglich zur gegenseitigen Erbeinsetzung, weil jeder diese auch unabhängig von der Zuwendung des anderen Ehepartners bedacht hätte[53]. Liegt dieser Zuwendung jedoch das auch für den anderen erkennbare Motiv zugrunde, den gemeinsamen Abkömmlingen die Teilhabe am Vermögen des Erstverstorbenen zu sichern, so liegt eine erbrechtliche Verknüpfung iS des § 2270 Abs 1 vor[54]. S zur Frage, ob bei Anwendung der Auslegungsregel des § 2069 kumulativ § 2270 Abs 2 eingreifen kann, § 2069 Rn 4.

20   Bei einem Testament zwischen einem kinderlosen Ehepartner und einem mit **Kindern aus einer anderen Beziehung** ist dagegen die Schlusserbeneinsetzung dieser Abkömmlinge wechselbezüglich zur Erbeinsetzung durch den Vater bzw die Mutter, weil diese bei völliger Bindungslosigkeit des kinderlosen Ehepartners Gefahr laufen, überhaupt nichts vom Nachlass ihres zuerst verstorbenen Elternteils zu erhalten[55]. Haben die Ehepartner außer diesen Abkömmlingen des einen Teils noch andere Erben eingesetzt, so beschränkt sich die Wechselbezüglichkeit auf die Schlusserbeneinsetzung der Abkömmlinge. In diesen Fällen wird man den Charakter der Wechselbezüglichkeit nur dann verneinen können, wenn ausnahmsweise ein entgegenstehender Wille durch Auslegung ermittelt werden kann.

21   cc) **Zuwendungen an nahe stehende Personen.** Über den Kreis der Verwandten hinaus, erfasst diese Auslegungsregel auch alle Personen, die dem anderen Ehepartner persönlich nahe stehen. Ein solches **Näheverhältnis** kann nur angenommen werden, wenn es auf Grund der festgestellten Umstände des Einzelfalls den unter normalen Verhältnissen üblichen persönlichen Beziehungen zu den nächsten Verwandten gleichkommt. Dabei ist ein strenger Maßstab anzulegen, um die Ausnahme nicht zur Regel werden zu lassen[56]. Zu diesem Personenkreis gehören etwa Adoptivkinder, Stiefkinder, Pflegekinder, verschwägerte Personen, sehr enge Freunde oder langjährige Hausangestellte, nicht dagegen etwa gute Nachbarn[57] oder Freunde allgemein. In besonders gelagerten Fällen kann auch einmal eine juristische Person einem Erblasser nahe stehen[58].

II. Rechtsfolgen der Wechselbezüglichkeit

22   1. **Nichtigkeit oder Widerruf einer Verfügung.** Zunächst muss festgestellt werden, dass eine erbrechtliche Zuwendung (siehe Rn 4) in einem gemeinschaftlichen Testament gemäß § 2271 wirksam widerrufen worden oder nichtig ist. Der Grund der Nichtigkeit ist dabei ohne Bedeutung. Diese kann beruhen auf Formverstößen (§ 125), auf einem inhaltlichen Widerspruch zu einer bindenden früheren

---

[49] KG FamRZ 1983, 98.
[50] AA *Ritter* S 103 ff.
[51] OLG Frankfurt ZEV 1997, 420.
[52] Vgl dazu BayObLG FamRZ 2001, 1327.
[53] Vgl OLG Hamm DNotZ 2001, 395, 398.
[54] BayObLG FGPrax 2001, 248, 249.
[55] Vgl BayObLG NJW-RR 1992, 1223.
[56] BayObLGZ 1982, 474; KG DNotZ 1993, 825.
[57] Vgl OLG Hamm NJWE-FER 2001, 157.
[58] LG Stuttgart MittRhNotK 1999, 441 m zust Anm *Frisch*; aA *Staudinger/Kanzleiter* Rn 31; offen gelassen BayObLG FamRZ 1986, 604, 606 m Anm *Bosch*.

Verfügung (§ 2271 bzw § 2289), auf der Auflösung bzw Scheidung der Ehe (§ 2077), auf der Verletzung gesetzlicher Verbote iS des § 134 (zB § 14 HeimG), auf Verstößen gegen die guten Sitten (§ 138) oder auf Unwirksamkeit durch Anfechtung (§§ 142, 2078). Dagegen reicht es für die Anwendung des Abs 1 nicht aus, wenn eine solche Verfügung durch Vorversterben des Bedachten oder durch Veräußerung des Vermächtnisgegenstands bloß gegenstandslos geworden ist. Auch die Ausschlagung des Erbes bzw des Vermächtnisses oder die Feststellung der Erbunwürdigkeit lösen die Wirkungen des § 2270 Abs 1 nicht aus. Auch der endgültige Ausfall der einer Verfügung beigefügten Bedingung hat nicht die Rechtsfolge des § 2270 Abs 1[59]. Die zuletzt genannten Ereignisse führen daher nicht zur Unwirksamkeit der mit solchen Verfügungen wechselbezüglich verbundenen Verfügungen des anderen Ehepartners.

2. Auswirkung auf wechselbezügliche Verfügungen des Ehepartners. Der Sinn des § 2270 Abs 1 besteht darin, dem Verknüpfungswillen der Ehepartner dadurch Geltung zu verschaffen, dass bei Unwirksamkeit der Verfügung des einen Ehepartners alle dazu im Abhängigkeitsverhältnis der Wechselbezüglichkeit stehenden Verfügungen des anderen ebenfalls unwirksam werden. Der Umfang der Nichtigkeit folgt also dem Umfang des Verknüpfungswillens. Dabei ist jede Verfügung gesondert zu prüfen, unter Umständen sogar auch nur Teile davon. Haben die Ehepartner in ihrem Testament die Wirkungen der Wechselbezüglichkeit aufgehoben oder eingeschränkt, so haben diese Bestimmungen daher Vorrang vor der Rechtsfolgenanordnung des § 2270 Abs 1.

III. Beweisfragen

Wer einen von diesen Auslegungsregeln abweichenden Erblasserwillen behauptet, trägt dafür die materielle Beweislast. Im Rahmen des Erbscheinsverfahrens trägt der Antragsteller die entsprechende Feststellungslast.

IV. Recht in den neuen Bundesländern

Das ZGB enthielt keine dem § 2270 vergleichbare Vorschrift, sondern beurteilte die in einem gemeinschaftlichen Testament enthaltenen Verfügungen hinsichtlich ihrer Gültigkeit jeweils getrennt für sich. Infolge des § 390 Abs 2 ZGB sind alle in einem späteren Testament enthaltenen Verfügungen, die im Widerspruch zum gemeinschaftlichen Testament stehen, ohne Rücksicht darauf unwirksam, ob es sich um einseitige oder wechselbezügliche handelt. Gemäß § 392 Abs 3 ZGB wird das gemeinschaftliche Testament insgesamt mit allen darin enthaltenen Verfügungen unwirksam, wenn es widerrufen wird oder die Ehe geschieden oder für nichtig erklärt worden ist. Die Bindungswirkung eines vor dem 1. 1. 1976 errichteten gemeinschaftlichen Testaments richtet sich nach der bis dahin auch in der ehemaligen DDR gültigen Vorschrift der §§ 2270, 2271[60].

§ 2271 Widerruf wechselbezüglicher Verfügungen

(1) ¹Der Widerruf einer Verfügung, die mit einer Verfügung des anderen Ehegatten in dem in § 2270 bezeichneten Verhältnis steht, erfolgt bei Lebzeiten der Ehegatten nach der für den Rücktritt von einem Erbvertrag geltenden Vorschrift des § 2296. ²Durch eine neue Verfügung von Todes wegen kann ein Ehegatte bei Lebzeiten des anderen seine Verfügung nicht einseitig aufheben.

(2) ¹Das Recht zum Widerruf erlischt mit dem Tode des anderen Ehegatten; der Überlebende kann jedoch seine Verfügung aufheben, wenn er das ihm Zugewendete ausschlägt. ²Auch nach der Annahme der Zuwendung ist der Überlebende zur Aufhebung nach Maßgabe des § 2294 und des § 2336 berechtigt.

(3) Ist ein pflichtteilsberechtigter Abkömmling der Ehegatten oder eines der Ehegatten bedacht, so findet die Vorschrift des § 2289 Abs. 2 entsprechende Anwendung.

Schrifttum: *Bengel*, Zum Verzicht des Erblassers auf Anfechtung bei Verfügungen von Todes wegen, DNotZ 1984, 132; *Brambring*, Das „Berliner Testament" als Testamentstyp und die Auswirkungen des neuen Erbschaftsteuerrechts, FS Rheinisches Notariat, 1998, S 145; *Damrau/Bittler*, Widerruf eines gemeinschaftlichen Testaments gegenüber dem Betreuer?, ZErb 2004, 77; *Dieckmann*, Bemerkungen zur „wertverschiebenden" Teilungsanordnung, FS Coing, Bd II, 1982, S 53; *Dilcher*, Die Grenzen erbrechtlicher Bindung zwischen Verfügungsfreiheit und Aushöhlungsnichtigkeit, Jura 1988, 72; *Helfrich*, Die Grenzen der Bindungswirkung des § 2271 Abs. 2 S. 1 BGB, Diss Köln 1972; *Helms*, Der Widerruf und die Anfechtung wechselbezüglicher Verfügungen bei Geschäfts- und Testierunfähigkeit, DNotZ 2003, 104; *M. Huber*, Freistellungsklauseln in gemeinschaftlichen Testamenten. Zum Vorbehalt des Widerrufs wechselbezüglicher Verfügungen, Rpfleger 1981, 41; *Janko*, Die bewußte Zugangsverzögerung auf den Todesfall, 2000; *Kuchinke*, Beeinträchtigende Anordnungen des an seine Verfügungen gebundenen Erblassers, FS v. Lübtow, 1991, S 283; *Lehmann*, Ist eine Teilungsanordnung eine beeinträchtigende Verfügung?, MittBayNot 1988, 157; *Leipold*, Der vergeßliche Erblasser und die Anfechtung, ZEV 1995, 99; *Mohr*, Bindungswirkung beim Erbvertrag und gemeinschaftlichen Testament, BWNotZ 1997, 169; *Musielak*, Die Aufhebung bindend gewordener Verfügungen in gemeinschaftlichen Testamenten, FS Kegel, 1987, S 433; *Peter*, Anfechtung oder Zuwendungsverzicht?

---

[59] MünchKommBGB/*Musielak* Rn 18.
[60] LG Leipzig NJW 2000, 438.

§ 2271

Überwindung der Bindung an gemeinschaftliche wechselbezügliche Verfügungen, BWNotZ 1977, 113; *Pfeiffer*, Das gemeinschaftliche Ehegattentestament – Konzept, Bindungsgrund und Bindungswirkungen, FamRZ 1993, 1266; *Rappenglitz*, Der Widerruf wechselbezüglicher Verfügungen mittels postmortal zugegangener Widerrufserklärung, Rpfleger 2001, 531; *Tiedtke,* Zur Bindung des überlebenden Ehegatten an das gemeinschaftliche Testament bei Ausschlagung der Erbschaft als eingesetzter, aber Annahme als gesetzlicher Erbe, FamRZ 1991, 1259; *Wintermantel*, Die Folgen der Anfechtung gem. § 2079 BGB und der Ausschlagung des überlebenden Ehegatten beim gegenseitigen gemeinschaftlichen Testament oder Ehegatten-Erbvertrag mit bindender Schlußerbeinsetzung, BWNotZ 1993, 120.

Übersicht

	Rn		Rn
I. Widerruf	1	3. Gesetzliche Ausnahmen von der erbrechtlichen Bindung	23
1. Begriff	1	a) Ausschlagung des überlebenden Ehepartners	24
2. Gegenstand des Widerrufs	2	b) Aufhebung bei Verfehlungen des Bedachten	29
a) Gesamtes gemeinschaftliches Testament	3	c) Beschränkung in guter Absicht	32
b) Einseitige Verfügungen im gemeinschaftlichen Testament	4	4. Wegfall der Geschäftsgrundlage	33
c) Wechselbezügliche Verfügungen	5	**III. Anfechtung**	34
3. Voraussetzungen des einseitigen Widerrufs wechselbezüglicher Verfügungen (§§ 2296, 2271 Abs 1 S 1)	7	1. Ausschluss der Anfechtung zu Lebzeiten beider Ehepartner	34
a) Testierfähigkeit	8	2. Anfechtung durch den überlebenden Ehepartner	35
b) Form	9	a) Eigene Verfügungen	35
c) Inhalt	10	b) Verfügungen des verstorbenen Ehepartners	38
d) Zugang	11	3. Anfechtung durch Dritte	39
4. Wirkungen des wirksamen Widerrufs	15	a) Verfügungen des erstverstorbenen Ehepartners	39
II. Erbrechtliche Bindung des überlebenden Ehepartners an wechselbezügliche Verfügungen (Abs 2)	17	b) Verfügungen des überlebenden Ehepartners	40
1. Gesetzlicher Umfang der Bindungswirkung	17	4. Wirkung der Anfechtung	41
2. Änderungsvorbehalt	19	**IV. Recht in den neuen Bundesländern**	42
a) Ermächtigungsgrundlage	20		
b) Berechtigter, Zeitpunkt und Umfang	21		
c) Ausnutzung des Änderungsvorbehalts	22		

I. Widerruf

1. Begriff. Das Gesetz versteht im Rahmen des § 2271 darunter jede Erklärung in einer Verfügung von Todes wegen, die eine früher getroffene letztwillige Verfügung vollständig oder teilweise aufhebt oder ändert und dadurch im Falle ihres Wirksamwerdens die bisherige Rechtsstellung des Zuwendungsempfängers verschlechtern würde[1]. Demgemäß ist die vollständige **Aufhebung** einer Erbeinsetzung – auch zum Mit-, Vor- oder Nacherben –, eines Vermächtnisses oder einer Auflage für den Zuwendungsempfänger Widerruf iS des § 2271. Während für die Verringerung der Erbquote oder der Mitberechtigung an einem Vermächtnis das Gleiche gilt, bedeutet umgekehrt deren Erhöhung eine wirtschaftliche Besserstellung und unterfällt nicht den Bestimmungen des § 2271. Einen Widerruf beinhaltet dagegen jede spätere **Anordnung von Beschränkungen und Beschwerungen** insbesondere[2] in Form von:

– Nacherbschaft[3],
– Vermächtnissen[4], auch Nachvermächtnissen,
– Auflagen[5],
– Testamentsvollstreckung[6] oder
– Teilungsanordnungen[7].

Die ersatzlose Aufhebung von solchen Belastungen, also die Aufhebung der Nacherbeneinsetzung, eines Vermächtnisses, einer Auflage oder einer Testamentsvollstreckung, stellt aus der Sicht des Belasteten keinen Widerruf iS des § 2271 dar, weil dadurch der belastete Zuwendungsempfänger rechtlich besser gestellt wird; nicht so der durch die aufzuhebenden Anordnungen Begünstigte, für den diese daher einen Widerruf iS des § 2271 darstellen. Kein Fall des Widerrufs liegt auch dann vor, wenn nur die Person des Testamentsvollstreckers oder des begünstigten Dritten ausgewechselt wird[8]. Schwieriger wird die Entscheidung bei der **Änderung des Zuwendungsgegenstands oder der Modalitäten**. In diesen Fällen ist zu prüfen, ob die Änderung die Rechtsstellung des Begünstigten aus der früheren

---

[1] Vgl BGH NJW 1959, 1730, 1731; BayObLGZ 1966, 245.
[2] Vgl zu weiteren Fällen MünchKommBGB/*Musielak* Rn. 17 mwN.
[3] OLG München HRR 1942 Nr. 839.
[4] BGH NJW 1978, 423; BayObLG FamRZ 1989, 1234; KG DNotZ 1977, 749.
[5] KG OLGZ 12, 386 ff.
[6] Vgl. BayObLG FamRZ 1991, 111, 113; OLG Köln NJW-RR 1991, 525; OLG Frankfurt WM 1993, 803, 804.
[7] OLG Koblenz DNotZ 1998, 218, 219; *Lehmann* MittBayNot 1988, 158; aA für nicht wertverschiebende Teilungsanordnung BGH NJW 1982, 441, 442; OLG Braunschweig ZEV 1996, 69, 70.
[8] Für Testamentsvollstreckung KG FamRZ 1977, 485; aA RGRK/*Johannsen* Rn. 13.

letztwilligen Verfügung aufhebt oder beeinträchtigt. Bei einem Hinausschieben der Fälligkeit eines von diesem zu erfüllenden Vermächtnisses ist dies beispielsweise zu verneinen, bei der Verlängerung einer bereits angeordneten Testamentsvollstreckung dagegen zu bejahen. Auch der **Ausschluss** von Vater oder Mutter des Zuwendungsempfängers **von der Verwaltung** des ererbten Vermögens ist in diesem Sinne kein beeinträchtigender Widerruf[9].

2. Gegenstand des Widerrufs. Der Widerruf kann sich sowohl auf das gesamte gemeinschaftliche Testament als auch auf einzelne darin enthaltene Verfügungen beziehen. Im zuletzt genannten Fall ist dabei weiterhin zwischen einseitigen und wechselbezüglichen Verfügungen zu unterscheiden. Nur für den einseitigen Widerruf wechselbezüglicher Verfügungen gilt die Vorschrift des § 2271 Abs 1.

a) Gesamtes gemeinschaftliches Testament. Ein gemeinschaftliches Testament kann im ganzen nur von beiden Ehepartnern zusammen aufgehoben werden, und zwar durch ein neues widerrufendes gemeinschaftliches Testament (§ 2254), durch ein neues widersprechendes Testament (§ 2258), durch Errichtung eines entsprechenden Ehegattenerbvertrags (§§ 2289 Abs 1 S 1), durch vom Willen beider Ehepartner getragene Vernichtung der Testamentsurkunde (§ 2255), durch gemeinsame Rücknahme eines öffentlichen gemeinschaftlichen Testaments aus der besonderen amtlichen Verwahrung (§§ 2256, 2272) oder durch Prozessvergleich zwischen den Ehepartnern[10].

b) Einseitige Verfügungen im gemeinschaftlichen Testament. Solche Verfügungen können von jedem Ehepartner ohne Zustimmung oder Mitwirkung des anderen jederzeit, also auch nach dessen Tod, aufgehoben, beliebig geändert oder sonst widerrufen werden. Der Widerruf kann grds in allen Formen erfolgen, in denen auch ein einseitiges Testament widerrufen werden kann. Der Widerruf kann also auch durch Streichung der einseitigen Verfügungen durch den Verfügenden selbst geschehen. Dieser kann aber auch seinen Ehepartner dazu ermächtigen[11]. Die nachträgliche Billigung einer Streichung durch den anderen Ehepartner genügt dagegen unter keinen Umständen[12]. Der Widerruf einseitiger Verfügungen durch Urkundvernichtung kommt wohl nur ausnahmsweise in Betracht, nämlich nur dann, wenn damit nicht gleichzeitig auch wechselbezügliche Verfügungen des anderen vernichtet werden. Zwar kann der Widerruf einseitiger Verfügungen auch nach dem Tod eines Ehepartners einschränkungslos widerrufen werden, jedoch ist der Widerruf ab der Ablieferung des gemeinschaftlichen Testaments an das Nachlassgericht faktisch auf den Widerruf durch widerrufendes oder widersprechendes Testament beschränkt, weil von da an Veränderungen und Zerstörungen der Testamentsurkunde ausgeschlossen sind. Der Widerruf durch Rücknahme eines gemeinschaftlichen Testaments aus der besonderen amtlichen Verwahrung steht einem Ehepartner ebenfalls nicht zur Verfügung, weil diese gemäß § 2272 nur von beiden gemeinsam verlangt werden kann.

c) Wechselbezügliche Verfügungen. Wenn sich die Ehepartner einig sind, können wechselbezügliche Verfügungen in gleicher Weise widerrufen werden, wie das ganze gemeinschaftliche Testament (vgl Rn 3). Unter keinen Umständen reicht hierzu die formlose Zustimmung zu dem vom anderen Ehepartner errichteten einseitigen Testament aus[13]. Lediglich dann, wenn das gemeinschaftliche Testament nur Vermächtnisse oder Auflagen enthält, ist in analoger Anwendung des § 2291 der Widerruf durch einseitiges Testament mit Zustimmung des anderen Ehepartners eröffnet[14]. Allerdings bedarf die Zustimmung dann in Analogie zu § 2291 Abs 2 S 1 der notariellen Beurkundung[15].

Will ein Ehegatte seine wechselbezüglichen Verfügungen einseitig, dh ohne Mitwirkung des anderen aufheben, ändern oder sonst widerrufen, so kann er dies, wenn und soweit das gemeinschaftliche Testament keine Ermächtigung zum einseitigen Widerruf enthält, nur unter den Voraussetzungen des § 2271 Abs 1 S 1 iVm § 2296 tun. Dieser einseitige Widerruf ist Verfügung von Todes wegen und einseitige empfangsbedürftige Willenserklärung zugleich. Folglich muss der Widerruf höchstpersönlich erklärt werden, kann also nicht durch einen Vertreter erfolgen (§§ 2296 Abs 1 S 1, 2271 Abs 1 S 1). Ferner muss die Widerrufserklärung dem anderen Ehepartner zu dessen Lebzeiten zugehen, um wirksam zu werden (§§ 2296 Abs 2 S 1, 2271 Abs 1 S 1). Sollen neben wechselbezüglichen Verfügungen auch einseitige widerrufen werden, so muss der widerrufswillige Ehegatte in Ansehung jener die Form der §§ 2296, 2271 Abs 1 S 2 und zugleich in Ansehung dieser eine der Formen der §§ 2254 bis 2258 beachten.

3. Voraussetzungen des einseitigen Widerrufs wechselbezüglicher Verfügungen (§§ 2296, 2271 Abs 1 S 1). Aus dem Wesen des Widerrufs als Verfügung von Todes wegen und einseitiger empfangsbedürftiger Willenserklärung ergeben sich iVm §§ 2296, 2271 Abs 1 S 1 folgende Wirksamkeitsvoraussetzungen:

a) Testierfähigkeit. Der widerrufende Ehegatte muss bei Abgabe der Erklärung testierfähig (§ 2229) sein. Bei Geschäftsunfähigen kann der Widerruf auch nicht durch den gesetzlichen Vertreter erklärt werden. Die für die Anfechtung eines Erbvertrags geltende Bestimmung des § 2282 Abs 2 kann hier nicht analog angewandt werden[16], weil sich Anfechtung und Widerruf ganz wesentlich dadurch

---

[9] Vgl OLG Braunschweig DNotZ 1951, 374; aA BGH NJW 1982, 43; NJW 1982, 441; *Kuchinke* S 287 f; *Lehmann* MittBayNot 1988, 157 erachtet sogar jede Teilungsanordnung als Widerruf.
[10] OLG Köln OLGZ 1970, 114.
[11] *Reimann/Bengel/J. Mayer* Rn 5; *Schmidt* MDR 1951, 325.
[12] RGRK/*Johannsen* § 2255 Rn 3; aA *Schmidt* MDR 1951, 325.
[13] KG DNotZ 1935, 400; KG JFG 14, 280, 285; *Reimann/Bengel/J. Mayer* Rn 7.
[14] *Reimann/Bengel/J. Mayer* Rn 7.
[15] RGRK/*Johannsen* Rn 8.
[16] So aber *Schlüter* Rn 364; *Helms* DNotZ 2003, 104, 109 ff.

unterscheiden, dass jene einen nachvollziehbaren Grund bedingt, diese dagegen ein Akt freier Willensentscheidung darstellt[17]. Ein beschränkt Geschäftsfähiger kann dagegen den Widerruf auch ohne Zustimmung seines gesetzlichen Vertreters erklären (§§ 2296 Abs 1 S 2, 2271 Abs 1 S 1).

9 **b) Form.** Der Widerruf bedarf gemäß §§ 2296 Abs 2 S 2, 2271 Abs 1 S 1 der notariellen Beurkundung, und zwar auch dann, wenn eine in einem eigenhändigen gemeinschaftlichen Testament enthaltene wechselbezügliche Verfügung widerrufen werden soll. Für das Verfahren gelten die Vorschriften der §§ 6 ff BeurkG über die Beurkundung von Willenserklärungen.

10 **c) Inhalt.** Das Gesetz schreibt keinen bestimmten Wortlaut vor. Es genügt daher, wenn sich aus dem Inhalt der Erklärung ergibt, dass und in welchem Umfang eine oder mehrere wechselbezügliche Verfügungen aufgehoben, geändert oder sonst widerrufen werden sollen. Erforderlichenfalls ist der Umfang des Widerrufs durch Auslegung gemäß §§ 133, 157 zu ermitteln. Dabei kommt es auf den Empfängerhorizont an, da es sich beim Widerruf um eine empfangsbedürftige Willenserklärung handelt. Es genügt daher auch, wenn der widerrufende Ehegatte dem anderen ein notariell beurkundetes Widerrufstestament in Ausfertigung zustellen lässt, weil daraus der Widerrufswille mit hinreichender Deutlichkeit zu erkennen ist[18].

11 **d) Zugang. aa) Zustellung an den anderen Ehepartner.** Die notariell beurkundete Widerrufserklärung muss dem anderen Ehepartner zugehen, um wirksam zu werden. Ist der andere Ehegatte **während der Beurkundungsverhandlung anwesend,** so wird sie mit deren Abschluss durch Zugang gegenüber einem Anwesenden wirksam. In allen anderen Fällen muss die dem Widerruf enthaltende notarielle Urkunde in Ausfertigung dem anderen Ehepartner zugehen. Die **Zustellung** der Urschrift ist wegen § 45 Abs 1 S 1 BeurkG ausgeschlossen. Die Übermittlung einer beglaubigten oder einfachen Abschrift der Notarurkunde reicht dagegen nicht aus, weil gemäß § 47 BeurkG nur die Ausfertigung die Urschrift im Rechtsverkehr vertritt[19]. Dieses Zugangserfordernis ist zwingend. Die Art der Übermittlung ist nicht vorgeschrieben. Die Zustellung durch den Gerichtsvollzieher gemäß §§ 192 ff ZPO ist aber zu empfehlen. Ist der Aufenthaltsort des anderen Ehepartners unbekannt, so ist auch eine öffentliche Zustellung gemäß § 132 Abs 2 iVm §§ 185 ff ZPO zulässig. Dies gilt selbst dann, wenn sich nachträglich herausstellt, dass die Voraussetzungen der öffentlichen Zustellung überhaupt nicht vorgelegen hatten[20]. Die Wirkungen der öffentlichen Zustellung treten nur dann nicht ein, wenn entweder das die Zustellung bewilligende Gericht aus den vorgelegten Unterlagen die Zustelladresse hätte erkennen müssen oder dem Antragsteller bei der öffentlichen Zustellung rechtsmissbräuchliches Verhalten vorzuwerfen ist, wobei ihm das Wissen Dritter nicht zugerechnet werden darf[21]. Der Zugang bleibt jedoch immer dann ohne jede Rechtswirkung, wenn die Ausfertigung dem anderen Ehepartner ohne den Willen des widerrufenden zugegangen ist, etwa weil der Notar die Ausfertigung entgegen einer gültigen Anweisung eigenmächtig zugestellt hat[22].

12 **bb) Zugangshindernisse. (1) Tod des widerrufenden Ehepartners.** Stirbt der Widerrufende nach formgerechter Abgabe der Erklärung, so wird der Widerruf mit Zugang einer Ausfertigung der Notarurkunde gleichwohl wirksam, vorausgesetzt, die Erklärung war zu diesem Zeitpunkt in einer Weise auf dem Weg, dass mit dem Zugang unter den gewöhnlichen Umständen alsbald zu rechnen war[23]. Diese einschränkende Interpretation des § 130 Abs 2 ist geboten, weil §§ 2296, 2271 Abs 1 S 1 im Interesse der Rechtssicherheit die Klärung der Wirksamkeit wechselbezüglicher Verfügungen zu Lebzeiten beider Ehepartner zum Ziele haben[24]. Handelt der widerrufende Ehegatte sogar mit der Absicht, den Zugang erst nach dem Tod zu bewirken, so wird der Widerruf trotz des Zugangs nicht wirksam. Geht dem anderen Ehepartner nur eine einfache oder beglaubigte Abschrift der Widerrufserklärung zu, so kann der Zustellungsmangel nach dem Tod des widerrufenden Ehepartners nicht mehr durch formgerechte Übermittlung einer Ausfertigung geheilt werden[25].

13 **(2) Tod oder Geschäftsunfähigkeit des Empfängers.** Beim **Tod** des Adressaten vor dem Zugang der Widerrufserklärung bei ihm bleibt der Widerruf ohne Wirkung[26]. Das Gleiche gilt gemäß § 130 Abs 1 S 2, wenn ihm zuvor ein Widerruf der Widerrufserklärung zugeht. Der Widerruf iS des § 130 Abs 1 S 2 bedarf wegen des Grundsatzes der Formfreiheit dabei nicht der notariellen Beurkundung. Davon zu unterscheiden ist der von der hM nicht zugelassene Widerruf der wirksam zugegangenen Widerrufserklärung gemäß § 2257.

14 Ist der Adressat zurzeit des Zugangs **geschäftsunfähig** oder in der Geschäftsfähigkeit beschränkt, so wird der Widerruf gemäß § 131 erst mit dem Zugang beim gesetzlichen Vertreter wirksam[27]. Allein die Tatsache, dass für den Adressat Betreuung gemäß §§ 1896 ff angeordnet ist, hindert das Wirksamwerden

---

[17] MünchKommBGB/*Musielak* Rn 6.
[18] *Reimann/Bengel/J. Mayer* Rn 20; aA KG JFG 14, 280 = JW 1937, 476.
[19] BGH NJW 1960, 33; NJW 1968, 496; aA KG NJW 1961, 1424; MünchKommBGB/*Musielak* Rn 5; *Soergel/M. Wolf* Rn 9; *Reimann/Bengel/J. Mayer* Rn 11; *Palandt/Edenhofer* Rn 2; *Hieber* DNotZ 1960, 240; *Röll* DNotZ 1961, 312; *Jansen* NJW 1960, 475; diff *Kanzleiter* DNotZ 1996, 931; *Dilcher* JZ 1968, 188.
[20] BGH NJW 1975, 827, 828; vgl KG FGPrax 2006, 218, 219.
[21] Vgl KG FGPrax 2006, 218, 219.
[22] *Reimann/Bengel/J. Mayer* Rn 11.
[23] Vgl RGZ 65, 270; *Natter* JZ 1954, 381; ausf *Rappenglitz* Rpfleger 2001, 531.
[24] Prot V S 454; BGH NJW 1953, 938.
[25] BGH NJW 1995, 2217; aA *Johannsen* WM 1969, 1315; *Rappenglitz* Rpfleger 2001, 531, 534.
[26] RGZ 65, 270; *Reimann/Bengel/J. Mayer* Rn 16.
[27] *Helms* DNotZ 2003, 104, 106 mwN.

bei diesem aber nicht, weil die Betreuung die Geschäftsfähigkeit des Betreuten nicht beseitigt. Nur wenn festgestellt wird, dass der Betreute geschäftsunfähig oder beschränkt geschäftsfähig ist, bedarf es des Zugangs beim Betreuer. Dieser muss allerdings entweder für alle Vermögensangelegenheiten[28] oder mindestens für den Zugang der Widerrufserklärung bestellt sein. Da der Zugang der Widerrufserklärung selbst keine letztwillige Verfügung ist, ist der Betreuer durch § 1903 Abs 2 nicht an der Entgegennahme gehindert. Gegen die Zulassung des Widerrufs kann nicht eingewandt werden, dass der dauernd geschäftsunfähige Ehepartner danach keine neue Verfügung von Todes wegen mehr errichten könne. Der Eintritt der Geschäftsunfähigkeit rechtfertigt es nämlich nicht, die Testierfreiheit des gesunden Ehepartners einzuschränken und ihm dauerhaft das gesetzlich vorgesehene Recht zur Lösung aus der erbrechtlichen Bindung durch Widerruf abzuschneiden[29]. Ist der Widerrufende selbst Betreuer für seinen Ehepartner, so ist er durch § 181 an der Entgegennahme gehindert, so dass ein Ergänzungsbetreuer gemäß § 1899 Abs 4 zu bestellen ist[30]. Umstritten ist, ob das Gericht allein zum Zwecke der Entgegennahme der Widerrufserklärung einen Betreuer gemäß § 1896 zu bestellen hat[31]. Unterbliebe eine Bestellung wäre dem widerrufswilligen Ehepartner das Widerrufsrecht faktisch genommen und ihm könnte das Anfechtungsrecht gemäß § 2078 Abs 2 nicht länger unter Hinweis auf die Widerrufsmöglichkeit abgeschnitten werden (Rn 34); er wäre also berechtigt, seine eigenen wechselbezüglichen Verfügungen mit der Begründung anzufechten, dass er nicht mit dem Eintritt der Geschäftsunfähigkeit und der damit verbundenen absoluten faktischen Bindung an seine Verfügungen gerechnet habe. Der Widerruf führt zwar zum gleichen Ergebnis wie diese Anfechtung, jedoch ohne die Gefahr von Streit über die Wirksamkeit der Anfechtung. Ein Betreuungsinteresse ist gegeben, weil die mit dem Widerruf verbundene Rechtssicherheit auch für den geschäftsunfähigen Ehepartner von Vorteil ist. Auf Anregung des widerrufswilligen Ehepartners ist daher eine Betreuung zum Zwecke der Entgegennahme der Widerrufserklärung anzuordnen[32].

4. Wirkungen des wirksamen Widerrufs. Gleichgültig, ob das gesamte gemeinschaftliche Testament, eine einseitige Verfügung oder eine solche mit wechselbezüglichem Charakter widerrufen wird, die Widerrufswirkung folgt zwingend der Widerrufserklärung. Der Inhalt der Widerrufserklärung setzt den Rahmen der Widerrufswirkung. Der Widerruf einer wechselbezüglichen Verfügung führt zunächst unmittelbar zu deren eigener Unwirksamkeit und über die Bestimmung des § 2270 Abs 1 auch zur Ungültigkeit aller Verfügungen des anderen Ehepartners, die zur widerrufenen Verfügung in diesem Abhängigkeitsverhältnis stehen. Ein Testament, das der Widerrufende im Widerspruch zu einer solchen wechselbezüglichen Verfügung errichtet hatte, wird mit dem Widerruf wirksam[33]. 15

Da der Widerruf Verfügung von Todes wegen ist, kann der widerrufende Ehegatte seine Widerrufserklärung in analoger Anwendung des § 2078 selbst anfechten[34]. Dagegen ist der Widerruf einer solchen Erklärung gemäß § 2257 unzulässig[35]. 16

II. Erbrechtliche Bindung des überlebenden Ehepartner an wechselbezügliche Verfügungen (Abs 2)

1. Gesetzlicher Umfang der Bindungswirkung. Mit dem Tod des einen Ehepartners tritt für den überlebenden eine Bindung an seine eigenen wechselbezüglichen Verfügungen in einem gemeinschaftlichen Testament ein, nicht dagegen an darin mitenthaltenen einseitige Anordnungen. Diese Bindung ist der an vertragsmäßige Verfügungen in einem Erbvertrag vergleichbar, was Analogien zu dort geltenden Vorschriften rechtfertigt. Damit ist vor allem § 2289 Abs 1 S 2 analog heranzuziehen, so dass eine später errichtete Verfügung von Todes wegen unwirksam ist, wenn und soweit sie das Recht des Begünstigten aus einer wechselbezüglichen Verfügung beeinträchtigen würde[36]. Diese Wirkung entfalten selbstverständlich nur solche wechselbezüglichen Verfügungen, die in vollem Umfang gültig sind. Es handelt sich allerdings nur um eine rein erbrechtliche Bindung, da der überlebende Ehegatte gemäß § 2271 Abs 2 nur an einem Widerruf seiner wechselbezüglichen Verfügungen gehindert ist. Abs 2 knüpft dabei an den in Rn 1 dargestellten, auch im Rahmen des Abs 1 geltenden Widerrufsbegriff an. Demzufolge ist eine vom überlebenden Ehepartner eingerichtete Verfügung nur unwirksam, wenn und soweit sie den bindenden, weil wechselbezüglichen Verfügungen in dem gemeinschaftlichen Testament widersprechen und die Rechte der Bedachten ausschließen oder einschränken. Dem Überlebenden ist es daher namentlich verwehrt, einen bindend eingesetzten Schlusserben durch ein Vermächtnis, durch eine Auflage, durch Testamentsvollstreckung oder durch eine diesen benachteiligende Teilungsanordnung zu belasten. Auf die Ausführungen zum Widerrufsbegriff in Rn 1 wird verwiesen. Die mit dem Tod des zuerst verstorbenen Ehepartners eingetretene erbrechtliche Bindung ist zwingenden Charakters und kann daher auch nicht durch die Zustimmung des Bedachten beseitigt werden. Möglich ist allerdings der Abschluss eines notariell beurkundeten Zuwendungsverzichtsvertrags 17

---

[28] LG Hamburg DNotI-Report 200, 86; vgl auch *Damrau/Bittler* ZErb 2004, 77, 78 f.
[29] Vgl *Dittman/J. Mayer* Rn 17.
[30] *Reimann/Bengel/J. Mayer* Rn 17; DNotI-Report 1999, 173; aA LG Hamburg DNotI-Report 2000, 86.
[31] Dagegen: *Damrau/Bittler* ZErb 2004, 77, 79 f; *Damrau/Klessinger* Rn 13 f.
[32] AA *Damrau/Bittler* ZErb 2004, 77, 80.
[33] RGZ 65, 275.
[34] MünchKommBGB/*Musielak* Rn 11.
[35] *Reimann/Bengel/J. Mayer* Rn 26.
[36] OLG Frankfurt NJW-RR 1995, 265; *Gerken* Rpfleger 1992, 252.

(§ 2352)³⁷ mit dem Begünstigten, der – und dies ist die entscheidende Schwäche dieser Konstruktion – nicht gegenüber Ersatzerben usw wirksam ist. Schließlich ist es mit Rücksicht auf den Vertrauensschutz nicht gerechtfertigt, im Gesetz nicht vorgesehene oder von den Ehepartnern nicht angeordnete Ausnahmen von dieser Bindungswirkung zuzulassen³⁸. Damit scheidet richtiger Ansicht nach eine stillschweigend anzunehmende Ausnahme für den Fall der Erfüllung einer Dankesschuld aus.

18 § 2271 Abs 2 bezieht sich jedoch ausschließlich auf die Testierfreiheit, lässt also die Befugnis, **Rechtsgeschäfte unter Lebenden** vorzunehmen, völlig unberührt (vgl § 2286). Eine Ausnahme gilt jedoch unter der Geltung des Höferechts, falls im gemeinschaftlichen Testament eine bindende Hoferbenbestimmung getroffen worden ist³⁹. Allerdings kann in analoger Anwendung des § 2287 eine „beeinträchtigende Schenkung" durch den überlebenden Ehepartner für die benachteiligten Zuwendungsempfänger einen Anspruch auf Bereicherungsausgleich gegen den Begünstigten begründen. Die lebzeitige Verfügungsbefugnis ist sogar dann gegeben, wenn dadurch ein Vermächtnisanspruch gegenstandslos und damit unwirksam werden sollte.

19 **2. Änderungsvorbehalt.** Da die Wechselbezüglichkeit von Verfügungen willensbestimmt ist, steht es den Ehepartnern selbstverständlich frei zu bestimmen, ob und in welchem Umfang der Überlebende von ihnen abweichend von der Regel des § 2271 Abs 2 letztwillig verfügen darf. Ist einer wechselbezüglichen Verfügung ein solcher Änderungsvorbehalt beigefügt, bleibt sie in ihrer Wirkung dennoch von einer einseitigen Verfügung zu unterscheiden. Die Befugnis zur Änderung beseitigt zwar nämlich nur die Bindung des überlebenden Ehepartners an seine eigene wechselbezügliche Verfügung, besagt jedoch nichts über die Auswirkungen einer solchen Änderung auf die dazu wechselbezüglichen Verfügungen des Erstverstorbenen. Selbst dann, wenn die Änderungen ohne Einfluss auf dessen Verfügungen bleiben sollten, so äußert sich der Charakter der Wechselbezüglichkeit doch noch darin, dass andere Ereignisse als der Widerruf durch den überlebenden Ehepartner diese Verfügungen gemeinsam ihrer Wirksamkeit berauben können⁴⁰.

20 **a) Ermächtigungsgrundlage.** Der Vorbehalt der Änderbarkeit durch den Überlebenden kann nur in einer wirksamen Verfügung von Todes wegen enthalten sein. Dabei muss dieser nicht zwingend im gemeinschaftlichen Testament gemacht worden sein. Es reicht dazu vielmehr auch aus, dass der zuerst verstorbene Ehegatte in einem einseitigen Testament oder in jeder anderen Art von Verfügung von Todes wegen einseitig den überlebenden Ehepartner hierzu ermächtigt hat. Die formlose Ermächtigung reicht wegen der Formenstrenge des Erbrechts dagegen nicht aus. Deshalb kann ein derartiger Änderungsvorbehalt nur unter der Voraussetzung im Wege der ergänzenden Auslegung einem gemeinschaftlichen Testament entnommen werden, wenn dieser mindestens eine entsprechende Andeutung enthält. Die Ermächtigung, der überlebende Ehegatte dürfe über das beiderseitige Vermögen „frei und unbeschränkt verfügen", rechtfertigt es ohne weitere Anhaltspunkte nicht, einen solchen Vorbehalt anzunehmen, da sich diese Bestimmung auch auf die lebzeitige Verfügungsbefugnis des Längstlebenden beim Berliner Testament beziehen kann⁴¹. Der Zustimmung des überlebenden Ehepartners bedarf es nicht.

21 **b) Berechtigter, Zeitpunkt und Umfang.** Haben die Beteiligten sich gemeinsam eine Änderung vorbehalten (zB Eltern), so handelt es sich nicht um einen Änderungsvorbehalt idS⁴². Enthält der Änderungsvorbehalt für den **Längstlebenden** oder Überlebenden keine abweichende Regelung, kann dieser die Änderung nur durch eine **nach dem Tod des anderen** errichtete Verfügung von Todes wegen wirksam vornehmen⁴³. Zulässig ist es aber auch, dem Überlebenden die Ausübung dieses Rechts bereits durch eine zu Lebzeiten beider errichtete Verfügung zu gestatten. Der **Umfang** der Befugnis zur Änderung seiner eigenen wechselbezüglichen Verfügungen richtet sich nach dem Inhalt des Änderungsvorbehalts. Bei der inhaltlichen Ausgestaltung des Änderungsvorbehalts haben die Beteiligten freie Hand. Der Vorbehalt kann dem Überlebenden die Änderung bezüglich einzelner oder mehrerer Zuwendungsempfänger („nur mit ihm verwandten Abkömmlinge") gestatten, die Befugnis gegenständlich einschränken (zB „über Hausgrundstück frei letztwillig verfügen") oder den Kreis der begünstigten aus der geänderten Zuwendung einschränken (zB „vorausgesetzt, der Überlebende verfügt zugunsten gemeinsamer Abkömmlinge"). Sie kann auch von bestimmten Bedingungen abhängig gemacht werden⁴⁴. Dem überlebenden Ehepartner kann wegen des Höchstpersönlichkeitsgrundsatzes in § 2065 nicht das Recht eingeräumt werden, die Verfügungen des Verstorbenen zu ändern⁴⁵. Der Umfang des Änderungsrechts ist erforderlichenfalls durch Auslegung des übereinstimmenden Willens beider Ehepartner zu ermitteln. Ein stillschweigender Änderungsvorbehalt wurde etwa für den Fall bejaht, dass nur ein Verwandter des überlebenden Ehepartners zu dessen Schlusserben eingesetzt worden war, ohne die Frage der Änderbarkeit anzusprechen⁴⁶. Eine Wiederverheiratungsklausel enthält

---

³⁷ Vgl BayObLG FamRZ 2001, 319.
³⁸ HM, zB BGH NJW 1978, 423; MünchKommBGB/*Musielak* Rn 18 mwN.
³⁹ OLG Celle RdL 1968, 72; NdsRpfl 1971, 255.
⁴⁰ Vgl BGH NJW 1951, 959; KG DNotZ 1977, 749; *Reimann/Bengel/J. Mayer* Rn 57.
⁴¹ OLG Hamm Rpfleger 2002, 150, 151; BayObLG NJW-RR 2002, 1160, 1161; FamRZ 1985, 209.
⁴² Vgl BayObLG NJW-RR 1989, 587.
⁴³ BayObLG DNotZ 1996, 316.
⁴⁴ OLG Koblenz DNotZ 1998, 218: aus triftigen Gründen; OLG Düsseldorf, Beschluss vom 29. 1. 2007, 3 Wx 256/06, BeckRS 2007, 2206: anderweitige Festlegung der Erbquoten in einem Erbvertrag; OLG Hamm, unveröffentlichter Beschluss vom 20. 1. 2005, 15 W 427/04: gemeinsame Kinder.
⁴⁵ AllgM, zB RGZ 79, 32.
⁴⁶ BayObLG FamRZ 1985, 1287.

Widerruf wechselbezüglicher Verfügungen § 2271

ebenfalls regelmäßig einen Änderungsvorbehalt hinsichtlich der eigenen Verfügungen des überlebenden Ehepartners (vgl § 2269 Rn 35)[47]. Das Gleiche gilt regelmäßig auch bei einer Pflichtteilssanktionsklausel in einem Berliner Testament[48]. Vom Recht zur Änderung eigener Verfügungen des überlebenden Ehepartners, ist die **Auswirkung** eines solchen Widerrufs **auf die dazu wechselbezüglichen Verfügungen** des zuerst verstorbenen Ehepartners zu unterscheiden. Auch wenn dem Längslebenden das Änderungsrecht eingeräumt worden ist, so kann dies nach dem übereinstimmenden Willen der Ehepartner doch auch die Bedeutung haben, dass trotzdem die wechselbezüglichen Verfügungen mit der Änderung unwirksam werden sollen. Auf eine eindeutige Regelung auch dieser Wirkungsfrage bei der Formulierung solcher Klauseln muss daher größter Wert gelegt werden, zumal selbst Ermächtigungen für den Längstlebenden, über seinen Nachlass bzw sein Vermögen frei zu verfügen in der Vergangenheit nicht stets und ohne weiteres zum Ausschluss der Wirkungen des § 2270 Abs 1 führten[49].

c) **Ausnutzung des Änderungsvorbehalts.** Die auf Grund eines solchen Vorbehalts zulässige 22 Änderung einer eigenen wechselbezüglichen Verfügung des überlebenden Ehepartners kann in jeder beliebigen Verfügung von Todes wegen geschehen. Auch wenn sie einen Widerruf beinhaltet, bedarf sie nicht der notariellen Beurkundung gemäß §§ 2296, 2271 Abs 1 S 1. Der Änderungsvorbehalt kann jedoch außer inhaltlichen Einschränkungen auch bestimmte Anforderungen an die Form der Ausnutzung des Änderungsvorbehalts stellen. Diese sind dann selbst Wirksamkeitsvoraussetzung der Änderung.

3. **Gesetzliche Ausnahmen von der erbrechtlichen Bindung.** In den folgenden Fällen entfällt 23 die erbrechtliche Bindungswirkung nachträglich wieder, auch ohne dass es dazu eines Änderungsvorbehalts bedarf:

a) **Ausschlagung des überlebenden Ehepartners.** Der überlebende Ehegatte hat es gemäß 24 § 2271 Abs 2 S 1 HS 2 selbst in der Hand sich von dieser Bindung zu befreien, indem er die Erbschaft oder den ihm zugewendeten **Erbteil** ausschlägt. Die Befreiung von der erbrechtlichen Bindung durch Ausschlagung kommt selbst dann in Betracht, wenn der zuerst verstorbene Ehegatte den überlebenden zwar nicht ausdrücklich zum Erben eingesetzt, aber die den überlebenden Ehepartner begünstigende gesetzliche Erbfolge erkennbar in seinen Willen aufgenommen hat. Das Gleiche gilt, wenn der Überlebende zwar nicht zum Erben eingesetzt, aber mit einem **Vermächtnis** bedacht worden ist. Es ist zwar streitig, ob eine Begünstigung durch eine **Auflage** ausgeschlagen werden kann, jedoch wird man dem Zweck des § 2271 Abs 2 S 1 HS 2 nur gerecht, wenn man zumindest das Recht zugesteht, sich mit Verzicht auf die dadurch begründete Begünstigung auch aus der erbrechtlichen Bindung zu befreien, andernfalls wäre der durch eine Auflage Begünstigte im Hinblick auf die Bindung schlechter gestellt als der auf Grund eines Vermächtnisses Forderungsberechtigte[50].

Ist nicht dem überlebenden Ehepartner, sondern allein einem **Dritten** etwas wechselbezüglich 25 zugewendet worden, so kann nicht er, sondern allenfalls der Dritte ausschlagen. Im Schrifttum wird dazu die Meinung vertreten, dass im Falle der Ausschlagung durch den verwandten oder sonst nahe stehenden Dritten der überlebende Ehegatte seine Verfügungsfreiheit wiedererlange[51]. Auch wenn § 2271 Abs 2 insoweit eine Regelungslücke enthält, so scheitert eine analoge Anwendung doch an der Vergleichbarkeit der Sachverhalte[52]. Diese Vorschrift will widersprüchliches Verhalten des überlebenden Ehepartners ausschließen: Dieser soll nicht einerseits in den Genuss der Zuwendung gelangen, ohne der Bindungswirkung ausgesetzt zu sein. Deshalb fordert § 2271 Abs 2 die Ausschlagung durch den Überlebenden. Bei einer Zuwendung an einen Dritten kann der dieser Norm zugrundeliegende Rechtsgedanke deshalb nicht zum Tragen kommen. Schlägt allerdings der Dritte die Zuwendung aus, so steht dem überlebenden Ehepartner der Weg der Anfechtung offen[53].

Falls dagegen **sowohl** einem **Dritten als auch dem Überlebenden** etwas wechselbezüglich zuge- 26 wendet wurde, so muss folgerichtig nur der überlebende Ehegatte wirksam ausschlagen, um seine Verfügungsfreiheit wiederzuerlangen[54]. Die Ausschlagung des Dritten ist dazu weder notwendig noch hinreichend. Falls der überlebende Ehegatte jedoch die Zuwendung ausschlägt und seine eigenen wechselbezüglichen Verfügungen daraufhin ändert, so wird auch die Zuwendung des zuerst verstorbenen Ehepartners an den Dritten gemäß § 2270 Abs 1 unwirksam, und soweit diese Verfügungen im Abhängigkeitsverhältnis der Wechselbezüglichkeit zueinander stehen.

Ein besonderes Problem stellt sich, wenn das Testament für den Fall der Ausschlagung durch den 27 zum Erben eingesetzten überlebenden Ehepartner keine Ersatzerbenregelung enthält und auch die gesetzlichen Vermutungen der §§ 2069, 2102 nicht eingreifen, so dass der Ausschlagende auf Grund der gesetzlichen Regelungen dennoch zur Erbfolge gelangt. Umstritten ist in diesem Fall, ob der überlebende Ehegatte in diesem speziellen Fall auch das ihm zufallende **gesetzliche Erbe ausschlagen** muss, dh aus sämtlichen Berufungsgründen. Die einen rechtfertigen dieses Ergebnis mit dem Hinweis,

---

[47] KG OLGZ 37, 262; *Reimann/Bengel/J. Mayer* Rn 65.
[48] BayObLG NJW-RR 1990, 969; *Reimann/Bengel/J. Mayer* Rn 64; § 2269 Rn 42.
[49] Für Geltung des § 2270 Abs 1 BGH NJW 1964, 2056; NJW 1987, 901; OLG Stuttgart NJW-RR 1986, 632; für Ausschluss des § 2270 Abs 1 BayObLG FamRZ 1987, 638.
[50] MünchKommBGB/*Musielak* Rn 21.
[51] *Kipp/Coing* § 35 III 3 b; *Soergel/M. Wolf* Rn 20; *Pfeiffer* FamRZ 1993, 1266, 1280.
[52] MünchKommBGB/*Musielak* Rn 23 mit ausführlicher Begründung.
[53] MünchKommBGB/*Musielak* Rn 23; *Reimann/Bengel/J. Mayer* Rn 42; jeweils mwN.
[54] MünchKommBGB/*Musielak* Rn 24; *Reimann/Bengel/J. Mayer* Rn 42; aA *Pfeiffer* FamRZ 1993, 1266, 1280; *Soergel/M. Wolf* Rn 20.

dass andernfalls der überlebende Ehegatte sich ohne wirtschaftliche Einbuße aus der Bindung befreien könne, was dem Zweck des § 2271 Abs 2 widerspreche[55]. *Tiedtke*[56] hat jedoch überzeugend nachgewiesen, dass dieses Ergebnis von der Entstehungsgeschichte nicht getragen wird. Sinn dieser Bindungsvorschrift ist allein, dass der sich befreiende Ehegatte nicht auch den Zuwendungsgegenstand behalten dürfen soll, eine Sanktionswirkung kommt dieser Vorschrift dagegen nicht zu. Aber auch die Vertreter dieser Auffassung gelangen zum gleichen Ergebnis, weil sie der testamentarischen Zuwendung stillschweigend eine bedingte Enterbung des Überlebenden entnehmen, falls dieser die Zuwendung ausschlägt[57]. Es genügt daher nicht, wenn der überlebende Ehegatte nur das Erbe oder den Erbteil auf Grund des gemeinschaftlichen Testaments ausschlägt. Erforderlich ist auch die Ausschlagung des gesetzlichen Erbrechts, um Freiheit von der erbrechtlichen Bindung zu erlangen. Diese Ausschlagung auch des gesetzlichen Erbes ist nur dann nicht notwendig, wenn der gesetzliche Erbteil erheblich kleiner als der im gemeinschaftlichen Testament zugewendete Erbteil ist. Eine solche erhebliche Abweichung ist sicher dann gegeben, wenn der gesetzliche Erbteil mehr als 10 Prozent kleiner als der testamentarische ausfällt. Ist die Abweichung kleiner oder der gesetzliche Erbteil größer als die testamentarische Zuwendung, so muss die Ausschlagung auch des gesetzlichen Erbteils erfolgen, damit der überlebende Ehegatte seine Verfügungsfreiheit gemäß § 2271 Abs 2 wiedererlangt.

28 Der überlebende Ehepartner erlangt seine Testierfreiheit nur dann wieder, wenn er die Ausschlagung selbst form- und fristgerecht erklärt. Zwar ist das Ausschlagungsrecht vererblich (§§ 1952, 2180 Abs 3), doch verlangen der Wortlaut der Norm („der Überlebende" – „er") und der in § 2065 verankerte Höchstpersönlichkeitsgrundsatz, dass der überlebende Ehepartner die Entscheidung über die Wiederherstellung der Testierfreiheit zu seinen Lebzeiten selbst trifft[58]. Die Ausschlagung der Erbschaft nach dem zuerst verstorbenen Ehepartner nach dem Tod des längerlebenden führt daher zwar gemäß § 1951 Abs 1 zum Verlust dieser Erbschaft, nicht aber zur Wiederherstellung der Testierfreiheit des längerlebenden Ehepartner! Unter keinen Umständen können die Personen, die ihr Erbrecht erst aus der bis zum Wegfall der Bindungswirkung unwirksamen Verfügung von Todes wegen herleiten, iS des § 2271 Abs 2 S 1 HS 2 ausschlagen und ihr eigenes Erbrecht damit erst schaffen[59].

29 **b) Aufhebung bei Verfehlungen des Bedachten.** Auch ohne Ausschlagung ist der überlebende Ehegatte zur Aufhebung oder Änderung seiner eigenen wechselbezüglichen Verfügungen befugt, wenn und soweit einem Dritten als Zuwendungsempfänger schwere Verfehlungen vorzuwerfen sind, die gemäß §§ 2333, 2334 bzw 2335 zur Entziehung des Pflichtteils berechtigen würde (§§ 2294, 2271 Abs 2 S 2). Dabei ist zu differenzieren: Handelt es sich bei dem Begünstigten der zu widerrufenden Verfügung um einen Elternteil des überlebenden Ehepartners, so greift der Tatbestand der §§ 2333 Nr 1, 3, 4, 2334 ein. Die Aufhebung wechselbezüglicher Verfügungen wegen einer Ehegattenverfehlung gemäß § 2335 kommt nur dann in Frage, wenn der überlebende Ehegatte den Zuwendungsempfänger nach dem Tod des zuerst verstorbenen Ehepartners geheiratet hat. In allen anderen Fällen, also bei pflichtteilsberechtigten Abkömmlingen des Überlebenden, bei dessen sonstigen Verwandten oder Verschwägerten sowie bei allen mit diesem nicht verwandten oder verschwägerten Personen, greift dagegen der Tatbestand des § 2333 ein. In allen drei Fällen reichen auch Verfehlungen gegenüber dem zuerst verstorbenen Ehepartner zur Wiedererlangung der Verfügungsfreiheit durch den überlebenden aus. Es scheiden jedoch alle Verfehlungen, die zurzeit der Errichtung beiden Ehepartnern schon bekannt waren, aus. Erfährt der überlebende erst nach der Errichtung von einer vorher begangenen Verfehlung, so kann er seine Verfügungen nicht gemäß § 2271 Abs 2 S 2 aufheben, sondern muss sie gemäß §§ 2078 Abs 2, 2281 ff selbst anfechten. Nach der Errichtung des Testaments begangene Verfehlungen gestatten die Aufhebung durch den überlebenden selbst dann, wenn er oder der zuerst verstorbene Ehegatte zu dessen Lebzeiten davon erfahren haben. Da § 2294 auf das Recht zur Pflichtteilsentziehung verweist, kann der überlebende Ehegatte nicht mehr aufheben, wenn er zuvor dem Bedachten iS des § 2337 verziehen hat.

30 Gemäß § 2336 ist weitere Voraussetzung des Rechts zur Aufhebung, dass diese in einer gültigen Verfügung von Todes wegen geschieht, die den Grund der Entziehung hinreichend deutlich zum Ausdruck bringt. Ferner muss der Entziehungsgrund in allen Fällen bei Errichtung auch tatsächlich bestanden haben, was von demjenigen zu beweisen ist, der Rechte aus der Entziehung herleitet. Im Falle des § 2335 Nr 5 setzt die Wirksamkeit der aufhebenden Verfügung zusätzlich voraus, dass der Zuwendungsempfänger den ehrlosen oder unsittlichen Lebenswandel auch noch beim Tod des überlebenden Ehepartners führt.

31 Das Aufhebungsrecht bezieht sich nur auf solche Verfügungen, die denjenigen begünstigen, der die Verfehlung begangen hat. Sind in einer Verfügung mehrere Personen begünstigt, etwa durch Erbeinsetzung zu gleichen Teilen, so kann nur der Teil der Verfügung aufgehoben oder geändert werden, der den die Verfehlung begehenden Erben betrifft. Im Übrigen ist die Verfügung unwiderruflich.

32 **c) Beschränkung in guter Absicht.** Durch die Verweisung in Abs 3 auf die für den Erbvertrag geltende Bestimmung des § 2289 Abs 2 wird dem überlebenden Ehepartner auch beim gemeinschaftli-

---

[55] OLG München JFG 15, 36, 38; KG NJW-RR 1991, 330, 331; *Reimann/Bengel/J. Mayer* Rn 44.
[56] FamRZ 1991, 1259, 1260; aA *Pfeiffer* FamRZ 1993, 1266, 1280.
[57] MünchKommBGB/*Musielak* Rn 25; *Palandt/Edenhofer* Rn 17.
[58] *Reimann/Bengel/J. Mayer* Rn 45; im Ergebnis ebenso *Staudinger/Kanzleiter* Rn 44; aA *Musielak*, FS Kegel, 1987, S 433, 456 f; offen gelassen OLG Zweibrücken NJW-RR 2005, 8, 9 f.
[59] *Reimann/Bengel/J. Mayer* Rn 45: unzulässiger Zirkelschluss; OLG Zweibrücken NJW-RR 2005, 8, 9 f mwN.

chen Testament das Recht eingeräumt, trotz der grundsätzlichen Bindung an seine eigenen wechselbezüglichen Verfügungen diese im Rahmen des § 2338 zu ändern, um einen Abkömmling im Falle der Verschwendungssucht oder der Überschuldung zu schützen. Dabei spielt es keine Rolle, ob es sich um einen eigenen Abkömmling des überlebenden Ehepartners oder um einen des Erstverstorbenen handelt. Die Beschränkungen können auch bereits zu Lebzeiten beider Ehepartner durch einseitige Verfügung von Todes wegen angeordnet werden. Diese muss jedoch in jedem Fall gültig sein und den Grund der Beschränkung mit hinreichender Deutlichkeit bezeichnen. Es handelt sich um einen gesetzlichen Änderungsvorbehalt. Ein Verzicht auf diese Änderungsbefugnis im Erbvertrag begegnet ebenso wenig Bedenken wie der Verzicht auf ein Anfechtungsrecht und verstößt nicht gegen § 138.

4. Wegfall der Geschäftsgrundlage. Die Grundsätze über den Wegfall der Geschäftsgrundlage 33 (§ 242) können nicht auf Verfügungen von Todes wegen übertragen werden und ergeben folglich keine Befreiung des überlebenden Ehepartners von dieser erbrechtlichen Bindung[60].

III. Anfechtung

1. Ausschluss der Anfechtung zu Lebzeiten beider Ehepartner. Solange beide Ehepartner 34 leben, ist eine Anfechtung sowohl des gesamten gemeinschaftlichen Testaments als auch einzelner darin enthaltener wechselbezüglichen Verfügungen ausgeschlossen[61]. Sie können schließlich gemäß § 2271 Abs 1 das Testament bzw die einzelne Verfügung frei widerrufen und benötigen deshalb kein Anfechtungsrecht. Auch Dritte sind vor dem ersten Erbfall nicht zur Anfechtung berechtigt.

2. Anfechtung durch den überlebenden Ehepartner. a) Eigene Verfügungen. Einer Anfech- 35 tung eigener Verfügungen des überlebenden Ehepartners bedarf es lediglich bezüglich der für ihn gemäß § 2271 Abs 2 bindend gewordenen wechselbezüglichen Verfügungen. Die in einem gemeinschaftlichen Testament mitenthaltenen einseitigen Verfügungen kann er jederzeit, also auch nach dem ersten Erbfall, aufheben oder ändern[62]. Das Gesetz sieht für die wechselbezüglichen Verfügungen zwar kein Anfechtungsrecht vor, jedoch sind wegen der vergleichbaren Interessenlage die für vertragsmäßige Verfügungen in Erbverträgen geltenden §§ 2281 bis 2285 iVm 2078, 2079 analog anzuwenden[63]. Die größte praktische Bedeutung hat dabei die Anfechtbarkeit gemäß § 2079 wegen des Übergehens eines Pflichtteilsberechtigten, etwa infolge Wiederverheiratung des überlebenden Ehepartners oder Geburt oder Adoption eines Kindes nach dem ersten Erbfall. Wegen der Anfechtungsgründe wird auf die Ausführungen § 2078 Rn 5 ff und § 2079 Rn 1 ff verwiesen.

Das Recht zur Selbstanfechtung ist jedoch in den folgenden Fällen ausgeschlossen: Möglich ist 36 zunächst, dass der überlebende Ehegatte im gemeinschaftlichen Testament ausdrücklich auf das Anfechtungsrecht beispielsweise für den Fall der Wiederverheiratung und/oder des Hinzukommens von Abkömmlingen verzichtet hat[64]. Gemäß § 2079 S 2 ist dieses Recht ferner ausgeschlossen, wenn anzunehmen ist, dass der überlebende Ehegatte trotz des Hinzukommens eines weiteren Pflichtteilsberechtigten die angefochtene Verfügung getroffen hätte, wobei es nach richtiger Ansicht nach ausschließlich auf den Willen des überlebenden Ehepartner ankommt[65]. Die Anfechtung gemäß § 2078 Abs 2 ist wegen Verstoß gegen Treu und Glauben (§ 242) auch dann ausgeschlossen, wenn der überlebende Ehegatte den Anfechtungsgrund schuldhaft selbst herbeigeführt hat[66]. Das Recht zur Anfechtung gemäß § 2079 besteht dann nicht, wenn der überlebende Ehegatte ein Kind in der Absicht adoptiert hat, dadurch einen Anfechtungsgrund zu schaffen[67].

Die Anfechtungserklärung bedarf in analoger Anwendung des § 2282 Abs 3 der notariellen Beur- 37 kundung. Sie muss binnen eines Jahres ab Kenntnis vom Anfechtungsgrund formgerecht gegenüber dem Nachlassgericht erklärt werden. Die Frist beginnt jedoch frühestens mit dem Tod des zuerst verstorbenen Ehepartners. Im Einzelnen wird auf die Ausführungen zu § 2282 und § 2283 verwiesen.

b) Verfügungen des verstorbenen Ehepartners. Die Verfügungen des verstorbenen Ehepartners, 38 und zwar gleichgültig, ob es sich um einseitige oder wechselbezügliche handelt, kann der überlebende gemäß § 2078 anfechten. Die Anfechtung auf Grund des § 2079 kann dagegen nicht vom überlebenden Ehepartner, sondern ausschließlich vom übergangenen Pflichtteilsberechtigten erklärt werden. Die Erklärung der Anfechtung erfolgt formfrei gemäß § 2081. Sie muss gemäß § 2082 binnen Jahresfrist ab Kenntnis vom Anfechtungsgrund erklärt werden. Auch hier beginnt die Anfechtungsfrist jedoch frühestens mit dem Tod des zuerst verstorbenen Ehepartners zu laufen.

3. Anfechtung durch Dritte. a) Verfügungen des erstverstorbenen Ehepartners. Diese können 39 von Dritten nach den allgemeinen Bestimmungen (§§ 2078 ff) angefochten werden. Vor allem zwischen der Errichtung des gemeinschaftlichen Testaments und dem ersten Erbfall geborene oder sonst pflichtteilsberechtigt gewordene Dritte können gemäß § 2079 die Verfügungen des erstverstorbenen Ehepartners anfechten. Die einjährige Anfechtungsfrist (§ 2082) beginnt dabei frühestens mit dem Tod des

---

[60] BGH NJW 1962, 1715.
[61] RGZ 77, 165; MünchKommBGB/*Musielak* Rn 34.
[62] BGH FamRZ 1956, 83, 84.
[63] BGH NJW 1962, 1913; FamRZ 1970, 79, 80; MünchKommBGB/*Musielak* Rn 36 mwN.
[64] MünchKommBGB/*Musielak* Rn 37; aA OLG Celle NJW 1963, 353, 354; *Johannsen* DNotZ 1977, Sonderheft 69, 74.
[65] OLG Hamm NJW 1972, 1088; MünchKommBGB/*Musielak* Rn 36; aA *Palandt/Edenhofer* Rn 27.
[66] BGHZ 4, 91; BGH FamRZ 1962, 428.
[67] BGH FamRZ 1970, 79, 82.

§ 2272

Erstverstorbenen. Die hM lehnt mit Recht die analoge Anwendung des § 2285 auf die Anfechtung (wechselbezüglicher) Verfügung des erstverstorbenen Ehepartners ab[68]. Diese unmittelbar nur für vertragsmäßige Verfügungen in einem Erbvertrag geltende Bestimmung schließt das Anfechtungsrecht Dritter nämlich nur unter der Voraussetzung aus, dass der Erblasser selbst nach §§ 2281 ff anfechten konnte. Wegen des vorrangigen Rechts zum Widerruf gemäß § 2271 Abs 1 konnte der zuerst verstorbene Ehegatte jedoch überhaupt nicht anfechten, so dass § 2285 insoweit nicht analog heranzuziehen ist.

40 **b) Verfügungen des überlebenden Ehepartners.** Auch auf die Anfechtung dieser Verfügungen durch Dritte finden die allgemeinen Vorschriften der §§ 2078 ff Anwendung. Gemäß § 2079 können alle Personen, die zwischen der Testamentserrichtung und dem zweiten Erbfall nach dem überlebenden Ehepartner pflichtteilsberechtigt geworden sind, insbes im Falle der Wiederverheiratung dessen neuer Ehegatte oder in dieser Zeit geborene Kinder, dessen Verfügungen anfechten. Das Anfechtungsrecht ist in diesem Falle jedoch in analoger Anwendung des § 2285 beschränkt:[69] Hatte der überlebende Ehegatte das Recht zur Selbstanfechtung seiner eigenen wechselbezüglichen Verfügungen vor seinem Tod durch Fristablauf (§ 2283) oder durch Bestätigung (§ 2284) verloren, so entfällt auch das Anfechtungsrecht durch Dritte. Dies gilt jedoch nicht für die in dem gemeinschaftlichen Testament mitenthaltenen einseitig testamentarischen Verfügungen. Wegen der jederzeitigen Widerrufbarkeit und dem damit einhergehenden Ausschluss der Selbstanfechtung solcher Verfügungen, kann auf diese § 2285 nicht analog angewandt werden, so dass Dritte diese – ungehindert durch § 2285 – gemäß §§ 2078 ff anfechten können. Die Anfechtungsfrist (§ 2082) beginnt in all diesen Fällen frühestens mit dem Tod des überlebenden Ehepartners.

41 **4. Wirkung der Anfechtung.** Die Anfechtung führt zunächst zur Unwirksamkeit der angefochtenen Verfügung. Umstritten ist, ob die Anfechtung auch dann zur Unwirksamkeit der gesamten Verfügung führt, wenn nur Teile von ihr durch Irrtum oder Drohung beeinflusst sind. Richtiger Ansicht nach ist aus § 2085 zu folgern, dass bei Anfechtung im Falle der Teilbarkeit einer Verfügung der nicht vom Anfechtungsgrund betroffene Teil wirksam bleibt, einen entsprechenden hypothetischen Erblasserwillen allerdings vorausgesetzt[70]. Ob und inwieweit die Unwirksamkeit der angefochtenen Verfügung die Gültigkeit der anderen in dem gemeinschaftlichen Testament enthaltenen Verfügungen beider Ehepartner beeinträchtigt, hängt in erster Linie von der Rechtsnatur der angefochtenen Bestimmung ab. Bei einer wechselbezüglichen Verfügung werden alle im gleichen Abhängigkeitsverhältnis stehenden Verfügungen des anderen Ehepartners gemäß § 2270 Abs 1 ebenfalls unwirksam. Handelt es sich bei der angefochtenen Verfügung um eine einseitig testamentarische Verfügung, so kann dies nach § 2085 die Wirksamkeit der wechselbezüglichen Verfügungen des verfügenden Ehepartners aufheben und damit über § 2270 Abs 1 die Ungültigkeit auch der dazu wechselbezüglichen Verfügungen des anderen Ehepartners zur Folge haben.

IV. Recht in den neuen Bundesländern

42 Die Bindungswirkung gemeinschaftlicher Testamente, die vor dem 3. 10. 1990 in der ehemaligen DDR errichtet worden sind, beurteilt sich nach Art 235 § 2 S 2 EGBGB nach dem bis dahin geltenden § 390 ZGB. Bis zu einem Widerruf oder zur Aufhebung entfaltet ein solches gemeinschaftliches Testament eine dem § 2271 entsprechende erbrechtliche Bindung. Die Verfügungsfreiheit durch Rechtsgeschäft unter Lebenden wird von § 390 Abs 2 S 1 ZGB ausdrücklich anerkannt, und zwar mit der Konsequenz, dass §§ 2287, 2288 nicht analog herangezogen werden dürfen[71]. Lediglich widersprechende testamentarische Verfügungen sind nichtig (§ 390 Abs 2 S 2 ZGB). Anders als unter der Geltung des § 2271 kann der Widerruf eigener Verfügungen gemäß § 392 Abs 4 S 1 ZGB auch noch nach dem Tod des erstverstorbenen Ehepartners durch Erklärung gegenüber dem Staatlichen Notariat – jetzt: Nachlassgericht – erfolgen[72]. Dabei muss der Widerrufende gleichzeitig die Erbschaft ausschlagen und erhält dann nur noch seinen Pflichtteil. Nach der Annahme der Erbschaft ermöglicht es § 393 S 1 ZGB dem überlebenden Ehepartner, seine eigenen Verfügungen aufzuheben[73]. Dazu muss er eine entsprechende Erklärung gegenüber dem Nachlassgericht abgeben und den Teil des Nachlasses, der seinen gesetzlichen Erbteil übersteigt, den testamentarischen Ersatzerben des erstverstorbenen Ehepartners herausgeben. Die Aufhebung ist auch ohne diese Herausgabe zulässig, wenn die Testamentserben auf die Herausgabe formlos verzichten[74]. Mit der wirksamen Aufhebung entfällt die erbrechtliche Bindung des überlebenden Ehepartners an seine in dem gemeinschaftlichen Testament enthaltenen Verfügungen und er kann frei von Todes wegen verfügen (§ 393 S 2 ZGB).

§ 2272 Rücknahme aus amtlicher Verwahrung

Ein gemeinschaftliches Testament kann nach § 2256 nur von beiden Ehegatten zurückgenommen werden.

---

[68] MünchKommBGB/*Musielak* Rn 41; *Reimann/Bengel/J. Mayer* Rn 81; aA LG Karlsruhe NJW 1958, 714.
[69] AllgM, zB *Reimann/Bengel/J. Mayer* Rn 91.
[70] MünchKommBGB/*Musielak* Rn 44; aA OLG Hamm OLGZ 1972, 388 f; RGRK/*Johannsen* Rn 49.
[71] BGH NJW 1995, 1087, 1088.
[72] Ausf *Janke* NJ 1998, 393, 397.
[73] Ausf *Voltz* NotBZ 2004, 135.
[74] Ausf *Janke* NJ 1998, 393, 397.

Rücknahme aus amtlicher Verwahrung § 2272

I. Bedeutung der Vorschrift

Für den Widerruf gemeinschaftlicher Testamente gelten ebenfalls die §§ 2253 ff, modifiziert in 1
Ansehung wechselbezüglicher Verfügungen durch § 2271. Eine weitere Modifikation enthält § 2272,
der an die Stelle des § 2256 Abs 2 tritt. Danach kann ein gemeinschaftliches Testament nur von beiden
Ehegatten gemeinschaftlich aus der besonderen amtlichen Verwahrung zurückgenommen werden. Im
Übrigen gelten die Ausführungen zu § 2256 Rn 1 ff entsprechend.

II. Rücknahmevoraussetzungen

1. Gemeinschaftliches Testament. § 2272 gilt für alle Arten des gemeinschaftlichen Testaments, 2
also für das eigenhändige ebenso wie für das öffentliche, für das notariell beurkundete iS des § 2232
genau so wie für das vor dem Bürgermeister errichtete Nottestament gemäß § 2249. In all diesen Fällen
will § 2272 verhindern, dass ein gemeinschaftlich errichtetes Testament durch einen Ehe- bzw Lebenspartner allein durch Rücknahme widerrufen wird oder bei eigenhändiger Form als Urkunde vernichtet
werden kann[1]. Dabei ist es unerheblich, ob das gemeinschaftliche Testament eine wechselbezügliche
Verfügung oder nur einseitig testamentarische Verfügungen enthält. § 2272 gilt auch dann noch, wenn
die Ehe- bzw Lebenspartnerschaft aufgelöst ist und die im Testament enthaltenen Verfügungen gemäß
§§ 2268, 2077 in aller Regel unwirksam sind[2].

2. Antrag. Der formfreie, jederzeit zurücknehmbare Antrag muss von beiden Beteiligten gestellt 3
werden. Er braucht nicht höchstpersönlich gestellt zu werden, so dass Stellvertretung insoweit zulässig
ist; s zur Höchstpersönlichkeit der Rückgabe selbst aber Rn 4.

III. Rückgabe

Beide Ehe- bzw Lebenspartner müssen gemäß §§ 2272, 2256 Abs 2 S 1 **höchstpersönlich** die 4
Testamentsurkunde in Empfang nehmen. Nur bei gleichzeitiger Anwesenheit kann das Gericht die
Rückgabe an beide sicher gewährleisten. Eine gegenseitige Bevollmächtigung ist ausgeschlossen. Beide
Partner müssen nach hM zu diesem Zeitpunkt **testierfähig** iS des § 2229 sein[3]. Dies ist beim
öffentlichen gemeinschaftlichen Testament (§§ 2232, 2249) logische Konsequenz der mit der Rückgabe
verbundenen Widerrufswirkung. Da der Rückgabe eines eigenhändigen Testaments (§§ 2247, 2267)
diese Wirkung fehlt, ist insoweit entgegen der hM eine natürliche Einsichtsfähigkeit erforderlich, aber
auch ausreichend[4]. Ist ein Beteiligter zwischenzeitlich testierunfähig geworden bzw mangelt ihm die
erforderliche natürliche Einsichtsfähigkeit, ist die Rückgabe nicht mehr möglich, und zwar auch nicht
an seinen gesetzlichen Vertreter. Das Verbot der Rückgabe an nur einen Ehe- bzw Lebenspartner allein
schließt diese **nach dem Tod** eines Beteiligten endgültig aus. Wegen des bei der Rückgabe einzuhaltenden Verfahrens wird auf § 2256 Rn 2 verwiesen.

Von der Rückgabe ist die **Einsichtnahme** zu unterscheiden. Sie hat keine aufhebende Wirkung 5
(siehe § 2256 Rn 3). Dieses Recht steht jedem Ehe- bzw Lebenspartner allein zu[5]. Nach der Einsichtnahme ist die Testamentsurkunde vom Gericht weiter zu verwahren.

IV. Widerrufswirkung

Bei einem notariell beurkundeten (§ 2232) oder vor dem Bürgermeister errichteten **öffentlichen** 6
gemeinschaftlichen Testament gilt die antragsgemäß erfolgte höchstpersönliche Aushändigung an beide
testierfähigen Ehe- bzw Lebenspartner als Widerruf aller darin enthaltenen Verfügungen, und zwar
ohne Rücksicht darauf, ob diese einseitig oder wechselbezüglich sind (§ 2256 Abs 1 S 1). Bei einem
Verstoß gegen auch nur eine dieser Voraussetzungen bleibt das gemeinschaftliche öffentliche Testament, einschließlich der darin enthaltenen einseitigen Verfügungen, trotz der Rückgabe in vollem
Umfang wirksam. Dies gilt ohne jede Ausnahme für wechselbezügliche Verfügungen. Wird das
Testament entgegen § 2256 Abs 2 S 1 nur an einen Partner herausgegeben, so bleiben nach hM auch
dessen in der Testamentsurkunde enthaltenen einseitigen Verfügungen in vollem Umfang gültig[6]. Die
hM verdient den Vorzug, weil das Gesetz bei der Aufhebung durch Rückgabe nicht zwischen beiden
Verfügungsformen unterscheidet, sondern im Interesse der Rechtssicherheit auf die einheitliche Testamentsurkunde abstellt. Die fehlerhafte Rückgabe muss deshalb spiegelbildlich zur ordnungsgemäßen
nach dem Alles-oder-nichts-Grundsatz behandelt werden. Die einmal eingetretene Unwirksamkeit der
Verfügungen ist endgültig, so dass nur die Errichtung eines neuen Testaments die Verfügungen wieder
in Kraft setzen kann. S zur **Anfechtbarkeit** der Rückgabe § 2256 Rn 6.

Im Unterschied zum öffentlichen Testament führt die Rückgabe des fakultativ verwahrten **eigen-** 7
händigen gemeinschaftlichen Testaments (§§ 2247, 2267) nicht zum Widerruf (§ 2256 Abs 3).

---

[1] HM, vgl etwa MünchKommBGB/*Musielak* Rn 2 mwN.
[2] KG KGJ 103, 104 f; Soergel/*M. Wolf* Rn 2; RGRK/*Johannsen* Rn 1.
[3] Staudinger/*Kanzleiter* Rn 6; RGRK/*Johannsen* Rn 2; zweifelnd MünchKommBGB/*Musielak* Rn 4.
[4] Reimann/Bengel/*J. Mayer* Rn 7.
[5] KG JFG 4, 159, 161; LG Halberstadt JW 1922, 522.
[6] Soergel/*M. Wolf* Rn 2; RGRK/*Johannsen* Rn 1; AnwK-BGB/*Seiler* Rn 4; aA Staudinger/*Kanzleiter* Rn 3; wohl
auch Palandt/*Edenhofer* Rn 2.

V. Recht in den neuen Bundesländern

8   Bei einem vor dem 3. 10. 1990 in der ehemaligen DDR errichteten gemeinschaftlichen Testament bewirkt die Rücknahme aus der Verwahrung dessen Widerruf (§ 392 Abs 1 S 1 iVm § 387 Abs 2 Nr 1 ZGB). Gemäß § 392 Abs 2 ZGB kann zu Lebzeiten beider Ehegatten der Widerruf jedoch nur gemeinsam erfolgen, so dass auch die Rücknahme nur in dieser Weise zulässig ist.

§ 2273 Eröffnung

(1) Bei der Eröffnung eines gemeinschaftlichen Testaments sind die Verfügungen des überlebenden Ehegatten, soweit sie sich sondern lassen, weder zu verkünden noch sonst zur Kenntnis der Beteiligten zu bringen.

(2) ¹Von den Verfügungen des verstorbenen Ehegatten ist eine beglaubigte Abschrift anzufertigen. ²Das Testament ist wieder zu verschließen und in die besondere amtliche Verwahrung zurückzubringen.

(3) Die Vorschriften des Absatzes 2 gelten nicht, wenn das Testament nur Anordnungen enthält, die sich auf den Erbfall beziehen, der mit dem Tode des erstversterbenden Ehegatten eintritt, insbesondere wenn das Testament sich auf die Erklärung beschränkt, dass die Ehegatten sich gegenseitig zu Erben einsetzen.

Schrifttum: *Asbeck,* Testamentseröffnung und Erbscheinserteilung beim Berliner Testament mit Wiederverheiratungsklausel, MDR 1959, 897; *Bühler,* Zur Eröffnung eines gemeinschaftlichen Testaments, BWNotZ 1980, 34; *ders,* Das Geheimhaltungsinteresse des Überlebenden bei der erstmaligen Eröffnung, ZRP 1988, 59; *Gehse,* Die Eröffnung von gemeinschaftlichen Testamenten und Erbverträgen nach dem Tod des Erstversterbenden, RNotZ 2006, 270; *Haegele,* Einzelfragen zur Testaments-Eröffnung, Rpfleger 1968, 137; *Steffen,* Eröffnung von Ehegattentestamenten, RdL 1980, 4.

I. Bedeutung der Vorschrift

1   Das gemeinschaftliche Testament ist wie jedes einseitige Testament gemäß § 2259 abzuliefern und gemäß §§ 2260, 2261 zu eröffnen[1]. § 2273 schränkt in Ansehung der für die Eröffnung geltenden Vorschriften nur die Pflicht zur Verkündung und Vorlegung der beim ersten Erbfall zu eröffnenden Testamentsurkunde ein, um den berechtigten Geheimhaltungsinteressen des überlebenden Ehegatten Rechnung zu tragen[2]. Alle anderen für die Eröffnung geltenden Vorschriften greifen auch bei einem gemeinschaftlichen Testament ein.

II. Eröffnung beim ersten Erbfall

2   **1. Umfang der Verkündung bzw Vorlegung. a) Verfügungen des Erblassers.** Während gemäß §§ 2260, 2261 die gesamte Testamentsurkunde zu eröffnen ist, ist bei der Verkündung bzw Vorlegung (Eröffnung) gemeinschaftlicher Testamente zwischen den Verfügungen beider Ehegatten zu unterscheiden. Die Verfügungen des zuerst verstorbenen Erblassers sind umfassend zu eröffnen, um allen Personen, deren Rechte hierdurch betroffen sein können, die Gelegenheit zu geben, diese auch durchzusetzen. Dies gilt vor allem für die Erb- und Pflichtteilsrechte. Bei einer Einsetzung von Vor- und Nacherben sind daher auch die Namen und Quoten der Nacherben sowie alle hierauf irgendwie bezogenen Bestimmungen wie Eintritt des Nacherbfalls oder Übertragbarkeit der Nacherbenrechte zu eröffnen[3]. Auch offensichtlich gegenstandslose oder unwirksame Verfügungen des zuerst verstorbenen Erblassers sind eröffnungspflichtig (s auch Rn 5). Deshalb muss bei einer Erbfolgegestaltung nach dem Berliner Modell (§ 2269) auch die gegenstandslose Schlusserbeinsetzung des zuerst verstorbenen Ehepartners eröffnet werden.

3   **b) Verfügungen des überlebenden Ehepartners.** Die in §§ 2260, 2261 angeordnete Pflicht zur umfassenden Eröffnung der Testamentsurkunde kollidiert mit dem legitimen Interesse des überlebenden Ehepartners an der Geheimhaltung seiner eigenen Verfügungen[4]. § 2273 Abs 1 verbietet deshalb die Eröffnung solcher Verfügungen des überlebenden Teils in der Testamentsurkunde, die sich von denen des Erblassers trennen lassen. Untrennbare Verfügungen sind dagegen zu eröffnen. Es ist verfassungsrechtlich unbedenklich, dass bei fehlender Trennbarkeit auch Verfügungen des überlebenden Ehegatten bereits beim ersten Erbfall eröffnet werden[5]. Die Ehegatten hätten schließlich bei Testamentserrichtung für eine sauberere sprachliche Trennung der Verfügungen sorgen könne[6].

4   **Untrennbarkeit** iS des § 2273 Abs 1 besteht, wenn:
– die Verfügungen beider Ehegatten sprachlich in einem Satz zusammengefasst sind[7], beispielsweise mit der Formulierung: „Wir bestimmen zum Erben des Längstlebenden ..." oder

---

[1] Vgl BGH NJW 1984, 2098, 2099.
[2] BVerfG NJW 1994, 2535; RGZ 150, 315, 319; MünchKommBGB/*Musielak* Rn 1.
[3] Vgl *Haegele* Rpfleger 1968, 137, 139.
[4] Vgl BVerfG NJW 1994, 2535.
[5] Vgl BVerfG NJW 1994, 2535.
[6] *Gehse* RNotZ 2006, 270, 273 mwN bezweifelt diese Möglichkeit.
[7] OLG Zweibrücken ZEV 2003, 82.

– zwar eine sprachliche Trennung gegeben ist, aber in der Verfügung des einen Ehegatten auf die des anderen verwiesen oder sonst Bezug genommen wird[8], beispielsweise mit der weit verbreiteten Formulierung: „Die vorstehenden Verfügungen gelten auch bei meinem Tod".

Die Eröffnungspflicht der Verfügungen des überlebenden Ehepartners gilt bei sprachlicher Untrennbarkeit nach hM sogar dann, wenn die Verfügung des zuerst verstorbenen Erblassers offenbar **gegenstandslos oder unwirksam** ist[9]. Das Eröffnungsverfahren ist nicht der Ort, um diese dem materiellen Recht zugehörigen Fragen zu entscheiden. Es dient vielmehr dazu, die Beteiligten in die Lage zu versetzen, ihre Rechte sicher zu beurteilen und geltend zu machen. Der BGH hat aber folgerichtig eine Ausnahme für den Fall zugelassen, dass jeder Ehepartner für den Fall des eigenen Überlebens einem Dritten, der weder erb- noch pflichtteilsberechtigt ist, ein Vermächtnis zugewandt hat[10]. 5

Allein die **Wechselbezüglichkeit** der Verfügungen begründet dagegen keine Pflicht, die in diesem Abhängigkeitsverhältnis stehenden Verfügungen des überlebenden Ehegatten mitzueröffnen[11]. Hat der zuerst verstorbene Erblasser allerdings einzelne Verfügungen nicht gemäß §§ 2271 Abs 1, 2296 durch notariell beurkundete Erklärung, sondern (nur) in den Formen der §§ 2254 bis 2258 widerrufen, so bedarf es zur Klärung der Wirksamkeit auch der Entscheidung darüber, ob die widerrufene Verfügung wechselbezüglichen Charakter hat oder nicht. In diesem Ausnahmefall ist aus Rechtsgründen eine Miteröffnung notwendig, da die Klärung dieser Frage nicht bis zum zweiten Erbfall aufgeschoben werden kann. 6

Umstritten sind die **Dispositionsmöglichkeiten** in Bezug auf den Umfang der Eröffnungspflicht. Nach hM hat trotz der Zustimmung des überlebenden Ehegatten eine Eröffnung seiner eigenen (trennbaren) Verfügungen zu unterbleiben[12]. Da diese Vorschrift allein das Geheimhaltungsinteresse des überlebenden Ehegatten schützt, kann dieser nach der zutreffenden Gegenansicht auch hierauf verzichten, so dass dann der gesamte Testamentinhalt vom Gericht zu eröffnen ist[13]. Die gleichfalls umstrittene Frage, ob die Eröffnung von Verfügungen des überlebenden Ehegatten mit Zustimmung der an der Eröffnung Beteiligten unterbleiben darf[14], kann sich bei genauerem Hinsehen jedoch gar nicht stellen. Soweit sich die Verfügungen des Überlebenden von denen des Erblassers nicht trennen lassen, müssen sie zwingend eröffnet werden, da andernfalls die Eröffnung beim ersten Erbfall unvollständig bleiben würde. Bei trennbaren Verfügungen ist dagegen nicht der Wille der Beteiligten am Eröffnungsverfahren, sondern – wie dargelegt – allein der des überlebenden Ehegatten maßgebend. Zudem können die Beteiligten ohne Kenntnis der nicht eröffneten Verfügungen keine Entscheidung hierüber treffen. 7

Im Übrigen wird wegen der Beteiligung am **Eröffnungsverfahren**, der Ladung, der Durchführung des Termins, der anschließenden Benachrichtigung und der Kosten auf die Darstellung zu § 2260 Rn 9 ff verwiesen. Gemeinschaftliche Testamente, die sich länger als 30 Jahre in der besonderen amtlichen Verwahrung befinden, sind gemäß § 2263 a zu eröffnen. 8

Hat ein Beteiligter die Eröffnung beantragt und lehnt das Nachlassgericht diese ab, so kann dieser **Beschwerde** dagegen einlegen. Hat das Gericht mitgeteilt, dass Teile nicht verkündet werden sollen, so ist auch hiergegen die Beschwerde zulässig[15]. Auch die Anordnung der Eröffnung, also die Ladung, ist ein beschwerdefähiger Akt. Hat der überlebende Ehepartner beantragt, seine eigenen Verfügungen nicht zu eröffnen, so kann er gegen eine ablehnende Entscheidung Beschwerde einlegen; im Interesse eines effektiven Rechtsschutzes muss das Gericht ihm hierzu einen angemessenen Zeitraum lassen, darf also die Eröffnung nicht sofort durchführen. Gegen die durchgeführte Eröffnung ist dagegen kein Rechtsbehelf gegeben, da der reale Akt nicht rückgängig gemacht werden kann. 9

2. Benachrichtigungspflicht und Einsichtsrecht. § 2273 Abs 1 beschränkt über seinen Wortlaut hinaus auch den Umfang der Benachrichtigung gemäß § 2262 und das Einsichtsrecht sowie den Anspruch auf Abschriftenerteilung gemäß § 2264 ein. Bei der Benachrichtigung ebenso wie bei der Erteilung von Abschriften müssen die gemäß § 2273 Abs 1 geheim zu haltenden Verfügungen des überlebenden Ehegatten weggelassen werden. Das Akteneinsichtsrecht bezieht sich nicht auf diese Verfügungen des überlebenden Ehegatten. Dies gilt selbstverständlich nicht gegenüber dem überlebenden Ehegatten selbst[16]. 10

3. Wiederverschließung und Weiterverwahrung. Nach der Eröffnung ist das gemeinschaftliche Testament bis zum zweiten Erbfall weiterzuverwahren, vorausgesetzt, dass es sich vor der Eröffnung bereits in besonderer amtlicher Verwahrung beim Amtsgericht befunden hat. Nur dann, kann das gemeinschaftliche Testament in diese „zurückgebracht" werden[17]. Befand sich das eröffnete gemein- 11

---

[8] BayObLG Rpfleger 1982, 424, 425; *Haegele* Rpfleger 1968, 137, 138; MünchKommBGB/*Musielak* Rn 2.
[9] RGZ 150, 315, 318 ff; BGH NJW 1984, 2098, 2099; BayObLG NJW-RR 1990, 135; OLG Hamm Rpfleger 1981, 486; LG Bonn MittRhNotK 2000, 439; *Reimann/Bengel/J. Mayer* Rn 6; einschränkend dagegen *Lange/Kuchinke* § 38 III 6 b; *Langenfeld* NJW 1987, 1577, 1582; *Gehse* RNotZ 2006, 270, 272 f.
[10] BGH NJW 1978, 633; MünchKommBGB/*Musielak* Rn 3; aA *Staudinger/Kanzleiter* Rn 6.
[11] KG KGJ 31 A 365; *Reimann/Bengel/J. Mayer* Rn 8.
[12] KG KGJ 35 A 103, 109; *Staudinger/Kanzleiter* Rn 10; *Soergel/M. Wolf* Rn 4.
[13] OLG Hamm JMBl NRW 1962, 62; MünchKommBGB/*Musielak* Rn 4; *Reimann/Bengel/J. Mayer* Rn 16; *Lange/Kuchinke* § 38 III 6 c.
[14] Vgl MünchKommBGB/*Musielak* Rn 4 mwN.
[15] *Lange/Kuchinke* § 38 III 6 c.
[16] LG Halberstadt JW 1922, 522.
[17] Vgl *Reimann/Bengel/J. Mayer* Rn 27.

§ 2273

schaftliche Testament nicht in der besonderen amtlichen Verwahrung, sondern wurde dem Nachlassgericht zwecks Eröffnung gemäß § 2259 abgeliefert, bleibt diese unverschlossen in den Nachlassakten[18]. Es darf keinesfalls dem überlebenden Ehegatten ausgehändigt werden. Dieser kann jedoch den Antrag stellen, es jetzt in die besondere amtliche Verwahrung gemäß §§ 2258 a, 2258 b zu bringen.

12 Befand sich dagegen das eröffnete gemeinschaftliche Testament zuvor in der besonderen amtlichen Verwahrung, so schreibt § 2273 Abs 2 die Fertigung einer – auszuweisen – beglaubigten Abschrift von den Verfügungen des Erstverstorbenen vor. Die nicht zu eröffnenden Verfügungen des überlebenden Ehegatten dürfen nicht Gegenstand der beglaubigten Abschrift sein. Der Beglaubigungsvermerk muss darauf hinweisen, dass weitere Verfügungen des Erstverstorbenen in dem gemeinschaftlichen Testament nicht enthalten waren. Anschließend ist das Original bzw die Urschrift erneut in den Testamentsumschlag einzulegen und vom Gericht erneut zu versiegeln. Die auszugsweise beglaubigte Abschrift tritt im Rechtsverkehr an die Stelle des Originals bzw der Urschrift. Sie verbleibt offen in den Nachlassakten.

13 Umstritten ist, ob die Verwahrung nach der Eröffnung durch das Nachlassgericht zu erfolgen hat[19]. Nach anderer Auffassung soll das bisher zuständige Amtsgericht das Testament weiterhin verwahren[20]. Der Wortlaut des § 2273 Abs 2 bringt trotz der Formulierung „zurückzubringen" keine Klarheit in dieser Streitfrage. Die Weiterverwahrung des in dem gemeinschaftlichen Testament mitenthaltenen Verfügung von Todes wegen des überlebenden Ehegatten ist allerdings von der Sache her nichts anderes als die Fortsetzung der besonderen amtlichen Verwahrung mit ihrer abschließenden Zuständigkeitsregelung in § 2258 a. Auch § 2273 Abs 2 enthält keine Ausnahmeregelung hierzu, sondern deutet mit dem Wort „zurückzubringen" eher das Gegenteil an. Die Verwahrung durch das bisher verwahrende Amtsgericht erscheint aber aus folgenden Gründen zweckmäßig: Beim Tod des überlebenden Ehegatten wird dieses – nicht aber das Nachlassgericht – auf Grund Teil II Ziff 2 S 1 der bundeseinheitlichen Anordnung über die Benachrichtigung in Nachlasssachen[21] – vom Standesamt des Todesortes benachrichtigt, so dass sich eine neue Benachrichtigung ebenso wie die Ausstellung eines neuen Hinterlegungsscheins erübrigt.

14 Das Verfahren gemäß Abs 2 unterbleibt jedoch dann, wenn das gemeinschaftliche Testament ausschließlich Verfügungen des überlebenden Ehegatten für den Fall seines Zuerstversterbens enthält. § 2273 Abs 3 erwähnt beispielhaft die gegenseitige Erbeinsetzung. Hierunter fällt jedoch auch jede andere erbrechtliche Zuwendung, die von der Tatsache des Zuerstversterbens des überlebenden Ehegatten abhängig ist. In diesem Fall wird das gemäß Abs 1 zu eröffnende Testament unverschlossen zu den Akten des Nachlassgerichts genommen.

15 **4. Wiedereröffnung vor dem zweiten Erbfall.** Auch wenn das gemeinschaftliche Testament in Anwendung des § 2273 Abs 2 wieder in die besondere amtliche Verwahrung zurückgebracht worden ist, ist eine Wiedereröffnung zulässig, wenn die Urschrift bzw das Original in einem Rechtsstreit oder in einem Erbscheinsverfahren vorgelegt werden muss[22], weil die gefertigte Abschrift abhandengekommen oder fehlerhaft ist, die Abschrift zur Klärung der Echtheit des Testaments nicht ausreicht oder bei der Auslegung von Verfügungen des Erstverstorbenen auf nicht eröffnete Teile des Testaments zurückgegriffen werden muss[23].

III. Eröffnung beim zweiten Erbfall

16 Aus § 2273 Abs 3 folgt, dass ein gemeinschaftliches Testament, das keine Regelungen für den zweiten Erbfall enthält, nicht noch einmal zu eröffnen ist. Alle anderen gemeinschaftlichen Testamente sind gemäß §§ 2260 ff beim Tod des überlebenden Ehegatten erneut zu eröffnen. Die Eröffnung geschieht nach der hier vertretenen Auffassung nicht durch das für den ersten Erbfall zuständige Nachlassgericht, sondern durch das verwahrende Amtsgericht, dem das gemeinschaftliche Testament nach dem ersten Erbfall zurückgegeben wurde. Dabei sind auch solche Verfügungen zu verkünden bzw vorzulegen, die – weil nicht trennbar – bereits nach dem ersten Erbfall eröffnet worden sind. In Ansehung dieser Verfügungen beginnen sämtliche mit der Eröffnung verbundenen Rechtswirkungen, insbes der Beginn der Ausschlagungsfrist, erst mit diesem Zeitpunkt. Nach der Eröffnung verbleibt das gemeinschaftliche Testament unverschlossen in den Nachlassakten.

IV. Recht in den neuen Bundesländern

17 Auch bei der Eröffnung eines vor dem 3. 10. 1990 in der ehemaligen DDR errichteten gemeinschaftlichen Testaments sind die Vorschriften der §§ 2273, 2260 ff zu beachten.

---

[18] OLG Hamm OLGZ 1975, 94, 96.
[19] OLG Celle OLGR 2002, 233; BayObLGZ 1974, 955; OLG Hamm OLGZ 1975, 94, 95; NJW-RR 1987, 835; FamRZ 1990, 1161; OLG Zweibrücken MDR 1988, 233; Rpfleger 1998, 428; OLG Frankfurt NJW-RR 1995, 460, 461; MünchKommBGB/*Musielak* Rn 8; *Reimann/Bengel/J. Mayer* Rn 33.
[20] BayObLG NJW-RR 1989, 712, 713; Rpfleger 1995, 300; KG Rpfleger 1972, 405, 406; Rpfleger 1981, 304; OLG Köln Rpfleger 1975, 248, 249; OLG Kiel SchlHA 1978, 101; OLG Oldenburg NJW-RR 1987, 265; OLG Stuttgart NJW-RR 1988, 904; OLG Saarbrücken Rpfleger 1988, 484; *Palandt/Edenhofer* Rn 6.
[21] Abgedruckt zB bei *Huhn/v. Schuckmann* S 938 ff.
[22] KG KGJ 34, 103; 37, 129.
[23] *Reimann/Bengel/J. Mayer* Rn 28.

Abschnitt 4. Erbvertrag (§§ 2274–2302)

§ 2274 Persönlicher Abschluss

Der Erblasser kann einen Erbvertrag nur persönlich schließen.

Schrifttum (s auch die Nachweise bei § 2265): *Boehmer,* Entgeltliche Erbverträge, FS H. Lehmann, 1957, S 461; *Häsemeyer,* Die Abhängigkeit erbrechtlicher Verträge von Verkehrsgeschäften, Diss Göttingen 1966; *ders,* Zur Anwendung des § 139 BGB auf Erbverträge, FamRZ 1966, 445, FamRZ 1967, 30; *Knieper,* Die Verbindung des Erbvertrages mit anderen Verträgen, DNotZ 1968, 331; *Lüke,* Vertragliche Störungen beim „entgeltlichen" Erbvertrag, 1990; *Stürzebecher,* Zur Anwendbarkeit der §§ 320 ff. BGB auf den entgeltlichen Erbvertrag, NJW 1988, 2727.

I. Begriff des Erbvertrags

Der Erbvertrag ist ein Vertrag, in dem mindestens ein Vertragsteil mit erbvertraglicher Bindungswirkung iS des § 2289 gegenüber dem anderen Vertragsteil einen oder mehrere Erben einsetzt und/ oder Vermächtnisse oder Auflagen anordnet, und zwar ohne Rücksicht darauf, ob Zuwendungsempfänger der andere Vertragsteil oder ein Dritter (§ 1941 Abs 2) ist[1]. S zur Möglichkeit, auch eine Teilungsanordnung vertragsmäßig anzuordnen, § 2278 Rn 1. Ein Erbvertrag muss also zwingend mindestens eine der dieser vorbezeichneten Zuwendungen mit vertragsmäßiger Bindungswirkung enthalten, andernfalls kann er nur durch Umdeutung in ein gemeinschaftliches oder ein einseitiges Testament gemäß § 140 aufrechterhalten werden[2]. Die erbvertragliche Bindungswirkung kann zwar bis hin zu einem völlig freien einseitigen Rücktrittsrecht eingeschränkt, niemals jedoch völlig aufgehoben oder ausgeschlossen werden. Ist wenigstens eine vertragsmäßige Verfügung enthalten, so können weitere einseitige Verfügungen des einen wie des anderen Vertragsteils hinzutreten (§ 2299 Abs 1). Das Gesetz verwendet den Begriff des Erbvertrags dabei an manchen Stellen als Bezeichnung des gesamten Vertragswerks, so in §§ 2274 bis 2278, 2298, und an anderen Stellen als Synonym für die vertragsmäßigen Verfügungen, so in §§ 2281 ff, 2293 ff. S zu den Gemeinsamkeiten und den Unterschieden zwischen einem Erbvertrag, einem gemeinschaftlichen Testament und einem Testament den **Vergleich** dieser **Verfügungen von Todes wegen** § 2065 Rn 11. 1

II. Arten des Erbvertrags

1. Ein-, zwei oder mehrseitiger Erbvertrag. Herkömmlich unterscheidet man nach der Zahl der Personen, die in dem Erbvertrag mit erbvertraglicher Bindungswirkung Erben einsetzen oder Vermächtnisse oder Auflagen anordnen, zwischen ein-, zwei- und mehrseitigen Erbverträgen. Bedenken sich dabei die Vertragsteile gegenseitig, so spricht man von einem gegenseitigen Erbvertrag. 2

2. Erbeinsetzungs-, Vermächtnis- oder Auflagenvertrag. Nach der Art der im Erbvertrag enthaltenen vertragsmäßigen Zuwendung kann man zwischen Erbeinsetzungs-, Vermächtnis- oder Auflagenvertrag unterscheiden. 3

3. Entgeltlicher Erbvertrag. Wenn der andere Vertragsteil mit Rücksicht auf die vertragsmäßige Zuwendung sich in der gleichen Urkunde zu einer lebzeitigen Leistung verpflichtet, so spricht man häufig von einem entgeltlichen Erbvertrag. Diese Bezeichnung ist jedoch irreführend, weil die vertragsmäßige Zuwendung und diese „Gegenleistung" gerade nicht iS der §§ 320 ff miteinander verknüpft sind. 4

III. Rechtsnatur des Erbvertrags

Der Erbvertrag ist Vertrag und Verfügung von Todes wegen in einem. Als Vertrag begründet er zwar sofort mit dem Abschluss die Bindung an die vertragsmäßigen Verfügungen, nicht aber Rechte und Pflichten der Bedachten, die – wie bei jeder anderen Verfügung von Todes wegen – erst mit dem Tod des Erblassers entstehen, sofern die Zuwendung nicht ausgeschlagen wird. Verpflichtet sich der andere Vertragsteil in der Erbvertragsurkunde zu einer lebzeitigen Leistung an den Erblasser oder einen Dritten, so ist diese Verpflichtung nicht Bestandteil des Erbvertrags, sondern ein selbstständiges Rechtsgeschäft unter Lebenden. Das lebzeitige Rechtsgeschäft ist daher nicht Gegenleistung iS der §§ 320 ff[3], sondern lediglich Beweggrund iS des § 812 Abs 1 S 2 Alt 2 für die vertragsmäßige Zuwendung. 5

---

[1] BGHZ 12, 115, 119.
[2] Vgl MünchKommBGB/*Musielak* Vor § 2274 Rn 7.
[3] *Höfer* BWNotZ 1984, 113, 121; MünchKommBGB/*Musielak* Vor § 2274 Rn 21; aA *Stürzebecher* NJW 1988, 2717.

§ 2275

Buch 5. Abschnitt 4. Erbvertrag

IV. Gebot des persönlichen Abschlusses

6 **1. Erblasser.** Mit dem Gebot der persönlichen Errichtung schließt diese Vorschrift jede Art von **Vertretung** des Erblassers, also der Person, die vertragsmäßig in der Urkunde verfügt, bei Abschluss des Erbvertrags aus, sei es im Willen, sei es in der Erklärung. Das Gleiche gilt für die Anfechtung (§ 2282) sowie für die Bestätigung eines anfechtbaren Erbvertrags (§ 2284), bei dessen Aufhebung (§ 2290) sowie beim Rücktritt vom Erbvertrag (§ 2296). Für den Fall der Anfechtung des Erbvertrags enthält § 2282 Abs 2 eine Sonderregelung. Ausgeschlossen sind sowohl die rechtsgeschäftliche als auch alle Fälle der gesetzlichen Vertretung (Vater, Mutter, Betreuer, Vormund). Verboten ist aber auch die **vollmachtlose Vertretung** bei der Errichtung. Für den Fall der Errichtung eines Ehegattenerbvertrags durch einen beschränkt Geschäftsfähigen wird dieses Gebot durch § 2275 Abs 2 S 2 dahingehend modifiziert, dass dieser der Zustimmung seines gesetzlichen Vertreters und ein Vormund zusätzlich der vormundschaftsgerichtlichen Genehmigung bedarf.

7 **2. Vertragspartner.** Der Vertragspartner, der selbst weder vertragsmäßig noch einseitig in der Erbvertragsurkunde letztwillig verfügt, kann beliebig vertreten werden. Verfügt er jedoch selbst vertragsmäßig, so ist er selbst Erblasser iS des § 2274, so dass deshalb der Vertretung ausgeschlossen ist. Verfügt er dagegen nur einseitig testamentarisch, so ergibt sich die gleiche Rechtsfolge aus § 2064.

8 **3. Verstoß.** Der von einem Vertreter des Erblassers abgeschlossene Erbvertrag ist unheilbar nichtig. Er wird auch nicht durch nachträgliche Genehmigung des Erblassers wirksam.

V. Recht in den neuen Bundesländern

9 **1. Abschluss vor dem 1. 1. 1976.** Bis zu diesem Zeitpunkt galt in beiden Teilen Deutschlands das BGB. Das am 1. 1. 1976 in der ehemaligen DDR in Kraft getretene ZGB hat den bis dahin zulässigen Erbvertrag nach BGB zwar abgeschafft, jedoch ist gemäß § 8 Abs 1 EGZGB bei Erbfällen vor dessen Inkrafttreten das bisherige Recht eingeschränkt weiter anzuwenden. Ein vor dem 1. 1. 1976 von Bürgern der ehemaligen DDR abgeschlossener Erbvertrag ist gemäß § 8 Abs 2 S 1 EGZGB zwar auch bei danach eingetretenen Erbfällen wirksam, entfaltet jedoch dann nur die Wirkungen eines gemeinschaftlichen Testaments, wenn er von Ehegatten abgeschlossen wurde, und andernfalls eines einseitigen Testaments[4]. Damit sind zwar alle darin enthaltenen Verfügungen wirksam, entfalten jedoch keinerlei erbrechtliche Bindungswirkung.

10 **2. Abschluss zwischen dem 31. 12. 1975 und dem 3. 10. 1990.** Zwischen dem 31. 12. 1975 und dem 3. 10. 1990 konnte ein DDR-Bürger zwar nicht auf dem Gebiet der ehemaligen DDR, wohl aber auf dem Gebiet der Bundesrepublik Deutschland in den Grenzen bis zum 2. 10. 1990 einen Erbvertrag abschließen. Ein solcher Erbvertrag kann in ein Testament bzw gemeinschaftliches Testament umgedeutet werden[5]. Hat dagegen ein Bundesbürger in dieser Zeit einen Erbvertrag abgeschlossen und ist Grundbesitz im Beitrittsgebiet vorhanden, so ist diese Verfügung von Todes wegen gemäß § 26 RAnwendG auch dort wirksam[6].

§ 2275 Voraussetzungen

(1) Einen Erbvertrag kann als Erblasser nur schließen, wer unbeschränkt geschäftsfähig ist.

(2) ¹Ein Ehegatte kann als Erblasser mit seinem Ehegatten einen Erbvertrag schließen, auch wenn er in der Geschäftsfähigkeit beschränkt ist. ²Er bedarf in diesem Falle der Zustimmung seines gesetzlichen Vertreters; ist der gesetzliche Vertreter ein Vormund, so ist auch die Genehmigung des Vormundschaftsgerichts erforderlich.

(3) Die Vorschriften des Absatzes 2 gelten entsprechend für Verlobte, auch im Sinne des Lebenspartnerschaftsgesetzes.

I. Unbeschränkte Geschäftsfähigkeit des Erblassers

1 **1. Grundsatz (Abs 1).** Der Erblasser, also der Vertragschließende, der im Erbvertrag vertragsmäßig Erben einsetzt oder Vermächtnisse oder Auflagen anordnet, muss gemäß § 2275 Abs 1 zurzeit des wirksamen Vertragsschlusses **unbeschränkt geschäftsfähig** sein. Verfügen beide bzw mehrere Vertragsteile mit erbvertraglicher Bindungswirkung (zwei- oder mehrseitiger Erbvertrag), so sind sie alle Erblasser iS der Vorschrift und müssen alle unbeschränkt geschäftsfähig sein.

2 Damit kann ein **Geschäftsunfähiger** (§ 104 Nr 2) keinen Erbvertrag schließen. Steht der Erblasser unter **Betreuung**, so beseitigt dies seine Geschäftsfähigkeit nicht. Auch ein Einwilligungsvorbehalt gemäß § 1903 Abs 1 erstreckt sich gemäß dessen Abs 2 nicht auf den Abschluss eines Erbvertrags, so dass eine unter Betreuung stehende Person grds einen Erbvertrag als Erblasser abschließen kann, und zwar ohne Zustimmung seines Betreuers. Jedoch ist in diesem Fall besonders sorgfältig zu prüfen, ob der Betreute bei Vertragsschluss tatsächlich voll geschäftsfähig ist[1].

---

[4] OLG Frankfurt FamRZ 1993, 858, 861; OLG Jena FamRZ 1994, 786.
[5] OLG Jena FamRZ 1994, 786, 787.
[6] BayObLG FamRZ 1996, 765; MünchKommBGB/*Musielak* Vor § 2274 Rn 35.
[1] *Weser* MittBayNot 1992, 161, 170.

Voraussetzungen **§ 2275**

Minderjährige (§ 2) können auf Grund des § 2275 Abs 1 als Erblasser ebenfalls keinen Erbvertrag 3
schließen, und zwar auch nicht mit Zustimmung des gesetzlichen Vertreters. § 2275 Abs 2 enthält
hierzu jedoch eine Ausnahmeregelung (vgl Rn 6). Daraus folgt, dass ein Minderjähriger, der das 16.
Lebensjahr vollendet hat, zwar gemäß § 2229 Abs 1 ein Testament, auch ein gemeinschaftliches
Testament, errichten kann, nicht aber als Erblasser einen Erbvertrag.

Umstritten ist jedoch, ob die Bestimmung des § 2275 Abs 1 auch für den Vertragsteil gilt, der zwar 4
nicht vertragsmäßig, aber einseitig testamentarisch iS des § 2299 verfügt. Die hM fordert auch für den
einseitig testamentarisch verfügenden Vertragsteil unbeschränkte Geschäftsfähigkeit gemäß
§ 2275 Abs 1[2]. Die besseren Argumente sprechen jedoch für die Gegenauffassung, die insoweit
Testierfähigkeit gemäß § 2229 genügen lässt[3]. Zunächst erscheint es widersprüchlich den Erblasserbegriff in § 2274 anders zu definieren als in § 2275. Auch § 2299, der ausdrücklich jedem „Vertragsschließenden" gestattet, in dem Erbvertrag jede Verfügung zu treffen, die er auch in einem (einseitigen)
Testament treffen könnte, spricht für diese Ansicht. Letztlich entscheidend ist jedoch, dass allein die mit
einer vertragsmäßigen Verfügung einhergehende Bindungswirkung es rechtfertigt, einen Erblasser bei
einem Erbvertrag strengeren Anforderungen zu unterwerfen als bei einem frei widerrufbaren Testament.

Ein Erbvertrag, den ein Minderjähriger oder ein Geschäftsunfähiger als Erblasser schließt ist **unheil-** 5
bar nichtig[4]. Weder die Zustimmung durch den gesetzlichen Vertreter noch der zeitlich dem Vertragsschluss folgende Eintritt der unbeschränkten Geschäftsfähigkeit des Erblassers machen den Erbvertrag
wirksam[5]. Eine Umdeutung in ein Testament ist unter den Voraussetzungen des § 140 jedoch möglich,
wegen der Vorschrift des § 2229 Abs 1 vor allem bei Minderjährigen, die das 16. Lebensjahr vollendet
haben[6].

2. Ausnahmeregelung für Ehegatten und Verlobte (Abs 2 und 3). Ein Minderjähriger kann 6
zwischen der Vollendung des 16. und der Vollendung des 18. Lebensjahres als Erblasser mit seinem
Ehegatten einen Erbvertrag schließen (§ 2275 Abs 2). Das Gleiche gilt für einen beschränkt Geschäftsfähigen (§ 106), der mit seinem Verlobten (§ 2275 Abs 3) einen solchen Vertrag errichtet. Eine
Verbindung mit einem Ehevertrag ist nicht erforderlich. Nach der hier vertretenen Auffassung (vgl
Rn 5) kann ein Minderjähriger, der das 16. Lebensjahr vollendet hat, ungehindert durch § 2275 Abs 1
einseitig in dem Erbvertrag verfügen, so dass die Ausnahmen in § 2275 Abs 2 und 3 insoweit bereits
deshalb nicht zum Zuge kommen[7]. Die Anwendung dieser Ausnahmeregelung setzt eine gültige Ehe
oder ein gültiges Verlöbnis voraus; andernfalls verbleibt es beim Grundsatz des § 2275 Abs 1. Eine
nichteheliche Lebensgemeinschaft ist der Ehe oder dem Verlöbnis nicht gleichgestellt. Die Vorschrift gestattet den Abschluss des Erbvertrags ausschließlich mit dem Ehegatten oder Verlobten, nicht
jedoch mit Dritten. Ein gleichwohl unter Mitbeteiligung eines **Dritten** abgeschlossener Erbvertrag ist
nichtig. Zulässig ist dagegen eine Zuwendung an Dritte[8]. Der Minderjährige muss den Erbvertrag
gemäß § 2274 höchstpersönlich abschließen und kann dabei nicht von seinem gesetzlichen Vertreter
vertreten werden. Allerdings ist ein in dieser Weise abgeschlossener Erbvertrag nur wirksam, wenn der
gesetzliche Vertreter und, sofern dies ein Vormund, Pfleger oder Beistand ist, zusätzlich das Vormundschaftsgericht zustimmt. Eine analoge Anwendung auf einen Betreuer ist wegen der in § 1903 Abs 2
enthaltenen Beschränkung ausgeschlossen[9]. Die Zustimmung kann sowohl vorab als Einwilligung als
auch nachträglich als Genehmigung erteilt werden (§§ 108, 109, 182 ff). Die Zustimmung ist formfrei.
Der Notar darf richtiger Ansicht nach die Beurkundung eines Erbvertrags ohne die erforderliche
Einwilligung zwar ablehnen, muss jedoch gemäß §§ 17 Abs 2, 18 BeurkG auf die Rechtsfolgen,
insbes auf die schwebende Unwirksamkeit hinweisen[10]. Ist ein Erbvertrag ohne die erforderliche
Einwilligung beurkundet worden, so kann die nachträgliche Zustimmung durch den gesetzlichen
Vertreter, die Genehmigung durch das Vormundschaftsgericht oder die gemäß § 108 Abs 3 mögliche
Genehmigung nach Vollendung des 18. Lebensjahres durch den Erblasser selbst[11] längstens bis zum Tod
eines der Ehegatten bzw der Verlobten rechtswirksam erfolgen[12]. Ein wirksamer Zugang der Genehmigung nach dem Tod des Erblassers ist schon deshalb ausgeschlossen, weil andernfalls nicht feststünde,
wer Erbe ist, wem also die Erklärung zugehen muss.

II. Geschäftsfähigkeit des anderen Vertragschließenden

Für den anderen Vertragschließenden gelten die allgemeinen Vorschriften über die Geschäftsfähigkeit 7
beim Abschluss von Verträgen, also §§ 104 ff. Er braucht den Vertrag auch nicht persönlich zu

---

[2] *Planck/Greiff* § 2299 Anm 2 b; *Staudinger/Kanzleiter* § 2299 Rn 5.
[3] AnwK-BGB/*Kornexl* Rn 17 f; *Reimann/Bengel/J. Mayer* § 2299 Rn 10 mwN; zweifelnd *Lange/Kuchinke* § 25 IV 2.
[4] BayObLG Rpfleger 1982, 286.
[5] MünchKommBGB/*Musielak* Rn 3.
[6] Vgl RGZ 28, 217.
[7] Ebenso MünchKommBGB/*Musielak* Rn 9.
[8] MünchKommBGB/*Musielak* Rn 9; *Lange/Kuchinke* § 25 II 1 a Fn 14.
[9] *Weser* MittBayNot 1992, 161; MünchKommBGB/*Musielak* Rn 11.
[10] *Erman/M. Schmidt* Rn 2; aA *Palandt/Edenhofer* Rn 2.
[11] Vgl KG KGJ 47 A 100.
[12] BGH NJW 1978, 1159; MünchKommBGB/*Musielak* Rn 11; aA BayObLG NJW 1960, 577, 578 f; AnwK-BGB/*Kornexl* Rn 26 ff.

schließen, sondern kann beim Abschluss vertreten werden. Nimmt ein beschränkt Geschäftsfähiger dabei nur die vertragsmäßige Erbeinsetzung oder das Vermächtnis oder die Auflage mit erbvertraglicher Bindungswirkung an, so bedarf er dazu keiner Zustimmung des gesetzlichen Vertreters, weil diese Annahmeerklärung für ihn lediglich rechtlich vorteilhaft ist[13]. Selbst wenn die Zuwendung an ihn mit Auflagen und Beschwerungen verbunden sein sollte, ändert dies hieran nichts, da er die Zuwendung nach dem Eintritt des Erbfalls jederzeit ausschlagen kann, also durch die bloße Annahme im Erbvertrag zu nichts verpflichtet wird; etwas anderes gilt nur bei einer Verknüpfung der Annahme mit einem Erbverzicht usw[14]. Übernimmt der andere Vertragsteil in der Erbvertragsurkunde die Pflicht zur Erbringung von Leistungen, so ist bei einem beschränkt Geschäftsfähigen die Zustimmung des gesetzlichen Vertreters nach den allgemeinen Bestimmungen notwendig, und zwar genau genommen nicht zum Abschluss des Erbvertrags, sondern zur Eingehung der Verpflichtung[15]. Ist zum Vertragsschluss durch den anderen Vertragschließenden die Zustimmung des gesetzlichen Vertreters erforderlich, so kann diese nach dem Tod des Erblassers nicht mehr wirksam erteilt werden[16]. Das Gleiche gilt für die Genehmigung durch den nachträglich voll geschäftsfähig gewordenen Vertragsteil.

8   Verfügt der andere Vertragsteil gleichfalls von Todes wegen, jedoch nicht in vertragsmäßiger Form, sondern gemäß § 2299 lediglich einseitig testamentarisch, so greift nach hier vertretener Ansicht (vgl Rn 5) § 2229 über die Testierfähigkeit ein, nicht aber § 2275.

III. Beweisfragen

9   Das Gericht hat solange von der Geschäftsfähigkeit des Erblassers auszugehen, bis das Gegenteil feststeht. Die Beweislast für die Geschäftsunfähigkeit des Erblassers trägt also derjenige, der aus der Nichtigkeit des Erbvertrags Rechte für sich herleitet. Im Erbscheinsverfahren trifft den Antragsteller die Feststellungslast[17]. Sind Hinweise auf eine fehlende Geschäftsfähigkeit vorhanden, so hat das Gericht ein beantragtes psychiatrisches Gutachten einzuholen und darf sich nicht mit der Aussage des behandelnden Arztes zufrieden geben[18].

§ 2276 Form

(1) ¹Ein Erbvertrag kann nur zur Niederschrift eines Notars bei gleichzeitiger Anwesenheit beider Teile geschlossen werden. ²Die Vorschriften des § 2231 Nr. 1 und der §§ 2232, 2233 sind anzuwenden; was nach diesen Vorschriften für den Erblasser gilt, gilt für jeden der Vertragschließenden.

(2) Für einen Erbvertrag zwischen Ehegatten oder zwischen Verlobten, der mit einem Ehevertrag in derselben Urkunde verbunden wird, genügt die für den Ehevertrag vorgeschriebene Form.

Schrifttum: Kanzleiter, Der Umfang der Beurkundungsbedürftigkeit bei verbundenen Rechtsgeschäften, DNotZ 1994, 275.

I. Form des Erbvertrags

1   **1. Beurkundungszuständigkeit.** Der Erbvertrag kann nur vor einem **Notar** geschlossen werden. Im Ausland nimmt der **Konsularbeamte** die Aufgaben des Notars war, so dass dort die Erklärung zu dessen Niederschrift möglich ist (§§ 2, 10, 11 Abs 1 KonsularG). Schließlich ist es möglich, einen Erbvertrag in einem **Vergleich** vor einem Gericht abzuschließen, weil ein nach den Vorschriften der ZPO errichtetes Protokoll gemäß § 127 a die sonst vorgeschriebene notarielle Beurkundung ersetzt[1].

2   **2. Umfang der Beurkundungspflicht.** Gegenstand der Beurkundungspflicht sind grds nur die vertragsmäßigen Verfügungen des Erblassers und die Annahmeerklärung des anderen Vertragsteils. Bei einem entgeltlichen Erbvertrag bedarf die Verpflichtung des anderen Vertragsteils zu einer wiederkehrenden oder einmaligen Leistung (zB Pflegepflicht, Rentenzahlung) auch dann nicht der Beurkundung gemäß § 2276 Abs 1, wenn diese Gegenleistung – oder besser: Beweggrund – zur vertragsmäßigen Verfügung ist[2]. Die Beurkundungsbedürftigkeit kann sich jedoch aus anderen Vorschriften ergeben, insbes aus § 761 und § 311 b Abs 1.

3   **3. Errichtung durch mündliche Erklärung oder Schriftübergabe.** Der Erbvertrag kann gemäß § 2276 Abs 1 S 2 HS 1 zur Niederschrift des Notars in der gleichen Art und Weise wie ein öffentliches Testament errichtet werden (§ 2231 Nr 1), also sowohl durch mündliche Erklärung (§ 2232 S 1 Alt 1)

---

[13] MünchKommBGB/*Musielak* Rn 6.
[14] BGH NJW 1978, 1159.
[15] Vgl MünchKommBGB/*Musielak* Rn 7.
[16] BGH NJW 1978, 1159; MünchKommBGB/*Musielak* Rn 8; aA BayObLG NJW 1960, 577, 578 f.
[17] BayObLG FamRZ 1997, 1026.
[18] BGH NJW 1978, 1159.
[1] BGHZ 14, 381, 388 ff; OLG Köln OLGZ 1970, 114, 115; *Staudinger/Kanzleiter* Rn 4; MünchKommBGB/*Musielak* Rn 8; krit *Lange/Kuchinke* § 25 III 1.
[2] *Staudinger/Kanzleiter* Rn 17; *Palandt/Edenhofer* Rn 13; unklar BGH NJW 1962, 249; s auch *Kanzleiter* NJW 1997, 217.

oder durch Übergabe einer Schrift (§ 2232 S 1 Alt 2), wobei die Schrift offen oder verschlossen dem Notar ausgehändigt werden kann (§ 2232 S 2). Bei Anwendung der für anwendbar erklärten Vorschriften ist zu beachten, dass gemäß § 2276 Abs 1 S 2 HS 2 die dort gestellten Anforderungen nicht nur für den Erblasser sondern in gleicher Weise auch für den anderen Vertragsschließenden gelten, und zwar auch dann, wenn dieser die vertragsmäßigen Zuwendungen nur annimmt. Auf § 2232 Rn 4 ff im Falle der Errichtung durch mündliche Erklärung und zu § 2232 Rn 12 ff im Falle der Schriftübergabe wird verwiesen.

Beide Vertragsschließende müssen sich dabei **nicht derselben Errichtungsart** bedienen, so dass außer der normalerweise üblichen gemeinsamen mündlichen Erklärung zur Niederschrift des Notars auch Fälle denkbar sind, in denen der eine seine Erklärungen mündlich abgibt und der andere durch Übergabe einer (offenen oder verschlossenen) Schrift an den Notar oder beide Schrift, in der sowohl die vertragsmäßige Zuwendung, als auch deren Annahme enthalten sind, aushändigt. In allen Fällen der Errichtung durch Schriftübergabe muss aber sichergestellt sein, dass sich die vertragsmäßige Zuwendung und deren Annahme und bei zwei- oder mehrseitigen Erbverträgen alle vertragsmäßigen Verfügungen aufeinander inhaltlich beziehen[3].

4. Beurkundungsverfahren. Das Beurkundungsverfahren richtet sich nach den gleichen Vorschriften wie bei der Errichtung eines öffentlichen Testaments. Bei Minderjährigkeit (vgl die Ausnahmeregelung in § 2275 Abs 2 und 3) oder Behinderung eines Vertragsschließenden ist gemäß § 2276 Abs 1 S 1 HS 1 auch die Vorschrift des § 2233 anzuwenden, allerdings nur für die von ihm selbst abgegebene Erklärung, nicht jedoch für die des anderen Vertragsteils. Kann also der Erblasser nicht lesen, so muss er seine Erklärungen mündlich abgeben (§ 2233 Abs 2), während der Vertragspartner auch eine Schrift (offen oder verschlossen) übergeben kann. Ist der Vertragspartner des Erblassers stumm, so kann zwar dieser seinen letzten Willen mündlich erklären, jener deren Annahme aber nur durch Übergabe einer Schrift.

Bei der Beurkundung eines Erbvertrags müssen – anders als bei der eines gemeinschaftlichen Testaments – alle Beteiligten **gleichzeitig,** wenngleich auch nicht unbedingt persönlich, anwesend sein (§ 2276 Abs 1 S 1). Ein Vertragsschluss durch Angebot und Annahme wird damit ausgeschlossen. Der Erblasser muss gemäß § 2274 höchstpersönlich an der Beurkundungsverhandlung teilnehmen, während der andere Vertragsteil, der die vertragsmäßige Zuwendung nur annimmt, vertreten werden kann. Treffen beide Vertragsteile vertragsmäßige Verfügungen, so sind beide Erblasser und müssen höchstpersönlich anwesend sein. Verfügt der die vertragsmäßigen Zuwendungen annehmende Vertragsteil in dem Erbvertrag nur einseitig testamentarisch, so muss dieser zwar nicht gemäß § 2276 Abs 1 S 1, wohl aber gemäß §§ 2299 Abs 2 S 1, 2232 ebenfalls selbst an der Beurkundung teilnehmen. Soweit danach eine Vertretung zulässig ist, ist auch eine Vertretung ohne Vertretungsmacht möglich. Die in diesem Fall erforderliche Genehmigung muss jedoch bis spätestens zum Tod des Erblassers wirksam erklärt worden sein; andernfalls ist der Erbvertrag endgültig und unheilbar nichtig.

Wird ein Erbvertrag in einem **gerichtlichen Vergleich** abgeschlossen, so muss der Erblasser bei dessen Abschluss nicht nur persönlich anwesend sein, sondern die Erklärung auch selbst mündlich abgeben. Besteht in dem Verfahren Anwaltszwang, so müssen die Erklärungen des Erblassers von diesem und seinem Anwalt gemeinsam mündlich abgegeben werden. Diese Tatsachen sollten im Protokoll ausdrücklich festgehalten werden[4].

5. Formverstoß. Ein ohne die Beachtung der Form des § 2276 Abs 1 geschlossener Erbvertrag ist nichtig (§ 125). In Betracht kommt allerdings eine Umdeutung gemäß § 140 in ein Testament, wenn die dazu notwendigen Förmlichkeiten beachtet sind[5]. Eine Umdeutung in ein Rechtsgeschäft unter Lebenden mit dem Inhalt, wirtschaftlich die gleichen Folgen herbeizuführen wie die unwirksamen Verfügungen ist dagegen abzulehnen[6].

II. Besonderheiten beim Ehe- und Erbvertrag

Ist der Erbvertrag mit einem Ehevertrag iS des § 1408, also einer Vereinbarung über das eheliche Güterrecht und/oder den Versorgungsausgleich im Scheidungsfalle, in derselben Urkunde verbunden, so gelten einheitlich nur die für den Ehevertrag bestimmten Formvorschriften, nicht dagegen die für den Erbvertrag aufgestellten (strengeren) Formerfordernisse (§ 2276 Abs 2). Diese Ausnahmeregelung bezieht sich auf Verfahrensvorschriften, nicht dagegen auf **Formvorschriften des materiellen Rechts**[7]. Deshalb gilt das Gebot des persönlichen Abschlusses (§ 2274) sowie das Verbot der Errichtung durch einen Geschäftsunfähigen (§ 2275) auch bei einem mit einem Ehevertrag verbundenen Erbvertrag. Auch die von § 2276 Abs 1 in Bezug genommenen Vorschriften der §§ 2232, 2233 sind als Formvorschriften materiellen Rechts auch bei einem Ehe- und Erbvertrag zu beachten[8]. § 2276 Abs 2 befreit also nur von der Beachtung der für Verfügungen von Todes wegen geltenden §§ 28 bis 34 BeurkG. Eine Befreiung vom in § 27 BeurkG enthaltenen Mitwirkungsverbot ist damit nicht verbunden, weil diese Vorschrift ebenfalls materiell-rechtlichen Charakter besitzt. Diese als Erleichterung

---

[3] MünchKommBGB/*Musielak* Rn 4; aA *Staudinger*/*Kanzleiter* Rn 6.
[4] OLG Stuttgart NJW 1989, 2700, 2701; aA noch 1. Aufl; *Erman*/*M. Schmidt* § 2274 Rn 2.
[5] OLG Düsseldorf FamRZ 1997, 771.
[6] MünchKommBGB/*Musielak* Rn 13; aA *Kegel*, FS Flume, S 545 ff; *Leipold* Rn 373.
[7] *Reimann*/*Bengel*/*J. Mayer* Rn 31.
[8] HM, zB *Reimann*/*Bengel*/*J. Mayer* Rn 33; *Soergel*/*M. Wolf* Rn 13; aA *Staudinger*/*Kanzleiter* Rn 12.

§ 2278

gedachte Ausnahmeregelung hat deshalb nur noch geringe Bedeutung. Die Verbindung eines Erbvertrags mit einem Ehevertrag führt jedoch umgekehrt dazu, dass der Abschluss durch **Übergabe einer Schrift** ausgeschlossen ist, da im Ehevertragsrecht diese Art der Errichtung nicht zugelassen ist.

10 **Stirbt ein Verlobter vor der Eheschließung,** so wird der Ehevertragsteil gegenstandslos, während der Erbvertrag wirksam wird, wenn in diesem nicht ausdrücklich etwas anderes bestimmt ist[9]. Im Falle der Auflösung des Verlöbnisses wird auch der Erbvertragsteil gemäß §§ 2279 Abs 2, 2077 unwirksam.

11 Trotz der Verbindung eines Erbvertrags mit einem Ehevertrag in derselben Urkunde bleiben beide **Urkundsbestandteile rechtlich selbstständig.** Enthält die Urkunde dazu keine salvatorische Klausel entscheidet – wie bei § 139 – der mutmaßliche Wille der Vertragsschließenden darüber, ob und inwieweit die Anfechtung oder sonstige Unwirksamkeit des einen Urkundenteils auch die Nichtigkeit des anderen Teils herbeiführt[10]. Entgegen der hM[11] kann nicht davon ausgegangen werden, dass „im Zweifel" die Nichtigkeit eines Teils den anderen unberührt lässt[12].

§ 2277 Besondere amtliche Verwahrung

Wird ein Erbvertrag in besondere amtliche Verwahrung genommen, so soll jedem der Vertragschließenden ein Hinterlegungsschein erteilt werden.

I. Verwahrung durch den Notar

1 Die Verwahrung durch den Notar ist in der Praxis zwar die Regel, nach dem Gesetz jedoch die Ausnahme. Haben alle Vertragschließenden die besondere amtliche Verwahrung ausgeschlossen, so ist die Urschrift des Erbvertrags vom beurkundenden Notar als kostenfreies Nebengeschäft zu verwahren (§ 34 Abs 2 BeurkG). Im Falle der Verbindung des Erbvertrags mit einem anderen Vertrag in derselben Urkunde, also etwa bei einem Ehe- und Erbvertrag, ist gemäß § 34 Abs 2 HS 2 BeurkG mangels anderer Anhaltspunkte von einem Ausschluss der amtlichen Verwahrung durch das Amtsgericht auszugehen[1]. Zu den Voraussetzungen und zu den Einzelheiten der Verwahrung durch den Notar s § 34 BeurkG Rn 5.

II. Besondere amtliche Verwahrung

2 **1. Ablieferungspflicht.** Wenn auch nur ein Vertragsteil dem Ausschluss der besonderen amtlichen Verwahrung widerspricht, hat der beurkundende Notar dem für seinen Amtssitz zuständigen Amtsgericht die Urschrift auszuhändigen. Die Vertragschließenden können übereinstimmend die Verwahrung durch ein anderes Amtsgericht verlangen. Zu den Einzelheiten der Ablieferungspflicht s § 34 BeurkG Rn 4.

3 **2. Hinterlegungsschein.** Die besondere amtliche Verwahrung geschieht gemäß § 2300 Abs 1 in entsprechender Anwendung der §§ 2258a bis 2263. § 2277 enthält insoweit nur eine Ergänzung, nämlich die Pflicht des verwahrenden Amtsgerichts, nicht nur dem Erblasser sondern auch (je)dem anderen Vertragsteil einen Hinterlegungsschein mit dem sich aus § 27 Abs 6 S 1 AktO ergebenden Inhalt auszustellen. Dessen Erteilung ist jedoch ohne Bedeutung für die Wirksamkeit des Erbvertrags oder die Gültigkeit der besonderen amtlichen Verwahrung. Unterbleibt die Ausstellung des Hinterlegungsscheins, so ist dies eine Amtspflichtverletzung, die zur Leistung von Schadensersatz verpflichten kann, etwa weil infolgedessen der Erbvertrag nicht gemäß § 2300 Abs 2 durch Rücknahme aufgehoben werden konnte.

4 **3. Rücknahme.** Unter den Voraussetzungen des § 2300 Abs 2 kann der in besonderer amtlicher Verwahrung befindliche Erbvertrag von den Vertragsschließenden zurückgenommen und dadurch aufgehoben werden (§ 2300 Rn 3 ff).

5 **4. Einsicht.** Solange sich der Erbvertrag in der besonderen amtlichen Verwahrung befindet, kann jeder Vertragsschließende Einsicht in diesen verlangen und sich einfache oder beglaubigte Abschriften hiervon fertigen zu lassen.

§ 2278 Zulässige vertragsmäßige Verfügungen

(1) In einem Erbvertrag kann jeder der Vertragschließenden vertragsmäßige Verfügungen von Todes wegen treffen.

(2) Andere Verfügungen als Erbeinsetzungen, Vermächtnisse und Auflagen können vertragsmäßig nicht getroffen werden.

---

[9] KGJ 37 A 115; *Palandt/Edenhofer* Rn 12.
[10] BGHZ 50, 63, 72; MünchKommBGB/*Musielak* Rn 12.
[11] BGHZ 29, 129; *Reimann/Bengel/J. Mayer* Rn 28; *Soergel/M. Wolf* Rn 15.
[12] MünchKommBGB/*Musielak* Rn 12; *Erman/M. Schmidt* Rn 6 für Anfechtung.
[1] *Reimann/Bengel/J. Mayer/Bengel* § 34 BeurkG Rn 21; aA MünchKommBGB/*Musielak* Rn 4; s auch § 34 BeurkG Rn 4.

§ 2278

Schrifttum: *Basty,* Bindungswirkung bei Erbvertrag und gemeinschaftlichem Testament, MittBayNot 2000, 73; *Buchholz,* Zur bindenden Wirkung des Erbvertrages, FamRZ 1987, 440; *Coing,* Wie ist die bindende Wirkung von Erbverträgen zu ermitteln?, NJW 1958, 689; *Dohr,* Erbrechtliche Gestaltungsmöglichkeiten für die Beschränkung des erbvertraglich zu bindenden überlebenden Ehegatten auf die Einsetzung der gemeinschaftlichen Abkömmling, 2002; *Gerken,* Die Entstehung der Bindungswirkung beim Erbvertrag, BWNotZ 1992, 93; *Herlitz,* Abänderungs- und Rücktrittsvorbehalt beim Erbvertrag, MittRhNotK 1996, 153; *Hülsmeier,* Die bindende Wirkung des Erbvertrages, Diss Münster 1985; *ders,* Der Vorbehalt abweichender Verfügungen von Todes wegen beim Erbvertrag, NJW 1986, 3115; *C. Keim,* Der Änderungsvorbehalt beim Erbvertrag – bei richtiger Handhabung ein sicheres Gestaltungsmittel!, ZEV 2005, 365; *Langenfeld,* Freiheit oder Bindung beim gemeinschaftlichen Testament oder Erbvertrag von Ehegatten?, NJW 1987, 1577; *R. Lehmann,* Der Änderungsvorbehalt beim Erbvertrag – ein abwegiges Gestaltungsmittel?, BWNotZ 1999, 1; *ders,* Zur Zulässigkeit des „Änderungsvorbehalts", NotBZ 2004, 210; *J. Mayer,* Der Änderungsvorbehalt beim Erbvertrag – erbrechtliche Gestaltung zwischen Bindung und Dynamik, DNotZ 1990, 755; *C. Nolting,* Inhalt, Ermittlung und Grenzen der Bindung beim Erbvertrag – zugleich ein Beitrag zur Auslegung von Erbverträgen, 1985; *D. Nolting,* Der Änderungsvorbehalt beim Erbvertrag, 1993; *Ritter,* Der Konflikt zwischen einer erbrechtlichen Bindung aus erster Ehe und einer Verfügung des überlebenden Ehegatten zugunsten eines neuen Lebenspartners, 1999; *Weiler,* Änderungsvorbehalt und Vertragsmäßigkeit der erbvertraglichen Verfügung, DNotZ 1994, 427.

Übersicht

	Rn		Rn
I. Zulässige Arten vertragsmäßiger Verfügungen............................	1	III. Änderungsvorbehalt.....................	8
II. Abgrenzung von einseitigen Verfügungen...	3	1. Begriff..	8
		2. Abgrenzungen...........................	9
		a) Rücktrittsvorbehalt.................	9
1. Verfügungen zugunsten des Vertragspartners.	4	b) Anfechtung und Aufhebung..............	10
2. Verfügungen zugunsten von verwandten oder sonst dem Vertragspartner nahe stehenden Personen...................................	5	2. Zulässigkeit................................	11
		3. Umfang der Änderungsbefugnis..............	14
		4. Ermächtigungsgrundlage..............	15
3. Verfügungen zugunsten sonstiger Dritter.....	6	5. Ausnutzung des Änderungsvorbehalts........	16
4. Verfügungen zu Lasten des Vertragspartners..	7		

I. Zulässige Arten vertragsmäßiger Verfügungen

Jeder Vertragsteil (§ 2278 Abs 1) kann als Erblasser in einem Erbvertrag zwar alle letztwilligen **1** Verfügungen anordnen, die auch Inhalt eines Testaments sein können (§ 2299 Abs 1). Ob aber außer den in Abs 2 ausdrücklich aufgeführten **Erbeinsetzungen, Vermächtnissen** oder **Auflagen** auch **Teilungsanordnungen** (§ 2048) mit erbvertragsmäßiger Bindung vereinbart werden können, ist ebenso umstritten wie im Rahmen des § 2270 Abs 3 (dort Rn 4 f). Die hM lehnt dies unter Hinweis auf den Gesetzeswortlaut ab[1] und ist so zu schwierigen Abgrenzungen zwischen Teilungsanordnungen und bindend möglichen Vorausvermächtnissen gezwungen[2]. Nach der hier zu § 2270 Abs 3 vertretenen Auffassung kann zwar auch einer Teilungsanordnung, nicht dagegen allen anderen erbrechtlichen Verfügungen (s die Zusammenstellung unter § 2270 Rn 5) vertragsmäßiger Charakter verliehen werden (§ 2270 Rn 4 f). Diese Verfügungen können deshalb nur einseitig testamentarisch, also mit dem Recht der jederzeitigen Abänderung, getroffen werden[3]. Ist jedoch in dem Erbvertrag angegeben, dass derartige Verfügungen vertragsmäßig getroffen sein sollen, so ist dies in aller Regel unschädlich, weil eine Umdeutung gemäß § 140 gerechtfertigt ist[4]. Das Vorhandensein mindestens einer vertragsmäßigen Verfügung ist dabei für die rechtliche Qualifizierung als Erbvertrag notwendig, aber auch hinreichend. Enthält die Urkunde keine einzige vertragsmäßige Verfügung, ist sie kein Erbvertrag und kann allenfalls auf Grund einer Umdeutung gemäß § 140 als einseitiges bzw gemeinschaftliches Testament aufrechterhalten werden.

Gemäß § 83 S 1 kann ein Stiftungsgeschäft auch „in einer Verfügung von Todes wegen" bestehen, **2** wodurch klar ist, dass dieses Bestandteil sowohl eines (gemeinschaftlichen) Testaments als auch eines Erbvertrags sein kann[5]. Umstritten war bis zur Stiftungsreform im Jahre 2002 (BGBl I 2002 S 2634), ob eine derartige Stiftungserrichtung auch vertragsgemäß erfolgen kann, obwohl der Wortlaut des § 2278 Abs 2 mit seiner Beschränkung auf „Erbeinsetzungen, Vermächtnisse oder Auflagen" eher dagegen spricht[6]. Nachdem § 81 Abs 1 S 2 jetzt aber eine „verbindliche Erklärung" des Stifters fordert, dürften keine Zweifel mehr daran bestehen, dass die zur Erbeinsetzung oder Vermächtnisanordnung hinzutretende Stiftungserrichtung von Todes wegen als selbstständiger Verfügungstypus zum Kreis der erbrechtlichen Verfügungen zählt, die vertragsmäßig getroffen werden können[7].

---

[1] Vgl nur *Lange/Kuchinke* § 24 V 2 a; MünchKommBGB/*Musielak* § 2270 Rn 1.
[2] Vgl BGH NJW 1995, 721; 1962, 343.
[3] HM, zB *Palandt/Edenhofer* Rn 3; aA für gegenseitigen Erbvertrag M. *Wolf* S 705 ff bzgl Testamentsvollstreckung (§§ 2197 ff), Enterbung (§ 1938) und Pflichtteilsentziehung (§§ 2333 ff).
[4] KG KGJ 28, 16; MünchKommBGB/*Musielak* Rn 12.
[5] Ausf zu diesem Streit und der Entstehungsgeschichte *Muscheler* ZEV 2003, 41.
[6] Gegen eine Bindungsmöglichkeit *Kuchinke,* FS Neumayer, 1985, S 389, 391 f; dafür *Muscheler* ZEV 2003, 41, 44; MünchKommBGB/*Musielak* Rn 10; *Reimann/Bengel/J. Mayer* Rn 39.
[7] *Muscheler* ZEV 2003, 41, 44.

II. Abgrenzung von einseitigen Verfügungen

3   In einem Erbvertrag enthaltene Erbeinsetzungen, Vermächtnisse und Auflagen können demzufolge einerseits vertragsmäßigen Charakter besitzen, aber andererseits auch mit nur einseitig testamentarischer Wirkung getroffen worden sein. Enthält die Urkunde selbst eine eindeutige Aussage zum Rechtscharakter solcher Verfügungen, sei es, dass der andere Vertragsteil sie ausdrücklich „annimmt", sei es, dass sie als „erbvertraglich" oder „(erb)vertragsmäßig" bezeichnet sind, so sind sie ohne weiteres als vertragsmäßige Anordnungen aufzufassen. An dieser Eindeutigkeit fehlt es bereits dann, wenn die Urkunde zwar alle darin enthaltenen Verfügungen für erbvertragsmäßig erklärt, dazu jedoch auch solche gehören, die diesen Charakter gar nicht haben können (zB Testamentsvollstreckung)[8]. Mangels ausdrücklicher Qualifizierung in der Urkunde ist eine Auslegung nach den für Verträge geltenden Vorschriften der §§ 133, 157 geboten, so dass der Verständnishorizont und die Interessen beider Vertragsteile angemessen zu berücksichtigen sind. Die Aufnahme der Verfügung in eine als Erbvertrag bezeichnete Urkunde reicht für sich allein niemals zur sicheren Einordnung als vertragsmäßige Anordnung aus[9]. Es kommt vielmehr darauf an, ob der andere Vertragsteil oder diesem nahe stehend Dritte bedacht sind oder nicht. Im Einzelnen gilt folgendes:

4   **1. Verfügungen zugunsten des Vertragspartners.** Bei einer den anderen Vertragschließenden begünstigenden Erbeinsetzung oder Vermächtnis- oder Auflagenanordnung ist davon auszugehen, dass sie vertragsmäßigen Charakter hat[10]. Dies gilt erst recht, wenn sich die Vertragspartner gegenseitig bedenken oder der andere Vertragsteil sich in der Erbvertragsurkunde zu lebzeitigen Leistungen an den Erblasser verpflichtet. Die Verbindung eines Erbverzichts mit einer Zuwendung in derselben Urkunde spricht für einen (kausalen) Zusammenhang zwischen beiden und damit für den vertragsmäßigen Charakter[11].

5   **2. Verfügungen zugunsten von verwandten oder sonst dem Vertragspartner nahe stehenden Personen.** Ist Begünstigter einer solchen Verfügung zwar nicht der Vertragspartner, aber eine mit ihm verwandte oder sonst nahe stehende Person, so ist gleichfalls von deren vertragsmäßigem Charakter auszugehen[12]. Vor allem bei der Begünstigung gemeinschaftlicher Kinder usw oder von eigenen Abkömmlingen des anderen Vertragsteil ist erbvertragliche Bindungswirkung anzunehmen. Die Verwandtschaft muss im Zeitpunkt der Testamentserrichtung bestehen und beiden Vertragsteilen auch bekannt gewesen sein. Es genügt jedoch auch eine Zuwendung an Personen, die dem anderen Vertragsteil persönlich nahe stehen[13]. Ein solches Näheverhältnis kann nur angenommen werden, wenn es auf Grund der festgestellten Umstände des Einzelfalls den unter normalen Verhältnissen üblichen persönlichen Beziehungen zu den nächsten Verwandten gleichkommt. Zu diesem Personenkreis gehören insbes Adoptivkinder, Stiefkinder, Pflegekinder, verschwägerte Personen, sehr enge Freunde oder langjährige Hausangestellte, nicht dagegen etwa gute Nachbarn oder Freunde allgemein.

6   **3. Verfügungen zugunsten sonstiger Dritter.** Erbeinsetzungen, Vermächtnisse und Auflagen zugunsten von Personen, die nicht mit dem anderen Vertragschließenden verwandt sind und diesem auch nicht persönlich nahe stehen, sind dagegen regelmäßig einseitig testamentarischer Natur[14]. Das gilt vor allem, wenn die Vertragschließenden schlechthin oder für den Fall des Todes des Überlebenden jeweils die eigenen Verwandten zu Erben einsetzen oder durch Vermächtnisse oder Auflagen begünstigen. Setzen mehrere Personen sich in einem Erbvertrag gegenseitig zu Alleinerben und die beiderseitigen Verwandten zu Erben des Überlebenden ein, so ist idR die Erbeinsetzung der Verwandten des Erstverstorbenen vertragsmäßig, die Verwandten des überlebenden Teils jedoch einseitig testamentarisch[15].

7   **4. Verfügungen zu Lasten des Vertragspartners.** Der Vertragspartner hat grds kein Interesse an der Bindung des Erblassers an eine Verfügung mit der er selbst als Erbe oder Vermächtnisnehmer beschwert ist, und zwar selbst dann, wenn die ihn beschwerende Verfügung zugunsten seiner Verwandten oder ihm sonst nahe stehender Personen angeordnet ist.

III. Änderungsvorbehalt

8   **1. Begriff.** Änderungsvorbehalt ist die einer vertragsmäßigen Verfügung (Erbeinsetzung, Vermächtnis, Auflage oder Teilungsanordnung; str, Rn 1) beigefügte Nebenbestimmung, wonach der Erblasser berechtigt ist, diese einseitig aufzuheben oder zu ändern. Dabei kann zwischen einem **Totalvorbehalt**, dh dem Recht zur ersatzlosen Aufhebung einzelner oder aller vertragsmäßigen Verfügungen, und einem **Änderungsvorbehalt ieS** unterschieden werden. In beiden Fällen kann der Vorbehalt inhaltlich, zeitlich oder formell eingeschränkt werden (iE § 2271 Rn 19 ff).

---

[8] BayObLG ZEV 1997, 160.
[9] BayObLG FamRZ 1989, 1353, 1354; ZEV 1997, 160.
[10] BGH NJW 1989, 2885; NJW 1958, 498, 499; BayObLG NJW-RR 1990, 322, 323.
[11] BGH NJW 1989, 2885.
[12] BGH NJW 1961, 120; BayObLG FamRZ 1989, 1353; OLG Saarbrücken NJW-RR 1994, 844; OLG Zweibrücken FamRZ 1995, 1021; MünchKommBGB/*Musielak* Rn 5.
[13] BGH DNotZ 1970, 356; OLG Zweibrücken FamRZ 1995, 1021.
[14] BGH NJW 1961, 120; BayObLG Rpfleger 1983, 71.
[15] BGH NJW 1961, 120.

Zulässige vertragsmäßige Verfügungen § 2278

2. Abgrenzungen. a) Rücktrittsvorbehalt. Änderungs- und Rücktrittsvorbehalt gemäß §§ 2293 ff überschneiden sich in ihrer Wirkungsweise zwar, sind deshalb aber doch nicht identisch[16]. Probleme bereiten beim Rücktrittsvorbehalt vor allem Fälle, in denen es den Beteiligten darauf ankommt sicherzustellen, dass der änderungsberechtigte Erblasser die abweichende Verfügung nicht nur errichtet, sondern diese bei dessen Tod auch noch gültig ist[17]. Der Rücktritt als einseitiges Rechtsgeschäft und Wirksamkeitsvoraussetzung der abweichenden Verfügung kann nämlich nicht durch deren Fortbestand bedingt werden. Außerdem braucht der Erblasser – anders als beim Rücktrittsvorbehalt – die Ausnutzung der Änderungsmöglichkeit nicht in der Form des § 2296 zu erklären. 9

b) Anfechtung und Aufhebung. Eine dem Rücktrittsvorbehalt vergleichbare kassatorische Wirkung hat die Anfechtung gemäß § 2281. Auch die Aufhebung gemäß §§ 2290 ff beseitigt die erbrechtliche Bindung, setzt aber im Unterschied zum Änderungsvorbehalt das Einverständnis des anderen Vertragsteils voraus. 10

2. Zulässigkeit. Nach absolut hM kann sich der Erblasser das Recht vorbehalten, eine vertragsmäßige Verfügung im Erbvertrag nachträglich noch einseitig abzuändern oder aufzuheben, ohne deshalb zum Rücktritt gemäß §§ 2293 ff mit seiner kassatorischen Wirkung gezwungen zu sein[18]. Ein solcher Änderungsvorbehalt ist Ausfluss der Vertragsfreiheit und schränkt von vornherein die Umfang der erbvertraglichen Bindungswirkung ein[19]. § 2302 greift nicht ein, weil der Erbvertrag selbst bereits eine Ausnahme zu dieser Vorschrift ist[20]. Auch das Verbot des § 2065 wird nicht verletzt, wenn der Längstlebende ermächtigt wird, seine eigene Verfügung auf Grund eines Änderungsvorbehalts zu ändern oder aufzuheben, weil er insoweit nicht Dritter sein kann[21]. 11

Ließe man es allerdings auf diesem Wege zu, alle vertragsmäßigen Verfügungen ohne jede inhaltliche, zeitliche und formelle Einschränkung abzuändern oder sogar aufzuheben, so könnten die Vorschriften der §§ 2290 ff über Aufhebung und Rücktritt, in denen das Wesen der Vertragsmäßigkeit zum Ausdruck kommt, umgangen werden[22]. Will der Erblasser sich die Totalrevision sämtlicher Verfügungen vorbehalten, so muss er entweder einseitig testamentarisch verfügen oder sich den Rücktritt von vertragsmäßig getroffenen Verfügungen vorbehalten und dabei die Formvorschrift des § 2296 beachten[23]. Mit dem BGH[24] und der hM[25] ist daher die Grenze eines zulässigen Änderungsvorbehalts dort zu ziehen, wo nicht mindestens eine einzige vertragsmäßige Verfügung wenigstens teilweise einer einseitigen Änderung durch den Erblasser entzogen ist[26]. Nach einer zutreffenden neueren Meinung in der Literatur ist es damit zu vereinbaren, wenn der Erblasser zwar alle vertragsmäßigen Verfügungen ändern kann, jedoch nur unter Einhaltung bestimmter von seinem Willkür unabhängigen Voraussetzungen[27]. Diese Einschränkungen können inhaltlicher (zB Änderung nur zugunsten gemeinsamer Abkömmlinge[28]), zeitlicher (zB „als Längstlebender", „mehr als drei Monate vor seinem Tod") oder formeller Art (zB durch notariell beurkundetes Testament) sein[29]. Entgegen anderslautender Stimmen in der Literatur kommt es dabei nicht darauf an, ob die Erbeinsetzung die Person des Erben und ihre Quoten festlegt[30]. Zulässig ist auch der Vorbehalt einer vollständigen und ersatzlosen Aufhebung, wenn dieser an inhaltliche, zeitliche und/oder formelle Bedingungen geknüpft ist[31]. 12

Ein Vorbehalt zur einschränkungslosen Aufhebung aller vertragsmäßigen Verfügung (**Totalvorbehalt**) ist zwar nicht unwirksam[32], führt jedoch entweder zu einer Umdeutung in einen Rücktrittsvorbehalt (§§ 2293 ff) oder zu der Feststellung, dass es sich bei der Verfügung von Todes wegen nicht um einen Erbvertrag sondern um ein Testament handelt. Betrifft der Vorbehalt der totalen Revision nur einzelne oder mehrere, nicht aber aller vertragsmäßigen Verfügungen, bleibt zwar der Erbvertragscharakter gewahrt, jedoch handelt es sich – entgegen einer anderslautenden Deklarierung in der Urkunde – in Wahrheit nicht um vertragsmäßig bindende, sondern lediglich um frei änderbare einseitige Verfügungen[33]. S zur Abgrenzung Rn 3 ff. 13

---

[16] AA *Lehmann* NotBZ 2004, 210 ff; ders BWNotZ 1999, 1, 2 ff; dagegen zutr *Dohr* S 68 ff; C. *Keim* ZEV 2005, 365, 367 f.
[17] Vgl *Dohr* S 70 f.
[18] AA nur *Lehmann* NotBZ 2004, 210 ff; ders BWNotZ 2000, 129, 130 f; ders BWNotZ 1999, 1, 5 f wegen vermeintlicher Kongruenz von Änderungs- und Rücktrittsvorbehalt; dagegen zutr *Dohr* S 70 f.
[19] Vgl *Weiler* DNotZ 1994, 427, 436; *J. Mayer* DNotZ 1990, 755, 757; *C.Keim* ZEV 2005, 365, 368; aA *Nolting* S 55 f, 63; *Lehmann* BWNotZ 1999, 1, 3; ders NotBZ 2000, 85, 87.
[20] *Weiler* DNotZ 1994, 427, 428, 436; *Dohr* S 140 ff; *C.Keim* ZEV 2005, 365, 368; aA *MünchKommBGB/Musielak* Rn 18.
[21] *C. Keim* ZEV 2005, 365, 368 f; aA *Dohr* S 150 ff, 202.
[22] *Lange/Kuchinke* § 25 VI 4; *J. Mayer* DNotZ 1990, 755, 770; *Ritter* S 184 ff.
[23] AA *v. Lübtow* I S 427.
[24] NJW 1958, 498, 499; MittBayNot 1986, 265, 266.
[25] *MünchKommBGB/Musielak* Rn 15 ff mwN; LG Hechingen FamRZ 2004, 226, 228.
[26] AA *Lange/Kuchinke* § 25 VI 4.
[27] *J. Mayer* DNotZ 1990, 755, 765 ff mwN; einschränkend *Weiler* DNotZ 1994, 427, 436 ff mwN.
[28] Vgl BGH WM 1986, 1222; aA *MünchKommBGB/Musielak* Rn 18.
[29] Vgl *Basty* MittBayNot 2000, 73, 74 f.
[30] *J. Mayer* DNotZ 1990, 755, 765; aA *MünchKommBGB/Musielak* Rn 18; *Dohr* S 117 f.
[31] *Weiler* DNotZ 1994, 427, 438.
[32] *Weiler* DNotZ 1994, 427, 433.
[33] *Weiler* DNotZ 1994, 427, 431; *C. Keim* ZEV 2005, 365, 368; vgl dagegen *Lange/Kuchinke* § 34 III 4 f.

14 **3. Umfang der Änderungsbefugnis.** Der Umfang der Befugnis zur Änderung vertragsmäßiger Verfügungen richtet sich iÜ nach dem Inhalt des Änderungsvorbehalts. Bei der inhaltlichen Ausgestaltung des Änderungsvorbehalts haben die Beteiligten freie Hand, weil er Ausdruck der Testierfreiheit, zu der auch der Umfang der erbrechtlichen Bindung gehört, ist. Der Vorbehalt kann deshalb die Änderung bezüglich einzelner oder mehrerer Zuwendungsempfänger (zB „nur mit ihm verwandten Abkömmlinge") gestatten, die Befugnis gegenständlich einschränken (zB Quotenänderung[34], freie Verteilung und Bestimmung der Erbteilsanrechnung[35], eigenes Vermögen[36], über Nachlass mit Ausnahme des Eigenheims[37], „über Hausgrundstück letztwillig frei verfügen"), den Kreis der Begünstigten aus der geänderten Zuwendung einschränken (zB „vorausgesetzt, der andere verfügt zugunsten gemeinsamer Abkömmlinge"[38], Zuwendung an bestimmte Personen ausschließen[39]) oder die Anordnung von Beschränkungen bzw Beschwerungen (zB Testamentsvollstreckung[40], Vermächtnis[41]) zulassen. Sie kann auch von bestimmten Bedingungen abhängig gemacht werden (zB „aus triftigen Gründen")[42]. Beim zwei- oder mehrseitigen Erbvertrag kann wegen des Höchstpersönlichkeitsgrundsatzes in § 2065 dem Überlebenden nicht das Recht eingeräumt werden, die Verfügungen des Verstorbenen zu ändern, wohl aber seine eigenen (Rn 9). Wird in einem Ehegattenerbvertrag dem überlebenden Ehegatten das Recht vorbehalten, die an sich vereinbarte gleichberechtigte Erbfolge der gemeinsamen Kinder aus „triftigen Gründen" anders zu regeln, dann bedarf es hierfür allerdings sachlich vernünftiger und gerechter Gründe[43]. Der Umfang des Änderungsrechts ist erforderlichenfalls durch Auslegung des übereinstimmenden Willens beider Vertragspartner zu ermitteln[44]. Eine **Wiederverheiratungsklausel** in einem Ehegattenerbvertrag enthält regelmäßig einen Änderungsvorbehalt hinsichtlich der eigenen Verfügungen des überlebenden Ehegatten (vgl § 2269 Rn 35). Das Gleiche gilt regelmäßig auch bei einer **Pflichtteilssanktionsklausel** in einem Ehegattenerbvertrag nach dem Berliner Modell[45]. Beim zwei- oder mehrseitigen Erbvertrag, in dem mehrere Personen letztwillig verfügen, ist sorgfältig zwischen dem Recht zur Änderung eigener Verfügungen des Erblassers und den **Auswirkungen** einer solchen **auf die vertragsmäßigen Verfügungen des bzw der anderen** vertragsschließenden Erblasser zu unterscheiden. Auch wenn ein solches Änderungsrecht eingeräumt worden ist, so kann dies nach dem übereinstimmenden Willen der Vertragsschließenden doch auch die Bedeutung haben, dass mit der Änderung auch die vertragsmäßigen Verfügungen der anderen Vertragspartner unwirksam werden sollen. Auf eine eindeutige Regelung auch dieser Wirkungsfrage bei der Formulierung solcher Klauseln muss daher größter Wert gelegt werden.

15 **4. Ermächtigungsgrundlage.** Der Änderungsvorbehalt kann entweder in der gleichen Urkunde wie die vertragsmäßige Verfügung oder in einer späteren Erbvertragsergänzungsurkunde[46] eingeräumt werden, in jedem Fall bedarf der Vorbehalt der Form des § 2276[47]. Bei einem Erbvertrag zwischen Ehegatten oder Partnern einer eingetragenen Lebenspartnerschaft reicht dazu allerdings auch ein formgültiges gemeinschaftliches Testament aus. Die formlose Einräumung ist dagegen wegen der Formenstrenge des Erbrechts unwirksam. Deshalb kann ein derartiger Änderungsvorbehalt nur unter der Voraussetzung im Wege der ergänzenden Auslegung einem Erbvertrag entnommen werden, wenn dieser mindestens eine entsprechende Andeutung enthält[48]. Der Zustimmung des Erblassers bedarf es nicht.

16 **5. Ausnutzung des Änderungsvorbehalts.** Die auf Grund eines solchen Vorbehalts zulässige Änderung einer vertragsmäßigen Verfügung kann in jeder beliebigen Verfügung von Todes wegen geschehen. Sie bedarf nicht der für den Rücktritt vorgeschriebenen notariellen Beurkundung gemäß § 2296. Der Änderungsvorbehalt kann jedoch außer inhaltlichen Einschränkungen auch bestimmte Anforderungen an die Form der Ausnutzung des Änderungsvorbehalts stellen (Rn 12). Diese sind dann selbst Wirksamkeitsvoraussetzung der Änderung.

§ 2279 Vertragsmäßige Zuwendungen und Auflagen; Anwendung von § 2077

(1) Auf vertragsmäßige Zuwendungen und Auflagen finden die für letztwillige Zuwendungen und Auflagen geltenden Vorschriften entsprechende Anwendung.

---

[34] Vgl OLG Stuttgart DNotZ 1986, 551.
[35] Vgl BGH DNotZ 1970, 356; BayObLG DNotZ 1990, 812; LG Koblenz JurBüro 1968, 254.
[36] BayObLG NJW-RR 1991, 586.
[37] Vgl OLG Düsseldorf OLGZ 66, 68.
[38] Vgl BayObLG NJW-RR 1997, 1027.
[39] Vgl BGH WM 1986, 1222.
[40] Vgl OLG Hamm MittRhNotK 1996, 176.
[41] Vgl OLG Köln RNotZ 2001, 397.
[42] OLG Koblenz DNotZ 1998, 218.
[43] OLG Koblenz DNotZ 1998, 218.
[44] Vgl OLG Düsseldorf DNotZ 2007, 774: insbes anderweitige Festlegung der Erbquoten, m abl Anm *Schmucker*.
[45] BayObLG FamRZ 1998, 644.
[46] Vgl BGH WM 1986, 1221.
[47] BGH NJW 1958, 498.
[48] OLG Hamm FamRZ 1996, 637.

Vertragsmäßige Zuwendungen und Auflagen; Anwendung von § 2077   § 2279

(2) Die Vorschrift des § 2077 gilt für einen Erbvertrag zwischen Ehegatten, Lebenspartnern oder Verlobten, auch im Sinne des Lebenspartnerschaftsgesetzes, auch insoweit, als ein Dritter bedacht ist.

I. Entsprechende Anwendung des Testamentsrechts (Abs 1)

Auch wenn sich der Erbvertrag in Form und Bindungswirkung vom Testament, einschließlich des gemeinschaftlichen Testaments, deutlich unterscheidet, so entfalten die darin enthaltenen vertragsmäßigen Erbeinsetzungen, Vermächtnisse und Auflagen iÜ doch vergleichbare Wirkungen, so dass § 2279 Abs 1 insoweit eine entsprechende Anwendung der für Testamente geltenden Vorschriften vorschreibt. Dies gilt selbst für die Vorschriften über Annahme und Ausschlagung (§§ 1942 ff, 2180). Die Annahme der vertragsmäßigen Verfügung durch den anderen Vertragsteil hebt sein Recht zur Ausschlagung nach Eintritt des Erbfalls nicht auf; ein entsprechender Verzicht wäre unwirksam. 1

Im Wesentlichen sind bei der Anwendung der Testamentsvorschriften folgende Besonderheiten zu beachten: Die **Teilnichtigkeitsregelung** in § 2085 wird beim zweiseitigen Erbvertrag durch die Bestimmungen des § 2298 verdrängt. Bei der entsprechenden Anwendung sämtlicher **Auslegungsvorschriften** des Testamentsrechts auf vertragsmäßige Verfügungen ist deren Vertragscharakter zu berücksichtigen, so dass es bei deren Auslegung im Rahmen eines Erbvertrags nicht nur auf den Willen des Erblassers ankommen kann. Vielmehr müssen insoweit gemäß §§ 133, 157 auch die Interessen und der Verständnishorizont des anderen Vertragsteils angemessen einbezogen werden[1]. Die **Anfechtungsvorschriften** in den §§ 2078 bis 2083 sind beim Erbvertrag durch §§ 2281 bis 2285 wesentlich modifiziert. 2

Bei in einem Erbvertrag enthaltenen **einseitigen Verfügungen** ist das Testamentsrecht gemäß § 2299 Abs 2 S 1 unmittelbar und ohne die vorstehend erläuterten Besonderheiten anwendbar. 3

II. Anwendbarkeit des § 2077 (Abs 2)

1. Geltung nur für vertragsmäßige Verfügungen. Diese Vorschrift gilt – wie § 2279 Abs 1 – nur für die vertragsmäßigen Verfügungen in einem Erbvertrag, nicht dagegen für die einseitig testamentarisch getroffenen. Bei den zuletzt genannten Verfügungen gilt über § 2299 Abs 2 S 1 die Auslegungsregel des § 2077 ohne die Besonderheiten des § 2279 Abs 2, so dass die Auflösung der Ehe oder des Verlöbnisses die Verfügungen zugunsten Dritter regelmäßig unberührt lässt. Deshalb kommt im Rahmen des § 2279 der Abgrenzung zwischen einseitigen und vertragsmäßigen Verfügungen besondere Bedeutung zu (§ 2278 Rn 2 ff). 4

2. Geltung und Tatbestand des § 2077. § 2077 wäre auch ohne die Klarstellung des § 2279 Abs 2 auf vertragsmäßige Erbeinsetzungen, Vermächtnisse und Auflagen im Erbvertrag anwendbar gewesen. Hat der Erblasser seinen **Ehegatten** oder seinen **Verlobten** vertragsmäßig zum Erben eingesetzt oder zu dessen Gunsten Vermächtnisse oder Auflagen angeordnet, so verlieren diese Verfügungen ihre Wirksamkeit mit der Scheidung oder Auflösung der Ehe bzw des Verlöbnisses. Stirbt der Antragsteller vor Erlass des Aufhebungs- oder Scheidungsurteils, so sind alle seine Verfügungen zugunsten seines Ehegatten gemäß § 2077 auch dann unwirksam, wenn der dem anderen vorher zugestellte Antrag[2] in der Sache erfolgreich gewesen wäre. Stirbt dagegen der andere Ehegatte, so kann § 2077 nicht angewendet werden, und zwar auch nicht bei einem einseitigen Erbvertrag[3]. Der klare und unmissverständliche Wortlaut des § 2077 Abs 1 S 2 und 3 verbietet es, die Wirkungen der §§ 2279, 2077 auch dann eintreten zu lassen, wenn der Ehegatte stirbt, der den Antrag gestellt oder diesem noch zugestimmt hat[4]. Das Gesetz fordert mit Recht vom Erblasser eine Manifestation seines Aufhebungswillens, nämlich das Stellen des Antrags oder die förmliche Zustimmung. Dies allein ist eine sichere Basis, um über die Gültigkeit der vertragsmäßigen Verfügungen zu befinden. Hat ein Ehegatte vor seinem Tod seinen Aufhebungswillen nicht in dieser Form geäußert, so mag es zwar nahe liegen, einen solchen Willen anzunehmen. Das adäquate Verfahren zur Feststellung eines derartigen Willens ist der Weg der Erbvertragsanfechtung gemäß §§ 2281 ff. Wegen der einzelnen Tatbestandselemente des § 2077 wird auf § 2077 Rn 3 ff verwiesen. Bei einem zweiseitigen Ehegatten- oder Verlobtenerbvertrag gilt § 2077 für die vertragsmäßigen Verfügungen jedes der beiden Erblasser. Gemäß § 2077 Abs 3 hat ein abweichender Erblasserwillen Vorrang vor den in den Absätzen 1 und 2 enthaltenen gesetzlichen Auslegungsregeln[5]. § 2279 Abs 2 gilt auch für einen Erbvertrag zwischen Partnern (§ 1 Abs 1 LPartG) oder Lebenspartnern (§ 1 Abs 2 LPartG) einer gleichgeschlechtlichen **Lebenspartnerschaft**. 5

3. Rechtsfolgen der Ehe- oder Verlöbnisauflösung bzw Partnerschaftsaufhebung. a) Vertragsmäßige Verfügungen zugunsten des Ehegatten, Verlobten oder Lebenspartner des Erblassers. Kann ein abweichender Erblasserwille gemäß § 2077 nicht festgestellt werden, so führt die Auflösung der Ehe, des Verlöbnisses oder der Lebenspartnerschaft zur Unwirksamkeit der im Erbvertrag enthaltenen, den Partner begünstigenden vertragsmäßigen Erbeinsetzungen, Vermächtnisse und Auflagen. Diese 6

---

[1] Vgl BayObLG NJW-RR 1997, 7, 8.
[2] OLG Saarbrücken FamRZ 1983, 1274.
[3] *Erman/M. Schmidt* Rn 4; *Schlüter* Rn 329; aA BayObLG NJW-RR 1990, 200, 201; MünchKommBGB/*Musielak* Rn 7 f mwN.
[4] BayObLG NJW-RR 1990, 200, 201; OLG Hamm FamRZ 1965, 78, *Reimann/Bengel/J. Mayer* Rn 16; aA MünchKommBGB/*Musielak* Rn 8; *Erman/M. Schmidt* Rn 4.
[5] Vgl OLG Stuttgart OLGZ 1976, 17; OLG Zweibrücken NJW-RR 1998, 941.

§ 2281 Buch 5. Abschnitt 4. Erbvertrag

Rechtsfolge tritt dabei nicht nur dann ein, wenn die begünstigende Verfügung in einem Erbvertrag mit dem Partner enthalten ist, sondern auch dann, wenn dieser mit einem Dritten geschlossen worden ist.

7 **b) Vertragsmäßige Verfügungen zugunsten Dritter.** Bei einem Erbvertrag zwischen Ehegatten, Verlobten oder Lebenspartner sind darüber hinaus auch alle vertragsmäßigen Verfügungen, die Dritte begünstigen, vom Bestand der Ehe, des Verlöbnisses oder der Lebenspartnerschaft abhängig und verlieren mit deren Auflösung ihren Geltungsanspruch. Die Unwirksamkeit auch dieser drittbegünstigenden vertragsmäßigen Verfügungen folgt bei einem zweiseitigen Ehegatten- bzw Verlobtenvertrag iS des § 2298 aus dessen Abs 1. Bei einem einseitigen Erbvertrag werden die vertragsmäßigen Verfügungen des Erblassers zugunsten Dritter auf der Grundlage der §§ 2279 Abs 2, 2077 unwirksam.

8 **c) Einseitige Verfügungen zugunsten des Partners.** Für diese gilt nicht § 2079 Abs 2, sondern über die Verweisung in § 2299 Abs 2 S 1 die Auslegungsregel des § 2077 unmittelbar. Damit sind zwar auch die den Partner begünstigenden einseitigen Verfügungen unwirksam, nicht jedoch die zugunsten Dritter.

§ 2280 Anwendung von § 2269

Haben Ehegatten oder Lebenspartner in einem Erbvertrag, durch den sie sich gegenseitig als Erben einsetzen, bestimmt, dass nach dem Tode des Überlebenden der beiderseitige Nachlass an einen Dritten fallen soll, oder ein Vermächtnis angeordnet, das nach dem Tode des Überlebenden zu erfüllen ist, so findet die Vorschrift des § 2269 entsprechende Anwendung.

Schrifttum: S auch die Nachweise bei § 2269. *Battes,* Gemeinschaftliches Testament und Ehegattenerbvertrag als Gestaltungsmittel für die Vermögensordnung der Familie, 1974; *Haußmann,* Gedanken zur Ausgestaltung von Ehegattenerbverträgen, BWNotZ 1972, 93.

1 **1. Unmittelbarer Anwendungsbereich.** Ein **Ehegattenerbvertrag** unterscheidet sich von einem gemeinschaftlichen Testament zwar in der Bindungswirkung, nicht aber in der Interessenlage der Beteiligten. Deshalb verweist § 2280 auf die Auslegungsregel des § 2269, wonach das **Einheitsprinzip** gegenüber dem Trennungsprinzip und der Nießbrauchslösung bevorzugt wird (vgl § 2269 Rn 6 ff). Auch wenn sich § 2280 dabei nur auf Erbeinsetzungen „in einem Erbvertrag", also auf vertragsmäßige Verfügungen bezieht, reicht es aus, wenn entweder die gegenseitige Erbeinsetzung oder die Schlusserbeneinsetzung in dieser Weise getroffen ist.

2 Enthält ein Erbvertrag ein **Vermächtnis**, so kann zweifelhaft sein und bleiben, welcher Ehegatte es angeordnet hat, also ob es beim 1. oder beim 2. Erbfall anfällt. Mit dem Verweis auf § 2269 Abs 2 stellt § 2280 für den Fall, dass es sich um ein Vermächtnis im Stile eines Berliner Testaments handelt, die Auslegungsregel auf, dass eine solche Anordnung als Vermächtnis auf den Tod des Längstlebenden aufzufassen ist. Wegen der Voraussetzungen und der Rechtsfolgen wird auf die Erläuterungen zu § 2269 Rn 43 f Bezug genommen.

3 Seit dem 1. 8. 2001 gilt § 2280 auch für die gleichgeschlechtliche **Lebenspartnerschaft** iS des § 1 Abs 1 S 1 LPartG.

4 **2. Analoge Anwendung auf eheähnliche Lebensgemeinschaften und Vertrauensverhältnisse.** Die Auslegungsregel kann, da der Erbvertrag anders als gemeinschaftliche Testamente auch von Nichtehegatten geschlossen werden kann, auch auf solche Lebensgemeinschaften analog angewandt werden[1]. Da die analoge Anwendung der §§ 2280, 2269 dem Überlebenden eine weitgehende Verfügungsfreiheit verschafft, liegt die Rechtfertigung dieser Auslegungsregel im Vorhandensein eines starken Vertrauensverhältnisses der Beteiligten zueinander. Es kann daher § 2280 nur auf ein der Ehe ähnliches Lebens- oder Vertrauensverhältnis analog angewandt werden[2].

§ 2281 Anfechtung durch den Erblasser

(1) Der Erbvertrag kann auf Grund der §§ 2078, 2079 auch von dem Erblasser angefochten werden; zur Anfechtung auf Grund des § 2079 ist erforderlich, dass der Pflichtteilsberechtigte zur Zeit der Anfechtung vorhanden ist.

(2) ¹Soll nach dem Tode des anderen Vertragschließenden eine zugunsten eines Dritten getroffene Verfügung von dem Erblasser angefochten werden, so ist die Anfechtung dem Nachlassgericht gegenüber zu erklären. ²Das Nachlassgericht soll die Erklärung dem Dritten mitteilen.

Schrifttum: Vgl. auch die Nachweise bei §§ 2078 und 2079. *Iversen,* Die Selbstanfechtung beim gemeinschaftlichen Testament, ZEV 2004, 55; *Mauch,* Anfechtung eines Berliner Testaments/Erbvertrages nach § 2079 BGB, BWNotZ 1992, 74; *Rohlfing/Mittenzwei,* Der Erklärungsgegner bei der Anfechtung eines Erbvertrags oder eines gemeinschaftlichen Testaments, ZEV 2003, 49; *Veit,* Die Anfechtung von Erbverträgen, Diss München 1991; *ders,* Die Anfechtung von Erbverträgen durch den Erblasser, NJW 1993, 1553.

---

[1] MünchKommBGB/*Musielak* Rn 4 mwN; für Anwendung ohne diese Einschränkung *Soergel/M. Wolf* Rn 2.
[2] OLG Köln FamRZ 1974, 387; MünchKommBGB/*Musielak* Rn 4; aA *Soergel/M. Wolf* Rn 2.

I. Anwendungsbereich

§ 2281 gewährt dem Erblasser das Selbstanfechtungsrecht unmittelbar nur für **vertragsmäßige Verfügungen** (vgl § 2278 Abs 2) in einem Erbvertrag. Da **wechselbezügliche Verfügungen** in einem gemeinschaftlichen Testament ab dem Tod des erstversterbenden Ehegatten eine den vertragsmäßigen Verfügungen in einem Erbvertrag gleichwertige Bindungswirkung entfalten, sind §§ 2281 bis 2285 auf diese analog anzuwenden[1]. Da jedoch jeder Ehegatte seine wechselbezüglichen Verfügungen bis zum Tod des anderen gemäß § 2271 Abs 1 S 1 frei widerrufen kann, kommt eine Anfechtung erst nach dem Tod eines Ehegatten in Betracht. **Einseitige Verfügungen** in einem Erbvertrag (vgl § 2299) bzw gemeinschaftlichem Testament kann der Erblasser nicht anfechten, weil er sie ohnehin jederzeit widerrufen kann. §§ 2281 bis 2284 gelten ausschließlich für die Anfechtung durch den Erblasser, während die Anfechtbarkeit letztwilliger Verfügungen durch Dritte in den §§ 2078 bis 2082, 2285 geregelt ist. Die **Erbvertragsaufhebung** gemäß § 2290 ist nach hM ebenfalls gemäß §§ 2281 bis 2284 durch den Erblasser anfechtbar (vgl § 2290 Rn 8). Der nicht selbst letztwillig verfügende Vertragspartner kann zu Lebzeiten des Erblassers nicht den Erbvertrag, sondern nur das damit äußerlich verbundene Rechtsgeschäft gemäß §§ 119, 123 anfechten; ab dem Tod des Erblassers kann er unter Umständen dessen Verfügungen gemäß §§ 2078, 2079 anfechten. 1

II. Anfechtungsgegenstand

Trotz des missverständlichen Wortlauts richtet sich die Anfechtung durch den Erblasser nicht zwingend gegen den gesamten Erbvertrag. Auch eine oder mehrere darin enthaltene vertragsmäßige Verfügungen können isoliert angefochten werden. Entsprechendes gilt für ein gemeinschaftliches Testament. 2

III. Anfechtungsgrund

Vertragsmäßige bzw wechselbezügliche Verfügungen in einem Erbvertrag bzw gemeinschaftlichen Testament sind aus den gleichen Gründen anfechtbar wie einseitig testamentarische, so dass auf die Ausführungen zu § 2078 Rn 3 ff und § 2079 verwiesen werden kann. Folgende Besonderheiten sind hervorzuheben: 3

1. Irrtum. Die Anfechtung kann beispielsweise dann begründet sein, wenn der Erblasser bei Abschluss des Erbvertrags nicht wusste, dass er vertragsmäßige Verfügungen nicht mehr ändern kann[2]. Da jedoch der pflichtbewusste Notar über diese erbrechtliche Bindung belehrt, wird eine solche Begründung regelmäßig die Anfechtung nicht tragen. Weitaus größere Bedeutung dürfte ein solcher Irrtum jedoch bei einem eigenhändig abgefassten gemeinschaftlichen Testament haben. Auch die Enttäuschung der Erwartung des Erblassers, der andere Vertragschließende werde seine übernommenen Pflichten (zB Pflege, Unterhaltszahlungen) erfüllen, kann die Anfechtung rechtfertigen[3]. Der Vergebliche Versuche eines Beteiligten, die erbrechtliche Bindungswirkung eines gemeinschaftlichen Testaments (§ 2271 Abs 1 S 2) ohne Wissen der anderen Beteiligten durch eine einseitige Verfügung zu unterlaufen, berechtigt den anderen Beteiligten nicht zur Selbstanfechtung[4]. 4

2. Übergehen eines Pflichtteilsberechtigten. Bei der Selbstanfechtung durch den Erblasser zu seinen Lebzeiten kommt es gemäß § 2281 Abs 1 HS 2 abweichend von § 2079 S 2 auf den Anfechtungszeitpunkt, nicht auf den Erbfall an. Stirbt der Pflichtteilsberechtigte nach der Anfechtung, berührt dies die damit eingetretene Nichtigkeit der Verfügung nicht mehr[5]. Hat der Erblasser im Erbvertrag einem Pflichtteilsberechtigten gemäß §§ 2333 ff den Pflichtteil entzogen, so hat diese Verfügung keinen vertragsmäßigen Charakter (vgl § 2278 Abs 2), so dass er sie aufheben kann. Die Entziehung wird, ausgenommen § 2335 Nr 5, unwirksam, wenn der Erblasser dem Pflichtteilsberechtigten gemäß § 2337 verzeiht oder die Entziehung widerruft. Auch wenn der Pflichtteilsberechtigte dann wieder Anspruch auf seinen vollen Pflichtteil hat, so bleiben damit in sachlichem Zusammenhang stehende Verfügungen (zB Erbeinsetzung eines Dritten) wirksam. Handelt es sich dabei um vertragsmäßige Verfügungen, so kann der Erblasser diese nach zutreffender Auffassung gemäß §§ 2281, 2079 anfechten[6]. 5

IV. Verzicht auf Anfechtungsrecht

Eine dem § 2080 vergleichbare Einschränkung der Anfechtungsberechtigung kennt § 2281 nicht. Der Erblasser kann allerdings auf das kraft Gesetzes bestehende Anfechtungsrecht verzichten (vgl §§ 2078 Abs 1, 2079 S 2). Dieser Verzicht kann bereits im Erbvertrag bzw im gemeinschaftlichen Testament enthalten sein. Er muss jedoch, um wirksam zu sein, konkret die Umstände erkennen lassen, mit denen der Erblasser dabei rechnete (zB Wiederverheiratung und/oder Hinzukommen von Abkömmlingen). Ein genereller Verzicht oder Ausschluss des Anfechtungsrechts durch den Erblasser ist 6

---

[1] BGH NJW 1962, 1913; FamRZ 1970, 79.
[2] BayObLG NJW-RR 1997, 1027; OLG Frankfurt ZEV 1997, 422.
[3] BGH NJW 1952, 419; FamRZ 1973, 539; BayObLG NJW 1964, 205.
[4] Iversen ZEV 2004, 55 f.
[5] BGH FamRZ 1970, 79, 82.
[6] Reimann/Bengel/J. Mayer Rn 18; Veit S 133 f; MünchKommBGB/Musielak Rn 13; aA Staudinger/Kanzleiter Rn 17; RGRK/Kregel Rn 6.

§ 2282

dagegen unwirksam[7]. Siehe zur nachträglichen Bestätigung einer anfechtbaren Verfügung durch den Erblasser § 2284.

V. Anfechtungserklärung

7 **1. Adressat.** Die Anfechtung **vor dem Tod des Vertragspartners** erfolgt gemäß § 143 Abs 1 durch empfangsbedürftige, notariell beurkundete (vgl § 2282 Abs 3) Erklärung diesem gegenüber. Sie muss dem Vertragspartner gemäß §§ 130 ff zugehen. Wegen des Inhalts der Anfechtungserklärung wird auf § 2081 Rn 3 verwiesen. Ein bestimmter Wortlaut ist nicht vorgeschrieben, so dass auch eine „Rücktrittserklärung" wegen Nichterfüllung der im Erbvertrag übernommenen Verpflichtungen eine wirksame Anfechtung auslösen kann[8].

8 **Ab dem Tod des Vertragspartners** schreibt § 2281 Abs 2 S 1 die Anfechtung vertragsmäßiger bzw wechselbezüglicher Erbeinsetzungen, Vermächtnisse oder Auflagen durch notariell beurkundete (vgl § 2282 Abs 3) Erklärung gegenüber dem Nachlassgericht vor. Eine zusätzliche Erklärung gegenüber den Erben ist entbehrlich[9]. Andere Verfügungen können ohnehin nicht gemäß §§ 2281 ff angefochten werden. Zuständig ist das für den verstorbenen Vertragsteil zuständige Nachlassgericht, auch wenn dieser in dem Erbvertrag bzw gemeinschaftlichen Testament überhaupt nicht letztwillig verfügt hat. Wegen des Verfahrens und der Kosten wird iÜ auf § 2081 Rn 4 verwiesen.

9 **2. Zugang.** Die notariell beurkundete (vgl § 2282 Abs 3) Anfechtungserklärung muss (je)dem Vertragspartner bzw dem Nachlassgericht zugehen, um wirksam zu werden. Im Übrigen wird auf § 2271 Rn 11 ff verwiesen.

VI. Wirkung der Anfechtung

10 Die angefochtene Verfügung ist von Anfang an, dh ab Errichtung, nichtig (§ 142 Abs 1), wenn und soweit ein Anfechtungsgrund gemäß §§ 2078, 2079 gegeben ist. Unwirksam ist eine angefochtene Verfügung gemäß § 142 Abs 1 jedoch nur in dem Umfang, in dem sie durch den Irrtum oder die Drohung kausal beeinflusst ist, so dass bei **Teilbarkeit** dieser Verfügung (zB Anfechtbarkeit einer auflösenden Bedingung oder der Festsetzung der Höhe eines Herauszahlungsbetrags) deren Rest wirksam bleiben kann. Bezieht sich der Irrtum ausschließlich auf die erbrechtliche Bindungswirkung, so kann die angefochtene Verfügung als einseitig testamentarische aufrechterhalten werden. Bei einem einseitigen Erbvertrag sind die Auswirkungen der Nichtigkeit der angefochtenen Verfügung auf die übrigen darin enthaltenen Bestimmungen am Maßstab des § 2085 zu beurteilen. Die erfolgreiche Anfechtung einer Verfügung in einem zweiseitigen Erbvertrag bewirkt dagegen gemäß § 2298 stets die Unwirksamkeit aller darin getroffenen Verfügungen. Anders als bei der Anfechtung wegen des **Übergehens eines Pflichtteilsberechtigten** durch einen Dritten, muss eine Selbstanfechtung gemäß §§ 2079, 2281 notwendigerweise zur vollständigen Unwirksamkeit der gesamten Verfügung von Todes wegen führen. Richtiger Ansicht nach schließt § 2078 Abs 3 einen **Schadensersatzanspruch** gemäß § 122 sowohl im Falle der Anfechtung durch einen Dritten als auch bei der Selbstanfechtung durch den Erblasser aus[10]. Der Erblasser ist berechtigt, nach erklärter Anfechtung auf **Feststellung der Nichtigkeit** des Erbvertrags oder des gemeinschaftlichen Testaments zu klagen[11].

§ 2282 Vertretung, Form der Anfechtung

(1) ¹Die Anfechtung kann nicht durch einen Vertreter des Erblassers erfolgen. ²Ist der Erblasser in der Geschäftsfähigkeit beschränkt, so bedarf er zur Anfechtung nicht der Zustimmung seines gesetzlichen Vertreters.

(2) Für einen geschäftsunfähigen Erblasser kann sein gesetzlicher Vertreter mit Genehmigung des Vormundschaftsgerichts den Erbvertrag anfechten.

(3) Die Anfechtungserklärung bedarf der notariellen Beurkundung.

1 **1. Höchstpersönliche Ausübung (Abs 1 S 1).** Der Erblasser muss die Anfechtung vertragsmäßiger bzw wechselbezüglicher Verfügungen (vgl § 2281 Rn 1) höchstpersönlich erklären, kann sich also weder im Willen noch in der Erklärung vertreten lassen. Das Anfechtungsrecht gemäß §§ 2281 bis 2284 ist zwar nicht vererblich und erlischt daher mit dem Tod des Erblassers, andere Personen können jedoch nach dem Erbfall unter den Voraussetzungen des § 2080 ein eigenes Anfechtungsrecht gemäß §§ 2078, 2079 haben.

2 **2. Geschäftsfähigkeit (Abs 1 S 2 und Abs 2).** Der **beschränkt Geschäftsfähige** (§ 106) bedarf abweichend von der allgemeinen Regelung des § 107 nicht der Zustimmung seines gesetzlichen

---

[7] *Bengel* DNotZ 1984, 132, 138; *Reimann/Bengel/J. Mayer* Rn 24.
[8] RG DNotZ 1935, 678.
[9] *Rohlfing/Mittenzwei* ZEV 2003, 49, 52; aA *Veit* S 148.
[10] OLG München NJW 1997, 2331; *Reimann/Bengel/J. Mayer* Rn 49 mwN; *MünchKommBGB/Musielak* Rn 21; *Lange/Kuchinke* § 25 IX 4; *Veit* NJW 1993, 1556; aA *Manowski* ZEV 1998, 69; *Staudinger/Kanzleiter* Rn 37; *Soergel/M. Wolf* Rn 6.
[11] *Johannsen* WM 1969, 1320.

Vertreters zur Anfechtung einer eigenen Verfügung gemäß §§ 2281 ff, 2078, 2079 (§ 2282 Abs 1 S 2). § 2282 Abs 1 S 2 verzichtet damit ausdrücklich auf einen Schutz des beschränkt Geschäftsfähigen vor mittelbar mit der Anfechtung verbundenen Nachteilen (zB Unwirksamkeit begünstigender Verfügungen beim zweiseitigen Erbvertrag, Wegfall lebzeitiger Leistungspflichten). Der klare Gesetzeswortlaut verbietet eine Einschränkung unter Rückgriff auf den Rechtsgedanken des § 107[1]. Ist der Erblasser dagegen **geschäftsunfähig**, so kann für ihn sein für die Vermögenssorge zuständiger gesetzlicher Vertreter bzw Betreuer mit Genehmigung des Vormundschaftsgerichts den Erbvertrag anfechten.

3. Inhalt und notarielle Beurkundung. Während Dritte die Anfechtung formlos erklären können, bedarf die Anfechtungserklärung des Erblassers oder im Falle des Abs 2 seines gesetzlichen Vertreters der notariellen Beurkundung iS der §§ 6 ff BeurkG (Abs 3); andernfalls ist sie nichtig (§ 125 S 1). Wegen der Zugangsprobleme wird auf § 2271 Rn 11 ff verwiesen. Die Anfechtung kann **nicht bedingt oder befristet** erklärt werden. Wenn und soweit das Anfechtungsrecht dies erlaubt, kann der Erblasser völlig frei bestimmen, ob er nur einzelne vertragsmäßige bzw wechselbezügliche Verfügungen oder den ganzen Erbvertrag bzw das gesamte gemeinschaftliche Testament anfechten will. Die **Anfechtungserklärung** braucht keinen bestimmten Wortlaut zu haben, muss jedoch mit hinreichender Deutlichkeit erkennen lassen, welche Verfügung angefochten wird. Dagegen muss der Erblasser den Grund in der Erklärung nicht angeben (vgl auch § 2081 Rn 3). Es ist jedoch zu beachten, dass über die Rechtzeitigkeit (§ 2283) der Anfechtung nur nach Angabe des Grundes entschieden werden kann[2]. 3

§ 2283 Anfechtungsfrist

(1) Die Anfechtung durch den Erblasser kann nur binnen Jahresfrist erfolgen.

(2) [1]Die Frist beginnt im Falle der Anfechtbarkeit wegen Drohung mit dem Zeitpunkt, in welchem die Zwangslage aufhört, in den übrigen Fällen mit dem Zeitpunkt, in welchem der Erblasser von dem Anfechtungsgrund Kenntnis erlangt. [2]Auf den Lauf der Frist finden die für die Verjährung geltenden Vorschriften der §§ 206, 210 entsprechende Anwendung.

(3) Hat im Falle des § 2282 Abs. 2 der gesetzliche Vertreter den Erbvertrag nicht rechtzeitig angefochten, so kann nach dem Wegfall der Geschäftsunfähigkeit der Erblasser selbst den Erbvertrag in gleicher Weise anfechten, wie wenn er ohne gesetzlichen Vertreter gewesen wäre.

I. Ausschlussfrist

1. Fristbeginn. Die einjährige Ausschlussfrist beginnt im Falle der Anfechtung vertragsmäßiger bzw wechselbezüglicher Verfügungen in einem Erbvertrag bzw in einem gemeinschaftlichen Testament wegen Drohung (§§ 2281, 2078 Abs 2 Alt 2), sobald die Zwangslage aufhört. Die Formulierung des § 2283 Abs 2 stimmt wörtlich mit § 124 Abs 2 S 1 überein, so dass auf die Ausführungen zu § 124 verwiesen werden kann. In allen anderen Anfechtungsfällen beginnt die Frist mit der Kenntniserlangung des Erblassers vom Anfechtungsgrund. Der Erblasser selbst muss alle Tatsachen kennen, die für die Anfechtung erforderlich sind[1*]. Dazu gehört im Falle der Anfechtung der Schlusserbeneinsetzung wegen einer **Wiederverheiratung** das sichere Erinnern daran, eine solche überhaupt getroffen zu haben[2*]. Richtiger Ansicht nach braucht der Erblasser in diesem Fall aber nicht zu wissen, dass er erbrechtlich gebunden ist[3]. Glaubt der Erblasser, auf Grund der Wiederheirat ohne Anfechtung frei testieren zu können, so führt dieser bloße Rechtsirrtum zum Erhalt des Anfechtungsrechts. Erbringt der andere Vertragsteil eines **entgeltlichen Erbvertrags** die von ihm versprochene Leistung (zB Pflege, Rente) nicht rechtzeitig, so beginnt die Frist nicht schon mit geringfügigem Verzug, sondern erst dann, wenn die ausstehenden Leistungen ein Ausmaß erreichen, das den Erblasser vom Abschluss abgehalten hätte, wenn er dies vorausgesehen hätte[4]. Im Übrigen wird auf die Ausführungen zu § 2082 Rn 1 Bezug genommen. Diese Frist gilt sowohl bei der Anfechtung gegenüber dem Vertragspartner als auch bei der gegenüber dem Nachlassgericht. 1

2. Hemmung. Die Jahresfrist des Abs 1 wird unter Anwendung der §§ 187, 188 berechnet. Da es sich bei dieser Frist nicht um eine Verjährungsfrist sondern eine Ausschlussfrist handelt, erklärt Abs 2 S 2 die Vorschriften der §§ 206 und 210 über die Fristhemmung für entspr anwendbar. Der Stillstand der Rechtspflege ist ein Unterfall des § 206 und nur dann relevant, wenn die Anfechtungserklärung nach dem Tod des Vertragspartners gemäß § 2281 Abs 1 S 1 dem Nachlassgericht gegenüber abzugeben ist. Darüber hinaus erfasst § 206 die Fälle unrichtiger amtlicher Sachbehandlung (zB falsche 2

---

[1] MünchKommBGB/*Musielak* Rn 3 mwN; aA *Reimann/Bengel/J. Mayer* Rn 3; *Staudinger/Kanzleiter* Rn 2; *Planck/Greiff* Anm 1; zweifelnd *Brox/Walker* Rn 249.
[2] Vgl BayObLG FamRZ 1990, 322.
[1*] BayObLGZ 1990, 95, 98 f; OLG Frankfurt ZEV 1997, 422.
[2*] BayObLG ZEV 1995, 105 m Anm *Leipold*; vgl *Reimann/Bengel/J. Mayer* Rn 5.
[3] *Leipold* ZEV 1995, 99, 100; *Schubert/Czub* JA 1980, 335, 336; aA *Ritter*, Der Konflikt zwischen einer erbrechtlichen Bindung aus erster Ehe und einer Verfügung des überlebenden Ehegatten zugunsten eines neuen Lebenspartners, 1999, S 127 ff.
[4] BayObLG NJW 1964, 205.

§ 2284

Belehrung über Anfechtungsrecht[5], unrichtiger Erbschein[6]. Im Übrigen wird auf die Kommentierung zu § 206 verwiesen.

3. Wirkung des Fristablaufs. Mit Ablauf der Jahresfrist des Abs 1 entfällt das Anfechtungsrecht. Da es sich hierbei nicht um eine Verjährungs-, sondern um eine echte Ausschlussfrist handelt, ist der Fristablauf auch dann von Amts wegen zu beachten, wenn sich der Anfechtungsgegner nicht darauf beruft.

4. Beweisfragen. Dem Anfechtenden obliegt es zu beweisen, dass die Anfechtung fristgerecht erfolgt ist. Behauptet der Anfechtungsgegner, der Anfechtende habe bereits früher Kenntnis vom Anfechtungsgrund gehabt oder die Zwangslage sei früher beendet gewesen, so ist er dafür beweispflichtig[7].

II. Fristversäumnis durch gesetzlichen Vertreter

Hat der gesetzliche Vertreter diese Ausschlussfrist versäumt, so räumt § 2283 Abs 3 dem Geschäftsunfähigen das Recht ein, nach Wiedererlangung der Geschäftsfähigkeit selbst anzufechten. Dabei wird ihm iVm § 206 eine Nachfrist gewährt.

§ 2284 Bestätigung

¹Die Bestätigung eines anfechtbaren Erbvertrags kann nur durch den Erblasser persönlich erfolgen. ²Ist der Erblasser in der Geschäftsfähigkeit beschränkt, so ist die Bestätigung ausgeschlossen.

Schrifttum: *Bengel,* Zum Verzicht des Erblassers auf Anfechtung bei Verfügungen von Todes wegen, DNotZ 1984, 132.

1. Gegenstand der Bestätigung. Nur vertragsmäßige Verfügungen in einem Erbvertrag oder wechselbezügliche Verfügungen in einem gemeinschaftlichen Testament können vom verfügenden Erblasser gemäß § 2284 S 1 bestätigt werden. Sind diese jedoch aus irgendeinem sonstigen Grund nichtig, so scheidet eine Bestätigung aus und eine entsprechende Erklärung kann nur dann die Wirksamkeit herbeiführen, wenn sie den an eine neue Verfügung von Todes wegen zu stellenden Anforderungen entspricht[1]. S zur Bestätigung einseitig testamentarischer Verfügungen § 2078 Rn 16.

2. Kenntnis des Anfechtungsgrunds. Da die Bestätigung der Sache nach nichts anderes als den Verzicht auf ein entstandenes Anfechtungsrecht darstellt, kann sie das Anfechtungsrecht nur zum Erlöschen bringen, wenn und soweit der Erblasser im Zeitpunkt der Bestätigung den Anfechtungsgrund kannte[2]. Erfährt er erst nachträglich von einem Anfechtungsgrund, so kann eine Verfügung trotz der Bestätigung angefochten werden[3]. S zur Kenntnis des Anfechtungsgrunds § 2082 Rn 1.

3. Bestätigungserklärung. Die Bestätigung ist dem Erblasser höchstpersönlich vorbehalten. Sie kann daher weder von einem Vertreter noch von den Erben erklärt werden. Der Erblasser muss zurzeit der Bestätigung voll geschäftsfähig sein. Ein beschränkt geschäftsfähiger Erblasser kann selbst mit Zustimmung seines gesetzlichen Vertreters eine anfechtbare Verfügung nicht bestätigen (§ 2284 S 2), es sei denn, er könnte zurzeit der Bestätigung als Ehegatte bzw Verlobter gemäß § 2275 Abs 2 oder 3 einen Erbvertrag neu abschließen[4]. Da die Bestätigung ihrem Wesen nach ein Neuabschluss eines Erbvertrags darstellt, müssen die Erleichterungen des § 2275 auch hier zur Anwendung gelangen. Steht der Erblasser unter Betreuung, so bedarf er nicht der Einwilligung des Betreuers (vgl § 1903 Abs 2). Richtiger Ansicht nach schließt § 2284 eine Bestätigung einer anfechtbaren Verfügung durch den anderen Vertragsbeteiligten gemäß § 144 aus[5*]. Die Bestätigung des Erblassers ist eine nicht empfangsbedürftige einseitige Willenserklärung, die auch durch konkludentes Verhalten zum Ausdruck gebracht werden kann[6*]. Nach hM ist die Bestätigungserklärung formfrei, bedarf also nicht der notariellen Beurkundung[7*].

4. Wirkung der Bestätigung. Die wirksame Bestätigung einer anfechtbaren vertragsmäßigen oder wechselbezüglichen Verfügung in einem Erbvertrag bzw in einem gemeinschaftlichen Testament schließt eine spätere Anfechtung sowohl durch den Erblasser gemäß §§ 2281, 2078, 2079 als auch

---

[5] BayObLGZ 1960, 490.
[6] BayObLGZ 1989, 116; vgl BGH NJW 1960, 283 zu § 203 Abs 2 aF.
[7] BayObLG NJW 1964, 205; ZEV 1995, 105, 106; *Staudinger/Kanzleiter* Rn 9; aA MünchKommBGB/*Musielak* Rn 6.
[1] Vgl MünchKommBGB/*Musielak* Rn 3.
[2] *Reimann/Bengel/J. Mayer* Rn 7.
[3] RGZ 128, 116, 119.
[4] MünchKommBGB/*Musielak* Rn 6 mwN; aA *Reimann/Bengel/J. Mayer* Rn 5; *Palandt/Edenhofer* Rn 1; RGRK/*Kregel* Rn 2.
[5*] *Kipp/Coing* § 24 VII 2; *Staudinger/Kanzleiter* Rn 2; *Soergel/Wolf* Rn 4; aA MünchKommBGB/*Musielak* Rn 2.
[6*] BayObLGZ 1954, 77.
[7*] BayObLG NJW-RR 1989, 1090; MünchKommBGB/*Musielak* Rn 2; *Staudinger/Kanzleiter* Rn 6; aA *Reimann/Bengel/J. Mayer* Rn 9 mwN.

§ 2285 Anfechtung durch Dritte

Die in § 2080 bezeichneten Personen können den Erbvertrag auf Grund der §§ 2078, 2079 nicht mehr anfechten, wenn das Anfechtungsrecht des Erblassers zur Zeit des Erbfalls erloschen ist.

1. Anwendungsbereich. § 2285 schließt nur die Anfechtung **vertragsmäßiger** Verfügungen in einem Erbvertrag oder bindend gewordene **wechselbezügliche** in einem gemeinschaftlichen Testament[1] nach dem Tod des Erblassers durch Dritte gemäß §§ 2078, 2079 aus, wenn das gleichgerichtete Anfechtungsrecht vor dessen Tod erloschen ist. Bei **einseitig testamentarische Verfügungen** gilt § 2285 nicht, weil diese vom Erblasser nicht angefochten werden können und müssen. 1

2. Voraussetzungen. Die Anfechtung durch Dritte ist ausgeschlossen, wenn und soweit das Anfechtungsrecht durch **Fristablauf** gemäß § 2283 oder durch **Bestätigung** gemäß § 2284 erloschen ist. Gleichzustellen ist der Fall, dass der Erblasser bereits im Erbvertrag oder im gemeinschaftlichen Testament konkret auf sein Anfechtungsrecht **verzichtet** hat (§ 2078 Rn 12)[2]. Nicht unter § 2284 fällt dagegen, wenn durch Urteil gegenüber dem Erblasser festgestellt worden ist, dass die von ihm angefochtene Verfügung wirksam ist[3]. Entgegen einer in der Literatur vertretenen Meinung[4] verbietet es sich, auf einen derartigen Fall erfolgloser Anfechtung § 2285 analog anzuwenden[5]. Eine analoge Anwendung würde eine Ausdehnung der materiellen Rechtskraft über § 325 Abs 1 ZPO hinaus auf den selbständig, dh nicht als Rechtsnachfolger zur Anfechtung berechtigten Dritten bedeuten. Diese ist sachlich nicht gerechtfertigt, weil die Erfolglosigkeit des Erblassers schließlich auch rein prozessuale Gründe haben kann. 2

3. Ausschlusswirkung. Wenn und soweit die Voraussetzungen des § 2285 gegeben sind, so ist eine Anfechtung durch Dritte gemäß §§ 2078, 2079 auf Grund des gleichen Sachverhalts ausgeschlossen. Konnte der Erblasser aus verschiedenen Gründen anfechten, so ist die Frage des Erlöschens seines Anfechtungsrechts für jeden Anfechtungstatbestand gesondert zu prüfen. Nur in dem Umfang, in dem das Erblasserrecht erloschen ist, ist auch das Anfechtungsrecht gemäß §§ 2078, 2079 ausgeschlossen. Mit dem Anfechtungsrecht entfällt auch die Einredemöglichkeit des § 2083. 3

4. Beweisfragen. Die Beweislast für das Erlöschen des Anfechtungsrechts für den Erblasser und damit für den Ausschluss des Anfechtungsrecht des Dritten trägt der Anfechtungsgegner[6]. 4

§ 2286 Verfügungen unter Lebenden

Durch den Erbvertrag wird das Recht des Erblassers, über sein Vermögen durch Rechtsgeschäft unter Lebenden zu verfügen, nicht beschränkt.

Schrifttum: S auch die Nachweise bei §§ 2287 und 2289. *Dilcher*, Die Grenzen erbrechtlicher Bindung zwischen Verfügungsfreiheit und Aushöhlungsnichtigkeit, Jura 1988, 72; *Fleck*, Die Beeinträchtigung erbrechtlicher Anwartschaften aufgrund von Gesellschafterbeschlüssen in der GmbH, FS Stempel, 1985, S 353; *Hohmann*, Die Sicherung des Vertragserben vor lebzeitigen Verfügungen des Erblassers, ZEV 1994, 133; *Hülsmeier*, Die bindende Wirkung des Erbvertrages, Diss Münster 1985; *Johannsen*, Der Schutz der durch gemeinschaftliches Testament oder Erbvertrag berufenen Erben, DNotZ 1977, Sonderheft, 69; *Krebber*, Die Sicherung erbrechtlicher Erwerbsaussichten, AcP 204 (2004), 149; *Mohr*, Bindungswirkung beim Erbvertrag und gemeinschaftlichen Testament, BWNotZ 1997, 169; *Preuß*, Die Vormerkungsfähigkeit von Übertragungsansprüchen auf den Todesfall, DNotZ 1998, 602; *J. Schneider*, Darf zu Lebzeiten des Erblassers Klage erhoben werden auf Feststellung, ob eine Verfügung von Todes wegen bestimmte Folgen hat?, ZEV 1996, 56; *Stöcker*, Erbenschutz zu Lebzeiten des Erblassers bei der Betriebsnachfolge in Familienunternehmen und Höfe, WM 1980, 482; *Strobel*, Mittelbare Sicherung erbrechtlicher Erwerbsaussichten, 1982.

I. Freiheit des Erblassers zu Verfügungen unter Lebenden

Vertragsmäßige Verfügungen im Erbvertrag hindern den Erblasser zwar, über sein Vermögen von Todes wegen anderweitig zu verfügen (§ 2289 Abs 1 S 2), nicht jedoch durch Rechtsgeschäft unter Lebenden (§ 2286). Solche Erbeinsetzungen, Vermächtnisse oder Auflagen schränken zwar die Testierfreiheit, nicht aber die Freiheit, lebzeitige Rechtsgeschäfte aller Art vorzunehmen, ein. Rechtsgeschäfte 1

---

[1] BayObLG NJW 1954, 1039; *Reimann/Bengel/J. Mayer* Rn 9; ohne Einschränkung OLG Karlsruhe NJW 1958, 714.
[2] MünchKommBGB/*Musielak* Rn 5.
[3] BGH NJW 1952, 419.
[4] RGRK/*Kregel* Rn 4; *Palandt/Edenhofer* Rn 2; *Soergel/M. Wolf* Rn 2; offen gelassen von BGH NJW 1952, 419.
[5] *Reimann/Bengel/J. Mayer* Rn 7; MünchKommBGB/*Musielak* Rn 6; *Staudinger/Kanzleiter* Rn 5; Erman/*M. Schmidt* Rn 2.
[6] BayObLG FamRZ 1995, 1024.

§ 2286

unter Lebenden sind dabei selbst dann wirksam, wenn sie in der Absicht abgeschlossen werden, die Rechte des vertragsmäßig Bedachten zu beeinträchtigen[1]. In besonderen Ausnahmefällen, etwa bei einem Verstoß gegen einen schuldrechtlichen Verfügungsunterlassungsvertrag[2], kann sich allerdings der Begünstigte auf § 138 berufen[3]. Ein in dieser Absicht vorgenommenes Rechtsgeschäft kann jedoch gemäß §§ 2287, 2288 Bereicherungsansprüche begründen. Auch wenn § 2286 nur die Freiheit zu Verfügungen behandelt, so sind darunter nicht nur die eigentlichen Verfügungsgeschäfte, sondern auch alle Verpflichtungsgeschäfte, geschäftsähnlichen Handlungen oder tatsächlichen Rechtshandlungen zu verstehen[4]. Der Erblasser ist daher auch zu den Bedachten benachteiligenden familienrechtlichen Handlungen wie Eheschließung oder Annahme eines Kindes berechtigt. Die Vorschrift gilt unmittelbar zwar nur für vertragsmäßige Verfügungen in Erbverträgen, ist aber auf **wechselbezügliche Verfügungen** in gemeinschaftlichen Testamenten entspr anzuwenden[5].

II. Sicherung der Rechte des Bedachten vor dem Erbfall

2 **1. Kein Anwartschaftsrecht.** Der Bedachte hat vor dem Erbfall keine gesicherte Rechtsposition iS eines Anwartschaftsrechts[6]. Ansprüche des Erben entstehen erst mit dem Erbfall (§§ 1922, 2032, 2176) und können bis dahin auf Grund der in § 2286 anerkannten lebzeitigen Verfügungsfreiheit des Erblassers noch vereitelt werden, ohne dass der vertragsmäßig Bedachte dies verhindern kann. Folgerichtig kann der Bedachte seine Rechtsstellung vor dem Erbfall weder vererben noch übertragen[7], oder verpfänden. Bis dahin können seine Rechte auch nicht gepfändet oder zur Insolvenzmasse gezogen werden[8].

3 **2. Keine Ansprüche aus unerlaubter Handlung.** Ansprüche des Bedachten auf Grund des § 823 scheiden aus, da weder seine Rechtsstellung vor dem Erbfall ein „sonstiges Recht" iS des Abs 1 darstellt, noch die §§ 2287, 2288 Schutzgesetze iS des Abs 2 sind[9]. Richtiger Ansicht scheiden auch Ansprüche gemäß § 826 aus, weil sich ein Anerkenntnis dieser Anspruchsgrundlage mit der in § 2286 zum Ausdruck gekommenen Grundentscheidung zugunsten der völligen Verfügungsfreiheit des Erblassers unter Lebenden eindeutig in Widerspruch setzen würde[10]. §§ 2287, 2288 enthalten für solche Fälle eine abschließende, also auch § 826 verdrängende Sonderregelung[11].

4 **3. Keine Sicherung durch Vormerkung.** Bis zum Erbfall kann die Rechtsstellung des vertragsmäßig Bedachten nicht durch eine Vormerkung im Grundbuch geschützt werden[12]. Sie begründet nämlich weder gegenwärtige noch künftige Rechte, da bis dahin der Erblasser auf Grund seiner von § 2286 anerkannten Verfügungsfreiheit diese jederzeit noch vereiteln kann.

5 **4. Feststellungsklage (§ 256 ZPO).** Vor dem Erbfall kann der Bedachte, auch wenn er nicht selbst Vertragspartner ist[13], eine Klage auf Feststellung der Wirksamkeit des Erbvertrags nur erheben, wenn Tatsachen wie Anfechtung oder Rücktritt dazu Anlass geben[14].

6 **5. Sicherungsmöglichkeiten des Bedachten.** Die schwache Rechtsstellung des Bedachten kann durch zusätzliche Vereinbarungen gestärkt, aber nie völlig gesichert werden. Die Schutzwirkung eines Erbvertrags bleibt stets hinter der eines Rechtsgeschäfts unter Lebenden, etwa eines Schenkungsvertrags mit auf den Tod des Schenkers aufgeschobener Erfüllung, zurück.

7 **a) Verfügungsunterlassungsvertrag.** Dem Erblasser steht es aber frei, sich zusätzlich zum Erbvertrag in derselben Urkunde oder in einem gesonderten Vertrag gegenüber dem Bedachten schuldrechtlich zu verpflichten (vgl § 137 S 2), über bestimmte Gegenstände seines Vermögens nicht oder jedenfalls nur mit dessen Zustimmung zu verfügen[15]. Allerdings kann diese Verfügung ausnahmsweise sittenwidrig gemäß § 138 sein[16].

8 Ein solcher Verfügungsunterlassungsvertrag ist **formfrei** gültig, es sei denn, dass diese Vereinbarung nach dem Willen der Beteiligten eine rechtliche Einheit mit dem Erbvertrag bildet, beide Rechtsgeschäfte also miteinander stehen und fallen[17]. Die Formfreiheit gilt selbst dann, wenn sich die

---

[1] Vgl BGH NJW 1989, 2389.
[2] BGH NJW 1959, 2252, 2254; vgl auch Rn 7 ff.
[3] Vgl BGH NJW 1973, 240.
[4] Vgl MünchKommBGB/*Musielak* Rn 2.
[5] BGH DNotZ 1960, 207; DNotZ 1965, 357, 358.
[6] HM, zB BGH NJW 1954, 633; MünchKommBGB/*Musielak* Rn 3 mwN; aA *Mattern* BWNotZ 1962, 229, 234.
[7] BGH NJW 1962, 1910.
[8] OLG Oldenburg OLGE 6, 176, 178 f.
[9] MünchKommBGB/*Musielak* Rn 5.
[10] BGH NJW 1989, 2389; 1991, 1952; OLG Köln NJW-RR 1996, 327; MünchKommBGB/*Musielak* Rn 5 mwN; *Reimann/Bengel/J. Mayer* § 2287 Rn 10; aA *Soergel/M. Wolf* Rn 4; *Staudinger/Kanzleiter* Rn 4; *Recker* MittRhNotK 1978, 125, 126 f.
[11] BGH NJW 1989, 2389.
[12] HM, zB BGH NJW 1954, 633; FamRZ 1967, 470, 472; aA OLG Celle NJW 1953, 27.
[13] Vgl BGH NJW 1962, 1913.
[14] BGH NJW 1962, 1723; MünchKommBGB/*Musielak* Rn 7; aA *Staudinger/Kanzleiter* § 2281 Rn 39.
[15] BGH NJW 1954, 633; MünchKommBGB/*Musielak* Rn 38; AnwK-BGB/*Seiler* Rn 12; aA *Krebber* AcP 204 (2004), 149, 166 ff; Verstoß gegen § 2302.
[16] BGHZ 31, 13, 18.
[17] BGH NJW 1954, 633; MünchKommBGB/*Musielak* Rn 38; AnwK-BGB/*Seiler* Rn 12; weiter diff *Hohmann* ZEV 1996, 24; für generelle Formfreiheit *Staudinger/Kanzleiter* Rn 16; *Soergel/M. Wolf* Rn 4; für generelle Formpflicht *Reimann/Bengel/J. Mayer* Rn 25.

Unterlassungspflicht auf Immobilien iS des § 311 b Abs 1 bezieht. An die Begründung einer derartigen Unterlassungspflicht durch konkludentes Verhalten sind allerdings strenge Anforderungen zu stellen[18]. Da eine solche Unterlassungsvereinbarung wegen § 137 S 1 nur **schuldrechtliche Wirkung** haben kann, wirkt sie ausschließlich zwischen den Vertragsschließenden und lässt die Wirksamkeit der verbotswidrigen Verfügungen unberührt. Eine solche Verpflichtung kann auch zugunsten eines Bedachten, der selbst nicht Vertragspartner ist, im Wege eines **Vertrages zugunsten Dritter** begründet werden. Dabei ist allerdings klarzustellen, ob dieser auch ohne Zustimmung des Dritten von den Vertragschließenden geändert oder aufgehoben werden kann[19].

Die Verpflichtung zur Unterlassung von Verfügungen über **Grundstücke oder grundstücksgleiche Rechte** kann nur dann auch durch Vormerkung im Grundbuch gesichert werden, wenn gleichzeitig als Strafe für den Fall der verbotswidrigen Verfügung eine Übereignungspflicht an den Bedachten vereinbart wird[20]. Eine derart ausgestaltete Vereinbarung bedarf wegen der darin liegenden Veräußerungspflicht der notariellen Beurkundung gemäß § 311 b Abs 1. 9

b) Erbrechtliche Sicherungen bei Erbvertrag oder Berliner Testament. Haben sich Ehegatten 10 in einem Erbvertrag oder einem gemeinschaftlichen Testament gegenseitig zu Alleinerben eingesetzt und dem Bedachten etwas auf den Tod des Längstlebenden zugewendet, so kann der Erstverstorbene den Bedachten dadurch sichern, dass:
- die Erbeinsetzung des Längstlebenden unter die auflösende Bedingung gestellt wird, dass er durch Verfügung über bestimmte Vermögensgegenstände die Zuwendung an den Dritten vereitelt, oder
- der Längstlebende mit dem Vermächtnis zugunsten des Bedachten beschwert wird, Verfügungen zu unterlassen[21].

§ 2287 Den Vertragserben beeinträchtigende Schenkungen

(1) Hat der Erblasser in der Absicht, den Vertragserben zu beeinträchtigen, eine Schenkung gemacht, so kann der Vertragserbe, nachdem ihm die Erbschaft angefallen ist, von dem Beschenkten die Herausgabe des Geschenks nach den Vorschriften über die Herausgabe einer ungerechtfertigten Bereicherung fordern.

(2) Der Anspruch verjährt in drei Jahren von dem Anfall der Erbschaft an.

Schrifttum: S auch die Nachweise bei § 2286. *Aunert-Micus,* Der Begriff der Beeinträchtigungsabsicht in § 2287 BGB beim Erbvertrag und beim gemeinschaftlichen Testament, 1991; *Dilcher,* Die Grenzen erbrechtlicher Bindung zwischen Verfügungsfreiheit und Aushöhlungsnichtigkeit, Jura 1988, 72; *Draschka,* Unbenannte Zuwendungen und der erbrechtliche Schutz gegen unentgeltliche Vermögensverfügungen, DNotZ 1993, 100; *Fleck,* Die Beeinträchtigung erbrechtlicher Anwartschaften aufgrund von Gesellschafterbeschlüssen in der GmbH, FS Stempel, 1985, S 353; *Kanzleiter,* Bedarf die Zustimmung des bindend bedachten Erben zu einer ihn beeinträchtigenden Schenkung der notariellen Beurkundung?, DNotZ 1990, 776; *Keim,* § 2287 BGB und die Beeinträchtigung eines Vertragserben durch lebzeitige Zuwendungen an den Bedachten, ZEV 2002, 93; *Lüdtke-Handjery,* Beteiligung der Miterben beim Übergabe- und Erbvertrag, AgrarR 1982, 7; *Remmele,* „Lebzeitiges Eigentum" bei Schenkung zugunsten des zweiten Ehegatten?, NJW 1981, 2290; *Reubold,* Die Aushöhlung des Erbvertrags und des bindend gewordenen gemeinschaftlichen Testaments, Diss Frankfurt 1970; *Seiler,* Der Begriff der Schenkung in § 2287 BGB, 2006; *Spanke,* Den Vertragserben beeinträchtigende Schenkungen in der Beratungspraxis, ZEV 2006, 485; *Speckmann,* Zur Frage der Beeinträchtigungsabsicht in § 2287 BGB, JZ 1974, 543; *Spellenberg,* Verbotene Schenkungen gebundener Erblasser in der Rechtsprechung, NJW 1986, 2531; *Strunz,* Der Anspruch des Vertrags- oder Schlußerben wegen beeinträchtigender Schenkungen – § 2287 BGB, 1989; *Stumpf,* Wirksamkeit und Formbedürftigkeit der Einwilligung des bedachten Erbvertragspartners in eine ihn beeinträchtigende letztwillige Verfügung, FamRZ 1990, 1057.

Übersicht

	Rn		Rn
I. Normzweck und Geltungsbereich	1	3. Beeinträchtigungsabsicht	10
		a) Begriff und Abwägungsgebot	10
II. Anspruchsvoraussetzungen	2	b) Übermaßverbot	11
1. Schenkung des Erblassers	2	c) Maßstab	12
a) Begriff	2	d) Einzelfälle anzuerkennenden Eigeninteresses	13
b) Rechtswirksamkeit	3		
c) Vollzug	4	e) Einzelfälle des nicht anzuerkennenden Eigeninteresses	18
d) Zeitpunkt	5		
2. Beeinträchtigung des Vertrags- bzw Testamentserben		f) Nachträgliche Änderung der Interessenlage	19
a) Wirksame vertragsmäßige bzw wechselbezügliche Erbeinsetzung	6	4. Kein Verzicht auf Anspruch	20
		5. Anfall der Erbschaft	21
b) Beeinträchtigung	7	**III. Gläubiger des Anspruchs**	22

---

[18] BGH DNotZ 1969, 759, 760.
[19] Vgl LG Mosbach MDR 1971, 222.
[20] BayObLG DNotZ 1979, 27; Rpfleger 1997, 59; *Reimann/Bengel/J. Mayer* Rn 28 mwN; aA MünchKommBGB/*Mayer-Maly* 3. Aufl § 137 Rn 15; *Timm* JZ 1989, 13, 21 f.
[21] Vgl *Reimann/Bengel/J. Mayer* Rn 34 mw Gestaltungsmöglichkeiten.

	Rn		Rn
IV. Schuldner des Anspruchs	23	VI. Sicherung des Anspruchs	28
V. Inhalt des Anspruchs	24	VII. Verjährung (Abs 2)	29
1. Herausgabeanspruch	24	VIII. Beweisfragen	30
a) Grundsätze	24		
b) Herausgabe eines Schenkungsversprechens	25	IX. Konkurrierende Anspruchsgrundlagen	31
c) Anspruch bei gemischter Schenkung oder Auflagenschenkung	26	X. Erbschaftsteuer	32
2. Auskunftsanspruch	27	XI. Recht in den neuen Bundesländern	33

I. Normzweck und Geltungsbereich

1 Die dem Erblasser durch § 2286 zugesagte lebzeitige Verfügungsfreiheit birgt die Gefahr der Aushöhlung der mit einem Erbvertrag einhergehenden erbrechtlichen Bindungswirkung. Zum Schutze des Erben schränkt diese Norm die wirtschaftlichen Wirkungen wirksamer Schenkungen zu Lebzeiten des Erblassers in der Weise ein, dass dem vertragsmäßig eingesetzten Erben Bereicherungsansprüche gegen den Beschenkten erwachsen. Die Vorschrift gilt unmittelbar zwar nur für vertragsmäßige Verfügungen in Erbverträgen, ist aber auf wechselbezügliche Verfügungen in gemeinschaftlichen Testamenten entspr anzuwenden[1].

II. Anspruchsvoraussetzungen

2 **1. Schenkung des Erblassers. a) Begriff.** Im Rahmen des § 2287 ist hierunter – wie bei §§ 516 ff[2] – jede den Empfänger bereichernde Zuwendung aus dem Vermögen des Schenkers zu verstehen, über deren Unentgeltlichkeit beide einig sind. Diese Vorschrift gilt damit auch für Pflicht- und Anstandsschenkungen (§ 534), Ausstattungsschenkungen (vgl § 1624 Abs 1) oder gemischte Schenkungen[3]. Sie gilt aber auch für solche Schenkungen, die nach außen im Gewande eines entgeltlichen Geschäfts erscheinen, aber in Wahrheit als Schenkung gewollt sind (sog **verschleierte Schenkung**). Zwar ist im Rahmen des Schenkungsrechts vor allem im Hinblick auf die Formvorschrift des § 518 umstritten, ob die **unentgeltliche Gebrauchsüberlassung** (Leihe), worunter auch die Einräumung eines schuldrechtlichen Wohnungsrechts fällt, eine Schenkung iS der Vorschriften ist[4]. Aber auch dann, wenn man – wie der BGH[5] – die Leihe aus dem Anwendungsbereich des Schenkungsrechts ausnimmt, muss man jedenfalls auf eine unentgeltliche Gebrauchsüberlassung mit einer unangemessen langen Laufzeit § 2287 anwenden[6]. Im Rahmen der §§ 516 ff mag der Hinweis auf die Grundentscheidung des Gesetzgebers für die Formfreiheit – auch langfristiger – Leiheverträge Gewicht haben, nicht so im Rahmen des § 2287. Der Schutzzweck des § 2287, nämlich die Rückabwicklung von einseitig zu Lasten des Vertragserben vorgenommenen Vermögensverschiebungen, gebietet es, Leiheverhältnisse, die wegen langer Laufzeiten wirtschaftlich einer Substanzverlagerung gleichkommen, daraufhin zu überprüfen, ob sie durch ein überwiegendes Eigeninteresse des Erblassers gerechtfertigt sind. Nur so lassen sich Umgehungsgeschäfte durch unentgeltliche oder teilentgeltliche Gebrauchsüberlassungen wirkungsvoll bekämpfen. Lebenslängliche Gebrauchsüberlassungen unterfallen daher dem Schenkungsbegriff des § 2287 ebenso wie solche, deren Laufzeit die gewöhnliche Nutzungsdauer der überlassenen Sache zu einem erheblichen Teil ausschöpft (zB zehnjähriges schuldrechtliches Wohnrecht). Mit diesem Verständnis des § 2287 bedarf es auch nicht mehr der sachlich nicht gerechtfertigten Differenzierung zwischen einem schuldrechtlichen Wohnungsrecht einerseits und einem – unstreitig von § 2287 erfassten[7] – dinglichen Wohnungs- oder Nießbrauchsrecht. Auch der spätere **Verzicht auf** ein eingeräumtes oder bei einer früheren Übertragung vorbehaltenen **Wohnungs- oder Nießbrauchsrecht** kann eine Schenkung sein[8]. Der BGH geht ferner einheitlich für alle erbrechtlichen Schutzvorschriften (§§ 2113, 2205, 2287 und 2288) bei sog unbenannten **Zuwendungen unter Ehegatten** von einer Schenkung iS dieser Vorschriften aus[9]. Nach dieser Rspr greift § 2287 dann nicht ein, wenn die erbrachte Leistung unterhaltsrechtlich geschuldet wird, ihr eine konkrete Gegenleistung gegenübersteht, sie einer angemessenen Alterssicherung dient oder sie eine angemessene Vergütung für langjährige Dienste, soweit diese nicht gemäß § 1360 als Beitrag zum Familienunterhalt vom nicht erwerbstätigen Ehegatten geschuldet werden, dient[10]. Die dieser Rspr zugrunde liegende Abwägung zwischen den Schutzinteressen des Vertragserben usw und den Vermögensinteressen des Ehegatten führt weitergehend dazu, § 2287 nicht anzuwenden, wenn und soweit die Vermögensübertragung lediglich zur

---

[1] BGH DNotZ 1951, 331; NJW 1982, 43.
[2] BGH DNotZ 1951, 331; NJW 1982, 43; NJW-RR 1986, 1135.
[3] Vgl BGH NJW-RR 1989, 259.
[4] BGH NJW 1982, 295 mwN.
[5] NJW 1982, 295.
[6] *Nehlsen-v. Stryk* AcP 187 (1987), 552, 556; ohne Einschränkung auf lange Laufzeit *Reimann/Bengel/J. Mayer* Rn 25; vgl für §§ 516 ff *Larenz/Canaris* II/1 § 47 I; MünchKommBGB/*Kollhoser* § 516 Rn 3.
[7] Vgl BGH NJW 1992, 564; NJW-RR 1996, 133.
[8] Vgl OLG Oldenburg vom 28. 2. 2007, 5 U 42/06, BeckRS 2007, 12485.
[9] Grundlegend BGH NJW 1992, 564; ausf *Reimann/Bengel/J. Mayer* Rn 29 ff mwN.
[10] Vgl *Brambring* ZEV 1996, 248; *Albrecht* ZEV 1994, 149; *Langenfeld* NJW 1994, 2133, 2135.

hälftigen Beteiligung des Ehegatten am ehelichen Zugewinn führt[11]. Was für Ehegattenzuwendungen gilt, muss folgerichtig auch für eingetragene Lebenspartnerschaften (§ 12 LPartG) gelten[12]. In der Begründung einer **Gütergemeinschaft** kann nur unter besonderen Umständen eine Schenkung liegen[13]. Während der Abschluss eines **Erbverzichtsvertrags**, in dem sich der Erblasser zu Leistungen verpflichtet, Schenkung iS des § 2287 sein kann, ist dies bei der späteren Aufhebung eines solchen Vertrags ausgeschlossen, da es insoweit an einer Entreicherung des Erblassers fehlt[14].

Im Wege der Vertragsänderung (§ 311 Abs 1) kann eine Schenkung unter Einbeziehung **nachträglicher Zuwendungen seitens des Beschenkten** in einen entgeltlichen Vertrag umgewandelt werden[15]. Dies gilt auch für Rechtsgeschäfte zwischen Ehepartnern[16]. Die Umwandlung bedarf der Vereinbarung, so dass zur Umwandlung in ein entgeltliches Geschäft weder eine einseitige Erklärung noch eine Verfügung von Todes wegen ausreicht[17].   **2 a**

Bei einem noch nicht vollzogenen **Schenkungsversprechen** ist der Anspruch auf Vertragsaufhebung gerichtet[18].   **2 b**

b) Rechtswirksamkeit. Umstritten ist, ob die Schenkung rechtswirksam sein muss. Die bejahende Auffassung[19] verweist den Vertragserben auch bei einer rechtsgrundlosen Schenkung auf das Recht der ungerechtfertigten Bereicherung, während die verneinende Auffassung[20] beide Anspruchsgrundlagen, also §§ 812 ff und § 2287, nebeneinander anwendet. Hat der Erblasser mit der Schenkung gegen § 138 verstoßen, so kann er bei Anwendung des § 2287 ungehindert durch § 817 S 2 den Rückforderungsanspruch durchsetzen. Da dies interessengerechter ist, ist die Wirksamkeit der Schenkung nicht Tatbestandsvoraussetzung des § 2287.   **3**

c) Vollzug. Nach hM braucht die Schenkung nicht vollzogen zu sein, so dass der Rückforderungsanspruch gemäß § 2287 auch bei bloßen Schenkungsversprechen eingreift[21]. Bei einem zu Lebzeiten des Schenkers nicht erfüllten, die Erbeinsetzung beeinträchtigenden Schenkungsversprechen von Todes wegen iS des § 2301 Abs 1 S 1 hat dagegen die Nichtigkeitsfolge gemäß § 2289 Abs 1 S 2 Vorrang vor der Anwendung des § 2287[22].   **4**

d) Zeitpunkt. Die Schenkung muss nach der Errichtung des Erbvertrags bzw des gemeinschaftlichen Testaments erfolgt sein, da andernfalls eine Beeinträchtigung des bindend eingesetzten Erben ausgeschlossen ist.   **5**

2. Beeinträchtigung des Vertrags- bzw Testamentserben. a) Wirksame vertragsmäßige bzw wechselbezügliche Erbeinsetzung. Der Rückforderungsanspruch entsteht nicht, wenn die Einsetzung des Erben im Erbvertrag oder gemeinschaftlichen Testament aus irgendeinem Grunde unwirksam ist (zB Anfechtung, Rücktritt, Formmangel, Widerspruch zu einer früheren Verfügung von Todes wegen). Im Falle der Anfechtbarkeit entsteht ein Anspruch gemäß § 2287 selbst dann nicht, wenn die Anfechtung zwar nicht erklärt, die Schenkung aber vor Ablauf der Anfechtungsfrist vollzogen worden ist[23]. Den Schutz des § 2287 genießt nur der eingesetzte Erbe. Dagegen schützt § 2288 den **Vermächtnisnehmer** weitergehend sogar vor tatsächlichen Einwirkungen und vor entgeltlichen Veräußerungsgeschäften. Auf eine **Teilungsanordnung** findet § 2287 nach hM schon deshalb keine Anwendung, weil diese gemäß § 2270 Abs 2 bzw § 2278 keine wechselbezügliche bzw erbvertragliche Bindungswirkung haben können. Nach der Gegenmeinung, die die Teilungsanordnung als integrierten Bestandteil der Erbeinsetzung ansieht (vgl § 2270 Rn 4; § 2278 Rn 1), genießt der durch eine Teilungsanordnung begünstigte Miterbe auch den Schutz durch § 2287.   **6**

b) Beeinträchtigung. Erst der Widerspruch zwischen lebzeitiger Verfügung und bindender erbrechtlicher Erbeinsetzung löst diesen Anspruch aus. Die lebzeitige Verfügung muss im Ergebnis auf eine Beeinträchtigung iS des § 2289 Abs 1 S 1 bzw einen Widerruf iS des § 2271 Abs 2 S 1 hinauslaufen. Wenn und soweit sich der Erblasser im Erbvertrag bzw im gemeinschaftlichen Testament die Aufhebung oder Änderung solcher letztwilliger Verfügungen vorbehalten hat, kann der Erbe auf der Grundlage dieser Vorbehalte zulässigerweise vorgenommene Vermögensübertragungen nicht mit dem Anspruch aus § 2287 rückgängig machen[24]. Auf § 2289 Rn 9 und § 2271 Rn 19 ff wird verwiesen.   **7**

---

[11] Vgl *Langenfeld* ZEV 1994, 129, 131 f; *Palandt/Edenhofer* § 2325 Rn 15.
[12] *Krug/Zwissler*, Familienrecht und Erbrecht, 2002, Kap 3 Rn 123.
[13] BGH NJW 1992, 558; MünchKommBGB/*Musielak* Rn 5.
[14] BGH NJW 1980, 2307.
[15] BGH NJW-RR 1989, 706 zu § 2315; MünchKommBGB/*Kollhosser* § 516 Rn 21; *Seiler* S 50 f; aA BFH BStBl 1957 III S 449, 450 f = NJW 1988, 3174; OLG Düsseldorf NJW-RR 2001, 1518, 1519; *Staudinger/Cremer* Rn 30; *Strunz* S 77 ff; *Keim* FamRZ 2004, 1081.
[16] BGH NJW-RR 1989, 706 zu § 2315.
[17] So aber zu § 2315 BGH NJW-RR 1989, 706; krit dazu *Seiler* S 51.
[18] OLG Celle MDR 1948, 142, 144 m Anm *Kleinrahm*; *Palandt/Edenhofer* Rn 5; *Seiler* S 53; aA MünchKommBGB/*Musielak* Rn 3: Arglisteinwand, da § 2287 unanwendbar.
[19] *Boehmer* FamRZ 1961, 253; *Spellenberg* NJW 1986, 2531, 2533.
[20] MünchKommBGB/*Musielak* Rn 6 f; *Münzberg* JuS 1961, 389, 390 f; *Palandt/Edenhofer* Rn 5; *Reimann/Bengel/J. Mayer* Rn 13.
[21] Dafür OLG Celle MDR 1948, 142, 144; *Reimann/Bengel/J. Mayer* Rn 26; *Palandt/Edenhofer* Rn 5; dagegen MünchKommBGB/*Musielak* Rn 3.
[22] AllgM; zB MünchKommBGB/*Musielak* Rn 8.
[23] BGH ZEV 2006, 505.
[24] MünchKommBGB/*Musielak* Rn 24; *Erman/Schmidt* Rn 9; aA *Kipp/Coing* § 38 IV 2 c.

§ 2287

Hat sich der Erblasser das Recht der anderweitigen Verteilung unter den Vertragserben vorbehalten, so kann er einem von ihnen mehr zuwenden als vorgesehen, wenn er diese Wertverschiebung mit der Auflage einer Ausgleichsleistung aus dem Eigenvermögen des begünstigten Vertragserben verbindet[25]. Da der Erbe nur einen Anspruch auf eine wertmäßige Beteiligung, nicht aber auf eine gegenständliche Verteilung hat, kann der Erblasser Teilungsanordnungen erlassen, solange er für den Wertausgleich sorgt[26]. Dies gilt auch im Wege der vorweggenommenen Erbfolge[27].

8 Da der **Pflichtteil** von den Erben vorrangig zu erfüllen ist, liegt keine Beeinträchtigung der bindenden Erbeinsetzung iS des § 2287 vor, wenn der Erblasser bis zu dessen Höhe Schenkungen an Pflichtteilsberechtigte vornimmt[28].

9 **Schenkungen an den Vertragserben** können als „vorgezogene Erbfolge" keine Beeinträchtigung sein. Auch die **Einwilligung des Erben** nimmt einer Schenkung den Charakter der Beeinträchtigung. Umstritten ist insoweit allerdings, ob diese Einwilligung **vor Eintritt des Erbfalls** formfrei ist[29] oder – in analoger Anwendung des § 2348 – der notariellen Beurkundung bedarf[30]. Wegen der einem Zuwendungsverzicht vergleichbaren Rechtsfolgen, ist die für diesen geltende Formvorschrift des § 2348 analog heranzuziehen und notarielle Beurkundung zu fordern. Unter bestimmten Voraussetzungen kann dem Vertragserben im Falle einer ungültigen, weil formunwirksamen Zustimmung der Einwand der Arglist entgegengesetzt werden[31]. Die Einwilligung des Vertragspartners, der nicht Vertragserbe ist, schließt dieses Tatbestandsmerkmal des § 2287 dagegen nicht aus. Mit der Zustimmung des Vertragserben entfällt die Beeinträchtigung endgültig, so dass auch der Ersatzerbe daran gebunden ist[32].

10 **3. Beeinträchtigungsabsicht. a) Begriff und Abwägungsgebot.** Der Erblasser muss bei der lebzeitigen Verfügung in der Absicht gehandelt haben, dem Vertragserben die Vorteile der Erbeinsetzung zu entziehen oder zu schmälern. Diese wenig präzise Gesetzesformulierung verlangt eigentlich die Erforschung der subjektiven Einstellung des Erblassers. Die Beeinträchtigung muss – entgegen dem allgemeinen Absichtsbegriff – nicht der eigentliche oder hauptsächliche Beweggrund der lebzeitigen Verfügung sein. Es ist weiterhin ohne Bedeutung, ob der Vertragspartner diese Absicht des Erblassers erkannt und gebilligt hat[33]. Da sich die Absicht des Erblassers im Nachhinein wohl nie völlig klären lässt, hat der BGH in seiner grundlegenden Entscheidung[34], mit der er auch seine bis dahin geltende Rspr zur sog Aushöhlungsnichtigkeit aufgegeben hat, klargestellt, dass letztlich anhand objektiver Kriterien Rückschlüsse auf die subjektive Einstellung gezogen werden müssen[35]. Die Grenze zwischen den Verfügungen, die der Erbe hinnehmen muss, und denen, die einen Missbrauch der Verfügungsfreiheit darstellen, erfolgt nach dieser mittlerweile ständigen Rechtsprechung, die auch im Schrifttum überwiegend Zustimmung gefunden hat[36], anhand der Frage, ob die Vermögensdisposition durch ein anzuerkennendes lebzeitiges Eigeninteresse gerechtfertigt ist[37]. Damit hat letztlich eine Abwägung zwischen dem Interesse des eingesetzten Erben an der uneingeschränkten Bindungskraft des Erbvertrags bzw gemeinschaftlichen Testaments und dem Interesse des Erblassers an einer abweichenden Vermögensdisposition stattzufinden[38]. Auf das Interesse des Beschenkten kommt es unmittelbar zwar nicht an, jedoch kann die mit der Schenkung verbundene Motivation des Beschenkten zur Versorgung des Erblassers dessen Eigeninteresse begründen (Rn 14).

11 **b) Übermaßverbot.** Besonderes Gewicht ist dabei auf eine angemessene Zweck-Mittel-Relation zu legen. Selbst bei einem anerkennenswerten Eigeninteresse an der Verfügung muss diese ihrem Umfange nach in einem angemessenen Verhältnis sowohl zum **verfolgten Zweck** als auch zum **verbleibenden Vermögen** des Erblassers stehen[39]. Angesichts der Besonderheiten jedes Einzelfalls kann dabei zwar keine bestimmte Quote angegeben werden[40], jedoch wird man mit Sicherheit jede Schenkung, die eine Verfügung über das Vermögen im Ganzen iS des § 1365 darstellt, als übermäßig ansehen müssen. Im Übrigen ist auf den Einzelfall abzustellen. Zu berücksichtigen ist dabei auch der Zeitpunkt der Schenkung. Erfolgte sie zu einer Zeit, zu der der Erblasser seinen Tod bald erwartete, ist das anzuerkennende Maß der Schenkung selbstverständlich geringer als bei einer Verfügung zu einem Zeitpunkt, zu dem der Erblasser noch mit einem langen Leben rechnete. Bei einer Vermögensdisposition in Erwartung des nahen Todes trifft die wirtschaftliche Last schließlich mehr den Erben als den Erblasser. Auch wenn jede einzelne von **mehreren Zuwendungen** nicht als beeinträchtigend angesehen ist, so können sie doch in ihrer Summe übermäßig sein. In diesem Falle kommt der Rechtsgedanke der §§ 2329 Abs 3, 528 Abs 2 zum Tragen, so dass der Bereicherungsanspruch des Vertragserben sich in

---

[25] BGH NJW 1982, 43; aA *Schubert* JR 1982, 155, 156.
[26] BGH NJW 1982, 43; *Keim* ZEV 2002, 93, 95.
[27] *Keim* ZEV 2002, 93, 95 gegen OLG Düsseldorf ZEV 2001, 110.
[28] BGH NJW 1984, 121.
[29] So *Kanzleiter* DNotZ 1990, 776; *Soergel/M. Wolf* Rn 10; *Spanke* ZEV 2006, 484, 487 f.
[30] HM, zB BGH NJW 1989, 2618, 2619; MünchKommBGB/*Musielak* Rn 24 mwN; *Ivo* ZEV 2003, 101, 103.
[31] BGH NJW 1989, 2618.
[32] *Keim* ZEV 2002, 93, 95.
[33] BGH NJW 1992, 564.
[34] BGH NJW 1973, 240, 241.
[35] BGH NJW 1973, 240, 241; vgl BGH NJW 1984, 121 mwN.
[36] Vgl MünchKommBGB/*Musielak* Rn 13 mwN.
[37] BGH NJW 1973, 240, 241; NJW 1984, 121.
[38] MünchKommBGB/*Musielak* Rn 13.
[39] Vgl zu solchen Überlegungen MünchKommBGB/*Musielak* Rn 16; *Johannsen* DNotZ 1977, Sonderheft S 91.
[40] Vgl MünchKommBGB/*Musielak* Rn 16; aA *Beckmann* MittRhNotK 1977, 28.

erster Linie auf die zeitlich letzte(n) Zuwendungen bezieht, während die früheren ungetastet bleiben (sog Grundsatz der Posteriorität)[41]. Ein lebzeitiges Eigeninteresse ist nicht deshalb zu verneinen, weil vielleicht auch andere Sicherungsmöglichkeiten bestanden hätten oder der Erblasser die Wertverhältnisse nicht richtig eingeschätzt hat[42].

c) Maßstab. Bei der Entscheidung der Frage, ob die Vermögensdisposition auch unter Berücksichtigung der erbrechtlichen Bindung billigenswert und gerecht sei, ist auf das Urteil eines objektiven Beobachters abzustellen[43]. **12**

d) Einzelfälle anzuerkennenden Eigeninteresses. aa) Pflicht- und Anstandsschenkungen. **13**
Mit § 534, der die Rückgängigmachung solcher Schenkungen ausschließt, verleiht das Gesetz diesen Vermögensdispositionen einen besonderen Status, der auch im Rahmen des § 2287 zum Tragen kommen muss[44]. Dient die Schenkung der Unterstützung eines nahen Verwandten oder einer ähnlich nahe stehenden Person (zB Lebenspartner), so ist die Rückforderbarkeit gemäß § 2287 ausgeschlossen, und zwar auch und gerade dann, wenn eine gesetzliche Unterhaltspflicht nicht besteht[45]. Auch die üblichen Gelegenheitsgeschenke zu Geburtstagen, Hochzeiten, Weihnachts- und sonstigen Festtagen unterfallen nicht dem Anwendungsbereich des § 2287. Derartige Schenkungen sind jedoch nur in einem angemessenen Umfang freigestellt[46]. Übermaßschenkungen sind – wie in Rn 11 dargelegt – rückforderbar, soweit sie das zulässige Maß übersteigen.

bb) Schenkungen zur Altersvorsorge. Vermögensdispositionen zur Sicherung seiner angemessenen Altersvorsorge erfolgen im lebzeitigen Eigeninteresse des Erblassers und sind im Rahmen des § 2287 anzuerkennen[47]. Die Absicht des Erblassers mittels der Schenkung seine Versorgung und Pflege im Alter zu sichern, kann aber nur dann als lebzeitiges Eigeninteresse im Rahmen des § 2287 anerkannt werden, wenn der Erblasser im Zeitpunkt der Schenkung nicht bereits auf andere Weise gut versorgt ist[48]. Stehen sich der Wert der Schenkung und die Pflicht des Dritten zu Versorgungsleistungen vollentgeltlich gegenüber, fehlt es bereits am Merkmal der Schenkung[49]. Aber auch dann, wenn die Vermögensübertragung ganz oder teilweise unentgeltlich ist oder der Dritte überhaupt keine Leistungspflicht übernimmt, ist die Verfügung des Erblassers zulässig[50]. Die Art der erwarteten Versorgungsleistung kann dabei in Pflege- oder sonstigen Dienstleistungen, Gewährung von Wohn- oder Nießbrauchsrechten oder wiederkehrenden Leistungen, insbes Rentenzahlungen, oder jeder anderen Leistung bestehen. Selbst das Motiv des Erblassers, den Beschenkten (zB Ehefrau) stärker an seine Person zu binden, genügt[51]. Nicht erforderlich ist, dass der Dritte sich zu diesen Leistungen rechtlich verpflichtet. Es reicht aus, wenn der Erblasser damit rechnen durfte, dass seine Verfügung den anderen zu deren Erbringung veranlassen würde[52], und zwar selbst dann, wenn diese Erwartung später enttäuscht wird. Dieser Versorgungsgesichtspunkt gewinnt mit zunehmendem Alter des Erblassers stärkere Bedeutung[53]. Dem Erblasser kann auch nicht vorgehalten werden, dass er seine Altersversorgung durch eine entsprechende Zuwendung an den Vertragserben hätte sichern können[54]. **14**

cc) Schenkungen aus Mildtätigkeit. Schenkungen des Erblassers an Dritte, auch Stiftungen, hat der Vertragserbe grds hinzunehmen, wenn sie aus mildtätigen Motiven heraus erfolgt und einen angemessenen Umfang nicht überschreiten[55]. Ein wesentliches Kriterium der Angemessenheit ist dabei, ob und in welchem Umfang der Erblasser vor der zu beurteilenden Schenkung solche Zuwendungen erbracht hat. Auch macht es einen Unterschied, ob der Erblasser ohne besonderen Anlass oder in einem akuten Notfall hilft. **15**

dd) Schenkungen nur aus dem Ertrag. Erfolgt die Schenkung nur aus dem Ertrag des Vermögens, nicht dagegen zu Lasten der Substanz, so ist grds davon auszugehen, dass der Erblasser ohne Beeinträchtigungsabsicht handelte[56]. **16**

ee) Vorweggenommene Erbfolge mit Ausgleichsfunktion. Der Erblasser ist grds berechtigt, sein Vermögen im Wege der vorweggenommenen Erbfolge durch Rechtsgeschäft unter Lebenden auf einen Vertragserben zu übertragen, sofern er durch eine Ausgleichsanordnung sichergestellt hat, dass der andere Vertragserbe – gemessen am dem Erbvertrag zugrundeliegenden Maßstab – nicht zu kurz kommt (Rn 7). Ein berechtigtes Eigeninteresse, das die Beeinträchtigungsabsicht iS des § 2287 Abs 1 entfallen lässt, kann bei einer Vermögensübertragung unter Lebenden auch darin bestehen, dass der erbvertraglich gebundene Erblasser im Interesse der Gleichbehandlung der Vertragserben und des **17**

---

[41] BGHZ 85, 274, 283 f; BGH ZEV 1996, 25, 26.
[42] OLG Köln NJW-RR 1996, 327, 328.
[43] Vgl BGH NJW 1982, 1100.
[44] BGH NJW-RR 2005, 1462, 1463; NJW 1976, 749; MünchKommBGB/*Musielak* Rn 15.
[45] OLG Köln NJW-RR 1996, 327, 328; aA OLG Celle RNotZ 2006, 477: zweite Ehefrau.
[46] Vgl BGH WM 1980, 1366; OLG Koblenz OLGZ 1991, 235, 238.
[47] Vgl BGH NJW-RR 2005, 1462, 1463.
[48] Vgl. OLG Oldenburg vom 28. 2. 2007, 5 U 42/06, BeckRS 2007, 12485; FamRZ 1994, 1423, 1424.
[49] Vgl OLG Köln MittRhNotK 1995, 186, 187; MünchKommBGB/*Musielak* Rn 18.
[50] Vgl BGH NJW-RR 1996, 133; NJW 1992, 592.
[51] BGH NJW 1992, 2630.
[52] BGH NJW 1980, 2307; OLG Düsseldorf NJW-RR 1986, 806.
[53] BGH NJW 1982, 1100.
[54] *Johannsen* DNotZ 1977, Sonderheft S 94.
[55] Vgl MünchKommBGB/*Musielak* Rn 16.
[56] *Staudinger/Kanzleiter* Rn 4; *Reimann/Bengel/J. Mayer* Rn 16.

§ 2287

Rechtsfriedens einen vermeintlichen Wertverlust bei anderen Vermögensgegenständen ausgleichen und somit dem Erbvertrag Genüge tun will[57]. Haben jedoch alle Vertragserben in einem derartigen Vertrag erklärt, wertmäßig gleichgestellt zu sein, ist der Erblasser nicht mehr berechtigt, danach eingetretene Wertverschiebungen durch einseitige Vermögensübertragungen an einen Vertragserben auszugleichen[58].

18   **e) Einzelfälle des nicht anzuerkennenden Eigeninteresses.** Schwere **Verfehlungen** des Vertragserben berechtigen den Erblasser nicht zu freien Vermögensdispositionen. Das Gesetz hat für diese Fälle den Rücktritt vom Erbvertrag gemäß § 2294 als angemessenes Instrument zur Befreiung von der erbvertraglichen Bindung vorgesehen, so dass der Erblasser nur unter dessen Voraussetzungen sich vom Erbvertrag lösen kann. Wenn und soweit § 2294 dem Erblasser kein Rücktrittsrecht verleiht, können Verfehlungen des Vertragserben kein lebzeitiges Eigeninteresse des Erblassers an freien Vermögensdispositionen rechtfertigen. Eine nachträglich als ungerecht empfundene **Ungleichbehandlung** mehrerer Kinder ist ebenfalls nicht anzuerkennen, da dieses Interesse auf die Zeit nach dem Tod gerichtet ist[59].

19   **f) Nachträgliche Änderung der Interessenlage.** Das lebzeitige Eigeninteresse muss lediglich im Zeitpunkt der Schenkung gegeben sein. Es braucht nicht bis zum Erbfall fortzudauern. Das Eigeninteresse kann vor oder nach dem Abschluss des Erbvertrags entstanden sein[60]. Hat es allerdings bereits im Zeitpunkt der Errichtung des Erbvertrags bestanden, so ist dem Erblasser das Festhalten an der erbvertraglichen Bindung zuzumuten, wenn er diesen Gesichtspunkt schon damals in seine dem Vertragsschluss vorausgehenden Überlegungen einbezogen hatte. Nur im Falle der wesentlichen Veränderung der bei Vertragsschluss vorhandenen objektiven Sach- und Rechtslage kann ein lebzeitiges Eigeninteresse des Erblassers anerkannt werden. Ein Sinneswandel des Erblassers, insbes die Entwicklung intensiverer Beziehungen zum Beschenkten, rechtfertigt dagegen keine Freistellung von der erbvertraglichen Bindung[61].

20   **4. Kein Verzicht auf Anspruch.** Der Vertragserbe, der selbst Vertragspartner ist, kann bereits im notariell beurkundeten Erbvertrag auf den Rückforderungsanspruch gemäß § 2287 verzichten, es sei denn, dies verstößt ausnahmsweise gegen die guten Sitten (§ 138)[62]. Aber auch, wenn Vertragserbe und Vertragspartner verschiedene Personen sind, können die Beteiligten des Erbvertrags die Entstehung eines solchen Anspruchs ausschließen, indem sie die Erbeinsetzung mit einem Änderungsvorbehalt verknüpfen (vgl Rn 7). Stimmt der Vertragserbe einer Schenkung zu, so beseitigt dies die Beeinträchtigungsabsicht und lässt deshalb einen Anspruch gemäß § 2287 nicht entstehen (vgl Rn 9).

21   **5. Anfall der Erbschaft.** Der Anspruch entsteht – unabhängig von der Annahme – mit dem Tod des Erblassers. Schlägt jedoch der Anspruchsteller als Vertragserbe die Erbschaft aus, so entfällt der Anspruch mit Wirkung auf den Todestag wieder. Das Gleiche gilt, wenn der Vertragserbe für erbunwürdig erklärt wird.

III. Gläubiger des Anspruchs

22   Der Anspruch nach § 2287 gehört nicht zum Nachlass, sondern steht dem Vertragserben persönlich zu[63]. Er unterliegt zwar nicht der Verwaltungsbefugnis eines **Testamentsvollstreckers**[64]; im Falle des Obsiegens des Vertragserben ist der Gegenstand jedoch an einen Testamentsvollstrecker herauszugeben und von diesem nach Maßgabe des Erbvertrags zu verwalten[65]. Folgerichtig kann der Anspruch auch nicht in den Erbauseinandersetzungsvertrag einbezogen werden[66]. Hat der Erblasser **Vor- und Nacherbfolge** angeordnet, so steht der Anspruch bis zum Eintritt der Nacherbfolge nur dem Vorerben und von da an nur dem Nacherben zu[67]. Macht allerdings der Vorerbe den Anspruch erfolgreich geltend, so muss der zurückgegebene Gegenstand in die Vorerbschaft fallen, obwohl der Anspruch gemäß § 2287 ein persönlicher des Vorerben ist; andernfalls würde der beeinträchtigte Vertrags-Vorerbe sich besser stellen als er ohne die Verfügung des Erblassers stehen würde[68]. **Mehreren Vertragserben** steht der Anspruch des § 2287 nicht in Erbengemeinschaft zur gesamten Hand gemäß §§ 2032 ff, sondern im Falle der Teilbarkeit im Verhältnis der Erbteile in Bruchteilsgemeinschaft gemäß §§ 741 ff[69], andernfalls gemäß § 432 zu[70]. Jeder Erbe kann also den Anspruch selbst geltend machen, jedoch mit den aus diesen Regelungen ergebenden Besonderheiten. Bei Teilbarkeit ist der Anspruch daher auf Einräumung

---

[57] OLG Düsseldorf ZEV 2001, 110 m Anm *Kummer*; OLG Hamm ZEV 1999, 313.
[58] OLG Düsseldorf ZEV 2001, 110.
[59] BGH NJW-RR 2005, 1462, 1463; OLG Celle OLGR 2003, 326, 329.
[60] BGH NJW 1982, 1100; vgl OLG Frankfurt NJW-RR 1991, 1157, 1159; OLG Köln NJW-RR 1992, 200.
[61] BGH NJW 1982, 1100; NJW 1980, 2307; OLG Köln NJW-RR 1992, 200; MittRhNotK 1999, 348; MünchKommBGB/*Musielak* Rn 13; aA *Johannsen* DNotZ 1977, Sonderheft S 91, S 26.
[62] RGZ 148, 262; OLG München ZEV 2005, 61; OLG Köln ZEV 2003, 76; *Reimann/Bengel/J. Mayer* Rn 104; *Spanke* ZEV 2006, 485, 487; aA *Kipp/Coing* § 38 IV 2 c.
[63] BGH NJW 1980, 2461; NJW 1989, 2389; aA *Muscheler* FamRZ 1995, 1361.
[64] RG JW 1936, 251.
[65] *Muscheler* FamRZ 1995, 1361; *Palandt/Edenhofer* Rn 11.
[66] BGH FamRZ 1992, 665, 666.
[67] RG JW 1938, 2353.
[68] *Muscheler* FamRZ 1995, 1361; *Palandt/Edenhofer* Rn 12.
[69] BGH NJW 1980, 2461; NJW 1989, 2389, 2391; OLG Koblenz OLGZ 1991, 235, 236.
[70] *Waltermann* JuS 1993, 276, 278 f; *Reimann/Bengel/J. Mayer* Rn 97.

des der Erbquote entsprechenden Miteigentums gerichtet[71]. Alleineigentum kann ein Miterbe dagegen beanspruchen, wenn ihm der Gegenstand im Wege des Vermächtnisses oder der Teilungsanordnung allein zugewendet ist[72]. Bei Unteilbarkeit kann der Anspruch nur auf Herausgabe an alle Miterben gerichtet werden. Auch wenn der Herausgabeanspruch des § 2287 dem Vertragserben persönlich zusteht, so ist er ab dem Erbanfall doch vererblich und übertragbar. Weder der **Vertragspartner**, der nicht zugleich Vertragserbe ist, noch **Nachlassgläubiger** können den Anspruch des § 2287 geltend machen.

IV. Schuldner des Anspruchs

Der Anspruch richtet sich ausschließlich gegen den Beschenkten, niemals gegen den Erblasser selbst oder einen Miterben, soweit dieser nicht selbst eine Schenkung erhalten hat. Da § 2287 Abs 1 nur angesichts des Anspruchsumfangs auf das Recht der ungerechtfertigten Bereicherung verweist, ist umstritten, ob dem Vertragserben auch der selbstständige Anspruch des § 822 auf Herausgabe durch einen vom Empfänger beschenkten Dritten zusteht[73]. Gegen eine Anwendung spricht zwar, dass diese Norm nicht den Umfang des Bereicherungsanspruchs regelt, sondern eine eigene Anspruchsgrundlage schafft, aber der Schutzzweck des § 2287 gebietet doch, den Vertragserben gegenüber einem unentgeltlich bereicherten Dritten zu bevorzugen und im Rahmen des § 2287 auch eine Anspruchsgrundlage diesem gegenüber zu geben. 23

V. Inhalt des Anspruchs

1. Herausgabeanspruch. a) Grundsätze. Der Anspruch ist primär auf Herausgabe des auf Grund der Schenkung erlangten Gegenstands gerichtet. Die Herausgabe hat grds an den anspruchstellenden Vertragserben zu erfolgen. Unterliegt dessen Erbteil allerdings der Verwaltung durch einen Testamentsvollstrecker, so hat die Herausgabe an diesen zu erfolgen. Eine weitere Ausnahme besteht für den Fall, dass der Anspruchsteller nur Miterbe und der Gegenstand seiner Art nach unteilbar ist: dann kann die Herausgabe an alle Miterben gefordert werden, es sei denn, der Gegenstand ist im Wege des Vermächtnisses oder der Teilungsanordnung dem Anspruchsteller allein zugewendet. Da § 2287 Abs 1 nur wegen des Umfangs auf die Vorschriften über die ungerechtfertigte Bereicherung verweist, finden lediglich die §§ 818 bis 821 Anwendung, nicht dagegen § 812 bis einschließlich § 817. Der Beschenkte kann sich damit vor allem auf die Entreicherung gemäß § 818 Abs 3 berufen. Wegen der Einzelheiten wird auf die Kommentierung zu den §§ 818 bis 821 verwiesen. Die verschärfte Haftung gemäß § 819 tritt dabei im Rahmen des § 2287 Abs 1 ein, sobald der Beschenkte vom Widerspruch der Schenkung zur erbvertraglichen Bindung und von den Tatsachen, aus denen sich die Beeinträchtigungsabsicht ableitet, erfährt[74]. Erfährt der Beschenkte bereits vor dem Erbfall hiervon, so tritt die Haftung mit dem Erbfall ein[75]. Der Anspruch ist dabei der Höhe nach auf die Beseitigung der durch die Schenkung erfolgten Beeinträchtigung begrenzt, und zwar auch dann, wenn der Erblasser eine darüber hinausgehende Benachteiligung beabsichtigt haben sollte[76]. Ist der Beschenkte selbst pflichtteilsberechtigt, so kann die Herausgabe nur Zug um Zug gegen Auszahlung des Pflichtteils gefordert werden[77]. 24

b) Herausgabe eines Schenkungsversprechens. Nach hier vertretener Auffassung (vgl Rn 4) gilt § 2287 auch für bis zum Tode des Erblassers nicht erfüllte Schenkungsversprechen. Bei diesen kann der Vertragserbe sowohl die Rückgabe des Versprechens, also die Befreiung von der Verbindlichkeit, verlangen, als auch die Erfüllung des Versprechens verweigern. Das Leistungsverweigerungsrecht steht ihm dabei auch nach Verjährung des Herausgabe- bzw Befreiungsanspruchs gemäß § 2287 Abs 2 (vgl Rn 28) zu. 25

c) Anspruch bei gemischter Schenkung oder Auflagenschenkung. Bei derartigen Schenkungen kann die Herausgabe des Gegenstands nur verlangt werden, wenn der unentgeltliche Teil überwiegt. Andernfalls ist der Anspruch auf Ersatz des Differenzbetrags zwischen dem Wert des Geschenks und dem der tatsächlich erbrachten Gegenleistung gerichtet[78]. Richtiger Ansicht nach steht dem Vertragserben dabei kein freies Wahlrecht zwischen beiden Möglichkeiten zu. Wegen der damit verbundenen Wertverschiebung darf ein vorbehaltener Nießbrauch nicht mit seinem kapitalisierten Wert abgezogen werden[79]. 26

2. Auskunftsanspruch. Nicht § 2287, wohl aber § 242 gewährt dem Vertragserben nach dem Tod des Erblassers ein Recht auf Auskunft durch den Beschenkten, wenn und soweit jener die Anspruchsvoraussetzungen des § 2287 schlüssig und substantiiert dargelegt hat[80]. Die Anforderungen an die 27

---

[71] BGH NJW 1982, 43.
[72] OLG Frankfurt NJW-RR 1991, 1157; *Palandt/Edenhofer* Rn 12; aA *Waltermann* JuS 1993, 276.
[73] Dafür *Reimann/Bengel/J. Mayer* Rn 96; MünchKommBGB/*Musielak* Rn 21 mwN; dagegen *Staudinger/Kanzleiter* Rn 23.
[74] MünchKommBGB/*Musielak* Rn 21 mwN.
[75] MünchKommBGB/*Musielak* Rn 21; *Brox/Walker* Rn 157; einschränkend *Reimann/Bengel/J. Mayer* Rn 26: evidenter Missbrauch; *Soergel/M. Wolf* Rn 25: Kenntnis der Absicht.
[76] BGH FamRZ 1989, 175.
[77] BGH NJW 1984, 121.
[78] Diff *Keim* ZEV 2002, 93, 94.
[79] *Keim* ZEV 2002, 93, 94; vgl BGHZ 82, 274; BGH FamRZ 1989, 175.
[80] BGH NJW 1986, 1755; *Spanke* ZEV 2006, 485, 486 f.

§ 2287   Buch 5. Abschnitt 4. Erbvertrag

Darlegungspflicht steigen dabei umso höher, je konkreter der Beschenkte ein lebzeitiges Eigeninteresse des Erblassers behauptet[81]. Dagegen hat der Vertragserbe keinen Anspruch auf Ausforschung einzelner Voraussetzungen, insbes auf Mitteilung von Schenkungen[82]. Zielt der Anspruch wegen der Umwandlung gemäß § 818 Abs. 2 auf Wertersatz, so kann der Anspruchsteller gemäß § 242 Auskunft über den Wert des veräußerten Vermögensgegenstands verlangen[83]. Für eine Auskunftsklage, mit welcher der Kläger Gegenansprüche in Erfahrung bringen will, um von vornherein einem Zurückbehaltungsrecht des Beklagten zu begegnen, besteht dagegen kein Rechtsschutzbedürfnis[84].

VI. Sicherung des Anspruchs

28   Zu Lebzeiten des Erblassers kann der künftige Anspruch aus § 2287 Abs 1 weder durch Arrest, noch durch einstweilige Verfügung, noch durch Vormerkung im Grundbuch gesichert werden[85]. Dagegen ist eine Klage des Vertragserben auf Feststellung der Rückforderbarkeit gemäß § 2287 gegen den Beschenkten – nicht gegen den Erblasser – zulässig, wenn nach dem Inhalt des Erbvertrags das Erbrecht nicht mehr entzogen werden kann[86].

VII. Verjährung (Abs 2)

29   Die kurze dreijährige Verjährungsfrist beginnt ohne Rücksicht darauf, ob und wann der Vertragserbe von der Schenkung erfährt, mit dem Tod des Erblassers. Diese Regelung gilt sowohl für den Herausgabeanspruch als auch für den Auskunfts- und sonstige Nebenansprüche[87]. Anders als bei § 2325 Abs 3 kann die Schenkung auch mehr als zehn Jahre vor dem Tode erfolgt sein.

VIII. Beweisfragen

30   Die Beweislast für die Anspruchsvoraussetzungen, insbes für die Schenkung und für das Handeln in Beeinträchtigungsabsicht[88], trägt der Anspruchsteller. Bei einem auffallenden, groben Missverhältnis zwischen Leistung und Gegenleistung spricht jedoch eine tatsächliche Vermutung für eine Schenkung[89]. Hat der Anspruchsteller das fehlende lebzeitige Eigeninteresse schlüssig und substantiiert behauptet, so muss zunächst der Beschenkte seinerseits schlüssig Umstände darlegen, die auf das Vorhandensein eines solchen Interesses des Erblassers schließen lassen. Dann erst trifft den Anspruchsteller die volle Beweislast[90].

IX. Konkurrierende Anspruchsgrundlagen

31   Nach hier (Rn 3) vertretener Auffassung kann sich der Vertragserbe bei seinem Anspruch sowohl auf § 2287 als auch auf §§ 812ff stützen. Ein mit erbvertraglicher Bindungswirkung eingesetzter Nacherbe kann sich gegen unentgeltliche Geschäfte des Vorerben außer auf Grund des § 2287 auch durch den Anspruch gemäß § 2113 Abs 2 zur Wehr setzen[91]. Ist der Vertragserbe zugleich pflichtteilsberechtigt, so tritt der Anspruch gemäß § 2287 zu dem Pflichtteilsergänzungsanspruch gegen einen beschenkten Miterben gemäß § 2325 oder gegen den Beschenkten nach § 2329 hinzu. § 2287 regelt den Schutz der Erberwartung auf Grund Erbvertrags bzw gemeinschaftlichen Testaments abschließend, so dass für eine Anwendung des § 826 kein Raum mehr ist[92]. Verstößt das Rechtsgeschäft jedoch in sittenwidriger Weise gegen einen zur Sicherung des Vertragserben geschlossenen Verfügungsunterlassungsvertrag, so kann dieser die auf Grund der Verfügung erlangte Bereicherung gemäß §§ 812ff zurückverlangen[93].

X. Erbschaftsteuer

32   Mit Wirkung vom 29. 2. 1992 hat der Gesetzgeber eine durch die Entscheidung des BFH vom 6. 3. 1991 (BStBl II S 412) aufgetretene Regelungslücke in der Besteuerung dieses Bereicherungsanspruchs geschlossen. Seitdem ist gemäß § 3 Abs 2 Nr 7 ErbStG auch der Herausgabeanspruch des Vertragserben gemäß § 2287 als Erwerb von Todes wegen erbschaftsteuerpflichtig. Trotz der ausdrücklichen Bezugnahme des Gesetzes auf den „Vertragserben" erstreckt sich die Steuerpflicht auch auf denjenigen, der durch eine wechselbezügliche Verfügung in einem gemeinschaftlichen Testament begünstigt ist[94].

---

[81] BGH NJW 1986, 1755.
[82] BGHZ 61, 180, 185; BGH NJW 1986, 1755, 1756.
[83] *Erman/Schmidt* Rn 11; *Spanke* ZEV 2006, 485, 487 mwN; aA AnwK-BGB/*Seiler* Rn 79.
[84] OLG Zweibrücken NJW-RR 2004, 1726.
[85] BayObLGZ 1952, 290; OLG Koblenz MDR 1987, 935; *Reimann/Bengel/J. Mayer* Rn 76; aA *Hohmann* ZEV 1994, 133 mwN.
[86] OLG Koblenz MDR 1987, 935; *Staudinger/Kanzleiter* Rn 18 f; *Hohmann* ZEV 1994, 133 mwN; einschränkend OLG München NJW-RR 1996, 328; *Soergel/Wolf* Rn 19; aA OLG Schleswig OLGR 2003, 89.
[87] Vgl OLG Köln ZEV 2000, 108.
[88] Vgl BGH NJW 1976, 749.
[89] BGH NJW 1982, 43.
[90] BGH NJW 1986, 1755; OLG Köln FamRZ 1992, 607; ZErb 2003, 21.
[91] Vgl OLG Celle MDR 1948, 142.
[92] BGH NJW 1989, 2389; *Schubert* JR 1990, 159; *Kohler* FamRZ 1990, 464; *Hohloch* JuS 1989, 1017.
[93] BGH NJW 1991, 1952.
[94] BFH ZEV 2000, 461, 462.

XI. Recht in den neuen Bundesländern

Das ZGB der ehemaligen DDR kannte einen dem § 2287 vergleichbaren Anspruch nicht. Da sich gemäß Art 235 § 2 EGBGB bei vor dem 3. 10. 1990 errichteten gemeinschaftlichen Testamenten die Bindungswirkung nach dem ZGB richtet, kann sich ein darin eingesetzter Erbe nicht auf § 2287 stützen[95]. 33

§ 2288 Beeinträchtigung des Vermächtnisnehmers

(1) Hat der Erblasser den Gegenstand eines vertragsmäßig angeordneten Vermächtnisses in der Absicht, den Bedachten zu beeinträchtigen, zerstört, beiseite geschafft oder beschädigt, so tritt, soweit der Erbe dadurch außerstande gesetzt ist, die Leistung zu bewirken, an die Stelle des Gegenstands der Wert.

(2) [1]Hat der Erblasser den Gegenstand in der Absicht, den Bedachten zu beeinträchtigen, veräußert oder belastet, so ist der Erbe verpflichtet, dem Bedachten den Gegenstand zu verschaffen oder die Belastung zu beseitigen; auf diese Verpflichtung findet die Vorschrift des § 2170 Abs. 2 entsprechende Anwendung. [2]Ist die Veräußerung oder die Belastung schenkweise erfolgt, so steht dem Bedachten, soweit er Ersatz nicht von dem Erben erlangen kann, der im § 2287 bestimmte Anspruch gegen den Beschenkten zu.

Schrifttum: *Schermann*, Der Schutz des Vermächtnisnehmers im gemeinschaftlichen Testament und Ehegattenerbvertrag, 2006; *Skibbe*, Schenkung in Beeinträchtigungsabsicht zu Lasten des mit einem Vorausvermächtnis bedachten Vertragserben, ZEV 1997, 425.

Übersicht

	Rn		Rn
I. Normzweck und Geltungsbereich	1	1. Veräußerungs- und Belastungsgeschäfte	8
II. Wertersatzanspruch wegen tatsächlicher Beeinträchtigung (Abs 1)	2	2. Beeinträchtigungsabsicht	9
1. Beeinträchtigungshandlung	2	3. Anspruch gegen den Erben	10
2. Unmöglichkeit der Vermächtniserfüllung	3	IV. Bereicherungsanspruch gegen den Beschenkten (Abs 2 S 2)	12
3. Beeinträchtigungsabsicht	4		
4. Wertersatzanspruch	5		
III. Verschaffungs- oder Wertersatzanspruch wegen Veräußerung oder Belastung (Abs 2 S 1)	8	V. Ausschluss, Verjährung, Beweislast und Auskunft	14

I. Normzweck und Geltungsbereich

Die Norm will den Vermächtnisnehmer vor einem Missbrauch der dem Erblasser durch § 2286 zugesagten lebzeitigen Verfügungsfreiheit schützen. Der Schutz des Vermächtnisnehmers gemäß § 2288 geht dabei über den des Erben durch die sachlich verwandte Bestimmung des § 2287 hinaus: der Vermächtnisnehmer wird auch vor tatsächlichen Einwirkungen und vor entgeltlichen Veräußerungsgeschäften geschützt[1]. Der auf Leistung des vermachten Gegenstands gerichtete Anspruch wird durch § 2288 in einen Anspruch auf Wertersatz (Abs 1) oder auf Verschaffung (Abs 2 S 1) umgewandelt. Im Falle der Veräußerung oder Belastung des vermachten Gegenstands führt diese Norm zum gleichen Ergebnis wie die von Anfang an als **Verschaffungsvermächtnis** gewollte letztwillige Verfügung (§ 2170). Deshalb kommt beim Verschaffungsvermächtnis nur dem Anspruch wegen tatsächlicher Beeinträchtigung gemäß § 2288 Abs 1 selbstständige Bedeutung zu[2]. Auch im Rahmen dieser Norm genießt die **Schenkung** einen geringeren Bestandsschutz als ein entgeltliches Rechtsgeschäft, so dass bei unentgeltlicher Veräußerung oder Belastung gemäß Abs 2 S 2 der Beschenkte zur Herausgabe der ungerechtfertigten Bereicherung gemäß § 2287 verpflichtet ist. § 2288 ist zwar auf das Vermächtnis eines bestimmten Gegenstands (Stückvermächtnis) zugeschnitten, kann jedoch auch beim **Geld- oder Gattungsvermächtnis** Bedeutung erlangen, wenn der Erblasser die Leistung der Gattung in tatbestandsmäßiger Weise unmöglich gemacht hat[3]. Auch das **Vorausvermächtnis** an einen Miterben oder an einen Vorerben (§ 2110 Abs 2) genießt den erhöhten Schutz des § 2288, der als lex specialis insoweit die Anspruchsgrundlage des § 2287 verdrängt. Nur einem Vermächtnisnehmer gewährt § 2288 rechtlichen Schutz, nicht dagegen einem durch eine **Auflage**[4] oder durch eine **Teilungsanordnung**[5] Begünstigten. Nach derjenigen Auffassung, die eine Teilungsanordnung als integrierten Bestand-

1

---

[95] Vgl *Keller* NotBZ 2001, 385.
[1] Ausf auch zur Entstehungsgeschichte *Schermann* S 183 ff.
[2] *Staudinger/Kanzleiter* Rn 16; *Planck/Greiff* Anm 1.
[3] Vgl BGH NJW 1990, 2063.
[4] MünchKommBGB/*Musielak* Rn 7 mwN; aA *Soergel/M. Wolf* Rn 1: für analoge Anwendung.
[5] OLG Frankfurt NJW-RR 1991, 1157, 1159.

§ 2288

teil der Erbeinsetzung ansieht (vgl § 2270 Rn 4; § 2278 Rn 1), genießt der dadurch begünstigte Miterbe den Schutz durch § 2287. Die Vorschrift ist auf wechselbezügliche Verfügungen in **gemeinschaftlichen Testamenten** analog anzuwenden.

II. Wertersatzanspruch wegen tatsächlicher Beeinträchtigung (Abs 1)

2 1. **Beeinträchtigungshandlung.** Die Anspruchsgrundlage des § 2288 Abs 1 verlangt eine tatsächliche Handlung des Erblassers, die den Gegenstand des Vermächtnisses substantiell vernichtet, in seinem Wert mindert oder auf eine andere Art als durch Veräußerung (vgl Abs 2) aus seinem Vermögen ausscheidet. Gleichzustellen ist der Untergang des Vermächtnisgegenstands durch Verbrauch, Verarbeitung, Verbindung oder Vermischung[6]. Nach zutreffender Auffassung hat der Vermächtnisnehmer keinen Anspruch darauf, dass der Erblasser den Vermächtnisgegenstand in seinem Wert erhält[7]. Der Vermächtnisnehmer hat auf Grund des Erbvertrags lediglich Anspruch auf den Vermächtnisgegenstand, in dem er sich bei Anfall befindet[8]. Deshalb sind **Unterlassungen** nicht tatbestandsmäßig[9]. Die beeinträchtigende Handlung muss zwischen der Errichtung des Erbvertrags und dem Erbfall stattgefunden haben, weil erst der Abschluss die rechtliche Grundlage dieses Anspruchs schafft; bei einem Schlussvermächtnis iS des § 2269 Abs 2 muss der Erblasser nach dem 1. Erbfall gehandelt haben[10].

3 2. **Unmöglichkeit der Vermächtniserfüllung.** Ist der Erbe trotz dieser Beeinträchtigungshandlung des Erblassers, also insbes im Falle des Beiseiteschaffens, noch in der Lage den vermachten Gegenstand zu verschaffen, so ist er hierzu gemäß § 2174 verpflichtet. Erst dann, wenn er hierzu außerstande ist, kann der Vermächtnisnehmer den Wertersatzanspruch gemäß § 2288 Abs 1 geltend machen. Dem Vermächtnisnehmer steht kein Wahlrecht zwischen Erfüllungs- und Wertersatzanspruch zu.

4 3. **Beeinträchtigungsabsicht.** Ob der Erblasser in Beeinträchtigungsabsicht gehandelt hat, richtet sich nach den gleichen Maßstäben wie bei § 2287[11]. Das lebzeitige Eigeninteresse muss die tatsächliche Einwirkung oder – im Falle des Abs 2 – die Veräußerung erfordern. Dieses Interesse fehlt deshalb immer dann, wenn der Erblasser den erstrebten Erfolg auch durch eine für den Vermächtnisnehmer weniger nachteilige Maßnahme hätte erreichen können[12]. Im Übrigen wird auf § 2287 Rn 9 verwiesen. Die Beeinträchtigungsabsicht ist ausgeschlossen, wenn der Vermächtnisnehmer der Einwirkung bzw der Veräußerung zugestimmt hat. Nach zutreffender hM muss die Zustimmung notariell beurkundet werden, weil sie in ihrer Wirkung dem formgebundenen Zuwendungsverzicht iS des § 2352 gleichkommt[13].

5 4. **Wertersatzanspruch.** Der Anspruch auf Wertersatz entsteht – unabhängig von der Annahme – mit dem Tod des Erblassers. Schlägt jedoch der Anspruchsteller das Vermächtnis aus, so entfällt der Anspruch mit Wirkung auf den Todestag wieder.

6 Der Anspruch gemäß § 2288 Abs 1 richtet sich gegen den Erben und bei einer Erbengemeinschaft gegen diese zur gesamten Hand. Hat der Erblasser jedoch nur einen oder mehrere Miterben mit dem Vermächtnis beschwert, so haften – entgegen der hM[14] – nur diese, nicht jedoch die gesamte Erbengemeinschaft auf Wertersatz gemäß § 2288 Abs 1[15]. Die Argumentation der hM, dass die Erbengemeinschaft für das beeinträchtigende Verhalten des Erblassers gesamthänderisch einzustehen habe, übersieht, dass der Wertersatzanspruch nach der Formulierung des Gesetzes nur ein Surrogat des Vermächtniserfüllungsanspruchs darstellt, also nicht weiter als dieser gehen kann. Auch der Umstand, dass der Wertersatzanspruch gemäß § 2288 Abs 2 S 1 HS 2 iVm § 2170 Abs 2 sich eindeutig gegen den Beschwerten richtet, spricht wegen der systematischen Zusammenfassung beider Anspruchsgrundlagen in einem Paragrafen für die hier vertretene Auffassung. Umstritten ist ferner, ob § 2288 Abs 1 auch dann eingreift, wenn mit dem Vermächtnis nicht der Erbe, sondern nur ein Vermächtnisnehmer im Wege des Untervermächtnisses beschwert ist[16]. Die vergleichbare Interessenlage rechtfertigt in diesem Falle die analoge Anwendung dieser Vorschrift. Dabei richtet sich der Anspruch nach hier vertretener Auffassung ausschließlich gegen den beschwerten Vermächtnisnehmer, nicht gegen den Erben oder die Erbengemeinschaft.

7 Der Anspruch ist im Falle der Vernichtung oder Beiseiteschaffung auf Ersatz des Verkehrswerts des vermachten Gegenstands, den dieser bei Anfall des Vermächtnisses gehabt hätte, und im Falle der Beschädigung auf Herausgabe des beschädigten Gegenstands und Zahlung des Unterschiedsbetrags zwischen dessen hypothetischem Verkehrswert und dem tatsächlichen Wert der Leistung gerichtet[17].

---

[6] Vgl BGH NJW 1994, 317.
[7] BGH NJW 1994, 317; *Staudinger/Kanzleiter* Rn. 9.
[8] AM *Siegmann* ZEV 1994, 38, 39; *Hohmann* MittBayNot 1994, 231, 232; MünchKommBGB/*Musielak* Rn 2.
[9] AA *Schermann* S 195 f.
[10] *Schermann* S 192 f.
[11] BGH NJW-RR 1998, 577, 578; NJW 1984, 731: Veräußerung; *Staudinger/Kanzleiter* Rn 17; MünchKommBGB/*Musielak* Rn 4; für Differenzierung *Reimann/Bengel/J. Mayer* Rn 19; *Schermann* S 217.
[12] BGH NJW 1984, 731: Veräußerung.
[13] Vgl § 2287 Rn 9; speziell zu § 2288: wie hier *Schermann* S 213 f; aA *Staudinger/Kanzleiter* Rn 18.
[14] BGHZ 26, 274, 279 f; MünchKommBGB/*Musielak* Rn 9; *Palandt/Edenhofer* Rn 2.
[15] *Reimann/Bengel/J. Mayer* Rn 7; *Soergel/M. Wolf* Rn 3.
[16] MünchKommBGB/*Musielak* Rn 9; *Reimann/Bengel/J. Mayer* Rn 7.
[17] MünchKommBGB/*Musielak* Rn 5.

III. Verschaffungs- oder Wertersatzanspruch wegen Veräußerung oder Belastung (Abs 2 S 1)

1. Veräußerungs- und Belastungsgeschäfte. Hat der Erblasser den Gegenstand an Dritte veräußert, und zwar ohne Rücksicht auf eine Gegenleistung (zB Verkauf, Tausch, Schenkung, Ehegattenzuwendung), oder mit Rechten Dritter belastet (zB Grundpfandrecht), so kann der Vermächtnisnehmer dessen Verschaffung bzw Lastenfreistellung vom Erben fordern. Beide Begriffe sind nicht technisch eng sondern entsprechend dem Schutzzweck der Norm weit auszulegen. Sie erfassen alle Geschäfte, die darauf gerichtet sind, dem Vermächtnisnehmer den Gegenstand wirtschaftlich zu entziehen[18]. Auch die Veräußerung im Wege der Zwangsversteigerung oder durch den Insolvenzverwalter kann deshalb diesen Tatbestand erfüllen, wenn nachgewiesen wird, dass der Erblasser **die Versteigerung bzw die Insolvenz** in der Absicht herbeigeführt hat, den vermachten Gegenstand dem Vermächtnisnehmer zu entziehen[19]. Die Einräumung eines **obligatorischen Nutzungsrechts** (zB Miete, Pacht) kann dann als Belastung im Sinne dieser Norm verstanden werden, wenn dessen konkrete Ausgestaltung einem dinglichen Recht gleichsteht und der Vermächtnisnehmer von der Nutzung auf Dauer oder doch zumindest auf erhebliche Zeit ausgeschlossen ist[20].

2. Beeinträchtigungsabsicht. Wie im Falle des Abs 1 muss der Erblasser dabei in Beeinträchtigungsabsicht gehandelt haben (vgl Rn 4). Allerdings spricht im Rahmen des § 2288 Abs 2 S 1 für eine Beeinträchtigungsabsicht bereits die Tatsache der Veräußerung oder Belastung des vermachten Gegenstands in dem Bewusstsein, dass damit dem Vermächtnis der Boden entzogen wird und dass die Gegenleistung für die Veräußerung bzw Belastung keinen Ersatz für den Vermächtnisnehmer darstellt[21]. Ein lebzeitiges Eigeninteresse des Erblassers an der Veräußerung oder Belastung kann nur bejaht werden, wenn der erstrebte Zweck nur durch diese, nicht aber auch durch andere wirtschaftliche Maßnahmen erreicht werden konnte[22].

3. Anspruch gegen den Erben. Der Anspruch richtet sich – wie der Verweis auf § 2170 Abs 2 belegt – gegen den mit dem Vermächtnis Beschwerten. Dies ist der Erbe und im Falle einer Erbengemeinschaft diese zur gesamten Hand. Hat der Erblasser jedoch nur einen oder mehrere Miterben mit dem Vermächtnis beschwert, so haften – entgegen der hM[23] – nur diese, nicht jedoch die gesamte Erbengemeinschaft auf Verschaffung bzw Lastenfreistellung und hilfsweise Wertersatz gemäß §§ 2288 Abs 2 S 1, 2170 Abs 2. Nur im Falle der Veräußerung im Wege der Schenkung besteht auch ein selbstständiger Anspruch gemäß § 2288 Abs 2 S 2 gegen den Beschenkten (vgl Rn 12). Der Anspruch entsteht erst mit dem Tod des Erblassers und entfällt mit der Ausschlagung des Vermächtnisses (vgl Rn 5).

Der Anspruchsteller kann in erster Linie die Verschaffung des vermachten Gegenstands oder dessen Lastenfreimachung verlangen (§ 2288 Abs 2 S 1 HS 1). Ist dem Beschwerten dies unmöglich oder nur mit unverhältnismäßigem Aufwand möglich, so ist der Anspruch gemäß § 2170 Abs 2 auf Wertersatz gerichtet.

IV. Bereicherungsanspruch gegen den Beschenkten (Abs 2 S 2)

Hat der Erblasser den vermachten Gegenstand in Beeinträchtigungsabsicht (vgl Rn 4) im Wege der Schenkung (vgl § 2287 Rn 2) veräußert oder belastet, so gewährt Abs 2 S 2 dem Vermächtnisnehmer einen unmittelbaren Verschaffungs- bzw Lastenfreistellungsanspruch gegen den Beschenkten. Dieser Anspruch ist jedoch gegenüber dem gegen den Beschwerten gerichteten Anspruch aus Abs 2 S 1 subsidiär: Kann der Beschwerte den Gegenstand nicht verschaffen oder von Lasten freistellen und keinen Wertersatz erlangen, so ist der Beschenkte verpflichtet, nach den über § 2287 anzuwendenden Vorschriften der §§ 818 ff das Geschenk herauszugeben (vgl § 2287 Rn 23 ff). Aus welchem Grunde der Beschwerte hierzu nicht in der Lage ist, ist ohne Bedeutung. Es genügt daher, wenn der Erbe sich auf die Beschränkung seiner Haftung beruft und der Nachlass zur Erfüllung nicht ausreicht. Der Normzweck gebietet die Anwendung dieser Anspruchsgrundlage auch für den Fall, dass der Erblasser bei einem Geld- oder sonstigen Gattungsvermächtnis sein Vermögen in Beeinträchtigungsabsicht in einem Umfang verringert hat, dass dieses nicht mehr erfüllt werden kann[24]. Der Anspruch entsteht erst mit dem Tod des Erblassers und entfällt mit der Ausschlagung des Vermächtnisses (vgl Rn 5).

Auch der **Vorausvermächtnisnehmer** hat einen Anspruch aus § 2288 Abs 2 S 2 gegen den Beschenkten[25]. Ist der Vorausvermächtnisnehmer zugleich auch der alleinige Vorerbe, kann er mit Wirkung gegenüber dem Nacherben auf Grund dieser Vorschrift den Wertersatz dem Nachlass entnehmen[26]. Bei einer Erbenmehrheit steht dem Vorausvermächtnisnehmer dieser Wertersatzanspruch gegen die Erbengemeinschaft zu[27]. Kann er in diesem Fall keinen vollen Ersatz verlangen, kann der Vorausvermächtnisnehmer den Anspruch gegen den Beschenkten aus § 2288 Abs 2 S 2 geltend machen[28].

---

[18] *Schermann* S 200.
[19] *Schermann* S 200.
[20] Weitergehend *Schermann* S 199 f.
[21] BGH NJW-RR 1998, 577, 578.
[22] BGH NJW 1984, 731.
[23] BGHZ 26, 274, 279 f; MünchKommBGB/*Musielak* Rn 9.
[24] BGH NJW 1990, 2063; *Reimann/Bengel/J. Mayer* Rn 9, 34; MünchKommBGB/*Musielak* Rn 5; aA *Planck/Greiff* Anm 1.3.
[25] OLG Köln ZEV 1997, 423, 425; *Lange/Kuchinke* § 25 V 11 b; *Reimann/Bengel/J. Mayer* Rn 5.
[26] *Reimann/Bengel/J. Mayer* Rn 5.
[27] *Lange/Kuchinke* § 25 V 11 b.
[28] *Reimann/Bengel/J. Mayer* Rn 5.

§ 2289

V. Ausschluss, Verjährung, Beweislast und Auskunft

14 Da das Recht des Erblassers, sich erbrechtlich durch einen Erbvertrag oder ein gemeinschaftliches Testament zu binden, Ausfluss der Testier- und Vertragsfreiheit ist, kann es nicht zweifelhaft sein, dass die Beteiligten bei deren Errichtung auch über die Rechtsfolgen des § 2288 frei **disponieren** können[29]. **Nach dem Erbfall** kann zwischen dem Erben bzw Beschenkten und dem Vermächtnisnehmer ein Erlassvertrag gemäß § 397 formlos geschlossen werden. **Vor dem Erbfall** kommt nach hier vertretener Auffassung ein Verzicht nur in der Form eines Zuwendungsverzichtsvertrags gemäß § 2352 in Frage, der die tatbestandsmäßige Voraussetzung der Beeinträchtigungsabsicht entfallen lässt (Rn 4).

15 Der Anspruch **verjährt** gemäß § 197 Abs 1 Nr 2 nach 30 Jahren, da sie Leistungs-, nicht aber Schadensersatzcharakter haben[30]. Der Bereicherungsanspruch gegen den Beschenkten gemäß § 2288 Abs 2 S 2 verjährt im Unterschied zum Ersatzanspruch gegen den Beschwerten bereits nach drei Jahren (§ 2287 Abs 2).

16 Bei einem Anspruch gemäß § 2288 Abs 2 S 1 spricht bereits die Tatsache der Veräußerung oder Belastung für das Vorhandensein einer Beeinträchtigungsabsicht des Erblassers[31]. Hat der Anspruchsteller das fehlende lebzeitige Eigeninteresse schlüssig und substantiiert behauptet, so muss zunächst der Erbe bzw der Beschenkte seinerseits schlüssig Umstände darlegen, die auf das Vorhandensein eines solchen Interesses des Erblassers schließen lassen. Dann erst trifft den Anspruchsteller die volle **Beweislast**[32].

17 Dem Vermächtnisnehmer muss auf der Grundlage des § 242 ebenso wie dem Erben im Rahmen des § 2287 (Rn 27) ein **Auskunftsanspruch** gegen den Erben über den Verbleib des vermachten Gegenstands zugebilligt werden[33]. Hier wie dort ist allerdings zwischen dem berechtigten Auskunftsverlangen und dem unzulässigen Ausforschungsbegehren zu unterscheiden. Der Anspruchsteller muss substantiiert darlegen, dass ihm ein Verschaffungs- oder Wertersatzanspruch gemäß § 2288 zusteht.

§ 2289 Wirkung des Erbvertrags auf letztwillige Verfügungen; Anwendung von § 2338

(1) ¹Durch den Erbvertrag wird eine frühere letztwillige Verfügung des Erblassers aufgehoben, soweit sie das Recht des vertragsmäßig Bedachten beeinträchtigen würde. ²In dem gleichen Umfang ist eine spätere Verfügung von Todes wegen unwirksam, unbeschadet der Vorschrift des § 2297.

(2) Ist der Bedachte ein pflichtteilsberechtigter Abkömmling des Erblassers, so kann der Erblasser durch eine spätere letztwillige Verfügung die nach § 2338 zulässigen Anordnungen treffen.

Schrifttum: S auch die Nachweise bei § 2286. *Ivo*, Die Zustimmung zur erbvertragswidrigen Verfügung von Todes wegen, ZEV 2003, 58; *Keim*, Der Wegfall des vertragsmäßig eingesetzten Erben und seine Auswirkung auf beeinträchtigende Verfügungen von Todes wegen des Erblassers, ZEV 1999, 413; *Kuchinke*, Beeinträchtigende Anordnungen des an seine Verfügungen gebundenen Erblassers, FS v. Lübtow, 1991, S 283; *Loritz*, Freiheit des gebundenen Erblassers und Schutz des Vertrags- und Schlußerben vor Zweitverfügungen, 1992; *Meyding*, Erbvertrag und nachträgliche Auswechslung des Testamentsvollstreckers, ZEV 1994, 98; *Siebert*, Die Bindungswirkung des Erbvertrages. Ein Beitrag zur Gesetzesauslegung im Erbrecht, vor allem zu § 2289 BGB, FS Hedemann, 1958, S 237.

I. Voraussetzungen der erbrechtlichen Aufhebungs- und Bindungswirkung

1 **1. Wirksamer Erbvertrag.** Nur der wirksam geschlossene und gebliebene Erbvertrag entfaltet die ihm als Vertrag wesenseigene¹ erbrechtliche Wirkung, die in § 2289 lediglich ihren sichtbaren Ausdruck findet². Mängel beim Zustandekommen des Erbvertrags hindern diese Rechtsfolge ebenso wie die Aufhebung (§ 2290 ff), die Anfechtung (§§ 2281 ff) oder der Rücktritt (§§ 2293 ff). Ist die Abgrenzung zu einem gemeinschaftlichen Testament streitig, weil die Urkunde keine eindeutigen Formulierungen enthält und außer den Erblassern noch weitere Personen daran beteiligt waren, so finden nicht etwa die von der Sichtweise der Erblasser geprägten erbrechtlichen Auslegungsgrundsätze (§ 2084) Anwendung, sondern die allgemein für die Auslegung von Verträgen geltenden §§ 133, 145³.

2 **2. Wirksame vertragsmäßige Verfügung.** Allerdings entfalten ausschließlich vertragsmäßige Verfügungen iS des § 2278 diese Wirkung, so dass bei anderen Verfügungen § 2289 von vornherein keine Anwendung findet⁴. Auch wenn eine Auflage dem Begünstigten eigentlich keine Rechte gewährt, ist § 2289 nach hM auch auf diese anwendbar⁵. Da Erbeinsetzungen, Vermächtnisse und Auflagen in einem Erbvertrag sowohl vertragsmäßigen als auch einseitig testamentarischen Charakter haben können,

---

[29] OLG ZEV 2003, 76, 77; *Staudinger/Kanzleiter* Rn 20; *Schermann* S 228 f mwN; aA *Kipp/Coing* § 38 IV 2 c.
[30] *Schermann* S 227; aA *Soergel/M. Wolf* Rn 8: gemäß §§ 195, 199 Abs 4 nach drei Jahren.
[31] BGH NJW-RR 1998, 577, 578; NJW 1984, 731, 732.
[32] Ausf *Schermann* S 234 ff.
[33] *Schermann* S 236.
¹ BGH NJW 1958, 498; OLG Köln NJW-RR 1994, 651, 652.
² AllgM, zB OLG Zweibrücken OLGZ 90, 134.
³ OLG Hamm FGPrax 2005, 30.
⁴ OLG Hamm FamRZ 1996, 637.
⁵ MünchKommBGB/*Musielak* Rn 9 mwN; aA *Harrer* LZ 1926, 214, 219.

ist zunächst deren Rechtsnatur durch Auslegung zu ermitteln (vgl § 2278 Rn 2 ff). Nur solche dieser Verfügungen, die vertragsmäßigen Charakter haben, entfalten erbrechtliche Bindungswirkung iS des § 2289 Abs 1 S 2[6].

3. Bedeutung der Gegenstandslosigkeit. Wird eine vertragsmäßige Verfügung durch Tod des 3 Bedachten, Ausschlagung, Erbverzicht oder Erbunwürdigkeitserklärung gegenstandslos, so ist zwischen der Bindungswirkung des Abs 1 S 2 und der Aufhebungswirkung des Abs 1 S 2 zu unterscheiden. Mit Eintritt dieser Ereignisse entfällt die **Bindungswirkung,** so dass später errichtete beeinträchtigende Verfügungen in vollem Umfang gültig werden[7]. Nach hM gilt das Gleiche für die **Aufhebungswirkung** iS des § 2289 Abs 1 S 1, so dass etwa im Falle des Vorversterbens oder der Ausschlagung des Bedachten eine frühere, widersprechende Verfügung in vollem Umfang wieder in Kraft tritt[8]. Nach einer im Vordringen befindlichen Literaturmeinung kommt es dagegen nur darauf an, ob im Zeitpunkt der Erbvertragserrichtung eine Beeinträchtigung vorliegt[9]. Nach dieser zutreffenden Auffassung hat eine vertragsmäßige Verfügung die gleiche Widerrufswirkung wie eine einseitig testamentarische gemäß § 2258. Führt ein Ereignis (zB Tod des Bedachten, Ausschlagung) nach der Errichtung zur Gegenstandslosigkeit einer vertragsmäßigen Verfügung, so bleibt die widersprechende frühere Anordnung aufgehoben.

II. Aufhebung früherer Verfügungen von Todes wegen (Abs 1 S 1)

1. Frühere Verfügung von Todes wegen. a) Testament. Durch den Erbvertrag werden vor dessen 4 Abschluss vom Erblasser errichtete Testamente („letztwillige Verfügung") in dem Umfang aufgehoben, in dem sie die Rechte des vertragsmäßig Bedachten beeinträchtigen würden (§ 2289 Abs 1 S 1), es sei denn, die Vertragsschließenden erhalten alle oder einzelne im Testament enthaltenen Verfügungen im Erbvertrag ausdrücklich aufrecht. Ist das frühere Testament aus irgendwelchen anderen Gründen unwirksam, so kommt § 2289 Abs 1 S 1 gar nicht erst zum Zuge. Im Rahmen dieser Vorschrift kommt der zeitlichen Einordnung des Testaments keine entscheidende Bedeutung zu, da vor dem Abschluss des Erbvertrags errichtete Testamente gemäß Satz 1 und danach verfügte gemäß Satz 2 unwirksam werden bzw sind. Auch am gleichen Tag errichtete oder undatierte Testamente sind dementsprechend ungültig, soweit sie eine Beeinträchtigung der vertragsmäßig eingeräumten Rechte bedeuten.

b) Gemeinschaftliches Testament. Auch ein vor dem Erbvertrag errichtetes gemeinschaftliches 5 Testament wird im gleichen Umfang gemäß § 2289 Abs 1 S 1 aufgehoben wie ein einseitiges Testament. Dies gilt uneingeschränkt, wenn die beteiligten Ehegatten an Erbvertrag und gemeinschaftlichem Testament identisch sind (vgl § 2290). Hat jedoch der als Erblasser am Erbvertrag Beteiligte vor dessen Abschluss mit einem Dritten ein gemeinschaftliches Testament errichtet, so führt die erbrechtliche Bindung an darin enthaltene wechselbezügliche Verfügungen (§ 2271) zu einer Einschränkung des in § 2289 Abs 1 S 1 angeordneten Vorrangs des Erbvertrags: Derartige wechselbezügliche Verfügungen werden durch den nachfolgenden Erbvertrag also nicht aufgehoben, wohl aber einseitige testamentarische Anordnungen. In diesem Fall kommt daher der zeitlichen Einordnung eine entscheidende Bedeutung zu. Enthält das gemeinschaftliche Testament eine (vorschriftsmäßige) Zeitangabe über den Errichtungszeitpunkt, so ist diese maßgebend, es sei denn, sie ist nachweislich falsch. Enthält das gemeinschaftliche Testament keine Zeitangabe und kann der Errichtungszeitpunkt auch nicht auf andere Weise sicher festgestellt werden, so ist davon auszugehen, dass das gemeinschaftliche Testament nach dem Erbvertrag errichtet und darin enthaltene beeinträchtigende Verfügungen damit gemäß Satz 2 nichtig sind.

c) Erbvertrag. § 2289 Abs 1 S 1 regelt nur das Verhältnis des Erbvertrags zu Testamenten und 6 gemeinschaftlichen Testamenten, nicht jedoch zu früher errichteten Erbverträgen. Bei Identität der Vertragspartner gilt § 2290. Sind diese dagegen verschieden, so gebührt dem früher errichteten Erbvertrag über die Regelung in § 2289 Abs 1 S 2 der Vorrang vor dem später abgeschlossenen.

2. Umfang der Aufhebungswirkung. Das frühere Testament oder gemeinschaftliche Testament 7 ist nur und stets in dem Umfang aufgehoben und damit insoweit unwirksam, als dadurch vertragsmäßige Rechte in dem Erbvertrag Bedachten gemindert, beschränkt oder belastet werden. Nach einer Meinung genügt dabei eine rein wirtschaftliche Beeinträchtigung[10], während nach anderer allein ein rechtlicher **Beurteilungsmaßstab** anzuwenden ist[11]. Die Bedeutung dieses Meinungsstreits ist jedoch gering, da auch die Befürworter einer wirtschaftlichen Betrachtungsweise bei einer rechtlichen Beeinträchtigung § 2289 auch dann anwenden, wenn die anderweitige Verfügung eine wirtschaftliche Besserstellung beinhaltet[12], und eine wirtschaftliche Beeinträchtigung ohne rechtliche Schlechterstellung schwer vorstellbar ist. Demgemäß beeinträchtigen den Vertragserben alle in dem früher errichteten

---

[6] BGH NJW 1994, 317.
[7] OLG Zweibrücken OLGZ 1990, 134, 136 f.
[8] OLG Zweibrücken ZEV 1999, 439 m abl Anm *Kummer*; *Lange/Kuchinke* § 25 VI 2 b; *v.Lübtow* Bd I S 420 f; offen gelassen in BGHZ 26, 204, 214.
[9] *Keim* ZEV 1999, 413, 414 f; *Kummer* ZEV 1999, 440 f.
[10] *Hülsmeier* NJW 1981, 2043; *Soergel/M. Wolf* Rn 3; *Palandt/Edenhofer* Rn 4; gegen rein wirtschaftliche Betrachtung BGHZ 26, 204, 214.
[11] MünchKommBGB/*Musielak* Rn 10; *Staudinger/Kanzleiter* Rn 14; *Reimann/Bengel/J. Mayer* Rn 16; *Meyding* ZEV 1994, 98, 99; *Kipp/Coing* § 38 II 2.
[12] Vgl *Palandt/Edenhofer* Rn 4; *Küster* JZ 1958, 394.

§ 2289 Buch 5. Abschnitt 4. Erbvertrag

Testament verfügten Vermächtnisse[13], Auflagen, Teilungsanordnungen[14] und Testamentsvollstreckeranordnungen[15] über den Nachlass und sind folglich aufgehoben. Auch die Einsetzung eines Schiedsgerichts ist eine Beeinträchtigung[16]. Der Ausschluss von Vater oder Mutter des Zuwendungsempfängers von der Verwaltung des ererbten Vermögens ist idS dagegen keine Beeinträchtigung. Die Aufhebungswirkung des § 2289 Abs 1 S 1 tritt dabei völlig unabhängig davon ein, ob der Erblasser einen entsprechenden Aufhebungswillen hatte oder nicht. Er braucht sich auch nicht an das frühere Testament erinnert zu haben.

8   3. **Rechtsfolge.** Die beeinträchtigende Verfügung in dem früheren Testament oder gemeinschaftlichen Testament ist durch den Erbvertrag aufgehoben, soweit die Beeinträchtigung reicht. Wird der Erbvertrag nachträglich unwirksam oder gegenstandslos, so tritt, wenn und soweit kein entgegenstehender Erblasserwille festgestellt werden kann, die testamentarische Verfügung wieder in Kraft[17]. **Verbessert** die vertragsmäßige Verfügung **die Rechte des Bedachten** gegenüber einem früher errichteten Testament (zB vertragsmäßige Einsetzung zum Miterben nach einer Alleinerbeinsetzung im vorausgehenden Testament), so greift mangels Beeinträchtigung § 2289 Abs 1 S 1 nicht ein, wohl aber §§ 2258, 2279 Abs 1, so dass der Widerspruch zugunsten der späteren erbvertraglichen Verfügung aufgelöst wird.

III. Nichtigkeit späterer Verfügungen von Todes wegen (Abs 1 S 2)

9   1. **Verbot der Beeinträchtigung vertragsmäßiger Verfügungen. a) Grundsätze.** Mit dem Abschluss des Erbvertrags verliert der Erblasser seine Testierfreiheit insoweit, als ihm jede Beeinträchtigung der dem Begünstigten darin vertragsmäßig eingeräumten Rechte untersagt ist. § 2289 Abs 1 S 2 gilt dabei für alle **nach Vertragsschluss** errichteten Verfügungen von Todes wegen, also für Testamente und gemeinschaftliche Testamente ebenso wie für Erbverträge. Wegen der Datierungsprobleme bei eigenhändigen gemeinschaftlichen Testamenten ohne die vorgeschriebene Zeitangabe wird auf Rn 5 verwiesen. Da es sich jedoch nur um eine erbrechtliche Bindungswirkung handelt, bleibt das Recht des Erblassers zu Verfügungen durch Rechtsgeschäft unter Lebenden unberührt (§ 2286). Eine nach dem Erbvertrag angeordnete Verfügung **beeinträchtigt die vertragsmäßigen Rechte** des Bedachten nur, wenn diese dadurch im Erbfalle gemindert, beschränkt, belastet oder gegenstandslos würden[18]. Wegen des Meinungsstreits über den anzuwendenden Beurteilungsmaßstab wird auf die Ausführungen zu Rn 7 verwiesen. Die (rechtliche) Besserstellung des Zuwendungsempfängers ist keine Beeinträchtigung und daher uneingeschränkt zulässig[19]. Dies gilt jedoch nur, wenn in dieser Besserstellung nicht zugleich eine Schlechterstellung vertragsmäßiger Rechte anderer liegt, etwa bei der Aufhebung einer vertragsmäßigen Erbeinsetzung der Abkömmlinge zugunsten des Ehegatten[20].

10 b) **Beispiele.** Demgemäß ist die vollständige **Aufhebung** einer Erbeinsetzung, auch zum Mit-, Vor- oder Nacherben, eines Vermächtnisses oder einer Auflage für den Zuwendungsempfänger eine Beeinträchtigung. Während für die **Einsetzung** eines Miterben, die Verringerung der Erbquote oder der Mitberechtigung an einem Vermächtnis das Gleiche gilt, bedeutet umgekehrt deren Erhöhung eine Besserstellung und unterfällt nicht den Bestimmungen des § 2289. Eine Beeinträchtigung beinhaltet dagegen jede Anordnung von **Beschränkungen und Beschwerungen** in Form von Nacherbschaft[21], Vermächtnissen[22], auch Nachvermächtnissen, Auflagen, Testamentsvollstreckung[23], Teilungsanordnungen usw[24]. Auch die Einsetzung eines **Schiedsgerichts** ist eine Beeinträchtigung[25]. Die ersatzlose Aufhebung von solchen Belastungen, also die Aufhebung der Nacherbeneinsetzung, eines Vermächtnisses, einer Auflage oder einer Testamentsvollstreckung, stellt aus der Sicht des Belasteten keine Beeinträchtigung dar, wohl aber für den Begünstigten dieser Verfügungen. Keine Beeinträchtigung liegt auch dann vor, wenn nur die Person des **Testamentsvollstreckers**[26] oder des begünstigten Dritten ausgewechselt wird. Werden die Befugnisse des Testamentsvollstreckers erweitert, so liegt allein darin eine Beeinträchtigung. Die Änderung des Vermächtnisgegenstands ist dagegen selbst dann eine Beeinträchtigung, wenn der neue Gegenstand wirtschaftlich wertvoller ist[27]. Auch der Ausschluss von Vater oder Mutter des Zuwendungsempfängers von der Verwaltung des ererbten Vermögens ist idS

---

[13] BGHZ 26, 204; Reimann/Bengel/J. Mayer Rn 7.
[14] OLG Koblenz DNotZ 1998, 218, 219; Staudinger/Kanzleiter Rn 12; Lehmann MittBayNot 1988, 158; aA für nicht wertverschiebende Teilungsanordnung BGH NJW 1982, 441, 442; OLG Braunschweig ZEV 1996, 69, 70.
[15] BGH NJW 1962, 912; OLG Hamm FamRZ 1996, 637; MünchKommBGB/Musielak Rn 10.
[16] OLG Hamm NJW-RR 1991, 455.
[17] MünchKommBGB/Musielak Rn 4, 12 mwN.
[18] OLG Hamm OLGZ 1974, 378.
[19] BGH NJW 1959, 1730; NJW 1960, 142 m abl Anm Bärmann; MünchKommBGB/Musielak Rn 17.
[20] BayObLGZ 1961, 206.
[21] OLG Hamm NJW 1974, 1774.
[22] BGH NJW 1958, 498.
[23] BGH NJW 1962, 912; OLG Hamm FamRZ 1996, 637.
[24] MünchKommBGB/Musielak Rn 10, § 2271 Rn 17; Staudinger/Kanzleiter Rn 12; Lehmann MittBayNot 1988, 157; aA BGH NJW 1982, 43; NJW 1982, 441: nur wertverschiebende ohne Ausgleichspflicht.
[25] OLG Hamm NJW-RR 1991, 455.
[26] OLG Düsseldorf ZEV 1994, 302; MünchKommBGB/Musielak Rn 10; aA OLG Stuttgart OLGZ 1979, 49, 51; Meyding ZEV 1994, 98, 99 f.
[27] MünchKommBGB/Musielak Rn 16.

keine Beeinträchtigung. Schwieriger wird die Entscheidung bei der **Änderung der Modalitäten.** In diesen Fällen ist zu prüfen, ob die Änderung die Rechtsstellung des Begünstigten aus der früheren letztwilligen Verfügung aufhebt oder beeinträchtigt. Bei einem Hinausschieben der Fälligkeit eines von diesem zu erfüllenden Vermächtnisses ist dies beispielsweise zu verneinen, bei der Verlängerung einer bereits angeordneten Testamentsvollstreckung dagegen zu bejahen.

2. Änderungsvorbehalt im Erbvertrag. Dem Erblasser kann im Erbvertrag das Recht vorbehalten werden, die vertragsmäßigen Verfügungen ganz oder teilweise einseitig und ohne Zustimmung des Vertragspartners aufzuheben oder zu ändern. Diese Änderungsbefugnis kann entweder in der gleichen Urkunde wie die vertragsmäßige Verfügung oder in einer späteren Erbvertragsergänzungsurkunde eingeräumt werden, in jedem Fall bedarf der Vorbehalt der Form des § 2276[28] oder eines formgültigen gemeinschaftlichen Testaments. Die formlose Einräumung ist dagegen wegen der Formenstrenge des Erbrechts unwirksam. Deshalb kann ein derartiger Änderungsvorbehalt nur unter der Voraussetzung im Wege der ergänzenden Auslegung einem Erbvertrag entnommen werden, wenn dieser mindestens einen entsprechenden Anhaltspunkt enthält[29]. Wegen der Einzelheiten wird auf § 2278 Rn 7 ff verwiesen. 11

3. Gesetzlicher Änderungsvorbehalt gemäß Abs 2. Ist der vertragsmäßig Bedachte ein pflichtteilsberechtigter Abkömmling des Erblassers, so kann letzterer einseitig und ohne Wissen des Vertragspartners die nach § 2338 zulässigen Anordnungen treffen, um seinen Abkömmling im Falle des Verschwendungssucht oder der Überschuldung zu schützen. Es handelt sich um einen gesetzlichen Änderungsvorbehalt. Ein Verzicht auf diese Änderungsbefugnis im Erbvertrag begegnet ebenso wenig Bedenken wie der Verzicht auf ein Anfechtungsrecht und verstößt nicht gegen § 138[30]. 12

4. Zustimmung des Vertragspartners und des Bedachten. Die Zustimmung des Vertragspartners führt nur dann zur Wirksamkeit beeinträchtigender Verfügungen, wenn die für die Aufhebung des Erbvertrags erforderliche Form der §§ 2290 ff gewahrt wird[31]. Die Zustimmung des vom Vertragspartner verschiedenen vertragsmäßig Bedachten ist dagegen nach zutreffender hM wirkungslos[32]. Dieser muss sich der im Gesetz vorgesehenen Verzichtsmöglichkeiten bedienen, also bis zum Erbfall des Zuwendungsverzichtsvertrags (§ 2252) und von da an der Ausschlagung. In besonderen Ausnahmefällen muss sich der Bedachte, der sich entgegen seiner formlos erteilten Zustimmung hierzu auf die Unwirksamkeit einer beeinträchtigenden Verfügung beruft, die Einrede der Arglist entgegenhalten lassen[33]. 13

5. Rechtsfolge. Eine Verfügung von Todes wegen, die nach dem Abschluss eines wirksamen Erbvertrags errichtet worden ist, ist unwirksam, soweit die Beeinträchtigung der vertragsmäßigen Verfügung reicht. 14

§ 2290 Aufhebung durch Vertrag

(1) ¹Ein Erbvertrag sowie eine einzelne vertragsmäßige Verfügung kann durch Vertrag von den Personen aufgehoben werden, die den Erbvertrag geschlossen haben. ²Nach dem Tode einer dieser Personen kann die Aufhebung nicht mehr erfolgen.

(2) ¹Der Erblasser kann den Vertrag nur persönlich schließen. ²Ist er in der Geschäftsfähigkeit beschränkt, so bedarf er nicht der Zustimmung seines gesetzlichen Vertreters.

(3) ¹Steht der andere Teil unter Vormundschaft oder wird die Aufhebung vom Aufgabenkreis eines Betreuers erfasst, so ist die Genehmigung des Vormundschaftsgerichts erforderlich. ²Das Gleiche gilt, wenn er unter elterlicher Sorge steht, es sei denn, dass der Vertrag unter Ehegatten oder unter Verlobten, auch im Sinne des Lebenspartnerschaftsgesetzes, geschlossen wird.

(4) Der Vertrag bedarf der im § 2276 für den Erbvertrag vorgeschriebenen Form.

Schrifttum: *Hilmar Keller,* Aufhebung, Änderung und Ergänzung eines Erbvertrags durch die Vertragspartner, ZEV 2004, 93.

I. Gegenstand des Aufhebungsvertrags

Gegenstand eines Aufhebungsvertrags kann sowohl der **gesamte Erbvertrag** als auch eine einzelne **vertragsmäßige Verfügung** sein. Ein vertragsmäßiges Vermächtnis oder eine derartige Auflage kann gemäß § 2291 jedoch auch durch Testament aufgehoben werden, wenn der Vertragspartner in notarieller Urkunde zustimmt. Im Erbvertrag enthaltene **einseitig testamentarische Verfügungen** (§ 2299) können sowohl durch Testament gemäß §§ 2253 ff als auch durch Erbvertrag gemäß §§ 2290 ff aufgehoben werden (vgl § 2299 Abs 2). Ein **Ehegattenerbvertrag** kann gemäß § 2292 1

---

[28] BGH NJW 1958, 498.
[29] OLG Hamm FamRZ 1996, 637.
[30] AA Erman/M. Schmidt Rn 7.
[31] BGH NJW 1989, 2618; BayObLGZ 1974, 401, 404; OLG Köln NJW-RR 1994, 651, 653; MünchKommBGB/*Musielak* Rn 18; Erman/M. Schmidt Rn 6; *Stumpf* FamRZ 1990, 1057, 1060: § 2291 Abs 2 analog; für Formfreiheit RGZ 134, 325, 327.
[32] BGH NJW 1989, 2618; MünchKommBGB/*Musielak* Rn 18 mwN; aA RGZ 134, 325, 327.
[33] BGH NJW 1989, 2618, 2619.

§ 2290

auch durch ein von den Vertragschließenden errichtetes gemeinschaftliches Testament aufgehoben werden. Auf das Recht zum Abschluss eines solchen Aufhebungsvertrags kann der Erblasser nicht wirksam verzichten (§ 2302).

II. Vertragsabschluss

2   **1. Vertragschließende.** Vertragsmäßige Verfügungen können gemäß § 2290 nur von den gleichen Personen aufgehoben werden, die den Erbvertrag geschlossen haben. Bei einem mehrseitigen Erbvertrag ist folglich die Beteiligung sämtlicher Vertragschließenden am Aufhebungsvertrag zu fordern. Nach dem Tode auch nur eines von ihnen können vertragsmäßige Verfügungen in einem Erbvertrag überhaupt nicht mehr auf diesem Wege aufgehoben werden (§ 2290 Abs 1 S 2). Das Aufhebungsrecht geht also nicht auf die Erben des Verstorbenen über. Die Mitwirkung eines vom Vertragspartner verschiedenen **vertragsmäßig Bedachten** am Aufhebungsvertrag ist weder notwendig noch hinreichend[1]. Es besteht allerdings die Möglichkeit, auch ohne Aufhebungsvertrag das gleiche Ergebnis durch Abschluss eines weniger förmlichen Zuwendungsverzichtsvertrags gemäß § 2352 zwischen Erblasser und dem Bedachten zu erreichen[2]. Ist der Bedachte jedoch zugleich Vertragspartner, so kommt der Abschluss eines Zuwendungsverzichtsvertrags nicht in Betracht, weil er kein Dritter iS des § 2352 S 2 ist[3]. Einzige Ausnahme ist der Fall, dass bei einem mehrseitigen Vertrag die Mitwirkung des Bedachten mehr formalen Charakter trägt, so dass etwa bei einer Erbeinsetzung nach dem Berliner Modell (§ 2269) mit den als Schlusserben eingesetzten Kindern ein Zuwendungsverzichtsvertrag geschlossen werden kann[4]. Verhindert der Bedachte den Abschluss eines Aufhebungsvertrags arglistig, so muss er sich gemäß § 242 ausnahmsweise so behandeln lassen, als wäre dieser zustande gekommen[5].

3   **2. Persönliche Abschlussvoraussetzungen.** Der **Erblasser** muss am Vertragsabschluss gemäß § 2290 Abs 2 S 1 persönlich mitwirken, kann sich also weder vertreten lassen, noch eines Boten bedienen. Dies gilt auch dann, wenn er in der Geschäftsfähigkeit beschränkt ist. In diesem Fall bedarf er gemäß § 2290 Abs 2 S 2 zum Abschluss des Aufhebungsvertrags auch nicht der Zustimmung seines gesetzlichen Vertreters. Ein geschäftsunfähiger Erblasser kann dagegen überhaupt keinen solchen Vertrag schließen.

4   Der **andere Vertragsteil**, der nicht letztwillig in dem Erbvertrag verfügt hat, kann sich dagegen beim Abschluss des Aufhebungsvertrags vertreten lassen oder sich eines Boten bedienen. Ist dieser Beteiligte beschränkt geschäftsfähig, so bedarf er zu einem Aufhebungsvertrag mit einem Erblasser, der zu dieser Zeit weder mit ihm verheiratet noch verlobt ist, sowohl der Zustimmung des gesetzlichen Vertreters (§§ 107, 108, 1903 Abs 1) als auch der Genehmigung des Vormundschaftsgerichts (§ 2290 Abs 3 S 2), und zwar auch dann, wenn er durch den Erbvertrag überhaupt nicht begünstigt ist[6]; umgekehrt ist beides ein Aufhebungsvertrag eines beschränkt Geschäftsfähigen als anderer Vertragsteil mit seinem Ehegatten oder Verlobten als Erblasser nicht erforderlich. Für einen Geschäftsunfähigen muss sein gesetzlicher Vertreter handeln. Steht der Vertragspartner des Erblassers unter Vormundschaft, so wird jener durch seinen Vormund vertreten, der seinerseits der Genehmigung des Vormundschaftsgerichts bedarf (§ 2290 Abs 3 S 1 Alt 1). Dies gilt entspr im Falle der Betreuung, wenn der Abschluss des Aufhebungsvertrags zum Wirkungskreis des Betreuers gehört (§ 2290 Abs 3 S 1 Alt 2). Ein ohne die erforderliche Genehmigung geschlossener Aufhebungsvertrag wird wirksam, wenn der andere Vertragsteil nach Eintritt der Volljährigkeit oder Aufhebung eines Einwilligungsvorbehalts gemäß §§ 103 Abs 3, 1903 Abs 1 S 2 genehmigt, allerdings spätestens bis zum Tod des Erblassers[7].

5   **3. Form.** Der Aufhebungsvertrag bedarf gemäß § 2290 Abs 4 der durch § 2276 für den Erbvertrag vorgeschriebenen Form, so dass der Aufhebungswille beider Vertragsteile bei gleichzeitiger Anwesenheit zur Niederschrift eines Notars erklärt werden muss. Der Abschluss durch getrennte Beurkundung von Angebot und Annahme ist unzulässig[8]. Die notarielle Beurkundung wird durch die Aufhebung in einem Prozessvergleich ersetzt.

III. Inhalt und Wirkung des Aufhebungsvertrags

6   **1. Inhalt.** Der Aufhebungsvertrag kann sich inhaltlich auf die ersatzlose Aufhebung des gesamten Vertrags oder einer einzelnen Verfügung beschränken[9]. Zulässig ist es aber auch, in der gleichen Urkunde die aufgehobene Verfügung durch eine neue zu ersetzen, sie also zu ändern. Dann handelt es sich sowohl um einen Aufhebungs- als auch um einen (neuen) Erbvertrag, so dass die für beide geltenden Abschlussvorschriften zu beachten sind. Schließen die gleichen Beteiligten einen zweiten Erbvertrag, dem dem ersten widerspricht, ohne diesen ausdrücklich aufzuheben, ist der erste Erbvertrag

---

[1] AllgM, zB LG Mosbach MDR 1971, 222; *Staudinger/Kanzleiter* Rn 8.
[2] Vgl KG OLGE 36, 236, 238; OLG Düsseldorf DNotZ 1974, 367, 368.
[3] OLG Hamm DNotZ 1977, 751; OLG Stuttgart OLG DNotZ 1979, 107.
[4] BayObLG Rpfleger 1975, 26; MünchKommBGB/*Musielak* Rn 5.
[5] RGZ 134, 327; BGH WM 1978, 171.
[6] Vgl MünchKommBGB/*Musielak* Rn 6.
[7] MünchKommBGB/*Musielak* Rn 6; *Staudinger/Kanzleiter* Rn 12.
[8] BGH DNotZ 1983, 776.
[9] Vgl BayObLG NJW-RR 2003, 658, 659; Rpfleger 2002, 267; BayObLGZ 1956, 205, 206; *H. Keller* ZEV 2004, 93, 95 gegen *Kornexl* ZEV 2003, 62, 63 und *Lehmann* ZEV 2003, 234.

durch konkludente Vereinbarung gemäß § 2290 aufgehoben[10]. Ein Erbvertrag kann nicht durch einen Erbverzichtsvertrag der früheren Vertragspartner aufgehoben werden; auch die Umdeutung in einen Aufhebungsvertrag scheidet aus[11].

2. Wirkung. Wird der gesamte Erbvertrag aufgehoben, so werden, wenn und soweit sich kein 7 abweichender Wille der Vertragschließenden feststellen lässt, damit auch die darin enthaltenen einseitig testamentarischen Verfügungen unwirksam (§ 2299 Abs 3). Bezieht sich der Aufhebungsvertrag nur auf eine oder mehrere vertragsmäßige Verfügungen im Erbvertrag, so werden nur diese unwirksam, während alle übrigen – einseitigen oder vertragsmäßigen – Verfügungen gültig bleiben. Die aufhebende Wirkung kann auch allein auf den Wegfall der vertragsmäßigen Bindung des Erblassers beschränkt werden, also aus einer vertragsmäßigen eine einseitig testamentarische Verfügung machen.

IV. Anfechtung oder Aufhebung des Aufhebungsvertrags

Da die zulässige Aufhebung des Aufhebungsvertrags die Verfügungen in dem ursprünglichen Erbvertrag wieder in Kraft setzt, gelten für diese nicht etwa die allgemeinen Vorschriften für Verträge oder § 2290, sondern die für Erbverträge geltenden Bestimmungen der §§ 2274 bis 2276[12]. Der nicht letztwillig verfügende Vertragspartner kann den Aufhebungsvertrag nur gemäß §§ 119 ff anfechten, während auf eine Anfechtung durch den Erblasser nach hM die besonderen Regeln über die Anfechtung von Verfügungen von Todes wegen (§§ 2078 ff, 2281 ff) anzuwenden sind[13]. 8

§ 2291 Aufhebung durch Testament

(1) ¹Eine vertragsmäßige Verfügung, durch die ein Vermächtnis oder eine Auflage angeordnet ist, kann von dem Erblasser durch Testament aufgehoben werden. ²Zur Wirksamkeit der Aufhebung ist die Zustimmung des anderen Vertragschließenden erforderlich; die Vorschrift des § 2290 Abs. 3 findet Anwendung.

(2) Die Zustimmungserklärung bedarf der notariellen Beurkundung; die Zustimmung ist unwiderruflich.

I. Gegenstand der Aufhebung

Während der gesamte Erbvertrag sowie eine darin enthaltene vertragsmäßige Erbeinsetzung nur in 1 der Form des § 2290 im beiderseitigen Einvernehmen zwischen Erblasser und Vertragspartner aufgehoben werden kann, ist die Aufhebung eines **vertragsmäßigen Vermächtnisses** oder einer gleichartigen **Auflage** sowohl in der Form des § 2290 als auch in der – erleichterten – des § 2291 möglich. Diese Vorschrift gilt nicht für einseitig testamentarische Vermächtnisse oder Auflagen. Hat der Vertragspartner bereits im Erbvertrag der einseitigen vollständigen Aufhebung eines Vermächtnisses oder einer Auflage durch ein Aufhebungstestament des Erblassers zugestimmt, so handelt es sich dabei in Wahrheit nicht um vertragsmäßige, sondern um einseitig testamentarische Anordnungen[1]. Auf das Recht zur Aufhebung kann der Erblasser nicht wirksam verzichten (§ 2302).

II. Aufhebungsvoraussetzungen

1. Aufhebende Verfügung von Todes wegen. Die Aufhebung gemäß § 2291 ist ihrem Wesen 2 nach ein Vertrag, so dass diese Vorschrift lediglich das Zustandekommen einer Aufhebungsvereinbarung gegenüber § 2290 erleichtert[2]. Der Aufhebungswille des Erblassers kann dabei in **jeder wirksamen Verfügung von Todes wegen** gültig erklärt werden (§§ 2231 ff, 2247, 2249 bis 2251, 2265, 2278 Abs 2, 2299). Der Erblasser kann sich daher auch der Formen eines Nottestaments oder einer eigenhändigen letztwilligen Verfügung bedienen. Diese Verfügung von Todes wegen braucht dem anderen Vertragsteil nicht zuzugehen. Dieser muss sie noch nicht einmal kennen.

Bis zur Zustimmung des Vertragspartners kann der Erblasser diese Aufhebungsverfügung nach 3 Maßgabe der für die gewählte Verfügungsart einschlägigen Vorschriften frei **widerrufen.** Hat der Vertragspartner seine Zustimmung dagegen erteilt, so ist nach der hier zum Wesen der Aufhebung gemäß § 2291 vertretenen Auffassung die einem Aufhebungsvertrag gemäß § 2290 gleichwertige Willensübereinstimmung für den Erblasser bindend, so dass er durch Widerruf der aufhebenden Verfügung von Todes wegen das Vermächtnis bzw die Auflage im ursprünglichen Erbvertrag nicht wieder in Kraft setzen kann; es bedarf dazu des Abschlusses eines neuen Erbvertrags.

---

[10] MünchKommBGB/*Musielak* Rn 7; BayObLG FamRZ 1994, 190, 191: Anwendung des § 2258; *Lange/Kuchinke* § 25 VII 3 c: Analogie des § 2258.
[11] OLG Stuttgart OLG DNotZ 1979, 107.
[12] AllgM, zB MünchKommBGB/*Musielak* Rn 9 mwN.
[13] *Staudinger/Kanzleiter* Rn 20; MünchKommBGB/*Musielak* Rn 9; *Reimann/Bengel/J. Mayer* Rn 31; aA *Soergel/M. Wolf* Rn 10; RGRK/*Kregel* Rn 9.
[1] MünchKommBGB/*Musielak* Rn 5.
[2] *Reimann/Bengel/J. Mayer* Rn 2; *Lange/Kuchinke* § 25 VII 3 b Fn 242; *Staudinger/Kanzleiter* Rn 10; aA MünchKommBGB/*Musielak* Rn 2; *Planck/Greiff* Anm 3.

§ 2292

4 **2. Zustimmung des anderen Vertragschließenden. a) Erklärender.** Die zur Aufhebung notwendige Zustimmung kann nur von demjenigen erteilt werden, der als anderer Vertragschließender am Erbvertrag beteiligt war, bei einer Personenmehrheit also von allen. Diese Zustimmungserklärung ist zwar **kein höchstpersönliches Rechtsgeschäft**, kann also auch von einem Vertreter abgegeben werden. Sie kann allerdings nach dem Tod des anderen Vertragschließenden nicht von dessen **Erben** erklärt werden. Die Wesensgleichheit der Aufhebung gemäß § 2291 mit der durch Aufhebungsvertrag gebietet eine analoge Anwendung des § 2290 Abs 1 S 2 auch hier[3]. Wegen der persönlichen Voraussetzungen verweist § 2291 Abs 2 auf § 2290 Abs 3. Deshalb wird auf § 2290 Rn 3ff verwiesen. Die Zustimmung eines vom Vertragspartner verschiedenen vertragsmäßig Bedachten ist weder notwendig noch hinreichend. Allerdings kann mit diesem ein Zuwendungsverzichtsvertrag gemäß § 2352 geschlossen werden.

5 **b) Form und Inhalt.** Die Zustimmungserklärung muss gemäß § 2291 Abs 2 vom Vertragspartner zur Niederschrift eines Notars erklärt werden[4]. Sie muss erkennen lassen, welches Vermächtnis oder welche Auflage aufgehoben werden soll. Das Einverständnis kann weder unter einer Bedingung, noch unter einer Befristung erklärt werden und muss stets darauf gerichtet sein, die Bindung des Erblassers an die einzelne Verfügung umfassend zu beseitigen („Zustimmung zur Aufhebung"). Geltungsbeschränkungen aller Art sind mit dem Gebot der Rechtssicherheit, dem das Erbrecht in besonderem Maße verpflichtet ist, nicht zu vereinbaren. Die aufhebende Verfügung von Todes wegen selbst braucht der Erklärende weder zu erwähnen noch zu kennen.

6 **c) Zugang beim Erblasser.** Die notariell beurkundete Zustimmungserklärung ist empfangsbedürftige Willenserklärung und muss deshalb dem Erblasser in **Ausfertigung** zugehen. Der Zugang einer beglaubigten oder einfachen Abschrift der Notarurkunde reicht nicht aus. Die Ausfertigung muss dem Erblasser vor dessen Tod zugehen (§ 2290 Abs 1 S 2 analog bzw § 130 Abs 2); andernfalls tritt die aufhebende Wirkung nicht ein[5].

7 **d) Unwiderruflichkeit.** Die Zustimmung kann nach dem Zugang beim Erblasser nicht mehr widerrufen werden, und zwar gemäß § 2291 Abs 2 HS 2 auch dann, wenn dieser die Aufhebung noch nicht von Todes wegen verfügt haben sollte[6].

8 **e) Zeitliche Reihenfolge.** § 2291 verwendet den Zustimmungsbegriff wie im Rahmen der §§ 183, 184 als Oberbegriff für die (vorherige) Einwilligung und die (nachträgliche) Genehmigung[7], so dass die zeitliche Reihenfolge von aufhebender Verfügung von Todes wegen und Zustimmung belanglos ist. Ist die Einwilligung zur Aufhebung dem Erblasser gegenüber formgerecht erklärt worden, so kann dieser auch noch nach dem Tod des Erklärenden die aufhebende Verfügung von Todes wegen errichten[8].

III. Wirkung der Aufhebung

9 Wenn der andere Beteiligte am Erbvertrag der Aufhebung eines Vermächtnisses oder einer Auflage zugestimmt hat, so kann der Erblasser – befreit von der erbvertraglichen Bindungswirkung – in seiner aufhebenden Verfügung völlig frei den Umfang der Aufhebung, also auch die bloße Änderung, festlegen. Die bis dahin bindende vertragsmäßige Verfügung steht dem nicht länger gemäß § 2289 Abs 1 S 2 entgegen.

§ 2292 Aufhebung durch gemeinschaftliches Testament

Ein zwischen Ehegatten oder Lebenspartnern geschlossener Erbvertrag kann auch durch ein gemeinschaftliches Testament der Ehegatten oder Lebenspartner aufgehoben werden; die Vorschrift des § 2290 Abs. 3 findet Anwendung.

I. Ehegattenerbvertrag

1 **1. Voraussetzungen. a) Gegenstand.** Ehepartner können gemäß § 2292 einen zwischen ihnen geschlossenen Ehegattenerbvertrag oder auch eine einzelne darin enthaltene vertragsmäßige Verfügung durch gemeinschaftliches Testament aufheben[1]. Dies gilt auch dann, wenn sie bei Abschluss des Erbvertrags noch nicht miteinander verheiratet waren[2]. Sind am Vertrag außer den Ehepartnern noch weitere Personen beteiligt gewesen, so scheidet die Aufhebung durch Ehegattentestament aus, und zwar selbst dann, wenn der Ehegatte der einzig Bedachte ist. Der von den Vertragschließenden verschiedene Bedachte braucht nicht zuzustimmen.

2 **b) Persönliche Errichtungsvoraussetzungen.** Die Ehepartner müssen im Falle der Aufhebung eines zweiseitigen Erbvertrags (§ 2298) bei Errichtung des gemeinschaftlichen Testaments testierfähig

---

[3] OLG Hamm NJW 1974, 1774; RGRK/*Kregel* Rn 2.
[4] Vgl OLG Hamm NJW 1974, 1774.
[5] AllgM, zB OLG Hamm NJW 1974, 1774.
[6] *Reimann/Bengel/J. Mayer* Rn 11.
[7] Vgl MünchKommBGB/*Musielak* Rn 4.
[8] *Reimann/Bengel/J. Mayer* Rn 11.
[1] BayObLGZ 1960, 192, 195 f.
[2] BayObLG NJW-RR 1996, 457, 458; OLG Köln FamRZ 1974, 51.

(§ 2229) sein[3]. Das Gleiche gilt, wenn sie außer der Aufhebung in dem gemeinschaftlichen Testament anderweitig letztwillig verfügen. Beschränkt sich das gemeinschaftliche Testament dagegen auf die Aufhebung eines einseitigen Erbvertrags oder der vertragsmäßigen Verfügung nur eines von ihnen, so genügt es, wenn der als Erblasser am Erbvertrag beteiligte Ehegatte testierfähig ist. Auf den Ehepartner des Erblassers sind dagegen die Vorschriften des § 2290 Abs 3 anzuwenden (vgl § 2290 Rn 3 ff). Dies bedeutet auch, dass ein ohne die danach erforderliche Genehmigung errichtetes Testament von Seiten des nicht verfügenden Ehepartners nach Volljährigkeit oder Aufhebung eines Einwilligungsvorbehalts formlos genehmigt werden kann.

c) Form. Die Ehepartner können sich jeder zu Gebote stehenden Errichtungsform bedienen, also einen Erbvertrag auch durch ein eigenhändiges gemeinschaftliches Testament aufheben. Die Aufhebung durch zwei Einzeltestamente ist nur zulässig, wenn der Errichtungszusammenhang erkennbar ist, sie also den Anforderungen eines gemeinschaftlichen Testaments genügen[4]. 3

d) Inhalt. Das gemeinschaftliche Testament kann sich inhaltlich auf die ersatzlose Aufhebung des gesamten Vertrags oder einer einzelnen Verfügung beschränken[5]. Zulässig ist es aber auch, in der gleichen Urkunde die aufgehobene Verfügung durch eine neue – einseitige oder wechselbezügliche – zu ersetzen, sie also zu ändern[6]. Die Änderung kann dabei auch in der Weise geschehen, dass ganz oder teilweise auf die aufgehobene Verfügung Bezug genommen und damit eine Gesamtregelung geschaffen wird[7]. Die Aufhebung einer vertragsmäßigen Verfügung kann auch durch widersprechende Regelungen iS des § 2258 in dem gemeinschaftlichen Testament gleichsam konkludent erfolgen[8]. 4

e) Wirkung. Wird das gesamte Erbvertrag aufgehoben, so werden, wenn und soweit sich kein abweichender Wille der Ehepartner feststellen lässt, damit auch die darin enthaltenen einseitig testamentarischen Verfügungen unwirksam (§ 2299 Abs 3 analog). Werden nur eine oder mehrere vertragsmäßige Verfügungen im Erbvertrag aufgehoben, so werden nur diese unwirksam, während alle übrigen – einseitigen oder vertragsmäßigen – Verfügungen gültig bleiben. Die aufhebende Wirkung kann auch allein auf den Wegfall der vertragsmäßigen Bindung des Erblassers beschränkt werden, so dass aus einer vertragsmäßigen eine einseitig testamentarische Verfügung wird. 5

2. Aufhebung und Widerruf des Aufhebungstestaments. Heben die Ehepartner gemeinsam entweder das gemeinschaftliche Testament vollständig oder die darin verfügte Aufhebung des Erbvertrags durch ein neues gemeinschaftliches Testament auf, so tritt der ursprüngliche Erbvertrag wieder in Kraft, wenn und soweit sich kein anderer Wille der Eheleute feststellen lässt. Da das gemeinschaftliche Testament im Rahmen des § 2292 vertragsähnlichen Charakter besitzt, kann der als Erblasser am Erbvertrag beteiligte Ehegatte diese aufhebende Verfügung nicht gemäß §§ 2253, 2271 einseitig widerrufen, also den ursprünglichen Erbvertrag nicht mehr ohne den Willen des anderen Vertragsteils in Kraft setzen[9]. Beide müssen entweder das gemeinschaftliche Testament zusammen aufheben oder einen neuen Erbvertrag schließen. 6

II. Erbvertrag zwischen Partnern einer Lebenspartnerschaft iS des § 1 Abs 1 S 1 LPartG

Auch die Partner einer Lebenspartnerschaft können einen Erbvertrag durch ein gemeinschaftliches Testament aufheben. Dies ist die logische Konsequenz aus § 10 Abs 4 LPartG, der ihnen die Errichtung einer solchen gemeinschaftlichen Verfügung von Todes wegen erlaubt. Voraussetzung ist jedoch, dass die Lebenspartnerschaft im Zeitpunkt der Testamentserrichtung rechtlich wirksam besteht. Es genügt daher nicht, dass die Partner zurzeit der Testamentserrichtung einen Lebenspartnerschaftsvertrag geschlossen oder sonstige vorbereitende Maßnahmen zur Eingehung der Lebenspartnerschaft getroffen haben. Im Übrigen wird auf die Ausführung zum Ehegattenerbvertrag verwiesen (Rn 1 ff). 7

§ 2293 Rücktritt bei Vorbehalt

Der Erblasser kann von dem Erbvertrag zurücktreten, wenn er sich den Rücktritt im Vertrag vorbehalten hat.

Schrifttum: *Herlitz*, Abänderungs- und Rücktrittsvorbehalt beim Erbvertrag, MittRhNotK 1996, 153; *Küster*, Grenzen des Rücktrittsvorbehalts im Erbvertrag?, JZ 1958, 394; *Kirchner*, Pflicht zur Begründung des Rücktritts vom Erbvertrag?, MittBayNot 1996, 19; *Müller-Rottach*, Der Rücktritt vom Erbvertrag, BWNotZ 1987, 42; *van Venrooy*, § 2293 und die Theorie des Erbvertrages, JZ 1987, 10.

1. Rücktrittsvorbehalt. a) Gegenstand. Auch wenn § 2293 lediglich den Rücktritt vom Erbvertrag erwähnt, so steht es den Vertragsschließenden doch frei, dem Erblasser auf diesem Weg die einseitige Lösung aus der erbvertraglichen Bindung sowohl bezüglich des gesamten Inhalts eines solchen Vertrags, 1

---

[3] BayObLG NJW-RR 1996, 457.
[4] BayObLGZ 20 A 117, 118; MünchKommBGB/*Musielak* Rn 3; vgl § 2266 Rn 6, 9.
[5] BayObLGZ 1960, 192, 195 f.
[6] MünchKommBGB/*Musielak* Rn 5.
[7] BGH WM 1987, 379.
[8] BayObLG NJW-RR 1996, 457, 458.
[9] *Staudinger/Kanzleiter* Rn 10; *Reimann/Bengel/J. Mayer* Rn 17; *Soergel/M. Wolf* Rn 6; aA MünchKommBGB/*Musielak* Rn 6.

§ 2293

als auch einzelner darin enthaltener vertragsmäßiger Verfügungen zu gestatten. Bei **einseitig testamentarischen Verfügungen** im Erbvertrag ist ein solcher Vorbehalt weder möglich noch nötig, da der Erblasser diese ohnehin einseitig aufheben oder ändern kann. Auch soweit einer vertragsmäßigen Verfügung ein Änderungsvorbehalt (vgl § 2289 Rn 10 ff) beigefügt ist, bedarf es keines Rücktrittsvorbehalts mehr. Ist im Erbvertrag dem Erblasser die Befugnis zur abweichenden letztwilligen Verfügung eingeräumt worden, so hängt die Abgrenzung davon ab, ob der Vertragsgegner durch Zugang der Rücktrittserklärung Kenntnis von der Änderung erhalten sollte oder nicht[1].

2 b) **Rechtsgrundlage.** Der Rücktrittsvorbehalt muss entweder im Erbvertrag selbst oder in einer Nachtragsurkunde hierzu enthalten sein. Wenn die Nachtragsurkunde außer dem Rücktrittsvorbehalt keine erbvertraglichen Verfügungen enthält, so bedarf sie dennoch der Form des § 2276, da die Einräumung des Rücktrittsrechts eine teilweise Einschränkung der erbvertraglichen Bindung iS des § 2290 bedeutet[2]. Wird in dem Nachtrag nur der Rücktrittsvorbehalt vereinbart, so kann ein beschränkt geschäftsfähiger Erblasser diesen abweichend von § 2275 Abs 2 S 2 gemäß § 2290 Abs 2 S 2 ohne Zustimmung seines gesetzlichen Vertreters schließen, da die Befugnis zur Einschränkung der erbvertraglichen Bindung keinen schärferen Anforderungen unterliegen kann als die zur Aufhebung[3].

3 c) **Inhalt.** Die Erbvertragsparteien können den Umfang des vorbehaltenen Rücktrittsrechts frei vereinbaren. Es kann von bestimmten Bedingungen ebenso abhängig gemacht werden wie von bestimmten Förmlichkeiten oder der Einhaltung von Fristen. Darf der Rücktritt danach nur aus bestimmten Gründen erklärt werden, so können die Vertragsparteien dem Erblasser dabei auch das Recht einräumen, über deren Vorliegen allein zu entscheiden, und damit eine gerichtliche Nachprüfung ausschließen[4]. Der Vorbehalt des Rücktritts kann auch stillschweigend erfolgen, etwa durch Vereinbarung einer Wiederverheiratungsklausel in einem Erbvertrag nach dem Berliner Modell[5].

4 d) **Berechtigter.** § 2293 betrifft nur den Fall des Rücktritts durch den Erblasser. Der andere Vertragschließende bedarf mangels eigener Bindung keines solchen Rücktrittsrechts vom Erbvertrag[6]. Diesem kann jedoch ein von dieser Vorschrift nicht geregeltes Recht zum Rücktritt von einem mit dem Erbvertrag verbundenen schuldrechtlichen Rechtsgeschäft eingeräumt werden, auf das die §§ 346 ff Anwendung finden. Das Rücktrittsrecht des Erblassers erlischt mit dessen Tod, ist also nicht vererblich (vgl §§ 2065, 2279, 2296 Abs 1 S 2)[7].

5 **2. Ausübung des Rücktrittsrechts.** Der Rücktritt erfolgt bis zum Tod des anderen Vertragsteils durch notariell beurkundete **Erklärung** gemäß § 2296 und nach dessen Tod durch Testament gemäß § 2297. Die Einhaltung dieser Form bedarf es auch dann, wenn der Erblasser von einem mit einer Scheidungsfolgenvereinbarung verbundenen Erbvertrag zurücktreten will[8]. Der Erblasser kann den **Umfang** des Rücktritts im Rahmen des Vorbehalts völlig frei bestimmen, also von nur einzelnen vertragsmäßigen Verfügungen zurücktreten, obwohl er sich auch vom ganzen Erbvertrag lösen könnte. Haben die Beteiligten das Recht von bestimmten **Gründen** abhängig gemacht, so müssen diese in der Rücktrittserklärung hinreichend deutlich zum Ausdruck gebracht werden[9]. Ist das Recht zum Rücktritt von der Nicht- oder Schlechterfüllung einer mit dem Erbvertrag in der gleichen Urkunde verbundenen schuldrechtlichen Pflicht des anderen Vertragsteils abhängig, so ist eine vorherige Abmahnung nicht erforderlich, wenn die Leistungspflicht ohne unbestimmte Rechtsbegriffe umschrieben ist (zB Zahlung einer bestimmten Leibrente);[10] andernfalls (zB Pflege in alten und kranken Tagen, Verpflegung) ist gemäß § 242 eine solche erforderlich[11]. Tatsachen, die dem Erblasser bei Ausübung bekannt waren, können später nicht mehr geltend gemacht werden[12].

6 **3. Wirkung des Rücktritts.** Wird der gesamte Erbvertrag aufgehoben, so werden mangels abweichender Bestimmung in der Rücktrittserklärung damit auch die darin enthaltenen einseitig testamentarischen Verfügungen unwirksam (§ 2299 Abs 3). Bezieht sich der Rücktritt nur auf eine oder mehrere vertragsmäßige Verfügungen im Erbvertrag, so werden nur diese unwirksam. Bei einem in einer Urkunde verbundenen Ehe- und Erbvertrag bleibt der Eheverstragsteil trotz des Rücktritts vom Erbvertrag wirksam. Haben die Ehegatten Gütergemeinschaft vereinbart, so verdrängen die speziellen Aufhebungsvorschriften der §§ 1447 ff den ansonsten, also im Falle der Vereinbarung von Gütertrennung oder der Modifikation des gesetzlichen Güterstands, anwendbaren § 139[13]. Bei einem zweiseitigen Erbvertrag führt die Ausübung des Rücktrittsrechts zur Aufhebung des gesamten Vertrags (§ 2298 Abs 2 S 1). Ist der Erbvertrag mit einem anderen schuldrechtlichen Rechtsgeschäft verbunden (zB Erb-

---

[1] Vgl BayObLG FamRZ 1989, 1353, 1354.
[2] *Reimann/Bengel/J. Mayer* Rn 9.
[3] MünchKommBGB/*Musielak* Rn 4 mwN.
[4] MünchKommBGB/*Musielak* Rn 2; vgl auch BGH NJW 1951, 959: Widerruf wechselbezüglicher Verfügungen.
[5] OLG Zweibrücken OLGZ 1973, 217; OLG Karlsruhe NJW 1961, 1410.
[6] MünchKommBGB/*Musielak* Rn 5; aA *von Venrooy* JZ 1987, 10, 16.
[7] MünchKommBGB/*Musielak* Rn 6.
[8] OLG Hamm OLGR 1998, 139.
[9] MünchKommBGB/*Musielak* Rn 7; aA OLG Düsseldorf ZEV 1994, 171, 172 m abl Anm *Kirchner* MittBayNot 1996, 14.
[10] BGH NJW 1981, 2299; krit *Reimann/Bengel/J. Mayer* Rn 17.
[11] BGH MDR 1967, 993; OLG Düsseldorf ZEV 1994, 171, 172; OLG Hamm OLGR 1998, 139; *Reimann/Bengel/J. Mayer* Rn 18.
[12] OLG Düsseldorf ZEV 1994, 171, 172; *Reimann/Bengel/J. Mayer* Rn 19.
[13] BGH NJW 1959, 625; *Reimann/Bengel/J. Mayer* Rn 24.

und Pflegevertrag), so beurteilen sich die Auswirkungen des Rücktritts vom Erbvertrag in erster Linie nach der Vereinbarung zwischen den Beteiligten und in zweiter Linie nach § 139.

4. Beweisfragen. Die Wirksamkeit des Rücktritts kann in einem Feststellungsprozess geklärt werden. Die Beweislast für die Wirksamkeit trägt dabei der Erblasser. Wird der Rücktritt darauf gestützt, dass der andere Vertragsteil seine Pflichten nicht erfüllt hat, so ist die Beweislastregel des § 358 heranzuziehen und dieser muss die Erfüllung beweisen[14]. 7

§ 2294 Rücktritt bei Verfehlungen des Bedachten

Der Erblasser kann von einer vertragsmäßigen Verfügung zurücktreten, wenn sich der Bedachte einer Verfehlung schuldig macht, die den Erblasser zur Entziehung des Pflichtteils berechtigt oder, falls der Bedachte nicht zu den Pflichtteilsberechtigten gehört, zu der Entziehung berechtigen würde, wenn der Bedachte ein Abkömmling des Erblassers wäre.

1. Voraussetzungen des Rücktrittsrechts. Der Erblasser ist kraft Gesetzes zum Rücktritt von einer vertragsmäßigen Verfügung (Erbeinsetzung, Vermächtnis, Auflage) in einem Erbvertrag berechtigt, wenn sich der dadurch **Bedachte** einer Verfehlung iS des Pflichtteilsrechts schuldig gemacht hat. Verfehlungen des anderen Vertragschließenden, wie sie zugleich auch Bedachter dieser Verfügung ist, berechtigen den Erblasser dagegen nicht zum Rücktritt. Der Bedachte, der selbst nicht Vertragspartner ist, braucht den ihn begünstigenden Erbvertrag noch nicht einmal zu kennen[1]. Wegen der **Verfehlungen** nimmt § 2294 bei Abkömmlingen Bezug auf § 2333, bei einem Elternteil auf § 2334 und beim Ehegatten des Erblassers auf § 2335. Das Rücktrittsrecht wird jedoch nur durch solche Verfehlungen begründet, die erst nach dem Vertragsschluss begangen worden sind. Dem Erblasser zu dieser Zeit **bekannte Verfehlungen** sind verziehen, während ihm erst danach bekannt gewordene gemäß §§ 2281, 2078 zur Anfechtung berechtigen[2]. Der Rücktrittsgrund muss bis zum Zeitpunkt der Rücktrittserklärung fortbestehen. Der Erblasser kann auf dieses gesetzliche Rücktrittsrecht nicht im Voraus verzichten (§ 2302)[3]. Allerdings kann er nach dem Bekanntwerden solcher Verfehlungen dem Bedachten – auch konkludent – verzeihen und damit nachträglich auf sein Rücktrittsrecht verzichten[4], allerdings längstens bis zur Erklärung des Rücktritts. Das Rücktrittsrecht steht nur dem Erblasser, nicht aber dem anderen Vertragschließenden zu, und ist nicht vererblich. 1

2. Ausübung des Rücktrittsrechts. Der Rücktritt erfolgt bis zum Tod des anderen Vertragsteils durch notariell beurkundete Erklärung gemäß § 2296 und nach dessen Tod durch Testament gemäß § 2297. Da § 2294 nicht auch auf § 2336 Abs 2 verweist, ist es im Falle des Rücktritts durch Erklärung gemäß § 2296 zwar nicht notwendig den Rücktrittsgrund anzugeben, aber im Hinblick auf die Beweislast des Erblassers empfehlenswert. Erfolgt der Rücktritt nach dem Tod des Vertragspartners durch Testament, so ist über die Verweisung in § 2297 S 2 auf die vorgenannten Bestimmungen die Angabe des Grundes zwingend erforderlich. Wegen der Unanwendbarkeit des § 2336 Abs 4 beseitigt eine Besserung des Bedachten nach dem Wirksamwerden die Rücktrittsfolgen nicht mehr[5]. Im Falle des Rücktritts durch Testament gemäß § 2297 findet jedoch diese Vorschrift über S 2 Anwendung, so dass in diesem Fall eine Besserung zu beachten ist. 2

3. Wirkung des Rücktritts. Mit dem Rücktritt wird nur die vertragsmäßige Verfügung zugunsten des Bedachten unwirksam, nicht dagegen sachlich zusammenhängende Verfügungen zugunsten Dritter (zB Ersatzerbeinsetzung von Abkömmlingen). Der Erblasser hat es in der Hand, den Rücktritt auf einzelne von mehreren Verfügungen oder auf Teile hiervon zu beschränken. Im Übrigen wird auf § 2293 Rn 6 verwiesen. 3

4. Beweisfragen. § 2294 verweist nicht auf die Beweisregel des § 2336 Abs 3, so dass der Erblasser in einem Prozess auf Feststellung der Wirksamkeit des Rücktritts die Beweislast für das Vorliegen des Rücktrittsgrunds trägt[6]. Beruft er sich auf eine Straftat, braucht er nur die objektiven und subjektiven Tatbestandsvoraussetzungen zu beweisen, während bezüglich etwaiger Entschuldigungs- oder Rechtfertigungsgründe der Bedachte beweispflichtig ist[7]. 4

§ 2295 Rücktritt bei Aufhebung der Gegenverpflichtung

Der Erblasser kann von einer vertragsmäßigen Verfügung zurücktreten, wenn die Verfügung mit Rücksicht auf eine rechtsgeschäftliche Verpflichtung des Bedachten, dem Erb-

---

[14] MünchKommBGB/*Musielak* Rn 11 mwN.
[1] MünchKommBGB/*Musielak* Rn 2; aA *Lange/Kuchinke* § 25 VII 5 a Fn 264.
[2] HM, zB BGH NJW 1952, 700; NJW-RR 1986, 371; *Reimann/Bengel/J. Mayer* Rn 4.
[3] *Reimann/Bengel/J. Mayer* Rn 8.
[4] *Reimann/Bengel/J. Mayer* Rn 6.
[5] *Reimann/Bengel/J. Mayer* Rn 5.
[6] *Palandt/Edenhofer* Rn 2.
[7] BGH NJW-RR 1986, 371; MünchKommBGB/*Musielak* Rn 4.

§ 2295

lasser für dessen Lebenszeit wiederkehrende Leistungen zu entrichten, insbesondere Unterhalt zu gewähren, getroffen ist und die Verpflichtung vor dem Tode des Erblassers aufgehoben wird.

Schrifttum: *Lüke*, Vertragliche Störungen beim „entgeltlichen" Erbvertrag, 1990; *Poser*, Der entgeltliche Erbvertrag im Zivil- und Steuerrecht, 2002; *Stürzebecher*, Rücktritt vom entgeltlichen Erbvertrag, 1987; *ders*, Zur Anwendbarkeit der §§ 320 ff. BGB auf den entgeltlichen Erbvertrag, NJW 1988, 2727; *Vollmar*, Der entgeltliche Erbvertrag – Behandlung von Leistungsstörungen, ZErb 2003, 274.

I. Voraussetzungen des Rücktrittsrechts

1 **1. Rechtsgeschäftliche Pflicht zu lebenslangen, wiederkehrenden Leistungen.** Der Erblasser ist kraft Gesetzes zum Rücktritt von einer vertragsmäßigen Verfügung (Erbeinsetzung, Vermächtnis, Auflage) in einem Erbvertrag berechtigt, wenn eine durch Rechtsgeschäft begründete Pflicht des Bedachten, an den Erblasser bis zu dessen Tod wiederkehrende Leistungen aller Art (zB Gewährung von Pflege, Verpflegung und/oder Wohnung, Zahlung einer Leibrente, Übernahme der Alten- oder Pflegeheimkosten, Grabpflege) zu erbringen, aufgehoben wird. Es muss sich um eine **Leistungspflicht des Bedachten** handeln. Die Aufhebung einer vom anderen Vertragschließenden übernommenen Pflicht berechtigt den Erblasser dagegen nicht zum Rücktritt, wenn jener nicht zugleich auch Bedachter dieser Verfügung ist. Die Leistungspflicht muss sich aus einem **Rechtsgeschäft** ergeben; gesetzliche Pflichten (zB Unterhalt) begründen kein Rücktrittsrecht gemäß § 2295[1]. Die Art des Rechtsgeschäfts ist ohne Bedeutung. Auch ein Vertrag zugunsten des Erblassers als Dritter oder ein Schenkungsversprechen reichen aus. Ist oder wird die Leistungspflicht aus irgendeinem Grunde (zB Anfechtung, Sittenwidrigkeit, gesetzliches Verbot) **nichtig**, so kann der Erblasser zwar nicht gemäß § 2295 von der vertragsmäßigen Verfügung zurücktreten, diese in jedem Fall aber gemäß §§ 2078, 2281 anfechten, wenn sie nicht bereits auf Grund einer entsprechenden Bedingung[2] oder der Teilnichtigkeitsregelung des § 139 von selbst unwirksam ist. Die Pflicht zur Erbringung wiederkehrender Leistungen muss bis zum Tod des Erblassers fortdauern. Besteht sie **nur auf Zeit**, so kann der Erblasser nicht gemäß § 2095 zurücktreten, sondern allenfalls seine Verfügung gemäß §§ 2078, 2281 anfechten.

2 **2. Verknüpfung zwischen vertragsmäßiger Verfügung und Leistungspflicht.** Das die Leistungspflicht begründende Rechtsgeschäft braucht weder mit dem Erbvertrag in einer Urkunde zusammengefasst zu sein, noch überhaupt in einem objektiven zeitlichen oder sachlichen Zusammenhang zu stehen. Allein der Wille des Erblassers stellt die notwendige Verknüpfung („mit Rücksicht") zwischen beiden her. Der Bedachte muss diesen Verknüpfungswillen kennen, aber nicht billigen[3].

3 **3. Aufhebung der Leistungspflicht.** Die Leistungspflicht ist aufgehoben, wenn sie, nachdem sie wirksam entstanden ist, aus irgendeinem Rechtsgrund ex nunc wieder entfällt[4]. Gründe hierfür können sein Rücktritt, Kündigung[5], auflösende Bedingung, nachträgliche Unmöglichkeit oder ein Aufhebungsvertrag. Nach hM ist der Erblasser allerdings gemäß § 2295 nicht zum Rücktritt berechtigt, wenn der Bedachte seine **Leistungspflicht nicht oder schlecht erfüllt** oder mit ihr in **Verzug** gerät, da wegen § 2302 ein Gegenseitigkeitsverhältnis iS des § 323 Abs 1 zwischen Erbvertrag und Rechtsgeschäft ausgeschlossen ist[6]. Weiterhin umstritten ist, auf welchem Weg sich der Erblasser aus seiner erbvertraglichen Bindung lösen kann. Die einen wollen ihm ein Rücktrittsrecht analog § 2295 geben, wenn der Erblasser auf Grund des § 286 Abs 2[7] – jetzt: § 323 – oder durch Kündigung aus wichtigem Grund[8] vom Verpflichtungsgeschäft zurückgetreten ist, die anderen ausschließlich oder daneben[9] einen Kondiktionsanspruch gemäß § 812 Abs 1 S 2 2. Fall[10]. Zutreffend dürfte jedoch auch hier der Weg der Anfechtung gemäß §§ 2078, 2281 sein[11].

II. Ausübung des Rücktrittsrechts

4 Der Rücktritt erfolgt bis zum Tod des anderen Vertragsteils durch notariell beurkundete Erklärung gemäß § 2296 und nach dessen Tod durch Testament gemäß § 2297. Ein formnichtiges Angebot des Erblassers auf Abschluss eines Aufhebungsvertrags iS des § 2290 kann in eine Rücktrittserklärung gemäß § 2295 umgedeutet werden[12].

---

[1] MünchKommBGB/*Musielak* Rn 2.
[2] Vgl BayObLG Rpfleger 1976, 290.
[3] MünchKommBGB/*Musielak* Rn 3.
[4] MünchKommBGB/*Musielak* Rn 4; *Soergel/M. Wolf* Rn 3; *Reimann/Bengel/J. Mayer* Rn 9; *Lange/Kuchinke* § 25 X 2 b; aA *Staudinger/Kanzleiter* Rn 7; *Bengel* DNotZ 1978, 687, 688.
[5] OLG Karlsruhe NJW-RR 1997, 708.
[6] *Reimann/Bengel/J. Mayer* Rn 14; MünchKommBGB/*Musielak* Rn 1, 5 mwN; aA *Stöcker* WM 1980, 482; *Stürzbecher* NJW 1988, 2717.
[7] *Lange/Kuchinke* § 25 X 2 b.
[8] LG Köln DNotZ 1978, 685, 686 m abl Anm *Bengel*; *Lüke* S 50; *Knieper* DNotZ 1968, 331, 336.
[9] Vgl *Reimann/Bengel/J. Mayer* Rn 15.
[10] *Palandt/Edenhofer* Rn 2; *Kipp/Coing* § 40 I 2 b; *Ebenroth* Rn 264; *Vollmar* ZErb 2003, 274, 279 ff.
[11] MünchKommBGB/*Musielak* Rn 6 mwN; *Kipp/Coing* § 40 I 2 b; *Ebenroth* Rn 264; aA LG Köln DNotZ 1978, 685 m abl Anm *Bengel*; diff *Vollmar* ZErb 2003, 274, 279.
[12] Vgl OLG Hamm DNotZ 1977, 752.

III. Wirkung des Rücktritts

Mit dem Rücktritt wird nur die vertragsmäßige Verfügung zugunsten des Bedachten unwirksam, 5
nicht dagegen sachlich zusammenhängende Verfügungen zugunsten Dritter (zB Ersatzerbeinsetzung
von Abkömmlingen). Der Erblasser hat es in der Hand, den Rücktritt auf einzelne von mehreren
Verfügungen oder auf Teile hiervon zu beschränken. Im Übrigen wird auf § 2293 Rn 6 verwiesen.
Der Bedachte kann als Folge dieses Rücktritts die von ihm bereits erbrachten Leistungen gemäß § 812
Abs 1 S 2 vom Erblasser zurückfordern.

§ 2296 Vertretung, Form des Rücktritts

(1) ¹Der Rücktritt kann nicht durch einen Vertreter erfolgen. ²Ist der Erblasser in der Geschäftsfähigkeit beschränkt, so bedarf er nicht der Zustimmung seines gesetzlichen Vertreters.

(2) ¹Der Rücktritt erfolgt durch Erklärung gegenüber dem anderen Vertragschließenden.
²Die Erklärung bedarf der notariellen Beurkundung.

Schrifttum: *J. Schneider*, Wie ist der Rücktritt vom Erbvertrag, wie der Widerruf eines gemeinschaftlichen Testaments zu erklären?, ZEV 1996, 220; *Kanzleiter*, Der Zugang beurkundeter Willenserklärungen – Zugleich Anmerkungen zum Urteil des BGH v. 7. 6. 1995 – VIII ZR 125/94 –, DNotZ 1996, 93; *ders*, Die Form des Rücktritts von einem Vertrag, in dem ein Erbvertrag mit anderen Vereinbarungen verbunden ist, DNotZ 1999, 123; *Kirchner*, Pflicht zur Begründung des Rücktrittes vom Erbvertrag?, MittBayNot 1996, 19.

I. Anwendungsbereich

Bis zum Tod des anderen Vertragschließenden kann der Erblasser auf Grund der §§ 2293 bis 2295 1
den Rücktritt vom Erbvertrag bzw von einer oder mehreren vertragsmäßigen Verfügungen nur in der
Form des § 2296 erklären. **Stirbt der andere** Vertragsteil vor dem Zugang einer formgerechten
Rücktrittserklärung, so muss der Erblasser gemäß § 2297 durch Errichtung eines Testaments zurücktreten.

II. Erklärung des Rücktritts

1. Höchstpersönliche Ausübung. Der Erblasser muss den Rücktritt höchstpersönlich erklären, 2
kann sich also weder im Willen noch in der Erklärung vertreten lassen. Das nicht ausgeübte Rücktrittsrecht ist nicht vererblich.

2. Geschäftsfähigkeit. Ein **geschäftsunfähiger** Erblasser kann nicht vom Erbvertrag zurücktreten. 3
Besteht neben dem Rücktritts- ein Anfechtungsrecht gemäß §§ 2078, 2281, also insbes in den Fällen
der §§ 2294, 2295, so kann dessen gesetzlicher Vertreter das gleiche Ergebnis durch Anfechtung
erreichen (§ 2282 Abs 2). Der **beschränkt Geschäftsfähige** bedarf dagegen zu der von ihm höchstpersönlich abgegebenen Rücktrittserklärung vom Erbvertrag nicht der Zustimmung seines gesetzlichen
Vertreters.

3. Inhalt und notarielle Beurkundung. Die Rücktrittserklärung muss zur Niederschrift eines 4
Notars (§§ 6 ff BeurkG) erklärt werden (Abs 2 S 2); andernfalls ist sie nichtig (§ 125 S 1). Eine davon
abweichende Vereinbarung im Erbvertrag ist nicht möglich[1]. Dieses Verbot bezieht sich nicht auf
einem Erbvertrag verbundenen anderen Vertrag (zB Ehevertrag, Erbverzichtsvertrag) nicht auf
diesen[2]. Außerdem ist bei Vereinbarung einer Formerleichterung (zB Schriftform) zu prüfen, ob es
sich nicht in Wahrheit um eine auflösende Bedingung handelt (zB Beendigung einer nichtehelichen
Lebensgemeinschaft durch schriftliche Aufgabeerklärung). Als Gestaltungsrecht kann der Rücktritt
nicht bedingt oder befristet erklärt werden[3]. Wenn und soweit das Rücktrittsrecht (§§ 2293 bis 2295)
dies erlaubt, kann der Erblasser völlig frei bestimmen, ob er nur von einzelnen vertragsmäßigen
Verfügungen oder vom ganzen Erbvertrag zurücktreten will. Haben die Beteiligten das Rücktrittsrecht
gemäß § 2293 von bestimmten Gründen abhängig gemacht, so müssen diese in der Rücktrittserklärung hinreichend deutlich zum Ausdruck gebracht werden (vgl § 2293 Rn 5). In allen anderen
Fällen ist die Angabe von Gründen zwar entbehrlich, aber zum Zwecke der Beweissicherung empfehlenswert[4].

4. Zugang beim anderen Vertragspartner. Die notariell beurkundete Rücktrittserklärung muss 5
dem Vertragspartner zu dessen Lebzeiten zugehen, um wirksam zu werden. Bei mehreren Vertragspartnern muss der Rücktritt gegenüber jedem von ihnen wirksam erklärt werden. Im Übrigen wird auf
§ 2271 Rn 11 ff verwiesen. Nach dem Zugang der Rücktrittserklärung kann der Erblasser diese nicht
mehr widerrufen, wohl aber gemäß §§ 119 ff anfechten.

---

[1] OLG Hamm DNotZ 1999, 122, 125 m abl Anm *Kanzleiter*; *Schneider* ZEV 1996, 220; *Reimann/Bengel/J. Mayer* Rn 7.
[2] *Kanzleiter* DNotZ 1999, 122, 124.
[3] OLG Stuttgart OLGZ 1979, 129, 131.
[4] MünchKommBGB/*Musielak* Rn 6.

§ 2297 Rücktritt durch Testament

¹Soweit der Erblasser zum Rücktritt berechtigt ist, kann er nach dem Tode des anderen Vertragschließenden die vertragsmäßige Verfügung durch Testament aufheben. ²In den Fällen des § 2294 findet die Vorschrift des § 2336 Abs. 2 bis 4 entsprechende Anwendung.

I. Anwendungsbereich

1   Ab dem Tod des anderen Vertragschließenden kann der Erblasser auf Grund der §§ 2293 bis 2295 den Rücktritt vom Erbvertrag bzw von einer oder mehreren vertragsmäßigen Verfügungen nur in der Form des Testaments gemäß § 2297 erklären. Zu Lebzeiten des anderen Vertragsteils ist das Rücktrittsrecht durch empfangsbedürftige Willenserklärung gemäß § 2296 auszuüben. Solange von mehreren Vertragschließenden auch nur einer noch lebt, muss der Rücktritt durch Erklärung gemäß § 2296 erfolgen; anstelle des Verstorbenen sind dessen Erben die Adressaten dieser Erklärung. Der Rücktritt durch Testament ist auch dann zulässig, wenn der Rücktrittsgrund erst nach dem Tod des anderen Vertragsteils entstanden ist[1].

II. Ausübung des Rücktritts durch Testament

2   **1. Wirksames Testament.** Das Testament muss in vollem Umfang wirksam sein. Der Erblasser kann sich jeder zu Gebote stehenden Errichtungsart bedienen. Auch im Rahmen eines gemeinschaftlichen Testaments oder eines Erbvertrags (§§ 2297, 2299 Abs 1) mit anderen Vertragspartnern kann der Rücktritt erklärt werden.

3   **2. Inhalt.** Der Erblasser braucht die vertragsmäßigen Verfügungen, von denen er zurücktreten will, nicht ausdrücklich aufzuheben. Es genügt dazu, dass er widersprechende Verfügungen iS des § 2258 Abs 1 trifft oder unter Weglassung aufzuhebender Teile die Verfügungen aus dem Erbvertrag wiederholt[2]. Ist der Rücktritt auf eine Verfehlung des Bedachten gemäß § 2294 gestützt, so sind auf Grund der Verweisung in § 2297 S 2 die Bestimmungen des § 2336 Abs 2 bis 4 zu beachten. Der Grund der Entziehung muss daher zwingend im Testament angegeben sein.

III. Widerruf des Testaments

4   Auch das einen Rücktritt enthaltende Testament kann nach den einschlägigen Vorschriften widerrufen werden. Handelt es sich bei der Verfügung von Todes wegen um ein gemeinschaftliches Testament oder einen Erbvertrag, so ist zu beachten, dass der Rücktritt keinen wechselbezüglichen bzw vertragsmäßigen Charakter haben kann, also in jedem Fall einseitig aufhebbar ist. Wird der Rücktritt oder die diese Wirkung herbeiführende Verfügung wieder aufgehoben, so tritt die vertragsmäßige Verfügung im Erbvertrag wieder in vollem Umfang in Kraft. Nur ein solcher Widerruf, nicht dagegen eine formlose Verzeihung iS des § 2337 S 2 führt die Wirksamkeit der ursprünglichen Verfügung wieder herbei; § 2297 S 2 verweist nur auf § 2336, nicht auf § 2337.

§ 2298 Gegenseitiger Erbvertrag

(1) Sind in einem Erbvertrag von beiden Teilen vertragsmäßige Verfügungen getroffen, so hat die Nichtigkeit einer dieser Verfügungen die Unwirksamkeit des ganzen Vertrags zur Folge.

(2) ¹Ist in einem solchen Vertrag der Rücktritt vorbehalten, so wird durch den Rücktritt eines der Vertragschließenden der ganze Vertrag aufgehoben. ²Das Rücktrittsrecht erlischt mit dem Tode des anderen Vertragschließenden. ³Der Überlebende kann jedoch, wenn er das ihm durch den Vertrag Zugewendete ausschlägt, seine Verfügung durch Testament aufheben.

(3) Die Vorschriften des Absatzes 1 und des Absatzes 2 Sätze 1 und 2 finden keine Anwendung, wenn ein anderer Wille der Vertragschließenden anzunehmen ist.

I. Anwendungsbereich

1   **1. Vertragsmäßige Verfügung.** Diese Norm wird von der Überlegung getragen, dass in der Aufnahme von Verfügungen mit vertragsmäßiger Bindungswirkung in einen Vertrag der Wille der Vertragschließenden zum Ausdruck kommt, dass sie dann auch alle miteinander stehen und fallen sollen[1*]. Deshalb gilt diese Auslegungsregel nur für Erbeinsetzungen einschließlich der damit verbundenen Teilungsanordnungen (ausf § 2278 Rn 1, § 2270 Rn 4 f), Vermächtnisse und Auflagen (vgl § 2078 Abs 2). Sie regelt auch nur das rechtliche Schicksal von vertragsmäßigen Verfügungen untereinander, nicht aber von einseitig getroffenen, bei denen sich die Auswirkung der Nichtigkeit auf andere (einseitige oder vertragsmäßige) Verfügungen nach §§ 2085, 2299 Abs 1 richtet. § 2085 gilt auch für die Frage nach der Bedeutung der Nichtigkeit vertragsmäßiger Verfügungen für das rechtliche Schicksal einseitiger Verfügungen.

---

[1] Staudinger/Kanzleiter Rn 4; MünchKommBGB/Musielak Rn 2.
[2] OLG Köln OLG NJW-RR 1992, 1418.
[1*] BGH NJW 1961, 120.

Gegenseitiger Erbvertrag § 2298

2. Zwei- oder mehrseitiger Erbvertrag. § 2298 setzt vertragsmäßige Verfügungen von zwei 2 Erblassern voraus, gilt also nicht für den einseitigen Erbvertrag, in dem nur einer letztwillig verfügt und der andere Teil diese Verfügung nur annimmt. Die Auswirkungen der Nichtigkeit einer oder mehrerer Verfügungen in einem einseitigen Erbvertrag richten sich nicht nach § 2298 sondern nach § 2085. Verfügen idS mehr als zwei Personen in einem Erbvertrag, so spricht man von einem mehrseitigen Erbvertrag, auf den § 2298 ebenfalls anzuwenden ist. Bei einem zwei- oder mehrseitigen Erbvertrag ist es gleichgültig, ob sich die Erblasser dabei gegenseitig bedenken oder nicht. Auch der zweiseitige Erbvertrag kann gemäß § 2299 neben den vertragsmäßigen auch einseitig testamentarische Anordnungen enthalten, bei deren Nichtigkeit allerdings nicht § 2298 sondern § 2085 gilt (Rn 1).

II. Unwirksamkeit einer vertragsmäßigen Verfügung

1. Tatbestand. a) Nichtigkeit (Abs 1). Bei einem zwei- oder mehrseitigen Erbvertrag zieht gemäß 3 § 2298 Abs 1, 2 S 1 die Unwirksamkeit einer vertragsmäßigen Verfügung die aller anderen darin enthaltenen vertragsmäßigen Verfügungen nach sich. Diese Folge hat unbestritten jede **anfängliche Nichtigkeit** einer dieser Verfügungen, also mangelnde Geschäftsfähigkeit iS des § 2275 beim Abschluss, Verletzung der Formvorschriften (§§ 2276, 125), inhaltlicher Widerspruch zu einer bindenden früheren Verfügung (§ 2289), Verletzung gesetzlicher Verbote iS des § 134 (zB § 14 HeimG) oder Verstöße gegen die guten Sitten (§ 138)[2].

Gleichzustellen ist die **nachträglich eintretende Unwirksamkeit** durch Anfechtung (§§ 2078, 4 2079, 142). Nach zutreffender hM führt auch die Auflösung der Ehe, insbes die Scheidung (§§ 2077, 2279), die Nichtigkeitsfolge des § 2298 herbei[3]. Für die Differenzierung zwischen der anfänglichen und der nachträglichen Nichtigkeit gibt es im Hinblick auf den Normzweck keine sachliche Rechtfertigung[4]. S zur Möglichkeit, dass eine vertragsmäßige Verfügung trotz der Eheauflösung gültig bleibt, § 2268 Rn 7.

Dagegen reicht es nach hM für die Anwendung des Abs 1 nicht aus, wenn eine vertragsmäßige 5 Verfügung nicht unwirksam sondern lediglich **nachträglich gegenstandslos** geworden ist[5], etwa durch Vorversterben des Bedachten (§§ 1923, 2160), Veräußerung des Vermächtnisgegenstands (§ 2169), Zuwendungsverzicht (§ 2352), Ausschlagung des Erbes bzw des Vermächtnisses (§§ 1944 ff, 2180), Feststellung der Erb- oder Vermächtnisunwürdigkeit (§§ 2339 ff) oder endgültigen Ausfall der einer Verfügung beigefügten Bedingung[6]. In all diesen Fällen richten sich die Folgen nicht nach § 2298 sondern nach der flexibleren und damit angemesseneren Teilnichtigkeitsbestimmung des § 2085.

Bei **Teilnichtigkeit** einer vertragsmäßigen Verfügung muss in einem ersten Schritt auf der Grund- 6 lage des § 2085 entschieden werden, ob diese die gesamte Verfügung erfasst oder nicht. Nur und erst nach Feststellung der Gesamtnichtigkeit gelangt § 2298 zur Anwendung[7].

b) Rücktritt (Abs 2). Der auf Grund eines Rücktrittsvorbehalts iS des § 2293 erklärte Rücktritt 7 führt gemäß § 2298 Abs 2 S 1 die gleiche Rechtsfolge herbei wie die Nichtigkeit, es sei denn, der Vorbehalt bezieht sich nicht auf den gesamten Erbvertrag, sondern nur auf einzelne von mehreren vertragsmäßigen Verfügungen. § 2298 Abs 2 S 1 ist auch nicht auf einen Rücktritt gemäß §§ 2294, 2295 anwendbar, so dass die Rechtsfolgen eines derartigen Rücktritts auf der Grundlage des § 2085 zu ermitteln sind[8]. In den zuletzt genannten Rücktrittsfällen geht der gemäß Abs 3 beachtliche Erblasserwille nämlich idR dahin, die Wirkungen des Rücktritts gerade nicht auf die übrigen vertragsmäßigen Verfügungen zu erstrecken.

2. Rechtsfolgenerstreckung auf alle vertragsmäßigen Verfügungen. Der Sinn des § 2298 8 Abs 1, 2 S 1 besteht darin, dem in einem Erbvertrag vermuteten eigenseeigenen Verknüpfungswillen der Vertragspartner Geltung zu verschaffen. Dabei handelt es sich lediglich um eine Auslegungsregel, weil Abs 3 dem Willen der Vertragschließenden den Vorrang einräumt. Bezüglich der in dem zweiseitigen Erbvertrag mitenthaltenen einseitig testamentarischen Verfügungen gilt § 2298 nicht. Deren Wirksamkeit richtet sich ausschließlich nach der Teilnichtigkeitsregelung des § 2085 (§ 2299 Abs 2 S 1).

3. Vorrang des abweichenden Erblasserwillens. Da es sich um Auslegungsregeln handelt, kann 9 der Erbvertrag die Rechtsfolgen abweichend regeln. Auch ohne eine derartige Bestimmung, kann die Anwendbarkeit des § 2298 ausgeschlossen sein, wenn die erläuternde oder die ergänzende Auslegung einen abweichenden Erblasserwillen ergibt, wobei jedoch gemäß §§ 133, 157 auf den Verständnishorizont des Vertragspartners abzustellen ist, nicht nur auf den des erklärenden Erblassers (§ 2084 Rn 7).

---

[2] Zur Geschäftsfähigkeit BayObLG DNotZ 1996, 53.
[3] OLG Hamm ZEV 1994, 367 m abl Anm *J. Mayer*; MünchKommBGB/*Musielak* Rn 3; aA *Staudinger/Kanzleiter* Rn 7; *Reimann/Bengel/J. Mayer* Rn 8.
[4] OLG Hamm ZEV 1994, 367 m abl Anm *J. Mayer*; MünchKommBGB/*Musielak* Rn 3; aA *Staudinger/Kanzleiter* Rn 7; *Reimann/Bengel/J. Mayer* Rn 8.
[5] HM, zB Soergel/M. *Wolf* Rn 4; MünchKommBGB/*Musielak* Rn 3; aA *Brox/Walker* Rn 155; *Lange/Kuchinke* § 25 VIII 1 a: Unwirksamkeit beim Erbfall.
[6] *Reimann/Bengel/J. Mayer* Rn 8.
[7] MünchKommBGB/*Musielak* Rn 2; *Reimann/Bengel/J. Mayer* Rn 12.
[8] AllgM, zB MünchKommBGB/*Musielak* Rn 4 mwN.

§ 2299

III. Ausschluss des Rücktrittsrechts (Abs 2 S 2, 3)

10 **1. Tod des anderen Vertragsteils.** Anders als beim einseitigen Erbvertrag (vgl § 2297) erlischt beim zweiseitigen das gemäß § 2293 vorbehaltene, nicht dagegen das gemäß §§ 2294, 2295 gesetzlich eingeräumte Rücktrittsrecht mit dem Tod des anderen Vertragsteils. Berechtigt der Rücktrittsvorbehalt nur zum Rücktritt von einzelnen vertragsmäßigen Verfügungen, so gilt § 2298 Abs 2 S 2 und 3 ebenfalls nicht. Bei einem mehrseitigen Erbvertrag, an dem mehrere Personen als Erblasser beteiligt sind, erlischt dieses Recht bereits mit dem Tod eines von ihnen.

11 **2. Erhaltung des Rücktrittsrechts durch Ausschlagung.** Der überlebende Erblasser hat es gemäß § 2298 Abs 2 S 3 selbst in der Hand, sich das Rücktrittsrecht zu erhalten, indem er die Erbschaft, das Vermächtnis oder die Auflage ausschlägt. Er braucht nur die vertragsmäßigen, diese allerdings umfassend, nicht aber die einseitig testamentarischen Zuwendungen auszuschlagen, da die zuletzt genannten Verfügungen nicht „durch Vertrag" angeordnet sind[9]. Im Hinblick auf den zur Erhaltung des Rücktrittsrechts gebotenen Umfang der Ausschlagung stimmt diese Vorschrift sachlich mit der Regelung des § 2271 Abs 2 S 1 zum Widerruf gemeinschaftlicher Testamente überein, so dass auf § 2271 Rn 24 ff verwiesen werden kann.

12 **3. Vorrang des abweichenden Erblasserwillens.** Auch wenn Satz 3 in § 2298 Abs 3 nicht ausdrücklich erwähnt ist, so können die Vertragschließenden eine abweichende Vereinbarung treffen[10]. Auch ohne eine solche Vereinbarung ist ein abweichender Erblasserwille beachtlich.

§ 2299 Einseitige Verfügungen

(1) Jeder der Vertragschließenden kann in dem Erbvertrag einseitig jede Verfügung treffen, die durch Testament getroffen werden kann.

(2) ¹Für eine Verfügung dieser Art gilt das Gleiche, wie wenn sie durch Testament getroffen worden wäre. ²Die Verfügung kann auch in einem Vertrag aufgehoben werden, durch den eine vertragsmäßige Verfügung aufgehoben wird.

(3) Wird der Erbvertrag durch Ausübung des Rücktrittsrechts oder durch Vertrag aufgehoben, so tritt die Verfügung außer Kraft, sofern nicht ein anderer Wille des Erblassers anzunehmen ist.

I. Einseitig testamentarische Verfügungen

1 **1. Abgrenzung und Wirksamkeitsbedingung.** Jeder Vertragsteil, also auch derjenige, der vertragsmäßige Verfügungen des anderen lediglich annimmt, aber nicht selbst vertragsmäßig verfügt, kann den Erbvertrag als „Stützpunkt" eigener einseitig testamentarischer Anordnungen nutzen (§ 2299 Abs 1). Wegen der Abgrenzung zwischen vertragsmäßigen und einseitigen Verfügungen wird auf § 2278 Rn 3 ff verwiesen. Die in der Erbvertragsurkunde enthaltenen einseitigen Verfügungen sind jedoch nur dann wirksam, wenn dies auch der Erbvertrag als solches ist. Ist der Erbvertrag unwirksam oder enthält er nicht mindestens eine vertragsmäßige Verfügung, so ist in Ansehung der einseitigen Verfügungen eine Umdeutung gemäß § 140 in ein Testament nahe liegend. Nur wenn dies nicht möglich ist oder der Erblasserwille entgegensteht, erfasst die Nichtigkeit des Erbvertrags auch die darin enthaltenen einseitigen Verfügungen.

2 **2. Geltung des Testamentsrechts.** Die Aufnahme einseitig testamentarischer Verfügungen in einen Erbvertrag ändert deren Rechtsnatur nicht, so dass, was § 2299 Abs 2 S 1 lediglich klarstellt, auf diese das Testamentsrecht in vollem Umfang Anwendung findet. Folglich muss der in dieser Weise verfügende Vertragsteil testierfähig (§ 2229) sein; § 2275 Abs 2 und 3 finden insoweit keine Anwendung[1]. Da das Betreuungsrecht dem Betreuten, der nicht geschäftsunfähig ist, die Errichtung einer Verfügung von Todes wegen ohne Einwilligung des Betreuers erlaubt (vgl § 1903 Abs 2), hat sich die frühere Streitfrage praktisch erledigt[2].

II. Aufhebung einseitiger Verfügungen

3 **1. Widerrufendes bzw widersprechendes Testament.** Die einseitigen Verfügungen nehmen an der Bindungswirkung des Erbvertrags nicht teil und können daher gemäß §§ 2253, 2254, 2257, 2258 widerrufen werden. Ein Widerruf durch schlüssiges Verhalten (§ 2255) oder durch Rücknahme aus der Verwahrung (§ 2256) ist wegen der Verkörperung in der Erbvertragsurkunde nicht denkbar.

4 **2. Aufhebungsvertrag.** Wird gemäß § 2290 der gesamte Erbvertrag durch Vertrag aufgehoben, so werden gemäß § 2299 Abs 3 Alt 2 auch alle darin enthaltenen einseitig testamentarischen Verfügungen unwirksam. Beschränkt sich der Vertrag jedoch auf die Aufhebung nur einzelner vertragsmäßiger Verfügungen oder geschieht die Aufhebung durch Testament (§ 2291) bzw gemeinschaftliches Testa-

---

[9] MünchKommBGB/*Musielak* Rn 6.
[10] AllgM, zB MünchKommBGB/*Musielak* Rn 7 mwN, auch zu überholten Meinungen.
[1] *Reimann/Bengel/J. Mayer* Rn 10 f; *Soergel/M. Wolf* Rn 4; aA *Staudinger/Kanzleiter* Rn 5 mwN.
[2] MünchKommBGB/*Musielak* Rn 4; anders *Reimann/Bengel/J. Mayer* m Hinweis auf Minderjährige unter 16 Jahren.

ment (§ 2292), so bleiben die einseitig testamentarischen Verfügungen im Erbvertrag wirksam, wenn und soweit in einem aufhebenden (gemeinschaftlichen) Testament nicht etwas anderes bestimmt wird. Wird in einem Aufhebungsvertrag iS des § 2290 nicht der gesamte Erbvertrag, sondern nur eine einzelne vertragsmäßige Verfügung aufgehoben, so kann jeder Vertragsteil gleichzeitig auch von ihm selbst mit lediglich einseitiger testamentarischer Wirkung getroffene Verfügungen widerrufen (§ 2290 Abs 2 S 2).

3. Rücktritt. Tritt ein Vertragsteil vom gesamten Erbvertrag zurück, so werden damit auch die vom Zurücktretenden darin getroffenen einseitigen Verfügungen gemäß § 2299 Abs 3 Alt 1 unwirksam, wenn und soweit kein abweichender Wille des Erklärenden festzustellen ist. Beschränkt sich der Rücktritt dagegen nur auf eine einzelne vertragsmäßige Verfügung, so bleiben die einseitigen Anordnungen wirksam. 5

§ 2300 Amtliche Verwahrung; Eröffnung

(1) Die für die amtliche Verwahrung und die Eröffnung eines Testaments geltenden Vorschriften der §§ 2258 a bis 2263, 2273 sind auf den Erbvertrag entsprechend anzuwenden, die Vorschrift des § 2273 Abs. 2, 3 jedoch nur dann, wenn sich der Erbvertrag in besonderer amtlicher Verwahrung befindet.

(2) ¹Ein Erbvertrag, der nur Verfügungen von Todes wegen enthält, kann aus der amtlichen oder notariellen Verwahrung zurückgenommen und den Vertragsschließenden zurückgegeben werden. ²Die Rückgabe kann nur an alle Vertragsschließenden gemeinschaftlich erfolgen; die Vorschrift des § 2290 Abs. 1 Satz 2, Abs. 2 und 3 findet Anwendung. ³Wird ein Erbvertrag nach den Sätzen 1 und 2 zurückgenommen, gilt § 2256 Abs. 1 entsprechend.

Schrifttum: v. Dickhuth-Harrach, Die Rückgabe eines Erbvertrages aus der notariellen Verwahrung, RNotZ 2002, 384; Chr. Keim, Die Aufhebung von Erbverträgen durch Rücknahme aus amtlicher oder notarieller Verwahrung, ZEV 2003, 55; Mümmler, Zur besonderen amtlichen Verwahrung von Verträgen mit erbrechtlichen Folgen, JurBüro 1976, 1616; Reimann, Die Änderungen des Erbrechts durch das OLG-Vertretungsänderungsgesetz, FamRZ 2002, 1383; Weirich, Das Rücknahmeverbot beim Erbvertrag – eine Fehlkonstruktion des Gesetzes, DNotZ 1997, 7.

I. Besondere amtliche Verwahrung

Nach § 34 BeurkG ist die besondere amtliche Verwahrung eines Erbvertrags die Regel. Die Vertragschließenden können sie jedoch durch gemeinsame Erklärung ausschließen. Auch ohne ausdrückliche Erklärung ist ein solcher Ausschluss anzunehmen, wenn der Erbvertrag mit einem anderen Vertrag, insbes mit einem Ehe- oder einem Erbverzichtsvertrag verbunden ist. Verlangt auch nur ein Vertragsteil die Verwahrung, so hat der Notar die Urschrift zur besonderen amtlichen Verwahrung beim Amtsgericht abzuliefern. Ist danach die Verwahrung durch das Amtsgericht ausgeschlossen, so erfolgt diese gemäß DONot § 20 Abs 2 durch den beurkundenden Notar. Wegen der Einzelheiten wird auf BeurkG § 34 Rn 5 verwiesen. 1

II. Ablieferungspflicht

Haben alle Beteiligten die besondere amtliche Verwahrung ausgeschlossen und wird der Erbvertrag deshalb vom beurkundenden Notar verwahrt, so ist die Urschrift gemäß §§ 2300, 2259 unverzüglich zur Eröffnung an das Nachlassgericht abzuliefern, sobald der Notar vom Tod des Erblassers Kenntnis erlangt hat, also regelmäßig durch Benachrichtigung des Standesamts über den Erbfall, ersatzweise durch Vorlage einer Sterbeurkunde. Die Ablieferungspflicht besteht auch bei einer Verbindung des Erbvertrags mit anderen Rechtsgeschäften in der gleichen Urkunde (zB Ehe- und Erbvertrag). Auch ein aufgehobener Erbvertrag ist zur Eröffnung abzuliefern. Der isolierte Aufhebungsvertrag gemäß § 2290 ist dagegen nicht abzuliefern und nicht zu eröffnen¹. Hiervon ist der mit einem neuen Erbvertrag verbundene Aufhebungsvertrag, auf den § 2300 im Hinblick auf den Erbvertragsteil in vollem Umfang anwendbar ist, zu unterscheiden. Das Amtsgericht ist gemäß § 2277 verpflichtet, jedem Vertragschließenden einen Hinterlegungsschein mit den durch § 27 Abs 6 AktO vorgeschriebenen Angaben zu erteilen. 2

III. Rückgabe aus der Verwahrung

1. Isolierter Erbvertrag. Ein Erbvertrag, der weder mit einem Ehevertrag, einem Erb- und/oder Pflichtteilsverzichtsvertrag oder einem anderen Rechtsgeschäft (zB Verfügungsunterlassungsvertrag, postmortale Vollmacht) verbunden ist, kann wie ein öffentliches Testament aus der amtlichen besonderen wie aus der notariellen Verwahrung zurückgenommen werden. Familienrechtliche Verfügungen (zB Entzug der Vermögensverwaltung gemäß § 1638 Abs 3 S 1) hindern die Rückgabe nicht, weil sie mit den erbrechtlichen Verfügungen eng verknüpft sind und jedenfalls keine lebzeitigen Rechtsgeschäfte darstellen. Weil nach der Rspr in einem Erbvertrag der konkludente Abschluss eines Pflichtteilsverzichtsvertrags liegen kann (§ 2269 Rn 45), sollte im Hinblick auf diese Rückgabemöglichkeit ausdrück- 3

---

¹ Vgl OLG Düsseldorf MittRhNotK 1973, 199.

lich festgehalten werden, ob ein solcher vereinbart ist oder nicht[2]. Das Fehlen einer solchen Klarstellung kann im Falle der Rückgabe zur Haftung des Notars führen. Diese Neuregelung bezieht sich dabei auch auf Erbverträge, die vor dem Inkrafttreten dieser Neuregelung beurkundet worden sind. Bis dahin konnten Erbverträge zwar aus der besonderen amtlichen Verwahrung zurückgenommen werden, mussten jedoch dem beurkundenden Notar übergeben werden, der sie nicht an die Vertragsschließenden aushändigen durfte[3]. Dies gilt ab dem Inkrafttreten der gesetzlichen Neuregelung nur noch für Erbverträge, die mit anderen Rechtsgeschäften verbunden sind. Es ist ratsam, die Beteiligten bei der Beurkundung verbundener Erbverträge auf diese eingeschränkte Rücknahmemöglichkeit hinzuweisen und dies in der Urkunde zu vermerken. Auch ein isolierter Erbvertrag, der nicht vom Notar sondern vom Nachlassgericht amtlich verwahrt wird (§§ 2258 a, 2258 b), kann zurückgegeben werden. Unter einem Erbvertrag ist nur, aber auch jede Verfügung von Todes wegen zu verstehen, in der **mindestens eine Verfügung vertragsmäßig iS des § 2278** getroffen ist. Wird eine Verfügung von Todes wegen zurückgegeben, die überhaupt keine vertragsmäßige Verfügung enthält, also allenfalls als gemeinschaftliches Testament oder Testament einzustufen ist, so tritt trotz der falschen Bezeichnung als Erbvertrag die Aufhebungs- bzw Widerrufswirkung gemäß §§ 2256 Abs 1 S 1, 2300 Abs 2 S 3 nicht ein.

4   2. **Antrag.** Der Antrag ist formfrei und kann jederzeit wieder zurückgenommen werden. Er braucht weder vom letztwillig verfügenden Erblasser noch vom anderen Vertragsteil höchstpersönlich gestellt zu werden. Stellvertretung ist insoweit zulässig[4]. S zur Höchstpersönlichkeit der Rückgabe selbst aber Rn 5. Ein Antrag eines **Zuwendungsempfängers**, der nicht selbst Vertragsbeteiligter ist, ist weder erforderlich noch ersetzt dieser den Antrag eines Vertragsteils. Der Notar muss den Antrag auf Rückgabe anregen, wenn die Beteiligten um die Beurkundung eines auf den Widerruf beschränkten Erbvertrags bzw gemeinschaftlichen Testaments ersuchen, weil diese eine unrichtige Sachbehandlung iS des § 16 KostO wäre.

5   3. **Rückgabe. a) Höchstpersönlichkeit.** Der Erblasser muss gemäß § 2290 Abs 2 S 1 höchstpersönlich den Erbvertrag in Empfang nehmen und darf dabei allenfalls in der Geschäftsfähigkeit beschränkt, aber nicht geschäftsunfähig sein; als beschränkt Geschäftsfähiger braucht er keine Zustimmung seines gesetzlichen Vertreters (§ 2290 Abs 2 S 2). Ist der Erblasser zwischenzeitlich geschäftsunfähig geworden, ist die Rückgabe dagegen nicht mehr möglich, auch nicht an seinen gesetzlichen Vertreter. Für den anderen Vertragsteil, der nicht letztwillig verfügt hat, gelten die allgemeinen Regeln über Geschäftsfähigkeit, Vertretung usw[5]. Unter Umständen muss deshalb ein gesetzlicher Vertreter, Vormund oder Betreuer an der Rückgabe teilnehmen, wobei ein Vormund oder Betreuer dazu der vormundschaftsgerichtlichen Genehmigung bedürfen (§ 2290 Abs 3). Wegen des Verbots der Rückgabe nach dem Tod auch nur eines Beteiligten gemäß § 2290 Abs 1 S 2 muss der andere Vertragsschließende, selbst wenn er geschäftsunfähig ist, immer auch selbst persönlich erscheinen, weil der Notar bzw das Nachlassgericht nur so sicher feststellen kann, dass in diesem Zeitpunkt alle Vertragsschließenden noch leben[6]. Aus diesem Grunde scheidet faktisch auch die Rückgabe an einen Bevollmächtigten des anderen Vertragsteils aus[7].

6   b) **Aushändigung.** Die Aushändigung der Urschrift sowie aller beim Notar bzw Nachlassgericht vorhandenen Ausfertigungen[8] muss gemäß § 2300 Abs 2 S 2 an die Vertragsschließenden gemeinsam erfolgen[9]. Der Notar hat gemäß § 20 Abs 3 S 1 DONot nach pflichtgemäßem Ermessen darüber zu entscheiden, ob er nur ein Vermerkblatt oder eine beglaubigte Abschrift für seine Urkundensammlung zurückbehält[10]. Die Rückgabe muss durch den Notar, dessen Vertreter oder Nachfolger im Amt selbst erfolgen, weil diese Bestandteil seiner Pflicht zur persönlichen Amtsausübung ist (§ 25 DONot), kann also keinem Kollegen überlassen werden[11]. Als Ausweg bietet sich die Abgabe des Erbvertrags in amtliche Verwahrung des Gerichts an, das im Wege der Rechtshilfe gemäß § 27 Nr 8 AktG ein ortsansässiges Gericht oder Konsulat mit der Rückgabe beauftragen kann. Wird dagegen der Erbvertrag vom Nachlassgericht verwahrt, so kann die Rückgabe auch durch ein anderes Amtsgericht oder durch den Konsularbeamten im Wege der Rechtshilfe geschehen.

7   c) **Belehrung.** Der Notar bzw Rechtspfleger soll gemäß § 2256 Abs 1 S 2 bei der Rückgabe über die Aufhebungs- und Widerrufswirkung belehren und die Tatsache der Belehrung und der Rückgabe auf der Urschrift vermerken[12]. Die Verletzung dieser Pflicht ändert zwar nichts an der Aufhebungs-

---

[2] Vgl *v. Dickhuth-Harrach* RNotZ 2002, 384, 389, der aber vorsorglich eine Aufhebung empfiehlt.
[3] *v. Dickhuth-Harrach* RNotZ 2002, 384 f mwN.
[4] *v. Dickhuth-Harrach* RNotZ 2002, 384, 391 bezeichnet den Streit zu Recht als „akademisch"; vgl etwa *Reimann/Bengel/J. Mayer* Rn 33 f.
[5] *Staudinger/Kanzleiter* Rn 18; *v. Dickhuth-Harrach* RNotZ 2002, 384, 390; aA *Reimann/Bengel/J. Mayer* Rn 34.
[6] *Palandt/Edenhofer* Rn 3, allerdings unter Berufung auf § 2300 Abs 2 S 2.
[7] AA, aber ohne das Problem zu sehen, *Staudinger/Kanzleiter* Rn 19; *v. Dickhuth-Harrach* RNotZ 2002, 390; *Reimann* FamRZ 2002, 1383, 1385; *Keim* ZEV 2003, 55, 56; *Frank* NotBZ 2003, 8, 11.
[8] *Reimann* FamRZ 2002, 1383, 1385: „sollten".
[9] Wie hier *v. Dickhuth-Harrach* RNotZ 2002, 384, 393.
[10] Vgl *Reimann* FamRZ 2002, 1383, 1385.
[11] *v. Dickhuth-Harrach* RNotZ 2002, 384, 391; aA *Reimann* FamRZ 2002, 1383, 1385; *Keim* ZEV 2003, 55, 56; *Reimann/Bengel/J. Mayer* Rn 35; *Staudinger/Kanzleiter* Rn 18, die Rechtshilfe durch anderen Notar zulassen wollen.
[12] Weitergehend *Keim* ZEV 2003, 55, 57; *v. Dickhuth-Harrach* RNotZ 2002, 384, 393, jeweils mit Formulierungsvorschlägen.

bzw Widerrufswirkung der Rückgabe, stellt jedoch eine Amtspflichtverletzung dar und kann zu Anfechtungen wegen Rechtsfolgenirrtums führen (§ 2256 Rn 6).

d) Niederschrift. Über die Rückgabe ist vom Rechtspfleger beim Nachlassgericht eine Niederschrift aufzunehmen und von allen Vertragsschließenden zu unterzeichnen (§ 27 Nr 9 AktO). Der Notar soll die Rückgabe gemäß § 20 Abs 3 S 1 und 4 DONot entweder auf einem Vermerkblatt oder der beglaubigten Abschrift, die in seiner Urkundensammlung an Stelle der zurückgegebenen Urschrift des Erbvertrags einzureihen sind, unter Angabe der anwesenden Personen und des Datums schriftlich festhalten. Der Vermerk ist entbehrlich, wenn der Notar ein förmliches Rückgabeprotokoll errichtet und zur Urkundensammlung nimmt (§ 20 Abs 3 S 3 DONot). Die Rückgabe soll im Erbvertragsverzeichnis vermerkt werden (§ 20 Abs 3 S 5 DONot). Da die Rücknahme wegen der eigenständigen Prüfungs- und Belehrungspflichten kein kostenfreies Nebengeschäft der Beurkundung bzw der Verwahrung sein kann und eine spezielle Gebührenvorschrift fehlt, steht dem Notar nach hM eine Gebühr gemäß § 147 Abs 2 KostO zu, und zwar aus einem Teilwert von 20 bis 30% des Nachlasswerts[13]. Eine Benachrichtigung der Standesämter ist nicht vorgesehen. 8

e) Einsichtnahme. Von der Rückgabe ist die Einsichtnahme zu unterscheiden. Sie ist beim Erbvertrag ebenso wie bei einem Testament möglich und hat keine aufhebende Wirkung (§ 2256 Rn 3). Dieses Recht steht jedem Vertragsbeteiligten unabhängig von den anderen Beteiligten zu (§ 51 Abs 3 BeurkG). Nach der Einsichtnahme ist der Erbvertrag vom Notar bzw dem Nachlassgericht weiter zu verwahren. 9

4. Aufhebungs- bzw Widerrufswirkung. Die antragsgemäß erfolgte höchstpersönliche Aushändigung des isolierten Erbvertrags an alle geschäftsfähigen Vertragsschließenden, wobei der Erblasser auch beschränkt geschäftsfähig sein darf, gilt als Aufhebung bzw Widerruf aller darin enthaltenen Verfügungen, und zwar ohne Rücksicht darauf, ob diese einseitig oder vertragsmäßig getroffen sind (§ 2256 Abs 1 S 1). Bei einem Verstoß gegen auch nur eine dieser Voraussetzungen bleibt der Erbvertrag trotz der Rückgabe in vollem Umfang wirksam[14]. Wie beim gemeinschaftlichen Testament muss dies auch bei der rechtswidrigen Rückgabe eines zweiseitigen Erbvertrags an nur einen Vertragsteil für dessen einseitige Verfügungen gelten (vgl § 2272 Rn 6). Diese Wirkungen treten auch dann nicht ein, wenn irrtümlich ein mit einem anderen Rechtsgeschäft verbundener Erbvertrag[15] ohne eine Verfügung von Todes wegen, die überhaupt keine vertragsmäßige Verfügung enthält (Rn 3), zurückgegeben wird. Die einmal eingetretene Unwirksamkeit der Verfügungen ist **endgültig**, so dass nur der Abschluss eines neuen Erbvertrags die Verfügungen wieder in Kraft setzen kann. S zur **Anfechtbarkeit** der Rückgabe § 2256 Rn 6. 10

IV. Eröffnung und Verkündung

Der Erbvertrag wird wie ein Testament gemäß §§ 2300, 2260 bis 2263 eröffnet und verkündet[16]. Es ist jede als Erbvertrag bezeichnete oder erkennbare Urkunde zu eröffnen, und zwar selbst dann, wenn die formelle und/oder materielle Unwirksamkeit (zB Aufhebung) offensichtlich ist[17]. Ist der Erbvertrag mit einem anderen Rechtsgeschäft verbunden ist, wird ausschließlich der Erbvertragsteil, soweit er sich sondern lässt, eröffnet. Bei einem Erbvertrag, der – vertragsmäßige oder einseitige – Verfügungen mehrerer Vertragsteile enthält, sind gemäß §§ 2300, 2273 Abs 1 nur die Verfügungen des verstorbenen Erblassers zu eröffnen, wenn und soweit sich diese von denen der anderen Vertragsteile sondern lassen[18]. Befand sich der Erbvertrag in besonderer amtlicher Verwahrung, so ist er nach der Eröffnung wieder in diese besondere Verwahrung zu nehmen, wenn der Notar eine letztwillige Verfügungen noch anderer Vertragsschließender enthält. In allen anderen Fällen bleibt der eröffnete Erbvertrag anschließend in den Nachlassakten; er ist keinesfalls dem Notar zurückzugeben. Wegen des Streits über die Zuständigkeit zur Weiterverwahrung wird auf § 2273 Rn 9 verwiesen. 11

V. Recht auf Einsicht und Abschriften

S zum Einsichtsrecht in einen eröffneten Erbvertrag § 2264 Rn 3. Soweit bei der Eröffnung § 2273 zu beachten ist, sind die nicht bekanntzugebenden Teile des Erbvertrags vom Recht auf Einsicht und Abschriften ausgeschlossen. 12

§ 2300 a Eröffnungsfrist

Befindet sich ein Erbvertrag seit mehr als 50 Jahren in amtlicher Verwahrung, so ist § 2263 a entsprechend anzuwenden.

---

[13] *Lappe* NotBZ 2002, 414; *H. Schmidt* RNotZ 2002, 503; *Bengel* DNotZ 2004, 258, 274; aA noch *Reimann* FamRZ 2002, 1383, 1386; aber zweifelnd *ders* in: *Korintenberg/Bengel/Tiedtke* 16. Aufl 2005, § 147 KostO Rn 135 b.
[14] *v. Dickhuth-Harrach* RNotZ 2002, 384, 389 f.
[15] *Keim* ZEV 2003, 55; *v. Dickhuth-Harrach* RNotZ 2002, 384, 389.
[16] Vgl BGH NJW 1978, 633; OLG Frankfurt OLG FamRZ 1977, 482; BayObLG FamRZ 1990, 215.
[17] BayObLG NJW-RR 1990, 135; *Reimann/Bengel/J. Mayer* Rn 9; aA *Boehmer* DNotZ 1940, 187, 192; *Soergel/M. Wolf* Rn 4.
[18] BGH NJW 1984, 2098; LG Aachen MittRhNotK 1997, 405; MünchKommBGB/*Musielak* Rn 5.

§ 2301   Buch 5. Abschnitt 4. Erbvertrag

1 **1. Gegenstand der Ermittlungspflicht.** Auf Erbverträge findet die für Testamente geltende Vorschrift des § 2263 a mit dem Unterschied Anwendung, dass diese nach 30, jene aber erst nach 50 Jahren die Nachforschungs- bzw Ablieferungspflicht auslösen. Diese Pflicht gilt für alle Erbverträge, und zwar ohne Rücksicht darauf, ob sie mit anderen Rechtsgeschäften verbunden sind (zB Ehe- und Erbvertrag, Erbvertrag mit Scheidungsfolgenvereinbarung), oder ob sie aufgehoben oder sonst keine Rechtswirkungen entfalten können. Diese Bestimmung gilt nicht für einen Erbverzichtsvertrag, der nicht in einer Urkunde mit einem Erbvertrag verbunden ist[1]. Die Pflicht trifft den Notar, wenn er den Erbvertrag selbst verwahrt, und das Amtsgericht, wenn die Urschrift der Urkunde in dessen besonderer oder einfacher amtlicher Verwahrung ist[2].

2 **2. 50-Jahresfrist.** Die Frist beginnt mit dem Ablauf des Tages, an dem der Erbvertrag beurkundet bzw in die amtliche Verwahrung des Gerichts bzw des Notariats genommen worden ist. Für das Fristende gilt § 188.

3 **3. Ermittlungen.** Hat der Notar bzw das Gericht den Fristablauf festgestellt, so ist von Amts wegen nachzuforschen, ob der Erblasser lebt oder bereits verstorben ist. Der Umfang dieser Ermittlungen wird von dem verwahrenden Notar bzw Gericht nach pflichtgemäßem Ermessen bestimmt. Stellt sich dabei heraus, dass der Erblasser noch lebt, so unterbleibt die Eröffnung und eine erneute Ermittlung erfolgt in regelmäßigen Zeitabschnitten von drei bis fünf Jahren.

4 **4. Ablieferung und Eröffnung.** Ergeben die Nachforschungen, dass der Erblasser verstorben ist, hat der verwahrende Notar den Erbvertrag zum Zwecke der Eröffnung dem für seinen Amtssitz zuständigen Amtsgericht[3] abzuliefern. Lehnt das Gericht die Entgegennahme ab, so kann er hiergegen Beschwerde erheben[4]. Gemäß §§ 2300 a, 2263 a S 1 ist die Ablieferung bzw Eröffnung jedoch auch dann geboten, wenn nicht festgestellt werden kann, ob der Erblasser noch lebt. Stellt sich in diesem Fall nachträglich das Fortleben des Erblassers heraus, so berührt die Eröffnung die Wirksamkeit des Erbvertrags nicht. Dieser ist vielmehr erneut zu verschließen und weiterhin amtlich zu verwahren, und zwar vom für den Amtssitz des Notars zuständigen Amtsgericht auch dann, wenn der Erblasser seinen Wohnsitz gewechselt hat[5]. Wird der Erbvertrag vom Amtsgericht selbst – offen oder besonders – verwahrt, erfolgt die Eröffnung unmittelbar gemäß §§ 2300 a, 2260, 2261.

§ 2301 Schenkungsversprechen von Todes wegen

(1) [1]Auf ein Schenkungsversprechen, welches unter der Bedingung erteilt wird, dass der Beschenkte den Schenker überlebt, finden die Vorschriften über Verfügungen von Todes wegen Anwendung. [2]Das Gleiche gilt für ein schenkweise unter dieser Bedingung erteiltes Schuldversprechen oder Schuldanerkenntnis der in den §§ 780, 781 bezeichneten Art.

(2) Vollzieht der Schenker die Schenkung durch Leistung des zugewendeten Gegenstands, so finden die Vorschriften über Schenkungen unter Lebenden Anwendung.

Schrifttum: *Bartholomeyczik*, Die Verfügung von Todes wegen zur Bestimmung, zur Änderung und zum Widerruf der Bezugsberechtigung aus einem Lebensversicherungsvertrag, FS v. Lübtow, 1970, S 729; *Bork*, Schenkungsvollzug mit Hilfe einer Vollmacht, JZ 1988, 1059; *Brun*, Die „postmortale Willenserklärung" – Zur Auslegung des § 130 II BGB, Jura 1994, 291; *Finger*, Die Formfrage beim Vertrag zugunsten Dritter auf den Todesfall, WM 1970, 374; *ders*, Der Vertrag zugunsten Dritter auf den Todesfall – BGHZ 46, 198, JuS 1969, 309; *Hager*, Neuere Tendenzen beim Vertrag zugunsten Dritter auf den Todesfall, FS v. Caemmerer, 1978, S 127; *Harder*, Zuwendungen unter Lebenden auf den Todesfall, 1968; *ders*, Das Valutaverhältnis beim Vertrag zugunsten Dritter auf den Todesfall, FamRZ 1976, 418; *Harder/Welter*, Drittbegünstigung im Todesfall durch Insichgeschäft?, NJW 1977, 1139; *Herrmann*, Vollzug von Schenkungen nach § 518 II BGB. Zugleich ein Beitrag zu § 2301 II BGB, MDR 1980, 883; *Hoffmann*, Der Vertrag zugunsten Dritter von Todes wegen, AcP 158 (1958), 178; *Kegel*, Zur Schenkung von Todes wegen, 1972; *Kuchinke*, Das versprochene Bankguthaben auf den Todesfall und die zur Erfüllung des Versprechens erteilte Verfügungsvollmacht über den Tod hinaus, FamRZ 1984, 109; *Kumpel*, Konto und Depot zugunsten Dritter auf den Todesfall, WM 1977, 1186; *ders*, Konto/Depot zugunsten Dritter auf den Todesfall und das Widerrufsrecht der Erben(-Zugleich Besprechung der Entscheidung des OLG Celle vom 22. 12. 1992), WM 1993, 825; *Langen*, Anwendungsbereich und Rechtsfolgen des § 2301 I 1 BGB, Diss Köln 1984; *ders*, Das (Wohnungs-)Leihversprechen von Todes wegen, ZMR 1986, 150; *Lekars*, Vollmacht von Todes wegen, 2000; *Liessem*, Das Verhältnis von Schenkung von Todes wegen und Vertrag zugunsten Dritter beim Erbrecht, MittRhNotK 1988, 29; *ders*, Anwendungsmöglichkeiten und Vorteile der Schenkung von Todes wegen gegenüber erbrechtlichen Lösungen, BB 1989, 862; *Martinek-Rohrborn*, Der legendäre Bonifatius-Fall – Nachlese einer reichsgerichtlichen Fehlentscheidung, JuS 1994, 473, 564; *Muscheler*, Vertrag zugunsten Dritter auf den Todesfall und das Erbrecht, WM 1994, 921; *Nieder*, Rechtsgeschäfte unter Lebenden auf den Tod, BWNotZ 1996, 129; *ders*, Vollzogenes Schenkungsversprechen auf den Tod mit Überlebensbedingung (§ 2301 Abs. 2 BGB) bei Grundstücken, DNotI-Report 1999, 99; *Oken*, Die vorweggenommene Erbfolge, 1990; *Olshausen*, Lebzeitige und letztwillige Rechtsgeschäfte, Jura 1987, 16, 116; *Otte*, Der Bonifatius-Fall – RGZ 83, 223 ff., Jura 1993, 223; *Peters*, Die Lebensversicherung als echter Vertrag zugunsten Dritter, MDR 1995, 659; *Reinicke*, Die unmittelbaren Schenkungen von Todes wegen, Diss Münster 1979; *Reischl*, Zur Schenkung von Todes wegen unter besonderer Berücksichtigung der legislativen Zielsetzung, 1996; *ders*, Schenkung

---

[1] BayObLGZ 1983, 149, 151 ff = MittBayNot 1983, 178.
[2] MünchKommBGB/*Musielak* Rn 2.
[3] OLG Zweibrücken Rpfleger 1982, 69.
[4] Vgl BayObLGZ 1983, 149, 150 mwN; LG Augsburg MittBayNot 1982, 84.
[5] OLG Zweibrücken Rpfleger 1982, 69.

von Todes wegen als Mittel zur Vermeidung der Zwangsentnahme von Sonderbetriebsvermögen bei qualifizierter Gesellschaftsanteilsnachfolge?, ZEV 1996, 50; *Reithmann,* Testamentsvollstreckung und postmortale Vollmacht als Instrumente der Kautelarjurisprudenz, BB 1984, 1394; *Rötelmann,* Zuwendung unter Lebenden auf den Todesfall, NJW 1959, 661; *C. Schäfer,* Konto und Depot zugunsten Dritter auf den Todesfall, Diss Köln 1983; *Schebesta,* Bankprobleme beim Tod eines Kunden, 8. Aufl 1994; *K.Schmidt,* Gesellschaftsvertragliche Abfindungsklauseln im Schnittpunkt von Gesellschafts-, Vollstreckungs-, Familien- und Erbrecht, FamRZ 1974, 518; *Schmidt-Kessel,* Wohin entwickelt sich die unbedingte auf den Tod des Erblassers befristete Schenkung?, FS Schippel, 1996, S 317; *Schreiber,* Unentgeltliche Zuwendungen auf den Todesfall, Jura 1995, 159; *W. Schultz,* Widerruf und Mißbrauch der postmortalen Vollmacht bei der Schenkung unter Lebenden, NJW 1995, 3345; *Trapp,* Die post- und transmortale Vollmacht zum Vollzug lebzeitiger Zuwendungen, ZEV 1995, 314; *Wagner,* Die formlose Abtretung eines Postsparguthabens, NJW 1987, 928; *Walter,* Nochmals: Übertragung des Bankguthabens an einen Dritten auf den Todesfall des Kontoinhabers, NJW 1972, 1356; *Werner,* Besitz und Eigentumsübertragung am Inhalt eines Schrankfaches – OLG Oldenburg, NJW 1977, 1780, JuS 1980, 175; *Wieacker,* Zur lebzeitigen Zuwendung auf den Todesfall, FS Lehmann, 1956, S 171.

I. Normzweck und Gesetzessystematik

Eine Schenkung unter Lebenden, deren Wirkung erst mit dem Tod des Schenkers eintreten soll, unterscheidet sich von einer letztwilligen Zuwendung (Erbeinsetzung oder Vermächtnis) zwar nicht in ihrer wirtschaftlichen Wirkung, wohl aber in den Voraussetzungen, vor allem in den Formvorschriften. Bei beiden Rechtsgeschäften verbleibt der zugewendete Vermögensgegenstand oder -bruchteil bis zum Tod des Schenkers bzw Erblassers in dessen Vermögen und geht erst dann auf den Empfänger über. Damit besteht die Gefahr, dass vor allem die strengen **Formvorschriften** für Verfügungen von Todes wegen (§§ 2231 ff, 2247, 2276) oder die **Vorschriften über die erbrechtliche Bindung** an wechselbezügliche (§ 2271 Abs 2 S 1) oder vertragsmäßige Verfügungen (§ 2289 Abs 1 S 2) in einem gemeinschaftlichen Testament bzw Erbvertrag durch ein Ausweichen auf eine solche lebzeitige Schenkung auf den Todesfall **umgangen** werden könnten. Da andererseits ein gerechtfertigtes Interesse an einer derartigen Schenkung auf den Todesfall nicht von vorneherein geleugnet werden kann[1], bereitet die Grenzziehung zwischen unzulässiger Umgehung der erbrechtlichen Vorschriften und legitimer Wahl der Form des lebzeitigen Rechtsgeschäfts erhebliche Schwierigkeiten. Deshalb verbietet es sich auch, Abs 1 ausdehnend und Abs 2 einschränkend zu interpretieren[2]. 1

Der Gesetzgeber hat dieses Problem nicht etwa durch Einführung eines besonderen Rechtsinstituts gelöst, sondern sich darauf beschränkt, Schenkungen unter Lebenden unter den in § 2301 genannten Voraussetzungen den Vorschriften über Verfügungen von Todes wegen (Testament, Erbvertrag) zu unterstellen. Ein Schenkungsversprechen hat diese Rechtsfolge jedoch nur, wenn es unter der Bedingung steht, dass der Beschenkte den Schenker überlebt (§ 2301 Abs 1 S 1), und die Schenkung nicht zu Lebzeiten des Schenkers vollzogen wird (§ 2301 Abs 2). Eine **Schenkung ohne diese Überlebensbedingung** unterfällt ebenso wenig dem Recht der Verfügungen von Todes wegen wie eine zu Lebzeiten des Schenkers bereits **vollzogene Schenkung auf den Todesfall**. Da der Vollzug eines **echten Vertrags zugunsten Dritter** auf den Todesfall gemäß §§ 328, 331 von selbst und formfrei beim Tod des Schenkers eintritt, sind derartige Rechtsgeschäfte aus dem Anwendungsbereich des § 2301 ausgeklammert. Die praktische Bedeutung des § 2301 ist daher gering. 2

II. Schenkung von Todes wegen (Abs 1)

1. Schenkungsbegriff. Schenkungsversprechen ist gemäß der Begriffsbestimmung des § 518 Abs 1 S 1 jedes einseitig bindende Angebot zum Abschluss eines Schenkungsvertrags. Entgegen der hM[3] braucht der Adressat dieses Versprechen noch nicht angenommen zu haben[4]. Bei Erteilung einer **postmortalen Schenkungsvollmacht** greift § 2301 nicht ein und kann auch nicht analog angewendet werden[5]. Auf das sofort vollzogene Schenkungsversprechen (Handschenkung iS des § 518 Abs 2) findet § 2301 keine Anwendung. Selbstverständlich gilt diese Norm dagegen für abgeschlossene, aber noch nicht vollzogene **Schenkungsverträge**. Bei **gemischten Schenkungen** muss der Schenkungscharakter überwiegen[6]. Zuwendungen in einem zeitlichen und sachlichen Zusammenhang mit einem **Arbeits- oder Gesellschaftsvertrag** stellen regelmäßig keine Schenkung dar[7], wohl aber Versprechen gegenüber einem **langjährigen Lebenspartner**[8]. Die Einrichtung eines **gemeinsamen Bankkontos** stellt keine Schenkung dar, weil die interne Ausgleichspflicht gemäß § 430 über den Tod eines Inhabers fortbesteht[9]. Allein aus der Errichtung eines Kontos auf fremdem Namen lässt sich noch keine Schenkung ableiten[10]. Auch eine **gesellschaftsvertragliche Nachfolgeklausel**, die den Abfindungsanspruch der Erben ausschließt, beinhaltet keine Schenkung, kann also auch nicht gemäß § 2301 Abs 1 3

---

[1] BGHZ 8, 23, 32; *Reimann/Bengel/J. Mayer/Reimann* Rn 2.
[2] BGH BWNotZ 1964, 331; *Palandt/Edenhofer* Rn 2.
[3] OLG Hamm FamRZ 1989, 673; *Staudinger/Kanzleiter* Rn 5; *Kipp/Coing* § 81 III 1 a; *Soergel/M. Wolf* Rn 2; *Palandt/Edenhofer* Rn 5.
[4] MünchKommBGB/*Musielak* Rn 5 mwN; *Brox* Rn 725.
[5] *Lekars* S 38 f, 98 ff.
[6] MünchKommBGB/*Musielak* Rn 7; *Soergel/M. Wolf* Rn 2; aA *Olzen* S 96 ff; *Otte* AcP 186 (1986), 313, 315.
[7] MünchKommBGB/*Musielak* Rn 7 mwN.
[8] Vgl OLG Düsseldorf OLGZ 1978, 323, 324.
[9] BGH NJW 1976, 807; vgl auch *Eichel* MittRhNotK 1975, 614.
[10] BGH NJW 1967, 101.

§ 2301

als Verfügung von Todes wegen umgedeutet werden[11]. § 2301 Abs 1 S 1 stellt ein selbstständiges Schuldversprechen oder -anerkenntnis iS der §§ 780, 781 dem Schenkungsversprechen gleich.

4   **2. Überlebensbedingung.** Die durch den Tod des Schenkers aufschiebend befristete Schenkung bzw das entsprechende Versprechen müssen zusätzlich mit der Bedingung verknüpft sein, dass der Zuwendungsempfänger den Schenker bzw Erblasser überlebt. Sie kann aufschiebend oder auflösend formuliert sein[12]. Es genügt, dass bei nicht zu enghierziger Prüfung diese Bedingung sich aus den äußeren Umständen des Einzelfalls schlüssig ergibt[13]. Eine in Erwartung des baldigen Todes vorgenommene Schenkung unterfällt nur dann dem Anwendungsbereich des § 2301, wenn diese Einschätzung mehr ist als ein reiner Beweggrund[14]. Die Überlebensbedingung fehlt auch dann, wenn das Schenkungsversprechen erst nach dem Tod des Schenkers angenommen werden darf[15]. Der BGH[16] zieht dabei § 2084 analog mit der Folge heran, dass im Zweifel diejenige Auslegung zu wählen sei, bei der der Wille des Erblassers Erfolg habe. Diese Auffassung wird im Schrifttum mit Recht überwiegend abgelehnt, weil sie mit erheblicher Rechtsunsicherheit verbunden ist[17].

5   § 2301 findet keine Anwendung, wenn die Bedingung einen **anderen Inhalt** als das Überleben des Zuwendungsempfängers hat. Die Bedingung darf also beispielsweise nicht an das gleichzeitige Versterben von Schenker und Beschenktem anknüpfen[18]. Auch eine Formulierung, wonach der Schenker den Beschenkten nicht überleben darf, meint nichts anderes und schließt die Anwendung des § 2301 aus[19]. Diese Vorschrift gilt jedoch auch, wenn die Bedingung auf bestimmte Fälle des Vorversterbens des Erblassers bzw Schenkers beschränkt ist[20].

6   Hängt nicht die Wirksamkeit des Schenkungsversprechens bzw der Schenkung vom Überleben des Beschenkten ab, sondern ausschließlich die Erfüllung, so handelt es sich nach hM um ein Rechtsgeschäft unter Lebenden und wird nicht gemäß § 2301 Abs 1 S 1 in eine Verfügung von Todes wegen umgedeutet[21]. Derartigen Schenkungen mit auf den Tod des Schenkers **hinausgeschobener Erfüllung** (zB Grundstücksschenkung mit bis zum Tod des Schenkers ausgesetzter Auflassung, Depotübertragung[22], Wohnrechtsbestellung auf den Tod des Eigentümers[23]) entfalten bereits zu Lebzeiten des Schenkers Rechte und Pflichten und unterscheiden sich in diesem Punkt ganz wesentlich von Verfügungen von Todes wegen. Vereitelt der Schenker die Erfüllung, so sind seine Erben zum Schadensersatz verpflichtet.

7   **3. Folgen der Umdeutung.** Der Rechtsfolgenverweis des § 2301 Abs 1 auf die Vorschriften über Verfügungen von Todes wegen lässt offen, ob damit nur die für Erbverträge geltenden Bestimmungen (§§ 2274 ff)[24] oder auch die für Testamente geltenden Vorschriften[25] gemeint sind. Dieser Streit rankt sich primär um die Formfrage, hat jedoch nur geringe Auswirkungen auf die praktischen Ergebnisse[26]. Die besseren Argumente sprechen dafür, auf ein Schenkungsversprechen grds **Testamentsrecht** anzuwenden[27]. Ein Schenkungsversprechen ist daher auch ohne notarielle Beurkundung bei persönlicher Anwesenheit des Schenkers bzw Erblassers wirksam, wenn dieses den Formanforderungen eines eigenhändigen Testaments (§ 2247) entspricht. In diesem Falle kann es natürlich keine erbvertragliche Bindungswirkung entfalten, anders dagegen wenn es in der **Form des Erbvertrags** abgegeben worden ist[28]. Der Schenker ist demnach nur an das in Erbvertragsform abgegebene Schenkungsversprechen gebunden und kann sich hiervon nur durch Anfechtung, Aufhebung oder Rücktritt lösen (§§ 2281, 2290, 2293 ff)[29].

8   Die gemäß § 2301 Abs 1 kraft Gesetzes eintretende Umdeutung des Rechtsgeschäfts unter Lebenden in eine erbrechtliche Verfügung von Todes wegen verändert auch den Charakter der Überlebensbedingung. Im Rahmen einer Verfügung von Todes wegen ist das Überleben des Bedachten Rechts-

---

[11] BGHZ 22, 186, 194; BGH DNotZ 1966, 620; NJW 1977, 1339.
[12] HM, zB *Staudinger/Kanzleiter* Rn 10 b; *Lange/Kuchinke* § 33 II 1 a; *Soergel/M. Wolf* Rn 3; *Olzen* S 56; aA MünchKommBGB/*Musielak* Rn 9; *Reischl* S 97 f; *Wieacker*, FS Lehmann, S 277.
[13] BGH NJW 1987, 840; *Olzen* JR 1987, 372.
[14] MünchKommBGB/*Musielak* Rn 11; *Reimann/Bengel/J. Mayer/Reimann* Rn 21; BayObLGZ 1905, 466; aA *Wieacker* FS Lehmann, S 280 für analoge Anwendung.
[15] OGH MDR 1949, 282; MünchKommBGB/*Musielak* Rn 12.
[16] BGH FamRZ 1985, 693, 695; NJW 1988, 2731, 2732.
[17] Ausf *Reischl* S 74 ff; *Bork* JZ 1988, 1059, 1061 ff; MünchKommBGB/*Musielak* Rn 9; aA *Palandt/Edenhofer* Rn 3.
[18] Prot V S 460.
[19] MünchKommBGB/*Musielak* Rn 11; aA *Staudinger/Kanzleiter* Rn 11.
[20] RGRK/*Kregel* Rn 5.
[21] BGHZ 8, 31; BGH NJW 1959, 2254; NJW 1985, 1553; MünchKommBGB/*Musielak* Rn 11 f; *Reimann/Bengel/J. Mayer/Reimann* Rn 22 ff; für ausdehnende Auslegung: *Olzen* S 99 f; *ders* JZ 1987, 372, 373; *Otte* AcP 186 (1986), 313, 314; vgl auch *Erman/M. Schmidt* Rn 5.
[22] BGH WM 1974, 450.
[23] BGH NJW 1985, 1553.
[24] *Kipp/Coing* § 81 III 2 a; *Schlüter* Rn 1254; *Reimann/Bengel/J. Mayer/Reimann* Rn 5; *Staudinger/Kanzleiter* Rn 3; RGRK/*Kregel* Rn 7; *Rüthers/Hessler* JuS 1984, 953, 955.
[25] RGZ 83, 223, 227; *Harder*, Zuwendungen unter Lebenden auf den Todesfall, 1968, S 106 ff, 111 f; *Kuchinke* FamRZ 1984, 109, 113; *Wieacker*, FS Lehmann, S 274 Fn 10; v. *Lübtow* II S 1225; *Brox* Rn 726; *Erman/M. Schmidt* Rn 6; MünchKommBGB/*Musielak* Rn 13.
[26] *Reimann/Bengel/J. Mayer/Reimann* Rn 6.
[27] MünchKommBGB/*Musielak* Rn 13 f.
[28] *Soergel/M. Wolf* Rn 8; MünchKommBGB/*Musielak* Rn 14.
[29] *Palandt/Edenhofer* Rn 7.

bedingung, nicht Bedingung iS der §§ 158 ff[30]. Folglich erwirbt der Zuwendungsempfänger vor dem Tod des Schenkers bzw Erblassers auch **kein unentziehbares Anwartschaftsrecht**[31].

Bei Grundbesitz kann folglich auch keine Vormerkung zur Sicherung des Eigentumsverschaffungsanspruchs im Grundbuch eingetragen werden.

Das Schenkungsversprechen ist in seiner Wirkung einem Testament bzw einem Erbvertrag gleichgestellt. Beim Erbfall hat das formgerechte Schenkungsversprechen damit die **Wirkung eines Vermächtnisses** oder, wenn sich dieses auf einen Bruchteil des Vermögens bezieht, einer **Erbeinsetzung**[32]. Widerspricht es einer erbrechtlich bindenden wechselbezüglichen Verfügung in einem früher errichteten gemeinschaftlichen Testament (§ 2271 Abs 2 S 1) oder einer vertragsmäßigen Verfügung in einem davor abgeschlossenen Erbvertrag (§ 2289 Abs 1 S 2), so ist das Schenkungsversprechen als umgedeutete erbrechtliche Verfügung unwirksam. 9

III. Vollzogene Schenkung (Abs 2)

1. Schenkung von Todes wegen (§ 2301 Abs 1). § 2301 Abs 2 bezieht sich nur auf Schenkungen iS des Abs 1, also auf solche, die unter der Bedingung stehen, dass der Beschenkte den Schenker überlebt[33]. Abs 2 stellt die von Abs 1 angeordnete Umdeutung eines Schenkungsversprechens in eine Verfügung von Todes wegen unter den Vorbehalt der Erfüllung zu Lebzeiten des Schenkers. Dabei spielt es keine Rolle, ob dies im Wege der sog Handschenkung sofort beim Versprechen erfolgt oder erst später, und ob dies freiwillig oder auf Grund einer rechtlichen Verpflichtung geschieht. Allein das Ergebnis, nämlich der Vollzug des Schenkungsversprechens ist entscheidend. Dieser muss auch im Falle einer Handschenkung vor dem Tod des Erblassers erfolgen, wenn die Schenkung eine Überlebensbedingung iS des § 2301 enthält[34]. 10

2. Leistungsvollzug. a) Dingliche Erfüllung. Vollzug erfordert, dass bereits der Schenker selbst das Vermögensopfer erbracht hat, nicht erst sein Erbe[35]. Keine Probleme bereiten daher alle Fälle, in denen der geschenkte Gegenstand bereits zu Lebzeiten des Schenkers mit dinglicher Wirkung aus dessen Vermögen endgültig ausgeschieden und in das des Beschenkten übergegangen, also der **Leistungserfolg** beim Erbfall bereits eingetreten ist (zB Eigentumsumschreibung, Gutschrift auf Konto[36], befristeter Forderungserlass[37], Einräumung der Mitverfügungsbefugnis bei einem Oder-Konto[38], Scheckeinlösung[39]). Nach hM soll selbst ein **Vorbehalt des** freien und jederzeitigen **Widerrufs** keine abweichende Beurteilung rechtfertigen[40]. Diese Auffassung erscheint jedenfalls in solchen Fällen zu formalistisch, in denen der Schenker sich außer dem freien und jederzeitigen Widerrufsrecht noch den umfassenden Nießbrauch vorbehalten hat[41]. Wird wegen der Bedingungsfeindlichkeit der Auflassung (§ 925 Abs 2) das Grundstückseigentum zwar bereits umgeschrieben, ist aber das schuldrechtliche Geschäft in der Weise auflösend bedingt, dass die Erben des Erwerbers für den Fall seines Vorversterbens den Grundbesitz an den Schenker zurück aufzulassen haben **(Rückfallklausel)**, so liegt trotzdem eine vollzogene Schenkung vor[42]. 11

b) Ausstehende Erfüllung. Ist der Leistungserfolg beim Erbfall noch nicht eingetreten, steht die dingliche Erfüllung zu dieser Zeit also noch aus, so muss bereits der Schenker zu seinen Lebzeiten alles getan haben, was von seiner Seite aus notwendig ist, damit die versprochene Leistung ohne sein weiteres Zutun in das Vermögen des Erwerbers übergehen kann[43]. Nach anderer Auffassung muss die Vermögensminderung beim Schenker selbst vor dessen Tod eingetreten sein[44]. Eine dritte Meinung schließlich stellt für den Vollzug allein auf die Rechtsposition des Erwerbers ab und fordert mindestens die Einräumung eines dinglichen Anwartschaftsrechts[45]. 12

aa) Anwartschaft. Das Rechtsgeschäft ist unstreitig dann vollzogen, wenn der Erwerber vorher schon eine gesicherte unentziehbare Anwartschaft erworben hat. Es reicht dazu aus, wenn der Schenker alle von seiner Seite aus erforderlichen Leistungshandlungen vorgenommen hat. Welche Leistungshandlungen dazu notwendig sind, richtet sich nach objektiven Kriterien, also nach der Art und Weise der Übertragung und der Beschaffenheit des Zuwendungsgegenstands[46], nicht jedoch nach der 13

---

[30] AllgM, zB *Harder*, Zuwendungen unter Lebenden auf den Todesfall, 1968, S 96 ff; MünchKommBGB/*Musielak* Rn 10.
[31] MünchKommBGB/*Musielak* Rn 10; *Erman/M. Schmidt* Rn 6.
[32] *Palandt/Edenhofer* Rn 7.
[33] HM, zB MünchKommBGB/*Musielak* Rn 16 mwN; aA *Erman/M. Schmidt* Rn 7.
[34] BGH NJW 1987, 840; *Palandt/Edenhofer* Rn 8.
[35] *Brox/Walker* Rn 744.
[36] BGH NJW 1994, 931.
[37] OLG Hamburg NJW 1961, 76; OLG Karlsruhe FamRZ 1989, 322.
[38] BGH FamRZ 1985, 693; FamRZ 1986, 982.
[39] BGH NJW 1978, 2027.
[40] BGH NJW-RR 1989, 1282; *Harder*, Zuwendungen unter Lebenden auf den Todesfall, 1968, S 38; *Hinz* JuS 1965, 303; *Ebenroth* Rn 522; *Reimann/Bengel/J. Mayer/Reimann* Rn 42; *Staudinger/Kanzleiter* Rn 21; RGRK/*Kregel* Rn 12; MünchKommBGB/*Musielak* Rn 22; vgl auch BGH FamRZ 1985, 693, 695.
[41] Ähnlich auch *Erman/M. Schmidt* Rn 11; vgl auch zum Pflichtteilsergänzungsrecht BGH NJW 1994, 1791.
[42] *Reimann/Bengel/J. Mayer/Reimann* Rn 36.
[43] BGH NJW 1983, 1487; NJW 1970, 638; OLG Karlsruhe NJW-RR 1989, 367, 368.
[44] *Kipp/Coing* § 81 III 1 c; *Brox/Walker* Rn 745.
[45] *Olzen*, Die vorweggenommene Erbfolge, 1984, S 131 ff; *Boehmer*, RG-FS, S 299 ff; *Damrau* JurA 1970, 719.
[46] BGH NJW 1970, 942; MünchKommBGB/*Musielak* Rn 19.

subjektiven Einschätzung des Schenkers[47]. Dazu gehört beispielsweise bei **Grundbesitz** Auflassungserklärung und Eingang des Umschreibungsantrags des Beschenkten beim Grundbuchamt[48], mindestens aber die Eintragung einer Vormerkung zur Sicherung des Eigentumsverschaffungsanspruchs aus der erklärten Auflassung[49]. Entsprechendes gilt bei Rechten an Grundstücken (zB Wohnrecht, Nießbrauch). Siehe zum Anwartschaftsrecht bei beweglichen Sachen § 929. Bei **Forderungen** ist aufschiebend bedingte Abtretung[50] oder aufschiebend bedingter Erlass[51] als gesicherte Rechtsposition anzuerkennen[52]. Eine derart gesicherte Rechtsposition ist auch dann gegeben, wenn die Schenkung durch das Überleben des Beschenkten **aufschiebend** – nicht auflösend – **bedingt** ist, sofern alle übrigen Voraussetzungen für den Rechtserwerb durch den Beschenkten gegeben sind (zB aufschiebend bedingte Kontoabtretung[53], Kontoabtretung mit Bankvollmacht[54], nicht dagegen eine isolierte Bankvollmacht[55], Übertragung der Rechtsstellung des Versicherungsnehmers für den Todesfall[56], im Gesellschaftsvertrag eingeräumtes Übernahmerecht für den Todesfall[57]. Unschädlich ist, dass der Überlebensbedingung noch weitere Bedingungen (zB keine Gerede[58]) hinzugefügt sind. **Keine Anwartschaft** begründet dagegen die Erteilung einer Vollmacht an den Beschenkten, über ein Konto, Grundbesitz usw zu verfügen, und zwar auch dann nicht, wenn diese unwiderruflich und der Bevollmächtigte von den Beschränkungen des § 181 befreit ist[59].

14 bb) **Zugang von Willenserklärungen nach dem Tod des Schenkers.** Scheitert die rechtzeitige Entstehung eines Anwartschaftsrechts allein am fehlenden Zugang der erforderlichen Willenserklärungen des Schenkers beim Beschenkten, so ist der Erwerber auf Grund §§ 130 Abs 2, 153 noch nach dem Tod des Schenkers zur Annahme in der Lage, kann also den Rechtserwerb ungehindert durch Dritte vollziehen. Eine sinnorientierte Auslegung gebietet, trotz des Fehlens einer Anwartschaft zurzeit des Todes des Schenkers § 2301 Abs 2 auf diese Fälle anzuwenden[60]. Dies gilt jedoch dann nicht, wenn der Schenker den Zugang vor seinem Tod vorsätzlich verhindert hat, da es sich dann – anders als im Fall des überraschenden Todes – um einen klaren Umgehungsfall handeln würde[61]. Unerheblich ist, ob der Schenker sich bei der Abgabe der Willenserklärung eines Erklärungsboten oder eines unwiderruflich Bevollmächtigten bedient hat, es sei denn, die Erben des Schenkers verhindern den Zugang rechtzeitig vorher durch Widerruf[62].

15 cc) **Einschaltung anderer bei Erfüllungshandlungen.** Stirbt der Schenker, bevor sein Bote oder Bevollmächtigter den ihm noch vom Verstorbenen unwiderruflich[63] erteilten Auftrag zur Aushändigung von Geld, Wertpapieren oder beweglichen Sachen oder zu sonstigen Erfüllungshandlungen ausgeführt hat (zB Treuhandauftrag an Bank[64], Überweisungsauftrag an Bank)[65], so liegt bereits in der unwiderruflichen Beauftragung der Schenkungsvollzug iS des § 2301 Abs 2[66]. Auch die erfüllungshalber erfolgte Aushändigung eines Schecks an den Beschenkten selbst führt noch nach dem Tod des Schenkers den Vollzug herbei, wenn die Bank ihn einlöst; die Erben können dies jedoch verhindern[67]. S zur Einschaltung Dritter bei der Abgabe bzw Überbringung von Willenserklärungen Rn 14.

IV. Vertrag zugunsten Dritter auf den Todesfall

16 **1. Unanwendbarkeit des § 2301.** Schenkungen auf den Todesfall sind auch als echte Verträge zugunsten Dritter (§§ 328, 331) möglich[68]. Der Schenker (Versprechensempfänger) vereinbart mit dem Versprechenden (zB Lebensversicherung, Bank), dass mit seinem Tod der Beschenkte (Dritte) schenkweise das Recht erwirbt, unmittelbar vom Versprechenden eine bestimmte Leistung (zB Versicherungs-

---

[47] So aber die subjektive Theorie *Wieacker*, FS Lehmann, S 279; *Rötelmann* NJW 1959, 661, 662; *Hinz* JuS 1965, 299, 303; vgl dazu *Reischl* S 214 ff.
[48] BGH NJW 1966, 1019; NJW 1968, 493, 494; aA *Schlüter* Rn 1261: bindende Einigung ohne Antragstellung.
[49] *Nieder* BWNotZ 1996, 129, 131; *ders* DNotI-Report 1999, 99; *Erman/M. Schmidt* Rn 10; MünchKommBGB/*Musielak* Rn 26; aA OLG Hamm NJW-RR 2000, 1389, 1390; *Lange/Kuchinke* § 33 II 1.
[50] BGH FamRZ 1985, 693, 696; NJW-RR 1986, 1133; NJW-RR 1989, 1282.
[51] OLG Stuttgart NJW 1987, 782, 783; OLG Karlsruhe NJW-RR 1989, 367, 368.
[52] MünchKommBGB/*Musielak* Rn 27, 30.
[53] BGH NJW 1983, 1487; FamRZ 1989, 959; OLG Frankfurt MDR 1966, 503.
[54] OLG Hamburg NJW 1963, 449; KG WM 1969, 1047.
[55] BGH NJW 1983, 1487.
[56] *Mohr* VersR 1966, 702.
[57] BGH WM 1971, 1338; NJW-RR 1986, 1133, 1134; NJW-RR 1989, 1282; MünchKommBGB/*Musielak* Rn 21.
[58] Vgl BayObLGZ 1954, 38.
[59] BGH NJW 1983, 1487; NJW 1995, 953; krit dazu MünchKommBGB/*Musielak* Rn 28.
[60] MünchKommBGB/*Musielak* Rn 23; *Harder*, Zuwendungen unter Lebenden auf den Todesfall, 1968, S 43 f; *Schreiber* Jura 1995, 159, 161; *Ebenroth* Rn 528; *Brox/Walker* Rn 747 ff; *Reimann/Bengel/J. Mayer/Reimann* Rn 38; *Staudinger/Kanzleiter* Rn 23.
[61] OLG Düsseldorf ZEV 1996, 423, 425; MünchKommBGB/*Musielak* Rn 23 mwN; *Lange/Kuchinke* § 33 III 1 c; aA *Staudinger/Kanzleiter* Rn 23.
[62] MünchKommBGB/*Musielak* Rn 24; aA *Staudinger/Kanzleiter* Rn 38.
[63] BGH NJW 1975, 382, 383 f.
[64] BGH WM 1976, 1130.
[65] BGH NJW 1975, 382 m Anm *Bökelmann* JR 1975, 243; BGH DNotZ 1976, 555.
[66] MünchKommBGB/*Musielak* Rn 24.
[67] BGH NJW 1978, 2027; NJW 1975, 1881; NJW 1975, 382; krit *Bökelmann* JR 1978, 445.
[68] Vgl BGH NJW 1976, 749; NJW 1975, 1361 betr Lebensversicherung; NJW 1965, 1913 betr Sparvertrag.

summe, Guthaben, Wertpapiere) zu fordern. Damit erwirbt der Dritte die Leistung nicht aus dem Nachlass, sondern unmittelbar von dem Versprechenden kraft des von diesem mit dem Schenker vereinbarten Rechtsverhältnisses (Deckungsverhältnis). Dies gilt auch dann, wenn es sich im Verhältnis des Schenkers zum Dritten (Valutaverhältnis) um eine Schenkung auf den Todesfall handelt. In ständiger Rspr lehnt es der BGH[69] und – ihm folgend – die hM[70] ab, auf diese Verträge die erbrechtlichen Bestimmungen über § 2301 anzuwenden, und zwar auch, wenn es sich bei dem Rechtsverhältnis zwischen Schenker und Drittem (Valutaverhältnis) um eine Schenkung handelt. § 331 regelt zumindest ausdrücklich nur, in welchem Zeitpunkt der Dritte das Forderungsrecht erwirbt. Darüber hinaus wird man dieser Vorschrift in Verbindung mit § 330 mit der hM entnehmen müssen, dass derartige Verträge nicht den strengen Formvorschriften des Erbrechts unterworfen werden sollten[71]. Es handelt sich nach dieser Ansicht folglich um eine zulässige Gestaltungsalternative zu Verfügungen von Todes wegen[72].

2. Deckungsverhältnis. Das Deckungsverhältnis, also die Rechtsbeziehung zwischen Schenker und 17 Versprechendem (zB Bank), entscheidet damit über die beim Abschluss eines derartigen echten Vertrags zugunsten Dritter einzuhaltende Form, und zwar auch dann, wenn im Valutaverhältnis Rechtsgrund eine Schenkung ist[73]. Siehe zur Formbedürftigkeit der Vereinbarungen im Deckungsverhältnis § 331.

3. Valutaverhältnis. Bei dem Valutaverhältnis, also den Rechtsbeziehungen zwischen Schenker und 18 Beschenktem (Dritter) handelt es sich bei den hier interessierenden Verträgen um Schenkungen. Der Rechtserwerb des Dritten muss durch einen Rechtsgrund gerechtfertigt sein, wenn er die Leistung von dem Versprechenden fordern bzw die erbrachte Leistung behalten will[74]. Fehlt es an einem Rechtsgrund, so kann der Dritte die Leistung nicht fordern bzw muss sie nach §§ 812 ff an die Erben herausgeben. Auch wenn nach hM die für Verfügungen von Todes wegen geltenden **Formvorschriften** mangels Anwendbarkeit des § 2301 Abs 1 für Schenkungen nicht gelten, so greift doch das Formgebot des § 518 Abs 1 ein, verbunden mit der Möglichkeit der Heilung durch Leistungsvollzug gemäß § 518 Abs 2. Als Schenkungsgegenstand wird dabei aber nicht die Leistung an sich, sondern der unmittelbare Anspruch gegen den Versprechensempfänger (zB Bank) angesehen[75]. Die Schenkung wird folglich mit dem Tod des Schenkers durch Erwerb des unmittelbaren Forderungsrechts gegenüber dem Versprechenden (§ 331 Abs 1) vollzogen, so dass in diesem Zeitpunkt auch die in § 518 Abs 2 vorgesehene Heilung eines formnichtigen Schenkungsversprechens (§§ 518 Abs 1, 125) eintritt[76].

Das dem Beschenkten (Dritten) zugegangene, formwidrige, aber mit dem Tod des Schenkers gemäß 19 § 518 Abs 2 wirksam gewordene Angebot zum Vertragsabschluss kann danach von den Erben nicht mehr **widerrufen** werden[77]. Solange dieses Angebot dem Dritten noch nicht zugegangen ist, können die Erben das Angebot noch widerrufen und damit verhindern, dass ein wirksamer Rechtsgrund im Valutaverhältnis entsteht[78]. Ist der Widerruf wirksam, hat der Beschenkte keinen Anspruch mehr auf die Leistung bzw muss die erfolgte Bereicherung gemäß §§ 812 ff herausgeben. Der Schenker kann das Widerrufsrecht der Erben nicht wirksam ausschließen[79]. S zur analogen Anwendung der §§ 2078, 2079 auf die **Anfechtung** von Schenkungsverträgen zugunsten Dritter auf den Todesfall § 2078 Rn 3.

Die durch wechselbezügliche oder vertragsmäßige Verfügungen in einem gemeinschaftlichen Testa- 20 ment bzw Erbvertrag eingetretene **erbrechtliche Bindung** des Schenkers bzw Erblassers (§§ 2271, 2289) steht nach der Rspr des BGH einem derartigen Schenkungsvertrag auf den Todesfall zugunsten eines Dritten nicht entgegen[80]. Der BGH zieht damit aus der rechtlichen Einordnung derartiger Verträge als lebzeitige Rechtsgeschäfte die logische Konsequenz und verweist den benachteiligten Schluss- bzw Vertragserben auf den Bereicherungsanspruch gemäß § 2287. Aus dem gleichen Grund lehnt der BGH auch die Anwendung der Auslegungsregel des § 2069 im Rahmen solcher Rechtsgeschäfte ab, so dass bei **Wegfall** eines beschenkten **Abkömmlings** nicht ohne ausdrückliche Regelung dessen Abkömmlinge an dessen Stelle treten[81].

§ 2302 Unbeschränkbare Testierfreiheit

Ein Vertrag, durch den sich jemand verpflichtet, eine Verfügung von Todes wegen zu errichten oder nicht zu errichten, aufzuheben oder nicht aufzuheben, ist nichtig.

Schrifttum: *Battes,* Der erbrechtliche Verpflichtungsvertrag im System des Deutschen Zivilrechts – Ziele, Dogmatik und praktische Auswirkungen des § 2302 BGB –, AcP 178 (1978), 337.

---

[69] BGH NJW 1964, 1124; NJW 1993, 2171; vgl auch RGZ 128, 187.
[70] *Staudinger/Kanzleiter* Rn 43; *Schlüter* Rn 1264; *Lange/Kuchinke* § 33 II 2 a; RGRK/*Kregel* Rn 17 f; vgl Darstellung der Meinungen bei MünchKommBGB/*Musielak* Rn 34 f.
[71] *Harder* FamRZ 1976, 418 Fn 6; *Löwisch,* Das Schuldverhältnis, 1975, S 160.
[72] *Reimann/Bengel/J. Mayer/Reimann* Rn 57; *Palandt/Edenhofer* Rn 17.
[73] BGH DNotZ 1976, 555.
[74] BGH NJW 1975, 383 mwN; NJW 1993, 2172.
[75] BGH NJW 1975, 383; NJW 1976, 749.
[76] Vgl *Reimann/Bengel/J. Mayer/Reimann* Rn 60; MünchKommBGB/*Musielak* Rn 30.
[77] OLG Düsseldorf NJW-RR 1996, 1329.
[78] BGH NJW 1975, 383 f; NJW 1984, 480, 481.
[79] BGH WM 1976, 1130, 1132.
[80] BGH NJW 1976, 749.
[81] BGH NJW 1993, 2172.

§ 2302

I. Verbotsumfang.

1. Verträge. Die Testierfreiheit kann nur durch gemeinschaftliches Testament (§ 2271 Abs 1, 2) oder Erbvertrag (§ 2289 Abs 1 S 2) eingeschränkt werden. Verträge, gleich welcher Art oder Rechtsnatur, sind dazu gemäß § 2302 nicht geeignet. Diese Bestimmung garantiert dem Erblasser uneingeschränkte Freiheit zu entscheiden, ob und mit welchem Inhalt letztwillige Verfügungen gelten sollen. Diese Garantie umfasst auch das Recht zur Aufhebung (§§ 2290 bis 2292) oder zum Rücktritt (§§ 2294, 2295), so dass auf diese ebenfalls nicht wirksam verzichtet werden kann[1]. Wegen des Verzichts auf das Anfechtungsrechts in einem gemeinschaftlichen Testament oder in einem Erbvertrag für den Fall der Wiederverheiratung wird auf § 2281 Rn 6 verwiesen. Diesem Verbot unterfallen nicht nur solche Verträge, die unmittelbar das Recht, bestimmte Verfügungen zu treffen, zu unterlassen oder aufzuheben, sondern auch solche, die etwa durch ein Vertragsstrafeversprechen (§ 344) geeignet sind, mittelbar die gleiche Wirkung herbeizuführen[2]. Ungeachtet dessen ist es jedoch zulässig, in einem anderen Rechtsgeschäft (zB Erbverzichtsvertrag) die Errichtung oder das Unterlassen einer bestimmten letztwilligen Verfügung zur Bedingung oder zur Geschäftsgrundlage zu machen[3]. § 2302 gilt auch für einen Prozessvergleich[4]. Auch die Zusammenfassung eines Erbvertrags mit einem anderen Rechtsgeschäft schränkt die Testierfreiheit des Erblassers nicht stärker, als in § 2289 Abs 1 S 2 vorgesehen, ein[5]. Nicht unter § 2302 fällt ein Vertrag, in dem sich ein eingesetzter Erbe oder Vermächtnisnehmer verpflichtet, die Zuwendung auszuschlagen[6].

2. Erbrechtliche Verfügungen. § 2302 ist auf erbrechtliche Verfügungen des Erblassers, die die Testierfreiheit anderer durch Auflagen einschränken, analog anzuwenden[7]. Der Erblasser kann einen anderen folglich in einer Verfügung von Todes wegen nicht mit einer Auflage beschweren, eine Verfügung mit einem bestimmten Inhalt zu errichten, zu unterlassen, aufzuheben oder nicht aufzuheben[8]. Davon ist jedoch die – zulässige – kaptatorische Verfügung zu unterscheiden, bei der eine Zuwendung an die Bedingung geknüpft ist, dass der Erbe usw den Erblasser oder einen Dritten in einer eigenen Verfügung von Todes wegen bedenkt[9]. Eine solche Bedingung schränkt lediglich die Zuwendung ein, verstößt aber nicht gegen § 2302, möglicherweise jedoch gegen § 138.

II. Rechtsfolgen.

1. Nichtigkeit. Rechtsgeschäfte oder erbrechtliche Verfügungen, die gegen § 2302 verstoßen, sind nichtig. Die Nichtigkeit erfasst dabei auch ein auf das nichtige Geschäft bezogenes Vertragsstrafeversprechen[10]. Aus einem derartigen Rechtsgeschäft können sich bei Nichteinhaltung keine Schadensersatzansprüche ergeben[11].

2. Umdeutung. Ein gemäß § 2302 nichtiges Rechtsgeschäft kann unter den Voraussetzungen des § 140 in ein anderes Rechtsgeschäft umgedeutet werden: Die Zusage, Dienstleistungen durch eine erbrechtliche Zuwendung zu vergüten, kann als Versprechen einer Vergütung gemäß § 612 Abs 2 aufgefasst werden[12]. Die in einem Ehegattenerbvertrag enthaltene Pflicht des überlebenden Teils, das Vermögen auf die Kinder zu übertragen, kann in eine Erbeinsetzung der Kinder durch den Überlebenden umgedeutet werden[13]. Ist der Erbe mit einer Auflage beschwert, den Nachlass letztwillig bestimmten Dritten (zB Kindern) zuzuwenden, so kann dies als Anordnung einer Vor- und Nacherbschaft aufrechterhalten werden[14]. Die in einem Prozessvergleich übernommene Pflicht, ein Testament nicht zu ändern, kann in Ansehung darin enthaltener Erbeinsetzungen, Vermächtnisse oder Auflagen als erbvertragsmäßige Verfügung wirksam sein[15].

---

[1] BGH NJW 1959, 625.
[2] *Palandt/Edenhofer* Rn 2.
[3] BGH NJW 1977, 950.
[4] OLG Frankfurt Rpfleger 1980, 117.
[5] BGHZ 29, 133.
[6] MünchKommBGB/*Musielak* Rn 4 mwN.
[7] *Palandt/Edenhofer* Rn 3.
[8] BayObLGZ 1958, 225, 230; OLG Hamm NJW 1974, 60; MünchKommBGB/*Musielak* Rn 3 mwN.
[9] BGH WM 1971, 1510; NJW 1977, 950; MünchKommBGB/*Musielak* Rn 3; aA *Kipp/Coing* § 18 V.
[10] BGH NJW 1970, 950.
[11] BGH NJW 1967, 1126; NJW 1977, 950.
[12] Vgl BGH FamRZ 1965, 317, 319; BFH ZEV 1995, 117 m Anm *Albrecht*; aA *Battes* AcP 178 (1978), 364, 367 f; *Medicus* Rn 692; *Canaris* BB 1967, 165.
[13] OLG Hamm JMBl NRW 1960, 125.
[14] OLG Hamm NJW 1974, 60.
[15] OLG Stuttgart NJW 1989, 2700, 2701.

Abschnitt 5. Pflichtteil (§§ 2303–2338)

§ 2303 Pflichtteilsberechtigte; Höhe des Pflichtteils

(1) ¹Ist ein Abkömmling des Erblassers durch Verfügung von Todes wegen von der Erbfolge ausgeschlossen, so kann er von dem Erben den Pflichtteil verlangen. ²Der Pflichtteil besteht in der Hälfte des Wertes des gesetzlichen Erbteils.

(2) ¹Das gleiche Recht steht den Eltern und dem Ehegatten des Erblassers zu, wenn sie durch Verfügung von Todes wegen von der Erbfolge ausgeschlossen sind. ²Die Vorschrift des § 1371 bleibt unberührt.

Schrifttum: *Baumann*, Die Pflichtteilsbeschränkung „in guter Absicht", ZEV 1996, 121; *Bengel*, Die Pflichtteilsproblematik beim Tod des Nacherben vor Eintritt des Nacherbfalls, ZEV 2000, 388; *Bowitz*, Zur Verfassungsmäßigkeit der Bestimmungen über die Pflichtteilsentziehung, JZ 1980, 304; *Buschmann*, Die Verteilung der Pflichtteilslast nach den §§ 2318–2324 BGB, 2004; *Dauner-Lieb*, Das Pflichtteilsrecht – Ketzerische Fragen an ein altehrwürdiges Institut –, FF 2000, 110; *dies*, Bedarf es einer Reform des Pflichtteilsrechts?, DNotZ 2001, 460; *dies*, Pflichtteilsrecht und Pflichtteilsentziehung auf dem Prüfstand, FF 2001, 78; *v. Dickhuth-Harrach*, Ärgernis Pflichtteil? Möglichkeiten der Pflichtteilsreduzierung im Überblick, FS Rheinisches Notariat, 1998, S 185; *Dieckmann*, Teilhabe des Pflichtteilsberechtigten an Vorteilen des Erben nach dem Vermögensgesetz, ZEV 1994, 198; *ders*, Wertveränderungen des Nachlasses Pflichtteil – Pflichtteilsergänzung – Anfechtung, FS Beitzke, 1979, S 399; *Ebenroth/Bacher/Lortz*, Dispositive Wertbestimmungen und Gestaltungswirkungen bei Vorempfängen, JZ 1991, 277; *Ebenroth/Fuhrmann*, Konkurrenzen zwischen Vermächtnis und Pflichtteilsansprüchen bei erbvertraglicher Unternehmensnachfolge, BB 1989, 2049; *Faßbender*, Zur pflichtteilsrechtlichen Privilegierung der Erbhöfe und Landgüter, AgrarR 1986, 131; *Frenz*, Zum Verhältnis von Pflichtteil und Unterhalt bei Ehescheidung, MittRhNotK 1995, 227; *Freytag*, Das Pflichtteilsrecht nach dem BGB und ZGB im Vergleich, ZRP 1991, 304; *Gerken*, Pflichtteilsrecht zwischen Testierfreiheit und Familienerbfolge, Rpfleger 1989, 45; *Gotthardt*, Zur Entziehung des Pflichtteils eines Abkömmlings wegen Führens eines ehrlosen und unsittlichen Lebenswandels (§ 2333 Nr 5 BGB), FamRZ 1987, 757; *Gottwald*, Pflichtteilsrecht, Kommentierung, mit Checklisten, Schriftsatz- und Klagemustern, 2000; *Haas*, Ist das Pflichtteilsrecht verfassungswidrig?, ZEV 2000, 249; *ders*, Der Pflichtteilsanspruch als Störfall der Unternehmensnachfolge, ZNotP 2001, 370; *D. Halm*, Das Kürzungsrecht des pflichtteilsberechtigten Erben gegenüber Vermächtnisnehmern und Auflagebegünstigten – zugleich eine systematische Analyse der §§ 2318–2324 BGB, Diss Köln 2000; *Henrich*, Testierfreiheit vs. Pflichtteilsrecht, 2000; *Huber*, Das Pflichtteilsrecht aus positivrechtlicher, rechtsvergleichender und rechtspolitischer Sicht, 1999; *Kasper*, Anrechnung und Ausgleichung im Pflichtteilsrecht, 1999; *Keim*, Die unergiebige Pfändung des Pflichtteilsanspruchs – Konsequenzen für die Testamentsgestaltung, ZEV 1998, 127; *ders*, Wie kann die Verjährungsfrist von Pflichtteilsansprüchen verlängert werden?, ZEV 2004, 173; *Keller*, Die Pflichtteilsberechtigung im Zeitpunkt der Schenkung als Voraussetzung eines Pflichtteilsergänzungsanspruchs, ZEV 2000, 268; *ders*, Die Problematik des § 2306 BGB bei der Sondererbfolge in Anteile an Personengesellschaften, ZEV 2001, 297; *Kerscher/Riedel/Lenz*, Pflichtteilsrecht in der anwaltlichen Praxis, 3. Aufl 2002; *Kick*, Ist das Pflichtteilsrecht noch zeitgemäß, in: Jahrbuch Junger Zivilrechtswissenschaftler, 1996, S 167; *Kleensang*, Familienerbrecht versus Testierfreiheit – Das Pflichtteilsentziehungsrecht auf dem Prüfungsstand des Bundesverfassungsgerichts, ZEV 2005, 277; *Klinghöffer*, Testamentsvollstreckung und Pflichtteilsrecht – Anmerkungen zu § 2313 Abs 1 Satz 3 BGB, ZEV 2000, 261; *ders*, Pflichtteilsrecht, 2. Aufl 2003; *dies*, Das Testament des geschiedenen, unterhaltspflichtigen Ehegatten – Praktische Überlegungen zu § 1586 b BGB, ZEV 1999, 13; *ders*, Die Stundung des Pflichtteilsanspruchs, ZEV 1998, 121; *ders*, Ehegattenpflichtteil und Zugewinnausgleich im Todesfall, ZEV 1995, 444; *ders*, Kollisionsrechtliche Probleme des Pflichtteilsrechts, ZEV 1996, 258; *ders*, Lebensversicherung und Pflichtteilsrecht, ZEV 1995, 180; *ders*, Empfiehlt es sich, die rechtliche Ordnung finanzieller Solidarität zwischen Verwandten im Bereich des Pflichtteilsrechts neu zu gestalten? – Einige Bemerkungen zum Gutachten von Martiny für den 64. Deutschen Juristentag –, ZEV 2002, 293; *Klumpp*, Der Pflichtteilsanspruch als Gegenstand des Rechtsverkehrs und als Vollstreckungsobjekt, ZEV 1998, 123; *Kuchinke*, Der Pflichtteilsanspruch als Gegenstand des Gläubigerzugriffs, NJW 1994, 1769; *ders*, Unterhalt und Pflichtteil, FF 2002, 161; *K. W. Lange*, Pflichtteilsrecht und Pflichtteilsentziehung – zugleich Anmerkung zu BVerfG – 1 BvR 1644/00 und 1 BvR 188/03, ZErb 2005, 205; *ders*, Die Pflichtteilsentziehung gegenüber Abkömmlingen de lege lata und de lege ferenda, AcP 204 (2004), 804; *Leisner*, Pflichtteilsentziehungsgründe nach § 2333 ff BGB verfassungswidrig? BVerfG lässt eine wichtige Frage offen, NJW 2001, 126; *Marotzke*, Das Wahlrecht des pflichtteilsberechtigten Erben bei ungünstigem Testament, AcP 191 (1991), 563; *J. Mayer*, Nachträgliche Änderung von erbrechtlichen Anrechnungs- und Ausgleichungsbestimmungen, ZEV 1996, 441; *ders*, Anrechnung und Ausgleichung im Erb- und Pflichtteilsrecht, FS 2007, 439; *J. Mayer/Süß/Tanck/Bittler/Wälzholz*, Handbuch Pflichtteilsrecht, 2003 (zitiert: HdB Pflichtteilsrecht/*Bearbeiter*); *U. Mayer*, Erbteil oder Pflichtteil? Frist läuft, DNotZ 1996, 422; *Meincke*, Zum Geltendmachen des Pflichtteils, ZErb 2004, 1; *Oechsler*, Pflichtteil und Unternehmensnachfolge, AcP 200 (2000), 603; *v. Olshausen*, Drei Anmerkungen zu Zuwendungen unter Ehegatten auf Zugewinnausgleich und Pflichtteil, FamRZ 1978, 755; *ders*, Die Verteidigung der Erbenpflichtteils gegen Pflichtteils- und Vermächtnisansprüche, FamRZ 1986, 524; *ders*, Die Verteilung der Pflichtteilslast zwischen Erben und Vermächtnisnehmern, MDR 1986, 89; *Otta*, Vorausleistungen auf den Pflichtteil, 1999; *Otte*, Um die Zukunft des Pflichtteilsrechts, ZEV 1994, 193; *ders*, Das Pflichtteilsrecht – Verfassungsrechtsprechung und Rechtspolitik, AcP 202 (2002), 317; *Pentz*, Auswirkungen des Erbverzichts auf die Pflichtteilsergänzung nach §§ 2325 ff BGB, FamRZ 1998, 660; *ders*, Haftung des Beschenkten nach § 2329 BGB, MDR 1998, 132; *ders*, Berechnung des Nachlasswertes bei Pflichtteilsausgleich nach § 2313 BGB, MDR 1999, 144; *ders*, Empfiehlt es sich, die erst nach dem Erbfall vollzogener Schenkung – zugleich Anmerkung zum Urteil des OLG Brandenburg vom 8. 4. 1998, FamRZ 1999, 830; *Petri*, Die Pflicht zum Pflichtteil, ZRP 1993, 205; *Riedel*, Gesellschaftsvertragliche Nachfolgeregelungen – Auswirkungen auf Pflichtteil und Erbschaftsteuer, ZErb 2003, 212; *Röthel*, Pflichtteil und Stiftungen: Generationengerechtigkeit versus Gemeinwohl, ZEV 2006, 8; *dies* (Hrsg), Reformfragen des Pflichtteilsrechts, 2007; *Schanbacher*, Nichtberücksichtigung ausgleichungspflichtiger Zuwendungen bei der Pflichtteilsergänzung – Rückkehr zu RGZ 77, 282, ZEV 1997, 349; *Schindler*, Pflichtteilsberechtigter Erbe und pflichtteilsberechtigter Beschenkter, 2004; *Schlitt*, Aufteilung der Pflichtteilslast zwischen Erbe und Vermächtnisnehmer, ZEV 1998, 91; *ders*, Der mit einem belasteten Erbteil und einem Vermächtnis bedachte Pflichtteilsberechtigte, ZEV 1998, 216; *Schlüter*, Änderung der Rolle des Pflichtteilsrechts im sozialen Kontext, Festgabe 50 Jahre BGH, 2000, 1047; *Schmidt-Kessel*, Erbrecht in der Rechtsprechung des Bundesgerichtshofes 1985–1987 – Pflichtteil, WM 1988 Sonderbeilage Nr 8 S 14; *Schöpflin*, Verfassungsmäßigkeit des Pflichtteilsrechts und Pflichtteilsentziehung, FamRZ 2005, 2025; *Schröder*, Pflichtteilsrecht, DNotZ 2001, 465; *Th. Schulte*, Schutz des Pflichtteils des Erben nach § 2306 BGB, Diss Bochum 1999; *Sostmann*, Grundstücksübertragung an Abkömmlinge und ihre Auswirkungen auf das Pflichtteilsrecht, MittRhNotK 1976, 479; *Stöcker*, Pflichtteilsvereitelung durch das Landwirtschaftserbrecht: ein Lösungsvorschlag de lege ferenda, FamRZ 1993, 1261; *Stüber*, BVerfG zum Pflichtteilsrecht: Kein Beitrag zu mehr Klarheit!, NJW 2005, 2122; *Fritz und Gudrun Sturm*, Zur Anrechnung beim Pflichtteilsergänzungsanspruch nach §§ 2325 ff. BGB, FS v. Lübtow, 1980, S 599; *dies*, Zur Ausgleichung beim Pflichtteilsergänzungsanspruch nach § 2325 BGB, FS v. Lübtow, 1991, S 291; *Tanck*, § 2318 Abs. 3 BGB schützt nur den „Pflichtteilskern", ZEV 1998, 132; *Thubauville*, Die Voraussetzungen des Pflichtteilsergänzungsanspruchs, DNotZ 1998, 85; *Thoma*, Maßnahmen zur Reduzierung des Pflichtteilsrisikos, ZEV 2003, 278; *Wegmann*, Ehevertragliche Gestaltungen zur Pflichtteilsreduzierung, ZEV 1996, 201; *ders*, Gesellschaftsvertragliche Gestaltungen zur Pflichtteilsreduzierung, ZEV 1998, 135; *Worm*, Pflichtteilserschwerungen und Pflichtteilsstrafklauseln, RNotZ 2003, 535.

Ehemalige DDR: *Casimir*, Zur Erhöhung des Pflichtteils wegen Ansprüchen nach dem Vermögensgesetz, Verjährung am 3. 10. 1993, DtZ 1993, 234; *Dressler*, Grundbesitz in der ehemaligen DDR als Grundlage für nachträgliche Pflichtteilsansprüche aus BGB-Erbfällen, DtZ 1993, 229; *ders*, Zur Berechnung des Pflichtteilsanspruchs aus § 2313 BGB bei Rückgabe von DDR-Grundbesitz, NJW 1993, 2519; *Haas*, Die Teilhabe des Pflichtteilsberechtigten an Ansprüchen nach dem VermG, FS Rolland, 1999, S 159; *Faßbender*, Das Pflichtteilsrecht nach der Vereinigung, DNotZ 1994, 359; *Pentz*, Pflichtteilsergänzung bei Schenkungen in der DDR, JZ 1999, 295; *Rauscher*, Pflichtteilsausgleich für restituierten DDR-Grundbesitz, JR 1994, 485.

Zur Pflichtteilsergänzung s auch die Schriftumsangaben bei § 2325, zu Bewertungsfragen bei § 2311 und § 2312.

Übersicht

	Rn		Rn
I. Normzweck, Systematik, Verfassungsrecht	1	2. Pflichtteil und Güterstand	20
		a) Gütergemeinschaft	21
		b) Gütertrennung	22
II. Pflichtteilsberechtigte	10	c) Zugewinngemeinschaft	23
1. Grundzüge	10		
2. Abkömmlinge	11	**IV. Pflichtteilsschuldner**	26
3. Eltern	13		
4. Ehegatte	15	**V. Pflichtteilsrecht der DDR**	27
5. Eingetragene Lebenspartner	16	**VI. Nichtehelichenrecht**	28
6. Ausschluss von der Erbfolge	17		
		VII. Erbschaftsteuer	29
III. Höhe des Pflichtteils	18		
1. Pflichtteilsbruchteil im Regelfall	19	**VIII. Landwirtschaftserbrecht**	30

I. Normzweck, Systematik, Verfassungsrecht

1   Das gesetzliche Pflichtteilsrecht soll den nächsten Angehörigen des Erblassers einen **Mindestwert** am Nachlass sichern, den der Erblasser grds einseitig nicht entziehen kann, wenn nicht ausnahmsweise einer der eng gefassten Pflichtteilsentziehungsgründe der §§ 2333 ff eingreift. Diese grds unentziehbare und bedarfsunabhängige wirtschaftliche Mindestbeteiligung geschieht aber nur durch einen Geldanspruch[1], nicht durch ein echtes Noterbrecht[2]. Dabei gewährt das BGB dem Pflichtteilsberechtigten einen **Gesamtpflichtteil**. Dieser setzt sich zusammen aus dem sog **ordentlichen Pflichtteil**, der sich nach dem realen Nachlass bestimmt, und dem **Pflichtteilsergänzungsanspruch**. Letzterer bestimmt sich nach den §§ 2325 ff, ist ein gegenüber dem ordentlichen Pflichtteil selbstständiger Anspruch und nicht nur ein reiner Rechnungsposten[3] und bemisst sich aus dem fiktiven Nachlass, der sich aus der Hinzurechnung der ergänzungspflichtigen Schenkungen zum realen Nachlass ergibt. Dabei gewährt das Pflichtteilsrecht dem enterbten oder unzureichend bedachten **Pflichtteilsberechtigten** nicht nur einen **Pflichtteilsanspruch** (§§ 2303, 2305, 2316 Abs 2, 2325, 2329), sondern eröffnet dem pflichtteilsberechtigten **Erben** auch **Abwehrrechte** gegen Pflichtteilsansprüche anderer Pflichtteilsberechtigter, etwa gemäß § 2319 nach der Teilung des Nachlasses oder gemäß § 2328 gegenüber Pflichtteilsergänzungsansprüchen anderer.

Die **gesetzlichen Bestimmungen** des Pflichtteilsrechts lassen sich dabei wie folgt systematisieren[4]:

---

[1] Zu den Vor- und Nachteilen *Staudinger/Haas* Einl §§ 2303 ff Rn 39 f.
[2] Zu den Lösungsansätzen anderer Länder s den Länderüberblick im HdB Pflichtteilsrecht/*Süß* § 16; *Staudinger/Haas* Einl §§ 2303 ff Rn 2 ff.
[3] Vgl etwa BGHZ 103, 333, 337= NJW 1988, 1667; BGHZ 132, 240, 244; 146, 114, 119; *Schindler*, Pflichtteilsberechtigter Erbe, Rn 137 ff.
[4] Vgl jurisPK/*Birkenheier* Rn 7.

– Pflichtteilsberechtigte, Arten des ordentlichen Pflichtteils §§ 2303 bis 2309
– Pflichtteilsrechtliches Bewertungsrecht §§ 2310 bis 2313
– Auskunfts- und Wertermittlungsanspruch §§ 2314
– Anrechnung und Ausgleichung auf den Pflichtteil §§ 2315, 2316
– Entstehen und Übertragbarkeit des Pflichtteilsanspruchs § 2317
– Pflichtteilslast §§ 2319 bis 2324
– Pflichtteilsergänzungsanspruch §§ 2325 bis 2331
– Stundung, Verjährung §§ 2331 a, 2332
– Pflichtteilsentziehung, Pflichtteilsbeschränkung §§ 2333 bis 2338.

Das Pflichtteilsrecht begrenzt als Ausfluss des Familienerbrechts die **Testierfreiheit** und bedarf daher 2 einer besonderen Rechtfertigung. Zugleich besitzt es eine **Erbersatzfunktion** für die durch Verfügung von Todes wegen übergangenen nächsten Angehörigen. Als **Gründe** für das Pflichtteilsrecht werden dabei im Wesentlichen genannt[5]:

– Existenzsicherung naher Angehöriger (**Versorgungs-**, **Ausstattungs-** oder **Alimentationscharakter**). Dieser Gesichtspunkt spielte bei Inkrafttreten des BGB noch eine größere Rolle[6], ist aber angesichts eines seither erfolgten tief greifenden gesellschaftlichen und familiären Wandels mit funktionierender staatlicher Absicherung und der besonderen Bedeutung, die einer guten Ausbildung heute zukommt, zunehmend umstritten[7].
– Streuungseffekt durch gleichmäßige **Verteilung des Vermögens** zwischen den nächsten Angehörigen und Verhinderung einer zu großen Konzentration bei Einzelnen. Dieser Gedanke findet sich bereits bei den Beratungen zum BGB und zwar in einer sonderbaren Gemengelage von sozialisierenden Überlegungen des Redaktors *Schmitt*[8], geprägt auch von den Gefahren fideikommissartiger Strukturen, und daneben vorgetragenen familienpatriarchalischen und deutsch-völkischen Überlegungen[9].
– **Freiheitsbegrenzung**, da bei der Testierfreiheit – anders als bei seinem sonstigen Handeln – den Erblasser zu Lebzeiten keine Verantwortung für sein freiheitliches Handeln trifft[10].
– **Sicherung der Teilhabe am Familienvermögen** und **Familiengebundenheit** des Vermögens. Dieser Gedanke kann auf verschiedensten Überlegungen beruhen[11]. In Betracht kommt, dass der Pflichtteilsberechtigte selbst einen Beitrag zur Schaffung des Vermögens des Erblassers leistete (**Äquivalenzgedanke**) oder die Begründung aus dem Solidaritätsgedanken oder dem einer Verantwortungsgemeinschaft[12], oder mit der mehr rechtsethischen Überlegung, dass der Erblasser einen Teil desjenigen an die nächste Generation weitergeben müsse, was er seinerseits von den vorangehenden erhalten hat[13].

Heute nicht mehr vertreten wird die Auffassung, dass das Pflichtteilsrecht auf einer „**Selbstbindung des Erblassers** durch Heirat und **Kinderzeugung**" beruhe, was aber bei der Schaffung des BGB für den Redaktor des Erbrechts, *v. Schmitt*, der ansonsten für die Testierfreiheit eintrat, neben der langen zeitlichen Verankerung des Pflichtteils in der deutschen Rechtstradition der maßgebliche Grund für dessen Beibehaltung war[14].

Dieses Spannungsfeld zwischen dem Prinzip der Testierfreiheit einerseits und dem Verwandten- 3 erbrecht andererseits ist auch **verfassungsrechtlich** bedeutsam. Nach ganz hM genießt das Pflichtteilsrecht über Art 14 iVm Art 6 GG **verfassungsrechtlichen Bestandsschutz**[15]. Nachdem das BVerfG

---

[5] S auch *Staudinger/Haas* Vor §§ 2303 ff Rn 17 ff mwN; MünchKommBGB/*Lange* Rn 5; *Lange* AcP 204 (2004), 804, 807 ff; *Schöpflin* FamRZ 2005, 2025 mit dem für sich allein nichtssagenden häufig wiederholten Argument der „Modernität"; aus „stiftungsrechtlicher Sicht" *Röthel* ZEV 2006, 8, 10 ff; krit gegen diese Begründungsversuche *Dauner-Lieb* FF 2000, 110, 116, 118 f; aus verfassungsrechtlicher Sicht *Leisner* NJW 2001, 126, 127; *Henrich*, Testierfreiheit versus Pflichtteilsrecht, 2000, S 5, 20 ff meint, dass letztlich die „Emotionen entscheiden".
[6] Die Betonung des Fürsorgegedankens findet sich noch bei Endemann, Lehrbuch des Erbrechts, 8./9. Aufl 1919/20, III 2, S 1204.
[7] *Strätz* FamRZ 1998, 1553, 1566 unter Betonung des grundsätzlichen Verhältnisses von Staat und Familie; *Schlüter*, FG BGH, S 1049; *Otte* ZEV 1994, 193, 194; *Kühne* JR 1972, 221, 225 f; *Gerken* Rpfleger 1989, 45, 47; *Staudinger/Haas* AcP 203 ff Rn 18; anders aber AcP 202 (2002), 137, 348 ff; zur gewandelten Bedeutung des Erbrechts besonders *Leipold* AcP 180 (1980), 160, 186 ff.
[8] *Schmitt*, Begründung des Entwurfs eines Rechts der Erbfolge für das deutsche Reich, 1879, S 57.
[9] Zur Entstehungsgeschichte auch *Mertens*, Die Entstehungsgeschichte der Vorschriften über die gesetzliche Erbfolge und das Pflichtteilsrecht, 1970, S 81; *Coing*, 49. DJT 1972 A 45 ff; ausf *Kleensang* DNotZ 2005, 509; zum Gedanken einer Streuung des Vermögens aus heutiger Sicht *Otte* ZEV 1994, 193, 196; *Schiemann* ZEV 1995, 195, 199; *Staudinger/Haas* Vor §§ 2303 ff Rn 20.
[10] *Otte* ZEV 1994, 193, 197.
[11] *Staudinger/Haas* Vor §§ 2303 ff Rn 21–25.
[12] *Papantoniou* AcP 173 (1973), 385, 396 f; *Coing* DJT 1972 A 22 f.
[13] *Otte* ZEV 1994, 193, 197.
[14] *Kleensang* DNotZ 2005, 509, 510 f.
[15] BGHZ 98, 226, 233 = NJW 1987, 122, 123; BGHZ 109, 306, 313 = NJW 1990, 911 zur Pflichtteilsentziehung; OLG Frankfurt vom 10. 10. 1997, 10 U 11/97 (hierzu Verfassungsbeschwerde nicht angenommen, s aaO); *Maunz/Dürig/Papier* (Stand Januar 2002) Art 14 GG Rn 300 ff; MünchKommBGB/*Lange* Rn 3 f mwN; MünchKommBGB/*Leipold* Einl Erbrecht Rn 18; *Böhmer* Erbrecht in: *Neumann/Nipperdey/Scheuner*, Die Grundrechte, Bd 2, 2. Aufl 1968, 410, 416 f: „Angelpunkt des Erbrechts"; *Leisner*, Verfassungsrechtliche Grenzen der Erbschaftsbesteuerung, 1970, S 48 ff; *Lange/Kuchinke* § 2 IV 2 c, § 37 III 4, zunehmend krit; *Staudinger/Otte* Einl §§ 1922 ff Rn 71; *Otte* AcP 202 (2002), 317, 318 ff; *Schlüter*, FG BGH, S 1047, 1064 f trotz umfassender Detailkritik; *v. Lübtow* I S 29;

zunächst in mehreren Entscheidungen die verfassungsrechtliche Gewährleistung des Pflichtteilsrechts noch nicht abschließend bestimmt hatte[16], hat es jetzt in einem sehr ausführlich begründeten Beschluss, der weit über die Anlassfälle hinausging, umfassend zur Verfassungsmäßigkeit des Pflichtteilsrechts Stellung genommen[17]. Danach wird das geltende Pflichtteilsrecht der Kinder durch die Erbrechtsgarantie des Art 14 Abs 1 Satz 1 in Verbindung mit Art 6 Abs 1 GG **gewährleistet.** Auch die Normen über das Pflichtteilsrecht der Kinder des Erblassers (§ 2303 Abs 1), über die Pflichtteilsentziehungsgründe des § 2333 Nr 1 und 2 und über den Pflichtteilsunwürdigkeitsgrund des § 2345 Abs 2, § 2339 Abs 1 Nr 1 sind mit dem Grundgesetz vereinbar (eingehender § 2333 Rn 2 ff). Der Beschluss bleibt aber trotz seines Umfangs hinsichtlich vieler Details seltsam konturlos und wurde in den meisten Stellungnahmen eher zurückhaltend aufgenommen[18].

4   Das BVerfG begründet seine Entscheidung dabei im Wesentlichen mit zwei Gesichtspunkten: **(1)** Zum einen stützt es sich auf eine **historische,** teilweise auch rechtsvergleichende **Auslegung:** Art 14 Abs 1 S 1 GG gewährleiste nicht nur das Recht des Erblassers, zu vererben, sondern auch das diesem entsprechende Recht des Erben, kraft Erbfolge zu erwerben. Verfassungsrechtlich geschützt seien dabei die „tradierten Kernelemente des deutschen Erbrechts". Hierzu gehöre aber auch das Recht der Kinder des Erblassers auf eine dem Grundsatz nach unentziehbare und bedarfsunabhängige Teilhabe am Nachlass[19]. Die dazu weit ausholende Begründung des Bundesverfassungsgerichts überzeugt nicht. Sie vernachlässigt zum einen die beschränkte methodische Erheblichkeit der historischen Interpretation[20] und blendet hinsichtlich ihres rechtsvergleichenden Teils die angelsächsischen Länder völlig aus, die insoweit einen ganz anderen Weg für die Absicherung von Ehegatten und bedürftigen Abkömmlingen gehen[21] und deutlich machen, dass der internationale Trend stärker auf die Verengung des Kreises der Pflichtteilsberechtigten zielt[22]. Zum anderen zeigt gerade die ausführliche Diskussion, die anlässlich der Schaffung des Erbrechts des BGB hinsichtlich des Pflichtteilsrechts geführt wurde, dass das Pflichtteilsrecht keineswegs in der deutschen Rechtstradition so unumstritten war, wie das BVerfG anführt. Vielmehr hat Gesetzgeber des BGB ausdrücklich die Frage der Verhältnisses von Testierfreiheit und Familienerbrecht offen gelassen[23]. Auch ergeben sich keine Anhaltspunkte aus der Entstehungsgeschichte des **Grundgesetzes,** dass bei dessen Schaffung tatsächlich an die traditionelle Ausgestaltung des deutschen Erbrechts mit der grundsätzlichen Anerkennung des Pflichtteilsrechts angeknüpft werden sollte[24]. Entscheidend ist aber, dass ein solches „historisches Vorverständnis", auch wenn man es überhaupt unterstellen kann, nicht zu einer Versteinerung des BGB-Erbrechts führen darf. Denn die Wertungen des historischen Gesetzgebers können nur dann für die verfassungsrechtliche Rechtfertigung des Pflichtteilsrechts herangezogen werden, wenn diese den heutigen verfassungsrechtlichen Vorstellungen entsprechen[25]. Dass die im 19. und am Anfang des 20. Jahrhunderts geltenden Gesellschafts- und Rechtsvorstellungen einer heutigen, verfassungsrechtlichen Beurteilung nicht mehr unbedingt standhalten, hat das BVerfG in einer anderen, das Erbrecht betreffenden aktuellen Entscheidung, nämlich zur Zulässigkeit sog Ebenbürtigkeitsklauseln im Hause Hohenzollern, zu Recht betont[26]. Und eine Vielzahl der anlässlich der Beratungen zum BGB für und gegen das Pflichtteilsrecht vorgebrachten Argumente erscheinen aus heutiger Sicht nur noch schwer verständlich[27]. Auch das BVerfG spricht von den zur Rechtfertigung des Pflichtteilsrechts angeführten Begründungen nur die „freiheitsbegrenzende Funktion" des Pflichtteilsrechts an, die für sich allein genommenen aber den Eingriff in die Testier-

---

Haas ZEV 2000, 249, jedoch zweifelnd hinsichtlich der Liquiditätsbelastung für mittelständische Unternehmen und bezüglich des Pflichtteilsentziehungsrechts; aA *Petri* ZRP 1993, 205, 206: Pflichtteilsrecht ist verfassungswidrig; nur für Verfassungsgarantie der Testierfreiheit RGRK/*Johannsen* Einl Erbrecht Rn 4. *Soergel/Stein* Einl Erbrecht Rn 7 bzgl Art 6 GG bejahend, hinsichtlich Art 14 GG verneinend, s Rn 5; zur Frage, ob der verfassungsrechtliche Schutz auf Art 14 oder Art 6 GG beruht s etwa *Otte* ZEV 1994, 193, 194 mwN; *Rauscher* Bd 1 S 89 ff.
[16] BVerfGE 99, 341, 350 f = ZEV 1999, 147: Mehrfachbehinderung und Testiermöglichkeit; BVerfGE 91, 346, 359 = NJW 1995, 2977 zum Zuweisungsverfahren nach dem GrdstVG; BVerfGE 78, 132, 154 zu § 23 SchlHAGBGB; BVerfGE 67, 329, 342 zu den Abfindungsansprüchen nach §§ 12, 13 HöfeO; BVerfGE 58, 377, 398; 25, 167, 174 zum Erbrecht nichtehelicher Kinder.
[17] BVerfGE 112, 332 = NJW 2005, 1561 = FamRZ 2005, 872; eingehend *Kleensang* ZEV 2005, 277; *Lange* ZErb 2005, 205; *Stüber* NJW 2005, 2122; *J. Mayer* FamRZ 2005, 1441; *Otte* JZ 2005, 1007.
[18] *Kleensang* ZEV 2005, 277; *Lange* ZErb 2005, 205; *Stüber* NJW 2005, 2122; *J. Mayer* FamRZ 2005, 1441; Staudinger/*Haas* Einl §§ 2303 ff Rn 12 ff; Staudinger/*Olshausen* Vor §§ 2333–2338 Rn 1; MünchKommBGB/*Lange* ErgBd § 2303 Rn 4: „gegebene Begründung wenig überzeugend"; anders aber *Otte* JZ 2005, 1007; *Gaier* (Richter des BVerfG) ZEV 2006, 2, 5 ff; *ders* in: *Röthel* Reformfragen S 161; *Röthel* ZEV 2006, 8 aus (contra?) stiftungsrechtlicher Sicht; nur referierend KK-Erbrecht/*Lindner* Rn 2; PWW/*Deppenkemper* Vor § 2303 ff Rn 1 f; AnwK-RGB/*Herzog* Vor §§ 2333–2338 Rn 2.
[19] BVerfG NJW 2005, 1561, 1563, Tz 65 ff; idS bereits *Otte* AcP 202 (2002) 137, 319 f, wonach das deutsche Erbrecht immer von der Familiengebundenheit der Erbfolge geprägt gewesen sei und dies dann über die Weimarer Verfassung inzident Eingang in Art 14 Abs 1 S 2 GG gefunden hätte.
[20] Allg *Larenz,* Methodenlehre der Rechtswissenschaft, 6. Aufl 1991, S 332.
[21] Allg HdB Pflichtteilsrecht/*Süß* § 15 Rn 3, etwa zu Großbritannien s § 16 Rn 107, 116 ff.
[22] *Lange* ZErb 2005, 205, 206; *Schlüter,* FG 50 Jahre BGH, S 1047, 1066.
[23] *Kleensang* DNotZ 2005, 509; vgl bereits *Mertens,* Die Entstehungsgeschichte der Vorschriften über die gesetzliche Erbfolge und das Pflichtteilsrecht, 1970, S 2–23.
[24] *Stüber* NJW 2005, 2121, 2122.
[25] Staudinger/*Haas* Einl §§ 2303 ff Rn 14; *Kleensang* ZEV 2005, 277, 279; HdB Pflichtteilsrecht/*J. Mayer* § 1 Rn 2 ff; *ders* FamRZ 2005, 1441, 1443.
[26] NJW 2004, 2008, 2010 f.
[27] *Kick* JbJZivRWiss 1996, 167, 173 ff hält etwa das Pflichtteil als sehr „zeitgebunden".

freiheit nicht rechtfertigen kann, sondern erst ihrerseits einer Legitimation bedarf[28]. Die Entscheidung, welche Grundregeln des heutigen Erbrechts verfassungsrechtlich abgesichert sind, muss daher vor dem Hintergrund eines engen Wertekontextes von Erbrechtsinstitut einerseits und grundgesetzlicher Gewährleistung anderer Privatrechtsinstitute andererseits getroffen werden[29]. Dies vermisst man bei der Entscheidung des BVerfG.

(2) Zum anderen begründet das BVerfG seine Entscheidung damit, dass die durch das Pflichtteilsrecht vermittelte Nachlassteilhabe der Kinder Ausdruck einer persönlichen, ideellen und wirtschaftlichen **Familiensolidarität** sei. Diese bestehe in grds unauflösbarer Weise zwischen dem Erblasser und seinen Kindern und sei durch Art 6 Abs 1 GG als lebenslange Gemeinschaft geschützt, in der Eltern wie Kinder nicht nur berechtigt, sondern auch verpflichtet sind, füreinander sowohl materiell wie auch persönlich Verantwortung zu übernehmen. Dabei knüpfe das Pflichtteilsrecht, wie das Unterhaltsrecht, an die familienrechtlichen Beziehungen an und übertrage diese regelmäßig durch Abstammung begründete und zumeist durch familiäres Zusammenleben untermauerte Solidarität zwischen den Generationen in den Bereich des Erbrechts. Davon ausgehend habe das Pflichtteilsrecht „die Funktion, die Fortsetzung des ideellen und wirtschaftlichen Zusammenhangs von Vermögen und Familie – unabhängig vom konkreten Bedarf des Kindes – über den Tod des Vermögensinhabers hinaus zu ermöglichen"[30]. Das hier anklingende Argument der **Erhaltung des Familienvermögens** durch das Pflichtteilsrecht ist alles andere als überzeugend, denn genauso nahe liegt die Annahme, dass das Pflichtteilsrecht „familienzerstörende" Funktion hat[31], und zwar nicht nur wegen der damit verbundenen Liquiditätsbelastung beim Pflichtteilsschuldner, sondern vor allem, weil der Pflichtteilsberechtigte seinerseits ohne jede Bindung an seine Familienangehörige den Pflichtteil „verprassen" kann[32]. Daher verwundert es nicht, dass versucht wird, den Stellenwert dieses Arguments herunter zu spielen[33]. Was bleibt, ist der Gedanke der **Familiensolidarität** und einer in den familiären Beziehungen wurzelnden Verantwortungsgemeinschaft[34]. Soweit das Pflichtteilsrecht hieran anknüpft, handelt es sich aber zum einen um eine Typisierung, denn in vielen Fällen ist eine gelebte Familiensolidarität nicht mehr anzutreffen[35], so dass letztlich auf einen „formalen Solidaritätsbegriff" abgestellt wird[36]. Und diese Typisierung verliert mit dem zunehmenden Verfall der traditionellen Kleinfamilie[37] ihre Rechtfertigung. Zum anderen reduziert ein solches Verständnis den vielschichtigen Begriff der Familiensolidarität allein auf die **finanzielle Seite**, und zwar aus der Sicht des Pflichtteilsberechtigten. Und wer je einen Pflichtteilsrechtsstreit miterlebt hat, die zunehmend aggressiver geführt werden, wird nicht nachvollziehen können, dass das Pflichtteilsrecht „Ausdruck einer Familiensolidarität" sein soll. Zu Recht beklagt *di Fabio*[38] eine „Verrechtlichung" der Familienbeziehung und dass es daher Aufgabe des Verfassungsrechts ist, dem entgegen zu wirken. Demgegenüber bedeutet Solidarität bereits seinem neulateinischen Wortsinn nach das Zusammengehörigkeitsgefühl und die zuverlässige praktische Bewährung desselben mit einem festen Zusammenhalten bei der Durchführung gemeinschaftlicher Aufgaben und Interessenansprüche[39]. Und in der Solidargemeinschaft der Familie gewähren sich deren Mitglieder gegenseitig Unterstützung und Beistand[40]. Familiensolidarität ließe sich daher auch aus der Sicht der Erblasser von den weichenden Geschwistern „einfordern", damit diese etwa zur Erhaltung landwirtschaftlicher Betriebe oder mittelständischer Unternehmen nicht ihr gesetzliches Pflichtteilsrecht „voll ausreizen", was in vielen intakten Familien tatsächlich auch noch geschieht. Dies fällt den Abkömmlingen leichter, wenn die Eltern ihnen über eine gute Ausbildung die Möglichkeit eröffnet haben, selbst für sich zu sorgen und eigenes Vermögen zu schaffen, was angesichts der gesellschaftlichen Verhältnisse am Ende des 19. Jahrhunderts insbes für die Töchter der Erblasser kaum möglich war[41], so dass diese stattdessen auf eine Aussteuer, aber auch später auf eine entsprechende Erbschaft oder einen

---

[28] Zutr *Kleensang* ZEV 2005, 277, 279; *Staudinger/Olshausen* Vor §§ 2333–2337 Rn 1 spricht nicht zu Unrecht von „petitiones principi"; dagegen *Otte* JZ 2005, 1009.
[29] *Maunz/Dürig/Papier* Art 14 GG Rn 300; ähnlich *Haas* ZEV 2000, 249, 250; anderenfalls könnte wegen Art 14 Abs 1 S 2 GG eine einfach-gesetzliche, ja vorkonstitutionelle Erbrechtsnorm niemals verfassungswidrig sein und wäre sogar verfassungsprägend, *Rauscher*, Reformfragen des Pflichtteilsrechts, S 13.
[30] BVerfG NJW 2005, 1561, 1564 Tz 73; ähnlich bereits *Martiny* 64. DJT 2002 I A 69 f; *v. Lübtow* I 556; *Otte* 59. DJT 1992 M 224; *Schöpflin* FamRZ 2005, 2025, 2026.
[31] *Kleensang* ZEV 2005, 277, 281; *J. Mayer* FamRZ 2005, 1441, 1443; *Dauner-Lieb* DNotZ 2001, 460, 465; *Röthel* ZEV 2006, 8, 11.
[32] Anschaulich *Scheuren-Brandes*, FS Otte, 2005, S 563 ff.
[33] *Gaier* ZEV 2006, 2, 6, Fn 66: „kein zentrales Argument der Entscheidung".
[34] *Schöpflin* FamRZ 2005, 2025, 2026; *Papantoniou* AcP 173 (1973), 385, 396; *Coing* 49. DJT 1972 A 2 f; *Röthel* ZEV 2006, 8, 11; *Lipp* NJW 2002, 2201, 2206; *Otte* AcP 202 (2002), 317, 351 ff; AnwK-BGB/*Herzog* § 2333 Rn 5; vgl auch *Lange* AcP 204 (2004), 804, 811.
[35] S etwa *Henrich*, Testierfreiheit versus Pflichtteilsrecht, S 14.
[36] *Staudinger/Haas* Einl §§ 2303 ff Rn 24; ähnlich *Lange* ZErb 2005, 205, 207: „generalisierender Solidaritätsgedanke".
[37] MünchKommBGB/*Lange* Rn 5; anders die Einschätzung von *Nave-Herz* in: *Röthel* (Hrsg), Reformfragen des Pflichtteilsrechts, S 23, 32.
[38] NJW 2003, 993, 995 f.
[39] Vgl *Schischkoff*, Philosophisches Wörterbuch, 1978, Stichwort „Solidarität"; *v. Reizenstein*, Solidarität und Gleichheit, 1961.
[40] *Henrich*, Testierfreiheit versus Pflichtteilsrecht, S 14.
[41] Zu dem diesbezüglich seither eingetretenen Wandel der gesellschaftlichen Verhältnisse s etwa *Leipold* AcP 180 (1980), 175, 188; *Henrich*, Testierfreiheit versus Pflichtteilsrecht, S 13.

§ 2303

Pflichtteil angewiesen waren, um eine den bisherigen Verhältnissen entsprechende Lebensstellung zu erhalten[42]. Das BVerfG hat es demgegenüber versäumt, das von seinem Ansatz her rein „materielle Verständnis" der Familiensolidarität hinsichtlich des Unterhaltsanspruchs von dem Pflichtteilsanspruch abzugrenzen[43].

6   Angesichts der Schwierigkeiten, aus einer individualistischen Sicht der Familienmitglieder das Pflichtteilsrecht plausibel zu begründen, nimmt es nicht Wunder, dass jetzt ein mehr **„kollektiv" ausgerichteter Begründungsansatz** vertreten wird. Danach findet sich die Rechtfertigung des Pflichtteilsrechts in der folgerichtigen Fortführung familienbezogener Subventionierung der Vermögensbildung[44] oder gar als „Bestandteil des Generationenvertrags" und aus dem Gedanken der Generationengerechtigkeit, weil die „Erbengeneration durch ihre Sozialversicherungsbeiträge erhebliche Transferleistungen zugunsten der Erblassergeneration erbringt"[45]. Der zuletzt genannte Ansatz müsste dann allerdings folgerichtig dazu führen, dass pflichtteilsberechtigt nur die Angehörigen sind, die Beiträge in die gesetzliche Rentenversicherung geleistet haben. Aber auch der Gedanke der familienbezogenen Förderung hilft nicht weiter[46], denn die wichtigste staatliche Leistung in diesem Zusammenhang ist das Kindergeld, das aber gerade dem Kind selbst zu Gute kommen soll und idR der Bedarfsdeckung dient (vgl die Anrechnung auf den Barunterhalt nach § 1612 b), während das sog „Baukindergeld" im Rahmen der Eigenheimzulage, das noch am ehesten der Finanzierung von Familienvermögen dient, zum 1. 1. 2006 abgeschafft wurde.

7   Die Entscheidung des BVerfG ist auch insoweit problematisch, als sie dem Gesetzgeber für **künftige Reformvorhaben** wenig Spielraum einräumt[47] und inhaltlich nicht dazu angetan ist, den festzustellenden „Akzeptanzverlust"[48] des Pflichtteilsrechts zu überwinden. Über die verfassungsrechtliche Gewährleistung des Pflichtteilsrechts der **Eltern** und der entfernteren Abkömmlinge sowie auch des Ehegatten hat das BVerfG zudem nicht entschieden, worin sich manifestiert, dass es dem BVerfG nicht gelungen ist, ein „tragfähiges Begründungskonzept" zu entwickeln[49]. Was andererseits an der Entscheidung des BVerfG sehr positiv hervorzuheben ist, ist sein Postulat, dass im Rahmen der **Pflichtteilsentziehungsvorschriften** eine stärkere Berücksichtigung der Testierfreiheit im Rahmen der dort gebotenen Abwägung mit den Pflichtteilsrecht des Pflichtteilsberechtigten erfolgen muss (eingehend § 2333 Rn 3)[50].

8   Auch wenn das BVerfG nunmehr die verfassungsrechtliche Gewährleistung des Pflichtteilsrechts und die Verfassungsmäßigkeit des geltenden Rechts feststellte (Rn 3) wird die bereits bisher geführte **Reformdiskussion**[51] nicht verstummen. Denn verfassungsrechtlich gewährleistet ist nur das Grundprinzip der zwingenden Mindestteilhabe der nahen Angehörigen und nicht die konkrete Ausgestaltung[52]. **Reformüberlegungen** bestehen[53]

– bezüglich des **Pflichtteilsentziehungsrechts**[54], insbes mit einer Erweiterung der Pflichtteilsentziehungsgründe[55];
– Vermeidung von **Liquiditätsbelastungen,** insbes bei der **Unternehmensnachfolge**[56]. Das Ertragswertprivileg der Landwirtschaft (§ 2312) stellt eine sehr einseitige Bevorzugung dar, die im Hinblick auf Art 3 Abs 1 GG verfassungsrechtlich nicht unproblematisch ist, und aus diesem Grunde, aber auch zur Erleichterung der Unternehmensfortführung, auf den mittelständischen Unternehmensbereich ausgedehnt werden sollte[57]. Auch wird eine Erweiterung der **Stundungsmöglichkeiten** (§ 2331 a) befürwortet[58];

---

[42] Die gewandelte Situation von Frauen lässt *Otte* AcP 202 (2002), 317, 335 ff bei seinen geschichtlichen und rechtstatsächlichen Ausführungen völlig unberücksichtigt.
[43] S bereits *J. Mayer* FamRZ 2005, 1441, 1443.
[44] *Otte* AcP 202 (2002), 317, 345 ff; zust *Röthel* ZEV 2006, 8, 11 f.
[45] *Röthel* ZEV 2006, 8, 11 f mit Zitat in Fn 52, unter Bezug auf Anklänge bei *Lange* AcP 204 (2004), 804, 814.
[46] *Otte* AcP 202 (2002), 317, 345 räumt selbst ein, dass seine bereits in ZEV 1994, 195 f diesbezüglich gemachten Ausführungen in der Diskussion nicht aufgegriffen wurden.
[47] MünchKommBGB/*Lange* ErgBd § 2303 Rn 4; *Diwell* in: *Röthel* Reformfragen S 185.
[48] *Dauner-Lieb* FF 2001, 78, 79; im Ansatz zust *Röthel* ZEV 2006, 8, 12: „Akzeptanzkrise", aber keine „rechtliche Motivationskrise"; aA *Schöpflin* FamRZ 2005, 2025, 2026, der als Beleg für die Modernität des Pflichtteilsrechts darauf hinweist, dass dieses gerade erst für gleichgeschlechtliche Lebenspartner (§ 10 Abs 6 LPartG) eingeführt wurde, jedoch entspringt dies einem formalen Antidiskriminierungsansatz.
[49] MünchKommBGB/*Lange* ErgBd § 2303 Rn 4.
[50] Ebenso *Kleensang* ZEV 2005, 277, 282; *Lange* ZErb 2005, 205, 208; *J. Mayer* FamRZ 2005, 1441, 1444.
[51] Für inhaltliche Korrekturen *Schlüter*, FG BGH, S 1063 ff; *Gerken* Rpfleger 1989, 45; *Dauner-Lieb* FF 2000, 110; *dies* FF 2001, 78, DNotZ 2001, 460: umfassende Deregulierung, für Detailkorrektur *Otte* ZEV 1994, 193; *Strätz* FamRZ 1998, 1553, 1566; *Otte* AcP 202 (2002), 317, 355 ff; für Reduzierung des Pflichtteilsrechts, wenn man eine Änderung des Rechts möchte, *R. Schröder* DNotZ 2001, 465, 471.
[52] *Palandt/Edenhofer* Überbl v § 2303 Rn 4.
[53] Vgl etwa auch *Wiegand*, Tagungsbericht zum Symposium „Reformfragen des Pflichtteilsrechts", vom 30. 11.–2. 12. 2006, Salzau, DNotZ 2007, 97; *Diwell* in: *Röthel* Reformfragen S 185 ff.
[54] Gute Mängelliste bei *Dauner-Lieb* FF 2001, 79, 81; ausf *Rauscher*, Reformfragen ..., S 125 ff; *Schlüter*, FG BGH, S 1071 f.
[55] Für umfassende Generalklausel *Lange* AcP 204 (2004), 804; vgl auch *Leisner* NJW 2001, 126; vgl auch im Zusammenhang mit der Unternehmensnachfolge die Entscheidung OLG München NJW-RR 2003, 1230.
[56] *Haas* ZEV 2000, 249, 255 f; *Klingelhöffer* ZEV 2002, 293; *K. W. Lange* in: *Röthel* (Hrsg), Reformfragen des Pflichtteilsrechts, S 57.
[57] Dagegen offenbar aber *Dauner-Lieb* DNotZ 2001, 460, 465, wonach die Anerkennung besonderer Bewertungsmethoden ein kaum zu rechtfertigender Fremdkörper wäre.
[58] *Oechsler* AcP 2000, 603, 617 f; dazu auch *Haas* ZNotP 2001, 370, 378 ff; *K. W. Lange* DNotZ 2007, 84, 89; *ders* in: *Röthel* (Hrsg), Reformfragen des Pflichtteilsrechts S 57, 65 ff; *Otte* AcP 202 (2002), 317, 359 f befürwortet statt

- Abschaffung des **Elternpflichtteils**[59];
- Abstellen auf die **Bedürftigkeit des Pflichtteilsberechtigten**, was immer wieder gefordert wird[60]. Dies würde jedoch zahlreiche Schwierigkeiten aufwerfen[61];
- Einbeziehung der **Wohnung der Ehegatten** in den Voraus[62];
- Änderung der **Ausschlussfrist des § 2325 Abs 3** für den Pflichtteilsergänzungsanspruch, insbes bei Ehegattenzuwendungen bezüglich des § 2325 Abs 3 HS 2[63];
- Änderung der **Anrechnungsbestimmungen** nach § 2315, die in der Praxis den meisten Beteiligten nicht bekannt sind[64];
- „**Gesamtpflichtteil**", wonach die insgesamt feststehende Pflichtteilshöhe der Erblasser nach seinem Ermessen zwischen den Pflichtteilsberechtigten verteilen und dabei auch einzelne völlig übergehen könnte[65].

Der Gesetzesentwurf der Bundesregierung vom 30. 1. 2008[66] sieht nun folgende Änderungen des Pflichtteilsrechts vor: **9**
- Änderung des **Pflichtteilsentziehungsrechts** durch
  - **Zusammenfassung** der §§ 2333 bis 2335 in eine Bestimmung mit Auflösung der dadurch bislang bestehenden Ungleichheiten,
  - Erweiterung des Kreises der **betroffenen Personen**, bei denen ein vom Pflichtteilsberechtigten gemachtes Fehlverhalten zur Pflichtteilsentziehung berechtigt,
  - **Ersetzung** des Pflichtteilsentziehungsentziehungsgrundes des „ehrlosen und unsittlichen Lebenswandels" (bisher § 2333 Nr 5): Zur Pflichtteilsentziehung berechtigt stattdessen auch, wenn ein Pflichtteilsberechtigter wegen einer vorsätzlich begangenen Straftat zu einer Freiheitsstrafe von mehr als einem Jahr ohne Bewährung rechtskräftig verurteilt wurde und die Nachlassteilhabe für den Erblasser deshalb unzumutbar ist.
- Abweichend zur bisherigen Regelung kann der Erblasser **Anrechnungs- und Ausgleichungsbestimmungen** (§§ 2315, 2050, 2316) auch nachträglich durch Verfügung von Todes wegen treffen
- Die **Stundung** des Pflichtteils nach § 2331 a kann nicht nur der pflichtteilsberechtigte Erbe, sondern jeder Erbe verlangen; anstelle des Vorliegens einer „ungewöhnlichen Härte" soll in Herabsetzung der Eingriffsschwelle eine „unbillige Härte" für die Stundung genügen, wobei aber die Interessen des Pflichtteilsberechtigten zu berücksichtigen sind.
- Änderung des § 2325 Abs 3: die starre Zehnjahresbestimmung wird durch eine „Abschmelzungsregelung" ersetzt: Der für die Bemessung des **Pflichtteilsergänzungsanspruchs** dem Nachlass hinzuzurechnende Betrag vermindert sich für jedes volle Jahr, das zwischen Schenkung und Erbfall liegt, um $^1/_{10}$ des Zugewendeten.
- Die in **§ 2306 Abs 1** enthaltene Differenzierung, ob der pflichtteilsberechtigte Erbe einen Erbteil erhalten hat, der die Hälfte seines gesetzlichen Erbteils übersteigt, wird beseitigt, und die Rechtslage wie beim Vermächtnis ausgestaltet.
- Durch die Einfügung eines § 2057 b soll die **familiäre Pflege** des Erblassers besser entlohnt werden; hierfür ist – anders als nach dem bisherigen § 2057 a – nicht erforderlich, dass diese unter Verzicht auf eigenes Einkommen erfolgte. Die Vergütung soll sich idR nach den Sätzen der gesetzlichen Pflegeversicherung richten.

II. Pflichtteilsberechtigte

1. Grundzüge. Mit den Abkömmlingen, den Eltern und dem Ehegatten des Erblassers sind nur **10** seine **nächsten Angehörigen** pflichtteilsberechtigt. Die Reihenfolge der Pflichtteilsberechtigten bestimmt sich zwischen den Abkömmlingen und den Eltern nach § 2309. Andere Verwandte, wie Geschwister, Großeltern, Neffen, sind nicht pflichtteilsberechtigt. Voraussetzung des Pflichtteilsrechts ist ein bestehendes gesetzliches Erbrecht des Berechtigten (Ersatzfunktion des Pflichtteilsrechts), das nur deshalb nicht eintritt, weil es durch Verfügung von Todes wegen **ausgeschlossen** wurde (Rn 17).

---

des gerichtlichen Stundungsverfahrens die Ausgestaltung als Einrede. Zu Stundungsüberlegungen beim Berliner Testament (§ 2269) *Rauscher*, Reformfragen des Pflichtteilrechts, S 99 f.

[59] *Schlüter*, FG BGH, S 1067 f; *Gerken* Rpfleger 1989, 45, 50. Die verfassungsrechtliche Gewährleistung ist umstritten, bejaht von *Haas* ZEV 2000, 249, 254; verneint von *Rauscher*, Reformfragen des Pflichtteilrechts, S 101.
[60] MünchKommBGB/*Frank*, 3. Aufl § 2303 Rn 4; *Coing* DJT 1972 A 46; *Leipold* AcP 180 (1980), 160, 175; *Kühne* JR 1972, 221, 225; *Kick* aaO S 178 f; *Dauner-Lieb* DNotZ 2001, 460, 465.
[61] Zutr *Otte* AcP 202 (2002), 317, 348 ff mz Beispielen; *Schlüter*, FG BGH, S 1068 ff; *Haas* ZEV 2000, 249, 256 ff.
[62] *Otte* AcP 202 (2002), 317, 356 ff; zur Erweiterung des Ehegattenvoraus bereits Rauscher, Reformfragen ..., S 119 ff.
[63] Dafür *Schlüter*, FG BGH, S 1072 ff; verfassungsrechtliche Bedenken gegen § 2325 Abs 3 HS 2 bei Ehegattenzuwendungen – entgegen BVerfG FamRZ 1990, 729, 730 – bei *Haas* ZEV 2000, 249, 260 der zu Recht darauf hinweist, dass selbst das Insolvenz- und Anfechtungsrecht bei vorsätzlicher Beeinträchtigung von Ansprüchen Höchstfristen vorsieht.
[64] *Otte* AcP 202 (2002), 317, 360 f.
[65] Dafür im Anschluss an das spanische Recht *Strätz* FamRZ 1998, 1566; *Henrich* DNotZ 2001, 449 f; dazu bereits *Rauscher*, Reformfragen ..., S 109 ff; abl zu Recht *Otte* AcP 202 (2002), 317, 355 f.
[66] S Gesetzestext unter www.bmj.bund.de; Synopse bei *Bonefeld* ZErb 2008, 67; dazu etwa *Muscheler* ZEV 2008, 105; *Bonefeld/Lange/Tanck* ZErb 2007, 292; zur Pflichtteilsergänzung G. *Müller* ZNotP 2007, 445.

11 2. Abkömmlinge. Dies sind alle Personen, die mit dem Erblasser in absteigender gerader Linie (§ 1589 S 1) verwandt sind, also Kinder, Enkel, Urenkel. Entferntere Abkömmlinge sind aber nur nach Maßgabe des § 2309 pflichtteilsberechtigt. Die Unterscheidung zwischen ehelichen und **nichtehelichen Kindern** wird auch im Verhältnis zwischen Kind und Vater seit dem Inkrafttreten des Erbrechtsgleichstellungsgesetzes bei den nach dem 1. 4. 1998 eintretenden Erbfällen nicht mehr gemacht, wenn die Vaterschaft förmlich festgestellt oder anerkannt ist (§ 1592 Nr 2 und 3) und das Kind nicht vor dem 1. 7. 1949 geboren wurde (Art 227 Abs 1 Nr 1 EGBGB)[67]. Auch diese zeitliche Einschränkung gilt nicht, wenn bei Fällen mit Beitrittsbezug Art 235 § 1 Abs 2 EGBGB eingreift (vgl auch Rn 27). Eingehend zum Erbrecht bei Vorhandensein nichtehelicher Kinder s § 1924 Rn 3 ff.

12 Auch das **angenommene Kind** und seine Abkömmlinge sind gegenüber dem Annehmenden erb- und pflichtteilsberechtigt, es gilt der Grundsatz der Volladoption, §§ 1754, 1755[68]. Der als **volljährig** Angenommene ist dies sogar noch gegenüber seinen leiblichen Eltern (§§ 1767 Abs 2, 1754, 1770), wenn das Vormundschaftsgericht nicht ausdrücklich aussprach, dass auch hier die starken Wirkungen der Minderjährigenadoption gelten sollen (§ 1772 Abs 1). Erfolgten die Adoptionen vor dem 1. 1. 1977, so sind die Übergangsregelungen des Art 12 AdoptG zu beachten, insbes wenn das Kind damals bereits das 18. Lebensjahr vollendet hatte (vgl auch § 1924 Rn 14)[69].

13 3. Eltern. Sie haben nach Abs 2 S 1 ein Pflichtteilsrecht, das aber durch § 2309 eingeschränkt ist. Zu den pflichtteilsberechtigten Eltern zählen seit der Einführung der Volladoption durch das AdoptG grds auch die **Adoptiveltern** (§§ 1754, 1767 Abs 2), während das Erbrecht der **leiblichen Eltern** bei der Minderjährigenadoption erlischt (§ 1755), bei der Volljährigenadoption grds bestehen bleibt (§ 1770 Abs 2), falls das Vormundschaftsgericht hier nicht die Wirkungen der Minderjährigenadoption anordnet (§ 1772 Abs 1). Bei Adoptionen vor dem 1. 7. 1977 sind auch hier die Übergangsregeln des AdoptG zu beachten[70].

14 Auch der Vater eines nach dem 1. 7. 1949 geborenen **nichtehelichen Kindes** ist in den seit dem 1. 1. 1970 eingetretenen Erbfällen pflichtteilsberechtigt, wenn die Vaterschaft anerkannt oder festgestellt ist (§ 1592 Nr 2, 3). Bei früher geborenen Kindern kann sich aber die Pflichtteilsberechtigung aus einer erbrechtlichen Legitimation nach Art 12 § NEhelG oder aus Art 235 § 1 Abs 2 EGBGB bei Fällen mit DDR-Bezug ergeben (eingehend § 1925 Rn 4 iVm § 1924 Rn 3 ff).

15 4. Ehegatte. Auch der Ehegatte des Erblassers ist pflichtteilsberechtigt, wenn zum Zeitpunkt des Erbfalls die Ehe rechtsgültig bestanden hat. Kein Pflichtteilsrecht besteht daher bei einer Nichtehe, durch Urteil aufgehobener (§ 1313) oder geschiedener Ehe (§ 1564); trotz formal noch bestehender Ehe entfällt das Pflichtteilsrecht, wenn das Ehegattenerbrecht nach § 1933 ausgeschlossen ist; demgegenüber steht selbst eine jahrzehntelange Trennung der Pflichtteilsberechtigung nicht entgegen[71]. **Unterhaltsrechtlich** kann sich auch nach Auflösung der Ehe eine Teilhabe des früheren Ehegatten am Nachlass durch § 1586 b ergeben[72]; dabei sind auch Pflichtteilsergänzungsansprüche einzubeziehen[73].

16 5. Eingetragene Lebenspartner. Auf Grund des Gesetzes zur Beendigung der Diskriminierung gleichgeschlechtlicher Gemeinschaften vom 16. 2. 2001 (BGBl I S 266) ist ab dem 1. 8. 2001 auch der überlebende Lebenspartner einer solchen Gemeinschaft (zu den Voraussetzungen § 1 LPartG) pflichtteilsberechtigt, wenn die Lebenspartnerschaft im Erbfall noch bestand und er durch Verfügung von Todes wegen von der gesetzlichen Erbfolge ausgeschlossen ist[74]. Er kann von den Erben die Hälfte des Wertes seines gesetzlichen Erbteils (§ 10 Abs 1 S 1 LPartG, entspr § 1931 Abs 1) als Pflichtteil verlangen (§ 10 Abs 6 S 1 LPartG). Die Vorschriften des BGB über den Pflichtteil gelten hierfür mit der Maßgabe entsprechend, dass der Lebenspartner wie ein Ehegatte zu behandeln ist (§ 10 Abs 6 S 2 LPartG)[75]. Durch die Gleichstellung des überlebenden Lebenspartners mit einem Ehegatten verringern sich damit aber auch zugleich die Erb- und Pflichtteilsrechte der anderen Pflichtteilsberechtigten. Seit dem Inkrafttreten des Gesetzes zur Überarbeitung des Lebenspartnerschaftsrechts vom 15. 12. 2004 (BGBl I S 3396) am 1. 1. 2005 (§ 1363 Rn 4) leben die eingetragenen Lebenspartner jetzt ebenfalls grds in Güterstand der **Zugewinngemeinschaft,** wenn sie nicht durch Lebenspartnerschaftsvertrag nach § 7 LPartG etwas anderes vereinbaren (§ 6 S 2 LPartG). Damit gilt jetzt auch bei eingetragenen Lebenspartnern uneingeschränkt das eheliche Güterrecht[76]. Auch hier besteht daher die Möglichkeit, dass es bei der Zugewinngemeinschaft zur **erbrechtlichen** oder aber zur **güterrechtlichen Regelung** kommt

---

[67] Zum Erbrechtsgleichstellungsgesetz *Rauscher* ZEV 1998, 41.
[68] Eingehend zur Minder- und Volljährigenadoption MünchKommBGB/*Lange* Rn 18–21; *Staudinger/Haas* Rn 16–24.
[69] MünchKommBGB/*Lange* Rn 21; *Staudinger/Haas* Rn 17; tabellarische Übersicht bei *Damrau/Riedel/Lenz* Rn 8; HdB Pflichtteilsrecht/*J. Mayer* § 2 Rn 10.
[70] *Staudinger/Haas* Rn 27 ff.
[71] OLG Schleswig OLGR 2000, 241.
[72] *Staudinger/Haas* Rn 32 a.
[73] BGHZ 146, 114, 119 f = NJW 2001, 828; BGHZ 153, 372 = NJW 2003, 1796.
[74] *Staudinger/Haas* Rn 35 a.
[75] *Bonefeld* ZErb 2001, 1; *Norbert Mayer* ZEV 2001, 169, 173; *Leipold* ZEV 2001, 218, 221; MünchKommBGB/ *Lange* Rn 32; *Palandt/Brudermüller* § 10 LPartG Rn 5.
[76] AnwK-BGB/*Bock* Rn 16; jurisPK/*Birkenheier* Rn 29.1; demgegenüber bestand bis dahin bei Fehlen einer abweichenden Vereinbarung in Abgrenzung zur Ehe die sog „Ausgleichsgemeinschaft"; zu den sich hieraus ergebenden pflichtteilsrechtlichen Konsequenzen, die sich aber sachlich nicht von der jetzigen Rechtslage unterschieden, s HdB Pflichtteilsrecht/*J. Mayer* § 2 Rn 15 ff.

(Rn 23 ff). Trotz bestehender Lebenspartnerschaft **entfällt** das Pflichtteilsrecht, wenn beim Tod des Erblassers entweder die Voraussetzungen für die Aufhebung der Lebenspartnerschaft nach § 15 Abs 2 Nr 1 oder 2 LPartG gegeben waren und der Erblasser die Aufhebung beantragt oder ihr zugestimmt hat oder der Erblasser einseitig einen begründeten Aufhebungsantrag wegen unzumutbarer Härte nach § 15 Abs 2 Nr 3 LPartG gestellt hat[77].

6. Ausschluss von der Erbfolge. Der für das Bestehen des Pflichtteilsrechts weiter erforderliche Ausschluss von der Erbfolge muss durch Verfügung von Todes wegen (Testament, Erbvertrag) des Erblassers geschehen und zwar durch ausdrückliche oder stillschweigende Enterbung (§ 1938). Der nur durch Auflage Begünstigte oder der zum Testamentsvollstrecker[78] Ernannte ist aber von der Erbfolge ausgeschlossen, ebenso grds derjenige, der nur ein Vermächtnis erhält, hier gilt jedoch die Sonderregelung des § 2307. Wer zwar Erbe ist, aber zu einer geringeren Quote als seinem Erbteil, hat nach § 2305 einen Pflichtteilsrestanspruch. Auch der **Ersatzerbe** ist idS enterbt, wenn er nicht zur Erbfolge gelangt[79]; beim Berliner Testament (§ 2269) sind durch die gegenseitige Erbeinsetzung der Ehegatten die Abkömmlinge des Erstverstorbenen im ersten Erbfall enterbt, mögen sie nach Tod beider Eltern auch die Schlusserben sein[80]. **Nicht** von der Erbfolge ausgeschlossen ist dagegen der **auflösend bedingte** oder befristete Erbe[81], was ein Fall einer konstruktiven Vorerbschaft ist (vgl etwa § 2104), oder der **aufschiebend bedingt** oder befristet eingesetzte Erbe, der Nacherbe ist[82]. Die Vor- oder Nacherbeneinsetzung ist allerdings eine Beschränkung des Pflichtteilsberechtigten, gegen die ihn § 2306 (s Erl dort) schützt[83]. **Kein Ausschluss** iS des Abs 1 liegt auch vor[84], wenn der Pflichtteilsberechtigte auf sein gesetzliches **Erb- oder Pflichtteilsrecht** verzichtet hat (§ 2346), wobei aber die relative Unwirksamkeit auf Grund der Auslegungsregel des § 2350 Abs 2 zu beachten ist, oder ein solcher Verzicht nach § 2349 gegen ihn als Abkömmling wirkt, wenn jemand für **erbunwürdig** erklärt wurde (§§ 2344, 2345) oder wenn der Pflichtteil wirksam entzogen wurde (§§ 2333 ff). Dem Erbverzicht steht aber nicht gleich, wenn ein nur schuldrechtlich wirkender Erbschaftsvertrag nach § 311 b Abs 4 abgeschlossen wurde[85] oder nur ein Zuwendungsverzicht nach § 2352 auf das durch Verfügung von Todes wegen zugewandte erklärt wurde[86]. Auch bei einer Erbeinsetzung mit **Verwirkungsklausel**, die eine (bedingte) Enterbung für den Fall enthält, dass sich der Pflichtteilsberechtigte dem Willen des Erblassers widersetzt, etwa bei der sog „Jastrow`schen Klausel"[87] liegt kein Ausschluss iS des § 2303 vor, denn die hier vorliegende auflösend bedingte Erbeinsetzung führt zu einer (konstruktiven) Nacherbschaft mit der Anwendung des § 2306[88]. Bei der **Ausschlagung der Erbschaft** beruht der Verlust der Erbschaft auf einer eigenen Handlung des Pflichtteilsberechtigten, weshalb dadurch ebenfalls der Pflichtteil entfällt, es sei denn, es greift einer der **Ausnahmefälle** des § 2306 Abs 1 S 2, Abs 2 oder § 1371 Abs 3 ein[89] oder es verbleibt wenigstens noch ein Pflichtteilsrestanspruch nach § 2305.

III. Höhe des Pflichtteils

Der Pflichtteilsberechtigte hat einen Anspruch in Höhe der Hälfte des Wertes des gesetzlichen Erbteils (Abs 1 S 2). Der Anspruch wird somit durch zwei **Faktoren** bestimmt:[90] durch die quotenmäßige Höhe des Pflichtteilsanspruchs (Pflichtteilsbruchteil) und den Wert und Bestand des Nachlasses, für den die §§ 2311 ff gelten.

1. Pflichtteilsbruchteil im Regelfall. Bei der Berechnung der Pflichtteilsquote ist für jeden Pflichtteilsberechtigten gesondert vorzugehen[91]. Dafür ist abstrakt von den Regeln der gesetzlichen Erbfolge auszugehen (§§ 1924 ff), jedoch modifiziert durch die §§ 2309, 2310[92].

2. Pflichtteil und Güterstand. Da bei Vorhandensein von Ehegatten oder eingetragenen Lebenspartnern sich das Erbrecht in Abhängigkeit vom Güterstand bestimmt[93], variiert bei diesen die Pflichtteilsquote des Ehegatten, eingetragenen Lebenspartners, der Abkömmlinge und der Eltern des Verstorbenen

---

[77] AnwK-BGB/*Bock* Rn 15; jurisPK/*Birkenheier* Rn 28; Staudinger/*Haas* Rn 35 a; PWW/*Deppenkemper* Rn 4.
[78] *Lange/Kuchinke* § 37 V 2. Jedoch kann die Zuwendung einer zu hohen Testamentsvollstreckervergütung ein Vermächtnis sein, vgl § 2221 Rn 30.
[79] Eingehend Staudinger/*Haas* Rn 51 ff.
[80] BGHZ 22, 364, 366 f; Soergel/*Dieckmann* Rn 28; Staudinger/*Haas* Rn 46; vgl auch BGH 88, 102 = NJW 1983, 2875.
[81] Damrau/Riedel/*Lenz* Rn 16; PWW/*Deppenkemper* Rn 5.
[82] AnwK-BGB/*Bock* Rn 23; Staudinger/*Haas* Rn 47 f; PWW/*Deppenkemper* Rn 5; vgl auch BayObLGZ 1966, 227, 229 f.
[83] Palandt/*Edenhofer* Rn 1.
[84] Vgl etwa jurisPK/*Birkenheier* Rn 11.
[85] Damrau/Riedel/*Lenz* Rn 23; Staudinger/*Haas* Rn 39.
[86] Damrau/Riedel/*Lenz* Rn 23; Staudinger/*Haas* Rn 39.
[87] S etwa *J. Mayer* ZEV 1995, 136.
[88] Damrau/Riedel/*Lenz* Rn 16; Staudinger/*Haas* Rn 48, 54; unklar MünchKommBGB/*Lange* Rn 12.
[89] HdB Pflichtteilsrecht/*J. Mayer* § 1 Rn 22; jurisPK/*Birkenheier* Rn 11.
[90] *Schlüter* Rn 962; Staudinger/*Haas* Rn 77.
[91] JurisPK/*Birkenheier* Rn 31; Palandt/*Edenhofer* Rn 6.
[92] AnwK-BGB/*Bock* Rn 26; PWW/*Deppenkemper* Rn 8.
[93] *J. Mayer* FPR 2006, 129 f; *Krug* in: Krug/Zwissler, Familienrecht und Erbrecht, 2002, Rn 189 ff.

je nachdem, welcher Güterstand bestand. Aus der **Güterstandsabhängigkeit** des gesetzlichen Erb- und Pflichtteilsrechts ergeben sich auch **Gestaltungsmöglichkeiten** zur Pflichtteilsreduzierung[94].

21 **a) Gütergemeinschaft.** Bestand Gütergemeinschaft (§§ 1415 ff), so beträgt der Pflichtteil des überlebenden Ehegatten neben Abkömmlingen $1/8$ (§ 1931 Abs 1 S 1), neben den Verwandten der 2. Erbordnung oder Großeltern $1/4$[95]. Zu beachten ist weiter, dass hier verschiedene Vermögensmassen bestehen: Am Gesamtgut sind beide Ehegatten wirtschaftlich zur Hälfte beteiligt, während das Sonder- und Vorbehaltsgut des Verstorbenen diesem alleine zustand.

22 **b) Gütertrennung.** Hier ist § 1931 Abs 4 zu beachten, durch den das System des festen Ehegattenerbteils durchbrochen wird[96]. Danach beträgt die Pflichtteilsquote des Ehegatten neben einem Kind $1/4$, neben zwei Kindern $1/6$ und neben drei und mehr Kindern je $1/8$[97].

23 **c) Zugewinngemeinschaft.** Der Pflichtteil bestimmt sich hier in **Abhängigkeit** davon, ob es nach § 1371 hinsichtlich des Erbrechts des Ehegatten zur **erb- oder güterrechtlichen Lösung** kommt (§ 2303 Abs 2 S 2)[98]. Der vom gesetzlichen Erbteil ausgeschlossene Ehegatte, der weder Erbe wurde noch ein Vermächtnis erhielt, kann daher nur den sog **kleinen Pflichtteil** verlangen, dessen Höhe sich durch die Halbierung des nicht erhöhten gesetzlichen Ehegattenerbteils (§§ 1931 Abs 1) errechnet **(güterrechtliche Lösung).** Daneben hat er noch den Anspruch auf den rechnerisch genauen Zugewinnausgleich (§ 1371 Abs 2), der nach den §§ 1373 ff, also nach güterrechtlichen Grundsätzen (also nicht pauschal), geltend zu machen und zu berechnen ist (§ 1371 Rn 20). Ein Wahlrecht, statt diesem kleinen Pflichtteil und dem rechnerischen Zugewinnausgleich den sog großen Pflichtteil zu verlangen, hat der Ehegatte jedoch nicht (sog Einheitstheorie), § 1371 Rn 21[99]. Dieser kleine Pflichtteil steht – abweichend von den sonstigen erbrechtlichen Grundsätzen (Rn 17) – dem Ehegatten auch dann zu, wenn er die zugewandte Erbschaft oder das Vermächtnis **ausschlägt,** vorausgesetzt seine Pflichtteilsberechtigung ist nicht aus anderem Grund entfallen (etwa wegen eines Pflichtteilsverzichts, vgl § 1371 Abs 3 und dort Rn 30). Der Ehegatte soll also immer die Möglichkeit haben, den („verdienten") Zugewinnausgleich zu erhalten und den kleinen Pflichtteil nicht zu verlieren. Zu den Entscheidungsüberlegungen im Rahmen einer solchen **taktischen Ausschlagung** s § 1371 Rn 32. Der **Zugewinnausgleich** kann auch dann verlangt werden, wenn die Pflichtteilsberechtigung des Ehegatten entfallen ist (§§ 1933, 2335, 2339, 2344 Abs 1 und § 2345 Abs 2, § 2346)[100]. Zwischen dem kleinen Pflichtteil und dem Zugewinnausgleich bestehen noch weitere erhebliche Unterschiede[101]. Daher unterbricht die Klage auf Zahlung des „großen Pflichtteils" (§§ 2303 Abs 2, 1371 Abs 1) nicht die Verjährung des Anspruchs aus § 1371 Abs 2[102].

24 Wird der Ehegatte des Verstorbenen jedoch **Erbe** oder zumindest Vermächtnisnehmer, was als **erbrechtliche Lösung** bezeichnet wird[103] so steht ihm der nach § 1371 Abs 1 um ein Viertel erhöhte gesetzliche Erbteil zu, so dass die Pflichtteilsquote neben Abkömmlingen $1/4$, neben Eltern $3/8$ beträgt (sog großer Pflichtteil). Ob überhaupt ein Zugewinnausgleich für den überlebenden Ehegatten erzielt wurde, spielt hier keine Rolle[104]; das Gleiche gilt für **eheverträgliche Modifizierungen des Zugewinnausgleichs,** die nur für den Fall der Auflösung des Güterstands unter Lebenden gelten. Soweit sich eheverträgliche Vereinbarungen über die Modifizierung der Zugewinngemeinschaft auch auf den Todesfall auswirken, sind solche in dem Maße unwirksam, als dadurch der Pflichtteil der anderen Pflichtteilsberechtigten verkürzt wird, etwa die Ausgleichspauschale des § 1371 Abs 1 heraufgesetzt wird (vgl auch § 1371 Rn 12 f; § 1408 Rn 60)[105]. Dieser **große Pflichtteil** des Ehegatten hat für diesen selbst Bedeutung[106],
– soweit es um eigene Pflichtteilsansprüche des Ehegatten in den Fällen der §§ 2305, 2306 und 2307 geht,
– soweit es sich um Pflichtteilsergänzungsansprüche des Ehegatten handelt (§§ 2325, 2329),
– bei den Kürzungs- und Verteidigungsrechten nach den §§ 2318, 2319 und 2328.

25 Die Frage, ob der Ehegatte Anspruch auf den großen oder kleinen Pflichtteil hat, ist auch für die Erb- und **Pflichtteilsquote** der **anderen Pflichtteilsberechtigten** bedeutsam (§ 1371 Abs 2 HS 2)[107]. Denn Ehegattenerbteil und Erb- und Pflichtteil der anderen Pflichtteilsberechtigten korrespondieren. Daher berechnen sich nach nahezu einhelliger Meinung die Pflichtteile der Abkömmlinge und der Eltern des Verstorbenen nach dem gemäß § 1371 Abs 1 erhöhten Ehegattenerbteil, wenn der überle-

---

[94] *Wegmann* ZEV 1996, 201; *Brambring* ZEV 1996, 248, 252; *Klingelhöffer* Pflichtteilsrecht Rn 341 ff; *Staudinger/Haas* Rn 115 ff; *J. Mayer* FPR 2006, 129, 132 ff.
[95] Zu den Quoten neben anderen Verwandten s etwa *Staudinger/Haas* Rn 82.
[96] *Soergel/Dieckmann* Rn 26; jurisPK/*Birkenheier* Rn 36.
[97] Auf Grund der ausdrücklichen Regelung des § 2338 a S 2 wurde dabei auch für Erbfälle vor dem 1. 4. 1998 das nichteheliche Kind für die Berechnung bereits mitgezählt; *Staudinger/Haas* Rn 84.
[98] Eingehend zu diesen Fragen *Klingelhöffer* ZEV 1995, 444; vgl etwa auch jurisPK/*Birkenheier* Rn 37 ff.
[99] BGHZ 42, 182, 185 ff; BGH NJW 1982, 2497.
[100] *Staudinger/Haas* Rn 98; *Soergel/Dieckmann* Rn 47.
[101] Eingehend *Klingelhöffer* ZEV 1995, 444, 445 f; *Staudinger/Haas* Rn 101.
[102] BGH NJW 1983, 388, 389 f = LM § 1371 Nr 8.
[103] Das sog gesetzliches Vermächtnis (§§ 1932, 1969) ist aber unbeachtlich, *Soergel/Dieckmann* Rn 36; *Staudinger/Haas* Rn 87.
[104] AllgM, *Staudinger/Haas* Rn 89.
[105] *Staudinger/Haas* Rn 92 ff; *Langenfeld* Rn 350; diff Überlegungen bei *Klingelhöffer* Pflichtteilsrecht Rn 89.
[106] MünchKommBGB/*Lange* Rn 26; *Palandt/Edenhofer* Rn 8.
[107] *Palandt/Edenhofer* Rn 8.

bende Ehegatte (gewillkürter oder gesetzlicher) Erbe oder Vermächtnisnehmer wird[108]. Kommt es zur **güterrechtlichen Lösung** (§ 1371 Abs 2, vgl dort Rn 16 ff), bestimmt sich der Pflichtteil der übrigen Pflichtteilsberechtigten nach dem nicht erhöhten Ehegattenerbteil (§ 1371 Abs 2 HS 2). Allerdings wird hier der Nachlasswert um die als Nachlassverbindlichkeit abzusetzende Zugewinnausgleichsforderung vorab uU erheblich verringert[109]. Immer ist also die **Fernwirkung der Zugewinngemeinschaft für die Höhe der anderen Erb- und Pflichtteilsquoten** zu beachten. Daher ergibt sich:

Güterstand	Pflichtteil des Ehegatten neben Abkömmlingen			Pflichtteil je Kind, wenn der Erblasser im Erbfall noch verheiratet war		
				Anzahl der hinterlassenen Kinder		
				1	2	3
Zugewinngemeinschaft (erbrechtliche Lösung)	1/4			1/4	1/8	1/12
Zugewinngemeinschaft (güterrechtliche Lösung, jedoch ist Zugewinnausgleich vom Nachlass vorweg abzuziehen)	1/8			3/8	3/16	1/8
Gütertrennung	1 Kind: 1/4	2 Kinder: 1/6	3 und mehr: 1/8	1/4	1/6	1/8
Gütergemeinschaft	1/8			3/8	3/16	3/24

IV. Pflichtteilsschuldner

Dies ist der Erbe oder Miterbe, gegen den sich der mit dem Erbfall entstandene Anspruch (§ 2317 und Erl dort) richtet. Gegen den Testamentsvollstrecker kann dieser nicht geltend gemacht werden (§ 2213 Abs 1 S 3; dort Rn 8). Miterben haften im **Außenverhältnis** als Gesamtschuldner (§ 2058). Für die Verteilung im **Innenverhältnis** gilt: Die Pflichtteilslast tragen die Miterben grds nach der Höhe ihrer Erbteile (§§ 2038, 2047 Abs 2, 748); jedoch kann der Erblasser abweichende Anordnungen treffen[110]. Für die Verteilung der Pflichtteilslast im Innenverhältnis, insbes gegenüber Vermächtnisnehmern und Auflagebegünstigten, sind iÜ die §§ 2318 ff zu beachten. Nur § 2319 kommt eine Wirkung im Außenverhältnis zu[111]. Auch beim **Pflichtteilsergänzungsanspruch** haftet zunächst primär der Erbe; eine Ausfallhaftung des Beschenkten ergibt sich nur ausnahmsweise nach § 2329. Bei Anordnung einer Vor- und Nacherbschaft kann während des Bestehens der Vorerbschaft der Pflichtteil nur gegenüber dem Vorerben verlangt werden[112]. Die Erfüllung des Pflichtteilsanspruchs kann der Erbe nicht davon abhängig machen, dass der Pflichtteilsberechtigte auf die „Anfechtung" des Testaments verzichtet, da gesetzlich der Pflichtteilsanspruch hiervon nicht abhängig ist[113]. Zur Haftung des Erben für Unterhaltsansprüche des **geschiedenen Ehegatten** nach § 1586 b s Erl dort. Wurden **Vereinbarungen** über die Höhe des entstandenen Pflichtteilsanspruchs getroffen, so kommt uU eine Anpassung der dort festgelegten Anspruchshöhe nach den Grundsätzen über den Wegfall der Geschäftsgrundlage in Betracht; dies gilt insbes dann, wenn zum Zeitpunkt der Vereinbarung ein zum Nachlass gehörendes Grundstück in der früheren DDR als wertlos außer Betracht geblieben ist[114]. Eine **Verwirkung des Pflichtteilsanspruchs** ist nach allgemeinen Grundsätzen möglich. Ein Verhalten gegenüber dem Erblasser oder dessen nächsten Angehörigen kann aber schwerlich zum Einwand der unzulässigen Rechtsausübung führen, da dadurch die durch die Pflichtteilsentziehungsvorschriften gezogenen Grenzen umgangen würden[115]. Auch nach 50-jähriger Trennung ist der überlebende Ehegatte nicht durch § 242 gehindert, seinen Pflichtteilsanspruch geltend zu machen[116].

V. Pflichtteilsrecht der DDR

Auch das ZGB der DDR kannte ein Pflichtteilsrecht (§§ 396 bis 398 ZGB)[117]. Dieses kommt jedoch nur dann zur Anwendung, wenn der Erblasser nach dem 31. 12. 1975 und vor dem 3. 10. 1990

---

[108] BGHZ 37, 58, 60 ff = NJW 1962, 1719; BGH NJW 1982, 2497; MünchKommBGB/*Lange* Rn 31; *Staudinger/Haas* Rn 91; *Palandt/Edenhofer* Rn 7 f; *Lange/Kuchinke* § 37 V 1 a; aA *Niederländer* NJW 1960, 1737, 1740: § 1371 Abs 1 habe keine Auswirkung auf das Pflichtteilsrecht.
[109] MünchKommBGB/*Lange* Rn 31.
[110] *Staudinger/Haas* Rn 72.
[111] HdB Pflichtteilsrecht/*J. Mayer* 2 Rn 145; s § 2319 Rn 2.
[112] RGZ 113, 45, 50.
[113] LG Heidelberg NJW-RR 1991, 969.
[114] OLG Frankfurt FamRZ 1993, 1128.
[115] *Palandt/Edenhofer* Rn 12; *Soergel/Dieckmann* Rn 48.
[116] OLG Schleswig OLGR 2000, 241.
[117] Eingehend *Freytag* ZRP 1991, 304; MünchKommBGB/*Frank* 3. AuflRn 30 ff.

§ 2304   Buch 5. Abschnitt 5. Pflichtteil

verstorben ist und seinen letzten gewöhnlichen Aufenthalt in der DDR hatte (Art 235 § 1 Abs 1 EGBGB)[118]. Trat der Erbfall nach dem Beitritt ein, so ist es für die Pflichtteilsberechtigung eines unter der Geltung des DDR-ZGB errichteten Testaments ohne Belang, dass damals dort die Pflichtteilsberechtigung enger gefasst war[119].

VI. Nichtehelichenrecht

28   Verstirbt der Erblasser nach dem 31. 3. 1998, so gelten nach Art 1 ErbGleichG die §§ 1934 a bis 1934 e, 2338 a nicht mehr. Nichteheliche Kinder, die nach dem 1. 7. 1949 geboren sind, sind den ehelichen für Erbfälle nach diesem Stichtag grds gleichgestellt. Bei Fällen mit DDR-Bezug ergibt sich aus Art 235 § 1 Abs 2 EGBGB auch für früher geborene Abkömmlinge eine volle Gleichstellung. Erfolgte vor dem 1. 4. 1998 eine wirksame Vereinbarung über den vorzeitigen Erbausgleich oder ist hierüber ein rechtskräftiges Urteil ergangen, so gilt jedoch das frühere Nichtehelichenrecht fort (Art 227 Abs 1 Nr 2 EGBGB)[120]. Zu den Problemen, die sich aus der Anwendung des Nichtehelichengesetzes auf das Pflichtteilsrecht bei Erbfällen **vor dem 31. 3. 1998** ergeben haben, s die einschlägigen Erl bei den jeweiligen Paragrafen der Großkommentare.

VII. Erbschaftsteuer

29   **Erbschaftsteuerpflichtig** ist der Pflichtteilsanspruch erst dann, wenn und soweit er **geltend gemacht** wird (§ 3 Abs 1 Nr 1 ErbStG). Dazu ist eine Bezifferung nicht erforderlich[121]. Damit entsteht auch die Erbschaftsteuer (§ 9 Abs 1 Nr 1 b ErbStG). Durch diese gesetzliche Regelung soll die Entschließungsfreiheit des Pflichtteilsberechtigten respektiert werden[122]. Erst mit der Geltendmachung des Pflichtteilsanspruchs können andererseits die Erben ihn auch als Nachlassverbindlichkeit abziehen (§ 10 Abs 5 Nr 1 ErbStG). Der Pflichtteilsanspruch wird mit dem **Nennwert des Forderungsrechts bewertet**, § 12 Abs 1 ErbStG iVm § 12 BewG[123]. Diese Bewertung benachteiligt den Pflichtteilsberechtigten nach der zur Zeit noch geltenden Rechtslage gegenüber dem Erben uU erheblich, insbs, wenn ein wesentlicher Teil des Nachlasses auf Vermögenswerten mit niedrigeren Steuerwerten beruht (etwa beim Grundbesitz, der nach der sog Bedarfsbewertung gemäß §§ 138 ff BewG immer noch niedriger als mit dem Verkehrswert bewertet wird, nach Schätzungen etwa nur mit ca 50 bis 60%)[124]. Denn diese niedrigeren Bewertungsansätze werden beim Erben angewandt. Dagegen bestehen verfassungsrechtliche Bedenken[125]. Erst die realitätsgerechte und dem Gleichheitssatz Rechnung tragende Neuregelung des erbschaftsteuerlichen Bewertungsrechts, die das **BVerfG** mit seiner Entscheidung vom 7. 11. 2006[126] dem Gesetzgeber nunmehr aufgegeben hat, wird diese Benachteiligung des Pflichtteilsberechtigten beseitigen. Bis dahin kann diese auch nicht dadurch vermieden werden, dass ein niedriger besteuertes Grundstück an Erfüllungs Statt zur Abgeltung des Pflichtteilsanspruchs übertragen wird[127].

VIII. Landwirtschaftserbrecht

30   Zur Erhaltung landwirtschaftlicher Betriebe bestehen Sondervorschriften, die eine deutliche Verringerung der Pflichtteilsbelastung bewirken. Zum Landgüterrecht des BGB vgl §§ 2312, 2049 sowie *Ruby* ZEV 2007, 263; zum Höfe- und Anerbenrecht vgl § 16 Abs 2 HöfeO der ehemals Britischen Zone sowie den Überblick bei *Staudinger/J. Mayer* (2005) Art 64 EGBGB Rn 57; *Söbbeke* ZEV 2006, 395; allg zum Landwirtschaftserbrecht *Ruby* ZEV 2006, 351.

§ 2304 Auslegungsregel

Die Zuwendung des Pflichtteils ist im Zweifel nicht als Erbeinsetzung anzusehen.

I. Normzweck

1   Die Vorschrift enthält eine **negative Auslegungsregel**. Denn die Anordnung, jemand solle seinen Pflichtteil bekommen, ist mehrdeutig[1]. In Betracht[2] kommt eine positive Zuwendung in der Form einer Erbeinsetzung in Höhe der Hälfte des gesetzlichen Erbteils oder ein Vermächtnis gleicher Höhe. Möglich ist aber auch eine Enterbung mit einem bloßen Hinweis auf den gesetzlichen Pflichtteil.

---

[118] MünchKommBGB/*Frank* 3. Aufl Rn 30; *Staudinger/Haas* Vor §§ 2303 ff Rn 73 ff.
[119] OLG Naumburg OLGR 2000, 290.
[120] Zu Einzelheiten *Schlüter/Fegeler* FamRZ 1998, 1337; *Rauscher* ZEV 1998, 41, 44.
[121] BFH FamRZ 2006, 1526.
[122] Zum Begriff der Geltendmachung s etwa *Meincke* § 9 ErbStG Rn 30 ff; *Troll/Gebel* § 3 ErbStG Rn 224 ff; *Meincke* ZErb 2004, 1; ausf HdB Pflichtteilsrecht/*Wälzholz* § 17 Rn 6 ff.
[123] Eingehend HdB Pflichtteilsrecht/*Wälzholz* § 17 Rn 34 ff.
[124] *Gebel* ZEV 1999, 88 mit plastischem Beispiel; *Meincke* § 3 ErbStG Rn 53; *Staudinger/Haas* § 2317 Rn 62.
[125] S etwa *Gebel* ZEV 1999, 85, 89 ff; *Meincke* § 3 ErbStG Rn 53.
[126] DStR 2007, 235 = ZEV 2007, 76 m Anm *Piltz*.
[127] BFH ZEV 1999, 34 m Anm *Daragan*; eingehend HdB Pflichtteilsrecht/*Wälzholz* § 17 Rn 41 ff; anders noch BFHE 135, 336 = BStBl 1982 II S 350.
[1] Eingehend *Ferid* NJW 1960, 121.
[2] JurisPK/*Birkenheier* Rn 1; *Staudinger/Haas* Rn 1.

II. Negative Auslegungsregel

§ 2304 enthält die negative Auslegungsregel, dass bei der Zuwendung des Pflichtteils im Zweifel nicht von einer Erbeinsetzung auszugehen ist. Dies ist eine Ausnahme zu § 2087 Abs 1[3], besagt damit aber noch nichts darüber, ob die Anordnung als Vermächtniszuwendung oder glatte Enterbung anzusehen ist (dazu Rn 4 f). Als Auslegungsregel gilt die Bestimmung nur **im Zweifel**, also dann, wenn kein anderer Wille des Erblasser ausdrücklich oder wenigstens mittels individueller Auslegung nach den allgemeinen Grundsätzen ermittelt werden kann[4].

1. Abgrenzung zur Erbeinsetzung. Bei der erforderlichen Auslegung wird man von einer Erbeinsetzung dann auszugehen haben, wenn es dem Erblasser um die Einräumung der Sachteilhabe und von Mitverwaltungsrechten ging[5]. Der Gebrauch der Worte „Erbe" oder „erben" ist ein starkes Indiz für eine Erbeinsetzung[6], insbes wenn die Verfügung von einem rechtskundigen oder rechtlich beratenen Erblasser verfasst wurde[7].

2. Abgrenzung von Vermächtnisanordnung oder Enterbung. Die Abgrenzungsfrage hat große **praktische Bedeutung** für die Verjährung (der Pflichtteil verjährt drei Jahren, das Vermächtnis in dreißig Jahren, vgl §§ 2332; 197 Abs 1 Nr 2 nF); für die nur beim Vermächtnis mögliche Ausschlagung nach dem Erbfall (beim Pflichtteilsanspruch ist nur Erlass möglich), für die Pfändung (beim Pflichtteil nur nach § 852 ZPO), für den Verzicht vor Eintritt des Erbfalls (Pflichtteil nach § 2346 Abs 2, Vermächtnis nach § 2352)[8], für das Insolvenzverfahren (§ 327 Abs 1 InsO), die Erbschaftsteuer (Steuerpflicht beim Vermächtnis bereits mit dessen Anfall, beim Pflichtteilsanspruch erst mit seiner Geltendmachung), wegen § 2307 und besonders im Hinblick auf § 1371 bei einer Zugewinngemeinschaftsehe (Rn 8)[9].

Durch **Auslegung** nach den Umständen des Einzelfalls ist zu entscheiden, ob in einer Pflichtteilsverweisung ein Vermächtnis oder aber nur eine bloße Anerkennung des gesetzlichen Pflichtteilsanspruchs zu sehen ist. Hierfür enthält das Gesetz keine Auslegungsregel. Entscheidend ist, ob nach Wortlaut, Sinn und Zweck der Verfügung ein entsprechender **Begünstigungswille** vorliegt, dass der Erblasser dem Pflichtteilsberechtigten über den Pflichtteil hinaus etwas zuwenden will (dann Vermächtnis) oder aber nur auf den grds unentziehbaren gesetzlichen Pflichtteilsanspruch hinweisen und den Pflichtteilsberechtigten von allem ausschließen will, worauf er keinen unentziehbaren gesetzlichen Anspruch hat[10]. Entscheidend ist also, ob ein **„beschränkender"** oder **„gewährender"** Erblasserwille vorliegt[11]. Ist der Erblasser rechtskundig oder entspr beraten, kann in der Verwendung des Begriffs Vermächtnis keine bloße Pflichtteilsverweisung gesehen werden[12]. Im **Zweifel** ist die Verweisung auf den Pflichtteil nicht als Vermächtnisanordnung, sondern als reine Enterbung anzusehen[13]. Ergibt die Auslegung aber, dass ein Vermächtnis anzunehmen ist, so folgt daraus nicht zwingend, dass pflichtteilsrechtliche Vorschriften überhaupt nicht anwendbar sind[14]. So kann zB ein Auskunftsanspruch entspr § 2314 nach § 242 mitvermacht sein[15].

Zwischen Vermächtnis/Pflichtteil kann folgendes **Konkurrenzverhältnis** bestehen[16]:
– Das Vermächtnis steht selbstständig neben dem Pflichtteil und wird zusätzlich gewährt (kumulatives Verhältnis).
– Das Vermächtnis deckt ganz oder teilweise den Pflichtteil (Fall des § 2307).
– Das Vermächtnis wird nur zugewandt, wenn kein Pflichtteilsanspruch geltend gemacht wird (alternatives Verhältnis).

---

[3] MünchKommBGB/*Lange* Rn 1; *Staudinger/Haas* Rn 2.
[4] RG WarnR 1933 Nr 181; BayObLGZ 1966, 391, 398; 1959, 199, 205 f; *Staudinger/Haas* Rn 11.
[5] MünchKommBGB/*Lange* Rn 2.
[6] RG WarnR 1933 Nr 181; OLG München DNotZ 1936, 800, 802; AnwK-BGB/*Bock* Rn 2; jurisPK/*Birkenheier* Rn 5; *Staudinger/Haas* Rn 12.
[7] BayObLG Recht 1915 Nr 2685; OLG Hamm OLGZ 1982, 41, 44; *Damrau/Riedel/Lenz* Rn 8; *Soergel/Dieckmann* Rn 2; einschränkend MünchKommBGB/*Lange* Rn 2: nur bei notariellem Testament oder Erbvertrag.
[8] Eingehend *J. Mayer* ZEV 1995, 41 f.
[9] Eingehend *Staudinger/Haas* Rn 15 mw Unterschieden; AnwK-BGB/*Bock* Rn 4 ff; jurisPK/*Birkenheier* Rn 7.
[10] RGZ 113, 234, 237; 129, 239, 241; BGH NJW 2004, 3558, 3559; OLG Nürnberg FamRZ 2003, 1229; RGRK/*Johannsen* Rn 4 ff; *Soergel/Dieckmann* Rn 3; *Staudinger/Haas* Rn 17, abschwächend (nicht etwa wie MünchKommBGB/*Lange*) bei Rn 20; anders MünchKommBGB/*Frank* 3. Aufl Rn 4, der darauf abstellt, ob der Erblasser die Anwendung pflichtteilsrechtlicher Grundsätze vermeiden wollte, dem folgend jurisPK/*Birkenheier* Rn 9; diff jetzt MünchKommBGB/*Lange* Rn 4: selbst wenn Pflichtteilsvermächtnis vorliegt ist zu prüfen, ob pflichtteilsrechtliche Grundsätze die Vermächtnisvorschriften überlagern; von einer Überlagerungsmöglichkeit geht auch OLG Nürnberg aaO aus; zur Auslegung bei einer verunglückten Pflichtteilsklausel BGH NJW-RR 1991, 706; zur Auslegung, wenn der Erblasser annahm, der Pflichtteil bestimme sich nach Schweizer Recht, und sei damit höher: OLG Frankfurt ZEV 2000, 513 m Anm *Küpper*.
[11] *Staudinger/Haas* Rn 17; dagegen, weil zu formal, jurisPK/*Birkenheier* Rn 9.
[12] RGZ 129, 239, 240: „Landrichter" als Erblasser; *J. Mayer* ZEV 1995, 41, 43; *Damrau/Riedel/Lenz* Rn 8.
[13] JurisPK/*Birkenheier* Rn 9; *Damrau/Riedel/Lenz* Rn 6; PWW/*Deppenkemper* Rn 3; *Soergel/Dieckmann* Rn 3 aE; *Jauernig/Stürner* Rn 1; gegen Erbeinsetzung auch AnwK-BGB/*Bock* Rn 7.
[14] *Soergel/Dieckmann* Rn 3; *Ferid* NJW 1960, 121, 122; *Staudinger/Haas* Rn 19; *Damrau/Riedel/Lenz* Rn 9.
[15] RGZ 129, 239, 242; OLG Hamm HRR 1935, 1462; OLG Nürnberg FamRZ 2003, 1229; *Staudinger/Haas* Rn 20.
[16] *J. Mayer* ZEV 1995, 41, 43 f.

7 3. Pflichtteilszuwendung an Ehegatten. Für den überlebenden Ehegatten aus einer Zugewinngemeinschaftsehe führt die Enterbung ohne Vermächtniszuwendung zu einem Anspruch auf den **kleinen Pflichtteil** und dem güterrechtlichen Zugewinnausgleich (§ 1371 Abs 2); dies gilt auch bei der reinen Verweisung iS des bloßen Hinweises auf den Pflichtteil.

8 Wird dem Ehegatten dagegen der Pflichtteil als **Vermächtnis** oder **Erbeinsetzung in gewährender Absicht** zugewandt, so ist fraglich, ob für die Berechnung der Höhe der Zuwendung damit der kleine oder große Ehegattenpflichtteil gemeint ist. Eine Regelvermutung hierfür lässt sich nicht aufstellen[17]. Praktisch ist dies dann ohne große Bedeutung, wenn mit der Zuwendung des kleinen Pflichtteils eine Erbeinsetzung oder Vermächtnisanordnung gemeint ist, denn dann kann der Ehegatte den Differenzbetrag über den Pflichtteilsrestanspruch verlangen (§§ 2305, 2307 Abs 1 S 2)[18] oder aber ausschlagen und dadurch den kleinen Pflichtteil kraft Gesetzes und noch den Anspruch auf den rechnerischen Zugewinnausgleich verlangen (§ 1371 Abs 3). Schlägt der überlebende Ehegatte Erbschaft und eventuell zugewandtes Vermächtnis aus und wechselt dadurch zur sog güterrechtlichen Lösung (§ 2303 Rn 23), erhöht sich dadurch die Erb- und Pflichtteilsquote bei Abkömmlingen und Eltern. Soweit in der für diese getroffenen Pflichtteilsverweisung eine „gewährende" Erb- oder Vermächtnisanordnung zu sehen ist, ist grds anzunehmen, dass sich diese Quotenerhöhung auch auf die Größe ihre Zuwendung beziehen soll[19], zumal durch die entstehende Zugewinnausgleichsforderung sich der Nachlasswert ohnehin erheblich verkürzt.

§ 2305 Zusatzpflichtteil

Ist einem Pflichtteilsberechtigten ein Erbteil hinterlassen, der geringer ist als die Hälfte des gesetzlichen Erbteils, so kann der Pflichtteilsberechtigte von den Miterben als Pflichtteil den Wert des an der Hälfte fehlenden Teils verlangen.

I. Normzweck

1 Die §§ 2305 bis 2307 bezwecken den Schutz des mit einem Erbteil oder Vermächtnis bedachten Pflichtteilsberechtigten, der mit einer solchen Zuwendung sonst schlechter fahren würde als mit seinem Pflichtteilsanspruch, weil der Wert der Zuwendung kleiner oder wenigstens nicht größer ist als die Hälfte seines gesetzlichen Erbteils oder weil der hinterlassene Erbteil belastet ist. Dabei gilt als Grundsatz, dass der erbende Pflichtteilsberechtigte nicht schlechter, aber auch nicht besser gestellt werden soll als der völlig enterbte Pflichtteilsberechtigte.

II. Pflichtteilsrestanspruch

2 1. Grundsätzliches. § 2305 gewährt dem pflichtteilsberechtigten Miterben einen Ausgleichsanspruch, wenn der durch Verfügung von Todes wegen zugewandte Erbteil geringer ist als die Hälfte seines gesetzlichen Erbteils (sog Pflichtteilsrestanspruch oder Zusatzpflichtteil). In Höhe dieses Differenzbetrags steht ihm dann eine Geldforderung zu. Wurde ihm genau die **Hälfte** seines gesetzlichen Erbteils hinterlassen, hat er weder einen Pflichtteils- noch einen Pflichtteilsrestanspruch[1]. Weitere Voraussetzung für die Anwendung des § 2305 ist, dass der Pflichtteilsberechtigte zugleich (gesetzlicher oder gewillkürter) Erbe ist. Soweit der pflichtteilsberechtigte Erbe mit Beschwerungen und Beschränkungen iS des § 2306 belastet ist, entfallen diese kraft Gesetzes, da die Falllage des § 2306 Abs 1 S 1 vorliegt (Rn 6).

3 Der erforderliche **Wertvergleich** zwischen hinterlassenem Erbteil und der Hälfte des gesetzlichen Erbteils erfolgt nach den gleichen Kriterien, wie hier unter § 2306 Abs 1, also primär nach den Erbquoten, bei Vorliegen von Anrechnungs- und Ausgleichungspflichten (§§ 2315, 2316) jedoch unter Berücksichtigung derselben[2]. Da Normzweck des § 2305 ist, den erbenden Pflichtteilsberechtigten, nicht schlechter, aber auch nicht besser zu stellen als den völlig enterbten Pflichtteilsberechtigten, lässt sich dies systemkonform nur durch die Berücksichtigung der pflichtteilsrechtlichen Anrechnungs- und Ausgleichungsbestimmungen realisieren, wie dies die sog **Werttheorie** vertritt[3]. Liegt nach dieser Berechnung der

---

[17] MünchKommBGB/*Lange* Rn 8; *Palandt/Edenhofer* Rn 3; aA *Ferid* NJW 1960, 126: stets sei vom großen Pflichtteil auszugehen.
[18] AnwK-BGB/*Bock* Rn 9; jurisPK/*Birkenheier* Rn 12; MünchKommBGB/*Lange* Rn 8; *Palandt/Edenhofer* Rn 3.
[19] *Damrau/Riedel/Lenz* Rn 5; *Staudinger/Haas* Rn 23; MünchKommBGB/*Lange* Rn 9; *Soergel/Dieckmann* Rn 9.
[1] OLG Koblenz DNotZ 1974, 597, 598; *Staudinger/Haas* Rn 10.
[2] BGH NJW 1993, 1197, 1198; *Damrau/Riedel/Lenz* Rn 3; jurisPK/*Birkenheier* Rn 10; PWW/*Deppenkemper* Rn 2; *Schindler*, Pflichtteilsberechtigter Erbe, Rn 167 ff m ausf Darstellung des Streitstandes; *Michalski* Rn 488; MünchKommBGB/*Lange* Rn 8; *Soergel/Dieckmann* Rn 1; *Palandt/Edenhofer* Rn 1; ebenso OLG Köln ZEV 1997, 298 m Anm *Klingelhöffer*, jedoch bei belastetem Vermächtnis für Beibehaltung der Quotentheorie; für die Quotentheorie bei § 2305 *Staudinger/Herzfelder* 9. Aufl § 2306 Anm 8 und § 2315 Anm VI; für unerheblich hält den Theorienstreit hier *Staudinger/Haas* Rn 9 wegen § 2316 Abs 2; ähnlich *Damrau/Riedel/Lenz* Rn 3; dagegen zutr *Schindler*, Pflichtteilsberechtigter Erbe, Rn 201 ff, denn die Quotentheorie versagt dann, wenn auf Grund der Ausgleichung der Ausgleichungspflichtteil nach § 2316 kleiner ist als die Pflichtteilsquote; im Bereich der Anrechnung macht die Quotentheorie zunächst einen „Quotenvergleich" und korrigiert dann noch durch die Anrechnung nach § 2315, was letztlich ein unnötiger Umweg ist. Eingehend zur Wert- und Quotentheorie § 2306 Rn 9 ff.
[3] Eingehend m überzeugender Begr *Schindler*, Pflichtteilsberechtigter Erbe, Rn 171 ff.

beschwerte hinterlassene Erbteil über der Hälfte des gesetzlichen Erbteils, so besteht die Pflicht zur Ausschlagung, um den vollen Pflichtteil zu verlangen (§ 2306 Abs 1 S 2). Dies ist mitunter schwierig zu beurteilen (§ 2306 Rn 9 ff). Hiergegen kann sich der Betroffene auch nicht durch eine **Ausschlagung unter Pflichtteilsvorbehalt** schützen, wonach diese nur wirksam ist, wenn er sie zur Pflichtteilserlangung benötigt. Denn dies ist eine unzulässige Bedingung (§ 1947; eingehend § 2306 Rn 18)[4].

Der Pflichtteilsrestanspruch ist ein echter **Pflichtteilsanspruch**. Er ist daher eine richtige Nachlassverbindlichkeit[5], die sich aber nur gegen die anderen Miterben und nicht gegen die Erbengemeinschaft als solches richtet, weil dies sonst wieder zur Reduzierung des Erbteils des erbenden Pflichtteilsberechtigten führen würde und ihn daher entgegen dem Normzweck (Rn 1) schlechter als den völlig enterbten Pflichtteilsberechtigten stellen würde[6]. Dass es sich daher um eine nicht gemeinschaftliche Nachlassverbindlichkeit (auch Erbteilsverbindlichkeit) handelt ändert nichts daran, dass die anderen Miterben nur beschränkt haften[7], und zwar auch dann, wenn sie gegenüber anderen Nachlassgläubigern bereits unbeschränkbar haften (§ 2063 Abs 2)[8]. Andererseits wird § 2058 hierauf zumindest analog angewandt, so dass die betroffenen Miterben gesamtschuldnerisch, wenn auch mit den allgemeinen Haftungsbeschränkungsmöglichkeiten haften[9]. Der Pflichtteilsrestanspruch ist bei der Auseinandersetzung geltend zu machen ist (§ 2046, besonders Abs 2) und verjährt nach § 2332 in drei Jahren[10]. Für das Verhältnis der Miterben untereinander gelten die §§ 2046, 2063 Abs 2, 2319, 2320 ff.

Der Pflichtteilsrestanspruch ist zu unterscheiden vom Pflichtteilsergänzungsanspruch (§§ 2325 ff), der 5 ein außerordentlicher **Pflichtteilsanspruch** ist und an besondere Voraussetzungen geknüpft ist. Soweit Erbteil und Vermächtnis zugleich zugewandt werden, ist auch § 2307 anzuwenden (§ 2307 Rn 9)[11].

2. Annahme des Erbteils. Nimmt der Pflichtteilsberechtigte den unzureichenden Erbteil an, so 6 bleibt er zu dem hinterlassenen Erbteil Erbe und erhält zudem als „Aufstockung" den (schuldrechtlichen) Pflichtteilsrestanspruch. Die Werthaltigkeit des hinterlassenen Erbteils gegen beschränkende Anordnungen sichert demgegenüber **§ 2306 Abs 1 S 1**, so dass sich beide Vorschriften **ergänzen**. Der überlebende Ehegatte der **Zugewinngemeinschaft** kann bei Annahme der Erbschaft deren Ergänzung zu seinem großen Pflichtteil verlangen, berechnet nach dem erhöhten Erbteil (§ 1371 Abs 1); daneben ist ein rechnerischer Zugewinnausgleich ausgeschlossen (§ 2303 Rn 19). Dagegen kann der Erblasser nicht Vorsorge durch eine **Verwirkungsklausel** dergestalt treffen, dass er seinen Ehegatten mit einem Erbteil zwischen großem und kleinem Pflichtteil unter der Bedingung bedenkt, dass dieser keinen Pflichtteilsrestanspruch geltend macht[12]. Denn die auflösende Bedingung führt zur Vorerbschaft[13], die aber nach § 2306 Abs 1 S 1 nichtig ist, weil Vergleichsmaßstab der große Pflichtteil ist[14].

3. Ausschlagung des Erbteils. Wird der unzureichende aber nicht iS von § 2306 belastete oder 7 beschwerte Erbteil ausgeschlagen, so verliert der Pflichtteilsberechtigte damit grds den Erbteil und erhält dadurch aber nicht – wie im Fall von § 2306 Abs 1 S 2 – den vollen Pflichtteil, denn er war ja nicht enterbt (Ausnahme bei Zugewinngemeinschaftsehe s Rn 8). Vielmehr besteht dann nur noch der Pflichtteilsrestanspruch[15]. Wird dies nicht bedacht, nahm die bislang ganz hM an, dass die Ausschlagungserklärung auch nicht nach § 119 angefochten werden kann, da es sich um einen unbeachtlichen **Rechtsfolgenirrtum** handelt[16]. Da der BGH nunmehr einen Irrtum über die Rechtsfolgen der

---

[4] AnwK-BGB/*Bock* Rn 9; *Soergel/Dieckmann* Rn 3; aA etwa *Bestelmeyer* FamRZ 2004, 1327 f; MünchKommBGB/*Lange* Rn 4; *Frohn* Rpfleger 1982, 56, 57; *Staudinger/Haas* Rn 12; dem zuneigend BayObLGZ 2004, 364 = FamRZ 2005, 1127; für Zulässigkeit der Ausschlagung unter einer Rechtsbedingung auch OLG Brandenburg ZErb 2004, 132, 133; offenlassend jurisPK/*Birkenheier* Rn 15.
[5] Ausf *Schindler*, Pflichtteilsberechtigter Erbe, Rn 227 ff.
[6] *Staudinger/Haas* Rn 13; *Soergel/Dieckmann* Rn 6; *Stein* ZEV 1996, 73, 74; *v. Olshausen* DNotZ 1979, 707, 709; *Schindler*, Pflichtteilsberechtigter Erbe, Rn 211 ff m ausf Begr; aA *Michalski* Rn 489: nur Tragung der Pflichtteilslast im Innenverhältnis durch die anderen Miterben.
[7] *Schindler*, Pflichtteilsberechtigter Erbe, Rn 230 ff.
[8] OLG Düsseldorf ZEV 1996, 72, 73; KG OLGE 11, 258, 263; *Staudinger/Haas* Rn 13; zur Geltendmachung der Haftungsbeschränkung *Stein* ZEV 1996, 72, 74.
[9] *Staudinger/Haas* Rn 13; RGRK/*Johannsen* § 2058 Rn 3; *Soergel/Wolf* § 2058 Rn 4; *Stein* ZEV 1996, 72, 74; *Kipp/Coing* § 121 VI; zu weitgehend *Schindler*, Pflichtteilsberechtigter Erbe, Rn 244: auch pflichtteilsberechtigter Miterbe hafte gesamtschuldnerisch; aA *v. Tuhr* DJZ 1901, 121: nur Teilschuld.
[10] AnwK-BGB/*Bock* Rn 6; *Soergel/Dieckmann* Rn 6 mwN.
[11] *Staudinger/Haas* Rn 4.
[12] So auch *Staudinger/Haas* Rn 15; anders die hM, vgl etwa AnwK-BGB/*Bock* Rn 12; *Damrau/Riedel/Lenz* Rn 6; PWW/*Deppenkemper* Rn 3; MünchKommBGB/*Lange* Rn 7 (der zu Unrecht davon spricht, dass die hM die „ganz allgM" ist); *Soergel/Dieckmann* Rn 5; *Palandt/Edenhofer* Rn 2; *Bohnen* NJW 1970, 1531, 1533; *Palandt/Edenhofer* Rn 2; BGB-RGRK/*Johannsen* Rn 8.
[13] Wie *Soergel/Dieckmann* (§ 2306 Rn 13) zu Recht in anderem Zusammenhang feststellen.
[14] Die Gegenansicht dürfte nach der kritischen Entscheidung des BGH zur Sozienklausel für die Praxis nicht mehr vertretbar sein; vgl BGHZ 120, 96, 99 ff = NJW 1993, 1005; zu den Verwirkungsklauseln s auch § 2306 Rn 19.
[15] BGH NJW 1973, 995, 996; RGZ 93, 3, 9; 113, 45, 48; *Staudinger/Haas* Rn 11; MünchKommBGB/*Lange* Rn 4; *Damrau/Riedel/Lenz* Rn 4.
[16] So die hM, vgl AnwK-BGB/*Bock* Rn 8; jurisPK/*Birkenheier* Rn 14; *Staudinger/Haas* Rn 12; MünchKommBGB/*Lange* Rn 4; *Schlüter* Rn 988; *Erman/Schlüter* Rn 1; *Soergel/Dieckmann* Rn 3; für die Anfechtung aber OLG Hamm OLGZ 1982, 41, 46 ff; anders *Malitz/Benningoven* ZEV 1998, 415, 418, die Perplexität annehmen, was aber eine entsprechende Willensäußerung voraussetzt.

Ausschlagung im Kontext mit der Verteidigung des Pflichtteils bei § 2306 Abs 1 S 2 als beachtlich angesehen hat (§ 2306 Rn 20), wird man dies hier auch anders sehen müssen.

8 Der überlebende Ehegatte der **Zugewinngemeinschaft** kann abweichend hiervon trotz Ausschlagung der Erbschaft den sog „**kleinen Pflichtteil**" (berechnet aus dem normalen Erbteil des § 1931) und den rechnerischen Zugewinnausgleich verlangen (§ 1371 Abs 3)[17]. Nimmt er die Erbschaft an, die kleiner als der aus dem nach § 1371 Abs 1 berechneten erhöhten Pflichtteil ist, so hat er nur nach § 2305 Anspruch auf Ergänzung zwischen dem zugewandten Erbteil und dem so berechneten erhöhten Pflichtteil; ein Anspruch auf den rechnerischen Zugewinnausgleich entfällt[18].

§ 2306 Beschränkungen und Beschwerungen

(1) ¹Ist ein als Erbe berufener Pflichtteilsberechtigter durch die Einsetzung eines Nacherben, die Ernennung eines Testamentsvollstreckers oder eine Teilungsanordnung beschränkt oder ist er mit einem Vermächtnis oder einer Auflage beschwert, so gilt die Beschränkung oder die Beschwerung als nicht angeordnet, wenn der ihm hinterlassene Erbteil die Hälfte des gesetzlichen Erbteils nicht übersteigt. ²Ist der hinterlassene Erbteil größer, so kann der Pflichtteilsberechtigte den Pflichtteil verlangen, wenn er den Erbteil ausschlägt; die Ausschlagungsfrist beginnt erst, wenn der Pflichtteilsberechtigte von der Beschränkung oder der Beschwerung Kenntnis erlangt.

(2) Einer Beschränkung der Erbeinsetzung steht es gleich, wenn der Pflichtteilsberechtigte als Nacherbe eingesetzt ist.

Übersicht

	Rn		Rn
I. Normzweck, Grundzüge	1	1. Grundsatz	16
II. Allgemeine Voraussetzungen des § 2306	3	2. Pflichtteilsverwirkungsklauseln	19
1. Pflichtteilsberechtigter als Erbe	3	**IV. Wahlrecht des Pflichtteilsberechtigten (Abs 1 S 2)**	20
2. Weichenstellung zwischen Abs 1 S 1 und S 2	4	1. Annahme der Erbschaft	20
a) Hinterlassener Erbteil	5	2. Ausschlagung	21
b) Vergleichsmaßstab	6	a) Ausschlagungsrecht	22
3. Beschränkungen und Beschwerungen	14	b) Ausschlagungsfrist	23
III. Wegfall der Beschränkungen und Beschwerungen (Abs 1 S 1)	16	V. Nacherbeneinsetzung (Abs 2)	24

I. Normzweck, Grundzüge

1 Die Vorschrift will den pflichtteilsberechtigten Erben schützen, der durch die angeordneten Beschränkungen des hinterlassenen Erbteils uU weniger erhält, als die durch den Pflichtteil garantierte Mindestbeteiligung. Dabei wird für den Pflichtteilsschutz nach der Höhe des dem Pflichtteilsberechtigten hinterlassenen, aber beschwerten Erbteils differenziert: Übersteigt dieser die **Hälfte des gesetzlichen Erbteils nicht**, so kommt ihm die Zuwendung uneingeschränkt und ohne jede Beschränkung und Beschwerung zugute, die Beschwerungen entfallen automatisch kraft Gesetzes (Abs 1 S 1; s Rn 16 ff). Die Norm schützt insoweit gerade den unbelasteten Erbteil, nicht nur einen Wertanspruch in Höhe des Pflichtteils[1]. Hinsichtlich der Differenz zwischen hinterlassenem Erbteil und der Hälfte des gesetzlichen Erbteils steht dem Pflichtteilsberechtigten ein Pflichtteilsrestanspruch (§ 2305) zu.

2 Ist der **hinterlassene Erbteil größer als die Hälfte des gesetzlichen Erbteils**, so gibt das Gesetz dem Pflichtteilsberechtigten ein durch frist- und formgebundene Ausschlagung zu erklärendes Wahlrecht, ob er den höheren, aber belasteten Erbteil annimmt oder aber den vollen Pflichtteil in Geld fordert (Abs 1 S 2; Rn 20 ff). Hier führt also ausnahmsweise die Ausschlagung der Zuwendung nicht zugleich zum Verlust des Pflichtteils (§ 2303 Rn 17). Geschützt wird hier nur die wertmäßige Beteiligung in Höhe des Pflichtteils. Der betroffene Pflichtteilsberechtigte kann die für ihn günstigere Lösung wählen (sog taktische Ausschlagung)[2].

---

[17] AnwK-BGB/*Bock* Rn 10; jurisPK/*Birkenheier* Rn 17; MünchKommBGB/*Lange* Rn 6; *Damrau/Riedel/Lenz* Rn 6.
[18] AnwK-BGB/*Bock* Rn 11; *Damrau/Riedel/Lenz* Rn 6; jurisPK/*Birkenheier* Rn 16; MünchKommBGB/*Lange* Rn 7.
[1] Zust MünchKommBGB/*Lange* Rn 1; insoweit verkannt von *Staudinger/Haas* Rn 12 in seiner Kritik an *Kerscher/Tanck* ZAP 1997, 689, 693, die aber ihrerseits auch nicht zwischen den beiden Regelungsfällen des Abs 1 differenzieren; zum Normzweck auch *Kanzleiter* DNotZ 1993, 780, 781; RGZ 93, 3, 6 f.
[2] *Kerscher/Tanck* ZAP 1997, 689, 693.

II. Allgemeine Voraussetzungen des § 2306

1. Pflichtteilsberechtigter als Erbe. Voraussetzung ist zum einen, dass der Betroffene allgemein pflichtteilsberechtigt ist und zum anderen auch Erbe wurde. Woraus sich die Erbstellung herleitet, ist dabei unerheblich, es kann sich auch um eine solche kraft gesetzlicher Erbfolge handeln[3]. 3

2. Weichenstellung zwischen Abs 1 S 1 und S 2. Das Gesetz differenziert danach, ob der hinterlassene Erbteil die Hälfte des gesetzlichen Erbteils übersteigt (dann Abs 1 S 2 – Ausschlagungserfordernis) oder nicht (dann Abs 1 S 1 – automatischer Wegfall der Beschränkungen). Dies bedarf näherer Erläuterung hinsichtlich des heranzuziehenden Vergleichsmaßstabs („Hälfte des gesetzlichen Erbteils") und der zu beurteilenden Zuwendung („hinterlassener Erbteil"). Maßgeblich sind dabei die erbrechtlichen Verhältnisse zum Zeitpunkt des Erbfalls[4]. 4

a) Hinterlassener Erbteil. Bei dem erforderlichen Vergleich stellt die ganz hM hinsichtlich der zu beurteilenden Zuwendung primär auf die **Erbquote** ab, also die Bruchteilsgröße des zugewandten Anteils am Gesamtnachlass, nicht auf den tatsächlichen Wert des Hinterlassenen[5]. Dabei bleiben die auf dem hinterlassenen Erbteil ruhenden Beschränkungen und Beschwerungen unberücksichtigt[6]. Erhält der Pflichtteilsberechtigte zwei Erbteile, von denen nur der eine belastet ist, so sind diese beide zusammenzuzählen[7]. Liegt jedoch entgegen 2087 Abs 2 eine Erbeinsetzung auf Vermögensgruppen oder durch Zuwendung von Einzelgegenständen vor, so ist der hinterlassene Erbteil aus dem Wertverhältnis von Zuwendung und Nachlass zu ermitteln[8]. Ebenso ist bei einer **Sondererbfolge,** etwa in Gesellschaftsbeteiligungen zu verfahren[9]. Wird zusätzlich zum Erbteil ein (Voraus-) Vermächtnis zugewandt, so ist der Gesamterwerb maßgebend (§ 2307 Rn 9 ff)[10]. 5

b) Vergleichsmaßstab. Vergleichsmaßstab ist nach dem Wortlaut des Abs 1 die Hälfte des gesetzlichen Erbteils des Pflichtteilsberechtigten, der nach den §§ 1924 ff zu ermitteln ist. Dies wird vielfach verkürzt so ausgedrückt, dass Vergleichsmaßstab der **Pflichtteil** sei[11]. Dies ist jedoch zumindest sprachlich nicht exakt. Denn § 2303 Abs 1 S 2 bestimmt, dass der Pflichtteil in der **Hälfte des Wertes** des gesetzlichen Erbteils besteht[12]. Es besteht jedoch die Gefahr, dass aus der sprachlichen Ungenauigkeit eine sachliche wird, denn die Akzessorietät von Pflichtteilsrecht und gesetzlichem Erbrecht ist vielfach durchbrochen[13]. So bedarf es einer Begründung, wenn die hM bei Bestehen einer Anrechnungspflicht nach § 2315 einfach annimmt, auch diese sei iS einer Verringerung der Wertgrenze des Abs 1 mindernd zu berücksichtigen (Rn 9 ff), obgleich die bloße Anrechnung (anders als die Ausgleichung nach §§ 2050 ff) eben gerade keine Auswirkung auf den gesetzlichen Erbteil hat. Die hM lässt sich nur aus dem Normzweck begründen, der eben nur den tatsächlichen Pflichtteilsanspruch, also konkretisiert durch Anrechnungspflichten, schützen will[14]. Deswegen ist es im Ergebnis auch richtig, wenn bei einem quotenmäßig beschränkten **Pflichtteilsverzicht** (§ 2346 Abs 2) Vergleichsmaßstab der dem Pflichtteilsberechtigten verbleibende, verringerte Pflichtteil ist[15]. 6

Bei überlebenden Ehegatten oder gleichgeschlechtlichen Lebenspartnern in **Zugewinngemeinschaft** ist für die Ermittlung des Vergleichsmaßstabs darauf abzustellen, ob es zur güterrechtlichen oder erbrechtlichen Lösung iS des § 1371 kommt, denn dadurch verändert sich auch der Pflichtteil der anderen Pflichtteilsberechtigten[16]. Schlägt der Ehegatte aus, so bestimmt sich sein Erbteil nach dem nicht nach § 1371 Abs 1 erhöhten des § 1931; der Pflichtteil der anderen Pflichtteilsberechtigte ist dann dementsprechend größer. 7

Das reine Abstellen auf die Hälfte der gesetzlichen Erbquote scheint mitunter zu unbefriedigenden Ergebnissen zu führen; denn durch § 2306 soll nicht eine **formale Rechtsposition,** sondern eine Mindestteilhabe am Nachlass in Höhe des Pflichtteils gewährleistet werden. Dieser kann sich aber durch Ausgleichungs-, Anrechnungs- oder Ergänzungspflichten (§§ 2315, 2316, 2325 ff) ganz anders darstellen, als die Hälfte der nach den §§ 1924 ff bestimmten Erbquote. Daher wird teilweise gefordert, das „Mehr" oder „Weniger" iS von § 2306 Abs 1 materiell, also wertmäßig zu bestimmen[17]. 8

---

[3] *Staudinger/Haas* Rn 3. Auch § 2088 ist möglich.
[4] OLG Schleswig NJW 1961, 1929 m Anm *Lange.*
[5] BGH WM 1968, 542, 543; NJW 1983, 2378; RGZ 93, 3, 5 ff; 113, 45, 48; BayObLGZ 1968, 112, 114; OLG Köln ZEV 1997, 298; OLG Schleswig NJW 1961, 1929, 1930; *Staudinger/Haas* Rn 5; MünchKommBGB/*Lange* Rn 2; *Kerscher/Tanck* ZAP 1997, 689, 690; *Soergel/Dieckmann* Rn 2.
[6] BGHZ 19, 309, 310 f; MünchKommBGB/*Lange* Rn 3; *Staudinger/Haas* Rn 5.
[7] *Staudinger/Haas* Rn 5.
[8] RGZ 113, 45, 48; AnwK-BGB/*Bock* Rn 10; *Soergel/Dieckmann* Rn 2; *Staudinger/Haas* Rn 7 mwN.
[9] *Staudinger/Haas* Rn 6; eingehend unter Rn 15.
[10] BGHZ 80, 263, 265 = NJW 1981, 1837; *Staudinger/Haas* Rn 6; *Lange/Kuchinke* § 37 V Fn 95; dazu auch OLG Celle ZEV 2003, 365 m Anm *Keim.*
[11] Etwa MünchKommBGB/*Lange* Rn 3; *Kerscher/Tanck* ZAP 1997, 689, 690 ff; richtig aber PWW/*Deppenkemper* Rn 6.
[12] So zu Recht OLG Breslau HRR 1940 Nr 654.
[13] *Staudinger/Haas* Rn 7 b.
[14] So zutr RGZ 93, 5, 6; *Staudinger/Haas* Rn 7 b.
[15] MünchKommBGB/*Lange* Rn 3; *Staudinger/Haas* Rn 7 a.
[16] PWW/*Deppenkemper* Rn 6; *Staudinger/Haas* Rn 7; *Palandt/Edenhofer* Rn 4; s § 2303 Rn 23 ff: ausf HdB Pflichtteilsrecht/*J. Mayer* § 2 Rn 48.
[17] *Klingelhöffer* Pflichtteilsrecht Rn 64, wo aber verkannt wird, dass es idR nicht um die Bemessung des hinterlassenen Erbteils, sondern um diejenige des Vergleichsmaßstabs geht.

9 **aa) Quoten- oder Werttheorie bei Anrechnung und Ausgleichung.** Bestehen Anrechnungs- und Ausgleichungspflichten (§§ 2315, 2316), so führt die Einbeziehung der früheren Vorempfänge zu mitunter völlig abweichenden Erb- und Pflichtteilsbeteiligungen. Dabei wirkt die Anrechnung nur auf den Pflichtteil des Empfängers und zwar durch „Absenkung" des Vergleichsmaßstabs und damit hin zu Abs 1 S 2 mit früherer Pflichtteilsgewährung nur nach Ausschlagung, wobei der Pflichtteil dann konkret unter Berücksichtigung der Vorempfänge berechnet wird. Die **Ausgleichung** wirkt demgegenüber „kollektiv" (vgl § 2315 Rn 2). Sie kann daher sowohl bei Zuwendungen an andere pflichtteilsberechtigte Abkömmlinge den Vergleichsmaßstab durch eine entsprechende Aufstockung des Ausgleichserbteils zu Gunsten desjenigen beeinflussen, dessen Erbteil nach § 2306 zu beurteilen ist, also für ihn den Weg zum Wegfall der Beschränkungen nach Abs 1 S 1 frei machen, aber auch bei einer Eigenzuwendung seinen „gesetzlichen Erbteil" reduzieren, also die Weiche zur Ausschlagungspflicht nach Abs 1 S 2 stellen.

10 Diese Veränderungen legen nahe, dies auch bei § 2306 Abs 1 zu berücksichtigen. Überwiegend wird daher in diesen Fällen statt des Abstellens auf die reine Erbquote iS der §§ 1924 ff ein **„Wertvergleich"** unter Einbeziehung der Anrechnungs- und Ausgleichungspflichten bejaht[18]. Statt Erbteilsquote soll das „Quantum" für die Anwendung von § 2306 Abs 1 maßgeblich sein. Dies wird als **„Werttheorie"** bezeichnet, obwohl sie zunächst im Ansatz auch von der Erbquote ausgeht und hier eigentlich nur die von §§ 2050 ff, 2315 vorgegebene Teilungsquote fortschreibt. Die Erb- bzw Pflichtteilsquoten werden also in Geldwerte umgerechnet, die sodann entspr den Anrechnungs- und Ausgleichungspflichten (ebenfalls in Geldwerten) erhöht oder vermindert werden können[19]. Die Gegenansicht stellt demgegenüber allein auf die hinterlassene Erbquote ab (reine **Quotentheorie**)[20]. Diese Auffassung hat den Vorteil der Rechtssicherheit und Rechtsklarheit für sich, dass der Betroffene einfach – ohne die oftmals schwierigen Anrechnungs- und Ausgleichungsprobleme – erkennen kann, ob er ausschlagen muss, um seinen Pflichtteil zu erlangen, oder aber Abs 1 S 1 eingreift. Sie gibt ihm aber über Abs 1 S 1 einen unbelasteten Erbteil, obwohl der Normzweck des Pflichtteilsschutzes wegen des Vorempfangs dies uU nicht gebieten würde.

11 Eine neuere Ansicht will dagegen die Werttheorie nur dann anwenden, wenn der **Pflichtteilsberechtigte** selbst **zur Anrechnung oder Ausgleichung verpflichtet** ist[21], also somit nur den Anwendungsbereich des Abs 1 S 2 erweitern. Denn läge die konkrete Pflichtteil im Fall der Ausgleichung/Anrechnung unter der Hälfte des allgemeinen gesetzlichen Erbteils, würde die Anwendung der Quotentheorie hier dazu führen, dass der Betroffene den zugewandten Erbteil frei von allen Beschwerungen erhalten würde und damit uU mehr als seinen konkreten (nach §§ 2315, 2316 berechneten) Pflichtteil bekommt. Diese Ansicht widerspricht allerdings der Wertung des § 2316, wonach die Ausgleichung wegen ihrer kollektiven Wirkung zwingend zu einer Erhöhung von Erb- und Pflichtteil der anderen – selbst nicht zur Ausgleichung verpflichteten – Abkömmlinge führt[22].

12 Schließlich wird auch vertreten, es zwar grds bei der **Quotentheorie** zu belassen, aber auf den nach Abs 1 S 1 dem Pflichtteilsberechtigten frei von Beschränkungen hinterlassenen Erbteil den Betrag anzurechnen, um den der Wert des Erbteils den Betrag des sich unter Berücksichtigung etwaiger Anrechnungs- und Ausgleichungspflichten errechneten Pflichtteils übersteigt[23]. Oder kürzer: der Betroffene erhält hier zwar einen unbelasteten Erbteil, aber nur in Höhe seines konkreten Pflichtteils **(Quotentheorie mit Wertanrechnungspflicht).** Diese Auffassung hat den Vorteil, dass sie zunächst der Rechtssicherheit dient und eine einfache Abgrenzung ermöglicht, ob der Betroffene ausschlagen muss oder nicht, um den Pflichtteil zu erhalten[24]. Ob diese Lösung dem Erblasserwillen immer entspricht, erscheint fraglich, da ja gerade eine Erbeinsetzung in bestimmter Höhe erfolgte[25]. Hinsichtlich des Anrechnungsbetrags ergeben sich zudem Bewertungsprobleme (zB bei Anordnung der Testamentsvollstreckung; auch werden dadurch die anderen Problemfälle (Rn 13) nicht gelöst. Trotz der damit verbundenen praktischen Probleme wird man daher an der Werttheorie festhalten müssen[26].

13 **bb) Andere Anwendungsfälle der Werttheorie.** Das Abstellen auf den konkreten Wert der gemachten Zuwendung wird auch in anderen Fällen gefordert, in denen durch besondere Umstände

---

[18] RGZ 93, 3, 6 ff; 113, 45, 48; BayObLGZ 1959, 77, 80; 1968, 112, 114; NJW-RR 1988, 387, 389; OLG Köln ZEV 1996, 298; OLG Zweibrücken ZErb 2006, 421, 422; AnwK-BGB/*Bock* Rn13; *Damrau/Riedel/Lenz* Rn 15; jurisPK/*Birkenheier* Rn 33; PWW/*Deppenkemper* Rn 7; Soergel/*Dieckmann* Rn 3; RGRK/*Johannsen* Rn 3; *Lange/Kuchinke* § 37 V 4 b Fn 93; *Kipp/Coing* § 10 I 3; *Klingelhöffer* NJW 1996, 299; *Kasper*, Anrechnung und Ausgleichung, 154 ff mit eingehender Schilderung des Streitstands; auch der BGH scheint dem zuzuneigen, deutlich BGH NJW 1993, 1197 zu § 2316 Abs 2; vgl auch BGHZ 19, 309, 310; 80, 263, 266, hat sich jedoch nicht eindeutig festgelegt.
[19] *Kerscher/Riedel/Lenz* Pflichtteilsrecht § 6 Rn 37 ff.
[20] OLG Stuttgart NJW 1959, 1735, nur LS; OLG Breslau HRR 1940 Nr 654; *Maenner* Recht 1919, 367; *Natter* JZ 1955, 138, 139 ff; *Staudinger/Herzfelder*, 9. Aufl 1928, Anm 8; zu den praktischen Auswirkungen des Theorienstreits s das Berechnungsbeispiel bei HdB Pflichtteilsrecht/*J. Mayer* § 2 Rn 54 ff.
[21] OLG Celle ZEV 1996, 307, 308 m zust Anm *Skibbe*; Revision vom BGH nicht angenommen; MünchKommBGB/*Lange* Rn 5; tendenziell wohl auch *Weidlich* ZEV 2001, 94, 95 f.
[22] *J. Mayer*, HdB Pflichtteilsrecht, § 2 Rn 52; zust *Damrau/Riedel/Lenz* Rn 15; *Staudinger/Haas* Rn 8 aE.
[23] *Marotzke* AcP 191 (1991), 563, 580; *Staudinger/Haas* Rn 13.
[24] Zu den bei der Werttheorie sonst anzustellenden Prozessstrategien anschaulich *Marotzke* AcP 191 (1991), 563, 570 ff.
[25] Zur Kritik auch *Damrau/Riedel/Lenz* Rn 14.
[26] *Kasper*, Anrechnung und Ausgleichung, S 155 f.

die formale Erbquote nicht dem Ziel der Gewährleistung der Mindestteilhabe (Rn 1 f) gerecht werde. Diskutiert wird dies zum einen bei einer **übergroßen Vermächtniszuwendung** an andere, doch löst sich dieses Problem durch Abs 1, uU hilft eine Anfechtungsmöglichkeit[27]. Aber auch bei einer vorweggenommenen Nachlassentleerung durch **Schenkungen** ist der Vergleichsmaßstab **nicht** der hälftige gesetzliche Erbteil **zuzüglich den Pflichtteilsergänzungsansprüchen**[28]. Denn dagegen spricht bereits der Wortlaut der Norm, der von der „Hälfte des gesetzlichen Erbteils" spricht[29]. Und zudem gebietet der Normzweck des § 2306 in diesem Fall keine Erweiterung des Anwendungsbereichs des § 2306: Denn das Pflichtteilsergänzungsrecht stellt eine in sich abgeschlossene gesetzliche Regelung dar[30]. Auch wenn der ordentliche Pflichtteil und der Ergänzungsanspruch dazu dienen, einen effektiven Pflichtteilsschutz durch Gewährung eines „Gesamtpflichtteils" zu sichern, so handelt es sich doch um selbstständige Anspruchsgrundlagen, die nach Tatbestandsvoraussetzungen und Rechtsfolgen durchaus unterschiedlich sind[31]. Dabei geht es bei § 2306 allein um die Sicherung des Pflichtteils am realen Nachlass, während der Ergänzungsanspruch mittels eigener Regelungen die „Soll-Beteiligung" am fiktiven Nachlass bezweckt[32]. Eine Ausdehnung der Werttheorie ist daher abzulehnen, da sich in diesen Fällen eine sachgerechte Lösung durch Anwendung der Quotentheorie ergibt[33].

3. Beschränkungen und Beschwerungen. Diese sind in Abs 1 S 1 abschließend aufgezählt; eine Erweiterung **durch Analogie** ist wegen des zwingenden Charakters des Pflichtteilsrechts grds nicht möglich[34]. Diese Belastungen müssen tatsächlich, und nicht nur in der Vorstellung des Betroffenen[35], bestehen, und zwar im Zeitpunkt des **Erbfalls**[36]. Daher werden Belastungen und Beschränkungen, die sich im Zeitpunkt des Erbfalls bereits erledigt haben, nicht berücksichtigt[37]. Fallen diese nach Eintritt des Erbfalls, aber erst **nach der Ausschlagung** weg, so sind sie jedoch zu berücksichtigen, da der Pflichtteilsberechtigte bei seiner Ausschlagungsentscheidung von deren Bestehen ausging; daher ist es unerheblich, ob der Wegfall ex nunc oder ex tunc stattfindet[38]. Unter Umständen kann aber die Ausschlagung nach § 2308 angefochten werden. Die Beschränkungen und Beschwerungen müssen den Pflichtteilsberechtigten auch **konkret belasten**. Durch die Berufung zum **Vorerben**, auch zum befreiten, oder bei bloß konstruktiver Nacherbfolge, die sich nach § 2104 auch bei einer auflösend befristeten oder auflösend bedingten Erbeinsetzung ergeben kann, wird der Pflichtteilsberechtigte immer beschränkt[39]. Gleiches gilt für die Anordnung einer **Testamentsvollstreckung** wegen der damit verbundenen Einschränkung der Verwaltungs- und Verfügungsbefugnis (§§ 2205, 2211)[40]. Wann in einer **Teilungsanordnung** eine Beschränkung iS von § 2306 zu sehen ist, ist umstritten; überwiegend wird dies nur für solche angenommen, die den Pflichtteilsberechtigten belasten, nicht aber für solche, die ihn begünstigen oder gar nicht berühren[41]. Doch gibt es nach modernem Verständnis eine begünstigende Teilungsanordnung nicht, diese ist vielmehr ein Vorausvermächtnis[42]. Eine echte Teilungsanordnung beschwert den Pflichtteilsberechtigten immer, so dass sich diese Differenzierung erübrigt[43]. Handelt es sich bei der Zuwendung bestimmter Gegenstände entgegen § 2087 Abs 2 um eine Erbeinsetzung zu Erbquoten nach deren Wertverhältnis verbunden mit einer Teilungsanordnung[44], so fällt im

---

[27] Zu Recht abl OLG Köln ZEV 1997, 298; *Damrau/Riedel/Lenz* Rn 16; dafür *Klingelhöffer* ZEV 1997, 299.
[28] Hierfür aber *Schindler*, Pflichtteilsberechtigter Erbe, Rn 138, 880; eingehend *ders* ZErb 2006, 186; *Kipp/Coing* § 13 III 1 Fn 19; *Natter* JZ 1955, 138, 139; AK/*Däubler* Rn 3; *Staudinger/Ferid/Ciesalar* 12. Aufl Rn 48 bis 50; dies erwägend MünchKommBGB/*Frank* 3. Aufl Rn 3, jetzt aber in der 4. Aufl von *Lange* nicht mehr aufgegriffen; aA zu Recht *Damrau/Riedel/Lenz* Rn 16; *Nieder* Rn 88; *Groll/Rösler* C VI Rn 169; *Kerscher/Riedel/Lenz* § 6 Rn 43; *Skibbe* ZEV 1996, 309; *Weidlich* ZEV 2001, 94, 96; *Staudinger/Haas* Rn 13 a ff mit Berechnungsbeispiel; idS auch RG SeuffA 88 (1934), 279, 282; unklar RG LZ 1925, 1071.
[29] Hierauf geht etwa *Schindler* aaO überhaupt nicht ein.
[30] AA *Schindler*, Pflichtteilsberechtigter Erbe, Rn 138 ff; *ders* ZErb 2006, 186.
[31] Was im Ansatz auch *Schindler* aaO einräumt.
[32] *Lange/Kuchinke* § 37 X 7 f; dies räumt auch *Schindler*, Pflichtteilsberechtigter Erbe, Rn 138 ein, verschließt sich aber der daraus zwingenden Schlussfolgerung.
[33] IE ebenso J. *Mayer*, HdB Pflichtteilsrecht, § 2 Rn 57; *Weidlich* ZEV 2001, 94, 96; *Kerscher/Riedel/Lenz* Pflichtteilsrecht § 6 Rn 43; *Damrau/Riedel/Lenz* Rn 16; *Staudinger/Haas* Rn 13 a ff, die dagegen von *Schindler* ZErb 2006, 186, 188 f im Hinblick auf § 2326 vorgebrachte Argumentation verkennt den Wortlaut dieser Norm, vgl § 2326 Rn 5.
[34] BGHZ 112, 229, 232 = NJW 1991, 169; jurisPK/*Birkenheier* Rn 10; *Lange/Kuchinke* § 37 Fn 84; MünchKommBGB/*Lange* Rn 6; RGRK/*Johannsen* Rn 7; *Staudinger/Haas* Rn 14.
[35] BGHZ 112, 229, 232 = NJW 1991, 169; jurisPK/*Birkenheier* Rn 13.
[36] *Damrau/Riedel/Lenz* Rn 3; MünchKommBGB/*Lange* Rn 7; *Soergel/Dieckmann* Rn 20; *Staudinger/Haas* Rn 15.
[37] *Soergel/Dieckmann* Rn 20; *Staudinger/Haas* Rn 15; RGRK/*Johannsen* Rn 11.
[38] MünchKommBGB/*Lange* Rn 19; jurisPK/*Birkenheier* Rn 17; *Staudinger/Haas* Rn 15; aA *Damrau/Riedel/Lenz* Rn 3; für die ex tunc wegfallenden Anordnungen, wobei jedoch nur der dogmatische Unterschied hinsichtlich der Wegfallswirkung, nicht aber der Normzweck des § 2306 gesehen wird.
[39] KG OLGE 11, 258, 261; MünchKommBGB/*Lange* Rn 7; *Soergel/Dieckmann* Rn 5; *Staudinger/Haas* Rn 16 mwN; offenlassend jurisPK/*Birkenheier* Rn 20; zu den praktischen Anwendungsfällen im Rahmen eines sog Behindertentestaments *Joussen* ZErb 2003, 134; *ders* NJW 2003, 1851.
[40] *Damrau/Riedel/Lenz* Rn 6; MünchKommBGB/*Lange* Rn 10.
[41] AnwK-BGB/*Bock* Rn 20; *Soergel/Dieckmann* Rn 9; *Palandt/Edenhofer* Rn 6; U. *Mayer* DNotZ 1996, 422, 423.
[42] BGH ZEV 1995, 144, 145 m Anm *Skibbe*; *Staudinger/Otte* (2002) § 2150 Rn 9 ff; *Staudinger/Haas* Rn 25; aber zuneigend MünchKommBGB/*Lange* Rn 11; die der Regelfall nehmen auch *Damrau/Riedel/Lenz* Rn 4 ein Vorausvermächtnis an.
[43] PWW/*Deppenkemper* Rn 3.
[44] BGH FamRZ 1990, 396 = NJW-RR 1990, 391; *Palandt/Edenhofer* § 2087 Rn 2.

§ 2306

Anwendungsbereich von Abs 1 S 1 die Teilungsanordnung weg, während die dadurch dokumentierte Wertbeteiligung für die Bestimmung der Erbquoten bestehen bleibt[45]. Wird der Pflichtteilsberechtigte zum **Nacherben** eingesetzt, wird dies der Erbeinsetzung unter einer Beschränkung gleichgestellt (Abs 2), weil hier ein zeitlich verzögerter Erbantritt erfolgt (Rn 24 ff). Zu den **Beschwerungen** gehören auch **Vermächtnisse** - einschließlich dem Dreißigsten (§ 1969), nicht jedoch der gesetzliche Voraus (vgl § 2311 Abs 1 S 2)[46] – und **Auflagen**[47]. Eine **Schiedsgerichtsanordnung** (§ 1066 ZPO) stellt nach einer verbreiteten Auffassung erbrechtlich eine Auflage dar[48]. Soweit sie eine Gewähr für unparteiliche und unabhängige Rspr bietet, ist dies jedoch nicht belastend[49]. Anders liegt es nur, wenn der Erblasser den Schiedsrichter nach § 1051 Abs 3 ZPO ermächtigt, seine Entscheidung nach Billigkeit zu treffen[50]. Zum gleichen Ergebnis kommt man, wenn man darin mit einer neueren Auffassung eine rein prozessuale Anordnung sieht[51].

15 Andere Anordnungen muss der pflichtteilsberechtigte Erbe hinnehmen, so die berechtigte **Pflichtteilsbeschränkung in guter Absicht** (§ 2338; dort Rn 13 ff) oder **familienrechtliche Anordnungen** is von §§ 1418 Abs 1 Nr 2; 1638, 1639[52]. Umstritten ist die Einordnung einer **gesellschaftsvertraglichen Nachfolgeklausel** bei einer Personengesellschaft, die zu einer sofort mit dem Erbfall eintretenden erbrechtlichen Sondernachfolge in die Gesellschaftsbeteiligung des Verstorbenen führt[53]. Dabei wird der Gesellschaftsanteil des Erblassers nicht Bestandteil des gesamthänderisch gebundenen Vermögens der Erbengemeinschaft, sondern geht unmittelbar und entspr den Erbquoten aufgeteilt auf die einzelnen Miterben über[54]. Dogmatisch kann man dies als eine sich kraft Gesetzes von selbst vollziehende Teilauseinandersetzung der Erbengemeinschaft verstehen[55]. Dabei ist zu differenzieren: Bei einer **einfachen Nachfolgeklausel** erleiden die pflichtteilsberechtigten Erben keine Nachteile, da die erb- und gesellschaftsrechtliche Nachfolge sich sowohl hinsichtlich der Person und der Beteiligungshöhe iÜ entsprechen. Daher ist § 2306 nach hM anwendbar, denn eine Teilungsanordnung ist nach dieser (Rn 14) nur dann eine Beschränkung, wenn sie den Pflichtteilsberechtigten tatsächlich beeinträchtigt. Dagegen beschränkt die **qualifizierte Nachfolgeklausel** die Vererblichkeit auf bestimmte **Personen**. Daher können nur diejenigen Erben den Gesellschaftsanteil erwerben, die im Gesellschaftsvertrag hierfür zugelassen sind. Dies legt die Anwendbarkeit des § 2306 zu Gunsten des nicht als Gesellschafternachfolger zugelassenen erbenden Pflichtteilsberechtigten nahe. Jedoch würde dies bei der Falllage des § 2306 Abs 1 S 1 dazu führen, dass die Möglichkeit der **Singularsukzession** in den Gesellschafteranteil überhaupt **entfällt** und es für keinen der Erben zu einer erbrechtlichen Nachfolge in die Beteiligung käme. Daher ist die **Anwendbarkeit** des **§ 2306** bei der qualifizierten Nachfolgeklausel umstritten. Teilweise wird angenommen, die Vorschrift sei insgesamt oder zumindest dessen Abs 1 S 1 nicht anwendbar[56], während die Gegenansicht dies bejaht[57]. Eine Mittelmeinung befürwortet immer die Möglichkeit der Ausschlagung zur Pflichtteilserlangung entspr § 2306 Abs 1 S 2, und zwar auch bei der Falllage des § 2306 Abs 1 S 1, um einerseits zu verhindern, dass die Nachfolge in die Gesellschafterstellung fehlschlägt, aber andererseits dem Pflichtteilsberechtigten die Möglichkeit zur Ausschlagung zur Pflichtteilserlangung zu geben, um sich ihm uU nicht genehmen Nachfolge zu befreien[58]. Jedoch wird der pflichtteilsberechtigte Erbe hier nicht durch eine letztwillig verfügte Teilungsanordnung beschränkt, sondern allein durch die gesellschaftsvertraglich vereinbarte **Nachfolgeklausel.** Demgegenüber betrifft § 2306 nur erbrechtliche Beschränkungen. Auch eine analoge Anwendung des § 2306 scheidet aus, weil die Sachverhalte nicht vergleichbar sind[59]. Hinzukommt der materiale Gesichtspunkt, dass auch der nicht zur Nachfolge zugelassene pflichtteilsberechtigte Miterbe von den anderen einen Wertausgleich erlangen kann[60].

---

[45] *Damrau/Riedel/Lenz* Rn 4; PWW/*Deppenkemper* Rn 3; MünchKommBGB/*Lange* Rn 11; BGH NJW-RR 1990, 391.
[46] *Staudinger/Haas* Rn 29; *Soergel/Dieckmann* Rn 9.
[47] *Staudinger/Haas* Rn 29.
[48] *Kohler* DNotZ 1962, 125, 126 f; *Stein/Jonas/Schlosser* § 1048 ZPO Rn 3; *Schwab/Walter* Schiedsgerichtsbarkeit, 2005, Kap 32 Rn 25; offenlassend *Scherer/v. Oertzen/Pawlytta*, MAH Erbrecht, § 67 Rn 27 f; aA aber die hM, vgl etwa *Otte*, FS Rheinisches Notariat, 1998, S 241, 243 mwN; MünchKommBGB/*Leipold* § 1937 Rn 29 ff.
[49] AnwK-BGB/*Bock* Rn 24; *Staudinger/Haas* Rn 30; *Damrau/Riedel/Lenz* Rn 9; ohne diese Differenzierung PWW/*Deppenkemper* Rn 3.
[50] *Staudinger/Haas* Rn 30 a.
[51] *Staudinger/Haas* Rn 30 a; *Zöller/Geimer*, 26. Aufl 2007, § 1066 ZPO Rn 18; zust *Pawlytta* ZEV 2003, 89, 94, jedoch die beiden zuletzt Genannten: entspr § 2306.
[52] PWW/*Deppenkemper* Rn 4; jurisPK/*Birkenheier* Rn 11; *Staudinger/Haas* Rn 30.
[53] Ausf *H. Keller* ZEV 2001, 297, 298.
[54] BGH NJW 1983, 2376, 2377; BGHZ 108, 187 = NJW 1989, 3152; *Baumbach/Hopt* § 139 HGB Rn 10 ff; zu den Begründungsversuchen *Muscheler*, Universalsukzession und Vonselbsterwerb, 2002, S 113 ff.
[55] *K. Schmidt* GesR 3. Aufl § 45 V 3 a.
[56] So OLG Hamm unter Betonung der Sondererbfolge und den gesellschaftsrechtlichen Notwendigkeiten (OLGZ 1991, 388 = NJW-RR 1991, 837 = FamRZ 1992, 113 m abl Anm *Reimann* FamRZ 1992, 117; DNotZ 1992, 320 zust Anm *Winkler*); PWW/*Deppenkemper* Rn 1; *Palandt/Edenhofer* 2306 Rn 1; *Ebenroth* Rn 967; *H. Keller* ZEV 2001, 297, 299 ff.
[57] *Reimann* FamRZ 1992, 117; *Lange/Kuchinke* § 37 V 4 a, wohl auch *Gottwald* Pflichtteilsrecht Rn 14.
[58] So im Ergebnis *Staudinger/Haas* Rn 28; *Soergel/Dieckmann* Rn 9; zweifelnd MünchKommBGB/*Lange* Rn 13; Vorauß Rn 15.
[59] Eingehend *H. Keller* ZEV 2001, 297, 299 f.
[60] HdB Pflichtteilsrecht/*J. Mayer* § 2 Rn 65.

III. Wegfall der Beschränkungen und Beschwerungen (Abs 1 S 1)

1. Grundsatz. Ist der dem Pflichtteilsberechtigten hinterlassene Erbteil **kleiner oder gleich der** **16** **Hälfte seines gesetzlichen Erbteils**, so entfallen kraft Gesetzes automatisch die angeordneten Beschränkungen und Beschwerungen. Dabei kommt es nicht darauf an, ob diese sich konkret zum Nachteil des Pflichtteilsberechtigten ausgewirkt hätten[61]. Dies gilt allerdings nur hinsichtlich des Erbteils des davon betroffenen Pflichtteilsberechtigten; hinsichtlich der übrigen Miterben können die Beschwerungen durchaus bestehen bleiben[62]. Ein Totalwegfall erfolgt jedoch, wenn aus Rechtsgründen (zB wegen § 2040 bei einer Vermächtniserfüllung) oder nach dem Willen des Erblassers das teilweise Bestehen bleiben der Beschränkungen nicht möglich oder nicht gewollt ist[63]. Eine **Testamentsvollstreckung** bleibt jedoch bezüglich der übrigen Miterben als Erbteilsvollstreckung bestehen[64]. Auch hat der Wegfall der Beschwerungen eine nur relative Wirkung gegenüber dem betroffenen Pflichtteilsberechtigten, da sie bei seiner Ausschlagung gegenüber demjenigen bestehen bleiben, der an Stelle des Ausschlagenden den Erbteil erwirbt[65]. Soweit dieser aber selbst pflichtteilsberechtigt ist, kommt auch ihm § 2306 zu Gute. Unter Umständen kann auch eine Kürzung von Belastungen wegen der (infolge der Ausschlagung entstandenen) Pflichtteilslast erfolgen (§ 2322).

Bleibt der hinterlassene Erbteil hinter der Hälfte des gesetzlichen zurück, so hat der Pflichtteils- **17** berechtigte in Höhe der Differenz einen **Pflichtteilsrestanspruch** (§ 2305)[66]. Diesen verliert er auch nicht durch eine **Ausschlagung**. Ansonsten entfällt im Anwendungsbereich von § 2306 Abs 1 S 1 grds durch eine Ausschlagung der Pflichtteilsanspruch, da der Pflichtteilsberechtigte durch eigenen Entschluss und nicht durch Verfügung von Todes wegen von der Erbfolge ausgeschlossen ist[67]. Ein darüber hinausgehendes Vermächtnis kann der Pflichtteilsberechtigte aber ausschlagen, um den unbeschränkten Erbteil zu erhalten[68]. Bestand jedoch **Zugewinngemeinschaft,** so kann der überlebende Ehegatte oder gleichgeschlechtliche Lebenspartner abweichend von Abs 1 S 1 ausschlagen und trotzdem den sog „kleinen Pflichtteil" (berechnet nach dem Erbteil des § 1931) und den rechnerischen Zugewinnausgleich verlangen (§ 1371 Abs 3).

Den **Gefahren** des vollständigen Verlusts des Pflichtteils durch verfehlte Ausschlagung kann der **18** Pflichtteilsberechtigte auch nicht durch **Ausschlagung unter Pflichtteilsvorbehalt** entgehen. Denn die Ausschlagungserklärung ist bedingungsfeindlich (§ 1947)[69]. Dagegen kann auch nicht eingewandt werden, es läge nur eine Rechtsbedingung vor und objektiv gesehen stünde ja bereits fest, ob die Ausschlagung zur Pflichtteilserlangung erforderlich ist. Denn der Normzweck des § 1947 will gerade solche faktischen Schwebezustände zur Sicherung einer schnellen Nachlassabwicklung vermeiden[70]. Zur Anfechtung wegen eines Rechtsfolgenirrtums s Rn 20.

2. Pflichtteilsverwirkungsklauseln. Umstritten ist, ob der Erblasser durch Verfügung von Todes **19** wegen den Pflichtteilsberechtigten wie bei § 2306 Abs 1 S 2 auch hier vor die Wahl stellen kann, entweder den über die Hälfte des gesetzlichen Erbteils nicht hinausgehenden, belasteten Erbteil anzunehmen oder aber den Pflichtteil zu fordern **(modifizierte cautela Socini)**[71]. Dies wird zT deshalb verneint, weil **Abs 1 S 1** zwingendes Recht ist und dadurch zudem dem Pflichtteilsberechtigten eine fristgebundene Wahlpflicht auferlegt wird, die Erbschaft auszuschlagen, um seinen Pflichtteil zu erhalten, was mit dem Normzweck nicht vereinbar sei[72]. Teilweise wird eine unbelastete Erbeinsetzung unter der auflösenden Bedingung für möglich gehalten, dass der Pflichtteilsberechtigte die Beschwerungen nicht übernimmt oder nicht auf seinen Pflichtteilsanspruch verzichtet[73], was bei der Falllage des § 2306 Abs 1 S 1 aber schon daran scheitert, dass dann eine (zumindest konstruktive) Nacherbfolge besteht[74]. Der BGH hat im Anwendungsbereich des **§ 2306 Abs 1 S 1** die Klausel für

---

[61] BGHZ 80, 263, 268 = NJW 1981, 1837.
[62] MünchKommBGB/*Lange* Rn 16; *Palandt/Edenhofer* Rn 9; *Staudinger/Haas* Rn 35.
[63] *Schubert* JR 1981, 466, 468; *Kerscher/Tanck* ZAP 1997, 689, 694.
[64] *Haegele* BWNotZ 1974, 109, 110; *Staudinger/Haas* Rn 43; *Staudinger/Reimann* § 2205 Rn 82; *U. Mayer* DNotZ 1996, 422, 423.
[65] *Palandt/Edenhofer* Rn 11; unzutr zu diesem Fall BGHZ 80, 263, 267, Mot V S 394, wo von einer „dinglichen Wirkung" des Pflichtteilsrechts gesprochen wird.
[66] BGH NJW 1958, 1964.
[67] BGHZ 80, 263, 267.
[68] BGH NJW 1958, 1964; *Damrau/Riedel/Lenz* Rn 18; eingehend § 2307 Rn 12 f.
[69] OLG Hamm OLGZ 1982, 41, 46 = NJW 1982, 2585, nur LS; AnwK-BGB/*Bock* Rn 45; MünchKommBGB/*Lange* Rn 14, anders aber § 2305 Rn 4; *Soergel/Dieckmann* § 2305 Rn 4; für die Zulässigkeit aber *Bestelmeyer* FamRZ 2004, 1327 f; *Frohn* Rpfleger 1982, 56, 57; PWW/*Deppenkemper* Rn 10; *Staudinger/Haas* § 2305 Rn 12; dem zuneigend, aber offenlassend BayObLGZ 2004, 364 = FamRZ 2005, 1127; für Zulässigkeit einer Ausschlagung unter einer Rechtsbedingung nunmehr auch OLG Brandenburg ZErb 2004, 132, 133.
[70] *Soergel/Dieckmann* § 2305 Rn 3; MünchKommBGB/*Lange* Rn 14; dies räumt auch *Staudinger/Haas* § 2305 Rn 12 ein.
[71] Bejaht wird dies von RG Recht 1911 Nr 3919; *Ebenroth* Rn 968; *Erman/Schlüter* Rn 2 und insbes vom älteren Schrifttum, vgl die Nachweise bei BGHZ 120, 96, 99 = NJW 1993, 1005.
[72] AnwK-BGB/*Bock* Rn 43; MünchKommBGB/*Lange* Rn 15; *Soergel/Dieckmann* Rn 13: zulässig nur bei Ehegatten als Zugewinngemeinschaft; RGRK/*Johannsen* Rn 13; *Lange/Kuchinke* § 37 V A 4 b Fn 91; *Staudinger/Haas* Rn 49; AK/*Däubler* Rn 19.
[73] *v. Lübtow* I 577; PWW/*Deppenkemper* Rn 14.
[74] *Soergel/Dieckmann* Rn 13; *Lange/Kuchinke* § 37 V Fn 88 mwN; gegen Zulässigkeit aus Gründen der von § 2306 geforderten Rechtsklarheit *Staudinger/Haas* Rn 52.

unwirksam erklärt: „Wenn meine Tochter ... mit dem Testament nicht einverstanden ist, hat sie nur Anspruch auf Auszahlung des Pflichtteils"[75]. Er tendiert dazu, derartige Verwirkungsklauseln generell für unzulässig zu halten. Zulässig dürfte aber bei der Falllage des **§ 2306 Abs 1 S 2** die **„klassische cautela socini"**[76] sein, wonach für den Fall, dass die angeordneten Belastungen vom Pflichtteilsberechtigten nicht ausdrücklich übernommen werden, ihm ein (unbelasteter) Erbteil in Höhe seiner Pflichtteilsquote zugewandt wird[77]. Dies ist dem Pflichtteilsberechtigte uU nicht „angenehm", weil er damit in eine Erbengemeinschaft mit allen Rechten und Pflichten eingebunden wird; aber letztlich erlangt er durch die hilfsweise Zuwendung genau das, was dem Schutzzweck des Abs 1 S 1 entspricht: den unbelasteten halben gesetzlichen Erbteil, denn hier wird gerade nicht eine Wertbeteiligung in Höhe des Pflichtteils geschützt[78]. Im Hinblick auf die Rspr des BGH wird aber die Kautelarjurisprudenz den sicheren Weg gehen müssen und mit Vermächtniszuwendungen arbeiten, bei denen im Rahmen des § 2307 diese Probleme nicht bestehen[79]. Unzulässig sind **Verwirkungsklauseln** im Anwendungsbereich von **§ 2306 Abs 1 S 1,** wenn die Erbeinsetzung unter der auflösenden Bedingung erfolgt, dass der Erbe gegen die Anordnungen des Erblassers verstößt und dann für diesen Fall nur den Pflichtteil erhält. Denn eine derartige „Ungehorsamkeitsklausel" enthält zugleich eine den Pflichtteilsberechtigten belastende, aufschiebend bedingte Nacherbeneinsetzung[80]. Im Anwendungsbereich von § 2306 Abs 1 S 2 wird man sie für zulässig halten, weshalb die Ausschlagung zur Pflichtteilserlangung berechtigte[81]. Wird aber die Frist zur Ausschlagung versäumt, verliert der pflichtteilsberechtigte Erbe bei Verstoß gegen die Klausel Erbschaft und Pflichtteil ersatzlos[82], wenn nicht ausnahmsweise hierfür ein Pflichtteilsvermächtnis als zugewandt gilt[83]. Angesichts der tatbestandsmäßigen Offenheit vieler dieser Klauseln[84] erscheint deren Praktikabilität problematisch.

IV. Wahlrecht des Pflichtteilsberechtigten (Abs 1 S 2)

20 **1. Annahme der Erbschaft.** Wird dem Pflichtteilsberechtigten ein Erbteil hinterlassen, der **größer als die Hälfte seines gesetzlichen Erbteils** ist, so räumt ihm das Gesetz ein Wahlrecht ein: Er kann entweder den höheren Erbteil samt seinen Beschränkungen annehmen oder aber die Erbschaft ausschlagen und seinen Pflichtteil verlangen. Bei **Annahme der Erbschaft** hat der Pflichtteilsberechtigte keinen Anspruch, dass ihm nach Abzug der Beschwerungen überhaupt etwas aus dem Nachlass verbleibt; er hat dann auch keinen Pflichtteilsrestanspruch[85]. Jedoch besteht bei einem tatsächlichen Irrtum über das Bestehen der Belastungen ein Anfechtungsrecht nach § 119 Abs 2 zumindest dann, wenn durch diese der Pflichtteilsanspruch gefährdet wäre (zu Einzelheiten § 2308 Rn 8)[86]. Aber auch bei einem **Rechtsirrtum** des zum Erben eingesetzten Pflichtteilsberechtigten, er dürfe die Erbschaft nicht ausschlagen, um seinen Anspruch auf den Pflichtteil nicht zu verlieren, ist nach Ansicht des BGH eine Anfechtung möglich. Denn der durch die Annahme der Erbschaft eintretende Verlust des Wahlrechts nach § 2306 Abs 1 S 2 ist nicht etwa nur eine mittelbare Rechtsfolge, deren Verkennung nicht zur Anfechtung wegen eines Rechtsfolgenirrtums berechtigt, sondern eine Hauptwirkung der Erbschaftsannahme. Vielmehr prägt der Verlust des Pflichtteilsrechts als Rechtsfolge eines solchen Verhaltens dessen Charakter nicht weniger als das Einrücken in die Rechtsstellung des Erben; beide Folgen sind nach Auffassung des BGH zwei Seiten derselben Medaille[87]. Man wird der Auffassung des BGH zwar im Ergebnis zustimmen müssen, sollte dies jedoch nicht mit dogmatisch konstruktiven Überlegungen, sondern wertungsmäßg damit begründen, dass das von § 2306 Abs 1 S 2 eröffnete Wahlrecht nur der sinnvoll ausüben kann, der dessen Alternativen kennt[88].

---

[75] BGHZ 120, 96, 99 ff = NJW 1993, 1005; zust außer den vorstehend Genannten *Schubert* JR 1993, 368; *Hohloch* LM Nr 11; MünchKommBGB/*Leipold* § 2074 Rn 38; *v. Dickhuth-Harrach*, FS Rheinisches Notariat, S 213; krit *Kanzleiter* DNotZ 1993, 780; die Entscheidung des BGH abl *Worm* RNotZ 2003, 535, 549, wenn die Erbeinsetzung nicht auflösend durch ein Pflichtteilsverlangen bedingt, sondern an die aufschiebende Bedingung eines Verzichts auf Pflichtteilsansprüche knüpft ist.
[76] Zu den historischen Grundlagen dieser Klausel *Hennig* DNotZ 2003, 399, 400 ff.
[77] *Worm* RNotZ 2003, 535, 549; MünchKommBGB/*Lange* Rn 15; *Staudinger*/*Haas* Rn 67 a; Formulierung etwa bei *Nieder* HdB 1. Aufl Rn 284.
[78] *Staudinger*/*Haas* Rn 67 a; aA aber BGH (BGHZ 120, 96, 99 ff = NJW 1993, 1005, jedoch geht die Entscheidung des BGH über den Anlassfall hinaus und zu weit; *Staudinger*/*Haas* Rn 65.
[79] *Kanzleiter* DNotZ 1993, 780, 785 f; *Staudinger*/*Haas* § 2307 Rn 22 f; aA aber *Soergel*/*Loritz* § 2075 Rn 17; MünchKommBGB/*Leipold* § 2074 Rn 38, da dem Pflichtteilsberechtigten hier der Pflichtteilsrestanspruch genommen werde.
[80] *Staudinger*/*Haas* Rn 52; *Scherer*/*Kasper*, MAH Erbrecht, § 17 Rn 18 f.
[81] Für die Zulässigkeit OLG Celle ZEV 1996, 307, 308; *Staudinger*/*Haas* Rn 65; *Soergel*/*Loritz* § 2075 Rn 16; *Damrau*/*Riedel*/*Lenz* Rn 24; zweifelnd *Skibbe* ZEV 1996, 309, 310; für gegenstandslos hält bei der Falllage des § 2306 Abs 1 S 2 solche Klauseln MünchKommBGB/*Leipold* § 2074 Rn 38.
[82] *Damrau*/*Riedel*/*Lenz* Rn 24 übersehen, dass der Falllage des Abs 1 S 2 nur die fristgerechte Ausschlagung zum Pflichtteil führt, aber nicht allein die bedingte Erbung.
[83] Zur Auslegung *Staudinger*/*Haas* Rn 66.
[84] *Staudinger*/*Haas* Rn 52; ausf zu solchen Klauseln *Staudinger*/*Otte* 2074 Rn 58.
[85] *Staudinger*/*Haas* Rn 55.
[86] BGHZ 106, 359, 363 = NJW 1989, 2885.
[87] BGH DNotZ 2006, 926, 927 = ZEV 2006, 498 m Anm *Leipold*; OLG Düsseldorf ZEV 2001, 109 = FamRZ 2001, 946, 947; *Haas*/*Jeske* ZEV 2006, 172; *Keim* ZEV 2003, 358, 360; aA BayObLGZ 1995, 120, 128 = NJW-RR 1995, 904 und die früher hM, vgl Voraufl Rn 20.
[88] Zutr *Leipold* ZEV 2006, 501.

§ 2306

2. Ausschlagung. Wählt der Pflichtteilsberechtigte die Ausschlagung[89], so erhält er den vollen Pflichtteilsanspruch. Das Ausschlagungsrecht nach Abs 1 S 2 besteht über den Wortlaut der Norm hinaus auch für den **pflichtteilsberechtigten Alleinerben**[90] und wird insbes dann in der Praxis wichtig[91], wenn dieser zur **Verteidigung seines Pflichtteils** gegen eine hohe wertmäßige Belastung ausschlagen muss, denn § 2318 hilft ihm hier nicht. Die Erbschaft fällt mit der Ausschlagung nach § 1953 Abs 2 demjenigen an, welcher von vornherein als Erbe berufen gewesen wäre, wenn der Ausschlagende im Zeitpunkt des Erbfalls nicht gelebt hätte. Der Ersatzberufene hat den Pflichtteilsanspruch zu erfüllen. Die angeordneten Beschränkungen und Beschwerungen bleiben bestehen, es sei denn, sie sollten nur den Zunächstberufenen persönlich treffen[92]. Ansonsten trägt der an die Stelle des Pflichtteilsberechtigten tretende Erbe die Pflichtteilslast (§ 2320), kann aber die auf den Erbteil ruhenden Vermächtnisse und Auflagen soweit kürzen, dass ihm die zur Deckung der Pflichtteilslast benötigten Mittel verbleiben (§ 2322). Hinsichtlich der Bestimmung des Ersatzberufenen kommt aber nach Ansicht des BGH die Auslegungsregel des § 2069 dann nicht zum Zuge, wenn es durch Pflichtteilszahlung und Ersatzerbberufung zu einer **Doppelbegünstigung** des Stammes des Ausschlagenden kommt[93]. Diese Argumentation überzeugt aber deshalb nicht, weil im Innenverhältnis die nach § 2069 nachrückenden Ersatzerben gem § 2320 die durch die Ausschlagung entstehende Pflichtteilslast allein tragen müssen[94]. Daher schränkt die neuere Rspr diesen Erfahrungssatz zu Recht ein: Er soll nur dann eingreifen, wenn kein abweichender tatsächlicher oder hypothetischer Erblasser feststellbar ist. So spricht für ein Nachrücken der Ersatzberufenen des gleichen Stammes, wenn alle zunächst Berufenen ausschlagen[95]. 21

a) **Ausschlagungsrecht.** Dieses ist **vererblich** (§ 1952). Auch die gesetzlichen Erben eines Vorerben, denen die Nacherbschaft nicht zufällt, können nach Eintritt des Nacherbfalles den Anfall der Vorerbschaft an ihren Rechtsvorgänger ausschlagen, solange die Ausschlagungsfrist noch läuft[96]. Im Übrigen ist das Ausschlagungsrecht höchstpersönlich[97] und nicht selbstständig übertragbar. Ein **Sozialhilfeträger** kann es daher weder isoliert nach § 93 SGB XII (früher § 90 Abs 1 S 1 BSHG) überleiten, zumal es ein Gestaltungsrecht und kein Anspruch ist[98], noch erhält er es entspr § 401, wenn er vor Pflichtteilsanspruch bereits vor der Ausschlagung auf sich überleitet: Denn nur unselbstständige Gestaltungsrechte gehen automatisch als Annex über, nicht aber solche, die zu einer völligen Umgestaltung des Schuldverhältnisses führen und – wie hier – eine Wesensänderung der Entscheidungssituation bedingen, weil der Sozialhilfeträger sich von ganz anderen (fiskalischen) Entscheidungskriterien leiten ließe als der pflichtteilsberechtigte Erbe[99]. 22

b) **Ausschlagungsfrist.** Um zu verhindern, dass der Pflichtteilsberechtigte infolge Fristablaufs nicht mehr ausschlagen kann, wenn er erst später von den Belastungen erfährt[100], stellt Abs 1 S 2, 2. HS für den Beginn der Ausschlagungsfrist zusätzlich zu den allgemeinen Voraussetzungen des § 1944 Abs 2 S 1 ein zusätzliches Erfordernis auf: Der Pflichtteilsberechtigte muss von den Beschränkungen und **Beschwerungen Kenntnis erlangt** haben. Wenn er die Verfügung von Todes wegen für nichtig hält, so hindert dies allerdings den Fristbeginn bereits nach § 1944 Abs 2 S 1[101]; hält er die tatsächlich bestehenden Beschränkungen für unwirksam, so ist dies der Fall des § 2306 Abs 1 S 2 HS 2[102]. Nimmt er aber zu Unrecht an, dass er derartigen Belastungen ausgesetzt ist, so wird dadurch die Ausschlagungsfrist nicht hinausgeschoben[103]. Zur faktischen Gewährleistung des Wahlrechts nach Abs 1 S 2 beginnt die Ausschlagungsfrist in extensiver Auslegung der Norm erst, wenn der Betroffene Kenntnis davon erlangt, dass der ihm hinterlassene Erbteil die Hälfte seines gesetzlichen Erbteils übersteigt und er somit auf 23

---

[89] Zu den Entscheidungskriterien hierfür *Kerscher/Tanck* ZAP 1997, 689; HdB Pflichtteilsrecht/*J. Mayer* § 11 Rn 142 ff.
[90] BGH DNotZ 2006, 926, 927 = ZEV 2006, 498; BayObLGZ 1959, 77, 79 = NJW 1959, 1734; OLG Karlsruhe ZEV 2008, 39; MünchKommBGB/*Lange* Rn 17; *Soergel/Dieckmann* Rn 15; *Staudinger/Haas* Rn 54.
[91] Entgegen *Planck/Greiff* Anm 4 sind dies häufig vorkommende Fälle.
[92] AnwK-BGB/*Bock* Rn 34; *Staudinger/Haas* Rn 58; MünchKommBGB/*Lange* Rn 18.
[93] BGHZ 33, 60, 63 = NJW 1960, 1899; BayObLGZ 1962, 239, 243; OLG Stuttgart OLGZ 1982, 271; OLG München DNotZ 2007, 537, 538; LG Köln MittRhNotK 1985, 149 bei Geltendmachung von Pflichtteilsergänzungsansprüchen; AnwK-BGB/*Bock* Rn 33; *Staudinger/Haas* Rn 57.
[94] *Staudinger/Haas* § 2320 Rn 11; *Staudinger/Otte* § 2069 Rn 11 b; s auch § 2320 Rn 4; soweit sich aus § 2320 Abs 2 kein völliger Übergang der Pflichtteilslast auf die Ersatzerben ergibt, ist zu deren Lasten eine abweichende Erblasseranordnung iS von § 2324 anzunehmen vgl *Staudinger/Haas* § 2324 Rn 4.
[95] BayObLG ZEV 2000, 274, 275 = FamRZ 2000, 1185; vgl auch HdB Pflichtteilsrecht/*J. Mayer* § 2 Rn 80.
[96] BGHZ 44, 152, 153 ff.
[97] *Soergel/Stein* Rn 1; *Staudinger/Otte* Rn 1, jeweils zu § 1952.
[98] *Karpen* MittRhNotK 1988, 131, 149; *Köbl* ZfSH/SGB 1990, 449, 464.
[99] *J. Mayer* DNotZ 1994, 347, 355; *Staudinger/Otte* § 1942 Rn 16; im Ergebnis ebenso AnwK-BGB/*Bock* Rn 35 Fn 47; *Krampe* AcP 191 (1991), 526, 532; *Eberl-Borges/Schüttlöffel* FamRZ 2006, 587, 595; *Nieder* NJW 1994, 1264, 1266; *Kuchinke* FamRZ 1992, 363, die auf die Höchstpersönlichkeit des Rechts abstellen; jetzt auch BGH NJW-RR 2005, 369 = ZEV 2005, 117; aA früher *van de Loo* ZEV 2006, 473, 474 ff m ausf Begr; offen lassend BGH NJW-RR 2005, 369 = ZEV 2005, 117; aA früher *van de Loo* MittRhNotK 1989, 233, 249; *ders* NJW 1990, 2856, der dabei verkannte, dass damit das von ihm propagierte Behindertentestament „tot" wäre.
[100] *Staudinger/Haas* Rn 59; *Kipp/Coing* § 10 I 2 c.
[101] RG WarnR 1914 Nr 26; *Staudinger/Haas* Rn 63.
[102] BGH LM Nr 4 = WM 1968, 542, 544: Rechtsirrtum; NJW-RR 2000, 1530, 1531 = ZEV 2000, 401; *Staudinger/Haas* Rn 55.
[103] BGHZ 112, 229, 232 f = NJW 1991, 169.

zutreffender Tatsachenbasis seine Entscheidung treffen kann[104]. Ist der Erbe auf eine feste Quote eingesetzt, so genügt grds die Kenntnis der erforderlichen Tatsachen. Dies reicht jedoch nicht, wenn dies zum anzustellenden Wertvergleich (Rn 5 ff) allein nicht genügt, und zwar sollte dies unabhängig davon gelten, ob man der Quoten- oder Werttheorie (Rn 9 ff) folgt. Liegt daher eine **Erbeinsetzung nach Vermögensgruppen** vor (§ 2087 Rn 6), so beginnt die Frist erst, wenn der Betroffene das Wertverhältnis der Zuwendungen zum gesamten Nachlass und damit die Höhe seines Erbteils überblicken kann[105]. Bei einer **Zugewinngemeinschaftsehe** des Verstorbenen ist die abstrakte Höhe des Erbteils der Abkömmlinge oder der Eltern des Verstorbenen davon abhängig, ob der überlebende Ehegatte ausschlägt und die güterrechtliche Lösung wählt (§ 2303 Rn 23 ff) und daher der Beginn der Ausschlagungsfrist hierdurch bedingt[106]. Sind bei der Berechnung der Wertgrenze des § 2306 Abs 1 **Anrechnungs- und Ausgleichungspflichten** zu berücksichtigen (§§ 2315 f, 2050 ff), beginnt die Frist erst, wenn der Pflichtteilsberechtigte positiv weiß, ob der ihm hinterlassene Erbteil den ihm tatsächlich zukommenden, unter Anwendung der Ausgleichs- bzw Anrechnungspflicht berechneten Pflichtteilsbetrag übersteigt[107], was sich uU erst nach der Vorlage eines entsprechenden Wertermittlungsgutachtens ergeben kann[108]. Dies soll dem BayObLG aber nur dann gelten, wenn tatsächlich eine solche Anrechnungspflicht besteht, und nur ihr Umfang ungewiss ist, nicht aber, wenn zweifelhaft ist, ob eine solche überhaupt getroffen wurde[109]. Dies ist weder mit der Werttheorie noch mit dem Normzweck vereinbar und lässt sich auch nicht mit dem Argument der Vermeidung eines langfristigen Schwebezustands begründen[110].

V. Nacherbeneinsetzung (Abs 2)

24   **Abs 2** stellt den zum Nacherben berufenen Pflichtteilsberechtigten dem beschränkten oder beschwerten Pflichtteilserben gleich. Daher gilt: **Übersteigt** die ihm **überlassene Nacherbenquote nicht die Hälfte des gesetzlichen Erbteils,** so gilt die Nacherbfolge als nicht angeordnet, er wird daher nach Abs 2 iVm Abs 1 S 1 automatisch und sofort mit dem Erbfall Vollerbe in Höhe der ihm zugewandten Erbquote[111]. Sind neben dem Vorerben noch **andere Miterben** zu Vollerben berufen, so ist zu klären, ob in entsprechender Anwendung des § 2090 die Erbteile aller Erben verhältnismäßig zu seinen Gunsten entspr gemindert werden, oder ob man §§ 2093, 2091 analog anwenden will, so dass nur der Erbteil des Vorerben gekürzt würde, was in vielen Fällen, etwa beim Behindertentestament, dazu führen würde, dass auch der Erbteil des Vorerben unter die Grenze des § 2306 Abs 1 S 1 fällt und damit auch für diesen die Beschränkungen und Beschwerungen wegfielen, so dass etwa bei dem behinderten Vorerben der Sozialhilfeträger auf seinen Erbteil zugreifen könnte[112]. Dies ist eine Auslegungsfrage; geht der Wille des Erblassers, etwa wie regelmäßig beim Behindertentestament, dahin, auf alle Fälle die Beschränkungen der Nacherbschaft und etwa auch einer Testamentsvollstreckung zu erhalten, so muss das „Aufrücken" des pflichtteilsberechtigten Nacherben zu einer Verteilung auf alle Erbteile entspr § 2090 führen[113]. War in einem Erbschein zu Unrecht die nach Abs 1 S 1 unwirksame Nacherbfolge vermerkt, so ist dieser einzuziehen[114]. Bleibt dem Nacherben hinterlassene Erbteil hinter der Hälfte des gesetzlichen Erbteils zurück, so hat der Pflichtteilsberechtigte zudem in Höhe der Differenz nach § 2305 noch einen Pflichtteilsrestanspruch[115]. Schlägt er irrtümlich aus, so erhält er über § 2305 hinaus dadurch keinen Pflichtteilsanspruch, es sei denn, es handelt sich um den überlebenden Ehegatten aus einer Zugewinngemeinschaftsehe oder einen eingetragenen Lebenspartner (§ 1371 Abs 3)[116].

25   Ist der **Nacherbteil größer,** so findet Abs 1 S 2 Anwendung und der Pflichtteilsberechtigte kann zwischen Annahme der Nacherbschaft und Ausschlagung zur Pflichtteilserlangung wählen. Vor der Ausschlagung kann der Pflichtteilsanspruch nicht geltend gemacht werden. Die **Ausschlagungsfrist** beginnt zwar nicht vor Eintritt des Nacherbfalls (§§ 2139, 1944), jedoch kann bereits ab Eintritt des

---

[104] AllgM, vgl RGZ 113, 45, 47 f = JW 1926, 1543, 1544 m Anm *Kipp;* BayObLG FamRZ 1998, 642, 643 = NJWE-FER 1998, 37; *Palandt/Edenhofer* Rn 13; MünchKommBGB/*Lange* Rn 21; *Staudinger/Haas* Rn 64; *Soergel/Dieckmann* Rn 22; weitergehend *U. Mayer* DNotZ 1996, 422, 425 f, der bei einer Belastung mit Vermächtnis oder Auflage den Fristbeginn bis zur genauen Kenntnis des dem Betroffenen verbleibenden Werts seines Erbteils hinausschieben will.
[105] RGZ 113, 45, 47; AnwK-BGB/*Bock* Rn 37; MünchKommBGB/*Lange* Rn 21; *Staudinger/Haas* Rn 64.
[106] AnwK-BGB/*Bock* Rn 38; *Soergel/Dieckmann* Rn 22; *Staudinger/Haas* Rn 64; MünchKommBGB/*Lange* Rn 21.
[107] RGZ 113, 45, 49; BayObLG 1959, 77, 80 = NJW 1959, 1734; OLG Zweibrücken ZErb 2006, 421, 422; *Staudinger/Haas* Rn 64; MünchKommBGB/*Lange* Rn 21; RGRK/*Johannsen* Rn 27; *Soergel/Dieckmann* Rn 22; *Palandt/Edenhofer* Rn 13; *Damrau/Riedel/Lenz* Rn 23; aA *Natter* JZ 1955, 138.
[108] OLG Zweibrücken ZErb 2006, 421, 422.
[109] BayObLGZ 1959, 77, 80 = NJW 1959, 1734.
[110] MünchKommBGB/*Lange* Rn 21; *Staudinger/Haas* Rn 64; *Palandt/Edenhofer* Rn 13.
[111] MünchKommBGB/*Lange* Rn 8; *Palandt/Edenhofer* Rn 15; *Soergel/Dieckmann* Rn 24; hat der Erblasser einen Pflichtteilsberechtigten als Vorerben, einen anderen als Nacherben bezüglich desselben Erbteils eingesetzt, fallen Vor- und Nacherbschaft weg; zur Berechnung der Erbquoten dann: *Staudenmeier* BWNotZ 1966, 279, 280; *Kessel* MittRhNotK 1991, 137, 141; *Staudinger/Haas* Rn 40 ff.
[112] *Spall* ZEV 2006, 344, 345 f; *Mundanjohl/Tanck* ZErb 2006, 177, 178 f.
[113] *Spall* ZEV 2006, 344, 345 f; *Mundanjohl/Tanck* ZErb 2006, 177, 178; *Schindler* ZErb 2007, 381.
[114] OLG Schleswig NJW 1961, 1929.
[115] *Soergel/Dieckmann* Rn 24; *Lange* NJW 1961, 1929; MünchKommBGB/*Lange* Rn 8.
[116] *Soergel/Dieckmann* Rn 24.

Erbfalls ausgeschlagen werden (§ 2142 Abs 1). Da aber die **Verjährungsfrist** für den Pflichtteilsanspruch bereits mit der Kenntnis des Erbfalls und nicht erst mit der Ausschlagung zu laufen beginnt (§ 2332 Abs 1 und 3), muss er noch innerhalb der Verjährungsfrist ausschlagen, um nicht den Pflichtteilsanspruch zu verlieren[117]; zu Verjährungsproblemen s § 2332 Rn 14). In dem Pflichtteilsverlangen allein kann keine Erbschaftsausschlagung gesehen werden, da diese gegenüber dem Nachlassgericht formgerecht zu erklären ist (§ 1945 Abs 1). Hat der Pflichtteilsberechtigte bereits den Pflichtteil erhalten, ohne die Nacherbschaft ausgeschlagen zu haben, so muss er sich mit Eintritt des Nacherbfalls den rechtsgrundlos erhaltenen Vorausempfang anrechnen lassen[118].

Abs 2 gilt nach allgemeiner Meinung zwar für den **aufschiebend befristet** eingesetzten **Nacherben**[119], nach umstrittener Auffassung aber nicht für den **aufschiebend bedingt** zum Nacherben eingesetzten Pflichtteilsberechtigten[120]. Denn er ist bei Eintritt des Erbfalls infolge der Ungewissheit über den Bedingungseintritt zunächst nicht iS des § 2306 „zur Erbfolge berufen", sondern hiervon sogar ausgeschlossen. Gegenüber dem aufschiebend befristet eingesetzten Nacherben, der von Abs 2 erfasst wird, unterscheidet sich der aufschiebend bedingt eingesetzte Nacherbe rechtlich wie wirtschaftlich ganz erheblich dadurch, dass der Eintritt seiner Nacherbschaft ungewiss, bei der Befristung aber gewiss und nur der Zeitpunkt des Eintritts unbestimmt ist[121]. Demgegenüber ist der von der Gegenansicht angeführte schillernde Begriff des „Anwartschaftsrechts" des aufschiebend bedingt berufenen Nacherben gerade im Erbrecht nicht geeignet, Problemlösungen ohne echte Sachargumente zu liefern. Der aufschiebend bedingt eingesetzte Nacherbe kann daher den vollen Pflichtteil ohne Ausschlagung verlangen. Erst wenn der Nacherbfall eingetreten ist, muss er sich hierauf das den anrechnen lassen, was er bereits als Pflichtteil erhalten hat, da der Rechtsgrund hierfür entfallen ist. Auch längere Zeit nach dem Erbfall sind derartige Korrekturen dem Pflichtteilsrecht nicht fremd, wie § 2313 zeigt. Die Gegenansicht würde bei der Falllage des Abs 1 S 1 zudem dazu führen, dass der nach dem Erblasserwillen nur bedingt Berufene sofort Erbe würde, während der Erblasser bei der aufschiebenden Befristung sicher mit dem Eintritt der Erbenstellung rechnet. 26

§ 2307 Zuwendung eines Vermächtnisses

(1) ¹Ist ein Pflichtteilsberechtigter mit einem Vermächtnis bedacht, so kann er den Pflichtteil verlangen, wenn er das Vermächtnis ausschlägt. ²Schlägt er nicht aus, so steht ihm ein Recht auf den Pflichtteil nicht zu, soweit der Wert des Vermächtnisses reicht; bei der Berechnung des Wertes bleiben Beschränkungen und Beschwerungen der in § 2306 bezeichneten Art außer Betracht.

(2) ¹Der mit dem Vermächtnis beschwerte Erbe kann den Pflichtteilsberechtigten unter Bestimmung einer angemessenen Frist zur Erklärung über die Annahme des Vermächtnisses auffordern. ²Mit dem Ablauf der Frist gilt das Vermächtnis als ausgeschlagen, wenn nicht vorher die Annahme erklärt wird.

Übersicht

	Rn		Rn
I. Normzweck	1	1. Zuwendung eines unbelasteten Erbteils und Vermächtnisses	9
II. Voraussetzungen	2	2. Zuwendung eines belasteten Erbteils	10
III. Ausschlagung des Vermächtnisses (Abs 1 S 1)	4	3. Besonderheiten bei der Zugewinngemeinschaft	13
IV. Annahme des Vermächtnisses (Abs 1 S 2)	5	VI. Fristsetzung nach Abs 2	14
V. Vermächtnis neben Erbteil	8		

I. Normzweck

Die Vorschrift betrifft den Fall, dass einem Pflichtteilsberechtigten ein Vermächtnis zugewandt wird 1 und regelt das Konkurrenzverhältnis zum Pflichtteil bei Annahme oder Ausschlagung des Vermächt-

---

[117] MünchKommBGB/*Lange* Rn 8; *Soergel/Dieckmann* Rn 24.
[118] BayObLGZ 1973, 272, 275; MünchKommBGB/*Lange* Rn 8; *Soergel/Dieckmann* Rn 26; nach aA ist dem Pflichtteilsberechtigte sogar die gesamte Nacherbschaft unter Berufung auf § 242 zu versagen (RGRK/*Johannsen* Rn 33 unter Bezug auf OLG Breslau DR 1943, 91), was aber zu weit geht.
[119] MünchKommBGB/*Lange* Rn 9.
[120] *Lange/Kuchinke* § 37 V Fn 84; *Palandt/Edenhofer* Rn 8; RGRK/*Johannsen* Rn 9; *Schlitt* NJW 1992, 28; vgl auch BayObLGZ 1966, 227, 230 mit einem Fall einer „konstruktiven Nacherbschaft"; AnwK-BGB/*Bock* Rn 22; jurisPK/*Birkenheier* Rn 22; *Schindler* ZErb 2007, 381, 385; *Bestelmeyer* Rpfleger 2007, 1, 2 mit Einschränkung des § 2306 Abs 2 auf Grund historischer Interpretation auf „sichere Erwerbe"; offenbar anders BayObLGZ 2003, 338 = ZEV 2004, 464, 466 (von *Staudinger/Haas* Rn 18 als Entscheidung des BGH zitiert); aA *Damrau/Riedel/Lenz* Rn 7; MünchKommBGB/*Lange* Rn 9; *Soergel/Dieckmann* Rn 6; *Staudinger/Haas* Rn 19 ff.
[121] Diesen grundsätzlichen Unterschied würdigt MünchKommBGB/*Lange* Rn 9 zu wenig, sondern bringt nur Sonderfälle; ähnlich *Staudinger/Haas* Rn 20 ff.

nisses. Anders als bei § 2306 kann der Pflichtteilsberechtigte das zugewandte Vermächtnis immer ausschlagen, um den ungekürzten Pflichtteil zu erhalten und muss dies auch tun. Dieses unbeschränkte Wahlrecht gibt das Gesetz dem Pflichtteilsberechtigten, damit ihm vom Erblasser nicht ein Vermächtnis von oftmals zweifelhaftem Wert an Stelle des Pflichtteils aufgedrängt werden kann[1].

II. Voraussetzungen

2   Die Vorschrift befasst sich ausschließlich mit **Vermächtnissen**; hierzu gehören auch echte Pflichtteilsvermächtnisse (vgl § 2304 Rn 6)[2], nicht aber Auflagen[3] oder Leistungen, die der Erbe auf Grund einer entsprechenden Bedingung des Erblassers erbracht hat[4]. Daneben finden sich auch Vermächtnisse, die dem Bedachten **zusätzlich und neben dem Pflichtteil** zugewandt werden, etwa für die Kinder bei Wiederverheiratung des längerlebenden Ehegatten[5]; § 2307 gilt hier seinem Sinn und Zweck nach gerade nicht[6], es sei denn, es wäre nicht minder hinsichtlich der Rechtsfolgen ausdrücklich auf den Pflichtteil verwiesen wird. Dem **Ersatzvermächtnisnehmer** ist bis zum Wegfall des zunächst Bedachten nichts hinterlassen, so dass er sofort den Pflichtteil fordern kann. Wird jedoch später die Ersatzberufung wirksam, etwa wegen einer Ausschlagung des zunächst Bedachten, so muss er das, was er als Pflichtteil erhalten hat, als rechtsgrundlose Leistung zurück gewähren, wenn er das Vermächtnis nicht ausschlägt[7]. Wird zugleich auch noch ein Erbteil zugewandt, gelten Sonderregelungen (Rn 8 ff).

3   **Beschränkte** und **beschwerte Vermächtnisse** werden vom Wortlaut der Vorschrift mit erfasst (arg Abs 1 S 2 HS 2), also wenn Nach- oder Untervermächtnisse oder hinsichtlich des Vermächtnisses Testamentsvollstreckung oder Auflagen angeordnet sind.

III. Ausschlagung des Vermächtnisses (Abs 1 S 1)

4   Mit der formlosen Ausschlagung gegenüber dem Beschwerten (§ 2180) gilt der Anfall des Vermächtnisses als nicht erfolgt und der Pflichtteilsberechtigte kann den **vollen Pflichtteil** verlangen. Schlägt der Ehegatte bei Zugewinngemeinschaft aus, so kann er nur den sog kleinen Pflichtteil (berechnet nach § 1931) und den rechnerischen Zugewinn verlangen (§ 1371 Abs 2), hat aber kein Wahlrecht zum großen Pflichtteil. Die Tragung der Pflichtteilslast im Innenverhältnis bestimmt sich nach § 2321. Zur Frage des Entstehens des Pflichtteils bei der Ausschlagung s § 2317 Rn 2. In der bloßen Pflichtteilsgeltendmachung liegt keine stillschweigende Ausschlagung, wenn dem Pflichtteilsberechtigten das Vermächtnis nicht bekannt war[8]. Auch kann in der Geltendmachung des Pflichtteilsanspruchs nur dann eine konkludente Ausschlagung zu sehen sein, wenn Pflichtteils- und Vermächtnisschuldner dieselbe Person sind, weil das Vermächtnis gegenüber dem damit Beschwertem auszuschlagen ist[9].

IV. Annahme des Vermächtnisses (Abs 1 S 2)

5   Sie kann erst nach Eintritt des Erbfalls erklärt werden, aber dann auch stillschweigend[10], und ist bedingungsfeindlich. Mit der Annahme erwirbt der Pflichtteilsberechtigte das Vermächtnis endgültig, verliert aber den Pflichtteilsanspruch insoweit, als dieser durch das Vermächtnis gedeckt wird (also nur Pflichtteilsrestanspruch, § 2307 Abs 1 S 2). Für den **Vermächtnisanspruch** gelten die allgemeinen Bestimmungen des Vermächtnisrechts, also Verjährung nach § 197 Abs 1 und kein Pfändungsschutz nach § 852 Abs 1 ZPO wie für den Pflichtteilsanspruch; jedoch steht das Vermächtnis in der Insolvenz dem Pflichtteilsanspruch gleich, soweit es den Pflichtteil nicht übersteigt (§ 327 Abs 2 S 1 InsO).

6   Ein **Pflichtteilsrestanspruch** besteht nur, soweit der Wert des Vermächtnisses hinter dem Pflichtteil zurückbleibt (Abs 1 S 2 HS 1). Der Pflichtteil bemisst sich unter Berücksichtigung von Anrechnungs- und Ausgleichungsbestimmungen (Werttheorie)[11] und bei der **Zugewinngemeinschaftsehe** nach dem großen Pflichtteil[12]. Das Vermächtnis ist dabei grds mit dem Verkehrswert im Zeitpunkt des Erbfalls[13] anzusetzen. An einen anderen Anrechnungswert ist der Pflichtteilsberechtigte bei Annahme des Vermächtnisses gebunden, nicht jedoch bei einer Ausschlagung[14]. Der Pflichtteilsrestanspruch soll auch entfallen, wenn der Pflichtteilsberechtigte ein Vermächtnis in Kenntnis der letztwilligen Bestimmung annimmt, wonach durch diese Zuwendung „alle Erb- und Pflichtteilsansprüche abgefunden sind"[15].

---

[1] Mot V S 393; *Staudinger/Haas* Rn 1; *Lange/Kuchinke* § 37 V 6 a.
[2] *Staudinger/Haas* Rn 2.
[3] RG JW 1928, 907; OLG Düsseldorf FamRZ 1991, 1107, 1109; *Damrau/Riedel/Lenz* Rn 7; *Soergel/Dieckmann* Rn 4; *Staudinger/Haas* Rn 8; *Palandt/Edenhofer* Rn 1.
[4] *Staudinger/Haas* Rn 8; *Damrau/Riedel/Lenz* Rn 7.
[5] Zur Systematisierung *J. Mayer* ZEV 1995, 41, 44.
[6] RGZ 129, 239, 241; *Damrau/Riedel/Lenz* Rn 8; *Soergel/Dieckmann* Rn 3; *Staudinger/Haas* Rn 9.
[7] *Damrau/Riedel/Lenz* Rn 6; *Staudinger/Haas* Rn 7; *MünchKommBGB/Lange* Rn 7.
[8] *Damrau/Riedel/Lenz* Rn 11; *MünchKommBGB/Lange* Rn 10.
[9] BGH NJW 2001, 520 = ZEV 2001, 20; *Staudinger/Haas* Rn 12.
[10] OLG Stuttgart ZEV 1998, 24, 25.
[11] *Staudinger/Haas* Rn 18; *Damrau/Riedel/Lenz* Rn 19; BGH NJW 1993, 1197.
[12] *MünchKommBGB/Lange* Rn 11; RGRK/*Johannsen* Rn 14.
[13] RG WarnR 1914 Nr 168; *Staudinger/Haas* Rn 18.
[14] OLG München HRR 1942 Nr 61; *Damrau/Riedel/Lenz* Rn 16; *MünchKommBGB/Lange* Rn 4; *Staudinger/Haas* Rn 18.
[15] LG Verden vom 31. 3. 1983, 8 O 59/82; eingehend zu Verwirkungsklauseln in diesem Zusammenhang *Staudinger/Haas* Rn 20 ff.

Beschränkungen und Beschwerungen iS von § 2306, mit denen das Vermächtnis belastet ist, 7
werden nach dem eindeutigen Gesetzeswortlaut bei der Bewertung des Vermächtnisses ausdrücklich
nicht berücksichtigt[16] und erhöhen damit nicht den Pflichtteilsrestanspruch (Abs 1 S 2 HS 2). Damit
wird der Vermächtnisnehmer entspr dem § 2306 Abs 1 S 2 behandelt. Liegt ein **aufschiebend
bedingtes Vermächtnis** vor, so behandelt es die hM wie eine solche Beschränkung, dh, es wird mit
seinem vollen Wert auf den Pflichtteil angerechnet, auch wenn die Bedingung (etwa eine Wiederverheiratung des Erben) vielleicht nie eintritt[17]. Wartet der Pflichtteilsberechtigte mit seiner Entscheidung über die Ausschlagung des Vermächtnisses ab, so ist der Pflichtteilsanspruch uU verjährt, bis
feststeht, ob die Bedingung eintritt. Dies führt für ihn zu nicht tragbaren Ergebnissen. Der Pflichtteilsberechtigte muss daher berechtigt sein, auch ohne Ausschlagung den vollen Pflichtteil zu fordern;
bei Bedingungseintritt hat er sich jedoch diesen auf seine Vermächtnisforderung anrechnen zu lassen[18]. Das
vermeidet auch den Wertungswiderspruch der hM zu § 2306, denn dort wird ein aufschiebend bedingt
als Nacherbe eingesetzter Pflichtteilsberechtigter genauso behandelt (vgl § 2306 Rn 26). Demgegenüber fällt der von der hM ins Feld geführte Gesichtspunkt der Beschleunigung der Nachlassabwicklung
nicht in Gewicht. Denn immer wenn Vermächtnisse angeordnet werden, kann dies auf Grund der
gesetzlichen 30-jährigen Verjährungsfrist systemimmanent zu einer erheblichen zeitlichen Verzögerung
führen.

V. Vermächtnis neben Erbteil

Für das hier erforderliche Zusammenspiel von §§ 2305, 2306 und 2307 ist zunächst die Vorschrift 8
des § 2306 und seine beiden Grundvarianten zu beachten und zu prüfen, ob durch eine Ausschlagung
ein Pflichtteilsanspruch (außer dem nach § 2305) besteht. Für die Ermittlung der Wertgrenze des
§ 2306 Abs 1 S 1 („hinterlassen mehr als die Hälfte des gesetzlichen Erbteils") ist vom **Gesamterwerb
aus Erbteil und (Voraus-)Vermächtnis auszugehen. Dabei ist zu beachten, dass die Ausschlagung des
Vermächtnisses wegen § 2307 Abs 1 S 1 den Pflichtteilsanspruch niemals entfallen lässt, die Ausschlagung des Erbteils aber immer, wenn der Fall des § 2306 Abs 1 S 1 vorliegt, und nur ein Pflichtteilsrestanspruch von einer Erbschaftsausschlagung unberührt bleibt. Daher ist zu unterscheiden[19]:

1. Zuwendung eines unbelasteten Erbteils und Vermächtnisses. Wenn der hinterlassene Erb- 9
teil gleich oder größer als die Hälfte des gesetzlichen Erbteils ist, so besteht kein Pflichtteilsanspruch. Auch durch die Ausschlagung der Erbschaft entsteht ein solcher nicht, da kein Fall des § 2306
Abs 1 S 2 vorliegt; der Ausschlagende verliert immer. Ist der **hinterlassene Erbteil kleiner als die
Hälfte des gesetzlichen Erbteils,** so besteht zwar ein Pflichtteilsrestanspruch (§ 2305), auf den aber
der Wert des Vermächtnisses anzurechnen ist (§ 2307 Abs 1 S 2); die Ausschlagung des Vermächtnisses
führt zum vollen Pflichtteilsrestanspruch, die Ausschlagung der Erbschaft zu deren Verlust, während der
Pflichtteilsanspruch wie bei der Erbschaftsannahme bleibt[20].

2. Zuwendung eines belasteten Erbteils. Übersteigt **der belastete Erbteil die Hälfte des** 10
gesetzlichen Erbteils, so ist von der Fallkonstellation des § 2306 Abs 1 S 2 auszugehen. Ausschlagung
von Erbschaft und Vermächtnis führen zum vollen Pflichtteil. Schlägt der Pflichtteilsberechtigte nur
den hinterlassenen Erbteil aus, so erhält er zwar den Pflichtteil, jedoch ist der Wert des Vermächtnisses
nach § 2307 Abs 1 S 2 anzurechnen und zwar ohne Abzug der darauf lastenden Beschwerungen.
Schlägt er nur das Vermächtnis aus, so verliert er dieses, gewinnt aber nichts hinzu, da er als Erbe
ausreichend bedacht wurde[21].

Ist der **hinterlassene Erbteil kleiner als die Hälfte des gesetzlichen Erbteils oder entspricht er** 11
allenfalls diesem, so besitzt das zusätzlich zugewandte (Voraus-)Vermächtnis eine besondere Bedeutung. Wird das Vermächtnis angenommen, so kommt es darauf an, ob damit durch **Erbteil und
Vermächtnis** (also Zusammenrechnung) dem Pflichtteilsberechtigten mehr als die Hälfte des gesetzlichen Erbteils hinterlassen wurde. **(1)** Ist dies der Fall, dann gilt § 2306 Abs 1 S 2[22]: Es führt die reine
Ausschlagung der Erbschaft zum Pflichtteil, gekürzt um das Vermächtnis (§ 2307 Abs 1 S 2; s Rn 10).
Die bloße **Ausschlagung des Vermächtnisses** führt zur Anwendung des § 2306 Abs 1 S 1: auch
andere Belastungen fallen weg[23]; dadurch kann der Pflichtteilsberechtigte also eine ihn beeinträchtigende Belastung zu Fall bringen. Ein Pflichtteilsrestanspruch nach § 2305 entsteht nur, soweit der hinterlassene Erbteil unter der Hälfte des gesetzlichen Erbteils liegt[24]. Werden **Erbteil und Vermächtnis
ausgeschlagen,** so kommt es – wegen der Bedeutung des Vermächtnisses als Weichenstellung iS von

---

[16] MünchKommBGB/*Lange* Rn 5; *Damrau/Riedel/Lenz* Rn 17.
[17] So BGH NJW 2001, 520 = ZEV 2001, 20 obiter dictum; OLG Oldenburg NJW 1991, 988, wobei hier eigentlich ein aufschiebend befristetes Vermächtnis vorlag!; MünchKommBGB/*Lange* Rn 6; RGRK-*Johannsen* Rn 8; *Staudinger/Haas* Rn 6; *Lange/Kuchinke* § 37 V 6 c Fn 108; *Soergel/Dieckmann* Rn 2; *Damrau/Riedel/Lenz* Rn 5.
[18] So *Schlitt* NJW 1992, 28, 29; *Strecker* ZEV 1996, 327, 328; *Palandt/Edenhofer* Rn 3; MünchKommBGB/*Frank* 3. Aufl, Rn 6.
[19] Zum Folgenden *Schlitt* ZEV 1998, 216 mit Tabellenübersicht, zT aber fehlerhaft; *Staudinger/Haas* Rn 28 ff; MünchKommBGB/*Lange* Rn 13 ff; *Soergel/Dieckmann* Rn 15 ff; *Grothe* MittRhNotK 1998, 193, 207 f.
[20] MünchKommBGB/*Lange* Rn 14.
[21] *Soergel/Dieckmann* Rn 15; MünchKommBGB/*Lange* Rn 14; PWW/*Deppenkemper* Rn 7.
[22] BGHZ 80, 263, 265 = NJW 1981, 1837; OLG Düsseldorf ZEV 1996, 72, 73 m Anm *Stein*; OLG Neustadt NJW 1957, 1523; MünchKommBGB/*Lange* Rn 16.
[23] BGHZ 80, 263, 266; MünchKommBGB/*Lange* Rn 16; *Staudinger/Haas* Rn 32.
[24] *Gottwald* Rn 18; *Staudinger/Haas* Rn 32; PWW/*Deppenkemper* Rn 8.

§ 2306 – auf die **zeitliche Reihenfolge** an: Wird zuerst das Vermächtnis ausgeschlagen, so greift die Fiktion des § 2306 Abs 1 S 1 ein, dh, dass die Beschränkungen des Erbteils zwar wegfallen, aber eine spätere Ausschlagung des Erbteils nicht zum Entstehen eines Pflichtteils führt; es besteht allenfalls ein Pflichtteilsrestanspruch, wenn ein solcher schon immer bestand, weil der hinterlassene hinter der Hälfte des gesetzlichen Erbteils zurückbleibt[25]. Wird **zunächst die Erbschaft ausgeschlagen** und später das Vermächtnis, so greift die für den Ausschlagenden günstigere Normsituation des § 2307 ein und es besteht der volle Pflichtteilsanspruch[26].

12 (2) Übersteigen der **hinterlassene Erbteil und das Vermächtnis** zusammengerechnet **nicht die Hälfte des gesetzlichen Erbteils,** so fallen die Belastungen des Erbteils weg (§ 2306 Abs 1 S 1);[27] daneben kann ein Pflichtteilsrestanspruch bestehen, auf den aber ein angenommenes Vermächtnis (§ 2307 Abs 1 S 2) voll anzurechnen ist. Die Ausschlagung des Vermächtnisses führt zum ungekürzten Pflichtteilsrestanspruch (§ 2307 Abs 1 S 1). Wird demgegenüber der Erbteil ausgeschlagen, so besteht allenfalls ein Pflichtteilsrestanspruch nach § 2305, auf den das angenommene Vermächtnis anzurechnen ist[28]. Wird beides ausgeschlagen, verbleibt nur der Pflichtteilsrestanspruch.

13 **3. Besonderheiten bei der Zugewinngemeinschaft.** Hier ist zu beachten, dass der überlebende Ehegatte oder gleichgeschlechtliche Lebenspartner (§§ 6 S 2, 7 LPartG) bei Zuwendung eines Erbteils oder Vermächtnisses einen erhöhten **Erb- und damit Pflichtteil** hat (§ 1371 Abs 1) und damit die Bemessungsgrundlage für den Pflichtteilsrestanspruch größer wird. Bei einer Erbschaftsausschlagung behält er immer seinen Pflichtteil (§ 1371 Abs 3), was bei der Fallkonstellation des § 2306 Abs 1 S 1 wichtig ist[29]. Schlägt er daher **Erbschaft und Vermächtnis** aus, so kann er den kleinen Pflichtteil (berechnet aus dem Erbteil des § 1931) und zusätzlich vornehmlich den rechnerischen Zugewinnausgleich nach § 1371 Abs 2 verlangen; dass der „normale" Pflichtteilsberechtigte in der Fallkonstellation des § 2306 Abs 1 S 1 bei der Erbschaftsausschlagung keinen Pflichtteil erhält, ist für den Ehegatten wegen § 1371 Abs 3 unbeachtlich[30]. Jedoch ist § 2306 Abs 1 S 1 wegen des Wegfalls von Beschwerungen auch hier bedeutsam. Nimmt der Ehegatte Erbschaft und Vermächtnis an, so berechnet sich ein **Pflichtteilsrestanspruch** nach dem „großen Pflichtteil" (unter Anrechnung von Vermächtnis und Erbteil), ein rechnerischer Zugewinnausgleich erfolgt nicht. Schlägt er nur Erbschaft oder Vermächtnis aus, so kann er auf Grund seines Pflichtteilsrestanspruchs „Ergänzung" bis zum „großen Pflichtteil" nach § 2305 oder § 2307 Abs 1 S 2 verlangen[31]. Entsprechendes gilt für den überlebenden eingetragenen Lebenspartner bei der Zugewinngemeinschaft.

VI. Fristsetzung nach Abs 2

14 Weil es für Vermächtnisse keine Ausschlagungsfrist gibt, gewährt Abs 2 dem mit einem Vermächtnis beschwerten Erben die Möglichkeit, dem Vermächtnisnehmer eine angemessene Frist zur Annahme des Vermächtnisses zu setzen, um Klarheit über die Belastung mit Vermächtnis oder Pflichtteil zu erhalten. Nach fruchtlosem Fristablauf gilt das Vermächtnis als ausgeschlagen (Abs 2 S 2). Da die Frist angemessen sein muss, läuft sie idR nicht vor einer Inventarfrist ab, die der Pflichtteilsberechtigte dem Erben gesetzt hat[32]; auch muss vorher die vom Pflichtteilsberechtigten verlangte Auskunft und Wertermittlung (§ 2314) erbracht worden sein[33]. Mehrere mit einem gleichen Vermächtnis belastete Erben können das Fristsetzungsrecht nur gemeinsam ausüben[34].

§ 2308 Anfechtung der Ausschlagung

(1) Hat ein Pflichtteilsberechtigter, der als Erbe oder als Vermächtnisnehmer in der in § 2306 bezeichneten Art beschränkt oder beschwert ist, die Erbschaft oder das Vermächtnis ausgeschlagen, so kann er die Ausschlagung anfechten, wenn die Beschränkung oder die Beschwerung zur Zeit der Ausschlagung weggefallen und der Wegfall ihm nicht bekannt war.

(2) ¹Auf die Anfechtung der Ausschlagung eines Vermächtnisses finden die für die Anfechtung der Ausschlagung einer Erbschaft geltenden Vorschriften entsprechende Anwendung. ²Die Anfechtung erfolgt durch Erklärung gegenüber dem Beschwerten.

---

[25] BGHZ 80, 263, 265 f = NJW 1981, 1837; *Soergel/Dieckmann* Rn 16; *Staudinger/Haas* Rn 32; MünchKommBGB/*Lange* Rn 16.
[26] *Palandt/Edenhofer* Rn 4; *Soergel/Dieckmann* Rn 17.
[27] *Soergel/Dieckmann* Rn 17; MünchKommBGB/*Lange* Rn 16; aA *Planck/Greiff* Anm 6 b.
[28] *Soergel/Dieckmann* Rn 17; *Grothe* MittRhNotK 1998, 193, 207; *Damrau/Riedel/Lenz* Rn 25; die Anrechnung übersieht *Staudinger/Haas* Rn 32.
[29] *Schlitt* ZEV 1998, 214, 219.
[30] *Soergel/Dieckmann* Rn 18; MünchKommBGB/*Lange* Rn 17; *Grothe* MittRhNotK 1998, 193, 208.
[31] MünchKommBGB/*Lange* Rn 17; *Braga* FamRZ 1957, 334, 339 f; *Soergel/Dieckmann* Rn 18; *Damrau/Riedel/Lenz* Rn 26.
[32] RG Recht 1908 Nr 350.
[33] *Soergel/Dieckmann* Rn 12; *Staudinger/Haas* Rn 26; *Damrau/Riedel/Lenz* Rn 21.
[34] OLG München FamRZ 1987, 752.

I. Normzweck, Konkurrenzfragen

Die Vorschrift knüpft an die schwierige Ausschlagungsentscheidung nach §§ 2306, 2307 an. Sie gewährt ausnahmsweise ein Anfechtungsrecht bei irrtümlicher Annahme einer der in § 2306 genannten Beschränkungen oder Beschwerungen, wenn diese nach Eintritt des Erbfalls entfallen sind. Denn wer bei einem hinterlassenen Erbteil von größer als der Hälfte des gesetzlichen Erbteils (§ 2306 Abs 1 S 2) infolge eines solchen Irrtums ausschlägt, verliert damit nicht nur die in Wahrheit unbelastete Erbschaft, sondern grds auch den Pflichtteil, da im Allgemeinen die Ausschlagung zum Verlust des Pflichtteilsrechts führt (Ausnahme: überlebender Ehegatte einer Zugewinngemeinschaftsehe, § 1371 Abs 3; Pflichtteilsrestanspruch). Gegen diesen Totalverlust will § 2308 schützen. Der Normzweck erschöpft sich aber nicht darin. Er besteht auch in der Erhaltung der zu Unrecht als belastet angesehenen und daher ausgeschlagenen erbrechtlichen Zuwendung[1]. Er greift daher auch ein: 1

– beim überlebenden **Ehegatten einer Zugewinngemeinschaftsehe**[2], auch wenn diesem trotz der Ausschlagung noch der Pflichtteil bliebe,
– bei der **Zuwendung** eines **Vermächtnisses**, obgleich die Ausschlagung hier unabhängig davon zum Pflichtteil führt, ob das Vermächtnis belastet ist oder nicht[3].

§ 2308 ist dagegen **nicht anwendbar** auf die Falllage des § 2306 Abs 1 S 1 (hinterlassener Erbteil kleiner oder gleich der Hälfte des gesetzlichen Erbteils), da hier bereits kraft Gesetzes die Belastungen und Beschränkungen wegfallen[4].

Neben § 2308 ist die Anfechtung der Ausschlagung oder der Annahme einer erbrechtlichen Zuwendung nach den allgemeinen Grundsätzen möglich[5]. 2

II. Anfechtung der Ausschlagung

1. Anfechtungsgrund. a) Wegfall der bestehenden Belastungen und Beschwerungen. Es muss eine der in § 2306 genannten Belastungen und Beschwerungen im Erbfall objektiv bestanden haben, eine bloß subjektive Annahme genügt nach dem eindeutigen Gesetzeswortlaut gerade nicht[6]. Weiter müssen die Belastungen oder Beschwerungen **zwischen Erbfall und Ausschlagung weggefallen** sein (zB Ausschlagung eines Vermächtnisses, Wegfall des Testamentsvollstreckers je ohne Ersatzberufung). Dabei genügt es, wenn von mehreren Belastungen nur eine wegfällt[7]. 3

Kein Anfechtungsrecht nach § 2308 besteht aber bei bloßem Irrtum über rechtliche Tragweite oder Umfang der angeordneten Belastung[8] oder den wirtschaftlichen Wert[9], oder wenn die Beschränkung oder Beschwerung erst nach der Ausschlagung wegfällt. Tritt der Wegfall der Beschränkung oder Beschwerung zwar erst nach der Ausschlagung ein, wirkt aber **ex tunc zurück**, so bejaht der BGH die Anfechtbarkeit[10]. Dies entspricht zwar dem Normzweck (Erhaltung der unbelasteten Erbschaft), wird jedoch ganz überwiegend kritisiert, da bei Abgabe der Ausschlagungserklärung kein Irrtum vorlag, vielmehr die subjektive Vorstellung und die damals noch bestehende objektive Rechtslage übereinstimmten[11]. Die Ausdehnung der Anfechtungsmöglichkeit beruht auch hier auf dem Gedanken, dass auch unbewusste Fehlvorstellungen über die Zukunft (hier Fortbestehen der Belastung) dem Irrtum gleichzustellen sind[12]. Wer dies bei § 2078 akzeptiert, muss dies auch im Rahmen von § 2308 tun. 4

b) Unkenntnis des Ausschlagenden. Die Belastungen oder Beschwerungen dürfen dem Ausschlagenden nicht bekannt sein; grobe Fahrlässigkeit schadet nicht[13]. Entspr den allgemeinen Grundsätzen des Anfechtungsrechts wird man fordern müssen, dass der Irrtum **kausal** für die Anfechtung war, auch wenn sich dies nicht aus dem Wortlaut ergibt[14]. 5

2. Anfechtung der Erbschaftsausschlagung. Die Form der Anfechtung bestimmt sich nach §§ 1955, 1945, die Frist nach § 1954 (grds sechs Wochen!), die Wirkung nach § 1957. Die Anfechtung der Ausschlagung gilt daher als **Annahme** der Erbschaft. Dies führt de facto zum Verlust des Pflichtteils; da dies aber nicht auf einem rechtsgeschäftlichen Pflichtteilsverzicht beruht, bedarf die Anfechtung nicht 6

---

[1] Vgl auch BGHZ 112, 229, 238 = NJW 1991, 169; Soergel/Dieckmann Rn 1; dagegen sieht die hM den Normzweck zu sehr unter der Perspektive der Erhaltung des Pflichtteils trotz irrtümlicher Ausschlagung.
[2] Soergel/Dieckmann Rn 2; Staudinger/Haas Rn 2.
[3] MünchKommBGB/Lange Rn 3; Staudinger/Haas Rn 2; Soergel/Dieckmann Rn 3.
[4] MünchKommBGB/Lange Rn 2; Damrau/Riedel/Lenz Rn 3; Soergel/Dieckmann Rn 2; Staudinger/Haas Rn 9; ob hier nach § 119 Abs 2 angefochten werden kann, ist str, bejahend OLG Hamm OLGZ 1982, 41, 46; eingehend § 2306 Rn 20.
[5] Staudinger/Haas Rn 3; Lange/Kuchinke § 37 V 5 a Fn 104, V 9; BGHZ 112, 229, 238 = NJW 1991, 169.
[6] Staudinger/Haas Rn 6; Soergel/Dieckmann Rn 4; MünchKommBGB/Lange Rn 4; Damrau/Riedel/Lenz Rn 4.
[7] Staudinger/Haas Rn 6; RGRK/Johannsen Rn 1.
[8] U. Mayer DNotZ 1996, 422, 428; Staudinger/Haas Rn 6.
[9] MünchKommBGB/Lange Rn 4; PWW/Deppenkemper Rn 2; die immer wieder zitierte Entscheidung RGZ 103, 21, 22 f betraf nicht § 2308, sondern die unmittelbare Anfechtung der Erbschaftsausschlagung.
[10] BGHZ 112, 229, 238 f beim nachträglichen Wegfall der Beschwerungen infolge Testamentsanfechtung, §§ 2078 ff; ebenso PWW/Deppenkemper Rn 2; Lange/Kuchinke § 37 V 9 b sub alpha; aA OLG Stuttgart OLGZ 1983, 305, 307; MünchKommBGB/Lange Rn 4; Soergel/Dieckmann Rn 4; Damrau/Riedel/Lenz Rn 5.
[11] MünchKommBGB/Lange Rn 4; Staudinger/Haas Rn 7; Soergel/Dieckmann Rn 4.
[12] S etwa bei § 2078 BGH NJW-RR 1987, 1412; BayObLG NJW-RR 1990, 200.
[13] MünchKommBGB/Lange Rn 5; Staudinger/Haas Rn 8.
[14] MünchKommBGB/Lange Rn 5; Soergel/Dieckmann Rn 5; aA RGRK/Johannsen Rn 1; Planck/Greiff Anm 1 a; offenlassend Staudinger/Haas Rn 8.

der familien- oder **vormundschaftsgerichtlichen Genehmigung** nach § 1822 Nr 2[15]. Ein Pflichtteilsrestanspruch entsteht durch die Anfechtung der Ausschlagung nicht, da § 2308 nicht auf die Falllage des § 2306 Abs 1 S 1 anwendbar ist[16].

7 **3. Anfechtung der Vermächtnisausschlagung (Abs 2).** Hinsichtlich des Anfechtungsgrunds ergeben sich keine Besonderheiten (Rn 3). In formeller Hinsicht ist zu beachten, dass abweichend von den sonstigen Grundsätzen nach der ausdrücklichen Regelung des § 2308 Abs 2 S 2 die Anfechtung formlos gegenüber dem Beschwerten erfolgt[17] und iÜ für die Anfechtung der Ausschlagung die Vorschriften über die Anfechtung einer Erbschaftsausschlagung gelten, diese also fristgebunden ist (§ 1955). Die erfolgreiche Anfechtung gilt auch hier als Annahme der Zuwendung, was über § 2307 zur Kürzung oder gar zum ganzen Wegfall des Pflichtteils führt, zumal fortbestehende weitere Beschränkungen nicht mindernd berücksichtigt werden (§ 2307 Abs 1 S 2 HS 2). Als faktische Auswirkung bedarf aber auch hier die Anfechtung keiner Genehmigung des Vormundschaftsgerichts (Rn 6).

III. Anfechtung der Annahme einer belasteten Zuwendung

8 § 2308 regelt nicht den quasi spiegelbildlichen Fall, dass der Pflichtteilsberechtigte in tatsächlicher Unkenntnis bestehender Beschränkungen oder Beschwerungen eine Erbschaft oder ein Vermächtnis angenommen hat und nunmehr anfechten will. Eine Analogie zu 2308 scheidet wegen des Ausnahmecharakters und des anderen Normzwecks aus[18]. Daher richtet sich das Vorliegen eines Anfechtungsgrundes nach den allgemeinen Vorschriften (§§ 119 ff)[19]. Die ganz hM bejaht hier zu Recht eine Anfechtung nach § 119 Abs 2, weil sie in den Beschränkungen und Beschwerungen iS des § 2306 eine verkehrswesentliche Eigenschaft der Erbschaft sieht; für die grundsätzliche Anfechtbarkeit spricht auch § 2306 Abs 1 S 2 HS 2[20]. Kein Anfechtungsgrund besteht jedoch bei Fehlvorstellungen über die rechtliche oder wirtschaftliche Tragweite der dem Pflichtteilsberechtigten dem Grunde nach bekannten Belastungen[21] oder bei einem Irrtum über das zukünftige Verhalten Dritter[22]. Die erfolgreiche Anfechtung führt hier zur Ausschlagung der Erbschaft (§ 1957 Abs 1) und damit zum Anfall an den nach § 1953 Abs 2 Berufenen. Der dadurch zum Zuge kommende Erbe muss zwar bei der Falllage des § 2306 Abs 1 S 2 den vorrangigen Pflichtteil erfüllen, kann aber Vermächtnisse oder Auflagen nach § 2322 um den entsprechenden Betrag kürzen[23].

§ 2309 Pflichtteilsrecht der Eltern und entfernteren Abkömmlinge

Entferntere Abkömmlinge und die Eltern des Erblassers sind insoweit nicht pflichtteilsberechtigt, als ein Abkömmling, der sie im Falle der gesetzlichen Erbfolge ausschließen würde, den Pflichtteil verlangen kann oder das ihm Hinterlassene annimmt.

Schrifttum: *Bestelmeyer,* Das Pflichtteilsrecht der entfernten Abkömmlinge und Eltern des Erblassers im Anwendungsbereich des § 2309 BGB, FamRZ 1997, 1124; *Pentz,* Auswirkungen des „entgeltlichen" Erbverzichts eines Abkömmlings auf Pflichtteilsansprüche anderer, NJW 1999, 1835.

I. Normzweck, Abgrenzung

1 Die Vorschrift knüpft an die in § 2303 grds getroffene abstrakte Pflichtteilsberechtigung an und regelt diese **innerhalb des gleichen Stammes** (in Ergänzung zu § 1924 Abs 2 und 3) und im Verhältnis der Eltern zu den Abkömmlingen.

2 § 2309 will dabei verhindern, dass es durch die in § 2303 bestimmte Vielzahl von Pflichtteilsberechtigten zu einer „Vervielfältigung der Pflichtteilslast" kommt[1]. Demselben Stamm darf der Pflichtteil nicht zwei Mal gewährt werden[2]. Diesem Normzweck entspr hat die Bestimmung keine eigen-

---

[15] *Staudinger/Haas* Rn 11; *Soergel/Dieckmann* Rn 5; MünchKommBGB/*Lange* Rn 7.
[16] *Soergel/Dieckmann* Rn 5.
[17] *Soergel/Dieckmann* Rn 7; MünchKommBGB/*Lange* Rn 9.
[18] OLG Stuttgart OLGZ 1983, 304, 307; *Damrau/Riedel/Lenz* Rn 9; *Staudinger/Haas* Rn 13; *Lange/Kuchinke* § 37 V 9 Fn 117 mwN zum Streitstand.
[19] *Damrau/Riedel/Lenz* Rn 9; *Lange/Kuchinke* § 37 V 9 b.
[20] BGHZ 106, 359, 363 = NJW 1989, 2885 bei Vermächtnisanordnung zumindest dann, wenn dadurch der „Pflichtteil gefährdet wurde": § 2318 Abs 3 hilft insoweit nicht; BayObLGZ 1995, 120, 127 = NJW-RR 1995, 904; bei Irrtum über das Vorliegen einer Beschwerung oder Höhe der Erbquote; BayObLG NJW-RR 1997, 72 = ZEV 1996, 425, 427 m abl Anm *Edenfeld*: Nacherbfolge; *Lange/Kuchinke* § 37 V 9 b; *Staudinger/Haas* Rn 13; MünchKommBGB/*Lange* Rn 11; *Kipp/Coing* § 10 III: Analogie zu 2308; *Kraiß* BWNotZ 1992, 31, 33; *Damrau/Riedel/Lenz* Rn 9; *Soergel/Dieckmann* Rn 9; RGRK/*Johannsen* Rn 3; *Palandt/Edenhofer* Rn 1; aA OLG *Colmar* OLGE 6, 329, 330; OLG Braunschweig OLGE 30, 169.
[21] BayObLGZ 1995, 120, 127 = NJW-RR 1995, 904; *Soergel/Dieckmann* Rn 9; *Staudinger/Haas* Rn 14.
[22] OLG Stuttgart OLGZ 1983, 304; *Soergel/Dieckmann* Rn 9.
[23] BGHZ 106, 359, 365 f; *Lange/Kuchinke* § 37 V 9 b.
[1] RGZ 93, 193, 195.
[2] So bereits Mot V S 401; RGZ 93, 193, 196.

ständig pflichtteilsbegründende Funktion[3], sondern schränkt nur eine an sich gegebene Pflichtteilsberechtigung wieder ein[4].

II. Voraussetzungen des Pflichtteilsrechts der entfernt Berechtigten

Da § 2309 nur eine nach § 2303 an sich gegebene Pflichtteilsberechtigung einschränkt, sind für die Pflichtteilsberechtigung der entfernteren Abkömmlinge und der Eltern **zwei Tatbestandsvoraussetzungen** zu erfüllen: Die Pflichtteilsberechtigung aus eigenem Recht des Anspruchstellers (Rn 4 ff) und dass der nähere Pflichtteilsberechtigte weder einen Pflichtteil verlangen konnte noch das ihm uU Hinterlassene angenommen hat (Rn 9 ff). 3

1. Pflichtteilsberechtigung aus eigenem Recht. Lebt ein näherer Abkömmling zur Zeit des Erbfalls oder war er zumindest gezeugt und wird später lebend geboren (§ 1923 Abs 2), so wird ein entfernterer Abkömmling oder Elternteil nur dann durch Verfügung von Todes wegen von der gesetzlichen Erbfolge ausgeschlossen, wenn der näher Berechtigte auf Grund einer gesetzlichen Fiktion als nicht vorhanden gilt, also weil er die Erbschaft ausgeschlagen (§ 1953 Abs 1), einen Erbverzicht (§ 2346 Abs 1) geleistet hat oder er für erbunwürdig erklärt wurde (§ 2344 Abs 1). Nur dann entfällt die „gesetzliche Zutrittsschranke" zum Kreis der konkret Pflichtteilsberechtigten, die sonst bereits § 2303 iVm mit den Grundregeln der gesetzlichen Erbfolge aufstellt[5]. Umstritten sind die Fälle, wenn der näher Berechtigte enterbt wurde (Rn 8). 4

a) Pflichtteilsberechtigung kraft eigenen Rechts bei Erbunwürdigkeit. Wird der nähere Abkömmling für erbunwürdig erklärt, so gilt der Anfall der Erbschaft als bei ihm nicht erfolgt (§ 2344 Abs 1), und er kann keinen Pflichtteil verlangen. Die Erbunwürdigkeit hat aber keine Auswirkungen auf seine Abkömmlinge oder Eltern[6], so dass diese den Pflichtteil fordern können, wenn auch sie durch Verfügung von Todes wegen von der Erbschaft ausgeschlossen sind. Mitunter wird aber eine wirksame Ersatzerbenberufung der entfernteren Pflichtteilsberechtigten, uU zumindest auf Grund der Auslegungsregel des § 2069, vorliegen[7]. Bei der Pflichtteilsunwürdigkeit tritt keine Vorversterbensfunktion ein, vielmehr schließt der nähere Angehörige, in dessen Person die Gründe für die Pflichtteilsunwürdigkeit vorliegen, die entfernteren Pflichtteilsberechtigten kraft Gesetzes von der Erbfolge aus, weshalb das Pflichtteilsrecht nicht auf sie übergeht[8]. 5

b) Pflichtteilsberechtigung kraft eigenen Rechts beim Erbverzicht. Hat der nähere Abkömmling auf sein gesetzliches Erbrecht verzichtet, so greift nach § 2346 Abs 1 S 2 die sog „Vorversterbensfiktion" ein und eröffnet damit uU für die entfernteren Pflichtteilsberechtigten den Pflichtteil kraft eigenen Rechts. Jedoch ist § 2349 zu beachten: Da sich der Erbverzicht im Zweifel auch auf die Abkömmlinge des Verzichtenden erstreckt, sind auch diese nicht pflichtteilsberechtigt, wenn sich aus der Verzichtserklärung nichts anderes ergibt. Eine Pflichtteilsberechtigung der Eltern des Erblassers entsteht aus der Erstreckung des Erbverzichts auf die Abkömmlinge aber nur dann, wenn entgegen der Vermutung des § 2350 Abs 2 der Erbverzicht nicht nur zu Gunsten der anderen Abkömmlinge und des Ehegatten des Erblassers wirken sollte, was idR nicht gewollt ist[9]. Liegt nur ein reiner **Pflichtteilsverzicht** vor (§ 2346 Abs 2), tritt dadurch keine Änderung der gesetzlichen Erbfolge ein und somit kann daraus zumindest keine Pflichtteilsberechtigung der entfernter Berechtigten kraft eigenen Rechts entstehen[10], wenn nicht eine Enterbung des näheren Berechtigten hinzukommt[11]. Wird auf den Erbteil unter Vorbehalt des Pflichtteils verzichtet, so bleiben die entfernteren Abkömmlinge und die Eltern von der Geltendmachung des Pflichtteils ausgeschlossen[12]. Für einen Teil der Fälle lässt sich dies über §§ 2349, 2350 Abs 2 begründen; auf alle Fälle jedenfalls der Pflichtteil des Verzichtenden auf den entfernteren Berechtigten anzurechnen (§ 2309 Alt 1), ja man wird generell den Verzicht unter Pflichtteilsvorbehalt nicht dem Erbverzicht gleichstellen können (§ 2310 Rn 6)[13]. 6

c) Pflichtteilsberechtigung aus eigenem Recht bei Ausschlagung. Mit der Ausschlagung des näher Berechtigten macht dieser den Weg für entferntere Pflichtteilsberechtigte frei, da er diese bei der Feststellung der gesetzlichen Erbfolge nicht mehr ausschließt (§ 1953 Abs 2; Vorversterbensfiktion). Ob und in welchem Umfang die entfernter Berechtigten einen Pflichtteil fordern können, hängt aber immer 7

---

[3] *Bestelmeyer* FamRZ 1997, 1124, 1125; *Staudinger/Haas* Rn 5; *Soergel/Dieckmann* Rn 1, 6.
[4] Vgl etwa *Palandt/Edenhofer* Rn 1; *MünchKommBGB/Lange* Rn 2; *Staudinger/Haas* Rn 5.
[5] *Staudinger/Haas* Rn 8.
[6] *Mayer/Süß/Tanck/Bittler/Wälzholz*, HB Pflichtteilsrecht, § 2 Rn 26.
[7] Vgl etwa OLG Frankfurt NJW-RR 1996, 261.
[8] *MünchKommBGB/Lange* Rn 11; *Bestelmeyer* FamRZ 1997, 1124, 1129 f; *Jacubezky* Recht 1906, 281, 283; aA *Ebbecke* LZ 1919, 515; *Kretzschmar* Recht 1908, 798; *Maenner* Recht 1920, 137; *Lange/Kuchinke* § 37 IV 1 b.
[9] *Staudinger/Haas* Rn 10, 33; *Soergel/Dieckmann* Rn 9; *Bestelmeyer* FamRZ 1997, 1124, 1127; jetzt auch MünchKommBGB/Lange Rn 8.
[10] *Staudinger/Haas* Rn 11; *Bestelmeyer* FamRZ 1997, 1129; *Soergel/Dieckmann* Rn 10; *MünchKommBGB/Lange* Rn 8.
[11] Für Entstehen der Pflichtteilsberechtigung des Entfernteren bei Enterbung und Pflichtteilsverzicht: MünchKommBGB/*Lange* Rn 12; *Maenner* Recht 1920, 134, 136; *Lange/Kuchinke* § 37 IV 2 b ohne Begr; RGRK/*Johannsen* Rn 10; aA – Pflichtteilsverzicht führt nie zur Pflichtteilsberechtigung der „Entfernteren" – *Staudinger/Haas* Rn 11, 33; *Bestelmeyer* FamRZ 1997, 1129; *Soergel/Dieckmann* Rn 10 mit dem Hinweis, der Pflichtteilsverzicht wolle nur die Testierfreiheit stärken und keine neuen Pflichtteilsberechtigungen schaffen.
[12] *Damrau/Riedel/Lenz* Rn 6.
[13] *Staudinger/Haas* Rn 11; *v. Jacubezky* Recht 1906, 281, 282; aA *Bestelmeyer* FamRZ 1997, 1128.

§ 2310

Buch 5. Abschnitt 5. Pflichtteil

noch davon ab, ob dem näher Berechtigten trotz der Ausschlagung ein Pflichtteil verbleibt (§ 2306, vgl dort Rn 21)[14]. Bei der Falllage des § 2306 Abs 1 S 1 oder bei Ausschlagung einer unbelasteten Erbschaft verbleibt dem näher Berechtigten immerhin noch der Pflichtteilsrestanspruch (§ 2305), wenn der hinterlassene Erbteil kleiner als die Hälfte des gesetzlichen ist. Der Pflichtteilsrestanspruch ist auf den Pflichtteil des entfernter Berechtigten anzurechnen (Rn 9). Gleiches gilt, wenn ein daneben zugewandtes Vermächtnis angenommen wird[15]. Bei der Falllage des § 2306 Abs 1 S 2 erhält der Ausschlagende den vollen Pflichtteil, so dass kein Pflichtteilsrecht der entfernter Berechtigten entsteht[16].

8 **d) Pflichtteilsberechtigung aus eigenem Recht bei Enterbung.** Ist der näher Berechtigte enterbt oder liegt einer der Fälle der §§ 2305 bis 2307 vor, so entfällt grds ein Pflichtteilsanspruch des entfernter Berechtigten, weil der „näher Berechtigte" den „Pflichtteil verlangen" kann (§ 2309 Alt 1) und der Normzweck des § 2309 gerade ist, die Entstehung konkurrierender Pflichtteilsansprüche entfernterer Verwandter zu verhindern[17]. Ob vom näher Berechtigten tatsächlich der Pflichtteil verlangt wird, ist insoweit unerheblich[18]. Der entfernter Berechtigte ist jedoch pflichtteilsberechtigt, wenn dem enterbten, näher Berechtigten der **Pflichtteil entzogen** wurde (§§ 2333 ff), dieser **pflichtteilsunwürdig** ist (§ 2345 Abs 2) oder dieser auf den **Pflichtteil verzichtet** hat, ohne dass sich – abweichend von § 2349 – der Pflichtteilsverzicht auch auf seine Abkömmlinge erstreckt[19]. Zu prüfen ist aber, ob der entfernter Berechtigte überhaupt enterbt sein sollte[20]. Der Pflichtteilsberechtigung des Entfernteren schadet aber nicht, wenn der nähere Abkömmling den zu Unrecht geforderten Pflichtteil erhält[21].

9 **2. Einschränkung der eigenen Pflichtteilsberechtigung der entfernter Berechtigten.** Die zunächst bestehende Pflichtteilsberechtigung der entfernter Berechtigten wird wieder eingeschränkt, wenn und soweit
– ein näherer **Abkömmling den Pflichtteil** verlangen kann. Dies sind Fälle, wenn dem näher Pflichtteilsberechtigten der Pflichtteil nur teilweise zusteht, etwa bei einer teilweisen Pflichtteilsentziehung oder wenn bei der Falllage des § 2306 Abs 1 S 1 ausgeschlagen wird und daher dem näher Berechtigten noch der Pflichtteilsrestanspruch verbleibt[22]. Ob der Pflichtteil tatsächlich verlangt wird, ist hier unerheblich[23], oder
– der näher pflichtteilsberechtigte Abkömmling das ihm **Hinterlassene annimmt** (§ 2309 Alt 2).

10 Zum **Hinterlassenen** gehört das, was durch Verfügung von Todes wegen zugewandt wird. In Betracht kommen also Vermächtnisse[24] und Erbteile, die hinter dem Wert der Hälfte des gesetzlichen Erbteils zurückbleiben[25], nicht aber eine Zuwendung durch Auflage[26]. Der Pflichtteilsanspruch des entfernter Berechtigten erfasst daher nur noch diesen **Wertunterschied.** Dabei bleiben Beschränkungen und Beschwerungen der Zuwendung außer Ansatz[27]. Hinterlassen iS des § 2309 ist auch das, was dem näheren Abkömmling zu Lebzeiten als anrechnungs- oder ausgleichungspflichtiger Vorempfang gewährt wurde[28] oder er auf Grund eines entgeltlichen Erb- oder Pflichtteilsverzichts erhalten hat[29]. Kommt es durch einen entgeltlichen Erbverzicht aber zu einer Pflichtteilsberechtigung der Eltern des Erblassers erscheint fraglich, ob eine Anrechnung möglich ist, denn die hier erfolgte Zuwendung an einen verzichtenden Deszendenten ist keine Begünstigung des Aszendenten, so dass der Normzweck „keine Doppelbegünstigung des gleichen Stammes" bei genauer Betrachtung diesen Fall nicht unmittelbar erfasst[30].

§ 2310 Feststellung des Erbteils für die Berechnung des Pflichtteils

¹**Bei der Feststellung des für die Berechnung des Pflichtteils maßgebenden Erbteils werden diejenigen mitgezählt, welche durch letztwillige Verfügung von der Erbfolge ausgeschlossen**

---

[14] *Soergel/Dieckmann* Rn 11.
[15] *Staudinger/Haas* Rn 27.
[16] MünchKommBGB/*Lange* Rn 7; *Staudinger/Haas* Rn 28; *Soergel/Dieckmann* Rn 17.
[17] *Damrau/Riedel/Lenz* Rn 8.
[18] MünchKommBGB/*Lange* Rn 12.
[19] AA *Bestelmeyer* FamRZ 1997, 1129 für den letztgenannten Fall, da der entfernter Berechtigte bereits durch §§ 1924 Abs 2, 1930 von der Berufung zum gesetzlichen Erben ausgeschlossen ist.
[20] Eingehend *Staudinger/Haas* Rn 13 ff.
[21] RGZ 93, 193, 196.
[22] MünchKommBGB/*Lange* Rn 13; *Soergel/Dieckmann* Rn 20.
[23] *Staudinger/Haas* Rn 21; *Soergel/Dieckmann* Rn 4; *Lange/Kuchinke* § 37 IV Fn 60. Dies gilt auch bei Verjährung des Pflichtteilsanspruchs, *Staudinger/Haas* Rn 21; *Soergel/Dieckmann* Rn 18; BGB-RGRK/*Johannsen* Rn 8.
[24] AllgM für Vermächtnisse, die „an Stelle des Pflichtteils" zugewandt werden. Str, ob dies auch für Vermächtnisse gilt, die dem näher Berechtigten Pflichtteilsberechtigten zugewandt werden, der aber als erbunwürdig erklärt wurde; gegen Anrechnung MünchKommBGB/*Frank* 3. Aufl Rn 14; bejahend *Soergel/Dieckmann* Rn 23; MünchKommBGB/*Lange* Rn 14; *Damrau/Riedel/Lenz* Rn 14.
[25] *Soergel/Dieckmann* Rn 21; aA *Planck/Greiff* Anm III 2. *Staudinger/Haas* Rn 22 verneint hier bereits idR die eigene Pflichtteilsberechtigung des entfernteren Abkömmlings, außer wenn der „Nähere" einen Erbverzicht abgab.
[26] *Staudinger/Haas* Rn 22; *Soergel/Dieckmann* Rn 21; *Damrau/Riedel/Lenz* Rn 14.
[27] *Soergel/Dieckmann* Rn 20.
[28] OLG Celle NJW 1999, 1874; *Staudinger/Haas* Rn 23; *Soergel/Dieckmann* Rn 24; *Planck/Greiff* § 2315 Anm 8 a.
[29] OLG Celle NJW 1999, 1874; *Staudinger/Haas* Rn 23; dem zuneigend *Soergel/Dieckmann* Rn 24 aE; offenlassend *Lange/Kuchinke* § 37 IV 2 c; aA *Pentz* NJW 1999, 1835, 1836 f mit zT rein formalen Argumenten.
[30] *J. Mayer* ZEV 1998, 433.

sind oder die Erbschaft ausgeschlagen haben oder für erbunwürdig erklärt sind. ²Wer durch Erbverzicht von der gesetzlichen Erbfolge ausgeschlossen ist, wird nicht mitgezählt.

I. Normzweck

Der Pflichtteilsanspruch berechnet sich gemäß § 2303 Abs 1 S 2 nach dem Pflichtteilsbruchteil und dem Wert des Nachlasses. Der Pflichtteilsbruchteil bestimmt sich dabei grds nach der Erbquote der gesetzlichen Erbfolge (§§ 1924 ff). Die Akzessorietät zwischen Erb- und Pflichtteilsquote durchbricht § 2310 S 1 für bestimmte Fälle[1]. Denn maßgebend ist für die Berechnung der Pflichtteilsquote nicht die tatsächlich eingetretene konkrete gesetzliche Erbfolge, sondern die abstrakte[2]. Dadurch soll der Erblasser die Höhe der in Betracht kommenden Pflichtteilsansprüche im Interesse einer sachgerechten Nachlassplanung überschauen können, was bei den in S 1 genannten Ausschließungsgründen sonst vor dem Erbfall nicht der Fall wäre. Zudem wird dadurch die Pflichtteilsquote der anderen insoweit der Disposition des Erblassers wie aber auch der gesetzlichen Erben entzogen[3]. Dagegen sind die Folgen des Erbverzichts bereits vor dem Erbfall vorhersehbar, weshalb dieser sich nach S 2 auch auf die Pflichtteilsquote auswirkt. 1

II. Festlegung der Pflichtteilsquote nach S 1

1. Voraussetzungen. Mitgezählt werden für die Berechnung der Pflichtteilsquote alle Personen, die zum Zeitpunkt des Erbfalls als gesetzliche Erben berufen wären, auch wenn sie im konkreten Fall durch Enterbung (durch negatives Testament nach § 1938 oder erschöpfende Erbeinsetzung anderer Personen), Erbunwürdigkeitserklärung (§§ 2339 ff) oder Ausschlagung der (gesetzlichen oder gewillkürten) Erbschaft weggefallen sind. Bei der Ausschlagung ist es dabei unerheblich, ob der Betroffene dadurch nach den allgemeinen Grundsätzen an sich sein Pflichtteilsrecht verliert oder dieses bei § 2306 Abs 1 S 2 erst erlangt[4]. Ja generell ist unbeachtlich, ob derjenige, der nach S 1 bei der Ermittlung des Pflichtteilsquote mitzuzählen ist, im konkreten Fall tatsächlich einen Pflichtteil gehabt hätte[5]. Mitzuzählen ist daher auch derjenige, dem zu Recht der Pflichtteil entzogen wird (§§ 2333 ff)[6] oder der auf seinen reinen Pflichtteil verzichtet hat (Rn 6). 2

2. Rechtsfolgen. Durch die Mitberechnung der in S 1 Genannten wird die Pflichtteilsquote der übrigen Pflichtteilsberechtigten nicht vergrößert; ihr Wegfall kommt mithin alleine dem Erben zugute[7]. § 2310 S 1 dient aber nur zur Berechnung der Pflichtteilsquote, sagt aber nichts darüber, ob jemand, der allgemein zum pflichtteilsberechtigten Personenkreis gehört (vgl § 2303 Rn 4 ff), im konkreten Fall auch wirklich pflichtteilsberechtigt ist. Geändert werden aber nicht die Grundsätze der Verwandtenerbfolge (§§ 1924 Abs 2, 1930, 1935). Der vor dem Erbfall Verstorbene wird daher ebenso wenig berücksichtigt wie der, dessen Verwandtschaft infolge einer Annahme als Kind erloschen ist (§ 1755)[8]. 3

Im **Verhältnis zu § 2309** ist zu beachten, dass dies eine **Sonderregelung zu § 2310** ist. Der als Pflichtteilsberechtigte ausfallende nähere Berechtigte darf daher, wenn es um den Pflichtteil entfernterer Abkömmlinge oder der Eltern geht, nicht zu Lasten des entfernteren Berechtigten mitgezählt werden, denn § 2310 will nur die Pflichtteilsquoten festlegen und nicht den bereits durch § 2309 eröffneten Pflichtteilsanspruch wieder beseitigen[9]. 4

Beispiel: Der Erblasser hinterlässt den Sohn S und seinen Vater V; er beruft den S zum unbelasteten Alleinerben (sonst § 2306 Abs 1 S 2) und seinen Freund F zum Ersatzerben. S schlägt die Erbschaft aus. Dann ist der Vater V pflichtteilsberechtigt (§ 2309); dies wird auch nicht durch § 2310 S 1 verhindert. Die Pflichtteilsquote des V, der ohne die Ausschlagung nicht erbberechtigt gewesen wäre, beträgt $1/2$[10]. 4.1

Im Verhältnis zum **überlebenden Ehegatten** ist der weggefallene Abkömmling demgegenüber immer mitzuzählen, und zwar auch dann, wenn dieser im Verhältnis zu den Eltern des Erblassers nicht zu berücksichtigen ist[11]. Denn § 2309 erfasst nicht das Verhältnis des Ehegatten zu den entfernteren Pflichtteilsberechtigten. Daraus ergeben sich Wertungswidersprüche.

Beispiel: Der Erblasser hinterlässt seinen kinderlosen Sohn S, seine Witwe W aus Zugewinngemeinschaftsehe und seinen Vater V. Als Alleinerbe wurde S berufen, ersatzweise der Freund F. S schlägt aus. Der Pflichtteil der Witwe beträgt $1/8$, da ihr gegenüber S nach § 2310 S 1 mitzuzählen ist; V ist demgegenüber nach § 2309 infolge der Ausschlagung des S pflichtteilsberechtigt. Der Pflichtteil des Vaters beträgt wegen § 2309 demgegenüber $1/4$, denn sein gesetzlicher Erbteil betrüge neben der Witwe $1/2$ (§§ 1931 Abs 1 HS 2, Abs 3, 1371 Abs 1)[12]. W stellt sich 4.2

---

[1] Staudinger/Haas Rn 1.
[2] Damrau/Riedel/Lenz Rn 1; MünchKommBGB/Lange Rn 1; Staudinger/Haas Rn 1.
[3] Mot V S 404; MünchKommBGB/Lange Rn 1; Staudinger/Haas Rn 2.
[4] MünchKommBGB/Lange Rn 3; RGRK/Johannsen Rn 1.
[5] Staudinger/Haas Rn 4; Soergel/Dieckmann Rn 10.
[6] Lange/Kuchinke § 37 VII 2 a Fn 200; MünchKommBGB/Lange Rn 2; Planck/Greiff Anm 2 a.
[7] Palandt/Edenhofer Rn 1; Staudinger/Haas Rn 8.
[8] Palandt/Edenhofer Rn 1; Soergel/Dieckmann Rn 7.
[9] MünchKommBGB/Lange Rn 7; Soergel/Dieckmann Rn 7; Lange/Kuchinke § 37 VI 2 b; Palandt/Edenhofer Rn 1; Damrau/Riedel/Lenz Rn 6 m Beispielen.
[10] Vgl Soergel/Dieckmann Rn 7.
[11] MünchKommBGB/Lange Rn 8; Soergel/Dieckmann Rn 9; Staudinger/Haas Rn 13.
[12] Soergel/Dieckmann Rn 9; Staudinger/Haas Rn 13.

also pflichtteilsmäßig schlechter als V, obgleich sie bei gesetzlicher Erbfolge neben V die Hälfte erben würde; doch ist dies „de lege lata" hinzunehmen[13].

III. Erbverzicht (S 2)

5   Wer durch einen Erbverzicht von der gesetzlichen Erbfolge ausgeschlossen wird, ist **nicht mitzuzählen.** Dies wurde im Rahmen des Gesetzgebungsverfahrens damit gerechtfertigt, dass ein solcher Erbverzicht idR gegen eine Abfindung erklärt wird und diese daher später im Nachlass fehle[14]. Aus Gründen der Rechtssicherheit und Vereinfachung ist allerdings die Anwendung dieser Zählregel nicht davon abhängig, ob und in welcher Höhe tatsächlich eine solche Abfindung geleistet wurde[15]. Die Regelung des S 2 führt somit dazu, dass ein Erbverzicht den anderen Pflichtteilsberechtigten zugute kommt, da dadurch deren gesetzliche Erb- und damit auch Pflichtteilsquote sich entspr erhöht[16]. Auf diese Rechtsfolge hat der beurkundende Notar grds hinzuweisen (§ 17 BeurkG), ansonsten kann er sich haftbar machen[17].

6   S 2 ist **nicht anwendbar,** wenn lediglich ein Pflichtteilsverzicht (§ 2346 Abs 2) abgegeben wird, da dadurch gerade die Verfügungsfreiheit des Erblassers erweitert werden soll[18]. Mitzuzählen ist auch der, der einen Erbverzicht unter „Pflichtteilsvorbehalt" abgab (§ 2346 Rn 14), weil sonst die Pflichtteilsquote des Verzichtenden nicht berechenbar wäre[19]. Erstreckt sich der Erbverzicht entgegen der Vermutung des § 2349 nicht auf die Abkömmlinge, so sind diese entspr ihrem Eintrittsrecht (§ 1924 Abs 3) mitzuzählen[20].

§ 2311 Wert des Nachlasses

(1) ¹Der Berechnung des Pflichtteils wird der Bestand und der Wert des Nachlasses zur Zeit des Erbfalls zugrunde gelegt. ²Bei der Berechnung des Pflichtteils eines Abkömmlings und der Eltern des Erblassers bleibt der dem überlebenden Ehegatten gebührende Voraus außer Ansatz.

(2) ¹Der Wert ist, soweit erforderlich, durch Schätzung zu ermitteln. ²Eine vom Erblasser getroffene Wertbestimmung ist nicht maßgebend.

Schrifttum: *Bißmaier,* Zur Grundstücksbewertung im Pflichtteilsrecht, ZMR 1995, 106; *Bratke,* Gesellschaftsvertragliche Abfindungsklauseln und Pflichtteilsansprüche, ZEV 2000, 16; *Braunhofer,* Unternehmens- und Anteilsbewertung zur Bemessung von familien- und erbrechtlichen Ausgleichsansprüchen, 1995; *Dieckmann,* Teilhabe des Pflichtteilsberechtigten an Vorteilen des Erben nach dem VermG, ZEV 1994, 198; *Gehringer,* Der Einfluss latenter Chancen und Risiken im Pflichtteilsrecht unter besonderer Berücksichtigung gesellschaftsvertraglicher Abfindungsklauseln, 1988; *Großfeld,* Unternehmens- und Anteilsbewertung im Gesellschaftsrecht, 4. Aufl 2002; *Haas,* Der Pflichtteilsanspruch als Störfall der Unternehmensnachfolge, ZNotP 2001, 370; *Hilgers,* Die Berücksichtigung vom Erblasser herrührender Einkommensteuervor- und -nachteile bei der Nachlassbewertung im Erbrecht, 2002; *Institut der Wirtschaftsprüfer in Deutschland e.V.,* Wirtschaftsprüfer-HdB 1998, Band II, 1998 (zitiert: WP-HdB); *Kohl,* Ausschluss und Beschränkung von Abfindungsansprüchen nach dem Tod eines Personengesellschafters gegen Pflichtteilsrecht und Zugewinnausgleich, MDR 1995, 865; *Lange,* Die Möglichkeit der Privilegierung unternehmerischen Vermögens im Pflichtteilsrecht unter besonderer Berücksichtigung des § 2312 BGB, in: *Röthel* (Hrsg), Reformfragen des Pflichtteilsrechts, 2007, S 57; *Lorz,* Latente Steuern und Pflichtteilsrecht, ZErb 2003, 302; *J. Mayer,* Wertermittlung des Pflichtteilsanspruchs: Von gemeinen, inneren und anderen Werten, ZEV 1994, 331; *U. Mayer,* Der Abfindungsausschluss im Gesellschaftsrecht: pflichtteilsfester Vermögenstransfer am Nachlass vorbei?, ZEV 2003, 355; *Meincke,* Das Recht der Nachlassbewertung im BGB, 1973 (zitiert: *Meincke*); *ders,* Zum modernen Konzept der Nachlassbewertung im Pflichtteilsrecht, FS Wiedemann, 2002, S 105; *Moxter,* Grundsätze ordnungsgemäßer Unternehmensbewertung, 2. Aufl 1983; *Oechsler,* Pflichtteil und Unternehmensnachfolge von Todes wegen, AcP 200 (2000), 603; *Peemöller,* Praxishandbuch der Unternehmensbewertung, 2. Aufl 2002 (zitiert: *Bearbeiter* in: *Peemöller*); *Piltz,* Die Unternehmensbewertung in der Rechtsprechung, 3. Aufl 1994; *Reimann,* Gesellschaftsvertragliche Abfindungen und erbrechtlicher Ausgleich, ZEV 1994, 7; *ders,* Gesellschaftsvertragliche Bewertungsvorschriften in der notariellen Praxis, DNotZ 1992, 472; *Riedel,* Gesellschaftsvertragliche Nachfolgeregelungen – Auswirkungen auf Pflichtteil und Erbschaftsteuer, ZErb 2003, 212; *ders,* Die Bewertung von Gesellschaftsanteilen im Pflichtteilsrecht, 2006; *Scherer,* Die Bewertung von Kunstgegenständen, ZErb 2003, 69; *Schlichting,* Die Bewertung von Aktien aus Anlass von Pflichtteilsansprüchen, ZEV 2006, 197; *M. Schmitt,* Gesellschaftsvertrag und Pflichtteilsrecht, 1994; *Schopp,* Berechnung des Pflichtteilsanspruchs durch Ermittlung des Wertes eines Grundstücks mit besonderer Gestaltung, ZMR 1994, 552; *Tanck,* Pflichtteil bei unternehmerisch gebundenem Vermögen, BB-Spezial 5/2004, 19; *Winkler,* Reduzierung der Ansprüche der bei der Gesellschafter-Nachfolge übergangenen Pflichtteilsberechtigten durch gesellschaftsvertragliche Abfindungsklauseln, BB 1997, 1697; *ders,* Unternehmensnachfolge und Pflichtteilsrecht – Wege zur Minderung des Störfaktors „Pflichtteilsansprüche", ZEV 2005, 89.

---

[13] MünchKommBGB/*Lange* Rn 8; *Lange*/*Kuchinke* § 37 VII 2 b; *Soergel*/*Dieckmann* Rn 9; *Staudinger*/*Haas* Rn 13.
[14] Prot V S 611; eingehend zur Entstehungsgeschichte *Staudinger*/*Haas* Rn 15.
[15] Prot V S 611; *Mot* V S 404; *Planck*/*Greiff* Anm 1; *Soergel*/*Dieckmann* Rn 3; MünchKommBGB/*Lange* Rn 1.
[16] *Staudinger*/*Haas* Rn 16; *Soergel*/*Dieckmann* Rn 3, 11; *Wirner* MittBayNot 1984, 13; *Ebenroth* Rn 366, 941; zu den praktischen Problemen bei der Nachfolgeplanung *Ebenroth*/*Fuhrmann* BB 1989, 2049, 2054.
[17] OLG Hamm VersR 1981, 1037, 1038.
[18] BGH NJW 1982, 2497; *Staudinger*/*Haas* Rn 17; RGRK/*Johannsen* Rn 5; *Lange*/*Kuchinke* § 37 VII 2 a Fn 201 mwN; dies gilt auch bei gleichzeitiger Enterbung des Verzichtenden, auch wenn dies dem Erbverzicht nahe kommt, *Soergel*/*Dieckmann* Rn 11; für diff Anwendung des S 2 *Rheinbay,* Erbverzicht-Abfindung-Pflichtteilsergänzung, 1983, S 161 f.
[19] *Staudinger*/*Haas* Rn 17; ebenso m abw Begr *Soergel*/*Dieckmann* Rn 11; MünchKommBGB/*Lange* Rn 5; *Ebenroth* Rn 941.
[20] *Soergel*/*Dieckmann* Rn 11; *Staudinger*/*Haas* Rn 16.

Wert des Nachlasses   § 2311

Übersicht

	Rn		Rn
I. Überblick zur Wertermittlung	1	1. Wertbestimmung des Erblassers	12
II. Feststellung des Nachlassbestandes	2	2. Grundsätze	13
1. Stichtagsprinzip	2	a) Bewertungsziel: gemeiner Wert – subjektivierte Nachlassbewertung?	13
2. Aktivbestand	3	b) Innerer oder wahrer Wert	15
3. Nachlassverbindlichkeiten	7	c) Grunddaten der Wertermittlung	16
a) Grundsätze	7	3. Einzelfälle der Schätzung	19
b) Erblasserschulden	8	a) Grundstücke	19
c) Erbfallschulden	9	b) Unternehmen, Gewerbe, Freiberufler	23
III. Feststellung des Nachlasswerts	12	c) Gesellschaftsbeteiligungen	34

I. Überblick zur Wertermittlung

Der Pflichtteil besteht aus der Hälfte des Wertes des gesetzlichen Erbteils (§ 2303). Daher ist zunächst **1** der Nachlassbestand durch Ermittlung des pflichtteilsrelevanten Aktiv- und Passivnachlasses festzustellen. Anschließend ist der so ermittelte Bestand zu bewerten[1]. Hierfür machen die §§ 2311, 2312 (für das Landgut) und § 2313 (bedingte, unsichere und ungewisse Rechte und Verbindlichkeiten) Vorgaben zur Bestimmung des maßgeblichen Wertes. § 2311 ist hierbei von zentraler Bedeutung. Danach sind nach dem sog **Stichtagsprinzip** Bestand und Wert des Nachlasses zunächst auf den Zeitpunkt des Erbfalls zu ermitteln (Abs 1 S 1). Bei der Wertermittlung sind entspr dem zwingenden Charakter des Pflichtteilsrechts Wertbestimmungen des Erblassers unerheblich (Abs 2 S 2) und eine Schätzung nur zu veranlassen, wenn dies erforderlich ist (Abs 2 S 1). Dabei ergibt sich das **Bewertungsziel** aus der Ersatzfunktion des Pflichtteils: Der Pflichtteil soll den Pflichtteilsberechtigten in Geld so stellen, wie wenn er mit seinem halben gesetzlichen Erbteil am Nachlass beteiligt und dieser im Erbfall in Geld umgesetzt worden wäre. Daher ist grds der gemeine Wert der Pflichtteilsrechnung zu Grunde zu legen (ausf Rn 13).

II. Feststellung des Nachlassbestandes

1. Stichtagsprinzip. Der Nachlassbestand ergibt sich aus der **Differenz der Aktiva und Passiva**. **2** Maßgeblich für die erforderliche Feststellung ist grds der Erbfall, dh der Zeitpunkt des Todes des Erblassers, bei Verschollenheit der des § 9 VerschG[2]. Anders als im Recht der Inventarerrichtung nach den §§ 1993 ff[3] ist auch für die Feststellung der **Nachlassverbindlichkeiten** auf den Erbfall abzustellen, denn im Pflichtteilsrecht können und müssen sowohl hinsichtlich der Aktiva wie der Passiva auch die „unfertigen" oder künftigen Rechtsbeziehungen berücksichtigt werden[4]. Dieses starre **Stichtagsprinzip** führt zwar zur Rechtssicherheit und einer klaren Risikoverteilung, uU aber auch zu großen Härten[5], wenn etwa Nachlasswerte nach dem Erbfall verloren gehen und daher zwar für die Bemessung, nicht aber zur Bezahlung des Pflichtteils herangezogen werden können. Denn der Pflichtteilsberechtigte trägt nicht der Gefahr der Verringerung des Nachlasswertes nach Eintritt des Erbfalls[6]. **Ausnahmen** vom Stichtagsprinzip ergeben sich aus der Berücksichtigung von Vorempfängen nach §§ 2315 f, der Pflichtteilsergänzung (§§ 2325 ff) und der Beachtung von Bestandsänderungen nach § 2313[7]. Problematisch sind zeitlich nach dem Stichtag eintretende, aber auf diesen zurückwirkende Rechtsveränderungen[8].

2. Aktivbestand. Hierzu gehören alle vererblichen Vermögenswerte[9], und zwar nicht nur solche, die **3** im Wege der Universalsukzession auf den Erben übergehen, sondern auch solche, die einer erbrechtlichen Sonderrechtsnachfolge unterliegen, wie vererbliche Anteile an einer Personengesellschaft (Rn 34 ff)[10], aber auch alle vermögensrechtlichen Positionen und Beziehungen, die der Erblasser noch zu seinen Lebzeiten eingeleitet hat, die aber erst nach seinem Tode endgültige Rechtswirkungen entwickeln, sog unfertige Rechtsbeziehungen[11]. Dazu zählt auch der öffentlich-rechtliche Anspruch aus einem Meistgebot (§ 81 ZVG)[12]. Nicht zu berücksichtigen sind allerdings Nachlassbestandteile, die nur einen ideellen Wert haben[13]. Jedoch können auch vermögenswerte Bestandteile des **Persönlichkeitsrechts** auf den Erben übergehen und sind damit bei der Pflichtteilsbewertung zu erfassen; soweit es um

---

[1] Meincke S 67 ff; HdB Pflichtteilsrecht/*J. Mayer* § 5 Rn 1 f; *Staudinger/Haas* Rn 1.
[2] *Staudinger/Haas* Rn 3.
[3] Vgl etwa MünchKommBGB/*Siegmann* 2100 Rn 3.
[4] *Meincke* S 212 f; HdB Pflichtteilsrecht/*J. Mayer* § 5 Rn 5: „Wurzeltheorie"; *Staudinger/Haas* Rn 2; vgl auch BGH WM 1971, 1338; BayVGH FamRZ 2004, 489, 491.
[5] *Braga* AcP 153 (1954), 144, 158 ff; MünchKommBGB/*Lange* Rn 2; *Staudinger/Haas* Rn 3; HdB Pflichtteilsrecht/ *J. Mayer* § 5 Rn 6.
[6] *Staudinger/Haas* Rn 3; s auch BayVGH FamRZ 2004, 489, 491.
[7] *Staudinger/Haas* Rn 4 ff; HdB Pflichtteilsrecht/*J. Mayer* § 5 Rn 7 ff.
[8] *Staudinger/Haas* Rn 6 ff; HdB Pflichtteilsrecht/*J. Mayer* § 5 Rn 8 ff.
[9] Übersicht etwa bei *Damrau/Riedel/Lenz* Rn 11; HdB Pflichtteilsrecht/*J. Mayer* § 5 Rn 10 ff.
[10] Zu eng dort *Damrau/Riedel/Lenz* Rn 5.
[11] BGHZ 32, 367, 369; OLG Düsseldorf FamRZ 1996, 1440, 1441; *Meincke* S 77; MünchKommBGB/*Lange* Rn 4; *Staudinger/Haas* Rn 13 f.
[12] OLG Düsseldorf FamRZ 1996, 1440.
[13] *Soergel/Dieckmann* Rn 5; *Kerscher/Riedel/Lenz* § 7 Rn 3.

§ 2311

eine erst künftig mögliche Verletzung dieses Rechts geht, allerdings nur aufschiebend bedingt iS von § 2313[14]. Bei **Ehegatten** sind zudem weitere Besonderheiten zu beachten, so etwa die Auswirkungen des jeweiligen Güterstandes: Bei einer allgemeinen **Gütergemeinschaft** fällt nur das Sonder- und Vorbehaltsgut des Erblassers voll in den Nachlass, das eheliche Gesamtgut (§ 1416) aber nur zur Hälfte; bei Hausrat gilt die in § 8 Abs 2 HausratsVO enthaltene Vermutung des gemeinschaftlichen Eigentums für das Pflichtteilsrecht nicht[15]. Für die Zurechnung von **Bankkonten** ist maßgeblich nicht auf das Außen-, sondern das Innenverhältnis abzustellen. Dabei wird bei Ehegatten sowohl bei „Und-", wie Oder-Konten" grds davon ausgegangen, dass diese zu gleichen Teilen an den Einlagen berechtigt sind[16].

4 Rechtsverhältnisse, die infolge **Konfusion** (Vereinigung von Recht und Verbindlichkeit) oder Konsolidation (Vereinigung von Recht und dinglicher Belastung) erloschen sind, gelten für die Pflichtteilsberechnung als fortbestehend, denn von der Zufälligkeit, wer Erbe ist, darf die Höhe des Pflichtteils nicht abhängen, wie sich den in §§ 1978, 1991 Abs 2, 2143, 2175 enthaltenen Rechtsgedanken entnehmen lässt[17]. Denn der Pflichtteilsberechtigte soll in Geld so gestellt werden, wie wenn er mit seinem halben gesetzlichen Erbteil am Nachlass beteiligt wäre. Dies gilt sowohl für Forderungen wie Verbindlichkeiten des Erblassers.

5 Zu **berücksichtigen** sind auch **Surrogate**, wie nach § 1370 für Haushaltsgegenstände[18] oder Lastenausgleichsansprüche für Schäden, die bereits vor dem Erbfall eintraten, auch wenn die Ausgleichsforderung erst in der Person des Erben entstanden ist[19]. Gleiches gilt für Ansprüche des Erblassers auf Rückgabe oder Entschädigung für Grundstücke in der ehemaligen DDR nach dem Vermögensgesetz, wenn der Erbfall nach dem 29. 9. 1990 eingetreten ist[20], eingehend § 2313 Rn 9[21]. Weiter gehören zum Aktivnachlass **Steuerrückerstattungen** und zwar sowohl für die Vorjahre wie auch für das laufende „Rumpfsteuerjahr" bis zum Erbfall[22]; bei Zusammenveranlagung von Ehegatten kommt es für die Aufteilung in Übereinstimmung mit der Berücksichtigung im Zugewinnausgleich (§ 1375 Rn 33) auf das Verhältnis der Steuerbeiträge an, die bei getrennter Veranlagung angesetzt worden wären, weil nur so die unterschiedlichen subjektiven Umstände wie Werbungskosten und Altersfreibeträge und die Progressionswirkung des Einkommensteuertarifs ausreichend berücksichtigt werden können[23]. Steuerliche Verlustvorträge des Erblassers sind als Aktiva anzusetzen, soweit der Erbe hieraus noch einen echten Steuervorteil hat[24]. **Wiederkehrende Forderungen,** wie Ansprüche auf Leibrenten, sind zu kapitalisieren[25]. Wenn zum Nachlass eine **Erbschaft** oder ein **Vermächtnis** eines vorverstorbenen Erblassers gehört und der Erbe diese ausschlägt, so führt dies zu einer Minderung des Nachlasses, die auch der Pflichtteilsberechtigte gegen sich gelten lassen muss; ein striktes Abstellen auf das Stichtagsprinzip würde demgegenüber die Freiheit der Ausschlagungsentscheidung des **Erbeserben** unzulässig beschneiden, da er die Erbschaft immer annehmen müsste, um den Pflichtteil begleichen zu können[26].

6 **Nicht** in den Nachlass fallen ein Anspruch aus § 2287[27], jedoch sind hier Pflichtteilsergänzungsansprüche nach § 2329 besonders zu prüfen, sowie die Ansprüche aus einer **Lebensversicherung,** wenn ein Bezugsberechtigter genannt ist, mag dieser auch mit dem Erben personenidentisch oder der Versicherungsfall der Todesfall sein (§§ 330, 331, § 160 Abs 2 VVG)[28]. Die Ansprüche aus der Lebensversicherung gehören aber zum Nachlass, wenn kein Bezugsberechtigter wirksam benannt ist[29] oder

---

[14] Klingelhöffer ZEV 2000, 328; HdB Pflichtteilsrecht/*J. Mayer* § 5 Rn 10; MünchKommBGB/*Lange* Rn 4; wohl auch *Staudinger/Haas* Rn 14.
[15] HdB Pflichtteilsrecht/*J. Mayer* § 5 Rn 16; zust *Damrau/Riedel/Lenz* Rn 12.
[16] *Damrau/Riedel/Lenz* Rn 13; *Groll/Rößler* C VI Rn 27; *Wever* Rn 531; eingehend HdB Pflichtteilsrecht/*J. Mayer* § 5 Rn 19 f.
[17] BGHZ 98, 382, 389 = NJW 1987, 1260; BGH DNotZ 1978, 487, 489; NJW 1975, 1123, 1124; *Dieckmann* FamRZ 1984, 880, 883; *Damrau/Riedel/Lenz* Rn 6; *Kuchinke* JZ 1973, 96; *Staudinger/Haas* Rn 15 ff, 37 mit Berechnungsbeispielen; *Kipp/Coing* § 9 II 2 d; MünchKommBGB/*Lange* Rn 5; RGRK/*Johannsen* Rn 3; HdB Pflichtteilsrecht/*J. Mayer* § 5 Rn 11 ff mit Beispielen; unklar BGHZ 88, 102, 108, 112 = NJW 1983, 2875.
[18] *Damrau/Riedel/Lenz* Rn 12; HdB Pflichtteilsrecht/*J. Mayer* § 5 Rn 16.
[19] BGH MDR 1972, 851, 852; BGH FamRZ 1977, 128, 129.
[20] BGHZ 123, 76, 79 f m krit Anm *Dieckmann* ZEV 1994, 198; *Fassbender* DNotZ 1994, 359; *Casimir* DtZ 1993, 362; *de Leve* DtZ 1994, 270.
[21] OLG Düsseldorf FamRZ 1996, 1440, 1441.
[22] *Klingelhöffer* Pflichtteilsrecht Rn 241; *Staudinger/Haas* Rn 14.
[23] HdB Pflichtteilsrecht/*J. Mayer* § 5 Rn 15; zum Zugewinnausgleich etwa OLG Köln NJW 1998, 3785; aA *Damrau/Riedel/Lenz* Rn 11; *Klingelhöffer* Pflichtteilsrecht Rn 241; *Staudinger/Haas* Rn 14; zum Zugewinnausgleich *Wever* FamRZ 2000, 993, 997; offen gelassen von BGHZ 73, 29, 38 = NJW 1979, 546 für die „Parallelproblematik" rückständiger Einkommensteuer.
[24] *Klingelhöffer* Pflichtteilsrecht Rn 242; PWW/*Deppenkemper* Rn 3; vgl auch *Hilgers*, Die Berücksichtigung von Erblasser herrührender Einkommensteuervor- und -nachteile bei der Nachlassbewertung im Erbrecht, 2002, S 217 f.
[25] RGZ 72, 379, 382, zur Kapitalisierung einer Rente nach „versicherungstechnischen Grundsätzen"; MünchKommBGB/*Lange* Rn 24; *Klingelhöffer* Pflichtteilsrecht Rn 240; PWW/*Deppenkemper* Rn 3.
[26] *Brüstle* BWNotZ 1976, 78; MünchKommBGB/*Langa* Rn 6; *Kuchinke* JZ § 37 Fn 310; *Palandt/Edenhofer* Rn 1; *Staudinger/Haas* Rn 8; aA *Meincke* Nachlassbewertung S 234; *Planck/Greiff* Anm 2 b.
[27] BGH NJW 1989, 2389, 2391; OLG Frankfurt NJW-RR 1991, 1157; MünchKommBGB/*Lange* Rn 7.
[28] BGHZ 13, 226, 232; OLG Düsseldorf OLGR 1997, 167; OLG Schleswig ZEV 1995, 415; MünchKommBGB/*Gottwald* § 330 Rn 13; *Damrau/Riedel/Lenz* Rn 11; *Klingelhöffer* Pflichtteilsrecht Rn 243; MünchKommBGB/*Lange* Rn 8; *Staudinger/Haas* Rn 22.
[29] Zu diesen Problemen und zum Widerruf der Bezugsberechtigung im versicherungsrechtlichen und im Valutaverhältnis zum Drittberechtigten *Schmalz-Brüggemann* ZEV 1996, 84, 85 ff und OLG Düsseldorf ZEV 1996, 142 m Anm *Klingelhöffer;* vgl auch die Kurzübersicht bei *Scherer/Andres,* MAH Erbrecht, § 47 Rn 14 f.

wenn und soweit sie zur Kreditsicherung unter insoweit teilwesem Widerruf der Bezugsberechtigung an einen Darlehensgeber abgetreten sind[30]. Bei der Sicherungsabtretung reduzieren sie entspr dem Umfang derselben die Nachlassverbindlichkeiten; soweit die Abtretung nicht reicht, erwirbt jedoch der Bezugsberechtigte außerhalb des Nachlasses auf Grund des Versicherungsvertrags, da er nur entspr dem Sicherungszweck einen Rangrücktritt erleidet; allenfalls bestehen diesbezüglich dann **Pflichtteilsergänzungsansprüche** (§ 2325 Rn 9)[31].

3. Nachlassverbindlichkeiten. a) Grundsätze. Abzugsfähig sind **nicht alle Nachlassverbind-** 7
lichkeiten; vielmehr setzen Funktion und insolvenzrechtlicher Rang des Pflichtteilsanspruchs Grenzen. Nicht abzugsfähig sind solche Verbindlichkeiten, die im Falle eines Nachlassinsolvenzverfahrens erst nach dem Pflichtteilsanspruch zu befriedigen wären (§ 327 InsO)[32]. Berücksichtigungsfähig sind weiter nur solche Schulden, die auch bei gesetzlicher Erbfolge entstanden wären, da sie dann auch vom Pflichtteilsberechtigten zu tragen gewesen wären, was sich aus der Erbersatzfunktion des Pflichtteils ergibt[33]. Erforderlich hierfür ist weiter, dass diese Verbindlichkeiten sich **direkt** gegen den Nachlass richten; so sind nicht direkt abziehbar die Geschäftsschulden der zum Nachlass gehörenden Einmann-GmbH, sondern diese mindern nur den Wert der hinterlassenen Beteiligung[34]. Ist der Nachlass im Erbfall **überschuldet,** besteht kein Pflichtteilsanspruch[35]; wurde dieser in Unkenntnis bezahlt, besteht ein bereicherungsrechtlicher Rückzahlungsanspruch des Erben[36].

b) Erblasserschulden. Abzugsfähig sind Verbindlichkeiten, die vom Erblasser herrühren und 8
ihn bereits selbst belasteten (§ 1967 Abs 2), soweit sie vererblich und auch nicht aufschiebend bedingt oder zweifelhaft (§ 2313) sind[37]. Umstr ist, ob **verjährte Verbindlichkeiten** auch dann bereits zu berücksichtigen sind, wenn der Erbe die Verjährungseinrede noch nicht erhoben hat. Zutreffender Weise wird man diese Verbindlichkeiten aber zunächst noch als unsicher iS von § 2313 Abs 2 S 1 einordnen müssen, denn ansonsten wird der pflichtteilsrelevante Nachlass von Anfang an zum Nachteil des Pflichtteilsberechtigten mit einer Schuld belastet, die den Erben tatsächlich noch gar nicht beschwert[38]. Soweit eine im Erbfall bereits verjährte Verbindlichkeit durch Konfusion erloschen ist, etwa als dem ersten Erbfall resultierender verjährter Pflichtteilsanspruch des alleinigen Schlusserben bei einem „Berliner Testament", wird man diese aber mit den Nennbetrag abziehen können, denn der Erbe kann in dieser Konstellation die Verjährungseinrede nicht mehr erheben[39]. Abgezogen werden können weiter die Ansprüche aus einem mit dem Erbfall fälligen **Nachvermächtnis** (§ 2191) oder einem aufschiebend auf den Tod befristeten Herausgabevermächtnis, soweit damit bereits der Erblasser auf Grund eines früheren erbrechtlichen Erwerbs belastet war[40], aber auch die mit dem Tod des Erblassers noch nicht erloschenen Unterhaltsansprüche des geschiedenen Ehegatten, trotz ihrer Begrenzung auf den fiktiven Pflichtteil (§ 1586 b)[41], auch solche der Mutter des Kindes nicht miteinander verheirateter Eltern nach § 1615 k (Entbindungskosten), und für die Beerdigungskosten der Mutter (§ 1615 m) und zwar wegen § 1615 n auch dann, wenn der Vater vor Entstehen der Ansprüche verstorben ist[42]. Weiter sind abzugsfähig die rückständigen (befristeten oder unbefristeten) **Steuerschulden** des Erblassers, auch soweit sie noch nicht fällig oder auch noch nicht veranlagt sind[43]. Bei **Zusammenveranlagung** des Erblassers **mit seinem Ehegatten** (§ 25 EStG) ist trotz der gesamtschuldnerischen Haftung im Außenverhältnis darauf abzustellen,

---

[30] BGH NJW 1996, 2230 = ZEV 1996, 263, 264 m Anm *Kummer; Kerscher/Riedel/Lenz* Pflichtteilsrecht § 15 Rn 8 mit Rechenbeispiel; *Staudinger/Haas* Rn 25. Zu den sonst eintretenden ungereimten Ergebnissen *Klingelhöffer* ZEV 1995, 180, 181.
[31] OLG Düsseldorf FamRZ 1998, 121; *Staudinger/Haas* Rn 25.
[32] RGZ 90, 202, 204 f zu § 226 KO; *Nieder* HdB Rn 103; *Soergel/Dieckmann* Rn 11; *ders,* FS Beitzke 1979, S 399, 401. Der Umkehrschluss gilt nur bedingt: Nachlasseigenschulden aus Nachlassverwaltung des Erben sind nicht abzugsfähig, *Soergel/Dieckmann* aaO; Übersicht zu den Nachlassverbindlichkeiten bei jurisPK/*Birkenheier* Rn 15 ff; *Damrau/Riedel/Lenz* Rn 11.
[33] MünchKommBGB/*Lange* Rn 10; *Soergel/Dieckmann* Rn 11; *Staudinger/Haas* Rn 26; RGRK/*Johannsen* Rn 4; *Nieder* HdB Rn 103.
[34] *Meincke* S 124; *Staudinger/Haas* Rn 27 f.
[35] RGRK/*Johannsen* § 2317 Rn 1.
[36] OLG Stuttgart NJW-RR 1989, 1283.
[37] MünchKommBGB/*Lange* Rn 11; *Staudinger/Haas* Rn 31; *Lange/Kuchinke* § 37 VII 7 a.
[38] *Soergel/Dieckmann* Rn 36; *Schindler,* Pflichtteilsberechtigter Erbe, Rn 506 m Fn 902; aA *Staudinger/Haas* Rn 31; *Lange/Kuchinke* § 37 VII 7 a: generell keine Abziehbarkeit verjährter Verbindlichkeiten, da sonst könnte der Erbe zu Lasten des Pflichtteilsberechtigten auf Erhebung der Einrede verzichten.
[39] *Soergel/Dieckmann* Rn 36; *Dieckmann* FamRZ 1983, 1104, 1105; vgl auch BGHZ 98, 382, 389 f = NJW 1987, 1260 sowie die Entscheidung BGHZ 88, 102, 108.
[40] MünchKommBGB/*Lange* Rn 11; *Watzke* MittRhNotK 1999, 37, 42; *Reimann* MittBayNot 2002, 4, 7 f; *Langenfeld* Testamentsgestaltung Rn 271; für ein Vermächtnis im Rahmen der Jastrow'schen Klausel *Staudinger/Haas* Rn 46; aA wohl *Zawar,* Das Vermächtnis in der Kautelarjurisprudenz, 1983, S 61. Fiel das Vermächtnis dem Vermächtnisnehmer noch nicht an, kann dies zweifelhaft sein; eingehend zu diesem Problemkreis HdB Pflichtteilsrecht/*J. Mayer* § 12 Rn 23 ff; keine Abzugsmöglichkeit besteht jedenfalls, wenn erst der Erblasser selbst ein Vermächtnis anordnet, *Staudinger/Haas* Rn 46.
[41] MünchKommBGB/*Lange* Rn 11; *Lange/Kuchinke* § 37 Fn 308; *Soergel/Dieckmann* Rn 12 Fn 34; aA *Probst* AcP 191 (1991), 138 ff.
[42] *Soergel/Dieckmann* Rn 12; MünchKommBGB/*Lange* Rn 11.
[43] BGH NJW 1993, 131, 132; MünchKommBGB/*Lange* Rn 12; *Staudinger/Haas* Rn 32; *Soergel/Dieckmann* Rn 12; RGRK/*Johannsen* Rn 5; zur Problematik von Schwarzgeld im Nachlass *Wachter* ZErb 2003, 66.

§ 2311 Buch 5. Abschnitt 5. Pflichtteil

wer im Innenverhältnis die Steuerschuld zu tragen hat, da er das entsprechende Einkommen erzielte[44]. **Nicht abzugsfähig** sind aber die Erbschaftsteuer, die den Erben trifft[45], und die sog latenten Ertragsteuern, die sich erst durch eine Veräußerung oder Aufgabe von Betriebsvermögen (§ 16 EStG) auf Grund einer entsprechenden Handlung des Erben realisieren[46], jedoch können diese im Rahmen der Unternehmensbewertung zu berücksichtigen sein (Rn 33); Entsprechendes gilt für Altlasten[47]. Bei **gesamtschuldnerischer Haftung** von Ehegatten ist für die Berücksichtigung das Innenverhältnis maßgebend; haftet der Überlebende im Innenverhältnis allein, so ist daher der Nachlass durch die gesamtschuldnerische Mithaftung nicht belastet und die Verbindlichkeit wird deshalb bei der Bewertung des Nachlasses nicht berücksichtigt[48]. **Kreditsicherheiten,** wie Hypotheken, Sicherungsgrundschulden oder Bürgschaften, sind in Anwendung von § 2313 Abs 2 bei der Berechnung des Nachlasswertes solange außer Betracht zu lassen, wie offen ist, ob und in welcher Höhe der Sicherungsgeber überhaupt in Anspruch genommen wird. Sie sind daher zunächst nicht in die Passiva einzustellen sind[49], es sei denn, dass eine Inanspruchnahme wahrscheinlich erscheint, wobei dann aber auch der Freistellungsanspruch des Sicherungsgebers unter Berücksichtigung seiner Realisierbarkeit dieser möglichen Haftung gegenüberzustellen ist[50].

9 c) **Erbfallschulden.** Abzugsfähig sind weiter die **Erbfallschulden,** deren Rechtsgrund und Notwendigkeit der Erfüllung bereits auf den Erbfall zurückgeht oder deren Erfüllung auch im Interesse des Pflichtteilsberechtigten zu erfolgen hat oder den Pflichtteilsberechtigten auch dann getroffen hätte, wenn er selbst der gesetzliche Erbe geworden wäre[51]. Berücksichtigt werden daher die Kosten der standesgemäßen Beerdigung des Erblassers, aber nicht die der laufenden Grabpflege[52], der Feststellung des Nachlassbestandes und des Wertes[53], einschließlich eines hierzu geführten Prozesses[54], die Kosten der Ermittlung der Nachlassgläubiger und der Inventarerrichtung (§§ 1993, 2314 Abs 2)[55], die Kosten eines im Erbscheinsverfahren geführten Erbprätendentenstreits, soweit dies vom Pflichtteilsberechtigten veranlasst[56], die Kosten der Nachlassverwaltung[57], einer Testamentsvollstreckung aber nur, soweit diese für den Pflichtteilsberechtigten von Vorteil waren, etwa der Nachlasssicherung oder -feststellung diente[58], der uU erhebliche Zugewinnausgleichsanspruch des länger lebenden Ehegatten nach § 1371 Abs 2 und 3, der während der Ehe gleichsam verdient wurde[59] und der Kostenerstattungsanspruch eines Sozialhilfeträgers nach § 102 SGB XII[60].

10 **Nicht abzugsfähig** sind jedoch Pflichtteilsansprüche selbst[61], der Erbersatzanspruch, da er zum Erbrecht gleichwertig ist[62], Verbindlichkeiten, die erst durch eine Verfügung von Todes wegen des betreffenden Erblassers entstanden sind, also etwa dort erst angeordnete Vermächtnisse und Auflagen weil der Erblasser dadurch die zwingenden Pflichtteilsrechte nicht reduzieren kann, wie sich auch aus der Wertung des § 327 Abs 1 Nr 2 InsO ergibt[63], die Kosten der gesetzlichen Vermächtnisse wie der Dreißigste oder der Anspruch nach § 1371 Abs 4[64], die Kosten der Testamentseröffnung[65], die Kosten für die Erteilung des Erbscheins, da dieser nur der Legitimation des Erben dient (zweifelhaft)[66], die Kosten der Nachlassverwaltung durch die Erben, soweit sie dem Pflichtteilsberechtigten nicht nützlich waren, und der Erbauseinandersetzung sowie eines Nachlassinsolvenzverfahrens bei

---

[44] BGHZ 73, 29, 37 f = NJW 1979, 546, 548; OLG Düsseldorf FamRZ 1988, 951; *Klingelhöffer* Pflichtteilsrecht Rn 281.
[45] *Damrau/Riedel/Lenz* Rn 17; RGRK/*Johannsen* Rn 7; *Klingelhöffer* Pflichtteilsrecht Rn 282.
[46] BGH NJW 1972, 1269; *Damrau/Riedel/Lenz* Rn 17; *Kapp* BB 1972, 829; MünchKommBGB/*Lange* Rn 12.
[47] BGH Beschluss vom 21. 2. 1996, IV ZB 27/95; *Staudinger/Haas* Rn 46.
[48] BGH DAT Zivil vom 24. 9. 1986, IV ZR 31/85; MünchKommBGB/*Lange* Rn 10; *Staudinger/Haas* Rn 38; vgl auch BGHZ 73, 29, 37 f = NJW 1979, 546 zur Einkommensteuer.
[49] RG JW 1908, 114; *Staudinger/Haas* Rn 36; OLG Köln ZEV 2004, 155, 156; *Soergel/Dieckmann* § 2313 Rn 8; aA OLG Düsseldorf NJW-RR 1996, 727 für die Grundschuld, weil diese unabhängig von der Gefahr der Inanspruchnahme immer bei einer Veräußerung oder Belastung eine wirtschaftliche Beeinträchtigung darstellt.
[50] *Soergel/Dieckmann* § 2313 Rn 8; *Staudinger/Haas* Rn 36; immer reine Passivierung der Schuld unter gleichzeitiger Berücksichtigung des Freistellungsanspruchs fordert *Klingelhöffer* Pflichtteilsrecht Rn 265 ff.
[51] MünchKommBGB/*Lange* Rn 13; *Nieder* HdB Rn 246; PWW/*Deppenkemper* Rn 6; *Staudinger/Haas* Rn 39.
[52] RGZ 160, 225, 226; MünchKommBGB/*Lange* Rn 13; *Staudinger/Haas* Rn 40; bei einem Doppelgrab aber nur anteilige Kosten, vgl LG Landau ZErb 2000, 45.
[53] RG JW 1906, 114; MünchKommBGB/*Lange* Rn 10.
[54] OLG Hamburg OLGRspr 12, 393, 394.
[55] BGH FamRZ 189, 856.
[56] BGH LM Nr 12.
[57] RG JW 1906, 114; MünchKommBGB/*Lange* Rn 13; *Staudinger/Haas* Rn 40; aA *Soergel/Dieckmann* Rn 15.
[58] BGHZ 95, 222, 228 = NJW 1985, 2828; vgl auch BGH NJW 1988, 136, 137; *Soergel/Dieckmann* Rn 14; dies kann zu einer Aufteilung der Kosten führen, *Staudinger/Haas* Rn 40; krit *Kuchinke* JZ 1986, 90, 91.
[59] BGHZ 37, 58, 64 = NJW 1962, 1719; BGH NJW 1988, 136, 137; *Soergel/Dieckmann* Rn 14; MünchKommBGB/*Lange* Rn 13; *Lange/Kuchinke* § 37 VII 7 b; PWW/*Deppenkemper* Rn 6.
[60] PWW/*Deppenkemper* Rn 6.
[61] *Staudinger/Haas* Rn 46; MünchKommBGB/*Lange* Rn 14.
[62] MünchKommBGB/*Lange* Rn 14; *Klingelhöffer* Rn 292; eingehend *Lange/Kuchinke* § 37 VII 7 Fn 309.
[63] Vgl BGH NJW 1988, 136, 137; MünchKommBGB/*Lange* Rn 14; *Staudinger/Haas* Rn 46; anders liegt es bei den Vermächtnislasten, mit denen bereits der Erblasser schon durch einen eigenen früheren Erwerb, wenn auch uU erst aufschiebend bedingt, beschwert war, s Rn 8.
[64] *Palandt/Edenhofer* Rn 7; MünchKommBGB/*Lange* Rn 14; *Staudinger/Haas* Rn 46.
[65] MünchKommBGB/*Lange* Rn 14.
[66] OLG Stuttgart JABl BW 1978, 76; *Staudinger/Haas* Rn 46.

Eintritt der Überschuldung nach dem Erbfall, da beides gegen das Stichtagsprinzip verstoßen würde[67].

Der **Voraus** des überlebenden Ehegatten bei gesetzlicher Erbfolge (§ 1932) bleibt bei der Berechnung des Pflichtteils von Abkömmlingen und Eltern ebenfalls grds außer Ansatz (Abs 1 S 2)[68]. Der Pflichtteil wird also aus dem übrigen Nachlass berechnet, was uU zu einer erheblichen Reduktion führen kann. Dies gilt jedoch nur, wenn dem überlebenden Ehegatten der Voraus tatsächlich „gebührt". Das ist nicht der Fall, wenn der Erblasser seinem Ehegatten den Pflichtteil oder auch nur den Voraus wirksam entzogen hat oder wegen einer Erbunwürdigkeit kein Anspruch auf den Voraus besteht, wohl aber, wenn der Voraus ausgeschlagen wurde[69]. Wird der überlebende Ehegatte kraft **gewillkürter Erbfolge** Allein- oder Miterbe, kommt ihm die Vergünstigung des Abs 1 S 2 nach hM nicht zugute, da § 1932 an die gesetzliche Erbfolge anknüpft[70]. Zu berücksichtigen ist auch, dass nur beim Pflichtteil der Eltern der volle Voraus abgezogen werden kann, bei Abkömmlingen aber nur der zur angemessenen Haushaltsführung benötigte (§ 1932 Abs 1 S 2). Der Pflichtteil des Ehegatten selbst errechnet sich aber immer aus dem Gesamtnachlass ohne den Voraus[71]. Die gleichen Grundsätze gelten auch für den Voraus des überlebenden, gleichgeschlechtlichen **Lebenspartners**[72], der gemäß § 10 Abs 1 S 2 und 3 LPartG dem des Ehegatten nachgebildet ist.

III. Feststellung des Nachlasswerts

1. Wertbestimmung des Erblassers. Vom Erblasser getroffene Wertfestsetzungen, die sich für den Pflichtteilsberechtigten nachteilig auswirken, sind grds unbeachtlich (Abs 2 S 2). Dies ergibt sich bereits aus der zwingenden Natur des Pflichtteilsrechts. Etwas anderes gilt nur nach Maßgabe des § 2312 oder wenn die Voraussetzungen der Pflichtteilsentziehung nach den §§ 2333 ff gegeben sind[73]. Aus dem gleichen Grund kann der Erblasser auch nicht einen bestimmten Schätzer[74] oder ein besonderes Bewertungsverfahren einseitig vorschreiben, das zu niedrigeren Werten als dem gesetzlichen Wert führt. Dagegen ist **nach Eintritt** des Erbfalls eine Vereinbarung von Pflichtteilsberechtigtem und Erben über eine abweichende Bewertung formlos möglich[75], vor dem Erbfall ist für eine Vereinbarung zwischen diesen Beteiligten § 311 b Abs 5 zu beachten. Zu **Lebzeiten des Erblassers** bedarf eine entsprechende Zustimmung des Pflichtteilsberechtigten zu einer abweichenden Bewertungsvereinbarung mit dem Erblasser der Form des § 2348[76].

2. Grundsätze. a) Bewertungsziel: gemeiner Wert – subjektivierte Nachlassbewertung? Aus der Erbersatzfunktion des Pflichtteils ergibt sich das Bewertungsziel[77]: Der Pflichtteil soll den Pflichtteilsberechtigten in Geld so stellen, als wäre er mit seinem halben gesetzlichen Erbteil am Nachlass beteiligt und dieser im Erbfall in Geld umgesetzt worden wäre[78]. Denn das Pflichtteilsrecht gewährleistet eine grds unentziehbare und bedarfsunabhängige wirtschaftliche Mindestbeteiligung am Nachlass des Erblassers[79]. Daher ist der Pflichtteilsberechnung der **gemeine Wert** zu Grunde zu legen, also der Wert, den der Nachlassgegenstand für jeden hat, also der Verkehrs- oder Normalverkaufswert[80]. Dies bedeutet, dass für die Wertermittlung die Wertverhältnisse im Erbfall, der dann konkret vorhandene Nachlassbestand sowie die realitätsgerechte Ertragsfähigkeit des Nachlasses maßgebend sind[81]. Als Bewertungsgrundlagen schei-

---

[67] *Staudinger/Haas* Rn 46.
[68] *Palandt/Edenhofer* Rn 8; eingehend *Staudinger/Haas* Rn 42 ff; KK-Erbrecht/*Lindner* Rn 26; *Soergel/Dieckmann* Rn 37 ff.
[69] AllgM, jurisPK/*Birkenheier* Rn 24; MünchKommBGB/*Lange* Rn 34; *Staudinger/Haas* Rn 43; PWW/*Deppenkemper* Rn 7.
[70] BGHZ 73, 29 = NJW 1979, 546; OLG Naumburg OLGR 2000, 433 = FamRZ 2001, 1406; KK-Erbrecht/*Lindner* Rn 26; *Staudinger/Haas* Rn 42; *Lange/Kuchinke* § 37 Fn 252; *Palandt/Edenhofer* Rn 8; RGRK/*Johannsen* Rn 10; *Soergel/Dieckmann* Rn 38; jetzt auch MünchKommBGB/*Lange* Rn 34; aA OLG Kassel Recht 1925, 153 Nr 463; *Goller* BWNotZ 1980, 12 f, die nur eine Rechtsfolgenverweisung auf § 1932 annehmen; nach der hM hilft nur die Ausschlagung der gewillkürten Erbschaft (AnwK-BGB/*Bock* Rn 19) oder wenn von Anfang an der Erblasser alle in Betracht kommenden gesetzlichen Erben enterbt, da dann der Ehegatte gesetzlicher Alleinerbe wird.
[71] MünchKommBGB/*Lange* Rn 35; *Palandt/Edenhofer* Rn 8; PWW/*Deppenkemper* Rn 7.
[72] JurisPK/*Birkenheier* Rn 21; MünchKommBGB/*Lange* Rn 36; *Soergel/Dieckmann* Rn 37.
[73] MünchKommBGB/*Lange* Rn 18; *Palandt/Edenhofer* Rn 9; *Staudinger/Haas* Rn 56 e.
[74] *Staudinger/Haas* Rn 50; dies gilt auch für eine schiedsgerichtliche Anordnung.
[75] MünchKommBGB/*Lange* Rn 18; *Piltz* S 114, 280 f; *Staudinger/Haas* Rn 58.
[76] *Staudinger/Haas* Rn 58.
[77] *Braunhofer* S 222; *Piltz* S 28 ff; *Riedel*, Bewertung von Gesellschaftsanteilen, Rn 76 ff; *Staudinger/Haas* Rn 49 f.
[78] BVerfGE 78, 132 = NJW 1988, 2723, 2724; BGH NJW-RR 1991, 900, 901; OLG Düsseldorf ZEV 1994, 361; *Damrau/Riedel/Lenz* Rn 19; jurisPK/*Birkenheier* Rn 32; MünchKommBGB/*Lange* Rn 19; PWW/*Deppenkemper* Rn 9; *Schlichting* ZEV 2006, 197; *Meincke*, FS Wiedemann, S 105, 116 ff spricht anschaulich von „Gleichbehandlungsgedanken".
[79] BVerfGE 112, 332 = NJW 2005, 1561; eingehend § 2303 Rn 2 ff.
[80] BGHZ 14, 368, 376 = NJW 1954, 1764, 1765; BGH NJW-RR 1991, 900; OLG München BB 1988, 429, 431; jurisPK/*Birkenheier* Rn 31; *Meincke* S 147 f; HdB Pflichtteilsrecht/*J. Mayer* § 5 Rn Rn 47; *Lange/Kuchinke* § 37 VII 3 b; *Kipp/Coing* § 9 II 2 a; MünchKommBGB/*Lange* Rn 19; *J. Mayer* ZEV 1994, 51; *Staudinger/Haas* Rn 50 f; *Damrau/Riedel/Lenz* Rn 19; *Piltz* S 80 f; PWW/*Deppenkemper* Rn 9; *Meincke*, FS Wiedemann, S 105, 110 spricht vom „Vollwert"; zu weitgehend leitet daraus *Riedel*, Bewertung von Gesellschaftsanteilen, Rn 81 ff her, dass darauf abzustellen sei, welcher Wert der Nachlass in der Hand eines „idealen Erben" haben würde; dies wird auch von den von ihm angegebenen Zitatstellen nicht gedeckt.
[81] BVerfGE 78, 132 = NJW 1988, 2723, 2724.

den daher die nach den Grundsätzen ordnungsgemäßer Buchführung ermittelten sog Buchwerte[82] oder die steuerlichen Einheitswerte aus[83]. Zu beachten ist auch, dass das Bewertungsziel beim lebzeitigen Zugewinnausgleich ein anderes ist: Dort geht es um einen Ausgleich des idR gemeinsam erwirtschafteten Vermögenszuwachses zwischen dem Anfang- und Endvermögen (§§ 1374, 1375) mit einer zeitabschnittsweise retrospektiv ausgerichteten Betrachtung[84]. Besonders bedeutsam wird dies bei der Unternehmensbewertung in diesem Kontext: Beim Zugewinnausgleich ist auf die Person des konkret zu beurteilenden Unternehmer-Ehegatten abzustellen. Dabei kann grds von der Fortsetzung der unternehmerischen Tätigkeit ausgegangen werden, da die Scheidung regelmäßig nicht zur Beendigung der unternehmerischen Tätigkeit führt. Dagegen hat im Pflichtteilsrecht der Erbfall uU unmittelbaren Einfluss auf die anzuwendenden Bewertungsmaßstäbe: Hängt der Unternehmenswert maßgeblich von den Managementqualitäten des Erblassers ab, so muss sein Tod zu einer Verringerung der anzusetzenden Unternehmenswerts führen. Denn auch wenn der Pflichtteilsberechtigte selbst Erbe geworden wäre, hätte er ein wesentlich weniger wertvolles Unternehmen vorgefunden[85]. Diese Unterschiede müssen daher berücksichtigt werden, sollen zum Zugewinnausgleich ergangene Bewertungsentscheidungen in das Pflichtteilsrecht übernommen werden[86].

14 Der Begriff des **gemeinen Werts** wird im BGB allerdings weder erwähnt noch definiert, sondern bereits vorausgesetzt[87]. Dieser gemeine Wert oder Verkehrswert ist grds mit dem am Markt erzielbaren Normalverkaufswert gleichzustehen[88]. Dies ist der Preis, der im gewöhnlichen Geschäftsverkehr nach der Beschaffenheit des Wirtschaftsguts bei einer Veräußerung unter normalen und erlaubten Verhältnissen vorausssichtlich zu erzielen wäre (vgl auch § 9 Abs 2 BewG)[89]. Davon abzugrenzen ist ein bloßes Affektionsinteresse oder auch der reine „**Liebhaberwert**", der insoweit unbeachtlich ist, weil er allein auf subjektiven Wertvorstellungen einzelner Personen beruht. Führt jedoch die Liebhaberei zur Entwicklung eines eigenen, besonderen Marktes mit objektiv nachprüfbaren Bewertungen (Briefmarken mit Auktions- und Katalogpreisen, Liebhaberaufschläge bei Immobilien), so sind diese der Pflichtteilsberechnung zu Grunde zu legen[90]. Aus dem **Gebot der realitätsgerechten** und zeitnahen **Bewertung** (Rn 13) ergibt sich zugleich, dass der Nachlassbewertung im Pflichtteilsrecht **normative Kriterien** zu Grunde zu legen sind[91]. Andererseits wird der Wert einer Sache durch ihre Beziehungen zur Umwelt geprägt, so dass er je nach der beabsichtigten Verwertung durch den jeweiligen Eigentümer grds eine relative Größe darstellt[92]. Daraus wird teilweise hergeleitet, dass insbes bei der Unternehmensbewertung die **konkrete Verwendungsentscheidung** des Erben maßgeblich sein müsse[93]. Dies hat insbes dann ganz erhebliche Auswirkungen, wenn ein sehr ertragsschwaches Unternehmen fortgeführt und der Pflichtteilsbewertung dann nur der niedrige Ertragswert und nicht – wie sonst in der Betriebswirtschaftslehre üblich (Rn 25) – der idR höhere Liquidationswert als Untergrenze zu Grunde gelegt würde. Dadurch soll ein Schutz eines vom Erben fortgeführten Unternehmens gegen eine zu hohe Pflichtteilsbelastung erreicht werden. Eine so verstandene „**subjektivierte Nachlassbewertung**" verstößt aber nicht nur gegen das Stichtagsprinzip, weil die erst nach dem Erbfall getroffene subjektive Verwendungsentscheidung des Erben über den maßgeblichen Bewertungsansatz bestimmen würde[94]. Damit wird auch gegen das Gebot des Bundesverfassungsgerichts verstoßen, den Pflichtteilsberechtigten in realitätsgerechter Weise an der wirtschaftlichen Ertragsfähigkeit des Nachlasses teilhaben zu lassen[95]. Hat der Pflichtteilsberechtigte nach dem Konzept des BGB schon keine unmittelbare dingliche Teilhabe am Nachlass, kraft derer er auf die Verwendung des Nachlasses Einfluss nehmen kann, weil er auf einen bloßen schuldrechtlichen Ausgleichsanspruch verwiesen ist, so gebietet es die verfassungsrechtlich gewährleistete Mindestbeteiligung, ihn hinsichtlich der Höhe seines Pflichtteilsanspruchs nicht einer uU willkürlichen Verwertungsentscheidung des Erben auszuliefern[96]. Ist daher im Rahmen der Nachlassbewertung auf ein bestimmtes **Verwendungsszenario** abzustellen, so ist für die Pflichtteilsbewertung

---

[82] BVerfGE 78, 132 = NJW 1988, 2723, 2724; *Piltz* S 94; *Staudinger/Haas* Rn 50; *Esch/Baumann/Schulze zur Wiesche* Rn 150; MünchKommBGB/*Lange* Rn 19.
[83] Eingehend BVerfGE 78, 132 = NJW 1988, 2723, 2724 zu § 23 SchlHAGBGB aF; MünchKommBGB/*Lange* Rn 19.
[84] HdB Pflichtteilsrecht/*J. Mayer* § 5 Rn 3.
[85] *Riedel*, Bewertung von Gesellschaftsanteilen, Rn 287 ff.
[86] *Riedel*, Bewertung von Gesellschaftsanteilen, Rn 291; HdB Pflichtteilsrecht/*J. Mayer* § 5 Rn 3.
[87] HdB Pflichtteilsrecht/*J. Mayer* § 5 Rn 48; *Damrau/Riedel/Lenz* Rn 19.
[88] OLG Düsseldorf ZEV 1994, 361; *Staudinger/Haas* Rn 52; *J. Mayer* ZEV 1994, 331; MünchKommBGB/*Lange* Rn 19; *Soergel/Dieckmann* Rn 16.
[89] *Staudinger/Haas* Rn 52; *Meincke* S 188; *J. Mayer* ZEV 1994, 331; *Kerscher/Riedel/Lenz* § 7 Rn 29.
[90] *Meincke* S 188; *Groll/Rösler* C VI Rn 77; *J. Mayer* ZEV 1994, 331; *Staudinger/Haas* Rn 52; PWW/*Deppenkemper* Rn 9; so jetzt auch MünchKommBGB/*Lange* Rn 19; zur Bewertung eines „künstlerischen Nachlasses" OLG Oldenburg NJW 1999, 1974.
[91] Vgl etwa *Riedel*, Bewertung von Gesellschaftsanteilen, Rn 119.
[92] *Riedel*, Bewertung von Gesellschaftsanteilen, Rn 88; *W. Müller* JuS 1973, 603, 604 ff; *Großfeld* Unternehmensbewertung S 8.
[93] *Haas* ZNotP 2001, 370, 372; *Staudinger/Haas* Rn 56 b ff und Rn 81 ff; *Oechsler* AcP 200 (2000), 603, 620 ff.
[94] Zutr dagegen *Riedel*, Bewertung von Gesellschaftsanteilen, Rn 89 f.
[95] BVerfGE 78, 132 = NJW 1988, 2723, 2724; vgl dazu auch HdB Pflichtteilsrecht/*J. Mayer* § 5 Rn 105 f.
[96] Vgl auch *Schlichting* ZEV 2006, 197, 199: konkrete Verwertungsentscheidung des Erben ist „ohne Bedeutung"; ähnlich wohl *Lange*, Die Möglichkeit der Privilegierung unternehmerischen Vermögens ..., S 57, 64 in Fn 31, wonach die Auffassung von *Oechslers*, dass der Pflichtteilsberechtigte die Verwendungsentscheidung des Erben akzeptieren müsse, ob das vererbte Unternehmen zerschlagen oder fortgeführt werde, „wohl nicht mehr haltbar ist".

die **wirtschaftlich** sinnvollste **Handlungsalternative** maßgebend, die auf Grund einer nach kaufmännischen Grundsätzen durchzuführenden Wirtschaftlichkeitsanalyse zu ermitteln ist[97]. Soweit die Gegenansicht von dem ausdrücklich erklärten Bestreben getragen wird, eine zu hohe Pflichtteilsbelastung zu vermeiden, wird damit ein weitergehendes Förderungs- und Lenkungsziel verfolgt, das de lege ferenda wünschenswert sein mag. Jedoch sind im Interesse einer verfassungsrechtlichen Gleichbehandlung die **Bewertungsebene** einerseits und solche weitergehenden Zweckverfolgungen andererseits getrennt zu behandeln, wie das BVerfG nunmehr bei der verfassungsrechtlichen Beurteilung des Erbschaftsteuergesetzes ausdrücklich gefordert hat[98]. Diese Grundsätze müssen auch für das pflichtteilsrechtliche Bewertungssystem ihre Gültigkeit haben. Allenfalls könnte de lege lata eine entsprechende Anwendung des § 2312 bei der Bewertung von nicht landwirtschaftlichen Unternehmen erwogen werden. Jedoch steht einer Analogie entgegen, dass diese Vorschrift eine aus der geschichtlichen Entwicklung der bäuerlichen Betriebe erwachsene agrarpolitische Schutzvorschrift ist (§ 2312 Rn 1 f)[99] und daher nicht analogiefähig ist. Zudem beruht § 2312 nicht auf der Anerkennung einer subjektiven Verwendungsentscheidung, sondern knüpft gerade an die vom Erblasser bereits zu seinen Lebzeiten getroffene Betriebsfortführung an und schließt auf Grund einer ausdrücklichen Wertung die Anwendbarkeit des Liquidationswerts in diesem Kontext aus.

b) Innerer oder wahrer Wert. Bildet in der freien Marktwirtschaft der Markt den Preis, so ist zu beachten, dass dieses System der freien Preisbildung dann als zuverlässiger Wertmesser versagt, wenn die Marktmechanismen außer Kraft gesetzt sind. Daher wurde in der älteren Rspr dem Verkehrswert der sog innere oder wahre Wert gegenüber gestellt, wenn bei außergewöhnlichen Verhältnissen am Bewertungsstichtag eine Korrektur aus Billigkeitsgründen zugunsten des Pflichtteilsberechtigten erforderlich erschien[100]. Der BGH hat in jüngster Zeit betont, dass es sich hier um eine „Denkfigur" handelt, um bei außergewöhnlichen Preisverhältnissen unter Ausnahmebedingungen unangemessenen Ergebnissen im Interesse der Pflichtteilsberechtigten entgegenzuwirken[101]. Unter gewöhnlichen Wirtschaftsverhältnissen wird also für diese Rechtsfigur kein Raum mehr sein;[102] zumindest genügt nicht eine vorübergehende Flaute auf dem Grundstücksmarkt[103]. Nach Ansicht des BGH darf der sog innere Wert aber nicht dazu führen, dass gegenüber dem festgestellten höheren Verkehrswert die Bewertung zu Lasten der Pflichtteilsberechtigten verwendet wird[104]. Diese Sonderbewertung ist insgesamt abzulehnen, da Voraussetzungen und Rechtsfolgen völlig unbestimmt sind und die einseitige Korrektur zu Lasten des Erben dem Bewertungsziel (wertmäßige Beteiligung wie ein Erbe, s Rn 13) widerspricht[105].

c) Grunddaten der Wertermittlung. aa) Stichtagsprinzip und Zukunftserwartungen. Maßgeblicher Bewertungszeitpunkt ist der des Todes des Erblassers (Abs 1 S 1; s Rn 2). Danach eintretende Wertsteigerungen und Wertverluste berühren den Pflichtteilsanspruch grds nicht mehr[106]. Trotzdem können Zukunftserwartungen auf Grund des sog **Wertaufhellungsprinzips** in bestimmtem Umfang berücksichtigt werden[107]. Das Stichtagsprinzip besagt insoweit nur, dass die notwendigen Bewertungsdaten aus der Sicht dieses Stichtags zu ermitteln sind[108]. Berücksichtigungsfähig sind daher alle zu diesem Zeitpunkt nahe liegenden und wirtschaftlich fassbaren, in ihrem Keim bereits angelegten Entwicklungen[109]. Üblich ist dies etwa bei den betriebswirtschaftlichen Bewertungen im Unternehmensbereich, dies muss aber auch bei bereits absehbaren, kurzfristig eintretenden außergewöhnlichen Veränderungen der Wertverhältnisse gelten[110].

---

[97] *Riedel*, Bewertung von Gesellschaftsanteilen, Rn 119, 672; im Ansatz ähnlich, weil von einer normativ-objektiven Bewertung ausgehend *Meincke*, FS Wiedemann, S 105, 113 f der jedoch meint, man könne die Nachlassbewertung immer ohne jede Berücksichtigung einer Nutzungsbestimmung des Erblassers oder Erben vornehmen, wobei *Meincke* auch die Ertragswertmethode als Unterfall des Verkaufswertes ansieht.
[98] BVerfG ZEV 2007, 76, 82 Tz 107; dazu etwa auch *Crezelius* DStR 2007, 415, 419 f.
[99] Eingehend *Staudinger/J. Mayer* Art 137 Rn 2 iVm Art 64 EGBGB Rn 137 ff; dazu auch *Lange*, Die Möglichkeit der Privilegierung unternehmerischen Vermögens ..., S 57, 59 ff.
[100] Rechtsprechungsbeispiele hierfür sind bei „inflationärer Geldentwertung", die Grundstücksschätzungen der Nachkriegszeit unter Herrschaft der Stopp-Preise oder der Verfall der Berliner Grundstückspreise während des Chruschtschow-Ultimatums 1958, vgl BGHZ 13, 45, 47 = NJW 1954, 1037; LM Nr 5 = JZ 1963, 320; BGH NJW 1965, 1589, 1590; § 2325 LM Nr 9 = NJW 1973, 995; zu den Preisvorschriften der DDR s auch BGH FamRZ 1993, 1048 zum güterrechtlichen Ausgleich; vgl auch *Kummer* ZEV 1995, 319, 321 zur Übertragbarkeit dieser Grundsätze im Zusammenhang mit Wiedervereinigungsfällen.
[101] BGH NJW-RR 1991, 900, 901.
[102] *J. Mayer* ZEV 1994, 331, 336; MünchKommBGB/*Lange* Rn 19.
[103] Die von *Staudinger/Haas* Rn 55 angegebenen BGH-Entscheidungen betreffen nicht § 2311, sondern den Zugewinnausgleich.
[104] BGH NJW-RR 1991, 900; so aber für Aktien *Nirk* NJW 1962, 2185.
[105] *Staudinger/Haas* Rn 55; *Klingelhöffer* Pflichtteilsrecht Rn 176 f: unzulässiges Höchstpreisprinzip zu Gunsten der Pflichtteilsberechtigten; *Piltz* S 96; krit auch MünchKommBGB/*Lange* Rn 19; *Riedel*, Bewertung von Gesellschaftsanteilen, Rn 101 ff.
[106] BGHZ 7, 134, 138; MünchKommBGB/*Lange* Rn 15; *Staudinger/Haas* Rn 60 mwN.
[107] *Braunhofer* S 49 f; MünchKommBGB/*Lange* Rn 20; *Soergel/Dieckmann* Rn 17; allgemein dazu aus betriebswirtschaftlicher Sicht *Moxter*, Grundsätze ordnungsgemäßer Unternehmensbewertung, 2. Aufl 1983, S 168; vgl auch BGH NJW 1971, 509, 511.
[108] BVerfGE 78, 132 = NJW 1988, 2723, 2724); *Staudinger/Haas* Rn 62; *Klingelhöffer* Pflichtteilsrecht Rn 175 ff.
[109] *Staudinger/Haas* Rn 62; PWW/*Deppenkemper* Rn 11.
[110] *Großfeld* S 28; *Staudinger/Haas* Rn 62 mit eingehender Problemdarstellung; *Soergel/Dieckmann* Rn 17; *J. Mayer* ZEV 1994, 331, 336; die Rspr behilft sich hier oftmals mit der Wendung „vom inneren Wert".

§ 2311

17 bb) Tatsächlich erzielter Verkaufserlös. Jede Schätzung ist immer mit einer gewissen Unsicherheit verbunden; sie soll nach Abs 2 S 1 auch nur erfolgen, soweit zur Wertermittlung erforderlich. Daher orientiert sich die Rspr für die Bewertung von Nachlassgegenständen, die bald nach dem Erbfall veräußert werden, grds an dem erzielten Verkaufserlös (sog **„werterhellende Tatsachen")**, sofern nicht außergewöhnliche Verhältnisse vorliegen. Nach Ansicht des BGH ist es – von Ausnahmefällen abgesehen – nicht gerechtfertigt, im erbrechtlichen Bewertungsrecht die relativ gesicherte Ebene tatsächlich erzielter Verkaufserlöse zu verlassen[111]. Danach ist der Verkaufspreis abzüglich der verkaufsbedingten Unkosten[112] anzusetzen, wenn dieser alsbald nach dem Erbfall erzielt wurde[113]. Bei einem zeitlichen Abstand ist das Ergebnis je nach der Entwicklung der tatsächlichen Preise zu korrigieren[114]. Wenn die Marktverhältnisse im Wesentlichen unverändert blieben, kommt nach Auffassung des BGH selbst einem fünf Jahre nach dem Erbfall erzielten Verkaufserlös Aussagekraft zu[115]. Dies ist aber nach der Rspr nicht mehr der Fall, wenn seit dem Erbfall wesentliche Veränderungen der Marktverhältnisse[116] oder der Bausubstanz eingetreten sind oder sonstige außergewöhnliche Verhältnisse vorliegen[117]. Dazu gehört aber nicht, dass der Erlös im Wege der Versteigerung oder der Liquidation[118] oder durch Einschaltung eines tüchtigen Maklers[119] erzielt wurde. Jedoch ist die Gleichsetzung des im Einzelfall tatsächlich erzielten Verkaufserlöses mit dem Normalverkaufswert schon bei wirtschaftlicher Betrachtungsweise problematisch;[120] unter der verfassungsrechtlichen Vorgabe der zeit- und realitätsnahen Bewertung zum Stichtag[121] entstehen dadurch zahlreiche Abgrenzungsprobleme[122], so dass von einer „relativ gesicherten Ebene" für die Wertansätze oftmals nicht die Rede sein kann. Da spätere Verkaufserlöse immer nur zu Gunsten des Pflichtteilsberechtigten berücksichtigt werden, besteht zudem die Gefahr einer Schaffung einer Nachabfindung jenseits gesetzlicher Spezialregelungen (etwa § 13 HöfeO)[123].

18 cc) Schätzung des Verkehrswertes. Besteht kein gängiger Marktpreis und kommt auch kein Wertansatz auf Grund eines tatsächlich erzielten Kaufpreises in Frage, so ist eine Schätzung erforderlich. Eine bestimmte Methode für die Wertermittlung ist dabei nicht vorgeschrieben. Vielmehr ist es die Aufgabe des Tatrichters (s auch Rn 25), unter Zuziehung eines Sachverständigen zu entscheiden, welche der in der Betriebswirtschaftslehre vertretenen Bewertungsmethoden im zu entscheidenden Einzelfall zu einem angemessenen Ergebnis führt[124]. Dabei kommen grds folgende Verfahren in Betracht, die untereinander kombiniert oder aber durch entsprechende Differenzierungen weiter entwickelt werden können[125]:

– **Vergleichswertverfahren:** Wenn ein Markt mit festen Preisvorstellungen für vergleichbare Objekte besteht, kann auf Vergleichspreise zurückgegriffen werden[126]; dies stellt dann die marktgerechteste Methode der Verkehrswertermittlung dar[127].

---

[111] BGH NJW-RR 1991, 900, 901; NJW-RR 1993, 131; OLG Frankfurt ZEV 2003, 364; dazu *J. Mayer* ZEV 1994, 331, 332.
[112] *Braunhofer* S 274; *Piltz* S 29, 172; bei erheblichen Veräußerungskosten BGH NJW 1982, 2497, 2498; nach *Soergel/Dieckmann* Rn 20 nur bei unvermeidbaren Kosten; auch eine Ertragsteuerbelastung durch den Verkauf nach § 16 EStG ist abzuziehen, *Staudinger/Haas* Rn 66; *Braunhofer* S 274 f; *Soergel/Dieckmann* Rn 22.
[113] BGH LM Nr 14 = NJW 1982, 2497, 2498: Unternehmensverkauf nach einem Jahr; NJW-RR 1991, 900; NJW-RR 1993, 131: Versteigerung fünf Jahre nach Erbfall; NJW-RR 1993, 834: bei Grundstücksverkauf je nach sechs Monaten; OLG Düsseldorf ZEV 1994, 1994, 361, 362: sieben Monate; OLG Frankfurt ZEV 2003, 364; vgl auch *Tanck* BB Spezial 5/2004, 19; *Riedel*, Bewertung von Gesellschaftsanteilen, Rn 60 ff.
[114] BGH NJW-RR 1993, 834; *Riedel*, Bewertung von Gesellschaftsanteilen, Rn 62; *Staudinger/Haas* Rn 66.
[115] BGH NJW-RR 1993, 131; OLG Frankfurt ZEV 2003, 364; demgegenüber OLG Düsseldorf FamRZ 1995, 1236, 1237 f: nach drei Jahren kein zeitnaher Verkauf mehr.
[116] BGH NJW-RR 1993, 834 (Bodenpreissteigerungen wegen Anlegung eines Großflughafens); OLG Frankfurt ZEV 2003, 364.
[117] Dazu *J. Mayer* ZEV 1994, 331, 332; *Staudinger/Haas* Rn 68.
[118] BGH NJW-RR 1993, 131; NJW 1982, 2497, 2498.
[119] OLG Frankfurt ZEV 2003, 364.
[120] *Staudinger/Haas* Rn 66; *Korth* BB 1992, Beilage 19, 1 zum Unternehmenskauf.
[121] BVerfGE 78, 132 = NJW 1988, 2723, 2724.
[122] OLG Düsseldorf ZEV 1994, 360, 362. Gewisse Anhaltspunkte für das Vorliegen solcher bietet § 6 WertV; dazu auch *J. Mayer* ZEV 1994, 333.
[123] *J. Mayer* ZEV 1994, 331, 332; zust MünchKommBGB/*Lange* Rn 20; deutlich wird die Nachabfindungstendenz bei BGH NJW-RR 1993, 131: Pflichtteilsberechtigte dürfe von den Vorteilen des Verkaufs nicht ausgeschlossen werden.
[124] BGH NJW-RR 1991, 900; NJW 1972, 1269; OLG Frankfurt ZEV 2003, 364; OLG München BB 1988, 429, 430; MünchKommBGB/*Lange* Rn 21; *Lange/Kuchinke* § 37 VII 3 d; HdB Pflichtteilsrecht/*J. Mayer* § 5 Rn 57 f; *Staudinger/Haas* Rn 69 mwN; s auch BGH NJW 2004, 2671, 2672 f; bei Immobilien dürfte ein Makler nicht unbedingt geeignet sein, so auch *Bißmaier* ZMR 1995, 106, 107 gegen *Schopp* ZMR 1994, 552, 553; allg zu den Anforderungen an einen Sachverständigen *Bißmaier* ZEV 1997, 149; *Groll/Rösler* C VI Rn 86; HdB Pflichtteilsrecht/*J. Mayer* § 5 Rn 60.
[125] Dazu etwa AnwK-BGB/*Bock* Rn 29 ff; *Staudinger/Haas* Rn 70 ff; *Piltz* S 38 ff; *Piltz/Wissmann* NJW 1985, 2673, 2674; *Großfeld* S 20 ff, 106 ff; *Lange/Kuchinke* § 37 VII 3 d; MünchKommBGB/*Lange* Rn 21.
[126] BGH NJW-RR 1990, 68 zu § 1376; NJW 2004, 2671, 2672 allg zur Wertermittlung; OLG Düsseldorf BB 1988, 1001 betr Mietgrundstück; *Damrau/Riedel/Lenz* Rn 56; *Staudinger/Haas* Rn 70.
[127] BGH NJW 2004, 2671, 2672 für Eigentumswohnung, weil dort ganz entscheidend der Quadratmeterpreis für die Bewertung im Vordergrund stehe; *Simon/Kleiber*, Schätzung und Ermittlung von Grundstückswerten, 7. Aufl 1996, Rn 1.127; *Zimmermann* WertV, 1988, § 13 Rn 1 f.

– **Substanz-** oder **Sachwertverfahren:** Angesetzt wird der Wiederbeschaffungspreis des veräußerungsfähigen Vermögensgegenstands (Reproduktionswert). Dem liegt die Vorstellung zu Grunde, dass der Nachlass so viel wert ist, wie benötigt würde, um ein vergleichbares Objekt zu reproduzieren[128].

– **Ertragswertverfahren:** Es kommt zur Anwendung bei ihrer Art nach grds ertragsfähigen Nachlassobjekten und ist der Barwert der zukünftig erzielbaren Einnahme-Überschüsse[129]. Dem liegt die Überlegung zu Grunde, dass ein Käufer sich bei seiner Investitionsentscheidung und damit Kalkulation des Kaufpreises immer an dem zu erwartenden Ertrag orientieren würde (Rn 26).

3. Einzelfälle der Schätzung. a) Grundstücke. Hier können bei der Ermittlung des Verkehrswertes durch Schätzung die Grundsätze der Wertermittlungsverordnung[130] angewendet werden, die über die Zwecke des Baugesetzbuchs hinaus allgemein anerkannte Grundsätze der Ermittlung des Verkehrswerts von Grundstücken enthalten[131]. Hiernach stehen verschiedene Verfahren zur Verfügung: das Vergleichswert-, das Ertragswert- und das Sachwertverfahren. Dabei ist für die maßgebliche Ermittlungsmethode nach der Art der zu beurteilenden Grundstücke zu differenzieren[132]. Bei individuell bebauten Grundstücken ist allerdings ein exakter Wert nicht ermittelbar, sondern allenfalls einzelne Wertfaktoren[133]. 19

Bei **unbebauten Grundstücken** steht idR eine ausreichende Anzahl vergleichbarer Kaufpreise zur Verfügung. Daher kann der Verkehrswert durch entsprechenden Vergleich ermittelt werden, und zwar durch direkten Vergleich oder mittels der Bodenrichtwerte nach § 196 BauGB[134], wobei bei letzteren zu beachten ist, dass es sich nur um durchschnittliche Lagewerte handelt und auch die Abrechnung der Erschließungskosten zu berücksichtigen ist[135]. Welche subjektiven Nutzungsabsichten der Erbe hat, ist im Hinblick auf das Bewertungsziel unerheblich[136], also etwa, dass der Erbe das bebaubare Grundstück nur gärtnerisch oder Bauerwartungsland, das nicht dem § 2312 unterfällt, landwirtschaftlich nutzt; Abschläge sind hier jedoch möglich[137]. Bei **eigengenutzten Einfamilienhäusern** und Eigentumswohnungen stehen für einen Erwerber die möglichen Herstellungskosten für ein vergleichbares Haus bei der Kaufpreisbemessung im Vordergrund. Daher ist hier für den Gebäudeverkehrswert das Sachwertverfahren zu empfehlen[138]. Für Renovierungen und Abnutzungen sind Abschläge zu machen (§§ 23, 24 WertV)[139]. Gehört nur ein **Miteigentumsanteil** an einem Grundstück zum Nachlass, das durch den anderen Miteigentümer genutzt wird, kann nicht einfach der anteilige Verkehrswert genommen werden, da der Miteigentumsanteil wirtschaftlich schwer veräußerlich wäre, sondern es ist hiervon ein deutlicher Abschlag zu machen (§ 25 WertV)[140]. 20

Bei **Mietshäusern** und Renditeobjekten ist für einen potenziellen Käufer idR eine angemessene Verzinsung seines eingesetzten Kapitals entscheidend. Daher ist das Ertragswertverfahren anzuwenden[141]. Ein Mischwert aus Ertrags- und Sachwert wird aber vom BGH für zulässig gehalten[142]. Bei Mehrfamilienhäusern, die sich in Eigentumswohnungen umwandeln lassen, ist ein sich aus dieser günstigeren Verkaufs- 21

---

[128] Staudinger/Haas Rn 72; Braunfels S 29; Piltz S 34; MünchKommBGB/Lange Rn 21.
[129] Korth BB 1992, Beilage 19 S 4; Großfeld S 31 ff; Braunhofer S 30 ff.
[130] VO vom 6. 12. 1988, BGBl S 2209, geändert durch Gesetz vom 18. 8. 1997, BGBl I S 2081; dazu auch Wertermittlungs-Richtlinien 1991 (WertR) vom 11. 6. 1991, BAnz Nr 182 a; zahlreiche Praxistipps für die Grundstücksbewertung bei Peter Zimmermann ZErb 2000, 46 und 2001, 47, 87.
[131] BGH NJW 2004, 2671, 2672; AnwK-BGB/Bock Rn 38; KK-Erbrecht/Lindner Rn 5; Soergel/Dieckmann § 2311 Rn 33; Staudinger/Haas Rn 74; MünchKommBGB/Lange Rn 22; Nieder Rn 107; J. Mayer ZEV 1994, 331, 333; Palandt/Edenhofer Rn 19; Scherer/Kasper, MAH Erbrecht, § 46 Rn 34; ob die WertVO für die Bewertung allgemein verbindlich ist oder aber nur für die Gutachterausschüsse, ist umstr; für Letzteres die hM; anders aber P. Zimmermann ZErb 2000, 46, 48 f; vgl hierzu § 1376 Rn 6.
[132] Soergel/Dieckmann Rn 33; Staudinger/Haas Rn 74; MünchKommBGB/Lange Rn 22; Staudinger/Haas Rn 74; Nieder HdB Rn 107; Scherer/Kasper, MAH Erbrecht, § 46 Rn 35, 39 ff.
[133] Klingelhöffer Pflichtteilsrecht Rn 185.
[134] BGH NJW 1990, 68; AnwK-BGB/Bock Rn 39; Damrau/Riedel/Lenz Rn 39 ff; jurisPK/Birkenheier Rn 38; KK-Erbrecht/Lindner Rn 18; Klingelhöffer Pflichtteilsrecht Rn 187; MünchKommBGB/Lange Rn 22; Scherer/Kasper, MAH Erbrecht, § 46 Rn 39; Staudinger/Haas Rn 75; Riedel, Bewertung von Gesellschaftsanteilen, Rn 318; zu möglichen Fehlerquellen Zimmermann/Heller, Verkehrswert von Grundstücken, § 5 Rn 21 ff; HdB Pflichtteilsrecht/J. Mayer § 5 Rn 67 f.
[135] HdB Pflichtteilsrecht/J. Mayer § 5 Rn 67.
[136] Damrau/Riedel/Lenz Rn 39; Staudinger/Haas Rn 75; MünchKommBGB/Lange Rn 22; anders Weber BWNotZ 1992, 14, 16.
[137] OLG Stuttgart NJW 1967, 2410; anders Klingelhöffer Pflichtteilsrecht Rn 187.
[138] BGH NJW 1970, 2018 f; OLG Köln ZEV 2006, 77, 78 = NJW 2006, 625; Damrau/Riedel/Lenz Rn 40 ff; Gottwald Rn 26; jurisPK/Birkenheier Rn 40; KK-Erbrecht/Lindner Rn 18; Klingelhöffer Pflichtteilsrecht Rn 188; Soergel/Dieckmann Rn 33; Staudinger/Haas Rn 76; Riedel, Bewertung von Gesellschaftsanteilen, Rn 324 ff; Scherer/Kasper MAH Erbrecht § 46 Rn 40; eingehend zum Verfahren HdB Pflichtteilsrecht/J. Mayer § 5 Rn 69 ff.
[139] MünchKommBGB/Lange Rn 22; Klingelhöffer Pflichtteilsrecht Rn 188; Nieder HdB Rn 251.
[140] Damrau/Riedel/Lenz Rn 45; Staudinger/Haas Rn 79; vgl Bißmaier ZMR 1995, 106 ff; zu weit gehend aber auch Schopp ZMR 1994, 552; aA – ohne Abschlag – OLG Schleswig OLGR 2000, 241; Groll/Rösler C VI Rn 88; zum Streitstand HdB Pflichtteilsrecht/J. Mayer § 5 Rn 86.
[141] BGH NJW 1970, 2018; OLG Düsseldorf BB 1988, 1001, 1002; OLG Frankfurt FamRZ 1980, 576; Damrau/Riedel/Lenz Rn 48 ff; jurisPK/Birkenheier Rn 40; KK-Erbrecht/Lindner Rn 18; Klingelhöffer Pflichtteilsrecht Rn 189; MünchKommBGB/Lange Rn 22; Staudinger/Haas Rn 77; Scherer/Kasper, MAH Erbrecht, § 46 Rn 41; zur genauen Ermittlung HdB Pflichtteilsrecht/J. Mayer § 5 Rn 77 ff.
[142] BGH NJW-RR 1986, 226, 227.

§ 2311   Buch 5. Abschnitt 5. Pflichtteil

möglichkeit ergebender Wertzuschlag zu machen[143]. Bei **Eigentumswohnungen** kommt aber regelmäßig die Vergleichswertmethode in Betracht, da meist eine ausreichende Zahl von Vergleichsobjekten vorhanden ist und sich der Immobilienmarkt regelmäßig allein am Quadratmeterpreis orientiert[144].

22   **Problemfälle:** Bestehen vertragliche Bindungen, die einer Veräußerung entgegenstehen, etwa ein im Rahmen eines sog Einheimischen-Modells vereinbartes Wiederkaufsrecht, so sind diese je nach Art der Wertermittlungsmethode zu berücksichtigen, fallen also bei der Ertragswertmethode grds nicht ins Gewicht (vgl § 1376 Rn 9)[145], wohl aber bei der Vergleichswertmethode[146]. Bei **geschlossenen Immobilienfonds/Abschreibungsgesellschaften** gibt es faktisch oft keine Möglichkeit für eine Weiterveräußerung; die Vergleichswertmethode scheidet daher durchweg aus; die Ertragswertmethode führt zu zu geringen Ansätzen, da der eigentliche Wert der Beteiligung in dem durch die Verlustzuweisung begründeten Steuervorteil liegt, der aber schwer zu bemessen ist[147]. Rspr fehlt hierzu. Bei **ausländischen Grundstücken** ist zu berücksichtigen, dass diese wegen gesetzlicher Beschränkungen oftmals nur schwer verkäuflich sind, weshalb entsprechende Abschläge erfolgen müssen[148]. Eine **latente Einkommensteuerbelastung,** die bei Betriebsvermögen, etwa nach § 16 EStG bestehen kann, ist dann wertmindernd zu berücksichtigen, wenn der Wert nur durch Verkauf zu realisieren ist[149]. Erfolgt die Bewertung nach dem Ertragswert, so ist diese demnach unbeachtlich[150], anders aber bei der Vergleichswertmethode[151]. Gleiches wird für eine etwaige **Spekulationssteuer** (§ 23 EStG) gelten müssen. Zur Bewertung von Ansprüchen nach dem VermG s § 2313 Rn 9.

23   **b) Unternehmen, Gewerbe, Freiberufler.** Für die Schätzung des Verkehrswerts bei Handelsunternehmen kommt es nicht auf den in der Bilanz ausgewiesenen Buchwert an. Vielmehr ist der wirkliche Wert des Unternehmens als wirtschaftliche Einheit anzusetzen, und nicht nur der davon uU erheblich differierende Wert der Summe der einzelnen Wirtschaftsgüter **(Grundsatz der Bewertungseinheit),** vgl auch § 2 Abs 1 S 2 BewG[152]. Für die Unternehmensbewertung kann dabei im Wesentlichen auf folgende wertbildende Faktoren abgestellt werden[153]:
– den **Ertragswert,**
– den **Substanzwert** (Reproduktionswert) als Summe aller selbstständig veräußerungsfähigen Vermögensgegenstände des Unternehmens, bewertet zu **Wiederbeschaffungspreisen,** abzüglich der Verbindlichkeiten, wobei die Unternehmensfortführung unterstellt wird[154],
– den **Geschäftswert** (auch Firmenwert, „good will"), der über den Substanzwert hinausgeht,
– den **Liquidationswert** als Barwert der Nettoerlöse, der sich bei einer Veräußerung der einzelnen Vermögensgegenstände abzüglich Schulden und Liquidationskosten bei einer Aufgabe des Betriebs ergibt[155].

24   Die Bewertung bereitet im konkreten Fall ganz erhebliche Schwierigkeiten. Von den grds möglichen Schätzverfahren (Rn 18)[156] scheidet die **Vergleichswertmethode** idR aus, da es keinen Markt gibt, auf dem sich ein allgemein anerkannter Preis bilden könnte; grds gleicht kein Unternehmen dem anderen[157]. Aber nach der Rspr kann sich nach der Rspr die Bewertung an einem späteren Verkauf des Unternehmens orientieren, wenn wesentliche Veränderungen seit dem Erbfall nicht ersichtlich sind, der Verkauf im gewöhnlichen Geschäftsverkehr zu Stande kam und **außergewöhnliche und persönliche Verhältnisse** keine Rolle spielten[158]. Ein unter diesen Voraussetzungen ein bis zwei Jahre

---
[143] *Soergel/Dieckmann* Rn 33; *Staudinger/Haas* Rn 77.
[144] BGH NJW 2004, 2671, 2672; *Staudinger/Haas* Rn 77.
[145] AA *Staudinger/Haas* Rn 74: immer zu berücksichtigen; anders, wenn auch Nutzungsbeschränkungen vereinbart sind, was in neuerer Zeit häufiger vorkommt.
[146] Anders *Klingelhöffer* Pflichtteilsrecht Rn 194 und dem folgend *Scherer/Kasper,* MAH Erbrecht, § 46 Rn 45: Mittelwert zwischen Gestehungskosten und effektivem Marktwert, was dann ungerecht ist, wenn sich die Rückerwerbsverpflichtung realisiert.
[147] Dazu ohne konkrete Lösungsansätze, *Klingelhöffer* Pflichtteilsrecht Rn 196; *Piltz* S 52 ff; *Staudinger/Haas* Rn 93; *Korth* BB 1992, Beilage 19 S 3.
[148] *Klingelhöffer* Pflichtteilsrecht Rn 191 f; *Scherer/Kasper,* MAH Erbrecht, § 46 Rn 43; HdB Pflichtteilsrecht/ *J. Mayer* Rn 85; *Staudinger/Haas* Rn 79.
[149] BGHZ 98, 382, 389 = NJW 1987, 1260, 1262.
[150] JurisPK/*Birkenheier* Rn 42; PWW/*Deppenkemper* Rn 14; aA *Staudinger/Haas* Rn 74; *Lorz* ZErb 2003, 302; für generelle Abzugsfähigkeit auch *Klingelhöffer* Pflichtteilsrecht Rn 187.
[151] BGH NJW-RR 1990, 1990, 68.
[152] BGH NJW 1973, 509, 510; MünchKommBGB/*Lange* Rn 25; *Riedel,* Bewertung von Gesellschaftsanteilen, Rn 145 ff; *Soergel/Dieckmann* 20; *Staudinger/Haas* Rn 80; *Braunhofer* S 234; vgl auch BGHZ 75, 195, 199 = NJW 1980, 229 zum Zugewinnausgleich.
[153] *Piltz/Wissmann* NJW 1985, 2673, 2674; *Riedel,* Bewertung von Gesellschaftsanteilen, Rn 120 ff; *Klingelhöffer* Pflichtteilsrecht Rn 200; Überblick über die darauf beruhenden Bewertungsverfahren bei *Mandl/Rabel* in: Peemöller, Praxishandbuch der Unternehmensbewertung, 2. Aufl 2002, I Rn 405 ff.
[154] Dazu etwa *Moxter,* Grundsätze ordnungsmäßiger Unternehmensbewertung, 2. Aufl 1983, S 41 ff; *Großfeld* S 20; *Piltz* S 34 ff; *Riedel,* Bewertung von Gesellschaftsanteilen, Rn 122 ff; zur Ermittlung WP-HdB A Rn 376-403.
[155] *Riedel,* Bewertung von Gesellschaftsanteilen, Rn 128 ff; zur Ermittlung WP-HdB 1998 A Rn 329 ff.
[156] Vgl auch den Überblick über die in der Betriebswirtschaftslehre gebräuchlichen Bewertungsverfahren im HdB Pflichtteilsrecht/*J. Mayer* § 5 Rn 93; *Mandl/Rabel* in: Peemöller, Praxishandbuch der Unternehmensbewertung, I Rn 404 ff; *Piltz* S 136 ff.
[157] *Damrau/Riedel/Lenz* Rn 56; *Piltz/Wissmann* NJW 1985, 2673, 2677; *Staudinger/Haas* Rn 80; *Tanck* BB-Spezial 5/2004, 19.
[158] BGH LM Nr 14; *Piltz/Wissmann* NJW 1985, 2673, 2677; *Scherer/Kasper,* MAH Erbrecht, § 46 Rn 16.

nach dem Erbfall vereinbarter Kaufpreis wird dabei noch als zulässige Orientierungsgröße angesehen (zur Kritik s Rn 17). Dabei ist zu beachten, dass auch aus betriebswirtschaftlicher Sicht zunächst als Ausgangsgrundlage jeder Ermittlung der **Zweck der Unternehmensbewertung** zu bestimmen ist, also etwa, ob es um einen subjektiven Entscheidungswert oder einen Einigungswert geht oder um den objektivierten Unternehmenswert. Im Kontext mit dem Pflichtteilsrecht kann es aber nur um den objektiven Unternehmenswert gehen[159].

Ansonsten hält es die Rspr grds für die **Aufgabe des Tatrichters,** unter Zuziehung eines Sachverständigen zu entscheiden, welche in der Betriebswirtschaftslehre vertretene Bewertungsmethode im zu entscheidenden Einzelfall zu einem angemessenen Ergebnis führt[160]. In der Betriebswirtschaftslehre sowie nach den berufständischen Empfehlungen der Wirtschaftsprüfer sieht man im **Ertragswert** heute nahezu einhellig den wesentlichen Faktor des Unternehmenswerts[161]. Die früher angewandte Substanzwertmethode mit Korrekturen über den „good will" ist damit im Wesentlichen überholt[162], ebenso wohl die Kombination von Substanzwert und Ertragswertbewertung, etwa durch Bildung eines Mittels hieraus (sog Mittelwertmethode)[163], eventuell mit einer doppelten Gewichtung des Ertragswerts[164]. Der BGH[165] hat die Ertragswertmethode gebilligt, allerdings in Fällen, in denen es nicht um das Pflichtteilsrecht ging.

Hinsichtlich des **betriebsnotwendigen Vermögens** ist daher heute im Allgemeinen der Ertragswert als Barwert der Zukunftserfolge des Unternehmens anzusetzen. Dabei sind die zukünftigen Einnahmen-Überschüsse mit einem festzulegenden Zinsfuß zu kapitalisieren. Dabei wird von einer Unternehmensfortführung und Vollausschüttung des Gewinns unter voller Substanzerhaltung ausgegangen[166]. Der Berechnung der nachhaltigen künftigen Überschüsse („Zukunftserfolge") werden dabei die entsprechenden bereinigten[167], in der Vergangenheit (meist drei bis fünf Jahre) erzielten Erträge zu Grunde gelegt. Auf Grund dieser Vergangenheitsanalyse sind die künftigen finanziellen Überschüsse im Wege einer Ertragsprognose zu schätzen und der Jahresdurchschnittsgewinn zu errechnen. Anschließend ist der Kapitalisierungszinssatz zu bestimmen. Dadurch werden die künftigen Erträge abgezinst und somit zum Barwert zusammengefasst. Zugleich hat der Basiszinssatz die Aufgabe, die Unternehmenserträge einer alternativen Investition vergleichbar zu machen[168]. Die Rspr geht dabei von der „üblichen Effektivverzinsung inländischer öffentlicher Anleihen" als Basiszinssatz aus[169]. Nach Piltz schwanken die Sachverständigenansätze hier zwischen 5–15% jährlich[170]. Wegen des größeren Unternehmerrisikos und der langfristigen Bindung der Mittel sind dabei noch Zuschläge zu machen, die den Ertragswert senken;[171] daneben kommen Geldentwertungsabschläge in Betracht[172]. Der Wahl des Kapitalisierungszinssatzes kommt große Bedeutung zu, da schon kleine Änderungen den Ertragswert erheblich verändern können. Kann von einer unbegrenzten Lebensdauer des zu bewertenden Unternehmens und jährlich gleich bleibenden finanziellen Überschüssen ausgegangen werden, so errechnet sich der Unternehmenswert des betriebsnotwendigen Vermögens als Barwert einer „ewigen Rente" wie folgt:

---

[159] OLG München NJW-RR 1988, 390 zum vergleichbaren Erbersatzanspruch; *Meincke* Nachlassbewertung S 147 f; *Riedel,* Bewertung von Gesellschaftsanteilen, Rn 144.
[160] BGH NJW-RR 1993, 131; NJW 1982, 575, 576; NJW 1972, 1269; *Staudinger/Haas* Rn 69; *Klingelhöffer* Pflichtteilsrecht Rn 200; ausf *Piltz* S 126 ff.
[161] *Korth* BB 1992, Beilage 19 S 4; *Großfeld* S 152 ff; *W. Müller,* FS Bezzenberger, 2000, S 705, 706 ff; *Braunhofer* S 31 mwN; WP-HdB 1998 A Rn 4 ff; MünchKommBGB/*Ulmer* § 738 Rn 35 mwN; *Damrau/Riedel/Lenz* Rn 57; *Riedel,* Bewertung von Gesellschaftsanteilen, Rn 135 ff; *Peemöller* aaO I Rn 203; *Piltz/Wissmann* NJW 1985, 2674; PWW/*Deppenkemper* Rn 16; *Soergel/Dieckmann* Rn 20; *Sudhoff/Scherer* Unternehmensnachfolge, 5. Aufl 2005, § 17 Rn 70; *Reimann* DNotZ 1992, 473; *Klingelhöffer* Pflichtteilsrecht Rn 201; *Kerscher/Riedel/Lenz* Pflichtteilsrecht § 7 Rn 26; MünchKommBGB/*Lange* Rn 25; *Damrau/Riedel/Lenz* Rn 57; *Ebenroth/Boujong/Joost/Lorz* § 131 HGB Rn 68 ff mwN; wohl auch *Scherer/Kasper,* MAH Erbrecht, § 46 Rn 16; vgl auch die instruktive, wenn auch nicht mehr aktuelle Auswertung der in den veröffentlichten Gerichtsentscheidungen angewandten Bewertungsverfahren bei *Piltz* S 351 ff; so auch für die Wirtschaftsprüfer: IDW S 1 nF WPg 2005, 690 ff; zweifelnd *Rid* NJW 1986, 1317; Überblick über das Verfahren bei *Mandl/Rabel* aaO I Rn 405 ff; HdB Pflichtteilsrecht/*J. Mayer* § 5 Rn 95 ff und ausf *Riedel,* Bewertung von Gesellschaftsanteilen, Rn 135 ff.
[162] *Piltz* ZEV 1994, 7, 8; MünchKommBGB/*Lange* Rn 25.
[163] MünchKommBGB/*Lange* Rn 25; *Peemöller/Kunowski* III Rn 4; *Moxter* S 60 ff; dem noch zuneigend MünchKommBGB/*Lange* Rn 23; *Riedel,* Bewertung von Gesellschaftsanteilen, Rn 257; gebilligt von BGHZ 68, 163; 71, 40, 52.
[164] Zu diesen „Praktikerverfahren" etwa *Großfeld* S 25 f; zu anderen Bewertungsverfahren *Piltz* S 38 ff; zum rechnerischen Vergleich der Verfahren dort S 43 ff.
[165] NJW-RR 2005, 153, 154 zum Zugewinnausgleich; BGH NJW 1985, 192, 193 zur Zulässigkeit von Abfindungsbeschränkungen; BGHZ 71, 40, 52 bei Bewertungen im Gesellschaftsrecht, wenn der Ertragswert über dem Liquidationswert, jedoch unter dem Substanzwert liegt.
[166] *Großfeld* S 38 f; *Braunhofer* S 30; „a stock is worth only what you can get out of it"; eingehend zur Bewertung *Riedel,* Bewertung von Gesellschaftsanteilen, Rn 156 ff; IDW S 1 nF WPg 2005, 690, 695 ff.
[167] *Großfeld* S 41 ff; WP-HdB A Rn 229 ff; *Braunhofer* S 246; dabei sind insbes Abschreibungen, ein angemessener Unternehmerlohn und die laufenden Betriebssteuern abzuziehen; zur Berücksichtigung der Einkommensteuer eingehend *Großfeld* S 50 ff; *Riedel,* Bewertung von Gesellschaftsanteilen, Rn 161 ff; IDW S 1 WPg 2005, 690, 695.
[168] *Piltz* S 26; *Korth* BB 1992, Beilage 19 S 11; *Riedel,* Bewertung von Gesellschaftsanteilen, Rn 193 ff.
[169] BGH NJW 1982, 575, 576; *Riedel,* Bewertung von Gesellschaftsanteilen, Rn 195 ff; *Staudinger/Haas* Rn 80.
[170] *Piltz* S 27; tabellarische Übersicht der gerichtlichen Entscheidungen hierzu S 361 ff.
[171] *Großfeld* S 70 ff; eingehend zu den Risikozuschlägen WP-HdB A Rn 279 ff.
[172] *Großfeld* S 71 ff; WP-HdB A Rn 283 ff.

$$EW = \frac{E \times 100}{i}$$

EW = Ertragswert, E = nachhaltiger Jahresertrag, i = Zinssatz[173]. Das Institut der Wirtschaftsprüfer hat nunmehr ausgehend vom Ertragswertverfahren einen Standard zu den Grundsätzen der Unternehmensbewertung herausgegeben (**"IDW Standard S 1 nF"**)[174], der in der Zukunft für die Unternehmensbewertung maßgeblich sein wird.

27 Das **nicht betriebsnotwendige Vermögen** ist dadurch gekennzeichnet, dass es ohne weiteres frei veräußert werden kann, ohne dass dadurch die Unternehmensfortführung beeinträchtig wird. Daher ist dieses einschließlich der dazu gehörenden Verbindlichkeiten gesondert zu bewerten. Daher ist dieses grds mit dem diskontierten Liquidationswert (Einzelveräußerungspreis) anzusetzen[175].

28 **Bedenken** bestehen gegen die Ertragswertmethode wegen ihrer starken Prognoseorientierung, die mit dem erbrechtlichen Stichtagsprinzip kollidieren kann[176]. Auch ist nicht unproblematisch, wenn die Betriebswirtschaft von einem subjektiven Unternehmenswert ausgeht[177], also davon, welchen Nutzen der jeweilige Eigentümer nach seinen ökonomischen Vorstellungen aus dem Unternehmen ziehen kann. Das muss bei den Unternehmen, deren Ertragssituation ganz entscheidend von **Engagement und Fähigkeit** des **Geschäftsinhabers** abhängt, dazu führen, dass die Ertragswertbewertung in den Hintergrund tritt. Auch liegt hierin ein Unterschied zur Unternehmensbewertung beim Zugewinnausgleich, bei dem „unterschwellig" noch oftmals eine Rolle spielt, dass eine Fortführung des Betriebs durch den Betriebsinhaber erfolgt[178].

29 Das in der Praxis der Steuerberater so beliebte **Stuttgarter Verfahren** (jetzt modifiziert in R 96 ff ErbStR) ist für die Pflichtteilsbewertung grds nicht geeignet, da der dort teilweise verwandte Substanzwert nach reinen Steuerwerten bestimmt wird[179]. Nicht geeignet ist auch das nur zur kursorischen Prüfung bestimmte „due diligence" Verfahren[180], wohl aber das international vorherrschende „**Discounted-Cash Flow-Verfahren**" (DCF-Verfahren)[181], das aber in der Rspr noch keinen Niederschlag gefunden hat[182].

30 Als **Untergrenze** für die Pflichtteilsbewertung wird allerdings mittlerweile überwiegend der **Liquidationswert** anerkannt, der sich bei einem Verkauf aller Einzelgegenstände ohne Unternehmensfortführung ergibt[183]. Ist nämlich der Erlös aus dem Verkauf des Betriebs größer als der Ertrag aus der Fortführung, wird ein ökonomisch rational denkender Unternehmer verkaufen. Und an dieser betriebswirtschaftlichen Erkenntnis muss sich auch die Pflichtteilsbewertung ausrichten, die sich nach normativen Kriterien und nicht nach subjektiven Verwendungsentscheidungen zu richten hat (eingehend Rn 14). Nach einer älteren BGH-Entscheidung soll der Liquidationswert jedoch grds nicht berücksichtigt werden, wenn das Unternehmen tatsächlich fortgeführt wird[184]. Daraus kann aber noch nicht abgeleitet, dass die Höhe des Pflichtteils von der rein subjektiven, uU völlig unökonomischen Unternehmensentscheidung des Erben abhängig gemacht wird, was den pflichtteilsrechtlichen Bewertungsgrundsätzen widerspräche (Rn 13 f) und zudem betriebswirtschaftliche Bewertungsgrundsätze verletzt[185]. Denn der BGH deutet selbst zwei bedeutsame, in den bisherigen Stellungnahmen zu wenig beachtete **Einschränkungen** an: Ausnahmsweise könne der Ansatz des Liquidationswertes dann in Betracht kommen, wenn (1) der Unternehmer den Pflichtteilsberechtigten gegenüber zur Liquidation verpflichtet ist oder (2) ein unrentables, liquidationsreifes Unternehmen aus wirtschaftlich nicht vertretbaren Gründen weitergeführt wird und dadurch dem Pflichtteilsberechtigten der Anteil an der Differenz zwischen dem Gesamtwert und einem über ihm liegenden Liquidationswert ent-

---

[173] *Korth* BB 1992, Beilage 19 S 13; KK-Erbrecht/*Lindner* Rn 19; *Lange/Kuchinke* § 39 VI 3 d; WP-HdB A Rn 176 ff, dort auch zu weiteren Formeln bei begrenzter Lebensdauer und Phasen mit verschiedenen Erträgen.
[174] WPg 2005, 690.
[175] IDW S 1 Tz 68, WPg 2005, 690, 700; *Piltz* S 31; *Riedel*, Bewertung von Gesellschaftsanteilen, Rn 192; *Korth* BB 1992, Beilage 19 S 1, 4; WP-HdB A Rn 4; MünchKommBGB/*Lange* Rn 25; *Scherer/Kasper*, MAH Erbrecht, § 46 Rn 18.
[176] Krit dagegen *Zehner* DB 1981, 2109, der sich aber nicht durchsetzen konnte, vgl *Großfeld* S 27.
[177] *Korth* BB 1992, Beilage 19 S 1, 2; *Reimann* DNotZ 1992, 472, 474; zum objektivierten Unternehmenswert WP-HdB A Rn 11 ff.
[178] *Klingelhöffer* Pflichtteilsrecht Rn 199. Dass die Bewertungsgrundsätze des Zugewinnausgleichs nicht unbedingt auf das Pflichtteilsrecht übertragen werden können betonen auch *Pentz* FamRZ 1997, 724, 726 f; *Riedel*, Bewertung von Gesellschaftsanteilen, Rn 278 ff; oben Rn 13.
[179] BGH NJW 1982, 2497, 2498; *Klingelhöffer* Pflichtteilsrecht Rn 208; *Großfeld* S 33.
[180] *Barthel* DStZ 1999, 365.
[181] *Damrau/Riedel/Lenz* Rn 62; zu dieser Bewertungsmethode *Riedel*, Bewertung von Gesellschaftsanteilen, Rn 213 ff; WP-HdB A Rn 6, 288-325; *Baetge/Niemeyer/Kümmel* in: Peemöller Praxishandbuch III Rn 301 ff; *Großfeld* S 159 ff.
[182] *Hülsmann* ZIP 2001, 450, 451; MünchKommBGB/*Ulmer* § 738 Rn 36.
[183] *J. Mayer* ZEV 1994, 331, 335; MünchKommBGB/*Lange* Rn 25; *Riedel*, Bewertung von Gesellschaftsanteilen, Rn 260; *Soergel/Dieckmann* Rn 21; *Großfeld* S 100 ff; *Scherer/Kasper* MAH Erbrecht § 46 Rn 25; *Meincke*, FS Wiedemann, S 105, 111 f Fn 5 mit zutr arg e contrario aus § 2312; AnwK-BGB/*Bock* Rn 43, jedoch mit unzutr. Bezug auf BGH NJW 1973, 509.
[184] BGH NJW 1973, 509, 510; ebenso BGH NJW 1982, 2441 zum Zugewinnausgleich; zust *Breitenbach* DB 1974, 104, 105; *Klingelhöffer* Pflichtteilsrecht Rn 211; *Staudinger/Haas* Rn 81 sowie Rn 56 d; krit dazu *Riedel*, Bewertung von Gesellschaftsanteilen, Rn 256 ff.
[185] So aber tendenziell MünchKommBGB/*Lange* Rn 25; *Riedel*, Bewertung von Gesellschaftsanteilen, Rn 258 ff.

geht[186]. In die Richtung dieser zweiten Ausnahme geht auch eine spätere Entscheidung des BGH: Wird ein ertragsloses Unternehmen zwar zunächst fortgeführt, drei Jahre nach dem Erbfall aber liquidiert, so könne der Tatrichter den auf den Todestag geschätzten Liquidationswert ansetzen[187]. Der BGH hat daher durchaus Kriterien aufgezeigt, die einer zu weitreichenden Berücksichtigung der subjektiven Verwendungsentscheidung Grenzen setzen[188]. Wenn es andererseits in der Lit heißt, dass man den Liquidationswert als Mindestwert nur dann entfallen lassen sollte, wenn der Erbe zur **Fortführung** des ertragsschwachen Unternehmens verpflichtet ist[189], so ist dies jedoch dahingehend einzuschränken, dass der Fortführungszwang nicht auf einer Erblasseranordnung beruhen darf, da diese keinen – auch nicht mittelbaren – Einfluss auf die Pflichtteilsbewertung nehmen darf[190].

Kleinere und mittlere **Unternehmen** und **Handwerksbetriebe** weisen die Besonderheiten einer geringen Eigenkapitalstruktur, geringer Mitarbeiterzahl, oftmals unentgeltlicher Mitarbeit von Familienangehörigen und einer starken Personenbezogenheit zum Unternehmensinhaber auf – „an der Person hängt alles" –; eine Trennung von Management und Unternehmenseigentum fehlt[191]. Ein Inhaberwechsel führt mitunter zu einer tief greifenden Veränderung der Ertragssituation, uU zur Aufgabe des Unternehmens. Diese enge persönliche Verflechtung muss auch bei der pflichtteilsrechtlichen Bewertung durch entsprechende Abschläge berücksichtigt werden[192]. Die durchweg zum Zugewinnausgleich ergangenen Entscheidungen bestimmen den Unternehmenswert hier daher nach dem Substanzwert, zuzüglich eines etwa vorhandenen „good will"[193]; vgl auch § 1376 Rn 12. **31**

Freie Berufe zeichnen sich in noch stärkerem Maße durch eine ausgeprägte persönliche Bindung des Praxisinhabers zu seinen Klienten und Patienten aus. Die Anwendung der Ertragswertmethode wird daher von den Gerichten hier abgelehnt[194]. Vielmehr wird das Sachwertverfahren zugrundegelegt und ein „good will" berücksichtigt, soweit ein solcher feststellbar ist. Dieser „good will" wird idR aus einem gewissen Prozentsatz der bereinigten Durchschnittsumsätze der Vorjahre ermittelt, wobei dies branchenabhängig variiert[195]. Dabei werden von den Gerichten auch die Bewertungsgrundsätze der entsprechenden Berufsvertretungen (Ärztekammer, Rechtsanwaltskammer) zu Grunde gelegt[196]. Bei Auflösung des Handwerksbetriebs oder der Praxis kommt für die Bewertung nur der Sachausstattungswert in Betracht[197]. Dem Veräußerungserlös bei einem Verkauf im Ganzen kommt auch hier erhebliche Bedeutung zu, zumal sonst kaum Vergleichswerte zur Verfügung stehen[198]. **Beispiele:** Apotheke: BGH bei *Schmidt-Kessel* WM 1988, Beilage 8 S 15; BGH NJW-RR 1986, 163; Allgemeinmedizin BGH NJW 1982, 575; Rechtsanwaltskanzlei *Rohlfing* § 5 Rn 71 ff[199]. Zur Bewertung von Arztpraxen auf Grund der Beschränkung der Niederlassungsfreiheit s *Staudinger/Haas* Rn 86. **32**

Bei der am **Veräußerungswert** des Unternehmens orientierten Bewertungsmethode (Vergleichswertmethode) sind die bei einer Veräußerung **anfallenden Ertragsteuern** (§ 16 EStG, sog latente Steuern) zu schätzen und wertmindernd zu berücksichtigen, auch wenn es keine Nachlassverbindlichkeiten darstellen[200]. Wird dagegen das Unternehmen **fortgeführt**, so kommt es zu keiner Gewinn- **33**

---

[186] BGH NJW 1973, 509, 510; zust etwa *Erman/Schlüter* Rn 2.
[187] BGH LM Nr 14 = NJW 1982, 2497, 2498; dagegen *Staudinger/Haas* Rn 81 a sowie *Oechsler* AcP 200 (2000), 603, 625, da dadurch seriöse Sanierungsbestrebungen verhindert und der Erbe nicht nur das allgemeine wirtschaftliche Risiko trage, sondern auch noch mit einer höheren Pflichtteilsforderung belastet werde; demgegenüber will zu Recht *Riedel*, Bewertung von Gesellschaftsanteilen, Rn 105 ff immer die für den Pflichtteilsberechtigten günstigere Verwendungsentscheidung der Pflichtteilsberechnung zu Grunde legen; vgl eingehender Rn 14.
[188] Dies räumt auch *Staudinger/Haas* Rn 81 aE ein, der von einem begrenzten „Ermessensspielraum" spricht; *Soergel/Dieckmann* Rn 21 betont zu Recht, dass dieser Spielraum nicht zu groß sein darf.
[189] *MünchKommBGB/Lange* Rn 25; *Soergel/Dieckmann* Rn 21; *Piltz* S 190 ff; *Großfeld* S 102.
[190] Zutr *Damrau/Riedel/Lenz* Rn 64; *Riedel*, Bewertung von Gesellschaftsanteilen, Rn 260.
[191] *Piltz* S 50 f; *Riedel*, Bewertung von Gesellschaftsanteilen, Rn 240 ff; *Staudinger/Haas* Rn 83.
[192] *Staudinger/Haas* Rn 83; *J. Mayer* ZEV 1994, 331, 335; *Braunhofer* S 99 ff; *Riedel*, Bewertung von Gesellschaftsanteilen, Rn 299; *AnwK-BGB/Bock* Rn 44; zum Zugewinnausgleich *Michalski/Zeidler* FamRZ 1997, 397, 400 f; vgl auch jurisPK/*Birkenheier* Rn 51: Substanzwertmethode, ggf zusätzlicher Ansatz des „Good Wills"; unklar PWW/*Deppenkemper* Rn 19, wonach eine „umsatzorientierte Bewertung" zu erfolgen habe.
[193] BGHZ 68, 163, 168 f betr Handelsvertreter; BGHZ 70, 224, 226 betr Bäckerei; OLG Düsseldorf FamRZ 1984, 699, 701 betr Druckerei; anders *Braunhofer* S 104 ff; *Piltz* Unternehmensbewertung S 55; *Michalski/Zeidler* FamRZ 1997, 397, 400 f: Anwendung der Ertragswertmethode mit Berücksichtigung der persönlichen Bindung durch Abzug eines kalkulatorischen Unternehmerlohns.
[194] BGH NJW 1991, 1547 betr Arztpraxis bei Zugewinnausgleich; eingehend *Piltz* S 249 ff; *Staudinger/Haas* Rn 84.
[195] *MünchKommBGB/Lange* Rn 26; vgl die ausf Übersicht bei *Piltz* S 258 ff; *Rohlfing*, Erbrecht in der anwaltlichen Praxis, 2. Aufl 1999, § 5 Rn 68 ff; *Damrau/Riedel/Lenz* Rn 67 ff.
[196] BGH FamRZ 1991, 43 betr Arztpraxis im Zugewinnausgleich; *MünchKommBGB/Lange* Rn 26; *Staudinger/Haas* Rn 85; für Anwendung des Ertragswertverfahrens aber *Michalski/Zeidler* FamRZ 1997, 397, 400 f; *Schmidt-Rhein*, Bewertung von Freiberuflerpraxen, 1997, S 97 ff.
[197] Hierzu und zum Folgenden *Soergel/Dieckmann* Rn 23; zur Wertermittlung von Anwaltskanzleien und Arztpraxen vgl auch den Überblick bei *Kerscher/Riedel/Lenz* § 7 Rn 84 ff.
[198] BGH bei *Schmidt-Kessel* WM 1988, Beil Nr 8, S 15; *MünchKommBGB/Lange* Rn 26.
[199] WN bei *Staudinger/Haas* Rn 85.
[200] BGHZ 98, 382, 389 = NJW 1987, 1260 mwN; BGH NJW 1972, 1269; NJW 1982, 2497, 2498; FamRZ 1986, 776 betr Gesamtgutauseinandersetzung; FamRZ 1986, 776, 779; NJW-RR 1990, 68, 69 betr Zugewinnausgleich; *Staudinger/Haas* Rn 82; *Klingelhöffer* Pflichtteilsrecht Rn 210; *Piltz* S 186 f; *Braunhofer* S 248 ff, auch zu den

§ 2311

realisierung, so dass die latente Steuerbelastung nicht gesondert zu berücksichtigen ist[201]. Vielmehr entspricht es der betriebswirtschaftlich orientierten Unternehmensbewertung, dass die aus dem Verkauf von einzelnen Anlagegütern resultierende Steuerbelastung im Rahmen der allgemeinen Aufwands- und Ertragsprognose berücksichtigt wird[202]. Nur bezüglich des nicht betriebsnotwendigen Vermögens, das nicht nach der Ertragswertmethode, sondern nach dem Liquidationswert bewertet wird, sind die auf den stillen Reserven lastenden latenten Steuern mindernd zu berücksichtigen[203]. Allerdings ist äußerst problematisch, wie die sich nach den vorstehenden Kriterien zu **berücksichtigenden Steuerlasten** bei der Pflichtteilsbewertung zu berücksichtigen sind, denn diese hängen nicht nur von der Höhe des realisierten Gewinns, sondern auch von den **persönlichen Besteuerungsmerkmalen** des veräußernden Erben ab[204]. Der BGH ist hier dem Erben relativ wohlwollend gesonnen und meint, dass im Allgemeinen, wenn in der Person des Erben aus Gründen des Steuertarifs keine besonders ungünstigen Verhältnisse vorliegen, ein Ansatz der bei ihm tatsächlich anfallenden Steuer vertretbar ist[205]. Demgegenüber wird in der Literatur eine „typisierende Betrachtung" vorgeschlagen, mit einem statistisch erhobenen durchschnittlichen Einkommen und Steuersatz, wobei unterstellt wird, dass alle einkommensteuerrechtlich günstigen Wahlrechte ausgeübt werden, mit einem arithmetischen Mittel aus einer getrennten und Zusammenveranlagung nach § 26 EStG und nur einem Erben als Pflichtteilsschuldner, jedoch mindestens mit dem Ansatz der Einkommensteuerbelastung, die den Pflichtteilsberechtigten als Erben getroffen hätte[206]. Diese Überlegungen zeigen, wie schwierig diese Materie ist; sie sind angesichts der steuerrechtlichen Vorgaben zu beachten.

34 **c) Gesellschaftsbeteiligungen. aa) Anteile an Personen- und Partnerschaftsgesellschaften.**
Ob und in welcher Höhe beim Tod eines Gesellschafters aus einer Gesellschaftsbeteiligung ein Pflichtteilsanspruch entsteht, richtet sich zunächst primär nach dem rechtlichen Schicksal der Gesellschaftsbeteiligung. Dabei ist danach zu differenzieren, ob die Beteiligung in den Nachlass fällt; nur dann kann sie Gegenstand des ordentlichen Pflichtteils sein[207]. Fällt sie nicht in den Nachlass, kommt allenfalls ein Pflichtteilsergänzungsanspruch in Betracht (§ 2325 Rn 15)[208].

35 Beim Tod des Gesellschafters einer Personengesellschaft bestehen folgende Möglichkeiten[209]:
1. Die Gesellschaft wird **aufgelöst** (so mangels abweichender Vereinbarung bei der BGB-Gesellschaft, § 727 Abs 1 und bis zum Inkrafttreten des Handelsrechtsreformgesetzes vom 22. 6. 1998 (BGBl I S 1474) am 1. 7. 1998 auch bei der OHG und bei der KG beim Tod des persönlich haftenden Gesellschafters, § 131 Nr 4 HGB aF): Zum Nachlass gehört dann der Anteil des Verstorbenen an der Liquidationsgesellschaft; dieser ist Gegenstand der Bewertung des Pflichtteilsanspruchs und bemisst sich grds nach dem Liquidationserlös[210].
2. Die Gesellschaft wird zwischen den verbleibenden Gesellschaftern fortgesetzt, der **Verstorbene** bzw seine Erben **scheiden aus** der Gesellschaft aus (so jetzt § 131 Abs 3 Nr 1 HGB für OHG und den persönlich haftenden Gesellschafter der KG sowie für den Partner der Partnerschaftsgesellschaft, § 9 PartGG). Der Gesellschaftsanteil des Verstorbenen wächst den anderen Gesellschaftern an (§ 738 Abs 1 S 1). Der dann entstehende gesellschaftsrechtliche **Abfindungsanspruch** (§ 738 Abs 1 S 2, §§ 105 Abs 3, 161 HGB, § 1 Abs 4 PartGG) fällt in den Nachlass. Sein Wert bestimmt sich grds nach dem vollen und wirklichen Wert der Erblasserbeteiligung unter Berücksichtigung schwebender Geschäfte und stillen Reserven[211], jedoch sehen die meisten Gesellschaftsverträge abweichende Regelungen vor, die idR zu einer Abfindungsbeschränkung führen[212]. Dabei gelten nach ganz hM die für die Zulässigkeit von gesellschaftsvertraglichen Abfindungsbeschränkungen allgemein entwickelten, die Gestaltungsfreiheit einschränkenden Grundsätze beim Tod eines Gesellschafters nicht, da insbes

---

Problemen, die sich aus der individuellen Steuerbemessung des jeweiligen Erben ergeben; offenlassend AK/*Däubler* Rn 21; aA offenbar *Palandt/Edenhofer* Rn 7.
[201] BGH NJW 1972, 1269; NJW 1973, 509, 510; *Braunhofer* S 253; HdB Pflichtteilsrecht/*J. Mayer* § 5 Rn 111; MünchKommBGB/*Lange* Rn 25; *Riedel*, Bewertung von Gesellschaftsanteilen, Rn 625; Soergel/*Dieckmann* Rn 22; wohl auch jurisPK/*Birkenheier* Rn 52 iVm Rn 42; zum Zugewinn auch BGH NJW-RR 2005, 153 (von Staudinger/ Haas Rn 82 zu Unrecht als Beleg für die Gegenauffassung zitiert); aA *Lorz* ZErb 2003, 302, 303 f; *Winkler* ZEV 2005, 89, 91, der - unzutr - davon ausgeht, dass der Verkehrswert immer nach Veräußerungsgesichtspunkten bestimmt werde; *Kasper*, MAH Erbrecht, § 46 Rn 22; *Crezelius* Unternehmenserbrecht § 6 Rn 95 und jetzt Staudinger/Haas Rn 82, die jedoch verkennt, dass das Bewertungsziel hier nicht die Beteiligung an einem unterstellten Verkaufserlös ist, sondern generell die geldmäßige Beteiligung des Pflichtteilsberechtigten „am Nachlass"; für Abzug der latenten Steuern nur dann, wenn es zum Verkauf kommt, *Esch/Baumann/Schulze/zur Wiesche*, HdB der Vermögensnachfolge, 6. Aufl, Rn 175; ähnlich *Hoppenz* FamRZ 2006, 449, 450.
[202] So etwa IDW S 1 nF, WPg 2005, 690; dazu *Riedel*, Bewertung von Gesellschaftsanteilen, Rn 615 ff.
[203] *Riedel*, Bewertung von Gesellschaftsanteilen, Rn 626; aus betriebswirtschaftlicher Sicht IDW S 1 nF, WPg 2005, 690, 711.
[204] Vgl etwa *Winkler* ZEV 2005, 89, 90.
[205] NJW 1972, 1269, 1270.
[206] *Riedel*, Bewertung von Gesellschaftsanteilen, Rn 634 ff.
[207] MünchKommBGB/*Lange* Rn 28; *Staudinger/Haas* Rn 87.
[208] S etwa *Lange/Kuchinke* § 37 VII 3 f; eine tabellarische Übersicht hierzu bei *J. Mayer*, Grundzüge des Rechts der Unternehmensnachfolge, 1999, S 65 ff.
[209] Eingehend *Zöller* MittRhNotK 1999, 121; HdB Pflichtteilsrecht/*J. Mayer* § 5 Rn 118 ff; § 1922 Rn 62 ff.
[210] JurisPK/*Birkenheier* Rn 58; MünchKommBGB/*Lange* Rn 30; *Staudinger/Haas* Rn 90; *J. Mayer* ZEV 1994, 331, 335.
[211] *Staudinger/Haas* Rn 89; *Riedel* ZErb 2003, 212, 213.
[212] Dazu etwa MünchKommBGB/*Ulmer* § 738 Rn 39 ff; *Dauner-Lieb* ZHR 158 (1994), 271.

dadurch keine unzulässige Einschränkung des Kündigungsrechts erfolgt. Daher ist sogar ein völliger Ausschluss der Abfindung zu Lasten der Erben möglich[213]. Dann stellt sich nur die Frage, ob diese Vereinbarung eine pflichtteilsergänzungspflichtige Schenkung darstellt (eingehend § 2325 Rn 15).

3. Die Gesellschaft wird **mit** einem oder mehreren **Erben des Verstorbenen fortgesetzt** (so nach § 177 HGB beim Tod des Kommanditisten, ansonsten auf Grund einer ausdrücklich vereinbarten [einfachen oder qualifizierten] **erbrechtlichen Nachfolgeklausel** oder einer erbrechtlichen Eintrittsklausel). Trotz der hier uU eintretenden erbrechtlichen Sondernachfolge gehört der Gesellschaftsanteil des Erblassers zum Nachlass[214].

4. Liegt eine **rechtsgeschäftliche Nachfolgeklausel** vor oder ein rechtsgeschäftliches **Eintrittsrecht**, bei dem die gesamte Mitgliedschaft einschließlich des Kapitalanteils (Abfindungsanspruch) des Erblassers im Wege einer Vorausabtretung dem Eintrittsberechtigten zugewandt wird oder durch einen Ausschluss des Abfindungsanspruchs mit einer Verpflichtungen der verbleibenden Gesellschafter, den Anteil des Erblassers treuhänderisch für den Eintrittsberechtigten zu halten[215], erfolgt die Nachfolge in die Gesellschafterstellung am Nachlass vorbei[216]. Der Gesellschaftsanteil kann daher nicht Gegenstand eines ordentlichen Pflichtteilsanspruchs sein, uU aber bei der Pflichtteilsergänzung[217] oder auch im Rahmen von § 2316 berücksichtigt werden.

Kommt es zu einer erbrechtlichen **Nachfolge** des Erben in die Gesellschaftsbeteiligung (Rn 35, Nr 3), so stellt sich das Problem, wie diese **zu bewerten** ist. Dabei wird die sonst bei der Bemessung des Pflichtteilsanspruchs häufig anwendbare Vergleichswertmethode nur in Ausnahmefällen herangezogen werden können[218]. Abgesehen vom vorrangigen Ansatz eines späteren Verkaufserlöses einer Gesellschaftsbeteiligung[219] wird die Bewertung wie folgt vorgenommen: Zunächst ist der Wert des gesamten Unternehmens festzustellen, was nach ganz überwiegender Auffassung nach der Ertragswertmethode geschieht (Rn 26)[220]. Der Wert der Beteiligung wird zunächst daraus abgeleitet, dass der so ermittelte Unternehmenswert auf die Gesellschafter im Verhältnis ihrer prozentualen Beteiligung umgelegt wird, was als sog indirekte Methode bezeichnet wird[221]. Dieser „quotale Unternehmenswert" ist aber noch weiter zu überprüfen: Die konkrete gesellschaftsrechtliche Stellung des betroffenen Gesellschafters ist iE zu ermitteln[222], insbes nach den unterschiedlichen Herrschaftsrechten, wie Stimmrechte[223], nach Veräußerungsbeschränkungen[224], Beteiligung an Gewinn oder Liquidationserlösen[225] oder Einziehungsmöglichkeiten[226]. Hier ist also der „innere Wert" im buchstäblichen Sinne maßgebend, da es auf die Binnenverfassung der Gesellschaft ankommt. 36

Umstritten ist, wie für den Fall, dass die Gesellschaftsbeteiligung in den Nachlass fällt, der **Wert der Beteiligung anzusetzen** ist, wenn der Gesellschaftsvertrag beim späteren Ausscheiden eines Gesellschafters einen gegenüber dem Vollwert **niedrigeren Klauselwert** (zB Buchwertklausel) vorsieht[227]. Das Stichtagsprinzip würde es hier gebieten, den Vollwert der Mitgliedschaft am Todestag zu Grunde zu legen. Dies führt für den Gesellschaftererben aber dann zu Härten, wenn er zur 37

---

[213] BGHZ 22, 187, 194; BGHZ 50, 316, 318; RGZ 145, 289, 294; *Baumbach/Hopt* § 138 HGB Rn 34; *Boujong*, FS Ulmer, 2003, S 41, 43; *Schlegelberger/K. Schmidt* § 138 Rn 66; MünchKommBGB/*Ulmer* § 738 Rn 61 mwN; *Reimann* ZEV 1994, 7, 9; *Riedel*, Bewertung von Gesellschaftsanteilen, Rn 361 mwN; *Winkler* BB 1997, 1697, 1703; *ders* ZEV 2005, 89, 93; *Staudinger/Haas* Rn 98; aA *Heymann/Emmerich* § 138 HGB Rn 41; unklar jurisPK/*Birkenheier* Rn 61 f, weil die Differenzierung zwischen Ausscheiden unter Lebenden und von Todes wegen nicht klar herausgearbeitet wird.
[214] BGHZ 22, 186, 191; 68, 225, 228; 98, 48, 50 f; *Staudinger/Haas* Rn 91; *Damrau/Riedel/Lenz* Rn 80; *Crezelius* Unternehmenserbrecht § 6 Rn 260; eingehend § 1922 Rn 67 ff.
[215] Erfolgt die Zuwendung durch ein Vermächtnis, unterliegt dies dem ordentlichen Pflichtteil, *Soergel/Dieckmann* Rn 25 aE; *Damrau/Riedel/Lenz* Rn 93.
[216] *Soergel/Dieckmann* Rn 25; MünchKommBGB/*Lange* Rn 31; *Staudinger/Haas* Rn 94.
[217] *Damrau/Riedel/Lenz* Rn 93; MünchKommBGB/*Lange* Rn 31; *Staudinger/Haas* Rn 94; *U. Mayer* ZEV 2003, 355, 356.
[218] MünchKommBGB/*Lange* Rn 30; *Staudinger/Haas* Rn 92.
[219] BGH LM Nr 14.
[220] *Baumbach/Hopt* § 131 HGB Rn 49; *Michalski/Zeidler* FamRZ 1997, 397, 399 f; *Großfeld* S 21 ff; *Piltz* S 235 ff; *Winkler* BB 1997, 1697, 1700; *Reimann* ZEV 1994, 7, 8; *J. Mayer* ZEV 1994, 334 f; *Staudinger/Haas* Rn 92.
[221] *Piltz* S 235 f; hierzu und zur „direkten Methode" s etwa *Riedel*, Bewertung von Gesellschaftsanteilen, Rn 406 ff; die direkte Methode, die auf den Wert der einzelnen Beteiligung abstellt, wird insbes dann angewandt, wenn diese bei einer Beteiligungsakquisition als selbständiger Unternehmenswert eingesetzt wird, besonders bei einer börsenorientierten Unternehmensbeteiligung, *Riedel*, Bewertung von Gesellschaftsanteilen, Rn 410 f.
[222] *Riedel*, Bewertung von Gesellschaftsanteilen, Rn 432 ff; *Scherer/Kasper*, MAH Erbrecht, § 46 Rn 28; *Klinghöffer* Rn 212.
[223] *Riedel*, Bewertung von Gesellschaftsanteilen, Rn 451 ff; *Piltz* S 235 f.
[224] Für Abschlag deshalb im Zugewinnausgleich BGH NJW 1987, 321, 322; NJW 1999, 784, 785; für das Pflichtteilsrecht muss es darauf ankommen, ob die Veräußerung für den allein nach wirtschaftlichen Kriterien handelnden Erben angezeigt ist, *Riedel*, Bewertung von Gesellschaftsanteilen, Rn 470; ähnlich *Scherer/Kasper*, MAH Erbrecht, § 46 Rn 31; *Sudhoff/Scherer* Unternehmensnachfolge, 5. Aufl 2005, § 17 Rn 77.
[225] *Riedel*, Bewertung von Gesellschaftsanteilen, Rn 432 ff; MünchKommBGB/*Lange* Rn 30; *Staudinger/Haas* Rn 92.
[226] *Riedel*, Bewertung von Gesellschaftsanteilen, Rn 473 ff.
[227] Zum Streitstand *Sudhoff/Scherer*, HdB der Unternehmensnachfolge, 5. Aufl 2005, § 17 Rn 73 ff; ähnliche Probleme können sich bei einer zulässigen „Hinauskündigungsklausel" ergeben, jedoch werden diese nur noch unter sehr engen Voraussetzungen anerkannt, vgl zu dieser Problematik *Riedel*, Bewertung von Gesellschaftsanteilen, Rn 505 ff und jetzt BGH NJW-RR 2007, 913.

Erfüllung des Pflichtteilsanspruchs seine Beteiligung kündigen muss und dann nur den Klauselwert erhält. Würde aber für die Pflichtteilsbewertung nur auf den niedrigeren Klauselwert abgestellt, so könnten ganz erhebliche Nachlasswerte dem Pflichtteilsberechtigten entzogen werden, die ja dem Erben zunächst tatsächlich anfielen. Hierzu wurden zahlreiche Lösungsansätze entwickelt[228]. Der BGH hat über diese erbrechtliche Relevanz dieser Abfindungsklauseln noch nicht entschieden[229]. Die wohl hM geht hier vom Ansatz des wahren Werts (**Vollwerts**) aus, so dass auch an sich zulässige Abfindungsbeschränkungen nicht auf die Pflichtteilsberechnung durchschlagen, was sich zutr damit rechtfertigen lässt, dass ansonsten durch gesellschaftsrechtliche Abfindungsklauseln effektiv vorhandene Vermögenswerte dem Pflichtteilsberechtigten entzogen werden könnten, was der Wertung des § 2311 Abs 2 S 2 widerspricht[230]. Zur Milderung der daraus für den Pflichtteilsschuldner uU entstehenden **Härten** wird dabei hinsichtlich der Differenz zwischen Vollwert und Klauselwert ein **Stundungsrecht** nach § 2331a bis zur endgültigen Entscheidung über das Verbleiben in der Gesellschaft[231] oder ein Leistungsverweigerungsrecht[232] diskutiert. Soweit der Pflichtteilsschuldner zur Bezahlung dieses Wertunterschieds aus dem Nachlass nicht in der Lage ist, wird auch ein **Anfechtungsrecht** (nach § 134 InsO, § 4 AnfG) hinsichtlich der Abfindungsklausel befürwortet[233], was zu Lasten der Restgesellschaft ginge und zudem mit den Tatbestandsvoraussetzungen derartiger Anfechtungsbestimmungen nicht vereinbar ist. Im Vordringen begriffen ist hier offensichtlich die Auffassung, dass grds vom Vollwert des Anteils auszugehen ist, je nach der Wahrscheinlichkeit der Beendigung der Beteiligung nach dem Erbfall aber Abschläge zu machen sind[234]. Diese Auffassung beruht sich zu Unrecht auf die Behandlung derartiger Klauseln im Zugewinnausgleich, bei denen der BGH die Anstellung derartiger Wahrscheinlichkeitserwägungen gerade abgelehnt hat[235]. Zum anderen stellt sich für die Praxis die Frage, wie derartige Abschläge sachgerecht zu bestimmen sind. Daher will eine weitere Ansicht § 2313 Abs 1 entspr anwenden, wenn das Ausscheiden aus der Gesellschaft nicht absehbar sei, also später, wenn es zu einem Zwangsverkauf des Anteils wegen der Pflichtteilslast kommt, den Pflichtteilsanspruch korrigieren;[236] dies führt zu Rechtsunsicherheit, da die ganze Pflichtteilsberechnung mitunter nach Jahren wieder aufgerollt wird.

38 Das Problem entschärft sich in vielen Fällen bereits dadurch, dass kritisch zu prüfen ist, ob die betreffende **Abfindungsklausel überhaupt gesellschaftsrechtlich zulässig** ist[237]. Da es hier um das Ausscheiden unter Lebenden nach dem Erbfall geht, finden die hierzu entwickelten allgemeinen Grenzen solcher Abfindungsbeschränkungen Anwendung, was zu einer uU erheblichen **Aufstockung** des Abfindungsanspruchs führen kann[238]. Eine weitere Auffassung will demgegenüber zunächst den Vollwert ansetzen. Kommt es aber zeitnah nach dem Erbfall zu einer Kündigung, wobei man hierfür die Frist des § 139 Abs 3 HGB als Grenze heranzieht, so spräche der erste Anschein dafür, dass bereits im Erbfall die Notwendigkeit des Ausscheidens aus der Gesellschaft als angelegt anzusehen ist (Werterhellungsprinzip), so dass der Pflichtteilsberechtigte sich in diesem Fall mit dem (gesellschaftsrechtlich zulässigen) Klauselwert zufrieden geben muss[239]. Damit bestimmt aber die Verwendungsentscheidung des Pflichtteilsschuldners die Bewertungsmaßstäbe. Der sich nach dieser Auffassung ergebende Ansatz des Liquidationswerts ist aber nur dann gerechtfertigt, wenn er zwangsläufig die Folge des Erbfalls und der sich daraus ergebenden Liquidationsbelastung des Gesellschafter-

---

[228] Übersicht hierzu etwa bei *M. Schmitt* Gesellschaftsvertrag ..., S 79 ff; HdB Pflichtteilsrecht/*J. Mayer* § 5 Rn 126 ff; MünchKommBGB/*Lange* Rn 33, *Soergel/Dieckmann* Rn 28 ff je zu § 2325; *Lange/Kuchinke* § 37 VII 3 f; S 902 f; *Riedel*, Bewertung von Gesellschaftsanteilen, Rn 511 ff; *Staudinger/Haas* Rn 100.
[229] Die Entscheidung BGH NJW 1993, 2737, 2738 = FamRZ 1993, 1063 betraf ausschließlich die Vorfrage des Bestehens eines Wertermittlungsanspruchs; zu Unrecht nennen *Kerscher/Riedel/Lenz* Pflichtteilsrecht § 7 Rn 109 die Entscheidung BGHZ 75, 195, die die Bewertung beim Zugewinnausgleich betraf.
[230] Für das grundsätzliche Abstellen auf den wahren Wert Staudinger/*Ferid/Cieslar*, 12. Bearb, § 2311 Rn 54; AK-BGB/*Däubler* Rn 25 mit Einschränkungen; *Winkler* ZEV 2005, 89, 93. *Lange/Kuchinke* § 39 VII 3 f will nunmehr die Abfindungsregelung auch gegenüber dem Pflichtteilsberechtigten gelten lassen, es sei denn, diese sei sittenwidrig oder benachteilige bereits den Erblasser unangemessen.
[231] *Stötter* DB 1970, 573, 575; *Johannsen* WM 1970, 110, 112; RGRK/*Johannsen* Rn 21.
[232] *Winkler* BB 1997, 1697, 1702; für Anwendung von § 242, wenn die Zwangsvollstreckung wegen des Pflichtteilsanspruchs zum Ausscheiden aus der Gesellschaft mit Abfindung nach niedrigem Klauselwert führt *Winkler* ZEV 2005, 89, 93.
[233] *Heckelmann*, Abfindungsklauseln und Gesellschaftsverträge, 1973, S 212 ff; ohne Beschränkung auf die Fälle, dass der Nachlass den nicht dem Vollwert bemessenen Pflichtteil nicht abdeckt *Soergel/Dieckmann* Rn 30.
[234] *Bratke* ZEV 2000, 16, 18; *Reimann* ZEV 1994, 7, 10; *ders* DNotZ 1992, 472, 486; PWW/*Deppenkemper* Rn 17; Palandt/*Edenhofer* Rn 14; *Eiselt* NJW 1981, 2447, 2449 f; *Esch/Baumann/Schulze zur Wiesche*, I Rn 159; wohl auch *Riedel*, Bewertung von Gesellschaftsanteilen, Rn 516 ff, der allerdings meint, dass sich Abschläge nur „im einstelligen Prozentbereich" bewegen könnten.
[235] BGHZ 75, 195, 199; s ausf § 1376 Rn 21.
[236] *Ulmer* ZGR 1972, 324, 342; GroßkommHGB/*Ulmer* § 139 Rn 199.
[237] *Lange/Kuchinke* § 37 VII 3 f; *Soergel/Dieckmann* Rn 30; eingehend zur Zulässigkeit dieser Bestimmungen MünchKommBGB/*Ulmer* § 738 Rn 44 ff; *Staudinger/Haas* Rn 101 ff; *Riedel*, Bewertung von Gesellschaftsanteilen, Rn 494 ff.
[238] Zust *Staudinger/Haas* Rn 101.
[239] IE Staudinger/*Haas* Rn 106; *M. Schmitt* S 107; ebenso Vorauf Rn 38; *Gehringer* S 93 ff spricht zutr davon, dass damit das Stichtagsprinzip durch ein Stichraumprinzip ersetzt wird. Ob das Ausscheiden tatsächlich auf § 139 HGB beruht, ist insoweit unerheblich. Nur bei Kündigung nach § 139 HGB so: *Ebenroth* Rn 950; *Riedel*, Bewertung von Gesellschaftsanteilen, Rn 552 ff stellt darauf ab, ob aus der Sicht eines ökonomisch denkenden Erben die Haftungsbeschränkung in Anspruch genommen wird.

erben ist[240], was einen entsprechenden Kausalitätsnachweis erfordert. Ansonsten muss das Interesse des Pflichtteilsberechtigten grds als vorrangig angesehen werden und entspr den allgemeinen Kriterien, wonach er so zu stellen ist, als ob er an dem betreffenden Wert in Geld beteiligt wird (Rn 13), vom Verkehrswert (Vollwert) der Beteiligung ausgegangen werden.

bb) GmbH-Beteiligungen. Solche sind nach dem Gesetz zwingend vererblich (§ 15 GmbHG). **39** Vielfach finden sich aber auch hier Einziehungsklauseln oder Verpflichtungen zur Abtretung an Dritte, falls es durch einen Erbfall zu einem Erwerb durch andere Personen kommt. Wird von diesen Rechten Gebrauch gemacht und hierfür eine entsprechende Abfindung gezahlt, so ist diese – soweit gesellschaftsrechtlich zulässig, wobei man hier großzügig ist[241] – für die Bemessung des Pflichtteilsanspruchs ebenfalls maßgebend[242]; denn auch wenn dieser Klauselwert niedriger als der Vollwert ist, so war der vererbte Anteil mit diesem Risiko des niedrigeren Werts im Erbfall bereits belastet und der Gesellschaftserbe musste daher mit dem Verlust seines Anteils rechnen[243] Auch ein vollständiger Abfindungsausschluss wird hier für zulässig gehalten, da diese Klauseln die gleiche Funktion haben, wie eine einfache Fortsetzungs- oder Eintrittsklausel bei einer Personengesellschaft, bei der ein solcher Ausschluss zulässig ist[244]. Der Schutz des Pflichtteilsberechtigten vollzieht sich dann allenfalls über den **Pflichtteilsergänzungsanspruch** nach § 2325[245]. Erfolgt jedoch keine solche Einziehung oder Zwangsabtretung, so ähneln die Interessenlage und die Lösungsmöglichkeiten denen für eine Personengesellschaft (Rn 37 f) entwickelten Grundsätzen[246].

cc) Aktien. Aktien sind grds frei vererblich. Werden sie an der Börse gehandelt, ist grds der **Kurswert** **40** am Todestag maßgebend, mag er dann auch ungewöhnlich hoch oder niedrig liegen. Starke **Kursschwankungen** sind typisch für diese Form der Vermögensanlage, was auch bei der erbrechtlichen Bewertung zu beachten ist[247]. Dies gilt grds auch für Wertpapiere mit einem „engen Markt", also wenn nur ein kleiner Teil der Aktien frei gehandelt wird, denn auch die sich hieraus ergebenden Besonderheiten spiegeln sich im Börsenpreis nieder[248]. Auf alle Fälle ist der Börsenkurs als Untergrenze der Bewertung anzusetzen[249]. Anderes gilt nur dann, wenn bezüglich dieser Aktien über längere Zeit praktisch überhaupt kein Handel stattgefunden hat, weil der einzelne Aktionär auf Grund besonderer Marktenge nicht in der Lage ist, seine Aktien für einen Börsenpreis zu verkaufen, oder wenn feststeht, dass der Börsenpreis manipuliert wurde[250]. Der Kurswert entspricht dem mittleren Tageskurs am Börsenplatz, der dem Erblasserwohnsitz am nächsten liegt[251], soweit kein DAX-Wert vorliegt. Daneben können besondere Umstände **Zu-** und **Abschläge** rechtfertigen, wobei von einem „en bloc Verkauf" auszugehen ist[252]. So ist ein „Paketzuschlag" vorzunehmen bei Aktienpaketen und Aktienbesitz an Familiengesellschaften, die eine Sperrminorität oder sonst besondere Einflussmöglichkeit verschaffen[253], ein Gewinnbezugsrecht aber doch nur zu berücksichtigen, wenn es konkret ausgeübt werden kann[254]. Bei nicht **börsennotierten Kapitalgesellschaften** finden sich mitunter zeitnah zum Erbfall erfolgte Käufe, auf die dann abgestellt werden kann. Ansonsten wird man die Bewertung nach den Kriterien vornehmen müssen, die für Personengesellschaften gelten.

dd) Sonstiger Nachlass. Zur Bewertung sonstiger Nachlassbestandteile s die Übersichten im HdB **41** Pflichtteilsrecht/*J. Mayer* § 5 Rn 130 ff; *Scherer/Kasper*, MAH Erbrecht, § 46 Rn 46 ff.

§ 2312 Wert eines Landguts

(1) ¹Hat der Erblasser angeordnet oder ist nach § 2049 anzunehmen, dass einer von mehreren Erben das Recht haben soll, ein zum Nachlass gehörendes Landgut zu dem

---

[240] HdB Pflichtteilsrecht/*J. Mayer* § 5 Rn 127; *Sudhoff/Scherer* Unternehmensnachfolge § 17 Rn 77; *Scherer/Kasper*, MAH Erbrecht, § 46 Rn 31.
[241] Eingehend *Staudinger/Haas* Rn 109; *Baumbach/Hueck* § 15 GmbHG Rn 13a; *Hachenburg/Zutt* Anh § 15 GmbHG Rn 109.
[242] MünchKommBGB/*Lange* Rn 27; PWW/*Deppenkemper* Rn 18; *Staudinger/Haas* Rn 109.
[243] *Sudhoff/Scherer*, Unternehmensnachfolge, § 17 Rn 78; *Scherer/Kasper*, MAH Erbrecht, § 46 Rn 32.
[244] *Baumbach/Hueck/Fastrich* § 34 GmbHG Rn 29; *Reimann* DNotZ 1992, 472, 488 f; *Staudinger/Haas* Rn 109 mwN; HdB Pflichtteilsrecht/*J. Mayer* § 5 Rn 117.
[245] *Staudinger/Haas* Rn 109; HdB Pflichtteilsrecht/*J. Mayer* § 5 Rn 117; *Scherer/Kasper*, MAH Erbrecht, § 46 Rn 32.
[246] *Staudinger/Haas* Rn 110; HdB Pflichtteilsrecht/*J. Mayer* § 5 Rn 117.
[247] *Schlichting* ZEV 2006, 198, 199; *Meincke*, FS Wiedemann, S 119 unter Betonung des „Gleichbehandlungsgrundsatzes" für Erbe und Pflichtteilsberechtigten; MünchKommBGB/*Lange* Rn 23; *Soergel/Dieckmann* Rn 18, *Staudinger/Haas* Rn 111; grds auch *Kerscher/Riedel/Lenz* § 7 Rn 93; *Scherer/Kasper*, MAH Erbrecht, § 46 Rn 47; aA *Nirk* NJW 1962, 2185, 2188; *Lange/Kuchinke* § 37 VII 3 c; krit *Klingelhöffer* Rn 230; für Abstellen auf Durchschnittskurs bei „extremen Ausreißern" *Piltz* S 226.
[248] *Schlichting* ZEV 2006, 198, 199; PWW/*Deppenkemper* Rn 15.
[249] BVerfG NJW 1999, 3769, 3771: zwar Bewertung im Rahmen der Unternehmensfusion, jedoch unter Hinweis auf pflichtteilsrechtliche Grundsätze; BGHZ 147, 108, 115 = NJW 2001, 2080, 2081.
[250] *Schlichting* ZEV 2006, 198, 199.
[251] *Staudinger/Haas* Rn 111; *Scherer/Kasper*, MAH Erbrecht, § 46 Rn 47.
[252] *Meincke*, FS Wiedemann, S 120 f; wohl auch *Schlichting* ZEV 2006, 198, 199 f.
[253] *Staudinger/Haas* Rn 112; *Scherer/Kasper*, MAH Erbrecht, § 46 Rn 47; *Gehringer* S 103 ff; *Kerscher/Riedel/Lenz* § 7 Rn 93; PWW/*Deppenkemper* Rn 15; MünchKommBGB/*Lange* Rn 23.
[254] HdB Pflichtteilsrecht/*J. Mayer* § 5 Rn 114; generell für dessen Ansatz aber *Klingelhöffer* Rn 236; *Scherer/Kasper*, MAH Erbrecht, § 46 Rn 47.

Ertragswert zu übernehmen, so ist, wenn von dem Recht Gebrauch gemacht wird, der Ertragswert auch für die Berechnung des Pflichtteils maßgebend. ²Hat der Erblasser einen anderen Übernahmepreis bestimmt, so ist dieser maßgebend, wenn er den Ertragswert erreicht und den Schätzungswert nicht übersteigt.

(2) Hinterlässt der Erblasser nur einen Erben, so kann er anordnen, dass der Berechnung des Pflichtteils der Ertragswert oder ein nach Absatz 1 Satz 2 bestimmter Wert zugrunde gelegt werden soll.

(3) Diese Vorschriften finden nur Anwendung, wenn der Erbe, der das Landgut erwirbt, zu den in § 2303 bezeichneten pflichtteilsberechtigten Personen gehört.

Schrifttum: *Hausmann*, Die Vererbung von Landgütern nach dem BGB – De lege lata et ferenda –, 2000; *Kegel*, Zum Pflichtteil vom Großgrundbesitz, FS Cohn, 1975, S 85; *Kronthaler*, Landgut, Ertragswert und Bewertung im bürgerlichen Recht, 1991; *Lange*, Die Möglichkeit der Privilegierung unternehmerischen Vermögens im Pflichtteilsrecht unter besonderer Berücksichtigung des § 2312 BGB, in: *Röthel* (Hrsg), Reformfragen des Pflichtteilsrechts, 2007 S 57; *Müller-Feldhammer*, Das Ertragswertverfahren bei der Hofübergabe, ZEV 1995, 161; *Ruby*, Das Landgut im BGB, ZEV 2007, 260; *Weber*, Gedanken zum Ertragswertprinzip des § 2312 BGB, BWNotZ 1992, 14; *Weidlich*, Ertragswertanordnung und Ehegattenbeteiligung an einem Landgut, ZEV 1996, 380; *Wöhrmann*, Das Landwirtschaftserbrecht, 8. Aufl 2004; *Zechiel*, Die „Ertragswertklausel" in der bayerischen Notariatspraxis und ihr Bedeutungswandel bei verfassungsgemäßer Auslegung des § 2312, Diss Würzburg 1993.

Übersicht

	Rn		Rn
I. Normzweck, Bedeutung der Vorschrift	1	3. Anordnung des Erblassers	6
II. Voraussetzung für die Ertragswertbewertung	3	4. Zuwendung eines Landguts	7
		5. Fortführung des Landguts	10
1. Anwendungsbereich	3		
2. Persönliche Voraussetzungen (Abs 3)	5	III. Rechtsfolgen	11

I. Normzweck, Bedeutung der Vorschrift

1   Diese Bewertungsbestimmung ist eine Sonderregelung zu § 2311 und nach gängiger Anschauung eine agrarpolitische Schutzvorschrift[1]. Dadurch soll es einem selbst pflichtteilsberechtigten Übernehmer eines Landguts iS von § 2049 erleichtert werden, den landwirtschaftlichen Betrieb fortzuführen. Denn abweichend von § 2311 Abs 2 werden die Pflichtteilsansprüche nach dem Ertragswert berechnet. Zwar ist nach heute hM bei der Bewertung von Betriebsvermögen idR grds auch ohne besondere gesetzliche Anordnung auf den Ertrags- und nicht auf den Substanzwert abzustellen (§ 2311 Rn 25). Jedoch bildet bei der Pflichtteilsberechnung sonst der **Liquidationswert** die **Untergrenze**. Für Landgüter gilt dieses untere Limit nicht, so dass gerade hierin die Wertprivilegierung der Landwirtschaft liegt[2]. Dies führt dazu, dass meistens der Ertragswert nach § 2312 wesentlich niedriger ist als der Verkehrswert[3].

2   Dies kann für die Pflichtteilsberechtigten zu „weichende Hoferben" zu großen Härten führen, was auch verfassungsrechtlich nicht unproblematisch ist (Ungleichbehandlung im Hinblick auf Art 3 GG, uU Schutz des Pflichtteilsrechts der weichenden Geschwister nach Art 14 GG). Daher hat der BGH den **Schutzzweck** des § 2312 im Hinblick auf eine Entscheidung des Bundesverfassungsgerichts zur Ertragswertprivilegierung beim Zugewinnausgleich[4] neu bestimmt. Gesetzeszweck ist das den Belangen der Pflichtteilsberechtigten übergeordnete **öffentliche Interesse an der Erhaltung leistungsfähiger landwirtschaftlicher Betriebe** in der Hand einer vom Gesetz begünstigten Personen, wodurch die Zerschlagung des landwirtschaftlichen Betriebes und eine zu große Belastung ihrer Wirtschaftlichkeit vermieden werden soll. Die Ertragswertprivilegierung ist aber nur dort gerechtfertigt, wo im Einzelfall davon ausgegangen werden kann, dass dieser Gesetzeszweck erreicht wird[5]. Diese Ausführungen bedürfen jedoch der Präzisierung, da die Situation bei § 1376 und 2312 nicht völlig vergleichbar ist[6]. Denn beim Zugewinnausgleich geht es auch um den Ausgleich des von anderen Ehegatten erbrachten Einsatzes von Arbeitskraft und Kapital, was bei § 2312 keine Rolle spielt. Dementsprechend hat auch das BVerfG nunmehr in einer Entscheidung zur niedrigen Erbabfindung auf Grund des landwirtschaftlichen Zuweisungsverfahrens nach dem GrdstVG den wesentlichen Grund der Wertprivilegierung in der **Erhaltung des überkommenen bäuerlichen Familienbetriebs** gesehen[7], also unter einer mehr privatnützigen und nicht volkswirtschaftlichen Funktion. Allerdings wird die privilegierte Institutionssicherung des landwirtschaftlichen Betriebs nur dann verfassungsrechtlich anzuerken-

---

[1] *Damrau/Riedel/Lenz* Rn 1; MünchKommBGB/*Lange* Rn 1; *Staudinger/Haas* Rn 2; *Müller-Feldhammer* ZEV 1995, 161, 162; *Becker* AgrarR 1975, 57, 61.
[2] *Staudinger/J. Mayer* Art 137 EGBGB Rn 4; vgl auch MünchKommBGB/*Lange* Rn 1.
[3] Hierzu etwa *Hasselhof* RdL 1993, 225; vgl auch *G. Winkler* AgrarR 1979, 53, 55. *Kronthaler* nennt für Bayern ein Verhältnis von Substanz- bzw Liquidationswert zum Ertragswert von ca 8:1 bis 14:1, S 16.
[4] BVerfGE 67, 348.
[5] BGHZ 98, 375, 379 = NJW 1987, 951; BGHZ 98, 382, 388; BGH NJW 1995, 1352 = LM Nr 9; BayObLGZ 1998, 279, 284.
[6] IdS auch der Nichtannahmebeschluss BVerfG AgrarR 1987, 222.
[7] BVerfGE 91, 346 = NJW 1995, 2977.

nen sein, wenn dieser auch heute noch seine geschichtlich überlieferte Funktion der Existenzsicherung der bäuerlichen Familie, die das BVerfG hervor hebt, wenigstens teilweise erfüllen kann[8]. Das Schlagwort vom „lebensfähigen Betrieb"[9], der als wirtschaftliche Einheit fortgeführt werden muss, ist daher allein aus seiner unterhaltssichernden Funktion für die landwirtschaftliche Familie und nicht unter rein agrarstrukturellen Gesichtspunkten zu definieren[10]. Im Hinblick auf die verfassungsrechtliche Problematik wird zT noch weiter gehend vertreten, dass die Ertragswertprivilegierung mit der Zurücksetzung der weichenden Geschwister nur anwendbar ist, wenn der Übernehmer sein Eigentum „durch eigene Leistungen legitimiert"[11]. Ob dies der Fall sei, könne nach den Kriterien beurteilt werden, die die Anerbengesetze hierfür enthalten[12], jedoch sind auch diese nicht immer verfassungsrechtlich unbedenklich[13].

II. Voraussetzung für die Ertragswertbewertung

1. Anwendungsbereich. § 2312 findet **keine** Anwendung, wenn landwirtschaftliche Sondererbfolge nach besonderen **höfe- oder anerbenrechtlichen Bestimmungen** iS des Art 64 EGBGB stattfindet, insbes nach der HöfeO in der ehemals britischen Zone[14].

Auf eine **lebzeitige Übergabe** eines Landguts im Wege der vorweggenommenen Erbfolge ist § 2312 nach seinem Normzweck entspr anzuwenden, wenn gegen den Übernehmer Pflichtteilsergänzungsansprüche geltend gemacht werden (§§ 2325 ff)[15]; Gleiches muss gelten, wenn der Erben wegen des Pflichtteilsergänzungsanspruchs in Anspruch genommen wird, denn er darf nicht schlechter gestellt werden, als wie er stünde, wenn er das Landgut geerbt hätte[16]. Entspr dem Stichtagsprinzip müssen jedoch die Voraussetzungen des § 2312 im Erbfall gegeben sein, mögen sie auch vom Übernehmer erst nach der Übergabe herbeigeführt worden sein[17].

2. Persönliche Voraussetzungen (Abs 3). Der Übernehmer des Landguts muss zum Kreis der nach § 2303 **abstrakt pflichtteilsberechtigten Personen** gehören. Eine konkrete Pflichtteilsberechtigung nach § 2309 ist nicht erforderlich[18]. Bei Erwerb durch Erbfall muss der Übernehmer Erbe des Landguts sein. Ein Erwerb auf Grund Vermächtnisses genügt demnach nicht[19], wohl aber durch **Vorausvermächtnis**, da auch hier der Übernehmer des Landguts Erbe wird und nur gegenüber der Teilungsanordnung, die ebenfalls von § 2312 erfasst wird, privilegiert ist[20]. Weder seinem Wortlaut noch seinem Zweck nach ist § 2312 anwendbar, wenn **mehrere** ein Landgut **übernehmen**, denn die angestrebte Erhaltung des schützenswerten Landguts würde durch eine Teilungsversteigerung gefährdet. Das Ertragswertprivileg findet daher keine Anwendung, wenn **mehrere Pflichtteilsberechtigte** das Landgut zu Bruchteilseigentum im Weg der vorweggenommenen Erbfolge erhalten[21] oder gar ein pflichtteilsberechtigter Abkömmling mit seinem Ehegatten in Bruchteilseigentum erwirbt[22], das Landgut an eine Erbengemeinschaft ohne Einräumung eines Übernahmerechts (Rn 6) fällt[23] oder nur ein Miteigentumsbruchteil hieran zugewandt wurde[24]. Gehört zum Nachlass ein **gütergemeinschaftlicher Anteil** an einem Landgut, ist § 2312 anwendbar, etwa wenn der Erblasser mit seinem Ehegatten

---

[8] Eingehend *Staudinger/J. Mayer* Art 137 EGBGB Rn 27 f, Art 64 Rn 138; zust *Staudinger/Otte* Einl §§ 1922 ff Rn 85; *Hausmann* S 111, dort auch S 38 ff; s auch *Lange*, Die Möglichkeit der Privilegierung unternehmerischen Vermögens, S 57, 59 f; vgl auch *Staudinger/Haas* Rn 2 a, wonach der private gegenüber dem öffentlichen Schutzzweck „eindeutig im Vordergrund steht".
[9] BGHZ 98, 388; *Lange/Kuchinke* § 37 VII 4 b; *Kerscher/Riedel/Lenz* Pflichtteilsrecht § 7 Rn 120.
[10] Zust MünchKommBGB/*Lange* Rn 1.
[11] *Kronthaler* S 140; MünchKommBGB/*Lange* Rn 7; *Wöhrmann* § 2312 Rn 8.
[12] MünchKommBGB/*Lange* Rn 7.
[13] Vgl *Staudinger/J. Mayer* Art 64 Rn 134 ff.
[14] MünchKommBGB/*Lange* Rn 1; *Staudinger/Haas* Rn 4; ausf jurisPK/*Birkenheier* Rn 19 ff; Überblick über pflichtteilsbeschränkende Regelungen *Staudinger/J. Mayer* Art 64 EGBGB Rn 57, zu den heute noch geltenden Anerbengesetzen und der HöfeO s dort Art 64 EGBGB Rn 89 ff.
[15] BGH NJW 1995, 1352 = LM 9; LM Nr 4 = Rpfleger 1964, 312 m Anm *Haegele*; LM § 2325 Nr 5; *Ulm* BWNotZ 1964, 283; MünchKommBGB/*Lange* Rn 5; *Soergel/Dieckmann* Rn 6; *Palandt/Edenhofer* Rn 5; *Zechiel* S 11 ff.
[16] OLG Jena NJW-RR 2006, 951, 952.
[17] BGH NJW 1995, 1352 = LM Nr 9.
[18] BGH NJW 1964, 1414, 1415 = LM § 2329 Nr 5/6; OLG Jena NJW-RR 2006, 951 f; MünchKommBGB/*Lange* Rn 10; *Soergel/Dieckmann* Rn 4; *Staudinger/Haas* Rn 5; *PWW/Deppenkemper* Rn 4.
[19] AnwK-BGB/*Bock* Rn 7; *Damrau/Riedel/Lenz* Rn 3; *Gottwald* Rn 4; *Staudinger/Haas* Rn 5; *Zechiel* S 15; für analoge Anwendung aber *Ruby* ZEV 2007, 263, 266 f.
[20] *Zechiel* S 15; zust *Damrau/Riedel/Lenz* Rn 3; *Ruby* ZEV 2007, 263, 266 f; aM *Hausmann* S 23; *Staudinger/Haas* Rn 5; jurisPK/*Birkenheier* Rn 6 je ohne Begr.
[21] BGH LM Nr 4 = FamRZ 1977, 195; AnwK-BGB/*Bock* Rn 5; *Damrau/Riedel/Lenz* Rn 4; *Lange/Kuchinke* § 37 VI Fn 255; MünchKommBGB/*Lange* Rn 5; *PWW/Deppenkemper* Rn 6; aA *Hausmann* S 257, wenn bei Ausscheiden des einen Miteigentümers dem verbleibenden die Fortführung zum Ertragswert ermöglicht wird.
[22] AnwK-BGB/*Bock* Rn 5; *Damrau/Riedel/Lenz* Rn 4; jurisPK-BGB/*Birkenheier* Rn 4; *Staudinger/Haas* Rn 15; *Weidlich* ZEV 1996, 380, 381 f; eine spätere Weiterübertragung eines Miteigentumsanteils an einen Ehegatten nach dem Erbfall soll jedoch nicht schaden (*Damrau/Riedel/Lenz* Rn 4; *Staudinger/Haas* Rn 15; *Weidlich* aaO), was im Hinblick auf das Stichtagsprinzip (§ 2311 Abs 1) und die Entscheidung BGH NJW 1995, 1352 konsequent ist.
[23] *Hausmann* S 264; *Soergel/Dieckmann* Rn 8.
[24] BGH LM § 2325 Nr 9 = NJW 1973, 995; *PWW/Deppenkemper* Rn 6; einschränkend *Hausmann* S 261 ff und *Soergel/Dieckmann* Rn 8, wenn einheitliche Bewirtschaftung des gesamten Landguts nach dem Erbfall durch Pflichtteilsberechtigte gewahrt bleibt.

§ 2312   Buch 5. Abschnitt 5. Pflichtteil

in Gütergemeinschaft lebte, und der überlebende Ehegatte Alleinerbe wird[25]. Auch wenn bei einer Übergabe an ein Kind dessen **Ehegatte** nach § 1416 Abs 1 S 2 kraft Gesetzes Miteigentum erwirbt, ist dies der Fall[26]. Denn hinsichtlich des ehelichen Gesamtguts wird durch die gesamthänderische Bindung und insbes die Übernahmerechte nach §§ 1477, 1478 die Erhaltung stärker gewährleistet als beim bloßen Miteigentum nach §§ 741 ff.

6   **3. Anordnung des Erblassers.** Hinterlässt der Erblasser **mehrere pflichtteilsberechtigte Erben,** so kann er ausdrücklich bestimmen, dass einer von diesen das Recht haben soll, das Landgut zum Ertragswert zu übernehmen. Gleiches gilt nach **Abs 1,** wenn sich in Anwendung der Auslegungsregel des § 2049 anlässlich einer Erbauseinandersetzung ein solches Übernahmerecht ergibt[27]. Wird nur **ein Pflichtteilsberechtigter zum Erben** eingesetzt, muss der Erblasser eine entsprechende Ertragswertanordnung treffen **(Abs 2);** jedoch kann sich diese auch durch eine (erläuternde oder ergänzende) Auslegung ergeben[28], was nach der herrschenden Andeutungstheorie einen entsprechenden Anhalt in der Verfügung von Todes wegen voraussetzt. Bei einer vorweggenommenen Erbfolge kann sich die Ertragswertanordnung auch aus der Anwendung der Auslegungsregel des § 2049 ergeben[29]. Eine unwirksame Pflichtteilsentziehung kann jedoch nicht einfach in eine Ertragswertklausel umgedeutet werden[30].

7   **4. Zuwendung eines Landguts.** Erforderlich ist die geschlossene Zuwendung eines „lebensfähigen" Landguts[31]. Eine Legaldefinition des Landguts fehlt. Der in anderen Vorschriften verwendete Begriff der Landwirtschaft, etwa in § 201 BauGB, kann wegen der unterschiedlichen Zielsetzung hier nicht ohne weiteres verwendet werden[32]. Üblicherweise wird unter einem Landgut eine zum selbstständigen und dauernden Betrieb der Landwirtschaft, einschließlich der Viehzucht oder der Forstwirtschaft, geeignete und bestimmte Wirtschaftseinheit verstanden, die mit den nötigen Wohn- und Wirtschaftsgebäuden[33] versehen ist. Sie muss eine **gewisse Größe** erreichen und für den Inhaber eine selbstständige Nahrungsquelle darstellen, ohne dass eine sog Ackernahrung vorliegen muss[34]. Es handelt sich dabei um keinen klar abgegrenzten Rechtsbegriff; erforderlich ist vielmehr eine **typologische,** wertende **Betrachtung** des Einzelfalls[35]. Hierzu gehören[36] auch Sonderkulturen wie Weinbau und Erwerbsobstbau[37], ein reines Forstgut[38], ein Gärtnereibetrieb[39] sowie Vieh- und Geflügelzucht, soweit es sich nicht um Massentierhaltungen auf der Grundlage von zugekauftem Futter handelt[40], nicht aber eine „Pferdepension", weil es hier an der erforderlichen Prägung durch die landwirtschaftliche „Urproduktion" fehle[41]. Soweit auf dem Landgut noch **weitere Gewerbe** betrieben werden, so ist zu unterscheiden[42]: **Nebenbetriebe,** die nach dem Willen des Erblassers und der Verkehrsauffassung dem

---

[25] BGH FamRZ 1983, 1220, 1221; BayObLGZ 1988, 385, 389 = FamRZ 1989, 540; OLG Oldenburg RdL 1957, 220; *Hausmann* S 258 f; *Soergel/Dieckmann* Rn 8; *MünchKommBGB/Lange* Rn 5; *Staudinger/Haas* Rn 13; aA *Faßbender* AgrarR 1986, 131, 133. Für Anwendung auch auf die Vererbung von Bruchteilseigentum, wenn dieses der pflichtteilsberechtigte Miteigentümer erhält und eine einheitliche Bewirtschaftung sichergestellt, insbes bei überlebenden Ehegatten: *Soergel/Dieckmann* Rn 8; *Staudinger/Haas* Rn 13; *Weidlich* ZEV 1995, 380, 381; *Ruby* ZEV 2007, 263, 266.
[26] *Damrau/Riedel/Lenz* Rn 4; *Staudinger/Haas* Rn 13; *Weidlich* ZEV 1996, 380, 382; offenlassend jurisPK/*Birkenheier* Rn 9.
[27] MünchKommBGB/*Lange* Rn 2; *Staudinger/Haas* Rn 7.
[28] BGHZ 98, 375, 376 = NJW 1987, 951; BGH FamRZ 1983, 1220, 1221; LM § 2325 Nr 5; OLG Jena NJW-RR 2006, 951, 952; OLG München ZEV 2007, 276, 277; AnwK-BGB/*Bock* Rn 9; *Damrau/Riedel/Lenz* Rn 11; *Gottwald* Rn 6; jurisPK/*Birkenheier* Rn 12; PWW/*Deppenkemper* Rn 3; *Staudinger/Haas* Rn 8; MünchKommBGB/*Lange* Rn 2; vgl auch *Böck* MittBayNot 1984, 243, 244; großzügiger offenbar *Hausmann* S 259 Fn 1117, wonach sich Anordnung bereits bei gegenseitiger Erbeinsetzung der Ehegatten und Schlusserbenberufung eines Abkömmlings ergeben soll.
[29] BGH LM Nr 4 = Rpfleger 1964, 312; aA *Kluge* MittBayNot 1949, 1.
[30] OLG Stuttgart NJW 1967, 2410, 2411; AnwK-BGB/*Bock* Rn 9; aA *v. Lübtow* I S 793.
[31] BGHZ 98, 382, 388.
[32] OLG München NJW-RR 2003, 1518, 1519; *Staudinger/Haas* Rn 10.
[33] Das Erfordernis von Wohngebäuden ist heute umstritten, bejahend BGHZ 98, 375, 377; BGH NJW 1964, 1414, 1416; eingehend dazu *Staudinger/J. Mayer* Art 137 EGBGB Rn 23 mwN; ausreichend ist, wenn in näherer räumlichen Zusammenhang mit den zu bewirtschaftenden Flächen eine Wohnmöglichkeit für den Übernehmer vorhanden ist, so dass von da aus die Bewirtschaftung erfolgen kann, HdB Pflichtteilsrecht/*J. Mayer* § 5 Fn 483; *Damrau/Riedel/Lenz* Rn 5; *Hausmann* S 92.
[34] BGH NJW-RR 1992, 770; BGHZ 98, 375, 377 f; BGH NJW 1964, 1414, 1416; LM Nr 2 = MDR 1972, 496; BayObLGZ 1988, 385, 389 = FamRZ 1989, 540; LG Würzburg AgrarR 1986, 346; AnwK-BGB/*Bock* Rn 10; *Mayer/Süß/Tanck/Bittler/Wälzholz*, HdB Pflichtteilsrecht, § 5 Rn 172; *Damrau/Riedel/Lenz* Rn 6; *Soergel/Dieckmann* Rn 7; *Lange/Kuchinke* § 37 VII Fn 253; *Zechiel* S 33 ff; *Weber* BWNotZ 1992, 14, 15.
[35] *Kronthaler* S 134; *Staudinger/J. Mayer* Art 137 EGBGB Rn 20.
[36] *Staudinger/J Mayer* Art 137 EGBGB Rn 25 mwN.
[37] *Wörmann*, Das Landwirtschaftsrecht, § 2049 Rn 15.
[38] *Hausmann* S 107 mwN; MünchKommBGB/*Lange* Rn 3; *Kegel* S 106; *Staudinger/Haas* Rn 10; *Soergel/Dieckmann* Rn 1; aA *Wörmann* § 2049 Rn 14; *Haegele* BWNotZ 1973, 35, 50.
[39] BGH NJW 1977, 479; OLG Oldenburg FamRZ 1992, 726.
[40] *Wörmann* § 2049 Rn 13; bloßer Futtermittelzukauf ohne Massentierhaltung schadet aber nicht, MünchKommBGB/*Heldrich* § 2049 Rn 5 gegen *Köhne*, Landwirtschaftliche Taxationslehre, 1986, S 199 f; zur Abgrenzung vom Gewerbebetrieb s *Kronthaler* S 130 ff, der sich gegen ein zu starkes Abstellen auf die bodengebundene Urproduktion wendet; anders aber nun BGH NJW-RR 1996, 528 zum Landwirtschaftsbegriff nach dem GrdstVG.
[41] OLG München NJW-RR 2003, 1518; zust etwa *Staudinger/Haas* Rn 10; krit dazu *J. Mayer* MittBayNot 2004, 334.
[42] Vgl *Hausmann* S 103 ff; *Staudinger/Haas* Rn 12.

Landgut zu dienen bestimmt sind (zB Käserei, Hofmetzgerei, Hofladen), genießen die gleiche Ertragswertprivilegierung wie der landwirtschaftliche Hauptbetrieb. Dies gilt aber zum einen nicht bei sog **Doppelbetrieben,** die nur eine lose Verbindung zur Landwirtschaft aufweisen. Zum anderen scheidet auch bei **gemischten Betrieben,** die zwar so miteinander verflochten sind, dass wegen der räumlichen und wirtschaftlichen Gegebenheiten eine Trennung mit Nachteilen verbunden wäre, der nicht landwirtschaftliche Teil aus der Ertragswertprivilegierung aus, weil dies entgegen dem Normzweck zu einer zu weitreichenden Bevorzugung des Hoferben führen würde[43]. Eine **Obergrenze** für das Vorliegen eines Landguts gibt es nicht[44].

Was an Grundstücken und sonstigem Betriebsvermögen zum Landgut gehört, bestimmt zunächst der Betriebsinhaber durch „Widmung" im Rahmen der Verkehrsauffassung[45]. Entscheidend für den **Umfang** des Landguts ist dabei eine funktionale Betrachtungsweise[46]. Im Hinblick auf die Interessen der anderen Pflichtteilsberechtigten ist auch wegen der verfassungsrechtlichen Vorgaben (Rn 2) bei Grundstücken mit anderweitiger Nutzungsmöglichkeit ein angemessener Ausgleich zu finden. Aus dem Landgut scheiden daher alle Grundstücke aus, die ohne Gefahr für die Existenz des Betriebs aus diesem herausgelöst werden können und die für eine **andere Nutzung** bestimmt sind[47], so praktisch baureife Grundstücke[48] oder die für eine Auskiesung benötigten Flächen, für die bereits eine Abbaugenehmigung vorliegt[49]. Allein die Großstadtnähe und die dadurch bedingte besonders große Diskrepanz zwischen Ertragswert und Verkehrswert führt aber nicht zum Verlust der Landguteigenschaft;[50] maßgeblich ist hier vielmehr, dass die vom Normzweck privilegierte landwirtschaftliche Nutzung auf Grund der nachweisbaren Absicht des Hoferben beibehalten wird und damit der höhere Verkehrswert beim gewöhnlichen Verlauf der Dinge nicht realisiert werden kann[51]. Auch eine **Flächenstilllegung** führt nicht zum Verlust der Ertragswertprivilegierung, wenn sie wegen agrarrechtlicher Subventionen nur vorübergehend erfolgt und die verbleibenden landwirtschaftlichen Flächen noch den Anforderungen des § 2312 genügen[52].

Eine flächen- oder ertragsmäßige **Mindestgröße** und ein **Mindestwirtschaftswert** sind gesetzlich nicht vorgeschrieben (anders § 1 HöfeO)[53]. Jedoch muss die landwirtschaftliche Besitzung eine für die ordnungsgemäße Bewirtschaftung geeignete ausreichende Größe aufweisen, wobei jedoch die Rspr betont, dass diese auch verhältnismäßig gering sein kann[54]. Der Normzweck und verfassungsrechtliche Gründe (Rn 2) gebieten aber eine **einschränkende Auslegung** des Landgutbegriffs[55]. Überholt ist daher sicherlich die Einbeziehung von Betriebsgrößen von 1 bis 2 ha[56] in das Ertragswertprivileg. Für die erforderliche Abgrenzung darf man ohnehin nicht allein auf die Flächengröße abstellen, entscheidend ist allein das Einkommen, das der Betriebsinhaber nachhaltig erzielen kann **(Ertragsfähigkeit)**[57]. Wie hier die Grenze zu ziehen ist, ist noch ungeklärt. Teilweise wird gefordert, dass das Landgut geeignet sein muss, den Lebensunterhalt des Inhabers zu einem erheblichen Teil zu decken[58]. Jedoch ist Zweck der Privilegierung die Erhaltung des bäuerlichen Familienbetriebs in seiner Funktion zur Sicherung des Unterhalts der bäuerlichen Familie (Rn 2). Daher bietet sich an, für die Abgrenzung darauf abzustellen, dass die Ertragsfähigkeit des landwirtschaftlichen Betriebs wenigstens ein Einkom-

---

[43] *Hausmann* S 104 f; zur HöfeO *Wöhrmann* § 1 HöfeO Rn 34.
[44] *Foag* RdL 1955, 6; *Müller-Feldhammer* ZEV 1995, 161, 163: auch adliger oder bürgerlicher Großgrundbesitz ist privilegiert; einschränkend RG SeuffA 90 Nr 18; gehören zum Nachlass zwei oder mehr Landgüter, wird die Anwendbarkeit des § 2312 teilweise verneint, s *Kegel* S 106 f, was aber trotz der uU für die weichenden Erben auftretenden Härten zu bejahen ist, *Soergel/Dieckmann* Rn 11.
[45] BGHZ 98, 382, 386; *Damrau/Riedel/Lenz* Rn 8.
[46] *Damrau/Riedel/Lenz* Rn 8; MünchKommBGB/*Heldrich* § 2049 Rn 4; *Kronthaler* S 123 ff; *Staudinger/J. Mayer* Art 137 EGBGB Rn 51; *Köhne* Taxationslehre S 197.
[47] Zust AnwK-BGB/*Bock* Rn 11.
[48] BGHZ 98, 382, 388; *Damrau/Riedel/Lenz* Rn 8. *Müller-Feldhammer* ZEV 1995, 161, 766 und zust jurisPK/*Birkenheier* Rn 18 nehmen sogar bereits Bauerwartungsland aus, was zu weit geht.
[49] BGH FamRZ 1992, 172.
[50] BGH LM Nr 2 = MDR 1972, 496; anders aber OLG Stuttgart NJW 1967, 2410.
[51] *Staudinger/J. Mayer* Art 137 EGBGB Rn 53; *Hausmann* S 130; *Weber* BWNotZ 1992, 14, 15; strengere Anforderungen bei *Soergel/Dieckmann* Rn 13, MünchKommBGB/*Lange* Rn 4, *Kegel* S 111 ff, die darauf abstellen, dass die landwirtschaftliche Nutzung sinnvoll ist.
[52] Näher *Staudinger/J. Mayer* Art 137 EGBGB Rn 54; *Hausmann* S 156.
[53] *Müller-Feldhammer* ZEV 1995, 161, 163; AnwK-BGB/*Bock* Rn 10; *Staudinger/Haas* Rn 12, 18; *Stöcker* AgrarR 1977, 245.
[54] BGH NJW-RR 1992, 770: 5,6 ha Acker, 2,9 ha Grünland, zT verpachtet; s auch Rspr-Nachweise zur Flächengröße bei MünchKommBGB/*Lange* Rn 3 Fn 16.
[55] Eingehend *Staudinger/J. Mayer* Art 137 EGBGB Rn 27; *Hausmann* S 110 ff.
[56] So aus der älteren Rspr: OLG Oldenburg RdL 1962, 40: 2,5 ha genügen; BGH FamRZ 1977, 195: 1,9 ha, allerdings bei Sonderkultur „Gärtnerei"; zweifelnd gegen die hießige, einschränkende Auslegung *Damrau/Riedel/Lenz* Rn 6; großzügiger offenbar auch *Ruby* ZEV 2007, 263, 264.
[57] *Staudinger/J. Mayer* Art 137 EGBGB Rn 30; *Hausmann* S 125.
[58] BGH NJW-RR 1992, 770 für Nebenerwerbsbetrieb, ohne nähere Quantifizierung; OLG München NJW-RR 2003, 1518, jedoch mit nicht nachvollziehbaren Zahlen; OLG Stuttgart NJW-RR 1986, 822, 823: müsse zum selbstständigen Betreiben der Landwirtschaft geeignet sein, jedoch ohne nähere Quantifizierung *Staudinger/Haas* Rn 12: 30% des Familienunterhalts, mit unzutr Bezug auf BGH NJW-RR 1992, 770; MünchKommBGB/*Lange* Rn 3; *Köhne* AgrarR 1996, 16: 60 000 DM für Haupterwerbsbetriebe, 20 000 DM jährlich für Nebenerwerbsbetriebe; *Weber* BWNotZ 1992, 14, 15: 30% des Familienunterhalts, jedoch selbst in Frage gestellt; *Kegel* aaO S 106; zu den verschiedenen Lösungsansätzen *Staudinger/J. Mayer* Art 137 EGBGB Rn 34 ff mwN; *Hausmann* S 112 ff.

men (nach Abzug der Betriebsausgaben) ermöglicht, das etwas über den **Sozialhilfesätzen** liegt, die eine bäuerliche Familie (Ehegatten mit zwei Kindern ohne Altenteiler) als Hilfe zum Lebensunterhalt nach dem SGB XII erhält[59]. Zu dem erzielbaren Einkommen gehört dabei auch grds das, was der Betrieb durch Subventionen erhält, die produktionsbezogen sind[60]. Unter Beachtung dieser Kriterien kann auch ein landwirtschaftlicher Nebenerwerbsbetrieb unter § 2312 fallen[61]. Jedenfalls ist bei einer wirtschaftlichen Unvertretbarkeit der Betriebsfortführung, also wenn auf Dauer kein genügend positives Betriebsergebnis erzielt werden kann[62], vom Verkehrswert auszugehen[63].

10 **5. Fortführung des Landguts.** Für die erforderliche „**Übernahme**" des Landguts ist Voraussetzung, dass die Fortführung des bisherigen landwirtschaftlichen Betriebes über den Zeitpunkt des Erbfalls hinaus möglich und beabsichtigt war[64]. In subjektiver Hinsicht ist dabei eine **Fortführungsabsicht** oder wenigstens Absicht der Wiederaufnahme der Betriebsausübung durch den Erben oder Hofübernehmer selbst oder seine zum Kreis der Pflichtteilsberechtigten zählenden Abkömmlinge in absehbarer Zeit erforderlich[65]. Dies setzt eine Prognose aus objektivierender Sicht voraus[66]. Daher genügt eine rein im subjektiven Bereich verbleibende Absicht nicht, wenn sie nicht durch objektive Anhaltspunkte gefestigt wird. Eine **Verpachtung** des Betriebs steht daher der Landguteigenschaft nicht ohne weiteres entgegen, wenn nur eine Absicht im genannten Sinne vorliegt[67]. Vielmehr wird eine vorübergehende Verpachtung dem kaum schaden[68]. Dies gilt insbes dann, wenn dadurch nur eine zeitliche Lücke in der Generationennachfolge überbrückt werden soll[69]. Eine dauerhafte Verpachtung an familienfremde Personen kann zum Fortfall der Landguteigenschaft führen, jedoch genügt dies für sich allein nicht, sondern es müssen grds noch weitere Umstände hinzukommen[70]. Keine Übernahme erfolgt jedoch, wenn bereits der Erblasser den Betrieb des Landguts endgültig eingestellt hat und auch im Zeitpunkt des Erbfalls keine begründete Erwartung bestand, dass die Landwirtschaft wieder betrieben wird[71] oder der Erbe in absehbarer Zeit beabsichtigt, das Landgut ganz oder zumindest in wesentlichen Teilen zu veräußern oder den landwirtschaftlichen Betrieb aufzugeben[72].

III. Rechtsfolgen

11 Abweichend von § 2311 bestimmt sich bei Vorliegen der Voraussetzungen des § 2312 der Wert nicht nach dem gemeinen Wert (Verkehrswert), sondern allein nach dem Reinertrag (§ 2049 Abs 2). Die nach Art 137 EGBGB hierzu ergangenen landesrechtlichen Ausführungsgesetze[73] regeln fast durchweg nur den Kapitalisierungsfaktor (zwischen 17 und 25, entspricht einem Kapitalisierungszins von 5,88 bis 4% jährlich) zur Berechnung desselben[74]. Soweit der Erblasser nach Abs 1 einen **anderen Übernahmewert** bestimmt hat, ist dieser maßgebend, soweit er den Ertragswert erreicht und nicht den normalen Verkehrswert überschreitet[75].

---

[59] *Staudinger/J. Mayer* Art 137 EGBGB Rn 45; ähnlich *Piltz*, Die Bewertung landwirtschaftlicher Betriebe, 1999, S 83; für möglich hält dies auch *Köhne* AUR 2003, Beilage II *2. *6; grds zust auch *Hausmann* S 125; ebenso für die Zuweisungsfähigkeit eines landwirtschaftlichen Betriebs nach § 14 GrdstVG OLG München AgrarR 1995, 56; zu großzügig etwa BayObLG AgrarR 1997, 292 (zu § 19 Abs 4 KostO, wo ähnliche Anforderungen gelten), wonach bereits ein Einkommen von jährlich 13 000 DM genügt.
[60] *Staudinger/Haas* Rn 17; *Pabsch* DGAR AgrarR 1994, 5, 8; *Staudinger/J. Mayer* Art 137 EGBGB Rn 46.
[61] Vgl auch BGHZ 98, 375, 377 = NJW 1987, 951; BGH NJW-RR 1992, 770; *Kronthaler* S 121 f; jedoch ist im Einzelfall sorgfältig zu prüfen, ob nicht ein Hobbybetrieb (Liebhaberei) vorliegt, *Müller-Feldhammer* ZEV 1995, 165; AnwK-BGB/*Bock* Rn 10.
[62] *Zechiel* S 47 f.
[63] OLG Stuttgart NJW 1967, 2410, 2411; *Damrau/Riedel/Lenz* Rn 6; *Staudinger/Haas* Rn 12.
[64] BGHZ 98, 375, 378 f = NJW 1987, 951.
[65] Mit dieser personalen Einschränkung BVerfGE 67, 348 zum Zugewinnausgleich; zur Ausdehnung auf Angehörige der bäuerlichen Familie aber *Kronthaler* S 108 f; OLG Celle AgrarR 1987, 46, 47; nicht genügt ein bloßes Interesse an der Landwirtschaft, OLG Oldenburg AgrarR 1999, 308, 309.
[66] BGH NJW-RR 1992, 770.
[67] BGHZ 98, 375, 378 f = NJW 1987, 951, wo auch noch der Betrieb aufgegeben und das lebende und tote Inventar verkauft war; BGH NJW 1964, 1414, 1416; LM Nr 2 = MDR 1972, 496; AgrarR 1977, 172, 173; AnwK-BGB/*Bock* Rn 15.
[68] *Soergel/Dieckmann* Rn 9; *Kronthaler* S 106 f.
[69] *Staudinger/Haas* Rn 15; *Hausmann* S 135 f.
[70] *Wöhrmann* Rn 2049 Rn 18; *Staudinger/J Mayer* Art 137 EGBGB Rn 49; *Soergel/Dieckmann* Rn 9 mit Fallgruppen; *Damrau/Riedel/Lenz* Rn 10; OLG Oldenburg FamRZ 1992, 726 lässt bei Verpachtung auf zwölf Jahren aus gesundheitlichen Gründen Landguteigenschaft noch nicht entfallen; zu den Prüfungskriterien vgl BGHZ 98, 375, 381; aA, wenn das Abstellen auf besondere Umstände, *Hessler* RdL 1980, 310; MünchKommBGB/*Lange* Rn 4: kein Ertragswertprivileg, wenn „seit Jahren" verpachtet; vgl *Kegel* S 106 f; *Hausmann* S 135 f, jedoch einschränkend S 137 ff.
[71] *Staudinger/Haas* Rn 15; vgl auch OLG Celle FamRZ 2004, 1823, 1825: landwirtschaftliche Flächen bereits seit den „fünfziger Jahren" verpachtet;-.
[72] BayObLGZ 1988, 385, 389 = FamRZ 1989, 540, 541; MünchKommBGB/*Lange* Rn 5; *Staudinger/Haas* Rn 15 aE.
[73] *Staudinger/J. Mayer* Art 137 EGBGB Rn 55 ff; *Damrau/Riedel/Lenz* Rn 14; *Hausmann* S 179 f; *Ruby* ZEV 2007, 263, 265; s auch nachfolgende Tabelle.
[74] Eingehend, praxisnahe Bewertungsvorschläge bei *Pabsch* DGAR AgrarR 1994, 5; dazu auch *Mayer/Süß/Tanck/Bittler/Wälzholz*, HdB Pflichtteilsrecht, § 5 Rn 183.
[75] MünchKommBGB/*Lange* Rn 9.

Kapitalisierungsfaktor für den jährlichen Reinertrag[76]	Bundesland	Rechtsgrundlagen, Besonderheiten
18facher jährlicher Reinertrag	Baden-Württemberg Bayern	§ 48 BW AGBGB vom 26. 11. 1974 (GBl S 498) Art 68 BayAGBG vom 29. 9. 1982 (GVBl S 803)
25facher jährlicher Reinertrag	Berlin (West) Hessen Nordrhein-Westfalen Rheinland-Pfalz Saarland	Berlin: Art 83 PrAGBGB § 30 HessAGBGB vom 18. 12. 1984 (GVBl S 344) NRW: ehem Preußen Art 83 AGBGB vom 20. 9. 1899 (SGV NW S 40); ehem Land Lippe § 46 Lipp AGBGB vom 17. 11. 1899 (Lipp GS S 489); RhPf: § 24 AGBGB vom 18. 11. 1976 (GVBl S 259 = BS RhPf 400-1) Saarland: § 32 Gesetz zur Ausführung bundesrechtlicher Justizgesetze vom 5. 2. 1997 (ABl S 258)
17facher jährlicher Reinertrag	Niedersachsen	§ 28 NdsAGBGB vom 4. 3. 1971 (GVBl S 73)
keine Regelung	neue Bundesländer Schleswig-Holstein Hamburg Bremen	überwiegend wird ein Kapitalisierungsfaktor von 18 empfohlen (DGAR AgrarR 1994, 5, 10; Staudinger/J. Mayer Art 137 EGBGB Rn 56)

Ein **Nachabfindungsanspruch**, etwa entspr dem § 13 HöfeO, besteht nach dem Landgüterrecht des BGB trotz der Privilegierung des § 2312 nicht[77]. Erfolgt jedoch die Veräußerung des Landguts alsbald nach der Übernahme, so ist zu prüfen, ob nicht die (ergänzende) Testamentsauslegung ergibt, dass die Ertragswertanordnung als durch die schutzzweckwidrige Veräußerung auflösend bedingt anzusehen ist[78]. Zudem ist zu beachten, dass die Rspr an die Fortführungsabsicht strenge, ja sogar objektivierende Anforderungen stellt, so dass sich oftmals schon deshalb die Frage nach der Zubilligung eines Nachabfindungsanspruchs nicht stellt[79].

§ 2313 Ansatz bedingter, ungewisser oder unsicherer Rechte; Feststellungspflicht des Erben

(1) ¹Bei der Feststellung des Wertes des Nachlasses bleiben Rechte und Verbindlichkeiten, die von einer aufschiebenden Bedingung abhängig sind, außer Ansatz. ²Rechte und Verbindlichkeiten, die von einer auflösenden Bedingung abhängig sind, kommen als unbedingte in Ansatz. ³Tritt die Bedingung ein, so hat die der veränderten Rechtslage entsprechende Ausgleichung zu erfolgen.

(2) ¹Für ungewisse oder unsichere Rechte sowie für zweifelhafte Verbindlichkeiten gilt das Gleiche wie für Rechte und Verbindlichkeiten, die von einer aufschiebenden Bedingung abhängig sind. ²Der Erbe ist dem Pflichtteilsberechtigten gegenüber verpflichtet, für die Feststellung eines ungewissen und für die Verfolgung eines unsicheren Rechts zu sorgen, soweit es einer ordnungsmäßigen Verwaltung entspricht.

I. Normzweck, Abgrenzung

Die Berücksichtigung von noch nicht entstandenen oder unsicheren Rechten und Verbindlichkeiten bereitet immer Probleme. § 2313 ermöglicht daher hier einen vorläufigen Wertansatz mit späterer Korrektur und macht damit hinsichtlich des Nachlassbestands eine Ausnahme vom Stichtagsprinzip (§ 2311 Abs 1 S 1). Der Vorteil einer exakten Berechnung wird jedoch durch den Schwebezustand und die Mehrbelastung der neuen Feststellung erkauft[1]. Hinsichtlich der **Bewertung** des Nachlassvermögens verbleibt es jedoch beim Zeitpunkt des Erbfalls (Rn 6)[2]. Da im Recht der Zugewinngemeinschaft das Stichtagsprinzip strenger gehandhabt wird, ist diese Bestimmung dort nicht anwendbar[3].

---

[76] Nach HdB Pflichtteilsrecht/J. Mayer § 5 Rn 182.
[77] BGHZ 98, 382, 388 = NJW 1987, 1260; Lange/Kuchinke § 37 VII 4 b; Damrau/Riedel/Lenz Rn 13; Gottwald Rn 11; PWW/Deppenkemper Rn 8; Zechiel S 120 ff; Ruby ZEV 2007, 263, 267; einschränkend BGH FamRZ 1992, 172; eingehend hierzu MünchKommBGB/Lange Rn 7; Hausmann S 275 ff; für analogen Nachabfindungsanspruch Wöhrmann § 2312 Rn 1 ff; für Einschränkung des § 2312 dahin, dass Ertragswertprivileg davon abhängt, dass der Erbe sein Eigentum „durch eigene Leistung legitimiert" MünchKommBGB/Lange Rn 7; für Nachabfindungsanspruch nach § 242 Soergel/Dieckmann Rn 13; für Korrektur des Ertrags- durch den Verkaufswert bei zeitnaher Veräußerung nach dem Erbfall unter den Grundsätzen der „werterhellenden Tatsachen" (§ 2311 Rn 17) Staudinger/Haas Rn 21.
[78] Zutr Kronthaler S 143 ff; MünchKommBGB/Lange Rn 7; Staudinger/Haas Rn 20; Hausmann S 277 ff.
[79] Damrau/Riedel/Lenz Rn 13.
[1] Meincke, Das Recht der Nachlassbewertung, 1973, S 227 ff; offenlassend MünchKommBGB/Lange Rn 2.
[2] BGHZ 123, 77, 80 = NJW 1993, 2176; OLG Köln NJW 1998, 240, 241.
[3] BGHZ 87, 367, 371 = JR 1984, 21; BGH NJW 1992, 2154, 2156.

§ 2313 Buch 5. Abschnitt 5. Pflichtteil

II. Aufschiebend bedingte, ungewisse und unsichere Rechte und Verbindlichkeiten (Abs 1 S 1, Abs 2 S 1)

2 Bei der Feststellung des Wertes des Nachlasses bleiben aufschiebend bedingte, ungewisse oder unsichere Rechte und Verbindlichkeiten vorläufig außer Ansatz (Abs 1 S 1, Abs 2 S 1). Dies gilt allerdings nicht, soweit durch eine aufschiebende Bedingung ein Anwartschaftsrecht vermittelt wird, das im Wirtschaftsleben einen eigenständigen Wert hat, wie das Anwartschaftsrecht des Vorbehaltskäufers, das zum Schätzwert zu berücksichtigen ist (§ 2311 Abs 1 S 2)[4]. Unter **Bedingungen** sind sowohl rechtsgeschäftliche wie auch echte Rechtsbedingungen zu verstehen[5]. Auf den Grad des Bedingungseintritts kommt es nicht an[6]. **Befristete** und **betagte Rechte** oder Verbindlichkeiten (zB Leibrenten) fallen dagegen nicht unter Abs 1 S 2 und 3; vielmehr ist ihr Wert nach § 2311 zu schätzen[7].

3 **Ungewiss** ist ein Recht, bei dem entweder der Bestand oder aber die Person des Berechtigten zweifelhaft ist[8]. **Unsicher** ist ein Recht, wenn nur seine wirtschaftliche oder tatsächliche Verwertung zweifelhaft ist[9]. Gleiches gilt für Verbindlichkeiten[10]. Die genaue Abgrenzung kann im Einzelfall schwierig sein.

4 **Einzelfälle:** Unsicher ist ein zum Nachlass gehörendes **Nacherbenrecht**[11] und bei verpachteten landwirtschaftlichen Flächen des Erblassers eine **Milchquote** nach der Milch-Garantiemengen-Verordnung (MGV), da während des Laufs des Pachtverhältnisses dem Verpächter hieran keinerlei Rechte zustehen und daher deren wirtschaftliche Verwertung solange zweifelhaft ist[12]. **Ungewiss** ist ein anfechtbares oder schwebend unwirksames Recht[13]. Unsicher ist eine Darlehensforderung nach erfolgloser Pfändung[14]. Bürgschaften, Garantieversprechen, Grundpfandrechte und Verpfändungen für fremde Schuld sind zweifelhafte Verbindlichkeiten, soweit die Inanspruchnahme noch ungeklärt ist;[15] die hier gegen den Hauptschuldner bestehenden (bedingten) Ausgleichsansprüche bleiben dann ungekehrt auch solange außer Betracht[16]. Nicht unsicher sondern nur ein Problem der Bewertung ist der Geschäftswert eines Handwerksbetriebs[17] oder ein mit einer wertmäßigen Abfindungsbeschränkung belasteter Gesellschaftsanteil[18] oder die durch eine Veräußerung von Betriebsvermögen nach § 16 EStG anfallende **Ertragsteuer** (§ 2311 Rn 33)[19]. Hat eine einheitliche Geschäftsverbindung zwischen mehreren Personen zu beiderseitigen Forderungen und Verbindlichkeiten geführt, die gegenseitig verrechnet werden, und sind diese nur teilweise sicher und unzweifelhaft, so dürfen die zweifellos bestehenden Ansprüche oder Verbindlichkeiten aus einer solchen Geschäftsverbindung nicht als solche behandelt werden und die ungewissen Forderungen bzw Verbindlichkeiten als ungewiss außer Ansatz bleiben[20]. „**Stock options**" (Aktienoptionen für Mitarbeiter) werden an der Börse nicht gehandelt und haben im Erbfall keinen endgültigen Vermögenswert. Sie verkörpern nur die Chance auf einen Vermögenswert und bleiben daher zunächst nach Abs 1 S 1 bei der Feststellung des Nachlasswertes außer Betracht. Bei Ausübung der Option hat jedoch eine Ausgleichung nach Abs 1 S 2 zu erfolgen[21]. **Gewerbliche Schutzrechte** sind keine unsicheren Rechte iS von Abs 2, vielmehr ist nur die Höhe des Anspruchs ungewiss, was im Rahmen der Bewertung (§ 2311) zu berücksichtigen ist[22]. Zur Beurteilung unsicherer Forderungen gegen einen Miterben *Soergel/Dieckmann* Rn 7.

III. Auflösend bedingte Rechte und Verbindlichkeiten (Abs 1 S 2)

5 Diese sind zunächst ihrem ganzen Betrage nach zu berücksichtigen (vgl auch § 42 InsO). Bei Bedingungseintritt hat eine entsprechende Ausgleichung zu erfolgen.

---

[4] *Staudinger/Haas* Rn 7; aA *Soergel/Dieckmann* Rn 5.
[5] MünchKommBGB/*Lange* Rn 4; *Lange/Kuchinke* § 37 VI 5 a.
[6] MünchKommBGB/*Lange* Rn 4; *Soergel/Dieckmann* Rn 2; *Staudinger/Haas* Rn 7.
[7] BGH FamRZ 1979, 787: Leibrente, m krit Anm *Schubert* JR 1980, 103, 104; RGZ 72, 379, 381: Rentenwert nach „versicherungstechnischen Grundsätzen" zu ermitteln; MünchKommBGB/*Lange* Rn 3; *Palandt/Edenhofer* Rn 4; *Lange/Kuchinke* § 37 VI 5 a; *Damrau/Riedel/Lenz* Rn 7.
[8] BGHZ 3, 394, 397; MünchKommBGB/*Lange* Rn 7; MünchKommBGB/*Lange* Rn 6.
[9] BGHZ 3, 394, 397; RGZ 83, 253, 254; MünchKommBGB/*Lange* Rn 6; *Staudinger/Haas* Rn 8.
[10] MünchKommBGB/*Lange* Rn 6.
[11] RGZ 83, 253, 254; *Staudinger/Haas* Rn 9 nimmt aufschiebend bedingtes Recht an, solange Nacherbfall noch nicht eingetreten.
[12] OLG Celle FamRZ 2004, 1823, 1824, das aber ein ungewisses Recht annimmt; ebenso die Einordnung von *Staudinger/Haas* Rn 9.
[13] *Lange/Kuchinke* § 37 VII 5 a; *Staudinger/Haas* Rn 9.
[14] OLG Dresden JW 1918, 188.
[15] OLG Köln ZEV 2004, 155; RG SeuffA 68 Nr 129; MünchKommBGB/*Lange* Rn 7; *Staudinger/Haas* Rn 11; aA OLG Düsseldorf NJW-RR 1996, 727: valutierte Grundschuld sei vom Grundstückswert abzuziehen, wenn nicht ihr rechtlicher Bestand oder tatsächliche Verwirklichung zweifelhaft sei.
[16] *Staudinger/Haas* Rn 11.
[17] *Staudinger/Haas* Rn 9; *Lange/Kuchinke* § 37 VII Fn 272; *Palandt/Edenhofer* Rn 2; aA OLG Nürnberg FamRZ 1966, 512, 513.
[18] *Soergel/Dieckmann* Rn 7; eingehend § 2311 Rn 37 f.
[19] MünchKommBGB/*Lange* Rn 7; *Damrau/Riedel/Lenz* Rn 8.
[20] BGHZ 7, 134, 141 = NJW 1952, 1173.
[21] *Kolmann* ZEV 2002, 216, 217; MünchKommBGB/*Lange* Rn 7; *Staudinger/Haas* Rn 9.
[22] MünchKommBGB/*Lange* Rn 7.

IV. Ausgleichung (Abs 1 S 3) und sonstige Rechtsfolgen

Wenn später die entsprechende (auflösende oder aufschiebende) Bedingung eintritt oder die Unsicherheits- und Ungewissheitsfaktoren wegfallen, so hat eine **Ausgleichung** zu erfolgen. Dadurch ist der Pflichtteilsberechtigte so zu stellen, als ob im Zeitpunkt des Erbfalls das bedingte, ungewisse oder unsichere Recht oder die Verbindlichkeit dieser Art schon bei Eintritt des Erbfalls verlässlich bestanden hätte[23]. Erbe wie Pflichtteilsberechtigter brauchen sich die Ausgleichung im Pflichtteilsprozess nicht in der **Urteilsformel** vorbehalten lassen[24]. Werterhöhungen und -minderungen, die seit dem Erbfall **infolge anderer Umstände** eingetreten sind, bleiben jedoch außer Betracht, um das Stichtagsprinzip nicht völlig aufzugeben. Insbes gilt für die Bewertung iU der Erbfall als maßgebender Zeitpunkt[25]. Eine **Erhöhung des Pflichtteils** erfolgt demnach nur mit Eintritt der Bedingung bei aufschiebend bedingten Rechten und auflösend bedingten Verbindlichkeiten. Wird ein Recht sicher oder gewiss, so erhöht sich ebenfalls der Pflichtteil. Für die so vom Erben geschuldete Nachzahlung gelten ebenfalls die **pflichtteilsrechtlichen Bestimmungen**[26], insbes § 2332, jedoch beginnt die **Verjährung** nicht vor Eintritt der Bedingung oder Sicherheit oder Gewissheit[27].

Der **Pflichtteil reduziert** sich bei Bedingungseintritt bei auflösend bedingten Rechten und aufschiebend bedingten Nachlassverbindlichkeiten und durch die Klärung bisher ungewisser oder unsicherer Verpflichtungen[28]. Dann besteht ein Anspruch des Erben gegen den Pflichtteilsberechtigten auf Rückzahlung des zu viel erhaltenen Pflichtteils. Dabei handelt es sich richtigerweise nicht um einen Bereicherungsanspruch[29], was im Hinblick auf § 818 Abs 3 problematisch wäre, wenn nicht im Einzelfall die Voraussetzungen des § 819 Abs 1 eingreifen, sondern um einen pflichtteilsrechtlichen Ausgleichsanspruch eigener Art[30]. Eine Sicherheitsleistung für die Ausgleichsforderung kann außerhalb eines Insolvenzverfahrens (§§ 77 Abs 3 Nr 1, 95 Abs 1, 191 InsO) weder der Erbe noch der Pflichtteilsberechtigte verlangen; es gelten die allgemeinen Grundsätze für den Schutz bedingter Ansprüche (§ 916 Abs 2 ZPO)[31]. Bei der **Berechnung** der nachträglichen Ausgleichung ist wie folgt vorzugehen[32]: (1) Die betroffene Vermögens- oder Schuldposition ist aus der Sicht des Stichtags zu bewerten[33]. (2) Zwischenzeitlich stattgefundene Wertveränderungen spielen grds keine Rolle, jedoch ist der seitdem eingetretene Kaufkraftschwund zu berücksichtigen[34]. (3) Dann wird der ursprünglich der Pflichtteilsberechnung zugrunde gelegte Nachlasswert um den so bewerteten Vermögensgegenstand/Schuldposten bereinigt und sodann der Pflichtteil neu berechnet. (4) Die Differenz gegenüber dem ursprünglichen Pflichtteilsanspruch bildet den Ausgleichsbetrag nach § 2313 Abs 1 S 3[35].

Nach **Abs 2 S 2** ist der Erbe ausdrücklich verpflichtet, im Rahmen einer ordnungsgemäßen Verwaltung für die Feststellung und Durchsetzung von unsicheren Rechten zu sorgen.

V. Pflichtteilsansprüche und Vermögensgesetz

Nach einem Grundsatzurteil des BGH ist § 2313 Abs 2 S 1 iVm Abs 1 S 3 analog anwendbar, wenn der Erbe auf Grund des Vermögensgesetzes einen vor dem Erbfall in der ehemaligen DDR enteigneten Grundstück des Erblassers entweder zurückerhält (§ 3 Abs 1 S 1 VermG) oder für das Grundstück eine Entschädigung (§ 9 VermG) bekommt[36]. Aus dem Stichtagsprinzip (§ 2311) ergibt sich jedoch, dass für Grundstücke, die **nach dem Erbfall** erst enteignet wurden, eine solche Ausgleichung ausscheidet (vgl auch Rn 6)[37]. Davon wird man allenfalls dann eine Ausnahme machen können, wenn bereits der Erblasser **konkret enteignungsbedroht** war[38], weil insoweit das Entstehen solcher Ansprüche bereits konkret "angelegt" ist (sog Wertaufhellungsprinzip). Bei Erbfällen zwischen dem 1. 1. 1976 und vor dem 2. 10. 1990 stellt sich weiter die Vorfrage, ob der Anwendung des § 2313 entgegensteht, dass nach den Grundsätzen des interlokalen Rechts uU für die Beerbung das Erbrecht des ZGBs der DDR zur Anwendung gelangt. Nach Ansicht des BGH ist das Erbrecht der DDR hier aber nicht anzuwenden, weil es sich nicht um einen vor dem Wirksamwerden des Beitritts abgeschlossenen Vorgang iS des

---

[23] BGHZ 123, 77, 80 = NJW 1993, 2176; OLG Köln NJW 1998, 240; *Meincke*, Das Recht der Nachlassbewertung, 1973, S 228; *Staudinger/Haas* Rn 17.
[24] OLG Kiel OLGE 7, 143; *Staudinger/Haas* Rn 14.
[25] BGHZ 123, 77, 80 = NJW 1993, 2176, 2177; *Staudinger/Haas* Rn 17; aA MünchKommBGB/*Lange* Rn 3; *Pentz* MDR 1999, 144 f.
[26] *Lange/Kuchinke* § 37 VII 5 a Fn 275; *Soergel/Dieckmann* Rn 4.
[27] *Staudinger/Haas* Rn 15; *Soergel/Dieckmann* Rn 4; *Mayer*, HdB Pflichtteilsrecht, § 5 Rn 159; *Damrau/Riedel/Lenz* Rn 10; offenlassend RGZ 83, 253, 256.
[28] *Staudinger/Haas* Rn 16.
[29] So aber *Soergel/Dieckmann* Rn 3; RGRK/*Johannsen* Rn 2; *Erman/Schlüter* Rn 2.
[30] *Lange/Kuchinke* § 37 VII 5 a Fn 275; offenlassend *Staudinger/Haas* Rn 16; *Damrau/Riedel/Lenz* Rn 10; gegen die Anwendung des Bereicherungsrechts auch MünchKommBGB/*Lange* Rn 5, der auf § 159 und allgemeine Grundsätze abstellt.
[31] MünchKommBGB/*Lange* Rn 5; *Staudinger/Haas* Rn 18; *Soergel/Dieckmann* Rn 5.
[32] Vgl insoweit HdB Pflichtteilsrecht/*J. Mayer* § 5 Rn 158; *Groll/Rösler* C VI Rn 76; *Damrau/Riedel/Lenz* Rn 10.
[33] So auch BGH NJW 1993, 2176, 2177; OLG Köln OLGE 1997, 26, 27; *Staudinger/Haas* Rn 17.
[34] BGHZ 123, 77, 80 = NJW 1993, 2176, 2177; HdB Pflichtteilsrecht/*J. Mayer* § 5 Rn 158.
[35] HdB Pflichtteilsrecht/*J. Mayer* § 5 Rn 158.
[36] BGHZ 123, 76, 78 = NJW 1993, 2176 = LM Nr 6 m Anm *Wasmuth*; OLG Koblenz DtZ 1993, 253.
[37] OLG München DtZ 1993, 153, 154; LG Hamburg DtZ 1994 316, 317; MünchKommBGB/*Frank* 3. Aufl Rn 10; *Dieckmann* ZEV 1994, 198, 199; *v. Olshausen* DtZ 1993, 331, 332; *Lange/Kuchinke* § 37 VII 6 b.
[38] *Dieckmann* ZEV 1994, 198, 199; MünchKommBGB/*Frank* 3. Aufl Rn 10.

§ 2314

Art 236 § 1 EGBGB handelt. Daher gelte das Recht der Bundesrepublik Deutschland[39]. Dies widerspricht aber der ausdrücklichen Regelung des Art 235 § 1 EGBGB, wonach für erbrechtliche Ansprüche das bisherige DDR-Erbrecht maßgeblich bleibt, und würde auch bedeuten, dass sich die Frage der Pflichtteilsberechtigung allein nach dem insoweit weiter gehenden BGB-Erbrecht bestimmt, also unabhängig vom Bestehen einer Unterhaltsberechtigung nach § 396 Abs 1 Nr 2 ZBG wäre[40]. Richtiger ist es daher, nur die Bewertungsvorschrift des § 2313 analog anzuwenden[41]. Die Nachabfindung analog § 2313 führt nach Ansicht des BGH aber nicht dazu, dass hinsichtlich des **Berechnungszeitpunkts** vom Stichtagsprinzip des § 2311 abgewichen werden muss; maßgeblich ist also der Eintritt des Erbfalls[42]. Für die Berechnung des Pflichtteils ist dabei nach dem BGH der Wert des restituierten Grundstücks in Geld im Zeitpunkt der Wiedererlangung des Eigentums zu schätzen; dieser Betrag ist unter Berücksichtigung der Kaufkraftentwertung auf den Geldwert im Erbfall umzurechnen und dieser anzusetzen. Erhält der Erbe aber statt des Grundstücks eine Geldentschädigung, so ist der Pflichtteil aus dem ausgezahlten Betrag zu berechnen, wenn bei deren Bemessung der Kaufkraftschwund bereits berücksichtigt wurde; andernfalls ist die Entschädigungsleistung auch nach den Grundsätzen des Kaufkraftschwundes umzurechnen[43]. Zur Frage der Verjährung s § 2332 Rn 12.

§ 2314 Auskunftspflicht des Erben

(1) ¹Ist der Pflichtteilsberechtigte nicht Erbe, so hat ihm der Erbe auf Verlangen über den Bestand des Nachlasses Auskunft zu erteilen. ²Der Pflichtteilsberechtigte kann verlangen, dass er bei der Aufnahme des ihm nach § 260 vorzulegenden Verzeichnisses der Nachlassgegenstände zugezogen und dass der Wert der Nachlassgegenstände ermittelt wird. ³Er kann auch verlangen, dass das Verzeichnis durch die zuständige Behörde oder durch einen zuständigen Beamten oder Notar aufgenommen wird.

(2) Die Kosten fallen dem Nachlass zur Last.

Schrifttum: *Bartsch,* Sind der Auskunft über den tatsächlichen Nachlass nach § 2314 Abs 1 BGB Belege beizufügen?, ZEV 2004, 176; *ders,* Das Recht auf Einsicht in die Nachlassakte, ZErb 2004, 80; *Bink,* Das Verfahren nach § 2314 BGB und die Kosten dieses Verfahrens, JurBüro 1963, 381; *Bißmaier,* Zur Wertermittlung durch Sachverständige im Pflichtteilsrecht, ZEV 1997, 149; *Coing,* Zur Auslegung des § 2314 BGB, NJW 1983, 1298; *ders,* Der Auskunftsanspruch des Pflichtteilsberechtigten im Falle der Pflichtteilsergänzung, NJW 1970, 729; *Cornelius,* Auskunfts- und Wertermittlungsverlangen des enterbten Pflichtteilsberechtigten bei pflichtteilsergänzungsrechtlich relevanten Veräußerungen, ZEV 2005, 286; *Dieckmann,* Die Auskunfts- und Wertermittlungspflicht vom Erblasser Beschenkten, NJW 1987, 2557; *ders,* Zum Auskunfts- und Wertermittlungsanspruch des Pflichtteilsberechtigten, NJW 1988, 1809; *Edenfeld,* Auskunftsansprüche des Pflichtteilsberechtigten, ZErb 2005, 346; *Egner,* Der Auskunftsanspruch des Pflichtteilsberechtigten nach § 2314 BGB, 2. Aufl 1995; *Gudian,* § 2314 und der pflichtteilsberechtigte Miterbe, JZ 1967, 591; *Hagena,* Die Beschwer des verurteilten Beklagten (Erben) bei einer Auskunftsklage des Pflichtteilsberechtigten, ZEV 1998, 131; *Hohloch,* Wertermittlungsanspruch des Pflichtteilsberechtigten auf eigene Kosten, JuS 1994, 76; *Kempfler,* Der Auskunftsanspruch des Pflichtteilsberechtigten im Falle der Pflichtteilsergänzung, NJW 1970, 1533; *Klinger,* Notarielles Nachlassverzeichnis – sinnvolles Mittel zur Feststellung des pflichtteilsrelevanten Nachlasses?, NJW-Spezial 2/2004, 61; *Kuchinke,* Die Klage des Pflichtteilsberechtigten gegen den Erben auf Auskunft und Leistung des Offenbarungseides, NJW 1957, 1175; *Lorenz,* Auskunftsansprüche im Bürgerlichen Recht, JuS 1995, 569; *Nieder,* Das notarielle Nachlassverzeichnis im Pflichtteilsrecht, ZErb 2004, 60; *Pfauser,* Der Auskunfts- und Wertermittlungsanspruch des Pflichtteilsberechtigten aus § 2314, 1993; *Sarres,* Auskunftsansprüche des Pflichtteilsberechtigten, ZEV 1998, 4; *ders,* Erbrechtliche Auskunftsansprüche, 2004 (zitiert: *Sarres*); *Zimmer,* Die Aufnahme des Nachlassverzeichnisses durch den Notar, NotBZ 2005, 208.

Übersicht

	Rn		Rn
I. Normzweck	1	b) Der Beschenkte	8
II. Auskunftsanspruch (Abs 1 S 1)	2	4. Umfang und Inhalt	9
1. Grundsätzliches, Inhalt	2	5. Formen der Auskunftserteilung	12
2. Auskunftsberechtigter	3	a) Bestandsverzeichnis	13
3. Auskunftsverpflichteter	7	b) Amtliche Aufnahme des Verzeichnisses (Abs 1 S 3)	15
a) Erbe	7	c) Eidesstattliche Versicherung	16

---

[39] BGHZ 123, 76, 81 = NJW 1993, 2176; diese Begr abl MünchKommBGB/*Frank* 3. Aufl Rn 11; *Casimir* DtZ 1993, 362, 363 f; *Dieckmann* ZEV 1994, 198, 199; *Faßbender* DNotZ 1994, 359, 362; *Kuchinke* DtZ 1996, 194, 195 f.
[40] Daher selbst jetzt einschränkend BGH ZEV 1995, 448, 450.
[41] MünchKommBGB/*Frank* 3. Aufl Rn 12; *Lange/Kuchinke* § 37 VII 6 b; *Soergel/Dieckmann* § 2311 Rn 48; *Staudinger/Haas* Rn 32; aA *Faßbender* DNotZ 1994, 359, 360; *de Leve* DtZ 1994, 270, 271; *Casimir* DtZ 1993, 235; LG Hamburg NJW 1998, 2608, das die isolierte Anwendung des § 2313 verneint.
[42] BGHZ 123, 77, 80; ebenso OLG Frankfurt EWiR 1995, 1079 (*R. Müller*); Staudinger/Haas Rn 35; aA MünchKommBGB/*Frank* 3. AuflRn 13, der auf die entstehenden Bewertungsprobleme hinweist.
[43] BGHZ 123, 77, 80 f; ebenso OLG Braunschweig ZEV 1998, 484, 485 mit Berechnungsbeispiel; zust *Staudinger/Haas* Rn 37; ansonsten wird diese Berechnungsweise überwiegend abgelehnt, vgl MünchKommBGB/*Frank* 3. Aufl Rn 14 mit Darstellung des Streitstands; *v. Olshausen* DtZ 1993, 331, 333, der auf die realen Werte nach DDR-Verhältnissen abstellen will; *Dieckmann* ZEV 1994, 198, 201; *Faßbender* DNotZ 1994, 359, 360; *Rauscher* JR 1994, 485, 488; *Wasmuth* LM Nr 6; *Lange/Kuchinke* § 37 VII 6 d: gegen den Abzug um den Kaufkraftschwund.

	Rn		Rn
III. Wertermittlungsanspruch (Abs 1 S 2)	17	IV. Kosten (Abs 2)	26
1. Grundzüge	17	V. Verjährung	27
2. Anspruchsberechtigter, Anspruchsverpflichteter	18	VI. Prozessuales	28
3. Inhalt des Wertermittlungsanspruchs	21	1. Geltendmachung	28
a) Vorlage von Unterlagen	21	2. Zwangsvollstreckung	29
b) Bewertungsgutachten	22		

I. Normzweck

Da ein Pflichtteilsberechtigter seinen Anspruch ohne Kenntnis über Bestand und Wert des Nachlasses **1** nicht durchsetzen kann, gewährt ihm § 2314 sowohl einen Auskunfts- wie einen Wertermittlungsanspruch gegen die Erben, die beide zu unterscheiden sind[1]. Es handelt sich um unselbstständige Hilfsansprüche, die hinsichtlich ihrer Verfügungsfähigkeit dem Hauptanspruch folgen. Die gesetzliche Regelung ist ihrem Wortlaut nach **unvollständig**, und zwar sowohl in **sachlicher Hinsicht**, weil der Pflichtteilsergänzungsanspruch nicht erfasst wird, wie aber auch in **persönlicher**, weil der Miterbe nicht berechtigt ist[2].

II. Auskunftsanspruch (Abs 1 S 1)

1. Grundsätzliches, Inhalt. Der Auskunftsanspruch ist auf die Vermittlung von Informationen **2** gerichtet, die der Verpflichtete selbst besitzt oder sich aber auch erst zu beschaffen hat[3]. Anspruchsvoraussetzung ist nur das Pflichtteilsrecht, nicht der konkrete Pflichtteilsanspruch, dessen Beurteilung § 2314 erst ermöglichen will[4]. Wenn jedoch bereits feststeht, dass ein Pflichtteilsanspruch nicht geltend gemacht werden kann, so besteht auch kein Auskunftsanspruch[5]; dies gilt auch bei einer wirksamen Pflichtteilsentziehung[6]. Eine **Verwirkung** des Anspruchs kommt nur selten in Betracht, insbes nicht wegen eines langen und engen räumlichen Zusammenlebens des Pflichtteilsberechtigten mit dem Erblasser[7].

2. Auskunftsberechtigter. Dies ist nach dem Gesetzeswortlaut jeder pflichtteilsberechtigte **Nicht- 3 erbe** aus dem Personenkreis des § 2303[8], der ebenfalls jetzt pflichtteilsberechtigte (§ 10 Abs 6 LPartG) Lebenspartner einer gleichgeschlechtlichen Lebenspartnerschaft[9] sowie der geschiedene Ehegatte, wenn er nach § 1586b unterhaltsberechtigt ist[10]. Anspruchsberechtigt sind auch Pflichtteilsberechtigte, die ihren Erbteil ausgeschlagen, aber dennoch nicht ihren Pflichtteil verloren haben, so der Ehegatte im Fall des Eintritts der güterrechtlichen Lösung des § 1371 Abs 3, und der unzureichend als Erbe eingesetzte Pflichtteilsberechtigte, dem ein Pflichtteilsrestanspruch (§ 2305) zusteht, und der iS von § 2306 Abs 1 S 2 beschwerte oder belastete pflichtteilsberechtigte Erbe[11]. Gleiches gilt, wenn ein Erbe die Erbschaft ausgeschlagen hat, nunmehr aber seinen Pflichtteilsergänzungsanspruch geltend machen will[12]. Anspruchsberechtigt ist im Allgemeinen auch der mit einem **Vermächtnis** bedachte Pflichtteilsberechtigte und zwar grds unabhängig davon, ob er das Vermächtnis annimmt oder ausschlägt[13], denn für seine Wahlentscheidung nach § 2307 und für die Beurteilung der Frage, ob ihm bei Annahme des Vermächtnisses noch ein Pflichtteilsrestanspruch verbleibt, muss er die Höhe seines Pflichtteilsanspruchs kennen[14]. Dies gilt auch, wenn ein Geldvermächtnis entspr der Pflichtteilshöhe zugewandt wird[15]. Der Vermächtnisnehmer ist aber – wie auch sonst jeder Pflichtteilsberechtigter – dann nicht mehr anspruchsberechtigt,

---

[1] *Coing* NJW 1983, 1298.
[2] Überblick über die anderen in diesem Zusammenhang bestehenden Auskunfts- und Wertermittlungsansprüche bei *Kerscher/Riedel/Lenz* Pflichtteilsrecht § 11 Rn 71; *Staudinger/Haas* Rn 55 ff.
[3] BGHZ 89, 24 = NJW 1984, 487.
[4] BGHZ 28, 177, 179 = NJW 1958, 1964; BGH NJW 1981, 2051, 2052.
[5] BGHZ 28, 177, 180; RGZ 129, 239, 239, 241 f.
[6] OLG Hamm NJW 1983, 1067.
[7] OLG Frankfurt OLGR 2005, 867, 869.
[8] BGH NJW 1981, 2051, 2052; OLG Düsseldorf FamRZ 2006, 512; *Staudinger/Haas* Rn 19; MünchKommBGB/ *Lange* Rn 15.
[9] MünchKommBGB/*Lange* Rn 15.
[10] *Damrau/Riedel/Lenz* Rn 2.
[11] MünchKommBGB/*Lange* Rn 15; AnwK-BGB/*Bock* Rn 12; jurisPK/*Birkenheier* Rn 6; *Damrau/Riedel/Lenz* Rn 2.
[12] OLG Düsseldorf FamRZ 2006, 512; aA OLG Celle ZEV 2006, 557 m zu Recht abl Anm *Damrau*.
[13] BGHZ 28, 177 = NJW 1958, 1964; OLG Düsseldorf FamRZ 1995, 1236; OLG Oldenburg NJW-RR 1993, 782, 783; OLG Köln NJW-RR 1992, 8; *Damrau/Riedel/Lenz* Rn 2; *Edenfeld* ZErb 2005, 346, 347; *Soergel/Dieckmann* Rn 7; *Staudinger/Haas* Rn 20; aA LG Bonn ZEV 2005, 313.
[14] OLG Düsseldorf FamRZ 1995, 1236, 1237; *Damrau/Riedel/Lenz* Rn 6; DIV-Gutachten DAVorm 1994, 412; *Staudinger/Haas* Rn 20; RGRK/*Johannsen* Rn 3.
[15] RGZ 129, 239, 241 f hilft hier damit, dass ein Auskunftsanspruch „mitvermacht" wird; MünchKommBGB/ *Lange* Rn 15 wollen alternativ dazu mit der allgemeinen Auskunftspflicht nach § 242 helfen, doch bedarf es dieser Umwegkonstruktionen nicht.

§ 2314 Buch 5. Abschnitt 5. Pflichtteil

wenn er keinen Pflichtteilsanspruch mehr hat, dessen Vorbereitung § 2314 dient, etwa weil der Pflichtteilsanspruch mittlerweile verjährt ist[16] oder rechtkräftig abgewiesen wurde oder das Vermächtnis **anstelle des Pflichtteils** zugewandt wurde, weil dann in der Geltendmachung des Vermächtnisses der Verzicht auf einen (uU weitergehenden) Pflichtteilsanspruch liegt[17]. Auch der neue Gläubiger, dem der Pflichtteilsanspruch abgetreten wurde (§§ 398, 2317) ist auskunftsberechtigt, da die Ansprüche aus § 2314 als unselbstständigen Nebenrechte iS von § 401 mit übergehen[18]. Bei **mehreren Pflichtteilsberechtigten** besteht keine Gesamtgläubigerschaft, sondern es kann jeder Einzelne den Auskunftsanspruch unabhängig von den anderen geltend machen[19]. Auch wenn eine gemeinsame Auskunftsklage erhoben wurde, kann jeder von ihnen für sich eine vollstreckbare Ausfertigung des Urteils verlangen[20] und selbstständig die Zwangsvollstreckung betreiben[21].

4 **Kein Auskunftsanspruch** besteht für den Pflichtteilsberechtigten, dem der Pflichtteil wirksam nach den §§ 2333 ff entzogen wurde[22], der als eingesetzter Erbe durch die Ausschlagung auch seinen Pflichtteil verloren hat, weil nicht ausnahmsweise ein solcher nach §§ 2305, 2306 oder 1371 Abs 3 verblieb[23], oder wer einen wirksamen Pflichtteilsverzicht abgab[24], der zu Lebzeiten des Erblassers der Form des §§ 2348, 2346 Abs 2 bedarf, später aber formlos möglich ist. Da das Pflichtteilsrecht grds zwingendes Recht ist, kann der **Erblasser** den Auskunfts- (und auch den Wertermittlungs-)Anspruch nach § 2314 grds **nicht** einseitig **ausschließen**. Eine Ausnahme wird teilweise für den Fall gemacht, dass der Erblasser zur Entziehung des Pflichtteils berechtigt wäre, weil dies dann als „Minus" gegenüber der völligen Pflichtteilsentziehung angesehen wird[25]. Wegen der Selbstständigkeit von Pflichtteilsanspruch einerseits und Auskunfts- bzw Wertermittlungsanspruch andererseits[26] kann dem zwar so pauschal nicht gefolgt werden. Besteht jedoch kein Pflichtteilsanspruch, wird aber trotzdem der Auskunftsanspruch geltend gemacht, so steht dem zumindest der Einwand der unzulässigen Rechtsausübung entgegen[27]. Durch **Vereinbarung** zwischen dem **Erblasser** und dem Pflichtteilsberechtigten können die Ansprüche aus § 2314 **ausgeschlossen** oder eingeschränkt werden, jedoch gelten hierfür die formellen Anforderungen des Pflichtteilsverzichts nach den §§ 2347, 2348[28]. **Nach** dem **Erbfall** kann jedoch der Pflichtteilsberechtigte auch formlos auf seine Rechte aus § 2314 verzichten, jedoch sind an die Aufgabe der Auskunftsrechte durch schlüssiges Verhalten sehr hohe Anforderungen zu stellen[29].

5 Nach dem Wortlaut der Norm hat der **Erbe/Miterbe** keinen Auskunftsanspruch und bedarf eines solchen auch nicht, da er als (Mit-)Eigentümer sich jederzeit selbst über den Nachlass, dessen Bestand und Wert ausreichende Kenntnis verschaffen kann (vgl auch §§ 2027, 2028, 2038, 2057)[30]. Jedoch muss man bei **Pflichtteilsergänzungsansprüchen** hierfür eine Ausnahme machen, da dann die genannten Anspruchsgrundlagen idR nicht eingreifen[31]. Daher gibt die Rspr und hM dem pflichtteilsberechtigten Erben hier einen Auskunftsanspruch gegen den Beschenkten (Rn 8), wenn er entschuldbar über das Bestehen und den Umfang des Rechts im Unklaren und deshalb auf die Auskunft des Verpflichteten angewiesen ist, der durch diese nicht unbillig belastet wird. Dabei stützt die Rspr und hM dies auf den aus § 242 hergeleiteten **allgemeinen Auskunftsanspruch**[32]. Der **Unterschied** zu § 2314 liegt darin, dass **(1)** die **Kosten** dann der Auskunftsbegehrende zu tragen hat[33], **(2)** der pflichtteilsberechtigte Erbe das Bestehen einer Sonderrechtsbeziehung darlegen muss, also sein **besonderes Informationsbedürfnis,** wobei allerdings genügt, wenn gewisse Anhaltspunkte für eine unentgeltliche Verfügung vorliegen und substantiiert darzulegen sind, so dass der Auskunftsanspruch nicht auf eine unzulässige Ausforschung

---

[16] MünchKommBGB/*Lange* Rn 15; aA OLG Köln NJW-RR 1992, 8.
[17] MünchKommBGB/*Lange* Rn 15.
[18] MünchKommBGB/*Lange* Rn 15; *Staudinger/Haas* Rn 28, dort auch zur Abtretung an verschiedene Personen; *Soergel/Dieckmann* Rn 38.
[19] MünchKommBGB/*Lange* Rn 16; *Staudinger/Haas* Rn 21.
[20] *Staudinger/Haas* Rn 21.
[21] *Damrau/Riedel/Lenz* Rn 7.
[22] OLG Frankfurt OLGR 2005, 300; *Palandt/Edenhofer* Rn 1; jurisPK/*Birkenheier* Rn 10.
[23] JurisPK/*Birkenheier* Rn 9.
[24] *Palandt/Edenhofer* Rn 3; jurisPK/*Birkenheier* Rn 9.
[25] RGRK/*Johannsen* Rn 23; *Staudinger/Haas* Rn 5.
[26] *Staudinger/Haas* Rn 1; HdB Pflichtteilsrecht/*Bittler* § 9 Rn 62; *Kerscher/Riedel/Lenz* Pflichtteilsrecht § 11 Rn 1.
[27] Zutr *Damrau/Riedel/Lenz* Rn 8.
[28] MünchKommBGB/*Lange* Rn 2; *Staudinger/Haas* Rn 5; RGRK/*Johannsen* Rn 23.
[29] *Staudinger/Haas* Rn 6; *Damrau/Riedel/Lenz* Rn 5.
[30] BGH LM § 242 (D) Nr 131 = NJW 1993, 2737; BGHZ 108, 393, 395 = NJW 1990, 180; BGHZ 61, 180, 183 = NJW 1973, 1876; RGZ 84, 204, 206 f; KG OLGZ 1973, 214 = BB 1973, 543; *Lorenz* JuS 1995, 569; MünchKommBGB/*Lange* Rn 17.
[31] Eingehend *Staudinger/Haas* Rn 23; vgl auch *Dieckmann* NJW 1988, 1809, 1814.
[32] BGHZ 61, 180, 183 f = NJW 1973, 1876 = LM Nr 8 m Anm *Johannsen*; BGHZ 108, 393, 395 = NJW 1990, 180; BGH NJW 1976, 1089; NJW 1981, 2051, 2052; NJW 1993, 2737; OLG Karlsruhe FamRZ 2004, 410, 412 = NJW-RR 2004, 728; LG Stuttgart ZEV 2005, 313, 314; *Lange/Kuchinke* § 37 XII 6; *Soergel/Dieckmann* Rn 26; *Ebenroth* Rn 948; *Pfauser* S 22 f; *Egner* S 33 ff mwN zum Streitstand; die Lit befürwortet dagegen teilweise eine analoge Anwendung des § 2314, so *Coing* NJW 1970, 729, 734; *v. Lübtow* I 584 f; wohl auch *Staudinger/Haas* Rn 25; diff *Damrau/Riedel/Lenz* Rn 4 f: beim Miterben, wenn er die Ansprüche nach § 2314 aus rechtlichen oder tatsächlichen Gründen zur Durchsetzung seines Pflichtteilsanspruchs benötigt, nicht aber beim Alleinerben; für § 242 iVm § 2028 *Winkler v. Mohrenfels* NJW 1987, 2557, 2558; offenlassend MünchKommBGB/*Lange* Rn 18; AnwK-BGB/*Bock* Rn 14.
[33] BGHZ 61, 180, 184; BGH NJW 1981, 2051, 2052; NJW 1993, 2737; OLG Karlsruhe FamRZ 2004, 410, 412.

hinausläuft[34], **(3)** der Auskunftsberechtigte entschuldbar über das Bestehen seines Rechts im Unklaren ist und deshalb auf die **Auskunft** des Verpflichteten **angewiesen** ist[35] und **(4)** dieser die **Auskunft unschwer** erteilen kann[36]. Auch kann nach § 242 **keine amtliche Aufnahme** des Verzeichnisses verlangt werden[37]. Daher sprechen Gründe der sachgerechten Gleichbehandlung für die entsprechende Anwendung des § 2314.

Der **Nacherbe** ist ebenfalls Erbe und kann seine Rechte gegenüber dem **Vorerben** über §§ 2121, 2122, 2127 wahren; ein Anspruch aus § 2314 steht ihm daher auch dann nicht zu, wenn er unter einer auflösenden Bedingung eingesetzt ist, weil er bis zu Eintritt derselben Erbe ist[38]. Nur soweit die gesetzlichen Auskunftsansprüche nicht eingreifen, besteht ein Auskunftsrecht nach § 242[39]. Demgegenüber hat der **Nacherbe** gegen den vom Vorerben **Beschenkten** zumindest nach dem Rechtsgedanken des § 2314 einen Auskunftsanspruch, wenn eine gerechte Abwägung der beiderseitigen Interessen es rechtfertigt, ihm diesen Anspruch zu gewähren[40]. 6

3. Auskunftsverpflichteter. a) Erbe. Auskunftspflichtig ist grds der Erbe, bei juristischen Personen 7 deren Vertretungsorgan[41], wobei mehrere Erben Gesamtschuldner sind (§ 421)[42]. Übertragen mehrere Erben ihre Verpflichtung zur Erstellung eines Bestandsverzeichnisses auf einen von ihnen, so müssen sie sich dessen Mängel bei der Auskunftserteilung zurechnen lassen und können alle zur Abgabe der eidesstattlichen Versicherung gezwungen werden[43]. Auch bei **Nachlassinsolvenz** oder Nachlassverwaltung richtet sich der Anspruch gegen den Erben, weil der Auskunftsanspruch ein persönlicher[44], nicht aus dem Nachlass erfüllbarer Anspruch ist[45]. Daneben ist auch der Nachlassverwalter und Nachlasspfleger nach § 2012 Abs 1 S 2 iVm Abs 2 auskunftspflichtig, nicht aber der Testamentsvollstrecker, wie sich mittelbar aus § 2213 Abs 1 S 3 ergibt[46], hat den Erben dabei jedoch zu unterstützen[47]. Bis zum Eintritt des Nacherbfalls ist der Vorerbe, danach auch der Nacherbe auskunftspflichtig[48].

b) Der Beschenkte. Auch der vom Erblasser zu Lebzeiten beschenkte Dritte, der selbst nicht Erbe 8 ist, ist dem **Pflichtteilsberechtigten** in erweiterter Auslegung des **Abs 1 S 1** zur Auskunft über das erhaltene Geschenk verpflichtet[49]. Begründet wird dies mit dem oft fehlenden Wissen des Erben über die Schenkung und der nur subsidiären Eigenhaftung des Beschenkten (§ 2329). Aber auch der wegen eines Pflichtteilsergänzungsanspruchs in Anspruch genommene **Beschenkte** kann gegen den Anspruchsteller wegen sog Eigengeschenke (§ 2327) Auskunft verlangen[50], daneben kommt für ihn auch ein Auskunftsanspruch nach § 2057 wegen **ausgleichspflichtiger Zuwendungen** in Betracht, und zwar auch dann, wenn der Empfänger ein enterbter Pflichtteilsberechtigter ist[51]. Dem pflichtteilsberechtigten Allein- oder Miterben steht dagegen nur nach Maßgabe des aus § 242 hergeleiteten Auskunftsanspruchs ein solches Recht gegen den Beschenkten zu (ausf Rn 5).

4. Umfang und Inhalt. Zweck des Auskunftsanspruchs ist es, dem Pflichtteilsberechtigten die 9 Realisierung seines Pflichtteils zu ermöglichen. In **sachlicher Hinsicht** geht es daher darum, dem **Informationsdefizit** und der Beweisnot des Pflichtteilsberechtigten abzuhelfen, weshalb nicht eine enge, sondern eine weite Auslegung des Auskunftsrechts angebracht ist[52]. Nach st Rspr[53] hat der

---

[34] BGHZ 97, 188, 193 = NJW 1986, 1755 zu § 2287.
[35] OLG Karlsruhe FamRZ 2004, 410, 412.
[36] *Staudinger/Haas* Rn 25 mwN.
[37] *Damrau/Riedel/Lenz* Rn 5; *Soergel/Dieckmann* Rn 26; eingehend zu den Unterschieden *Staudinger/Haas* Rn 25.
[38] BGH NJW 1981, 2051, 2052 = LM Nr 11; jurisPK/*Birkenheier* Rn 15.
[39] OLG Celle ZEV 2006, 361, 362; *Soergel/Dieckmann* Rn 26; *Staudinger/Haas* Rn 27; für analoge Anwendung des § 2314 wegen der Übernahme der Kostenlast durch den Nachlass MünchKommBGB/*Lange* Rn 18.
[40] BGHZ 58, 237, 239 = NJW 1972, 907.
[41] *Staudinger/Haas* Rn 29; vgl auch LG Baden-Baden FamRZ 1999, 1465, 1466.
[42] *Sarres* ZEV 1998, 4; MünchKommBGB/*Lange* Rn 19. Teilweise wird § 2058 als Begründung herangezogen, weil es sich um eine Nachlassverbindlichkeit handeln soll, so v. *Lübtow* I 585; s auch RGZ 50, 224, 225; dagegen aber zu Recht MünchKommBGB/*Lange* Rn 19; RGRK/*Johannsen* Rn 13; *Cornelius* ZEV 2005, 286, 287.
[43] RGZ 129, 239, 246, das dies auf § 166 Abs 1 stützt, während die neuere Auffassung dies zu Recht mit § 278 begründet, so *Damrau/Riedel/Lenz* Rn 33; MünchKommBGB/*Lange* Rn 19; *Staudinger/Haas* Rn 30: aus § 260 Abs 2 hergeleitet.
[44] *Sarres* ZEV 1998, 4.
[45] OLG Celle JZ 1960, 375; MünchKommBGB/*Lange* Rn 19; *Staudinger/Haas* Rn 31; jurisPK/*Birkenheier* Rn 18.
[46] AnwK-BGB/*Bock* Rn 15; MünchKommBGB/*Lange* Rn 19; *Edenfeld* ZErb 2005, 346, 347; für überlegenswerte teleologische Reduktion des § 2313 Abs 1 S 3 dagegen *Klingelhöffer* ZEV 2000, 261, 262.
[47] *Klumpp* in: Bengel/Reimann, HdB Testamentsvollstreckung, III Rn 76 f.
[48] MünchKommBGB/*Lange* Rn 19; *Staudinger/Haas* Rn 31; *Staudinger/Avenarius* § 2100 Rn 49.
[49] BGHZ 55, 378, 380 = WM 1971, 477; BGHZ 89, 24, 27 = NJW 1984, 487, 488; BGHZ 107, 200, 204 = NJW 1989, 2887, 2888; BGH NJW 1973, 1876, 1877; NJW 1981, 2051; *Kuchinke* JZ 1990, 652, 653; AnwK-BGB/*Bock* Rn 16; jurisPK/*Birkenheier* Rn 21; MünchKommBGB/*Lange* Rn 19; *Staudinger/Haas* Rn 32; dies gilt auch bei Schenkungen in der früheren DDR, die vor dem 2. 10. 1990 erfolgten, wenn der Erbfall aber danach eintrat und daher das Pflichtteilsrecht des BGB Anwendung findet, OLG Dresden NJW 1999, 3345; vgl dazu auch *Staudinger/Haas* Rn 8.
[50] BGHZ 108, 393, 399 = NJW 1990, 180; mit taktischen Hinweisen hierzu HdB Pflichtteilsrecht/*Bittler* § 9 Rn 11.
[51] OLG Nürnberg NJW 1957, 1482; MünchKommBGB/*Lange* Rn 20.
[52] BGHZ 33, 373, 374 = NJW 1961, 602.
[53] Vgl etwa BGHZ 89, 24, 27 = NJW 1984, 487 mwN; BGHZ 55, 378 f; 33, 373 f; LM Nr 5; vgl dazu auch *Damrau/Riedel/Lenz* Rn 10 ff; jurisPK/*Birkenheier* Rn 26 ff; MünchKommBGB/*Lange* Rn 3; *Staudinger/Haas* Rn 7 f mz Beispielen; *Sarres* Rn 89.

§ 2314

Berechtigte über den Wortlaut hinaus Anspruch auf Auskunft der **beim Erbfall** tatsächlich vorhandenen Nachlassgegenstände und -werte, also der **real** vorhandenen **Nachlassaktiva,** einschließlich der wesentlichen Berechnungsfaktoren, und über die Nachlassverbindlichkeiten, also der **Passiva**[54], aber auch über den sog **fiktiven Nachlass,** also die **ausgleichungspflichtigen Zuwendungen** des Erblassers iS von §§ 2316, 2052, 2055[55] und die **pflichtteilsergänzungspflichtigen Schenkungen** iS von § 2325[56], wobei sich die Auskunftspflicht auch auf die Person des Zuwendungsempfängers und bei Verträgen zu Gunsten Dritter auch auf das Zuwendungsverhältnis erstreckt[57]. Für das Bestehen des Auskunftsanspruchs ist es angesichts seines Normzwecks unerheblich, welche Bezeichnung der Erblasser und Zuwendungsempfänger dem zwischen ihnen getätigten Rechtsgeschäft gegeben hat[58]; maßgebend ist allein die **abstrakt zu beurteilende Pflichtteilsrelevanz** der Zuwendung, damit der Berechtigte prüfen kann, ob ihm ein Pflichtteilsergänzungsanspruch zusteht. Daher ist auch **Auskunft zu erteilen** über Pflicht- und Anstandsschenkungen iS von § 2330[59], über ehebezogene Zuwendungen, die einem Pflichtteilsergänzungsanspruch unterliegen können[60], über ein Ausstattungsversprechen eines Stifters[61], über Gegenstände, die (uU auch nur) zum Voraus des Ehegatten[62] oder gleichgeschlechtlichen Lebenspartners gehören, oder angebliche wertlose Zuwendungen[63]. Bei **verheirateten Erblassern** hängt der Pflichtteil der Abkömmlinge und Eltern des Verstorbenen vom Güterstand ab, sowie bei der Zugewinngemeinschaft auch davon, ob der überlebende Ehegatte die Erbschaft oder ein Vermächtnis ausgeschlagen hat (§ 1371 Abs 3). Daher muss auch dies Gegenstand der Auskunftsverpflichtung sein[64].

10 Während in **zeitlicher Hinsicht** sich der Auskunftsanspruch bezüglich des realen Nachlasses auf den Erbfall bezieht, ist dies bezüglich des **fiktiven Nachlasses** im Hinblick auf den Normzweck der Überwindung des Informations- und Beweisdefizits anders: Zu Unrecht wird daher im Hinblick auf § 2325 Abs 3 HS 1 fast durchweg der Auskunftsanspruch auf die in den letzten zehn Jahren auf den Erbfall vorgenommenen Zuwendungen beschränkt[65]. Vielmehr gilt der Grundsatz der Berücksichtigung aller **abstrakt pflichtteilsrechtlich relevanten Zuwendungen** auch in zeitlicher Hinsicht: Zuwendungen unter Ehegatten sind daher, wenn keine Auflösung der Ehe erfolgte (§ 2325 Abs 3 HS 2), ohne jede Zeitgrenze anzugeben[66] ebenso ausgleichspflichtige Zuwendungen iS von § 2316 sowie Schenkungen unter Nießbrauchsvorbehalt[67], da hier die Ausschlussfrist des § 2325 Abs 3 nicht zu laufen beginnt (§ 2325 Rn 30). Überhaupt ist nicht Voraussetzung für den Auskunftsanspruch, dass das Vorliegen einer ergänzungs- oder ausgleichspflichtigen Schenkung feststeht, was oftmals ja streitig ist. Es ist nur zur Vermeidung einer unzulässigen **Ausforschung** erforderlich, dass sie unter Umständen erfolgt ist, die die Annahme nahe legen, es handele sich in Wirklichkeit – wenigstens zum Teil – um eine Schenkung[68], wobei der Pflichtteilsberechtigte **konkrete Anhaltspunkte** hierfür darzulegen und im Streitfall zu beweisen hat[69]. Dabei ist diese Einschränkung beim Auskunftsanspruch gegen den Erben zutreffender Weise nur für solche Zuwendungen mit Mischcharakter zu machen, deren Einordnung als ergänzungserheblich streitig ist, denn der gegen ihn gerichtete Auskunftsanspruch hat in mancher Hinsicht ohnehin „Ausforschungscharakter"[70]. Bei Verdacht von verschleierten Schenkungen oder solchen Zuwendungen, deren Einordnung zweifelhaft ist[71], muss der Erbe über das Vertragsbedingungen Auskunft leisten, deren Kenntnis für die Beurteilung des Bestehens eines Pflichtteilsergänzungsanspruchs bedeutsam sind[72]. Der Auskunftsanspruch besteht grds auch dann, wenn seit dem Erbfall

---

[54] BGHZ 33, 373, 374; BGH LM Nr 5 und 11; RGZ 129, 239, 242 f.
[55] BGHZ 33, 373 f; 89, 24, 27 mwN; RGZ 73, 369; OLG Brandenburg ZErb 2004, 132, 133; OLG Oldenburg NJW-RR 1993, 782; MünchKommBGB/*Lange* Rn 3; *Soergel/Dieckmann* Rn 12; *Staudinger/Haas* Rn 10; aA OLG Zweibrücken FamRZ 1987, 1197, 1198: aber § 2057 analog; *Nieder* ZErb 2004, 60, 64: Auskunftspflicht nach § 242.
[56] BGHZ 55, 378, 380 = WM 1971, 47; BGHZ 89, 24, 27 = NJW 1984, 487, 488; BGHZ 107, 200, 204 = NJW 1989, 2887, 2888; BGH NJW 1973, 1876, 1877; NJW 1981, 2051; RGZ 129, 239, 242 f; OLG Düsseldorf NJW-RR 1993, 782; *Damrau/Riedel/Lenz* Rn 14; jurisPK/*Birkenheier* Rn 28 f; MünchKommBGB/*Lange* Rn 3; *Staudinger/Haas* Rn 9 ff.
[57] OLG Karlsruhe FamRZ 2000, 917, 918 = ZEV 2000, 280.
[58] Zutr *Damrau/Riedel/Lenz* Rn 14.
[59] BGH NJW 1962, 245 = LM Nr 5; *Dieckmann* NJW 1988, 1809, 1812.
[60] *Damrau/Riedel/Lenz* Rn 14; *Klingelhöffer* NJW 1993, 1097, 1102; *Sarres* Rn 111 f; *Soergel/Dieckmann* Rn 12 Fn 42; *Staudinger/Haas* Rn 11; zur Einordnung s § 2325 Rn 10.
[61] LG Baden-Baden ZEV 1999, 152 m Anm *Rawert*.
[62] RGZ 62, 109, 110; *Staudinger/Haas* Rn 8.
[63] BGH LM § 260 Nr 1 = JZ 1952, 492; *Staudinger/Haas* Rn 8, 10; *Damrau/Riedel/Lenz* Rn 11.
[64] OLG Düsseldorf NJW 1996, 3156 zum Güterstand; MünchKommBGB/*Lange* Rn 6; *Klingelhöffer* NJW 1993, 1097, 1102.
[65] Zu eng etwa *Palandt/Edenhofer* Rn 8.
[66] *Soergel/Dieckmann* Rn 12; *Damrau/Riedel/Lenz* Rn 14; *Staudinger/Haas* Rn 10.
[67] OLG Köln NJW-RR 2005, 1319, 1320 f = ZEV 2005, 398 m Anm *Reimann*; *Cornelius* ZEV 2005, 286, 287.
[68] BGHZ 89, 24, 27 = NJW 1984, 487, 488 mwN.
[69] OLG Düsseldorf ZEV 1995, 410, 413; OLG Schleswig ZEV 2007, 277, 279; MünchKommBGB/*Lange* Rn 3; *Staudinger/Haas* Rn 13; *Damrau/Riedel/Lenz* Rn 15 ff mz Beispielen; *Cornelius* ZEV 2005, 286, 287; *Klingelhöffer* Rn 137; die dazu häufig zitierte Entscheidung BGH NJW 1993, 2737 betraf allerdings den Wertermittlungsanspruch.
[70] *Dieckmann* NJW 1988, 1809, 1812; *Schindler* ZEV 2007, 279.
[71] Zur ehebezogenen Zuwendung *Klingelhöffer* NJW 1993, 1097, 1102.
[72] BGH NJW 1962, 245, 246; BGHZ 89, 24, 27 = NJW 1984, 487, 488; *Damrau/Riedel/Lenz* Rn 14.

schon längere Zeit vergangen ist oder der Nachlass im Wesentlichen bereits an Dritte veräußert oder unter den Erben verteilt wurde[73].

Der Auskunftsverpflichtete muss über sein eigenes Wissen hinaus sich die zur Auskunftserteilung notwendigen Kenntnisse verschaffen, soweit ihm dies zumutbar ist;[74] dabei muss er auch ihm selbst zustehende **Auskunftsansprüche** (§§ 666, 675) durchsetzen, etwa gegen eine Bank, kann dabei aber auch seinen Auskunftsanspruch an den Pflichtteilsberechtigten abtreten[75]. **11**

5. Formen der Auskunftserteilung. Der Auskunftsberechtigte hat einen nach verschiedenen Stärkegraden abgestuften einheitlichen Auskunftsanspruch (Anspruchsbündel):[76] Er kann sich mit der Vorlage eines ohne seine Mitwirkung vom Erben hergestellten privaten Verzeichnisses begnügen (Abs 1 S 1); er kann aber auch seine Zuziehung verlangen (Abs 1 S 2 HS 1) oder die Aufnahme des Verzeichnisses durch eine besondere Amtsperson (Abs 1 S 3). **12**

a) Bestandsverzeichnis. Der Pflichtteilsberechtigte kann die Vorlage eines schriftlichen[77] Bestandsverzeichnisses **gemäß § 260** verlangen. Dieses Verzeichnis ist jedoch kein Nachlassinventar iS der §§ 1993 ff, da es zur Berechnung des Pflichtteilsanspruchs des Berechtigten dient, nicht aber dazu, die Vollstreckungsmöglichkeiten aufzuzeigen[78]. Jedoch kann auf ein vorhandenes Inventar dieser Art Bezug genommen oder dieses ergänzt werden[79]; auch kann der Pflichtteilsberechtigte als Nachlassgläubiger eine solche Inventarerrichtung beantragen[80]. Im Übrigen ist eine bestimmte Form für das nach § 2314 zu erstellende Verzeichnis nicht vorgeschrieben; es muss entspr der auch sonst bei Bestandverzeichnissen üblichen Gepflogenheiten nicht unterschrieben sein[81] und kann auch in einem Schriftsatz des Rechtsanwalts des Erben enthalten sein[82] oder durch den dazu beauftragten Testamentsvollstrecker gefertigt werden[83]. Es muss jedoch transparent und übersichtlich sein, den gesamten tatsächlichen und fiktiven Nachlass erfassen[84], und entspr seinem Zweck alle Umstände angeben, die zur Anspruchsdurchsetzung erforderlich sind[85], weshalb eine Saldierung bestimmter Gruppen von Nachlassgegenständen oder Schulden nicht zulässig ist[86]. Eine Aufgliederung nach Aktiv- und Passivposten ist zweckmäßig[87], Wertangaben braucht es nicht zu enthalten[88]. Auch kann es aus mehreren Teilverzeichnissen bestehen, wenn es nur in seiner Gesamtheit die erforderliche Auskunft gibt und die Übersichtlichkeit gewahrt ist[89]. Bei lebzeitigen Zuwendungen sind die Empfänger sowie der Grund derselben anzugeben[90], bei Nachlassverbindlichkeiten auch deren Rechtsgrund[91]. Da der Anspruch auf Erteilung der Auskunft über einen Inbegriff von Gegenständen iS von § 260 Abs 1 geht, besteht grds **keine** allgemeine Pflicht zur **Rechenschaftslegung**[92] oder gar zur Vorlage von Belegen[93]. Da der Auskunftsanspruch dazu dient, dem Pflichtteilsberechtigten die Beurteilung der Erfolgsaussichten eines eventuell Rechtsstreits zu erleichtern[94], sind **ausnahmsweise Belege** und Unterlagen dann vorzulegen, wenn es besonders auf diese ankommt, damit er den Wert seines Anspruchs selbst abschätzen kann, so bei gemischten Schenkungen[95] **13**

---

[73] OLG Düsseldorf FamRZ 1995, 1236, 1238; *Damrau/Riedel/Lenz* Rn 21; *Staudinger/Haas* Rn 48.
[74] BGHZ 107, 104, 108; OLG Brandenburg FamRZ 1998, 180, 181; *Gerken* Rpfleger 1991, 443, 444; *Soergel/Dieckmann* Rn 16; *Staudinger/Haas* Rn 17 f; *Sarres* Rn 95 f.
[75] BGHZ 107, 104, 107 = JZ 1990, 652 m Anm *Kuchinke*; MünchKommBGB/*Lange* Rn 4; eine Verpflichtung zur Abtretung des Auskunftsanspruchs besteht aber dann nicht, wenn vollständige Auskunft erteilt und diese nur überprüft werden soll, OLG Bremen OLGR 2001, 201.
[76] OLG Düsseldorf OLGR 1995, 299; *Soergel/Dieckmann* Rn 2; *Coing* NJW 1970, 732 f; *Staudinger/Haas* Rn 36.
[77] OLG Brandenburg ZErb 2004, 132, 133; *Staudinger/Haas* Rn 38; jurisPK/*Birkenheier* Rn 31; aA AnwK-BGB/*Bock* Rn 19.
[78] OLG Frankfurt NJW-RR 1994, 9; *Staudinger/Haas* Rn 37.
[79] OLG Braunschweig FamRZ 1998, 180, 181.
[80] *Edenfeld* ZErb 2005, 346, 349 mw Hinweisen.
[81] OLG Hamburg OLGE 11, 264; OLG Nürnberg NJW-RR 2005, 808; AnwK-BGB/*Bock* Rn 19; *Lange/Kuchinke* § 37 XII 2 b; *Staudinger/Haas* Rn 38; *Soergel/Dieckmann* Rn 20; aA wegen der Höchstpersönlichkeit des Auskunftsanspruchs OLG Brandenburg ZErb 2004, 132, 133: höchstpersönliche Unterschrift erforderlich; OLG München FamRZ 1995, 737 zu § 1379.
[82] OLG Nürnberg NJW-RR 2005, 808.
[83] *Klingelhöffer* ZEV 2000, 261; *Staudinger/Haas* Rn 38.
[84] OLG Bremen Rp 1997, 89, 90; OLG Brandenburg FamRZ 1998, 179, 180; Gutachten DNotI-Report 2003, 137, 138 f; MünchKommBGB/*Lange* Rn 11; *Staudinger/Haas* Rn 38; Muster hierfür bei *Klingelhöffer* Rn 150; *Sarres* Rn 97 ff; *Scherer/Kasper*, MAH Erbrecht, § 29 Rn 168; HdB Pflichtteilsrecht/*Bittler* § 9 Rn 21.
[85] BGH vom 21. 2. 1996, IV ZB 27/95; *Staudinger/Haas* Rn 38.
[86] *Damrau/Riedel/Lenz* Rn 10; *Staudinger/Haas* Rn 7.
[87] *Staudinger/Haas* Rn 38; so weitgehend MünchKommBGB/*Lange* Rn 4: „müssen aufgelistet werden".
[88] OLG Frankfurt NJW-RR 1994, 9; *Staudinger/Haas* Rn 38; MünchKommBGB/*Lange* Rn 7; unzutr, weil den Zweck des Auskunftsanspruchs verkennend AnwK-BGB/*Bock* Rn 19, wonach auf Verlangen des Pflichtteilsberechtigten Wertangaben zu machen sind.
[89] BGH NJW 1962, 1499; OLG Brandenburg FamRZ 1998, 180, 181; *Staudinger/Haas* Rn 38.
[90] OLG Karlsruhe ZEV 2000, 280; *Cornelius* ZEV 2005, 286, 287; *Staudinger/Haas* Rn 10.
[91] OLG Brandenburg FamRZ 1998, 180, 181; MünchKommBGB/*Lange* Rn 11.
[92] *Staudinger/Haas* Rn 12, 18 a.
[93] AnwK-BGB/*Bock* Rn 20; *Bartsch* ZEV 2004, 176, 178 f; *Damrau/Riedel/Lenz* Rn 15; *Nieder* ZErb 2004, 60, 61 ff; *Cornelius* ZEV 2005, 286, 288; *Sarres* Rn 96; *Staudinger/Haas* Rn 18 a; aA *Klingelhöffer* Rn 152; HdB Pflichtteilsrecht/*Bittler* § 9 Rn 21; in diese Richtung auch OLG Köln ZEV 1999, 110, wo es um den Wertermittlungsanspruch ging; einen Handlungsbedarf des Gesetzgebers sieht jurisPK/*Birkenheier* Rn 35.
[94] OLG Düsseldorf NJW-RR 1997, 454, 455; OLG Köln ZEV 1999, 110.
[95] *Staudinger/Haas* Rn 18 a; *Palandt/Edenhofer* Rn 9; *Damrau/Riedel/Lenz* Rn 14: Vorlage von Vertragsurkunden.

oder schwer einzuschätzenden Vermögensobjekten, wie Unternehmen und Gesellschaftsbeteiligungen[96], Kunstgegenstände oder Urheberrechte[97], jedoch immer unter der Voraussetzung, dass der Wert der Nachlassobjekte unklar ist, während keine Pflicht zur Vorlage von Unterlagen besteht, um die geleistete Auskunft zu verifizieren, denn das gesetzliche Mittel hierfür ist eidesstattliche Versicherung.

14   Das Recht des Pflichtteilsberechtigten auf **Zuziehung** besteht sowohl bei der Aufnahme des privaten wie amtlichen Verzeichnisses[98] und kann auch durch einen Beistand oder in dessen Beisein ausgeübt werden[99], begründet jedoch als bloßes Anwesenheitsrecht keine Mitwirkungsrechte des Pflichtteilsberechtigten[100], etwa dass er eigene Nachforschungen anstellen[101] oder die Erklärungen des Auskunftsverpflichteten vor Ort in Zweifel ziehen darf[102] oder die Aufnahme in der Wohnung des Erblassers oder Erben verlangen kann[103]. Wurde das Verzeichnis ohne die schon vorher verlangte Zuziehung des Pflichtteilsberechtigten erstellt, so muss ein neues unter seinem Beisein angefertigt werden[104]. Das Gleiche gilt bei einem späteren Zuziehungsverlangen, es sei denn, dies verstößt gegen § 242[105]. Im Übrigen kann aus sachlichen Gründen grds keine **Ergänzung** oder Berichtigung verlangt werden[106]. Die erforderliche Klärung der Richtigkeit kann über § 260 Abs 2 oder im Prozess erfolgen. Wenn aber bei der Erstellung die an sich erforderliche Sorgfalt gewahrt wurde, das Verzeichnis aber trotzdem unrichtig ist, so hat ausnahmsweise eine Ergänzung zu erfolgen[107], so wenn der Auskunftsverpflichtete infolge eines Rechtsirrtums einen Gegenstand nicht aufgeführt[108] oder wenn er erkennbar keine Angaben über den fiktiven Nachlass oder Schenkungen gemacht hat[109]. Wurde die Auskunftspflicht noch gar nicht ordnungsgemäß erfüllt, weil die Aufstellung etwa in unübersichtlicher und unzusammenhängender Form erfolgte, so besteht der Erfüllungsanspruch ohnehin noch fort (s auch § 1379 Rn 14)[110].

15   **b) Amtliche Aufnahme des Verzeichnisses (Abs 1 S 3).** Für die amtliche Aufnahme des Verzeichnisses[111] sind nach Bundesrecht die Notare zuständig (§ 20 BNotO). Daneben bestehen landesrechtlich besondere Zuständigkeiten[112]. Der Pflichtteilsberechtigte selbst ist aber nicht **antragsbefugt**[113]. Die Aufnahme kann auch dann noch verlangt werden, wenn zunächst nur ein privates Verzeichnis begehrt wurde, sofern nur nicht der Pflichtteilsanspruch zwischenzeitlich verjährt ist[114]. Soweit jedoch kein Nachlass mehr vorhanden ist, zu dem die Amtsperson sachgerechte Feststellungen treffen kann, ist der Anspruch auf Erstellung des amtlichen Nachlassverzeichnis verwirkt[115]. **Inhaltlich** besteht zum privaten Verzeichnis kein Unterschied, weshalb es auch den fiktiven Nachlass erfassen muss[116], jedoch hat das amtliche in aller Regel einen höheren Beweiswert, da eine größere Richtigkeitsgewähr für die Erstellung besteht;[117] Denn die mit der Aufnahme betraute Amtsperson ist zur Vornahme **eigener Ermittlungen** berechtigt und sogar verpflichtet[118]. Der Notar oder die sonst damit betraute

---

[96] BGHZ 33, 373, 378, ausdrücklich auch bezüglich Betriebsgrundstücke; OLG Düsseldorf NJW-RR 1997, 454, 455; *Staudinger/Haas* Rn 18 a iVm Rn 59 f; AnwK-BGB/*Bock* Rn 20; *Palandt/Edenhofer* Rn 10; s auch *Edenfeld* ZErb 2005, 346, 349; für Einsichtsrecht *Scherer/Kasper*, MAH Erbrecht, § 29 Rn 173.
[97] *Palandt/Edenhofer* Rn 10; *Bartsch* ZEV 2004, 176, 178 ff.
[98] KG NJW 1996, 2312 = FamRZ 1996, 767; MünchKommBGB/*Lange* Rn 14.
[99] KG FamRZ 1996, 767; KG JW 1926, 723; jurisPK/*Birkenheier* Rn 45; *Damrau/Riedel/Lenz* Rn 26; MünchKommBGB/*Lange* Rn 14; *Staudinger/Haas* Rn 43.
[100] AnwK-BGB/*Bock* Rn 25; *Damrau/Riedel/Lenz* Rn 26; jurisPK/*Birkenheier* Rn 46; MünchKommBGB/*Lange* Rn 14; *Staudinger/Haas* Rn 45.
[101] *Staudinger/Haas* Rn 45.
[102] KG NJW 1996, 2312 = FamRZ 1996, 767.
[103] *Staudinger/Haas* Rn 45; wohl auch *Damrau/Riedel/Lenz* Rn 26.
[104] AnwK-BGB/*Bock* Rn 26.
[105] AnwK-BGB/*Bock* Rn 26; *Palandt/Edenhofer* Rn 11; für anderes Regel-Ausnahmeverhältnis MünchKommBGB/*Lange* Rn 14; jurisPK/*Birkenheier* Rn 47; aA *Staudinger/Haas* Rn 43: Neuvornahme, wenn hierfür Berichtigungs- oder Neuaufnahmeanspruch aus sachlichen Gründen besteht.
[106] BGH LM § 260 Nr 1; OLG Nürnberg NJW-RR 2005, 808; OLG Oldenburg FamRZ 2000, 62; OLG Jena NJW-RR 2006, 951; *Coing* NJW 1983, 1298; *Edenfeld* ZErb 2005, 346, 351; MünchKommBGB/*Lange* Rn 11; *Staudinger/Haas* Rn 42; *Lange/Kuchinke* § 37 XII 4 b; jurisPK/*Birkenheier* Rn 38 f.
[107] OLG Nürnberg NJW-RR 2005, 808; OLG Brandenburg FamRZ 1998, 180, 181; OLG Jena NJW-RR 2006, 951; *Lange/Kuchinke* § 37 XII 4 b; MünchKommBGB/*Lange* Rn 11.
[108] BGH LM § 260 Nr 1; OLG Oldenburg NJW-RR 1992, 777, 778.
[109] OLG Oldenburg NJW-RR 1992, 777; AnwK-BGB/*Bock* Rn 21; *Damrau/Riedel/Lenz* Rn 25; MünchKommBGB/*Lange* Rn 11.
[110] OLG Brandenburg FamRZ 1998, 180, 181; *Damrau/Riedel/Lenz* Rn 25; MünchKommBGB/*Lange* Rn 11; *Staudinger/Haas* Rn 42.
[111] Eingehend Gutachten DNotI-Report 2003, 137; *Nieder* ZErb 2004, 60; *Zimmer* NotBZ 2005, 208.
[112] *Staudinger/Marotzke* § 2002 Rn 3; vgl auch *Staudinger/J. Mayer* Art 147 EGBGB Rn 24 ff.
[113] OLG Stuttgart BWNotZ 1963, 265.
[114] BGHZ 33, 373, 378 = NJW 1961, 602; OLG Köln NJW-RR 1992, 8, 9; OLG Oldenburg NJW-RR 1993, 782; NJWE-FER 1999, 213; zu weitgehend aber OLG Karlsruhe NJW-RR 2007, 881= ZEV 2007, 329 m Anm *Keim*: auch nach Verjährung noch, soweit zur Geltendmachung eines Regressanspruchs gegen den eigenen Rechtsanwalt notwendig, der dann auch würde der Nachlass Kosten des Nachlassverzeichnisses tragen, obgleich es allein um den Regressanspruch des Pflichtteilsberechtigten geht, zutr *Keim* ZEV 2007, 332.
[115] *Dieckmann* NJW 1988, 1809, 1811; *Staudinger/Haas* Rn 41 a.
[116] BGHZ 33, 373, 374; OLG Karlsruhe ZEV 2007, 329, 330 m Anm *Keim*; *Nieder* ZErb 2004, 60, 63.
[117] RGZ 72, 379, 384; LG Essen MDR 1962, 575; *Staudinger/Haas* Rn 41.
[118] BGHZ 33, 373, 377; OLGR Düsseldorf 1995, 299; OLGR Celle 1997, 160; OLG Celle DNotZ 2003, 62 m Anm *Nieder*; LG Aurich NJW-RR 2005, 1464; *Staudinger/Haas* Rn 41; ausf jetzt mz praktischen Hinweisen *Nieder* ZErb 2004, 60; *W. Roth* ZErb 2007, 402.

Amtsperson ist somit für dessen Inhalt verantwortlich[119]. Es genügt also hier nicht – wie in den Fällen der §§ 1993, 2002 –, dass der Notar dem zur Verzeichnung Verpflichteten lediglich mit seiner Rechtskenntnis beisteht und ihn belehrt und dessen Willenserklärungen beurkundet, ohne die Angaben des Verpflichteten auf ihre sachliche Richtigkeit überprüfen[120]. Auch wenn die beauftragte Amtsperson grds in der Ausgestaltung des Verfahrens frei ist[121], wird es regelmäßig geboten sein, am Wohnort des Erblassers bei den dortigen Kreditinstituten und Grundbuchämtern Nachforschungen zu betreiben[122]. Jedoch sind die Ermittlungsmöglichkeiten des Notars begrenzt. Am Rechtshilfeverkehr der Gerichte und Amtshilfeverkehr der Verwaltungsbehörden kann er nicht teilnehmen. Zudem ist die Beauftragung eines **Privatdetektivs** nicht erforderlich[123]. Noch begrenzter sind die Ermittlungsmöglichkeiten hinsichtlich des fiktiven Nachlasses[124], soweit es sich nicht um Grundstückszuwendungen handelt. Der Pflichtteilsberechtigte, der die Aufnahme eines Nachlassverzeichnisses beantragt, muss zudem berücksichtigen, dass die Ermittlungen ergeben können, dass er selbst Zuwendungen erhielt, die seinen Pflichtteilsanspruch wegen §§ 2315, 2316, 2327 ganz erheblich vermindern können. Sind weitere Ermittlungen nicht Erfolg versprechend oder nicht möglich, etwa weil die Wohnung des Erblassers bereits aufgelöst ist, muss sich die beauftragte Amtsperson notfalls mit den Angaben und Auskünften der Beteiligten begnügen[125]. Der Notar hat seine solchermaßen sorgfältig ermittelten Feststellungen nach den Vorschriften über eine Tatsachenbeurkundung in einer von ihm zu unterzeichnenden berichtenden Urkunde (vgl § 37 Abs 1 S 1 Nr 2 BeurkG) niederzulegen[126]. Zusätzlich, aber klar hiervon getrennt sollte der Notar auch die Angaben des Auskunftsverpflichteten über den Nachlassbestand festhalten, weil diese Gegenstand der eidesstattlichen Versicherung sind, welche sich an die Erstellung des Nachlassverzeichnisses nach § 261 anschließen kann[127]. Zur Aufnahme der eidesstattlichen Versicherung ist der Notar jedoch nicht befugt, da sich die Zuständigkeit hierfür allein nach § 261 bestimmt[128].

c) Eidesstattliche Versicherung. Bei Vorliegen der Voraussetzungen des § 260 Abs 2 kann der Pflichtteilsberechtigte eine solche verlangen. Hierzu bedarf es aber Grund für die Annahme, dass das Verzeichnis **nicht** mit der **erforderlichen Sorgfalt** errichtet wurde[129]. Ein solches Verhalten kann bestehen: in dem vorprozessualen Verhalten, sich der Auskunftserteilung mit allen Mitteln zu entziehen[130], die Erteilung unbestimmter Auskünfte nach zunächst erfolgter längerer Weigerung[131], in wiederholter Korrektur bereits erteilter Auskünfte[132] oder wenn die erteilte Auskunft nicht alle Bereiche umfasst, für die Auskunft gefordert wurde, wobei auch zB die ständige unberechtigte Weigerung, die gewünschte Auskunft zu erteilen, oder eine zunächst unvollständige Erteilung der Auskunft, die erst später berichtigt wird, berücksichtigt werden können[133]. Jedoch genügt noch **nicht**, wenn der rechtsunkundige Verpflichtete zunächst unzureichende privatschriftliche Verzeichnisse vorlegt, jedoch bereits eine erhebliche Abschlagszahlung geleistet hat[134], infolge fehlender Aufforderung das Verzeichnis ohne Zuziehung des Berechtigten oder eines Notars erstellt[135], die beanstandeten Mängel unbedeutend sind[136], keine greifbaren Anhaltspunkte vorhanden sind, dass bisher nicht angegebene Schenkungen bestehen[137], oder keine Belege vorgelegt werden[138], es sei denn, es besteht ausnahmsweise eine solche Verpflichtung (Rn 13). Auch die eidesstattliche Versicherung kann – wie die Auskunftserteilung – in Teilakten über ein jeweils anderes Auskunftsobjekt abgegeben werden, wenn die Summe der Teilauskünfte die Auskunft im geschuldeten Gesamtumfang darstellt und dies auch Inhalt der Eidesleistung

---

[119] BGHZ 33, 373, 377; *Staudinger/Haas* Rn 41.
[120] OLG Celle DNotZ 2003, 62, 63; LG Aurich NJW-RR 2005, 1464; *Damrau/Riedel/Lenz* Rn 24; *Staudinger/Haas* Rn 41; *Nieder* ZErb 2004, 60, 63; gegen eine umfassende Amtsermittlungspflicht des Notars aber *Zimmer* NotBZ 2005, 208, 211, wonach der Notar ohne Aufforderung des Auskunftspflichteten nicht zur Besichtigung des Nachlasses verpflichtet ist; für Besichtigungspflicht der Wohnung des Erblassers aber *Klinger* NJW-Spezial 2004, 61, was aber zumindest nach Auflösung derselben nicht mehr verlangt werden kann.
[121] DNotI-Report 2003, 137, 138; *Limmer* in: Eylmann/Vaasen § 20 BNotO Rn 23; *Staudinger/Haas* Rn 41.
[122] Gutachten DNotI-Report 2003, 137, 138; *Nieder* ZErb 2004, 60, 63.
[123] *Nieder* ZErb 2004, 60, 63.
[124] OLG Köln NJW-RR 1992, 8, 9.
[125] OLG Oldenburg NJW-RR 1993, 782; *Nieder* DNotZ 2003, 63, 64; Gutachten DNotI-Report 2003, 137, 138.
[126] OLG Celle DNotZ 2003, 62; OLGR 1997, 160; Gutachten DNotI-Report 2003, 137, 138; *Nieder* ZErb 2004, 60, 64.
[127] Zutr *Zimmer* NotBZ 2005, 208, 211; diesen Gesichtspunkt übersieht *W. Roth* ZErb 2007, 402, 405.
[128] *Nieder* ZErb 2004, 60, 65; Palandt/Heinrichs § 261 Rn 32; *Winkler* BeurkG, 15. Aufl 2003, § 1 Rn 31 und § 38 Rn 8; ausf *Schindler* BWNotZ 2004, 73, 75 ff; aA *Limmer* in: Eylmann/Vaasen § 22 BNotO Rn 8; zweifelnd *Heyn* DNotZ 1998, 177, 183.
[129] OLG Zweibrücken FamRZ 1969, 230, 231; OLG Koblenz FamRZ 2003, 193, 195 = ZEV 2002, 501; OLG Oldenburg NJW-RR 1992, 777, 778; OLG Jena NJW-RR 2006, 951; *Damrau/Riedel/Lenz* Rn 27; jurisPK/Birkenheier Rn 48; *Staudinger/Haas* Rn 46; HdB Pflichtteilsrecht/*Tanck* § 14 Rn 141, sowie Rn 147 f zum Verteidigungsvorbringen.
[130] OLG Frankfurt NJW-RR 1993, 1483; MünchKommBGB/*Lange* Rn 12.
[131] OLG Zweibrücken FamRZ 1969, 230, 231; *Staudinger/Haas* Rn 46.
[132] *Damrau/Riedel/Lenz* Rn 27; *Staudinger/Haas* Rn 46.
[133] OLG Düsseldorf OLGR 1998, 304.
[134] OLG Jena NJW-RR 2006, 951, 953.
[135] KG JR 1949, 410.
[136] HdB Pflichtteilsrecht/*Bittler* § 9 Rn 31.
[137] OLG Koblenz FamRZ 2003, 193, 195; *Staudinger/Haas* Rn 46.
[138] *Staudinger/Haas* Rn 46; wohl auch *Bartsch* ZEV 2004, 176, 178; aA OLG Bremen MDR 2000, 1324.

ist[139]. Für das Verfahren gelten die §§ 163, 79 FGG[140]. Die **Verweigerung** der eidesstattlichen Versicherung führt jedoch hier (anders als bei §§ 1993 ff, 2006 Abs 3) nicht zum Verlust der Beschränkbarkeit der Erbenhaftung[141].

III. Wertermittlungsanspruch (Abs 1 S 2)

17   **1. Grundzüge.** Der Wertermittlungsanspruch ist vom Auskunftsanspruch klar zu unterscheiden[142], diesem gegenüber selbstständig und daher gesondert geltend zu machen ist[143] und wird nicht bereits durch die Auskunftserteilung erfüllt[144]. Während der Auskunftsanspruch nur auf die Weitergabe von Wissen gerichtet ist, ist der Wertermittlungsanspruch gerade vom Wissen und den Vorstellungen des Verpflichteten über den Wert völlig unabhängig[145]. Vielmehr soll der Wertermittlungsanspruch den Pflichtteilsberechtigten in die Lage versetzen, sich ein umfassendes Bild über den Nachlass und seinen Pflichtteilsanspruch zu machen ist daher auf eine vorbereitende Mitwirkung des Pflichtteilsschuldners anderer Art gerichtet, idR auf Veranlassung und Duldung einer Wertermittlung durch einen Sachverständigen[146]. Der **Umfang** des Wertermittlungsanspruchs orientiert sich an der Bemessungsgrundlage für den Pflichtteilsanspruch, erfasst daher den **realen** wie **fiktiven** Nachlass[147] und setzt daher voraus, dass die Gegenstände, deren Wert ermittelt werden soll, unstreitig zum Nachlass gehören oder bei einem Pflichtteilsergänzungsanspruch nach § 2325 dem Nachlass hinzuzurechnen sind. Ist die Nachlasszugehörigkeit idS umstritten, so hat sie der Pflichtteilsberechtigte darzulegen und notfalls zu beweisen[148]. Diese insbes hinsichtlich des fiktiven Nachlasses gegenüber dem Auskunftsanspruch (Rn 10) wesentlich strengeren Anforderungen erklären sich für den Wertermittlungsanspruch daraus, dass der Nachlass nicht unnötig mit den uU sehr hohen Wertermittlungskosten belastet werden soll[149].

18   **2. Anspruchsberechtigter, Anspruchsverpflichteter.** Anspruchsberechtigt ist grds der **pflichtteilsberechtigte Nichterbe** (Rn 3 ff), nicht jedoch der pflichtteilsberechtigte Erbe[150]. Jedoch kann der pflichtteilsberechtigte **Erbe/Miterbe** bei Beweisschwierigkeiten hinsichtlich seines Pflichtteilsergänzungsanspruchs (§§ 2325, 2329) – ebenso wie beim Auskunftsanspruch (Rn 5) – nach § 242 einen **Wertermittlungsanspruch** gegen den Beschenkten haben[151]; jedoch darf der Beschenkte dadurch nicht unzumutbar belastet werden, weshalb die Kosten der Wertermittlung der pflichtteilsberechtigte Erbe zu tragen hat[152]. Dabei setzt der aus § 242 resultierende Anspruch des **pflichtteilsberechtigten Erben** gegen den Beschenkten nicht voraus, dass der Pflichtteilsergänzungsanspruch dem Grunde nach bereits feststeht (so aber bei § 2314 Abs 1 S 2), sondern es genügt, wenn hierfür greifbare Anhaltspunkte vorliegen, denn die Kosten für die Wertermittlung trägt der Anspruchsteller[153].

19   Anders liegt es beim **Wertermittlungsanspruch** des **pflichtteilsberechtigten Nichterben** nach § 2314 Abs 1 S 2: Da mit den Wertermittlungskosten der Nachlass beschwert wird (§ 2314 Abs 2), kann er nicht auf einen bloßen Verdacht hin zugebilligt werden. Es muss vielmehr vorher bewiesen werden, dass eine **ergänzungspflichtige Schenkung** vorliegt[154]. Dies wird auch „**Zweistufentheorie**" genannt (Beweis der Zugehörigkeit zum fiktiven Nachlass – also das „Ob" des Pflichtteilsergänzungsanspruchs -, erst danach Wertermittlung für die Bemessung der Höhe)[155]. Bei den Fällen der gemischten Schenkung bereitet dies allerdings Schwierigkeiten, weil ohne genaue Kenntnis des Werts der Zuwendung und der Gegenleistung das Vorliegen einer teilweisen Schenkung schwer feststellbar

---

[139] BGH NJW 1962, 245, 246 = LM Nr 1 zu § 2314; MünchKommBGB/*Lange* Rn 12.
[140] AnwK-BGB/*Bock* Rn 28; HdB Pflichtteilsrecht/*Tanck* § 14 Rn 139 ff; *Staudinger/Haas* Rn 47; HdB Pflichtteilsrecht/*Bittler* § 9 Rn 32.
[141] MünchKommBGB/*Lange* Rn 12; *Staudinger/Haas* Rn 47; *Palandt/Edenhofer* Rn 12.
[142] BGHZ 89, 24, 28 = NJW 1984, 487 im Anschluss an *Coing* NJW 1983, 1298, 1299.
[143] OLG Frankfurt NJW-RR 1994, 8; OLG Köln ZEV 1999, 110; *Damrau/Riedel/Lenz* Rn 30; MünchKommBGB/*Lange* Rn 7; *Sarres* ZEV 1998, 4, 6.
[144] OLG München NJW-RR 1988, 390.
[145] BGHZ 89, 24, 28 = NJW 1984, 487; BGHZ 108, 393, 395 = NJW 1990, 180; MünchKommBGB/*Lange* Rn 7; *Staudinger/Haas* Rn 58.
[146] AnwK-BGB/*Bock* Rn 29; *Soergel/Dieckmann* Rn 28.
[147] *Damrau/Riedel/Lenz* Rn 32; MünchKommBGB/*Lange* Rn 7; zum Pflichtteilsergänzungsanspruch etwa OLG Köln ZEV 1999, 110.
[148] BGHZ 7, 134, 136; 89, 24, 29 f; BGH WM 1983, 1011; jurisPK/*Birkenheier* Rn 61; *Lange/Kuchinke* § 37 XII 3 a; MünchKommBGB/*Lange* Rn 7; *Staudinger/Haas* Rn 67; eingehender zu dieser Problematik bei der Schenkung Rn 19.
[149] MünchKommBGB/*Lange* Rn 8; *Staudinger/Haas* Rn 67.
[150] BGHZ 108, 393, 395 ff = NJW 1990, 180; BGHZ 89, 31 f = NJW 1984, 487; BGH NJW 1986, 127 = LM Nr 14; NJW 1993, 2737 = LM § 242 (D) Nr 131; *Soergel/Dieckmann* Rn 29; *Staudinger/Haas* Rn 72.
[151] Vgl etwa BGH NJW 1986, 127.
[152] BGHZ 108, 393, 395 ff = NJW 1990, 180 unter Bezug auf BGHZ 107, 200, 203 f = NJW 1989, 1989, 2887 = LM Nr 16: der Beschenkte habe nach § 2329 das Geschenk nur für den Pflichtteilsergänzungsanspruch, nicht aber auch noch für den Wertermittlungsanspruch zu opfern; *Staudinger/Haas* Rn 73; krit hierzu *Soergel/Dieckmann* Rn 36; für Analogie zu § 2314 MünchKommBGB/*Lange* Rn 8.
[153] BGH NJW 1993, 2737 (IV. Senat); NJW 1986, 127, 128 = LM Nr 14 (II. Senat); NJW 2002, 2469, 2470 = ZEV 2002, 282 m Anm *Kummer*; *Staudinger/Haas* Rn 73; AnwK-BGB/*Bock* Rn 71.
[154] BGHZ 89, 24, 29 ff unter Betonung der allgemeinen Beweislastverteilung; BGH NJW 1993, 2737; NJW 2002, 2469, 2470 = ZEV 2002, 282 m Anm *Kummer*; OLG Schleswig ZEV 2007, 277, 278.
[155] *Egner* S 147.

ist[156]. Zu Recht wird daher gefordert, dass für die erforderliche Annahme einer Schenkung als Voraussetzung für den Wertermittlungsanspruch ausreichend ist, wenn der Pflichtteilsberechtigte durch eine „grobe Überschlagsrechnung" beweist, dass eine gemischte Schenkung vorliegt. Ist er erfolgreich, so kann er auf Kosten des Nachlasses den genauen Wert der gemischten Schenkung ermitteln lassen[157]. Auch ist der **Beschenkte** erst dann wertermittlungspflichtig, soweit die **vorrangige Wertermittlungspflicht des Erben** nicht zum gewünschten Erfolg geführt hat, was sich aus der allgemeinen Subsidiarität der Haftung des Beschenkten im Ergänzungsrecht ergibt[158].

Da der Beschenkte mit dem „Erlangten" nur bis zur Höhe des Fehlbetrages iS von § 2329 Abs 2 haftet, kann er darüber hinaus nicht mit einer kostenträchtigen Wertermittlungspflicht nach § 2314 Abs 1 S 2 belastet werden[159]. Die Kostentragungspflicht ist daher bei dem gegen den **Beschenkten** gerichteten Wertermittlungsanspruch – nicht aber beim Auskunftsanspruch – gleich, mag dieser Anspruch vom pflichtteilsberechtigten Nichterben nach § 2314 oder von dem pflichtteilsberechtigten Erben nach § 242 (Rn 18) geltend gemacht werden[160]. 20

3. Inhalt des Wertermittlungsanspruchs. a) Vorlage von Unterlagen. Der Wertermittlungsanspruch geht zunächst auf die Vorlage aller Unterlagen, die den Pflichtteilsberechtigten in die Lage versetzen, ggf unter Zuhilfenahme eines Sachverständigen, seinen Pflichtteilsanspruch zu berechnen[161]. Aus diesem funktionalen Verständnis des Wertermittlungsanspruchs ergibt sich, dass das konkrete Bewertungsziel und die anzuwendende Bewertungsmethode dafür maßgebend sind, welche Unterlagen vorzulegen sind[162]. Soweit daher eine zeitnah nach dem Erbfall erfolgte Veräußerung als Bemessungsgrundlage für den Pflichtteilsanspruch in Frage kommt, hat die Vorlage der Kaufvertragsurkunde zu erfolgen[163]. Ist ein **Unternehmen** zu bewerten[164], so sind alle Unterlagen vorzulegen, die zur Feststellung seines Wertes nach den einschlägigen Methoden der Betriebswirtschaft erforderlich sind. Die Vorlage einer Bilanz auf den Todesfall genügt daher unter der Herrschaft der Ertragswertmethode nicht; vielmehr sind die Gewinn- und Verlustrechnungen, Umsatzzahlen sowie die Bilanzen der letzten fünf Jahre vorzulegen, um daraus auf die künftige Entwicklung schließen zu können[165]. Die umfassende Verpflichtung zur Vorlage aller Geschäftsbücher und Belege[166] kann allerdings mit einem berechtigten **Geheimhaltungsinteresse** des Erben kollidieren. Zu restriktiv erscheint, den Anspruch auf Vorlage dieser Belege nur dann auszuschließen, wenn konkrete Gründe dafür bestehen, dass der Gläubiger sein Einsichtsrecht missbraucht[167]. Der Anspruch des Pflichtteilsberechtigten auf Vorlage entsprechender Unterlagen besteht auch dann, wenn ihm der Erbe bereits ein Wertermittlungsgutachten vorgelegt hat, da es auch um dessen Verifizierung geht[168]. 21

b) Bewertungsgutachten. Daneben besteht ein Anspruch auf Ausarbeitung und Vorlage eines Bewertungsgutachtens durch einen unparteiischen Sachverständigen[169], wenn die dargelegten Tatsachen und Informationen kein hinreichendes Bild über den Wert des Nachlasses ermöglichen[170]. Dabei hat der Verpflichtete die Erstellung des Gutachtens nicht nur zu dulden, sondern dieses auf Kosten des Nachlasses in eigener Verantwortung in Auftrag zu geben[171], und zwar auch dann, wenn infolge einer Schenkung der Nachlassgegenstand nicht mehr zum Nachlass gehört, aber diesem nach § 2325 hin- 22

---

[156] Krit gegen den BGH daher zu Recht *Baumgärtel* JR 1984, 199, 202; *ders,* FS Hübner 1984, S, 395, 406 ff; *Winkler v. Mohrenfels* NJW 1987, 2557, 2559 f; *Pfauser* S 93 ff mit Darstellung des Streitstands; dem BGH grds folgend *Egner* S 147 ff.
[157] MünchKommBGB/*Lange* Rn 8; *Klingelhöffer* Pflichtteilsrecht Rn 165; wohl auch *Edenfeld* ZErb 2005, 346, 350; dagegen *Egner* S 152; offen lassend *Soergel/Dieckmann* Rn 32 und *Damrau/Riedel/Lenz* Rn 32; für eigenen Wertermittlungsanspruch nach § 242 mit Kostentragungspflicht des Nachlasses bei Bestehen eines Ergänzungsanspruchs und Auswahl des Sachverständigen durch den Erben *Staudinger/Haas* Rn 71; ähnlich, jedoch mit Auswahl des Sachverständigen durch den Pflichtteilsberechtigten *Pfauser* S 98.
[158] *Dieckmann* NJW 1988, 1809, 1816, 1819; AnwK-BGB/*Bock* Rn 30.
[159] BGHZ 107, 200, 203 f = NJW 1989, 1989, 2887 = LM Nr 16.
[160] Zutr MünchKommBGB/*Lange* Rn 20 aE.
[161] OLG Köln = ZEV 2006, 77, 78 m Anm *v. Oertzen,* insoweit in NJW 2006, 625 nicht abgedruckt; *Damrau/Riedel/Lenz* Rn 30; MünchKommBGB/*Lange* Rn 7; *Staudinger/Haas* Rn 59. Demgegenüber wird teilweise, wenn auch zu Unrecht die Vorlage der Unterlagen dem Auskunftsanspruch zugeordnet, so *Soergel/Dieckmann* Rn 29; *ders* NJW 1988, 1809, 1811.
[162] *Damrau/Riedel/Lenz* Rn 30; MünchKommBGB/*Lange* Rn 7; *Staudinger/Haas* Rn 59.
[163] *Klingelhöffer* Pflichtteilsrecht Rn 164; *Staudinger/Haas* Rn 60; DIV-Gutachten ZfJ 1992, 533, 535; *Sarres* Rn 120 f.
[164] Zu diesen Bewertungsfragen § 2311 Rn 23 ff.
[165] OLG Düsseldorf NJW-RR 1997, 454; OLG Köln ZEV 1999, 110; *Coing* NJW 1983, 1298, 1299 f; MünchKommBGB/*Lange* Rn 7; *Staudinger/Haas* Rn 60; vgl auch MünchKomm FGG 33, 373, 378.
[166] Dafür OLG Köln ZEV 1999, 110; *Staudinger/Haas* Rn 60.
[167] OLG Düsseldorf NJW-RR 1997, 454, 456; OLG Köln ZEV 1999, 110, 111; eingehend dazu *Egner* S 187 ff; vgl auch § 1379 Rn 9.
[168] OLG Köln ZEV 1999, 110.
[169] BGH NJW 1975, 258; BGHZ 89, 24, 29; OLG Düsseldorf ZEV 1995, 410, 412 = NJW-RR 1996, 520.
[170] OLG Brandenburg ZErb 2004, 132; OLG Köln NJW 2006, 625 = ZEV 2006, 77 m Anm *v. Oertzen,* insoweit dort je nicht abgedruckt; MünchKommBGB/*Lange* Rn 7; *Lange/Kuchinke* § 37 XII 3 c; *Staudinger/Haas* Rn 61.
[171] BGHZ 108, 393, 397 f; BGH NJW 1975, 258; OLG Schleswig NJW 1972, 586; OLG München NJW 1974, 2094; BGB-RGRK/*Johannsen* Rn 16; *Staudinger/Haas* Rn 61; MünchKommBGB/*Lange* Rn 7; *Klingelhöffer* Pflichtteilsrecht Rn 163: bei § 1379 besteht nur Duldungsanspruch; für Duldungspflicht etwa OLG Hamm NJW 1969, 433, jedoch betont BGHZ 108, 393, 398 hierzu, dass demgegenüber § 888 ZPO die bessere Möglichkeit zur Zwangsvollstreckung bietet.

zuzurechnen ist[172]. Die **Auswahl** des Sachverständigen obliegt dabei allein dem Erben[173]. Das Wertgutachten bereitet aber nur die Durchsetzung des Pflichtteilsanspruchs vor, ist aber nicht für die Parteien verbindlich. Es hat zumeist nur die Funktion, das Risiko eines Prozesses über den Pflichtteil abschätzen zu können[174]. Daher dürfen an die Person und den Inhalt des Gutachtens keine überspitzten Anforderungen gestellt werden.

23 Demgegenüber kann der Pflichtteilsberechtigte nicht eigenmächtig das Gutachten in Auftrag geben und dann die Kosten auf den Nachlass abwälzen[175]; dies gilt auch, wenn der Erbe mit dieser Verpflichtung in Verzug ist[176]. Bei dem Sachverständigen muss es sich nicht um einen öffentlich bestellten oder vereidigten handeln[177]. In Hessen kann der Verkehrswert eines Grundstücks auch durch eine ortsgerichtliche Schätzung geschehen[178].

24 Die **inhaltlichen Anforderungen** an das Gutachten orientieren sich an dessen Zweck (Rn 17) und damit an der nach den §§ 2311 ff vorzunehmenden Wertermittlung[179]. Bei einem Landgut beschränkt sich daher der Wertermittlungsanspruch auf die Ermittlung des Ertragswerts iS von § 2312[180]. Weiter sind die Wertermittlungsgrundsätze, also idR der Verkehrswert und das Stichtagsprinzip zu beachten[181]. Das Gutachten muss zum einen den **realen Nachlass** erfassen, wobei für die Wertermittlung auf den Erbfall als Stichtag abzustellen ist (§ 2311)[182]. Kommen ernsthaft mehrere **Bewertungsmethoden** in Betracht[183], so hat sich der Sachverständige mit diesen eingehend auseinander zu setzen, deren unterschiedliche Konsequenzen aufzuzeigen und schließlich in Anwendung der von ihm für zutreffend erachteten Methode einen bestimmten Wert zu ermitteln[184]. Die dem Sachverständigen demnach zuzugestehende Wahlfreiheit hinsichtlich der von ihm praktizierten Methode darf aber nicht zu einer Methodeneinengung und -verkürzung in dem Sinne führen, dass der Sachverständige die einschlägigen Befundtatsachen von vornherein nur nach Maßgabe der von ihm bevorzugten Methode feststellt[185]. Vielmehr muss der Pflichtteilsberechtigte durch das Sachverständigengutachten über die Wertverhältnisse so sachgerecht ins Bild gesetzt werden, dass er auf dieser Grundlage eine Entscheidung über den wahren Wert des Nachlasses und damit über die Höhe seines Pflichtteilsanspruchs treffen kann[186]. Ansonsten ist der Wertermittlungsanspruch noch nicht erfüllt[187]. Dagegen gewährt § 2314 keinen Anspruch auf Feststellung des Nachlasswerts anhand einer bestimmten Bewertungsmethode[188].

25 Aber auch der **fiktive Nachlass** unterliegt der Wertermittlung[189]. Bei **nicht verbrauchbaren Sachen** hat die geschuldete Wertermittlung wegen des Niederstwertprinzips des § 2325 Abs 2 zu beiden Stichtagen, also zum Erbfall und zum Vollzug der Schenkung, zu erfolgen[190]. Meinungsverschiedenheiten über die Wertansätze des Sachverständigen begründen allein keine Zweifel an der ordnungsgemäßen Erfüllung des Anspruchs auf Wertermittlung durch den Erben[191].

---

[172] BGHZ 89, 24, 28; 107, 200, 202 = NJW 1989, 2887; BGHZ 108, 393, 397 f.
[173] OLG Karlsruhe NJW-RR 1990, 341; MünchKommBGB/*Lange* Rn 7; *Soergel/Dieckmann* Rn 27; *Staudinger/Haas* Rn 66.
[174] BGHZ 107, 200, 204 = NJW 1989, 2887; OLG Brandenburg ZErb 2004, 132, 133; OLG Köln ZEV 2006, 77, 78; OLG Karlsruhe ZEV 2004, 468, 469 m Anm *Fiedler*.
[175] OLG Karlsruhe NJW-RR 1990, 393; MünchKommBGB/*Lange* Rn 7; für Anspruch des pflichtteilsberechtigten Nichterben nach § 242 auf eigene Kosten berechnungserhebliche Unterlagen durch Sachverständigen seines Vertrauens auswerten zu lassen *Soergel/Dieckmann* Rn 37 a.
[176] *Lange/Kuchinke* § 37 XII 3 f; *Staudinger/Haas* Rn 62; aA *Kempfer* NJW 1970, 1533, 1534; *Coing* NJW 1983, 1298, 1300.
[177] OLG Düsseldorf NJW-RR 1997, 454; HdB Pflichtteilsrecht/*Bittler* § 9 Rn 67; jurisPK/*Birkenheier* Rn 59; MünchKommBGB/*Lange* Rn 7; *Staudinger/Haas* Rn 63; eingehend *Bißmaier* ZEV 1997, 149 f.
[178] LG Limburg WM 1990, 1832.
[179] AnwK-BGB/*Bock* Rn 36; MünchKommBGB/*Lange* Rn 7; *Staudinger/Haas* Rn 64; vgl auch *Soergel/Dieckmann* Rn 31.
[180] OLG Jena NJW-RR 2006, 951.
[181] *Staudinger/Haas* Rn 64.
[182] OLG Düsseldorf ZEV 1995, 410, 412 = NJW-RR 1996, 520; *Staudinger/Haas* Rn 64; *Soergel/Dieckmann* Rn 31.
[183] OLG München NJW-RR 1988, 390; OLG Köln = ZEV 2006, 77, 78; was bei einem künstlerischen Nachlass nach OLG Oldenburg NJW 1999, 1974, 1975 nicht der Fall sein soll.
[184] KGR 1999, 90; *Staudinger/Haas* Rn 64; *Soergel/Dieckmann* Rn 33; bei Bewertung von Kunstgegenständen ist man großzügiger, vgl OLG Oldenburg NJW 1999, 1974, 1975 und OLG Köln ZEV 2006, 77, 79 bei einer mehr an eine Schätzung erinnernden Bewertung von Sotheby`s und Christie`s.
[185] OLG Brandenburg ZErb 2004, 132, 133 f; OLG München NJW-RR 1988, 390, 391 f; OLG Köln ZEV 1999, 110, 111; *Staudinger/Haas* Rn 64.
[186] OLG Brandenburg ZErb 2004, 132, 133 f; *Staudinger/Haas* Rn 64; großzügiger OLG Oldenburg NJW 1999, 1974, 1975.
[187] OLG Brandenburg ZErb 2004, 132, 133 f.
[188] OLG Köln ZEV 2006, 77, 78; MünchKommBGB/*Lange* Rn 8; *Staudinger/Haas* Rn 64.
[189] OLG Brandenburg FamRZ 1998, 1265; *Lange/Kuchinke* § 37 XII 3 a; *Soergel/Dieckmann* Rn 32; *Staudinger/Haas* Rn 67.
[190] BGHZ 108, 393, 397 = NJW 1990, 180 = LM Nr 17; BGH NJW 1993, 2727; OLG Brandenburg FamRZ 1998, 1265, 1266; *Egner* S 133; aA *Staudinger/Haas* Rn 65, weil die Ermittlung auf den Zeitpunkt des Schenkungsvollzugs erfolgen müsse, und deshalb solle auch nur er – und nicht der Nachlass – die Wertermittlungskosten tragen; ebenso *Damrau/Riedel/Lenz* Rn 32.
[191] OLG Oldenburg NJW 1999, 1974 zu einem „künstlerischen Nachlass".

IV. Kosten (Abs 2)

Die auf Grund § 2314 entstehenden Kosten des (privaten wie amtlichen) Verzeichnisses, einschließlich der Zuziehung des Auskunftsberechtigten[192], und der Wertermittlung[193] einschließlich der Vermögenswerte, die zum sog fiktiven Nachlass gehören[194], sind Nachlassverbindlichkeiten, die bei der Feststellung des Nachlassbestand zu berücksichtigen sind. Für diese Kosten haftet der Erbe nur unbeschränkbar und daher persönlich, wenn er die Möglichkeit der Haftungsbeschränkung verloren hat[195]. Diese Kosten mindern aber zugleich den Pflichtteilsanspruch, weil sie bei Feststellung des Nachlassbestandes abzuziehen sind und treffen daher den Pflichtteilsberechtigten mittelbar in Höhe seiner Pflichtteilsquote[196]. Die Kosten der **Abnahme der eidesstattlichen Versicherung** trägt jedoch der Auskunftsberechtigte selbst (§ 261 Abs 3), wobei jedoch die Prozesskosten, die durch den Streit über die Abgabe der eidesstattlichen Versicherung entstehen, nicht hierzu gehören[197]. Die Kosten für den **analog § 242** dem pflichtteilsberechtigten Erben gewährten Auskunfts- und Wertermittlungsanspruch trägt aber nicht der Nachlass oder gar der Beschenkte, sondern der Anspruchsteller (Rn 5, 18). 26

V. Verjährung

Da eine spezialgesetzliche Regelung fehlt, gilt an sich die lange 30-jährige Verjährung für erbrechtliche Ansprüche nach § 197 Abs 1 Nr 2 idF des SMG[198], und zwar auch dann, wenn der Auskunftsanspruch sich nicht aus § 2314 ergibt, sondern aus § 242 (Rn 5, 18), denn auch dann handelt es sich dem Kern nach um einen im Erbrecht wurzelnden Anspruch[199]. Demgegenüber verjährt der Pflichtteils- und Pflichtteilsergänzungsanspruch, um dessen Durchsetzung es geht, in nur drei Jahren (§ 2332). Der BGH harmonisiert die sich daraus ergebenden unterschiedlichen Verjährungsfristen dadurch, dass der Anspruch aus § 2314 nicht mehr verfolgt werden kann, wenn hierfür kein objektives Informationsbedürfnis mehr besteht[200]. Ein solches kann sich ergeben, wenn der Kläger einen noch nicht verjährten Ergänzungsanspruch gegen den Beschenkten nach § 2329 geltend machen will oder der Beschenkte sich gegen einen solchen Anspruch mit der Berufung auf Eigengeschenke, die der Kläger erhalten hat, im Hinblick auf § 2327 zur Wehr setzen will[201] oder es um die Bezifferung eines Regressanspruchs gegen einen Rechtsanwalt geht[202]. Dabei wird man aber fordern müssen, dass die Darlegungs- und Beweislast hierfür dem Pflichtteilsberechtigten erst nach der Erhebung der Verjährungseinrede obliegt[203]. Diese Grundsätze gelten auch für die Verjährung des Wertermittlungsanspruchs[204] und des auf § 242 beruhenden Auskunftsanspruchs. 27

VI. Prozessuales

1. Geltendmachung. Die einzelnen Ansprüche aus § 2314 können **einzeln** im Wege der **Leistungsklage** geltend gemacht werden. Daher muss der Klageantrag deutlich machen, welche der verschiedenen Ansprüche geltend gemacht und worüber iE Auskunft verlangt und die Vorlage welcher Unterlagen auf Grund des Wertermittlungsanspruchs gefordert wird[205]. Geschieht dies nicht, ist die Klage zwar nicht unzulässig, aber es besteht die Gefahr, dass der Erbe zu wenige Unterlagen vorlegt und im anschließenden Vollstreckungsverfahren erst die geforderte Leistung zu präzisieren ist[206]. Wird der Erbe verurteilt, nur Auskunft über den Bestand des Nachlasses zu erteilen, so kann er nicht mit den Zwangsmitteln des § 888 ZPO zur Auskunft über Schenkungen der letzten zehn Jahre angehalten werden[207]. Durch einstweilige Verfügung kann der Auskunftsanspruch nicht durchgesetzt werden[208]. 28

---

[192] Eingehend zu den berücksichtigungsfähigen Kosten *F. Becker/Horn* ZEV 2007, 62; ob hierunter auch die Kosten der anwaltlichen Vertretung bei der Aufnahme des Verzeichnisses fallen, erscheint fraglich, OLG München Rpfleger 1997, 453, grds bejahend *F. Becker/Horn* ZEV 2007, 62, 63 mit verschiedenen Details.
[193] OLG Koblenz ZErb 2003, 159; *Damrau/Riedel/Lenz* Rn 38; eingehend *MünchKommBGB/Lange* Rn 9 mwN.
[194] BGHZ 89, 24.
[195] *Dieckmann* NJW 1988, 1809, 1815; *MünchKommBGB/Lange* Rn 23.
[196] *Staudinger/Haas* Rn 78; *MünchKommBGB/Lange* Rn 23.
[197] *Damrau/Riedel/Lenz* Rn 4; *jurisPK/Birkenheier* Rn 72; *Staudinger/Haas* Rn 78.
[198] So etwa LG Stendal FamRZ 2007, 585, 586; *Edenfeld* ZErb 2005, 346, 351; *MünchKommBGB/Lange* Rn 24; *Palandt/Edenhofer* Rn 5; *Staudinger/Haas* Rn 52; *Schlichting* ZEV 2002, 478, 480; aA nur *Löhnig* ZEV 2004, 267, 268, wonach § 2332 gelten soll.
[199] *AnwK-BGB/Bock* Rn 39; *MünchKommBGB/Lange* Rn 24; *Sarres* ZEV 2002, 96, 97; *Staudinger/Haas* Rn 52; *Löhnig* ZEV 2004, 267, 273; zweifelnd *jurisPK/Birkenheier* Rn 82.
[200] BGHZ 108, 393, 399; BGH NJW 1985, 384, 385; OLG Köln NJW-RR 1992, 8; anders noch BGHZ 33, 379.
[201] BGHZ 108, 393, 399.
[202] OLG Karlsruhe NJW-RR 2007, 881= ZEV 2007, 329 m Anm *Keim*; *Soergel/Dieckmann* Rn 22; *Kerscher/Riedel/Lenz* § 12 Rn 21; krit dagegen *MünchKommBGB/Lange* Rn 24; abw von § 2314 Abs 2 sollte man hier die Kosten des Nachlassverzeichnisses allein dem Pflichtteilsberechtigten auferlegen, *Keim* ZEV 2007, 322.
[203] *Dieckmann* FamRZ 1985, 589; *Palandt/Edenhofer* Rn 5; *AnwK-BGB/Bock* Rn 40.
[204] *Soergel/Dieckmann* Rn 34.
[205] *AnwK-BGB/Bock* Rn 47; *HdB Pflichtteilsrecht/Tanck* § 14 Rn 87, 101; allg hierzu *Stein/Jonas/Schumann* 21. Aufl § 253 ZPO Rn 58; *Musielak/Foerste* § 253 ZPO Rn 32; zum Auskunftsantrag bei Grundstücken *Rohlfing* Erbrecht, 2. Aufl 1999, § 5 Rn 220.
[206] *HdB Pflichtteilsrecht/Tanck* § 14 Rn 104.
[207] OLG München FamRZ 2004, 821; OLG Celle NJW-RR 2005, 1374.
[208] *Staudinger/Haas* Rn 80.

Über die Verpflichtung zur Abgabe der eidesstattlichen Versicherung entscheidet der Richter der streitigen Gerichtsbarkeit[209]. Die gerichtliche Geltendmachung der Rechte aus § 2314 hat keinerlei Auswirkungen auf die **Verjährung** des Pflichtteilsanspruchs. Dagegen hemmt gemäß § 204 Abs 1 Nr 1 eine auf Auskunft und Zahlung (mit noch unbestimmtem Leistungsantrag) gerichtete **Stufenklage** (§ 254 ZPO) die Verjährung[210] und begründet den Verzug des Zahlungsanspruchs (§ 2317 Rn 4). Die Stufenklage besteht aus zwei oder drei prozessualen Stufen[211], nämlich dem Antrag auf Auskunftserteilung, ggf Wertermittlung (§ 2314), dem Antrag auf Abgabe der eidesstattlichen Versicherung (§ 260 Abs 2) und dem Leistungsantrag über Zahlung des Pflichtteils, der hier gerade noch nicht genau beziffert sein muss[212]. Über jede dieser Stufen wird sukzessive entschieden[213], und zwar idR durch Teilurteil (§ 301 ZPO). Wird vom Erben nach Klageerhebung die gewünschte Auskunft erteilt, kann der Pflichtteilsberechtigte auf Grund des nur vorbereitenden Charakters des Auskunftsanspruchs ohne Erledigterklärung zum Zahlungsanspruch übergehen[214]. Zur Kostenfolge, wenn die Stufenklage ergibt, dass ein Leistungsanspruch nicht besteht, s § 1379 Rn 16. Bei einer Stufenklage erfasst die Bewilligung von **Prozesskostenhilfe** für den Kläger idR nicht nur die Auskunftsstufe, sondern auch den gleichzeitig rechtshängig gemachten Zahlungsanspruch, aber nur einen solchen, der von der zu erteilenden Auskunft gedeckt ist[215].

29   2. **Zwangsvollstreckung.** Die Vollstreckung des Auskunfts- und Wertermittlungsanspruchs erfolgt nach § 888 ZPO, da es sich um **unvertretbare Leistungen** handelt[216]. Die Zwangsvollstreckung des Anspruchs nach § 260 Abs 2 geschieht nach § 889 Abs 2 ZPO[217]. Enthält der Vollstreckungstitel keine näheren Angaben über die Art und Weise der Auskunftserteilung, so muss der Pflichtteilsberechtigte im Vollstreckungsverfahren seinen Antrag entspr konkretisieren[218]. Werden nachträglich weitere Nachlassgegenstände bekannt, muss über diese auch ohne neuen Titel Auskunft erteilt werden, und zwar auch dann, wenn eine frühere Zwangsgeldandrohung wegen vermeintlicher Erfüllung des Auskunftsanspruchs aufgehoben wurde[219]. Den **Erfüllungseinwand** hat der Vollstreckungsschuldner im Wege der Vollstreckungsabwehrklage (§ 767 ZPO) geltend zu machen[220].

§ 2315 Anrechnung von Zuwendungen auf den Pflichtteil

(1) Der Pflichtteilsberechtigte hat sich auf den Pflichtteil anrechnen zu lassen, was ihm von dem Erblasser durch Rechtsgeschäft unter Lebenden mit der Bestimmung zugewendet worden ist, dass es auf den Pflichtteil angerechnet werden soll.

(2) ¹Der Wert der Zuwendung wird bei der Bestimmung des Pflichtteils dem Nachlass hinzugerechnet. ²Der Wert bestimmt sich nach der Zeit, zu welcher die Zuwendung erfolgt ist.

(3) Ist der Pflichtteilsberechtigte ein Abkömmling des Erblassers, so findet die Vorschrift des § 2051 Abs. 1 entsprechende Anwendung.

Übersicht

	Rn		Rn
I. Normzweck, Abgrenzung zur Ausgleichung	1	2. Anrechnungsanordnung	6
II. Anrechnungsvoraussetzungen (Abs 1)	3	III. Berechnung des Pflichtteilsanspruchs	10
1. Freigiebige Zuwendungen	3	1. Berechnungsmethode (Abs 2 S 1)	10

---

[209] RGZ 129, 239, 241; MünchKommBGB/*Lange* Rn 21.
[210] BGH NJW-RR 2006, 948, 949, auch zum Übergangsrecht nach Art 229 § 6 Abs 1 S 2 EGBGB wegen der Schuldrechtsreform; AnwK-BGB/*Bock* Rn 48; *Staudinger/Haas* Rn 80; zur früheren Rechtslage, wonach sogar eine Unterbrechung der Verjährung eintrat, BGH LM § 2332 Nr 6 = NJW 1975, 1409; RGZ 115, 27, 29; eingehend § 2332 Rn 17 ff.
[211] AnwK-BGB/*Bock* Rn 49; *Damrau/Riedel/Lenz* Rn 42; *Staudinger/Haas* Rn 79 f; eingehend *Bonefeld/Kroiß/Tanck*, Der Erbprozess, Rn 197 ff; allg hierzu *Thomas/Putzo* § 254 ZPO Rn 2 ff.
[212] Muster eines Klageantrags hierfür bei *Kerscher/Riedel/Lenz* Pflichtteilsrecht § 13 Rn 34; HdB Pflichtteilsrecht/*Tanck* § 14 Rn 160.
[213] AnwK-BGB/*Bock* Rn 49; ausf HdB Pflichtteilsrecht/*Tanck* § 14 Rn 161 ff.
[214] OLG Düsseldorf NJW-RR 1996, 839; OLG Koblenz NJW 1963, 912; str, vgl HdB Pflichtteilsrecht/*Tanck* § 14 Rn 168.
[215] OLG Düsseldorf FamRZ 2000, 101; OLG Köln NJW-RR 1995, 707 mwN; HdB Pflichtteilsrecht/*Tanck* § 14 Rn 194; aA OLG Hamburg FamRZ 1996, 1021, die letztgenannten Entscheidungen jeweils zu § 1379.
[216] OLG Brandenburg FamRZ 1998, 180, 181, dort auch zur wiederholten Zwangsgeldfestsetzung; OLG Frankfurt NJW-RR 1994, 9; *Staudinger/Haas* Rn 82; *Soergel/Dieckmann* Rn 40; eingehend hierzu HdB Pflichtteilsrecht/*Tanck* § 14 Rn 120 ff.
[217] MünchKommBGB/*Lange* Rn 22.
[218] OLG Hamm NJW-RR 1987, 766; *Kerscher/Riedel/Lenz* Pflichtteilsrecht § 13 Rn 15; HdB Pflichtteilsrecht/*Tanck* § 14 Rn 123.
[219] OLG Frankfurt OLGR 1994, 80.
[220] *Zöller/Stöber* § 888 ZPO Rn 11; aA OLG Bamberg FamRZ 1993, 581: stets zu beachten; offenlassend *Staudinger/Haas* Rn 82; jedenfalls ist dies im Rahmen der Vollstreckung zu beachten, wenn Erfüllung unstreitig ist, OLG Düsseldorf NJW-RR 1988, 63, 64.

	Rn		Rn
2. Wertberechnung der Zuwendung (Abs 2 S 2)	14	1. Anrechnung von Ehegattenzuwendungen bei Zugewinngemeinschaft	20
IV. Wegfall eines Abkömmlings (Abs 3)	17	2. Anrechnung und Pflichtteilsergänzung	21
V. Konkurrenzfragen	20	VI. Beweislast	22

I. Normzweck, Abgrenzung zur Ausgleichung

Die §§ 2315, 2316, 2325 ff behandeln die Auswirkungen lebzeitiger Zuwendungen auf den Pflicht- **1** teil. Sie durchbrechen insoweit das Stichtagsprinzip des § 2311 Abs 1 S 1 und wollen eine Doppelbegünstigung des Pflichtteilsberechtigten durch die lebzeitige Zuwendung und den späteren Pflichtteilsanspruch verhindern[1]. Die ausdrücklich anzuordnende Anrechnung vermindert dabei den Pflichtteil des anrechnungspflichtigen Erwerbers um den erhaltenen Vorempfang. Anders als die Ausgleichung wirkt sie sich auf die Pflichtteilsansprüche der anderen Pflichtteilsberechtigten nicht aus[2].

Die **Ausgleichung** (§§ 2050 ff) findet nur zwischen Abkömmlingen statt. Sie beruht auf dem **2** Gedanken der möglichst gleichmäßigen Behandlung aller Abkömmlinge durch die Einbeziehung aller Vorempfänge in die erbrechtliche Endabrechnung. Hierauf baut die Pflichtteilsausgleichung (§ 2316) nur auf. Sie lässt – anders als die Anrechnung – daher die Summe der Pflichtteilsbelastungen unverändert und regelt nur die Verteilung auf die einzelnen Pflichtteilsberechtigten, was im Einzelfall allerdings auch den Erben entlasten kann (§ 2316 Rn 2). Die **gleiche Zuwendung** kann anrechnungs- und ausgleichspflichtig sein, wobei das Konkurrenzverhältnis von § 2316 Abs 4 geregelt wird.

II. Anrechnungsvoraussetzungen (Abs 1)

1. Freigiebige Zuwendungen. Anrechnungspflichtige Geschäfte können nur freigiebige Zuwen- **3** dungen des Erblassers sein. Hierunter ist das freiwillige Verschaffen eines Vorteils zu verstehen, durch den das Vermögen des Erblassers gemindert wird[3]. Der Begriff der Zuwendung ist weiter als der der Schenkung[4]. Daher fallen darunter auch Ausstattungen (§ 1624), die das den Umständen entsprechende Maß nicht übersteigen[5], aber auch Schenkungsversprechen, vollzogene Schenkungen und bezahlte Schulden; bei gemischten Schenkungen und solchen unter Auflagen jedoch nur der Wertunterschied zwischen Leistung und Gegenleistung (Nettowertprinzip)[6], das Vorliegen einer Schenkungsabrede ist unerheblich[7]. Bei einer vorweggenommenen Erbfolge kommt es auf die konkrete Ausgestaltung und deren rechtliche Einordnung an[8]. Keine Zuwendung ist aber der bloße Verzicht auf einen Rückübertragungsanspruch[9]. Entscheidend für die Anrechnungsfähigkeit der Zuwendung ist, dass der Erblasser zur Vornahme dieser Leistung **nicht verpflichtet** war, denn soweit eine Leistungspflicht bestand, kann er nicht einseitig in den Pflichtteil des Empfängers eingreifen[10]. Sind Pflegekosten oder -leistungen unterhaltsrechtlich geschuldet, so führt dies daher zu keiner Anrechnungspflicht[11], im Rahmen der Ausgleichung nach §§ 2050 ff, 2316 kann dies anders sein (§ 2316 Rn 5). Die Zuwendung muss aus dem **Vermögen des Erblassers** erfolgt sein, um dessen Nachlass es geht; auch bei Ehegatten im Rahmen eines **Berliner Testaments** (§ 2269) kann keine einheitliche Betrachtung erfolgen, sondern es ist eine getrennte notwendig[12].

Nur **lebzeitige Zuwendungen** fallen unter § 2315; für das Verhältnis von Zuwendungen von **4** Todes wegen zum Pflichtteil gelten die §§ 2305 bis 2307, bei Schenkungen von Todes wegen ist die

---
[1] *Staudinger/Haas* Rn 1.
[2] MünchKommBGB/*Lange* Rn 2.
[3] OLG Düsseldorf ZEV 1994, 173 m Anm *Baumann*; Staudinger/*Haas* Rn 10; *Thubauville* MittRhNotK 1992, 289, 292; *Sostmann* MittRhNotK 1976, 479, 480.
[4] Staudinger/*Haas* Rn 11; MünchKommBGB/*Lange* Rn 5; *Peter* BWNotZ 1986, 28, 31; *Kasper*, Anrechnung und Ausgleichung, 1999, S 15.
[5] *Damrau/Riedel/Lenz* Rn 5; MünchKommBGB/*Lange* Rn 5; *Soergel/Dieckmann* Rn 4.
[6] Für die gemischte Schenkung AnwK-BGB/*Bock* Rn 3; *Soergel/Dieckmann* Rn 4; MünchKommBGB/*Lange* Rn 5; *Peter* BWNotZ 1986, 28, 31; *Damrau/Riedel/Lenz* Rn 5; für die Schenkung unter Auflage gilt nichts anderes, vgl MünchKommBGB/*Lange* Rn 5; s auch § 2325 Rn 8. Für die Abzugsfähigkeit von Versorgungsrechten *Thubauville* MittRhNotK 1992, 289 f und iE *Sostmann* MittRhNotK 1976, 479, 487; diff nach den Kriterien des Einkommensteuerrechts *Kasper*, Anrechnung und Ausgleichung, 1999, S 66 ff, wobei diesen andere Normzwecke zu Grunde liegen.
[7] *Thubauville* MittRhNotK 1992, 289, 292; eingehend zum Zuwendungsbegriff s § 2050 Rn 7 ff.
[8] Zur rechtlichen Qualifizierung *J. Mayer* DNotZ 1996, 604, 607; BGH NJW 1995, 1349; abl bei einer Hofübergabe nach § 7 HöfeO OLG Schleswig AgrarR 1972, 362.
[9] BGH WM 1983, 823.
[10] RGZ 67, 306, 308; OLG Köln FamRZ 1994, 1491, 1492 = ZEV 1994, 173 m Anm *Baumann*; AG Mettmann DAVorm 1984, 712, 713 m Anm *K. Schultz*; Staudinger/*Haas* Rn 11; *Soergel/Dieckmann* Rn 4; MünchKommBGB/*Lange* Rn 5; *Thubauville* MittRhNotK 1992, 289, 292; AnwK-BGB/*Bock* Rn 3.
[11] AG Mettmann DAVorm 1984, 712, 713; so hätte auch im Fall der Waisenrente von LG Wuppertal FamRZ 1966, 368 entschieden werden müssen.
[12] AnwK-BGB/*Bock* Rn 4 m Fn 8; *Thubauville* MittRhNotK 1992, 289, 294; *Nieder* HdB Rn 220; Staudinger/*Haas* Rn 10; *Mohr* ZEV 1999, 257, 258 m Gestaltungsvorschlägen; s auch OLG Düsseldorf ZERB 2002, 231, 232 m Anm *Schnorrenberg*, mit wirtschaftlicher Betrachtungsweise über die formalen Eigentumsverhältnisse der Ehegatten hinaus; vgl BGHZ 88, 102, 108 f = NJW 1983, 2875 zu § 2327.

§ 2315

von § 2301 gemachte Differenzierung zu beachten[13]. Wenn ein bis zum 31. 3. 1998 möglicher **vorzeitiger Erbausgleich** nicht zu Stande kam, der Vater aber bereits Anzahlungen hierauf geleistet hat, so gilt § 2315 entsprechend, so dass eine Rückforderung nicht möglich ist (Art 227 Abs 2 EGBGB).

5 Weiter muss die Zuwendung – abgesehen vom Ausnahmefall des Abs 3 – **unmittelbar an den Pflichtteilsberechtigten** gemacht worden sein; eine Anrechnung fremder Vorempfänge gibt es sonst nicht[14]. Anders als bei § 2316 können anrechnungspflichtige Empfänger **alle Pflichtteilsberechtigten** sein, also auch Ehegatten und Eltern des Erblassers[15]. Eine Zuwendung an den Ehegatten des Pflichtteilsberechtigten oder Dritte genügt aber nicht[16]. Hier kann nur ein beschränkter Pflichtteilsverzicht den Pflichtteil mindern[17]. Dagegen kann die Zuwendung auf einem Vertrag zu Gunsten Dritter (§§ 328 ff) beruhen[18], wenn nur im Valutaverhältnis des Erblassers zum pflichtteilsberechtigten Empfänger eine freigiebige Zuwendung vorliegt. Genauso sind die sog Anweisungsfälle zu behandeln, wenn eine Leistung an einen Dritten zugleich zu einem vereinbarten Vermögensvorteil beim Pflichtteilsberechtigten führt[19].

6 **2. Anrechnungsanordnung.** Der Erblasser muss **vor oder spätestens bei der Zuwendung** die Anordnung über die Anrechnung auf den Pflichtteil getroffen haben[20]. Anders als bei der Ausgleichung (dort § 2050 Abs 1 und 2) gibt es keine „geborene Anrechnungspflicht"[21] kraft Gesetzes. Die Anrechnungsanordnung ist eine einseitige, empfangsbedürftige Willenserklärung[22], die grds keiner besonderen **Form** bedarf, wenn nicht das der Zuwendung zugrunde liegende Kausalgeschäft selbst formbedürftig ist (zB nach § 311 b Abs 1)[23]. Durch die Anordnung soll dem Pflichtteilsberechtigten ermöglicht werden, den damit verbundenen „Pferdefuß" der Pflichtteilsminderung zu erkennen und zurückzuweisen. Zusätzlich zum Zugang der Anordnungsbestimmung wird teilweise gefordert, dass diese dem Zuwendungsempfänger „zu Bewusstsein gekommen ist"[24]. Dies findet im Gesetz keine Stütze und widerspricht der gesetzlich vorgegebenen Regelung über die Risikoverteilung beim Zugang von Willenserklärungen[25]. Ihre Hauptbedeutung dürfte das Erfordernis „der Bewusstseinserlangung" wohl auch nur bei sog **stillschweigenden Anrechnungsbestimmungen** haben. Diese sind grds möglich. Sie setzen aber voraus, dass im Wege der Auslegung entnommen werden kann, dass die Anrechnungspflicht für den Pflichtteilsberechtigten in aller Konsequenz erkennbar war[26].

7 **Inhaltlich** muss die Anordnung darauf gerichtet sein, die Anrechnung der Zuwendung auf den Pflichtteil zu bestimmen. Hieran dürfen keine zu hohen Anforderungen gestellt werden[27], da andernfalls die Anrechnung vielfach nicht praktisch würde. So kann die Bezeichnung als „vorweggenommene Erbfolge" zwar eine bloße Motivangabe sein oder allein aus steuerlichen Gründen erfolgen. Darin kann aber auch eine Anrechnungsbestimmung gesehen werden[28]. Entscheidend ist, ob nach dem erkennbaren Willen des Erblassers damit eine Kürzung der dem Empfänger am Restnachlass zustehenden Pflichtteilsrechte bezweckt war[29]. Dies wird vielfach so gewollt sein, insbes wenn es heißt, dass der Empfänger damit „abgefunden sein soll"[30]. Gerade wenn größere Zuwendungen bei Vorhandensein mehrerer Kinder erfolgen, entspricht idR eine Anrechnungspflicht auch der typischen Erwartungshaltung des Empfängers. Abzugrenzen ist die Anrechnungspflicht auch von der **Ausgleichung** auf den Erbteil (§ 2050, vielfach fälschlich als „Anrechnung auf den Erbteil" bezeichnet). Letztere wirkt sich nur nach § 2316 mittelbar auf den Pflichtteil aus, wirkt aber nicht so stark pflichtteilsverringernd wie § 2315 und versagt völlig, wenn

---

[13] *Thubauville* MittRhNotK 1992, 289, 293; *Staudinger/Haas* Rn 13.
[14] *Staudinger/Haas* Rn 15.
[15] AllgM, vgl *Staudinger/Haas* Rn 15.
[16] BGH DNotZ 1963, 113.
[17] *Thubauville* MittRhNotK 1992, 289, 292.
[18] *Staudinger/Haas* Rn 14; RGRK/*Johannsen* Rn 5; zur Lebensversicherung *Klingelhöffer* ZEV 1995, 180, 182; eingehend *J. Mayer* DNotZ 2000, 905, 925.
[19] BGH DNotZ 1963, 113, 114; MünchKommBGB/*Lange* Rn 5.
[20] Muster bei *Nieder* HdB Rn 221. Bei einer Lebensversicherung kann die Anordnung wegen des Zurückweisungsrechts des Drittbegünstigten (§ 333) nur bis zur Auszahlung erfolgen; aA *Kerscher/Riedel/Lenz* Pflichtteilsrecht § 15 Rn 22: nur bis zur Benennung des Bezugsberechtigten.
[21] Terminologie nach *Kerscher/Riedel/Lenz* Pflichtteilsrecht § 5 Rn 24.
[22] OLG Düsseldorf ZEV 1994, 173 m Anm *Baumann*; OLG Karlsruhe NJW-RR 1990, 393; RG SeuffA 76 Nr 57; *Lange/Kuchinke* § 37 VI 9 a; *Staudinger/Haas* Rn 22; MünchKommBGB/*Lange* Rn 6.
[23] *Thubauville* MittRhNotK 1992, 289, 297; für generelle Formfreiheit *Sostmann* MittRhNotK 1976, 479, 483; *Staudinger/Haas* Rn 22, was aber zumindest im Bereich von § 311 b Abs 1 nicht richtig ist.
[24] RG Recht 1921 Nr 150; OLG Düsseldorf ZEV 1994, 173; OLG Karlsruhe NJW-RR 1990, 393; RGRK/*Johannsen* Rn 6; *Staudinger/Haas* Rn 27; *Erman/Schlüter* Rn 4; DIV-Gutachten DAVorm 1997, 623, 625; *Klingelhöffer* Rn 309; ähnlich *Pentz* ZEV 1999, 167, 168, wonach dem Empfänger die Anrechnungsanordnung in der Art und Weise bekannt zu geben ist, dass er diese „abwehren" könne.
[25] MünchKommBGB/*Lange* Rn 7; *Peter* BWNotZ 1986, 28, 31; Hk-BGB/*Hoeren* Rn 4.
[26] RGZ 67, 306, 307; RG Recht 1921 Nr 150; BayObLGZ 1959, 77, 81; OLG Düsseldorf ZERB 2002, 231, 232 m Anm *Schnorrenberg*; Palandt/*Edenhofer* Rn 2; *Lange/Kuchinke* § 37 VII 9 a sub beta.
[27] *Lange/Kuchinke* § 37 VI 9 a sub beta.
[28] *Thubauville* MittRhNotK 1992, 289, 297; einschränkend *Sostmann* MittRhNotK 1976, 479, 484; vgl auch BGHZ 82, 274, 278 = 1982, 43, wo bei einer solchen Bestimmung eine Ausgleichungsanordnung nach § 2050 bejaht wurde.
[29] OLG Düsseldorf ZEV 1994, 173, 174; ZERB 2002, 231, 232 m Anm *Schnorrenberg*; Weimar JR 1967, 97, 98.
[30] RG Recht 1912 Nr 81; BayObLG HRR 1929 Nr 290; *Kipp/Coing* § 11 I Fn 2.

der Empfänger kein Abkömmling ist oder nur ein Abkömmling hinterlassen wird[31]. Es sollte aber nicht generell verneint werden, dass eine solche Bestimmung auch als Pflichtteilsanrechnung ausgelegt werden kann[32]. Vielmehr erfasst der Empfänger auch bei solchen Formulierungen die pflichtteilsrechtliche Relevanz im Wege einer „Parallelwertung in der Laiensphäre" durchaus und weiß, dass er später nicht mehr „so viel erhalten soll"[33]. Die Anrechnungsbestimmung kann auch unter einer Bedingung erklärt werden[34].

Bei einem **beschränkt Geschäftsfähigen** verursacht die Anrechnungspflicht die Wirkungen eines 8 beschränkten Pflichtteilsverzichts. Die Zuwendung bringt ihm daher keinen lediglich rechtlichen Vorteil iS des § 107; die Schutzbedürftigkeit zeigt sich hier insbes beim Erwerb kurzlebiger Wirtschaftsgüter[35]. Bei Zuwendungen durch die gesetzlichen Vertreter bedarf es daher der Bestellung eines Ergänzungspflegers (§ 1909) und einer vormundschaftsgerichtlichen Genehmigung (§ 2347 Abs 1 S 1)[36].

Eine **nachträgliche Anrechnungsanordnung** nach Empfang der Zuwendung ist nicht mehr 9 möglich, es sei denn, der Erblasser hat sich dies bei der Zuwendung ausdrücklich vorbehalten[37] oder es liegen die Voraussetzungen für eine Pflichtteilsentziehung (§§ 2333 ff) vor[38]. Gibt der Empfänger später aber einen (beschränkten) Pflichtteilsverzicht in der Form des § 2348 ab, so lässt sich das gleiche Ergebnis erzielen[39]. Die bereits getroffene Anrechnungsbestimmung kann vom Erblasser jederzeit wieder einseitig **aufgehoben** werden, und zwar richtigerweise auch durch formlose Erklärung[40].

III. Berechnung des Pflichtteilsanspruchs

1. Berechnungsmethode (Abs 2 S 1). Der Wert der Zuwendung (berechnet nach Abs 2 S 2) ist 10 dem Nachlass hinzuzurechnen (sog fiktiver oder Anrechnungsnachlass), mit der Pflichtteilsquote (unter Beachtung von §§ 2310, 1371) zu multiplizieren und davon der Vorempfang abzuziehen. Oder in einer Formel[41]:

$$P = \frac{N+Z}{2Q} - Z$$

Dabei bedeutet P den effektiven Pflichtteilsanspruch des Zuwendungsempfängers, N den Reinnachlass im Erbfall, Z die anrechnungspflichtige Zuwendung und Q den gesetzlichen Erbteil des Pflichtteilsberechtigten (unter Beachtung von § 2310 berechnet).

Beispiel: Der verwitwete Erblasser hinterlässt nur einen pflichtteilsberechtigten Sohn S. Nachlass 60 000, der 10.1 anrechnungspflichtige Vorempfang war 15 000, Erbe ist ein Dritter. Pflichtteilsanspruch des S: [(60 000 + 15 000): 2] − 15000 = 22 500.

Auf Grund dieser Berechnungsweise verringert sich der Pflichtteil nicht um den vollen Wert der 11 Zuwendung, sondern der Anrechnungsbetrag kürzt sich um den Pflichtteil des Empfängers (Z/2Q)[42]. Ergibt sich bei der Anrechnung des Vorempfangs kein positiver Betrag, so erhält der Pflichtteilsberechtigte keinen Pflichtteilsanspruch mehr, hat aber auch nichts an den Nachlass zurückzuzahlen, auch wenn es an einer § 2056 S 1 entsprechenden Regelung fehlt. Es kann aber uU ein Pflichtteilsergänzungsanspruch nach §§ 2325, 2329 gegeben sein[43].

---

[31] *Nieder* HdB Rn 230; *Sostmann* MittRhNotK 1976, 479, 493 ff; *J. Mayer* ZErb 2007, 130, 131.
[32] In Ausnahmefällen halten dies auch für zulässig RG SeuffA 76 Nr 57; JW 1924, 2124, 2125; Recht 1921 Nr 143; OLG Düsseldorf ZEV 1994, 173, 174; *Sostmann* MittRhNotK 1976, 479, 483, 490 f; *Staudinger/Haas* Rn 33.
[33] So auch *Sostmann* MittRhNotK 1976, 479, 491; vgl auch *Peter* BWNotZ 1986, 28, 31.
[34] *Sostmann* MittRhNotK 1976, 479, 484.
[35] So die hM, AnwK-BGB/*Bock* Rn 11; vgl *Lange/Kuchinke* § 37 VII 9 a sub alpha; Gutachten DNotI-Report 2007, 160; *Lange* NJW 1955, 1339, 1343; MünchKommBGB/*Lange* Rn 9; AK/*Däubler* Rn 10; *Staudinger/Haas* Rn 26, 31 f; *Kasper*, Anrechnung und Ausgleichung, S 26 f; als dogmatisch richtig aber praktisch zu weit reichend sieht dies *Soergel/Dieckmann* Rn 7 an; aA OLG Dresden MittBayNot 1996, 288, 291; *Fernbacher* MittBayNot 2004, 24, 25 mit sehr verkürzter Betrachtung; *Pentz* MDR 1998, 1266; *Everts* Rpfleger 2005, 180; *Damrau/Riedel/Lenz* Rn 4 unter unzutr Bezug auf BGHZ 15, 168, 170 f bei einer Ausgleichungsanordnung nach § 2050, jedoch ist dies nicht vergleichbar, da die Anrechnung direkter auf die Pflichtteilshöhe wirkt.
[36] AA *Fernbacher* MittBayNot 2004, 24, 25; entgegen *Staudinger/Haas* (Rn 26) ist dies bei Minderjährigen kein Zugangsproblem: Stellt das Rechtsgeschäft trotz der Anrechnungsbestimmung einen rechtlichen Vorteil iS von § 107 dar, so greift die Vertretungsbeschränkung der §§ 1795 Abs 2, 181 gerade nicht ein, vgl *Palandt/Diederichsen* § 1795 Rn 7 mwN. Das Zugangsproblem stellt sich aber bei volljährigen Geschäftsunfähigen.
[37] *J. Mayer* ZEV 1996, 441, 447; MünchKommBGB/*Lange* Rn 6.
[38] *Damrau/Riedel/Lenz* Rn 4.
[39] RGZ 71, 133, 136; RG Recht 1911 Nr 2923; MünchKommBGB/*Lange* Rn 6; zu diesen Fragen s auch *J. Mayer* ZErb 2007, 130, 133.
[40] *J. Mayer* ZEV 1996, 441, 446, auch zu anderen Beseitigungsmöglichkeiten; *Thubauville* MittRhNotK 1992, 289, 298; *Nieder* HdB Rn 224; *Staudinger/Haas* Rn 33; aA *Lange/Kuchinke* § 37 VII 9 a Fn 326: nur in der Form der Verfügung von Todes wegen.
[41] *Planck/Greiff* Anm 2 d; vgl auch MünchKommBGB/*Lange* Rn 11; PWW/*Deppenkemper* Rn 5; *Staudinger/Haas* Rn 57; der Sache nach gleich *Nieder* HdB Rn 185.
[42] *Maenner* Recht 1921, 3 linke Spalte; *Nieder* HdB Rn 225.
[43] MünchKommBGB/*Lange* Rn 13; *Thubauville* MittRhNotK 1992, 289, 299.

§ 2315

12 Bei **mehreren Pflichtteilsberechtigten** wird nicht für alle ein Gesamtnachlass gebildet (wie bei der kollektiv berechneten Ausgleichung nach §§ 2050 ff), sondern es ist für jeden Anrechnungspflichtigen jeweils getrennt sein Pflichtteilsanspruch individuell aus dem nur um seinen Vorempfang erhöhten Anrechnungsnachlass zu berechnen. Es erfolgt also eine mehrfache, getrennte Berechnung mit **verschiedenen Anrechnungsnachlässen**[44]. Bei **Zugewinngemeinschaftsehe** ist danach zu differenzieren, ob es zur güter- oder erbrechtlichen Lösung kommt.

12.1 **Beispiel:** Verwitweter Erblasser hinterlässt drei Kinder. Erbe ist der Familienfremde F. Nachlasswert 60 000; Vorempfang A 15 000, B 10 000 und C 5000.

Pflichtteilsanspruch A: (60.000 + 15.000) : 6 − 15 000 = 0
Pflichtteilsanspruch B: (60 000 + 10 000) : 6 − 10 000 = 1666,66
Pflichtteilsanspruch C: (60 000 +   5000) : 6 −   5000 = 5833,33

12.2 **Beispiel:** Der Erblasser hinterlässt aus einer Ehe in Zugewinngemeinschaft die Witwe W, die eine anrechnungspflichtige Zuwendung von 5000 erhielt. Der Nachlass beträgt 110 000, Zugewinnausgleichsforderung 10 000. Vorempfänge der drei Kinder wie vor. Erbe ist der Fremde F.

Bereinigter Nachlass nach Abzug Zugewinnausgleich: 100 000
Pflichtteilsanspruch W: (100 000 +   5000) : 8 − 5000 = 8125
Pflichtteilsanspruch A: (100 000 + 15 000) : 8 − 15 000 = 0,00
Pflichtteilsanspruch B: (100 000 + 10 000) : 8 − 10 000 = 3750
Pflichtteilsanspruch C: (100 000 +   5000) : 8 − 5000 = 8125.

13 Auch bei der Berechnung des **Pflichtteilsrestanspruchs** nach § 2305 ist in gleicher Weise zu verfahren, wenn der Pflichtteilsberechtigte bereits zu Lebzeiten einen Vorempfang mit Anrechnungspflicht erhalten hat und man der sog Werttheorie zumindest bei Bestehen von Anrechnungs- und Ausgleichungspflichten folgt[45].

13.1 **Beispiel:** Der verwitwete Erblasser hinterlässt nur ein Kind K, das bereits 10 000 mit Anrechnungsbestimmung zu Lebzeiten erhalten hat. Der Nachlass beträgt 60 000, K wird zu $1/6$ als Erbe eingesetzt; den Rest erhält der Familienfremde F.

Pflichtteilsanspruch K: (60 000 + 10 000) : 2 − 10 000 = 25 000
Erbteil: 10 000. Pflichtteilsrestanspruch somit 15 000.

14 **2. Wertberechnung der Zuwendung (Abs 2 S 2).** Gemäß **Abs 2 S 2** bestimmt sich der Wert der anzurechnenden Zuwendung nach dem Zuwendungszeitpunkt, bei gestreckten Erwerbstatbeständen ist das der der Vollendung des dinglichen Erwerbs[46]. Der anrechnungspflichtige Pflichtteilsberechtigte trägt daher grds das Risiko der Wertminderung bis zum Erbfall, während eine bis zum Erbfall eingetretene Wertsteigerung den Erben nicht entlastet[47], was etwa bei zwischenzeitlich erheblichen Wertzuwächsen nur schwer verständlich ist. Jedoch ist zur Verwirklichung der wirtschaftlichen Vergleichbarkeit des Wertmessers Geld ein vom Zeitpunkt der Zuwendung bis zum Erbfall eingetretener **Kaufkraftschwund** zu berücksichtigen. Es ist daher zunächst nach den allgemeinen Bewertungsmethoden der Wert der Zuwendung im Zuwendungszeitpunkt zu ermitteln und dann der Zuwendungswert mit der für das Jahr des Todes des Erblassers geltenden Preisindexzahl für die Lebenshaltung in langjähriger Übersicht, veröffentlicht im statistischen Jahrbuch für die Bundesrepublik Deutschland, zu multiplizieren und durch die Preisindexzahl für das Zuwendungsjahr zu dividieren[48]. Dies gilt für Geld- wie Sachzuwendungen[49]. Als maßgeblicher Index wurde bisher dabei überwiegend der für einen Vier-Personen-Arbeitnehmerhaushalt mit mittlerem Einkommen angenommen[50]. Dabei ist jedoch zu beachten, dass seit dem Januar 2003[51] nur noch der **Verbraucherpreisindex** für Deutschland festgestellt wird[52]. In einer Formel[53]:

$$W = \frac{Z \times LE}{LZ}$$

Dabei steht Z für den Zuwendungswert im Zeitpunkt der Zuwendung, LZ für den Verbraucherpreisindex zurzeit der Zuwendung, LE für den Verbraucherpreisindex im Erbfall und W für den durch den Kaufkraftschwund bereinigten Zuwendungswert.

---

[44] MünchKommBGB/*Lange* Rn 12; *Damrau/Riedel/Lenz* Rn 7; *Lange/Kuchinke* § 37 VI 9 Fn 332, jeweils mit Beispiel.
[45] *Staudinger/Haas* Rn 56; zur Werttheorie bei § 2305 s § 2305 Rn 3; allg zur Quoten- und Werttheorie s § 2306 Rn 9 ff.
[46] BGHZ 65, 75, 76 f; *Staudinger/Haas* Rn 45; *Thubauville* MittRhNotK 1992, 289, 303.
[47] *Staudinger/Haas* Rn 47; *Keim* ZEV 2006, 363; MünchKommBGB/*Lange* Rn 15; anders jurisPK/*Birkenheier* Rn 25, wonach die Wertsteigerung dem Erben zu Gute käme, was aber unzutr ist, da ihm die Zuwendung nicht mehr gehört.
[48] BGHZ 65, 75, 78 = NJW 1975, 1831; BGHZ 96, 174, 180; dazu auch BGHZ 61, 385, 388, 393 für den Zugewinnausgleich; vgl auch etwa jurisPK/*Birkenheier* Rn 26; *Löbbecke* NJW 1975, 2292; *Ebenroth/Bacher* BB 1990, 2053; *Damrau/Riedel/Lenz* Rn 9; MünchKommBGB/*Lange* Rn 15.
[49] *Thubauville* MittRhNotK 1992, 289, 303; aA für Geldzuwendungen *Philipp* DB 1976, 664.
[50] *Staudinger/Haas* Rn 51; vgl § 1376 Rn 40.
[51] Ausf *Reul* DNotZ 2003, 92.
[52] Übersehen etwa bei AnwK-BGB/*Bock* Rn 16; *Staudinger/Haas* Rn 51; zu den Umbasierungsfaktoren für die Umrechnung der früheren Indexreihen s DNotZ 2003, 733.
[53] *Soergel/Dieckmann* Rn 13; MünchKommBGB/*Lange* Rn 15; PWW/*Deppenkemper* Rn 8.

Dieses Verfahren ist kritisiert worden, da es Geld- und Sachwertzuwendungen gleich behandelt und **15** der Lebenshaltungsindex über den Geldwertschwund von bestimmten Sachwerten nichts aussagt[54]. Daher wird auch vorgeschlagen, auf den Wiederbeschaffungsaufwand im Zeitpunkt des Erbfalls für die Zuwendung im Erhaltungszustand des Zuwendungszeitpunkts abzustellen[55], was aber nicht sehr praktikabel erscheint.

Der Erblasser kann jedoch den **Anrechnungswert** niedriger als den wahren Wert **ansetzen,** denn **16** er könnte ja auch ganz auf die Anrechnung verzichten[56]. Die einseitige Anrechnung zu einem **höheren** als dem wirklichen Wert ist jedoch nicht möglich, da dadurch einseitig in den Pflichtteil des Empfängers eingegriffen würde; hierzu bedarf es eines Pflichtteilsverzichts, wenn nicht ausnahmsweise ein Pflichtteilsentziehungsgrund vorliegt[57]. Ein einseitiger Eingriff in das Pflichtteilsrecht ist dem Zuwendungsempfängers auch nicht dadurch möglich, dass ein **anderer Bewertungsstichtag** bestimmt wird[58].

IV. Wegfall eines Abkömmlings (Abs 3)

Diese Bestimmung enthält eine **Ausnahme** vom Grundsatz, dass **fremde Vorempfänge nicht** **17** **anzurechnen** sind (Rn 5). Fällt ein Abkömmling, der eine anrechnungspflichtige Zuwendung erhalten hat, vor oder nach dem Erbfall weg, so muss der an seine Stelle tretende Abkömmling des Erblassers, der nicht notwendig einer des Weggefallenen sein muss, sich diese Zuwendung anrechnen lassen. Dies gilt nicht, wenn er beweisen kann, dass die Anrechnungspflicht nur für den Empfänger der Zuwendung gelten sollte. Durch die erweiterte Anrechnung soll eine Vermehrung der Pflichtteilslast vermieden werden[59]. Dass der Eintretende die Zuwendung tatsächlich erhalten oder den Weggefallenen beerbt hat, ist nicht erforderlich. Auch gilt Abs 3 dann, wenn der Nachrückende der einzige Pflichtteilsberechtigte ist, da es sich um eine Anrechnungs- und nicht Ausgleichungsbestimmung handelt[60]. Der Wegfall kann durch Vorversterben, Erbverzicht ohne Pflichtteilsvorbehalt, Erbunwürdigerklärung, Ausschlagung, Pflichtteilsverzicht, Pflichtteilsentzug erfolgen[61].

Abs 3 greift auch ein, wenn zwar kein Abkömmling des anrechnungspflichtigen Zuwendungsempfängers vorhanden ist, aber ein anderer Abkömmling des Erblassers, also ein **Seitenverwandter** des Weggefallenen an dessen Stelle tritt. Hier ist im Anrechnungsverfahren auch der Grundgedanke des § 1935 zu beachten: Zuwendungen an den Weggefallenen können nicht den ursprünglichen Pflichtteil des „Ersatzmannes" beeinträchtigen[62]. **18**

Beispiel: Der verwitwete Erblasser hinterlässt einen Nachlass von 40 000 und zwei Kinder A und B. A ist kinderlos **18.1** vorverstorben und hat eine anrechnungspflichtige Zuwendung von 10 000 erhalten. Erbe ist der Familienfremde F. Der Pflichtteil von B beläuft sich dabei nicht etwa auf (40 000 + 10 000) : 2 − 10 000 = 15 000. Vielmehr sind der ursprüngliche und der durch den Wegfall von A als Erhöhung erworbene Pflichtteil als besondere anzusehen. Also getrennte Berechnung: Pflichtteil B ohne die Erhöhung und ohne Wegfall des A: 10 000. Zuzüglich des fremden Pflichtteils des A unter Berücksichtigung der Anrechnungspflicht (40 000 + 10 000) : 4 − 10 000 = 2500[63].

Für **Eltern** und **Ehegatten** gilt die Anrechnungspflicht eines fremden Vorempfangs nach Abs 3 nach **19** dessen ausdrücklichem Wortlaut nicht[64]. Jedoch kann den an Stelle des weggefallenen Abkömmlings eintretenden Eltern § 2309 entgegenstehen, weil die Annahme eines anrechnungspflichtigen Vorempfangs der Annahme einer Hinterlassenschaft iS des § 2309 gleichsteht und daher in diesem Umfang den Pflichtteilsanspruch der Eltern mindert (§ 2309 Rn 10). Dies gilt jedoch nicht bei einem Vorversterben des anrechnungspflichtigen Abkömmlings, da die Eltern in diesem Fall nicht durch diesen von der gesetzlichen Erbfolge ausgeschlossen werden[65].

V. Konkurrenzfragen

1. Anrechnung von Ehegattenzuwendungen bei Zugewinngemeinschaft. Der Erblasser kann **20** bei Zuwendungen an seinen Ehegatten in einer Zugewinngemeinschaftsehe bestimmen, dass diese auf

---

[54] Soergel/Dieckmann Rn 14; krit hierzu auch Pentz ZEV 1999, 167.
[55] Werner DNotZ 1978, 66, 80 ff; Staudinger/Werner § 2055 Rn 8 f; Staudinger/K. Schmidt (1997) Vor §§ 244 ff Anm D 74; krit hierzu Staudinger/Haas Rn 49; Thubauville MittRhNotK 1992, 289, 304; abl auch OLG Nürnberg ZEV 2006, 361, 362.
[56] MünchKommBGB/Lange Rn 14; Staudinger/Haas Rn 42; Damrau/Riedel/Lenz Rn 10.
[57] Sostmann MittRhNotK 1976, 479, 485; Soergel/Dieckmann Rn 11; Staudinger/Haas Rn 43; MünchKommBGB/ Lange Rn 14; Thubauville MittRhNotK 1992, 289, 305; Kasper, Anrechnung und Ausgleichung, S 84 f; Damrau/ Riedel/Lenz Rn 10; AnwK-BGB/Bock Rn 18; aA Ebenroth/Bacher/Lorz JZ 1991, 277, 282: formloses Einverständnis des Zuwendungsempfängers genügt, um die Schutzwürdigkeit des Empfängers zu beseitigen.
[58] Staudinger/Haas Rn 54; Keim ZEV 2006, 363; aA OLG Nürnberg ZEV 2006, 361, 362, das aber das Problem nicht erkennt und zudem hilfsweise mit einem stillschweigenden Pflichtteilsverzicht arbeitet.
[59] Staudinger/Haas Rn 60.
[60] Lange/Kuchinke § 37 VII 9 a sub gamma; Soergel/Dieckmann Rn 15.
[61] Staudinger/Haas Rn 62.
[62] Soergel/Dieckmann Rn 16; RGRK/Johannsen Rn 18; Staudinger/Haas Rn 66; MünchKommBGB/Lange Rn 16.
[63] Ebenso Staudinger/Haas Rn 66; MünchKommBGB/Lange Rn 16; offen lassend Soergel/Dieckmann Rn 17.
[64] Soergel/Dieckmann Rn 19.
[65] Staudinger/Haas Rn 69; MünchKommBGB/Lange Rn 18.

den Pflichtteil (§ 2315) oder auf die Zugewinnausgleichsforderung (§ 1380, wichtig wenn es zur güterrechtlichen Lösung kommt, § 2303 Rn 23) angerechnet werden. Einigkeit besteht hier zunächst darüber, dass es dem Erblasser freisteht zu bestimmen, ob der Vorempfang auf den Zugewinnausgleich, den Pflichtteil oder teilweise auf die eine oder andere Forderung angerechnet wird. Lediglich eine **Doppelanrechnung** ist ausgeschlossen[66]. Für die Reihenfolge der Anrechnung kommt es primär auf den Erblasserwillen an. Für die Anrechnung auf die andere Forderung ist daher nur dann Raum, wenn der Wert der Zuwendung nicht bereits durch die Anrechnung auf die eine Forderung „verbraucht" ist[67]. Fehlt es an einer Anrechnungsbestimmung, so ist in Anlehnung an § 366 Abs 2 der Pflichtteilsanspruch zu kürzen, der dieser gegenüber der Zugewinnausgleichsforderung der weniger sichere ist (§ 327 Abs 1 Nr 1 InsO)[68].

21 **2. Anrechnung und Pflichtteilsergänzung.** Ist die anrechnungspflichtige Zuwendung eine Schenkung, so steht dies **Pflichtteilsergänzungsansprüchen** anderer Pflichtteilsberechtigter nicht entgegen[69]. Übersteigt der Zuwendungswert den Wert des Pflichtteils des Beschenkten, der sich nach § 2315 ergibt, so muss er zwar nach dieser Bestimmung nichts hinauszahlen. Bezüglich der Schenkung kann aber ein **Pflichtteilsergänzungsanspruch** gegen ihn nach den §§ 2325, 2329 bestehen[70]; dabei hat er jedoch **analog § 2328** ein Leistungsverweigerungsrecht zur Verteidigung seines nach § 2315 berechneten Pflichtteilsanspruchs, einschließlich eines etwaigen eigenen Ergänzungsanspruchs (§ 2329 Rn 13). Macht der Anrechnungspflichtige selbst einen Pflichtteilsergänzungsanspruch gegen andere geltend, so muss er sich hierauf den Wert seiner Zuwendung nach **§ 2327 Abs 1 S 2** anrechnen lassen.

VI. Beweislast

22 Sowohl die Zuwendung selbst wie auch die Anrechnungsbestimmung muss derjenige beweisen, der sich hierauf beruft[71]. Auch wenn der Beweis hierfür mit anderen Mitteln geführt werden kann, sollte sich der Erblasser vom Zuwendungsempfänger immer schriftlich Art, Höhe und die getroffene Anrechnungsbestimmung bestätigen lassen. Auch ein nachträgliches Anerkenntnis hierüber bedarf nicht der Form des Pflichtteilsverzichts[72].

§ 2316 Ausgleichungspflicht

(1) ¹Der Pflichtteil eines Abkömmlings bestimmt sich, wenn mehrere Abkömmlinge vorhanden sind und unter ihnen im Falle der gesetzlichen Erbfolge eine Zuwendung des Erblassers oder Leistungen der in § 2057a bezeichneten Art zur Ausgleichung zu bringen sein würden, nach demjenigen, was auf den gesetzlichen Erbteil unter Berücksichtigung der Ausgleichungspflichten bei der Teilung entfallen würde. ²Ein Abkömmling, der durch Erbverzicht von der gesetzlichen Erbfolge ausgeschlossen ist, bleibt bei der Berechnung außer Betracht.

(2) Ist der Pflichtteilsberechtigte Erbe und beträgt der Pflichtteil nach Absatz 1 mehr als der Wert des hinterlassenen Erbteils, so kann der Pflichtteilsberechtigte von den Miterben den Mehrbetrag als Pflichtteil verlangen, auch wenn der hinterlassene Erbteil die Hälfte des gesetzlichen Erbteils erreicht oder übersteigt.

(3) Eine Zuwendung der im § 2050 Abs 1 bezeichneten Art kann der Erblasser nicht zum Nachteil eines Pflichtteilsberechtigten von der Berücksichtigung ausschließen.

(4) Ist eine nach Absatz 1 zu berücksichtigende Zuwendung zugleich nach § 2315 auf den Pflichtteil anzurechnen, so kommt sie auf diesen nur mit der Hälfte des Wertes zur Anrechnung.

Übersicht

	Rn		Rn
I. Normzweck, Grundsätzliches............	1	2. Berechnung des Ausgleichspflichtteils........	6
		a) Grundsätzliches...........................	6
II. Ausgleichspflichtteil (Abs 1)..............	3	b) Details...................................	8
1. Voraussetzungen...........................	3		

---

[66] MünchKommBGB/*Lange* Rn 19; *Soergel/Dieckmann* Rn 21; *Kasper*, Anrechnung und Ausgleichung, S 91.
[67] *Soergel/Dieckmann* Rn 21; MünchKommBGB/*Lange* Rn 20.
[68] *Damrau/Riedel/Lenz* Rn 16; MünchKommBGB/*Lange* Rn 21; *Soergel/Dieckmann* Rn 21; *Staudinger/Thiele* § 1380 Rn 29; *Gernhuber/Coester-Waltjen* § 37 IV 5; *v. Olshausen* FamRZ 1978, 755, 761, will ausgehend von § 1374 Abs 2 nur den halben Zuwendungswert auf den Pflichtteil anrechnen. Für verhältnismäßige Anrechnung RGRK/*Johannsen* Rn 39 mit Formeln; aA *Kerscher/Riedel/Lenz* Pflichtteilsrecht § 8 Rn 59: vorrangige Anrechnung auf den Zugewinnausgleich; eingehend zum Streitstand und zu den Berechnungsmethoden *Kasper*, Anrechnung und Ausgleichung, S 91–122; *Bonefeld* ZErb 2002, 189.
[69] *Sturm/Sturm*, FS v. Lübtow, 1980, S 599 ff; *Otta* S 178, 193; *Schindler*, Pflichtteilsberechtigter Erbe, Rn 550; § 2316 Rn 21; unklar *Staudinger/Olshausen* 2325 Rn 40, der § 2325 nicht anwenden will, aber offenbar doch nur die ausgleichungspflichtigen Zuwendungen nach § 2316 meint.
[70] *Soergel/Dieckmann* Rn 10; *Schindler*, Pflichtteilsberechtigter Erbe, Rn 550.
[71] *Baumgärtel/Laumen* Rn 1 mwN.
[72] RG Recht 1911 Nr 2923; *Kipp/Coing* § 11 I Fn 2.

c) Beispiele (je ohne gleichzeitige Anrechnungspflicht) 9	VI. Zusammentreffen von Zuwendungen, die nur ausgleichspflichtig sind, mit solchen, die nur anrechnungspflichtig sind.... 20
d) Ausgleichung von Leistungen nach § 2057 a 15	
III. Pflichtteilsrestanspruch nach Abs 2..... 16	VII. Das Verhältnis von Pflichtteilsergänzung (§ 2325) und § 2316.................... 21
IV. Zwingender Charakter (Abs 3) 17	1. Ausgleichspflichtige Schenkungen............ 22
V. Zuwendungen, die zugleich ausgleichungs- und anrechnungspflichtig sind (Abs 4) 18	2. Zusammentreffen von ausgleichspflichtigen Zuwendungen und ergänzungspflichtigen Schenkungen................................. 23

I. Normzweck, Grundsätzliches

Die Vorschrift knüpft an die Ausgleichung von Zuwendungen und Leistungen zwischen den Abkömmlingen bei einer Erbauseinandersetzung (§§ 2050 ff) an. Da die Ausgleichung die nach den §§ 1924 ff sich ergebenden Erbquoten uU erheblich verändert, muss dies auch Auswirkungen auf den Pflichtteilsanspruch haben, der nach § 2303 Abs 1 S 2 in der Hälfte des Wertes des gesetzlichen Erbteils besteht[1]. Dabei ist für die Berechnung des Pflichtteils von einer **hypothetischen Ausgleichung** auszugehen, da eine echte Ausgleichung infolge der Enterbung von Pflichtteilsberechtigten gerade nicht stattfindet[2]. Die Ausgleichung erfolgt auch hier nur zwischen Abkömmlingen, wirkt aber zu Gunsten wie zu Lasten des enterbten Abkömmlings[3], aber auch für den auf Pflichtteilszahlung in Anspruch genommenen pflichtteilsberechtigten Alleinerben[4]. 1

Die Ausgleichung verringert idR (anders als § 2315) nicht die gesamte Pflichtteilsbelastung des Erben, sondern führt nur zu einer **Umverteilung** (Verschiebung) der Höhe der einzelnen Pflichtteilsansprüche zwischen den pflichtteilsberechtigten Abkömmlingen[5]. Ausnahmsweise tritt eine Entlastung des Erben ein, wenn infolge einer Ausgleichspflicht des Berechtigten sich dessen Pflichtteilsanspruch reduziert, die ausgleichungsberechtigten anderen abstrakt Pflichtteilsberechtigten aber in Folge Pflichtteilsentziehung, Erbunwürdigkeit oÄ in concreto keinen Pflichtteilsanspruch haben[6]. 2

II. Ausgleichspflichtteil (Abs 1)

1. Voraussetzungen. Die Pflichtteilsberechnung nach § 2316 erfordert, dass im Fall einer gesetzlichen Erbfolge Zuwendungen des Erblassers oder Leistungen iS des § 2057 a zur Ausgleichung zu bringen wären (hypothetische Ausgleichungslage, vgl Rn 1). Dies setzt zum einen voraus, dass **mehrere Abkömmlinge** vorhanden sind, die pflichtteilsberechtigt sind; bei nichtehelichen Kindern s § 2303 Rn 11. Bei der abstrakten Ermittlung des Pflichtteilsquote bestimmenden Erbteils (§ 2310 S 1) werden auch die Abkömmlinge mitgezählt, die enterbt sind, die Erbschaft ausgeschlagen haben, oder für erbunwürdig erklärt wurden, nur auf ihren Pflichtteil verzichtet haben oder denen der Pflichtteil entzogen wurde, mögen diese im konkreten Fall auch keinen Pflichtteilsanspruch mehr haben[7]. Außer Betracht bleibt aber derjenige, der einen reinen **Erbverzicht** (§ 2346 Abs 1) abgegeben hat (Abs 1 S 2, was § 2310 S 2 entspricht), oder bei dem ein vor dem 1. 4. 1998 wirksam gewordener vorzeitiger Erbausgleich vorlag (§ 1934 e)[8]. Soweit sich der Erbverzicht auch auf die Abkömmlinge des Verzichtenden erstreckt (§ 2349), sind auch diese nicht zu berücksichtigen. Mitzuzählen sind auch Abkömmlinge, die allein oder neben Dritten zum Erben eingesetzt sind und zwar sogar dann, wenn sich die Ausgleichung zu Gunsten dieses Erben auswirkt[9]. 3

Weiter muss eine ausgleichspflichtige **Zuwendung** (§ 2050) oder Leistung (§ 2057 a) vorliegen. Insoweit wird an die in diesen Gesetzesbestimmungen getroffenen Regelungen angeknüpft (zu Einzelheiten s dort). Hinsichtlich der **Zuwendungen** ist zu beachten, dass es welche gibt, die kraft Gesetzes immer ausgleichungspflichtig sind (§ 2050 Abs 1 und 2, sog **geborene Ausgleichungspflicht**)[10]; dies 4

---

[1] BGH NJW 1993, 1197; OLG Nürnberg NJW 1992, 2303, 2304; *Staudinger/Haas* Rn 1.
[2] BGH NJW 1993, 1197; AnwK-BGB/*Bock* Rn 1; *Damrau/Riedel/Lenz* Rn 4; MünchKommBGB/*Lange* Rn 5.
[3] Deutlich bereits *Bührer* ZBlFG 15, 213, 226 ff.
[4] BGH NJW 1993, 1197.
[5] *Kretzschmar* ZBlFG 8, 11, 18; AnwK-BGB/*Bock* Rn 1; *Damrau/Riedel/Lenz* Rn 1; *Staudinger/Haas* Rn 1; *Soergel/Dieckmann* Rn 3.
[6] *Soergel/Dieckmann* Rn 3; *Damrau/Riedel/Lenz* Rn 1.
[7] LG Ravensburg BWNotZ 1989, 146, 147 = AgrarR 1991, 252; AnwK-BGB/*Bock* Rn 7; MünchKommBGB/*Lange* Rn 4; *Staudinger/Haas* Rn 3; *Lange/Kuchinke* § 37 VII Fn 346.
[8] *Staudinger/Haas* Rn 3; Palandt/*Edenhofer* Rn 1; vgl dazu jetzt Art 227 Abs 1 Nr 2 EGBGB.
[9] BGH NJW 1993, 1197; OLG Nürnberg NJW 1992, 2303, 2304; LG Ravensburg BWNotZ 1989, 146; AnwK-BGB/*Bock* Rn 7; *Staudinger/Haas* Rn 3; MünchKommBGB/*Lange* Rn 2; *Soergel/Dieckmann* Rn 2; *Thubauville* MittRhNotK 1992, 289, 291; aA OLG Stuttgart DNotZ 1989, 184.
[10] Bezeichnung nach *Kerscher/Riedel/Lenz* Pflichtteilsrecht § 5 Rn 84 mit tabellarischer Übersicht.

§ 2316

sind die Ausstattung (§ 1624, und zwar auch die Übermaßausstattung), Übermaßzuschüsse und Übermaßausbildungskosten.

5   **Sonstige Zuwendungen** begründen eine Ausgleichungspflicht nur, wenn dies der Erblasser ausdrücklich vor oder spätestens bei der Zuwendung angeordnet hat (§ 2050 Abs 3, sog „gekorene Ausgleichungspflicht"). Die **Ausgleichungsanordnung** ist eine einseitige, aber empfangsbedürftige Willenserklärung, die vor oder spätestens bei der Zuwendung dem Empfänger zugehen muss[11], da er auch hier – wie bei der Pflichtteilsanrechnung nach § 2315 (dort Rn 6) – die Möglichkeit der Zurückweisung haben muss. Eine nach der Zuwendung getroffene Anordnung vermag nur ausnahmsweise eine Ausgleichungspflicht zu begründen, und zwar, wenn dies sich der Erblasser ausdrücklich vorbehalten hat[12] oder die Form eines Erb- oder Pflichtteilsverzicht eingehalten[13] oder dadurch in den Pflichtteil nicht eingegriffen wird[14]. Die Anordnung kann auch nur für bestimmte Situationen getroffen werden, etwa nur für den Fall des Eintritts der **gesetzlichen Erbfolge**, nicht aber für die Berechnung der Pflichtteilshöhe bei Eintritt der gewillkürten; Abs 3 steht dem nicht entgegen, da es im Ermessen des Erblassers steht, ob er überhaupt eine Ausgleichungspflicht trifft[15]. Zu beachten ist, dass der **Zuwendungsbegriff** in §§ 2316 Abs 1, 2050 Abs 3 von der hM anders verstanden wird, als der in § 2315. Der Zuwendungsbegriff im Ausgleichungsverfahren ist dabei insofern weiter, als darunter nicht nur freiwillige Zuwendungen fallen, sondern **auch** solche, die in Erfüllung einer **gesetzlichen Pflicht** (etwa einer Unterhaltspflicht) erfolgen[16]. Dies ist besonders bei der Erbringung von Pflegekosten an unterhaltspflichtige Kinder bedeutsam[17]. Die Ausgleichspflichtige Zuwendung muss zudem **vom Erblasser** stammen[18]. Bei der **Ausgleichung** auf den Erbteil nach §§ 2050, 2052 macht die hM bei Vorliegen eines **Berliner Testaments** iS von § 2269 eine Ausnahme und lässt einen weiten Erblasserbegriff zu, so dass die bereits vom Erstversterbenden der Eltern gemachte Zuwendung erst im Rahmen der Erbauseinandersetzung nach dem Tode des zuletzt verstorbenen Elternteils zur Ausgleichung zu bringen ist (§ 2050 Rn 6)[19]. Jedoch ist diese Auffassung auf den Ausgleichspflichtteil nach § 2316 nicht übertragbar[20]. Sie geriete sonst hin Widerspruch zur Anrechnung nach § 2315, wo dies von der ganz hM abgelehnt wird (§ 2315 Rn 3), ohne dass ein sachlicher Differenzierungsgrund erkennbar ist, widerspricht der vom BGH[21] bei § 2327 angewandten „Trennungsbetrachtung" und ließe den eindeutigen Wortlaut des § 2316 Abs 1 außer Acht, der eine „Zuwendung des Erblassers" fordert. Soweit sich im Einzelfall nicht ermitteln lässt, aus wessen Nachlass die Zuwendung tatsächlich stammte, kann § 2331 auch bei anderen Güterständen analog angewandt werden[22].

6   **2. Berechnung des Ausgleichspflichtteils. a) Grundsätzliches.** Der Ausgleichspflichtteil ist auf der Grundlage des fiktiven **Ausgleichungserbteils** (auch Teilungsquote genannt) zu ermitteln. Dieser ist also nach den §§ 2055 bis 2057 zu errechnen (§ 2055 Rn 3 ff) und zu halbieren[23]. Dabei ist wie folgt vorzugehen: 1. Ermittlung des **ausgleichspflichtigen Restnachlasses** (§ 2055 Abs 1 S 2) durch Abzug des Teils, der auf den gesetzlichen Erbteil von Personen entfällt, die an der Ausgleichung nicht teilnehmen (Ehegatten scheiden immer aus, eventuell Abkömmlinge, die nach § 2056 S 2 außer Betracht bleiben). 2. **Bildung des Ausgleichsnachlasses** durch Hinzurechnung sämtlicher ausgleichspflichtiger Vorempfänge (kollektiv, § 2055 Abs 1 S 2, und indexiert), jedoch ohne den nicht zu berücksichtigenden Ehegatten oder der Abkömmlinge, die wegen § 2056 aus der Ausgleichung ausscheiden. 3. **Ermittlung des Ausgleichserbteils**, indem der Ausgleichsnachlass durch die (hypothetische) gesetzliche Erbquote geteilt wird, jedoch ohne Berücksichtigung der bereits aus der Ausgleichung ausgeschiedenen Abkömmlinge und des Ehegatten. 4. **Abzug der Vorempfänge** des jeweiligen Abkömmlings (§ 2055 Abs 1 S 1). Dabei empfiehlt es sich, mit demjenigen zu beginnen, der die größte Zuwendung erhalten hat, da hier die Möglichkeit am größten ist, dass er wegen § 2056 S 2 aus dem

---

[11] AnwK-BGB/*Bock* Rn 12; *J. Mayer* ZErb 2007, 130, 137; *Damrau/Riedel/Lenz* Rn 7; MünchKommBGB/*Lange* Rn 8; *Staudinger/Haas* Rn 11.
[12] *Damrau/Riedel/Lenz* Rn 7; *J. Mayer* ZEV 1996, 441, 443, 445; *Nieder* HdB Rn 205; MünchKommBGB/*Lange* Rn 8; *Staudinger/Haas* Rn 11.
[13] RGZ 71, 133, 136 f; AnwK-BGB/*Bock* Rn 12; *Staudinger/Haas* Rn 11; RGRK/*Johannsen* Rn 8.
[14] RGZ 67, 306, 309; AnwK-BGB/*Bock* Rn 12; *Lange/Kuchinke* § 37 VII 9 b Fn 342; *Staudinger/Haas* Rn 11.
[15] *J. Mayer* ZErb 2007, 130, 137; *Damrau/Riedel/Lenz* Rn 8; MünchKommBGB/*Lange* Rn 8; *Staudinger/Haas* Rn 12; *Planck/Greiff* Anm 7.
[16] RGZ 73, 372, 377 zu § 2050; AnwK-BGB/*Bock* Rn 11; *Staudinger/Werner* (2002) § 2050 Rn 17, 31; RGRK/*Kregel* § 2050 Rn 14. Für einen einheitlichen Zuwendungsbegriff aber MünchKommBGB/*Lange* Rn 10; *Kasper*, Anrechnung und Ausgleichung, S 22 ff; MünchKommBGB/*Heldrich* § 2050 Rn 30; diff *Soergel/Dieckmann* Rn 5.
[17] S etwa *Soergel/Dieckmann* Rn 5, der ausgleichspflichtig nur die Zuwendungen hält, die über der sozialhilferechtlichen Einstandspflicht des Erblassers liegen.
[18] Vgl für die ähnliche Problematik bei der Anrechnung § 2315 Rn 3.
[19] RG WarnR 1938, 51, 52; KG NJW 1974, 2131, 2132; MünchKommBGB/*Heldrich* § 2050 Rn 6 und § 2052 Rn 2; *Soergel/M. Wolff* § 2050 Rn 11, § 2052 Rn 5; offen gelassen von BGHZ 88, 102, 109 = NJW 1983, 2875 zu § 2327.
[20] *Schindler*, Pflichtteilsberechtigter Erbe, Rn 422 ff mit Darstellung der sich bei § 2050 und § 2316 unterschiedlich auswirkenden Erblasserbegriffe; *Nieder* Rn 216; *Schmid* BWNotZ 1971, 29, 34; der Sache nach auch OLG Düsseldorf ZErb 2002, 231, 232; für fraglich hält die Anwendung dieser Entscheidung bei § 2316 *Mohr* ZEV 1999, 257, 259.
[21] BGHZ 88, 102, 109; für nicht zwingend hält die Anwendung dieser Entscheidung bei § 2316 *Dieckmann* FamRZ 1983, 1104, 1106.
[22] *Mellmann*, Pflichtteilsergänzung und Pflichtteilsanrechnung, S 189 ff; dem zuneigend auch *Soergel/Dieckmann* § 2327 Rn 3 Fn 9; *Schindler*, Pflichtteilsberechtigter Erbe, Rn 423 Fn 721.
[23] Eingehend mit Beispielen und Formeln *Sturm/Sturm*, FS v. Lübtow, 1990, S 291 ff; *Staudinger/Haas* Rn 27 ff; AK-BGB/*Däubler* Rn 15; jurisPK/*Birkenheier* Rn 19.

ganzen Ausgleichungsverfahren ausscheidet. 5. Ist der Vorempfang größer als der Ausgleichserbteil, so **scheidet der Abkömmling** mit seinem Vorempfang nach § 2056 S 2 aus der Ausgleichsberechnung aus. Dann ist wieder nach Ziff 1 bis 4 vorzugehen, mit Ausgleichung nur zwischen den übrigen Abkömmlingen. 6. **Ermittlung des Ausgleichspflichtteils,** das ist die Hälfte des so ermittelten Ausgleichserbteils. Ist dieser kleiner oder gleich null, so besteht keine Ausgleichspflicht (s Ziff 5).

In einer Formel ergibt sich:[24] 7

$$P = \frac{1}{2} \times \left(\frac{N+Z}{Q} - T \right)$$

Dabei ist P der Ausgleichspflichtteil, N der bei der gesetzlichen Erbfolge auf die ausgleichungspflichtigen Abkömmlinge entfallende Nachlassteil (also bereinigt um den auf den Ehegatten oder andere nicht ausgleichungsbeteiligte Personen entfallenden Teil), Z der Wert der Summe sämtlicher ausgleichungspflichtiger Zuwendungen an die Abkömmlinge, Q die Zahl der mitzuzählenden Abkömmlinge und T der Wert der von dem betreffenden Abkömmling auszugleichenden Zuwendung.

b) Details. Der **Wertansatz** der Zuwendungen richtet sich wie bei § 2315 nach deren tatsächlichen 8 Wert zum Leistungszeitpunkt (2055 Abs 2)[25]. Währungsverfall und Kaufkraftschwund sind ebenso wie bei § 2315 zu berücksichtigen[26]. Hinsichtlich einer Wertbestimmung des Erblassers gilt: Eine **Höherbewertung der Zuwendung** zu Lasten des Pflichtteilsberechtigten ist grds nicht möglich, da dadurch das Pflichtteilsrecht des Zuwendungsempfängers beeinträchtigt wird[27]. Etwas anderes gilt, wenn diese in der Form eines (beschränkten) Pflichtteilsverzichts getroffen wird oder die Gründe für eine Pflichtteilsentziehung vorliegen[28]. Bei einer **Minderbewertung** zu Gunsten des Zuwendungsempfängers ist zu beachten, dass sich diese auch nicht nachteilig auf die Pflichtteile der anderen, ausgleichungsberechtigten Pflichtteilsberechtigten auswirken darf, da dadurch für deren Ausgleichserbteil weniger als nach dem gesetzlichen Grundschema angesetzt wird und § 2316 Abs 3 dem Grenzen setzt[29]. Bei den nur nach § 2050 Abs 3 ausgleichungspflichtigen Zuwendungen wird man es für zulässig halten müssen, dass hier (gleichsam als ein weniger gegenüber der vollen Ausgleichungspflicht) ein niedrigerer Wert bestimmt wird[30]. Bei der Bildung des ausgleichungspflichtigen Restnachlasses ist der **Güterstand** des Ehegatten zu beachten, bei der Zugewinngemeinschaft wegen der unterschiedlichen Höhe des Erbteils zudem auch noch, ob es zur erbrechtlichen oder güterrechtlichen Lösung kommt[31]. Der **Höhe** nach kann der Ausgleichspflichtteil nie größer als die Hälfte des Wertes des hinterlassenen Nachlasses sein, da § 2056 S 1, auf den hier für die fiktive Ausgleichung nach § 2316 verwiesen wird, den Ausgleichsanspruch auf den vorhandenen Nachlass begrenzt[32]. Ist **kein Nachlass** vorhanden, so ergibt sich daraus zugleich, dass kein Ausgleichspflichtteil entstehen kann[33]. Jedoch ist zu beachten, dass es bei einem „**Zuvielbedachten**", der durch einen Vorempfang mehr erhalten hat, als ihm im Rahmen der fiktiven Ausgleichung zustehen würde, über § 2056 S 2 zu einer Erhöhung der Erb- und vor allem Pflichtteilsquote der anderen kommt (eingehender Rn 22).

c) Beispiele (je ohne gleichzeitige Anrechnungspflicht). aa) Ausgleichspflichtteil ohne Ehegatte. Witwer W hinterlässt 42 000 und drei pflichtteilsberechtigte Söhne. Ausgleichspflichtiger 9 Vorempfang A 12 000, B 6000, C hat noch nichts erhalten. Erbe ist der Fremde F.

Ausgleichspflichtteil
A: {[(42 000 + 12 000 + 6000) : 3] − 12 000} : 2 =   4000
B: {[(42 000 + 12 000 + 6000) : 3] −   6000} : 2 =   7000
C: {[(42 000 + 12 000 + 6000) : 3] −   0,00} : 2 = 10 000

Im Einzelnen ergibt sich[34]: Die Pflichtteilslast des Erben F beträgt insgesamt 21 000 und ändert sich durch die Ausgleichung nicht; C wird jedoch genauso gestellt, wie wenn die Vorempfänge noch im

---

[24] *Staudinger/Haas* Rn 30 im Anschluss an *Planck/Greiff* Anm 2 d; MünchKommBGB/*Lange* Rn 9.
[25] *Staudinger/Haas* Rn 25; *Peter* BWNotZ 1986, 28, 29.
[26] AnwK-BGB/*Bock* Rn 16 f mit Formel; AK-BGB/*Däubler* Rn 16 f; jurisPK/*Birkenheier* Rn 15; *Damrau/Riedel/Lenz* Rn 13; *Staudinger/Haas* Rn 25; § 2315 Rn 14.
[27] AK-BGB/*Däubler* Rn 18; AnwK-BGB/*Bock* Rn 18; *Staudinger/Haas* Rn 26; *Thubauville* MittRhNotK 1992, 289, 305; *Sostmann* MittRhNotK 1976, 479, 485; *Kasper*, Anrechnung und Ausgleichung, S 84 ff; vgl auch *Peters* BWNotZ 1986, 28 ff mit Gestaltungsvorschlägen. Diff *Ebenroth/Bacher/Lorz* JZ 1991, 281: Eine Höherbewertung sei zulässig, wenn sie spätestens bei der Zuwendung getroffen und vom Empfänger (formlos) akzeptiert werde; für Zulässigkeit eines abweichenden Bewertungsstichtags aber OLG Nürnberg ZEV 2006, 361, 362 m abl Anm *Keim* im Rahmen der Anrechnung, dazu 2315 Rn 16.
[28] *Staudinger/Haas* Rn 26.
[29] AnwK-BGB/*Bock* Rn 18; *Staudinger/Haas* Rn 26; *Schmid* BWNotZ 1971, 29, 35.
[30] *Kasper*, Anrechnung und Ausgleichung, S 88 ff; *Schmid* BWNotZ 1971, 29, 35.
[31] Soergel/Dieckmann Rn 14; *Staudinger/Haas* Rn 20.
[32] *Schindler*, Pflichtteilsberechtigter Erbe, Rn 416; *Planck/Strohal* Anm 3 c.
[33] *Damrau/Riedel/Lenz* Rn 24; *Schindler*, Pflichtteilsberechtigter Erbe, Rn 418; *Scholz* JherJb 84 (1934), 291, 295; *J. Mayer* ZErb 2007, 130, 138.
[34] Zahlreiche Beispiele zu § 2316 bei *Tanck* ZErb 2003, 41; jurisPK/*Birkenheier* Rn 20 f; *Damrau/Riedel/Lenz* Rn 14.

§ 2316   Buch 5. Abschnitt 5. Pflichtteil

Nachlass wären. Unter Berücksichtigung ihrer Vorempfänge stehen sich A (total 16 000) und B (total 13 000) immer noch besser, und zwar um die **Hälfte ihres Vorempfangs**[35]. Eine gleichmäßige Behandlung kann also durch die Ausgleichung nicht erreicht werden.

10 bb) **Ausgleichspflichtteil bei einem „Zuvielbedachtem"**. **Ausgleichspflichtteil ohne Ehegatten,** aber einer der Abkömmlinge wurde **„zuvielbedacht"**[36]: Witwer W hinterlässt vier Söhne und im Nachlass 240 000. Ausgleichspflichtige Vorempfänge A: 240 000, B 40 000, C 0, D 80 000

Ausgleichspflichtteil
A: $\{[(240\,000 + 240\,000 + 40\,000 + 80\,000) : 4] - 240\,000\} : 2 = -45\,000$

A scheidet damit einschließlich seines Vorempfangs aus der Berechnung aus[37]. Daher Neuberechnung nach § 2056:
B: $\{[(240\,000 + 40\,000 + 80\,000) : 3] - 40\,000\} : 2 = 40\,000$
C: $\{[(240\,000 + 40\,000 + 80\,000) : 3] -\ \ \ \ 0{,}0\} : 2 = 60\,000$
D: $\{[(240\,000 + 40\,000 + 80\,000) : 3] - 80\,000\} : 2 = 20\,000$

11 cc) **Überlebender Ehegatte bei Gütertrennung**[38]: Erblasser hinterlässt eine Witwe W und drei Kinder. Nachlass 200 000. Ausgleichspflichtige Vorempfänge bei A 20 000, B 40 000, C 60 000. Ausgleichspflichtiger Restnachlass: 200 000 – gesetzlicher Erbteil W (= 50 000) = 150 000. W hat einen Pflichtteil von 25 000

A: $\{[(150\,000 + 20\,000 + 40\,000 + 60\,000) : 3] - 20\,000\} : 2 = 35\,000$
B: $\{[(150\,000 + 20\,000 + 40\,000 + 60\,000) : 3] - 40\,000\} : 2 = 25\,000$
C: $\{[(150\,000 + 20\,000 + 40\,000 + 60\,000) : 3] - 60\,000\} : 2 = 15\,000$

12 dd) **Zugewinngemeinschaftsehe:** Erblasser hinterlässt die Witwe W und drei Kinder. Der Nachlass beträgt 40 000. An ausgleichspflichtigen Vorempfängen haben erhalten: A 4000, B 8000.

13 **(1) Güterrechtliche Lösung:** W schlägt den gesetzlichen Erbteil aus oder wird enterbt. Der Zugewinnausgleich soll null sein
Ausgleichspflichtiger Restnachlass: 40 000 – gesetzlicher Erbteil des Ehegatten (= 10 000) = 30 000
Pflichtteil W: 5000

A: $\{[(30\,000 + 4000 + 8000) : 3] - 4000\} : 2 = 5000$
B: $\{[(30\,000 + 4000 + 8000) : 3] - 8000\} : 2 = 3000$
C: $\{[(30\,000 + 4000 + 8000) : 3] - 0{,}00\} : 2 = 7000$

14 **(2) Erbrechtliche Lösung:** W wird Erbin oder Vermächtnisnehmerin
Ausgleichspflichtiger Restnachlass: 40 000 – gesetzlicher Erbteil des Ehegatten (= 20 000) = 20 000

A: $\{[(20\,000 + 4000 + 8000) : 3] - 4000\} : 2 = 3333{,}33$
B: $\{[(20\,000 + 4000 + 8000) : 3] - 8000\} : 2 = 1333{,}33$
C: $\{[(20\,000 + 4000 + 8000) : 3] - 0{,}00\} : 2 = 5333{,}33$

15 d) **Ausgleichung von Leistungen nach § 2057 a.** Derartige Leistungen (zB Mitarbeit im Haushalt, Erwerbsgeschäft, Pflegedienste, erhebliche Geldleistungen, s § 2057 a Rn 4 ff), sind bei der Bemessung des Pflichtteils von Abkömmlingen zu Gunsten desjenigen zu berücksichtigen, der derartige Leistungen erbracht und damit vielfach auch zur Erhaltung oder Vermehrung des Vermögens des Erblassers beigetragen hat[39]. Die Berechnung des Ausgleichungspflichtteils erfolgt nach § 2057 a Abs 4 iVm § 2316. Diese Leistungen werden daher zunächst von dem auf die Abkömmlinge entfallenden ausgleichspflichtigen Restnachlass abgezogen. Aus diesem korrigierten Ausgleichsnachlass wird der Ausgleichserbteil entspr der Erbquote des Abkömmlings gebildet. Diesem wird dann die Summe seiner Leistungen iS von § 2057 a hinzugerechnet und durch Halbierung sein Ausgleichungspflichtteil bestimmt.

15.1 **Beispiel**[40]: Der Witwer E hinterlässt Nachlass von 30 000 und drei Kinder. Der Ausgleichungsbetrag zu Gunsten A beträgt wertmäßig 6000. Ausgleichungsnachlass 30 000 – 6000 = 24 000. Ausgleichungserbteil 8000 zuzüglich 6000 = 14 000, Pflichtteil A somit 7000. Pflichtteil B und C je 4000.

---

[35] *Soergel/Dieckmann* Rn 12; eingehend dazu *Sturm/Sturm,* FS v Lübtow, 1991, S 291, 294 mit Herleitung aus den entsprechenden Formeln.
[36] Nach *Staudinger/Haas* Rn 36.
[37] UU aber Pflichtteilsergänzungsanspruch!.
[38] Nach *Soergel/Dieckmann* Rn 13.
[39] Investitionen und Tätigkeit in dem vom Erblasser gepachteten landwirtschaftlichen Betrieb sind keine erbrechtlich ausgleichsfähigen Leistungen, OLG Oldenburg FamRZ 1999, 1466.
[40] Nach *Soergel/Dieckmann* Rn 16; dazu auch OLG Naumburg vom 24. 3. 1999, AZ 5 U 249/98.

III. Pflichtteilsrestanspruch nach Abs 2

Durch ausgleichspflichtige Zuwendungen an andere Abkömmlinge erhöht sich infolge der rechnerischen Vergrößerung der gesetzliche Erb- und Pflichtteil des ausgleichungsberechtigten, nicht bedachten Abkömmlings. Dies soll auch demjenigen Ausgleichungsberechtigten zu Gute kommen, der auf Grund gewillkürter Erbfolge Miterbe wird. Denn dieser mag zwar formal mit einer Quote zum Erben berufen sein, die die Hälfte seines gesetzlichen Erbteils (§ 2303 Abs 1 S 2) übersteigt, wertmäßig kann dieser aber durch die ausgleichungsbedingte Erhöhung hinter dem konkreten Ausgleichspflichtteil zurückbleiben. Er erhält daher einen Pflichtteilsrestanspruch in Höhe der Differenz des tatsächlich hinterlassenen Erbteils zum (erhöhten) Ausgleichspflichtteil.

Beispiel[41]: E hinterlässt einen Nachlass von 100 000 und seine Kinder S und T. S hat einen ausgleichspflichtigen Vorempfang von 20 000 erhalten. Erbe wird der Freund F zu $^{3}/_{4}$ und die Tochter T zu $^{1}/_{4}$. Der Erbteil der T beträgt wertmäßig 25 000. Demgegenüber hätte sie, wenn sie enterbt worden wäre, einen Ausgleichspflichtteil von (100 000 + 20 000) : 4 = 30 000 erhalten. Ihr Pflichtteilsrestanspruch beträgt demnach 5000.

Einer eigenständigen Regelung hätte es nicht bedurft, wenn man in solchen Fällen der Werttheorie (§ 2306 Rn 9 ff) folgt[42], so dass für die Anhänger dieser Auffassung § 2316 Abs 2 keine konstitutive Bedeutung hat[43]. Jedoch dient die Vorschrift der systematischen Klarstellung, wenn der Pflichtteilsberechtigte aus der Ausgleichung profitiert, darf aber den Blick nicht dafür verstellen, dass die Ausgleichung im Einzelfall auch zu einer Reduzierung des Pflichtteilsanspruchs führen kann[44]. Während § 2316 Abs 2 HS 2 nur den Fall betrifft, dass der hinterlassene Erbteil die Hälfte des gesetzlichen Erbteils erreicht oder übersteigt, kann man § 2316 Abs 2 entspr seiner Grundaussage in seinem ersten HS auch auf die Fälle anwenden, in denen der hinterlassene Erbteil hinter der Hälfte des gesetzlichen Erbteils zurückbleibt[45]. § 2316 Abs 2 verdeutlicht also, wie der Pflichtteilsrestanspruch nach § 2305 im Falle der Ausgleichung anzuwenden ist[46] und enthält keine selbstständige Anspruchsgrundlage. § 2316 Abs 2 ist nicht anwendbar, wenn nur ein **pflichtteilsberechtigter Alleinerbe** vorhanden ist, weil es an einem Schuldner für einen etwaigen Pflichtteilsrestanspruch fehlt[47].

IV. Zwingender Charakter (Abs 3)

Während der Erblasser im Rahmen der Erbauseinandersetzung immer entscheiden kann, ob Zuwendungen tatsächlich nach §§ 2050 ff zur Ausgleichung zu bringen sind, setzt die zwingende Natur des Pflichtteilsrechts dieser Befugnis für die Berechnung des Ausgleichspflichtteils Grenzen. Ausstattungen müssen bei der Pflichtteilsberechnung immer berücksichtigt werden (Abs 3). Trotz des entgegenstehenden Wortlauts gilt die Verweisung des Abs 3 auch für die in § 2050 Abs 2 genannten Zuwendungen, welche nur eine unselbsttätige Ergänzung zu § 2050 Abs 1 bilden[48]. Hat der Erblasser nach § 2050 Abs 3 für eine Zuwendung einmal die Ausgleichung angeordnet, so kann er ebenfalls die sich hieraus für den Ausgleichungsberechtigten ergebende **Erhöhung** seines **Pflichtteils nicht wieder einseitig** beseitigen; die Ausgleichung ist zum unwiderruflichen Faktor der Pflichtteilsberechnung geworden[49]. Daran ändert nichts, dass die Ausgleichungsanordnung hinsichtlich ihrer Wirkungen bei einer Erbauseinandersetzung bei gesetzlicher Erbfolge später durchaus wieder aufgehoben werden kann[50]. Die pflichtteilsrechtliche (Fern-)Wirkung kann also nur durch einen **Pflichtteilsverzicht** beseitigt werden oder wenn die Voraussetzungen einer Pflichtteilsentziehung beim Ausgleichungsberechtigten vorliegen[51]. Jedoch kann diese Problematik dadurch vermieden werden, dass der Erblasser bei der Zuwendung bestimmt, dass die Ausgleichung nur bei Eintritt der gesetzlichen Erbfolge stattfinden soll (Rn 5).

V. Zuwendungen, die zugleich ausgleichungs- und anrechnungspflichtig sind (Abs 4)

Ist eine Zuwendung bei ein und derselben Person gleichzeitig anrechnungs- und ausgleichspflichtig, so ist wie folgt zu verfahren: 1. Zuerst sind die Ausgleichspflichtteile nach §§ 2316, 2050 ff zu ermitteln.

---

[41] Nach *Soergel/Dieckmann* Rn 18.
[42] *Damrau/Riedel/Lenz* Rn 17; *Staudinger/Haas* Rn 38; RGRK/*Johannsen* Rn 15; MünchKommBGB/*Lange* Rn 19; wohl auch *Soergel/Dieckmann* Rn 18: wenn es dort heißt, dies ergäbe sich aus der Quotentheorie, so ist das wohl ein Versehen; für umfassenden Anwendungsbereich jetzt *Schindler*, Pflichtteilsberechtigter Erbe, Rn 395 ff.
[43] Widersprüchlich daher aus der Sicht der von ihnen vertretenen Werttheorie *Kasper*, Anrechnung und Ausgleichung, S 9; RGRK/*Johannsen* Rn 15; *Kipp/Coing* § 11 IV.
[44] Zutr *Schindler*, Pflichtteilsberechtigter Erbe, Rn 399 ff, der eine Gesetzesänderung befürwortet.
[45] *Schindler*, Pflichtteilsberechtigter Erbe, Rn 395 ff; für umfassenden Anwendungsbereich des § 2316 Abs 2 bereits *Natter* JZ 1955, 138, 141.
[46] *Schindler*, Pflichtteilsberechtigter Erbe, Rn 398.
[47] *Schindler*, Pflichtteilsberechtigter Erbe, Rn 407 ff.
[48] AnwK-BGB/*Bock* Rn 26; *Damrau/Riedel/Lenz* Rn 6; MünchKommBGB/*Lange* Rn 6; *Planck/Greiff* Anm 7; *Erman/Schlüter* Rn 6; *Palandt/Edenhofer* Rn 2; RGRK/*Johannsen* Rn 16; *Soergel/Dieckmann* Rn 14; aA *Jacubezky* Recht 1906, 281, 284 Fn 4.
[49] *Damrau/Riedel/Lenz* Rn 9 f; MünchKommBGB/*Lange* Rn 8; *Staudinger/Haas* Rn 13; HdB Pflichtteilsrecht/*J. Mayer* § 7 Rn 47; *Thubauville* MittRhNotK 1992, 289, 298; *Nieder* HdB Rn 194; *Schmid* BWNotZ 1971, 29, 34; aA *Ebenroth/Bacher/Lorz* JZ 1991, 277, 283.
[50] *J. Mayer* ZEV 1996, 441, 443 mwN; insoweit unklar *Damrau/Riedel/Lenz* Rn 9.
[51] MünchKommBGB/*Lange* Rn 8; *Staudinger/Haas* Rn 13.

2. Dann ist die anrechnungs- und ausgleichspflichtige Zuwendung in Höhe der Hälfte ihres Wertes beim Ausgleichungspflichtteil des Zuwendungsempfängers abzuziehen, wobei nur eine individuelle Anrechnung stattfindet[52]. Der lediglich hälftige Abzug erfolgt deshalb, weil der Vorempfang bereits bei der Ausgleichung zur anderen Hälfte berücksichtigt wurde[53]. In einer Formel (Abkürzungen wie in Rn 7, wobei T für die zugleich anrechnungs- und ausgleichspflichtige Zuwendung steht):

$$P = \left[\left(\frac{N+Z}{Q} - T\right) \times \frac{1}{2}\right] - \frac{T}{Q}$$

18.1 Beispiel: Nachlass 100 000; Ausgleichs- und anrechnungspflichtige Zuwendungen an Kinder; kein Ehegatte vorhanden. Es erhielten die Kinder A 20 000, B 24 000 und C 0. Ausgleichungsnachlass: 100 000 + 24 000 + 20 000 = 144 000.

Ausgleichserbteil:	Ausgleichspflichtteil:	Berücksichtigung der Anrechnung:
A: (144 000 : 3) − 20 000 = 28 000 B: (144 000 : 3) − 24 000 = 24 000 C: (144 000 : 3) = 48 000	je die Hälfte davon, also A: 14 000 B: 12 000 C: 24 000 (Pflichtteil ohne Ausgleichung je 16 666)	A: 14 000 − (20 000 × ¹/₂) = 4000 B: 12 000 − (24 000 × ¹/₂) = 0 C: 24 000 − 0 = 24 000

Die Kombination von Ausgleichung und Anrechnung bewirkt nicht nur die Gleichstellung der Abkömmlinge (im Beispiel erhält jeder als Gesamtsumme von Zuwendung und Pflichtteil 24 000), sondern eine Entlastung des Erben hinsichtlich des von ihm zu zahlenden Pflichtteils. Im Beispielfall beträgt etwa die Pflichtteilslast für einen familienfremden Erben statt 50 000 nur 28 000.

19 Ob der Erblasser dieses Ergebnis so wollte, ist durch Auslegung der vom Erblasser bei der Zuwendung erfolgten Anordnung zu ermitteln[54]. Dieses Verfahren wird auch dann angewandt, wenn nicht nur Abkömmlinge, sondern **auch der Ehegatte** des Erblassers pflichtteilsberechtigt ist[55]. Dann ist aber bei der Ermittlung des Ausgleichsnachlasses nach den allgemeinen Grundsätzen der Ehegattenerbteil vorneweg abzuziehen. Dabei ist auch der **Güterstand** zu beachten, bei der Zugewinngemeinschaft auch, ob es zu der erb- oder güterrechtlichen Lösung kommt[56].

VI. Zusammentreffen von Zuwendungen, die nur ausgleichspflichtig sind, mit solchen, die nur anrechnungspflichtig sind

20 Hier gilt § 2316 Abs 4 nicht. Vielmehr sind Anrechnungs- und Ausgleichungsbestimmungen gleichermaßen zu beachten. Da die Anrechnung individuell für jeden einzelnen Pflichtteilsberechtigten erfolgt, können sich für jeden von mehreren Berechtigten verschiedene Berechnungen ergeben[57]. Der Sache nach wird **in das Anrechnungsverfahren das Ausgleichungsverfahren eingeschoben**[58]. Dabei ist wie folgt zu verfahren: 1. für jeden Beteiligten getrennt: Hinzurechnung des jeweiligen Wertes der **nur anrechnungspflichtigen Zuwendung** zum Gesamtnachlass 2. Abzug des Nachlasswertes, der auf die Erben entfällt, die an der Ausgleichung nicht beteiligt sind (Ehegatten etc), auch Bildung des **Effektivnachlasses** genannt. 3. **Durchführung der Ausgleichung** nach den allgemeinen Regeln am Effektivnachlass: Hinzurechnung sämtlicher ausgleichspflichtiger Zuwendungen (auch soweit eventuell zugleich anrechnungspflichtig); anschließend Abzug der dem Abkömmling entspr ihrer Erbquoten jeweils entfallenden Nachlasswertes; Abzug der jeweils ausgleichspflichtigen Zuwendung (= Teilungsquote oder auch Ausgleichserbteil); Bildung des Ausgleichspflichtteils. 4. Für jeden Zuwendungsempfänger getrennt: **Abzug der anrechnungspflichtigen Zuwendung** und zwar grds in voller Höhe, bei denen aber, die anrechnungs- und gleichzeitig ausgleichspflichtig sind, jedoch nur zur Hälfte (§ 2316 Abs 4).

20.1 Beispiel[59]**:** Nachlass 100 000; hinterlassen wird die Witwe W, es bestand Zugewinngemeinschaft, sowie 2 Kinder (T + S). Alleinerbe ist der Freund F. ein Zugewinnausgleich wurde nicht erzielt.
Vorempfänge:
– anrechnungspflichtig: W 10 000, S 10 000, T 30 000
– ausgleichspflichtig: S zusätzlich 20 000

---

[52] AnwK-BGB/*Bock* Rn 27; *Damrau/Riedel/Lenz* Rn 18; *Staudinger/Haas* Rn 49 f; *Soergel/Dieckmann* Rn 20; MünchKommBGB/*Lange* Rn 20; *Tanck* ZErb 2003, 41; vgl etwa auch das Berechnungsbeispiel bei *Kerscher/Riedel/Lenz* Pflichtteilsrecht § 8 Rn 53.
[53] Ausf Überlegungen bei MünchKommBGB/*Lange* Rn 20.
[54] Vgl RG JW 1925, 2124 Nr 13 m Anm *Kipp* zu der Frage, wann eine Ausgleichungsanordnung zugleich Anrechnungsbestimmung enthält.
[55] *Damrau/Riedel/Lenz* Rn 20; MünchKommBGB/*Lange* Rn 21; HdB Pflichtteilsrecht/*Tanck* § 7 Rn 76 ff; *Staudinger/Haas* Rn 51–53 mit Berechnungsbeispiel; diese Frage war früher äußerst umstritten.
[56] *Staudinger/Haas* Rn 51 f; *Soergel/Dieckmann* Rn 22 f; HdB Pflichtteilsrecht/*Tanck* § 7 Rn 76 ff mit Beispielen zu verschiedenen Güterständen.
[57] Vgl hierzu und zum Folgenden *Soergel/Dieckmann* Rn 24 f; *Staudinger/Haas* Rn 54 ff; Berechnungsbeispiel auch bei MünchKommBGB/*Lange* Rn 22.
[58] *Soergel/Dieckmann* Rn 24.
[59] Nach *Soergel/Dieckmann* Rn 25; vgl auch *Kerscher/Riedel/Lenz* Pflichtteilsrecht § 8 Rn 55.

a) Pflichtteilsberechnung W: [(100 000 + 10 000): 8] – 10 000 = **3750**
b) Pflichtteilsberechnung S: Nachlass um anrechnungspflichtige Zuwendung erhöht: 110 000
Nachlassanteil der Abkömmlinge 110 000 × $^3/_4$ (wegen Enterbung „güterrechtliche Lösung"[60]) = 82 500; Bildung des Ausgleichungsnachlasses: 82 500 + 20 000 = 102 500; rechnerischer Ausgleichserbteil: (102 500 : 2) – 20 000 = 31 500; rechnerischer Ausgleichungspflichtteil: 31 500 : 2 = 15 625. Pflichtteil: 15 625 – 10 000 = **5625**
c) Pflichtteilsberechnung **T**:
Nachlasserhöhung um anrechnungspflichtige Zuwendung: 130 000
Nachlassanteil Abkömmlinge 130 000 × $^3/_4$ = 97 500; Bildung des Ausgleichsnachlasses: 97 500 + 20 000 = 117 500; rechnerischer Ausgleichserbteil: 117.500 : 2 = 58.750; rechnerischer Ausgleichungspflichtteil: 58 750 : 2 = 29 375. Pflichtteil: 29 375 – 30 000 = – 625. Der Pflichtteil ist somit: **0**. Es muss aber auch nichts hinausgezahlt werden.

VII. Das Verhältnis von Pflichtteilsergänzung (§ 2325) und § 2316

Problematisch ist, ob **ausgleichspflichtige Zuwendungen,** die zugleich Schenkungen sind (Übermaßausstattungen, ausgleichspflichtige Schenkungen nach § 2050 Abs 3) auch Pflichtteilsergänzungsansprüche auslösen können. Das Gleiche gilt, wenn von mehreren Zuwendungen einige ergänzungspflichtige Schenkungen sind, einige ausgleichspflichtige Vorempfänge. **21**

1. Ausgleichspflichtige Schenkungen. Ist eine ergänzungspflichtige Zuwendung zugleich ausgleichspflichtig iS von §§ 2050, 2316, so gilt der **Grundsatz des Verbots einer Doppelberücksichtigung:** Schenkungen an Abkömmlinge, die an der Erbausgleichung und damit an der Bildung des Ausgleichspflichtteils teilnehmen, sind nicht nochmals nach den §§ 2325 ff zu berücksichtigen, wenn sie bereits nach § 2316 bei der Berechnung des Pflichtteils dem Nachlass hinzugerechnet wurden, da beide Verfahren zu einer rechnerischen Erhöhung des tatsächlichen Nachlasses und damit des Pflichtteils führen[61]. Deutlich wird dies beim dem sog **„Zuvielbedachten"**[62]: Soweit eine ausgleichspflichtige Zuwendung beim Ausgleichspflichtigen nach § 2056 S 2 nicht zu berücksichtigen ist (Stichwort: keine Herausgabe des Mehrempfangs), so kann der Pflichtteilsberechtigte eine Ergänzung seines verkürzten Ausgleichspflichtteils nach § 2325 verlangen, soweit es sich bei der „Mehrzuwendung" um eine Schenkung handelt[63]. Denn die §§ 2316, 2056 sind insofern nicht lex specialis zu den Pflichtteilsergänzungsvorschriften[64]. Andernfalls könnte der Erblasser eine ausgleichpflichtige Zuwendung, die den Wert des gesetzlichen Erbteils des Empfängers iS von § 2055 überschreitet, wegen § 2056 S 2 dem Pflichtteil entziehen[65]. Und die Doppelberücksichtigung wird durch § 2056 gerade vermieden[66]. Dabei ist allerdings der Berechnungsweg umstritten. **22**

Beispiel[67]: Der Erblasser hinterlässt einen Nachlass von 14 000 und die Kinder S und T, die gesetzliche Erben je zur Hälfte werden. S erhielt zu Lebzeiten ein Grundstück mit einem Wert von 313 390 mit der Verpflichtung, an T einen Betrag von 10 000 auszuzahlen; der darüber hinausgehende Betrag ist auf seinen Erbteil zur Ausgleichung zu bringen. **22.1**

Auf Grund der Ausgleichungsverpflichtung erhält T nach §§ 2050 Abs 3, 2056 den gesamten Nachlass.
Zur Pflichtteilsergänzungsanspruch: Gesamtnachlass (realer plus fiktiver): 14 000 + 313 390 = 327 390.
Soweit die Ausgleichung der Zuwendung an S nach § 2056 scheitert, ist sie als ergänzungspflichtige Schenkung zu behandeln.
Gesamtpflichtteil der T: $^1/_4$ aus 327 390 = 81 847,50. Zu beachten ist jedoch, dass T als Erbin 14 000 erhält (§ 2326 S 2), und in Höhe von 10 000 ein Eigengeschenk erhielt (§ 2327 Abs 1 S 1).
Demnach ergibt sich:
81 847,50 – (14 000 + 10 000) = 57 847,50. Hätte man der Ausgleichung den uneingeschränkten Vorrang vor der Pflichtteilsergänzung eingeräumt, so hätte T nur 14 000 erhalten.

2. Zusammentreffen von ausgleichspflichtigen Zuwendungen und ergänzungspflichtigen Schenkungen. Der BGH und die hM verfährt in diesen Fällen für die Berechnung des Pflichtteilsergänzungsanspruchs wie folgt[68]: 1. Alle Schenkungen und ausgleichspflichtige Vorempfänge werden **23**

---

[60] *Soergel/Dieckmann* Rn 14.
[61] RGZ 77, 282, 284; RG JW 1937, 2201, 2202; *Staudinger/Haas* Rn 58 mwN; MünchKommBGB/*Lange* Rn 15; HdB Pflichtteilsrecht/*J. Mayer* § 8 Rn 112; *Damrau/Riedel/Lenz* 2325 Rn 89; *Bührer* ZBlFG 15, 213, 226 f, eingehende Darstellung.
[62] Terminologie nach *Staudinger/Haas* Rn 34.
[63] Eine genaue „Grenzwertberechnung" (erbteilsgleicher „Konferendumsbetrag") liefert *Bührer* ZBlFG 15, 213, 227 f.
[64] HM, *Nieder* HdB Rn 242; *Soergel/Dieckmann* Rn 29, *ders* § 2327 Rn 14 ff, § 2329 Rn 4 mit Berechnungsbeispiel; *Schindler*, Pflichtteilsberechtigter Erbe, Rn 555; *Sturm/Sturm*, FS vom Lübtow, 1991, 291, 300, 303; *Lange/Kuchinke* § 37 X 6 e und f; *Sostmann* MittRhNotK 1976, 479, 507 ff; *Kasper*, Anrechnung und Ausgleichung, S 51 ff, eingehende Darstellung; *Scholz* JherJb 84 (1934), 291, 301; *Staudinger/Haas* Rn 58; *Palandt/Edenhofer* § 2327 Rn 3; HdB Pflichtteilsrecht/*J. Mayer* § 8 Rn 115; *Damrau/Riedel/Lenz* 2325 Rn 90; aA *Michalski* Rn 603, 605; wohl auch RGZ 77, 282, 284; für anderen Berechnungsmodus *Schanbacher* ZEV 1997, 349, 351 ff; *Staudinger/Olshausen* § 2325 Rn 41; *Kerscher/Riedel/Lenz* Pflichtteilsrecht § 9 Rn 153 ff.
[65] *Schindler*, Pflichtteilsberechtigter Erbe, Rn 556; *Kasper*, Anrechnung und Ausgleichung, S 58 f.
[66] Zutr *Soergel/Dieckmann* Rn 29; *Staudinger/Haas* Rn 58; übersehen bei *Michalski* Rn 603, 605.
[67] Fall nach OLG Oldenburg ZEV 1999, 185; Lösung nach *Schindler*, Pflichtteilsberechtigter Erbe, Rn 560 ff.
[68] BGH NJW 1965, 1526; NJW 1988, 821 = FamRZ 1988, 280, in BGHZ 102, 289 insoweit nicht abgedruckt; *Kasper*, Anrechnung und Ausgleichung, S 50 f; *Johannsen* WM 1970, 234, 239; *Soergel/Dieckmann* Rn 29 zu 2327 Rn 15; *Schindler*, Pflichtteilsberechtigter Erbe, Rn 564 mwN; *Sturm/Sturm*, FS v Lübtow, 1991, S 291, 301 ff; hier auch *Michalski* Rn 606.

zusammen dem Nachlass hinzugerechnet (insoweit kann man von einem **doppelt fiktiven Nachlass** – durch § 2316 und § 2325 – sprechen)[69]. 2. Der so erhöhte Nachlass wird mit der Erbquote des Betreffenden multipliziert und sein Vorempfang abgezogen. 3. Das Ergebnis wird halbiert. 4. Hiervon wird der nicht ergänzte Pflichtteil abgezogen. 5. Soweit infolge der Anwendung des § 2056 S 1 der Empfänger einer Zuwendung (als „Zuvielbedachter") aus der Berechnung ausscheidet, findet § 2056 S 2 Anwendung; dadurch erhöht sich der rechnerische Erbteil und damit die Pflichtteilsquote der anderen Abkömmlinge gegenüber dem Normalfall an diesem fiktiven Nachlass und damit auch bei der Berechnung des Pflichtteilsergänzungsanspruchs.

24 Problematisch ist an dieser **Gesamtberechnung,** dass durch den Mitansatz der Schenkungen im Rahmen dieses modifizierten Ausgleichsverfahrens sich die **„Einwurfmasse"** vergrößert und daher sich die von § 2056 S 1 gezogene Ausgleichsgrenze zu Lasten des Empfängers verschiebt. Der „Zuvielbedachte" zahlt also eher etwas an den Pflichtteilsberechtigten, als er dies bei der reinen Ausgleichsberechnung nach §§ 2050 ff, 2316 hätte tun müssen[70]. Das RG hatte demgegenüber eine getrennte Berechnung von Ausgleichspflichtteil und Pflichtteilsergänzung vorgenommen[71]. Daher wird dieses **„Kombinationsverfahren"** der hM zunehmend mit der Begründung kritisiert, damit komme man entgegen der Wertung des § 2056 S 1 zu einer „mittelbaren" Herausgabe des Vorempfangs, und daher eine getrennte Berechnung verlangt[72]. Jedoch verstößt die hM nicht gegen den Grundgedanken des § 2056: Sie bewirkt beim Beschenkten nur, vom Wert des Geschenks mehr für die Pflichtteilsergänzung zu opfern, als dies ohne den ausgleichspflichtige Vorempfang wäre[73]. Befände sich aber das Geschenk noch im Nachlass, so würde der reale Nachlass in Anwendung des § 2056 genauso verteilt. Damit wird aber dem Grundsatz Rechnung getragen, dass der Pflichtteilsergänzungsanspruch den Pflichtteilsberechtigten so stellen soll, wie wenn die ergänzungspflichtige Schenkung noch zum (ausgleichungspflichtigen) Nachlass gehört[74]. Die Änderung des Verteilungsmaßstabes ist daher **Ausdruck der Komplementierungsfunktion** des Ergänzungsanspruchs und als Folge davon als „Charakteristikum der Ausgleichung hinzunehmen"[75].

24.1 **Beispiel**[76]**:** Realer Nachlass 0; der verwitwete Erblasser hinterlässt drei Kinder, A, B und C. A hat eine ergänzungspflichtige Schenkung von 380 000 erhalten sowie ausgleichspflichtige Zuwendungen von 215 000 und 40 000.
Nach dem BGH erfolgt die Durchführung der Ausgleichung am Ergänzungsnachlass. Demnach ergibt sich unter Einschluss der Schenkung ein Ausgleichsnachlass von 380 000 + 215 000 + 40 000 = 635 000.
Für A resultiert daraus ein Ausgleichserbteil von 211 666,66 (635 000 : 3) abzüglich seiner ausgleichspflichtigen Zuwendungen von 255 000. Da er demnach mehr erhalten hat, als ihm bei der Ausgleichung zukommt (211 666,66 – 255 000) scheiden er und die ihm gemachten ausgleichspflichtigen Zuwendungen nach § 2056 S 2 aus der Ausgleichsberechnung aus. Die Pflichtteilsberechnung vollzieht sich demnach nur noch am restlichen, rein fiktiven Nachlass, der allein aus dem Schenkungswert von 380 000 resultiert. Allerdings erhöht sich für B und C aufgrund des § 2056 S 2 ihre Pflichtteilsquote von je $^1/_6$ auf je $^1/_4$. Daher beträgt ihr Pflichtteilsanspruch je (380 000 : 4) 95 000.
Kontrollüberlegung: Wäre die ergänzungspflichtige Schenkung unterblieben, so wäre auch nur dieser Betrag von 380 000 der Pflichtteilsberechnung zu Grunde gelegt worden. Der dem A ausgleichspflichtig zugewandte Mehrbetrag von 255 000 bleibt von der Auszahlung verschont, wie dies der Wertung des § 2056 S 1 entspricht. Es ergibt sich aus der Anwendung des § 2056 S 2 nur eine Änderung des Verteilungsmaßstabs für den Pflichtteilsergänzungsanspruch, was aber gerade die Folge der Ausgleichssystematik des BGB ist.

§ 2317 Entstehung und Übertragbarkeit des Pflichtteilsanspruchs

(1) Der Anspruch auf den Pflichtteil entsteht mit dem Erbfall.
(2) Der Anspruch ist vererblich und übertragbar.

Übersicht

	Rn		Rn
I. Grundsätzliches............................	1	III. Verzinsung, Erlass und Geltendmachung des Pflichtteilsanspruchs.............	4
II. Entstehung.................................	2	1. Fälligkeit, Verzinsung........................	4

---

[69] *Dieckmann* FamRZ 1988, 712, 713.
[70] HdB Pflichtteilsrecht/*J. Mayer* § 8 Rn 115; *Damrau/Riedel/Lenz* § 2325 Rn 90.
[71] RGZ 77, 282, 284 in dem Fall, dass ein Teil der Zuwendungen nur ausgleichspflichtig, ein Teil aber nur ergänzungspflichtig waren.
[72] *Schanbacher* ZEV 1997, 349, 351 ff; *Staudinger/Olshausen* § 2325 Rn 41, die jeweils die ausgleichungspflichtige Zuwendung bei der Pflichtteilsergänzungsanspruch außer Betracht lassen; ebenfalls für getrennte Berechnung *Kerscher/Riedel/Lenz* Pflichtteilsrecht § 9 Rn 153 ff m ausf Berechnungsanleitung; *Damrau/Riedel/Lenz* § 2325 Rn 91.
[73] *Schindler*, Pflichtteilsberechtigter Erbe, Rn 567; *Dieckmann* FamRZ 1988, 712, 713.
[74] So iE auch *Kerscher/Riedel/Lenz* § 9 Rn 155.
[75] *Kasper*, Anrechnung und Ausgleichung, S 50; *Schindler*, Pflichtteilsberechtigter Erbe, Rn 567; entgegen *Schanbacher* ZEV 1997, 349, 352 Fn 38 entspricht daher die Erhöhung der Pflichtteilsbeteiligung am Geschenk dem Willen des Gesetzgebers.
[76] Nach BGH NJW 1988, 821; dazu *Kasper*, Anrechnung und Ausgleichung, S 47 ff.

Entstehung und Übertragbarkeit des Pflichtteilsanspruchs   § 2317

	Rn		Rn
2. Erlass	5	2. Vererbung	8
3. Geltendmachung	6	3. Pfändung des Pflichtteils, Überleitung auf ein Sozialhilfeträger, Insolvenz	9
IV. Übertragung, Vererbung, Pfändung (Abs 2)	7		
1. Übertragung	7	V. Prozessuales	12

I. Grundsätzliches

Der Pflichtteilsanspruch als schuldrechtliche Forderung auf Zahlung eines entsprechenden Geld- **1** betrags entsteht nach Abs 1 mit dem Erbfall. Er ist vom „abstrakten **Pflichtteilsrecht**" zu unterscheiden, das bis dahin besteht und die „**Quelle**" des Pflichtteilsanspruchs ist[1]. § 2317 regelt den Pflichtteilsanspruch und zwar den Entstehungszeitpunkt, die Vererblichkeit und Übertragbarkeit; gleiches gilt aber auch für den Pflichtteilsergänzungsanspruch[2]. Der Pflichtteilsanspruch ist eine gewöhnliche Geldforderung[3], stellt eine **Nachlassverbindlichkeit** dar (§ 1967), für die einige Sondervorschriften gelten (§§ 1972, 1974 Abs 2, 1991 Abs 4, § 852 ZPO). Dem Rang nach liegt er hinter den sonstigen Nachlassverbindlichkeiten, und zwar auch nach der Zugewinnausgleichsforderung[4], aber noch vor dem Vermächtnis und der Auflage (§ 327 Abs 1 Nr 1 InsO)[5].

II. Entstehung

Der Pflichtteilsanspruch entsteht grds **mit dem Erbfall**, also dem Tod des Erblassers (Abs 1), und dann **2** kraft Gesetzes. Dies gilt auch, wenn der Anspruch selbst oder zumindest seine Höhe davon abhängen, dass der Pflichtteilsberechtigte oder ein anderer das ihm Zugewandte **ausschlägt**, also in den Fällen der §§ 2306 Abs 1 S 2, 2307, 1371 Abs 3 und in bestimmten Fällen des § 2309[6]. Hierfür spricht der Wortlaut des § 2332 Abs 3 (Verjährungsbeginn auch vor der Ausschlagung). Vielmehr ist die nicht durchgeführte Ausschlagung nur als Einwendung gegen den mit dem Erbfall entstandenen Pflichtteilsanspruch anzusehen[7]. Nach anderer Ansicht entsteht der Anspruch im Fall des §§ 2306, 2307 erst mit der Ausschlagung, ist dann aber rückwirkend (§ 1953 Abs 1) so zu behandeln, als ob er bereits mit dem Erbfall entstanden sei[8]; dafür lässt sich zwar der Wortlaut dieser Normen anführen, was aber nicht zwingend ist. Die praktische Bedeutung dieser Streitfrage ist auch für die Anhänger der Auffassung von der erbfallbedingten Entstehung des Pflichtteilsanspruchs gering, wenn man die erforderliche Ausschlagung als Einwendungstatbestand ansieht[9]. Eine Verjährungshemmung nach § 204 kann der pflichtteilsberechtigte Erbe jedenfalls vor Abgabe der Ausschlagungserklärung durch entsprechende Klageerhebung nach beiden Auffassungen herbeiführen[10]. Auch bei Vorliegen eines „**Berliner Testaments**" (§ 2269) sind die zwei Erbfälle und die damit zwei Mal entstehenden Pflichtteilsansprüche zu unterscheiden[11].

Der Pflichtteilsanspruch **entsteht nicht**[12] bei einem Erbverzicht (anders wenn der Pflichtteil aus- **3** drücklich vorbehalten war) oder bei einem Pflichtteilsverzicht (§ 2346 Abs 2), bei wirksamer Pflichtteilsentziehung (§§ 2333 ff) oder bei einem vor dem 1. 4. 1998 wirksam gewordenen vorzeitigen Erbausgleich (vgl Art 227 Abs 1 Nr 2 EGBGB, § 1934 e). Er entfällt rückwirkend bei erfolgreicher Geltendmachung der Erbunwürdigkeit oder Pflichtteilsunwürdigkeit (§§ 2339 ff).

III. Verzinsung, Erlass und Geltendmachung des Pflichtteilsanspruchs

1. Fälligkeit, Verzinsung. Die **Fälligkeit** des Pflichtteilsanspruchs tritt grds mit dem Erbfall ein **4** (§ 271), unabhängig davon, ob bei Miterben eine Auseinandersetzung bereits stattgefunden oder ein

---

[1] Bereits RGZ 92, 1; BGHZ 28, 177, 178; AnwK-BGB/*Bock* Rn 1; MünchKommBGB/*Lange* Rn 1; *J. Mayer* MittBayNot 1997, 85 f; *Lange/Kuchinke* § 37 III sprechen vom potentiellen Pflichtteilsrecht, das mit dem Erbfall zum aktuellen Pflichtteilsanspruch wird.
[2] AllgM, AnwK-BGB/*Bock* Rn 2; Staudinger/*Haas* Rn 1; entsprechendes galt für den Pflichtteilsanspruch des Erbersatzberechtigten (§ 2338 a), was nur noch für Erbfälle vor dem 1. 1. 1998 bedeutsam ist.
[3] BGHZ 28, 177, 178.
[4] *Reinicke* NJW 1960, 1267; Soergel/*Dieckmann* Rn 9.
[5] *Palandt*/*Edenhofer* Rn 1; Staudinger/*Haas* Rn 36.
[6] RG JW 1931, 1354, 1356; *v. Lübtow*, Probleme des Erbrechts, 1967, S 33 ff; RGRK/*Johannsen* Rn 4; AnwK-BGB/*Bock* Rn 3; jurisPK/*Birkenheier* Rn 4; offenlassend BGH FamRZ 1965, 604, 606; *Damrau/Riedel/Lenz* Rn 4; Staudinger/*Haas* Rn 5; MünchKommBGB/*Lange* Rn 2.
[7] So ausdrücklich *v. Lübtow* aaO; *Bengel* in: *Dittmann/Reimann/J. Mayer*, Testament und Erbvertrag, Syst Teil D Rn 26; *Bengel* ZEV 2000, 388, 389.
[8] OLG Schleswig FamRZ 2003, 1696; *Lange/Kuchinke* § 37 VIII 2 a; Soergel/*Dieckmann* Rn 3; Erman/*Schlüter* Rn 2; Staudinger/*Ferid/Cieslar* 12. Aufl Rn 6; *Herzfelder* JW 1931, 1354 f.
[9] Soergel/*Dieckmann* Rn 3; MünchKommBGB/*Lange* Rn 2 spricht sogar davon, dass keine praktische Auswirkung bestehe.
[10] OLG Schleswig FamRZ 2003, 1696, 1697.
[11] BGHZ 88, 102, 105 zu § 2327; vgl § 2327 Rn 2.
[12] AnwK-BGB/*Bock* Rn 4; jurisPK/*Birkenheier* Rn 7.

J. Mayer

§ 2317

Testamentsvollstrecker einen Auseinandersetzungsplan aufgestellt hat. Eine **Stundung** des Pflichtteilsanspruchs kann sich jedoch ergeben[13] aus einer gerichtlichen Entscheidung nach § 2331a, einer entsprechenden Erblasseranordnung, soweit eine Berechtigung zur Pflichtteilsentziehung (§§ 2333 ff) bestand, oder einer Stundungsvereinbarung in einem beschränkten Pflichtteilsverzicht (§§ 2346 Abs 2, 2348) zwischen Erblasser und Pflichtteilsberechtigten[14] oder einem Vertrag zwischen künftigen Erben nach § 311b Abs 5 S 1. Für die **Verzinsung** gelten grds die allgemeinen Vorschriften des Schuldrechts[15]. Demnach beginnt die Verzinsung nicht mit dem Erbfall, sondern erst nach **Verzug** oder Rechtshängigkeit (§§ 280 Abs 2, 286, 288, 291). Verzug tritt hier nur ein, wenn eine entsprechende **Mahnung** vorliegt oder der Pflichtteilsschuldner die **Erfüllung endgültig** und ernsthaft verweigert (§ 286 Abs 2 Nr 3), während die anderen in § 286 Abs 2 und 3 genannten, verzugsbegründenden Umstände beim Pflichtteilsanspruch regelmäßig ausscheiden[16]. Ausnahmsweise können **besondere Gründe** iS von § 286 Abs 2 Nr 4 die Mahnung entbehrlich machen, etwa wenn der Erbe die alsbaldige Leistung ankündigt, dann aber doch nicht leistet[17]. Der Setzung einer besonderen Zahlungsfrist bedarf es für den Verzug ebenso wenig wie eines Hinweises auf die Verzugsfolgen[18]. Dabei gerät der Pflichtteilsschuldner grds bereits dann in Verzug, wenn der Pflichtteilsberechtigte den unbezifferten Pflichtteil in einer Weise anmahnt, die einem zulässigen unbezifferten Antrag in einer Stufenklage entspricht[19]. Eine Mahnung bewirkt jedoch ausnahmsweise solange keinen Verzug, wie der für die Berechnung des Pflichtteils maßgebende Bestand und Wert des Nachlasses ohne Säumnis des Erben nicht festgestellt ist, da es dann an dem nach § 286 Abs 4 erforderlichen Verschulden fehlt[20]. Das verzugsbegründende Verschulden entfällt nicht hinsichtlich der unstreitigen Höhe des Pflichtteilsanspruchs[21], wenn sich aus den eigenen Wertangaben des Erben bereits ein höherer Pflichtteilsanspruch ergibt, als die angemahnte Hauptforderung, oder der Pflichtteilsanspruch nur hilfsweise geltend gemacht wird, weil der Pflichtteilsberechtigte primär beansprucht, Miterbe geworden zu sein[22]. Der geschuldete Verzugszins liegt bei **5 Prozentpunkten über dem Basiszinssatz** (§ 288 Abs 1) und damit nur unwesentlich über dem früheren Zinssatz, der vor Inkrafttreten des Gesetzes zur Beschleunigung fälliger Zahlungen vom 30. 3. 2000 (BGBl I S 330) galt. Gleiches gilt für Prozesszinsen (§ 291). Wird im Rahmen einer **Stufenklage** (§ 254 ZPO) der Auskunfts- und Wertermittlungsanspruch geltend gemacht, so steht dies der Leistungsklage gleich, da auch hier letztlich auf die Leistung geklagt wird[23]. Anders liegt es dagegen, wenn zunächst nur eine Auskunftsklage erhoben wird, die gerade nicht auf Leistung zielt. Da sich der Rechtsstreit hierüber über Jahre hinziehen kann, ist es besonders wichtig, bereits vor dieser Klagerhebung den Verzug hinsichtlich des Pflichtteilsanspruchs herbeizuführen, insbes die Beweisbarkeit der verzugsbegründenden Mahnung zu sichern[24].

5 **2. Erlass.** Der bereits entstandene Pflichtteilsanspruch kann nach dem Erbfall nicht durch Ausschlagung (wie Erbschaft oder Vermächtnis), sondern nur nach den allgemeinen Regeln über den Forderungserlass (§ 397) durch formlosen Vertrag[25] zwischen Erben und Pflichtteilsberechtigten beseitigt werden[26]. Vormund und Eltern bedürfen als gesetzliche Vertreter hierfür der Genehmigung des Familiengerichts (§§ 1822 Nr 2, 1643 Abs 2)[27].

6 **3. Geltendmachung.** Richtet sich der Pflichtteilsanspruch eines **Minderjährigen** gegen den überlebenden Ehegatten als Alleinerben, der gleichzeitig der gesetzliche Vertreter des Kindes ist, so kann der gesetzliche Vertreter nicht mit sich selbst einen Erlassvertrag schließen, weil dem die §§ 1629 Abs 2, 1795 Abs 2, 181 entgegenstehen[28]. Letztlich bleibt daher die Geltendmachung und Durchsetzung des Pflichtteilsanspruchs Sache des Kindes, da die Verjährungsfrist wegen der Ablaufhemmung nach § 207

---

[13] *Staudinger/Haas* Rn 10; dazu auch *MünchKommBGB/Lange* Rn 4.
[14] *Staudinger/Schotten* § 2346 Rn 53; *Klingelhöffer* ZEV 1998, 121, 122.
[15] *Damrau/Riedel/Lenz* Rn 6; *Staudinger/Haas* Rn 11.
[16] JurisPK/*Birkenheier* Rn 17; AnwK-BGB/*Bock* Rn 15 bzgl § 286 Abs 3, nach der Pflichtteilsanspruch ist keine „Entgeltforderung", weil hierunter nur Forderungen fallen, die auf Zahlung eines Entgelts für die Lieferung von Gütern oder Erbringung von Dienstleistungen gerichtet sind (allg OLG Hamburg ZGS 2004, 237; *Palandt/Heinrichs* § 286 Rn 27; AnwK-BGB/*Schulte-Nölke* § 286 Rn 45); unrichtig daher *Damrau/Riedel/Lenz* Rn 7; von der bis zum 1. 1. 2002 geltenden Gesetzeslage geht noch HdB Pflichtteilsrecht/*Bittler* § 3 Rn 6 aus.
[17] *Rißmann* ZErb 2002, 181, 182.
[18] HdB Pflichtteilsrecht/*Tanck* § 14 Rn 260; allg hierzu *Palandt/Heinrichs* § 286 Rn 17; aA für den Hinweis auf Verzugsfolgen *Damrau/Riedel/Lenz* Rn 7 unter unzutr Bezug auf die hiesige Kommentierung.
[19] BGHZ 80, 269, 277 = NJW 1981, 1729; jurisPK/*Birkenheier* Rn 18; *Rißmann* ZErb 2002, 181, 182; *Soergel/Dieckmann* Rn 6.
[20] BGHZ 80, 269, 277 = NJW 1981, 1729 m Anm *Schubert* JR 1981, 506; BGH LM 284 Nr 22 = NJW 1981, 1732; AnwK-BGB/*Bock* Rn 14; *Lange/Kuchinke* § 37 Fn 384; MünchKommBGB/*Lange* Rn 4; *Gottwald* Rn 9.
[21] *Staudinger/Haas* Rn 12.
[22] BGH NJW 1981, 1732; jurisPK/*Birkenheier* Rn 20; *Staudinger/Haas* Rn 12; zweifelnd MünchKommBGB/*Lange* Rn 5.
[23] BGHZ 80, 269, 277; MünchKommBGB/*Lange* Rn 4; allg hierzu *Palandt/Heinrichs* § 286 Rn 21.
[24] Zahlreiche praktische Hinweise zur Geltendmachung des Pflichtteilsanspruchs bei *Rißmann* ZErb 2002, 181; HdB Pflichtteilsrecht/*Tanck* § 14 Rn 258.
[25] KG MDR 1975, 1020.
[26] Zum erforderlichen Erklärungsbewusstsein KG MDR 1975, 1020; eingehend *Staudinger/Haas* Rn 17; *Böhmer*, Das postmortale Zustandekommen erbrechtlicher Verzichtsverträge, 2004.
[27] *Palandt/Diederichsen* § 1822 Rn 8; *Staudinger/Haas* Rn 22.
[28] MünchKommBGB/*Lange* Rn 9.

Entstehung und Übertragbarkeit des Pflichtteilsanspruchs § 2317

Abs 1 S 2 Nr 2 nicht vor dessen Volljährigkeit in Gang gesetzt wird[29]. Andererseits ist der als Alleinerbe eingesetzte gesetzliche Vertreter nicht daran gehindert, den Pflichtteilsanspruch des minderjährigen Kindes nach dem Tod des anderen Ehegatten geltend zu machen oder sicher zu stellen, denn § 181 schließt ihn nur bei Rechtsgeschäften von der Vertretung des Kindes aus[30]. Wegen des möglichen Interessengegensatzes kann allerdings das Familiengericht nach § 1796 dem Elternteil die Vertretungsmacht entziehen und eine Pflegschaft zur Wahrnehmung dieser Rechte anordnen (§ 1909), wenn das Interesse des Minderjährigen zu dem Interesse des gesetzlichen Vertreters im „erheblichen Gegensatz" steht (§ 1796 Abs 2). Dies ist aber grds nur dann erforderlich, wenn der überlebende Elternteil den Pflichtteilsanspruch des Kindes konkret gefährdet. Hierzu ist im Einzelfall eine **Interessenabwägung** erforderlich, in der zum einen einzustellen ist, dass die Geltendmachung des Pflichtteilsanspruchs den Familienfrieden gefährden kann, zum anderen aber, ob die Erfüllung des Pflichtteilsanspruchs nach Eintritt der Volljährigkeit gefährdet sein kann[31]. Ist ein **Pfleger** zu bestellen, so beschränkt sich seine Aufgabe idR nur auf die Sicherung des Pflichtteilsanspruchs[32], es sei denn, der Pflichtteilsanspruch kann in anderer Weise als durch die Durchsetzung nicht gesichert werden[33]. Unterblieb aber die Bestellung eines Pflegers, so hat der überlebende Ehegatte bei Eintritt der Volljährigkeit das Kind auf das Ende der Verjährungshemmung und seinen noch bestehenden Pflichtteilsanspruch hinzuweisen, andernfalls haftet er auf Grund einer Verletzung der Pflicht zur Vermögenssorge (§§ 1664, 1833), die insoweit noch nachwirkt[34].

IV. Übertragung, Vererbung, Pfändung (Abs 2)

1. **Übertragung.** Der entstandene **Pflichtteilsanspruch** ist uneingeschränkt übertragbar (§§ 398 ff). Der **Auskunfts- und Wertermittlungsanspruch** nach § 2314 geht dabei mit der Abtretung des Pflichtteilsanspruchs auf den Zessionar entspr § 401 mit über, da es sich um einen nicht personengebundenen, präparatorischen Hilfsanspruch handelt[35]. Bei den Fällen des **§ 2306 Abs 1 S 2 und Abs 2** kann zwar der pflichtteilsberechtigte Erbe seinen Erbteil nach § 2033 übertragen, nicht aber das Ausschlagungsrecht, da dieses an die unübertragbare Erbenstellung gebunden ist und die Ausschlagungsentscheidung auf höchstpersönlichen Überlegungen beruht, in die ein Dritter, der sich von andern Entscheidungskriterien leiten ließe, nicht eingreifen darf[36]. Dagegen soll bei **§ 2307** der Vermächtnisnehmer den Vermächtnisanspruch mit dem Ausschlagungsrecht auf den Erwerber übertragen können, weil hier lediglich eine Forderung durch die andere ersetzt werde[37], doch spricht auch hier gegen die Übertragbarkeit des Ausschlagungsrechts, dass es ebenfalls um höchstpersönliche Überlegungen im Rahmen der Ausschlagungsentscheidung geht, wie bei § 1371 mit seinen Auswirkungen auf den Zugewinnausgleich des überlebenden Ehegatten besonders deutlich wird[38]. Was für die Abtretbarkeit gilt, muss auch für die Überleitung nach § 93 Abs 1 SGB XII (früher § 90 BSHG) gelten, weil auch hier die Höchstpersönlichkeit der Ausschlagungsentscheidung verbietet, dass der Sozialhilfeträger, der ganz andere Interessen als der Erbe hat, die Ausschlagung an sich ziehen kann[39]. Das Ausschlagungsrecht ist daher im Fall des **§ 2306 nicht** auf einen **Sozialhilfeträger** überleitbar[40], für das **Vermächtnis** wird dies teilweise anders gesehen, weil dieses nach § 93 Abs 1 S 4 SGB XII überleitbar sei und damit auch das Ausschlagungsrecht als akzessorisches Sicherungsrecht nach §§ 412, 401 übergehe[41], jedoch steht auch hier der Schutz der höchstpersönlichen Ausschlagungsentscheidung der Überleitung entgegen. Die Abtretbarkeit des Pflichtteilsanspruchs kann allerdings zu Lebzeiten des Erblassers durch einen beschränkten Pflichtteilsverzicht ausgeschlossen werden (§§ 2346, 2348)[42].

7

---

[29] BayObLG FamRZ 1989, 540, 541 f; LG Braunschweig FamRZ 2000, 1184, 1185; *Staudinger/Haas* Rn 43; *Damrau*, Der Minderjährige im Erbrecht, 2002, Rn 54.
[30] BayObLG FamRZ 1963, 578, 579; *Damrau*, Der Minderjährige, Rn 58; *MünchKommBGB/Huber* § 1629 Rn 63; *Staudinger/Haas* Rn 45; aA BayObLGZ 2003, 248 = NJW-RR 2004, 1157, 1158 für einen Betreuer.
[31] BayObLG FamRZ 1963, 578, 579; BayObLGZ 1988, 385, 389 = FamRZ 1989, 540; *Staudinger/Haas* Rn 47; *Damrau*, Der Minderjährige, Rn 61; *Damrau/Riedel/Lenz* Rn 13; BayObLGZ 2003, 248 = NJW-RR 2004, 1157, 1158 für einen Betreuer, wobei hier die Bestellung eines Ergänzungsbetreuers bejaht wurde.
[32] BayObLGZ 1988, 385, 389; *Staudinger/Haas* Rn 48; *Damrau*, Der Minderjährige, Rn 62 f; aA MünchKommBGB/*Lange* Rn 9, wonach die Aufgabe die Geltendmachung des Pflichtteilsanspruchs ist.
[33] BayObLGZ 1988, 385, 389; *Staudinger/Haas* Rn 48.
[34] Ebenso *Damrau*, Der Minderjährige, Rn 70 für den vergleichbaren Fall, dass sich der Pflichtteilsanspruch gegen die minderjährigen Geschwister des Pflichtteilsberechtigten richtet.
[35] *Klumpp* ZEV 1998, 123, 124; jurisPK/*Birkenheier* Rn 22; MünchKommBGB/*Lange* Rn 10.
[36] AnwK-BGB/*Bock* Rn 8; *Damrau/Riedel/Lenz* Rn 17; jurisPK/*Birkenheier* Rn 23; MünchKommBGB/*Lange* Rn 10; PWW/*Deppenkemper* Rn 9; *Staudinger/Haas* Rn 24; *Erman/Schlüter* Rn 4; wohl auch *Klingelhöffer* Rn 114; aA AK/*Däubler* Rn 20.
[37] AnwK-BGB/*Bock* Rn 9; PWW/*Deppenkemper* Rn 9; *Soergel/Dieckmann* Rn 11; RGRK/*Johannsen* Rn 16.
[38] JurisPK/*Birkenheier* Rn 23; MünchKommBGB/*Lange* Rn 10; *Staudinger/Haas* Rn 25, zumindest für die Fälle des § 1371; *Muscheler*, Universalsukzession und Vonselbsterwerb, 2002, S 231 Fn 247; *van de Loo* ZEV 2006, 473, 477 wegen der Verweisung des § 2180 Abs 3 auf die Regelungen für den Erbfall.
[39] MünchKommBGB/*Lange* Rn 10.
[40] *Damrau/Riedel/Lenz* Rn 18; *van de Loo* ZEV 2006, 473, 474 ff; jurisPK/*Birkenheier* Rn 25; *Staudinger/Haas* Rn 48 b mwN; *Eberl-Borges/Schüttlöffel* FamRZ 2006, 587, 595; eingehender s § 2306 Rn 23.
[41] *van de Loo* ZEV 2006, 473, 477 f.
[42] AnwK-BGB/*Bock* Rn 10; *Damrau/Riedel/Lenz* Rn 17; *Staudinger/Haas* Rn 23.

8   **2. Vererbung.** Der Pflichtteilsanspruch ist vererblich (Abs 2). Verstirbt der Pflichtteilsberechtigte, der iS von §§ 2306 Abs 1 S 2, Abs 2, 2307 Abs 1 bedacht wurde, ohne ausgeschlagen zu haben, so ist auch das Ausschlagungsrecht vererblich (§§ 1952 Abs 1, 2180 Abs 3). Es geht dann auf die Erben über und kann von diesen ausgeübt werden[43]. Ist ein Pflichtteilsberechtigter als **Nacherbe** eingesetzt, muss auch er die Erbschaft ausschlagen, um den Pflichtteil zu erlangen (§ 2306 Abs 2). Ist er verstorben, so kann sein (allgemeiner) Erbe die Erbschaft zur Pflichtteilserlangung nur ausschlagen, wenn die Nacherbschaft nicht nach § 2108 Abs 2 Alt 2 auf einen anderen als Ersatznacherben übergegangen ist[44].

9   **3. Pfändung des Pflichtteils, Überleitung auf ein Sozialhilfeträger, Insolvenz.** Der Pflichtteilsanspruch ist ohne weiteres pfändbar, wenn er durch Vertrag **anerkannt** oder **rechtshängig** (§ 261 ZPO)[45] wurde (§ 852 Abs 1 ZPO). Dadurch soll sichergestellt werden, dass der Pflichtteilsanspruch wegen seiner familienrechtlichen Grundlage nicht gegen den Willen der Beteiligten geltend gemacht wird[46]. Eine **Anerkennung** durch Vertrag ist jede auf Feststellung des Pflichtteilsanspruchs zielende Einigung; sie muss jedoch zwischen dem Erben und dem Pflichtteilsberechtigten erfolgen und den Willen des Berechtigten zur Pflichtteilsgeltendmachung erkennen lassen. Eine Schriftform ist nicht erforderlich;[47] auch die Höhe kann offen bleiben[48]. Nach hM[49] ist in einer Sicherungsabtretung, Verpfändung oder sonstigen Belastung des Pflichtteilsanspruchs ebenfalls eine vertragliche Anerkennung zu sehen, obwohl in diesen Fällen der Pflichtteilsschuldner keine eigene Erklärung abgibt und damit er sich keine vertragliche Anerkennung ausspricht. Denn nach derartigen Rechtshandlungen ist der Anspruch nicht mehr durch seinen familiären Bezug gekennzeichnet und somit der Schutzzweck des § 852 ZPO entfallen[50]. Ein vor Erfüllung der Voraussetzungen des § 852 ZPO vereinbarter schenkweiser Erlass (§ 397) ist aber gerade keine Geltendmachung, weil darin zum formal eine Verfügung über den Pflichtteilsanspruch liegt, der Pflichtteilsberechtigte dadurch aber nur letztlich zum Ausdruck bringt, dass er seinen Pflichtteilsanspruch nicht verwirklichen will und der Gläubiger dies genauso hinnehmen muss, wie wenn der Pflichtteilsberechtigte nur auf Dauer die Geltendmachung des Anspruchs unterlässt[51]. Erfolgt der Erlass gegen eine Abfindungsleistung, wird darin teilweise der Wille des Pflichtteilsberechtigten gesehen, seinen Pflichtteilsanspruch geltend zu machen[52], was aber nur in Höhe der vereinbarten Abfindung zutreffend ist. Die sich aus § 852 ZPO ergebenden Beschränkungen gelten nach hM für die Überleitung durch einen **Sozialhilfeträger** nach § 93 Abs 1 SGB XII nicht, der insoweit gegenüber dem Pfändungsgläubiger privilegiert sein soll, weil es hier auf die Entscheidung des Pflichtteilsberechtigten nicht ankommt[53]. Dies kann aber aus systematisch-dogmatischen Gründen schon deshalb nicht richtig sein, weil dann der pflichtteilsberechtigte Erbe nach § 83 Abs 1 S 1 InsO zwar sanktionslos die Erbschaft als weitergehendes Recht ausschlagen könnte[54], während der Pflichtteilsanspruch immer dem Sozialhilfeträger zufiele. Dadurch würde auch der Sozialhilfeträger gegenüber anderen Gläubigern wesentlich bevorzugt, was im Hinblick auf Art 3 GG auch verfassungsrechtlich bedenklich ist. Die reinen Finanzierungsinteressen des Staates vermögen gegenüber den Interessen anderer Gläubiger ebenso wenig einen Vorrang zu begründen wie gegenüber der höchstpersönlichen Entscheidung des Betroffenen[55].

---

[43] HdB Pflichtteilsrecht/*Bittler* § 3 Rn 23; MünchKommBGB/*Lange* Rn 14; RGRK/*Johannsen* Rn 14, 16; *Staudinger*/*Haas* Rn 30.
[44] RG JW 1931, 1354, 1356 m Anm *Herzfelder*; MünchKommBGB/*Lange* Rn 14; teilweise wird hier aber auch ohne die Ausschlagungsmöglichkeit ein Pflichtteilsanspruch des verstorbenen Pflichtteilsberechtigten bejaht, weil bei unvererblichem Nacherbenrecht hier faktisch keine Wahlmöglichkeit zwischen Nacherbfolge und Pflichtteil bestand, und den Pflichtteilsanspruch kann der Erbeserbe erwerben: *Soergel*/*Dieckmann* Rn 12 mit Differenzierungen; RGRK/*Johannsen* Rn 15; *Staudinger*/*Haas* Rn 33 unter Bezug auf § 2309; eingehend mw Differenzierungen und Fallgruppen *Bengel* ZEV 2000, 388.
[45] Arrest oder einstweilige Verfügung (§§ 916, 935 ZPO) genügen nicht, da dadurch nicht der Anspruch rechtshängig, sondern nur gesichert wird *Musielak*/*U. Becker* § 852 ZPO Rn 2.
[46] Mot V S 418; BGH NJW 1982, 2771, 2772; *Zöller*/*Stöber* § 852 ZPO Rn 1.
[47] OLG Düsseldorf NJWE-FER 1999, 246; *Staudinger*/*Haas* Rn 51; *Musielak*/*U. Becker* § 852 ZPO Rn 2; *Zöller*/*Stöber* § 852 ZPO Rn 2; *Stein*/*Jonas*/*Brehm* § 852 ZPO Rn 5 Fn 2; MünchKommZPO/*Smid* § 852 Rn 3, wobei *Smid* eine einseitige Anerkennung durch den Berechtigten genügen lässt.
[48] *Musielak*/*U. Becker* § 852 ZPO Rn 2.
[49] *Baumbach*/*Lauterbach* § 852 ZPO Rn 1; *Gerhardt* EWiR 1993, 1141, 1142; MünchKommZPO/*Smid* § 852 Rn 3; *Soergel*/*Dieckmann* Rn 15; *Klumpp* ZEV 1998, 123, 124; *Staudinger*/*Haas* Rn 51; *Gottwald* Rn 34; offen gelassen von BGHZ 123, 183, 190 = NJW 1993, 2876; MünchKommBGB/*Lange* Rn 15; aA *Muscheler*, Universalsukzession und Vonselbsterwerb, 2002, S 216.
[50] *Kuchinke* NJW 1994, 1769; zust *Staudinger*/*Haas* Rn 51.
[51] OLG Düsseldorf FamRZ 2000, 367, 368 = NJWE-FER 1999, 246; MünchKommBGB/*Lange* Rn 15; *Muscheler*, Universalsukzession und Vonselbsterwerb, 2002, S 217 f; *Staudinger*/*Haas* Rn 51.
[52] *Staudinger*/*Haas* Rn 51; dem zuneigend OLG Düsseldorf FamRZ 2000, 367, 368; aA *Muscheler*, Universalsukzession und Vonselbsterwerb, 2002, 218: Gläubiger sei durch Pfändbarkeit der Abfindungsleistung ausreichend geschützt.
[53] BGH NJW-RR 2005, 369 = ZEV 2005, 117 m abl Anm *Muscheler*; abl auch *Eberl-Borges*/*Schüttlöffel* FamRZ 2006, 589, 597; vgl dazu auch *J. Mayer* MittBayNot 2005, 286; *Litzenburger* RNotZ 2005, 162; *Staudinger*/*Haas* Rn 48 a, bestätigt von BGH NJW-RR 2006, 223; anders noch BayObLGZ 2003, 248 = NJW-RR 2004, 1157; die Überleitung ist sogar noch nach dem Tod des Pflichtteilsberechtigten möglich, VG Augsburg vom 4. 2. 2003, Au 3 K 02.1528.
[54] Ausf *Muscheler*, Universalsukzession und Vonselbsterwerb, 2002, S 235 f.
[55] Zu letzterem ebenso *Eberl-Borges*/*Schüttlöffel* FamRZ 2006, 589, 597; aA *van de Loo* ZEV 2006, 473, 477.

Vor Anerkennung oder Rechtshängigkeit kann der mit dem Erbfall bereits entstandene Pflichtteils- 10
anspruch als in seiner zwangsweisen Verwertbarkeit aufschiebend bedingter Anspruch gepfändet werden. Bei einer derart eingeschränkten Pfändung erwirbt der Pfändungsgläubiger bei Eintritt der Verwertungsvoraussetzungen ein vollwertiges Pfandrecht, dessen Rang sich nach dem Zeitpunkt der Pfändung bestimmt[56]. Die Verwertungsbefugnis entsteht also erst, wenn die in § 852 Abs 1 ZPO genannten Voraussetzungen vorliegen. Verfügt der Pflichtteilsberechtigte nach dieser eingeschränkten Pfändung, so ist diese dem Pfändungsgläubiger gegenüber bereits unwirksam (§ 829 Abs 1 S 2 ZPO)[57]. Nach – allerdings umstrittener Ansicht – kann auch bereits vor dem Bedingungseintritt die Überweisung zur Einziehung erfolgen, weshalb ein **einheitlicher Pfändungs- und Überweisungsbeschluss** möglich sei. Die Prüfung der Verwertungsvoraussetzungen habe vielmehr erst durch das Prozessgericht im Rahmen einer Zahlungsklage des Pfändungsgläubigers gegen den Pflichtteilsschuldner zu erfolgen[58]. Dies ist jedoch abzulehnen, weil sonst die Freiheit des Pflichtteilsberechtigten, über die Geltendmachung seinen Pflichtteilsanspruchs autonom zu entscheiden, entgegen der Wertung des § 852 ZPO uU gravierend beeinträchtigt werden kann: Denn er hat dann keinen Einfluss mehr darauf, ob der Pflichtteilsschuldner nur bei Vorliegen der Verwertungsvoraussetzungen des § 852 ZPO oder bereits vorher leistet[59]. Und gerade wenn in einem gemeinschaftlichen Testament eine Pflichtteilsstrafklausel angeordnet ist, kann dies für ihn sehr nachteilige Folgen durch Verlust seiner Schlusserbenstellung haben.

Im Hinblick auf diese zeitlich erweiterte Pfändungsmöglichkeit gehört die Pflichtteilsforderung von 11
Anfang an zur **Insolvenzmasse** (§§ 35, 36 Abs 1 InsO)[60], jedoch kann bis zur Anerkennung oder Rechtshängigkeit des Anspruchs der Insolvenzverwalter die Forderung nicht einziehen[61]. Umgekehrt hindert der Insolvenzbeschlag den Pflichtteilsberechtigten nicht, eine Anerkennung zu erwirken oder Klage auf Zahlung zu erheben, lässt ihn aber auch die Entscheidungsfreiheit hierfür[62]. Da entsprechenden den Grundsätzen zur Einzelzwangsvollstreckung die Entschließungsfreiheit des Pflichtteilsberechtigten geschützt werden muss, ist auch ein nach Insolvenzeröffnung vom Insolvenzschuldner erklärter Verzicht (§ 397) dem Insolvenzverwalter gegenüber wirksam, wenn die Verwertungsreife nach § 852 ZPO nicht eingetreten ist[63] und bis dahin auch nicht anfechtbar[64]. **Unterlässt** der Pflichtteilsberechtigte die **Geltendmachung** des Anspruches, so wird damit für den Pfändungsgläubiger dessen Realisierung unmöglich; er kann auch nicht nach den Vorschriften über die **Gläubigeranfechtung** die Geltendmachung erzwingen[65]. Die sich aus § 852 Abs 1 ZPO für den Gläubiger ergebende Beschränkung gilt auch dann, wenn der Berechtigte zu Lebzeiten des Erblassers diesen dazu bewogen hat, nicht ihn, sondern einen anderen als Erben einzusetzen, um damit einen Gläubigerzugriff zu verhindern[66]. Wird jedoch auf den **bereits anerkannten** oder rechtshängig gemachten Pflichtteilsanspruch verzichtet, so ist dies **insolvenzrechtlich anfechtbar**[67]. Zudem wird hinsichtlich des bereits entstandenen Pflichtteilsanspruchs im Restschuldbefreiungsverfahren ganz überwiegend eine **Herausgabeobliegenheit** iS von § 295 Abs 1 Nr 2 InsO bejaht, und zwar auch dann, wenn die Verwertungsreife nach § 852 Abs 1 ZPO noch nicht eingetreten sind, weil dadurch die Entschließungsfreiheit des Pflichtteilsberechtigten nur in „wirtschaftlicher Hinsicht" beeinträchtigt werde[68].

V. Prozessuales

Streitige Pflichtteilsansprüche sind vor dem **Prozessgericht** zu erheben[69], und zwar wahlweise 12
vor dem Gerichtsstand des Beklagten (§§ 12 ff ZPO) oder dem der Erbschaft (§ 27 ZPO). Der

---

[56] BGHZ 123, 183, 185 ff = NJW 1993, 2876 = EWiR 1997, 683 (*Gerhardt*) = JR 1994, 419 *Schubert*; dazu auch Kuchinke NJW 1994, 1769; *Musielak/U. Becker* § 852 ZPO Rn 3; abl zu dieser Rspr Muscheler, Universalsukzession und Vonselbsterwerb, 2002, S 219.
[57] *Musielak/U. Becker* § 852 ZPO Rn 3; *Staudinger/Haas* Rn 53.
[58] *Zöller/Stöber* § 852 ZPO Rn 3; *Stöber*, Forderungspfändung Rn 273 b; *Musielak/U. Becker* § 852 ZPO Rn 3; *Greve* ZIP 1996, 699, 701; *Keim* ZEV 1997, 127, 128; aA *Staudinger/Haas* Rn 55; *Kuchinke* NJW 1994, 1769, 1770; *Gottwald* Rn 28; *Behr* JurBüro 1996, 65 f; *Muscheler*, Universalsukzession und Vonselbsterwerb, 2002, S 217: Überweisung zur Einziehung erst zulässig, wenn Voraussetzungen des § 852 ZPO vorliegen.
[59] *Muscheler*, Universalsukzession und Vonselbsterwerb, 2002, S 217; *Staudinger/Haas* Rn 55.
[60] OLG Brandenburg FamRZ 1999, 1436; AnwK-BGB/*Bock* Rn 23; *Ivo* ZErb 2003, 250, 254; *Lange/Kuchinke* § 37 VIII 2 b; *Soergel/Dieckmann* Rn 17; *Klumpp* ZEV 1998, 123, 128; MünchKommBGB/*Lange* Rn 17; *Staudinger/Haas* Rn 58; *Muscheler*, Universalsukzession und Vonselbsterwerb, 2002, S 218; aA *Smid* § 35 InsO Rn 29; MünchKommInsO/*Schuhmann* § 35 Rn 13.
[61] OLG Brandenburg FamRZ 1999, 1436; AnwK-BGB/*Bock* Rn 23; *Staudinger/Haas* Rn 58.
[62] AnwK-BGB/*Bock* Rn 23; *Ivo* ZErb 2003, 250, 254; *Klumpp*, *Kuchinke*, *Dieckmann*, MünchKommBGB/*Lange*, jeweils aaO; *Staudinger/Haas* Rn 58; *Muscheler*, Universalsukzession und Vonselbsterwerb, 2002, S 219.
[63] *Muscheler*, Universalsukzession und Vonselbsterwerb, 2002, S 219; anders aber offenbar *Ivo* ZErb 2003, 250, 254.
[64] *Uhlenbruck/Hirte* § 129 InsO Rn 100; Heidelberger KommInsO/*Kreft* § 129 Rn 19; aA *Klumpp* ZEV 1998, 123, 127; *Ivo* ZErb 2003, 250, 255.
[65] BGH NJW 1997, 2384; dazu *Klumpp* ZEV 1998, 123, 125; *Staudinger/Haas* Rn 57 mwN; *Ivo* ZErb 2003, 250, 255.
[66] BGH NJW 1997, 2384; Gestaltungsmöglichkeiten bei drohender Pfändung bei *Keim* ZEV 1998, 127.
[67] *Uhlenbruck/Hirte* § 129 InsO Rn 100; *Staudinger/Haas* Rn 57.
[68] *Uhlenbruck/Vallender* § 295 InsO Rn 35; *Döbereiner*, Die Restschuldbefreiung nach der InsO, 1997, S 165 f; MünchKommInsO/*Ehricke* § 295 Rn 57; *Ivo* ZErb 2003, 250, 255; aA *Nehrlich/Römermann* § 295 InsO Rn 24.
[69] Eingehend zum Pflichtteilsprozess *Kerscher/Riedel/Lenz* § 13; *Tanck* in: *Bonefeld/Kroiß/Tanck*, Der Erbprozess, 2. Aufl, Kap VII § 397 ff.

§ 2318   Buch 5. Abschnitt 5. Pflichtteil

Rechtsweg zu den ordentlichen Gerichten kann diesbezüglich nicht durch eine letztwillige **Schiedsgerichtsklausel** ausgeschlossen werden (§ 1937 Rn 3)[70]. Die Annahme, dass die Schiedsgerichtsbarkeit zur ordentlichen Gerichtsbarkeit gleichwertig und eine verfassungsmäßige Alternative darstellt, ändert nichts daran, dass der Erblasser nicht einseitig in das Pflichtteilsrecht eingreifen kann, und die Schiedsgerichtsanordnung ausschließlich in dem Umfang zulässig ist, in der dem Erblasser eine Verfügungsbefugnis zukommt[71]. Anders liegt es nur, wenn der Erblasser einen Pflichtteilsberechtigten zum Erben beruft, aber auch dann kann ist die Wirksamkeit der Schiedsgerichtsanordnung im Hinblick auf § 2306 streitig (§ 2306 Rn 14). **Prozesskostenvorschuss** für den Pflichtteilsanspruch kann nicht nach §§ 1360a Abs 4, 1361 Abs 4 vom anderen Ehegatten gefordert werden[72]. Vor Eintritt des **Erbfalls** ist es auch nicht möglich, den (erst künftigen) Pflichtteilsanspruch durch Arrest oder einstweilige Verfügung zu sichern[73]. Zur praktisch bedeutsamen Stufenklage im Zusammenhang mit einem Auskunfts- und Wertermittlungsanspruch s § 2314 Rn 28.

13   Die Darlegungs- und **Beweislast** für alle Tatsachen, von denen der Grund und die Höhe des Anspruchs abhängen, hat der Pflichtteilsberechtigte[74]. Hierzu gehören der Ausschluss des Pflichtteilsberechtigten von der gesetzlichen Erbfolge, ggf der Güterstand des Erblassers und die Nachlasszugehörigkeit bestimmter Gegenstände[75]. Dabei hat der Pflichtteilsberechtigte das Nichtbestehen einer von ihm bestrittenen, vom Erben aber substantiiert dargelegten Nachlassverbindlichkeit zu beweisen[76]. Im Rahmen des **Pflichtteilsergänzungsanspruchs** gelten jedoch weitere Beweiserleichterungen (§ 2325 Rn 40). Eine Verletzung der Auskunftspflicht nach § 2314 ist zudem zu Gunsten des Pflichtteilsberechtigten zu berücksichtigen und kann uU sogar zu einer Beweislastumkehr führen[77]. Eine teilweise Klageabweisung durch **Teilurteil** (§ 301 ZPO) war bislang nur zulässig, wenn geklärt ist, ob sie wegen zu geringer Nachlassaktiva oder wegen zu hoher Nachlasspassiva erfolgt[78]. Nach der Neufassung des § 301 ZPO durch Gesetz vom 30. 3. 2000 (BGBl I S 330) kann durch Teilurteil über den strittigen Anspruch nur entschieden werden, wenn ein Grundurteil auch über den restlichen Teil des Anspruchs ergeht (§ 301 Abs 1 S 2 ZPO). Werden **Pflichtteils- sowie Pflichtteilsergänzungsansprüche** geltend gemacht, sind diese prozessual und materiell-rechtlich selbstständig. Demnach kann auch ein einheitliches Grundurteil nur ergehen, wenn feststeht, dass jeder Teilanspruch dem Grunde nach gerechtfertigt ist[79]. Das Landwirtschaftsgericht ist für Pflichtteilsansprüche weichender Erben jedenfalls dann zuständig, wenn sie den Hof betreffen (§ 1 Abs 5 LwVG)[80].

§ 2318 Pflichtteilslast bei Vermächtnissen und Auflagen

(1) ¹Der Erbe kann die Erfüllung eines ihm auferlegten Vermächtnisses soweit verweigern, dass die Pflichtteilslast von ihm und dem Vermächtnisnehmer verhältnismäßig getragen wird. ²Das Gleiche gilt von einer Auflage.

(2) Einem pflichtteilsberechtigten Vermächtnisnehmer gegenüber ist die Kürzung nur soweit zulässig, dass ihm der Pflichtteil verbleibt.

(3) Ist der Erbe selbst pflichtteilsberechtigt, so kann er wegen der Pflichtteilslast das Vermächtnis und die Auflage soweit kürzen, dass ihm sein eigener Pflichtteil verbleibt.

Übersicht

	Rn		Rn
I. Normzweck	1	2. Durchführung der Kürzung	3
II. Grundregel des Abs 1	2	III. Ausnahmen vom Grundsatz der verhältnismäßigen Tragung der Pflichtteilslast	6
1. Voraussetzungen	2		

---

[70] BayObLGZ 1956, 186, 189; MünchKommBGB/*Leipold* § 1937 Rn 34; *Musielak/Voit* § 1066 ZPO Rn 3; *Schulze* MDR 2000, 314, 316; *Otte*, FS Rheinisches Notariat, 1998, S 241, 251; aA *Geimer*, FS Schlosser, 2005, S 197, 205; *Krug* in: *Krudg/Rudolf/Kroiß*, Erbrechtsformulare, 2. Aufl 2003, § 23 Rn 17; *Schmitz* RhNotZ 2003, 591, 611; *Pawlytta* ZEV 2003, 89, 91 ff; *ders* in: *Scherer*, MAH Erbrecht, § 67 Rn 27, überwiegend mit einer verfahrensrechtlichen, anstelle einer materiell-rechtlichen Qualifizierung dieser Anordnung.
[71] S etwa *Staudinger/Otte* Vor § 1937 Rn 8; MünchKommBGB/*Leipold* § 1937 Rn 32.
[72] OLG Köln NJW-RR 1989, 967, 968; *Palandt/Edenhofer* Rn 11; PWW/*Deppenkemper* Rn 11; *Staudinger/Haas* Rn 49.
[73] PWW/*Deppenkemper* Rn 11.
[74] BGHZ 7, 134, 136; BGH NJW-RR 1996, 705, 706; AnwK-BGB/*Bock* Rn 27; *Baumgärtel/Laumen* Rn 1; *Klingelhöffer* Pflichtteilsrecht Rn 413; PWW/*Deppenkemper* Rn 11; *Staudinger/Haas* Rn 49; eingehend dazu HdB Pflichtteilsrecht/*Tanck* § 14 Rn 176 ff.
[75] AnwK-BGB/*Bock* Rn 27; *Klingelhöffer* Pflichtteilsrecht Rn 413 f; *Kerscher/Riedel/Lenz* Pflichtteilsrecht § 13 Rn 23.
[76] BGH FF 2003, 218.
[77] AnwK-BGB/*Bock* Rn 27; *Soergel/Dieckmann* Rn 19; *Staudinger/Haas* Rn 49; offenlassend BGHZ 7, 134, 141 f.
[78] BGH NJW 1964, 205 im Fall von §§ 2057a, 2316; OLG Hamburg NJWE-FER 1999, 129; s auch BGHR ZPO § 301 Abs 1; vgl auch *Klingelhöffer* Pflichtteilsrecht Rn 421 und BGH NJW 1989, 2821 zum Zugewinnausgleich.
[79] BGHZ 139, 116 = NJW 1998, 3117; AnwK-BGB/*Bock* Rn 28.
[80] OLG Hamm RdL 1964, 214.

§ 2318

	Rn		Rn
1. Einschränkung der Kürzungsbefugnis bei pflichtteilsberechtigten Vermächtnisnehmern (Abs 2)	6	a) Grundsätzliches	9
		b) Zwingende Norm, Konkurrenzverhältnisse	11
2. Pflichtteilsberechtigter Erbe: erweiterte Kürzungsbefugnis nach Abs 3	9	IV. Prozessuales	13

I. Normzweck

Schuldner des Pflichtteilsanspruchs ist im Außenverhältnis allein der Erbe. Dieser muss auch die vom Erblasser angeordneten Vermächtnisse und Auflagen erfüllen, ohne dass dies zu einer Verringerung des Pflichtteils führt (§ 2311 Rn 10). Als Ausgleich hierfür gewährt § 2318 dem Erben eine peremptorische **Einrede** in Gestalt eines Kürzungsrechts, so dass im Innenverhältnis die Pflichtteilslast von ihm und den Vermächtnisnehmern und Auflagebegünstigten verhältnismäßig getragen wird[1]. Leistet der Pflichtteilsschuldner in Unkenntnis seines Kürzungsrechts, so kann er das zu viel Gezahlte nach § 813 zurückfordern[2]. 1

II. Grundregel des Abs 1

1. Voraussetzungen. Grds tragen die Erben gegenüber den Vermächtnisnehmern und Auflagebegünstigten die Pflichtteilslast nach dem Verhältnis ihrer Beteiligung am Nachlass. Dies gilt allerdings nur, soweit sich aus den Ausnahmetatbeständen der §§ 2321 bis 2322 nichts anderes ergibt und sofern der Erblasser nichts anderes bestimmt hat (§ 2324), wobei eine solche Bestimmung auch schlüssig getroffen werden kann. Die anteilige Beteiligung an der Pflichtteilslast wird dadurch erreicht, dass dem Erben ein **Kürzungsrecht** eingeräumt wird, die ihn belastenden Vermächtnisse und Auflagen verhältnismäßig zu mindern. Dem Kürzungsrecht unterliegen grds auch gesetzliche Vermächtnisse, wie der Dreißigste nach § 1969[3], nicht jedoch der Voraus des Ehegatten (§ 1932), da dieser ohnehin bei der Pflichtteilsberechnung vorneweg abgezogen wird (§ 2311 Abs 1 S 2)[4]. Nicht kürzungsfähig sind auch der Unterhaltsanspruch der Mutter eines ungeborenen Erben gemäß § 1963 und der Ausbildungsanspruch des Stiefkinds nach § 1371 Abs 4 (keine gesetzlichen Vermächtnisse)[5]. Voraussetzung für das Kürzungsrecht ist, dass ein **Pflichtteilsanspruch geltend gemacht** wurde, was erfordert, dass eine Inanspruchnahme des Erben durch den Pflichtteilsberechtigten vorliegt, die den Erben wirtschaftlich belastet[6]. Jedoch entfällt das Kürzungsrecht nicht mehr, wenn der Pflichtteilsanspruch später schenkungsweise dem Erben erlassen wird[7]. Es soll aber dann nicht bestehen, wenn der Pflichtteilsanspruch bereits verjährt ist[8]. 2

2. Durchführung der Kürzung. Der Pflichtteilsbeitrag des Erben verhält sich zu dem des Vermächtnisnehmers (Auflagebegünstigten) wie die reine Vermögensbeteiligung des Erben zu der des Vermächtnisnehmers (Auflagebegünstigten) am Nachlass[9]. Dabei wird der Nachlasswert hier anders als bei § 2311 berechnet, weil der Wert der Vermächtnisse und Auflagen zu berücksichtigen ist, der Pflichtteilsanspruch aber nicht[10]. Der Kürzungsbetrag errechnet sich demnach nach der sog Martin'schen Formel[11]: 3

Formel: $K \text{ (Kürzungsbetrag)} = \dfrac{P \text{ (Pflichtteilslast)} \times V \text{ (Vermächtnis)}}{UN \text{ (Ungekürzter Nachlass)}}$ 3.1

Beispiel: Nachlass 40 000, Alleinerbe der Fremde F, einziger Pflichtteilsberechtigter S; Vermächtnis für B in Höhe von 10 000. Das Vermächtnis kann demnach um 5000 gekürzt werden. 3.2

IdR lässt sich der Kürzungsbetrag einfacher errechnen: Der Erbe kann das Vermächtnis (die Auflage) um den Prozentsatz kürzen, welcher der Pflichtteilsquote des Pflichtteilsberechtigten am Nachlass entspricht, hier also um 50%. Diese Methode versagt jedoch bei Anrechnungs- und Ausgleichungspflichten (§§ 2315, 2316), da es hier zu einer abweichenden Pflichtteilsbeteiligung kommt[12]. 4

Sind **mehrere Vermächtnisse** oder Auflagen vorhanden, kann der Erbe jedem Begünstigten gegenüber die verhältnismäßige Kürzung geltend machen, sofern nicht Abs 2 oder § 2189 dem entgegensteht[13]. Der Kürzungsbetrag kann dabei für jedes Vermächtnis nach obiger Formel (Rn 3) berechnet werden[14]. Soweit das Vermächtnis oder die Auflage eine **unteilbare Leistung** betrifft (Nießbrauch 5

---

[1] MünchKommBGB/*Lange* Rn 1 f; v. Olshausen MDR 1986, 89.
[2] KG FamRZ 1977, 267, 269; *Tanck* ZEV 1998, 132, 133; *Staudinger/Haas* Rn 3.
[3] *Damrau/Riedel/Lenz* Rn 5; *Palandt/Edenhofer* Rn 2; *Staudinger/Haas* Rn 8; MünchKommBGB/*Lange* Rn 4; aA AK/*Däubler* Rn 4; *Harder* NJW 1988, 2716, 2717.
[4] RGRK/*Johannsen* Rn 3; *Palandt/Edenhofer* Rn 1.
[5] *Staudinger/Haas* Rn 9; *Damrau/Riedel/Lenz* Rn 5; MünchKommBGB/*Lange* Rn 4.
[6] RG LZ 1919, 879; LG München II NJW-RR 1989, 8; OLG Frankfurt FamRZ 1991, 238, 240; *Staudinger/Haas* Rn 6; MünchKommBGB/*Lange* Rn 5; *Palandt/Edenhofer* Rn 1.
[7] LG München II NJW-RR 1989, 8.
[8] OLG Koblenz vom 18. 6. 1982, 5 U 1/82, unveröffentlicht.
[9] So etwa *Soergel/Dieckmann* Rn 3; KG FamRZ 1977, 267, 269.
[10] *Staudinger/Haas* Rn 11; *Planck/Greiff* Anm 2.
[11] *Martin* ZBlFG 14, 789 ff; *Staudinger/Haas* Rn 12; *Ebenroth/Fuhrmann* BB 1989, 2049, 2054; *Nieder* HdB Rn 124.
[12] *Soergel/Dieckmann* Rn 4; *Palandt/Edenhofer* Rn 2.
[13] *Damrau/Riedel/Lenz* Rn 8; *Soergel/Dieckmann* Rn 6; *Lange/Kuchinke* § 37 Fn 394; MünchKommBGB/*Lange* Rn 6.
[14] *Staudinger/Haas* Rn 14; vgl auch die Berechnung bei *Kipp/Coing* § 12 II 2 c.

oder Wohnungsrecht, Schmuck), so muss der Vermächtnisnehmer den entsprechenden Kürzungsbetrag beim Vermächtnisvollzug an den Erben leisten. Kann oder will der Vermächtnisnehmer (Auflagebegünstigte) dies nicht, so muss der Erbe statt des Vermächtnisobjekts nur den gekürzten Schätzwert zahlen[15]. Soweit der Vermächtnisnehmer seinerseits durch Untervermächtnisse beschwert ist, kann er die Kürzung „weitergeben" und diese verhältnismäßig nach §§ 2188, 2189 kürzen[16].

III. Ausnahmen vom Grundsatz der verhältnismäßigen Tragung der Pflichtteilslast

6 **1. Einschränkung der Kürzungsbefugnis bei pflichtteilsberechtigten Vermächtnisnehmern (Abs 2).** Ist der Vermächtnisnehmer selbst pflichtteilsberechtigt, so bestimmt Abs 2 im Interesse des Pflichtteilsschutzes, dass das Vermächtnis bis zur Höhe des Pflichtteils nicht gekürzt werden darf (sog **„Kürzungsgrenze"**). Beispiel s Rn 8.1. Nur ein Mehrbetrag ist kürzungsfähig, dieser aber im vollem Umfang[17]. Diese Bestimmung ist zwingend (§ 2324)[18], gilt jedoch nicht zu Gunsten eines Auflagebegünstigten[19]. Soweit der überlebende Ehegatte aus einer **Zugewinngemeinschaftsehe** mit einem Vermächtnis bedacht und dies angenommen wurde, errechnet sich die Kürzungsgrenze aus dem nach §§ 1371 Abs 1, 1931 erhöhten Ehegattenpflichtteil[20]. Dadurch verringert sich der Pflichtteil und damit die Kürzungsgrenze der anderen pflichtteilsberechtigten Vermächtnisnehmer. Bei der Berechnung des Werts des Vermächtnisses bleiben dessen Beschwerungen außer Acht (arg § 2307 Abs 1 S 2)[21].

7 Der durch die Einschränkung des Kürzungsrechts entstehende **Ausfall** ist jedoch nicht allein vom Erben, sondern von ihm und den anderen nicht pflichtteilsberechtigten Vermächtnisnehmern und Auflagebegünstigten verhältnismäßig zu tragen;[22] denn insoweit verbleibt es bei der Grundregel des Abs 1[23].

8 Der hierfür anzuwendende **„Umlegungsschlüssel"** ist mangels gesetzlicher Regelung allerdings umstritten. Die wohl überwM nimmt an, diesen nach dem ursprünglichen Beteiligungsverhältnis am „bereinigten Nachlass", der dem Erben und dem Vermächtnisnehmer vor Anwendung des ersten Kürzungsrechts zur Verfügung steht, zu bestimmen[24].

8.1 **Beispiel**[25]: Nachlass 400 000, Pflichtteilsberechtigte nur die Kinder S und T. Erbe ist der Fremde F. T erhält ein Vermächtnis von 120 000. Kürzungsbefugnis für F bezüglich Vermächtnis der T: (100 000 × 120 000) : 400 000 = 30 000[26]; da der Pflichtteil der T nicht unterschritten werden darf, verbleibt der T ein Betrag von 100 000, nur 20 000 muss sie für den Pflichtteil ihres Bruders S beisteuern. Den Ausfall von 10 000 trägt der Erbe F.

8.2 **Abwandlung:** Es wurde ein weiteres Vermächtnis für D von 80 000 ausgesetzt. Dieses Vermächtnis kann nach Abs 1 gekürzt werden: (100 000 × 80 000) : 400 000 = 20 000. Strittig ist die Verteilung des Ausfallbetrags zwischen D und Erbe F. Nimmt man die Beteiligung am bereinigten Nachlass vor der Anwendung der Kürzungsformel so ergibt sich: D ist zu 80 000, F zu 120 000 beteiligt, das ergibt ein Verhältnis von 2 zu 3, umgerechnet auf den Ausfallbetrag von 10 000 eine Beteiligung von D am Pflichtteil des S von 4000, von F von 6000. Berechnet man die Beteiligung nach der Anwendung der Kürzungsformel, so ergibt sich für F eine Aufteilung von 140 000 und für D 60 000, also von 7 zu 3, also bezogen auf den Ausfallbetrag von 10 000 von 7000 für F und 3000 von D.

9 **2. Pflichtteilsberechtigter Erbe: erweiterte Kürzungsbefugnis nach Abs 3. a) Grundsätzliches.** Die wenig geglückte Vorschrift ist nur im Zusammenhang mit § 2306 zu verstehen[27]. Der eigene Pflichtteil des Erben wird gegen Beschränkungen und Beschwerungen primär durch § 2306 geschützt: Soweit der dem Pflichtteilsberechtigten zugewandte Erbteil die Hälfte des gesetzlichen Erbteils nicht übersteigt, so entfallen die angeordneten Auflagen und Vermächtnisse ohnehin automatisch, der pflichtteilsberechtigte Erbe schuldet dann überhaupt nichts (§ 2306 Abs 1 S 1). Nur wenn der hinterlassene Erbteil größer ist, bleiben die angeordneten Vermächtnisse und Auflagen überhaupt bestehen. Will der Erbe diesen entgehen, muss er die Erbschaft ausschlagen (§ 2306 Abs 1 S 2); hat er dies jedoch versäumt, so treffen ihn die Vermächtnisse und Auflagen auch dann, wenn sie in seinen Pflichtteil eingreifen, ja diesen völlig aufzehren[28]. Damit ist aber zugleich die **Belastungsgrenze**

---

[15] BGHZ 19, 309, 311 f = LM § 2322 Nr 1 m Anm *Johannsen*; MünchKommBGB/*Lange* Rn 2; *Soergel/Dieckmann* Rn 5.
[16] HdB Pflichtteilsrecht/*J. Mayer*, § 2 Rn 160.
[17] MünchKommBGB/*Lange* Rn 7; *Soergel/Dieckmann* Rn 8; *Ebenroth/Fuhrmann* BB 1989, 2049, 2055; *Staudinger/Haas* Rn 18.
[18] *Staudinger/Haas* Rn 17; *Palandt/Edenhofer* Rn 3.
[19] *Staudinger/Haas* Rn 17.
[20] *Schramm* BWNotZ 1966, 18, 25; *Staudinger/Haas* Rn 20; *Soergel/Dieckmann* Rn 12; MünchKommBGB/*Lange* Rn 10.
[21] MünchKommBGB/*Lange* Rn 7; *Lange/Kuchinke* § 37 Fn 398; *Planck/Greiff* Anm 3; aA *Palandt/Edenhofer* Rn 4.
[22] Heute hM, *Lange/Kuchinke* § 37 Fn 397; *Soergel/Dieckmann* Rn 8; RGRK/*Johannsen* Rn 7; MünchKommBGB/*Lange* Rn 6; *Staudinger/Haas* Rn 19; dass der Erbe den Ausfall allein trägt, fordern *Kipp/Coing* § 12 II 2 c; *Staudinger/Ferid/Cieslar* 12. Aufl Rn 28.
[23] Nach *Soergel/Dieckmann* Rn 8.
[24] MünchKommBGB/*Lange* Rn 8; *Soergel/Dieckmann* Rn 11; AK/*Däubler* Rn 15; *Staudinger/Haas* Rn 19; aA *Buschmann*, Die Verteilung der Pflichtteilslast, S 30 ff.
[25] Nach *Soergel/Dieckmann* Rn 9.
[26] In die Vergleichsberechnung ist das gesamte Vermächtnis aufzunehmen, nicht nur der den Pflichtteil übersteigende Betrag, da es grds bei der durch Abs 1 vorgegebenen Berechnungsmethode verbleibt; so *Staudinger/Haas* Rn 19; *Soergel/Dieckmann* Rn 9; MünchKommBGB/*Lange* Rn 8.
[27] BGHZ 95, 222, 227 = NJW 1985, 2828; *Kuchinke* JZ 1986, 90; *Lange/Kuchinke* § 37 IX 3 a; *Tanck* ZEV 1998, 132, 133.
[28] BGH WM 1981, 335; BGHZ 95, 222, 227; missverständlich dagegen *Tanck* ZEV 1998, 132, § 2318 Abs 3 schütze den „Pflichtteilskern"; dies ist gerade nicht der Fall.

gegenüber der „selbstverschuldeten" Hinnahme der Belastungen erreicht. Werden neben solchen Vermächtnissen oder Auflagen noch fremde Pflichtteilsansprüche gegen den Erben geltend gemacht und er dadurch zusätzlich beeinträchtigt, greift das erweiterte Kürzungsrecht des Abs 3 ein[29].

Die Vorschrift gibt also dem Erben kein allgemeines Verteidigungsrecht gegen die angeordneten Vermächtnisse oder Auflagen (hier ist Ausschlagung nach § 2306 Abs 1 S 2 erforderlich), sondern nur gegen die zusätzlich geltend gemachten Pflichtteilsansprüche anderer („wegen der Pflichtteilslast"). Sie stellt sich somit letztlich als Regelung des **Konkurrenzverhältnisses** bei Zusammentreffen von eigenem Pflichtteil des Erben, angeordneten Vermächtnissen und Auflagen und geltend gemachten **Pflichtteilsansprüchen Dritter** dar[30]. Abs 3 berechtigt daher den Erben zur Kürzung von Vermächtnissen und Auflagen nur um den Betrag, um den die Pflichtteilslasten der anderen Pflichtteilsberechtigten seinen eigenen Pflichtteil zusätzlich beeinträchtigen würden[31]. Er bestimmt daher die **Opfergrenze** nur im Hinblick auf neu hinzukommende Pflichtteilsansprüche (Doppelbelastung), nicht aber wegen der vom Erblasser angeordneten Belastungen.   10

Beispiel[32]: Nachlass 32 000. 24 000 betragen die Vermächtnisse. Alleinerbe ist das einzige Kind K. Witwe W aus Zugewinngemeinschaftsehe erhält nur den Pflichtteil. Dieser beträgt 4000. Nimmt K die Erbschaft an, so verbleiben ihm nach Abzug der Vermächtnisse 8000. Das ist weniger als sein Pflichtteil ($3/8$ = 12 000). § 2318 Abs 3 hilft ihm aber nicht, diesen voll zu verteidigen; gegen die Vermächtnisse hätte er sich durch Ausschlagung schützen müssen. § 2318 Abs 3 hilft ihm nur, die Vermächtnisse insoweit zu kürzen, als durch die Pflichtteilslast aus dem Anspruch der W noch weitere Belastungen auf ihn hinzukommen. Das sind 4000, um die er die Vermächtnisse kürzen kann.   10.1

b) **Zwingende Norm, Konkurrenzverhältnisse.** Auch Abs 3 ist eine **zwingende Norm.** Dies ergibt sich schon aus dem Wortlaut des § 2324, aber vor allem aus dem Normzweck: Abs 3 will den Erben gegen eine über § 2306 Abs 1 S 2 hinausgehende Drittbelastung schützen, weshalb abweichende Erblasseranordnungen ausgeschlossen sein sollten (str)[33]. Abs 3 greift auch bei Vorliegen einer Erbengemeinschaft ein; daran ändert auch die Vorschrift des **§ 2319 nichts,** die einen anderen Schutzzweck verfolgt und erst nach der Erbauseinandersetzung anwendbar ist[34].   11

Treffen **Abs 2 und 3 zusammen,** weil sowohl Erbe wie Vermächtnisnehmer je pflichtteilsberechtigt sind, so geht nach hM der Pflichtteil des Erben vor[35], jedoch kann der Vermächtnisnehmer das Vermächtnis ausschlagen und dann den ungekürzten Pflichtteil verlangen (§ 2307)[36]. Was das Verhältnis **zu § 2319** betrifft, so ist davon auszugehen, dass **vor der Teilung** des Nachlasses auch dem pflichtteilsberechtigten Miterben das Kürzungsrecht nach § 2318 Abs 3 zusteht, da er sich dann noch nicht auf die peremptorische Einrede nach § 2319 zum Schutze seines Pflichtteils berufen kann[37]; **nach der Teilung** des Nachlasses geht aber der § 2319 dem § 2318 Abs 3 vor[38].   12

IV. Prozessuales

Die Darlegungs- und Beweislast für die Voraussetzungen des Kürzungsrechts trägt der Erbe[39]. Im Prozess zwischen Pflichtteilsberechtigten und Erben wird der Erbe den Vermächtnisnehmern/Auflagebegünstigten den Streit verkünden (§§ 72 ff ZPO), um diesen gegenüber die Interventionswirkung herbeizuführen (§ 68 ZPO)[40].   13

§ 2319 Pflichtteilsberechtigter Miterbe

¹Ist einer von mehreren Erben selbst pflichtteilsberechtigt, so kann er nach der Teilung die Befriedigung eines anderen Pflichtteilsberechtigten soweit verweigern, dass ihm sein eigener Pflichtteil verbleibt. ²Für den Ausfall haften die übrigen Erben.

---

[29] BGHZ 95, 222, 227; *Nieder* HdB Rn 129 f mit Formel; *Lange/Kuchinke* § 37 VIII 3 a; *Staudinger/Haas* Rn 25; MünchKommBGB/*Lange* Rn 11; *Soergel/Dieckmann* Rn 13; *Tanck* ZEV 1998, 132, 133; *Schlitt* ZEV 1998, 91, 92; *Halm,* Das Kürzungsrecht des pflichtteilsberechtigten Erben ... , S 35 f; *Henng* DNotZ 2003, 399, 407.
[30] Zust *Staudinger/Haas* Rn 25; in diese Richtung auch *Lange/Kuchinke* § 37 IX 3 a.
[31] BGHZ 95, 222, 227; *Palandt/Edenhofer* Rn 3; *Soergel/Dieckmann* Rn 13; *Lange/Kuchinke* § 37 IX 3 a.
[32] Nach *Staudinger/Haas* Rn 26, 2. Beispiel; vgl auch *Tanck* ZEV 1998, 132, 133.
[33] *Staudinger/Haas* Rn 28; *v. Olshausen* FamRZ 1986, 524, 526 Fn 16; *Ebenroth/Fuhrmann* BB 1989, 2049, 2055; *Soergel/Dieckmann* Rn 15; MünchKommBGB/*Lange* Rn 12; *Halm,* Das Kürzungsrecht des pflichtteilsberechtigten Erben ... , S 172 ff; aA RGRK/*Johannsen* Rn 8; *Planck/Greiff* Anm 5; zum Streitstand *Halm* aaO S 159 ff.
[34] BGHZ 95, 222, 226 = NJW 1985, 2828; MünchKommBGB/*Lange* Rn 15; eingehend mw Details *v. Olshausen* FamRZ 1986, 524 ff; *Staudinger/Haas* Rn 24; *Kuchinke* JZ 1986, 90, 91; *Soergel/Dieckmann* Rn 16; *Tanck* ZEV 1998, 132, 134.
[35] AnwK-BGB/*Bock* Rn 18; *Palandt/Edenhofer* Rn 5; *Staudinger/Haas* Rn 27; RGRK/*Johannsen* Rn 8; *Erman/Schlüter* Rn 3; jetzt auch MünchKommBGB/*Lange* Rn 14; aA MünchKommBGB/*Frank* 3. Aufl Rn 11 unter formalem Bezug auf die Reihenfolge im Gesetz.
[36] *Lange/Kuchinke* § 37 IX 3 b.
[37] *Staudinger/Haas* Rn 24; *Kuchinke* JZ 1986, 90, 91; *Lange/Kuchinke* § 37 IX 3 c.
[38] *Kuchinke* JZ 1986, 90, 91; *Staudinger/Haas* Rn 24.
[39] *Staudinger/Haas* Rn 15; *Baumgärtel/Laumen* Rn 1 mw Einzelheiten.
[40] *Soergel/Dieckmann* Rn 6; *Damrau/Riedel/Lenz* Rn 17 unter unzutr Bezug auf § 78 ZPO.

I. Normzweck

1   Die Vorschrift will den pflichtteilsberechtigten Miterben dagegen schützen, dass er nach der Teilung des Nachlasses den Wert seines eigenen Pflichtteils dadurch verliert, dass er fremde Pflichtteilsansprüche befriedigen muss. Die Vorschrift betrifft primär das Außenverhältnis, nämlich die Haftung gegenüber dem Pflichtteilsberechtigten[1], beeinflusst aber auch das Innenverhältnis (Rn 8). Für den Pflichtteilsergänzungsanspruch enthält § 2328 eine entsprechende Regelung.

II. Voraussetzungen

2   Es muss eine **Mehrheit von Erben** gegeben sein. Denn die Vorschrift bezweckt den Schutz gegen die besonderen Haftungsrisiken bei einer Erbengemeinschaft (§§ 2058 ff). Dem Alleinerben drohen dagegen Risiken allein aus Vermächtnissen und Auflagen, gegen die er sich mit dem Kürzungsrecht nach § 2318 verteidigen kann[2]. Zu den **pflichtteilsberechtigten Miterben** iS des § 2319 gehören nicht nur diejenigen, die noch einen Pflichtteilsrestanspruch haben, sondern entspr dem Normzweck auch solche, deren (gedachter) Pflichtteilsanspruch voll durch den hinterlassenen Erbteil gedeckt ist[3]. Des Weiteren muss die **Teilung des Nachlasses** bereits erfolgt sein. Bis zur Teilung haften die Miterben für den Pflichtteilsanspruch zwar als Gesamtschuldner (§ 2058), können jedoch die Haftung nach § 2059 Abs 1 S 1 auf den noch ungeteilten Nachlass beschränken. Auch wer das Recht zur Haftungsbeschränkung verloren hat, haftet bis dahin für die Nachlassverbindlichkeiten mit seinem Eigenvermögen nur unbeschränkt in einer Höhe, die seinem Erbteil entspricht, (§ 2059 Abs 1 S 2). Diese Vergünstigung geht mit der Nachlassteilung verloren. Der Miterbe haftet nunmehr im Allgemeinen den noch nicht befriedigtem Pflichtteilsgläubiger gegenüber grds als Gesamtschuldner mit seinem gesamten Eigenvermögen (§ 2058, ausnahmsweise Teilhaftung nach §§ 2060, 2061)[4]. Deshalb schützt S 1 den pflichtteilsberechtigten Miterben dagegen durch Einräumung eines **Leistungsverweigerungsrechts bis zur Grenze seines eigenen Pflichtteils**[5]. Das Leistungsverweigerungsrecht steht auch dem Miterben zu, der das Recht auf Beschränkung der Erbenhaftung (allgemein oder gegenüber bestimmten Gläubigern) verloren hat, da § 2319 nicht nur zu einer Beschränkung der Haftung führt, sondern bereits die Höhe der Verpflichtung des pflichtteilsberechtigten Miterben beeinflusst[6]. § 2319 ist grds **zwingend** (§ 2324; vgl jedoch Rn 8); dies gilt sowohl hinsichtlich seiner Wirkungen im Innen- wie Außenverhältnis[7].

3   Gefahren drohen dem pflichtteilsberechtigten Miterben allerdings schon **bei der Nachlassteilung** selbst, wenn Pflichtteilsansprüche anderer vorher oder bei der Auseinandersetzung nach § 2046 erfüllt und dadurch die **Deckung seines eigenen Pflichtteils gefährdet** würde. Hiergegen schützt zwar im Regelfall § 2320, wonach die Pflichtteilslast der Miterbe trägt, der an Stelle des ausgeschlossenen Pflichtteilsberechtigten getreten ist[8]. Wenn jedoch § 2320 nicht eingreift, etwa bei abweichenden Erblasseranordnung, entfaltet § 2319 eine **„Vorwirkung"**[9] auch für das **Innenverhältnis** bei der **Nachlassteilung**: Der pflichtteilsberechtigte Miterbe kann daher bei der Teilung zur Erfüllung fremder Pflichtteile nur unter Wahrung seines eigenen Pflichtteils herangezogen werden[10]. Auch wenn beim pflichtteilsberechtigten **Alleinerben** zwischen dem Erbfall und der Geltendmachung des Pflichtteilsanspruchs ein solcher **Wertverfall** des Nachlasses eintritt, dass er seinen Pflichtteil teilweise oder sogar ganz opfern müsste, ist entspr der vom BGH für den Pflichtteilsergänzungsanspruch entwickelten Kriterien (§ 2328 Rn 4) eine **entsprechende Anwendung des § 2328** geboten[11]. Denn den Vorschriften der §§ 2319, 2328 ist die grundsätzliche gesetzgeberische Wertung zu entnehmen, dass dem Pflichtteilsberechtigten regelmäßig sein Pflichtteil verbleiben soll. Ist er aber der Alleinerbe so hat er, weil er infolge der unmittelbaren Konfusion zugleich Gläubiger und Schuldner des Pflichtteilsanspruchs ist, nicht die Möglichkeit, diesen vorneweg zu befriedigen. Er würde immer das Risiko tragen, dass er bei einer nach dem Erbfall eintretenden Verringerung des Nachlasses auch seinen Pflichtteil verlöre. Anders ist es bei dem pflichtteilsberechtigten Miterben, der sofort seinen Pflichtteilsanspruch gegen die Erbengemeinschaft geltend machen kann. Unterlässt er dies und fällt mit seinem Anspruch später ganz oder teilweise aus, weil sich die übrigen Miterben erfolgreich auf eine Haftungsbeschränkung berufen und ein entsprechender Wertverfall des Nachlasses eingetreten ist, so muss er wie jeder andere Gläubiger das Risiko einer Vermögensverschlech-

---

[1] MünchKommBGB/*Lange* Rn 1; *Staudinger/Haas* Rn 1.
[2] *Staudinger/Haas* Rn 2; zu den verschiedenen Normzwecken von § 2319 und § 2318 *v. Olshausen* FamRZ 1986, 524, 535.
[3] *Schindler*, Pflichtteilsberechtigter Erbe, Rn 252; *Kretschmar*, Das Erbrecht des Deutschen BGB, 1910, § 94 I.
[4] MünchKommBGB/*Lange* Rn 3.
[5] MünchKommBGB/*Lange* Rn 3; *Tanck* ZErb 2001, 184 f; *Haim*, Das Kürzungsrecht ..., S 66 f.
[6] *Schindler*, Pflichtteilsberechtigter Erbe, Rn 255; MünchKommBGB/*Lange* Rn 5; *Soergel/Dieckmann* Rn 1; *Planck/Greiff* Anm 4; *Lange/Kuchinke* § 37 IX 4 a; *Staudinger/Haas* Rn 12.
[7] *Staudinger/Haas* Rn 11; *Soergel/Dieckmann* Rn 1; MünchKommBGB/*Lange* Rn 6; *Tanck* ZErb 2001, 184, 185; undifferenziert *Damrau/Riedel/Lenz* Rn 1.
[8] *Tanck* ZErb 2001, 194.
[9] Anschaulich *Staudinger/Haas* Rn 5.
[10] *Staudinger/Haas* Rn 5; *v. Olshausen* FamRZ 1986, 524, 525 f; *Kipp/Coing* § 12 I 4; MünchKommBGB/*Lange* Rn 2; *Haim*, Das Kürzungsrecht ..., S 68; *Schindler*, Pflichtteilsberechtigter Erbe, Rn 260; vgl auch BGHZ 95, 222, 226 = NJW 1985, 2828.
[11] IE ebenso *Schindler*, Pflichtteilsberechtigter Erbe, Rn 278.

terung seines Schuldners tragen[12]. Und schon gar nicht besteht eine „Schutzlücke" für den pflichtteilsberechtigten Miterben, wenn ein anderer Pflichtteilsberechtigter zunächst seinen Pflichtteilsergänzungsanspruch und dann seinen ordentlichen Pflichtteilsanspruch geltend macht. Denn das „Zusammenspiel" von ordentlichem Pflichtteil und Pflichtteilsergänzungsanspruch hat der Gesetzgeber explizit in § 2328 geregelt[13].

III. Leistungsverweigerungsrecht

1. Umfang. S 1 gibt dem pflichtteilsberechtigten Miterben ein Leistungsverweigerungsrecht **bis zur Höhe** seines **vollen Pflichtteils.** Wer zu Recht die **Werttheorie** vertritt (§ 2306 Rn 10 ff), muss bei Vorliegen von Anrechnungs- und Ausgleichspflichten diese auch hier für die Bemessung der Höhe dieses Leistungsverweigerungsrechts berücksichtigen[14]. Soweit der Erbteil des Pflichtteilsberechtigten mit **Vermächtnissen** und Auflagen beschwert ist, die nach Annahme der Erbschaft ohne Rücksicht auf den Pflichtteil bestehen bleiben und zu erfüllen sind (§ 2306 Abs 1 S 2), so sind diese auch für die Bemessung der Höhe des Leistungsverweigerungsrechts (mindernd) zu berücksichtigen[15]. Denn § 2319 will nur den tatsächlich bestehenden Pflichtteilsanspruch des Miterben schützen, nicht aber die von § 2306 Abs 1 vorgegebene **Belastungsgrenze** zu Lasten der anderen Pflichtteilsberechtigten und der Miterben verschieben. Zudem würde sich sonst der Alleinerbe, der sich insoweit nicht auf § 2318 Abs 3 berufen kann, schlechter stehen als der Miterbe. Soweit der Wert des unbelasteten Erbteils oder der des belasteten nach Abzug der Belastungen iS von § 2306 Abs 1 **hinter dem vollen Pflichtteil** zurückbleibt schützt § 2319 nur den dem pflichtteilsberechtigten Miterben verbleibenden, wenn auch pflichtteilsrechtlich **unzureichenden Erbteil**[16], jedoch bedarf er auch keines größeren Schutzes, da er mit dem ihm uU zustehenden Pflichtteilsrestanspruch nicht gegenüber einem Pflichtteilsanspruch eines anderen Pflichtteilsberechtigten haftet.

Ist Miterbe der Ehegatte aus einer **Zugewinngemeinschaftsehe**, so berechnet sich seine Belastungsgrenze nach dem sog großen Pflichtteil, der also nach § 1371 Abs 1 erhöht ist[17]; dadurch vermindert sich der Pflichtteil der anderen entsprechend. Wird der Ehegatte nicht Erbe, so bestimmt sich der Pflichtteil der anderen Pflichtteilsberechtigten nach dem nicht erhöhten Ehegattenerbteil, wenn es zur güterrechtlichen Lösung kommt, jedoch nach dem erhöhten Ehegattenerbteil, wenn der Ehegatte mindestens ein Vermächtnis erhält und annimmt (§ 1371 Abs 2 HS 2)[18].

Wird der Pflichtteil des Miterben durch das Zusammentreffen von Vermächtnis bzw Auflage und den Pflichtteilsansprüchen anderer gefährdet, so findet § **2318 Abs 3** auch hier Anwendung (ausf § 2318 Rn 11)[19].

2. Wirkungen der Einrede. Das zu Recht **erhobene Leistungsverweigerungsrecht** des S 1 bewirkt bis zur Höhe des geschützten Pflichtteils des pflichtteilsberechtigten Erben eine Kürzung des Pflichtteilsanspruchs und führt daher zur Klageabweisung[20] und wirkt daher **schuldbefreiend**[21]. Die Darlegungs- und Beweislast für die Voraussetzungen der Einrede hat der pflichtteilsberechtigte Miterbe[22].

3. Auswirkungen der Einrede für die Miterben (S 2). Für den **Ausfall,** der durch die berechtigte Einrede entsteht, haften den Pflichtteilsberechtigten die übrigen Miterben (S 2), und zwar grds als Gesamtschuldner (§§ 421, 2058, 426)[23], in den Ausnahmefällen der §§ 2060, 2061 als Teilschuldner. Einstandspflichtig sind dabei grds sowohl nichtpflichtteilsberechtigte wie auch pflichtteilsberechtigte Miterben, die aus der Erbschaft mehr als ihren Pflichtteil erhalten, letztere können sich aber auch gegen die aus S 2 folgende Rückgriffshaftung mit der Einrede nach § 2319 S 1 verteidigen, die insoweit auch im **Innenverhältnis** wirkt, als der pflichtteilsberechtigte Miterbe seinen Pflichtteil nicht nur gegenüber dem Pflichtteilsberechtigten, sondern auch gegen einen Rückgriffsanspruch nach § 426 verteidigen kann[24]. Dadurch kann es zu einer **Verschiebung der Pflichtteilslast** unter den Erben kommen[25]. Jedoch kann der Erblasser insoweit hierzu eine abweichende Anordnung treffen[26], soweit der pflicht-

---

[12] Diese Risikoanalyse vermisst man bei *Schindler,* Pflichtteilsberechtigter Erbe, Rn 279, der zum gegenteiligen Ergebnis kommt.
[13] Übersehen von *Schindler,* Pflichtteilsberechtigter Erbe, Rn 281 ff, der bei seinen Überlegungen zudem die §§ 2326, 2327 vernachlässigt.
[14] *Kerscher/Tanck* Pflichtteilsrecht § 6 Rn 134; *Schindler,* Pflichtteilsberechtigter Erbe, Rn 252; *Groll/Rösler* C VI Rn 156.
[15] *v. Olshausen* FamRZ 1986, 524, 527 f; *Staudinger/Haas* Rn 7 ff mit Beispielen; *Soergel/Dieckmann* Rn 3; AK/*Däubler* Rn 5; *Schindler,* Pflichtteilsberechtigter Erbe, Rn 253 Fn 433; *Halm,* Das Kürzungsrecht ..., S 69 ff; aA *Lange/Kuchinke* § 37 IX 4 b; RGRK/*Johannsen* Rn 2; *Planck/Greiff* Anm 1.
[16] Zutr der Hinweis von *Schindler,* Pflichtteilsberechtigter Erbe, Rn 253, Fn 434.
[17] *Schindler,* Pflichtteilsberechtigter Erbe, Rn 257; *Soergel/Dieckmann* Rn 5.
[18] *Soergel/Dieckmann* Rn 5; *Palandt/Edenhofer* Rn 1; *Staudinger/Haas* Rn 10.
[19] BGHZ 95, 222, 226 = NJW 1985, 2828; *Damrau/Riedel/Lenz* Rn 5 m unzutr Beispiel.
[20] *Schindler,* Pflichtteilsberechtigter Erbe, Rn 252, 255; *Meincke* Nachlassbewertung S 40, Fn 7.
[21] MünchKommBGB/*Lange* Rn 3; *Staudinger/Haas* Rn 12; *Kuchinke* JZ 1986, 90, 91 spricht von einer „schuldbefreienden Einrede"; terminologisch offenbar anders *Schindler,* Pflichtteilsberechtigter Erbe, Rn 252.
[22] *Staudinger/Haas* Rn 12; *Baumgärtel/Laumen* Rn 1.
[23] *Lange/Kuchinke* § 37 IX 4 a; *Staudinger/Haas* Rn 13.
[24] BGHZ 95, 222, 226 = NJW 1985, 2828; *Soergel/Dieckmann* Rn 4; MünchKommBGB/*Lange* Rn 3; *Staudinger/Haas* Rn 13; *Schindler,* Pflichtteilsberechtigter Erbe, Rn 254.
[25] *Staudinger/Haas* Rn 14; *Soergel/Dieckmann* Rn 4; *Schindler,* Pflichtteilsberechtigter Erbe, Rn 261.
[26] *Staudinger/Haas* § 2324 Rn 1.

§ 2320   Buch 5. Abschnitt 5. Pflichtteil

teilsberechtigte Erbe wenigstens noch seinen Pflichtteil im Innenverhältnis verteidigen kann[27], während er in die (zwingende) Regelung der Außenhaftung selbst nicht eingreifen darf[28]. Auch das gesetzliche Verteidigungsrecht gegen den Rückgriff besteht jedoch nur mit den sich aus **§ 2306 Abs 1 S 2, 2318 Abs 3** ergebenden Einschränkungen[29].

9 Die Wirkungsweise des § 2319 zeigt sich am besten an einem **Beispiel**[30]:

9.1 Der verwitwete Erblasser hinterlässt einen Nachlass von 24 000 und als Pflichtteilsberechtigte zwei Kinder A und B. Erben sind A zu $^1/_4$ B zu $^1/_8$ und der Fremde X zu $^5/_8$.
A erhält somit seinen Pflichtteil als Erbteil, so dass kein Pflichtteilsrestanspruch besteht. B erhält dagegen als Erbteil nur 3000, weshalb ihm ein Pflichtteilsrestanspruch von 3000 zusteht.

(1) Bei einer **ordnungsgemäßen Erbauseinandersetzung** müsste B seinen Erbteil von 3000 und seinen Pflichtteil von 3000 erhalten (§ 2046 Abs 2). Dann verbleibt ein restlicher Nachlasswert von 18 000, der dann nach §§ 2042, 2046, 2319 an A zu 6000 und X zu 12 000 zu verteilen ist. Damit trägt X die gesamte Pflichtteilslast.

(2) Macht **B** seinen Pflichtteilsrestanspruch **gegen A** geltend, so kann er dessen Erbteil pfänden und sich überweisen lassen und erhält daher dessen Auseinandersetzungsanspruch von 6000, von dem er sich aber nur in Höhe seines Pflichtteilsrestanspruchs von 3000 befriedigen kann, jedoch steht dem § 2319 S 1 nicht entgegen, da diese Bestimmung erst ab der Nachlassteilung gilt. Damit erhält B als Erbteil 3000 und als Pflichtteilsrestanspruch nochmals 3000. Allerdings kann der in Anspruch genommene A hinsichtlich der von ihm getragenen 3000 nach §§ 426 Abs 1 und 2, 2305, 2319 von X die Erstattung der von ihm verauslagten 3000 verlangen, weil er sonst weniger als seinen Pflichtteil erhielt. Damit erhielt B 3000 als Erbteil und 3000 als Pflichtteilsrestanspruch. X trüge wiederum die gesamte Pflichtteilslast.

(3) Macht dagegen **B** seinen Pflichtteilsrestanspruch **gegen X** geltend, so kann er sich in Höhe seines Pflichtteilsrestanspruchs am Erbteil des X von 15 000 befriedigen. Ein entsprechender Regress des X gegen A scheitert schon an § 2319 S 1.

§ 2320 Pflichtteilslast des an die Stelle des Pflichtteilsberechtigten getretenen Erben

(1) Wer anstelle des Pflichtteilsberechtigten gesetzlicher Erbe wird, hat im Verhältnis zu Miterben die Pflichtteilslast und, wenn der Pflichtteilsberechtigte ein ihm zugewendetes Vermächtnis annimmt, das Vermächtnis in Höhe des erlangten Vorteils zu tragen.

(2) Das Gleiche gilt im Zweifel von demjenigen, welchem der Erblasser den Erbteil des Pflichtteilsberechtigten durch Verfügung von Todes wegen zugewendet hat.

Schrifttum: *Buschmann*, die Verteilung der Pflichtteilslast nach den §§ 2318–2324 BGB, 2004; *Halm*, Das Kürzungsrecht des pflichtteilsberechtigten Erben gegenüber Vermächtnisnehmern und Auflagenbegünstigten, 2000; *Mauch*, Pflichtteilslast im Rahmen der §§ 1371, 2320, BWNotZ 1992, 146; *v. Olshausen*, Die Verteilung der Pflichtteilslast zwischen Erben und Vermächtnisnehmern, MDR 1986, 89; *Pentz*, Die Pflichtteilslast des Ersatzmannes nach § 2320 BGB, MDR 1998, 1391.

I. Normzweck

1 Die durch den Erblasser abänderbare (§ 2324) Norm betrifft die Verteilung der gesamten Pflichtteilslast zwischen mehreren Miterben im Innenverhältnis. Sie durchbricht den Grundsatz, dass die Miterben die Pflichtteilslast untereinander nach dem Verhältnis ihrer Anteile zu tragen haben (§§ 2038 Abs 2, 748, 2047 Abs 1, 2148)[1]. Vielmehr bestimmt § 2320 als Ausnahmevorschrift: Wer an Stelle des Pflichtteilsberechtigten gesetzlicher Erbe wird, soll im Innenverhältnis die Pflichtteilslast bis zur Höhe des erlangten Vorteils tragen. Nach der Auslegungsregel des Abs 2 gilt dies auch, wenn der Erblasser den (gesetzlichen) Erbteil des Pflichtteilsberechtigten einem Dritten durch Verfügung von Todes wegen zugewandt hat. Dahinter steht der Gedanke des **Vorteilsausgleichs:** Wer von der Ausschlagung oder einem anderen Wegfall (s Rn 2) des Pflichtteilsberechtigten profitiert, weil er als dessen Ersatzmann am Nachlass teilnimmt, soll die Pflichtteilslast tragen. Während § 2320 den Fall betrifft, dass der Pflichtteilsberechtigte den ihm zugewandten Erbteil ausschlägt, regelt § 2321 an der Ausschlagung eines dem Pflichtteilsberechtigten zugewandten Vermächtnisses. Nimmt der Pflichtteilsberechtigte das ihm zugedachte Vermächtnis an, so ist dieser Fall in § 2320 Abs 1 Alt 2 geregelt.

II. Verteilung der Pflichtteils- und Vermächtnislast bei gesetzlicher Erbfolge (Abs 1)

2 **1. Gesetzlicher Erbe als Ersatzmann.** Die Bestimmung betrifft nur das Verhältnis der Erben zueinander[2]. Eine andere Frage ist, ob der im Verhältnis der Miterben untereinander Verpflichtete die Pflichtteilslast anteilig auf einen Vermächtnisnehmer oder Auflagebegünstigten überbürden darf (vgl §§ 2318 Abs 1, 2322). Voraussetzung des Abs 1 ist, dass bei **gesetzlicher Erbfolge** an Stelle des Pflichtteilsberechtigten jemand Miterbe wird. Ein entsprechendes Eintreten liegt vor, wenn der Miterbe

---

[27] *Staudinger/Haas* Rn 13; dazu auch *Buschmann*, Die Verteilung der Pflichtteilslast .., S 59.
[28] *Palandt/Edenhofer* Rn 2.
[29] *Soergel/Dieckmann* Rn 4.
[30] Nach *Schindler*, Pflichtteilsberechtigter Erbe, Rn 264 ff.
[1] BGH NJW 1983, 2378; *v. Olshausen* MDR 1986, 89, 90; *Halm*, Das Kürzungsrecht ..., S 72 ff.
[2] *v. Olshausen* MDR 1986, 89, 91; *Staudinger/Haas* Rn 2; *Soergel/Dieckmann* Rn 1; aA OLG Stuttgart BWNotZ 1985, 88.

unmittelbar auf Grund jenes Vorgangs einrückt, der den Pflichtteilsanspruch begründet[3]. Dies ist bei drei Fallgruppen gegeben[4], nämlich wenn der Pflichtteilsberechtigte **(1)** durch „negatives Testament" nach § 1938 enterbt wurde, **(2)** den Erbteil bei der Falllage des § 2306 Abs 1 S 2 ausgeschlagen oder **(3)** auf den Erbteil unter Pflichtteilsvorbehalt verzichtet hat[5] oder der Ersatzmann infolge eines dieser Umstände zumindest einen höheren gesetzlichen Erbteil (§§ 1935, 2094, 2096) erhalten hat[6]. Abs 1 greift nicht ein, wenn infolge des Ausfalls des Pflichtteilsberechtigten sich die Erbquoten der anderen Miterben gleichmäßig erhöhen, weil dann der dem Abs 1 zu Grunde liegende Gedanke des Vorteilsausgleichs durch den einseitig begünstigen Ersatzmann nicht zum Tragen kommt[7].

2. Verteilung der Vermächtnislast (Abs 1 Alt 2). Die für die Tragung der Pflichtteilslast geltenden Grundsätze finden auch auf ein dem Pflichtteilsberechtigten zugewandtes und angenommenes Vermächtnis Anwendung. Dies ist eine Ausnahme zu § 2148, wonach Vermächtnisse im Verhältnis der Erbteile zu tragen sind. Ob das Vermächtnis die Höhe des Pflichtteils übersteigt oder nicht, ist unerheblich[8]. Ist es kleiner als der Pflichtteil, besteht ein Pflichtteilsrestanspruch (§ 2307 Abs 1 S 2), den auch der Ersatzmann zu tragen hat[9]. Die gleiche Rechtsfolge gilt auch für ein Vermächtnis, das der Erblasser trotz wirksamer Pflichtteilsentziehung ausgesetzt hat[10]. 3

III. Verteilung von Pflichtteils- und Vermächtnislast bei gewillkürter Erbfolge (Abs 2)

Soweit der Erblasser den Erbteil, und zwar ist der „gedachte" gesetzliche Erbteil des Pflichtteilsberechtigten gemeint, nicht aber der testamentarische[11], durch Verfügung von Todes wegen einem Dritten zugewandt hat, so hat dieser „Ersatzmann" im Zweifel auch die Pflichtteils- und Vermächtnislast iS des Abs 1 Alt 2 in Höhe des erlangten Vorteils zu tragen. Auch hier ist es unerheblich, ob der Miterbe erst durch die Verfügung von Todes wegen Erbe wurde oder nur eine Erhöhung seines gesetzlichen Erbteils eintrat (etwa nach §§ 2094 Abs 1 S 2, 2096, 2097)[12]. Für die Anwendung von Abs 2 ist zunächst die **gesetzliche Erbquote** zu bestimmen. Bei Ehegatten aus einer **Zugewinngemeinschaft** ist dabei zu beachten, ob es zur erbrechtlichen oder güterrechtlichen Lösung kommt (§ 2303 Rn 17)[13]. Anschließend ist zu ermitteln, wem dieser Erbteil zugewandt werden sollte. Dabei wird überwiegend gefordert, dass der **Erblasser bewusst** und gewollt den Pflichtteilsberechtigten durch einen Ersatzmann ersetzen wollte, also ein Zusammenhang zwischen Enterbung und Begünstigung besteht. Einer ausdrücklichen Bestimmung dieser Art bedarf es aber auch nach hM nicht[14]. Aber auch wer eine solche subjektive Komponente fordert, wird bei Vorliegen bestimmter Fallgruppen mit typischer Interessenlage im Wege einer tatsächlichen Vermutung das Vorliegen derselben für den Regelfall bejahen können. So etwa in den Fällen des Generationensprungs, wenn an Stelle des zunächst berufenen Kindes gleich die Enkel bedacht werden, oder wenn bei Ehegatten mit Kindern aus verschiedenen Ehen an Stelle des Ehegatten dessen Abkömmlinge zu Erben berufen werden für den Pflichtteil des übergangenen Ehepartners[15]. Dieser Begünstigte hat im Innenverhältnis der Miterben die Pflichtteilslast iS des Abs 1 Alt 2 zu tragen. Dies gilt entspr bei einer **Ersatzerbenberufung** nach § 2096, 2102 und bei der **Anwachsung** gemäß § 2094[16]; für den Fall der Ausschlagung zur Pflichtteilserlangung nach § 2306 Abs 1 S 2 ist allerdings umstr, ob die Auslegungsregel des **§ 2069** hier Anwendung findet[17]. 4

Die **Auslegungsregel** des Abs 2 gilt aber nur im Zweifel. Dabei ist es nach Ansicht des BGH fragwürdig, diese schon dann nicht anzuwenden, wenn sich ein abweichender Erblasserwille nur im Wege der ergänzenden Auslegung auf Grund des hypothetischen Willens ermitteln lässt[18]. Greift Abs 2 5

---

[3] Staudinger/Haas Rn 4; Halm, Das Kürzungsrecht …, S 73.
[4] Buschmann S 63; Staudinger/Haas Rn 5; MünchKommBGB/Lange Rn 4.
[5] Staudinger/Haas Rn 5; Lange/Kuchinke § 37 IX Fn 413.
[6] Mauch BWNotZ 1992, 146 f; Staudinger/Haas Rn 5; Lange/Kuchinke § 37 IX 5 a Fn 413; Palandt/Edenhofer Rn 1; Damrau/Riedel/Lenz Rn 2; anders wohl Soergel/Dieckmann Rn 2.
[7] AllgM, MünchKommBGB/Lange Rn 6; Staudinger/Haas Rn 5.
[8] Lange/Kuchinke § 37 IX Fn 415; Soergel/Dieckmann Rn 5; Damrau/Riedel/Lenz Rn 5; MünchKommBGB/Lange Rn 8.
[9] MünchKommBGB/Lange Rn 8; Soergel/Dieckmann Rn 5; Staudinger/Haas Rn 9.
[10] Soergel/Dieckmann Rn 5; RGRK/Johannsen Rn 6; Staudinger/Haas Rn 9.
[11] BGH NJW 1983, 2378 = FamRZ 1982, 692 m Anm Dieckmann FamRZ 1983, 1016; Mauch BWNotZ 1992, 146, 147; Staudinger/Haas Rn 12; aA Buschmann S 77 ff.
[12] MünchKommBGB/Lange Rn 9; Soergel/Dieckmann Rn 3; Staudinger/Haas Rn 11.
[13] Mauch BWNotZ 1992, 146 mit Berechnungsbeispielen.
[14] Damrau/Riedel/Lenz Rn 4; MünchKommBGB/Lange Rn 9; RGRK/Johannsen Rn 9; Soergel/Dieckmann Rn 3; Lange/Kuchinke § 37 IX Fn 418; Kerscher/Riedel/Lenz Pflichtteilsrecht § 6 Rn 136; v. Olshausen MDR 1986, 89, 90; nach der Gegenmeinung genügt bereits, wenn der zugewandte Erbteil den gesetzlichen nicht übersteigt; auf die subjektiven Vorstellungen komme es nicht an (Planck/Greiff Anm 3; Palandt/Edenhofer Rn 3; AK/Däubler Rn 2; Pentz MDR 1998, 1391, 1393; iE Staudinger/Haas Rn 13). Die Entscheidungen des Reichsgerichts (RG JW 1918, 768 m Anm Kipp; HRR 1938, 959; DR 1941, 441) gehen durchweg auf diese Fragestellung nicht ein, bis auf RG JW 1938, 2143, wo eine bewusste und gewollte Zuwendung gefordert wird.
[15] Vgl auch die Beispiele bei Soergel/Dieckmann Rn 3; Staudinger/Haas Rn 13 f.
[16] Staudinger/Haas Rn 11; Damrau/Riedel/Lenz Rn 3.
[17] BGHZ 33, 60, 62 f; aA Staudinger/Haas Rn 11; s eingehender § 2306 Rn 21 und Buschmann S 64 ff.
[18] NJW 1983, 2378, 2379 = LM Nr 1.

nicht ein, so verbleibt es bei der Grundregel, dass der Pflichtteil von den Miterben im Innenverhältnis entspr ihren Erbteilen zu tragen ist[19].

IV. Lastenverteilung in Höhe des erlangten Vorteils

6   Wer als gesetzlicher oder gewillkürter Erbe an Stelle des ausgefallenen Pflichtteilsberechtigten tritt, hat in Höhe des erlangten Vorteils die Pflichtteils- oder Vermächtnislast zu tragen. Dieser Vorteil entspricht idR dem Wert des erlangten oder erhöhten Erbteils[20], aber auch eine Erhöhung des Voraus (§ 1932) gehört hierzu[21]. Jedoch mindern Beschränkungen oder Beschwerungen des Erbteils den Wert[22], allerdings nur insoweit, als keine Abwälzung der entsprechenden Pflichtteilslast möglich ist[23]. Maßgebend für die Wertbestimmung ist dabei der Erbfall[24]. Erhält der Nacherbe durch Ausschlagung des pflichtteilsberechtigten Vorerben bereits nach dem eigentlichen Erbfall die Erbschaft, so bestimmt sich der Vorteil nach dem Wert dieses Erbteils im Zeitpunkt des Erbfalls und nicht nach dem idR wesentlich geringerem Wertunterschied zwischen Erbteil und „Nacherbteil"[25].

§ 2321 Pflichtteilslast bei Vermächtnisausschlagung

Schlägt der Pflichtteilsberechtigte ein ihm zugewendetes Vermächtnis aus, so hat im Verhältnis der Erben und der Vermächtnisnehmer zueinander derjenige, welchem die Ausschlagung zustatten kommt, die Pflichtteilslast in Höhe des erlangten Vorteils zu tragen.

I. Normzweck

1   Die abdingbare (§ 2324) Vorschrift regelt für das Innenverhältnis, wer die Pflichtteilslast bei Ausschlagung eines Vermächtnisses zu tragen hat. § 2321 betrifft die Falllage des § 2307 Abs 1 S 1 und beruht auf dem Gedanken des Vorteilsausgleichs: Schlägt der Pflichtteilsberechtigte aus, so kann er den vollen Pflichtteil verlangen. Es entspricht daher dem mutmaßlichen Erblasserwillen, dass die Pflichtteilslast in Höhe des dadurch erzielten Vorteils derjenige tragen soll, dem der Wegfall des Vermächtnisses zugute kommt[1]. Nimmt der Pflichtteilsberechtigte das Vermächtnis an, so greift § 2320 Abs 1 ein.

II. Verteilung der Pflichtteilslast

2   **1. Begünstigte des Vermächtniswegfalls.** Bis zur Höhe des aus der Ausschlagung des Vermächtnisses entstehenden Vorteils trägt die Pflichtteilslast derjenige, dem der Vermächtniswegfall zustatten kommt. Dies ist idR der **Alleinerbe** oder sind bei einer Erbengemeinschaft die Miterben[2]. Der Alleinerbe und die gemeinsam mit einem Vermächtnis belasteten Miterben können auf Grund des § 2321 in Höhe der durch die Ausschlagung erlangten Vorteils **andere Vermächtnisse** und Auflagen nach § 2318 Abs 1 kürzen[3]. War **nur** ein **Miterbe** belastet, so hat er im Verhältnis zu den übrigen Miterben, Vermächtnisnehmern und Auflagebegünstigten die Pflichtteilslast bis zur Höhe des erlangten Vorteils allein zu tragen[4]. War ein **Vermächtnisnehmer** mit einem **Untervermächtnis** belastet (§ 2147), so profitiert von der Ausschlagung des Untervermächtnisses der Vermächtnisnehmer, der daher dem Erben gegenüber verpflichtet ist, bis zur Höhe des erlangten Vorteils die Pflichtteilslast zu tragen. Gleiches gilt, wenn die Ausschlagung des Pflichtteilsberechtigten einem **Ersatzvermächtnisnehmer** (§ 2190) oder bei einer Anwachsung einem anderen **Mitvermächtnisnehmer** (§ 2158) zugute kommt.

3   **2. Tragung der Pflichtteilslast in Höhe des erlangten Vorteils.** Die Pflichtteilslast geht nicht in voller Höhe über, sondern nur in Höhe des durch die Vermächtnisausschlagung erlangten Vorteils. Bleibt der Wert des Vermächtnisses hinter dem des Pflichtteilsanspruchs zurück, so ist die Höhe des erlangten Vorteils durch einen **Wertvergleich** der Lage vor und nach der Ausschlagung zu ermitteln[5]. Zeitpunkt für die Wertberechnung ist der Erbfall[6]. Hinsichtlich des durch das Vermächtnis nicht gedeckten Pflichtteilsrestanspruchs erfolgt die Verteilung des Pflichtteils nach den allgemeinen Regeln[7].

4   **3. Praktische Umsetzung des § 2321.** Soweit entgegen der sich aus § 2321 ergebenden Regel der Erbe die Pflichtteilsschuld bereits im Außenverhältnis erfüllt hat, steht ihm im Innenverhältnis gegen den Vermächtnisnehmer ein Erstattungsanspruch zu, mit dem er bei Vorliegen der allgemeinen Voraus-

---

[19] MünchKommBGB/*Lange* Rn 9.
[20] Soergel/*Dieckmann* Rn 4; MünchKommBGB/*Lange* Rn 7.
[21] MünchKommBGB/*Lange* Rn 7; Soergel/*Dieckmann* Rn 4; Staudinger/*Haas* Rn 15.
[22] Damrau/Riedel/*Lenz* Rn 6; Staudinger/*Haas* Rn 15; MünchKommBGB/*Lange* Rn 7; Soergel/*Dieckmann* Rn 4.
[23] *v. Olshausen* MDR 1986, 89, 94; Staudinger/*Haas* Rn 15.
[24] BGH NJW 1983, 2378, 2379; *Lange*/*Kuchinke* § 37 IX Fn 417; Staudinger/*Haas* Rn 15, s aber auch *Buschmann* S 88 ff.
[25] BGH NJW 1983, 2378, 2379; MünchKommBGB/*Lange* Rn 7; Staudinger/*Haas* Rn 15.
[1] Staudinger/*Haas* Rn 1.
[2] MünchKommBGB/*Lange* Rn 2; Staudinger/*Haas* Rn 4 f.
[3] RG JW 1914, 594; Staudinger/*Haas* Rn 5; MünchKommBGB/*Lange* Rn 2.
[4] MünchKommBGB/*Lange* Rn 2; Staudinger/*Haas* Rn 5.
[5] Staudinger/*Haas* Rn 7; *Schug* BayNotZ 1920, 230; praktisches Beispiel bei RG DR 1941, 441.
[6] RG JW 1938, 2143 f.
[7] AK/*Däubler* Rn 4; Soergel/*Dieckmann* Rn 4; MünchKommBGB/*Lange* Rn 4.

setzungen auch gegen den Anspruch des Vermächtnisnehmers aufrechnen kann[8]. Soweit der Erbe die Pflichtteilsschuld noch nicht erfüllt hat, hat er einen entsprechenden Freistellungsanspruch gegen den entsprechenden Vermächtnisnehmer. Diesbezüglich hat er nach § 273 ein **Zurückbehaltungsrecht** gegenüber dem Vermächtniserfüllungsanspruch[9].

§ 2322 Kürzung von Vermächtnissen und Auflagen

Ist eine von dem Pflichtteilsberechtigten ausgeschlagene Erbschaft oder ein von ihm ausgeschlagenes Vermächtnis mit einem Vermächtnis oder einer Auflage beschwert, so kann derjenige, welchem die Ausschlagung zustatten kommt, das Vermächtnis oder die Auflage soweit kürzen, dass ihm der zur Deckung der Pflichtteilslast erforderliche Betrag verbleibt.

I. Normzweck

Die Vorschrift knüpft an die Tragung der Pflichtteilslast durch den „Begünstigten" nach §§ 2320, 2321 an. Sie regelt den Fall, dass die von dem Pflichtteilsberechtigten ausgeschlagene Erbschaft oder das ausgeschlagene Vermächtnis ihrerseits mit einer Auflage oder einem Vermächtnis belastet ist. Hier sieht sich der „Begünstigte", der von der Ausschlagung des Pflichtteilsberechtigten profitiert (der sog „Ersatzmann") einer **Doppelbelastung** gegenüber[1]: Zum einen trägt er die Pflichtteilslast, zum anderen hat er die Beschwerung (Auflage, Vermächtnis) zu erfüllen (§§ 2161, 2192). Die Norm regelt daher zum einen das **Rangverhältnis** zwischen dem Pflichtteilsberechtigten, dem Vermächtnisnehmer bzw Auflagebegünstigten und dem „begünstigten" **Ersatzmann:** Letzterer hat den ihm zukommenden Vorteil iS der §§ 2220, 2221 zunächst vollständig für den **Pflichtteil** einzusetzen[2]. Sind die Beschwerungen durch Vermächtnis und Auflage aber so groß, dass sie mit der Pflichtteilslast den Wert der dem Ersatzmann zugefallenen Vorteile übersteigen, so kann er sich gegen die **Überbeschwerungen** durch Kürzung der Vermächtnisse und Auflagen **wehren**[3], und zwar auch dann, wenn er das allgemeine Recht zur erbrechtlichen Haftungsbeschränkung (Erbe: §§ 1992, 1935, 2095; Vermächtnisnehmer: §§ 2187, 2159) verloren hat[4]. **1**

II. Durchführung der Kürzung

Das Kürzungsrecht berechtigt den an die Stelle des Pflichtteilsberechtigten tretenden Ersatzmann die Beschwerungen **nur** insoweit zu kürzen, als dies zur Erfüllung des Pflichtteilsanspruchs erforderlich ist. Es berechtigt nicht generell, einen verhältnismäßigen Teil der Pflichtteilslast auf die Vermächtnisse oder Auflagen umzulegen[5]. Vielmehr besteht das Kürzungsrecht erst dann, wenn und insoweit dem Ersatzmann sonst von der Zuwendung nichts mehr verbleibt[6]. § 2322 setzt den Vermächtnisnehmer nur zu Gunsten des Pflichtteilsberechtigten, nicht aber zu Gunsten desjenigen, dem die Ausschlagung zustatten gekommen ist, zurück[7]. Der Kürzungsgrund wird meist der Pflichtteil des Ausschlagenden sein, aber es kann auch ein solcher eines **entfernten Verwandten** sein, der erst durch die Ausschlagung des näher Berufenen den Pflichtteil geltend machen kann (§ 2309)[8*]. **2**

Durch § 2322 als speziellere Vorschrift ist das allgemeine Kürzungsrecht des **§ 2318 Abs 1** ausgeschlossen, und der Vermächtnisnehmer bzw Auflagebegünstigte vor der allgemeinen Verteilungsregel geschützt[9*]. Dies ist auch sachgerecht, da der eintretende Ersatzmann nur durch die Ausschlagung als Ersatzmann in den Genuss der Zuwendung kam und durchweg der mutmaßliche Erblasserwille nicht dahin geht, dass er auf Kosten des Vermächtnisnehmers einen Vorteil erlangt[10]. Diese Überlegungen gelten aber nicht, wenn der Ersatzmann nicht infolge einer Ausschlagung, sondern auf Grund einer Enterbung des Pflichtteilsberechtigten erwirbt[11]. **3**

Beispiel[12]: Nachlass 50 000. Der Sohn S als einziger Pflichtteilsberechtigter schlägt wegen des für X angeordneten Vermächtnisses von 30 000 aus und macht den Pflichtteil von 25 000 geltend. Kürzungsrecht nach § 2318 Abs 1 wäre (25 000 × 30 000) : 50 000 = 15 000. Der Erbe E würde also 10 000 behalten, der X nur 15 000 bekommen. Nach § 2322 ergibt sich: E muss den Pflichtteilsanspruch bezahlen (25 000) und kann das Vermächtnis um 5000 kürzen. **3.1**

---

[8] *Staudinger/Haas* Rn 6.
[9] *Damrau/Riedel/Lenz* Rn 3; *Soergel/Dieckmann* Rn 4.
[1] *Staudinger/Haas* Rn 1.
[2] *Staudinger/Haas* Rn 3.
[3] *Staudinger/Haas* Rn 2; MünchKommBGB/*Lange* Rn 1.
[4] *Staudinger/Haas* Rn 2; AK/*Däubler* Rn 2; *Soergel/Dieckmann* Rn 1.
[5] MünchKommBGB/*Lange* Rn 3.
[6] *Soergel/Dieckmann* Rn 3; *Staudinger/Haas* Rn 4.
[7] BGHZ 19, 309, 311.
[8*] *Soergel/Dieckmann* Rn 2.
[9*] BGH NJW 1983, 2378, 2379 m Anm *Dieckmann* FamRZ 1983, 1015; *Soergel/Dieckmann* Rn 2; *Kipp/Coing* § 12 III 5; *Lange/Kuchinke* § 37 Fn 424.
[10] BGH NJW 1983, 2378, 2379.
[11] *Lange/Kuchinke* § 37 Fn 425; *Staudinger/Haas* Rn 4.
[12] Nach *Kipp/Coing* § 12 III 5.

4 Ist Objekt des Vermächtnisses oder der Auflage eine **unteilbare Leistung**, etwa ein Nießbrauch, gelten die gleichen Grundsätze wie bei § 2318 (§ 2318 Rn 5). Bei einem Nießbrauch hat der Nachberufene nicht die Rechte aus §§ 1089, 1087 zur Deckung der Pflichtteilslast[13]. Der **Voraus** des Ehegatten (§ 1932) ist auch hier nicht kürzungsfähig, da er gemäß § 2311 Abs 1 S 2 dem Pflichtteil vorgeht[14], wohl aber der „**Dreißigste**" (§ 1969; vgl auch § 2318 Rn 2)[15]. Soweit der einer berechtigten Kürzung nach § 2322 ausgesetzte Vermächtnisnehmer selbst mit einem (Unter-)Vermächtnis belastet ist, kann er dies nach § 2188 anteilsmäßig kürzen[16].

5 Besondere Vorteile bietet ein solcher Erbschaftserwerb idR nicht, so dass auch der Nachberufene besser ausschlägt[17]. Der Erblasser kann das **Kürzungsrecht ausschließen** (§ 2324). Dadurch können jedoch für den Ersatzmann wegen der Überbeschwerung haftungsrechtliche Probleme entstehen[18], so dass er dann am besten ein Nachlassinsolvenzverfahren anstrengt[19]. So kann er die Beschränkung der Erbenhaftung herbeiführen, was ihm durch die abweichende Erblasseranordnung nicht verwehrt wird[20], und die Haftung mit dem Eigenvermögen vermeiden.

§ 2323 Nicht pflichtteilsbelasteter Erbe

Der Erbe kann die Erfüllung eines Vermächtnisses oder einer Auflage auf Grund des § 2318 Abs. 1 insoweit nicht verweigern, als er die Pflichtteilslast nach den §§ 2320 bis 2322 nicht zu tragen hat.

1 Die dispositive Norm (§ 2324) hat lediglich klarstellende Funktion[1]. Der Erbe hat gegenüber dem Vermächtnisnehmer oder Auflagebegünstigten das Kürzungsrecht nach **§ 2318 Abs 1** nur, soweit er endgültig die Pflichtteilslast zu tragen hat. Kann er jedoch **im Innenverhältnis** diese Belastung an einen anderen weitergeben (§§ 2320 bis 2322), so entfällt die innere Rechtfertigung hierfür und der Erbe würde sogar einen ungerechtfertigten Vorteil aus der Abwälzungsmöglichkeit ziehen. Dabei greift das **Kürzungsverbot** bereits, wenn der Erbe nur **abstrakt** die Möglichkeit zur Abwälzung der Pflichtteilslast hat; ob er hiervon Gebrauch macht, ist unerheblich[2].

2 § 2323 gilt trotz fehlender Verweisung entspr seinem Normzweck auch für das erweiterte Kürzungsrecht des pflichtteilsberechtigten Erben nach **§ 2318 Abs 3**, soweit er die Pflichtteilslast nach den §§ 2320 bis 2320 zu tragen hat[3].

§ 2324 Abweichende Anordnungen des Erblassers hinsichtlich der Pflichtteilslast

Der Erblasser kann durch Verfügung von Todes wegen die Pflichtteilslast im Verhältnis der Erben zueinander einzelnen Erben auferlegen und von den Vorschriften des § 2318 Abs. 1 und der §§ 2320 bis 2323 abweichende Anordnungen treffen.

I. Abänderungsmöglichkeiten

1 Nach § 2324 kann der Erblasser die Verteilung der Pflichtteilslast im Innenverhältnis zwischen Erben, Vermächtnisnehmern und Auflagebegünstigten abweichend von §§ 2318 Abs 1, 2320 bis 2323 regeln. Er kann etwa die Pflichtteilslast im Verhältnis der Erben untereinander nur **einzelnen Erben** auferlegen (§§ 2046 Abs 2, 2189)[1*]. Dies gilt auch für die **Ausfallhaftung** des § 2319 S 2[2*]. Auch kann er das Kürzungsrecht des **§ 2318 Abs 1** erweitern, beschränken oder ganz ausschließen[3*]. Dadurch wird jedoch der Vorrang des Pflichtteilsanspruchs gegenüber dem durch Ausschluss des Kürzungsrechts erweiterten Vermächtnis im Außenverhältnis nicht geändert (§ 327 Abs 1 Nr 1, 2 InsO)[4]. **Nicht abdingbar** sind allerdings die dem Schutz des **Pflichtteilsberechtigten** dienenden Vorschriften der

---

[13] BGHZ 19, 309 m Anm *Johannsen* LM Nr 1; *Staudinger/Haas* Rn 7.
[14] *Damrau/Riedel/Lenz* Rn 4; *MünchKommBGB/Lange* Rn 4; *Staudinger/Haas* Rn 6.
[15] *MünchKommBGB/Lange* Rn 5; *Staudinger/Haas* Rn 6; *AK/Däubler* Rn 2.
[16] *Lange/Kuchinke* § 37 Fn 425.
[17] *Soergel/Dieckmann* Rn 3; *Johannsen* WM 1970, 241 f.
[18] Vgl etwa BGH LM § 2324 Nr 1 = WM 1981, 335.
[19] *MünchKommBGB/Lange* Rn 5; *Soergel/Dieckmann* Rn 3; *Staudinger/Haas* Rn 8.
[20] *Soergel/Dieckmann* Rn 3; *Damrau/Riedel/Lenz* Rn 5.
[1] *Damrau/Riedel/Lenz* Rn 1; *Soergel/Dieckmann* Rn 1; *MünchKommBGB/Lange* Rn 1; *Staudinger/Haas* Rn 1; krit hierzu *v. Olshausen* MDR 1986, 89, 93.
[2] *Damrau/Riedel/Lenz* Rn 1; *Staudinger/Haas* Rn 1; *MünchKommBGB/Lange* Rn 1.
[3] *Damrau/Riedel/Lenz* Rn 2; *MünchKommBGB/Lange* Rn 2; *RGRK/Johannsen* Erl zu § 2323; *Lange/Kuchinke* § 37 IX 5 d; *Staudinger/Haas* Rn 3; aA *Erman/Schlüter* Rn 1.
[1*] *Damrau/Riedel/Lenz* Rn 1; *Palandt/Edenhofer* Rn 1.
[2*] *Staudinger/Haas* Rn 1; *Buschmann*, Die Verteilung der Pflichtteilslast nach den §§ 2318–2324 BGB, 2004, S 59.
[3*] BGH LM Nr 1 = WM 1981, 334; RG Recht 1927 Nr 618; *MünchKommBGB/Lange* Rn 1.
[4] BGH LM Nr 1 = WM 1981, 334; *MünchKommBGB/Lange* Rn 1; *Soergel/Dieckmann* Rn 1; *Staudinger/Haas* Rn 6.

§§ 2318 Abs 2 und 3, 2319 S 1[5], die Haftung gegenüber dem Pflichtteilsberechtigten nach den §§ 2058 ff[6] oder der Pflichtteilsergänzungsanspruch[7].

II. Ausübung der Änderungsmöglichkeit

Die abweichende Anordnung des Erblassers muss in einem **Testament** oder Erbvertrag getroffen werden. Inhaltlich stellt sie ein Vermächtnis zu Gunsten desjenigen dar, der abweichend vom gesetzlichen Leitbild bevorzugt wird[8]. Die Bestimmung muss **nicht ausdrücklich getroffen** sein, sondern kann sich im Wege der Auslegung aus dem Gesamtzusammenhang der Verfügung von Todes wegen ergeben[9]. Im Anwendungsbereich von §§ 2320, 2322 ist jedoch nach Ansicht des BGH mit einer solchen Auslegung Zurückhaltung geboten[10]. Da die Vorschriften der §§ 2318 ff aber auch vielen versierten Juristen nicht geläufig sind, sollten sie einer sachgerechten Auslegung nicht entgegenstehen. Ein Anwendungsfall einer stillschweigenden Anordnung iS von § 2324 findet sich bei Ausschlagung zur Pflichtteilserlangung nach **§ 2306 Abs 1 S 2** hinsichtlich der Frage, ob die nach § 2069 ersatzweise berufenen Abkömmling des Ausschlagenden dessen Pflichtteil zu tragen haben (§ 2306 Rn 21). Ist in einem notariellen Testament die getroffene Verteilung der Pflichtteilslast nicht eindeutig erklärt worden, kann dies eine Haftung des **Urkundsnotars** begründen[11]. Zu beachten ist allerdings, dass auch die dispositiven Bestimmungen zur Tragung der Pflichtteilslast eine tendenzielle Vermutung für die Sachrichtigkeit der dadurch getroffenen Regelungen haben, so dass abweichende Anordnungen idR nur bei besonderen Fallgruppen geboten sind[12]. 2

§ 2325 Pflichtteilsergänzungsanspruch bei Schenkungen

(1) Hat der Erblasser einem Dritten eine Schenkung gemacht, so kann der Pflichtteilsberechtigte als Ergänzung des Pflichtteils den Betrag verlangen, um den sich der Pflichtteil erhöht, wenn der verschenkte Gegenstand dem Nachlass hinzugerechnet wird.

(2) ¹Eine verbrauchbare Sache kommt mit dem Werte in Ansatz, den sie zur Zeit der Schenkung hatte. ²Ein anderer Gegenstand kommt mit dem Werte in Ansatz, den er zur Zeit des Erbfalls hat; hatte er zur Zeit der Schenkung einen geringeren Wert, so wird nur dieser in Ansatz gebracht.

(3) Die Schenkung bleibt unberücksichtigt, wenn zur Zeit des Erbfalls zehn Jahre seit der Leistung des verschenkten Gegenstands verstrichen sind; ist die Schenkung an den Ehegatten des Erblassers erfolgt, so beginnt die Frist nicht vor der Auflösung der Ehe.

Schrifttum: *Behmer*, Zur Berücksichtigung von Nutzungsvorbehalten bei der Pflichtteilsergänzung, FamRZ 1994, 1375; *ders*, Neues zur Zehnjahresfrist beim Pflichtteilsergänzungsanspruch?, FamRZ 1999, 1254; *Bestelmeyer*, Das Pflichtteilsrecht im Schenkungszeitpunkt als Voraussetzung für den Pflichtteilsergänzungsanspruch, FamRZ 1998, 1152; *Cornelius*, Der Pflichtteilsergänzungsanspruch hinsichtlich der Übertragung von Grundstücken unter dem Vorbehalt von Rechten des Schenkers, 2004; *v. Dickhuth-Harrach*, Ärgernis Pflichtteil? Möglichkeiten der Pflichtteilsreduzierung im Überblick, Jubiläumsschrift des Rheinischen Notariats, 1998, S 185; *Dingerdissen*, Pflichtteilsergänzung bei Grundstücksschenkung unter Berücksichtigung der neueren Rechtsprechung des BGH, JZ 1993, 402; *Draschka*, Vorweggenommene Erbfolge und Pflichtteilsergänzung, 1992; *ders*, Lebensversicherung und Nießbrauchsvorbehalt, Rpfleger 1992, 419; *Elfring*, Die Lebensversicherung im Erbrecht, ZEV 2004, 305; *Gerken*, Bestandskraft und Durchsetzung von Pflichtteilsergänzungsansprüchen, Rpfleger 1991, 443; *Hayler*, Die Drittwirkung ehebedingter Zuwendungen im Rahmen der §§ 2287, 2288 II 2, 2325, 2329 BGB – Problemlösung durch Rückgriff auf Wertungen des Güterrechts?, FuR 2000, 4; *ders*, Bestandskraft ehebedingter Zuwendungen im Bereich der Pflichtteilsergänzung (§§ 2325, 2329 BGB) – Vertragsgestaltungen durch doppelten Güterstandswechsel, DNotZ 2000, 681; *Heinrich*, Die Gestaltung von Übertragungsverträgen im Schatten des Pflichtteilsergänzungsrechts, MittRhNotK 1995, 157; *Lenz/Riedel*, Die Geltendmachung von Pflichtteilsergänzungsansprüchen gegen den vom Erblasser Beschenkten – Überwälzung des Risikos der Insolvenz des Erben auf den Beschenkten, ZErb 2002, 4; *N. Mayer*, Probleme der Pflichtteilsergänzung bei Überlassungen im Rahmen einer vorweggenommenen Erbfolge, FamRZ 1994, 739; *Otte*, Ist § 2325 Abs 3 2. Halbs. BGB wirklich verfassungswidrig?, FS v. Lübtow, 1991, S 305; *U. Mayer*, Der Abfindungsausschluss im Gesellschaftsrecht: pflichtteilsfester Vermögenstransfer am Nachlass vorbei?, ZEV 2003, 355; *Pentz*, Pflichtteilsergänzung bei „gemischten" Schenkungen, FamRZ 1997, 724; *ders*, Pflichtteilsergänzung nur bei Pflichtteilsrecht auch im Schenkungszeitpunkt, MDR 1997, 717; *ders*, Auswirkungen des Erbverzichts auf die Pflichtteilsergänzung, FamRZ 1998, 660; *Progl*, Die Reichweite des Pflichtteilsergänzungsanspruchs gemäß § 2325 BGB bei Lebensversicherungen, ZErb 2004, 187; *Rawert/Katschinksi*, Stiftungserrichtung und Pflichtteilsergänzung, ZEV 1996, 161; *Reiff*, Die Dogmatik der Schenkung unter Nießbrauchsvorbehalt und ihre Auswirkungen auf die Ergänzung des Pflichtteils und die Schenkungsteuer, 1992; *ders*, Nießbrauch und Pflichtteilsergänzung, ZEV 1998, 241; *ders*, Pflichtteilsergänzung bei vom Erblasser weitergenutzten Geschenken NJW 1995, 1136; *Rheinbay*, Pflichtteilsergänzungsanspruch bei Abfindungsleistungen, ZEV 2000, 278; *Riedel*, Gesellschaftsvertragliche Nachfolge-

---

[5] MünchKommBGB/*Lange* Rn 2; *Soergel/Dieckmann* Rn 1; *Staudinger/Haas* Rn 6.
[6] Zu Gestaltungsüberlegungen mittels eines Untervermächtnisses *Staudinger/Haas* Rn 6.
[7] *Palandt/Edenhofer* Rn 2; *Soergel/Dieckmann* Rn 1.
[8] *Staudinger/Haas* Rn 2.
[9] BGH LM Nr 1 = WM 1981, 334; RG JW 1938, 2143; Recht 1927 Nr 618; OLG Stuttgart BWNotZ 1985, 88; MünchKommBGB/*Lange* Rn 4; *Soergel/Dieckmann* Rn 3.
[10] BGH NJW 1983, 2378 m Anm *Dieckmann* FamRZ 1983, 692.
[11] RG WarnR 1939 Nr 63; *Staudinger/Haas* Rn 5.
[12] S etwa HdB Pflichtteilsrecht/*J. Mayer* § 12 Rn 14 ff; *Langenfeld* Testamentsgestaltung Rn 162.

§ 2325

regelungen – Auswirkungen auf Pflichtteil und Erbschaftsteuer, ZErb 2003, 212; *Sasse*, Pflichtteilsergänzungsansprüche für Schenkungen unter Geltung des ZGB der DDR?, ZErb 2000, 151; *Schubel/Wiedemann*, Das Pflichtteilsergänzungsrecht und die Regelungen des Einigungsvertrags, JZ 1995, 858; *Steiner*, Pflichtteilsergänzung für den „nicht enterbten" Pflichtteilsberechtigten, MDR 1997, 906; *Tanck*, Die Flucht in den Pflichtteilsergänzungsanspruch! Was tun bei unterlassener Anrechnungs- bzw Ausgleichungsanordnung?, ZErb 2000, 3; *v. Olshausen*, Analoge Anwendung des § 2325 Abs. 3 HS 2 BGB auf vor der Eheschließung vorgenommene Schenkungen an den späteren Ehegatten?, FamRZ 1995, 717.

Übersicht

	Rn		Rn
I. Normzweck	1	a) Zuwendungen unter Vorbehalt eines Nutzungsrechts	23
II. Einzelerläuterungen	2	b) Kapitalisierung von Nutzungsrechten und wiederkehrenden Leistungen	26
1. Rechtsnatur	2	c) Bewertung von Pflegeleistungen	27
2. Voraussetzungen	3	**IV. Zeitliche Begrenzung (Abs 3)**	28
a) Gläubiger	3	1. Grundsatz	28
b) Schuldner	4	2. Einzelfälle	29
c) Schenkung	5	3. Schenkungen an Ehegatten	33
d) Einzelfälle	9		
III. Bewertung (Abs 2)	17	**V. Rechtsfolge**	35
1. Grundsätze	17		
a) Verbrauchbare Sachen	18	**VI. Prozessuales, Beweislast**	39
b) Nichtverbrauchbare Sachen	19		
2. Einzelheiten	22	**VII. Recht der DDR**	41

I. Normzweck

1 Die Norm schützt den Pflichtteilsberechtigten dagegen, dass der ordentliche Pflichtteil durch lebzeitige Schenkungen umgangen wird[1], will also „Schleichwege am Erbrecht vorbei" verhindern[2]. Daher erhält er zeitlich und sachlich begrenzt einen Ergänzungsanspruch gegen den Erben, hilfsweise gegen den Beschenkten (§ 2329). Hierzu wird das Geschenk zunächst dem Nachlass hinzugerechnet und dann aus dem so ergänzten Nachlass der Pflichtteilsanspruch berechnet, was gleichsam zu einer „Wiedereinsetzung in den vorigen Stand" führt[3]. Daneben besteht nur ein sehr beschränkter Schutz des Pflichtteilsberechtigten gegen lebzeitige Zuwendungen nach Maßgabe der §§ 138, 826, weil es hierfür grds keinen Anlass gibt[4].

II. Einzelerläuterungen

2 **1. Rechtsnatur.** Der Pflichtteilsergänzungsanspruch ist ein selbstständiger, **außerordentlicher Pflichtteilsanspruch**[5], der neben dem ordentlichen Pflichtteilsanspruch steht und von dessen Bestehen unabhängig ist[6], jedoch mit letzterem den sog „Gesamtpflichtteil" bildet. Er wird aber rechtlich grds wie der ordentliche Pflichtteilsanspruch behandelt, so bezüglich des Zeitpunkts seiner Geltendmachung (erst ab Erbfall), der Vererblichkeit, der Übertragbarkeit (§ 2317), der Auskunftspflicht (§ 2314 Rn 9), dem Wertermittlungsanspruch[7], der Pfändbarkeit (§ 852 ZPO) und der Pflichtteilslast (§§ 2318 ff). Die Pflichtteilsentziehung (§ 2333) und der Verzicht (§ 2346 Abs 2) erfassen grds auch den Ergänzungsanspruch[8]. Beim Unterhaltsanspruch nach § 1586 b ist er in die Haftungsgrenze einzubeziehen[9]. Zur Verjährung s § 2332 Rn 2.

3 **2. Voraussetzungen. a) Gläubiger.** Der Pflichtteilsergänzungsanspruch steht dem Pflichtteilsberechtigten zu, also den nach § 2303 abstrakt pflichtteilsberechtigten Personen (Abkömmlinge, Ehegatten, eingetragene Lebenspartner und Eltern), sofern deren Recht nicht durch § 2309[10] oder in anderer Weise (Pflichtteilsentziehung) ausgeschlossen ist. Da er aber vom Bestehen eines ordentlichen Pflichtteilsanspruchs unabhängig ist, besteht er auch für den enterbten Pflichtteilsberechtigten oder für den, der die **Erbschaft ausgeschlagen** hat, auch wenn kein Fall des §§ 2306 Abs 1 S 2, 1371 Abs 3 vorlag[11]. Nach Auffassung des BGH erfasst der Schutzzweck der Norm aber **nur**

---

[1] BVerfG NJW 1991, 217; BGHZ 157, 178, 187 = NJW 2004, 1382.
[2] *Schmidt-Kessel* DNotZ 1989, 161*.
[3] BGHZ 59, 210, 212 = NJW 1973, 40; BGH NJW 1997, 2676, 2677.
[4] BGH FamRZ 1972, 255, 257 f; *Staudinger/Olshausen* Vor §§ 2325 ff Rn 6; dazu auch *Staudinger/Boehmer* 10./11. Aufl Einl § 20 Rn 2 zu §§ 1922 ff.
[5] BGHZ 103, 333, 337 = NJW 1988, 1667; *Lange/Kuchinke* § 37 X 1 c; MünchKommBGB/*Lange* Rn 4; *Staudinger/Olshausen* Vor §§ 2325 ff Rn 13.
[6] *Palandt/Edenhofer* Rn 2.
[7] BGHZ 89, 24, 26 f.
[8] *Lange/Kuchinke* § 37 X 1 c Fn 435; MünchKommBGB/*Lange* Rn 4; *Staudinger/Olshausen* Vor §§ 2325 ff Rn 14 ff.
[9] BGHZ 146, 114, 118 = NJW 2001, 828 = ZEV 2001, 113 m Anm *Frenz*; BGHZ 153, 372, 392 = NJW 2003, 1796; dazu auch *Klingelhöffer* ZEV 2001, 179; aA AG Bottrop FamRZ 1989, 1009.
[10] OLG Köln ZEV 1998, 434.
[11] BGH NJW 1973, 995; *Steiner* MDR 1997, 906; *Staudinger/Olshausen* Rn 72; zur möglichen Anrechnung des Hinterlassenen nach § 2326 S 2 dort Rn 5.

denjenigen, der im Zeitpunkt der Vornahme der Schenkung **schon pflichtteilsberechtigt** war (sog Doppelberechtigung)[12]. Das leuchtet allenfalls in dem vom BGH entschiedenen Fall des Ergänzungsanspruchs des Ehegatten ein, dass vor der Eheschließung Schenkungen vorgenommen wurden, weil der zukünftige Ehegatte seine Erberwartung nur auf das im Zeitpunkt der Ehe vorhandene Vermögen stützen kann[13]. Dieses Argument ist auch auf Zuwendungen vor Abschluss einer eingetragenen Lebenspartnerschaft[14] und einer Adoption übertragbar[15], nicht mehr aber auf die Fälle, in denen die Pflichtteilsberechtigung kraft Gesetzes ohne eigenen Dispositionsakt des Pflichtteilsberechtigten entsteht, so wenn vor der Geburt von Abkömmlingen die Zuwendung erfolgt oder sich die Pflichtteilsberechtigung erst auf Grund des Eintrittsrechts (§ 1924 Abs 3) ergibt, während bei der Zuwendung noch ihr zwischenzeitlich verstorbener Vater pflichtteilsberechtigt war[16]. Daneben entstehen weiter ungelöste Folgeprobleme[17]: Ist für die Feststellung der für den Ergänzungsanspruch maßgeblichen Quote nur auf die Verhältnisse zum Zeitpunkt der Schenkung oder auf die im Erbfall abzustellen?[18]; genügt bereits die im Zeitpunkt der Schenkung vorhandene abstrakte Pflichtteilsberechtigung, oder muss es sich um eine konkrete handeln?[19]. Das OLG Köln vermeidet die Entscheidung der Streitfrage dadurch, dass es bei einem Ergänzungsanspruch eines nichtehelichen Kindes hinsichtlich einer Schenkung, die vor der Vaterschaftsanerkennung (§§ 1592 Nr 2, 1594) vorgenommen wurde, die Rückwirkung der Anerkennung als ausschlaggebend ansieht, weil diese nur statusfestigende, nicht jedoch statusgründende Wirkung hat[20]. Wird der Pflichtteilsberechtigte selbst beschenkt, so ist die Anrechnung von **Eigengeschenken** nach § 2327 zu beachten. Soweit der **Vorerbe** aus der Vorerbschaft unterliegenden Vermögen Schenkungen macht, kann derjenige, der nur gegenüber dem Vorerben pflichtteilsberechtigt ist, hieraus keine Ergänzung herleiten, da sich sein Pflichtteil eben gerade nicht auf dieses Sondervermögen bezieht[21].

b) Schuldner. Schuldner des Pflichtteilsergänzungsanspruchs sind grds die Erben. Es handelt sich um **4** eine Geldforderung, die eine Nachlassverbindlichkeit ist. Ist der **Erbe** aber selbst **pflichtteilsberechtigt,** so gilt § 2328. Soweit jedoch der Erbe zur Ergänzung des Pflichtteils nicht verpflichtet ist, richtet sich der Anspruch direkt gegen den Beschenkten (§ 2329; s Erl dort).

c) Schenkung. Der Schenkungsbegriff entspricht grds dem des § 516[22] (zur Erweiterung durch die **5** ehebezogene Zuwendung s Rn 10 und zur Einschränkung durch nachträgliche Entgeltlichkeit s Rn 6). Erforderlich ist somit eine objektive Bereicherung des Zuwendungsempfängers aus dem Vermögen des Erblassers und die sog Schenkungsabrede als Einigung über die (ganze oder teilweise) Unentgeltlichkeit der Zuwendung[23]. Für das letztere genügt eine „Parallelwertung in der Laiensphäre"[24]. Eine Beeinträchtigungsabsicht ist – anders als bei §§ 2287 f – hier nicht erforderlich. Die bloße Bezeichnung als vorweggenommene Erbfolge besagt allerdings noch nichts über die Unentgeltlichkeit[25]. **Ausgenommen** von der Ergänzungspflicht sind Anstands- und Pflichtschenkungen iS von § 2330.
Gemischte Schenkungen sind nur hinsichtlich ihres Schenkungsteils ergänzungspflichtig[26]. Dabei **6** spielt die subjektive Vorstellung der Vertragsteile in doppelter Hinsicht eine Rolle: Zum einen entscheidet sie darüber, ob eine Zuwendung mit einer anderen des Empfängers verknüpft wird und insoweit die Unentgeltlichkeit ausschließt. Dabei sind synallagmatische, konditionale (im Hinblick auf künftige) und kausale Leistungsverknüpfungen (im Hinblick auf bereits erbrachte Leistungen, sog

---

[12] BGHZ 59, 210, 212 = NJW 1973, 40; BGH NJW 1997, 2676 = LM Nr 29 m Anm *Kuchinke* = ZEV 1997, 373 m Anm *Otte;* aA fast das gesamte Schrifttum, etwa *Kuchinke* LM Nr 29; *Soergel/Dieckmann* Rn 3; *Otte* ZEV 1997, 375; *Schmitt-Kessel* ZNotP 1998, 2; *Staudinger/Olshausen* Rn 66; *Tanck* ZErb 2004, 2; MünchKommBGB/*Lange* Rn 7 mwN; *Tiedtke* DNotZ 1998, 85; *Leipold* Erbrecht Rn 598; *Reimann* MittBayNot 1997, 299. Auf die „Erkennbarkeit" der Pflichtteilsberechtigung und die Erwartungen des Erblassers im Zeitpunkt der Schenkung stellt ab *Pentz* MDR 1997, 717; ähnlich *Steiner* NJW 1997, 906; allg zust nur *Palandt/Edenhofer* Rn 4; jurisPK/*Birkenheier* Rn 14 und wohl auch AnwK-BGB/*Bock* Rn 7; ablehnend PWW/*Deppenkemper* Rn 4; wenigstens die abstrakte Pflichtteilsberechtigung im Schenkungszeitpunkt fordern *Keller* ZEV 2000, 268 und bereits *Bestelmeyer* FamRZ 1998, 1152, *ders* FamRZ 1999, 489, dagegen *Pentz* FamRZ 1999, 488.
[13] BGH NJW 1997, 2676; einschränkend zust bezüglich Ehegatten auch *Kerscher/Riedel/Lenz* Pflichtteilsrecht § 9 Rn 119.
[14] MünchKommBGB/*Lange* Rn 6.
[15] MünchKommBGB/*Lange* Rn 6.
[16] So aber LG Dortmund ZEV 1999, 30 m abl Anm *Otte* und abl Anm *Bestelmeyer* FamRZ 1999, 1468.
[17] MünchKommBGB/*Lange* Rn 7.
[18] Für ersteres wohl *Pentz* MDR 1997, 717, 719; für letzteres *Bestelmeyer* FamRZ 1999, 1152 und 1999, 489; eingehend *Tanck* ZErb 2004, 2.
[19] Dagegen LG Dortmund ZEV 1999, 30 m abl Anm *Otte* = FamRZ 1999, 1467 m Anm *Bestelmeyer,* für genügend halten dies *Keller* ZEV 2000, 268 und *Bestelmeyer* aaO.
[20] OLG Köln NJW-RR 2005, 1319, 1320 = ZEV 2005, 398 m Anm *Reimann*.
[21] OLG Celle OLGR 1996, 30.
[22] BGHZ 59, 132, 135 = NJW 1972, 1709; *Staudinger/Olshausen* Rn 1; MünchKommBGB/*Lange* Rn 13 mwN; für einen wirtschaftlichen Schenkungsbegriff *Pentz* FamRZ 1997, 724, 726; *Wegmann* Grundstücksüberlassung, 2. Aufl 1999, Rn 227, spricht ohne Begr von einem genuineren § 516 erweiternden Schenkungsbegriff.
[23] MünchKommBGB/*Lange* Rn 13; anschaulich etwa OLG Oldenburg FamRZ 2000, 638.
[24] Zust PWW/*Deppenkemper* Rn 7; vgl dazu im Erbschaftsteuerrecht BFH BStBl 1994 II S 366, 369 = ZEV 1994, 188, 191; MünchKommBGB/*Kollhosser* § 516 Rn 10 a.
[25] BGH NJW 1995, 1349; NJW-RR 1996, 754, jeweils zu § 528; OLG Braunschweig OLGR 2001, 242.
[26] S etwa OLG Koblenz OLGR 2005, 113; OLG Düsseldorf MittRhNotK 2000, 208, 209; *Cornelius* Pflichtteilsergänzungsanspruch Rn 138 ff m Berechnungsbeispielen.

§ 2325

vorweggenommene Erfüllungshandlung[27]) möglich[28]. Bei der letztgenannten Art ist die Abgrenzung zur belohnenden Schenkung zu beachten. Entscheidend ist, dass die Vorleistung in der Absicht der späteren Entlohnung erbracht wird[29]. Zum anderen gilt hinsichtlich der Bewertung von Leistung und Gegenleistung grds das **Prinzip der subjektiven Äquivalenz:** Danach steht es den Parteien im Rahmen der Vertragsfreiheit grds frei, den Wert der auszutauschenden Leistungen zu bestimmen[30]. So ist insbes deren Bewertung von Versorgungsrechten in einem Übergabevertrag anzuerkennen, wenn sie auch unter Berücksichtigung des Verwandtschaftsverhältnisses noch in einem vertretbaren Rahmen liegt. Erst bei einem auffallend groben Missverhältnis zwischen den objektiven Werten von Leistung und Gegenleistung billigt die Rspr den Dritten zum Schutz ihrer berechtigten Interessen eine Beweiserleichterung zu (Rn 40), ohne über die materiell-rechtlichen Grenzen des Prinzips der subjektiven Äquivalenz damit entschieden zu haben. Allerdings steht es den Vertragsteilen nicht frei, eine ohne jede objektive Gegenleistung erfolgende Zuwendung als entgeltliche zu deklarieren[31] oder die vereinbarten Leistungen völlig „zu frisieren" oder willkürlich zu bewerten[32]. Vertraglich vereinbarte Leistungen können sogar noch nachträglich erhöht werden[33]; dies gilt auch bei Zuwendungen unter Ehegatten, jedoch muss die Zusatzvergütung angemessen sein[34]. Hieran anschließend hat der BGH[35] nunmehr entschieden, dass kein Pflichtteilsergänzungsanspruch entsteht, wenn der Erblasser zunächst ein Grundstück unentgeltlich übertragen hat, dann aber **erst später** ein volles Entgelt für die Zuwendung und die vom Erwerber gezogenen Nutzungen vereinbart wird. Denn das Gesetz schränke die lebzeitige Verfügungsbefugnis des Erblassers nicht ein und schütze den Pflichtteilsberechtigten nicht gegen die Übertragung von Vermögenswerten, für die der Erblasser ein Äquivalent erhalte, selbst wenn diese im Erbfall verbraucht seien. Dies lässt sich nur mittels einer **teleologischen Reduktion** des Schenkungsbegriffs des § 2325 begründen, weil die Pflichtteilsberechtigten in diesen Fällen nicht schutzwürdig sind, und schafft in der Praxis weitreichende, nachträgliche Manipulationsmöglichkeiten. Zudem führt die Ansicht des BGH zumindest in dem Fall zu Wertungswidersprüchen, dass erst nach dem Tod des Zuwendungsempfängers und bereits eingetretenem Verbrauch der Zuwendung dessen Erbe durch eine gegenläufige Zuwendung an den früheren Schenker die Entgeltlichkeit herstellt. Denn bei einem Tod des Erben des Beschenkten ist in dessen Nachlass hierfür keine Kompensation eingetreten, so dass es sich zumindest hinsichtlich seines Nachlasses um eine ergänzungspflichtige Zuwendung handelt.

7   Allerdings befindet sich, ausgehend vom Schenkungsteuerrecht[36], eine Gegenbestrebung im Vordringen, die als die **„objektive Unentgeltlichkeit"** bezeichnet wird und teilweise soweit geht, in jeder objektiv unentgeltlichen oder teilweise unentgeltlichen Zuwendung eine (gemischte) Schenkung iS der Schutzvorschriften der §§ 528, 2325, 2287 zu sehen[37]. Die erbrechtliche Qualifikation der unbenannten Zuwendungen zwischen Ehegatten ist hierzu das deutlichste Beispiel (Rn 10). Auf alle Fälle wird bei der Bewertung und Beurteilung von Gegenleistungen in Zukunft immer mehr in den Vordergrund treten, welche Art von **Gegenleistungen** in diesem Rahmen **berücksichtigungsfähig** sind. Im Hinblick auf den von § 2325 bezweckten Pflichtteilsschutz wird man hier Einschränkungen machen müssen[38]. Nur solche Gegenleistungen werden daher erheblich sein, die beim Erblasser eine echte Kompensation für die von ihm gemachte Vermögensweggabe darstellen (zB Pflegezusage, nicht aber Pflichtteilsverzicht). Der Meinungsstreit darüber, ob und unter welchen Voraussetzungen bei einem vorbehaltenen Nutzungsrecht der Wert im Zeitpunkt der Schenkung oder im Zeitpunkt des Erbfalls maßgeblich ist (Rn 23 ff), betrifft nicht die Frage, ob überhaupt eine Schenkung vorgenommen wurde, sondern spielt erst im Rahmen der Berechnung des Pflichtteils eine Rolle, setzt also voraus, dass überhaupt eine Schenkung und damit ein Ergänzungsanspruch bereits feststeht[39].

---

[27] OLG Düsseldorf DNotZ 1996, 652, 653 zu § 528; OLG Oldenburg NJW-RR 1997, 263, 264.
[28] MünchKommBGB/*Kollhosser* § 516 Rn 18 f; *Staudinger/Wimmer-Leonhardt* (2005) § 516 Rn 33.
[29] MünchKommBGB/*Kollhosser* § 516 Rn 19; *Staudinger/Wimmer-Leonhardt* (2005) § 516 Rn 33.
[30] BGHZ 59, 132, 136; BGH NJW 1964, 1323; NJW 1965, 1526; NJW 1974, 650; OLG Oldenburg NJW-RR 1992, 778; OLG Düsseldorf MittRhNotK 2000, 208, 209; MünchKommBGB/*Kollhosser* § 516 Rn 23 f; *Staudinger/Wimmer-Leonhardt* (2005) § 516 Rn 202.
[31] BGHZ 59, 132, 136.
[32] BGH NJW 1961, 604.
[33] RGZ 72, 188, 192; 94, 157, 159.
[34] BGH NJW-RR 1989, 706; NJW-RR 1986, 164 = LM § 2147 Nr 1 lässt sogar eine nachträgliche Begründung eines entgeltlichen Rechtsgeschäfts durch einseitige Verfügung von Todes wegen zu.
[35] ZEV 2007, 326, 327 m zust Anm *Kornexl* = NJW-RR 2007, 803; ebenso bereits *Schindler* ZErb 2004, 46; aA etwa *Keim* FamRZ 2004, 1081, 1084.
[36] BFHE 173, 432 = BStBl 1994 II S 366 = ZEV 1994, 188, 191.
[37] So deutlich etwa AK/*Däubler* Rn 19, 23 wo für die Problemlösung immer wieder auf die erbschaftsteuerliche Behandlung abgestellt wird, ohne dass beachtet wird, dass beide Rechtsgebiete völlig verschiedene Zwecke verfolgen; so richtig *Lange/Kuchinke* § 37 X 2 d Fn 465; krit gegen die objektive Unentgeltlichkeit *Lange/Kuchinke* § 25 V 5 a, 37 X 3; vgl auch *J. Mayer* DNotZ 1996, 617 f.
[38] Zur Einschränkung der berücksichtigungsfähigen Gegenleistungen aus dem Normzweck bei Rückforderungsrechten *J. Mayer* DNotZ 1996, 604, 616; dem folgend *Kerscher/Tanck/Krug*, Das erbrechtliche Mandat, 3. Aufl, § 2 Rn 707 zu § 528; *Waldner*, Vorweggenommene Erbfolge, 2004, Rn 90; dazu – wenn auch distanziert – *Schindler* ZErb 2006, 16, 18 f; für einen „einheitlichen Unentgeltlichkeitsbegriff" aber *Fischer*, Die Unentgeltlichkeit im Zivilrecht, 2002, S 399 ff.
[39] OLG Koblenz FamRZ 2006, 1413, 1414.

Pflichtteilsergänzungsanspruch bei Schenkungen § 2325

Die gleichen Grundsätze wie bei der gemischten Schenkung gelten auch für die **Schenkung unter** 8
Auflage, so dass der zur Erfüllung der Auflage erforderliche Aufwand vom Zuwendungswert in Abzug gebracht werden kann[40]. Dies ist schon deswegen angebracht, weil die Abgrenzung zur gemischten Schenkung oftmals sehr schwierig[41] und auch in der Rspr, etwa bei Pflegeverpflichtungen, schwankend ist[42]. Zudem lässt der BGH bei vorbehaltenen Nutzungsrechten deren Wert unter bestimmten Voraussetzungen zum Abzug zu (Rn 23 ff)[43]. Bei überhöhten **Anstands- und Pflichtschenkungen** ist nur der Mehrbetrag ergänzungspflichtig[44].

d) Einzelfälle. Lebensversicherungen[45]: Wurde für die Versicherungssumme ein Bezugsberechtigter ernannt, der auch Erbe oder Miterbe sein kann (§ 160 Abs 2 VVG), so erfolgt die Auszahlung auf Grund eines Vertrags zu Gunsten Dritter unter Lebenden (§§ 328, 331, § 159 VVG), wobei im **Valutaverhältnis** zum Drittbegünstigten eine Schenkung, aber auch eine Ausstattung oder ehebezogene Zuwendung vorliegen kann[46]. Umstritten ist dabei, was als **ergänzungspflichtiger Gegenstand** einer Schenkung anzusehen ist. In Betracht kommt **(1)** die tatsächlich an den Bezugsberechtigten ausgezahlte **Versicherungssumme**, einschließlich des sog Risikoanteils, der bei einem baldigen Tod nach dem Versicherungsbeginn sehr groß sein kann[47], **(2)** der bloße **Rückkaufswert**[48], der mit Eintritt des Erbfalls aber keine Rolle spielen kann, da dann bereits der Versicherungsfall eingetreten ist[49] oder entspr der bislang hM **(3)** nur die vom Erblasser entrichteten **Prämien**, weil die Bereicherung nur auf diesem Vermögensopfer beruht und der Pflichtteilsberechtigte nur Anspruch auf diejenigen Vermögenswerte hat, um die der Erblasser sein Vermögen effektiv verminderte[50]. Die zuletzt genannte Auffassung ist jedoch abzulehnen: Sie ist bereits auf der Ebene des **Schenkungsrechts** nicht zutreffend. Die Einzahlung des Versicherungsnehmers an den Versicherer schafft bereits eine entsprechende **Anwartschaft** auf den späteren Erwerb der vollen Versicherungssumme[51]. Mit dem Eintritt des Versicherungsfalls, also des Erbfalls, erstarkt dieses zum Vollrecht, weshalb dies auch bei der Pflichtteilsergänzung voll zu berücksichtigen ist. Aus **pflichtteilsergänzungsrechtlichen** Gesichtspunkten ergibt sich nichts anderes: Bereits nach dem Wortlaut der Norm kann der Pflichtteilsberechtigte „als Ergänzung des Pflichtteils den Betrag verlangen, um den sich der Pflichtteil erhöht, wenn der verschenkte Gegenstand dem Nachlass hinzuzurechnen" wäre. Dies ist aber die Versicherungssumme, die dem Nachlass zufließen würde, wenn kein Vertrag zu Gunsten Dritte bestünde. Hierauf ist daher aus Gründen des **Schutzes des Pflichtteilsberechtigten** abzustellen, den § 2325 bezweckt. Dies gebietet, die Lage wieder herzustellen, die bestehen würde, wenn der Versicherungsnehmer auf die Einsetzung eines Bezugsberechtigten verzichtet hätte. Dann hätte es sich um einen Vertrag zu eigenen Gunsten gehandelt[52]. Dem entspricht auch die **versicherungsrechtlich Beurteilung**: Mit der Benennung des Bezugsberechtigten verfügt der Versicherungsnehmer über den durch den Versicherungsvertrag begründeten Leistungsanspruch zu Gunsten des Bezugsberechtigten, was aber nichts daran ändert, dass in seiner Person zunächst der Leistungsanspruch begründet wird und der des Bezugsberechtigten nur derivativ und zu Lasten des Versicherungsnehmers begründet wird. Dies entspricht auch der neuen Rspr des BGH zur **insolvenzrechtlichen Schenkungsanfechtung** bei einem Lebensversicherungsvertrag mit widerruflicher Bezugsberechtigung eines Dritten[53]: Hier richtet

---

[40] *Soergel/Dieckmann* Rn 15; *MünchKommBGB/Lange* Rn 14; *Lange/Kuchinke* § 37 X 2 h; *Worm* RNotZ 2003, 535, 545; *PWW/Deppenkemper* Rn 11; aA *Staudinger/Olshausen* Rn 18 unter Hinweis auf ältere, überholte Rspr, so wie hier jedoch in Rn 105, wenn die Auflage einen Vermögenswert darstellt.
[41] *Staudinger/Olshausen* Rn 105; *Staudinger/Wimmer-Leonhardt* § 525 Rn 23 ff; *Reiff* FamRZ 1992, 363; *Kerscher/Riedel/Lenz* Pflichtteilsrecht § 9 Rn 27; ebenso *Worm* RNotZ 2003, 535, 545; anders *Schindler* ZErb 2006, 16, 17 ff.
[42] Vgl dazu etwa die Nachweise bei *J. Mayer* DNotZ 1996, 611 Fn 34.
[43] BGH NJW-RR 1996, 707 = ZEV 1996, 187, 189; BGH NJW-RR 1996, 754 zu § 528.
[44] BGH NJW 1981, 2458.
[45] S auch *Klingelhöffer* ZEV 1995, 180; *Gottwald* Rn 28 ff; HdB Pflichtteilsrecht/*J. Mayer*, § 8 Rn 30 ff; *Kuhn/Rohlfing* ErbR 2006, 11; 14 ff; *Elfring* ZEV 2004, 305, 308 ff; *Progl* ZErb 2004, 187.
[46] BGH NJW 1987, 3131, 3132; jurisPK/*Birkenheier* Rn 56; dazu eingehend HdB Pflichtteilsrecht/*J. Mayer* § 8 Rn 31.
[47] LG Göttingen ZEV 2007, 386, 387; *Elfring* NJW 2004, 483, 485; *ders* ZEV 2004, 305, 309 f; *Progl* ZErb 2004, 187, 188 ff; *Klinger/Maulbetsch* NJW-Spezial 2005, 13; *Palandt/Edenhofer* Rn 12; *Kuhn/Rohlfing* ErbR 2006, 11, 15 f; *Harder* FamRZ 1976, 617 ff; *E. Lorenz*, FS Farny, 1994, S 335, 358 f; ebenso bereits *Natter* ZBlFG 1907/08, 303; *Josef* ArchBürgR 42 (1916), 319; krit Anm *J. Mayer* DNotZ 2000, 905, 927.
[48] OLG Colmar LZ 1913, 876, 878.
[49] *Staudinger/Olshausen* Rn 38.
[50] BGHZ 7, 134, 143; BGH FamRZ 1976, 616 m abl Anm *Harder*. Sonderfall des § 2327, wobei auch der Dritte durch Vertragsübernahme Vertragspartner wurde; BGH NJW 1987, 3131, 3132 obiter dictum; RGZ 128, 187, 190; OLG Stuttgart ZEV 2008, 145; AnwK-BGB/*Bock* Rn 17; *Klingelhöffer* Pflichtteilsrecht Rn 345 f; MünchKommBGB/*Lange* Rn 22; *Kerscher/Riedel/Lenz* Pflichtteilsrecht § 15 Rn 18; PWW/*Deppenkemper* Rn 15; *Staudinger/Olshausen* Rn 38; *Lange/Kuchinke* § 37 X 2 e; jurisPK/*Birkenheier* Rn 53, jedoch zweifelnd in Rn 57.1 im Hinblick auf die nunmehr andere insolvenzrechtliche Beurteilung; ebenso wie hM für den Fall, dass die Bezugsberechtigung nach Abschluss des Versicherungsfalls zugewandt wird: Beck'sches Notar-HdB/*Bengel/Reimann* C Rn 208; *v. Dickhuth-Harrach*, FS Rheinisches Notariat, S 225; genau umgekehrt (dann Versicherungssumme) *Damrau/Riedel/Lenz* Rn 106; zweifelnd am Ansatz der Versicherungssumme *J. Mayer* DNotZ 2000, 905, 926 f; demgegenüber wurde im Rahmen des vorzeitigen Erbausgleichs der wirtschaftliche Zeitwert der Lebensversicherung angesetzt, OLG Köln FamRZ 1997, 1247, was auch der neueren Bewertung der Lebensversicherung im Zugewinnausgleich, vgl § 1376 Rn 33, und dem effektiven Pflichtteilsschutz entspricht.
[51] *Staudinger/Wimmer-Leonhardt* § 516 Rn 143.
[52] *Elfring* ZEV 2004, 305, 309.
[53] BGH NJW 2004, 214, 215.

sich der Anfechtungsanspruch gegen den Dritten nach dem Eintritt des Versicherungsfalls stets auf Rückgewähr des Anspruchs auf die Versicherungssumme bzw der Versicherungssumme selbst und nur nicht auf Rückgewähr der von dem Versicherungsnehmer geleisteten Prämien. Da die Ausgliederung aus dem Vermögen des Versicherungsnehmers bei einer **widerruflichen Bezugsberechtigung** erst mit dem Tod des Versprechensempfängers eintritt und diesem bis dahin die Verfügungsbefugnis über den Auszahlungsanspruch verbleibt, beschränkt auch die **Ausschlussfrist** des Abs 3 den Ergänzungsanspruch nicht[54]. Bei einer von Anfang an **unwiderruflichen Bezugsberechtigung** erwirbt dagegen der Bezugsberechtigte ein sofort wirksames eigenes Recht auf Leistung gegen die Versicherung; daher entfällt der Pflichtteilsergänzungsanspruch, wenn seit der Einräumung des unwiderruflichen Bezugsrechts 10 Jahre vergangen sind[55]. Bei einer Drittbegünstigung des Ehegatten wird regelmäßig von einer ehebezogenen Zuwendung auszugehen sein, bei der jedoch die unterhaltsrechtliche Komponente im Vordergrund stehen wird[56], so dass aus diesem Grund ein Ergänzungsanspruch ausgeschlossen sein kann (Rn 10). Soweit die Versicherungssumme im Erbfall auf Grund einer **Sicherungsabtretung** einem Kreditgeber zusteht, fällt sie jedoch in Höhe der gesicherten Schuld in den Nachlass und ist dort nach § 2311 Abs 1 S 1 zu berücksichtigen und reduziert die Nachlassverbindlichkeiten[57].

10 **Ehebezogene (unbenannte) Zuwendungen** (allg zu dieser Rechtsfigur s § 1372 Rn 10) sind nach Auffassung des BGH idR objektiv unentgeltlich und im Erbrecht zur Verwirklichung des gebotenen Schutzes von Pflichtteilsberechtigten, Vertrags- und Nacherben wie Schenkungen zu behandeln[58]. Zur Qualifikation s § 1372 Rn 10 ff. Nur wenn die Zuwendung der angemessenen Alterssicherung des Empfängers oder der nachträglichen Vergütung langjähriger Dienste dient[59] oder unterhaltsrechtlich geschuldet ist oder sonst eine adäquate Gegenleistung vorliegt, kann eine objektiv angemessene entgeltliche Zuwendung vorliegen[60]. Die Instanzgerichte haben diese Grundsätze auf die nichteheliche Lebensgemeinschaft übertragen[61]. Die Entscheidung des BGH ist teilweise auf Kritik gestoßen[62], aber auch auf Zustimmung[63]. Ihr ist zu folgen. Denn methodisch geht es um die Zuordnung gesetzlich geregelter Rechtsfolgen auf einen nicht ausdrücklich normierten Vertragstypus[64]. Dies ist anhand des Normzwecks des § 2325 (Rn 1) so richtig beantwortet. Im Rahmen dieser typologischen Zuordnung ist es dabei auch möglich, das Innenverhältnis der Ehegatten, also den eigentlichen Anwendungsbereich dieser Rechtsfigur (zB Rückforderungsrechte, Ausgleich im Scheidungsfall) nach anderen Regeln zu behandeln, als das Außenverhältnis mit Behandlung von Drittansprüchen und steuerlichen Fragen[65]. Es stellt sich aber die Frage nach den Grenzen dieser Rspr, was unter dem Stichwort der „**legitimen Vermögensteilhabe des Ehegatten**" diskutiert wird[66]. Als Obergrenze für eine gegen § 2325 anspruchsfeste Zuwendung für die Verteilung des ehezeitlichen Vermögenserwerbs wird in Anlehnung an den Halbteilungsgrundsatz der Zugewinngemeinschaft die hälftige Beteiligung gesehen[67]. Zur Prob-

---

[54] *Elfring* ZEV 2004, 305, 310; *Progl* ZErb 2004, 187, 189; MünchKommBGB/*Lange* Rn 22; *J. Mayer* DNotZ 2000, 905, 927; *Worm* RNotZ 2003, 535, 544; *Damrau/Riedel/Lenz* Rn 79; *Soergel/Dieckmann* Rn 22; *Kerscher/Riedel/Lenz*, Pflichtteilsrecht, § 9 Rn 110; nach der Gegenansicht kommt als weitere Vergünstigung für den Drittberechtigten die Zeitgrenze des § 2325 Abs 3 hinzu, OLG Düsseldorf OLGR 2001, 138; AnwK-BGB/*Bock* Rn 17; jurisPK/*Birkenheier* Rn 56; *Staudinger/Olshausen* Rn 39; MünchKommBGB/*Gottwald* § 330 Rn 16; *Kerscher/Riedel/Lenz* Pflichtteilsrecht § 15 Rn 18.
[55] *Elfring* ZEV 2004, 305, 310; *Progl* ZErb 2004, 187, 189 f; *E. Lorenz*, FS Farny, 1994, 335, 361; *Worm* RNotZ 2003, 535, 544; vgl auch HdB Pflichtteilsrecht/*J. Mayer* § 8 Rn 34; *Kuhn/Rohlfing* ErbR 2006, 11, 16 halten auch für möglich, nur den anteiligen wirtschaftlichen Wert der Versicherung im Zeitpunkt von 10 Jahren vor dem Erbfall vom Ergänzungsanspruch auszunehmen.
[56] MünchKommBGB/*Lange* Rn 22; *Worm* RNotZ 2003, 535, 544; HdB Pflichtteilsrecht/*J. Mayer* § 8 Rn 31.
[57] BGH ZEV 1996, 263, 264 m Anm *Kummer*; vgl § 2311 Rn 6.
[58] BGHZ 116, 267, 170 ff = NJW 1992, 564; OLG Köln FamRZ 1992, 480; OLG Koblenz ZEV 2002, 460, 461 m Anm *Kornexl* = NJW-RR 2002, 512; für objektive Unentgeltlichkeit bereits *Jaeger* DNotZ 1991, 431; anders noch *Mohrhardt* NJW 1987, 1734.
[59] OLG Oldenburg OLGR 1999, 273 = FamRZ 2000, 638: 30-jährige Tätigkeit als Sprechstundenhilfe.
[60] *Damrau/Riedel/Lenz* Rn 49 ff; jurisPK/*Birkenheier* Rn 47; *PWW/Deppenkemper* Rn 13; *Worm* RNotZ 2003, 535, 541 f; eingehend HdB Pflichtteilsrecht/*J. Mayer* § 8 Rn 43 ff.
[61] OLG Düsseldorf NJW-RR 1997, 1497, 1500; OLG Köln MittRhNotK 1997, 89.
[62] *Lange/Kuchinke* § 37 X 2 a sub beta; *Ludwig* FuR 1992, 1; *Kues* FamRZ 1992, 924; *Apfelbacher*, Ehebedingte Zuwendungen und Ehegatten-Eigengesellschaft, 1993, S 80 ff; *Stehlin* ZErb 1999, 52; *Hayler* FuR 2000, 4, 6 ff; *Dingerdissen* JZ 1993, 402 zust im Ergebnis, nicht aber Begr; *Staudinger/Olshausen* Rn 26 f: Behandlung der Zuwendungen als entgeltlich mit Missbrauchskorrektur und Übermaßschranke analog § 1624; *Hohloch* LM Nr 20 zu § 2287; im Ansatz zust, im Detail anders *Langenfeld* NJW 1994, 2133, *ders* ZEV 1994, 129; zu den Auswirkungen auf die Praxis *Klingelhöffer* NJW 1993, 1097, 1101 f; eingehend zu den verschiedenen Auffassungen HdB Pflichtteilsrecht/*J. Mayer* § 8 Rn 38 f; *Damrau/Riedel/Lenz* Rn 44 ff.
[63] *Draschka* DNotZ 1993, 100, 106; *Kollhosser* NJW 1994, 2313, 2316; *Ebenroth* Rn 1361; *Soergel/Dieckmann* Rn 17; MünchKommBGB/*Lange* Rn 15.
[64] *Langenfeld* NJW 1994, 2133, 2134.
[65] BGHZ 127, 48, 50 ff = NJW 1994, 2545 (XII. Senat) konnte daher bei der Prüfung eines Ausgleichsanspruchs wegen ehebezogener Mitarbeit an seiner früheren Rspr festhalten, dass es sich bei ehebezogenen Zuwendungen idR nicht um unentgeltliche handelt; für eine solche Aufteilung Innen-/Außenverhältnis aber schon *Schotten* NJW 1990, 2841, 2851.
[66] *Langenfeld* ZEV 1994, 129; *ders* NJW 1994, 2841; vgl auch *Weirich*, Erben und Vererben, Rn 925; *Kues* FamRZ 1992, 924, 925.
[67] So *Langenfeld* ZEV 1994, 129, 133; *ders* NJW 1994, 2135; *Klingelhöffer* NJW 1993, 1097, 1101; *Worm* RNotZ 2003, 535, 541; begrenzt auf den tatsächlichen Zugewinnausgleich bereits vor der BGH-Entscheidung *Morhard* NJW 1987, 1734.

lemlösung entwickelt *Langenfeld* Fallgruppen und folgert, dass die „je hälftige Eigentumszuordnung am **Familienheim**" gegen Ansprüche nach §§ 2325, 2287 f Bestand haben müsse, zumal der uU vorliegende höhere finanzielle Beitrag des einen Ehegatten durch einen andersartigen des anderen zur ehelichen Lebensgemeinschaft kompensiert werden kann[68]. Hierbei wird verkannt, dass die Interessen des anderen Ehegatten **systemkonform** im gesetzlichen Güterstand bereits durch den (erb- oder güterrechtlichen) Zugewinnausgleich berücksichtigt werden[69]; bei Gütertrennung oder Gütergemeinschaft geschieht dies allerdings nicht so stark, aber immer noch durch den Ehegattenerbteil, der auch den Pflichtteil der anderen Pflichtteilsberechtigten reduziert. Ein darüber hinausgehender stärkerer Eingriff in diese Rechte bedürfte einer methodisch gefestigteren Begründung. Allerdings sollte eine angemessene **Altersversorgung,** etwa eine „Riester Rente", in den heutigen Zeiten des zunehmend schwächer werdenden gesetzlichen Rentensystems auch dann ergänzungsfest sein, wenn diese unterhaltsrechtlich nicht geschuldet ist[70].

Eheverträge: Gewisse Gestaltungsmöglichkeiten scheint die Vereinbarung von **Gütergemein-** 11 **schaft** nach der Rspr des BGH zu bieten[71]. Zwar stellt diese hinsichtlich des entstehenden Gesamtguts eine objektive Bereicherung des Ehegatten dar, der hierfür weniger einbringt. Trotz des gegenüber der Zugewinngemeinschaft geringeren Ehegattenerbteils (nur nach § 1931 Abs 1) führt der Wechsel von der Zugewinngemeinschaft zur Gütergemeinschaft zu einer Pflichtteilskürzung, wenn das Vermögen des Ehegatten, bei dem eine Pflichtteilsreduzierung gewollt ist, mehr als drei Mal so hoch ist[72]. Dennoch kann nach Auffassung des BGH nur in Ausnahmefällen hierin eine Schenkung gesehen werden. Denn dazu bedarf es außer der Einigung über die Unentgeltlichkeit der Zuwendung noch einer Verdrängung der „güterrechtlichen causa" für die Bereicherung durch den eigentlichen schuldrechtlichen Schenkungsvertrag. Hierfür ist eine besondere Feststellung erforderlich, dass die Geschäftsabsichten der Ehegatten nicht lediglich zur Verwirklichung der Ehe auf eine Ordnung des beiderseitigen Vermögens gerichtet waren. Solche *„ehefremden Zwecke"* kämen in Betracht, wenn nach einem einheitlichen Plan zunächst Gütergemeinschaft und dann (wenn auch nach längerer Zeit) ein anderer Güterstand vereinbart wird[73], was auch als sog **„Paketlösung"**[74] bezeichnet wird und wiederum zur Erhöhung des Ehegattenerbteils dient. Bei Beachtung dieser Grundsätze eröffnen sich gewisse Gestaltungsmöglichkeiten, besonders wenn sich ehebezogene Motive hierfür finden lassen[75]. Auch bei der Auseinandersetzung der Gütergemeinschaft abweichend von den gesetzlichen Bestimmungen (§§ 1476 ff), ist eine ergänzungspflichtige Zuwendung möglich[76].

Als pflichtteilsfeste Gestaltung wird auch das sog **Gütertrennungsmodell** angesehen[77]: Hier wird in 12 der Zugewinngemeinschaftsehe Gütertrennung vereinbart und zur Abgeltung des entstehenden Ausgleichsanspruchs nach §§ 1372 ff ein entsprechender Vermögenswert übertragen. Dabei soll eine unentgeltliche Zuwendung zumindest dann nicht vorliegen, wenn sie nicht erheblich über dem rechnerischen Zugewinnausgleichsanspruch liegt[78]. Nicht nur wer der Lehre von der objektiven Unentgeltlichkeit zuneigt, wird diese Gestaltung kritisch beurteilen[79], zumal für den veräußernden Ehegatten keine echte Gegenleistung erbracht wird, und die Ausgleichsforderung allein zur Pflichtteilsreduzierung herbeigeführt wird und damit „ehefremde Zwecke" iS der BGH-Rspr (Rn 11) verfolgt werden. Die anderen Pflichtteilsberechtigten werden diese Gestaltung aber zumindest insoweit hinnehmen müssen, als sich durch den Wegfall des erhöhten Ehegattenerbteils bzw der Zugewinnausgleichsforderung nach § 1371 Abs 3 eine Verbesserung ihrer Pflichtteilsansprüche ergibt[80]. Auf alle Fälle sind die Grenzen für

---

[68] Ebenso *Apfelbacher* aaO S 116 ff, mw Fallgruppen unter Betonung des Vertrauensschutzes des Zuwendungsempfängers mit Missbrauchskontrolle; *Wienands* DStZ 1995, 15 mit Vorschlag, entspr steuerlicher Freibeträge; für § 2287 im Ansatz ebenso zust MünchKommBGB/*Musielak* § 2287 Rn 5.
[69] Ausdrücklich zust MünchKommBGB/*Lange* Rn 16; ähnlich *Damrau/Riedel/Lenz* Rn 48: überlebender Ehegatte darf insgesamt nicht mehr erhalten, als sich bei der Anwendung der ihm zustehenden (gesetzlichen) Erbquote aus der Summe aus realem und fiktivem Nachlass ergibt; diesen Zusammenhang zum Güterstand übersieht *Hayler* FuR 2000, 4, 6 ff; OLG Frankfurt OLGR 1994, 129 gewährt daher bei einer Hauszuwendung zu Recht auch einen Pflichtteilsergänzungsanspruch.
[70] BGH NJW 1972, 580; *Damrau/Riedel/Lenz* Rn 43; MünchKommBGB/*Lange* Rn 15.
[71] BGHZ 116, 178, 182 = NJW 1992, 558 = LM § 516 Nr 23 m Anm *Langenfeld*; ebenso die hM mit den auch vom BGH gemachten Einschränkungen, so *Lange/Kuchinke* § 37 X 2 d; MünchKommBGB/*Lange* Rn 26; Staudinger/*Olshausen* Rn 24; *Damrau/Riedel/Lenz* Rn 54; aA AK/*Däubler* Rn 23 unter Hinweis auf die objektive Bereicherung und die erbschaftsteuerliche Behandlung, § 7 Abs 1 Nr 4 ErbStG; dem zuneigend *Soergel/Dieckmann* Rn 34, der deswegen die Grundsätze der ehebezogenen Zuwendung anwenden will.
[72] *Wieser* MittBayNot 1970, 137; *Dittmann/Reimann/Bengel*, Testament und Erbvertrag, 2. Aufl 1986, Syst Teil D Rn 70 ff; Heder HdB Rn 14 mit Formel; HdB Pflichtteilsrecht/*J. Mayer* § 11 Rn 79.
[73] BGHZ 116, 178, 182 = NJW 1992, 558; so bereits RGZ 87, 301, 303; ebenso PWW/*Deppenkemper* Rn 14; *Gottwald* Rn 19.
[74] *Brambring* ZEV 1996, 252.
[75] Eingehend *Wegmann* ZEV 1996, 201, 203 ff.
[76] BGHZ 116, 178, 183 f; *Kerscher/Riedel/Lenz* Pflichtteilsrecht § 9 Rn 58.
[77] *Brambring* ZEV 1996, 248, 252 ff; *Wegmann* ZEV 1996, 201, 203 ff; *v. Dickhuth-Harrach*, FS Rheinisches Notariat, S 233; *Worm* RNotZ 2003, 535, 539; MünchKommBGB/*Lange* Rn 26; *Hayler* FuR 2000, 4, 7 und DNotZ 2000, 681, 686 ff; *Klingelhöffer* Pflichtteilsrecht Rn 342; ausf HdB Pflichtteilsrecht/*J. Mayer*, § 8 Rn 49 ff mwN, Berechnungsbeispiel § 12 Rn 82 ff; *Damrau/Riedel/Lenz* Rn 56 ff.
[78] *Klingelhöffer* Pflichtteilsrecht Rn 342; *Wegmann* ZEV 1996, 206; *Hayler* FuR 2000, 4, 7.
[79] Zurückhaltend auch Staudinger/*Olshausen* Rn 24; vgl auch BGHZ 113, 393, 395 zur fehlenden Berücksichtigung des Pflichtteilsverzichts bei der Anfechtung unentgeltlicher Zuwendungen.
[80] Krit daher zu diesen Gestaltungen *Mayer* (*Mayer/Süß/Tanck/Bittler/Wälzholz*), HdB Pflichtteilsrecht, § 8 Rn 49.

eine pflichtteilsergänzungsfeste Gestaltung überschritten, wenn die Ehegatten anschließend zur Erhöhung des Ehegattenerbteils wieder zur Zugewinngemeinschaft zurück wechseln. Bei einer solchen **„Güterstandsschaukel"** spricht eine Vermutung dafür, dass es den Ehegatten allein um die Reduzierung des Pflichtteils der Abkömmlinge, und damit um ehefremde Zwecke ging[81]. Dass der BFH eine solche Gestaltung in erbschaftsteuerrechtlicher Hinsicht unlängst anerkannt hat[82], zwingt zu keiner anderen pflichtteilsrechtlichen Beurteilung, da in beiden Rechtsgebieten unterschiedliche Zwecksetzungen verfolgt werden[83].

13 Umstritten ist, ob die **Abfindung** für einen **Erb- und Pflichtteilsverzicht** als unentgeltliche Zuwendung anzusehen ist oder gar nicht der Pflichtteilsergänzung unterliegt[84]. Beim **reinen Erbverzicht** ist letzteres zumindest insoweit zu bejahen, als die Vermögensweggabe durch eine Erhöhung der Erb- und Pflichtteilsquote nach § 2310 S 2 wieder kompensiert wird; § 2325 ist also zur Vermeidung einer doppelten Berücksichtigung einschränkend auszulegen[85]. Beim **reinen Pflichtteilsverzicht** wird die Abfindung vielfach eine Ausstattung sein (§ 1624), die nur als Übermaßausstattung der Pflichtteilsergänzung unterliegt[86]. Soweit dies nicht der Fall ist, wird teilweise vertreten, dass die Abfindung insoweit der Pflichtteilsergänzung unterliege, als sie wesentlich über das hinausgeht, was der Verzichtende als Pflichtteil zu erwarten hat[87], was aber angesichts des aleatorischen Charakters des entgeltlichen Pflichtteilsverzichts und der erforderlichen Prognoseentscheidung schwierige Abgrenzungsfragen aufwirft. Wer aus dem Gesichtspunkt, dass der Erblasser aus dem Pflichtteilsverzicht ein Stück Testierfreiheit gewinnt oder aus den Vorstellungen der Beteiligten über den Risikocharakter des Rechtsgeschäfts die Entgeltlichkeit ableitet[88], steht der Lehre von der subjektiven Äquivalenz nahe, während die Gegenansicht mehr der Lehre von der objektiven Entgeltlichkeit zuneigt. Richtigerweise muss man für die Berücksichtigungsfähigkeit der Abfindung für einen Pflichtteilsverzicht auf den Normzweck des § 2325 abstellen (Rn 1). Der Schutz des Pflichtteilsberechtigten vor Umgehungsgeschäften gebietet auch so berücksichtigen, wie die Rechtslage wäre, wenn die Abfindung als Vorwegnahme der Erbfolgeregelung nicht erfolgt wäre. Dann unterläge sie aber im Erbfall dem Pflichtteil. Sie muss daher der Pflichtteilsergänzung unterliegen, wie dies übrigens auch bei einer Zuwendung unter Pflichtteilsanrechnung der Fall ist[89]. Soweit der Abfindungsempfänger direkt in Anspruch genommen wird, kann er sich jedoch auf §§ 2319, 2328 berufen, da ihm diese Verteidigungsrechte durch den Pflichtteilsverzicht nicht genommen werden dürfen (§ 2329 Rn 13).

14 Die **Aufnahme eines persönlich haftenden Gesellschafters** in das Geschäft eines Einzelhandelskaufmanns oder eine bestehende OHG stellt nach hM im Allgemeinen keine ergänzungspflichtige Schenkung dar, auch wenn die Aufnahme unter besonders günstigen Bedingungen erfolgt, etwa ohne eigenen Kapitaleinsatz des Eintretenden. Gerechtfertigt wird dies mit der damit für die neuen Gesellschafter verbundenen Übernahme der persönlichen Haftung, der Beteiligung an einem möglichen Verlust und der geschuldeten vollen Arbeitskraft und dass dies als entsprechende Gegenleistung anzusehen sei[90]. Demgegenüber hat der BGH in einer neueren Entscheidung[91] dies zu Recht eingeschränkt

---

[81] *Damrau/Riedel/Lenz* Rn 58; *Scherer/Kaspar*, MAH Erbrecht, § 33 Rn 133; *Brambring* ZEV 1996, 248, 252; aA insbes *Hayler* DNotZ 2000, 689; *Worm* RNotZ 2003, 535, 539, jedoch mit teilweise unzutr güterrechtlichen Überlegungen; eingehend zur Problematik HdB Pflichtteilsrecht/*J. Mayer*, § 8 Rn 52 mwN.

[82] BFH NJW 2005, 3663 = ZEV 2005, 490 m Anm *Münch*.

[83] *J. Mayer* FPR 2006, 129, 135; großzügiger *Pluskat/Pluskat* ZFE 2006, 124, 126.

[84] Für Entgeltlichkeit idR *Lange/Kuchinke* § 37 X 2 f; *Heinrichs* MittRhNotK 1995, 157 f; *Coing* NJW 1967, 1776; *Kipp/Coing* § 82 VI. Für grundsätzliche Unentgeltlichkeit: *Speckmann* NJW 1970, 117 ff; *Sostmann* MittRhNotK 1976, 479, 497; *Kollhosser* AcP 194 (1994), 231, 258 ff; *Staudinger/Schotten*, 2003, § 2346 Rn 122 ff; diff *Haegele* BWNotZ 1971, 39; *Westermann*, FS Kellermann, 1991, S 505, 507; AK/*Däubler* Rn 13, jeweils für entgeltlich, soweit Abfindung eine erwartete Pflichtteilsanspruch nicht übersteigt; *Mauch* BWNotZ 1995, 88 m Differenzierung zwischen Innen- und Außenverhältnis; MünchKommBGB/*Lange* Rn 17 m Einzelfallbetrachtung, wobei entgeltliches Rechtsgeschäft anzunehmen sei, soweit die Parteien den Verzicht als vollwertige Gegenleistung betrachten; ähnlich Rheinbay, Erbverzicht – Abfindung – Pflichtteilsergänzung, 1983, S 137; *Soergel/Dieckmann* Rn 18; offenlassend BGH NJW 1986, 127, 129 m Anm *Dieckmann* FamRZ 1986, 258. BGHZ 113, 393, 395 = NJW 1991, 1610 hat im Rahmen einer Anfechtung nach § 3 AnfG den Pflichtteilsverzicht als nicht berücksichtigungsfähige Leistung angesehen. Für eine beschränkte Wirkung des Erbverzichts zur Problemvermeidung *Pentz* FamRZ 1998, 660, 662 – zT unklar.

[85] OLG Hamm ZEV 2000, 277, 278 m krit Anm *Rheinbay* und Berechnungsvorschlag; *Staudinger/Schotten* § 2346 Rn 136: einschränkende Auslegung; *Staudinger/Olshausen* Rn 9; *Rheinbay* S 138 ff; *Damrau/Riedel/Lenz* Rn 14; PWW/*Deppenkemper* Rn 18; wohl auch MünchKommBGB/*Lange* Rn 17.

[86] So richtig *Lange/Kuchinke* § 7 V 3; zur Pflichtteilsergänzungsanspruch bei Übermaßausstattung OLG München vom 16. 6. 1982, 27 U 243/82.

[87] *Theiss/Boger* ZEV 2006, 143, 145; PWW/*Deppenkemper* Rn 19; wohl auch *Lange/Kuchinke* § 7 V 3 aE.

[88] *Lange/Kuchinke* § 7 V 3; § 37 X 2 f; ähnlich jetzt MünchKommBGB/*Lange* Rn 17.

[89] Hierauf weist *Staudinger/Schotten* § 2346 Rn 130 f zu Recht hin; ebenso *Damrau/Riedel/Lenz* Rn 14, *Staudinger/Olshausen* Rn 8 f.

[90] BGH NJW 1959, 1433; WM 1977, 862, 864; NJW 1981, 1956 m w N; KG OLGZ 1978, 464; MünchKommBGB/*Lange* Rn 18; *Lange/Kuchinke* § 37 X 2 i sub beta; *Staudinger/v. Olshausen* Rn 29; *Klingelhöffer* Pflichtteilsrecht Rn 339; gegen Ergänzungsfestigkeit von gesellschaftsrechtlichen Gestaltungen Soergel/*Dieckmann* Rn 24 ff; aA *Damrau/Riedel/Lenz* Rn 22, die zu Recht darauf hinweisen, dass die Rechtsposition des persönlich haftenden Gesellschafters einer Personengesellschaft untrennbar mit der Verpflichtung zur Geschäftsführung und Übernahme der Haftung verbunden ist; zu dieser Argumentation bereits MünchKommBGB/*Kollhosser* § 516 Rn 71; *ders* AcP 194 (1994), 231, 246 ff; eingehend zu dieser Problematik HdB Pflichtteilsrecht/*J. Mayer*, § 8 Rn 58 mwN.

[91] BGH NJW 1981, 1956.

und eine Gesamtbetrachtung der gesellschaftsrechtlichen Regelung und aller maßgeblichen Umstände vorgenommen. Als Indizien für eine (gemischte) Schenkung wurde dabei angenommen, dass dem verbleibenden Gesellschafter nach dem Tod des anderen ein Übernahmerecht unter Ausschluss aller Abfindungsansprüche eingeräumt wurde, die Einlageverpflichtung binnen kurzer Zeit aus den zugeflossenen Gewinnen erfüllt werden konnte und die Vertragsteile von einer unterschiedlichen Lebenserwartung infolge einer schweren Erkrankung des bisherigen Geschäftsinhabers ausgingen (Gehirntumor), was für eine Schenkungsabrede spreche. Daher wird für die **Gestaltungspraxis** empfohlen, bei unterschiedlicher Lebenserwartung auf eine adäquate Einlage des Beitretenden zu achten;[92] letztlich kommt es immer auf die Ausgestaltung im Einzelfall an[93]. Bei einer lediglich vermögensverwaltenden Familiengesellschaft mit geringem Haftungsrisiko wird aber mit einer Pflichtteilsergänzung zu rechnen sein[94]. Gleiches gilt für die Aufnahme eines **Kommanditisten** ohne eigene Kapitalbeteiligung, da damit kein persönliches Haftungsrisiko und keine Geschäftsführungspflicht verbunden ist[95]. Nur wenn der Kommanditist besondere Pflichten, insbes im Bereich der Geschäftsführung, übernimmt, ist trotz fehlenden Kapitaleinsatzes die Unentgeltlichkeit ganz oder teilweise ausgeschlossen[96]. Die gleichen Grundsätze gelten, wenn ein **Kommanditanteil** an einen bisherigen Mitgesellschafter oder an jemanden **abgetreten** wird, der dadurch neu in die Gesellschaft eintritt[97].

Wird beim **Tod eines Gesellschafters** die Gesellschaft nur mit den anderen Mitgesellschaftern **fortgesetzt** und dabei ein **Abfindungsanspruch** ganz ausgeschlossen[98] oder zumindest teilweise **gegenüber dem Vollwert beschränkt**, so geht die hM davon aus, dass der damit für die verbleibenden Gesellschafter durch **Anwachsung** entstehende Vermögenszuwachs ein entgeltlicher ist, wenn dies für alle Gesellschafter vereinbart wird (sog **allseitiger Abfindungsausschluss**)[99]. Gerechtfertigt wird dies mit dem Wagnischarakter, dass jeder Gesellschafter bei seinem Tod alles verlieren kann, aber auch die Chance habe, am Anteil des Verstorbenen beteiligt zu werden. Auch diese Ansicht nimmt jedoch bei einem groben Missverhältnis des Risikos (großer Altersunterschied, schwere Erkrankung) eine Schenkung an[100]. Die hM vermag nicht zu überzeugen, da ein bloßes Motiv, dass jeder etwas erben kann, eine objektiv fehlende Gegenleistung nicht zu ersetzen vermag[101], und damit Schleichwege am Erbrecht vorbei eröffnet werden[102]. Wenn demgegenüber eingewandt wird, solche Klauseln würden auch zur Sicherung des Bestands der Gesellschaft vor einem Kapitalabfluss vereinbart[103], wird übersehen, dass idR Schuldner des Pflichtteilsergänzungsanspruchs ohnehin der Erbe und nur ausnahmsweise nach § 2329 die Mitgesellschafter sind[104]. Bei einem völligen Abfindungsausschluss liegen zudem regelmäßig gesellschaftsfremde Zwecke vor, nämlich die der Pflichtteilsreduzierung. Denn bei Gesellschaften unter Fremden würde diesen Ausschluss aus anderen Gründen kaum jemand akzeptieren. Bei einem Abfindungsausschluss, der **nicht für alle Gesellschafter gilt**, wird ohnehin ganz überwiegend eine Schenkung angenommen[105]. Wird die Gesellschafterstellung auf Grund einer (einfachen oder qualifizierten) **Nachfolgeklausel** vererbt, fällt die Beteiligung in den Nachlass, so dass sich bei abfindungsbeschränkenden Vereinbarungen hinsichtlich des Auseinandersetzungsanspruchs nur die Frage stellt, wie diese im Rahmen der Bewertung der Beteiligung zu berücksichtigen sind (§ 2311 Rn 37 f). Wird die Gesellschaft zunächst mit den verbleibenden Gesellschaftern fortgeführt, einem Erben oder einem Dritten aber ein **Eintrittsrecht** eingeräumt, so vollzieht sich der Eintritt durch Rechtsgeschäft unter Lebenden. Pflichtteilergänzungsrechtliche Probleme entstehen hier nur, wenn die Erben keine oder eine hinter dem Verkehrswert zurückbleibende Abfindung erhalten[106].

---

[92] *Wegmann* ZEV 1998, 135.
[93] *Kerscher/Riedel/Lenz* Pflichtteilsrecht § 16 Rn 9.
[94] So auch DNotI-Report-Gutachten 1996, 88; *Damrau/Riedel/Lenz* Rn 23; *U. Mayer* ZEV 2003, 355, 356; *Worm* RNotZ 2003, 535, 543; vgl auch das Beispiel bei *v. Dickhuth-Harrach*, FS für Rheinisches Notariat, 1998, S 228.
[95] *Lange/Kuchinke* § 37 X 2 h sub gamma; MünchKommBGB/*Lange* Rn 18; *Damrau/Riedel/Lenz* Rn 24; *Worm* RNotZ 2003, 535, 543.
[96] *Lange/Kuchinke* § 37 IX 2 h aE; *Staudinger/Olshausen* Rn 30.
[97] *Kerscher/Riedel/Lenz* Pflichtteilsrecht § 16 Rn 4; *Staudinger/Olshausen* Rn 30.
[98] Bei Tod des Gesellschafters gesellschaftsrechtlich zulässig, BGHZ 50, 316; *Schlegelberger/K. Schmidt*, 5. Aufl 1992, § 138 HGB Rn 66.
[99] BGHZ 22, 186, 194 = NJW 1957, 180, 181 nur zur Frage der Form bei § 2301; BGH WM 1971, 1338 zum entschädigungslosen Übernahmerecht; *Lange/Kuchinke* § 37 X 2 h sub alpha; *Staudinger/Olshausen* Rn 32; *Palandt/Edenhofer* Rn 13; PWW/*Deppenkemper* Rn 17; MünchKommBGB/*Lange* Rn 19 f; *Gottwald* Rn 27; *Brox* Rn 748; *Crezelius* Unternehmenserbrecht Rn 100; *Reinecke* NJW 1957, 561 f; *Lange/Kuchinke* § 37 IX a; aA *Soergel/Dieckmann* Rn 27; AK/*Däubler* Rn 19; *Kohl* MDR 1995, 865, 871; MünchKomm/*Ulmer* § 738 Rn 41; *Klingelhöffer* Rn 340; *Worm* RNotZ 2003, 535, 543; diff bei dem nachträglich vereinbarten Abfindungsausschluss nach der Zweckverfolgung *U. Mayer* ZEV 2003, 355, 357; ebenfalls diff *Reimann* ZEV 1994, 7, 11 f; zum Streitstand *M. Schmitt*, Gesellschaftsvertrag und Pflichtteilsrecht, 1994, S 23 ff.
[100] BGH NJW 1981, 1956; KG OLGZ 1978, 463, 464; OLG Düsseldorf MDR 1977, 977; FG München EFG 1977, 377; MünchKommBGB/*Kollhosser* § 516 Rn 55; *Lange/Kuchinke* § 37 X 2 h sub alpha mwN.
[101] *Boujong*, FS Ulmer, S 41, 45 ff; s Rn 3.
[102] So richtig MünchKommBGB/*Frank* 3. Aufl Rn 16.
[103] *Staudinger/Olshausen* Rn 34; *Nieder* HdB Rn 113; *Riedel* ZErb 2003, 212, 214; *Damrau/Riedel/Lenz* Rn 33 f: sehr weitreichend mit gesellschaftspolitischem Interesse des Schutzes der Gesellschaften vor Pflichtteilsbelastung; jetzt auch MünchKommBGB/*Lange* Rn 20.
[104] Zutr *Worm* RNotZ 2003, 535, 543.
[105] *Staudinger/Olshausen* Rn 31; *Nieder* HdB Rn 112; *Palandt/Edenhofer* Rn 13; *Lange/Kuchinke* § 37 X 2 i Fn 477; aA *Flume*, FS Ballerstedt, 1975, S 197, 209.
[106] *Kerscher/Riedel/Lenz* Pflichtteilsrecht § 16 Rn 29; MünchKommBGB/*Lange* Rn 19.

§ 2325   Buch 5. Abschnitt 5. Pflichtteil

16   Bei der **Errichtung einer Stiftung unter Lebenden** ist auf das Ausstattungsversprechen als an sich einseitige Willenserklärung § 2325 auf Grund des Schutzzwecks der Norm entspr anzuwenden[107]. Auch endgültige unentgeltliche Zuwendungen an Stiftungen in Form von stiftungskapitalerhöhenden Zustiftungen oder freie oder gebundene Spenden sind pflichtteilsergänzungspflichtige Schenkungen iS der §§ 2325, 2329[108]. Selbst wenn die Stiftungszuwendung nur zu Zwecken des Stiftungszwecks verwendet werden darf, liegt kein echtes Treuhand- oder Auftragverhältnis vor, das gegen einen endgültigen Vermögenstransfer spricht. Vielmehr ist aus der Sicht des Pflichtteilsberechtigten der Erfolg einer Schenkung und einer Spende zu Stiftungszwecken wirtschaftlich gleich[109]. Dass im Einzelfall die Motive durchaus anerkennenswert sein mögen und die als gemeinnützig gedachte Vermögensverschiebung im allgemeinen Interesse liegen kann, ist für die damit einhergehende Pflichtteilsverkürzung ohne Belang. Solche Eingriffe in das Pflichtteilsrecht, so sie denn rechtspolitisch wünschenswert erscheinen, sind dem Gesetzgeber vorbehalten. Nach der Rspr des Bayerischen Obersten Landesgerichts ist bei der aus den bäuerlichen Verhältnissen erwachsenen **typischen Hofübergabe**, die gegen **Leibgedingsleistungen** erfolgt, mit der Annahme einer (und sei es auch nur gemischten) Schenkung „Zurückhaltung" geboten. Eine Schenkung sei nur anzunehmen, wenn unter Berücksichtigung des von den Vertragsteilen gewollten Zwecks bei einem Vergleich des Werts des übergebenen Anwesens mit dem Wert der Gegenleistungen das Merkmal der Unentgeltlichkeit „überwiegt"[110].

III. Bewertung (Abs 2)

17   1. **Grundsätze.** Für die Bewertung des verschenkten Gegenstands gelten grds die gleichen Regeln, wie bei der Nachlassbewertung zur Bestimmung des ordentlichen Pflichtteils. Daher ist im Regelfall der **Verkehrswert** anzusetzen (vgl § 2311 Rn 13 ff), bei der Zuwendung eines Landguts (landwirtschaftlichen Anwesens) ist jedoch die Vergünstigung des auch hier anwendbaren § 2312 zu beachten[111], wobei jedoch für das Vorliegen dieser Voraussetzungen der Erbfall und nicht der Übergabezeitpunkt maßgeblich ist[112]. Bedingte Schenkungen sind nach § 2313 zu behandeln. Hinsichtlich des **Bewertungsstichtags** ist jedoch nach dem Schenkungsobjekt zu differenzieren:

18   a) **Verbrauchbare Sachen.** Alle verbrauchbaren Sachen (§ 92), insbes **Geld**, Wertpapiere, sind stets mit ihrem Wert zum Zeitpunkt der Schenkung anzusetzen (Abs 2 S 1). Dies gilt auch für den Erlass einer Geldforderung (§ 397), weil dies wirtschaftlich der körperlichen Hingabe von Geld gleichsteht[113]. Beim schenkungsweisen Erlass einer Rentenforderung innerhalb der Zehnjahresfrist des Abs 3 soll der auf den Erlasszeitpunkt kapitalisierte Wert maßgeblich sein[114], was insoweit bedeutsam ist, als die tatsächliche Lebensdauer hiervon uU ganz beachtlich abweichen kann[115]. Auch bei verbrauchbaren Sachen ist – wie bei Abs 2 S 2 (Rn 20) – nach den Grundsätzen der Berücksichtigung des Kaufkraftverlusts (§ 2315 Rn 14) für die Bemessung des Pflichtteilsergänzungsanspruchs eine Inflationsbereinigung auf den Erbfall vorzunehmen[116].

19   b) **Nichtverbrauchbare Sachen.** Andere Gegenstände kommen mit ihrem Wert in Ansatz, den sie zur Zeit des Erbfalls haben. Hatten sie jedoch bei der Schenkung (also bei Schenkungsvollzug) einen geringeren Wert, so ist nur dieser anzusetzen (Abs 2 S 2). Dies wird das **Niederstwertprinzip** genannt. Danach gehen nach der Schenkung eingetretene Wertverluste zu Lasten des Pflichtteilsberechtigten, während etwa danach entstandene Wertsteigerungen ihm aber auch nicht zugute kommen[117]. Dies beruht auf dem Gedanken, dass der Berechtigte stets nur um den Betrag „geschädigt" sein könne, dessen sich der Erblasser selbst unentgeltlich entäußert habe[118]. Entscheidend für die Möglichkeit der Pflichtteilsergänzung ist, dass die unverbrauchbare Sache bis zum Erbfall noch vorhanden ist, sei es beim Beschenkten oder einem Dritten[119]. Ist sie **untergegangen**, so kann sie daher überhaupt nicht in Ansatz

---

[107] HM, RGZ 54, 399, 400; OLG Hamburg OLGE 38, 235, 238; OLG Karlsruhe ZEV 2004, 470, 471; LG Baden-Baden ZEV 1999, 153 zu § 2314, m Anm *Rawert*; AnwK-BGB/*Bock* Rn 19; *Damrau/Riedel/Lenz* Rn 63 f; jurisPK/*Birkenheier* Rn 73; MünchKommBGB/*Lange* Rn 26; ausf *Worm* RNotZ 2003, 535, 545; *Rawert/Katschinski* ZEV 1996, 161, 162 ff mwN und zahlreichen Detailproblemen; *Staudinger/Olshausen* Rn 39; *Lange/Kuchinke* § 37 X 2 e.
[108] BGHZ 157, 178 = NJW 2004, 1382 = JZ 2004, 971 m Anm *Otte* = ZEV 2004, 117 m Anm *Kollhosser* = ZErb 2004, 129 m Anm *Schindler*; dazu auch *Schiffer* NJW 2004, 1565; *Worm* RNotZ 2003, 535, 545; jurisPK/*Birkenheier* Rn 75.1; PWW/*Deppenkemper* Rn 20; *Staudinger/Olshausen* Rn 39; die anders lautende Entscheidung des OLG Hamburg NJW 2002, 3181, die überwiegend abgelehnt wurde (vgl etwa *Muscheler* ZEV 2002, 417; *Rawert* NJW 2002, 3151; *Damrau/Riedel/Lenz* Rn 64), hat der BGH aufgehoben.
[109] *Rawert* NJW 2002, 3151, 3153; vgl dazu auch *Mugdan* Mat Bd V S 7633.
[110] BayObLGZ 1995, 186; 1996, 20, jeweils zu § 530; ähnlich zur Hofübergabe OLG Köln AgrarR 1993, 28.
[111] BGH NJW 1965, 1526.
[112] BGH NJW 1995, 1352 bei Wegfall der Landguteigenschaft bis zum Tod.
[113] BGHZ 98, 266 = NJW 1987, 122; RGZ 80, 138.
[114] BGHZ 98, 226 = JZ 1987, 122 m Anm *Paulus* = JR 1987, 240 m Anm *Lange*.
[115] Für die konkrete Berechnung (ex post) anhand der tatsächlichen Lebensdauer *Lange* aaO; zust *Soergel/Dieckmann* Rn 48; *Staudinger/Olshausen* Rn 93.
[116] Dafür MünchKommBGB/*Lange* Rn 30; *Staudinger/Olshausen* Rn 107; *Soergel/Dieckmann* Rn 52; aA *Löbbecke* NJW 1975, 2293; *Staudinger/Ferid/Cieslar*, 12. Aufl Rn 68; RGRK/*Johannsen* Rn 20; *Pentz* FamRZ 1997, 724, 725 und wohl auch *Palandt/Edenhofer* Rn 19; entgegen *Dieckmann* und *Olshausen* hat der BGH über diese Frage noch nicht entschieden; BGHZ 85, 274, 282 betraf die Vergleichsberechnung nach Abs 2 S 2.
[117] Prot V S 583 f; MünchKommBGB/*Lange* Rn 31.
[118] Prot V S 583 f; *Staudinger/Olshausen* Rn 96; *Damrau/Riedel/Lenz* Rn 95.
[119] *Staudinger/Olshausen* Rn 99; RGRK/*Johannsen* Rn 22; OLG Brandenburg FamRZ 1998, 1177.

gebracht werden, jedoch ist aus Billigkeitsgesichtspunkten ein Ersatzanspruch für den Pflichtteilsergänzungsanspruch zu berücksichtigen, während ein Erlös für eine Weiterveräußerung durch den Beschenkten grds unerheblich ist[120]. Soweit der Beschenkte für Erhaltungsaufwendungen Belastungen auf die Sache gemacht hat, sind diese bei der Wertbemessung auf den Erbfall zu berücksichtigen[121].

Für die Feststellung des maßgeblichen Werts iS des Niederstwertprinzips ist eine **Vergleichsberechnung** vorzunehmen[122]: Dabei ist sowohl der Wert zur Zeit des Erbfalles festzustellen als auch derjenige, den die verschenkten Gegenstände bei Vollzug der Schenkung hatten. Der für den Zeitpunkt des Vollzuges der Schenkung ermittelte Wert ist dabei nach den Grundsätzen über die Berücksichtigung des **Kaufkraftschwundes** (§ 2315 Rn 14 mit Formel) auf den Tag des Erbfalles umzurechnen[123]. Beide Werte, also der Wert beim Erbfall und der auf den Erbfall inflationsbereinigte Wert bei Schenkungsvollzug, sind einander gegenüberzustellen. Maßgebend ist dann der niedrigere. 20

Bei Grundstücken ist für den **Schenkungsvollzug** der Tag der Grundbucheintragung maßgebend[124]. Ist ein **Schenkungsversprechen im Erbfall noch nicht vollzogen**, so gilt nach Auffassung des BGH ebenfalls das Niederstwertprinzip[125], obgleich der Vergleichszeitpunkt der Abgabe des Schenkungsversprechens in Abs 2 S 2 gar nicht vorgesehen ist. Daher kann hier nur der Wert im Erbfall maßgeblich sein, bis zudem der Erblasser auch noch die Sachherrschaft hat[126]. Davon wird man allenfalls dann eine Ausnahme machen müssen, wenn der Beschenkte bereits ein **Anwartschaftsrecht** erworben hat, weil er damit bereits eine gesicherte und übertragbare Rechtsposition erwarb, so dass auf den Zeitpunkt des Erwerbs der Anwartschaft abzustellen ist. 21

2. Einzelheiten. Bei **gemischten Schenkungen** und solchen unter Auflagen ist nur der reine Schenkungsteil für den Pflichtteilsergänzungsanspruch anzusetzen[127]. Dabei steht es zunächst den Vertragsteilen auf Grund der Vertragsfreiheit und des daraus resultierenden Prinzips der subjektiven Äquivalenz frei, Leistung und Gegenleistung zu bewerten (eingehend Rn 6)[128]. An die für Kostenbewertungszwecke gemachten Angaben der Beteiligten ist das Gericht nicht gebunden[129], jedoch besteht die Gefahr, dass das Gericht hierin eine „Orientierungsgröße" und Indiz für die von den Beteiligten gemachte Bewertung sieht[130]. Ein für den Fall der Veräußerung oder Belastung eines verschenkten Grundstücks für den Übergeber vereinbarter **Rückforderungsvorbehalt** hindert den Beschenkten daran, dieses zu Lebzeiten des Schenkers wirtschaftlich sinnvoll zu verwerten oder gar zu veräußern. Dieser wirtschaftliche Nachteil ist mit bis zu 10% des Verkehrswerts vom Zuwendungswert abzuziehen[131]. 22

a) Zuwendungen unter Vorbehalt eines Nutzungsrechts. Beim **Nießbrauch** (ebenso beim **Wohnungsrecht**) gelten jedoch für die Abzugsfähigkeit Besonderheiten. Hier erfolgt nach der Rspr des BGH eine mehrstufige Bewertung[132]. Dabei kann der Nießbrauch oder das Wohnungsrecht den für die Berechnung des Pflichtteilsergänzungsanspruchs maßgeblichen Wert der Zuwendung uU erheblich verringern. Als Ausfluss des **Niederstwertprinzips** darf nach dem BGH das vorbehaltene Nutzungsrecht aber nur dann als den Schenkungswert mindernd berücksichtigt werden, wenn es gemäß § 2325 Abs 2 S 2 HS 1 auf den Grundstückswert im Zeitpunkt der Schenkung ankommt. Dabei nimmt der BGH folgende **mehrstufige**, zT vergleichende Berechnung vor, die sich an einer wirtschaftlichen Betrachtungsweise orientiert[133]. 23

1. Feststellung des maßgeblichen Wertes nach dem Niederstwertprinzip:
1.1. **Feststellung des Wertes zum Zeitpunkt des Vollzugs der Schenkung,** umgerechnet nach den Grundsätzen über die Berücksichtigung des Kaufkraftschwundes (Inflationsbereinigung) auf den Tag des Erbfalls.
1.2. **Gegenüberstellung** des Wertes zum Zeitpunkt des Erbfalls.
   Maßgebend ist dabei der **geringere Wert** (Niedrigstwertprinzip).

---

[120] MünchKommBGB/*Lange* Rn 31; *Staudinger/Olshausen* Rn 99; *Soergel/Dieckmann* Rn 49; *Lange/Kuchinke* § 37 IX 5 b; *Pentz* FamRZ 1997, 724, 725; anders jetzt *Schindler*, Pflichtteilsberechtigter Erbe, Rn 481, wonach im Fall einer entgeltlichen Weiterveräußerung der dann bestehende Wert des Schenkungsobjekts anzusetzen ist, wenn dieses dann später bei dem neuen Eigentümer untergeht.
[121] PWW/*Deppenkemper* Rn 26; *Soergel/Dieckmann* Rn 49; *Staudinger/Olshausen* Rn 99.
[122] BGHZ 85, 274, 282 = NJW 1983, 1485; *Palandt/Edenhofer* Rn 19; *Staudinger/Olshausen* Rn 107; aA *Pentz* FamRZ 1997, 724, 725.
[123] Hier allgM, vgl etwa *Palandt/Edenhofer* Rn 19; anders nur *Pentz* ZEV 1999, 167, 169.
[124] BGHZ 65, 75 = NJW 1975, 1831.
[125] BGHZ 85, 274, 282 f = NJW 1983, 1485; ebenso OLG Brandenburg FamRZ 1998, 1265. 1266.
[126] MünchKommBGB/*Lange* Rn 32; PWW/*Deppenkemper* Rn 29; *Soergel/Dieckmann* Rn 50; *Lange/Kuchinke* § 37 X 5 b Fn 509. wohl auch *Damrau/Riedel/Lenz* Rn 95; aA *Palandt/Edenhofer* Rn 21.
[127] Für die gemischte Schenkung allgM, vgl etwa OLG Brandenburg OLGR 1998, 106; OLG Koblenz NJW-RR 2002, 512, 513; *Damrau/Riedel/Lenz* Rn 98 mwN; für die Schenkung unter Auflage s Rn 8.
[128] BGHZ 59, 137 = NJW 1972, 1709; OLG Oldenburg NJW-RR 1997, 263, 264.
[129] OLG Oldenburg NJW-RR 1992, 778; NJW-RR 1997, 263, 264; OLG Frankfurt NJWE-FER 2000, 292 = ZEV 2001, 17 LS.
[130] HdB Pflichtteilsrecht/*J. Mayer*, § 8 Rn 86; *Damrau/Riedel/Lenz* Rn 98.
[131] OLG Koblenz NJW-RR 2002, 512, 513; OLG Düsseldorf MittRhNotK 2000, 208.
[132] BGHZ 125, 395, 397 = NJW 1994, 1791; BGHZ 118, 49, 51 f = NJW 1992, 2887; BGH NJW 1992, 2888; NJW-RR 1996, 705; MittBayNot 2006, 249; OLG Düsseldorf FamRZ 1995, 1236, 1238; OLG Koblenz OLGR 2005, 119; NJW-RR 2002, 512, 513; zust *Heinrich* MittRhNotK 1995, 157, 166 ff, 169; *Palandt/Edenhofer* Rn 20; *Jauernig/Stürner* Rn 7; eingehende Darstellung der Rspr bei *Cornelius* Pflichtteilsergänzungsanspruch Rn 271 ff.
[133] Vgl auch *Palandt/Edenhofer* Rn 19 f; *Damrau/Riedel/Lenz* Rn 99; *J. Mayer*, Der Übergabevertrag, 2. Aufl 2001, Rn 75 ff mit Berechnungsbeispiel.

§ 2325

2. Ist dies der **Wert zum Zeitpunkt des Vollzugs der Schenkung,** so ist der so ermittelte Wert **aufzuteilen** in den kapitalisierten Wert des dem Erblasser vorbehaltenen Nießbrauchs (Wohnungsrechts) einerseits und den **Restwert** des Grundstücks andererseits. Nur den so ermittelten Restwert des Grundeigentums hat der Erblasser aus seinem Vermögen ausgegliedert. Dieser ist sodann unter **Berücksichtigung des Kaufkraftschwundes** auf den Todestag des Erblassers umzurechnen und unterliegt insoweit der **Pflichtteilsergänzung.**

24 Schenkungen können somit nach der ständigen Rspr des BGH im Rahmen der Pflichtteilsergänzung in solchen Fällen nur in dem Umfang in Ansatz gebracht werden, „in dem der Wert des weggeschenkten Gegenstandes den Wert der kapitalisierten verbliebenen Nutzung übersteigt"[134]. Nur wenn Wert des Grundstücks im Zeitpunkt des Erbfalls der maßgebliche Wert ist, also etwa bei gesunkenen Grundstückswerten, bleibt der Wert des Nießbrauchs (Wohnungsrechts) völlig unberücksichtigt. Diese Grundsätze gelten unabhängig davon, ob sich der Schenker den Nießbrauch vorbehält, ob diese eine Gegenleistung des Beschenkten ist oder als Auflage formuliert wird[135].

25 Die Rspr des BGH zur Berücksichtigung des vorbehaltenen Nießbrauchs/Wohnungsrechts erscheint zwar mittlerweile als gefestigt, wird aber **in der Lit stark kritisiert**[136]. Eine starke Mindermeinung will den Wert des Nießbrauchs/Wohnungsrechts unter keinen Umständen vom Wert des Zuwendungsobjekts abziehen, da letztlich ein unbelastetes Grundstück geschenkt werde, weil das Grundstück ohne Kompensationsleistung des Erwerbers an diesen übertragen wurde[137]. Dies kann nicht richtig sein, da auf dem Grundstücksmarkt eine mit einem solchen Nutzungsrecht belastete Immobilie wesentlich niedriger gehandelt würde und dem Erwerber im Zeitpunkt des Erwerbs eben die Nutzungsmöglichkeit fehlt[138]. Eine andere Auffassung folgt dem BGH im Ansatz, zieht aber bei der erforderlichen Vergleichsberechnung (s oben unter Punkt 1.1) vom Zuwendungswert bei Vollzug der Schenkung den Wert des Nutzungsrechts immer ab[139] und gelangt damit wesentlich häufiger zu niedrigeren Wertansätzen. Dies erscheint konsequenter[140]. Eine dritte Meinung will der Nutzungswert immer abziehen, mag der Gegenstandswert bei Schenkungsvollzug oder beim Erbfall für die Pflichtteilsergänzung maßgeblich sein[141]. Dass gegen den Abzug beim Bewertungsstichtag „Erbfall" spricht, dass dann das Nutzungsrecht erloschen ist[142], ist letztlich nur ein formales Argument. Vielmehr führt die Auffassung des BGH zu Zufallsergebnissen und Wertungswidersprüchen[143], was angesichts des heutigen Grundstücksmarkts mit immer häufiger **sinkenden Immobilienpreisen** zunehmend problematisch erscheint. Entscheidend muss vielmehr sein, dass das **Nutzungspotenzial** eines Gegenstandes ein erheblicher Bewertungsposten ist, von dem der Erwerber durch das vorbehaltene Nutzungsrecht des Schenkers für die Dauer des Nutzungsrechts ausgeschlossen ist. Dies ist bei der Bewertung solcher Immobilien nach den anerkannten Bewertungsgrundsätzen zu berücksichtigen, wie dies etwa § 5 Abs 2 WertV ausdrücklich bestimmt (zur Anwendung der WertV im Rahmen des Pflichtteilsrechts s § 2311 Rn 19). Andererseits verbleibt dieser Nutzungswert dem Schenker für die Dauer seines Nutzungsrechts, wovon auch der Pflichtteilsberechtigte uU profitiert, wenn etwa die dadurch erzielten Mieteinnahmen oder – zumindest bei einer Eigennutzung – die vom Erblasser ersparten Mietaufwendungen zu einer Erhöhung des ordentlichen Pflichtteils am Restnachlass führt. Zudem verkehrt die Auffassung des BGH das Niederstwertprinzip in den Fällen der bis zum Erbfall fallenden Grundstückspreise in sein Gegenteil: Während das Niederstwertprinzip gerade beinhaltet, dass bis dahin eintretende Wertverluste des Schenkungsobjekts den Pflichtteilsergänzungsanspruch nicht erhöhen sollen, bewirkt die BGH-Rspr einen „Quantensprung" von dem zunächst durch das Nutzungsrecht uU sehr stark belasteten Zuwendungsobjekt zu einer reinen Schenkung[144]. Daher ist das vorbehaltene Nutzungsrecht immer vom Schenkungswert in Abzug zu bringen.

---

[134] BGHZ 118, 49, 51 = NJW 1992, 2887; BGH NJW-RR 1996, 705.
[135] BGHZ 118, 49, 51; BGH NJW-RR 1990, 1158.
[136] Zum Meinungsstand s etwa *Cornelius* Pflichtteilsergänzungsanspruch Rn 418 ff; *J. Mayer* in: *Mayer/Süß/Tanck/Bittler/Wälzholz,* HdB Pflichtteilsrecht, § 8 Rn 88; *Link* ZEV 2005, 283, 284 f.
[137] OLG Hamburg FamRZ 1992, 228, aufgehoben von BGH NJW 1992, 2888; OLG Oldenburg NJW-RR 1999, 734: mit Tod des Wohnungsberechtigten binnen 14 Monaten nach Übergabe; *Reiff,* Die Dogmatik der Schenkung unter Nießbrauchsvorbehalt, 1989, S 230 ff; *ders* NJW 1992, 2857, 2860; *ders* ZEV 1998, 244 f spricht von einem zeitlich gestreckten „Werttransfer" vom Vollzug der Schenkung bis zum Erlöschen des vorbehaltenen Nutzungsrechts, wobei der gesamte Wertzuwachs die Schenkung darstelle; *Custodis* MittRhNotK 1992, 31, 33; *Liedel* MittBayNot 1992, 238, 239 ff; *Leipold* JZ 1994, 1121, 1122 f; *ders* Erbrecht Rn 585 Fn 32; MünchKommBGB/*Frank* 3. Aufl Rn 17 a; dem BGH jetzt wohl zuneigend MünchKommBGB/*Lange* Rn 34.
[138] *Soergel/Dieckmann* Rn 38; *Staudinger/Olshausen* Rn 102; MünchKommBGB/*Lange* Rn 24; ähnlich *Hohloch* JuS 1993, 164; *Pentz* FamRZ 1997, 724, 726.
[139] *Staudinger/Olshausen* Rn 103 f; *Dingerdissen* JZ 1993, 402, 404; *Damrau/Riedel/Lenz* Rn 101; *Kerscher/Riedel/Lenz* Pflichtteilsrecht § 9 Rn 83; grds auch *Cornelius* Pflichtteilsergänzungsanspruch Rn 583 ff, 829, jedoch ohne Anwendung des Niederstwertprinzips, wenn ein wirtschaftlicher Eingliederung beim Beschenkten fehlt, etwa weil ein Rückerwerbsrecht des Übergebers bei Veräußerung besteht, dazu Rn 621 ff; *Soergel/Dieckmann* Rn 38 f jedoch mit gewissen Abschlägen, da dem Beschenkten bis zum Erbfall ständig ein Nutzungswert zuwächst.
[140] Dagegen aber *Reiff,* Die Dogmatik der Schenkung, S 208 ff.
[141] So etwa OLG Celle ZErb 2003, 383, vom BGH aufgehoben; *N. Mayer* FamRZ 1994, 739, 743; *ders* ZEV 1994, 325, 326; *Pentz* FamRZ 1997, 724, 728; *Butz-Petzold,* Grundstücksübertragungen in vorweggenommener Erbfolge und die Beeinträchtigung der Rechte erbrechtlich geschützter Dritter …, 1999, S 230, 131; *Link* ZEV 2005, 283, 285 f; so übrigens auch BGH NJW-RR 1990, 1158, worauf *Reiff* ZEV 1998, 244 Fn 29 zu Recht hinweist.
[142] So der BGH zur Begr seiner neueren Rspr.
[143] Vgl das Berechnungsbeispiel bei *Reiff* NJW 1992, 2857, 2861.
[144] *Link* ZEV 2005, 283, 285 f.

b) Kapitalisierung von Nutzungsrechten und wiederkehrenden Leistungen. Bei der Berechnung von Leistungen dieser Art, die für den Schenker eingeräumt werden, stellt die hM auf die im Zeitpunkt des Vollzugs der Schenkung anzunehmende **allgemeine Lebenserwartung** des Schenkers ab, nimmt also eine „ex-ante Betrachtung" vor (teilweise als „abstrakte Berechnung" bezeichnet)[145]. Hiervon wird nur abgewichen, wenn die Besonderheiten des Sachverhalts eine kürzere Lebenserwartung wahrscheinlich erscheinen lassen[146]. Die Gegenansicht ermittelt wegen der Schutzbedürftigkeit der Pflichtteilsberechtigten bei einem früheren Tod des Erblassers den Wert dieser Rechte **nach der tatsächlichen Dauer** aus einer „ex-post-Betrachtung"[147]. Diese Ansicht verkennt jedoch den Grundsatz der **subjektiven Äquivalenz**[148]: Inwieweit die Zuwendung eine reine oder gemischte Schenkung darstellt, bestimmt sich nach der Einigung der Vertragsteile bei Vertragsabschluss[149]. Ein damals nicht vorhersehbarer plötzlicher Tod des Erblassers kann demnach die Höhe der angenommenen Entgeltlichkeit nicht mehr beeinflussen. Somit ist für die Bewertung solcher Leistungen entspr dem **Prinzip der subjektiven Äquivalenz** auf die Vorstellungen der Vertragsteile bei Vertragsabschluss abzustellen, sofern diese nur nicht willkürlich erscheinen[150]. Abgesehen von solchen Sonderfällen ist für die Kapitalisierung von lebenslangen Nutzungsrechten die statistische Lebenserwartung des Berechtigten zu Grunde zu legen. Im Rahmen der so anzustellende abstrakte Berechnung ist wegen der Zukunftsbezogenheit der Leistung eine Abzinsung (etwa mit 5,5% jährlich) der lebenslangen Nutzungen vorzunehmen[151]. Dies kann dadurch geschehen, dass hierfür auf die **Anlage 9** zu § 14 **Bewertungsgesetz** zurückgegriffen wird[152], oder auf die Sterbetafeln des Statistischen Bundesamtes unter Berücksichtigung finanzmathematischer Grundsätze oder eine Abzinsung nach § 12 Abs 3 BewG erfolgt[153]. So werden solche Rechte auch unter Fremden, etwa bei einem Leibrentenkauf, bewertet; bei vorhersehbarer kürzerer Laufzeit (schlechter Gesundheitszustand) sind diese Umstände zu berücksichtigen[154].

c) Bewertung von Pflegeleistungen. Sie sind grds berücksichtigungsfähig[155], und können soweit gehen, dass die Zuwendung dadurch zur voll entgeltlichen wird[156]. Neben dem gerade geklärten Kapitalisierungsverfahren (Rn 26) geht es hier um die Frage der **Bewertung** der geschuldeten Pflegeleistung. Hierbei ist primär von der vertraglich festgelegten Verpflichtung auszugehen. Soweit diese sich

---

[145] So BGH NJW-RR 1990, 1158, 1159 = FamRZ 1991, 552 m Anm *Reiff*: „gebilligte" Praxis; NJW-RR 1996, 705, 707 betont den „kapitalisierten Wert" des Wohnungsrechts; OLG Koblenz NJW-RR 2002, 512, 513; FamRZ 2006, 1413, 1414; OLG Oldenburg NJW-RR 1997, 263, 264; vgl die Nachweise weiterer unveröffentlichter BGH-Entscheidungen bei *Reiff*, Dogmatik der Schenkung, S 185, Fn 60; ebenso AnwK-BGB/*Bock* Rn 32; MünchKommBGB/*Lange* Rn 34; RGRK/*Johannsen* Rn 22; *Dingerdissen* JZ 1993, 402, 404; *Behmer* FamRZ 1994, 1375, 1376; jurisPK/*Birkenheier* Rn 108 ff; *Link* ZEV 2005, 283, 286; *Cornelius* Pflichtteilsergänzungsanspruch Rn 653 ff; wohl auch *Damrau/Riedel/Lenz* Rn 102; im Ansatz auch *Soergel/Dieckmann* Rn 15 Fn 49 c, macht dann aber bei später erheblichen Abweichungen eine Anpassung.
[146] BGHZ 65, 75, 77: Abweichung in Anbetracht des Gesundheitszustands; OLG Köln MittRhNotK 1997, 79, in FamRZ 1997, 1437 insoweit nicht abgedruckt: „todkranker Schenker". Wenn die statistische Lebenserwartung „nahezu erreicht" ist, hält OLG Köln eine Kapitalisierung „nach dem tatsächlich erreichten Alter des Erblassers" unter Berücksichtigung des konkreten Gesundheitszustands für richtig, nicht aber nach der allgemeinen Sterbetabelle (FamRZ 1992, 480; FamRZ 1997, 1113, 1114); AnwK-BGB/*Bock* Rn 32; *Damrau/Riedel/Lenz* Rn 102; jurisPK/*Birkenheier* Rn 110.
[147] *Schopp* Rpfleger 1956, 119, 120 f; *Sostmann* MittRhNotK 1976, 479, 503; *N. Mayer* FamRZ 1994, 739, 744; *Heinrich* MittRhNotK 1995, 157, 168; *Wegmann* Grundstücksüberlassung Rn 237; *Pentz* FamRZ 1997, 724, 728; unter verkürzender Darstellung *Staudinger/Olshausen* Rn 103 f; nicht haltbar und unter Verkennung des Niedrigstwertprinzips, das keine Bewertungsvorschrift ist, aber OLG Oldenburg NJW-RR 1999, 734, wonach bei einem Tod 14 Monate nach der Schenkung ein vorbehaltenes Wohnungsrecht überhaupt nicht berücksichtigt wird; hiergegen zu Recht *Pentz* ZEV 1999, 355 sowie OLG Koblenz FamRZ 2006, 1413, 1414 in einem Fall, in dem der Erblasser zwei Jahre nach der Schenkung verstarb, ohne dass dies vorhersehbar war.
[148] So richtig *Reiff* ZEV 1998, 241, 247; *Link* ZEV 2005, 283, 286; entgeg *Staudinger/Olshausen* Rn 104 und in Verkennung der praktischen Gegebenheiten ist dies nicht nur eine theoretische Frage, weil die Vertragsteile sich gerade bei der vorweggenommenen Erbfolge gegen Pflegeleistungen und Nutzungsvorbehalte regelmäßig konkrete Vorstellungen über den Dauer dieser Rechte machen.
[149] OLG Oldenburg FamRZ 1998, 516, 517: spätere Ereignisse sind für die Frage der Bewertung der Leistungen irrelevant; ähnlich LG Bonn ZEV 1999, 154, 155; für den Zeitpunkt des Vollzugs *Cornelius* Pflichtteilsergänzungsanspruch Rn 674, was aber wiederum der subjektiven Äquivalenz widerspricht und zudem angesichts der oftmals rein zufälligen Vollzugszeiten, etwa beim Grundbuchamt, willkürlich erscheint.
[150] OLG Oldenburg NJW-RR 1992, 778, 779; OLG Oldenburg FamRZ 1998, 516, 517; allg zu den Grenzen dieses Grundsatzes s Rn 6.
[151] *Reiff* ZEV 1998, 241, 247.
[152] OLG Koblenz NJW-RR 2002, 512, 513 = ZEV 2002, 460 m Anm *Kornexl*; OLG Celle ZErb 2003, 383; *Reiff* NJW 1992, 2857; *Daumrau/Riedel/Lenz* Rn 102.
[153] *Damrau/Riedel/Lenz* Rn 102; eingehender Vergleich der Berechnungsmethoden bei HdB Pflichtteilsrecht/*J. Mayer*, § 8 Rn 89, Tabelle 2; an der notwendigen Abzinsung fehlt es, wenn man auf § 24 Abs 2 KostO abstellt – dafür *Dingerdissen* JZ 1993, 402, 404, vom BGH als völlig ungeeignet verworfen, BGH ZEV 1999, 192, 194 – oder auf die allgemeine Sterbetafel, hierfür aber LG Bonn ZEV 1999, 154, 155.
[154] BGH ZEV 1999, 192, 194 – hat zu § 531 – verlangt den nach „Verkehrswertes" des Wohnungsrechts, der unter sachverständiger Hilfe zu ermitteln sei, ohne weitere Kriterien anzugeben.
[155] OLG Köln FamRZ 1997, 1113; PWW/*Deppenkemper* Rn 30; OLG Braunschweig FamRZ 1995, 443, 445 zu § 2113, mit der Einschränkung, dass der Leistungsumfang konkret vereinbart und über die gesetzliche Unterhaltspflicht des Schuldners hinaus gehen muss. Problematisch unter dem Gesichtspunkt, dass die Pflegeleistung eine Auflage ist: *Kerscher/Tanck* Pflichtteilsrecht § 7 Rn 19; hierzu Rn 8; eingehend zur Problematik HdB Pflichtteilsrecht/*J. Mayer* § 8 Rn 99 f.
[156] OLG Koblenz vom 9. 2. 1995, 5 U 859/92 zu § 2113.

– wie zweckmäßig – an den Pflegestufen des Pflegeversicherungsgesetzes (§ 14 Abs 4 SGB XI) orientiert[157], kann von den dort genannten Sachleistungen (§ 36 SGB XI, bei Pflegestufe I: 384 Euro/ Monat) ausgegangen werden[158]. Fehlt es an einer klaren Festlegung des Leistungsumfangs, so werden sehr unterschiedliche Ansätze vertreten; dabei wird auch auf den konkreten Gesundheitszustand bei der Zuwendung abgestellt[159]. Die meisten Entscheidungen hierzu finden sich aus dem sozialhilferechtlichen Bereich, insbes zur Bemessung der Wertersatzrente für Pflegeleistungen bei Wegzug des Berechtigten in ein Pflegeheim; hier reichen die Beträge von 3,50 Euro/Stunde bis 280 Euro/Monat[160]. Demgegenüber liegen die Spitzenbeträge bei einem Pflichtteilsergänzungsprozess bei 1250 Euro/Monat[161]. Man wird aber auch zu berücksichtigen haben, dass die Erbringung der Versorgungs- und Pflegeleistung durch den vom Übergeber ausgesuchten Vertragspartner, der idR ein naher Angehöriger und mit den Versorgungsbedürfnissen des Erblassers besonders vertraut ist, einen besonderen Wert hat[162]. Schwierigkeiten bereitet die Bewertung, wenn die **Pflegebedürftigkeit nicht** bereits bei der Zuwendung besteht, sondern der Bedarfsfall erst später eintritt. Während hier teilweise die Verpflichtung als aufschiebend bedingte behandelt und erst ab dem tatsächlichen Bedarf berücksichtigt wird[163], teilweise auch auf eine Pflegewahrscheinlichkeit abgestellt wird[164], ist auch hier entspr dem Prinzip der subjektiven Äquivalenz von der Vorstellung der Vertragsteile bei Vertragsschluss auszugehen, in welchem Umfang sie damals die Pflege für erforderlich hielten. Auf die tatsächlich erfolgte Inanspruchnahme der Leistungen kommt es nicht an[165].

IV. Zeitliche Begrenzung (Abs 3)

28 1. **Grundsatz.** Schenkungen sind grds nur dann ergänzungspflichtig, wenn zur Zeit des Erbfalls zehn Jahre seit der Leistung des verschenkten Gegenstandes noch nicht verstrichen sind (Abs 3 HS 1). Es handelt sich um eine **Ausschlussfrist**[166]. Sie dient der Rechtssicherheit. Sie wird damit gerechtfertigt, dass sich der Pflichtteilsberechtigte nach dieser Zeit auf die dadurch eingetretene Vermögensminderung eingestellt hat und bei derartigen Zuwendungen eine reine Benachteiligungsabsicht ausgeschlossen werden könne, weil auch der Erblasser selbst so lange die Folgen der Schenkung habe tragen müssen[167]. Diese Gründe rechtfertigen es, für den **Fristbeginn allein** auf den **Zeitpunkt des rechtlichen Leistungserfolgs,** nicht aber bereits auf die Vornahme der Leistungshandlung abzustellen[168]. Dafür genügt es aber noch nicht, dass der Schenker alles getan hat, was von seiner Seite für den Erwerb des Leistungsgegenstandes durch den Beschenkten erforderlich ist[169]. Der BGH geht sogar über das Erfordernis des Eintritts des rechtlichen Leistungserfolgs noch hinaus: Nötig ist, dass der Erblasser einen Zustand geschaffen hat, dessen Folgen er selbst noch zehn Jahre lang zu tragen hat und der ihn schon im Hinblick darauf von einer „böslichen Schenkung" abhalten kann. Dazu bedarf es jedenfalls einer „wirtschaftlichen Ausgliederung" des Geschenks aus dem Vermögen des Erblassers, ja eines **Genussverzichts**[170]. Damit stellt der BGH aber zu Lasten der Rechtssicherheit, deren Wahrung bei Ausschlussfristen besonders bedeutsam ist[171], allein auf den **wirtschaftlichen Leistungserfolg** ab und bemisst den Fristbeginn nach letztlich konturlosen Faktoren[172]. Damit versteht er den Zeitpunkt der Leistung iS des Abs 3 auch anders als den Zeitpunkt für den Wertansatz nach Abs 2. Für den Fristbeginn ist nach dem

---

[157] *J. Mayer* ZEV 1995, 269 ff; ZEV 1997, 176, 177 f.
[158] *Damrau/Riedel/Lenz* Rn 104; *PWW/Deppenkemper* Rn 30; *Weyland* MittRhNotK 1997, 55, 68 f; *Wilhelm* NDV 1998, 171, 177; ebenso im Schenkung- und Grunderwerbsteuerrecht OFD Koblenz Schreiben vom 28. 2. 1996, ZEV 1996, 141; eine eigene Vergütungstabelle mit Leistungsverzeichnis entwickelt *Kues* ZEV 2000, 434, 436 (mit etwas niedrigeren Werten); eingehend dazu HdB Pflichtteilsrecht/*J. Mayer*, § 8 Rn 99.
[159] OLG Köln FamRZ 1997, 1113, 1114.
[160] Vgl die Übersicht bei Karpen MittRhNotK 1988, 133, 144; DNotI-Report 1999, 45, 47 f; *Littig/J. Mayer,* Sozialhilferegress gegenüber Erben und Beschenkten, 1999, Rn 112; bei § 2287 nahm OLG Köln MittRhNotK 1995, 186 einen monatlichen Aufwand von 300 DM an.
[161] OLG Oldenburg FamRZ 1998, 516, 517.
[162] Vgl etwa *Kerscher/Riedel/Lenz* Pflichtteilsrecht § 9 Rn 35; HdB Pflichtteilsrecht/*J. Mayer* § 8 Rn 99; vgl auch OLG Frankfurt NJWE-FER 2000, 292 = ZEV 2001, 17 in einem anderen Kontext.
[163] So im Grunderwerbsteuerrecht, s OFD Koblenz Schreiben vom 28. 2. 1996, ZEV 1996, 141.
[164] DNotI-Report 1999, 45, 48; dagegen zu Recht aber *Reiff* ZEV 1998, 241, 247 Fn 71.
[165] BGH NJW-RR 1986, 977 bei § 2287; OLG Koblenz NJW-RR 2002, 512, 513 = ZEV 2002, 460 m Anm *Kornexl*; OLG Oldenburg NJW-RR 1992, 778, 779; *Damrau/Riedel/Lenz* Rn 104; jurisPK/*Birkenheier* Rn 114.
[166] *Staudinger/Olshausen* Rn 51; *Nieder* HdB Rn 162.
[167] Prot V 587 f.
[168] MünchKommBGB/*Lange* Rn 37; *Staudinger/Olshausen* Rn 54; *Nieder* DNotZ 1987, 319, 320; *N. Mayer* FamRZ 1994, 739, 745; *Lange/Kuchinke* § 37 X 4 a Fn 489; für den Fall einer aufschiebend bedingten Abtretung auch *Werkmüller* ZEV 2001, 97, 100.
[169] So aber BGH NJW 1970, 1638, jetzt ausdrücklich aufgegeben.
[170] BGHZ 98, 226, 233 = NJW 1987, 122; BGHZ 125, 395, 398 f = NJW 1994, 1791; auf wirtschaftliche Aspekte stellen ebenfalls ab OLG Hamm FamRZ 1985, 967: „wirtschaftliche Ausgliederung"; LG Marburg NJW-RR 1987, 1290; *Jauernig/Stürner* Rn 8; *Kornexl* ZEV 2003, 196, 198; *Speckmann* NJW 1978, 358; *Finger* JZ 1981, 828; grds zust auch *Cornelius* Pflichtteilsergänzungsanspruch Rn 710 ff.
[171] *Kollhosser* AcP 154 (1994), 231, 263.
[172] *Lange/Kuchinke* § 37 X 4a; MünchKommBGB/*Lange* Rn 37; *Frank* JR 1987, 243, 244; *Paulus* JZ 1987, 153; *Nieder* DNotZ 1987, 319, 320, *ders* HdB Rn 162; *Staudinger/Olshausen* Rn 58; *N. Mayer* ZEV 1994, 325, 326 f; auch *Cornelius* Pflichtteilsergänzungsanspruch Rn 714, der dem BGH grds zustimmt, kritisiert, dass der BGH keine detaillierten Abgrenzungskriterien entwickelt hat.

BGH daher der rechtliche Leistungserfolg zwar erforderlich, aber noch nicht genügend, da auch noch der wirtschaftliche hinzutreten muss[173]. Diese Rspr ist letztlich methodisch gesehen eine richterliche Rechtsfortbildung[174], die terminologisch („bösliche Schenkung" – ein ungeschriebenes subjektives Tatbestandselement?) und in ihrer historischen Herleitung[175] missglückt ist und auch übersieht, dass ein voller wirtschaftlicher Erfolg erst mit dem rechtlichen eintritt[176]. Zur Problemlösung wäre statt einer verkürzt historisierenden Betrachtung eine **umfassende Abwägung** erforderlich gewesen[177], die neben den Aspekten der Rechtssicherheit und des Rechtsfriedens sicherlich auch den Normzweck (vgl Rn 1) – die Verhinderung von Umgehungsgeschäften – hätte einbeziehen müssen, so aber völlig verkürzt wurde.

2. **Einzelfälle**[178]. Die Frist beginnt demnach bei beweglichen Gegenständen mit Vollendung des **29** Eigentumsübergangs, bei **Grundstücken** erst mit der Umschreibung des Eigentums im Grundbuch (§ 873 Abs 1)[179], nicht aber bereits mit Erwerb eines Anwartschaftsrechts, was aber angesichts unterschiedlicher Bearbeitungszeiten bei den Grundbuchämtern sachgerechter wäre und den Pflichtteilsberechtigten im Hinblick auf den neugefassten § 8 Abs 2 AnfG nicht unangemessen gegenüber anderen Gläubigern bevorzugen würde. Bei Vermögensübertragungen, die hinsichtlich des dinglichen Vollzugsgeschäfts durch den Tod des Erblassers aufschiebend bedingt sind, beginnt demnach die Zehnjahresfrist erst mit dem Todesfall[180], bei Schenkung eines Guthabens auf einem **„Oderkonto"**, über das der Erblasser noch bis zu seinem Tode mitverfügen kann, ebenfalls erst mit seinem Tode[181]. Soweit bei **Personengesellschaften** infolge eines **Ausschlusses** oder Beschränkung eines **Abfindungsanspruchs** bei Tod eines Gesellschafters eine ergänzungspflichtige Zuwendung gegeben ist (Rn 15), beginnt die Frist erst mit dem Tod des Erblassers[182].

Der Fristbeginn wird trotz erfolgtem Eigentumswechsel nach Ansicht des BGH auch dann gehindert, **30** wenn der Erblasser den verschenkten Gegenstand, sei es auf Grund vorbehaltener dinglicher Rechte, sei es durch Vereinbarung schuldrechtlicher Ansprüche, **im Wesentlichen weiter nutzt**. Dies gilt insbes für den **vorbehaltenen Nießbrauch**[183] und ein Wohnungsrecht (s näher Rn 31), wenn dem Eigentümer keinerlei eigenständige Nutzungsmöglichkeit belassen wird[184]. Dem stimmt die hL zu[185]. Diese Ansicht stellt die Gestaltungspraxis vor erhebliche Schwierigkeiten, insbes wegen der noch offenen Fragen[186]. Probleme bereitet insbes die Behandlung von Teilnutzungsrechten wie **Bruchteils- und Quotennießbrauch,** mit der Festlegung der „Wesentlichkeitsgrenze"[187]. Aus Gründen der Rechtssicherheit müssen hier klare Abgrenzungskriterien entwickelt werden. Abzustellen ist dabei hinsichtlich des Beurteilungsmaßstabs nicht auf die reine Flächengröße, auf die sich das Nutzungsrecht bezieht, sondern auf den Wert der dem Übergeber auf Grund der Vereinbarung verbleibenden Nutzungsmöglichkeit im Verhältnis zum Gesamtnutzungswert. Verbleibt dem Übergeber mehr als **50%** der Nutzungen, so tritt kein Fristbeginn ein[188]. Liegt die Nutzungsquote darunter so ist immer noch zu prüfen, ob angesichts der dem Übergeber insgesamt zustehenden Einkünfte, etwa aus sonstiger beruflicher Tätigkeit, nicht doch noch eine für ihn wesentliche Nutzung verbleibt, was je nach seinen

---

[173] *Lange/Kuchinke* § 37 X 4 a.
[174] *Staudinger/Olshausen* Rn 58; *Siegmann* DNotZ 1994, 787, 789.
[175] *Paulus* JZ 1987, 153 f.
[176] MünchKommBGB/*Lange* Rn 37; *Staudinger/Olshausen* Rn 58.
[177] So zu Recht *Kollhosser* AcP 194 (1994), 231, 263.
[178] Ausf *Schindler* ZEV 2005, 290; HdB Pflichtteilsrecht/*J. Mayer* § 8 Rn 121 ff.
[179] BGHZ 102, 289, 292 = NJW 1988, 821 = FamRZ 1988, 712 m Anm *Dieckmann;* aA *Behmer* FamRZ 1999, 1254 unter Bezug auf § 8 Abs 2 AnfG nF; ebenso *Cornelius* Pflichtteilsergänzungsanspruch Rn 771.
[180] *Soergel/Dieckmann* Rn 54; *Staudinger/Olshausen* Rn 55.
[181] *Soergel/Dieckmann* Rn 55; *Staudinger/Olshausen* Rn 57.
[182] Ausf *Kohl* MDR 1995, 865, 873; MünchKommBGB/*Lange* Rn 21; *Soergel/Dieckmann* Rn 55; *Staudinger/ Olshausen* Rn 56; *Worm* RNotZ 2003, 535, 544; aA noch BGH NJW 1970, 1638, jedoch in BGHZ 98, 226, 229 ausdrücklich aufgegeben.
[183] BGHZ 125, 395, 398 f = NJW 1994, 1791; OLG Schleswig SchlHA 1997, 11; hierzu etwa *Meyding* ZEV 1994, 202; *Draschka* Rpfleger 1995, 71; *Reiff* NJW 1995, 1136; *Cornelius* Pflichtteilsergänzungsanspruch Rn 699 ff.
[184] Dies wird aus der Entscheidung BGHZ 125, 395, 398 f allg hergeleitet; so etwa *N. Mayer* ZEV 1994, 325, 328; aA *Meyding* ZEV 1994, 202, 205, der die BGH-Entscheidung – entgegen dem klaren Wortlaut – nur auf den umfassenden *Nießbrauch* bezieht.
[185] *Cornelius* Pflichtteilsergänzungsanspruch Rn 710 ff; *Leipold* JZ 1994, 1121, 1122; *Heinrich* MittRhNotK 1995, 157, 160 f; *Siegmann* DNotZ 1994, 787, 789; *Pentz* FamRZ 1997, 724, 727 f; *Palandt/Edenhofer* Rn 22; *Jauernig/ Stürner* Rn 8; bereits vor der BGH-Entscheidung so *Draschka,* Vorweggenommene Erbfolge und Pflichtteilsergänzung, 1992, S 60 ff; NJW 1993, 437; den BGH lediglich referierend *Meyding* ZEV 1994, 202, 204 f; jurisPK/ Birkenheier Rn 123 f; *Damrau/Riedel/Lenz* Rn 76; abl aber *Reiff* ZEV 1998, 241, 246; *Staudinger/Olshausen* Rn 58; *Lange/Kuchinke* § 37 X 4 a; MünchKommBGB/*Lange* Rn 38; *N. Mayer* FamRZ 1994, 739, 745, ders ZEV 1994, 325, 326.
[186] Zu Lösungen *Heinrich* MittRhNotK 1995, 157, 161 ff; *N. Mayer* FamRZ ZEV 1994, 325; *Wegmann* Mitt-BayNot 1994, 307; keine praktischen Probleme sieht zu Unrecht *Siegmann* DNotZ 1994, 787, 789.
[187] HdB Pflichtteilsrecht/*J. Mayer* § 11 Rn 124 ff; *Cornelius* Pflichtteilsergänzungsanspruch Rn 730 ff; *Wegmann* Grundstücksüberlassung Rn 304; *N. Mayer* ZEV 1994, 325, 327.
[188] AA *Cornelius* Pflichtteilsergänzungsanspruch Rn 736 ff: generell kein Fristbeginn, wenn Restnutzungsquote unter 25%; *Schippers* MittRhNotK 1996, 197, 211 hält bei Ein- und Mehrfamilienhäusern und kleineren Mietobjekten Nutzungsvorbehalte unter 20 oder 15% für unschädlich; strenger *Heinrich* MittRhNotK 1995, 157, 162: im Einzelfall kann sogar eine zurückbehaltene Nutzungsquote von 10% oder 20% schaden; demgegenüber hält *Wegmann* MittBayNot 1994, 307, 308 generell Quote unter 50% für unbeachtlich.

Einkommensverhältnissen sehr unterschiedlich sein kann. Denn nach der Rspr des BGH ist es nur dann gerechtfertigt den Fristbeginn anzunehmen, wenn die Vermögensweggabe für den Schenker einen so starken Einschnitt bedeutet, dass er sich von „böslichen Schenkungen" allein zur Pflichtteilsreduzierung abhalten lässt[189]. Aber auch unabhängig dieser Abgrenzungsprobleme ist die Rspr des BGH auch sonst abzulehnen: Zum einen lässt sich diese Auffassung nicht mit der Entstehungsgeschichte der Vorschrift vereinbaren, da die II. Kommission aus Gründen der Rechtsklarheit gerade abgelehnt hatte, die Frist erst mit dem Erlöschen von vorbehaltenen Rechten beginnen zu lassen[190]. Zum anderen wird von den beiden Faktoren, die rechtlich und wirtschaftlich das Eigentum prägen, nur einer berücksichtigt, nämlich allein die reine Nutzungsbefugnis, nicht aber die Verfügungsmacht, die der Schenker hier bereits verloren hat[191]. Wer aber schon auf eine wirtschaftliche Betrachtung abstellt, muss wenigstens an die Kriterien anknüpfen, die im Einkommensteuerrecht[192] für die Annahme des wirtschaftlichen Eigentums gefordert werden[193].

31 Wie sich die Rspr des BGH auf ein **Wohnungsrecht** auswirkt, das sich nur **auf einzelne Teile** des Zuwendungsobjekts bezieht, ist noch nicht geklärt[194]. Entscheidend ist jedoch nach dem BGH[195], dass der bisherige Eigentümer auf Grund des vorbehaltenen Rechts das Schenkungsobjekt nicht mehr „im Wesentlichen weiterhin nutzt." Demnach hemmt nach der Rspr der Instanzgerichte den Fristbeginn nicht, wenn sich das Wohnungsrecht nur auf eine von mehreren Wohnungen in dem Gebäude bezieht und nicht auf Dritte übertragen werden darf[196], nur an einer von zwei übergebenen Wohnungen vorbehalten wird[197] oder sich nur auf einzelne Zimmer mit Mitbenutzung nur der gemeinschaftlichen Einrichtungen[198] oder von Küche und Bad im Rahmen eines üblichen Leibgedings bezieht[199]. Richtigerweise wird man auf den **Typus der Vermögenszuwendung** abstellen müssen[200]. Soweit im Rahmen der üblichen vorweggenommenen Erbfolge zu Versorgungszwecken Wohnungsrechte für den Übergeber nur an Teilen des Zuwendungsobjekts begründet werden (bis etwa 50 % der Gesamtwohnfläche)[201], darf diese tradierte Form der vorweggenommenen Erbfolge, die von einem Nebeneinanderleben von Altenteiler und Übernehmer geprägt wird, entspr der bis zu der BGH-Entscheidung ganz vorherrschenden Ansicht nicht den Fristbeginn hemmen. Dazu sei betont, dass die Rspr bei Vorbehalt eines Totalnießbrauchs das Vorliegen eines typischen Leibgedingsvertrags zu Recht verneint hat[202], und sich dies somit lückenlos in die Argumentation von BGHZ 125, 395 einfügen lässt. Die Übergabe eines Miethauses gegen Zahlung einer **Leibrente** in Höhe der monatlichen Mieteinnahmen wird allgemein als Gestaltung angesehen, um den Fristlauf in Gang zu setzen[203]. Bei einem fremdgenutzten Renditeobjekt könnte man allerdings Zweifel haben, ob hier ein „Genussverzicht" vorliegt[204]. Der maßgebliche Unterschied ist jedoch, dass die vereinbarte Leibrente Gegenleistung für die Zuwendung und nicht Vorbehalt der Nutzungen ist[205], weshalb auch die ertragsteuerliche Beurteilung unterschiedlich ist[206].

32 Die Vereinbarung von **enumerativen Rückerwerbsrechten** (zu deren Bewertung s Rn 22), soll nach überwiegender und zutreffender Auffassung in der Lit den Fristbeginn zumindest dann nicht hindern, wenn der Schenker den Rückerwerbsfall nicht willkürlich herbeiführen kann[207]; entsprechendes soll sogar

---

[189] Dagegen, aber ohne jede Begr, *Cornelius* Pflichtteilsergänzungsanspruch Rn 735.
[190] Prot V S 581, 588; hierzu *Reiff* NJW 1995, 1136; *ders* ZEV 1998, 241, 246; vgl auch *Cornelius* Pflichtteilsergänzungsanspruch Rn 696 ff, 710 ff, der daraus jedoch die gegenteilige Schlussfolgerung zieht, weil der Gesetzgeber des BGB von einem „allgemeine Misstrauen gegen unentgeltliche Verfügungen" ausging, und daher eine einschränkende Auslegung bzgl des Fristbeginns angesichts der „rechtstatsächlichen Entwicklung" geboten sei.
[191] Der hiesigen Auffassung ausdrücklich zust MünchKommBGB/*Lange* Rn 38.
[192] BFH BStBl 1983 II S 631; BB 1989, 2236; NJW 1990, 1751: freies Widerrufsrecht bei Gesellschaftsbeteiligung; hierzu auch *Spiegelberger* Vermögensnachfolge, 1994, Rn 307.
[193] Ebenfalls für ein Abstellen auf den Übergang des wirtschaftlichen Eigentums *Kollhosser* AcP 194 (1994), 231, 264.
[194] Großzügig *Siegmann* DNotZ 1994, 787, 789: Wohnungsrechte bei typischen Hofübergaben setzen Frist in Lauf; diff zwischen eigengenutztem und vermietbarem Wohnungsrecht am gesamten Gebäude *Wegmann* MittBayNot 1994, 308; *ders* Grundstücksüberlassung aaO Rn 337 ff; für ein Abstellen auf die Wertrelation unbelastetes Zuwendungsobjekt/vom Nutzungsvorbehalt erfasster Teil als Abgrenzungskriterium *N. Mayer* ZEV 1994, 325, 329.
[195] BGHZ 125, 395, 398.
[196] OLG Oldenburg ZEV 2006, 80.
[197] OLG Düsseldorf FamRZ 1997, 1114, das aber noch weitere Abwägungskriterien heranzieht.
[198] OLG Bremen ZEV 2006, 80.
[199] LG Münster MittBayNot 1997, 113: ca 30 qm alleinige Nutzung; krit dagegen *Cornelius* Pflichtteilsergänzungsanspruch Rn 738.
[200] Zur Typologie des Übergabevertrags *Langenfeld* ZEV 1995, 348 ff; *J. Mayer*, Der Übergabevertrag, Rn 5.
[201] Enger *Kerscher/Riedel/Lenz* Pflichtteilsrecht § 9 Rn 104: nur bis 30%; zum ähnlichen Problem des Quotennießbrauchs *Wegmann* aaO Rn 304 f; *Heinrich* MittRhNotK 1995, 157.
[202] BGHZ 53, 41; BGH DNotZ 1982, 687; eingehend hierzu *J. Mayer* DNotZ 1996, 604, 627.
[203] *N. Mayer* ZEV 1994, 325, 327; *Wegmann* MittBayNot 1994, 308; *Heinrich* MittRhNotK 1995, 157, 164.
[204] Darauf weist *Lange/Kuchinke* § 37 X 4 a zu Recht hin.
[205] So etwa *Cornelius* Pflichtteilsergänzungsanspruch Rn 757.
[206] Vgl den Rentenerlass vom 16. 9. 2004, BStBl I S 922 Tz 12, wonach Vermögen, dessen gesamte Erträge sich der Übergeber mittels eines Totalnießbrauchs vorbehält, nicht Gegenstand einer Vermögensübergabe gegen Versorgungsleistungen sein kann, jedoch die Übertragung gegen Zahlung wiederkehrender Geldbeträge, wenn diese aus den Erträgen erbracht werden können.
[207] *Groll/Rösler* C VI Rn 235; *Heinrich* MittRhNotK 1995, 157, 162; *N. Mayer* FamRZ 1994, 739, 745; diff *Cornelius* Pflichtteilsergänzungsanspruch Rn 746 ff: bei Rückerwerbsrecht bei Veräußerung kein Fristbeginn, da dem

für ein **freies Widerrufsrecht** gelten, solange dieses nicht ausgeübt wird, da der BGH als maßgeblich für den Fristbeginn den tatsächlichen Verzicht auf die Nutzungsmöglichkeit ansehe („Genussverzicht")[208]. Stellt man aber mehr darauf ab, ob eine wirtschaftliche Ausgliederung stattgefunden hat[209], so könnte man unter Anleihe an die Rechtsfigur des **„wirtschaftlichen Eigentums"** aus dem Steuerrecht (Rn 30) zumindest bei **freien Widerrufsrecht**, gekoppelt mit anderen Sicherungen für den Übergeber, wie etwa Belastungsvollmacht etc, zur Annahme kommen, dass hier kein Fristbeginn eintritt[210].

3. Schenkungen an Ehegatten. Hier beginnt die Zehnjahresfrist nicht vor der Auflösung der Ehe (Abs 3 HS 2). Wird die Ehe geschieden (§ 1564) oder aufgehoben (§ 1313), beginnt die Frist also erst mit Rechtskraft des entsprechenden Urteils. Damit wird der Umgehungsschutz zeitlich erweitert, weil der schenkende Ehegatte idR die Folgen der Zuwendung solange noch nicht wirklich spürt, da er noch weiter die faktische Nutzungsmöglichkeit hat, und die Gefahr der Benachteiligung anderer Pflichtteilsberechtigter vor ihm besonders groß ist[211]. Das erste Argument stützt die wirtschaftliche Betrachtungsweise des BGH (Rn 30), das zweite ist damit verwoben und sachlich zutreffend[212], auch wenn diese Bestimmung rechtspolitisch nicht sehr geglückt erscheinen[213]. 33

Das BVerfG hat die Bestimmung für **verfassungsgemäß** erachtet, weil kein Verstoß gegen Art 6 Abs 1 und Art 3 Abs 1 GG vorliege[214]. Dabei hat sich das Gericht offenbar von der damals in der Lit ganz überwiegend bejahten Möglichkeit der pflichtteilsfesten ehebedingten Zuwendung leiten lassen[215]. Eine erweiternde Auslegung dieser Ausnahmevorschrift auf Schenkungen des Erblassers vor der Eheschließung (zwischen Verlobten oder vor Wiederheirat) oder zwischen Partnern einer nichtehelichen Lebensgemeinschaft wird zu Recht überwiegend abgelehnt[216]. Für nichteheliche Lebensgemeinschaften begründet dies das BVerfG damit, dass diese durch den Mangel eherechtlicher Bindungen, Pflichten und Auflösungshemmnisse geprägt sind, und dies ein sachliches Differenzierungskriterium ist[217]. Demgegenüber ergibt sich die Anwendung von § 2325 Abs 3 HS 2 auf **gleichgeschlechtliche Lebenspartner** bereits aus § 10 Abs 3 S 2 LPartG, der das Pflichtteilsrecht der Ehegatten für entspr anwendbar erklärt[218]. 34

V. Rechtsfolge

Der Pflichtteilsergänzungsanspruch ist eine **reine Geldforderung;** er begründet keine Anfechtbarkeit der Schenkung und ist auch nicht auf eine wertmäßige Beteiligung am Nachlass gerichtet, zu dem der verschenkte Gegenstand gar nicht gehört[219]. Als Pflichtteilsergänzung kann der Pflichtteilsberechtigte den Betrag verlangen, um den sich sein Pflichtteilsanspruch dadurch erhöht, dass die ergänzungspflichtigen Zuwendungen dem Nachlass hinzugerechnet werden. Auch bei einem **negativen Nachlasswert** besteht eine Pflichtteilsergänzung nach hM nur, soweit sich unter Hinzurechnung des Geschenks ein Aktivnachlass ergibt[220]. Der Pflichtteilsergänzungsanspruch wird dann teilweise von den Schulden aufgezehrt[221]. Es findet de facto eine **Saldierung** des überschuldeten Nachlasses mit dem 35

Beschenkten zu Lebzeiten des Schenkers der Verwertung des Objekts verwehrt und daher bei ihm keine Eingliederung erfolgt; anders aber bei alleiniger Rückforderung bei Vorversterben oder Insolvenz des Übernehmers; ebenso *Kerscher/Riedel/Lenz* § 9 Rn 109: Fristbeginn bei alleiniger Rückforderung im Falle des Vorversterbens.

[208] Vgl etwa *Heinrich* MittRhNotK 1995, 157, 165; *Ellenbeck* MittRhNotK 1997, 41, 53; *Groll/Rösler* C VI Rn 235; *Wegmann* Grundstücksüberlassung Rn 232; *Staudinger/Olshausen* Rn 59; MünchKommBGB/*Lange* Rn 24; aA *Kollhosser* AcP 194 (1994), 231, 264; *Cornelius* Pflichtteilsergänzungsanspruch Rn 744 ff; *N. Mayer* FamRZ 1994, 739, 745, *ders* ZEV 1994, 325, 329 f; *Rauscher* Reformfragen Bd II 2, 377; offenlassend *Damrau/Riedel/Lenz* Rn 78; eingehend zur Problematik HdB Pflichtteilsrecht/*J. Mayer* § 8 Rn 133 ff.

[209] BGHZ 98, 226, 233; 102, 289 = NJW 1988, 821.

[210] *J. Mayer* Übergabevertrag Rn 304; *Kerscher/Riedel/Lenz* Pflichtteilsrecht § 9 Rn 108; iE ebenso *Soergel/Dieckmann* Rn 56; ähnlich *Schindler* ZEV 2005, 290, 294: typologische Betrachtung, ob der Schenker durch diese Klausel noch „über die Schenkung weiterregieren will". Auf das „Behalten eines wesentlichen Einflusses" wegen Veräußerungs- und Belastungsverbots neben dem Wohnungsrecht stellt OLG Düsseldorf NJWE-FER 1999, 279 = FamRZ 1999, 1546 in diesem Zusammenhang ab; allein entscheidend hält *Cornelius* Pflichtteilsergänzungsanspruch Rn 744 ff die durch ein freies Rückforderungsrecht oder auch Veräußerungsverbot eintretende „faktische Grundbuchsperre".

[211] Prot V S 588; in diese Richtung auch BVerfG NJW 1991, 217.

[212] AA, ohne Begr MünchKommBGB/*Lange* Rn 39 Fn 192.

[213] OLG Düsseldorf NJW 1996, 3156; *v.* Dieckmann FamRZ 1995, 717, 719; Dieckmann FamRZ 1995, 189; MünchKommBGB/*Lange* Rn 39; *Staudinger/Olshausen* Rn 60.

[214] NJW 1991, 217; ebenso OLG Celle FamRZ 1989, 1012; *Otte*, FS v. Lübtow, 1991, S 305; aA jetzt *Daragan* ZErb 2008, 2.

[215] Ebenso *Staudinger/Olshausen* Rn 60; *Damrau/Riedel/Lenz* Rn 80.

[216] So OLG Düsseldorf NJW 1996, 3156 betr Verlobte; *Dieckmann* FamRZ 1995, 185, 191; *Olshausen* FamRZ 1995, 717, 719; *Lange/Kuchinke* § 37 X 4 b; MünchKommBGB/*Lange* Rn 39; PWW/*Deppenkemper* Rn 32; Staudinger/*Olshausen* Rn 60; Soergel/Dieckmann Rn 59; *Pentz* NJW 1997, 2033; aA OLG Zweibrücken FamRZ 1994, 1492; OLG Celle OLGR 1998, 361: bei „zeitnaher" Schenkung zur Eheschließung, jeweils für Schenkung an Verlobte.

[217] BVerfG NJW 1991, 217.

[218] AnwK-BGB/*Bock* Rn 41; *Damrau/Riedel/Lenz* Rn 82; *Leipold* ZEV 2001, 218, 221; *v.* Dickhuth-Harrach FamRZ 2001, 1660, 1666; MünchKommBGB/*Lange* Rn 39; PWW/*Deppenkemper* Rn 32; Staudinger/Olshausen Rn 60; aA *Eue* FamRZ 2001, 1196, 1198; *N. Mayer* ZEV 2001, 169, 173.

[219] BGH NJW 1996, 1743.

[220] MünchKommBGB/*Lange* Rn 27 iVm Rn 10; *Staudinger/Olshausen* Rn 61; aA jetzt *Schindler*, Pflichtteilsberechtigter Erbe, Rn 494 ff, 519: Pflichtteilsergänzungsanspruch ist auch beim überschuldeten Nachlass nur aus der Schenkung zu berechnen.

[221] *Schindler*, Pflichtteilsberechtigter Erbe, Rn 489; *Dieckmann*, FS Beitzke, 1979, 399, 405; vgl etwa den Fall von OLG Koblenz NJW-RR 2002, 512, 513 f.

Geschenkwert statt. Wegen der Möglichkeit, bei Nachlassverbindlichkeiten die Haftung zu beschränken (§§ 1975 ff, 1990), kann dieser dann aber meist nicht mehr gegen den Erben durchgesetzt werden;[222] es kommt dann aber ein Ergänzungsanspruch nach § 2329 gegen den Beschenkten in Betracht. Ergibt sich auch durch die Hinzurechnung der Schenkung kein Aktivnachlass, so entfällt ein Ergänzungsanspruch, und zwar auch der nach § 2329, da der Pflichtteilsberechtigte dann auch ohne die Schenkung nichts erhalten hätte[223]. Entspr dem Schutzzweck des Pflichtteilsrechts dürfen dabei aber **nicht alle Nachlassverbindlichkeiten** bei der so vorzunehmenden Berechnung des Pflichtteilsergänzungsanspruchs berücksichtigt werden. Vielmehr sind solche außer Acht zu lassen, die auch bei der Berechnung des ordentlichen Pflichtteils nicht berücksichtigt werden dürfen, wie etwa die, die im Nachlassinsolvenzverfahren nach § 327 Abs 1 Nr 2 und 3 InsO dem Pflichtteil im Range nachgehen oder die Erbschaftsteuer des Erben[224]. Aber trotz dieser normativen Feststellung der Nachlassverbindlichkeiten kann es immer noch zu ganz erheblichen Ungereimtheiten kommen, worauf *Schindler*[225] zu Recht hinweist. So besteht die Möglichkeit, dass die Nachlassgläubiger nicht mehr auf die Schenkung zugreifen können, weil die entsprechenden Anfechtungsfristen (§§ 3, 4 Abs 1 AnfG, §§ 133 Abs 1, 134 Abs 1 InsO) abgelaufen sind. Aber auch der Ergänzungsberechtigte könnte seinen Anspruch aus § 2329 ganz oder zT nicht durchsetzen, weil die hM eine Saldierung des (negativen) Nachlasswertes mit dem ergänzungspflichtigen Geschenkwert vornimmt. Demgegenüber erscheint der Beschenkte dann nicht schutzwürdig, wenn die Ausschlussfrist des Abs 3 noch nicht abgelaufen ist, während nach der hM der Beschenkte davon profitiert, dass der Nachlass überschuldet ist und daher der Ergänzungsberechtigte und die übrigen Nachlassgläubiger leer ausgehen. Er stünde sich daher besser als in den Fällen, in denen kein oder nur ein geringer Nachlass vorhanden ist[226].

36 Das **Grundmuster der Berechnung** stellt sich wie folgt dar[227]: Es wird der Wert (Abs 2, s Rn 17 ff) des verschenkten Gegenstands (bei gemischter Schenkung nur der Schenkungsteil, bei Schenkung unter Auflage der Wert nach Abzug der Auflage), bei **mehreren Schenkungen** alle[228], ohne irgendwelche sonstigen Abzüge dem realen Nachlass hinzugerechnet (Ergänzungsnachlass). Daraus wird der Pflichtteil ermittelt. Die Differenz zwischen diesem „Gesamtpflichtteil" und dem ordentlichen Pflichtteil (ohne die Hinzurechnung) ist der Pflichtteilsergänzungsanspruch. In einer Formel:[229]

$$EP = \frac{N+S}{2Q} - \frac{N}{2Q} \quad \text{oder aufgelöst:} \quad EP = \frac{S}{2Q}$$

Dabei ist EP der Ergänzungspflichtteil, N der reale Nachlass im Erbfall, S die Summe aller Schenkungen und Q der Nenner des gesetzlichen Erbteils des Ergänzungsberechtigten.

36.1 **Beispiel:** Verwitweter Erblasser hinterlässt zwei Kinder S und T; Erbe ist der Familienfremde F. Nachlass 100 000; ergänzungspflichtige Schenkung an D 25 000.
Ordentlicher Pflichtteilsanspruch von S und T: je 25 000
Ergänzungspflichtteil: [(100 000 + 25 000) : 4] − (100 000 : 4) = je 6250

37 Bei einem **überschuldeten Nachlass** ist es nicht zulässig, die vereinfachte Berechnung der Pflichtteilsergänzung dadurch vorzunehmen, dass der Schenkungswert einfach mit der Pflichtteilsquote multipliziert wird, da durch den negativen Nachlasswert der Wert der Schenkung uU ganz oder teilweise aufgezehrt und der Ergänzung entzogen wird[230]. Auch bei § 2326 ist die vereinfachte Berechnung nicht zulässig[231].

38 Dabei sind auch hier die das Pflichtteilsrecht bestimmenden Regeln der **Zugewinngemeinschaft** (§ 1371) zu beachten (vgl etwa § 2303 Rn 23 f)[232]. Die Zugewinngemeinschaft verändert dabei nicht nur die Erb- und Pflichtteilsquoten, sondern reduziert auch den Nachlasswert durch die vorweg zu berücksichtigende Zugewinnausgleichsforderung. Die Schenkung wird dabei uU doppelt berücksichtigt: Sie kann die Ausgleichsforderung nach § 1375 Abs 2 Nr 1 erhöhen und wird zu der Pflichtteilsergänzung herangezogen.

38.1 **Beispiel**[233]: Erblasser hinterlässt eine Witwe W aus Zugewinngemeinschaftsehe und zwei Kinder S und T. Nachlass 100 000 und unterliegt voll dem Zugewinnausgleich, Schenkungen an Dritte 20 000. W hatte keinen Zugewinn. Erbe ist der Fremde F.
Zugewinnausgleich: (100 000 + 20 000) : 2 = 60 000 (§ 1375 Abs 2).
Realer Nachlass: 100 000 − 60 000 = 40 000

---

[222] BGH LM Nr 2 und Nr 6; MünchKommBGB/*Lange* Rn 10; *Lange/Kuchinke* § 37 IX 1 c Fn 283; *Staudinger/Olshausen* Rn 61, dort auch zum Verlust der Haftungsbeschränkungsmöglichkeiten.
[223] RG Gruchot 69 (1928), 605, 610; JR 1927 Nr 1655; *Soergel/Dieckmann* Rn 2; MünchKommBGB/*Lange* Rn 10; *Staudinger/Olshausen* Rn 61.
[224] *Dieckmann*, FS Beitzke, 1979, S 399, 401; *Soergel/Dieckmann* Rn 2; *Nieder* Rn 169.
[225] Pflichtteilsberechtigter Erbe, Rn 494 ff.
[226] *Schindler*, Pflichtteilsberechtigter Erbe, Rn 520.
[227] Ausf Anleitung *Staudinger/Olshausen* Rn 83; mathematische Formeln hierfür bei *Schanbacher* ZEV 1997, 349 Fn 1; *F. Sturm/G. Sturm*, FS v. Lübtow, 1980, S 599, 601 ff.
[228] Mot V S 462, 467; *Staudinger/Olshausen* Rn 87.
[229] *Staudinger/Olshausen* Rn 84; *Nieder* HdB Rn 168.
[230] *Schanbacher* ZEV 1997, 349, 350; *Soergel/Dieckmann* Rn 41.
[231] BGH WM 1989, 382; *Staudinger/Olshausen* Rn 84.
[232] *Soergel/Dieckmann* Rn 42; RGRK/*Johannsen* Rn 26–28; *Staudinger/Olshausen* Rn 85 f.
[233] Nach *Soergel/Dieckmann* Rn 46.

Pflichtteilsanspruch: Für W 5000, für S und T je 7500
Pflichtteilsergänzung: für W 2500, für S und T je 3750.
Insgesamt erhält W 67 500.

Zum Verhältnis von Pflichtteilsergänzungsanspruch und § 2316 s dort Rn 21 ff.

VI. Prozessuales, Beweislast

Das Recht auf Pflichtteilsergänzung kann nicht Gegenstand einer **Feststellungsklage** (§ 256 ZPO) zu Lebzeiten des Erblassers sein, da es – anders als das Pflichtteilsrecht selbst – zu seinen Lebzeiten noch keine Wirkung äußert[234]. **39**

Der Pflichtteilsberechtigte muss grds selbst darlegen und **beweisen,** dass der betreffende Gegenstand zum fiktiven Nachlass gehört und dass es sich um eine (zumindest gemischte) Schenkung handelt[235], also dass der Leistung des Erblassers keine gleichwertige Gegenleistung gegenübersteht. Hierzu steht ihm ein Auskunfts- und Wertermittlungsanspruch zu (§ 2314 und dort Rn 9, 17 f). Trotzdem kann dies für den Pflichtteilsberechtigten aber dann mit kaum überwindbaren Schwierigkeiten verbunden sein, wenn er als Dritter von den insoweit wesentlichen Tatsachen keine Kenntnis hat. Solchen Beweisschwierigkeiten wird dadurch Rechnung getragen, dass es zunächst Sache des über die erforderlichen Kenntnisse verfügenden Anspruchsgegners ist, die für die Begründung der Gegenleistung maßgeblichen Tatsachen im Wege des substantiierten Bestreitens der Unentgeltlichkeit vorzutragen[236]. Weiter billigt die Rspr dem Pflichtteilsberechtigten eine **Beweislasterleichterung** (keine Beweislastumkehr)[237] zu: Bei einem „auffallend groben Missverhältnis" der beiderseitigen Leistungen wird vermutet, dass die Parteien dies erkannt haben und sich über die teilweise Unentgeltlichkeit einig waren[238]. Diese greift allerdings nicht ein, wenn der vorbehaltene Nießbrauch 80% des Zuwendungswerts ausmacht und der neue Eigentümer die laufenden Bewirtschaftungs- und Reparaturkosten zu tragen hat[239] oder der Wert des Nießbrauchs und der zusätzlich gezahlte Kaufpreis **81% des Zuwendungswertes** erreicht[240]. Die Beweislastverteilung hinsichtlich der **Ausschlussfrist** des Abs 3 ist umstritten; jedoch trägt zutreffender Weise der Erbe diese für den Fristbeginn, da es sich um einen Ausnahmetatbestand handelt[241]. **40**

VII. Recht der DDR

Das seit dem 1. 1. 1976 geltende ZGB der DDR kannte keine dem Pflichtteilsergänzungsanspruch entsprechende Regelung[242]. Daher ist umstritten, ob ein Pflichtteilsergänzungsanspruch bei Schenkungen besteht, die ein in der **früheren DDR** lebender Erblasser vor dem Beitritt gemacht hat, der aber erst nach dem 2. 10. 1990 verstorben ist. Gründe des Vertrauens- und Bestandsschutzes sprechen dagegen, auch wenn sich aus Art 235 § 1 EGBGB keine Einschränkung zur Anwendbarkeit der §§ 2325, 2329 entnehmen lässt[243]. Aber selbst wenn man nun mit dem BGH einen Pflichtteilsergänzungsanspruch zubilligt, gilt auch hier das **Niederstwertprinzip;** der Umstand, dass infolge der Änderung der politischen und wirtschaftlichen Verhältnisse ein Grundstück nach dem Beitritt einen wesentlich höheren Wert hat, muss ebenso außer Betracht bleiben wie die in der DDR mitunter erbrachten, aber illegalen Schwarzgeldzahlungen. Den Interessen der Pflichtteilsberechtigten kann jedoch in bestimmten Fällen aus dem Gesichtspunkt des höheren **„inneren Werts"** geholfen werden, jedoch nicht bereits bei Schenkungen im Jahre 1983, da eine Wertsteigerung damals noch nicht vorhersehbar war[244]. **41**

---

[234] *Lange/Kuchinke* § 37 X 1 Fn 433; MünchKommBGB/*Lange* Rn 4; *Staudinger/Olshausen* Vor §§ 2325 ff Rn 20; für zurückhaltende Klagemöglichkeit *Erman/Schlüter* Vor §§ 2325–2331 Rn 4.
[235] EGHZ 89, 24, 30, 32 = NJW 1984, 487; OLG Oldenburg FamRZ 2000, 638, 639; *Baumgärtel/Laumen* Rn 1.
[236] BGH NJW-RR 1996, 705, 706; vgl auch BGHZ 86, 23, 29 = NJW 1983, 687; BGHZ 100, 190, 195 = NJW 1987, 2008.
[237] *Baumgärtel/Laumen* Rn 13.
[238] BGHZ 59, 132, 136; 116, 178, 183 = NJW 1992, 558; BGH NJW 1981, 1956; OLG Braunschweig OLGR 2001, 242: maßgeblich ist der Vertragsabschluss; zT wird die Beweiserleichterung sogar dann zugebilligt, wenn das objektive Missverhältnis der Leistungen nur „über ein geringes Maß deutlich hinausgeht", vgl BGH NJW 1995, 1349 zu § 528; BGHZ 82, 274, 281 zu § 2287.
[239] BGH NJW-RR 1996, 754 zu § 528.
[240] OLG Koblenz FamRZ 2006, 1413, 1414.
[241] *Baumgärtel/Laumen* Rn 18 mwN; PWW/*Deppenkemper* Rn 34; *Staudinger/Olshausen* Rn 76.
[242] *Staudinger/Olshausen* Rn 112.
[243] Gegen Anwendung von § 2325 *Faßbender* DNotZ 1994, 359 mit verfassungsrechtlichen Bedenken; für einschr Auslegung *Kuchinke* DtZ 1996, 194, 198; diff *Schubel/Wiedemann* JZ 1995, 858; ebenso *Pentz* JZ 1999, 295. Dafür BGHZ 147, 95 = NJW 2001, 2398 = LM Nr 30 m Anm *Leipold* = ZEV 2001, 238 m Anm *Klingelhöffer* mit Interessenabwägung, die jedoch der Rechtseinheit nach der Wiedervereinigung den Vorrang vor dem Erwerbsinteresse des Beschenkten gibt, der nach dem Abschluss der Schenkungsverträge kurz vor dem Beitritt nicht mehr auf Fortbestand des DDR-Erbrechts vertrauen konnte; iE ebenso OLG Dresden NJW 1999, 3345 m zust Anm *Sasse* ZErb 2000, 151 und *Kuchinke* DNotZ 1999, 826, 829 (da die Eigentumsumschreibung erst nach dem „Beitritt" erfolgte; ebenso OLG Jena OLG-NL 1999, 108 sowie *Pentz* ZEV 1999, 497 trotz grundsätzlicher Bedenken gegen die Anwendung des Pflichtteilsergänzungsrechts auf die vor dem Beitritt vollzogenen Schenkungen); OLG Rostock ZEV 1995, 333: nur Prozesskostenhilfeverfahren; *Kummer* ZEV 1995, 319, 320; *Trittel* DNotZ 1991, 237, 238 f; *Sandweg* BWNotZ 1992, 45, 50 f; *Staudinger/Olshausen* Rn 112; zweifelnd BGH FamRZ 1995, 420 = ZEV 1995, 335 zu OLG Rostock.
[244] BGH FamRZ 1995, 420 = ZEV 1995, 335 m Anm *Kummer* 319; zust *Staudinger/Olshausen* Rn 112 aE, wenn auch zu Unrecht auf das Jahr 1989 abstellend; großzügiger zur Berücksichtigung des inneren Werts im Güterrecht

§ 2326 Ergänzung über die Hälfte des gesetzlichen Erbteils

¹Der Pflichtteilsberechtigte kann die Ergänzung des Pflichtteils auch dann verlangen, wenn ihm die Hälfte des gesetzlichen Erbteils hinterlassen ist. ²Ist dem Pflichtteilsberechtigten mehr als die Hälfte hinterlassen, so ist der Anspruch ausgeschlossen, soweit der Wert des mehr Hinterlassenen reicht.

I. Normzweck

1 Die Vorschrift gewährt einen Pflichtteilsergänzungsanspruch auch dann, wenn ein ordentlicher Pflichtteilsanspruch nach den §§ 2303, 2305 nicht besteht, weil dem (abstrakt) Pflichtteilsberechtigten die Hälfte oder mehr seines gesetzlichen Erbteils durch Erbeinsetzung oder Vermächtnis hinterlassen wurde[1]. Dies ist aber nicht nur Ausdruck der Selbstständigkeit des Pflichtteilsergänzungsanspruchs[2]. Wie § 2305 gegen zu geringe Zuwendungen durch Verfügungen von Todes wegen **komplementiert** § 2326 den **Pflichtteilsschutz** gegen lebzeitige Schenkungen[3]: Sonst könnte der Erblasser durch eine (evtl nur formale) Erbeinsetzung bezüglich des Restnachlasses einen Pflichtteilsergänzungsanspruch aus dem zuvor durch Schenkungen weitgehend entleerten Nachlass ausschließen. § 2326 kann daher als Ausdruck dafür verstanden werden, dass das BGB den **Gesamtpflichtteil**, bestehend aus ordentlichem und ergänztem Pflichtteil, sichern will[4].

II. Einzelheiten

2 **1. Erbeinsetzung des Pflichtteilsberechtigten.** Die Vorschrift ist unabhängig davon anwendbar, ob die Erbschaft auf gesetzlicher oder gewillkürter Erbfolge beruht[5]. Sie gilt auch für den Alleinerben, was bei dürftigem Nachlass oder besonders hohem Schenkungswert bedeutsam sein kann, und richtet sich dann nach § 2329 Abs 1 S 2 gegen den Beschenkten, da es keinen anderen Anspruchsgegner gibt[6]. Wird dem Pflichtteilsberechtigten ein Erbteil hinterlassen, der die **Hälfte seines gesetzlichen Erbteils nicht übersteigt,** so steht ihm neben dem Pflichtteilsrestanspruch (§ 2305) in voller Höhe ein Pflichtteilsergänzungsanspruch zu; etwa hinsichtlich der Erbschaft angeordnete Beschränkungen und Beschwerungen entfallen (§ 2306 Abs 1 S 1). Ist dem Pflichtteilsberechtigten **mehr als die Hälfte seines gesetzlichen Erbteils hinterlassen,** so wird zur Vermeidung einer Doppelbegünstigung der Ergänzungsanspruch um den darüber hinausgehenden Teil der Hinterlassenschaft gekürzt: Dem Pflichtteilsberechtigten steht ein Ergänzungsanspruch nur zu, soweit der hinterlassene Erbteil hinter dem Gesamtpflichtteil (ordentlicher Pflichtteil plus Ergänzungspflichtteil) zurückbleibt (S 2)[7]. Diese Kürzung des Pflichtteilsergänzungsanspruchs ist von Amts wegen zu berücksichtigen[8]. In einer Formel:

$$EP = \frac{N+S}{2Q} - E$$

Dabei ist EP der Pflichtteilsergänzungsanspruch, N der Nachlass im Erbfall, S die Summe aller Schenkungen, E der Wert des hinterlassenen Erbteils und Q der Nenner des gesetzlichen Erbteils des Ergänzungsberechtigten.

2.1 **Beispiel:** Nachlass 9000, ergänzungspflichtige Schenkung an Dritte 15 000. Einziger Pflichtteilsberechtigter ist der Sohn S. Erben sind: der Fremde F zu ¹/₃, S zu ²/₃.
Pflichtteil S: 4500, Pflichtteilsergänzungsanspruch (ungekürzt) 7500. Da aber der Erbteil bereits den ordentlichen Pflichtteil um 1500 übersteigt, beträgt der Pflichtteilsergänzungsanspruch letztlich 6000[9].

3 Umstritten ist, ob entsprechend der hM unter dem Begriff „**Hälfte des gesetzlichen Erbteils**" nach der auch zu § 2306 vertretenen „Quotentheorie" die reine Erbquote iS des §§ 2303, 1924 ff zu verstehen[10] oder ob zur Bemessung des Vergleichsmaßstabs die Grundsätze der **Werttheorie** (§ 2306

BGH DtZ 1993, 281, 282 = FamRZ 1993, 1048; vgl auch Schubel/Wiedemann JZ 1995, 858, 862. Erfolgte der Vollzug der Schenkung infolge der vereinigungsbedingt langen Eintragungszeiten ohne Verschulden des Beschenkten verspätet (erst nach drei Jahren), so ist für die Bewertung auf den Zeitpunkt abzustellen, bei dem die Umschreibung bei regulärem Geschäftsgang erfolgt wäre, OLG Jena OLG-NL 1999, 108.
[1] BGH NJW 1973, 995.
[2] JurisPK/Birkenheier Rn 1; so bereits Hahn, Das Recht auf Ergänzung des Pflichtteils nach dem Bürgerlichen Gesetzbuch ..., 1905, S 59; vgl auch Mot V S 461; Soergel/Dieckmann Rn 2.
[3] Auf diesen Zusammenhang zu § 2305 weist nun auch Schindler, Pflichtteilsberechtigter Erbe, Rn 533 hin.
[4] Schindler ZEV 2005, 513; ausf ders, Pflichtteilsberechtigter Erbe, Rn 428.
[5] RGZ 58, 124, 126; AnwK-BGB/Bock Rn 2; Damrau/Riedel/Lenz Rn 2; MünchKommBGB/Lange Rn 1; Soergel/Dieckmann Rn 1.
[6] MünchKommBGB/Lange Rn 1; AnwK-BGB/Bock Rn 2; Staudinger/Olshausen Rn 4.
[7] Dazu auch BGH WM 1989, 382 = FamRZ 1989, 273.
[8] BGH NJW 1973, 995.
[9] Beispiele auch bei Brox Rn 538; Staudinger/Olshausen Rn 8; Palandt/Edenhofer Rn 2; AK/Däubler Rn 3; ausf Schindler, Pflichtteilsberechtigter Erbe, Rn 431 ff mz Beispielen.
[10] So Staudinger/Olshausen Rn 10, der aus dem Unrecht die Werttheorie auf § 2306 reduziert und daher § 2316 Abs 2 übersieht; Damrau/Riedel/Lenz Rn 6; AnwK-BGB/Bock Rn 2; Brüggemann FamRZ 1973, 309, 321 Fn 81; für eigenständiges Anrechnungsverfahren mit Ermittlung des „gebührenden Pflichtteils" Kerscher/Kerscher ZEV 2005, 295, aufgegeben in ZEV 2005, 514.

Rn 9 ff), insbes bei Ausgleichungs- und Anrechnungstatbeständen heranzuziehen sind[11]. Für Letzteres spricht die von § 2326 bezweckte Komplementierungsfunktion (Rn 1): Geht es um den Schutz des Gesamtpflichtteils am gesamten (fiktiven und realen) Nachlass, so käme es zu einem Wertungswiderspruch, wenn in den Fällen, in denen dem Pflichtteilsberechtigten nur ein ordentlicher Pflichtteilsanspruch zusteht, Anrechnungs- und Ausgleichungspflichten nach §§ 2315, 2316 zu berücksichtigen wären, nicht aber wenn ordentlicher Pflichtteil und Ergänzungsanspruch nebeneinander anzuwenden sind. Es fehlt vielmehr an einer ausdrücklichen Regelung, was im Fall des Zusammentreffens von §§ 2305, 2316 und § 2325 gelten soll. Daher muss im Wege einer systematischen Interpretation die sich aus § 2316 ergebende Berücksichtigung des wahren Wertes des ordentlichen Pflichtteils auch auf den Ergänzungsanspruch durchschlagen, will man zu einem angemessenen Gesamtpflichtteil kommen[12]. Daher muss dem Pflichtteilsberechtigten von der Pflichtteilsergänzung abgezogen werden, was er über den erhöhten Ausgleichserbteil am ordentlichen Nachlass erhält.

Beispiel[13]: Witwer V bestimmt seine Kinder K 1 und K 2 zu Miterben je zur Hälfte. Der hinterlassene reale Nachlass beträgt 20 000. K 1 hat einen ausgleichspflichtigen Vorempfang von 4000 erhalten, der Familienfremde eine Schenkung von 40 000. Wie hoch ist der Pflichtteilsergänzungsanspruch von K 1? **3.1**

1. Ausgleichserbteil [(20 000 + 4000) : 2] – 4000 = 8000
2. Gesamtpflichtteil
   Ausgleichspflichtteil (Hälfte von 1.) 4000
   + Ergänzungspflichtteil 10 000
   Su. 14 000
   Pflichtteilsergänzungsanspruch (Differenz von 1. zu 2.) 6000

Die oben genannte Formel (Rn 2) ist nach den Grundsätzen zu ergänzen, die zum Zusammentreffen von ergänzungspflichtigen und ausgleichspflichtigen Zuwendungen entwickelt wurden (s bei § 2316 Rn 23 ff). Dadurch erhöht sich aber nicht nur der Subtrahend, sondern auch der in die Berechnung einzusetzende Nachlass[14]. Daher ergibt sich hier folgende Formel:

$$EP = \left[\frac{1}{2} \times \left(\frac{N+S+Z}{Q} - T\right)\right] - \left(\frac{N+Z}{Q} - T\right)$$

Dabei steht Z für die Summe aller ausgleichspflichtigen Zuwendungen an die Abkömmlinge des Erblassers und T für den Wert der von dem betreffenden Abkömmling auszugleichenden Zuwendung.

Beschränkungen und Beschwerungen des zugewandten Erbteils können nach hM vom Wert der Hinterlassenschaft, und damit vom Anrechnungsbetrag, nicht abgezogen werden[15]. Dem Schutz des so beschwerten Pflichtteilsberechtigten dient auch hier **§ 2306**[16]. Bei der Falllage des **§ 2306 Abs 1 S 2**, also wenn der hinterlassene Erbteil die Hälfte des gesetzlichen Erbteils übersteigt, muss er daher die belastete Erbschaft auszuschlagen, um den vollen Gesamtpflichtteil, bestehend aus dem ordentlichen und ergänzten Pflichtteil, zu erlangen (s auch Rn 5). Mitunter wird er allerdings die Erbschaft schon angenommen haben und erst später von der ergänzungspflichtigen Schenkung erfahren. Die hM hilft dem Pflichtteilsberechtigten hier allerdings mit einer **Anfechtungsmöglichkeit** nach § 119[17]; dem ist zuzustimmen, da hier idR kein unbeachtlicher Rechtsfolgeirrtum vorliegt, sondern ein beachtlicher Irrtum über die Zusammensetzung des (fiktiven) Nachlasses, der als Eigenschaftsirrtum nach § 119 Abs 2 zur Anfechtung berechtigt[18]. Auch der Irrtum des Erben, er dürfe im Anwendungsbereich des § 2306 Abs 1 S 2 die Erbschaft nicht ausschlagen, um seinen Pflichtteilsanspruch nicht zu verlieren, berechtigt zu einer Irrtumsanfechtung[19]. Zu beachten ist, dass die Ausschlagungsfrist nach § 2306 Abs 1 S 2 HS 2 erst beginnt, wenn der Pflichtteilsberechtigte von der Beschränkung oder Beschwerung der Erbschaft Kenntnis erlangt hat. Diese Bestimmung kann jedoch nicht dahingehend analog angewandt werden, dass die Ausschlagungsfrist erst mit der Kenntnis der ergänzungspflichtigen Schenkung zu laufen beginnt, denn die Ausnahmevorschrift des § 2306 ist ihrem Normzweck nach hier nicht anwendbar[20]. **4**

Die **Ausschlagung** (und die ihr gleichstehende Anfechtung der Erbschaftsannahme) ist jedoch äußerst risikobehaftet und problematisch: Nach dem klaren Wortlaut des § 2326 **S 2** wird auch der **5**

---

[11] *Kerscher/Tanck* Pflichtteilsrecht 2. Aufl § 7 Rn 90; *Schindler*, Pflichtteilsberechtigter Erbe, Rn 434, 547.
[12] *Schindler* ZEV 2005, 513; ausf *ders*, Pflichtteilsberechtigter Erbe, Rn 434 ff.
[13] Nach *Kerscher/Kerscher* ZEV 2005, 295, 298; dazu richtig *Schindler* ZEV 2005, 513.
[14] Übersehen bei *Kerscher/Kerscher* ZEV 2005, 295.
[15] *Damrau/Riedel/Lenz* Rn 7; jurisPK/*Birkenheier* Rn 15; RGRK/*Johannsen* Rn 4; MünchKommBGB/*Lange* Rn 3; *Soergel/Dieckmann* Rn 4; *Staudinger/Olshausen* Rn 13; AK/*Däubler* Rn 4.
[16] Ausf und übersichtlich hierzu jurisPK/*Birkenheier* Rn 6 ff.
[17] AnwK-BGB/*Bock* Rn 7; *Damrau/Riedel/Lenz* Rn 7; jurisPK/*Birkenheier* Rn 16; MünchKommBGB/*Lange* Rn 3; *Palandt/Edenhofer* Rn 3; *Staudinger/Olshausen* Rn 14; RGRK/*Johannsen* Rn 4; AK/*Däubler* Rn 7; *Soergel/Dieckmann* Rn 8 trotz Bedenken; zweifelnd *Lange/Kuchinke* § 37 Fn 504; aA *Leonhardt* Anm IIIc; *Planck/Greiff* Anm 4: unbeachtlicher Motivirrtum.
[18] So *Staudinger/Olshausen* Rn 14; AK/*Däubler* Rn 7; allg zur Irrtumsanfechtung aus diesem Grund *Staudinger/Otte* 2000 § 1954 Rn 7 mwN.
[19] So jetzt BGH ZEV 2006, 498 m Anm *Leipold;* dazu eingehend § 2306 Rn 20.
[20] MünchKommBGB/*Lange* Rn 3; *Palandt/Edenhofer* Rn 3; *Soergel/Dieckmann* Rn 8; *Staudinger/Olshausen* Rn 14 aE.

hinterlassene, aber ausgeschlagene Erbteil vom Pflichtteilsergänzungsanspruch nach wie vor abgezogen²¹. Dies ist bei Ausschlagung eines unbelasteten Erbteils sachgerecht, führt aber dann zu Härten, wenn der Pflichtteilsberechtigte nach § **2306 Abs 1 S 2** ausschlagen muss, um wenigstens seinen unbeschwerten Pflichtteil zu erhalten; die hM nimmt daher bei diesem Fall auf Grund einer **teleologischen Reduktion** ausnahmsweise **keine Anrechnung** des Hinterlassenen aber Ausgeschlagenen vor, weil sonst der Erblasser durch geschickte Kombination von Schenkung und belasteter letztwilliger Zuwendung den Pflichtteilsschutz unterlaufen könnte²². Im Anwendungsbereich von § 2306 Abs 1 S 1 ist keine Ausschlagung erforderlich, weil auch so dem Pflichtteilsberechtigten die Beschränkungen wegfallen, weshalb kein Korrekturbedarf besteht. Schlägt der Pflichtteilsberechtigte aus, so behält er vom ordentlichen Pflichtteil nur den Pflichtteilsrestanspruch (§ 2305); der Ergänzungsanspruch besteht dann aber nur in Höhe der Differenz zwischen dem hinterlassenen, wenn auch ausgeschlagenen, Erbteil und dem Gesamtpflichtteil²³.

6 **2. Vermächtniszuwendung an den Pflichtteilsberechtigten.** Die Vorschrift ist auch anwendbar, wenn der Pflichtteilsberechtigte ein Vermächtnis erhält, wie sich der Wendung „hinterlassen" in S 2 ergibt²⁴. Soweit daher der Vermächtniswert den Wert des ordentlichen Pflichtteils übersteigt, greift die Anrechnung auf den Ergänzungsanspruch nach S 2 ein²⁵. Dies macht sich die Kautelarpraxis zu Nutze, um anstelle des nicht zum Nachlass gehörenden Pflichtteilsergänzungsanspruchs ein Vermächtnis anzuordnen, das damit einer Testamentsvollstreckung und auch einem Nachvermächtnis unterworfen werden kann und so etwa beim Behindertentestament dem Zugriff des Sozialhilfeträgers entzogen ist²⁶. Bleibt der Wert des Vermächtnisses hinter dem ordentlichen Pflichtteil zurück, so erhält der Vermächtnisnehmer das Vermächtnis, den Pflichtteilsrestanspruch nach § 2307 Abs 1 S 2 HS 1 und den vollen Ergänzungsanspruch²⁷. **Beschränkungen** und Beschwerungen des Vermächtnisses bleiben auch hier außer Betracht (arg § 2307 Abs 1 S 2), mindern also nicht den Abzugsposten²⁸. Zur Erbschaft s Rn 4. Die **Vermächtnisausschlagung** berührt zwar nach § 2307 Abs 1 S 1 den ordentlichen Pflichtteil nicht²⁹. Soweit es sich jedoch um ein unbelastetes und unbeschränktes Vermächtnis handelt, hat dies entspr dem Wortlaut des S 2 und wie bei der Erbschaft zur Folge, dass dadurch der Anrechnungsbetrag nicht vermindert und damit der Ergänzungsanspruch erhöht wird³⁰. Denn § 2326 will nur den Pflichtteilsschutz komplementieren, verleiht aber keinen Anspruch auf eine ungekürzte Nachlassbeteiligung in Geld. Hat der Pflichtteilsberechtigte ein beschwertes oder beschränktes Vermächtnis in **Unkenntnis der ergänzungspflichtigen Schenkung** angenommen, so kann er auch hier (zur Erbschaft s Rn 4) nach § 119 die Annahme anfechten, das Vermächtnis ausschlagen und dann den ordentlichen Pflichtteil mit dem vollen Ergänzungspflichtteil verlangen³¹.

§ 2327 Beschenkter Pflichtteilsberechtigter

(1) ¹Hat der Pflichtteilsberechtigte selbst ein Geschenk von dem Erblasser erhalten, so ist das Geschenk in gleicher Weise wie das dem Dritten gemachte Geschenk dem Nachlass hinzuzurechnen und zugleich dem Pflichtteilsberechtigten auf die Ergänzung anzurechnen. ²Ein nach § 2315 anzurechnendes Geschenk ist auf den Gesamtbetrag des Pflichtteils und der Ergänzung anzurechnen.

(2) Ist der Pflichtteilsberechtigte ein Abkömmling des Erblassers, so findet die Vorschrift des § 2051 Abs. 1 entsprechende Anwendung.

---

[21] MünchKommBGB/*Lange* Rn 5; jurisPK/*Birkenheier* Rn 14.
[22] *Damrau/Riedel/Lenz* Rn 7; *Staudinger/Olshausen* Rn 11; MünchKommBGB/*Lange* Rn 5; *Soergel/Dieckmann* Rn 5; *Nieder* HdB Rn 165; AK/*Däubler* Rn 5; so offenbar auch ohne Problemerörterung AnwK-BGB/*Bock* Rn 7 und jurisPK/*Birkenheier* Rn 15; s auch das Beispiel im HdB Pflichtteilsrecht/*J. Mayer* § 8 Rn 149; entgegen *Schindler* ZErb 2006, 186, 189 hilft auch hier keine erweiternde Anwendung der Werttheorie weiter, wonach für die Bemessung der Wertgrenze des § 2306 Abs 1 S 1 auch Pflichtteilsergänzungsansprüche einzubeziehen sind, denn es bleibt immer noch der Wortlaut des § 2326 S 2, wonach der Anspruch ausgeschlossen, soweit der Wert des „mehr Hinterlassenen reicht"; dies entbindet immer noch nicht von der wertenden Entscheidung, ob das „Ausgeschlagene" anzurechnen ist.
[23] HdB Pflichtteilsrecht/*J. Mayer* § 8 Rn 150; zust jurisPK/*Birkenheier* Rn 8; aA *Gottwald* Rn 7 aE.
[24] AllgM, AnwK-BGB/*Bock* Rn 8 Fn 12; *Nieder* HdB Rn 165; *Staudinger/Olshausen* Rn 5.
[25] AnwK-BGB/*Bock* Rn 8; MünchKommBGB/*Lange* Rn 4; *Daumrau/Riedel/Lenz* Rn 2; eingehende Problemdarstellung mit den verschiedenen Falllagen bei jurisPK/*Birkenheier* Rn 17 ff.
[26] Eingehend *Weidlich* ZEV 2001, 94, 96 f; *Schindler* ZErb 2006, 186, 192 ff.
[27] AnwK-BGB/*Bock* Rn 8; jurisPK/*Birkenheier* Rn 17.
[28] *Staudinger/Olshausen* Rn 13; jurisPK/*Birkenheier* Rn 20; MünchKommBGB/*Lange* Rn 4; *Lange/Kuchinke* § 37 X Fn 436.
[29] MünchKommBGB/*Lange* Rn 5.
[30] *Soergel/Dieckmann* Rn 5; *Staudinger/Olshausen* Rn 12; aA MünchKommBGB/*Lange* Rn 5; AK/*Däubler* Rn 6; jurisPK/*Birkenheier* Rn 22.
[31] MünchKommBGB/*Lange* Rn 4; entgegen AnwK-BGB/*Bock* Rn 9 stellt sich hier das Problem der Versäumung der Ausschlagungsfrist nicht, da es eine solche beim Vermächtnis nicht gibt.

I. Normzweck

Ein Wertungswiderspruch entstünde, wenn ein Pflichtteilsberechtigter bei Schenkungen an Dritte einen vollen Pflichtteilsergänzungsanspruch hätte, ohne dass dabei ein **Eigengeschenk,** das er selbst vom Erblasser erhalten hat, berücksichtigt würde[1]. Er erhielte dann uU mehr als seinen Pflichtteil. Daher sieht die Vorschrift vor, dass Eigengeschenke dem Nachlass hinzuzurechnen und auf den Ergänzungsanspruch anzurechnen sind. Dabei wird in Anbindung an das allgemeine System zur Berücksichtigung von Vorempfängen zwischen Geschenken unterschieden, die nicht nach § 2315 auf den Pflichtteil anzurechnen wären (Abs 1 S 1) und anrechnungspflichtigen Schenkungen (Abs 1 S 2). 1

II. Voraussetzungen

Berücksichtigungsfähig sind nur **Schenkungen** und hier auch nur solche, die keine Pflicht- und Anstandsschenkungen sind (§ 530)[2]. Mehrere an den gleichen Pflichtteilsberechtigten sind insgesamt dem Nachlass hinzuzurechnen[3]. Die Schenkung muss vom Erblasser selbst stammen. Dies gilt auch beim Vorliegen eines **Berliner Testaments** (§ 2269), so dass Eigengeschenke, die der Pflichtteilsberechtigte bereits von erstversterbenen Elternteil erhalten hat, nicht bei der Pflichtteilsberechnung nach dem Tod des länger lebenden Elternteils angesetzt werden können; es gilt vielmehr ein Trennungsgedanke mit engem Erblasserbegriff[4]. § 2327 kann jedoch analog angewandt werden, wenn es sich um mittelbare Zuwendungen des Erblassers über eine Familienstiftung handelt[5]. Weitere Voraussetzung ist, dass außer der Schenkung an den Pflichtteilsberechtigten mindestens noch eine weitere an einen anderen (Erbe, Pflichtteilsberechtigter oder Außenstehender) erfolgte[6]. 2

Zuwendungsempfänger muss grds der Pflichtteilsberechtigte selbst sein, eine Schenkung an seinen Ehegatten genügt nicht, jedoch kann hier bei richtiger Betrachtung der Leistungsbeziehungen eine Kettenschenkung (zunächst an den Pflichtteilsberechtigten und anschließend an dessen Ehegatten) vorliegen und ist dann zu berücksichtigen[7]. Eine Ausnahme vom Grundsatz, dass nur Eigengeschenke anrechnungspflichtig sind, enthält Abs 2: Bei Wegfall eines pflichtteilsberechtigten beschenkten Abkömmlings (vor oder nach dem Erbfall) ist der Eintretende verpflichtet, sich die Schenkung in gleicher Weise anrechnen zu lassen, wie der Zuwendungsempfänger (vgl auch § 2315 Abs 5). Die **Zehnjahresfrist** des § 2325 Abs 3 gilt nach hM bei § 2327 **nicht,** so dass Eigengeschenke ohne jede zeitliche Schranke zu berücksichtigen sind[8]. Dies wird zwar überwiegend als rechtspolitisch bedenklich angesehen[9] und führt oft zu Beweisproblemen, ist aber nach dem klaren Gesetzeswortlaut hinzunehmen. Zudem muss sich der Pflichtteilsberechtigte auch Eigenschenkungen anrechnen lassen, wenn er zum damaligen Zeitpunkt noch nicht pflichtteilsberechtigt war[10]. 3

III. Die einzelnen Anrechnungsfälle

1. Reines Eigengeschenk ohne Anrechnungs- und Ausgleichungspflichten. Soweit Anrechnung und Ausgleichung (§§ 2315, 2316) keine Rolle spielen, ist für die Berechnung des Pflichtteilsergänzungsanspruchs wie folgt zu verfahren: Sämtliche Eigengeschenke und auch sonstige Schenkungen, die ergänzungspflichtig sind, sind dem Nachlass hinzuzurechnen, und zwar mit den sich aus § 2325 Abs 2 ergebenden Wertansätzen[11] und inflationsbereinigt (§ 2315 Rn 14). So ist der Ergänzungspflichtteil zu ermitteln und hiervon (idR aber nicht vom Gesamtpflichtteil) das Eigengeschenk abzuziehen. In einer Formel[12]: 4

$$EP = \left(\frac{N+S}{2Q} - \frac{N}{2Q}\right) - a \quad \text{oder aufgelöst:} \quad EP = \frac{S}{2Q} - a$$

---

[1] Mot V S 462.
[2] *Damrau/Riedel/Lenz* Rn 2; AnwK-BGB/*Bock* Rn 3; *Staudinger/Olshausen* Rn 7.
[3] Mot V S 462; *Staudinger/Olshausen* Rn 6; MünchKommBGB/*Lange* Rn 3.
[4] BGHZ 88, 102, 105 = NJW 1983, 2875 = JZ 1984, 96 m Anm *Kuczinke*; AnwK-BGB/*Bock* Rn 4; jurisPK/*Birkenheier* Rn 5; MünchKommBGB/*Lange* Rn 4; *Staudinger/Olshausen* Rn 11; *Schindler*, Pflichtteilsberechtigter Erbe, Rn 573; *Nieder* HdB Rn 172 schlägt zur praktischen Problemlösung beschränkten Pflichtteilsverzicht gegenüber dem längerlebenden Elternteil vor; eingehend dazu auch *Mohr* ZEV 1999, 257; aA KG OLGZ 1974, 257 = NJW 1974, 2131 und früher hM.
[5] RGZ 54, 399, 400 ff; *Staudinger/Olshausen* Rn 12; zweifelnd *Soergel/Dieckmann* Rn 3 Fn 10 für die Anwendung auf eine Verwaltungspfründe, die der Pflichtteilsberechtigte in der Stiftung erhalten hat; eingehend hierzu *Rawert/Katschinski* ZEV 1996, 161, 164 ff.
[6] *Soergel/Dieckmann* Rn 2; *Staudinger/Olshausen* Rn 6; RGRK/*Johannsen* Rn 1.
[7] BGH LM Nr 1 = DNotZ 1963, 113; *Johannsen* WM 1970, 238; *Staudinger/Olshausen* Rn 13; aA KG NJW 1974, 2131.
[8] BGHZ 108, 393, 399 = NJW 1990, 180; RGZ 69, 389; KG OLGZ 1974, 257, 261; OLG Koblenz OLGR 2005, 113; AnwK-BGB/*Bock* Rn 3; *Damrau/Riedel/Lenz* Rn 6; jurisPK/*Birkenheier* Rn 10; MünchKommBGB/*Lange* Rn 6; *Soergel/Dieckmann* Rn 5; *Staudinger/Olshausen* Rn 8; *Schindler*, Pflichtteilsberechtigter Erbe, Rn 575.
[9] MünchKommBGB/*Frank* Rn 6; AK/*Däubler* Rn 5 f, jeweils mit Beispielen; *Staudinger/Olshausen* Rn 9 f; abw aber *Schindler*, Pflichtteilsberechtigter Erbe, Rn 575, weil der Gläubiger anders als der Beschenkte weniger schutzwürdig ist.
[10] *Damrau/Riedel/Lenz* Rn 6; jurisPK/*Birkenheier* Rn 11; *Soergel/Dieckmann* Rn 5; *Staudinger/Olshausen* Rn 10; MünchKommBGB/*Lange* Rn 7; *Schindler*, Pflichtteilsberechtigter Erbe, Rn 576.
[11] JurisPK/*Birkenheier* Rn 15; *Schindler*, Pflichtteilsberechtigter Erbe, Rn 578.
[12] Nach *Nieder* HdB Rn 170.

§ 2327

Dabei ist EP der Ergänzungspflichtteil, N der reale Nachlass, S die Summe der Schenkungen (einschließlich der an den Pflichtteilsberechtigten), Q der Nenner der gesetzlichen Erbquote des Pflichtteilsberechtigten, a Eigengeschenk des Ergänzungsberechtigten[13]. Ist der Nachlass nicht überschuldet, so kann der Ergänzungspflichtteil auch einfacher aus der Summe der Schenkungen berechnet und davon das Eigengeschenk abgezogen werden[14].

4.1 **Beispiel:** Nachlass 120 000, Erbin Witwe W aus Gütertrennungsehe, einziger sonstiger Pflichtteilsberechtigter Sohn S, der 3000 als Schenkung erhielt, weiter zu berücksichtigende Schenkung von 15 000 an D. Der ordentliche Pflichtteil des S beträgt 30 000, der Pflichtteilsergänzungsanspruch infolge des Eigengeschenks ist 1500.

5 Ist das Eigengeschenk größer als der Ergänzungspflichtteil (a > S: 2 Q), so muss der Pflichtteilsberechtigte nichts in den Nachlass zurückerstatten, hat jedoch auch keinen Pflichtteilsergänzungsanspruch mehr[15]. Eine Anrechnung auf den ordentlichen Pflichtteil erfolgt nicht, wie sich aus einem Gegenschluss aus Abs 1 S 2 ergibt[16]. Jedoch kann bei unzureichendem Nachlass der Beschenkte wegen seines Eigengeschenks von anderen Pflichtteilsberechtigten nach § 2329 Abs 1 S 2 in Anspruch genommen werden[17]. Machen **mehrere Pflichtteilsberechtigte**, die ein Eigengeschenk erhalten haben, ihren Pflichtteilsergänzungsanspruch geltend, so ist für jeden von ihnen die Schenkung an die anderen, sofern sie ergänzungspflichtig ist, insbes unter Berücksichtigung der Zeitgrenze des § 2325 Abs 3, wie eine Schenkung an einen Dritten zu behandeln. Daher sind sämtliche ergänzungspflichtige Schenkungen zunächst nach §§ 2325, 2327 dem Nachlass hinzurechnen, jedoch ist dann dem jeweiligen Pflichtteilsberechtigte nur sein Eigengeschenk, jedoch ohne die Zeitgrenze des § 2325 Abs 3, auf die Ergänzung anzurechnen[18].

6 2. Anrechnung der „anrechnungspflichtigen" Zuwendungen (§ 2327 Abs 1 S 2). Soweit der Erblasser bei einem Geschenk für anrechnungspflichtig erklärt, so muss sich der Zuwendungsempfänger die Zuwendung auf den Gesamtbetrag von ordentlichem Pflichtteil und Ergänzung anrechnen lassen. Dem Berechtigten soll aus diesem Gesamtbetrag lediglich noch ein um den Wert der anzurechnenden Schenkung verminderter Pflichtteilsbetrag zustehen. Denn er hat den anzurechnenden Wert der Schenkung ja bereits in Vorwegnahme eines Teils seines Pflichtteilsanspruchs erhalten[19]. Wie jedoch diese Anrechnung konkret zu erfolgen hat, regelt das Gesetz nicht. Einigkeit besteht insoweit, dass **keine Doppelanrechnung** erfolgen darf. Umstritten ist jedoch, ob das Eigengeschenk vom ordentlichen Pflichtteil oder dem Ergänzungsanspruch abzuziehen ist. Dies ist deshalb von großer praktischer Bedeutung, weil sich der Pflichtteilsberechtigte wegen eines ordentlichen Pflichtteils nur an den Nachlass halten kann, beim Ergänzungsanspruch aber subsidiär ein Anspruch nach § 2329 besteht[20].

7 Hierzu werden in der Lit vier **verschiedene Berechnungsmethoden** vertreten[21]. Am zutreffendsten dürfte die von *Dieckmann* sein[22], wie *Kasper* nachgewiesen hat[23]. *Dieckmann* geht auch hier vom Grundfall des § 2327 Abs 1 S 1 aus. Der Unterschied dazu bestehe nur darin, dass sich der Ergänzungspflichtteil nicht aus der Differenz zwischen dem nach § 2315 um den Wert des Eigengeschenks bereinigten Gesamtpflichtteil und dem nach 2303, 2311 ermittelten ordentlichen Pflichtteil ergibt, sondern wegen des nunmehr anzurechnenden Eigengeschenks aus der Differenz zwischen dem gemäß § 2327 Abs 1 S 1 bereinigten Gesamtpflichtteil und dem jetzt nach § 2315 zu berechnenden (verkürzten) Pflichtteil. Das Berechnungsverfahren entspreche also im Wesentlichen dem nach Abs 1 S 1.

7.1 **Beispiel**[24]: Der Erblasser hinterlässt einen Nachlass von 100 000. Erbe ist der Freund F; der einzige Pflichtteilsberechtigte S ist enterbt. Schenkungen: An D 60 000 und S (anrechnungspflichtig) 40 000.
Gesamtpflichtteil für S: (100 000 + 60 000 + 40 000) : 2 = 100 000
Bereinigter Gesamtpflichtteil von S:
100 000 − 40 000 = 60 000
Ordentlicher Pflichtteil für S unter Berücksichtigung der Anrechnung:
(140 000 : 2) − 40 000 = 30 000
Ergänzungspflichtteil
60 000 − 30 000 = 30 000.

---

[13] Rechenbeispiele bei *Damrau/Riedel/Lenz* Rn 8; *Staudinger/Olshausen* Rn 18; *Soergel/Dieckmann* Rn 7; *Brox* Rn 538; *Lange/Kuchinke* § 37 X 6 b; *Kerscher/Riedel/Lenz* Pflichtteilsrecht § 9 Rn 131 f; *Palandt/Edenhofer* Rn 2, aber nur bei Gütergemeinschaft und positivem Nachlass richtig.

[14] *Schindler*, Pflichtteilsberechtigter Erbe, Rn 580; *Soergel/Dieckmann* Rn 7 aE; *Sturm/Sturm*, FG v. Lübtow, 1980, S 599, 609 m Fn 47.

[15] *Damrau/Riedel/Lenz* Rn 9; jurisPK/*Birkenheier* Rn 17.

[16] *Damrau/Riedel/Lenz* Rn 9; *Soergel/Dieckmann* Rn 18.

[17] *Nieder* HdB Rn 170; *Soergel/Dieckmann* Rn 6; *Bührer* ZBlFG 15, 213, 222; *Staudinger/Olshausen* Rn 18; *Sturm/Sturm*, FS v. Lübtow, 1980, S 599, 610.

[18] *Staudinger/Olshausen* Rn 20; *Schindler*, Pflichtteilsberechtigter Erbe, Rn 582.

[19] *Kasper*, Anrechnung und Ausgleichung, S 32.

[20] *Staudinger/Olshausen* Rn 24 wendet sich dagegen, die Haftung nach § 2329 von der Reihenfolge der gewählten Anrechnung abhängig zu machen; aA *Soergel/Dieckmann* Rn 13; *Sturm/Sturm*, FS v. Lübtow, 1980, S 599, 611 ff; *Nieder* HdB Rn 228.

[21] *Soergel/Dieckmann* Rn 8 f; *Sturm/Sturm*, FS v. Lübtow, 1980, S 599, 611 ff; *Haegele* BWNotZ 1972, 69, 72; *Staudinger/Olshausen* Rn 23 ff; Übersicht mit Berechnungsbeispielen bei *Kasper* S 33 ff; HdB Pflichtteilsrecht/*J. Mayer* § 8 Rn 169 ff.

[22] *Soergel/Dieckmann* Rn 8 f.

[23] *Kasper*, Anrechnung und Ausgleichung, S 36 ff; in der Einschätzung ebenso *Damrau/Riedel/Lenz* Rn 13.

[24] Aus *Soergel/Dieckmann* Rn 9.

In einer Formel (Abkürzungen wie vor): 8

$$EP = \left(\frac{N+S}{2Q} - a\right) - \left(\frac{N+a}{2Q} - a\right)$$

Das Eigengeschenk ist nach hM dabei mit dem sich aus § 2315 Abs 2 S 2 ergebenden Wert zum 9
Zeitpunkt der Schenkung anzusetzen und nicht mit dem des § 2325 Abs 2, da § 2327 Abs 1 S 2 auch insoweit auf § 2315 verweist[25].

3. Ausgleichungspflichtige Eigengeschenke. Ausgleichungspflichtige Zuwendungen können 10 auch Schenkungen sein (etwa § 2050 Abs 3), die der Pflichtteilsberechtigte erhalten hat. Deren Behandlung ist im Gesetz nicht geregelt. Daraus kann aber nicht der Gegenschluss gezogen werden, dass diese bei § 2327 nie zu berücksichtigen wären[26]. Hier sind zwei Dinge zu berücksichtigen[27]:
1. Zunächst sind die Grundsätze über das Verhältnis Pflichtteilsergänzungsanspruch und Ausgleichung zu beachten (§ 2316 Rn 21 ff). Danach ist der ordentliche Pflichtteil unter Berücksichtigung der Ausgleichung zu berechnen. Anschließend wird der Gesamtpflichtteil (einschließlich aller ergänzungspflichtigen Geschenke, des Eigengeschenks und der ausgleichspflichtigen Zuwendungen) ermittelt. Die Differenz ergibt den Ergänzungspflichtteil.
2. Anschließend ist zu klären, wie und in welchem Umfang die Eigenschenkung vom so errechneten Ergänzungsanspruch abzuziehen ist. Da die zugleich ausgleichspflichtige Schenkung bereits im Rahmen der Ausgleichungsberechnung zur Hälfte berücksichtigt wird, ist zur Vermeidung einer Doppelanrechnung nur noch die andere Hälfte in entsprechender Anwendung des § 2327 Abs 1 anzurechnen[28].

Beispiel[29]: Nachlass 40 000, Erbe ist F, ergänzungspflichtige Schenkung an D 12 000. Von den beiden enterbten 10.1
Kindern erhielt S eine ausgleichspflichtige Zuwendung von 16 000, von der ein Teil von 4 000 eine Schenkung ist.
Ordentlicher Pflichtteil nach § 2316:
{[(40 000 + 16 000) : 2] − 16 000} : 2 = 6000
Gesamtpflichtteil (nach der Berechnungsmethode des BGH, s § 2316 Rn 23):
{[(40 000 + 12 000 + 16 000) : 2] − 16 000} : 2 = 9000
Ergänzungspflichtteil (ohne Anrechnung Eigengeschenk):
Gesamtpflichtteil ./. ordentlicher Pflichtteil = 3000.
Abzüglich Eigengeschenk (Wert 4 000): dieses aber zur Vermeidung einer Doppelberücksichtigung nur zur Hälfte:
3000 − 2000 = 1000 als **effektiver Ergänzungsanspruch**.

IV. Beweislast, Verfahrensfragen

Die Beweislast für die Behauptung, der Berechtigte habe selbst vom Erblasser die Schenkung 11
erhalten, und für den Wert derselben trifft den Beschenkten[30]. Die Eigengeschenke sind bei der Berechnung des Ergänzungsanspruchs von Amts wegen zu beachten[31]. Auch hierüber muss der Ergänzungsberechtigte Auskunft geben[32].

§ 2328 Selbst pflichtteilsberechtigter Erbe

Ist der Erbe selbst pflichtteilsberechtigt, so kann er die Ergänzung des Pflichtteils soweit verweigern, dass ihm sein eigener Pflichtteil mit Einschluss dessen verbleibt, was ihm zur Ergänzung des Pflichtteils gebühren würde.

I. Normzweck, Voraussetzungen

1. Allgemeines. Der Pflichtteilsergänzungsanspruch richtet sich in erster Linie gegen den Erben 1
(§§ 2325, 2329). § 2328 gibt daher dem selbst pflichtteilsberechtigten Erben ein **Leistungsverweigerungsrecht** gegenüber Ergänzungsansprüchen anderer Pflichtteilsberechtigter dahingehend, dass ihm

---

[25] AnwK-BGB/*Bock* Rn 11; jurisPK/*Birkenheier* Rn 21; *Soergel/Dieckmann* Rn 8; RGRK/*Johannsen* Rn 5; aA *Damrau/Riedel/Lenz* Rn 7; *Staudinger/Olshausen* Rn 25; AK/*Däubler* Rn 11; offen lassend MünchKommBGB/*Lange* Rn 9.
[26] So aber *Staudinger/Olshausen* Rn 22; anders daher die hM, AnwK-BGB/*Bock* Rn 13; *Damrau/Riedel/Lenz* Rn 16 f; MünchKommBGB/*Lange* Rn 10; jurisPK/*Birkenheier* Rn 23 ff.
[27] *Soergel/Dieckmann* Rn 14.
[28] *Soergel/Dieckmann* Rn 19; MünchKommBGB/*Lange* Rn 10; AnwK-BGB/*Bock* Rn 13; jurisPK/*Birkenheier* Rn 27; *Damrau/Riedel/Lenz* Rn 17; *Lange/Kuchinke* § 37 X 6 e; *Kerscher/Tanck*, 2. Aufl, Pflichtteilsrecht § 7 Rn 100; *Schindler*, Pflichtteilsberechtigter Erbe, Rn 586; offenbar auch OLG Oldenburg ZEV 1998, 143 m Anm *Dieckmann*.
[29] Nach *Soergel/Dieckmann* Rn 20.
[30] BGH NJW 1964, 1414 = LM § 2329 Nr 5/6; *Baumgärtel/Laumen* Rn 1.
[31] MünchKommBGB/*Lange* Rn 2; *Staudinger/Olshausen* Rn 16.
[32] BGH NJW 1964, 1414 = LM § 2329 Nr 5/6; MünchKommBGB/*Lange* Rn 2; *Soergel/Dieckmann* Rn 2; *Staudinger/Olshausen* Rn 15.

§ 2328

selbst der eigene Pflichtteil, einschließlich einer ihm selbst gebührenden Pflichtteilsergänzung, verbleibt[1]. Dadurch wird der pflichtteilsberechtigte Erbe gegenüber den anderen Pflichtteilsberechtigten bevorzugt. Denn er erhält den Pflichtteil einschließlich seiner Ergänzung vorneweg aus dem Nachlass und muss seinen Ergänzungsanspruch nicht gegen den Beschenkten durchsetzen. Dies soll sogar im Nachlassinsolvenzverfahren gelten[2]. Vielmehr werden die anderen **Ergänzungsberechtigten** auf die Inanspruchnahme des **Beschenkten** verwiesen (§ 2329), sofern der Restnachlass zu deren Befriedigung nicht genügt[3].

1.1 **Beispiel**[4]: Witwer W hinterlässt im Nachlass 20 000 und hat seinen Sohn S zum Alleinerben berufen, die einzige andere pflichtteilsberechtigte Tochter T wurde enterbt. Schenkung an D 40 000.
Ordentlicher Pflichtteil: je 5000; ergänzter Pflichtteil je 15 000. Der S muss zwar an T den ordentlichen Pflichtteilsanspruch von 5000 zahlen, den Ergänzungsanspruch kann er aber nach § 2328 abwehren, weil ihm 15 000 verbleiben müssen, und zwar auch dann, wenn T beim Beschenkten nach § 2329 ausfällt.

2 § 2328 steht auch dem **Miterben** zu und ergänzt insoweit den Schutz des § 2319, der für den ordentlichen Pflichtteil gilt. Bei Vorhandensein von Miterben kommt jedoch ein Ergänzungsanspruch gegen den Beschenkten (§ 2329) nur dann in Betracht, wenn der Ergänzungsberechtigte nicht von den anderen Miterben Erfüllung des Anspruchs erhält[5]. Verteidigen kann der pflichtteilsberechtigte Erbe nur seinen **konkreten Gesamtpflichtteil**, bestehend aus ordentlichem plus ergänztem Pflichtteil[6]. Dabei ist der Kürzungsbetrag nach § 2326 S 2 nicht zu berücksichtigen, da die Enterbung fingiert wird[7]. Vielmehr ist der Gesamtpflichtteil so zu ermitteln, wie wenn der pflichtteilsberechtigte Erbe nicht Erbe geworden wäre; daher sind Anrechnungs- und Ausgleichspflichten[8] ebenso zu berücksichtigen wie Eigengeschenke nach § 2327[9], was dazu führen kann, dass der Pflichtteilsberechtigte nur seinen ordentlichen Pflichtteil gegen den Ergänzungsanspruch verteidigen kann[10]. Das Leistungsverweigerungsrecht bedarf jedoch einer **teleologischen Einschränkung:** Soweit dem pflichtteilsberechtigten Miterben selbst ein Pflichtteilsergänzungsanspruch gegen die anderen Miterben nach §§ 2325, 2326 oder dem Alleinerben ein Ergänzungsanspruch gegen den Beschenkten nach § 2329 zusteht, so können sie hierdurch auch ihren ergänzten Pflichtteil erlangen, so dass § 2328 ausnahmsweise nur zur Verteidigung des ordentlichen Pflichtteils berechtigt. Ansonsten wären sie durch den Ergänzungsanspruch gegen die anderen und das Leistungsverweigerungsrecht nach § 2328 gegen den Ergänzungsberechtigten doppelt begünstigt[11]. Bei einer **Zugewinngemeinschaftsehe** (ebenso bei gleichgeschlechtlichen Lebenspartnern, § 6 Abs S 4, 10 Abs 1 LPartG)[12] wird der große Pflichtteil angesetzt, wenn es zur erbrechtlichen Lösung kommt (§ 2303 Rn 23); bei der güterrechtlichen Lösung (§ 1371 Abs 2 und 3) wird dagegen der Ehegatte gar nicht Erbe, so dass § 2328 nicht anwendbar ist[13].

3 **2. Schutz gegen Vermächtnisse, Auflagen.** Gegenüber Beeinträchtigungen, die den Erben durch **Vermächtnisse** und Auflagen **in Verbindung mit dem Pflichtteilsergänzungsanspruch** anderer belasten, kann sich der Erbe durch das Kürzungsrecht nach § 2318 Abs 1 schützen, wodurch er die Pflichtteilsergänzungslast auf den Vermächtnisnehmer und Auflagenbegünstigten abwälzen kann[14]. Dabei ist jedoch zu beachten, dass **§ 2318 Abs 3** den eigenen Pflichtteil gegen die bloße Inanspruchnahme aus Vermächtnissen und Auflagen (ohne das Hinzukommen weiterer Pflichtteilsansprüche) gerade nicht schützt, und daher auch nicht den eigenen Ergänzungspflichtteil[15]. Hier hilft in den Fällen, in denen mehr als die Hälfte des gesetzlichen Erbteils hinterlassen ist, nur die Ausschlagung § 2306 Abs 1 S 2)[16].

4 **3. Veränderungen des Nachlasswertes.** Umstritten ist, ob das Leistungsverweigerungsrecht auch dann eingreift, wenn infolge einer **erst nach dem Erbfall eingetretenen Wertminderung** des Nachlasses der pflichtteilsberechtigte Erbe nicht mehr in der Lage ist, den Pflichtteilsergänzungsanspruch zu erfüllen, ohne seinen eigenen ordentlichen und ergänzten Pflichtteil zu gefährden. Der BGH hat dies bejaht und gibt ihm entspr § 1990 eine Dürftigkeitseinrede, die ihm das Recht gewährt, vorweg seinen

---

[1] BGHZ 85, 274, 284 ff = NJW 1983, 1485.
[2] *Schindler*, Pflichtteilsberechtigter Erbe, Rn 624.
[3] *Damrau/Riedel/Lenz* Rn 2; *Staudinger/Olshausen* Rn 3; MünchKommBGB/*Lange* Rn 2; *Soergel/Dieckmann* Rn 4; *Schindler*, Pflichtteilsberechtigter Erbe, Rn 624 mwN.
[4] Aus *Soergel/Dieckmann* Rn 4.
[5] MünchKommBGB/*Lange* Rn 6; *Lange/Kuchinke* § 37 X 6 a; jurisPK/*Birkenheier* Rn 10; *Damrau/Riedel/Lenz* Rn 10.
[6] *Soergel/Dieckmann* Rn 5; *Schindler*, Pflichtteilsberechtigter Erbe, Rn 625; *Tanck* ZErb 2001, 194, 196.
[7] *Schindler*, Pflichtteilsberechtigter Erbe, Rn 625 Fn 1098; *Kerscher/Riedel/Lenz* Pflichtteilsrecht § 9 Rn 164 m Rechenbeispiel.
[8] *Damrau/Riedel/Lenz* Rn 5; *Soergel/Dieckmann* Rn 5.
[9] *Damrau/Riedel/Lenz* Rn 5; *Schindler*, Pflichtteilsberechtigter Erbe, Rn 625; *Staudinger/Olshausen* Rn 9.
[10] *Damrau/Riedel/Lenz* Rn 5.
[11] *Schindler*, Pflichtteilsberechtigter Erbe, Rn 627 ff mit Beispielen.
[12] JurisPK/*Birkenheier* Rn 13.1.
[13] *Damrau/Riedel/Lenz* Rn 4; *Soergel/Dieckmann* Rn 5; *Staudinger/Olshausen* Rn 16; *Schindler*, Pflichtteilsberechtigter Erbe, Rn 651.
[14] *Damrau/Riedel/Lenz* Rn 11; jurisPK/*Birkenheier* Rn 14; RGRK/*Johannsen* Rn 1; MünchKommBGB/*Lange* Rn 7; *Soergel/Dieckmann* Rn 10.
[15] *Damrau/Riedel/Lenz* Rn 11; *Soergel/Dieckmann* Rn 10.
[16] Vgl BGHZ 95, 222; dazu § 2318 Rn 9.

Gesamtpflichtteil zu verteidigen[17]. Gegen diese Ausdehnung des Schutzes des pflichtteilsberechtigten Erben durch den BGH spricht zunächst zwar das Stichtagsprinzip (§ 2311 Abs 1) und dass dadurch der pflichtteilsberechtigte Erbe gegenüber dem Ergänzungsanspruch stärker bevorzugt wird als gegenüber dem ordentlichen Pflichtteilsanspruch, bei dem der Erbe in solchen Fällen das uneingeschränkte Risiko der späteren Wertminderung trägt. Gegen diesen Vergleich mit dem ordentlichen Pflichtteil ist jedoch einzuwenden, dass die aus der Auffassung des BGH sich ergebende Schwächung des Ergänzungsberechtigten durch die Ausfallhaftung des Beschenkten nach § 2329 ausgeglichen wird, die es demgegenüber beim ordentlichen Pflichtteil nicht gibt. Für den BGH spricht auch, dass es auf einer bewussten gesetzgeberischen Entscheidung beruht, dass der pflichtteilsberechtigte Erbe gegenüber einem Ergänzungsanspruch seinen Gesamtpflichtteil verteidigen kann. Konstruktiv bedingt ist dies aber nicht durch eine „Vorwegzahlung" aus dem Nachlass an den pflichtteilsberechtigten Erben möglich. Daher muss man ihm zur Erhaltung dieser Vorzugsstellung bei einer später eintretenden Minderung des Nachlasswertes – entspr wie bei anderen Ansprüchen des Erben im Rahmen von §§ 1990, 1991 – ein Vorwegbefriedigungsrecht zur Verteidigung seines Gesamtpflichtteils zugestehen[18]. Insofern spricht der BGH zu Recht auch die Dürftigkeitseinrede in diesem Zusammenhang an, auch wenn die unterschiedliche Wirkung dieser Einreden zu beachten ist: § 2328 betrifft unmittelbar bereits die Höhe des Pflichtteilsergänzungsanspruchs gegen den pflichtteilsberechtigten Erben und kürzt diesen entsprechend, während bei einer dann etwa noch verbleibenden Haftung der Erbe diese nach der allgemeinen Bestimmung des § 1990 auf den Nachlass beschränken kann[19].

Allgemein anerkannt ist andererseits, dass eine **nach dem Erbfall** eintretende allgemeine **Wert-** 5 **steigerung** für Bestehen und Umfang des Leistungsverweigerungsrechts unerheblich ist[20]. Allerdings kann diese dazu führen, dass der pflichtteilsberechtigte Erbe nunmehr, selbst unter Wahrung seines Gesamtpflichtteils, den Pflichtteilsergänzungsanspruch aus dem Nachlass voll erfüllen kann und daher keine Haftungsverlagerung auf den Beschenkten nach § 2329 eintritt[21]. Soweit die Wertsteigerung des pflichtteilsrelevanten realen Nachlasses jedoch auf Umständen beruhen, die gemäß **§ 2313** zu einer Erhöhung des ordentlichen Pflichtteils des pflichtteilsberechtigten Erben führen, erhöht dies auch entspr sein Leistungsverweigerungsrecht.

II. Rechtsfolge

§ 2328 gibt dem abstrakt pflichtteilsberechtigten Erben ein Leistungsverweigerungsrecht gegen den 6 Pflichtteilsergänzungsanspruch dahingehend, dass ihm sein Gesamtpflichtteil, bestehend aus ordentlichem und ergänzten Pflichtteil, verbleibt. Jedoch schützt dieses nicht gegenüber dem ordentlichen Pflichtteil[22]. Soweit die Haftung des **Alleinerben** wegen § 2328 entfällt, tritt eine Haftungsverlagerung auf den Beschenkten nach § 2329 ein, wobei umstritten ist, ob dies voraussetzt, dass der pflichtteilsberechtigte Erbe die Einrede des § 2328 erhoben hat (§ 2329 Rn 8). Bei **Miterben** besteht ein Pflichtteilsergänzungsanspruch gegen den Beschenkten erst dann, wenn diese gegenüber dem Ergänzungsberechtigten nicht haften (vgl Rn 2). **Befriedigt** der pflichtteilsberechtigte Erben den Ergänzungsberechtigten, **ohne die Einrede des § 2328** zu erheben und ohne dass sein Gesamtpflichtteil gewahrt ist, so kann der pflichtteilsberechtigte Erbe nach hM gegen den Beschenkten nach den Grundsätzen der **Geschäftsführung ohne Auftrag** vorgehen, sofern dieser dadurch von seiner Haftung nach § 2329 befreit wurde[23]. Ob er stattdessen einen Bereicherungsanspruch (§ 813) gegen den Ergänzungsberechtigten hat, wenn er sein Leistungsverweigerungsrecht bei der Zahlung nicht kannte, ist umstr[24], aber dann zu bejahen, wenn die Voraussetzungen für die Einrede bereits bei der Leistung gegeben waren[25].

§ 2329 Anspruch gegen den Beschenkten

(1) [1]Soweit der Erbe zur Ergänzung des Pflichtteils nicht verpflichtet ist, kann der Pflichtteilsberechtigte von dem Beschenkten die Herausgabe des Geschenks zum Zwecke der

---

[17] BGHZ 85, 274, 286 f = NJW 1983, 1485; ebenso AnwK-BGB/*Bock* Rn 6; jurisPK/*Birkenheier* Rn 15; *Schindler*, Pflichtteilsberechtigter Erbe, Rn 659 ff; aA MünchKommBGB/*Lange* Rn 3; *Staudinger/Olshausen* Rn 12; *Groll/Rösler* C VI Rn 257; Vorauf Rn 3; krit entschieden dem BGH auch *Soergel/Dieckmann* Rn 8.
[18] Ähnlich *Schindler*, Pflichtteilsberechtigter Erbe, Rn 659 f.
[19] *Schindler*, Pflichtteilsberechtigter Erbe, Rn 662 ff; zur Anwendbarkeit beider Einreden in dieser sachlichen Stufenfolge s auch BGH FamRZ 1989, 273, 275.
[20] MünchKommBGB/*Lange* Rn 5; *Soergel/Dieckmann* Rn 7; *Staudinger/Olshausen* Rn 11; *Schindler*, Pflichtteilsberechtigter Erbe, Rn 654 f.
[21] *Schindler*, Pflichtteilsberechtigter Erbe, Rn 645 f; dort und bei *Soergel/Dieckmann* Rn 7 auch zu den sich hieraus ergebenden Verfahrensfragen.
[22] JurisPK/*Birkenheier* Rn 10; *Staudinger/Olshausen* Rn 9.
[23] *Damrau/Riedel/Lenz* Rn 10; *Staudinger/Olshausen* Rn 15; *Soergel/Dieckmann* Rn 11; aA *Schindler*, Pflichtteilsberechtigter Erbe, Rn 673 f, der zu Recht für die Tilgung der vermeintlichen eigenen Schuld den erforderlichen Fremdgeschäftsführungswillen verneint, jedoch einen Anspruch nach den Grundsätzen der Rückgriffskondiktion gewährt.
[24] Bejahend AK-BGB/*Däubler* Rn 5; *Jahr* JuS 1964, 125, 126 f; zweifelnd *Soergel/Dieckmann* Rn 11; offenlassend *Staudinger/Olshausen* Rn 15; *Damrau/Riedel/Lenz* Rn 10; jurisPK/*Birkenheier* Rn 17; ausf *Schindler*, Pflichtteilsberechtigter Erbe, Rn 669 ff.
[25] *Schindler*, Pflichtteilsberechtigter Erbe, Rn 669 ff.

§ 2329

Befriedigung wegen des fehlenden Betrags nach den Vorschriften über die Herausgabe einer ungerechtfertigten Bereicherung fordern. ²Ist der Pflichtteilsberechtigte der alleinige Erbe, so steht ihm das gleiche Recht zu.

(2) Der Beschenkte kann die Herausgabe durch Zahlung des fehlenden Betrags abwenden.

(3) Unter mehreren Beschenkten haftet der früher Beschenkte nur insoweit, als der später Beschenkte nicht verpflichtet ist.

Schrifttum: *Pentz,* Haftung des Beschenkten nach § 2329 BGB, MDR 1998, 132; *Schindler,* Pflichtteilsberechtigter Erbe und pflichtteilsberechtigter Beschenkter, 2004.

Übersicht

	Rn		Rn
I. Normzweck	1	1. Anspruchsinhalt	9
II. Anspruchsvoraussetzungen	2	2. Haftung nach Bereicherungsrecht	11
1. Gläubiger	2	3. Rechtsähnlichkeit von § 2325 und § 2329	12
2. Schuldner des Anspruchs	3	4. Beschränkung der Haftung	13
3. Pflichtteilsergänzungsanspruch	7	IV. Anspruchskonkurrenzen	14
4. Subsidiarität der Haftung des Beschenkten	8		
III. Rechtsfolge	9	V. Verfahrensfragen	16

I. Normzweck

1 Die Vorschrift ergänzt die Durchsetzung des Pflichtteilsergänzungsanspruchs nach § 2325 durch eine subsidiäre **Ausfallhaftung** des Beschenkten. Diese unterscheidet sich vom Pflichtteilsergänzungsanspruch gegen den Erben durch die Art und insbes den Umfang der Haftung, denn diese ist beschränkt auf den **exakten Fehlbetrag** in Höhe der Differenz zwischen der Pflichtteilsergänzung, die der Pflichtteilsberechtigte nach § 2325 beanspruchen kann, und demjenigen, zu dessen Leistung der Erbe oder in den Fällen des § 2329 Abs 3 der später Beschenkte iS von § 2329 verpflichtet ist (Rn 13). Ist Grund wie Ausgestaltung des Anspruchs nach § 2329 zwar im Wesentlichen pflichtteilsrechtlich, so besteht insbes wegen des Inhalts des Anspruchs, der idR auf Duldung der Zwangsvollstreckung geht, eine Nähe zu einem haftungsrechtlichen Anfechtungsanspruch[1]. Aus der Subsidiarität der Haftung des Beschenkten gegenüber dem Erben ergibt sich zugleich die „**Richtungsbeweglichkeit**" des Ergänzungsanspruchs auf der „Zeitschiene" zwischen dem Erbfall und dem Zeitpunkt Geltendmachung des Pflichtteilsergänzungsanspruchs: Die Haftung kann sich in diesem Zeitraum vom Erben auf den Beschenkten, aber auch umgekehrt vom Beschenkten auf den Erben verlagern, und zwar je nach der Entwicklung von Umfang und Wert des Nachlasses[2]. Gleiches gilt für das Verhältnis mehrerer zu verschiedenen Zeitpunkten Beschenkter untereinander (Rn 4 f).

II. Anspruchsvoraussetzungen

2 **1. Gläubiger.** Aktivlegitimiert sind nur solche Personen, die zum Kreis der abstrakt Pflichtteilsberechtigten gehören; von mehreren kann jeder für sich den Anspruch gegen den Beschenkten geltend machen, sie sind, wenn der Anspruch auf Duldung der Zwangsvollstreckung geht (Rn 9), wegen des besonderen Anspruchsinhalts Gesamtgläubiger iS von § 428[3]. Ist der Pflichtteilsberechtigte der **alleinige Erbe**, kann er von niemand aus dem Nachlass die Ergänzung verlangen, und zwar insoweit Konfusion eingetreten ist. Daher bestimmt **Abs 1 S 2**, dass ein Ergänzungsanspruch des **Alleinerben** (§ 2326) sich von Anfang an gegen den Beschenkten richtet. Auch die Eröffnung eines Nachlassinsolvenzverfahrens berührt die Befugnis des Alleinerben zur Geltendmachung des Ergänzungsanspruchs nicht[4]. Eine erfolgreiche Anfechtung durch den Insolvenzverwalter (§§ 134, 145 InsO) führt jedoch zum Wegfall der Entreicherung und lässt daher den Anspruch aus § 2329 entfallen, da es zur Rückgewähr der Schenkung an die Insolvenzmasse kommt[5]. Bei **mehreren pflichtteilsberechtigten Miterben** ist der Anspruch nach § 2325 eine Nachlassverbindlichkeit, so dass sich die Haftung des Beschenkten bereits nach Abs 1 S 1 bestimmt und eine Analogie zu Abs 1 S 2 mangels Regelungslücke nicht erforderlich ist[6].

3 **2. Schuldner des Anspruchs.** Schuldner des Anspruchs ist der Beschenkte, nach seinem Tod seine Erben[7]. Ist der Erbe **zugleich der Beschenkte**, so kann er zunächst nach § 2325 auf Geldzahlung in

---

[1] Eingehend *Schindler,* Pflichtteilsberechtigter Erbe, Rn 869 ff; s auch Rn 12.
[2] *Dieckmann,* FS Beitzke, 1979, S 399, 410 ff; *Schindler,* Pflichtteilsberechtigter Erbe, Rn 725 ff.
[3] MünchKommBGB/*Lange* Rn 2; *Staudinger/Olshausen* Rn 3.
[4] MünchKommBGB/*Lange* Rn 7; *Staudinger/Olshausen* Rn 38.
[5] MünchKommBGB/*Lange* Rn 7; *Staudinger/Olshausen* Rn 38.
[6] *Staudinger/Olshausen* Rn 19; MünchKommBGB/*Lange* Rn 6; *Schindler,* Pflichtteilsberechtigter Erbe, Rn 798; anders BGHZ 80, 205, 208 = NJW 1981, 1446, 1447; *Palandt/Edenhofer* Rn 1; *Soergel/Dieckmann* Rn 15.
[7] BGHZ 80, 205, 209 ff = NJW 1981, 1446; *Soergel/Dieckmann* Rn 6; *Staudinger/Olshausen* Rn 51; ausf *Schindler,* Pflichtteilsberechtigter Erbe, Rn 909.

Anspruch genommen werden und sich insoweit die Beschränkung der Erbenhaftung vorbehalten (§ 780 ZPO)[8]. Soweit kein Anspruch nach § 2325 durchgesetzt werden kann (eingehend Rn 8), kann er nach § 2329 als Beschenkter herangezogen werden[9], wobei diese Klage dann jedoch grds nicht auf Zahlung, sondern Duldung der Zwangsvollstreckung gerichtet ist (Rn 9). Stellt sich in einem Prozess die Notwendigkeit der Klageumstellung heraus, so hat das Gericht nach § 139 ZPO darauf hinzuweisen[10]. Dies ist auch keine unzulässige Klageänderung[11]. Erfolgt sie nicht, so ist die Zahlungsklage als unbegründet abzuweisen (Rn 9).

Von **mehreren Beschenkten** haftet in erster Linie der **zuletzt Beschenkte** (Abs 3; Grundsatz der Posteriorität). Dabei kommt es auch hier auf den Zeitpunkt des Vollzugs der Schenkung an[12]. Ist das Schenkungsversprechen zurzeit des Erbfalls noch nicht erfüllt, entscheidet der Zeitpunkt des Erbfalls und nicht der vereinbarte spätere Fälligkeitszeitpunkt[13]. Bei mehreren noch nicht erfüllten Schenkungsversprechen haften die entsprechenden Schenkungsberechtigten anteilsmäßig nach dem Verhältnis der Werte der an sie zu erbringenden Leistungen[14]. Problematisch ist, wann der später Beschenkte „nicht mehr verpflichtet ist" und daher die Haftung auf den früher Beschenkten übergeht. **4**

Beispiel[15]: Der Erblasser hat den einzigen Pflichtteilsberechtigten S zum Alleinerben eingesetzt; der Nachlass ist wertlos. Ein Jahr vor dem Erbfall bekam X 6000, zwei Jahre vorher Y 4000 geschenkt. Der Pflichtteilsergänzungsanspruch beträgt (6000 + 4000) : 2 = 5000. Soweit X zur Ergänzung verpflichtet ist (Rn 5), haftet der früher Beschenkte Y nicht. Ist X aber nur noch zu 2000 bereichert, so haftet Y in Höhe des Restbetrags von 3000. **4.1**

Nach der Rspr und ganz hM haftet der **früher Beschenkte** (also Y) nur bei fehlender rechtlicher Zahlungsverpflichtung des später Beschenkten (also X), **nicht** aber bei dessen bloßer **(tatsächlicher) Zahlungsunfähigkeit**[16]. Damit trägt das Insolvenzrisiko des später Beschenkten (X) allein der Pflichtteilsberechtigte, während der früher Beschenkte (Y) sein Geschenk voll behalten kann[17]. **Maßgeblicher Zeitpunkt** für die Beurteilung, inwieweit der später Beschenkte (X) „nicht verpflichtet" iS von § 2329 Abs 3 ist und daher der früher Beschenkte (Y) für einen Fehlbetrag haftet, ist der der Rechtshängigkeit des Pflichtteilsergänzungsanspruchs gegen den später Beschenkten (§ 818 Abs 4) oder ein früher liegender Zeitpunkt der haftungsverschärfenden Kenntniserlangung von dieser Verpflichtung iS von § 819 Abs 1[18]. Nur insoweit, als in diesem Zeitpunkt der Pflichtteilsergänzungsanspruch durch die Haftung der später Beschenkten nicht gedeckt ist, haftet der früher Beschenkte. Ein nachträglicher Wegfall der bei dem später Beschenkten zur maßgeblichen Zeit vorhanden gewesenen Bereicherung oder das spätere Unvermögen des später Beschenkten begründet oder erweitert die Haftung des früher Beschenkten dann nicht mehr. Soweit daher der Anspruch nach § 2329, wie im Regelfall, auf die Duldung der Zwangsvollstreckung gerichtet ist, ist das tatsächliche Ergebnis der Zwangsvollstreckung für das „Bestehen der Verpflichtung" des später Beschenkten und daher für eine Haftungsverlagerung auf den früher Beschenkten ohne Belang. Andernfalls würde man das Risiko der unzulänglichen Verwertung, das grds immer der Gläubiger zu tragen hat, der auch das Initiativrecht hierfür besitzt, abweichend hiervon auf den später Beschenkten verlagern. Auch für das Haftungsverhältnis zwischen Erben und Beschenkten führt eine unzulängliche tatsächliche Durchsetzbarkeit des Ergänzungsanspruchs zu keiner Haftungsverlagerung vom Erben auf den Beschenkten (Rn 8), so dass schon aus systematischen Überlegungen der gleiche Begriff des „Verpflichtetsein" iS von Abs 1 S 1 und Abs 3 einheitlich ausgelegt werden sollte[19]. Der Pflichtteilsberechtigte kann gegen beide Beschenkte auf Leistung bzw Duldung der Zwangsvollstreckung klagen; möglich und zweckmäßiger, weil die Leistungsklage die Bezifferung des Anspruchs erfordert, ist aber nur gegen den zuletzt Beschenkten auf Leistung bzw Duldung der Zwangsvollstreckung zu klagen, gegen den anderen nur auf Feststellung, um nach § 204 Abs 1 Nr 1 die Hemmung der **Verjährung** herbei- **5**

---

[8] RGZ 80 135, 136; *Soergel/Dieckmann* Rn 10.
[9] *Lange/Kuchinke* § 37 X 7 a; MünchKommBGB/*Lange* Rn 5; Staudinger/*Olshausen* Rn 11; *Soergel/Dieckmann* Rn 10.
[10] BGH LM § 2325 Nr 2; AnwK-BGB/*Bock* Rn 40; MünchKommBGB/*Lange* Rn 5; Staudinger/*Olshausen* Rn 11.
[11] BGH NJW 1974, 1327.
[12] BGHZ 85, 274, 283 f = NJW 1983, 1485; *Klingelhöffer* Rn 330; MünchKommBGB/*Lange* Rn 14; *Soergel/Dieckmann* Rn 23; *Schindler*, Pflichtteilsberechtigter Erbe, Rn 919.
[13] BGHZ 85, 274; MünchKommBGB/*Lange* Rn 14; *Soergel/Dieckmann* Rn 23; Staudinger/*Olshausen* Rn 61; *Schindler*, Pflichtteilsberechtigter Erbe, Rn 919.
[14] *Johannsen* WM 1985, Sonderbeilage Nr 1 S 1, 33; *Schindler*, Pflichtteilsberechtigter Erbe, Rn 919, 944 ff.
[15] Nach *Staudinger/Olshausen* Rn 56.
[16] BGHZ 17, 336, 337 = NJW 1955, 1185; *Palandt/Edenhofer* Rn 5; *Soergel/Dieckmann* Rn 24; MünchKommBGB/*Lange* Rn 15; *Lange/Kuchinke* § 37 X Fn 533; *Schindler*, Pflichtteilsberechtigter Erbe, Rn 923 ff mwN.
[17] Krit dagegen und daher abl *Staudinger/Olshausen* Rn 57; AK/*Däubler* Rn 17; *Schulz* AcP 105 (1909), 1, 295 f.
[18] BGHZ 17, 336, 337 = NJW 1955, 1185; AnwK-BGB/*Bock* Rn 12; *Damrau/Riedel/Lenz* Rn 19; jurisPK/*Birkenheier* Rn 31; *Palandt/Edenhofer* Rn 5; RGRK/*Johannsen* Rn 20 f; *Klingelhöffer* Rn 332; *Johannsen* WM 1970, 234, 240; *Planck/Greif* Anm 4; *Strohal* I § 58 II 5 g.
[19] IE ebenso etwa AnwK-BGB/*Bock* Rn 12; *Damrau/Riedel/Lenz* Rn 19; jurisPK/*Birkenheier* Rn 31; auch BGHZ 17, 336, 337 differenziert insoweit nicht; offenlassend *Palandt/Edenhofer* Rn 5; aA – Haftungsverlagerung auf den früher Beschenkten, soweit keine Befriedigung aus der Zwangsvollstreckung erfolgt – MünchKommBGB/*Lange* Rn 15: zumindest dann, wenn der Beschenkte nur auf Duldung der Zwangsvollstreckung haftet; Staudinger/*Olshausen* Rn 62; *Soergel/Dieckmann* Rn 25; AK/*Däubler* Rn 17; *Schindler*, Pflichtteilsberechtigter Erbe, Rn 935 ff, weil der zunächst Beschenkte nur in Höhe des Exekutionswertes bereichert sei (m ausf Stellungnahme).

zuführen[20]. Daneben kann die Hemmung der Verjährung nach § 204 Abs 1 Nr 6 dadurch bewirkt werden, dass mit Erhebung der Klage gegen den zuletzt Beschenkten dem früher Beschenkten der **Streit verkündet** wird. Die für die Zulässigkeit der Streitverkündung nach § 72 ZPO erforderliche Alternativität der Ansprüche[21] ergibt sich hier aus der Subsidiarität der Haftung des später Beschenkten nach Abs 3. Zu beachten ist, dass die Hemmung auch dann eintritt, wenn sich der früher Beschenkte nicht erklärt oder den Beitritt nach § 74 Abs 2 ZPO ablehnt, denn die an die Streitverkündung geknüpften sachlich-rechtlichen Folgen treten unabhängig davon ein und sind dann im Folgeprozess zu prüfen[22].

6 Erfolgt die Schenkung an **mehrere Personen gleichzeitig,** so haften diese anteilig nach dem Wert der erhaltenen Schenkung[23]. Bei **mehreren Schenkungen an** die **gleiche Person** ist für jede Schenkung die Zehnjahresfrist des § 2325 Abs 3 gesondert zu beachten[24]. Erfolgten mehrere Schenkungen in dieser Frist an den gleichen Beschenkten, so muss der mehrfach Beschenkte aber zunächst immer die Zwangsvollstreckung in das zuletzt erhaltene Geschenk dulden.

7 **3. Pflichtteilsergänzungsanspruch.** Des weiteren muss der Erbfall eingetreten sein und ein Anspruch nach § 2325 bestehen. Schon aus der Gesetzessystematik ergibt sich, dass der Ergänzungsanspruch gegen den Beschenkten auf dem Ergänzungsanspruch gegen den Erben gemäß den §§ 2325, 2326 „aufbaut" und daher § 2329 nur eine „Richtungs- oder Haftungsverlagerung" bewirkt[25].

8 **4. Subsidiarität der Haftung des Beschenkten.** Weiter setzt § 2329 voraus, dass der Erbe **zur Ergänzung des Pflichtteils nicht verpflichtet** sein darf. Dies muss aber auf **Rechtsgründen** beruhen. Dies ist der Fall, wenn der Erbe zulässiger Weise seine Haftung beschränkt hat und der Nachlass zur Begleichung des Pflichtteilsergänzungsanspruchs nicht reicht (§§ 1975 ff, 1990, 1991 Abs 4, 2060, § 327 InsO). Dabei genügt auch die Dürftigkeitseinrede[26] und beim Miterben, wenn er nach § 2060 nur als Teilschuldner haftet[27]. Die Ergänzungspflicht des Erben entfällt auch, wenn der pflichtteilsberechtigte Erbe die Ergänzung zur Verteidigung seines eigenen Gesamtpflichtteils nach § 2328 verweigern kann[28]. Dabei ist umstritten, ob der Beschenkte bereits im Fall des **bloßen Bestehens** der **entsprechenden Einreden** oder Haftungsbeschränkungsmöglichkeiten oder erst bei deren Geltendmachung haftet[29]. Wenn man jedoch an das Erheben der Einrede, etwa nach § 2328 keine zu großen Anforderungen stellt und dies bereits bei Verweigerung der Pflichtteilsergänzung annimmt[30] oder gar unterstellt[31], sind die praktischen Unterschiede gering. Dagegen muss nach der Gesetzessystematik der Erbe, der sonst unbeschränkt haftet, von seinen Rechten zur Haftungsbeschränkung aktiv Gebrauch machen, sonst hat er für die Erfüllung des Ergänzungsanspruchs aufzukommen und es tritt keine Haftungsverlagerung auf den Beschenkten ein[32]. § 2329 findet aber **keine Anwendung,** wenn der Anspruch gegen den unbeschränkt haftenden Erben lediglich aus **tatsächlichen Gründen** nicht durchsetzbar ist, weil er zahlungsunfähig ist oder aus sonstigen Gründen nicht belangt werden kann. Andernfalls würde man den Beschenkten mit dem Insolvenzrisiko des Erben belasten, während dies im Allgemeinen dem Gläubiger aufgebürdet wird, ohne dass dem Gesetz für den vorliegenden Fall abweichendes zu entnehmen ist. Vielmehr spricht Abs 1 S 1 sogar ausdrücklich davon, dass der Erbe zur Ergänzung „nicht verpflichtet sein darf". Zudem würde dies auch zu praktischen Abgrenzungsschwierigkeiten führen[33]. Auch der bloße Umstand, dass **kein Nachlass**

---

[20] BGHZ 17, 336, 338 f = NJW 1955, 1185; *Lange/Kuchinke* § 37 X Fn 533; HdB Pflichtteilsrecht/*Tanck* § 14 Rn 208 f; eingehend *Schindler,* Pflichtteilsberechtigter Erbe, Rn 940 ff.
[21] Zur erweiternden Auslegung der Vorschrift idS *Zöller/Vollkommer* § 72 ZPO Rn 8; *Musielak/Weth* § 72 ZPO Rn 6; *Palandt/Heinrichs* § 204 Rn 21; BGHZ 8, 80.
[22] *Musielak/Weth* § 74 ZPO Rn 5; *Zöller/Vollkommer* § 74 ZPO Rn 5.
[23] MünchKommBGB/*Lange* Rn 16; *Staudinger/Olshausen* Rn 65; *Groll/Rösler* C VI Rn 243; aA *Schindler,* Pflichtteilsberechtigter Erbe, Rn 944 ff, wonach die zu § 528 Abs 2 entwickelten Grundsätze mit einer im Außenverhältnis eintretenden vollen Haftung auch hier entspr anzuwenden sind.
[24] *Staudinger/Olshausen* Rn 66; *Soergel/Dieckmann* Rn 27; *Schindler,* Pflichtteilsberechtigter Erbe, Rn 949.
[25] *Schindler,* Pflichtteilsberechtigter Erbe, Rn 701 ff; s auch Rn 12.
[26] BGHZ 80, 205, 209; BGH LM Nr 10 = NJW 1974, 1327; LM § 2325 Nr 2 = NJW 1961, 870; RGZ 58, 124, 127; 80, 135, 136; *Lange/Kuchinke* § 37 X 7 a; MünchKommBGB/*Lange* Rn 2; *Staudinger/Olshausen* Rn 8; *Lenz/Riedel* ZErb 2002, 4, 5; *Schindler,* Pflichtteilsberechtigter Erbe, Rn 722 mwN.
[27] OLG Schleswig OLGR 1999, 369; *Staudinger/Olshausen* Rn 8; *Schindler,* Pflichtteilsberechtigter Erbe, Rn 722; *Groll/Rösler* C VI Rn 241.
[28] BGHZ 80, 205, 209; RGZ 58, 124, 127; 80, 135, 136; OLG Koblenz NJW-RR 2002, 512, 514; OLG Zweibrücken NJW 1977, 1825; MünchKommBGB/*Lange* Rn 4; *Lenz/Riedel* ZErb 2002, 4, 5; *Schindler,* Pflichtteilsberechtigter Erbe, Rn 711 ff mwN; aA *Planck/Strohal* Anm 1.
[29] Das bloße Bestehen der Einrede- bzw Haftungsbeschränkungsmöglichkeit lassen genügen: *Pentz* MDR 1998, 132, 133; *Soergel/Dieckmann* Rn 7; *Kipp/Coing* § 13 VI 1; *Michalski* Rn 611; aA für § 2328 MünchKommBGB/*Lange* Rn 3; *Schlüter* Rn 1009; *Staudinger/Olshausen* Rn 8; *Schindler,* Pflichtteilsberechtigter Erbe, Rn 717 für § 2328; für Haftungsbeschränkung *Schindler,* Pflichtteilsberechtigter Erbe, Rn 745 ff; MünchKommBGB/*Lange* Rn 4; *Klingelhöffer* Rn 104; *Lenz/Riedel* ZErb 2002, 4, 5; OLG Schleswig OLGR 1999, 369; wohl auch *Damrau/Riedel/Lenz* Rn 14; als obiter dictum jeweils BGH ZEV 2000, 274; OLG Koblenz NJW-RR 2002, 512, 514.
[30] So OLG Zweibrücken NJW 1977, 1825; AnwK-BGB/*Bock* Rn 16; KK-Erbrecht/*Linder* Rn 9; *Lange/Kuchinke* § 37 X Fn 525; *Staudinger/Olshausen* Rn 9; strenger *Schindler,* Pflichtteilsberechtigter Erbe, Rn 609.
[31] BGHZ 80, 205, 209; jurisPK/*Birkenheier* Rn 35 – sehr weitgehend.
[32] *Schindler,* Pflichtteilsberechtigter Erbe, Rn 745 ff.
[33] OLG Schleswig OLGR 1999, 369; AnwK-BGB/*Bock* Rn 15; *Groll/Rösler* C VI Rn 342; jurisPK/*Birkenheier* Rn 36; KK-Erbrecht/*Linder* Rn 9; *Klingelhöffer* Rn 104; *Lange/Kuchinke* § 37 X 7 a; MünchKommBGB/*Lange*

vorhanden oder der vorhandene Nachlass überschuldet ist, ist entspr dem Wortlaut der Norm kein selbstständiger Grund dafür, dass die Haftung auf den Beschenkten übergeht, und zwar insbes auch dann, wenn der Erbe die Haftungsbeschränkung verloren hat[34]. Nur für den Fall des **pflichtteilsberechtigten Alleinerben** (Abs 1 S 2) gilt hiervon eine Ausnahme: Da sich hier der Ergänzungsanspruch mangels eines anderen Erben, der Schuldner desselben sein kann, primär und von vorneherein gegen den Beschenkten richtet, besteht keine Notwendigkeit, aus Gründen der Haftungsabgrenzung die Haftung des Beschenkten daran zu knüpfen, ob der Erbe den Nachlassgläubigern gegenüber unbeschränkt haftet[35]. Jedoch tritt die Haftungsverlagerung auf den Beschenkten auch hier insoweit nicht ein, als entspr dem Rechtsgedanken des § 1991 Abs 1 ein Wertverfall des Nachlasses auf einem Verschulden des Erben gegen sich selbst zurück zu führen wäre[36]. Die Ersatzhaftung des Beschenkten besteht auch nicht in den seltenen Fällen, in denen der Ergänzungsanspruch zwar gegen den Erben, nicht aber gegen den Beschenkten **verjährt** ist, weil sich der Ergänzungsberechtigte selbst diese Folge zurechnen lassen muss[37].

III. Rechtsfolge

1. Anspruchsinhalt. Der Anspruch richtet sich auf „Herausgabe des Geschenks zum Zwecke der Befriedigung wegen des fehlenden Betrags nach den Vorschriften über die ungerechtfertigte Bereicherung." Daher geht er auf Geldzahlung nur bei Geldgeschenken oder wenn das Geschenk nicht mehr vorhanden und es zur Wertersatzhaftung nach § 818 Abs 2 kommt, weil sich der Beschenkte nicht auf eine Entreicherung berufen kann (§§ 818 Abs 2 und 4, 819)[38]. Andernfalls geht der Anspruch des Pflichtteilsberechtigten auf **Duldung der Zwangsvollstreckung** in das Sachgeschenk in Höhe des zu beziffernden Fehlbetrags (analog §§ 1973 Abs 2 S 1, 1990 Abs 1 S 2)[39], ohne Berücksichtigung etwa für den Beschenkten geltender Pfändungsbeschränkungen nach § 811 ZPO[40], nicht jedoch auf Geldzahlung und zwar auch dann nicht, wenn es sich um einen unteilbaren Gegenstand handelt, dessen Wert über dem Pflichtteilsergänzungsanspruch liegt[41]. Daher ist eine auf § 2325 gestützte Zahlungsklage als unbegründet abzuweisen, wenn sich in diesen Fällen die Unzulänglichkeit des Nachlasses (§ 1990) herausstellt[42]. 9

Bei einem noch nicht erfüllten Schenkungsversprechen ist der Erfüllungsanspruch herauszugeben[43]. Der Beschenkte hat jedoch gegen den Anspruch aus § 2329 Abs 1 eine **Abwendungsbefugnis** und kann die Zwangsvollstreckung durch Zahlung des fehlenden Geldbetrags abwenden **(Abs 2)**. Für dessen Ermittlung gelten die Wertansätze des § 2325 Abs 2[44]. Dabei ist jedoch zu beachten, dass der auf Duldung der Zwangsvollstreckung verklagte Beschenkte sich die Möglichkeit dieser Ersetzungsbefugnis im Urteil vorbehalten lassen muss[45] und der auf Grund der Ersetzungsbefugnis zu bezahlende Betrag höher als die Haftung sein kann, die sich nach § 2329 Abs 1 ergibt, da dort der Entreicherungseinwand möglich ist[46]. 10

2. Haftung nach Bereicherungsrecht. Im Übrigen bestimmt sich die **Haftung** (nicht über die Höhe des Ergänzungsanspruchs) auf Grund der **Rechtsfolgeverweisung**[47] des Abs 1 S 1 nach Bereicherungsrecht. Surrogate und gezogene Nutzungen sind demnach herauszugeben oder unterliegen der Duldung der Zwangsvollstreckung (§ 818 Abs 1); bei einer Veräußerung oder Belastung wird Wertersatz 11

Rn 3; *Palandt/Edenhofer* Rn 2; *Soergel/Dieckmann* Rn 8; RGRK/*Johannsen* Rn 2; *v. Lübtow* I S 597; *Schlüter* Rn 1009; *Ebenroth* Rn 984; *Pentz* MDR 1998, 132, 133; *Gottwald* Rn 4; *Schindler*, Pflichtteilsberechtigter Erbe, Rn 768 ff; *Damrau/Riedel/Lenz* Rn 17; jetzt auch *Kerscher/Riedel/Lenz* § 10 Rn 19; sowohl auch BGHZ 85, 274, 280 ff = NJW 1983, 1485, inzident durch Prüfung der §§ 1990, 1991; aA AK/*Däubler* Rn 3; *Kipp/Coing* § 13 IV 2; *Staudinger/Olshausen* Rn 10; *Michalski* Rn 554 b; *Kerscher/Tanck* Pflichtteilsrecht, 2. Aufl, § 7 Rn 124 unter Hinweis auf Manipulationsmöglichkeiten, wonach eine nicht solvente Person als Erbe eingesetzt wird, um den Anspruch aus § 2329 abzuwehren und damit die Schenkung ergänzungsfest zu machen – sehr weit hergeholt.
[34] MünchKommBGB/*Lange* Rn 3; *Soergel/Dieckmann* Rn 8; *Schindler*, Pflichtteilsberechtigter Erbe, Rn 745 ff; aA *Staudinger/Olshausen* Rn 7; RGRK/*Johannsen* Rn 1; *Pentz* MDR 1998, 132, 133; *Michalski* Rn 611; OLG Düsseldorf FamRZ 1996, 445.
[35] *Kipp/Coing* § 13 VIII; *Nieder* Rn 176; *Schindler*, Pflichtteilsberechtigter Erbe, Rn 785; *Soergel/Dieckmann* Rn 12.
[36] *Soergel/Dieckmann* Rn 12.
[37] *Soergel/Dieckmann* Rn 9; *Schindler*, Pflichtteilsberechtigter Erbe, Rn 775; jurisPK/*Birkenheier* Rn 36.
[38] AnwK-BGB/*Bock* Rn 19; *Damrau/Riedel/Lenz* Rn 20; *Staudinger/Olshausen* Rn 21; *Soergel/Dieckmann* Rn 18; MünchKommBGB/*Frank* Rn 9; *Schindler*, Pflichtteilsberechtigter Erbe, Rn 813 ff.
[39] BGHZ 85, 275, 282 = NJW 1983, 1485; BGHZ 17, 336, 339; RG LZ 1932, 392, 393; *Palandt/Edenhofer* Rn 6; MünchKommBGB/*Frank* Rn 8; *Soergel/Dieckmann* Rn 18; *Schindler*, Pflichtteilsberechtigter Erbe, Rn 804; zum Klageantrag s etwa AnwK-BGB/*Bock* Rn 38 ff; HdB Pflichtteilsrecht/*Tanck* § 14 Rn 211.
[40] *v. Lübtow* I S 601.
[41] *Schindler*, Pflichtteilsberechtigter Erbe, Rn 804; *Soergel/Dieckmann* Rn 18; *Staudinger/Olshausen* Rn 35. Dies wird bei dem ähnlich ausgestalteten Anspruch aus § 528 anders gesehen, bei dem in diesen Fällen Wertersatz geschuldet ist (BGHZ 94, 141, 143 f = NJW 1985, 2419; NJW 1996, 987; dazu *Littig/J. Mayer*, Sozialhilferegress gegenüber Erben und Beschenkten, 1999, Rn 44 ff; *Schindler*, Pflichtteilsberechtigter Erbe, Rn 804 Fn 1338). Dies ließe sich auch bei § 2329 aus der Wendung „soweit" entnehmen.
[42] BGH ZEV 2000, 274; LM Nr 2 zu § 2325 = NJW 1961, 870.
[43] *Staudinger/Olshausen* Rn 34; *Soergel/Dieckmann* Rn 18.
[44] BGHZ 147, 95, 98 = NJW 2001, 2398; *Soergel/Dieckmann* Rn 18; *Staudinger/Olshausen* Rn 35.
[45] *Schindler*, Pflichtteilsberechtigter Erbe, Rn 849; entgegen HdB Pflichtteilsrecht/*Tanck* § 14 Rn 207 muss die Ersetzungsbefugnis daher noch nicht im Klageantrag des Pflichtteilsberechtigten berücksichtigt sein.
[46] *Schindler*, Pflichtteilsberechtigter Erbe, Rn 848; *Staudinger/Olshausen* Rn 35.
[47] RGZ 139, 17, 22; AnwK-BGB/*Bock* Rn 20; *Schindler*, Pflichtteilsberechtigter Erbe, Rn 817.

§ 2329   Buch 5. Abschnitt 5. Pflichtteil

geschuldet (§ 818 Abs 2), der auch hier nur auf Zahlung gerichtet ist. Umgekehrt kann sich der Beschenkte grds auf den Einwand der Entreicherung berufen (§ 818 Abs 3). Damit trägt der Pflichtteilsberechtigte die Gefahr eines **zufälligen Untergangs** oder einer Verschlechterung der Schenkung[48]. Die im Zusammenhang mit der Schenkung entstandenen Kosten und Aufwendungen mindern ebenfalls die Bereicherung[49]. Die Bereicherung entfällt, wenn die Schenkung von einem Insolvenzverwalter oder einem Gläubiger angefochten wird (§ 134 InsO, § 4 AnfG)[50]. Bei einem Weiterverschenken vor oder nach dem Erbfall ist allerdings auf Grund der umfassenden Rechtsfolgeverweisung § 822 anzuwenden[51], zumal ansonsten über § 826 nur in Ausnahmefällen eine Haftung des neuen Erwerbers begründet werden kann[52]. Die **verschärfte Haftung** nach §§ 818 Abs 4, 819 Abs 1 kann vor dem Erbfall nicht eintreten, da der Anspruch nicht vorher entsteht und es daher an dem erforderlichen positiven Wissen des Beschenkten von seiner Verpflichtung fehlt[53]. Liegt jedoch eine verschärfte Haftung vor, so ist bei **Geld- und Wertersatzansprüchen** der Einwand der Entreicherung nicht mehr möglich[54]. Bei **Herausgabeansprüchen** ist dagegen umstritten, ob eine umfassende bereicherungs- oder **verschuldensunabhängige Wertersatzhaftung** besteht oder sich auf Grund der Verweisung nach §§ 292 Abs 1, 990 Abs 2, 287 S 2 und §§ 292 Abs 1, 992, 848 nur im Falle des Verzugs oder des deliktischen Verhaltens eine verschuldensunabhängige Garantiehaftung[55]. Man kann für § 2329 die Streitfrage danach beurteilen, ob es sich hier um einen Anfechtungsanspruch zur Realisierung des Pflichtteilsergänzungsanspruchs handelt und es daher entspr der Rechtslage im Anfechtungsrecht keine Zufallshaftung bei Untergang oder Verschlechterung des Haftungsobjekts gibt[56]; zum gleichen Ergebnis gelangt man, wenn man im Wege der systematischen Interpretation zutreffender Weise die Subsidiarität der Haftung des Beschenkten betont.

12 **3. Rechtsähnlichkeit von § 2325 und § 2329.** Auch wenn sich der gegen den Beschenkten gerichtete Pflichtteilsergänzungsanspruch von dem Anspruch nach § 2325 unterscheidet[57], weil er **inhaltlich** auf Duldung der Zwangsvollstreckung gerichtet ist und sich der **Umfang** der Haftung nach Bereicherungsrecht bestimmt, so sind iÜ die Ansprüche aus § 2329 und § 2325 „**dem Grunde nach**" gleich[58], also rechtsähnlich[59]. Entstehung, Vererblichkeit und Übertragbarkeit des Anspruchs nach § 2329 bestimmen sich nach § 2317, die Pfändbarkeit nach § 852 ZPO; Pflichtteilsrecht ist auch maßgeblich für die Entziehung, Verzicht und Unwürdigkeit; auch die 10-Jahresfrist des § 2325 Abs 3 gilt für § 2329[60].

13 **4. Beschränkung der Haftung.** Die Haftung des Beschenkten ist mehrfach beschränkt[61]: **Objektmäßig** auf das Schenkungsobjekt nach den Grundsätzen des Bereicherungsrechts (Rn 11). Aber auch **betragsmäßig** ist die Haftung beschränkt auf den **exakten Fehlbetrag** in Höhe der Differenz zwischen der Pflichtteilsergänzung, die der Pflichtteilsberechtigte nach § 2325 beanspruchen kann, und demjenigen, zu dessen Leistung der Erbe oder in den Fällen des § 2329 Abs 3 der später Beschenkte iS von § 2329 verpflichtet ist[62]. Durch diese ziffernmäßige Höchstgrenze ist gewährleistet, dass der Anspruch aus § 2329 Abs 1 nie den Gesamtpflichtteil, bestehend aus ordentlichem Pflichtteil und Ergänzungspflichtteil, umfasst und nur den vollen Ergänzungsanspruch nach § 2325, wenn der Erbe diesen in voller Höhe abwehren kann[63]. Ist der Beschenkte selbst Pflichtteilsberechtigter, so findet § 2328 nach zutreffender Ansicht des BGH entsprechende Anwendung, so dass der Beschenkte seinen eigenen, ggf **ergänzten Pflichtteil** verteidigen kann, und damit der Ergänzungsanspruch noch weiter verkürzt wird[64]. Umstritten ist, ob bei einem **entgeltlichen Erb- oder Pflichtteilsverzicht,** sofern

---

[48] AnwK-BGB/*Bock* Rn 21; *Staudinger/Olshausen* Rn 25; *Spellenberg* FamRZ 1974, 357, 358.
[49] RG Recht 1908 Nr 994; *Damrau/Riedel/Lenz* Rn 21; *Soergel/Dieckmann* Rn 19; MünchKommBGB/*Lange* Rn 9; RGRK/*Johannsen* Rn 12.
[50] RG LZ 1928, 53; AnwK-BGB/*Bock* Rn 21; MünchKommBGB/*Lange* Rn 9; Palandt/Edenhofer Rn 6.
[51] AnwK-BGB/*Bock* Rn 31; *Damrau/Riedel/Lenz* Rn 21; jurisPK/*Birkenheier* Rn 44; *Lange/Kuchinke* § 37 X Fn 534; MünchKommBGB/*Lange* Rn 11; *Staudinger/Olshausen* Rn 30; *Soergel/Dieckmann* Rn 19; offen gelassen in BGHZ 80, 205, 211 f = NJW 1981, 1446; zum ähnlich strukturierten Anspruch nach § 528 hat BGHZ 106, 354, 357 f die Haftung nach § 822 bejaht.
[52] MünchKommBGB/*Lange* Rn 10; *Staudinger/Olshausen* Rn 29; *Lange/Kuchinke* § 37 X Fn 535.
[53] *Lange/Kuchinke* § 37 X 7 c; AnwK-BGB/*Bock* Rn 30; MünchKommBGB/*Lange* Rn 10; *Schindler,* Pflichtteilsberechtigter Erbe, Rn 834; *Staudinger/Olshausen* Rn 29.
[54] BGHZ 83, 293, 298 ff; Palandt/*Sprau* § 818 Rn 53; *Schindler,* Pflichtteilsberechtigter Erbe, Rn 839.
[55] Palandt/*Sprau* § 818 Rn 53.
[56] So *Schindler,* Pflichtteilsberechtigter Erbe, Rn 842.
[57] S etwa *Staudinger/Olshausen* Rn 38 ff.
[58] BGH LM Nr 10 = NJW 1974, 1327; BGHZ 80, 205, 210; RGZ 58, 124, 128; 81, 204.
[59] MünchKommBGB/*Lange* Rn 13 mwN; demgegenüber nahm vor allem die ältere Auffassung ein Anfechtungsrecht in form eines Bereicherungsanspruchs an; ähnlich jetzt wieder *Schindler,* Pflichtteilsberechtigter Erbe, Rn 869 ff, 906 f, der von einem haftungsrechtlichen Anfechtungsanspruch zur Realisierung des Pflichtteilsergänzungsanspruch spricht.
[60] MünchKommBGB/*Lange* Rn 8; *Staudinger/Olshausen* Rn 42 f.
[61] *Schindler,* Pflichtteilsberechtigter Erbe, Rn 817.
[62] BGHZ 107, 200, 203 f; AnwK-BGB/*Bock* Rn 30; *Lange/Kuchinke* § 37 X 7 c; MünchKommBGB/*Lange* Rn 9; *Staudinger/Olshausen* Rn 23; *Schindler,* Pflichtteilsberechtigter Erbe, Rn 810.
[63] *Schindler,* Pflichtteilsberechtigter Erbe, Rn 810.
[64] BGHZ 85, 274, 284 = NJW 1983, 1485 für Fall, dass Beschenkter Erbe ist, so dass ohnehin § 2328 gilt; OLG Koblenz ZEV NJW-RR 2002, 512, 514; jurisPK/*Birkenheier* Rn 21; *Klingelhöffer* Rn 103, 107; Palandt/Edenhofer Rn 3; *Staudinger/Olshausen* Rn 36; zweifelnd MünchKommBGB/*Lange* Rn 5; aA *Otta,* Vorausleistungen auf den Pflichtteil, 2000, S 155 ff, 168 ff; ausf *Schindler,* Pflichtteilsberechtigter Erbe, Rn 967 ff.

man in der Abfindung eine ergänzungspflichtige Zuwendung sieht (§ 2325 Rn 13), zu Gunsten des Abfindungsempfängers § 2328 ebenfalls analog anzuwenden ist[65]. Entspr dem in § 2328 enthaltenen Rechtsgedanken wird man in Höhe des dem abgefundenen Pflichtteilsberechtigten zustehenden Gesamtpflichtteils wegen Fehlens einer „ungerechtfertigten Bereicherung" einen Anspruch nach § 2329 Abs 1 abzulehnen haben[66].

IV. Anspruchskonkurrenzen

Die gleiche Schenkung kann einerseits Ansprüche des Vertragserben nach § 2287 und andererseits des Pflichtteilsberechtigten nach § 2329 auslösen, die grds selbstständig nebeneinander stehen[67]. Setzt der **Vertragserbe** seinen Anspruch **schneller** durch, so führt diese Leistung nicht zu einem „Wiederaufleben" der Haftung des Erben für den Anspruch aus § 2325, da der Anspruch aus § 2287 nicht zum Nachlass gehört[68]; teilweise wird auch ein Entfallen der Haftung des Beschenkten aus § 2329 Abs 1 wegen der durch die Erfüllung des Anspruchs nach § 2287 eingetretenen Entreicherung bejaht[69]. Richtigerweise stand aber dem Vertragserben in Höhe des Pflichtteilsanspruchs gar kein Anspruch nach § 2287 zu, da es an der erforderlichen objektiven Beeinträchtigung seiner Rechtsstellung fehlte. Daher hat insoweit der Beschenkte zu viel geleistet und besitzt einen Anspruch aus § 812 Abs 1 S 1, den der Pflichtteilsberechtigte nach §§ 2329 Abs 1, 818 Abs 2 herausverlangen kann[70]. War der **Pflichtteilsberechtigte schneller,** so gebührt dem Vertragserben im Falle der Verwertung des ganzen Geschenks durch Zwangsvollstreckung der über den Pflichtteil hinausgehende Mehrerlös, soweit aber die Abwendungsbefugnis nach § 2329 Abs 2 ausgeübt wird, das Geschenk gegen Erstattung des gezahlten Pflichtteilsanspruchs[71]. Soweit dem **pflichtteilsberechtigten Erben** wegen der gleichen Schenkung **sowohl** Ansprüche nach **§ 2329** (iVm § 2326) wie auch nach **§§ 2287, 2288** zustehen, ist nach Ansicht des BGH der Anspruch aus § 2329 subsidiär, weil es insoweit an dem hierfür erforderlichen Fehlbetrag fehle[72], während in der Lit überwiegend dem Pflichtteilsberechtigten ein Wahlrecht zugebilligt wird, welchen der Ansprüche er geltend machen will, da diese unterschiedliche Zwecke und Rechtsfolgen haben[73]. Da jedoch der Anspruch nach den §§ 2287, 2288 für den Berechtigten regelmäßig günstiger ist, weil er die Herausgabe der gesamten beeinträchtigenden Schenkung ermöglicht, ist die Streitfrage letztlich akademisch.

Eine Konkurrenz von § 2329 Abs 1 mit dem Rückforderungsanspruch bei **Verarmung des Schenkers** nach § 528 ist möglich, wenn der Anspruch nach § 528 nach dem Tod des Schenkers ausnahmsweise noch fortbesteht, was insbes bei einer Überleitung auf einen Sozialhilfeträger nach § 93 SGB XII (früher § 90 BSHG) in Betracht kommt[74]. Insoweit ist dann dieser Anspruch gegenüber denen nach §§ 2325, 2329 **vorrangig**, da er den Lebensbedarf des Schenkers bei Verarmung sicherstellen sollte und daher bei Erfüllung zu Lebzeiten des Erblassers auch den Nachlass gemindert hätte; er darf daher nicht zur Bildung eines fiktiven Nachlasses herangezogen werden[75]. Der Anspruch aus § 2329 kann bei der Zugewinngemeinschaft auch mit dem nach **§ 1390** konkurrieren, wobei beide Ansprüche unabhängig und kumulativ neben einander bestehen können[76]. Kommt es etwa zur güterrechtlichen Lösung (§ 1371 Abs 2), so kann der überlebende Ehegatte gegen den Beschenkten § 1390 vorgehen und daneben noch Ergänzung seines „kleinen Pflichtteils" nach § 2329 Abs 1 verlangen, jedoch nur berechnet aus dem Nachlass abzüglich des Anspruchs nach § 1390, da der güterrechtliche Anspruch insoweit dem erbrechtlichen vorgeht[77].

---

[65] Dafür Michalski 2. Aufl Rn 479 b; für einschränkende Auslegung des Verzichtsvertrags, damit die anderen Pflichtteilsberechtigten nicht auf die Abfindung zugreifen können, Pentz FamRZ 1998, 660, 663; unklar Schindler, Pflichtteilsberechtigter Erbe, Rn 1039.
[66] So Speckmann NJW 1970, 117, 121; Kollhosser AcP 194 (1994), 231, 261.
[67] AnwK-BGB/Bock Rn 25; MünchKommBGB/Lange Rn 17; Soergel/Dieckmann Rn 30; jurisPK/Birkenheier Rn 45.
[68] Für analoge Anwendung des § 2329 Lange/Kuchinke § 37 IX 7 d. Die fehlende Nachlasszugehörigkeit übersieht Soergel/Dieckmann Rn 30.
[69] AnwK-BGB/Bock Rn 26; Staudinger/Olshausen Rn 52; AnwK-BGB/Bock Rn 26; Lange/Kuchinke § 37 X 7 d; Vorauft Rn 14; unklar MünchKommBGB/Lange Rn 17.
[70] Muscheler FamRZ 1994, 1361, 1367; iE ebenso Schindler, Pflichtteilsberechtigter Erbe, Rn 1059, wobei dort der Gedankengang nicht richtig deutlich wird.
[71] Schindler, Pflichtteilsberechtigter Erbe, Rn 1059; teilweise anders Staudinger/Olshausen Rn 52.
[72] BGHZ 111, 138, 142 = NJW 1990, 2063; offenbar ist damit ein Ausschluss aus Konkurrenzgründen gemeint, vgl Schindler Pflichtteilsberechtigter Erbe, Rn 1061.
[73] MünchKommBGB/Lange Rn 18; Soergel/Dieckmann Rn 2; Muscheler FamRZ 1994, 1361, 1367 Fn 42; Staudinger/Olshausen Rn 52; Schindler, Pflichtteilsberechtigter Erbe, Rn 1061 f.
[74] S etwa BGHZ 96, 380, 383 = NJW 1986, 1606 bei Überleitung zu Lebzeiten des Schenkers; BGHZ 123, 264 ff = NJW 1994, 256; BGH NJW 1995, 2287; vgl auch Littig/J. Mayer, Sozialhilferegress gegenüber Erben und Beschenkten, 1999, Rn 42.
[75] AnwK-BGB/Bock Rn 28; Damrau/Riedel/Lenz Rn 25; jurisPK/Birkenheier Rn 46; Staudinger/Olshausen Rn 53; Soergel/Dieckmann Rn 37 m Beispiel; MünchKommBGB/Lange Rn 19; Lange/Kuchinke § 37 X 7 e; teils abw Schindler, Pflichtteilsberechtigter Erbe, Rn 1064 ff, der das Konkurrenzproblem auf der „Rechtsfolgenseite" lösen will und vom Pflichtteilsergänzungsanspruch, berechnet aus dem ungekürzten Nachlass, den Anspruch aus § 528 abzieht.
[76] Staudinger/Olshausen Rn 3; Staudinger/Thiele § 1390 Rn35; Schindler, Pflichtteilsberechtigter Erbe, Rn 1070.
[77] Schindler, Pflichtteilsberechtigter Erbe, Rn 1070; Rauscher Familienrecht Rn 439.

V. Verfahrensfragen

16   Die **Beweislast** für die fehlende Verpflichtung des Erben (Rn 8) trägt der Pflichtteilsberechtigte[78]. Dagegen hat der Pflichtteilsberechtigte zu beweisen, dass der später Beschenkte iS von Abs 3 nicht verpflichtet ist[79].

17   Der Beschenkte ist dem Pflichtteilsberechtigten, der nicht Erbe ist, entspr § 2314 **auskunftspflichtig**, sofern nicht dieser vom Erben bereits Auskunft erhalten hat[80]. Ein Anspruch auf **Wertermittlung** gegen den Beschenkten und auf dessen Kosten analog § 2314 Abs 1 S 2 (eingehend § 2314 Rn 8) besteht nicht[81].

18   Der Anspruch aus § 2329 verjährt kenntnisunabhängig binnen drei Jahren nach Eintritt des Erbfalls (§ 2332 Abs 2); die **Verjährung** wird auch durch eine auf § 2325 gestützte Klage gegen den beschenkten Miterben nach § 204 Abs 1 Nr 1 nF gehemmt[82].

§ 2330 Anstandsschenkungen

Die Vorschriften der §§ 2325 bis 2329 finden keine Anwendung auf Schenkungen, durch die einer sittlichen Pflicht oder einer auf den Anstand zu nehmenden Rücksicht entsprochen wird.

I. Normzweck

1   Wie auch in anderen Vorschriften (§§ 534, 814, 1425 Abs 2, 1641, 1804, 2113 Abs 2, 2205) nehmen Pflicht- und Anstandsschenkungen im Pflichtteilsrecht eine Sonderstellung ein[1], und werden mit Rücksicht auf den Erblasser und den Beschenkten und die zwischen ihnen bestehenden besonderen Beziehungen von der Pflichtteilsergänzung ausgenommen. Im Hinblick auf den weit reichenden Umgehungsschutz, den der Pflichtteilsergänzungsanspruch dem Pflichtteilsberechtigten bietet, ist die Reichweite der Ausnahmevorschrift immer im Hinblick auf den Schutz des Pflichtteilsberechtigten zu bestimmen.

II. Anstands- und Pflichtschenkung

2   **Anstandsschenkungen** sind **kleinere Zuwendungen** aus besonderem Anlass, wie die üblichen Gelegenheitsgaben zu bestimmten Tagen oder Anlässen (Weihnachten, Geburtstag) oder wie das Trinkgeld. Für die einzelfallbezogene Einordnung spielt die örtliche oder gesellschaftliche Verkehrssitte eine große Rolle[2]. Dabei ist auf die Ansichten und Gepflogenheiten der dem Schenker sozial Gleichgestellten abzustellen, insbes, ob die Unterlassung des Geschenks zu einer Einbuße an Achtung in diesem Personenkreis führen würde. Bei außergewöhnlichen Schenkungsobjekten, etwa Grundbesitz ist dies kaum zu bejahen (eingehend § 1375 Rn 41)[3]. Umfasst die Schenkung die Hälfte des wesentlichen Teils des Schenkervermögens, ist eine Anstandsschenkung aber nicht gegeben[4]. Eine Anstandspflicht des Erblassers, seine von ihm getrennt lebende Ehefrau, gegen die er Scheidungsklage erhoben hat, für die Zeit nach seinem Tode zu versorgen, besteht nicht[5].

3   Schenkungen auf Grund einer **sittlichen Pflicht** können demgegenüber einen erheblichen Wert haben[6]; insbes fallen hierunter Unterhaltszahlungen für nahe Verwandte[7] und solche mit der Motivation der zusätzlichen Alterssicherung[8]. UU kann auch die Zuwendung eines Grundstücks oder eines Nießbrauchs aus Dankbarkeit für unbezahlte langjährige Dienste im Haushalt oder für unentgeltliche Pflege und Versorgung einer sittlichen Pflicht entsprechen[9]. Eine Schenkung erfolgt aber nicht schon

---

[78] RGZ 80, 135, 136; RG LZ 1932, 393; AnwK-BGB/*Bock* Rn 33; *Soergel/Dieckmann* Rn 33; jurisPK/*Birkenheier* Rn 47.
[79] AnwK-BGB/*Bock* Rn 33; jurisPK/*Birkenheier* Rn 48.
[80] BGHZ 55, 378; 89, 24; BGH NJW 1985, 384.
[81] BGHZ 107, 200, 203 f = NJW 1989, 2887.
[82] AnwK-BGB/*Bock* Rn 34; *Damrau/Riedel/Lenz* Rn 28; vor Inkrafttreten des SMG trat Unterbrechung der Verjährung ein, vgl BGHZ 107, 200, 202 f.
[1] Überblick etwa bei *Staudinger/Wimmer-Leonhardt* § 534 Rn 4.
[2] BGH LM Nr 5 = NJW 1984, 2939, 2340; BGH LM § 534 Nr 2 = WM 1980, 1336; MünchKommBGB/*Kollhosser* Rn 5, *Staudinger/Wimmer-Leonhardt* Rn 9, *Erman/Seiler* Rn 3, *Palandt/Weidenkaff* Rn 3, jeweils § 534; zu Unrecht meint daher MünchKommBGB/*Lange* Rn 2, dass im Schenkungsrecht – anders als im Pflichtteilsrecht – „keine Wertobergrenze" bestehe.
[3] *Palandt/Weidenkaff* Rn 3.
[4] LM Nr 5 = NJW 1984, 2939, 2340.
[5] BGH LM Nr 4 = FamRZ 1982, 165.
[6] Nach BGH WM 1978, 905, OLG Celle HRR 1934 Nr 942 steht nicht entgegen, dass dadurch der Nachlass im Wesentlichen ausgeschöpft wird.
[7] BGH LM Nr 5 = NJW 1984, 2939; DRsp I (174) 187; MünchKommBGB/*Kollhosser* § 530 Rn 5; vgl auch zur Sicherung des Lebensunterhaltes für den Partner einer nichtehelichen Lebensgemeinschaft RG LZ 1923, 448, 449; BGH LM § 138 C d Nr 22 = WM 1983, 19, 21.
[8] BGH LM ZPO § 282 Nr 18 = NJW 1981, 2458, 2459; LM Nr 4 = FamRZ 1982, 165.
[9] BGH WM 1977, 1410, 1411; WM 1978, 905; NJW 1984, 2939; im entschiedenen Fall anders OLG Koblenz NJW-RR 2002, 512, 514.

§ 2330

dann aus sittlicher Pflicht, wenn sie im Rahmen des sittlich noch zu Rechtfertigenden bleibt, sondern nur, wenn sie in der Weise sittlich geboten war, dass ein **Unterlassen der Zuwendung** dem Erblasser als Verletzung der für ihn bestehenden sittlichen Pflicht zur Last zu legen wäre[10]. Dies richtet sich nach den Umständen des Einzelfalls; dabei ist **abzuwägen**, in welchem Maße die Belange von Schenker und Beschenktem es unabweisbar erscheinen lassen, die gesetzlich vorgeschriebene Mindestbeteiligung des Pflichtteilsberechtigten am Nachlass einzuschränken. Denn zu der sittlichen Pflicht kann gerade gehören, den Pflichtteil des Pflichtteilsberechtigten nicht völlig auszuhöhlen[11]. Daher sind die ergangenen Gerichtsentscheidungen[12] hier noch viel weniger verallgemeinerungsfähig als sonst[13]; zudem ist bei älteren Entscheidungen zu berücksichtigen, dass sich die sozialen Verhältnisse, insbes hinsichtlich Unterhalt und Altersversorgung geändert haben[14]. Auch wies der BGH im Jahre 1984[15] ausdrücklich darauf hin, dass er seine frühere Rspr weiterentwickelt hat. **Kriterien** für die nach objektiven Gesichtspunkten vorzunehmende **Abwägung** können sein: die persönlichen Beziehungen zueinander, ihre Lebensstellung, ihre Vermögens- und Lebensverhältnisse, Quantität und Qualität der Zuwendung und deren Wert zum Restnachlass[16] sowie die zu belohnenden Leistungen des Beschenkten, die nicht bereits über die Ausgleichung nach §§ 2316, 2057 a erfasst werden[17]. Unerheblich ist, ob bei der Schenkung ein entsprechender Hinweis gemacht wurde[18]. Jedoch muss der Schenker sich bewusst sein, dass eine Anstands- oder sittliche Pflicht für die Schenkung bestand, bezieht sie doch daraus ihre innere Rechtfertigung[19]. Nur iÜ kommt es auf die objektiven Umstände an. Auf welchen **Zeitpunkt** für die Beurteilung des Vorliegens einer Pflichtschenkung abzuheben ist, ist umstritten; teilweise wird auf den der Zuwendung abgestellt, um dem Erblasser Sicherheit für seine Nachlassplanung zu geben[20]. Der Schutz des Pflichtteilsberechtigten gebietet aber eher ein Abstellen auf den Erbfall, man denke etwa daran, dass dann der Bedachte zur Sicherung seiner Altersversorgung der Zuwendung nicht mehr bedarf, weil er anderweitig abgesichert ist[21].

Auch eine **belohnende Schenkung** kann eine Anstands- oder Pflichtschenkung sein, muss dies aber nicht[22]. Da die belohnende Schenkung oftmals von den sog „Vorleistungsfällen" schwer abzugrenzen ist, bei denen eine kausale Leistungsverknüpfung zwischen bereits erbrachter früherer Leistung des Empfängers („vorweggenommene Erfüllungshandlung") und der späteren Zuwendung vorliegt und insoweit eine objektive Entgeltlichkeit besteht[23], ist dies genau zu prüfen. 4

Übersteigt eine Schenkung teilweise den von sittlicher Pflicht oder Anstand gebotenen Umfang, so unterliegt nur das **Übermaß** der Pflichtteilsergänzung[24]. 5

---

[10] BGH NJW 1984, 2939; OLG Koblenz NJW-RR 2002, 512, 514; FamRZ 2006, 1789, 1790 f; ZEV 2006, 505 zu § 2287; OLG Naumburg OLGR 2000, 433; vgl etwa auch *Staudinger/Wimmer-Leonhardt* § 534 Rn 7 mwN; zum Pflichtteilsrecht MünchKommBGB/*Lange* Rn 3; *Staudinger/Olshausen* Rn 5.
[11] BGH LM Nr 5 = NJW 1984, 2939 in Weiterentwicklung zu BGH WM 1982, 100; OLG Koblenz NJW-RR 2002, 512, 514; FamRZ 2006, 1789, 1790 f; vgl auch BGHZ 88, 102 = NJW 1983, 2875.
[12] **Beispiele:** BGH WM 1978, 905: Überlassung eines Hausgrundstücks an die Tochter für jahrelange Pflege der Mutter; LM Nr 2: Zuwendung eines Hausanwesens an jahrelang im Haushalt und Geschäft mitarbeitende Tochter; LM Nr 4: Zuwendung einer Rente und eines Wohnungsrechts für den Fall des Todes des Erblassers an getrennt lebende Ehefrau; LM Nr 5 = NJW 1984, 2939: Schenkung der Hälfte des Grundeigentums zur Alterssicherung an Ehefrau zum Nachteil der Tochter aus erster Ehe; WM 1977, 1410: Bestellung eines Nießbrauchs am Geschäftsgrundstück für langjährige Haushaltsgehilfin; NJW-RR 1996, 706: Überlassung eines Hausgrundstücks zur Existenzsicherung eines gesundheitlich Behinderten; RG JW 1931, 1356: Überlassung des väterlichen Unternehmens an jahrelang mitarbeitenden Sohn; OLG Braunschweig FamRZ 1963, 376: Abschluss einer Lebensversicherung zu Gunsten der unversorgten Ehefrau durch Gewerbetreibenden im hohen Alter; OLG Celle HRR 1934 Nr 942: Überlassung eines Grundstücks an Ehefrau zur gleichmäßigen Verteilung des Familienvermögens; OLG Karlsruhe OLGZ 1990, 457: Zuwendung eines Miteigentumshälfteanteils am Familienwohnheim auf der im Gewerbebetrieb langjährig unentgeltlich mitarbeitende, unversorgte Ehefrau zum Nachteil der Kinder aus erster Ehe; LG Braunschweig RdL 1951, 74: unentgeltliche Überlassung von Grundstücken an Abkömmling, der Erblasser in Notlage unterstützte; OLG Naumburg OLGR 2000, 433 = FamRZ 2001, 1406: Zuwendung an Pflegeperson nur, weil die hierfür schwere persönliche Opfer erbrachte und dadurch in Not geriet; OLG Frankfurt OLGR 1999, 299: Bestehen eines Eltern-Kind ähnlichen Verhältnisses – zweifelhaft; OLG Koblenz NJW-RR 2002, 512, 514: Zuwendung eines Nießbrauchs und einer Pflegezusage – Anwendung von § 2330 verneint; s auch MünchKommBGB/*Lange* Rn 3, ausf *Staudinger/Olshausen* Rn 9 und *Kerscher/Riedel/Lenz* Pflichtteilsrecht § 9 Rn 12.
[13] *Soergel/Dieckmann* Rn 1; *Staudinger/Olshausen* Rn 3.
[14] *Soergel/Dieckmann* Rn 4.
[15] BGH LM Nr 5 = NJW 1984, 2939.
[16] *Staudinger/Olshausen* Rn 3.
[17] Vgl *Soergel/Dieckmann* Rn 3; MünchKommBGB/*Lange* Rn 2; RGRK/*Johannsen* Rn 1; *Staudinger/Olshausen* Rn 3; OLG Braunschweig FamRZ 1963, 376, 377; OLG Nürnberg WM 1962, 1200, 1203.
[18] BGH WM 1978, 905.
[19] Ebenso *Fleischmann*, Lebzeitige Verfügungsfreiheit bei erbrechtlicher Bindung ..., 1989, S 111; aA – allein objektive Gegebenheiten entscheidend – RGZ 125, 380, 382 ff; MünchKommBGB/*Frank* Rn 2; *Staudinger/Olshausen* Rn 3; *Soergel/Dieckmann* Rn 2; offenlassend BGH LM Nr 4 = FamRZ 1982, 165.
[20] AnwK-BGB/*Bock* Rn 9 ohne Begr; *Damrau/Riedel/Lenz* Rn 8; jurisPK/*Birkenheier* Rn 18; *Staudinger/Olshausen* Rn 8; *Soergel/Dieckmann* Rn 5.
[21] Offenlassend MünchKommBGB/*Lange* Rn 3.
[22] RG LZ 1918, 1076; JW 1931, 1356; *Soergel/Dieckmann* Rn 4.
[23] OLG Düsseldorf DNotZ 1996, 652, 653 zu § 528; eingehend MünchKommBGB/*Kollhosser* § 516 Rn 16.
[24] BGH NJW 1981, 2458 = LM ZPO § 282 Nr 18; WM 1978, 905; LM Nr 2 = BB 1967, 312; *Staudinger/Thiele* Rn 10; *Soergel/Dieckmann* Rn 7.

6 Der **Auskunftsanspruch** des Pflichtteilsberechtigten umfasst auch Pflicht- und Anstandsschenkungen des Erblassers[25]. Die **Beweislast** für das Vorliegen einer Anstands- oder Pflichtschenkung trifft den Beschenkten, da es sich um einen Ausschlusstatbestand handelt[26].

§ 2331 Zuwendungen aus dem Gesamtgut

(1) ¹Eine Zuwendung, die aus dem Gesamtgut der Gütergemeinschaft erfolgt, gilt als von jedem der Ehegatten zur Hälfte gemacht. ²Die Zuwendung gilt jedoch, wenn sie an einen Abkömmling, der nur von einem der Ehegatten abstammt, oder an eine Person, von der nur einer der Ehegatten abstammt, erfolgt, oder wenn einer der Ehegatten wegen der Zuwendung zu dem Gesamtgut Ersatz zu leisten hat, als von diesem Ehegatten gemacht.

(2) Diese Vorschriften sind auf eine Zuwendung aus dem Gesamtgut der fortgesetzten Gütergemeinschaft entsprechend anzuwenden.

1 Im Hinblick auf den auch vom BGH vertretenen engen Erblasserbegriff[1] bedarf es bei Zuwendungen aus dem Gesamtgut einer genauen Bestimmung darüber, wer als **Zuwendender** iS des Pflichtteilsrechts anzusehen ist. Hierfür enthält § 2331 Regelungen, die man allerdings wohl nur als **widerlegliche Vermutungen** ansehen kann[2], und die § 2054 nachgebildet sind (s Erl dort). Die Vorschrift gilt für den ordentlichen wie außerordentlichen Pflichtteil und für Zuwendungen aller Art im Pflichtteilsrecht, also insbes bei §§ 2315, 2316, 2325 ff[3].

2 § **2331 Abs 1 S 1** bestimmt, dass Zuwendungen aus dem Gesamtgut grds je zur Hälfte jedem der daran beteiligten Ehegatten zugerechnet werden. Sie sind daher bei jedem Ehegattenerbfall, wenn auch je nur zur Hälfte, zu berücksichtigen[4].

3 Zuwendungen im Sinn des **Abs 1 S 2** sind unter den dort genannten Bedingungen nur dem einen Ehegatten zuzurechnen[5], jedoch nur unter der Voraussetzung, dass dessen Hälfte am Gesamtgut hierfür ausreicht, wobei es jedoch dabei nicht auf den Stand des Vermögens zurzeit der Schenkung, sondern auf den bei der Beendigung der Gütergemeinschaft ankommt[6]. **Abs 2** betrifft die (seltenen) Fälle der Zuwendung aus dem Gesamtgut der fortgesetzten Gütergemeinschaft.

§ 2331 a Stundung

(1) ¹Ist der Erbe selbst pflichtteilsberechtigt, so kann er Stundung des Pflichtteilsanspruchs verlangen, wenn die sofortige Erfüllung des gesamten Anspruchs den Erben wegen der Art der Nachlassgegenstände ungewöhnlich hart treffen würde, insbesondere wenn sie ihn zur Aufgabe seiner Familienwohnung oder zur Veräußerung eines Wirtschaftsguts zwingen würde, das für den Erben und seine Familie die wirtschaftliche Lebensgrundlage bildet. ²Stundung kann nur verlangt werden, soweit sie dem Pflichtteilsberechtigten bei Abwägung der Interessen beider Teile zugemutet werden kann.

(2) ¹Für die Entscheidung über eine Stundung ist, wenn der Anspruch nicht bestritten wird, das Nachlassgericht zuständig. ²§ 1382 Abs. 2 bis 6 gilt entsprechend; an die Stelle des Familiengerichts tritt das Nachlassgericht.

I. Normzweck, praktische Bedeutung

1 Durch die gerichtliche Stundung des Pflichtteilsanspruchs soll der Gefährdung des Nachlasses durch rücksichtslose Geltendmachung des sofort fälligen Pflichtteilsanspruchs und seine Durchsetzung im Wege der Zwangsvollstreckung vorgebeugt und dadurch die Zerschlagung wirtschaftlicher Werte verhindert werden. Allerdings gewährt § 2331 a, der erst durch das NichtehelG mit Wirkung zum 1. 1970 eingeführt wurde, dagegen nur einen begrenzten Schutz[1*]. Wenngleich § 1382 hierfür Vorbild war und auf ihn bezüglich Abs 2 bis 6 sogar verwiesen wird, sind bei § 2331 a die materiellen wie persönlichen Voraussetzungen wesentlich strenger[2*]. Wenn daher auch gerichtliche Stundungsentscheidung relativ selten ergehen, so hat die Vorschrift in der Praxis doch schon deshalb eine nicht zu unterschätzende, allerdings mehr präventive Bedeutung, weil durch die Möglichkeit der gerichtlichen

---

[25] BGH LM § 2314 Nr 5 = NJW 1962, 245; *Staudinger/Olshausen* Rn 12 mwN.
[26] RG LZ 1918, 1076; *Staudinger/Olshausen* Rn 11 mwN.
[1] BGHZ 88, 102 = NJW 1983, 2875.
[2] *Damrau/Riedel/Lenz* Rn 1; MünchKommBGB/*Lange* Rn 1; Soergel/Dieckmann Rn 1; *Staudinger/Haas* Rn 2; offen gelassen von RGZ 94, 262, 265.
[3] *Damrau/Riedel/Lenz* Rn 2; Palandt/*Edenhofer* Rn 1; MünchKommBGB/*Lange* Rn 2; Soergel/Dieckmann Rn 1; RGZ 94, 262, 265 zum Pflichtteilsergänzungsanspruch.
[4] Soergel/*Dieckmann* Rn 2.
[5] Ausf jurisPK/*Birkenheier* Rn 10 ff.
[6] RGZ 94, 262, 264 ff; krit zur Bewertung *Soergel/Dieckmann* Rn 2.
[1*] Soergel/*Dieckmann* Rn 2.
[2*] *Staudinger/Olshausen* Rn 3; für extensive Interpretation aber *Oechsler* AcP 200 (2000), 603, 614 ff; dagegen *Haas* ZNotP 2001, 370, 378.

Stundung ein gewisser Druck auf Abschluss von Vergleichen ausgeübt und so die Verhandlungsbereitschaft gestärkt werden kann[3]. Zu großzügige Handhabung durch die Gerichte schafft allerdings die Gefahr von Verzögerungstaktiken[4].

Von der gerichtlichen Stundung ist die durch **Parteivereinbarung** zu unterscheiden: Vor dem Erbfall kann jene durch einen beschränkten Pflichtteilsverzicht (vgl § 2346 Rn 17) oder durch Vereinbarung zwischen den künftigen Erben nach § 311 b Abs 5 erfolgen[5]. Zu den **verjährungsrechtlichen Folgen** der Stundungsentscheidung s § 1382 Rn 2. 2

II. Voraussetzungen der Stundung

1. Stundungsfähiger Anspruch. Gestundet werden kann der ordentliche Pflichtteilsanspruch, einschließlich des Pflichtteilsrestanspruchs (§§ 2305, 2307), sowie der Pflichtteilsergänzungsanspruch nach § 2325, soweit er sich gegen den Erben richtet, angesichts des klaren Wortlauts der Norm aber nicht der Pflichtteilsergänzungsanspruch gegen den Beschenkten nach § 2329, mag der Beschenkte zugleich auch ein pflichtteilsberechtigter Erbe sein[6]. Bei Geltendmachung des Pflichtteilsanspruchs durch mehrere Pflichtteilsberechtigte kann gegen jeden einzelnen Stundung beantragt werden. 3

2. Stundungsberechtigter. Nur der selbst pflichtteilsberechtigte Erbe kann die gerichtliche Stundung verlangen, also nur die Abkömmlinge, Eltern, Ehegatte (§ 2303) und der gleichgeschlechtliche Lebenspartner (§ 10 Abs 6 S 2 LPartG), wobei es auf die konkrete Pflichtteilsberechtigung ankommt, so dass der entferntere Pflichtteilsberechtigte durch den näheren nach § 2309 ausgeschlossen sein kann[7]. Bei **mehreren Miterben** kann ebenfalls nur der Pflichtteilsberechtigte die Stundung verlangen, mehrere derselben jedoch jeweils auch für sich allein. Bis zur Nachlassteilung ist jedoch zu beachten, dass bei beschränkter Erbenhaftung nach § 2059 Abs 1 keiner der Erben mit seinem Eigenvermögen haftet und insoweit der Stundungsantrag durch einen hierzu berechtigten auch den anderen nicht pflichtteilsberechtigten Miterben zugute kommt[8]. Für den pflichtteilsberechtigten Erben kann auch der Nachlasspfleger (§§ 1960, 1961), der Nachlassverwalter (§ 1984) und der Insolvenzverwalter die Stundung beantragen, dagegen aber nach hM nicht der Testamentsvollstrecker, wie aus § 2213 Abs 1 S 3 abgeleitet wird, da es sich um eine Modalität der Pflichtteilsabwehr handelt[9]. 4

3. Sachliche Stundungsvoraussetzungen. Die gerichtliche Stundung erfordert eine „doppelte Billigkeitsentscheidung", so dass die sofortige Erfüllung des Pflichtteilsanspruchs die Regel, die Stundung die **Ausnahme** ist[10]. 5

a) Ungewöhnliche Härte für den Erben (Abs 1 S 1). Die Stundung kann durch das Gericht nicht bereits dann ausgesprochen werden, wenn die Erfüllung des Pflichtteilsanspruchs für den Erben mit Schwierigkeiten verbunden wäre, oder ihn (wie bei § 1382 erforderlich) „besonders hart" treffen würde. Es muss eine ungewöhnliche Härte vorliegen, die nicht aus der sofortigen Zahlungspflicht, sondern allein aus der „**Art der Nachlassgegenstände**" herrührt. Diese Generalklausel verdeutlicht das Gesetz durch die beispielhafte und nicht abschließende[11] Aufzählung: Eine solche ungewöhnliche Härte kann vorliegen, wenn der Erbe zur Aufgabe seiner **Familienwohnung** oder zur Veräußerung eines **Wirtschaftsgutes** gezwungen würde, das für ihn oder seine Familie die wirtschaftliche Lebensgrundlage bildet, wobei eine konkrete Gefährdung hierfür erforderlich ist[12]. Zu den Wirtschaftsgütern gehören nicht nur solche iS von § 6 Abs 1 Nr 1 und 2 EStG (Unternehmen oder Beteiligung hieran, landwirtschaftlicher Betrieb), sondern auch Immaterialgüterrechte, die den genannten Zweck dienen[13]. Ohne die Veräußerung dieser Nachlasswerte darf die Erfüllung des Pflichtteilsanspruchs nicht möglich sein[14]. Die Qualität der Nachlassgegenstände muss kausal für die Illiquidität sein. Allerdings ist die Bestimmung nicht zu eng auszulegen[15]. 6

---

[3] *Staudinger/Olshausen* Rn 4; ebenso *Klingelhöffer* ZEV 1998, 121, 122.
[4] *Kerscher/Riedel/Lenz* Pflichtteilsrecht § 14 Rn 9.
[5] *Klingelhöffer* ZEV 1998, 121, 122; *Staudinger/Olshausen* Rn 33.
[6] *Damrau/Riedel/Lenz* Rn 3; jurisPK/*Birkenheier* Rn 9; KK-Erbrecht/*Linder* Rn 2; *Staudinger/Olshausen* Rn 6; MünchKommBGB/*Lange* Rn 3; *Groll/Rösler* C VI Rn 240; für analoge Anwendung auch den pflichtteilsberechtigten Beschenkten dagegen *Schindler*, Pflichtteilsberechtigter Erbe, Rn 1044 ff, AK-BGB/*Däubler* Rn 8 da die Schutzwürdigkeit bei der vorweggenommenen Erbfolge nicht geringer sei; nur bei Schenkung auf den Todesfall (§ 2301) erwägt Soergel/*Dieckmann* Rn 6 eine analoge Anwendung.
[7] *Damrau/Riedel/Lenz* Rn 4; jurisPK/*Birkenheier* Rn 3 ff; Soergel/*Dieckmann* Rn 3 m Beisp; MünchKommBGB/*Lange* Rn 2; *Staudinger/Olshausen* Rn 9.
[8] *Staudinger/Olshausen* Rn 10; MünchKommBGB/*Lange* Rn 2; ausf zu den Auswirkungen Soergel/*Dieckmann* Rn 9.
[9] AnwK-BGB/*Bock* Rn 5; KK-Erbrecht/*Linder* Rn 4; MünchKommBGB/*Lange* Rn 3; Palandt/*Edenhofer* Rn 1; *Lange/Kuchinke* § 37 Fn 391; *Staudinger/Olshausen* Rn 25.
[10] *Staudinger/Olshausen* Rn 13; Palandt/*Edenhofer* Rn 2; MünchKommBGB/*Lange* Rn 4, 6.
[11] AnwK-BGB/*Bock* Rn 7.
[12] MünchKommBGB/*Lange* Rn 5; für großzügige Handhabung bei Unternehmererben *Oechsler* AcP 200 (2000), 602, 612 ff.
[13] *Staudinger/Olshausen* Rn 14.
[14] *Staudinger/Olshausen* Rn 15.
[15] *Soergel/Dieckmann* Rn 8.

7   **Keine Stundungsmöglichkeit** daher, wenn der Erbe **zur Unzeit veräußern**[16] müsste, also Wertpapiere zu einem momentan ungünstigen Kurs[17], oder der Erbe zwar nicht aus dem Nachlass, aber aus seinem sonstigen Vermögen[18] oder durch Aufnahme von Krediten[19], die keine unzumutbare Belastung zur Folge haben, den Pflichtteilsanspruch befriedigen kann, oder wenn er zum Verkauf von wertvollen Kunstgegenständen oder Familienerbstücken gezwungen wird[20], oder er zwar zur Veräußerung eines von mehreren Unternehmen genötigt wird, dies aber nicht zur Gefährdung seiner Lebensgrundlage führt[21], oder der Nachlass selbst den Erben aus nachhaltigen Schwierigkeiten helfen würde, die er hinsichtlich seines eigenen Vermögens bereits vor dem Erbfall hatte[22]. Keine Stundung auch, wenn der ererbte Nachlass aus einem Hausgrundstück mit fünf Mietwohnungen besteht und der Erbe lediglich behauptet, er besitze kein weiteres nennenswertes Vermögen und könne das ererbte Vermögen nicht belasten, weil er zur Bezahlung von Darlehensraten nicht in der Lage sei[23].

8   Soweit bei **Miterben** nur einzelne pflichtteilsberechtigt sind, ist nur deren Interesse entscheidungserheblich. Die Berücksichtigung desselben entfällt, wenn der Erbe im Innenverhältnis die Pflichtteilslast nicht zu tragen hat[24].

9   **b) Zumutbarkeit der Stundung für den Antragsgegner (Abs 1 S 2).** Soweit der Härtegrund auf Seiten des Erben bejaht wurde, ist eine Stundung nur möglich, wenn diese auch für den Pflichtteilsberechtigten zumutbar ist; dabei sind zu Gunsten des Pflichtteilsberechtigten seine Einkommens- und Vermögensverhältnisse, aber auch seine Unterhaltspflichten[25], insbes die Deckung von Ausbildungskosten, zu berücksichtigen[26]. Erforderlich ist eine umfassende **Interessenabwägung** anhand aller Umstände des Einzelfalls[27]. **Gegen** die **Stundung** spricht dabei, wenn der Erbe die Zahlung oder die gerichtliche Entscheidung böswillig oder über Gebühr hinauszögert[28] oder sie die Zerschlagung des Nachlasses zur Deckung des Pflichtteils ohnehin nicht verhindern kann[29]. UU kann die Interessenabwägung auch eine teilweise Stundung oder eine angemessene Ratenzahlung gebieten[30]. Unberücksichtigt bleiben muss bei der Abwägung aber, dass die Enterbung als Kränkung empfunden wird und dass der Berechtigte seine erwachsenen Kinder mit dem Pflichtteilsbetrag unterstützen will[31].

III. Verfahren

10 Hinsichtlich des Stundungsverfahrens ist zu unterscheiden: Ist der Pflichtteilsanspruch dem Grunde und der Höhe nach **unstreitig**, so entscheidet das Nachlassgericht **(Abs 2 S 1)**; ist der Anspruch dem Grund oder der Höhe nach umstritten und über ihn ein Rechtsstreit **anhängig**, so entscheidet allein das Prozessgericht (§§ 2331 a Abs 2 S 2, 1382 Abs 5).

11 **1. Isoliertes Stundungsverfahren vor dem Nachlassgericht.** Die örtliche Zuständigkeit ergibt sich aus § 73 FGG; funktionell zuständig ist grds der Rechtspfleger (§ 3 Nr 2 c RPflG). Erforderlich ist ein entsprechender Antrag[32]. Dieser wird jedoch mit der Erhebung der Klage auf Zahlung des Pflichtteils unzulässig, weil dann die Stundung gemäß §§ 2331 a Abs 2 S 2, 1382 Abs 5 nur noch im Klageverfahren vor dem Prozessgericht geltend gemacht werden kann[33]. Im Übrigen ergeben sich die Einzelheiten für das Verfahren vor dem Nachlassgericht auf Grund der Verweisung in § 83 FGG aus § 53 a FGG. Das Nachlassgericht hat mit den Beteiligten mündlich zu verhandeln und auf eine gütliche Einigung hinzuwirken[34]. Kommt es nicht zu einem zu protokollierenden Vergleich (§ 53 Abs 1 S 2 FGG, §§ 169 bis 165 ZPO), so ist von Amts wegen zu ermitteln und Beweis zu erheben (§§ 12, 15 FGG). Einstweilige Anordnungen sind zulässig (§ 53 a Abs 3 S 1 FGG).

12 Die **Entscheidung** ergeht durch Verfügung, die erst mit der Rechtskraft wirksam wird (§§ 83 a, 53 a Abs 2 S 1 FGG)[35]. Soweit dem Stundungsantrag stattgegeben wird, ist ein Zahlungszeitpunkt und ein Zahlungsmodus (eventuell bei Ratenzahlung auch Verfallklausel) festzusetzen. Des Weiteren ist eine

---

[16] AnwK-BGB/*Bock* Rn 8; MünchKommBGB/*Lange* Rn 5.
[17] HdB Pflichtteilsrecht/*Tanck* § 14 Rn 268; *Staudinger/Olshausen* Rn 16; *Soergel/Dieckmann* Rn 7; MünchKommBGB/*Lange* Rn 5.
[18] BGB-RGRK/*Johannsen* Rn 4; *Staudinger/Olshausen* Rn 15; jurisPK/*Birkenheier* Rn 16.
[19] AnwK-BGB/*Bock* Rn 8; MünchKommBGB/*Lange* Rn 6; *Palandt/Edenhofer* Rn 3.
[20] MünchKommBGB/*Lange* Rn 6; jurisPK/*Birkenheier* Rn 17; *Staudinger/Olshausen* Rn 15.
[21] *Palandt/Edenhofer* Rn 3; *Staudinger/Olshausen* Rn 15.
[22] *Soergel/Dieckmann* Rn 7; *Staudinger/Olshausen* Rn 17.
[23] OLG Hamburg OLGR 1998, 294.
[24] *Soergel/Dieckmann* Rn 9; MünchKommBGB/*Lange* Rn 6; aA *Schramm* BWNotZ 1970, 9, 11; *Bosch* FamRZ 1972, 169, 175; vgl auch *Lange/Kuchinke* § 37 Fn 390.
[25] AnwK-BGB/*Bock* Rn 10; MünchKommBGB/*Lange* Rn 7.
[26] *Staudinger/Olshausen* Rn 19; *Soergel/Dieckmann* Rn 10.
[27] AnwK-BGB/*Bock* Rn 10; jurisPK/*Birkenheier* Rn 19.
[28] *Staudinger/Olshausen* Rn 19; *Palandt/Edenhofer* Rn 4; *Soergel/Dieckmann* Rn 10.
[29] *Soergel/Dieckmann* Rn 10; *Staudinger/Olshausen* Rn 19.
[30] MünchKommBGB/*Frank* Rn 7; einschränkend *Staudinger/Olshausen* Rn 19, wonach keine Umwandlung in eine Unterhaltsleistung erfolgen darf.
[31] OLG Dresden NJWE-FER 1999, 326 = ZEV 2000, 32, nur LS.
[32] Formulierungsvorschlag dazu etwa bei HdB Pflichtteilsrecht/*Tanck* § 14 Rn 274.
[33] OLG Karlsruhe FamRZ 2004, 661.
[34] Einzelheiten zum Verfahren etwa bei KK-Erbrecht/*Tschichoflos* § 83 a FGG Rn 9 ff; AnwK-BGB/*Bock* Rn 12 ff; *Staudinger/Olshausen* Rn 24 ff.
[35] Muster bei *Firsching/Graf* Rn 4.974.

Verzinsung festzulegen (§§ 2331a, 1382 Abs 4)[36] sowie über eine etwa vom Pflichtteilsberechtigten beantragte Sicherheitsleistung zu entscheiden. Auf Antrag des Pflichtteilsberechtigten kann das Nachlassgericht zugleich die Verpflichtung des Erben zur Zahlung des Pflichtteilsanspruchs aussprechen, was einen **Vollstreckungstitel** schafft (§§ 83a, 53a Abs 2 S 2, Abs 4 FGG). Gegen die Entscheidung ist das **Rechtsmittel** der sofortigen Beschwerde (§ 11 Abs 1 RPflG, §§ 83a, 53a, 60 Abs 1 Nr 6 FGG) innerhalb der Frist des § 22 Abs 1 S 1 FGG gegeben.

Eine Beschwerde gegen die Ablehnung der Stundungsantrags wird wegen des Fehlens des erforderlichen Rechtsschutzinteresses unzulässig, wenn der Pflichtteilsberechtigte **Zahlungsklage** erhebt, weil dann die Stundung nach den §§ 2331a Abs 2 S 2, 1382 Abs 5 nur noch im Klageverfahren vor dem Prozessgericht geltend gemacht werden kann[37]. **Gerichtsgebühren:** 10/10 nach § 106a Abs 1 KostO, Bestimmung des Geschäftswerts nach § 30 KostO. 13

2. Entscheidung im streitigen Verfahren. Bei rechtshängigem Pflichtteilsanspruch entscheidet das Prozessgericht durch Urteil (Abs 2 S 2, § 1382 Abs 5), und zwar nach den gleichen Grundsätzen wie das Nachlassgericht[38], jedoch mit der Abweichung, dass der Amtsermittlungsgrundsatz (§ 12 FGG) nicht gilt[39]. Wurde bei der rechtskräftigen Entscheidung über den Pflichtteilsanspruch **kein Stundungsantrag** gestellt, so kann ein solcher nur dann vor dem Nachlassgericht beantragt werden, wenn nach der Entscheidung sich die Verhältnisse wesentlich geändert haben (§ 1382 Abs 6)[40]. 14

3. Nachträgliche Aufhebung oder Änderung (§§ 2331a Abs 2 S 2, 1382 Abs 6). Solche sind auf Antrag des Erben oder Pflichtteilsberechtigten nur zulässig, wenn sich die Verhältnisse nach der Entscheidung wesentlich geändert haben. Hierfür ist allein das **Nachlassgericht** zuständig, auch wenn zunächst das Prozessgericht die Stundungsentscheidung traf. Auch möglich bei gerichtlichen Vergleichen[41]. 15

§ 2332 Verjährung

(1) Der Pflichtteilsanspruch verjährt in drei Jahren von dem Zeitpunkt an, in welchem der Pflichtteilsberechtigte von dem Eintritt des Erbfalls und von der ihn beeinträchtigenden Verfügung Kenntnis erlangt, ohne Rücksicht auf diese Kenntnis in 30 Jahren von dem Eintritt des Erbfalls an.

(2) Der nach § 2329 dem Pflichtteilsberechtigten gegen den Beschenkten zustehende Anspruch verjährt in drei Jahren von dem Eintritt des Erbfalls an.

(3) Die Verjährung wird nicht dadurch gehemmt, dass die Ansprüche erst nach der Ausschlagung der Erbschaft oder eines Vermächtnisses geltend gemacht werden können.

Übersicht

	Rn		Rn
I. Normzweck, Gesetzessystematik	1	V. Neubeginn oder Hemmung der Verjährung	16
II. Anwendungsbereich	3	1. Klageerhebung (§ 204 Abs 1 Nr 1)	17
III. Pflichtteilsansprüche gegen den Erben (Abs 1)	5	2. Anerkenntnis (§ 212 Abs 1 Nr 1)	21
1. Kenntnis vom Erbfall	6	3. Verjährung bei minderjährigen Pflichtteilsberechtigten	22
2. Kenntnis von der beeinträchtigenden Verfügung	7	4. Hemmung der Verjährung bei Verhandlungen (§ 203)	23
a) Ordentlicher Pflichtteil	7	5. Sonstige Hemmung der Verjährung (§§ 204 ff)	24
b) Pflichtteilsergänzungsanspruch gegen den Erben	12		
c) Sonderfälle	13		
d) Ausschlagung zur Pflichtteilserlangung (Abs 3)	14	VI. Wirkung	25
IV. Pflichtteilsergänzungsanspruch gegen den Beschenkten (Abs 2)	15	VI. Verjährungsverlängerung	26

I. Normzweck, Gesetzessystematik

Zweck der kurzen dreijährigen Verjährung ist, auch im Interesse der Allgemeinheit und Rechtssicherheit möglichst bald Klarheit darüber zu schaffen, ob Pflichtteilsansprüche erhoben und dadurch mit einer Verschiebung der Nachlassverteilung zu rechnen ist[1]. Auch Beweis- und Bewertungsfragen 1

---

[36] BayObLGZ 1980, 421 = FamRZ 1981, 392 zum Erbersatzanspruch: keine Bindung an den gesetzlichen Zinssatz; s eingehender § 1382 Rn 11.
[37] OLG Karlsruhe FamRZ 2004, 661.
[38] *Soergel/Dieckmann* Rn 14; *Staudinger/Olshausen* Rn 31.
[39] AnwK-BGB/*Bock* Rn 17; jurisPK/*Birkenheier* Rn 38.
[40] MünchKommBGB/*Lange* Rn 12; *Staudinger/Olshausen* Rn 31; *Palandt/Edenhofer* Rn 6, 8.
[41] *Palandt/Edenhofer* Rn 8; *Soergel/Dieckmann* Rn 15; *Staudinger/Olshausen* Rn 32.
[1] RGZ 135, 231, 235; 113, 234, 236; Mot V S 425; OLG Koblenz OLGR 2004, 662.

§ 2332

werden mit zunehmendem Zeitablauf immer schwieriger. Umgekehrt wird dadurch aber der Pflichtteilsberechtigte zur möglichst baldigen Geltendmachung gedrängt, was gerade den **Familienfrieden** gefährden kann, man denke daran, dass etwa der länger lebende Ehegatte als Alleinerbe eingesetzt ist[2]. § 2332 ist eine **Spezialregelung,** die der allgemeinen, 30-jährigen Verjährung erbrechtlicher Ansprüche nach § 197 Abs 1 Nr 2 idF des SMG vorgeht[3]. Jedoch gelten auch für das Pflichtteilsrecht die **Neuregelungen** des allgemeinen Verjährungsrecht, insbes zur Verjährungshemmung (§§ 203 ff) und zum Neubeginn (§ 212)[4]; die Überleitung der vor dem 1. 1. 2002 entstandenen und noch nicht verjährten Ansprüche bestimmt sich nach Art 229 § 6 Abs 1 EGBGB[5].

2   Hinsichtlich der Verjährung **differenziert** das **BGB** wie folgt: Der ordentliche Pflichtteilsanspruch und der auf Ergänzung gegenüber dem Erben oder Miterben verjähren nach **Abs 1** im Regelfall in drei Jahren ab dem Zeitpunkt, in dem der Pflichtteilsberechtigte vom Eintritt des Erbfalls und der ihn beeinträchtigenden Verfügung Kenntnis erlangt, spätestens aber in 30 Jahren von dem Eintritt des Erbfalls an. Der **Pflichtteilsergänzungsanspruch** gegenüber dem **Beschenkten** (§ 2329) unterliegt jedoch der besonderen Verjährung nach **Abs 2**.

II. Anwendungsbereich

3   § 2332 erfasst[6] den ordentlichen Pflichtteilsanspruch (§ 2303), den Pflichtteilsrestanspruch (§§ 2305, 2307 Abs 1 S 2), den Vervollständigungsanspruch nach § 2316 Abs 2, den Pflichtteilsergänzungsanspruch (§§ 2325, 2329, hier jedoch differenzierend hinsichtlich des Schuldners des Anspruchs, vgl § 2332 Abs 1 und 2) und bei der **Zugewinngemeinschaft** den Anspruch auf Zugewinnausgleich nach dem Tod des einen Ehegatten (§ 1378 Abs 4 S 3) und wenn in Erbfällen vor dem 1. 4. 1998 einem Pflichtteilsberechtigten der Erbersatzanspruch nach § 2338 a entzogen wurde[7].

4   § 2332 gilt nicht für:
– den Vermächtnis- oder Erbauseinandersetzungsanspruch des Pflichtteilsberechtigten, der entgegen der Auslegungsregel des **§ 2304** in Höhe des Pflichtteils als Vermächtnisnehmer oder Miterbe berufen wurde[8].
– den **Auskunftsanspruch** des Pflichtteilsberechtigten nach § 2314, der an sich der allgemeinen Verjährung erbrechtlicher Ansprüche nach § 197 Abs 1 Nr 2 nF unterliegt; zur Behandlung, wenn der Pflichtteilsanspruch bereits verjährt ist, vgl aber BGHZ 108, 393, 399 f = NJW 1990, 180 sowie eingehend § 2314 Rn 27,
– für **Mängelgewährleistungsansprüche** hinsichtlich von Sachwerten, die der Pflichtteilsberechtigte zur Abgeltung erhalten hat. Hier gilt § 438 idF des SMG analog[9].

III. Pflichtteilsansprüche gegen den Erben (Abs 1)

5   Die kurze dreijährige Verjährung dieser Pflichtteilsansprüche beginnt nur, wenn der Pflichtteilsberechtigte sowohl Kenntnis vom Erbfall wie auch von der ihn beeinträchtigenden Verfügung hat. Die **erforderliche Kenntnis** muss grds in der **Person des Pflichtteilsberechtigten** selbst vorliegen[10]. Bei einem Geschäftsunfähigen oder beschränkt Geschäftsfähigen kommt es jedoch auf die Kenntnis seines gesetzlichen Vertreters an[11]. Ist der Pflichtteilsberechtigte voll geschäftsfähig, genügt bei Bevollmächtigung oder Betreuung (§ 1896) mit entsprechendem Wirkungskreis sowohl die Kenntnis des Vertreters wie auch des Vertretenen[12]; die früher ablaufende Frist ist maßgeblich[13]; Kommunikationsprobleme müssen diese untereinander lösen und dürfen nicht zu Lasten des Erben gehen.

6   **1. Kenntnis vom Erbfall.** Vom Erbfall erlangt der Pflichtteilsberechtigte Kenntnis, wenn er vom Tod des Erblassers erfährt. Dies gilt auch bei Anordnung einer **Nacherbfolge,** so dass bei Eintritt des Nacherbfalls keine neue Frist zu laufen beginnt; vielmehr besteht gegen den Vor- und Nacherben ein

---

[2] *Lange/Kuchinke* § 37 XI 1.
[3] Vgl etwa AnwK-BGB/*Bock* Rn 1; *Palandt/Edenhofer* Rn 1; *Krug,* Schuldrechtsmodernisierungsgesetz und Erbrecht, 2002, Rn 118; *Staudinger/Olshausen* Rn 1 a.
[4] *Staudinger/Olshausen* Rn 1 a; *Soergel/Dieckmann* Rn 1.
[5] S etwa *Damrau/Riedel/Lenz* Rn 23 ff; *Soergel/Dieckmann* Rn 1; HdB Pflichtteilsrecht/*Tanck* § 14 Rn 227 f.
[6] MünchKommBGB/*Lange* Rn 2; *Soergel/Dieckmann* Rn 2; *Staudinger/Olshausen* Rn 2.
[7] Näher *Staudinger/Olshausen* Rn 6.
[8] RGZ 113, 234, 237; MünchKommBGB/*Lange* Rn 2; *Staudinger/Olshausen* Rn 3; *Soergel/Dieckmann* Rn 2.
[9] AnwK-BGB/*Bock* Rn 4; *Staudinger/Olshausen* Rn 5; ohne analoge Anwendung MünchKommBGB/*Lange* Rn 2; zu eng *Damrau/Riedel/Lenz* Rn 4 und *Soergel/Dieckmann* Rn 2, wonach immer § 438 Abs 1 Nr 3 gelte, denn § 438 Abs 1 differenziert danach, welche Sache geleistet wird, und diese Unterscheidung ist auch hier sachgerecht; vor Inkrafttreten des SMG wurde die Anwendung der §§ 493, 477 bejaht, vgl BGH NJW 1974, 363; eine dem § 493 aF entspr Bestimmung fehlt jetzt allerdings, vgl *Soergel/Dieckmann* Rn 2.
[10] *Staudinger/Olshausen* Rn 10.
[11] OLG Hamburg FamRZ 1984, 1274: bei Entmündigung; MünchKommBGB/*Lange* Rn 3; *Staudinger/Olshausen* Rn 10; *Soergel/Dieckmann* Rn 5; *Lange/Kuchinke* § 37 XI Fn 556.
[12] Für rechtsgeschäftliche Bevollmächtigung wegen § 166 ebenso OLG Celle ZErb 2002, 164.
[13] Zur Ausschlagung bei § 1944 wie hier KG HRR 1935 Nr 1664; *Palandt/Edenhofer* Rn 8; *Soergel/Stein* Rn 12; RGRK/*Johannsen* Rn 12 je zu § 1944. Nur für den Betreuer wie hier MünchKommBGB/*Leipold* § 1944 Rn 14; allein auf den Betreuer stellen bei Betreuung ab AnwK-BGB/*Bock* Rn 6, MünchKommBGB/*Lange* Rn 3 und *Soergel/ Dieckmann* Rn 5: außer Betreuer hätte Kenntnis erlangt, bevor der Betreuer den entsprechenden Aufgabenkreis erhalten hätte; immer die Kenntnis des Pflichtteilsberechtigten verlangt in beiden Fällen – Bevollmächtigung und Betreuung – *Staudinger/Otte* § 1944 Rn 15; offenlassend *Damrau/Riedel/Lenz* Rn 5; *Staudinger/Olshausen* Rn 10.

einheitlicher Pflichtteilsanspruch, der sich gegen den jeweiligen Nachlassinhaber richtet. Daher ist es nicht möglich, dass der Anspruch gegen den Vorerben verjährt ist, nicht aber gegen den Nacherben[14]. Haben Ehegatten sich gegenseitig zu Vorerben und der Längerlebende von ihnen dann für den Fall seines Todes Schlusserben eingesetzt, so ist entspr dem **Trennungsgedanken** auch verjährungsrechtlich von zwei verschiedenen Erbfällen auszugehen[15].

2. Kenntnis von der beeinträchtigenden Verfügung. a) Ordentlicher Pflichtteil. Für den ordentlichen Pflichtteil, einschließlich dem Pflichtteilsrestanspruch und dem Ausgleichspflichtteil, der sich aus einer ausgleichspflichtigen Zuwendung nach § 2316 ergibt[16], ist die **beeinträchtigende Verfügung** die enterbende oder beeinträchtigende **Verfügung von Todes wegen,** die den Pflichtteilsanspruch nach §§ 2303, 2305 bis 2307 auslöst[17]. Dies setzt voraus, dass der Pflichtteilsberechtigte nicht nur allgemein von deren Existenz erfährt, sondern auch ihren wesentlichen Inhalt mit dem daraus resultierenden Ausschluss seines Erbrechts erkennt[18]. Dabei muss er nicht alle Einzelheiten erfasst haben. Auch eine in die Details gehende Prüfung der Verfügung von Todes wegen oder die fehlerfreie Bestimmung ihrer rechtlichen Natur ist nicht erforderlich[19]. Jedoch ist § 1944 Abs 2 S 2 nicht zu Gunsten des Pflichtteilsberechtigten anwendbar, so dass seine Kenntniserlangung vor der Verkündung bereits den Fristbeginn auslöst[20]. Dagegen steht fahrlässige Unkenntnis der Kenntnis nicht gleich[21]. Wenn die Kenntniserlangung bereits **vor Eintritt des Erbfalls** erfolgte, so kann dies aber nur dann genügen, wenn der Erblasser an die beeinträchtigende Verfügung erbrechtlich gebunden ist[22].

Berechtigte Zweifel an der Wirksamkeit der beeinträchtigenden Verfügung, nicht aber der davon unabhängige Irrtum über das Bestehen des Pflichtteilsrechts aus anderen Gründen, etwa wegen Unwirksamkeit eines Pflichtteilsverzichts[23], schließen die erforderliche Kenntnis aus[24] und verzögern den Verjährungsbeginn solange, wie sie nicht von vornherein von der Hand zu weisen sind[25], wobei aber volle Überzeugung von der Rechtswirksamkeit der beeinträchtigenden Verfügung nicht erforderlich ist[26]. Die notwendige Kenntnis kann auch fehlen, wenn der Berechtigte infolge **Tatsachen- oder Rechtsirrtums** davon ausgeht, die ihm bekannte Verfügung sei unwirksam und entfalte daher für ihn keine beeinträchtigende Wirkung[27]. Das gilt jedenfalls dann, wenn Wirksamkeitsbedenken nicht von vornherein von der Hand zu weisen sind[28]. Dasselbe ist anzunehmen, wenn auf Grund der vorhandenen Testamente nicht feststeht, wer eigentlich Erbe geworden ist und wen der Pflichtteilsberechtigte in Anspruch nehmen muss; das Risiko, hier mehrere in Frage kommende Personen zu verklagen, ist ihm nicht zuzumuten[29]. Erkennt der Pflichtteilsberechtigte jedoch, dass die Verfügung von Todes wegen wirksam ist und er daher grds in seinem gesetzlichen Erbrecht beeinträchtigt wird, so hindert eine **unrichtige Auslegung** der letztwilligen Verfügung über den Umfang seiner Beeinträchtigung den Fristbeginn nicht[30]. Wird eine bekannte, scheinbar beeinträchtigende Verfügung von Todes wegen von allen Beteiligten zu Unrecht für wirksam gehalten, setzt dies den Beginn der Verjährungsfrist nicht in Lauf[31].

Kennt der Pflichtteilsberechtigte zwar die ihn enterbende Verfügung von Todes wegen, erfährt aber kurze Zeit danach von einer **weiteren Erklärung** des Erblassers, durch die – allem Anschein nach – die Enterbung später wieder aufgehoben worden ist, dann fällt damit die frühere Kenntnis von der enterbenden Verfügung fort; auch der bis dahin bereits abgelaufene Teil der Verjährungsfrist ist als nicht abgelaufen anzusehen[32].

---

[14] BGH LM Nr 5 = NJW 1973, 1690 m Anm *Waltjen; Kipp/Coing* § 9 III 3 Fn 9; *Lange/Kuchinke* § 37 XI 1 Fn 547; MünchKommBGB/*Lange* Rn 4; *Staudinger/Olshausen* Rn 11; aA *Ottow* MDR 1957, 211.
[15] OLG Koblenz OLGR 2005, 113.
[16] OLG Karlsruhe ZEV 2007, 329 m Anm *Keim;* wenn sich aber erst durch die für den Pflichtteilsberechtigten ausgleichspflichtige Zuwendung der Pflichtteilsrestanspruch nach § 2316 Abs 2 ergibt, muss es allerdings auf die Kenntnis der ausgleichspflichtigen Zuwendung ankommen, *Keim* ZEV 2007, 333.
[17] BGHZ 95, 76; AnwK-BGB/*Bock* Rn 8; MünchKommBGB/*Lange* Rn 5; *Soergel/Dieckmann* Rn 7.
[18] RGZ 70, 360, 362; BGH JZ 1951, 27; *Palandt/Edenhofer* Rn 3; *Ebenroth* Rn 995; *Ebenroth/Koos* ZEV 1995, 233, 234.
[19] BGH NJW 1995, 1157; RGZ 70, 360, 362; jurisPK/*Birkenheier* Rn 19; *Palandt/Edenhofer* Rn 3, *Staudinger/Olshausen* Rn 15.
[20] RGZ 66, 30, 31 f; *Lange/Kuchinke* § 37 XI Fn 556; *Soergel/Dieckmann* Rn 15; *Staudinger/Olshausen* Rn 20.
[21] *Lange/Kuchinke* § 37 XI Fn 556; MünchKommBGB/*Lange* Rn 7; AnwK-BGB/*Bock* Rn 14; jurisPK/*Birkenheier* Rn 17.
[22] RGZ 70, 360, 362 f.
[23] OLG Koblenz OLGR 2004, 662.
[24] BGH NJW 1993, 2439; RGZ 115, 27, 30; 140, 75, 76; KG FamRZ 2007, 682: über Wirksamkeit der Unterschrift; LG Berlin ZEV 2004, 29: Zweifel an der Testierfähigkeit; jurisPK/*Birkenheier* Rn 20; MünchKommBGB/*Lange* Rn 7; *Soergel/Dieckmann* Rn 15; *Staudinger/Olshausen* Rn 15.
[25] BGH NJW 1995, 1157, 1158 = ZEV 1995, 219.
[26] RGZ 135, 231, 236.
[27] RGZ 140, 75, 76: reiner Rechtsirrtum über die Wirksamkeit der beeinträchtigenden Verfügung; BGH LM § 2306 Nr 4 = Rpfleger 1968, 183.
[28] BGH NJW 1964, 297 = LM Nr 3; NJW 2000, 288 = ZEV 2000, 26; OLG Koblenz OLGR 2004, 662.
[29] OLG Düsseldorf FamRZ 1998, 1267.
[30] BGH NJW 1995, 1157, 1158 = ZEV 1995, 219 m Anm *Ebenroth/Koos* 233: irrige Annahme des Pflichtteilsberechtigten, er wäre zum Nacherben berufen – auch dann hätte er ausschlagen müssen, um den Pflichtteil zu erlangen; zust etwa MünchKommBGB/*Lange* Rn 7.
[31] OLG Oldenburg MDR 1999, 41 = ZEV 1999, 143; jurisPK/*Birkenheier* Rn 22.
[32] BGHZ 95, 76, 79 f = NJW 1985, 2945 m Anm *Dieckmann* FamRZ 1985, 1124; *Staudinger/Olshausen* Rn 20; gegen die Verallgemeinerungsfähigkeit dieser Entscheidung, die den Pflichtteilsberechtigten davor bewahrte, dass sein

§ 2332

10   Für den Fristbeginn ist die **Kenntnis** des Pflichtteilsberechtigten vom **Umfang, Bestand und Wert** des **Nachlasses** grds unerheblich[33]. Den Fristbeginn hindert daher nicht, wenn die Höhe der Nachlassforderungen oder Nachlassverbindlichkeiten noch nicht feststeht, denn durch Feststellungsklage kann die Verjährung auf alle Fälle unterbrochen werden.

11   Eine **Ausnahme** besteht hiervon nur dann, wenn erst durch das Gesetz Ansprüche geschaffen werden, die dem Nachlass nach § 2313 hinzuzurechnen sind, weil dann der Pflichtteilsberechtigte seinen Anteil daran vorher weder der Höhe nach errechnen noch dem Grunde nach gerichtlich feststellen lassen konnte. Dann beginnt die Verjährung abweichend von § 2332 Abs 1 nicht vor der Entstehung des Anspruchs[34]. Dabei handelt es sich insoweit um eine weitere Voraussetzung für den Fristbeginn, die neben der Kenntnis des Erbfalls und der beeinträchtigenden Verfügung erfüllt sein muss. Dies gilt für Lastenausgleichsansprüche[35], aber auch für Ansprüche nach dem **Vermögensgesetz** auf Rückübertragung (Restitution) von bzw Entschädigung für Grundstücke des Erblassers in der früheren DDR[36]. Dabei hat der BGH ausdrücklich offen gelassen, ob für die Verjährung der auf das Vermögensgesetz gestützten Ansprüche bereits auf das Inkrafttreten dieses Gesetzes in der ehemaligen DDR am 29. 9. 1990 oder erst auf den Beitritt am 3. 10. 1990 abzustellen ist[37]. Dogmatisch lässt sich die verjährungsrechtliche Sonderbehandlung nur begründen, wenn man in § 2313 einen selbstständigen Pflichtteilsanspruch sieht, der dann einem eigenen Verjährungsbeginn unterliegt[38]. Auch muss in den Fällen des Vermögensgesetzes als Vorfrage immer geprüft werden, ob nach den Regeln des **interlokalen Privatrechts** nicht noch das Pflichtteilsrecht der DDR zur Anwendung gelangt, wobei aber bei der Verjährung wiederum Art 231 § 6 EGBGB zu beachten ist[39].

12   **b) Pflichtteilsergänzungsanspruch gegen den Erben.** Hier ist bezüglich des Verjährungsbeginns zu differenzieren, wobei zu beachten ist, dass verschiedene Verjährungsfristen laufen können und bei beeinträchtigenden lebzeitigen Verfügungen die Verjährungsfrist frühestens mit dem Erbfall beginnt, denn § 2332 setzt immer den Eintritt des Erbfalls voraus[40]. **(1)** Hat der Erblasser den Pflichtteilsberechtigten **nur** dadurch benachteiligt, dass er sein Vermögen **durch** eine Verfügung unter Lebenden, idR eine **Schenkung,** verkürzt hat, das sind die Fälle der §§ 2316 Abs 2, 2326[41], dann ist die beeinträchtigende Verfügung nur diese, so dass es für den Verjährungsbeginn nur auf Kenntnis derselben und des Erbfalls ankommt[42]. **(2)** Wurde der Pflichtteilsberechtigte durch **verschiedene** nachlassverkürzende **Verfügungen unter Lebenden** benachteiligt, so können verschiedene Ergänzungsansprüche mit unterschiedlich laufenden Verjährungsfristen bestehen. Bedeutsam ist dies auch für die Haftung des Beschenkten wegen § 2329 Abs 3, denn ein „früher Beschenkter", gegen den der Anspruch noch nicht verjährt ist, haftet nicht deshalb, weil dem Anspruch gegen den „später" Beschenkten die Einrede der Verjährung entgegensteht[43]. **(3)** Erfährt der Pflichtteilsberechtigte zunächst von der nachlassverkürzenden Verfügung unter Lebenden und **erst danach** von der ihn **ebenfalls beeinträchtigenden Verfügung von Todes wegen,** beginnt die Verjährung des Pflichtteilsergänzungsanspruchs gegen den Erben (§ 2325) nicht vor der des Anspruchs auf den ordentlichen Pflichtteil, sondern einheitlich und mit der letzten Kenntnis. Denn der Ergänzungsanspruch kann nicht vor dem ordentlichen Pflichtteilsanspruch verjähren[44]. **(4)** Umgekehrt soll die verjährungsrechtliche Selbstständigkeit des Pflichtteilsergänzungsanspruch beachtlich sein, wenn der Pflichtteilsberechtigte **zunächst** von der ihn **beeinträchtigenden Verfügung von Todes wegen** erfährt, weshalb dann selbstständige Verjährungsfristen zu laufen beginnen. Es beginnt dann die Verjährung des

---

Anspruch verjährte, weil er sich auf vom Zivilurteil abweichende frühere Entscheidung im Erbscheinsverfahren verlassen hat, warnend *Soergel/Dieckmann* Rn 17 Fn 43.

[33] BGH FamRZ 1977, 128 f; NJW 1995, 1157; RGZ 104, 195, 197; RGZ 135, 231, 235; OLG Koblenz FamRZ 2003, 193; jurisPK/*Birkenheier* Rn 24; MünchKommBGB/*Lange* Rn 7; *Staudinger/Olshausen* Rn 17; *Soergel/Dieckmann* Rn 14; aA für § 2316 Abs 1 mit beachtlichen Gründen *Schindler* ZErb 2007, 327, 329 f.

[34] BGH FamRZ 1977, 128, 129; BGHZ 123, 76, 82 f = NJW 1993, 2176 = LM § 2313 Nr 6; *Staudinger/Olshausen* Rn 18.

[35] BGH FamRZ 1977, 128, 129.

[36] BGH NJW 1993, 2178; ZEV 1996, 117 m Anm *Dressler*; OLG Koblenz DtZ 1993, 253; OLG Celle AgrarR 1993, 118; jurisPK/*Birkenheier* Rn 24 Fn 25; *Staudinger/Olshausen* Rn 24; dazu *Dressler* DtZ 1993, 229. Auf eine entsprechende Antragstellung oder gar die Bestandskraft des Verwaltungsakts über die Ansprüche nach dem Vermögensgesetz (so aber *Casimir* DtZ 1993, 234) kommt es nicht an, BGH ZEV 1996, 377.

[37] BGH ZEV 1996, 117; für den 29. 9. 1990 aber OLG Oldenburg ZEV 1996, 116 (Vorinstanz); OLG Koblenz DtZ 1993, 253; OLG Düsseldorf NJW-RR 1998, 1157; MünchKommBGB/*Frank* 3. Aufl Rn 9 a; *Staudinger/Olshausen* Rn 24.

[38] *Dressler* ZEV 1996, 118.

[39] MünchKommBGB/*Frank* 3. Aufl Rn 9 b; *Staudinger/Olshausen* Rn 24; näher zur Verjährungsproblematik *Rauscher* JR 1994, 485, 490.

[40] *Damrau/Riedel/Lenz* Rn 12; *Staudinger/Olshausen* Rn 16; *Soergel/Dieckmann* Rn 8.

[41] MünchKommBGB/*Lange* Rn 8; zu Unrecht fordert AnwK-BGB/*Bock* Rn 10 noch eine Verfügung von Todes wegen.

[42] Für § 2325: BGH NJW 1972, 760; BGHZ 103, 333, 335; RGZ 135, 231, 235; jurisPK/*Birkenheier* Rn 31; MünchKommBGB/*Lange* Rn 8; *Soergel/Dieckmann* Rn 8; für § 2316 Abs 2: BGH NJW 1972, 760, 761; *Ruby* ZErb 2006, 86, 89; *Keim* ZEV 2007, 333; *Schindler* ZErb 2007, 329; *Dieckmann* und *Lange* je aaO; wohl auch RGZ aaO; auf den Wert des ausgleichspflichtigen Vorempfangs kommt es dagegen nicht an, RGZ aaO und oben Fn 33.

[43] *Soergel/Dieckmann* Rn 8; *Staudinger/Olshausen* Rn 16.

[44] BGHZ 95, 76, 80 = NJW 1985, 2945; BGH NJW 1972, 760; jurisPK/*Birkenheier* Rn 32; *Lange/Kuchinke* § 37 XI Fn 562; MünchKommBGB/*Lange* Rn 8; *Soergel/Dieckmann* Rn 12; *Staudinger/Olshausen* Rn 16.

ordentlichen Pflichtteilsanspruchs mit Kenntnis der Verfügung von Todes wegen; die Verjährung des **Pflichtteilsergänzungsanspruchs** aber erst mit der Kenntnis des Berechtigten von der ihn beeinträchtigenden Schenkung[45]. Die Kenntnis entfällt auch hier bei plausiblen Zweifeln an der rechtlichen Wirksamkeit der Schenkung[46].

c) Sonderfälle. Bei Erbeinsetzungen unter **Verwirkungsklauseln** oder Bedingungen beginnt die Verjährung des Pflichtteilsanspruchs bereits mit Kenntnis der beeinträchtigenden Verfügung, nicht erst mit dem tatsächlichem Eintritt der Beeinträchtigung, auch wenn der Pflichtteilsanspruchs erst durch die Zuwiderhandlung entsteht[47]. Allerdings wird es auf die Verjährungsproblematik nicht ankommen, da die Erbschaft idR bereits angenommen ist und damit kein Ausschlagungsrecht nach § 2306 Abs 1 S 2, Abs 2 mehr besteht. Wird der Ehegatte aus einer **Zugewinngemeinschaftsehe** Erbe oder Vermächtnisnehmer, so beginnt die Frist für einen anderen Pflichtteilsberechtigten jedoch nicht zu laufen, bevor er erfahren hat, ob der Ehegatte die Zuwendung annimmt, denn nach § 1371 Abs 2 (§ 2303 Rn 23 f) hängt hiervon die Höhe von Erb- und Pflichtteil aller anderen Pflichtteilsberechtigten ab[48]. Werden **entferntere Abkömmlinge** oder Eltern (§ 2309) erst infolge Wegfalls eines näheren Abkömmlings pflichtteilsberechtigt (zB bei Ausschlagung, Erbunwürdigkeit, Pflichtteilsentziehung), beginnt für diese die Verjährungsfrist nicht, bevor sie vom Wegfall des nähern Berufenen erfahren. Denn ansonsten könnte der Pflichtteilsanspruch bereits verjährt sein, bevor diese ihn geltend machen konnten[49]. Diese auf Grund einer extensiven Interpretation der Norm für den entfernteren Pflichtteilsberechtigten großzügige Behandlung rechtfertigt sich gegenüber Abs 3 damit, dass es in den dort genannten Fällen allein in der Hand des zunächst berufenen Pflichtteilsberechtigten liegt, ob er zur Pflichtteilserlangung ausschlägt. Da das **nichteheliche Kind** gegen seinen Vater, der die Vaterschaft nicht ausdrücklich anerkannt hat, seinen Pflichtteilsanspruch wegen der Sperrwirkung des § 1600 d Abs 4 vor der gerichtlichen Feststellung noch nicht durchsetzen kann[50], beginnt auch die Verjährung vorher nicht[51].

d) Ausschlagung zur Pflichtteilserlangung (Abs 3). Auch bei den Fällen, in denen die Geltendmachung des Pflichtteilsanspruchs erst nach der Ausschlagung einer Erbschaft oder Vermächtnisses (§§ 2306 Abs 1 S 2, Abs 2, 2307 Abs 1, 1371 Abs 3) möglich ist, beginnt die Verjährung bereits zu den in Abs 1 und Abs 2 genannten allgemeinen Zeitpunkten (Abs 3). Dies kann nicht nur dazu führen, dass der Pflichtteilsanspruch bereits verjährt ist, bevor die Ausschlagungsfrist überhaupt zu laufen begonnen hat, so etwa im Fall der Nacherbeneinsetzung eines Pflichtteilsberechtigten, bei der die Ausschlagungsfrist erst mit Eintritt des Nacherbfalls beginnt[52]. Die Regelung steht auch in einem gewissen Widerspruch zum neuen Verjährungsrecht, wonach aufschiebend bedingte Ansprüche nicht vor dem Bedingungseintritt verjähren können[53], wobei aber einzuräumen ist, dass die Regelung des Abs 3 ausdrücklich deshalb getroffen wurde, um die Streitfrage offen zu lassen, wann in solchen Fällen der Pflichtteilsanspruch entsteht[54].

IV. Pflichtteilsergänzungsanspruch gegen den Beschenkten (Abs 2)

Die Verjährung eines solchen Anspruchs gegen den **Beschenkten** nach § 2329 beginnt stets mit Eintritt des Erbfalls, unabhängig von der Kenntnis des Anspruchsberechtigten von der Schenkung und Berechtigung[55]. Dies gilt auch dann, wenn der Beschenkte zugleich Miterbe ist[56]. Die insoweit für den Pflichtteilsberechtigten ungünstigere Rechtslage wird auf der prozessualen Ebene dadurch wieder relativiert, dass die gegen den Erben gerichtete Zahlungsklage (§ 2325) auch die Verjährung des Anspruchs nach § 2329 gegen den **beschenkten Erben** auf Herausgabe bzw Duldung der Zwangsvollstreckung hemmt[57].

---

[45] BGHZ 103, 333, 336 f = NJW 1988, 1667 m Anm *Hohloch* JuS 1989, 233; OLG Düsseldorf FamRZ 1992, 1223; AnwK-BGB/*Bock* Rn 10; *Damrau/Riedel/Lenz* Rn 13; jurisPK/*Birkenheier* Rn 33; MünchKommBGB/*Lange* Rn 8; *Staudinger/Olshausen* Rn 16; aA *Soergel/Dieckmann* Rn 12: unnötige Verkomplizierung des Rechtslage widerspreche Verjährungszweck; *Lange/Kuchinke* § 37 XI 2 d; OLG Schleswig MDR 1978, 757.
[46] BGH LM Nr 3 = NJW 1964, 1157; *Soergel/Dieckmann* Rn 15.
[47] OLG Celle ZEV 1996, 307 m Anm *Skibbe*; AnwK-BGB/*Bock* Rn 19; jurisPK/*Birkenheier* Rn 27; *Palandt/Edenhofer* Rn 6; *Soergel/Dieckmann* Rn 19; *Staudinger/Olshausen* Rn 13.
[48] AnwK-BGB/*Bock* Rn 18; jurisPK/*Birkenheier* Rn 29; *Soergel/Dieckmann* Rn 18; MünchKommBGB/*Lange* Rn 9.
[49] RG JW 1912, 70; AnwK-BGB/*Bock* Rn 17; jurisPK/*Birkenheier* Rn 26; *Staudinger/Olshausen* Rn 22 m zutr Hinweis, dass bei aufschiebend bedingten Ansprüchen Verjährung erst mit Bedingungseintritt beginnt; MünchKommBGB/*Lange* Rn 9; *Lange/Kuchinke* § 37 XI Fn 560.
[50] BGHZ 85, 274, 277.
[51] *Damrau/Riedel/Lenz* Rn 22; *Soergel/Dieckmann* Rn 27; *Staudinger/Haas* Rn 37; HdB Pflichtteilsrecht/*Tanck* § 14 Rn 241; *Gipp* ZErb 2001, 169.
[52] *Soergel/Dieckmann* Rn 29; Zu weiteren Fällen *Staudinger/Olshausen* Rn 23.
[53] Vgl den zutr Hinweis von *Staudinger/Olshausen* Rn 23.
[54] OLG Schleswig FamRZ 2003, 1696; s § 2317 Rn 2.
[55] BGH FamRZ 1968, 150.
[56] BGH NJW 1986, 1610 m Anm *Sick*; zust AnwK-BGB/*Bock* Rn 20; MünchKommBGB/*Lange* Rn 13; aA *Staudinger/Olshausen* Rn 25 krit auch *Soergel/Dieckmann* Rn 25; *Damrau/Riedel/Lenz* Rn 14.
[57] BGH NJW 1986, 1610.

V. Neubeginn oder Hemmung der Verjährung

16 Hierfür gelten die allgemeinen Vorschriften der §§ 203 ff idF des SMG (s auch Rn 1)[58]. Danach tritt im Regelfall nur noch eine Hemmung der Verjährung ein. Demgegenüber führen nach § 212 nur das Anerkenntnis und Vollstreckungsmaßnahmen als bisherige Unterbrechungstatbestände zum Neubeginn der Verjährung. Zu den Auswirkungen des Schuldrechtsmodernisierungsgesetzes und den Überleitungsvorschriften s Rn 1 und § 1378 Rn 24.

17 **1. Klageerhebung (§ 204 Abs 1 Nr 1).** Die Erhebung der **Klage auf Leistung oder Feststellung** des Pflichtteilsanspruchs hemmt nach neuem Recht die Verjährung[59]. Ist die Ausschlagung Voraussetzung zur Pflichtteilserlangung (§ 2332 Abs 3) hemmt eine vor Ablauf der Verjährungsfrist erhobene Klage die Verjährung dann, wenn die Ausschlagung spätestens vor Schluss der mündlichen Verhandlung erfolgt[60] oder nach Rücknahme der Klage, jedoch zusätzlich innerhalb der Sechsmonatsfrist des § 204 Abs 2 erneut Klage erhoben wird[61]. Keine Hemmung der Verjährung bewirkt jedoch die bloße Klage auf **Auskunftserteilung** nach § 2314, weil diese nur vorbereitende Maßnahme den Pflichtteilsanspruch nicht rechtshängig macht[62]. Durch eine **Stufenklage** auf Auskunft und Zahlung (§ 254 ZPO) wird jedoch die Verjährung gehemmt, allerdings nur in der Höhe des Pflichtteilsanspruchs, in der dieser später im Leistungsantrag nach Erfüllung der seiner Vorbereitung dienenden Hilfsansprüche beziffert wird[63]. Auch muss nach Erledigung der Vorstufen der Zahlungsanspruch weiter verfolgt werden, um eine Beendigung der Hemmung der Verjährungsfrist zu verhindern (§ 204 Abs 2 S 2)[64]. Ein solches Auslaufen der Hemmung durch Nichtbetrieb kann zu einem Haftungsfall für einen Rechtsanwalt werden[65]. Anders liegt es, wenn bereits ein **teilweise bezifferter Leistungsantrag** gestellt wurde hinsichtlich des sofort bezifferten Antrags, da insoweit eine „normale Leistungsklage" vorliegt[66]. Auch tritt die Hemmung durch Erhebung der Stufenklage nur ein, wenn im **Klageantrag deutlich** wird, dass Auskunft wegen des Pflichtteils und nicht etwa auch des Zugewinnausgleichs begehrt wird[67].

18 Im Hinblick auf den Grundsatz der **selbstständigen Verjährung** von Pflichtteilsanspruch und Pflichtteilsergänzungsanspruch (vgl Rn 12) bereitet es Schwierigkeiten, der klageweisen Geltendmachung des einen Anspruchs auch eine verjährungshemmende Wirkung für den anderen beizulegen. Jedoch ist man hier in sachlicher Hinsicht großzügig und versteht unter „Pflichtteilsanspruch" iS von § 2332 alle auf Grund des Pflichtteilsrechts möglichen Ansprüche[68]. Grenzen zieht man in persönlicher Hinsicht und zwar entspr der Vorgabe nach Abs 2 bei Klagen gegen Beschenkten. Daher hemmt nach allgemeiner Auffassung das Einklagen des **ordentlichen Pflichtteilsanspruchs** (§§ 2303, 2305, 2307) auch die Verjährung des Pflichtteilsergänzungsanspruchs gegen den Erben[69], allerdings doch wohl nur in Höhe des bezifferten Klageantrags[70]. Gleiches gilt für den umgekehrten Fall, dass zunächst der Ergänzungspflichtteil gegen den Erben und dann erst der ordentliche Pflichtteil geltend gemacht wird[71].

19 Die auf § 2325 gestützte Zahlungsklage des Pflichtteilsberechtigten gegen den **beschenkten Erben** (Miterben) hemmt (oder früher unterbrach) auch die Verjährung des gegen diesen gerichteten Anspruchs aus § 2329[72]. Das gilt auch dann, wenn der Beschenkte aus § 2325 nur als Erbeserbe in Anspruch genommen wird[73], was bei den beiden genannten Fällen insofern bedenklich ist, als die Beteiligtenrolle sich nur „zufällig" in einer Person vereinigt. Dagegen hemmt (oder früher unterbrach) eine auf **Feststellung** der Pflichtteilsberechtigung gerichtete Klage die Verjährung eines Pflichtteilsergänzungsanspruchs nach § 2325 nicht, wenn im Feststellungsprozess zu der beeinträchtigenden Schenkung nichts vorgetragen wird[74]. Dies ist zutreffend, denn die bloße Pflichtteilsberechtigung besagt nichts

---

[58] JurisPK/*Birkenheier* Rn 36; Staudinger/*Olshausen* Rn 26.
[59] AnwK-BGB/*Bock* Rn 26; jurisPK/*Birkenheier* Rn 38.
[60] *Pentz* NJW 1966, 1647; Staudinger/*Olshausen* Rn 23; MünchKommBGB/*Lange* Rn 14.
[61] OLG Schleswig FamRZ 2003, 1696.
[62] BGH NJW-RR 2006, 948, 949, auch zum Übergangsrecht nach Art 229 § 6 Abs 1 S 2 EGBGB wegen der Schuldrechtsreform; AnwK-BGB/*Bock* Rn 28; MünchKommBGB/*Lange* Rn 10; Staudinger/*Olshausen* Rn 30; Soergel/*Dieckmann* Rn 20; allg hierzu Palandt/*Heinrichs* § 204 Rn 2; zu § 209 aF, der zur Unterbrechung führte, s BGH NJW 1975, 1409, 1410; RGZ 115, 27, 29; OLG Koblenz FamRZ 2003, 193.
[63] BGH NJW 1992, 2563; AnwK-BGB/*Bock* Rn 26; MünchKommBGB/*Lange* Rn 10; Staudinger/*Olshausen* Rn 30.
[64] BGH NJW 1992, 2563, dort auch zu den Voraussetzungen des Verfahrensstillstands; Staudinger/*Olshausen* Rn 31.
[65] BGH NJW-RR 2001, 1311 = ZErb 2001, 209.
[66] OLG Hamm ZEV 1998, 187, 188.
[67] OLG Düsseldorf MDR 1967, 657; Staudinger/*Olshausen* Rn 30.
[68] Staudinger/*Olshausen* Rn 31 unter Bezug auf BGH NJW 1972, 761.
[69] AnwK-BGB/*Bock* Rn 26; MünchKommBGB/*Lange* Rn 10; Soergel/*Dieckmann* Rn 22; Staudinger/*Olshausen* Rn 31; Lange/*Kuchinke* § 37 XI 1.
[70] Soergel/*Dieckmann* Rn 22; MünchKommBGB/*Lange* Rn 10; aA wohl OLG Braunschweig SeuffA 65 (1910) Nr 13; Staudinger/*v. Olshausen* Rn 29.
[71] BGH bei *Johannsen* WM 1977, 308; RGRK/*Johannsen* Rn 13; MünchKommBGB/*Lange* Rn 10; Staudinger/*Olshausen* Rn 31; Soergel/*Dieckmann* Rn 23.
[72] BGH NJW 1974, 1327; BGHZ 107, 200, 203 = NJW 1989, 2887 m Anm *Dieckmann* FamRZ 1989, 857; AnwK-BGB/*Bock* Rn 27; MünchKommBGB/*Lange* Rn 10; Soergel/*Dieckmann* Rn 22; Staudinger/*Olshausen* Rn 31.
[73] BGHZ 107, 200, 203 = NJW 1989, 2887 m Anm *Dieckmann* FamRZ 1989, 857; NJW 1974, 1327.
[74] BGHZ 132, 240 = NJW 1996, 1743 = LM § 209 Nr 84 m Anm *Leipold* und Anm *Ebenroth/Koos* ZEV 1996, 224; MünchKommBGB/*Lange* Rn 10; Staudinger/*Olshausen* Rn 31.

über das Bestehen eines Pflichtteilsergänzungsanspruchs. Auch die Geltendmachung des **vorrangigen Anspruchs** aus § 2325 gegen den Erben unterbricht nicht die Verjährung des Anspruchs nach § 2329 gegen einen **Beschenkten,** der nicht zugleich Erbe ist. Jedoch kann der Pflichtteilsberechtigte in diesen Fällen zur Verjährungshemmung bezüglich des Anspruchs nach § 2329 eine entsprechende Feststellungsklage gegen den Beschenkten, der nicht Erbe ist, erheben[75]; auch eine gegen diesen ausgesprochene **Streitverkündung** (§ 204 Abs 1 Nr 6) hemmt die Verjährung. Die für die Zulässigkeit der Streitverkündung nach § 72 ZPO erforderliche Alternativität der Ansprüche[76] ergibt sich hier aus der Subsidiarität der Haftung des Beschenkten gegenüber dem zunächst verklagten Erben nach § 2329 Abs 1. Zur Hemmung der Verjährung bei Geltendmachung des Pflichtteilsergänzungsanspruchs gegen **mehrere Beschenkte** s § 2329 Rn 5.

Durch Klage gegen den **Vorerben** wird die Verjährung des Pflichtteilsanspruchs auch mit Wirkung gegen den Nacherben gehemmt (oder früher unterbrochen), wenn der Nacherbfall erst nach der Klageerhebung eintritt[77]. Jedoch wirkt ein gegen den Vorerben ergangenes Urteil nicht gegen den Nacherben (§ 326 ZPO). Daher ist erforderlich, dass der Pflichtteilsberechtigte auch gegen den Nacherben Feststellungsklage erhebt, um sich hinsichtlich der Feststellungswirkung die Vorteile der 30-jährigen Verjährung nach § 197 Abs 1 Nr 3 zu sichern[78]. Eine Klageerhebung gegen den Testamentsvollstrecker hemmt wegen § 2213 Abs 1 S 3 die Verjährung nicht[79]. 20

2. Anerkenntnis (§ 212 Abs 1 Nr 1). Ein Anerkenntnis führt dazu, dass die Verjährung des Pflichtteilsanspruchs erneut beginnt. Eine solch weitreichende Folge kann nicht nur durch ausdrückliche Erklärung geschehen, sondern auch in einem **schlüssigen Verhalten** des Erben gesehen werden, wenn der Erbe sich des Bestehens des Pflichtteilsanspruchs bewusst ist und er diesen befriedigen will, so etwa in einer Auskunftserteilung nach § 2314, wenn der Pflichtteilsschuldner vom Bestehen des Anspruchs ausgeht[80], oder in der Errichtung eines Inventars nach § 1994[81], der Erklärung der Bereitschaft zur Errichtung eines solchen[82] und in der Abgabe einer eidesstattlichen Versicherung nach §§ 260, 2006[83]. Keine Anerkennung liegt aber vor, wenn der Pflichtteilsschuldner nur aus Kulanzgründen oder zur Vermeidung eines Rechtsstreits eine derartige Leistung erbringt[84]. Zu beachten ist zudem, ob ein Anerkenntnis auch seinem gesamten Umfang nach anerkannt wird[85]. Eine vertragliche Anerkennung des Pflichtteilsanspruchs durch den **Vorerben** nach Eintritt der Verjährung wirkt nach Ansicht des BGH auch gegen den Nacherben[86], was früher bedenklich war, weil dadurch eine 30-jährige Verjährung eintrat. Nach der Schuldrechtsreform führt dies nur noch zur dreijährigen Regelverjährung des § 195 nF und ist daher eher hinnehmbar[87]. Ein allein von dem **Testamentsvollstrecker** abgegebenes Anerkenntnis führt wegen § 2213 Abs 1 S 3 zu keinem Neubeginn der Verjährung[88]. 21

3. Verjährung bei minderjährigen Pflichtteilsberechtigten. Ist der Pflichtteilsberechtigte bei Eintritt des Erbfalls noch minderjährig, so ist zu unterscheiden: 22
– Ist der **überlebende Elternteil der Pflichtteilsschuldner,** so ist die Verjährung des Pflichtteilsanspruchs gegen den überlebenden Elternteil bis zum Eintritt der Volljährigkeit nach § 207 Abs 1 S 2 Nr 2 gehemmt (vgl auch § 2317 Rn 6)[89]. Die Hemmung endet aber bereits früher, wenn der Anspruch an einen Dritten abgetreten wird oder kraft Gesetzes an einen anderen übergeht.
– Ist Pflichtteilsschuldner ein **anderer Abkömmling** des sorgeberechtigten, überlebenden Elternteils, so kann der überlebende Elternteil wegen der §§ 1629 Abs 1, 1795 Abs 1 Nr 3, Abs 2, 181 den Pflichtteilsanspruch des enterbten Kindes nicht gegen den erbenden Geschwisterteil geltend machen. Soweit für den pflichtteilsberechtigten Minderjährigen keine Pflegschaft nach § 1909 angeordnet wurde, greift dann die Ablaufhemmung nach § 210 ein. Daher tritt eine Verjährung nicht vor dem Ablauf von sechs Monaten nach dem Zeitpunkt ein, in dem der Pflichtteilsberechtigte unbeschränkt geschäftsfähig oder der Mangel der Vertretung behoben wird[90].

4. Hemmung der Verjährung bei Verhandlungen (§ 203). Eine Verjährungshemmung tritt auch ein, wenn Verhandlungen über den Anspruch selbst oder die den Anspruch begründenden Tatsachen schweben, was bereits dann der Fall ist, wenn der Erbe die Bereitschaft zur Aufklärung des Sachverhaltes 23

---

[75] OLG Düsseldorf FamRZ 1996, 445, 446; *Damrau/Riedel/Lenz* Rn 15; MünchKommBGB/*Lange* Rn 13; *Staudinger/Olshausen* Rn 25.
[76] Zur erweiternden Auslegung der Vorschrift idS *Zöller/Vollkommer* § 72 ZPO Rn 8; *Palandt/Heinrichs* § 204 Rn 21; BGHZ 8, 80.
[77] JurisPK/*Birkenheier* Rn 42; MünchKommBGB/*Frank* Rn 11; *Soergel/Dieckmann* Rn 24; *Staudinger/Olshausen* Rn 32.
[78] MünchKommBGB/*Lange* Rn 11; RGRK/*Johannsen* Rn 17; *Soergel/Dieckmann* Rn 24; *Staudinger/Olshausen* Rn 32.
[79] BGHZ 51, 125; *Damrau/Riedel/Lenz* Rn 22; *Staudinger/Olshausen* Rn 34.
[80] RG JW 1927, 1198, BGHZ 95, 76 = NJW 1985, 2945.
[81] OLG Zweibrücken FamRZ 1969, 231.
[82] BGH NJW 1975, 1409.
[83] RGZ 113, 234, 239; MünchKommBGB/*Lange* Rn 12; *Staudinger/Olshausen* Rn 27.
[84] HdB Pflichtteilsrecht/*Tanck* § 14 Rn 237.
[85] RGZ 113, 234, 239; vgl auch den Fall von BGHZ 95, 76, 78.
[86] BGH NJW 1973, 1690.
[87] *Damrau/Riedel/Lenz* Rn 18; *Soergel/Dieckmann* Rn 20.
[88] BGHZ 51, 125, 127 = NJW 1969, 424.
[89] MünchKommBGB/*Lange* Rn 10; *Soergel/Dieckmann* Rn 26; *Staudinger/Haas* Rn 37.
[90] *Damrau,* Der Minderjährige im Erbrecht, 2002, Rn 69, 70; HdB Pflichtteilsrecht/*Tanck* § 14 Rn 223.

§ 2333 Buch 5. Abschnitt 5. Pflichtteil

zeigt[91]. Dabei muss das Verhalten des Pflichtteilsschuldners über die bloße Verweigerung der Erfüllung hinausgehen[92]. Andererseits ist eine Vergleichsbereitschaft des Pflichtteilsschuldners nicht erforderlich[93]. Angesichts der tatbestandsmäßigen Offenheit besteht in der Praxis oftmals Unsicherheit, ob die Verjährungshemmung tatsächlich eintritt[94]. Die Hemmung dauert solange, bis eine Partei die Fortsetzung der Verhandlungen verweigert.

24 **5. Sonstige Hemmung der Verjährung (§§ 204 ff).** Diese tritt insbes bei einer Stundung des Pflichtteilsanspruchs nach § 2331 a ein[95]. Auch die Zustellung eines Mahnbescheids im **Mahnverfahren** führt nach § 204 Abs 1 Nr 3 zur Hemmung der Verjährung[96].

VI. Wirkung

25 Die Verjährung bewirkt nur ein **Leistungsverweigerungsrecht** des Schuldners (§ 214 Abs 1 idF des SMG, früher § 222 Abs 1). Im Einzelfall kann es nach Treu und Glauben ausgeschlossen sein, dass sich der Pflichtteilsschuldner auf die Einrede der Verjährung beruft, etwa wenn er die letztwillige Verfügung des Erblassers, die den Pflichtteilsberechtigten von der gesetzlichen Erbfolge ausschließt, nicht zur Eröffnung an das Nachlassgericht abliefert[97]. Die durch die Erhebung der Verjährungseinrede eintretende Undurchsetzbarkeit des einen Pflichtteilsanspruchs erhöht aber nicht die Ansprüche der anderen Pflichtteilsberechtigten[98]. Ist der Pflichtteilsanspruch nur gegen einen Teil der Pflichtteilsschuldner (Miterben) verjährt, so gilt bei nach § 2058 fortbestehender gesamtschuldnerischer Haftung § 425 Abs 2[99]. Der **Verzicht auf die Einrede der Verjährung** bewirkt nur einen Neubeginn der Verjährung, nicht aber eine Unverjährbarkeit, was auch der Wertung des § 202 Abs 2 (dort Rn 7) widersprechen würde[100].

VI. Verjährungsverlängerung

26 Durch Vereinbarung zwischen dem Pflichtteilsberechtigten und dem Pflichtteilsschuldner kann **nach Eintritt des Erbfalls** die Verjährung des Pflichtteilsanspruchs in den Grenzen des § 202 Abs 2 verlängert werden[101]. Umstritten ist dagegen, ob der **Erblasser** durch **Verfügung von Todes wegen** eine Verjährungsverlängerung anordnen kann[102]. Auch wenn die amtliche Überschrift von § 202 und die Gesetzesmaterialien davon ausgehen, dass die Verjährungsverlängerung durch „Vereinbarung" erfolgt, ist eine solche Bestimmung des Erblassers grds möglich. Im Hinblick auf die abschließende Regelung erbrechtlicher Anordnungen wirkt diese mit dem Erbfall nicht „ipso jure". Vielmehr kann der Erblasser nur durch Vermächtnis oder Auflage eine entsprechende Verpflichtung begründen, nach Eintritt des Erbfalls eine entsprechende Verjährungsverlängerung nach § 202 Abs 2 zu vereinbaren. Entspr den allgemeinen erbrechtlichen Grundsätzen darf damit zudem nur belastet werden, wer Erbe oder Vermächtnisnehmer ist, also nicht der Beschenkte Dritte hinsichtlich des gegen ihn gerichteten Pflichtteilsergänzungsanspruch nach § 2329[103]. Soll auch der Pflichtteilsberechtigte nicht nur zum Abschluss der Verlängerungsvereinbarung berechtigt, sondern auch verpflichtet sein, so muss er ebenfalls Erbe oder wenigstens Vermächtnisnehmer sein, was die Falllagen der §§ 2305, 2307, 2326 betrifft und im Fall von § 2306 Abs 1 S 1 scheitert. Eine entsprechende Vereinbarung zwischen den künftigen Pflichtteilsberechtigten und Erben zu Lebzeiten des Erblassers ist eine solche nach § 311 b Abs 4 S 2, Abs 5 und bedarf daher der dort vorgeschriebenen Form[104].

§ 2333 Entziehung des Pflichtteils eines Abkömmlings

Der Erblasser kann einem Abkömmling den Pflichtteil entziehen:
1. wenn der Abkömmling dem Erblasser, dem Ehegatten oder einem anderen Abkömmling des Erblassers nach dem Leben trachtet,

---

[91] BGH NJW-RR 2001, 1168.
[92] AnwK-BGB/*Mansell* § 203 Rn 6; *Damrau/Riedel/Lenz* Rn 19.
[93] BGH NJW-RR 2001, 1168; NJW 2001, 1723.
[94] Zu Vermeidungsstrategien HdB Pflichtteilsrecht/*Tanck* § 14 Rn 232; *Bonefeld* ZErb 2002, 351.
[95] AnwK-BGB/*Bock* Rn 32; *Staudinger/Olshausen* Rn 36; *Soergel/Dieckmann* Rn 26: zumindest analog § 206.
[96] Zu den Praxisproblemen hierbei *Bonefeld,* Haftungsfallen im Erbrecht, Rn 234.
[97] OLG Düsseldorf ZERB 2005, 92 m Anm *Tanck.*
[98] *Staudinger/Olshausen* Rn 39; *Soergel/Dieckmann* Rn 30.
[99] *Palandt/Edenhofer* Rn 14; *Staudinger/Olshausen* Rn 40; *Soergel/Dieckmann* Rn 30 mw Details zu Regress im Innenverhältnis.
[100] *Palandt/Heinrichs* § 202 Rn 3 a; PWW/*Kesseler* §§ 202 Rn 4; AnwK-BGB/*Mansel/Stürner* § 202 Rn 46; vgl auch OLG Brandenburg NJW-RR 2005, 871 zum Zugewinnausgleich; aA LG Stendal FamRZ 2007, 585, 586; MünchKommBGB/*Grothe* 4. Aufl § 222 Rn 4; zur Problematik auch *Krämer* ZFE 2004, 230, 231 f.
[101] Wohl allgM, s *Staudinger/Olshausen* Rn 1 a.
[102] Bejahend *Amann* DNotZ 2002, 94, 126; *Brambring* ZEV 2002, 137, 138; *Krug,* Schuldrechtsmodernisierungsgesetz und Erbrecht, 2002, Rn 138; *Klinghöffer* Rn 123 a; *Löhnig* ZEV 2004, 267, 268; PWW/*Deppenkemper* Rn 1; *Staudinger/Olshausen* Rn 1a; verneinend *Soergel/Dieckmann* Rn 1; *Palandt/Heinrichs* § 202 Rn 3; wohl auch *Lange* ZEV 2003, 433, 436; zweifelnd *Schlichting* ZEV 2002, 478, 480; MünchKommBGB/*Lange* Rn 1; *Lakkis* AcP 203 (2003), 763, 767; zur praktischen Tauglichkeit *J. Mayer* in: *Dauner-Lieb/Konzen/K. Schmidt,* Das neue Schuldrecht in der Praxis, 2003, S 699, 708 f.
[103] *Keim* ZEV 2004, 173, 175; damit ist den systematischen Bedenken von *Lange* ZEV 2003, 433, 435 f genügt.
[104] Übersehen bei *Keim* ZEV 2004, 173, 176.

2. wenn der Abkömmling sich einer vorsätzlichen körperlichen Misshandlung des Erblassers oder des Ehegatten des Erblassers schuldig macht, im Falle der Misshandlung des Ehegatten jedoch nur, wenn der Abkömmling von diesem abstammt,
3. wenn der Abkömmling sich eines Verbrechens oder eines schweren vorsätzlichen Vergehens gegen den Erblasser oder dessen Ehegatten schuldig macht,
4. wenn der Abkömmling die ihm dem Erblasser gegenüber gesetzlich obliegende Unterhaltspflicht böswillig verletzt,
5. wenn der Abkömmling einen ehrlosen oder unsittlichen Lebenswandel wider den Willen des Erblassers führt.

Übersicht

	Rn		Rn
I. Normzweck, Verfassungsrecht	1	4. Böswillige Verletzung der Unterhaltspflicht (Nr 4)	11
II. Pflichtteilsentziehungsgründe des § 2333	6	5. Führung eines ehrlosen oder unsittlichen Lebenswandels (Nr 5)	12
1. „Nach dem Leben trachten" (Nr 1)	7		
2. Vorsätzliche körperliche Misshandlung (Nr 2)	8		
3. Verbrechen oder vorsätzlich schweres Vergehen (Nr 3)	10	III. Rechtsfolgen	18

I. Normzweck, Verfassungsrecht

Die §§ 2333 bis 2335 regeln die Pflichtteilsentziehungsgründe, differenziert nach der Person des 1
Pflichtteilsberechtigten. Die Ausübung des Gestaltungsrechts der Pflichtteilsentziehung bestimmt sich nach § 2336, die Verzeihung nach § 2337. Die Pflichtteilsentziehung geht über die bloße Enterbung (§ 1938) hinaus und berechtigt unter bestimmten, eng begrenzten Voraussetzungen, den nächsten Angehörigen auch den Pflichtteil als an sich garantierte Mindestbeteiligung am Nachlass zu nehmen. Ihre **Rechtfertigung** findet die Pflichtteilsentziehung[1]
– in einem gewissen **„Verwirkungs- oder Strafgedanken"**[2]. Den Gesetzesmaterialien ist ein Strafcharakter nicht zu entnehmen[3]: Ist Grund für den Pflichtteil die enge Familienbeziehung oder nach Ansicht des Bundesverfassungsgerichts die Familiensolidarität[4], so kann derjenige sich nicht darauf berufen, der gegen die engsten Familienangehörigen oder ihre Wertvorstellungen erhebliche Verstöße begeht;
– darin, es uU eine bestimmte **Grenze** gibt, ab der es dem Erblasser mit einer bestimmten Wertehaltung **nicht mehr zuzumuten** ist, einen festen Teil seines Nachlasses uneingeschränkt an einen Abkömmling zu vererben, dessen Lebensweise er nicht billigen kann[5].
– nach dem BGH in einem **Erziehungszweck,** um auf das Verhalten des Abkömmlings Einfluss zu nehmen und ihn „zur Umkehr" zu bewegen[6]. Dies erscheint mehr als fraglich, da der Betroffene von der Entziehung idR vor dem Erbfall nichts erfährt[7].

Da die Pflichtteilsentziehungsgründe dem grds zwingenden Pflichtteilsrecht Grenzen setzen, geht es 2
hier um die Herstellung einer **praktischen Konkordanz** zwischen der Testierfreiheit des Erblassers und dem Recht des Pflichtteilsberechtigten an einer legitimen Teilhabe am Nachlass, und zwar auch unter Berücksichtigung der verfassungsrechtlichen Vorgaben im Spannungsfeld der Art 14 GG und Art 6 GG[8]. Das BVerfG hat hierzu nun entschieden, dass das Pflichtteilsrecht der Kinder als grds unentziehbare und bedarfsunabhängige wirtschaftliche Mindestbeteiligung am Nachlass des Erblassers durch die Erbrechtsgarantie des Art 14 Abs 1 iVm Art 6 Abs 1 GG gewährleistet ist[9]. Es stellt hierzu aber zugleich fest, dass die Bestimmungen der § 2333 Nr 1 und 2 über die Pflichtteilsentziehung und des § 2345 Abs 2 iVm § 2339 Abs 1 Nr 1 über die Pflichtteilsunwürdigkeit grds mit dem Grundgesetz

---

[1] Eingehend *Herzog,* Die Pflichtteilsentziehung – ein vernachlässigtes Institut, 2003, S 194 ff.
[2] So etwa *Staudinger/Olshausen* Rn Vor §§ 2333–2337 Rn 3; dagegen zu Recht *Lange* AcP 204 (2004), 804, 815; krit auch *Kleensang* DNotZ 2005, 509, 533.
[3] Zutr BVerfGE 112, 332 = NJW 2005, 1561 Tz 93; insoweit zust *Kleensang* ZEV 2005, 277, 282; aA aber die bislang hM, vgl etwa *Ebert,* Pönale Elemente im deutschen Privatrecht, 2004, S 395 ff mwN.
[4] BVerfGE 112, 332 = NJW 2005, 1561, 1563 f, Tz 73 ff.
[5] *Soergel/Dieckmann* Rn 16; vgl nun auch BVerfGE 112, 332 = NJW 2005, 1561, 1564 f, Tz 78 ff = FamRZ 2005, 872 und im Anschluss hieran *Lange* ZErb 2005, 205, 205; *Schöpflin* FamRZ 2005, 2025, 2030; vgl für die Relevanz des Zumutbarkeitsgesichtspunkts auch AnwK-BGB/*Herzog* Vor §§ 2333–2337 Rn 2 mit näherer Erl in 2333 Rn 5: es sei jeweils zu prüfen, ob das betreffende Verhalten geeignet ist, die dem Pflichtteilsrecht zu Grunde liegende Vermutung einer persönlichen Nähebeziehung zu zerstören und die zuvor erbrachten „Solidarleistungen" als irrelevant erscheinen zu lassen; dies sei aber bei Vorliegen der gesetzlichen Tatbestandsmerkmale zu vermuten; dazu auch Rn 4; krit zum Zumutbarkeitsgedanken *Dauner-Lieb* FF 2001, 78, 79.
[6] BGHZ 76, 109, 118 = NJW 1980, 936.
[7] Abl daher auch MünchKommBGB/*Lange* ErgBd Rn 3; dagegen auch auf Grund der gewandelten gesellschaftlichen und familiären Verhältnisse *Herzog* Pflichtteilsentziehung S 197 f.
[8] Dazu bereits BGHZ 109, 306, 313 = NJW 1990, 911 unter Hinweis auf BGHZ 98, 226, 233 zum verfassungsrechtlichen Schutz des Pflichtteilsrechts; zust etwa *Lange/Kuchinke* § 37 XIII 1 c; krit hiergegen *Leipold* JZ 1990, 700.
[9] BVerfGE 112, 332 = NJW 2005, 1561, 1564 f, Tz 78 ff = FamRZ 2005, 872; dazu eingehend *Kleensang* ZEV 2005, 277; *Lange* ZErb 2005, 205; *Stüber* NJW 2005, 2122; *J. Mayer* FamRZ 2005, 1441; *Otte* JZ 2005, 1007.

§ 2333

vereinbar sind[10], und zwar auch im Hinblick auf die erforderliche Normenklarheit und Justiziabilität. Damit verwirft das BVerfG die diesbezüglich in jüngerer Zeit vielfach geübten Bedenken[11]. Jedoch erkennt das BVerfG ausdrücklich an, dass es Fallkonstellationen gibt, bei denen es nicht möglich ist, das Prinzip der Testierfreiheit mit dem Grundsatz der unentziehbaren Nachlassteilhabe der Kinder in Übereinstimmung zu bringen, insbes wenn es dem Erblasser bei einem besonders schwer wiegenden Fehlverhalten des Kindes schlechthin unzumutbar ist, eine Nachlassteilhabe des Kindes hinnehmen zu müssen[12]. Allerdings muss ein **Fehlverhalten** des Kindes, das den Ausschluss des Pflichtteilsrechts rechtfertigt, deutlich über die Störungen des familiären Beziehungsverhältnisses hinaus gehen, die üblicherweise vorliegen, wenn der Erblasser seine Kinder von der Erbfolge ausschließt. Für solche Ausnahmefälle hat der Gesetzgeber aber dann Regelungen vorzusehen, die dem Erblasser die Entziehung oder Beschränkung der Nachlassteilhabe des Kindes ermöglichen. Wegen der Vielgestaltigkeit und Unterschiedlichkeit der möglichen Konfliktsituationen kann der Gesetzgeber dabei im Rahmen des ihm zukommenden Gestaltungsspielraums generalisierende und typisierende Regelungen verwenden, muss jedoch die Grundsätze der Normenklarheit, der Justiziablität und der Rechtssicherheit beachten. Dies spricht gegen eine – in der rechtspolitischen Diskussion immer wieder vorgeschlagene[13] – allgemeine **Zerrütungs- oder Entfremdungsklausel**. Auch ist nach Ansicht des BVerfG der Gesetzgeber aus verfassungsrechtlichen Gründen nicht gehalten, den Katalog der in § 2333 genannten Pflichtteilsentziehungsgründe um eine allgemein auf schwer wiegende Gründe verweisende **Auffangklausel** zu ergänzen. Sonderbarer Weise begründet das BVerfG die Verfassungsmäßigkeit ausdrücklich mit dem **ungeschriebenen Tatbestandsmerkmal** des „**schuldhaftes Verhaltens des Kindes**", das erst Rspr und Lehre entwickelt haben, das aber im Regelfall in geeigneter Weise sicherstelle, dass das Fehlverhalten eines Kindes nur in extremen Ausnahmefällen zur Pflichtteilsentziehung berechtige. In dem einen entschiedenen Fall (1 BvR 1644/00) kam das BVerfG allerdings zu Recht zu dem Ergebnis, dass die Zivilgerichte bei ihrer restriktiven Auslegung der Pflichtteilsentziehungsgründe die **Ausstrahlungswirkung** des **Grundrechts der Testierfreiheit** nicht hinreichend beachtet hatten, so dass die Verfassungsbeschwerde des Erben Erfolg hatte. Dort war der an einer schizophrenen Psychose leidende Sohn, der seine Mutter wiederholt schwer tätlich angegriffen und schließlich getötet hatte, im strafrechtlichen Sinn schuldunfähig, weshalb nach der bisherigen Auffassung der Zivilgerichte eine Pflichtteilsentziehung nicht möglich war. Diese Reduzierung auf das strafrechtliche Verschulden ist aber nach dem BVerfG gerade nicht geeignet, im Einzelfall dem verfassungsrechtlichen Erfordernis eines angemessenen Ausgleichs der unterschiedlichen Grundrechtspositionen „zur Bestimmung der Zumutbarkeitsgrenze"[14] zu gewährleisten. Selbst bei einer strafrechtlichen Schuldunfähigkeit genügt es daher nach dem BVerfG für die Pflichtteilsentziehung, wenn der Pflichtteilsberechtigte den objektiven Unrechtstatbestand „wissentlich und willentlich" verwirklicht[15]. Hierzu ist ein „natürlicher Vorsatz" ausreichend, der auch bei einem psychisch Kranken vorliegen kann[16].

3   Ausdrücklich zu begrüßen ist, dass das BVerfG besonders betont, dass bei der Anwendung der Pflichtteilsentziehungsvorschriften die **grundgesetzlich** geschützten **Positionen** der Testierfreiheit einerseits und des Pflichtteilsrechts andererseits sorgfältig gegeneinander **abgewogen** werden müssen[17]. Dies kann dazu führen, dass im Einzelfall die Zumutbarkeitsgrenze für den Erblasser, bis zu der er den Pflichtteilsanspruch seiner Abkömmlinge hinnehmen muss, neu und in seinem Sinne definiert wird[18], weil die „Ausstrahlungswirkung der Testierfreiheit" stärker beachtet werden muss[19], und dadurch „dogmatische Blockaden" aufgelöst werden können[20]. Daraus kann sich eine bedeutsame Akzentverschiebung, wenn nicht sogar ein Paradigmenwechsel im Pflichtteilsentziehungsrecht ergeben. Dies muss auch hinsichtlich der hier nach § 2336 geltenden **formalen Anforderungen** dazu führen, dass diese nicht überspannt werden dürfen, damit es deswegen nicht zu einer „Bedeutungslosigkeit kraft Richterrechts"[21] kommt, wobei oftmals hinter der Verschärfung der formalen Anforderungen die Absicht steckt, nicht sachlich entscheiden zu müssen. Methodisch vermag allerdings bereits im Ansatz nicht zu überzeugen, dass das BVerfG ein „ungeschriebenes Tatbestandsmerkmal", nämlich das Verschulden, zum Ansatzpunkt für die verfassungsrechtlich gebotene und damit zentrale Abwägungsentscheidung nimmt[22]. Dies tritt offenbar an Stelle der von der Zivilrechtsprechung bislang für die Entziehungsgründe des § 2333 Nr 2 und 3 geforderten „schweren Pietätsverletzung" (Rn 8). Das vom BVerfG aufgestellte Erfordernis des **„natürlichen Vorsatzes"** entzieht sich ebenfalls der Einordnung in klare dogmatische Kategorien. Meint dieser nur die „Handlungsform" des „Vorsatzes" in Abgrenzung zur Fahrlässigkeit, um diese iS des normativen Schuldbegriffs von der Bewertung der Tat

---

[10] Krit im Hinblick auf die Pflichtteilsentziehungsgründe *Staudinger/Olshausen* Vor §§ 23333–2337 Rn 1.
[11] Vorauf Rn 3; *Leisner* NJW 2001, 126; eingehend dazu *Herzog* Pflichtteilsentziehung S 315 ff.
[12] BVerfGE 112, 332, Tz 79 ff.
[13] Vgl etwa die Nachweise bei *Herzog* Pflichtteilsentziehung S 387 ff.
[14] BVerfG 1 BvR 1644/00 Tz 90.
[15] BVerfG 1 BvR 1644/00 Tz 89.
[16] BVerfG 1 BvR 1644/00 Tz 90, 92.
[17] Tendenziell ebenso zust *Kleensang* ZEV 2005, 277, 282; MünchKommBGB/*Lange* ErgBd Rn 3; *Lange* ZErb 2005, 205, 208.
[18] *Lange* ZErb 2005, 205, 208.
[19] *Kleensang* ZEV 2005, 277, 282; *J. Mayer* FamRZ 2005, 1441, 1444.
[20] *Gaier* ZEV 2006, 2, 8.
[21] *Soergel/Dieckmann* Vor § 2333 Rn 2.
[22] Zutr die Kritik von *Kleensang* ZEV 2005, 277, 281 f.

zu trennen[23]? Und was wäre, wenn der Sohn in dem entschiedenen Fall nicht wissentlich, also ohne „natürlichen Vorsatz" handelte?

Letztlich wird man, wenn auch auf Grund einer **verfassungskonformen Auslegung**, nicht um die zentrale Frage herum kommen, welche Zwecke die Pflichtteilsentziehung rechtfertigen (Rn 1). Die Besonderheiten des Anlassfalles, die vom BVerfG vorgenommene historische Interpretation, dass die Entstehungsgeschichte keine Auslegung der Norm im strafrechtlichen Sinn erfordert, sowie die ausdrückliche Betonung der „Zumutbarkeitsgrenze"[24] lassen vermuten, dass letztlich dieser **„Zumutbarkeitsgedanke"** der maßgebliche Grund für die Pflichtteilsentziehung ist[25]. Dies ist insoweit stimmig, als nach Ansicht des BVerfG die **Familiensolidarität** der maßgebliche Grund für die verfassungsrechtliche Gewährleistung des Pflichtteilsrechts ist (s § 2303 Rn 5). Da diese aber wechselseitig ist[26], muss umgekehrt eine Möglichkeit zur Pflichtteilsentziehung bestehen, wenn sich der Pflichtteilsberechtigte auf Grund seines besonderen Fehlverhaltens außerhalb der Solidargemeinschaft stellt[27]. Pflichtteilsberechtigung wie Pflichtteilsentziehung müssen daher auf **kongruenten Rechtfertigungsgründen** beruhen. Letztlich hat es das BVerfG aber leider versäumt, ein tragfähiges Begründungskonzept für das Pflichtteilsrecht und seine Grenzen zu entwickeln[28]. 4

Die Gründe für die Pflichtteilsentziehung regelt das Gesetz in den §§ 2333 bis 2335. Die dort getroffene **Aufzählung** ist **abschließend** und nicht analogiefähig („numerus clausus der Entziehungsgründe")[29], wenngleich die eng gefassten Entziehungsmöglichkeiten zunehmend als unzureichend empfunden werden[30]. Deren Erweiterung lässt sich jedoch „de lege lata" auch und gerade nach der Entscheidung des BVerfG nicht durch eine Gesamtanalogie zu §§ 2333 bis 2335, 1381, 1579 Nr 6, 7, 1587 c Nr 1, 3, 1611 rechtfertigen[31], denn das BVerfG hat insbes im Hinblick auf das Verfahren 1 BvR 188/03 keine verfassungsrechtliche Notwendigkeit für eine solche Auffangklausel gesehen[32]. 5

II. Pflichtteilsentziehungsgründe des § 2333

§ 2333 betrifft nur die Pflichtteilsentziehung gegenüber **Abkömmlingen**. Hierunter sind grds auch Kinder von Eltern zu verstehen, die zur Zeit der Geburt des Kinder nicht miteinander verheiratet waren, 1592 Nr 1[33], sowie Adoptivkinder[34]. Einem in § 2333 normierten Fehlverhalten gegen einen Ehegatten steht wegen § 10 Abs 6 S 2 LPartG auch ein entsprechendes Verhalten gegen einen **gleichgeschlechtlichen Lebenspartner** des Erblassers gleich[35]. Die Pflichtteilsentziehung setzt bei allen genannten Fällen ein **Verschulden** des Pflichtteilsberechtigten voraus, und zwar auch bei Nr 5[36]. Nach der Grundsatzentscheidung des BVerfG vom 19. 4. 2007[37] ist dieses bei dem Entziehungsgrund nach Nr 1 aber **nicht im strafrechtlichen Sinne** zu verstehen, sondern es genügt, dass der objektive Unrechtstatbestand „wissentlich und willentlich" verwirklicht wird (Rn 3). Nicht entschieden hat das Gericht, ob dies auch bei den anderen Pflichtteilsentziehungsgründen gilt. Da jedoch dieses ungeschriebene Tatbestandsmerkmal der Ansatzpunkt dafür ist, die verfassungsrechtlich gebotene Abwägung zwischen der Testierfreiheit und dem Pflichtteilsrecht vorzunehmen, wird dies zu bejahen sein[38]. Die Entziehungsgründe können auch im **Ausland** verwirklicht werden[39]. Eine **Bindung** des über die Pflichtteilsentziehung entscheidenden Zivilrichters an eine rechtskräftige strafrechtliche Verurteilung 6

---

[23] *J. Mayer* FamRZ 2005, 1441, 1444; ähnlich *Kleensang* ZEV 2005, 277, 282, der auf die Vorsatz- und Schuldtheorie abstellt; dagegen *Gaier* (Richter des BVerfG) ZEV 2006, 2, 7, der jedoch wiederum einräumt, dass dieser Begriff „nicht dogmatisch überbewertet werden" darf.
[24] BVerfG 1 BvR 1644/00 Tz 90.
[25] *Lange* ZErb 2005, 205, 205; *Schöpflin* FamRZ 2005, 2025, 2030; *J. Mayer* FamRZ 2005, 1441, 1444.
[26] *K. W. Lange* in: *Röthel* (Hrsg), Reformfragen des Pflichtteilsrechts, 2007, S 57, 70.
[27] So zutr *Lange* ZErb 2005, 205, 207; *Staudinger/Haas* Einl §§ 2303 ff Rn 25.
[28] MünchKommBGB/*Lange* ErgBd § 2303 Rn 4.
[29] BGH NJW 1977, 339, 340; LM Nr 2 = NJW 1974, 1084; RGZ 168, 39, 41; OLG München NJW-RR 2003, 1230; AnwK-BGB/*Herzog* Vor §§ 2303–2338 Rn 1; jurisPK/*Birkenheier* Rn 3; *Staudinger/Olshausen* Vor §§ 2333–2337 Rn 1; *v. Lübtow* I 605; *Schlüter*, FG 50 Jahre BGH, 2002, S 1047, 1052 ff; insoweit noch zust *Schöpflin* FamRZ 2005, 2025, 2030.
[30] *Bowitz* JZ 1980, 304; *Haas* ZEV 2001, 249, 258 f; gute „Mängelliste" bei *Dauner-Lieb* FF 2001, 79, 81; *Lange/Kuchinke* § 2 IV Fn 77 b; für Schaffung eines Pflichtteilsentziehungsgrundes bei völliger persönlicher Entfremdung – Zerrüttungsgedanke – *Kluge* ZRP 1976, 285, 286; für Erweiterung in Anlehnung an die Unterhaltsausschlussgründe *Schlüter*, FG 50 Jahre BGH, 2002, S 1047, 1071 f.
[31] So aber *Schöpflin* FamRZ 2005, 2025, 2030.
[32] AnwK-BGB/*Herzog* Vor §§ 2303–2338 Rn 2.
[33] *Damrau/Riedel/Lenz* Rn 2.
[34] *Soergel/Dieckmann* Rn 3; eingehend zum Begriff der Abkömmlinge § 1924 Rn 2 ff.
[35] AnwK-BGB/*Herzog* Rn 3; *Damrau/Riedel/Lenz* Rn 2; MünchKommBGB/*Lange* Rn 1; *Staudinger/Olshausen* Rn 1.
[36] RG LZ 1918, 694; OLG Düsseldorf NJW 1968, 944, 945; OLG Hamburg NJW 1988, 977 (Vorinstanz zu BGH NJW-RR 1990, 130); KG OLGZ 21, 344, 345; *Damrau/Riedel/Lenz* Rn 2; jurisPK/*Birkenheier* Rn 4; *Lange/Kuchinke* § 37 XIII Fn 666 mwN; MünchKommBGB/*Lange* Rn 3; RGRK/*Johannsen* Rn 3; *Staudinger/Olshausen* Vor §§ 2333–2337 Rn 4; aA *v. Stackelberg* JW 1938, 2940 zu Nr 5.
[37] BVerfGE 112, 332 = NJW 2005, 1561, 1565 f, Tz 88 ff.
[38] Ebenso *Kleensang* ZEV 2005, 277, 282; für fraglich hält dies *Staudinger/Olshausen* Vor §§ 2333–2337 Rn 4 aE.
[39] *Palandt/Edenhofer* Rn 3; *Staudinger/Olshausen* Vor §§ 2333–2337 Rn 26 unter Hinweis auf *Ferid* GRUR Int 1973, 472, 476.

§ 2333

besteht nicht[40], insbes weil es sich bei den Entziehungsgründen nicht immer um strafrechtliche Tatbestände handelt.

7 **1. „Nach dem Leben trachten" (Nr 1).** Dies erfordert die ernsthafte Umsetzung des Willens, den Tod des Erblassers, dessen Ehegatten oder gleichgeschlechtlichen Lebenspartners[41] oder eines anderen Abkömmlings, einschließlich Adoptivkindern[42], des Erblassers herbeizuführen[43]. Dabei genügt ein Mitwirken als Mittäter, Anstifter oder Gehilfe, ja sogar eine noch straflose Vorbereitungshandlung (anders als bei § 2339 Nr 1)[44], oder ein Versuch mit untauglichen Mitteln[45], ja sogar ein Töten durch Unterlassen, wenn eine strafrechtliche Garantenstellung zum Handeln bestand (§ 13 StGB)[46]. Ein strafbefreiender Rücktritt vom Versuch (§ 24 StGB) beseitigt den bereits entstandenen Pflichtteilsentziehungsgrund nicht mehr[47].

8 **2. Vorsätzliche körperliche Misshandlung (Nr 2).** Der Begriff entspricht dem des § 223 StGB[48]. Eine besonders schwere oder grobe Misshandlung ist dabei nicht erforderlich. Nach der bisherigen Rspr der Zivilgerichte und der ganz hM muss jedoch eine sog **„schwere Pietätsverletzung"** vorliegen. Daher muss sich die Misshandlung auf Grund der Umstände des Einzelfalls als nicht mehr hinzunehmende Verletzung der dem Erblasser geschuldeten Achtung darstellen, weshalb angesichts der Tätlichkeit auch die Pflichtteilsentziehung, nicht nur die bloße Enterbung, als angemessene Reaktion gerechtfertigt ist. Dies ist anhand einer Interessenabwägung zu beurteilen[49]. Dass die Pietätsverletzung im familiären oder geschäftlichen Bereich stattfand, kann die Schwere der Verletzungshandlung nicht mindern[50]. Auch wenn diese einschränkende Auslegung schon bisher verfassungsrechtlich, nämlich mit dem Verhältnismäßigkeitsgrundsatz, begründet wurde, weil durch die Pflichtteilsentziehung in das zumindest teilweise verfassungsrechtlich gewährleistete Pflichtteilsrecht eingegriffen wird[51], ergibt sich nunmehr durch die **Grundsatzentscheidung des BVerfG** vom 19. 4. 2005[52] eine erhebliche Akzentverschiebung. Denn im Rahmen der Prüfung der Wirksamkeit einer Pflichtteilsentziehung ist eine **Abwägung** zwischen den widerstreitenden grundrechtlichen Schutzgütern, nämlich der **Testierfreiheit** des Erblassers einerseits und dem **Pflichtteilsrecht** andererseits vorzunehmen[53]. Dabei muss das Grundrecht der Testierfreiheit stärker als bisher beachtet werden, wie das BVerfG ausdrücklich in dem Verfahren 1 BvR 1644/00, in dem es um das Erfordernis der Schuldfähigkeit im strafrechtlichen Sinn ging, feststellte[54]. Dies muss zu einer **Neubestimmung der „Zumutbarkeitsgrenze"** führen[55], ab deren Verletzung dem Erblasser die durch das Pflichtteilsrecht vermittelte Nachlassteilhabe seines Kindes nicht mehr zugemutet werden kann[56]. Wo zivilrechtlich-dogmatisch diese Überlegungen zu verankern sind, musste das BVerfG nicht entscheiden, hielt jedoch das „ungeschriebene Tatbestandsmerkmal" des **„schuldhaften Verhaltens des Pflichtteilsberechtigten"** als „grds aussagekräftiges und geeignetes Abgrenzungskriterium" hierfür[57]. Auf das ebenfalls im Gesetz nicht normierte Erfordernis der Pietätsverletzung kann daher in Zukunft verzichtet werden.

9 **Seelische Misshandlungen** sind nur dann ein Pflichtteilsentziehungsgrund, wenn dadurch auf die körperliche Gesundheit des Erblassers eingewirkt werden soll und eingewirkt wird, wobei hinsichtlich der körperlichen Schäden zumindest bedingter Vorsatz des Pflichtteilsberechtigten erfor-

---

[40] Vgl auch BGH ZEV 2005, 307, wonach eine solche Bindung auch nicht bei der Erbunwürdigkeit nach § 2339 besteht.
[41] AnwK-BGB/*Herzog* Rn 3.
[42] AnwK-BGB/*Herzog* Rn 3; MünchKommBGB/*Lange* Rn 7; *Soergel/Dieckmann* Rn 3; *Staudinger/Olshausen* Rn 4.
[43] RGZ 100, 114, 115: erforderlich ist kein Plan, sondern es reicht auch ein plötzlicher, durch Erregung hervorgerufener Entschluss; RGZ 112, 32, 33: notwendig nur, dass die Tötungsabsicht durch äußerlich erkennbare Handlung umgesetzt wird, jeweils zum gleich lautenden Scheidungsgrund des § 1566 aF.
[44] *Lange/Kuchinke* § 37 Fn 657; dazu auch RG WarnR 1928 Nr 46.
[45] *Staudinger/Olshausen* Rn 3; MünchKommBGB/*Lange* Rn 7.
[46] JurisPK/*Birkenheier* Rn 9; *Soergel/Dieckmann* Rn 2; *Staudinger/Olshausen* Rn 3; eine Garantenstellung bejaht AnwK-BGB/*Herzog* Rn 1 regelmäßig für die Abkömmlinge.
[47] RG WarnR 1928 Nr 46; AnwK-BGB/*Herzog* Rn 1; MünchKommBGB/*Lange* Rn 7; *Staudinger/Olshausen* Rn 3; anders als bei § 2339 Abs 1 Nr 1.
[48] BGH NJW 1977, 339, 340 = FamRZ 1977, 47 m Anm *Bosch*; PWW/*Deppenkemper* Rn 4.
[49] BGHZ 109, 306, 312 f = NJW 1990, 911; OLG Düsseldorf NJW-RR 1996, 520 = ZEV 1995, 410, 412 m Anm *Reimann*; OLG Köln ZEV 2003, 464, 466, in concreto verneint, weil nicht ausgeschlossen werden konnte, dass es zur körperlichen Misshandlung im Affekt und aus Enttäuschung wegen erheblicher finanzieller und persönlicher Benachteiligungen des Pflichtteilsberechtigten durch den Erblasser gekommen war; jurisPK/*Birkenheier* Rn 5; *Lange/Kuchinke* § 37 XIII Fn 659; MünchKommBGB/*Lange* Rn 8; PWW/*Deppenkemper* Rn 4; krit hiergegen *Leipold* JZ 1990, 700, 702; *Staudinger/Olshausen* Rn 7 mit dem berechtigten Hinweis, dass dann bei Gefahr eines großen Pflichtteilsverlusts auch ein größeres Maß an körperlicher Misshandlung hinzunehmen wäre; dem zust *Damrau/Riedel/Lenz* Rn 8; für einschränkende Auslegung des Entziehungsgrunds durch das Erfordernis der Zerstörung der durch die Familie begründeten „persönliche Nähebeziehung" AnwK-BGB/*Herzog* Rn 5.
[50] BGHZ 109, 306, 312 f = NJW 1990, 911.
[51] BGHZ 109, 306, 312 f = NJW 1990, 911.
[52] BVerfGE 112, 332 = NJW 2005, 1561, eingehend Rn 2 ff.
[53] BVerfGE 112, 332 = NJW 2005, 1561, etwa Tz 87.
[54] BVerfGE 112, 332 = NJW 2005, 1561, Tz 86 ff.
[55] Diese spricht BVerfGE 112, 332 = NJW 2005, 1561, Tz 90 ausdrücklich an.
[56] AnwK-BGB/*Herzog* Rn 4 aE; *Kleensang* ZEV 2005, 277, 282; *Lange* ZErb 2005, 205, 208.
[57] BVerfGE 112, 332 = NJW 2005, 1561, Tz 84.

derlich ist[58]. Kein Pflichtteilsentziehungsgrund liegt vor, wenn in Notwehr (§ 32 StGB) gehandelt wurde[59] oder eine Putativnotwehr oder ein Notwehrexzess (§ 33 StGB) ohne Verschulden vorlag[60]. Eine Misshandlung des **Stiefelternteils** wird wegen der ausdrücklichen Einschränkung in Nr 2 HS 2 nicht von diesem Entziehungsgrund erfasst[61], jedoch kann die Pflichtteilsentziehung nach Nr 3 gerechtfertigt sein, wenn die körperliche Misshandlung ein „schweres Vergehen" darstellt, weil insoweit Nr 2 HS 2 keine weitergehende Sperrwirkung entfaltet[62], oder nach Nr 1, wenn eine Lebensnachstellung vorliegt[63].

3. Verbrechen oder vorsätzlich schweres Vergehen (Nr 3). Ein Verbrechen sind Straftaten, die mit einer Freiheitsstrafe von mindestens einem Jahr bedroht sind (§ 12 Abs 1 StGB). Inwieweit ein **schweres Vergehen** vorliegt, richtet sich nicht nach dem abstrakten Strafrahmen, sondern nach den Umständen des Einzelfalls[64]. Verfehlungen gegen Eigentum oder **Vermögen** der Eltern fallen dann darunter, wenn sie ihrer Natur und Begehungsweise nach eine grobe Missachtung des Eltern-Kind-Verhältnisses bedeuten und daher eine schwere Kränkung des Erblassers bedeuten[65]. Bei einer Untreuehandlung (§ 266 StGB) mit Zustimmung des Erblassers fehlt es jedoch bereits am Straftatbestand[66]. Eine einzelne, wenn auch grobe **Beleidigung** ist im Allgemeinen nicht als ein solches „schweres Vergehen" anzusehen[67]. Auch hier müssen die Verfehlungen geeignet sein, die sittliche Anschauung über das **Eltern-Kind-Verhältnis zu verletzen**[68]; dabei ist auch ein früheres Verhalten des Erblassers zu seinem Kind bei der Bewertung zu berücksichtigen[69]. Auch muss der Unwertgehalt mit den anderen Fällen der Pflichtteilsentziehung vergleichbar sein[70]. Eine **strafgerichtliche Verurteilung** ist für die Pflichtteilsentziehung nach Nr 3 nicht erforderlich[71], jedoch dass sich die Straftat gegen den Erblasser oder dessen Ehegatten durch Eingriff in deren Rechtsgüter richtet; dabei genügt auch ein solcher gegen einen Stiefelternteil. 10

4. Böswillige Verletzung der Unterhaltspflicht (Nr 4). Dieser Pflichtteilsentziehungsgrund ist praktisch bedeutungslos. Wer auf Unterhaltsleistungen seiner Abkömmlinge angewiesen ist (§ 1606), wird idR kein nennenswertes Vermögen und damit keinen Anlass zur Pflichtteilsentziehung haben[72]. Und da der Unterhalt in Geld geschuldet ist (§ 1612), berechtigt die Verweigerung persönlicher Pflegeleistung bei Alter oder Krankheit nicht zur Pflichtteilsentziehung[73]. Für die erforderliche „**böswillige**" **Verletzung** der Unterhaltspflicht genügt nicht die bloße Leistungsverweigerung, sondern diese muss auf einer verwerflichen Gesinnung beruhen[74]. Nach der Grundsatzentscheidung des BVerfG[75] muss aber auch hier eine einzelfallbezogene **Abwägung** der grundgesetzlich geschützten Positionen von Testierfreiheit und Pflichtteilsrecht erfolgen[76]. 11

5. Führung eines ehrlosen oder unsittlichen Lebenswandels (Nr 5). Angesichts des Wertewandels und des heute herrschenden **Wertepluralismus** unserer Gesellschaft ist dies der problematischste Entziehungsgrund[77]; zudem muss er im Erbfall noch bestehen (§ 2336 Abs 4). Geschützt 12

---

[58] BGH NJW 1977, 339, 340 = FamRZ 1977, 47 m Anm *Bosch*; BGH Information StW 1977, 260; dem BGH etwa folgend *Damrau/Riedel/Lenz* Rn 9; jurisPK/*Birkenheier* Rn 14; MünchKommBGB/*Lange* Rn 9; Palandt/*Edenhofer* Rn 4; PWW/*Deppenkemper* Rn 4; *Soergel/Dieckmann* Rn 6; grds gebilligt wird dies von BVerfGE 112, 332 = NJW 2005, 1561, 1567, Tz 98; krit hierzu der Sache nach AnwK-BGB/*Herzog* Rn 6: „zu strenge Anforderungen"; *Schlüter*, FG 50 Jahre BGH, S 1047, 1054: kein Vorsatzerfordernis; für Abstellen auf eine „Zumutbarkeitsgrenze" *Lange/Kuchinke* § 37 XIII Fn 660; *Schöpflin* FamRZ 2005, 2025, 2028 entwickelt insbes wegen dieser Fallsituation eine „Gesamtanalogie zu §§ 2333 Nr 1 bis 5, 2334, 2335 Nr 1 bis 4, 1381, 1579 Nr 6, 7, 1587 c Nr 1, 3, 1611.
[59] RG JW 1913, 207; Recht 1913 Nr 2745; *Soergel/Dieckmann* Rn 5.
[60] BGH NJW 1952, 700; OLG Stuttgart BWNotZ 1976, 92; *Staudinger/Olshausen* Rn 8.
[61] AnwK-BGB/*Herzog* Rn 7; jurisPK/*Birkenheier* Rn 16; MünchKommBGB/*Lange* Rn 11; krit dagegen *Staudinger/Olshausen* Rn 5.
[62] JurisPK/*Birkenheier* Rn 16; MünchKommBGB/*Lange* Rn 11; AnwK-BGB/*Herzog* Rn 7 will dies sogar immer unter Nr 3 subsumieren, was aber mit dessen Wortlaut nicht vereinbar.
[63] *Damrau/Riedel/Lenz* Rn 6; *Lange/Kuchinke* § 37 XIII Fn 658.
[64] *Damrau/Riedel/Lenz* Rn 12; PWW/*Deppenkemper* Rn 5; *Staudinger/Olshausen* Rn 12.
[65] BGH NJW 1974, 1085; MünchKommBGB/*Lange* Rn 12; PWW/*Deppenkemper* Rn 5; krit dazu AnwK-BGB/*Herzog* Rn 9, die auch hier „Zerstörung der persönlichen Nähebeziehung" verlangt.
[66] BGH NJW-RR 1986, 371, 372; OLG Celle OLGR 2004, 245.
[67] OLG Celle Rpfleger 1992, 523; RG JW 1929, 2707 m Anm *Endemann*: Vater sei notorischer Trinker und „Schnapsreisender" nicht ausreichend; RG Recht 1916 Nr 1913: Vater sei „Bestie in Menschengestalt" nicht ausreichend – zu § 1611; *Staudinger/Olshausen* Rn 12; MünchKommBGB/*Lange* Rn 12; *Firsching* JR 1960, 129, 130 mit praktischem Fall; krit gegen die zu rigorose Rspr AnwK-BGB/*Herzog* Rn 10; bejahend aber OLG Dresden OLGE 39, 4, 6: Behauptung, die 83-jährige Mutter sei durch Geschlechtskrankheit krank geworden.
[68] OLG Dresden OLGE 39, 4, 6.
[69] Vgl der Fall von RG JW 1929, 2707.
[70] LG Hannover Rpfleger 1992, 253.
[71] AnwK-BGB/*Herzog* Rn 8; MünchKommBGB/*Lange* Rn 12; *Staudinger/Olshausen* Rn 14.
[72] AnwK-BGB/*Herzog* Rn 12; *Lange/Kuchinke* § 37 XIII Fn 663.
[73] *Soergel/Dieckmann* Rn 10; *Staudinger/Olshausen* Rn 16; RGRK/*Johannsen* Rn 9.
[74] *Staudinger/Olshausen* Rn 16; *Soergel/Dieckmann* Rn 10; MünchKommBGB/*Lange* Rn 13; abschwächend aber AnwK-BGB/*Herzog* Rn 14, weil das Nichterbringen der Unterhaltsleistung die Vermutung des Vorliegens der „persönlichen Nähebeziehung" widerlegt, die erst das Pflichtteilsrecht rechtfertigt.
[75] BVerfGE 112, 332 = NJW 2005, 1561.
[76] AnwK-BGB/*Herzog* Rn 14, 2. Abs.
[77] Ebenso MünchKommBGB/*Lange* Rn 15; *Staudinger/Olshausen* Rn 19.

§ 2333   Buch 5. Abschnitt 5. Pflichtteil

werden soll dadurch die **Familienehre**[78]. Deren konkrete Verletzung ist jedoch nicht Voraussetzung für die Entziehung[79]; das Gesetz verlangt aus Gründen der Praktikabilität nur, dass der Pflichtteilsberechtigte gegen den Willen des Erblassers einen solchen Lebenswandel führt[80]. Im Hinblick auf dieses Schutzgut ist zunächst bei der Beurteilung des Einzelfalls von dem **Ehr- und Sittenverständnis** und auch der konkreten Lebensführung des **Erblassers** und seiner Familie auszugehen[81]. Da es jedoch um die praktische Konkordanz von Testierfreiheit und Pflichtteilsrecht geht (Rn 2), können diese subjektiven Vorstellungen nicht uneingeschränkt toleriert werden und bedürfen **in Extremfällen** einer Korrektur durch die allgemein anerkannten Wertvorstellungen, insbes durch die vom Grundgesetz garantierte Werteordnung[82]. Die „allgemeine Durchschnittsauffassung" oder die „objektive Wertvorstellung der Gesellschaft"[83] (gibt es die heute noch?) als Korrekturmaßstab erscheinen allerdings nicht ausreichend, da zu offen. Ob die Orientierung an den Maßstäben, die für die Sittenwidrigkeit einer Verfügung von Todes wegen herangezogen werden, unter Berücksichtigung der Herkunft des betroffenen Vermögens[84], weiter führt, erscheint zweifelhaft, da auch dort vieles offen ist.

13   Zu Unrecht fordert der BGH[85] aber einen **konkreten Eingriff** des Abkömmlings in den Interessenkreis des Erblassers und lehnt eine Pflichtteilsentziehung daher ab, wenn zwischen einem nichtehelichen Kind und seinem Vater keinerlei Beziehungen bestanden und deshalb auch keine Verletzung der Familienehre in Betracht komme. Denn wer die rechtlichen Vorteile des Familienerbrechts in Anspruch nimmt, muss sich auch tatsächlich familiengerecht verhalten[86]. Andernfalls liefe jeder Elternteil Gefahr, sein Pflichtteilsentziehungsrecht zu verlieren, wenn er sich in Voraussicht der ungünstigen Entwicklung seiner Abkömmlinge von diesen aus berechtigtem Grund abwendet[87].

14   Der **vorwerfbare Lebenswandel** muss **nicht strafbar** sein, aber von einer **gewissen Dauer,** also Ausdruck einer entspr fest verwurzelten Haltung[88], und zudem über den Zeitpunkt der Pflichtteilsentziehung hinaus noch bis zum Eintritt des Erbfalls fortdauern (§ 2336 Abs 4).
      Einzelhandlungen müssen eine solche Schwere aufweisen, dass daraus auf einen den Charakter negativ prägenden Hang geschlossen werden kann, eine Gelegenheitstat verneint werden kann[89]. Der Lebenswandel muss **gegen den Willen des Erblassers** erfolgen; jedoch darf dabei Resignation nicht mit Zustimmung verwechselt werden[90]; indifferentes Verhalten des Erblassers hindert jedoch die Pflichtteilsentziehung nicht[91].

15   **Einzelfälle: Bejaht** wird die Pflichtteilsentziehung im Allgemeinen[92] bei Zuhälterei, gewerbsmäßigem Glücksspiel, Wucher, unsinnigem Schuldenmachen[93], dauernder Begehung von Straftaten mit ehrlosem Charakter (Sittlichkeitsdelikte, betrügerischen Bankrott, Menschenhandel, Volksverhetzung), völliges Herunterwirtschaften des elterlichen landwirtschaftlichen Anwesens infolge selbstverschuldeter Trunksucht[94], im Einzelfall auch weiterhin bei fortgesetztem Ehebruch[95].

16   **Keine** Pflichtteilsentziehung aber bei einem „festgewurzelten Hang" zum Fahren ohne Fahrerlaubnis[96], bei **Prostitution**[97], grds bei eheähnlichem Zusammenleben verschieden geschlechtlicher Paare

---

[78] BGHZ 76, 109 = NJW 1980, 936; AnwK-BGB/*Herzog* Rn 17; RGRK/*Johannsen* Rn 11; MünchKommBGB/*Lange* Rn 14; *Lange/Kuchinke* § 37 XIII 2 a; *Staudinger/Olshausen* Rn 19.
[79] AnwK-BGB/*Herzog* Rn 17; jurisPK/*Birkenheier* Rn 27; *Staudinger/Olshausen* Rn 20.
[80] *Tiedtke* JZ 1980, 717.
[81] RG JW 1929, 2707; WarnR 1942 Nr 43; vgl auch BGH bei *Johannsen* WM 1973, 543; *Damrau/Riedel/Lenz* Rn 22; jurisPK/*Birkenheier* Rn 30; MünchKommBGB/*Lange* Rn 15; *Soergel/Dieckmann* Rn 14; *Staudinger/Olshausen* Rn 20; aA PWW/*Deppenkemper* Rn 7.
[82] Im Ansatz allg anerkannt, vgl jurisPK/*Birkenheier* Rn 30; MünchKommBGB/*Lange* Rn 15; *Staudinger/Olshausen* Rn 20.
[83] Hierfür aber OLG Hamburg NJW 1988, 977, 978 (Fall des homosexuellen Sohns), da bei alleinigem Abstellen auf die Wertvorstellungen des Erblassers das Pflichtteilsrecht zu dessen Disposition stünde.
[84] So *Gotthardt* FamRZ 1987, 757, 762; zust *Damrau/Riedel/Lenz* Rn 24; *Soergel/Dieckmann* Rn 15; *Staudinger/Olshausen* Rn 20; *Kanzleiter* DNotZ 1984, 22, 24; für alleiniges Abstellen auf objektive, allgemeine Wertvorstellungen AnwK-BGB/*Herzog* Rn 20, was aber den Anwendungsbereich des Entziehungsgrundes auf „krasse Fälle" begrenzt.
[85] BGHZ 76, 109, 118 = NJW 1980, 936.
[86] *Tiedtke* JZ 1980, 717, 718; die BGH-Entscheidung wird durchweg abgelehnt, vgl AnwK-BGB/*Herzog* Rn 17; MünchKommBGB/*Lange* Rn 14; *Soergel/Dieckmann* Rn 16; *Lange/Kuchinke* § 37 XIII 2 a.
[87] *Lange/Kuchinke* § 37 XIII 2 a.
[88] RGZ 168, 39, 43 f; RG LZ 1923, 450; AnwK-BGB/*Herzog* Rn 18 mwN.
[89] *Pakuscher* JR 1960, 51, 52; *Kipp/Coing* § 14 I 1 e; *Soergel/Dieckmann* Rn 21; *Lange/Kuchinke* § 37 XIII 2 a.
[90] AnwK-BGB/*Herzog* Rn 22; *Soergel/Dieckmann* Rn 20; *Staudinger/Olshausen* Rn 24.
[91] *Tiedtke* JZ 1980, 717, 718.
[92] Vgl etwa AnwK-BGB/*Herzog* Rn 23 f; *Damrau/Riedel/Lenz* Rn 27; *Staudinger/Olshausen* Rn 22 mz Beispielen; MünchKommBGB/*Lange* Rn 16; *Nieder* HdB Rn 508.
[93] RG LZ 1918, 634.
[94] BGH bei *Johannsen* WM 1973, 543 auch mit Hinweis zur Beweislast.
[95] OLG Hamm OLGZ 1983, 380 = NJW 1983, 1087 = DNotZ 1984, 22, 24 m Anm *Kanzleiter; Erman/Schlüter* Rn 7; MünchKommBGB/*Lange* Rn 16; *Staudinger/Olshausen* Rn 33; krit dazu *Herzog* Pflichtteilsentziehung S 75 f; 160.
[96] OLG Düsseldorf OLGR 1991, 16.
[97] LG Saarbrücken vom 10. 9. 1997, zitiert nach *Kerscher/Riedel/Lenz* Pflichtteilsrecht § 6 Rn 176 Fn 204; ebenso im Hinblick auf das Prostitutionsgesetz AnwK-BGB/*Herzog* Rn 23; dem zuneigend PWW/*Deppenkemper* Rn 7; aA *Damrau/Riedel/Lenz* Rn 27; *Gottwald* Rn 12.

gegen den Willen des Erblassers[98], während in den Fällen, in denen der eine anderweitig verheiratet ist, dies teilweise anders gesehen wird[99]. In den Fällen der auf krankhafter Veranlagung beruhenden Trunk- und **Rauschgiftsucht** fehlt es nach hM an dem auch hier erforderlichen Verschulden[100] oder der Pflichtteilsberechtigte ist vermindert verantwortlich (schuldfähig), weshalb nach den Umständen des Einzelfalls dessen Verhalten milder zu beurteilen ist[101]. Lebt ein erwachsenes **homosexuelles Kind** in einer dauerhaften gleichgeschlechtlichen Beziehung, so rechtfertigt dies heute für sich allein wohl nicht die Entziehung des Pflichtteils[102].

Zu beachten ist, dass die Beurteilung immer auf einer **Gesamtwürdigung** der Einzelumstände beruht[103]. Dabei sind der Zweck der Pflichtteilsentziehung (Rn 1) zu beachten. Wegen der geänderten gesellschaftlichen Anschauungen sind ältere Entscheidungen kaum mehr auf heute übertragbar. Auch ist es problematisch, auf Grund der neuen **Reformgesetze**, etwa des LPartG oder ProstG, generelle Schlussfolgerungen zu ziehen, dass derartige Verhaltensweisen nunmehr gesellschaftlich legitimiert sind und daher nicht mehr zur Pflichtteilsentziehung berechtigen[104]. Denn bei § 2333 geht es nicht um die Frage einer moralischen Vorwerfbarkeit, sondern darum, ob es dem Erblasser angesichts seiner Testierfreiheit zuzumuten ist, auch bei einer solchen Lebensführung die durch das Pflichtteilsrecht vermittelte uneingeschränkte Nachlassteilhabe hinzunehmen[105]. Und dies ist auch und gerade nach der Grundsatzentscheidung des BVerfG das maßgebliche Kriterium für die Berechtigung der Pflichtteilsentziehung[106]. 17

III. Rechtsfolgen

Die wirksame Pflichtteilsentziehung führt zum Erlöschen **sämtlicher Pflichtteilsrechte**, die dem betreffenden Abkömmling zustehen können, also auch bezüglich des Pflichtteilsrestanspruchs (§§ 2305, 2307), des Pflichtteilsergänzungsanspruchs (§§ 2325, 2329) und des diese Ansprüche vorbereitenden Auskunfts- und Wertermittlungsanspruchs nach § 2314[107]. Der Erblasser erlangt insoweit volle **Testierfreiheit**, und zwar auch dann, wenn er an sich durch gemeinschaftliches Testament oder Erbvertrag erbrechtlich gebunden wäre (§§ 2271 Abs 2 S 2, 2294). Er kann aber auch dann dem Pflichtteilsberechtigten immer noch zuwenden, etwa auch mit belastenden Anordnungen nach § 2338. Soweit der betreffende Pflichtteilsberechtigte **Abkömmlinge** hinterlässt, treten diese aber nach Maßgabe des **§ 2309** an seine Stelle. Daher führt die Pflichtteilsentziehung auch nicht zur Erhöhung der Pflichtteilsquote anderer Pflichtteilsberechtigter[108]. Zur **Beweislast** bei der Pflichtteilsentziehung s § 2336 Abs 3 und Erl dort. 18

§ 2334 Entziehung des Elternpflichtteils

¹Der Erblasser kann dem Vater den Pflichtteil entziehen, wenn dieser sich einer der in § 2333 Nr. 1, 3, 4 bezeichneten Verfehlungen schuldig macht. ²Das gleiche Recht steht dem Erblasser der Mutter gegenüber zu, wenn diese sich einer solchen Verfehlung schuldig macht.

Die Vorschrift regelt **abschließend** die Möglichkeiten der Entziehung des Pflichtteils gegenüber den Eltern des Erblassers durch Verweisung auf die in § 2333 Nr 1, 3 und 4 genannten Entziehungsgründe (s daher auch Erl dort). Eine Entziehung gegenüber den Eltern ist daher nur möglich bei: 1

1. **Lebensnachstellung** iS von § 2333 Nr 1
2. Begehung eines Verbrechens oder **schweren Vergehens** iS von § 2333 Nr 3
3. böswilliger **Verletzung der Unterhaltspflicht** (§ 2333 Nr 4). Dies kann nicht nur durch Nichtzahlung des Barunterhalts geschehen, sondern auch bei Verweigerung oder schwer wiegender

---

[98] Eingehend dazu MünchKommBGB/*Lange* Rn 16; auch *Staudinger/Olshausen* Rn 23 mit Rücksichtnahme auf das „allgemeine Umfeld" der Familie des Erblassers.
[99] MünchKommBGB/*Lange* Rn 16; demgegenüber nimmt AnwK-BGB/*Herzog* Rn 23 alle mit der Sexualität zusammenhängenden Verhaltensweisen aus den Anwendungsbereich der Nr 5 heraus.
[100] KG OLGE 21, 344; *Damrau/Riedel/Lenz* Rn 27; jurisPK/*Birkenheier* Rn 37; MünchKommBGB/*Lange* Rn 16; zur Problematik auch *Kanatsiz* in ZFE 2004, 260. So pauschal ist das Abstellen auf eine krankhafte Veranlagung oder allein auf den medizinischen Befund des Suchtzustands. Vielmehr müssen auch die Gründe, die dazu führten, im Einzelfall untersucht werden und können uU die Pflichtteilsentziehung rechtfertigen (Gedanke einer „actio libera in causa"); iE auch *Lange/Kuchinke* § 37 XIII 2 a; *Staudinger/Olshausen* Rn 22; vgl auch MünchKommBGB/*Lange* Rn 16: entscheidend auch, ob der Pflichtteilsberechtigte sich gegen die Sucht „wehren" könnte; zweifelnd auch AnwK-BGB/*Herzog* Rn 16.
[101] OLG Düsseldorf NJW 1968, 944, 945: „Getrunken" wurde nur zu Hause.
[102] OLG Hamburg NJW 1988, 977; jurisPK/*Birkenheier* Rn 36; ebenso unter Bezug auf die Wertung durch das LPartG PWW/*Deppenkemper* Rn 7; AnwK-BGB/*Herzog* Rn 23. Teilweise differenzierter nach den Umständen des Einzelfalls und unter Berücksichtigung des Gesichtspunkts, ob dem Erblasser anzusinnen sei, dass er einem in solchen Beziehungen lebenden Abkömmling Teile seines Vermögens anvertrauen müsse: *Soergel/Dieckmann* Rn 17; *Staudinger/Olshausen* Rn 23.
[103] So richtig OLG Düsseldorf NJW 1968, 944, 945.
[104] So aber etwa AnwK-BGB/*Herzog* Rn 23.
[105] Zutr *Soergel/Dieckmann* Rn 17 Fn 60; zust *Staudinger/Olshausen* Rn 23.
[106] BVerfG 112, 332 = NJW 2005, 1561.
[107] *Damrau/Riedel/Lenz* Rn 30; MünchKommBGB/*Lange* Rn 6; *Staudinger/Olshausen* Vor §§ 2333–2337 Rn 30.
[108] PWW/*Deppenkemper* Rn 1.

§ 2335

Vernachlässigung der Erziehung, Berufsfortbildung (§ 1610 Abs 2) oder Nichtgewährung von Naturalleistungen der Fall sein[1], nicht aber schon dann, wenn die Eltern in einem Rechtsstreit über die Übernahme der Kosten einer Zweitausbildung oder wegen der Leistung von Naturalleistungen unterliegen[2]. Missbrauch der elterlichen Sorge berechtigt aber nicht zur Pflichtteilsentziehung[3].

2 Die Pflichtteilsentziehung kann nur gegenüber dem schuldigen Elternteil ausgesprochen werden. **Persönliche Straffreiheiten** (zB nach §§ 247 Abs 2, 289 Abs 4 StGB) sind ebenso unerheblich[4], wie eine strafrechtliche Verurteilung erforderlich. Die **Form** der Entziehung bestimmt sich nach § 2336; das Entziehungsrecht erlischt mit Verzeihung (§ 2337). Dass die in § 2333 Nr 2 (körperliche Misshandlung) und Nr 5 (ehrloser und unsittlicher Lebenswandel) genannten Gründe nur gegenüber den Abkömmlingen, nicht aber gegenüber den Eltern zur Pflichtteilsentziehung berechtigen, ist rechtspolitisch bedenklich[5] und zeigt letztlich auch die Fragwürdigkeit des Elternpflichtteils[6]. Bei schweren körperlichen Misshandlungen der Kinder durch ihre Eltern wird zudem regelmäßig ein schweres vorsätzliches Vergehen iS von § 2333 Nr 3 vorliegen, das auch die Entziehung nach § 2334 rechtfertigt[7].

§ 2335 Entziehung des Ehegattenpflichtteils

Der Erblasser kann dem Ehegatten den Pflichtteil entziehen:
1. **wenn der Ehegatte dem Erblasser oder einem Abkömmling des Erblassers nach dem Leben trachtet,**
2. **wenn der Ehegatte sich einer vorsätzlichen körperlichen Misshandlung des Erblassers schuldig macht,**
3. **wenn der Ehegatte sich eines Verbrechens oder eines schweren vorsätzlichen Vergehens gegen den Erblasser schuldig macht,**
4. **wenn der Ehegatte die ihm dem Erblasser gegenüber gesetzlich obliegende Unterhaltspflicht böswillig verletzt.**

I. Grundsätzliches, Neufassung durch das 1. EheRG

1 Die Vorschrift regelt abschließend die Möglichkeit der Pflichtteilsentziehung gegenüber dem Ehegatten des Erblassers. Sie wurde mit der Aufgabe des Verschuldensprinzips im Scheidungsrecht durch das 1. EheRG mit Wirkung zum 1. 1. 1977 neu gefasst[1*]. Der früher bestehende Zusammenhang zwischen Pflichtteilsentziehung und Ehescheidungsrecht wurde beseitigt; der Entziehungsgrund des § 2333 Nr 5 (ehrloser oder unsittlicher Lebenswandel) wurde nicht übernommen, um insoweit nicht wieder das Verschuldensprinzip über die „Hintertüre" einzuführen[2*]. Die Neuregelung gilt allgemein als wenig geglückt und führt teilweise zu Wertungswidersprüchen mit dem nachehelichen Unterhaltsrecht[3*]. Der BGH hat sie allerdings als verfassungsmäßig angesehen[4*]: Nach der Neufassung soll die Pflichtteilsentziehung gegenüber einem Ehegatten als „quasi-Scheidung" nur noch in Ausnahmefällen möglich sein. Dadurch ergäbe sich zwar eine Einschränkung der durch Art 14 GG geschützten Testierfreiheit in Randbereichen, gleichzeitig würde dadurch aber das Schutzgebot des Art 6 Abs 1 GG verwirklicht.

II. Entziehungsgründe

2 Die Entziehungsgründe entsprechen im Wesentlichen denen des § 2333 Nr 1 bis 4 (s Erl dort). Auf Folgendes sei hingewiesen:
– **Nr 1 (Lebensnachstellung):** Zu den dort genannten Abkömmlingen gehören auch nichteheliche, im Verhältnis zum Vater aber nur, soweit die Vaterschaft anerkannt oder festgestellt wurde (§ 1592

---

[1] AnwK-BGB/*Herzog* Rn 2; *Damrau/Riedel/Lenz* Rn 4; jurisPK/*Birkenheier* Rn 5; *Staudinger/Olshausen* Rn 3.
[2] *Soergel/Dieckmann* Rn 2; *Staudinger/Olshausen* Rn 3.
[3] AnwK-BGB/*Herzog* Rn 2; PWW/*Deppenkemper* Rn 1; *Staudinger/Olshausen* Rn 3; krit MünchKommBGB/*Lange* Rn 3: entspricht nicht mehr heutigen Wertvorstellungen.
[4] *Soergel/Dieckmann* Rn 3.
[5] Krit *Mertens* FamRZ 1971, 353; *Soergel/Dieckmann* Rn 1; AnwK-BGB/*Herzog* Rn 1; jurisPK/*Birkenheier* Rn 1; *Lange/Kuchinke* § 37 Rn 673, 674: „heute nicht mehr vertretbares Rollenverständnis"; ja sogar uU verfassungswidrig, so *Bowitz* JZ 1980, 304; für überzogen hält dies *Soergel/Dieckmann* Rn 1 Fn 1; von BVerfGE 112, 332 = NJW 2005, 1561 nicht entschieden.
[6] *Staudinger/Olshausen* Rn 1.
[7] *Soergel/Dieckmann* Rn 1; *Herzog* Pflichtteilsentziehung S 162; bei AnwK-BGB/*Herzog* Rn 2 aE wird verwechselt, dass es hier um die Misshandlung der Kinder durch die Eltern (und nicht umgekehrt!) geht.

[1*] Analog zu der zu Art 213 EGBGB entwickelten Grundsätze bleibt eine vorher getroffene Pflichtteilsentziehung nur dann wirksam, wenn sie auch nach dem neuen Recht hierzu berechtigen würde, da es intertemporalrechtlich auf den Erbfall ankommt, vgl allg BGH LM Nr 3 = NJW 1989, 2054; OLG Karlsruhe NJW 1989, 109; OLG Düsseldorf FamRZ 1991, 1107; *Staudinger/J. Mayer* (2005) Art 213 EGBGB Rn 36; ausdrücklich zu § 2335 AnwK-BGB/*Herzog* Rn 1; MünchKommBGB/*Lange* Rn 3; *Staudinger/Olshausen* Rn 10; aA *Bock* MittRhNotK 1977, 205, 213 f.
[2*] *Battes* FamRZ 1977, 433, 439; *Damrau/Riedel/Lenz* Rn 3; *Lange/Kuchinke* § 37 XIII 2 c; für Verfassungswidrigkeit aber deshalb *Bowitz* JZ 1990, 304 ff.
[3*] S etwa *Staudinger/Olshausen* Rn 8; *Soergel/Dieckmann* Rn 2 f.
[4*] LM Nr 3 = NJW 1989, 2054.

Nr 2 und 3), sowie grds auch **Adoptivkinder,** wobei zu beachten ist, dass das Verwandtschaftsverhältnis zu den leiblichen Verwandten erlischt (§ 1755 Abs 1), bei der Volljährigenadoption aber nur, wenn dieser starke Wirkungen beigelegt wurden (§§ 1772, 1770 Abs 2). Dabei muss das Verwandtschaftsverhältnis wenigstens noch bis zur Verwirklichung des Entziehungstatbestandes angedauert haben[5].

– **Nr 2:** Eine **körperliche Misshandlung** genügt auch hier für sich allein noch nicht, sondern es muss noch „mehr" hinzukommen. Dies wird zT in einer schweren Pietätsverletzung gegenüber dem Erblasser gesehen (§ 2333 Rn 8), teilweise wird gefordert, dass eine „schwere Verletzung des ehelichen Verhältnisses" vorliegt, wobei sich die Konkretisierung anhand der sich aus § 1353 ergebenden Pflichten ergeben soll[6]. Richtiger Weise muss man in Fortentwicklung der vom BVerfG[7] aufgezeigten Kriterien auch hier eine einzelfallbezogene Abwägung[8] der für die Testierfreiheit und der gegen das Pflichtteilsrecht sprechenden Gründe vornehmen (§ 2333 Rn 2 f). Gefühlsrohheit oder seelischer Schmerz allein sind jedenfalls jetzt (anders als nach § 2335 aF) nicht mehr ausreichend[9]. Erforderlich ist, dass es zu einer medizinisch feststellbaren körperlicher Schädigung kam[10]. Einigkeit besteht insoweit, dass nicht jedes vorsätzliche Vergehen, wie etwa eine Beleidigung, bereits für sich allein zur Entziehung berechtigt, denn sonst könnte dies zu einer Verschärfung gegenüber dem alten Recht führen[11].

– **Nr 3: Straftaten** gegen den Erblasser setzen auch hier keine Bestrafung oder Strafbarkeit im eigentlichen Sinn voraus, wohl aber Vorsatz und Verschulden, wobei auch hier die Vorgaben des BVerfG zu beachten sind[12]. Maßgeblich sind auch hier die gesamten Umstände des Einzelfalls.

– **Nr 4:** Die **böswillige Verletzung** der **Unterhaltspflicht** entspricht zwar fast wörtlich § 2333 Nr 4, jedoch ist das Unterhaltsrecht zwischen Ehegatten wesentlich komplexer und bei der Beurteilung der Pflichtteilsentziehung zu beachten. Denn es genügt nicht nur eine objektive Verletzung der differenzierten Unterhaltspflicht (bei Zusammenleben nach §§ 1360, 1360 a Geld und Haushaltsleistung, bei Getrenntleben nach § 1361 einseitiger Geldunterhalt)[13]. Erforderlich ist vielmehr eine **schuldhafte,** nach Ausmaß und Dauer erhebliche **Vernachlässigung dieser Verpflichtungen** bei bestehender Leistungsfähigkeit des Unterhaltspflichtigen[14]. Auch wird man die bloße Kenntnis der Tatumstände, aus denen sich die verletzte Unterhaltspflicht ergibt, nicht genügen lassen, sondern zur Bejahung des Vorwurfs der „böswilligen Verletzung" auch das Vorliegen einer entsprechenden Rechtskenntnis des Unterhaltsverpflichteten fordern müssen[15]. Für eine einseitige Veränderung der Unterhaltssituation, etwa durch Auszug aus der ehelichen Wohnung, werden sich zudem idR immer rechtfertigende Gründe finden lassen, wie etwa das Scheitern der Ehe iS von § 1353 Abs 2[16].

Für **Form** und Inhalt der Entziehungsverfügung gilt § 2336; eine **Verzeihung** beseitigt auch hier das Entziehungsrecht (§ 2337), wobei auch hier eine Billigung des Fehlverhaltens des Ehegatten die Pflichtteilsentziehung ebenso ausschließt wie eine gleichgültige Hinnahme desselben[17]. 3

Konkurrenzfragen: Die Pflichtteilsentziehung berührt den Anspruch auf Zugewinnausgleich nach § 1371 Abs 2 nicht; uU kann aber die Erfüllung dieser Forderung nach § 1381 wegen grober Unbilligkeit verweigert werden[18]. Liegen die Voraussetzungen zur Pflichtteilsentziehung vor, so kann bei Vereinbarung einer **fortgesetzten Gütergemeinschaft** jeder Ehegatte auch einseitig deren Fortsetzung mit dem anderen Ehegatten ausschließen (§ 1509). Die unter § 2335 fallenden persönlichen Verfehlungen können mitunter auch zum Ausschluss des Versorgungsausgleichs nach § 1587 c führen. 4

Demgegenüber ist die Pflichtteilsentziehung weder erforderlich noch genügend, um den **nachehelichen Unterhaltsanspruch** des überlebenden Ehegatten gegen die Erben des Unterhaltsverpflichteten nach **§ 1586 b** zu beseitigen[19], denn es handelt sich seiner Rechtsnatur nach um einen Unterhalts- und nicht Pflichtteilsanspruch, der nur gegen den Erben „verlängert" wird und durch den fiktiven Pflichtteil nach oben begrenzt ist[20]. Soweit auf den Pflichtteil Bezug genommen wird, handelt es sich lediglich um 5

---

[5] *Damrau/Riedel/Lenz* Rn 9; *Soergel/Dieckmann* Rn 6.
[6] AnwK-BGB/*Herzog* Rn 2 unter unzutr Bezug auf MünchKommBGB/*Lange* Rn 1.
[7] BVerfGE 112, 332 = NJW 2005, 1561.
[8] Für Einzelfallprüfung der Umstände der konkreten Ehe auch *Soergel/Dieckmann* Rn 7; *Staudinger/Olshausen* Rn 15.
[9] AnwK-BGB/*Herzog* Rn 1; *Damrau/Riedel/Lenz* Rn 10; *Staudinger/Olshausen* Rn 14; *Soergel/Dieckmann* Rn 7.
[10] BGH FamRZ 1977, 47 m Anm *Bosch*; *Lange/Kuchinke* § 37 XIII 2 c.
[11] *Soergel/Dieckmann* Rn 8; *Staudinger/Olshausen* Rn 15; ähnlich *Damrau/Riedel/Lenz* Rn 11: neigen Ehegatten zu einem „rustikaleren Umgang", so ist dies zu berücksichtigen.
[12] BVerfGE 112, 332 = NJW 2005, 1561; s dazu § 2333 Rn 2 ff.
[13] Sehr deutlich *Soergel/Dieckmann* Rn 10 f m Beispielen.
[14] *Damrau/Riedel/Lenz* Rn 12; jurisPK/*Birkenheier* Rn 10; *Staudinger/Olshausen* Rn 16; *Soergel/Dieckmann* Rn 10 f; *Palandt/Edenhofer* Rn 5; ähnlich AnwK-BGB/*Herzog* Rn 3.
[15] AA *Damrau/Riedel/Lenz* Rn 12; PWW/*Deppenkemper* Rn 2; anders wohl *Palandt/Edenhofer* Rn 5; *Staudinger/Olshausen* Rn 16.
[16] JurisPK/*Birkenheier* Rn 9; *Staudinger/Olshausen* Rn 16; *Palandt/Edenhofer* Rn 5; *Soergel/Dieckmann* Rn 11.
[17] *Damrau/Riedel/Lenz* Rn 15; *Staudinger/Olshausen* Rn 17.
[18] AnwK-BGB/*Herzog* Rn 5; *Soergel/Dieckmann* Rn 14; entgegen MünchKommBGB/*Lange* Rn 7 stellt § 1381 auch auf ein „persönliches Fehlverhalten" ab, vgl dazu den Wortlaut des § 1381 Abs 2; eingehend § 1381 Rn 5 ff.
[19] JurisPK/*Birkenheier* Rn 17; PWW/*Deppenkemper* Rn 1; aA *Soergel/Dieckmann* Rn 3; *Palandt/Edenhofer* Rn 1; *Staudinger/Olshausen* Rn 9.
[20] Zum Unterhaltsrechtlichen Charakter des § 1586 b vgl etwa *A. Schindler* FamRZ 2004, 1527.

§ 2336   Buch 5. Abschnitt 5. Pflichtteil

eine gesetzestechnische Rechtsfolgeverweisung unabhängig davon, ob ein entsprechender Anspruch gegeben ist (eingehend § 2346 Rn 21 zur Parallelproblematik beim Pflichtteilsverzicht). Auch wäre es mit dem geltenden Unterhaltsrecht nicht vereinbar, wenn durch einseitige Erklärung jenseits der Härteklausel des § 1579 der Anspruch auf nachehelichen Unterhalt beseitigt werden könnte[21]. Dagegen qualifiziert die wohl **hM** zu § 2335 den Unterhaltsanspruch nach § 1586 b rein **pflichtteilsrechtlich:** Eine während der bestehenden Ehe wirksam ausgesprochene Pflichtteilsentziehung beseitige den Unterhaltsanspruch nach § 1586 b völlig; wurde dies versäumt, so will die ganz überwM dennoch dem Erblasser die Möglichkeit einräumen, dies nachzuholen[22]; dabei soll er sich sogar auf Verfehlungen stützen können, die erst nach Beendigung der Ehe begangen wurden[23]. Dies verkennt, dass der BGH erst unlängst entschieden hat, dass der Unterhaltsanspruch nach § 1586 b unverändert auf die Erben übergeht, weiterhin aber den Einwänden aus § 1579 ausgesetzt ist, was nach der hM zu § 2335 zu Wertungsdifferenzen führt, und nur die Leistungsfähigkeit des Unterhaltspflichtigen auf den fiktiven Pflichtteil des Unterhaltsberechtigten begrenzt wird[24].

§ 2336 Form, Beweislast, Unwirksamwerden

(1) **Die Entziehung des Pflichtteils erfolgt durch letztwillige Verfügung.**

(2) **Der Grund der Entziehung muss zur Zeit der Errichtung bestehen und in der Verfügung angegeben werden.**

(3) **Der Beweis des Grundes liegt demjenigen ob, welcher die Entziehung geltend macht.**

(4) **Im Falle des § 2333 Nr. 5 ist die Entziehung unwirksam, wenn sich der Abkömmling zur Zeit des Erbfalls von dem ehrlosen oder unsittlichen Lebenswandel dauernd abgewendet hat.**

Übersicht

	Rn		Rn
I. Form der Entziehungsverfügung (Abs 1)	1	2. Prozessuales	11
II. Der Entziehungsgrund (Abs 2)	5	IV. Dauernde Abwendung vom ehrlosen oder unsittlichen Lebenswandel (Abs 4)	13
III. Verfahrensfragen	10		
1. Beweislast (Abs 3)	10	V. Wirkung	14

I. Form der Entziehungsverfügung (Abs 1)

1 Für die Wirksamkeit der Pflichtteilsentziehung schreibt das Gesetz die Einhaltung bestimmter Formvorschriften vor. Die Beachtung derselben, insbes hinsichtlich der Frage, was nach Abs 2 bezüglich des Entziehungsgrunds in der Verfügung von Todes wegen anzugeben ist, wird von der neueren Rspr der Instanzgerichte **teilweise überspannt,** was offenbar geschieht, um eine inhaltliche Prüfung des Vorliegens der Entziehungsgründe zu vermeiden[1]. Das **BVerfG** hatte nunmehr in einem Kammerbeschluss zu entscheiden, ob die Formulierung ausreichend sei, dass der Pflichtteil „wegen schwerer Kränkung und böswilliger Verleumdung" entzogen werde. Die Zivilgerichte hatten dies verneint. Das BVerfG hat dies aus verfassungsrechtlichen Gründen nicht beanstandet. Die von den Zivilgerichten angelegten Maßstäbe würden gewährleisten, dass das Pflichtteilsrecht der Kinder nur dann hinter die Testierfreiheit zurücktreten muss, wenn in der letztwilligen Verfügung eine hinreichend substanzielle Tatsachengrundlage angegeben wird, die in einem gerichtlichen Verfahren – ggf durch eine Beweisaufnahme – überprüft werden kann. Diese Konkretisierungsanforderungen seien geeignet und erforderlich, um das Pflichtteilsrecht der Kinder zu schützen[2]. Diese Entscheidung, die im beurteilten Einzelfall zutreffend ist, darf jedoch nicht zum Freibrief für zu hohe formelle Anforderungen genommen werden, mit denen sich das BVerfG gerade nicht auseinandergesetzt hat.

2 Die Pflichtteilsentziehung als Gestaltungsrecht muss in der Form einer letztwilligen Verfügung (§ 1937) erklärt werden, ist aber in **allen Testamentsformen** möglich (auch Nottestament, §§ 2249 ff), auch in einem gemeinschaftlichen Testament (§§ 2265 ff, dort aber nicht wechselbezüglich) oder auch als einseitige Verfügung in einem Erbvertrag (§ 2299). Wurde die Entziehung fälschlicherweise als erbvertragsmäßige Verfügung bezeichnet (§ 2278), so handelt es sich um eine unschädliche Falschbezeichnung[3].

---

[21] JurisPK/*Birkenheier* Rn 17; MünchKommBGB/*Frank* 3. Aufl Rn 2.
[22] AnwK-BGB/*Herzog* Rn 4; *Damrau/Riedel/Lenz* Rn 6; *Soergel/Dieckmann* Rn 3; *Staudinger/Olshausen* Rn 9; aA MünchKommBGB/*Lange* Rn 2.
[23] *Damrau/Riedel/Lenz* Rn 6; *Staudinger/Olshausen* Rn 9; aA AnwK-BGB/*Herzog* Rn 4: ab dann § 1579 „lex specialis", wobei jedoch § 2335 Nr 2 bis 4 inhaltlich durch § 1579 Nr 2 und 5 erfasst würden, § 2335 Nr 1 durch § 1579 Nr 7, was aber bereits im Ansatz widersprüchlich ist, denn entweder es gilt reines Unterhaltsrecht, gedeckt durch die fiktive Pflichtteilsquote nach § 1586 b Abs 1 S 3, oder reines Pflichtteilsrecht.
[24] BGH FamRZ 2003, 521; FamRZ 2004, 614 m Anm *Büttner*; AnwK-BGB/*Schnitzler* § 1586 b Rn 8.
[1] So auch *Soergel/Dieckmann* Vor § 2333 Rn 2; *Herzog* Pflichtteilsentziehung S 363 ff.
[2] BVerfG NJW 2005, 2691.
[3] IE ebenso BGH FamRZ 1961, 437, der aber Umdeutung (§ 140) vornimmt; ebenso MünchKommBGB/*Lange* Rn 1; *Staudinger/Olshausen* Rn 1.

Inhalt der letztwilligen Verfügung muss die Tatsache der Anordnung der Pflichtteilsentziehung, die **3** davon betroffene Person und der Grund der Entziehung sein (dazu Abs 2, s Rn 6). Die **Anordnung** der Entziehung braucht **nicht ausdrücklich** als solche bezeichnet werden. Jedoch muss sich der Entziehungswille wenigstens durch **Auslegung** der Verfügung von Todes wegen ermitteln lassen[4], jedoch unter Beachtung der Kriterien der sog Andeutungstheorie. Auch muss sich dadurch eindeutig ergeben, dass der Erblasser den gesetzlichen Erben nicht lediglich enterben, sondern ihm auch den Pflichtteil entziehen will[5]. Dies kann auch den angegebenen Gründen zu entnehmen sein, etwa wenn die Enterbung mit einem konkreten Sachverhalt im Testament begründet wird, der einen Entziehungsgrund iS des § 2333 darstellt[6]. Bei privatschriftlichen Testamenten ist zu beachten, dass dem juristischen Laien der Unterschied zwischen Enterbung und Pflichtteilsentziehung nur selten bekannt ist.

Ausreichend für die Annahme eines Entziehungswillens sind Formulierungen wie „soll keinen **4** Pfennig erhalten, weil ..., soll durch die Röhre schauen, weil ..."[7], „wird auf Grund ... krimineller Sachbeschädigungen ... von mir enterbt"[8], **nicht** aber die Wendung, der Sohn sei bezüglich Haus und Grundstück „enterbt", und „er habe keine Mutter mehr, weil sie mit der Faust ins Gesicht geschlagen habe", wenn der Erblasser den Unterschied zwischen Erb- und Pflichtteilsrecht kennt[9]. Wünscht der Erblasser im Testament seinen gesetzlichen Erben „eine gute Fahrt zur Hölle" und „dass sie nie Frieden finden" mögen, soll hierdurch nach Ansicht des OLG Frankfurt – jedenfalls nicht ohne weiteres – dessen Wille zum Ausdruck kommen, ihnen den Pflichtteil zu entziehen[10].

II. Der Entziehungsgrund (Abs 2)

Der Grund für die Entziehung (§§ 2333 bis 2335) muss zur Zeit der Errichtung der Verfügung von **5** Todes wegen **bestehen**. Dies ist dann der Fall, wenn der entsprechende Sachverhalt in der (auch ferneren) Vergangenheit erfolgte und noch keine Verzeihung (§ 2337) stattfand. Eine nachträgliche Besserung des Verhaltens des Pflichtteilsberechtigten ist nur bei § 2333 Nr 5 beachtlich (s Abs 4). Eine Entziehung für künftige Fälle ist nicht möglich[11], wohl aber die **„Verdachtsentziehung"**, wenn der Erblasser vermutet, dass ein Entziehungstatbestand bereits verwirklicht wurde[12]; entscheidend ist dann, ob sich der Verdacht bestätigt. Auch kann die an sich gerechtfertigte Entziehung befristet oder von einer Bedingung abhängig gemacht werden[13], etwa der Besserung (arg auch aus Abs 4).

Der **Entziehungsgrund** ist in der Verfügung von Todes wegen (also formgerecht) **an zu gege-** **6** **ben**[14]. Zweck dieser Bestimmung ist es nach Ansicht des BGH, die spätere Beweisbarkeit der tatsächlichen Motivation des Erblassers für die Entziehungsentscheidung zu sichern, aber auch, den Erblasser wegen der weit reichenden Folgen der Entziehung zu einem „verantwortlichen Testieren" anzuhalten[15]. Die Angabe muss also so speziell und hinreichend konkret erfolgen, dass später durch eine gerichtliche Prüfung zweifelsfrei geklärt werden kann, auf welchen Entziehungsgrund sich die Entziehung stützte und welcher Lebenssachverhalt dem zu Grunde lag[16]. Dabei sind jedoch Entziehungsgrund und dessen Beweisbarkeit auseinander zu halten[17]. Dies setzt jedenfalls im Rahmen von § 2333 Nr 1 bis 4 gemäß § 2336 Abs 2 auch die Angabe eines zutreffenden **Kernsachverhalts** in dem Testament voraus[18]. Dazu ist erforderlich, dass der Erblasser sich mit seinen Worten auf bestimmte konkrete Vorgänge unverwechselbar festlegt und den Kreis der in Betracht kommenden Vorfälle praktisch brauchbar eingrenzt; dabei muss aber bei der Begründung nicht in die Einzelheiten gegangen werden[19]. Durch diese Anforderungen soll verhindert werden, dass später in einem Pflichtteilsentziehungsprozess durch die Erben noch ein **„Nachschieben von Gründen"** erfolgt, die für die Entscheidung des Erblassers nicht motiviert waren[20].

Die erforderliche Konkretisierung hängt auch von der Art des Pflichtteilsentziehungsgrundes ab, so **7** muss bei § 2333 Nr 2 und 3 auch angegeben werden, gegen wen sich die Verfehlung richtete[21], die Angabe eines abstrakten Straftatbestandes kann bei schweren Verfehlungen uU ausreichen, wenn

---

[4] *Staudinger/Olshausen* Rn 4; *Soergel/Dieckmann* Rn 3.
[5] OLG Köln ZEV 1996, 430.
[6] OLG Celle ZERB 2002, 164.
[7] *Staudinger/Olshausen* Rn 4; zust *Soergel/Dieckmann* Rn 3.
[8] OLG Düsseldorf MittRhNotK 1998, 426.
[9] OLG Düsseldorf NJW-RR 1996, 520 = ZEV 1995, 410 m Anm *Reimann* = MittBayNot 1995, 400 m Anm *Weidlich* – zweifelhaft.
[10] OLG Frankfurt OLGR 1992, 206.
[11] RGZ 158, 34, 36; RG HRR 1942 Nr 524; hier muss der Erblasser seine Verfügung von Todes wegen anpassen.
[12] RG DR 1939, 382; *Staudinger/Olshausen* Rn 9; *Soergel/Dieckmann* Rn 4.
[13] MünchKommBGB/*Lange* Rn 5; RGRK/*Johannsen* Rn 4; *Lange/Kuchinke* § 37 Fn 681.
[14] HdB Pflichtteilsrecht/*J. Mayer* § 10 Rn 35.
[15] BGHZ 94, 36, 43 = NJW 1985, 1554 m Anm *Kuchinke* JZ 1985, 748 und Anm *Schubert* JR 1986, 26; dazu auch *Soergel/Dieckmann* Rn 6.
[16] Ähnlich *Staudinger/Olshausen* Rn 11.
[17] RGZ 95, 24, 26; *Staudinger/Olshausen* Rn 15.
[18] BGH LM Nr 1 = NJW 1964, 549; vom 11. 2. 1965, III ZR 24/64, unveröffentlicht, vgl *Keßler* DRiZ 1966, 395, 400; BGHZ 94, 36, 40 = NJW 1985, 1554; OLG Köln ZEV 1998, 144; OLG Frankfurt OLGR 1992, 206; OLGR Frankfurt 2005, 867; OLG Nürnberg NJW 1976, 2020; vgl auch BGH NJW-RR 1996, 705.
[19] BGHZ 94, 36, 40; OLG Köln ZEV 1998, 144; ZEV 1996, 430, 431.
[20] BGHZ 94, 36, 40.
[21] *Staudinger/Olshausen* Rn 12.

§ 2336   Buch 5. Abschnitt 5. Pflichtteil

dadurch der fragliche Sachverhalt hinreichend konkretisiert wird („wegen Mordversuchs an mir")²². Überhaupt wird eine „stichwortartige" Bezeichnung genügen²³. Entscheidend dafür, ob diese Kriterien eingehalten sind, muss die Beurteilung durch einen unbefangenen Dritten sein. Bestehen mehrere Pflichtteilsentziehungsgründe, so kann sich der Erblasser mit der Angabe eines Grundes zufrieden geben, trägt aber dann das Risiko, dass sich dieser später als nicht ausreichend herausstellt²⁴. Umgekehrt ist das Hinzufügen von (später nicht beweisbaren) Einzelumständen dann unschädlich, wenn sie für den Entziehungswillen des Erblassers ohne Bedeutung sind und die Entziehung aus anderem Grund gerechtfertigt ist²⁵.

8   In **sachlicher Hinsicht** genügt nach der Rspr **nicht**: die Wiedergabe des abstrakten Gesetzesinhalts²⁶, „da sie mich mehrmals geschlagen und mit Totschlag bedroht hat"²⁷ oder die Wendung: „Meinem Ehemann entziehe ich sein Pflichtteilsrecht, da ich berechtigt bin, auf Scheidung zu klagen" (zu § 2335 aF)²⁸. Das OLG Düsseldorf²⁹ hält die bloße Angabe, dass ein Faustschlag ins Gesicht erfolgt sei, nicht für ausreichend, sondern es müsse „der gesamte Geschehensablauf, der der Körperverletzung zu Grunde lag, genau geschildert werden", da sonst nicht feststellbar sei, ob die erforderliche schwere Pietätsverletzung gegeben sei. Damit wird jedoch die formelle Seite des § 2336 mit der materiellen des § 2333 Nr 2 unzulässigerweise verwechselt³⁰. Großzügiger aber zu Recht OLG Köln wonach ausreicht³¹: „in fast 28 Ehejahren habe ich nur Schläge bekommen, meine Wohnungseinrichtung hat er ein paar Mal kaputtgeschlagen …".

9   Die sachlich gebotene Angabe des Entziehungsgrunds ist „in" der letztwilligen Verfügung zu machen. An die Einhaltung der **Testamentsform** sind hier keine geringeren Anforderungen zu stellen als sonst im Erbrecht³². **Nicht** genügend ist daher, wenn der Pflichtteilsentziehungsgrund erst nach der Unterschrift des eigenhändigen Testaments genannt wird und von dieser nicht gedeckt ist³³, oder in dem Testament die Pflichtteilsentziehung nur angekündigt wird und dies dann später nur durch eine nicht unterschriebene Erklärung geschieht³⁴. Nicht ausreichend ist es nach der Rspr auch, wenn im Testament die abstrakten Tatbestände nur angedeutet sind („Beleidigung, üble Nachrede in den Jahren …"), wegen der Einzelheiten aber auf Aktennotizen, die der Testamentsform nicht entsprechen, Bezug genommen wird,³⁵ oder auf ein ärztliches Attest³⁶. Dabei wird zu Recht die Manipulationsgefahr betont. Demgegenüber hat das Reichsgericht die Verweisung auf bestimmte Scheidungsakten als ausreichend angesehen (Grenzfall)³⁷, zumal hier die Verwahrungssicherheit größer ist. Der bloße Hinweis auf **Kripoakten** (ohne Aktenzeichen) mit der Formulierung im Testament, dass wegen der „kriminellen Sachbeschädigung sowie Urkundenfälschung im Jahre 1975/76" die Entziehung erfolge, soll nach dem OLG Düsseldorf nicht genügen³⁸, was eine Überspitzung der Anforderungen ist.

III. Verfahrensfragen

10 **1. Beweislast (Abs 3).** Die Beweislast für das Vorliegen eines Entziehungsgrundes trifft denjenigen, der sich darauf beruft (Abs 3). Das ist meist der Pflichtteilsschuldner, und zwar idR der **Erbe**, bei § 2329 der Beschenkte, uU der Erblasser selbst bei einer Feststellungsklage über die Berechtigung zur Pflichtteilsentziehung, bei den §§ 2318 ff derjenige, der zur Pflichtteilslast herangezogen wird³⁹. Dies gilt auch für das Vorliegen von Rechtfertigungs- und – nach bisher hM auch – Entschuldigungsgründen⁴⁰. Für die Frage der **Schuldunfähigkeit** wird man dies nun aber anders sehen müssen⁴¹; hierfür spricht nicht nur eine analoge Anwendung des § 827 und die uU erhebliche Beweisnot des

---

²² *Soergel/Dieckmann* Rn 7.
²³ *Staudinger/Olshausen* Rn 12; *Soergel/Dieckmann* Rn 7.
²⁴ *Lange/Kuchinke* § 37 XIII 3.
²⁵ BGH NJW 1964, 549.
²⁶ OLG Köln ZEV 1998, 144; OLG Nürnberg NJW 1976, 2020; anders aber RGZ 95, 24, 25 f zur Entziehung nach § 2333 Nr 5; ob dies nach heutigem Verständnis ausreicht, lässt BGHZ 94, 36, 40 ausdrücklich offen.
²⁷ OLG Frankfurt OLGR 2005, 867.
²⁸ OLG Nürnberg NJW 1976, 2020.
²⁹ NJW-RR 1996, 520, 521 = ZEV 1995, 410 m Anm *Reimann*.
³⁰ *Weidlich* MittBayNot 1995, 403; abl auch MünchKommBGB/*Lange* Rn 6: „unhaltbar"; *Staudinger/Olshausen* Rn 13.
³¹ ZEV 1996, 430, 431.
³² BGHZ 94, 36, 40, 43.
³³ RG Recht 1914 Nr 1292; *Damrau/Riedel/Lenz* Rn 12.
³⁴ LG Köln DNotZ 1965, 108.
³⁵ BGHZ 94, 36, 42 f; für ausreichend halten dies *Soergel/Dieckmann* Rn 7 und *Schubert* JR 1986, 26 sowie *Lange/Kuchinke* § 37 Fn 681 für die „ergänzende Bezugnahme" – aber wo ist die Grenze?.
³⁶ OLG Frankfurt OLGR 2005, 867.
³⁷ RGZ 168, 34, 36.
³⁸ MittRhNotK 1998, 436; aA *Damrau/Riedel/Lenz* Rn 12; *Staudinger/Olshausen* Rn 13.
³⁹ *Damrau/Riedel/Lenz* Rn 14; *Soergel/Dieckmann* Rn 10; RGRK/*Johannsen* Rn 6; *Baumgärtel/Laumen* Rn 1.
⁴⁰ BGH NJW-RR 1986, 371, 372; *Baumgärtel/Laumen* § 2333 Rn 3; MünchKommBGB/*Lange* Rn 8; für Anwendung der deliktischen Beweisregel des § 827, die den Täter belastet, *Soergel/Dieckmann* Rn 10; ebenso AnwK-BGB/*Herzog* Rn 10 f; aA OLG Celle OLGR 2004, 245 = ZFE 2004, 221 für die Rechtfertigungsgründe, jedoch unter unzutr Bezug auf BGH NJW-RR 1986, 371.
⁴¹ *Soergel/Dieckmann* Rn 10; AnwK-BGB/*Herzog* Rn 10 f; *dies*, Die Pflichtteilsentziehung, S 107 ff; 169 ff, 366 ff; vgl auch BGH ZEV 1998, 142, der von „nicht geringen Anforderungen" an den vom Pflichtteilsberechtigten zu erbringenden Beweis seiner Schuldunfähigkeit spricht; die Anwendung des § 827 bei der Pflichtteilsentziehung noch

Erben, sondern vor allem die Grundsatzentscheidung des BVerfG[42] zum Pflichtteilsrecht[43]. Denn danach ist die Ausstrahlungswirkung der Testierfreiheit im Rahmen der Pflichtteilsentziehung stärker zu beachten, und diese im Rahmen der Prüfung des ungeschriebenen Tatbestandsmerkmals des Verschuldens mit dem ebenfalls verfassungsrechtlich geschützten Pflichtteilsrecht der Abkömmlinge abzuwägen. Diese Änderung der Gewichtung muss auch zu einer Änderung der Beweislastverteilung führen, die die Fälle eines „non liquet" entscheidet und damit in den nicht aufklärbaren Fällen bes bedeutsam wird. Nicht beanstandet hat das BVerfG, dass sich aus § 2336 Abs 3 eine Pflicht zur hinreichenden Substantiierung ergibt[44]. Zu weit geht aber die Auffassung, dass der **Urkundsnotar** auf die Beweislastverteilung nach § 2336 Abs 3 hinweisen muss[45], denn der Notar schuldet nur die wirksame Urkunde, nicht Schwierigkeiten bei der prozessualen Durchsetzung. Zur Vermeidung von Beweisschwierigkeiten empfiehlt sich uU ein **selbstständiges Beweissicherungsverfahren** nach den §§ 485 ff ZPO[46].

2. Prozessuales. Die **Klage des Erblassers auf Feststellung** des Rechts, einem Pflichtteilsberechtigten den Pflichtteil zu entziehen, ist zulässig[47]. Bereits zu Lebzeiten des Erblassers entfaltet das Pflichtteilsrecht als Quelle des Pflichtteilsanspruchs gewisse Vorwirkungen, was als feststellungsfähiges Rechtsverhältnis iS des § 256 ZPO angesehen werden kann. Eine solche Klage kann zur Klärung der Rechtslage und zur Vermeidung späterer Beweisschwierigkeiten sinnvoll sein, jedoch ist der Urkundsnotar nicht verpflichtet, auf diese Möglichkeit hinzuweisen[48]. Der **Klageantrag** ist allerdings nicht auf Wirksamkeit der Pflichtteilsentziehung, sondern auf Feststellung eines Pflichtteilsentziehungsrechts zu richten[49].

Ob auch der von der Pflichtteilsentziehung **betroffene Pflichtteilsberechtigte** eine entsprechende **negative Feststellungsklage** bereits zu Lebzeiten des Erblassers gegen diesen erheben kann, war lange Zeit umstritten, wurde jedoch teilweise bejaht, insbes wegen der infolge des Zeitablaufs bis zum Erbfall möglicherweise drohenden Beweisschwierigkeiten[50], was wegen der Beweislastverteilung des § 2336 Abs 3 jedoch zweifelhaft ist. Demgegenüber kann der Erblasser insoweit schützenswert sein, dass er nicht bereits zu Lebzeiten mit derartigen Klagen des Pflichtteilsberechtigten überzogen wird[51]. Der BGH hatte jedoch diese Frage zunächst noch ausdrücklich offen gelassen, aber aus prozessökonomischen Gründen in einem Fall die Klage des Pflichtteilsberechtigten gegen den Erblasser zugelassen, weil die gleichzeitig gegen einen Dritten erhobene Feststellungsklage auf demselben tatsächlichem Vorgang beruhte[52]. Nunmehr aber hat der BGH entschieden, dass auch zu Lebzeiten des Erblassers eine negative Feststellungsklage des Pflichtteilsberechtigten zulässig ist, dass die in einer letztwilligen Verfügung des Erblassers unter Bezug auf bestimmte Vorfälle angeordnete Entziehung des Pflichtteils unwirksam sei[53]. Über diese Fallalge hinaus, dass bereits eine Pflichtteilsentziehungsverfügung vorliegt, wird man aber das erforderliche Feststellungsinteresse an einer solchen Klage nur dann bejahen können, wenn der Erblasser sich gegenüber dem Pflichtteilsberechtigten berühmt, dass ihm ein Entziehungsrecht zusteht. Ein bloßes Behaupten des Pflichtteilsberechtigten „ins Blaue hinein", der Erblasser habe ihm den Pflichtteil entzogen, genügt nicht und würde zu unnötigen Rechtsstreitigkeiten führen[54]. Auf alle Fälle mit dem **Tod des Erblassers** das isolierte Feststellungsinteresse des **Pflichtteilsberechtigten** an einer entsprechenden negativen Feststellungsklage[55]. Denn dann kommt es nicht mehr nur darauf an, ob der Erblasser ein Entziehungsrecht hatte, sondern auf das umfassendere Rechtsverhältnis, ob der Pflichtteilsberechtigte – trotz der Entziehung – einen Pflichtteilsanspruch besitzt. Das früher zur Entscheidung gestellte **Entziehungsrecht** ist damit zu einer bloßen Vorfrage für das umfassendere Rechtsverhältnis geworden, das jetzt als dessen unselbstständiges Element nicht mehr Gegenstand einer gesonderten Feststellung sein kann[56]. Daher ist die bereits anhängige Feststellungsklage für erledigt zu

---

offen lassend BGHZ 102, 227; anders noch BGH bei *Johannsen* WM 1973, 530, 543, wonach im Rahmen von § 2333 Nr 5 Zweifel über die Schuldfähigkeit zu Lasten dessen gehen, der sich auf den Entziehungsgrund berufe.

[42] BVerfGE 112, 332 = NJW 2005, 1561.

[43] Für geringere Anforderungen bei der Beweislastverteilung daher zu Recht *Kleensang* ZEV 2005, 277, 283; dem zuneigend *Staudinger/Olshausen* Rn 18.

[44] BVerfGE 112, 332 = NJW 2005, 1561, Tz 98.

[45] OLG Köln ZEV 2003, 464, 465; zust AnwK-BGB/*Herzog* § 2333 Rn 28.

[46] AnwK-BGB/*Herzog* Rn 11; PWW/*Deppenkemper* Rn 4; *Staudinger/Olshausen* Rn 20; HdB Pflichtteilsrecht/*J. Mayer* § 10 Rn 40.

[47] BGHZ 109, 306, 309 = NJW 1990, 911; BGH LM Nr 2 zu § 2333 = NJW 1974, 1084; RGZ 92, 1, 7; AnwK-BGB/*Herzog* § 2333 Rn 26; *Klingelhöffer* Pflichtteilsrecht Rn 406; *Lange/Kuchinke* § 37 III 1 b; *Staudinger/Olshausen* Vor §§ 2333–2337 Rn 19; inzident wohl auch BGHZ 28, 177, 178.

[48] OLG Köln ZEV 2003, 464; zust AnwK-BGB/*Herzog* § 2333 Rn 28.

[49] *Lange/Kuchinke* § 37 III Fn 39; AnwK-BGB/*Herzog* § 2333 Rn 26; PWW/*Deppenkemper* Rn 5.

[50] OLG Saarbrücken NJW 1986, 1182; *Klingelhöffer* Rn 48; *Lange/Kuchinke* § 37 III 1 b; MünchKommBGB/*Leipold* § 1922 Rn 122 Fn 290.

[51] Derartige Bedenken bei *Lange* NJW 1963, 1571, 1573 f; *Staudinger/Marotzke* § 1922 Rn 23 f; *Moser*, Die Zulässigkeitsvoraussetzungen der Feststellungsklage unter besonderer Berücksichtigung erbrechtlicher Schwierigkeiten, 1981, 407 f.

[52] BGHZ 109, 306, 309.

[53] BGHZ 158, 226 = NJW 2004, 1874, 1875 f; dazu *Kummer* ZEV 2004, 274; zust MünchKommBGB/*Lange* § 2333 Rn 4; *Zöller/Greger* § 256 ZPO Rn 11; abl *Waldner* BGHR 2004, 945.

[54] *Kummer* ZEV 2004, 274, 275; *Waldner* BGHR 2004, 945; AnwK-BGB/*Herzog* Rn 27; noch restriktiver offenbar *Staudinger/Olshausen* Vor §§ 2333–2337 Rn 19.

[55] BGH NJW-RR 1993, 391; OLG Frankfurt OLGR 2005, 300; PWW/*Deppenkemper* Rn 5.

[56] BGH NJW-RR 1993, 391; OLG Frankfurt OLGR 2005, 300; AnwK-BGB/*Herzog* Rn 27.

§ 2337

erklären[57]. Ebenso entfällt mit dem Erbfall das **Feststellungsinteresse des Erben** an der Fortführung einer vom Erblasser bereits erhobenen positiven Feststellungsklage zumindest dann, wenn der Erblasser das Pflichtteilsentziehungsrecht zu Lebzeiten nicht ausgeübt hat[58].

IV. Dauernde Abwendung vom ehrlosen oder unsittlichen Lebenswandel (Abs 4)

13 Wird der Pflichtteil nach § 2333 Nr 5 entzogen, so ist die Entziehung unwirksam, wenn sich der Abkömmling im Zeitpunkt des Erbfalls dauernd von dem ehrlosen oder unsittlichen Lebenswandel abgewandt hat. Dauernd ist die Abwendung iS des Abs 4 nur dann, wenn die Besserung solange gedauert hat und so nachhaltig ist, dass die Besorgnis eines künftigen Rückfalls nicht mehr in Betracht kommt[59]. Maßgeblich für die Abwendung ist der **Zeitpunkt** des Erbfalls;[60] ein danach auftretender Rückfall schließt zwar die zunächst erfolgte Besserung nicht mehr aus, kann aber ein Indiz für die fehlende Nachhaltigkeit der Besserung sein[61].

V. Wirkung

14 Die begründete Entziehungsverfügung entfaltet erst **mit Eintritt des Erbfalls** Wirkungen, da bis dahin auch noch eine Verzeihung (§ 2337) möglich ist[62]. Mit der Entziehung ist idR immer zugleich eine schlüssige Enterbung (§ 1938) verbunden, was ggf durch Auslegung unter Beachtung der Andeutungstheorie zu ermitteln ist[63]. Anders liegt es, wenn nach dem Erblasserwillen die Pflichtteilsentziehung oder -beschränkung deswegen angeordnet wird um zu verhindern, dass der Pflichtteilsberechtigte eine ihn belastende Erbschaft nach § 2306 Abs 1 S 2 ausschlägt[64]. Das Unwirksamwerden der Pflichtteilsentziehung beseitigt im Allgemeinen nicht die in derselben uU mit enthaltene **Enterbung** (§ 1938)[65]. Jedoch kommt uU eine Anfechtung nach § 2078 Abs 2 in Frage[66]. Hat der Erblasser einem möglichen gesetzlichen Erben, der selbst nicht pflichtteilsberechtigt ist, durch letztwillige Verfügung den Pflichtteil entzogen, so liegt darin regelmäßig der Ausschluss des Betroffenen von der gesetzlichen Erbfolge gemäß § 1938[67].

§ 2337 Verzeihung

¹**Das Recht zur Entziehung des Pflichtteils erlischt durch Verzeihung.** ²**Eine Verfügung, durch die der Erblasser die Entziehung angeordnet hat, wird durch die Verzeihung unwirksam.**

I. Begriff und Voraussetzungen

1 Der Begriff der Verzeihung ist der gleiche wie in §§ 532 S 1, 2343[1]. Die Verzeihung ist demnach der nach außen kundgemachte Entschluss des Erblassers, aus den erfahrenen Kränkungen nichts mehr herzuleiten und über sie hinweggehen zu wollen[2]. Maßgeblich ist dabei, wie der BGH jetzt klargestellt hat, ob der Schenker oder Erblasser zum Ausdruck gebracht hat, dass er das Verletzende der Kränkung als nicht mehr existent betrachtet[3]. Eine Verzeihung kann danach auch vorliegen, wenn der Erblasser eine bestimmte Art der Entschuldigung verlangt, sofern diese nicht auch die Beseitigung der Kränkung, sondern auf andere Zwecke gerichtet ist, zB Demütigung oder Disziplinierung des Pflichtteilsberechtigten[4]. Versöhnung ist zur Verzeihung nicht notwendig („vergeben, aber nicht vergessen")[5].

2 Die Verzeihung setzt auf jeden Fall Kenntnis der konkreten Verfehlung voraus[6]. Jedoch ist nicht erforderlich, dass der Erblasser sich dabei bewusst ist, dass damit die Pflichtteilsentziehung unwirksam

---

[57] *Kummer* ZEV 2004, 274, 275 f; unklar hält AnwK-BGB/*Herzog* Rn 27 auch eine „Klageumstellung" für möglich.
[58] BGH NJW-RR 1990, 130 f, LS zu weitgehend; *Lange/Kuchinke* § 37 III 1 b; unklar AnwK-BGB/*Herzog* Rn 26: „Änderung der Klage erforderlich".
[59] RGZ 77, 162; MünchKommBGB/*Lange* Rn 9; *Staudinger/Olshausen* Rn 22.
[60] *Kanzleiter* DNotZ 1984, 22.
[61] *Staudinger/Olshausen* Rn 23; MünchKommBGB/*Lange* Rn 9.
[62] BGH NJW 1989, 2054.
[63] JurisPK/*Birkenheier* Rn 18; PWW/*Deppenkemper* Rn 1; MünchKommBGB/*Lange* Rn 3; *Soergel/Dieckmann* Rn 1; vgl auch BayObLG FamRZ 1996, 826, 828 = DNotZ 1996, 319; *Staudinger/Olshausen* Vor §§ 2333–2337 Rn 29.
[64] BayObLG ZEV 2000, 280, 281 f.
[65] MünchKommBGB/*Lange* Rn 3; PWW/*Deppenkemper* Rn 1; *Staudinger/Olshausen* Vor §§ 2333–2337 Rn 38; bei einer späteren Verzeihung mag dies anders liegen, eingehend hierzu *Soergel/Dieckmann* Rn 1.
[66] BayObLGZ 21, 331; MünchKommBGB/*Lange* Rn 3, 9.
[67] BayObLG FamRZ 1996, 826, 828.
[1] *Staudinger/Olshausen* Rn 1.
[2] BGH LM § 2333 Nr 2 = NJW 1974, 1084; BGHZ 91, 273 = NJW 1984, 2089 zu § 532.
[3] BGHZ 91, 273, 280 = NJW 1984, 2089 in Klarstellung zu BGH NJW 1974, 1084, 1085; LM Nr 1 = FamRZ 1961, 437, 438; OLG Köln ZEV 1998, 144.
[4] MünchKommBGB/*Lange* Rn 1.
[5] OLG Köln ZEV 1998, 144; *Staudinger/Olshausen* Rn 20; *Damrau/Riedel/Lenz* Rn 4.
[6] BGH bei *Johannsen* WM 1982, Sonderbeilage Nr 2 S 21; *Damrau/Riedel/Lenz* Rn 3; RGRK/*Johannsen* Rn 1; *Staudinger/Olshausen* Rn 3; *Soergel/Dieckmann* Rn 10; MünchKommBGB/*Lange* Rn 3.

wird[7]. Die Verzeihung ist keine **rechtsgeschäftliche Erklärung,** sondern ein rein tatsächlicher Vorgang. Die Vorschriften über Rechtsgeschäfte sind daher nicht anwendbar[8]. Demnach braucht der Verzeihende nicht voll geschäftsfähig sein, sofern er nur die Bedeutung der Verzeihung in ihrem moralischem Gehalt, nicht aber die pflichtteilsrechtlichen Auswirkungen erkennt[9]. Auch die §§ 119 ff gelten nicht[10]. Ebenso ist die Verzeihung nicht widerruflich[11], kann aber unter Bedingungen erklärt werden[12]. Eine Stellvertretung ist nicht möglich[13].

Die Verzeihung kann **formlos,** auch durch **schlüssige Handlungen** erfolgen[14]; jedoch ist mit einer 3 solchen Annahme Vorsicht geboten und setzt eine gewisse **Versöhnungsbereitschaft** voraus[15]. Die Verzeihung muss nicht gegenüber dem Pflichtteilsberechtigten erfolgen, aber auch hier ist Zurückhaltung angebracht[16]. **Einzelfälle** hierzu: Die Wiederherstellung eines Eltern-Kindverhältnisses ist nicht erforderlich[17]. Für eine Verzeihung gemäß § 2337 ist es idR ausreichend, wenn in dem Verhältnis des späteren Erblassers zu dem Abkömmling ein **Wandel zur Normalität** iS eines Wiederauflebens der familiären Beziehungen stattgefunden hat (gemeinsame Ausflugsfahrten, Besuche an Geburtstagen und Weihnachten, Mithilfe bei der Arbeit)[18]. Hat die Erblasserin durch Aussetzung eines Vermächtnisses zu Gunsten eines Abkömmlings zum Ausdruck gebracht, dass sie die Pflichtteilsentziehung zu Grunde liegende Kränkung nicht mehr als solche ansieht, liegt insoweit eine Verzeihung vor[19]. Äußert der Erblasser gegenüber Dritten, dass er den Pflichtteilsberechtigten bedacht habe, so liegt darin allein keine Verzeihung, wenn der Erblasser gleichwohl die pflichtteilsentziehende letztwillige Verfügung unverändert gelassen hat, obwohl ihm eine Änderung möglich gewesen wäre[20].

II. Wirkungen

Die Verzeihung macht eine bereits angeordnete **Pflichtteilsentziehung unwirksam** (S 2) und 4 schließt aus, dass der Erblasser eine künftige Pflichtteilsentziehung auf den verziehenen Entziehungsgrund stützen kann (S 1). Soweit mit der Entziehung zugleich eine Enterbung (§ 1938) verbunden war, wird diese in ihrer Wirksamkeit hiervon grds nicht berührt. Es bedarf daher idR einer neuen Zuwendung durch Verfügung von Todes wegen[21]. Jedoch kann eine Verzeihung im Einzelfall zur Folge haben, dass eine Enterbung unwirksam wird, wenn ein entsprechender Erblasserwille anzunehmen ist[22]; dies gilt auch dann, wenn Pflichtteilsentziehungsgründe von Anfang an nicht gegeben waren[23]. Unter Umständen kommt auch eine Anfechtung der Verfügung von Todes wegen in Betracht (§ 2336 Rn 23).

Die **Beweislast** trifft den, der sich auf die Verzeihung beruft, also in erster Linie den Pflichtteils- 5 berechtigten[24].

Der Erblasser kann aber auch eine Pflichtteilsentziehung nach §§ 2353 ff **widerrufen,** ohne eine 6 Verzeihung auszusprechen[25]. Durch Widerruf dieses Widerrufs kann er dann die Pflichtteilsentziehung wieder herstellen[26].

§ 2338 Pflichtteilsbeschränkung

(1) ¹Hat sich ein Abkömmling in solchem Maße der Verschwendung ergeben oder ist er in solchem Maße überschuldet, dass sein späterer Erwerb erheblich gefährdet wird, so kann der Erblasser das Pflichtteilsrecht des Abkömmlings durch die Anordnung beschränken, dass nach dem Tode des Abkömmlings dessen gesetzliche Erben das ihm Hinterlassene oder den ihm gebührenden Pflichtteil als Nacherben oder als Nachvermächtnisnehmer nach dem Verhältnis ihrer gesetzlichen Erbteile erhalten sollen. ²Der Erblasser kann auch für die Lebenszeit des Abkömmlings die Verwaltung einem Testamentsvollstrecker über-

---

[7] MünchKommBGB/*Lange* Rn 1.
[8] *Damrau/Riedel/Lenz* Rn 8; *Staudinger/Olshausen* Rn 4; MünchKommBGB/*Lange* Rn 1, 4; *Soergel/Dieckmann* Rn 1.
[9] *Staudinger/Olshausen* Rn 5; *Soergel/Dieckmann* Rn 7; MünchKommBGB/*Lange* Rn 4.
[10] MünchKommBGB/*Lange* Rn 4.
[11] MünchKommBGB/*Lange* Rn 4; *Staudinger/Olshausen* Rn 6.
[12] Eingehend *Staudinger/Olshausen* Rn 14; für Unzulässigkeit von Bedingungen *Soergel/Dieckmann* Rn 9.
[13] MünchKommBGB/*Lange* Rn 4; *Staudinger/Olshausen* Rn 15.
[14] BayObLGZ 1921, S 328 ff, 330; OLG Köln ZEV 1998, 144; *Staudinger/Olshausen* Rn 9.
[15] *Staudinger/Olshausen* Rn 9; *Soergel/Dieckmann* Rn 5.
[16] *Soergel/Dieckmann* Rn 5.
[17] BGH LM Nr 1 = FamRZ 1961, 437.
[18] OLG Frankfurt vom 22. 9. 1993, 17 U 43/92.
[19] OLG Hamm MDR 1997, 844 m Anm *Finzel.*
[20] OLG Köln ZEV 1996, 430.
[21] *Palandt/Edenhofer* Rn 2; MünchKommBGB/*Lange* Rn 6.
[22] OLG Hamm OLGZ 1973, 83 = FamRZ 1972, 660; MünchKommBGB/*Frank* Rn 6; *Soergel/Dieckmann* Rn 14.
[23] BayObLG DNotZ 1996, 319, 322, in concreto aber verneint; MünchKommBGB/*Frank* Rn 6 mwN.
[24] *Staudinger/Olshausen* Rn 18; *Baumgärtel/Laumen* Rn 1.
[25] MünchKommBGB/*Lange* Rn 7; *Soergel/Dieckmann* Rn 17; *Staudinger/Olshausen* Rn 24.
[26] MünchKommBGB/*Lange* Rn 8; *Soergel/Dieckmann* Rn 17.

§ 2338

tragen; der Abkömmling hat in einem solchen Falle Anspruch auf den jährlichen Reinertrag.

(2) ¹Auf Anordnungen dieser Art findet die Vorschrift des § 2336 Abs. 1 bis 3 entsprechende Anwendung. ²Die Anordnungen sind unwirksam, wenn zur Zeit des Erbfalls der Abkömmling sich dauernd von dem verschwenderischen Leben abgewendet hat oder die den Grund der Anordnung bildende Überschuldung nicht mehr besteht.

Übersicht

	Rn		Rn
I. Normzweck, Anwendungsbereich	1	1. Einsetzung der gesetzlichen Erben als Nacherben oder Nachvermächtnisnehmer	7
II. Voraussetzungen.........................	2	2. Anordnung einer Verwaltungsvollstreckung (Abs 1 S 2)	10
1. Sachliche Voraussetzungen.................	2		
2. Zeitliche Voraussetzungen (Abs 2 S 2)	4		
3. Form der Anordnung (Abs 2 S 1)	5	IV. Wirkungen, Verhältnis zu § 2306	13
III. Beschränkungsmöglichkeiten	6	V. Beweislast.................................	15

I. Normzweck, Anwendungsbereich

1 Es handelt sich hierbei nicht um eine Maßnahme mit Zwangscharakter (wie die §§ 2333 bis 2337). Die Pflichtteilsbeschränkung in guter Absicht dient vielmehr zum einen dem **wohlverstandenen Interesse** des Pflichtteilsberechtigten, dessen erbrechtlicher Erwerb ohne die fürsorgerischen Maßnahmen gefährdet wäre (altruistische Zwecksetzung). Zum anderen soll dadurch das Familienvermögen vor der Gefahr des Verlustes durch Verschwendung oder Überschuldung geschützt werden. Die Anordnungen nach § 2338 sind auch einem Erblasser möglich, der an sich erbrechtlich gebunden ist (§§ 2271 Abs 3, 2289 Abs 2).

II. Voraussetzungen

2 **1. Sachliche Voraussetzungen.** Die Pflichtteilsbeschränkung kann nur gegenüber Abkömmlingen, eheliche wie nichteheliche, gleich welchen Grades, angeordnet werden. Anordnungsgründe sind nur die Verschwendung oder die Überschuldung. **Verschwendung** setzt eine Lebensweise mit einem Hang zur zweck- und nutzloser Vermögensverwendung voraus[1]. Eine Notlage muss dadurch noch nicht verursacht sein[2]. **Überschuldung** des Abkömmlings liegt vor, wenn seine Verbindlichkeiten sein Aktivvermögen übersteigen (§§ 19 Abs 2, 320 InsO, idR vor noch bei juristischen Personen Insolvenzgrund)[3]. Bloße Zahlungsunfähigkeit genügt nicht[4], weshalb bei natürlichen Personen allein die Eröffnung eines Insolvenzverfahrens noch nicht zur Pflichtteilsbeschränkung berechtigt, weil bei diesen allein die Zahlungsunfähigkeit Insolvenzgrund ist[5]. Sowohl bei Verschwendung wie bei Überschuldung ist weiter erforderlich, dass dadurch der spätere **Erwerb erheblich gefährdet** wird. **Objekt der Gefährdung** kann nur der Erb- oder Pflichtteil des Abkömmlings sein, da ja auch nur dieser durch die Anordnungen geschützt wird[6].

3 Auf **andere Gründe**, etwa Drogen- oder Trunksucht, geistige Behinderung oder Mitgliedschaft in einer Sekte, kann die Pflichtteilsbeschränkung nicht gestützt werden, mögen diese den Erhalt des Nachlasses im Familienbesitz auch genauso gefährden. § 2338 ist nach ganz hM insoweit als Ausnahmevorschrift nicht analogiefähig[7].

4 **2. Zeitliche Voraussetzungen (Abs 2 S 2).** Der Beschränkungsgrund muss bei Errichtung der Verfügung von Todes wegen vorliegen und **bei Eintritt des Erbfalls** immer noch oder wiederum bestehen (Abs 2 S 2). Eine erst drohende Überschuldung genügt nicht[8], woran beim sog Behindertentestament die Pflichtteilsbeschränkung scheitert[9]. Interimsweise eingetretene Verbesserungen sind ohne Belang. Gerade bei **Existenzgründern** kann zwar zunächst eine erhebliche Verschuldung vorliegen, die aber später durch ein erfolgreiches Berufsleben wieder ausgeglichen wird, so dass eine entsprechende

---

[1] *Baumann* ZEV 1996, 121, 122; vgl § 6 aF (aufgehoben durch das BetG), der den gleichen Begriff verwendete, und die hierzu ergangene Rspr und Lit.
[2] *Soergel/Dieckmann* Rn 5; MünchKommBGB/*Lange* Rn 4.
[3] *Soergel/Dieckmann* Rn 6; MünchKommBGB/*Lange* Rn 5.
[4] AnwK-BGB/*Herzog* Rn 5; *Damrau/Riedel/Lenz* Rn 5.
[5] MünchKommBGB/*Lange* Rn 5; PWW/*Deppenkemper* Rn 2; *Staudinger/Olshausen* Rn 10.
[6] *Nieder* HdB Rn 513; MünchKommBGB/*Lange* Rn 5; PWW/*Deppenkemper* Rn 2; wohl auch *Damrau/Riedel/Lenz* Rn 3; aA jurisPK/*Birkenheier* Rn 9; MünchKommBGB/*Frank* 3. Aufl Rn 3; *Staudinger/Olshausen* Rn 9, jeweils mit unpräziser Begründung, wonach es auch auf die Gefährdung des sonstigen Vermögens des Pflichtteilsberechtigten ankomme; *Baumann* ZEV 1996, 121, 123 wegen des Normzwecks des Familienhalts, der der hiesigen Meinung nicht entgegensteht.
[7] KG OLGE 21, 345; AnwK-BGB/*Herzog* Rn 6; jurisPK/*Birkenheier* Rn 10; *Staudinger/Olshausen* Rn 8; MünchKommBGB/*Lange* Rn 2; für rechtspolitische Erweiterung *Baumann* ZEV 1996, 121, 127; für „stärker wirtschaftlich statt ethisch ausgerichtete Auslegung", etwa im Rahmen der Verschwendung, AnwK-BGB/*Herzog* Rn 6; *dies*, Die Pflichtteilsentziehung, S 376 f, was aber nicht überzeugt.
[8] MünchKommBGB/*Lange* Rn 6; *Staudinger/Olshausen* Rn 12; *Nieder* HdB Rn 516.
[9] Zu den Ersatzlösungen etwa *Bengel* in: *Dittmann/Reimann/J. Mayer*, Testament und Erbvertrag, 5. Aufl 2006, Syst Teil A Rn 530 ff.

Anordnung unwirksam wird. Entfällt der Beschränkungsgrund **nach Eintritt des Erbfalls**, so berührt dies zunächst die getroffene Anordnung nicht. Ausnahmsweise kann sich dann im Wege einer ergänzenden Auslegung auch ein Wegfall der getroffenen Beschränkungen ergeben, jedoch wird dann die Anordnung der Nacherbfolge oder des Nachvermächtnisses als Instrument der Erhaltung in der Familie idR bestehen bleiben, die Testamentsvollstreckung eher entfallen können[10].

3. Form der Anordnung (Abs 2 S 1). Abs 2 S 1 verweist insoweit auf § 2336 Abs 1 bis 3. Die Anordnung muss daher in einer Verfügung von Todes wegen getroffen werden. Diese muss auch die Angabe des Grundes für die Beschränkung enthalten, insbes also, ob die Beschränkung wegen Verschwendung oder Überschuldung angeordnet wird (vgl § 2336 Rn 6 ff)[11]. Teilweise wird gefordert, dass hier die Anforderungen an die Angabe des Sachverhaltskerns nicht so hoch angesetzt werden dürfen, wie bei der „als Strafe" erfolgenden Pflichtteilsentziehung[12]. Die vom BGH zum Umfang des Formgebots angegebenen Gründe (§ 2336 Rn 6) tragen diese Auffassung jedoch nicht[13]; zudem ist die Angabe näherer Einzelheiten schon aus Gründen der Beweissicherung zweckmäßig[14].

III. Beschränkungsmöglichkeiten

§ 2338 gibt dem Erblasser nur begrenzte Beschränkungsmöglichkeiten (numerus clausus der Gestaltungsmöglichkeiten)[15]. Insbes kann der Erblasser nach § 2338 nicht einfach den Pflichtteil entziehen oder kürzen. Jedoch sind folgende Gestaltungen möglich, und zwar auch in Kombination:[16]

1. Einsetzung der gesetzlichen Erben als Nacherben oder Nachvermächtnisnehmer. Möglich ist die Einsetzung der gesetzlichen Erben des Abkömmlings entspr den ihnen nach der gesetzlichen Erbfolge zustehenden Anteilen als Nacherben oder Nachvermächtnisnehmer. Eine namentliche Bezeichnung derselben in der Verfügung von Todes wegen ist zu vermeiden[17]. Denn soweit eine Einsetzung anderer Personen oder zu anderen Erbquoten getroffen wird, hat dies nicht die Wirkung des § 2333, § 863 ZPO[18]. Zu den gesetzlichen Erben gehören auch die Ehegatten des betroffenen Pflichtteilsberechtigten und seine adoptierten und nichtehelichen Kinder[19], nach dem Normzweck des Familienerhalts aber nicht der Fiskus (arg aus § 2104 Abs S 2)[20]. Als zulässige Abweichung besteht nur die Möglichkeit, die Berufung als Nacherbe oder Nachvermächtnisnehmer auf eine oder mehrere der gesetzlichen Erbordnungen (§§ 1924 ff) zu beschränken[21] oder diejenigen gesetzlichen Erben auszuschließen, denen gegenüber der Erblasser zur Pflichtteilsentziehung berechtigt ist[22]. Der Tod des Abkömmlings muss zugleich den Eintritt des Nacherbfalls oder das Nachvermächtnis (§ 2191) auslösen[23].

Die Anordnung der **Nacherbfolge** (§§ 2100 ff) kommt nur in Betracht, wenn der pflichtteilsberechtigte Abkömmling **Vorerbe** wird, also nicht auf ein Vermächtnis oder den reinen Pflichtteil verwiesen wird. In welcher Höhe die Erbeinsetzung geschieht, ist unerheblich. Erhält er mehr als die Hälfte seines gesetzlichen Erbteils, so unterliegt das gesamte ihm hinterlassene Erbteil den Beschränkungen des § 2338. Erhält er weniger als die Hälfte seines gesetzlichen Erbteils, so steht ihm zwar insoweit ein Pflichtteilsrestanspruch (§ 2305) zu, hinsichtlich dessen aber im Zweifel seine gesetzlichen Erben die Nachvermächtnisnehmer sind[24]. Über die Vorerbschaft kann der pflichtteilsberechtigte Abkömmling nicht durch Verfügung von Todes wegen verfügen, für lebzeitige Verfügungen gelten die Beschränkungen der §§ 2112 ff[25]. Der Schutz gegen **Zwangsverfügungen** der Eigengläubiger des Vorerben richtet sich nach § 2115 (§ 773 ZPO, § 83 Abs 2 InsO), was allerdings nicht die Pfändung hindert

---

[10] *Lange/Kuhnke* § 37 XIV 2 b; für Fortdauer der Testamentsvollstreckung *Soergel/Dieckmann* Rn 7; *Staudinger/Olshausen* Rn 13; vgl auch OLG Bremen FamRZ 1984, 213; offenlassend KG DFG 1942, 86.
[11] OLG Köln MDR 1983, 318.
[12] *Soergel/Dieckmann* Rn 20; *Staudinger/Olshausen* Rn 16; *Baumann* ZEV 1996, 121, 123; *Nieder* HdB Rn 515; wohl auch *Lange/Kuchinke* § 37 XIV Fn 688, der aber auch auf die mit diesen Maßnahmen eintretenden „schweren Beeinträchtigungen" hinweist.
[13] Ähnlich streng wie hier wohl *Damrau/Riedel/Lenz* Rn 18.
[14] So auch *Nieder* HdB Rn 515; *Staudinger/Olshausen* Rn 16.
[15] *Baumann* ZEV 1996, 121, 123; *Nieder* HdB Rn 8; PWW/*Deppenkemper* Rn 3.
[16] Zur Zweckmäßigkeit in der Praxis *Baumann* ZEV 1996, 121, 126.
[17] AnwK-BGB/*Herzog* Rn 10; PWW/*Deppenkemper* Rn 3.
[18] KG OLGE 6, 332; *Nieder* HdB Rn 517.
[19] Die Streitfrage, ob auch lebzeitige Kinder hierzu zählen (dazu etwa *Soergel/Dieckmann* Rn 12), wenn ihnen nur ein Erbersatzanspruch zusteht, hat sich durch das Erbrechtsgleichstellungsgesetz erledigt, *Staudinger/Olshausen* Rn 21.
[20] *Damrau/Riedel/Lenz* Rn 8; jurisPK/*Birkenheier* Rn 34; MünchKommBGB/*Lange* Rn 8; *Soergel/Dieckmann* Rn 12 mwN.
[21] AnwK-BGB/*Herzog* Rn 10; jurisPK/*Birkenheier* Rn 32; *Soergel/Dieckmann* Rn 12; MünchKommBGB/*Lange* Rn 8; *Staudinger/Olshausen* Rn 23; ein Vertauschen (also an Stelle der Ersten wird sofort die zweite berufen) ist nicht zulässig.
[22] JurisPK/*Birkenheier* Rn 33; *Staudinger/Olshausen* Rn 23; *Lange/Kuchinke* § 37 Fn 690; *Soergel/Dieckmann* Rn 12; jetzt auch MünchKommBGB/*Lange* Rn 8; aA *Baumann* ZEV 1996, 121, 125.
[23] *Soergel/Dieckmann* Rn 13.
[24] *Damrau/Riedel/Lenz* Rn 9; *Staudinger/Olshausen* Rn 26; *Soergel/Dieckmann* Rn 9; mit anderem Regel-Ausnahme-Verhältnis MünchKommBGB/*Lange* Rn 11 und jurisPK/*Birkenheier* Rn 24: Erstreckung der Beschränkungen ist durch Auslegung zu ermitteln.
[25] Befreiung nach § 2136 ist nach *Baumann* ZEV 1996, 125 zulässig, desgleichen eine mehrfach gestufte Nacherb- oder Nachvermächtnisanordnung, wobei der Kreis der Berechtigten der gesetzlichen Erbfolge entsprechen muss.

(dagegen hilft die Testamentsvollstreckung), sondern nur die Verwertung in der Zwangsvollstreckung. Die **Nutzungen** der Erbschaft sind nach § 863 Abs 1 ZPO der Pfändung durch die Eigengläubiger insoweit entzogen, als dies zur Sicherung des „standesgemäßen Unterhalts" des Abkömmlings und seiner unterhaltsberechtigten Unterhaltsgläubiger erforderlich ist.

9 Wenn der Erblasser den Abkömmling als Vermächtnisnehmer einsetzt oder voll enterbt oder auf den Pflichtteil verweist, kann er dessen gesetzliche Erben als **Nachvermächtnisnehmer** bestimmen. Dies schützt die gesetzlichen Erben nur unvollkommen. Die Vermächtnisanordnung hilft nur gegen abweichende Verfügungen von Todes wegen, nicht aber gegen lebzeitige Verfügungen, da das Vermächtnis nur einen schuldrechtlichen Anspruch auf Erfüllung gibt, denn es gilt über § 2191 Abs 2 nur § 2179, jedoch nicht § 161, (vgl § 2179 Rn 4), und erst Recht nicht finden die §§ 2113 bis 2115 Anwendung. Auch gegen Pfändungen durch Eigengläubiger des Abkömmlings sind sie nicht geschützt, da § 863 ZPO das Nachvermächtnis nicht nennt[26]. Die Anordnung einer Testamentsvollstreckung ist hier idR unerlässlich[27].

10 **2. Anordnung einer Verwaltungsvollstreckung (Abs 1 S 2).** Der Erblasser kann auch für die Lebenszeit des Abkömmlings eine Verwaltungstestamentsvollstreckung (§ 2209 S 1 Alt 1) anordnen mit der Maßgabe, dass dann dem Abkömmling der Anspruch auf den jährlichen Reinertrag des Pflichtteils verbleibt. Dadurch entzieht der Erblasser dem Abkömmling das Verfügungsrecht unter Lebenden (§ 2211), schließt dessen Eigengläubiger von der Pfändung aus (§ 2214) und entzieht diesen nach Maßgabe des § 863 Abs 1 S 2 ZPO auch die Nutzungen[28]. Die Erstreckung der Testamentsvollstreckung auf die Nacherben oder Nachvermächtnisnehmer dürfte zulässig sein und ist sinnvoll[29].

11 Daher ist diese Anordnung der Testamentsvollstreckung ein absolutes „Muss" für eine sinnvolle Pflichtteilsbeschränkung in guter Absicht[30]. Von dem jährlichen Reinertrag, der nach § 2338 Abs 1 S 2 dem pflichtteilsberechtigten Abkömmling gebührt, ist dem Zugriff seiner **Eigengläubiger** allerdings nach **§ 863 Abs 1 ZPO** nur der **Teil** entzogen, der für den Schuldner zur Bestreitung seines standesgemäßen Unterhalts oder zur Erfüllung der ihm gegenüber seinem Ehegatten, seinem früheren Ehegatten, seinem Lebenspartner, seinem früheren Lebenspartner oder seinen Verwandten gesetzlich obliegenden Unterhaltspflicht erforderlich ist. Standesgemäß bedeutet dabei angemessen (§ 1610 Abs 1), bei gesetzlichen Unterhaltsgläubigern mithin im Rahmen von § 850 d ZPO[31]. Der darüber hinaus gehende Teil unterliegt dem Zugriff der Eigengläubiger. Hiergegen sucht man nach **Abwehrmöglichkeiten**[32]: Unterstellt der Erblasser diese Reinerträge ebenfalls der Testamentsvollstreckung, so wird dies zwar nicht mehr von § 2338 gedeckt. Jedoch wird überwiegend vertreten, der Abkömmling könne sich dadurch unterwerfen und damit den Reinertrag dem Zugriff seiner Gläubiger entziehen[33]. Für die Falllage des **§ 2306 Abs 1 S 2** ist dies zutreffend. Schlägt der Pflichtteilsberechtigte nicht aus, so hat die Anordnung wegen § 2214 auch gegenüber den Eigengläubigern des Pflichtteilsberechtigten Bestand[34]. Soweit der hinterlassene Erbteil jedoch **nicht größer als die Hälfte** des gesetzlichen Erbteils ist, also bei der Falllage des § 2306 Abs 1 S 1, tritt die Unwirksamkeit der über die Grenzen des § 2338 Abs 1 S 2 hinausgehenden Testamentsvollstreckung ipso jure und damit auch zugunsten der Eigengläubiger ein. Eine „Unterwerfungserklärung" kann den Gläubigern hier das Pfändungsobjekt nicht mehr entziehen[35].

12 Unzulässig ist eine Anordnung, dass der **Reinertrag** zwar grds dem pflichtteilsberechtigten Abkömmling zukommen soll, nach einer Abtretung oder **Pfändung** durch seine Eigengläubiger aber der Verwaltung des Testamentsvollstreckers unterfällt und dann für Naturalverpflegung des Abkömmlings zu verwenden ist. Eine solche Bestimmung lässt sich zwar dogmatisch dadurch begründen, dass es sich um eine aufschiebend bedingt angeordnete Erweiterung der Verwaltungszuständigkeit des Testamentsvollstreckers handelt, die eine logische Sekunde vor der Abtretung oder Pfändung eingreift[36]. Als eindeutige Gläubigerbeeinträchtigung muss ihr jedoch die Wirksamkeit versagt bleiben (§ 138)[37].

---

[26] Vgl jurisPK/*Birkenheier* Rn 30; *Lange/Kuchinke* § 37 XIV Fn 692; MünchKommBGB/*Lange* Rn 14; *Staudinger/Olshausen* Rn 27.

[27] JurisPK/*Birkenheier* Rn 30; *Lange/Kuchinke* § 37 XIV Fn 692; MünchKommBGB/*Lange* Rn 14.

[28] *Soergel/Dieckmann* Rn 17; jurisPK/*Birkenheier* Rn 36; eingehend zur Testamentsvollstreckung *Staudinger/Olshausen* Rn 28 f.

[29] *Baumann* ZEV 1996, 125.

[30] Zust *Staudinger/Olshausen* Rn 30.

[31] *Musielak/Becker* § 863 ZPO Rn 1.

[32] S etwa HdB Pflichtteilsrecht/*J. Mayer* § 10 Rn 69.

[33] OLG Bremen FamRZ 1984, 213; AnwK-BGB/*Herzog* Rn 13; *Damrau/Riedel/Lenz* Rn 15; PWW/*Deppenkemper* Rn 6; *Soergel/Dieckmann* Rn 18; MünchKommBGB/*Lange* Rn 15; Palandt/*Edenhofer* Rn 5; aA *Gottwald* Rn 16.

[34] MünchKommBGB/*Lange* Rn 15; PWW/*Deppenkemper* Rn 6; das Ausschlagungsrecht nach § 2306 Abs 1 S 2 ist nach zutr Ansicht nicht pfänd- und überleitbar, s § 2306 Rn 22.

[35] Dogmatische Bedenken äußert auch *Baumann* ZEV 1996, 124. Soweit er zur Problemlösung auf eine „cautela socini" ausweichen will, ist zu beachten, dass auch gegen deren Zulässigkeit erhebliche Bedenken bestehen, s § 2306 Rn 19.

[36] Diese zeitliche Möglichkeit übersieht *Staudinger/Olshausen* Rn 29.

[37] *Soergel/Dieckmann* Rn 18; iE ebenso MünchKommBGB/*Lange* Rn 15; *Staudinger/Olshausen* Rn 29; aA RG WarnR 1919 Nr 71; OLG Bremen FamRZ 1984, 213; *Erman/Schlüter* Rn 4; offenlassend AnwK-BGB/*Herzog* Rn 13.

IV. Wirkungen, Verhältnis zu § 2306

Bedeutung und Wirkung des § 2338 erschließen sich erst im Zusammenhang mit § 2306, zu der 13 § 2338 eine Ausnahmevorschrift ist. Liegt die Falllage des **§ 2306 Abs 1 S 1** vor, also wenn der hinterlassene Erbteil nicht größer als die Hälfte des gesetzlichen Erbteils ist, so bestehen ausnahmsweise die nach § 2338 **zulässigen Beschwerungen** und Beschränkungen fort[38]. Schlägt dementsprechend der Pflichtteilsberechtigte die belastete Erbschaft aus, so erlangt er dadurch keinen Pflichtteilsanspruch[39]. Auch hinsichtlich eines etwa bestehenden Pflichtteilsrestanspruchs (§§ 2305, 2307) bestehen im Zweifel diese Beschränkungen und Beschwerungen (Rn 8)[40]. Soweit nach § 2338 (aus sachlichem oder zeitlichem Grund) **unzulässige Anordnungen** getroffen wurden, entfallen diese nach der Grundregel des § 2306 Abs 1 S 1 kraft Gesetzes[41]; der Fortbestand der übrigen Verfügungen bestimmt sich nach § 2085. Eine aus §§ 2338, 2306 ergebende Unwirksamkeit kann jeder geltend machen, auch ein Gläubiger des Pflichtteilsberechtigten[42].

Bei der **Falllage des § 2306 Abs 1 S 2** (hinterlassener Erbteil größer als die Hälfte des gesetzlichen 14 Erbteils) muss der Pflichtteilsberechtigte bereits nach allgemeinen Grundsätzen die angeordneten Beschränkungen und Beschwerungen dulden, wenn er die Erbschaft annimmt (§ 2306 Abs 1 S 2); Gleiches gilt bei Zuwendung eines belasteten Vermächtnisses (§ 2307). Auf § 2338 und der danach möglichen Zulässigkeit der Beschränkungen kommt es insoweit (noch) nicht an[43]. **Schlägt** der Pflichtteilsberechtigte jedoch hier die belastete Erbschaft **aus**, so erlangt er dadurch zwar den Pflichtteil (§ 2306 Abs 1 S 2). Die nach § 2338 zulässigen Anordnungen gehen dann aber auf den Pflichtteilsanspruch über, der die Gestalt eines Nachvermächtnisses erhält[44]. Ist der Pflichtteilsberechtigte **nur** mit den nach § 2338 zulässigen Anordnungen belastet, so nimmt eine Mindermeinung entgegen der hM sogar an, dass der Pflichtteilsberechtigte durch die Ausschlagung überhaupt keinen Pflichtteilsanspruch erlange[45]. Gleiches gilt auch bei der Vermächtnislösung. Sind alle getroffenen Beschränkungen nach § 2338 **nicht** zulässig, so erlangt er durch die Ausschlagung den unbeschränkten Pflichtteilsanspruch[46].

V. Beweislast

Hierfür gilt nach Abs 2 S 2 die Bestimmung des **§ 2336 Abs 3** entsprechend. Demnach trägt die 15 Beweislast für das Vorliegen der Voraussetzungen für die Zulässigkeit der Pflichtteilsbeschränkung in guter Absicht im **Errichtungszeitpunkt** derjenige, der sich auf diese Anordnung beruft, also regelmäßig der Nacherbe, Nachvermächtnisnehmer oder Testamentsvollstrecker[47]. Ist dies bewiesen, so wechselt die Beweislast rum es darum geht, dass die zunächst bestehende Überschuldung oder Verschwendung im Zeitpunkt des Erbfalls **nicht mehr** bestanden hat. Dies hat dann derjenige zu beweisen, der sich auf eine solche Änderung der Verhältnisse beruft, also der Pflichtteilsberechtigte oder seine Gläubiger[48].

---

[38] *Damrau/Riedel/Lenz* Rn 14; jurisPK/*Birkenheier* Rn 23; MünchKommBGB/*Lange* Rn 11; *Staudinger/Olshausen* Rn 34.
[39] *Staudinger/Olshausen* Rn 34; *Palandt/Edenhofer* Rn 2.
[40] *Staudinger/Olshausen* Rn 34 f; *Soergel/Dieckmann* Rn 9. Soweit es bei *Olshausen* heißt, dass dies für den Pflichtteilsergänzungsanspruch gelte, muss es wohl richtig Pflichtteilsrestanspruch heißen, denn der Pflichtteilsergänzungsanspruch gehört nicht zum Nachlass; übersehen auch bei jurisPK/*Birkenheier* Rn 25.
[41] RG JW 1911, 370; jurisPK/*Birkenheier* Rn 23; MünchKommBGB/*Lange* Rn 11.
[42] *Staudinger/Olshausen* Rn 37.
[43] RGZ 85, 347, 350; MünchKommBGB/*Lange* Rn 10; *Staudinger/Olshausen* Rn 33; diesen Zusammenhang übersieht AnwK-BGB/*Herzog* Rn 8, wonach die von § 2338 nicht gedeckten Beschränkungen „ipso jure" (teilweise) unwirksam sind.
[44] RGZ 85, 347, 350; KGJ 40, 60, 63: die angeordnete Nacherbeneinsetzung „verwandelt" sich in ein Nachvermächtnis; *Damrau/Riedel/Lenz* Rn 13; MünchKommBGB/*Lange* Rn 10; PWW/*Deppenkemper* Rn 4; *Soergel/Dieckmann* Rn 9; *Staudinger/Olshausen* Rn 33; *Kipp/Coing* § 15 II.
[45] MünchKommBGB/*Lange* Rn 10; PWW/*Deppenkemper* Rn 4; aA jurisPK/*Birkenheier* Rn 22; *Palandt/Edenhofer* Rn 2; *Soergel/Dieckmann* Rn 9; *Staudinger/Olshausen* Rn 33; *v. Lübtow* I S 661; *Baumann* ZEV 1996, 121, 123, Fn 39; *Kessel* MittRhNotK 1991, 146.
[46] JurisPK/*Birkenheier* Rn 22; *Soergel/Dieckmann* Rn 11.
[47] *Damrau/Riedel/Lenz* Rn 20; jurisPK/*Birkenheier* Rn 37; MünchKommBGB/*Lange* Rn 19; *Staudinger/Olshausen* Rn 18: krit hierzu *Baumann* ZEV 1996, 121, 127.
[48] *Damrau/Riedel/Lenz* Rn 21; jurisPK/*Birkenheier* Rn 38; MünchKommBGB/*Lange* Rn 19; HdB Pflichtteilsrecht/*J. Mayer* § 10 Rn 58; *Staudinger/Olshausen* Rn 18.

Abschnitt 6. Erbunwürdigkeit (§§ 2339–2345)

§ 2339 Gründe für Erbunwürdigkeit

(1) Erbunwürdig ist:
1. wer den Erblasser vorsätzlich und widerrechtlich getötet oder zu töten versucht oder in einen Zustand versetzt hat, infolge dessen der Erblasser bis zu seinem Tode unfähig war, eine Verfügung von Todes wegen zu errichten oder aufzuheben,
2. wer den Erblasser vorsätzlich und widerrechtlich verhindert hat, eine Verfügung von Todes wegen zu errichten oder aufzuheben,
3. wer den Erblasser durch arglistige Täuschung oder widerrechtlich durch Drohung bestimmt hat, eine Verfügung von Todes wegen zu errichten oder aufzuheben,
4. wer sich in Ansehung einer Verfügung des Erblassers von Todes wegen einer Straftat nach den §§ 267, 271 bis 274 des Strafgesetzbuchs schuldig gemacht hat.

(2) Die Erbunwürdigkeit tritt in den Fällen des Absatzes 1 Nr. 3, 4 nicht ein, wenn vor dem Eintritt des Erbfalls die Verfügung, zu deren Errichtung der Erblasser bestimmt worden ist oder in Ansehung deren die Straftat begangen worden ist, unwirksam geworden ist, oder die Verfügung, zu deren Aufhebung er bestimmt worden ist, unwirksam geworden sein würde.

Schrifttum: *Bartholomeyczik,* Anmerkung zu LG Ravensburg, NJW 1955, 795; *Deubner,* Erbunwürdigkeit durch ehewidriges Verhalten, BGHZ 49, 155, JuS 1968, 449; *Hempel,* Erbunwürdigkeit. Historische Entwicklung und geltendes Recht, Diss Köln 1969; *Kieninger/Maulbetsch,* Die Erbunwidrigkeitsklage, NJW-Spezial 2006, 349; *Müller-Freienfels,* Fahrlässige Tötung des Erblassers durch betrunkenen Erben: Ein Grund zur Testamentsanfechtung oder zur Erbausschließung?, FS G. Schiedermair, 1976, S 409; *Speckmann,* Erbunwürdigkeit bei Testamentsfälschung im Sinne des Erblasserwillens, BGH NJW 1970, 197, JuS 1971, 235; *ders,* Der Streitwert der Erbunwürdigkeitsklage, MDR 1972, 905; *Weimar,* Die Erbunwürdigkeit, MDR 1962, 633.

Übersicht

	Rn		Rn
I. Normzweck	1	b) Abs 1 Nr 1 zweiter Fall (versuchte Tötung des Erblassers)	9
II. Begriff und Anwendungsbereich	2	c) Abs 1 Nr 1 dritter Fall (Herbeiführung der Testierunfähigkeit)	10
1. Begriff	2	d) Abs 1 Nr 2 (Verhinderung der Errichtung oder Aufhebung einer letztwilligen Verfügung)	11
2. Anwendungsbereich	3		
III. Gründe der Erbunwürdigkeit	4	e) Abs 1 Nr 3 (Bestimmung zur Errichtung oder Aufhebung durch Täuschung oder Drohung)	12
1. Allgemeine Anforderungen an die Handlung des Erbunwürdigen	4		
2. Die Erbunwürdigkeitsgründe im Einzelnen	7	f) Abs 1 Nr 4 (Urkundenfälschung)	15
a) Abs 1 Nr 1 erster Fall (vorsätzliche Tötung des Erblassers)	7	IV. Ausnahmevorschrift des Abs 2	18

I. Normzweck

1   Der Zweck der Vorschriften über die Erbunwürdigkeit ist umstritten. Der Streit kann nicht dahingestellt bleiben, da der Normzweck für die Auslegung einzelner Vorschriften oder Tatbestandsmerkmale von Bedeutung ist (vgl zB Rn 16). In der Literatur wird teilweise der Strafcharakter der Vorschriften in den Vordergrund gestellt[1]. Diese Auffassung hat nicht nur den historischen Gesetzgeber[2] gegen sich, sondern auch das Argument der Systemwidrigkeit. Der deutschen Privatrechtsdogmatik ist der Begriff einer zivilrechtlichen Strafe fremd. Zudem ist, was bei einem Strafcharakter nahe läge, das Gewicht der Verfehlung nicht der eigentliche Grund der Erbunwürdigkeit[3] – die vorsätzliche schwere Körperverletzung (§ 226 StGB) führt beispielsweise nicht zur Erbunwürdigkeit. Mit einer vordringenden Auffassung im Schrifttum ist der Normzweck der §§ 2339 ff in der **Verwirklichung** des wirklichen oder mutmaßlichen **Willens des Erblassers** zu sehen, der bei den in § 2339 genannten Verfehlungen auf die Enterbung des Täters gerichtet ist[4]. Die sonstigen Vorschriften im 5. Buch, die in diesem Zusammenhang der Verwirklichung des Erblasserwillens dienen, nämlich § 1938 (Enterbung), §§ 2333 ff (Pflichtteilsentziehung) und §§ 2078 ff (Anfechtung letztwilliger Verfügungen) decken nicht alle Fälle von Verfehlungen eines Erben ab. Sie ermöglichen insbes nicht oder nur beschränkt den Ausschluss eines „Unwürdigen" nach dem Tod des Erblassers. Neben der Ergänzung der §§ 1938, 2333 ff und 2078 ff

---

[1] RGRK/*Kregel* Rn 1; *Kipp/Coing* § 85 II; *Müller-Freienfels,* FS G. Schiedermair, 1976, S 434; *Weimar* MDR 1962, 633.
[2] Mot V S 517; Prot V S 636.
[3] So aber *v. Lübtow* II S 719.
[4] MünchKommBGB/*Helms* Rn 3; *Staudinger/Olshausen* Rn 6; AK/*Teubner* Rn 1.

haben die Erbunwürdigkeitsregeln auch eine Präventivfunktion: Sie sollen verhüten, dass ein künftiger Erbe den Erbfall vorzeitig herbeiführt oder den Erblasser daran hindert bzw dazu bestimmt, von der gesetzlichen oder angeordneten Erbfolge abzuweichen[5]. Insoweit kommt doch, allerdings aus anderer Sicht, eine Aufgabe der Strafe, nämlich die Prävention, zum Tragen.

II. Begriff und Anwendungsbereich

1. Begriff. Der Begriff der „Erb"unwürdigkeit ist insofern ungenau, als in diesem Abschnitt auch der Ausschluss des Vermächtnisnehmers und des Pflichtteilsberechtigten geregelt ist (§ 2345). Erbunwürdigkeit bedeutet nicht Erbunfähigkeit, sie begründet nur ein Anfechtungsrecht (§ 2340). Das Anfechtungsrecht muss durch eine Anfechtungsklage geltend gemacht werden (§ 2342 Abs 1 S 1), die zu erheben nur bestimmte Personen befugt sind (§ 2341). Die Wirkung der Anfechtung tritt mit Rechtskraft des Urteils ein (§ 2342 Abs 2); der Erbwürdige verliert rückwirkend seine Erbenstellung (§ 2344 Abs 1). Das BGB kennt nur eine **(relative) Erbunwürdigkeit** im Verhältnis zu einem bestimmten Erblasser[6]. 2

2. Anwendungsbereich. Über § 2301 Abs 1 gelten die §§ 2339 ff auch für (noch nicht vollzogene) Schenkungen von Todes wegen. Bei der fortgesetzten Gütergemeinschaft (§§ 1483 ff) ist ein gemeinschaftlicher Abkömmling seines Anteils am Gesamtgut unwürdig, wenn er gegenüber dem verstorbenen Elternteil erbunwürdig ist (§ 1506). Der Anspruch auf Ausgleich des Zugewinns wird durch die Erbunwürdigkeit nicht ausgeschlossen; der Schuldner kann uU nach § 1381 die Zahlung wegen grober Unbilligkeit verweigern[7]. Die Anfechtung wegen Erbunwürdigkeit kann mit der Anfechtung nach §§ 2078 ff konkurrieren (Rn 14)[8]. Bei der gesetzlichen Vererbung eines Hofes nach § 5 HöfeO sind die §§ 2339 ff entspr anwendbar[9]. Bei einer Lebenspartnerschaft verweist § 10 Abs 6 S 2 LPartG zwar auf die Regeln über die Entziehung des Ehegattenpflichtteils, eine entsprechende Verweisung auf die Erbunwürdigkeitsvorschriften fehlt hingegen. Gleichwohl sind die in §§ 2339 ff vorgesehenen materiell- und verfahrensrechtlichen Regelungen auf das Erbrecht eines „unwürdigen" Lebenspartners anzuwenden[10]. 3

III. Gründe der Erbunwürdigkeit

1. Allgemeine Anforderungen an die Handlung des Erbunwürdigen. Die Regelungen erfassen Angriffe auf das Leben, die Testierfähigkeit und die Testierfreiheit des Erblassers sowie Fälschungshandlungen. Die Erbunwürdigkeitsgründe sind in § 2339 Abs 1 **erschöpfend** aufgezählt. Eine extensive Auslegung verbietet sich daher; eine entspr Anwendung auf andere Fälle ist ausgeschlossen[11]. 4

Soweit nicht ausdrücklich der Versuch einer Tat in die Regelungen mit aufgenommen ist, muss die Tat **vollendet** sein (zur Frage des Versuchs bei Abs 1 Nr 4 vgl Rn 16). Der Verweis auf Straftatbestände schließt alle Formen der Täterschaft und Teilnahme ein (§§ 25 ff StGB). Der Angriff auf die Testierfreiheit, der gemeinsames Merkmal aller Alternativen ist, muss sich nicht in dem Sinne ausgewirkt haben, dass der Erblasser ohne die Verfehlung anders verfügt hätte[12]. Es genügt die abstrakte Möglichkeit der Einschränkung der Testierfreiheit. Zur Frage, ob ein Erbunwürdigkeitsgrund auch dann gegeben ist, wenn der Erbe durch sein Verhalten den (wirklichen oder mutmaßlichen) Erblasserwillen verwirklichen will, s Rn 17. 5

Die Handlungen müssen vom **Vorsatz** umfasst sein. Ferner muss der Täter **rechtswidrig** gehandelt haben (im zivilrechtlichen Sprachgebrauch „widerrechtlich"). Das strafrechtliche Tatbestandserfordernis der Schuld wird im Gesetz nicht genannt. Der Wortlaut des Abs 1 Nr 1 lässt sogar den Schluss zu, dass auf das Merkmal der Schuld verzichtet wurde. Denn das Strafrecht verwendet die hier anzutreffende Formulierung – vorsätzliche und rechtswidrige (widerrechtliche) Tat – gerade dann, wenn diese beiden Merkmale für die Strafbarkeit ausreichen sollen, zB in § 26 StGB. Im Ergebnis kann aber kein Zweifel bestehen, dass die zur Erbunwürdigkeit führende Verfehlung auch **schuldhaft** im strafrechtlichen Sinn begangen worden sein muss. Der Täter, der im entschuldigenden Notstand (§ 35 StGB) gehandelt hat, geht nicht nur straffrei aus, er hat sich auch nicht als erbunwürdig erwiesen[13]. Eine strafgerichtliche Verurteilung wegen der zur Erbunwürdigkeit führenden Handlungen ist nicht erforderlich. Der Zivilrichter ist bei seiner Bewertung an strafgerichtliche Urteile nicht gebunden, muss sich aber bei seiner Beweiswürdigung mit den Feststellungen des Strafrichters auseinandersetzen[14]. 6

2. Die Erbunwürdigkeitsgründe im Einzelnen. a) Abs 1 Nr 1 erster Fall (vorsätzliche Tötung des Erblassers). Erbunwürdig ist, wer den Erblasser vorsätzlich und widerrechtlich getötet hat. Erfasst wird die vollendete vorsätzliche rechtswidrige (und schuldhafte, vgl Rn 6) Tötung in Form 7

---

[5] RGRK/*Kregel* Vor § 2339 Rn 1; Erman/*Schlüter* Vor § 2339 Rn 1.
[6] Der Erbunwürdige kann daher Dritte beerben. Der – im Schrifttum diskutierte – Fall, dass er somit „auf Umwegen" doch noch den Nachlass erhalten könnte, dessen er unwürdig ist, ist wohl ohne praktische Relevanz, vgl § 2344 Rn 1.
[7] Staudinger/*Olshausen* Rn 13; Palandt/*Brudermüller* § 1381 Rn 17; vgl OLG Karlsruhe FamRZ 1987, 823.
[8] BayObLGZ 73, 257, 258; Palandt/*Edenhofer* § 2342 Rn 1.
[9] MünchKommBGB/*Helms* Rn 5.
[10] jurisPK/*Hau* Rn 4.
[11] AllgM; großzügiger MünchKommBGB/*Helms* Rn 6; *Michalski* Rn 434.
[12] vgl V S 517; Staudinger/*Olshausen* Rn 23.
[13] MünchKommBGB/*Helms* Rn 11; Staudinger/*Olshausen* Rn 25; s auch OLG Düsseldorf OLGR 2000, 181.
[14] BGH NJW-RR 2005, 1024.

§ 2339

des Totschlags oder des Mordes, §§ 211, 212 StGB, nicht dagegen die Tötung auf Verlangen, § 216 StGB (allgM). Wenn man den Ausschluss des § 216 StGB nicht schon aus dem Normzweck ableitet[15], kann jedenfalls von Verzeihung nach § 2343 ausgegangen werden. Nicht zu Nr 1 erster Fall gehören auch Körperverletzung mit Todesfolge (§ 227 StGB) – hier kann uU Nr 1 dritter Fall (Rn 10) eingreifen – und fahrlässige Tötung (§ 222 StGB). Die straf- und zivilrechtlichen Rechtfertigungsgründe (insbes § 227 BGB, § 32 StGB) schließen die „Widerrechtlichkeit" aus. Lagen bei der Tat die Voraussetzungen des § 35 StGB vor, fehlt es an der Schuld. Für die behauptete Schuldunfähigkeit trägt der Täter die Beweislast[16].

8 Die Tötung des **Vorerben** durch den Nacherben ist kein Fall des § 2339 Abs 1 Nr 1, da der Vorerbe im Verhältnis zum Nacherben nicht Erblasser ist. Da die Nacherbschaft aufschiebend bedingt ist, findet § 162 Abs 2 Anwendung[17]. Der Nacherbe, der den Vorerben getötet und damit hat den Bedingungseintritt (Nacherbfall) herbeigeführt hat, kommt als Nacherbe nicht mehr in Betracht; der Nachlass fällt dem Ersatznacherben an. Falls keiner vorhanden ist, tritt nach dem Tod des zum Vollerben gewordenen Vorerben gesetzliche oder gewillkürte Erbfolge ein.

9 **b) Abs 1 Nr 1 zweiter Fall (versuchte Tötung des Erblassers).** Ob der Versuch eines Tötungsdelikts vorliegt, bestimmt sich nach den Regeln des Strafrechts. Rücktritt vom Versuch (§ 24 StGB) beseitigt die Versuchsstrafbarkeit und damit den Erbunwürdigkeitsgrund.

10 **c) Abs 1 Nr 1 dritter Fall (Herbeiführung der Testierunfähigkeit).** Infolge der Tat muss der Erblasser sich in einem (wie aus der Formulierung „bis zu seinem Tod" folgt: dauernden) Zustand befinden, in dem ihm aus tatsächlichen oder rechtlichen Gründen ein Testieren nicht mehr möglich ist. In Betracht kommen Siechtum, Geisteskrankheit oder körperliche Verstümmelung als Folge einer Körperverletzung. Der Vorsatz muss sich auf die Herbeiführung dieses Zustands, nicht aber auf dessen Fortdauer bis zum Tod beziehen[18], wobei die Absicht, testierunfähig zu machen, nicht erforderlich ist[19].

11 **d) Abs 1 Nr 2 (Verhinderung der Errichtung oder Aufhebung einer letztwilligen Verfügung).** Die Hinderung einer – **konkret beabsichtigten**[20] – letztwilligen Verfügung kann durch Gewalt, Täuschung oder Drohung erfolgen. Sie liegt zB vor bei arglistiger Herbeiführung der Formnichtigkeit einer letztwilligen Verfügung. Versuch und nur vorübergehende Willenseinwirkung genügen nicht[21]. Vorsatz und Widerrechtlichkeit sind zu verstehen wie bei § 123[22]. Streitig ist, ob die Vorschrift auch dann anwendbar ist, wenn der Erblasser nicht an der Verfügung insgesamt, sondern (nur) an einer Verfügung bestimmten Inhalts gehindert wurde. Dies ist zu bejahen, ebenso, wenn der Täter nicht die Errichtung oder Aufhebung einer Verfügung überhaupt, sondern nur deren Wirksamkeit verhindert hat[23]. Nr 2 nennt ausdrücklich die Aufhebung der Verfügung, um klarzustellen, dass auch die Verhinderung eines Widerrufs (§§ 2253 ff) zur Erbunwürdigkeit führt. Eine Verhinderung kann etwa vorliegen, wenn der durch eine Verfügung von Todes wegen Bedachte dem Erblasser wahrheitswidrig erklärt, er habe das durch in seinem Besitz befindliche Testament vernichtet[24]. Stets muss zwischen der Handlung[25] des Täters und der Verhinderung ein **Kausalzusammenhang** bestehen. Daran fehlt es nicht, wenn die Errichtung oder Aufhebung der Verfügung an anderen Gründen gescheitert wäre[26]. Auch ist die etwaige Unwirksamkeit der beabsichtigten letztwilligen Verfügung unbeachtlich[27]. Geschützt ist bei Nr 2 jede Willensbildung, nicht nur die wirksame. Zu den Verfügungen iS der Nr 2 gehört nicht der Erbverzichtsvertrag[28].

12 **e) Abs 1 Nr 3 (Bestimmung zur Errichtung oder Aufhebung durch Täuschung oder Drohung).** Während in Nr 2 Fälle erfasst sind, in denen die vom Erblasser konkret beabsichtigte Verfügung nicht oder nicht wirksam errichtet wurde, muss bei Nr 3 eine **wirksame**, wenn auch unlauter beeinflusste Verfügung von Todes wegen getroffen worden sein. Nicht genannt ist die **Gewalt.** Der Schluss, bei ihrer Anwendung müsse (trotz Analogieverbot, s Rn 4) Nr 3 erst recht gelten[29], drängt sich auf, kann aber bei näherer Betrachtung keinen Bestand haben. Bei Anwendung von Gewalt ist die letztwillige Verfügung nichtig. Für die Aufnahme der Nr 3 in die Regelung über Erbunwürdigkeitsgründe war entscheidend, „dass durch die widerrechtliche Beeinflussung des Erblassers eine Unsicherheit darüber herbeigeführt wird, wie der Erblasser sonst vielleicht verfügt haben

---

[15] So MünchKommBGB/*Helms* Rn 13; *Ebenroth* Rn 371.
[16] BGHZ 102, 227, 230 = NJW 1988, 822.
[17] MünchKommBGB/*Helms* Rn 9; *Staudinger*/*Olshausen* Rn 22; für nur analoge Anwendung des § 162 Abs 2 BGH NJW 1968, 2051, 2052; *Jauernig*/*Stürner* Rn 1.
[18] Deshalb kann die Verwirklichung des § 227 StGB (Körperverletzung mit Todesfolge) für diese Alternative ausreichen, MünchKommBGB/*Helms* Rn 17.
[19] Mot V S 518; *Palandt*/*Edenhofer* Rn 3.
[20] MünchKommBGB/*Helms* Rn 18.
[21] *Erman*/*Schlüter* Rn 4.
[22] BGH NJW-RR 1990, 515, 516.
[23] *Soergel*/*Damrau* Rn 5; *Staudinger*/*Olshausen* Rn 33.
[24] BGH NJW-RR 1990, 515, 516.
[25] Positives Tun oder Unterlassen, wenn Rechtspflicht zum Handeln besteht, vgl *Staudinger*/*Olshausen* Rn 35.
[26] MünchKommBGB/*Helms* Rn 22; *Soergel*/*Damrau* Rn 5; aA *Staudinger*/*Olshausen* Rn 33.
[27] *Staudinger*/*Olshausen* Rn 33; *Erman*/*Schlüter* Rn 4.
[28] MünchKommBGB/*Helms* Rn 20; aA *Soergel*/*Damrau* Rn 5.
[29] v. *Lübtow* II S 724; *Lange*/*Kuchinke* § 6 II 1 c Fn 31; jurisPK/*Hau* Rn 14; *Hempel* S 54.

würde"[30]. Diese Unsicherheit besteht nicht, wenn die Verfügung ohnehin nicht wirksam ist. Der Tatbestand der Nr 3 ist daher bei allen Fällen ursprünglicher Unwirksamkeit der Verfügung von Todes wegen nicht gegeben[31].

Die **Täuschung** kann nach allgemeinen Grundsätzen auch durch Unterlassen begangen werden, wenn eine Rechtspflicht zur Aufklärung bestand. Das Problem wird vor allem im Hinblick auf „Eheverfehlungen" diskutiert. Die Frage, ob das Verschweigen ehelicher Untreue eine Täuschung durch Unterlassen iS der Nr 3 darstellt, muss idR verneint werden. Der Gesetzgeber hat durch das 1. EheRG vom 14. 6. 1976 den Ehebruch als Pflichtteilsentziehungsgrund in § 2335 gestrichen. Diese Entscheidung muss auch bei der Auslegung der Erbunwürdigkeitsgründe beachtet werden[32]. In Einzelfällen, etwa wenn der Erblasser erkennbar eine Verknüpfung zwischen Erbeinsetzung und ehelicher Treue hergestellt hat, mag dies anders zu beurteilen sein[33]. 13

Bei Vorliegen dieser Alternative ist auch eine Anfechtung nach § 2078 Abs 2 möglich[34]. Diese führt jedoch nur zur Unwirksamkeit der Verfügung, bei der der Anfechtungsgrund durchgreift, während die auf § 2339 gestützte Anfechtungsklage jede zugunsten des Täuschenden getroffene Verfügung erfasst. Außerdem beseitigt die Anfechtung nach § 2078 nicht die Stellung des Erbunwürdigen als gesetzlicher Erbe. 14

f) Abs 1 Nr 4 (Urkundenfälschung). Erfasst werden alle Modalitäten des Tatbestandes der Urkundenfälschung (§ 267 StGB) sowie die Tatbestände der §§ 271 bis 274 StGB. Nicht nur die Verfälschung einer vorhandenen Verfügung des Erblassers fällt somit unter Nr 4, sondern auch die Herstellung (oder das Gebrauch machen von) einer unechten Urkunde, § 267 Abs 1 Alt 1 StGB[35], mag auch insoweit streng genommen eine Tat „in Ansehung einer Verfügung des Erblassers" nicht vorliegen. Zu den öffentlichen Urkunden iS des § 271 StGB zählt auch der Erbschein[36]. 15

Die Straftat kann – im Gegensatz zu Nr 1 bis 3 – auch nach Eintritt des Erbfalls begangen werden[37]. Streitig ist, ob der **Versuch** eines Urkundendelikts ausreicht[38]. Eine an Wortlaut und Systematik orientierte Auslegung führt zu keinem eindeutigen Ergebnis. Denn einerseits schließt die Verweisung auf die Vorschriften im StGB die Versuchsstrafbarkeit mit ein, andererseits hat der Gesetzgeber bei Nr 1 den Versuch ausdrücklich erwähnt. Wenn der Täter durch seine Fälschungshandlung eine formungültige Verfügung hergestellt hat, liegt nicht nur Versuch, sondern Vollendung vor, weil das für § 267 StGB erforderliche Merkmal der Beweiseignung objektiv zu beurteilen und im weitesten Sinn zu verstehen ist[39]. Bei den übrig bleibenden Fällen erfordert der Zweck der Norm eine Einbeziehung des Versuchs nicht[40]. 16

Umstritten ist, ob der Unwürdigkeitsgrund auch dann vorliegt, wenn die Fälschung letztlich den wahren **Willen des Erblassers** zum Tragen bringt (und auch zu diesem Zweck vorgenommen wurde). Dafür spricht sich zu Recht die (jüngere) Rspr[41] und die überwM in der Lit aus[42]. Die aA[43] begünstigt Fälschungen, weil der Fälscher kein (erbrechtliches) Risiko eingeht. Hinzu kommt, dass der „wahre" Wille des Erblassers oft nicht zuverlässig feststellbar ist. Der Gesetzgeber hat die Ausnahmen für Unwürdigkeitsgründe in Abs 2 und in § 2343 normiert und bei Abs 1 Nr 4 gerade nicht auf die Ziele und Motive des Täters abgestellt. Wenn argumentiert wird, von einer Verfehlung gegen den Erblasser könne bei einem „einvernehmlichen" Handeln nicht gesprochen werden[44], so wird unterstellt, der Erblasser sei auch mit der Begehung von Straftaten zur Verwirklichung seines Willens einverstanden. Dem Erblasser kann aber auch daran gelegen sein, dass sein Erbe sich in jeder Hinsicht an die Regeln der Rechtsordnung hält. Das Vorliegen des Erbunwürdigkeitsgrundes kann daher allenfalls dann verneint werden, wenn die Anfertigung des Testaments durch den Täter mit dem ausdrücklichen Einverständnis des Erblassers erfolgt ist[45]. Freilich ist einzuräumen, dass die hier gebilligte Auffassung eine gewisse Nähe zur Lehre von der Erbunwürdigkeit als zivilrechtliche Strafe aufweist[46]. 17

---

[30] Mot V S 518 f.
[31] MünchKommBGB/*Helms* Rn 23; *Staudinger/Olshausen* Rn 40.
[32] MünchKommBGB/*Helms* Rn 25; AnwK-BGB/*Kroiß* Rn 9.
[33] Problematisch BGHZ 49, 155 = NJW 1968, 642; hierzu *Deubner* JuS 1968, 449.
[34] *Staudinger/Olshausen* Rn 36.
[35] OLG Stuttgart Rpfleger 1956, 160; OLG Düsseldorf OLGR 2001, 95; MünchKommBGB/*Helms* Rn 26; *Staudinger/Olshausen* Rn 42.
[36] BGHSt 19, 87 f.
[37] OLG Celle NdsRpfl 1972, 238, 239; *Erman/Schlüter* Rn 6.
[38] Dafür: *Palandt/Edenhofer* Rn 8; *v. Lübtow* II S 726; *Hempel* S 60 ff.
[39] *Tröndle/Fischer* § 267 StGB Rn 10.
[40] MünchKommBGB/*Helms* Rn 27; *Staudinger/Olshausen* Rn 49.
[41] BGH NJW 1970, 197, 198; OLG Celle NdsRpfl 1972, 238, 239; OLG Stuttgart ZEV 1999, 317 m Anm Kuchinke.
[42] *Staudinger/Olshausen* Rn 51; *Erman/Schlüter* Rn 6; *Palandt/Edenhofer* Rn 8; jurisPK/*Hau* Rn 9; AnwK-BGB/*Kroiß* Rn 12, der allerdings das Problem mit der Frage vermengt, ob der Versuch des Urkundendelikts ausreicht. Für krasse Einzelfälle will eine Mindermeinung (*Lange/Kuchinke* § 6 II 3; *Hempel* S 64) dem Täter gestatten, der Anfechtungsklage den Einwand des Rechtsmissbrauchs entgegenzuhalten.
[43] *Jauernig/Stürner* Rn 1; AK/*Teubner* Rn 19; *Brox* Rn 272; *Speckmann* JuS 1971, 235 und die ältere Rspr: RGZ 72, 207; 81, 413.
[44] MünchKommBGB/*Helms* Rn 13.
[45] So lag der Fall in den Entscheidungen RGZ 72, 207 und 81, 413.
[46] *Speckmann* JuS 1971, 235, 236.

IV. Ausnahmevorschrift des Abs 2

18 Nach der für Nr 3 und 4 des Abs 1 geltenden Ausnahmeregelung tritt keine Erbunwürdigkeit ein, wenn noch vor dem Tod des Erblassers die Verfügung, zu deren Errichtung der Erblasser bestimmt oder in Ansehung deren das Urkundendelikt begangen wurde, unwirksam geworden ist. Das Gleiche gilt, wenn die Verfügung, zu deren Aufhebung der Erblasser bestimmt worden ist, unwirksam geworden sein würde. Die mit zahlreichen Streitfragen belastete Bestimmung beruht auf der Erwägung, dass durch die Handlung des Täters hier keine Ungewissheit über den Willen des Erblassers geschaffen worden sei[47]. Sie ist **rechtspolitisch fragwürdig**, weil sie zu unbefriedigenden, von Zufällen abhängigen Ergebnissen führt[48].

19 Die nachträgliche (zwischen unlauterer Einwirkung und Erbfall eintretende) Unwirksamkeit kann etwa auf dem Vorversterben des Bedachten, der Aufhebung der Verfügung durch den Erblasser oder dem Eintritt (oder Ausfall) einer Bedingung beruhen. Bei einem gefälschten Testament kommt es darauf an, ob ein echtes Testament gleichen Inhalts unwirksam geworden wäre[49].

20 Der späteren Unwirksamkeit soll die **anfänglich bestehende** gleichstehen, denn auch in diesem Fall sei die Handlung des Täters nicht kausal für die Beeinträchtigung des Erblasserwillens geworden[50]. Da Nr 3 tatbestandsmäßig eine wirksame Verfügung voraussetzt (Rn 12), ist eine entspr Anwendung von Abs 2 von vornherein nicht denkbar. In den Fällen der Nr 4 (Urkundenfälschung) besteht für die Überschreitung des Wortlauts kein zwingender Grund. Die für diese Fälle erforderliche (abstrakte) Verdunklungsgefahr ist auch bei wegen Formverstoßes oder aus anderen Gründen von Anfang an unwirksamen Verfügungen gegeben[51].

§ 2340 Geltendmachung der Erbunwürdigkeit durch Anfechtung

(1) Die Erbunwürdigkeit wird durch Anfechtung des Erbschaftserwerbs geltend gemacht.

(2) ¹Die Anfechtung ist erst nach dem Anfall der Erbschaft zulässig. ²Einem Nacherben gegenüber kann die Anfechtung erfolgen, sobald die Erbschaft dem Vorerben angefallen ist.

(3) Die Anfechtung kann nur innerhalb der in § 2082 bestimmten Fristen erfolgen.

I. Geltendmachung durch Anfechtung

1 Erbunwürdigkeit tritt nicht kraft Gesetzes ein; der Erbunwürdige wird zunächst Erbe. Ob sich das Vorliegen eines Unwürdigkeitsgrundes überhaupt auswirkt, hängt vom Verhalten derjenigen ab, denen das Gesetz in § 2341 die Möglichkeit einräumt, gegen den Erbschaftserwerb des Erbunwürdigen vorzugehen. Diese können sich mit der Erbenstellung des Unwürdigen abfinden oder dessen Erbschaftserwerb anfechten (Abs 1). Die Anfechtung geschieht durch die Erhebung einer **Anfechtungsklage** (§ 2342) binnen Jahresfrist.

II. Maßgebender Zeitpunkt für die Anfechtung

2 Zulässig ist die Anfechtung erst **nach Anfall der Erbschaft** (Abs 2 S 1). Zur Vermeidung unnötiger Prozesse soll abgewartet werden, ob der Erbunwürdige überhaupt Erbe wird. Zu Lebzeiten des Erblassers kann daher auch keine Klage auf Feststellung der Erbunwürdigkeit erhoben werden[1]. Diese Einschränkung ist schon deshalb erforderlich, weil der Erblasser jederzeit noch verzeihen kann (§ 2343). Umstritten, aber wohl selten praktisch ist, ob eine Anfechtungsklage gleichzeitig gegen mehrere nacheinander berufene unwürdige Erben gerichtet werden kann (Beispiel: Vater und Sohn haben gemeinschaftlich den Großvater getötet). Die Meinung, die dies – gegen den Wortlaut des Abs 2 S 1 – aus „praktischen" Gründen bejaht[2], unterschätzt die Probleme, die auftreten, wenn die Klage gegen den Erstberufenen nicht durchdringt[3].

III. Anfechtung gegenüber Nacherben

3 Einem Nacherben gegenüber kann die Anfechtung trotz § 2139 (Anfall der Erbschaft mit Eintritt des Nacherbfalls) schon dann erfolgen, wenn die Erbschaft dem Vorerben angefallen ist (Abs 2 S 2). Die Regelung dient dem Schutz des Vorerben, der frühzeitig Klarheit darüber erhalten soll, ob er (als Vorerbe) Beschränkungen zugunsten des Nacherben unterliegt oder ob er Vollerbe geworden ist.

4 Eine analoge Anwendung des Abs 2 S 2 (dh Verzicht auf das Erfordernis des Anfalls der Erbschaft) wird für den (speziellen) Fall diskutiert, dass einem Erbunwürdigen ein Anfechtungsrecht nach §§ 2078, 2080 zusteht, er dieses jedoch nicht geltend macht, um zu vermeiden, dass als Folge der Anfechtung die

---

[47] Prot V S 642.
[48] *Lange/Kuchinke* § 6 II 2; *Bartholomeyczik* NJW 1955, 795.
[49] MünchKommBGB/*Helms* Rn 31; *Staudinger/Olshausen* Rn 53.
[50] *Soergel/Damrau* Rn 9; *Palandt/Edenhofer* Rn 7; *Brox* Rn 274.
[51] OLG Stuttgart ZEV 1999, 317; MünchKommBGB/*Helms* Rn 32; *Staudinger/Olshausen* Rn 56; *v. Lübtow* II S 728 f; *Lange/Kuchinke* § 6 II 2.
[1] *Staudinger/Olshausen* Rn 7.
[2] RGRK/*Kregel* Rn 2; MünchKommBGB/*Helms* Rn 2; *Palandt/Edenhofer* Rn 1; AK/*Teubner* Rn 3.
[3] Gegen eine Verbindung deshalb *Staudinger/Olshausen* Rn 8; *Soergel/Damrau* Rn 1; jurisPK/*Hau* Rn 3.

Erbschaft ihm anfällt und er sich damit einer Unwürdigkeitsklage aussetzt[4]. Einer analogen Anwendung des Abs 2 S 2 bedarf es hier indes nicht. Mit der hM im Schrifttum[5] kann dieser Fall über eine Ausweitung der Anfechtungsberechtigung nach § 2080 gelöst werden. Der nach der gesetzlichen Erbfolge nachberufene Erbe ist zum Kreis der Anfechtungsberechtigten zu zählen. Nach Anfechtung der letztwilligen Verfügung kann er die Erbunwürdigkeitsklage erheben.

IV. Anfechtungsfristen

Im Interesse der Rechtssicherheit muss die Anfechtung innerhalb Jahresfrist (Abs 3 iVm § 2082 Abs 1) geltend gemacht werden. Auf den Lauf der einjährigen Frist finden die für die Verjährung geltenden Vorschriften der §§ 206, 210, 211 über Hemmung und Ablaufhemmung Anwendung (Abs 3 iVm § 2082 Abs 2 S 2). Die Frist beginnt, wenn der Anfechtende **„zuverlässige" Kenntnis** vom Erbunwürdigkeitsgrund erlangt. Dazu zählt auch die **Beweisbarkeit des Anfechtungsgrundes**, weil die Anfechtung durch Klage mit Beweislastregeln erfolgt (allgM). Bei Testamentsfälschung genügt Kenntnis von der Fälschung und des Fälschers als Anfechtungsgegner aus einem Sachverständigengutachten[6]. Im Falle des § 2339 Abs 1 Nr 1 ist auch die Kenntnis der schuldbegründenden Merkmale erforderlich, da bei schuldlosem Verhalten eine Erbunwürdigkeit nicht in Betracht kommt[7]. Im Einzelfall kann der Abschluss des Strafverfahrens abgewartet werden[8]. Gegenüber einem erbunwürdigen Nacherben beginnt die Frist erst mit dem Anfall der Nacherbschaft[9]; dass die Anfechtung schon vorher geltend gemacht werden kann, hat auf den Fristbeginn keinen Einfluss. Ausgeschlossen ist die Anfechtung, wenn seit dem Erbfall 30 Jahre verstrichen sind (Abs 3 iVm § 2082 Abs 3).

5

§ 2341 Anfechtungsberechtigte

Anfechtungsberechtigt ist jeder, dem der Wegfall des Erbunwürdigen, sei es auch nur bei dem Wegfall eines anderen, zustatten kommt.

I. Anfechtungsberechtigung

Jeder, dem der Wegfall des Erbunwürdigen zustatten kommt, ist anfechtungsberechtigt. Anders als bei Anfechtung einer letztwilligen Verfügung (§ 2080 Abs 1) steht das Anfechtungsrecht auch mittelbar Betroffenen zu, die erst nach dem Wegfall anderer nächstbegünstigter Personen erben. Der Kreis der Anfechtungsberechtigten wurde deshalb so weit gezogen, weil auch der an späterer Stelle Berufene ein „besseres" Recht auf die Erbschaft hat als der Erbunwürdige, und die Geltendmachung der Erbunwürdigkeit nicht an der Rücksichtnahme, der Bequemlichkeit oder den unlauteren Motiven der zunächst Berufenen scheitern soll[1]. Es genügt die theoretische Möglichkeit, dass sich der Erbteil des Anfechtenden erhöht, wenn die an die Stelle des Anfechtungsgegners Tretenden die Erbschaft ausschlagen. Die gesetzlichen Erben des Anfechtungsberechtigten haben kein eigenes Anfechtungsrecht schon vor dessen Tod; sie würden durch die Anfechtung eine „nähere" Stellung zur Erbschaft erhalten[2].

1

Da der **Vorteil** in der **Erbenstellung** bestehen muss und andere Vermögensvorteile nicht ausreichen, sind zB Vermächtnisnehmer[3], Auflagenbegünstigte oder Gläubiger nicht anfechtungsberechtigt. Auch dem Testamentsvollstrecker fehlt die Anfechtungsbefugnis[4*]. Wer zugunsten des Erbunwürdigen durch einen Vertrag mit dem Erblasser auf sein Erbrecht verzichtet hat, besitzt ebenfalls kein Anfechtungsrecht[5*]. Dagegen kann der Staat als möglicher (letzter in Betracht kommender) Erbe immer anfechten. Der Erbunwürdige kann gegen einen anderen Erbunwürdigen solange Klage erheben, als er selbst nicht rechtskräftig für erbunwürdig erklärt worden ist[6*]. Von mehreren Anfechtungsberechtigten kann jeder unabhängig von den anderen das Anfechtungsrecht ausüben.

2

II. Vererblichkeit und Übertragbarkeit

Das Anfechtungsrecht ist **vererblich,** wobei die Frist, die für den verstorbenen Anfechtungsberechtigten begonnen hat, für den Erben weiterläuft[7*]. Das Anfechtungsrecht ist **weder übertragbar noch**

3

---

[4] Beispiel nach *Strohal* I § 60 III: Sohn S, der nächste gesetzliche Erbe des V, veranlasst diesen durch Drohungen, seine, des S, Ehefrau als Alleinerbin einzusetzen.
[5] *Staudinger/Olshausen* Rn 12 ff; *Soergel/Damrau* Rn 1; *Palandt/Edenhofer* § 2080 Rn 6; *Hempel* S 77 ff.
[6] BGH NJW 1989, 3214, 3215 mit Hinweis auf die vergleichbare Lage bei § 852.
[7] OLG Düsseldorf OLGR 2000, 181.
[8] Vgl auch OLG Koblenz OLGR 2004, 567.
[9] *Staudinger/Olshausen* Rn 19; *Gottwald* ZEV 2006, 489, 490.
[1] Prot V S 644.
[2] *Soergel/Damrau* Rn 2.
[3] Eine Ausnahme soll gelten, wenn die „nahe Gefahr einer Kürzung des Vermächtnisses besteht", so OLG Celle NdsRpfl 1972, 238; aA *Soergel/Damrau* Rn 1; *Brox* Rn 284.
[4*] *Staudinger/Olshausen* Rn 5.
[5*] *Staudinger/Olshausen* Rn 5; aA *Soergel/Damrau* Rn 1.
[6*] *RGRK/Kregel* Rn 1; *Lange/Kuchinke* § 6 III 3 a.
[7*] Da die Erben idR ein eigenes Anfechtungsrecht haben, wird die Frage selten praktisch.

pfändbar, auch kann seine Ausübung nicht einem Dritten überlassen werden. Denn es geht nicht nur um die vermögensrechtliche Zuordnung des Nachlasses, sondern um die Verschaffung der Erbenstellung[8].

§ 2342 Anfechtungsklage

(1) ¹Die Anfechtung erfolgt durch Erhebung der Anfechtungsklage. ²Die Klage ist darauf zu richten, dass der Erbe für erbunwürdig erklärt wird.
(2) Die Wirkung der Anfechtung tritt erst mit der Rechtskraft des Urteils ein.

I. Anfechtung durch Klageerhebung

1. Klageerhebung. Die Anfechtung kann nur durch eine Klage (auch Widerklage) geltend gemacht werden, nicht durch Einrede oder Geltendmachung im Erbscheinsverfahren[1]. Es handelt sich um eine **Gestaltungsklage**[2]. Aus dem Klageantrag muss deutlich werden, dass die Anfechtung wegen Erbunwürdigkeit erfolgt im Unterschied zur bloßen Anfechtung einer letztwilligen Verfügung. Im Prozess sind mehrere Anfechtungsberechtigte, die gemeinsam klagen, notwendige Streitgenossen (§ 62 ZPO), weil die Entscheidung ihnen gegenüber nur einheitlich ergehen kann. Beklagter ist der Erbe bzw. dessen Gesamtrechtsnachfolger. Gegen einen Einzelrechtsnachfolger, etwa einen Erbschaftskäufer (§ 2371) oder einen Erbteilserwerber (§ 2033), kann die Klage nicht gerichtet werden[3]. Die Erbunwürdigkeitsklage ist nicht dadurch ausgeschlossen, dass der Erbunwürdige die Erbschaft ausgeschlagen hat, weil die Ausschlagung ihrerseits zB durch Anfechtung wieder wegfallen kann[4]. Die Klageerhebung bedeutet nicht notwendig die Annahme der Erbschaft; der obsiegende Kläger kann demnach noch ausschlagen[5]. Ist der Erbe zugleich Pflichtteilsberechtigter oder Vermächtnisnehmer, ist in der Klageerhebung gegen ihn regelmäßig zugleich die Anfechtungserklärung nach § 2345 zu sehen[6].

Während der Dauer des Anfechtungsprozesses, uU schon bei dessen ernsthafter Ankündigung, können nach § 1960 nachlassgerichtliche Sicherungsmaßnahmen angeordnet werden[7].

2. Streitwert und Zuständigkeit. Der **Streitwert** richtet sich nach neuerer Rspr nach dem Wert der Nachlassbeteiligung des Beklagten[8*]. Diese bedenkliche Abweichung von dem das Streitwertrecht prägenden Grundsatz, wonach das „Klägerinteresse" entscheidet[9], wird damit begründet, dass ein Erfolg der Klage sich nicht nur auf die Verhältnisse des Klägers, sondern auch auf das Erbrecht des (möglicherweise erbunwürdigen) Beklagten auswirke. Sachlich ist je nach Streitwert das Amts- oder Landgericht **zuständig.** Für die örtliche Zuständigkeit besteht der **Gerichtsstand** des **§ 27 ZPO** neben dem allgemeinen Gerichtsstand, weil die Erbunwürdigkeitserklärung materiell die Feststellung des Erbrechts einschließt (allgM).

3. Weitere prozessuale Fragen. Für das Verfahren gilt die **Verhandlungsmaxime,** allerdings mit aus der Natur des Streitgegenstands folgenden Einschränkungen. Der Beklagte kann zwar gemäß § 307 ZPO anerkennen[10], auch ist im Falle der Säumnis ein Versäumnisurteil möglich; die Erbunwürdigkeit kann jedoch nicht im Wege des Vergleichs oder durch außergerichtliches Anerkenntnis in öffentlich beglaubigter Urkunde (§ 794 Abs 1 Nr 5 ZPO) festgestellt werden[11].

Die Anfechtungsklage kann verbunden werden mit der Herausgabeklage nach §§ 2018 ff[12] – ein Anwendungsfall der uneigentlichen Eventualhäufung. Materiell-rechtlich ist der Anspruch aus § 2018 zwar erst begründet, wenn die Erbunwürdigkeit rechtskräftig festgestellt ist, aus Gründen der Prozessökonomie ist jedoch eine Klageverbindung zuzulassen. Im Urteilstenor ist auf Herausgabe der Erbschaft nach Rechtskraft des Urteils zu erkennen[13].

---

[8] *Staudinger/Olshausen* Rn 7; *Erman/Schlüter* Rn 1.
[1] BayObLGZ 1973, 257; BayObLG FamRZ 2001, 319.
[2] AllgM; aA ohne nähere Begr nur RGRK/*Kregel* Rn 2: Feststellungsklage.
[3] *Staudinger/Olshausen* Rn 8; *Palandt/Edenhofer* Rn 1.
[4] KG FamRZ 1989, 675 = NJW-RR 1989, 455; *Erman/Schlüter* Rn 1; aA *Staudinger/Olshausen* § 2340 Rn 3; *Soergel/Damrau* Rn 4.
[5] MünchKommBGB/*Helms* Rn 1; *Soergel/Damrau* Rn 5.
[6] MünchKommBGB/*Helms* Rn 1; *Staudinger/Olshausen* 2345 Rn 9; RGRK/*Kregel* § 2345 Rn 1.
[7] BayObLG NJW-RR 2002, 1159; *Staudinger/Olshausen* Rn 5; MünchKommBGB/*Helms* Rn 4; aA *Soergel/Damrau* Rn 3.
[8*] BGH NJW 1970, 197; OLG Koblenz ZEV 1997, 252; *Soergel/Damrau* Rn 6; *Jauernig/Stürner* Rn 2. Beachtliche Argumente für das Festhalten an der früheren Rspr, die auf das Klägerinteresse abgestellt hat, zB BGH LM ZPO § 3 Nr 16, bei MünchKommBGB/*Helms* Rn 6 und *H. Roth* ZEV 1997, 252; s auch *Speckmann* MDR 1972, 905 ff.
[9] Hierzu *Stein/Jonas/Roth* § 3 Rn 45.
[10] LG Köln NJW 1977, 1783; *Palandt/Edenhofer* Rn 2; AnwK-BGB/*Kroiß* Rn 9; aA LG Aachen NJW-RR 1988, 263; *Blomeyer* MDR 1977, 674, 675; diff KG FamRZ 1989, 675.
[11] MünchKommBGB/*Helms* Rn 8 und *v. Lübtow* II S 741 folgern daraus die Geltung des Untersuchungsgrundsatzes; offen gelassen von OLG Zweibrücken FamRZ 1994, 1555, 1556.
[12] MünchKommBGB/*Helms* Rn 3; *Soergel/Damrau* Rn 2. Der Gesetzgeber hat die Frage bewusst offen gelassen, s Mot V S 523 f.
[13] MünchKommBGB/*Helms* Rn 3.

II. Wirkung des Urteils

Die Wirkung der Anfechtung tritt erst **mit Rechtskraft** des Gestaltungsurteils ein (§ 2342 Abs 2), 6
hat aber sachlich Rückwirkung gemäß § 2344. Die Wirkung des stattgebenden Urteils kommt allen
Anfechtungsberechtigten zugute[14], es verändert die materielle Rechtslage. Bei Klageabweisung gilt die
Rechtskraft nur inter partes, so dass ein anderer Berechtigter durch die Rechtskraft des Urteils nicht
gehindert ist, Anfechtungsklage zu erheben.

§ 2343 Verzeihung

Die Anfechtung ist ausgeschlossen, wenn der Erblasser dem Erbunwürdigen verziehen hat.

Zu Begriff und Voraussetzungen der **Verzeihung** vgl § 2337 Rn 1–3. Die Verzeihung widerlegt die 1
Vermutung, der Erblasserwille sei bei den in § 2339 aufgeführten Verfehlungen auf Enterbung des
„Täters" gerichtet. Sie setzt daher Kenntnis des Unwürdigkeitsgrundes, dh Kenntnis des Tatbestands
und des Unrechtsgehalts voraus[1], nicht erforderlich ist dagegen Kenntnis des Instituts der Erbunwürdigkeit oder der rechtlichen Folgen der Verzeihung, ja nicht einmal Kenntnis davon, dass der Unwürdige
zum Erben berufen ist[2]. Verzeihung kann auch stillschweigend erfolgen[3]. Eine „mutmaßliche" Verzeihung, da die Feststellung, dass der Erblasser bei Kenntnis verziehen hätte, genügt jedoch nicht[4]. Die
Beweislast trifft den, der sich auf Verzeihung beruft.
Auch ein **Verzicht** auf das Anfechtungsrecht ist möglich. Wird trotz des Verzichts Erbunwürdig- 2
keitsklage erhoben, macht der Verstoß gegen § 242 (venire contra factum proprium) die Klage
unzulässig[5]. Der Verzicht wirkt nur zwischen den an der Vereinbarung Beteiligten, anderen Berechtigten wird dadurch das Anfechtungsrecht nicht genommen.

§ 2344 Wirkung der Erbunwürdigerklärung

(1) Ist ein Erbe für erbunwürdig erklärt, so gilt der Anfall an ihn als nicht erfolgt.
(2) Die Erbschaft fällt demjenigen an, welcher berufen sein würde, wenn der Erbunwürdi-
ge zur Zeit des Erbfalls nicht gelebt hätte; der Anfall gilt als mit dem Eintritt des Erbfalls
erfolgt.

I. Rückwirkung auf den Erbfall

Die Wirkung der erfolgreichen Anfechtung wird, obwohl sie erst mit Rechtskraft des Urteils 1
eintritt (§ 2342 Abs 2) auf den Erbfall zurückbezogen. Wie bei der Ausschlagung (§ 1953 Abs 1)
wird der Unwürdige so behandelt, als sei er nie berufen worden. An seine Stelle tritt – ohne
Rücksicht darauf, wer das Erbunwürdigkeitsurteil erwirkt hat – derjenige, der berufen sein würde,
wenn der Erbunwürdige zum Zeitpunkt des Erbfalls nicht gelebt hätte (Abs 2). Das ist der gesetzliche
Erbe, der Anwachsungsberechtigte oder der Ersatzerbe. Dass darunter auch ein Abkömmling des
Unwürdigen sein und dieser so „auf Umwegen" doch noch zum Zuge kommen kann[1*], ist zwar
zutreffend, jedoch kein praktisch relevantes Problem und hinzunehmen. Ist der Nächstberufene
zwischen Erbfall und (rechtskräftiger) Erbunwürdigkeitserklärung verstorben, gilt die Erbschaft gleichwohl
als ihm angefallen. Auch der für unwürdig erklärte Nacherbe wird so behandelt, als habe er den
Erbfall nicht erlebt; eine Vererbung des Nacherbrechts nach § 2108 Abs 2 kommt daher nicht in
Betracht[2*]. Die in § 2344 Abs 1 angeordnete Wirkung lässt die infolge des Erbfalls durch Konfusion
erloschenen Rechte und Pflichten wieder aufleben. War bereits eine unbeschränkte Haftung für
Nachlassverbindlichkeiten eingetreten (etwa infolge Versäumung der Inventarfrist nach § 1994 Abs 1
S 2), so entfällt diese Wirkung wieder mit Wegfall des Erbunwürdigen. Für Nachlasserbenschulden
haftet weiterhin der Erbunwürdige. Bei der Berechnung des Pflichtteils wird der Unwürdige mitgezählt (§ 2310 S 1).

II. Folgen der Rückwirkung

1. Im Verhältnis zwischen Erbunwürdigem und dem an seiner Stelle Berufenen. Gegenüber 2
dem Erben haftet der Unwürdige nach **§§ 2018 ff**. Er ist zur Herausgabe verpflichtet, und er haftet als
bösgläubiger Erbschaftsbesitzer auf Schadensersatz (§§ 2023, 2024), da er auf Grund der begangenen

---

[14] BGH NJW 1970, 197.
[1] *Lange/Kuchinke* § 6 II 3.
[2] *MünchKommBGB/Helms* Rn 1; *Staudinger/Olshausen* Rn 2; aA v. *Lübtow* II S 741; *Lange/Kuchinke* § 6 II 3 Fn 40.
[3] OLG Karlsruhe FamRZ 1967, 691, 693 zu § 2337.
[4] *Soergel/Damrau* Rn 1; aA RGRK/*Kregel* Rn 2.
[5] *MünchKommBGB/Helms* Rn 2; aA – unbegründet – *Soergel/Damrau* Rn 2.
[1*] *Palandt/Edenhofer* Rn 1; *Lange/Kuchinke* § 6 I 2.
[2*] RGRK/*Kregel* Rn 1.

§ 2345

vorsätzlichen Verfehlung idR auch die Anfechtbarkeit seines Erbschaftserwerbs kennt[3]. Bei Vorliegen einer strafbaren Handlung (zB Testamentsfälschung, § 267 StGB) greifen die §§ 2025, 823 ff ein. Der Erbunwürdige kann nach §§ 2023 Abs 2, 994 Abs 2, 683 nur Ersatz der notwendigen Verwendungen verlangen. Außerdem belässt ihm § 2022 Abs 3 Ansprüche nach allgemeinen Vorschriften (zB § 812 oder § 1968), soweit er Aufwendungen hatte, die nicht auf einzelne Sachen bezogen sind (näher § 2022 Rn 10).

3   **2. Im Verhältnis zu Dritten.** Im Verhältnis zu Dritten hat der Erbunwürdige wegen der Rückwirkung der Anfechtung als **Nichtberechtigter** verfügt. Gutgläubige Dritte sind über §§ 932 ff, 892 f geschützt; §§ 935, 857 stehen nicht entgegen: Dem nächstberufenen Erben sind Nachlassgegenstände, über die der Erbunwürdige verfügt hat, nicht abhanden gekommen[4]. War dem Erbunwürdigen ein Erbschein ausgestellt, kommt Dritten der Schutz der §§ 2366, 2367 zugute. In analoger Anwendung des § 142 Abs 2 ist Bösgläubigkeit des Erwerbers anzunehmen, wenn dieser die Anfechtbarkeit wegen Erbunwürdigkeit kannte oder kennen musste[5].

4   Ein Schuldner wird bei **Leistung an den Erbunwürdigen** unter den Voraussetzungen des § 2367 frei. Streitig ist, ob sich der Schuldner darüber hinaus auf § 407 analog berufen kann, wenn er an den Erbunwürdigen geleistet hat. Diese Frage ist zu verneinen[6]. Das Argument, der Schuldner könne die Leistung nicht von der Vorlage eines Erbscheins abhängig machen, greift nicht durch. Bei Ungewissheit über die Erbunwürdigkeit steht ihm die Möglichkeit der Hinterlegung analog § 372 S 2 offen. Wird der Schuldner nicht befreit, kann er sich nach §§ 812, 819 Abs 1, 142 Abs 2 an den Erbunwürdigen halten.

5   § 1959 Abs 2, 3, die bei der Ausschlagung einen verstärkten Schutz Dritter vorsehen, können – trotz vergleichbarer Interessenlage – nach dem ausdrücklichen Willen des Gesetzgebers[7] nicht analog angewendet werden.

§ 2345 Vermächtnisunwürdigkeit; Pflichtteilsunwürdigkeit

(1) ¹Hat sich ein Vermächtnisnehmer einer der in § 2339 Abs. 1 bezeichneten Verfehlungen schuldig gemacht, so ist der Anspruch aus dem Vermächtnis anfechtbar. ²Die Vorschriften der §§ 2082, 2083, 2339 Abs. 2 und der §§ 2341, 2343 finden Anwendung.

(2) Das Gleiche gilt für einen Pflichtteilsanspruch, wenn der Pflichtteilsberechtigte sich einer solchen Verfehlung schuldig gemacht hat.

I. Normzweck

1   Wer erbunwürdig ist, soll auch keinen Anspruch auf ein Vermächtnis oder den Pflichtteil haben. Die **Vermächtnis- und Pflichtteilsunwürdigkeit** tritt aus den gleichen Gründen ein wie die Erbunwürdigkeit und erfasst die Fälle, in denen ein lediglich obligatorisch Berechtigter, nämlich ein Vermächtnisnehmer oder Pflichtteilsberechtigter, eine Verfehlung begangen hat, die bei einem Erben Erbunwürdigkeit begründen würde. Eine selbständige Bedeutung hat die Pflichtteilsunwürdigkeit nur dann, wenn der Unwürdige enterbt, ihm aber nicht der Pflichtteil entzogen wurde. Das BVerfG hat die Regelung über die Pflichtteilsunwürdigkeit in **Abs 2** für verfassungsmäßig erklärt[1].

II. Geltendmachung der Vermächtnis- und Pflichtteilsunwürdigkeit

2   Auch die Vermächtnis- und Pflichtteilsunwürdigkeit muss durch **Anfechtung** geltend gemacht werden. Allerdings erfolgt die Anfechtung hier nicht durch Klage – §§ 2342, 2344 sind in § 2345 Abs 1 S 2 nicht erwähnt –, sondern durch einfache formlose Anfechtungserklärung innerhalb der Frist des § 2082 durch den Anfechtungsberechtigten. Zur Anfechtungsberechtigung vgl § 2341 Rn 1; zum Fristbeginn vgl § 2340 Rn 4. Da die Anfechtung nicht im Wege der Klage geltend gemacht werden muss, kommt es für den Fristbeginn auf die Beweisbarkeit des Anfechtungsgrundes nicht an[2]. **Anfechtungsgegner** ist der Gläubiger des Anspruchs (Vermächtnisnehmer oder Pflichtteilsberechtigter), § 143 Abs 1, Abs 4 S 1. Dem Anfechtungsberechtigten steht ein Leistungsverweigerungsrecht zu (§ 2083). Die Einrede kann auch noch nach Ablauf der Anfechtungsfrist erhoben werden, wie sich aus § 2083 HS 2 ergibt.

III. Anfechtbare Ansprüche

3   Als anfechtbare Ansprüche kommen auch die gesetzlichen Vermächtnisse (Voraus, § 1932; Dreißigster, § 1969) und nicht vollzogene Schenkungen von Todes wegen (§ 2301 Abs 1) in Betracht (allgM), beim Pflichtteilsberechtigten auch der Pflichtteilsrest- (§§ 2305, 2307) und der Pflichtteilsergänzungs-

---

[3] *Staudinger/Olshausen* Rn 19; MünchKommBGB/*Helms* Rn 2 schlägt eine analoge Anwendung des § 142 Abs 2 vor.
[4] MünchKommBGB/*Helms* Rn 3; *Staudinger/Olshausen* Rn 20; *Lange/Kuchinke* § 6 IV 2; aA *Hempel* S 103.
[5] MünchKommBGB/*Helms* Rn 3; *v. Lübtow* II S 739; *Lange/Kuchinke* § 6 IV 2.
[6] Ebenso MünchKommBGB/*Helms* Rn 4; *Palandt/Edenhofer* Rn 3; bejahend *Staudinger/Olshausen* Rn 21; *Soergel/Damrau* Rn 3.
[7] Mot V S 602; dagegen *v. Lübtow* II S 740.
[1] NJW 2005, 1561, 1565.
[2] MünchKommBGB/*Helms* Rn 4; aA AK/*Teubner* Rn 9.

anspruch gegen den Erben (§ 2325) und den Beschenkten (§ 2329). Hat sich ein Auflagenbegünstigter einer der in § 2339 genannten Verfehlungen schuldig gemacht, bleibt nur die Anfechtung der Verfügung von Todes wegen nach § 2078[3]. Auch für eine Verfehlung des Vermächtnisnehmers gegen den Erben gilt § 2345 nicht[4].

IV. Wirkung der Anfechtung

Der Anspruch aus dem Vermächtnis oder der Pflichtteilsanspruch werden nach **§ 142 Abs 1** rückwirkend beseitigt. Ist ein Ersatzvermächtnisnehmer bestimmt (§ 2190), erwirbt dieser das Recht, während beim Vorhandensein von Mitvermächtnisnehmern eine Anwachsung des Anspruchs (§ 2158) stattfindet. Fehlt es an beidem, erlischt der Anspruch. Beim Pflichtteilsanspruch beseitigt die wirksame Anfechtung die Sperre des § 2309 für den Anspruch entfernterer Pflichtteilsberechtigter. Dies gilt aber nicht, wenn der Erbe erst nach Ablauf der Frist die Unwürdigkeit im Wege der Einrede geltend macht, weil durch die Erhebung der Einrede der Anspruch nicht erlischt[5]. Hat der Erbe den nach § 2345 anfechtbaren Anspruch schon erfüllt, richtet sich die Rückforderung nach den Vorschriften über die ungerechtfertigte Bereicherung (§§ 812 Abs 1 S 2, 813). Wegen § 142 Abs 2 sind die Voraussetzungen des § 819 stets gegeben.

4

---

[3] *Soergel/Damrau* Rn 1.
[4] BGH FamRZ 1962, 256, 257.
[5] MünchKommBGB/*Helms* Rn 8; *v.Lübtow* II S 745 f; aA RGRK/*Kregel* Rn 2; jurisPK/*Hau* Rn 5.

Abschnitt 7. Erbverzicht (§§ 2346–2352)

§ 2346 Wirkung des Erbverzichts, Beschränkungsmöglichkeit

(1) ¹Verwandte sowie der Ehegatte des Erblassers können durch Vertrag mit dem Erblasser auf ihr gesetzliches Erbrecht verzichten. ²Der Verzichtende ist von der gesetzlichen Erbfolge ausgeschlossen, wie wenn er zur Zeit des Erbfalls nicht mehr lebte; er hat kein Pflichtteilsrecht.

(2) Der Verzicht kann auf das Pflichtteilsrecht beschränkt werden.

Schrifttum zum Erb- und Pflichtteilsverzicht: *Bengel,* Die gerichtliche Kontrolle von Pflichtteilsverzichten, ZEV 2006, 192; *Coing,* Die Lehre vom teilweisen Erbverzicht, JZ 1960, 209; *Cremer,* Zur Zulässigkeit des gegenständlich beschränkten Pflichtteilsverzichtsvertrags, MittRhNotK 1978, 169; *Damrau,* Der Erbverzicht als Mittel zweckmäßiger Vorsorge für den Todesfall, 1966; *Degenhart,* Erbverzicht und Abfindungsvereinbarung, Rpfleger 1969, 145; *Edenfeld,* Die Stellung weichender Erben beim Erbverzicht, ZEV 1997, 134; *Frenz,* Einzelprobleme bei der Gestaltung von Pflichtteilsverzichten, FS 50 Jahre Deutsches Anwaltsinstitut, 2003, S 387; *Grziwotz,* Pflichtteilsverzicht und nachehelicher Unterhalt, FamRZ 1991, 1258 (mit Entgegnung *Dieckmann* FamRZ 1992, 633); *Jordan,* Der gegenständlich beschränkte Pflichtteilsverzicht, Rpfleger 1985, 7; *Kapfer,* Gerichtliche Inhaltskontrolle von Erb- und Pflichtteilsverzichtsverträgen? – zugleich Anmerkung zu einem Urteil des OLG München vom 25. 1. 2006, 15 U 4751/04 –, MittBayNot 2006, 385; *Keim,* Der stillschweigende Erbverzicht: sachgerechte Auslegung oder unzulässige Unterstellung?, ZEV 2001, 1; *Keller,* Die Form des Erbverzichts, ZEV 2005, 229; *Kuchinke,* Der Erbverzicht zugunsten eines Dritten, FS Kralik, 1986, S 451; *ders,* Zur Zulässigkeit des Erbverzichts mit Drittwirkung, ZEV 2000, 169; *Kupka-Göll,* Erbverzicht und Abfindung bei Störungen der vorweggenommenen Erbfolge, Diss Tübingen 2002; *Heinrich Lange,* Der entgeltliche Erbverzicht, FS Nottarp, 1961, S 119; *J. Mayer,* Wird der durch die Erbringung der Abfindungsleistung bedingt erklärte Erb- und Pflichtteilverzicht unwirksam, wenn der Erblasser vor Leistungserfüllung verstirbt?, MittBayNot 1985, 101; *ders,* Erfasst der Pflichtteilsverzicht auch Pflichtteilsvermächtnisse?, ZEV 1995, 41; *ders,* Der beschränkte Pflichtteilsverzicht, ZEV 2000, 263; *Pentz,* Nachehelicher Unterhalt trotz Pflichtteilsverzichts, FamRZ 1998, 1344; *ders,* Anfechtung eines Erbverzichts, MDR 1999, 785; *Quantius,* Die Aufhebung des Pflichtteilsverzichts, 2001; *Reul,* Erbverzicht, Pflichtteilsverzicht, Zuwendungsverzicht, MittRhNotK 1997, 373; *Rheinbay,* Erbverzicht – Abfindung – Pflichtteilsergänzung, Diss Frankfurt/M 1983; *Riering,* Der Erbverzicht im Internationalen Privatrecht, ZEV 1998, 248; *ders,* Der Erb- und Pflichtteilsverzicht im islamischen Rechtskreis, ZEV 1998, 445; *Schindler,* Pflichtteilsverzicht und Pflichtteilsverzichtsaufhebungsvertrag – oder: die enttäuschten Schlusserben, DNotZ 2004, 824; *Schopp,* Der „gegenständliche" Pflichtteilsverzicht, Rpfleger 1984, 175; *Schotten,* Das Kausalgeschäft zum Erbverzicht, DNotZ 1998, 163; *Speckmann,* Pflichtteilsverzicht als „Gegenleistung" in Abfindungsverträgen, NJW 1970, 117; *Wachter,* Inhaltskontrolle von Pflichtteilsverzichtsverträgen?, ZErb 2004, 238, 306; *Werner,* Vorzeitiger Erbausgleich oder Erbverzicht mit Abfindungsvereinbarung?, FS G. Otte, 2005, S 443; *Weirich,* Der gegenständlich beschränkte Pflichtteilsverzicht, DNotZ 1986, 5; *Wendt,* Unverzichtbares bei erbrechtlichen Verzichten, ZNotP 2006, 2; *Zellmann,* Dogmatik und Systematik des Erbverzichts und seiner Aufhebung im Rahmen der Lehre von den Verfügungen von Todes wegen, 1990.

Zum Zuwendungsverzicht: *Jackschath,* Der Zuwendungsverzichtsvertrag, MittRhNotK 1977, 117; *Kornexl,* Der Zuwendungsverzicht, 1999; *J. Mayer,* Zweckloser Zuwendungsverzicht?, ZEV 1996, 127; *Mittenzwei,* Die Aufhebung des Zuwendungsverzichts, ZEV 2004, 488; *Peter,* Anfechtung oder Zuwendungsverzicht, BWNotZ 1977, 113; *Schotten,* Die Erstreckung der Wirkung eines Zuwendungsverzichts auf die Abkömmlinge des Verzichtenden, ZEV 1997, 1; *Weidlich,* Gestaltungsalternativen zum zwecklosen Zuwendungsverzicht, ZEV 2007, 463.

Übersicht

	Rn		Rn
I. Normzweck, Abgrenzung	1	b) Auswirkungen auf den Erb- und Pflichtteil Dritter	22
II. Persönliche, zeitliche und sachliche Voraussetzungen	5	2. Wirkungen des bloßen Pflichtteilsverzichts (Abs 2)	24
1. Beteiligte des Erbverzichts	5	3. Verfahrensrecht	25
2. Zeitliche Grenzen	7		
3. Stillschweigender Erbverzicht, Auslegungsfragen	8	V. Das Kausalgeschäft; Abfindung, Leistungsstörungen	26
III. Gegenstand des Erbverzichts	9	1. Kausalgeschäft für den Erbverzicht	26
1. Allgemeines	9	2. Arten des Kausalgeschäfts	27
2. Beschränkung des Verzichts	11	a) Unentgeltlicher Erbverzicht	27
3. Pflichtteilsverzicht (Abs 2)	16	b) Abfindung für einen Erbverzicht	28
IV. Rechtswirkungen des Erbverzichts	18	3. Erbschaftsteuer	37
1. Wirkungen des umfassenden Erbverzichts	18	VI. Inhaltskontrolle von Erb- und Pflichtteilsverzichten	38
a) Wirkungen für den Verzichtenden	18		

I. Normzweck, Abgrenzung

Der Erbverzicht will dem Erblasser wieder ein Stück **Testierfreiheit** sichern[1]. Dadurch kann vor Eintritt des Erbfalls durch Vertrag zwischen dem künftigen Erblasser und den Verzichtenden die Erbfolge an die besonderen Verhältnisse des Einzelfalls angepasst werden[2], insbes durch Verzicht auf den sonst zwingend entstehenden Pflichtteil (Pflichtteilsverzicht nach Abs 2) oder durch Beseitigung einer Verfügung von Todes wegen mittels des Zuwendungsverzichts (§ 2352), etwa wenn infolge einer Geschäftsunfähigkeit des Erblassers oder einer eingetretenen erbrechtlichen Bindung ein Widerruf ausscheidet. 1

Der Erbverzicht ist wegen seines Objekts ein **erbrechtlicher Vertrag**[3], der zugleich ein **Verfügungsgeschäft** ist, weil damit unmittelbar der Berufungsgrund für die Erbschaft aufgehoben und der Verzichtende das subjektive Recht, Erbe, Pflichtteilsberechtigter oder Vermächtnisnehmer zu werden, nicht erwirbt. Er hindert also bereits das Entstehen dieser Rechte[4]. Da seine Wirkungen unabhängig von Bestehen und Wirksamkeit eines Grundgeschäfts eintreten, ist der Erbverzicht ein **abstraktes Rechtsgeschäft**[5] und daher auch kein gegenseitig verpflichtender Vertrag iS der §§ 320 ff[6]. Jedoch wird regelmäßig ein entsprechendes **Kausalgeschäft** (Grundgeschäft) vorhanden sein[7], besonders beim entgeltlichen Erbverzicht (Rn 28 ff, dort auch zur Kondizierbarkeit des Erbverzichts bei Wegfall des Verpflichtungsgrundes). Zudem ist **Gegenstand** des Verzichts nur eine „jetzige Erbchance", kein Anwartschafts- oder gar Vollrecht[8]. Daher ist ein während des Bezugs von **Sozialhilfe** erklärter unentgeltlicher Verzicht nicht sittenwidrig[9] oder nach dem **Anfechtungsgesetz** oder der **Insolvenzordnung** anfechtbar, wie sich auch aus der Wertung des § 83 Abs 1 InsO ergibt, wonach es dem Erben auch freistünde, eine vor oder während des Insolvenzverfahrens angefallene Erbschaft auszuschlagen[10]. Auch stellt er keinen Obliegenheitsverstoß iS des § 295 Abs 1 Nr 2 InsO[11] dar, der zum Verlust der Restschuldbefreiungsmöglichkeit führen würde. 2

Zugleich ist der Erbverzicht ein **Rechtsgeschäft unter Lebenden** auf den Todesfall und keine Verfügung von Todes wegen[12]. Daher erfolgt die Auslegung nach den §§ 133, 157, nicht § 2084[13], soweit nicht die Sonderbestimmung der § 2350 eingreift, die Beurkundung nach den §§ 119 ff[14], die Behandlung von Willensmängeln nach den §§ 116 ff[15]. Die Teilnichtigkeit beurteilt sich nach § 139[16]. Eine **Anfechtung** des Erbverzichts ist aber nur **zu Lebzeiten des Erblassers** zulässig, und zwar nicht nur deshalb, weil im Erbfall aus Gründen der Rechtssicherheit die Erbfolge feststehen muss, sondern auch wegen seiner Rechtsnatur (Rn 2), da er als abstraktes erbrechtliches Verfügungsgeschäft unter Lebenden auf den Todesfall die Rechtslage mit Eintritt des Erbfalls unmittelbar umgestaltet[17] und es – anders als bei der nach Eintritt des Erbfalls zulässigen Anfechtung nach §§ 2078, 2079 – auch nicht darum geht, post mortem noch dem Willen des Erblassers zur Geltung zu verhelfen[18]. In Betracht 3

---

[1] BGHZ 113, 393, 397 = NJW-RR 1991, 1610 zum wichtigsten Anwendungsfall, dem Pflichtteilsverzicht.
[2] Staudinger/Schotten Rn 3; MünchKommBGB/Strobel Rn 6.
[3] BGHZ 24, 372, 375 = NJW 1957, 1187, 1188; BayObLGZ 1995, 29, 32 = NJW-RR 1995, 648; Staudinger/Schotten Einl §§ 2346 ff Rn 17 mwN; MünchKommBGB/Strobel Rn 2.
[4] HM, Staudinger/Schotten Einl §§ 2346 ff Rn 17 mwN; MünchKommBGB/Strobel Rn 2; Lange/Kuchinke § 7 I 4 a; v. Lübtow I S 524, 532; aA nur Kornexl Zuwendungsverzicht Rn 82: negative Geltungsanordnung.
[5] BayObLGZ 37, 319, 327; 134, 152, 154; BayObLGZ 1995, 29, 32 = NJW-RR 1995, 648; BayObLG NJW-RR 2006, 372, 373 = MittBayNot 2006, 249 m abl Anm Damrau; PWW/Deppenkemper Rn 2; Staudinger/Schotten Einl §§ 2346 ff Rn 19 mwN; MünchKommBGB/Strobel Rn 3; aA Strohal I S 528.
[6] BayObLGZ 1995, 29, 32; Staudinger/Schotten Einl §§ 2346 ff Rn 19 mwN.
[7] Entgegen MünchKommBGB/Strobel Rn 3 muss das Grundgeschäft aber nicht vorausgehen, sondern kann – auch konkludent – in einer Urkunde enthalten sein.
[8] Lange/Kuchinke § 7 IV 1; Lange, FS Nottarp, S 119, 121 ff; Zellmann, Dogmatik und Systematik des Erbverzichts ..., S 148; aA v. Lübtow I S 524, II S 618 ff, der dem gesetzlichen oder testamentarischen Erben von einer rechtlich gesicherten Anwartschaft spricht, während v. Tuhr, Allgemeiner Teil, § 9 I S 185 f die Rechtsstellung derselben als Warterecht kennzeichnet; ausführlich zum Streitstand über das Objekt des Erbverzichts: Kornexl Rn 20 ff.
[9] Littig/J. Mayer, Sozialhilferegress Erben und Beschenkten, 1999, Rn 177; aA offenbar Köbl ZfSH/SGB 1990, 449, 459; unklar Frank BWNotZ 1983, 153, 161. Beim Erlass des bereits entstandenen Pflichtteilsanspruchs (§ 397) kann Sittenwidrigkeit vorliegen, da hier bereits ein Vermögensrecht besteht, VGH Mannheim NJW 1993, 2953, 2954.
[10] Eingehend Ivo ZErb 2003, 250, 253; jurisPK/Hau Rn 8; PWW/Deppenkemper Rn 2; Palandt/Edenhofer Überbl § 2346 Rn 5; v Lübtow I S 532; Lange, FS Nottarp, S 119, 127; Haegele BWNotZ 1971, 39, 162; zur Anfechtbarkeit nach der InsO Reul MittRhNotK 1997, 373, 374; Uhlenbruck § 83 InsO Rn 9; App Frankfurter Komm zur InsO § 83 Rn 8. MünchKommBGB/Strobel Rn 5; zum AnfG Huber § 1 AnfG Nr 26.
[11] Ivo ZErb 2003, 250, 253; Uhlenbruck/Vallender § 295 InsO Rn 35; Döbereiner, Die Restschuldbefreiung nach der InsO, 1997, S 167.
[12] HM, BayObLGZ 1981, 30, 34 = Rpfleger 1981, 305; Soergel/Damrau Rn 1; Staudinger/Schotten Einl §§ 2346 ff Rn 17 mwN; MünchKommBGB/Strobel Rn 4; Zellmann S 144 ff; aA Ebbecke Recht 1916, 333, 339.
[13] BayObLGZ 1995, 22; Lange/Kuchinke § 7 IV 3; MünchKommBGB/Strobel Rn 4.
[14] Zur Anfechtung nach § 123 OLG Koblenz NJW-RR 1993, 708. Anfechtungsberechtigt muss auch der Erblasser sein, MünchKommBGB/Strobel Rn 4; Lange/Kuchinke § 7 IV 3; aA Kipp/Coing § 82 IV.
[15] MünchKommBGB/Strobel Rn 4.
[16] BayObLGZ 1957, 292, 297; MünchKommBGB/Strobel Rn 4; Staudinger/Schotten Einl §§ 2346 ff Rn 21 mwN.
[17] Dagegen aber etwa Leipold ZEV 2006, 212.
[18] BayObLG NJW-RR 2006, 372 = MittBayNot 2006, 249 m abl Anm Damrau = ZEV 2006, 209 m krit Anm Leipold; OLG Koblenz NJW-RR 1993, 708, 709; OLG Schleswig NJW-RR 1997, 1092, 1093 = ZEV 1998, 28 m abl Anm Mankowski; OLG Celle NJW-RR 2003, 1450 = ZEV 2004, 156, 157 m abl Anm Damrau; OLG Düsseldorf

§ 2346

kommt jedoch im Einzelfall ein schuldrechtlicher Ausgleichsanspruch des arglistig getäuschten Verzichtenden[19]. Dabei kann auch der **Erblasser** zu seinen Lebzeiten den Erbverzicht nach §§ 119, 123 anfechten[20], denn ihm fehlt hierfür nicht das Rechtsschutzbedürfnis: Denn die Möglichkeit, dem Verzichtenden durch Verfügung von Todes wegen etwas zuzuwenden versagt dann, wenn der Erblasser gebunden ist, und zudem hat der Erbverzicht wegen § 2310 auch weitreichende Auswirkungen auf das Erb- und Pflichtteilsrecht anderer, die nur durch die Anfechtung beseitigt werden können.

4   Das Gesetz **unterscheidet** bei den §§ 2346 bis 2352 zwischen dem Verzicht auf das gesetzliche **Erbrecht** und auf das **Pflichtteilsrecht** (§ 2346) und dem Verzicht auf eine durch Verfügung von Todes wegen erfolgte **Zuwendung** (§ 2352, mit teilweiser Verweisung auf die Bestimmung des Erbverzichts). Für den Verzicht auf den Anteil eines Abkömmlings an der fortgesetzten Gütergemeinschaft vor deren Eintritt gilt § 1517.

II. Persönliche, zeitliche und sachliche Voraussetzungen

5   **1. Beteiligte des Erbverzichts.** Verzichtende können grds nur **Verwandte** des Erblassers oder sein **Ehegatte** sein. Aber auch für gleichgeschlechtliche, eingetragene **Lebenspartner** gelten nach § 10 Abs 7 LPartG die §§ 2346 bis 2352 entsprechend[21]. Dabei kommt es aber nicht darauf an, ob der Verzichtende nach den Verhältnissen bei Vertragsschluss konkret zur Erbfolge berufen wäre, so dass auch vor einer Adoption oder Eheschließung auf das dadurch erst entstehende Erbrecht verzichtet werden kann[22]. Der **Fiskus** kann aber nicht auf sein gesetzliches Erbrecht verzichten, da sonst das Ausschlagungsverbot des § 1942 Abs 2 umgangen würde[23]. Weder **güterrechtliche Beschränkungen**[24] noch ein laufendes Insolvenzverfahren[25] hindern den Verzichtenden an der selbstständigen Abgabe eines Erbverzichts.

6   Der Erbverzicht muss grds immer mit dem künftigen **Erblasser persönlich** abgeschlossen werden (§ 2347 Abs 2 S 1, einzige Ausnahme bei Geschäftsunfähigkeit, S 2). Verträge unter künftigen Erben sind nur nach Maßgabe des § 311 b Abs 5 (früher § 312 Abs 2) möglich und wirken nur schuldrechtlich.

7   **2. Zeitliche Grenzen.** Der Erbverzicht kann **nur zu Lebzeiten des Erblassers** geschlossen werden, da bei seinem Tod die eintretende Erbfolge feststehen muss (§ 2347 Rn 3; zur aufschiebenden Bedingung s Rn 14, 34)[26]. Danach sind nur noch Ausschlagung oder Erbschaft- oder Erbteilsübertragung (§ 2033) möglich, um sich von der Erbschaft zu befreien, beim Vermächtnis ein Erlassvertrag (§ 397); uU kommt aber eine entsprechende Umdeutung (§ 140) in Betracht[27]. Der BGH hat diese richtigen Grundsätze zu unreflektiert auf den **Pflichtteilsverzicht** übernommen[28]. Hier gebietet die erbrechtliche Formenstrenge und Klarheit nicht, dass der Pflichtteilsverzicht bereits bei Eintritt des Erbfalls wirksam ist, da Gegenstand desselben nur ein schuldrechtlicher Anspruch ist. Da das Pflichtteilsrecht die Quelle des späteren Pflichtteilsanspruchs ist[29], ist es nicht zutreffend, im Erbfall eine endgültige Zäsur zu sehen, die den Verzichtenden daran hinderte, ein Angebot zum Abschluss eines Pflichtteilsverzichts nach dem Tod des Erblassers anzunehmen, weil dann kein Pflichtteilsrecht, sondern nur noch ein Pflichtteilsanspruch bestehe. Zwischen beiden besteht kein „aliud"-Verhältnis. Zumindest ist das Angebot dahingehend auszulegen, dass es auch den Verzicht auf den Pflichtteilsanspruch umfasst (s auch § 2347 Rn 3)[30].

NJW 1998, 2607; AnwK-BGB/*Beck/Ullrich* Rn 2; MünchKommBGB/*Strobel* Rn 4; *Groll/Muscheler* B XV Rn 185; jurisPK/*Hau* Rn 8; ausf *Staudinger/Schotten* Rn 106; *Pentz* MDR 1999, 786, 787; offenlassend BGH NJW 1999, 789 = LM § 2352 Nr 5; aA *Soergel/Damrau* Rn 20; *ders* ZEV 2004, 157; *Michalski* Rn 458.
[19] OLG Koblenz NJW-RR 1993, 708, 709; jurisPK/*Hau* Rn 8.
[20] *Lange/Kuchinke* § 7 V 1 Fn 102; MünchKommBGB/*Strobel* Rn 4; *Staudinger/Schotten* Rn 107; *Groll/Muscheler* B XV Rn 186; jurisPK/*Hau* Rn 8; *Pentz* MDR 1999, 786, 787, der aber zu Unrecht nach dem Tod des Verzichtenden die Anfechtung verneint; aA *Palandt/Edenhofer* Überbl § 2346 Rn 7; *Kipp/Coing* § 82 IV; einschränkend *Soergel/Damrau* Rn 20.
[21] PWW/*Deppenkemper* Rn 3; dazu etwa *Schwab* FamRZ 2001, 385, 396; *v. Dickhuth-Harrach* FamRZ 2001, 1660, 1666; *Walter* FPR 2005, 279.
[22] OLG Hamm Rpfleger 1952, 89; MünchKommBGB/*Strobel* Rn 7; PWW/*Deppenkemper* Rn 3; *Staudinger/Schotten* Rn 6 mwN.
[23] AllgM, *Soergel/Damrau* Rn 6; MünchKommBGB/*Strobel* Rn 8.
[24] Der erbrechtliche Verzicht ist keine Verfügung iS von § 1365, für die Gütergemeinschaft ergibt sich dies arg e contrario aus §§ 1432, 1455, AnwK-BGB/*Beck/Ullrich* Rn 3; MünchKommBGB/*Strobel* Rn 8; *Staudinger/Schotten* Rn 8; *Damrau* Erbverzicht S 84 f.
[25] Arg § 83 InsO, AnwK-BGB/*Beck/Ullrich* Rn 3; MünchKommBGB/*Strobel* Rn 5; *Staudinger/Schotten* Rn 8; PWW/*Deppenkemper* Rn 3; *Uhlenbruck* § 83 InsO Rn 9.
[26] BGHZ 37, 319, 325 = NJW 1962, 1910; OLG Köln OLGZ 1975, 1 = Rpfleger 1975, 225; MünchKommBGB/*Strobel* Rn 10; *Staudinger/Schotten* Rn 19, der jedoch darauf abstellt, dass der Erbverzicht ein erbrechtliches Verfügungsgeschäft auf den Todesfall ist und daher nur bis dahin Wirkung entfalten kann.
[27] MünchKommBGB/*Strobel* Rn 10.
[28] BGHZ 134, 60, 63 ff = NJW 1997, 521 = LM Nr 3 m Anm *Reithmann* zu international privatrechtlichen Fragen.
[29] So bereits RGZ 92, 1, 2 ff.
[30] *J. Mayer* MittBayNot 1997, 85; iE ebenso *Muscheler* JZ 1997, 853, 855; *Reul* MittRhNotK 1997, 373, 382; *Siegmann* INF 1998, 561, 562 f; *Schubert* JR 1997, 426, der jedoch die genaue Prüfung des § 153 wegen des Fortbestands der Bindung verlangt; wie der BGH jedoch *Pentz* MDR 1998, 88 gegen *Muscheler*; *Staudinger/Schotten* Rn 31: Vertragspartner für den Erlassvertrag könnten nur die Erben als Pflichtteilsschuldner, nicht der Erblasser selbst sein, und wohl auch *Albrecht* DNotZ 1997, 425; offenlassend *Hohloch* JuS 1997, 353.

3. Stillschweigender Erbverzicht, Auslegungsfragen. Umstritten ist, ob der Erbverzicht nur 8
ausdrücklich erklärt werden kann oder sich zumindest aus dem Inhalt des Vertrags zuverlässig ergeben
muss, oder ob auch ein stillschweigender Erbverzicht möglich ist. Der BGH hat einen stillschweigenden
Erbverzicht in zwei Fällen bejaht: So hatten sich Ehegatten in einem Erbvertrag gegenseitig zu Erben
eingesetzt und eines ihrer Kinder, das Vertragspartner war, zum Schlusserben berufen. Der BGH ging
hier davon aus, dass – wenn nicht besondere Umstände entgegenstehen – der Schlusserbe nicht nur die
vertragsmäßigen Verfügungen annahm (§ 2278), sondern auch auf sein nach dem Tod des erstversterbenden Elternteils entstehendes Pflichtteilsrecht verzichtet hat[31]. Im zweiten Fall hatten die Ehegatten in einem zu notariellem Protokoll erklärten gemeinschaftlichen Testament jeweils ihre Kinder aus
erster Ehe zu Erben nach ihrem Ableben berufen. Auch hier wurde die stillschweigende Erklärung eines
Erb- oder Pflichtteilsverzichts bejaht, und zwar des überlebenden Ehegatten hinsichtlich des Nachlasses
des Erstversterbenden[32]. Diese Rspr wird im Schrifttum überwiegend kritisiert[33]. Werden jedoch die
Grundsätze der Andeutungstheorie und der ergänzenden Auslegung beachtet, so bestehen aus Gründen
des Formgebots und auch sonst (§ 2348) gegen diese Rspr keine Bedenken[34]. Und dem BGH ist
zuzustehen, dass die von den Ehegatten intendierte Nachlassplanung unvollkommen bliebe, würde
hier kein Verzicht angenommen. Zurückhaltender aber das BayObLG: Wenn ein Übernehmer eines
landwirtschaftlichen Anwesens sich mit allen Ansprüchen gegen den künftigen Nachlass seiner Eltern
für abgefunden erklärt, ausdrücklich aber nur auf sein Pflichtteilsrecht verzichtet, so enthält dies nicht
notwendig einen Erbverzicht[35].

III. Gegenstand des Erbverzichts

1. Allgemeines. Gegenstand des Erbverzichts nach § 2346 ist bei Fehlen einer abweichenden 9
Vereinbarung das gesetzliche Erbrecht des Verzichtenden, wie es ihm ohne den Verzicht nach dem
Erbfall zustehen würde, beim Alleinerben also der gesamte Nachlass, beim Miterben sein gesetzlicher
Erbteil, jeweils inklusive dem Pflichtteilsrecht[36]. Der Verzicht erfasst in seiner globalen Wirkung daher
alle mit dem **gesetzlichen Erbrecht verbundenen Ansprüche** und beschränkt sich nicht auf das
dem Verzichtenden zur Zeit des Vertragsschlusses zustehende hypothetische gesetzliche Erbrecht. Ereignisse, die zwischen dem Verzichtsvertrag und dem Erbfall eintreten, und die zu einer **Veränderung der
Größe der Erbquote** des Verzichtenden führen würden, sind ohne Einfluss auf die Wirksamkeit und
Reichweite des Verzichts[37]. Dies ergibt sich letztlich zwingend aus der von Abs 1 S 2 angeordneten
Vorversterbensfiktion. Anerkannt ist dies für den Fall der Veränderung der Erbquote durch Hinzukommen oder Wegfall eines anderen gesetzlichen Erben in diesem Zeitraum[38]. Gleiches muss aber auch bei
einer Veränderung der Erbquote infolge einer Änderung der **gesetzlichen Bestimmungen** gelten, zB
durch die Erhöhung des gesetzlichen Ehegattenerbteils nach § 1371 Abs 1 durch das Gleichberechtigungsgesetz[39]. Der Erbverzicht hat damit gleichsam eine dynamische Wirkung. Die daraus entstehenden
Schwierigkeiten sind jedoch kein Problem des abstrakt wirkenden Erbverzichts als Verfügungsgeschäft,
sondern betreffen primär das Grundgeschäft, insbes beim entgeltlichen Erbverzicht die Höhe der
vereinbarten Abfindung[40]. Dort können auch die Gründe eines Vertrauensschutzes des Verzichtenden
berücksichtigt werden, jedoch ist der **aleatorische Charakter** des Erbverzichts hier zu beachten. Zur
Auswirkung von Änderungen der Geschäftsgrundlage des Grundgeschäfts auf das Verfügungsgeschäft s
Rn 33.

Bei **nichtehelichen Kindern** und deren Vätern, denen bis zum Inkrafttreten des Erbrechtsgleich- 10
stellungsgesetzes am 1. 4. 1998 (Art 227 Abs 1 Nr 1 EGBGB) gegeneinander nur ein Erbersatzanspruch
zustand (§ 1934 a aF), konnte Gegenstand des Erbverzichts nicht nur der gesetzliche Erbteil, sondern

---

[31] BGHZ 22, 364 = NJW 1957, 422 = LM § 2348 Nr 1 = JR 1957, 339 m abl Anm *v. Lübtow*.
[32] BGH NJW 1977, 1728; ähnlich OLG Düsseldorf MittBayNot 1999, 574, 575 f = ZEV 2000, 32, LS.
[33] *Habermann* JuS 1979, 169; *Staudinger/Schotten* Rn 13 ff; *Soergel/Damrau* Rn 8; *MünchKommBGB/Strobel* § 2348 Rn 8; *Reul* MittRhNotK 1997, 373, 378; AK/*Teubner* Rn 3; *Ebenroth* Rn 356; *Leipold* Rn 408 Fn 5; anders aber RGRK/*Johannsen* Rn 10; *Jauernig/Stürner* Anm 1 c; *Keim* ZEV 2001, 1, 3 f; *Schlüter* Rn 402: auch das RG hatte eine ausdrückliche Verzichtserklärung verlangt, RG LZ 1932, 102 = HRR 1932 Nr 628 (vgl hin RGZ 118, 63, 66 allg zum Verzicht): Verzichte sind niemals zu vermuten! Ebenso jetzt OLG Hamm NJW-RR 1996, 906.
[34] Vgl *Lange/Kuchinke* § 7 I 4 d; *Keim* ZEV 2001, 1, 3 f; *Keller* ZEV 2005, 229, 230; PWW/*Deppenkemper* § 2348 Rn 2.
[35] BayObLGZ 1981, 30 = MDR 1981, 673; ähnlich BayObLG MDR 1984, 403; AgrarR 1983, 220: Abfindungserklärung hinsichtlich der „Muttergutsansprüche".
[36] MünchKommBGB/*Strobel* Rn 11.
[37] *Staudinger/Schotten* Rn 20; inzident auch MünchKommBGB/*Strobel* Rn 31, 33; *Soergel/Damrau* Rn 14: für Erbteilserhöhung nach § 1935.
[38] *Soergel/Damrau* Rn 14; MünchKommBGB/*Strobel* Rn 31; RGRK/*Johannsen* Rn 15; *Erman/Schlüter* Rn 8; eingehend *Staudinger/Schotten* Rn 22.
[39] *Staudinger/Schotten* Rn 23; MünchKommBGB/*Strobel* Rn 33: für Zugewinngemeinschaft; RGRK/*Johannsen* Rn 25; *Schramm* BWNotZ 1966, 18, 20. Die Gegenansicht wendet dagegen ein, dass solche Veränderungen auch Auswirkungen auf den Umfang des Erbverzichts haben müssen: Die Verkleinerung der Erbquote soll zum Wegfall der Geschäftsgrundlage führen, bei Vergrößerung der Erbverzicht sich nur auf den ursprünglichen Bruchteil beziehen, vgl *Staudinger/Ferid/Cieslar*, 12. Aufl 1981, Rn 32, 105 ff; *Soergel/Damrau* Rn 21: unter dem Gesichtspunkt der Abfindung; zweifelnd *Staudinger/J. Mayer* 1997 Art 217 EGBGB Rn 7.
[40] Vgl zu einem anderen Fall der rechtlichen Fehleinschätzung BGHZ 134, 152, 156 f = NJW 1997, 653, bei dem der Verlust der Abfindungsansprüche nach § 13 HöfeO offenbar verkannt wurde; auch *Soergel/Damrau* Rn 21 erwähnt dementsprechend die Abfindungshöhe als maßgeblichen Gesichtspunkt für seine Ansicht.

auch der bloße Erbersatzanspruch sein[41]. Ein hierauf beschränkter Verzicht wurde mit Inkrafttreten des Erbrechtsgleichstellungsgesetzes gegenstandslos. Ob er in einen Erbverzicht umgedeutet werden kann (§ 140), hängt von den Umständen des Einzelfalls ab, ist aber dann ausgeschlossen, wenn damals das gesetzliche Erbrecht ausdrücklich vorbehalten wurde[42].

11 2. **Beschränkung des Verzichts.** Eine Beschränkung des Erbverzichts durch Parteivereinbarung ist grds möglich; hierfür spricht bereits Abs 2 und das Fehlen eines dem § 1950 entsprechenden Verbots[43]. Dadurch darf jedoch keine Rechtslage geschaffen werden, die zwingenden Vorschriften des Erbrechts widerspricht[44]. Da Gegenstand des Verzichts das gesetzliche Erbrecht als solches ist, kann eine **gegenständliche Beschränkung** daher nur in der Art erfolgen, dass auf einen **Bruchteil des gesetzlichen Erbrechts** verzichtet wird (etwa auf die Hälfte des gesetzlichen Erbteils beschränkt). **Unzulässig** ist es jedoch wegen des Grundsatzes der Universalsukzession, dass der Erbverzicht auf bestimmte Nachlassgegenstände oder Inbegriffe derselben beschränkt wird (Wohnhaus in x-Stadt) oder auf den „gegenwärtigen Nachlass"[45]. Jedoch kann ein unzulässiger gegenständlich beschränkter Erbverzicht in einen Bruchteilsverzicht umgedeutet werden, wobei für die Bestimmung des Bruchteils das Verhältnis aus dem vom Verzicht erfassten Gegenstand zum Gesamtnachlass zu bilden ist[46].

12 Ein isolierter Verzicht des **Hoferben** auf sein Hoferbrecht nach der HöfeO unter Aufrechterhaltung seines gesetzlichen Erbrechts im Übrigen ist möglich; umgekehrt kann der Erbverzicht auf das hoffreie Vermögen beschränkt werden[47]. Denn es handelt sich hier um eine erbrechtliche Sondererbfolge, die zu einer Nachlassspaltung und damit zu rechtlich getrennten Dispositionsobjekten führt. Umgekehrt umfasst ein unbeschränkter Erbverzicht auch Abfindungsansprüche nach § 13 HöfeO[48]. Soweit es bei Fällen mit **Auslandsberührung** zu einer Nachlassspaltung kommt (etwa infolge einer Rechtswahl nach Art 25 Abs 2 EGBGB), kann der Erbverzicht – soweit überhaupt zulässig – hinsichtlich jedes zur Anwendung kommenden Nachlasses gesondert erklärt werden[49].

13 Ein isolierter Verzicht auf den **Voraus** oder den **Dreißigsten** (§§ 1932, 1969) ist nach hM nicht möglich, da diese gesetzlichen Vermächtnisse in §§ 2346, 2352 nicht erwähnt werden[50]; Gleiches gilt für den Ausbildungsanspruch der Stiefabkömmlinge nach § 1371 Abs 4 (eingehend § 1371 Rn 54), der zumindest teilweise güterrechtlicher Art ist[51].

14 Der Erbverzicht kann auch **befristet**[52] oder **bedingt**[53] erklärt werden (arg § 2350). Ob eine Bedingung oder Befristung erklärt wurde, ist notfalls durch Auslegung (nach §§ 133, 157) zu ermitteln[54]. Der Bedingungseintritt kann ebenso wie der Anfangs- oder Endtermin auch noch nach dem Erbfall eintreten[55]. Bei einer aufschiebenden Bedingung oder Befristung ist der Verzichtende bis zum Eintritt der Bedingung oder des Termins als (konstruktiver) Vorerbe anzusehen, bei einer auflösenden Bedingung oder Befristung bis zur Beseitigung der Ungewissheit oder Eintritt des Endtermins als Nacherbe[56]. Auch beim **Pflichtteilsverzicht** ist der Eintritt der **aufschiebenden Bedingung** oder Befristung **noch nach dem Erbfall** möglich: Zwar besteht dann kein Pflichtteilsrecht mehr, sondern nur ein Pflichtteilsanspruch; jedoch ist das Pflichtteilsrecht die Quelle des hieraus resultierenden Anspruchs; zwischen beiden besteht kein „aliud-Verhältnis", so dass der erklärte Verzicht auf das

---

[41] Zu Einzelheiten MünchKommBGB/*Strobel* Rn 12 und eingehend *Staudinger/Schotten* Rn 38 ff.
[42] *Palandt/Edenhofer* Rn 3.
[43] RGZ 71, 133, 136; MünchKommBGB/*Strobel* Rn 13 mwN; gegen jede Beschränkung des Erbverzichts *Harrer* ZBlFG 15, 11.
[44] MünchKommBGB/*Strobel* Rn 13; RGRK/*Johannsen* Rn 22.
[45] KG JFG 15, 98 Nr 31 = JW 1937, 1735; *Staudinger/Schotten* Rn 41; MünchKommBGB/*Strobel* Rn 14; *Lange/Kuchinke* § 7 II 2 c.
[46] KG JFG 15, 98 Nr 31; *Staudinger/Schotten* Rn 41; MünchKommBGB/*Strobel* Rn 15; für Umdeutung in eine verbindliche Verpflichtung bei Erbauseinandersetzung *Brox* Rn 286; *Weirich* DNotZ 1986, 5, 10.
[47] BGH LM HöfeO § 7 Nr 4 = NJW 1952, 103; OLG Oldenburg FamRZ 1998, 645 je für Beschränkung auf hoffreies Vermögen; allgM, vgl etwa *Soergel/Damrau* Rn 13; MünchKommBGB/*Strobel* Rn 18; *Wöhrmann*, Das Landwirtschaftserbrecht, 7. Aufl, § 5 HöfeO Rn 12.
[48] BGHZ 134, 152, 153 ff = NJW 1997, 653 = LM Nr 4 m zust Anm *Harder* = JZ 1998, 143 m Anm *Kuchinke* = m Anm *Edenfeld* ZEV 1997, 69.
[49] Zur beschränkten Wirkung in diesen Fällen *Staudinger/Schotten* Einl §§ 2346 ff Rn 40; zur Bestimmung des anwendbaren Rechts (erbrechtliche Qualifizierung) *Riering* ZEV 1998, 248; *Staudinger/Dörner* Art 25 EGBGB Rn 373.
[50] *Groll/Muscheler* B XV Rn 81; MünchKommBGB/*Strobel* Rn 17; *Damrau* Erbverzicht S 91; *Erman/Schlüter* Rn 8; *Schlüter* Rn 397; *J. Mayer* ZEV 1996, 127; aA *Staudinger/Schotten* Rn 43 f; *Lange/Kuchinke* § 7 II 2 c Fn 52; *Soergel/Damrau* Rn 11 unter Betonung des praktischen Bedürfnisses und in Analogie zu § 2352.
[51] PWW/*Deppenkemper* Rn 8; *Soergel/Damrau* Rn 17; *Staudinger/Thiele* § 1371 Rn 135 mwN; aA *Staudinger/Schotten* Rn 45; RGRK/*Finke* § 1371 Rn 68.
[52] *Coing* JZ 1960, 209, 210 f; MünchKommBGB/*Strobel* Rn 15; *Staudinger/Schotten* Rn 55; *Palandt/Edenhofer* Überbl § 2346 Rn 7.
[53] BGHZ 37, 319, 327 = NJW 1962, 1910; BayObLGZ 1957, 292, 294 = NJW 1958, 344; BayObLGZ 1995, 29, 32 = NJW-RR 1995, 648; OLG Frankfurt DNotZ 1952, 488; *Staudinger/Schotten* Rn 54; MünchKommBGB/*Strobel* Rn 15; *J. Mayer* MittBayNot 1985, 101.
[54] BayObLGZ 1995, 29, 32.
[55] BayObLGZ 1957, 292, 294; 1995, 29, 32: Vermächtniserfüllung nach Erbfall; *J. Mayer* MittBayNot 1985, 101; MünchKommBGB/*Strobel* Rn 15; *Soergel/Damrau* Rn 12; *Palandt/Edenhofer* Überbl § 2346 Rn 7; *Staudinger/Schotten* Rn 54 mwN; aA *Staudinger/Ferid/Cieslar*, 12. Aufl 1981, Einl § 2346 Rn 89; *Lange*, FS Nottarp, S 119, 123.
[56] BayObLGZ 1957, 292, 300; *J. Mayer* MittBayNot 1985, 101, 102.

Pflichtteilsrecht auch den Pflichtteilsanspruch erfasst[57]. Aber auch wenn man dem BGH (Rn 7 mwN) folgt, drohen für die Praxis aus einem aufschiebend bedingten Pflichtteilsverzicht keine unüberwindlichen Gefahren: Zwar wirkt nach dem Konzept des BGB ein Bedingungseintritt nicht dinglich wirksam auf den Erbfall zurück; jedoch verpflichtet § 159 die Vertragsteile zumindest auf Grund des Kausalgeschäfts (Rn 26 ff), sich gegenseitig dann so zu stellen, wie wenn diese Wirkungen bereits mit dem Erbfall eingetreten wären. Sie müssen daher (rückwirkend) den (bereits entstandenen) Pflichtteilsanspruch nach § 397 erlassen. Der Unterschied zu dem vom BGH entschiedenen Fall beim Versterben des Erblassers vor Annahme des Verzichtsvertrags liegt darin, dass beim bedingten oder befristeten Verzicht bereits ein wirksamer Vertrag vorliegt.

Durch einen Erbverzicht kann sich der Verzichtende auch **Beschränkungen** (zB Anordnung einer Testamentsvollstreckung, Einsetzung eines Nacherben) oder Beschwerungen (mit Vermächtnis, Auflagen) **unterwerfen**[58]. Dadurch werden die Beschränkungen oder Beschwerungen aber noch nicht selbst angeordnet, sondern dem Erblasser nur die Befugnis hierzu mittels einer gesonderten Verfügung von Todes wegen eröffnet[59]. Praktische Bedeutung erlangt diese Möglichkeit bei bindenden Verfügungen von Todes wegen, also im Zusammenhang mit einem Zuwendungsverzicht (§ 2352 Rn 5) oder wenn der Verzichtende pflichtteilsberechtigt ist: Dann gilt **§ 2306** auf Grund des Verzichts nicht[60]. Verzichtet werden kann auch auf mögliche Ausgleichungsrechte nach den §§ 2050 ff[61]; soweit nachträglich eine in den Pflichtteil eingreifende Ausgleichungs- oder Anrechnungspflicht (§§ 2315, 2316) getroffen wird, bedarf es hierfür eines Pflichtteilsverzichts[62]. Möglich ist auch ein **Erbverzicht unter Vorbehalt des Pflichtteilsrechts**[63], jedoch hat dieser keine praktische Bedeutung.

3. Pflichtteilsverzicht (Abs 2). Der Pflichtteilsverzicht ist eine zulässige Beschränkung des Erbverzichts. Darin liegt die eigentliche praktische Bedeutung des Erbverzichts, da der Pflichtteil einseitig nur unter den sehr engen Voraussetzungen der §§ 2333 ff entzogen werden kann[64]. Ein Pflichtteilsverzicht bewirkt, dass von Anfang an keine Pflichtteilsansprüche des Verzichtenden mehr entstehen. Sofern nichts anderes vereinbart ist, umfasst dieser Verzicht:
– den **Pflichtteilsrestanspruch** nach den §§ 2305, 2307[65];
– den **Pflichtteilsergänzungsanspruch** nach §§ 2325 ff[66], auch wenn dies ein außerordentlicher Pflichtteilsanspruch ist (§ 2325 Rn 2).

Er schließt zugleich die **Berufung** auf die Rechte nach § 2306 (Rn 15) und nach den §§ 2318 Abs 2, 2319 und 2328 **aus**[67].

Da der Pflichtteilsanspruch ein reiner Geldanspruch ist (§ 2303 Abs 1 S 2), ist eine **Beschränkung** des Verzichts in jeder Weise möglich, in die auf eine Geldforderung verzichtet werden kann. Daher kann Gegenstand eines beschränkten Pflichtteilsverzichts sein[68]:
– ein Verzicht auf einen **Bruchteil** des ideellen Pflichtteils;
– der **Pflichtteilsrestanspruch** nach den §§ 2305, 2307;
– der **Pflichtteilsergänzungsanspruch** nach §§ 2325 ff, was aber den Ausgleichspflichtteil (§ 2316), der auch durch die lebzeitige Zuwendung entstehen kann, unberührt lässt und daher vermieden werden sollte; zugleich wird damit zwingend der Umfang des Leistungsverweigerungsrechts des § 2328 um die Höhe Pflichtteilsergänzungsanspruchs, auf den verzichtet wird, reduziert[69]; beim entgeltlichen Pflichtteilsverzicht verbleibt jedoch entsprechend dem Rechtsgedanken des § 2328 dem Zuwendungsempfänger wenigstens die Abfindung in Höhe seines Gesamtpflichtteils (§ 2329 Rn 13);
– ein sog **gegenständlich beschränkter Pflichtteilsverzicht,** dass ein bestimmter Nachlassgegenstand oder ein Inbegriff derselben (etwa ein bestimmter Betrieb) bei der späteren Berechnung des Pflichtteilsanspruchs wertmäßig als nicht zum Nachlass gehörend anzusehen ist. Dies ist nach ganz hM zulässig[70] und eine in der Praxis äußerst wichtige Gestaltung, gerade zur Sicherung der Unterneh-

---

[57] *J. Mayer* MittBayNot 1997, 85; *Muscheler* JZ 1997, 853; das Gegenteil lässt sich aber uU aus BGHZ 134, 60 = NJW 1997, 521 herleiten.
[58] MünchKommBGB/*Strobel* Rn 16; *Staudinger/Schotten* Rn 46; *Soergel/Damrau* Rn 9.
[59] MünchKommBGB/*Strobel* Rn 16; *Staudinger/Schotten* Rn 46; *Lange/Kuchinke* § 7 II Fn 52.
[60] MünchKommBGB/*Strobel* Rn 16; RGRK/*Johannsen* Rn 23.
[61] *Soergel/Damrau* Rn 9.
[62] RGZ 71, 133, 136.
[63] BayObLGZ 1981, 30, 33 = Rpfleger 1981, 305; BayObLG AgrarR 1983, 220; *Staudinger/Schotten* Rn 34 mwN.
[64] *Soergel/Damrau* Rn 10.
[65] *Staudinger/Schotten* Rn 30; *Nieder* Handbuch Rn 1144; *Schlüter* Rn 395; MünchKommBGB/*Strobel* Rn 19 Fn 47 für § 2305.
[66] *Staudinger/Schotten* Rn 30; *Nieder* Handbuch Rn 1144; *Schlüter* Rn 395; *Wiesner* MittBayNot 1972, 106, 110; *Palandt/Edenhofer* Rn 5.
[67] *Nieder* Handbuch Rn 1144; *Schramm* BWNotZ 1966, 31.
[68] Vgl auch jurisPK/*Hau* Rn 23; PWW/*Deppenkemper* Rn 7; *Staudinger/Schotten* Rn 48 ff; MünchKommBGB/*Strobel* Rn 20; *Soergel/Damrau* Rn 10; Formulierungsvorschläge bei *J. Mayer* ZEV 2000, 263.
[69] Demgegenüber ist ein bloßes „Vorbehalten" der Einrede des § 2328 ohne einen materiell bestehenden Pflichtteil, der dadurch verteidigt werden könnte, nicht möglich, anders aber *Tanck* ZErb 2001, 194, 196.
[70] *Weirich* DNotZ 1986, 5, 11; *Fette* NJW 1970, 743; MünchKommBGB/*Strobel* Rn 20; *Soergel/Damrau* Rn 10; *Damrau* Erbverzicht S 67 ff; *Staudinger/Schotten* Rn 50 mwN; *Frenz* FS DAI, 2003, S 387, 391 f; unklar *Schopp* Rpfleger 1984, 175 ff; Formulierung bei Münchener Vertragshandbuch/*Nieder* Bürgerliches Recht VI/2 Form XVIII 1.

§ 2346

mensnachfolge, insbes bei der vorweggenommenen Erbfolge[71]. Aber auch bei eheverträglichen Vereinbarungen über die Modifizierung der Zugewinngemeinschaft (§ 1408 Rn 59) muss oftmals ergänzend hierzu auch ein beschränkter Pflichtteilsverzicht vereinbart werden, insbes um einen güterrechtlichen Zugewinnausgleich im Erbfall nach § 1371 Abs 3 auszuschließen[72]. Jedoch ist gerade anlässlich solcher vorsorgender Vereinbarungen eine klare Abgrenzung des Umfangs des Pflichtteilsverzichts erforderlich, und zwar auch bezüglich der Nachlassverbindlichkeiten, die das vom Pflichtteil ausgenommene Vermögen betreffen[73], um Manipulationsmöglichkeiten und Rechtsstreitigkeiten zu vermeiden;
- die Festlegung eines bestimmten **Bewertungsverfahrens** für den Pflichtteil, etwa dass eine Gesellschaftsbeteiligung nur zum Buchwert anzusetzen ist[74]. § 2311 Abs 2 S 2 steht dem nicht entgegen, da dieser nur einseitige Festlegungen durch den Erblasser verbietet[75];
- die Beschränkung auf einen bestimmten **Höchstbetrag;**
- auf die **Hinnahme von Beschränkungen** und Beschwerungen iS von § 2306, wodurch bewirkt wird, dass § 2306 nicht gilt[76];
- eine nachträgliche **Anrechnung** einer bislang nicht anrechnungspflichtigen Zuwendung auf den Pflichtteil[77] oder die Begründung einer Anrechnungspflicht für die von einem Dritten stammende Zuwendung[78];
- Vereinbarung über die **Stundung** oder die Ratenzahlung des späteren Pflichtteilsanspruchs[79];
- **Herausnahme** bislang **ausgleichspflichtiger Zuwendungen** (§ 2316) an andere Abkömmlinge aus der Pflichtteilsberechnung[80].

IV. Rechtswirkungen des Erbverzichts

18   **1. Wirkungen des umfassenden Erbverzichts. a) Wirkungen für den Verzichtenden.** Bereits **mit Abschluss** des Verzichtsvertrags ist dieser als Rechtsgeschäft unter Lebenden bindend. Der vertragliche Vorbehalt eines Widerrufsrechts oder **Rücktritts** ist mit der abstrakten Rechtsnatur des Verfügungsgeschäfts nicht vereinbar[81]. Bei Eintritt des Erbfalls bestimmt Abs 1 S 2 für den **Verzichtenden,** dass dieser von der **gesetzlichen Erbfolge** so ausgeschlossen ist, wie wenn er zur Zeit des Erbfalls nicht mehr lebte. Diese **Vorversterbensfiktion** ähnelt anderen Bestimmungen (§§ 1953 Abs 2, 2344 Abs 2); während diese aber das Erbrecht „ex tunc" beseitigen, verhindert der Erbverzicht bereits die Berufung des Verzichtenden von vornherein, so dass er ein Recht, Erbe zu werden, erst gar nicht erwirbt[82]. Der Erbverzicht mit seiner Vorversterbensfiktion bezieht sich aber immer nur und ausschließlich auf den Erbfall, der durch den Tod derjenigen Person eintritt, mit welcher der Verzichtende den Vertrag geschlossen hat[83]. Daher beseitigt ein Erbverzicht gegenüber dem Vater nur das Erbrecht des Verzichtenden als Erbe erster Ordnung (§ 1924), nicht aber als ein solches zweiter Ordnung (§ 1925), so dass der Verzichtende beim Tod von (halb- oder vollbürtigen) Geschwistern insoweit noch erbberechtigt bleibt[84].

19   In **persönlicher Hinsicht** erstreckt sich beim Verzicht eines Abkömmlings oder eines Seitenverwandten des Erblassers der Verzicht auch auf die **Abkömmlinge des Verzichtenden,** sofern nicht etwas anderes bestimmt wird (§ 2349).

20   In **sachlicher Hinsicht** bezieht sich der Erbverzicht nur auf das **gesetzliche Erbrecht** des Verzichtenden, erstreckt sich aber auch auf Erhöhung desselben, der durch den Wegfall eines anderen Miterben nach § 1935 eintritt. Erfasst werden auch Nachabfindungsansprüche nach § 13 HöfeO (Rn 12). Bei einem Pflichtteilsberechtigten umfasst der Erbverzicht auch das **Pflichtteilsrecht,** sofern dieses nicht ausdrücklich vorbehalten wurde. Der Verzicht auf das gesetzliche Erbrecht erfasst jedoch nicht eine dem Verzichtenden durch Verfügung von Todes wegen gemachte Zuwendung (Erbeinsetzung, Vermächtnis)[85]. Jedoch kann im Einzelfall die Auslegung ergeben, dass der Verzicht auch eine Zuwendung durch Verfügung von Todes wegen erfasst und somit auch ein Zuwendungsverzicht (§ 2352) ist[86]. Der gegenüber dem Erblasser von einem Abkömmling abgegebene Erbverzicht ver-

---

[71] *Ebenroth/Fuhrmann* BB 1989, 2049, 2051.
[72] *Reimann,* FS Schippel, 1996, S 301, 309; *Ch Winkler* ZErb 2005, 360.
[73] *J. Mayer* ZEV 2000, 263, 264; krit dagegen *Frenz* FS DAI, 2003, S 387, 392.
[74] *Weirich* DNotZ 1986, 5, 11; *Staudinger/Schotten* Rn 50; *Soergel/Damrau* Rn 10.
[75] So ganz hM, *Nieder* Handbuch Rn 878; *Jordan* Rpfleger 1985, 7; *Staudinger/Schotten* Rn 50 mwN; dies verkennt *Schopp* Rpfleger 1984, 175, 176, 178.
[76] Vgl OLG Dresden OLGE 34, 315; MünchKommBGB/*Strobel* Rn 15, 20; *Staudinger/Schotten* Rn 52 mwN.
[77] RGZ 71, 133, 136; *Damrau* Erbverzicht S 56.
[78] *Soergel/Damrau* Rn 10; *Mohr* ZEV 1999, 257, 259 m Formulierungsbeispiel.
[79] *Damrau* BB 1970, 467, 469; *Weirich* DNotZ 1986, 5, 11; *Haegele* Rpfleger 1968, 247, 250.
[80] *J. Mayer* ZEV 1996, 441, 443 m Formulierungsvorschlag.
[81] BayObLGZ 1957, 292, 294; jedoch ist eine Umdeutung (§ 140) in auflösende Bedingung möglich. Ein Rücktrittsrecht ist jedoch bezüglich des Grundgeschäfts möglich.
[82] BayObLGZ 1995, 29, 32 = NJW-RR 1995, 648; *Larenz* JherJb 81 (1931), 1, 5; *v. Lübtow* I S 532.
[83] OLG Frankfurt FamRZ 1995, 1450, 1451; *Erman/Schlüter* Rn 2; MünchKommBGB/*Strobel* Rn 9; *Soergel/Damrau* Rn 9; *Staudinger/Schotten* Rn 26.
[84] BayObLG FamRZ 2005, 1781, 1582.
[85] BGHZ 30, 261, 267.
[86] BGH DNotZ 1972, 500; OLG Frankfurt OLGZ 1994, 201 = MittBayNot 1994, 237 m Anm *Winkler.*

hindert nicht, dass der Verzichtende beim Tode eines nachversterbenden Geschwisters als dessen gesetzlicher Erbe doch noch etwas (mittelbar) aus dem Nachlass des Erblassers erbt[87].

Verzichtet ein **Ehegatte** gegenüber dem anderen auf seinen gesetzlichen Erbteil, so entfallen damit auch die Ansprüche nach §§ 1932 (Voraus), 1969 (Dreißigster)[88]. Lebten die Ehegatten in **Zugewinngemeinschaft**, so beinhaltet der Erbverzicht nicht zugleich einen Verzicht auf den güterrechtlichen Zugewinnausgleich nach § 1371 Abs 2[89], wohl aber den auf den erhöhten Erbteil nach § 1371 Abs 1. Einen rechnerischen Zugewinnausgleich nach § 1371 Abs 2 kann der betroffene Ehegatte jedoch nur geltend machen, wenn er weder Erbe noch Vermächtnisnehmer wird; hierzu ist gegebenenfalls die Ausschlagung einer solchen Zuwendung erforderlich. Auch dadurch erlangt er aber wegen des Erbverzichts keinen Pflichtteilsanspruch mehr (§ 1371 Abs 3, 2. HS). Hat er beim Erbverzicht jedoch den **Pflichtteil vorbehalten**, so kann er neben dem rechnerischen Zugewinnausgleich den kleinen Pflichtteil verlangen; wurde er zu einem kleineren Teil Erbe oder Vermächtnisnehmer, als seinem Pflichtteil entspricht, kann er zusätzlich eine Pflichtteilsrestanspruch verlangen (§§ 2305, 2307)[90]. Umstritten ist, ob ein vorbehaltloser Erb- oder Pflichtteilsverzicht auch den **nachehelichen Unterhaltsanspruch** im Fall des Todes des Unterhaltsverpflichteten nach §§ 1586 b, 1933 S 3 erfasst. Die hM bejaht dies, wenn beim Erbverzicht nicht der Pflichtteil ausdrücklich vorbehalten bleibt[91]. Entgegen der hM haben Erb- und Pflichtteilsverzicht jedoch keinerlei Auswirkungen auf den Unterhaltsanspruch nach § 1586 b. Die Vorschrift enthält keinen erbrechtlichen, sondern einen rein unterhaltsrechtlichen Anspruch, zumal auch ein Verzicht nach der Scheidung kein Pflichtteilsanspruch mehr besteht. Lediglich zur Bemessung des Haftungsrahmens des Unterhaltsanspruchs wird hier auf die Höhe eines fiktiven Pflichtteils verwiesen; dies ist aber eine rein „gegriffene Größe" zur Berechnung, die auch nach einem solchen Verzicht möglich ist. Auch aus den Gesetzesmaterialien ergibt sich keine Verknüpfung von Pflichtteilsverzicht und Verlust des Unterhaltsanspruchs[92].

b) Auswirkungen auf den Erb- und Pflichtteil Dritter. Durch die von Abs 1 S 2 angeordnete **Vorversterbensfiktion** bewirkt der Erbverzicht eine unmittelbare Änderung der gesetzlichen Erbfolge. Dadurch kann – je nach der Konstellation der gesetzlichen Erbfolge – die Erbquote anderer erhöht, aber uU sogar erst ein gesetzliches Erbrecht anderer begründet werden. Der Erbverzicht hat aber auch Auswirkungen auf die **Pflichtteilsquote** anderer. Denn nach § 2310 S 2 wird bei deren Berechnung derjenige nicht mitgezählt, der durch einen Erbverzicht von der gesetzlichen Erbfolge ausgeschlossen wurde. Dadurch **vergrößert** sich idR die Pflichtteilsquote der anderen Pflichtteilsberechtigten[93], ja es kann sogar der Erbverzicht sogar erst das Pflichtteilsrecht einer anderen Person begründen[94]. Auch bei ausgleichspflichtigen Vorempfängen bleibt der Verzichtende bei der Berechnung des **Ausgleichspflichtteils** außer Betracht (§ 2316 Abs 1 S 2)[95], was ebenfalls zur Erhöhung der Pflichtteilsbelastung führen kann. All dies ist meist nicht gewollt (Haftungsgefahr[96]). Daher ist es im Regelfall angezeigt, auf den **Erbverzicht zu verzichten** und stattdessen Pflichtteilsverzichte mit entsprechenden Verfügungen von Todes wegen zu vereinbaren[97].

Zu den Besonderheiten, die bei Erbverzichten im Zusammenhang mit **nichtehelichen Kindern** bis zum Inkrafttreten des Erbrechtsgleichstellungsgesetzes zu beachten waren s Rn 10[98].

2. Wirkungen des bloßen Pflichtteilsverzichts (Abs 2). Ein auf den Pflichtteil beschränkter Verzicht bewirkt, dass der gesetzliche Anspruch auf den Pflichtteil nicht entsteht[99]. Zur Reichweite im Einzelnen s Rn 16. Dagegen bleibt das **gesetzliche Erbrecht** des Verzichtenden **unberührt**[100]. Bei der Berechnung der Pflichtteilsberechtigten (§ 2310) und der Ausgleichspflicht (§ 2316) wird er mit-

---

[87] OLG Frankfurt NJW-RR 1996, 838.
[88] MünchKommBGB/*Strobel* Rn 31; Palandt/*Edenhofer* Rn 4; aA für § 1969 Soergel/*Damrau* Rn 16.
[89] Staudinger/*Schotten* Rn 69; Soergel/*Damrau* Rn 16; *Nieder* Handbuch Rn 1142; Lange/*Kuchinke* § 7 II 5.
[90] Eingehend Soergel/*Damrau* Rn 16.
[91] *Dieckmann* NJW 1980, 2777; *ders* FamRZ 1992, 633, 634 f; *ders* FamRZ 1999, 1029; MünchKommBGB/*Maurer* § 1586 b Rn 2; Soergel/*Häberle* § 1586 b Rn 1; Palandt/*Brudermüller* § 1586 b Rn 8; Gernhuber/*Coester-Waltjen* § 30 Rn 185 Fn 360; PWW/*Deppenkemper* Rn 9; Soergel/*Stein* § 1933 Rn 13; MünchKommBGB/*Leipold* § 1933 Rn 16; Palandt/*Edenhofer* § 1933 Rn 9; Staudinger/*Werner* § 1933 Rn 14; Wendl/*Pauling* § 4 Rn 60; in diese Richtung auch BGH NJW 2001, 828 = ZEV 2001, 113 m Anm *Frenz,* wo der Zusammenhang zwischen Unterhalt und erbrechtlicher Mindestbeteiligung betont wird; aA *Bergschneider* FamRZ 2003, 1049, 1057; *Büttner/Niepmann* NJW 2000, 2547, 2552; *Groll/Muscheler* B XV Rn 51; *Grziwotz* FamRZ 1991, 1258; *Schwab/Borth,* Handbuch des Scheidungsrechts, IV Rn 1250; Staudinger/*Schotten* Rn 66 f; *Reimann,* FS Schippel, 1996, S 301, 307; *Pentz* FamRZ 1998, 1344; *Klingelhöffer* ZEV 1999, 13; *H. W. Schmitz* FamRZ 1999, 1569; wohl auch *Frenz* MittRhNotK 1995, 227, 228; zu Gestaltungsüberlegungen anlässlich solcher Verzichte *Frenz* ZEV 1997, 450, 451; offenlassend *Schindler* FamRZ 2004, 1011; AnwK-BGB/*Beck/Ullrich* Rn 21; zur Problematik auch *Sarres* FamRB 2003, 200.
[92] Eingehend *Pentz* FamRZ 1998, 1344.
[93] AllgM, Soergel/*Dieckmann* § 2310 Rn 11 mwN.
[94] Vgl den instruktiven Fall OLG Celle ZEV 1998, 433 m Anm *J. Mayer,* bei dem durch den Erbverzicht der Abkömmlinge erst der Pflichtteil der Mutter entstand.
[95] MünchKommBGB/*Strobel* Rn 32.
[96] BGH DNotZ 1991, 539, 540.
[97] Staudinger/*Schotten* Rn 63; *Damrau* Erbverzicht S 46; *Wirner* MittBayNot 1984, 13; *Thoma* ZEV 2003, 278, 280; jurisPK/*Hau* Rn 14.
[98] Vgl auch MünchKommBGB/*Strobel* Rn 34; Soergel/*Damrau* Rn 18 f.
[99] MünchKommBGB/*Strobel* Rn 19; Staudinger/*Schotten* Rn 74.
[100] AllgM, BayObLGZ 1981, 30, 33; Soergel/*Damrau* Rn 15.

§ 2346   Buch 5. Abschnitt 7. Erbverzicht

gezählt[101], was einen erheblichen **Vorteil** gegenüber dem Erbverzicht darstellt, da der Verzicht nicht den anderen Abkömmlingen in vielleicht unliebsamer Weise zugute kommt (Rn 22). Daher ist der Pflichtteilsverzicht dem Erbverzicht idR vorzuziehen[102], schließt den Verzichtenden jedoch erst dann von der gesetzlichen Erbfolge aus, wenn der Erblasser entsprechend abweichend testiert oder im Wege der vorweggenommenen Erbfolge sein übriges Vermögen überträgt[103]. Bei einem entgeltlichen Pflichtteilsverzicht kann eine sonst eintretende Doppelbegünstigung des Verzichtenden auch durch eine **Ausgleichungsanordnung** nach § 2050 Abs 3 vermieden oder zumindest gemindert werden[104], die allerdings wieder den Pflichtteil der anderen Abkömmlinge nach § 2316 erhöht und zwar idR irreparabel (§ 2316 Rn 17). Zur Auswirkung auf den **Unterhaltsanspruch** nach § 1586b s oben Rn 21.

25 **3. Verfahrensrecht.** Im Verfahren über die Erteilung eines Erbscheins hat das Nachlassgericht über die Wirksamkeit eines Erbverzichts als Vorfrage (§ 12 FGG) inzident zu entscheiden[105].

V. Das Kausalgeschäft; Abfindung, Leistungsstörungen

26 **1. Kausalgeschäft für den Erbverzicht.** Der Erbverzicht ist ein Verfügungsgeschäft (Rn 2). Als solcher bedarf er wie andere Verfügungsgeschäfte eines schuldrechtlichen Kausalgeschäfts, um kondiktionsfest zu sein[106]. Die frühere Auffassung, dass der Erbverzicht seine Rechtfertigung in sich trage[107], ist überholt[108]. Auch wenn ein solches Kausalgeschäft im Gesetz nicht vorgesehen ist, ergibt sich doch seine Zulässigkeit aus der Vertragsfreiheit[109]. Auch § 2302 steht dem nicht entgegen, da der Erbverzicht ein Rechtsgeschäft unter Lebenden ist[110]. Das Kausalgeschäft bedarf analog § 2348 regelmäßig der notariellen Beurkundung (vgl § 2348 Rn 3, zur Heilung dort Rn 5). Je nach Art des Kausalgeschäfts ist zu unterscheiden:

27 **2. Arten des Kausalgeschäfts. a) Unentgeltlicher Erbverzicht.** Auch hier besteht ein Grundgeschäft. Es ist ein einseitig verpflichtender unentgeltlicher Vertrag, in dem sich der Verzichtende verpflichtet, ganz oder teilweise auf sein zukünftiges Erbrecht zu verzichten. Er ist keine Schenkung, arg § 517 (Rn 2); zudem bewirkt er keine unmittelbare Vermögensminderung des Verzichtenden und eine daraus korrespondierende Bereicherung des Erblassers[111]. Er ist ein Rechtsgeschäft „sui generis"[112].

28 **b) Abfindung für einen Erbverzicht.** Häufig wird ein Erb- oder Pflichtteilsverzicht gegen eine Abfindung erklärt (sog entgeltlicher Erb- oder Pflichtteilsverzicht). Die Verknüpfung zwischen beiden kann synallagmatisch, kausal oder konditional erfolgen.

29 **aa) Synallagma zwischen Verzicht und Abfindung.** Meist liegt dem Verzicht ein schuldrechtliches Rechtsgeschäft zu Grunde, das den Verzichtenden zur Abgabe der Verzichtserklärung, den Erblasser zur Erbringung der Abfindungsleistung verpflichtet[113]. Dabei handelt es sich um einen **gegenseitigen Vertrag**, auf den die §§ 320 ff bei Auftreten von **Leistungsstörungen** anzuwenden sind[114]. Dabei muss der Erblasser – anders als beim verfügenden Erbverzicht – nicht persönlich den Verpflichtungsvertrag abschließen[115]. Auf Grund dieser Verpflichtung kann jeder Vertragsteil Klage auf Erfüllung erheben; hinsichtlich der Verzichtserklärung gilt § 894 ZPO.

30 Verstirbt der Erblasser oder der zur Abgabe des Verzichts Verpflichtete vor Abgabe der Verzichtserklärung, so tritt eine **nachträgliche Unmöglichkeit** (§ 275 Abs 1) ein, da der Verzicht nur zu

---

[101] MünchKommBGB/*Strobel* Rn 19; *Lange/Kuchinke* § 37 Fn 201; *Staudinger/Schotten* Rn 77 mwN; diff *Rheinbay* S 158 ff; jurisPK/*Hau* Rn 18.
[102] *Thoma* ZEV 2003, 278, 279 f; jurisPK/*Hau* Rn 14, 18.
[103] Anschaulich zu den Gefahren, wenn solche Regelungen unterbleiben, *Reimann* ZEV 1997, 129, 132; *Frenz* ZNotP 2001, 48, 49 f; Belehrungsvorschlag hierzu *Reul* MittRhNotK 1997, 373, 378; zu anderen unliebsamen Folgen des Pflichtteilsverzichts *J. Mayer* ZEV 2007, 556.
[104] Nicht erwähnt bei jurisPK/*Hau* Rn 18.
[105] BayObLGZ 1995, 29, 32 = NJW-RR 1995, 648.
[106] BGHZ 134, 152 = NJW 1997, 653 (Landwirtschaftssenat); BGHZ 37, 319, 327 f = NJW 1962, 1910; BayObLGZ 1995, 29, 32 = NJW-RR 1995, 648; AnwK-BGB/*Beck/Ullrich* Rn 24; *Groll/Muscheler* B XV Rn 116; MünchKommBGB/*Strobel* Rn 3, 22; *Lange/Kuchinke* § 7 I 4 a; RGRK/*Johannsen* Rn 2; *Palandt/Edenhofer* Überbl § 2346 Rn 10; *Nieder* Handbuch Rn 1153; *Staudinger/Schotten* Rn 115 mwN; eingehend *Schotten* DNotZ 1998, 163, 165 der fordert, dass dem Erbverzicht immer ein Kausalgeschäft zu Grunde liegen müsse; einschränkend *Keller* ZEV 2005, 229, wonach ein Kausalgeschäft zu Grunde liegen kann.
[107] So etwa *Planck/Greiff* Vor § 2346 Anm 4; *Strohal* I S 528 Fn 6.
[108] Vertreten wird dies noch von *v. Lübtow* I S 534 und neuerdings von *Kornexl* Rn 236 ff, der den Erbverzicht als negative Geltungsanordnung sieht und daher bereits die Einordnung als Verfügungsgeschäft ablehnt.
[109] *Lange*, FS Nottarp, S 119, 127; *Kollhosser* AcP 194 (1994), 231, 256; *Staudinger/Schotten* Rn 116.
[110] BGHZ 37, 321, 328; *Lange/Kuchinke* § 7 V Fn 117; *Staudinger/Schotten* Rn 116 mwN.
[111] MünchKommBGB/*Strobel* Rn 5; *Soergel/Damrau* Rn 1; *Staudinger/Schotten* Rn 121; *Lange/Kuchinke* § 7 I Fn 20; *v Lübtow* I S 532; *Reul* MittRhNotK 1997, 373, 380; *Staudinger/Wimmer-Leonhardt* § 517 Rn 6; vgl auch BGHZ 113, 393 = NJW-RR 1991, 1610.
[112] *Keller* ZEV 2005, 229, 232; *Staudinger/Schotten* Rn 121; ebenso *v. Lübtow* I S 532, jedoch von einem anderen Ansatz aus.
[113] BGHZ 37, 321, 327 f; BayObLGZ 1995, 29, 32 = NJW-RR 1995, 648.
[114] AnwK-BGB/*Beck/Ullrich* Rn 26; MünchKommBGB/*Strobel* Rn 22; *Soergel/Damrau* Rn 3; *Lange/Kuchinke* § 7 V 2 c; *Staudinger/Schotten* Rn 122, 162 mwN; eingehend zu den Auswirkungen des SMG *J. Mayer* in: *Dauner-Lieb/Konzen/K. Schmidt*, Das neue Schuldrecht in der Praxis, 2002, S 699, 718 f; *Krug*, SchRModG und Erbrecht, 2002, Rn 234 ff.
[115] BGHZ 37, 321, 327; MünchKommBGB/*Strobel* Rn 22.

Lebzeiten des Erblassers erklärt werden kann[116]. Bereits geleistete Abfindungen können nach §§ 326 Abs 4, 346 bis 348 vom Erben zurückgefordert werden; der Anspruch auf Leistung der noch nicht erbrachten Abfindung erlischt (§ 326 Abs 1 S 1 HS 1)[117]. Ansonsten besteht bei **Nicht- oder Schlechterfüllung**, insbes wenn die Abfindungsleistung nicht erbracht wird, ein **Rücktrittsrecht** nach § 323 nF, früher § 326[118]; daneben kann auch noch **Schadensersatz** verlangt werden (§ 325), wenn die entsprechenden Voraussetzungen dafür vorliegen. Bei Verletzung einer nicht leistungsbezogenen Nebenpflicht iS von § 241 Abs 2 ergibt sich das Rücktrittsrecht aus § 324[119]. Verletzt der Erblasser seine vertraglichen Verpflichtungen, wird teilweise eine Beschränkung auf Vorsatz und grobe Fahrlässigkeit angenommen, etwa analog § 521[120], was aber verkennt, dass hier – ebenso wie bei anderen Verträgen – auf die Vertragstreue des Vertragspartners vertraut wird[121]. Die Rückabwicklung erfordert bei bereits erklärtem Verzicht dessen **Aufhebung** nach § 2351. Jedoch ist nach dem Tod des Erblassers und nach Ansicht des BGH[122] auch nach dem Tod des Verzichtenden eine solche Aufhebung nicht mehr möglich. Teilweise wird dann auch dem Verzichtenden ein Wertersatzanspruch nach § 818 Abs 2 zugebilligt[123]. Nach Eintritt des Erbfalls kann auch wegen eines **Wegfalls der Geschäftsgrundlage** (oder nach § 812 Abs 1 S 2) die Aufhebung des Erb- und Zuwendungsverzichts nicht mehr gefordert werden[124].

Die **Nichtigkeit** des Grundgeschäfts (etwa nach § 138 oder wegen einer Anfechtung, § 142) wird oftmals auch das Erfüllungsgeschäft erfassen, sog Fehleridentität[125]. Dann ist der bereits erklärte Verzicht nichtig. Ist **nur das Grundgeschäft nichtig,** so gilt: Bereits geleistete Abfindungen kann der Erblasser nach § 812 Abs 1 S 1 zurückfordern[126]. Umgekehrt kann der Verzichtende vom Erblasser – aber nur zu dessen Lebzeiten – nach der gleichen Rechtsgrundlage die Aufhebung des bereits erklärten Verzichts gemäß § 2351 verlangen. Denn durch den erklärten Verzicht auf den Pflichtteil oder auf eine erbrechtlich bindend gemachte Zuwendung hat der Erblasser ein Stück **Testierfreiheit,** und damit „etwas" iS des § 812 Abs 1, auf Kosten des Verzichtenden erlangt. Aber auch wenn beim Erbverzicht das Pflichtteilsrecht vorbehalten wurde, hat der Erblasser eine formal vorteilhafte **Rechtsstellung** erlangt; auf den wirtschaftlichen Wert derselben kommt es bei dieser Falllage nicht an[127]. Nach dem **Tod eines der Vertragsteile** ist jedoch zumindest nach Ansicht des BGH (§ 2351 Rn 6) eine Vertragsaufhebung nach § 2351 nicht mehr möglich. Auch hier kommt daher dann nur noch ein Anspruch des Verzichtenden oder seiner Erben auf **Wertersatz nach § 818 Abs 2** in Betracht[128]. Beim Tod des Erblassers lässt sich dieser Wert noch objektiv exakt festlegen, wobei er sich wohl grds nach dem Pflichtteilsanspruch bemessen müsste, da nur dieser dem Verzichtenden unentziehbar zusteht[129]. Scheitert jedoch die Aufhebung am Tod des Verzichtenden, so ist die Bewertung schwierig, da der Wert des Nachlasses im Erbfall ungewiss ist[130].

31

Das **Grundgeschäft** kann auch nach den allgemeinen Regeln von beiden Vertragsteilen angefochten werden (§§ 119 ff)[131]. Jedoch berechtigt ein Irrtum über den **Wert des Vermögens** des Erblassers –

32

---

[116] AnwK-BGB/*Beck/Ullrich* Rn 27; PWW/*Deppenkemper* Rn 13; Staudinger/*Schotten* Rn 169; für vorzeitigen Tod des Erblassers BGHZ 37, 319, 329, und zwar ausdrücklich auch gegen eine Umdeutung in eine Pflicht zur Erbausschlagung oder Erbteilsübertragung; ebenso gegen Umdeutung Staudinger/*Schotten* Rn 169; *Edenfeld* ZEV 1997, 134, 140; MünchKommBGB/*Strobel* Rn 23; für diese jedoch *Damrau* Erbverzicht S 127, *Lange/Kuchinke* § 7 V 2 c; AK/*Teubner* Vor § 2346 Rn 28.
[117] AnwK-BGB/*Beck/Ullrich* Rn 27; PWW/*Deppenkemper* Rn 13; Staudinger/*Schotten* Rn 169 mwN; MünchKommBGB/*Strobel* Rn 23; vgl auch zur früheren Rechtslage *v. Lübtow* I S 537.
[118] *Krug,* SchRModG und Erbrecht, 2002, Rn 239 ff; MünchKommBGB/*Strobel* Rn 23; Staudinger/*Schotten* Rn 164; AnwK-BGB/*Beck/Ullrich* Rn 27; *Lange/Kuchinke* § 7 V 2 c.
[119] Allg AnwK-BGB/*Dauner-Lieb* § 323 Rn 4; zum alten Recht *Lange/Kuchinke* § 7 V 2 c.
[120] Staudinger/*Schotten* Rn 164 iVm Rn 127 f, der in Abfindung Schenkung sieht; *Lange,* FS Nottarp, S 119, 131; Gefälligkeitscharakter; zweifelnd *Krug,* SchRModG und Erbrecht, 2002, Rn 243.
[121] *J. Mayer* in *Dauner-Lieb/Konzen/K Schmidt,* aaO S 719.
[122] BGHZ 139, 116 = NJW 1998, 3117; diff danach, ob sich der Erbverzicht gemäß § 2349 auf die Abkömmlinge erstreckt Staudinger/*Schotten* Rn 161; zur Ansicht des BGH s § 2351 Rn 6.
[123] OLG Koblenz NJW-RR 1993, 708, 709; *Damrau* Erbverzicht S 127; offenlassend MünchKommBGB/*Strobel* Rn 23 Fn 63.
[124] BGH NJW 1999, 789, 790 = LM § 2352 Nr 5 m Anm *Langenfeld.*
[125] PWW/*Deppenkemper* Rn 14.
[126] AnwK-BGB/*Beck/Ullrich* Rn 28; MünchKommBGB/*Strobel* Rn 24; Staudinger/*Schotten* Rn 182; *Degenhart* Rpfleger 1969, 145, 147.
[127] So MünchKommBGB/*Strobel* Rn 24; *Lange/Kuchinke* § 7 V 2 b; *Lange,* FS Nottarp, S 119, 128 f; *Kipp/Coing* § 82 VI c; Staudinger/*Schotten* Rn 183; *H. P. Westermann,* FS Kellermann, 1991, S 505, 525; *Ebenroth* Rn 365; AK/*Teubner* Vor § 2346 Rn 28; iE auch AnwK-BGB/*Beck/Ullrich* Rn 28; aA *Edenfeld* ZEV 1997, 134, 140 f; *Larenz* JherJb 81, 1, 13: stattdessen Rücktrittsrecht analog § 2295, was mit abstrakter Rechtsnatur unvereinbar, s Rn 26; *Palandt/Edenhofer* Überbl § 2346 Rn 11, Soergel/*Damrau* Rn 4, *Damrau* Erbverzicht S 99 ff (da Gegenstand des Verzichts ja nur Erbaussicht war; dafür aber Wegfall der Geschäftsgrundlage); *Strohal* I S 528 Fn 6 (dafür Anfechtung analog § 2078 – hier jedoch Rechtsgeschäft unter Lebenden). *Edenfeld* ZEV 1997, 134, 141, *Schlüter* Rn 412 (und in *Erman* Vor § 2346 Rn 5) und *Kollhosser* AcP 194 (1994), 231, 257 f wollen stattdessen Berufung auf § 242 wegen unzulässiger Rechtsausübung zulassen, wobei aber die Wirkung gegen alle von betroffenen Dritten fraglich erscheint.
[128] PWW/*Deppenkemper* Rn 14; Staudinger/*Schotten* Rn 184; *Kornexl* Rn 274.
[129] Zust Staudinger/*Schotten* Rn 184.
[130] So richtig mit weiteren Einzelheiten *Kornexl* Rn 274, 312 ff.
[131] Die §§ 2281 ff, 2078 gelten hierfür nicht, RG BayZ 1913, 253; Soergel/*Damrau* Rn 20.

§ 2346   Buch 5. Abschnitt 7. Erbverzicht

wie auch sonst im Vertragsrecht – nicht zur Anfechtung nach § 119 Abs 2[132]. Dagegen kann ein Irrtum über die wertbildenden Merkmale oder den Bestand des Vermögens zum Zeitpunkt des Vertragsschlusses eine Anfechtung nach § 119 Abs 2 begründen, wenn die falschen Vorstellungen eines Vertragsteils als Berechnungsgrundlage für die Höhe der Abfindung dienten[133]. Ein Irrtum über die **künftige Entwicklung des Werts des Erblasservermögens** hat aber wegen des Risikocharakters des Rechtsgeschäfts auf die Wirksamkeit des entgeltlichen Erbverzichts keinen Einfluss[134].

33 Auch eine Anpassung des **schuldrechtlichen Abfindungsvertrags** nach den Grundsätzen über den **Wegfall der Geschäftsgrundlage** ist grds möglich (§ 313), und zwar auch noch nach Eintritt des Erbfalls, da es nicht um die Änderung der Erbfolge, sondern nur um einen Vermögensausgleich geht[135]. Aber auch hier ist der Risikocharakter des entgeltlichen Erbverzichts in gleicher Weise zu berücksichtigen. Daher rechtfertigen Änderungen der Vermögensverhältnisse der Vertragsteile zwischen dem Vertragsabschluss und dem Erbfall grds keine Anpassung der Abfindungsvereinbarung[136]. Nur in besonders krassen Ausnahmefällen kann trotz des Risikocharakters eine Anpassung der Abfindungsvereinbarung in Frage kommen[137]. Die Grundsätze des Wegfalls der Geschäftsgrundlage können aber im anderen Zusammenhang anwendbar sein, insbes wenn der mit dem Vertrag **erstrebte Zweck** nicht erreicht wird, so etwa, wenn eine niedrige Abfindung vereinbart wurde, um dem Übernehmer die Fortführung des elterlichen Hofes zu ermöglichen, das Anwesen aber bald veräußert wird[138]. Auch bei einem „**isolierten Pflichtteilsverzicht**", dem keine Abfindungsvereinbarung zu Grunde liegt, kann ein Wegfall der Geschäftsgrundlage in Betracht kommen, etwa wenn als Ausgleich für den anlässlich eines Ehevertrags vereinbarten Pflichtteilsverzicht vorgesehen war, dass die Ehegatten nach der Eheschließung ein gemeinschaftliches Testament errichten[139].

34 **bb) Bedingungszusammenhang.** Schuldrechtliches Grundgeschäft und Erbverzicht können auch durch (auflösende oder aufschiebende) **Bedingung** miteinander verknüpft werden[140]. Zweckmäßig ist es insbes, das **Erbringen** der **Abfindungsleistung** als aufschiebende Bedingung für die Wirksamkeit des Erbverzichts zu vereinbaren[141]. Jedoch führt dies zu einigen Problemen bei Vollzug der Vereinbarung, etwa im Rahmen der Beweisbarkeit[142] oder bei Erbringung von Teilleistungen[143]. Gefahr drohen dieser sinnvollen Gestaltung beim **Pflichtteilsverzicht** von der neueren Rspr des BGH, wenn der Erblasser vor Erbringung der Abfindungsleistung verstirbt (Rn 7). Beim **Erbverzicht** ist demgegenüber mittlerweile anerkannt, dass die (aufschiebende) Bedingung auch nach Eintritt des Erbfalls eintreten kann[144]. Dass eine solche **Bedingung** vereinbart wurde, wird allerdings beim entgeltlichen Erbverzicht nicht ohne weiteres **vermutet**, sondern ist in Zweifelsfällen durch Auslegung nach §§ 133, 157 zu klären (str)[145]. Wird eine aufschiebende Bedingung vereinbart, so ist der Verzichtende nach

---

[132] Allg BGHZ 16, 54, 57; *Palandt/Heinrichs* § 119 Rn 27; zum Erbverzicht AnwK-BGB/*Beck/Ullrich* Rn 29; *Staudinger/Schotten* Rn 178; *Soergel/Damrau* Rn 20; jurisPK/*Hau* Rn 11.
[133] RG Recht 1913 Nr 2885 = BayZ 1913, 253; *Staudinger/Schotten* Rn 178; *Soergel/Damrau* Rn 20; MünchKommBGB/*Strobel* Rn 24; eingehend *Coing* NJW 1967, 1777, 1780; einschränkend *Degenhard* Rpfleger 1969, 147: nur bei „schwerem Irrtum"; meist liegt in der Tat nur eine ganz pauschale Orientierung über die Vermögensverhältnisse vor, die eine Anfechtung nicht rechtfertigen kann.
[134] BayObLGZ 1995, 29, 34 = NJW-RR 1995, 648; AnwK-BGB/*Beck/Ullrich* Rn 28; *Groll/Muscheler* B XV Rn 130; *Kollhosser* AcP 194 (1994), 231, 254 Fn 75; PWW/*Deppenkemper* Rn 14; *Staudinger/Schotten* Rn 178; *Soergel/Damrau* Rn 20; *Reul* MittRhNotK 1997, 373, 581.
[135] BGH NJW 1999, 789, 790; BGHZ 134, 152, 157 f = ZEV 1997, 69 m Anm *Edenfeld*; jurisPK/*Hau* Rn 11; PWW/*Deppenkemper* Rn 14.
[136] BGHZ 134, 152 = ZEV 1997, 69, 70 m Anm *Edenfeld* = JZ 1998, 143 m Anm *Kuchinke*; BayObLGZ 1995, 29, 34 = NJW-RR 1995, 648; *Groll/Muscheler* B XV Rn 131; *H.P. Westermann*, FS Kellermann, 1991, S 505, 511; *Staudinger/Schotten* Rn 190 mwN; *Kipp/Coing* § 82 IV; MünchKommBGB/*Strobel* Rn 24; für erbrechtliche Gleichstellungsgelder im Rahmen der vorweggenommenen Erbfolge BGHZ 113, 310, 314.
[137] AnwK-BGB/*Beck/Ullrich* Rn 30; *Staudinger/Schotten* Rn 191 mit einzelnen Beispielen; *Kollhosser* AcP 194 (1994), 231, 254; vgl etwa bei den „Wiedervereinigungsfällen", dazu OLG Hamm ZEV 2000, 507, 509; *H. P. Westermann*, FS Kellermann, 1991, S 505, 522; RG SeuffA 90 (1936), 321 bei Wertveränderung infolge einer Inflation; für generellen Ausschluss des Wegfalls der Geschäftsgrundlage offenbar MünchKommBGB/*Strobel* Rn 24; AK/*Teubner* Rn 31; *Lange*, NJW Nottarp, S 119, 130.
[138] BGHZ 134, 152, 157 f = ZEV 1997, 69, 70; *Kuchinke* JZ 1998, 143, 144 und ZEV 2000, 511 f m zutr Hinweis, dass vorrangig die ergänzende Vertragsauslegung zu prüfen ist.
[139] OLG Nürnberg ZEV 2003, 514 = FamRZ 2003, 634 m krit Anm *Grziwotz*.
[140] Dazu etwa BGHZ 37, 319, 327; AnwK-BGB/*Beck/Ullrich* Rn 31; MünchKommBGB/*Strobel* Rn 25; jurisPK/*Hau* Rn 22; *Staudinger/Schotten* Rn 153; und eingehend zu allen möglichen Bedingungszusammenhängen *Edenfeld* ZEV 1997, 134, 138 ff.
[141] MünchKommBGB/*Strobel* Rn 25; *Kipp/Coing* § 82 IVa.
[142] Wird das Nichterbringen der Abfindungsleistung zur auflösenden Bedingung gemacht, so muss der Verzichtende eine „negative Tatsache" beweisen, was ohne Beweiserleichterung fast nicht möglich ist. Übersehen wird dieses Problem bei *Edenfeld* ZEV 1997, 134, 138.
[143] Eingehend *J. Mayer*, Der Übergabevertrag, 2. Aufl 2001, Rn 293 ff.
[144] BayObLGZ 1995, 29, 32: aufschiebende Bedingung durch Vermächtniserfüllung; BayObLGZ 1957, 292, 300 = NJW 1958, 344; AnwK-BGB/*Beck/Ullrich* Rn 13; *Damrau/Mittenzwei* Rn 12; jurisPK/*Hau* Rn 22; *Staudinger/Schotten* Rn 54; MünchKommBGB/*Strobel* Rn 15, 25; *Soergel/Damrau* Rn 12; *J. Mayer* MittBayNot 1985, 101 ff; *Edenfeld* ZEV 1997, 134, 138; einschränkend aber OLG Celle AUR 2004, 339: entspr Wille des Erblassers erforderlich; aA *Staudinger/Ferid/Cieslar*, 12. Aufl 1981, Einl § 2346 Rn 89.
[145] BayObLGZ 1995, 29, 32 = NJW-RR 1995, 648; *Staudinger/Schotten* Rn 154 mwN; MünchKommBGB/*Strobel* Rn 26 mit Beispielen, wann dies aber angenommen werden kann; *Soergel/Damrau* Rn 4; *ders* Erbverzicht S 93 ff; dazu auch *Edenfeld* ZEV 1997, 134, 139; die bloße äußerliche Verbindung lassen aber genügen *Planck/Greiff*

Eintritt des Erbfalls aber bis zum Wirksamwerden seines Erbverzichts **Vorerbe**[146]. Da sich diese Rechtsfolge aber gerade aus der Anwendung der gesetzlichen Vorschriften der „konstruktiven Vor- und Nacherbschaft" entsprechend §§ 2104, 2105 ergibt, kann gerade nicht verlangt werden, dass ein Bedingungseintritt nach dem Erbfall nur dann noch möglich ist, wenn sich ein dahingehender Wille des Erblassers feststellen lässt[147].

Eine Verbindung zwischen (schuldrechtlichem) Grundgeschäft und Erbverzicht kann auch durch einen entsprechenden **Rücktrittsvorbehalt** erfolgen, der allerdings nur bezüglich des Kausalgeschäfts zulässig ist[148]. Bedingung und Rücktritt können kombiniert werden: Mit Rücktritt vom Grundgeschäft entfällt der unter der entsprechenden auflösenden Bedingung erklärte „verfügende Erbverzicht"[149]. 35

cc) Einheitliches Rechtsgeschäft. Erbverzicht und Abfindungsvereinbarung können nach hM auch zu einem einheitlichen Rechtsgeschäft verbunden werden, so dass in zumindest entsprechender Anwendung des **§ 139** bei Unwirksamkeit des einen Teils (etwa der Abfindungsvereinbarung) auch der andere davon erfasst wird[150]. Bei Aufnahme von Erbverzicht und Abfindungsvereinbarung in einer Urkunde soll hierfür sogar eine tatsächliche Vermutung sprechen[151]. Für die Praxis ist diese Verknüpfung aber nicht sehr geeignet, weil damit nur die Existenz von schuldrechtlichem Kausalgeschäft mit dem abstrakten Erbverzicht verkoppelt werden kann, nicht aber die Erbringung der Abfindungsleistung mit der Wirksamkeit des Erbverzichts[152]. 36

3. Erbschaftsteuer. Der **unentgeltliche Erb- und Pflichtteilsverzicht** löst keine Erbschaftsteuer aus, weil es sich nicht um die Aufgabe eines bereits bestehenden Rechts handelt[153]. Demgegenüber unterliegt eine für einen solchen Verzicht geleistete **Abfindung** nach § 7 Abs 1 Nr 5 ErbStG der Schenkungssteuer[154]. Dabei bestimmt sich jedoch die **Steuerklasse** allein nach dem Verhältnis des Verzichtenden zum Erblasser, auch wenn die Abfindung von Dritten geleistet wird[155]. Entsprechendes gilt, wenn im Rahmen eines Vertrags **zwischen zukünftigen Erben** nach § 311b Abs 4 und 5 (früher § 312 aF) Abfindungszahlungen zwischen diesen geleistet werden; maßgebend ist dann nicht die ungünstige, zwischen den Geschwistern geltende Steuerklasse II, sondern die zwischen dem Erblasser und seinen Abkömmlingen maßgebliche Steuerklasse I[156]. 37

VI. Inhaltskontrolle von Erb- und Pflichtteilsverzichten

Ausgehend von den Grundsatzentscheidungen des Bundesverfassungsgerichts und des BGH zu den Grenzen der Vertragsfreiheit bei Eheverträgen und Scheidungsvereinbarungen und der hierfür entwickelten Inhaltskontrolle (§ 1408 Rn 14 ff) wird zunehmend diskutiert, inwieweit auch Erb- und Pflichtteilsverzichte einer gerichtlichen Überprüfung unterliegen[157]. Konkrete Berührungspunkte zu dieser aktuellen Entwicklung im Ehevertragsrecht ergeben sich aus zwei Umständen: Zum einen werden zu Recht Erb- und insbes Pflichtteilsverzichte im Zusammenhang mit ehevertraglichen Regelungen und Scheidungsvereinbarungen getroffen, um auch im Falle des Todes eines Ehegatten zu einer sachgerechten Regelung zu gelangen. Im Rahmen der von BGH vorgenommenen **„Gesamtschau"**, insbes im Rahmen der sog „Wirksamkeitskontrolle", besteht dann aber auch die Gefahr, dass auch der erbrechtliche Verzicht als unwirksam angesehen wird[158]. Zum anderen wird teilweise ausgehend von der vom BGH entwickelten „Kernbereichslehre der Dispositivität der Scheidungsfolgen" und dem hohen Rang, den das Unterhaltsrecht dort einnimmt, die Unterhalts- und Versorgungsfunktion des 38

Vor § 2346 Anm 4; *Erman/Schlüter* Vor § 2346 Rn 4; *Schlüter* Rn 411; anders BayObLGZ 1995, 29, 32; gegen Annahme eines Bedingungszusammenhangs bei Verzicht zu Gunsten der Erhaltung des Familienvermögens *Degenhart* Rpfleger 1969, 145.
[146] Vgl etwa AnwK-BGB/*Beck/Ullrich* Rn 32; *J. Mayer* MittBayNot 1985, 101 ff.
[147] AA OLG Celle AUR 2004, 339, weil die Nacherbschaft stets auf dem Willen des Erblassers beruhen müsse.
[148] AnwK-EGB/*Beck/Ullrich* Rn 33; *Groll/Muscheler* B XV Rn 137; *Staudinger/Schotten* Rn 156.
[149] *Soergel/Damrau* Rn 5.
[150] OLG Bamberg OLGR 1998, 169, 170; AnwK-BGB/*Beck/Ullrich* Rn 34; jurisPK/*Hau* Rn 26; *Nieder* Rn 1154; *Damrau* Erbverzicht S 98 ff; *Soergel/Damrau* Rn 5; *Kipp/Coing* § 82 VI b; MünchKommBGB/*Strobel* Rn 27; *H. P. Westermann*, FS Kellermann, 1991, S 505, 521; *Weirich* DNotZ 1986, 5, 12; aA *Staudinger/Schotten* Rn 151 zur Wahrung des Abstraktionsprinzips; *Reul* MittRhNotK 1997, 373, 380.
[151] OLG Bamberg OLGR 1998, 169; MünchKommBGB/*Strobel* Rn 27 mwN.
[152] jurisPK/*Hau* Rn 26.
[153] BFH BStBl 1976 II S 17; AnwK-BGB/*Pohl/Hartl* Anh § 2346 Rn 2; *Kapp/Ebeling* § 7 ErbStG Rn 116.
[154] AnwK-BGB/*Pohl/Hartl* Anh § 2346 Rn 3; *Troll/Gebel/Jülicher* § 7 ErbStG 315 ff; ausf Handbuch Pflichtteilsrecht/*Wälzholz* § 17 Rn 95 ff.
[155] BFH BStBl 1977 II S 733; BS:Bl 2001 II S 456 = ZEV 2001, 163; AnwK-BGB/*Pohl/Hartl* Anh § 2346 Rn 3 m Gestaltungshinweis; *Kapp/Ebeling* § 7 ErbStG Rn 122.
[156] BStBl 2001 II S 456 = ZEV 2001, 163; dazu etwa Anm *Wälzholz* MittBayNot 2001, 361 m Gestaltungsüberlegungen; *Daragan* DB 2001, 848; *Viskorf* FR 2001, 424; eingehend Handbuch Pflichtteilsrecht/*Wälzholz* § 17 Rn 103 ff.
[157] *Wachter* ZErb 2004, 238, 306; *Bengel* ZEV 2006, 192; *Kapfer* MittBayNot 2006, 385; *Kuchinke* FPR 2006, 125; *Wendt* ZNotP 2006, 2, 7; PWW/*Deppenkemper* Rn 1; *Wiemer*, Inhaltskontrolle von Eheverträgen, 2007, S 163 ff; zutr weist jurisPK/*Hau* Rn 19.1 darauf hin, dass die Diskussion noch ganz am Anfang steht.
[158] *Wachter* ZErb 2004, 238, 244; dazu etwa auch *J. Mayer* FPR 2006, 129, 134; explizit *Wendt* ZNotP 2006, 2, 3; *Bengel* ZEV 2006, 192, 196 sieht dies als „Problem des § 139", jedoch geht es um die wertende „Gesamtschau", also um mehr; OLG Koblenz FamRZ 2004, 805 m Anm *Bergschneider* spricht das Problem nur beiläufig an.

§ 2346

Pflichtteils betont[159] und Art und Umfang der gerichtlichen Kontrolle von Pflichtteilsverzichten davon abhängig gemacht, ob der Pflichtteilsanspruch im konkreten Einzelfall auch der Sicherung des laufenden Unterhalts und der Versorgung des Pflichtteilsberechtigten dient[160].

39 Versteht man den Begriff der „Inhaltskontrolle" richtig iS einer **umfassenden gerichtlichen Überprüfung,** so kann es dem Grunde nach nicht zweifelhaft sein, dass diese auch bei Erb- und Pflichtteilsverzichten möglich ist, und diese hat die Rspr bereits seit vielen Jahren vorgenommen (Rn 32 ff). Letztlich ist nur das Schlagwort neu, unter dem dies diskutiert wird. Der Inhaltskontrolle steht auch nicht § 310 Abs 4 entgegen, denn diese Bestimmung schließt nur hinsichtlich AGB bei erb- und familienrechtlichen Verträgen eine sich aus den §§ 307 ff ergebende Inhaltskontrolle aus[161]. Vielmehr findet sich die Inhaltskontrolle von Rechtsgeschäften heute hinsichtlich von einer Vielzahl von rechtsgeschäftlichen Vereinbarungen, auch individueller Art, so etwa im Bereich der Gesellschaftsverträge, ja selbst der Dienstbarkeiten[162], muss aber den **Besonderheiten des zu beurteilenden Rechtsgeschäfts** Rechnung tragen. Demnach sind die von der Rspr entwickelten Grundsätze zur Überprüfung von Eheverträgen und Scheidungsvereinbarungen auf die Beurteilung von Erb- und Pflichtteilsverzichten wegen der Unterschiedlichkeit der Vertragsarten nicht direkt übertragbar[163]. Dies betrifft insbes bereits die erste Stufe der Überprüfung, die sog **„Wirksamkeitskontrolle",** die sich wohl an § 138 orientiert: Das Ehegatten- und Pflichtteilsrecht kann nicht zum Kernbereich der Scheidungsfolgen gehören, da der Gesetzgeber dasselbe mit der Scheidung nach § 1933 S 1 und 2 erlöschen lässt[164]. Auch der zweiten Stufe, der sog **„Ausübungskontrolle",** liegen bei der Überprüfung von Eheverträgen und Scheidungsvereinbarungen besondere, auf den Erb- und Pflichtteilsverzicht nicht übertragbare Überlegungen zu Grunde: Die Ausübungskontrolle stellt darauf ab, ob ein Ehegatte seine Rechtsstellung missbraucht, wenn er sich gegenüber den gesetzlichen Scheidungsfolgen auf die geschlossene Vereinbarung beruft. Dies ist insbes unter dem Gesichtspunkt eines gegenüber dem Vertragsabschluss anders eingetretenen Lebensverlaufs zu beurteilen, wenn es eben „anders kommt als gedacht". Demgegenüber ist es beim Erb- und Pflichtteilsverzicht wegen seines besonderen, „aleatorischen Rechtscharakters" durchaus typisch, dass sich die Vermögens- und Einkommensverhältnisse ganz anders entwickeln. Ein Korrekturbedarf besteht nicht und stünde gerade der vertraglich gewollten Risikoverteilung entgegen, die vom Willen zur Schaffung erbrechtlicher Klarheit vor Eintritt des Erbfalls getragen ist.

40 Weiter ist zu beachten, dass der Erb- wie Pflichtteilsverzicht nicht seinen Rechtsgrund in sich selbst trägt, sondern nach heute ganz hM einer „causa" bedarf (Rn 26); diese ist beim unentgeltlichen Erb- und Pflichtteilsverzicht eine einseitige, beim entgeltlichen ein gegenseitiges Rechtsgeschäft. Dementsprechend ist auch bei der gerichtlichen Überprüfung zwischen dem **schuldrechtlichen Grundgeschäft** und dem unmittelbar verfügenden **Verzicht** zu unterscheiden. Hinsichtlich der an § 138 orientierten Wirksamkeitskontrolle ist dabei zu beachten, dass der Verzicht als solcher wertneutral und vom Gesetzgeber in § 2346 ausdrücklich zugelassen ist[165]. Die Unwirksamkeit kann sich allerdings auch aus dem **Gesamtcharakter** einer Vereinbarung ergeben, wobei Inhalt, Zweck und Beweggrund in die Beurteilung einzubeziehen sind[166]. Aber dann kommt bereits auch das Verpflichtungsgeschäft ins Spiel. Im Mittelpunkt der gerichtlichen Überprüfung wird daher idR das entsprechende Verpflichtungsgeschäft stehen, insbes beim entgeltlichen Erb- und Pflichtteilsverzicht gegen Abfindung. Hier gewähren aber die **gesetzlich** gegen die **Störung** von Vertragsbeziehungen vorgesehenen allgemeinen Regelungen durchweg einen angemessenen Interessenausgleich[167]: Zu prüfen ist dabei insbes, ob eine Sittenwidrigkeit (§ 138) vorliegt, wobei vor allem die Verknüpfung des Verzichts mit dem angestrebten Zweck zu beachten ist[168], die Anfechtung nach § 119 und auch § 123 bei einer Täuschung oder arglistigen Drohung, ja etwa vereinbarter Bedingungszusammenhang, eine ergänzende Vertragsauslegung und schließlich eine Anpassung bei Störung der Geschäftsgrundlage gemäß § 313[169]. Gerade die zwei zuletzt genannten Möglichkeiten der gesetzlichen Störfallvorsorge haben gegenüber der vom BGH gewählten, letztlich auf dem Gesichtspunkt des Rechtsmissbrauchs[170] beruhenden „Ausübungskontrolle" den Vorteil, im Zentrum der Überlegungen immer die von den Vertragsteilen verfolgte Willensrichtung zu haben und nicht eine richterliche Überprüfung nach „Billigkeitsgesichtspunkten"[171].

---

[159] Diese ist aber umstr, dagegen etwa *Kapfer* MittBayNot 2006, 385, 388 mwN; *J. Mayer* MittBayNot 2005, 286, 288; *Haas* ZEV 2000, 249, 251.
[160] *Wachter* ZErb 2004, 238, 243 ff; krit Anm *J. Mayer* ZEV-Report ZEV 2004, 436, 439; für den Ehegattenpflichtteil plädiert *Wiemer* aaO S 163 ff für weitreichende Inhaltskontrolle zu den sich hieraus ergebenden Gestaltungskonsequenzen *Wachter* ZErb 2004, 306.
[161] Zutr *Bengel* ZEV 2006, 192, 194.
[162] *Staudinger/J. Mayer* 2002 § 1018 Rn 146 ff.
[163] Eingehend *Kapfer* MittBayNot 2006, 385, 387 ff.
[164] *Bengel* ZEV 2006, 192, 196; *Kapfer* MittBayNot 2006, 385, 387 f.
[165] *Kuchinke* FPR 2006, 125, 127.
[166] Vgl zu § 138 *Palandt/Heinrichs* § 138 Rn 8; *Staudinger/Sack* § 138 Rn 2, 7 mwN.
[167] *Kuchinke* FPR 2006, 125, 127 ff; *Kapfer* MittBayNot 2006, 385, 386 ff.
[168] *Kuchinke* FPR 2006, 125, 128.
[169] Dazu bereits BGHZ 134, 152 = NJW 1997, 653; bezüglich der schuldrechtlichen Abfindungsvereinbarung; *Wendt* ZNotP 2006, 2, 7 deutet nun an, dass § 313 auch bezügl eines isolierten Pflichtteilsverzichts möglich sein könnte.
[170] *Dauner-Lieb* AcP 201 (2001), 293, 327 f.
[171] *Kuchinke* FPR 2006, 125, 128; demgegenüber für die Ausübungskontrolle *Bengel* ZEV 2006, 192, 196, jedoch unter Betonung, dass dies ein „nur selten begründbarer Ausnahmefall" bleiben müsse.

Und während wegen der gestaltenden Wirkung des verfügenden Erbverzichts nach Eintritt des Erbfalls diesbezüglich eine "Ausübungskontrolle" nicht mehr möglich ist[172], kann auch danach noch bezüglich der schuldrechtlichen Abfindungsvereinbarung eine Anpassung erfolgen[173]. Immer aber muss der besondere Wagnischarakter des Erb- und Pflichtteilsverzichts beachtet werden, der eine Berücksichtigung einer unerwarteten Vermehrung oder Verminderung des Erblasservermögens ausschließt[174], und wie dies bislang schon durch die hM und Rspr geschah (Rn 32 f). Was aber die Ausgangsentscheidung des BVerfG[175] zur Inhaltskontrolle von Eheverträgen betrifft, in der es um eine besondere **„Drucksituation"** ging, so ist im Bereich der Erb- und Pflichtteilsverzichte zu beachten, dass im Hinblick auf die Anwendung des § 138 nicht allein eine Dominanz eines Vertragspartners ein tatbestandsmäßiger Störfaktor sein darf, sondern erst der konkrete Missbrauch seiner Stärke gegenüber dem anderen Vertragsteil, der sich in Ausnutzung, Täuschung und möglicherweise Nötigung seines Vertragspartners äußern muss[176].

Ohne Erörterung der Zulässigkeit einer Inhaltskontrolle hat nun das OLG München eine **Umstandssittenwidrigkeit** in einem Fall angenommen, in dem nichteheliche Kinder gegenüber ihrem Vater einen Erbverzicht abgaben. Dabei wurde der Berechnung der Abfindungsleistung entsprechend dem Vorschlag des Rechtsanwalts des Vaters die Unterhaltspauschalierung des § 1934 d Abs 2 aF des damals möglichen vorzeitigen Erbausgleichs zu Grunde gelegt wurde, ohne dass den Verzichtenden deutlich gemacht wurde, dass sich im Erbfall ihr Erbersatzanspruch nach dem tatsächlichen Nachlasswert bemessen hätte. Darin hat das Gericht eine vorwerfbare Ausnutzung der alters- und erfahrungsmäßig schwächeren Verhandlungsposition der Verzichtenden gesehen[177]. Die Entscheidung ist nicht nur deshalb bedenklich, weil die Grenzziehung zwischen Sittenwidrigkeit und arglistiger Täuschung nicht klar gezogen wird[178], sondern weil die Verzichtenden als Abfindung mehr erhielten, also sie nach der damaligen Rechtslage im Klagewege auf Grund des vorzeitigen Erbausgleichs hätten erhalten können und zudem verlässliche Berechnungsmethoden für den entgeltlichen Erbverzicht fehlen und sich angesichts des aleatorischen Rechtscharakters wohl auch nicht entwickeln lassen. 41

§ 2347 Persönliche Anforderungen, Vertretung

(1) ¹Zu dem Erbverzicht ist, wenn der Verzichtende unter Vormundschaft steht, die Genehmigung des Vormundschaftsgerichts erforderlich; steht er unter elterlicher Sorge, so gilt das Gleiche, sofern nicht der Vertrag unter Ehegatten oder unter Verlobten geschlossen wird. ²Die Genehmigung des Vormundschaftsgerichts ist auch für den Verzicht durch den Betreuer erforderlich.

(2) ¹Der Erblasser kann den Vertrag nur persönlich schließen; ist er in der Geschäftsfähigkeit beschränkt, so bedarf er nicht der Zustimmung seines gesetzlichen Vertreters. ²Ist der Erblasser geschäftsunfähig, so kann der Vertrag durch den gesetzlichen Vertreter geschlossen werden; die Genehmigung des Vormundschaftsgerichts ist in gleichem Umfang wie nach Absatz 1 erforderlich.

I. Normzweck, Anwendungsbereich

Die Vorschrift regelt die persönlichen Voraussetzungen beim Erbverzicht, insbes die Zulässigkeit der 1 **Stellvertretung,** und welche Anforderungen hieran bei beschränkter oder gar fehlender Geschäftsfähigkeit eines Vertragsteils zu stellen sind.

Die Bestimmung gilt sowohl für Erb-, Pflichtteils- und Zuwendungsverzichte[1]. Auf das **schuld-** 2 **rechtliche Grundgeschäft** zum Erbverzicht (§ 2346 Rn 26) ist Abs 2 S 1 (Erfordernis des persönlichen Vertragsschlusses) nicht anzuwenden, und zwar mangels eines entsprechenden Regelungsbedarfs auch nicht analog; es gelten daher die allgemeinen Vorschriften[2]. Demgegenüber ist das Erfordernis der vormundschaftsgerichtlichen Genehmigung (§ 2347 Abs 1, Abs 2 S 2 HS 2) auf eine schuldrechtliche Verpflichtung zur Abgabe eines Erb- oder Pflichtteilsverzichts entsprechend anwendbar, da sonst die Genehmigungspflicht durch entsprechende Klage aus dem Kausalgeschäft umgangen werden könnte (§ 894 ZPO) und § 1822 Nr 1 nicht alle Fälle des Erbverzichts erfasst[3]. Für andere schuldrechtliche

---

[172] BGH NJW 1999, 789; *Bengel* ZEV 2006, 192, 193; beim Pflichtteilsverzicht, der nur den schuldrechtlichen Pflichtteilsanspruch betrifft, ist allerdings eine „Rückabwicklung" durchaus praktizierbar, vgl *Wendt* ZNotP 2006, 2, 7; *Bengel* ZEV 2006, 192, 195 f.
[173] Vgl BGHZ 134, 152 = NJW 1997, 653.
[174] *Kapfer* MittBayNot 2006, 385, 386, 390; *J. Mayer* ZEV 2004, 440; *Bengel* ZEV 2006, 192, 196; *Kuchinke* FPR 2006, 125, 129 will bei entgeltlichen Verzichten mit einer Vermutung arbeiten, dass die Beteiligten einen angemessenen Ausgleich gefunden haben.
[175] BVerfGE 103, 89 = NJW 2001, 957.
[176] *Kuchinke* FPR 2006, 125, 129.
[177] OLG München ZEV 2006, 313, 314; dazu auch krit *Theiss/Boger* ZErb 2006, 164.
[178] *Theiss/Boger* ZErb 2006, 164, 165.
[1] AnwK-BGB/*Beck/Ullrich* Rn 2; MünchKommBGB/*Strobel* Rn 2; PWW/*Deppenkemper* Rn 1; Staudinger/*Schotten* Rn 3.
[2] BGHZ 37, 319, 329 = NJW 1962, 1910; Staudinger/*Schotten* Rn 4; Soergel/*Damrau* Rn 9.
[3] Staudinger/*Schotten* Rn 4; MünchKommBGB/*Strobel* Rn 6; PWW/*Deppenkemper* Rn 1; Palandt/*Edenhofer* Rn 1; aA Soergel/*Damrau* Rn 9: Verpflichtung fällt bereits unter § 1822 Nr 1.

§ 2347

Verträge, die sich lediglich **wirtschaftlich nachteilig** auf den späteren Pflichtteilsanspruch eines Minderjährigen auswirken können, gilt § 2347 nicht[4].

II. Anforderungen beim Verzichtenden (Abs 1)

3   Eine **Vertretung** des Verzichtenden kann in gleicher Weise erfolgen, wie bei anderen Rechtsgeschäften unter Lebenden[5]. Die entsprechende Vollmacht bedarf keiner besonderen Form (§ 167 Abs 2; s § 2348 Rn 3). Handelt ein Vertreter ohne Vertretungsmacht (§ 177), so kann der **Erbverzichtsvertrag** nur noch bis zum Eintritt des Erbfalls genehmigt werden, wobei maßgeblicher Zeitpunkt derjenige ist, zu dem die Genehmigung dem Erblasser zugeht (§ 130 Abs 1 S 1). Denn die Sicherheit des Rechtsverkehrs verlangt es, dass die mit dem **Tod des Erblassers** eintretende Erbfolge auf einer **festen Grundlage** steht und nicht nach uU noch längerer Zeit durch die Genehmigungserklärung verändert werden kann[6]. Auf den **Pflichtteilsverzicht** sind diese Grundsätze nicht zu übertragen, da dieser die gesetzliche Erbfolge unberührt lässt und § 2313 ausdrücklich die Berücksichtigung von nach dem Erbfall eintretenden Veränderungen bei der Bemessung des Pflichtteilsanspruchs für zulässig hält. Und da das Pflichtteilsrecht die Quelle des Pflichtteilsanspruchs ist, kann auch aus einem wesensmäßigen Unterschied zwischen beiden nichts gegen ein späteres Wirksamwerden eines Pflichtteilsverzichts hergeleitet werden (eingehend § 2346 Rn 7)[7].

4   Bei **Geschäftsunfähigkeit** des Verzichtenden muss für diesen stets dessen gesetzlicher Vertreter handeln (Eltern, Vormund, evtl Betreuer mit entsprechendem Aufgabenkreis, § 1896, Ergänzungspfleger, § 1909). Ein **beschränkt geschäftsfähiger Verzichtender** (§ 106) kann den Erbverzicht selbst abschließen, benötigt dann dazu aber die Zustimmung seines gesetzlichen Vertreters (§ 108), die aber beim Erbverzicht nur bis zum Eintritt des Erbfalls erklärt werden kann (Rn 3). Statt des beschränkt Geschäftsfähigen selbst kann aber auch sein gesetzlicher Vertreter den Verzicht erklären. Besteht eine **Betreuung**, deren Aufgabenkreis den Erbverzicht erfasst, so kann der Betreuer den Verzicht abgeben. Ist der **Betreute geschäftsfähig**, so kann er aber auch selbst den Verzicht erklären; wenn ein entsprechender Einwilligungsvorbehalt angeordnet ist, bedarf er dazu allerdings der Zustimmung des Betreuers (§§ 1903 Abs 1 S 2, 108).

5   Der **Genehmigung des Vormundschaftsgerichts** bedarf grds ein vom gesetzlichen Vertreter oder Betreuer abgeschlossener oder genehmigter Erbverzicht (Abs 1). Dies gilt auch für einen beschränkten Erbverzicht[8]. Diese Genehmigung ist analog Abs 1 S 2 auch erforderlich, wenn bei einem Einwilligungsvorbehalt der Betreuer die hierzu erforderliche Zustimmung erklärt[9]. **Ausnahmsweise** ist keine vormundschaftsgerichtliche Genehmigung notwendig, wenn der Verzichtsvertrag zwischen minderjährigen Ehegatten (gleichgeschlechtlichen Lebenspartnern) oder Verlobten abgeschlossen wird und der Verzichtende unter elterlicher Sorge steht (Abs 1 S 1 HS 2). Die erforderliche Genehmigung des Vormundschaftsgerichts wird vom Rechtspfleger erteilt (§ 3 Nr 2 a RPflG). Sie muss beim Erbverzicht (nicht aber Pflichtteilsverzicht, s Rn 3) vor Eintritt des Erbfalls wirksam geworden sein[10], was nach § 1829 Abs 1 S 2 auch die entsprechende Mitteilung der Erteilung der Genehmigung an den Erblasser als anderen Vertragsteil voraussetzt. **Prüfungsmaßstab** für die Erteilung derselben ist das **Wohl** und das recht verstandene Interesse des Minderjährigen oder des Betreuten (§ 1902 Abs 1), auf deren Interessen in erster Linie abzustellen ist[11]. Bei dieser Entscheidung steht dem Vormundschaftsgericht kein „Ermessensspielraum" zu; vielmehr handelt es sich um die Beurteilung eines unbestimmten Rechtsbegriffs[12]. IdR wird aber eine annähernd **vollwertige Abfindung** für die Erteilung der Genehmigung erforderlich sein (§ 1804)[13], bezogen auf das verzichtende Recht (gesetzlicher Erbteil, Pflichtteil, Zuwendung). Nach Ansicht des OLG Köln kann dies nach den Vermögensverhältnissen des Erblassers bei Abschluss des Verzichts berechnet werden mit einer Toleranzgrenze von 10%, den die Abfindung nach unten

---

[4] MünchKommBGB/*Strobel* Rn 2; Staudinger/*Schotten* Rn 4; AK/*Teubner* Rn 16; vgl dazu BGHZ 24, 372, 376 = NJW 1957, 1187: Erwerb eines belasteten Grundstücks.
[5] AnwK-BGB/*Beck/Ullrich* Rn 4; Staudinger/*Schotten* Rn 6; Soergel/*Dieckmann* Rn 2.
[6] BGH LM § 1829 Nr 5 = NJW 1978, 1159 zur fehlenden vormundschaftsgerichtlichen Genehmigung; MünchKommBGB/*Strobel* Rn 2; PWW/*Deppenkemper* Rn 2; Staudinger/*Schotten* Rn 8 f, der auf den Verfügungscharakter des Erbverzichts abstellt; Groll/*Muscheler* B XV Rn 156.
[7] Anders aber Staudinger/*Schotten* § 2346 Rn 31; BGHZ 134, 60, 63 ff = NJW 1997, 521 für den Fall, dass vor Annahme eines Angebots auf Pflichtteilsverzicht der Erblasser verstirbt.
[8] BGH LM § 1829 Nr 5 = NJW 1978, 1159.
[9] Soergel/*Damrau* Rn 7; Staudinger/*Schotten* Rn 16.
[10] BGH LM § 1829 Nr 5 = NJW 1978, 1159.
[11] BGH NJW-RR 1995, 248 = ZEV 1995, 27 m Anm *Langenfeld*; vgl auch LG Düsseldorf MittRhNotK 1971, 498; AnwK-BGB/*Beck/Ullrich* Rn 10; MünchKommBGB/*Strobel* Rn 8.
[12] OLG Karlsruhe FamRZ 1973, 378; *J. Mayer* FamRZ 1994, 1007 mit Vergleich zu diesen Begriffen, wie sie im Verwaltungsrecht verstanden werden; MünchKommBGB/*Wagenitz* § 1828 Rn 15; Soergel/*Damrau* § 1828 Rn 8; aA – reine Ermessensentscheidung – BGH NJW-RR 1995, 248 mit umfassender Interessenabwägung; BayObLG FamRZ 1990, 208 f; KG RJA 15, 264, 265; Palandt/*Diederichsen* § 1828 Rn 4; Staudinger/*Engler* § 1828, Rn 15.
[13] AnwK-BGB/*Beck/Ullrich* Rn 10; Staudinger/*Schotten* Rn 20; Nieder Handbuch Rn 1161; *J. Mayer* ZEV 1996, 127, 131; iE wohl ebenso Kornexl Rn 355 Fn 21; BGH NJW-RR 1995, 248 = ZEV 1995, 27 m Anm *Langenfeld* verlangt einen „angemessenen Ausgleich" für den Verzicht durch die Abfindungsleistung und lässt ideelle Gesichtspunkte, die generell zu berücksichtigen sind, im Streitfall zurücktreten; für angemessenen Ausgleich auch MünchKommBGB/*Strobel* Rn 8; zur Genehmigungsfähigkeit s auch DIV-Gutachten DAVorm 1989, 488 und DAVorm 1991, 162.

haben kann[14]. Bei der Bemessung muss man auf alle Fälle dem aleatorischen Charakter solcher Abfindungsvereinbarungen gerecht werden; wegen des insoweit prognostischen Charakters der Beurteilung kommt dem Vormundschaftsgericht hier ein Beurteilungsspielraum zu[15]. Aus Gründen der Schutzwürdigkeit des Betroffenen ist jedoch die Frage der Vollständigkeit nach **objektiven Kriterien** und nicht nach den subjektiven Vorstellungen der Vertragsteile[16] zu beantworten, auch wenn man sonst der subjektiven Äquivalenz folgt[17]. Der Vormundschaftsrichter hat jedenfalls vor der Genehmigung im Rahmen seiner Amtsermittlungspflicht (§ 12 FGG) die wirtschaftlichen Folgen des Erbverzichts zu berücksichtigen und hierzu insbes die Einkommens- und Vermögensverhältnisse des Erblassers aufzuklären[18].

III. Anforderungen beim Erblasser (Abs 2)

Der Erblasser kann den Erb- und Pflichtteilsverzicht grds **nur persönlich** abschließen (Abs 2 S 1 HS 1); eine Vertretung im Willen und in der Erklärung ist demnach ausgeschlossen[19]. Das einem **vollmachtslosen Vertreter** des Erblassers gemachte Angebot unter Anwesenden zur Annahme eines Erbverzichts kann nach § 147 Abs 1 S 1 nur sofort angenommen und nicht in ein nach § 147 Abs 2 annahmefähiges Angebot an den abwesenden Vertretenen umgedeutet werden[20]. Zur zulässigen Beurkundung von Angebot und Annahme s § 2348 Rn 4. 6

Der Grundsatz der Höchstpersönlichkeit gilt auch für einen **Prozessvergleich**[21]; bei Prozessen mit Anwaltszwang ist daher erforderlich, dass sowohl der Erblasser persönlich also auch sein postulationsfähiger Anwalt beim Verzicht mitwirken[22]. Ein Verstoß gegen Abs 2 S 1 HS 1 führt zur Nichtigkeit des Verzichts[23], erfasst aber nicht das Grundgeschäft, für das diese Bestimmung nicht gilt, so dass sich hieraus ein Anspruch auf erneute, richtige Erklärung des Erbverzichts ergeben kann[24]. 7

Der Grundsatz der Höchstpersönlichkeit gilt auch für den **beschränkt geschäftsfähigen Erblasser** (§ 106)[25]; da der reine Erb- und Pflichtteilsverzicht ihm lediglich einen rechtlichen Vorteil bringt (§ 107), bedarf er dazu weder der Zustimmung seines gesetzlichen Vertreters noch der Genehmigung des Vormundschaftsgerichts (Abs 2 S 1 HS 2)[26]. Etwas anderes kann sich jedoch aus einer zugleich geschlossenen Abfindungsvereinbarung ergeben; diese bedarf uU der Zustimmung des gesetzlichen Vertreters. 8

Nur wenn der Erblasser **geschäftsunfähig** ist, kann der Erbverzicht **ausnahmsweise** durch seinen gesetzlichen Vertreter geschlossen werden (Abs 2 S 2), da sonst kein Verzicht entgegen genommen werden könnte. Da in der Praxis dies oftmals nicht sicher feststeht, sollten sowohl Betreuter wie Betreuer den Erbverzicht abschließen[27]. Die Anordnung eines Einwilligungsvorbehalts ist nicht möglich, vgl § 1903 Abs 2 Alt 3 iVm § 2347 Abs 2 S 1[28]. Hinsichtlich des Erfordernisses einer **vormundschaftsgerichtlichen Genehmigung** verweist Abs 2 S 2 HS 2 auf die Regelung in Abs 1. Demnach bedürfen Vormund, Betreuer und Pfleger als gesetzliche Vertreter des Erblassers stets dieser Genehmigung, der Inhaber der elterlichen Sorge nur dann, wenn der Verzicht nicht zwischen Verlobten oder Ehegatten abgeschlossen wird[29]. 9

§ 2348 Form

Der Erbverzichtsvertrag bedarf der notariellen Beurkundung.

I. Normzweck

Das Gebot der notariellen Beurkundung (§ 128) bezweckt die Sicherung der sachkundigen Belehrung (§ 17 BeurkG; sog Schutzfunktion), den Schutz vor unüberlegten, übereilten Handlungen (Warn- 1

---

[14] OLG Köln FamRZ 1990, 99, 101 zum Zuwendungsverzicht.
[15] *J. Mayer* FamRZ 1994, 1007, 1012; der BGH spricht von den Grenzen des vormundschaftsgerichtlichen Ermessens, NJW-RR 1995, 248.
[16] Hierfür aber *Staudinger/Otte* § 2069 Rn 15; hiergegen auch *Kornexl* Rn 361, der die Angemessenheit beim Zuwendungsverzicht nach der Vorstellung des Erblassers unter Berücksichtigung etwa eingetretener Bindungen bestimmen will, was aber idR zu keinen greifbaren Auslegungsergebnissen führen dürfte.
[17] Zur Einschränkung der subjektiven Äquivalenz im Hinblick auf den Normzweck der betreffenden Vorschriften s § 2325 Rn 6 f.
[18] BGH NJW-RR 1995, 248 = ZEV 1995, 27 m Anm *Langenfeld* mit Einzelheiten zur Amtspflichtverletzung bei solchen Genehmigungen; AnwK-BGB/*Beck/Ullrich* Rn 10; MünchKommBGB/*Strobel* Rn 8.
[19] AllgM, BGHZ 37, 319, 321; BayObLGZ 1965, 86, 89 = NJW 1965, 1276; OLG Düsseldorf NJW-RR 2002, 584; *Soergel/Dieckmann* Rn 5; jurisPK/*Hau* Rn 5; *Staudinger/Schotten* Rn 22 mwN.
[20] BGH NJW 1996, 1062, 1065 = ZEV 1996, 228 m Anm *Krampe*; OLG Düsseldorf NJW-RR 2002, 584.
[21] RGZ 48, 183, 190 f.
[22] BayObLG NJW 1965, 1276 f; PWW/*Deppenkemper* Rn 3.
[23] *Lange/Kuchinke* § 7 I Fn 32; *Staudinger/Schotten* Rn 26.
[24] BGHZ 37, 319, 329; *Lange/Kuchinke* § 7 I Fn 32; auf Grund der Umstände des Einzelfalls verneint dies aber BGH NJW 1996, 1062, 1065.
[25] OLG Kassel JW 1931, 1383: auch wenn Minderjähriger durch körperliche Gebrechen an der persönlichen Abgabe gehindert.
[26] MünchKommBGB/*Strobel* Rn 8; *Staudinger/Schotten* Rn 28; *Hahn* FamRZ 1991, 27, 29.
[27] *Cypionka* DNotZ 1991, 571, 586; *Staudinger/Schotten* Rn 31.
[28] PWW/*Deppenkemper* Rn 3.
[29] MünchKommBGB/*Strobel* Rn 10.

funktion) und die Sicherung des Beweises über Abschluss und Inhalt des Erbverzichts als weit reichende Verzichtserklärung (Beweisfunktion)[1]. § 2348 gilt für alle Erbverzichtsverträge, also auch für den Pflichtteilsverzicht und Zuwendungsverzicht sowie für die Aufhebung solcher Verzichte (§ 2351).

II. Einzelheiten zur Beurkundungspflicht

2 Das **Beurkundungsverfahren** richtet sich nach den §§ 8 ff BeurkG, nicht aber nach den §§ 27 ff BeurkG, da der Erbverzicht keine Verfügung von Todes wegen ist. Die Beurkundung im Rahmen eines **Prozessvergleichs** ersetzt dabei die gerichtliche Beurkundung (§ 127 a); jedoch ist auch hier § 2347 Abs 2 S 1 zu beachten (§ 2347 Rn 7). Bei einem **bedingten Erbverzicht** muss die Bedingung als Teil der Verfügung in der notariellen Urkunde einen – wenn auch nur unvollkommenen – Ausdruck gefunden haben[2]. Mit der Annahme eines stillschweigenden Erb- oder Pflichtteilsverzichts sollte man äußerst zurückhaltend sein (§ 2346 Rn 8).

3 Wird der Erbverzicht **mit** einem **anderen Rechtsgeschäft** (zB Ehevertrag, Erbvertrag) in der gleichen Urkunde abgeschlossen, so sind die für dieses geltenden Formvorschriften einzuhalten, aber auch §§ 2347, 2348. Eine eventuelle Formerleichterung des anderen Rechtsgeschäfts ist insoweit für den Verzicht unerheblich[3]. Auf das **schuldrechtliche Grundgeschäft**, durch das sich jemand zum Abschluss des Erbverzichts verpflichtet (§ 2346 Rn 26 ff), ist im Allgemeinen **§ 2348 entsprechend** anwendbar. Dies gebietet der Normzweck, da sonst auf Grund eines formlos abgeschlossenen Vertrags auf Abgabe des Erbverzichts geklagt werden könnte (§ 894 ZPO) und damit die Formzwecke umgangen würden[4]. Dagegen findet § 2348 ausnahmsweise dann keine Anwendung, wenn keine Verpflichtung zur Abgabe eines Erbverzichts vereinbart wird, sondern es sich allein um eine Rechtsgrundabrede hierfür handelt[5]. Ansonsten gebietet der Normzweck, insbes die Notwendigkeit der Belehrung über den Risikocharakter des Rechtsgeschäfts, dass das Formerfordernis der notariellen Beurkundung den gesamten Vertragsinhalt des schuldrechtlichen Kausalgeschäfts erfasst[6], wobei hinsichtlich des Umfangs der Beurkundungspflicht die zu § 311 b Abs 1 entwickelten Grundsätze entsprechend herangezogen werden können. Daneben kann das Kausalgeschäft auch noch **anderen Formvorschriften** unterliegen, etwa den §§ 311 b, 518, § 15 Abs 1 S 1 GmbHG.

4 Eine **Umdeutung** (§ 140) ist nur zulässig, soweit damit nicht ebenfalls die Normzwecke des § 2348 umgangen würden[7]; möglich ist aber uU die Umdeutung in eine Enterbung oder – beim fehlgeschlagenen Zuwendungsverzicht – in einen Widerruf der Verfügung von Todes wegen, sowie dem keine erbrechtliche Bindung entgegensteht. § 2348 gilt auch entsprechend für die Verpflichtung, einen Pflichtteilsanspruch nicht geltend zu machen[8]. Für eine **nachträgliche Genehmigung** durch den Verzichtenden (§ 182 Abs 2) findet § 2348 keine Anwendung[9]; entsprechendes gilt wegen § 167 Abs 2 grds auch für eine **Vollmacht**[10]. Wird die Vollmacht aber **unwiderruflich** erteilt, dann wird der Vollmachtgeber rechtlich und tatsächlich in gleicher Weise wie durch das Hauptgeschäft gebunden, so dass zur Verhinderung der Umgehung des Formzwangs entsprechend den allgemeinen vollmachtsrechtlichen Grundsätzen wegen der Warnfunktion des § 2348 die Vollmacht der Form des § 2348 bedarf[11], ja sich das Formgebot auch hier auf das zu Grunde liegende Rechtsgeschäft, regelmäßig einen Auftrag (§ 667) erstreckt[12].

5 Gleichzeitige Anwesenheit ist nicht erforderlich, auch nicht wegen § 2347 Abs 2, so dass sukzessiver Vertragsschluss durch getrenntes **Angebot und Annahme** möglich ist (§ 128);[13] mit Beurkundung der Annahmeerklärung kommt der Erbverzicht zu Stande, ohne dass der Anbietende Kenntnis von der Annahme erlangt haben muss (§ 152 S 1). Jedoch muss die Beurkundung der Annahme **beim Erbverzicht** aus Gründen der Rechtsklarheit **vor dem Eintritt des Erbfalls** erfolgt sein, da dann die Erbfolge

---

[1] AnwK-BGB/*Beck/Ullrich* Rn 1; *Staudinger/Schotten* Rn 2; *MünchKommBGB/Strobel* Rn 1.
[2] BayObLGZ 1995, 29, 32 = NJW-RR 1995, 648; *Soergel/Damrau* Rn 6; *Staudinger/Schotten* Rn 8; *Keller* ZEV 2005, 229, 230; jurisPK/*Hau* Rn 2.
[3] *Damrau/Mittenzwei* Rn 1; *Staudinger/Schotten* Rn 7; *Soergel/Damrau* Rn 3.
[4] KG OLGZ 1974, 263, 265; LG Bonn ZEV 1999, 256, 257; PWW/*Deppenkemper* Rn 1; ausf *Keller* ZEV 2005, 229, 231; AnwK-BGB/*Beck/Ullrich* Rn 1; *Reul* MittRhNotK 1997, 373, 377; *Damrau* Erbverzicht S 132; ders NJW 1984, 1163 f; *Groll/Muscheler* B XV Rn 127; RGRK/*Johannsen* Rn 3; *Staudinger/Schotten* Rn 10 mwN; MünchKommBGB/*Strobel* Rn 2; aA *Kuchinke* NJW 1983, 2358; *Lange*, FS Nottarp, S 119, 127; *Lange/Kuchinke* § 7 I 5 b; offen gelassen von BGHZ 37, 319, 328; BGH NJW 1996, 1062.
[5] *Keller* ZEV 2005, 229, 231.
[6] *Keller* ZEV 2005, 229, 231 f.
[7] *Kuchinke* NJW 1983, 2358, 2360 f; *Staudinger/Schotten* § 2346 Rn 114.
[8] KG OLGZ 1974, 263, 265; MünchKommBGB/*Strobel* Rn 8.
[9] *Staudinger/Schotten* Rn 9; *Soergel/Damrau* § 2347 Rn 2; *J. Mayer* MittBayNot 1997, 85, 87 zur Vollmachtsbestätigung.
[10] AnwK-BGB/*Beck/Ullrich* Rn 4; PWW/*Deppenkemper* § 2347 Rn 2; *Staudinger/Schotten* Rn 9; *Soergel/Damrau* § 2347 Rn 2; entgegen jurisPK/*Hau* Rn 2 ist dies dem Grundsatz nach nicht str.
[11] AK/*Teubner* § 2347 Rn 4; *Staudinger/Schotten* Rn 9; allg hierzu *Staudinger/Wufka* § 311 b Rn 136 f; MünchKommBGB/*Schramm* § 167 Rn 19; *Palandt/Heinrichs* § 167 Rn 2; PWW/*Frensch* § 167 Rn 11 f; *Staudinger/Schilken* § 167 Rn 26.
[12] So zu § 311 b BayObLG NJW-RR 1996, 848; zutr betont *Staudinger/Wufka* § 311 b Rn 141 ff, dass die Frage der Formbedürftigkeit der Vollmacht ein Problem der Formbedürftigkeit des der Vollmacht zugrundeliegenden Rechtsgeschäfts.
[13] RG JW 1909, 139; ausf *Staudinger/Schotten* Rn 12; AnwK-BGB/*Beck/Ullrich* Rn 3; MünchKommBGB/*Strobel* Rn 3; *Soergel/Damrau* Rn 1; inzident auch BGH NJW 1996, 1062.

im Wesentlichen feststehen muss; § 153 gilt insoweit hier nicht[14]. Beim reinen Pflichtteilsverzicht ist diese Abweichung vom allgemeinen Vertragsrecht nicht erforderlich, da es hier nur um das Bestehen eines schuldrechtlichen Anspruchs geht (§ 2346 Rn 7)[15].

III. Rechtsfolgen von Formmängeln

Wird die Form des § 2348 für den (abstrakten) **Erbverzicht** nicht eingehalten, ist er gemäß § 125 **unheilbar nichtig**[16]. Wegen des Erfordernisses besonderer Rechtssicherheit und des Grundsatzes der Formenstrenge im Erbrecht kann allenfalls in äußersten Ausnahmefällen die Berufung auf die Formnichtigkeit gegen § 242 verstoßen[17]. Auch soweit hiermit ein formnichtiges Grundstücksgeschäft verbunden ist, das nach § 311 b Abs 1 S 2 mit Eintragung im Grundbuch geheilt wird, erstreckt sich diese Heilungswirkung nicht auf die Erbverzichts[18]. Ein **formnichtiges Verpflichtungsgeschäft** zum Abschluss eines Erbverzichts (§ 2346 Rn 26) wird demgegenüber nach ganz hM geheilt, wenn der (abstrakte) Erbverzicht formgerecht erklärt wird, was mit einer Gesamtanalogie zu den §§ 311 b Abs 1 S 2, 518 Abs 2, 766 S 2, § 15 Abs 4 GmbHG, der Sicherung der sachkundigen Beratung anlässlich der Beurkundung des Erbverzichts und dem Bedürfnis nach Rechtssicherheit begründet wird[19]. Soweit auf das Kausalgeschäft **mehrere Formvorschriften** anwendbar sind (Rn 3) müssen **alle Formerfordernisse** erfüllt sein. Tritt eine Konvaleszenz nur bezüglich eines Formfehlers ein, also etwa nach § 311 b Abs 1 S 2 bezüglich der vereinbarten Grundstücksübereignung, so erstreckt sich die Heilungswirkung nicht auf die anderen Formfehler, so dass idR der gesamte schuldrechtliche Vertrag nach § 139 nichtig ist[20].

§ 2349 Erstreckung auf Abkömmlinge

Verzichtet ein Abkömmling oder ein Seitenverwandter des Erblassers auf das gesetzliche Erbrecht, so erstreckt sich die Wirkung des Verzichts auf seine Abkömmlinge, sofern nicht ein anderes bestimmt wird.

Die Bestimmung ist eine Ausnahmevorschrift[1]. Der Erbverzicht eines Abkömmlings oder Seitenverwandten soll sich grds auf den ganzen Stamm des Verzichtenden erstrecken, also auf dessen vorhandene oder künftige Abkömmlinge, ohne dass der Verzichtende in deren Namen oder Vertretung handeln müsste[2]. Dem liegt die Überlegung zu Grunde, dass mit dem Erbverzicht häufig eine Abfindung an den Verzichtenden verbunden ist, die eine Vorwegnahme der Erbfolge darstellt und zu einer **Doppelbegünstigung** des Stammes des Verzichtenden führen würde, wenn der Verzicht nicht auch gegen seine Abkömmlinge wirken würde. Jedoch ist die Anwendung der Vorschrift nicht auf diesen Fall begrenzt, so dass sie grds auch bei einem Erbverzicht ohne Abfindung eingreift[3]. Die Erstreckungswirkung tritt auch beim reinen **Pflichtteilsverzicht** ein[4]. Sie hat sich in der Praxis bewährt[5] und vermeidet die Probleme, die den Zuwendungsverzicht im Rechtsverkehr zu einem weitgehend untauglichen Mittel machen (§ 2352 Rn 19 ff). Es handelt sich um keine Auslegungsregel, sondern eine **Dispositivnorm,** weil die Erstreckungswirkung unabhängig vom Willen des Verzichtenden eintritt[6].

---

[14] BGHZ 134, 60 = NJW 1997, 521 zum Pflichtteilsverzicht; MünchKommBGB/*Strobel* Rn 3; *Staudinger/Schotten* Rn 14.
[15] *J. Mayer* MittBayNot 1997, 85; *Muscheler* JZ 1997, 853; aA BGHZ 134, 60 = NJW 1997, 521.
[16] AllgM, jurisPK/*Hau* Rn 4; *Staudinger/Schotten* Rn 16.
[17] OLG Köln NJW-RR 2006, 225, 226; PWW/*Deppenkemper* Rn 2; generell gegen die Korrektur von Formmängeln über § 242 im Erbrecht OLG Stuttgart NJW 1989, 2700, 2701 für einen Erb- oder Erbverzichtsvertrag; *Palandt/Heinrichs* § 125 Rn 17; abw MünchKommBGB/*Einsele* § 125 Rn 62 mwN.
[18] KG JFG 7, 133; OLG Düsseldorf NJW-RR 2002, 584; MünchKommBGB/*Strobel* Rn 5; *Staudinger/Schotten* Rn 16 mwN.
[19] LG Bonn ZEV 1999, 356, 357; AnwK-BGB/*Beck/Ullrich* Rn 7; *Damrau* Erbverzicht S 134; *ders* NJW 1984, 1163, 1164; *Damrau/Mittenzwei* Rn 2; *Groll/Muscheler* B XV Rn 127; jurisPK/*Hau* Rn 4; PWW/*Deppenkemper* § 2346 Rn 13; *Soergel/Damrau* Rn 5; MünchKommBGB/*Strobel* Rn 5; *Staudinger/Schotten* Rn 17 mwN; gegen die Gesamtanalogie wegen der unterschiedlichen Heilungszwecke, aber für Einzelanalogie zu § 311 b Abs 1 S 2 *Keller* ZEV 2005, 229, 233; dies überrascht, weil dies beim Erbschaftskauf anders gesehen und dort stärker problematisch wird, vgl § 2371 Rn 16; die Kautelarpraxis warnend daher *Langenfeld* Testamentsgestaltung, 3. Aufl 2002, Rn 124.
[20] *Keller* ZEV 2005, 229, 234 f mit Beispielen; AnwK-BGB/*Beck/Ullrich* Rn 7; *Groll/Muscheler* B XV Rn 128; *Staudinger/Schotten* Rn 18; *Kuchinke* NJW 1983, 2358, 2360; teilweise anders *Soergel/Damrau* Rn 5; *Damrau* NJW 1984, 1163, 1164: Gesamtheilung, wenn Heilung des Rechtsgeschäfts eintritt, das den strengeren Formanforderungen stellt und dessen Schutzzwecke auch die dessen anderen mitumfassen; hierzu, insbes im Zusammenhang mit dem Leibrentenversprechen nach § 761 *Keller* aaO.
[1] *Soergel/Damrau* Rn 1; *Staudinger/Schotten* Rn 2.
[2] Ausdrückliches Handeln in Vertretung der Abkömmlinge ist zwar möglich, aber idR nicht zweckmäßig, *Staudinger/Schotten* Rn 6.
[3] AllgM, *Baumgärtel* DNotZ 1959, 63, 64; jurisPK/*Hau* Rn 1; *Staudinger/Schotten* Rn 3.
[4] *Baumgärtel* DNotZ 1959, 63, 65; *Damrau/Mittenzwei* Rn 2; MünchKommBGB/*Strobel* Rn 5; *Soergel/Damrau* Rn 1; *Staudinger/Schotten* Rn 11.
[5] *Baumgärtel* DNotZ 1959, 63, 64; *Staudinger/Schotten* Rn 4.
[6] MünchKommBGB/*Strobel* Rn 2; *Regler* DNotZ 1970, 646, 647; *Staudinger/Schotten* Rn 14; *Muscheler* ZEV 1999, 49, 50 m ausf Darstellung der dogmatisch-konstruktiven Erklärungsmöglichkeiten zu den Wirkungen des § 2349; *Quantius* S 16.

§ 2350 Buch 5. Abschnitt 7. Erbverzicht

2   Wird der Erb- oder Pflichtteilsverzicht wieder **aufgehoben** (§ 2351), wirkt dies auch zu Gunsten der Abkömmlinge des Verzichtenden. Auch kann durch Vertrag zwischen dem Erblasser und dem Verzichtenden nachträglich die Erstreckungswirkung des § 2349 eingeschränkt oder aufgehoben werden[7], jedoch ist auch hier § 2351 zu beachten[8]. Ob eine solche Vereinbarung auch direkt zwischen Erblasser und den Abkömmlingen des Verzichtenden möglich ist, ist str (vgl § 2351 Rn 6).

3   **§ 2349 gilt nicht**, wenn im Verzichtsvertrag eine abweichende Regelung getroffen wurde (vgl HS 2), was grds auch im Wege der Auslegung ermittelt werden kann[9]. Die Erstreckung der Verzichtswirkung kann auch nur hinsichtlich einzelner Abkömmlinge eingeschränkt werden[10]. § 2349 gilt weiter nicht für einen Erbverzicht der **Vorfahren** (Eltern) oder des **Ehegatten**; deren Verzicht erstreckt sich nicht vertraglich auf deren Abkömmlinge, sondern es ist insoweit ein eigener Verzicht erforderlich[11].

4   Im Einzelfall kann die sich aus § 2349 ergebende Erstreckungswirkung als **missbräuchliche Gestaltung** nach § 138 unwirksam sein. Als Beispiel wird genannt, dass ein todkranker Verzichtender allein deshalb einen Erbverzicht abgibt, um das selbstständige gesetzliche Erbrecht seiner Abkömmlinge auszuschalten[12]. Daher ist auch die Wirksamkeit eines Pflichtteilsverzichts fraglich, der nur gelten soll, wenn der Verzichtende vor dem Erblasser verstirbt, da hier nur die Erstreckungswirkung zu Lasten der Abkömmlinge nach § 2349 gewollt ist[13].

§ 2350 Verzicht zugunsten eines anderen

(1) **Verzichtet jemand zugunsten eines anderen auf das gesetzliche Erbrecht, so ist im Zweifel anzunehmen, dass der Verzicht nur für den Fall gelten soll, dass der andere Erbe wird.**

(2) **Verzichtet ein Abkömmling des Erblassers auf das gesetzliche Erbrecht, so ist im Zweifel anzunehmen, dass der Verzicht nur zugunsten der anderen Abkömmlinge und des Ehegatten des Erblassers gelten soll.**

I. Normzweck, Anwendungsbereich

1   Ein Erbverzicht kann vom Verzichtenden ohne jede Bedingung erklärt werden (sog absoluter Erbverzicht); ihm ist in diesem Fall auch gleichgültig, wer an seiner Stelle der Erbe wird. Die Vorschrift enthält demgegenüber zwei **Auslegungsregeln**[1] für einen **relativen Erbverzicht**, wenn der Verzicht nur zu Gunsten bestimmter Personen erklärt wird. **Abs 1** bestimmt dabei, welche rechtlichen Wirkungen einem solchen Verzicht zukommen, betrifft also die Rechtsfolgenseite, während **Abs 2** hinsichtlich der Tatbestandsseite regelt, wann von einem solch relativen Verzicht auszugehen ist, wenn der Vertrag hierzu keine Regelung enthält[2]. Durch die Auslegungsregel des Abs 2 soll **verhindert** werden, dass durch den Verzicht der Abkömmlinge **Verwandte anderer Erbfolgeordnungen** oder gar der Fiskus **begünstigt** werden[3].

2   Die Auslegungsregeln des § 2350 greifen aber erst dann ein, wenn die Ermittlung des tatsächlichen Willens der Vertragsteile erfolglos blieb[4]. Sie gelten **nicht** für den bloßen **Pflichtteilsverzicht** (§ 2346 Abs 2), weil dieser – anders als der Erbverzicht nach § 2310 S 2 – keinen Einfluss auf die Erb- und Pflichtteilsrechte anderer hat und deshalb nicht iS des Abs 1 zugunsten eines anderen abgegeben werden kann[5]. Jedoch kann bei diesem durch ausdrückliche Vereinbarung einer Bedingung der Verzicht dahingehend eingeschränkt werden, dass nur bestimmte Erben von der Pflichtteilslast befreit sein sollen[6]. Auf den **Zuwendungsverzicht** sind die Auslegungsregeln des § 2350 ebenfalls nicht anwendbar, da § 2352 S 3 nicht hierauf verweist[7].

---

[7] AnwK-BGB/*Beck/Ullrich* Rn 4; *Kuchinke* ZEV 2000, 169, 172; *Staudinger/Schotten* Rn 16; *Quantius* S 37.
[8] RGRK/*Johannsen* Rn 3; *Staudinger/Schotten* Rn 16.
[9] Restriktiv aber im Hinblick auf den Charakter als Dispositivnorm *Staudinger/Schotten* Rn 15; großzügiger MünchKommBGB/*Strobel* Rn 6; *Lange/Kuchinke* § 7 III 1 b.
[10] *Kuchinke* ZEV 2000, 169 Fn 3; MünchKommBGB/*Strobel* Rn 6; *Soergel/Damrau* Rn 3; AK/*Teubner* Rn 2; PWW/*Deppenkemper* Rn 2; aA AnwK-BGB/*Beck/Ullrich* Rn 3; *Staudinger/Schotten* Rn 14; *Quantius* S 127 f: nicht zulässig, da die Norm immer die Ausschaltung des ganzen Stamm bezwecke.
[11] AnwK-BGB/*Beck/Ullrich* Rn 8; MünchKommBGB/*Strobel* Rn 3; *Soergel/Damrau* Rn 3; *Staudinger/Schotten* Rn 8; *Regler* DNotZ 1970, 646, 647 ff; jetzt auch *Lange/Kuchinke* § 7 III 1 b.
[12] *Staudinger/Schotten* Rn 4; zu zulässigen Gestaltungsüberlegungen *Stanovsky* BWNotZ 1974, 104, 105, insbes zur Ausschaltung des sog „lästigen Enkels"; hierzu auch Handbuch Pflichtteilsrecht/*J. Mayer* § 12 Rn 61.
[13] Gutachten DNotI-Report 2007, 73, 75.
[1] MünchKommBGB/*Strobel* Rn 1; *Staudinger/Schotten* Rn 2.
[2] Zust *Staudinger/Schotten* Rn 2; MünchKommBGB/*Strobel* Rn 1.
[3] MünchKommBGB/*Strobel* Rn 10; *Staudinger/Schotten* Rn 3.
[4] BGH NJW 2008, 298 m Anm *Zimmer*.
[5] AllgM, AnwK-BGB/*Beck/Ullrich* Rn 2; *Palandt/Edenhofer* Rn 1; PWW/*Deppenkemper* Rn 1; *Staudinger/Schotten* Rn 5; zweifelnd aber *Frenz*, FS DAI, 2003, S 387, 390, der auf die wirtschaftliche Entlastung durch den Pflichtteilsverzicht abstellt; offen lassend BGH NJW 2008, 298.
[6] AnwK-BGB/*Beck/Ullrich* Rn 2; MünchKommBGB/*Strobel* Rn 2; zu Gestaltungsüberlegungen *Frenz*, FS DAI, 2003, S 387, 389.
[7] Für Abs 2 ist dies allgM, vgl MünchKommBGB/*Strobel* Rn 3. Für Abs 1 ebenso AnwK-BGB/*Beck/Ullrich* Rn 11; MünchKommBGB/*Strobel* Rn 3 und § 2352 Rn 5; *Jackschath* MittRhNotK 1977, 117, 119; *Kornexl*

II. Erbverzicht zu Gunsten eines anderen (Abs 1)

Abs 1 regelt den Fall, dass der Erbverzicht zu Gunsten einer bestimmten anderen Person oder Personenmehrheit erklärt wird; der Kreis der Begünstigten muss dabei wenigstens bei Eintritt des Erbfalls objektiv bestimmbar sein[8]. Dabei genügt, dass sich die Begünstigten erst durch Auslegung ermitteln lassen; jedoch ist Abs 1 nicht anwendbar, wenn zu Gunsten einer vom Erblasser erst in Zukunft zu benennenden Person verzichtet wird[9]. Die **Begünstigungsabsicht** muss sich aus dem Verzichtsvertrag selbst ergeben, zumindest durch Auslegung[10]; ausnahmsweise kann aber Abs 2 eingreifen.

Bei Vorliegen einer entsprechenden Begünstigungsabsicht steht der Erbverzicht unter der **aufschiebenden Bedingung**[11], dass der Begünstigte an Stelle des Verzichtenden der Erbe oder Miterbe des Erblassers wird. Dabei genügt die Berufung zum Vorerben, nicht aber die zum Nacherben. Beschränkungen oder **Beschwerungen** zu Lasten des Erbteils des Begünstigten hindern den Bedingungseintritt dann, wenn die Auslegung ergibt, dass auf Grund einer wirtschaftlichen Betrachtungsweise die vom Verzichtenden zugedachte Begünstigung in nicht gewollter Weise beseitigt wird[12]. Weiter ist erforderlich, dass der Begünstigte **an Stelle des Verzichtenden** der **Erbe** oder Miterbe wird, also gleichsam in die Rechtsstellung des verzichtenden Erben nachrückt. Hierzu ist erforderlich, dass der zum Verzichtenden bei gesetzlicher Erbfolge an sich zufallende Erbteil voll und ungeschmälert dem Begünstigten zugute kommt[13]. Die zur Umsetzung der beabsichtigten Begünstigung erforderliche Erbfolge kann dabei kraft Gesetzes oder aber auch durch Verfügung von Todes wegen eintreten. Jedoch kommt dem relativen Erbverzicht selbst **keine unmittelbar übertragende,** das Erbrecht des Begünstigten begründende oder vergrößernde **Wirkung** zu (str)[14]. Denn die von § 2346 Abs 1 S 2 als Rechtsfolge des Erbverzichts angeordnete „Vorversterbensfiktion" hat nur negative Wirkung und verhindert nur den Anfall beim Verzichtenden; etwas anderes wäre systemfremd. Es bedarf daher einer weiteren Zuwendung durch den Erblasser mittels eigener Verfügung von Todes wegen.

Beispiel: Von den drei Kindern A, B und C verzichtet A zu Gunsten des Bruders B auf seinen gesetzlichen Erbteil gegenüber dem Vater. Die Bedingung für den Erbverzicht tritt nach der hier vertretenen Meinung gemäß § 2350 Abs 1 nur dann im vollen Umfang ein, wenn der Begünstigte B durch entsprechende Verfügung von Todes wegen zu $2/3$ Erbe des Vaters wird[15]. Nach der Gegenmeinung, die dem relativen Erbverzicht eine übertragende Wirkung beimisst, würde B auf Grund des reinen Erbverzichts kraft Gesetzes im Wege der Anwachsung der Erbteil des A zufallen.

Wird die Bedingung nur **teilweise erfüllt,** wenn also der Begünstigte nur teilweise Erbe wird, so ist der Erbverzicht teilweise wirksam, teilweise aber unwirksam[16], was zu überraschenden Ergebnissen führt.

Im obigen Beispiel (Rn 4) zielte die Begünstigungsabsicht dahin, dass B zu $1/3$ (eigener Erbteil) + $1/3$ (Erbteil des A) = $2/3$ Erbe werden sollte. Wegen der fehlenden übertragenden Wirkung könnte B aber auf Grund des Erbverzichts nur zu $1/2$ Erbe werden. Die Bedingung trat also nur zur Hälfte (= $1/6$ Erbteil) ein. Der Erbverzicht ist daher auch nur zur Hälfte wirksam[17]. Die Erbfolge lautet daher: B $1/2$ C $1/3$ (unverändert), A $1/6$ (infolge teilwirksamen Verzichts).

Sollten **mehrere Personen** durch den Erbverzicht begünstigt werden, so ist es eine Frage der Auslegung, ob die Bedingung für die Wirksamkeit des Erbverzichts auch dann eintreten soll, wenn nur einer oder nur Einzelne der Begünstigten an Stelle des Verzichtenden Erbe werden[17]. Im Zweifelsfall ist allerdings davon auszugehen, dass der Verzicht nur dann unwirksam ist, wenn alle Begünstigten als Erben weggefallen sind; insoweit ist zunächst die Anwachsung des dem Weggefallenen zugedachten Erbteils an die verbleibenden Begünstigten anzunehmen[18].

Rn 444 ff mwN; *Schlüter* Rn 408; teilweise wird jedoch eine analoge Anwendung befürwortet, so etwa OLG Hamm OLGZ 1982, 272, 273; *Soergel/Damrau* § 2352 Rn 2; *Staudinger/Schotten* § 2352 Rn 17; *Lange/Kuchinke* § 7 III 2 c mwN in Fn 85.

[8] MünchKommBGB/*Strobel* Rn 4; *Soergel/Damrau* Rn 1.
[9] MünchKommBGB/*Strobel* Rn 4; *Staudinger/Schotten* Rn 8.
[10] KG JFG 20, 160, 163: Erbverzicht wird zugunsten der Abkömmlinge des Verzichtenden erklärt.
[11] MünchKommBGB/*Strobel* Rn 6; *Staudinger/Schotten* Rn 11; *Lange/Kuchinke* § 7 III 1 c; für auflösende Bedingung *Palandt/Edenhofer* Rn 2.
[12] AnwK-BGB/*Beck/Ullrich* Rn 4; *Staudinger/Schotten* Rn 19; MünchKommBGB/*Strobel* Rn 8; *Kuchinke*, FS Kralik, 1986, S 451, 457 f; aA AK/*Teubner* Rn 7.
[13] *Staudinger/Schotten* Rn 13; *Kuchinke*, FS Kralik, 1986, S 451, 456; aA *Palandt/Edenhofer* Rn 2.
[14] KG OLGE 46, 240 f; OLG München JFG 15, 364, 365; OLG Hamm OLGZ 1982, 272, 275 obiter dictum; AnwK-BGB/*Beck/Ullrich* Rn 4 f; *Damrau/Mittenzwei* Rn 2; jurisPK/*Hau* Rn 4; MünchKommBGB/*Strobel* Rn 9; *Soergel/Damrau* Rn 3; *Staudinger/Schotten* Rn 14; *Lange/Kuchinke* § 7 III 1 c; *Kuchinke*, FS Kralik, 1986, S 451, 464; *Nieder* Handbuch Rn 1147; *Reul* MittRhNotK 1997, 373, 379 f; aA KG JFG 23, 179 ff = DNotZ 1942, 148; *Palandt/Edenhofer* Rn 2; RGRK/*Johannsen* Rn 6; AK/*Teubner* Rn 9; *Erman/Schlüter* Rn 3; *Kipp/Coing* § 82 II 6; PWW/*Deppenkemper* Rn 2.
[15] Die erforderliche Zuwendung kann aber uU bereits im Zusammenhang mit dem erklärten Erbverzicht getroffen werden, wenn dieser eine formwirksame Verfügung von Todes wegen enthält, ja sich auch durch Auslegung dieser Urkunde ergeben; vgl auch MünchKommBGB/*Strobel* Rn 6.
[16] KG OLGE 46, 240, 241; *Staudinger/Schotten* Rn 17; *Lange/Kuchinke* § 7 III 1 c; *Soergel/Damrau* Rn 3.
[17] *Staudinger/Schotten* Rn 18.
[18] RG LZ 1926, 1006; AnwK-BGB/*Beck/Ullrich* Rn 8; *Staudinger/Schotten* Rn 18; MünchKommBGB/*Strobel* Rn 7; aA *Kuchinke*, FS Kralik, 1986, S 451, 456.

III. Verzicht eines Abkömmlings auf sein gesetzliches Erbrecht (Abs 2)

7   Diese Auslegungsregel betrifft den Fall, dass sich aus dem Verzichtsvertrag weder ausdrücklich noch mittels Auslegung ermitteln lässt, ob der Erbverzicht zu Gunsten einer bestimmten Person, also relativ erklärt wurde. Aus der Gewährung einer Abfindung für den Verzicht kann noch nichts gegen die Anwendung dieser Auslegungsregel hergeleitet werden[19]. Nach der Auslegungsregel des Abs 2 steht der Verzicht eines Abkömmlings auf sein gesetzliches Erbrecht **unter der Bedingung,** dass dieser nur wirksam ist, wenn der gesetzliche Erbteil des Verzichtenden den **übrigen Erben** der ersten Ordnung (§ 1924 – jedoch sind die Abkömmlinge des Verzichtenden idR nach § 2349 ausgeschlossen) oder dem **Ehegatten** des Erblassers zugute kommt. Dem Ehegatten steht nach § 10 Abs 7 LPartG der **gleichgeschlechtliche Lebenspartner** gleich[20]. Aus dem Verzicht sollen demnach die Verwandten der anderen Erbordnungen oder Dritte keinen Vorteil herleiten können. Soweit dies dennoch eintritt, ist der Erbverzicht insoweit (also uU nur teilweise) unwirksam; dann greift Abs 1 ein. Unter Ehegatten iS des Abs 2 ist dabei auch ein Stiefelternteil zu verstehen[21]. Aus dem Normzweck des § 2350 Abs 2 mit der dadurch beabsichtigten Begünstigung des engsten Familienkreises (Rn 1) ergibt sich, dass die Unwirksamkeit des Erbverzichts nur dann eintreten soll, wenn **kraft Gesetzes** andere als die Abkömmlinge, Ehegatten oder gleichgeschlechtliche Lebenspartner zur Erbfolge gelangen. Deutlich wird dies an der Entscheidung des BGH vom 24. 6. 1998[22]. Erbe wurde dort auf Grund Verfügung von Todes wegen ein Abkömmling des Kindes, der einen Erbverzicht abgegeben hatte. Dass der nach § 2350 Abs 2 wirksam gebliebene Erbverzicht über § 2310 S 2 die nicht gewollte Nebenwirkung der Erhöhung des Erb- und Pflichtteils anderer Abkömmlinge hatte, mag für den erbenden Abkömmling wirtschaftlich unangenehm sein, rechtfertigt jedoch noch nicht die Unwirksamkeit des Erbverzichts nach Abs 2[23]. Zudem hat auch hier nach zutreffender Ansicht der **relative Erbverzicht** keine übertragende Wirkung (Rn 4)[24].

§ 2351 Aufhebung des Erbverzichts

Auf einen Vertrag, durch den ein Erbverzicht aufgehoben wird, findet die Vorschrift des § 2348 und in Ansehung des Erblassers auch die Vorschrift des § 2347 Abs. 2 Satz 1 erster Halbsatz, Satz 2 Anwendung.

I. Normzweck, Anwendungsbereich

1   Die Vorschrift eröffnet die Möglichkeit, den Erbverzicht durch einen Aufhebungsvertrag wieder zu beseitigen. Dabei soll der Aufhebungsvertrag in **formeller Hinsicht** soweit wie möglich wie der Erbverzicht behandelt werden[1]. Als „actus contrarius" zum Erbverzicht, der ein **Rechtsgeschäft unter Lebenden** auf den Todesfall ist (§ 2346 Rn 3), ist auch der Aufhebungsvertrag genauso zu qualifizieren[2]. Daher ist auch die Aufhebung eines Erb- oder Pflichtteilsverzichts bei einem durch Erbvertrag gebundenen Erblasser nach **§ 2289 Abs 1 S 2** unwirksam[3]. Der BGH hat aber – wenn auch in einem obiter dictum – auch bei einer „unentgeltlichen" Aufhebung eines Erb- und Pflichtteilsverzichts das Vorliegen einer **Schenkung iS von § 2287** verneint[4], so dass der Erblasser damit seine erbrechtliche Bindung teilweise durchbrechen kann, denn unentgeltliche Zuwendungen an den Pflichtteilsberechtigten stellen bis zur Höhe seines Pflichtteilsanspruchs keine beeinträchtigenden Schenkungen in diesem Sinne dar (§ 2287 Rn 8)[5]. Dem kann nicht gefolgt werden. Denn auch dem Aufhebungsvertrag liegt idR immer ein schuldrechtliches Kausalgeschäft zu Grunde (Rn 2). Auf Grund desselben erhält der Erblasser ohne Gegenleistung an den Verzichtenden auch eine vermögenswerte Position, nämlich ein „Stück Testierfreiheit" wieder, was im Rahmen eines entgeltlichen Erbvertrags sogar Gegenstand einer Leistungskondiktion sein kann (§ 2346 Rn 31). Der Annahme einer Schenkung steht hier auch nicht entgegen, dass es an einer Identität zwischen Entreicherungs- und Bereicherungsgegenstand fehlt, denn dies ist nach neuerer Auffassung gerade nicht erforderlich[6]. Des Weiteren würde die Einordnung des unentgeltlichen Aufhebungsvertrags als Schenkung iS von § 2287 sachgerechte, systemkonforme

---

[19] jurisPK/*Hau* Rn 3; Soergel/*Damrau* Rn 9; Staudinger/*Schotten* Rn 25; aA *Kuchinke*, FS Kralik, 1986, S 451, 454.
[20] AnwK-BGB/*Beck/Ullrich* Rn 10; jurisPK/*Hau* Rn 3; Staudinger/*Schotten* Rn 26; aA *N. Mayer* ZEV 2001, 169, 173.
[21] MünchKommBGB/*Strobel* Rn 11; RGRK/*Johannsen* Rn 5.
[22] BGHZ 139, 116, 119 ff = NJW 1998, 3117.
[23] Unzutr die Kritik von Staudinger/*Schotten* Rn 26 und *Quantius* S 98 Fn 290.
[24] AnwK-BGB/*Beck/Ullrich* Rn 12; jurisPK/*Hau* Rn 4; Staudinger/*Schotten* Rn 27.
[1] Staudinger/*Schotten* Rn 2.
[2] *Quantius*, Die Aufhebung des Erbverzichts, 2001, S 35 f; Staudinger/*Schotten* § 2346 Rn 93; aA *Zellmann*, Dogmatik und Systematik des Erbverzichts …., S 177 ff; *Meincke* DStR 1981, 523, 528.
[3] So aber *Schindler* DNotZ 2004, 824, 830; aA AnwK-BGB/*Kornexl* § 2289 Rn 19; *J. Mayer* in: Reimann/Bengel/*J. Mayer* § 2289 Rn 20 und § 2287 Rn 37 m Fn 202 mwN; für analoge Anwendung des § 2289 hier *Hülsmeier* NJW 1981, 2043; offenlassend jurisPK/*Hau* Rn 8.1.
[4] BGHZ 77, 264, 270 = NJW 1980, 2307; zust etwa *Keim* NotBZ 1999, 1, 7; Staudinger/*Schotten* § 2346 Rn 195; aA *Quantius* S 117 ff zu § 2325.
[5] Eingehend *J. Mayer* in: Reimann/Bengel/*J. Mayer* § 2287 Rn 37.
[6] Vgl etwa Staudinger/*Wimmer-Leonhardt* § 516 Rn 22.

Lösungen liefern, die dem Schutzzweck der Norm entsprechen[7]. § 2351 gilt für den Erb- und **Pflichtteilsverzicht,** nach hM aber auch für den **Zuwendungsverzicht** nach § 2352 (s auch § 2352 Rn 27)[8]. Auch eine **teilweise Aufhebung** ist möglich[9]. Die Vorschrift gilt aber nicht für das dem Erbverzicht zu Grunde liegende **Kausalgeschäft**[10].

II. Die Modalitäten der Aufhebung

1. Form. Der (unmittelbar verfügend wirkende) Aufhebungsvertrag bedarf der **notariellen Beurkundung** (§§ 2351, 2348), sonst ist er nach § 125 **nichtig**[11]. Dem verfügend wirkenden Aufhebungsvertrag liegt regelmäßig ebenfalls ein **Kausalgeschäft** zu Grunde; auch dieses bedarf der gleichen Form[12]. Demgegenüber bedarf die **Aufhebung des Kausalgeschäfts** zum **Erbverzicht** grds keiner Form, solange das Kausalgeschäft noch nicht erfüllt ist und sich die Formbedürftigkeit nicht aus besonderen Vorschriften ergibt. Nach der Erfüllung dieses Kausalgeschäfts zum Erbverzicht bedarf der Aufhebungsvertrag hierzu jedoch der notariellen Beurkundung nach § 2348, um eine Umgehung des für § 2351 geltenden Formgebots im Wege der Klage zu vermeiden, da durch den Wegfall des rechtlichen Grundes sich ein Aufhebungsanspruch nach § 812 Abs 1 S 2, 1. Alt ergeben würde[13]. Auch bei der **Aufhebung des Kausalgeschäfts zum Aufhebungsvertrag** ist ähnlich zu differenzieren[14]: Solange das Kausalgeschäft durch Aufhebung des Erbverzichts noch nicht erfüllt ist, bedarf auch dessen Aufhebung keiner besonderen Form. Nach Erfüllung des Kausalgeschäfts zum Aufhebungsvertrag durch Aufhebung des Erbverzichts würde dessen Aufhebung aber wiederum die Verpflichtung begründen, einen entsprechenden neuen Erbverzicht zu vereinbaren; daher ist hierauf § 2348 entsprechend anzuwenden. Ein demnach formnichtiger schuldrechtlicher Vertrag wird aber durch einen formgerecht erklärten (abstrakten) Aufhebungsvertrag geheilt, was die hM mit einer Gesamtanalogie zu §§ 311 b Abs 1 S 2, 518 Abs 2, 766 S 2 und § 15 Abs 4 GmbHG begründet (s auch § 2348 Rn 5)[15].

2. Persönliche Anforderungen. a) Hinsichtlich der Person des Erblassers. Aus der Verweisung des § 2351 auf § 2347 Abs 2 S 1 HS 1 und S 2 ergibt sich: Der Erblasser kann auch den Aufhebungsvertrag grds nur **zu seinen Lebzeiten**[16] und auch dann nur persönlich abschließen. Auch bei einem **beschränkt geschäftsfähigen** Erblasser ist eine Vertretung durch seinen gesetzlichen Vertreter nicht möglich[17]. Der Minderjährige bedarf hierfür allerdings der Zustimmung seines gesetzlichen Vertreters, da die Wiederherstellung des Erb- und Pflichtteilsrechts des Vertragspartners für ihn ein rechtlicher Nachteil ist[18]; eine **vormundschaftsgerichtliche Genehmigung** ist jedoch nicht erforderlich[19].

Ist der Erblasser **geschäftsunfähig,** so kann nur sein gesetzlicher Vertreter für ihn handeln, bei einem Volljährigen also sein Betreuer (§ 1902), mit entsprechendem Wirkungskreis. Der gesetzliche Vertreter bedarf unter den gleichen Voraussetzungen wie beim Abschluss des Erbverzichts der **vormundschaftsgerichtlichen Genehmigung** (vgl § 2347 Rn 9)[20]. Soweit der Erblasser unter **Betreuung** steht, kann der Betreuer den Aufhebungsvertrag daher nur dann namens des Erblassers abschließen, wenn der Erblasser geschäftsunfähig ist[21]. Der in der Praxis sicherste Weg ist daher, dass sowohl Betreuer wie Erblasser den Aufhebungsvertrag abschließen[22]. Soweit ein **Einwilligungsvorbehalt** (§ 1903) besteht, ist jedoch auch bei einem geschäftsfähigen Erblasser die Zustimmung des Betreuers erforderlich[23].

---

[7] *J. Mayer* ZEV 2005, 176 f; dagegen aber *Schindler* ZEV 2005, 299, dessen Lösungsansatz durch Annahme einer Verfügung von Todes wegen noch gesetzesferner ist.
[8] LG Kempten MittBayNot 1978, 63 m Anm *Büttel*; *Staudinger/Schotten* Rn 3; *MünchKommBGB/Strobel* Rn 1; *Soergel/Damrau* Rn 5; aA *Kornexl* Rn 554 ff.
[9] *Soergel/Damrau* Rn 5; *Staudinger/Schotten* Rn 3 mwN iVm § 2346 Rn 99 und den dort gemachten Einschränkungen.
[10] AnwK-BGB/*Beck/Ullrich* Rn 1; *Staudinger/Schotten* Rn 5.
[11] *Staudinger/Schotten* Rn 28; *Quantius* S 45.
[12] AnwK-BGB/*Beck/Ullrich* Rn 2; *Keim* NotZB 1999, 1, 6; jurisPK/*Hau* Rn 3; *Staudinger/Schotten* Rn 24; MünchKommBGB/*Strobel* Rn 3 Fn 8; *Quantius* S 42 ff.
[13] *Quantius* S 44 Fn 192; *Staudinger/Schotten* Rn 25.
[14] *Staudinger/Schotten* Rn 26; jurisPK/*Hau* Rn 3; *Quantius* S 45; wohl auch AnwK-BGB/*Beck/Ullrich* Rn 2, wobei dort die Zusammenhänge nicht ganz deutlich werden.
[15] *Keim* NotBZ 1999, 1, 6; *Quantius* S 46; *Staudinger/Schotten* Rn 28.
[16] BGHZ 139, 116, 119 = NJW 1998, 3117; AnwK-BGB/*Beck/Ullrich* Rn 3; *Groll/Muscheler* B XV Rn 178; MünchKommBGB/*Strobel* Rn 2; *Quantius* S 55 ff, 76: Aufhebungsbefugnis als höchstpersönliche Rechtsposition; *Staudinger/Schotten* § 2346 Rn 96 mwN.
[17] *Soergel/Damrau* Rn 4; *Staudinger/Schotten* Rn 6.
[18] MünchKommBGB/*Strobel* Rn 3; *Soergel/Damrau* Rn 4; *J. Mayer* ZEV 1996, 127, 129; *Hahn* FamRZ 1991, 27, 29.
[19] *Quantius* S 48 f; *Reul* MittRhNotK 1997, 373, 383; *Soergel/Damrau* Rn 4; MünchKommBGB/*Strobel* Rn 3; *Staudinger/Schotten* Rn 13, der darauf hinweist, dass es sich möglicherweise um ein Redaktionsversehen handelt; für Genehmigungspflicht aber *Keim* NotBZ 1999, 1, 2.
[20] MünchKommBGB/*Strobel* Rn 3; *Staudinger/Schotten* Rn 12.
[21] BayObLG ZEV 2001, 190, 191; *Staudinger/Schotten* Rn 11; *Soergel/Damrau* Rn 2; *Keim* NotBZ 1999, 1, 2 f; *Quantius* S 48.
[22] BayObLG ZEV 2001, 190, 191; AnwK-BGB/*Beck/Ullrich* Rn 4; *Soergel/Damrau* Rn 2; *Staudinger/Schotten* Rn 11.
[23] AnwK-BGB/*Beck/Ullrich* Rn 4; *Staudinger/Schotten* Rn 11.

5 **b) Hinsichtlich der Person des Verzichtenden.** § 2351 enthält hinsichtlich der Vertretungsmöglichkeit für den Verzichtenden keine besondere Regelung. Es gelten daher die zu § 2347 für den Abschluss des Erbverzichts entwickelten Regeln[24]. Der Verzichtende kann sich daher vertreten lassen[25], und zwar auch durch einen Betreuer mit entsprechendem Wirkungskreis[26]. Für einen geschäftsunfähigen Verzichtenden muss dessen gesetzlicher Vertreter handeln. Ein Minderjähriger (§ 106) kann den (verfügenden) Aufhebungsvertrag jedoch grds selbst abschließen, da die Aufhebung durch Wiederherstellung des Erb- und Pflichtteilsrechts für ihn lediglich **rechtlich vorteilhaft** ist (§ 107)[27]. Soweit das **Kausalgeschäft** zum Erbverzicht aufgehoben wird, ist die Rechtslage anders, wenn deshalb Abfindungsleistungen zurückzuwähren sind[28]. Eine vormundschaftsgerichtliche Genehmigung ist für den verfügenden Aufhebungsvertrag zum Erbverzicht nicht erforderlich[29].

6 Nach Ansicht des BGH kann der Aufhebungsvertrag auch **nur zu Lebzeiten des Verzichtenden** abgeschlossen werden, nicht aber nach dessen Tod mit seinen Erben oder seinen Abkömmlingen, auf die sich der Erbverzicht nach § 2349 erstreckt[30]. Der BGH geht dabei von einem unzutreffenden Ausgangspunkt aus: Da es nicht um die Erbfolge nach dem Verzichtenden, sondern nach dem Erblasser geht, muss nicht zum Zeitpunkt des Todes des Verzichtenden, sondern erst im **Erbfall** aus Gründen der Rechtsklarheit feststehen, wer Erbe wird[31]. Veränderungen im Kreis der Erben des Erbfalls sind dem Erbrecht immanent, wie sich etwa aus dem gesetzlichen Eintrittsrecht nach § 1924 Abs 3 ergibt. Daher kann auch die sich aus § 2310 S 2 durch einen Erbverzicht ergebende Erhöhung des Erb- und Pflichtteilsrechts anderer Abkömmlinge vor Eintritt des Erbfalls grds aufgehoben werden, was sich aus § 2351 mit seiner uneingeschränkten Geltung ergibt[32]. Neben der Sache liegt das Argument des BGH, die Abkömmlinge des Verzichtenden dürften nach dessen Tod deren Motive und Interessen nicht „durchkreuzen", denn der Erbverzicht dient allein der Verwirklichung der Interessen des Erblassers und dieser muss sich auf die Aufhebung des Erbverzichts nicht einlassen[33]. Zu klären ist jedoch, wem die **Befugnis** für die Aufhebung des Erbverzichts **nach dem Tod des Verzichtenden** zusteht. Erkennt man die belastende „Drittwirkung", die von einem Erbverzicht nach § 2349 für die Abkömmlinge des Verzichtenden ausgeht, und die quasi einen Erbverzicht der Abkömmlinge des Verzichtenden fingiert, so muss es zumindest nach dem Tod des Verzichtenden dessen **Abkömmlingen** möglich sein, durch Vereinbarung mit dem Erblasser den Erbverzicht aufzuheben[34]. Daneben steht wegen des Grundsatzes der Universalsukzession auch den **Erben des Verzichtenden** das Recht zu, durch Aufhebungsvertrag mit dem Erblasser den Erbverzicht zu beseitigen, zumal sich daraus für die von der Erstreckungswirkung des § 2349 betroffenen Abkömmlinge keine Nachteile ergeben[35]. Wird der Erbverzicht **gegenüber beiden Elternteilen** erklärt, kann nach dem Tod des einen der auf den Nachlass des länger lebenden Ehegatten bezogene Verzicht noch aufgehoben werden[36].

7 **c) Zustimmung Dritter.** Die Zustimmung der Abkömmlinge des Verzichtenden, auf die sich der Verzicht nach § 2349 erstreckte, ist ebenso wenig erforderlich wie die Mitwirkung derjenigen, deren Rechte durch die Aufhebung des Erbverzicht beschränkt werden, weil die zu deren Gunsten zunächst eingetretene Erbteilserhöhung nach § 2310 S 2 wieder beseitigt wird; denn es handelt sich um eine zulässige „Reflexwirkung" des Aufhebungsvertrags[37].

---

[24] AnwK-BGB/*Beck/Ullrich* Rn 5; Staudinger/*Schotten* Rn 16.
[25] jurisPK/*Hau* Rn 7; MünchKommBGB/*Strobel* Rn 3; Staudinger/*Schotten* Rn 17.
[26] Staudinger/*Schotten* Rn 21.
[27] AnwK-BGB/*Beck/Ullrich* Rn 6; Soergel/*Damrau* Rn 4; Staudinger/*Schotten* Rn 19; MünchKommBGB/*Strobel* Rn 3; AK/*Teubner* Rn 4.
[28] Staudinger/*Schotten* Rn 5.
[29] AnwK-BGB/*Beck/Ullrich* Rn 7; Staudinger/*Schotten* Rn 22.
[30] BGHZ 139, 116, 119 ff = NJW 1998, 3117 m zust Anm *Hohloch* JuS 1999, 82 und *Lüdicke* NJ 1998, 651 f und iE *Pentz* JZ 1999, 148; ebenso MünchKommBGB/*Strobel* Rn 2; *Damrau/Mittenzwei* Rn 3; *Kuchinke* ZEV 2000, 169; *Pentz* MDR 1997, 1001; *Wüstenberg* ZEV 1997, 299; *Siegmann* ZEV 1997, 383; *Erman/Schlüter* Rn 1; *Gernhuber* EWiR 1998, 739 mit Bedenken; abl: AnwK-BGB/*Beck/Ullrich* Rn 8; *Muscheler* ZEV 1999, 49; *J. Mayer* MittBayNot 1999, 41; *Quantius* S 76 ff; *Steiner* MDR 1998, 1481; Staudinger/*Schotten* Rn 97 b ff; widersprüchlich Palandt/*Edenhofer* § 2349 Rn 1 (für Zulässigkeit) und § 2351 Rn 1 (gegen Zulässigkeit); offenlassend jurisPK/*Hau* Rn 5; anders auch OLG München ZEV 1997, 299, vom BGH aufgehoben; *Reul* MittRhNotK 1997, 384. *Harder* LM Nr 2 hält Aufhebungsvereinbarung zwischen Erblasser und den Erben des Verzichtenden für möglich und hierüber habe der BGH nicht entschieden, was aber nicht zutrifft, wie sich aus dem Leitsatz und den Gründen (etwa S 119: Aufhebung nur durch die Vertragsschließenden selbst und zu deren Lebzeiten) ergibt.
[31] Staudinger/*Schotten* § 2346 Rn 97 b.
[32] *Steiner* MDR 1998, 1481; *J. Mayer* MittBayNot 1999, 41, 42; *Quantius* S 102 f.
[33] Staudinger/*Schotten* § 2346 Rn 97 b; *Quantius* S 92 f.
[34] *Muscheler* ZEV 1999, 49, 51; Staudinger/*Schotten* Rn 97 d, wobei von beiden die Aufhebung der Erstreckungswirkung sogar nur zu Lebzeiten des Erblassers zugelassen wird.
[35] Ebenso *Muscheler* ZEV 1999, 49, 52; aA Staudinger/*Schotten* Rn 97 d, wonach nur die von der *Erstreckungswirkung* betroffenen Abkömmlinge zur Aufhebung befugt seien; für Aufhebungsbefugnisse der Abkömmlinge *J. Mayer* MittBayNot 1999, 41, 43; *Harder* LM Nr 2; wiederum anders *Quantius* S 121 ff, 125: Aufhebungsbefugnis nur für die Erben des Verzichtenden, die zugleich auch Abkömmlinge sind.
[36] OLG Köln OLGR 1992, 321; AnwK-BGB/*Beck/Ullrich* Rn 9.
[37] AnwK-BGB/*Beck/Ullrich* Rn 10; MünchKommBGB/*Strobel* Rn 2; *Quantius* S 102 f; Soergel/*Damrau* Rn 5; Palandt/*Edenhofer* Rn 1; Staudinger/*Schotten* § 2346 Rn 98.

III. Wirkungen

Der **Aufhebungsvertrag beseitigt** den Erb- und Pflichtteilsverzicht so, als ob der Verzicht niemals **8**
erfolgt sei[38]. Das gesetzliche Erbrecht des Verzichtenden tritt aber nur ein, wenn nicht anderweitig vom Erblasser testiert wurde. Auf alle Fälle erlangt ein Pflichtteilsberechtigter idR wieder sein Pflichtteilsrecht, wenn nicht Pflichtteilsentziehungsgründe vorliegen[39]. Auch wird die zunächst durch den Erbverzicht nach § 2310 S 2 eingetretene Erhöhung des Erb- und Pflichtteils Dritter wieder beseitigt[40]. Soweit der Erblasser aber erbrechtlich gebunden ist, kann er wegen dieser Aufhebungswirkung **nicht** nach §§ 2079, 2281, 2285 den Erbvertrag oder das gemeinschaftliche Testament anfechten, um seine Testierfreiheit wieder zu erlangen. Denn § 2079 ist seinem Normzweck nach auf solche Situationen nicht anzuwenden[41]. Zur Aufhebung des Zuwendungsverzichts s § 2352 Rn 28.

Die **Verpflichtung zur Rückzahlung** einer für den Erbverzicht geleisteten Abfindung richtet sich **9**
nach der hM nach der Art der Leistungsverknüpfung. Bestand eine **synallagmatische Abfindungsvereinbarung** in Form eines schuldrechtlichen Kausalgeschäfts, wird auch dieses – zumindest konkludent – aufgehoben sein[42], so dass sich der Rückforderungsanspruch aus § 812 Abs 1 S 2 Alt 1 ergibt[43]. Bei einer **konditionalen** Leistungsverknüpfung ist § 812 Abs 1 S 2 Alt 2 die Anspruchsgrundlage[44]. Auf alle Fälle ist diesbezüglich eine vertragliche Regelung dringend geboten[45].

§ 2352 Verzicht auf Zuwendungen

[1]Wer durch Testament als Erbe eingesetzt oder mit einem Vermächtnis bedacht ist, kann durch Vertrag mit dem Erblasser auf die Zuwendung verzichten. [2]Das Gleiche gilt für eine Zuwendung, die in einem Erbvertrag einem Dritten gemacht ist. [3]Die Vorschriften der §§ 2347, 2348 finden Anwendung.

Übersicht

	Rn		Rn
I. Normzweck	1	1. Vertragsmäßige Zuwendungen	10
II. Gegenstand des Zuwendungsverzichts	2	2. Einseitige Verfügungen (S 1)	13
1. Art der Zuwendung	2	VII. Wirkung des Zuwendungsverzichts	14
2. Zuwendungsgrund	3	1. Keine übertragende Wirkung	14
III. Objektbezogenheit des Verzichts	4	2. Allgemeine Wirkungen	15
IV. Beschränkung des Verzichts	5	a) Keine Nichtigkeit	16
V. Die formelle Seite	6	b) Keine Auswirkung auf gesetzlichen Erbteil	17
1. Form des Zuwendungsverzichts, Vertragsabschluss	6	c) Verzicht des Vorerben	18
a) Grundsatz	6	3. Keine Erstreckung auf Ersatzberufene	19
b) Umfang der Beurkundungspflicht	7	a) Keine analoge Anwendung des § 2349	20
2. Persönliche Voraussetzungen	8	b) Ausschluss der Ersatzberufung durch Auslegung	21
3. Bedingter Zuwendungsverzicht	9	VIII. Sonderformen	27
VI. Besonderheiten beim Erbvertrag (S 2)	10	IX. Beseitigung des Zuwendungsverzichts	28

I. Normzweck

Die Vorschrift erweitert den sachlichen Anwendungsbereich des Erbverzichts auf Zuwendungen, die **1**
auf einer **Verfügung von Todes wegen** beruhen. Der Zuwendungsverzicht ist dabei ebenfalls ein abstraktes Verfügungsgeschäft unter Lebenden auf den Todesfall[1]. Er ist ein Mittel zur Beseitigung einer Verfügung von Todes wegen noch zu Lebzeiten des Erblassers in anderer Form als durch Widerruf letztwilliger Verfügungen (§§ 2253 ff, § 2271) oder durch Aufhebung erbvertragsmäßiger Verfügungen (§§ 2290 ff mit Ersatzformen)[2]. Dabei wird differenziert zwischen Verfügungen von Todes wegen, die auf einem **Testament** beruhen **(S 1)** und vertragsmäßigen Zuwendungen aus einem **Erbvertrag**, die einem Dritten gemacht wurden (S 2).

---

[38] BGHZ 77, 264, 269 = NJW 1980, 2307; AnwK-BGB/*Beck/Ullrich* Rn 11; MünchKommBGB/*Strobel* Rn 4; *Palandt/Edenhofer* Rn 3; *Staudinger/Schotten* § 2346 Rn 100; *Quantius* S 23.
[39] AnwK-BGB/*Beck/Ullrich* Rn 11; *Staudinger/Schotten* § 2346 Rn 100.
[40] *Keim* NotBZ 1999, 1, 4; *Quantius* S 23.
[41] Eingehend *Staudinger/Schotten* § 2346 Rn 100; *Keim* NotBZ 1999, 1, 4.
[42] AnwK-BGB/*Beck/Ullrich* Rn 12.
[43] Vgl etwa BGHZ 77, 264, 271; *Staudinger/Schotten* § 2346 Rn 194.
[44] MünchKommBGB/*Strobel* Rn 5; *Reul* MittRhNotK 1997, 383; *v. Lübtow* I S 543; aA *Soergel/Damrau* Rn 5, der für die Rückforderung auf das Kausalgeschäft zum Aufhebungsvertrag abstellt.
[45] AnwK-BGB/*Beck/Ullrich* Rn 12.
[1] PWW/*Deppenkemper* Rn 1; *Staudinger/Schotten* Rn 2 a.
[2] Zur praktischen Notwendigkeit s Rn 16 und *Nieder* Handbuch Rn 1159; *Jackschath* MittRhNotK 1977, 117.

II. Gegenstand des Zuwendungsverzichts

2 **1. Art der Zuwendung.** Gegenstand des Zuwendungsverzichts können nach § 2352 S 1 und 2 eine Erbeinsetzung oder ein Vermächtnis sein, die auf einer Verfügung von Todes wegen (daher Zuwendung) beruhen. Ein Zuwendungsverzicht ist daher nicht möglich bezüglich einer **Auflage,** zumal es hier keinen Berechtigten gibt[3], und eines **gesetzlich angeordneten Vermächtnisses,** wie den Voraus des Ehegatten (§ 1932) oder den sog Dreißigsten (§ 1969)[4].

3 **2. Zuwendungsgrund.** Die Zuwendung kann auf einem (einseitigen oder gemeinschaftlichen) Testament oder auf einen Erbvertrag beruhen, wobei im letzteren Fall nach § 2352 S 2 Besonderheiten gelten (Rn 10 ff).

III. Objektbezogenheit des Verzichts

4 Der Zuwendungsverzicht ist **streng objektbezogen.** Daher muss die Verfügung von Todes wegen, auf der die Zuwendung beruht, zur Zeit des Verzichts bereits vorhanden sein; ein Verzicht auf eine erst **künftige Zuwendung** ist nicht zulässig (kein vorsorglicher Zuwendungsverzicht)[5]. Deshalb ist bei der Formulierung des Verzichts die betroffene **Zuwendung** zur Vermeidung von Rechtsstreitigkeiten auch **genau zu bezeichnen**[6].

IV. Beschränkung des Verzichts

5 Die **Zulässigkeit** von Beschränkungen des Zuwendungsverzichts hängt von der Art der davon betroffenen Zuwendung ab[7]:
– Werden **Erbeinsetzung** und zugleich (Voraus-)Vermächtnis zugewandt (sog doppelte Zuwendung), liegen zwei selbstständige Berufungsgründe vor, auf die jeweils getrennt verzichtet werden kann, also etwa nur auf das Vorausvermächtnis;[8]
– Bei einer **Erbeinsetzung** ist der Verzicht auf einen ideellen Bruchteil (wie beim Erbverzicht) möglich[9], nicht aber ein gegenständlich beschränkter Verzicht, da dies dem Wesen der Universalsukzession widerspricht[10]. Jedoch kann ein unzulässiger gegenständlich beschränkter Zuwendungsverzicht in einen Verzicht auf einen wertmäßig entsprechenden ideellen Bruchteil der gesamten Zuwendung umgedeutet werden[11].
– Ein **Vermächtnis** bezieht sich dagegen auf die Zuwendung einzelner Gegenstände oder von Sachgesamtheiten; daher kann auch beschränkt auf einzelne Vermächtnisgegenstände verzichtet werden[12].

Eine zulässige Beschränkung des Zuwendungsverzichts ist es auch, wenn dadurch dem Erblasser die Befugnis eingeräumt wird, den Erben mit neuen Auflagen oder Vermächtnissen zu beschweren oder Testamentsvollstreckung oder Vor- und Nacherbschaft anzuordnen[13].

V. Die formelle Seite

6 **1. Form des Zuwendungsverzichts, Vertragsabschluss. a) Grundsatz.** Wegen der besonderen Bedeutung (Schutz-, Warn- und Beweisfunktion) dieser Erklärung bedarf der Zuwendungsverzicht nach § 2352 S 3 iVm § 2348 der notariellen Beurkundung nach den §§ 6 ff BeurkG. Diese Form wird gemäß § 127 a auch durch einen entsprechenden gerichtlichen Vergleich ersetzt. Gleichzeitige Anwesenheit beider Vertragsteile ist dabei nicht vorgeschrieben, § 128, also auch Vertrag durch Angebot und Annahme möglich[14]. Gründe der erbrechtlichen Klarheit gebieten, dass **bei Eintritt des Erbfalls** der Zuwendungsverzicht **wirksam** sein muss, also bis dahin etwa zur Wirksamkeit erforderliche Genehmigungen

---

[3] jurisPK/*Hau* Rn 8; MünchKommBGB/*Strobel* Rn 4; AK/*Teubner* Rn 2; *Brox* Rn 296; *J. Mayer* ZEV 1996, 127; aA AnwK-BGB/*Beck/Ullrich* Rn 2; *Dohr* MittRhNotK 1998, 381, 404; *Soergel/Damrau* Rn 1; *Lange/Kuchinke* § 7 II Fn 57; PWW/*Deppenkemper* Rn 3; *Staudinger/Schotten* Rn 3; *Reul* MittRhNotK 1997, 384; *Kornexl* Rn 538 f wegen der Erzwingbarkeit einer derartigen Auflage, die dadurch verhindert werde könnte.
[4] jurisPK/*Hau* Rn 8; *Palandt/Edenhofer* Rn 2; PWW/*Deppenkemper* Rn 3; *Kornexl* Rn 534; *Schlüter* Rn 397; aA *Lange/Kuchinke* § 7 II 2 Fn 52; *Soergel/Damrau* § 2346 Rn 11.
[5] BGHZ 30, 261, 267; BayObLG Rpfleger 1987, 374; RG DR 1941, 263; KG HRR 1930 Nr 713; AnwK-BGB/ *Beck/Ullrich* Rn 2; jurisPK/*Hau* Rn 8; *Palandt/Edenhofer* Rn 2; MünchKommBGB/*Strobel* Rn 8; uU kann sich aber ein Pflichtteilsverzicht auch auf ein Pflichtteilsvermächtnis beziehen *J. Mayer* ZEV 1995, 41.
[6] Großzügig aber BGH DNotZ 1972, 500 (Verzicht auf „Erb- und Pflichtteilsansprüche" genügt; ebenso jetzt OLG Karlsruhe FamRZ 2002, 1519 f; zu Erstreckung auf den Erb- und Pflichtteil s Rn 17.
[7] Vgl etwa AnwK-BGB/*Beck/Ullrich* Rn 4, 6; jurisPK/*Hau* Rn 12; *Staudinger/Schotten* Rn 10 ff; *Reul* MittRhNotK 1997, 373, 384 f.
[8] *Jackschath* MittRhNotK 1977, 117, 120; *Staudinger/Schotten* Rn 10.
[9] KG JFG 15, 99 = JW 1937, 1735; MünchKommBGB/*Strobel* Rn 4.
[10] AnwK-BGB/*Beck/Ullrich* Rn 3; *Kornexl* Rn 541; MünchKommBGB/*Strobel* Rn 4; *Staudinger/Schotten* Rn 11.
[11] *Kornexl* Rn 541; *Staudinger/Schotten* Rn 11.
[12] *Nieder* Handbuch Rn 1164; *Reul* MittRhNotK 1997, 384.
[13] MünchKommBGB/*Strobel* Rn 4; *Staudinger/Schotten* Rn 13; BGH LM § 1829 Nr 5; NJW 1982, 1100, 1102; OLG Köln FamRZ 1983, 837; aA *Jackschath* MittRhNotK 1977, 117, 121; *Kornexl* S 179.
[14] Vgl etwa die Fälle OLG Stuttgart OLGZ 1979, 129, 130; OLG Hamm DNotZ 1977, 751.

erteilt sein müssen[15]. Auch wenn der künftige Erblasser vor der Annahme des Angebots durch den Verzichtenden verstirbt, wird der Verzicht nicht wirksam[16].

b) Umfang der Beurkundungspflicht. Das dem Zuwendungsverzicht regelmäßig zu Grunde 7 liegende Verpflichtungsgeschäft (Kausalgeschäft) bedarf ebenso wie beim Erbverzicht auch der notariellen Beurkundung, weil der Formzweck (Rn 6) auch dies gebietet[17]. Dies erlangt besondere praktische Bedeutung beim entgeltlichen Zuwendungsverzicht. Nach hM tritt bei einem formnichtigen Verpflichtungsgeschäft durch den formgerechten späteren Abschluss des Zuwendungsverzichts eine Heilung ein[18].

2. Persönliche Voraussetzungen. Hierzu gelten zunächst die allgemeinen persönlichen Voraus- 8 setzungen des Erbverzichts entsprechend (§§ 2352 S 3, 2347).

3. Bedingter Zuwendungsverzicht. Ein Zuwendungsverzicht kann auch unter einer Bedingung 9 vereinbart werden[19]. Dies empfiehlt sich beim entgeltlichen Zuwendungsverzicht zur Absicherung des Verzichtenden, damit der keine ungesicherte Vorleistung erbringt. Möglich ist auch ein **relativer Zuwendungsverzicht,** also ein zu Gunsten eines anderen erklärter, dementsprechend bedingter. Allerdings gilt die Auslegungsregel des § 2350 hier nicht analog (§ 2350 Rn 2).

VI. Besonderheiten beim Erbvertrag (S 2)

1. Vertragsmäßige Zuwendungen. § 2352 S 2 lässt hier einen Verzicht nur hinsichtlich solcher 10 Zuwendungen zu, die dort einem Dritten gemacht wurden. Wichtig ist daher, wer in diesem Sinne zu verstehen ist. Das ist sicherlich der, der weder als Erblasser noch als Vertragspartner an dem Erbvertrag persönlich mitwirkt (formale Abgrenzung). Die rein formelle Mitunterzeichnung soll nicht schaden[20].

Daraus ergibt sich: 11
– Wurde der Erbvertrag **nur** zwischen **zwei Personen** geschlossen, die auch sonst niemandem Zuwendungen machten, so ist ein Verzicht auf das vertraglich Zugewendete nicht zulässig[21]. Es bleibt nur die Möglichkeit der Aufhebung des Erbvertrags nach den §§ 2290 ff Ein Problem ist hier, wenn der Erblasser nicht mehr geschäftsfähig ist, da der Zuwendungsverzicht möglich wäre, §§ 2352 S 3, 2347 Abs 2 S 2.
– Haben **mehr als zwei Personen** den Erbvertrag unterzeichnet, so ist umstritten, wie der Begriff des Dritten zu bestimmen ist. Nach übereinstimmender neuerer Auffassung genügt die bloße Mitunterzeichnung noch nicht, um ihn zum Vertragsschließenden zu machen und damit vom Zuwendungsverzicht auszuschließen[22].

Die mittlerweile hM[23] sieht die Problemlösung nun nicht mehr in einem alternativen Verständnis von 12 Aufhebungsvertrag (§ 2290) zum Zuwendungsverzicht, sondern betont das große praktische Bedürfnis, den Zuwendungsverzicht auch beim mehrseitigen Erbvertrag durch bloßen Verzicht zwischen dem Erblasser und dem bedachten Vertragspartner zuzulassen[24]. Denn stünde nur der Aufhebungsvertrag zur Beseitigung der Zuwendung zur Verfügung, wäre die Mitwirkung aller anderen Vertragsteile erforderlich, was mitunter wegen Tod oder Geschäftsunfähigkeit der weiteren Vertragspartner nicht mehr möglich ist. Der Begriff des „Dritten" ist somit im Wege der teleologischen Interpretation entsprechend dem Änderungsbedürfnis auszulegen. Immer dann, wenn bei einem Erbvertrag mehr als zwei Personen beteiligt waren, muss dem im Erbvertrag materiell bedachten Vertragspartner die Möglichkeit des Zuwendungsverzichts nur mit „seinem" Erblasser eröffnet werden, der ihm eine Zuwendung macht[25].

---

[15] § 184 gilt hier nicht, BGHZ 37, 319, 329; BGH NJW 1978, 1159 = DNotZ 1978, 300; *Staudinger/Schotten* § 2346 Rn 19.
[16] Vgl BGH NJW 1997, 521 = MittBayNot 1997, 108 = DNotZ 1997, 422 zum Pflichtteilsverzicht.
[17] Für den Zuwendungsverzicht *Kornexl* Rn 246 mwN; *Reul* MittRhNotK 1997, 384; jurisPK/*Hau* Rn 4; für den Erbverzicht *Palandt/Edenhofer* § 2348 Rn 2 mwN; *Staudinger/Schotten* § 2348 Rn 10; *Schotten* DNotZ 1998, 163, 176; aA *Kuhinke* NJW 1983, 2358; zum Erbverzicht vgl auch § 2348 Rn 5; § 2347 Abs 2 S 1 gilt aber für den Kausalvertrag nicht, *Kornexl* Rn 249 mwN.
[18] *Kornexl* Rn 247; MünchKommBGB/*Strobel* § 2348 Rn 5.
[19] AllgM, etwa BGH NJW 1974, 43, 44 = DNotZ 1974, 231; *Palandt/Edenhofer* Rn 3; MünchKommBGB/*Strobel* Rn 5; *Staudinger/Schotten* Rn 15.
[20] *Palandt/Edenhofer* Rn 7; *Nieder* Handbuch Rn 889.
[21] OLG Hamm DNotZ 1977, 751; OLG Stuttgart OLGZ 1979, 129; MünchKommBGB/*Strobel* Rn 8; PWW/ *Deppenkemper* Rn 4; *Staudinger/Schotten* Rn 24.
[22] So aber früher BayObLGZ 24 A 232; OLG Celle NJW 1959, 1923; auch jetzt noch Soergel/*Damrau* Rn 3.
[23] Zum Streitstand *Kornexl* Rn 479 ff; *Staudinger/Schotten* Rn 24 ff.
[24] So MünchKommBGB/*Strobel* Rn 8; *Reul* MittRhNotK 1997, 385; *Lange/Kuchinke* § 7 II 4 b Fn 62: sogar für den einseitigen Erbvertrag; *Haegele* Rpfleger 1968, 250; *Endemann* JW 1925, 2791; *Nieder* Handbuch Rn 1159; *Staudinger/Schotten* Rn 25, wenn auch mit anderer Begr; BayObLGZ 1965, 188, 192 f (der BGH hat diesen Vorlagebeschluss des BayObLG nicht entschieden); ähnlich AK/*Teubner* Rn 13 wenn durch Tod eines anderen Vertragspartners Aufhebung nicht mehr möglich. Demgegenüber wurde früher teilweise danach differenziert, ob eine bloße Mitunterzeichnung vorliegt oder eine materiell-rechtliche Beteiligung des Vertragspartners (dann kein „Dritter"), so etwa *Jackschath* MittRhNotK 1977, 117, 119; *Peter* BWNotZ 1977, 113, 115; jedoch überzeugt diese Unterscheidung nicht und führt zu keiner brauchbaren Abgrenzung, *J. Mayer* ZEV 1996, 127, 129; *Staudinger/Schotten* Rn 26; generell abl zu diesen Interpretationsansätzen Soergel/*Damrau* Rn 3.
[25] Eingehend *J Mayer* ZEV 1996, 127, 129 mwN auch zur Gegenmeinung; *J. Mayer* in: Reimann/Bengel/*J. Mayer* § 2290 Rn 9 ff; AnwK-BGB/*Beck/Ullrich* Rn 9; *Damrau/Mittenzwei* Rn 3; PWW/*Deppenkemper* Rn 4; MünchKommBGB/*Strobel* Rn 9; *Staudinger/Schotten* Rn 25 aE; dem zuneigend jurisPK/*Hau* Rn 11; weitergehend *Kornexl*

§ 2352

13 **2. Einseitige Verfügungen (S 1).** Für lediglich einseitige Verfügungen von Todes wegen, die nur so in einem Erbvertrag enthalten sind, gelten die Beschränkungen des § 2352 S 2 nicht[26].

VII. Wirkung des Zuwendungsverzichts

14 **1. Keine übertragende Wirkung.** Der Zuwendungsverzicht hat keine positiv gestaltende Wirkung iS einer Übertragung der Zuwendung an einen Dritten, dh es bedarf nicht nur des Verzichts (der nur den Weg hierfür frei macht), sondern noch einer entsprechenden Anordnung des Erblassers durch Verfügung von Todes wegen[27].

15 **2. Allgemeine Wirkungen.** Der Zuwendungsverzicht bewirkt nicht die Aufhebung der betroffenen Verfügung. Nach hM verhindert er nur – entsprechend der Wirkung des Erbverzichts auf den gesetzlichen Erbteil – den entsprechenden Anfall der Zuwendung beim Verzichtenden. Es wird also die sog **Vorversterbensfiktion** des § 2346 Abs 1 S 2 entsprechend angewandt[28]. Dies hat positive wie negative Auswirkungen für die praktische Tauglichkeit des Zuwendungsverzichts:

16 a) **Keine Nichtigkeit.** Die vom Zuwendungsverzicht betroffene Verfügung wird dadurch, anders als bei einer Anfechtung oder einem Widerruf, nicht nichtig, sondern **nur gegenstandslos,** dh das rechtliche Schicksal der damit zugleich erklärten weiteren Bestimmungen wird dadurch nicht berührt[29]. Dies erlangt besondere Bedeutung bei wechselbezüglichen Verfügungen in einem gemeinschaftlichen Testament und erbvertraglichen Verfügungen, die ebenfalls in einem Abhängigkeitsverhältnis stehen (vgl sonst §§ 2270 Abs 1, 2298 Abs 1). Der Zuwendungsverzicht kann daher als Mittel zur Beseitigung einer erbrechtlichen Bindung zweckmäßiger als die Anfechtung oder ein Widerruf sein und beim gemeinschaftlichen Testament dem Längerlebenden auch die Ausschlagung ersparen, die er sonst erklären muss, um nach § 2271 Abs 2 S 1 HS 2 seine Verfügungsfreiheit zu erlangen[30].

17 b) **Keine Auswirkung auf gesetzlichen Erbteil.** Soweit nicht **ausnahmsweise** der Zuwendungsverzicht auf den gesetzlichen Erbteil des Verzichtenden erstreckt wird, was sich uU auch im Wege der Auslegung ergeben kann[31], hat er keine Auswirkungen auf die Bemessung der Höhe des gesetzlichen Erb- und Pflichtteils, und zwar weder des Verzichtenden[32], noch hinsichtlich der anderen Erben[33]. Beim Ehegatten bewirkt der Zuwendungsverzicht auch keinen Verlust des **güterrechtlichen Zugewinnausgleichs** nach § 1371 Abs 3[34].

18 c) **Verzicht des Vorerben.** Der Verzicht auf die Einsetzung als Vorerbe führt dazu, dass die als Nacherbe vorgesehene Person an seine Stelle tritt (§ 2102 Abs 1). Gleiches gilt entsprechend beim Vorvermächtnis[35].

19 **3. Keine Erstreckung auf Ersatzberufene.** Der Zuwendungsverzicht beseitigt nur das eigene Erbrecht des Verzichtenden, erfasst aber grds nicht eine Zuwendung an die Personen, die als Ersatz an Stelle des Verzichtenden treten (Ersatzberufung oder Anwachsung nach § 2094). Dies ist ganz hM und ständige Rechtsprechung[36]. Denn § 2352 S 3 verweist ausdrücklich nicht auf § 2349. Dabei soll es sich nach ganz hM nicht um ein Redaktionsversehen handeln; vielmehr leitet die hM hieraus im Umkehrschluss ab, dass § 2349 beim Zuwendungsverzicht gerade nicht gilt[37].

20 a) **Keine analoge Anwendung des § 2349.** Mangels einer planwidrigen Regelungslücke lehnt die hM somit auch eine analoge Anwendung des § 2349 ab und begründet dies auch damit, dass unserem

---

Rn 484: auch wenn Aufhebung wegen Geschäftsunfähigkeit des Erblassers nicht mehr möglich, ist Zuwendungsverzicht zulässig; generell abl *Soergel/Damrau* Rn 3.

[26] AllgM, MünchKommBGB/*Strobel* Rn 10, dies wird aus § 2299 Abs 2 S 1 abgeleitet.

[27] *Nieder* Handbuch Rn 1164; MünchKommBGB/*Strobel* Rn 4 Fn 11; *Reul* MittRhNotK 1997, 384; *Soergel/Damrau* Rn 2.

[28] Palandt/*Edenhofer* Rn 5; PWW/*Deppenkemper* Rn 5; *Soergel/Damrau* Rn 1; *Staudinger/Schotten* Rn 28; OLG Düsseldorf OLGZ 1982, 272, 279; BayObLG MittBayNot 1989, 161; aA *Kornexl* Rn 82 ff, 384 ff: lediglich negative Geltungsanordnung; *Kornexls* Auffassung führt zu einer sehr differenzierenden Auslegungsanalyse. Diese normentheoretische Betrachtungsweise dürfte unstrittig sein. Sie löst aber nicht die Frage, welche Reichweite die von § 2352 eingeräumte Privatautonomie hat, insbes ob der Zuwendungsverzicht die Wirkungen des § 2349 besitzt, Rn 20 ff.

[29] BayObLG FamRZ 2001, 319, 320; AnwK-BGB/*Beck/Ullrich* Rn 11; jurisPK/*Hau* Rn 5 f; MünchKommBGB/*Strobel* Rn 13 mwN; *Staudinger/Schotten* Rn 29.

[30] Vgl etwa *Nieder* Handbuch Rn 1159 f.

[31] *Staudinger/Schotten* Rn 53; *Jackschatz* MittRhNotK 1977, 117, 120; zur Erstreckung im Wege der Auslegung BGH DNotZ 1972, 500; OLG Frankfurt OLGZ 1993, 201 m Anm *Winkler* MittBayNot 1994, 237; eine Erstreckung auf den Pflichtteil verneint aber OLG Frankfurt ZEV 2003, 192.

[32] MünchKommBGB/*Strobel* Rn 17; *Soergel/Damrau* Rn 1; *Staudinger/Schotten* Rn 53; AnwK-BGB/*Beck/Ulrich* Rn 12; *J. Mayer* ZEV 1996, 127, 131.

[33] AnwK-BGB/*Beck/Ullrich* Rn 4; jurisPK/*Hau* Rn 6; *Staudinger/Schotten* Rn 53.

[34] jurisPK /*Hau* Rn 6; *Staudinger/Ferid/Cieslar* Rn 35.

[35] MünchKommBGB/*Strobel* Rn 15; diff dagegen *Kornexl* Rn 457 ff.

[36] BGH NJW 1999, 789 m Anm *Skibbe* ZEV 1999, 106 = LM Nr 5 m Anm *Langenfeld*; OLG Stuttgart OLGR 1998, 111 (Vorinstanz); KG OLGE 14, 311; OLG Stuttgart NJW 1958, 347; OLG Hamm OLGZ 1982, 272 = Rpfleger 1982, 148; BayObLG Rpfleger 1984, 65; MittBayNot 1989, 161; ZEV 1997, 377, 381 = NJW-RR 1997, 1027; OLG München DNotZ 2006, 68, 69: bei Ersatzberufung nach § 2069; OLG Frankfurt ZEV 1997, 454 m Anm *J. Mayer*; AnwK-BGB/*Beck/Ullrich* Rn 13; *Damrau/Mittenzwei* Rn 7; MünchKommBGB/*Strobel* Rn 13; PWW/*Deppenkemper* Rn 4; jurisPK/*Hau* Rn 7; *Soergel/Damrau* Rn 4 und *Staudinger/Ferid/Cieslar* 12. Aufl, Rn 26 f.

[37] Dagegen mit guten Argumenten aus der – entgegen der hM keineswegs klaren Entstehungsgeschichte der Norm – jetzt *Schotten* ZEV 1997, 1; *Staudinger/Schotten* Rn 42 ff.

Recht die Erstreckung vertraglicher Wirkungen zu Lasten Dritter fremd ist[38], und zwar auch dann, wenn der Verzichtende den Erbfall erlebt[39]. Daher hat der Zuwendungsverzicht in vielen Fällen nicht den gewünschten Erfolg, und zwar dann, wenn eine **wechselbezügliche** oder erbvertragsmäßig bindende **Ersatzberufung** zum Zuge kommt[40]. Diese kann sich aus einer ausdrücklichen Anordnung, in Folge einer individuellen Auslegung oder durch 2069 (s Rn 23) ergeben oder aber es kann zumindest eine nicht gewollte Anwachsung (§§ 2094, 2099) an andere eintreten. Dann muss zur Durchbrechung der erberbrechtlichen Bindung auch der Ersatzberufene einen **Zuwendungsverzicht** abgeben.

b) Ausschluss der Ersatzberufung durch Auslegung. Nur durch (ergänzende) Auslegung der betreffenden Verfügung von Todes wegen[41] (nicht aber der rechtsgeschäftlichen Abfindungsvereinbarung)[42] kommt die hM und Rspr durch Ermittlung des hypothetischen Erblasserwillens ausnahmsweise dazu, dass der Zuwendungsverzicht zu Lasten der Ersatzberufenen wirkt[43]. Gearbeitet wird dabei mit tatsächlichen Vermutungen, die den Gegenbeweis im Einzelfall zulassen. Im Einzelnen wird dabei, wenn auch nicht immer überzeugend (Rn 24), wie folgt unterschieden[44]: 21

aa) Die Verfügung von Todes wegen enthält keine ausdrückliche Ersatzbestimmung. Ergibt sich eine solche erst durch die Auslegungsregel des § 2069, so nimmt die herrschende Auffassung hier eine tatsächliche Vermutung an, dass der Zuwendungsverzicht auch gegen diese Ersatzberufung wirkt, wenn der Verzicht gegen eine **vollständige Abfindung** erklärt wird[45]. Denn der Stamm des Verzichtenden soll **nicht doppelt begünstigt** werden, nämlich durch die Abfindungsleistung und durch die Ersatzberufung der Abkömmlinge des Verzichtenden, wenn der Verzicht nicht gegen sie wirken würde. Dies gilt allerdings dann nicht, wenn nur ein Kind zur Erbfolge berufen ist, weil hier nicht die Gefahr entsteht, dass ohne die Erstreckung des Zuwendungsverzichts auf die Abkömmlinge des Verzichtenden einer von mehreren Stämmen doppelt begünstigt wird[46]. Bei der **Bemessung der „vollwertigen Abfindung"** ist nach OLG Köln der Zeitpunkt der Beurkundung des Zuwendungsverzichts maßgeblich[47]. Auch wird eine Toleranzgrenze von 10% eingeräumt, den der Wert der Gegenleistung gegenüber dem Erbteil unterschreiten darf[48]. Nicht geklärt ist, ob es für die Bewertung allein auf die objektiven Wertverhältnisse ankommt, oder aber nur auf die von den Beteiligten vorgenommene[49]. 22

Eine **Erweiterung** der praktischen Anwendungsmöglichkeiten des Zuwendungsverzichts ergibt sich aus der Grundsatzentscheidung des BGH vom 16. 1. 2002[50]. Beruht die bei Wegfall des Schlusserben eintretende Ersatzerbenberufung allein auf § 2069, kann sich diesbezüglich einer § 2270 Abs 2 eine Wechselbezüglichkeit nur dann ergeben, wenn sich konkrete Anhaltspunkte für einen dahin gehenden Willen der Ehegatten feststellen lassen. Denn die **kumulative Anwendung** der **Auslegungsregeln der §§ 2270 Abs 2 und 2069** ist nicht möglich, da es sonst zu einer Bindung an Ersatzerben käme, an deren Vorhandensein die testierenden Ehegatten gar nicht gedacht hatten. Demnach kann sich der Erblasser durch einen Zuwendungsverzicht mit dem zunächst Berufenen von der gegenüber eingetretenen erbrechtlichen Bindung befreien und dann anschließend die sich aus § 2069 ergebende, aber nicht bindende Verfügung widerrufen. Denn das Verbot der Kumulation der genannten Auslegungsregeln ist auch bei den Wirkungen des Zuwendungsverzichts zu beachten[51]. Einer vollständigen Abfindung bedarf es in diesen Fällen gerade nicht[52], jedoch darf auch bei einer nicht bindenden 23

---

[38] So etwa OLG Stuttgart NJW 1958, 347, 348; *Baumgärtel* DNotZ 1959, 63, 66; aA *Schotten* ZEV 1997, 1.
[39] BayObLG FamRZ 2001, 319, 320; *Weidlich* MittBayNot 2007, 194, 195.
[40] Dazu etwa *Keim* ZEV 2002, 437, 438; zu Gestaltungsalternativen *Weidlich* ZEV 2007, 463.
[41] OLG Köln FamRZ 1990, 99, 101; OLG Frankfurt ZEV 1997, 454, 457; jurisPK/*Hau* Rn 7; *Lange/Kuchinke* § 7 III 2 b, der für großzügige Handhabung eintritt.
[42] Anders der BGH, NJW 1974, 43, 44, der auf die Auslegung der Verzichtserklärung abstellt.
[43] Zu den bei der Auslegung anzustellenden Überlegungen eingehend *Kornexl* Rn 366 ff sowie *Kanzleiter* ZEV 1997, 261 mit Forderung nach einer gesetzlichen Auslegungsregel hierzu.
[44] Vgl den Überblick bei *Nieder* Handbuch Rn 1161 ff; MünchKommBGB/*Strobel* Rn 13 f; *Kornexl* Rn 351 ff; verkürzte und unzutr Darstellung bei *Damrau/Mittenzwei* Rn 7 f.
[45] BGH NJW 1974, 43, 44; OLG Düsseldorf DNotZ 1974, 231; OLG Hamm OLGZ 1982, 273, 278 = Rpfleger 1982, 148; KG JFG 20, 160; OLG Köln FamRZ 1990, 99; OLG Frankfurt ZEV 1997, 454; AnwK-BGB/*Beck/Ullrich* Rn 14; jurisPK/*Hau* Rn 7; MünchKommBGB/*Strobel* Rn 14; *Soergel/Dieckmann* § 2349 Rn 2; vgl auch die Nachweise bei *Staudinger/Schotten* Rn 32.
[46] OLG Frankfurt ZEV 1997, 454, 457 m Anm *Kanzleiter* DNotZ 1998, 225 und m Anm *Schotten* Rpfleger 1998, 113 (bei Palandt/*Edenhofer* Rn 6 im falschen Zusammenhang zitiert); zust jurisPK/*Hau* Rn 7; anders RGRK/*Johannsen* Rn 28, der Abfindung nur dann als vollständig anerkannt, wenn sie nicht aus dem Vermögen des Erblassers „entnommen" wird.
[47] FamRZ 1990, 99, 101; zu dieser Problematik auch ausf *Scherer/Bengel* MAH Erbrecht § 31 Rn 56.
[48] OLG Köln FamRZ 1990, 99, 101; PWW/*Deppenkemper* Rn 5.
[49] Für die Bewertung aus der Sicht der Parteien: *Staudinger/Otte* § 2069 Rn 15. Hierfür spricht auch das sonst geltende Prinzip der subjektiven Äquivalenz (dazu BGHZ 59, 132, 136; MünchKommBGB/*Kollhosser* § 516 Rn 23 f), wegen der aleatorische Charakter solcher Abfindungsvereinbarungen ist zu berücksichtigen; teilweise anders *Kornexl* Rn 361.
[50] BGHZ 149, 363 = NJW 2002, 1126; s Erl zu § 2270.
[51] OLG München Rpfleger 2007, 146 = MittBayNot 2007, 226, m zust Anm *Weidlich* MittBayNot 2007, 194; so bereits Cir. *Keim* ZEV 2002, 437, 438; zust AnwK-BGB/*Beck/Ullrich* Rn 19 Fn 23; *J. Mayer* in: *Reimann/Bengel/J. Mayer*, Testament und Erbvertrag, System Teil A Rn 238; vorsichtiger *Staudinger/Schotten* Rn 32.
[52] *Staudinger/Schotten* Rn 32 aE.

§ 2352

Buch 5. Abschnitt 7. Erbverzicht

Ersatzberufung deren Widerruf nicht vergessen werden[53]. Weiter zu beachten ist aber auch, dass trotz des Fehlens einer ausdrücklichen Ersatzerbenberufung eine **erbrechtliche Bindung** eintreten kann[54] und zwar deshalb, weil sich entweder die Ersatzberufung auf Grund der vorrangigen, individuellen Auslegung ergibt, mag diese auch zum gleichen Ergebnis wie § 2069 führen[55], oder die Ersatzberufung aus § 2069 resultiert, aber die Wechselbezüglichkeit aus einer individuellen Auslegung.

24   **bb) Die Verfügung von Todes wegen enthält eine ausdrückliche Bestimmung des Ersatzberechtigten.** Ist dies der Fall, so tritt nach hM selbst bei einer vollständigen Abfindung **keine Erstreckung** des Verzichts auf die Abkömmlinge ein, es sei denn, dass sich aus der Verfügung von Todes wegen eindeutig ergibt, dass die Ersatzberufung in diesem Fall ausgeschlossen sein soll[56]. Dies soll auch dann gelten, wenn der Verzichtende zugleich mit Wirkung für seine Abkömmlinge auf sein daneben bestehendes gesetzliches Erbrecht verzichtet[57]. Großzügiger jetzt aber das BayObLG[58]: Ausreichend ist, wenn der Verfügung von Todes wegen im Wege der **ergänzenden Auslegung** entnommen werden kann, dass sich bei einer vollständigen lebzeitigen Abfindung des vertragsmäßig eingesetzten Erben der Verzicht auch auf die ausdrücklich getroffene erbvertragliche Ersatzberufung der Abkömmlinge erstreckt. Dies weist in die richtige Richtung. Entscheidend muss – entgegen der von der hM vorgenommenen, nicht überzeugenden Differenzierung[59] zwischen der ausdrücklichen Ersatzberufung und derjenigen, die sich aus § 2069 ergibt – sein, ob die Ersatzberufung auch dann geltend soll, wenn der zunächst Bedachte auf seine Zuwendung verzichtet hat[60]. Hierbei kann eine Rolle spielen, ob und in welchem Umfang eine Abfindung für den Verzichtenden gezahlt wird, weil dies dafür spricht, dass sein Stamm nicht durch den Fortbestand der Ersatzberufung doppelt begünstigt werden soll. Im Einzelfall kann aber auch bei einer fehlenden ausreichenden Abfindung das Eingreifen der Ersatzberufung ausgeschlossen sein. Ansonsten kommt nur die **Umdeutung** eines fehlgeschlagenen Zuwendungsverzichts in den Widerruf der Verfügung von Todes wegen in Betracht, wenn der Erblasser nicht erbrechtlich gebunden ist[61].

25   **cc) Der Zuwendungsverzicht wird ohne Abfindung erklärt.** Dann wirkt nach wohl überwiegender Meinung – sofern kein abweichender Erblasserwille wenigstens im Wege der ergänzenden Auslegung feststellbar ist – der Zuwendungsverzicht nicht gegen die Ersatzberufung[62].

26   **dd) Verzicht der Ersatzberufenen.** Nach der hM ist in den Fällen von Rn 24 und 25 davon auszugehen, dass der Zuwendungsverzicht nur dann zur Erlangung der vollen Testierfreiheit geeignet ist, wenn er auch von allen vorhandenen Ersatzerben bzw Ersatzvermächtnisnehmern abgegeben wird, denen gegenüber eine erbrechtliche Bindung durch Erbvertrag oder wechselbezügliche Verfügung eines gemeinschaftlichen Testaments eingetreten ist. Ist ein Ersatzberufener noch **minderjährig**, so ist bei einem Verzicht gegenüber einem Elternteil die Bestellung eines Ergänzungspflegers (§§ 2347, 1629 Abs 2, 1795 Abs 1 Nr 1) und die vormundschaftsgerichtliche Genehmigung (§§ 2347 Abs 1, 2352 S 3) erforderlich, die aber wegen § 1804 nur möglich ist, wenn eine **vollwertige Abfindung** geleistet wird[63]. Soweit die Erben noch nicht eindeutig feststehen, ist die Bestellung eines Pflegers für die noch unbekannten Beteiligten nach § 1913 erforderlich[64].

VIII. Sonderformen

27   Einordnungsprobleme lösen die **Zustimmungen** des durch Erbvertrag oder bindendes gemeinschaftliches Testament Bedachten aus, der in eine ihn **beeinträchtigende Schenkung** unter Lebenden einwilligt und damit den Schutz aus §§ 2287, 2288 verliert. Der BGH rückt in zwei Entscheidungen[65] diese Erklärung zwar im Wege einer Analogie[66] in die Nähe eines Zuwendungsverzichts, jedoch beziehen sich diese Entscheidungen nur auf die formale Seite[67]. Daneben bleibt die Frage, ob auch die **Ersatzberufenen** zustimmen müssen, um nicht ihrerseits Rechte gegen die beeinträchtigende Schen-

---

[53] *Weidlich* MittBayNot 2007, 194, 196; so im Fall von OLG München DNotZ 2006, 68, 69 = ZErb 2005, 377.
[54] *J. Mayer* in: *Reimann/Bengel/J. Mayer*, Testament und Erbvertrag, § 2270 Rn 36; *Weidlich* MittBayNot 2007, 194, 196; *Chr. Keim* ZEV 2004, 245, 246.
[55] So OLG Hamm FGPrax 2003, 270, 271 f, wo mit einem weitreichenden Erfahrungssatz gearbeitet wird; abl hierzu *Chr. Keim* ZEV 2004, 245, 245; *Weidlich* MittBayNot 2007, 194, 196 Fn 18; *J. Mayer* in: *Reimann/Bengel/J. Mayer*, Testament und Erbvertrag, § 2270 Rn 36.
[56] OLG Düsseldorf DNotZ 1974, 367; OLG Hamm OLGZ 1982, 272, 279; OLG Stuttgart OLGR 1998, 111; vgl auch *PWW/Deppenkemper* Rn 5.
[57] So OLG Düsseldorf DNotZ 1974, 367; anders aber KG JFG 20, 160.
[58] NJW-RR 1997, 1027.
[59] jurisPK/*Hau* Rn 7; *Reul* MittRhNotK 1997, 373, 387.
[60] Zutr *Lange/Kuchinke* § 7 III 2 b; jurisPK/*Hau* Rn 7.
[61] *Lange/Kuchinke* § 7 III 2 b; *PWW/Deppenkemper* Rn 5.
[62] Vgl etwa *Soergel/Damrau* Rn 2; *Baumgärtel* DNotZ 1959, 63, 67; *Jackschath* MittRhNotK 1977, 117, 122; MünchKommBGB/*Strobel* Rn 14.
[63] *Nieder* Handbuch Rn 1161; *Baumgärtel* DNotZ 1959, 63, 72; *Schotten* ZEV 1997, 1, 5; aA *Kornexl* Rn 355 Fn 21.
[64] *Kornexl* Rn 355 Fn 19, wonach zumindest § 1913 S 2 analog angewendet werden muss; wegen des Erfordernisses eines gegenwärtigen Fürsorgebedürfnisses verneint die Möglichkeit einer Pflegerbestellung *Schotten* ZEV 1997, 1, 5; *Staudinger/Schotten* Rn 47.
[65] BGHZ 83, 44, 49 f = NJW 1982, 1100: Erfordernis der vormundschaftsgerichtlichen Genehmigung; BGHZ 108, 252 = DNotZ 1990, 803: Erfordernis der Einwilligung in notarieller Form.
[66] Dagegen krit *Kanzleiter* DNotZ 1990, 776; *Kornexl* Rn 547.
[67] Anders offenbar *Staudinger/Schotten* Rn 14: „teilweiser Zuwendungsverzicht".

kung herleiten zu können. Entscheidend ist dabei, ob dem Ersatzberufenen eine eigenständige, aufschiebend bedingte Rechtsposition zusteht, auf die nur er verzichten kann. Da aber selbst die Ersatznacherben einer Schenkung nicht zustimmen müssen, um dieser entgegen § 2113 Abs 2 Wirksamkeit zu verleihen (§ 2113 Rn 23), kann auch im Rahmen von §§ 2287, 2288 der Schutz der Ersatzberufenen nicht weiter gehen[68]. Soll jedoch zur Neuvornahme einer **Verfügung von Todes wegen** eine erbrechtliche Bindung (auf Grund eines Erbvertrags oder einer wechselbezüglichen Verfügung eines gemeinschaftlichen Testaments) im Hinblick auf § 2289 Abs 1 durch Zustimmung des erbvertragsmäßig Bedachten, der nicht Vertragspartner ist, beseitigt werden, bedarf es aber der Zustimmung der Ersatzberufenen[69].

IX. Beseitigung des Zuwendungsverzichts

Der Zuwendungsverzicht kann ebenso wie der Verzicht auf das gesetzliche Erbrecht durch Vertrag mit dem Erblasser wieder aufgehoben werden; auch wenn S 3 nicht ausdrücklich hierauf verweist, ist **§ 2351 entsprechend anwendbar**[70]. Dies hat dann praktische Bedeutung, wenn der Erblasser infolge Testier- oder Geschäftsunfähigkeit keine neue Verfügung von Todes wegen mehr errichten kann. Denn die Aufhebung bewirkt, dass die Zuwendung, die Gegenstand des Zuwendungsverzichts war, wieder wirksam wird[71]. Jedoch kann dadurch eine zwischen dem Zuwendungsverzicht und seiner Aufhebung eingetretene erbrechtliche Bindung nicht beseitigt werden, da der Aufhebung sonst „ex tunc-Wirkung" zu Lasten Dritter zukäme und dies systemwidrig eine einseitige Bindungsdurchbrechung zuließe[72]. Dagegen ist ein **Rücktritt** vom Zuwendungsverzicht wegen der abstrakten Rechtsnatur des Rechtsgeschäfts nicht möglich[73].

28

---

[68] Kanzleiter ZEV 1997, 261, 265 ff, 267; zust *J. Mayer* ZEV 1997, 459; eingehend *J. Mayer* in: *Reimann/Bengel/ J. Mayer*, Testament und Erbvertrag, § 2287 Rn 42 ff, 46; gegen die Wirkung auf die Ersatzberufenen aber *Wübben*, Anwartschaftsrechte im Erbrecht, 2001, S 349; *Ivo* ZEV 2003, 101, 103.
[69] *J. Mayer* in: *Reimann/Bengel/J. Mayer* § 2289 Rn 49.
[70] LG Kempten MittBayNot 1978, 63 m Anm *Büttel*; AnwK-BGB/*Beck/Ullrich* Rn 20; *Groll/Muscheler* B XV Rn 177; juris PK/*Hau* § 2351 Rn 1, MünchKommBGB/*Strobel* Rn 18; *Soergel/Damrau* Rn 2; *Staudinger/Schotten* Rn 54; für unmittelbare Anwendung *Quantius*, Die Aufhebung des Erbverzichts, S 139; für Aufhebung nach den allgemeinen „zivilrechtlichen Regeln" der §§ 311, 397, jedoch auch für Formbedürftigkeit nach § 2348 wegen des Bestätigungscharakters (§ 141): *Mittenzwei* ZEV 2004, 488, 491; für Verneinung der Aufhebungsmöglichkeit etwa *Kipp/Coing* § 82 V 2; *Brox* Rn 298; *Kornexl* Rn 559 ff mit beachtlichen Gründen.
[71] *Staudinger/Schotten* Rn 54; *Quantius* S 139.
[72] AnwK-BGB/*Beck/Ullrich* Rn 20; *Kornexl* Rn 563 ff; *Staudinger/Schotten* Rn 54; *Keim* NotBZ 1999, 1, 5; ebenso *Mittenzwei* ZEV 2004, 488, 491 f, mit der Begr, dem Zuwendungsverzicht könne keine weitergehende Wirkung als dem Erbverzicht beigelegt werden, was jedoch die Unterschiede beider Verzichtsarten außer Betracht lässt; aA LG Kempten MittBayNot 1978, 63, 64; *Büttel* MittBayNot 1978, 64, 65; *Quantius* S 139 f iVm Fall 11 auf S 136.
[73] AnwK-BGB/*Beck/Ullrich* Rn 20; *Staudinger/Schotten* Rn 56.

Abschnitt 8. Erbschein (§§ 2353–2370)

§ 2353 Zuständigkeit des Nachlassgerichts, Antrag

Das Nachlassgericht hat dem Erben auf Antrag ein Zeugnis über sein Erbrecht und, wenn er nur zu einem Teil der Erbschaft berufen ist, über die Größe des Erbteils zu erteilen (Erbschein).

Übersicht

	Rn		Rn
I. Normzweck	1	b) Erteilungsanordnung	22
II. Weitere Erbennachweise	2	c) Vorbescheid	23
		d) Bindungswirkung	25
III. Inhalt	6	3. Kosten	26
1. Person und Verfügungsmacht des Erben	6	4. Korrekturmöglichkeiten, Rechtsmittel	27
2. Bedingung	7	a) Berichtigung (§ 319 ZPO)	27
3. Nicht anzugebende Umstände	8	b) Änderung (§ 18 FGG)	28
		c) Rechtsmittel	29
IV. Verfahren (1. Instanz)	9		
1. Sachentscheidungsvoraussetzungen bei Erbscheinserteilung	9	V. Beschwerdeverfahren	30
		1. Zulässigkeit	30
a) Sachliche Zuständigkeit	9	a) Zuständigkeit, Frist	30
b) Antragsberechtigung	10	b) Beschwerdegegenstand	31
c) Weitere Antragsvoraussetzung	14	c) Beschwerdeziel	32
d) Form	15	d) Beschwerdeberechtigung	36
e) Bestimmtheit	16	2. Sachentscheidung	39
f) Doppelrelevante Tatsachen	19		
2. Entscheidungsmöglichkeiten des Gerichts	20	VI. Reformbestrebungen („FGG-Reform")	41
a) Zwischenverfügung	21		

I. Normzweck

1 Der Erbschein ist ein Ausweis über Person und Verfügungsbeschränkungen des Erben. Die Vermutung der Richtigkeit und Vollständigkeit (§ 2365) und der Echtheit (§ 437 ZPO) schützt den gutgläubigen Dritten (§§ 2366, 2367) und dient damit der Sicherheit des Rechtsverkehrs. Der Erbschein ist öffentliche Urkunde iS des § 271 StGB[1], aber kein Zeugnis über Tatsachen iS des § 418 ZPO und keine Urkunde nach § 580 Nr 7 b ZPO[2]. Zu den Erbscheinsarten vgl § 2357 Rn 1. Im Hinblick auf seinen Sinn und Zweck muss der Erbschein aus sich heraus verständlich sein; eine Bezugnahme auf andere Urkunden ist deshalb unzulässig[3].

II. Weitere Erbennachweise

2 Im Geltungsbereich der **HöfeO** wird durch das Landwirtschaftsgericht ein Hoffolgezeugnis (§ 18 Abs 2 HöfeO) sowie ein auf das hoffreie Vermögen beschränkter Erbschein erteilt[4].

3 Die in der Praxis wichtigste alternative Erbenlegitimation ist die notarielle letztwillige Verfügung, die in Verbindung mit der Eröffnungsniederschrift (§ 2260 Abs 3) regelmäßig als Erbennachweis genügt[5].

3 a **Grundbuchberichtigung**[6] erfolgt auf Grund Nachweises der Erbfolge (§ 35 GBO). Erleichterungen sehen § 35 Abs 1 S 2 GBO (Nachweis durch Verfügung von Todes wegen in öffentlicher Urkunde mit Eröffnungsniederschrift), § 35 Abs 3 GBO (geringer Wert) und §§ 36, 37 f GBO, § 99 FGG (Überweisungszeugnis) vor. Die Eintragung des Nacherben setzt den Nachweis der Erbenstellung auch dann voraus, wenn das Recht des Nacherben nach § 51 GBO vermerkt ist[7]. Feststellungsbeschluss nach § 1964 (Erbrecht des Fiskus) ist nicht ausreichend[8]. IÜ kann der Nachweis der Erbfolge grds nur durch (inländischen) Erbschein erfolgen[9]. Der über den Tod hinaus in der Form des § 29 GBO Bevollmächtigte kann Eintragungen auf Grund Rechtsgeschäft ohne Erbennachweis bewilligen, jedoch nicht

---

[1] BGH NJW 1964, 558.
[2] BVerwG NJW 1965, 1292.
[3] *Palandt/Edenhofer* Rn 5.
[4] BGH NJW 1988, 2739.
[5] *Ivo* ZErb 2006, 7; *Bengel*, Münchener Anwaltshandbuch Erbrecht, 2. Aufl 2007, § 70 Rn 36; KG FGPrax 1998, 7.
[6] Einzelheiten s *Demharter* GBO, 25. Aufl 2005, § 22.
[7] BGHZ 84, 196 = NJW 1982, 2499.
[8] BayObLG MDR 1987, 762.
[9] KG Rpfleger 1997, 384.

die Grundbuchberichtigung zugunsten des Erben. Ein Erbschein nur für Grundbuchzwecke ist gebührenbegünstigt (§ 107 Abs 3 KostO); dies ist im Antrag anzugeben. Die Eintragung im Grundbuch ist innerhalb von 2 Jahren ab dem Erbfall kostenfrei (§ 60 Abs 4 KostO).

Gegenüber dem **Handelsregister** ist der Erbennachweis durch Erbschein zu erbringen, soweit die **3 b** Erbfolge auf Gesetz oder privatschriftlicher Verfügung von Todes wegen beruht (arg e § 12 Abs 2 S 2 HGB); beruht die Erbfolge auf einer in einer öffentlichen Urkunde enthaltenen Verfügung von Todes wegen, genügt auch gegenüber dem Handelsregister regelmäßig die Vorlage dieser und der Eröffnungsniederschrift, sofern die letztwillige Verfügung keine Auslegungsschwierigkeiten bereitet[10].

Zum Erbennachweis gegenüber **Banken** s Ziff 5 AGB-Banken[11]; der Erbe ist allerdings nicht **4** verpflichtet, sein Erbrecht gegenüber der Bank durch Erbschein nachzuweisen, er kann den Nachweis auch in anderer Form, beispielsweise durch eröffnetes öffentliches Testament, erbringen[12]. Geht es allein um Verfügungen über das Bankguthaben, kann auch die Vorlage einer transmortalen oder postmortalen Vollmacht, ggf auch einer Vorsorgevollmacht genügen[13]. Zum Nachweis gegenüber **Lebensversicherern** s §§ 10, 12 ALB 94[14]. Bei Lebensversicherungen mit Bezugsrecht (Vertrag mit Drittbegünstigung auf den Todesfall, § 331) ist das Erbrecht bedeutungslos und ein Erbschein nicht erforderlich.

Zwischen den Parteien eines Zivilprozesses kann die Erbfolge durch **Feststellungsurteil** geklärt **5** werden. Dieses erwächst, anders als der Erbschein, der jederzeit eingezogen werden kann (§ 2361), (nur) zwischen den Parteien in Rechtskraft; an einen bereits erteilten Erbschein ist das Gericht im Rahmen der Feststellungsklage ebenso wenig wie an die der Erteilung zugrunde liegende Auslegung einer letztwilliger Verfügungen gebunden[15].

Zur Anerkennung von Erbbescheinigungen ausländischer Gerichte oder sonstiger Stellen s Münch- **5 a** KommBGB/*J. Mayer* Rn 178 f.

III. Inhalt

1. Person und Verfügungsmacht des Erben. Der Erbschein enthält die Person des Erblassers, des **6** Erben, die Erbquote[16] und ggf Beschränkungen der Verfügungsmacht des Erben durch Nacherbschaft (§ 2363), Testamentsvollstreckung (§ 2364)[17], Hoferbfolge (HöfeO) oder sonstiges Anerbenrecht[18]. Ein Vorausvermächtnis für alleinigen Vorerben ist wegen unmittelbarer dinglicher Wirkung anzugeben (vgl § 2363 Rn 13). Fällt eine Verfügungsbeschränkung nachträglich weg, kann ein neuer Erbschein beantragt werden; der ursprüngliche Erbschein ist einzuziehen (§ 2361)[19].

2. Bedingung. Die Erbeinsetzung unter auflösender Bedingung (zu Verwirkungsklauseln vgl **7** § 2074 Rn 4; zu Wiederverheiratungsklauseln vgl § 2069 Rn 12) ist anzugeben, da der Erbe die Stellung eines (idR befreiten) Vorerben hat[20].

3. Nicht anzugebende Umstände. Nicht angegeben werden Berufungsgrund[21], Belastung mit **8** schuldrechtlichen Ansprüchen (Pflichtteil, Vermächtnis[22], Auflagen, Teilungsanordnung, nach dem Erbfall eingetretene Verfügungsbeschränkungen (zB Erbteilsveräußerung oder -verpfändung[23], Nießbrauch am Erbteil, Nachlassinsolvenzverfahren)[24], einzelne Nachlassgegenstände[25].

IV. Verfahren (1. Instanz)

1. Sachentscheidungsvoraussetzungen bei Erbscheinserteilung. a) Sachliche Zuständig- 9 keit. Sachlich zuständig ist das Amtsgericht als Nachlassgericht (§§ 2353, 72 FGG; Baden-Württemberg: staatliches Notariat §§ 1, 38 BadWürttLFGG, Art 147 EGBGB). Die örtliche Zuständigkeit richtet sich nach § 73 FGG, idR nach dem Wohnsitz (§§ 7 ff) des Erblassers im Zeitpunkt des Erbfalls. Bei örtlicher Unzuständigkeit ist der Erbschein einzuziehen (vgl § 2361 Rn 6). Funktionell zuständig ist der Richter bei Vorliegen einer Verfügung von Todes wegen und im Fall des § 2369 (§ 16 Abs 1 Nr 6 RPflG, Übertragungsmöglichkeit nach Abs 2) und der Rechtspfleger bei gesetzlicher Erbfolge (§ 3 Nr 2 c RPflG). Der Verstoß gegen die funktionelle Zuständigkeit beeinträchtigt die Wirksamkeit des

---

[10] KG NJW-RR 2007, 692; OLG Hamburg NJW 1966, 986; *Baumbach/Hopt* HGB, 32. Aufl 2006, § 12 Rn 5.
[11] Abgedruckt in *Baumbach/Hopt* HGB, 32. Aufl 2006, 2. Teil, Handelsrechtliche Nebengesetze, Ziff (8).
[12] BGH NJW 2005, 2779; vgl hierzu *Schröder/Meyer* NJW 2006, 3252 und *Keim* WM 2006, 753.
[13] *Ivo* ZErb 2006, 7, 9.
[14] Abgedruckt in *Prölss/Martin* VVG, 27. Aufl, S 1980 f.
[15] BGHZ 86, 41, 51; *Palandt/Edenhofer* Vor § 2353 Rn 5; vgl auch BVerfG NJW-RR 2005, 1600, 1601.
[16] Erteilung für Mindestquote ist möglich, wenn genaue Quote ungewiss ist, zB bei eingesetzten, noch nicht erzeugten Enkelkindern § 2101, vgl OLG Köln NJW-RR 1992, 1417.
[17] Nacherben- oder Vermächtnistestamentsvollstreckung beschränkt die Verfügungsmacht des Erben nicht.
[18] MünchKommBGB/*J. Mayer* Rn 29 und 151 ff.
[19] LG Berlin DNotZ 1976, 569, 570; MünchKommBGB/*J. Mayer* § 2361 Rn 4 ff und § 2363 Rn 23.
[20] BayObLG ZEV 2004, 461, 462 mwN; OLG Stuttgart OLGR 1997, 87.
[21] BayObLG Rpfleger 1973, 136 – die Aufnahme ist jedoch unschädlich.
[22] BayObLG NJW-RR 2002, 873, 876 mwN – eine Ausnahme gilt für das Vorausvermächtnis an den alleinigen Vorerben; in diesem Fall ist im Erbschein anzugeben, dass sich das Recht des Nacherben auf diesen Gegenstand nicht erstreckt, vgl BayObLG FamRZ 2005, 480, 481 f; *Palandt/Edenhofer* § 2363 Rn 6.
[23] RGZ 64, 173.
[24] MünchKommBGB/*J. Mayer* Rn 38; *Staudinger/Schilken* Rn 86 je mwN.
[25] BayObLG FamRZ 1998, 1262.

§ 2353

Erbscheins grundsätzlich nicht; ist der Verstoß nach § 8 RPflG beachtlich, ist der Erbschein einzuziehen[26]. Zur **internationalen Zuständigkeit** vgl § 2369 Rn 1.

10 **b) Antragsberechtigung.** Antragsberechtigt sind der Erbe (§ 2353), der Fiskus nach Feststellung gemäß § 1964, Vorerbe (bis zum Eintritt des Nacherbfalles), Nacherbe (nach Eintritt des Nacherbfalles)[27], der erbende Ehegatte oder der verwaltende Ehegatte bei Erbschaft zum Gesamtgut der Gütergemeinschaft[28]. Ein **Miterbe** ist antragsberechtigt für sein Erbrecht oder für gemeinschaftlichen Erbschein (§ 2357 S 2), auch sog gemeinschaftlichen Teilerbschein[29], ausnahmsweise auch zum Nachweis der Erbfolge nach anderem Miterben bei Zwangsversteigerung zur Aufhebung der Erbengemeinschaft, vgl §§ 180, 181, 17 Abs 1, Abs 3 ZVG[30].

11 Dem Erbschaftskäufer (§§ 2371 ff) ist ein Erbschein auf den Namen des Erben[31], dem Erbeserben auf den Namen des Ersterben zu erteilen; entspr gilt beim Erwerber des Nacherbenanwartschaftsrechts[32].

12 Neben dem Erben sind Testamentsvollstrecker[33] (ab dem Zeitpunkt der Amtsannahme, § 2202 Abs 1, es sei denn, die Verfügungsbefugnis des Erben ist durch die Testamentsvollstreckung nicht beschränkt, vgl Rn 6), Nachlassverwalter, Nachlassinsolvenzverwalter, Auseinandersetzungspfleger (§ 88 FGG), Abwesenheitspfleger (§ 1911)[34] antragsberechtigt.

13 **Nicht antragsberechtigt** sind Ersatzerben vor Eintritt des Ersatzerbfalls, Nachlassgläubiger (Vermächtnisnehmer[35], Pflichtteilsberechtigte[36]; Ausnahme: §§ 792, 896 ZPO bei Vorlage des Titels[37]), Nachlasspfleger für den Nachlass, für den die Pflegschaft angeordnet ist[38].

14 **c) Weitere Antragsvoraussetzung.** Weiter ist die **Annahme der Erbschaft** durch den auszuweisenden Erben, ggf aller auszuweisender Miterben (vgl § 2357 Abs 3), Antragsvoraussetzung. Stellen der Erbe oder ein zur Annahme befugter Vertreter (vgl § 1943 Rn 3) den Antrag, wird damit stillschweigend Annahme erklärt.

14 a **Keine** Antragsvoraussetzung ist der Nachweis eines besonderen Bedürfnisses für die Erteilung des Erbscheins; das gilt auch dann, wenn der Nachlass nicht werthaltig sein sollte (allgM). Für die Erteilung eines gegenständlich beschränkten Erbscheins (§ 2369) fehlt es dagegen in der Regel an einem Rechtsschutzbedürfnis, wenn keine Anhaltspunkte für das Vorhandensein von Nachlassgegenständen bestehen, die von diesem Erbschein erfasst werden könnten[39].

15 **d) Form.** Der Antrag ist nicht **form**gebunden, er kann zu Protokoll der Geschäftsstelle gestellt werden (§ 11 FGG). Wegen der idR erforderlichen eidesstattlichen Versicherung (§ 2356 Abs 2) ist die Niederschrift vor dem Notar (§ 22 BNotO) oder Nachlassgericht (§ 11 FGG) zweckmäßig.

16 **e) Bestimmtheit.** Die Erbscheinserteilung setzt einen **bestimmten Antrag** voraus. Der Antrag muss mit dem zu erteilenden Erbschein inhaltlich deckungsgleich sein; er muss daher den Erben, die Erbquote, Beschränkungen nach den §§ 2363, 2364, eine gegenständliche Beschränkung nach § 2369 und ggf ein Vorausvermächtnis für den alleinigen Vorerben (vgl Rn 6 und § 2363 Rn 13) beinhalten. Die Erbquote kann nicht in das Ermessen des Gerichts gestellt werden (zum Erbschein für Mindesterbquote vgl Rn 6). Daneben ist die Angabe des konkreten Berufungsgrundes Bestimmtheitserfordernis[40]. Die Aufteilung in Haupt- und Hilfsantrag ist zulässig[41]. Zu den Angaben im Erbscheinsantrag vgl auch §§ 2354, 2355. Das Nachlassgericht ist an den Antrag grundsätzlich gebunden und darf bei Erteilung des Erbscheins von dem Antrag nicht inhaltlich abweichen. Wird die **Erbschein ohne Antrag** (zB dem erfolgreichen Beschwerdeführer) erteilt, kann der Erbe die Erteilung allerdings – auch konkludent – genehmigen[42], beispielsweise durch Entgegennahme[43].

17 Gewillkürte **Stellvertretung** ist zulässig (§ 13 FGG), nicht aber für die Abgabe der eidesstattlichen Versicherung nach § 2356, die strafbewehrt ist (vgl § 2356 Rn 7). Antragstellung ist Teil der Ver-

---

[26] KG NJW-RR 2004, 801; *Zimmermann* ZEV 1995, 27.
[27] BGH Rpfleger 1980, 182; BayObLG NJW-RR 1999, 805: keine Antragsberechtigung des Nacherben auf Erbschein für den Vorerben vor Eintritt des Nacherbfalles.
[28] BayObLGZ 1958, 364, 365 f; MünchKommBGB/*J. Mayer* Rn 90.
[29] Näher MünchKommBGB/*J. Mayer* Rn 12 mwN.
[30] BayObLG NJW-RR 1995, 272.
[31] *Palandt/Edenhofer* § 2371 Rn 6; RGRK/*Kregel* Rn 7; *Erman/Schlüter* Rn 8; arg e RGZ 164, 235, 238; aA MünchKommBGB/*J. Mayer* Rn 84; *Staudinger/Schilken* Rn 45.
[32] BayObLG Rpfleger 1985, 183.
[33] Sinnvoll zum Nachweis ordnungsgemäßer Auseinandersetzung, vgl OLG Hamm FamRZ 1993, 825.
[34] KG JR 1967, 26.
[35] BayObLG FamRZ 2000, 1231.
[36] KG NJW-RR 1994, 1421.
[37] BayObLG MDR 1973, 1029; OLG Hamm Rpfleger 1984, 273; wegen der hohen Kosten des Erbscheins ist aber regelmäßig § 1961 für den Vollstreckungsgläubiger vorzuziehen.
[38] Antragsrecht besteht aber für anderen Nachlass, an dem Rechte des Erben wahrzunehmen sind, BayObLG FamRZ 1991, 230.
[39] KG FGPrax 2006, 220.
[40] BayObLG NJW-RR 1996, 1160.
[41] RGZ 156, 172, 180; OLG Hamm FamRZ 1993, 111; der Hilfsantrag kann aber nicht erstmals in der Beschwerdeinstanz gestellt werden, OLG Hamm ZEV 2005, 436, 437.
[42] BayObLG NJW-RR 2001, 950, 952 mwN; *Staudinger/Schilken* § 2361 Rn 17.
[43] OLG München NJW-RR 2006, 1668, 1670.

mögenssorge der Eltern, soweit diese nicht nach § 1638 ausgeschlossen sind[44]. § 1795 Nr 3 ist nicht anwendbar[45].

Der Antrag kann bis zur Erteilung des Erbscheins auch gegenüber dem Beschwerdegericht **zurückgenommen** werden[46]; Rücknahme ist auch im Rahmen eines gerichtlichen Vergleichs möglich[47]. Der Notar braucht für die Rücknahme besondere Vollmacht[48].

f) **Doppelrelevante Tatsachen.** Verfahrensvoraussetzungen, die für die Begründetheit des Antrages relevant sind (zB Erbenstellung), werden bei schlüssigem Vortrag im Rahmen des Antragsrechts unterstellt (sog doppelrelevante Tatsache).

2. **Entscheidungsmöglichkeiten des Gerichts.** Zum Verfahren vgl § 2358. Das Nachlassgericht darf grundsätzlich keinen Erbschein ohne Antrag oder mit einem anderen als dem beantragten Inhalt erteilen[49].

a) **Zwischenverfügung.** Liegen die Sachentscheidungsvoraussetzungen nicht vor oder entspricht der Antrag nicht der Erbrechtslage, hat das Gericht durch Zwischenverfügung behebbare Mängel unter Fristsetzung für deren Beseitigung mitzuteilen, bevor der Antrag durch Beschluss zurückgewiesen wird[50]; auch Hinweis entspr § 139 ZPO genügt[51]. Sofern möglich, hat das Nachlassgericht in der Zwischenverfügung auch darauf hinzuweisen, wie es die Erbrechtslage voraussichtlich beurteilen wird[52]. Bis zur rechtskräftigen Entscheidung eines Prozesses zwischen den materiell Beteiligten (Feststellungsstreit zwischen Erbprätendenten) kann das Verfahren entspr § 148 ZPO ausgesetzt werden[53].

b) **Erteilungsanordnung.** Liegen die Verfahrensvoraussetzungen vor und entspricht der Antrag der materiellen Erbrechtslage, ergeht Verfügung oder Beschluss, der die Erteilung des Erbscheins anordnet. Dieser wird vollzogen durch Erteilung des Erbscheins, dh durch Aushändigung von Urschrift oder der ersten Ausfertigung an den Antragsteller oder einen von diesem benannten Dritten (zB Grundbuchamt wegen § 107 Abs 3 KostO)[54]. Die Erteilung wird dem Grundbuchamt (§ 83 GBO) und dem Finanzamt (§ 34 Abs 2 Nr 2 ErbStG) mitgeteilt.

c) **Vorbescheid.** Stellen zwei (oder mehrere) Beteiligte sich widersprechende Anträge, kann das Gericht durch Vorbescheid die Erteilung eines Erbscheines zugunsten des Antragstellers A für den Fall ankündigen, dass Antragsteller B nicht innerhalb einer Frist Beschwerde einlegt[55]. Die Frist ist nicht Zulässigkeitsvoraussetzung für die Beschwerde. Es handelt sich dabei um eine Art Zwischenverfügung entspr der Rechtsgedanken des § 18 GBO, deren Rechtfertigung in der Gefahr der Publizitätswirkung des erteilten Erbscheins zwischen Erteilung und Einziehung des Erbscheins liegt[56]. Der Vorbescheid ist daher auch möglich, wenn ein widersprechender Antrag noch nicht vorliegt, aber zu erwarten ist[57]. Der Vorbescheid kann nur ergehen, wenn nach Meinung des Gerichts einer der Anträge erfolgreich ist und **Entscheidungsreife** vorliegt[58]. Ausnahmsweise kann ein Vorbescheid mit einem von den gestellten Anträgen abweichenden Inhalt ergehen, wenn mit einem seinem Inhalt entsprechenden Antrag eines Beteiligten gerechnet werden kann[59].

Der Vorbescheid bindet das Nachlassgericht nur insoweit, als es den angekündigten Erbschein nicht vor Fristablauf erteilen darf[60]; inhaltlich ist das Nachlassgericht dagegen nicht gebunden (arg e § 1361, § 18 FGG)[61].

Der Vorbescheid ist **unzulässig** zur Ankündigung der Einziehung eines Erbscheins[62] oder einer Antragszurückweisung[63]; unzulässig ist auch ein Vorbescheid, mit dem das Nachlassgericht nur über bestimmte Einzelfragen (Vorfragen) entscheidet[64].

d) **Bindungswirkung.** Ein (Zwischen-)Feststellungsurteil im Zivilprozess entfaltet im Erbscheinsverfahren nur im Rahmen der Rechtskraft Bindungswirkung, dh wenn das Urteil zwischen allen Verfahrensbeteiligten in **Rechtskraft** erwachsen ist[65]. Einem Dritten kann ein abweichender Erbschein erteilt werden. War das Erbrecht nur Vorfrage und wurde kein Zwischenfeststellungsurteil (§ 256 Abs 2

---

[44] OLG Frankfurt NJW-RR 1997, 580.
[45] BayObLG NJW 1961, 2309.
[46] BayObLG FamRZ 1999, 62, 64.
[47] BayObLG ZEV 1997, 461, 462.
[48] *Palandt/Edenhofer* Rn 12.
[49] BayObLG NJW-RR 2003, 297, 298.
[50] BayObLG FamRZ 1990, 101; KG DNotZ 1955, 408, 411; MünchKommBGB/*J. Mayer* Rn 108.
[51] BayObLG NJW-RR 2003, 297, 298.
[52] Vgl RGZ 156, 172, 183.
[53] BayObLG FamRZ 1999, 334.
[54] *Palandt/Edenhofer* Rn 23; MünchKommBGB/*J. Mayer* Rn 104.
[55] BGHZ 20, 255; BayObLG NJW-RR 1994, 1032; ausf *Lukoschek* ZEV 1999, 1.
[56] BGHZ 20, 255; OLG Stuttgart Rpfleger 2005, 431.
[57] BayObLG FGPrax 2004, 138, 140; BayObLGZ 1963, 19, 24.
[58] BayObLG NJW-RR 1994, 1032.
[59] BayObLG NJW-RR 2004, 1085.
[60] BayObLG FamRZ 2002, 200; *Palandt/Edenhofer* Rn 22.
[61] MünchKommBGB/*J. Mayer* Rn 115.
[62] OLG Brandenburg FamRZ 1999, 188; BayObLG NJW-RR 1994, 1422.
[63] OLG Düsseldorf NJW-RR 1994, 906 mwN.
[64] OLG Köln NJW-RR 1991, 1285, 1286 f.
[65] BayObLG FamRZ 1999, 334, 335; *Staudinger/Schilken* Rn 11 mwN.

§ 2353

ZPO) beantragt, bindet das Urteil das Nachlassgericht dagegen nicht[66]. Umgekehrt entfaltet der Ausgang des Erbscheinsverfahrens für den zivilprozessualen Streit um das Erbrecht zwischen den Erbprätendenten aber keine präjudizielle Wirkung[67]. Vgl zur Bindungswirkung auch § 2359 Rn 2.

26 **3. Kosten.** Die Kosten des Erbscheins (§ 107 KostO) trägt der Antragsteller (§ 2 Nr 1 KostO). Miterben, die nicht Antragsteller sind (§ 2357 Abs 1 S 2) haften nicht. Die Kosten sind keine Nachlassverbindlichkeit. Die Gebührenermäßigung bei dem Erbschein nur für Grundbuchzwecke (§ 107 Abs 3 KostO) kann nur in Anspruch genommen werden, wenn die Übersendung der Ausfertigung des Erbscheins an das Grundbuchamt beantragt wird[68]. Die Erhebung von Wertgebühren für die Erteilung eines Erbscheins ist mit dem Grundgesetz und – im Hinblick auf § 12 Abs 2 S 2 HGB – der Gesellschaftsteuer-RL des Rates der EG (RL 69/335/EWG) vereinbar[69].

27 **4. Korrekturmöglichkeiten, Rechtsmittel. a) Berichtigung (§ 319 ZPO).** Entspr § 319 ZPO können Schreibfehler oder offensichtliche Unrichtigkeiten sowie unbeachtliche Zusätze (Name der Testamentsvollstreckers) im Erbschein berichtigt werden. Die Berichtigung erfolgt durch Ergänzung aller Ausfertigungen des Erbscheins oder Bekanntmachung des Berichtigungsbeschlusses an alle Beteiligten (§ 16 FGG). Eine sachliche Änderung des der Vermutungswirkung der §§ 2365 ff unterliegenden Inhalts kann nicht erfolgen, der Erbschein ist dann einzuziehen[70] (zB fehlende Verfügungsbeschränkung, falsche Erbquote). Bei Nachlassspaltung kann ein fehlender Vermerk der eingeschränkten Geltung ergänzt werden[71].

28 **b) Änderung (§ 18 FGG).** Die bekannt gemachte (§ 16 FGG) Erteilungsanordnung oder Zurückweisung des Antrags kann nach § 18 FGG geändert werden. Die Änderung ist mit Erteilung des Erbscheins ausgeschlossen, ein unrichtiger Erbschein ist einzuziehen oder für kraftlos zu erklären (§ 2361).

29 **c) Rechtsmittel.** Gegen die Verfügung des Amtsgerichts (§ 19 Abs 1 FGG) ist die Beschwerde zum LG (§ 19 FGG, § 11 RPflG) und weitere Beschwerde zum OLG (§ 27 FGG)[72] statthaft.

V. Beschwerdeverfahren

30 **1. Zulässigkeit. a) Zuständigkeit, Frist.** Die Beschwerde kann beim AG oder dem LG als Beschwerdegericht eingelegt werden (§ 21 FGG). Sie ist nicht fristgebunden (§§ 80, 96 FGG gelten nicht).

31 **b) Beschwerdegegenstand.** Beschwerdegegenstand ist grds die Entscheidung des Nachlassgerichts (zB Ablehnung des Antrags, Anordnung der Erbscheinserteilung, Einziehungsanordnung, Zwischenverfügung)[73], Verfahrensaussetzung). Auch der Vorbescheid (vgl Rn 23) ist beschwerdefähig[74]. Eine Antragsänderung oder ein neuer Antrag ist grds nicht zulässig[75], vgl aber Rn 32 ff.

32 **c) Beschwerdeziel.** Ist die Entscheidung des Nachlassgerichts durch Erteilung oder Einziehung (Kraftloserklärung) vollzogen, besteht kein Rechtsschutzbedürfnis für die Beschwerde gegen den Anordnungsbeschluss des Nachlassgerichts, da die Aufhebung der Entscheidung der Erbschein bzw dessen Einziehung oder Kraftloserklärung nicht beseitigt[76].

33 Aus **prozessökonomischen Gründen** und wegen der Gefahr für den Rechtsverkehr, die von einem unrichtigen Erbschein ausgeht, kann die Beschwerde mit dem Ziel, das Nachlassgericht anzuweisen, den erteilten Erbschein einzuziehen ohne vorherige Entscheidung des Nachlassgerichts über die Einziehung statthaft sein[77] (daneben kann die Einziehung beim Nachlassgericht beantragt werden).

34 Eine Beschwerde mit dem Ziel der Erteilung eines Erbscheins ohne Antrag gegenüber dem Nachlassgericht kann bei Einziehung des begehrten Erbscheins durch das Nachlassgericht[78] (gemeinschaftlicher Erbschein auf Grund Antrag eines anderen Miterben) und uU bei Beschwerde gegen einen Vorbescheid[79] statthaft sein.

35 Wird die zunächst statthafte Beschwerde (zB gegen Erteilungsanordnung, Einziehungsanordnung oder Vorbescheid) durch den Vollzug überholt, erfolgt **Umdeutung** in Beschwerde auf Anordnung der Einziehung oder auf Neuerteilung des Erbscheins, wenn gegen die Erteilung oder Einziehung Beschwerde statthaft wäre (Prozessökonomie)[80].

---

[66] BayObLG FamRZ 1999, 334, 335.
[67] BVerfG NJW-RR 2005, 1600, 1601; *Palandt/Edenhofer* Vor § 2353 Rn 5.
[68] Es kann sinnvoll sein, die Erteilung einer einfachen oder beglaubigten Abschrift an den Notar zu beantragen, die für § 107 Abs 3 KostO unschädlich ist.
[69] OLG Köln NJW-RR 2004, 357; OLG Stuttgart ZEV 2004, 381.
[70] OLG Zweibrücken ZEV 2001, 27.
[71] BayObLG ZEV 1994, 47; *Palandt/Edenhofer* Rn 9.
[72] In Rheinland-Pfalz ist nur das OLG Zweibrücken zuständig, § 4 Abs 3 Nr 2 a RhPfGerOrgG; in Bayern war bis zu seiner Auflösung zum 30. 6. 2006 das BayObLG zuständig.
[73] OLG Hamm NJW-RR 1992, 1483.
[74] BGHZ 20, 255; KG Rpfleger 2005, 669; BayObLG NJW-RR 1991, 1287.
[75] BayObLG ZEV 1998, 472.
[76] BGHZ 30, 220 = NJW 1959, 1729.
[77] BayObLG FamRZ 1990, 301, 302.
[78] BGH NJW 1959, 1729.
[79] Vgl BayObLG NJW-RR 1996, 7.
[80] BGH NJW 2002, 1126; OLG Stuttgart FGPrax 2005, 221; KG Rpfleger 2005, 669; RGRK/*Kregel* § 2361 Rn 11.

d) Beschwerdeberechtigung. Die Beschwerdeberechtigung erfordert die Möglichkeit der **Rechts-** 36
beeinträchtigung (§ 20 Abs 1 FGG, materielle Beschwer)[81]. Bei Erbscheinserteilung ist beschwerdeberechtigt, wer ein eigenes Antragsrecht hat und nachteilig betroffen sein kann. Das ist jeder Erbprätendent[82], der das bezeugte Erbrecht beansprucht, der ausgewiesene Erbe[83], auch der ursprüngliche Antragsteller[84], Testamentsvollstrecker (wegen Unrichtigkeit des ausgewiesenen Erbrechts oder fehlenden Vermerks), Nacherbe (wegen fehlenden Vermerks), Gläubiger in den Fällen der §§ 792, 896 ZPO[85], **nicht** aber der Pflichtteilsberechtigte, Vermächtnisnehmer[86], Nachlasspfleger (vgl Rn 13). Bei Auslandsberührung ist für die Beurteilung der Rechtsbeeinträchtigung das nach Art 25 EGBGB maßgebliche Erbstatut zu berücksichtigen[87].

Bei Ablehnung der Erbscheinserteilung ist zusätzlich § 20 Abs 2 FGG zu beachten; ausreichend ist, 37
dass der Beschwerdeführer einen Antrag hätte stellen können, zB bei gemeinschaftlichem Erbschein ein Miterbe, der keinen Antrag gestellt hat[88].

Beim **Vorbescheid** entspricht die Beschwerdeberechtigung derjenigen gegen den angekündigten 38
Erbschein[89]. Bei Aufhebung des Vorbescheids im Beschwerdeverfahren durch das LG entspricht die Berechtigung zur weiteren Beschwerde der bei Ablehnung des Erbscheins[90].

2. Sachentscheidung. Eine unzulässige Beschwerde wird verworfen, eine unbegründete zurück- 39
gewiesen. Die Einziehung oder Erteilung eines Erbscheins kann nicht durch das Beschwerdegericht erfolgen; dieses hat vielmehr das Nachlassgericht hierzu **anzuweisen**. Bei begründeter Beschwerde gegen einen Vorbescheid ist dieser aufzuheben; entspricht der Antrag des Beschwerdeführers der Rechtslage, erfolgt Anweisung zur Erteilung, iÜ wird die Sache an das Nachlassgericht zurückgegeben, da der Vorbescheid keine abschließende Entscheidung in erster Instanz darstellt[91]. Das Beschwerdegericht kann keinen Vorbescheid erlassen[92]. An eine Vorentscheidung ist das Beschwerdegericht bei später abweichendem Erbscheinsantrag nicht gebunden[93].

Das Verbot der Schlechterstellung **(reformatio in peius)** gilt grds weder im Antragsverfahren auf 40
Erbscheinserteilung (str) noch im Amtsverfahren zur Einziehung, weil das Nachlassgericht grundsätzlich verpflichtet ist, die Richtigkeit des Erbscheins von Amts wegen zu prüfen und unrichtige Erbscheine einzuziehen (§§ 2358, 2361) und sich diese Prüfungspflicht in der Beschwerdeinstanz wegen des Devolutiveffekts fortsetzt; das Beschwerdegericht hat deshalb die Richtigkeit des Erbscheins auch insoweit zu überprüfen, als die Rechtsstellung des Beschwerdeführers nicht betroffen ist[94].

VI. Reformbestrebungen („FGG-Reform")

Mit dem derzeit in der Diskussion befindlichen Gesetz über das Verfahren in Familiensachen und in 41
den Angelegenheiten der freiwilligen Gerichtsbarkeit (FamFG) sollen die verfahrensrechtlichen Bestimmungen aus dem Erbrecht des BGB (also insbes die §§ 2353 ff) herausgenommen und – unter teilweiser inhaltlicher Abänderung – in das FamFG überführt werden[95].

§ 2354 Angaben des gesetzlichen Erben im Antrag

(1) Wer die Erteilung des Erbscheins als gesetzlicher Erbe beantragt, hat anzugeben:
1. die Zeit des Todes des Erblassers,
2. das Verhältnis, auf dem sein Erbrecht beruht,
3. ob und welche Personen vorhanden sind oder vorhanden waren, durch die er von der Erbfolge ausgeschlossen oder sein Erbteil gemindert werden würde,
4. ob und welche Verfügungen des Erblassers von Todes wegen vorhanden sind,
5. ob ein Rechtsstreit über sein Erbrecht anhängig ist.

(2) Ist eine Person weggefallen, durch die der Antragsteller von der Erbfolge ausgeschlossen oder sein Erbteil gemindert werden würde, so hat der Antragsteller anzugeben, in welcher Weise die Person weggefallen ist.

---

[81] BGH MDR 1963, 39; BayObLG NJW-RR 2002, 873.
[82] ZB Ersatzerbe nach Ausschlagung durch den Erben, BayObLG ZEV 1995, 256, 257.
[83] Vgl BGHZ 30, 261, 263; BayObLGZ 1977, 163.
[84] BGH NJW 2006, 3353, 3354 mwN; BayObLG NJW-RR 2005, 1245.
[85] OLG Hamm Rpfleger 1984, 273.
[86] BayObLG FamRZ 2004, 1818.
[87] BayObLG NJW 1988, 2745; *Palandt/Edenhofer* Rn 27.
[88] KG NJW-RR 1990, 1292; *Palandt/Edenhofer* Rn 28; *Staudinger/Schilken* Rn 88 mwN.
[89] BayObLG ZEV 1995, 256, 257.
[90] BayObLG ZEV 1998, 431; FamRZ 1989, 1348.
[91] BGHZ 15, 122; OLG Frankfurt FamRZ 1998, 194; BayObLG FamRZ 1992, 1102.
[92] BayObLG NJW-RR 1994, 1032.
[93] BayObLG NJW 1992, 322.
[94] OLG München DNotZ 2007, 53; BayObLG NJW-RR 2000, 962, 963; MünchKommBGB/*J. Mayer* Rn 131 mwN; aA *Palandt/Edenhofer* Rn 30 und Voraufl.
[95] Ausf zum RefE vom 14. 2./27. 7. 2006 betr Nachlasssachen *Zimmermann* FGPrax 2006, 189.

§ 2356

§ 2355 Angaben des gewillkürten Erben im Antrag

Wer die Erteilung des Erbscheins auf Grund einer Verfügung von Todes wegen beantragt, hat die Verfügung zu bezeichnen, auf der sein Erbrecht beruht, anzugeben, ob und welche sonstigen Verfügungen des Erblassers von Todes wegen vorhanden sind, und die in § 2354 Abs. 1 Nr. 1, 5, Abs. 2 vorgeschriebenen Angaben zu machen.

I. § 2354

1 Die Angaben sind nicht Teil des Erbscheinsantrags – zu dessen Inhalt § 2353 Rn 16[1] – und können gleichzeitig oder nachträglich (auf Grund Zwischenverfügung) gemacht werden. Verstößt der Antragsteller gegen seine **Mitwirkungspflicht**, ist sein Antrag aber unzulässig[2]; bei Unkenntnis des Antragstellers hat das Gericht zu fehlenden Angaben zu ermitteln (§ 2358). Neben den Verpflichtungen aus §§ 2354 bis 2356 besteht entsprechend § 138 Abs 1 ZPO die allgemeine Pflicht, vollständige und wahrheitsgemäße Angaben zu machen[3].

2 Das **Verhältnis** (Abs 1 **Nr 2**) ist die erbrechtsbegründende Stellung zum Erblasser, zB Verwandtschaft, bei Ehe auch der Güterstand, eingetragene Lebenspartnerschaft (§ 10 LPartG), Ehelicherklärung in Erbfällen vor dem 1. 7. 1998 (wegen § 1723 aF), Vaterschaftsfeststellung (§ 1592 Nr 2, 3), Kindesannahme, Staatsangehörigkeit des Erblassers, bei Fiskus s §§ 1964, 1936. Der Antragsteller hat die Annahme der Erbschaft als Erteilungsvoraussetzung durch die auszuweisenden Erben anzugeben (zur Annahme durch den Antragsteller vgl § 2353 Rn 14).

3 Der **Wegfall** (Abs 1 **Nr 3**) anderer Personen durch Tod, Ehescheidung[4] oder nach §§ 1933, 1934 c aF, 1938, 1953, 2344, 2346, 2349, 2352 vor oder nach dem Erbfall[5] muss angegeben werden, unabhängig davon, ob diese Personen gesetzliche oder gewillkürte Erben waren.

3 a Abs 1 **Nr 4** umfasst Testamente und Erbverträge; anzugeben sind auch widerrufene, ungültige oder vernichtete Verfügungen von Todes wegen[6].

3 b Abs 1 **Nr 5** betrifft nur ein vor einem ordentlichen Gericht anhängiges Verfahren zwischen Erbprätendenten[7].

4 Sind Nachlassgläubigern (Antragsberechtigung: §§ 792, 896 ZPO) Angaben nicht bekannt, kann Antrag auf Nachlasspflegschaft (§ 1961) gestellt werden[8].

II. § 2355

5 Die Vorlage (§ 2356 Abs 1) und Eröffnung der Verfügung von Todes wegen (§ 2260) ist grds Voraussetzung für die Erteilung des Erbscheins[9]. Zu den – strengen[10] – Beweisanforderungen an die Existenz eines Testaments, dessen Urkunde nicht vorgelegt werden kann, s § 2356 Rn 10 a.

§ 2356 Nachweis der Richtigkeit der Angaben

(1) ¹Der Antragsteller hat die Richtigkeit der in Gemäßheit des § 2354 Abs. 1 Nr. 1 und 2, Abs. 2 gemachten Angaben durch öffentliche Urkunden nachzuweisen und im Falle des § 2355 die Urkunde vorzulegen, auf der sein Erbrecht beruht. ²Sind die Urkunden nicht oder nur mit unverhältnismäßigen Schwierigkeiten zu beschaffen, so genügt die Angabe anderer Beweismittel.

(2) ¹Zum Nachweis, dass der Erblasser zur Zeit seines Todes im Güterstand der Zugewinngemeinschaft gelebt hat, und in Ansehung der übrigen nach den §§ 2354, 2355 erforderlichen Angaben hat der Antragsteller vor Gericht oder vor einem Notar an Eides statt zu versichern, dass ihm nichts bekannt sei, was der Richtigkeit seiner Angaben entgegensteht. ²Das Nachlassgericht kann die Versicherung erlassen, wenn es sie für nicht erforderlich erachtet.

(3) Diese Vorschriften finden keine Anwendung, soweit die Tatsachen bei dem Nachlassgericht offenkundig sind.

---

[1] Vgl hierzu auch *Scherl*, Münchener Anwaltshandbuch Erbrecht, 2. Aufl 2007, § 50 Rn 10 ff.
[2] MünchKommBGB/*J. Mayer* § 2354 Rn 3; *Palandt/Edenhofer* Rn 1.
[3] KG NJW-RR 2005, 1677.
[4] Zu weit gehend aber KG FamRZ 1977, 481: Nachweis der Scheidung auch für den Fall der Wiederverheiratung des Erblassers erforderlich.
[5] OLG Köln MDR 1959, 585.
[6] RG DR 1942, 1140, 1141; *Staudinger/Schilken* § 2354 Rn 9 mwN.
[7] MünchKommBGB/*J. Mayer* § 2354 Rn 21.
[8] Zur Amtsermittlung in diesem Fall LG Hildesheim MDR 1962, 56; vgl zur Amtsermittlung auch KG NJWE-FER 2000, 15; BayObLG FamRZ 1998, 1242.
[9] MünchKommBGB/*J. Mayer* Rn 4; *Palandt/Edenhofer* § 2353 Rn 10; RGRK/*Kregel* Rn 1.
[10] BayObLG FamRZ 2003, 1786; OLG Köln NJW-RR 1993, 970; *Klingelhöffer* ZEV 2007, 361 für fehlende Teile eines Testaments.

I. Normzweck

§ 2356 ergänzt die Mitwirkungspflicht des Antragstellers aus den §§ 2354, 2355 durch eine **formelle Nachweispflicht**. Der Nachweis kann gleichzeitig mit dem Antrag auf Erteilung eines Erbscheins oder nachträglich (auf Grund Zwischenverfügung) erbracht werden. Wird der dem Antragsteller mögliche Nachweis nicht erbracht, ist der Erbscheinsantrag unzulässig; hat dieser seine formelle Nachweispflicht erfüllt, hat das Gericht von Amts wegen zu ermitteln (§ 2358, § 12 FGG) und auf Grund der materiellen Feststellungslast (vgl § 2358 Rn 12) zu entscheiden. Eine über die Mitteilung der Angaben nach §§ 2354 bis 2356 und Vorlage der entsprechenden Urkunden hinausgehende Ermittlungspflicht trifft den Antragsteller idR nicht[1].

II. Umfang der Nachweispflicht, Offenkundigkeit

Gegenstand der Nachweispflicht sind die nach §§ 2354, 2355 zu machenden Angaben; im Falle der gewillkürten Erbfolge also insbes die Vorlage der letztwilligen Verfügung im Original. Eine Nachweispflicht besteht nicht bei **Offenkundigkeit** (Abs 3), dh bei allgemein bekannten Tatsachen[2] oder bei dem (demselben) Amtsgericht (nicht notwendig dem Nachlassgericht) bekannten Tatsachen (insbes Erbschaftsausschlagung; Entscheidungen des AG mit personenstandsrechtlicher Wirkung wie Kindesannahme, Vaterschaftsfeststellung, Ehescheidung). Akten eines anderen Gerichts sind nicht gerichtsbekannt (unbeschadet der Möglichkeit der Beiziehung, § 2 FGG)[3]. Die Erbschaftsannahme sämtlicher im beantragten Erbschein auszuweisenden Erben ist nachzuweisen[4].

III. Öffentliche Urkunde

Der Begriff entspricht § 415 ZPO. Besondere praktische Bedeutung als öffentliche Urkunden kommt den **Personenstandsurkunden** nach § 61 a PStG zu (Beweiskraft: §§ 60, 66 PStG). Dies sind beglaubigte Abschriften aus dem Personenstandsbuch, zB Geburtsschein, Geburtsurkunde, Heiratsurkunde, Sterbeurkunde, Abstammungsurkunde, Familienbuchauszug[5].

Die Beweiskraft nach §§ 60, 66 PStG kommt auch fast allen seit 1876 gefertigten Auszügen aus Standesregistern zu[6]. Ältere Geburts-, Heirats-, Todesscheine und Familienbücher sind jedenfalls sonstige Beweismittel iS des Abs 1 S 2[7].

Urkunden der DDR sind, sofern sie die Voraussetzungen einer öffentlichen Urkunde erfüllen, als inländische Urkunde zum Nachweis nach § 2356 geeignet, ohne eines besonderen Echtheitsbeweises zu bedürfen[8].

Ausländische öffentliche Urkunden sind vorzulegen. Die Echtheitsvermutung ergibt sich aus § 438 Abs 2 ZPO bei sog Legalisation durch Echtheitsbestätigung des deutschen Konsularbeamten im Errichtungsstaat (§ 13 KonsG; der Antrag nach Abs 4 ist zweckmäßig)[9]. Nach dem Haager Übereinkommen vom 5. 10. 1961 (BGBl 1965 II S 875) tritt an die Stelle der Legalisation meist eine sog Apostille durch die zuständige Behörde des Errichtungsstaates[10]; auch sehen bilaterale Abkommen Befreiungen vor, die zur Anwendung des § 437 ZPO führen können[11]. Die Verwendung fremdsprachlicher Urkunden ist grds zulässig; allerdings kann vom Nachlassgericht idR eine Übersetzung verlangt werden[12].

IV. Eidesstattliche Versicherung

Die eidesstattliche Versicherung ist durch den Antragsteller (zum Personenkreis vgl § 2353 Rn 10) vor einem Notar oder einem Gericht[13] zu leisten; bei gemeinschaftlichem Erbschein idR durch alle auszuweisenden Miterben (§ 2357 Abs 4). Das Beurkundungsverfahren richtet sich nach §§ 38, 6, 7 BeurkG; bei Bezugnahmen sind die §§ 9, 13 a BeurkG zu beachten. Im Ausland ist der Konsularbeamte zuständig (§ 12 Nr 2 KonsG); allerdings kann auch eine vor einem ausländischen Notar aufgenommene (als solche bezeichnete) „eidesstattliche Versicherung" genügen (§ 2356 Abs 2 S 2)[14].

---

[1] KG NJW-RR 2005, 1677, auch zur insoweit bestehenden Pflicht, vollständige und wahrheitsgemäße Angaben zu machen.
[2] Ein hoher Grad an Wahrscheinlichkeit ist nicht ausreichend, OLG Schleswig FamRZ 2001, 583.
[3] MünchKommBGB/*J. Mayer* § 2356 Rn 6 mwN; *Staudinger/Schilken* Rn 3 mwN; aA OLG Köln MDR 1959, 585.
[4] *Palandt/Edenhofer* § 2357 Rn 2.
[5] Vgl ausf zu den einzelnen Regelungen im PStG *Staudinger/Schilken* Rn 9 ff; das PStG wird durch das am 1. 1. 2009 in Kraft tretende Personenstandsrechtsreformgesetz (PStRG) vom 19. 2. 2007 (BGBl I S 122) grundlegend reformiert werden; in § 58 PStG wird dann auch die Ausstellung von Lebenspartnerschaftsurkunden geregelt.
[6] Vgl ausf, auch zu Ausnahmen, MünchKommBGB/*J. Mayer* Rn 21.
[7] *Palandt/Edenhofer* Rn 3; vgl ergänzend zur Beweiskraft von Familienstammbüchern *Hahn* Rpfleger 1996, 228.
[8] MünchKommBGB/*J. Mayer* Rn 18 mwN; *Palandt/Edenhofer* Rn 2; die Entscheidung BGH NJW 1979, 1506, wonach Personenstandsurkunden der DDR nicht als inländische Urkunde iS des § 46 a Abs 2 PStG anzusehen seien, betraf einen Sonderfall und dürfte mit der Wiedervereinigung überholt sein.
[9] § 13 Abs 4 KonsG: „Auf Antrag kann, sofern über die Rechtslage kein Zweifel besteht, in dem Vermerk auch bestätigt werden, dass der Aussteller zur Aufnahme der Urkunde zuständig war und dass die Urkunde in der den Gesetzen des Ausstellungsorts entsprechenden Form aufgenommen worden ist (Legalisation im weiteren Sinn)".
[10] Vgl zum Verfahren der Legalisation und Apostille *Bindseil* DNotZ 1992, 275, 276 ff.
[11] Vgl die Nachweise bei MünchKommBGB/*J. Mayer* Rn 19 Fn 43.
[12] *Staudinger/Schilken* Rn 6; MünchKommBGB/*J. Mayer* Rn 20.
[13] Auch einem Rechtshilfegericht, *Staudinger/Schilken* Rn 38.
[14] OLG München ZEV 2006, 118 m zust Anm *Heinemann*.

§ 2357

7 Die eidesstattliche Versicherung ist vom Antragsteller persönlich oder dem gesetzlichen Vertreter abzugeben. Eidesmündige Antragsteller (§ 455 Abs 2 ZPO) können zugelassen werden; allerdings ist auch die eidesstattliche Versicherung durch den gesetzlichen Vertreter ausreichend[15]. Gewillkürte Stellvertretung ist unzulässig[16]. **Erlass** (§ 2356 Abs 2 S 2) liegt im pflichtgemäßen Ermessen des Nachlassgerichts[17]; die Entscheidung über den Erlass ist mit der Beschwerde anfechtbar.

8 Die eidesstattliche Versicherung ist ua erforderlich zum Nachweis des gesetzlichen Güterstandes im Rahmen gesetzlicher Erbfolge, der durch Urkunden nicht nachgewiesen werden kann; darüber hinaus auch für die weiteren entscheidungsrelevanten negativen Tatsachen nach §§ 2354, 2355.

9 Sie ist nicht erforderlich bei gewillkürter Erbeinsetzung auf den gesetzlichen Erbteil hinsichtlich des Güterstandes[18] oder für Nichtbestehen von Ausschlussgründen iS des § 1933, wenn nichts auf solche hindeutet[19]. Sie kann vom Nacherben im Regelfall nicht nochmals verlangt werden[20]. Sie erfasst nicht die Erbquote (§ 2357 Abs 2). Die **Verweigerung** der eidesstattlichen Versicherung ohne triftigen Grund führt zur Abweisung des Erbscheinserteilungsantrags[21]. Die Abgabe einer **unrichtigen** eidesstattlichen Versicherung rechtfertigt für sich allein genommen noch nicht die Einziehung des Erbscheins[22].

V. Andere Beweismittel (Abs 1 S 2)

10 Liegen die Voraussetzungen des Abs 1 S 2 vor, können Existenz und Inhalt von Urkunden mit Hilfe aller zulässigen Beweismittel bewiesen werden[23]. Als andere Beweismittel kommen bei im Original nicht mehr vorhandener Urkunden in Betracht: Ausfertigung, beglaubigte Abschrift, Kopie (die Beweiskraft umfasst hier nur die Errichtung), Zeugen, eidesstattliche Versicherung von Dritten, die nicht als Zeugen vernommen werden können[24], eidesstattliche Versicherung des Antragstellers, die über den negativen Inhalt des Abs 2 hinausgeht.

10a Bei **Unauffindbarkeit** des Testaments sind an den Nachweis durch sonstige Beweismittel auf Grund der Formstrenge für testamentarische Verfügungen (§§ 2231 ff) ebenfalls strenge Anforderungen zu stellen[25]. Ist der Beweis der Errichtung erbracht, begründet die bloße Tatsache der Unauffindbarkeit der Urkunde keine tatsächliche Vermutung oder einen Erfahrungssatz, dass das Testament durch den Erblasser vernichtet worden ist[26].

VI. Beweisanforderungen

11 Für die Beweiskraft der öffentlichen Urkunden iS des Abs 1 S 1 gelten grds die §§ 415, 417, 418, 435 ZPO. Besteht eine gesetzliche Vermutung, sind deren Tatbestandsvoraussetzungen nachzuweisen[27].

12 Zur Frage, welche Urkunde zum Nachweis iS des Abs 1 S 1 geeignet ist, vgl ausf MünchKommBGB/*J. Mayer* Rn 23 ff. Negative Tatsachen sind idR durch eidesstattliche Versicherung nachzuweisen (vgl Rn 8).

§ 2357 Gemeinschaftlicher Erbschein

(1) ¹Sind mehrere Erben vorhanden, so ist auf Antrag ein gemeinschaftlicher Erbschein zu erteilen. ²Der Antrag kann von jedem der Erben gestellt werden.

(2) In dem Antrag sind die Erben und ihre Erbteile anzugeben.

(3) ¹Wird der Antrag nicht von allen Erben gestellt, so hat er die Angabe zu enthalten, dass die übrigen Erben die Erbschaft angenommen haben. ²Die Vorschrift des § 2356 gilt auch für die sich auf die übrigen Erben beziehenden Angaben des Antragstellers.

(4) Die Versicherung an Eides statt ist von allen Erben abzugeben, sofern nicht das Nachlassgericht die Versicherung eines oder einiger von ihnen für ausreichend erachtet.

---

[15] MünchKommBGB/*J. Mayer* Rn 49 mwN; *Staudinger/Schilken* Rn 40.
[16] AllgM, vgl KG OLGZ 1967, 249; BayObLGZ 1961, 4; *Palandt/Edenhofer* Rn 12; MünchKommBGB/*J. Mayer* Rn 49.
[17] OLG München ZEV 2006, 118; OLG Frankfurt FGPrax 1996, 190, 191; KG OLGZ 1967, 247.
[18] Der Güterstand ist durch das Gericht im Rahmen des § 2358 zu ermitteln, KG FamRZ 1961, 447.
[19] OLG Hamm NJW-RR 1992, 1483; *Promberger* DNotZ 1991, 552, 555; aA OLG Braunschweig DNotZ 1991, 550, 551 f.
[20] KGJ 46, 146, 150.
[21] OLG Frankfurt FGPrax 1996, 190; *Palandt/Edenhofer* Rn 13.
[22] OLG Hamm NJW 1967, 1138; KG DR 1943, 1071.
[23] BayObLG FamRZ 2005, 1866.
[24] OLG Düsseldorf MDR 1961, 242; MünchKommBGB/*J. Mayer* § 2356 Rn 43.
[25] BayObLG FamRZ 2005, 1866; OLG Frankfurt ZErb 2002, 49; Köln NJW-RR 1993, 970; *Klingelhöffer* ZEV 2007, 361 für fehlende Teile eines Testaments.
[26] BayObLG FamRZ 2005, 1866; OLG Zweibrücken FamRZ 2001, 1313; OLG Düsseldorf NJW-RR 1994, 142.
[27] *Staudinger/Schilken* Rn 4; MünchKommBGB/*J. Mayer* Rn 8.

I. Erbscheinsarten

Es gibt folgende Arten von Erbscheinen: 1
- Erbschein für den Alleinerben;
- gemeinschaftlicher Erbschein für alle Miterben (auch auf Antrag eines Miterben, § 2357 Abs 1 S 2);
- Teilerbschein für einen Miterben, der nur die Größe dessen Erbteils bescheinigt (auch auf Antrag eines anderen Miterben[1], § 2357 Abs 1 S 2);
- gemeinschaftlicher Teilerbschein, der die Erbteile mehrerer, aber nicht aller Miterben bescheinigt (auch auf Antrag eines Miterben, § 2357 Abs 1 S 2)[2];
- Sammelerbschein über das Erbrecht nach mehreren Erblassern bei Zuständigkeit des Nachlassgerichts für jeden Erbfall[3];
- gegenständlich – auf bestimmte Nachlassgegenstände – beschränkter Erbschein (nur in Ausnahmefällen, vgl § 2369, § 181 Abs 2 BEG, § 7 a Abs 2 BRüG)[4]; zu den Besonderheiten der früher möglichen Nachlassspaltung zur DDR vgl *Staudinger/Schilken* Vor §§ 2353 ff Rn 33 ff; zum Hoffolgezeugnis vgl *Staudinger/Schilken* Vor §§ 2353 ff Rn 7 ff.

Abgesehen von diesen Ausnahmefällen ist ein gegenständlich beschränkter Erbschein unzulässig. Ein Erbschein, der kostenbegünstigt zum beschränkten Gebrauch erteilt wird (Grundbuch- und Schiffsregisterzwecke, § 107 KostO) ist Erbschein mit voller Wirkung[5]. Anderweitige Verwendung führt zur Nacherhebung der Kosten (§ 107 a KostO).

II. Gemeinschaftlicher Erbschein

Der gemeinschaftliche Erbschein bezeugt das Erbrecht aller Miterben und dient damit dem Ausweis 2 der Erbengemeinschaft insgesamt.

Jeder Miterbe ist **antragsberechtigt,** die Erteilung eines gemeinschaftlichen Erbscheins an einen 3 Miterben ist nicht davon abhängig, dass auch andere Miterben Erbscheinsanträge gestellt haben[6]; der Erbschein kann dann aber nur dem Antragsteller erteilt werden, nicht weiteren Miterben (es sei denn, es liegt entsprechende Bevollmächtigung der anderen Miterben vor).

Die **Erbquote** jedes Miterben ist anzugeben. Haupt- und Hilfsantrag ist zulässig. Die Erbquote kann 4 nicht in das Ermessen des Gerichts gestellt werden. Antrag auf Erteilung eines (Teil-)Erbscheins über Mindesterbquote ist ausnahmsweise zulässig, wenn die endgültige Quote nicht feststeht (zB §§ 1935, 2094, ungeborener Erbe; §§ 1592, 1600 d ausstehende Vaterschaftsfeststellung[7]; dieser ermöglicht die Verfügung über Nachlassgegenstände und die Auseinandersetzung unter Beteiligung eines Teilnachlasspflegers[8]. Soll die Ermittlung unbekannter Miterben über § 2358 Abs 2 erreicht werden, ist ein Antrag mit bestimmter Quote oder Haupt- und Hilfsantrag zu stellen.

Kann der Antragsteller aus Gründen, die in der Natur der Sache liegen (zB testamentarische 4 a Zuwendung wesentlicher Vermögensgegenstände [Unternehmen, Gesellschaftsanteile oÄ], die nach § 2087 als Erbeinsetzung anzusehen ist[9]), die Erbquote nicht bestimmt angeben, kann in Ausnahmefällen die Mitteilung der von ihm für richtig gehaltenen Berechnungsgrundlagen im Erbscheinsantrag genügen[10]; der Erbschein ist dann als vorläufiger Erbschein unter Hinweis auf die noch zu errechnenden Quoten zu erteilen[11].

Die **Annahme** der Erbschaft durch jeden auszuweisenden Miterben ist als Erteilungsvoraussetzung 5 anzugeben. Der antragstellende Erbe erklärt sie stillschweigend mit dem Antrag, nicht dagegen ein zur Annahme nicht berechtigter Nichterbe (zB Testamentsvollstrecker, vgl § 1943 Rn 4).

Die **eidesstattliche Versicherung** ist vom Antragsteller idR erforderlich. Von weiteren kann sie 6 (nur dann) verlangt werden, wenn gegenüber der Glaubhaftigkeit der eidesstattlichen Versicherung des Antragstellers konkrete Bedenken bestehen[12], ansonsten ist sie zu erlassen. Der Antragsteller kann die eidesstattliche Versicherung von weiteren Miterben nach § 2038 Abs 1 S 2 verlangen. Ist ein **Dritter** Antragsteller (vgl zur Antragsberechtigung § 2353 Rn 10), ersetzt seine eidesstattliche Versicherung die des Erben, von dem er seine Antragsberechtigung ableitet; bei Testamentsvollstreckung über den Nachlass insgesamt ist die Versicherung des antragstellenden Testamentsvollstreckers ausreichend[13].

Die eidesstattliche Versicherung muss nicht auch die Erbquoten umfassen[14]. 7

---

[1] *Staudinger/Schilken* § 2353 Rn 39; *MünchKommBGB/J. Mayer* § 2353 Rn 78 mwN; schließt der Antrag des anderen Miterben dessen eigenen Erbteil nicht mit ein, bedarf es aber des Nachweises, nicht nur der Behauptung des eigenen Erbrechts.
[2] OLG Schleswig SchlHA 1978, 37, 39; *Palandt/Edenhofer* Vor § 2353 Rn 2; *Staudinger/Schilken* § 2353 Rn 39.
[3] BayObLGZ 1951, 690, 696 f; *MünchKommBGB/J. Mayer* § 2353 Rn 14; *Staudinger/Schilken* § 2353 Rn 71.
[4] Vgl *MünchKommBGB/J. Mayer* § 2353 Rn 15 ff; *Staudinger/Schilken* § 2353 Rn 78.
[5] OLG Frankfurt NJW-RR 1994, 10.
[6] BayObLG NJW-RR 2004, 1522, 1525.
[7] BayObLGZ 1960, 478, 489; *Staudinger/Schilken* § 2353 Rn 76; *MünchKommBGB/J. Mayer* Rn 17.
[8] *Staudinger/Schilken* § 2353 Rn 76.
[9] Vgl *Palandt/Edenhofer* § 2087 Rn 3.
[10] OLG Düsseldorf DNotZ 1978, 683; *Notthoff* ZEV 1996, 458; *Staudinger/Schilken* Rn 5.
[11] OLG Schleswig SchlHA 1978, 37, 39; *MünchKommBGB/J. Mayer* Rn 16 mwN.
[12] LG Wuppertal MittRhNotK 1977, 57; LG Koblenz Rpfleger 1970, 170; *MünchKommBGB/J. Mayer* Rn 13.
[13] *MünchKommBGB/J. Mayer* Rn 12.
[14] *Staudinger/Schilken* Rn 12; *Planck/Greiff* 4. Aufl Anm 5; ausf *Kallmann* JW 1913, 581.

§ 2358 Ermittlungen des Nachlassgerichts

(1) Das Nachlassgericht hat unter Benutzung der von dem Antragsteller angegebenen Beweismittel von Amts wegen die zur Feststellung der Tatsachen erforderlichen Ermittlungen zu veranstalten und die geeignet erscheinenden Beweise aufzunehmen.

(2) Das Nachlassgericht kann eine öffentliche Aufforderung zur Anmeldung der anderen Personen zustehenden Erbrechte erlassen; die Art der Bekanntmachung und die Dauer der Anmeldungsfrist bestimmen sich nach den für das Aufgebotsverfahren geltenden Vorschriften.

I. Normzweck

1 Die Erbscheinserteilung erfolgt nur auf Antrag. Im Verfahren gilt der Grundsatz der Amtsermittlung. Dies korrespondiert mit der umfassenden Wirkung des Erbscheins, die nicht auf die Beteiligten beschränkt ist. Die öffentliche Aufforderung (Abs 2) liegt im pflichtgemäßen Ermessen des Nachlassgerichts, sollte allerdings erst dann erfolgen, wenn die Beibringung des urkundlichen Nachweises dem Antragsteller unverhältnismäßige Schwierigkeiten bereiten würde[1]; sie dient in diesem Fall auch der Erleichterung der Ermittlung des Gerichts.

II. Amtsermittlung

2 **1. Umfang. a) Grundsatz.** Die Verpflichtung zur Amtsermittlung erstreckt sich auf die Tatbestandsvoraussetzungen des materiellen Rechts[2] und ist nicht durch den Vortrag eines Beteiligten beschränkt. Der Umfang der Ermittlung liegt im pflichtgemäßen Ermessen des Nachlassgerichts. Ein Beweisantrag kann abgelehnt werden, wenn die zu beweisende Tatsache für das Gericht bereits feststeht; iÜ ist vorweggenommene Beweiswürdigung auch hier grds unzulässig[3]. Es muss allerdings nicht allen denkbaren Möglichkeiten nachgegangen werden[4]; die Ermittlungen sind abzuschließen, wenn von weiteren Ermittlungen ein sachdienliches, die Entscheidung beeinflussendes Ergebnis nicht zu erwarten ist[5]. Unzureichende Ermittlung und falsche Erbscheinserteilung können Schadensersatzanspruch aus Amtspflichtverletzung begründen[6].

3 **b) Ausnahmetatbestände.** Über Ausnahmetatbestände ist nur zu ermitteln, wenn Anhaltspunkte vorhanden sind, so dass im Regelfall von deutscher Staatsangehörigkeit[7], Testierfähigkeit[8] und Nichtanhängigkeit von Ehescheidungsverfahren[9] ausgegangen werden kann.

4 **c) Mitwirkungspflicht.** Das Nachlassgericht kann den Antragsteller zunächst auf seine Mitwirkungspflicht (§ 2356) verweisen. Hat dieser seine formelle Nachweispflicht iS der §§ 2354, 2355 nicht erfüllt, ist der Antrag bereits unzulässig[10]. Im Übrigen führen Verstöße gegen die Mitwirkungspflicht dazu, dass eine weitere Ermittlungspflicht des Nachlassgerichts entfällt und der Antrag (deshalb) zurückgewiesen werden kann[11]. Das Gericht hat im Regelfall durch Zwischenverfügung fehlende Angaben oder Nachweise vor der Zurückweisung einzufordern[12].

5 **2. Verfahrenskonkurrenz.** Erbscheinsverfahren und Zivilprozess stehen nebeneinander.

6 **a) Verweisung.** Eine Verweisung durch das Nachlassgericht auf den ordentlichen Rechtsweg ist unzulässig[13].

7 **b) Aussetzung des Verfahrens.** Bei anhängigem Zivilrechtsstreit kann das Erbscheinsverfahren entspr § 148 ZPO ausgesetzt werden, wenn das Prozessurteil im Erbscheinverfahren Bindungswirkung entfaltet (vgl § 2359 Rn 2)[14]. Das Nachlassgericht kann die Ermittlungen des Streitgerichts nach § 2359 verwerten; eine Verpflichtung zur Aussetzung des Erbscheinsverfahrens besteht allerdings nicht. Die Aussetzung eines unter Erbprätendenten geführten Zivilprozesses im Hinblick auf ein parallel laufendes Erbscheinsverfahren erscheint dagegen wenig sinnvoll[15], weil der Erbschein das Prozessgericht nicht bindet und auch die Vermutung des § 2365 im Rechtsstreit zwischen Erbprätendenten nach zutreffender Ansicht nicht gilt[16].

8 **c) Wirkung des Erbscheins.** Zur Wirkung des Erbscheins im Zivilprozess s § 2365 Rn 10.

---

[1] OLG Hamm FamRZ 2000, 124.
[2] OLG Köln FamRZ 1989, 547.
[3] OLG Karlsruhe ZEV 2006, 315, 316; MünchKommBGB/*J. Mayer* Rn 29 mwN.
[4] OLG Köln FamRZ 1991, 117.
[5] BGHZ 40, 54, 57; OLG Karlsruhe ZEV 2006, 315, 316; OLG Köln ZEV 2004, 329.
[6] BGH NJW-RR 1991, 515.
[7] BGH DNotZ 1963, 315; BayObLG Rpfleger 1983, 315.
[8] OLG Hamm ZEV 1997, 75, 76.
[9] OLG Hamm NJW-RR 1992, 1483, 1484.
[10] *Palandt/Edenhofer* § 2355 Rn 1.
[11] BayObLG NJW-RR 2002, 726, 727; OLG Köln NJW-RR 1994, 396, 397.
[12] KG NJW-RR 2005, 1677, 1678.
[13] KG NJW 1963, 766, 767; BayObLGZ 1962, 47.
[14] BayObLG FamRZ 1999, 334.
[15] So aber OLG München ZEV 1995, 459, 460 m abl Anm *Damrau* 460 f.
[16] MünchKommBGB/*J. Mayer* § 2365 Rn 23 mwN; vgl hierzu iE § 2365 Rn 11.

d) Bindungswirkung eines Urteils. Zur Bindungswirkung eines Urteils für das Erbscheinsverfahren s § 2359 Rn 2. **9**

e) Beschwerdeentscheidung. An die Entscheidung des Beschwerdegerichts ist das AG gebunden, soweit der Sachverhalt übereinstimmt[17]. **10**

3. Erhebung von Beweisen, Feststellungslast. a) Amtsermittlung. Das Nachlassgericht ermittelt von Amts wegen; die Ermittlungspflicht ist allerdings durch den Erbscheinsantrag beschränkt. Es sind grds **alle Erkenntnisquellen** auszuschöpfen; das Gericht hat auch Tatsachen zu berücksichtigen, die von den Beteiligten nicht vorgebracht sind, ist bei der Feststellung des Sachverhalts auf die von den Beteiligten benannten Beweismittel nicht beschränkt und an deren Erklärungen über Wahrheit oder Unwahrheit einer Tatsache nicht gebunden[18]. Es steht im pflichtgemäßen Ermessen, ob es formlos ermittelt (Freibeweisverfahren, § 12 FGG) oder förmliche Beweiserhebung anordnet (Strengbeweisverfahren, § 15 FGG). Bei für das Erbrecht entscheidungserheblichen Tatsachen ist das Strengbeweisverfahren vorzuziehen[19]. Die Beteiligten sind entspr § 357 ZPO zu laden. **11**

b) Feststellungslast. Eine formelle Beweislast besteht für die Entscheidung über das Erbrecht nicht. Die sog Feststellungslast[20] bei Unaufklärbarkeit trägt für erbrechtsbegründende Tatsachen derjenige, der das Erbrecht in Anspruch nimmt[21], für erbrechtsvernichtende Tatsachen wie Wirksamkeit der Anfechtung, Ausschlagung, Erb- und Zuwendungsverzicht, Eintritt auflösender Bedingung aber auch Testierunfähigkeit[22], Widerruftestament, Bindung an früheren Erbvertrag oder gemeinschaftliches Testament der dadurch Begünstigte[23]. Auf die Stellung im Verfahren kommt es nicht an. **Gesetzliche Vermutungen** gelten auch im Erbscheinsverfahren; nicht jedoch die des § 2365 (vgl dort Rn 7). Die zivilprozessualen Grundsätze der Beweisvereitelung gelten entspr; eine Beweisvereitelung kann also zum Nachteil des die Feststellungslast Tragenden berücksichtigt werden[24]. **12**

c) Verschwiegenheitspflichten. Diese bestehen auch nach dem Tod des Erblassers fort. Befreiung kann durch die Erben für vermögensrechtliche Tatsachen erteilt werden (§ 1922)[25]. Betrifft die Tatsache den höchstpersönlichen Bereich des Erblassers, ist dessen Wille zu erforschen[26]. Die Aufklärung der Testierfähigkeit entspricht idR dem mutmaßlichen Willen des Erblassers[27]. Bei Verstoß gegen die Schweigepflicht besteht kein Verwertungsverbot[28]. **13**

4. Beteiligtenvereinbarung. Auf Grund des Amtsermittlungsgrundsatzes ist die Unstreitigkeit von Behauptungen grds nicht bindend[29]. Gleiches gilt für Anerkennung oder **Vergleich** über das Erbrecht[30], da das Erbrecht nur durch Gesetz oder Verfügung von Todes wegen begründet wird; ein Vertrag unter Beteiligten des Erbscheinsverfahrens ist möglich, soweit der Gegenstand zu deren Disposition steht, zB Antragsrücknahme, Ausschlagung[31]. **14**

Ein sog **Auslegungsvertrag**[32] über die Gültigkeit oder die Auslegung einer letztwilligen Verfügung, durch den sich die Beteiligten verpflichten, einander so zu stellen, als sei die vereinbarte Auslegung zutreffend, ist schuldrechtlicher Natur[33] und für das Erbscheinsverfahren wegen des dort geltenden Amtsermittlungsgrundsatzes (§ 2358, § 12 FGG) nicht bindend[34]. Allerdings hat das Nachlassgericht einem Auslegungsvertrag besondere Bedeutung beizumessen (Indizwirkung), soweit die vereinbarte Auslegung rechtlich möglich ist und Drittinteressen nicht berührt werden[35]. In diesem Fall bestehen auch keine Bedenken, einen Feststellungsvertrag bezüglich der zweifelhaften Existenz einer letztwilligen Verfügung zuzulassen. Ein Auslegungsvertrag (§ 311 Abs 1) unterfällt § 2385 und bedarf nach §§ 2371, 2033 der notariellen Beurkundung[36]. **14a**

---

[17] RGRK/*Kregel* BGB § 2359 Rn 12; *Firsching/Graf* Nachlassrecht Rn 4.192.
[18] OLG Dresden FamRZ 2000, 448, 450 f: „Prinzip der materiellen Wahrheit".
[19] BayObLG NJW-RR 1996, 583; FamRZ 1992, 1323 betr unauffindbares Testament; OLG Frankfurt FamRZ 1997, 1306 betr Testierfähigkeit.
[20] OLG Jena NJW-RR 2005, 1247; BayObLG FamRZ 1985, 837.
[21] BayObLG FamRZ 2005, 1015, 1017.
[22] Vgl ausf OLG Jena NJW-RR 2005, 1247.
[23] KG NJW-RR 1991, 392.
[24] OLG Karlsruhe ZEV 2006, 315, 316 betr Nichtbefreiung des Rechtsanwalts von der Verschwiegenheitspflicht, §§ 383 Abs 1 Nr 6, 385 Abs 2 ZPO.
[25] OLG Stuttgart NJW 1983, 1744.
[26] BGHZ 91, 392, 398 ff; OLG Naumburg NJW 2005, 2017; BayObLG NJW 1987, 1492 betr Zeugnisverweigerungsrecht des Arztes des Erblassers.
[27] BGHZ 91, 392, 400; BayObLG FamRZ 1991, 1461.
[28] BayObLG FamRZ 1991, 231.
[29] BayObLG NJW-RR 1992, 1225; FamRZ 1989, 99: übereinstimmende Testamentsauslegung durch Beteiligte; aA OLG Frankfurt OLGZ 1990, 15, 16.
[30] BayObLG NJW-RR 1991, 587.
[31] KG FGPrax 2004, 31: Anerkennung eines erteilten Erbscheins „als richtig", dennoch eingelegtes Rechtsmittel der Beschwerde deshalb unzulässig; BayObLG NJW-RR 1997, 1368.
[32] *Machulla-Notthoff*, Münchener Anwaltshandbuch Erbrecht, 2. Aufl 2007, § 6 Rn 50 ff mit Muster; *Selbherr* ZErb 2005, 10; DNotI-Report 2005, 147.
[33] BGH NJW 1986, 1812, 1813.
[34] BVerwG VIZ 2001, 367; KG FGPrax 2004, 31.
[35] BGH NJW 1986, 1812, 1813; *Palandt/Edenhofer* Rn 8.
[36] BGH NJW 1986, 1812, 1813; OLG Frankfurt ZEV 2001, 316.

§ 2359

III. Öffentliche Aufforderung

15 Ist das Nachlassgericht seiner Ermittlungspflicht nachgekommen oder bereitet der an sich erforderliche Nachweis durch den Antragsteller diesem unverhältnismäßige Schwierigkeiten[37], kann es nach pflichtgemäßem Ermessen von der öffentlichen Aufforderung (**§§ 948 bis 950 ZPO entspr**) Gebrauch machen[38]. Eine öffentliche Aufforderung nach § 1965 steht nicht entgegen[39]. Ist das Nachlassgericht von der Existenz einer vorrangig oder neben dem Antragsteller berufenen Person überzeugt, kann von der Aufforderung abgesehen werden[40]. Bei **verschollenen Personen** ist idR zunächst der Todesnachweis durch öffentliche Urkunde (Todeserklärung, Todeszeitfeststellung nach VerschG) nach § 2356 zu erbringen[41]; ist dies unzumutbar, ist die öffentliche Aufforderung zu erlassen[42]. Die Aufforderung hat keine Ausschlusswirkung, sondern bewirkt nur die vorläufige Nichtberücksichtigung nicht angemeldeter Rechte[43]. Die Androhung eines Rechtsnachteils ist daher entbehrlich. Die Anordnung der öffentlichen Aufforderung durch das Nachlassgericht ist nicht isoliert mit der Beschwerde anfechtbar, wohl aber die Ablehnung[44].

§ 2359 Voraussetzungen für die Erteilung des Erbscheins

Der Erbschein ist nur zu erteilen, wenn das Nachlassgericht die zur Begründung des Antrags erforderlichen Tatsachen für festgestellt erachtet.

I. Normzweck

1 Das Gericht entscheidet nach Abschluss der Ermittlungen nach § 2358. Auf Grund der Wirkung des Erbscheins, insbes der §§ 2365 bis 2367, stellt das Gesetz hohe Anforderungen an die Erbscheinserteilung. Das Gericht kann die Ablehnung des Antrags aus Zweifeln an der behaupteten Erbfolge nur begründen, wenn diese nicht behebbar sind. Die Auslegung von Verfügungen von Todes wegen hat das Gericht grds selbst vorzunehmen[1]. Zweifel im tatsächlichen Bereich sind nach den Regeln der Feststellungslast zu entscheiden (§ 2358 Rn 12). Erbunwürdigkeit und Anfechtbarkeit stehen der Erteilung grds nicht entgegen, da ihre Wirkung erst mit rechtskräftiger Erklärung nach § 2344 bzw wirksamer Anfechtung (die freilich bereits im Erbscheinsverfahren zu klären ist[2]) eintritt.

II. Bindungswirkung von Urteilen

2 **1. Urteile.** Rechtskräftige Urteile über das Erbrecht haben im Erbscheinsverfahren Bindungswirkung (vgl auch § 2353 Rn 25), soweit die (materiell) Beteiligten und die Prozessparteien identisch sind[3]. Dies folgt aus § 2362 (Herausgabe des Erbscheins an den Prozesssieger) und ist zum Schutz des Rechtsverkehrs geboten, da der Erbschein die Wirkungen der §§ 2365, 2366 erzeugt. Dies gilt auch für Versäumnis-, Anerkenntnis- und Verzichtsurteile. Die Bindung reicht aber nicht weiter als die **Rechtskraftwirkung** des Urteils[4]. Das Erbrecht ist nur bei Urteilen nach § 256 ZPO (Feststellungsklage) oder § 2342 Abs 2 (Erbunwürdigkeit) von der Rechtskraft erfasst, nicht aber bei der Klage nach § 2018[5]. Bei der Klage nach § 2362 ist die Rechtskraft auf den konkreten Erbschein beschränkt. Erhebt ein Erbprätendent Leistungsklage, kann ein Zwischenfeststellungsantrag nach § 256 Abs 2 ZPO daher sinnvoll sein. Dies gilt auch bei Beteiligung Dritter, soweit deren Erbrecht bzw Rechtsstellung (zB Nach-, Vor-, Miterbe, Testamentsvollstrecker) nicht unmittelbar betroffen ist.

3 **2. Arglisteinwand.** Eine **Bindungswirkung besteht nicht,** wenn die Berufung auf die Rechtskraft des Urteils arglistig ist[6]. Keine strenge Bindungswirkung besteht bei Vergleichen (mangels Rechtskraftwirkung), Verträgen über die Auslegung von Verfügungen von Todes wegen sowie bei Anerkenntnis oder Nichtbestreiten im Erbscheinsverfahren (vgl auch § 2358 Rn 14, 14 a).

---

[37] OLG Hamm FamRZ 2000, 124; OLG Hamburg NJW 1953, 627, 628.
[38] Ausf *Frohn* Rpfleger 1986, 37.
[39] KG Rpfleger 1970, 339.
[40] OLG Frankfurt Rpfleger 1987, 203; *Palandt/Edenhofer* Rn 9.
[41] OLG Hamburg NJW 1953, 627, 628; LG Berlin Rpfleger 2006, 473.
[42] *Staudinger/Schilken* Rn 25.
[43] AllgM, *Palandt/Edenhofer* Rn 9.
[44] OLG Hamm FamRZ 2000, 124, 125; wohl auch OLG Hamburg NJW 1953, 627, 628; MünchKommBGB/ *J. Mayer* Rn 42 mwN; aA *Palandt/Edenhofer* Rn 9.
[1] OLG Karlsruhe ZEV 2006, 315, 316; zu Beteiligtenvereinbarungen s § 2358 Rn 14, 14 a.
[2] KG NJW 1963, 766, 768 f; BayObLG NJW 1962, 1060 f; RGRK/*Kregel* Rn 5.
[3] BVerfG NJW-RR 2005, 1600, 1601; BayObLG FamRZ 1999, 334, 335; *Staudinger/Schilken* § 2360 Rn 11 mwN; MünchKommBGB/*J. Mayer* Rn 40 ff.
[4] BayObLG FamRZ 1999, 334, 335; BayObLGZ 1997, 357.
[5] HM, vgl MünchKommBGB/*J. Mayer* Rn 43.
[6] BGH NJW 2006, 154, 156 mwN; NJW 1987, 3256, 3257; *Palandt/Edenhofer* Vor § 2353 Rn 5; MünchKommBGB/*J. Mayer* Rn 43.

III. Vorläufiger Rechtsschutz

Eine **einstweilige Anordnung** auf Rückgabe des Erbscheins zur Akte des Nachlassgerichts ist im Beschwerdeverfahren nach § 24 Abs 3 FGG statthaft[7]; aus prozessökonomischen Gründen (Verfahrenskonzentration) kann entspr § 24 Abs 3 FGG auch das Nachlassgericht bis zum Abschluss der Ermittlungen eine solche einstweilige Anordnung erlassen[8]. Daneben ist (jederzeit) auf entsprechenden Antrag eines Beteiligten hin eine **einstweilige Verfügung** des Prozessgerichts (§ 935 ZPO) möglich, dass der Erbscheinsbesitzer von dem Erbschein keinen Gebrauch mache oder ihn an sicherer Stelle zur Verwahrung abgebe[9]. Beides berührt jedoch – da keine Einziehung iS des § 2361 – die Vermutung des § 2365 und den öffentlichen Glauben (§§ 2366, 2367) nicht (vgl § 2365 Rn 2).

§ 2360 Anhörung von Betroffenen

(1) Ist ein Rechtsstreit über das Erbrecht anhängig, so soll vor der Erteilung des Erbscheins der Gegner des Antragstellers gehört werden.
(2) Ist die Verfügung, auf der das Erbrecht beruht, nicht in einer dem Nachlassgericht vorliegenden öffentlichen Urkunde enthalten, so soll vor der Erteilung des Erbscheins derjenige über die Gültigkeit der Verfügung gehört werden, welcher im Falle der Unwirksamkeit der Verfügung Erbe sein würde.
(3) Die Anhörung ist nicht erforderlich, wenn sie untunlich ist.

I. Normzweck

Die Vorschrift ist durch den subjektiven Anspruch auf rechtliches Gehör nach **Art 103 Abs 1 GG**, der auch im FGG-Verfahren gilt[1], weitgehend überholt. Selbstständige Bedeutung kann Abs 1 allenfalls im Verfahren vor dem Rechtspfleger erlangen, da Art 103 Abs 1 GG dort nicht gelten soll[2]; jedoch ergibt sich die Anhörungspflicht auch aus dem Grundsatz des fairen Verfahrens[3]. Die Pflicht zur Amtsermittlung wird durch § 2360 nicht beschränkt.

II. Rechtliches Gehör

Zu hören ist jeder formell und materiell Beteiligte, der von der Entscheidung unmittelbar betroffen ist; dies gilt auch im Falle des Abs 2[4]. „Untunlich" iS des Abs 3 ist die Anhörung allenfalls bei tatsächlicher Unmöglichkeit[5].

1. Fallgruppen. Anzuhören sind danach insbes:
– jede Person, die einen Erbscheinsantrag gestellt hat oder stellen könnte bzw gegen den beantragten Erbschein beschwerdeberechtigt wäre (Erbprätendent, weiterer Miterbe, Erbeserbe, Testamentsvollstrecker, Nachlassverwalter, Nachlassinsolvenzverwalter, Gläubiger nur im Fall der §§ 792, 896 ZPO, Erbschaftskäufer; vgl ausf § 2353 Rn 10 ff);
– jede durch Verfügung von Todes wegen von der gesetzlichen Erbfolge ausgeschlossene Person (insbes Pflichtteilsberechtigte);
– Personen, deren Rechtsstellung im Erbschein zum Ausdruck kommt (Testamentsvollstrecker, § 2364; Nacherbe, § 2363; ggf Pflegerbestellung, § 1913 S 2);
– der Prozessgegner nach Abs 1; ein Rechtsstreit über das Erbrecht liegt im Fall der Feststellungsklage (§ 2353 Rn 5) und des § 2342 vor; ist das Erbrecht im Zivilprozess nur Vorfrage, ist Abs 1 nach seinem Wortlaut nur einschlägig, wenn ein Zwischenfeststellungsantrag nach § 256 Abs 2 ZPO gestellt wurde; auch hier wird aber regelmäßig eine Anhörung des Prozessgegners zu erfolgen haben, wenn dem Nachlassgericht der Rechtsstreit bekannt ist.

2. Kein Anspruch auf Gehör. Keinen Anspruch auf Gewährung rechtlichen Gehörs haben Ersatzerben, Nachlassgläubiger (insbes Vermächtnisnehmer)[6], Nachlasspfleger sowie gesetzliche Erben, die aus jedem Berufungsgrund ausgeschlagen haben[7*].

---

[7] BGHZ 40, 54, 59 = NJW 1963, 1972, 1974; BayObLG FamRZ 1993, 116, 117; *Bumiller/Winkler* § 24 FGG Rn 4.
[8] BayObLG FamRZ 1993, 116, 117; OLG Köln OLGZ 1990, 303; MünchKommBGB/*J. Mayer* § 2361 Rn 44 mwN; *Lindacher* NJW 1974, 20, 21; aA wohl BGHZ 40, 54, 59, obiter.
[9] BGHZ 40, 54, 59 f; *Staudinger/Schilken* § 2360 Rn 8; hinsichtlich des Verfügungsgrundes wird man dabei § 899 Abs 2 S 2 analog anwenden können.
[1] BVerfGE 19, 49 = NJW 1965, 1267; KG NJW-RR 2005, 1677, 1678.
[2] BVerfGE 101, 397 = NJW 2000, 1709; zweifelhaft; vgl dagegen *Palandt/Edenhofer* Rn 1; *Mielke* BayVBl 2004, 520; *Habscheid* Rpfleger 2001, 209; *Gottwald* FamRZ 2000, 1577.
[3] BVerfGE 101, 397 = NJW 2000, 1709.
[4] *Staudinger/Schilken* Rn 15 mwN.
[5] *Staudinger/Schilken* Rn 16; *Palandt/Edenhofer* Rn 2; KG NJW-RR 2005, 1677, 1678; BayObLG FamRZ 1999, 1470, 1472: ergebnislose Nachfrage bei einem Melderegister genügt nicht.
[6] *Palandt/Edenhofer* Rn 2; MünchKommBGB/*J. Mayer* Rn 6.
[7*] *Palandt/Edenhofer* Rn 2; MünchKommBGB/*J. Mayer* Rn 6.

§ 2361

5   **3. Pflegerbestellung.** Ggf erfolgt Pflegerbestellung nach §§ 1911 ff. Ist die anzuhörende Person nicht verfahrensfähig, ist der gesetzliche Vertreter zu hören.

III. Akteneinsicht

6   Das Recht auf Akteneinsicht, Erteilung von Abschriften und Ausfertigungen richtet sich nach §§ 34, 78, 85 FGG. Gewährung von Akteneinsicht mit anschließender Stellungnahmemöglichkeit ist auch geboten bei Beiziehung von Akten aus anderen Verfahren[8]; Gleiches gilt für Krankenakten[9].

IV. Verstoß

7   Ein Verstoß, der auch in einer Überraschungsentscheidung liegen kann[10], rechtfertigt für sich allein nicht die Einziehung des Erbscheins[11]. Das rechtliche Gehör kann im Beschwerdeverfahren nachgeholt werden, bei Verstoß im Bereich der Tatsachenfeststellung jedoch nicht mehr im Verfahren der weiteren Beschwerde[12].

§ 2361 Einziehung oder Kraftloserklärung des unrichtigen Erbscheins

(1) ¹Ergibt sich, dass der erteilte Erbschein unrichtig ist, so hat ihn das Nachlassgericht einzuziehen. ²Mit der Einziehung wird der Erbschein kraftlos.

(2) ¹Kann der Erbschein nicht sofort erlangt werden, so hat ihn das Nachlassgericht durch Beschluss für kraftlos zu erklären. ²Der Beschluss ist nach den für die öffentliche Zustellung einer Ladung geltenden Vorschriften der Zivilprozessordnung bekannt zu machen. ³Mit dem Ablauf eines Monats nach der letzten Einrückung des Beschlusses in die öffentlichen Blätter wird die Kraftloserklärung wirksam.

(3) Das Nachlassgericht kann von Amts wegen über die Richtigkeit eines erteilten Erbscheins Ermittlungen veranstalten.

I. Normzweck

1   Einziehung und Kraftloserklärung beseitigen die Wirkungen des erteilten, unrichtigen Erbscheins (§§ 2365 bis 2367) und die damit verbundenen Gefahren für den wirklichen Erben. Es gilt der **Amtsermittlungsgrundsatz**, ein Einziehungsantrag ist grds nicht erforderlich. Zum Verhältnis zu Berichtigung und Änderung nach § 18 FGG s § 2353 Rn 27 ff; zum vorläufigen Rechtsschutz s Rn 13 und § 2359 Rn 4. Bei Unrichtigkeit auf Grund falscher Sachbehandlung durch das Nachlassgericht gilt für die Erbscheinskosten § 16 KostO.

II. Einziehung

2   **1. Unrichtigkeit. a) Materielles Recht. aa) Unrichtigkeit.** Ein Erbschein ist unrichtig, wenn die Voraussetzungen für die Erteilung des Erbscheins im Zeitpunkt der Entscheidung über die Einziehung nicht oder nicht mehr gegeben sind und ein Erbschein desselben Inhalts nicht oder nicht mehr erteilt werden könnte[1]. Die Einziehung ist anzuordnen, wenn die zur Begründung des Erbscheinsantrags erforderlichen Tatsachen nicht mehr als festgestellt zu erachten sind; bloße **Zweifel** sind nicht ausreichend[2]. Einziehung auf Grund späterer abweichender Testamentsauslegung ist möglich[3]. Treu und Glauben kann der Einziehung nicht entgegengehalten werden[4]. Das Gericht hat umfassend zu ermitteln, wenn das Vorbringen eines Beteiligten oder der dem Gericht sonst zur Kenntnis gelangte Sachverhalt hierzu Anlass bietet[5]. Die Richtigkeitsvermutung des § 2365 gilt im Verfahren auf Einziehung des Erbscheins natürlich nicht (arg e §§ 2358, 2361)[6].

2 a   Die Erbscheinseinziehung kommt **nicht** in Betracht, wenn der Inhalt des Erbscheins nicht berührt ist, zB bei Erbteilsübertragung (§ 2033) oder Erbschaftsverkauf (§ 2371), Nachlassinsolvenz, Änderung in der Person des Testamentsvollstreckers (vgl § 2353 Rn 8). Eine **unrichtige** eidesstattliche Versicherung genügt deshalb für sich allein genommen ebenfalls nicht für die Einziehung[7]. Gleiche Erbfolge, jedoch auf Grund eines anderen Berufungsgrundes[8*], macht den Erbschein nicht unrichtig. Wird nach

---

[8] BayObLG NJW-RR 1999, 86; MünchKommBGB/*J. Mayer* Rn 10; *Palandt/Edenhofer* Rn 3.
[9] OLG Düsseldorf OLGR 2001, 120.
[10] OLG Zweibrücken FamRZ 2001, 1313.
[11] BGH NJW 1963, 1972 f zum Testamentsvollstreckerzeugnis; BayObLG Rpfleger 1982, 69, 70; *Staudinger/Schilken* Rn 16 mwN.
[12] BayObLG Rpfleger 1982, 69, 70.
[1] BGHZ 40, 54, 56 = NJW 1963, 1972; BayObLG FamRZ 2005, 1782 f; *Staudinger/Schilken* Rn 15 mwN.
[2] BGHZ 40, 54, 56; OLG Köln FamRZ 2003, 1784.
[3] BGHZ 47, 58, 67 = NJW 1967, 1126; BayObLG NJW-RR 1997, 836.
[4] BGHZ 47, 58, 65 f; BayObLG NJW-RR 1997, 836.
[5] BGHZ 40, 54, 57.
[6] RG WarnR 1913, 355; *Planck/Greiff* 4. Aufl Anm 3.
[7] OLG Hamm NJW 1967, 1138; KG DR 1943, 1071.
[8*] OLG Hamm NJW 1967, 1138.

Erbscheinserteilung durch den Rechtspfleger auf Grund gesetzlicher Erbfolge ein Testament aufgefunden, das eine Erbeinsetzung enthält, so ist der Erbschein jedoch auch dann als unrichtig einzuziehen, wenn die sich aus dem Testament ergebende Erbfolge mit der gesetzlichen Erbfolge übereinstimmt, da der Rechtspfleger funktionell unzuständig ist (formeller Verfahrensverstoß, § 16 Abs 1 Nr 6, Abs 2 RPflG)[9]. Anders liegt es nur dann, wenn sich die Erbfolge ungeachtet des nachträglichen Auffindens eines Testaments nach deutschem gesetzlichen Erbrecht richtet (§ 8 Abs 2 RPflG).

bb) Maßgeblicher Zeitpunkt. Gleichgültig ist, ob der Erbschein von Anfang an unrichtig war oder er später – zB wegen Eintritt der Nacherbfolge[10], Wegfall der Testamentsvollstreckung[11], Anfechtung der letztwilligen Verfügung[12], erfolgreicher Erbunwürdigkeitsklage[13], Anfechtung von Annahme oder Ausschlagung der Erbschaft, Annahme oder Ausschlagung durch zunächst unbekannten Erben – unrichtig geworden ist. Der Einziehung steht nicht entgegen, dass seit der Erbscheinserteilung ein langer Zeitraum vergangen ist[14].

b) Verfahrensverstöße. In entsprechender Anwendung hat die Einziehung bei Verstoß gegen **wesentliche Verfahrensvorschriften** zu erfolgen; dies selbst dann, wenn der erteilte Erbschein inhaltlich richtig ist[15].

aa) Erbscheinserteilung ohne Antrag. Die Erteilung des Erbscheins an eine nicht antragsberechtigte Person führt zur Einziehung. Die Erteilung trotz fehlenden Antrags oder inhaltliche Abweichung vom Antrag kann aber durch den antragsberechtigten Empfänger ausdrücklich oder konkludent genehmigt werden[16].

bb) Unzuständigkeit. Die Erteilung durch ein örtlich unzuständiges Gericht führt zur Einziehung wegen der Gefahr der Erteilung widersprüchlicher Erbscheine[17]; dies gilt auch für die internationale Unzuständigkeit[18]. Einziehung erfolgt bei Erteilung durch den Rechtspfleger bei – nicht übertragbarer – Richterzuständigkeit (vgl Rn 2 a) oder durch Justizbeamten, der keine Rechtspflegerzuständigkeit hat[19], sowie bei Erteilung durch Beschwerdegericht[20].

cc) Sonstige Verfahrensfehler. Ein fehlerhafter oder unvollständiger Antrag (vgl §§ 2354, 2355) oder die Verletzung des (nachholbaren) rechtlichen Gehörs führen demgegenüber bei sachlicher Richtigkeit des Erbscheins nicht zur Einziehung[21].

2. Verfahren. a) Verfahrensgrundsätze. Das Einziehungsverfahren ist **Amtsverfahren.** Antrag oder Anregung sind nicht erforderlich. Die Beschwerde gegen die Erbscheinserteilung ist in Antrag bzw Anregung an das Nachlassgericht auf Einziehung oder Kraftloserklärung des Erbscheins umzudeuten und insoweit statthaft[22].

Die Einziehung kann **jederzeit** erfolgen. Ein langer Zeitraum seit Erteilung oder Treu und Glauben stehen nicht entgegen (Rn 3).

Ein Vorbescheid zur Ankündigung der Einziehung ist unzulässig (vgl § 2353 Rn 24)[23].

b) Verhältnis zum Zivilrechtsstreit. Eine Verweisung auf den ordentlichen Rechtsweg (Anspruch aus § 2362) ist nicht möglich; die Beseitigung steht auch im öffentlichen Interesse. Die **Bindungswirkung** von Zivilurteilen entspricht der beim Erteilungsverfahren (vgl § 2353 Rn 25). Eine Aussetzung des Einziehungsverfahrens bis zur Entscheidung im Zivilverfahren ist demgegenüber – anders als beim Erteilungsverfahren – wegen der Gefahr, die von dem falschen Erbschein ausgeht, nicht zulässig[24].

c) Zuständigkeit. Zuständig ist das Gericht, das den unrichtigen Erbschein erteilt hat, selbst wenn dieses örtlich unzuständig war[25]; zur Einziehung eines vom staatlichen Notariat in der DDR erteilten Erbscheins ist das für den Sitz des damaligen Notariatsbezirks errichtete Amtsgericht zuständig[26]. Funktionell zuständig ist der Richter unter den Voraussetzungen des § 16 Abs 1 Nr 7 RPflG, sonst der Rechtspfleger.

---

[9] KG NJW-RR 2004, 801.
[10] OLG Köln FamRZ 2003, 1784; OLG Hamm NJW 1974, 1827, 1828; *Palandt/Edenhofer* Rn 2.
[11] OLG Köln FamRZ 1993, 1124; OLG Hamm DNotZ 1984, 53; MünchKommBGB/*J. Mayer* Rn 6.
[12] BayObLG FamRZ 1990, 1037; KG NJW 1963, 766, 767.
[13] MünchKommBGB/*J. Mayer* Rn 4.
[14] BGHZ 47, 58: 23 Jahre; BayObLG ZEV 2003, 369: 45 Jahre.
[15] BGH NJW 1963, 1972 f, insoweit in BGHZ 40, 54 nicht abgedruckt.
[16] BGH NJW 1989, 984; BayObLG NJW-RR 2001, 950, 952; MünchKommBGB/*J. Mayer* § 2361 Rn 9.
[17] BayObLG Rpfleger 1981, 112; *Weiß* Rpfleger 1984, 389; einschränkend BGH Rpfleger 1976, 174 für den Fall, dass sich die örtliche Unzuständigkeit nicht eindeutig ergibt.
[18] OLG Zweibrücken NJW-RR 2002, 154.
[19] OLG Frankfurt NJW 1968, 1289.
[20] KG Rpfleger 1966, 208; MünchKommBGB/*J. Mayer* § 2361 Rn 12 mwN.
[21] BGH NJW 1963, 1972 f, insoweit in BGHZ 40, 54 nicht abgedruckt; MünchKommBGB/*J. Mayer* Rn 3; *Staudinger/Schilken* Rn 1.
[22] BGH NJW 2006, 3353, 3354; BayObLG ZEV 1996, 271; *Palandt/Edenhofer* § 2353 Rn 25; MünchKommBGB/*J. Mayer* § 2353 Rn 127 mwN.
[23] OLG Brandenburg FamRZ 1999, 188; BayObLG NJW-RR 1994, 1422; *Lukoschek* ZEV 1999, 1, 4.
[24] MünchKommBGB/*J. Mayer* Rn 326.
[25] BayObLGZ 1977, 59; OLG Hamm OLGZ 1972, 352, 353.
[26] Zur Zuständigkeit nach § 73 Abs 1 FGG bei Erteilung durch westdeutsches Gericht bei früherem DDR-Erblasser vgl KG FamRZ 1992, 1351.

§ 2361

13 **d) Vorläufiger Rechtsschutz.** Vorläufiger Rechtsschutz ist möglich[27]. Bis zum Abschluss der Ermittlungen, die Voraussetzung für die Einziehung sind (vgl Rn 2 ff), kann durch einstweilige Anordnung des Nachlassgerichts entspr § 24 Abs 3 (str)[28], des Beschwerdegerichts (§ 24 Abs 3 FGG) oder einstweilige Verfügung des Prozessgerichts[29] insbes die **Rückgabe** des Erbscheins (nebst Ausfertigungen) zu den Akten des Nachlassgerichts verlangt werden (vgl auch § 2359 Rn 4). Die Wirkung des Erbscheins (§§ 2365 bis 2367) wird dadurch nicht aufgehoben[30], die Ausnutzung aber praktisch erschwert (vgl § 35 Abs 1 GBO).

14 **3. Wirksamwerden (Abs 1 S 2).** Der **Einziehungstatbestand** besteht aus zwei Merkmalen, der Einziehungsanordnung und deren tatsächlicher Durchführung[31]. In der Regel wird die Einziehung durch eine ihrer Durchführung vorausgehende Verfügung angeordnet, die allen Erbscheinserben zuzustellen ist[32]. Befindet sich der Erbschein bzw die einzige von ihm erteilte Ausfertigung aber bereits wieder beim Nachlassgericht, so wird die Einziehung durch die dann nachfolgende Einziehungsanordnung und deren Bekanntgabe vollendet[33]. Schlichte Rückgabe des Erbscheins (ohne Einziehungsanordnung) ist nicht ausreichend, es sei denn, diese erfolgt in Erfüllung des § 2362 (vgl § 2362 Rn 5). Die Einziehung ist bewirkt, wenn **alle Ausfertigungen** in der Verfügungsgewalt des Nachlassgerichts sind[34]. Die Durchsetzung der Entscheidung erfolgt nach § 33 FGG. Bloße Teileinziehung ist grds nicht möglich, auch nicht bei Sammelerbschein (vgl § 2357 Rn 1)[35].

III. Kraftloserklärung (Abs 2)

15 Die Kraftloserklärung ist durchzuführen, wenn mindestens eine Ausfertigung nicht zu erlangen ist oder die Erfolglosigkeit der Einziehung von vornherein feststeht[36]. Mit dem Wirksamwerden der Kraftloserklärung[37] ist die Einziehung – nicht anders als bei einer körperlichen Einziehung – erledigt, so dass der Beschluss nicht mehr geändert werden kann.

IV. Rechtsmittel

16 **1. Statthaftigkeit.** Gegen die Einziehungsanordnung ist die **Beschwerde** statthaft. Die Kraftloserklärung (Rn 15) oder vollzogene Einziehung (Rn 14) ist dagegen nicht mit der Beschwerde anfechtbar (§ 84 FGG)[38]. Nach vollzogener Einziehung oder Kraftloserklärung ist die Beschwerde daher nur mit dem Ziel statthaft, das AG anzuweisen, einen inhaltsgleichen **neuen Erbschein** zu erteilen[39]; die Antragstellung beim AG ist nicht erforderlich, weil absehbar ist, dass eine Erteilung nicht erfolgen würde[40]. Wurde bereits ein anderslautender Erbschein erteilt, ist die Beschwerde gegen die Einziehungsanordnung mit der gegen den neu erteilten Erbschein (gerichtet auf dessen Einziehung) zu verbinden[41]. Bei fehlender öffentlicher Bekanntmachung der Kraftloserklärung (Abs 2 S 2) ist die Beschwerde – mangels Wirksamwerdens des Kraftloserklärungsbeschlusses – aber zulässig[42].

17 **2. Beschwerdeberechtigung.** Sie setzt materielle Beschwer voraus. Gegen die **Anordnung der Einziehung** ist jeder Antragsberechtigte beschwerdeberechtigt (vgl § 2353 Rn 10 ff)[43], auch wenn der Beschwerdeführer keinen Erbscheinsantrag gestellt hatte[44]. Gegen die **Ablehnung der Einziehung** ist jeder beschwerdeberechtigt, der gegen die Erteilungsanordnung des betreffenden Erbscheins beschwerdeberechtigt ist (vgl § 2353 Rn 36)[45]. Ein Vergleich zwischen Beteiligten über bestimmte Testamentsauslegung steht der Beschwerde eines Vertragsteils grds nicht entgegen[46]. Eine (zusätzliche) vertragliche Verpflichtung, eine Beschwerde nicht einzulegen oder einen noch zu erteilenden Erbschein als richtig anzuerkennen, ist zulässig (vgl § 2358 Rn 14); eine dennoch eingelegte Beschwerde ist dann unzulässig[47].

---

[27] Ausf *Bonefeld* FAErbR 2005, 1.
[28] BayObLG FamRZ 1993, 116, 117; OLG Köln OLGZ 1990, 303; MünchKommBGB/*J. Mayer* Rn 44 mwN; aA wohl BGHZ 40, 54, 59 (obiter).
[29] BGHZ 40, 54, 59 f = NJW 1963, 1972; *Staudinger/Schilken* § 2360 Rn 8.
[30] *Palandt/Edenhofer* Rn 9.
[31] BayObLG NJW-RR 2001, 950, 951; MünchKommBGB/*J. Mayer* Rn 35; *Keidel* DNotZ 1958, 265, 266.
[32] *Staudinger/Schilken* Rn 25.
[33] BayObLG NJW-RR 2001, 950, 951; *Palandt/Edenhofer* Rn 9.
[34] MünchKommBGB/*J. Mayer* Rn 38; *Palandt/Edenhofer* Rn 9.
[35] Vgl MünchKommBGB/*J. Mayer* Rn 38.
[36] BayObLG OLGE 40, 155; MünchKommBGB/*J. Mayer* Rn 41; *Palandt/Edenhofer* Rn 11.
[37] Zur str Frage des maßgeblichen Zeitpunkts vgl MünchKommBGB/*J. Mayer* Rn 38.
[38] BGHZ 40, 54, 56; BayObLG FamRZ 1989, 550.
[39] BGHZ 40, 54, 56; KG FGPrax 1999, 227; BayObLG FamRZ 1989, 550; *Bumiller/Winkler* § 84 FGG Rn 13, 14.
[40] BGH NJW 1959, 1729, 1730.
[41] OLG Köln NJW-RR 1994, 1421.
[42] BayObLGZ 1958, 364; *Staudinger/Schilken* Rn 40 mwN.
[43] OLG Hamm NJW-RR 1993, 461 betr Testamentsvollstrecker.
[44] BGHZ 30, 220 = NJW 1959, 1829.
[45] OLG Hamm Rpfleger 1986, 138 betr Erbprätendent; BayObLG NJW-RR 1991, 587 betr falsche Erbquote; OLG Hamm Rpfleger 1984, 273 betr Nachlassgläubiger mit Titel nach §§ 792, 896 ZPO; BayObLG NJW-RR 2005, 1245 betr falsch ausgewiesenen Erben; BayObLGZ 1960, 407 betr Nach- und Ersatznacherbe bei falschen Angaben im Erbschein für Vorerben.
[46] BayObLG NJW-RR 1991, 587.
[47] KG FGPrax 2004, 31.

3. Sachentscheidung des Beschwerdegerichts. Das Beschwerdegericht kann weder einen richti- 18
gen Erbschein erteilen noch selbst einen Erbschein einziehen, es hat vielmehr das Nachlassgericht entspr
anzuweisen[48].

§ 2362 Herausgabe- und Auskunftsanspruch des wirklichen Erben

(1) Der wirkliche Erbe kann von dem Besitzer eines unrichtigen Erbscheins die Herausgabe an das Nachlassgericht verlangen.
(2) Derjenige, welchem ein unrichtiger Erbschein erteilt worden ist, hat dem wirklichen
Erben über den Bestand der Erbschaft und über den Verbleib der Erbschaftsgegenstände
Auskunft zu erteilen.

I. Normzweck

§ 2362 gibt dem wahren Erben einen materiell-rechtlichen Anspruch, der auf dem ordentlichen 1
Rechtsweg durchgesetzt werden kann. Im Hinblick auf die Gefahren aus den §§ 2365 bis 2367 soll der
wirkliche Erbe durch diesen Anspruch von der Amtstätigkeit nach § 2361 unabhängig sein[1].

II. Herausgabeanspruch

1. Anspruchsinhalt. a) Anspruchsgegner. Jeder – auch der mittelbare, § 868[2] – **Besitzer** einer 2
Urschrift oder Ausfertigung (nicht: beglaubigten Abschrift) des Erbscheins ist zur Herausgabe an das zur
Einziehung zuständige Nachlassgericht verpflichtet, unabhängig davon, ob er selbst als Erbe ausgewiesen
ist. Bei gemeinschaftlichem Erbschein richtet sich der Anspruch gegen jeden Miterben, auch soweit
deren Erbquoten richtig ausgewiesen sind[3].

b) Anspruchsberechtigter. Anspruchsberechtigt sind der wahre Erbe, der Nacherbe (§ 2363 3
Abs 2), Testamentsvollstrecker (§ 2364 Abs 2) und der vermeintlich Verstorbene bei irrtümlicher
Todeserklärung (§ 2370 Abs 2). Es genügt grds jede Unrichtigkeit[4], weshalb Herausgabe auch verlangt
werden kann, wenn das Erbrecht des Anspruchstellers richtig ausgewiesen sein sollte.

2. Gerichtliche Durchsetzung. Der Anspruch ist im Zivilprozess geltend zu machen und nach 4
§ 883 ZPO zu vollstrecken; der Gerichtsstand des § 27 ZPO gilt aber nicht[5]. Vergleich, Versäumnis-
Anerkenntnis-, und Verzichtsurteil sind zulässig. Wegen der auch nach Wegfall der Wirkung der
§§ 2365, 2366, 2367 bestehenden Missbrauchsgefahr steht die etwaige Kraftloserklärung des Erbscheins
(§ 2361 Abs 2) der Geltendmachung des Anspruchs nicht entgegen[6].

Die **Beweislast** für sein Erbrecht und Besitz des Anspruchsgegners trifft den Kläger. Wie bei § 2361 4 a
(dort Rn 2) genügt aber für die Feststellung der Unrichtigkeit des Erbscheins auch im Prozess nach
§ 2362, dass die das Erbrecht des ausgewiesenen Erben begründenden Tatsachen durch das Prozessgerichts nicht festgestellt werden können **(non liquet)**[7], weil unter Berücksichtigung von Sinn und
Zweck des § 2362 nicht einzusehen ist, weshalb der Kläger hinsichtlich der Frage der Unrichtigkeit
schlechter gestellt werden sollte als im Amtsverfahren nach § 2361. Die Vermutung des § 2365 gilt
deshalb – wie auch im Einziehungsverfahren – ebenfalls nicht (vgl § 2365 Rn 11).

3. Wirkung der Rückgabe. Die Rückgabe des Erbscheins nebst Ausfertigungen beim Nachlass- 5
gericht in Erfüllung des Anspruchs aus § 2362 (auch ohne Klage) beseitigt die Wirkungen des
Erbscheins entspr § 2361 Abs 1 S 2 wie die Einziehung selbst[8]. Die Rückgabe ohne Erfüllungsabsicht
führt nicht zur Kraftlosigkeit des Erbscheins[9]. Eine Verfügung des Nachlassgerichts nach § 2361 ist nicht
Voraussetzung, da der Erbe gerade von der Amtstätigkeit des Nachlassgerichts unabhängig sein soll. Der
Erbschein wird entspr § 2361 Abs 1 S 2 erst kraftlos, wenn sämtliche Ausfertigungen und die Urschrift
an das Nachlassgericht zurückgegeben wurden. Ist der wahre Erbe im Besitz des unrichtigen Erbscheins,
ist die Rückgabe an das Nachlassgericht grds ausreichend[10]. Die Kraftlosigkeit auf Grund Rückgabe

---

[48] RGZ 61, 273, 277; BayObLG NJW-RR 2005, 1245, 1247; *MünchKommBGB/J. Mayer* § 2353 Rn 133;
Erman/Schlüter Rn 5.
[1] *Planck/Greiff* 4. Aufl Anm 1; *Staudinger/Schilken* Rn 1; *Palandt/Edenhofer* Rn 1.
[2] *MünchKommBGB/J. Mayer* Rn 3; *Staudinger/Schilken* Rn 3; *RGRK/Kregel* Rn 1; *Erman/Schlüter* Rn 2; aA
wohl Voraufl.
[3] Die Wirkungen der §§ 2365, 2366, 2367 setzen nicht den Besitz des Erbscheins durch den falsch ausgewiesenen
Erben voraus.
[4] *MünchKommBGB/J. Mayer* Rn 4; *RGRK/Kregel* Rn 1.
[5] *Stein/Jonas/Roth* § 27 ZPO Rn 14; *Palandt/Edenhofer* Rn 1; *MünchKommBGB/J. Mayer* Rn 6; *RGRK/Kregel*
Rn 1.
[6] *MünchKommBGB/J. Mayer* Rn 4; *Staudinger/Schilken* Rn 3; *RGRK/Kregel* Rn 1.
[7] BGH vom 17. 2. 1970, III ZR 139/67 – Anastasia, juris-Text-Nr 70, insofern in BGHZ 53, 245 und NJW 1970,
946 nicht abgedruckt; aA die hL, vgl *MünchKommBGB/J. Mayer* Rn 7; *Staudinger/Schilken* Rn 7; *Erman/Schlüter*
Rn 3; Voraufl.
[8] *MünchKommBGB/J. Mayer* Rn 11 mwN; *Staudinger/Schilken* Rn 4.
[9] *MünchKommBGB/J. Mayer* Rn 11; vgl BGHZ 40, 54, 60 zur Rückgabe bzw Sicherstellung auf Grund einstweiliger Verfügung; *Staudinger/Schilken* Rn 5.
[10] *MünchKommBGB/J. Mayer* Rn 11.

§ 2363

nach § 2362 steht der Einziehung oder Kraftloserklärung nach § 2361 gleich. Eine nach Eintritt der Kraftlosigkeit erteilte Ausfertigung desselben Erbscheins ist wirkungslos.

6 **4. Verfahrenskonkurrenz. a) Erbschaftsanspruch (§ 2018).** Die Verbindung mit der Klage nach § 2018, die die Herausgabe des Erbscheins nicht umfasst, ist zweckmäßig[11]. § 27 ZPO ist bei § 2362 zwar grds nicht anzuwenden (s Rn 4), wohl aber, wenn mit diesem Anspruch auch der Erbschaftsanspruch nach §§ 2018 ff geltend gemacht wird (Prozessökonomie)[12].

7 **b) Einziehung (§ 2361).** Wegen § 2366 letzter HS (kein guter Glaube bei Kenntnis des Einziehungsbeschlusses) sollte neben der Klage aus § 2362 grds auch das Einziehungsverfahren nach § 2361 angeregt werden[13]. Das Einziehungsverfahren ist nicht für die Dauer des Zivilprozesses auszusetzen (vgl § 2361 Rn 11). Zur Bindungswirkung des Urteils nach § 2362 im Einziehungsverfahren s § 2361 Rn 11. Die Einziehung kann aus Gründen der Rechtssicherheit auch noch erfolgen, wenn die Rückgabe erfolgt ist, da das zur Kraftlosigkeit erforderliche subjektive Moment (Rückgabe zur Erfüllung des Anspruchs aus § 2362) objektiv nicht feststellbar ist.

8 **c) Zwischenfeststellungsklage (§ 256 Abs 2 ZPO).** Eine Zwischenfeststellungsklage über das Erbrecht nach § 256 Abs 2 ZPO ist möglich und sinnvoll, wenn – hinsichtlich der Parteien des Zivilprozesses – die Bindung des Nachlassgerichts in einem späteren Erbscheinserteilungsverfahren erreicht werden soll (vgl § 2359 Rn 2); denn die Rechtskraft und damit die Bindungswirkung der Klage aus § 2362 beschränkt sich auf den angegriffenen Erbschein.

9 **5. Einstweiliger Rechtsschutz.** Im Wege der einstweiligen Verfügung (**§ 935 ZPO**) kann das Unterlassen des Gebrauchens des Erbscheins im Rechtsverkehr oder die vorläufige Abgabe des Erbscheins bzw. dessen Ausfertigungen zu den Akten des Nachlassgerichts verlangt werden (vgl § 2359 Rn 4 und § 2361 Rn 13)[14]. Die Wirkungen der §§ 2365 bis 2367, die nicht den Besitz des Erbscheins voraussetzen, werden davon aber nicht berührt (vgl § 2365 Rn 2).

III. Auskunftsanspruch

10 Der Auskunftsanspruch (§ 260) setzt – anders als § 2362 Abs 1 – weder Besitz des Erbscheins[15] noch der Erbschaft (§ 2027) voraus. Anspruchsgegner ist jeder, dem ein unrichtiger Erbschein erteilt wurde, auch ein Gläubiger (§ 792 ZPO). Ob dies auch gilt, wenn bezüglich eines Miterben lediglich eine unrichtige Erbquote angegeben war[16] ist nach dem Schutzzweck der Vorschrift zweifelhaft, weil dadurch die Verfügungsmacht des Betroffenen über Gegenstände der Erbschaft nicht erweitert wurde, während bei einem Erbteilserwerb § 2366 keine Anwendung findet (vgl § 2366 Rn 4). Der Anspruch entspricht seinem Inhalt nach im Wesentlichen dem nach § 2027; nach § 2362 Abs 2 kann insbes auch die Vorlage eines Bestandsverzeichnisses (§ 260 Abs 1) und ggf die eidesstattliche Versicherung (§ 260 Abs 2) verlangt werden. Der Anspruch steht auch dem irrtümlich für tot Erklärten zu (§ 2370 Abs 2), nicht aber dem Nacherben vor Eintritt des Nacherbfalles (§ 2363 Abs 2) oder dem Testamentsvollstrecker (§ 2364 Abs 2).

§ 2363 Inhalt des Erbscheins für den Vorerben

(1) ¹In dem Erbschein, der einem Vorerben erteilt wird, ist anzugeben, dass eine Nacherbfolge angeordnet ist, unter welchen Voraussetzungen sie eintritt und wer der Nacherbe ist. ²Hat der Erblasser den Nacherben auf dasjenige eingesetzt, was von der Erbschaft bei dem Eintritt der Nacherbfolge übrig sein wird, oder hat er bestimmt, dass der Vorerbe zur freien Verfügung über die Erbschaft berechtigt sein soll, so ist auch dies anzugeben.

(2) Dem Nacherben steht das in § 2362 Abs. 1 bestimmte Recht zu.

I. Normzweck

1 Der Erbschein für den Vorerben[1] dient zum einen diesem als Zeugnis über Erbenstellung und Verfügungsbefugnis. Zum anderen dient § 2363 auch dem Schutz des Nacherben vor Verfügungen des Vorerben über dessen Verfügungsbefugnis hinaus[2]. Der Erbschein für den Vorerben hat den Umfang von **Verfügungsbeschränkungen** zu bezeichnen und ist kein Zeugnis für den Nacherben selbst[3]. Dem Schutz der Nacherben dient insbes der Nacherbenvermerk im Grundbuch (§ 51 GBO). Der Erbschein für den Vorerben bezeugt nicht, dass dieser noch Erbe ist[4].

---

[11] MünchKommBGB/*J. Mayer* Rn 8; *Staudinger/Schilken* Rn 5; *v. Lübtow* Erbrecht II S 1035.
[12] MünchKommBGB/*J. Mayer* Rn 6; *Palandt/Edenhofer* Rn 1.
[13] MünchKommBGB/*J. Mayer* Rn 9; *Planck/Greiff* 4. Aufl Anm 2.
[14] *Staudinger/Schilken* Rn 5; MünchKommBGB/*J. Mayer* Rn 10, § 2361 Rn 44 mwN.
[15] *Staudinger/Schilken* Rn 6 mwN; MünchKommBGB/*J. Mayer* Rn 13; *Palandt/Edenhofer* Rn 2.
[16] So Voraufl; MünchKommBGB/*J. Mayer* Rn 14; *Staudinger/Schilken* Rn 6; aA aber etwa RGRK/*Kregel* Rn 2.
[1] Vgl ausf zur Vor- und Nacherbschaft im Erbscheinsverfahren *Köster* Rpfleger 2000, 90 und 133.
[2] Vgl zB BGH NJW 1988, 63, 64; *Staudinger/Schilken* Rn 1.
[3] BGHZ 84, 196, 200 = NJW 1982, 2499; OLG Hamm NJW-RR 1997, 646, 647; MünchKommBGB/*J. Mayer* Rn 2.
[4] KG Rpfleger 1996, 247; MünchKommBGB/*J. Mayer* Rn 6; *Staudinger/Schilken* Rn 3 mwN; RGRK/*Kregel* Rn 1.

II. Erbschein für den Vorerben

1. Antragsberechtigung. Bis zum Eintritt des Nacherbfalls ist nur der Vorerbe antragsberechtigt[5]; der Nacherbe kann erst nach Eintritt des Nacherbfalls einen Erbschein verlangen, auch ein Antrag auf Erteilung eines Erbscheins an den Vorerben ist ausgeschlossen[6]; er kann aber verlangen, dass seine Nacherbenstellung im Erbschein richtig ausgewiesen wird und ist insoweit auch beschwerdebefugt. Ab Eintritt des Nacherbfalls kann der Vorerbe grds keinen Erbschein mehr beantragen, der ihn als Erbe ausweist[7]. In Ausnahmefällen wird man aber, sofern sich ein entsprechendes Rechtsschutzbedürfnis feststellen lässt, dem Vorerben auch nach Eintritt des Nacherbfalls ein Antragsrecht für einen Erbschein, in dem ausdrücklich nur die (Vor-)Erbenstellung bis zum Eintritt des Nacherbfalls (Zeitpunktangabe) ausgewiesen wird, zuzubilligen haben[8]. Der Erbschein nach § 2363 ist kein gemeinschaftlicher Erbschein iS des § 2357 für den Vor- und Nacherben und setzt insbes nicht die Annahme durch den Nacherben voraus[9]. Freilich wird in dem Antrag der zukünftigen Nacherben, ihre Nacherbenstellung im Erbschein richtig auszuweisen, regelmäßig die auch schon vor dem Nacherbfall mögliche Annahme der Nacherbschaft liegen.

2. Inhalt. Der Erbschein für den Vorerben enthält neben dem erforderlichen Inhalt eines gewöhnlichen Erbscheins nach § 2353 weitere Angaben:

a) Angaben zum Vorerben. Zu bezeichnen ist die Person und die Erbquote des Vorerben (vgl § 2353 Rn 5).

b) Angaben zur Anordnung der Nacherbfolge. Zum Inhalt gehört die Anordnung der Nacherbfolge, auch wenn diese nicht ausdrücklich angeordnet wurde, sondern sich aus den §§ 2101, 2104, 2105 ergibt[10]; auch eine etwaige Nachnacherbfolge[11] ist anzugeben. Ist der Nacherbe vorverstorben und sind Ersatznacherben nicht berufen, ist die Anordnung der Nacherbfolge gegenstandslos und nicht im Erbschein anzugeben. Ist die Nacherbfolge auf einen Miterben oder eine Quote beschränkt, ist dies anzugeben.

Die **Voraussetzungen** des Eintritts der Nacherbfolge sind zu benennen[12] (Tod des Vorerben, Zeitbestimmung, Bedingung wie Wiederverheiratung oder Geburt einer Person)[13].

c) Angaben zum Nacherben. Zu bezeichnen ist die **Person** (nicht die Quote, weil dies dem das genaue Erbrecht nachweisenden Nacherbenerbschein vorbehalten bleibt[14]) **jedes** (auch bedingt eingesetzten) Nacherben, Nachnacherben[15] und Ersatznacherben[16], auch wenn letztere vor dem Ersatznacherbfall noch kein Zustimmungsrecht zu Verfügungen des Vorerben haben[17]. Die Nacherben sind von Amts wegen zu ermitteln; stehen sie nicht fest oder sind sie (noch) namentlich unbekannt, ist zu beschreiben, wie sie sich bestimmen[18], zB die bei Eintritt der Nacherbfolge vorhandenen gesetzlichen Erben des Erblassers[19] oder bei Einsetzung auch der nach dem Erbfall geborenen Enkelkinder[20]. Steht der Name des zunächst abstrakt benannten Nacherben erst nach Erteilung fest, ist ausnahmsweise eine Ergänzung bzw **Berichtigung** des Erbscheins vorzunehmen[21]; Berichtigung statt Einziehung ist aber nur dann zulässig, wenn die Berichtigung lediglich die Beschreibung im Erbschein inhaltlich konkretisiert.

d) Ausschluss der Vererblichkeit des Nacherbenanwartschaftsrechts. Ist die **Vererblichkeit** des Nacherbenanwartschaftsrechts (§ 2108 Abs 2 S 1) ausgeschlossen, ist dies anzugeben. Fehlt ein solcher Vermerk, ist die Vererblichkeit bezeugt[22]. Die Vererblichkeit des Nacherbenanwartschaftsrechts hat grds auch Vorrang vor § 2069 (vgl § 2108 Rn 5)[23].

e) Übertragung des Nacherbenanwartschaftsrechts. Bei der Übertragung des Nacherbenanwartschaftsrechts (vgl § 2100 Rn 41 ff), der unmittelbare materiell-rechtliche Wirkung zukommt, ist zu differenzieren:

---

[5] BayObLG FamRZ 2004, 1307 f; *Palandt/Edenhofer* Rn 1; *Erman/Schlüter* Rn 2.
[6] BayObLG NJW-RR 1999, 805; OLG Hamm DNotZ 1981, 57 f.
[7] OLG Frankfurt FGPrax 1998, 145; OLG Hamm NJW 1974, 1827, 1828; *Palandt/Edenhofer* Rn 8.
[8] LG Bonn MittRhNotK 1984, 123 f; *MünchKommBGB/J. Mayer* § 2353 Rn 24 mwN; *Staudinger/Schilken* § 2353 Rn 41; str.
[9] *Staudinger/Schilken* Rn 5; *MünchKommBGB/J. Mayer* Rn 9.
[10] OLG Köln NJW-RR 1992, 1417 f; *MünchKommBGB/J. Mayer* Rn 7.
[11] Vgl *MünchKommBGB/Grunsky* § 2100 Rn 14, wobei freilich insgesamt die zeitliche Grenze des § 2109 nicht überschritten werden darf.
[12] BayObLG FamRZ 1998, 1332.
[13] Vgl ausf die Beispiele bei *MünchKommBGB/Grunsky* § 2100 Rn 11 ff.
[14] *MünchKommBGB/J. Mayer* Rn 9 mwN.
[15] BayObLG NJW-RR 1990, 199; *Staudinger/Schilken* Rn 11.
[16] RGZ 142, 171, 173; *MünchKommBGB/J. Mayer* Rn 13; *Palandt/Edenhofer* Rn 5.
[17] BGHZ 40, 115 = NJW 1963, 2320.
[18] BayObLG DNotZ 1984, 502, 504; *Staudinger/Schilken* Rn 10.
[19] BayObLG FamRZ 1991, 1114, 1116.
[20] OLG Köln NJW-RR 1992, 1417.
[21] *MünchKommBGB/J. Mayer* Rn 14 mwN; *Staudinger/Schilken* Rn 12; *Palandt/Edenhofer* Rn 4; aA, weil die Angabe der Nacherben an der Wirkung der §§ 2365, 2366 teilnehme, was einer bloßen Berichtigung entgegenstehe, *Köster* Rpfleger 2000, 133, 139.
[22] RGZ 154, 330, 333.
[23] BGH NJW 1963, 1150; KG KGR 2002, 135.

§ 2363

10 **aa) Übertragung auf den Vorerben.** Wird das Nacherbenanwartschaftsrecht sämtlicher Nacherben auf den Vorerben übertragen, wird dieser Vollerbe, wenn Ersatznacherben oder Nachnacherben nicht bestimmt sind[24]; das Nacherbenanwartschaftsrecht geht in diesem Fall unter[25]. Der Erbschein wird unrichtig und ist einzuziehen[26]. Sind Ersatznacherben eingesetzt, wird deren Rechtsstellung durch die Übertragung nicht berührt[27]; denn bei der Übertragung des Anwartschaftsrechts ist die Vereinigung der Rechtsstellung von Vorerbe und Nacherbe auflösend bedingt und fällt mit Eintritt des Ersatzerbfalls weg. Im Erbschein ist dies anzugeben[28]. Bis zum Ersatzerbfall ist der Vorerbe frei verfügungsberechtigt[29].

11 **bb) Übertragung auf Dritten.** Wird das Nacherbenanwartschaftsrecht auf einen Dritten übertragen, tritt dieser unmittelbar in die Rechtsstellung des Nacherben ein (vgl § 2100 Rn 42)[30], dh bei Eintritt des Nacherbfalls erwirbt er die durch das Nacherbenanwartschaftsrecht vermittelte Vermögensposition ohne Durchgangserwerb; er wird freilich durch die Übertragung des Nacherbenanwartschaftsrechts nicht selbst Nacherbe, da dieser nur vom Erblasser bestimmt werden kann. Bedarf der Vorerbe für Verfügungen über einen Nachlassgegenstand der Zustimmung des Nacherben[31], ist diese durch den Erwerber zu erteilen[32]. Nach dem Erbfall eintretende Verfügungsbeschränkungen sind jedoch nicht Inhalt des Erbscheins und nehmen an der Vermutungswirkung nicht teil. Der Erwerber der Nacherbenanwartschaft ist im Erbschein nicht zu bezeichnen (vgl § 2100 Rn 42)[33]. Erfolgt die Abtretung zwischen zwei Mitnacherben, wird der Empfänger alleiniger Nacherbe[, ist Ersatznacherben bestimmt, ist diese Vereinigung auflösend bedingt durch den Ersatznacherbfall (vgl Rn 10).

12 **f) Nacherbentestamentsvollstreckung.** Diese (§ 2222) ist anzugeben, nicht die Person des Testamentsvollstreckers (vgl § 2364).

13 **g) Befreiung von Verfügungsbeschränkungen (§ 2136).** Befreiungen von Verfügungsbeschränkungen nach § 2136 sind zu bezeichnen[34]. Da der Erbschein dem Ausweis der Verfügungsmacht des Vorerben dient, gilt dies (wegen der unmittelbar dinglichen Wirkung) auch für ein Vorausvermächtnis an den alleinigen Vorerben[35].

14 **3. Rechtsstellung des Nacherben vor dem Nacherbfall. a) Fehlende Antragsbefugnis.** Bis zum Nacherbfall kann der Nacherbe weder für sich[36] noch für den Vorerben[37] einen Erbschein beantragen. Das Erbrecht des Nacherben kann erst beim Nacherbfall bezeugt werden. Ein gleichwohl erteilter Erbschein ist einzuziehen[38]. Der Nacherbe kann aber die **richtige Angabe** der Anordnung, der Person des Nacherben und der Verfügungsbeschränkungen des Vorerben verlangen; insoweit hat er Anspruch auf rechtliches Gehör, kann die Einziehung anregen (§ 2361) und ist zur Beschwerde[39] und weiteren Beschwerde[40] mit dem Ziel der Einziehung des Erbscheins berechtigt[41]. Der Nacherbe kann auf seine Aufnahme im Erbschein nicht verzichten, da der Erbschein objektiv richtig zu sein hat (§§ 2358, 2361). Die Einziehung des Erbscheins für den Vorerben berührt die Rechte des Nacherben dagegen nicht, weil er selbst kein Recht auf Erteilung an den Vorerben hat[42].

15 **b) Amtshaftung.** Der falsch bezeichnete Nacherbe kann einen Anspruch auf Schadensersatz aus Amtshaftung haben (Art 34 GG, § 839)[43]. Der Notar, der den Erbscheinsantrag für den Vorerben beurkundet, hat auch gegenüber dem Nacherben die Amtspflicht der Prüfung der Richtigkeit des Erbscheins[44]. Der Anspruch resultiert aus einer Verletzung des Nacherbenanwartschaftsrechts und kann deshalb im Rahmen einer Feststellungsklage schon vor Eintritt des Nacherbfalls geltend gemacht

---

[24] BayObLG FamRZ 1992, 728.
[25] BGH ZEV 1995, 453 m Anm *Harder*.
[26] MünchKommBGB/*J. Mayer* Rn 21.
[27] BayObLG DNotZ 1970, 686; OLG Hamm DNotZ 1970, 688; OLG Frankfurt DNotZ 1970, 692 m zust Anm *Kanzleiter* 693; *Palandt/Edenhofer* § 2102 Rn 5, § 2108 Rn 8; *Demharter* § 51 GBO Rn 47.
[28] MünchKommBGB/*Grunsky* § 2100 Rn 31; *Köster* Rpfleger 2000, 133, 135; einschränkend MünchKommBGB/*J. Mayer* Rn 21: nur für den Fall der Nachnacherbfolge.
[29] BayObLG DNotZ 1970, 686 f; *Palandt/Edenhofer* § 2108 Rn 8.
[30] MünchKommBGB/*Grunsky* § 2100 Rn 30 mwN; *Staudinger/Avenarius* § 2100 Rn 82 ff.
[31] Vgl *Palandt/Edenhofer* § 2113 Rn 6.
[32] MünchKommBGB/*Grunsky* § 2100 Rn 30; *Staudinger/Avenarius* § 2100 Rn 83.
[33] OLG Braunschweig ZErb 2004, 297; BayObLG FGPrax 2001, 207; OLG Düsseldorf NJW-RR 1991, 332; MünchKommBGB/*J. Mayer* Rn 22; RGRK/*Kregel* Rn 8; *Staudinger/Schilken* Rn 15; aA KG DR 1939, 1085; *Bestelmeyer* Rpfleger 1994, 189, 193 f; *Schmidt* BWNotZ 1965, 139, 150.
[34] Zur Vermutung der Befreiung im gesetzlich zulässigen Umfang vgl BGH FamRZ 1961, 275; BayObLGZ 1963, 19; zur Befreiung von allen Verfügungsbeschränkungen nach § 8 EGZGB-DDR vgl KG ZEV 1995, 372.
[35] BayObLG FamRZ 2005, 480, 481; OLG Hamm Rpfleger 2003, 505, 506; MünchKommBGB/*J. Mayer* Rn 18 mwN; ausf hierzu auch *Fröhler* BWNotZ 2005, 1; Formulierungsvorschlag bei *Palandt/Edenhofer* Rn 6: „Das Recht des Nacherben erstreckt sich nicht auf folgende Gegenstände ...".
[36] BGH Rpfleger 1980, 182; BayObLG NJW-RR 1999, 805.
[37] BayObLG NJW-RR 1999, 805.
[38] LG Mannheim MDR 1961, 58; *Palandt/Edenhofer* Rn 1.
[39] BayObLG FamRZ 1996, 1577: im Erbschein für den Vorerben fehlender Nacherbenvermerk.
[40] OLG Hamm OLGZ 1968, 80.
[41] MünchKommBGB/*J. Mayer* Rn 3.
[42] *Staudinger/Schilken* § 2361 Rn 32; MünchKommBGB/*J. Mayer* § 2361 Rn 48.
[43] RGZ 139, 343; RGRK/*Kregel* Rn 4.
[44] BGH NJW 1988, 63.

werden[45]. Das Spruchrichterprivileg des § 839 Abs 2 gilt nicht, weil hiervon nur solche Beschlüsse im FGG-Verfahren erfasst werden, denen eine rechtskraftähnliche Wirkung zukommt[46], was im Erbscheinsverfahren nicht der Fall ist (arg e § 2361).

III. Unrichtigkeit des Erbscheins

Der Erbschein des Vorerben wird mit dem Eintritt des Nacherbfalls unrichtig und ist **einzuziehen**, da der Vorerbe die Rechtszuständigkeit für den Nachlass verloren hat[47]. Gleiches gilt für den Wechsel in der Person des Nacherben, beispielsweise durch Tod des Nacherben vor Eintritt des Nacherbfalls[48]. **16**

IV. Erbschein für den Nacherben

Ab Eintritt des Nacherbfalls kann der Nacherbe einen Erbschein beantragen; eine erneute eidesstattliche Versicherung kann erlassen werden (§ 2356 Abs 1 S 2)[49]. Der Erbschein für den Nacherben kann schon vor Einziehung bzw Kraftloserklärung des Erbscheins für den Vorerben erteilt werden[50], weil das Andauern der Vorerbschaft durch den Vorerbenerbschein nicht bezeugt wird (vgl Rn 1). Ein Antragsrecht des Vorerben besteht grds nicht mehr (vgl aber Rn 2). Der **Nacherbe** ist als (Voll-)Erbe auszuweisen. Ist der Nacherbfall hinsichtlich eines von mehreren Vorerben eingetreten, entfällt die Antragsberechtigung dieses Vorerben; der Nacherbe wird insoweit Vollerbe zur bestimmten Quote, iÜ bleibt es bei der angeordneten Vor- und Nacherbfolge[51]. Der Zeitpunkt des Nacherbfalls ist anzugeben[52]. **17**

Da bei der Übertragung des Nacherbenanwartschaftsrechts (§ 2033) der Erwerber nicht selbst Nacherbe und damit bei Eintritt des Nacherbfalls zwar Gesamtrechtsnachfolger des Erblassers, aber nicht Erbe wird, ist der Erbschein auf den eingesetzten Nacherben, nicht auf den Dritten als (Nach-)Erbschaftserwerber auszustellen[53]. Der Erwerber ist durch den Erbschein des Veräußerers und den notariellen Veräußerungsvertrag legitimiert, ihm steht zudem ein eigenes Antragsrecht in Bezug auf den auf den Veräußerer lautenden Erbschein zu[54]. **17 a**

V. § 2363 Abs 2

Der Herausgabeanspruch aus § 2362 Abs 1 kann vom Nacherben auch schon vor dem Nacherbfall geltend gemacht werden; daneben kann Einziehung von Amts wegen (§ 2361) angeregt werden. Der Auskunftsanspruch nach § 2362 Abs 2 entsteht dagegen erst mit dem Nacherbfall (arg e § 2363 Abs 2)[55]. **18**

§ 2364 Angabe des Testamentsvollstreckers im Erbschein, Herausgabeanspruch des Testamentsvollstreckers

(1) Hat der Erblasser einen Testamentsvollstrecker ernannt, so ist die Ernennung in dem Erbschein anzugeben.

(2) Dem Testamentsvollstrecker steht das in § 2362 Abs. 1 bestimmte Recht zu.

I. Normzweck

Die Angabe der Testamentsvollstreckung im Erbschein verlautbart die Verfügungsbeschränkung des Erben (s auch § 52 GBO) und dient nicht dem Ausweis der Person des Testamentsvollstreckers, der durch das Testamentsvollstreckerzeugnis (§ 2368) erfolgt. **1**

II. Inhalt des Erbscheins

1. Anordnung der Testamentsvollstreckung. Im Erbschein ist entgegen dem Wortlaut des Abs 1 nicht die Ernennung oder die Person, sondern die **Anordnung** der Testamentsvollstreckung anzugeben[1] sowie deren **Umfang**, soweit dieser eine Einschränkung der Verfügungsbeschränkung des Erben bewirkt. Betrifft die Anordnung nur einen Erbteil (bzw Miterben), ist dies anzugeben[2]. Erfasst die Testamentsvollstreckung nur bestimmte Nachlassgegenstände oder sind solche davon ausgenommen **2**

---

[45] RGZ 139, 343, 347 f, noch zu Art 131 WRV; MünchKommBGB/*J. Mayer* Rn 5 mwN.
[46] BGH NJW 2003, 3052.
[47] OLG Köln FamRZ 2003, 1784; MünchKommBGB/*J. Mayer* § 2361 Rn 5 mwN; *Staudinger/Schilken* Rn 21.
[48] BayObLG FamRZ 1999, 816; *Palandt/Edenhofer* Rn 7.
[49] *Palandt/Edenhofer* Rn 8.
[50] MünchKommBGB/*J. Mayer* Rn 25; *Köster* Rpfleger 2000, 133, 141.
[51] OLG Hamm NJW 1974, 1827, 1828.
[52] BayObLG NJW-RR 2004, 1376, 1377; OLG Stuttgart DNotZ 1979, 104, 107.
[53] *Staudinger/Avenarius* § 2100 Rn 84; MünchKommBGB/*J. Mayer* Rn 22; MünchKommBGB/*Grunsky* § 2100 Rn 31 mwN.
[54] MünchKommBGB/*Grunsky* § 2100 Rn 31 iVm MünchKommBGB/*J. Mayer* § 2353 Rn 83.
[55] *Staudinger/Schilken* Rn 24; *Palandt/Edenhofer* Rn 7; MünchKommBGB/*J. Mayer* Rn 24; *Erman/Schlüter* Rn 9.
[1] *Palandt/Edenhofer* Rn 1; *Erman/Schlüter* Rn 1 mwN.
[2] KGJ 43, 92, 94; MünchKommBGB/*J. Mayer* Rn 14.

§ 2365

(zB Testamentsvollstreckung zur Erfüllung eines Vermächtnisses; Vorausvermächtnis für den einzigen Vorerben, vgl § 2363 Rn 13), ist dies im Erbschein anzugeben[3].

2a Die **Angabe entfällt,** wenn nicht der Erbe, sondern Vermächtnisnehmer beschwert sind (zB Testamentsvollstreckung zur Verwaltung eines Vermächtnisses nach Erfüllung; beaufsichtigende Testamentsvollstreckung, § 2208 Abs 2). Die Ernennung, Name bzw Person des Testamentsvollstreckers ist für die Verfügungsbefugnis des Erben ohne Bedeutung und deshalb nicht im Erbschein anzugeben[4]. Maßgeblich ist die Rechtslage zur Zeit der Erbscheinserteilung; entfällt die Anordnung der Testamentsvollstreckung vorher (zB weil die benannte Person das Amt abgelehnt hat und ein Ersatztestamentsvollstrecker nicht ernannt ist), ist die Testamentsvollstreckung hinfällig und nicht anzugeben[5].

3 **2. Bedingung, Befristung.** Ist die Anordnung aufschiebend bedingt oder befristet, ist die Testamentsvollstreckung ggf noch nicht[6] oder – falls hierüber keine Zweifel bestehen – unter Angabe der konkreten Voraussetzungen des Wirksamwerdens anzugeben[7].

4 **3. Nacherbentestamentsvollstreckung.** Nacherbentestamentsvollstreckung nach § 2222 ist anzugeben. Nicht anzuführen ist aber die Testamentsvollstreckung, mit der der Nacherbe nach dem Eintritt des Nacherbfalls beschwert ist; diese ist erst im Erbschein des Nacherben anzugeben, weil sie den Vorerben nicht in seiner Verfügungsmacht beschränkt[8].

III. Unrichtigkeit des Erbscheins

5 Der Erbschein ist bzw wird **unrichtig** und ist einzuziehen (§ 2361) bei fehlender Angabe[9] oder **Wegfall** der Testamentsvollstreckung. Da der Testamentsvollstreckervermerk im Erbschein an der Vermutung der Richtigkeit und Vollständigkeit (§ 2365) teilnimmt, kann der Erbschein nach Wegfall der Testamentsvollstreckung nach richtiger Ansicht grds nicht durch deren Streichung berichtigt werden[10].

5a Die Gegenauffassung meint, Berichtigung sei (auch aus Kostengründen) auf Antrag des Erben zuzulassen, weil der Testamentsvollstreckungsvermerk keine Vermutung für seinen Fortbestand enthält[11]. Tatsächlich kann hier aber nichts anderes gelten, als sonst im Erbscheinsverfahren; danach ist eine Berichtigung oder Ergänzung grds nur dann zulässig, wenn es sich um die Beseitigung unzulässiger oder überflüssiger oder um die Aufnahme vorgeschriebener Zusätze handelt, die den Sachverhalt des Erbscheins unberührt lassen und an dessen öffentlichem Glauben nicht teilnehmen[12]. Die Einziehung dürfte aber entbehrlich sein, wenn sich aus dem Erbschein **selbst** eine klare zeitliche oder sachliche Begrenzung der Testamentsvollstreckung ergibt und sich deshalb der Vermerk des Wegfalls der Testamentsvollstreckung als bloße inhaltliche Konkretisierung des Erbscheins darstellt.

5b Ein Wechsel in der Person des Testamentsvollstreckers betrifft die Richtigkeit des Erbscheins iS des § 2361 selbst dann **nicht,** wenn dieser in dem erteilten Erbschein namentlich genannt war[13]. Nach dem Tod eines in einer letztwilligen Verfügung namentlich benannten Testamentvollstreckers ist durch Auslegung zu ermitteln, ob hiermit lediglich dessen Amt oder die Testamentsvollstreckung als solche enden soll[14].

IV. Weitere Rechte

6 Der Testamentsvollstrecker kann die Erteilung oder Einziehung eines Erbscheins beantragen; er ist beschwerdeberechtigt. Neben dem Herausgabeanspruch nach §§ 2364 Abs 2, 2362 Abs 1 steht ihm ein Auskunftsanspruch nach § 2362 Abs 2 iVm §§ 2205, 2209 zu.

§ 2365 Vermutung der Richtigkeit des Erbscheins

Es wird vermutet, dass demjenigen, welcher in dem Erbschein als Erbe bezeichnet ist, das in dem Erbschein angegebene Erbrecht zustehe und dass er nicht durch andere als die angegebenen Anordnungen beschränkt sei.

---

[3] BayObLG NJW-RR 2005, 1245; MünchKommBGB/*J. Mayer* Rn 15; *Staudinger/Schilken* Rn 11.
[4] *Staudinger/Schilken* Rn 10 mwN.
[5] BayObLG NJW-RR 2003, 297, 300; *Staudinger/Schilken* Rn 9.
[6] KGJ 48, 143; RGRK/*Kregel* Rn 2.
[7] *Staudinger/Schilken* Rn 9; MünchKommBGB/*J. Mayer* Rn 9.
[8] MünchKommBGB/*J. Mayer* Rn 10; *Staudinger/Schilken* Rn 5; *Köster* Rpfleger 2000, 133, 137; aA KG JW 1938, 1411, 1412; *Erman/Schlüter* Rn 2.
[9] BayObLG FamRZ 1977, 347, 349.
[10] BayObLG NJW-RR 1997, 583; OLG Köln FamRZ 1993, 1124, 1125 f; OLG Hamm DNotZ 1984, 52, 53 f; MünchKommBGB/*J. Mayer* Rn 17 mwN; *Palandt/Edenhofer* Rn 2; *Bumiller/Winkler* § 84 FGG Rn 11.
[11] *Staudinger/Schilken* Rn 13; *Erman/Schlüter* Rn 3; Voraufl.
[12] OLG Hamm DNotZ 1984, 52, 53; KG OLGZ 1966, 612; MünchKommBGB/*J. Mayer* Rn 19, 20; vgl auch § 2353 Rn 27.
[13] KG OLGE 40, 155; MünchKommBGB/*J. Mayer* Rn 12; *Staudinger/Schilken* Rn 10.
[14] OLG Frankfurt MittBayNot 2007, 511 = NJOZ 2007, 2306.

I. Normzweck

Der Erbschein als amtliches Zeugnis über das Erbrecht erhält seine praktische Bedeutung über die §§ 2365 bis 2367. Die Vermutung des § 2365 schafft die Grundlage für den öffentlichen Glauben nach §§ 2366, 2367. Unmittelbare Bedeutung hat § 2365 in einem Rechtsstreit und im Grundbuchverkehr (§ 35 GBO). Nachlassschuldner können die Erfüllung aber grds nicht von der Vorlage eines Erbscheins abhängig machen (vgl auch § 1959 Rn 7)[1], ausgenommen bei Vereinbarung mit dem Erblasser. 1

II. Umfang der Richtigkeitsvermutung

Die Vermutungswirkung des § 2365 setzt voraus, dass der Erbschein **erteilt** (Anordnungsbeschluss genügt nicht[2]) und zum maßgeblichen Zeitpunkt **in Kraft** ist (dh nicht eingezogen oder für kraftlos erklärt worden ist, § 2361). Besitz des Erbscheins ist nicht erforderlich (allgM), weshalb auch die vorläufige Rückgabe auf Grund einstweiliger Anordnung (§ 24 Abs 3 FGG) bzw einstweiliger Verfügung des Prozessgerichts die Vermutungswirkung nicht berührt (§ 2359 Rn 4; § 2361 Rn 13)[3]. 2

Eine Verfügung von Todes wegen, die in einer öffentlichen Urkunde enthalten ist, ist zusammen mit der Eröffnungsniederschrift zwar zum Nachweis der Erbfolge nach § 35 Abs 1 GBO gegenüber dem Grundbuchamt idR ausreichend; die Richtigkeitsvermutung des § 2365 besteht hier jedoch nicht. Der (kostengünstigere, vgl § 107 Abs 3 KostO) Erbschein nur für Grundbuchzwecke hat volle Vermutungswirkung und öffentlichen Glauben[4]. 3

Für den Umfang der Vermutungswirkung und des darauf beruhenden öffentlichen Glaubens gilt iE Folgendes: 4

1. Vermutung des Erbrechts. Der Erbschein bezeugt als **positive Vermutung** das ausgewiesene Erbrecht, bei Miterben also auch die Erbquote. 5

2. Negative Vermutung des HS 2. Vermutet wird die Vollständigkeit der angegebenen Verfügungsbeschränkungen, nicht deren tatsächliches Bestehen[5]. Die negative Vermutung des HS 2 beschränkt sich auf Verfügungsbeschränkungen, die zum notwendigen Inhalt des Erbscheins gehören (vgl § 2353 Rn 6), also auf Testamentsvollstreckung, Nacherbfolge, Ersatznacherbfolge (§§ 2363, 2364)[6]. Die Person des Nacherben ist Teil des Nacherbenvermerks und nimmt an der Vermutung teil, soweit Veränderungen im Erbschein anzugeben sind (Wegfall des Nacherben und Eintritt des Ersatznacherben, s § 2363 Rn 16); die Veräußerung des Nacherbenanwartschaftsrechts fällt beim Erbschein für den Vorerben nicht hierunter (§ 2363 Rn 11). 6

3. Grenzen der Vermutungswirkung. Keine Richtigkeitsvermutung besteht daher 7
– für Angaben, die über den notwendigen Inhalt des Erbscheins (vgl § 2353 Rn 6 ff) hinausgehen, zB Berufungsgrund[7], Vermächtnisse, Teilungsanordnung;
– für die Zugehörigkeit eines Gegenstandes zum Nachlass[8], zB bei Veräußerung durch Einzelverfügung oder auf Grund Erbschaftsverkaufs (bei dem im Gegensatz zur Erbteilsübertragung ein dingliches Verfügungsgeschäft über jeden Nachlassgegenstand erforderlich ist);
– für das Nichtbestehen von Verfügungsbeschränkungen, die nicht mit dem Erbrecht verbunden sind[9], zB auf Grund Nachlassinsolvenzverfahren, Nachlassverwaltung, Erbteilübertragung, Beschränkung des Vorerben auf Grund § 2129, Pfändung und Verpfändung des Erbteils, Nießbrauchsbestellung am Erbteil (§ 1071), Begründung der Gütergemeinschaft;
– für die Zustimmungsbefugnis des angegebenen Nacherben, der zwischen Erbfall und Nacherbfall sein Anwartschaftsrecht an einen Dritten veräußert hat (hier steht das Recht, einer Verfügung durch den Vorerben zuzustimmen, dem Anwartschafterwerber zu, der jedoch im Erbschein nicht auszuweisen ist, vgl § 2363 Rn 9 ff);
– für den Nichteintritt des Nacherbfalles, dh für die Tatsache, dass der Vorerbe noch Erbe ist (vgl § 2363 Rn 1)[10].

Sind mehrere Erbscheine widersprüchlichen Inhalts in Kraft, **entfällt** die Richtigkeitsvermutung und damit auch der öffentliche Glaube im Umfang des Widerspruchs[11]. Gleiches gilt bei Widerspruch gegenüber Testamentsvollstreckerzeugnis[12]. 8

---

[1] BGH NJW 2005, 2779, 2780 mwN; RGZ 54, 343, 344.
[2] BayObLG NJW 1960, 1722.
[3] BGHZ 40, 54, 59 f = NJW 1963, 1972, 1974; BayObLG FamRZ 1993, 116, 117; OLG Köln OLGZ 1990, 303; MünchKommBGB/*J. Mayer* Rn 3; *Staudinger/Schilken* § 2360 Rn 8.
[4] OLG Frankfurt NJW-RR 1994, 10; *Staudinger/Schilken* § 2353 Rn 80; *Demharter* § 35 GBO Rn 30.
[5] OLG Frankfurt WM 1993, 803, 805; MünchKommBGB/*J. Mayer* Rn 15 mwN; *Staudinger/Schilken* Rn 11; *Palandt/Edenhofer* Rn 1; *Erman/Schlüter* Rn 3; aA RGRK/*Kregel* Rn 6.
[6] *Palandt/Edenhofer* Rn 1; *Staudinger/Schilken* Rn 10.
[7] MünchKommBGB/*J. Mayer* Rn 11 mwN.
[8] OLG Hamm NJW 1968, 1682; *Staudinger/Schilken* Rn 12.
[9] *Staudinger/Schilken* Rn 10; MünchKommBGB/*J. Mayer* Rn 14; RGRK/*Kregel* Rn 7; ausf Auflistung bei *Firsching/Graf* Nachlassrecht Rn 4.273.
[10] KG Rpfleger 1996, 247 mwN; *Staudinger/Schilken* § 2363 Rn 3.
[11] BGH NJW-RR 1990, 1159; BGHZ 33, 314; *Staudinger/Schilken* § 2366 Rn 19; MünchKommBGB/*J. Mayer* § 2366 Rn 6 mwN.
[12] *Palandt/Edenhofer* § 2368 Rn 9, § 2366 Rn 4.

III. Rechtswirkungen

9 **1. Zivilrechtsstreit. a) Rechtskraft.** Die Entscheidung im Erbscheinserteilungsverfahren hat keine materielle Rechtskraft; das Zivilgericht ist daran nicht gebunden[13].

10 **b) Wirkung im Zivilprozess.** Der Erbschein führt im Zivilprozess zur Richtigkeitsvermutung (§ 2365) und damit zur **Beweislastumkehr** entspr § 292 ZPO. Die Vermutung kann widerlegt werden. Im Prozess ist hierzu der Gegenbeweis zu führen; bloße Erschütterung der Vermutung genügt nicht[14]. Hier sind auch Beweismittel zulässig, die bereits im Erbscheinsverfahren berücksichtigt wurden[15]. Eine Bindung an die Entscheidung des Nachlassgerichts besteht grds nicht.

10 a Wurde ein Zivilprozess nach dem Tod einer Partei ausgesetzt (§§ 239, 246 ZPO), fällt der Aussetzungsgrund weg, wenn die Erbfolge geklärt ist, wovon grds auszugehen ist, wenn der Erbschein erteilt wird und unangefochten bleibt[16].

11 **c) Grenzen der Vermutungswirkung.** Im Zivilprozess zwischen **Erbprätendenten** (insbes im Verfahren nach § 2362) gilt die Vermutung des § 2365 unabhängig von der Parteirolle des Erbscheinsberechtigten nach richtiger Ansicht nicht[17]. Nach aA soll die Parteirolle maßgeblich sein; für den Erbscheinserben als Kläger gelte die Vermutung, nicht jedoch für den Erbscheinserben als Beklagten, da hier der Kläger ohnehin nach allgemeinen Regeln beweispflichtig sei[18]. Dies überzeugt deshalb nicht, weil dann die Beweislastverteilung von der mehr oder minder zufälligen Parteirolle abhinge[19].

12 **2. Sonstige Verfahren.** Im **Verwaltungsgerichtsverfahren** darf das Verwaltungsgericht grds von der Berechtigung des durch Erbschein als Erbe Ausgewiesenen nach §§ 2365, 2367 ausgehen, solange dieser Erbschein nicht eingezogen worden ist[20]. Die Vermutung des § 2365 gilt grds auch im **Steuerverfahren**[21]. Sind gewichtige Gründe erkennbar, die gegen die Richtigkeit des Erbscheins in tatsächlicher oder rechtlicher Hinsicht sprechen, haben die Finanzbehörden oder Finanzgerichte selbst Ermittlungen zur Erbfolge anzustellen[22]. Im **Grundbuchverfahren** gilt dies entspr[23]. Ist nicht der Erbscheinserbe sondern ein Dritter im Grundbuch eingetragen, geht die Vermutung der Richtigkeit des Grundbuchs (§§ 891, 892) bei Widerspruch zur Vermutung des § 2365 vor (vgl § 2366 Rn 18)[24].

13 Im **Erbscheinsverfahren** selbst, insbes im Rahmen der Einziehung, gilt § 2365 nicht (s § 2361 Rn 2).

§ 2366 Öffentlicher Glaube des Erbscheins

Erwirbt jemand von demjenigen, welcher in einem Erbschein als Erbe bezeichnet ist, durch Rechtsgeschäft einen Erbschaftsgegenstand, ein Recht an einem solchen Gegenstand oder die Befreiung von einem zur Erbschaft gehörenden Recht, so gilt zu seinen Gunsten der Inhalt des Erbscheins, soweit die Vermutung des § 2365 reicht, als richtig, es sei denn, dass er die Unrichtigkeit kennt oder weiß, dass das Nachlassgericht die Rückgabe des Erbscheins wegen Unrichtigkeit verlangt hat.

I. Normzweck

1 §§ 2366, 2367 ermöglichen den gutgläubigen Erwerb vom nichtberechtigten Erbscheinserben im Umfang der Vermutungswirkung des § 2365. Die Vorschriften dienen dem Schutz der Verkehrssicherheit, die durch die Rechtsvermutung des § 2365 allein nicht gewährleistet ist. Die Systematik entspricht der der §§ 891, 892.

II. Öffentlicher Glaube und gutgläubiger Erwerb

2 Der öffentliche Glaube ermöglicht den gutgläubigen Erwerb vom nichtberechtigten Erbscheinserben unter folgenden Voraussetzungen:

3 **1. Rechtsgeschäftlicher Erwerb.** § 2366 schützt nur den Einzelerwerb durch **dingliches Rechtsgeschäft**. Rechtserwerb kraft Gesetzes (zB durch weiteren Erbgang oder nach §§ 946 ff), durch Zwangsvollstreckung sowie dinglich nicht erfüllte schuldrechtliche Geschäfte sind nicht geschützt. Ein

---

[13] BVerfG NJW-RR 2005, 1600, 1601; BGH NJW 1983, 277, 278; BGHZ 47, 58, 66; RGZ 124, 322, 324; BayObLG FamRZ 1999, 334, 335.
[14] RGZ 92, 68, 72; BFH NJW 1996, 2119; MünchKommBGB/*J. Mayer* Rn 8; *v. Lübtow* Erbrecht II S 1020 f.
[15] RG DR 1942, 977, 979; RGZ 92, 68, 71; OLG Nürnberg WM 1962, 1200, 1201; MünchKommBGB/*J. Mayer* Rn 8; *v. Lübtow* Erbrecht II S 1021.
[16] OLG Rostock NJW-RR 2007, 69.
[17] MünchKommBGB/*J. Mayer* Rn 22 f mwN; *Staudinger/Schilken* Rn 28; *Palandt/Edenhofer* Rn 3; *v. Lübtow* Erbrecht II S 1024; vgl hierzu auch BGH NJW 1993, 2171, 2172; BGHZ 86, 41, 51, jeweils für Fälle der Testamentsauslegung.
[18] RG WarnR 1913, Nr 300; OLG München ZEV 1995, 459, 460 m abl Anm *Damrau* 461; *Erman/Schlüter* Rn 4.
[19] MünchKommBGB/*J. Mayer* Rn 22; *Staudinger/Schilken* Rn 28.
[20] BVerwG ZOV 2006, 177; VIZ 2001, 367.
[21] BFH/NV 2005, 2218.
[22] BFH NJW 1996, 2119.
[23] Vgl MünchKommBGB/*J. Mayer* Rn 26 mwN; ausf *Staudinger/Schilken* Rn 17 ff.
[24] OLG Frankfurt DNotZ 2005, 384; *Palandt/Edenhofer* Rn 2.

rechtskräftiges Urteil zwischen dem Erbscheinserben und einem Dritten wirkt deshalb ebenfalls nicht gegen den wahren Erben. Geschützt sind nur Verkehrsgeschäfte und damit nicht der Erwerb auf Grund Erbauseinandersetzung[1].

Der Rechtsübergang kraft Gesetzes auf Grund Leistung an den Erbscheinserben (§§ 268, 426 Abs 2, 774, 1143, 1163, 1177, 1225) ist nach § 2367 möglich (vgl § 2367 Rn 5). **3 a**

2. Erbschaftsgegenstand. § 2366 schützt nur den Erwerb von Erbschaftsgegenständen, dh **Nachlassgegenständen** durch dingliches Einzelgeschäft (s aber auch Rn 17 ff). Erfasst werden unbewegliche und bewegliche Sachen sowie Rechte an diesen; § 2366 ermöglicht den Erwerb von Forderungen und Rechten auch dann, wenn diese auf Grund anderer Gutglaubensvorschriften nicht erworben werden könnten (zB GmbH-Anteil). Erfasst sind auch Gegenstände, die durch dingliche Surrogation zum Erbschaftsgegenstand werden (§§ 2019, 2041, 2111)[2]. Der Erwerb auf Grund Erbschaftskauf (§ 2371) bzw ähnlicher Verträge (§ 2385) ist nicht umfasst, weil die Erfüllung dieser Schuldverhältnisse zwar durch dingliche (Einzel-)Rechtsgeschäfte erfolgt, sich der Erwerber aber wegen § 2030 nicht auf Gutglaubensvorschriften berufen kann[3]. Der Erbteilserwerb ist ebenfalls nicht geschützt, da der Erbteil als solcher kein Nachlassgegenstand ist[4]. **4**

3. Bestehen und Umfang der Vermutung des § 2365. a) Grundsatz. Der öffentliche Glaube besteht nur im Umfang der Vermutung des § 2365 (vgl dort Rn 2 ff). **5**

b) Keine Vermutungswirkung. Gefahren für den Erwerber bestehen daher bei Verfügungen des Erbscheinserben insbes in folgenden Fällen: **6**
- Kraftlosigkeit des Erbscheins trotz körperlicher Existenz (§ 2361 Abs 2);
- ein im Erbschein ausgewiesener Miterbe hat seine Verfügungsberechtigung durch Erbteilsübertragung verloren[5];
- die Zustimmung des Nacherben zu einer Verfügung des Vorerben ist unwirksam, weil der Nacherbe sein Anwartschaftsrecht vor Zustimmung an einen Dritten übertragen hatte;
- Verfügungsbeschränkungen des Erbscheinserben, die nicht mit dem Erbrecht verbunden sind (vgl § 2365 Rn 7);
- Aufhebung der Richtigkeitsvermutung wegen Widerspruch mit anderem Erbschein bzw Testamentsvollstreckerzeugnis (vgl § 2365 Rn 8);
- der Vorerbe verfügt nach Eintritt des Nacherbfalles[6].

In diesen Konstellationen fehlt die Verfügungsbefugnis des Erbscheinserben bzw kann der im Erbschein ausgewiesene Nacherbe die erforderliche Zustimmung nicht mehr erteilen (vgl § 2363 Rn 11) und kommt ein gutgläubiger Erwerb nach § 2366 (trotz Erbscheins) nicht in Betracht. **7**

c) Grundstücksverkehr. Im Grundstücksverkehr können diese Gefahren bei Rechtsgeschäften mit dem Erbscheinserben vermieden werden, wenn vor der Verfügung das Grundbuch auf Grund des Erbscheins nach **§ 35 GBO** durch Eintragung des Erben (und ggf des Nacherbenvermerks) berichtigt wird (was wegen § 40 Abs 1 GBO in der Praxis häufig nicht erfolgt). Der Erwerb vollzieht sich dann nach § 892 Abs 1 S 1 (oder, zB bei fehlender Zustimmung des Nacherbenanwartschaftserwerbers, nach § 892 Abs 1 S 2[7]). Dies gilt entspr für den Wegfall der Richtigkeitsvermutung bei sich widersprechenden Erbscheinen oder wenn die Erbfolge auf Grund Eröffnungsniederschrift und Vorlage einer Verfügung von Todes wegen in öffentlicher Urkunde (§ 35 Abs 1 GBO) nachgewiesen wird, weil ein Erbschein zB aus Kostengründen nicht beantragt wird[8]. Die vorherige Grundbuchberichtigung ist wegen des besseren Erwerberschutzes nach § 892 zu empfehlen[9] und ist bei Antrag auf Eintragung der Erben binnen zwei Jahren seit dem Erbfall kostenfrei (§ 60 Abs 4 KostO). **8**

4. Guter Glaube. a) Grundsatz. Der öffentliche Glaube setzt voraus, dass sich der Erwerber **bewusst** ist, einen Nachlassgegenstand zu erwerben[10]. Der öffentliche Glaube des Erbscheins im Umfang der Richtigkeitsvermutung des § 2365 wird nur durch **positive Kenntnis** von Unrichtigkeit oder Rückgabeverlangen des Nachlassgerichts iS des § 2361 (Einziehungsanordnung, der im Rahmen des § 2366 die Kraftloserklärung gleichzustellen ist) ausgeschlossen[11]; anders als im Fall des § 932 ist grob fahrlässige Unkenntnis also unschädlich. **9**

---

[1] OLG Hamm FamRZ 1975, 510, 513; *Staudinger/Schilken* Rn 10 mwN; MünchKommBGB/*J. Mayer* Rn 11 mwN.
[2] MünchKommBGB/*J. Mayer* Rn 12 mwN; *Staudinger/Schilken* Rn 12.
[3] AllgM, MünchKommBGB/*J. Mayer* Rn 15 mwN; *Staudinger/Schilken* Rn 12 mwN; *Palandt/Edenhofer* Rn 1.
[4] AllgM, MünchKommBGB/*J. Mayer* Rn 15 mwN.
[5] BGH WM 1963, 219.
[6] Das Andauern der Vorerbschaft wird durch den Erbschein für den Vorerben nicht bezeugt, vgl § 2363 Rn 1.
[7] Der im Erbschein des Vorerben ausgewiesene Nacherbe ist für die Erteilung der Zustimmung nicht mehr zuständig, ohne dass der Erbschein jedoch unrichtig wird, vgl § 2363 Rn 11.
[8] Vgl ausf zum Nachweis der Erbfolge durch öffentliche Urkunden im Grundbuchverfahren *Böhringer* ZEV 2001, 387.
[9] *Egerland* NotBZ 2005, 286; *Wolfsteiner* NotBZ 2001, 134; s auch Rn 18.
[10] *Palandt/Edenhofer* Rn 3; *Staudinger/Schilken* Rn 2; RGRK/*Kregel* Rn 10; *Erman/Schlüter* Rn 7; aA MünchKommBGB/*J. Mayer* Rn 24, der unter Hinweis auf Mot V S 572 auch das Bewusstsein des Scheinerben, als Erbe zu handeln, ausreichen lassen will.
[11] *Palandt/Edenhofer* Rn 3; *Staudinger/Schilken* Rn 4.

§ 2366

9a Die Kenntnis der Tatsachen aus denen sich die Unrichtigkeit des Erbscheins ergibt, genügt für sich allein genommen noch nicht, um eine Kenntnis iS des § 2366 zu bejahen[12]; bei **Rechtsirrtum** kann der Gutglaubensschutz also grds bestehen bleiben, es sei denn der tatsachenkundige Erwerber verschließt sich bewusst der (Er-)Kenntnis der Unrichtigkeit.

10 b) **Endgültigkeit der Erbenstellung.** Der Erwerber muss **entspr § 142 Abs 2** auch hinsichtlich der Endgültigkeit der Erbenstellung gutgläubig sein. Gutgläubiger Erwerb ist deshalb ausgeschlossen, wenn der Erwerber positive Kenntnis von der Anfechtbarkeit einer Verfügung von Todes wegen, der Erbschaftsannahme, des Erbschaftserwerbs wegen Erbunwürdigkeit oder der Möglichkeit der Ausschlagung des Erben hatte[13]. Der Erwerber ist auch bösgläubig bei Kenntnis eines Urteils nach § 2362, die Kenntnis von einer Klage nach § 2362 genügt dagegen noch nicht[14]. Gleiches gilt für die Kenntnis eines Feststellungsurteils zwischen Erbprätendenten.

11 Ursächlichkeit des Erbscheins, Kenntnis vom Erbschein oder Vertrauen auf die Richtigkeit des Erbscheins ist **nicht** erforderlich[15].

12 5. **Existenz des Erbscheins.** Der öffentliche Glaube setzt voraus, dass der Erbschein im Zeitpunkt des Rechtsübergangs **erteilt**[16] und **in Kraft** ist (dh nicht eingezogen oder für kraftlos erklärt ist, § 2361); Besitz des Erbscheinserben (oder gar Vorlage) ist nicht erforderlich[17]. Die Einziehung des Erbscheins nach Eintragung einer Vormerkung (§ 883) aber vor Vollendung des Rechtserwerbs hindert den gutgläubigen Erwerb nicht mehr[18].

13 Die vorläufige Rückgabe des Erbscheins zur Verwahrung auf Grund einstweiliger Anordnung des Nachlassgerichts (§ 24 Abs 3 FGG) oder einstweiliger Verfügung des Prozessgerichts heben die Wirkung des Erbscheins nach §§ 2365 bis 2367 nicht auf (vgl § 2365 Rn 2).

14 6. **Maßgeblicher Zeitpunkt. a) Vollendung des Rechtserwerbs.** Maßgeblicher Zeitpunkt für das Vorliegen der Voraussetzungen ist grds die Vollendung des Rechtserwerbs[19]. § 892 Abs 2 ist nicht entspr anwendbar[20].

15 b) **Anwartschaftsrecht.** Möglich ist aber bereits der gutgläubige Erwerb eines Anwartschaftsrechts nach § 2366. Beim Grundstückserwerb ist mit Stellung des Eintragungsantrags durch den Auflassungsempfänger der Erwerb des Anwartschaftsrechts erfolgt; der spätere Vollrechtserwerb wird bei Bösgläubigkeit nach Anwartschaftsrechtserwerb nicht mehr gehindert[21]. Wurde zugunsten des Erwerbers eine **Vormerkung** in das Grundbuch eingetragen, ist diese nach § 2367 gutgläubig erworben und schadet nachträgliche Bösgläubigkeit ebenfalls nicht (vgl § 2367 Rn 4)[22].

16 c) **Keine Rückwirkung der Richtigkeitsvermutung.** Teilweise wird die Entstehung der Richtigkeitsvermutung (erst) nach Vollendung des Rechtserwerbs für ausreichend erachtet, zB
– bei sich widersprechenden Erbscheinen wird später einer aufgehoben[23];
– bei Erwerb von einem Schein-Einzelrechtsnachfolger des vermeintlichen Erben, dessen Erwerb selbst am fehlenden Erbschein scheiterte, wenn später ein Erbschein zugunsten des vermeintlichen Erben erteilt wird[24].

Da der Schutz des § 2366 nicht weiter reicht als die Richtigkeitsvermutung des § 2365, diese im Umfang des Widerspruchs aber nicht besteht (§ 2365 Rn 8) und darüber hinaus ein „nachträglicher" (also nach Vollendung des Erwerbstatbestands) gutgläubiger Erwerb innerhalb des BGB systemwidrig erschiene, ist dies abzulehnen; der Gutglaubenstatbestand muss zum Zeitpunkt der Vollendung des Rechtserwerbs erfüllt sein[25].

III. Verhältnis zu anderen Vorschriften

17 Die Schutzvorschriften zugunsten des Erwerbers vom Nichtberechtigten stehen grds **selbstständig** nebeneinander. Dies kann besondere Bedeutung erlangen, wenn keine Richtigkeitsvermutung nach § 2365 besteht. § 2366 ermöglicht auch den Erwerb von Forderungen und Rechten.

---

[12] MünchKommBGB/*J. Mayer* Rn 28; *Staudinger/Schilken* Rn 5; RGRK/*Kregel* Rn 10.
[13] MünchKommBGB/*J. Mayer* Rn 29; MünchKommBGB/*Leipold* 1959 Rn 7; RGRK/*Kregel* Rn 10; *Staudinger/Schilken* Rn 5; *Planck/Greiff* 4. Aufl Anm V 1 a.
[14] MünchKommBGB/*J. Mayer* Rn 30 mwN.
[15] Ganz hM, BGHZ 40, 54, 60; BGHZ 33, 314, 317 = NJW 1961, 605, 606; *Palandt/Edenhofer* Rn 2; MünchKommBGB/*J. Mayer* Rn 25; *Staudinger/Schilken* Rn 2; *Erman/Schlüter* Rn 5; aA *Parodi* AcP 185 (1985), 362.
[16] Anordnungsbeschluss genügt nicht, BayObLG NJW 1960, 1722; RGRK/*Kregel* Rn 6.
[17] BGH WM 1971, 54; BGHZ 33, 314, 317 = NJW 1961, 605, 606.
[18] BGHZ 57, 341, 343 f; MünchKommBGB/*J. Mayer* Rn 17 mwN; *Staudinger/Schilken* Rn 8.
[19] BGH WM 1971, 54.
[20] BGH WM 1971, 54; MünchKommBGB/*J. Mayer* Rn 17; *Staudinger/Schilken* Rn 8; aA *Frank* Erbrecht, 3. Aufl, § 16 Rn 12.
[21] MünchKommBGB/*J. Mayer* Rn 17 mwN; *Staudinger/Schilken* Rn 8.
[22] BGHZ 57, 341, 343 f = NJW 1972, 434.
[23] MünchKommBGB/*J. Mayer* Rn 7 mwN; RGRK/*Kregel* Rn 9.
[24] MünchKommBGB/*J. Mayer* Rn 22.
[25] In diese Richtung auch BGHZ 33, 314, 317: „Es kommt dabei [scil: für den Wegfall des Schutzes nach § 2366] lediglich auf das Vorhandensein der beiden [scil: sich widersprechenden] Erbscheine im Zeitpunkt des Vertragsschlusses an".

1. Grundbuch. War der Erbscheinserbe durch Grundbuchberichtigung bereits eingetragen, richtet sich die Wirksamkeit des Erwerbs allein nach den §§ 891 ff[26]. War der Erblasser richtig eingetragen und verfügt der Erbscheinserbe ohne vorherige Grundbuchberichtigung, ist für den gutgläubigen Erwerb allein § 2366 maßgeblich[27]. Ist nicht der Erbscheinserbe, sondern ein Dritter im Grundbuch eingetragen, geht die Vermutung der Richtigkeit des Grundbuchs bei Widerspruch zur Vermutung des § 2365 vor[28]. War gegen den eingetragenen Erbscheinserben im Grundbuch ein Widerspruch eingetragen, steht dies dem Erwerb nach § 2366 entgegen[29]; dies gilt entsprechend, wenn der Nacherbenvermerk (richtig) im Grundbuch eingetragen ist, aber im Erbschein fehlt[30]. War im Grundbuch der Erblasser (unrichtig) eingetragen, vollzieht sich der Erwerb vom (wahren) Erben allein nach § 892, da die Zugehörigkeit eines Gegenstandes zum Nachlass nicht durch den Erbschein bezeugt wird (vgl § 2365 Rn 7). Ist der öffentliche Glaube nach § 892 Abs 1 auf Grund eines Widerspruchs zerstört, scheitert der Erwerb; für den Zeitpunkt des guten Glaubens ist § 892 Abs 2 maßgeblich.

War der Erblasser zu Unrecht eingetragen und ist der Erbscheinserbe tatsächlich nicht Erbe (**„Doppelfehler"**), kann gutgläubig erworben werden, wenn sowohl die Voraussetzungen des § 892 (guter Glaube bzgl Grundbuchinhalt) als auch die des § 2366 (guter Glaube bzgl Erbrecht) erfüllt sind[31].

2. Bewegliche Sachen. Die §§ 932 ff, 1032 S 2, 1207 gelten selbstständig neben § 2366. Zwar ist beim Erwerb vom Erbscheinserben der Nachlassgegenstand dem wahren Erben idR abhanden gekommen (§§ 857, 935[32]; deshalb kein Erwerb nach § 932); dies steht einem gutgläubigen Erwerb vom Erbscheinserben auf Grund § 2366 aber nicht entgegen. Veräußert der Erbscheinserbe eine nicht zum Nachlass gehörende Sache, muss der Erwerber hinsichtlich des Eigentums des Erblassers gutgläubig sein; ist der Erbscheinserbe wahrer Erbe vollzieht sich der Erwerb allein nach § 932, ist er tatsächlich nicht Erbe (**„Doppelfehler"**) müssen sowohl die Voraussetzungen des § 932 (guter Glaube bzgl Eigentum des Erblassers) als auch die des § 2366 (guter Glaube bzgl Erbrecht) erfüllt sein[33]. War die Sache schon beim Erblasser abhanden gekommen, scheitert ein Erwerb an § 935[34].

§ 2367 Leistung an Erbscheinserben

Die Vorschrift des § 2366 findet entsprechende Anwendung, wenn an denjenigen, welcher in einem Erbschein als Erbe bezeichnet ist, auf Grund eines zur Erbschaft gehörenden Rechts eine Leistung bewirkt oder wenn zwischen ihm und einem anderen in Ansehung eines solchen Rechts ein nicht unter die Vorschrift des § 2366 fallendes Rechtsgeschäft vorgenommen wird, das eine Verfügung über das Recht enthält.

I. Normzweck, Wirkung

§ 2367 erweitert den Gutglaubensschutz auf Verfügungsgeschäfte und Leistungen an den Erbscheinserben bzw an den wahren Erben, dessen Verfügungsbeschränkungen durch Nacherbschaft oder Testamentsvollstreckung nicht im Erbschein bezeichnet sind. Der Schuldner wird gegenüber dem wahren Erben von seiner Leistungspflicht frei; gegen den Scheinerben entsteht ein Anspruch aus § 816 Abs 2.

II. Anwendungsbereich

1. Leistung. Nachlassschuldner und zur Leistung berechtigte Dritte (§ 267) können die Erfüllung nicht von der Vorlage eines Erbscheins abhängig machen, wenn das Erbrecht anderweit – zB durch eröffnetes öffentliches Testament – nachgewiesen wird[1]; anders freilich bei Vereinbarung mit dem Erblasser (zB in Nr 5 AGB-Banken). Die berechtigte Hinterlegung steht der Leistung iS des § 2367 gleich (§§ 372, 378)[2]. § 2367 gilt auch für durch Surrogation zum Nachlass gehörende Ansprüche[3].

2. Sonstige Verfügungsgeschäfte. a) Allgemeines. Sonstige Verfügungsgeschäfte sind zB Vorrangeinräumung, Rangänderung, Inhaltsänderung eines Rechts. Hierunter fallen auch einseitige (verfügende) Rechtsgeschäfte bzw die Ausübung von Gestaltungsrechten durch oder gegen den Erbscheinserben wie Zustimmung des Eigentümers (zB nach § 880 Abs 2, § 1183), Aufrechnung, Kündigung,

---

[26] Staudinger/Schilken Rn 27; Palandt/Edenhofer § 2365 Rn 6.
[27] In Fällen, in denen die Vermutungswirkung des § 2365 nicht besteht (vgl Rn 6 ff), ist die Grundbuchberichtigung (vgl § 35 GBO, § 60 Abs 4 KostO) auch dann empfehlenswert, wenn diese wegen § 40 GBO nicht erforderlich ist, weil der Erwerber durch § 892 besser geschützt ist; MünchKommBGB/J. Mayer Rn 37; vgl ausf auch Egerland NotBZ 2005, 286.
[28] OLG Frankfurt DNotZ 2005, 384; Palandt/Edenhofer § 2365 Rn 2.
[29] MünchKommBGB/J. Mayer Rn 39; Staudinger/Schilken Rn 28.
[30] MünchKommBGB/J. Mayer Rn 39; RGRK/Kregel Rn 12.
[31] OLG Naumburg vom 26. 10. 2006, 2 U 77/06 (Lw), juris-Text-Nr 16; MünchKommBGB/J. Mayer Rn 38; Palandt/Edenhofer Rn 6.
[32] § 935 ist aber nicht anzuwenden beim Erwerb vom vorläufigen (wahren) Erben, der anschließend die Erbschaft ausgeschlagen oder die Annahme angefochten hat, vgl Palandt/Edenhofer § 1953 Rn 4.
[33] MünchKommBGB/J. Mayer Rn 40 mwN; Staudinger/Schilken Rn 30.
[34] Palandt/Edenhofer Rn 7.
[1] BGH NJW 2005, 2779, 2780; RGZ 54, 343.
[2] MünchKommBGB/J. Mayer Rn 3; Staudinger/Schilken Rn 2; Erman/Schlüter Rn 1.
[3] MünchKommBGB/J. Mayer Rn 3; RGRK/Kregel Rn 3.

§ 2368

Annahmeverzug begründendes Leistungsangebot, Stundung, Einwilligung, Genehmigung, Mahnung[4]. Dies gilt auch für Erklärungen gegenüber Behörden, insbes dem Grundbuchamt (Bewilligung der Eintragung einer Vormerkung[5] und Zustimmung, §§ 19, 27 GBO)[6].

4 **b) Vormerkung.** § 2367 ermöglicht den gutgläubigen Erwerb einer Vormerkung vom Erbscheinserben, die den Erwerb des dinglichen Vollrechts ermöglicht, auch wenn der Erbschein nach Eintragung der Vormerkung eingezogen wurde (vgl § 2366 Rn 15)[7]. Hierzu ist wegen der Akzessorietät der Vormerkung (§ 883 Abs 1 S 1) notwendig (aber auch ausreichend), dass der gesicherte schuldrechtliche Anspruch gegen den bewilligenden Erbscheinserben besteht.

5 **c) Erwerb kraft Gesetzes.** Mit der Leistung an den Erbscheinserben erfolgt ggf der Übergang von Rechten kraft Gesetzes (zB nach den §§ 268, 426 Abs 2; §§ 774, 1143, 1163, 1177, 1225), obwohl der Erwerb kraft Gesetzes durch §§ 2366, 2367 an sich nicht geschützt ist[8].

6 **3. Nicht geschützte Rechtsvorgänge. a) Verpflichtungsgeschäfte.** Nicht von § 2367 umfasst sind Verpflichtungsgeschäfte[9]. Zur Wirksamkeit eines Verpflichtungsgeschäfts ist die (fingierte) Erbenstellung bzw Verfügungsbefugnis nicht erforderlich[10]. Deshalb wird der wahre Erbe durch Vermietung oder Verpachtung eines Nachlassgrundstücks durch den Erbscheinserben nicht verpflichtet[11].

7 **b) Prozessrechtsverhältnis. Nicht** von § 2367 umfasst sind Aktiv- oder Passivprozesse des Erbscheinserben. Eine Erstreckung des Prozesses bzw der Rechtskraft des Urteils auf den wahren Erben wird nicht begründet, weil die Rechtskrafterstreckung nach § 325 ZPO eine Rechtsnachfolge voraussetzt[12].

8 **4. Gesellschaftsrecht.** Der Erwerb eines Gesellschaftsanteils vom Erbscheinserben fällt unter § 2366. Die Mitwirkung des Erbscheinserben an Beschlüssen der Gesellschaft fällt unter § 2367; sofern diesen kein Verfügungscharakter zukommt, ist § 2367 entspr anzuwenden[13]. Übt der Erbscheinserbe ein gesellschaftsvertragliches oder erbrechtliches Eintrittsrecht aus, wirkt dies nicht für den wahren Erben, dessen Eintrittsrecht fortbesteht; für den Scheinerben gelten die Grundsätze der fehlerhaften Gesellschaft[14].

§ 2368 Testamentsvollstreckerzeugnis

(1) ¹Einem Testamentsvollstrecker hat das Nachlassgericht auf Antrag ein Zeugnis über die Ernennung zu erteilen. ²Ist der Testamentsvollstrecker in der Verwaltung des Nachlasses beschränkt oder hat der Erblasser angeordnet, dass der Testamentsvollstrecker in der Eingehung von Verbindlichkeiten für den Nachlass nicht beschränkt sein soll, so ist dies in dem Zeugnis anzugeben.

(2) Ist die Ernennung nicht in einer dem Nachlassgericht vorliegenden öffentlichen Urkunde enthalten, so soll vor der Erteilung des Zeugnisses der Erbe wenn tunlich über die Gültigkeit der Ernennung gehört werden.

(3) Die Vorschriften über den Erbschein finden auf das Zeugnis entsprechende Anwendung; mit der Beendigung des Amts des Testamentsvollstreckers wird das Zeugnis kraftlos.

Übersicht

	Rn		Rn
I. Normzweck	1	4. Entscheidungsmöglichkeiten des Gerichts	9
II. Weitere Nachweismöglichkeiten	2	a) Gemeinschaftliches Zeugnis	9
III. Erteilungsverfahren	3	b) Vorbescheid	10
1. Zuständigkeit	3	c) Sachentscheidung	11
2. Antrag	4	d) Einziehung, Berichtigung	12
a) Inhalt	4	**IV. Inhalt**	13
b) Nachweis	7	**V. Beweiskraft, öffentlicher Glaube**	18
3. Beamtenrechtliche Genehmigungsvorbehalte	8	1. Richtigkeitsvermutung	18

---

[4] MünchKommBGB/*J. Mayer* Rn 7; *Staudinger/Schilken* Rn 5.
[5] BGHZ 57, 341 = NJW 1972, 434.
[6] MünchKommBGB/*J. Mayer* Rn 5; *Staudinger/Schilken* Rn 6.
[7] BGHZ 57, 341 = NJW 1972, 434.
[8] *Staudinger/Schilken* Rn 2; MünchKommBGB/*J. Mayer* Rn 4; *Erman/Schlüter* Rn 1; *Planck/Greiff* 4. Aufl Anm 1 a.
[9] MünchKommBGB/*J. Mayer* Rn 6; *Palandt/Edenhofer* Rn 1; *Erman/Schlüter* Rn 2; RGRK/*Kregel* Rn 5.
[10] Vgl Mot V S 570.
[11] *Palandt/Edenhofer* Rn 1; MünchKommBGB/*J. Mayer* § 2367 Rn 6; *Staudinger/Schilken* 8; aA – für § 893, für § 2367 könnte dann aber nichts anderes gelten – MünchKommBGB/*Wacke* § 893 Rn 10; hiergegen zutr *Staudinger/Gursky* § 893 Rn 23.
[12] MünchKommBGB/*J. Mayer* Rn 5; *Palandt/Edenhofer* Rn 1; *Staudinger/Schilken* Rn 8.
[13] Vgl ausf MünchKommBGB/*J. Mayer* Rn 9 mwN; *Staudinger/Schilken* Rn 5; *Palandt/Edenhofer* Rn 2; *K. Schmidt* AcP 186 (1986), 421, 437; aA – einschränkend auf Beschlüsse mit Verfügungscharakter – *Schreiner* NJW 1978, 921, 922 f.
[14] Ausf MünchKommBGB/*Ulmer* § 727 Rn 67 mwN.

	Rn		Rn
2. Öffentlicher Glaube	21	VIII. Rechtsmittel	25
VI. Beendigung des Amtes	22		
VII. Fremdrechtstestamentsvollstreckerzeugnis	24	IX. Kosten	26

I. Normzweck

Das Testamentsvollstreckerzeugnis dient dem Nachweis der Rechte des Testamentsvollstreckers im Rechtsverkehr. Es bestätigt, dass der Genannte wirksam zum Testamentsvollstrecker ernannt ist und keine anderen als die bezeichneten Verfügungsbeschränkungen bestehen (Richtigkeitsvermutung). Es dient dem Schutz des öffentlichen Glaubens (§ 2365) in die gesetzliche Verfügungsbefugnis des Testamentsvollstreckers[1]. Die Vorschriften über den Erbschein finden entsprechende Anwendung (Abs 3). Anders als beim Erbschein[2] kann im rechtsgeschäftlichen Verkehr grds die Vorlage des Testamentsvollstreckerzeugnis verlangt werden[3]. 1

II. Weitere Nachweismöglichkeiten

Gegenüber dem **Grundbuchamt** kann der Nachweis auch durch öffentliche Urkunden geführt werden. Ist die Anordnung in einer öffentlichen Urkunde enthalten, genügt idR die Vorlage dieser Urkunde mit Eröffnungsniederschrift und der Nachweis der Annahme des Amtes (§ 35 Abs 2, Abs 1 S 2 GBO)[4]. Die Annahme kann zur Eröffnungsniederschrift erklärt oder durch gesondertes Zeugnis des Nachlassgerichts bescheinigt werden[5]. Die **Bezugnahme** auf die Nachlassakte ist ausreichend, wenn sich öffentliche Urkunden über Anordnung und Amtsannahme in dieser befinden und die Nachlassakte bei demselben Amtsgericht geführt wird[6]. Für den Nachweis gegenüber dem **Handelsregister** gilt dies entspr (vgl § 12 Abs 2 S 2 HGB). Wird der Nachweis auf diese Weise geführt, besteht **kein öffentlicher Glaube**. 2

III. Erteilungsverfahren

1. Zuständigkeit. Das Testamentsvollstreckerzeugnis wird vom Nachlassgericht (§§ 72, 73 FGG) erteilt, funktionell zuständig ist der Richter (§ 16 Abs 1 Nr 6 und 7 RPflG); dies gilt auch im Bereich der Höfeordnung[7]. 3

2. Antrag. a) Inhalt. Erteilungsvoraussetzung ist ein formloser – aber bestimmter – Antrag des Testamentsvollstreckers. In dem Antrag ist die konkludente Amtsannahme zu sehen. Sind mehrere Testamentsvollstrecker benannt, kann jeder von ihnen (die Amtsannahme der übrigen vorausgesetzt) die Erteilung eines gemeinschaftlichen (Teil-)Zeugnisses verlangen (§ 2357 Abs 1 S 2 entspr)[8]. Sind bei mehreren Erbteilen für einzelne Miterben verschiedene Testamentsvollstrecker benannt, kann jeder Testamentsvollstrecker bis zur Auseinandersetzung auch für die weiteren ein Zeugnis beantragen. Antragsberechtigt können auch Nachlassgläubiger sein (§§ 792, 896 ZPO)[9]. Der Erbe ist dagegen nach richtiger Ansicht nicht antragsberechtigt, weil er das Zeugnis für seine eigene Legitimation nicht benötigt[10]. 4

aa) Aufgabenbereich. Der Antrag hat Abweichungen vom Regeltyp der Abwicklungsvollstreckung (§§ 2203 ff in Aufgabenbereich und Verfügungsbefugnis zu bezeichnen (Abs 1 S 2)[11]. 5

bb) Notwendige Angaben. Im Antrag ist anzugeben (§§ 2354, 2355; Hilfsanträge sind zulässig)[12]: 6
– Todeszeitpunkt;
– Verfügung von Todes wegen, auf der die Benennung beruht;
– ob und welche weiteren Verfügungen von Todes wegen vorhanden sind;
– ob ein Rechtsstreit über die Ernennung anhängig ist;
– ob und welche Personen weggefallen sind, durch die der Testamentsvollstrecker von seinem Amt ausgeschlossen wäre oder durch die seine Rechtsstellung beschränkt würde.

---

[1] BayObLGZ 1984, 225.
[2] BGH NJW 2005, 2779, 2780.
[3] BGH WM 1961, 479.
[4] RGZ 100, 279, 282; *Staudinger/Schilken* Rn 34; *Schaub* ZEV 2000, 49, 50.
[5] Dabei handelt es sich um eine Bescheinigung nach § 50 KostO, vgl *Firsching/Graf* Nachlassrecht Rn 4.456.
[6] BayObLG WM 1983, 1092, 1093.
[7] BGHZ 58, 105.
[8] *Lorz*, Münchener Anwaltshandbuch Erbrecht, 2. Aufl 2007, § 51 Rn 11; *Staudinger/Schilken* Rn 5; MünchKommBGB/*J. Mayer* Rn 5.
[9] BGH NJW 1964, 1905; MünchKommBGB/*J. Mayer* Rn 7; *Palandt/Edenhofer* Rn 5.
[10] OLG Hamm FamRZ 2000, 487, 488; BayObLG ZEV 1995, 22, 23; MDR 1978, 142; *Staudinger/Schilken* Rn 4; *Palandt/Edenhofer* Rn 5; *Erman/Schlüter* Rn 1; aA MünchKommBGB/*J. Mayer* Rn 6 mwN; *v. Lübtow* Erbrecht II S 976.
[11] OLG Hamm ZEV 2004, 288; BayObLG NJW-RR 1999, 1463, 1464; OLG Zweibrücken FamRZ 1998, 581.
[12] *Lorz*, Münchener Anwaltshandbuch Erbrecht, 2. Aufl 2007, § 51 Rn 12, mit Muster in Rn 10; *Firsching/Graf* Nachlassrecht Rn 4.454.

7 **b) Nachweis.** Der Nachweis erfolgt nach § 2356 durch öffentliche Urkunden bzw eidesstattliche Versicherung, die nach § 2356 Abs 2 S 2 erlassen werden kann. Eine eidesstattliche Versicherung ist idR zu erlassen, wenn die nachzuweisenden Tatsachen bereits im Erbscheinsverfahren hinreichend nachgewiesen wurden (vgl § 2363 Rn 17 zur entbehrlichen eidesstattlichen Versicherung des Nacherben).

8 **3. Beamtenrechtliche Genehmigungsvorbehalte.** Beamtenrechtliche Genehmigungsvorbehalte (vgl § 65 BBG; Art 74 Abs 1 S 1 Nr 2 a BayBG) sind Voraussetzung für die Annahme des Amtes allein im dienstrechtlichen Innenverhältnis und berühren die Wirksamkeit der Ernennung nicht[13].

9 **4. Entscheidungsmöglichkeiten des Gerichts. a) Gemeinschaftliches Zeugnis.** Sind **mehrere Testamentsvollstrecker** benannt, ist ein Teilzeugnis über das Recht eines einzelnen, ein gemeinschaftliches Zeugnis über das Recht aller und ein gemeinschaftliches Teilzeugnis über das Rechte mehrerer Testamentsvollstrecker zulässig (§ 2357)[14]. Beim Teilzeugnis sind weitere Mitvollstrecker anzugeben, es sei denn, der ausgewiesene Testamentsvollstrecker ist zu selbstständigem Handeln ermächtigt. Das Nachlassgericht ist freilich an den gestellten Antrag gebunden.

10 **b) Vorbescheid.** Entspr den Grundsätzen im Erbscheinsverfahren (vgl § 2353 Rn 23) ist bei sich widersprechenden Anträgen oder schwieriger Sach- oder Rechtslage der Erlass eines Vorbescheids zulässig[15].

11 **c) Sachentscheidung.** Das Gericht kann dem Antrag entsprechen oder diesen ablehnen; es darf grds **kein** vom gestellten Antrag abweichendes Testamentsvollstreckerzeugnis erteilen. Dieses wäre einzuziehen[16]. Fehlende Unterlagen sind durch Zwischenverfügung unter Fristsetzung nachzufordern, bevor ein Antrag zurückgewiesen werden kann (vgl § 2353 Rn 21). Bei aufschiebend bedingt angeordneter Testamentsvollstreckung kann das Zeugnis erst nach Bedingungseintritt erteilt werden[17].

12 **d) Einziehung, Berichtigung.** Ein unrichtiges Testamentsvollstreckerzeugnis ist einzuziehen. Berichtigung ist nur im Rahmen des § 319 ZPO möglich (vgl § 2353 Rn 27), ansonsten unzulässig[18].

IV. Inhalt

13 In dem Zeugnis sind Erblasser und Testamentsvollstrecker namentlich zu bezeichnen. **Abweichungen vom Regeltyp** der Abwicklungsvollstreckung im Aufgabenbereich (zB Dauer-[19], Verwaltungs- oder reine Beaufsichtigungsvollstreckung[20]) oder ein bestimmter Endtermin[21] bzw verlängerte Dauer nach § 2210 S 2 sind anzugeben[22]. Verwaltungsanordnungen (§ 2216 Abs 2), die die Verfügungsbefugnis des Testamentsvollstreckers unberührt lassen, sind nicht aufzuführen.

14 Abweichungen (Beschränkungen und Erweiterungen der Verfügungsbefugnis) von dem gesetzlichen Normfall der §§ 2203 bis 2206 sind anzugeben, insbes die Freistellung bei der Eingehung von Verbindlichkeiten (§§ 2206, 2207), Übertragung der Verwaltung als selbstständige Aufgabe (§ 2209), Nacherbentestamentsvollstreckung (§ 2222), Vermächtnistestamentsvollstreckung (§ 2223)[23], von § 2224 abweichende Regelung der Befugnisse mehrerer Testamentsvollstrecker, negative Teilungsordnung und Anordnung von Verfügungsverboten hinsichtlich einzelner Nachlassgegenstände[24]. Verfügungsbeschränkungen auf Grund Gesellschaftsrechts sind dagegen nicht anzugeben[25].

15 Erstreckt sich die Testamentsvollstreckung nur auf **bestimmte Nachlassgegenstände,** ist dies anzugeben[26]. Dies gilt auch, wenn sich die Vollstreckung aus gesellschaftsrechtlichen Gründen nicht auf einen Personengesellschaftsanteil erstreckt[27].

16 Ein **einheitliches Zeugnis** für Vor- und Nacherbfall oder weitere Nacherbfolgen ist bei einheitlicher Anordnung zulässig[28]; hier bleibt der Testamentsvollstrecker bis zur Beendigung im Amt. Bei verschiedenen Erbfällen ist eine einheitliche Testamentsvollstreckung nicht möglich und damit je ein neues Zeugnis zu erteilen.

17 Führt ein Testamentsvollstrecker ein Handelsgeschäft auf Grund Vollmacht fort, kann dies im Zeugnis nicht bestätigt werden[29]. Zur Vereinfachung des Nachweises im Rechtsverkehr empfiehlt sich die öffentliche Beglaubigung (§ 129) bzw notarielle Beurkundung der Vollmacht zu Lebzeiten des Erblassers.

---

[13] *Firsching/Graf* Nachlassrecht Rn 4.456.
[14] *Lorz,* Münchener Anwaltshandbuch Erbrecht, 2. Aufl 2007, § 51 Rn 11.
[15] BGH NJW 1996, 1284; OLG Hamm FamRZ 2000, 487; MünchKommBGB/*J. Mayer* Rn 17.
[16] OLG Zweibrücken OLGZ 1989, 153, 155.
[17] *Palandt/Edenhofer* Rn 5.
[18] OLG Zweibrücken ZEV 2001, 27.
[19] OLG Zweibrücken FGPrax 1998, 26; BayObLG FamRZ 1992, 1354.
[20] BayObLG FamRZ 1991, 612.
[21] BayObLG FamRZ 1991, 984.
[22] *Palandt/Edenhofer* Rn 3; MünchKommBGB/*J. Mayer* Rn 35 mwN.
[23] BayObLG NJW-RR 1990, 844.
[24] Vgl zum Ganzen MünchKommBGB/*J. Mayer* Rn 35 mwN.
[25] BGH NJW 1996, 1284; *Staudinger/Schilken* Rn 21.
[26] BayObLG NJW-RR 2005, 1245; *Palandt/Edenhofer* Rn 3.
[27] OLG Stuttgart ZIP 1988, 1335.
[28] BayObLG NJW 1959, 1920; *Palandt/Edenhofer* Rn 1.
[29] BayObLGZ 1969, 138; *Palandt/Edenhofer* Rn 1.

Nicht aufzunehmen sind eine Befreiung vom Verbot des § 181[30], nur im Innenverhältnis wirkende Verwaltungsanordnungen (§ 2216 Abs 2)[31] oder die Namen der Erben[32]. Enthält das Zeugnis nach den gesetzlichen Regeln nicht erforderliche zusätzliche Angaben, kann dies, sofern diese vom Rechtsverkehr **missverstanden** werden können, die Unrichtigkeit und Einziehung des Zeugnisses begründen[33]. **17a**

V. Beweiskraft, öffentlicher Glaube

1. Richtigkeitsvermutung. Die Richtigkeitsvermutung (§ 2365) umfasst die Gültigkeit der Ernennung und die negative Vermutung, dass keine Verfügungsbeschränkungen außer den im Zeugnis genannten bestehen[34]. Die Richtigkeitsvermutung gilt auch für das Nichtbestehen einer zeitlichen Begrenzung der Testamentsvollstreckung durch den Erblasser, die im Zeugnis anzugeben ist[35]. **18**

Nicht von der Richtigkeitsvermutung erfasst ist das Fortbestehen des Amtes[36], da das Zeugnis mit Beendigung kraftlos wird (Abs 3); bei Zweifeln kann ausnahmsweise die Fortdauer des Amtes vom Nachlassgericht bescheinigt werden (str)[37]. Gleichfalls nicht von der Richtigkeitsvermutung erfasst ist die Zugehörigkeit eines Gegenstands zum Nachlass[38] oder das tatsächliche Bestehen einer angegebenen Verfügungsbeschränkung des Testamentsvollstreckers[39]. **19**

Für das Handelsregister ist grds allein das Testamentsvollstreckerzeugnis maßgeblich, ein Recht zur Testamentsauslegung entgegen dem Testamentsvollstreckerzeugnis besteht nicht[40]; Gleiches gilt für das Grundbuchamt. Von diesem Grundsatz kann allenfalls abgewichen werden, wenn neue, vom Nachlassgericht noch nicht berücksichtigte Tatsachen bekannt werden, die die Einziehung des Testamentsvollstreckerzeugnisses sicher erwarten lassen[41]. Geht das Grundbuchamt einem im Grundbuch eingetragenen Testamentsvollstreckervermerk nicht nach und trägt die Grundschuld entgegen der angeordneten Testamentsvollstreckung ein, findet kein gutgläubiger Erwerb statt und entsteht ein Amtshaftungsanspruch des geschädigten Gläubigers nach Art 34 GG, § 839[42]. **20**

2. Öffentlicher Glaube. Der öffentliche Glaube (§§ 2366, 2367) reicht so weit wie die Richtigkeitsvermutung. Der Testamentsvollstrecker kann Verpflichtungen mit Wirkung für den Nachlass eingehen. Anders als beim Erbschein gilt der öffentliche Glaube daher auch für **Verpflichtungsgeschäfte**[43]. Der öffentliche Glaube schützt Dritte im Verhältnis zum Nachlass, so dass §§ 2365 ff im Verhältnis zwischen Erben und Testamentsvollstrecker nicht anwendbar sind[44]. Widersprechen sich Erbschein und Zeugnis oder verschiedene Zeugnisse, entfällt die Richtigkeitsvermutung im Umfang des Widerspruches (vgl § 2365 Rn 8)[45]. Im Zivilprozess zwischen dem Testamentsvollstrecker und dem Erben oder zwischen mehreren Testamentsvollstreckern, in dem die Rechtsstellung und die hieraus resultierenden Befugnisse des Ausgewiesenen streitig sind, kommt dem Zeugnis keine Richtigkeitsvermutung zu (vgl auch § 2365 Rn 11)[46]. **21**

VI. Beendigung des Amtes

Das Zeugnis wird mit Beendigung des Amtes (Erledigung der Aufgabe[47]; Zeitablauf; Bedingungseintritt; Kündigung; Entlassung[48], die aber mit sofortiger Beschwerde angefochten werden kann[49], §§ 81 Abs 2, 20 Abs 1, 22 FGG; Tod) von selbst **kraftlos** (Abs 3). Damit entfällt die Richtigkeitsvermutung und endet der öffentliche Glaube (§§ 2366, 2367). Ein Einziehungsverfahren ist nicht vorgesehen, die Voraussetzungen des § 2361 sind mangels Unrichtigkeit nicht erfüllt. Das Nachlassgericht kann aber Zeugnisrückgabe zu den Nachlassakten anordnen, um Missbrauch zu verhindern[50]; zulässig ist auch, die Beendigung der Testamentsvollstreckung auf dem Zeugnis zu vermerken[51]. Aus **22**

---

[30] OLG Hamm ZEV 2004, 288, 289 m Anm *Letzel*.
[31] *Palandt/Edenhofer* Rn 3.
[32] KG ZEV 2003, 204, 205.
[33] OLG Hamm ZEV 2004, 288; *Staudinger/Schilken* Rn 21; *Palandt/Edenhofer* Rn 2.
[34] OLG Hamm OLGZ 1977, 422; KG NJW 1964, 1905; *Palandt/Edenhofer* Rn 1.
[35] RGZ 83, 348, 352.
[36] RGZ 83, 348, 352; KG NJW 1964, 1905; MünchKommBGB/*J. Mayer* Rn 30 mwN; etwas missverständlich BGHZ 41, 23, 29.
[37] *Firsching/Graf* Nachlassrecht Rn 4.472; *Haegele/Winkler* Testamentsvollstrecker Rn 708; MünchKommBGB/*Promberger* 2. Aufl Rn 13; aA *Bestelmeyer* ZEV 1997, 316 und wohl auch MünchKommBGB/*J. Mayer* Rn 58.
[38] RGZ 83, 348, 352; MünchKommBGB/*J. Mayer* Rn 39.
[39] KG NJW-RR 1991, 835, 836 f; MünchKommBGB/*J. Mayer* Rn 38 mwN; *Palandt/Edenhofer* Rn 8.
[40] KG NJW-RR 1991, 835, 836.
[41] BayObLG FGPrax 2005, 56; zu weitgehend aber OLG München ZEV 2006, 173 m abl Anm *Zimmermann* 174.
[42] OLG München OLGR 2006, 70: Mitverschulden des Kreditinstituts 50%, m zust Anm *Bestelmeyer* FamRZ 2006, 434.
[43] MünchKommBGB/*J. Mayer* Rn 46; *Staudinger/Schilken* Rn 12; *Palandt/Edenhofer* Rn 9.
[44] BGHZ 41, 23, 30 = NJW 1964, 1316, 1319; MünchKommBGB/*J. Mayer* Rn 47.
[45] BGH FamRZ 1991, 1111.
[46] BGH NJW-RR 1987, 1090.
[47] BayObLG NJW-RR 2005, 1245, 1247.
[48] Vgl zu den Voraussetzungen BayObLG NJW-RR 2005, 594, 595.
[49] BayObLG NJW 1959, 1920: bei erfolgreicher Anfechtung ist das Testamentsvollstreckerzeugnis nicht als kraftlos geworden anzusehen.
[50] OLG Köln Rpfleger 1986, 261; *Palandt/Edenhofer* Rn 10.
[51] KG NJW 1964, 1905, 1906.

§ 2369 Buch 5. Abschnitt 8. Erbschein

Gründen des **Verkehrsschutzes** sollte von Amts wegen von einer dieser Möglichkeiten Gebrauch gemacht werden[52]. Die Rückforderung ist keine Einziehung iS des § 2361, so dass die Wiederaushändigung bei Irrtum über die Beendigung möglich ist. Ein Testamentsvollstreckerzeugnis kann auch nach Beendigung des Amtes mit dem Beendigungsvermerk erteilt werden[53]. Entspr § 2362 Abs 1 kann der Erbe oder ein nachfolgender Testamentsvollstrecker die Herausgabe an das Nachlassgericht verlangen[54].

23 Ist die Testamentsvollstreckung beendet (Abs 3), wird der **Erbschein** grds unrichtig und ist einzuziehen (§ 2361), weil der Testamentsvollstreckervermerk an der Vermutung des § 2365 teilnimmt und deshalb nicht einfach im Wege der Berichtigung entspr § 319 ZPO gestrichen werden kann (ausf, auch zu Ausnahmen, s § 2364 Rn 5, 5 a).

VII. Fremdrechtstestamentsvollstreckerzeugnis

24 Fällt der Erbfall unter ausländisches Erbrecht ohne allgemeine internationale Zuständigkeit des deutschen Nachlassgerichts, kann ein Fremdrechtstestamentsvollstreckerzeugnis erteilt werden, wenn Nachlassvermögen im Inland der Vollstreckung unterliegt und diese die Testamentsvollstreckung nach deutschem Recht vergleichbar ist[55]. Die Rechtsstellung des Testamentsvollstreckers richtet sich nach dem Erbstatut[56] und ist im Zeugnis anzugeben[57].

VIII. Rechtsmittel

25 Gegen die Erteilung des Testamentsvollstreckerzeugnisses ist die Beschwerde und wahlweise Antrag auf Einziehung statthaft[58]. Gegen die Erteilung beschwerdeberechtigt ist auch der Erbe, wenn eine Beeinträchtigung des Erbrechts behauptet wird[59], nicht jedoch gegen die Nichterteilung bzw Einziehung[60], da der Erbe kein eigenes Antragsrecht für das Zeugnis hat (vgl Rn 4). Gegen die Nichterteilung ist der Testamentsvollstrecker grds immer beschwerdeberechtigt[61]. Auch ein Vorbescheid ist beschwerdefähig (vgl § 2353 Rn 31). Mitgesellschafter einer Personengesellschaft, an der der Erblasser beteiligt war, können uU ebenfalls beschwerdeberechtigt sein[62].

IX. Kosten

26 Für die Erteilung des Zeugnisses werden Kosten nach § 109 Abs 1 Nr 2 KostO erhoben; ist eine eidesstattliche Versicherung erforderlich, gilt § 49 KostO.

§ 2369 Gegenständlich beschränkter Erbschein

(1) Gehören zu einer Erbschaft, für die es an einem zur Erteilung des Erbscheins zuständigen deutschen Nachlassgericht fehlt, Gegenstände, die sich im Inland befinden, so kann die Erteilung eines Erbscheins für diese Gegenstände verlangt werden.

(2) ¹Ein Gegenstand, für den von einer deutschen Behörde ein zur Eintragung des Berechtigten bestimmtes Buch oder Register geführt wird, gilt als im Inland befindlich. ²Ein Anspruch gilt als im Inland befindlich, wenn für die Klage ein deutsches Gericht zuständig ist.

I. Normzweck

1 1. **Allgemeines.** Der **Fremdrechtserbschein** wird über inländische Nachlassgegenstände eines Ausländers ausgestellt und bezeugt die Erbfolge nach ausländischem Recht an inländischen Nachlassgegenständen. Nach dem Grundsatz des Gleichlaufs von materiellem Recht und Verfahrensrecht besteht grds keine deutsche internationale Zuständigkeit, wenn fremdes Erbrecht anzuwenden ist und kein internationales Abkommen die deutsche Zuständigkeit begründet. Zum Schutz des inländischen Rechtsverkehrs wird dieser Grundsatz von § 2369 durchbrochen mit der Zuständigkeit des Nachlass-

---

[52] MünchKommBGB/*J. Mayer* Rn 48; *Staudinger/Schilken* Rn 24.
[53] BayObLG NJW-RR 1990, 906, 908; OLG Stuttgart DNotZ 1981, 294; KG NJW 1964, 1905.
[54] *Palandt/Edenhofer* Rn 10.
[55] OLG Brandenburg FGPrax 2001, 206; BayObLGZ 1986, 466; vgl ausf MünchKommBGB/*J. Mayer* Rn 26 ff; *Staudinger/Schilken* Rn 37 ff, insbes zum Recht der USA; vgl ausf zur Anerkennung des executor und administrator des angloamerikanischen Rechts in Deutschland *Gruber* Rpfleger 2000, 250.
[56] BayObLG NJW-RR 1990, 906 zum schweizer Recht, m Anm *Roth* IPRax 1991, 322; BayObLGZ 1965, 377 zum ungarischen Recht.
[57] MünchKommBGB/*J. Mayer* Rn 28.
[58] BayObLG FamRZ 1992, 1354; KG JW 1928, 1943.
[59] BayObLG FamRZ 1988, 1321.
[60] BayObLG FamRZ 1995, 124.
[61] OLG Hamm ZEV 2004, 288.
[62] Vgl OLG Hamm NJW-RR 1991, 837: Mitgesellschafter ist gegen die Erteilung eines Testamentsvollstreckerzeugnisses beschwerdeberechtigt, um geltend machen zu können, dass seine zur Wirksamkeit der Anordnung einer Verwaltungstestamentsvollstreckung an dem vom Erblasser gehaltenen Kommanditanteil erforderliche Zustimmung nicht erteilt sei.

gerichts zur Erteilung eines Erbscheins für inländische Nachlassgegenstände, der die Erbfolge nach ausländischem Recht bezeugt (Fremdrechtserbschein). Es gilt der Amtsermittlungsgrundsatz, auch in Bezug auf die richtige Anwendung des ausländischen Rechts. War der Erblasser (auch) Deutscher und damit deutsches Erbrecht anwendbar, ist ein (Eigenrechts-)Erbschein nach § 2353 zu erteilen, der im Fall der Nachlassspaltung auch gegenständlich beschränkt sein kann.

2. Literaturhinweis. Ausf Übersicht über in der Praxis häufig vorkommende Auslandsbezüge mit Erbscheinsmustern bei *Firsching/Graf* Nachlassrecht Rn 2.106 ff; zu ausländischen Erbrechtszeugnissen im Grundbuchverfahren *Krzywon* BWNotZ 1986, 133; grds zu Auslandsvermögen im internationalen Erbrecht *Fetsch* RNotZ 2006, 1 und 77.

II. Voraussetzungen

1. Ausländisches Erbrecht. Voraussetzung ist die Anwendbarkeit ausländischen Erbrechts, die bei einem im Zeitpunkt des Todes (auch mehrstaatigen) Deutschen[1] nicht in Betracht kommt (vgl Art 5 Abs 1 S 2, Abs 2 EGBGB), und die internationale Unzuständigkeit des deutschen Nachlassgerichtes[2]. Die Prüfung erfolgt aus der Sicht des deutschen internationalen Privatrechts (s die Kommentierung zu Art 25 EGBGB)[3]. Unbeachtlich ist, ob das ausländische Recht einen Erbschein kennt[4]. Vollzieht sich der Erbfall nach verschiedenen Rechtsordnungen (**Nachlassspaltung**) ist für die Nachlassmasse, die deutschem Erbrecht unterliegt ein gegenständlich beschränkter Eigenrechtserbschein auszustellen, während für die Nachlassmasse, die einem ausländischen Erbstatut folgt, allein ein Fremdrechtserbschein nach § 2369 in Betracht kommt. Beides kann in einem Zeugnis zusammengefasst werden[5].

Im Einzelfall kann der Anwendbarkeit ausländischen Erbrechts der deutsche ordre public entgegen stehen[6]. Dagegen ist für die Anwendung des § 2369 in Fällen, in denen ein ausländischer Erblasser nach deutschem Recht beerbt wird von vornherein kein Raum[7].

2. Inländische Nachlassgegenstände. a) Grundsatz. Ein Fremdrechtserbschein kann nur bei im Inland befindlichen Nachlassgegenständen erteilt werden[8]. Verfahrensrechtlich genügt insoweit grds die konkrete Angabe des Antragstellers, dass dies der Fall ist[9]. Liegen keine Anhaltspunkte für das Vorhandensein von Nachlassgegenständen, die von diesem Erbschein erfasst werden, vor, kann es am **Rechtsschutzbedürfnis** für die Erteilung eines gegenständlich beschränkten Erbscheins fehlen[10]. Die Angabe von Art und Wert der inländischen Nachlassgegenstände ist aus zivilrechtlicher Sicht nicht erforderlich, da die Zugehörigkeit zum Nachlass nicht bezeugt wird; im Rahmen der Kostenerhebung ist der Antragsteller zur Wertangabe verpflichtet.

b) Abs 2 S 1. Bücher oder **Register** iS des Abs 2 S 1 sind Patentrolle bzw vergleichbare Schutzrechtsregister, Register für Schiffe und Luftfahrzeuge, Schuldbücher, Handelsregister und Grundbuch. Der Erbschein ist zu erteilen, wenn für einen Anspruch eine Vormerkung in diesen einzutragen ist[11].

c) Abs 2 S 2. Ansprüche befinden sich bei Zuständigkeit eines deutschen Gerichts im Inland (§§ 13 ff ZPO). Ausreichend ist eine Gerichtsstandsvereinbarung oder der Vermögensgerichtsstand (§ 23 ZPO)[12]. Zu beachten ist allerdings, dass sich die internationale Zuständigkeit deutscher Zivilgerichte für eine Vielzahl von Ansprüchen nach der insoweit vorrangig[13] anzuwendenden **EuGVVO** bestimmt, die gegenüber den Regelungen der ZPO abweichende Zuständigkeiten vorsehen kann[14]. Ansprüche nach LAG und Häftlingshilfegesetz sind inländisch, wenn das Schadensereignis vom Erblasser erlitten wurde[15]. Ist der Anspruch auf Grund eines Schadensereignisses nach dem Erbfall in der Person des Erben entstanden, ist § 2369 nicht anzuwenden[16]. Dies gilt für Rückerstattungs- oder Entschädigungsansprüche entsprechend. Restitutionsansprüche nach dem VermG (bei enteignetem Grundbesitz des ausländischen Erblassers) sind inländischer Nachlassgegenstand[17].

---

[1] Auch Deutsche iS des Art 116 GG; zu Sudetendeutschen vgl BayObLGZ 1980, 72; zusammenfassende Darstellung zu sog Volksdeutschen, Aus- und Übersiedlern bei *Firsching/Graf* Nachlassrecht Rn 2.71 ff.
[2] Praxisnahe Darstellung bei *Firsching/Graf* Nachlassrecht Rn 2.54 ff.
[3] Überblick zu rückverweisenden Staaten bei *Süß* ZEV 2000, 486; eine Rückverweisung führt zur Erteilung eines Eigenrechtserbscheins, BayObLG DNotZ 1984, 47.
[4] *Staudinger/Schilken* BGB § 2369 Rn 16.
[5] BayObLGZ 1975, 86; *Palandt/Edenhofer* Rn 6.
[6] OLG Hamm ZEV 2005, 436 m Anm *Lorenz* 440.
[7] BayObLG NJW-RR 2001, 297.
[8] KG OLGZ 1975, 293; *Palandt/Edenhofer* Rn 7.
[9] BayObLG ZEV 1995, 416, 417; OLG Zweibrücken Rpfleger 1994, 466; *Palandt/Edenhofer* Rn 7; RGRG/*Kregel* Rn 3; aA MünchKommBGB/*J. Mayer* Rn 13: tatsächliches Vorhandensein solcher Vermögensgegenstände ist Zulässigkeitsvoraussetzung des Antrags.
[10] KG FGPrax 2006, 220.
[11] *Edenfeld* ZEV 2000, 482, 484; MünchKommBGB/*J. Mayer* Rn 17.
[12] MünchKommBGB/*J. Mayer* Rn 16; *Edenfeld* ZEV 2000, 482, 484.
[13] *Zöller/Vollkommer* § 12 ZPO Rn 5.
[14] Ausf *Fetsch* ZEV 2005, 425 ff.
[15] OLG Hamm NJW 1973, 2156; MünchKommBGB/*J. Mayer* Rn 18, 19.
[16] BGH NJW 1972, 945, 946; MünchKommBGB/*J. Mayer* Rn 18, 19 mwN.
[17] BayObLGZ 1994, 40, 45; MünchKommBGB/*J. Mayer* Rn 20; *Palandt/Edenhofer* Rn 7.

III. Inhalt

7 **1. Grundsatz.** Der Erbschein **bezeugt** die Erbfolge nach ausländischem Recht an inländischen Nachlassgegenständen. Anzugeben ist die Beschränkung auf im Inland befindliche Nachlassgegenstände, ggf die Beschränkung auf bewegliche bzw unbewegliche Gegenstände und das anzuwendende ausländische Erbrecht sowie der Berufungsgrund. Eine Einzelbezeichnung der Nachlassgegenstände erfolgt nicht, da die Zugehörigkeit zum Nachlass nicht bezeugt wird; diese ist aber unschädlich[18]. Verfügungsbeschränkungen sind anzugeben, wenn sie denjenigen der §§ 2363, 2364 entsprechen (vgl auch § 2368 Rn 24)[19].

8 **2. Erbenstellung.** Grds ist der **Erbe** iS des deutschen Rechts zu bezeichnen. Erbrechtliche Rechtsstellungen, die das deutsche Recht nicht kennt, sind nicht notwendiger Inhalt des Fremdrechtserbscheins[20]. Anzugeben ist (dem Pflichtteil vergleichbares) gesetzliches Noterbrecht, das eine dem Miterben nach deutschem Recht vergleichbare Rechtsstellung gewährt[21]. Die Angabe einer dem deutschen Recht unbekannten Rechtsinstitution unter Umschreibung der Rechtsstellung ist sinnvoll, gewährt aber keinen öffentlichen Glauben und ist daher deutlich abzusetzen.

8a Im **anglo-amerikanischen Erbrecht** fällt der Nachlass zunächst einem Abwickler (vom Erblasser eingesetzter „executor" oder vom Gericht berufener „administrator") zu[22], der die Abwicklung als Treuhänder für die Erben betreibt. Dieser kann aber nicht als Erbe iS des deutschen Erbrechts behandelt werden und erhält daher keinen Erbschein nach § 2369[23]. Dagegen kann den Erben trotz fehlender Verfügungsbefugnis ein Erbschein nach § 2369 erteilt werden[24].

9 **3. Erbstatut.** Im Erbschein ist das Erbstatut anzugeben. Bei fehlender Angabe ist der Erbschein einzuziehen (§ 2361)[25]. Die Anordnung der Testamentsvollstreckung bzw eines der Testamentsvollstreckung nach deutschem Recht vergleichbaren Rechtsinstituts ist anzugeben[26].

IV. Verfahren

10 **1. Zuständigkeit, Bindungswirkung.** Für das **Verfahren** gilt deutsches Recht. Die internationale Zuständigkeit ergibt sich aus § 2369 selbst. Die örtliche Zuständigkeit richtet sich nach § 73 Abs 1, 3 FGG; funktionell zuständig ist der Richter (§ 16 Abs 1 Nr 6 RPflG). Bindung an einen ausländischen Erbschein oder an Feststellungen einer ausländischen Behörde besteht nicht[27], es sei denn die Entscheidung ist auf Grund Staatsvertrags anzuerkennen.

11 **2. Formelle Rechtsakte nach ausländischem materiellem Recht.** Formelle Rechtsakte nach ausländischem materiellem Recht sind vom Nachlassgericht zu beachten, zB die Annahme der Erbschaft durch Erklärung in der sog Abhandlungsverhandlung und Erbschaftserwerb auf Grund sog Einantwortung nach österreichischem Recht[28]. Ist für den Erbschaftserwerb eine gerichtliche Handlung erforderlich, die vom ausländischen Gericht nicht zu erlangen ist, wird teilweise die internationale Zuständigkeit des deutschen Nachlassgerichts angenommen[29]. Dies dürfte dann für die gerichtliche Ernennung eines Testamentsvollstreckers entspr gelten (str)[30].

V. Wirkungen

12 Die Wirkung des Fremdrechtserbscheins ist aus der Sicht des deutschen Rechts **beschränkt** auf Vermögensgegenstände, die sich im Inland befinden. Über andere Nachlassgegenstände trifft er keine Aussage, so dass zB § 2367 nur Anwendung findet, wenn der Anspruch unter § 2369 Abs 2 S 2 fällt.

§ 2370 Öffentlicher Glaube bei Todeserklärung

(1) Hat eine Person, die für tot erklärt oder deren Todeszeit nach den Vorschriften des Verschollenheitsgesetzes festgestellt ist, den Zeitpunkt überlebt, der als Zeitpunkt ihres Todes gilt, oder ist sie vor diesem Zeitpunkt gestorben, so gilt derjenige, welcher auf Grund der Todeserklärung oder der Feststellung der Todeszeit Erbe sein würde, in Ansehung der in

---

[18] *Palandt/Edenhofer* Rn 8; MünchKommBGB/*J. Mayer* Rn 22.
[19] Zur Testamentsvollstreckung nach ausländischem Recht BGH NJW 1963, 46; BayObLG NJW-RR 1990, 906 m Anm *Roth* IPRax 1991, 322.
[20] MünchKommBGB/*J. Mayer* Rn 24 mwN; vgl zB OLG Köln NJW 1983, 525 betr Vermächtnis mit dinglicher Wirkung; BayObLG FamRZ 1996, 694 betr gesetzlichen Legalnießbrauch.
[21] OLG Düsseldorf NJW 1963, 2230; MünchKommBGB/*J. Mayer* Rn 31.
[22] Vgl *Gruber* Rpfleger 2000, 250.
[23] MünchKommBGB/*J. Mayer* Rn 33 mwN; *Edenfeld* ZEV 2000, 482, 485.
[24] *Edenfeld* ZEV 2000, 482, 485 mwN; *Staudinger/Schilken* Rn 32; MünchKommBGB/*J. Mayer* Rn 34.
[25] OLG Düsseldorf NJW 1963, 2230; *Palandt/Edenhofer* Rn 8.
[26] BayObLG NJW-RR 1990, 906 m Anm *Roth* IPRax 1991, 322; *Palandt/Edenhofer* Rn 8; MünchKommBGB/*J. Mayer* Rn 37.
[27] BayObLG NJW-RR 1991, 1098; BayObLGZ 1965, 377; *Palandt/Edenhofer* Rn 9.
[28] BayObLGZ 1971, 34; *Steiner* ZEV 2005, 144; *Ludwig* ZEV 2005, 419.
[29] Vgl BayObLG ZEV 1995, 416, 418 betr österreichisches Recht, m Anm *v. Oertzen*; BayObLGZ 1965, 423 betr Annahmeerklärung des Erben und Inventarerrichtung nach italienischem Recht; *Johnen* MittRhNotK 1986, 57, 65 f.
[30] AA *Staudinger/Schilken* § 2368 Rn 39 mwN.

den §§ 2366, 2367 bezeichneten Rechtsgeschäfte zugunsten des Dritten auch ohne Erteilung eines Erbscheins als Erbe, es sei denn, dass der Dritte die Unrichtigkeit der Todeserklärung oder der Feststellung der Todeszeit kennt oder weiß, dass sie aufgehoben worden sind.

(2) ¹Ist ein Erbschein erteilt worden, so stehen demjenigen, der für tot erklärt oder dessen Todeszeit nach den Vorschriften des Verschollenheitsgesetzes festgestellt ist, wenn er noch lebt, die im § 2362 bestimmten Rechte zu. ²Die gleichen Rechte hat eine Person, deren Tod ohne Todeserklärung oder Feststellung der Todeszeit mit Unrecht angenommen worden ist.

Rechtliche Grundlage für die Todesannahme ist bei Verschollenheit die Todeserklärung (§ 29 VerschG); für die Todeszeit die Todeszeitfeststellung (§ 44 VerschG). § 2370 entspricht der Vermutungswirkung der §§ 9 Abs 1, 44 Abs 2 VerschG. Todeserklärung und Todeszeitfeststellung kommt damit **öffentlicher Glaube** zu; die Regelungen der §§ 2366, 2367 gelten in Bezug auf den vermeintlichen Erben entsprechend, auch ohne dass ein Erbschein erteilt worden ist. Positive Kenntnis der Unrichtigkeit schließt den öffentlichen Glauben aus. **1**

Voraussetzung ist entspr den Grundsätzen bei Erbschein und Testamentsvollstreckerzeugnis, dass die Todeserklärung bzw Todeszeitfeststellung wirksam ist, so dass nach deren Aufhebung der öffentliche Glaube (entgegen dem missverständlichen Wortlaut der Vorschrift) nicht mehr besteht[1]. **2**

Bei falscher Todeserklärung oder Todeszeitfeststellung stehen dem vermeintlich Verstorbenen die Rechte aus § 2362 zu (Abs 2). **3**

---

[1] *Staudinger/Schilken* Rn 3; *Palandt/Edenhofer* Rn 1; *MünchKommBGB/J. Mayer* Rn 5 mwN.

Abschnitt 9. Erbschaftskauf (§§ 2371–2385)

§ 2371 Form

Ein Vertrag, durch den der Erbe die ihm angefallene Erbschaft verkauft, bedarf der notariellen Beurkundung.

Schrifttum: *Brocker,* Der Begriff der Erbschaft in den §§ 2171 ff. BGB – zugleich ein Beitrag zur Haftung des Erwerbers einer Erbschaft nach §§ 2382, 2383 ff. BGB –, Diss Münster 1987; *Dietrich,* Die Erbteilsveräußerung, 2006; *Haegele,* Rechtsfragen zu Erbschaftskauf und Erbteilsübertragung, BWNotZ 1971, 129; 1972, 1; *Hügel,* Die Formbedürftigkeit von Vollmachten bei Erbteilsübertragungen, ZEV 1995, 121; *Ivo,* Erbteilsverfügungen bei Sondererbfolge in Anteile an Personengesellschaften, ZEV 2004, 499; *Keller,* Die Heilung eines formnichtigen Erbteilskaufvertrages oder ähnlichen Vertrages im Sinne von § 2385 Abs. 1 BGB, ZEV 1995, 427; *ders,* Formproblematik der Erbteilsveräußerung, 1995; *ders,* Erbteilsveräußerung beim Tod eines Personengesellschafter, MittBayNot 2007, 96; *Mauch,* Zur Sicherungsproblematik beim Erbschaftskauf, BWNotZ 1993, 134; *J. Meyer,* Die Rechtsstellung des Erbteilserwerbers, Diss Münster, 1991; *Neusser,* Probleme des Erbteilskaufs, MittRhNotK 1979, 143; *Zarnekow,* Der Erbschaftskauf, MittRhNotK 1969, 620.

Übersicht

	Rn		Rn
I. Normzweck	1	4. Vertragsverhältnis	9
II. Gesetzesüberblick	2	5. Erfüllung	11
III. Begriff und Inhalt des Erbschaftskaufs	3	6. Genehmigungspflichten, Zustimmungen	12
1. Rechtsnatur, Verhältnis zum allgemeinen Kaufrecht	3	IV. Formbedürftigkeit	15
2. Gegenstand	4	V. Steuern	17
3. Vertragsparteien	8	VI. Verfahrensrecht	20

I. Normzweck

1   Der Erbschaftskauf unterliegt der notariellen Beurkundung (§ 128). Das Formerfordernis soll den Veräußerer vor Übereilung warnen, eine sachgerechte Beratung sichern und den Abschluss und Inhalt des Vertrags im Interesse der Klarstellung und Sicherung des Beweises festlegen; letzteres liegt auch im Interesse der Nachlassgläubiger (§ 2382)[1].

II. Gesetzesüberblick

2   Geregelt ist in § 2371 die Form, in den §§ 2372, 2373 der Umfang des Kaufobjekts, in den §§ 2374 bis 2376 die Verkäuferpflichten (Herausgabepflicht, Ersatzpflicht, Gewährleistung), in § 2377 Wiederaufleben alter Rechte, in den §§ 2378 bis 2381 die Verpflichtung des Käufers gegenüber dem Verkäufer zur Tragung der Nachlassverbindlichkeiten, der Aufteilung von Nutzen und Lasten und der Gefahrübergang. Die §§ 2382, 2383 betreffen die Haftung des Erwerbers gegenüber den Nachlassgläubigern, § 2384 die in deren Interesse angeordnete Anzeigepflicht und § 2385 die Anwendung auf ähnliche Verträge. **Unabdingbar** sind nur die §§ 2371, 2382, 2383, 2384 über die Form und Haftung gegenüber den Nachlassgläubigern und hinsichtlich der Anzeigepflicht an das Nachlassgericht, da diese Bestimmungen das Außenverhältnis zu Dritten und damit auch den Schutz des Rechtsverkehrs betreffen[2].

III. Begriff und Inhalt des Erbschaftskaufs

3   **1. Rechtsnatur, Verhältnis zum allgemeinen Kaufrecht.** Der Erbschaftskauf ist ein echter **schuldrechtlicher Kaufvertrag** (iS der §§ 433 ff), durch den sich der Erbe als Verkäufer zur Übertragung der Erbschaft, der Miterbe zur Übertragung seines Anteils am Nachlass verpflichtet. Letzterer ist ein Rechtskauf, auf den nach § 453 die Vorschriften über den Kauf von Sachen entsprechende Anwendung finden. Auch beim Erbschaftskauf sind schuldrechtliches Grundgeschäft und dingliches Erfüllungsgeschäft zu unterscheiden (**Trennungsprinzip**, s Rn 9). Jedoch hat er auch eine spezifisch **erbrechtliche Natur,** die sich besonders im Gegenstand des Rechtsgeschäfts und in der Einbeziehung des Käufers in die Erbenhaftung zeigt[3]. Soweit nicht die §§ 2371 ff Sonderregelungen enthalten, finden

---

[1] BGH NJW 1998, 1577; 1578; *Lange/Kuchinke* § 45 II 1; MünchKommBGB/*Musielak* Rn 1; *v. Lübtow* II 1077; *Damrau/Redig* Rn 24; jurisPK/*Hau* Rn 6; vgl auch RGZ 72, 209, 210; 137, 171, 174. Nach *Staudinger/Olshausen* Rn 4 und *Keller* Rn 7 (unter Hinweis auf die Entstehungsgeschichte) ist der Schutz des Erwerbers nicht Normzweck, dieser wird über § 17 BeurkG erfüllt. Dagegen betont RGZ 137, 171, 174 zu Recht das Schutzinteresse des Käufers, einen Nachweis für seinen Erwerb zu besitzen.

[2] *Staudinger/Olshausen* Einl §§ 2371 ff Rn 50.

[3] AnwK-BGB/*Beck/Ulrich* Rn 1; jurisPK/*Hau* Rn 4; *Lange/Kuchinke* § 45 I 2 a; *Staudinger/Olshausen* Rn 16.

dennoch auf ihn grds die **allgemeinen Vorschriften des Kaufvertrags** Anwendung, auch die über den Wiederkauf[4] und die §§ 320 ff[5]. Umstritten ist jedoch seit der Schuldrechtsmodernisierung, ob wegen der erbrechtlichen Natur des Erbschaftskaufs die daraus resultierenden Ansprüche der langen 30-jährigen **Verjährung** erbrechtlicher Ansprüche nach § 197 Abs 1 Nr 2[6] unterliegen oder wegen des kaufrechtlichen Elements und einer Beschränkung der langen erbrechtlichen Verjährung auf „genuin erbrechtliche Ansprüche"[7] der kurzen Regelverjährung nach § 195, 199 und für die Sach- und Rechtsmängel dem § 438[8] oder zwar für die Erfüllungsansprüche die Regelverjährung gilt, jedoch für die „Gewährleistungsrechte" die lange erbrechtliche, da sich insbes ein Mangel im Rechte erst nach vielen Jahren herausstellen kann, etwa wenn vom Scheinerben erworben wurde[9]. Die zuletzt genannte, differenzierende Auffassung steht nicht nur im Widerspruch zu dem allgemeinen verjährungsrechtlichen Grundsatz, dass der Primäranspruch nicht vor dem Sekundäranspruch verjähren kann[10], sondern auch zum Grundkonzept der Schuldrechtsreform, dass bei einem Kaufvertrag auch die Rechte wegen Sach- und Rechtsmängel Erfüllungsansprüche sind. Aber nicht nur aus Gründen der Rechtssicherheit ist eine „teleologische Reduktion auf genuin erbrechtliche Ansprüche" beim Erbschaftskauf ausgeschlossen. Durch den Erbschaftskauf soll der Erwerber im Wesentlichen dem eigentlichen Erben zumindest durch die Zubilligung von schuldrechtlichen Ansprüchen gleichgestellt werden. Dann aber trifft ihn zumindest rechtlich mittelbar, wirtschaftlich aber direkt auch das Risiko, dass sich erbrechtliche Verhältnisse mitunter erst lange Zeit nach dem Erbfall abschließend klären lassen, was gerade das Beispiel des Erwerbs vom Scheinerben deutlich macht, aber auch bei später entdeckten Nachlassgegenstände auch die Herausgabepflicht nach § 2374 als „Primäranspruch" betrifft. Diese erbrechtlich spezifischen Risiken, die zur Einführung des § 197 Abs 1 Nr 2 führten[11] sind daher gerade dem Erbschaftskauf immanent und gebieten daher die uneingeschränkte lange erbrechtliche Verjährung.

2. Gegenstand. Gegenstand des Erbschaftskaufs ist nicht das Erbrecht des Erben, das durch familienrechtliche Beziehung oder Verfügung von Todes wegen begründet wird und nicht übertragbar ist[12]. Der Erbschaftskäufer wird daher weder durch Abschluss des Kaufvertrags noch durch das davon zu unterscheidende Erfüllungsgeschäft zum Erben[13]. Dies gilt auch im Falle des § 2033, wenn der Erwerber an Stelle des Veräußerers in eine Gesamthandsgemeinschaft eintritt[14]. Jedoch soll der Erwerber durch eine Reihe von gesetzlichen Vorschriften wirtschaftlich so gestellt werden, als ob er ab dem Erbfall Erbe geworden wäre, so dass vom **Grundsatz der Rückbeziehung** gesprochen werden kann, so etwa §§ 2372, 2377, bezüglich der Käuferpflichten §§ 2378, 2381; Ausnahmen finden sich in §§ 2374, 2379 S 1, 2[15]. 4

Beim **Alleinerben** ist Gegenstand des Erbschaftskaufs seine gesamte **Erbschaft als Inbegriff** aller Sachen, Rechte und Werte, die ihm durch die Erbschaft angefallen sind, aber auch einschließlich der Nachlassverbindlichkeiten. Die Erbschaft wird also „im Bausch und Bogen" verkauft[16]. Kennzeichnend ist die Vereinbarung eines Gesamtpreises und dass der Verkäufer sich von der mit der Erbschaft verbundenen Abwicklung zurückziehen und dies stattdessen der Käufer übernehmen soll[17]. Davon zu unterscheiden ist der bloße Verkauf einzelner Nachlassgegenstände. Jedoch nimmt die Rspr zum Schutz der Nachlassgläubiger einen Erbschaftskauf auch dann an, wenn zwar nur einzelne Nachlassgegenstände verkauft werden, diese jedoch den ganzen oder nahezu ganzen Nachlass darstellen und der Käufer dies positiv weiß oder doch zumindest die Umstände kennt, aus denen sich dies ergibt[18], was auf eine Analogie zu der bei § 1365 und dem früheren § 419 geltenden **Einzeltheorie** gestützt werden kann. 5

Beim **Miterben** ist Gegenstand des Erbschaftskaufs sein **Erbteil** am Nachlass, der nach § 2033 übertragen wird. Auch wenn in den §§ 2371 ff nur vom Erbschaft gesprochen wird, sind diese Vorschriften auf die Verkauf eines Erbteils grds entspr anwendbar, § 1922 Abs 2[19]. Daher gelten grds die nachfolgenden Erläuterungen auch für den Verkauf eines Erbteils. Nicht nur aus dogmatischen Gründen, sondern auch wegen der Rechtssicherheit ist jedoch streng zu unterscheiden, ob nur ein 6

---

[4] RGZ 101, 185, 192.
[5] RG WarnR 1933 Nr 163; MünchKommBGB/*Musielak* Vor § 2371 Rn 2; *Ebenroth* Rn 1192.
[6] BGH NJW 2007, 2174 für alle Ansprüche aus dem 5. Buch des BGB, soweit keine ausdrückliche Sonderregelung vorhanden; speziell zum Erbschaftskauf ZEV 2002, 479, 480; *Palandt/Heinrichs* § 197 Rn 9.
[7] *Otte* ZEV 2002, 500; *Staudinger/Peters* § 197 Rn 20.
[8] *Brambring* ZEV 2002, 137, 138; *Krug*, Schuldrechtsmodernisierungsgesetz und Erbrecht, Rn 122; *Staudinger/Peters* § 197 Rn 21.
[9] *Löhnig* ZEV 2004, 267, 271; *Staudinger/Olshausen* Rn 49 a.
[10] *Staudinger/Peters* § 195 Rn 10, § 196 Rn 9 mwN.
[11] BT-Drucks 14/6040 S 106.
[12] AllgM, *Soergel/Zimmermann* Vor § 2371 Rn 2.
[13] RGZ 64, 173, 175 f.
[14] BGHZ 56, 115, 117 = NJW 1971, 1264: das Vorkaufsrecht des Miterben steht dem verkaufenden Miterben auch noch nach der Veräußerung zu.
[15] *Staudinger/Olshausen* § 2372 Rn 2.
[16] *Soergel/Zimmermann* Rn 5.
[17] *Schlüter* Rn 1224; *Staudinger/Olshausen* Einl §§ 2371 ff Rn 19.
[18] BGH NJW 1965, 910 = LM § 2382 Nr 2; RGZ 171, 185, 191 f; *Soergel/Zimmermann* § 2371 Rn 5; MünchKommBGB/*Musielak* Vor § 2371 Rn 4 und § 2382 Rn 4. Zur Frage des Vorkaufsrechts nach §§ 24 ff BauGB LG Berlin Rpfleger 1994, 502. Demgegenüber versteht *Brocker* (Der Begriff der Erbschaft …, 33 ff) zu Recht unter Erbschaftskauf nur den Verkauf in „Bausch und Bogen" und wendet auf die Fälle des Singularerwerbs die §§ 2382, 2383 nur analog an.
[19] *Lange/Kuchinke* § 45 I Fn 10; *Staudinger/Olshausen* Einl §§ 2371 ff Rn 20.

§ 2371

Erbanteil veräußert wird (mag zum Nachlass auch ein Grundstück gehören) oder ein Miteigentumsanteil an einem Grundstück[20]. Der Verkauf kann auch auf einen Bruchteil des Erbteils (aber auch der Erbschaft) beschränkt werden[21].

7 Beim **Nacherben** ist Gegenstand des Erbschaftskaufs das diesem zustehende Anwartschaftsrecht (§ 2100 Rn 40 ff), das er analog § 2033 überträgt.

8 **3. Vertragsparteien.** Als **Verkäufer** bezeichnet § 2371 den Erben; dies kann aber auch ein Miterbe bezüglich seines Erbteils oder eines Teils desselben[22], ein Vorerbe oder auch der Nacherbe (bezüglich seines Anwartschaftsrechts) sein[23]. Sogar der Nichterbe, besonders der Erbschaftsbesitzer, kann einen Erbschaftskaufvertrag abschließen, da dieser nur obligatorisch wirkt; er haftet dann dem Käufer für die Nichterfüllung nach §§ 280, 281, 320 ff[24], sofern nicht die Vertragsauslegung ergibt, dass der Verkauf nur für den Fall gelten soll, dass der Verkäufer Erbe ist oder wird[25]. Der Nachlasspfleger kann jedoch für einen nicht bekannten Miterben keinen Erbschaftskauf vornehmen[26].

9 **4. Vertragsverhältnis.** Auch beim Erbschaftskauf sind schuldrechtliches Verpflichtungs- und dingliches Erfüllungsgeschäft zu unterscheiden (**Trennungsprinzip**). Beides kann in einer Urkunde zusammengefasst werden. Bei unklarer Formulierung ist es eine Auslegungsfrage, ob bereits beides erklärt wurde. Bei sofortiger Kaufpreiszahlung ist dies im Zweifel anzunehmen[27]. Bei Verkauf von Erbteilen „mit sofortiger dinglicher Wirkung" und Antrag auf Berichtigung des Grundbuchs ist ebenfalls von der Vornahme der dinglichen Erbteilabtretung auszugehen[28]. Auf Grund des **Abstraktionsprinzips** kann das Grundgeschäft nichtig, demgegenüber das Erfüllungsgeschäft, etwa die Erbteilsübertragung nach § 2033 wirksam sein, wenn man nicht ausnahmsweise über § 139 zu einer Gesamtnichtigkeit kommt[29].

10 **Gestaltung:** Das dingliche Erfüllungsgeschäft kann durch entsprechende Vertragsabreden von der Wirksamkeit des **Schuldgrundes abhängig** gemacht werden[30], aber auch von der Bezahlung des Kaufpreises, etwa Erklärung der dinglichen Anteilsabtretung unter der aufschiebenden Bedingung der Kaufpreiszahlung[31] oder der auflösenden Bedingung des Rücktritts wegen Zahlungsverzugs[32]. Bei Kauf eines Erbteils von einem Miterben kann für den Käufer als Sicherung seines Anwartschaft keine Eigentumsvormerkung eingetragen werden, auch wenn der Nachlass im Wesentlichen nur aus Grundbesitz besteht. Denn Gegenstand des Verkaufs ist nur ein Erbteil, nicht ein Anteil an einem Nachlassgegenstand, was ohnehin nicht zulässig wäre (§ 2033 Abs 2)[33].

11 **5. Erfüllung.** Die Erfüllung richtet sich grds nach der Art des verkauften Objekts. Der **Alleinerbe** erfüllt seine Verpflichtung aus dem Kauf durch Einzelübertragung der Nachlassgegenstände und Werte (§§ 929 ff, 873, 925, 398 ff), der **Miterbe** grds durch Abtretung seines Erbteils (§ 2033), jedoch nach der Teilung des Nachlasses durch Übertragung der Gegenstände, die er bei der Erbauseinandersetzung zugewiesen erhielt (§ 2374 Rn 4 f). Die schon erfolgte Nachlassteilung hindert den Abschluss eines Erbschaftskaufs nicht[34].

12 **6. Genehmigungspflichten, Zustimmungen.** Bei den **öffentlich-rechtlichen Genehmigungspflichten** für Grundbesitz ist grds wieder nach der Art der Erfüllung zu unterscheiden: Erfolgt diese durch Einzelübertragung (Rn 11), so gelten die entsprechenden öffentlich-rechtlichen Genehmigungstatbestände unmittelbar (§ 2 Abs 1 GrdstVG ua). Ein Vorkaufsrecht nach §§ 24 ff BauGB ist aber auch dann mangels eines Verkaufs ausgeschlossen[35]. Erfolgt jedoch eine Erfüllung durch Übertragung eines Erbteils, so steht dies nicht einer Verfügung über den dazu gehörigen Grundbesitz gleich, mag der

---

[20] LG München II MittBayNot 1986, 179: kein Vorkaufsrecht nach §§ 1094 ff bei einem Erbteilsverkauf, mag der Nachlass auch nur noch aus einem Grundstück bestehen; anders aber – zu Unrecht – OLG Düsseldorf NJW-RR 1995, 522 für ein Wiederkaufsrecht; wirtschaftliche Identität nimmt aber OLG Zweibrücken AIZ A 145 Bl 41 für den Maklerprovisionsanspruch an.
[21] RG Recht 1917 Nr 71; *Lange/Kuchinke* § 45 I Fn 16; *v. Lübtow* II 1077; MünchKommBGB/*Musielak* Vor § 2371 Rn 7.
[22] MünchKommBGB/*Musielak* Rn 2; AnwK-BGB/*Beck/Ulrich* Rn 2.
[23] MünchKommBGB/*Musielak* Rn 2; Staudinger/*Olshausen* Einl 4 §§ 2371 Rn 34; bzgl des Anwartschaftsrechts des Nacherben RGZ 101, 185, 187 ff.
[24] MünchKommBGB/*Musielak* Rn 3; anders offenbar Staudinger/*Olshausen* Einl§§ 2371 ff Rn 33, der eine Rechtsmängelhaftung nach §§ 453, 433 S 2, 435, 437 annimmt.
[25] MünchKommBGB/*Musielak* Rn 3; *Soergel/Zimmermann* Rn 7.
[26] LG Aachen Rpfleger 1991, 314.
[27] RG WarnR 1915 Nr 264.
[28] BayObLG Rpfleger 1982, 217; einer ausdrücklichen Formulierung der Erklärung über die Annahme der dinglichen Abtretung bedarf es nicht, OLG Bremen vom 11. 4. 1990, 3 W 24/90.
[29] BGH NJW-RR 2005, 808 bejaht etwa eine solche Gesamtnichtigkeit vgl auch OLG Köln OLGR 1992, 282; BGH FamRZ 1967, 465, 468; WM 1969, 592, 593; WM 1970, 1319, 1320; für größte Zurückhaltung bei der Anwendung des § 139 wegen des Abstraktionsprinzips zu Recht MünchKommBGB/*Musielak* Rn 5.
[30] BGH FamRZ 1967, 465.
[31] Dann erfolgt die Eintragung der Erbteilsabtretung im Grundbuch zunächst unter der Verfügungsbeschränkung (§ 161) der Zahlung des Kaufpreises, LG Nürnberg-Fürth MittBayNot 1982, 217.
[32] Muster hierfür bei *Nieder* in: Münchener Vertragshandbuch BGB VI/2 Form XX § 8; eingehend zu diesen Fragen *Dietrich* S 396 ff; *Mauch* BWNotZ 1993, 134 ff; *Damrau/Redig* Rn 27; s Einzelheiten mit Formulierungsvorschlag bei *Burandt* in: Krug/Rudolf/Kroiß, Anwaltformulare Erbrecht, 3. Aufl, § 18 Rn 32, 39 ff.
[33] KG OLGE 10, 82; *Neusser* MittRhNotK 1979, 143, 148; *Nieder* in: Münchener Vertragshandbuch Anm 8 mit anderen Absicherungsmöglichkeiten; *Michaelis* JuS 1963, 230; aA *Gass* JuS 1963, 153, 155 in unzulässiger Analogie.
[34] RGZ 134, 296, 298 f.
[35] LG Berlin Rpfleger 1994, 502.

Nachlass auch nur noch aus Grundbesitz bestehen[36]. Eine Ausnahme enthält das **Grundstücksverkehrsgesetz:** Danach unterliegt auch eine Veräußerung eines Erbteils an einen anderen als einen Miterben der Genehmigungspflicht, wenn der Nachlass im Wesentlichen aus einem land- und forstwirtschaftlichen Betrieb besteht, § 2 Abs 2 Nr 2 GrdstVG[37].

Bei **Veräußerung** der Erbschaft oder des Erbteils eines Minderjährigen bedarf es nach §§ 1643 Abs 1, 1822 Nr 1 der **familiengerichtlichen Genehmigung.** Der **Erwerb** einer Erbschaft durch einen Minderjährigen ist nach hM jedoch nicht nach § 1822 Nr 10 genehmigungspflichtig, da die Nachlassverbindlichkeiten untrennbar zum Nachlass gehören und kraft Gesetzes zu eigenen Schulden des Erwerbers werden[38]. Auch der Erwerb eines Erbteils bedarf nicht nach § 1821 Nr 5 der Genehmigung, wenn zum Nachlass ein Grundstück gehört, da die Erbteilsübertragung der Einzelverfügung über Grundbesitz nicht gleichgestellt werden kann und die §§ 1821 f im Interesse der Rechtssicherheit sehr formal ausgelegt werden[39]. 13

Des Weiteren sind die allgemeinen **güterrechtlichen Beschränkungen** zu beachten (§§ 1365, 1423 ff, 1450, 1453). 14

IV. Formbedürftigkeit

Das Formerfordernis erstreckt sich auf alle Vertragsabreden, die nach dem Willen der Vertragsteile das **schuldrechtliche Veräußerungsgeschäft** bilden, insbes auf die „Essentialia des Vertrags", wie Kaufpreis, Gegenstand und die Vertragsteile, aber auch Nebenabreden, mit denen der Vertrag stehen und fallen soll[40]. Es gelten die zu § 311 b Abs 1 (früher § 313) entwickelten Grundsätze[41]. Dabei müssen bei Zusammenfassung von Verpflichtungs- und Verfügungsgeschäft (§§ 2371, 2033) für beide Rechtsgeschäfte die Formvorschriften gewahrt sein[42]. Formbedürftig ist auch der Vorvertrag[43] sowie eine nachträgliche **Änderung** des ursprünglichen[44]. Auch die **Aufhebung** eines Erbschaftskaufs ist formbedürftig, was sich bereits aus den Normzwecken Beweis- und Klarstellungsfunktion und auch aus § 2385 ergibt; zudem würde sonst § 2384 als Gläubigerschutzvorschrift umgangen[45]. Ein Prozessvergleich genügt nach § 127 a der Form. Eine **Vollmacht** zum Erbschaftskauf bedarf entgegen § 167 Abs 2 der Form des § 2371, wenn sie unwiderruflich ist oder sonst eine ähnliche Rechtslage wie bei einer Veräußerungsvertrag selbst bewirkt, insbes bei Befreiung von § 181 und wenn beabsichtigt ist, das Vertretergeschäft kurzfristig herbeizuführen[46]. 15

Die **Nichtbeachtung** der Form des § 2371 führt zur Nichtigkeit des Vertrags (§ 125). Dementsprechend kann auch ein Erbschaftserwerber die Einleitung eines Nachlassinsolvenzverfahrens erst beantragen, wenn er den formwirksamen Erwerb nachgewiesen hat[47]. Ob die Formnichtigkeit von Nebenabreden den ganzen Vertrag ergreift, bestimmt sich nach hM nach § 139[48]. UU kommt eine **Umdeutung** (§ 140) in Betracht, so in eine Erbauseinandersetzung (bei Mitwirkung aller Miterben) oder Abtretung des Auseinandersetzungsanspruchs[49], während bei Verkauf einer Alleinerbschaft eine Umdeutung in einen nicht formbedürftigen Verkauf aller einzelnen Erbschaftsgegenstände angesichts des Formzwecks des § 2371 mehr als zweifelhaft erscheint[50] und eine Umdeutung in einen formfreien **Abschichtungs-** 16

---

[36] Zu § 51 BauGB *Staudinger/J. Mayer* Art 113 EGBGB Rn 42 mwN; zu § 144 BauGB *Battis/Krautzberger/Löhr*, 9. Aufl 2005, § 144 BauGB Rn 14.
[37] Zur Heilung analog § 7 Abs 3 GrdstVG OLG Köln OLGR 1992, 282.
[38] AnwK-BGB/*Beck/Ulrich* Rn 13; *Soergel/Zimmermann* Rn 8; *Staudinger/Olshausen* Einl §§ 2371 ff Rn 115; MünchKommBGB/*Schwab* § 1822 Rn 65; *Soergel/Zimmermann* § 1822 Rn 36, 41; *Damrau*, Der Minderjährige im Erbrecht, 2002, Rn 250; aA AG Stuttgart MDR 1971, 182; *Damrau/Redig* Rn 10; KK-Erbrecht/*Tschichoflos* Rn 26.
[39] *Damrau* aaO, Rn 251; *Staudinger/Engler* § 1821 Rn 85; aM OLG Köln Rpfleger 1996, 446; AnwK-BGB/*Beck/Ulrich* Rn 13.
[40] *Staudinger/Olshausen* Rn 7; MünchKommBGB/*Musielak* Rn 4; *Lange/Kuchinke* § 45 II 1; jurisPK/*Hau* Rn 6; KK-Erbrecht/*Tschichoflos* Rn 18; vgl auch OLG Köln OLGR 1992, 282.
[41] AnwK-BGB/*Beck/Ulrich* Rn 7; *Damrau/Redig* Rn 24; jurisPK/*Hau* Rn 6; MünchKommBGB/*Musielak* Rn 4; *Lange/Kuchinke* § 45 II 1.
[42] RGZ 137, 171, 174; jurisPK/*Hau* Rn 6; AnwK-BGB/*Beck/Ulrich* Rn 7.
[43] *Staudinger/Olshausen* Rn 8.
[44] OLG München OLGE 21, 360: bei Abschwächung der Verkäuferpflichten; OLG Celle OLGR 1996, 31, in concreto verneint; MünchKommBGB/*Musielak* Rn 4; *Staudinger/Olshausen* Rn 9; teilweise wird beim Erbteilskauf die Formbedürftigkeit der Änderung verneint, wenn sie nach der Beurkundung der Anteilsabtretung (§ 2033) erfolgt, analog der Rspr zu § 311 b Abs 1 zu Änderungen nach erklärter Auflassung, so *Keller* Rn 11 ff, 26 mwN.
[45] OLG Schleswig SchlHA 1957, 181; AnwK-BGB/*Beck/Ulrich* Rn 8; MünchKommBGB/*Musielak* Rn 4; *Staudinger/Olshausen* Rn 10; *Soergel/Zimmermann* Rn 28; *Keller* Rn 38; aA *Lange/Kuchinke* § 45 II 1 für den noch völlig unerfüllten Vertrag, ohne Begr; *Zarnekow* MittRhNotK 1969, 624.
[46] OLG Jena vom 19. 9. 1995, 8 U 1259/94; AnwK-BGB/*Beck/Ulrich* Rn 8; *Damrau/Redig* Rn 24; KK-Erbrecht/*Tschichoflos* Rn 19; *Staudinger/Olshausen* Rn 8; *Hügel* ZEV 1995, 121, 123 unter besonderer Betonung des Umgehungsaspekts, m zutr Hinweis, dass dann auch für das Grundgeschäft für die Vollmacht der Beurkundung bedarf; aA *Keller* Rn 225 ff: formfrei, wenn nicht Teil eines sonst formbedürftigen Rechtsgeschäfts.
[47] OLG Köln Rpfleger 2000, 174 = ZEV 2000, 240 (LS).
[48] BGH NJW 1967, 1128, 1129; *Damrau/Redig* Rn 24; jurisPK/*Hau* Rn 7; *Staudinger/Olshausen* Rn 17; MünchKommBGB/*Musielak* Rn 5; *Lange/Kuchinke* § 45 II 1.
[49] *Soergel/Zimmermann* Rn 19 f; *Soergel/Zimmermann* Rn 26; jurisPK/*Hau* Rn 8; *Damrau/Redig* Rn 24; KK-Erbrecht/*Tschichoflos* Rn 20, wo aber zwischen Umdeutung und Heilung zu wenig unterschieden wird; vgl auch RGZ 129, 122; 137, 176; aA OLG Köln OLGR 1992, 282, weil dies sonst zur wirtschaftlichen Aushöhlung des Erbteils führe.
[50] Für möglich hält dies aber *Damrau/Redig* Rn 24; *Staudinger/Olshausen* Rn 19; wie hier auch AnwK-BGB/*Beck/Ulrich* Rn 9.

vertrag dann ausscheidet, wenn sich die Vertragsteile gerade bewusst für die notarielle Beurkundung entschieden haben[51]. Nur in besonderen Ausnahmefällen kann gegen die formbedingte Nichtigkeit der Einwand der **Arglist** oder der unzulässigen Rechtsausübung (§ 242) erhoben werden[52]. Jedenfalls hat der vorkaufsberechtigte Miterbe keine Arglisteinrede, wenn sich der Veräußerer und der Erwerber auf die Formnichtigkeit des Kaufvertrags berufen[53]. Auch eine **Heilung** des Formmangels in entspr Anwendung des § 311 b Abs 1 S 2 wird von der Rspr verneint, und zwar auch bei Verkauf von Erbanteilen durch Miterben[54]. Bei Verkauf einer Alleinerbschaft, wenn die Erfüllung durch Übertragung von einzelnen Nachlassgegenständen erfolgt, stimmt dem auch die Lit fast einhellig zu; fehlt es doch dann schon an einem einheitlichen Heilungszeitpunkt, und auch das Erfüllungsgeschäft unterliegt idR keinem Formzwang[55]. Demgegenüber bejaht das neuere Schrifttum überwiegend eine Analogie zu § 311 b Abs 1 S 2, wenn die Erfüllung durch eine **Erbteilsübertragung** nach § 2033 vollzogen wird und insoweit wenigstens bezüglich des dinglichen Vertrags die notarielle Beurkundung erfolgt[56]. Jedoch fehlt es für eine Analogie bereits an einer planwidrigen Regelungslücke: Im BGB gilt vielmehr der Grundsatz, dass formnichtige Geschäfte nicht durch Erfüllung geheilt werden; anders lautende Bestimmungen (§§ 311 b Abs 1 S 2, 518 Abs 2, 766 S 2) sind die Ausnahmen[57]; eine entsprechende Gesamtanalogie scheidet daher aus[58]. Und die von § 2033 und von § 2371 verfolgten Normzwecke sind nicht identisch: wer als Notar die bloße dingliche Abtretung beurkundet, denkt nicht an die komplizierten Absicherungen zur Gewährleistung des Austauschverhältnisses von Leistung und Gegenleistung beim Erbteilskauf[59]. Letztlich passt § 311 b Abs 1 S 2 für die Analogie nicht: Seine Heilungswirkung beruht entscheidend auf der **positiven Publizität des Grundbuchs,** während § 2033 dort keine Eintragung erfordert. Allenfalls könnte § 15 Abs 4 GmbHG für die Analogie herangezogen werden, was zu einer Akzentverschiebung der Diskussion führen muss. Jedoch ordnet dieser die Heilung explizit an[60].

V. Steuern

17 Steuerschuldner der **Erbschaftsteuer** ist nach § 20 Abs 1 ErbStG der Erbe, jedoch haftet bis zur Auseinandersetzung der Nachlass für die Steuer der am Erbfall Beteiligten (§ 20 Abs 3 ErbStG), so dass sich daraus auch für den Erwerber der Erbschaft eine direkte Haftung gegenüber dem **Finanzamt** nach § 2382 ergibt, wobei er jedoch seine Haftung nach § 2383 nach erbrechtlichen Grundsätzen beschränken kann. Erfolgt jedoch der Erwerb unentgeltlich, so haftet er sogar persönlich nach § 20 Abs 5 ErbStG[61]. Für das Innenverhältnis der Vertragsteile gilt § 2379 S 3. Erfolgt die **Übertragung** von Erbschaft oder Erbteil (ganz oder teilweise) unentgeltlich (§ 2385 Abs 2), so liegt insoweit eine steuerpflichtige, freigiebige Zuwendung unter Lebenden vor (§ 7 Abs 1 Nr 1 ErbStG), was bei Verträgen unter Geschwistern oder Fremden angesichts der geringen Freibeträge (§ 16 ErbStG) problematisch sein kann.

18 Soweit zur verkauften Erbschaft Grundstücke gehören, besteht eine **Grunderwerbsteuerpflicht** nach § 1 Abs 1 Nr 1 GrEStG; dabei ist ggf der anteilig hierauf entfallende Kaufpreis zu ermitteln. Bei Verkauf eines Erbteils entsteht eine Grunderwerbsteuerpflicht nach § 1 Abs 1 Nr 3 GrEStG, wenn zum Nachlass ein Grundstück gehört[62]. Ist der Erwerber selbst bereits Miterbe, so ist der Erwerb jedoch analog § 3 Nr 3 GrEStG steuerfrei[63]; § 3 Nr 3 GrEStG findet allerdings keine Anwendung, wenn der Erwerber kein Erbe ist, mag er auch schon früher einen Erbteil an diesem Nachlass erworben haben, da er dadurch ja nicht Erbe wurde[64]; ist aber nur der Veräußerer kein Miterbe, so schadet dies nicht[65].

---

[51] OLG Dresden ZErb 2003, 184.
[52] *Staudinger/Olshausen* Rn 29.
[53] RGZ 170, 203, 205 ff.
[54] BGH DNotZ 1971, 37; NJW 1967, 1128 = LM Nr 2; WM 1960, 551, 553; WM 1970, 1319 f; RGZ 129, 122, 123; 137, 171, 175; RG WarnR 1942 Nr 92; OLG Köln OLGR 1992, 282; OLG Köln ZEV 2000, 240 = EWiR 2000, 453 (*D. Eckardt*); OLG Jena von 19. 9. 1995, 8 U 1259/94; OLG Schleswig SchlHA 1954, 54.
[55] *Lange/Kuchinke* § 45 II 2; *MünchKommBGB/Musielak* Rn 6 mwN; *Soergel/Zimmermann* Rn 23; aA *Siber* JW 1932, 1354, 1355; *H. Lange* AcP 144 (1938), 149, 161.
[56] *Soergel/Zimmermann* Rn 22; *Staudinger/Olshausen* Rn 27; *Lange/Kuchinke* § 45 II 2; *Schlüter* Rn 1237; *Ebenroth* Rn 1198; *v. Lübtow* II 822 f; *Keller* ZEV 1995, 427, 431 ff, mwN in Fn 43; *ders* Formproblematik Rn 215; *Dietrich*, Die Erbteilsveräußerung, S. 95 f; *Ebeling/Geck*, HdB der Erbengemeinschaft, Stand 2006, I Rn 101; aA *AnwK-BGB/ Beck/Ulrich* Rn 11; *Damrau/Redig* Rn 26; KK-Erbrecht/*Tschichoflos* Rn 21; *Palandt/Edenhofer* Rn 3; MünchKommBGB/*Musielak* Rn 7; RGRK/*Kregel* § 2033 Rn 13; *Kipp/Coing* § 111 II; *Nagel*, Zur Heilung formnichtiger Verträge, S 75 ff; *Kleeberger* MittBayNot 1997, 153, der betont, wegen der Möglichkeit der Erklärung der Abtretung unter einer aufschiebenden Bedingung oder Befristung fehle es hinsichtlich des Vollzugszeitpunkts an der notwendigen Bestimmtheit; anders bei § 313 wegen § 925 Abs 2; offenlassend jurisPK/*Hau* Rn 8.
[57] *Flume* AT II § 15 III 3 b; *Keller* Rn 157 ff.
[58] Demgegenüber hält *Keller* Rn 157 ff eine Einzelanalogie wegen einer „teleologischen Lücke" für möglich.
[59] Zutr MünchKommBGB/*Musielak* Rn 7; dem zust *Damrau/Redig* Rn 26.
[60] Daher gegen eine Analogie bereits RGZ 137, 171, 175.
[61] *Staudinger/Olshausen* Einl §§ 2371 ff Rn 107; MünchKommBGB/*Musielak* Vor § 2371 Rn 16.
[62] BFHE 117, 270, 274 f = BStBl 1976 II, S 179; *Boruttau/P. Fischer*, 15. Aufl 2002, § 1 Rn GrEStG 617 ff.
[63] *Boruttau/Sack*, GrEStG, § 3 Rn 331; koordinierter Ländererlass FinNW vom 5. 6. 1984 StEK GrEStG 1983 § 3 Nr 2; AnwK-BGB/*Beck/Ulrich* Rn 15; MünchKommBGB/*Musielak* Vor § 2371 Rn 17; *Staudinger/Olshausen* Einl §§ 2371 ff Rn 109; dazu bedarf es keiner Erbauseinandersetzung im eigentlichen Sinn, übersehen bei jurisPK/ *Hamdan/Quernheim* Steuerrechtl Hinw Rn 5.
[64] *Boruttau/Sack* § 3 GrEStG Rn 332.
[65] RFH 236, 151; *Staudinger/Olshausen* Einl §§ 2371 ff Rn 109.

Einkommensteuerrechtliche Folgen gilt es auch bei einem Erbschaftskauf zu beachten, wenn 19
Betriebsvermögen vorhanden ist. Bei der **unentgeltliche Übertragung** der gesamten Erbschaft, und
damit auch des Betriebs, hat der Erwerber die Buchwerte des Schenkers fortzuführen § 6 Abs 3 EStG,
die (ganze oder teilweise) **entgeltliche Veräußerung** führt aber zur Aufdeckung stiller Reserven mit
steuerpflichtigen Veräußerungserlösen[66]. Die Übertragung eines **Erbteils**, der Betriebsvermögen umfasst, ist die Veräußerung einer Mitunternehmerschaft, was zu steuerpflichtigen Veräußerungsgewinnen
führen kann (§ 16 Abs 1 S 1 Nr 2 EStG)[67].

VI. Verfahrensrecht

Durch den Erbschaftskauf wird der Erwerber nicht Erbe. Daher wird dadurch ein **Erbschein** nicht 20
unrichtig; auch kann der Erwerber dort nicht aufgeführt werden[68]. Dies gilt auch bei Erwerb des
Anwartschaftsrechts des Nacherben[69]. Der dingliche Erbteilserwerber ist allerdings berechtigt, einen
Erbscheinsantrag, wenn auch zu Gunsten des veräußernden Erben zu stellen[70], nicht aber der Erwerber
einer bloßen Erbschaft, der nur einen obligatorischen Anspruch gegen den Erben hat[71], jedoch hilft
diesem eine entsprechende Vollmacht weiter.

Für die **Zwangsvollstreckung** gegen den Erbschaftskäufer ist eine Klauselumschreibung nach § 729 21
ZPO möglich (§ 2382 Rn 6).

§ 2372 Dem Käufer zustehende Vorteile

*Die Vorteile, welche sich aus dem Wegfall eines Vermächtnisses oder einer Auflage oder
aus der Ausgleichungspflicht eines Miterben ergeben, gebühren dem Käufer.*

Normzweck der dispositiven Vorschrift[1] ist, dass die Vorteile, die sich aus dem Wegfall eines 1
Vermächtnisses (§§ 2160 ff), einer Auflage (§ 2196) oder einer Ausgleichungspflicht eines anderen
Miterben (§§ 2050 ff) ergeben, dem Käufer als Ausgleich für die ihn nach § 2382 treffende Haftung
zugute kommen sollen[2]. Er soll also so gestellt werden, wie wenn er durch den Kauf auch Erbe
geworden wäre (s auch § 2371 Rn 4). Für den Wegfall des Vermächtnisses oder der Auflage gilt dies
nur dann, wenn dies nach Abschluss des schuldrechtlichen Kaufvertrags erfolgte[3]. Erfolgt der Wegfall in
diesen Fällen ohne Kenntnis des Verkäufers bereits **vorher,** so ist er regelmäßig zur Anfechtung nach
§ 119 Abs 2 wegen eines Irrtums über eine verkehrswesentliche Eigenschaft berechtigt[4].

Bei der **Ausgleichungspflicht** eines Miterben ist es allerdings unerheblich, ob diese vor oder nach 2
Abschluss des Kaufvertrags festgestellt wird, weil die sich aus daraus für den Ausgleichungsberechtigten
ergebenden Vorteile als Vorempfang der Erbschaft auf alle Fälle auf den Erwerber übergehen sollen[5].
Entspr dem Normzweck ist § 2372 auch anwendbar bei Wegfall von Pflichtteilslasten, Teilungsanordnungen, Testamentsvollstreckung oder eines Nacherbenrechts[6].

§ 2373 Dem Verkäufer verbleibende Teile

¹*Ein Erbteil, der dem Verkäufer nach dem Abschluss des Kaufs durch Nacherbfolge oder
infolge des Wegfalls eines Miterben anfällt, sowie ein dem Verkäufer zugewendetes Vorausvermächtnis ist im Zweifel nicht als mitverkauft anzusehen.* ²*Das Gleiche gilt von Familienpapieren und Familienbildern.*

Die Vorschrift enthält eine **Auslegungsregel** und bestimmt in Einschränkung seiner Leistungspflicht, 1
dass dem Verkäufer verbleibt
1. ein nach dem Verkauf **angefallener Erbteil** (bei Nacherbfolge, §§ 2100 ff, 2139, oder durch
 Wegfall eines Miterben bei gesetzlicher, § 1935, oder gewillkürter Erbfolge, §§ 2094, 2096). Bei
 Anfall vor Abschluss des Kaufvertrags gelten die allgemeinen Auslegungsgrundsätze

---

[66] Zum entgeltlichen Erwerb bei Privatvermögen, der sich insbes durch § 23 EStG ergeben kann, BFHE 144, 366 = NJW 1986, 608; *Tiedtke/Wälzholz* BB 2001, 234, 239.
[67] BMF Schreiben vom 14. 3. 2006, BStBl I 253 = ZEV 2006, 154 Tz 37, 39; *Schmidt/Wacker* § 16 Rn 400 ff; jurisPK/*Harndan/Quernheim* Steuerrechtl Hinw Rn 4.
[68] RGZ 64, 173, 175 f, 178.
[69] LG Heilbronn NJW 1956, 513; *Kipp/Coing* § 50 I 3 b; *Staudinger/Olshausen* Einl §§ 2371 ff Rn 17 mwN.
[70] MünchKommBGB/*J. Mayer* § 2353 Rn 83 mwN.
[71] MünchKommBGB/*J.Mayer* § 2353 Rn 84 mwN; *Staudinger/Olshausen* Einl §§ 2371 ff Rn 17; aA *Soergel/Zimmermann* § 2353 Rn 32: eigenes Antragsrecht.
[1] *Damrau/Redig* Rn 3; MünchKommBGB/*Musielak* Rn 5; *Staudinger/Olshausen* Rn 1, 9.
[2] JurisPK/*Hau* Rn 2; *Soergel/Zimmermann* Rn 1.
[3] MünchKommBGB/*Musielak* Rn 2; *Staudinger/Olshausen* Rn 7.
[4] AllgM, AnwK-BGB/*Beck/Ulrich* Rn 3; *Damrau/Redig* Rn 4; *Staudinger/Olshausen* Rn 7 mwN.
[5] *Staudinger/Olshausen* Rn 6; MünchKommBGB/*Musielak* Rn 3; unklar *Damrau/Redig* Rn 5, der verkennt, dass es nicht um den *Wegfall* einer Ausgleichungsverpflichtung geht.
[6] *Damrau/Redig* Rn 2; MünchKommBGB/*Musielak* Rn 4; *Lange/Kuchinke* § 45 III Fn 51; *Staudinger/Olshausen* Rn 8.

§ 2374　　　　　　　　　　　　　　　　　　　　Buch 5. Abschnitt 9. Erbschaftskauf

2. ein dem Verkäufer zugewandtes **Vorausvermächtnis** (§ 2150). Dem ist der gesetzliche Voraus des Ehegatten (§ 1932) gleichzustellen[1], nicht jedoch eine **Teilungsanordnung**[2]. Allerdings haftet der Verkäufer nach § 2376 für das Nichtbestehen des Vorausvermächtnisses, es sei denn, der Käufer kannte es (§ 442 Abs 1 S 1) oder die Nichtkenntnis beruhte auf grober Fahrlässigkeit und der Verkäufer hat den Rechtsmangel nicht arglistig verschwiegen und auch keine entsprechende Garantie abgegeben (§ 442 Abs 1 S 2).
3. **Familienpapiere** und Familienbilder (S 2). Diese Regelung beruht auf dem Pietätsinteresse[3], so dass es auf den Wert dieser Gegenstände nicht ankommt[4] und diese Begriffe weit auszulegen sind; daher fallen darunter auch Briefe, Tagebücher, Familiennotizen[5].

2 Die Auslegungsregel des § 2373 bestimmt zugleich die **Beweisführungslast** (subjektive Beweislast), die den trifft, der Abweichendes behauptet. Zugleich verhindert sie ein „non liquet" bei Unaufklärbarkeit der Tatsachen, weil sie keinen Raum für Beweislastnormen lässt[6].

§ 2374 Herausgabepflicht

Der Verkäufer ist verpflichtet, dem Käufer die zur Zeit des Verkaufs vorhandenen Erbschaftsgegenstände mit Einschluss dessen herauszugeben, was er vor dem Verkauf auf Grund eines zur Erbschaft gehörenden Rechts oder als Ersatz für die Zerstörung, Beschädigung oder Entziehung eines Erbschaftsgegenstands oder durch ein Rechtsgeschäft erlangt hat, das sich auf die Erbschaft bezog.

I. Normzweck

1 Nach dem Grundkonzept des Erbschaftskaufs hat der Verkäufer dem Käufer dasjenige zu gewähren, was dieser hätte, wenn er an Stelle des Verkäufers Erbe geworden wäre. Demnach müsste sich der Umfang der Herausgabepflicht nach den Verhältnissen im Zeitpunkt des Erbfalls richten. Abweichend davon bestimmt aber § 2374 den **Vertragsschluss** als den maßgeblichen Zeitpunkt für die Leistungspflicht des Verkäufers. Denn die Vertragsteile gehen bei ihren Vertragsverhandlungen idR immer von dem dann vorhandenen Zustand der Erbschaft aus[1*]. Eine Rückbeziehung findet nur hinsichtlich der Surrogate und der Wertersatzpflicht nach § 2375 statt.

II. Umfang der Herausgabepflicht

2 Diese richtet sich nach dem Kaufobjekt und der konkreten erbrechtlichen Stellung des Verkäufers[2*].

3 Der **Alleinerbe** hat alle zur Erbschaft gehörenden Gegenstände und Vermögensrechte nach den dafür geltenden Vorschriften auf den Käufer zu übertragen, also nach den §§ 929 ff für bewegliche Sachen, Grundstücke nach den §§ 873, 925, Forderungen nach §§ 398 ff[3*]. Soweit der Nachlass einer Testamentsvollstreckung oder Nachlassverwaltung unterliegt, bedarf der Übertragung der Zustimmung dieser Verwalter[4*]. Wenn einzelne der verkauften Gegenstände nicht dem Verkäufer gehören, finden die Bestimmungen über den **gutgläubigen Erwerb** vom Nichtberechtigten Anwendung (§§ 892 f, 932 ff). Wenn jedoch der Verkäufer überhaupt nicht Erbe wurde, so findet wegen der Sonderregelung des § 2030 kein **gutgläubiger Erwerb** statt, mag der Verkäufer auch durch einen Erbschein ausgewiesen sein[5*].

4 Bei Verkauf eines **Erbteils** durch einen **Miterben** oder eines Bruchteils hiervon ist Gegenstand des Verkaufs bis zum Vollzug der Erbauseinandersetzung die mitgliedschaftliche Berechtigung. Sie wird nach § 2033 übertragen; eine Übertragung von Anteilen an einzelnen Nachlassgegenständen ist weder erforderlich noch möglich (§ 2033 Abs 2), jedoch kommt eine Auslegung in Betracht, dass der Käufer schuldrechtlich verpflichtet ist, dem Verkäufer den Teil der Gegenstände zukommen zu lassen, den er erhalten hätte, wenn es vor der Erbteilsübertragung zu einer erbrechtlichen Auseinandersetzung gekommen wäre[6*]. Die Zustimmung eines Testamentsvollstreckers oder Nachlassverwalters ist zur Übertragung des Erbteils nicht erforderlich[7]. Ein gutgläubiger Erwerb scheidet jedoch aus, da § 2366

---

[1] AnwK-BGB/*Beck/Ulrich* Rn 1; *Damrau/Redig* Rn 2; MünchKommBGB/*Musielak* Rn 4; *Staudinger/Olshausen* Rn 3; einschränkend *Lange/Kuchinke* § 45 III Fn 49, wenn der Voraus den wesentlichen Nachlass ausmacht; offenlassend jurisPK/*Hau* Rn 1.
[2] *Benk* MittRhNotK 1979, 53, 57; jurisPK/*Hau* Rn 1; aA *Damrau/Redig* Rn 2 unter unzutr Berufung auf die hießige Auffassung.
[3] Prot II S 114.
[4] AnwK-BGB/*Beck/Ulrich* Rn 1; jurisPK/*Hau* Rn 1; MünchKommBGB/*Musielak* Rn 5.
[5] MünchKommBGB/*Musielak* Rn 5; *Staudinger/Olshausen* Rn 4.
[6] MünchKommBGB/*Musielak* Rn 6; *Baumgärtel/Laumen* Rn 2.
[1*] *Damrau/Redig* Rn 1; *v. Lübtow* II 1079; MünchKommBGB/*Musielak* Rn 3.
[2*] *Lange/Kuchinke* § 45 III 2 b.
[3*] Eingehend hierzu *Staudinger/Olshausen* Einl §§ 2371 ff Rn 51 ff.
[4*] JurisPK/*Hau* Rn 3; zur Frage, wann der Nachlassverwalter diese erteilen kann, *Staudinger/Olshausen* Einl §§ 2371 ff Rn 56.
[5*] AnwK-BGB/*Beck/Ulrich* Rn 2; *Damrau/Redig* Rn 4; jurisPK/*Hau* Rn 3; MünchKommBGB/*Musielak* Rn 12; *Soergel/Zimmermann* Rn 1; *Staudinger/Olshausen* Rn 7.
[6*] OLG Koblenz OLGR 2005, 440.
[7] *Soergel/Zimmermann* § 2371 Rn 14; AnwK-BGB/*Beck/Ulrich* Rn 4.

hier nicht gilt[8]. Da der auf Grund einer (einfachen oder qualifizierten) **Nachfolgeklausel** vererbliche Anteil an einer **Personengesellschaft** auf Grund der eintretenden erbrechtlichen Sondererbfolge sofort mit dem Erbfall auf den nachfolgeberechtigten Gesellschaftererben übergeht (§ 1922 Rn 68 ff), wird er jedoch von einer Erbteilsveräußerung nicht erfasst[9]. Weil es sich jedoch bei einer solchen Sondererbfolge in Personengesellschaften der Sache nach um eine mit dem Erbfall sofort vollziehende Teilungsanordnung handelt, ist dieser Fall wie der bei einer ganz oder zumindest teilweise erfolgten Erbauseinandersetzung zu behandeln (Rn 5). Daher ist § 2374 hierauf entspr anwendbar, so dass der Verkäufer zur Übertragung des ihm kraft Sondererbfolge zugefallenen Gesellschaftsanteils verpflichtet ist[10]. Dies vermeidet Wertungswidersprüche zum Erwerb vom Alleinerben, für den sich diese Verpflichtung aus § 2374 zweifelsfrei ergibt. Zudem stehen auch gesellschaftsrechtliche Gründe nicht entgegen, da gesellschaftsvertragliche Abtretungsbeschränkungen auch hier gelten und die Mitgesellschafter schützen[11].

Wenn jedoch die **Erbauseinandersetzung** bereits vollständig erfolgt ist, ist das Anteilsrecht erloschen. Der Verkäufer hat dann auf Grund einer ergänzenden Vertragsauslegung seine Herausgabepflicht durch (Einzel-)Übertragung der ihm bei der Auseinandersetzung zugeteilten Nachlassgegenstände zu erfüllen[12]. Bei einer Teilauseinandersetzung muss er seinen Erbteil übertragen (§ 2033) und bezüglich der ihm bereits zugeteilten Gegenstände Einzelübertragung vornehmen[13]. 5

Nach der ausdrücklichen Regelung des Gesetzes sind auch die vor dem Verkauf erlangten **Surrogate** herauszugeben; dadurch wird der Grundsatz der Rückbeziehung (§ 2371 Rn 4) wiederhergestellt. Obwohl der Wortlaut dem des § 2041 entspricht, liegt in den Fällen, in denen die Erfüllung der Herausgabepflicht durch Einzelübertragung erfolgt, keine dinglich wirkende Surrogationsbestimmung im eigentlichen Sinne vor, sondern legt nur den Umfang der schuldrechtlichen Herausgabeverpflichtung fest. Gegen die Annahme einer dinglich wirkenden Surrogation spricht gerade § 2379, wonach die vor dem Verkauf anfallenden Nutzungen dem Verkäufer verbleiben, sowie der fehlende Verweis auf die §§ 406–408 und dass hier gerade kein Sondervermögen entsteht, sondern beim Erbschaftskauf vom Alleinerben das Gesetz rein schuldrechtlich wirkende Rechte und Pflichten normiert[14]. Zu Einzelheiten s daher Erl zu § 2041. Der Herausgabepflicht unterliegen auch Ansprüche des Verkäufers gegen Testamentsvollstrecker, Nachlasspfleger, Erbschaftsbesitzer und gegen Vorerben (§§ 2130 ff), die er auf Grund seiner Erbenstellung erworben hat[15], nicht aber ein Anspruch auf den güterrechtlichen Zugewinnausgleich (§ 1371 Abs 2), da dies die Ausschlagung des verkauften Erbteils voraussetzt[16]. Die **Nutzungen** bis zum Verkauf verbleiben dem Verkäufer (§ 2379). 6

§ 2375 Ersatzpflicht

(1) ¹Hat der Verkäufer vor dem Verkauf einen Erbschaftsgegenstand verbraucht, unentgeltlich veräußert oder unentgeltlich belastet, so ist er verpflichtet, dem Käufer den Wert des verbrauchten oder veräußerten Gegenstands, im Falle der Belastung die Wertminderung zu ersetzen. ²Die Ersatzpflicht tritt nicht ein, wenn der Käufer den Verbrauch oder die unentgeltliche Verfügung bei dem Abschluss des Kaufs kennt.

(2) Im Übrigen kann der Käufer wegen Verschlechterung, Untergangs oder einer aus einem anderen Grunde eingetretenen Unmöglichkeit der Herausgabe eines Erbschaftsgegenstands nicht Ersatz verlangen.

In Ergänzung der Herausgabepflicht des § 2374 hat der Verkäufer einen Wertersatz nach Abs 1 S 1 dann zu leisten, wenn er **vor Abschluss** des Erbschaftskaufs einen Erbschaftsgegenstand verbraucht (zB durch Tilgung eigener Verbindlichkeiten), veräußert oder belastet hat, ohne dass dafür dem Nachlass etwas als entsprechende Kompensation zugeflossen ist. Daher kommt es hier nur auf die objektive 1

---

[8] MünchKommBGB/*J. Mayer* § 2366 Rn 15 mwN.
[9] *Dietrich*, Die Erbteilsveräußerung, S 168; *Keller* MittBayNot 2007, 96, 97; *Ivo* ZEV 2004, 499, 500; *Soergel/M. Wolf* § 2033 Rn 12.
[10] *Ivo* ZEV 2004, 499, 500; *Keller* MittBayNot 2007, 96, 99; aA *Dietrich*, Die Erbteilsveräußerung, S 168 f, mit der im Kontext von § 2374 nur formalen Begründung, dass hier mit dem Erbfall keine gesamthänderische Bindung entstanden sei.
[11] *Keller* MittBayNot 2007, 96, 99.
[12] MünchKommBGB/*Musielak* Rn 6; *Kipp/Coing* § 111 IV 1; *Soergel/Zimmermann* § 2371 Rn 15; aA *Lange/Kuchinke* § 45 III 2 c, die wegen des Untergangs des Anteils objektive Unmöglichkeit des Erbschaftskaufs und damit Nichtigkeit (§ 306 aF) annehmen und allenfalls Umdeutung zulassen, was aber zu weit geht und nach Inkrafttreten des SMG wegen § 311 a Abs 1 nF nicht mehr vertretbar ist; dagegen sieht RGZ 134, 296, 298 f keine Wirksamkeitsbedenken.
[13] AnwK-BGB/*Beck/Ulrich* Rn 4; *Damrau/Redig* Rn 3.
[14] Ausf *Stiebitz*, Die Surrogation im Erbrecht, Diss Erlangen-Nürnberg, 2006, S 137 ff; AnwK-BGB/*Beck/Ulrich* Rn 7; *Keller* MittBayNot 2007, 96, 98; *Lange/Kuchinke* § 45 III Fn 56; MünchKommBGB/*Musielak* Rn 10; aA *Soergel/Zimmermann* Rn 2 f, der von dinglicher Surrogation spricht; ebenso offenbar auch *Staudinger/Olshausen* Rn 11 ff; widersprüchlich *Damrau/Redig*, der in Rn 6 von dinglicher Surrogation spricht, in Rn 7 betont, es sei keine dinglich wirkende „Surrogationsbestimmung im eigentlichen Sinne". In Fällen der Erbteilsübertragung nach § 2033 gilt allerdings § 2041 unmittelbar.
[15] MünchKommBGB/*Musielak* Rn 9; *Staudinger/Olshausen* Rn 9.
[16] *Soergel/Zimmermann* Rn 1; *Palandt/Edenhofer* Rn 3.

§ 2376   Buch 5. Abschnitt 9. Erbschaftskauf

Unentgeltlichkeit an, nicht auf die Parteivorstellung über das Vorliegen einer Schenkung[1]. Zu ersetzen ist der **objektive Wert,** den der Gegenstand im Zeitpunkt des Verbrauchs oder der Veräußerung besitzt[2], bei Belastungen die dann eingetretene objektive Wertminderung. In den Fällen der **Surrogation** gilt jedoch die Sonderregelung des § 2374[3]. Die Wertersatzpflicht entfällt, wenn der Käufer den Verbrauch oder die unentgeltliche Veräußerung bei Abschluss des Kaufes kennt (Abs 1 S 2), wobei hier nur **positive Kenntnis** des Käufers **schadet,** Kennen müssen der Kenntnis nicht gleichsteht[4].

2   Abs 2 enthält eine **Haftungsfreistellung** für den **Verkäufer** bei Verschlechterung, Untergang oder aus sonstigen Gründen eingetretener Unmöglichkeit und bezieht sich ebenfalls **nur auf die Zeit vor Abschluss** des Kaufvertrags, gilt jedoch unabhängig davon, ob den Verkäufer hieran ein Verschulden trifft[5]. Sie erfasst jedoch die Haftung aus anderem Rechtsgrund, etwa bei einer arglistigen Täuschung oder nach § 826[6] oder wenn der Verkäufer eine entsprechende Garantie übernommen hat[7].

3   **Nach Abschluss** des Erbschaftskaufs haftet der Verkäufer nach den allgemeinen Grundsätzen (§ 437 idF des SMG, früher §§ 440 Abs 1, 325, 281 aF)[8].

§ 2376 Haftung des Verkäufers

(1) Die Verpflichtung des Verkäufers zur Gewährleistung wegen eines Mangels im Recht beschränkt sich auf die Haftung dafür, dass ihm das Erbrecht zusteht, dass es nicht durch das Recht eines Nacherben oder durch die Ernennung eines Testamentsvollstreckers beschränkt ist, dass nicht Vermächtnisse, Auflagen, Pflichtteilslasten, Ausgleichungspflichten oder Teilungsanordnungen bestehen und dass nicht unbeschränkte Haftung gegenüber den Nachlassgläubigern oder einzelnen von ihnen eingetreten ist.

(2) Sachmängel einer zur Erbschaft gehörenden Sache hat der Verkäufer nicht zu vertreten.

1   Die Norm enthält als Sondervorschrift eine **Beschränkung** der allgemein für einen Kaufvertrag bei Rechts- oder Sachmängeln geltenden Rechte des Käufers. Fast in allen Kommentierungen wird noch von den „Gewährleistungspflichten" des Verkäufers gesprochen[1*], jedoch entspricht dies nicht mehr der Gesetzesterminologie seit dem Schuldrechtsmodernisierungsgesetz. Gerechtfertigt wird diese Rechtsbeschränkung damit, dass sie dem mutmaßlichen Willen der Beteiligten wie aber auch der besonderen Art des Vertragsobjekts als Erbschaft mit einem Inbegriff von Rechten und Sachen entspreche[2*].

2   Abs 1 beschränkt die **Rechtsmängelhaftung** auf die dort genannten Fälle. Der Erbteilsverkäufer haftet dabei dafür, dass er zum vertragsgemäßen Bruchteil Erbe wurde. Der Verkäufer haftet aber nicht dafür, dass einzelne Erbschaftsgegenstände frei von Rechten Dritter sind oder der Erblasser Eigentümer derselben war[3*]. In analoger Anwendung des § 2376 haftet jedoch der Verkäufer dafür, dass keine Erbersatzansprüche nichtehelicher Kinder (bei Erbfällen bis zum 1. 4. 1998, vgl Art 227 Abs 1 Nr 1 EGBGB) oder Zugewinnausgleichsansprüche (§ 1371 Abs 2, 3) oder ein Voraus (§ 1932) oder ein „Dreißigster" (§ 1969) des Ehegatten bestehen, nicht aber für Freiheit von Unterhaltsansprüchen der werdenden Mütter nach § 1963[4*]. Besteht jedoch eine Rechtsmängelhaftung, bestimmt sich die Rechtsfolge nach dem § 437 idF des SMG, früher §§ 440, 441, 320 ff, soweit der Käufer nicht bei Kaufabschluss den Mangel positiv kannte (§ 442 Abs 1 nF, früher § 439), oder nicht nach § 442 Abs 1 S 2 bei grober Fahrlässigkeit des Käufers[5*]. Bei Erbschaftsschenkungen gilt die Haftungsreduzierung nach § 2385 Abs 2 S 2[6*], für das Außenverhältnis ist stets die Haftung nach § 2382 maßgebend.

3   Abs 2 schließt die Haftung für **Sachmängel** generell aus und sollte mit dem SMG an die neue Terminologie angepasst werden, ohne eine sachliche Änderung zu bewirken. Dies ist nicht ganz gelungen, da es eine Sachmängelhaftung im eigentlichen Sinn nun nicht mehr gibt[7*]. Da eine sachliche Änderung nicht gewollt war, ist Abs 2 auch dahin auszulegen, dass nicht nur die verschuldensabhängi-

---

[1] JurisPK/*Hau* Rn 1; AnwK-BGB/*Beck/Ulrich* Rn 1; so wohl auch *Soergel/Zimmermann* Rn 1 unter Bezug auf die Rspr zu §§ 2113, 2205 S 3.
[2] *Damrau/Redig* Rn 1; MünchKommBGB/*Musielak* Rn 5; *Staudinger/Olshausen* Rn 9.
[3] *Damrau/Redig* Rn 2; *Staudinger/Olshausen* Rn 6.
[4] JurisPK/*Hau* Rn 2; *Baumgärtel/Laumen* Rn 1; *Staudinger/Olshausen* Rn 8.
[5] MünchKommBGB/*Musielak* Rn 7; *Staudinger/Olshausen* Rn 12; *Soergel/Zimmermann* Rn 2.
[6] JurisPK/*Hau* Rn 5; *Staudinger/Olshausen* Rn 12; *Soergel/Zimmermann* Rn 2; MünchKommBGB/*Musielak* Rn 7.
[7] MünchKommBGB/*Musielak* Rn 7; *Staudinger/Olshausen* Rn 12.
[8] AnwK-BGB/*Beck/Ulrich* Rn 3; *Staudinger/Olshausen* Rn 4; *Lange/Kuchinke* § 45 III 2 d; *Kipp/Coing* § 111 III 3.
[1*] So etwa AnwK-BGB/*Beck/Ulrich* Rn 1; *Damrau/Redig* Rn 1; MünchKommBGB/*Musielak* Rn 1; *Staudinger/Olshausen* Rn 2; *Soergel/Zimmermann* Rn 1 f.
[2*] *Staudinger/Olshausen* Rn 2.
[3*] *Soergel/Zimmermann* Rn 1; *Staudinger/Olshausen* Rn 9; MünchKommBGB/*Musielak* Rn 3.
[4*] AnwK-BGB/*Beck/Ulrich* Rn 1; *Damrau/Redig* Rn 2; MünchKommBGB/*Musielak* Rn 5; *Staudinger/Olshausen* Rn 12.
[5*] MünchKommBGB/*Musielak* Rn 8, dort auch zur Beweis- und Feststellungslast.
[6*] jurisPK/*Hau* Rn 1; *Damrau/Redig* Rn 4; MünchKommBGB/*Musielak* Rn 8.
[7*] Zust MünchKommBGB/*Musielak* Rn 9.

gen Käuferrechte ausgeschlossen sind (wie der Terminus „Verschulden" nahe legt), sondern entspr der früheren Rechtslage und der typischen Interessenlage beim Erbschaftskauf auch die übrigen gesetzlichen Käuferrechte (vgl § 437 Nr 1 und 2 nF). Dies galt bis zum Inkrafttreten des SMG, jedoch nicht bei Arglist des Verkäufers (§ 463 S 2 aF) oder bei Zusicherung einer bestimmten Eigenschaft (§ 459 Abs 2 aF)[8]. Auch nach der Neufassung des Abs 2 durch das SMG wird man weiter davon ausgehen müssen, dass für diesen gesetzlichen Haftungsausschluss die Grenzen eines vertraglichen (§ 444 nF) gelten müssen, also bei arglistigem Verschweigen oder Übernahme einer Garantie die gesetzlichen Rechte des Käufers bestehen bleiben[9]. Nimmt man in Übereinstimmung mit der sog Einzeltheorie an, dass die §§ 2371 ff auch dann anwendbar sind, wenn einzelne Nachlassgegenstände verkauft werden, diese jedoch nahezu den ganzen Nachlass darstellen und der Erwerber dies weiß (§ 2371 Rn 5), so verstößt der in Abs 2 angeordnete Ausschluss der Sachmängelhaftung bei einem Verbrauchsgüterkauf durch einen Unternehmer (zB Trödler) an einen Verbraucher gegen Art 3 der EU-RL zum Verbrauchsgüterkauf vom 25. 5. 1999 (ABl EG Nr L 171). Im Wege richtlinienkonformer Auslegung sind auf solche Fälle dann die §§ 474 ff nF entspr anzuwenden[10].

Gestaltung: Die gesetzliche Regelung für Sach- und Rechtsmängel ist unbefriedigend. Die Praxis **4** arbeitet daher mit vertraglichen Garantiezusagen (§ 443)[11].

§ 2377 Wiederaufleben erloschener Rechtsverhältnisse

[1]Die infolge des Erbfalls durch Vereinigung von Recht und Verbindlichkeit oder von Recht und Belastung erloschenen Rechtsverhältnisse gelten im Verhältnis zwischen dem Käufer und dem Verkäufer als nicht erloschen. [2]Erforderlichenfalls ist ein solches Rechtsverhältnis wiederherzustellen.

Die Vorschrift dient der Verwirklichung des Grundsatzes, dass der Erbschaftskäufer so zu stellen ist, **1** als ob er an Stelle des Verkäufers von Anfang an der Erbe geworden wäre. Demnach wird angeordnet, dass ein zwischen dem Erblasser und dem Erbschaftsverkäufer bestehendes Rechtsverhältnis, das durch Vereinigung von Recht und Verbindlichkeit (Konfusion) oder von Recht und Belastung (Konsolidation) an sich erloschen wäre, im Verhältnis von Käufer und Verkäufer als fortbestehend gilt, um Benachteiligungen für eine Partei zu vermeiden (sog **Fortbestehensfiktion**).

Diese Fiktion wirkt aber nur **schuldrechtlich** (vgl S 2); demnach sind die Vertragsteile verpflichtet, **2** sich gegenseitig das zu gewähren, was sie bei Fortbestehen der erloschenen Rechtsverhältnisse beanspruchen könnten[1]. Soweit erforderlich, ist das Rechtsverhältnis neu zu begründen, und zwar mit Wirkung ex tunc[2]. Bei sofort fälligen Forderungen ist dies aber nicht erforderlich; es genügt die Bewirkung der ursprünglich geschuldeten Leistung[3]; § 2377 macht das Ganze auch kondiktionsfest. Eine Neubestellung ist aber erforderlich bei akzessorischen Sicherungsrechten (Pfandrecht, Hypothek), die durch Konfusion zunächst erloschen sind. So entsteht durch das Erlöschen der gesicherten Forderung bei einer Hypothek eine Eigentümergrundschuld (§§ 1163 Abs 1 S 2, 1177 Abs 1 S 1)[4]. § 2377 wirkt aber auch zu Ungunsten des Erwerbers, wenn der Verkäufer vor dem Erbfall eine Forderung gegen den Erblasser hatte[5].

Die Fortbestehensfiktion wirkt nur schuldrechtlich zwischen den Vertragsparteien, **nicht gegen** **3** **Dritte.** Ein Dritter als Bürge oder Sicherungsgeber eines Pfandrechts, zB einer Hypothek, wird also durch § 2377 nicht zur Neubestellung der Sicherheiten gegenüber dem Gläubiger verpflichtet[6], jedoch kann sich eine solche Verpflichtung diesem gegenüber aus der abgeschlossenen Sicherungsabrede ergeben[7]. Soweit ein Miterbe seinen Erbanteil überträgt, bedarf es der Fortbestehensfiktion nicht, da wegen des Gesamthandsprinzips der **Erbengemeinschaft** vor der Auseinandersetzung das Recht oder die Verbindlichkeit eines Erben gegenüber dem Nachlass ohnehin fortbesteht[8*]. Hier bewirken die §§ 755 Abs 2, 756 S 2, dass sich der Erbteilserwerber die frühere Schuld des Verkäufers anrechnen lassen muss[9*].

---

[8] *Palandt/Edenhofer* Rn 2; *MünchKommBGB/Musielak* Rn 9; *Staudinger/Olshausen* Rn 18.
[9] *Damrau/Redig* Rn 5; *jurisPK/Hau* Rn 3; *MünchKommBGB/Musielak* Rn 9; *Schlichting* ZEV 2002, 478, 479; *Staudinger/Olshausen* Rn 18; *Soergel/Zimmermann* Rn 2.
[10] Zust AnwK-BGB/*Beck/Ulrich* Rn 3; jurisPK/*Hau* Rn 4; ohne Problemverständnis *Soergel/Zimmermann* Rn 2, wonach § 2376 Abs 2 „lex specialis" sei.
[11] Muster bei *Nieder* in: Münchener Vertragshandbuch, Bürgerliches Recht, VI/1 Form XX 1 § 5; eingehend dazu unter Berücksichtigung der Änderungen des SMG *Hertel* in: *Amann*, ua, Die Schuldrechtsreform in der Vertragspraxis, 2. Aufl, S 194 ff; *Dietrich*, Die Erbteilsveräußerung, S 410 ff; *Keim* RNotZ 2003, 375, 385.
[1] Berechtigter und Verpflichteter verwechselt *Damrau/Redig* Rn 3.
[2] *Soergel/Zimmermann* Rn 2.
[3] *Kipp/Coing* § 111 VII 1; *Lange/Kuchinke* § 45 III Fn 60.
[4] *Staudinger/Olshausen* Rn 6; *MünchKommBGB/Musielak* Rn 3; aA *Planck/Greiff* Anm 3, der Fortbestehen der Hypothek annimmt.
[5] JurisPK/*Hau* Rn 2; *Staudinger/Olshausen* Rn 7; *Soergel/Zimmermann* Rn 3.
[6] *Damrau/Redig* Rn 4; *MünchKommBGB/Musielak* Rn 5; *Staudinger/Olshausen* Rn 8; *AK/Däubler* Rn 2; aA *v. Lübtow* I S 780.
[7] JurisPK/*Hau* Rn 2.
[8*] *Kipp/Coing* § 111 VII 2; RGRK/*Kregel* Rn 2; *Zarnekow* MittRhNotK 1969, 620, 629.
[9*] RGZ 78, 273, 274 f.

§ 2378 Nachlassverbindlichkeiten

(1) Der Käufer ist dem Verkäufer gegenüber verpflichtet, die Nachlassverbindlichkeiten zu erfüllen, soweit nicht der Verkäufer nach § 2376 dafür haftet, dass sie nicht bestehen.

(2) Hat der Verkäufer vor dem Verkauf eine Nachlassverbindlichkeit erfüllt, so kann er von dem Käufer Ersatz verlangen.

1 Die dispositive Vorschrift betrifft das **Innenverhältnis** zwischen Verkäufer und Käufer. Da durch den Erbschaftskauf der Käufer so gestellt werden soll, wie wenn er Erbe des Erblassers geworden wäre, und er ohnehin die gesamte Erbschaft auch mit den Passiven übernimmt, ist es sachgerecht, dass er dem Verkäufer gegenüber zur Erfüllung der Nachlassverbindlichkeiten (§§ 1967 ff) verpflichtet ist (Abs 1). Denn der Verkäufer haftet im Außenverhältnis nach wie vor für die Nachlassverbindlichkeiten, da die Erfüllungspflicht des Abs 1 nicht wie eine Schuldübernahme, sondern nur wie eine **Erfüllungsübernahme** (§§ 415 Abs 3; 2382 Abs 1 S 1) wirkt[1]. **Ausgenommen** von dieser Erfüllungspflicht sind die Verbindlichkeiten, für die der Verkäufer nach § 2376 haftet (uU aber eingeschränkt durch § 442 bei Kenntnis oder grob fahrlässiger Unkenntnis des Rechtsmangels), so dass der Käufer etwa nicht für eine Zugewinnausgleichsschuld nach § 1371 Abs 2, 3 im Innenverhältnis aufzukommen hat[2]. Wird der Käufer trotzdem durch einen Gläubiger in Anspruch genommen (§ 2382), so ist er auf seine Gewährleistungsansprüche gegen den Verkäufer angewiesen[3]. Die Erfüllungspflicht nach Abs 1 steht in keinem synallagmatischen Verhältnis (§§ 320 ff) zu den Pflichten des Verkäufers[4], so dass der Verkäufer mit seinen Pflichten vorleistungspflichtig und allenfalls auf Schadensersatz wegen der Verletzung der Erfüllungspflicht (§§ 280, 281) verwiesen ist oder vom Vertrag nach § 323 zurück treten kann[5].

2 Nach **Abs 2** ist der Käufer verpflichtet, dem Verkäufer Ersatz für die von diesem **vor dem Verkauf** erfüllten Nachlassverbindlichkeiten zu leisten. Der Erfüllung stehen die Erfüllungssurrogate gleich (Leistung an Erfüllungs Statt, § 364, Hinterlegung nach § 378, Aufrechnung mit einer dem Verkäufer zustehenden Eigenforderung, § 389)[6]. Soweit jedoch der Verkäufer nach § 2376 für Freiheit von Rechtsmängeln haftet, besteht keine Ersatzpflicht[7]. Für die zwischen Erbfall und Erbschaftskauf erst entstandenen **Lasten** gilt § 2379.

§ 2379 Nutzungen und Lasten vor Verkauf

¹Dem Verkäufer verbleiben die auf die Zeit vor dem Verkauf fallenden Nutzungen. ²Er trägt für diese Zeit die Lasten, mit Einschluss der Zinsen der Nachlassverbindlichkeiten. ³Den Käufer treffen jedoch die von der Erbschaft zu entrichtenden Abgaben sowie die außerordentlichen Lasten, welche als auf den Stammwert der Erbschaftsgegenstände gelegt anzusehen sind.

1 Hinsichtlich der Nutzungen und Lasten knüpft die dispositive Vorschrift[1*] an den Gefahrübergang an, der nach § 2380 S 1 bereits mit Abschluss des Kaufvertrags erfolgt. Daher erfolgt ausnahmsweise keine volle Rückbeziehung der Wirkungen des Erbschaftskaufs auf den Zeitpunkt des Erbfalls. Vielmehr gebühren die **bis zum Verkauf** angefallenen **Nutzungen** (§ 100) dem Verkäufer[2*], danach dem Käufer (§ 2380 S 2).

2 Für die **Lasten** (zum Begriff s Erl zu § 103) der Erbschaft, einschließlich der Zinszahlungen, gilt für das Innenverhältnis grds das Gleiche (S 2). Jedoch hat der Käufer auch für die Zeit **vor dem Erbschaftskauf** zu tragen und ggf dem Verkäufer zu ersetzen (S 3):
1. die von der Erbschaft zu entrichtenden **Abgaben** (insbes Erbschaftsteuer[3*], nicht aber die durch die Erbteilsveräußerung entstehende Einkommensteuerbelastung[4*];
2. die **außerordentlichen Lasten**, welche als auf den Stammwert der Erbschaftsgegenstände gelegt anzusehen sind (zum Begriff Erl zu § 2126).

3 Bei **Verkauf eines Erbteils** gilt es, § 2379 mit der besonderen Regelung der Erbengemeinschaft in § 2038 Abs 2 S 2, 3 in Übereinstimmung zu bringen[5*]. Soweit die Teilung der Früchte nach § 2038 Abs 2 S 2 erst bei der Auseinandersetzung nach Abschluss des Kaufvertrags erfolgt, kann vom Käufer nicht die Rückgabe der Nutzungen verlangt werden, die auf den Zeitraum vor Abschluss des Kauf-

---

[1] AllgM, AnwK–BGB/*Beck/Ulrich* Rn 1; MünchKommBGB/*Musielak* Rn 2.
[2] MünchKommBGB/*Musielak* Rn 1.
[3] AnwK–BGB/*Beck/Ulrich* Rn 2; Soergel/*Zimmrmann* Rn 1.
[4] RGZ 101, 185, 192; MünchKommBGB/*Musielak* Rn 3; Soergel/*Zimmrmann* Rn 1.
[5] AnwK–BGB/*Beck/Ulrich* Rn 2; jurisPK/*Hau* Rn 3; MünchKommBGB/*Musielak* Rn 3; Staudinger/*Olshausen* Rn 4; AK/*Däubler* Rn 2.
[6] Staudinger/*Olshausen* Rn 8.
[7] AnwK–BGB/*Beck/Ulrich* Rn 3; Damrau/*Redig* Rn 3; MünchKommBGB/*Musielak* Rn 4.
[1*] Soergel/*Zimmrmann* Rn 1.
[2*] Dies gilt auch für die einkommensteuerrechtliche Gewinnzurechnung, BFH BFH/NV 2000, 702.
[3*] OLG München OLGE 21, 360, 361; jurisPK/*Hau* Rn 1; Staudinger/*Olshausen* Rn 8.
[4*] OLG Dresden ZErb 2003, 184.
[5*] Vgl etwa jurisPK/*Hau* Rn 2.

vertrags erfolgen⁶. Soweit jedoch bereits Reinerträge an den Verkäufer verteilt wurden oder soweit er nach § 2038 Abs 2 S 3 einen Anspruch auf Auszahlung derselben hat, weil die Erbauseinandersetzung länger als ein Jahr ausgeschlossen war, gebühren sie ihm⁷.

§ 2380 Gefahrübergang, Nutzungen und Lasten nach Verkauf

¹Der Käufer trägt von dem Abschluss des Kaufs an die Gefahr des zufälligen Untergangs und einer zufälligen Verschlechterung der Erbschaftsgegenstände. ²Von diesem Zeitpunkt an gebühren ihm die Nutzungen und trägt er die Lasten.

Beim Erbschaftskauf geht schon **mit Abschluss** des schuldrechtlichen Vertrags die (Gegenleistungs- oder Preis-)Gefahr¹ auf den Käufer über, so dass der Verkäufer seinen Anspruch auf Bezahlung des vollen Kaufpreises behält, ohne dass sich der Käufer auf § 326 Abs 1 S 1 berufen kann. Allerdings bleibt die Haftung des Verkäufers wegen einer von ihm zu vertretenden Unmöglichkeit unberührt². Mit Abschluss des Kaufvertrags gehen aber auch die Nutzungen (§ 100) und Lasten (§ 103) auf den Käufer über. Für die Zeit bis dahin gilt § 2379, weshalb der Käufer die außerordentlichen Lasten, die als auf den Stammwert der Sache gelegt anzusehen sind, auch für die Zeit vor Abschluss des Vertrages zu tragen hat³. Diese Abweichung von § 446 durch die dispositive Vorschrift des § 2380⁴ beruht darauf, dass der Erbschaftskauf eine Sachgesamtheit betrifft, bei der es Probleme bereiten würde festzustellen, wann jeweils hinsichtlich der einzelnen Nachlassgegenstände tatsächlich die Besitzübergabe erfolgt ist und damit auch die Lasten übergehen⁵. § 2380 gilt auch für den **Erbteilskauf**⁶*. 1

§ 2381 Ersatz von Verwendungen und Aufwendungen

(1) Der Käufer hat dem Verkäufer die notwendigen Verwendungen zu ersetzen, die der Verkäufer vor dem Verkauf auf die Erbschaft gemacht hat.

(2) Für andere vor dem Verkauf gemachte Aufwendungen hat der Käufer insoweit Ersatz zu leisten, als durch sie der Wert der Erbschaft zur Zeit des Verkaufs erhöht ist.

Die vor dem Verkauf gemachten **notwendigen Verwendungen** (zum Begriff s auch Erl zu § 994) hat der Käufer dem Verkäufer zu ersetzen (Abs 1). Denn dadurch wird die Substanz und Nutzbarkeit der Erbschaft erhalten und der Käufer hätte sie, wäre er selbst bereits Erbe geworden, ebenfalls tragen müssen. Als notwendig sind dabei solche Verwendungen zu ersetzen, die zur Erhaltung der Substanz und zur Nutzbarmachung der Erbschaft oder einzelner Erbschaftsgegenstände objektiv erforderlich waren¹*. Abs 1 gilt analog auch für **gewöhnliche, laufende Erhaltungskosten,** da es an einer dem § 994 Abs 1 S 2 entsprechenden Regelung fehlt, der Normzweck (Rückbeziehungsgrundsatz) aber auch insoweit zutrifft; sie hat also nicht der Verkäufer nach § 2379 S 1 zu tragen²*. 1

Andere Aufwendungen, nicht aber Schäden³* sind nach **Abs 2** vom Käufer nur zu ersetzen, als durch sie der Wert der Erbschaft zurzeit des Kaufes noch erhöht ist. Der Begriff der Aufwendung ist dabei weiter als der der Verwendung⁴*. Auf die **Früchte** (§ 99) gemachte Verwendungen sind von dem zu tragen, dem die Früchte zukommen, also für die Zeit vor Verkauf dem Verkäufer⁵*. 2

Bei **Verkauf eines Erbteils vor** der Auseinandersetzung bestimmen sich die Ersatzansprüche des Verkäufers wegen Aufwendungen für den gesamten Nachlass nach § 2038 und richten sich gegen die anderen Erben, einschließlich dem Erbteilskäufer⁶**. § 2381 gilt nur, soweit der Nachlass ganz auseinander gesetzt wurde⁷*, bei einer Teilauseinandersetzung besteht die Ersatzpflicht des Käufers nach 3

---

⁶ MünchKommBGB/*Musielak* Rn 4; *Staudinger/Olshausen* Rn 6.
⁷ AnwK-BGB/*Beck/Ulrich* §§ 2379, 2380 Rn 3; *Damrau/Redig* Rn 2; *Lange/Kuchinke* § 45 III 3; *Staudinger/Olshausen* Rn 6; MünchKommBGB/*Musielak* Rn 4; dagegen wenden § 2379 für den Erbteilskauf gar nicht an: OLG Dresden ZErb 2003, 184; *Soergel/Zimmermann* Rn 1; *Erman/Schlüter* Rn 1; *Palandt/Edenhofer* Rn 1.
¹ *Ebenroth* Rn 1206; AK/*Däubler* Rn 1; MünchKommBGB/*Musielak* Rn 1; *Staudinger/Olshausen* Rn 1.
² *Staudinger/Olshausen* Rn 1.
³ *Damrau/Redig* Rn 3; MünchKommBGB/*Musielak* Rn 3.
⁴ MünchKommBGB/*Musielak* Rn 1; *Staudinger/Olshausen* Rn 4.
⁵ MünchKommBGB/*Musielak* Rn 1; *Damrau/Redig* Rn 1.
⁶* AnwK-BGB/*Beck/Ulrich* Rn 1; jurisPK/*Hau* Rn 1; *Staudinger/Olshausen* Rn 3.
¹* AnwK-BGB/*Beck/Ulrich* Rn 1; MünchKommBGB/*Musielak* Rn 2; ohne die Verwendungen für die Nutzbarmachung *Staudinger/Olshausen* Rn 3; *Damrau/Redig* Rn 2.
²* AnwK-BGB/*Beck/Ulrich* Rn 1; *Damrau/Redig* Rn 1; jurisPK/*Hau* Rn 1; MünchKommBGB/*Musielak* Rn 2; *Soergel/Zimmermann* Rn 1; *Palandt/Edenhofer* Rn 1; aA *Kipp/Coing* § 111 IX 1; *Lange/Kuchinke* § 45 III 3.
³* AK/*Däubler* Rn 4; MünchKommBGB/*Musielak* Rn 3.
⁴* *Staudinger/Olshausen* Rn 4; allg dazu BGHZ 59, 328, 329 ff = NJW 1974, 743 betr Arbeitsleistung.
⁵* *Damrau/Redig* Rn 3; *Soergel/Zimmermann* Rn 1; MünchKommBGB/*Musielak* Rn 3; *Staudinger/Olshausen* Rn 4.
⁶** AnwK-BGB/*Beck/Ulrich* Rn 3; *Damrau/Redig* Rn 4; *Dietrich,* Die Erbteilsveräußerung, S 263; wohl auch *Staudinger/Olshausen* Rn 5; MünchKommBGB/*Musielak* Rn 4.
⁷* AnwK-BGB/*Beck/Ulrich* Rn 3; MünchKommBGB/*Musielak* Rn 4; *Staudinger/Olshausen* Rn 5.

§ 2382

§ 2381 nur bezüglich der Nachlassgegenstände, die bereits dem Verkäufer zu Alleineigentum vor Vertragsschluss zugewiesen wurden[8].

4   Für die **nach Abschluss** des Kaufvertrags gemachten Verwendungen des **Verkäufers** hatte der Käufer früher nach allgemeinem Kaufvertragsrecht einzustehen, also nach dem durch das SMG entfallenen § 450[9], so dass jetzt die Regelungen über die Geschäftsführung ohne Auftrag (§§ 683 ff) anwendbar sind[10]; danach haftet der Käufer für notwendige Verwendungen immer[11].

§ 2382 Haftung des Käufers gegenüber Nachlassgläubigern

(1) ¹Der Käufer haftet von dem Abschluss des Kaufs an den Nachlassgläubigern, unbeschadet der Fortdauer der Haftung des Verkäufers. ²Dies gilt auch von den Verbindlichkeiten, zu deren Erfüllung der Käufer dem Verkäufer gegenüber nach den §§ 2378, 2379 nicht verpflichtet ist.

(2) Die Haftung des Käufers den Gläubigern gegenüber kann nicht durch Vereinbarung zwischen dem Käufer und dem Verkäufer ausgeschlossen oder beschränkt werden.

I. Normzweck, Grundzüge

1   Die Bestimmung regelt die Haftung des Erbschaftskäufers **im Außenverhältnis** zu den Nachlassgläubigern. Mit Abschluss des Kaufvertrags haftet der Käufer neben dem Verkäufer für die Nachlassverbindlichkeiten als Gesamtschuldner (§§ 421 ff), jedoch nach erbrechtlichen Grundsätzen beschränkbar (§ 2383). Es handelt sich um einen Fall des gesetzlichen Schuldbeitritts[1]. § 2382 ist daher ebenso wie die §§ 2383, 2384 **zwingend** (Abs 2). Jedoch kann durch eine wirksame Schuldübernahme (§§ 414, 415) mit Zustimmung des Gläubigers der **Verkäufer** von seiner Haftung befreit werden[2]. Die in § 2378 begründete Freistellungsverpflichtung des Käufers bewahrt den Verkäufer nicht von seiner Haftung im Außenverhältnis.

2   Die Vorschrift beruht auf dem gleichen **Rechtsgedanken** wie der durch die InsO aufgehobene § 419. Im Interesse der Nachlassgläubiger soll ihnen trotz des Verkaufs das Vermögen des bisherigen Schuldners als Haftungsobjekt erhalten bleiben. Daher wird der Käufer hinsichtlich der Haftung wie ein Gesamtrechtsnachfolger des Erblassers behandelt, obgleich er dies nicht ist[3].

II. Haftungsvoraussetzungen

3   Voraussetzung der Haftung nach § 2382 ist der Abschluss eines **wirksamen Erbschaftskaufs**[4]; daher keine Haftung des Erwerbers bei einem wegen Formmangels nichtigen Kaufvertrag[5]. Ist der Verkäufer nicht der wirkliche Erbe (etwa bei nichtiger Verfügung von Todes wegen), so kann auch die Haftung auf den Erwerber nicht übergehen[6]. Der Käufer haftet auch nicht, wenn er vom **Nachlassinsolvenzverwalter** eine Masse bildende Erbschaft im Ganzen kauft, die dieser nach § 159 InsO verwertet. Denn § 2382 ist auf Grund einer teleologischen Reduktion hier nicht anwendbar, da in diesem Fall die Nachlassgläubiger aus dem Erlös in einem entspr hierfür ausgestalteten Verfahren befriedigt werden[7]. Auf die Kenntnis des Käufers **vom Vorhandensein von Nachlassverbindlichkeiten** kommt es nicht an[8]*, jedoch besteht uU bei Irrtum hierüber ein Anfechtungsrecht nach § 119 Abs 2, was zum Wegfall der Haftung führt (§ 142 Abs 1)[9]*.

4   Ist jedoch der Vertragsinhalt nicht ausdrücklich auf den **Erwerb der Erbschaft** oder eines Erbteils **als Ganzes** gerichtet, so setzt die Haftung des Erwerbers voraus, dass er weiß, dass es sich um die ganze oder nahezu ganze Erbschaft oder den Erbteil des Verkäufers handelt oder er zumindest die Verhältnisse kennt, aus denen sich dies ergibt (eingehender § 2371 Rn 5)[10]*. Bei Verkauf des **Anwartschaftsrechts des Nacherben** tritt die Haftung erst mit Eintritt des Nacherbfalls ein, da auch der Verkäufer nicht

---

[8] *Staudinger/Olshausen* Rn 5.
[9] MünchKommBGB/*Musielak* Rn 5; *Staudinger/Olshausen* Rn 6.
[10] AnwK-BGB/*Beck/Ulrich* Rn 4; *Damrau/Redig* Rn 4; jurisPK/*Hau* Rn 1; MünchKommBGB/*Musielak* Rn 5; *Staudinger/Olshausen* Rn 6.
[11] *Lange/Kuchinke* § 45 III 3; *Staudinger/Olshausen* Rn 6.
[1] BGHZ 26, 91, 97; AnwK-BGB/*Beck/Ulrich* §§ 2382, 2383 Rn 1; *Lange/Kuchinke* § 51 III 2 a.
[2] BGHZ 26, 91, 97; MünchKommBGB/*Musielak* Rn 3; *Staudinger/Olshausen* Rn 8.
[3] MünchKommBGB/*Musielak* Rn 1; *Staudinger/Olshausen* Rn 1 f.
[4] BGHZ 38, 187, 188 = NJW 1963, 345; jurisPK/*Hau* Rn 3; AnwK-BGB/*Beck/Ulrich* §§ 2382, 2383 Rn 2; *Damrau/Redig* Rn 2; *Staudinger/Olshausen* Rn 5; eingehend hierzu und zur Gegenauffassung, die zT auf das dingliche Vollzugsgeschäft abstellt (*Nagel* S 85) s *Keller* Rn 199 ff.
[5] BGH NJW 1967, 1128, 1131.
[6] BGH NJW 1967, 1128, 1131; *Damrau/Redig* Rn 2; MünchKommBGB/*Musielak* Rn 5; *Staudinger/Olshausen* Rn 5.
[7] *Brocker*, Der Begriff der Erbschaft ..., S 97; iE ebenso BayObLGZ 1907, 484, 488; jurisPK/*Hau* Rn 3; *Soergel/Zimmermann* § 2383 Rn 8; *Staudinger/Olshausen* Rn 5.
[8]* AnwK-BGB/*Beck/Ulrich* §§ 2382, 2383 Rn 2; MünchKommBGB/*Musielak* Rn 4; *Staudinger/Olshausen* Rn 1.
[9]* AnwK-BGB/*Beck/Ulrich* §§ 2382, 2383 Rn 2; AK/*Däubler* Rn 4; *Damrau/Redig* Rn 3.
[10]* BGHZ 43, 174, 177 = NJW 1965, 909; BGH LM Nr 2; jurisPK/*Hau* Rn 3; MünchKommBGB/*Musielak* Rn 4; *Staudinger/Olshausen* Rn 5.

vorher gehaftet hätte[11]. Die **Haftung erlischt** bei Aufhebung des Kaufvertrags, wenn dieser dann weder ganz noch teilweise erfüllt ist und hierüber eine entsprechende Anzeige an das Nachlassgericht nach § 2384 erfolgt[12].

III. Umfang der Haftung

Der Umfang der Haftung richtet sich allein nach der des Erben (§ 1967) und umfasst daher sowohl Erblasserschulden, Erbfallschulden wie Nachlasseigenschulden[13], nicht aber den Regressanspruch des Sozialhilfeträgers gegen die Erben nach § 102 SGB XII[14]. Dass der Käufer im Innenverhältnis für einzelne dieser Verbindlichkeiten nicht aufzukommen hat (vgl §§ 2376, 2379), ist für das Außenverhältnis zum Gläubiger unerheblich. Die Möglichkeit des Käufers zur **Beschränkung der Haftung** regelt § 2383. 5

Der Käufer wird durch den gesetzlichen Schuldbeitritt zusammen mit dem Verkäufer Gesamtschuldner (§§ 421 ff). Damit wirkt jedoch ein gegen einen ergangenes Urteil noch nicht gegen den anderen (§ 425 Abs 2)[15]. Mangels einer Rechtsnachfolge scheidet auch eine **Klauselumschreibung** nach § 727 ZPO aus, ist aber nach § 729 ZPO möglich[16]. 6

Der Käufer eines **Erbteils** tritt nach § 2382 in die Gesamthaftung der Miterben nach den §§ 2058–2063 ein[17]. Dabei haftet der Käufer auch für die Ansprüche eines anderen Miterben gegen die Erbengemeinschaft aus einem zwischen den Miterben vor dem Erbschaftskauf abgeschlossenen Erbauseinandersetzungsvertrag zumindest analog § 2382[18]. Bei Ausübung eines **Vorkaufsrechts** durch einen Miterben erlischt jedoch die Haftung des Käufers mit Übertragung des Erbteils an die Miterben nach Maßgabe des § 2036[19]. 7

§ 2383 Umfang der Haftung des Käufers

(1) ¹Für die Haftung des Käufers gelten die Vorschriften über die Beschränkung der Haftung des Erben. ²Er haftet unbeschränkt, soweit der Verkäufer zur Zeit des Verkaufs unbeschränkt haftet. ³Beschränkt sich die Haftung des Käufers auf die Erbschaft, so gelten seine Ansprüche aus dem Kauf als zur Erbschaft gehörend.

(2) Die Errichtung des Inventars durch den Verkäufer oder den Käufer kommt auch dem anderen Teil zustatten, es sei denn, dass dieser unbeschränkt haftet.

I. Normzweck

Als Ergänzung zu § 2382 bestimmt § 2383, in welchem Umfang der Erbschaftskäufer für die Nachlassverbindlichkeiten haftet und inwieweit er die Haftung beschränken kann. Dabei wird vom Grundsatz ausgegangen, dass er in einer Art „**Universalsukzession**" in die Passiva der Erbschaft eintritt[1]. 1

II. Haftungssituation bei Abschluss des Kaufvertrags

Die bei Abschluss des **Erbschaftskaufs** für den Verkäufer bestehende Haftungssituation wirkt für und gegen den Käufer; laufende Fristen (§§ 1994 ff, 2014) gelten also auch gegen ihn[2]. Dem Käufer kommt aber eine vom Verkäufer vorgenommene Inventarerrichtung (§§ 1993 ff) zugute. Hat der Verkäufer ein Aufgebotsverfahren durchgeführt, so haftet auch der Käufer nur nach § 1973[3]. Von dem nach § 1973 Abs 2 an die ausgeschlossenen Gläubiger herauszugebenden Überschuss kann der Käufer den von ihm gezahlten oder noch geschuldeten Kaufpreis abziehen, weil er nur nach Bereicherungsrecht haftet und insoweit nicht bereichert ist[4]. Wurde eine Nachlassverwaltung (§§ 1975 ff) oder ein **Nachlassinsolvenzverfahren** (§§ 315 ff InsO) herbeigeführt, so wird es mit dem Käufer fortgeführt[5], und dieser haftet nicht mit seinem Eigenvermögen, sofern nicht eine unbeschränkte Haftung bereits vorher aus anderem Grund eintrat[6]. 2

---

[11] LG Heilbronn NJW 1956, 513, 514; AnwK-BGB/*Beck/Ulrich* Rn 3; *Soergel/Zimmermann* Rn 2.
[12] AnwK-BGB/*Beck/Ulrich* §§ 2382, 2383 Rn 4; *Staudinger/Olshausen* Rn 5; MünchKommBGB/*Musielak* Rn 4.
[13] RGZ 112, 129, 131; *Staudinger/Olshausen* Rn 6; *Soergel/Damrau* Rn 5; MünchKommBGB/*Musielak* Rn 6. Vgl auch RGZ 90, 91, 98: der Begriff der Nachlassverbindlichkeiten ist hier der gleiche wie in § 2144.
[14] VGH Mannheim FEVS 41, 459 zu § 92 c BSHG aF; AnwK-BGB/*Beck/Ulrich* §§ 2382, 2383 Rn 10; jurisPK/*Hau* Rn 2; dazu *Littig/J. Mayer*, Der Sozialhilferegress gegenüber Erben und Beschenkten, 1999, Rn 190, 196.
[15] MünchKommBGB/*Musielak* Rn 9; *Soergel/Zimmermann* Rn 3; *Staudinger/Olshausen* Rn 3.
[16] AnwK-BGB/*Beck/Ulrich* §§ 2382, 2383 Rn 10; jurisPK/*Hau* Rn 7; MünchKommBGB/*Musielak* Rn 9; *Damrau/Redig* Rn 8; *Thomas/Putzo* § 729 ZPO Rn 2; *Musielak/Lackmann* § 729 ZPO Rn 1; *Staudinger/Olshausen* Rn 3; *Soergel/Zimmermann* Rn 3; Prozessrechts-Kommentar/*Wieser* Anm zu § 2382; *Zöller/Stöber* § 729 ZPO Rn 13.
[17] RGZ 60, 126, 131; *Staudinger/Olshausen* Rn 9.
[18] BGHZ 38, 187, 193 f = NJW 1963, 345; *Staudinger/Olshausen* Rn 9; MünchKommBGB/*Musielak* Rn 8.
[19] AnwK-BGB/*Beck/Ulrich* §§ 2382, 2383 Rn 10; *v. Lübtow* II 1211 f; *Soergel/Zimmermann* Rn 10; *Soergel/Zimmermann* Rn 4.
[1] Mot II 363.
[2] *Staudinger/Olshausen* Rn 6, 12; ausf Darstellung bei *Zarnekow* MittRhNotK 1969, 620, 631.
[3] *Planck/Greiff* Anm 2 b; MünchKommBGB/*Musielak* Rn 11.
[4] MünchKommBGB/*Musielak* Rn 11; *Lange/Kuchinke* § 51 III 2 a Fn 35; *Staudinger/Olshausen* Rn 9.
[5] *Staudinger/Olshausen* Rn 8; *Soergel/Zimmermann* Rn 8; *Zarnekow* MittRhNotK 1969, 620, 631.
[6] *Lange/Kuchinke* § 51 III 2 a.

§ 2384

3 Soweit jedoch der Verkäufer zum Zeitpunkt des Verkaufs bereits endgültig **unbeschränkt haftet** (§§ 1994, 2005, 2006, 2013, § 27 HGB) sei es einzelnen (etwa wegen fehlenden Vorbehalts der Erbenhaftung nach § 780 Abs 1 ZPO oder Nichtleistung der eidesstattlichen Versicherung nach § 2006), sei es allen Gläubigern gegenüber, so haftet der Käufer genauso unbeschränkt (Abs 1 S 2). Für den Gläubiger ist dies ein doppelter Glücksfall, da ihm nun Verkäufer (Erbe) und Käufer je mit ihrem gesamten Vermögen unbeschränkt haften[7]. Der Käufer ist auf seine Ansprüche gegen den Verkäufer wegen Rechtsmängelhaftung angewiesen (§ 2376 Abs 1), soweit diese überhaupt zu realisieren sind.

III. Haftungssituation nach Abschluss des Kaufvertrags

4 Mit **Abschluss** des Erbschaftskaufs trennt sich im Allgemeinen die haftungsrechtliche Entwicklung, so dass vom **Grundsatz der selbstständigen Haftungslage** gesprochen werden kann[8]. Verkäufer und Käufer können jeder für sich alle Maßnahmen zur Haftungsbeschränkung selbstständig ergreifen, soweit diese im Zeitpunkt des Abschlusses des Vertrags noch nicht verloren waren[9]. Tritt nun unbeschränkte Haftung des Verkäufers ein, ist dies für den Käufer ohne Auswirkungen. Der Käufer kann selbstständig die Schoneinreden geltend machen, soweit sie noch nicht vom Verkäufer verbraucht wurden (§§ 2015, 2016). Der Käufer kann auch selbstständig ein Aufgebotsverfahren nach §§ 1970 ff beantragen (§ 1000 Abs 1 S 1 ZPO, da Rechtskraft auch gegen den anderen wirkt, § 1000 Abs 1 S 2 ZPO), die entsprechenden Einreden hieraus erheben, Nachlassverwaltung (§ 1981) und Nachlassinsolvenzverfahren (§ 330 InsO) beantragen[10] und die Dürftigkeitseinreden nach §§ 1990 bis 1992, § 782 ZPO selbstständig erheben.

5 Auch der **Verkäufer** kann noch nach § 1981 Abs 2 die Nachlassverwaltung beantragen, aber **analog § 330 Abs 2 InsO** nur bei Vorliegen dieser Voraussetzungen, also uneingeschränkt nur wegen der Nachlassverbindlichkeiten, die im Verhältnis zwischen ihm und dem Käufer diesem zur Last fallen, hinsichtlich anderer Nachlassverbindlichkeiten aber nur, wenn er nicht unbeschränkbar haftet und auch keine Nachlassverwaltung angeordnet ist[11]. Wegen der im Wesentlichen gleichen Interessenlage gelten auch sonst für die Nachlassverwaltung die zum Nachlassinsolvenzverfahren entwickelten Grundsätze entspr[12]. Im **Nachlassinsolvenzverfahren** gehören zur Masse nicht nur der Nachlass selbst, sondern auch die sonstigen Ansprüche aus dem Kaufvertrag (Abs 1 S 3), zB auf Ersatz oder Verschaffung[13]. Wurde auch über das Eigenvermögen des Verkäufers ein Insolvenzverfahren eröffnet, hat der Nachlassinsolvenzverwalter ein Aussonderungsrecht (§§ 47, 81, 82 InsO) hinsichtlich der vom Verkäufer noch nicht übertragenen, nach § 2374 herauszugebenden Nachlassgegenstände[14]. **Inventarerrichtungsfristen** können Erben wie Käufer getrennt gesetzt werden, laufen dann selbstständig, und die daraus resultierenden Nachteile entstehen für jeden besonders[15]. Jedoch erhält die Inventarerrichtung durch den einen Vertragspartner nach Abs 2 auch dem anderen die Möglichkeit der Haftungsbeschränkung, sofern dieser noch nicht unbeschränkt haftet[16], was die einzige materiell-rechtliche Ausnahme vom Grundsatz der Selbstständigkeit der Haftungslage ist[17].

6 Beim **Erbteilskauf** kann sich der Käufer auf die besonderen Möglichkeiten der Haftungsbeschränkung nach den §§ 2058 bis 2063 berufen, die bei § 2383 S 1 entspr gelten[18]. Daraus ergeben sich **besondere Gefahren** für den Verkäufer, wenn die Teilung des Nachlasses nach dem Verkauf erfolgt, auf deren Durchführung er keinen Einfluss hat: Er, aber auch der Käufer, haften zusammen mit den anderen Miterben als Gesamtschuldner für die gesamte Forderung, wenn nicht ausnahmsweise eine anteilige Haftung nach §§ 2060, 2061 gegeben ist[19].

§ 2384 Anzeigepflicht des Verkäufers gegenüber Nachlassgläubigern, Einsichtsrecht

(1) ¹Der Verkäufer ist den Nachlassgläubigern gegenüber verpflichtet, den Verkauf der Erbschaft und den Namen des Käufers unverzüglich dem Nachlassgericht anzuzeigen. ²Die Anzeige des Verkäufers wird durch die Anzeige des Käufers ersetzt.

---

[7] Krit daher *Lange/Kuchinke* § 51 III 2 a; *Kipp/Coing* § 112 I 3 Fn 7; MünchKommBGB/*Musielak* Rn 1; jurisPK/*Hau* Rn 2.

[8] MünchKommBGB/*Musielak* Rn 5; *Lange/Kuchinke* § 51 III 2 a; *Staudinger/Olshausen* Rn 13 ff; AnwK-BGB/*Beck/Ulrich* §§ 2382, 2383 Rn 7.

[9] *Staudinger/Olshausen* Rn 13; *Zarnekow* MittRhNotK 1969, 620, 632.

[10] Dies setzt allerdings voraus, dass der Erwerber formwirksam (§ 2371) erworben hat, OLG Köln ZEV 2000, 240 = EWiR 2000, 453 *(D. Eckardt)*.

[11] JurisPK/*Hau* Rn 4; *Staudinger/Olshausen* Rn 24; *Palandt/Edenhofer* Rn 1; *Soergel/Zimmermann* Rn 6.

[12] MünchKommBGB/*Musielak* Rn 8; *Staudinger/Olshausen* Rn 24.

[13] MünchKommBGB/*Musielak* Rn 7; *Soergel/Zimmermann* Rn 6; *Staudinger/Olshausen* Rn 22.

[14] *Staudinger/Olshausen* Rn 22; *Palandt/Edenhofer* Rn 1.

[15] *Lange/Kuchinke* § 51 III Fn 43; *Zarnekow* MittRhNotK 1969, 620, 632.

[16] JurisPK/*Hau* Rn 4.

[17] AnwK-BGB/*Beck/Ulrich* §§ 2382, 2383 Rn 8.

[18] RGZ 60, 126, 131 f; AnwK-BGB/*Beck/Ulrich* §§ 2382, 2383 Rn 9; *Damrau/Redig* Rn 5; MünchKommBGB/*Musielak* Rn 14; *Soergel/Zimmermann* Rn 5.

[19] AnwK-BGB/*Beck/Ulrich* §§ 2382, 2383 Rn 9; *Soergel/Zimmermann* Rn 5; MünchKommBGB/*Musielak* Rn 14; *Zarnekow* MittRhNotK 1969, 620, 634.

(2) Das Nachlassgericht hat die Einsicht der Anzeige jedem zu gestatten, der ein rechtliches Interesse glaubhaft macht.

I. Anzeigepflicht

Die Benachrichtigungspflicht des Verkäufers dient dem **Interesse der Nachlassgläubiger,** die über die durch einen Erbschaftskauf veränderte Haftungslage (§§ 2382, 2383) informiert sein müssen. Die Anzeigepflicht entspricht der des Vorerben nach § 2146[1] . Die Anzeigepflicht trifft den Verkäufer (nicht aber Urkundsnotar) gegenüber den Nachlassgläubigern und wird durch entsprechende Erklärung an das zuständige Nachlassgericht (§§ 72 ff FGG) erfüllt, da nicht immer feststeht, wer eigentlich Gläubiger ist[2]. Die Anzeige ist unverzüglich (§ 121 Abs 1 S 1) zu erstatten und umfasst den schuldrechtlichen Erbschaftskauf, aber auch dessen dinglichen Vollzug[3] und erstreckt sich auf die Tatsache des Verkaufs und den Namen des Käufers. Nicht notwendig ist aber, eine Vertragsabschrift zu übersenden[4], jedoch sind Bedingungen anzugeben, die die Wirksamkeit des Rechtsgeschäfts betreffen. Bei **Vertragsaufhebung** vor Erfüllung ist auch dies (analog § 2384) anzuzeigen[5], da dadurch die Haftung des Erwerbs entfällt (§ 2382 Rn 3); bei der Anfechtung des Kaufvertrags besteht zwar keine Pflicht zur Anzeige, jedoch ist dies zweckmäßig[6]. Durch die Anzeige des Käufers wird auch der Verkäufer von dieser Pflicht befreit (Abs 1 S 2); Gleiches gilt, wenn der Notar im Auftrag des Verkäufers die Anzeige vornimmt[7], was in der Praxis die Regel ist. Bei **schuldhafter Verletzung** der Anzeigepflicht ist der Verkäufer nach § 823 Abs 2 iVm § 2384 (Schutzgesetz) dem Nachlassgläubiger zum Ersatz des daraus resultierenden Schadens verpflichtet[8]. Erfährt der Nachlassgläubiger auf andere Weise von dem Erbschaftskauf, so wird dies idR den Schadensersatzanspruch ausschließen, da er dann gehalten ist, sich beim Nachlassgericht über die Einzelheiten zu informieren (§ 254) und es zudem bereits an der haftungsbegründenden Kausalität fehlt[9].

Das Nachlassgericht hat die Anzeige lediglich entgegenzunehmen; auch bezüglich der ihm bekannten Nachlassgläubiger ist es nicht zur Information verpflichtet[10]. Es erhält für die Entgegennahme ein Viertel der vollen **Gebühr** nach §§ 112 Abs 1 Nr 7, 115 KostO.

II. Einsichtsrecht (Abs 2)

Ein Einsichtsrecht setzt ein glaubhaft gemachtes **rechtliches Interesse** voraus, was weiter geht als das berechtigte Interesse nach § 34 FGG. Erforderlich ist ein auf Rechtsnormen beruhendes oder durch Rechtsnormen zumindest geregeltes und gegenwärtig bestehendes Verhältnis. Das rechtliche Interesse kann sich insbes aus §§ 1953 Abs 3 S 2, 2010, 2081, 2228 ergeben[11]. Das Recht der Vertragsteile auf informationelle Selbstbestimmung als Ausfluss des allgemeinen Persönlichkeitsrechts (Art 2 Abs 1 GG)[12] bestimmt die Entscheidung über das „Ob", aber auch das „Wie" der zu gewährenden Einsicht[13]: Die Offenlegung des Kaufpreises ist regelmäßig nicht erforderlich. Dabei ist es unerheblich, dass die Nachlassakten, bei denen die Anzeige nach § 2384 verwahrt wird, als einfache Aktensammlung ohne Möglichkeit der automatisierten Umordnung oder Auswertung keine „Daten" iS des BDSG sind[14]. Denn das Recht auf informationelle Selbstbestimmung gilt nicht nur im Bereich der automatisierten Datenverarbeitung[15].

§ 2385 Anwendung auf ähnliche Verträge

(1) Die Vorschriften über den Erbschaftskauf finden entsprechende Anwendung auf den Kauf einer von dem Verkäufer durch Vertrag erworbenen Erbschaft sowie auf andere Verträge, die auf die Veräußerung einer dem Veräußerer angefallenen oder anderweit von ihm erworbenen Erbschaft gerichtet sind.

---

[1] AnwK-BGB/*Beck/Ulrich* Rn 1.
[2] MünchKommBGB/*Musielak* Rn 1.
[3] AnwK-BGB/*Beck/Ulrich* Rn 4; jurisPK/*Hau* Rn 1; *Palandt/Edenhofer* Rn 1; *Haegele* BWNotZ 1972, 6.
[4] AnwK-BGB/*Beck/Ulrich* Rn 1; *Staudinger/Olshausen* Rn 2.
[5] AnwK-BGB/*Beck/Ulrich* Rn 4; jurisPK/*Hau* Rn 1; *Staudinger/Olshausen* Rn 2.
[6] *Damrau/Redig* Rn 2; *Staudinger/Olshausen* Rn 3.
[7] *Damrau/Redig* Rn 1.
[8] AnwK-BGB/*Beck/Ulrich* Rn 2; jurisPK/*Hau* Rn 2; MünchKommBGB/*Musielak* Rn 3; *Staudinger/Olshausen* Rn 3.
[9] JurisPK/*Hau* Rn 2; AnwK-BGB/*Beck/Ulrich* Rn 2; *Damrau/Redig* Rn 2; Nicht ganz so weit gehend, weil auf die Umstände des Einzelfalls abstellend MünchKommBGB/*Musielak* Rn 3; AK/*Däubler* Rn 2; aA *Staudinger/Olshausen* Rn 3: Kenntniserlangung von dritter Seite lässt Ersatzpflicht nicht entfallen.
[10] AllgM, *Soergel/Zimmermann* Rn 2.
[11] *Staudinger/Olshausen* Rn 6.
[12] Dazu etwa allg BVerfGE 65, 1, 43; 78, 77, 84; *Grziwotz* MittBayNot 1995, 97.
[13] Zust jurisPK/*Hau* Rn 3; AnwK-BGB/*Beck/Ulrich* Rn 5.
[14] Dazu allg im FGG-Bereich *Lücke* NJW 1983, 1407, 1408.
[15] BVerfGE 78, 77, 84 zu Akten des Vormundschaftsgerichts; BVerfGE 121, 125 zur Einsicht in persönliche wirtschaftliche Verhältnisse.

§ 2385   Buch 5. Abschnitt 9. Erbschaftskauf

(2) ¹Im Falle einer Schenkung ist der Schenker nicht verpflichtet, für die vor der Schenkung verbrauchten oder unentgeltlich veräußerten Erbschaftsgegenstände oder für eine vor der Schenkung unentgeltlich vorgenommene Belastung dieser Gegenstände Ersatz zu leisten. ²Die in § 2376 bestimmte Verpflichtung zur Gewährleistung wegen eines Mangels im Recht trifft den Schenker nicht; hat der Schenker den Mangel arglistig verschwiegen, so ist er verpflichtet, dem Beschenkten den daraus entstehenden Schaden zu ersetzen.

I. Normzweck

1   Es gibt noch viele andere schuldrechtliche Verträge, die ebenfalls die Veräußerung einer Erbschaft oder eines Erbteils zum Gegenstand haben. Wegen der im Wesentlichen gleichen Interessenlage erklärt Abs 1 die Bestimmungen über den Erbschaftskauf für entspr anwendbar, insbes die Vorschriften über die Form und Haftung. Damit soll zugleich **Umgehungsversuchen** vorgebeugt werden[1]; die Vorschrift ist daher eine der wenigen Umgehungsvorschriften im Zivilrecht[2].

II. Gleichgestellte Verträge

2   Hierzu gehören solche Verträge, die dadurch charakterisiert werden, dass eine angefallene oder erworbene Erbschaft oder ein Erbteil veräußert werden sollen, während die Einordnung von Verträgen ohne ein Veräußerungselement schwierig und daher vielfach umstritten ist[3]. Zu den gleichgestellten Verträgen zählen[4] Rückkauf, Weiterverkauf, Tausch, Schenkung (mit Besonderheiten nach Abs 2), die Verpflichtung zur Hingabe der Erbschaft an Zahlungs statt[5], der **Vergleich** zwischen Erbprätendenten über ihre erbrechtliche Beteiligung[6], der **Auslegungsvertrag** über die verbindliche Interpretation einer Verfügung von Todes wegen[7], die Verpflichtung zur Übertragung eines Erbteils auf Grund einer uneigennützigen Treuhand, wenn der Rückübertragungsanspruch an eine aufschiebende Bedingung geknüpft ist[8], die Verpflichtung zur Anerkennung einer unbegründeten Testamentsanfechtung als rechtmäßig[9], der Vertrag, der zum Verzicht eines Nacherben auf sein Anwartschaftsrecht verpflichtet, da de jure eine Übertragung desselben[10]. Nach den Umständen des Einzelfalls ist zu entscheiden, ob eine Vereinbarung, wonach ein unter Befreiung von § 181 unwiderruflich **Bevollmächtigter** zur Übertragung eines Erbteils auf sich selbst berechtigt sein soll, bereits als Angebot zum Abschluss eines Vertrags iS des § 2385 Abs 1 angesehen werden kann[11]. Zur Form der Vollmacht s § 2371 Rn 15.

3   **Nicht** unter § 2385 fallen: die Erbauseinandersetzung, da in § 2042 gesondert geregelt[12], umstr ist dies nur bei Zuweisung des gesamten Nachlasses an einen Miterben gegen Abfindungsleistung aus seinem Eigenvermögen[13], die sog **Abschichtung** als Möglichkeit der persönlichen Teilauseinandersetzung, durch die ein Miterbe ohne oder gegen Abfindung der anderen Miterben aus einer Erbengemeinschaft ausscheidet und sein Anteil den anderen entspr ihren bisherigen Erbteilen anwächst[14], die Verpflichtung zur Erbschaftsausschlagung, da der Ausschlagende nicht Erbe wird[15], der vertragliche

---

[1] BGHZ 25, 174, 179 f = NJW 1957, 1515; 23, 293 = NJW 1957, 672: Sicherungsabtretung oder Pfandrechtsbestellung statt Erbteilkauf zur Umgehung des Vorkaufsrechts wenn Rückzahlung des „Darlehens" gar nicht gewollt.
[2] Zust jurisPK/*Hau* Rn 4; zur Umgehungslehre im Zivilrecht MünchKommBGB/*Mayer-Maly/Armbrüster* § 134 Rn 11 ff.
[3] JurisPK/*Hau* Rn 2.
[4] Vgl die Übersichten bei *Damrau/Redig* Rn 2; *Staudinger/Olshausen* Rn 3 ff.
[5] *Lange/Kuchinke* § 45 I 3; RGRK/*Kregel* Rn 2; MünchKommBGB/*Musielak* Rn 2.
[6] RGZ 72, 209, 210; OLG Braunschweig OLGE 35, 376, 377; *Lange/Kuchinke* § 45 I 3; *Palandt/Edenhofer* Rn 2; MünchKommBGB/*Musielak* Rn 2. Ist Vergleichsgegenstand die Erbteilshöhe, so wird damit die Verpflichtung zum Ausgleich ihrer „Erbteilsspitzen" begründet. Bei gegenständlicher Aufteilung des Nachlasses gilt Gleiches.
[7] BGH NJW 1986, 1812, 1813 = DNotZ 1987, 109 m Anm *Cieslar* = JR 1986, 375 m Anm *Damrau*.
[8] OLG Köln OLGR 1992, 282.
[9] *Damrau/Redig* Rn 2; *Staudinger/Olshausen* Rn 11; *Soergel/Damrau* Rn 1; *Kipp/Coing* § 113 I 4.
[10] RG DNotZ 1942, 145, 146; *Zarnekow* MittRhNotK 1969, 620, 637; MünchKommBGB/*Musielak* Rn 2; *Damrau/Redig* Rn 2.
[11] MünchKommBGB/*Musielak* Rn 2; abl BGH WM 1960, 551; KG JW 1937, 2035. *Palandt/Edenhofer* Rn 3; *Soergel/Damrau* Rn 1; *Staudinger/Olshausen* Rn 15.
[12] RG WarnR 1909 Nr 512; AnwK-BGB/*Beck/Ulrich* Rn 3; *Damrau/Redig* Rn 3; jurisPK/*Hau* Rn 2; MünchKommBGB/*Musielak* Rn 3; *Zunft* JZ 1956, 553; *Lange/Kuchinke* § 45 I 3, der aber bei Erbteilsübertragung § 2385 bejaht.
[13] § 2385 bejahend *Soergel/Zimmermann* Rn 2; *Kipp/Coing* § 118 III 3; *Keller* Formproblematik Rn 51 f, 60; *Kleeberger* MittBayNot 1997, 153; *Dietrich*, Die Erbteilsveräußerung, S 87 f; verneinend OLG Celle DNotZ 1951, 365; *Damrau/Redig* Rn 3; *Lange/Kuchinke* § 44 III 2 c; MünchKommBGB/*Musielak* Rn 3; *Staudinger/Olshausen* Einl §§ 2371 ff Rn 78; *Staudinger/Werner* § 2042 Rn 23; *Schlüter* Rn 697; diff v. *Lübtow* II 837: Erbschaftskauf nur bei Einzelübertragung der Nachlassgegenstände; durch die Entscheidung des BGH zur sog Abschichtung (BGHZ 138, 8 = NJW 1998, 1557) hat der Streit für die Praxis wohl viel an Bedeutung verloren.
[14] Nach BGHZ 138, 8 = NJW 1998, 1557, bestätigt von BGH NJW 2005, 284, grds formfrei, wenn sich nicht die Formbedürftigkeit aus der an den Ausscheidenden zu übertragenden Gegenleistung ergibt, etwa bei Zuwendung eines Grundstücks; krit dagegen zu Recht *Reimann* MittBayNot 1998, 190; *ders* ZEV 1998, 213, 214; *Keim* RNotZ 2003, 374; soweit den Abschichtungsvertrag betr *Keller* ZEV 1998, 281; *Eberl-Borges* MittRhNotK 1998, 242; dem BGH aber zust etwa *Wesser/Saalfrank* NJW 2003, 2937.
[15] OLG München OLGE 26, 288; AnwK-BGB/*Beck/Ulrich* Rn 3; *Lange/Kuchinke* § 45 I 3; MünchKommBGB/*Musielak* Rn 3.

Verzicht auf ein Anfechtungsrecht (§§ 2078 f)[16], die Verpflichtung zur **Sicherungsübertragung** oder Verpfändung einer Erbschaft[17], da hier nur Sicherung und wegen des Treuhandverhältnisses nicht Verfügungs- und Nutzungsmöglichkeit im Vordergrund steht und das echte Eigentum beides voraussetzt, desgleichen daher die Bestellung eines **Nießbrauchs** an einem Erbteil oder einer Erbschaft (§§ 1089, 1068)[18].

III. Rechtsfolgen

1. Gleichgestellte Verträge ohne Schenkungen. Die Verweisung auf die §§ 2371 bis 2384 entbindet nicht von der Verpflichtung, im Einzelfall jeweils zu prüfen, ob nicht die Besonderheiten des jeweiligen Rechtsgeschäfts eine Modifizierung der Bestimmungen des Erbschaftskaufs gebieten[19]. Jedoch gilt das Formerfordernis sowie die Haftung gegenüber den Nachlassgläubigern nach §§ 2382, 2383 immer. Bei einem **Weiterverkauf** haftet daher der zweite Käufer mit dem ersten Käufer und dem Erben als Gesamtschuldner[20], die Herausgabepflicht des Weiterverkäufers (§ 2374) besteht allerdings nur insoweit, als die Erbschaftsgegenstände im Zeitpunkt des zweiten Verkaufs noch vorhanden waren, seine Rechtsmängelhaftung erfasst aber auch den mangelfreien Erwerb durch den ersten Kauf[21]. **Verfahrensrechtlich** ordnen § 1000 Abs 2 ZPO und § 330 Abs 3 InsO eine entsprechende Anwendung an.

2. Schenkung (Abs 2). Hier gelten weitere Sonderregelungen: Der Schenker hat keine Ersatzpflicht nach § 2375 und ist von der Rechtsmängelhaftung nach § 2376 befreit, wenn er nicht einen Mangel arglistig verschwiegen hat. Im Innenverhältnis hat der Beschenkte alle Nachlassverbindlichkeiten zu tragen (§ 2378)[22]. Da die Formbedürftigkeit des ganzen Vertrags nach § 2371 auch hier gilt, tritt keine Heilung nach § 518 Abs 2 ein, weil diese Vorschrift nur das formungültige Versprechen des Schenkers betrifft[23]. Im Übrigen gelten die allgemeinen Schenkungsvorschriften (§§ 519, 521, 522, 525 bis 533)[24]. Bei Rückforderung der Schenkung (§§ 527 f, 530 f) ist der Schenker verpflichtet, den Beschenkten von seiner nach §§ 2382 f eingetretenen Haftung zu befreien[25].

---

[16] *Lange/Kuchinke* § 45 I 3 Fn 18; MünchKommBGB/*Musielak* Rn 3; *Kipp/Coing* § 113 I 4: nur Befreiung von Bedrohung der Erbschaft, keine Veräußerung.
[17] MünchKommBGB/*Musielak* Vor § 2371 Rn 14; *Lange/Kuchinke* § 45 I 3; Staudinger/*Olshausen* Einl §§ 2371 ff Rn 87. Anders aber wenn die Rückzahlung des Darlehns und des Erbanteils durch besondere Abmachungen praktisch für immer ausgeschlossen sind, BGHZ 25, 174, 179 f = NJW 1957, 1515.
[18] AnwK-EGB/*Beck/Ulrich* Rn 3; Staudinger/*Olshausen* Einl §§ 2371 ff Rn 92; aA *Palandt/Edenhofer* Rn 1; MünchKommBGB/*Musielak* Rn 2; *Lange/Kuchinke* § 45 I 3; *Kipp/Coing* § 113 II 2.
[19] Staudinger/*Olshausen* Rn 24.
[20] MünchKommBGB/*Musielak* Rn 4; *Planck/Greiff* Anm 1 b.
[21] AnwK-BGB/*Beck/Ulrich* Rn 4; *Damrau/Redig* Rn 4; MünchKommBGB/*Musielak* Rn 4; Staudinger/*Olshausen* Rn 24 mw Einzelheiten.
[22] Staudinger/*Olshausen* Rn 27.
[23] *Damrau/Redig* Rn 5; Staudinger/*Olshausen* Rn 28.
[24] MünchKommBGB/*Musielak* Rn 5; Staudinger/*Olshausen* Rn 27.
[25] AnwK-BGB/*Beck/Ulrich* Rn 5; MünchKommBGB/*Musielak* Rn 5 mwN; Staudinger/*Olshausen* Rn 27.

Einführungsgesetz zum Bürgerlichen Gesetzbuche (EGBGB)

idF der Bek vom 21. September 1994 (BGBl I S 2494, ber 1997 I S 1061),
zuletzt geändert am 21. Dezember 2007 (BGBl I S 3189)

– Auszug –

Erster Teil. Allgemeine Vorschriften (Art 1–49)

Erstes Kapitel. Inkrafttreten. Vorbehalt für Landesrecht. Gesetzesbegriff

Art 1, 2 *(nicht abgedruckt)*

Zweites Kapitel. Internationales Privatrecht (Art 3–46)

Einleitung zum Internationalen Privatrecht

Schrifttum: Gesamtdarstellungen: *v. Bar/Mankowski,* Internationales Privatrecht, Band I, 2. Aufl 2003, Band II 1991; *Ferid,* Internationales Privatrecht, 3. Aufl 1998; *v. Hoffmann/Thorn,* Internationales Privatrecht, 9. Aufl 2007; *Junker,* Internationales Privatrecht, 1998; *Kegel/Schurig,* Internationales Privatrecht, 9. Aufl 2004; *Kropholler,* Internationales Privatrecht, 6. Aufl 2006; *Kunz,* Internationales Privatrecht, 4. Aufl 1998; *Lüderitz,* Internationales Privatrecht, 2. Aufl 2002; *Raape/Sturm,* Internationales Privatrecht, Band I, 7. Aufl 2000; *Rauscher,* Internationales Privatrecht, 2. Aufl 2002; *Schotten/Schmellenkamp,* Das Internationale Privatrecht in der notariellen Praxis, 2. Aufl. 2007; 1995; *Siehr,* Internationales Privatrecht, 2001. **Kommentare:** *Dauner-Lieb/Heidel/Ring,* AnwK-BGB, Band I: Allgemeiner Teil mit EGBGB 2005; *Erman/Hohloch,* Band II, 11. Aufl 2004; *Looschelders* IPR (Art 3 bis 43 EGBGB), 2004; MünchKommBGB, Band 10: EG, 4. Aufl 2006 (ohne internationales Gesellschaftsrecht); Band 11: Internationales Wirtschaftsrecht, 4. Aufl 2006; *Palandt/Heldrich,* 68. Aufl 2008; *Prütting/Wegen/Weinreich,* BGB, 2. Aufl 2007; *Soergel/Kegel,* Band 10, EG, 12. Aufl 1996; *Staudinger/Blumenwitz/Hausmann/Sturm/Sturm,* Einleitung zum Internationalen Privatrecht; Art 3 bis 6 EGBGB, Neubearbeitung 2003; *Staudinger/Hausmann/Hepting/Wick/Winkler vom Mohrenfels,* Art 7, 9 bis 12, 47 EGBGB, Neubearbeitung 2007; *Staudinger/Großfeld,* Internationales Gesellschaftsrecht, Neubearbeitung 1998; *Staudinger/Stoll,* Nach Art 12 EGBGB (Internationales Sachenrecht), 13. Bearbeitung 1996; *Staudinger/Mankowski,* Art 13 bis 17 b EGBGB, Neubearbeitung 2003; *Staudinger/Spellenberg,* Internationales VerfR Ehe, Neubearbeitung 2005; *Staudinger/Kropholler/Mankowski,* Art 18 EGBGB mit Anhang, Vor Art 19 EGBGB, 13. Bearbeitung 1994; *Staudinger/Henrich/Kropholler/Pirrung,* Kindschaftsrechtsübereinkommen; Art 18 EGBGB, Neubearbeitung 2007; *Staudinger/Henrich/Kropholler,* Art 19 bis 24 EGBGB, 14. Bearbeitung 2002; *Staudinger/Dörner,* Art 25, 26 EGBGB, Neubearbeitung 2007; *Staudinger/Armbrüster/Ebke/Hausmann/Hepting,* Art 27 bis 37 EGBGB, 13. Bearbeitung 2002; *Staudinger/v. Hoffmann,* Art 38 bis 42 EGBGB, Neubearbeitung 2001; *Staudinger/v. Abeltshauser/Dörner/Eckert,* Art 219 bis 245 EGBGB, Neubearbeitung 2003; *Staudinger/Fezer/Kos,* Internationales Wirtschaftsrecht, Neubearbeitung 2006. **Textsammlungen:** *Jayme/Hausmann,* Internationales Privat- und Verfahrensrecht, 13. Aufl 2006; *Riering* (Hrsg), IPR-Gesetze in Europa, 2001; *Kropholler/Krüger/Riering/Samtleben/Siehr* (Hrsg), Außereuropäische IPR-Gesetze, 1999. **Rechtsprechungs- und Fallsammlungen:** Die deutsche Rechtsprechung auf dem Gebiet des IPR **(IPRRspr),** 1926–1934, 1935–1944 (2 Bände); 1945 ff (zuletzt 2003), derzeit bearbeitet von *Kulms; Schack,* Höchstrichterliche Rechtsprechung zum Internationalen Privat- und Verfahrensrecht, 2. Aufl 2000; *Hay,* Prüfe Dein Wissen Bd 28 (Internationales Privatrecht), 3. Aufl 2007. **Gutachten:** Deutsches Notarinstitut, Gutachten zum internationalen und ausländischen Privatrecht 1993, 1994; *Drobnig/Ferid/Kegel* bzw *Basedow/Kegel/Mansel,* Gutachten zum internationalen und ausländischen Privatrecht **(IPG),** 1965 ff; *Wengler,* Gutachten zum internationalen Familien- und Erbrecht, 2 Bände 1971. **Zeitschriften:** Zeitschrift für ausländisches und internationales Privatrecht **(RabelsZ),** seit 1927; Praxis des Internationalen Privat- und Verfahrensrechts **(IPRax),** seit 1981. **Hilfsmittel zum ausländischen Recht:** s Rn 82.

Übersicht

	Rn		Rn
I. Begriff, Aufgabe und Ziele des IPR	1	2. Interlokales, interpersonales und intertemporales Privatrecht	8
		3. Fremdenrecht, materielles Sonderrecht	11
II. Abgrenzung zu anderen Rechtsgebieten	7	4. Internationales Einheitsprivatrecht	12
1. Internationales Zivilprozessrecht	7	5. Staatsangehörigkeitsrecht	14

EGBGB Einl IPR

	Rn		Rn
III. Rechtsquellen	15	d) Scheitern der Anknüpfung (Nichtermittelbarkeit der anzuwendenden Rechtsordnung)	75
1. Nationales Recht, Reformbestrebungen	15		
2. Staatsverträge	16	4. Sachnormverweisung und Gesamtverweisung	76
3. IPR und GG	21	5. Gesamtstatut und Einzelstatut	77
a) Kollisionsnormen und GG	21	**V. Ermittlung und Anwendung des materiellen Rechts**	78
b) Rechtsanwendungsergebnis und Grundgesetz	24		
4. IPR und Europarecht	25	1. Ermittlung ausländischen Rechts	78
a) Europäisches Kollisionsrecht	25	2. Nichtermittelbarkeit ausländischen Rechts	84
b) Europarechtskonformität des autonomen IPR	27	3. Anwendung ausländischen Rechts	85
c) Mittelbare horizontale Direktwirkung von Richtlinien	31	4. Revisibilität der Anwendung ausländischen Rechts	87
IV. Grundlegende Mechanismen des IPR	32	5. Ordre public (Art 6)	89
1. Begriff und Aufbau von Kollisionsnormen	33	6. Probleme des Nebeneinander mehrerer Rechtsordnungen (Angleichung/Anpassung, Umsetzung/Transposition)	90
a) Anknüpfungstechniken	36		
c) Versteckte Kollisionsnormen	46		
2. Abgrenzung von anderen Normen	47	7. Substitution, Auslandsrecht als Tatsache	91
a) (Selbstbegrenzende) Sachnormen	47	8. Handeln unter falschem Recht	93
b) Sachnormen mit auslandsbezogenen Tatbestandselementen ohne kollisionsrechtlichen Gehalt	48	**Anhang I: „Checkliste" zur Lösung grenzüberschreitender Fälle**	94
c) Eingriffsnormen	49		
d) „Anerkennung"	50 a	**Anhang II: Glossar**	95
3. Anwendung von Kollisionsnormen	51		
a) Qualifikation	51	**Anhang III: Tabellarische Übersicht des geltenden IPR sowie des internationalen Einheitsrechts nach Sachgebieten**	96
b) Vorfrage, Erstfrage, Nachfrage und Teilfrage	63		
c) Anknüpfungserschleichung (Gesetzesumgehung, fraus legis, fraude à la loi)	73		

I. Begriff, Aufgabe und Ziele des IPR

1 Das Internationale Privatrecht hat die Aufgabe, in privatrechtlichen Fällen mit **Auslandsberührung** (vgl Art 3 Abs 1) die auf den jeweiligen Sachverhalt anwendbare (Privat-)Rechtsordnung zu bestimmen. Man spricht, da es um die Auswahl zwischen mehreren in Betracht kommenden Rechtsordnungen geht, daher auch gleichbedeutend von **„Kollisionsrecht"** (vgl hierzu auch die englische und französische Terminologie: Private International Law, Droit International Privé sowie conflict of laws, conflit des lois). Die speziellen Normen des IPR nennt man deshalb **Kollisionsnormen** oder Verweisungsnormen. Der Tatbestand dieser Normen enthält bestimmte Anknüpfungspunkte, als Rechtsfolge wird ein Rechtsanwendungsbefehl ausgesprochen, dh eine bestimmte Rechtsordnung als die für den jeweiligen Sachverhalt maßgebliche bezeichnet. Verwiesen wird – grds ohne Rücksicht auf dessen Inhalt – immer auf ein bestimmtes **staatliches Recht**. Traditionen bestimmter Volksgruppen oder Regelungen von Religionsgemeinschaften sind nur dann relevant, wenn sie Teil der berufenen staatlichen Rechtsordnung sind. „Staat" iS des Internationalen Privatrechts ist dabei jeder souveräne Staat, unabhängig von der Frage seiner völkerrechtlichen Anerkennung. Maßgeblich ist allein, ob ein bestimmtes Recht in einem bestimmten Gebiet tatsächlich allgemein angewandt wird[1]. Dies gilt auch im Falle völkerrechtswidriger Annexion oder Besetzung eines Gebietes[2].

Das IPR kennt jedoch, anders als etwa das Internationale Zivilprozessrecht, keine Exterritorialität: Für ortsbezogene Anknüpfungen sind auch Botschaften Staatsgebiet des Aufnahmestaates[3].

2 Kollisionsnormen bewirken damit – anders als die sog **Sachnormen** – nie eine Rechtsfolge auf dem Gebiet des materiellen Rechts, sondern bezeichnen, welches nationale Sachrecht auf einen bestimmten Lebenssachverhalt anwendbar ist. Diese Normen bilden das jeweilige **Sachstatut**. Der Ausdruck „Statut" bezeichnet also die jeweils maßgebende Rechtsordnung. So spricht man etwa hinsichtlich des auf die Erbfolge anwendbaren materiellen (Sach-)Rechts vom Erbstatut, hinsichtlich des auf die Eheschließung anwendbaren Rechts vom Eheschließungsstatut, vom Kindschaftsstatut, Schuldvertragsstatut, Deliktsstatut etc.

3 Trotz einer Vielzahl von (gegenüber dem autonomen Kollisionsrecht nach Art 3 Abs 2 S 1 vorrangigen) Kollisionsnormen staatsvertraglichen Ursprungs ist das Internationale Privatrecht daher weder Privatrecht im herkömmlichen Sinne, noch ist es notwendigerweise „Internationales Recht" iS von supranationalem oder zwischenstaatlichem Recht[4]. Insbes besteht kein eigenständiges völkerrechtliches

---

[1] HM, vgl nur *Kegel/Schurig* IPR § 1 IV 2 b.
[2] Vgl etwa *v. Bar/Mankowski* IPR I § 3 Rn 31 ff mit gewissen Differenzierungen hinsichtlich des Formstatuts in einer Übergangszeit: Alternativanknüpfung in favorem negotii.
[3] Vgl etwa BGHZ 82, 34, 44 für die Frage des Ortes einer Ehescheidung: nach Art 17 Abs 2 im Inland unzulässige Privatscheidung.
[4] Zur Genesis des auf den Amerikaner Joseph Story zurückgehenden Begriffes „Internationales Privatrecht" vgl nur *v. Bar/Mankowski* IPR I § 1 Rn 15.

Einleitung **Einl IPR EGBGB**

IPR. Auch das ungeschriebene Völker(gewohnheits)recht, welches nach Art 25 GG Bestandteil des Bundesrechts mit Vorrang vor den einfachen Gesetzen ist, kann allenfalls einen gewissen Kontrollrahmen, dh Mindestanforderungen für das staatliche Kollisionsrecht liefern[5]. Es enthält aber keine konkreten Rechtssätze für das staatliche IPR[6]. Die praktische Relevanz dieser Frage ist freilich gering, da es jedenfalls keine nennenswerten völkerrechtlichen Grenzen für die Gestaltung der nationalen Kollisionsrechte gibt[7]. „Internationales Privatrecht" ist damit Privatrecht im dogmatischen Sinne[8], nicht aber „internationales Recht". Es beruht als rein nationales Recht auf Normen des nationalen Gesetzgebers (worunter auch die von ihm ratifizierten Staatsverträge zählen) und kann – soweit nicht staatsvertraglich vereinheitlicht – von Staat zu Staat divergieren. Dies ermöglicht es, dass die Gerichte verschiedener Staaten auf denselben Sachverhalt auf Grund ihres jeweiligen (nationalen) IPR unterschiedliche Rechtsordnungen anwenden und damit auch zu unterschiedlichen materiellrechtlichen Ergebnissen kommen. Dies kann wiederum dazu führen, dass eine Partei einen Gerichtsstand möglichst in dem Staat zu erlangen sucht, dessen IPR das ihr im materiellrechtlichen Endergebnis günstigere Sachrecht zur Anwendung beruft. Man spricht insoweit plakativ von **„forum shopping"**, welches entweder durch die kollisionsrechtliche oder materiellrechtliche **Rechtsvereinheitlichung** oder aber durch die Vereinheitlichung von Regeln über die internationale Zuständigkeit verhindert oder zumindest beschränkt werden kann.

Die Anknüpfung bestimmter Lebenssachverhalte an bestimmte Anknüpfungspunkte mit der Rechtsfolge der Anwendbarkeit einer bestimmten Rechtsordnung durch die Kollisionsnormen erfolgt nicht willkürlich. Dahinter stehen vielmehr bestimmte **Anknüpfungsziele.** Diese vom IPR verfolgten und verfolgbaren Ziele sind jedoch vielschichtig. Abstrakt geht es ua darum, den „Schwerpunkt des Rechtsverhältnisses" zu lokalisieren und das anwendbare Recht danach zu bestimmen. Der Grundgedanke der sog **„Anknüpfungsgerechtigkeit"** bzw spezifisch international-privatrechtlichen Gerechtigkeit besteht somit darin, ein Rechtsverhältnis derjenigen Rechtsordnung zu unterstellen, zu welcher die **engste Verbindung** besteht. Dieses Prinzip kommt kodifikatorisch etwa in den sog **Ausweichklauseln** (auch Ausnahmeklausel) zum Ausdruck (Art 28 Abs 5, 30 Abs 2 aE, 41 Abs 1). Andererseits kann eine Kollisionsnorm auch das Ziel verfolgen, nicht die engste, sondern mehrere „enge" Verbindungen anknüpfungsbegründend wirken zu lassen. Weitere Ziele des IPR, die der Gesetzgeber innerhalb der weiten verfassungs-, europa- und völkerrechtlichen Schranken frei gewichten kann, sind neben der spezifisch international-privatrechtlichen Anknüpfungsgerechtigkeit etwa die Verwirklichung staatlicher Interessen, die persönlichen Interessen der Beteiligten sowie der **internationale Entscheidungseinklang.** Unter letzterem versteht man das (nie ganz zu verwirklichende) Idealziel, dass ein Rechtsstreit unabhängig vom angegangenen Gericht überall nach denselben Normen entschieden wird. Auch dieses Ideal darf freilich nicht überbewertet werden. Der praktische Aspekt der Durchsetzbarkeit einer Entscheidung steht schon deshalb im Hintergrund, weil die Anerkennung und Vollstreckung einer Entscheidung im Ausland in der Regel nicht mehr davon abhängig gemacht wird, welches materielle Recht angewendet wurde[9]. Ideale Verwirklichung kann der Gedanke des Entscheidungseinklangs erst durch die fortschreitende internationale Kollisionsrechtsvereinheitlichung finden.

Die **Bedeutung** des IPR hat mit der zunehmenden internationalen Verflechtung aller Bereiche des Privatrechts im Laufe des 20. Jahrhunderts immens zugenommen. Entbehrlich wird das IPR erst mit vollständiger internationaler Rechtsvereinheitlichung auf dem Gebiet des materiellen Rechts: Soweit die zur Anwendung in Betracht kommenden Rechtsordnungen inhaltlich identisch sind, erübrigt sich eine Abgrenzung ihres Anwendungsbereichs, es besteht keine „Kollision zwischen den Rechten". In der europäischen Entwicklung besteht freilich eine Tendenz zur Ablösung des IPR durch Regelungen über die Urteilsanerkennung[10] sowie eine rechtspolitische Tendenz zur Anerkennung von Rechtslagen, die (wie etwa Eheschließungen, Namensführungen etc) durch Eintragungen in Register begründet oder festgestellt werden. Es deutet sich hier eine Hinwendung zu einem System einseitiger Kollisionsnormen (zum Begriff s Rn 45), dessen Vorteilhaftigkeit zumindest fraglich erscheint[11].

IPR ist **zwingendes Recht.** Seine Anwendung ist nicht etwa in das Belieben der Parteien eines Zivilprozesses bzw des Gerichts gestellt, sondern erfolgt von Amts wegen und ist vollständig **revisionsfähig**[12]. Versuche der Begründung des fakultativen Charakters des IPR (Lehre vom **fakultativen Kollisionsrecht:** Anwendung des IPR durch den Richter nur, wenn sich die Parteien darauf berufen)[13] haben sich zu Recht nicht durchgesetzt[14] und sind auch de lege ferenda abzulehnen.

4

5

6

---

[5] Vgl *Kropholler* IPR § 8 I; *Kegel/Schurig* IPR § 1 IV 1; *v. Bar/Mankowski* IPR I § 3 Rn 8 ff, jeweils mwN; grundlegend zum Kontrollrahmen und den Folgen einer etwaigen Völkerrechtsverletzung *Meesen*, FS Mann, 1977, S 227.
[6] Str, vgl auch *Kropholler* IPR § 8 I 1.
[7] So zutr *v. Bar/Mankowski* IPR I § 3 Rn 12; zu älteren völkerrechtlichen Theorien im IPR vgl *v. Bar/Mankowski* IPR I § 3 Rn 8 ff; *Kegel/Schurig* IPR § 1 IV 1 c.
[8] Vgl nur *Kropholler* IPR § 1 V 1 sowie *Kegel/Schurig* IPR § 1 V, der zu Recht auf die Müßigkeit des Streites hinweist.
[9] *Kropholler* IPR § 6 I.
[10] *Jayme/Kohler* IPRax 2001, 501; übertrieben aber *Geimer* IPRax 2002, 69, 71: IPR „kommt total unter die Räder".
[11] So zutr *Jayme/Kohler* IPRax 2007, 493, 498: „Erosion der Verweisungsmethode"; ähnlich *Rauscher/Pabst* NJW 2007, 3541: „übereilte Nivellierung auf zufälligem Niveau".
[12] BGH NJW 1993, 2305; NJW 1995, 2097; NJW 1996, 54 m Besprechungsaufsatz *Mäsch* NJW 1996, 1453; NJW 1998, 1321 f; NJW 1998, 1395, 1396; zur Revisibilität ausländischen Rechts s Rn 71.
[13] Vgl insbes *Flessner* RabelsZ 34 (1970), 547; ihm folgend *Sturm*, FS Zweigert, 1981, S 329 sowie zuletzt *Wagner* ZEuP 1999, 6, der auf Grund zivilprozessualer Überlegungen mit beachtlichen Gründen für eine Parteifakultativität des Kollisionsrechts plädiert.
[14] Ausdrücklich abl der Gesetzgeber im Zuge der IPR-Reform des Jahres 1986, vgl BT-Drucks 10/504 S 26.

II. Abgrenzung zu anderen Rechtsgebieten

7 1. Internationales Zivilprozessrecht. Das Internationale Zivilprozessrecht (IZPR) befasst sich nicht unmittelbar mit dem anwendbaren Recht, sondern regelt – im Grundsatz ebenfalls aus rein nationaler Sicht – die Abgrenzung der Zuständigkeit deutscher und ausländischer Gerichte sowie die Anerkennung und Vollstreckung von Gerichtsentscheidungen. Die **internationale Zuständigkeit** deutscher Gerichte ist lückenhaft in ZPO (vgl etwa § 606 a ZPO) und FGG (vgl etwa §§ 35 b, 43 b FGG), insbes aber in bedeutenden **Staatsverträgen** wie etwa dem – nunmehr durch die EuGVVO abgelösten – Europäischen Gerichtsstands- und Vollstreckungsübereinkommen **(EuGVÜ)**[15] und dem (nunmehr ebenfalls neu abgeschlossenen) Parallelübereinkommen von Lugano mit den EFTA-Staaten **(Luganer Übereinkommen)**[16] geregelt. Auf der Grundlage der durch den Vertrag von Amsterdam neu geschaffenen Kompetenzen (Rn 25) ist am 1. 3. 2005 die EG-VO Nr 2201/2003 vom 27. 11. 2003 über die Zuständigkeit und die Anerkennung und Vollstreckung von Entscheidungen in Ehesachen und in Verfahren betr die elterliche Verantwortung und zur Aufhebung der Verordnung (EG) Nr 1347/2000 (sog „**Brüssel IIa-Verordnung**" in Abgrenzung zum EuGVÜ, Rn 25) in Kraft getreten (ABl EG 2003 Nr L 338 S 1)[17]. Am 31. 5. 2001 ist weiter die EG-VO Nr 1348/2000 über die Zustellung gerichtlicher und außergerichtlicher Schriftstücke in Zivil- oder Handelssachen in den Mitgliedstaaten in Kraft getreten (ABl EG L 160 S 37 vom 30. 6. 2000)[18]. Das **EuGVÜ** ist mit Wirkung vom 1. 3. 2002 durch die Verordnung EG Nr 44/2001 vom 22. 12. 2000 (ABl EG 2001 Nr L 12 vom 16. 1. 2001; sog „**Brüssel I-Verordnung**" – EuGVVO –) ersetzt worden[19]. Das Luganer Übereinkommen wurde durch ein gleichnamiges Übereinkommen zwischen der EG und den EFTA-Staaten Schweiz, Norwegen und Island vom 30. 10. 2007 ersetzt und ist damit ebenfalls Teil des Gemeinschaftsrechts geworden. Soweit eine ausdrückliche Regelung über die internationale Zuständigkeit deutscher Gerichte fehlt, gilt eine „stillschweigende Verweisung" auf die Regelungen über die örtliche Zuständigkeit in §§ 12 ff ZPO: Soweit nach diesen Vorschriften ein deutsches Gericht örtlich zuständig ist, ist es nach deutschem Recht grds auch international, dh im Verhältnis zu ausländischen Gerichten zuständig[20]. Die EG-VO Nr 1348/2000 über die Zustellung gerichtlicher und außergerichtlicher Schriftstücke in Zivil- oder Handelssachen vom 29. 5. 2000 („**Europäische Zustellungsverordnung, EuZVO**", ABl EG Nr L 160 S 37) ist am 31. 5. 2001 in Kraft getreten. Seit dem 1. 1. 2004 gilt die EG-VO Nr 1206/2001 über die Zusammenarbeit zwischen den Gerichten der Mitgliedstaaten auf dem Gebiet der Beweisaufnahme in Zivil- und Handelssachen vom 28. 5. 2001 („**Europäische Beweisverordnung, EuBVO**", ABl EG Nr L 174 S 1), seit dem 21. 10. 2005 die EG-VO Nr 805/2004 zur Einführung eines europäischen Vollstreckungstitels für unbestrittene Forderungen („**Europäische Vollstreckungstitelverordnung, EuVTO**", ABl EG Nr L 143 S 15)[21]. Letztere wird durch die ab dem 1. 1. 2009 geltende EG-VO Nr 861/2007 zur Einführung eines Verfahrens für geringfügige Forderungen (bis zu 2000 Euro) ergänzt. Eine Verordnung über das **Insolvenzverfahren (EuInsVO)** vom 29. 5. 2000[22] ist am 31. 5. 2002 in Kraft getreten.

8 2. Interlokales, interpersonales und intertemporales Privatrecht. Sofern ein Staat kein einheitliches Privatrecht aufweist, sondern rechtlich durch Aufteilung in verschiedene Teilrechtsgebiete territorial gespalten ist (wie etwa die USA, Australien, Kanada, Mexiko, Großbritannien, Spanien[23], Restjugoslawien), bedarf es einer innerstaatlichen Abgrenzung des Anwendungsbereichs der verschiedenen Teilrechtsordnungen. Die Gesamtheit der entsprechenden Regelungen bezeichnet man als das **Interlokale Privatrecht** (ILR) des betreffenden Staates. Die Regelung dieser Kollision mehrerer materiellrechtlicher Normen innerhalb eines Staates ist grds dessen eigene Aufgabe (Art 4 Rn 18 ff, 20).

9 Ist das Recht eines Staates nicht territorial, sondern hinsichtlich bestimmter, etwa nach Abstammung oder Religion unterschiedener Volksgruppen gespalten, bedarf es ebenfalls bestimmter Regelungen, auf welchen Personenkreis welche Teilrechtsordnung anzuwenden ist. In diesem Zusammenhang spricht man von **interpersonalem Privatrecht**. Auch hier ist es Sache des jeweiligen Staates, selbst durch interpersonale Kollisionsregeln die Abgrenzung des Anwendungsbereichs verschiedener Rechte vorzunehmen. Sofern Staaten Religionsgruppen unterschiedlichem Recht unterwerfen, wie dies insbes im

---

[15] EG-Übereinkommen über die gerichtliche Zuständigkeit und die Vollstreckung gerichtlicher Entscheidungen in Zivil- und Handelssachen vom 27. 9. 1968, BGBl 1972 II S 774.
[16] Übereinkommen vom 16. 9. 1988, BGBl 1994 II S 2660; Wortlaut der Übereinkommen bei *Jayme/Hausmann* Leitziff 150–152.
[17] *Coester-Waltjen* FamRZ 2005, 241; *Wagner* NJW 2005, 1754.
[18] *Heß* NJW 2001, 15.
[19] Bis zum 1. 7. 2007 war das EuGVÜ noch im Verhältnis zu Dänemark anwendbar. Seitdem ist die EuGVO auf Grund eines Abk vom 19. 10. 2005 zwischen der EG und dem Königreich Dänemark auch im Verhältnis zu Dänemark anzuwenden, vgl *Nielsen* IPRax 2007, 506.
[20] BGHZ 44, 46, 47 (Großer ZS) sowie zuletzt BGH NJW 1999, 1395 f mwN; zur besonderen Problematik der Zuständigkeit nach § 23 ZPO (Vermögensbelegenheit) vgl BGHZ 115, 90 = NJW 1991, 3092; BGH NJW 1997, 325; NJW 1999, 1395 betr Erfordernis eines über die Vermögensbelegenheit hinausgehenden Inlandsbezugs für die erstmalige Geltendmachung eines Anspruchs im Erkenntnisverfahren. Zur „Gleichlauftheorie" für den Bereich des Nachlassverfahrens s Art 25 Rn 63.
[21] *Gebauer* FPR 2006, 252; *Wagner* NJW 2005, 1157.
[22] VO Nr 1346/2000/EG des Rates über Insolvenzverfahren, ABl EG Nr L 160 S 1; s *Eidenmüller* IPRax 2001, 2; *Leible/Staudinger* KTS 2000, 533; *Huber* ZZP 2001, 133.
[23] Vgl *Becker* ZEuP 1996, 88.

Familien- und Erbrecht der islamischen Staaten der Fall ist (so zB in Ägypten, Jordanien, Pakistan, Syrien, aber auch Israel), spricht man von **interreligiöser Rechtsspaltung**[24].

Das **intertemporale Privatrecht** regelt demgegenüber die zeitliche Kollision von Rechtsnormen ein und derselben Rechtsordnung. Handelt es sich dabei um Kollisionsnormen, so spricht man von intertemporalem internationalen Privatrecht. Die zeitliche Abgrenzung des Anwendungsbereichs von neuen und alten Kollisionsnormen des deutschen IPR regelt etwa Art 220. Zum innerdeutschen Kollisionsrecht s die Kommentierung zu Art 236. **10**

3. Fremdenrecht, materielles Sonderrecht. Vom IPR abzugrenzen ist weiter inländisches materielles Recht, welches materiellrechtliche Sondervorschriften für Ausländer bzw Sachverhalte mit Auslandsbeziehung enthält. Dieses sog **Fremdenrecht** regelt zwar – wie das IPR – Sachverhalte mit Auslandsbezug, es enthält aber keine Verweisungsnormen, sondern Sachnormen mit einem irgendwie auslandsbezogenen Tatbestand (welche ihrerseits die Anwendbarkeit deutschen Rechts voraussetzen). Fremdenrecht ist weitgehend im öffentlichen Recht zu finden (so zB das im AuslG geregelte Ausländerrecht), existiert aber auch im Bereich des Privatrechts (vgl etwa §§ 1944 Abs 3, 1954 Abs 3 BGB). **11**

4. Internationales Einheitsprivatrecht. Soweit – auf Staatsverträgen beruhendes – materielles **Einheitsprivatrecht** existiert, geht dieses den Regeln des jeweiligen IPR vor und macht diese innerhalb seines Anwendungsbereichs entbehrlich. Die Vorschriften über den jeweiligen Anwendungsbereich haben damit die Funktion einseitiger Kollisionsnormen[25]. Auch bei der Anwendung von Einheitsrecht muss freilich hinsichtlich einzelner, im Einheitsrecht nicht geregelter Fragen zur Lückenfüllung auf ein durch das IPR der lex fori bestimmtes autonomes einzelstaatliches Recht zurückgegriffen werden. Praktisch wichtige einheitsprivatrechtliche Regelungen sind insbes das **Wiener UN-Kaufrecht (CISG)**[26], das Übereinkommen über den Beförderungsvertrag im internationalen Straßengüterverkehr vom 19. 5. 1956 **(CMR)**[27], das **UNIDROIT-Übereinkommen von Ottawa über das internationale Factoring** vom 28. 5. 1988[28] sowie das auf Staatsverträgen beruhende **Wechselgesetz** und **Scheckgesetz**[29]. **12**

Nicht echtes staatliches, sondern „unechtes", dh nichtstaatliches Einheitsprivatrecht stellen allgemeine Geschäftsbedingungen, Verkehrssitten und Handelsbräuche dar, die in einzelnen Bereichen des internationalen Rechtsverkehrs beachtet werden und nicht von den Vertragsparteien, sondern von öffentlich-rechtlichen **(UNIDROIT)** oder privaten Institutionen (zB IHK Paris, IATA) vorformuliert bzw aufgezeichnet werden[30]. Dies gilt insbes auch für die von Wissenschaftlergruppen erarbeiteten **Grundregeln des Europäischen Vertragsrecht** (Principles of European Contract Law – PECL) und den gegenwärtig im Auftrag der EG-Kommission in Erarbeitung befindlichen sog „**Gemeinsamen Referenzrahmen**"[31]. Hierbei handelt es sich aber nach zutreffender Auffassung nicht um autonome supranationale Rechtsquellen, welche von sich aus Geltung beanspruchen und das IPR insoweit „überflüssig" machen[32]. Die Wahl solcher Rechtsprinzipien der Parteien insbes im internationalen Vertragsrecht kann damit nur auf der Ebene des materiellen Rechts Wirkung entfalten, dh die gewählten Regelungen haben dann den Charakter vertraglicher Vereinbarungen (regelmäßig in Form von AGB), die sich in ihrer Wirksamkeit am Maßstab der jeweiligen lex causae messen lassen müssen[33]. **13**

5. Staatsangehörigkeitsrecht. Auch das Staatsangehörigkeitsrecht wird heute nicht mehr zum IPR gezählt. Hinsichtlich der Kollision des Staatsangehörigkeitsrechts verschiedener Staaten gilt der Grundsatz, dass jeder Staat selbst bestimmt, wen er als seinen Staatsangehörigen betrachtet: Keinem Staat kann gegen seinen Willen ein Staatsangehöriger aufgedrängt oder entzogen werden. Die Erwerbs- und Verlusttatbestände des deutschen Staatsangehörigkeitsrechts sind in zuletzt im Jahre 1999 reformierten, in seinem Kern nach wie vor auf das wiederholt geänderte Reichs- und Staatsangehörigkeitsgesetz vom 22. 7. 1913 **(RuStaG)** zurückgehenden **Staatsangehörigkeitsgesetz (StAG)** geregelt[34]. **14**

---

[24] Vgl *Stieh*, Das interpersonale Kollisionsrecht im Internationalen Privatrecht, 1989; aus der jüngeren Rspr s etwa BGH NJW-RR 2007, 145 zum interreligiösen Familienrecht Syriens.
[25] *Palandt/Heldrich* Rn 2; zum Begriff s Rn 45.
[26] Übereinkommen der Vereinten Nationen über Verträge über den internationalen Warenkauf (United Nations Convention on Contracts for the International Sale of Goods – CISG) vom 11. 4. 1980, für Deutschland in Kraft seit dem 1. 1. 1991, vgl BGBl 1989 II S 586; abgedruckt auch bei *Jayme/Hausmann* Leitziff 77.
[27] Convention relative au Contrat de transport international de marchandises par route; BGBl 1961 II S 1120; abgedruckt auch bei *Jayme/Hausmann* Leitziff 153, 153 a.
[28] BGBl 1998 II S 172; abgedruckt auch bei *Jayme/Hausmann* Leitziff 78.
[29] Genfer Abkommen über Bestimmungen auf dem Gebiet des internationalen Wechselprivatrechts vom 7. 5. 1930, RGBl 1933 II S 444 sowie Genfer Abkommen über Bestimmungen auf dem Gebiet des internationalen Scheckprivatrechts vom 19. 3. 1931, RGBl 1933 II S 594.
[30] Vgl *v. Bar/Mankowski* IPR I § 2 Rn 72 ff.
[31] S die Mitteilung der Kommission an das Europäische Parlament und den Rat vom 11. 10. 2004 zum Europäischen Vertragsrecht und Überarbeitung des gemeinschaftlichen Besitzstands – weiteres Vorgehen, KOM(2004) 651 endg, für einen Überblick über die Entwicklung *Vogenauer/Weatherhill* JZ 2005, 870. Seit Ende 2007 liegt ein von Seiten der Wissenschaft erarbeiteter „Draft Common Frame of Reference" vor.
[32] So aber der Kern der Lehre von der sog lex mercatoria. Hiergegen zutr *v. Bar/Mankowski* IPR I § 2 Rn 73; zu den Einzelheiten der rechtstheoretisch stark umstrittenen Eingrenzung der lex mercatoria vgl etwa Münch-KommBGB/*Martiny* Art 27 Rn 25 f sowie *Spickhoff* RabelsZ 56 (1992), 116, jeweils mwN.
[33] Zutr schweizerisches BG IPRax 2007, 230 f.
[34] BGBl 1999 I S 1618; in Kraft getreten am 1. 1. 2000; zu den Einzelheiten vgl den Überblick bei Art 5 Rn 3.

III. Rechtsquellen

15 **1. Nationales Recht, Reformbestrebungen.** Das deutsche Internationale Privatrecht war ursprünglich im EGBGB nur lückenhaft und teilweise lediglich durch einseitige Kollisionsnormen geregelt[35]. Nach den Reformen der Jahre 1986 (Gesetz zur Neuregelung des Internationalen Privatrechts vom 25. 7. 1986, in Kraft getreten am 1. 9. 1986 – **IPR-Neuregelungsgesetz**, BGBl I S 1142) und 1999 (Gesetz zum Internationalen Privatrecht für **außervertragliche Schuldverhältnisse und für Sachen** vom 21. 5. 1999, in Kraft getreten am 1. 6. 1999, BGBl I S 1026[36]) ist es nunmehr in den Art 3 bis 47 kodifiziert[37]. Die Kollisionsnormen des IPR-Neuregelungsgesetzes von 1986 sind seit ihrem Inkrafttreten bereits mehrfach geändert worden, zuletzt durch das am 1. 7. 1998 in Kraft getretene **Kindschaftsrechtsreformgesetz** vom 16. 12. 1997 (Art 10, 19 bis 21, 23), das Gesetz über Fernabsatzverträge und andere Fragen des Verbraucherrechts vom 27. 7. 2000 (Art 29 a), das Lebenspartnerschaftsgesetz vom 16. 2. 2001 (Art 17 a)[38] sowie das Gesetz zur Regelung von Rechtsfragen auf dem Gebiet der internationalen Adoptionen vom 5. 11. 2001 (Art 22 Abs 2, 3). Durch das Personenstandsrechtsreformgesetz vom 19. 2. 2007 (BGBl I S 122) wurde im unmittelbaren Anschluss an das „Zweite Kapitel. Internationales Privatrecht" in einem neuen „Dritten Kapitel. Angleichung" Art 47 eingefügt. Die Regelung ermöglicht Namensangleichungen nach deutschem materiellem Recht. Es handelt sich dabei aber nicht um eine Kollisionsnorm, sondern um eine selbstbegrenzende Sachnorm[39].

Weitgehend ungeregelt ist weiterhin das **Internationale Gesellschaftsrecht**, welches der Gesetzgeber in einem dritten Reformschritt zu regeln beabsichtigt[40]. Mittlerweile liegt auch ein Referentenentwurf des BMJ vor (s Anh Art 12 Rn 43 ff). Soweit eine gesetzliche Regelung fehlt, gelten weiterhin die gewohnheitsrechtlich entwickelten Anknüpfungsregeln. Kollisionsnormen finden sich auch in verschiedenen Spezialgesetzen wie etwa in Art 7 ff EGVVG, Art 91 ff WechselG, Art 60 ff ScheckG, § 61 BörsenG.

16 **2. Staatsverträge.** Die **Rechtsvereinheitlichung** auf dem Gebiet des Kollisionsrechts ist weit vorangeschritten[41]. Staatsverträge bilden daher eine wichtige Quelle des deutschen Internationalen Privatrechts[42].

17 Bedeutende **multilaterale Staatsverträge** auf dem Gebiet des Kollisionsrechts sind insbes die **Haager Übereinkommen**[43]. Von großer praktischer Relevanz sind insbes das **Minderjährigenschutzabkommen** (MSA) aus dem Jahre 1961[44], das Kindesentführungsübereinkommen vom 25. 10. 1980[45]; das in Art 26 integrierte **Testamentsformübereinkommen** aus dem Jahre 1961, das **Unterhaltsübereinkommen** vom 1956 sowie das in Art 18 integrierte **Unterhaltsübereinkommen** des Jahres 1973. Bedeutend sind neben den Haager Übereinkommen weiter das **Genfer Flüchtlingsübereinkommen**, das **UN-Übereinkommen über die Rechtsstellung der Staatenlosen** und das in Art 27 ff integrierte **EG-Schuldvertragsübereinkommen (EVÜ)**.

18 Neben den multilateralen Staatsverträgen bestehen zahlreiche **bilaterale Staatsverträge** kollisionsrechtlichen Inhalts, insbes, aber nicht ausschließlich im Bereich des Familien- und Erbrechts. Zu nennen wären insbes das **deutsch-iranische** Niederlassungsabkommen, das **deutsch-türkische** Nachlassabkommen, der Freundschafts-, Handels- und Schifffahrtsvertrag mit den **USA**.

19 Staatsvertragliche Regelungen haben, sofern sie in unmittelbar geltendes nationales Recht umgesetzt sind, nach allgemeinen Regeln bzw nach Art 3 Abs 2[46] Vorrang vor den Regelungen des autonomen Kollisionsrechts. Die Autonomie des staatsvertraglichen Kollisionsrechts ist aber auch bei der Auslegung von Rechtsbegriffen zu beachten, sofern diese nicht – was häufig der Fall ist – eine ausdrückliche Definition im Abkommen selbst gefunden haben[47]. Diesen kann im Interesse einer einheitlichen

---

[35] Zu den Rechtsquellen vgl insbes die Textsammlung *Jayme/Hausmann*; zu ausländischen IPR-Gesetzen vgl *Riering*, IPR-Gesetze in Europa, 1997; *Kropholler/Krüger/Riering/Samtleben/Siehr*, Außereuropäische IPR-Gesetze, 1999.

[36] Zu den langjährigen Vorarbeiten vgl BT-Drucks 14/343 S 6 f; *Spickhoff* NJW 1999, 2209; zu den Auswirkungen auf der Unternehmenspraxis *Junker* RIW 2000, 241.

[37] Die Regelungen über das außervertragliche Schuldrecht in den Art 38 bis 42 werden jedoch in Zukunft weitgehend durch die Rom II-VO ersetzt werden, s Rn 25.

[38] *Wagner* IPRax 2001, 281.

[39] Zutr *Palandt/Heldrich* Rn 15; zum Begriff s Rn 47.

[40] Vgl Begr RegE des Gesetzes zum IPR für außervertragliche Schuldverhältnisse und für Sachen, BT-Drucks 14/343 S 6.

[41] Zum Stand der Vereinheitlichung innerhalb der EU vgl die jährlichen Berichte von *Jayme/Kohler* in IPRax, zuletzt IPRax 2007, 493, sowie Rn 25.

[42] Vgl *Meyer-Sparenberg*, Staatsvertragliche Kollisionsnormen, 1990; grundlegend *Kropholler*, Internationales Einheitsrecht, 1975. Zur intertemporalen Maßgeblichkeit des staatsvertraglichen Kollisionsrechts der ehemaligen DDR vgl *Dannemann* DtZ 1991, 130.

[43] Zur Geschichte der *Haager* Konferenz für IPR vgl etwa *Kropholler* § 9 I mwN; zum Problem der Staatensukzession in die *Haager* Übereinkommen im Zuge der staatlichen Neubildungen in Osteuropa vgl *Kondring* IPRax 1996, 161; seit dem 3. 4. 2007 ist auch die EG als solche Mitglied der *Haager* Konferenz. Damit können in Zukunft Abstimmungsprobleme und Überschneidungen mit EG-Kollisionsrecht vermieden werden.

[44] BGBl 1971 II 217, wiedergegeben in *Jayme/Hausmann* Leitziff 54. Das Übereinkommen wird in Zukunft durch das noch nicht Kraft getretene Haager Kindesschutzübereinkommen (KSÜ; *Jayme/Hausmann* Leitziff 55) ersetzt werden. Das Übereinkommen über den internationalen Schutz vom Erwachsenen vom 13. 1. 2000 (ESÜ) ist von Deutschland bereits ratifiziert (BGBl 2007 II S 323), aber bisher noch nicht in Kraft getreten.

[45] *Jayme/Hausmann* Leitziff 222.

[46] Zum bloß deklaratorischen Charakter der Vorschrift s Art 3 Rn 4 f.

[47] So etwa der Begriff der „Minderjährigkeit" in Art 12 MSA oder der Begriff des „Sorgerechts" in Art 5 KSÜ.

Rechtsanwendung nicht ohne weiteres die Begrifflichkeit des jeweiligen nationalen Rechts zugrundegelegt werden. Erstrebenswert ist vielmehr eine **einheitliche Auslegung**[48]. Diese erfolgt etwa durch Berücksichtigung des Wortlauts der jeweiligen Regelungen in anderen Vertragsstaaten, dessen Bedeutung in der jeweiligen Vertragsstaaten sowie Hintergrund und Entstehungsgeschichte der Regelung. Erforderlich ist also eine **autonome Qualifikation** der Verweisungsbegriffe unter Berücksichtigung von Sinn, Zweck und Entstehungsgeschichte des jeweiligen Übereinkommens[49]. Das Interesse an einer effektiven Rechtsvereinheitlichung führt darüber hinaus zur modifizierten Anwendung weiterer Grundsätze des IPR im Bereich des staatsvertraglichen Kollisionsrechts, wie etwa bei der Anknüpfung von **Vorfragen** und der **Rück-** oder **Weiterverweisung** (renvoi): Vorfragen (Rn 63 ff) sind grds unselbstständig anzuknüpfen, Rück- und Weiterverweisung (Rn 76) grds ausgeschlossen. Dies alles gilt unabhängig davon, ob es unmittelbar zu einer Anwendung des Staatsvertrages kommt oder ob die staatsvertraglichen Kollisionsregeln wie etwa in Art 18 und 26 vom Gesetzgeber zusätzlich in nationales Recht inkorporiert wurden. Die strittige Frage, ob Art 3 Abs 2 einer Anwendung von ins autonome Recht übernommenen Regelungen staatsvertraglichen Ursprungs entgegensteht, ob also etwa für die Frage der Testamentsform das Haager Testamentsformübereinkommen oder Art 26 anzuwenden ist bzw ob eine Anwendung von Art 26 das – nach seiner Ratifikation unmittelbar anwendbare – Übereinkommen verletzen würde (Art 3 Rn 7), ist damit ohne praktische Bedeutung. Zum Einfluss des Völkerrechts auf das IPR s Rn 3.

Zum Problem der Konkurrenz von Staatsverträgen **(Konventionskonflikt)** s Art 3 Rn 8. **20**

3. IPR und GG. a) Kollisionsnormen und GG. Lange Zeit umstritten war das Verhältnis **21** zwischen IPR und **GG**. Während man früher Kollisionsnormen als „verfassungsneutrale Ordnungsnormen" ansah, weil sie in ihrer Rechtsfolge keine materiellrechtliche Regelung enthalten, ist auf Grund zweier Leitentscheidungen des BVerfG[50] nunmehr klargestellt, dass auch die Kollisionsnormen des IPR „als nationales, innerstaatliches Recht ... in vollem Umfang an den Grundrechten zu messen" sind. Dies gilt insbes für die Auswahl der Anknüpfungspunkte. Dabei ist jedoch die insbes im Familien- und Erbrecht anzutreffende Anknüpfung an die Staatsangehörigkeit als solche verfassungsrechtlich nicht zu beanstanden (wenngleich auch nicht verfassungsrechtlich geboten)[51]. Bei Beteiligung mehrerer an einem Rechtsverhältnis kann jedoch die Anknüpfung an die Staatsangehörigkeit alleine eines Beteiligten unter Gleichheitsgesichtspunkten (Art 3 Abs 1 GG) bedenklich sein. Das früher im Bereich des Eherechts vorgebrachte Argument, eine einseitig an das Heimat- oder Aufenthaltsrecht des Mannes anknüpfende Kollisionsnorm könne keine gleichheitswidrige Benachteiligung der Frau darstellen, weil erst das durch die Kollisionsnorm berufene **materielle Recht** eine Aussage über eine etwaige materiellrechtliche Benachteiligung erlaube, ist vom BVerfG ausdrücklich verworfen worden: „Bereits die kollisionsrechtliche Zurücksetzung der Frau führt unabhängig vom Inhalt des danach anzuwendenden materiellen Rechts zu ihrer verfassungswidrigen Benachteiligung"[52]. Dieser Maßstab gilt selbstverständlich auch für staatsvertragliches Kollisionsrecht, weil dieses erst auf Grund der Zustimmung des nationalen Gesetzgebers im Transformationsgesetz innerstaatliche Verbindlichkeit erlangt und damit schon deshalb für die innerstaatliche Rechtsanwendung hinsichtlich der Grundrechtsbindung autonomem Kollisionsrecht gleichzustellen ist. Für einen „favor conventionis" bleibt daher kein Raum[53].

Die nach diesen Maßstäben verfassungswidrigen Anknüpfungen des früheren internationalen Famili- **22** enrechts (Art 15, 17, 19 aF) sind durch das IPR-Neuregelungsgesetz des Jahres 1986 (Rn 15) durch verfassungsrechtlich unbedenkliche Anknüpfungen ersetzt worden. Verfassungsrechtlich problematisch ist in diesem Zusammenhang lediglich noch die in Art 220 Abs 3 verankerte Übergangsregelung zu Art 15, welche zeitlich beschränkt die verfassungswidrige Anknüpfung an das Heimatrecht des Ehemannes beibehält (Art 220 Abs 3 S 1 Nr 3, S 5)[54]. Abgesehen davon dürfte das Problem der Verfassungskonformität des deutschen IPR also „vorerst erledigt sein"[55].

Ausländisches Kollisionsrecht, welches im Inland im Rahmen einer Gesamtverweisung (Art 4 **23** Abs 1) anzuwenden ist, unterliegt hingegen nicht einer solchen „abstrakten" Überprüfung an den Grundrechten. Sedes materiae der Problematik ist hier vielmehr der **ordre-public-Vorbehalt** (Art 6). Es kommt nicht darauf an, ob die fremde Kollisionsnorm, gedacht als Norm des deutschen Rechts, verfassungskonform wäre. Maßgeblich ist allein, ob die Anwendung des ausländischen Kollisionsrechts zu einem **Ergebnis** führt, das mit den wesentlichen Grundsätzen des deutschen Rechts, insbes den Grundrechten, nicht vereinbar ist[56]. Dies kann idR erst anhand des auf Grund der Anknüpfung

---

[48] Vgl die entsprechende ausdrückliche Regelung in Art 36 bezüglich des auf Staatsvertrag beruhenden internationalen Schuldvertragsrechts in Art 27 ff.
[49] Vgl nur *Palandt/Heldrich* Rn 7; *Basedow*, FG BGH, Bd II, 2000, S 777 ff.
[50] BVerfGE 31, 58, sog „Spanierbeschluss" und BVerfGE 63, 181 = NJW 1983, 1968: Nichtigerklärung von Art 15 aF; vgl auch BVerfGE 68, 384 = NJW 1985, 1282: Nichtigerklärung von Art 17 Abs 1 aF; aus jüngerer Zeit BVerfG FamRZ 2003, 361 m Anm *Henrich*, zu Art 220 Abs 3.
[51] Zuletzt BVerfG NJW 2007, 900 Rn 70, 71; zur Europarechtskonformität s Rn 29.
[52] BVerfGE 63, 181, 195.
[53] Vgl BGH NJW 1987, 583 mwN.
[54] Vgl Art 220 Rn 22 ff sowie BVerfG FamRZ 2003, 361 m Anm *Henrich* zur verfassungskonformen Auslegung von Art 220 Abs 3 S 1 Nr 2, S 3.
[55] So zutr *Palandt/Heldrich* Rn 11 unter Hinweis auf BGH NJW 1996, 2096, 2097: Verfassungskonformität von Art 25 Abs 1.
[56] Vgl etwa *Palandt/Heldrich* Art 6 Rn 7, 9; *MünchKommBGB/Sonnenberger* Art 6 Rn 46; *Soergel/Kegel* Vor Art 7 Rn 21; *v. Bar/Mankowski* IPR I § 7 Rn 263, 276; *Kartzke* IPRax 1988, 8, 11 f.

anwendbaren **materiellen Rechts** festgestellt werden[57]. Daher kann etwa eine gleichheitswidrige Rückverweisung eines ausländischen Kollisionsrechts auf deutsches materielles Recht schon tatbestandlich nicht zu einem Verstoß gegen Art 6 führen, weil die Norm lediglich die Prüfung des Anwendungsergebnisses einer „Rechtsnorm eines anderen Staates" zulässt. Die Gegenansicht stellt demgegenüber unter Berufung auf den „Spanier-Beschluss" (Rn 21) auf die **kollisionsrechtliche Gerechtigkeit** ab: Ein „untragbares Ergebnis" iS von Art 6 liege zB im Falle einer gleichheitswidrigen Anknüpfung durch ausländisches Kollisionsrecht bereits dann vor, wenn die Frau durch Abstellen auf das Mannesrecht einem fremden Recht „ausgeliefert" wird[58]. Die hier vertretene Ansicht stellt wegen der völlig anderen Lokalisierung des Problems in Art 6 keine Wiederbelebung der vom BVerfG abgelehnten Theorie der Kollisionsnormen als „verfassungsneutrale Ordnungsnormen" dar. Sie bedeutet auch nicht, dass die Anwendung ausländischen Kollisionsrechts nie zu einem gegen Art 6 verstoßenden Ergebnis führen kann: Die eigentliche Problematik von ordre public und ausländischem Kollisionsrecht liegt etwa in Fällen, in welchen das ausländische Kollisionsrecht durch Statutenwechsel oder intertemporale Rechtsnormen wohlerworbene Rechtspositionen nachträglich missachtet[59].

24 b) **Rechtsanwendungsergebnis und Grundgesetz.** Einer verfassungsrechtlichen Kontrolle unterliegt neben der deutschen Kollisionsnorm auch das **Ergebnis** der Anwendung ausländischen Rechts, worunter – wie soeben dargelegt – auch die Anwendung ausländischen Kollisionsrechts fallen kann. Dies ergibt sich schon aus der Tatsache, dass nach Art 1 Abs 3 GG die inländische Rechtsanwendung unabhängig davon, ob eigenes oder fremdes Recht zur Anwendung kommt, an die Grundrechte gebunden ist[60]. Die Verwirklichung dieses Grundrechtsschutzes erfolgt über die **ordre public-Klausel** des Art 6, die deshalb auch als „Einbruchstelle der Grundrechte in das IPR" bezeichnet wird[61]. Der Maßstab ist freilich ein anderer als bei reinen Inlandsfällen, da es nicht um eine (abstrakte) Kontrolle ausländischen Rechts auf seine Vereinbarkeit mit den Grundrechten geht. Maßgebend ist eine differenzierende Anwendung der Grundrechte, welche deren aus der Verfassung selbst zu entnehmende Reichweite Rechnung trägt. Es kommt also neben einem hinreichenden Inlandsbezug darauf an, „ob und inwieweit das Grundrecht in Bezug auf den konkreten Sachverhalt Geltung beansprucht, insbes auch unter Berücksichtigung der Gleichstellung anderer Staaten und der Eigenständigkeit ihrer Rechtsordnungen. Es kann auch aus den Besonderheiten des Falles, insbes dem Grad der Inlandsbeziehungen angepasste Auslegung der Grundrechte angezeigt sein."[62]

25 4. **IPR und Europarecht. a) Europäisches Kollisionsrecht.** Auch das **Europäische Gemeinschaftsrecht** stellt eine Quelle des IPR dar[63]. Unmittelbar geltendes Kollisionsrecht der EG geht dem autonomen Kollisionsrecht vor, was durch Art 3 Abs 2 S 2 klargestellt wird. Die Vorschrift ist insoweit rein deklaratorisch, weil sich der Anwendungsvorrang Europäischen Gemeinschaftsrechts bereits aus diesem selbst heraus ergibt[64]. Der EG-Vertrag selbst enthält allerdings – mit Ausnahme von Normen bezüglich des privatrechtlichen Handelns der Gemeinschaft selbst (EG-Privatrecht) – keine Kollisionsnormen[65]. Auch dem Richterrecht des EuGH sind keine (versteckten) Kollisionsnormen zu entnehmen[66]. Kollisionsrechtliche Regelungen finden sich aber im **sekundären Gemeinschaftsrecht**. Soweit es sich um Richtlinien auch kollisionsrechtlichen Gehalts handelt, kann sich wegen deren Umsetzungsbedürftigkeit[67] in nationales Recht das Problem der **richtlinienkonformen Auslegung** solcher nationaler, aber auf EG-Recht beruhender Kollisionsnormen ergeben. Es besteht hier derzeit noch eine „bunte, unkoordinierte Vielfalt"[68]. Auf EG-Richtlinien beruhen etwa das **Internationale Versicherungsvertragsrecht** (Art 7 ff EGVVG) sowie Kollisionsnormen insbes im Bereich des **Verbraucherschutzes** (zB Art 29 a). Unklar ist der kollisionsrechtliche Gehalt von Art 3 der RL 2000/31/EG über den elektronischen Geschäftsverkehr vom 8. 6. 2000 („E-Commerce-RL")[69]. Neben Richtlinien bestehen bisher noch wenige unmittelbar wirkende **Verordnungen** kollisionsrechtlichen Gehalts. Eine solche unmittelbar

---

[57] Vgl *S. Lorenz*, FS Sturm, 1999, S 1559 ff.
[58] So *Raape/Sturm* IPR S 221; *Mäsch* RabelsZ 61 (1997), 285 ff, 302 f; *Gebauer*, FS Jayme, 2005, S 223 ff; AnwK-BGB/*Schulze* Art 6 Rn 27; tendenziell auch BGH NJW-RR 2005, 145 Rn 18 zu gleichheitswidrigem interreligiösen Kollisionsrecht: „nahe liegender Verstoß gegen den deutschen ordre public".
[59] Hierauf weist zutr *v. Bar/Mankowski* IPR I § 7 Rn 276 hin.
[60] BVerfGE 31, 58, 72 = NJW 1971, 1509.
[61] BVerfGE 31, 58, 72 = NJW 1971, 1509; BGHZ 60, 68, 78; BGH NJW 1997, 2114 spricht vom „durch die Grundrechte mitbestimmten deutschen ordre public".
[62] So BGHZ 120, 29, 34 = NJW 1993, 848; vgl auch *Spickhoff* JZ 1993, 210.
[63] Vgl *Basedow* NJW 1996, 1921 sowie *Sonnenberger* ZEuP 1996, 382; zum Verhältnis zwischen Richtlinien der EG und dem IPR vgl *v. Hoffmann* IPRax 1995, 45.
[64] Vgl EuGH Slg 1964, 1251 – Costa/ENEL.
[65] Vgl *Sonnenberger* ZVglRWiss 95 (1996), 3, 10 f, insbes zur str und richtigerweise zu verneinenden Frage, ob Art 48, 55 EG-Vertrag (ex-Art 58, 66 EGV) eine versteckte Kollisionsnorm des internationalen Gesellschaftsrechts enthalten; ebenso vor dem Hintergrund der neuesten Rspr des EuGH (s bei Art 12) *Wendehorst*, FS Heldrich, 2005, S 1071 ff; inzwischen aA aber MünchKommBGB/*Sonnenberger* Rn 162. Zum (zu verneinenden) kollisionsrechtlichen Gehalt des Herkunftslandsprinzips des EG-Vertrags *Fezer/Koos* IPRax 2000, 349; *Thünken* IPRax 2001, 15. Zum EG-Privatrecht vgl MünchKommBGB/*Sonnenberger* Rn 157 ff.
[66] *Wendehorst*, FS Heldrich, 2005, S 1071 ff; *Sonnenberger* ZVglRWiss 95 (1996), 3, 11 ff; inzwischen aA Münch-KommBGB/*Sonnenberger* Rn 162.
[67] Zur fehlenden unmittelbaren „horizontalen" Direktwirkung von EG-Richtlinien vgl EuGH NJW 1994, 2473 f – Faccini Dori.
[68] So *Kropholler* IPR § 1 III 3.
[69] *Fezer/Koos* IPRax 2000, 349: verneinend; *Thünken* IPRax 2001, 15: bejahend, jeweils mwN.

anwendbare gemeinschaftsrechtliche Kollisionsnorm enthält etwa Art 2 Abs 1 der VO über die **Europäische wirtschaftliche Interessenvereinigung**[70], in welcher für verschiedene Fragen auf das Recht des statutarischen Sitzes verwiesen wird, oder Art 93 der VO Nr 1408/71/EG, wo im Zusammenhang mit **sozialrechtlichen Legalzessionen** und **Regressrechten** gleichzeitig das Zessionsstatut festgelegt wird. Der am 1. 5. 1999 in Kraft getretenen **Vertrag von Amsterdam** hat nunmehr in Art 61 lit c EG-Vertrag eine Gemeinschaftszuständigkeit für die „justizielle Zusammenarbeit in Zivilsachen" geschaffen, die damit von der „dritten Säule" der Gemeinschaft, dh der nur politisch-programmatischen Zusammenarbeit in den Bereichen Justiz und Inneres, in die „erste Säule" originärer Gemeinschaftspolitik übertragen wurde. Art 65 lit a und b EG-Vertrag erstrecken diese Zusammenarbeit ua auf „Maßnahmen der Verbesserung und Vereinfachung der Anerkennung und Vollstreckung gerichtlicher und außergerichtlicher Entscheidungen in Zivil- und Handelssachen" sowie der „Förderung der Vereinbarkeit der in den Mitgliedstaaten geltenden Kollisionsnormen und Vorschriften zur Vermeidung von Kompetenzkonflikten", soweit sie für das „reibungslose Funktionieren des Binnenmarkts erforderlich sind". Während es zunächst noch fraglich war, ob der EG hierdurch neue Kompetenzen auf dem Gebiet des Internationalen Privat- und Verfahrensrechts des Binnenmarkts erwachsen sind oder es sich lediglich um eine Spezialkompetenznorm mit besonderem Beschlussverfahren (Art 67 EG-Vertrag) und eingeschränkten Vorlagemöglichkeiten an den EuGH (Art 68 EG-Vertrag) für bereits vorher vorhandene Kompetenzen zur Kollisionsrechtsangleichung als binnenmarktbezogene Maßnahmen handelt, hat sich mittlerweile die Ansicht durchgesetzt, dass Art 65 EG-Vertrag der Gemeinschaft zumindest sektorielle Handlungsbefugnisse zur Angleichung der internationalen Privat- und Verfahrensrechte der Mitgliedstaaten eröffnet[71]. Da aber auch Bereiche wie etwa das Familien- und Erbrecht im weitesten Sinne Binnenmarktbezug aufweisen (Freizügigkeit)[72], ist eine **umfassende Vergemeinschaftung** des IPR in Angriff genommen worden. Ziel der Harmonisierungsbemühungen ist eine Stärkung der Rechtssicherheit im grenzüberschreitenden Rechtsverkehr. Trotz berechtigter Kritik an der Kompetenzregelung[73] und der nicht minder berechtigten Anmahnung eines schlüssigen Harmonisierungskonzepts[74] sowie der Berücksichtigung der Arbeiten der Haager Konferenz[75] haben sich das Erfordernis der Erforderlichkeit zum reibungslosen Funktionieren des Binnenmarkts (Binnenmarktbezug) sowie das Subsidiaritäts- und Verhältnismäßigkeitsprinzip (Art 5 EG-Vertrag) nicht als wesentliche Hindernisse einer weitgehenden Harmonisierung erwiesen[76]. Bereits die Vereinheitlichung des Kollisionsrechts als solche wird offenbar iS von Art 65 EG-Vertrag als „für das reibungslose Funktionieren des Binnenmarkts" erforderlich angesehen[77]. Die Pläne der EG-Kommission sind jedenfalls außerordentlich weitgehend[78]. So sieht der Aktionsplan des Rates und der Kommission vom 3. 12. 1998[79] ua Regelungen des IPR der **vertraglichen** und **außervertraglichen Schuldverhältnisse** („**Rom I und II**"), des **Scheidungskollisionsrechts** („**Rom III**") sowie der Zuständigkeit und Urteilsanerkennung in **Ehegüter- und Erbschaftssachen** („**Rom IV**") in Form von (unmittelbar wirkenden) Verordnungen (Art 249 Abs 2 EG-Vertrag) vor[80]. Zur „Rom I"-VO liegt ein Vorschlag der Kommission vor[81]. Eine Arbeitsgruppe des Max-Planck-Instituts für ausländisches und internationales Privatrecht hat einen Gegenentwurf erstellt[82]. Die „Rom II"-VO wurde am 11. 7. 2007 erlassen und tritt am 11. 1. 2009 in Kraft[83]. Die Verordnung ist als „loi uniforme" ausgestaltet, dh sie gilt auch dann, wenn ihre Kollisionsnormen zur Anwendung des Rechts eines

---

[70] VO Nr 2137/85 vom 25. 7. 1985, ABl EG Nr L 199 S 1.
[71] S etwa *Basedow* EuZW 1997, 609; *Hilf/Pache* NJW 1998, 705, 707; *Jayme/Kohler* IPRax 1997, 385, 386; dies IPRax 1999, 401 sowie IPRax 2000, 454; *Besse* ZEuP 1999, 107; *Heß* NJW 2000, 23, 27 ff; *Staudinger* ZfRV 2000, 93, 103 f.
[72] *Heß* NJW 2000, 23, 30; zurückhaltender zur Kompetenz der Gemeinschaft demgegenüber (zu einem vor dem Inkrafttreten des Amsterdamer Vertrags liegenden Sachverhalt) EuGH IPRax 2000, 305, 307 m Anm *Rigaux* 287 f: Scheidungsfolgenrecht außerhalb des Anwendungsbereichs des EG-Vertrags; eine weitergehende Kompetenz sehen etwa *Wagner* NJW 2005, 1754, 1756; *ders* RabelsZ 2004, 119, 126; *Kohler* IPRax 2003, 401 sowie *Struycken* ZEuP 2004, 276, 277.
[73] S etwa *Palandt/Heldrich* Art 3 Rn 13; *Schack* ZEuP 1999, 805; *Jayme* IPRax 2000, 155 f: „kaum verständlicher Aktionismus".
[74] S etwa *Jayme/Kohler* IPRax 2006, 537, 540 f, die angesichts der nur schwach ausgebildeten Koordinierung der einzelnen Vorhaben zu Recht das Fehlen einer „Kodifikationsidee" kritisieren.
[75] S nur die Resolution der Europäischen Gruppe für Internationales Privatrecht, IPRax 2000, 155.
[76] So die zutr Einschätzung von *Heß* NJW 2000, 23, 27.
[77] *Jayme/Kohler* IPRax 2007, 493, 494.
[78] S dazu zuletzt *Jayme/Kohler* IPRax 2007, 493 ff; ein hervorragend gegliederter und stets aktueller Überblick über die Entwicklung und sämtliche Dokumente zum europäischen Kollisionsrecht finden sich ua auf den Webseiten des Instituts für ausländisches und internationales Privatrecht der Universität zu Köln (Professor Mansel) unter www.ipr.uni-koeln.de/eurprivr/kollisionsrecht.htm.
[79] ABl 1999 C 19 S 1; wiedergegeben auch in IPRax 1999, 288.
[80] S dazu sowie zu den Vorarbeiten der Europäischen Gruppe für Internationales Privatrecht zuletzt *Jayme* IPRax 1999, 298; IPRax 2000, 155 f; IPRax 2001, 65 f; zu den Vorhaben im Bereich der Urteilsanerkennung s das Maßnahmenprogramm des Rates der EU vom 24. 11. 2000, ABl EG 2001 Nr C 12 S 1, wiedergegeben auch in IPRax 2001, 163.
[81] Vom 15. 12. 2005, KOM(2005) 650 endg, s *Mankowski* IPRax 2006, 101; *Leible* IPRax 2006, 365; *Wagner* EuZW 2006, 425; der Wortlaut ist wiedergegeben in IPRax 2006, 193 sowie in *Jayme/Hausmann* Leitziff 80.
[82] *Basedow/Wurmnest* RabelsZ 2007, 225.
[83] VO EG Nr 864/2007 des Europäischen Parlaments und des Rates vom 11. 7. 2007 über das auf außervertragliche Schuldverhältnisse anzuwendende Recht („Rom II"), ABl EG 2007 Nr L 199; s dazu *Leible/Lehmann* RIW 2007, 721; *Junker* NJW 2007, 3675; *Wagner* IPRax 2008, 1.

Nicht-Mitgliedstaates führen. Zum internationalen Scheidungsrecht (**„Rom III"**) liegt ein Entwurf zur Änderung der Brüssel IIa-VO (EG-VO Nr 2201/2003) vor, in die das Scheidungskollisionsrecht integriert werden soll[84]. Zum Komplex **„Rom IV"** hat die Kommission ein Grünbuch zum **Erb- und Testamentsrecht** vorgelegt[85], das Europäische Parlament hat als Reaktion hierauf am 16. 11. 2006 eine diesbezügliche Entschließung verabschiedet[86]. Zum internationalen Güterrecht existiert ebenfalls ein Grünbuch **Güterrecht**[87]. Daneben hat die Kommission einen Vorschlag für eine EG-VO zum **Unterhaltsrecht** vorgelegt[88]. Damit geht die Europäische Rechtsangleichung auch auf dem Gebiet des IPR von staatsvertraglichen Regelungen mehr und mehr zu EG-Rechtsakten kollisionsrechtlichen Gehalts über[89]. In diesem Zusammenhang werden auch bisher staatsvertraglich als „begleitendes Gemeinschaftsrecht" (Rn 26) geregelte Materien wie das in Art 27 ff integrierte EG-Übereinkommen über das auf vertragliche Schuldverhältnisse anwendbare Recht vom 19. 6. 1980 (**EVÜ**)[90] durch entsprechende Verordnungen ersetzt werden. Eine Verordnung über das **Insolvenzverfahren** vom 29. 5. 2000[91] ist am 31. 5. 2002 in Kraft getreten. Zu den bereits erlassenen Verordnungen über die Zuständigkeit, Anerkennung und Vollstreckung in Zivil- und Handelssachen (**„Brüssel I"**), Ehesachen (**„Brüssel IIa"**) sowie über die Zustellung s Rn 7.

26 Von diesem EG-Kollisionsrecht zu unterscheiden ist europaweit staatsvertraglich harmonisiertes Kollisionsrecht, dessen Vorrang vor dem autonomen Kollisionsrecht sich nicht aus Art 3 Abs 2 S 2, sondern aus Art 3 Abs 2 S 1 ergibt. Dies gilt insbes für das teilweise auf Grund von Art 293 (ex-Art 220) EG-Vertrag geschaffene sog **begleitende Gemeinschaftsrecht,** das nicht den Charakter sekundären Gemeinschaftsrechts hat, sondern von den Mitgliedstaaten gleichsam „aus Anlass" der EG als herkömmlicher völkerrechtlicher Vertrag geschaffen wird[92]. Hierunter fallen neben den in Rn 7, 25 genannten **EVÜ** und **EuGVÜ** das – letztlich gescheiterte – EG-Übereinkommen über die gegenseitige Anerkennung von Gesellschaften und juristischen Personen vom 29. 2. 1968[93]. Solche staatsvertraglichen Regelungen befinden sich freilich aus den in Rn 25 genannten Gründen auf dem Rückzug. Da nach der Rspr des EuGH der Gemeinschaft im Bereich ihrer Binnenkompetenz auch die Kompetenz zu entsprechenden Außenmaßnahmen zuwächst, sofern die Binnenkompetenz ausgeübt wurde[94] und weiter die Gemeinschaft nach Art 300 EG-Vertrag die Befugnis zum Abschluss völkerrechtlicher Abkommen mit Drittstaaten hat, bleibt daneben im Bereich des Internationalen Privat- und Verfahrensrechts zukünftig immer weniger Raum für eigene bi- oder multilaterale staatsvertragliche Regelungen seitens der Mitgliedstaaten[95].

27 **b) Europarechtskonformität des autonomen IPR.** Parallel zur Debatte „Grundrechte und Kollisionsrecht" stellt sich das Problem der Vereinbarkeit des geltenden Kollisionsrechts mit dem Europarecht, insbes mit den **Grundfreiheiten** des EG-Vertrags.

28 Unzweifelhaft unterliegt auch das IPR dem Gebot **gemeinschaftsrechtskonformer Auslegung** (Art 10 EG-Vertrag). Soweit eine solche nicht möglich ist, kann es im Einzelfall zur Nichtanwendbarkeit geschriebener oder ungeschriebener Kollisionsregeln des deutschen IPR kommen. So bestanden etwa erhebliche Bedenken gegen Art 38 aF. Die im Zuge der Reform des Jahres 1999 durch die europarechtlich unbedenkliche allseitige Regelung in Art 40 Abs 3 ersetzte Vorschrift konnte im Zusammenhang mit Angehörigen von EG-Staaten allenfalls in denjenigen Bereichen des internationalen Deliktsrechts weiterhin angewendet werden, die außerhalb des Anwendungsbereichs des EG-Vertrages lagen[96]. Auch Art 5 Abs 1 S 2, wonach im Falle von auch-deutschen Doppelstaatern international-privatrechtlich stets ausschließlich die deutsche Staatsangehörigkeit relevant ist (Art 5 Rn 8), kann zu einem Verstoß gegen das allgemeine Diskriminierungsverbot des Art 6 Abs 1 EG-Vertrag führen, wenn der Doppelstaater dadurch gehindert wird, eine Grundfreiheit des Vertrages in gleicher Weise wie ein anderer (nichtdeutscher) Doppelstaater wahrzunehmen. So soll etwa die Anwendung von Art 5 Abs 1 S 2 im Rahmen von Art 10 Abs 1 ausgeschlossen sein, da der auch-deutsche Doppelstaater mit effektiver ausländischer EG-Staatsangehörigkeit hierdurch gegenüber anderen Doppelstaatern diskriminiert wird[97]. Auch die Anwendung des ordre public-Vorbehalts (Art 6) muss im Einklang mit den Grundfreiheiten des EG-Vertrags erfolgen.

---

[84] Vom 17. 7. 2006 KOM (2006) 399 endg; s *Bauer* IPRax 2006, 202, 203.
[85] Vom 1. 3. 2005 (KOM(2005) 65 endg, auszugsweise wiedergegeben in ZEV 2005, 138; s *Dörner* ZEV 2005, 137; *Bauer* IPRax 2006, 202; *Lehmann* IPRax 2006, 204; *Stumpf* EuZW 2006, 587.
[86] Entschließung des Europäischen Parlaments mit Empfehlungen an die Kommission zum Erb- und Testamentsrecht (2005/2148(INI)) vom 16. 11. 2006.
[87] Vom 17. 7. 2006 KOM(2006) 400 endg.
[88] Vom 15. 12. 2005 KOM(2005) 649 endg; s dazu *Wagner* FamRZ 2006, 979; *ders* EuZW 2006, 425; *Looschelders/Boos* FamRZ 2006, 283.
[89] *Jayme/Kohler* IPRax 1999, 401: „Abendstunde der Staatsverträge".
[90] Welches allerdings nicht auf Art 293 (ex-Art 220) EG-Vertrag zurückzuführen ist, vgl *Basedow* NJW 1996, 1921, 1923.
[91] VO Nr 1346/2000/EG, ABl EG Nr L 160 S 1; s *Eidenmüller* IPRax 2001, 2; *Leible/Staudinger* KTS 2000, 533; *Huber* ZZP 2001, 133.
[92] *Jayme/Kohler* IPRax 1994, 405 sprechen insoweit anschaulich vom Kollisionsrecht „in der" EG in Abgrenzung zum Kollisionsrecht „der" EG.
[93] MünchKommBGB/*Kindler* IntGesR Rn 84 ff.
[94] EuGH Slg 1971, 263; Slg 1976, 1279 = NJW 1977, 999.
[95] S hierzu sowie zu den verbliebenen Spielräumen *Heß* NJW 2000, 23, 30; *Jayme/Kohler* IPRax 2000, 454.
[96] Das Deliktsrecht wird wegen seiner wirtschaftsrechtlichen Implikationen in weiten Bereichen vom Anwendungsbereich des EG-Vertrages erfasst, so insbes das Recht des unlauteren Wettbewerbs, das Fracht- und Umwelthaftungsrecht und die Produzentenhaftung.
[97] Vgl eingehend *Benicke/Zimmermann* IPRax 1995, 141, 145 ff sowie EuGH FamRZ 2004, 173 m Anm *Henrich*.

Im Einzelfall können auch zwingende Anknüpfungen des Schuldvertragsrechts im Bereich einzelner Schuldverträge (etwa für Verbraucherverträge – Art 29 Abs 2 – oder für Versicherungsverträge – Art 7 ff EGVVG) europarechtlich problematisch sein. Das ist dann der Fall, wenn sie zu Behinderungen etwa der Dienstleistungsfreiheit durch auf Grund der Kollisionsnorm anwendbares zwingendes Sachrecht dadurch führen, dass ein Anbieter seine Leistung in einem Mitgliedstaat zu anderen Bedingungen anbieten muss. In diesen Fällen resultieren die Behinderungen zwar aus zwingenden **Sachnormen**, mittelbar aber auch aus (zwingenden) **Kollisionsnormen**, die damit ebenso als Behinderungen anzusehen sind und nach den vom EuGH aufgestellten Maßstäben geprüft werden müssen[98]. Ist die Einschränkung europarechtlich nicht gerechtfertigt, kann entweder auf der Ebene des Kollisionsrechts oder derjenigen des Sachrechts korrigiert werden, wobei schon aus Gründen der Rechtsklarheit letzteres vorzugswürdig ist[99].

Ansonsten sind die Kollisionsnormen des deutschen IPR aber durchweg **europarechtskonform.** Insbes stellt die in weiten Teilen des EGBGB vorgesehene Anknüpfung an die Staatsangehörigkeit (vgl etwa Art 7 Abs 1, 9, 10, 22, 24, 25), soweit das jeweilige Sachgebiet überhaupt in den Anwendungsbereich des EG-Vertrages fällt[100], keinen Verstoß gegen das Diskriminierungsverbot des Art 12 Abs 1 (ex-Art 6 Abs 1) EG-Vertrag dar: Eine Kollisionsnorm des nationalen IPR, die unterschiedslos an die Staatsangehörigkeit einer Person anknüpft, differenziert gerade nicht nach der Staatsangehörigkeit, sondern ordnet für jedweden Staatsangehörigen dieselbe Rechtsfolge (Anwendung seines Heimatrechts) an. Eine Ungleichbehandlung ergibt sich erst aus der Divergenz der verschiedenen nationalen Rechtsordnungen. Das aber ist keine Diskriminierung iS von Art 12 Abs 1 (ex-Art 6 Abs 1) EG-Vertrag, da eine solche voraussetzt, dass vergleichbare Sachverhalte vom gleichen Hoheitsträger unterschiedlich geregelt sind[101]. Eine hiervon zu unterscheidende, in der Diskussion aber häufig nicht exakt getrennte Frage ist diejenige, ob das Beibehalten des Staatsangehörigkeitsprinzips in weiten Teilen des geltenden deutschen IPR gerade im Hinblick auf den europäischen Einigungsprozess rechtspolitisch weiterhin gerechtfertigt ist. Europarechtlich unverdächtig ist auch die Anknüpfung der gewillkürten Stellvertretung an das Recht des Gebrauchsorts der Vollmacht.

Im **Internationalen Gesellschaftsrecht** hatte der EuGH zunächst im „Daily Mail-Urteil"[102] die Sitztheorie, welche die Kollisionsrechte der meisten Mitgliedstaaten beherrscht, als mit den Grundfreiheiten des EG-Vertrags vereinbar angesehen. In der Folge wurde jedoch in den Urteilen „Centros"[103], „Überseering"[104] und „Inspire Art"[105] die Sitztheorie als mit der Niederlassungsfreiheit der Art 43, 48 EG-Vertrag **unvereinbar** angesehen. Der BGH[106] ist deshalb jedenfalls im Anwendungsbereich der Art 43, 48 EG-Vertrag zur Gründungsanknüpfung übergegangen (iE bei Art 12 mwN). Zum Referentenentwurf einer gesetzlichen Umregelung s Rn 15.

c) **Mittelbare horizontale Direktwirkung von Richtlinien.** Da Richtlinien der EG keine unmittelbare „horizontale" Direktwirkung zukommt, wird unter dem Stichwort „mittelbare horizontale Direktwirkung" Abhilfe für den Fall gesucht, dass in einem durch das IPR berufenen Sachrecht eines EG-Mitgliedstaats eine RL vertragswidrig noch nicht umgesetzt wurde. Ausgangspunkt waren die sog „Gran Canaria-Fälle", in denen es wegen der Nichtumsetzung der Haustürwiderrufsrichtlinie um die Gewährung eines Widerrufsrechts bei sog „Kaffeefahrten" oder sonstigen unter § 1 HaustürWG (jetzt: §§ 312, 312 a BGB) fallenden Vertragsanbahnungsmethoden ging[107]. Hier werden teilweise die im eigenen materiellen Recht umgesetzten Sachnormen als Eingriffsnormen iS von Art 34 verstanden und so trotz der Anwendbarkeit ausländischen Rechts unmittelbar zur Geltung gebracht[108]. Dies setzt aber voraus, dass es sich bei den

---

[98] Vgl *Sonnenberger* ZVglRWiss 95 (1996), 25.
[99] So auch tendenziell *Steindorff*, FS W. Lorenz, 1991, S 574.
[100] Was dessen wirtschaftliche Relevanz voraussetzt, die freilich auch indirekt sein kann. *Drobnig* RabelsZ 34 (1970), 636, 654 spricht anschaulich von den „wirtschaftlich durchwirkten Bereichen des Personalstatuts". Solche sind etwa die Anknüpfung der Rechts- und Geschäftsfähigkeit an das Heimatrecht in Art 7, aber auch familienrechtliche (Haftungsbeschränkungen, Ehegüterrecht) und erbrechtliche Kollisionsnormen. Für das internationale Namensrecht vgl *Benicke/Zimmermann* IPRax 1995, 141; zum Ehescheidungsrecht s *Wagner* IPRax 2000, 512, 519; zum Scheidungsfolgenrecht EuGH IPRax 2000, 305 m Anm *Rigaux* 287; zu entsprechenden VO-Vorschlägen s Rn 25.
[101] So zutr *Sonnenberger* ZVglRWiss 95 (1996), 15 f sowie die dort nachgewiesene hM; aA insbes *Drobnig* RabelsZ 34 (1970), 636 sowie *v. Bar/G. Fischer*, Europäisches Gemeinschaftsrecht und Internationales Privatrecht, 1991, S 157, 181, der die Diskriminierung darin begründet sieht, dass die Anwendung des (fremden) Heimatrechts vor deutschen Gerichten langwieriger, schwieriger, kostspieliger und unsicherer ist; abl hiergegen ua *v. Bar/Mankowski* IPR I § 3 Rn 41; zur Staatsangehörigkeitsanknüpfung im internationalen Namensrecht s zuletzt *Jayme/Kohler* IPRax 2007, 493, 495 mwN sowie Art 10 Rn 13.
[102] EuGH Slg 1988, 5483 = NJW 1989, 2186.
[103] Rs C-212/97, NJW 1999, 2027 = IPRax 1999, 360.
[104] Rs C-208/00, NJW 2002, 3614.
[105] Rs C-167/01, NJW 2003, 3331.
[106] BGH NJW 2003, 1461; NJW 2005, 1648; dies gilt auch gegenüber Gesellschaften aus EFTA-Mitgliedstaaten, BGH NJW 2005, 3351. Der Deutsche Rat für IPR hat einen Vorschlag ua für die Kodifizierung eines neuen deutschen internationalen Gesellschaftsrechts vorgelegt, *Sonnenberger/Bauer* RIW 2006, Beilage 1 zu Heft 4.
[107] Aus der Rspr vgl etwa OLG Celle RIW 1991, 423; OLG Hamm NJW-RR 1989, 496 = IPRax 1990, 242; LG Bamberg NJW-RR 1990, 694; LG Hamburg NJW-RR 1990, 495; LG Nürnberg NJW-RR 1990, 695; LG Stuttgart NJW-RR 1990, 1394; LG Weiden NJW-RR 1996, 438; AG Lichtenfels IPRax 1990, 235; aus der umfangreichen Lit vgl nur *Coester-Waltjen*, FS W. Lorenz, 1991, S 313 f; *Lüderitz* IPRax 1990, 218; *Taupitz* BB 1990, 151; *Kothe* EuZW 1990, 151 sowie zuletzt *Rauscher* EuZW 1996, 650, der zu Recht Abhilfe in einem europäisch verstandenen ordre public sucht.
[108] *Sonnenberger* ZVglRWiss 95 (1996), 35 bemerkt zutr, dass dies nichts mit mittelbarer Direktwirkung der RL zu tun hat.

betreffenden Sachnormen tatsächlich um Eingriffsnormen handelt, was gerade im Bereich des Verbraucherschutzes angesichts der abschließenden, nicht analogiefähigen Sonderregelung des Art 29[109] äußerst fraglich erscheint. Andererseits ist es aber auch nicht generell ausgeschlossen, den internationalen Geltungswillen der auf einer RL beruhenden Sachnorm des deutschen Rechts aus ihrer europäischen Dimension und dem Binnenbezug des Sachverhalts herzuleiten[110], wie dies seit dem 30. 6. 2000 in ähnlichem Zusammenhang durch Art 29 a geschieht. Nachdem der BGH zunächst eine Sonderanknüpfung dieser Regelungen nach Art 34 für die Fälle abgelehnt hat, in denen es an dem in Art 29 Abs 1 Nr 1 bis 3 vorausgesetzten Inlandsbezug fehlt[111], hat er es später ausdrücklich verneint, in den Regelungen des VerbrKrG (jetzt: §§ 491 ff BGB) allein auf Grund des europarechtlichen Hintergrundes zwingende Regelungen iS von Art 34 zu sehen[112]: Dass der Gesetzgeber eine europäische RL in nationales Recht umsetze, bedeute nicht, dass diese Normen international grundlegende Bedeutung hätten und unabhängig von den allgemeinen Kollisionsregeln auf Fälle mit Auslandsbezug anwendbar sein sollten. Im Übrigen könne ein etwaiger mittelbar aus der RL herzuleitender international zwingender Charakter der Umsetzungsnorm jedenfalls nur für den Mindeststandard der RL, nicht aber für etwaige nationale Schutzverstärkungen angenommen werden[113]. Handelt es sich bei dem jeweiligen Vertrag um einen vom sachlichen Anwendungsbereich des Art 29 erfassten Vertragstyp, so ist nach der Rspr des BGH die Anwendung von Art 34 von vornherein ausgeschlossen[114]. Nach aA kann hier nur im Rahmen des ordre public (Art 6) oder nach den Grundsätzen der fraus legis (künstliche Herbeiführung von Anknüpfungsmerkmalen, Rn 73) im Einzelfall Abhilfe geleistet werden. Zutreffend wird hier aber insbes im Bereich des ordre public zur Zurückhaltung gemahnt[115]. Dessen Eingreifen würde neben einem hinreichenden Inlandsbezug voraussetzen, dass ausschließlich auf Vermögensschutz ausgerichtete Verbraucherschutzvorschriften wie insbes das Widerrufsrecht nach § 1 HaustürWG (jetzt: § 312 BGB) und § 7 VerbrKrG (bzw § 1 b AbzG, nunmehr § 495 BGB) des deutschen Rechts allgemeine, grundlegende und unverzichtbare Gerechtigkeitsvorstellungen des deutschen Gesetzgebers ausdrücken und das Ergebnis der Anwendung des Rechts eines Mitgliedstaates als unerträglich bezeichnet werden kann. Während man einen hinreichenden Inlandsbezug wohl bereits im gewöhnlichen Aufenthalt im Inland sehen kann, erscheint Letzteres schon angesichts der Tatsache äußerst fraglich, dass auch das deutsche Recht diese Verbraucherschutzregelungen erst in jüngerer Zeit eingeführt hat[116]. Erfolgversprechender kann eine Anwendung der Grundsätze der fraus legis sein, da hierbei nicht vorausgesetzt wird, dass der Inhalt des anzuwendenden ausländischen Rechts anstößig ist, sondern allein der Weg, auf welchem seine Anwendbarkeit herbeigeführt wird. Auch hier wird man aber lediglich besondere Extremfälle erfassen können[117]. Eine mittelbare horizontale Direktwirkung von EG-Richtlinien im Wege einer wie auch immer gearteten Sonderanknüpfung nationalen richtlinienkonformen Rechts bleibt somit auf besondere Ausnahmefälle beschränkt. Sie ist insbes kein geeignetes Instrument, anwendbares Recht eines bezüglich der Richtlinienumsetzung säumigen EG-Mitgliedstaates allgemein durch harmonisiertes deutsches Recht zu ersetzen[118].

IV. Grundlegende Mechanismen des IPR

32 Der nicht als Spezialist mit dem IPR befasste Jurist wird bei privatrechtlichen Fällen mit internationalem Bezug gelegentlich fürchten, mit der Materie überfordert zu sein. Dies ist indes häufig ein hauptsächlich durch die spezielle Terminologie und Begrifflichkeit des IPR (als Hilfestellung s das Glossar bei Rn 95) ausgelöster Trugschluss. Die grundlegenden Mechanismen des IPR und damit der Lösung eines Sachverhaltes „mit einer Verbindung zum Recht eines ausländischen Staates" (Art 3) sind keine „Geheimwissenschaft", sondern bestehen letztlich aus jedem Juristen verständlichen Vorgängen und Wertungen. Die folgenden Ausführungen verzichten daher bewusst auf die häufig anzutreffende terminologische Vielfalt, sondern versuchen, die Grundstrukturen des IPR für die Praxis verständlich zu erläutern.

---

[109] So nunmehr BGH NJW 1997, 1697 zur Problematik der „Time-Sharing-Verträge".
[110] So etwa *Jayme* IPRax 1990, 220, 221 f; skeptisch *Sonnenberger* ZVglRWiss 95 (1996), 35, wonach eine Auslegung deutscher Verbraucherschutzregelungen als Eingriffsnormen idR nicht in Betracht kommt. Es könne sich allerdings direkt aus der RL ergeben, dass der von ihr angestrebte Schutz auch dann verwirklicht werden soll, wenn das Recht eines Staates angewandt wird, das sie noch nicht umgesetzt hat. Damit wird allerdings quasi-richterrechtlich de facto dem Richtliniengeber die Kompetenz zur Anordnung einer teilweisen unmittelbaren Direktwirkung der RL gegeben, was mit dem EG-Vertrag unvereinbar ist; aus der Rspr vgl LG Weiden NJW-RR 1996, 438.
[111] BGH NJW 1997, 1697, 1699.
[112] BGHZ 165, 248 = NJW 2006, 762.
[113] BGHZ 165, 248 = NJW 2006, 762.
[114] BGHZ 123, 380, 391 = NJW 1994, 262.
[115] *Lüderitz* IPRax 1990, 218; *Taupitz* BB 1990, 650; *v. Hoffmann/Thorn* IPR § 10 Rn 73; *Coester-Waltjen*, FS W. Lorenz, 1991, S 315 mwN.
[116] Dies betont zu Recht *Coester-Waltjen*, FS W. Lorenz, 1991, S 315 unter Hinweis auf *Kothe* EuZW 1990, 151 und *Taupitz* BB 1990, 651; aus der Rspr vgl OLG Hamm IPRax 1990, 242; aA AG Lichtenfels IPRax 1990, 235 zu § 7 VerbrKrG; LG Bamberg NJW-RR 1990, 694; OLG Celle RIW 1991, 423; LG Weiden NJW-RR 1996, 438 zu § 1 HaustürWG und Art 34.
[117] Vgl *Sonnenberger* ZVglRWiss 95 (1996), 37; *Coester-Waltjen*, FS W. Lorenz, 1991, S 318, die betont, dass die bisher bekanntgewordenen Sachverhalte die Voraussetzungen der fraus legis nicht erfüllen; aus der Rspr vgl verneinend OLG Hamm NJW-RR 1989, 496 = IPRax 1990, 242 m zust Anm *Jayme* 220.
[118] So zutr zuletzt *Sonnenberger* ZVglRWiss 95 (1996), 37.

Einleitung

1. Begriff und Aufbau von Kollisionsnormen. Wie jede andere Norm besteht eine Kollisions- 33
norm aus Tatbestand und Rechtsfolge. Zentraler Punkt des **Tatbestands** einer Kollisionsnorm ist ein
abstrakt bezeichnetes Rechtsgebiet, welches meist aus einem ganzen Komplex von Gegenständen
besteht (zB „allgemeine Wirkungen der Ehe" in Art 14 oder „das Rechtsverhältnis zwischen einem
Kind und seinen Eltern" in Art 21), aber auch enger umgrenzt sein kann (so zB Rechts- und Geschäftsfähigkeit in Art 7 Abs 1, „Rechtsnachfolge von Todes wegen" in Art 25 Abs 1). Man spricht insoweit
vom **„Anknüpfungsgegenstand"** oder „Verweisungsgegenstand". **Rechtsfolge** einer Kollisionsnorm
ist die **Verweisung** auf eine bestimmte Rechtsordnung. Diese wird im Regelfall nicht konkret
bezeichnet (indem etwa „deutsches Recht" für anwendbar erklärt wird), sondern unter Bezugnahme
auf ein bestimmtes Element des Sachverhalts (zB Staatsangehörigkeit, gewöhnlicher Aufenthalt) abstrakt
bestimmt. Dieses Element bezeichnet man als **„Anknüpfungsmerkmal", „Anknüpfungsmoment"**
oder **„Anknüpfungspunkt"**, die Verbindung zwischen Tatbestand und Rechtsfolge bezeichnet man
als **„Anknüpfung"**. Man spricht also zB davon, dass nach Art 25 Abs 1 die Rechtsnachfolge von
Todes wegen an die Staatsangehörigkeit des Erblassers „angeknüpft" wird. Die Anknüpfungsmerkmale
des EGBGB variieren mit den Anknüpfungsgegenständen. Im Bereich des Personen- und Familienrechts und Erbrechts wird hauptsächlich an **Staatsangehörigkeit** und **gewöhnlichen Aufenthalt**
einer Person angeknüpft, in anderen Bereichen wie etwa dem Schuldrecht wird hingegen dem **Parteiwillen** ein weiter Spielraum gewährt (vgl Art 27). Im Internationalen Deliktsrecht sowie im internationalen Sachenrecht wird wiederum grds ortsbezogen angeknüpft (vgl Art 40, 43).

Kollisionsnormen unterscheiden sich von anderen Rechtsnormen dadurch, dass ihre Rechtsfolge stets 34
in der Verweisung auf eine Rechtsordnung besteht, also keine materiellrechtliche Regelung enthält.
Normen des materiellen Rechts werden im Gegensatz zu Kollisionsnormen daher auch als „Sachvorschriften" (vgl Art 3) oder **„Sachnormen"** bezeichnet. Die auf Grund der Kollisionsnorm anzuwendende Rechtsordnung bezeichnet man auch als das **„verwiesene Recht"** bzw als das jeweilige, für den
Anknüpfungsgegenstand geltende **Statut** (Vertragsstatut, Deliktsstatut, Güterstatut, Scheidungsstatut,
Erbstatut etc).

Neben diesen eigentlichen Kollisionsnormen finden sich im EGBGB sowie in den anderen Rechts- 35
quellen des IPR auch **kollisionsrechtliche Hilfsnormen**, die lediglich bestimmte Begriffe definieren
oder sich – wie etwa Art 3 bis 6 – mit Fragen des Allgemeinen Teils beschäftigen. Die nicht
kodifizierten Regeln des Allgemeinen Teils des IPR über Qualifikation, Vorfrage und Anpassung kann
man als ungeschriebene Hilfsnormen bezeichnen[119]. Weiter finden sich im EGBGB auch Sachnormen
(zB Art 7 Abs 2, Art 16).

a) Anknüpfungstechniken. aa) Alternativanknüpfung, subsidiäre Anknüpfung. Enthält eine 36
Kollisionsnorm für denselben Anknüpfungsgegenstand mehrere alternative Anknüpfungsmerkmale (sog
Alternativanknüpfung), so geschieht dies, um die Wirksamkeit eines rechtlichen Vorgangs durch
alternative Bereitstellung mehrerer Rechtsordnungen zu fördern **(Günstigkeitsprinzip)**. Beispiele
hierfür sind etwa Art 11 Abs 1, 26: Dadurch, dass wahlweise mehrere Rechtsordnungen zur Frage der
Formwirksamkeit eines Rechtsgeschäfts unter Lebenden bzw einer Verfügung von Todes wegen zur
Anwendung kommen, wird die Wahrscheinlichkeit der Formwirksamkeit erhöht (sog favor negotii).
Ähnliches gilt für Art 19 Abs 1, 20 (Feststellung und Anfechtung der Abstammung – favor legitimatio-
nis). Keine Alternativanknüpfung, sondern eine **subsidiäre Anknüpfung** liegt vor, wenn eine Kollisionsnorm bei Ausfall eines primären Anknüpfungsmerkmals ein anderes beruft (sog „Anknüpfungs-
leiter"). Ein typisches Beispiel für eine solche Anknüpfung ist etwa die Anknüpfungsleiter des Art 14
Abs 1, die nach ihrem „Erfinder" auch als „Kegel'sche Leiter" bezeichnet wird[120].

bb) Kumulative (gekoppelte) Anknüpfung. Eine kumulative oder gekoppelte Anknüpfung führt 37
demgegenüber dazu, dass ein rechtlicher Vorgang nur dann als wirksam betrachtet wird, wenn er nach
mehreren Rechtsordnungen zugleich als wirksam zu beurteilen ist. Dies geschieht im Interesse der
Einheitlichkeit der Rechtsfolge meist bei Statusverhältnissen. So will etwa Art 13 Abs 1 dadurch, dass
für die Eheschließung für jeden Verlobten das jeweilige Heimatrecht zur Anwendung kommt, vermeiden, dass die Nichtbeachtung des Heimatrechts eines der Verlobten unwirksam ist und die Ehepartner
in einem Land als verheiratet, im anderen Land als ledig gelten[121]. Man spricht in diesem Zusammenhang
von sog **„hinkenden Rechtsverhältnissen"**, die durch eine kumulative Anknüpfung zwar nicht
verhindert, wohl aber reduziert werden können. Deren Verhinderung dienen neben Art 13 Abs 1 die
kumulativen Anknüpfungen in Art 23 (Adoption) und auch Art 31 Abs 2. Daneben dienen kumulative
Anknüpfungen dem Schutz vor „unerwarteten" Rechtsfolgen: Bestimmte, rechtsvergleichend vielleicht
nicht gewöhnliche Rechtsfolgen sollen nur dann eintreten, wenn sie sämtliche Rechtsordnungen
vorsehen, zu welchen alle Beteiligten eine Verbindung haben. Dies gilt etwa für Art 18 Abs 3
(Unterhalt in der Seitenlinie) und Art 17 Abs 3 (Versorgungsausgleich)[122].

---

[119] So etwa MünchKommBGB/*Sonnenberger* Rn 477.
[120] Zur Person von *Gerhard Kegel*, der im Jahre 2006 verstorben ist, s nur den Nachruf von *Mansel* NJW 2006, 1109 f.
[121] Streng genommen handelt es sich hierbei nicht um eine kumulative, sondern um eine gekoppelte Anknüpfung, da die jeweiligen Heimatrechte nicht auf die Eheschließung insgesamt, sondern nur auf die Eheschließungsvoraus-setzung des jeweiligen Verlobten anzuwenden sind, vgl etwa *Kropholler* IPR § 20 V und *v. Hoffmann/Thorn* IPR § 5 Rn 115, die insoweit von einer „distributiven" Anknüpfung sprechen.
[122] Unter beiden Aspekten daher sehr bedenklich die Kollisionsnorm für die gleichgeschlechtliche registrierte Partnerschaft, Art 17 a: Anknüpfung an den Registrierungsort.

38 Ist im Falle einer kumulativen Anknüpfung ein Vorgang nach einer maßgeblichen Rechtsordnung wirksam und nach der anderen fehlerhaft, so ist er insgesamt als fehlerhaft zu betrachten. Die Folgen der Fehlerhaftigkeit unterliegen dann derjenigen Rechtsordnung, welche die Unwirksamkeit anordnet. Ist ein Rechtsvorgang nach allen maßgeblichen Rechtsordnungen fehlerbehaftet, so gilt im Interesse der Verhinderung „hinkender" Rechtsverhältnisse der sog „Grundsatz des **strengeren Rechts**", dh es gilt diejenige Rechtsordnung, welche die strengere Rechtsfolge anordnet[123]. Gleichbedeutend wird auch vom Grundsatz des **„schwächeren Rechts"** bzw des **„ärgeren Rechts"** gesprochen.

39 **cc) Akzessorische Anknüpfung.** Von einer akzessorischen Anknüpfung spricht man, wenn im Interesse eines harmonischen Zusammenspiels von Rechtsregeln das auf eine bestimmte Frage anwendbare Recht dasselbe sein soll, welches auf eine damit eng verknüpfte Frage Anwendung findet. Dies geschieht etwa dadurch, dass man Bereicherungsansprüche wegen einer fehlenden schuldrechtlichen Beziehung dem Recht unterstellt, das auf diese Beziehung Anwendung findet (Art 38 Abs 1) oder deliktische Ansprüche zur Vermeidung von Konkurrenzproblemen ausnahmsweise derjenigen Rechtsordnung entnimmt, der ein bestehendes Sonderrechtsverhältnis zwischen den Beteiligten unterliegt (Art 41 Abs 2 Nr 1)[124]. Keine akzessorische Anknüpfung mit dem Ziel der Anwendung desselben materiellen Rechts enthalten hingegen die Verweisungen in Art 15 Abs 1 und 17 Abs 1 S 1 auf das allgemeine Ehewirkungsstatut des Art 14. Es handelt sich hierbei lediglich um redaktionelle Verweise, welche allenfalls kollisionsrechtliche Harmonie bezwecken[125].

40 **dd) Unwandelbare und wandelbare Anknüpfung, Versteinerung und Statutenwechsel.** Die Kollisionsnorm kann den Anknüpfungspunkt auf einen bestimmten Zeitpunkt fixiert festlegen und keine Rücksicht auf die spätere Änderung der Anknüpfungstatsachen nehmen (so etwa Art 13, Art 15 Abs 1 [Zeitpunkt der Eheschließung], Art 17 Abs 1 [Rechtshängigkeit des Scheidungsantrags], Art 25 Abs 1 [Tod des Erblassers]) oder aber die Änderung der Anknüpfungstatsachen (Änderung von Staatsangehörigkeit, gewöhnlichem Aufenthalt, Wohnsitz; Lageort etc) beachten, indem für die Anknüpfung nicht auf einen bestimmten gleich bleibenden Zeitpunkt abgestellt wird (so etwa Art 14 Abs 1; Art 18 Abs 1, Art 21, Art 43 Abs 1). Im ersten Fall spricht man von einer **unwandelbaren,** im zweiten Fall von einer **wandelbaren Anknüpfung.**

41 Bei einer **unwandelbaren Anknüpfung** bleibt es aus der Sicht des deutschen Kollisionsrechts stets bei der Anwendbarkeit derselben Rechtsordnung[126]. Dahinter steht der Gedanke der Wahrung wohlerworbener Rechte bzw der Kontinuität rechtlicher Positionen[127]. Dies bedeutet freilich nicht, dass es auch hinsichtlich des Inhalts des (unwandelbar) anwendbaren materiellen Rechts auf den Rechtszustand im Anknüpfungszeitpunkt ankommt und das verwiesene Recht mit dem Inhalt anzuwenden wäre, mit dem es im Anknüpfungszeitpunkt galt (sog **„Versteinerung"**). Das verwiesene materielle Recht ist vielmehr in dem Stand anzuwenden, in dem es sich zurzeit der Rechtsanwendung befindet. Dies schließt die intertemporalen Vorschriften der verwiesenen Rechtsordnung ein[128]. Nur dem verwiesenen Recht, dh dessen intertemporalen Normen, ist daher zu entnehmen, ob es in seinem gegenwärtigen oder in einem früheren Gehalt anzuwenden ist. Grenze ist auch hier der ordre public-Vorbehalt des Art 6[129]. Abzulehnen und nicht zu verallgemeinern sind in der früheren Rspr vertretene Versteinerungstheorien im Bereich des Ehegüterrechts[130]. Hier sollten im Wege der Versteinerung Ehegatten vor Rechtsänderung in einem Land geschützt werden, mit welchem sie infolge von Flucht oder Vertreibung nichts zu tun wollten[131]. In allen entschiedenen Fällen ging es unterschwellig um einen Ost-West-Konflikt. Es ist nicht zu erwarten, dass der BGH diese Rspr heute aufrechterhalten würde.

42 Im Falle einer **wandelbaren Anknüpfung** bewirkt eine Änderung der Anknüpfungstatsachen (zB der Staatsangehörigkeit oder des gewöhnlichen Aufenthalts) gleichzeitig einen Wechsel des anzuwendenden Rechts. Diesen von einer bloßen inhaltlichen Änderung der weiterhin anwendbaren identischen Rechtsordnung (Versteinerungsproblematik) zu unterscheidenden Vorgang bezeichnet man als **Statutenwechsel**[132]. Auch hier gilt der (ungeschriebene) allgemeine Grundsatz des Fortbestandes unter einem früheren Statut („Ausgangsstatut") vollendeter und geschützter Rechtsverhältnisse **(„wohlerworbene Rechte")**[133] unter dem neuen Statut („Eingangsstatut"): Rechte, Rechtslagen und Rechts-

---

[123] Für den Bereich der Eheschließung (Art 13 Abs 1) vgl nur BGH FamRZ 1991, 300, 303; OLG Nürnberg NJW-RR 1998, 2; OLG Zweibrücken FamRZ 2004, 950.
[124] Für Ansprüche aus Verlöbnisbruch verneinend BGHZ 132, 105, 117 f = NJW 1996, 1411, 1414.
[125] Zur praktischen Bedeutung dieser Frage im Rahmen der Prüfung einer Rück- und Weiterverweisung s Art 4 Rn 9.
[126] Sofern es sich bei der Verweisung um jedoch eine Gesamtverweisung (Rn 76) handelt, kann sich im Wege der Rück- oder Weiterverweisung eine wandelbare Anknüpfung ergeben.
[127] So zutr BGHZ 40, 32, 35 zum Güterstatut.
[128] HM, vgl nur Palandt/Heldrich Rn 24 aE; aus der Rspr vgl OLG Stuttgart NJW 1958, 1972.
[129] So kann es etwa gegen Art 6 verstoßen, wenn die verwiesene Rechtsordnung in aus der Sicht des deutschen Rechts nicht tolerabler Weise rückwirkend anordnet und damit etwa wohlerworbene Rechte unberücksichtigt lässt, vgl nur *v. Bar/Mankowski* IPR I § 4 Rn 190.
[130] So zutr *Palandt/Heldrich* Art 15 Rn 3; *v. Bar/Mankowski* IPR I § 4 Rn 191.
[131] Vgl nur BGHZ 40, 32, 35; BGH FamRZ 76, 612.
[132] Je nachdem, ob der Wechsel vom deutschen Recht weg oder zu diesem hinführt, wird – ohne dass dies inhaltliche Bedeutung hätte – auch von Ausgangs- und Eingangsstatutenwechsel gesprochen.
[133] Die Kodifikation von Sonderfällen findet sich in Art 7 Abs 2 (Fortbestehen erworbener Geschäftsfähigkeit) und in Art 27 Abs 2 S 2 (Änderung des Schuldvertragsstatuts durch nachträgliche Rechtswahl hat keinen Einfluss auf erworbene Rechte Dritter).

verhältnisse[134], die vor der Änderung der Anknüpfungstatsachen entstanden (zB Eigentumserwerb, Adoption) oder entfallen sind (zB Eigentumsverlust), bleiben auch unter dem neuen Statut wirksam. Ein wohlerworbenes Recht liegt freilich nur vor, wenn es sich um eine nach der maßgeblichen, vor dem Statutenwechsel anwendbaren Rechtsordnung gefestigte Rechtsposition handelt[135]. Bei gestreckten Tatbeständen wie zB der sachenrechtlichen Ersitzung kommt es damit auf das zum Zeitpunkt der Vollendung des Rechtserwerbs maßgebliche Statut an. Dieses entscheidet dann auch, ob es unter Geltung des früheren Statuts eingetretene Tatsachen (zB Besitzzeiten für die Frage des Eigentumserwerbs durch Ersitzung) rechtlich berücksichtigt (so Art 44 Abs 3).

Sofern unter dem alten Statut entstandene Rechtspositionen in die Zukunft weiterwirken, unterliegen sie in ihren zukünftigen **Wirkungen** ab dem Zeitpunkt des Statutenwechsels freilich dem neuen Statut. So ist etwa ein Eigentumserwerb an einer beweglichen Sache unter dem Statutenwechsel auch unter dem (durch Veränderung des Lageorts) neuen Statut anzuerkennen, die aus dem Eigentum resultierenden Rechte unterliegen hingegen dem neuen Statut[136]. Sofern das neue Statut das entsprechende Recht nicht kennt, kann sich insbes im internationalen Sachenrecht – wegen des materiellrechtlichen **numerus clausus dinglicher Rechte** – die Notwendigkeit einer **Angleichung** bzw **Umsetzung** (Transposition) ergeben[137]. Denkbar ist – allerdings nur in eng begrenzten Ausnahmefällen – auch das Phänomen einer „Heilung durch Statutenwechsel", wenn ein Vorgang nach dem Ausgangsstatut unwirksam, nach dem Eingangsstatut aber wirksam ist. Typisch ist etwa der Fall eines Staatsangehörigkeitswechsels von „Ehegatten" einer nach dem durch Art 13 berufenen Recht unwirksamen Ehe zu einer Rechtsordnung, nach der die Eheschließung wirksam ist[138]. Praktisch relevant kann dies auch im Sachenrecht sein, wenn etwa ein Eigentumsvorbehalt nach dem Ausgangsstatut (partiell) unwirksam, nach dem Eingangsstatut aber wirksam ist[139]. Hier kann – ohne gesetzliche Grundlage und auf Grund iE zweifelhafter rechtlicher Konstruktion – das Vertrauen der Beteiligten auf die Gültigkeit eines Vorgangs unter dem Ausgangsstatut berücksichtigt werden[140]. Letztlich handelt es sich hier aber nicht um eine echte Heilung durch Statutenwechsel, der häufig gar nicht vorliegt[141], sondern um eine rechtsfortbildende Korrektur der eigenen Kollisionsnorm[142], indem etwa – wie in den Eheschließungsfällen – der Anknüpfungszeitpunkt modifiziert wird[143].

43

Zu einem Wechsel des anwendbaren Rechts kann es ohne Änderung der Anknüpfungstatsachen auch durch den Wechsel der politischen Zugehörigkeit eines Gebietes (**Souveränitätswechsel**)[144] oder durch die Änderung der (eigenen oder fremden) Kollisionsnorm kommen. Auch hier kann man zwar – anders als bei der bloßen inhaltlichen Änderung des anwendbaren materiellen Rechts – von einem Statutenwechsel sprechen, dennoch sind diese Fälle aber systematisch anders einzuordnen. Für sie gelten nicht die dargelegten (ungeschriebenen) Regeln des IPR im Falle des Statutenwechsels bei Grund wandelbarer Anknüpfung, sondern spezielle legislatorische Entscheidungen des intertemporalen (Kollisions-)Rechts[145], welches verfassungsrechtlich oder – soweit es sich um nach Art 4 Abs 1 relevantes ausländisches Kollisionsrecht handelt – unter dem Gesichtspunkt des ordre public (Art 6) problematisch sein kann. Im Falle der **Staatensukzession** entscheidet das Recht des neu gebildeten bzw aufnehmenden Staates über die Rezeption bisherigen Rechts bzw dessen Weitergeltung für Altfälle[146]. Dies ist im Rahmen der deutschen

44

---

[134] So die zutr Sammelbezeichnung von MünchKommBGB/*Sonnenberger* Rn 678.
[135] BGH NJW 1996, 2096, 2097 = LM Art 25 1986 Nr 2 m Anm *Dörner* zum Art 25 unterliegenden Anspruch auf vorzeitigen Erbausgleich nach § 1934 d BGB aF.
[136] Für die eigentumsrechtliche Bedeutung des Besitzes vgl BGH NJW 1960, 774, 775; zur Eigentumsvermutung vgl S. *Lorenz* NJW 1995, 176, 177 f.
[137] Vgl BGH NJW 1991, 1415; IPRax 1993, 176 m Anm *Kreuzer* 157 zur Autohypothek nach italienischem Recht; BGH NJW 1992, 362 = IPRax 1993, 178 zum Registerpfandrecht an Privatflugzeug nach US-amerikanischem Recht. Rn 90.
[138] IE ist diese stark vom Grundrechtsschutz (Art 6 Abs 1 GG) überlagerte Materie sehr str, s zuletzt Siehr IPRax 2007, 30; aus der Rspr vgl etwa RGZ 132, 416; KG FamRZ 1986, 680 = IPRax 1987, 33 m Anm *Siehr* 19; OLG München StAZ 1993, 152 m Anm *Bungert* 145; BGH IPRax 2004, 438 m Anm *Mäsch* 421; SG Hamburg IPRax 2007, 47 m Anm *Siehr* 30; vgl auch BGH FamRZ 1997, 543.
[139] Vgl etwa BGHZ 45, 95 = NJW 1966, 879 betr Schicksal eines mangels Registereintragung relativ unwirksamen Eigentumsvorbehalts nach italienischem Recht nach Verbringung der Sache nach Deutschland, wo das Problem auf der Ebene der Vertragsauslegung materiellrechtlich gelöst wurde.
[140] Als einen gesetzlich geregelten Fall der Heilung durch Statutenwechsel kann man die auch zeitlich alternative Anknüpfung der Formwirksamkeit von Verfügungen von Todes wegen in Art 26 bezeichnen.
[141] So ist der Art 13 Abs 1 unwandelbar fixiert auf den Eheschließungszeitpunkt. Durch einen späteren Staatsangehörigkeitswechsel tritt also ein Statutenwechsel im eigentlichen Sinne nicht ein. Vertrauensschutz kann aber dann am Platze sein, wenn die Parteien im Hinblick auf die (hypothetische) Gültigkeit der Ehe nach dem neuen Heimatrecht eine erneute Eheschließung unterlassen.
[142] So zutr *Kropholler* IPR § 27 II; ebenso MünchKommBGB/*Sonnenberger* Rn 682 mwN.
[143] MünchKommBGB/*Sonnenberger* Rn 685: „begrenzte Wandelbarkeit des Eheschließungsstatuts"; ebenso *Siehr* IPRax 2007, 30, 34, der wegen der unbeweglichen Anknüpfung des Eheschließungsstatuts von einer „Heilung durch Statutenersatz" im Rahmen einer „stark materiellrechtlich geprägten ungeschriebenen Sachnorm des IPR" spricht.
[144] Vgl *Busse* IPRax 1998, 155.
[145] MünchKommBGB/*Sonnenberger* Rn 688 ff; so konnte etwa die Neufassung von Art 15 gegenüber Art 15 aF zu einem Statutenwechsel führen, den zu verhindern bzw zu mildern Art 220 Abs 3 zum Ziel hat.
[146] Die Frage der Völkerrechtsmäßigkeit der Sukzession spielt dabei keine Rolle, s Rn 1. Zur Anwendung deutscher Kollisionsnormen im Falle der Staatenabspaltung vgl *Busse* IPRax 1998, 155; zur Bestimmung des anwendbaren Rechts analog Art 4 Abs 3 S 2 im Fall der „sukzessiven Rechtsspaltung" vgl *Großerichter/Bauer* RabelsZ 2001, 201.

Wiedervereinigung etwa durch die entsprechenden Regelungen des Einigungsvertrages (Art 230 ff) geschehen. Im Falle der Änderung des Kollisionsrechts entscheidet dieses selbst über seinen zeitlichen Anwendungsbereich[147].

45 **b) Einseitige und allseitige Kollisionsnormen.** Kollisionsnormen können einseitig oder allseitig aufgebaut sein[148]. Moderne IPR-Kodifikationen enthalten idR[149] allseitige Kollisionsnormen. **Einseitige Kollisionsnormen** regeln nur, unter welchen Voraussetzungen die inländische Rechtsordnung anzuwenden ist, enthalten aber keine direkte Aussage über die Anwendbarkeit ausländischen Rechts. Dies war etwa weitgehend im früheren deutschen IPR des aF der Fall. **Allseitige Kollisionsnormen** enthalten hingegen einen umfassenden Rechtsanwendungsbefehl, der auch auf ausländisches Recht verweisen kann. Das geltende deutsche IPR enthält seit der IPR-Reform des Jahres 1986 hauptsächlich allseitige Kollisionsnormen. Einseitige Kollisionsnormen bestehen neben der Regelung der Testierfähigkeit in Art 26 Abs 5 S 2 noch in Form sog **Exklusivnormen,** welche zugunsten von Deutschen die Anwendbarkeit deutschen Rechts sichern (so zB Art 17 Abs 1 S 2, 18 Abs 5). Einseitig sind auch solche Kollisionsnormen, die im Falle eines bestimmten Inlandsbezugs Ausnahmeregelungen enthalten und so die Anwendung bestimmter Regelungen des deutschen Rechts sicherstellen (so zB Art 13 Abs 2, 3 S 1, Art 16, 17 Abs 2, 34) oder ermöglichen (Art 9 S 2). Die genannten Normen sind bewusst einseitig gefasst, so dass sie – mit Ausnahme des Art 7 Abs 2[150] – nicht allseitig angewandt werden können. Soweit noch einseitige Kollisionsnormen aus der Zeit vor der IPR-Reform in Geltung bzw auf Grund von Art 220 intertemporal anwendbar sind, werden sie idR „verallseitigt", dh als allseitige Kollisionsnormen gelesen. Gleiches gilt für Art 26 Abs 5 S 2 (Art 26 Rn 12).

46 **c) Versteckte Kollisionsnormen.** Kollisionsrechtliche Regelungen können kodifikatorisch auch in Normen des materiellen Rechts mit enthalten sein. Im deutschen Recht finden sich solche Normen nur höchst selten[151]. Das **anglo-amerikanische Recht** enthält hingegen nach hM zahlreiche versteckte Kollisionsnormen in seinen Regelungen über die internationale Zuständigkeit (jurisdiction). Für den inländischen Rechtsanwender ist dies im Rahmen der Prüfung einer Rück- oder Weiterverweisung nach Art 4 Abs 1 von wesentlicher Bedeutung. Es kann hier – insbes in familienrechtlichen Fällen – zu der sog **„versteckten Rückverweisung"** (hidden renvoi) auf deutsches Recht kommen (Art 4 Rn 12).

47 **2. Abgrenzung von anderen Normen. a) (Selbstbegrenzende) Sachnormen.** Sachnormen unterscheiden sich von Kollisionsnormen durch ihren materiellrechtlichen Inhalt. Normen des materiellen Rechts enthalten aber gelegentlich im Tatbestand zugleich eine geschriebene oder ungeschriebene Eingrenzung ihres Anwendungsbereichs in Bezug auf grenzüberschreitende Sachverhalte. Von (versteckten) Kollisionsnormen unterscheiden sie sich insbes durch die Einseitigkeit des kollisionsrechtlichen Gehalts, weil nicht etwa abstrakt die Anwendbarkeit einer bestimmten Rechtsordnung auf eine bestimmte Rechtsfrage angeordnet wird, sondern lediglich negativ der Anwendungsbereich der betreffenden Sachnorm festgelegt wird[152]. Es geht dabei also nicht um die Anwendbarkeit der Vorschrift als solcher, sondern um die Frage, ob die Norm tatbestandlich einen Auslandssachverhalt erfassen will. Dies ist eine Frage des materiellen Rechts bzw der teleologischen **Gesetzesauslegung,** weil sie die Anwendbarkeit der Rechtsordnung, der die betreffende Norm entstammt, voraussetzt. Selbstbegrenzungen von Sachnormen können sich direkt aus dem Wortlaut, aber auch aus Sinn und Zweck einer Vorschrift ergeben. Beispiel für letzteres ist etwa das Problem des internationalen Anwendungsbereichs von § 15 Abs 4 GmbHG: Geht man davon aus, dass ratio der Vorschrift die Verhinderung der Spekulation mit GmbH-Anteilen ist, und damit Steuerungsfunktion nur hinsichtlich des inländischen Kapitalmarkts ausgeübt werden soll, besteht kein Anlass, die Formvorschrift – trotz Anwendbarkeit deutschen Rechts – auf einen Kaufvertrag anzuwenden, der – obschon deutschem Recht unterstehend – den Kauf von Anteilen einer ausländischen GmbH zum Gegenstand hat[153].

48 **b) Sachnormen mit auslandsbezogenen Tatbestandselementen ohne kollisionsrechtlichen Gehalt.** Verschiedentlich enthalten Normen des materiellen Rechts Tatbestandselemente, die einen Auslandsbezug aufweisen. Dies gibt den Vorschriften allerdings keinerlei kollisionsrechtlichen Gehalt, da deren Anwendbarkeit die Anwendung deutschen Rechts auf Grund der Regelungen des Kollisionsrechts voraussetzt. So setzen etwa die §§ 1944 Abs 3, 1954 Abs 3 BGB (verlängerte Ausschlagungsbzw Anfechtungsfrist bei ausländischem Erblasserwohnsitz bzw gewöhnlichem Aufenthalt des Erben) die Anwendbarkeit deutschen Erbrechts auf Grund von Art 25 voraus. Ob es sich bei dem Auslandsbezug eines Tatbestandselements um eine versteckte Kollisionsnorm mit Vorrang vor der entspr allgemeinen Kollisionsregel handelt oder ob ihm keinerlei kollisionsrechtlicher Gehalt zukommt, ist durch **Auslegung** der Vorschrift zu ermitteln. Im Zweifel ist nicht vom Vorliegen einer speziellen Kollisionsnorm

---

[147] Für die Änderung des deutschen Kollisionsrechts durch das IPR-Neuregelungsgesetz des Jahres 1986 (Rn 15) vgl die Regelung des intertemporalen IPR in Art 220.
[148] Die Terminologie ist auch hier nicht einheitlich; gleichbedeutend ist auch von unvollständigen und vollständigen bzw von zweiseitigen und mehrseitigen Kollisionsnormen die Rede.
[149] Anders etwa das schweizerische IPR-Gesetz.
[150] Zur analogen Anwendung auf neutralen Statutenwechsel s Art 7 Rn 45.
[151] So soll etwa § 244 BGB nach einer verbreiteten Ansicht eine versteckte kollisionsrechtliche Regelung enthalten.
[152] Teilweise wird allerdings in der Lit der Begriff der selbstbegrenzenden Sachnorm gleichbedeutend mit demjenigen der versteckten Kollisionsnorm behandelt.
[153] Vgl etwa *Bungert* DZWiR 1993, 494, 495; *Großfeld/Berndt* RIW 1996, 625, 630; aA Art 11 Rn 40; s auch BGH GRUR 2004, 1035 zur Reichweite von § 7 Abs 1 UWG aF.

auszugehen, weil das deutsche Recht über ein vom materiellen Recht kodifikatorisch unabhängiges Kollisionsrecht verfügt und internationalrechtliche Rechtsanwendungsfragen grds aus dem materiellen Recht „auslagert"[154].

c) Eingriffsnormen. Gleichsam als Gegenstück zu selbstbegrenzenden Sachnormen handelt es sich bei Eingriffsnormen um Sachnormen, die unabhängig von dem auf die jeweilige Rechtsfrage anwendbaren Recht Geltung beanspruchen. Ein Ausschnitt dieser Problematik ist für das internationale Schuldvertragsrecht als den praktisch wichtigsten Bereich in Art 34 angesprochen. Meist handelt es sich um öffentlich-rechtliche Vorschriften wirtschafts- oder sozialpolitischen Gehalts, die einen Sachverhalt ohne Rücksicht auf das sonst auf ihn anwendbare Recht international zwingend regeln wollen[155]. Ob es sich bei einer Norm um eine solche Eingriffsnorm handelt, ist ihr – sofern sie keine ausdrückliche Regelung ihres internationalen Anwendungsbereiches enthält (so etwa § 61 BörsG und § 98 Abs 2 GWB, aber auch Art 13 Abs 3 S 1) – im Wege der **Auslegung** zu entnehmen, wobei die bloße Unabdingbarkeit der Vorschrift im internen Recht hierfür nicht ausreichend ist, sondern allenfalls ein Indiz darstellen kann[156]. In Betracht kommen insbes Regelungen des **Außenwirtschaftsrechts, Embargobestimmungen** und **devisenrechtliche Regelungen.** Privatrechtliche Regelungen des Verbraucherschutzes können Eingriffsnormen darstellen, sofern die Vorschriften nicht nur dem Schutz und Ausgleich widerstreitender Interessen der Vertragsparteien dienen, sondern neben reinen Individualbelangen auch öffentliche Gemeinwohlinteressen verfolgen. Bei der Annahme einer Eingriffsnorm ist aber Zurückhaltung geboten[157]. Man spricht in diesem Zusammenhang auch vom **positiven ordre public** bzw von **lois d'application immédiate.** 49

Ausländische Eingriffsnormen einer im Einzelfall kollisionsrechtlich nicht anwendbaren Rechtsordnung, die allein der Verwirklichung wirtschaftlicher oder staatspolitischer Ziele des rechtsetzenden Staates selbst dienen, sind nur zu beachten, wenn und soweit dieser den Willen und die Möglichkeit besitzt, die betreffenden Bestimmungen auch durchzusetzen. Das ist etwa dann der Fall, wenn sie auf seinem Territorium belegene Sachen und Rechte oder Handlungen, die dort zu vollziehen sind, betreffen[158]. Auch dann kommt allerdings eine Beachtung nicht als Rechtsnorm, sondern nur als **tatsächlicher Umstand** in Betracht: So kann etwa eine als Eingriffsnorm zu qualifizierende ausländische Vorschrift bei Anwendbarkeit deutschen materiellen Rechts nicht die Nichtigkeit eines Vertrags nach § 134 BGB begründen[159], wohl aber als tatsächliches Leistungshindernis iS von § 275 Abs 1 BGB begründen[160] oder unter dem Gesichtspunkt des Wegfalls der Geschäftsgrundlage von Bedeutung sein[161]. 50

d) „Anerkennung". In jüngerer Zeit wird in der Lit, angeregt ua durch die Rspr des EuGH[162], der Gedanke erörtert, **Anerkennungsregeln** neben Kollisions- und Eingriffsnormen als „dritte Säule" des IPR zu qualifizieren[163]. Letztlich dürfte es sich dabei aber nicht um eine neue kollisionsrechtliche Methode, sondern lediglich um eine Frage der Terminologie handeln. Außerhalb der prozessualen Anerkennung ausländischer Entscheidungen bedeutet „Anerkennung" einer bloßen Rechtslage in Abwesenheit einer anerkennungsfähigen Entscheidung nichts anderes als rechtliche Wirksamkeitskontrolle anhand der durch die Kollisionsnormen des IPR berufenen Rechtsordnung[164]. 50a

3. Anwendung von Kollisionsnormen. a) Qualifikation. aa) Problemstellung. Der erste Schritt bei der Ermittlung des auf einen Sachverhalt mit Auslandsbezug anwendbaren Rechts ist die Bestimmung der hierfür maßgeblichen Kollisionsnorm. Da es ein „Kollisionsrecht für das Kollisionsrecht" grds nicht gibt[165], entstammt diese zwangsläufig dem Recht des jeweiligen Gerichtsorts (lex fori): Der Rechtsanwender geht stets von der maßgeblichen Kollisionsnorm des eigenen Rechts aus, ein deutsches Gericht wendet also primär das in Deutschland unmittelbar geltende „eigene" Kollisionsrecht an (**lex fori-Maxime).** Zur Bestimmung der maßgeblichen Kollisionsnorm muss zunächst gefragt werden, in deren sachlichen Anwendungsbereich welcher Kollisionsnorm der zu beurteilende Sachverhalt fällt. So wird etwa das auf die Erbfolge nach einer Person anwendbare Recht nach Art 25 ermittelt, weil dessen Tatbestand von der „Rechtsnachfolge von Todes wegen" spricht, das auf den ehelichen Güterstand anwendbare Recht ergibt sich aus Art 15, weil im Tatbestand dieser Norm von den „güterrechtlichen Wirkungen der Ehe" die Rede ist. 51

---

[154] v. Bar/Mankowski IPR I § 4 Rn 13.
[155] S etwa *Sonnenberger* IPRax 2003, 104.
[156] BGH NJW 2006, 762, 763.
[157] Aus der jüngsten Rspr s etwa BGH NJW 2006, 762, 763 f: Widerrufsrecht nach VerbrKrG keine Eingriffsnorm; BGHZ 165, 172: § 661 a BGB als Eingriffsnorm iS von Art 34.
[158] BGHZ 128, 41, 52 betr Außenhandelsmonopol der ehemaligen DDR; BGHZ 31, 367, 372; 64, 183, 188 betr Außenhandelsmonopol der ehem. UdSSR.
[159] BGHZ 69, 295, 296 betr Fluchthelfervertrag.
[160] Vgl BGHZ 128, 41, 53 zu § 306 BGB aF.
[161] Vgl BGH NJW 1984, 1746 = IPRax 1986, 154 m Besprechungsaufsatz *Mülbert* 140; vgl zum Ganzen auch *Zimmer* IPRax 1993, 65.
[162] EuGH Rs C-148/02 = IPRax 2004, 339 – Garcia Avello; Schlussanträge des GA *Jacobs* Rs C-96/04, IPRax 2005, 404 – Standesamt Niebüll, m krit Anm *Henrich* 422.
[163] Vgl insbes *Lagarde* RabelsZ 2004, 225; *Coester-Waltjen* FS Jayme, Bd I, 2004, S 121 ff; *dies* IPRax 2006, 392; *Mansel* RabelsZ 2006, 651; s dazu auch oben Rn 5.
[164] S etwa BayObLG FamRZ 2003, 381: „Anerkennung" einer ausländischen Privatscheidung bedeutet nichts anderes als die Entscheidung über ihre rechtliche Wirksamkeit nach dem deutschen Kollisionsnormen.
[165] Ausnahmen sind etwa intertemporales Kollisionsrecht bei der Änderung von Kollisionsnormen, vgl Art 220 sowie der Fall der deutschen Wiedervereinigung, vgl Art 236.

52 Dieser **Subsumtionsvorgang** der Zuordnung einer Rechtsfrage zu einem bestimmten kollisionsrechtlichen Sachbereich, den man im IPR als **Qualifikation** bezeichnet, ist aber nicht immer so unproblematisch wie in diesen Beispielen. Dies kann sich einerseits aus der Notwendigkeit ergeben, auslandsrechtliche Phänomene kollisionsrechtlich zu beurteilen, die das deutsche materielle Recht nicht (oder nicht mehr[166]) kennt: Da diese in die Begrifflichkeiten des eigenen Rechts, von welchen der Gesetzgeber bei der Schaffung der Kollisionsnormen ausgeht und auch ausgehen muss, nicht ohne weiteres einzuordnen sind[167], können sich hier bereits bei der Frage der maßgeblichen Kollisionsnorm Probleme ergeben. So ist etwa äußerst fraglich, ob man ein Rechtsinstitut wie zB die Vereinbarung einer Morgengabe des islamischen Rechts güterrechtlich, unterhaltsrechtlich oder scheidungsrechtlich einordnet, dh qualifiziert[168]. Diese Einordnung entscheidet aber über die maßgebliche Kollisionsnorm und damit – sofern die in Betracht kommenden Kollisionsnormen verschiedene Rechtsordnungen berufen – über das anzuwendende Recht und damit wiederum mittelbar über die Wirksamkeit der Vereinbarung. Ähnliches gilt für die in manchen Rechtsordnungen vorgesehene Möglichkeit der Eheschließung durch Stellvertreter[169].

53 Das Qualifikationsproblem stellt sich aber auch bei bestimmten Regelungen des **eigenen Rechts**. So ist es etwa zweifelhaft, ob eine Regelung wie der pauschale Zugewinnausgleich durch Erhöhung des Erbteils des überlebenden Ehegatten nach § 1371 Abs 1 güterrechtlichen oder erbrechtlichen Charakter hat (Art 15 Rn 67; Art 25 Rn 56)[170]. Umstritten ist etwa auch die Qualifikation von § 661 a BGB[171]. Qualifikationsprobleme dieser Art entstehen dadurch, dass die Tatbestände von Kollisionsnormen große Gebiete des materiellen Rechts abdecken: Der Gesetzgeber verwendet im Tatbestand von Kollisionsnormen Systembegriffe wie zB Rechts- und Geschäftsfähigkeit, Heirat, Scheidung, Rechtsverhältnis zwischen Eltern und ehelichen bzw nichtehelichen Kindern, Adoption, Vormundschaft, Betreuung etc ohne bis in das letzte Detail festhalten zu können, welche einzelnen Probleme des materiellen Rechts von dem jeweiligen Systembegriff erfasst werden sollen. Sie stellen sich insbes auch bei der international-privatrechtlichen Behandlung richterrechtlich entwickelter Rechtsinstitute[172].

54 Von Bedeutung ist das Qualifikationsproblem weiter auch bei der Frage der **Reichweite** einer einmal festgestellten Verweisung (in der Lit zT als **Nachfrage** bezeichnet, s Rn 66): Durch die unterschiedlichen Systembegriffe verschiedener Rechtsordnungen kann es vorkommen, dass bestimmte Regelungen unterschiedlich zugeordnet werden. So ist etwa die Frage der Verjährung im deutschen Recht dem materiellen Recht zugeordnet. Verweist nun etwa das deutsche Recht bezüglich eines Anspruchs auf eine bestimmte ausländische Rechtsordnung, so beinhaltet diese Verweisung nach den Systembegriffen des deutschen Rechts, weil sie alle materiellrechtlichen Fragen erfasst, auch dessen Verjährungsvorschriften. Wenn nun aber die verwiesene Rechtsordnung im materiellen Recht keine Verjährungsregel enthält, weil es die Verjährung als prozessrechtliches Rechtsinstitut begreift, stellt sich die Frage, ob die Verweisung des deutschen Kollisionsrecht nunmehr auch die prozessrechtliche Regelung der verwiesenen Rechtsordnung erfasst, obwohl ein deutsches Gericht stets deutsches und nicht ausländisches Prozessrecht anwendet (prozessrechtliche lex fori-Maxime)[173]. Andererseits kann die verwiesene Rechtsordnung auf Grund abweichender Systembegriffe in einem Bereich Regelungen enthalten, die von der Verweisung der deutschen Kollisionsnorm nicht mehr erfasst werden. Verweist etwa das deutsche IPR hinsichtlich des Scheidungsstatuts durch Art 17 auf das Recht eines Staates, der die güterrechtlichen Folgen einer Ehescheidung als Scheidungsfolge im Recht der Ehescheidung regelt, stellt sich die Frage, ob die Verweisung des Art 17 auch diese Fragen mitumfassen soll, oder ob diesbezüglich das anwendbare Recht nach der hierfür maßgeblichen Kollisionsnorm des Art 15 ermittelt werden muss.

55 Schließlich stellt sich auch das Qualifikationsproblem noch im Rahmen der Prüfung einer **Rück-** oder **Weiterverweisung** (Rn 76) durch das verwiesene Recht. Auch dort stellt sich, sofern es sich bei der Verweisung um eine Gesamtverweisung handelt, die Frage der maßgeblichen Kollisionsnorm (der erstberufenen Rechtsordnung). Es handelt sich also um die Subsumtion einer **ausländischen** Kollisionsnorm, zu welcher der inländische Rechtsanwender erst kommt, wenn ihn das eigene IPR auf diese Rechtsordnung verweist. In diesem Zusammenhang spricht man deshalb auch von der „Qualifikation zweiten Grades" bzw der „Qualifikation zweiter Stufe".

---

[166] So etwa für die im deutschen Recht seit dem 1. 7. 1998 nicht mehr bekannte Legitimation; zu der durch die (übereilte) Aufhebung auch der entsprechenden Kollisionsnorm (Art 21 aF) entstandenen Regelungslücke vgl BayObLG FamRZ 1999, 1443; *Hepting* StAZ 1999, 97; *Henrich*, FS Sturm, 1999, S 1505 ff.

[167] *Kegel/Schurig* IPR § 7 II 1 sprechen hier anschaulich von „Systemlücken des eigenen materiellen Rechts".

[168] Vgl *Heldrich* IPRax 1983, 64 f; eingehend neuestens *Wurmnest* RabelsZ 71 (2007), 527, 550, der sich zutreffend für eine güterrechtliche Qualifikation ausspricht; zur Auslegung einer Morgengabevereinbarung unter deutschem Recht vgl BGH NJW 1999, 574 f; OLG Hamburg FamRZ 2004, 459.

[169] Vgl BGHZ 29, 137, 139: Qualifikation als Formfrage, daher Anwendung von Art 11, was in casu zur Anwendung des Ortsrechts und somit zur Gültigkeit der Ehe führte.

[170] Fraglich war auch die kollisionsrechtliche Einordnung des früheren vorzeitigen Erbausgleichs nach § 1934 d BGB idF des Nichtehelichengesetzes vom 19. 8. 1969, BGH NJW 1996, 2096 = LM H 9/1996 Art 25 1986 Nr 2 m Anm *Dörner*; *Mankowski* ZEV 1996, 225; NJW 1986, 2190.

[171] BGHZ 165, 172 mwN: gesetzliches Schuldverhältnis aus geschäftsähnlicher Handlung; s auch *S. Lorenz* NJW 2006, 472.

[172] So etwa bei der Anknüpfung der sog „unbenannten Zuwendungen", vgl BGHZ 119, 392 = NJW 1993, 385; *S. Lorenz* FamRZ 1993, 393.

[173] So die als „Tennessee-Wechsel-Fall" berühmt gewordene Fallgestaltung in RGZ 7, 21.

bb) Qualifikationsmethoden. Die unterschiedlichen Qualifikationsmethoden sind in der Rechtswissenschaft seit der „Entdeckung" des Qualifikationsproblems durch Kahn und Bartin Ende des 19. Jahrhunderts[174] stark umstritten. 56

(1) Qualifikation nach den Systembegriffen des eigenen Rechts (lex fori-Qualifikation). Nach 57 der in Rspr und wohl auch in der Lit hM gilt zutreffenderweise grds folgendes: Da der Gesetzgeber bei Schaffung der Kollisionsnormen von den Systembegriffen des eigenen Rechts ausgeht bzw ausgehen muss und selbst die Reichweite der eigenen Kollisionsnormen bestimmt, sind die Tatbestandsmerkmale einer Kollisionsnorm stets nach den Systembegriffen derjenigen Rechtsordnung auszulegen, der die Kollisionsnorm entstammt. Das führt dazu, dass auf der ersten Stufe, dh bei der Anwendung einer Kollisionsnorm des deutschen Rechts durch einen deutschen Rechtsanwender, nach den Systembegriffen des eigenen Rechts zu qualifizieren ist (sog **lex fori-Qualifikation**)[175]: „Das fremde Recht soll angewendet werden, wenn unser Gesetzgeber will, dass es angewandt werde. Ob er es will, können wir, wenn er ausdrücklich nicht gesprochen hat, nur seinen sonst erkennbaren Intentionen entnehmen. Niemals aber kann ein fremdes Gesetz uns sagen, welcher Art diese Intentionen sind"[176]. Ist somit ein Institut einer ausländischen Rechtsordnung einer Kollisionsnorm des deutschen Rechts zuzuordnen, so ist zu fragen, ob der Anknüpfungsgegenstand nach den Systembegriffen des deutschen Internationalen Privatrechts unter den Tatbestand der Kollisionsnorm subsumierbar ist[177]. Bei jeder anderen Art der Qualifikation würde der Gesetzgeber die Entscheidung über Inhalt und Reichweite der selbst geschaffenen Kollisionsnorm gleichsam „aus der Hand geben". Dies gilt sowohl hinsichtlich der Qualifikation fremder Rechtsbegriffe als auch bei der Frage der Reichweite einer Verweisung. Abweichende Literaturansichten zur Qualifikation wie die namentlich von Rabel befürwortete autonome rechtsvergleichende Qualifikation[178] oder die von M. Wolf vertretene Qualifikation nach dem IPR bzw dem materiellen Recht der verwiesenen Rechtsordnung (Qualifikation lege causae)[179] haben sich nicht durchsetzen können[180]. Geht es zB um die Frage des auf die im romanischen Rechtskreis bekannte „Trennung von Tisch und Bett" anwendbaren Rechts, so ist zu fragen, ob es sich nach den Systemvorstellungen des deutschen Rechts um eine Frage der allgemeinen Ehewirkungen oder um eine scheidungsrechtliche Frage handelt. Danach entscheidet sich, ob das anwendbare Recht nach Art 14 oder nach Art 17 ermittelt wird. Die Qualifikation setzt damit eine **Analyse** des fremden Rechtsinstituts voraus, dh dieses ist zunächst vom Standpunkt des ausländischen Rechts nach seinem Sinn und Zweck zu erfassen. Erst eine solche Analyse erlaubt eine Antwort auf die Frage des Charakters der Regelung nach inländischen Rechtsvorstellungen. Sie erfolgt durch einen Vergleich der betreffenden Sachnormen des ausländischen Rechts mit den Rechtsinstituten des deutschen Rechts[181]. Findet sich dort ein funktionell entsprechendes Rechtsinstitut, so ist die hierfür maßgebliche Kollisionsnorm anzuwenden. Gibt es im deutschen Recht überhaupt keine Entsprechung, so kann die Frage weiterhelfen, in welchem systematischen Zusammenhang der deutsche Gesetzgeber eine entsprechende Regelung angesiedelt hätte[182].

Wenn hierbei von den „Systembegriffen des eigenen Rechts" die Rede ist, so sind damit freilich die 58 Systembegriffe des (eigenen) Internationalen Privatrechts gemeint, die von denjenigen des (eigenen) materiellen Rechts durchaus abweichen können: Wegen der speziellen Funktion des Internationalen Privatrechts, auch unbekannten, ausländischen Regelungen gerecht zu werden, sind die von ihm verwendeten Rechtsbegriffe oft **weiter** auszulegen als der entsprechende materiellrechtliche Begriff[183]. So beinhaltet der Begriff der Ehescheidung im deutschen materiellen Recht ausschließlich die endgültige Aufhebung der Ehe dem Bande nach (§ 1564 BGB). Das hindert jedoch nicht, unter den Begriff der „Ehescheidung" in Art 17 auch fremde Rechtsinstitute wie die Trennung von Tisch und Bett zu subsumieren und das darauf anwendbare Recht nach dieser Norm zu ermitteln[184].

Der Grundsatz der lex fori-Qualifikation gilt gleichfalls für die **Reichweite** der Verweisung: Ist nach 59 den Vorstellungen des deutschen Rechts eine bestimmte Frage Bestandteil der Verweisung, so ist die verwiesene Rechtsordnung hinsichtlich dieser Frage unabhängig davon maßgebend, wie sie ihrerseits die Frage systematisch einordnet. So ist im Beispielsfall der Wechselforderung die Verjährungsregelung auch dann der verwiesenen Rechtsordnung zu entnehmen, wenn sie dort systematisch dem Prozessrecht zugeordnet ist[185]. Umgekehrt ist eine von der verwiesenen Rechtsordnung als materiellrechtlich

---

[174] Das Problem wurde der Sache nach 1891 von *Kahn* JherJb 30 (1891), 107 entdeckt, der Begriff später von *Bartin* Clunet 24 (1897), 225 ff, 466 ff, 720 ff geprägt.
[175] Aus der Rspr vgl BGHZ 29, 137, 139; 44, 121, 124; 47, 324, 332; NJW 1993, 2305; NJW 1996, 54 f; FamRZ 1996, 601; FamRZ 1997, 61; OLG Düsseldorf FamRZ 1993, 1083; aus der Lit vgl *Palandt/Heldrich* Rn 27; Münch-KommBGB/*Sonnenberger* Rn 508; *v. Bar/Mankowski* IPR I § 7 Rn 173; *Kropholler* IPR § 16 I, jeweils mwN; *Wolff* IPR, 3. Aufl 1954, S 54 ff.
[176] So *Kahn* DogmJ 30 (1891), 1, 130 f.
[177] St Rspr, vgl etwa BGHZ 119, 392, 394; 29, 137, 139; BGH NJW 1996, 54 f.
[178] RabelsZ 5 (1931), 241, 287.
[179] IPR, 3. Aufl 1954, S 54 ff.
[180] Zur Kritik vgl etwa *v. Bar/Mankowski* IPR I § 7 Rn 142.
[181] Vgl etwa BGHZ 29, 137, 139 zur Qualifikation der Eheschließung durch Stellvertretung im italienischen Recht.
[182] So etwa nach der Aufhebung von Art 21 aF für Legitimationen nach ausländischem Recht, s Rn 52 mwN.
[183] Dies betont etwa *v. Bar/Mankowski* IPR I § 7 Rn 173, wenn er deshalb von „autonomer Qualifikation nach dem IPR des Forums" spricht.
[184] Vgl BGHZ 47, 324, 336.
[185] Anders RGZ 7, 21 im erwähnten „Tennessee-Wechsel-Fall" wo eine unverjährbare Forderung angenommen wurde; richtig dann RGZ 145, 121.

S. Lorenz

beurteilte Regelung nicht anzuwenden, wenn sie nach den Systemvorstellungen des deutschen Rechts prozessrechtlicher Art ist und daher von der Verweisung nicht umfasst wird, wie dies etwa bei Regelungen über die Beweisführung[186] oder dem Erfordernis gerichtlicher Versöhnungsversuche im Ehescheidungsrecht[187] der Fall sein kann. Gleiches gilt bei **Qualifikationsdivergenzen** im materiellen Recht. So umfasst zB eine Verweisung des deutschen IPR auf österreichisches Ehegüterrecht die dortigen Regelungen über den Vermögensausgleich im Falle der Scheidung auch dann, wenn es sich hierbei nach österreichischen Systembegriffen nicht um güterrechtliche, sondern scheidungsfolgenrechtliche Regelungen handelt[188].

60 **(2) Qualifikation nach den Systembegriffen der verwiesenen Rechtsordnung im Rahmen der Prüfung einer Rück- oder Weiterverweisung (lex causae-Qualifikation).** Ist im Rahmen der Prüfung einer Rück- oder Weiterverweisung (Rn 76; Art 4 Rn 2 ff) eine ausländische Kollisionsnorm anzuwenden, so soll diese nach dem Rechtsanwendungsbefehl des deutschen IPR, welches die ausländische Rechtsordnung berufen hat, so angewendet werden, wie sie in der berufenen Rechtsordnung angewendet wird. Damit ist in diesem Fall grds nach den Systembegriffen der verwiesenen Rechtsordnung **(lex causae)** zu qualifizieren. Das ist nicht etwa ein Widerspruch oder eine Ausnahme zur oben dargelegten lex fori-Qualifikation, sondern die konsequente Durchführung der zutreffenden Grundregel, dass jede Kollisionsnorm selbst ihre Reichweite bestimmt und sie daher nach Maßgabe derjenigen Rechtsordnung anzuwenden ist, der sie entstammt. Nur so verwirklicht sich der durch die Anerkennung der Gesamtverweisung erstrebte internationale Entscheidungseinklang (Art 4 Rn 5). Damit kann es im Einzelfall zum Phänomen der **„Rück- bzw Weiterverweisung kraft abweichender Qualifikation"** kommen: Wenn etwa das deutsche Recht hinsichtlich eines Anknüpfungsgegenstandes eine Gesamtverweisung auf eine bestimmte Rechtsordnung ausspricht, dort aber der Anknüpfungsgegenstand systematisch in einen anderen Zusammenhang gestellt wird und demzufolge dort die Kollisionsnorm eines anderen Regelungsbereiches angewendet wird[189], so muss der deutsche Rechtsanwender dem folgen. Spricht etwa das deutsche IPR hinsichtlich der güterrechtlichen Auseinandersetzung eines Ehepaares nach Scheidung der Ehe nach Art 15, 4 eine Gesamtverweisung auf österreichisches Recht aus, welches zwar hinsichtlich des Güterstatuts die Verweisung annimmt, vermögensrechtliche Folgen der Scheidung aber seinerseits scheidungsrechtlich qualifiziert und hinsichtlich der Scheidungsfolgen auf deutsches Recht zurückverweist, so findet im Ergebnis deutsches materielles Ehegüterrecht Anwendung[190].

61 **(3) Qualifikationsverweisung.** Zwar legt jede Rechtsordnung selbst Inhalt und Reichweite ihrer Kollisionsnormen fest, jedoch steht es ihr frei, diese Entscheidung aus der Hand zu geben. Erklärt das anwendbare IPR, dass für die Qualifikation der in seinen Kollisionsnormen enthaltenen Begriffe eine andere Rechtsordnung maßgeblich sein soll, spricht man von einer Qualifikationsverweisung[191]. Eine solche enthalten nach traditionellen Common-Law Regel die Kollisionsrechte des anglo-amerikanischen Rechtskreises: Danach beantwortet sich die im Tatbestand deren (ungeschriebener) Kollisionsnormen häufig relevante Frage, ob ein Gegenstand als unbeweglich oder beweglich anzusehen ist, nicht nach den eigenen Maßstäben dieser Rechtsordnungen, sondern nach dem Recht des jeweiligen Lageorts. Dem ist vom Standpunkt des deutschen Rechtsanwenders, der im Wege einer Gesamtverweisung auf die entsprechende Rechtsordnung verwiesen wird, ebenfalls zu folgen[192]. Verweist somit etwa das vom deutschen IPR nach Art 25 Abs 1 als Erbstatut berufene Recht eines US-Bundesstaates hinsichtlich der Vererbung unbeweglichen Vermögens auf deutsches Recht als dasjenige des Lageortes **(lex rei sitae)** zurück und erklärt es gleichzeitig, dass eben dieses Recht zu entscheiden habe, ob es sich bei dem betreffenden Nachlassgegenstand um bewegliches oder unbewegliches Vermögen handelt, so ist dem zu folgen und anschließend nach deutschem Recht zu qualifizieren, was im Einzelfall schwierige Abgrenzungsfragen hervorrufen kann (Art 25 Rn 20).

62 **(4) Autonome Qualifikation bei Anwendung staatsvertraglicher und EG-rechtlicher Kollisionsnormen.** In konsequenter Fortsetzung des hinter der lex fori-Qualifikation stehenden Gedankens kann bei der Anwendung **staatsvertraglicher Kollisionsnormen**[193] bzw Kollisionsnormen staatsvertraglichen Ursprungs ohne weiteres nicht auf die autonomen Systembegriffe des deutschen Rechts zurückgegriffen werden. Zwar ist auch hier der deutsche Gesetzgeber Normgeber im staatsrechtlichen Sinne, da die staatsvertragliche Kollisionsnorm erst im Wege der Transformation durch den Gesetzgeber Bestandteil des nationalen Rechts wird. Es kann aber davon ausgegangen werden, dass der nationale Gesetzgeber bei dieser Umsetzung die staatsvertraglichen Normen iS des Staatsvertrages selbst angewendet wissen will. Da die dort verwendeten Systembegriffe aber mit denjenigen des autonomen internen Rechts im Regelfall

---

[186] S zB OLG Düsseldorf NJW-RR 1993, 1347, 1348: Beweis einer Eheschließung nach marokkanischem Recht.
[187] S zB OLG Frankfurt FamRZ 2001, 293: obligatorischer gerichtlicher Versöhnungsversuch vor Ehescheidung nach kroatischem Recht.
[188] Vgl *S. Lorenz* IPRax 1995, 47, 49.
[189] *v. Bar/Mankowski* IPR I § 7 Rn 149 spricht anschaulich davon, dass die verwiesene Rechtsordnung denselben Sachverhalt „in einer anderen Schublade aufbewahrt".
[190] Vgl zu diesem Beispiel *S. Lorenz* IPRax 1995, 47, 50; s. auch BGH NJW 2007, 3347: Qualifikation des Familiennamens des geschiedenen Ehegatten als Scheidungsfolge im türkischen IPR.
[191] Vgl *Jayme* ZfRV 1976, 93.
[192] Vgl BGHZ 24, 352, 355 betr Kalifornien; BGH NJW 2000, 2421 betr Ohio = IPRax 2002, 40 m Anm *Umbeck* 33.
[193] Vgl insbes *Meyer-Sparenberg*, Staatsvertragliche Kollisionsnormen, 1990.

nicht identisch sind, kommt eine reine lex fori-Qualifikation nach den Systembegriffen des internen Rechts nicht in Betracht. Die Bedeutung der in staatsvertraglichen Kollisionsnormen verwendeten Systembegriffe ist daher (auf Grund des zT ausdrücklich kodifizierten Willens des nationalen Gesetzgebers, vgl etwa Art 36) im Interesse einer einheitlichen Anwendung in allen Vertragsstaaten auf Grund der Entstehungsgeschichte und dem Zweck der Regelung unter vergleichender Heranziehung der Rechtsordnung der Vertragsstaaten zu ermitteln (**autonome Qualifikation** auf rechtsvergleichender Basis). Dies gilt auch dann, wenn staatsvertragliches Kollisionsrecht wie etwa in Art 26 ohne Hinweis auf den staatsvertraglichen Hintergrund in nationales Recht inkorporiert wird[194]. Das Gebot autonomer Qualifikation gilt a fortiori bei der Anwendung unmittelbar wirkender Kollisionsnormen des EG-Rechts (Rn 19, 25). Der deutsche Gesetzgeber ist hier auch im staatsrechtlichen Sinne nicht Normgeber.

b) Vorfrage, Erstfrage, Nachfrage und Teilfrage. Die Vorfragenproblematik gehört – insbes im Zusammenhang mit familienrechtlichen Rechtsverhältnissen – zu den umstrittensten Fragen des internationalen Privatrechts. Für Verwirrung sorgt hier bereits die durch die Begrifflichkeit herbeigeführte Dogmatisierung von höchst unterschiedlichen Fragestellungen. Unterschiedlichkeiten und in ihrem Sinngehalt fragwürdige Differenzierungen in der Terminologie verdecken darüber hinaus häufig die entscheidenden Wertungen. 63

aa) Problemstellungen und Terminologie. Im Tatbestand von Kollisionsnormen finden sich häufig **Rechtsfolgen** des materiellen Rechts. Wenn etwa Art 14 das auf die allgemeinen Wirkungen der Ehe (Tatbestand der Kollisionsnorm) anwendbare Recht (Rechtsfolge der Kollisionsnorm) bestimmt, so enthält der Tatbestand durch den Begriff der „Ehe" eine Rechtsfolge des materiellen Rechts. Der Tatbestand der Norm setzt also das Bestehen einer wirksamen Ehe voraus. Um dies zu überprüfen, muss wiederum das auf das Bestehen der Ehe anwendbare Recht ermittelt werden. Ein ähnliches Problem stellt sich bei der Anwendung des durch die Kollisionsnorm berufenen **materiellen** Rechts. Beruft etwa das auf Grund von Art 25 anwendbare Erbrecht den überlebenden Ehegatten zum gesetzlichen Erben, stellt sich die Frage der Wirksamkeit der Erblasserehe (Art 25 Rn 45 f). Auch die Beantwortung dieser Frage setzt die Bestimmung des hierauf anwendbaren Rechts denknotwendig voraus. 64

Stellt sich die Frage nach einem präjudiziellen Rechtsverhältnis wie im ersten Beispielsfall bei der Anwendung einer **Kollisionsnorm**, so wird hierfür in der Literatur gelegentlich der Begriff der „**Erstfrage**" verwendet. Von einer „**Vorfrage**" spricht man dann nur bei der Beurteilung präjudizieller Rechtsverhältnisse bei der Anwendung (eigenen oder fremden) **materiellen** Rechts. Im zweiten Beispiel wäre also die Frage der Erbfolge als Hauptfrage, die Frage einer bestehenden Erblasserehe als Vorfrage zu bezeichnen. Eine praktische Relevanz hat diese in der Rspr nicht gezogene Unterscheidung jedoch nicht, zur Lösung der hinter dem Vorfragenbegriff stehenden Problematik trägt sie nichts bei[195]. 65

Von einer **Nachfrage** spricht man – unnötigerweise – im Zusammenhang mit der Reichweite einer kollisionsrechtlichen Verweisung. Das Problem besteht hier in der Abgrenzung des Anwendungsbereiches verschiedener Kollisionsnormen der lex fori und ist damit letztlich nichts anderes als die in Rn 51 ff beschriebene Frage der **Qualifikation**. 66

Das gleiche Phänomen beschreibt der – ebenso unnötige, weil verwirrende – Begriff der **Teilfrage**. Als solche bezeichnet man Fragen, die der IPR-Gesetzgeber unabhängig von dem Zusammenhang, in welchem sie sich stellen, generell in einer speziellen Kollisionsnorm (**Sonderanknüpfung**) geregelt hat. Wenn etwa die Art 11 und 26 besondere Anknüpfungen für die Form von Rechtsgeschäften enthalten, so wird damit bei der Frage der Gültigkeit eines Rechtsgeschäfts ein Teil dieser Frage – nämlich die Formwirksamkeit – aus dem Statut der Hauptfrage (also etwa dem auf den Vertrag oder die letztwillige Verfügung anwendbaren Recht) ausgegliedert und einer besonderen Anknüpfung unterworfen. Gleiches gilt etwa für die isolierte Regelung der Rechts- und Geschäftsfähigkeit in Art 7 Abs 1. 67

bb) Lösungsalternativen. Für die Behandlung von kollisionsrechtlichen wie materiellrechtlichen Vorfragen gibt es drei denkbare Varianten: Man kann das auf die Vorfrage anwendbare Recht unabhängig von dem auf die Hauptfrage anwendbaren Recht nach der Kollisionsnorm ermitteln, die man auf die Frage anwenden würde, wenn sie sich ihrerseits als Hauptfrage stellte. Diese Lösung bezeichnet man als **selbstständige Anknüpfung**. Sie hat den Vorteil, dass das betreffende Rechtsverhältnis unabhängig vom Zusammenhang, in welchem es jeweils Bedeutung erlangt, stets gleich beurteilt wird. Man fördert damit den **internen Entscheidungseinklang**, kommt aber uU zu Ergebnissen, welche der zur Lösung der Hauptfrage berufenen Rechtsordnung widersprechen. Die selbstständige Anknüpfung kann damit dem Ziel des **internationalen Entscheidungseinklangs** widersprechen. Dies gefährdet dann die Durchsetzbarkeit der Entscheidung im Ausland. Geht es zB um die Frage des Erbrechts des überlebenden Ehegatten, so würde bei selbstständiger Anknüpfung der Vorfrage einer wirksamen Erblasserehe hierfür das nach Art 13 berufene Recht zur Anwendung kommen. Ist danach die Ehe gültig, wäre ein Erbrecht selbst dann zu bejahen, wenn aus der Sicht der als Erbstatut berufenen Rechtsordnung eine wirksame Ehe nicht vorliegt. 68

Bei **unselbstständiger Anknüpfung** der Vorfrage beurteilt man diese nach derjenigen Rechtsordnung, welcher die jeweilige Hauptfrage untersteht. Dies schließt das IPR der zur Lösung der Hauptfrage berufenen Rechtsordnung ein, weil es aus Gründen des **internationalen Entscheidungs-** 69

---

[194] Zur Problematik dieser Kodifikationstechnik s Art 3 Rn 7.
[195] So zutr MünchKommBGB/*Sonnenberger* Rn 550.

einklangs nicht darauf ankommen kann, wie das zur Lösung der Hauptfrage berufene materielle Recht die Vorfrage beurteilt, sondern wie die Frage insgesamt aus der Sicht der berufenen Rechtsordnung zu beurteilen ist. Dies setzt die Beantwortung der Frage voraus, welches Recht die zur Lösung der Hauptfrage berufene Rechtsordnung auf die Vorfrage anwenden würde. Dies muss aus Gründen des Entscheidungseinklangs deshalb selbst dann gelten, wenn hinsichtlich der Hauptfrage lediglich eine Sachnormverweisung vorliegt, denn Ziel der unselbstständigen Anknüpfung ist es, die Vorfrage so zu entscheiden, wie sie von einem Gericht der für die Hauptfrage berufenen Rechtsordnung entschieden werden würde. Keine unselbstständige, sondern überhaupt keine Anknüpfung der Vorfrage liegt damit vor, wenn man die Vorfrage direkt nach dem materiellen Recht der Hauptfrage entscheidet[196]. Die unselbstständige Vorfragenanknüpfung kann dazu führen, dass im Inland ein und dieselbe Frage (zB Gültigkeit der Ehe) je nach dem Zusammenhang, in dem sie sich stellt, unterschiedlich beantwortet wird. Es kann dann also zu der Situation kommen, dass eine Person zu Zwecken des Erbrechts als verheiratet, zu Zwecken des Familienrechts aber als nicht verheiratet gilt (sog **„hinkendes" Rechtsverhältnis**).

70 Die dritte denkbare Möglichkeit der Behandlung von Vorfragen besteht in ihrer **alternativen Anknüpfung**. Lässt man damit für die Frage des Bestehens eines präjudiziellen Rechtsverhältnisses entweder das auf Grund selbstständiger oder das auf Grund unselbstständiger Anknüpfung anwendbare Recht entscheiden, wird das Bestehen von Statusverhältnissen begünstigt.

71 **cc) Selbstständige oder unselbstständige Vorfragenanknüpfung.** Das Problem der Vorfragenanknüpfung besteht darin, dass die Frage häufig auf ein Problem des Allgemeinen Teils des IPR reduziert wird, das man glaubt, theoretisch und abstrakt vom jeweiligen Anknüpfungsgegenstand lösen zu können. Dies hat, wie v. Bar/Mankowski[197] zutreffend bemerken, zu einer kaum noch zu bewältigenden Meinungsvielfalt und einem undurchsichtigen Geflecht von Regeln, Ausnahmen und Unterausnahmen geführt. Die gerade wegen ihrer zahlreichen Ausnahmen und Unterausnahmen im Rechtsanwendungsergebnis überraschend häufig übereinstimmenden Ansichten sind in drei Lager gespalten: Während die „Entdecker" des Vorfrageproblems, Melchior[198] und Wengler[199] grds eine unselbstständige Anknüpfung der Vorfrage vertreten und dabei auch gewichtige Anhänger gefunden haben[200], geht die hM mit dem Argument des **internen Entscheidungseinklangs**[201] im Grundsatz von einer **selbstständigen Vorfragenanknüpfung** aus[202]. Auch die hM gesteht aber Ausnahmen von der selbstständigen Vorfragenanknüpfung zu, wenn im Einzelfall das Interesse am **äußeren Entscheidungseinklang** überwiegt. Dies ist etwa dann der Fall, wenn die Durchsetzbarkeit der Entscheidung der Hauptfrage im Ausland in Frage steht. So ist man sich etwa einig, dass familienrechtliche Vorfragen im Bereich des Staatsangehörigkeitsrechts unselbstständig anzuknüpfen sind (Art 5 Rn 2). Ähnliches gilt etwa im internationalen Namensrecht: Überlässt man den Namen einer Person insbes aus Gründen der effektiven Durchsetzbarkeit (Ausweispapiere!) sowie im Interesse der öffentlichen Funktion des Namens und der Internationalität der Namensführung richtigerweise grds ihrem Heimatrecht (Art 10 Abs 1), so muss man auch bei der Beurteilung von Namensfragen auftretende Vorfragen wie etwa die Abstammung oder Bestehen einer Ehe wegen des richtigerweise erwünschten internationalen Einklangs der Namensführung unselbstständig anknüpfen (näher Art 10 Rn 10)[203]. Das gilt selbst dann, wenn man sich dadurch in Widerspruch zu einem inländischen Statusurteil setzt, das aber im Heimatland des Betroffenen nicht anerkannt wird[204]. Eine Ausnahme zu Gunsten unselbstständiger Vorfragenanknüpfung macht die hM – ebenfalls aus Gründen des äußeren Entscheidungseinklangs (die Anwendung des staatsvertraglichen Kollisionsrechts soll in allen beteiligten Staaten zu demselben Ergebnis führen) – auch im Bereich des **staatsvertraglichen Kollisionsrechts**[205], sofern dort nicht ohnehin präjudizielle Fragen ausdrücklich geregelt werden[206]. Dies muss auch dann gelten, wenn die staatsvertragliche Regelung kodifikatorisch in das EGBGB integriert ist (Rn 19).

72 Versteht man die hM so, dass sie die selbstständige Anknüpfung von Vorfragen deshalb vorzieht, weil sie den inneren Entscheidungseinklang bevorzugt[207], Ausnahmen aber dann zulässt, wenn das Interesse

---

[196] So etwa in OLG München IPRax 1988, 354, 356.
[197] v. Bar/Mankowski IPR I § 7 Rn 192.
[198] Grundlagen des deutschen IPR, 1932, S 245 ff.
[199] RabelsZ 8 (1934), 148.
[200] Vgl etwa MünchKommBGB/Sonnenberger bis zur 3. Aufl Rn 497 ff mwN; jetzt diff Rn 552 ff; v. Hoffmann/Thorn § 6 Rn 71–72.
[201] Sehr deutlich etwa die Argumentation in BGHZ 43, 213, 218 und BGH NJW 1981, 1900 m Anm Denzler IPRax 1982, 181.
[202] Aus der jüngeren Rspr vgl etwa BGH NJW-RR 2007, 145 Rn 12; NJW 2002, 1268; NJW 1997, 2114; BayObLG FamRZ 1997, 959; OLG Frankfurt ZEV 2001, 493; aus der Lit etwa Staudinger/Sturm/Sturm Rn 240 mzN; Palandt/Heldrich Rn 29; AnwK-BGB/Freitag Art 3 Rn 24; v. Bar/Mankowski IPR I § 7 Rn 194.
[203] So zutr BGHZ 90, 129, 140; BayObLG FamRZ 2003, 310; vgl aber auch BGH NJW 1986, 3022 = IPRax 1987, 22.
[204] Zutr BayObLG FamRZ 2003, 310 betr Familienname einer durch ein deutsches Gericht geschiedenen türkischen Staatsangehörigen; aA OLG Hamm FGPrax 2004, 115: Divergenzvorlage gemäß § 28 Abs 2 FGG.
[205] So etwa Palandt/Heldrich Rn 30; OLG Karlsruhe FamRZ 2003, 956; Wienke, Zur Anknüpfung der Vorfrage bei internationalprivatrechtlichen Staatsverträgen, 1977; aA etwa Kropholler IPR § 32 VI; Meyer-Sparenberg, Staatsvertragliche Kollisionsnormen 1990, S 144 ff.
[206] So etwa die Definition des Minderjährigen in Art 12 MSA.
[207] Sehr deutlich etwa v. Bar/Mankowski IPR I § 7 Rn 197 sowie zuletzt Kegel IPRax 1996, 309, 310.

am internationalen Entscheidungseinklang überwiegt[208] oder aus anderen Gründen eine unselbstständige Vorfragenanknüpfung angebracht erscheint[209], besteht mit Ausnahme der Förderung der Rechtssicherheit durch eine Grundsatzentscheidung kein Unterschied zur vermittelnden Ansicht, welche Vorfragen je nachdem, ob das Interesse am inneren oder am äußeren Entscheidungseinklang überwiegt, selbstständig oder unselbstständig anknüpfen will. Da im Grundsatz das Interesse am inneren Entscheidungseinklang vordringlich ist[210], weil „national hinkende Statusverhältnisse"[211] weit weniger verträglich sind als „international hinkende Statusverhältnisse"[212], gleichzeitig aber aus Rechtssicherheitsgründen eine ausschließlich einzelfallbezogene Betrachtungsweise nicht in Betracht kommen kann, ist der hM zu folgen und eine grds selbstständige Anknüpfung von Vorfragen zu befürworten, selbst wenn eine abschließende und präzise Beschreibung der Ausnahmen nicht möglich ist[213].

c) Anknüpfungserschleichung (Gesetzesumgehung, fraus legis, fraude à la loi). aa) Echte Gesetzesumgehung. Die Frage des auf einen Sachverhalt anzuwendenden Rechts kann von den Parteien in vielfacher Weise beeinflusst werden. Einerseits kann eine Kollisionsnorm dies selbst unmittelbar durch die Einräumung einer **Rechtswahl** ermöglichen (so etwa in Art 14 Abs 3, 15 Abs 2, 25 Abs 2, 27 Abs 1, 42). In diesen Fällen ist das Motiv der Rechtswahl vollkommen unbeachtlich. Andererseits lässt sich aber auch bei Fehlen einer Rechtswahlmöglichkeit bzw bei Nichtzustandekommen einer Rechtswahl das anzuwendende Recht mittelbar durch die gezielte Herbeiführung der Tatbestandsmerkmale der Kollisionsnorm, also durch Verlegung des gewöhnlichen Aufenthalts oder durch Wechsel der Staatsangehörigkeit etc, beeinflussen. So kann etwa eine Person die Staatsangehörigkeit gezielt wechseln, um die Ehescheidung zu erleichtern oder um damit für den Fall ihres Ablebens nach Art 25 die Anwendbarkeit des Erbrechts eines Staates herbeizuführen, das – wie etwa das anglo-amerikanische Recht – keinen Pflichtteilsanspruch kennt. Auch kann man bewusst den Abschlussort eines Vertrages oder einer Eheschließung in das Ausland verlegen, um in den Genuss der dortigen Formvorschriften zu kommen (Art 11). Eine solche **zweckorientierte Herbeiführung von Anknüpfungstatsachen** ist grds unabhängig von den ihr zugrundeliegenden Motiven zulässig[214]. Nur teilweise handelt es sich dabei um ein Problem des ordre public-Vorbehalts (Art 6), der insbes dann versagt, wenn gezielt die Anwendbarkeit deutschen Rechts herbeigeführt wird. Dass die praktische Bedeutung der Gesetzesumgehung im deutschen IPR vergleichsweise gering ist, dürfte va daran liegen, dass die Staatsangehörigkeit, an welche im Bereich des Personen-, Familien- und Erbrechts vorwiegend angeknüpft wird, ein relativ statisches Anknüpfungsmerkmal darstellt. Es verbleiben lediglich seltene Einzelfälle, denen weder durch die Auslegung der Kollisionsnorm noch durch Art 6 begegnet werden kann. Hier ist die Eingriffsschwelle für eine Ahndung wegen der grundsätzlichen Entscheidung des Gesetzgebers für von den Beteiligten beeinflussbare, vielfach wandelbare (Rn 42) und damit „instabile" Anknüpfungsmomente außerordentlich hoch anzusetzen[215]: Eine Verhaltensweise, mit welcher der Gesetzgeber rechnen musste, kann nicht beliebig nach Billigkeitskriterien als Manipulation qualifiziert werden[216]. Nur in Ausnahmefällen wird man wegen der von den Parteien verfolgten Intentionen dem bewussten Wechsel von Anknüpfungsmomenten nach den allgemeinen Grundsätzen der Gesetzesumgehung begegnen können[217]. Keine Gesetzesumgehung, sondern **Simulation** liegt dagegen vor, wenn das Vorliegen der Anknüpfungsmerkmale einer Kollisionsnorm lediglich vorgetäuscht wird: Ein nur scheinbar bestehendes Anknüpfungsmoment ist selbstverständlich unbeachtlich.

bb) Unechte Gesetzesumgehung (Rechtsumgehung). Von einer Gesetzesumgehung kann man auch dann sprechen, wenn die Beteiligten eine Rechtshandlung im Ausland nach dem auf Grund des dortigen Kollisionsrechts anwendbaren Recht vornehmen. In der Literatur wird in diesem Zusammenhang von (unechter) Rechtsumgehung gesprochen[218], weil das Verhalten der Beteiligten nicht aus der Sicht des deutschen IPR eine Änderung des anzuwendenden Rechts bewirkt: Ist eine im Ausland vorgenommene Rechtshandlung keine gerichtliche Entscheidung, die – unabhängig vom angewandten

---

[208] Vgl etwa OLG München IPRax 1988, 354 m Anm *Winkler v. Mohrenfels* 341: unselbstständige Anknüpfung der Vorfrage des Fortbestehens einer von einem deutschen Gericht geschiedenen Ehe eines italienischen Ehegatten bei erneuter Eheschließung mit einem italienischen Ehegatten in Tondern.
[209] Wobei hier häufig besser durch die Berücksichtigung ausländischen Rechts als Tatsache im Rahmen der Rechtsanwendung geholfen werden kann (Rn 91), also gar keine Vorfragenproblematik vorliegt. So kann man etwa auch eine nur nach ausländischem Recht wirksame („hinkende") Ehe unter den verfassungsrechtlichen Schutz des Art 6 GG stellen, vgl BVerfGE 62, 323 = NJW 1983, 511 f betr Witwenrente, OLG Köln NJW 1993, 2755 f betr Sterbebucheintrag.
[210] AA etwa *v. Hoffmann/Thorn* IPR § 6 Rn 72.
[211] Gemeint ist die durch unselbstständige Vorfragenanknüpfung mögliche Situation, dass ein und dieselbe Person im Inland je nach der sich stellenden Rechtsfrage zugleich als verheiratet und unverheiratet oder verwandt und nicht verwandt gilt.
[212] Gemeint ist die in Rn 68 beschriebene Situation, dass eine Person in einem Land als verheiratet, verwandt gilt, in einem anderen aber nicht.
[213] So zutr *Kropholler* IPR § 32 IV.
[214] BGH NJW 1971, 2124, 2125 betr Staatsangehörigkeitswechsel zur Ehescheidung.
[215] MünchKommBGB/*Sonnenberger* Rn 766; *Schurig*, FS Ferid II, 1988, S 375 ff; *v. Bar/Mankowski* IPR I § 7 Rn 131.
[216] So die zutr Formulierung von *v. Bar/Mankowski* IPR I § 7 Rn 132 f.
[217] Angedeutet etwa in BGHZ 78, 318, 325 betr Überweisung veruntreuter Gelder in die Schweiz zur Umgehung der Anfechtungsvorschriften des deutschen Rechts, wo allerdings zutr primär mit der Auslegung der Kollisionsregel vorgegangen wurde.
[218] Vgl *Kegel/Schurig* IPR § 14 VII 2; *v. Bar/Mankowski* IPR I § 7 Rn 136 f; MünchKommBGB/*Sonnenberger* Rn 758.

Recht – Gegenstand einer Anerkennung sein kann, bleibt es trotz der Vornahme im Ausland „unter einem anderen Recht" aus der Sicht des deutschen Rechts dabei, dass sich die Wirksamkeit der Rechtshandlung nach dem aus der Sicht des deutschen Kollisionsrechts anwendbaren Recht beurteilt. Bewirken die Beteiligten jedoch etwa durch Verlegung ihres Aufenthalts in das Ausland die Zuständigkeit dortiger Gerichte und damit die dortige Anwendung fremden IPRs mit dem Ergebnis der Anwendung eines anderen Rechts, als nach deutschem IPR auf den Sachverhalt anwendbar wäre (sog forum shopping, Rn 3), liegt ein Problem der **Urteilsanerkennung** vor. Da diese idR nicht von der Frage des angewandten Rechts abhängt (zB Art 36 EuGVO; für eine Ausnahme s etwa Art 27 Nr 4 LugÜ), kann so erlaubterweise das deutsche IPR umgangen werden.

75 **d) Scheitern der Anknüpfung (Nichtermittelbarkeit der anzuwendenden Rechtsordnung).** Das deutsche IPR ist von Amts wegen zu ermitteln und anzuwenden (Rn 6). Dennoch kann es in seltenen Einzelfällen dazu kommen, dass sich eine Verweisung nicht feststellen lässt, weil sämtliche Tatbestandsvoraussetzungen (Anknüpfungsmomente) der betreffenden Kollisionsnorm ausfallen bzw nicht ermittelbar oder nicht nachweisbar sind. Soweit diese Situation nicht – wie in Art 5 Abs 2 für den Fall der nichtfeststellbaren Staatsangehörigkeit (Art 5 Rn 9) – positivrechtlich geregelt ist, ist eine an der Anknüpfungsleiter des Art 14 Abs 1 (sog „Kegel'sche Leiter") orientierte **Ersatzanknüpfung** vorzunehmen. Führt auch dies nicht weiter, ist deutsches Recht als lex fori anzuwenden[219].

76 **4. Sachnormverweisung und Gesamtverweisung.** Die in Kollisionsnormen enthaltenen Verweisungen (s eingehend bei Art 4) können sich direkt auf das materielle Recht der verwiesenen Rechtsordnung beziehen. Dieses ist dann auf Grund des Rechtsanwendungsbefehls der Kollisionsnorm unabhängig davon anwendbar, ob es aus dem Gesichtspunkt des Kollisionsrechts der verwiesenen Rechtsordnung anwendbar ist, also „selbst angewendet werden will". In diesem Fall spricht man von einer **Sachnormverweisung.** Das Gesetz erläutert diesen Begriff in Art 3 Abs 1 S 2. Bezieht sich aber die Verweisung des deutschen Kollisionsrecht auf eine bestimmte Rechtsordnung nicht nur auf deren materielles Recht, sondern auf die **gesamte Rechtsordnung** unter Einschluss des Kollisionsrechts, muss zunächst gefragt werden, welches Recht nach dem Kollisionsrecht der verwiesenen Rechtsordnung auf den Sachverhalt Anwendung findet. Es muss also ausländisches Kollisionsrecht angewendet werden[220]. Man spricht in diesem Fall von einer **Gesamtverweisung.** Diese kann das IPR der verwiesenen Rechtsordnung „annehmen", indem es ebenfalls die Anwendung des eigenen Rechts anordnet. Es kann aber auch durch eine **Rückverweisung** auf das deutsche Recht oder eine **Weiterverweisung** auf eine dritte Rechtsordnung die Anwendung des eigenen materiellen Rechts ablehnen. Dieser Mechanismus der Rück- oder Weiterverweisung wird auch als **renvoi** bezeichnet. Der deutsche IPR-Gesetzgeber hat sich in Art 4 grds für die Gesamtverweisung entschieden. Das deutsche IPR ist damit – anders als manche andere Rechtsordnungen – **renvoifreundlich.**

77 **5. Gesamtstatut und Einzelstatut.** Das deutsche IPR bestimmt das anwendbare Recht grds ohne Rücksicht darauf, ob eine ausländische Rechtsordnung die Anwendung des durch die Kollisionsnorm des deutschen Rechts berufenen Rechts „akzeptiert". Wenn etwa nach Art 25 auf die Erbfolge nach einem deutschen Staatsangehörigen deutsches materielles Recht anzuwenden ist, der Erblasser aber in einem anderen Staat gelebt hat und sich auch der Nachlass dort befindet, nimmt das deutsche IPR bei der Bestimmung des anwendbaren Rechts grds keine Rücksicht darauf, ob nach dem (Internationalen Privat-)Recht des letzten gewöhnlichen Aufenthaltes des Erblassers bzw dem (Internationalen Privat-)Recht des Ortes, an dem sich Nachlassgegenstände befinden, eine andere Rechtsordnung als Erbstatut maßgeblich wäre. Eine Ausnahme hiervon regelt Art 3 Abs 3 (vgl Art 3 Rn 7 ff).

V. Ermittlung und Anwendung des materiellen Rechts

78 **1. Ermittlung ausländischen Rechts.** Der Grundsatz „iura novit curia" beansprucht nur für das deutsche Recht Geltung. Der deutsche Richter muss damit ausländisches (Kollisions-)Recht nicht kennen[221]. Gleiches gilt für den Notar, der lediglich auf die (mögliche) Anwendbarkeit ausländischen Rechts hinweisen muss (§ 17 Abs 3 BeurkG). **„Ausländisches Recht"** ist nach § 293 ZPO das „in einem anderen Staate geltende Recht", also solches Recht, welches in keinem Teil des Inlands unmittelbar Geltung beansprucht. EG-Recht gehört hierzu ebenso wenig[222] wie das Recht der ehemaligen DDR[223]. Gerichtlich veranlasste Gutachten, die auf Grund der ausschließlichen Anwendung deutschen Kollisionsrechts zur Anwendbarkeit deutschen materiellen Rechts gelangen, sind damit Gutachten zu inländischem gesetztem Recht. Kosten hierfür dürfen nach § 21 Abs 1 S 1 GKG bzw § 16 Abs 1 S 1 KostO von den Parteien nicht erhoben werden[224].

---

[219] MünchKommBGB/*Sonnenberger* Rn 752.
[220] Zu den Einzelheiten s Art 4 Rn 2 ff, zur Qualifikation bei der Anwendung ausländischen Kollisionsrechts s Rn 60.
[221] Grundlegend etwa *Fastrich* ZZP 97 (1984), 423; aus jüngerer Zeit vgl *Sommerlad/Schrey* NJW 1991, 1377; *Kindl* ZZP 111 (1998), 177.
[222] Das gilt auch für EG-Richtlinien. Die Tatsache, dass der Adressat der RL der Mitgliedstaat ist und es daher an einer unmittelbaren Wirkung fehlt, ändert nichts an deren unmittelbarer Geltung, zu Unrecht zweifelnd daher *Sommerlad/Schrey* NJW 1991, 1377, 1378.
[223] BGH FamRZ 1997, 496.
[224] OLG Karlsruhe FamRZ 1990, 1367; zu den Voraussetzungen einer „unrichtigen Sachbehandlung" iS von § 16 Abs 1 KostO vgl BayObLG IPRax 1999, 387 m Redaktionsanm *Mansel*.

§ 293 ZPO, § 12 FGG wird die Verpflichtung des Gerichts entnommen, unbekanntes ausländisches 79 Recht **von Amts wegen** zu ermitteln[225]. Insbes wegen der Unterschiede in der Revisibilität darf eine Tatsacheninstanz die Frage nach dem Inhalt des anzuwendenden Rechts auch nicht offen lassen (Rn 87). Seit Inkrafttreten des Zivilprozess-Reformgesetzes vom 27. 6. 2001 hängt auch die sachliche Zuständigkeit des Berufungsgerichts von der Anwendung ausländischen Rechts ab (§ 119 Abs 1 und 1 c GVG). Hierfür ist die vorfrageweise Anwendung ausländischen materiellen Rechts ausreichend[226]. Str. ist dies für den Fall der Anwendung ausländischen Kollisionsrechts bei der Prüfung einer Rückverweisung[227]. Trotz der Mitwirkungspflicht der Parteien besteht wegen des Amtsermittlungsprinzips auch keine **subjektive Beweisführungslast**[228]. Ausländisches Recht kommt dabei nicht als Tatsache[229], sondern als **objektives Recht** zur Anwendung. Es ist daher weder geständnisfähig und somit auch nicht von der Geständnisfiktion des § 331 Abs 1 ZPO im Versäumnisverfahren erfasst)[230], noch darf das Gericht im Rahmen des **Beibringungsgrundsatzes** einen übereinstimmenden Parteivortrag zum Inhalt ausländischen Rechts ohne weiteres als richtig zugrundelegen[231]. Jedenfalls besteht bei kontroverser Darstellung eine umfassende Ermittlungspflicht[232]. Diese Ermittlungspflicht besteht grds auch in Verfahren des **einstweiligen Rechtsschutzes**[233]. Es ist nicht gerechtfertigt, dort generell andere Maßstäbe anzulegen und eine bloße Glaubhaftmachung des Inhalts ausländischen Rechts genügen zu lassen[234] oder gar wegen der Eilbedürftigkeit generell deutsches Recht als lex fori anzuwenden[235]. Eine hiervon zu unterscheidende Frage ist diejenige der Intensität der Ermittlungspflicht in diesen Verfahren. Aus Gründen der Effektivität des Rechtsschutzes kann es dabei zulässig sein, sich auf unmittelbar zugängliche Erkenntnisquellen zu beschränken[236] bzw dem Antragsteller die Glaubhaftmachung des Inhalts ausländischen Rechts aufzubürden, wobei str ist, ob im Falle des Misslingens der Antrag auf einstweiligen Rechtsschutz abgelehnt werden muss[237] oder nach den Grundsätzen der Nichtermittelbarkeit deutsches Recht als Ersatzrecht anzuwenden ist[238]. Richtigerweise kann das Problem nicht generell-abstrakt, sondern nur mit Rücksicht auf den jeweiligen Einzelfall gelöst werden. Zu berücksichtigen sind der Gegenstand des Verfahrens sowie die Folgen einer falschen Ermittlung ausländischen Rechts im jeweiligen Einzelfall[239].

Zu ermitteln ist der **tatsächliche Rechtszustand.** Das Gericht darf sich nicht auf eine bloße 80 Auslegung einzelner Vorschriften beschränken, sondern muss das Recht als ganzes zu erforschen, wie es in Rspr und Rechtslehre Ausdruck und in der Praxis tatsächlich Anwendung findet[240]. Es darf sich also nicht auf die Heranziehung der Rechtsquellen beschränken, sondern muss unter Ausschöpfung der ihm zugänglichen Erkenntnismöglichkeiten auch die konkrete Ausgestaltung des Rechts in der ausländischen Rechtspraxis, insbes die ausländische Rspr, berücksichtigen[241]. Bei kontroversen Ansichten in Lit und Rspr wird idR der Rspr zu folgen sein, weil diese das tatsächlich geltende Recht widerspiegelt. Ist diese ebenfalls uneinheitlich, so ist – sofern feststellbar – der hM zu folgen[242]. Eine (vorsichtige) Fortbildung ausländischen Rechts für die von ihm nicht erfassten Sachverhalte ist nicht ausgeschlossen[243]. Ein Rückgriff auf eine verwandte Rechtsordnung[244] eine andere Teilrechtsordnung oder religiöses Recht[245] ist dann zulässig, wenn dies als Rechtsfindungsmethode auch in der anwendbaren Rechtsordnung anerkannt ist[246].

---

[225] Unbestr, aus der Rspr vgl zuletzt BGH NJW 2003, 2685 mwN; als bekannt darf nach BGH IPRRspr 1994 Nr 2 ausländisches Recht gelten, wenn eine Partei eine Auskunft des Obersten Gerichts des betreffenden Staates vorlegt.
[226] BGH NJW 2007, 1211 Rn 12, zugleich zum Erfordernis der „ausdrücklichen Feststellung".
[227] S dazu die Nachweise bei BGH NJW 2007, 1211 Rn 10.
[228] BAG NZA 1996, 994 = AP ZPO § 293 Nr 8 zu erörtlichen Normen.
[229] Zur Berücksichtigung eines nicht anwendbaren Rechts als Tatsache s Rn 50, 92.
[230] Unrichtig daher zB OLG München NJW 1976, 489 m abl Anm *Küppers*.
[231] *Schack* IZPR Rn 626; BAG JZ 1979, 647; MünchKommBGB/*Sonnenberger* Rn 635; aA *Palandt/Heldrich* Rn 34: „idR als richtig zugrundezulegen"; BAG RIW 1975, 521; OLG Celle RIW 1993, 587.
[232] BGH NJW 1992, 2026, 2029.
[233] OLG Oldenburg IPRax 1981, 136, 137.
[234] So aber OLG Hamburg IPRax 1990, 400 m krit Anm *Mankowski/Kerfack* 372.
[235] Zutr *Schack* IPRax 1995, 158, 160; *Mankowski/Kerfack* IPRax 1990, 372, 374 mwN. Eine nicht generalisierbare gesetzliche Ausnahme stellt Art 24 Abs 3 – vorläufige Maßregeln über Vormundschaft, Betreuung und Pflegschaft – dar.
[236] Vgl etwa OLG Koblenz IPRax 1995, 171 f m Anm *Schack* 158.
[237] So OLG Frankfurt NJW 1969, 991, 992; *Kropholler* IPR § 31 III 3 c, S 201.
[238] *Mankowski/Kerfack* IPRax 1990, 376; *v. Bar/Mankowski* IPR § 5 Rn 104.
[239] So zutr *Schack* IZPR Rn 627; zu weitgehend *v. Bar/Mankowski* IPR § 5 Rn 101, wonach die Ermittlungspflicht des Richters nur soweit reicht, wie sie im vorgegebenen Zeitrahmen erfüllbar ist. Reiche diese nicht aus, liege ein Fall der Nichtermittelbarkeit ausländischen Rechts vor, der zur Anwendung der lex fori führe.
[240] BGH NJW 1991, 1418, 1419; NJW 1992, 3106 f; NJW-RR 1997, 1154.
[241] BGH NJW 2003, 2685.
[242] Ebenso MünchKommBGB/*Sonnenberger* Rn 640.
[243] AG Charlottenburg IPRax 1983, 128; *Jansen/Michaels* ZZP 116 (2003), 19, 39; zu den Grenzen s auch MünchKommBGB/*Sonnenberger* Rn 641.
[244] So etwa der Rückgriff auf schweizerisches Recht im türkischen Recht, *Jonas* JuS 1987, 266.
[245] So vorgesehen etwa von Art 3 S 2 der iranischen ZPO, OLG Hamm FamRZ 1992, 822 f; *Elwan* IPRax 1994, 282.
[246] MünchKommBGB/*Sonnenberger* Rn 641.

81 Auf welche Weise die gebotene Ermittlung ausländischen Rechts erfolgt, liegt im pflichtgemäßen Ermessen des Gerichts[247]. Gemäß § 293 S 2 ZPO ist die Möglichkeit des **Freibeweises** eröffnet[248]. Dies gilt auch im Urkundenprozess, da dessen beweisrechtliche Regelungen nur Tatsachen, nicht aber Rechtsfragen betreffen[249]. Das Gericht kann sich eigener Kenntnis, des Sachverständigenbeweises, aber auch der Mitwirkung der Parteien bedienen, wobei hinsichtlich letzterer wohl nicht von einer echten Mitwirkungspflicht, sondern eher von einer Mitwirkungsobliegenheit gesprochen werden sollte[250]. Haben die Parteien unschwer Zugang zu den entsprechenden Quellen, so müssen sie das ausländische Recht idR konkret darstellen[251], jedoch darf ihnen die Ermittlung nicht vollumfänglich auferlegt werden[252]. Auch die Einholung telefonischer Auskünfte ist zulässig[253]. Jedenfalls hat der Richter alle ihm zugänglichen Erkenntnisquellen auszuschöpfen[254]. Die an die Ermittlungstiefe zu stellenden Anforderungen lassen sich nur sehr eingeschränkt generell-abstrakt bestimmen, sondern hängen von den Umständen des jeweiligen Einzelfalls ab. Die Anforderungen dürften umso höher sein, je komplexer bzw je fremder das anzuwendende Recht im Vergleich zum eigenen und je kontroverser der Parteivortrag zu seinem Inhalt ist[255]. In einfacheren Fällen kann demgegenüber das bloße Studium des Gesetzestextes ausreichend sein, insbes wenn dieser eindeutig und klar gefasst und die entsprechende Rechtsordnung der deutschen ähnlich ist[256]. Ermessensleitend kann in vermögensrechtlichen Streitigkeiten auch der Streitwert sein. Nach dem Grundsatz der Verhältnismäßigkeit wird man hier auf aufwändige und kostenintensive Ermittlungen verzichten müssen[257]. Die Einholung eines Sachverständigengutachtens statt der bloßen Einsichtnahme in Gutachtensammlungen ist idR nicht ermessensfehlerhaft[258].

82 Zur Ermittlung ausländischen Rechts gibt es zahlreiche **praktische Hilfsmittel.** Insbes das **Internet** bietet mittlerweile vielfältige Möglichkeiten der Information über ausländisches Recht. In vielen Ländern sind bereits sehr umfänglich Gesetzestexte, Gerichtsentscheidungen und sonstige Informationen zugänglich.

82.1 Sehr hilfreich sind insbes *v. Bar,* Ausländisches Privat- und Rspr1verfahrensrecht in deutscher Sprache (CD-ROM), 6. Aufl 2006 (Systematische Nachweise aus Schrifttum, Rspr und veröffentlichten Gutachten); *Riering* (Hrsg) IPR-Gesetze in Europa (1997); *Kropholler/Krüger/Riering/Samtleben/Siehr* (Hrsg), Außereuropäische IPR-Gesetze (1999) sowie die Sammlungen zu den **einzelnen Rechtsgebieten** wie etwa *v. Bar,* Deliktsrecht in Europa, 1994; *Bergmann/Ferid/Henrich,* Internationales Ehe- und Kindschaftsrecht (Loseblattausgabe); *Brandhuber/Zeyringer,* Standesamt und Ausländer (Loseblattausgabe); *Ferid/Firsching/Dörner/Hausmann,* Internationales Erbrecht (Loseblattausgabe); *Franck/Wachter,* Handbuch Immobilienrecht in Europa, 2005; *Schönhofer/Böhner,* Haus- und Grundbesitz im Ausland, 1982 ff; *Süß/Haas,* Erbrecht in Europa; **Gutachtensammlungen:** *Basedow/Kegel/Mansel,* Gutachten zum internationalen und ausländischen Privatrecht, 1965 ff; Deutsches Notarinstitut, Gutachten zum internationalen und ausländischen Privatrecht, 1994 ff; **Rechtsprechungssammlung:** Die deutsche Rspr auf dem Gebiet des IPR, 1926–1934, 1935–1944, 1945 ff; *Schack,* Höchstrichterliche Rspr zum internationalen Privat- und Verfahrensrecht, 2. Aufl 2000[259].

82.2 Einen aktuellen Einstieg in **Internet-Recherchen** bietet etwa der Server des Juristischen Internetprojekts der Universität Saarbrücken: http://www.jura.uni-sb.de/internet/. Weitere Hinweise auch auf der Homepage des Verfassers: www.stephan-lorenz.de. Auch die Benutzung von Suchmaschinen wie etwa Google ist häufig zielführend, weil zahlreiche Staaten mittlerweile **offizielle staatliche** Web-Seiten mit teilweise sehr ausführlichen juristischen Informationen bereitstellen. Gleiches gilt für zahlreiche ausländische Oberste Gerichtshöfe.

Trotz dieser Quellenlage wird häufig die Einholung eines **Sachverständigengutachtens** notwendig sein[260]. Der Maßstab, den der BGH an die Qualifikation der Gutachter anlegt, ist allerdings gelegentlich stark übertrieben[261]. Gutachten zum ausländischen Recht erteilen in Deutschland insbes die jeweiligen Universitätsinstitute sowie das Max-Planck-Institut für Ausländisches und Internationales Privatrecht in Hamburg[262]. Die Zweitverwertung eines in einem anderen Verfahren zwischen anderen Parteien

---

[247] BGH NJW-RR 2002, 1359; NJW 2006, 762 Rn 33.
[248] BGH NJW 1966, 296, 298.
[249] BGH NJW-RR 1997, 1154.
[250] Vgl zutr *Kindl* ZZP 111 (1998), 177, 192 mwN.
[251] BGH NJW 1992, 2026, 2029 und 3096, 3098.
[252] BGH NJW 1995, 1032, 1033; zur Zulässigkeit von Auflagenbeschlüssen vgl *Huzel* IPRax 1990, 77; zur (verneinten) Beschwerdefähigkeit eines Auflagenbeschlusses vgl OLG Frankfurt MDR 1983, 410.
[253] OLG Hamm NJW-RR 1993, 1349, 1350.
[254] BGH NJW 1991, 1418, 1419; abweig *Stumpf* ZRP 1999, 205, 208, wonach im Falle staatlich-religiösen Rechts (Rn 1) ein Gericht zur Einholung eines Gutachtens bei der „zuständigen Stelle" der jeweiligen Religionsgemeinschaft verpflichtet und in deren Ergebnis vorbehaltlich Art 6 gebunden sei.
[255] BGHZ 118, 151, 163 = NJW 1992, 2026, 2029; BGH NJW-RR 1997, 1154; NJW 2006, 762 Rn 33.
[256] Vgl zuletzt *Kindl* ZZP 111 (1998), 177, 183; s auch OLG Oldenburg vom 29. 9. 2007, 14 U 71/07, BeckRS 2007, 16886: Entbehrlichkeit eines Rechtsgutachtens, wenn eigene Erkenntnismöglichkeiten durch verfügbare Literatur und Gesetzestexte bestehen und eine dem deutschen Recht verwandte Rechtsordnung anzuwenden ist.
[257] So zutr *Kindl* ZZP 111 (1998), 177, 183.
[258] BayObLG IPRax 1999, 387 m Redaktionsanm *Mansel.*
[259] Weitere Hinweise auf Quellen zum ausländischen Recht bei MünchKommBGB/*Sonnenberger* Rn 366; umfangreiche Quellennachweise zum ausländischen IPR bei MünchKommBGB/*Sonnenberger* Rn 334 sowie bei *Staudinger/Sturm/Sturm* Rn 414 ff.
[260] Zu den Anforderungen an das Sachverständigengutachten iE s MünchKommBGB/*Sonnenberger* Rn 640; zur Haftung des Sachverständigen nach § 839 a BGB *Spickhoff,* FS Heldrich, 2005, S 419 ff sowie *Katzenmeier* FS Horn, 2007, S 67 ff.
[261] BGH NJW 1991, 1418; vgl dazu *Samtleben* NJW 1992, 3057 und *Kronke* IPRax 1992, 303.
[262] Eine Übersicht zu den jeweiligen Sachverständigen findet sich bei *Hetger* DNotZ 2003, 310; für Notare steht das Deutsche Notarinstitut in Würzburg zur Verfügung.

eingeholten Rechtsgutachtens zum ausländischen Recht in einem neuen Verfahren ist ohne Zustimmung des Sachverständigen grundsätzlich unzulässig[263]. Von der in § 411a ZPO eröffneten Möglichkeit sollte bei der Ermittlung eines ausländischen Rechtszustands wegen der Einzelfallbezogenheit derartiger Gutachten nur mit Vorsicht Gebrauch gemacht werden[264].

In Bayern sind nach der Bekanntmachung des Justizministeriums über das Sachverständigenwesen[265] bestimmte, zu Recht als vorbildlich bezeichnete[266] Grundsätze für die Abfassung einer Anfrage zu beachten. Danach sollte die Fragestellung lauten:
— Welches Recht ist anwendbar?
— Wie ist die Rechtslage, wenn das ausländische materielle Recht zur Anwendung kommt?
— Geht die Anfrage bereits davon aus, dass das Recht eines bestimmten Staates maßgebend ist, so ist dem Sachverständigen Gelegenheit zu geben, auch hierzu Stellung zu nehmen.
— Kommt die Anwendung des Rechts eines Staates mit interlokaler oder interpersonaler Rechtsspaltung (Rn 8 f) in Betracht, so sind nach Möglichkeit die für die Feststellung des entsprechenden interlokalen oder interpersonalen Statuts erforderlichen Umstände (etwa Wohnsitz, gewöhnlicher Aufenthaltsort, Staatsangehörigkeit, religiöses Bekenntnis oder Volksgruppenzugehörigkeit) zu ermitteln und in der Anfrage mitzuteilen.
— Die Fragen werden schriftlich, möglichst unter Beifügung der einschlägigen Akten oder zumindest vollständiger Kopien, an den betreffenden Gutachter gerichtet.

Auf rechtzeitig gestellten Antrag einer Partei hin ist das Gericht verpflichtet, den Sachverständigen zur Erläuterung seines Gutachtens zu laden[267]. Für die Kostenverteilung im Zivilprozess gilt § 91 Abs 1 ZPO; dies gilt auch, wenn die Anwendung ausländischen Rechts auf einer Rechtswahl beruht[268].

Die Möglichkeit der Einholung von **Rechtsauskünften** zum ausländischen Recht bietet auch das **83 Europäische Übereinkommen vom 7. 6. 1968 betr Auskünfte über ausländisches Recht**[269] und das dazu ergangene Ausführungsgesetz[270] vom 5. 7. 1974[271]. Es ist für die Bundesrepublik am 19. 3. 1975 in Kraft getreten und gilt derzeit für Albanien, Aserbeidschan, Belarus, Belgien, Bulgarien, Costa Rica, Dänemark, Estland, Finnland, Frankreich (einschließlich überseeischer Gebiete), Georgien Griechenland, Island, Italien, Lettland, Liechtenstein, Litauen, Luxemburg, Malta, Mazedonien, Mexiko, Moldau, Niederlande (einschließlich Arunba), Norwegen, Österreich, Polen, Portugal, Rumänien, Russische Föderation, Schweden, Schweiz, Serbien und Montenegro, Slowakei, Slowenien, ehem. Sowjetunion, Spanien, Tschechien, Türkei, Ukraine, Ungarn, Vereinigtes Königreich, Zypern[272]. Ein ähnlich strukturiertes bilaterales Übereinkommen besteht mit Marokko[273]. Sachlich erfasst das Übereinkommen Auskünfte über Zivil- und Handelsrecht, das auf diesen Gebieten geltende Verfahrensrecht sowie die Gerichtsverfassung[274]. Das Verfahren ist jedoch äußerst langwierig und leidet darüber hinaus an der Tatsache, dass nur abstrakte Auskünfte eingeholt werden können. Es wird daher aus deutscher Sicht nur in geringem Umfang genutzt[275]. Auskunftsersuchen sind vom Gericht mit Sachverhaltsdarstellung und Übersetzung in die Amtssprache des Auskunftsstaates der deutschen Übermittlungsstelle[276] vorzulegen, die das Ersuchen an die Empfangsstelle des Auskunftsstaates weiterleitet.

2. Nichtermittelbarkeit ausländischen Rechts. Nichtermittelbarkeit des ausländischen Rechts liegt **84** vor, wenn sich über den Inhalt der nach deutschem IPR anzuwendenden fremden Rechtsordnung[277] entweder keine sicheren Feststellungen treffen lassen oder solche nur mit unverhältnismäßigem Aufwand und erheblicher Verfahrensverzögerung möglich sind[278]. Die Folgen der Nichtermittelbarkeit sind strittig. Einigkeit besteht lediglich darüber, dass wegen des Amtsermittlungsprinzips (Rn 79) im Falle eines **non-liquet** nicht wegen Beweisfälligkeit eine klageabweisende Entscheidung ergehen darf. Rspr

---

[263] vgl dazu *Jayme* IPRax 2006, 587.
[264] so zutr *Palandt/Heldrich* Rn 35.
[265] BayJMBl 1979 S 174, idF der Änderung vom 21. 11. 1983, BayJMBl S 225.
[266] *Hetger* DNotZ 1994, 88, 89.
[267] BGH NJW 1994, 2959; zur kontroversen Diskussion hierüber vgl die Nachweise bei *Kindl* ZZP 111 (1998), 177, 189 ff.
[268] *Palandt/Heldrich* Rn 35; kritisch dazu *Rühl* RabelsZ 2007, 559 ff.
[269] BGBl 1974 II S 938; ein Zusatzprotokoll vom 15. 3. 1978, BGBl 1987 II S 60, 593, betrifft die Erstreckung auf das Strafrecht, vgl *Geimer* NJW 1987, 2131.
[270] BGBl 1974 I S 1433; geändert durch Gesetz vom 21. 1. 1987, BGBl II S 58.
[271] Text des Übereinkommens sowie des Ausführungsgesetzes ua bei *Jayme/Hausmann* Leitziff 200, 200 a; wiedergegeben und kommentiert bei MünchKommZPO/*Prütting* § 293 Rn 33 ff; zu den Einzelheiten vgl auch *Wolf* NJW 1975, 1583; *Otto*, FS Firsching, 1985, S 209 ff; ders JahrbItR 1991, 139; 1994, 233.
[272] Vgl FNB 2006 S 554; fortlaufende Nachweise finden sich auch bei *Jayme/Hausmann* Leitziff 200.
[273] Deutsch-marokkanischer Vertrag über Rechtshilfe und Rechtsauskunft vom 28. 10. 1985, BGBl 1988 II S 1054, in Kraft getreten am 23. 6. 1994, BGBl II S 1192.
[274] Zur Erweiterung auf das Straf-, Strafverfahrens- und Strafvollzugsrecht durch das Zusatzprotokoll vom 15. 3. 1978 s oben.
[275] Vgl zuletzt *Kindl* ZZP 111 (1998), 177, 187 mwN; statistische Angaben für 1992 und 1993 bei *Otto* IPRax 1995, 299, 302.
[276] Deutsche Übermittlungsstellen sind für die Bundesgerichte der Bundesminister der Justiz, für die Gerichte der Länder eine zentrale, von den Landesregierungen zu bestimmende Stelle; insoweit hat auch keine Aufgabenübertragung auf das Bundesamt für Justiz stattgefunden, s Wagner IPRax 2007, 87, 88.
[277] Zur Nichtermittelbarkeit der anzuwendenden Rechtsordnung Rn 75; zur Nichtfeststellbarkeit einer Rück- oder Weiterverweisung Art 4 Rn 13.
[278] So BGHZ 69, 387, 393; vgl auch BGH NJW 1982, 1215, 1216.

und Lit haben eine ganze Palette von Lösungsmöglichkeiten zur Anwendung eines **Ersatzrechts** entwickelt[279]. Der zentrale Meinungsunterschied besteht in der Reihenfolge der vorgeschlagenen Ersatzrechtsordnungen. Nach der Rspr des BGH ist als Ersatzrecht grds deutsches Recht als die **lex fori** anzuwenden[280]. Nur wenn sich dieses „äußerst unbefriedigend" erweist, kommt die Anwendung etwa der nächstverwandten Rechtsordnung bzw des wahrscheinlich geltenden Rechts in Betracht. In der Literatur wird hingegen mehrheitlich in erster Linie eine größtmögliche Annäherung an den tatsächlichen Rechtszustand vertreten. Diese kann etwa durch die Anwendung der **nächstverwandten Rechtsordnung** desselben Rechtskreises, des früher geltenden Rechts oder durch die Anwendung des wahrscheinlich geltenden Rechts geschehen. Vorgeschlagen wird auch die Anwendung von etwaigem **Einheitsrecht** oder einer **kollisionsrechtliche Ersatzanknüpfung** wie etwa im Falle von Art 5 Abs 2[281]. Letztere ist grds abzulehnen, da die Anknüpfung als solche nicht gescheitert ist und die Anwendung einer anderen Rechtsordnung nicht zu einem sachnäheren Ergebnis führt[282]. Anders kann man dies nur sehen, wenn das deutsche Kollisionsrecht wie etwa in Art 14 Abs 1 für einen konkreten Anknüpfungsgegenstand eine Anknüpfungsleiter und damit eine konkrete Wertung bereithält, keinesfalls aber ist eine analoge Anwendung von Art 5 Abs 2 bei Anknüpfung an die Staatsangehörigkeit möglich, weil diese Norm als eine solche des Allgemeinen Teils des IPR keine kollisionsrechtliche Wertung für einen bestimmten Anknüpfungsgegenstand enthält. Auch die Anwendung von Einheitsrecht dürfte idR mangels Existenz nicht in Betracht kommen. Soweit die nächstverwandte oder ähnliche Rechtsordnungen herangezogen werden, handelt es sich dabei häufig methodisch nicht um die Anwendung von Ersatzrecht, sondern um Auslegung bzw Rechtsfortbildung des anzuwendenden Sachrechts, also gerade nicht um Ersatzlösungen[283]. Die ersatzweise Anwendung der nächstverwandten Rechtsordnung führt wegen des möglichen entscheidungserheblichen Divergierens auch verwandter Rechtsordnungen ebenfalls nicht zwingend zu einer größtmöglichen Annäherung an den tatsächlichen Rechtszustand. Unter der Voraussetzung der vollständigen Ausschöpfung, insbes Auslegung des berufenen Sachrechts in dem von ihm vorgegebenen Rahmen ist damit aus Gründen der Rechtssicherheit der Ansicht des BGH zu folgen und ersatzweise deutsches Recht als **lex fori** heranzuziehen[284]. Diese Grundsätze gelten auch im Verfahren des **einstweiligen Rechtsschutzes**[285].

85 3. Anwendung ausländischen Rechts. Ausländisches Recht ist vom Richter grds, dh vorbehaltlich des Art 6, so anzuwenden, wie es im betreffenden Staat **tatsächlich** gilt[286]. Das erfordert eine Einbeziehung sämtlicher dort relevanter Rechtsquellen einschließlich des intertemporalen Rechts unter Beachtung der jeweiligen Methodik der Rechtsfindung. Das gilt auch dann, wenn die Anwendbarkeit der maßgeblichen Rechtsordnung erst auf Grund einer **Weiterverweisung** einer erstverwiesenen Rechtsordnung ergibt: Das anwendbare Sachrecht ist dann nicht etwa „gefiltert" so anzuwenden, wie es in dem erstverwiesenen Staat angewendet werden würde[287]. Eine Auslegung oder gar Rechtsfortbildung ausländischen Rechts wird hierdurch nicht ausgeschlossen, sofern sich der inländische Rechtsanwender dabei noch innerhalb der von der betreffenden Rechtsordnung vorgesehenen Methodik bewegt. Dabei kann sich auch die Frage stellen, ob die entsprechende Rechtsnorm in ihrem Herkunftsland verfassungswidrig ist oder sonstigem höherrangigem Recht widerspricht und damit nichtig ist. Lässt das ausländische Recht eine Inzidentprüfung der Verfassungsmäßigkeit einer Rechtsnorm zu, so kann und muss eine solche Prüfung auch durch ein deutsches Gericht erfolgen. Ist die Entscheidung hingegen bei einem Gericht des betreffenden Staates monopolisiert, so ist die Norm bis zu einer solchen Entscheidung als wirksam zu behandeln[288]. Auch die eigene Stellungnahme zu Streitfragen kann erforderlich sein, wobei sich der deutsche Rechtsanwender – wenngleich nicht zwingend, so doch idR – einer hM in der betreffenden Rechtsordnung zu unterwerfen hat.

86 Anzuwenden ist das ausländische Recht freilich nur in dem Rahmen, in welchem es von der deutschen Kollisionsnorm berufen ist. Hierbei handelt es sich um das in Rn 52 f erörterte **Qualifikationsproblem.** Enthält etwa eine zur Lösung einer bestimmten Sachfrage berufene Rechtsordnung eine Regelung, die aus der Sicht des deutschen Rechts als prozessual zu qualifizieren ist, so findet sie im Inland wegen der ausschließlichen Anwendbarkeit deutschen Verfahrensrechts keine Anwendung. Dies ist insbes für Fragen der **Beweislast** und der **Beweisführung** von Bedeutung. Während erstere grds

---

[279] Vgl zuletzt *Kindl* ZZP 111 (1998), 177, 196; ausf Überblick bei *Kreuzer* NJW 1983, 1943.
[280] So BGHZ 69, 387, 393 ff = NJW 1978, 494, 497 f: jedenfalls bei starkem Inlandsbezug und fehlendem Widerspruch der Parteien; ebenso die gesetzlichen Regelungen des Problems in Österreich (§ 4 Abs 2 öIPRG) und der Schweiz (Art 16 Abs 2 IPRG) sowie die Praxis in Frankreich und im anglo-amerikanischen Rechtskreis.
[281] So insbes *Müller* NJW 1981, 481; *Kropholler* IPR § 31 III 2 b; *v. Hoffmann/Thorn* IPR § 3 Rn 145 sowie zuletzt *Kindl* ZZP 111 (1998), 177, 200 f.
[282] Zutr MünchKommBGB/*Sonnenberger* Rn 751.
[283] Bei welcher freilich Vorsicht geboten ist; insbes bei rezipierten Rechtsordnungen ist auf Ablösungstendenzen vom „Mutterrecht" zu achten. Zur Türkei/Schweiz vgl etwa *Rumpf* IPRax 1983, 114; OLG Düsseldorf NJW-RR 1997, 3, 4.
[284] So auch MünchKommBGB/*Sonnenberger* Rn 752; *v. Bar/Mankowski* IPR I § 5 Rn 104; *Sommerlad/Schrey* NJW 1991, 1379, 1383; krit *Heldrich*, FS Ferid I, 1988, S 209.
[285] So zutr MünchKommBGB/*Sonnenberger* Rn 754 sowie *Mankowski/Kerfack* IPRax 1990, 376.
[286] Vgl nur BGH NJW 1992, 3106, 3107; NJW-RR 1997, 1154 sowie eingehend MünchKommBGB/*Sonnenberger* Rn 649 ff; zur Ablehnung der „Versteinerung" s Rn 41. Zur modifizierten Anwendung von fortgeltendem Recht der ehemaligen DDR s Rn 7.
[287] Zur Beachtlichkeit des ordre public der weiterverweisenden Rechtsordnung s Art 6 Rn 18.
[288] BayObLG IPRRspr 1968/1969 Nr 106.; MünchKommBGB/*Sonnenberger* Rn 350 mwN.

materiellrechtlich zu qualifizieren sind und damit dem jeweiligen Sachstatut unterliegen, sind letztere Bestandteil der Prozessführung und unterliegen daher grds dem Verfahrensrecht der lex fori[289].

4. Revisibilität der Anwendung ausländischen Rechts. Gemäß §§ 545 Abs 1, 560 ZPO ist die Anwendung ausländischen Rechts[290] im streitigen Zivilprozess[291] nicht revisibel[292]. Damit kann mit der Revision nicht die falsche Anwendung ausländischen Rechts gerügt werden, selbst wenn es sich um die Anwendung dem deutschen Recht ähnlicher oder gar wortgleicher Normen handelt[293]. Anders ist dies im **arbeitsgerichtlichen Verfahren** (§ 73 Abs 1 ArbGG) sowie bei der **weiteren Beschwerde** im Verfahren der freiwilligen Gerichtsbarkeit (vgl die §§ 545 Abs 1, 560 ZPO nicht erfassende Verweisung in § 27 Abs 1 FGG)[294], jedoch kommt eine Divergenzvorlage nach § 28 Abs 2 FGG bezüglich einer Frage, die ausschließlich die Anwendung ausländischen Rechts betrifft, nicht in Betracht[295]. Die falsche Anwendung ausländischen Rechts kann allerdings dann gerügt werden, wenn sie gleichzeitig zu einer Verletzung deutschen Rechts führt. So ist die falsche Anwendung ausländischen Kollisionsrechts im Rahmen der Prüfung einer Rückverweisung revisibel, wenn hierdurch die Anwendung deutschen Rechts abgelehnt oder zu Unrecht bejaht wurde, weil in diesem Fall gleichzeitig eine Verletzung deutschen **Kollisionsrechts** vorliegt[296]. Gleiches gilt für die Anwendung ausländischen Rechts als Tatbestandsmerkmal innerhalb deutscher Rechtsnormen[297]. Revisibilität besteht weiter, wenn einschlägiges ausländisches Recht schlicht übersehen wurde[298] bzw das Urteil nicht erkennen lässt, ob es übersehen wurde[299] sowie im Falle der rückwirkenden Änderung ausländischen Rechts nach Erlass des Urteils[300]. Wegen dieses Unterschiedes hinsichtlich der Revisibilität darf nach der Rspr daher auch die kollisionsrechtliche Frage, ob deutsches oder ausländisches Recht Anwendung findet, in der Tatsacheninstanz[301] nicht mangels Entscheidungserheblichkeit offen bleiben[302]. Kommt hingegen ausschließlich die Anwendung ausländischer Rechtsordnungen in Betracht, welche im konkreten Fall zu demselben Ergebnis gelangen, so kann die Frage des anwendbaren Rechts wiederum offen gelassen werden, da in keinem Fall Revisibilität besteht.

Mit der **Verfahrensrüge** angegriffen werden kann hingegen eine Verletzung von § 293 ZPO. Ermittlungsfehler, insbes Ermessensfehler bei der Art und Weise der Ermittlung ausländischen Rechts (Rn 78 ff) können daher geltend gemacht werden[303]. Das Gericht hat deshalb seine diesbezüglichen Bemühungen sowie das anwendbare Recht im Urteil zu dokumentieren[304]. Nimmt etwa ein Urteil nur allgemein auf „Rechtsgrundlagen" eines ausländischen Rechts Bezug, so ist revisionsrechtlich davon auszugehen, dass der Tatrichter das ausländische Recht nicht als Ganzes ermittelt hat[305].

5. Ordre public (Art 6). Zum Ausschluss der Anwendung ausländischen Rechts kann es gemäß Art 6 kommen, wenn diese zu einem Ergebnis führt, das mit wesentlichen Grundsätzen des deutschen Rechts offensichtlich unvereinbar ist (s iE bei Art 6).

6. Probleme des Nebeneinander mehrerer Rechtsordnungen (Angleichung/Anpassung, Umsetzung/Transposition). Durch die parallele oder (im Fall eines Statutenwechsels) sukzessive Anwendung mehrerer Rechtsordnungen[306] auf verschiedene rechtliche Aspekte eines Lebenssachverhalts (sog dépeçage) können sich Situationen entweder des **Normenmangels** oder des **Normenwiderspruchs** ergeben. Dies kann etwa dann der Fall sein, wenn ein bestimmtes Problem in zwei Rechtsordnungen an jeweils unterschiedlicher Stelle gelöst wird, diese Rechtsordnungen aber nicht vollumfänglich, sondern nur „ausschnittsweise" auf denselben Sachverhalt Anwendung finden, dh auch eine (vorrangige) Qualifikation keine einheitliche Anwendung der aufeinander abgestimmten Regelun-

---

[289] Vgl umfassend *Coester-Waltjen*, Internationales Beweisrecht, 1983.
[290] Nicht revisibel ist auch die Auslegung ausländischer AGB, vgl BGH NJW 1994, 1408; BGHZ 112, 204 = NJW 1991, 36; krit hierzu *Teske* EuZW 1991, 150.
[291] Grundlegend *Fastrich* ZZP 97 (1984), 423; *Gottwald* IPRax 1988, 210; rechtsvergleichender Überblick bei *Kerameus* ZZP 99 (1986), 166.
[292] Ganz hM, aus der Rspr vgl etwa BGH WM 1987, 1265; NJW 1988, 648; WM 1991, 862, 863; BGHZ 118, 151, 163; aus der Lit vgl vor allem *Fastrich* ZZP 97 (1984), 423, 435 und *Gottwald* IPRax 1988, 210; seit dem Beitritt revisibel ist hingegen das Recht der ehemaligen DDR, vgl BGH NJW 1994, 2684 f; *Palandt/Heldrich* Rn 37 mwN; BGH NJW 1993, 259; NJW 1994, 260, 2684; DtZ 1994, 153.
[293] BGH NJW-RR 1996, 732 mwN.
[294] OLG Frankfurt NJW-RR 1994, 72; ZEV 2001, 493, 494 mwN.
[295] BGH FamRZ 1979, 474.
[296] Anders im Falle einer Weiterverweisung, BGHZ 45, 351, 354.
[297] BGHZ 49, 50 zu § 328 Abs 1 Nr 5 ZPO.
[298] BGHZ 40, 197, 200; BGH NJW-RR 2004, 308, 310; BSGE 71, 163.
[299] BGH NJW 1988, 3097 = IPRax 1989, 231 m Anm *Roth* 213.
[300] BGHZ 36, 348, 353.
[301] Anders folgerichtig in der Revisionsinstanz selbst, BGH NJW 1991, 2214 f; NJW 1997, 2233 f.
[302] Vgl zuletzt BGH NJW 1991, 2214; NJW 1996, 54 f; zur aA die Lit, vgl etwa *Mäsch* NJW 1996, 1453; MünchKomm BGB/*Sonnenberger* Rn 665 mwN.
[303] BGH IPRax 1988, 227 f; 228 f; BGHZ 99, 207 = NJW 1987, 1145; BGHZ 118, 151, 162 = NJW 1992, 2026; BGH NJW-RR 1991, 1211; NJW-RR 1997, 1154; NJW 2003, 2685 f; zur Abgrenzung von Ermittlungs- und Anwendungsfehlern in Grenzbereichen vgl insbes *Fastrich* ZZP 97 (1984), 423, 453 ff.
[304] Vgl BGH NJW 1988, 648; erschöpfende Ausführungen können freilich nicht verlangt werden, BGH IPRRspr 1990 Nr 1.
[305] BGH NJW 1992, 3106 f.
[306] Vgl monographisch zuletzt *Looschelders*, Die Anpassung im IPR, 1995; grundlegend *Schröder*, Die Anpassung von Kollisions- und Sachnormen, 1961.

gen ein und derselben Rechtsordnung ergibt³⁰⁷. So liegt etwa im Erbrecht eine Situation des **Normenmangels** vor, wenn die Berechtigung des überlebenden Ehegatten in der als Erbstatut anwendbaren Rechtsordnung ehegüterrechtlich, in der als Ehegüterstatut zur Anwendung kommenden Rechtsordnung aber erbrechtlich geregelt ist und das Ergebnis (keine Teilhabe des überlebenden Ehegatten) damit jeder der beiden Rechtsordnungen, wären sie jeweils insgesamt und alleine auf den gesamten Lebenssachverhalt anwendbar, widerspräche. Ein Fall von Normenwiderspruch im Form sog **Normenhäufung** läge im umgekehrten Fall sowohl erbrechtlicher als auch güterrechtlicher Beteiligung vor. Praktisch bedeutsam ist insbes der Fall der Normenhäufung im Zusammenhang mit der güterrechtlichen Qualifikation von § 1371 Abs 1 BGB (Art 15 Rn 69; Art 25 Rn 56)³⁰⁸. Ein Fall des **Normenwiderspruchs** liegt auch vor, wenn eine Rechtserscheinung des ausländischen Rechts aus anderen Gründen mit der inländischen Rechtsordnung inkompatibel ist. So soll etwa ein dinglich wirkendes Vermächtnis (Vindikationslegat) oder ein dem deutschen Recht unbekanntes dingliches Recht des an sich anwendbaren ausländischen Rechts mit dem numerus clausus des deutschen Sachenrechts inkompatibel sein³⁰⁹. Denkbar ist auch eine Situation, in welcher ein Normenmangel dadurch entsteht, dass eine bestimmtes Problem im ausländischen Recht prozessrechtlich behoben wird, ohne dass dies im Wege der – vorrangigen – materiellrechtlichen Qualifikation im Inland (Rn 54) Anwendung finden könnte³¹⁰. Ergibt sich somit die Notwendigkeit einer Harmonisierung verschiedenartiger Rechtssysteme, so ist diese durch modifizierte Anwendung entweder des Kollisionsrechts oder des materiellen Rechts herbeizuführen. Diesen Vorgang bezeichnet man als kollisionsrechtliche bzw materiellrechtliche **Angleichung** oder **Anpassung**, wobei die modifizierte Anwendung von Kollisionsrecht häufig nichts anderes als die Korrektur einer Qualifikation darstellt³¹¹. Zur Vermeidung von Beliebigkeit in der Rechtsfindung ist dabei anzustreben, die Lösung nach Möglichkeit einer der beteiligten Rechtsordnungen im Ganzen zu entnehmen und nicht eine völlig neue Lösung zu konstruieren³¹². In Situationen der Normenhäufung und des Normenmangels ist daher meist eine **kollisionsrechtliche** Anpassung vorzuziehen, während in Fällen mehr oder weniger „technischer" Inkompatibilität auf **materiellrechtlicher** Ebene durch Umsetzung des Rechtsinstituts in das nächstverwandte der lex fori korrigiert werden muss³¹³. In diesen Fällen kann man auch von **Umsetzung** oder **Transposition** sprechen. Die Ergebniskorrektur im Wege der Angleichung/Anpassung ist derjenigen des ordre public-Vorbehalts (Art 6) vorrangig (Art 6 Rn 9).

91   **7. Substitution, Auslandsrecht als Tatsache.** Mit dem Begriff der **Substitution** wird das Problem der Subsumierbarkeit von Auslandstatsachen unter den Tatbestand einer Sachnorm bezeichnet. Anders als bei der Vorfragenproblematik geht es hier ohne Einschaltung einer weiteren Anknüpfung darum, ob die fremde Rechtserscheinung den Anforderungen der (eigenen oder fremden) Sachnorm genügt. Substitution ist damit eine Frage der Auslegung der anzuwendenden Sachnorm³¹⁴. Verlangt etwa § 311 b Abs 1 BGB die notarielle Beurkundung eines Grundstücksgeschäfts, stellt sich die Frage, ob eine solche Beurkundung auch im Ausland vor einem ausländischen Notar erfolgen kann. Bei der Substitution ist zunächst nach der Substituierbarkeit, dh danach zu fragen, ob die Erfüllung des Tatbestandsmerkmals durch eine Auslandstatsache überhaupt in Betracht kommt, statthaft ist. Ist dies zu bejahen, kommt es in einem zweiten Schritt auf die Gleichwertigkeit der Auslandstatsache mit den von der Sachnorm vorgesehenen Tatsachen an³¹⁵. Substitution ist damit ausschließlich eine Frage der **Auslegung** des anzuwendenden materiellen Rechts³¹⁶, nicht aber eine kollisionsrechtliche Fragestellung.

92   Nahe verwandt mit dieser Problematik ist die Frage der Berücksichtigung ausländischen Rechts als **Tatsache**. Soweit es sich bei einer Auslandstatsache um eine Rechtsfrage handelt, kann insoweit ein an sich nicht anwendbares Recht innerhalb der Anwendung des maßgebenden materiellen Rechts als Tatsache von Bedeutung sein. So sind etwa bei der sich im Rahmen der deliktischen Haftung für einen

---

³⁰⁷ Das Auftreten von Angleichungsproblemen ist deshalb häufig ein die Qualifikation beeinflussender Umstand, da die Harmonisierungsprobleme so umgangen werden können, vgl etwa *S. Lorenz* IPRax 1995, 47.
³⁰⁸ Aus der Rspr vgl zuletzt LG Mosbach ZEV 1998, 489 f und m abw Lösung OLG Stuttgart ZEV 2005, 443; zum Angleichungserfordernis im Fall der kollisionsrechtlichen Nachlassspaltung s Art 25 Rn 52; für einen Fall der Normenhäufung im Bereich der elterlichen Sorge vgl etwa BGHZ 64, 129, 135.
³⁰⁹ BGH NJW 1995, 58 = IPRax 1996, 39 m Anm *Dörner* 26; *Nishitani* IPRax 1998, 74 betr Vindikationslegat; NJW 1991, 1415 = IPRax 1993, 176 m Anm *Kreuzer* 157 betr italienische Autohypothek.
³¹⁰ S zB OLG Stuttgart FamRZ 2003, 1749: kein Auskunftsanspruch des auf die güterrechtliche Auseinandersetzung anwendbaren italienischen Rechts, weil nach italienischem Prozessrecht der Amtsermittlungsgrundsatz gilt; Lückenfüllung im Wege materiellrechtlicher Angleichung durch analoge Anwendung von § 1379 BGB.
³¹¹ So zutr MünchKommBGB/*Sonnenberger* Rn 596.
³¹² *Kropholler* IPR § 24 IV 2.
³¹³ So im Fall der Inkompatibilität mit dem numerus clausus dinglicher Rechte: Verwertung der Autohypothek italienischen Rechts nach den Regeln über das Sicherungseigentum, vgl BGH IPRax 1993, 176; nur schuldrechtliche Wirkung von Vindikationslegaten, vgl BGH NJW 1995, 58 = IPRax 1996, 39 m Anm *Dörner* 26.
³¹⁴ Vgl zuletzt *Mansel*, FS W. Lorenz, 1991 S 689 ff; monographisch zuletzt *van Venrooy*, Internationalprivatrechtliche Substitution, 1999.
³¹⁵ Aus der Rspr vgl etwa BGHZ 80, 76: Beurkundung der Satzungsänderung einer GmbH durch schweizerischen Notar; BGH FamRZ 2003, 221: schweizerischer Zahlungsbefehl steht einem deutschen Mahnbescheid hinsichtlich der verjährungsunterbrechenden Wirkung gleich; NZG 2005, 41: Anwendung der Formvorschrift § 15 Abs 4 GmbHG auf die Treuhandabrede über Geschäftsanteile einer polnischen GmbH; zum Namensrecht vgl BGHZ 109, 1; aus der Lit vgl zuletzt *Goette* MittRhNotK 1997, 1.
³¹⁶ So wird etwa § 925 BGB nach hM im Wege der Auslegung entnommen, dass die dort vorgesehene notarielle Beurkundung der Auflassung nur durch einen inländischen Notar erfolgen kann, vgl KG DNotZ 1987, 44 = NJW-RR 1986, 1462 mwN.

Straßenverkehrsunfall stellenden Frage der Rechtswidrigkeit unabhängig vom Deliktsstatut (Art 40) die örtlichen Straßenverkehrsregeln maßgeblich[317]. Auch können ausländische Eingriffsnormen im Rahmen der Rechtsanwendung als Tatsache berücksichtigt werden (Rn 50 aE)[318].

8. Handeln unter falschem Recht. Als Handeln unter falschem Recht bezeichnet man das Problem, dass eine Rechtshandlung vor dem Hintergrund einer als anwendbar unterstellten Rechtsordnung vorgenommen wurde, tatsächlich aber aus der Sicht des deutschen IPR einer anderen Rechtsordnung unterliegt[319]. Das Phänomen setzt damit voraus, dass die unterstellte Anwendbarkeit einer bestimmten Rechtsordnung nicht zugleich deren Anwendbarkeit etwa im Wege einer kollisionsrechtlichen Rechtswahl herbeigeführt hat, was vorrangig zu prüfen ist[320]. Es handelt sich damit nicht um ein kollisionsrechtliches Problem, sondern wiederum um ein rein materiellrechtliches Problem der Anwendung des berufenen materiellen Rechts. Diese Situation ist insbes im Sachenrecht[321], Erbrecht[322] sowie im Gesellschaftsrecht[323] geläufig. Hier ist – soweit möglich – der fremde Rechtsbegriff im Wege der Auslegung bzw der Umdeutung in die „Sprache" des anwendbaren Rechts (Geschäftsstatut) zu „übersetzen"[324]. Dieses ist also maßgeblich für die Möglichkeit einer Auslegung, Umdeutung einer Rechtshandlung bzw für deren Nichtigkeit einschließlich ihrer Folgen. Die so erforderliche Auslegung bzw Umdeutung von Rechtshandlungen „unter falschem Recht" setzt damit im Rahmen des insoweit maßgeblichen „eigentlichen" Geschäftsstatuts idR dennoch Ermittlung des Sinnes der verwendeten auslandsrechtlichen Rechtsbegriffe voraus[325]. Das vermeintlich anwendbare Recht findet dann nicht als objektives Recht Anwendung, sondern dient als Hilfsmittel zur Ermittlung des Parteiwillens[326]. 93

Anhang I: „Checkliste" zur Lösung grenzüberschreitender Fälle

In der Praxis werfen Fallgestaltungen mit Auslandsberührung zweierlei Fragen auf. Zu prüfen ist zunächst die internationalen Zuständigkeit deutscher Gerichte. An diese Prüfung schließt sich die Frage des anzuwendenden Rechts sowie dessen Ermittlung an. Die folgende „Checkliste" soll einen Überblick über die systematische Vorgehensweise in der Praxis geben. Sie ist – wie alle schematischen Darstellungen[327] – mit den entsprechenden Vorbehalten des jeweiligen Einzelfalls zu betrachten. 94

A. Zulässigkeit der Klage/des Antrags
  I. Zuständigkeit
    1. Internationale Zuständigkeit (Rn 5)
      a) Staatsvertragliche Regelungen
        aa) Mehrseitige Staatsverträge (Übereinkommen)
        bb) Bilaterale Staatsverträge (Abkommen)
      b) EG-Verordnungen (dort finden sich Regelungen über das Verhältnis zu Staatsverträgen)
      c) Autonomes Recht
        aa) Vorschriften über die internationale Zuständigkeit
        bb) Rückschluss von der örtlichen Zuständigkeit auf die internationale Zuständigkeit
    2. Sachliche Zuständigkeit (zB §§ 23 Nr 1, 71 Abs 1 GVG)
    3. Örtliche Zuständigkeit

  II. Sonstige Verfahrensvoraussetzungen
  Unterliegen nach dem lex fori-Prinzip grds dem Recht des Gerichtsorts (str), zB Parteifähigkeit § 50 Abs 1 ZPO, Prozessfähigkeit § 52 ZPO, Anwaltszwang § 78 Abs 1 ZPO). Bei der Frage anderweitiger Rechtshängigkeit (§ 261 Abs 3 Nr 1 ZPO) oder des Vorliegens einer rechtskräftigen Entscheidung kann sich die Frage der ausländischen Rechtshängigkeit bzw der Anerkennung ausländischer Urteile und deren Reichweite ergeben.

B. Begründetheit der Klage/des Antrags
  I. Ermittlung des anwendbaren Rechts
    1. Auffinden der maßgeblichen Kollisionsnorm des IPR der lex fori (Qualifikation, Rn 52 ff)
    2. Kollisionsnorm, in deren Anknüpfungsgegenstand das Rechtsverhältnis fällt[328]

---

[317] Ganz hM, vgl nur BGHZ 90, 294, 298 = NJW 1984, 2032; BGHZ 87, 95, 97 f = NJW 1983, 1972, 1973.
[318] Zur weitergehenden sog „Datumtheorie" vgl nur MünchKommBGB/*Sonnenberger* Rn 620 f.
[319] Zum nahe verwandten Problem der „unechten Gesetzesumgehung" bei bewusstem Handeln nach einer nicht anwendbaren Rechtsordnung s Rn 74.
[320] MünchKommBGB/*Sonnenberger* Rn 623; *Stoll* IPRax 1997, 411, 412 f.
[321] Vgl BGH NJW 1997, 461 = IPRax 1997, 422 m Anm *Stoll* 411: Übereignung durch Abtretung des Herausgabeanspruchs nach nur vermeintlich anwendbarem deutschem Recht.
[322] Vgl etwa OLG Hamburg IPRRspr 1993 Nr 29: Testament unter dem Einfluss amerikanischer Rechtsinstitute; ebenso BayObLG ZEV 2003, 503, 508; BGH NJW-RR 2006, 948: Berücksichtigung der mit einer unwirksamen Rechtswahl zugunsten schweizerischem bzw liechtensteinischem Rechts verbundenen Absichten für die Testamentsauslegung; *Staudinger/Dörner* Art 25 Rn 261.
[323] Vgl etwa BGHZ 53, 181 = NJW 1970, 998.
[324] So sehr plastisch MünchKommBGB/*Sonnenberger* Rn 623.
[325] MünchKommBGB/*Sonnenberger* Rn 624, 645.
[326] § 293 ZPO findet damit insoweit keine Anwendung; es gelten die normalen Beweislastregeln
[327] Vgl auch *Jayme* IPRax 1985, 60 f.
[328] Vgl tabellarische Übersicht bei Rn 96 sowie die noch detailliertere Übersicht bei MünchKommBGB/*Sonnenberger* Rn 333.

a) Staatsvertragliche Kollisionsnormen (Vorrang nach Art 3 Abs 2)
      aa) Bilaterale Abkommen
      bb) Multilaterale Abkommen
   b) EG-Verordnungen (dort finden sich Regelungen über das Verhältnis zu Staatsverträgen)
   c) Autonomes Kollisionsrecht
      aa) Intertemporales Kollisionsrecht (Art 220)
      bb) Gesetzliche Regelungen und gewohnheitsrechtliche Kollisionsnormen
3. Subsumtion der Kollisionsnorm
   a) Setzt der Tatbestand der Kollisionsnorm oder ein Tatbestand des anwendbaren materiellen Rechts ein Rechtsverhältnis voraus, zB Ehe, Abstammung, Scheidung etc (Problem der Teil- bzw Vorfrage, Rn 63 ff)?
   b) Auslegung der Anknüpfungsmoments der Kollisionsnorm (beispielsweise Staatsangehörigkeit, gewöhnlicher Aufenthalt, Parteiautonomie, Belegenheit der Sache, engste Verbindung) und Anwendung auf den konkreten Sachverhalt.
4. Rechtsfolge
   a) Verweisung auf deutsches Recht: Anwendung deutschen materiellen Rechts (**II.**)
oder
   b) Verweisung auf ein ausländisches Recht
      aa) Bei Rechtsspaltung in der verwiesenen Rechtsordnung uU Unteranknüpfung nach Art 4 Abs 3
      bb) Sachnorm- oder Gesamtverweisung? (Art 4 Abs 1)
      cc) Bei Sachnormverweisung: **Weiter bei II.**
      dd) bei Gesamtverweisung: Anwendung des ausländischen Kollisionsrechts, dabei Qualifikation nach dessen Systembegriffen, sofern nicht eine Qualifikationsverweisung vorliegt (Rn 60 f).
         (1) Bei Annahme der Verweisung: **Weiter bei II.**
         (2) Bei Rückverweisung auf deutsches Recht- Annahme der Rückverweisung (Abbruch der Verweisungskette, Art 4 Abs 1 S 2), Anwendung deutschen materiellen Rechts (**II.**)
         (3) Bei Weiterverweisung auf ein anderes ausländisches Recht – neue Prüfung des Kollisionsrechts der weiterverwiesenen Rechtsordnung, sofern die Weiterverweisung ihrerseits Gesamtverweisung ist. Abbruch der Verweisungskette beim deutschen Recht, spätestens bei der Rechtsordnung, die als erste in der Kette wiedererscheint: **Weiter bei II.**

II. Anwendung des materiellen Rechts
1. Ermittlung des Inhalts und Anwendung des maßgeblichen materiellen Rechts (Rn 78 ff), eventuell unter Berücksichtigung eines „Handelns unter falschem Recht" (Rn 93), **weiter bei 3.**)
oder
2. Bei Nichtermittelbarkeit: Ermittlung und Anwendung des Ersatzrechts (Rn 84).
3. Korrektur der Anwendung ausländischen Rechts gefundenen Ergebnisses wegen
   a) Verstoßes gegen zwingende Vorschriften des deutschen Rechts (Art 34)?
   b) Verstoßes gegen den deutschen ordre public (Art 6)?
   c) Normenmangels oder -häufung bzw Normwiderspruchs: Erfordernis der Angleichung auf kollisionsrechtlicher oder materiellrechtlicher Ebene (Rn 90).

Anhang II: Glossar

95 Die IPR-typische Terminologie ist bisweilen geeignet, den Nicht-Spezialisten zu verunsichern. Das Folgende, Vollständigkeit nicht in Anspruch nehmende Glossar soll hier eine Hilfestellung bieten[329].

Angleichung	Auflösung sich durch die Anwendung mehrerer Rechtsordnungen auf einen Lebenssachverhalt (dépeçage) ergebender Normwidersprüche (Rn 90)
Anknüpfung	Verbindung zwischen Tatbestand und Rechtsfolge einer Kollisionsnorm (Rn 33)
Anknüpfungsgegenstand	Rechtsfrage bzgl derer das anzuwendende Recht festgestellt wird (auch: Verweisungsgegenstand, Rn 49)
Anpassung	s Angleichung
Ausnahmeklausel, Ausweichklausel	Kollisionsnorm, die es erlaubt, von der gesetzlichen Regelanknüpfung im Falle einer engeren Verbindung mit einer anderen Rechtsordnung abzuweichen, zB Art 41 Abs 1 (Rn 4)
autonomes Recht	Innerstaatliches Recht nicht staatsvertraglichen Ursprungs
dépeçage (Trennung, Aufspaltung)	Unterschiedliche Anknüpfung verschiedener rechtlicher Aspekte eines einheitlichen Lebenssachverhalts (Rn 90)
Eingriffsnormen	Unmittelbar anwendbare Normen des Gerichtsortes (lois d'application immédiate, positiver ordre public, Rn 49)
Erstfrage	s Vorfrage

[329] Vgl auch v. Bar/Mankowski IPR I § 1 Rn 14 ff.

Einleitung Einl IPR EGBGB

favor	Begünstigung der Wirksamkeit eines rechtlichen Vorgangs bzw eines Rechtsverhältnisses durch die wahlweise Anwendbarkeit verschiedener Rechtsordnungen im Wege alternativer Anknüpfung (Rn 36)
favor legitimationis	Alternative Anknüpfung (Rn 36) der Frage der Abstammung/Ehelichkeit zur Begünstigung der Feststellung des Statusverhältnisses
favor negotii	Alternative Anknüpfung (Rn 36) der Formwirksamkeit eines Rechtsgeschäfts zur Begünstigung der Formwirksamkeit (Art 11, 26)
Forum	Gericht oder Behörde
forum shopping	Gezielte Auswahl eines international zuständigen Gerichts zur Beeinflussung der kollisionsrechtlichen und im Ergebnis auch materiellrechtlichen Entscheidung.
fraude à la loi, fraus legis	Gesetzesumgehung (Rn 73 f)
Gesamtverweisung	Kollisionsrechtliche Verweisung, welche sich auch auf das Kollisionsrecht der verwiesenen Rechtsordnung bezieht (Voraussetzung einer Rück- oder Weiterverweisung, s Art 4 Rn 2 ff, Rn 76)
Geschäftsstatut	Das auf eine Rechtshandlung anwendbare materielle Recht
Günstigkeitsprinzip	Grundsatz, wonach eine Rechtshandlung im Interesse ihrer Wirksamkeit alternativ nach mehreren Rechtsordnungen beurteilt wird (Rn 36)
ius sanguinis	Das Recht der Abstammung (Staatsangehörigkeitsrecht)
ius soli	Das Recht des Geburtsortes (Staatsangehörigkeitsrecht)
Kollisionsnorm	Norm des staatsvertraglichen oder autonomen IPR, welche die auf einen Sachverhalt mit Auslandsberührung anwendbare Rechtsordnung bezeichnet (Rn 1 ff)
Kollisionsrecht	Gesamtheit der Normen des Internationalen Privatrechts
lex cartae sitae	Recht des Ortes, an dem sich eine Urkunde befindet.
lex causae	Das Recht, welches auf die jeweilige Sachfrage anwendbar ist
lex contractus	Das auf einen Vertrag anwendbare Recht
lex destinationis	Das Recht des Bestimmungsortes
lex fori	Das am (jeweiligen) Gerichtsort geltende Recht
lex loci delicti (commissi)	Recht des Deliktsortes
lex loci actus	Recht des Staates, in welchem eine Handlung vorgenommen wurde.
lex patriae	Heimatrecht
lex rei sitae	Das Recht des Ortes, an dem sich die Sache befindet.
lex stabuli	Das Recht des Standorts (Heimathafens, Zulassungsortes etc)
loi uniforme	Staatsvertragliche (Kollisions-)Norm, welche nicht nur im Verhältnis zu Mitgliedstaaten, sondern in allen Fällen mit Auslandsbezug Anwendung findet.
lois d'application immédiate	s „Eingriffsnormen"
ordre public	Öffentliche Ordnung (Art 6)
Personalstatut	Das auf die persönlichen Rechtsverhältnisse (Personen-, Familien- und Erbrecht) einer natürlichen Person anwendbare Recht; das auf die Rechtsverhältnisse einer juristischen Person bzw Personengesamtheit anwendbare Recht (Art 5 Rn 1)
professio iuris	s Rechtswahl
Qualifikation	Kategorisierung einer Rechtsfrage (Anknüpfungsgegenstand) zur Auffindung der maßgeblichen Kollisionsnorm (Ermittlung des sachlichen Anwendungsbereichs einer Kollisionsnorm, Rn 52 ff)
Rechtswahl	Wahl des anwendbaren Rechts durch eine oder mehrere Parteien
(hidden) renvoi	(versteckte) Rück- oder Weiterverweisung
res in transitu	Sachen auf dem Transport
(versteckte) Rückverweisung	Verweisung der im Wege der Gesamtverweisung berufenen Rechtsordnung auf das Recht der verweisenden Kollisionsnorm (zur „versteckten Rückverweisung" Art 4 Rn 8).
Sachnorm	Norm, die eine Rechtsfolge auf der Ebene des materiellen Rechts enthält (Rn 2)
Sachnormverweisung	Kollisionsrechtliche Verweisung, welche sich nicht auch auf das Kollisionsrecht der verwiesenen Rechtsordnung, sondern direkt auf deren materiellrechtliche Regelungen bezieht (Folge: Ausschluss einer Rück- oder Weiterverweisung), s Art 3 Abs 1 S 2 sowie Rn 76.
Sachstatut	Gesamtheit der auf einen bestimmten Anknüpfungsgegenstand anwendbaren Normen (Rn 2), s auch „Statut"
Sonderanknüpfung	Kollisionsnormen für Teilfragen (Rn 67)
Statut	Die für eine bestimmte Rechtsfrage maßgebende Rechtsordnung (zB Vertragsstatut, Deliktsstatut, Eheschließungsstatut, Erbstatut etc)
Substitution	Subsumierbarkeit von Auslandstatsachen unter Tatbestand einer Sachnorm (Rn 91)
Statutenwechsel	Wechsel der auf einen Sachverhalt anwendbaren Rechtsordnung
Teilfrage	Rechtsfrage, die der IPR-Gesetzgeber unabhängig von dem Zusammenhang, in welchem sie sich stellt, generell in einer speziellen Kollisionsnorm (sog Sonderanknüpfung) geregelt hat, zB Art 11 (Rn 67)
Vorbehaltsklausel	Vorschrift, die den ordre public des Forumstaates vorbehält (Art 6)
Vorfrage	Kollisionsrechtliche Behandlung präjudizieller Rechtsverhältnisse (Rechtsfolge des materiellen Rechts im Tatbestand einer Kollisions- oder Sachnorm, Rn 63 ff; im ersten Fall wird auch von einer „Erstfrage" gesprochen)
Weiterverweisung	Verweisung der im Wege der Gesamtverweisung berufenen Rechtsordnung auf das Recht eines dritten Staates. Kann ihrerseits Gesamt- oder Sachnormverweisung sein.
Wirkungsstatut	Das Recht, dem die Wirkungen eines rechtlichen Vorgangs unterliegen.

Anhang III: Tabellarische Übersicht des geltenden IPR sowie des internationalen Einheitsrechts nach Sachgebieten

Die Darstellung orientiert sich an der noch ausführlicheren Übersicht bei MünchKommBGB/*Sonnenberger* Rn 333.

Sachgebiet	Autonomes (innerstaatliches) Kollisionsrecht	Unmittelbar geltendes europäisches oder staatsvertragliches Einheits- oder Kollisionsrecht	in Vorbereitung befindliche Rechtsquellen
I. Allgemeine Fragen der Anknüpfung			
1. Vorrang des staatsvertraglichen Kollisionsrechts	Art 3 Abs 2 S 1		
2. Begriff der Sachnormverweisung	Art 3 Abs 1 S 2		
3. Vorrang des Einzelstatuts	Art 3 Abs 3		
4. Rück- und Weiterverweisung, Rechtsspaltung	Art 4		
5. Fragen der Staatsangehörigkeitsanknüpfung			
a) Mehrstaater, Volksdeutsche	Art 5 Abs 1, Art 116 GG iVm Art 9 Abschnitt II Nr 5 FamRÄndG vom 11. 8. 1961		
b) Ersetzung der Staatsangehörigkeit im Falle der Staatenlosigkeit oder unbekannter Staatsangehörigkeit	Art 5 Abs 2	Art 12 New Yorker Übereinkommen über die Rechtsstellung von Staatenlosen vom 28. 9. 1954	
c) Ersetzung der Staatsangehörigkeit bei Flüchtlingen	Art 1, 2, 10 AHK-Gesetz 23 vom 17. 3. 1950 § 8 Heimat/AuslG vom 25. 4. 1951 § 1 Gesetz über Maßnahmen für im Rahmen humanitärer Hilfsaktionen aufgenommene Flüchtlinge Gesetz über Maßnahmen für im Rahmen humanitärer Hilfsaktionen aufgenommene Flüchtlinge vom 22. 7. 1980 § 2 AsylVfG	Art 12 Genfer Abkommen über die Rechtsstellung der Flüchtlinge vom 28. 7. 1951 mit Protokoll vom 31. 1. 1967 („Genfer Flüchtlingskonvention")	
6. Fragen der Anknüpfung an den gewöhnlichen Aufenthalt	Art 5 Abs 3		
7. Intertemporale Anwendung des EGBGB aF	Art 220		
8. Intertemporale Anwendung des RAG/DDR	Art 236		
II. Natürliche Personen			
1. Allgemeine Rechts- und Geschäftsfähigkeit	Art 7		
2. Drittschutz	Art 12		
3. Besondere Rechts- und Geschäftsfähigkeiten	Jeweiliges Wirkungsstatut		

Einleitung — Einl IPR EGBGB

Sachgebiet	Autonomes (innerstaatliches) Kollisionsrecht	Unmittelbar geltendes europäisches oder staatsvertragliches Einheits- oder Kollisionsrecht	in Vorbereitung befindliche Rechtsquellen
4. Deliktsfähigkeit	Deliktsstatut (Art 40)	Deliktsstatut (Art 15 lit a EG-Verordnung Nr 864/2007 des Europäischen Parlaments und des Rates vom 11. 7. 2007 über das auf außervertragliche Schuldverhältnisse anzuwendende Recht [„Rom II"], ABl EG Nr L 199 S 40, s Rn 25 [ab 11. 1. 2009])	
5. Verschollenheits- und Todeserklärung	Art 9		
6. Name	Art 10, 17b Abs 2 S 1 § 1 TSG	Istanbuler CIEC-Übereinkommen über die Änderung von Namen und Vornamen vom 4. 9. 1958	
III. Juristische Personen			
Rechts- und Geschäftsfähigkeit	Art 12 analog, Art 37 Nr 2; Sonderregelungen für Vereine und Stiftungen in §§ 23, 80	Zahlreiche bilaterale Übereinkommen, insbes mit Niederlande, Iran, USA, Italien, Spanien	
IV. Rechtsgeschäfte			
1. Vollmacht	Art 37 Nr 3		
2. Gesetzliche Vertretung	Jeweiliges Wirkungsstatut		
3. Form	Art 11, 27 Abs 2 S 2: Sonderregelung für Verfügungen von Todes wegen (Art 26), Verbraucherverträge (Art 29 Abs 3, 4), Eheschließung (Art 13 Abs 3). Für die Form der Rechtswahl beachte Art 14 Abs 4, 25 Abs 2, 27 Abs 4; für Wechsel und Scheck Art 92, 97 WG, Art 62, 66 ScheckG	Haager Übereinkommen über das auf die Form letztwilliger Verfügungen anzuwendende Recht vom 5. 10. 1961 (in Art 26 integriert, Rn 14)	
V. Schuldrecht			
1. Allgemeines Schuldrecht	§ 244 BGB (str)		
2. Vertragliche Schuldverhältnisse (allgemein)	Art 27 ff	Römisches EWG-Übereinkommen über das auf vertragliche Schuldverhältnisse anzuwendende Recht vom 19. 6. 1980 (keine unmittelbare Geltung, in Art 27 ff integriert, beachte aber das Gebot einheitlicher Auslegung, Art 36)	Vorschlag einer EG-VO („Rom I-VO"), s Rn 25
a) Verbraucherverträge	Art 29, 29 a; § 310 Abs 3 Nr 2 BGB	Vielzahl von EG-Richtlinien (ohne unmittelbare Wirkung, bedeutend aber für die richtlinienkonforme Auslegung nationalen Rechts)	
b) Kauf		**Einheitsrecht:** Wiener UN-Übereinkommen über Verträge über den internationalen Warenkauf vom 11. 4. 1980 (CISG)	
c) Versicherungsverträge	Art 37 Nr 4, Art 7 ff EGVVG		

EGBGB Einl IPR — Internationales Privatrecht

Sachgebiet	Autonomes (innerstaatliches) Kollisionsrecht	Unmittelbar geltendes europäisches oder staatsvertragliches Einheits- oder Kollisionsrecht	in Vorbereitung befindliche Rechtsquellen
d) Güterbeförderungsverträge	Art 28 Abs 4, §§ 464 Abs 4, 449 Abs 4, 451 h Abs 3 HGB	Übereinkommen über den Beförderungsvertrag im internationalen Straßengüterverkehr vom 19. 5. 1956 (CMR)	
e) Luftbeförderungsverträge	§ 51 LuftVG		
f) Seetransportvertrag	Art 8 EGHGB		
g) Wertpapier-Finanztermingeschäfte	§§ 31 Abs 3, 37 d Abs 6 WpHG		
h) Arbeitsverträge	Art 30, § 21 FlaggenrechtsG; § 1 Arbeitnehmer-Entsendegesetz	Art 8 a RL vom 23. 9. 2002 über den Arbeitnehmerschutz bei Zahlungsunfähigkeit des Arbeitgebers	
i) Wechsel und Scheck	Art 93 ff WG, Art 63 ff ScheckG		
3. Gesetzliche Schuldverhältnisse			
a) Geschäftsführung ohne Auftrag	Art 39, 41, 42	Verordnung (EG) Nr 864/2007 des Europäischen Parlaments und des Rates vom 11. 7. 2007 über das auf außervertragliche Schuldverhältnisse anzuwendende Recht („Rom II"), ABl EG Nr L 199 S 40, s Rn 25 (ab 11. 1. 2009)	
b) Ungerechtfertigte Bereicherung	Art 38, 41, 42	Verordnung (EG) Nr 864/2007 des Europäischen Parlaments und des Rates vom 11. 7. 2007 über das auf außervertragliche Schuldverhältnisse anzuwendende Recht („Rom II"), ABl EG Nr L 199 S 40, s Rn 25 (ab 11. 1. 2009)	
c) Deliktsrecht	Art 40, 41, 42	Verordnung (EG) Nr. 864/2007 des Europäischen Parlaments und des Rates vom 11. 7. 2007 über das auf außervertragliche Schuldverhältnisse anzuwendende Recht („Rom II"), ABl EG Nr L 199 vom 31. 7. 2007 S 40, s Rn 25 (ab 11. 1. 2009) Kein staatsvertragliches Kollisionsrecht, bei der Prüfung einer Rückverweisung sind jedoch, da von vielen Staaten ratifiziert, das Haager Übereinkommen über das auf Straßenverkehrsunfälle anwendbare Recht vom 4. 5. 1971 sowie das Haager Übereinkommen über das auf die Produkthaftpflicht anwendbare Recht vom 2. 10. 1973 zu beachten	
VI. Sachenrecht	Art 43 bis 46 §§ 103 bis 106 LuftRG §§ 4, 8 KulturgüterrückgabeG		

Sachgebiet	Autonomes (innerstaatliches) Kollisionsrecht	Unmittelbar geltendes europäisches oder staatsvertragliches Einheits- oder Kollisionsrecht	in Vorbereitung befindliche Rechtsquellen
VII. Immaterialgüterrecht		Zahlreiche multilaterale und bilaterale Übereinkommen (vgl Nachweise bei MünchKommBGB/*Sonnenberger* Rn 335)	
VIII. Handelsrecht	§§ 835, 837 HGB; Art 6 EGHGB (betr Seehandelsrecht)		
IX. Wertpapierrecht	Art 91 ff WG; Art 60 ff ScheckG		
X. Wettbewerbsrecht	§ 98 Abs 2 GWB		
XI. Familienrecht		Deutsch-iranisches Niederlassungsabkommen vom 17. 12. 1929 (Art 8 Abs 3 iVm Schlussprotokoll hierzu)	
1. Eherecht			
a) Verlöbnis/Eheschließung			
– materielle Voraussetzungen	Art 13 Abs 1, 2	Haager Eheschließungsabkommen vom 12. 6. 1902 (gilt nur noch gegenüber Italien)	
– formelle Voraussetzungen	Art 11, 13 Abs 3 § 1309 BGB idF des Eheschließungsrechtsgesetzes vom 4. 5. 1998	Pariser CIEC-Übereinkommen zur Erleichterung der Eheschließung im Ausland vom 10. 9. 1964	
b) Allgemeine Ehewirkungen	Art 10 Abs 2, 14, 16 Abs 2, 18, 220 Abs 2	Haager Übereinkommen über das auf Unterhaltspflichten anzuwendende Recht vom 2. 10. 1973 (in Art 18 integriert, Rn 14)	
c) Ehegüterrecht	Art 15, 220 Abs 3 § 1409 BGB G über den ehelichen Güterstand von Vertriebenen und Flüchtlingen vom 4. 8. 1969	Kein staatsvertragliches Kollisionsrecht; bei der Prüfung einer Rückverweisung ist jedoch, da von vielen Staaten ratifiziert, das Haager Übereinkommen über das auf eheliche Güterstände anwendbare Recht vom 14. 3. 1978 zu beachten	Grünbuch der EG-Kommission zum Güterrecht vom 17. 7. 2006 KOM (2006) 400 endg, s Rn 25
d) Auflösung und Trennung der Ehe			
– Nichtigkeitserklärung, Aufhebung	Eheschließungsstatut		
– Ehescheidung	Art 17 Abs 1, 2		Entwurf zur Änderung der EG-VO Nr 2201/2003 vom 17. 7. 2006 KOM (2006) 399 endg, s Rn 25

Sachgebiet	Autonomes (innerstaatliches) Kollisionsrecht	Unmittelbar geltendes europäisches oder staatsvertragliches Einheits- oder Kollisionsrecht	in Vorbereitung befindliche Rechtsquellen
– Scheidungsfolgen	Art 10 (Name) Art 220 Abs 3, 15 (Ehegüterrecht) Art 17 Abs 3 (Versorgungsausgleich) Art 18 Abs 4 (Unterhalt) Art 21 (elterliche Sorge)	Haager Unterhaltsübereinkommen vom 2. 10. 1973 (s 1 b) Haager Übereinkommen über die Zuständigkeit der Behörden und das anzuwendende Recht auf dem Gebiet des Schutzes von Minderjährigen vom 5. 10. 1961 (Haager Minderjährigenschutzübereinkommen – MSA)	
– Ehetrennung	Art 17 analog		
2. Kindschaftsrecht			
– Abstammung (die kollisionsrechtliche Unterscheidung zwischen ehelichen und nichtehelichen Kindern wurde durch das am 1. 7. 1998 in Kraft getretene Kindschaftsrechtsreformg aufgegeben)	Art 19, 20	CIEC-Übereinkommen über die Feststellung der mütterlichen Abstammung nichtehelicher Kinder vom 12. 9. 1962	
– Wirkung des Eltern/Kind-Verhältnisses	Art 21		
– Unterhalt	Art 18	Haager Kindesunterhaltsübereinkommen vom 24. 10. 1956, weitgehend verdrängt durch das Haager Übereinkommen über das auf Unterhaltspflichten anzuwendende Recht vom 2. 10. 1973 (oben 1 b)	Vorschlag für eine EG-VO zum Unterhaltsrecht vom 15. 12. 2005 KOM (2005) 649 endg, s Rn 25
– Schutzmaßnahmen gegenüber Minderjährigen		Haager Minderjährigenschutzübereinkommen (MSA)	Haager Übereinkommen über die Zuständigkeit, das anwendbare Recht sowie die Anerkennung, Vollstreckung und Zusammenarbeit in Angelegenheiten der elterlichen Gewalt und der Kinderschutzmaßnahmen vom 19. 10. 1996 (KSÜ)
– Adoption	Art 22, 23; § 1746 BGB		
– Vormundschaft; Betreuung, Pflegschaft	Art 24	Haager Vormundschaftsübereinkommen vom 12. 6. 1902 (gilt nur noch gegenüber Belgien und Italien) Deutsch-österreichisches Vormundschaftsabkommen vom 5. 2. 1927	

Sachgebiet	Autonomes (innerstaatliches) Kollisionsrecht	Unmittelbar geltendes europäisches oder staatsvertragliches Einheits- oder Kollisionsrecht	in Vorbereitung befindliche Rechtsquellen
– Kindesentführung		Haager Minderjährigenschutzübereinkommen (MSA) Haager Übereinkommen über die zivilrechtlichen Aspekte internationaler Kindesentführung vom 25. 10. 1980; Europäisches Übereinkommen über die Anerkennung und Vollstreckung von Entscheidungen über das Sorgerecht für Kinder und die Wiederherstellung des Sorgeverhältnisses vom 20. 5. 1980	
3. Eingetragene Lebenspartnerschaft	Art 17 b		
XII. Erbrecht			
a) Erbstatut	Art 25, 3 Abs 3	Deutsch-iranisches Niederlassungsabkommen vom 17. 12. 1929 (Art 8 Abs 3 iVm Schlussprotokoll hierzu) Deutsch-türkisches Nachlassabkommen (Anlage zu Art 20 des Deutsch-türkischen Konsularvertrags vom 28. 5. 1929) Deutsch-sowjetischer Konsularvertrag vom 25. 4. 1958 (Art 28 Abs 3)	Grünbuch der EG-Kommission zum Erb- und Testamentsrecht vom 1. 3. 2005 KOM (2005) 65 endg, s Rn 25
b) Form letztwilliger Verfügungen	Art 26 § 11 KonsularG	Haager Übereinkommen über das auf die Form letztwilliger Verfügungen anzuwendende Recht vom 5. 10. 1961 (Testamentsformübereinkommen, in Art 26 integriert, Rn 14). § 16 Deutsch-türkisches Nachlassabkommen (Anlage zu Art 20 des Deutsch-türkischen Konsularvertrags vom 28. 5. 1929) (Weitgehend obsolet durch Vorrang des Haager Testamentsformübereinkommens, vgl Art 25 Rn 7)	

Erster Abschnitt. Verweisung (Art 3–6)

Art 3 Allgemeine Verweisungsvorschriften

(1) ¹Bei Sachverhalten mit einer Verbindung zum Recht eines ausländischen Staates bestimmen die folgenden Vorschriften, welche Rechtsordnungen anzuwenden sind (Internationales Privatrecht). ²Verweisungen auf Sachvorschriften beziehen sich auf die Rechtsnormen der maßgebenden Rechtsordnung unter Ausschluß derjenigen des Internationalen Privatrechts.

(2) ¹Regelungen in völkerrechtlichen Vereinbarungen gehen, soweit sie unmittelbar anwendbares innerstaatliches Recht geworden sind, den Vorschriften dieses Gesetzes vor. ²Regelungen in Rechtsakten der Europäischen Gemeinschaften bleiben unberührt.

(3) Soweit Verweisungen im Dritten und Vierten Abschnitt das Vermögen einer Person dem Recht eines Staates unterstellen, beziehen sie sich nicht auf Gegenstände, die sich nicht in diesem Staat befinden und nach dem Recht des Staates, in dem sie sich befinden, besonderen Vorschriften unterliegen.

Übersicht

	Rn		Rn
I. Normzweck	1	V. „Einzelstatut bricht Gesamtstatut" (Abs 3)	10
II. Legaldefinition des Internationalen Privatrechts (Abs 1 S 1)	2	1. Normzweck	10
III. Begriff der Sachnormverweisung (Abs 1 S 2)	3	2. Materiellrechtliche und kollisionsrechtliche Sondervorschriften	11
IV. Vorrang von Staatsverträgen und Rechtsakten der EG (Abs 2)	4		

I. Normzweck

1 Die Vorschrift regelt einige Fragen des Allgemeinen Teils des IPR, ohne diese abschließend zu behandeln. **Abs 1 S 1** definiert zunächst den Begriff des Internationalen Privatrechts und klärt seine Anwendungsvoraussetzungen. Danach setzt die Anwendung der Vorschriften des EGBGB über das IPR einen Sachverhalt mit rechtlicher Auslandsberührung voraus. Weiter wird in S 2 der Begriff der **Sachnormverweisung** gesetzlich definiert. **Abs 2** regelt den **Vorrang völkerrechtlicher Vereinbarungen**, sofern diese unmittelbar anwendbares innerstaatliches Recht sind. Bestätigt wird weiter der Vorrang von Rechtsakten der **EG**. Abs 3 betrifft schließlich den Vorrang des **Einzelstatuts** vor dem **Gesamtstatut**.

II. Legaldefinition des Internationalen Privatrechts (Abs 1 S 1)

2 Die – zwangsläufig missglückte – Legaldefinition des Begriffes „Internationales Privatrecht" in Abs 1 S 1 ist ohne besondere Rechtsfolgen. Sie bedeutet insbes nicht, dass die Anwendung der Normen des EGBGB eine besondere Vorprüfung des internationalen Bezuges voraussetzt. Der Grad des zur Anwendung ausländischen Rechts notwendigen Auslands- oder Inlandsbezuges ergibt sich jeweils unmittelbar aus dem Tatbestand der einzelnen Kollisionsnormen selbst. Man kann der Norm allenfalls die Selbstverständlichkeit entnehmen, dass ein deutsches Gericht ohne weiteres **deutsches** Kollisionsrecht anwendet (lex fori-Maxime; Einl IPR Rn 51).

III. Begriff der Sachnormverweisung (Abs 1 S 2)

3 Die – weil thematisch zu Art 4 gehörig – falsch platzierte Regelung definiert den Begriff der **Sachnormverweisung** (Einl IPR Rn 76; Art 4 Rn 2), ohne dass sich daraus besondere Rechtsfolgen ergeben. Die Frage, **ob** eine Kollisionsnorm eine Gesamt- oder Sachnormverweisung enthält, ist in Art 4 Abs 1, 2 sowie in den speziellen Kollisionsnormen geregelt, die konkreten **Rechtsfolgen** einer Gesamtverweisung ergeben sich ebenfalls aus Art 4 Abs 1. Sachnormverweisungen sind wegen der grundsätzlichen **Renvoifreundlichkeit** des deutschen IPR die Ausnahme. Sie liegen immer dann vor, wenn eine Kollisionsnorm auf bestimmte materiellrechtliche Regelungen einer ausländischen Rechtsordnung verweist. Ausdrückliche Sachnormverweisungen finden sich etwa in Art 4 Abs 2, Art 18 Abs 1 und Art 35 Abs 1.

IV. Vorrang von Staatsverträgen und Rechtsakten der EG (Abs 2)

Auch bzgl des in Abs 2 S 1 geregelten Vorrangs **völkerrechtlicher Vereinbarungen** ist die Vorschrift rein deklaratorischer Natur. Der Vorrang in unmittelbares staatliches Recht überführter völkerrechtlicher Vereinbarungen ergibt sich bereits aus den allgemeinen Prinzipien, insbes der lex-posterior-Regel und der lex-specialis-Regel. Insofern ist die Vorschrift – auch nach der Intention des Gesetzgebers – bloße **Hinweisnorm**[1]. Eigenständigen Gehalt hat sie als **Interpretationshilfe** innerhalb der lex-posterior-Regel: Da das spätere Gesetz das frühere dann nicht aufhebt, wenn ihm eine entsprechende Selbstbeschränkung zu entnehmen ist, kann man der Vorschrift entnehmen, dass der Gesetzgeber mit der Neuregelung von Kollisionsnormen des **autonomen** (= innerstaatlichen) **Rechts** im Zweifel die frühere Transformation staatsvertraglicher Regelungen in nationales Recht nicht aufheben oder einschränken will[2]. 4

Die Vorschrift erfasst nur Staatsverträge, deren Regelungen **unmittelbar anwendbares** innerstaatliches Recht sind. Das setzt idR eine Umsetzung durch den nationalen Gesetzgeber voraus, welche von der Regelung keineswegs ersetzt wird. Die bloße völkerrechtliche Verpflichtung des Gesetzgebers zur Umsetzung begründet keine Anwendbarkeit der staatsvertraglichen Regelung. Auch insoweit fehlt Abs 2 jeder konstitutive Charakter. 5

Maßgeblich bei der Prüfung des Vorrangs von Staatsverträgen ist damit neben der Frage der Ratifikation durch den nationalen Gesetzgeber sowie dem Vorliegen einer im Staatsvertrag etwa vorausgesetzten Mindestzahl von Ratifikationen die Frage, ob die staatsvertragliche Regelung nur gegenüber den Vertragsstaaten zur Anwendung kommt oder ob sie als sog **loi uniforme** generelle Geltung beansprucht. 6

Ob der Vorrang unmittelbar wirkenden staatsvertraglichen Kollisionsrechts auch gegenüber **gleichlautendem autonomen Kollisionsrecht,** so etwa im Verhältnis von Art 18 zum Haager Unterhaltspflichtübereinkommen vom 2. 10. 1973 (Art 18) und Art 26 zum Haager Testamentsformübereinkommen vom 5. 10. 1961 (Art 26 Rn 2), Geltung beansprucht, ist überaus strittig[3]. Richtigerweise geht es dabei um ein **Auslegungsproblem:** Handelt es sich bei der Norm des autonomen Kollisionsrechts um die lex posterior, so ist dieser im Wege der Auslegung zu entnehmen, ob der Gesetzgeber ihr Vorrang vor der lex prior staatsvertraglichen Ursprungs geben wollte. Da Art 3 Abs 2 lediglich eine Auslegungsregel bezüglich der lex posterior-Regelung enthält (Rn 4), ist eine solche Auslegung in Abweichung von Art 3 Abs 2 grds möglich. Wegen der praktischen Irrelevanz für das Rechtsanwendungsergebnis liegt jedenfalls bei Anwendung des autonomen Rechts weder völkerrechtlich eine Verletzung des Staatsvertrags noch eine revisionsrechtlich relevante Rechtsverletzung vor, sofern bei der Anwendung der entsprechenden Norm der staatsvertragliche Hintergrund beachtet wird[4]. Letzteres ist insbes für Fragen der Qualifikation, der Vorfragenanknüpfung, der Anerkennung einer Rück- oder Weiterverweisung und des ordre public-Vorbehalts von Bedeutung[5]. Vom deutschen Gesetzgeber **nicht ratifiziertes** staatsvertragliches Kollisionsrecht kann im Rahmen einer **Gesamtverweisung** in seiner Eigenschaft als ausländisches IPR von Bedeutung sein, wenn eine Kollisionsnorm des deutschen Rechts eine Gesamtverweisung auf das Recht eines Staates ausspricht, welcher die staatsvertragliche Regelung ratifiziert hat und diese als loi uniforme, dh auch gegenüber Nichtvertragsstaaten anwendet[6]. 7

Überschneidet sich der Anwendungsbereich mehrerer Staatsverträge **(Konventionskonflikt)**[7], so gelten, sofern die Situation nicht vom Staatsvertrag selbst ausdrücklich geregelt ist, die in Art 30 Abs 4 der Wiener Vertragsrechtskonvention[8] niedergelegten Regeln des **Völkergewohnheitsrechts:** grds gilt der neuere Vertrag (lex posterior-Regel), wenn alle Parteien des früheren Staatsvertrags auch diesem beigetreten sind. Zwischen Parteien, von denen nur eine auch dem neueren Vertrag beigetreten sind, gilt der ältere Vertrag fort[9]. 8

---

[1] BT-Drucks 10/504 S 36.
[2] Vgl MünchKommBGB/*Sonnenberger* Rn 13, aus der Rspr des BGH vor Inkrafttreten des IPRG vgl BGHZ 89, 325, 336 = NJW 1984, 1302, 1304; eine generelle Aufhebung der lex posterior-Regel durch Art 3 Abs 2 S 1, wie sie etwa von AnwK-BGB/*Freitag* Art 3 Rn 57 vertreten wird, ist wegen der damit verbundenen Selbstbindung des Gesetzgebers abzulehnen.
[3] Für Vorrang der staatsvertraglichen Regelung MünchKommBGB/*Sonnenberger* Rn 14; *Siehr* IPRax 1987, 4, 6; *Basedow* NJW 1986, 2971, 2975; *Mansel* StAZ 1986, 316; *Jayme* IPRax 1986, 265, 266; *Staudinger/Hausmann* Rn 31 ff; *Meyer-Sparenberg*, Staatsvertragliche Kollisionsnormen, 1990, S 72; für Bedeutungslosigkeit des Staatsvertrages hingegen Palandt/*Heldrich* Rn 8; *v. Bar/Mankowski* IPR I § 3 Rn 99, IPR II Rn 356; *Kartzke* NJW 1988, 104, 105.
[4] Str, wie hier etwa MünchKommBGB/*Sonnenberger* Rn 14 mwN; ähnlich Palandt/*Heldrich* Rn 8.
[5] Einl IPR Rn 19; zur Qualifikation s Einl IPR Rn 62; zur Vorfragenanknüpfung s Einl IPR Rn 71; zum ordre public s Art 6 Rn 8.
[6] Vgl nur MünchKommBGB/*Sonnenberger* Art 4 Rn 68; diese Situation ist zB im Bereich des Deliktsrechts hinsichtlich des von Deutschland nicht ratifizierten Haager Übereinkommens über das auf Straßenverkehrsunfälle anwendbare Recht vom 4. 5. 1971 sowie des Haager Übereinkommens über das auf Produkthaftpflicht anwendbare Recht vom 2. 10. 1973 denkbar.
[7] Vgl *v. Bar/Mankowski* IPR I § 3 Rn 106 f; MünchKommBGB/*Sonnenberger* Einl IPR Rn 320 f; *Staudinger/Hausmann* Rn 37 ff; eingehend *Volken*, Konventionskonflikte im IPR, 1977.
[8] Wiener UN-Konvention über das Recht der Verträge vom 23. 5. 1969, BGBl 1985 II S 926.
[9] BGH NJW-RR 1986, 1005 = IPRax 1986, 382 m Anm *Böhmer* 362 zum deutsch-iranischen Niederlassungsabkommen im Verhältnis zum Haager Unterhaltsübereinkommen vom 24. 10. 1956; MünchKommBGB/*Sonnenberger* Einl IPR Rn 320.

9 Auch der Vorbehalt hinsichtlich von **Rechtsakten der EG** hat nur deklaratorischen Charakter. Er betrifft lediglich unmittelbar wirkende Rechtsakte der EG wie EG-Verordnungen. Das Kollisionsrecht harmonisierende EG-Richtlinien werden mangels horizontaler Direktwirkung nicht erfasst (s dazu sowie den geplanten Rechtsakten Einl IPR Rn 25).

V. „Einzelstatut bricht Gesamtstatut" (Abs 3)

10 1. **Normzweck.** Das nationale IPR bestimmt auf Grund einer autonomen Wertung das auf einen Sachverhalt anwendbare Recht. Da das IPR in den verschiedenen Staaten häufig divergiert und jedes Gericht als Ausgangspunkt das jeweils eigene IPR anwendet (lex fori-Maxime, Rn 2), kann dies dazu führen, dass ein und derselbe Lebenssachverhalt in verschiedenen Ländern unterschiedlichen Rechtsordnungen unterstellt und damit auch materiellrechtlich unterschiedlich beurteilt wird (zu dem dadurch verursachten Phänomen des sog forum shopping und seiner Bekämpfung s Einl IPR Rn 3). Diese **internationale Entscheidungsdisharmonie,** welche auch durch die Anerkennung des renvoi nur selten gemildert wird, ist grds hinzunehmen. Sie kann effektiv nur durch kollisionsrechtliche oder materiellrechtliche Rechtsvereinheitlichung beseitigt werden (Einl IPR Rn 3). Eine Milderung erfährt das Problem allerdings durch die Regelungen der internationalen Urteilsanerkennung, sofern nicht in deren Rahmen die abweichende Anknüpfung im Urteilsstaat ein Anerkennungshindernis darstellt, wie dies etwa bei Art 27 Nr 4 LugÜ (Einl IPR Rn 7) in Bezug auf bestimmte Anknüpfungsgegenstände insbes des ehelichen Güterrechts und des Erbrechts der Fall ist. Der IPR-Gesetzgeber nimmt grds **keine** Rücksicht auf abweichende materiellrechtliche und kollisionsrechtliche Wertungen einer aus seiner Sicht nicht anwendbaren Rechtsordnung. Geht es etwa um das auf die Erbfolge nach einem deutschen Staatsangehörigen anwendbare Recht, so sieht Art 25 Abs 1 die Anwendung deutschen materiellen Rechts selbst dann vor, wenn sich der Nachlass ausschließlich im Staate X befindet und dessen Gerichte zwingende Eingriffsnormen des eigenen Rechts anwenden würden oder auf Grund des IPR des Staates X auf die Erbfolge das eigene materielle Recht anwenden und damit zu anderen Ergebnissen kommen würden. Im Interesse insbes der **Durchsetzbarkeit** von Entscheidungen soll diese Situation durch die (rechtspolitisch verfehlte) Regelung des Art 3 Abs 3 gemildert werden. Die kollisionsrechtliche Entscheidung des deutschen Gesetzgebers weicht danach aus der Sicht des deutschen IPR **an sich nicht anwendbarem,** nicht notwendig ausländischem Recht unter folgenden Voraussetzungen: (1) Eine Verweisung des 3. oder 4. Abschnitts des EGBGB, dh einer familien- oder erbrechtlichen Verweisung, unterstellt das Vermögen einer Person einer bestimmten Rechtsordnung (die nicht notwendig die deutsche sein muss)[10]. (2) Die Verweisung umfasst grds auch Vermögen, welches in einem Staat belegen ist, dessen Recht **nicht** bereits auf Grund (1) anwendbar ist. (3) Das Recht dieses sog **Belegenheitsstaates** (das auch das deutsche sein kann) enthält für auf seinem Gebiet belegene Gegenstände **„besondere Vorschriften".** Als Rechtsfolge von Art 3 Abs 3 tritt dann die kollisionsrechtliche Entscheidung des deutschen IPR für die Anwendbarkeit eines bestimmten Rechts auf den gesamten Rechtsvorgang **(Gesamtstatut)** hinter den territorialen Geltungsanspruch des Belegenheitsrechts auf den dort belegenen Teil des Vermögens **(Einzelstatut)** zurück. Daraus ergibt sich der die Regelung zutreffend erfassende Merksatz **„Einzelstatut bricht Gesamtstatut".**

11 2. **Materiellrechtliche und kollisionsrechtliche Sondervorschriften.** Die Regelung bezieht sich auf **„Gegenstände"** im weitesten Sinn, was auch nicht körperliche Gegenstände wie Forderungen, gewerbliche Schutzrechte, Mitgliedschaftsrechte und ähnliches erfasst[11]. Wo sich ein Gegenstand befindet, beurteilt sich nach der jeweiligen lex fori, in Deutschland also nach deutschem Recht[12]. Dabei wird bei immateriellen Rechten zum Teil darauf abgestellt, welcher Staat die effektive Zugriffsmöglichkeit auf das Recht hat, bei Forderungen wird zum Teil entspr dem Rechtsgedanken des § 2369 Abs 2 S 2 BGB auf die internationale Zuständigkeit zur Geltendmachung oder aber auf den Schuldnerwohnsitz abgestellt[13].

12 Die Vorschrift gilt – wie vom historischen Gesetzgeber des EGBGB aF wohl ausschließlich intendiert[14] – unstreitig für **materiellrechtliche Sonderregelungen** des Belegenheitsrechts. Das Belegenheitsrecht setzt sich insoweit über Art 3 Abs 3 gegenüber der kollisionsrechtlichen Entscheidung des deutschen Gesetzgebers allerdings nur durch, wenn es auch angewendet werden „will", dh aus „seiner" Sicht auch kollisionsrechtlich berufen ist[15]. Auch Sondervorschriften des deutschen materiellen Rechts können sich so gegenüber der deutschen Kollisionsnorm durchsetzen[16]. In Betracht kommen insoweit Sonderregelungen etwa des Höferechts (Anerbenrecht) im partiellen Bundes- bzw Landesrecht[17]. Nicht unter Art 3 Abs 3 fallen hingegen das Problem der Sondererbfolge in Anteile von

---

[10] Ist die Verweisungsnorm (wie etwa wie Art 26 Abs 1 Nr 1–4) staatsvertraglichen Ursprungs, kann sich aus dem Vorrang staatsvertraglicher Kollisionsnormen die Unanwendbarkeit von Art 3 Abs 3 ergeben, vgl Art 26 Rn 2.
[11] BayObLG ZEV 1998, 475, 477 betr Miterbenanteile = IPRax 2000, 309 m Anm *Andrae* 300; MünchKommBGB/*Sonnenberger* Rn 35.
[12] BayObLG ZEV 1998, 475, 477 = IPRax 2000, 309; *Staudinger/Hausmann* Rn 74; *Soergel/Kegel* Rn 22.
[13] Vgl zum Ganzen BayObLG ZEV 1998, 475, 477 = IPRax 2000, 309 mwN.
[14] Vgl insbesondere *Wöchner*, FS Wahl, 1973, S 1612 ff; *Reichelt*, Gesamtstatut und Einzelstatut im IPR, 1985; *Kegel/Schurig* IPR § 12 II mwN.
[15] *Soergel/Kegel* Rn 16.
[16] HM, vgl nur MünchKommBGB/*Sonnenberger* Rn 31 mwN.
[17] Nachweise bei *Palandt/Edenhofer* Art 64 Rn 6 f.

Allgemeine Verweisungsvorschriften **Art 3 EGBGB**

Personengesellschaften im deutschen Recht (Art 25 Rn 32)[18] oder der Ausgleich von Versorgungsanwartschaften nach deutschem Recht.

Abs 3 erfasst aber – was unter der Vorläuferregelung in Art 28 aF noch streitig war – auch **13** **kollisionsrechtliche Sonderregelungen**[19]. Das entspricht eindeutig dem Willen des Reformgesetzgebers[20]. Die unter Art 28 aF gegen die Maßgeblichkeit auch kollisionsrechtlicher Sonderregelungen in der Lit erhobenen Einwendungen sind damit – obwohl rechtspolitisch zweifellos zutreffend – obsolet geworden[2]. Begründet wird dies mit dem Interesse an der Vermeidung undurchsetzbarer Rechtslagen sowie der größeren Sachnähe des Belegenheitsrechts[22]. Dass diese Begründung rechtspolitisch nicht stichhaltig ist, ist allgemein anerkannt[23]. Damit führt Art 3 Abs 3 insbes im Erbrecht, aber auch im Bereich des Ehegüterrechts häufig zu sog **kollisionsrechtlicher Vermögensspaltung,** wenn das auf Grund deutschen Kollisionsrechts eigentlich nicht anwendbare Belegenheitsrecht[24] eine kollisionsrechtliche Sonderanknüpfung für auf seinem Territorium belegene (meist, aber nicht zwingend unbewegliche) Gegenstände vorsieht, wie dies insbes im anglo-amerikanischen Recht[25], aber auch in weiten Teilen des romanischen Rechtskreises im internationalen Erb- und Ehegüterrecht der Fall ist. Die Regelung ist damit praktisch im Wesentlichen lex specialis zu Art 15 und Art 25[26]. Nicht notwendig ist dabei, dass das Belegenheitsrecht eine solche Sonderanknüpfung nur für auf seinem Territorium belegene Gegenstände anordnet. Ein nach Art 3 Abs 3 vorrangiges Einzelstatut liegt damit bereits dann vor, wenn das Recht des Belegenheitsortes für bestimmte Gegenstände allseitig[27] an das Recht des Belegenheitsortes anknüpft. Maßgeblich ist allein, dass es das eigene Recht auf in seinem Territorium belegene Gegenstände anwenden will, **weil** sie dort belegen sind. Keine „besonderen Vorschriften" kollisionsrechtlicher Natur liegen daher dann vor, wenn das Belegenheitsrecht nicht für **bestimmte** Vermögensgegenstände, sondern **generell** eine vom deutschen Recht abweichende, nicht belegenheitsbezogene kollisionsrechtliche Anknüpfung vorsieht, mag sie auch nur einen Teil des betreffenden Vermögens und im konkreten Einzelfall auf dem eigenen Gebiet belegenes Vermögen betreffen. In diesem Fall steht dem Gesamtstatut des deutschen Rechts kein fremdes Einzelstatut, sondern eine abweichende generelle kollisionsrechtliche Wertung, dh ebenfalls ein Gesamtstatut gegenüber[28]. Das Belegenheitsrecht beansprucht dann nicht deshalb Geltung, weil **bestimmte** Gegenstände auf seinem Gebiet belegen sind, sondern weil es **generell** eine andere kollisionsrechtliche Wertung vornimmt, die im Einzelfall „zufällig" zur Anwendbarkeit des eigenen Rechts führt. In diesem Fall bleibt es ohne Rücksicht auf Durchsetzbarkeit und internationale Entscheidungsharmonie uneingeschränkt bei der Anknüpfungsregel der deutschen Kollisionsnorm. Gerade diese Unterscheidung zeigt die rechtspolitische Fragwürdigkeit der Regelung, da das Interesse an der Durchsetzbarkeit einer deutschen Entscheidung hier nicht minder ist, als im Fall der kollisionsrechtlichen Vermögensspaltung des fremden IPR.

Am **Beispiel** verdeutlicht[29]: Verstirbt ein deutscher Staatsangehöriger mit letztem Wohnsitz in **14** Frankreich, wo er bewegliches und unbewegliches Nachlass hinterlässt, unterstellt das französische Recht die Erbfolge in den unbeweglichen sowie den beweglichen Nachlass französischem materiellem Recht, weil nach französischem IPR die Erbfolge in unbeweglichen Nachlass dem Belegenheitsrecht, die Erbfolge in beweglichen Nachlass unabhängig von dessen Belegenheitsort dem Recht des letzten Erblasserwohnsitzes unterliegt und daher beide Verweisungen zur Anwendbarkeit französischen Rechts führen (vgl Art 25 Rn 83 zu Frankreich). Aus der Sicht des deutschen Rechts unterliegt die Erbfolge hingegen wegen der Staatsangehörigkeitsanknüpfung des Art 25 Abs 1 grds vollumfänglich deutschem Recht. Nach Art 3 Abs 3 wird die abweichende Anknüpfung des französischen Rechts für dort belegenen unbeweglichen Nachlass berücksichtigt, weil das französische IPR die Anwendung französischen Rechts auf den in Frankreich belegenen unbeweglichen Nachlass gerade deshalb vorsieht, weil er dort belegen ist, ihn also abweichend vom sonstigen Nachlass „besonderen Vorschriften" iS von Art 3

---

[18] Vgl MünchKommBGB/*Sonnenberger* Rn 36 mwN; aA *Palandt/Heldrich* Rn 18.
[19] Bejahend die st Rspr seit BGHZ 50, 63; vgl BGH NJW 1993, 1920 f = IPRax 1994, 375 f m Anm *Dörner* 362; BGHZ 131, 22: interlokal; BGH NJW 2004, 3558, 3560 = IPRax 2005, 253 m Anm *Looschelders* 232; BayObLGZ 1982, 236, 244; 1982, 284, 288 f; BayObLG NJW-RR 1990, 1033; NJW-RR 1997, 201 f; BayObLGZ 2003, 68, 71 ff; BayObLG ZEV 2005, 168 f.
[20] Vgl BT-Drucks 10/504 S 36; aA *Solomon* IPRax 1997, 81, 84.
[21] So zutr die hM, vgl nur *Palandt/Heldrich* Rn 18; MünchKommBGB/*Sonnenberger* Rn 23 mwN; aA, aber rechtspolitische Kritik mit geltendem Recht vermengend *Solomon* IPRax 1997, 81; *Soergel/Kegel* Rn 18; *Soergel/Schurig* Art 15 Rn 66; *Schurig* IPRax 1990, 390.
[22] BGHZ 131, 22, 29; abw der Begründungsansatz von *Dörner* IPRax 1994, 363; *Staudinger/Dörner* Art 25 Rn 522 ff sowie *Tiedemann,* Internationales Erbrecht in Deutschland und Lateinamerika, 1993, S 50 ff: genereller Vorrang des Sachstatuts vor dem Vermögensstatut.
[23] Vgl zuletzt *Solomon* IPRax 1997, 81 ff mwN.
[24] Führt bereits das deutsche Kollisionsrecht, sei es auch erst über den Mechanismus der Weiterverweisung (Art 4 Abs 1) zur Anwendung des Belegenheitsrechts, bedarf es keines Rückgriffs auf Art 3 Abs 3; unrichtig daher etwa der Hinweis auf Art 3 Abs 3 in OLG Köln IPRax 1994, 376 f, vgl hierzu *Dörner* 364.
[25] Zum Erbrecht der US-amerikanischen Bundesstaaten vgl etwa BGH NJW 1993, 1920, 1921 = IPRax 1994, 375 f.
[26] *v. Bar/Mankowski* IPR I § 7 Rn 45.
[27] Zum Begriff der allseitigen Anknüpfung vgl Einl IPR Rn 45.
[28] Vgl die zutr Unterscheidung in OLG Zweibrücken ZEV 1997, 512 = IPRax 1999, 110 m Anm *Kartzke* 98; BayObLGZ 2003, 68, 71 ff.
[29] Vgl BayObLG NJW-RR 1990, 1033; OLG Zweibrücken ZEV 1997, 512 = IPRax 1999, 110 m Anm *Kartzke* 98; LG München I Rpfleger 1990, 167 m Anm *Lorenz.*

Abs 3 unterstellt. Die Anwendung französischen Rechts auf den beweglichen Nachlass sieht das französische IPR hingegen nicht deshalb vor, weil er in Frankreich belegen ist, sondern weil die Erbfolge in das **gesamte**, wo auch immer belegene bewegliche Vermögen abweichend vom deutschen IPR dem Recht des letzten Wohnsitzes unterstellt wird. Es liegen damit insoweit keine „besonderen Vorschriften", sondern ein abweichendes Gesamtstatut vor, dem das deutsche Recht nicht über Art 3 Abs 3 weicht, es bleibt insoweit bei der Anwendbarkeit deutschen Rechts.

15 Die Beachtung einer Sonderanknüpfung erstreckt sich auf alle Fragen, die aus der Sicht des deutschen Rechts als materiellrechtlich zu qualifizieren sind[30]. Der Vorrang eines Einzelstatuts greift damit auch dann ein, wenn kollisionsrechtlich nur eine **Teilfrage** eines Komplexes dem Belegenheitsrecht unterstellt wird[31].

Art 4 Rück- und Weiterverweisung; Rechtsspaltung

(1) ¹Wird auf das Recht eines anderen Staates verwiesen, so ist auch dessen Internationales Privatrecht anzuwenden, sofern dies nicht dem Sinn der Verweisung widerspricht. ²Verweist das Recht des anderen Staates auf deutsches Recht zurück, so sind die deutschen Sachvorschriften anzuwenden.

(2) Soweit die Parteien das Recht eines Staates wählen können, können sie nur auf die Sachvorschriften verweisen.

(3) ¹Wird auf das Recht eines Staates mit mehreren Teilrechtsordnungen verwiesen, ohne die maßgebende zu bezeichnen, so bestimmt das Recht dieses Staates, welche Teilrechtsordnung anzuwenden ist. ²Fehlt eine solche Regelung, so ist die Teilrechtsordnung anzuwenden, mit welcher der Sachverhalt am engsten verbunden ist.

Übersicht

	Rn		Rn
I. Normzweck	1	a) Annahme der Verweisung	13
		b) Rückverweisung (Abs 1 S 2)	14
II. Grundsatz der Gesamtverweisung (Abs 1, 2)	2	c) Weiterverweisung	15
1. Sachnormverweisung und Gesamtverweisung	2	d) Reichweite des renvoi, kollisionsrechtliche Rechtsspaltung	16
2. Grundsatz der Gesamtverweisung	5	5. Nichtfeststellbarkeit des renvoi	17
3. Ausnahmen	6		
a) Ausdrückliche Verweisung auf Sachnormen (Art 3 Abs 1 S 2)	6	III. Unteranknüpfung bei Verweisung auf das Recht von Mehrrechtsstaaten (Abs 3)	18
b) Staatsvertragliches Kollisionsrecht	7	1. Notwendigkeit der Unteranknüpfung	19
c) Sinnvorbehalt (Art 4 Abs 1 S 1 HS 2)	8	2. Unteranknüpfung	20
d) Rechtswahl (Abs 2)	10		
4. Anwendung ausländischen Kollisionsrechts	11	3. Rück- und Weiterverweisung	21

I. Normzweck

1 Die Vorschrift regelt wichtige grundsätzliche Fragen der Verweisung. In Abs 1 und 2 sind der Grundsatz der **Gesamtverweisung** (Kollisionsnormverweisung), dessen Ausnahmen sowie der Abbruch einer **Rückverweisung** niedergelegt. Insoweit ist die Vorschrift im Zusammenhang mit der Definition der **Sachnormverweisung** in Art 3 Abs 1 S 2 zu sehen. Abs 3 behandelt schließlich den Fall interlokaler oder interpersonaler/interreligiöser **Rechtsspaltung** in der verwiesenen Rechtsordnung.

II. Grundsatz der Gesamtverweisung (Abs 1, 2)

2 **1. Sachnormverweisung und Gesamtverweisung.** Befiehlt eine Norm des deutschen IPR **(Kollisionsnorm)** die Anwendung einer bestimmten ausländischen Rechtsordnung, so kann sich dieser Rechtsanwendungsbefehl ohne Rücksicht darauf, ob die verwiesene Rechtsordnung selbst angewendet werden „will", direkt auf deren **materielles Recht,** dh deren **Sachnormen** beziehen (zur Abgrenzung von Kollisions- und Sachnorm s Einl IPR Rn 2). Damit wird das IPR der verwiesenen Rechtsordnung schlicht ignoriert und im Ergebnis uU ein anderes Recht angewendet, als es ein Richter der durch das deutsche IPR berufenen Rechtsordnung anwenden würde. In diesem Fall spricht man von einer **Sachnormverweisung** (Art 3 Abs 1 S 2). Bezieht sich der Rechtsanwendungsbefehl der deutschen Kollisionsnorm hingegen auf die **Gesamtheit** der verwiesenen Rechtsordnung, schließt sie deren internationales Privatrecht mit ein. Man spricht dann von einer **Gesamtverweisung** bzw Kollisionsnormverweisung. In diesem Falle ist zunächst zu prüfen, ob das IPR der verwiesenen Rechtsordnung

---

[30] MünchKommBGB/*Sonnenberger* Rn 25.
[31] So etwa die Sonderanknüpfung des österreichischen IPR für den Erbschaftserwerb und die Nachlassschuldenhaftung bzgl unbeweglichen Vermögens, vgl hierzu S. *Lorenz* IPRax 2004, 536; *Staudinger/Hausmann* Rn 67; MünchKommBGB/*Sonnenberger* Rn 25.

ebenfalls auf das eigene materielle Recht verweist und damit die Verweisung des deutschen IPR annimmt (**Annahme der Verweisung**), auf das deutsche Recht zurückverweist (**Rückverweisung**) oder aber auf eine dritte Rechtsordnung weiterverweist (**Weiterverweisung**). Die letzten beiden Fälle bezeichnet man wegen des französischen Ursprungs der „Entdeckung" dieses Mechanismus im berühmten Fall „Forgo" auch als **renvoi**[1]. Das Phänomen setzt aber voraus, dass die deutsche Kollisionsnorm zunächst auf ausländisches Recht verweist: Bei einer Verweisung auf deutsches Recht ist unmittelbar deutsches materielles Recht zur Anwendung berufen, das Kollisionsrecht einer vom deutschen IPR nicht berufenen Rechtsordnung kann allenfalls im Rahmen von Art 3 Abs 3 als vorrangiges Einzelstatut relevant werden (Art 3 Rn 13).

Als **Vorteil** einer bloßen Sachnormverweisung wird es angesehen, dass die kollisionsrechtliche 3 Wertung des deutschen Gesetzgebers in Bezug auf eine bestimmte Anknüpfung voll zum Tragen kommt, während im Falle einer Gesamtverweisung die Entscheidung über das letztlich anwendbare materielle Recht vom Gesetzgeber gleichsam „aus der Hand" gegeben wird[2]. Ein nicht zu unterschätzender praktischer Vorteil der Rechtsfindung besteht bei der Anerkennung einer Rückverweisung auf deutsches Recht in der – für den inländischen Rechtsanwender typischerweise einfacheren – Anwendbarkeit deutschen Sachrechts. Dies darf freilich rechtlich keine Tendenz zu einem sog **„Heimwärtsstreben"** (vorschnelles Ausgehen von einer Rückverweisung) hervorrufen. (Scheinbarer) **Nachteil** einer Sachnormverweisung ist demgegenüber derjenige des fehlenden **internationalen Entscheidungseinklangs**, weil zwar das Recht eines bestimmten Staates berufen, dennoch aber nicht in gleicher Weise entschieden wird, wie Gerichte dieses Staates entscheiden würden, wenn aus deren Sicht eine andere Rechtsordnung Anwendung fände. Freilich gewährleistet auch die Gesamtverweisung nicht stets den internationalen Entscheidungseinklang[3]. Dies gilt insbes, wenn die verwiesene Rechtsordnung im konkreten Fall ihrerseits eine Gesamtverweisung ausspricht[4]. Zweifellos wird aber zumindest die **Chance** des internationalen Entscheidungseinklangs durch die Anerkennung des renvoi erhöht.

Für die **Praxis** sind folgende, im weiteren näher zu erläuternde Schritte bedeutsam (s auch Einl IPR 4 Anh I Rn 94 unter B I 4): (1) Zunächst ist zu klären, ob eine Kollisionsnorm des deutschen Rechts auf ausländisches Recht verweist. (2) Bejahendenfalls ist zu prüfen, ob es sich um eine Sachnorm- oder eine Gesamtverweisung handelt (Rn 5–10). (3) Liegt ersteres vor, ist das materielle Recht der verwiesenen Rechtsordnung anzuwenden. (4) Liegt letzteres vor, ist zu prüfen, welches Recht nach dem IPR der verwiesenen Rechtsordnung auf den Fall anzuwenden ist (Rn 11). (5) Nimmt das IPR der verwiesenen Rechtsordnung die Verweisung an, so ist das materielle Recht dieser Rechtsordnung anzuwenden. (6) Verweist das IPR der verwiesenen Rechtsordnung auf deutsches Recht zurück (**Rückverweisung**), ist nach Art 4 Abs 1 S 2 auf jeden Fall deutsches materielles Recht anzuwenden. (7) Verweist das IPR der verwiesenen Rechtsordnung auf eine weitere Rechtsordnung, so ist auch dieser Verweisung zu folgen (**Weiterverweisung**). Die Weiterverweisung kann dabei ihrerseits Sachnorm- oder Gesamtverweisung sein. Ist sie Gesamtverweisung, ist bei (4) weiterzuverfahren (dazu sowie zum Abbruch der Verweisungskette s Rn 15).

2. Grundsatz der Gesamtverweisung. Die Verweisungen des deutschen IPR sind nach Art 4 5 Abs 1 grds als Gesamtverweisungen zu verstehen. Dies gilt auch für richterrechtlich entwickelte Kollisionsnormen. Rechtspolitische Zweifel hieran erlauben ungeachtet ihrer Berechtigung kein Abweichen von der gesetzgeberischen Grundentscheidung der sog **Renvoifreundlichkeit** des deutschen IPR[5].

3. Ausnahmen. a) Ausdrückliche Verweisung auf Sachnormen (Art 3 Abs 1 S 2). Eine 6 Sachnormverweisung liegt nach Art 3 Abs 1 S 2 vor, wenn das Gesetz dies ausdrücklich vorsieht. Solche ausdrücklichen Sachnormverweisungen enthalten Art 4 Abs 2, 12, 18 Abs 1 und sämtliche Vorschriften des internationalen Schuldvertragsrechts (Art 35 Abs 1).

b) Staatsvertragliches Kollisionsrecht. Sofern nicht die staatsvertragliche Regelung selbst die 7 Anerkennung des renvoi vorsieht, verstehen sich staatsvertragliche Kollisionsnormen stets als **Sachnormverweisungen,** wenn sie nicht ohnehin bereits Verweisungen auf das „innerstaatliche Recht" (loi interne) enthalten. Dies gilt auch, wenn eine staatsvertragliche Regelung kodifikatorisch in das autonome Recht integriert wurde.

c) Sinnvorbehalt (Art 4 Abs 1 S 1 HS 2). Gemäß Art 4 Abs 1 S 1 HS 2 ist eine Verweisung 8 auch dann als Sachnormverweisung zu verstehen, wenn die Anerkennung des renvoi dem „Sinn der Verweisung" widerspräche[6]. Die Bedeutung dieser sybillinischen Formel ist in Rspr und Lit stark umstritten. Weitgehende Einigkeit besteht darüber, dass im Fall von **alternativen Verweisungen** zur Begünstigung der Wirksamkeit eines rechtlichen Vorgangs (Einl IPR Rn 36) die Anerkennung einer Rück- und Weiterverweisung zumindest dann ausgeschlossen ist, wenn der Sinn der Verweisung,

---

[1] Vgl v. Bar/Mankowski IPR I § 7 Rn 236; Kegel/Schurig IPR § 10 I mwN.
[2] Gegen das dieser Argumentationsweise zugrundeliegende Vorverständnis zutr MünchKommBGB/Sonnenberger Rn 21.
[3] Zutr Mäsch RabelsZ 61 (1997), 285, 296.
[4] Für ein Beispiel des Aufeinandertreffens zweier renvoifreundlicher Systeme im Bereich des internationalen Erbrechts vgl S. Lorenz DNotZ 1993, 148.
[5] In der rechtspolitischen Kritik zutr, aber für das geltende Recht zu weitgehend daher Mäsch RabelsZ 61 (1997), 285 mwN.
[6] Vgl Rauscher NJW 1988, 2151; Kartzke IPRax 1988, 8; Ebenroth/Eyles IPRax 1989, 1.

möglichst viele Rechtsordnungen alternativ zur Verfügung zu stellen, hierdurch verfehlt wird. Dies ist dann der Fall, wenn die Zahl dieser Rechtsordnungen durch den Mechanismus des renvoi wieder eingeschränkt werden würde. Dieser ist daher nur insoweit zulässig, als er dem **Günstigkeitsprinzip** entspr die Zahl der alternativ anwendbaren Rechtsordnungen erweitert[7]. Die Verweisung ist damit in diesen Fällen zumindest immer auch Sachnormverweisung, jedoch wird eine etwaige nach dem IPR der berufenen Rechtsordnung anwendbare Rechtsordnung **zusätzlich** angewendet. Im Übrigen ist der Gehalt des Sinnvorbehalts stark umstritten. Ganz zweifellos darf er nicht dazu dienen, im Einzelfall missliebiges ausländisches Kollisionsrecht auszuschalten[8]. Er bezieht sich vielmehr einzig und allein auf den **abstrakten Zweck** der deutschen Kollisionsnorm ohne Ansehung des Inhalts der im Falle einer Gesamtverweisung berufenen ausländischen Kollisionsnorm[9]. Diese kann allein an dem Maßstab des Art 6 (ordre public) gemessen werden[10]. Wegen der Grundsatzentscheidung des IPR-Gesetzgebers für die Anerkennung des renvoi darf die Vorschrift jedenfalls nicht dazu führen, den renvoi mit dem (nur rechtspolitisch zutreffenden) Argument, er widerspreche schon als solcher stets dem „Sinn der Verweisung", generell in Frage zu stellen bzw zurückzudrängen[11]. Zutreffend wird davon gesprochen, dass sich im Zusammenhang mit der Regelung der Sachnormverweisung in Art 3 Abs 1 S 2 eine **Vermutung gegen den Ausschluss** des renvoi ergibt[12]. Ein solcher liegt entgegen verbreiteter Auffassung insbes auch dann nicht vor, wenn die deutsche Kollisionsnorm wie in Art 14 Abs 1 Nr 3 hilfsweise an die „engste Verbindung" anknüpft[13]. Hier liegt gerade keine auf ein bestimmtes materielles Recht bezogene **spezielle** kollisionsrechtliche Wertung vor, da sich sämtliche vom Gesetzgeber gewählte Anknüpfungskriterien als Ausprägung einer „engsten Verbindung" verstehen und es nicht einzusehen ist, bei den primären Anknüpfungen in Art 14 Abs 1 eine Gesamtverweisung anzunehmen und lediglich bei einer hilfsweisen, beim Versagen der vorrangigen Anknüpfungen anwendbaren Hilfsanknüpfung an irgendeine verbleibende engste Verbindung den renvoi auszuschließen. Dies gilt a fortiori für bloße Hilfsnormen wie Art 5 Abs 1 S 1 sowie für Abs 3 S 2.

9 Bei **akzessorischen Anknüpfungen** (zum Begriff s Einl IPR Rn 39) ist der renvoi nach dem Sinnvorbehalt nur dann ausgeschlossen, wenn die akzessorische Anknüpfung um **materieller Rechtseinheit** Willen erfolgt[14]. So ist etwa bei den in Art 38 Abs 1, 39 Abs 2, 40 Abs 4 und 41 Abs Nr 1 vorgesehenen Anknüpfungen der renvoi ausgeschlossen, weil der hierdurch beabsichtigte materiellrechtliche Gleichlauf eines gesetzlichen mit einem vertraglichen Schuldverhältnis nicht durchbrochen werden soll[15]. Anders ist dies bei den auf das allgemeine Ehewirkungsstatut des Art 14 verweisenden Anknüpfungen des Ehegüterstatuts sowie des Scheidungsstatuts (Art 15 Abs 1, 17 Abs 1 S 1) zu beurteilen. Hier handelt es sich nach zutreffender hM nicht um Sachnormverweisungen auf das für die allgemeinen Ehewirkungen anwendbare materielle Recht, sondern lediglich um redaktionelle Verweise innerhalb des EGBGB. Damit ist also etwa bei der Bestimmung des auf die güterrechtlichen Verhältnisse anwendbaren Rechts die Verweisung von Art 15 Abs 1 iVm Art 14 Abs 1 auf ein ausländisches Recht als **Gesamtverweisung** zu verstehen. Für die Frage der Behandlung dieser Verweisung in der verwiesenen Rechtsordnung ist deren Kollisionsnorm für das Güterstatut, nicht diejenige der allgemeinen Ehewirkungen maßgeblich[16].

9a Bei **unwandelbaren Anknüpfungen** folgt aus der Tatsache, dass sich aus der Rück- oder Weiterverweisung letztlich eine **wandelbare Anknüpfung** ergibt, weil das verwiesene Recht das jeweilige Statut wandelbar anknüpft (zu den Begriffen s Einl IPR 40 ff), kein Ausschluss der Gesamtverweisung[17]. Sofern dabei freilich wohlerworbene Rechte durch Rückwirkung eines Statutenwechsels betroffen werden, kann insoweit ein Verstoß gegen den ordre public (Art 6) vorliegen (Einl IPR Rn 23 mwN).

---

[7] Vgl nur *Palandt/Heldrich* Rn 7; MünchKommBGB/*Sonnenberger* Rn 27 jeweils mwN; aA *Kartzke* IPRax 1988, 8; *Ebenroth/Eyles* IPRax 1989, 1 sowie AnwK-BGB/*Freitag* Rn 16, welche in diesen Fällen stets eine Sachnormverweisung annehmen. Generell für Sachnormverweisung auch im Falle alternativer Anknüpfung hingegen *Soergel/Kegel* Rn 28; aus der Rspr s etwa OLG Nürnberg FamRZ 2005, 1697: Sachnormverweisung bzgl des Abstammungsstatuts, wenn nach dem nach Art 19 berufenen Recht die Vaterschaft etabliert ist.

[8] Unhaltbar daher BGH IPRax 1988, 100 = NJW 1988, 638: Nichtanwendung ausländischen gleichheitswidrigen Kollisionsrechts.

[9] Anders nur beim renvoi-Ausschluss bei Anwendung der Genfer Flüchtlingskonvention, s Anh Art 5 Rn 33.

[10] Wohl hM, vgl *Kartzke* IPRax 1988, 8, 11 f; *Schurig* IPRax 1988, 88, 93; *S. Lorenz*, FS Sturm, 1999, S 1559, 1564 sowie obiter BGH NJW-RR 2007, 145 Rn 18; dem BGH IPRax 1988, 100 zust aber MünchKommBGB/*Siehr* Art 15 Rn 126.

[11] HM, vgl nur MünchKommBGB/*Sonnenberger* Rn 25; *Soergel/Kegel* Rn 21; *Palandt/Heldrich* Rn 6; *Staudinger/Hausmann* Rn 87; aA *Flessner*, Interessenjurisprudenz im IPR, 1990, S 127 ff sowie zuletzt *Mäsch* RabelsZ 61 (1997), 285, der lediglich die Staatsangehörigkeitsanknüpfungen als Gesamtverweisungen behandeln will.

[12] So MünchKommBGB/*Sonnenberger* Rn 24.

[13] AA insbes *Palandt/Heldrich* Rn 8; *Staudinger/Hausmann* Rn 102 ff, AnwK-BGB/*Freitag* Rn 17; *Erman/Hohloch* Rn 18; jeweils mwN; wie hier MünchKommBGB/*Sonnenberger* Rn 29; *v. Bar/Mankwoski* IPR I § 7 Rn 229; *Kropholler* IPR § 24 II 2 a; *Kartzke* IPRax 1988, 8, 9; *Ebenroth/Eyles* IPRax 1989, 1, 11; *Rauscher* NJW 1988, 2151, 2154; KG FamRZ 2007, 1561, 1562; bei Art 28 Abs 1 S 1 stellt sich das Problem wegen Art 35 nicht.

[14] MünchKommBGB/*Sonnenberger* Rn 28; AnwK-BGB/*Freitag* Rn 18; *Rauscher* NJW 1988, 2151, 2154; *Kropholler* IPRax 1988, 10 f; *Kropholler* IPR § 24 II 2 d.

[15] BT-Drucks 14/343 S 8.

[16] MünchKommBGB/*Sonnenberger* Rn 28; *Rauscher* NJW 1988, 2151, 2154; *S. Lorenz* IPRax 1992, 305, 307 f; *Kartzke* IPRax 1988, 10 f; *Kropholler* § 24 II 2 d.

[17] KG FamRZ 2007, 1564, 1565.

d) Rechtswahl (Abs 2). Ausgeschlossen ist der renvoi weiter im Falle einer (zulässigen) Rechtswahl. [10] Die parteiautonome Bestimmung einer Rechtsordnung bezieht sich damit stets auf das **materielle Recht**, eine das Kollisionsrecht einbeziehende Rechtswahl ist nicht möglich. Die Rspr sieht auch in der Alternative des „Ausgehens von der Anwendbarkeit eines Rechts" in Art 220 Abs 3 S 1 Nr 2 BGB eine den renvoi ausschließende Rechtswahl[18]. Zutreffenderweise ergibt sich der Ausschluss des renvoi in diesem Fall allerdings bereits aus dem Sinnvorbehalt in Abs 1 S 1 HS 2[19]. Für den praktisch besonders wichtigen Bereich des internationalen Schuldvertragsrechts (Art 27) ergibt sich dies bereits aus Art 35 Abs 1. Beruht die Anknüpfung des Ehegüterstatuts oder des Scheidungsstatuts im Rahmen der akzessorischen Anknüpfung an das Art 14 Abs 2–4 gewählte Ehewirkungsstatut nur mittelbar auf einer Rechtswahl, weil eine solche „nur" hinsichtlich des Ehewirkungsstatuts vorliegt, so liegt entgegen der hM, die hier einen renvoi-Ausschluss nach Art 4 Abs 2 stets bejaht[20], eine den renvoi ausschließende Rechtswahl nur vor, wenn gleichzeitig eine isolierte Rechtswahl hinsichtlich des betreffenden Statuts möglich ist (so bei Art 15). Nur dann kann davon ausgegangen werden, dass die Parteien mit der Wahl des Ehewirkungsstatuts auch das akzessorisch angeknüpfte Statut parteiautonom bestimmen durften und wollten. Handelt es sich aber nicht nur um einen redaktionellen Verweis, weil eine isolierte Rechtswahl des akzessorisch angeknüpften Statuts nicht zulässig ist, liegt aus oben genannten Gründen eine Gesamtverweisung vor[21].

4. Anwendung ausländischen Kollisionsrechts. Liegt eine **Gesamtverweisung** auf ausländisches [11] Recht vor, ist in einem nächsten Schritt unter Anwendung des IPR dieser Rechtsordnung zu prüfen, welches Recht „aus deren Sicht" auf die jeweilige Frage anwendbar ist. Erlaubt die verwiesene Rechtsordnung eine parteiautonome Bestimmung des anwendbaren Rechts, so ist einer nach der verwiesenen Rechtsordnung wirksamen Rechtswahl auch dann zu folgen, wenn das deutsche IPR für das betreffende Statut keine Rechtswahl ermöglicht. Dies kann insbes im Bereich des Erbrechts von Bedeutung sein (Art 25 Rn 19).

Auch bei der Anwendung ausländischen Kollisionsrechts gilt der Grundsatz, dass ausländisches Recht [12] so angewendet werden soll, wie es tatsächlich gilt. Mit Ausnahme der ordre public-Klausel des ausländischen Rechts (Art 6 Rn 18) sind daher sämtliche mit der Anwendung von Kollisionsnormen verbundenen Fragen wie insbes **Qualifikation**[22], **Vorfragenanknüpfung**, Behandlung von **Mehrstaatern** etc aus der Sicht der verwiesenen Rechtsordnung zu beantworten. Auf diese Weise kann es auch zur Anwendung staatsvertraglicher Kollisionsrechts kommen, welches in Deutschland nicht in innerstaatliches Recht umgesetzt wurde (Art 3 Rn 7). Unterstellt die verwiesene Rechtsordnung den Anknüpfungsgegenstand auf Grund einer von den deutschen Systembegriffen abweichenden Qualifikation einer anderen Kollisionsnorm, als das aus der Sicht der Systembegriffe des deutschen Rechts der Fall wäre, so ist dem bei der Anwendung des IPR dieser Rechtsordnung zu folgen. Daraus kann sich dann das Phänomen eines sog **„renvoi kraft abweichender Qualifikation"** ergeben, sofern nicht die verwiesene Rechtsordnung durch eine sog **„Qualifikationsverweisung"** die Entscheidung „aus der Hand gibt" (Einl IPR Rn 60f). Insbes in Rechtsordnungen des anglo-amerikanischen Rechtskreises gibt es in manchen Bereichen, vor allem im Familien- und Erbrecht, keine ausdrücklichen Kollisionsnormen, sondern lediglich Vorschriften über die internationale Zuständigkeit der eigenen Gerichte, denen der Gedanke zugrundeliegt, dass ein danach zuständiges Gericht sein eigenes materielle Recht anwenden soll. Verweist nun das deutsche IPR auf eine solche Rechtsordnung und ist nach dessen Zuständigkeitsregel ein deutsches Gericht oder das Gericht eines Drittstaates zuständig, so wird darin gleichzeitig eine **versteckte Kollisionsnorm** gesehen, wonach ein aus der Sicht der verwiesenen Rechtsordnung international zuständiges Gericht die jeweilige lex fori anwenden soll (Gleichlauf-Grundsatz). Einer solchen sog **versteckten Rück- oder Weiterverweisung** („hidden renvoi") ist nach nicht unproblematischer hM[23] ebenso wie einer ausdrücklichen Verweisung zu folgen[24]. Eine versteckte Rückverweisung kann weiter auch in Anerkennungsregeln der verwiesenen Rechtsordnung liegen[25].

---

[18] BGH IPRax 1988, 100, 103; s dazu aber auch BVerfG FamRZ 2003, 361 m Anm *Henrich*.
[19] Vgl *S. Lorenz*, Das intertemporale internationale Ehegüterrecht nach Art 220 III EGBGB und die Folgen eines Statutenwechsels, 1991, S 91; *Schurig* IPRax 1988, 88, 93; aA *Rauscher* NJW 1988, 2151, 2154.
[20] MünchKommBGB/*Sonnenberger* Rn 28; *Palandt/Heldrich* Rn 8; *Kartzke* IPRax 1988, 10; *Kropholler* IPR § 24 II 2 d: aus der Rspr vgl BayObLG NJW 1957, 952; NJW 1962, 1013 f; OLG Bamberg FamRZ 1974: 930; kollisionsrechtliche Harmonie; *Kühne*, FS Ferid II, 1988, S 262 ff; *Ebenroth/Eyles* IPRax 1989, 11 f; *Dörner* StAZ 1990, 4 f.
[21] Ausnahmslos für eine Gesamtverweisung *Rauscher* NJW 1988, 2151, 2154.
[22] Zur sog Qualifikation lege causae s Einl IPR Rn 60.
[23] Problematisch ist insbes, dass hier im Wege einer Verallseitigung eine ausländische Kollisionsnorm letztlich fingiert wird, vgl hierzu zuletzt zutr *Mäsch* RabelsZ 61 (1997), 285, 300 f mwN; man spricht daher auch – methodenehrlicher – von einem „hypothetischen" renvoi.
[24] *Palandt/Heldrich* Rn 2; *Soergel/Kegel* Rn 16; *Kropholler* IPR § 25 II; *Staudinger/Hausmann* Rn 79; AnwK-BGB/*Freitag* Rn 5; aus der Rspr vgl BayObLG NJW 1957, 952; NJW 1962, 1013 f; OLG Bamberg FamRZ 1974: 930; OLG Frankfurt IPRax 1982, 203; KG NJW 1960, 248; IPRax 1983, 246 Nr 70; OLG Nürnberg IPRax 1983, 81; OLG Stuttgart IPRax 1987, 121 f = FamRZ 1986, 687; FamRZ 1997, 958 m Anm *Henrich*; OLG Zweibrücken NJW-RR 1999, 948 f; OLG Stuttgart FamRZ 2003, 1669 betr Ghana; FamRZ 2005, 911 betr Sri Lanka sowie KG FamRZ 2007, 1561 m Anm *Henrich* betr Nigeria; umfangreiche wN bei *Soergel/Kegel* Rn 16 Fn 8; zu Recht krit *Schurmann* NJW 1976, 1000; *Beitzke* RabelsZ 48 (1984), 623; *Mäsch* RabelsZ 61 (1997), 285, 300 f; *Bauer* Jura 2002, 800; für einen abw Ansatz vgl MünchKommBGB/*Sonnenberger* Rn 42 ff, 51 ff, ders, FS Sturm, 1999, S 1683 ff mwN: durch Ersatzanknüpfung zu füllende Lücke im deutschen IPR.
[25] Vgl etwa OLG Köln IPRax 1989, 297 m Anm *Coester-Waltjen* 282; AG Minden IPRax 1992, 108 m Anm *Jayme* betr Irland.

13 **a) Annahme der Verweisung.** Erklärt das IPR der verwiesenen Rechtsordnung ebenfalls das eigene Recht für anwendbar, so nimmt es die Verweisung des deutschen IPR an. Es ist dann das **materielle Recht** dieser Rechtsordnung anzuwenden. In einem solchen Fall ist die Frage, ob sich die Verweisung des deutschen IPR als Gesamtverweisung versteht, entscheidungsunerheblich.

14 **b) Rückverweisung (Abs 1 S 2).** Verweist das von der deutschen Kollisionsnorm berufene IPR seinerseits auf deutsches Recht, so wird diese Rückverweisung nach Art 4 Abs 1 S 2 beim deutschen Recht **„abgebrochen"**, dh es kommt unabhängig von der Frage, ob sich die Rückverweisung ihrerseits als Sachnorm- oder Gesamtverweisung versteht, deutsches materielles Recht zur Anwendung. Handelt es sich bei der Rückverweisung ihrerseits um eine Gesamtverweisung, widerspricht dies zwar dem Grundsatz, dass ausländisches IPR so angewendet werden soll, wie es der ausländische Richter anwenden würde und führt häufig gerade nicht zum intendierten internationalen Entscheidungseinklang (Rn 3). Es wird aber ein endloses „Hin und Her" der Verweisung zwischen zwei Rechtsordnungen vermieden.

15 **c) Weiterverweisung.** Im Falle einer Weiterverweisung des durch die deutsche Kollisionsnorm im Wege der Gesamtverweisung berufenen Rechts (**erstverwiesenes Recht**) auf eine dritte Rechtsordnung (**zweitverwiesenes Recht**) ist zu fragen, ob es sich dabei nach dessen Regelungen um eine Sachnorm- oder eine Gesamtverweisung handelt. Ist ersteres der Fall, kommt es zur Anwendung des materiellen Rechts der zweitverwiesenen Rechtsordnung, liegt wiederum eine Gesamtverweisung vor, so ist der Verweisungskette weiter zu folgen. Sie ist gemäß Abs 1 S 2 abzubrechen, wenn in der Verweisungskette auf deutsches Recht verwiesen wird bzw in Analogie hierzu bei derjenigen Rechtsordnung, welche erstmals in der Verweisungskette wiedererscheint[26].

16 **d) Reichweite des renvoi, kollisionsrechtliche Rechtsspaltung.** Rück- oder Weiterverweisung können nach dem IPR der berufenen Rechtsordnung einen von der Kollisionsnorm des deutschen Rechts abweichenden Umfang haben und so nur für eine Teilfrage des Verweisungsgegenstandes eine Rück- oder Weiterverweisung aussprechen (**Teilrenvoi**). Dem ist aus der Sicht des deutschen IPR zu folgen, was zu sog **kollisionsrechtlicher Rechtsspaltung** führt. Von Bedeutung ist dies insbes im internationalen Erbrecht, wo es im Zusammenhang mit Staaten, die unterschiedliche Anknüpfungen für bewegliches und unbewegliches Vermögen vorsehen, zum Phänomen der sog **„kollisionsrechtlichen Nachlassspaltung"** kommen kann[27].

17 **5. Nichtfeststellbarkeit des renvoi.** Die Nichtfeststellbarkeit eines renvoi kann entweder auf der Nichtermittelbarkeit des ausländischen Kollisionsrechts oder aber darauf beruhen, dass dieses für den Anknüpfungsgegenstand keine (ausdrückliche) Kollisionsnorm bereithält, weil es diesem im materiellen Recht nicht kennt. Ist das ausländische Kollisionsrecht nicht (zuverlässig) ermittelbar[28], so ist die Verweisung des deutschen Kollisionsrecht als **Sachnormverweisung** zu behandeln[29]. Es besteht kein Grund, die auch in einer Gesamtverweisung enthaltene Grundentscheidung der deutschen Kollisionsnorm für die Anwendbarkeit einer bestimmten Rechtsordnung in diesem Fall dadurch zurücktreten zu lassen, dass man die Grundsätze über die Nichtermittelbarkeit ausländischen materiellen Rechts heranzieht[30]. Enthält das ausländische Kollisionsrecht hingegen für den Anknüpfungsgegenstand keine ausdrückliche Kollisionsnorm, weil es das anzuknüpfende Rechtsinstitut materiellrechtlich nicht kennt, liegt zunächst ein Qualifikationsproblem auf der Ebene des ausländischen Kollisionsrechts vor (zu dieser Qualifikation lege causae s Einl IPR Rn 60): Dieses muss mit den in ihm zulässigen Mitteln der Auslegung bzw Analogie danach befragt werden, wie es das betreffende Rechtsinstitut anknüpfen würde, wenn es dieses materiellrechtlich kennen würde. Erst wenn auch dies fruchtlos ist, muss die Verweisung des deutschen IPR als Sachnormverweisung aufgefasst werden[31].

III. Unteranknüpfung bei Verweisung auf das Recht von Mehrrechtsstaaten (Abs 3)

18 Verweist das deutsche IPR auf das Recht eines Staates, der keine einheitliche Privatrechtsordnung besitzt, weil entweder in verschiedenen Teilgebieten jeweils unterschiedliches Recht gilt (**territoriale**

---

[26] Ebenso *Palandt/Heldrich* Rn 3; AnwK-BGB/*Freitag* Rn 7; wohl auch MünchKommBGB/*Sonnenberger* Rn 36; aA *Staudinger/Hausmann* Rn 56 sowie *Erman/Hohloch* Rn 9: über den Abbruch entscheidet das jeweils wiederberufene Recht.
[27] S Art 25 Rn 47; zum Ehegüterrecht s Art 15 Rn 77; zur Abgrenzung dieses Phänomens zu Art 3 Abs 3 s dort Rn 13 mwN.
[28] Zu den Schwierigkeiten vgl anschaulich *Mäsch* RabelsZ 61 (1997), 285, 299 f; Übersicht über ausländisches IPR bei *Staudinger/Hausmann* Anh Art 4, Schrifttumshinweise zu ausländischem IPR bei MünchKommBGB/*Sonnenberger* Einl IPR Rn 334 sowie *bei v. Bar,* Ausländisches Privat- und Privatverfahrensrecht in deutscher Sprache (CD-ROM), 6. Aufl 2006 (systematische Nachweise aus Schrifttum, Rspr und veröffentlichten Gutachten); Gesetzestexte ua bei *Riering* (Hrsg), IPR-Gesetze in Europa; *Kropholler/Krüger/Riering/Samtleben/Siehr* (Hrsg), Außereuropäische IPR-Gesetze, 1999; vgl iÜ Einl IPR Rn 82.
[29] MünchKommBGB/*Sonnenberger* Rn 71; *Staudinger/Hausmann* Rn 112; AnwK-BGB/*Freitag* Rn 9; *Kropholler* IPR § 31 III; *Jayme* AcP 188 (1988), 440; *Coester* IPRax 1991, 37; *v. Bar/Mankowski* IPR I § 7 Rn 221.
[30] So aber zB *v. Bar* IPR I, 1. Aufl 1987, Rn 624; *Kegel/Schurig* IPR § 10 VI; *Soergel/Kegel* Rn 36; *Kreuzer* NJW 1983, 1943, der zu Unrecht die praktische Relevanz des Problems leugnet; zu dieser zutr *Mäsch* RabelsZ 61 (1997), 285, 299 f.
[31] Praktisch bedeutsam wird dieses Problem etwa bei der kollisionsrechtlichen Behandlung des Versorgungsausgleichs, vgl hierzu nur MünchKommBGB/*Sonnenberger* Rn 62 f sowie *Mäsch* RabelsZ 61 (1997), 285, 300.

Rechtsspaltung)[32] oder aber für bestimmte Bevölkerungsgruppen etwa nach religiösen[33] oder ethnischen[34] Kriterien unterschiedliches Recht gilt (**interpersonale** bzw **interreligiöse Rechtsspaltung**), geht die Verweisung zunächst ins Leere. Die somit erforderliche Konkretisierung der Verweisung durch eine sog „**Unteranknüpfung**" regelt Abs 3. Das Problem stellt sich allerdings nicht, wenn eine Gesamtverweisung auf das Recht eines Staates erfolgt, der trotz materiellrechtlicher Rechtsspaltung ein einheitliches gesamtstaatliches IPR besitzt und dieses zurück- oder weiterverweist. Eine Sonderregelung des Problems für vertragliche Schuldverhältnisse enthält Art 35 Abs 2. Im Wesentlichen gleichbedeutende Regelungen enthalten die Haager Übereinkommen, vgl etwa Art 14 MSA; Art 1 Abs 2 des Testamentsformübereinkommens vom 5. 10. 1961; Art 16 Unterhaltsübereinkommen[35].

1. Notwendigkeit der Unteranknüpfung. Die Vorschrift setzt voraus, dass das deutsche IPR auf 19
das Recht eines Mehrrechtsstaates verweist, ohne dabei bereits selbst die maßgebende Teilrechtsordnung zu bezeichnen. Inhalt und Reichweite dieses Vorbehalts sind in Rspr und Lit str, was insbes mit Fragen des renvoi zusammenhängt (Rn 21). Das deutsche IPR bezeichnet bei territorialer Rechtsspaltung die maßgebende Teilrechtsordnung dann selbst, wenn die Anknüpfung ortsbezogen ist, also etwa bei Anknüpfung an den gewöhnlichen Aufenthalt (zB Art 18), den Vornahmeort eines Rechtsgeschäfts (Art 11 Abs 1, 26 Abs 1 Nr 2), den Tatort eines Delikts (Art 40 Abs 1) oder die Belegenheit einer Sache (Art 43 Abs 1). Die Verweisung bezieht sich in diesem Fall **direkt** auf die betreffende Teilrechtsordnung, ein etwaiges einheitliches interlokales Privatrecht (ILR; zum Begriff s Einl IPR Rn 8) des Mehrrechtsstaates wird auch dann ignoriert, wenn seine Anwendung zur Anwendbarkeit einer anderen Teilrechtsordnung führen würde[36]. Selbst wenn man dies mit der wohl hM rechtspolitisch aus Gründen des internationalen Entscheidungseinklangs für verfehlt hält[37], ist dies jedenfalls angesichts der eindeutigen Entscheidung des Gesetzgebers zu respektieren[38]. Besteht ein einzelstaatliches ILR der direkt verwiesenen Teilrechtsordnung (so zB in den USA)[39], so ist im Falle einer Gesamtverweisung des deutschen IPR auf diese Teilrechtsordnung einer Weiterverweisung auf eine andere Teilrechtsordnung des Gesamtstaates zu folgen[40].

2. Unteranknüpfung. Ist (zB bei Anknüpfung an die Staatsangehörigkeit, die gemeinsame engste 20
Verbindung oder bei interpersonaler Rechtsspaltung) eine Präzisierung der Anknüpfung erforderlich, so erfolgt diese primär durch das gesamtstaatliche ILR bzw interpersonale/interreligiöse Privatrecht des betreffenden Gesamtstaates (Abs 3 S 1)[41]. Besteht eine solche gesamtstaatliche Regelung (wie zB in den USA[42]) nicht (**„auch kollisionsrechtliche Rechtsspaltung"**), ist nach Abs 3 S 2 diejenige Rechtsordnung anzuwenden, mit welcher der Sachverhalt **am engsten verbunden** ist[43]. Dies erfordert eine Gesamtwürdigung des jeweiligen Einzelfalls. Im Bereich des Personen-, Familien- und Erbrechts ergibt sich diese im Falle territorialer Rechtsspaltung in aller Regel aus dem (letzten) **gewöhnlichen Aufenthalt** in einem Teilrechtsgebiet des betreffenden Gesamtstaates[44]. Bei Versagen dieser Kriterien können auch die **Teilstaatszugehörigkeit**, persönliche Bindungen oder ethnische Elemente die Rolle spielen. Ist bei einer qualifizierten Anknüpfung an das gemeinsame Heimatrecht nach Art 14 Abs 1 Nr 1 keine **gemeinschaftliche** Unteranknüpfung festzustellen, so ist die Anknüpfung an das gemeinsame Heimatrecht als gescheitert anzusehen und auf Art 14 Abs 1 Nr 2, 3 zurückzugreifen[45]. Bei interpersonaler/interreligiöser Rechtsspaltung ergibt sich die engste Verbindung zu einer Teilrechtsordnung regelmäßig aus der Volksgruppen- bzw Religionszugehörigkeit[46]. Liegt eine zulässige Rechtswahl der Parteien vor, so bezieht sich diese nach Abs 2 unmittelbar auf die Sachvorschriften einer Teilrechtsordnung. Die Unteranknüpfung ergibt sich dann direkt aus dem (ggf durch Auslegung zu präzisierenden) Parteiwillen.

---

[32] So etwa die USA, Restjugoslawien, Mexiko, Spanien, Vereinigtes Königreich.
[33] So insbes die islamisch-religiös geprägten Rechtsordnungen Nordafrikas und des Nahen und Fernen Ostens, das israelische Recht sowie das Recht Indiens, Pakistans und Bangladeshs, vgl die Nachweise bei MünchKommBGB/*Sonnenberger* Rn 85 ff; zum jordanischen Recht anschaulich *Elwan/Ost* IPRax 1996, 389; in Europa bestehen lediglich noch vereinzelte fakultative Sonderregelungen hinsichtlich des formellen Eheschließungsrechts, so etwa in Malta, Zypern und auch in Griechenland, vgl hierzu *Chiotellis* IPRax 1982, 169.
[34] So etwa das indonesische und das malaysische Recht sowie die Stammesrechte in einigen afrikanischen Staaten.
[35] Vgl *Rauscher* IPRax 1987, 206, 207.
[36] Ebenso *v. Bar/Mankowski* IPR I § 4 Rn 155 f; aA *Rauscher* IPRax 1987, 206: nur bei Sachnormverweisungen; *Spickhoff* JZ 1993, 336, 337: vorrangige Prüfung des gesamtstaatlichen ILR, Präzisierung der Verweisung bereits durch das deutsche IPR nur im Rahmen von Abs 3 S 2, dh wenn ein solches nicht existiert; *Otto* IPRax 1994, 1, 3; *Jayme* IPRax 1989, 288; *ders* RabelsZ 55 (1991), 315; *Kropholler* IPR § 29 II 2: Anwendung gesamtstaatlichen ILR als auch im Teilrechtsgebiet geltendes Recht.
[37] S aber *v. Bar/Mankowski* § 4 Rn 155, wonach das ursprünglich verweisende IPR das „Vorrecht zu Bestimmung des anwendbaren Rechts" hat.
[38] Ebenso AnwK-BGB/*Freitag* Rn 22.
[39] Vgl *Droop* Jura 1993, 293.
[40] MünchKommBGB/*Sonnenberger* Rn 105 mwN.
[41] Vgl etwa BGHZ 160, 332, 338 f betr iranisches interreligiöses Recht; BGH NJW-RR 2007, 145, 146 betr syrisches interreligiöses Recht.
[42] Vgl *Bungert* IPRax 1993, 10; *Droop* Jura 1993, 293.
[43] Zur abw Regelung im Zusammenhang mit dem Haager Testamentsformübereinkommen s Art 26 Rn 9.
[44] BT-Drucks 10/504 S 40; *Palandt/Heldrich* Rn 14; MünchKommBGB/*Sonnenberger* Rn 103 mwN.
[45] MünchKommBGB/*Sonnenberger* Rn 104; *Kropholler* IPR § 29 II 1 c; eingehend *Spickhoff* JZ 1993, 336; aA – zur Ehescheidung von US-Bürgern – *Bungert* IPRax 1993, 10.
[46] *Soergel/Kegel* Rn 55.

21 **3. Rück- und Weiterverweisung.** Fragen des **renvoi** werden von der Regelung in keiner Weise präjudiziert. Besteht im verwiesenen Recht eine gesamtstaatliche Regelung des Internationalen Privatrechts, so bezieht sich eine Gesamtverweisung des deutschen IPR zunächst ohne Einschaltung von Abs 3 direkt auf dieses, weil insoweit keine Rechtsspaltung besteht. Die Frage der Unteranknüpfung stellt sich dann erst, wenn die Verweisung angenommen wird. Gleiches gilt, wenn die gesamtverweisende Kollisionsnorm des deutschen IPR durch eine ortsbezogene Anknüpfung unmittelbar auf eine Teilrechtsordnung verweist: Das gesamtstaatliche IPR ist dann deshalb anzuwenden, weil es auch im Teilrechtsgebiet Geltung beansprucht[47]. Besteht – wie zB in den USA – kein gesamtstaatliches IPR, so ist zunächst die Frage der Unteranknüpfung zu klären, über die Frage des renvoi entscheidet dann das IPR der danach maßgeblichen Teilrechtsordnung[48]. Dies gilt selbstverständlich auch, wenn die gesamtverweisende Kollisionsnorm des deutschen IPR unmittelbar auf eine Teilrechtsordnung verweist. Wird die Unteranknüpfung nach Abs 3 S 2 durch die „engste Verbindung" bestimmt, so ist dies **kein** Fall des renvoi-Ausschlusses nach Abs 1 S 1 HS 2[49].

Art 5 Personalstatut

(1) ¹Wird auf das Recht des Staates verwiesen, dem eine Person angehört, und gehört sie mehreren Staaten an, so ist das Recht desjenigen dieser Staaten anzuwenden, mit dem die Person am engsten verbunden ist, insbesondere durch ihren gewöhnlichen Aufenthalt oder durch den Verlauf ihres Lebens. ²Ist die Person auch Deutscher, so geht diese Rechtsstellung vor.

(2) Ist eine Person staatenlos oder kann ihre Staatsangehörigkeit nicht festgestellt werden, so ist das Recht des Staates anzuwenden, in dem sie ihren gewöhnlichen Aufenthalt oder, mangels eines solchen, ihren Aufenthalt hat.

(3) Wird auf das Recht des Staates verwiesen, in dem eine Person ihren Aufenthalt oder ihren gewöhnlichen Aufenthalt hat, und ändert eine nicht voll geschäftsfähige Person den Aufenthalt ohne den Willen des gesetzlichen Vertreters, so führt diese Änderung allein nicht zur Anwendung eines anderen Rechts.

Übersicht

	Rn
I. Normzweck	1
II. Staatsangehörigkeitsanknüpfung	2
1. Internationales Staatsangehörigkeitsrecht	2
2. Grundzüge des deutschen Staatsangehörigkeitsrechts	3
a) Erwerb und Verlust der deutschen Staatsangehörigkeit	3
b) Staatsangehörigkeit der ehemaligen DDR	4
3. Mehrfache Staatsangehörigkeit (Abs 1)	5
a) Grundsatz der effektiven Staatsangehörigkeit (Abs 1 S 1)	6
b) Vorrang der deutschen Staatsangehörigkeit (Abs 1 S 2)	8
c) Sachlicher Anwendungsbereich der Vorschrift	9
4. Staatenlose, Personen unbekannter Staatsangehörigkeit (Abs 2)	11
III. Aufenthaltsanknüpfung	13
1. Gewöhnlicher Aufenthalt	13
2. Änderung des gewöhnlichen Aufenthalts ohne/gegen den Willen des gesetzlichen Vertreters (Abs 3)	15
3. Schlichter Aufenthalt	17
4. „Domicile"-Begriff des anglo-amerikanischen Rechtskreises	18
IV. Anhang: Das Personalstatut von Flüchtlingen, Verschleppten, Vertriebenen und Staatenlosen	20

	Rn
1. Internationale Flüchtlinge	21
a) Genfer Flüchtlingskonvention	21
b) Gesetz zur Neuregelung des Asylverfahrens idF vom 26. 6. 1992 (AsylVfG)	36
c) Gesetz über Maßnahmen für im Rahmen humanitärer Hilfsaktionen aufgenommene Flüchtlinge vom 22. 7. 1980, BGBl I S 1057	42
d) AHK-Gesetz Nr 23 über die Rechtsverhältnisse verschleppter Personen und Flüchtlinge vom 17. 3. 1950 iVm Gesetz über die Rechtsstellung heimatloser Ausländer im Bundesgebiet vom 25. 4. 1951	44
2. Volksdeutsche Flüchtlinge und Vertriebene (Art 9 Abs 2 Nr 5 FamRÄndG iVm Art 116 GG)	46
a) Wortlaut	46
b) Normzweck	47
c) Persönlicher Anwendungsbereich	48
d) Kollisionsrechtliche Behandlung	50
3. Staatenlose nach dem New Yorker UN-Übereinkommen über die Rechtsstellung der Staatenlosen vom 28. 9. 1954 (BGBl 1976 II S 473, für die Bundesrepublik Deutschland in Kraft getreten am 24. 1. 1977, BGBl II S 235; zu den Vertragsstaaten s FNB 2001 S 349 und BGBl 2001 II S 235)	51
a) Wortlaut	51
b) Normzweck	52
c) Anwendungsbereich	53
d) Kollisionsrechtliche Behandlung	54

---

[47] So zutr *Palandt/Heldrich* Rn 15; aA *Otto* IPRax 1994, 1.
[48] Aus der Rspr vgl etwa OLG Karlsruhe NJW 1990, 1420 = IPRax 1990, 389 m Anm *Schurig* betr USA/Texas.
[49] *Palandt/Heldrich* Rn 15.

I. Normzweck

Die Vorschrift regelt einzelne Fragen der Anknüpfung an die **Staatsangehörigkeit** (Abs 1 und 2) sowie an den **gewöhnlichen Aufenthalt** (Abs 3). Sie ist keine eigenständige Kollisionsnorm, sondern eine kollisionsrechtliche **Hilfsnorm** (Einl IPR Rn 35). Abs 1 und 2 ergänzen das Staatsangehörigkeitsprinzip in Fällen mehrfacher, fehlender oder nicht feststellbarer Staatsangehörigkeit, Abs 3 betrifft die Änderung des gewöhnlichen Aufenthalts durch nicht geschäftsfähige Personen. Da das geltende IPR in weiten Teilen weiterhin vom Staatsangehörigkeitsprinzip beherrscht wird (Art 7 Abs 1, 9, 10, 22, 24, 25)[1], handelt es sich insbes bei den Fragen betr die Staatsangehörigkeitsanknüpfung um praktisch besonders bedeutende Probleme. Der in der Überschrift der Norm verwendete Ausdruck **"Personalstatut"** ist schillernd: Er bezeichnet nach dem Sprachgebrauch des deutschen IPR diejenige Rechtsordnung, welche für alle **persönlichen Rechtsverhältnisse** eines Menschen im Bereich des Personen-, Familien- und Erbrechts, aber auch für juristische Personen oder Personengesamtheiten maßgebend ist.

II. Staatsangehörigkeitsanknüpfung

1. Internationales Staatsangehörigkeitsrecht. Nach (ungeschriebenem, völkerrechtskonformen) deutschem internationalen Staatsangehörigkeitsrecht richtet sich die Frage der Staatsangehörigkeit einer Person nach dem Recht des Staates, dessen Staatsangehörigkeit in Frage steht, da jeder Staat selbst bestimmt, wen er als seinen Staatsangehörigen betrachtet (vgl hierzu nur die Definition der Staatenlosigkeit in Art 1 Abs 1 des New Yorker Staatenlosenübereinkommens, Rn 53)[2]. Dies erfordert, sämtliche mit der Staatsangehörigkeit verbundenen Fragen (Abstammung, Eheschließung etc) ebenfalls ausschließlich aus der Warte des in Frage stehenden Staates zu beurteilen. **Vorfragen** (Einl IPR Rn 63 ff) sind daher in diesem Zusammenhang unselbstständig, dh nach dem IPR des Staates anzuknüpfen, um dessen Staatsangehörigkeit es geht[3]. Neben diesem Grundsatz bestehen einige **staatsvertragliche Regelungen** auf dem Gebiet des Staatsangehörigkeitsrechts. Von Bedeutung sind insbes das New Yorker UN-Übereinkommen über die Staatsangehörigkeit verheirateter Frauen vom 20. 2. 1957 (BGBl 1973 II S 1250), das New Yorker UN-Übereinkommen zur Verminderung der Staatenlosigkeit vom 30. 8. 1961 (BGBl 1977 II S 598; Ausführungsgesetz vom 29. 6. 1977, BGBl 1977 I S 1101); das (von der Bundesrepublik Deutschland mit Wirkung vom 21. 12. 2002 gekündigte) Straßburger Europäische Übereinkommen über die Verringerung der Mehrstaatigkeit und über die Wehrpflicht von Mehrstaatern vom 6. 5. 1963 (BGBl 1969 II S 1954; Kündigung: BGBl 2002 II S 171), das Berner CIEC-Übereinkommen zur Verringerung der Fälle von Staatenlosigkeit vom 13. 9. 1973 (BGBl 1977 II S 613) sowie das in Deutschland seit dem 1. 9. 2005 geltende Straßburger Europäische Übereinkommen über die Staatsangehörigkeit vom 6. 11. 1997 (BGBl 2004 II S 579).

2. Grundzüge des deutschen Staatsangehörigkeitsrechts. a) Erwerb und Verlust der deutschen Staatsangehörigkeit. Das deutsche Staatsangehörigkeitsrecht[4] ist im vielfach, zuletzt durch das am 1. 1. 2000 in Kraft getretene Gesetz zur Reform des Staatsangehörigkeitsrechts vom 15. 7. 1999[5] geänderten **Staatsangehörigkeitsgesetz (StAG,** vormals Reichs- und Staatsangehörigkeitsgesetz, **RuStAG)** vom 22. 7. 1913 geregelt. **Erwerbstatbestände** sind Geburt (§ 4), Erklärung für ein vor dem 1. 7. 1993 geborenen Kindes eines deutschen Vaters bei wirksamer Anerkennung oder Feststellung der Vaterschaft (§ 5), Adoption (§ 6) sowie Einbürgerung (§§ 8 bis 16), vgl § 3 StAG. Durch Geburt wird die deutsche Staatsangehörigkeit erworben durch Abstammung von einem deutschen Staatsangehörigen (§ 4 Abs 1, 2 StAG, sog ius sanguinis-Prinzip) sowie durch Abstammung von einem Elternteil, das seit acht Jahren rechtmäßig seinen gewöhnlichen Aufenthalt im Inland hat und eine Aufenthaltsberechtigung oder seit drei Jahren eine unbefristete Aufenthaltserlaubnis besitzt (§ 4 Abs 3 StAG, sog ius soli-Prinzip). Ehelichkeit der Abstammung ist nicht erforderlich, jedoch muss bei nichtehelicher Abstammung von einem deutschen Vater die Vaterschaft "nach den deutschen Gesetzen" wirksam festgestellt sein. Hierfür ist eine nach deutschem IPR wirksame Statusfeststellung bzw eine in Deutschland anzuerkennende ausländische Entscheidung ausreichend. Soweit es beim Staatsangehörigkeitserwerb nach § 4 Abs 3 StAG zu mehrfacher Staatsangehörigkeit kommt, muss mit Erreichen der Volljährigkeit für eine der Staatsangehörigkeiten optiert werden. Erfolgt kein Verzicht auf die ausländische Staatsangehörigkeit, kommt es vorbehaltlich einer Beibehaltungsgenehmigung zum Verlust der deutschen Staatsangehörigkeit (§ 29 StAG). Auch der Erwerb der Staatsangehörigkeit durch Erklärung (§ 5) sowie durch Adoption einer im Zeitpunkt der Antragstellung noch nicht 18 Jahre alten Person (§ 6) setzen

---

[1] S dazu sowie zur europäischen Entwicklung *Rauscher,* FS Jayme, 2005, S 719 ff; zu den Anknüpfungsmerkmalen des geltenden IPR Einl IPR Rn 33; zur Verfassungskonformität der Anknüpfung an die Staatsangehörigkeit s zuletzt BVerfG NJW 2007, 900 Rn 61, 70.
[2] Zu den völkerrechtlichen Grenzen dieser Rechtsmacht vgl nur MünchKommBGB/*Sonnenberger* Einl IPR Rn 717 mwN.
[3] Ganz hM, vgl nur KG NJW-RR 1989, 644; MünchKommBGB/*Sonnenberger* Einl IPR Rn 709; *Soergel/Kegel* Rn 3; *Palandt/Heldrich* Rn 1; *Staudinger/Blumenwitz* Rn 3.
[4] Vgl *Makarov/v. Mangoldt,* Deutsche Staatsangehörigkeit, 3. Aufl 1982 ff; *Hailbronner/Renner* Staatsangehörigkeitsrecht, 4. Aufl 2005.
[5] BGBl I S 1618; vgl die Begr RegE, BT-Drucks 14/533; zu den international-privatrechtlichen Auswirkungen der Neuregelung – vermehrte Fälle von Mehrstaatigkeit und Statutenwechsel – vgl *Fuchs* NJW 2000, 489; *Benicke* IPRax 2000, 171.

eine nach deutschem Recht als wirksam zu beurteilende Statusfeststellung/Adoption voraus, was unter Einbeziehung des IPR/IZPR zu beurteilen ist. Ausreichend kann damit auch eine im Inland anzuerkennende Statusfeststellung nach ausländischem Recht bzw eine Auslandsadoption sein, sofern sie in ihren Wirkungen die wesentlichen Merkmale einer Statusfeststellung/Adoption des deutschen Rechts erfüllt[6]. Das Fortbestehen einer etwaigen weiteren Staatsangehörigkeit des Anerkannten/Adoptierten ist dabei für den Erwerb der deutschen Staatsangehörigkeit irrelevant[7], Doppelstaatsangehörigkeit wird (wie beim Erwerb durch Geburt) insoweit uneingeschränkt in Kauf genommen. **Eheschließung** ist kein gesetzlicher Erwerbsgrund, führt aber zu erleichterter Einbürgerung (§ 9). Neben den gesetzlichen Erwerbstatbeständen kann ein Staatsangehörigkeitserwerb weiter durch **Einbürgerung** erfolgen (vgl §§ 8ff StAG, Gesetz zur Regelung von Fragen der Staatsangehörigkeit vom 22. 2. 1955, BGBl I S 65 [Deutsche Volkszugehörige; Wirksamkeit von Sammeleinbürgerungen sowie von Ausbürgerungen unter dem Nazi-Regime, Wiedereinbürgerungsanspruch], Gesetz zur Verminderung der Staatenlosigkeit vom 29. 6. 1977, BGBl I S 1101 [erleichterte Einbürgerung im Inland geborener Staatenloser], §§ 85 ff AuslG [erleichterte Einbürgerung junger Ausländer sowie von Ausländern mit langem Aufenthalt]). Kinder deutscher Mütter, die nach der früheren (verfassungswidrigen) Fassung von § 4 RuStaG nicht durch Geburt die deutsche Staatsangehörigkeit erworben hatten[8], konnten bis zum 31. 12. 1977 die deutsche Staatsangehörigkeit durch Erklärung erwerben (Art 3 Gesetz zur Änderung des RuStaG vom 20. 12. 1974)[9]. **Verlusttatbestände** der deutschen Staatsangehörigkeit sind nach § 17 StAG Entlassung (§§ 18ff), Erwerb einer ausländischen Staatsangehörigkeit (§ 25)[10], Verzicht (§ 26) sowie die Annahme als Kind durch einen Ausländer (§ 27), Erklärung der Beibehaltung einer ausländischen Staatsangehörigkeit bzw Nichterklärung im Falle des Staatsangehörigkeitserwerbs nach § 4 Abs 3 StAG (§ 29 StAG). Der Erwerb einer ausländischen Staatsangehörigkeit führt nur dann zum Verlust der deutschen Staatsangehörigkeit, wenn er auf Antrag des Erwerbers oder seines gesetzlichen Vertreters erfolgt. Auch in diesem Fall kann eine Genehmigung zur Beibehaltung der deutschen Staatsangehörigkeit erteilt werden (§ 25 Abs 2 StAG)[11]. Zu den rechtsstaatswidrigen Ausbürgerungen von deutschen Juden unter dem NS-Regime s Art 116 Abs 2 GG[12].

4   **b) Staatsangehörigkeit der ehemaligen DDR.** Die Staatsbürgerschaft der DDR ist mit der Wiedervereinigung Deutschlands am 3. 10. 1990 untergegangen. Die früher streitige Frage ihrer Anerkennung ist damit obsolet geworden. Obwohl das Staatsangehörigkeitsrecht der Bundesrepublik stets von einer einheitlichen, auch die Bürger der früheren DDR einbeziehenden gesamtdeutschen Staatsangehörigkeit ausgegangen ist, führte auf Grund des sich aus dem Wiedervereinigungsgebots des Grundgesetzes ergebenden Grundsatzes der **Einheit der deutschen Staatsangehörigkeit** der Erwerb der Staatsangehörigkeit der DDR nach deren Gesetzen (etwa durch Einbürgerung) in den Grenzen des ordre public auch zum Erwerb der gesamtdeutschen Staatsangehörigkeit[13]. Entgegen § 25 RuStaG führte auch die Beibehaltung der Staatsangehörigkeit der DDR bei Erwerb einer ausländischen Staatsangehörigkeit zur Beibehaltung der gesamtdeutschen Staatsangehörigkeit[14]. Der Verlust der Staatsangehörigkeit der DDR führte hingegen als solcher nicht zum Verlust der gesamtdeutschen Staatsangehörigkeit[15].

5   **3. Mehrfache Staatsangehörigkeit (Abs 1).** Besitzt eine Person mehrere Staatsangehörigkeiten, so bedarf die Anknüpfung einer Kollisionsnorm an die Staatsangehörigkeit einer Präzisierung.

6   **a) Grundsatz der effektiven Staatsangehörigkeit (Abs 1 S 1).** Sofern keine der Staatsangehörigkeiten die deutsche ist, ist international-privatrechtlich allein die Angehörigkeit zu demjenigen Staate maßgeblich, mit welchem die Person am engsten verbunden ist **(effektive Staatsangehörigkeit).** Die Effektivität ist auf Grund aller Umstände des jeweiligen Einzelfalles zu beurteilen, wobei nach dem Gesetzeswortlaut insbes der gewöhnliche Aufenthalt und der jeweilige persönliche Lebensverlauf maßgebliche Kriterien liefern können. Liegt der gewöhnliche Aufenthalt in einem der Heimatstaaten, so kann idR von der Effektivität dieser Staatsangehörigkeit ausgegangen werden, wenngleich in Ausnahmefällen etwa durch den bisherigen Lebensverlauf und die vom Gesetzgeber als Bestandteil des „Lebensverlaufs" angesehene **Zukunftsplanung** die Verbindung zu einem anderen Staat enger sein kann. Maßgebliche Kriterien können etwa berufliche, familiäre und kulturelle Bindungen, Sprachzugehörigkeit, Religion, Ausübung von Wahlrecht, Erfüllung von Militärdienst etc sein[16]. Auch der Wille des Betroffenen kann ein Indiz bieten, sofern er nicht in offenem Widerspruch zu den objektiven Kriterien steht. Keinesfalls darf jedoch durch eine Überbetonung subjektiver Elemente de facto die

---

[6] VGH München NJW 1989, 3107.
[7] Zur Adoption vgl VGH München NJW 1989, 3107.
[8] Vgl BVerfGE 37, 217 = NJW 1974, 1609.
[9] Zur besonderen Ermessenausübung bei einer Einbürgerung nach Fristversäumung vgl BVerwG NJW 1990, 1433.
[10] Zur Verfassungskonformität der Regelung s BVerfG FamRZ 2007, 267.
[11] Zur Verfassungsmäßigkeit dieser Regelung im Hinblick auf Art 16 Abs 1 S 1 GG vgl BVerfG NJW 1990, 2193.
[12] Vgl *Renck* JZ 1979, 752; *Mann*, FS Coing Bd II, 1982, S 323ff; zu den international-privatrechtlichen Folgeproblemen vgl nur MünchKommBGB/*Sonnenberger* Art 5 Anh II Rn 35ff; zum Begriff des „Abkömmlings" in Art 116 Abs 2 GG vgl zuletzt BVerwG NJW 1994, 2164.
[13] BVerfGE 77, 137 = NJW 1988, 1313; zum Einfluss des ordre public BVerwGE 72, 291 = NJW 1986, 1506.
[14] OVG Münster DtZ 1990, 90.
[15] KG NJW 1983, 2324; aA VG Greifswald StAZ 1995, 109.
[16] S etwa BayObLG ZEV 2005, 165.

Möglichkeit einer freien Rechtswahl eingeräumt werden[17]. Bei gewöhnlichem Aufenthalt in einem **Drittstaat** kommt es verstärkt auf den Lebensverlauf an. Zu schematisch sind hier die insbes aus Rechtssicherheitsgründen vertretene Anknüpfung an den letzten gewöhnlichen Aufenthalt in einem Heimatstaat[18] oder an die zuletzt erworbene Staatsangehörigkeit[19]. Durch die Maßgeblichkeit der „engsten Verbindung" ändert sich nichts am Charakter der jeweiligen, auf die Staatsangehörigkeit abstellenden Kollisionsnorm als Gesamt- oder Sachnormverweisung (Art 4 Rn 8).

Lässt sich unter Ausschöpfung sämtlicher Kriterien die Effektivität einer Staatsangehörigkeit nicht feststellen, so ist analog Abs 2 eine **Ersatzanknüpfung** an den gewöhnlichen Aufenthalt vorzunehmen[20]. 7

b) Vorrang der deutschen Staatsangehörigkeit (Abs 1 S 2). Besitzt eine Person neben anderen Staatsangehörigkeiten auch die deutsche Staatsangehörigkeit, so ist unabhängig von Fragen der Effektivität international-privatrechtlich allein letztere maßgeblich. Die frühere Rspr, die vor Inkrafttreten des IPR-Neuregelungsgesetzes bei **„auch-deutschen Mehrstaatern"** ebenfalls auf die effektive Staatsangehörigkeit abgestellt hatte[21], ist mit dieser eindeutigen Entscheidung des Gesetzgebers überholt. Soweit nach Art 220 jedoch altes IPR zur Anwendung kommt, ist freilich intertemporal weiterhin auch bei deutschen Mehrstaatern auf die effektive Staatsangehörigkeit abzustellen[22]. Die praktische Relevanz der Vorschrift wird durch die Zunahme der Fälle mehrfacher auch-deutscher Staatsangehörigkeit infolge des Gesetzes zur Reform des Staatsangehörigkeitsrechts vom 15. 7. 1999 (Rn 3) zunehmen[23]. Auch bei Erwerb der deutschen Staatsangehörigkeit durch Geburt im Inland nach § 4 Abs 3 StAG gilt der Vorrang der deutschen Staatsangehörigkeit. Europarechtlich ist die Regelung nicht unbedenklich, insbes im internationalen Namensrecht (Art 10) kommt ein Verstoß gegen Art 12, 17 EG-Vertrag in Betracht[25]. 8

c) Sachlicher Anwendungsbereich der Vorschrift. Die Regelung gilt für den gesamten Bereich des autonomen deutschen **IPR**. Sie beansprucht auch dann Geltung, wenn eine Kollisionsnorm – wie etwa Art 14 Abs 1 Nr 1 – an die (letzte) gemeinsame Staatsangehörigkeit anknüpft[26]: Eine gemeinsame Staatsangehörigkeit muss dann entweder eine effektive oder aber die deutsche sein. Ausdrückliche gesetzliche Ausnahmen vom Grundsatz des Vorrangs der effektiven bzw der deutschen Staatsangehörigkeit bestehen bei den Rechtswahlmöglichkeiten des EGBGB (Art 10 Abs 2, 3, 14 Abs 2) sowie bei der alternativen Anknüpfung in Art 26 Abs 1 Nr 1. Der Rechtsgedanke dieser Ausnahmevorschriften ist auf die Rechtswahlmöglichkeit nach Art 15 Abs 2 im Wege der Analogie zu übertragen[27]. Die Vornahme einer solchen Rechtswahl kann allerdings durch die dann nicht mehr gewährte kollisionsrechtliche Familieneinheit zu rechtlichen Folgeproblemen führen[28]. Neben diesen gesetzlichen Bereichsausnahmen kann im Einzelfall der pauschale Vorrang der deutschen Staatsangehörigkeit im Wege der teleologischen Reduktion gegenüber einer effektiven ausländischen Staatsangehörigkeit zurücktreten, wenn die Anwendung von Art 5 Abs 1 S 2 zu einem offenkundigen Widerspruch zur Anknüpfungsgerechtigkeit führt[29]. Denkbar ist dies etwa bei Fehlen jedweden Inlandsbezuges[30], aber auch bei alternativen Anknüpfungen. 9

Nicht anwendbar ist die Regelung im Bereich des **internationalen Verfahrensrechts.** Dies gilt sowohl für Fragen der Urteilsanerkennung und Vollstreckbarerklärung[31] als auch für Fragen der internationalen Zuständigkeit. Soweit im deutschen Zivilprozessrecht für die internationale Zuständigkeit deutscher Gerichte auf die deutsche Staatsangehörigkeit eines Beteiligten abgestellt wird (vgl §§ 606 a Abs 1, 640 a Abs 2 ZPO, §§ 35 b Abs 1, 36 Abs 2, 43 a Abs 1, 3, 43 b Abs 1, 3, 4 FGG), bleibt freilich eine daneben bestehende ausländische Staatsangehörigkeit gleichfalls außer Betracht, weil der vom Aufenthalt unabhängige und damit rein staatsangehörigkeitsbezogene Schutz deutscher Gerichte einem deutschen Staatsangehörigen nicht versagt werden darf, wenn er neben der deutschen eine weitere 10

---

[17] MünchKommBGB/*Sonnenberger* Rn 6.
[18] So zB *Soergel/Kegel* Art 5 Rn 9; *Mansel,* Personalstatut, Staatsangehörigkeit und Effektivität, 1987, § 7 Rn 380.
[19] So zutr BayObLG ZEV 2005, 165 f.
[20] OLG Frankfurt FamRZ 1994, 716 = NJW-RR 1995, 139; OLG München IPRax 1988, 32 m Anm *Mansel* 22 f; MünchKommBGB/*Sonnenberger* Rn 6; diff *Mansel,* Personalstatut, Staatsangehörigkeit und Effektivität, 1987, § 7 Rn 410; *ders* IPRax 1988, 22 f: nur, soweit die Heimatrechte inhaltlich divergieren.
[21] BGHZ 75, 32 = NJW 1979, 1776.
[22] MünchKommBGB/*Sonnenberger* Rn 12; str ist dies für die rückwirkende Anwendung von Art 15 nF nach Art 220 Abs 3 S 2, vgl hierzu BGH FamRZ 1987, 681: rückwirkende Anwendung von Art 5 Abs 1 S 2; sowie MünchKommBGB/*Sonnenberger* mwN, zu Recht verneinen.
[23] S hierzu sowie zur berechtigten rechtspolitischen Kritik *Gruber* IPRax 1999, 426; *Fuchs* NJW 2000, 489 sowie *Benicke* IPRax 2000, 171.
[24] *Palandt/Heldrich* Rn 3; aA *Benicke* IPRax 2000, 171: teleologische Reduktion von Art 5 Abs 1 S 2.
[25] EuGH Rs C-148/02 = FamRZ 2004, 173 m Anm *Henrich*; aA *Palandt/Heldrich* Rn 3; *Mörsdorf-Schulte* IPRax 2004, 315, 323, wonach das deutsche IPR durch seine vielfältigen Rechtswahlmöglichkeiten den europarechtlichen Anforderungen genügt werde; wie hier AnwK-BGB/*Schulze* Rn 29.
[26] OLG München FamRZ 1994, 634 f zum Ehescheidungsstatut; OLG Frankfurt NJW-RR 1995, 139.
[27] *Palandt/Heldrich* Rn 4; *Kropholler* IPR § 37 II 1 a; aA zB *Dethloff* JZ 1995, 64, 68 mwN.
[28] Vgl MünchKommBGB/*Sonnenberger* Rn 10.
[29] *Looschelders* Rn 25; PWW/*Mörsdorf-Schulte* Rn 23 mwN.
[30] *Looschelders* Rn 25; *Mansel,* Personalstatut, Staatsangehörigkeit und Effektivität, 1987, § 7 Rn 272; PWW/*Mörsdorf-Schulte* Rn 23; aA Erman/*Hohloch* Rn 6; *v. Hoffmann/Thorn* IPR § 5 Rn 22.
[31] BGHZ 118, 312, 327 f = NJW 1992, 3096 = LM ZPO § 328 Nr 38/39/40 m Anm *Kronke*.

Staatsangehörigkeit besitzt[32]. Die Regelung gilt gleichfalls nicht im Bereich des **staatsvertraglichen Kollisionsrechts**[33]. Hier kann im Wege autonomer Auslegung auch bei deutschen Mehrstaaten auf eine ausländische effektive Staatsangehörigkeit abgestellt werden[34]. Die Regelung ist weiter unanwendbar bei der Anwendung ausländischen Kollisionsrechts im Rahmen der renvoi-Prüfung (Art 4 Rn 12).

11 **4. Staatenlose, Personen unbekannter Staatsangehörigkeit (Abs 2).** Ist eine Person staatenlos oder ist ihre Staatsangehörigkeit nicht feststellbar[35], ordnet Abs 2 eine Ersatzanknüpfung an den **gewöhnlichen**, hilfsweise den sog **„schlichten" Aufenthalt** an. In jeder Kollisionsnorm des autonomen deutschen IPR ist dann das Anknüpfungsmerkmal „Staatsangehörigkeit" durch das Anknüpfungsmerkmal „gewöhnlicher Aufenthalt", hilfsweise „schlichter Aufenthalt" zu ersetzen. An dem Charakter der jeweiligen Norm als Sachnorm- oder Gesamtverweisung ändert sich dadurch nichts. Ob eine Person staatenlos ist, beurteilt sich nach den jeweils in Betracht kommenden Staatsangehörigkeitsgesetzen (Rn 2). Bei der (von Amts wegen vorzunehmenden) Ermittlung der Staatsangehörigkeit sind deutsche Gerichte und Behörden aber nicht an die Entscheidungen der jeweiligen ausländischen Behörden gebunden[36]. Da sich die Funktion der Vorschrift auf eine Ersetzung des Tatbestandsmerkmals „Staatsangehörigkeit" in einer Kollisionsnorm des EGBGB beschränkt, findet sie im Rahmen von Exklusivnormen zugunsten deutscher Staatsangehörigkeit (Art 13 Abs 2, 3, 17 Abs 1, 18 Abs 5) grds keine Anwendung[37]. Nach aA bezweckt die Vorschrift dagegen über ihren Wortlaut hinaus die vollständige Gleichstellung Staatenloser bzw Personen unbekannter Staatsangehörigkeit mit deutschen Staatsangehörigen, so dass auch hinsichtlich der Exklusivnormen eine Gleichstellung zu erfolgen habe[38].

12 Abs 2 ist durch vorrangige **staatsvertragliche** bzw **spezialgesetzliche Regelungen** weitgehend obsolet. Zu prüfen ist vorrangig, ob es sich bei der staatenlosen Person bzw der Person unbekannter Staatsangehörigkeit alternativ (1) um eine Staatenlosen gemäß dem Übereinkommen über die Rechtsstellung Staatenloser vom 28. 9. 1954; (2) um einen staatenlosen volksdeutschen Flüchtling oder Vertriebenen, der bereits nach Art 116 Abs 1 GG iVm Art 9 Abs 2 Nr 5 FamRÄndG vom 11. 8. 1961 kollisionsrechtlich wie ein Deutscher zu behandeln ist; (3) um einen rechtsstaatswidrig unter dem NS-Regime ausgebürgerten deutschen Juden, der nach Art 116 Abs 2 S 2 GG die deutsche Staatsangehörigkeit besitzt; (4) um einen Verschleppten oder einen Flüchtling nach dem AHK-Gesetz Nr 23 vom 17. 3. 1950; (5) um einen Flüchtling iS der Genfer Flüchtlingskonvention; (6) um einen Flüchtling iS des Gesetzes über Maßnahmen für im Rahmen humanitärer Hilfsaktionen aufgenommener Flüchtlinge vom 22. 7. 1980; (7) um einen anerkannten Asylberechtigten iS von § 2 AsylVfG handelt (iE Rn 36).

III. Aufenthaltsanknüpfung

13 **1. Gewöhnlicher Aufenthalt.** Der von Abs 3 vorausgesetzte, aber nirgends gesetzlich geregelte kollisionsrechtliche Begriff des gewöhnlichen Aufenthalts[39] wird nach hM definiert als Ort eines nicht nur vorübergehenden Verweilens, an dem der Schwerpunkt der Bindungen einer Person in familiärer oder beruflicher Hinsicht, ihr **Daseinsmittelpunkt** liegt[40]. Vom **Wohnsitz** unterscheidet sich der gewöhnliche Aufenthalt dadurch, dass der Wille, den Aufenthaltsort zum Mittelpunkt oder Schwerpunkt der Lebensverhältnisse zu machen, nicht erforderlich ist. Er kann daher auch als „faktischer Wohnsitz" bezeichnet werden, der durch eine gewisse Eingliederung in die soziale Umwelt begründet wird. Wegen der Maßgeblichkeit des Schwerpunkts ist ein gleichzeitiger mehrfacher gewöhnlicher Aufenthalt nicht denkbar[41]. Die von der Gegenansicht befürchteten „Patt-Situationen" dürften kaum bestehen[42]. Maßgeblicher Zeitpunkt für das Bestehen eines gewöhnlichen Aufenthalts ist — sofern nicht die entsprechende Kollisionsnorm im Rahmen einer unwandelbaren Anknüpfung (zum Begriff s Einl IPR Rn 40 ff) den Zeitpunkt selbst festlegt (vgl etwa Art 15 Abs 1 und Art 17 Abs 1 S 1 iVm Art 14 Abs 1 Nr 2) – grds derjenige der letzten mündlichen Verhandlung in der Tatsacheninstanz[43].

---

[32] *Palandt/Heldrich* Rn 5; *Spellenberg* IPRax 1988, 1, 4; *Henrich* IPRax 1986, 364, 365; zu Art 4 MSA vgl BGH NJW 1997, 3024; aA KG NJW 1998, 1565 = IPRax 1998, 274 m abl Anm *Henrich* 247.
[33] MünchKommBGB/*Sonnenberger* Rn 12 mwN.
[34] Zu Art 4 MSA im Auslegungsergebnis, nicht aber methodisch aA BGH NJW 1997, 3024, 3025.
[35] Zur analogen Anwendung bei Nichtfeststellbarkeit der Effektivität s Rn 7 mwN.
[36] BGH IPRspr 1977 Nr 110.
[37] *Staudinger/Blumenwitz* Rn 54 f; *Soergel/Kegel* Rn 27 bzgl UN-Staatenlosenkonvention.
[38] MünchKommBGB/*Sonnenberger* Rn 29; *v. Bar* IPRax 1985, 272 f; *Henrich* IPRax 1985, 353; nach dem Sinn und Zweck der jeweiligen Norm diff BGH IPRax 1985, 292, 293 zu Art 12 Flüchtlingskonvention; ebenso *Palandt/Heldrich* Rn 9; ähnlich *Lass*, Der Flüchtling im deutschen Internationalen Privatrecht, 1995, S 168 f zu Art 12 Flüchtlingskonvention.
[39] Monographisch zuletzt *Baetge*, Der gewöhnliche Aufenthalt im IPR, 1994.
[40] BGH NJW 1994, 2047, 2048; NJW 1975, 1068 = LM Art 7 ff *Haager* Unterhaltsübereinkommen Nr 4.
[41] Sehr str, wie hier *Palandt/Heldrich* Rn 10; MünchKommBGB/*Sonnenberger* Rn 33 sowie Einl IPR Rn 667; AnwK-BGB/*Schulze* Rn 17; *v. Bar/Mankowski* IPR I § 7 Rn 24; *v. Hoffmann/Thorn* IPR § 5 Rn 80; aA etwa *Soergel/Kegel* Rn 49; *Spickhoff* IPRax 1995, 185, 189; *Staudinger/Blumenwitz* Rn 48; *Erman/Hohloch* Rn 55 sowie Teile der Rspr, vgl BayObLGZ 1980, 52; KG FamRZ 1987, 603, 604 = NJW 1988, 649, 650 m zust Anm *Geimer* iS § 606 a Nr 2 aF ZPO; diff *Kropholler* IPR § 39 II 6 sowie *Baetge*, Der gewöhnliche Aufenthalt im IPR, 1994, S 142: nur im Rahmen von alternativen Anknüpfungen.
[42] Zutr MünchKommBGB/*Sonnenberger* Einl IPR Rn 734; AnwK-BGB/*Schulze* Rn 17; zur Schwerpunktbestimmung etwa bei Grenzpendlern, pendelnden Gastarbeitern und Saisonarbeitern vgl *Spickhoff* IPRax 1995, 185, 187 f.
[43] Anders freilich in Fürsorgeverfahren nach FGG, vgl etwa BGHZ 78, 293, 301 = NJW 1981, 520, 521 zu Art 1, 2 MSA: Zeitpunkt der tatrichterlichen Entscheidung.

Der gewöhnliche Aufenthalt setzt eine regelmäßige, wenn auch nicht ununterbrochene **physische** 14
Präsenz der betreffenden Person voraus. Subjektive Kriterien wie insbes der Wille, an einem bestimmten Ort einen gewöhnlichen Aufenthalt zu begründen, sind zwar nicht zwingend erforderlich, können aber bei der Frage des **Zeitpunkts** der Begründung eines gewöhnlichen Aufenthaltes von Bedeutung sein. Da dieser keine bestimmte tatsächliche Dauer des Verweilens voraussetzt, kann bereits die bloße **Absicht** des nicht nur vorübergehenden Verweilens zur Aufenthaltsbegründung ausreichend sein: Das Merkmal der nicht nur geringen Dauer des Aufenthalts bedeutet nicht, dass im Falle eines Wechsels des Aufenthaltsorts ein neuer gewöhnlicher Aufenthalt immer erst nach Ablauf einer entsprechenden Zeitspanne begründet werden könnte und bis dahin der frühere gewöhnliche Aufenthalt fortbestehen würde. Der gewöhnliche Aufenthalt an einem Ort wird vielmehr grds schon dann begründet, wenn sich aus den Umständen ergibt, dass der Aufenthalt an diesem Ort auf eine längere Zeitdauer angelegt ist und der neue Aufenthaltsort künftig an Stelle des bisherigen Daseinsmittelpunkt sein soll[44]. Die tatsächliche Dauer eines Verweilens ist freilich ein wichtiges Indiz für die für Begründung eines gewöhnlichen Aufenthalts notwendige Eingliederung in die soziale Umwelt. Die Praxis geht hier als Faustregel häufig von 6 Monaten aus[45], was freilich vorsichtig zu handhaben ist[46]. Im Einzelfall kann es auch bei einem länger anhaltenden, aber von vorneherein zeitlich begrenzten Aufenthalt (zB Studienaufenthalt) an der notwendigen sozialen Integration fehlen[47]. Ein gewöhnlicher Aufenthalt ist grds auch bei unfreiwilliger Begründung möglich (zB Versetzung eines Arbeitnehmers), jedoch wird es dann häufig, wenngleich nicht zwingend[48], an dem Tatbestandselement der sozialen Eingliederung in die Umwelt fehlen (so etwa bei Straf- und Kriegsgefangenen, stationierten Soldaten). Fehlt diese, was nach den Umständen des jeweiligen Einzelfalls festzustellen ist, so führt auch längeres tatsächliches Verweilen nicht zur Begründung eines gewöhnlichen Aufenthaltes[49]. Wegen der rein faktischen Kriterien ist grds auch die Legalität des Aufenthaltes irrelevant[50], wenngleich bei offensichtlich illegalem Aufenthalt eine Aufenthaltsbegründung (entgegen dem oben Darglegten) eine bestimmte tatsächliche Verweildauer voraussetzt[51]: Subjektive Kriterien sind für die Frage der sozialen Eingliederung dann irrelevant, solange sie offensichtlich tatsächlich nicht durchsetzbar sind. Ist die soziale Integration aber tatsächlich gegeben oder aber wegen der Unwahrscheinlichkeit aufenthaltsbeendender Maßnahmen zu erwarten, so spielt die rechtliche Zulässigkeit des Aufenthalts keine Rolle mehr. Asylbewerber können somit bei längerer Dauer eines Asylverfahrens auch dann einen gewöhnlichen Aufenthalt im Inland begründen, wenn der Asylantrag rechtskräftig abgelehnt worden ist.

2. Änderung des gewöhnlichen Aufenthalts ohne/gegen den Willen des gesetzlichen 15
Vertreters (Abs 3). Aus dem rein tatsächlichen Charakter des Begriffs der gewöhnlichen Aufenthalts ergibt sich, dass es – anders als beim Wohnsitzbegriff des § 11 BGB – einen von anderen Personen **abgeleiteten gewöhnlichen Aufenthalt** etwa von Minderjährigen und anderen abhängigen Personen nicht gibt[52]. Da es insbes nicht auf einen rechtsgeschäftlichen Willen ankommt, können grds auch Minderjährige eigenständig einen gewöhnlichen Aufenthalt begründen, wenngleich sie de facto im Regelfall den gewöhnlichen Aufenthalt ihrer Elternteile teilen dürften. Verlagert aber ein Minderjähriger gegen bzw ohne den Willen des Aufenthaltsbestimmungsberechtigten seinen Aufenthalt (etwa im Falle des „Ausreißens" oder der Kindesentführung durch eine nicht sorgeberechtigte Person), so kommt es für die Frage, ob er einen neuen gewöhnlichen Aufenthalt begründet, allein auf seine Person an. Abs 3 besagt lediglich die Selbstverständlichkeit, dass allein die Tatsache der (schlichten) Aufenthaltsveränderung noch nicht eine Veränderung des gewöhnlichen Aufenthalts bedeutet. Die Regelung schließt aber gerade nicht aus, dass ein ausgerissener oder entführter Minderjähriger bei entsprechender tatsächlicher sozialer Integration am neuen Aufenthaltsort einen gewöhnlichen Aufenthalt begründet[53]. Auch hier setzt damit (entgegen dem oben Darglegten) die Begründung eines gewöhnlichen Aufenthalts eine gewisse **tatsächliche Verweildauer** voraus, denn der entgegenstehende Wille des Aufenthaltsbestimmungsberechtigten stellt ein Indiz gegen einen von vorneherein auf

---

[44] BGHZ 78, 293, 295 = NJW 1981, 520 zum MSA; BGH NJW 1993, 2047, 2049; OLG Düsseldorf FamRZ 1999, 112.
[45] Zuletzt BGH NJW 1997, 3024, 3025 zum MSA, mwN; ebenso etwa OLG Hamm FamRZ 1991, 1346, 1347; NJW 1992, 636, 637; OLG Frankfurt FamRZ 1996, 1478, 1479.
[46] Vgl etwa MünchKommBGB/*Sonnenberger* Einl IPR Rn 732: bloße Indizfunktion.
[47] *Spickhoff* IPRax 1995, 185, 186.
[48] Vgl etwa OLG Hamm FamRZ 1993, 69 f: Verbleiben nach Aufhebung der Zwangslage als Indiz für soziale Integration
[49] Vgl BGH NJW 1975, 1068 betr Internatsunterbringung; OLG Hamm FamRZ 1989, 1331 m Anm *Henrich* IPRax 1990, 59 betr Auslandsstudium.
[50] OLG Hamm NJW 1990, 651 f betr abgelehnten Asylbewerber mit vierjährigem Aufenthalt; OLG Koblenz und OLG Nürnberg IPRax 1990, 249 betr 9-jährigem bzw 23-monatigem Aufenthalt bei nicht abgeschlossenem Asylverfahren; OLG Koblenz NJW-RR 1996, 1091 betr in Deutschland geborenes Kind einer Asylbewerberin; *Rauscher* IPRax 1992, 14, 15; *Spickhoff* IPRax 1990, 225; *Palandt/Heldrich* Rn 10 mwN; aA *Soergel/Kegel* Rn 47: unter zu weitgehender Gleichstellung mit dem sozialrechtlichen Aufenthaltsbegriff.
[51] OLG Bremen FamRZ 1992, 962 betr befristet geduldeten Aufenthalt nach abgelehntem Asylantrag; OLG Köln FamRZ 1996, 946; LG Rottweil NJW-RR 1995, 967 betr befristeten Aufenthalt eines Bürgerkriegsflüchtlings; *Palandt/Heldrich* Rn 10.
[52] HM, vgl nur MünchKommBGB/*Sonnenberger* Einl IPR Rn 733; *Palandt/Heldrich* Rn 10 mwN.
[53] BGH NJW 1981, 520 f mwN sowie zuletzt OLG Hamm NJW-RR 1997, 5, 6 mwN, jeweils zu Art 2 MSA; *Palandt/Heldrich* Rn 11: feste und dauerhafte Eingliederung in die neue soziale Umwelt; MünchKommBGB/*Sonnenberger* Rn 40.

Dauer angelegten Aufenthalt dar. Die Faustregel eines mindestens sechsmonatigen Aufenthalts bietet hier deshalb nur einen groben Anhaltspunkt[54], weil es entscheidend auf die Umstände des jeweiligen Einzelfalls ankommt.

16 Der direkte Anwendungsbereich von Abs 3 ist gering, da die Vorschrift insbes nicht im Bereich des **MSA** gilt, wenngleich sich dort für die Kindesentführungsfälle entsprechende Grundsätze herausgebildet haben bzw sich die Norm als teilweise Kodifizierung dieser Grundsätze versteht[55].

17 **3. Schlichter Aufenthalt.** Hat eine Person – was möglich ist[56] – keinen gewöhnlichen Aufenthalt, so besteht lediglich ein sog „schlichter" oder „einfacher" Aufenthalt. Dieser setzt begrifflich eine bestimmte tatsächliche Verweildauer voraus, weitere Kriterien sind nicht erforderlich. Der schlichte Aufenthalt tritt allerdings nicht generell als subsidiäres Anknüpfungsmerkmal an die Stelle des gewöhnlichen Aufenthalts, sondern nur dort, wo das Gesetz dies (wie etwa in Abs 2 oder in Art 24 Abs 1 S 2) ausdrücklich vorsieht. Im Übrigen kommt es wegen des Versagens des Anknüpfungsmerkmals „gewöhnlicher Aufenthalt" zu der von der jeweiligen Kollisionsnorm vorgesehenen subsidiären Anknüpfung (so etwa in Art 14 Abs 1 Nr 3[57] oder in Art 18 Abs 1 S 2, Abs 2 bzw Art 4, 5 des Haager Unterhaltsabkommens vom 2. 10. 1973). Fehlt eine solche, gelten die Grundsätze über die Nichtermittelbarkeit der anzuwendenden Rechtsordnung (Einl IPR Rn 75). Abzulehnen ist demgegenüber die in der Lit vertretene Hilfsanknüpfung an den letzten gewöhnlichen Aufenthalt[58].

18 **4. „Domicile"-Begriff des anglo-amerikanischen Rechtskreises.** Nicht identisch mit dem Begriff des gewöhnlichen oder schlichten Aufenthalts bzw des Wohnsitzes ist der Begriff des **domicile** im anglo-amerikanischen Privatrecht[59]. Für die inländische Rechtsanwendung ist er deshalb von Bedeutung, weil das domicile im anglo-amerikanischen Rechtskreis im Bereich des Personalstatuts das tragende internationalprivatrechtliche Anknüpfungsmerkmal darstellt und daher häufig, insbes im Familien- und Erbrecht, im Rahmen einer möglichen Rück- oder Weiterverweisung (Art 4 Abs 1) zu prüfen ist. Bezugspunkt des domicile ist nicht ein bestimmter Ort, sondern ein bestimmtes **Rechtsterritorium**. Ein mehrfaches gleichzeitiges domicile ist nicht möglich. Unterschieden werden grds drei Formen des Domizils: Das domicile of origin **(Ursprungsdomizil)**, das domicile of choice **(Wahldomizil)** und das domicile of dependency **(abgeleitetes Domizil** von Kindern). Das mit der Geburt erworbene domicile of origin wird regelmäßig durch das domicile der sorgeberechtigten Eltern zurzeit der Geburt bestimmt und ist unveränderlich, während das domicile of choice selbst erworben und aufgegeben werden kann. Für die internationalprivatrechtliche Anknüpfung ist primär das Wahldomizil relevant, nur bei Fehlen eines solchen ist auf die anderen Arten zurückzugreifen. Damit ist – anders als beim Wohnsitzbegriff – domicile-Losigkeit nicht möglich. Der Erwerb eines domicile of choice erfordert objektiv die Niederlassung in einem bestimmten Rechtsgebiet (residence) und subjektiv die Absicht, dort für unbestimmte Zeit zu verbleiben (animus manendi, intention to reside permanently). Hierbei werden relativ strenge Kriterien angelegt, die freilich in den verschiedenen Rechtsordnungen des anglo-amerikanischen Rechtskreises in den Einzelheiten divergieren können[60]. Wird ein neues domicile of choice erworben, so erlischt das frühere. Wird es ohne Erwerb eines neuen Wahldomizils aufgegeben, so lebt das Ursprungsdomizil wieder auf, da dieses stets, wenn auch nur im Hintergrund, vorhanden ist[61].

19 Nicht zu verwechseln mit dem anglo-amerikanischen domicile-Begriff ist derjenige des Wohnsitzes („domicile") des **französischen** Rechtskreises, der inhaltlich weitgehend dem Begriff des gewöhnlichen Aufenthaltes entspricht.

IV. Anhang: Das Personalstatut von Flüchtlingen, Verschleppten, Vertriebenen und Staatenlosen

20 Bezüglich des Personalstatuts von Flüchtlingen[62] und Vertriebenen bestehen zahlreiche staatsvertragliche und autonome Sonderregelungen. Sie zielen sämtlich darauf ab, die bei diesen Personen als unangemessen empfundene oder nicht mögliche Anknüpfung an die Staatsangehörigkeit durch eine

---

[54] BGHZ 78, 293, 301 = NJW 1981, 520, 521 zu Art 1, 2 MSA: „nach der Erfahrung im Regelfall angemessene Zeitspanne"; OLG Hamm NJW-RR 1997, 5, 6; *Palandt/Heldrich* Rn 11 mwN.
[55] BT-Drucks 10/504 S 42.
[56] BGH NJW 1993, 2047, 2049.
[57] Vgl etwa BGH NJW 1993, 2047, 2049.
[58] So aber AnwK-BGB/*Schulze* Rn 20; *Staudinger/Blumenwitz* Rn 50; wie hier *Raape/Sturm* IPR, Bd 1, 6. Aufl 1977, S 131.
[59] Vgl *Staudinger/Hausmann* Anh Art 4 Rn 5; *Junker* IPR Rn 129 ff; zum domicile-Begriff in den USA vgl *Bungert* IPRax 1993, 10, 11.
[60] Tendenziell großzügiger etwa das Recht der US-amerikanischen Einzelstaaten, vgl *Junker* IPR Rn 131 mwN; aus der Rspr vgl BGH NJW 1991, 3088 betr Ghana; OLG Zweibrücken NJW-RR 1999, 948 betr USA; OLG Köln IPRax 1989, 297 m Anm *Coester-Waltjen* 282 f betr Irland; KG FamRZ 2007, 1561 betr Nigeria. Nur vorübergehend im Ausland stationierte US-Soldaten erwerben am Stationierungsort idR kein „domicile", vgl OLG Zweibrücken; *Bungert* IPRax 1993, 10, 11.
[61] Anders in den USA, wo das (aufgegebene) domicile of choice bis zum Erwerb eines neuen weiterhin anknüpfungsbestimmend bleibt, vgl *Junker* IPR Rn 132.
[62] Umfassend *Lass*, Der Flüchtling im deutschen Internationalen Privatrecht, 1995.

wohnsitz- bzw aufenthaltsbezogene Anknüpfung zu ersetzen[63]. Die Regelungen sind vorrangig von Amts wegen zu prüfen[64].

1. Internationale Flüchtlinge.
a) Genfer Flüchtlingskonvention. UN-Abkommen über die Rechtsstellung der Flüchtlinge vom 28. 7. 1951 BGBl 1953 II S 559.

aa) Wortlaut
Art 1. Definition des Begriffes „Flüchtling"

A.
Im Sinne dieses Abkommens findet der Ausdruck „Flüchtling" auf jede Person Anwendung:
1. Die in Anwendung der Vereinbarungen vom 12. Mai 1926 und 30. Juni 1928 oder in Anwendung der Abkommen vom 28. Oktober 1933 und 10. Februar 1938 und des Protokolls vom 14. September 1939 oder in Anwendung der Verfassung der Internationalen Flüchtlingsorganisation als Flüchtling gilt.
2. Die von der Internationalen Flüchtlingsorganisation während der Dauer ihrer Tätigkeit getroffenen Entscheidungen darüber, daß jemand nicht als Flüchtling im Sinne ihres Status anzusehen ist, stehen dem Umstand nicht entgegen, daß die Flüchtlingseigenschaft Personen zuerkannt wird, die die Voraussetzungen der Ziffer 2 dieses Artikels erfüllen;
3. Die infolge von Ereignissen, die vor dem 1. Januar 1951 eingetreten sind, und aus der begründeten Furcht vor Verfolgung wegen ihrer Rasse, Religion, Nationalität, Zugehörigkeit zu einer bestimmten sozialen Gruppe oder wegen ihrer politischen Überzeugung sich außerhalb des Landes befindet, dessen Staatsangehörigkeit sie besitzt, und den Schutz dieses Landes nicht in Anspruch nehmen kann oder wegen dieser Befürchtung nicht in Anspruch nehmen will; oder die sich als staatenlose infolge solcher Ereignisse außerhalb des Landes befindet, in welchem sie ihren gewöhnlichen Aufenthalt hatte, und nicht dorthin zurückkehren kann oder wegen der erwähnten Befürchtungen nicht dorthin zurückkehren will.
¹Für den Fall, daß eine Person mehr als eine Staatsangehörigkeit hat, bezieht sich der Ausdruck „das Land, dessen Staatsangehörigkeit sie besitzt" auf jedes der Länder, dessen Staatsangehörigkeit diese Person hat. ²Als des Schutzes des Landes, dessen Staatsangehörigkeit sie hat, beraubt gilt nicht eine Person, die ohne einen stichhaltigen, auf eine begründete Befürchtung gestützten Grund den Schutz eines der Länder nicht in Anspruch genommen hat, deren Staatsangehörigkeit sie besitzt.

B.
1. Im Sinne dieses Abkommens können die im Artikel 1 Abschnitt A enthaltenen Worte „Ereignisse, die vor dem 1. Januar 1951 eingetreten sind" in dem Sinne verstanden werden, daß es sich entweder um
a) „Ereignisse, die vor dem 1. Januar 1951 in Europa eingetreten sind" oder
b) „Ereignisse, die vor dem 1. Januar 1951 in Europa oder anderswo eingetreten sind"
handelt. Jeder vertragschließende Staat wird zugleich mit der Unterzeichnung, der Ratifikation oder dem Beitritt eine Erklärung abgeben, welche Bedeutung er diesem Ausdruck vom Standpunkt der von ihm auf Grund dieses Abkommens übernommenen Verpflichtungen zu geben beabsichtigt.
2. Jeder vertragschließende Staat, der die Formulierung zu a) angenommen hat, kann jederzeit durch eine an den Generalsekretär der Vereinten Nationen gerichtete Notifikation seine Verpflichtungen durch Annahme der Formulierung b) erweitern.

C.
Eine Person, auf die die Bestimmungen des Absatzes A zutreffen, fällt nicht mehr unter dieses Abkommen,
1. wenn sie sich freiwillig erneut dem Schutz des Landes, dessen Staatsangehörigkeit sie besitzt, unterstellt; oder
2. wenn sie nach dem Verlust ihrer Staatsangehörigkeit diese freiwillig wiedererlangt hat; oder
3. wenn sie eine neue Staatsangehörigkeit erworben hat und den Schutz des Landes, dessen Staatsangehörigkeit sie erworben hat, genießt; oder
4. wenn sie freiwillig in das Land, das sie aus Furcht vor Verfolgung verlassen hat oder außerhalb dessen sie sich befindet, zurückgekehrt ist und sich dort niedergelassen hat; oder
5. wenn sie nach Wegfall der Umstände, auf Grund deren sie als Flüchtling anerkannt worden ist, es nicht mehr ablehnen kann, den Schutz des Landes in Anspruch zu nehmen, dessen Staatsangehörigkeit sie besitzt.
Hierbei wird jedoch unterstellt, daß die Bestimmung dieser Ziffer auf keinen Flüchtling im Sinne der Ziffer 1 des Abschnittes A dieses Artikels Anwendung findet, der sich auf zwingende, auf früheren Verfolgungen beruhende Gründe berufen kann, um die Inanspruchnahme des Schutzes des Landes abzulehnen, dessen Staatsangehörigkeit er besitzt;

---

[63] Zu rechtspolitischen Vorschlägen für die Einräumung eines Optionsrechts zugunsten der Staatsangehörigkeitsanknüpfung *Henrich*, FS Jayme, 2005, S 321, 328; zust AnwK-BGB/*Schulze* Anh II Art 5 Rn 3.
[64] Vgl für Art 12 der Genfer Flüchtlingskonvention BGH NJW-RR 2007, 145.

6. ¹wenn es sich um eine Person handelt, die keine Staatsangehörigkeit besitzt, falls sie nach Wegfall der Umstände, auf Grund deren sie als Flüchtling anerkannt worden ist, in der Lage ist, in das Land zurückzukehren, in dem sie ihren gewöhnlichen Wohnsitz hat.
²Dabei wird jedoch unterstellt, daß die Bestimmung dieser Ziffer auf keinen Flüchtling im Sinne der Ziffer 1 des Abschnittes A dieses Artikels Anwendung findet, der sich auf zwingende, auf früheren Verfolgungen beruhende Gründe berufen kann, um die Rückkehr in das Land abzulehnen, in dem er seinen gewöhnlichen Aufenthalt hatte.

D.

Dieses Abkommen findet keine Anwendung auf Personen, die zur Zeit den Schutz oder Beistand einer Organisation oder einer Institution der Vereinten Nationen mit Ausnahme des Hohen Kommissars der Vereinten Nationen für Flüchtlinge genießen.

Ist dieser Schutz oder diese Unterstützung aus irgendeinem Grunde weggefallen, ohne daß das Schicksal dieser Personen endgültig gemäß den hierauf bezüglichen Entschließungen der Generalversammlung der Vereinten Nationen geregelt worden ist, so fallen diese Personen ipso facto unter die Bestimmungen dieses Abkommens.

E.

Dieses Abkommen findet keine Anwendung auf eine Person, die von den zuständigen Behörden des Landes, in dem sie ihren Aufenthalt genommen hat, als eine Person anerkannt wird, welche die Rechte und Pflichten hat, die mit dem Besitz der Staatsangehörigkeit dieses Landes verknüpft sind.

F.

Die Bestimmungen dieses Abkommens finden keine Anwendung auf Personen, in bezug auf die aus schwerwiegenden Gründen die Annahme gerechtfertigt ist,
a) daß sie ein Verbrechen gegen den Frieden, ein Kriegsverbrechen oder ein Verbrechen gegen die Menschlichkeit im Sinne der internationalen Vertragswerke begangen haben, die ausgearbeitet worden sind, um Bestimmungen bezüglich dieser Verbrechen zu treffen;
b) daß sie ein schweres nichtpolitisches Verbrechen außerhalb des Aufnahmelandes begangen haben, bevor sie dort als Flüchtling aufgenommen wurden;
c) daß sie sich Handlungen zuschulden kommen ließen, die den Zielen und Grundsätzen der Vereinten Nationen zuwiderlaufen.

Art 12 Personalstatut

1. Das Personalstatut jedes Flüchtlings bestimmt sich nach dem Recht des Landes seines Wohnsitzes oder, in Ermangelung eines Wohnsitzes, nach dem Recht seines Aufenthaltslandes.
2. ¹Die von einem Flüchtling vorher erworbenen und sich aus seinem Personalstatut ergebenden Rechte, insbesondere die aus der Eheschließung, werden von jedem vertragschließenden Staat geachtet, gegebenenfalls vorbehaltlich der Formalitäten, die nach dem in diesem Staat geltenden Recht vorgesehen sind. ²Hierbei wird jedoch unterstellt, daß das betreffende Recht zu demjenigen gehört, das nach den Gesetzen dieses Staates anerkannt worden wäre, wenn die in Betracht kommende Person kein Flüchtling geworden wäre.

Art 16 Zugang zu den Gerichten

1. Jeder Flüchtling hat in dem Gebiet der vertragschließenden Staaten freien und ungehinderten Zugang zu den Gerichten.
2. In dem vertragschließenden Staat, in dem ein Flüchtling seinen gewöhnlichen Aufenthalt hat, genießt er hinsichtlich des Zugangs zu den Gerichten einschließlich des Armenrechts und der Befreiung von der Sicherheitsleistung für Prozeßkosten dieselbe Behandlung wie ein eigener Staatsangehöriger.
3. In den vertragschließenden Staaten, in denen ein Flüchtling nicht seinen gewöhnlichen Aufenthalt hat, genießt er hinsichtlich der in Ziffer 2 erwähnten Angelegenheit dieselbe Behandlung wie ein Staatsangehöriger des Landes, in dem er seinen gewöhnlichen Aufenthalt hat.

Art I des Protokolls über die Rechtsstellung der Flüchtlinge vom 31. 1. 1967 (BGBl 1969 II S 1294)

(1) Die Vertragstaaten dieses Protokolls verpflichten sich, die Artikel 2 bis 34 des Abkommens auf Flüchtlinge im Sinne der nachstehenden Begriffsbestimmung anzuwenden.

(2) Außer für die Anwendung des Absatzes 3 dieses Artikels bezeichnet der Ausdruck „Flüchtling" im Sinne dieses Protokolls jede unter die Begriffsbestimmung des Artikels 1 des Abkommens fallende Person, als seien die Worte „infolge von Ereignissen, die vor dem 1. Januar 1951 eingetreten sind, und …" sowie die Worte „… infolge solcher Ereignisse" in Artikel I Abschnitt A Absatz 2 nicht enthalten.

(3) Dieses Protokoll wird von seinen Vertragstaaten ohne jede geographische Begrenzung angewendet; jedoch finden die bereits nach Artikel 1 Abschnitt B Absatz 1 Buchstabe a) des Abkommens abgegebenen Erklärungen von Staaten, die schon Vertragstaaten des Abkommens sind, auch auf Grund

dieses Protokolls Anwendung, sofern nicht die Verpflichtungen des betreffenden Staates nach Artikel 1 Abschnitt B Absatz 2 des Abkommens erweitert worden sind.

bb) Normzweck. Zweck des Art 12 Genfer Flüchtlingskonvention (GK) ist es, der besonderen 23 Situation des Flüchtlings Rechnung tragend (Schutz vor dem Recht des Verfolgerstaates, rechtliche Integration im Aufnahmestaat), in allen Fragen des Personalstatuts die Anknüpfung an die Staatsangehörigkeit durch eine Anknüpfung an den Wohnsitz bzw den Aufenthalt zu ersetzen bzw die Anwendung des Rechts des Heimat- bzw Verfolgerstaates weitgehend zu vermeiden. Die zentrale Bedeutung von Art 12 GK für das IPR ergibt sich daraus, dass sowohl § 2 AsylVfG als auch § 1 des Gesetzes über Maßnahmen für im Rahmen humanitärer Hilfsaktionen aufgenommene Flüchtlinge auf die GK verweisen.

cc) Persönlicher Anwendungsbereich: Flüchtlingseigenschaft. Erfasst werden nach Art 1 A 24 Nr 1 GK zunächst Personen[65], die nach früheren Abkommen Flüchtlingsstatus haben (sog Nansen-Flüchtlinge und IRO-Flüchtlinge). Zentrale Bedeutung hat heute Art 1 A Nr 2 GK iVm Art 1 Abs 2 des Protokolls. Danach findet das Abkommen auch auf die neueren Flüchtlingsbewegungen Anwendung. Voraussetzung für den Flüchtlingsstatus ist, dass die **begründete Furcht** vor rassischer, religiöser, ethnischer, sozialer oder politischer Verfolgung besteht und sich die betreffende Person aus diesem Grund außerhalb ihres Heimatlandes aufhält bzw aus diesem Grund den Schutz ihres Heimatlandes nicht in Anspruch nehmen kann oder will. Andere Fluchtgründe, insbes die bloße Unzufriedenheit mit der allgemeinen ökonomischen Situation des Heimatlandes („Wirtschaftsflüchtlinge"), aber auch echte Notlagen wie Naturkatastrophen, Dürre, Hungersnot etc, begründen als solche nicht den Flüchtlingsstatus nach der Konvention. Freilich kann sich aber eine politische, rassische oder sonstige Verfolgung in der Bedrohung der wirtschaftlichen Existenz manifestieren[66]. Die (begründet befürchtete) Verfolgung aus den genannten Gründen muss weiter zu einer Bedrohung von Leib, Leben, Bewegungsfreiheit, Religionsausübung oder wirtschaftlicher Existenz führen. Sie muss nicht direkt vom Staat ausgehen. Ausreichend ist, dass der betreffende Staat sie nicht verhindert[67]. Die Verfolgung muss nicht zu einer Flucht geführt haben. Ausreichend ist, dass der Person aus den vom Abkommen erfassten Gründen die Rückkehr in den Heimatstaat nicht zugemutet werden kann (sog **réfugié sur place**). Der Flüchtlingsstatus wird dann in dem Zeitpunkt begründet, in welchem sich der Verzicht auf die Rückkehr in den Heimatstaat eindeutig manifestiert[68]. Ist die Person **staatenlos**, so muss sich die Verfolgung in Bezug auf den Staat des gewöhnlichen Aufenthalts ergeben (Nr 2 Abs 1 aE), bei Mehrstaatern muss die Aufenthalts- und Verfolgungssituation nach Nr 2 Abs 2 bezüglich sämtlicher Heimatstaaten bestehen.

Umstritten ist die Frage eines **abgeleiteten Flüchtlingsstatus** von Familienmitgliedern (sog per- 25 sonae coniunctae), die nicht selbst einen Flüchtlingstatbestand erfüllen[69]. Nach wohl hM erstreckt sich in Bezug auf das Personalstatut ein solcher abgeleiteter Status auf Ehegatten und Kinder, welche kraft Gesetzes die Staatsangehörigkeit des Flüchtlings teilen bzw staatenlos sind, weil dieser staatenlos ist[70]. Richtigerweise erweist sich jedoch ein solcher Status zumindest für Zwecke des internationalen Privatrechts als überholt: Sofern die nahe stehende Person nicht selbst einen Flüchtlingstatbestand erfüllt (was wiederum durch die familiäre Verbundenheit mit einem Flüchtling begründet sein kann), besteht kein Anlass zum Abweichen von der Regelanknüpfung der jeweiligen Kollisionsnorm[71].

Art 1 D–F GK enthalten (mit Ausnahme von Art 1 D Abs 2[72]) **Ausschlusstatbestände.** Art 1 D 26 betrifft Palästinenser, Art 1 E GK betrifft etwa unter Art 116 Abs 1 GG fallende Personen, so dass volksdeutsche Flüchtlinge nicht unter die Konvention fallen. Art 1 F enthält spezielle Unwürdigkeitsgründe.

Die Flüchtlingseigenschaft **endet** nach Art 1 C Nr 1–6 GK mit freiwilliger Unterstellung unter den 27 Schutz des Verfolgerstaates (etwa durch die Inanspruchnahme von Vorteilen der Auslandsvertretung des Verfolgerstaates ohne zwingenden Grund)[73], freiwilliger Wiedererlangung der Staatsangehörigkeit des Verfolgerstaates, Erwerb der Staatsangehörigkeit eines Staates, dessen Schutz die Person genießt, freiwillige Rückkehr und Niederlassung im Verfolgerstaat, Wegfall der Verfolgungsgründe im Heimatstaat (bei Staatenlosen im Wohnsitzstaat).

---

[65] Vgl ausf das Gutachten des Amtes des Hohen Kommissars der Vereinten Nationen für Flüchtlinge RzW 1968, 156.
[66] *Palandt/Heldrich* Art 5 Anh Rn 19; *Soergel/Kegel* Anh Art 5 Rn 43.
[67] Nach BVerwG NVwZ 1994, 497; NVwZ 1994, 1112 ist Mindestvoraussetzung aber die effektive Gebietsgewalt des Staates; an dieser fehlt es regelmäßig im Fall von Bürgerkriegen; aA VG Frankfurt NVwZ-RR 1994, 358.
[68] Vgl etwa OLG Hamm NJW-RR 1993, 266: Manifestation durch Asylantrag.
[69] Vgl eingehend *Lass,* Der Flüchtling im deutschen Internationalen Privatrecht, 1995, S 48 ff sowie *Jayme* IPRax 1981, 73.
[70] BayObLGZ 1999, 27, 30 f; 1974, 95, 100; BayObLG NJW 1975, 2146 f; *Palandt/Heldrich* Anh Art 5 Rn 22; *Staudinger/Blumenwitz* Anh IV zu Art 5 Rn 59; *Erman/Hohloch* Rn 83.
[71] Überzeugend *Lass,* Der Flüchtling im deutschen Internationalen Privatrecht, 1995, S 51, zust MünchKommBGB/*Sonnenberger* Art 5 Anh II Rn 71; AnwK-BGB/*Schulze* Anh II Art 5 Rn 22; aus der Rspr vgl OLG Düsseldorf StAZ 1989, 280, 282; AG Rottweil IPRspr 2003 Nr 4.
[72] Vgl BVerwGE 88, 254, 258 = NVwZ 1992, 180 sowie *Lass,* Der Flüchtling im deutschen Internationalen Privatrecht, 1995, S 43: originärer Flüchtlingsstatus, der nicht die Erfüllung der Merkmale des Art 1 A voraussetzt.
[73] So etwa bei Beantragung oder Verlängerung eines Passes, sofern nicht eine moralische Zwangslage besteht, nicht aber bei Heirat vor dem Generalkonsulat des Verfolgerstaates, vgl zum Ganzen BVerwGE 89, 231, 235 = StAZ 1993, 219 betr Türkei.

28   **dd) Feststellung der Flüchtlingseigenschaft, Verhältnis zum AsylVfG.** Die Feststellung der Flüchtlingseigenschaft nach der Flüchtlingskonvention erfolgt zumindest für die Frage der Anwendbarkeit von Art 12 GK nicht in einem zentralisierten Verfahren, sondern jeweils inzidenter, ohne dass dabei eine Bindung an die Entscheidungen von inländischen oder ausländischen Verwaltungsbehörden besteht[74]. Die Ablehnung der Asylberechtigung im Verfahren nach dem AsylVfG präjudiziert daher rechtlich in keiner Weise die Frage der Flüchtlingseigenschaft nach der Konvention (Rn 38). Ebensowenig kann eine Person, die sich international-privatrechtlich auf die Flüchtlingseigenschaft beruft, auf die Durchführung eines Asylverfahrens verwiesen werden, da diese Frage nicht Gegenstand des Verfahrens als Anerkennung als Asylberechtigter iS von Art 16 a GG ist[75]. Die Anerkennung als politisch Verfolgter in einem anderen Vertragsstaat der Konvention hat keine Bindungswirkung für Asylanträge in Deutschland[76].

29   **ee) Kollisionsrechtliche Behandlung von Flüchtlingen – Personalstatut (Art 12 GK).** Wenn Art 12 Abs 1 GK bestimmt, dass sich das Personalstatut eines Flüchtlings nach dem Recht des Wohnsitzlandes, hilfsweise des Aufenthaltslandes bestimmt, so bedeutet dies zunächst, dass – wie in Art 5 Abs 2 – in jeder Kollisionsnorm des (auch staatsvertraglichen) deutschen IPR das Anknüpfungsmerkmal „Staatsangehörigkeit" durch das Anknüpfungsmerkmal „Wohnsitz" hilfsweise „Aufenthalt" zu ersetzen ist[77]. Darüber hinaus sind – vorbehaltlich von Art 12 Abs 2 GK – alle Anknüpfungen im Bereich des Personen-, Familien- und Erbrechts, die **im Ergebnis** zur Anwendung des Rechts des Verfolgerstaates führen, durch die Anwendung des Wohnsitz- bzw Aufenthaltsrechts zu ersetzen. Ist der Flüchtling gemeinsam mit einer anderen Person Anknüpfungssubjekt (Art 14 Abs 1, 17 Abs 1, 19 Abs 1, 22 S 2), so müssen bei der Anknüpfung die Voraussetzungen von Art 12 Abs 1 (Nichtanwendung des Rechts des Verfolgerstaates) in der Person des Flüchtlings liegenden Bezugspunkte, die im Ergebnis zum Recht des Verfolgerstaates führen, unberücksichtigt bleiben. Führt etwa eine Anknüpfung nach Art 14 Abs 1 Nr 2 an den letzten gemeinsamen gewöhnlichen Aufenthalt zum Recht des Verfolgerstaates, muss die Anknüpfung als gescheitert gelten und ist auf die nächste Anknüpfung, hilfsweise auf die lex fori zurückzugreifen[78].

30   Der Begriff des **Wohnsitzes** wird der jeweiligen lex fori überlassen. Es gilt damit grds der Wohnsitzbegriff des deutschen Rechts, wobei eine gewisse Tendenz besteht, innerhalb des deutschen Rechts für Zwecke des Übereinkommens den Wohnsitz abweichend von §§ 7 ff BGB wie den gewöhnlichen Aufenthalt[79] zu definieren (sog **„kollisionsrechtlicher Wohnsitzbegriff"**)[80].

31   Maßgebender **Zeitpunkt** für die Anknüpfungsersetzung ist dabei derjenige der Begründung der Flüchtlingseigenschaft. Wenn die jeweilige Kollisionsnorm bei der Anknüpfung an die Staatsangehörigkeit auf einen früheren Zeitpunkt abstellt (zB Zeitpunkt der Eheschließung, Art 15), so bleibt es grds bei dieser Anknüpfung, sofern nicht im Einzelfall ein Widerspruch zum Zweck der Konvention (Schutz vor dem Recht des Verfolgerstaates) vorliegt. Es kommt in diesem Falle auch nicht zu einer **„Versteinerung"** (Einl IPR Rn 41) des Heimatrechts.

32   Aus dem Integrationsziel der Konvention ergibt sich – anders als im Rahmen von Art 5 Abs 2 – eine kollisionsrechtliche Inländergleichstellung auch hinsichtlich der Anwendbarkeit von **Exklusivnormen** zugunsten deutscher Staatsangehöriger (Art 13 Abs 2, 3, 17 Abs 1, 18 Abs 5)[81].

33   Da bei Art 12 GK grds darauf beschränkt, das Anknüpfungsmerkmal „Staatsangehörigkeit" durch „Wohnsitz" zu ersetzen, sind **Rück- und Weiterverweisung** bei der nun modifiziert anzuwendenden Kollisionsnorm grds in gleichem Maße zu beachten wie bei unmodifizierter Anwendung[82], sofern sie nicht im Ergebnis zur Anwendung des Rechts des Heimat- oder Fluchtstaates führen (Fall eines renvoi-Ausschlusses nach Art 4 Abs 1 S 1 HS 1; Art 4 Abs 8).

34   Erworbene Rechte bleiben gemäß Art 12 Abs 2 GK von einem durch Begründung des Flüchtlingsstatus verursachten **Statutenwechsel** unberührt (Einl IPR Rn 42).

35   Nach Art 16 Abs 2 GK steht ein Flüchtling auch hinsichtlich der **internationalen Zuständigkeit** einem Inländer gleich[83].

---

[74] Ganz hM, vgl OLG Hamm NJW-RR 1993, 266; NJW-RR 1992, 391, 392; BayObLGZ 1986, 189, 193; *Palandt/Heldrich* Art 5 Anh Rn 23, 28; *Soergel/Kegel* Art 5 Anh Rn 34; *Staudinger/Blumenwitz* Anh IV Art 5 Rn 56; *Lass*, Der Flüchtling im deutschen Internationalen Privatrecht, 1995, S 80 f; zur Indizwirkung der Unterstellung eines Flüchtlings unter das Mandat des Hohen Flüchtlingskommissars der Vereinten Nationen vgl VG Düsseldorf NVwZ 1990, 102.
[75] BVerwG NVwZ 1989, 378.
[76] BVerwG NVwZ 1987, 507.
[77] HM, vgl nur *Palandt/Heldrich* Art 5 Anh Rn 24; *Staudinger/Blumenwitz* Anh IV Art 5 Rn 66; aA MünchKommBGB/*Sonnenberger* Art 5 Anh II Rn 74, der den gegenständlichen Anwendungsbereich auf personen-, familien- und erbrechtliche Regelungen beschränkt sieht.
[78] MünchKommBGB/*Sonnenberger* Art 5 Anh II Rn 75; zum Scheitern der Anknüpfung s Einl IPR Rn 75.
[79] Dazu sowie zum Begriff des „schlichten Aufenthalts" s Rn 13 ff.
[80] HM, vgl *Palandt/Heldrich* Art 5 Anh Rn 24; MünchKommBGB/*Sonnenberger* Art 5 Anh I Rn 8 sowie Einl IPR Rn 728 mwN; AnwK-BGB/*Schulze* Anh II Rn 26; aA *Soergel/Kegel* Art 5 Anh Rn 61.
[81] BGH NJW 1985, 1283 = IPRax 1985, 292 f m Anm *Jayme* 272 f; MünchKommBGB/*Sonnenberger* Art 5 Anh II Rn 77; nach dem Zweck der Exklusivnorm diff *Lass*, Der Flüchtling im deutschen Internationalen Privatrecht, 1995, S 126 f; zum Begriff der Exklusivnorm s Einl IPR Rn 45.
[82] Zutr OLG Hamm IPRspr 1991, Nr 74; IPRspr 1992 Nr 144; MünchKommBGB/*Sonnenberger* Art 5 Anh II Rn 83; *Staudinger/Blumenwitz* Anh IV Art 5 Rn 68; aA *Palandt/Heldrich* Art 5 Anh Rn 25; *Soergel/Kegel* Art 5 Anh Rn 74; *Lass*, Der Flüchtling im deutschen Internationalen Privatrecht, 1995, S 124 f; OLG Hamm NJW-RR 1992, 391 = StAZ 1991, 315.
[83] Vgl zuletzt BGH NJW 1990, 636 mwN; *Dörner/Kötter* IPRax 1991, 39; *Lass*, Der Flüchtling im deutschen Internationalen Privatrecht, 1995, S 176 ff mwN.

b) Gesetz zur Neuregelung des Asylverfahrens idF vom 26. 6. 1992 (AsylVfG).

aa) Wortlaut

§ 1 Geltungsbereich

(1) Dieses Gesetz gilt für Ausländer, die Schutz als politisch Verfolgte nach Artikel 16 Abs. 2 Satz 2 des Grundgesetzes oder Schutz vor Abschiebung oder einer sonstigen Rückführung in einen Staat beantragen, in dem ihnen die in § 51 Abs. 1 des Ausländergesetzes bezeichneten Gefahren drohen.
(2) Dieses Gesetz gilt nicht
1. für heimatlose Ausländer im Sinne des Gesetzes über die Rechtsstellung heimatloser Ausländer im Bundesgebiet in der im Bundesgesetzblatt Teil III, Gliederungsnummer 243–1, veröffentlichten bereinigten Fassung, zuletzt geändert durch Artikel 4 des Gesetzes vom 9. Juli 1990 (BGBl. I S 1354),
2. für Ausländer im Sinne des Gesetzes über Maßnahmen für im Rahmen humanitärer Hilfsaktionen aufgenommene Flüchtlinge vom 22. Juli 1980 (BGBl. I S. 1057), zuletzt geändert durch Artikel 5 des Gesetzes vom 9. Juli 1990 (BGBl. I S. 1354).

§ 2 Rechtsstellung Asylberechtigter

(1) Asylberechtigte genießen im Bundesgebiet die Rechtsstellung nach dem Abkommen über die Rechtsstellung der Flüchtlinge vom 28. Juli 1951 (BGBl. 1953 II S. 559).
(2) Unberührt bleiben die Vorschriften, die den Asylberechtigten eine günstigere Rechtsstellung einräumen.
(3) Ausländer, denen bis zum Wirksamwerden des Beitritts in dem in Artikel 3 des Einigungsvertrages genannten Gebiet Asyl gewährt worden ist, gelten als Asylberechtigte.

§ 3 Rechtsstellung sonstiger politisch Verfolgter

Ein Ausländer ist Flüchtling im Sinne des Abkommens über die Rechtsstellung der Flüchtlinge, wenn das Bundesamt oder ein Gericht unanfechtbar festgestellt hat, daß ihm in dem Staat, dessen Staatsangehörigkeit er besitzt oder in dem er als Staatenloser seinen gewöhnlichen Aufenthalt hatte, die in § 51 Abs. 1 des Ausländergesetzes bezeichneten Gefahren drohen.

§ 4 Verbindlichkeit asylrechtlicher Entscheidungen

¹Die Entscheidung über den Asylantrag ist in allen Angelegenheiten verbindlich, in denen die Anerkennung oder das Vorliegen der Voraussetzungen des § 51 Abs. 1 des Ausländergesetzes rechtserheblich ist. ²Dies gilt nicht für das Auslieferungsverfahren.

bb) Normzweck. Die für das IPR zentrale Vorschrift des § 2 Abs 1 AsylVfG verfolgt durch die Verweisung auf Art 12 der **Genfer Flüchtlingskonvention** denselben Schutz- und Integrationszweck wie letztere. Die Regelung **erweitert** den persönlichen Anwendungsbereich von Art 12 GK auf Personen, die nicht zugleich Flüchtlinge iS der Genfer Flüchtlingskonvention sind.

cc) Persönlicher Anwendungsbereich: Anerkannte Asylberechtigte. Die Verweisung des § 2 Abs 1 auf Art 12 GK setzt voraus, dass die betreffende Person als Asylberechtigter oder sonst politisch Verfolgter iS von § 51 Abs 1 AuslG **anerkannt** ist (§ 3)[84] oder ihr als politischer Verfolgter vor dem 3. 10. 1990 in der damaligen DDR Asyl gewährt worden ist (§ 2 Abs 3). Solange über einen Asylantrag noch nicht entschieden ist, kann der Antragsteller jedoch unmittelbar nach Art 12 GK zu behandeln sein, wenn er die Voraussetzungen der Flüchtlingseigenschaft nach Art 1 GK erfüllt[85]. Da eine erfolgte Anerkennung nach § 4 AsylVfG in allen Verfahren bindend ist, erübrigt sich ab diesem Zeitpunkt die Prüfung der Flüchtlingseigenschaft nach Art 1 GK, so dass § 2 Abs 1 in diesem Fall auch konstitutive Wirkung zukommen kann[86]. Hat ein Zivilgericht in diesem Fall begründete Zweifel an der Flüchtlingseigenschaft des Betroffenen, kann es lediglich bei der zuständigen Behörde (Bundesamt für die Anerkennung ausländischer Flüchtlinge) die Aufhebung (Rücknahme bzw Widerruf) des Anerkennungsbescheides anregen und das Verfahren nach § 148 ZPO aussetzen[87]. Eine Bindung der Zivilgerichte an die **Ablehnung** der Anerkennung als Asylberechtigter oder politischer Verfolgter iS von § 51 Abs 1 AuslG iVm § 3 AsylVfG bei der Gewährung von Abschiebeschutz besteht freilich nicht, so dass in einem solchen Fall die Flüchtlingseigenschaft nach Art 1 GK weiter bejaht werden kann und daher auch von dem befassten Gericht eigenständig zu prüfen ist[88]. Keine Anwendung findet das Gesetz gemäß § 1 Abs 2 auf **heimatlose Ausländer** iS des HeimatlAuslG sowie auf sog **Kontigentflücht-**

---

[84] Ganz hM, vgl nur BGH NJW-RR 1993, 4; *Palandt/Heldrich* Art 5 Anh Rn 28; MünchKommBGB/*Sonnenberger* Art 5 Anh II Rn 87 mwN.
[85] Zur Bedeutung des Asylantrags für die Flüchtlingseigenschaft nach der Genfer Flüchtlingskonvention s Rn 28.
[86] BGH NJW-RR 2007, 145, 146; aus dem Schrifttum vgl etwa *Wendehorst* IPRax 1999, 276, 277 mwN.
[87] *Wendehorst* IPRax 1999, 276, 277.
[88] BGH NJW-RR 2007, 145, 146; *Palandt/Heldrich* Art 5 Anh Rn 28; *Soergel/Kegel* Art 5 Anh Rn 87; *Wendehorst* IPRax 1999, 276, 277 mwN; zur sachlichen Übereinstimmung des Verfolgungsbegriffes in § 51 Abs 1 AuslG und Art 1 A Nr 2 GK vgl BVerwGE 95, 42 sowie BVerwG NVwZ 1994, 1112.

linge iS des Gesetzes über Maßnahmen für im Rahmen humanitärer Hilfsaktionen aufgenommene Flüchtlinge.

39 Die Frage eines **abgeleiteten** Status von Familienangehörigen stellt sich wegen der Notwendigkeit einer förmlichen Anerkennung auch für die Frage der Gewährung von Familienasyl (§ 26 AsylVfG) nicht[89].

40 Der Status als Asylberechtigter **endigt** mit dem Erlöschen der Anerkennung kraft Gesetzes (§ 72 AsylVfG) oder durch Rücknahme/Widerruf des Anerkennungsbescheides (§ 73 AsylVfG).

dd) Kollisionsrechtliche Behandlung von anerkannten Asylberechtigten – Personalstatut
41 **(§ 2 Abs 1 AsylVfG).** Hinsichtlich der kollisionsrechtlichen Behandlung **anerkannter** Asylberechtigter gilt auf Grund der Verweisung von § 2 Abs 1 AsylVfG das in Rn 29 ff zur Genfer Flüchtlingskonvention Ausgeführte. § 2 Abs 2 AsylVfG hat keine kollisionsrechtliche Bedeutung[90].

c) Gesetz über Maßnahmen für im Rahmen humanitärer Hilfsaktionen aufgenommene Flüchtlinge vom 22. 7. 1980, BGBl I S 1057.

aa) Wortlaut

42 **§ 1 Rechtsstellung**

(1) Wer als Ausländer im Rahmen humanitärer Hilfsaktionen der Bundesrepublik Deutschland auf Grund der Erteilung einer Aufenthaltserlaubnis vor der Einreise in der Form des Sichtvermerks oder auf Grund einer Übernahmeerklärung nach § 33 Abs. 1 des Ausländergesetzes im Geltungsbereich dieses Gesetzes aufgenommen worden ist, genießt im Geltungsbereich dieses Gesetzes die Rechtsstellung nach den Artikeln 2 bis 34 des Abkommens über die Rechtsstellung der Flüchtlinge vom 28. Juli 1951 (BGBl. 1953 II, S. 559).

(2) Auch ohne Aufenthaltserlaubnis oder Übernahmeerklärung genießt die Rechtsstellung nach Absatz 1, wer als Ausländer vor Vollendung des 16. Lebensjahres und vor dem Inkrafttreten des Gesetzes zur Neuregelung des Ausländerrechts im Rahmen humanitärer Hilfsaktionen der Bundesrepublik Deutschland im Geltungsbereich dieses Gesetzes aufgenommen worden ist.

(3) Dem Ausländer wird eine unbefristete Aufenthaltserlaubnis erteilt.

§ 2 Nachweis

Der Flüchtling im Sinne des § 1 erhält zum Nachweis seiner Rechtsstellung eine amtliche Bescheinigung.

§ 2 a Erlöschen der Rechtsstellung

(1) Die Rechtsstellung nach § 1 erlischt, wenn der Ausländer
1. sich freiwillig oder durch Annahme oder Erneuerung eines Nationalpasses erneut dem Schutz des Staates, dessen Staatsangehörigkeit er besitzt, unterstellt oder
2. nach Verlust seiner Staatsangehörigkeit diese freiwillig wiedererlangt hat oder
3. auf Antrag eine neue Staatsangehörigkeit erworben hat und den Schutz des Staates, dessen Staatsangehörigkeit er erworben hat, genießt.

(2) In den Fällen des Absatzes 1 hat der Ausländer unverzüglich die amtliche Bescheinigung seiner Rechtsstellung und den Reiseausweis bei der Ausländerbehörde abzugeben.

43 **bb) Normzweck, Anwendungsbereich und kollisionsrechtliche Behandlung.** Das Gesetz betrifft Personen, die ohne Anerkennung als Asylberechtigte und ohne die Flüchtlingseigenschaft nach der Genfer Flüchtlingskonvention zu besitzen, im Rahmen humanitärer Hilfsmaßnahmen aufgenommen werden **(Kontingentflüchtlinge).** Die Aufnahme muss entweder auf Grund eines Sichtvermerks einer deutschen Auslandsvertretung oder auf Grund einer Übernahmeerklärung des Bundesministeriums des Inneren (§ 33 Abs 1 AuslG) erfolgt sein, bei Personen unter 16 Jahren, die vor dem 1. 1. 1991 aufgenommen wurden (vgl § 1 Abs 2) genügte die schlichte Aufnahme im Rahmen humanitärer Hilfsaktionen. Die Bescheinigung nach § 2 hat nur deklaratorischen Charakter. Der **Verlust** des Status erfolgt nach § 2 a in Anlehnung an die Erlöschensgründe in Art 1 C GK. Die **kollisionsrechtliche Behandlung** ist durch Verweisung auf die Genfer Flüchtlingskonvention geregelt. Es gilt daher insoweit das in Rn 29 ff Dargelegte. Das Gesetz ist gemäß Art 15 Abs 3 Nr 3 des Zuwanderungsgesetzes v. 30. 7. 2004 (BGBl I S 1950) zum 1. 1. 2005 außer Kraft getreten. Der vor diesem Zeitpunkt aufgrund des Gesetzes bereits erfolgte Erwerb eines deutschen Personalstatuts bleibt davon aber unberührt[91].

d) AHK-Gesetz Nr 23 über die Rechtsverhältnisse verschleppter Personen und Flüchtlinge vom 17. 3. 1950 iVm Gesetz über die Rechtsstellung heimatloser Ausländer im Bundesgebiet vom 25. 4. 1951.

aa) Wortlaut

---

[89] MünchKommBGB/*Sonnenberger* Art 5 Anh II Rn 89.
[90] *Lass*, Der Flüchtling im deutschen Internationalen Privatrecht, 1995, S 59 ff; MünchKommBGB/*Sonnenberger* Art 5 Anh II Rn 94; Erman/*Hohloch* Rn 89; aA Palandt/*Heldrich* Art 5 Anh Rn 29; *Jayme* IPRax 1984, 114 f.
[91] AG Leverkusen FamRZ 2007, 1565.

AHK-Gesetz Nr 23 über die Rechtsverhältnisse verschleppter Personen und Flüchtlinge 44
vom 17. 3. 1950 (AHKABl S 140, SaBl S 256, idF des AHKG 48 vom 1. 3. 1951,
AHKABl S 808, SaBl S 322; dazu Lass, Der Flüchtling im deutschen
Internationalen Privatrecht, 1995, S 23 ff):

Art 1

Soweit das Einführungsgesetz zum Bürgerlichen Gesetzbuch bestimmt, daß die Gesetze des Staates, dem eine Person angehört, maßgebend sind, werden die Rechtsverhältnisse einer verschleppten Person oder eines Flüchtlings nach dem Recht des Staates beurteilt, in welchem die Person oder der Flüchtling zu der maßgebenden Zeit den gewöhnlichen Aufenthalt hat oder gehabt hat, oder, falls ein gewöhnlicher Aufenthalt fehlt, nach dem Recht des Staates, in welchem die Person oder der Flüchtling sich zu der maßgebenden Zeit befindet oder befunden hat.

Art 2

Artikel 1 findet keine Anwendung auf die in Artikel 24 und 25 des Einführungsgesetzes zum Bürgerlichen Gesetzbuch geregelten Gegenstände.

Art 10

Im Sinne dieses Gesetzes bedeutet:
a) Der Ausdruck „verschleppte Personen und Flüchtlinge" Personen, die nicht die deutsche Staatsangehörigkeit besitzen oder deren Staatsangehörigkeit nicht festgestellt werden kann, sofern sie ihren Aufenthalt im Gebiet der Bundesrepublik haben und eine amtliche Bescheinigung darüber besitzen, daß sie der Obhut der internationalen Organisation unterstehen, die von den Vereinten Nationen mit der Betreuung der verschleppten Personen und Flüchtlinge beauftragt ist;

Gesetz über die Rechtsstellung heimatloser Ausländer im Bundesgebiet
vom 25. 4. 1951 (HeimatlAuslG, BGBl I S 269)

§ 8. ¹Hat ein heimatloser Ausländer vor Inkrafttreten dieses Gesetzes nach anderen als den deutschen Vorschriften Rechte erworben, so behält er diese, sofern die Gesetze des Ortes beobachtet sind, an dem das Rechtsgeschäft vorgenommen ist. ²Dies gilt insbesondere für eine vor Inkrafttreten dieses Gesetzes geschlossene Ehe.

bb) Normzweck, Anwendungsbereich und kollisionsrechtliche Behandlung. Die heute 45
wegen des Vorrangs der Genfer Flüchtlingskonvention weitgehend obsolete Regelung betraf Personen, die sich infolge der Wirren des 2. Weltkriegs auf der Flucht befanden oder verschleppt wurden (sog **displaced persons**). Erfasst werden nach Art 10 nur Personen, die nicht die deutsche Staatsangehörigkeit besitzen oder deren Staatsangehörigkeit nicht festgestellt werden kann und die zumindest ihren schlichten Aufenthalt im Inland haben. Diese Personen müssen überdies im Besitz einer amtlichen Bescheinigung der zuständigen UNO-Hilfsorganisation (früher: IRO, heute: UNHCR) sein. Volksdeutsche Flüchtlinge und Vertriebene fallen von Art 116 Abs 1 GG fallen nicht unter die Regelung. **Kollisionsrechtlich** ordnet Art 1 die Ersetzung des Anknüpfungsmerkmals „Staatsangehörigkeit" durch das Merkmal des gewöhnlichen, hilfsweise des schlichten Aufenthalts (zum Begriff s Rn 13 ff) an. Dies gilt nach Art 2 nicht für den Bereich des **Internationalen Erbrechts**[92]. § 8 HeimatlAuslG stellt lediglich eine **Ergänzung** der Regelungen des AHK-Gesetzes Nr 23 um ein Rückwirkungsverbot dar. Die schlecht formulierte Vorschrift will klarstellen, dass die Anknüpfung des Personalstatuts nach Art 1 AHK-Gesetz Nr 23 nur solche Tatbestände erfasst, die nach dessen Inkrafttreten verwirklicht wurden[93].

2. Volksdeutsche Flüchtlinge und Vertriebene (Art 9 Abs 2 Nr 5 FamRÄndG iVm Art 116 GG).

a) Wortlaut

Art 9 Abschnitt II Nr 5 FamRÄndG vom 11. 8. 1961   46

¹Soweit im deutschen bürgerlichen Recht oder im deutschen Verfahrensrecht die Staatsangehörigkeit einer Person maßgebend ist, stehen den deutschen Staatsangehörigen die Personen gleich, die, ohne die deutsche Staatsangehörigkeit zu besitzen, Deutsche im Sinne des Artikels 116 Abs. 1 des Grundgesetzes sind. ²Rechtskräftige gerichtliche Entscheidungen bleiben unberührt.

Art 116 GG

(1) Deutscher im Sinne dieses Grundgesetzes ist vorbehaltlich anderweitiger gesetzlicher Regelung, wer die deutsche Staatsangehörigkeit besitzt oder als Flüchtling oder Vertriebener deutscher Volks-

---

[92] Die Verweisung betrifft Art 24, 25 aF und bezieht sich nunmehr auf Art 25.
[93] HM, vgl nur *Palandt/Heldrich* Art 5 Anh Rn 14; MünchKommBGB/*Sonnenberger* Art 5 Anh II Rn 58.

zugehörigkeit oder als dessen Ehegatte oder Abkömmling in dem Gebiete des deutschen Reiches nach dem Stande vom 31. Dezember 1937 Aufnahme gefunden hat.

(2) Frühere deutsche Staatsangehörige, denen zwischen dem 30. Januar 1933 und dem 8. Mai 1945 die Staatsangehörigkeit aus politischen, rassischen oder religiösen Gründen entzogen worden ist, und ihre Abkömmlinge sind auf Antrag wieder einzubürgern. Sie gelten als nicht ausgebürgert, sofern sie nach dem 8. Mai 1945 ihren Wohnsitz in Deutschland genommen haben und nicht einen entgegengesetzten Willen zum Ausdruck gebracht haben.

47 **b) Normzweck.** Art 9 Abs 2 Nr 5 FamRÄndG stellt international-privatrechtlich Deutsche iS von Art 116 Abs 1 GG deutschen Staatsangehörigen gleich. Art 116 Abs 2 GG betrifft den Status ausgebürgerter Deutscher. Insoweit hat die Vorschrift keinen kollisionsrechtlichen Gehalt.

48 **c) Persönlicher Anwendungsbereich.** Erfasst werden Flüchtlinge oder Vertriebene deutscher Volkszugehörigkeit, die im Gebiet des deutschen Reichs in den Grenzen vom 31. 12. 1937 Aufnahme gefunden haben, ohne die deutsche Staatsangehörigkeit zu besitzen. Als Aufnahmegebiet kommt nur das Gebiet der **Bundesrepublik** und der **ehemaligen DDR** in Betracht, nicht hingegen die Gebiete östlich der heutigen deutsch-polnischen Grenze[94].

49 Die Begriffe „Flüchtling" und „Vertriebener" sind anhand von §§ 1, 2 BVFG auszulegen, der Begriff der deutschen Volkszugehörigkeit ist in § 6 BVFG definiert. Erfasst werden auch **Spätaussiedler** iS von § 4 BVFG, dh solche Personen, die zum Zeitpunkt der Vertreibungs- bzw Verfolgungsmaßnahme noch nicht geboren waren. Deutsche iS von Art 116 Abs 1 GG sind auch Personen, die als Ehegatte und Abkömmling eines Volksdeutschen Aufnahme gefunden haben, was einen kausalen Zusammenhang der familienrechtlichen Verbindung mit der Aufnahme voraussetzt[95]. Nach der Aufnahme geborene Abkömmlinge sind nur dann Deutsche, wenn sie nach den Regeln des deutschen Staatsangehörigkeitsrechts die Staatsangehörigkeit eines Elternteils erwerben würden, der Deutscher iS von Art 116 Abs 1 GG ist[96]. Vertriebene sind nach § 1 Abs 2 Nr 3 BVFG auch **Aussiedler**, wenn sie das Aufnahmeverfahren vor dem 1. 1. 1993 durchlaufen haben, sowie **Spätaussiedler** (§ 4 Abs 3 BVFG).

50 **d) Kollisionsrechtliche Behandlung.** Nach Art 9 Abschnitt II Nr 5 FamRÄndG sind Deutsche iS von Art 116 Abs 1 GG kollisionsrechtlich deutschen Staatsangehörigen gleichgestellt. Die Vorschrift bestätigt lediglich die sich bereits direkt aus Art 116 Abs 1 GG ergebende Gleichstellung, sie wirkt daher auf den Zeitpunkt des Inkrafttretens von Art 116 Abs 1 GG (24. 5. 1949) zurück[97]. Die betroffenen Personen gelten für Fragen des IPR sowie des IZPR gemäß Art 5 Abs 1 2 ausschließlich als deutsche Staatsangehörige. Diese Gleichstellung betrifft auch die **Exklusivnormen** zugunsten Deutscher. Für die Zeit vor Inkrafttreten des Art 116 Abs 1 GG bzw für den Zeitraum vor Aufnahme der betreffenden Person im ehemaligen Reichsgebiet verbleibt es dagegen bei den allgemeinen Anknüpfungsregeln, dh bei der Anknüpfung an die nichtdeutsche Staatsangehörigkeit bzw im Falle der Staatenlosigkeit an den gewöhnlichen Aufenthalt. Es kann damit – insbes im Ehegüterrecht[98] – zu einem Statutenwechsel kommen (zum Begriff s Einl IPR Rn 42).

3. Staatenlose nach dem New Yorker UN-Übereinkommen über die Rechtsstellung der Staatenlosen vom 28. 9. 1954 (BGBl 1976 II S 473, für die Bundesrepublik Deutschland in Kraft getreten am 24. 1. 1977, BGBl II S 235; zu den Vertragsstaaten s FNB 2001 S 349 und BGBl 2001 II S 235).

51 a) **Wortlaut**

Art 1 Definition des Begriffs „Staatenloser"

(1) Im Sinne dieses Übereinkommens ist ein „Staatenloser" eine Person, die kein Staat auf Grund seines Rechtes als Staatsangehörigen ansieht.

(2) Dieses Übereinkommen findet keine Anwendung

i) auf Personen, denen gegenwärtig ein Organ oder eine Organisation der Vereinten Nationen mit Ausnahme des Hohen Flüchtlingskommissars der Vereinten Nationen Schutz oder Beistand gewährt, solange sie diesen Schutz oder Beistand genießen;

ii) auf Personen, denen die zuständigen Behörden des Landes, in dem sie ihren Aufenthalt genommen haben, die Rechte und Pflichten zuerkennen, die mit dem Besitz der Staatsangehörigkeit dieses Landes verknüpft sind;

iii) auf Personen, bei denen aus schwerwiegenden Gründen die Annahme gerechtfertigt ist,

a) daß sie ein Verbrechen gegen den Frieden, ein Kriegsverbrechen oder ein Verbrechen gegen die Menschlichkeit im Sinne der internationalen Übereinkünfte begangen haben, die abgefaßt wurden, um Bestimmungen hinsichtlich derartiger Verbrechen zu treffen;

---

[94] BVerwGE 38, 224, 228 = NJW 1971, 2003. Zur fortbestehenden deutschen Staatsangehörigkeit dort lebender Deutscher selbst bei Hinzuerwerb der polnischen Staatsangehörigkeit vgl BVerwGE 40, 141 = NJW 1975, 2887 sowie *Palandt/Heldrich* Art 5 Anh Rn 10 mwN.
[95] Vgl BVerwGE 90, 174 = FamRZ 1993, 53 betr Abkömmlinge; BVerwG NVwZ-RR 1993, 105 betr Ehegatte.
[96] BVerwGE 71, 100 f. Die Erwachsenenadoption begründet damit nicht die Eigenschaft als „Abkömmling" iSv. Art. 116 Abs. 1 GG, BVerwG NJW 2007, 937.
[97] *Palandt/Heldrich* Art 5 Anh Rn 12.
[98] Vgl Gesetz über den ehelichen Güterstand von Vertriebenen und Flüchtlingen vom 5. 8. 1969, Art 15 Rn 81 ff; zum Namensrecht s Art 10 Rn 14.

b) daß sie ein schweres nichtpolitisches Verbrechen außerhalb ihres Aufenthaltslands begangen haben, bevor sie dort Aufnahme fanden;
c) daß sie sich Handlungen zuschulden kommen ließen, die den Zielen und Grundsätzen der Vereinten Nationen zuwiderlaufen.

Art 12 Personalstatut

(1) Das Personalstatut eines Staatenlosen bestimmt sich nach den Gesetzen des Landes seines Wohnsitzes oder, wenn er keinen Wohnsitz hat, nach den Gesetzen seines Aufenthaltslands.

(2) Die von einem Staatenlosen früher erworbenen, sich aus seinem Personalstatut ergebenden Rechte, insbesondere die aus der Eheschließung, werden von jedem Vertragsstaat vorbehaltlich der nach seinen Gesetzen gegebenenfalls zu erfüllenden Förmlichkeiten geachtet; hierbei wird vorausgesetzt, daß es sich um ein Recht handelt, das nach den Gesetzen dieses Staates anerkannt worden wäre, wenn der Berechtigte nicht staatenlos geworden wäre.

b) Normzweck. Ebenso wie Art 5 Abs 2 bezweckt das Übereinkommen kollisionsrechtlich eine **Gleichstellung** von Staatenlosen mit Inländern. 52

c) Anwendungsbereich. Eine Person ist dann staatenlos, wenn sie von keinem Staat als eigener 53 Staatsangehöriger betrachtet wird (Art 1 Abs 1). Nach Art 1 Abs 2 sind bestimmte Personen vom Anwendungsbereich ausgenommen. Art 1 Abs 2 i) betrifft insbes staatenlose **Palästinenser**, soweit diese unter Betreuung der UNRWA stehen[99]. Zukünftig ist jedoch die mögliche Entwicklung einer eigenen palästinensischen Staatsangehörigkeit in Betracht zu ziehen. Aus Art 1 Abs 2 ii) ergibt sich insbes ein Vorrang von Art 116 Abs 1 GG für staatenlose Volksdeutsche. Die Abgrenzung des Anwendungsbereichs zur Genfer Flüchtlingskonvention erübrigt sich aus kollisionsrechtlicher Sicht, da Art 12 GK und Art 12 des Staatenlosenübereinkommens inhaltlich weitgehend übereinstimmen.

d) Kollisionsrechtliche Behandlung. Hinsichtlich der kollisionsrechtlichen Behandlung Staatenlo- 54 ser gilt das zu Art 12 der Genfer Flüchtlingskonvention Ausgeführte (Rn 29 ff) entsprechend: Art 12 des Staatenlosenübereinkommens bestimmt damit, dass – wie in Art 5 Abs 2 – in jeder Kollisionsnorm des (auch staatsvertraglichen) deutschen IPR das Anknüpfungsmerkmal „Staatsangehörigkeit" durch das Anknüpfungsmerkmal „Wohnsitz", hilfsweise „Aufenthalt" zu ersetzen ist. Hierin erschöpft sich die Bedeutung der Vorschrift. Da das Übereinkommen – anders als die Flüchtlingskonvention – neben der Gleichbehandlung nicht das weitere Ziel verfolgt, den Betroffenen vor der Anwendung eines bestimmten Rechts zu bewahren, besteht eine darüber hinausgehende Problematik nicht[100]. Aus diesem Grunde ist auch ein sich bei der modifizierten Anwendung der jeweiligen Kollisionsnorm ergebender renvoi ausnahmslos zu beachten[101]. Ist ein Staatenloser gleichzeitig Flüchtling iS der Genfer Flüchtlingskonvention, so gilt dies jedoch nur mit den dort genannten Einschränkungen (Rn 33)[102].

Art 6 Öffentliche Ordnung (ordre public)

[1]Eine Rechtsnorm eines anderen Staates ist nicht anzuwenden, wenn ihre Anwendung zu einem Ergebnis führt, das mit wesentlichen Grundsätzen des deutschen Rechts offensichtlich unvereinbar ist. [2]Sie ist insbesondere nicht anzuwenden, wenn die Anwendung mit den Grundrechten unvereinbar ist.

Übersicht

	Rn		Rn
I. Normzweck	1	**IV. Rechtsfolgen eines ordre public-Verstoßes**	16
II. Anwendungsbereich	5	1. Nichtanwendung	16
1. Ausländisches staatliches Recht, Recht der ehemaligen DDR	5	2. Lückenfüllung	17
2. Staatsvertragliches und europäisches Kollisionsrecht	7	**V. Ausländischer ordre public**	18
		VI. Verfahrensrechtliche Fragen	19
III. Prüfungsgegenstand und Prüfungsmaßstab	9	**VII. Einzelfälle**	20
1. Ergebnis der Rechtsanwendung	9	1. IPR des Allgemeinen Teils	21
2. Offensichtliche Unvereinbarkeit mit wesentlichen Grundsätzen des deutschen Rechts, Grundrechtsverstoß	13	2. Internationales Schuldrecht	22
		3. Internationales Sachenrecht	23
		4. Internationales Familienrecht	24
3. Hinreichender Inlandsbezug	15	5. Internationales Erbrecht	25

---

[99] Vgl hierzu sowie allg zur internationalprivatrechtlichen Stellung der Palästinenser zuletzt *Börner* IPRax 1997, 47.
[100] So zutr MünchKommBGB/*Sonnenberger* Art 5 Anh I Rn 6.
[101] Str, aA noch *Palandt/Heldrich* Art 5 Anh Rn 25; wie hier MünchKommBGB/*Sonnenberger* Art 5 Anh I Rn 11; AnwK-BGB/*Schulze* Anh II Art 5 Rn 7 und inzwischen auch *Staudinger/Blumenwitz* Art 5 Rn 70; diff *Looschelders* Anh Art 5 Rn 15, der den renvoi im Einzelfall für unbeachtlich hält.
[102] MünchKommBGB/*Sonnenberger* Art 5 Anh I Rn 11.

I. Normzweck

1   Die Ermittlung des jeweiligen Sachstatuts durch Anwendung der Kollisionsnorm erfolgt zunächst zwangsläufig ohne Rücksicht auf dessen Inhalt und damit ohne Rücksicht auf die rechtliche Gesamtbeurteilung des jeweiligen konkreten Lebenssachverhalts. Man hat diese Situation treffend als „Sprung ins Dunkle"[1] bezeichnet. Da die Rechtsordnung aber gegenüber dem materiellen Endergebnis der jeweiligen Rechtsfrage nicht blind sein darf, sichert Art 6 die **materiellen Grundwertungen** der eigenen Rechtsordnung (ordre public) gegen die von den Kollisionsnormen prinzipiell zugelassenen Auswirkungen der Anwendung fremden Rechts ab[2]. Der **ordre public-Vorbehalt** ist damit einer der wichtigsten allgemeinen Grundsätze des IPR. Art 6 soll – trotz bzw gerade wegen der vom IPR vorausgesetzten Gleichwertigkeit der Rechtsordnungen – eine Ergebniskontrolle und -korrektur in denjenigen Fällen ermöglichen, in welchen das Ergebnis der Anwendung des an sich berufenen Rechts eines anderen Staates gegen **wesentliche Grundsätze** des **deutschen Rechts,** insbes gegen die **Grundrechte** verstößt. Es handelt sich damit um eine **konkretisierungsbedürftige Generalklausel,** wie sie – geschrieben oder ungeschrieben – jede Rechtsordnung enthält. Sachlich stimmt die Vorschrift mit ihrem Vorläufer (Art 30 aF) vollständig überein, eine inhaltliche Abweichung war vom Gesetzgeber trotz der abweichenden Formulierung nicht beabsichtigt[3].

2   Neben Art 6 enthält das deutsche IPR noch **spezielle Vorbehaltsklauseln** (Art 13 Abs 2, 17 Abs 3 S 2, 40 Abs 3), die in ihrem Anwendungsbereich Art 6 verdrängen. Auch das Internationale **Verfahrensrecht,** für das Art 6 nicht gilt, enthält spezielle Vorbehaltsklauseln (zB §§ 328 Abs 1 Nr 4, 1059 Abs 2 Nr 2 b ZPO; § 16 a Nr 4 FGG; § 1061 ZPO iVm Art V Abs 2 lit b des Übereinkommens vom 10. 6. 1958 über die Anerkennung und Vollstreckung ausländischer Schiedssprüche, BGBl 1961 II S 121; Art 102 Abs 1 Nr 2 EGInsO; Art 27 Nr 1 LugÜ; Art 34 Nr 1 VO Nr 44/2001/EG – „Brüssel I-VO" –; Art 15 Abs 1 Nr 1 EG-VO Nr 1347/2000 – „Brüssel II-VO")[4]. Dieser sog **anerkennungsrechtliche ordre public** hat gegenüber dem **internationalprivatrechtlichen ordre public** bei der Anwendung ausländischen Rechts eine Sonderstellung: Hat ein deutscher Richter ausländisches Recht anzuwenden, so ist der Maßstab strenger als bei der bloßen Hinnahme ausländischer Rechtsanwendung durch Anerkennung eines Urteils[5]. Wenig hilfreich ist freilich die in diesem Zusammenhang gelegentlich verwendete[6] terminologische Unterscheidung zwischen ordre public international und ordre public national[7]. Im Zusammenhang mit Art 13 Abs 1 des Haager Zustellungsübereinkommens (HZÜ)[8], wonach der ersuchte Staat die Zustellung nur verweigern darf, wenn seine Hoheitsrechte oder seine Sicherheit gefährdet sind, wird auch von einem noch weiter abgeschwächten **zustellungsrechtlichen ordre public** gesprochen[9]. Dieser greift erst ein, wenn das mit der Klage verfolgte Ziel „offensichtlich gegen unverzichtbare Grundsätze eines freiheitlichen Rechtsstaats verstieße", was etwa bei einer auf Strafschadensersatz („punitive damages") gerichteten Klage nicht ohne weiteres der Fall ist[10]. Auch die Unterwerfung unter eine sog „pre-trial discovery" stellt keinen offensichtlichen Verstoß gegen unverzichtbare Grundsätze eines freiheitlichen Rechtsstaats dar[11]. Der zustellungsrechtliche ordre public kann aber dann verletzt sein, wenn Verfahren vor staatlichen Gerichten in einer offenkundig missbräuchlichen Art und Weise genutzt werden, um einen Marktteilnehmer gefügig zu machen[12].

3   Die Vorschrift ist eine rein **negative Vorbehaltsklausel** mit Abwehrfunktion. Sie kann nicht dazu dienen, als zwingend erachteten Normen des deutschen materiellen Rechts unabhängig vom Inhalt an sich anwendbaren ausländischen Rechts Geltung zu verschaffen. Dies kann nur über besondere Vorbehaltsklauseln (vgl etwa Art 34) bzw über spezielle **Eingriffsnormen** erfolgen, die man gelegentlich auch als **positiven ordre public, ordre public interne** oder als **lois d'application immédiate** bezeichnet (Einl IPR Rn 49)[13].

4   Art 6 ist auch keine allgemeine **kollisionsrechtliche Ausweichklausel** (zum Begriff s Einl IPR Rn 4), welche es erlauben würde, als unangemessen empfundene Ergebnisse durch eine Korrektur auf kollisionsrechtlicher Ebene zu umgehen, wenn etwa eine andere als die an sich anwendbare Rechtsordnung als die sachnähere oder „bessere" empfunden wird[14].

---

[1] *Raape* IPR, 5. Aufl 1961, S 90.
[2] So die Formulierung des RegE, BT-Drucks 10/504 S 43.
[3] Begr RegE, BT-Drucks 10/504 S 43; BGHZ 104, 240, 243.
[4] Vgl *Bruns* JZ 1999, 278.
[5] BGH NJW 1998, 2358 = IPRax 1999, 466 m Anm *Fischer* 450; BGHZ 118, 312, 329 = NJW 1992, 3096, 3100; *Bruns* JZ 1999, 278.
[6] ZB BGHZ 138, 331, 334 = NJW 1998, 2358 = IPRax 1999, 466 m Anm *Fischer* 450.
[7] Vgl MünchKommBGB/*Sonnenberger* Rn 19.
[8] Haager Übereinkommen über die Zustellung gerichtlicher und außergerichtlicher Schriftstücke im Ausland in Zivil- oder Handelssachen vom 15. 11. 1965, BGBl 1977 II S 1452.
[9] PWW/*Mörsdorf-Schulte* Rn 7; s dazu auch OLG Koblenz IPRax 2006, 25, 35 f; BVerfGE 108, 238 sowie BVerfG RIW 2007, 211 zur Zustellung von Klagen auf Strafschadensersatz („punitive damages") und Sammelklagen („class actions").
[10] BVerfGE 91, 335, 343; 108, 238, 247 sowie BVerfG RIW 2007, 211 und dazu *v. Hein* RIW 2007, 249.
[11] BVerfG WM 2007, 375 Rn 15.
[12] BVerfGE 108, 238, 248.
[13] Zur uneinheitlichen Terminologie in diesem Bereich vgl insbes MünchKommBGB/*Sonnenberger* Rn 17 ff.
[14] Ganz hM, vgl nur MünchKommBGB/*Sonnenberger* Rn 10 mwN.

II. Anwendungsbereich

1. Ausländisches staatliches Recht, Recht der ehemaligen DDR. Der ordre public-Vorbehalt 5 wendet sich gegen das **Ergebnis** der Anwendung einer Rechtsnorm eines anderen Staates, bei der es sich auch um eine Kollisionsnorm handeln kann[15]. Deutsches sowie nicht-staatliches Recht ist keiner Kontrolle nach Art 6 unterworfen[16]. Verstößt das Ergebnis der Anwendung **deutschen** Rechts gegen grundlegende innerstaatliche Gerechtigkeitsvorstellungen, ist es entweder unrichtig angewendet oder aber verfassungswidrig und aus diesem Grunde nicht anzuwenden bzw nach Art 100 GG durch das BVerfG zu überprüfen.

Im **innerdeutschen** Recht war die Vorschrift vor der Wiedervereinigung analog anzuwenden[17]. 6 Soweit nach der Wiedervereinigung Deutschlands auf Grund der Regelungen des Einigungsvertrags intertemporal weiterhin DDR-Recht anzuwenden ist, kommt nach zutreffender Ansicht des BGH eine analoge Anwendung von Art 6 nicht mehr in Betracht, weil der insoweit vorrangige **Einigungsvertrag** keine Art 6 entsprechende Regelung enthält[18]. Das intertemporal anwendbare DDR-Recht ist aber **direkt** am Maßstab des Grundgesetzes zu messen sowie unter Berücksichtigung des mit der Wiedervereinigung eingetretenen Wertewandels ggf modifiziert, dh verfassungskonform anzuwenden[19]. Dies kommt im Ergebnis einer entsprechenden Anwendung von Art 6 sehr nahe[20]. Insbes bleiben Vorschriften und Auslegungskriterien, die Ausdruck spezifischer Wertungen des totalitären Systems der ehemaligen DDR sind, außer Betracht. Eine in der ehemaligen DDR vertretene Gesetzesauslegung ist damit bei intertemporaler Anwendbarkeit von DDR-Recht abweichend vom dem allgemeinen Prinzip, dass eine Rechtsordnung so angewendet werden soll, wie sie zum maßgeblichen Zeitpunkt tatsächlich angewandt wurde (Einl IPR Rn 85), nur dann weiterhin maßgeblich, wenn sie mit dem Grundgesetz vereinbar ist und nicht auf spezifisch sozialistischen Wertungen beruht. Dies folgt aus Art 1 des DDR-Gesetzes (Verfassungsgrundsätze) vom 17. 6. 1990 (GBl DDR I S 299) und aus Art 4 Abs 1 des Vertrages über die Schaffung einer Währungs-, Wirtschafts- und Sozialunion zwischen der Bundesrepublik und der DDR vom 18. 5. 1990 (BGBl II S 53), nach denen das Recht der DDR, soweit es nach dem Vertrag unverändert fortbesteht, ua gemäß den im gemeinsamen Protokoll vereinbarten Leitsätzen (BGBl 1990 II S 545) auszulegen ist. Danach (Leitsatz A S 2 des gemeinsamen Protokolls) sind von spezifisch sozialistischen Wertungen geprägte Vorschriften nicht mehr anzuwenden sowie der Grundsatz von Treu und Glauben zu beachten[21]. Diesen Wandel (Überlagerung durch die elementaren Rechtsprinzipien des Rechts der Bundesrepublik wie insbes den guten Sitten und dem Grundsatz von Treu und Glauben) hat das Recht der DDR noch während ihres Bestehens erfahren[22]. Nur das dementsprechend ausgelegte und verfassungskonforme DDR-Recht ist damit „bisheriges DDR-Recht", dessen Fortgeltung die Art 230 ff unter bestimmten Voraussetzungen vorschreiben[23].

2. Staatsvertragliches und europäisches Kollisionsrecht. Auch im Bereich des **staatsvertrag-** 7 **lichen Kollisionsrechts** ist die Anwendung von Art 6 grds ausgeschlossen. Ein ordre public-Vorbehalt kann dort nur insoweit zum Zuge kommen, als der jeweilige Staatsvertrag selbst einen solchen vorsieht (was zumindest bei den Staatsverträgen jüngeren Datums idR der Fall ist, s zB Art 16 MSA, Art 16 EVÜ) oder die Anwendung von Vorbehaltsklauseln des autonomen IPR zumindest zulässt, was im Wege der Auslegung zu ermitteln[24], im Zweifel aber zu verneinen ist[25]. In diesem Fall kann die Anwendung der Vorbehaltsklausel selbst dann nicht erfolgen, wenn alle beteiligten Staaten in nationalen Recht einen solchen Vorbehalt vorsehen[26]. Die Gegenansicht, die den innerstaatlichen ordre public-Vorbehalt eingreifen lassen will, soweit er sich im Einzelfall mit dem entsprechenden nationalen Vorbehalt des anderen Vertragsstaats deckt[27], behandelt letztlich ein Scheinproblem, da in diesem Fall idR bereits nach dem auf Grund des Staatsvertrags anwendbaren Recht Unwirksamkeit des betreffen-

---

[15] Zur Problematik gleichheitswidrigen ausländischen Kollisionsrechts im Rahmen der Prüfung einer Rückverweisung s Einl IPR Rn 23.
[16] Unrichtig daher BGHZ 104, 240, 243 ff = IPRax 1989, 235; hiergegen zutr *Behrens* IPRax 1989, 217, 221.
[17] Vgl nur BGH NJW 1989, 1352 zu Art 30 aF.
[18] Sehr str, aA OLG Dresden DtZ 1993, 345; *Drobnig* DtZ 1994, 90; *Horn* AcP 94 (1994), 195 sowie zuletzt *Fischer* DtZ 1997, 74 mwN; wie hier *Palandt/Heldrich* Rn 12; MünchKommBGB/*Sonnenberger* Rn 41; *Staudinger/Blumenwitz* Rn 87.
[19] Vgl etwa BGHZ 117, 35 = NJW 1992, 821.
[20] So zutr BGHZ 127, 195, 204 f.
[21] BGHZ 124, 270, 277 f = NJW 1994, 582, 583.
[22] Zutr betont von BGHZ 127, 195, 203 f = NJW 1995, 256, 258.
[23] BGHZ 124, 270, 277 f = NJW 1994, 582, 583; BGHZ 126, 87, 91 f = NJW 1994, 1792, 1793; zum Wegfall der Geschäftsgrundlage vgl etwa BGHZ 120, 10, 22 f = NJW 1993, 259.
[24] So entnimmt die hM etwa Art 8 Abs 3 S 2 des Deutsch-Iranischen Niederlassungsabkommens vom 17. 2. 1929, RGBl 1930 II S 1006, die Möglichkeit der Anwendung von Art 6 sowie der speziellen Vorbehaltsklauseln des deutschen IPR, vgl BGH NJW-RR 2005, 1449, 1450; BGHZ 120, 29, 35 = NJW 1993, 848, 849 = FamRZ 1993, 316, 317; BGH NJW-RR 1993, 962 = FamRZ 1993, 1053; OLG Oldenburg FamRZ 1995, 1590; OLG Hamm FamRZ 1993, 111, 113 = IPRax 1994, 49, 52; *Schotten/Wittkowski* FamRZ 1995, 264, 266; *Krüger* FamRZ 1973, 6, 8 f; IPG 1983 Nr 32 S 293.
[25] MünchKommBGB/*Sonnenberger* Rn 29; *Palandt/Heldrich* Rn 11.
[26] Zutr *M. Ulmer* IPRax 1996, 100, 102; MünchKommBGB/*Sonnenberger* Rn 29.
[27] OLG Düsseldorf WM 1995, 808, 811 = IPRax 1996, 128; *Ebenroth/Kemner/Willburger* ZIP 1995, 972, 975; MünchKommBGB/*Kindler* IntGesR Rn 326.

den Rechtsvorgangs vorliegen wird. Nur bei einer – selten relevanten – staatsvertraglichen Verweisung auf das Recht eines Nicht-Vertragsstaates wird man auf diese Weise dem gemeinsamen ordre public der Vertragsstaaten Geltung verschaffen können und müssen. Im Bereich des europäischen Kollisionsrechts (Einl IPR Rn 25) gilt Entsprechendes: Spielraum für den nationalen ordre public bleibt nur, soweit die jeweilige europarechtliche Kollisionsnorm dies zulässt. Die Rechtsakte zum vertraglichen und außervertraglichen Schuldrecht enthalten sämtlich einen solchen Vorbehalt[28]. Im Übrigen sind bei Anwendung des ordre public-Vorbehalts selbstverständlich die Grundfreiheiten des EG-Vertrags zu beachten[29].

8 Auch ein möglicher staatsvertraglicher (oder europarechtlicher) ordre public-Vorbehalt bezieht sich stets auf den ordre public des jeweiligen Gerichtsstaates. Vor deutschen Gerichten kommt es also grds nur auf den **deutschen** ordre public an[30], der freilich inhaltlich vom europäischen Recht als Bestandteil der „wesentlichen Grundsätze des deutschen Rechts" geprägt sein kann (Rn 14). Inwieweit sich daneben im gemeinschaftsrechtlichen Kollisionsrecht ein eigenständiger **europäischer ordre public** entwickelt, der sich vom Einfluss des europäischen Rechts auf die Wertungen innerhalb des nationalen ordre public dadurch unterscheidet, dass nicht nur die Kontrollmaßstäbe, sondern auch die Kontrollinstrumentarien selbst dem europäischen Recht entstammen, bleibt abzuwarten[31]. Angesichts der von staatsvertraglichem und europäischem Kollisionsrecht angestrebten Rechtsvereinheitlichung ist aber auch von einem möglichen ordre public-Einwand sehr zurückhaltend Gebrauch zu machen[32]. Soweit staatsvertragliches Kollisionsrecht zulässigerweise in das autonome Recht integriert wurde und seinerseits einen ordre public-Vorbehalt enthält, ist Art 6 als kodifikatorische Integration des staatsvertraglichen Vorbehalts in das EGBGB zu verstehen und damit unter besonderer Berücksichtigung des staatsvertraglichen Charakters der Norm anzuwenden, dh ebenfalls besonders restriktiv auszulegen.

III. Prüfungsgegenstand und Prüfungsmaßstab

9 **1. Ergebnis der Rechtsanwendung.** Art 6 S 1 untersagt die Anwendung einer Rechtsnorm eines anderen Staates, wenn ihre Anwendung zu einem Ergebnis führt, das mit **wesentlichen Grundsätzen** des deutschen Rechts offensichtlich unvereinbar ist. Bereits aus dem Wortlaut der Norm ergibt sich damit, dass **Prüfungsgegenstand** der Vorbehaltsklausel das **konkrete Anwendungsergebnis einer Rechtsnorm im jeweiligen Einzelfall** ist. Art 6 legitimiert damit keinesfalls eine abstrakte Kontrolle der betreffenden Norm[33]. Selbst wenn diese – gedacht als Norm des deutschen materiellen Rechts – evident verfassungswidrig wäre, steht ihrer Anwendung nichts entgegen, wenn nur das Anwendungsergebnis im Einzelfall nicht offensichtlich mit wesentlichen Grundsätzen des deutschen Rechts unvereinbar ist[34]. Letzteres setzt nicht notwendig vollständige Ergebnisübereinstimmung mit der Anwendung deutschen Rechts voraus. Ebenso kann die Anwendung einer abstrakt unbedenklichen Norm im Einzelfall – etwa wegen des Zusammenspiels mit anderen, nicht aufeinander abgestimmten Normen – zu einem ordre public-widrigen Ergebnis führen[35]. Der Verstoß des Rechtsanwendungsergebnisses gegen den ordre public kann sich schließlich auch aus dem Fehlen einer Norm ergeben[36]. Ergebnis der Rechtsanwendung iS von Art 6 ist damit nicht nur das unmittelbare Ergebnis der jeweiligen Rechtsfrage, sondern das **Gesamtergebnis** der rechtlichen Bewertung eines Lebenssachverhaltes. So ist es

---

[28] S Art 20 Vorschlag zur „Rom I"-VO vom 15. 12. 2005, KOM (2005) 650; Art 26 „Rom II"-VO vom 11. 7. 2007, ABl EU vom 31. 7. 2007, L 199/40; Art 20 e Vorschlag zur „Rom III"-VO vom 17. 7. 2006, KOM (2006) 399; Art 20 Vorschlag zur VO über Unterhaltspflichten vom 15. 12. 2005 KOM (2005) 649; s dazu Einl IPR Rn 25.
[29] Begründungserwägung Nr 13 zum Vorschlag der „Rom I"-VO vom 15. 12. 2005, KOM (2005) 650; nach Art 20 S 2 Vorschlag zur VO über Unterhaltspflichten vom 15. 12. 2005 KOM (2005) 649 ist die Anwendung des dort geregelten ordre public-Vorbehalts gegenüber Rechtsvorschriften eines Mitgliedstaates sogar ausgeschlossen.
[30] So auch die aaO zitierten Regelungen der VO-Entwürfe, die sich sämtlich auf den ordre public des „Staates des angerufenen Gerichts" beziehen.
[31] *Basedow*, FS Sonnenberger, 2004, S 291 ff; *Martiny*, FS Sonnenberger, 2004, S 523 ff sowie AnwK-BGB/*Schulze* Rn 14.
[32] *Palandt/Heldrich* Rn 2.
[33] HM, vgl nur BGHZ 39, 173, 177; 118, 312, 331; 160, 332, 344; *Spickhoff*, Der ordre public im Internationalen Privatrecht, 1989, S 79 f; MünchKommBGB/*Sonnenberger* Rn 47; *Staudinger/Blumenwitz* Rn 105; *Palandt/Heldrich* Rn 5; AnwK-BGB/*Schulze* Rn 28, jeweils mwN; anders der Ausgangspunkt von *Dörner* IPRax 1994, 33, 35 f, der in einem ersten Schritt feststellen will, ob die anzuwendende Rechtsnorm mit den tragenden Grundsätzen des deutschen Rechts vereinbar ist und in einem zweiten Schritt (negativ) prüfen will, ob das Anwendungsergebnis im konkreten Einzelfall ausnahmsweise toleriert werden kann.
[34] Vgl BGHZ 120, 29 = NJW 1993, 848 = IPRax 1993, 102 m Anm *Henrich* 81 = JZ 1993, 210 m Anm *Spickhoff*; BGH NJW-RR 1993, 962, 963: kein ordre public-Verstoß der Anwendung iranischen Rechts der elterlichen Sorge, wenn trotz einseitiger Bevorzugung des Vaters im Einzelfall das Rechtsanwendungsergebnis dem Kindeswohl entspricht. BGHZ 160, 332; OLG Hamm IPRax 1995, 174, 175; OLG Koblenz NJW-RR 1993, 70 = FamRZ 1993, 563; OLG München IPRax 1989, 238, 241: kein ordre public-Verstoß des einseitigen Verstoßungsrechts des Ehemannes (talaq) bei Einverständnis der Ehefrau mit der Ehescheidung bzw bei Vorliegen der Scheidungsvoraussetzungen des deutschen Rechts; aus der Lit vgl *Coester* IPRax 1991, 236; *Henrich* IPRax 1993, 81; unrichtig daher RGZ 106, 82, wo – ohne Rücksicht auf den konkreten Einzelfall – die Anwendung einer Rechtsordnung, die keine Verjährung vorsieht, als ordre public-widrig angesehen wurde. Zu den damit aufgeworfenen Lückenfüllungsproblemen s Rn 17.
[35] MünchKommBGB/*Sonnenberger* Rn 47 mwN; aA *Spickhoff*, Der ordre public im Internationalen Privatrecht, 1989, S 80.
[36] MünchKommBGB/*Sonnenberger* Rn 48; *Spickhoff*, Der ordre public im Internationalen Privatrecht, 1989, S 80. Die bisherige Rspr hierzu betraf insbes das Fehlen der Legitimationsmöglichkeit nichtehelicher Kinder. Sie dürfte mit Inkrafttreten des KindschRG vom 16. 12. 1997, BGBl I S 2942, obsolet sein, zutr *Palandt/Heldrich* Rn 24.

etwa denkbar, dass eine Rechtsordnung bestimmte Personen erbrechtlich benachteiligt, diese Benachteiligung aber durch andere, komplementäre Rechtsinstitute (wie etwa Ehegüterrecht oder Unterhaltsrecht) kompensiert und so im Gesamtergebnis kein Verstoß gegen den ordre public vorliegt. Denkbar ist auch, dass die Abwesenheit eines Rechtsinstituts durch ein anderes Rechtsinstitut kompensiert wird[37]. Das setzt freilich voraus, dass diese komplementären oder kompensierenden Rechtsinstitute im konkreten Fall auch kollisionsrechtlich anwendbar sind. Ist das nicht der Fall, kommt vorrangig eine Ergebniskorrektur im Wege der Angleichung in Betracht (Einl IPR Rn 90).

Eine **Ausnahme** von der grundsätzlichen Irrelevanz der Begründung eines Rechtsanwendungsergebnisses ist angesichts der überragenden Bedeutung der absoluten Diskriminierungsverbote des Grundgesetzes bei **Gleichheitsverstößen** ohne reale Konkurrenzsituation zu machen: Diskriminiert eine Rechtsordnung bestimmte Bevölkerungsgruppen durch gleichheitswidrige Benachteiligung, so wird man einer entsprechenden Norm auch dann die Anwendung versagen müssen, wenn das Anwendungsergebnis als solches betrachtet deshalb indifferent ist, weil sich der Gleichheitsverstoß erst aus einem hypothetischen Vergleich ergibt. So kann insbes die erbrechtliche Benachteiligung der überlebenden Ehefrau im Vergleich zu einem überlebenden Ehemann im islamischen Rechtskreis auch dann einen ordre public-Verstoß begründen, wenn die absolute Höhe der Erbquote für sich betrachtet keinen solchen Verstoß begründet[38]. **10**

Rechtsanwendungsergebnis iS von Art 6 ist stets das Ergebnis der Anwendung des auf Grund der kollisionsrechtlichen Verweisung anwendbaren **materiellen** Rechts. Kollisionsrechtliche **Zwischenergebnisse** wie insbes die Annahme einer Verweisung bzw die Rück- oder Weiterverweisung durch die erstverweisene Rechtsordnung sind nicht Prüfungsgegenstand der Vorbehaltsklausel. **Ausländisches Kollisionsrecht** kann somit nur dann Gegenstand einer Korrektur nach Art 6 sein, wenn es zugleich zu einem Verstoß gegen wesentliche Grundsätze des deutschen Rechts im materiellrechtlichen Endergebnis führt. Das ist bei einer gleichheitswidrigen Verweisung ausländischen Kollisionsrechts idR nicht der Fall (s dazu sowie zur Gegenansicht Einl IPR Rn 23 mwN). **11**

Die Überprüfung des Ergebnisses der Anwendung einer ausländischen Rechtsnorm setzt die Ermittlung dieses Anwendungsergebnisses voraus, wobei sämtliche anwendbaren komplementären Rechtsinstitute der verwiesenen Rechtsordnung zu berücksichtigen sind. Eine Anwendung von Art 6 unter Verzicht auf die Feststellung und Ermittlung des anwendbaren Rechts „auf Verdacht" ist nicht zulässig[39]. Die Frage des ordre public-Verstoßes darf auch nicht mit dem Fall der Nichtermittelbarkeit des anwendbaren Rechts vermengt werden[40], der ohnehin bereits zur Anwendung deutschen Rechts als Ersatzrecht führt (Einl IPR Rn 84). **12**

2. Offensichtliche Unvereinbarkeit mit wesentlichen Grundsätzen des deutschen Rechts, Grundrechtsverstoß. Aus der Formulierung der Vorschrift, insbes den Kriterien der **Offensichtlichkeit** und der **Wesentlichkeit**, ergibt sich ihr Charakter als eine eng auszulegende, äußerst zurückhaltend anzuwendende **Ausnahmevorschrift**. Unter dem Begriff der „wesentlichen Grundsätze" sollten die in Art 30 aF enthaltenen Kriterien der „guten Sitten" sowie des „Zwecks eines deutschen Gesetzes" zusammengefasst werden[41]. Das Tatbestandsmerkmal der offensichtlichen Unvereinbarkeit mit wesentlichen Grundsätzen des deutschen Rechts setzt einen ohne weiteres erkennbaren, eklatanten Widerspruch gegen solche Regelungen des deutschen Rechts voraus, die zur Grundlage des hiesigen Rechtsverständnisses gehören. Die Anwendung ausländischen Rechts darf den „Kernbestand der inländischen Rechtsordnung" nicht antasten[42], wobei es gleichgültig ist, ob dieser Kernbestand auf rein nationalen Anschauungen beruht oder europäischen oder internationalen Rechtsdenken entstammt[43]. Ein bloßes Abweichen des Ergebnisses von zwingenden Normen des deutschen Rechts ist hierfür nicht ausreichend[44], das Rechtsanwendungsergebnis muss vielmehr zu den Grundgedanken der deutschen Regelungen und den in ihnen enthaltenen Gerechtigkeitsvorstellungen in so starkem Widerspruch stehen, dass es nach inländischer Vorstellung als **schlechthin untragbar** erscheint[45]. In diesem Zusammenhang kann es auch von Bedeutung sein, ob der betreffende Vorgang im konkreten Fall als Vorfrage oder als Hauptfrage zu beurteilen ist: Lediglich vorfrageweise relevante Vorgänge, die keinen direkten Inlandsbezug haben, können einer Kontrolle nach Art 6 auch dann standhalten, wenn sie als Hauptfrage **13**

---

[37] So kann etwa das Adoptionsverbot des islamischen Rechtskreises im Einzelfall durch die Möglichkeit einer kafala (Schutzzusage) kompensiert werden, s AnwK-BGB/*Schulze* Rn 29.
[38] *S. Lorenz* IPRax 1993, 148; im Ergebnis ebenso *Dörner* IPRax 1994, 33, 35 f; *Looschelders* IPRax 2006, 462, 463, 465 f; MünchKommBGB/*Sonnenberger* Rn 54 Fn 189; *Erman/Hohloch* Art 25 Rn 8 und jetzt auch OLG Hamm ZEV 2005, 436, 437 m Anm *S. Lorenz* = IPRax 2005, 481; aA Palandt/*Heldrich* Rn 30; PWW/*Mörsdorf-Schulte* Rn 19 sowie noch OLG Hamm IPRax 1994, 49 = FamRZ 1993, 111.
[39] Palandt/*Heldrich* Rn 5; MünchKommBGB/*Sonnenberger* Rn 46; *Kropholler* IPR § 36 II 3; *Spickhoff*, Der ordre public im Internationalen Privatrecht, 1989, S 79.
[40] So aber BGHZ 69, 387.
[41] Begr RegE, BT-Drucks 10/504 S 43.
[42] So Begr RegE, BT-Drucks 10/504 S 42; zu den Methoden der Konkretisierung der Generalklausel vgl insbes *Jayme*, Methoden der Konkretisierung des ordre public im IPR, 1989.
[43] MünchKommBGB/*Sonnenberger* Rn 19 unter zutr Hinweis auf die Unnötigkeit von Begriffen wie regionaler, internationaler oder europäischer ordre public; für eine eigenständige Rolle des europäischen ordre public hingegen *Basedow*, FS Sonnenberger, 2004, S 291 ff.
[44] BGHZ 118, 312, 330 = NJW 1992, 3096, 3101 zu § 328 Abs 1 Nr 4 ZPO.
[45] So die ständig gebrauchte Formel des BGH, vgl zuletzt BGHZ 123, 268, 270 = NJW 1993, 3269, 3270; BGHZ 118, 312, 330 = NJW 1992, 3096; BGHZ 104, 240, 243 = NJW 1988, 2173 mwN zur älteren Rspr.

als ordre public-widrig eingestuft werden müssten[46]. Maßgeblicher **Zeitpunkt** für die Beurteilung ist derjenige der richterlichen Entscheidung (**Wandelbarkeit** des ordre public-Maßstabs)[47]. Da es sich um eine **Rechtsfrage** handelt, kommt es nicht auf das letzte tatrichterliche Urteil, sondern ggf auf die Revisionsinstanz an[48].

14 Auch der Hinweis auf einen Grundrechtsverstoß in S 2 der Vorschrift stellt keine Neuerung gegenüber dem früheren Rechtszustand dar. Bereits unter Art 30 aF war anerkannt, dass der ordre public-Vorbehalt als „Einbruchstelle der Grundrechte in das IPR"[49] verstanden werden kann. Der Hinweis auf die Grundrechtsverletzung in Art 6 ist überdies missverständlich: Zum einen muss sich auch die Grundrechtsverletzung grds aus dem Ergebnis der Rechtsanwendung ergeben[50], zum anderen liegt nicht bei jedem Ergebnis, das bei einem reinen Inlandsfall als Verstoß gegen Grundrechte zu werten wäre, stets auch im Falle der Auslandsberührung ein Verstoß gegen den ordre public vor. Da die Auslandselemente eines Sachverhalts bei der Prüfung auf Vereinbarkeit mit den Grundrechten zu anderen Ergebnissen führen können als in Fällen, in denen es um die Beurteilung der Grundrechte bei ausschließlichem Inlandsbezug geht[51], ist durch Auslegung der entsprechenden Verfassungsnorm festzustellen, ob sie nach Wortlaut, Sinn und Zweck für jede denkbare Anwendung inländischer hoheitlicher Gewalt gelten will oder ob sie bei Sachverhalten mit mehr oder weniger intensiver Auslandsbeziehung eine Differenzierung zulässt bzw verlangt[52]. Dieser internationale Geltungsbereich der Grundrechte (**Grundrechtskollisionsrecht**) ist ihnen selbst zu entnehmen. Eine entscheidende Rolle kommt hier dem Inlandsbezug des jeweiligen Einzelfalles zu[53]. Weiter ist zu prüfen, ob und inwieweit das Grundrecht in Bezug auf den konkreten Sachverhalt Geltung beansprucht, insbes auch unter Berücksichtigung der Gleichstellung anderer Staaten und der Eigenständigkeit ihrer Rechtsordnungen[54]. Auch kann eine den Besonderheiten des Falles, insbes dem Grad der Inlandsbeziehungen angepasste Auslegung der Grundrechte angezeigt sein[55]. Bestandteil des ordre public sind nicht nur Grundrechte des Grundgesetzes, sondern auch diejenigen der **Länderverfassungen** und menschenrechtlicher Übereinkommen wie insbes der **Europäischen Menschenrechtskonvention** (EMRK)[56]. Gleiches gilt für das primäre und sekundäre **Gemeinschaftsrecht**: Die Grundprinzipien des primären und sekundären Gemeinschaftsrechts sind Bestandteil der innerstaatlichen Ordnung. Ihre Wahrung ist damit zugleich Wahrung der innerstaatlichen Ordnung[57]. So kann etwa auch ein Verstoß gegen die Grundfreiheiten des EG-Vertrags mittelbar einen ordre public-Verstoß darstellen. Auch kann die europäische Dimension einer Regelung wie etwa deren Zurückführung auf eine EG-Richtlinie deren ordre public-Charakter begründen. EG-Richtlinien selbst können auf diese Weise aber erst mit ihrer Umsetzung Bestandteil des nationalen ordre public werden[58].

15 **3. Hinreichender Inlandsbezug.** Neben dem genannten Kriterium eines ergebnisrelevanten offensichtlichen Verstoßes ausländischen Rechts gegen grundlegende inländische Wertvorstellungen verlangt eine Ergebniskorrektur über Art 6 einen hinreichenden Inlandsbezug des jeweiligen Einzelfalls zum Entscheidungszeitpunkt[59]. Dieses nicht ausdrücklich normierte Erfordernis ergibt sich aus dem Ausnahmecharakter der Vorschrift. Der grdse Respekt vor anderen Rechtsordnungen verbietet es, ausländischen Lebenssachverhalten ohne Rücksicht auf ihren Binnenbezug inländische Gerechtigkeitsvorstellungen aufzuoktroyieren. Die Anforderungen an die Stärke dieses Bezuges können je nach Stärke des Verstoßes gegen grundlegende Gerechtigkeitsvorstellungen variieren: je stärker letzterer, desto geringer die Anforderungen an den Inlandsbezug. Es besteht also ein nach Ausmaß und Bedeutung des Inlandsbezugs abgestufter Prüfungsmaßstab (**Relativität** des ordre public)[60]. Als stärkste und idR ausreichende Inlandsbeziehungen kommen insbes die deutsche Staatsangehörigkeit oder der ge-

---

[46] Vgl etwa LG Frankfurt/M FamRZ 1976, 217 betr Ehelichkeit von Kindern einer im Ausland geschlossenen polygamen Ehe; zum Begriff der Vorfrage s Einl IPR Rn 63 ff.
[47] BGHZ 138, 331, 335 = NJW 1998, 2358 = IPRax 1999, 466 m Anm *Fischer* 450 zum anerkennungsrechtlichen ordre public; BGH IPRax 1990, 55; IPRax 1992, 380; BGHZ 51, 290, 293; RGZ 114, 171.
[48] BGHZ 30, 89, 97 zu § 1041 Abs 1 Nr 2 ZPO aF.
[49] So BVerfGE 31, 58 im sog „Spanier-Beschluss", s Einl IPR Rn 21 ff.
[50] Zur hier vertretenen Ausnahme bei Verstößen gegen das Diskriminierungsverbot s Rn 10.
[51] Begr RegE, BT-Drucks 10/504 S 44.
[52] So BVerfGE 31, 58, 72, bestätigt durch BVerfG NJW 2007, 900 und in der Folge die st Rspr des BGH, vgl zuletzt BGHZ 120, 29, 35 = NJW 1993, 848, 849; zum internationalen Anwendungsbereich von Art 3 GG vgl etwa die Ausführungen in BGH NJW-RR 1993, 962, 963.
[53] HM, vgl etwa BVerfGE 31, 58, 77 = NJW 1971, 1509; BGHZ 60, 68, 78 f; OLG Hamm ZEV 2005, 436, 437 f; aus der Lit vgl *Coester-Waltjen* BerGesVR 38 (1998), 9 sowie *Kronke* ebd 33.
[54] BGHZ 120, 29, 34 = NJW 1993, 848, 849; BVerfG NJW 2007, 900.
[55] BGHZ 120, 29, 34 = NJW 1993, 848, 849; BGHZ 63, 219, 226 = NJW 1975, 114.
[56] Begr RegE, BT-Drucks 10/504 S 44.
[57] BGHZ 123, 268, 279; MünchKommBGB/*Sonnenberger* Rn 19; *Palandt/Heldrich* Rn 8; AnwK-BGB/*Schulze* Rn 13; PWW/*Mörsdorf-Schulte* Rn 10, jeweils mwN.
[58] AA AnwK-BGB/*Schulze* Rn 13: bereits mit Ablauf der Umsetzungsfrist; wie hier PWW/*Mörsdorf-Schulte* Rn 11; *Looschelders* Rn 15 und wohl auch *Erman/Hohloch* Rn 23.
[59] Ganz hM, vgl Begr RegE, BT-Drucks 10/504 S 43; BVerfGE 31, 58, 77 = NJW 1971, 1509; BGH NJW 1993, 848, 849; NJW 1992, 3096, 3105; BGHZ 60, 68, 79 = NJW 1973, 417; *Palandt/Heldrich* Rn 6; MünchKommBGB/*Sonnenberger* Rn 82 ff mwN.
[60] HM, vgl nur BGHZ 118, 312, 348 = NJW 1992, 3096, 3105 sowie BVerfG NJW 2007, 900 Rn 73; MünchKommBGB/*Sonnenberger* Rn 83; *Palandt/Heldrich* Rn 6; AnwK-BGB/*Schulze* Rn 36 ff; PWW/*Mörsdorf-Schulte* Rn 15; *Looschelders* Rn 18, jeweils mwN.

Öffentliche Ordnung (ordre public) **Art 6 EGBGB**

wöhnliche Aufenthalt eines Beteiligten im Inland in Betracht[61]. Je nach Lage des Einzelfalles können aber andere Elemente wie etwa Vermögensbelegenheit[62], Unternehmenssitz, Zahlungsort, Ort einer Handlung etc in Betracht gezogen werden[63]. Die bloße internationale Zuständigkeit deutscher Gerichte ist idR, dh vorbehaltlich besonders krasser Verstöße, nicht ausreichend[64]. Am erforderlichen Inlandsbezug kann es auch bei der lediglich vorfrageweisen Relevanz einer Frage fehlen (Rn 13). Die Inlandsbeziehung kann nach zutreffender Auffassung de lege lata nicht durch einen Bezug zu einem Mitgliedstaat der EU oder einen sonstigen EU-Binnenbezug ersetzt werden[65]. Das schließt aber die Verstärkung eines ansonsten eher schwachen Inlandsbezuges eines Sachverhaltes durch einen intensiven Binnenbezug nicht aus. Im Übrigen sind insoweit vorrangig sachnormbezogene Sonderanknüpfungen wie etwa Art 29 a zu prüfen[66].

IV. Rechtsfolgen eines ordre public-Verstoßes

1. Nichtanwendung. Führt die Anwendung einer ausländischen Rechtsnorm zu einem Verstoß **16** gegen den ordre public[67], so ordnet Art 6 S 1 primär die schlichte Nichtanwendung der betreffenden Norm(en) an. In den meisten Fällen wird damit ein sachgemäßes Rechtsanwendungsergebnis erreicht. Dies gilt insbes für ordre public-widrige Ausschlusstatbestände (zB Ausschluss des Erbrechts im Falle der Religionsverschiedenheit im islamischen Recht, Ehehindernisse, Adoptionsverbote, Verjährungs- und Ausschlussfristen etc) oder Erlaubnisse (zB etwa die Möglichkeit einer Mehrehe im islamischen Recht). Die Nichtanwendung darf dabei nur soweit gehen, wie es zur Erreichung eines nicht gegen den ordre public verstoßenden Ergebnisses unbedingt erforderlich ist (Grundsatz des **geringstmöglichen Eingriffs**). Sie betrifft insbes nur die jeweilige den Verstoß begründende Vorschrift, nicht das gesamte Statut: Wird zB in einer Ausschlussfrist zur Geltendmachung nachehelichen Unterhalts ein ordre public-Verstoß gesehen, bedeutet das nicht, dass bezüglich der Bemessung des Unterhaltsanspruchs eine Lücke entsteht. Die übrigen Voraussetzungen und die Bestimmung des Umfangs unterliegen – soweit sie ihrerseits ordre public-konform sind – weiter dem Unterhaltsstatut, ohne dass dafür der Grundsatz des geringstmöglichen Eingriffs als Begründung herangezogen werden muss[68].

2. Lückenfüllung. Ergibt sich der ordre public-Verstoß hingegen aus dem **Nichtvorhandensein** **17** bestimmter Rechtsnormen (zB im Fehlen von Unterhaltstatbeständen) oder hinterlässt die Nichtanwendung der inkriminierten Norm im konkreten Fall eine regelungsbedürftige Lücke (so zB die gleichheitswidrige Benachteiligung bestimmter Erben im islamischen Recht)[69], so stellt sich die Frage der Lückenfüllung. Nach hM ist eine solche Lücke primär aus dem anwendbaren Recht selbst zu füllen (Grundsatz des **geringstmöglichen Eingriffs**)[70]. Erst wenn dies nicht in systemkohärenter Weise möglich ist, kann ersatzweise deutsches Recht als lex fori angewendet werden, soweit dies zur Behebung des Verstoßes notwendig ist, also ein gerade noch erträgliches Rechtsanwendungsergebnis erreicht wird[71]. Die Überlegungen der hM erweisen sich indes in den meisten Fällen als überflüssig. Durch die notwendig auf das **Ergebnis** bezogene Feststellung des ordre public-Verstoßes steht nämlich idR zugleich fest, welches Ergebnis allein dem ordre public entspricht. So wird etwa in dem vieldiskutierten Fall der Unverjährbarkeit einer Forderung[72] ein Scheinproblem diskutiert: Da sich der ordre public-Verstoß nicht unmittelbar aus dem Fehlen einer Verjährungsvorschrift, sondern erst aus der Tatsache ergeben kann, dass **im konkreten Fall** noch keine Verjährung eingetreten ist, kommt als modifiziertes Rechtsanwendungsergebnis zwangsläufig nur Verjährungseintritt in Betracht, ohne dass man zunächst im Wege der Lückenfüllung ein gerade noch erträgliches Höchstmaß der Verjährung feststellen müsste[73]. Ist letzteres nämlich noch nicht überschritten, fehlt es bereits am ordre public-Verstoß des Rechtsanwendungsergebnisses, so dass sich die Lückenfüllungsfrage nicht stellt. Damit gibt in allen Konflikten, in denen es um die Gewährung oder Versagung einer Rechtsfolge **ohne quantitatives** Element geht (so etwa auch im Falle einer ordre public-widrigen Verweigerung der Ehescheidung, Adoption, Statusfeststellung etc), zwangsläufig der Prüfungsmaßstab der lex fori die Lückenfüllung vor[74]. Ob man dieses dann konstruktiv über eine „Angleichung" der lex causae oder – zutreffend – über eine Anwendung der lex fori erreicht[75], ist

---

[61] Begr RegE, BT-Drucks 10/504 S 43.
[62] BGHZ 31, 168, 172 f = NJW 1960, 189: Streitgegenstand.
[63] WN bei MünchKommBGB/*Sonnenberger* Rn 84.
[64] OLG Hamm IPRax 1982, 194 ff, 197; *Palandt/Heldrich* Rn 6; MünchKommBGB/*Sonnenberger* Rn 85.
[65] MünchKommBGB/*Sonnenberger* Rn 87; aA AnwK-BGB/*Schulze* Rn 41.
[66] Zutr AnwK-BGB/*Schulze* Rn 42; ebenso PWW/*Mörsdorf-Schulte* Rn 16.
[67] Vgl eingehend *Schwung*, Die Rechtsfolgen aus der Anwendung der ordre public-Klausel im IPR, 1983.
[68] So aber OLG Koblenz FamRZ 2004, 1877, 1879.
[69] Vgl *S. Lorenz* IPRax 1993, 148, 150.
[70] BGHZ 120, 29, 37 f = NJW 1993, 848, 850; OLG Hamm IPRax 1994, 49, 54; RGZ 106, 82.
[71] Vgl nur *Palandt/Heldrich* Rn 13; *Staudinger/Blumenwitz* Rn 171 sowie eingehend MünchKommBGB/*Sonnenberger* Rn 92 ff, jeweils mwN.
[72] RGZ 106, 82; vgl dazu etwa MünchKommBGB/*Sonnenberger* Rn 94; *Soergel/Kegel* Rn 35; *Kropholler* IPR § 36 V; *Junker* IPR Rn 282; *v. Bar/Mankowski* IPR § 7 Rn 286 f sowie *S. Lorenz* IPRax 1999, 429.
[73] AA AnwK-BGB/*Schulze* Rn 56; wie hier MünchKommBGB/*Sonnenberger* Rn 95; PWW/*Mörsdorf-Schulte* Rn 18; *Looschelders* Rn 32.
[74] *S. Lorenz* IPRax 1999, 429 ff; *Schwung* RabelsZ 49 (1985), 407, 412.
[75] Dafür auch *Looschelders* Rn 32 f.

eine im Ergebnis irrelevante Frage der Terminologie, denn jedenfalls wird das Rechtsanwendungsergebnis durch ein mit der Anwendung der lex fori identisches Ergebnis ersetzt. Nur in den seltenen Fällen, in welchen sich weder durch die Angleichung der lex causae noch durch Anwendung der lex fori sachgerechte Ergebnisse ziehen lassen, weil eine **quantitative** Lücke zu füllen ist und damit die Frage nach der „richtigen" Lösung durch die Bejahung eines ordre public-Verstoßes noch nicht beantwortet ist[76], muss mit der hM eine Lückenfüllung durch eine einzelfallbezogene Sachnorm erfolgen[77]. Es handelt sich hier um einen der materiellrechtlichen **Angleichung** (Einl IPR Rn 90) verwandten Vorgang, dessen Ziel es ist, unter dem mildesten „Eingriff" in die lex causae gerade noch ordre public entsprechendes Ergebnis herzustellen. Ob man dies als eine Modifikation der lex causae, als eigenständige Sachnorm oder – richtigerweise – als materiellrechtliche Angleichung auf der Ebene der lex fori bezeichnet, ist wiederum eine dogmatisch-terminologische Frage ohne Ergebnisrelevanz[78].

V. Ausländischer ordre public

18 Art 6 dient nur der Durchsetzung **inländischer Rechtsvorstellungen.** Der ordre public eines anderen Staates findet in diesem Rahmen keine Beachtung. Er soll aber nach verbreiteter Ansicht bei der Anwendung **ausländischen Kollisionsrechts** im Rahmen der renvoi-Prüfung relevant sein, wenn die vom deutschen IPR erstverwiesene Rechtsordnung zwar zurückverweist oder auf eine dritte Rechtsordnung weiterverweist, diese aber nicht bzw nur modifiziert anwendet, weil sie ihrem ordre public widerspricht. Die (indirekte) Beachtlichkeit des ausländischen ordre public soll sich hier aus dem Gebot ergeben, das durch die deutsche Kollisionsnorm berufene Recht so anzuwenden, wie es im betreffenden Staat tatsächlich angewandt wird[79]. Das so erreichte Ergebnis könne dann allerdings seinerseits wiederum gegen Art 6 verstoßen[80], was idR insbes dann der Fall sei, wenn eine Rückverweisung auf deutsches Recht am ordre public der verwiesenen Rechtsordnung scheitere. Dies ist zumindest für den Fall einer Rückverweisung auf deutsches Recht abzulehnen[81]: Deutsches materielles Recht kann nicht unterschiedlich angewendet werden, je nachdem ob sich seine Anwendbarkeit aus einer primären Verweisung des deutschen IPR oder erst aus einer Rückverweisung einer anderen Rechtsordnung ergibt. Das Interesse an internationaler Entscheidungseinklang hat insoweit hinter dem internen Entscheidungseinklang zurückzutreten[82]. Aber auch im Falle der Weiterverweisung ist die hM abzulehnen: Der durch die Gesamtverweisung erstrebte internationale Entscheidungseinklang bezieht sich nur auf die **kollisionsrechtliche** Entscheidung, die Anwendung des letztlich durch Weiterverweisung anzuwendenden materiellen Rechts ist eine **autonome Rechtsanwendung** des deutschen Richters, die sich ausschließlich an dem anwendbaren materiellen Recht orientiert und keine Rechtsanwendung anstelle des Richters der erstberufenen Rechtsordnung (Einl IPR Rn 85). Das Gebot, das anwendbare materielle Recht so anzuwenden, wie es tatsächlich anzuwenden ist, bezieht sich mit anderen Worten stets darauf, wie es in dem jeweiligen Staat selbst, nicht aber darauf, wie es in einem **anderen** Staat anzuwenden ist. Lediglich das IPR der erstverwiesenen Rechtsordnung ist anzuwenden, wie es im erstverwiesenen Recht tatsächlich angewendet wird (Art 4 Rn 12). Dies schließt den ordre public-Vorbehalt der gesamtverwiesenen Rechtsordnung allenfalls dann ein, wenn er dort bereits auf der Ebene des Kollisionsrechts eingreift, dh die dortige Anknüpfung beeinflusst: Die Gesamtverweisung gibt nur die kollisionsrechtliche Entscheidung, nicht aber die materiellrechtliche Streitentscheidung „aus der Hand".

VI. Verfahrensrechtliche Fragen

19 Das Eingreifen des ordre public-Vorbehalts ist als reine **Rechtsfrage** vollständig **revisibel.** Weiter sollte, soweit das Prozessrecht die Angabe des angewendeten Rechts verlangt, wie das nach hM bei Fremdrechtserbscheinen nach § 2369 BGB der Fall ist, die Anwendung von Art 6 kenntlich gemacht werden (Art 25 Rn 68).

---

[76] Vgl etwa BGHZ 44, 183, 190 = NJW 1966, 296 betr überhöhtes streitwertbezogenes anwaltliches Erfolgshonorar nach US-amerikanischem Recht; BGH NJW 1991, 2212 = IPRax 1992, 101 m Anm *Henrich* 84 betr Ausschluss von nachehelichen Unterhaltsansprüchen, vgl dazu auch *Schulze* IPRax 1998, 350, 351 f; ebenso im Fall der ordre public-widrigen Versagung von Pflichtteilsansprüchen, vgl *Klingelhöffer* ZEV 1996, 258, 259.
[77] So auch *v. Bar/Mankowski* IPR I § 7 Rn 286; MünchKommBGB/*Sonnenberger* Rn 96 f.
[78] Zutr betont von AnwK-BGB/*Schulze* Rn 55 sowie von *Looschelders* Rn 33.
[79] MünchKommBGB/*Sonnenberger* Rn 74; *Palandt/Heldrich* Rn 8; *Spickhoff*, Der ordre public im Internationalen Privatrecht, 1989, S 92 f; *Staudinger/Blumenwitz* Rn 90; *Erman/Hohloch* Rn 22; AnwK-BGB/*Schulze* Rn 21; *Kropholler* IPR § 36 VII; *Junker* IPR Rn 289; *Soergel/Kegel* Rn 37 sowie Art 4 Rn 35; weitergehend *Brüning*, Die Beachtlichkeit des fremden ordre public, 1997.
[80] Vgl etwa MünchKommBGB/*Sonnenberger* Rn 73; AnwK-BGB/*Schulze* Rn 22; *Looschelders* Rn 14; *Kropholler* IPR § 36 VII; aA *Spickhoff*, Der ordre public im Internationalen Privatrecht, 1989, S 93 f.
[81] So auch *Ferid* IPR Rn 3–40; *Müller* RabelsZ 36 (1972), 60, 68; *Palandt/Heldrich* Rn 8; im Ergebnis wohl auch PWW/*Mörsdorf-Schulte* Rn 3.
[82] Eingehend *S. Lorenz*, FS Geimer, 2002, S 555; zust *Palandt/Heldrich* Rn 8; ausdrücklich aA *Gebauer*, FS Jayme, 2004, S 413, 426 und AnwK-BGB/*Schulze* Rn 22.

VII. Einzelfälle

Die strenge **Einzelfallbezogenheit** des ordre public-Vorbehalts insbes im Hinblick auf das jeweilige Rechtsanwendungsergebnis macht eine exakte Typisierung in Fallgruppen nahezu unmöglich. Hinsichtlich der unüberschaubaren Kasuistik empfiehlt sich daher im Einzelfall eine Datenbankrecherche[83]. Die folgenden Hinweise beziehen sich nur auf praktisch besonders wichtige, typischerweise sensible Bereiche des ordre public-Vorbehalts. Sie sind in keiner Weise abschließend.

1. IPR des Allgemeinen Teils. Im Allgemeinen Teil des BGB ergeben sich ordre public-Probleme vor allem im Bereich des Namensrechts, der Rechts- und der Geschäftsfähigkeit. Für ordre public-widrig wurde etwa erachtet eine dem Kindeswohl widersprechende Vornamensgebung[84], nicht aber die Beseitigung von Adelsprädikaten im Ausland[85]. Das BVerfG hat angedeutet, dass die Versagung einer Vornamensänderung bzw Feststellung der geänderten Geschlechtszugehörigkeit bei Transsexuellen durch deren Heimatrecht gegen das Grundrecht auf sexuelle Selbstbestimmung und damit – bei hinreichendem Inlandsbezug – gegen den ordre public verstößt[86]. Nicht zum Bestandteil des ordre public sind etwa mangelnde Rechtsfähigkeit zum Abschluss von Außenhandelsverträgen[87], das Verbot des Selbstkontrahierens (§ 181 BGB)[88], die Auslegung von Willenserklärungen nach dem Empfängerhorizont[89] zu zählen. Bestandteil des ordre public dürfte auch eine Mindestwahrung rechtsgeschäftlicher Entscheidungsfreiheit insbes im Falle arglistiger Täuschung sowie im Bereich des rechtsgeschäftlichen Minderjährigenschutzes sein[90]. Auch die Verjährbarkeit von Forderungen (nicht die jeweilige Verjährungsfrist) ist Bestandteil des deutschen ordre public (Rn 16).

2. Internationales Schuldrecht. Im internationalen Schuldrecht wurde ein ordre public-Verstoß bejaht bei der Inanspruchnahme eines Bürgen nach entschädigungsloser Enteignung seiner Bürgschaftsgläubiger[91], bei Strafschadensersatz (punitive damages) in nicht unerheblicher Höhe[92] (vgl aber nunmehr Art 40 Abs 3 Nr 1, 2), bei der Umgehung des Haftungsausschlusses nach §§ 636 f RVO (jetzt §§ 7 f SGB VII)[93], bei der Verbindlichkeit einer Wettschuld[94]. Nicht Bestandteil des deutschen ordre public sind die verbraucherschützenden Widerrufsrechte (§§ 312 ff, 485, 495, 499, 505 BGB)[95] bzw die individualschützenden Formvorschriften des deutschen Rechts, wenngleich im Einzelfall die Bindung an einen geschlossenen Vertrag unter dem Gesichtspunkt des mangelnden Schutzes der rechtsgeschäftlichen Entscheidungsfreiheit dem ordre public widersprechen kann, wenn das Vertragsstatut insgesamt einen nur unzureichenden Schutz der Privatautonomie bietet[96]. Im Übrigen erfolgt im Bereich des vertraglichen Schuldrechts der Schutz der „schwächeren" Vertragspartei, insbes die Wahrung des Verbraucherschutzstandards idR bereits durch Sonderanknüpfungen gemäß Art 29, 29 a, 30 und 34.

3. Internationales Sachenrecht. Anwendungsfälle der ordre public-Klausel im Sachenrecht sind äußerst selten. Wegen der Grundsatzanknüpfung an das Belegenheitsrecht (Art 43 Abs 1) dürfte es insbes häufig an einem ausreichenden Inlandsbezug des Sachverhalts fehlen. In der Praxis werden gelegentlich Fälle relevant, in welchen ein im Ausland wirksam entstandenes dingliches Recht mit der inländischen Sachenrechtsordnung für inkompatibel gehalten wird. Ein solcher Verstoß gegen den deutschen **numerus clausus** dinglicher Rechte führt jedoch idR nicht zur Anwendung von Art 6, sondern zur **Angleichung/Transposition**[97]. Sofern eine im Wege der Gesamtverweisung berufene Rechtsordnung kollisionsrechtlich den Fortbestand wohlerworbener Rechte nicht gewährleistet, kommt eine ordre public-Widrigkeit ausländischen Kollisionsrechts in Betracht (Rn 11). Ordre public-widrig ist grds auch eine entschädigungslose Enteignung, sofern sie sich nicht auf das Territorium des enteignenden Staates beschränkt (fehlender Inlandsbezug)[98].

---

[83] Vgl aber auch die umfangreichen Einzelnachweise zur Rspr bei *Palandt/Heldrich* Rn 14 ff sowie bei *Erman/Hohloch* Rn 27 ff.

[84] LG Bremen StAZ 1996, 46; anders OLG Bremen NJW-RR 1996, 1029, 1030.

[85] BVerwG NJW 1960, 452; *Spickhoff*, Der ordre public im Internationalen Privatrecht, 1989, S 156 f; *Bungert* IPRax 1994, 109, 110 f; zur Fortführung von Firmennamen vgl BGH LM BGB § 12 Nr 8.

[86] BVerfG NJW 2007, 900 Rn 76; den Inlandsbezug bejaht das BVerfG bei rechtmäßigem und nicht nur vorübergehenden Aufenthalt des Betroffenen im Inland.

[87] BGH NJW 1998, 2452, 2453.

[88] RG JW 1928, 2013.

[89] OLG Hamm NJW-RR 1998, 1542.

[90] Vgl etwa OLG Köln NJWE-FER 1997, 55 = FamRZ 1997, 1240: Volljährigkeit mit neun Jahren; *Spickhoff*, Der ordre public im Internationalen Privatrecht, 1989, S 161; zu weitgehend RG IPRRspr 1928 Nr 10.

[91] BGHZ 104, 240.

[92] BGHZ 118, 312; *Zekoll/Rahlf* JZ 1999, 384 zu § 328 Abs 1 Nr 4 ZPO; umfassend *Brockmeier*, Punitive damages, multiple damages und deutscher ordre public, 1999.

[93] BGHZ 123, 268, 275 f zu § Abs 1 Nr 4 ZPO; krit *Basedow* IPRax 1994, 85 f.

[94] OLG Hamm NJW-RR 1997, 1007 f.

[95] Str, wie hier OLG Düsseldorf NJW-RR 1995, 1396; OLG Hamm NJW-RR 1989, 496; aA etwa LG Bamberg NJW-RR 1190, 694; aus der Lit vgl zuletzt *Rauscher* EuZW 1996, 650; wN bei *Palandt/Heldrich* Rn 16.

[96] Vgl etwa AG Leverkusen NZV 1996, 36 = IPRspr 1995 Nr 5 betr vertraglichen Anspruch bei Parkplatzbenutzung ohne Kontrahierungswillen.

[97] Vgl etwa BGH NJW 1991, 1415 betr Autohypothek; NJW 1991, 1418; NJW-RR 1991, 1211 betr besitzloses Schiffspfandrecht; BGHZ 39, 173, 177 betr besitzloses Registerpfandrecht an Kraftfahrzeugen; sowie Einl IPR Rn 90.

[98] BGHZ 104, 240, 244 = NJW 1988, 2173 mwN; BVerfGE 84, 90 = NJW 1991, 1594.

24 **4. Internationales Familienrecht.** Das internationale Familienrecht ist ohne Zweifel der praktisch bedeutendste Anwendungsbereich von Art 6. In Bezug auf Einschränkungen der Eheschließungsfreiheit ist vorrangig Art 13 Abs 2 zu beachten. Im Übrigen wurden im Bereich der **Eheschließung**[99] und der **persönlichen Ehewirkungen** (bei entsprechender Inlandsbeziehung) etwa für ordre public-widrig erkannt: Ehehindernis der Religionsverschiedenheit[100], Ehehindernis der Geschlechtsumwandlung[101], Zulässigkeit der Mehrehe[102], Einwilligungserfordernis in die Eheschließung bei volljährigem Verlobten nach iranischem Recht[103], Eheschließung im Wege der Stellvertretung durch einen Deutschen[104], gesetzliche Vertretung der Ehefrau durch den Ehemann[105]. Gegen den ordre public verstoßen kann auch eine Rechtsordnung, welche Kinder unter 14 Jahren als ehemündig betrachtet oder eine Eheschließung unter Blutsverwandten über § 1307 BGB hinaus zulässt[106]. In Bezug auf **eingetragene gleichgeschlechtliche Lebenspartnerschaften** sind vorrangig die Sonderanknüpfungen in Art 17 b Abs 1 S 2 HS 2 und Abs 4 zu beachten. Im Bereich der **Ehescheidung** ist im Hinblick auf den ordre public die Möglichkeit einseitiger Verstoßungen (Privatscheidungen) problematisch, sofern nicht im jeweiligen Einzelfall der andere Ehegatte einverstanden ist bzw auch nach deutschem Recht eine Ehescheidung möglich wäre[107]. Ordre public-widrig kann im Einzelfall auch die Unscheidbarkeit einer Ehe bzw die Ungleichbehandlung der Ehegatten in Bezug auf Scheidungsgründe sein[108]. Im **Kindschaftsrecht** sind im Hinblick auf den ordre public insbes Anerkennungsverbote[109], Adoptionshindernisse[110], die Versagung von Vaterschaftsanfechtungen[111] und Vaterschaftsfeststellungen von Bedeutung gewesen. Viele dieser Probleme sind nunmehr durch die bei der Neuregelung des internationalen Kindschaftsrechts durch das KindRG vom 16. 12. 1997 eingeführten Alternativanknüpfungen (zum Begriff s Einl IPR Rn 36) der Art 19 ff praktisch hinfällig geworden. Gleiches gilt angesichts der Abschaffung der Legitimation im deutschen materiellen Recht hinsichtlich von Legitimationsverboten. Freilich kann weiterhin die materiellrechtliche **Ungleichbehandlung** von ehelichen und nichtehelichen Kindern gegen den ordre public verstoßen. Im Bereich der elterlichen Sorge kann das (bei Buben ab dem 3., bei Mädchen ab dem 8. Lebensjahr) allein dem Vater zustehende Sorgerecht nach islamischem Recht einen ordre public-Verstoß darstellen, sofern im Einzelfall das Kindeswohl nicht gewahrt ist (Rn 7 mwN)[112]. Im **Unterhaltsrecht** kommt ein ordre public-Verstoß bei der Versagung oder Minderung nachehelichen Unterhalts nur in Betracht, wenn der geschiedene Ehegatte minderjährige Kinder zu versorgen hat oder ein sonstiger besonderer Härtefall vorliegt[113].

25 **5. Internationales Erbrecht.** Die gerade im Erbrecht häufig anzutreffenden Unterschiede der verschiedenen Rechtsordnungen rechtfertigen als solche noch nicht das Eingreifen des ordre public-Vorbehalts. Auch hier verbietet sich also jede schematische Beurteilung. In der Praxis ist das ordre public-Problem insbes im Hinblick der Benachteiligung einzelner Erben sowie im Bereich des Pflichtteilsrechts[114] aufgetreten. Die **Ungleichbehandlung** weiblicher Erben im islamischen Rechtskreis stellt – bei entsprechendem Inlandsbezug – zumindest dann eindeutig einen Verstoß gegen den ordre public

---

[99] Vgl hierzu sowie zur Ehescheidung *Spickhoff* JZ 1991, 323; speziell zum islamischen Recht *Rohe* StAZ 2000, 161; *Stumpf* ZRP 1999, 205.
[100] BGHZ 56, 180: nunmehr unter Art 13 Abs 2 zu subsumieren.
[101] AG Hamburg StAZ 1984, 42.
[102] AG Hanau FamRZ 2004, 949.
[103] LG Kassel StAZ 1990, 169.
[104] AG Gießen StAZ 2001, 39; s aber KG IPRspr 2004, 2004 Nr 205 S 464: Wirksamkeit einer in Pakistan geschlossenen „Handschuhehe".
[105] LG Berlin FamRZ 1993, 198.
[106] *Looschelders* Rn 44.
[107] Sehr str, wie hier BayObLGZ 1998, 109; OLG Hamm IPRax 1995, 174, 175; OLG Koblenz NJW-RR 1993, 70; OLG München IPRax 1989, 238, 241 m Anm *Jayme* 223 f; AG Kulmbach IPRax 2004, 529 f m zust Anm *Unberath* 515, 517 ff; *Lüderitz*, FS Baumgärtel, 1990, S 333, 338; *Palandt/Heldrich* Rn 21; *Beitzke* IPRax 1993, 231, 234; *Henrich* IPRax 1995, 166; *Bolz* NJW 1990, 620; zutr zur Zurückhaltung mahnend *Rauscher* IPRax 2000, 391; aA OLG Stuttgart IPRax 2000, 427 betr ergebnisunabhängigen Verstoß bei Nichtgewährung rechtlichen Gehörs und fehlendem Einverständnis der Ehefrau.
[108] ÖOGH IPRax 1999, 470 f betr hoffnungslose Zerrüttung der Ehe und Unerträglichkeit des weiteren Zusammenlebens; OLG Stuttgart FamRZ 2004, 25 f betr Fehlen eines Scheidungsgrundes für die Ehefrau nach iranischem Recht bei gleichheitswidriger Benachteiligung; BGH NJW-RR 2007, 145 Rn 47 m Anm *Rehm* LMK 2007, 211665 = JZ 2007, 738 m Anm *Rauscher* betr Unscheidbarkeit einer kanonischen Ehe nach syrischem Recht, gegen OLG Karlsruhe IPRax 2006, 181; S. *Lorenz* IPRax 1999, 429; *Rauscher* IPRax 2006, 140; im Vergleich zum deutschen Recht lediglich längere Trennungsfristen stellen für sich genommen keinen ordre public-Verstoß dar, s etwa AG Sinzig FamRZ 2005, 1678 und implizit BGH NJW 2007, 220 betr dreijährige Trennungsfrist des italienischen Rechts.
[109] BGHZ 50, 370; KG NJW-RR 1994, 774 betr Anerkennungsverbot von Ehebruchskindern.
[110] Vgl etwa OLG Karlsruhe FamRZ 1998, 56.
[111] OLG Stuttgart FamRZ 2001, 246.
[112] Vgl BGHZ 120, 29; BGH NJW-RR 1993, 962, 963.
[113] BGH NJW 1991, 2212, 2213 f; OLG Koblenz FamRZ 2004, 1877, 1878; OLG Düsseldorf FamRZ 1995, 885; OLG Karlsruhe NJW-RR 1989, 1346 = IPRax 1990, 382 m Anm *Hausmann*; OLG Hamm NJW-RR 1999, 950 f betr wirksamen Unterhaltsverzicht nach türkischem Recht; FamRZ 1999, 1142 f; zur Bemessung OLG Zweibrücken FamRZ 2000, 32; aus der Lit vgl zuletzt Schulze IPRax 1998, 350; auch hierbei kommt es aber entscheidend auf den jeweiligen Einzelfall an, vgl etwa OLG Bremen FamRZ 1997, 1403 = IPRax 1998, 366 f betr eigenes Einkommen des geschiedenen Ehegatten.
[114] Zur Versagung von Pflichtteilsansprüchen s Art 25 Rn 59.

Öffentliche Ordnung (ordre public) **Art 6 EGBGB**

dar, wenn diese im konkreten Einzelfall neben männlichen Erben berufen sind[115]. Nach zutreffender Ansicht gilt dies aber auch bei bloß hypothetischer Konkurrenz[116]. Auch **Erbverbote** auf Grund Religionsverschiedenheit stellen regelmäßig einen Verstoß gegen den ordre public dar (Art 25 Rn 58)[117]. Problematisch kann im Einzelfall auch das Fehlen von Erbunwürdigkeitsgründen sein (Art 25 Rn 60). Generell ist zu beachten, dass die Möglichkeit, im Wege gewillkürter Erbfolge im deutschen Recht im Einzelfall ein vergleichbares Ergebnis zu erreichen, nur dann den ordre public-Verstoß ausschließen kann, wenn ein entsprechender Erblasserwille – der auch im bewussten Unterlassen einer letztwilligen Verfügung liegen kann – festzustellen ist (Art 25 Rn 58). Das Fehlen von Pflichtteilsansprüchen wurde bisher zumindest im Regelfall nicht als ordre public-widrig eingestuft. Infolge einer jüngeren Entscheidung des BVerfG, nach welcher die „grds unentziehbare und bedarfsunabhängige wirtschaftliche Mindestbeteiligung der Kinder des Erblassers an dessen Nachlass" von der Erbrechtsgarantie des Art 14 Abs 1 S 1 GG erfasst wird[118], dürfte sich diese Ansicht aber nicht mehr halten lassen (zum Ganzen Art 25 Rn 59)[119].

---

[115] S dazu jetzt *Pattar*, Islamisch inspiriertes Erbrecht und deutscher Ordre Public, 2007.
[116] Gleichheitswidrige Benachteiligung im Ehegattenerbrecht, s Rn 10 mwN.
[117] OLG Hamm ZEV 2005, 436, 437 m Anm *S. Lorenz* 440 f = IPRax 2005, 481 m Anm *Looschelders* 462, 463.
[118] BVerfG NJW 2005, 1561.
[119] *S. Lorenz* ZEV 2005, 440, 441 f; ebenso *Looschelders* IPRax 2006, 462, 465.

Zweiter Abschnitt. Recht der natürlichen Personen und der Rechtsgeschäfte (Art 7–12)

Art 7 Rechtsfähigkeit und Geschäftsfähigkeit

(1) ¹Die Rechtsfähigkeit und die Geschäftsfähigkeit einer Person unterliegen dem Recht des Staates, dem die Person angehört. ²Dies gilt auch, soweit die Geschäftsfähigkeit durch Eheschließung erweitert wird.

(2) Eine einmal erlangte Rechtsfähigkeit oder Geschäftsfähigkeit wird durch Erwerb oder Verlust der Rechtsstellung als Deutscher nicht beeinträchtigt.

Schrifttum: *Goldschmidt,* Für eine ausnahmslose Geltung des Geschäftsfähigkeitsstatuts, FS Kegel, 1987, S 163; *Hagenguth,* Die Anknüpfung der Kaufmannseigenschaft im IPR, 1981; *Mäsch,* Die Bestimmung der Minderjährigkeit, FS Heldrich, 2005, S 857; *van Venrooy,* Die Anknüpfung der Kaufmannseigenschaft, 1985.

Übersicht

	Rn		Rn
I. Normzweck, Grundstruktur	1	2. Kaufmannseigenschaft, Unternehmereigenschaft	40
II. Staatsverträge	4	VII. Maßgeblicher Zeitpunkt, Statutenwechsel (Abs 2)	43
III. Probleme des Allgemeinen Teils	6	VIII. Verfahrensfragen	47
IV. Einflüsse des Gemeinschaftsrechts und der EMRK	7	1. Behördliche und gerichtliche Maßnahmen	47
V. Anwendungsbereich iE	8	a) Volljährigkeitserklärung/Emanzipation	47
1. Rechtsfähigkeit	8	b) Entmündigung	50
a) Erfasste Regelungen	8	2. Geschlechtsänderung	54
b) Nicht erfasste Regelungen	11	a) Gleichlaufprinzip	54
2. Geschäftsfähigkeit	17	b) Anerkennung ausländischer Entscheidungen	55
a) Allgemeines, Abdingbarkeit	17		
b) Reichweite des Geschäftsfähigkeitsstatuts iE	20	IX. Übergangsrecht im Verhältnis zur ehemaligen DDR	56
VI. Analoge Anwendung	35	Anh: Volljährigkeitsalter in ausländischen Rechten	57
1. Geschlechtszugehörigkeit und -umwandlung	36		

I. Normzweck, Grundstruktur

1   Ob eine Person fähig ist, Träger von Rechten und Pflichten zu sein (Rechtsfähigkeit) oder selbst Rechtsgeschäfte zu tätigen (Geschäftsfähigkeit), sind zentrale Fragen des Bürgerlichen Rechts im Allgemeinen und der Rechtsgeschäftslehre im Besonderen. Sie stellen sich freilich niemals isoliert, sondern immer nur als ein Tatbestandsmerkmal unter mehreren im Zusammenhang mit einer „eigentlich" zu lösenden Hauptfrage. Deshalb wäre es denkbar, die Geschäfts- und Rechtsfähigkeit jeweils auch dem Recht zu unterstellen, das über diese Hauptfrage entscheidet (**Wirkungsstatut**, lex causae (zu diesen Begriffen Einl IPR Rn 95), zB Vertragsstatut bei einer vertraglichen Forderung). Dies hätte allerdings zur Folge, dass ein und dieselbe Person in unterschiedlichen Zusammenhängen in der Anwendung unterschiedlicher Rechte einmal als geschäftsfähig und einmal als geschäftsunfähig gelten könnte. Das erschien dem deutschen Gesetzgeber als untragbar, weshalb er Rechts- und Geschäftsfähigkeit einer besonderen, für alle Zusammenhänge im Grundsatz gleichen kollisionsrechtlichen Behandlung unterwarf, die zudem eine besondere Stabilität und Kontinuität gewährleisten sollte: Beide Fragen werden über Abs 1 nach dem Recht der Staatsangehörigkeit der betroffenen Person (Personalstatut, Heimatrecht, zu diesen Begriffen Einl IPR Rn 95) beurteilt. Es handelt sich damit allerdings **nicht** um „**Vorfragen**"[1], welche das schwierige Problem der selbstständigen oder unselbstständigen Anknüpfung aufwerfen. Die Kategorie der Vorfrage ist auf „präjudizielle Rechtsverhältnisse" beschränkt, aus welchen sich unmittelbar Rechtsfolgen ergeben können, während einzelne, isoliert niemals relevante tatbestandliche Voraussetzungen eines Rechtsverhältnisses wie eben die Rechts- und Geschäftsfähigkeit, wenn sie gesondert angeknüpft werden, „nur" eine unselbstständige **Teilfrage** bilden[2]; allg zur Vorfragenproblematik und zur Abgrenzung von der Teilfrage Einl IPR Rn 63 ff. Damit ist zur Bestimmung des auf die Rechts- und Geschäftsfähigkeit anwendbaren Rechts immer von Art 7 auszugehen, auch wenn die Hauptfrage einem ausländischen Recht unterliegt (im Ergebnis allgM).

---

[1] So aber *Palandt/Heldrich* Rn 1.
[2] So auch *v. Hoffmann/Thorn* IPR § 6 Rn 43.

Wie schon die Abschnittsüberschrift zeigt, findet Art 7 nur auf **natürliche Personen** Anwendung (allgM). Fragen der Rechts- und Handlungsfähigkeit **juristischer Personen und Gesellschaften** sind dem gesetzlich nicht geregelten Gesellschaftsstatut (s bei Anh Art 12) unterworfen; Art 7 ist insoweit auch analog nicht anwendbar (allgM). 2

Abs 2 behandelt das Problem des **Wechsels der Staatsangehörigkeit,** Art 9 das der **Todeserklärung** von Ausländern in Deutschland. Praktisch wichtiger ist **Art 12,** der sich der Frage des **Verkehrsschutzes** widmet und in nicht seltenen Fällen die Lösung des Art 7 **korrigiert.** 3

II. Staatsverträge

Nach Art 8 Abs 3 des **deutsch-iranischen Niederlassungsabkommens** vom 17. 12. 1929[3] ist im „Personenrecht" das jeweilige Heimatrecht anzuwenden. Dies erfasst auch die Rechts- und Geschäftsfähigkeit, deckt sich aber mit der Anknüpfung des Art 7 Abs 1, weshalb es im praktischen Ergebnis ohne Bedeutung ist, wenn der Vorrang (Art 3 Abs 2) des Abkommens missachtet wird[4]. Art 7 Abs 2 und Art 12 sind ihrerseits mit Art 8 Abs 3 des Niederlassungsabkommens vereinbar, weil diese Norm die Möglichkeit eröffnet, von ihr abzuweichen, soweit diese Abweichung – wie hier – alle fremden Staatsangehörigen gleichermaßen trifft[5]. 4

Das **Haager Entmündigungsabkommen** vom 17. 7. 1905 (RGBl 1912 S 463), welches zuletzt ohnehin nur noch im Verhältnis zu Italien galt (Bek vom 14. 2. 1955, BGBl II S 188), wurde von der Bundesrepublik Deutschland im Zusammenhang mit der Abschaffung der Entmündigung im internen deutschen Recht mit Wirkung zum 23. 8. 1992 gekündigt (BGBl II S 272). 5

III. Probleme des Allgemeinen Teils

Zur Anknüpfung bei Doppel- oder **Mehrstaatern,** Staatenlosen und Flüchtlingen vgl Art 5; zur Verweisung auf Staaten mit mehreren Teilrechtsordnungen Art 4 Abs 3. Eine eventuelle **Rück- oder Weiterverweisung** durch das von Art 7 berufene Recht ist nach Art 4 Abs 1 HS 1 zu beachten (allgM). Im praktischen Ergebnis kann dies dazu führen, dass gegen die Staatsangehörigkeitsanknüpfung des Art 7 etwa das Wohnsitzrecht oder das Recht der Hauptfrage zur Anwendung gelangen[6]. Zur Rückverweisung im Hinblick auf die Geschäftsfähigkeit s Rn 18. Der **ordre public** (Art 6) ist ebenfalls zu berücksichtigen, hat aber im Rahmen der Rechts- und Geschäftsfähigkeit nur selten praktische Bedeutung erlangt[7]; zu besonderen Fällen s Einzelkommentierung. Zur **Vorfragenproblematik** s Rn 1. 6

IV. Einflüsse des Gemeinschaftsrechts und der EMRK

Geht es nach Art 1 Nr 2 lit a des Vorschlags der Kommission vom 15. 12. 2005, wird die geplante **Rom I-VO**[8] mit Ausnahme einer dem Art 12 entsprechenden Verkehrsschutzregelung **keine Kollisionsnorm zur Rechts- und Geschäftsfähigkeit** beinhalten. Die Anknüpfung der Rechts- und Geschäftsfähigkeit an die Staatsangehörigkeit verstößt nach hM[9] nicht gegen die sich aus Art 12 EG-Vertrag und den speziellen Grundfreiheiten ergebenden **europarechtlichen Diskriminierungsverbote** (Einl IPR Rn 29). Der deutsche Gesetzgeber unterstellt die Geschäftsfähigkeit aller Personen ihrem jeweiligen Heimatrecht und behandelt damit alle gleich. Dass in den berufenen Heimatrechten unterschiedliche Sachregeln bestehen und daher im Ergebnis Differenzierungen entstehen, ist unerheblich, weil Letzteres nicht dem deutschen Hoheitsträger, sondern dem jeweiligen Gesetzgeber zuzurechnen ist[10]. Die Streitfrage ist allerdings für Deutschland ohne größerer praktische Relevanz, weil schon wegen der heute in der EU einheitlich geltenden Volljährigkeitsgrenze von 18 Jahren nur schwer Fälle denkbar sind, in denen im konkreten Fall die Anwendung ausländischen Heimatrechts auf die Geschäftsfähigkeit einen Nachteil für den Ausländer im Vergleich zur Anwendung deutschen Rechts auf deutsche Staatsangehörige darstellen würde[11]. Nach Auffassung des EGMR verstößt die Verweigerung der rechtlichen Anerkennung einer Geschlechtsumwandlung gegen Art 8 EMRK[12]. Damit dürfte sich die auf Art 3 GG gestützte Entscheidung des BVerfG zum internationalen Anwendungsbereich des TSG (Rn 37, 54) auch aus der EMRK ableiten lassen[13]. 7

---

[3] RGBl 1930 II 1006; abgedruckt in *Jayme/Hausmann* Nr 24.
[4] AA wegen des – allerdings bei nicht als Loi uniforme geltenden staatsvertraglichen Anknüpfungen belanglosen – Renvoiproblems *Staudinger/Hausmann* Rn 10.
[5] *Soergel/Kegel* Rn 25.
[6] So unterwirft das Schweizer Recht „Beginn und Ende der Persönlichkeit" dem Wirkungsstatut, also dem Recht der Hauptfrage (Art 34 Abs 2 IPRG).
[7] Ebenso MünchKommBGB/*Birk* Rn 26; dort auch Beispiele zumindest möglicher ordre-public-Verstöße; Differenzierung im Rahmen der Geschäftsfähigkeit nach gleichheitswidrigen Kriterien, s aber unten Rn 21.
[8] Vorschlag für eine Verordnung des Europäischen Rates und des Rates über das auf vertragliche Schuldverhältnisse anzuwendende Recht (Rom I) vom 15. 12. 2005, KOM (2005) 650 endg.
[9] Vgl MünchKommBGB/*Sonnenberger* Einl IPR Rn 175 mwN.
[10] AA MünchKommBGB/*Birk* Rn 83 ff.
[11] Zutr MünchKommBGB/*Birk* Rn 85.
[12] EGMR NJW-RR 2004, 289 – Goodwin.
[13] So wohl auch *Roth* StAZ 2007, 17.

V. Anwendungsbereich iE

8 **1. Rechtsfähigkeit. a) Erfasste Regelungen.** Art 7 behandelt (nur) die **Zivilrechtsfähigkeit**, also die allgemeine Fähigkeit, als Träger privater Rechte und Pflichten Privatrechtssubjekt zu sein, diese aber umfassend. Das Recht der Staatsangehörigkeit der betreffenden Personen ist für **alle damit zusammenhängenden Fragen** zuständig, wobei es sich streng genommen um einen Fall der **Vorwirkung** eines zunächst hypothetischen Personalstatuts handelt. Ob rechtlich eine Person mit einer bestimmten Nationalität existiert, kann nur die über Art 7 erst zu ermittelnde Rechtsordnung sagen. Genauer müsste der Wortlaut der Vorschrift insoweit deshalb lauten: Die Rechtsfähigkeit einer Person beurteilt sich nach derjenigen Rechtsordnung, zu der ihre Staatsangehörigkeit bei vorhandener Rechtsfähigkeit führen würde[14].

9 Das Personalstatut entscheidet folglich insbes über **Beginn und Ende der Rechtsfähigkeit**, wobei in wohl allen Rechtsordnungen zwar grds Geburt und Tod maßgeblich sind, iE bei der Bestimmung des genauen Zeitpunkts aber durchaus Unterschiede bestehen können[15]. Sofern eine Rechtsordnung den (uU teilweisen) Verlust der bürgerlichen Rechtssubjektivität auch von anderen Ereignissen als dem Tod (oder der Todeserklärung) abhängig machen sollte, wie es noch heute einige Rechte mit dem „**bürgerlichen Tod**" als Nebenfolge lebenslanger Freiheitsstrafen oder der Verurteilung zur Todesstrafe tun[16], steht – bei hinreichendem Inlandsbezug – der Anwendung solcher Normen in Deutschland der **ordre public** entgegen[17].

10 Das Personalstatut ist für die **Bestimmung des Todes und des Todeszeitpunktes** auch dann maßgeblich, wenn es nicht eigentlich um das Ende der Rechtsfähigkeit und die Folgen der fraglichen Frage geht, so wie etwa im Erbrecht[18]. Das folgt schon daraus, dass die behördliche **Todeserklärung,** die Feststellung des Todes sowie **Lebens- und Todesvermutungen,** wie Art 9 S 1 klarstellt, ebenfalls dem Personalstatut unterworfen sind. Insoweit, sowie zu der Ausnahme des Art 9 S 2, wird auf die Kommentierung des Art 9 verwiesen.

11 **b) Nicht erfasste Regelungen. aa) Parteifähigkeit, Beteiligtenfähigkeit, Insolvenzfähigkeit.** Nicht unter Art 7 fällt grds die Frage der **Parteifähigkeit** natürlicher Personen (allgM; zur Parteifähigkeit von Gesellschaften s Art 12 Rn 74). Es ist Sache des Verfahrensrechts, insoweit Regeln festzulegen. Allerdings knüpft § 50 Abs 1 ZPO die Parteifähigkeit ausdrücklich an die Rechtsfähigkeit an, welche ihrerseits in Fällen mit Auslandsberührung dem über Art 7 ermittelten Recht zu entnehmen ist[19]. Es wäre verfehlt, § 50 ZPO dergestalt zu interpretieren, dass er direkt auf die Rechtsfähigkeit nach deutschem bürgerlichen Recht verweist. Eine entsprechende Regelung gilt für die **Beteiligtenfähigkeit** in der **freiwilligen Gerichtsbarkeit.** Zur Prozessfähigkeit s Rn 33. Die **Insolvenzfähigkeit** ist hingegen direkt dem Insolvenzstatut zu entnehmen (Art 4 Abs 2 lit a EuInsVO, § 335 InsO)[20].

12 **bb) „Besondere Rechtsfähigkeiten".** Ebenfalls von Art 7 **nicht** berührt werden die sogenannten besonderen Rechtsfähigkeiten (allgM). Darunter versteht man im Gegensatz zur allgemeinen zivilen Rechtssubjektivität die Fähigkeit, an **bestimmten Rechten oder Rechtsgeschäften** teilzuhaben[21]. Das materielle Recht kann insoweit im Vergleich zur allgemeinen Rechtsfähigkeit Erweiterungen (Rn 13) wie auch Beschränkungen (Rn 14) vorsehen.

13 Zu nennen sind hier in ersterer Hinsicht Regeln, die Dritten ermöglichen sollen, (noch) nicht Rechtsfähige bei ihren Vermögensdispositionen zu berücksichtigen; darunter fällt zB die Möglichkeit, ein bereits gezeugtes, aber noch nicht geborenes Kind (nasciturus) zum Testamentserben oder Vermächtnisnehmer oder ein noch nicht gezeugtes Kind (nondum conceptus) zum (Nach-)Erben einzusetzen[22]. Solche Gestaltungsoptionen sind nicht nach dem Personalstatut des Bedachten, sondern nach dem Statut des jeweiligen Rechtsgeschäfts (**Wirkungsstatut**), in den Beispielen also dem Erbstatut, zu beurteilen (allgM). Der eingebürgerte und deshalb auch heute noch verwandte Begriff der besonderen Rechtsfähigkeit oder der der Teilrechtsfähigkeit, den andere[23] in diesem Zusammenhang bevorzugen, sollte allerdings nicht in die Irre führen. Der Sache nach handelt es sich um Regeln, die **neben** die Rechtsfähigkeitsnormen treten, weil sie eine von diesen abweichende Problematik betreffen, nämlich die Fähigkeit, „Zielobjekt" von zukünftigen Zuwendungen zu sein statt „Zuordnungssubjekt" aktuell bestehender Rechte und Pflichten; die „allgemeine" Rechtsfähigkeit wird von den Normen zur „besonderen" Rechtsfähigkeit weder modifiziert noch verdrängt[24]. Sind kollisionsrechtlich für beide Fragen unterschiedliche Statute maßgeblich, so können sich diese uU in ihrer Wirkung neutralisieren: Stirbt ein spanisches Kind 23 Stunden nach der Geburt, so ist es wegen des über Art 7 S 1 berufenen Art 30 CC mangels Rechtsfähigkeit nicht Erbe des zuvor verschiedenen deutschen Erblassers gewor-

---

[14] Vgl MünchKommBGB/*Birk* Rn 5.
[15] Vgl zB im Kontrast zu § 1 BGB den viel zitierten Art 30 CC (Spanien), wonach die Rechtsfähigkeit ein mindestens 24-stündiges Leben nach der Geburt „mit menschlichem Antlitz" voraussetzt.
[16] Vgl zB § 79-a Civil Rights Law New York: "a person sentenced to imprisonment for life is thereafter deemed civilly dead"; weitere (zT veraltete) Hinweise bei *Kegel/Schurig* IPR § 17 I 1 b.
[17] *v. Bar* IPR II Rn 3.
[18] AA MünchKommBGB/*Birk* Rn 10.
[19] AllgM, zB BGHZ 51, 27, 28.
[20] *Gottwald/Gottwald* InsolvenzR-HdB § 131 Rn 10.
[21] *Soergel/Kegel* Rn 4.
[22] Vgl *Soergel/Kegel* Rn 4.
[23] MünchKommBGB/*Birk* Rn 17.
[24] In der Sache ebenso *Staudinger/Dörner* Art 25 Rn 81 ff.

den, auch wenn es von letzterem noch als nasciturus nach deutschem Erbstatut (Art 25 Abs 1) zulässigerweise testamentarisch als Erbe eingesetzt worden war (und nach § 1 BGB auch Erbe hätte werden können)[25]. Umgekehrt sind Fälle denkbar, in denen zwar das Personalstatut mit der Zuerkennung der Rechtsfähigkeit „großzügiger" als das Erbstatut ist, letzteres aber die testamentarische Erbeinsetzung des nasciturus nicht gestattet und von daher – sofern nicht die gesetzliche Erbfolge eingreift – den Übergang des Nachlasses auf diesen verhindert.

Was Normen angeht, die ungeachtet der generellen Rechtssubjektivität die Fähigkeit beschränken, Träger bestimmter Rechte zu sein, ist ebenfalls allgM, dass diese nicht Art 7, sondern dem für das jeweilige Rechtsverhältnis maßgeblichen Wirkungsstatut unterfallen. So sind eventuelle besondere Beschränkungen bestimmter Personengruppen in der Erwerbsfähigkeit von Grundstücken nach dem Sachstatut zu beurteilen, ebenso wie etwaige Überlebensfristen für die Erbfähigkeit[26] oder das Verbot letztwilliger oder schenkweiser Zuwendungen an bestimmte Personengruppen (wie zB nach § 14 Abs 1 HeimG) grds dem Schenkungs- bzw dem Erbstatut unterworfen sind (iE Art 25 Rn 26), sofern nicht eine Sonderanknüpfung eingreift[27]; weiterhin sind die für die Übernahme einer Vormundschaft zu erfüllenden Kriterien dem über Art 24 ermittelten Recht zu entnehmen[28]. Zur Minderjährigkeit im Unterhaltsrecht s Rn 23. 14

cc) Postmortaler Persönlichkeitsschutz und pränataler Deliktsschutz. Den Anwendungsbereich des Art 7 berührt der **postmortale Persönlichkeitsschutz** schon deshalb nicht, weil es in diesem Rahmen nicht darum geht, einen Toten als Träger von Rechten iS einer fortwirkenden allgemeinen Rechtsfähigkeit anzuerkennen, sondern lediglich darum, das Andenken an seine Persönlichkeit zu bewahren und diese dem Schutz der Rechtsordnung zu unterstellen[29]. Hier kann nichts anderes gelten als bei den oben (Rn 12) diskutierten „besonderen Rechtsfähigkeiten". Ob und inwieweit eine bestimmte Handlung ein Delikt darstellt, weil sie in das idS fortbestehende Persönlichkeitsrecht eines Verstorbenen eingreift, kann ohnehin nur das Deliktsstatut entscheiden, da damit das Tatbestandsmerkmal einer unerlaubten Handlung festzulegen ist[30]. Das Deliktsstatut sollte kraft Sachzusammenhangs aber auch für die Frage zuständig sein, **wer** das Persönlichkeitsrecht des Verstorbenen geltend machen kann (Erbe, Angehöriger); es macht wenig Sinn, hier das Personalstatut zu befragen[31]. Selbst wenn man dies anders sehen wollte, könnte man diesen Ansatz nicht aus Art 7 ableiten, weil Fragen der „Vertretung" Handlungsunfähiger hier auch nicht direkter Anwendung nicht geregelt sind[32]. Bei nichtdeliktischen Ansprüchen, die auf das postmortale Persönlichkeitsrecht gestützt werden, ist ebenfalls das Statut des jeweiligen Anspruchs (Bereicherungsstatut, GoA-Statut) für beide Aspekte maßgeblich[33]. 15

Entsprechendes gilt für den Schutz vor **pränatalen Schädigungen.** Zwar kann ein vor der Geburt im Mutterleib geschädigtes Kind selbstverständlich nach seiner Geburt nur dann Inhaber eines Schadensersatzanspruchs geworden sein, wenn es nach seinem über Art 7 ermittelten Personalstatut die Rechtsfähigkeit erlangt hat. **Ob** allerdings die Einwirkung auf eine Schwangere auch ein Delikt gegenüber dem später geschädigt geborenen Kind darstellt[34], ist eine Frage, die allein das Deliktsstatut beantwortet[35]. 16

2. Geschäftsfähigkeit. a) Allgemeines, Abdingbarkeit. Was unter Geschäftsfähigkeit zu verstehen ist, bestimmt in erster Linie das deutsche Recht. Danach bezeichnet sie die Fähigkeit einer natürlichen Person, eigenständig wirksame Rechtsgeschäfte vorzunehmen[36]. In den Bereich des Art 7 sind darüber hinaus alle ausländischen Rechtsfiguren einzubeziehen, die den gleichen Ordnungszweck verfolgen, auch wenn sie rechtstechnisch anders als die §§ 104ff BGB ausgestaltet sind (funktionale Qualifikation); allg zur Frage der Qualifikation Einl IPR Rn 51[37]. 17

Art 7 unterstellt die Geschäftsfähigkeit dem Recht der Staatsangehörigkeit der betreffenden Person. Zu den mit der Verweisung verbundenen Problemen des Allgemeinen Teils s Rn 6 f. **Rück- oder Weiterverweisungen** sind in diesem Rahmen nicht selten[38], weil einige Rechtsordnungen die Geschäftsfähigkeit dem Recht des Wohnsitzes[39] oder des gewöhnlichen Aufenthaltsortes der Person 18

---

[25] Vgl *Staudinger/Dörner* Art 25 Rn 85; *v. Bar* IPR II Rn 5.
[26] Nicht zu verwechseln mit einer etwaigen Mindestlebensdauer zur Erlangung der Rechtsfähigkeit, Rn 9 mwN.
[27] Vgl zu § 14 HeimG OLG Oldenburg IPRax 1999, 469 m zust Anm *Dörner* 455.
[28] Zu diesen und weiteren Beispielen vgl *Palandt/Heldrich* Rn 2; MünchKommBGB/*Birk* Rn 17 f, *Kegel/Schurig* IPR § 17 I b.
[29] Vgl BVerfGE 30, 173 = NJW 1971, 1645.
[30] Str, im Ergebnis wie hier *Erman/Hohloch* Rn 5; *Kropholler/v. Hein,* FS Heldrich, 2005, S 793, 796, aA MünchKommBGB/*Birk* Rn 15; *Staudinger/Hausmann* Rn 68: kumulative Anknüpfung: sowohl Personalstatut als auch Deliktsstatut müssen Persönlichkeitsrechte Verstorbener anerkennen; *Staudinger/Dörner* Art 25 Rn 24: Personalstatut entscheidet allein; Problem übersehen von BGHZ 143, 214 – Marlene Dietrich; vgl dazu *Schack* JZ 2000, 1060 f.
[31] *Erman/Hohloch* Rn 5; *Staudinger/Hausmann* Rn 68; aA MünchKommBGB/*Birk* Rn 15.
[32] Vgl zur entspr Differenzierung bei der Vertretung Minderjähriger Rn 30.
[33] AA *Kropholler/v. Hein,* FS Heldrich, 2005, S 793, 796: Wahrnehmungsberechtigung in Bezug auf vermögenswerte Bestandteile des postmortalen Persönlichkeitsrechts ergibt sich aus dem Erbstatut.
[34] Zum deutschen materiellen Recht vgl nur *Larenz/Canaris* § 76 II 1 h.
[35] *v. Bar* IPR II Rn 6.
[36] *Palandt/Heinrichs/Ellenberger* Einf v § 104 Rn 2.
[37] MünchKommBGB/*Birk* Rn 21.
[38] Rechtsvergleichende Übersicht über die einschlägigen kollisionsrechtlichen Regelungen in anderen Ländern bei *Staudinger/Hausmann* Rn 5 ff.
[39] Vgl zB Art 35 S 1 IPRG (Schweiz); zum dänischen Recht BayObLGZ 1963, 123.

unterwerfen; andere berufen das Wirkungsstatut, also das Recht, dem das fragliche Rechtsgeschäft selbst unterliegt[40] oder knüpfen alternativ zugunsten der Geschäftsfähigkeit an das domicile der Person und den Vertragsschlussort bzw das Wirkungsstatut an[41].

19 Abgesehen von diesem Umweg über das „Rückverweisungsroulett"[42] ist das Wirkungsstatut für das auf die Geschäftsfähigkeit anwendbare Recht ohne Belang. Die Parteien haben es etwa im Schuldvertragsrecht in der Hand, das Vertragsstatut frei zu bestimmen (Art 27); für die Regeln zur Geschäftsfähigkeit ist ihnen diese Freiheit nicht gewährt. Art 7 ist **zwingendes Recht** (allgM), in seinen Auswirkungen für den gutgläubigen Geschäftspartner einer nach ihrem Heimatrecht geschäftsunfähigen Vertragspartei allerdings gemildert durch **Art 12** (s iE dort).

20 **b) Reichweite des Geschäftsfähigkeitsstatuts iE. aa) Notwendigkeit der Geschäftsfähigkeit.** Keine Frage des Art 7 ist, ob für ein bestimmtes Rechtsgeschäft oder eine Rechtshandlung (wie etwa Wohnsitzbegründung, bestimmte Formen des Besitzerwerbs) Geschäftsfähigkeit erforderlich ist und zu welchem **Zeitpunkt** sie vorliegen muss (allgM) – hier entscheidet allein das Wirkungsstatut, bei schuldrechtlichen Verträgen das Vertragsstatut, im Rahmen einer dinglichen Verfügung die lex rei sitae (zum internationalen Sachenrecht s Art 43), das Recht also, das auch ansonsten über die Wirksamkeitsvoraussetzungen des Rechtsgeschäfts befindet[43]. Ob eine als Vertreter rechtsgeschäftlich handelnde Person (voll) geschäftsfähig sein muss, richtet sich nach dem Vertretungsstatut, bei Bevollmächtigung also nach dem Vollmachtsstatut. Der für den Erfolg eines Geschäfts zu erreichende **Grad der Geschäftsfähigkeit** (beschränkte oder volle Geschäftsfähigkeit) bestimmt sich hingegen als Präzisierung der allgemeinen Frage nach „der Geschäftsfähigkeit" der betreffenden Person nach dem von Art 7 berufenen Recht[44].

21 **bb) Altersgrenze und sonstige Voraussetzungen der Geschäftsfähigkeit.** Das Personalstatut ist ebenso maßgeblich für die geistigen und altersmäßigen Voraussetzungen für die volle Geschäftsfähigkeit sowie für die Frage, ob und mit welchen Voraussetzungen es eine **Vorstufe** zu dieser gibt – viele Rechtsordnungen kennen die deutsche Figur der „beschränkten Geschäftsfähigkeit" nicht[45] oder treffen umkehrt eine noch diffizilere Regelung[46]. Hierher gehört insbes die Bestimmung der **Altersgrenze für die Volljährigkeit** (Liste für zahlreiche Länder s Rn 57) bzw der entsprechenden Vorstufe. Soweit einzelne Länder **nach Geschlechtszugehörigkeit unterschiedliche Grenzen** setzen, könnte man versucht sein, auf den **ordre public** zurückzugreifen. Doch ist, soweit es um Differenzierungen bei der beschränkten Geschäftsfähigkeit geht[47], bereits zweifelhaft, ob es sich tatsächlich um eine Diskriminierung handelt, wenn einem typischerweise unterschiedlichen Entwicklungstempo von Jungen und Mädchen in der Pubertät Rechnung getragen wird. Wichtiger noch ist aber, dass am deutschen ordre public nur das **konkrete Ergebnis** der Anwendung einer ausländischen Rechtsnorm zu messen ist (näher Art 6 Rn 9). Insoweit kann nicht zweifelhaft sein, dass die in einem konkreten Rechtsstreit getroffene Feststellung, dass eine bestimmte Person (erst) mit Erreichung einer bestimmten, für sich genommen anstößigen Altersgrenze beschränkt oder voll geschäftsfähig wird, nicht dem Verdikt des Art 6 unterfällt, unabhängig davon, ob theoretisch eine andere Person in dieser Lage bereits früher in den Genuss der Geschäftsfähigkeit gekommen wäre[48].

22 Zu Recht hält das OLG Köln[49] mit dem deutschen ordre public für unvereinbar, ein zehnjähriges iranisches Mädchen als volljährig anzusehen; eine solch niedrige Volljährigkeitsstufe existiert freilich in keinem Land, auch nicht im Iran (Liste s Rn 57). Soweit einzelne Staaten die Volljährigkeit mit **16 Jahren** eintreten lassen, kann darin schon angesichts vereinzelter Tendenzen in Deutschland, das Wahlalter für Kommunalwahlen auf diese Schwelle zu senken, **kein ordre-public-Verstoß** gesehen werden.

23 Zu beachten ist, dass die Regeln über die Altersgrenze für die Volljährigkeit nur dann unmittelbar dem von Art 7 berufenen Recht zu entnehmen sind, soweit sie **zur Ermittlung der Geschäftsfähigkeit** vonnöten sind, denn nur letztere ist Gegenstand dieser Kollisionsnorm. Bedarf es in einem

---

[40] Das soll für England, USA und Kanada hinsichtlich der Verfügungen über Immobilien gelten, so *Staudinger/Hausmann* Art 4 Rn 150 mwN.
[41] Vgl mit Differenzierungen iE für England *Dicey/Morris/Collins,* Conflict of Laws, Bd II, 14. Aufl 2006, S 1621 ff; für die Einzelstaaten der USA 16 AmJur 2nd, Conflict of Laws, § 111 (1998) mzN; zum im englischen und US-amerikanischen Recht unterschiedlich definierten Begriff des domicile vgl *Dicey/Morris/Collins* aaO Bd I S 122 ff einerseits und *Scoles/Hay/Borchers/Symeonides,* Conflict of Laws, 4. Aufl 2004, S 232 ff, andererseits.
[42] *Flessner,* Interessenjurisprudenz im IPR, 1990, S 137.
[43] Für eine erbrechtliche Ausschlagungserklärung ebenso BayObLG NJW 2003, 216, 218.
[44] HM, str; m ausf Begr *Schotten/Schmellenkamp,* Das IPR in der notariellen Praxis, 2. Aufl 2007, Rn 61 f; ebenso *Reithmann/Martiny/Hausmann* Rn 2838; *v. Bar* IPR II Rn 39; *Staudinger/Hausmann* Rn 43; aA AG Hildesheim IPRspr 1973 Nr 94; MünchKommBGB/*Birk* Rn 42; *Palandt/Heldrich* Rn 5; *Erman/Hohloch* Rn 13.
[45] So das US-amerikanische common law, nach dem grds auch vorteilhafte Geschäfte des Minderjährigen „voidable" sind, andererseits der Letztere aber bei Verträgen über „necessaries" unabhängig von seinem Alter gebunden ist, vgl 42 AmJur 2nd, Infants, §§ 64 ff (2000).
[46] In Österreich wird unterschieden zwischen Kindern (jünger als sieben Jahre), Unmündigen (älter als sieben, jünger als 14 Jahre), mündigen Minderjährigen (älter als 14, jünger als 18 Jahre) und Volljährigen, vgl *Koziol/Welser,* Bürgerliches Recht, Bd 1, 13. Aufl 2006, S 54 ff.
[47] Nach *Reithmann/Martiny/Hausmann* Rn 2830, sollen zB in Chile, Ecuador und Kolumbien Mädchen die beschränkte Geschäftsfähigkeit mit 12 Jahren, Jungen hingegen erst mit 14 Jahren erreichen.
[48] Diff zum ordre public bei ausländischer Geschlechtsdiskriminierung Art 6 Rn 10.
[49] OLG Köln FamRZ 1997, 1240.

anderen Zusammenhang der **(isolierten) Feststellung der Voll- oder Minderjährigkeit** einer Person, berührt dies den direkten Anwendungsbereich des Art 7 nicht. Ist bei einem ausländischen, in Deutschland ansässigen Kind über Art 18, 21 jeweils nach deutschem Recht das Ende der elterlichen Sorge oder der unterhaltsrechtlichen Privilegierung zu prüfen, hilft Art 7 für die Konkretisierung der insoweit maßgeblichen Minderjährigkeit (§§ 1626, 1602 Abs 2, 1603 Abs 2, 1609 Abs 1 BGB) nach seinem Wortlaut nicht weiter, weil er keine Aussage über das auf „die Minderjährigkeit" anwendbare Recht trifft. Gleiches gilt etwa für die von der Volljährigkeit abhängige **Zeugenfähigkeit** bei einer deutschen Beurkundung (§ 26 Abs 2 Nr 2 BeurkG). Eine andere Frage ist freilich, ob man in diesen Fällen (1) „einfach" **§ 2 BGB als Teil des deutschen Geschäftsstatuts**[50] anwenden kann[51] (bzw die entsprechende ausländische Norm bei einem ausländischen Geschäftsstatut) oder (2) in **analoger Anwendung des Art 7 das Heimatrecht** über das Erreichen der Volljährigkeitsschwelle entscheiden lassen muss. Dies ist nicht pauschal zu beantworten. Zwar werden Teilfragen, die in der Regel des Gesetzgeber nicht ausdrücklich eine eigene Anknüpfung normiert hat, „idR" von der Anknüpfung der Hauptfrage mit umfasst[52], was für die erstere Lösung spricht. Abweichungen im Einzelfall sind aber nicht ausgeschlossen. Maßgeblich dürfte sein, ob die fragliche Norm des materiellen Rechts in bloßer Parallelität mit den Regeln über die Geschäftsfähigkeit an das Erreichen des Volljährigkeitsalters anknüpft oder gerade deshalb, weil in diesem Zeitpunkt die volle Geschäftsfähigkeit erlangt wird. Handelt es sich im letzteren Fall also um eine „verkappte" Anknüpfung an die Geschäftsfähigkeit, so muss dies Konsequenzen im Kollisionsrecht haben und zur Anwendung des Art 7 führen. Auf dieser Grundlage ist im Falle der elterlichen Sorge wegen des untrennbaren Zusammenhangs zwischen der fehlenden vollen Geschäftsfähigkeit des Kindes und seiner „Bevormundung" durch die Eltern der allgemeinen Auffassung zuzustimmen, dass für das Ende der elterlichen Sorge nicht auf das nach Art 21 für das Eltern-Kind-Verhältnis geltende Recht zurückzugreifen ist, sondern entspr Art 7 die Volljährigkeitsgrenze des Heimatrechts des Kindes entscheidet[53]. Weil die Begrenzung der Privilegierung auf minderjährige Kinder im deutschen Unterhaltsrecht ihrerseits darauf beruht, dass die elterliche Sorge mit Erreichen der Volljährigkeit endet und damit ab diesem Zeitpunkt die Eigenverantwortung des Kindes steigt[54], greift über diese Brücke Art 7 – gegen OLG Hamm[55] – auch für die **Minderjährigkeit im Unterhaltsrecht** ein[56]. Im Ergebnis gewinnt damit Art 7 in Form einer analogen Anwendung jedenfalls für die isolierte **Feststellung der Volljährigkeit im Sorge- und Unterhaltsrecht** an Bedeutung; ob dies auch in anderen Bereichen so ist, bedarf jeweils einer eigenen Prüfung. Im Fall der Zeugenfähigkeit nach § 26 Abs 2 Nr 2 BeurkG dürfte die ratio legis eher die mit Volljährigkeit zu unterstellende Einsichtsfähigkeit der Person denn ihre Fähigkeit sein, selbstständig Rechtsgeschäfte abzuschließen; folglich ist hier auch bei ausländischen Zeugen § 2 BGB maßgeblich[57].

cc) Entmündigung, Emanzipation, Volljährigkeitserklärung, Betreuung. Dem Personalstatut 24 zu entnehmen sind weiterhin eventuelle gesetzliche Regelungen über die Voraussetzungen, unter denen der Status der Geschäftsfähigkeit durch **behördliche oder gerichtliche Gestaltungsakte** oder auch **private Rechtsgeschäfte**, letztere ggf unter behördlicher Mitwirkung – Entmündigung, Emanzipation[58], (Teil-)Volljährigkeitserklärung[59] – geändert werden kann, da und soweit es sich hier um eine allgemeine Einschränkung oder Aufhebung der Wirkungen der Minder- bzw Volljährigkeit handelt[60]. Das Kollisionsrecht der **Betreuung** ist hingegen in Art 24 zu finden. Eine Emanzipation durch Rechtsgeschäft kann auf der Basis des nach Art 7 maßgeblichen ausländischen Rechts auch im Inland vorgenommen werden (heute allgM); für die zu beachtende Form gilt Art 11[61]. Zur **Zuständigkeit** für behördliche und gerichtliche Akte und sonstigen Verfahrensfragen Rn 47 ff.

dd) Gesetzliche Teilgeschäftsfähigkeit. Nach hM[62] erfasst Art 7 auch Normen über eine eventu- 25 elle gesetzliche Teilgeschäftsfähigkeit für bestimmte Geschäfte, wie sie zwar nicht das deutsche, wohl aber zB das österreichische und viele andere Rechte für **Arbeits- und Dienstverträge** mit Minder-

---

[50] Zum Statut des Beurkundungsverfahrens vgl Art 11 Rn 24.
[51] So OLG Hamm FamRZ 1999, 888 für den Unterhalt; ähnlich OVG Münster vom 16. 8. 1996, 18 B 3284/95: ob ein Ausländer bei seiner Einreise iS von § 18 Abs 1 Nr 4 AuslG minderjährig war, beurteilt sich nach § 2 BGB.
[52] Vgl *v. Hoffmann/Thorn* IPR § 6 Rn 46 mwN.
[53] Vgl MünchKommBGB/*Klinkhardt* Art 21 Rn 12 mwN.
[54] Vgl Mot IV S 682: volljähriges Kind ist nicht mehr abhängig von den Eltern und kann über sein Vermögen frei verfügen.
[55] OLG Hamm FamRZ 1999, 888.
[56] Näher *Mäsch*, FS Heldrich, 2005, S 857; aA *Palandt/Heldrich* Art 18 EGBGB Rn 16.
[57] AA wohl (implizit) *Keidel/Winkler*, BeurkG, 15. Aufl 2003, § 26 Rn 9 m Fn 11.
[58] Die Emanzipation mancher ausländischer, insbes romanischer Rechte, erweitert die Geschäftsfähigkeit des Minderjährigen, zumeist ohne zur vollen Geschäftsfähigkeit zu führen, vgl *Soergel/Kegel* Rn 18; *Staudinger/Beitzke*, 12. Aufl 1984, Rn 91 mwN; im Regelfall bedarf es eines behördlichen Gestaltungsakts, gelegentlich tritt Emanzipation aber auch auf Grund eines privaten Rechtsgeschäfts mit behördlicher Billigung oder zumindest Beurkundung ein.
[59] Vgl AG Moers DAVorm 1997, 925.
[60] Zutr *Reithmann/Martiny/Hausmann* Rn 2831.
[61] Wobei allerdings die Abgrenzung von Form- und materiellen Bestimmungen des ausländischen Rechts Schwierigkeiten machen kann, vgl *Staudinger/Beitzke*, 12. Aufl 1984, Rn 99.
[62] *Reithmann/Martiny/Hausmann* Rn 2834; MünchKommBGB/*Birk* Rn 41; *v. Bar* IPR II Rn 6. *Staudinger/Hausmann* Rn 37 f.

jährigen kennen[63]. Das ist nicht selbstverständlich, wenn man sich vor Augen führt, dass „besondere Geschäftsfähigkeiten" demgegenüber dem Wirkungsstatut unterliegen sollen (Rn 31) und die Grenzlinie zwischen beiden Kategorien nicht deutlich ist. Dennoch ist im Ergebnis der hM zuzustimmen, weil Rechtsordnungen, die eine gesetzliche Teilgeschäftsfähigkeit für das Arbeitsleben nicht normiert haben, häufig mit dem Mittel der Generalermächtigung durch den Sorgeberechtigten operieren, um von dieser eine Teilgeschäftsfähigkeit des Minderjährigen abzuleiten. Fällt dies unter Art 7 (Rn 27), so kann für die im Gesetz angeordnete Teilgeschäftsfähigkeit nichts anderes gelten. Das Vertrauen des Vertragspartners auf die „Arbeitsvertragsmündigkeit" des Minderjährigen wird ggf im Rahmen des Art 12 geschützt[64]. Zu § 113 BGB s Rn 27.

26   **ee) Auswirkungen der Eheschließung.** Auch dem Personalstatut und nicht dem Eheschließungs- oder allgemeinem Ehewirkungsstatut unterliegt die **Erlangung und Erweiterung der Geschäftsfähigkeit** durch Eheschließung („Heirat macht mündig"), wie **Art 7 Abs 1 S 2** ausdrücklich festhält[65], wobei auch eine erst durch die Heirat erworbene Staatsangehörigkeit maßgeblich sein kann, wenn sie, soweit die bisherige Staatsangehörigkeit nicht „automatisch" verloren geht, als die effektive iS des Art 5 Abs 1 S 1 anzusehen ist[66]; bei „Auch-Deutschen" geht in jedem Fall auf Grund der – verfehlten – Regelung des Art 5 Abs 1 S 2 die deutsche Nationalität vor. Die Umkehrung gilt nicht: Regeln, die die Fähigkeit einer Person zur Vornahme bestimmter Rechtsgeschäfte auf Grund der **Heirat beschränken,** sind dem nach Art 14 bzw 15 maßgeblichen Recht zu entnehmen, je nachdem, ob sie ihren Grund in güterrechtlichen Erwägungen oder im allgemeinen Schutz der Ehegemeinschaft haben[67]. Hier handelt es sich um eine Fallgruppe der „besonderen Geschäftsfähigkeit", die nicht dem Geschäftsfähigkeitsstatut, sondern dem jeweiligen Wirkungsstatut unterworfen ist (vgl Rn 31).

27   **ff) Generalermächtigungen, Taschengeldparagraph.** Zweifelhaft ist die Anwendung des Art 7 auf gesetzliche Regelungen über Wirksamkeitsvoraussetzungen, Umfang und Rechtswirkungen von Generalermächtigungen für bestimmte Lebensbereiche (vgl §§ 112, 113 BGB) sowie auf Regelungen der Art des deutschen „Taschengeldparagraphen" (§ 110 BGB), welche **gesetzliche Vermutungen** über Vorhandensein und Umfang einer (konkludenten) Ermächtigung der Sorgeberechtigten zu rechtsgeschäftlichem Handeln des Minderjährigen beinhalten. Wer die gesetzliche Vertretungsmacht für einen Minderjährigen innehat, wie seine Erklärungen ausgelegt werden und ob er in bestimmten Fällen ggf der Mitwirkung einer Behörde bedarf, fällt nach hM grds nicht in den Anwendungsbereich des Art 7 (Rn 30), womit man geneigt sein könnte, auch die obigen Fragen auszuklammern. Soweit es sich aber in der Sache wie bei den genannten Normen um **gesetzlich normierte Statusveränderungen** iS einer **bereichsspezifischen vollen Geschäftsfähigkeit** des Minderjährigen handelt[68], die ungeachtet ihres dogmatischen Ansatzes gerade unabhängig von einem dahingehenden Willen des Vertretungsberechtigten eintreten sollen, die durch seine Einwilligung etwa in den Betrieb des Erwerbsgeschäfts oder des Eintritts in ein Arbeitsverhältnis lediglich den „Anstoß" gibt, erscheint es gerechtfertigt, auch insoweit das Geschäftsfähigkeitsstatut für maßgeblich zu erachten[69].

28   **gg) Folgen mangelnder Geschäftsfähigkeit.** Das Heimatrecht des Minderjährigen entscheidet auch über die Folgen mangelnder oder beschränkter Geschäftsfähigkeit für das fragliche Geschäft[70], also zB über Nichtigkeit, schwebende Unwirksamkeit, Anfechtbarkeit, einschließlich der Frage, wer anfechten kann[71], Heilbarkeit und Genehmigungsfähigkeit. Die aA des OLG Düsseldorf[72], das insoweit das Wirkungsstatut berufen will, verkennt, dass Voraussetzungen und Folgen auf das engste miteinander verwoben sind. Die Begriffe Geschäftsunfähigkeit, „volle" und „beschränkte" Geschäftsfähigkeit erhalten ihren Inhalt erst dadurch, dass an diese Abstufung bestimmte Rechtsfolgen geknüpft sind[73]. Wie soll iÜ das Wirkungsstatut über die Folgen einer „beschränkten" Geschäftsfähigkeit urteilen, wenn es diese Figur möglicherweise gar nicht kennt?

29   Von den Folgen mangelnder oder beschränkter Geschäftsfähigkeit für die Wirksamkeit des Geschäfts sind die **(weiteren) Folgen** zu unterscheiden, die sich ergeben, wenn festgestellt ist, dass das Geschäft nach Maßgabe der obigen Regeln nichtig oder angefochten ist. Inwieweit zB **Rückabwicklungs-**

---

[63] Nach § 152 ABGB kann man bereits mit 14 Jahren wirksam einen Dienst- oder Arbeitsvertrag schließen.
[64] Vgl *Reithmann/Martiny/Hausmann* Rn 2834.
[65] Vgl KG FamRZ 1991, 1456; in einer zum klaren Wortlaut des Art 7 Abs 1 S 2 in kaum auflösbarem Widerspruch stehenden Differenzierung will *Soergel/Kegel* Rn 7 zwar die Erlangung der vollen Geschäftsfähigkeit durch Heirat dem Geschäftsfähigkeitsstatut unterwerfen, bloße „Erweiterungen" der Geschäftsfähigkeit hingegen dem Ehewirkungsstatut.
[66] Vgl ausf *Staudinger/Beitzke,* 12. Aufl 1984, Rn 58 f.
[67] *Palandt/Heldrich* Rn 3; vgl näher bei Art 14 und Art 15.
[68] Vgl zum deutschen Recht MünchKommBGB/*Schmitt* § 112 BGB Rn 1; § 113 BGB Rn 1.
[69] Für § 110 BGB ebenso MünchKommBGB/*Birk* Rn 30; *Erman/Hohloch* Rn 9; für §§ 112, 113 BGB *v. Bar* IPR II Rn 35; richtig deshalb AG Moers DAVorm 1997, 926: Will ein in Deutschland lebender türkischer Minderjähriger hier ein Erwerbsgeschäft selbstständig führen, ist keine vormundschaftsgerichtliche Genehmigung der elterlichen Ermächtigung nach § 112 BGB zu erteilen, sondern der Minderjährige über Art 7 EGBGB nach Art 12 des türkischen ZGB vom Gericht für mündig zu erklären.
[70] Str, hM KG IPRspr 1929 Nr 88 obiter dictum; für die Genehmigung nach Erreichen der Volljährigkeit wohl auch BGH DNotZ 1978, 300, 301; aus der Lit *Soergel/Kegel* Rn 7; *Palandt/Heldrich* Rn 5; *Kropholler* IPR § 42 I 1; *v. Bar* IPR II Rn 43; *Baetge* IPRax 1996, 185, 187; *v. Hoffmann/Thorn* IPR § 7 Rn 8.
[71] *Staudinger/Hausmann* Rn 72.
[72] OLG Düsseldorf NJW-RR 1995, 755; ebenso MünchKommBGB/*Birk* Rn 35 f.
[73] *Schotten/Schmellenkamp,* Das IPR in der notariellen Praxis, Rn 61 b.

ansprüche entstehen, entscheidet das **Wirkungsstatut** (hM), bei schuldrechtlichen Verträgen also das Vertragsstatut (wie Art 32 Abs 1 Nr 5 für den Fall der Nichtigkeit ausdrücklich festhält), bei dinglichen Verfügungen das Sachstatut, meist die lex rei sitae[74]. Folgerichtig ist auch § 105 a BGB nur bei **deutschem Vertragsstatut** anwendbar[75], weil die in dieser Norm enthaltene Fiktion lediglich eine Rückforderung von bewirkter Leistung und Gegenleistung per Bereicherungsrecht ausschließen soll[76].

hh) Vertretung eines Minderjährigen. Bei der Vertretung eines Minderjährigen ist dreifach zu 30 differenzieren: Das Wirkungsstatut entscheidet für Minderjährige wie auch in allen anderen Fällen darüber, ob beim fraglichen Geschäft generell Stellvertretung zulässig oder wegen der höchstpersönlichen Natur ausgeschlossen ist[77]. Dem von Art 7 berufenen Recht unterliegt aber die Frage, ob dafür ein **gesetzlicher Vertreter** des Minderjährigen in Betracht kommt[78]. Wer gesetzlicher Vertreter ist und welche Wirkungen die von ihm vorgenommenen Handlungen für den Vertretenen haben, entscheiden hingegen die Rechtsordnungen, die nach Art 21 und 24 die elterliche Sorge und die Vormundschaft regeln (allgM). Diesen Rechten wird man kraft Sachzusammenhangs auch die **Modalitäten der Vertretung** überlassen müssen, neben der Zulässigkeit des Selbstkontrahierens des Vertreters[79] also etwa die Frage, ob die Vertretung durch einen Elternteil ausreichend[80] und in welchen Fällen zusätzlich eine behördliche oder (vormundschafts-)gerichtliche Genehmigung[81] oder die Bestellung eines Ergänzungspflegers erforderlich ist.

ii) Besondere Geschäftsfähigkeiten. Wie die „besonderen Rechtsfähigkeiten" (Rn 12) unterliegen 31 auch besondere Geschäftsfähigkeiten nicht Art 7, sondern dem jeweiligen **Wirkungsstatut** (allgM). „Besondere" Geschäftsfähigkeiten sind spezielle Regelungen über die Fähigkeit zur Vornahme von Rechtsgeschäften, die entweder nichts mit dem altersbedingtem Reifeprozess zu tun haben oder auf bestimmte Rechtsgeschäfte beschränkt sind[82]. Beispiele hierfür sind **Ehemündigkeit, Ehe-, Erbvertrags- und Testierfähigkeit, die Fähigkeit für das Amt des Testamentsvollstreckers, die Fähigkeit zur Abgabe eines Vaterschaftsanerkenntnisses oder der Zustimmung zur Adoption; Börsenterminfähigkeit; Wechsel- und Scheckfähigkeit**[83]; welchen Anforderungen jeweils zu genügen ist und welche Folgen aus einer Missachtung erwachsen, entscheidet das Eheschließungsstatut, das Ehewirkungsstatut, das Erbstatut etc. Für die Wechsel- und Scheckfähigkeit ordnen allerdings Art 91 WG und Art 60 ScheckG ebenfalls eine Anknüpfung an die Staatsangehörigkeit des Ausstellers an. Zur Arbeitsvertragsmündigkeit s Rn 25. Zu Formfragen in Zusammenhang mit erweiterten besonderen Geschäftsfähigkeiten vgl Art 11 Rn 23. Soweit es bei der Bestimmung der Grenzen besonderer Geschäftsfähigkeiten auf die **Voll- oder Minderjährigkeit** der betreffenden Person ankommt (vgl im deutschen Recht etwa § 1303 BGB für die Ehemündigkeit), entscheidet wie auch bei ausdrücklich genannten Altersgrenzen (im deutschen Recht etwa § 2229 BGB) im Zweifel das Wirkungsstatut, nicht das Geschäftsfähigkeitsstatut nach Art 7, weil es sich um Regeln handelt, die sich damit von der allgemeinen Geschäftsfähigkeit emanzipiert haben (vgl Rn 23). Anders ist es, wenn das Wirkungsstatut im Rahmen spezieller Geschäfte ausdrücklich auf die (allgemeine) Geschäftsfähigkeit als Wirksamkeitsvoraussetzung hinweist (im deutschen Recht zB § 2201 BGB für den Testamentsvollstrecker). Insoweit bleibt es dabei, dass das maßgebliche Recht über Art 7 zu ermitteln ist. Wenn also ein ausländisches Recht als Eheschließungs- oder Erbstatut anders als das deutsche Recht die Ehemündigkeit oder Testierfähigkeit von der allgemeinen Geschäftsfähigkeit abhängig macht, entscheidet über Art 7 das Heimatrecht[84].

jj) Deliktsfähigkeit, Prozessfähigkeit, Verfügungsmacht. Wie die besonderen Geschäftsfähig- 32 keiten unterliegt auch die **Deliktsfähigkeit nicht** Art 7 (allgM). Hier entscheidet allein das Deliktsstatut.

Die **Prozessfähigkeit** – bzw die **Verfahrensfähigkeit** in der freiwilligen Gerichtsbarkeit[85] – wird 33 ebenfalls nicht von Art 7 erfasst (allgM), es gelten vielmehr die besonderen verfahrensrechtlichen Vorschriften. Nach § 55 ZPO ist grds die Prozessfähigkeit nach dem Heimatrecht (dem Recht der

---

[74] Palandt/Heldrich Rn 5; aA mit beachtlichen Gründen v. Bar IPR II Rn 44 für fehlgeschlagene Schuldverträge: Der Minderjährigenschutz nach Heimatrecht muss auch für die Modalitäten der Rückabwicklung gelten. Dem steht aber wohl Art 32 Abs 1 Nr 5 entgegen, der die Geltung des Vertragsstatuts gerade auch (und ohne Ausnahme für Minderjährige) auf die Rückabwicklung erstreckt.
[75] Str, aA MünchKommBGB/Birk Rn 31.
[76] Bamberger/Roth/Wendtland § 105 a Rn 7, str, aA etwa Palandt/Heinrichs § 105 a Rn 6 mwN.
[77] Erman/Hohloch Rn 16.
[78] Undeutlich BGH DNotZ 1978, 300, 301; v. Bar IPR II Rn 42.
[79] Vgl BGH NJW 1992, 618 zur Abgrenzung zwischen Wirkungsstatut und Vertretungsstatut bei der rechtsgeschäftlichen Vertretungsmacht (Vollmacht); ohne Begründung diff v. Bar IPR II Rn 42: nur bei Geschäften zwischen Eltern und Kind sollte das Eltern-Kind-Statut entscheiden, „iÜ" (also beim Vormund etc) das Geschäftsfähigkeitsstatut.
[80] Str, wie hier etwa BayObLGZ 1967, 443, 451; Staudinger/Hausmann Rn 75; aA v. Bar IPR II Rn 42: Geschäftsfähigkeitsstatut.
[81] Str, RGZ 110, 173; RGZ 170, 198; Staudinger/Hausmann Rn 77; aA OLG Düsseldorf NJW 1951, 966; v. Bar IPR II Rn 42: Geschäftsfähigkeitsstatut; MünchKommBGB/Birk Rn 37 ff: kumulative Anknüpfung an Geschäftsfähigkeits- und Vertretungsstatut mit der Folge, dass sich das strengere Recht durchsetzt.
[82] Vgl v. Bar IPR II Rn 35 f.
[83] Vgl zu diesen Beispielen Soergel/Kegel Rn 8.
[84] HM, vgl Soergel/Schurig Art 13 Rn 13, Art 26 Rn 27, jeweils mwN.
[85] BayObLGZ 2002, 99, 101; Soergel/Kegel Rn 10.

Staatsangehörigkeit) maßgebend, welches bei Ausländern wie das deutsche an die bürgerlich-rechtliche Geschäftsfähigkeit (§ 52 ZPO) anknüpfen kann, nicht aber muss; iS einer alternativen Anknüpfung genügt bei Ausländern vor deutschen Gerichten weiterhin, dass sie zumindest nach deutschem Verfahrensrecht, also nach § 52 ZPO, prozessfähig wären. Wird § 52 ZPO über diesen Umweg bei einem Ausländer angewandt, ist die Frage, inwieweit er „sich durch Verträge verpflichten kann", also geschäftsfähig ist, über Art 7 nach dem Heimatrecht zu beurteilen[86]. Zur Parteifähigkeit s Rn 11.

34 Die **Verfügungsmacht** ist keine Frage der Geschäftsfähigkeit. Sie ist nicht wie diese eine persönliche Eigenschaft, sondern eine Beziehung des Verfügenden zum Recht, über das verfügt wird[87]. Sie unterliegt deshalb nicht Art 7 (allgM), sondern eigenen Kollisionsnormen, idR dem Wirkungsstatut, kann aber auch durch Normen eingeschränkt sein, die dem Ehegüter-, Erb- oder Insolvenzstatut zu entnehmen sind.

VI. Analoge Anwendung

35 Für einige von Art 7 ausdrücklich nicht erfasste Fragen wird eine entsprechende Anwendung der Norm diskutiert.

36 **1. Geschlechtszugehörigkeit und -umwandlung.** Unstr ist die Geschlechtszugehörigkeit[88] ebenso wie die Rechtsfähigkeit nach dem Heimatrecht zu beurteilen. Dieses entscheidet insbes darüber, unter welchen Voraussetzungen und mit welchen Wirkungen eine rechtliche Änderung der Geschlechtszugehörigkeit möglich ist[89] und ob es dafür bestimmter behördlicher oder gerichtlicher Schritte bedarf. Man muss zu diesem Ergebnis allerdings nicht auf eine Analogie zu Art 7 zurückgreifen[90]. Ein Verweis auf das jeweilige Heimatrecht ergibt sich insoweit bereits aus einem allseitigen Ausbau (vgl allg zur allseitigen Anwendung einseitig formulierter Kollisionsnormen Einl IPR Rn 45) der §§ 1 Abs 1 Nr 1, 8 Abs 1 Nr 1 TSG (BGBl 1980 I S 1654), welche die sog kleine und große Lösung des deutschen Rechts (bloße Vornamensänderung oder Feststellung der geänderten Geschlechtszugehörigkeit nach operativem Eingriff) nur Personen mit deutschem Personalstatut eröffnen[91].

37 Wenn eine danach zuständige ausländische Rechtsordnung sich weigert, einer irreversiblen operativen Geschlechtsumwandlung eines eigenen Staatsbürgers durch Änderung seiner rechtlichen Geschlechtszuordnung Rechnung zu tragen, kann die Anwendung dieser Regelung im Inland – bei Vorliegen der sonstigen Voraussetzungen des Art 6, insbes des hinreichenden Inlandsbezugs (näher Art 6 Rn 15) – gegen den **ordre public** verstoßen[92]. Die dadurch entstehende Lücke ist **(verfahrens- und materiellrechtlich)** durch hilfsweise Anwendung des deutschen TSG zu schließen, womit – ausnahmsweise – auch Ausländer in den Genuss einer „deutschen" Geschlechtsumwandlung kommen können (zur internationalen Zuständigkeit deutscher Behörden nach dem Gleichlaufprinzip s Rn 54). Diese ordre-public-Lösung wird in Zukunft allerdings überflüssig, weil das BVerfG[93] auf Vorlage des BayObLG[94] dem Gesetzgeber aufgetragen hat, die inländischen Verfahren zur Änderung des Vornamens und zur Feststellung der Geschlechtszugehörigkeit durch eine Änderung von § 1 Abs 1 Nr 1 TSG auch ausländischen Transsexuellen zu öffnen, die sich rechtmäßig und nicht nur vorübergehend in Deutschland aufhalten, sofern deren Heimatrecht vergleichbare Regelungen nicht kennt. Es wäre begrüßenswert, wenn der Gesetzgeber sich in diesem Bereich insgesamt vom Staatsangehörigkeitsprinzip verabschieden und dem Aufenthaltsprinzip zuwenden würde[95].

38 Welche Folgen eine während bestehender Ehe vorgenommene und nach dem Heimatrecht rechtlich wirksame[96] Geschlechtsumwandlung für den Bestand der Ehe hat, entscheidet das Scheidungsstatut (Art 17)[97].

---

[86] *Zöller/Vollkommer* § 52 ZPO Rn 3.
[87] *Hübner* AT Rn 393.
[88] Allg zur Transsexualität im IPR *Jessurun d'Oliveira* IPRax 1987, 189.
[89] KG StAZ 2002, 307; OLG Karlsruhe StAZ 2003, 139; BayObLGZ 2004, 346, 350; AG Hamburg StAZ 1984, 42; *Palandt/Heldrich* Rn 6; *Staudinger/v. Bar/Mankowski* Art 13 Rn 185; *Erman/Hohloch* Rn 6; MünchKommBGB/*Birk* Rn 16.
[90] So aber *Palandt/Heldrich* Rn 6; *Staudinger/v. Bar/Mankowski* Art 13 Rn 185; *Erman/Hohloch* Rn 6; anders *Soergel/Schurig* Art 13 Rn 15: Weil die Geschlechtszugehörigkeit nur bei der Eheschließung eine Rolle spielen könne, handle es sich immer um einen Teil der Hauptfrage nach den Eheschließungsvoraussetzungen, für die Art 13 Abs 1 gilt; dagegen zutr *Staudinger/v. Bar/Mankowski* Art 13 Rn 185.
[91] Zutr *Kegel/Schurig* IPR § 17 I 3.
[92] Vgl AG Hamburg StAZ 1984, 42. In diesem Fall ging es darum, dass das malaysische Recht nach Feststellungen des AG zwar grds die Geschlechtsumwandlung akzeptierte, gleichwohl aber die Eheschließung mit einem Angehörigen des ehemaligen Geschlechts untersagte. Das aus deutscher Sicht nicht zu billigende (bloße) „Ehehindernis der Geschlechtsumwandlung" betrifft allerdings anders als die generelle „Leugnung" des geänderten Geschlechts nicht den Anwendungsbereich des Art 7, sondern die Frage der Eheschließungsvoraussetzungen nach Art 13. Der Fall wäre damit heute über die spezielle ordre-public-Klausel des Art 13 Abs 2 zu lösen; zutr *Staudinger/v. Bar/Mankowski* Art 13 Rn 185; *Spickhoff,* Der ordre public im IPR, 1989, S 231.
[93] BVerfG NJW 2007, 900; zu diesem Beschluss *Scherpe* FamRZ 2007, 271; *Roth* StAZ 2007, 9.
[94] BayObLG FGPrax 2004, 71.
[95] Ebenso mit eingehender Begründung und rechtsvergleichender Umschau *Scherpe* FamRZ 2007, 271, 272.
[96] Nach deutschem Sachrecht nicht möglich, § 8 Abs 1 Nr 2 TSG.
[97] *v. Bar* IPR II Rn 13.

Zu **Verfahrensfragen,** insbes zur internationalen Zuständigkeit deutscher Gerichte zur Vornamensänderung und Feststellung der Geschlechtsänderung, und zur Anerkennung ausländischer behördlicher oder gerichtlicher Feststellungen s Rn 54. 39

2. Kaufmannseigenschaft, Unternehmereigenschaft. Früher wurde gelegentlich vertreten, zur Beurteilung der **Kaufmannseigenschaft**[98] sei entspr Art 7 das Recht der Staatsangehörigkeit der betreffenden Person heranzuziehen[99], heute überwiegt wohl (noch) die Auffassung, es sei das Recht des **Orts der jeweiligen gewerblichen Niederlassung** maßgeblich[100], wobei es bei mehreren Niederlassungen auf diejenige ankommen soll, mit der der Sachverhalt am engsten verbunden ist[101]. Vorzuziehen ist aber mit einer im Vordringen befindlichen Meinung die Anwendung des jeweiligen **Wirkungsstatuts** des Geschäfts, in dessen Rahmen sich die Frage nach der Kaufmannseigenschaft stellt[102]. Dafür spricht nicht nur die Parallele zur entsprechenden Wertung bei den besonderen Geschäftsfähigkeiten (Rn 31), sondern vor allem auch die Funktion der Kaufmannseigenschaft. Die Rechte, die dieses Kriterium kennen, verwenden es zur Abgrenzung des persönlichen Anwendungsbereichs handelsrechtlicher Sondervorschriften, in denen besondere Pflichten auferlegt oder umgekehrt Erleichterungen gegenüber den ansonsten anwendbaren allgemeinen bürgerlich-rechtlichen Vorschriften enthalten sind. Geht es also um die Auflösung der rein binnenrechtlichen Kollision verschiedener sachrechtlicher Regelungen innerhalb einer bestimmten Rechtsordnung, so muss es dieser überlassen bleiben, über das einschlägige Kriterium zu entscheiden. Dies gilt umso mehr, als eine vom Wirkungsstatut „emanzipierte" Anknüpfung der Kaufmannseigenschaft an die gewerbliche Niederlassung häufig in die Leere führen wird, weil nicht wenige Rechte nicht zwischen einem allgemeinen bürgerlichen und einem besonderen Handelsrecht unterscheiden, daher den „Kaufmann" nicht kennen und ihn auch nicht definieren können. Entsprechende Überlegungen gelten für den Begriff des **Unternehmers,** da und soweit er zur Abgrenzung des persönlichen Anwendungsbereichs bestimmter materieller Normen verwandt wird. 40

Deshalb entscheidet beispielsweise das deutsche Recht, wenn es im Rahmen des Streits über die Wirksamkeit einer Gerichtsstandsvereinbarung vor einem deutschen Gericht darauf ankommt, ob Kaufleute iS von § 38 Abs 1 ZPO beteiligt sind[103], oder österreichisches Recht, wenn bei einem dem österreichischen Recht unterliegenden Vertrag die Höhe des gesetzlichen Zinssatzes von der Unternehmereigenschaft der Vertragspartner (§§ 352, 343 Unternehmensgesetzbuch) abhängt. 41

Zu beachten ist freilich, dass das deutsche materielle Recht (oder das jeweilige ausländische Wirkungsstatut) ggf modifiziert anzuwenden ist, um dem Auslandsbezug des Falles Rechnung zu tragen (sog **Auslandssachverhalt, Substitution;** allg Einl IPR Rn 91). Dies ist insbes dann der Fall, soweit sich die Kaufmannseigenschaft nicht aus einer bestimmten, territorial nicht gebundenen wirtschaftlichen Tätigkeit ableitet, sondern auf formale, regelmäßig nur im Inland zu erfüllende Kriterien stützt. Wird also beispielsweise im anwendbaren deutschen Recht die Kaufmannseigenschaft von der Eintragung ins (deutsche) Handelsregister (§ 2 HGB) oder von der (deutschen) Gesellschaftsform (Formkaufmann, § 6 HGB) abhängig gemacht oder bestimmten (deutschen) juristischen Personen ausdrücklich zugeschrieben (§ 3 Abs 1 AktG, § 13 Abs 3 GmbHG etc), so kann auch eine Eintragung in ein ausländisches funktionsäquivalentes Register und eine funktionsäquivalente ausländische Rechtsform der Gesellschaft (also etwa eine société anonyme französischen Rechts) dieses Kriterium erfüllen. Soweit das Wirkungsstatut eine Pflicht zur Herbeiführung der (die Kaufmannseigenschaft konstituierenden) Eintragung ins inländische Handelsregister statuiert (wie früher das deutsche Recht, „Sollkaufmann"), wird man eine ausländische Person schon dann als Kaufmann zu behandeln haben, wenn sie bei einer Niederlassung in dem Land, dessen Recht das Wirkungsstatut stellt, ihre Firma zum Handelsregister anmelden müsste, auch wenn sie tatsächlich die Eintragung gar nicht herbeiführen kann[104]. 42

VII. Maßgeblicher Zeitpunkt, Statutenwechsel (Abs 2)

Wechselt eine Person die **Staatsangehörigkeit** (Statutenwechsel; zu diesem Begriff Einl IPR Rn 95), so stellt sich die Frage, was gelten soll, wenn das Recht der neuen Staatsangehörigkeit an Rechts- oder Geschäftsfähigkeit strengere Anforderungen stellt als die alte (unvollständige) Antwort darauf gibt Abs 2. Praktisch relevant wird dieses Problem allein bei der Geschäftsfähigkeit, auf die sich die folgenden Ausführungen konzentrieren. 43

Ausgangspunkt muss sein, dass es Sache des Wirkungsstatuts ist, den maßgeblichen Zeitpunkt für die Bestimmung der Geschäftsfähigkeit festzulegen (vgl Rn 20)[105]. In aller Regel wird es danach auf die 44

---

[98] Allg *van Venrooy, Hagenguth* nach Lit-Verz.
[99] Nachweise bei *van Venrooy* S 2 f; bei Gesellschaften und juristischen Personen wurde auf den Sitz oder das Gründungsrecht ausgewichen, vgl *van Venrooy* aaO.
[100] LG Hamburg IPRspr 1958/59 Nr 22; *Palandt/Heldrich* Rn 7; *Ebenroth* JZ 1988, 19; *Hagenguth* S 363; grds auch *v. Bar* IPR II Rn 612 f: kumulative Anknüpfung an die Niederlassung und das Wirkungsstatut; für das deutsche Recht nach den einzelnen Normen des HGB diff *van Venrooy* S 27 ff.
[101] *Hagenguth* S 363.
[102] *Staudinger/Hausmann* Rn 60; *Erman/Hohloch* Rn 11; *MünchKommBGB/Birk* Rn 45; *MünchKommBGB/Kindler* IntGesR Rn 162 ff.
[103] *Van Venrooy* S 49; angesichts der Regelungen in § 38 Abs 2 ZPO und des vorrangigen Art 23 EuGVO bzw Art 17 LugÜ dürfte diese Frage allerdings nicht häufig praktisch werden.
[104] *v. Bar* IPR II Rn 613.
[105] BayObLGZ 2002, 189, 198 = NJW 2003, 216, 218; *MünchKommBGB/Birk* Rn 32.

Geschäftsfähigkeit des Handelnden zum Zeitpunkt der Vornahme des Geschäfts ankommen. Eine Person, die zu diesem Zeitpunkt Deutscher und nicht oder nur beschränkt geschäftsfähig ist, wird nach Art 7 Abs 2 dennoch als (voll) geschäftsfähig behandelt, wenn sie zuvor ausländische Staatsangehörige und nach dem Recht dieses Staates bereits vor dem Nationalitätswechsel geschäftsfähig war („semel major, semper major"). Dies kann etwa dann vorkommen, wenn das alte Heimatrecht die Geschäftsfähigkeit früher einsetzen oder der Heirat eines Minderjährigen folgen lässt. Umgekehrt berührt es aus deutscher Sicht wegen Art 7 Abs 2 die volle Geschäftsfähigkeit eines 18-jährigen Deutschen nicht, wenn er die Staatsangehörigkeit eines der heute nur noch wenigen Länder erwirbt, die die Geschäftsfähigkeit erst später eintreten lassen (Liste s Rn 57).

45 Die einmal erlangte Geschäftsfähigkeit wird also bei einem Statutenwechsel als **„wohlerworbenes Recht"** geschützt. Nach ihrem Wortlaut gewährt die Vorschrift diesen Schutz nur denjenigen, die eine ausländische Staatsangehörigkeit gegen die deutsche eintauschen (sog **Eingangsstatutenwechsel**), und ehemals deutschen Staatsbürgern, die unter Verlust ihrer deutschen Nationalität (sonst greift Art 5 Abs 1 S 2 ein) eine fremde Staatsangehörigkeit annehmen **(Ausgangsstatutenwechsel), nicht** aber Ausländern, die Bürger eines Drittstaates werden **(neutraler Statutenwechsel)**. Begründet wird der Verzicht auf eine umfassende Lösung vom Gesetzgeber damit, dass nicht der Eindruck eines Eingriffs in fremde Rechtsordnungen erweckt werden solle[106]. Diese Furcht ist allerdings unbegründet, da es ausschließlich um eine kollisionsrechtliche Anweisung an den inländischen deutschen Richter geht. Deshalb ist allgM, dass Art 7 Abs 2 bei **einem neutralen Statutenwechsel analog anzuwenden** ist[107]. Zu Recht wird jedoch zugleich hervorgehoben, dass eine Notwendigkeit für die Analogie dann nicht besteht, wenn das Recht der neuen Staatsangehörigkeit (wie häufig der Fall) eine dem Art 7 Abs 2 entsprechende Regelung kennt; eine solche Norm führt zu einer gemäß Art 4 Abs 1 S 1 vorrangig zu beachtenden **Weiterverweisung** auf das ehemalige Heimatrecht[108].

46 Art 7 Abs 2 wird ebenfalls analog angewandt, wenn nicht ein Staatsangehörigkeits-, sondern ein bloßer **Wohnsitzwechsel** über den Mechanismus der Rückverweisung (Rn 18) zu einem anderen Geschäftsfähigkeitsstatut führt[109].

VIII. Verfahrensfragen

47 **1. Behördliche und gerichtliche Maßnahmen. a) Volljährigkeitserklärung/Emanzipation. aa) Durch deutsche Behörden.** Soweit Rechts- und Geschäftsfähigkeit von behördlichen oder gerichtlichen Maßnahmen betroffen werden, gilt Folgendes: Deutsche Behörden können auf der Basis ausländischen Rechts Ausländer für volljährig erklären, eine Emanzipation vornehmen oder eine rechtsgeschäftliche Emanzipation genehmigen (allgM); die frühere Auffassung im Lit[110], nach der wie noch heute im Erbrecht das Gleichlaufprinzip (Art 25 Rn 63) gelten solle, ist überwunden. Auch das Argument, es fehle deutschen Behörden die wesenseigene Zuständigkeit[111] für eine solche Tätigkeit, nachdem die Volljährigerklärung im deutschen Recht bereits seit langem abgeschafft ist, findet heute kein Gehör mehr. Es handelt sich um eine Angelegenheit der Freiwilligen Gerichtsbarkeit, weshalb über § 43 FGG die **internationale und örtliche Zuständigkeit** nach §§ 35 b, 36 FGG (gewöhnlicher Aufenthalt des Minderjährigen) zu beurteilen ist und die sachliche Zuständigkeit des Amtsgerichts – Vormundschaftsgericht – für diese Verrichtungen aus § 35 FGG folgt. Art 1 MSA (näher Art 21 Rn 3) ist nicht anwendbar, weil die Emanzipation oder Volljährigkeitserklärung keine Schutzmaßnahme für den Minderjährigen ist, sondern den Minderjährigenschutz gerade beendet bzw schwächt (allgM).

48 **bb) Anerkennung ausländischer Akte.** Im Ausland erfolgte behördliche oder gerichtliche Volljährigkeitserklärungen bzw Emanzipationen sind unter den Voraussetzungen des **§ 16 a FGG** im Inland anzuerkennen (allgM), Bedenken unter dem Gesichtspunkt des ordre public (§ 16 a Nr 4 FGG) werden in aller Regel nicht bestehen. Eines besonderen Anerkennungsverfahrens bedarf es – wie auch sonst – nicht, die Entscheidung erfolgt inzidenter. Es wird allerdings vertreten, dass die **im Ausland erfolgte Volljährigerklärung eines Deutschen** nicht anerkennungsfähig sei, weil sie auch ein deutsches Gericht auf Grund der Abschaffung dieser Rechtsfigur im deutschen Recht nicht vornehmen kann[112]. Das überzeugt nicht. Für die Anerkennung ist nach § 16 a FGG nicht erforderlich, dass die ausländische Behörde das aus deutscher Sicht „richtige" Recht (nämlich: für Deutsche über Art 7 deutsches Recht) angewandt hat; maßgeblich ist nach § 16 a Nr 1 FGG neben den sonstigen Voraussetzungen der § 16 a Nr 2 bis 4 FGG allein die (spiegelbildliche) internationale Zuständigkeit nach deutschen Vorstellungen, welche, wie oben (Rn 47) dargelegt, in § 35 b Abs 1 Nr 2 FGG (auch) an den gewöhnlichen Aufenthalt anknüpft. Damit kann eine ausländische Behörde einen Deutschen in Anwendung des Wohnsitzrechts für volljährig erklären. Eine solche Maßnahme nach ausländischem Recht kann bei

---

[106] BT-Drucks 10/504 S 45.
[107] *Soergel/Kegel* Rn 11; *Palandt/Heldrich* Rn 8; *Kropholler* IPR § 42 I 2; MünchKommBGB/*Birk* Rn 79.
[108] Zutr *Erman/Hohloch* Rn 22; *v. Bar* IPR II Rn 33, wobei der Letztere dann, wenn zwar das neue Heimatrecht keine Weiterverweisung ausspricht, wohl aber der ehemalige Heimatstaat eine Art 7 Abs 2 entsprechende Norm kennt, diese ausländische Regelung entspr heranziehen will. Das überzeugt nicht: Wenn eine Lücke im deutschen IPR mittels Analogie zu schließen ist, dann sind die Wertungen des deutschen Gesetzgebers und damit hier Art 7 Abs 2 vorrangig.
[109] HM, zB *Erman/Hohloch* Rn 20.
[110] Nachweise bei *Staudinger/Hausmann* Rn 112.
[111] Vgl *Geimer* IZPR Rn 994, 1989.
[112] *Erman/Hohloch* Rn 29; MünchKommBGB/*Birk* Rn 59.

einem dauerhaft im Ausland lebenden deutschen Minderjährigen durchaus in seinem Interesse liegen und sollte deshalb auch im Inland nicht allein wegen der Staatsangehörigkeit auf Anerkennungshindernisse stoßen.[113]

cc) Durch Rechtsgeschäft (Genehmigungspflicht). Bei einer Emanzipation durch Rechtsgeschäft im Ausland ist zwar für das Rechtsgeschäft selbst nicht § 16 a FGG maßgeblich, sondern zu prüfen, ob die Voraussetzungen des nach Art 7 berufenen Rechts eingehalten sind. Ist danach aber eine staatliche **Genehmigung** erforderlich, so unterliegt eine solche einer ausländischen Behörde im Inland keiner inhaltlichen Nachprüfung, sondern allein der Anerkennung nach § 16 a FGG (allgM); ein deutsches Gericht kann genehmigen, wenn die Zuständigkeit nach § 35 b FGG gegeben ist (Rn 47). Soweit eine aus- oder inländische Stelle lediglich das Rechtsgeschäft beurkundet oder die Unterschriften beglaubigt hat, gilt Art 11. 49

b) Entmündigung. aa) Durch deutsche Behörden. Das Bild bei Entmündigungen ist ein anderes. Mit dem zum 1. 1. 1992 in Kraft getretenen BtG wurde im deutschen Sachrecht die Entmündigung abgeschafft; gleichzeitig wurden mit Art 8 die einschlägige kollisionsrechtliche Regelung und mit § 648 a ZPO die Grundlage für die internationale Zuständigkeit in Entmündigungssachen aufgehoben. Daraus ist der Schluss zu ziehen, dass in Deutschland nicht nur die Entmündigung eines Deutschen nach deutschem Recht, sondern auch die eines **Ausländers nach ausländischem Recht nicht mehr möglich** ist (allgM). 50

bb) Anerkennung ausländischer Entmündigungen. Die Anerkennung ausländischer Entmündigungen richtet sich ebenso wie die der entgegen gesetzten Maßnahmen der Volljährigkeitserklärung und Emanzipation als ein – aus deutscher Sicht – Akt der freiwilligen („fürsorgenden") Gerichtsbarkeit nach § 16 a FGG[114]. Für die Prüfung der spiegelbildlichen internationalen Zuständigkeit aus deutscher Sicht (§ 16 a Nr 1 FGG) ist über § 43 FGG oder § 69 e FGG auf § 35 b FGG (Heimatstaat oder gewöhnlicher Aufenthalt) zurückzugreifen[115]. 51

Nicht zugestimmt werden kann der hM insoweit, als sie die Anerkennung der Entmündigung eines **Deutschen im Ausland** stets **am ordre public**, § 16 a Nr 4 FGG, scheitern lassen will[116]. Weil seit 1992 ein Deutscher im Inland nicht mehr entmündigt werden kann, sondern nur noch Betreuung angeordnet wird, könne auch eine ausländische Entmündigung in Deutschland nur mit den **Wirkungen einer Betreuung** in deren weitreichendstem Umfang (einschließlich § 1903 BGB) versehen werden[117]. Der ordre public ist aber kein Mittel, um noch relativ junge Reformen des deutschen Rechts (1992) gegen minder weit „fortgeschrittenes" Auslandsrecht durchzusetzen[118]. Zwar ist es selbstverständlich, dass sich die Vorstellungen über den ordre public im Laufe der Zeit wandeln können. Es erscheint aber kaum vertretbar, eine Rechtsfigur, die im BGB seit dessen Anfängen verankert war und uralte Wurzeln hat, ohne nähere Begründung nur (zu Recht) als reformbedürftig anzusehen, sondern schon einige Jahre nach ihrer Abschaffung als „schlechthin untragbaren" Angriff[119] auf den „Kernbestand der inländischen Rechtsordnung"[120]. Haben wir bis vor kurzem selbst den Kernbestand unseres Rechts gefährdet, ohne es zu merken? Vollends zweifelhaft wird die hM, wenn sie den Schutz des ordre public den im Ausland entmündigten Deutschen vorbehalten will, während die – aus ihrer Sicht – Verletzung wesentlicher Grundsätze des deutschen Rechts bei Ausländern offenbar keine Bedenken auslöst. 52

Soweit danach ausländische Entmündigungen Ausländer und Deutscher in Deutschland anzuerkennen sind, greift zum **Schutz des deutschen Rechtsverkehrs Art 12 S 1** (dort Rn 21) ein[121]. 53

2. Geschlechtsänderung. a) Gleichlaufprinzip. Es herrscht, wie aus §§ 1 Abs 1 Nr 1 und 8 Abs 1 Nr 1 TSG sowie der entsprechenden Gesetzesbegründung gefolgert wird, ein striktes Gleichlaufprinzip: Deutsche Gerichte sind für die Entscheidung über die Änderung des Vornamens oder der rechtlichen Geschlechtszugehörigkeit eines Transsexuellen nur dann international zuständig, soweit das TSG anwendbar ist, der Betroffene also das **deutsche Personalstatut** hat[122]. Zur Erweiterung des 54

---

[113] Ebenso *Staudinger/Beitzke*, 12. Aufl 1984, Rn 92.
[114] HM, *Palandt/Heldrich* Rn 9; *Zöller/Geimer* § 328 ZPO Rn 91; *Staudinger/Hausmann* Rn 112; *Kropholler* IPR § 42 II; aA *v. Bar* IPR II Rn 48; *Reithmann/Martiny/Hausmann* Rn 2918; der hM zuneigend, aber letztlich unentschieden *Ermar/Hohloch* Art 8 Rn 3; ohne Angabe von Gründen diff *Soergel/Kegel* Anh Art 7 Rn 12: bei Urteil gilt § 328 ZPO, bei Beschluss § 16 a FGG.
[115] *Palandt/Heldrich* Rn 9; *v. Hoffmann/Thorn* IPR § 7 Rn 11.
[116] ZB *Palandt/Heldrich* Rn 9.
[117] *v. Bar* IPR II Rn 48; *Palandt/Heldrich* Rn 9; *Staudinger/Hausmann* Rn 122; (wohl) noch weitergehend *Erman/Hohloch* Art 8 Rn 2: ausländische Entmündigungen Deutscher sind überhaupt nicht anzuerkennen. Diese Auffassung geht zurück auf den BGH, der – zum alten Recht und unter Missachtung des Verbots der révision au fond – für die Anerkennung ausländischer Entmündigungen Deutscher forderte, dass ein Entmündigungstatbestand nach deutschem Recht vorliege. BGHZ 19, 240 = NJW 1956, 535, was nunmehr, da eine Entmündigung nach deutschem Recht nicht mehr möglich ist, die Anerkennung endgültig blockiert; aA – soweit ersichtlich – allein *Soergel/Kegel* Anh Art 7 Rn 18.
[118] Vgl LG Göttingen FamRZ 1981, 207 zu Reformen im Adoptionsrecht; *Soergel/Kegel* Art 6 Rn 25.
[119] So die ständig gebrauchte Formel des BGH zur Umschreibung des ordre-public-Verstoßes, zB BGHZ 123, 268, 270 = NJW 1993, 3269.
[120] Vgl Begr RegE, BT-Drucks 10/504 S 42.
[121] *Soergel/Kegel* Rn 18.
[122] *v. Bar* IPR II Rn 10; vgl BT-Drucks 8/2947 S 13: „Die Entscheidung über die Änderung der Vornamen … und … der Geschlechtszugehörigkeit … eines ausländischen Transsexuellen [soll] dem Heimatstaat des Betroffenen vorbehalten bleiben."

Anwendungsbereichs auf in Deutschland dauerhaft ansässige Ausländer, deren Heimatrecht eine rechtswirksame Geschlechtsänderung nicht ermöglicht, s Rn 37.

55 **b) Anerkennung ausländischer Entscheidungen.** Eine ausländische gerichtliche oder behördliche Entscheidung über die Änderung des Vornamens oder der rechtlichen Geschlechtszugehörigkeit eines Transsexuellen wird nach Maßgabe des **§ 16a FGG** im Inland anerkannt. Es muss jeweils der **Heimatstaat des Transsexuellen** entschieden haben, sollte die Anerkennung nicht an § 16a Nr 1 FGG scheitern, weil nach der deutschen Konzeption die internationale Zuständigkeit insoweit an die Staatsangehörigkeit gekoppelt ist (Rn 54). Die Anerkennung der im Ausland vorgenommenen gerichtlichen oder behördlichen Vornamens- oder Geschlechtsänderung eines Deutschen ist daher nicht möglich.

IX. Übergangsrecht im Verhältnis zur ehemaligen DDR

56 Das materielle Recht der Rechts- und Geschäftsfähigkeit im ZGB der DDR wich von der Rechtslage nach dem BGB spürbar nur in den Regeln zur beschränkten Geschäftsfähigkeit (§§ 50 ff ZGB) ab. Angesichts der seit der Wiedervereinigung verflossenen Zeit dürften Fragen in dieser Hinsicht nur noch sehr selten praktisch relevant werden. Für Einzelfragen des intertemporalen und des interlokalen Kollisionsrechts s deshalb MünchKommBGB/*Birk* Rn 89 ff.

Anh: Volljährigkeitsalter in ausländischen Rechten

57 Die Daten beruhen zu einem großen Teil auf den Angaben in *Schotten/Schmellenkamp*, Das IPR in der notariellen Praxis, 2. Aufl 2007, Rn 388 und *Brandhuber/Zeyringer*, Standesamt und Ausländer (Loseblatt, Stand Juni 2006); weitere Länderübersichten finden sich etwa bei *Bauer/v. Oefele/Schaub* GBO, 2. Aufl 2006, Int Bezüge Rn 49; *Reithmann/Martiny/Hausmann* Rn 2825 ff; *Zimmermann* in: Beck'sches Notar-HdB, 4. Aufl 2006, Teil H Rn 58; *Staudinger/Hausmann* Anh[123].

Ägypten:	21	Israel:	18	Panama:	18
Äquatorial-Guinea:	18	Italien:	18	Papua-Neuguinea:	18
Äthiopien:	18	Jamaika:	18	Pakistan:	18
Afghanistan:	18	Japan:	20	Paraguay:	20
Albanien:	18	Jemen:	18	Peru:	18
Algerien:	19	Jordanien:	18	Philippinen:	18
Andorra:	18	Kambodscha:	18	Polen:	18
Angola:	18	Kamerun:	21	Portugal:	18
Argentinien:	21	Kanada:		Puerto Rico:	21
Armenien:	18	– Britisch Columbia, New		Ruanda:	21
Aserbeidschan:	18	Brunswick, Newfoundland,		Rumänien:	18
Australien:	18	North West Territories,		Russland (Russische Föderation):	18
Bahamas:	18	Nova Scotia, Yukon:	19	Sambia:	21
Bahrain:	21	– alle übrigen Provinzen:	18	San Marino:	18
Bangladesh:	18	Kasachstan:	18	Saudi-Arabien:	18
Barbados:	18	Katar:	18	Schweden:	18
Belgien:	18	Kenia:	18	Schweiz:	18
Belize:	18	Kirgisistan:	18	Senegal:	21
Benin:	21	Kolumbien:	18	Serbien:	18
Bermudas:	21	Kongo (demokratische Republik):	18	Seychellen:	18
Bolivien:	18	Korea:		Sierra Leone:	21
Bosnien-Herzegowina:	18	– Nordkorea:	17	Simbabwe:	18
Botsuana:	21	– Südkorea:	20	Singapur:	21
Brasilien:	18	Kosovo:	18	Slowenien:	18
Bulgarien:	18	Kroatien:	18	Slowakei:	18
Burkina Faso:	20	Kuba:	18	Somalia:	18
Burundi:	21	Kuwait:	21	Spanien:	18
Cayman Islands:	18	Laos:	18	Sri Lanka:	18
Chile:	18	Lesotho:	21	St. Kitts und Nevis:	18
China (VR einschl. Hong Kong):	18	Lettland:	18	St. Lucia:	18
		Libanon:	18	St. Vincent und die Grenadinen:	18
Costa Rica:	18	Liberia:	21	Sudan:	18
Dänemark:	18	Libyen:	21	Südafrika:	21
Dominikanische Republik:	18	Liechtenstein:	20	Suriname:	21
Dschibuti:	18	Litauen:	18	Swasiland:	21
Ecuador:	18	Luxemburg:	18	Syrien:	18
Elfenbeinküste:	21	Macau:	18	Tadschikistan:	18
El Salvador:	18	Madagaskar:	21	Taiwan:	20
Eritrea:	18	Malawi:	21	Tansania:	18
Estland:	18	Malaysia:	18	Thailand:	20
Fidschi:	21	Mali:	21	Togo:	21
Finnland:	18	Malta:	18	Trinidad/Tobago:	18

---

[123] Dort vorhandene Fehler wurden, soweit erkannt, korrigiert, dort fehlende Daten, soweit möglich ergänzt. Staaten, für die keine oder widersprüchliche Angaben zu finden waren, sind in die Aufstellung nicht aufgenommen worden. Die Möglichkeiten zur Erlangung der vollen Geschäftsfähigkeit bereits vor dem regulären Volljährigkeitsalter (Emanzipation etc) sind nicht berücksichtigt.

Todeserklärung   **Art 9 EGBGB**

Frankreich:	18	Marokko:	21	Tschad:	21
Gabun:	21	Mauretanien:	18	Tschechische Republik:	18
Gambia:	21	Mauritius:	18	Türkei:	18
Georgien:	18	Mazedonien:	18	Tunesien:	20
Ghana:	18	Mexiko:	18	Turkmenistan:	18
Gibraltar:	18	Moldau:	18	Uganda:	18
Grenada:	21	Monaco:	21	Ukraine:	18
Griechenland:	18	Mongolei:	18	Ungarn:	18
Großbritannien:	21	Montenegro:	18	Uruguay:	18
Guatemala:	18	Mosambik:	18	USA:	
Guinea:	21	Myanmar:	21	– *Colorado, Mississippi, Guam,*	
Guinea-Bissau:	21	Namibia:	21	*Puerto Rico und Smoa Islands:*	21
Guyana:	18	Nepal:	18	– *Alabama, Nebraska:*	19
Haiti:	21	Neuseeland:	20	– *alle anderen Staaten und DC:*	18
Honduras:	21	Nicaragua:	21	Usbekistan:	18
Hong Kong:	18	Niederlande:	18	Venezuela:	18
Indien:	18	Niederländische Antillen:	21	Vereinigte Arabische Emirate:	20
Indonesien:	18	Niger:	21	Vietnam:	18
Irak:	18	Nigeria:	21	Weißrussland:	18
Iran:	18	Nordirland:	18	Zentralafrikanische Republik:	18
Irland:	18	Norwegen:	18	Zypern:	18
Island:	18	Österreich:	18		

Art 8 *(weggefallen)*

Art 9 Todeserklärung

[1]Die Todeserklärung, die Feststellung des Todes und des Todeszeitpunkts sowie Lebens- und Todesvermutungen unterliegen dem Recht des Staates, dem der Verschollene in dem letzten Zeitpunkt angehörte, in dem er nach den vorhandenen Nachrichten noch gelebt hat. [2]War der Verschollene in diesem Zeitpunkt Angehöriger eines fremden Staates, so kann er nach deutschem Recht für tot erklärt werden, wenn hierfür ein berechtigtes Interesse besteht.

Übersicht

	Rn		Rn
I. Normzweck, Allgemeines	1	VII. Verfahrensfragen	13
II. Staatsverträge	3	1. Internationale Zuständigkeit deutscher Gerichte	13
III. Probleme des Allgemeinen Teils	4	2. Anerkennung ausländischer Todeserklärungen	14
IV. Anwendungsbereich	5	3. Inländische Abänderung/Aufhebung ausländischer Todeserklärungen	15
1. Allgemeines	5		
2. Anwendungsbereich im Einzelnen	6	4. Konkurrierende Todes- oder Verschollenheitsfeststellungen	16
a) Todeserklärung, Verschollenheitserklärung	6		
b) Feststellung des Todes und des Todeszeitpunkts	7	VIII. Übergangsrecht im Verhältnis zur ehemaligen DDR	17
c) Lebens- und Todesvermutung	8		
V. Art 9 S 2	9		
VI. Art 2 § 1 Abs 4 S 1 VerschÄndG	12		

I. Normzweck, Allgemeines

Der Tod einer natürlichen Person beendet nicht nur ihre Rechtsfähigkeit, sondern hat darüber hinaus 1
vielfache Auswirkungen zB im Familien- und Erbrecht. Es besteht deshalb ein Interesse daran, die faktische Ungewissheit darüber, ob ein Mensch noch lebt oder bereits gestorben ist, zumindest für rechtliche Zwecke beseitigen zu können. Die hierbei von den Rechtsordnungen der Welt eingesetzten Instrumente und ihre Ausgestaltung im Detail weichen stark voneinander ab, womit die Notwendigkeit einer kollisionsrechtlichen Entscheidung darüber, welches Recht im konkreten Fall entscheiden soll, offensichtlich wird[1]. Im Kontrast zum deutschen Recht, wie es im Verschollenheitsgesetz (VerschG, Neubek BGBl 1951 I S 63) geregelt ist, steht beispielsweise das anglo-amerikanische, das eine allgemeinverbindliche behördliche oder gerichtliche Todesfeststellung nicht kennt, sondern allein mit Todesvermutungen arbeitet, deren Voraussetzungen in jedem Verfahren neu bewiesen werden müssen[2].

---
[1] Rechtsvergleichender Überblick bei *v. Overbeck* IntEncCompL III ch 15 (1972); *Staudinger/Weick* Rn 11 ff.
[2] Vgl zu England *Ferid/Firsching/Lichtenberger/Henrich* Länderteil Großbritannien Rn 102; *Staudinger/Weick* Rn 20; zu den USA *Ferid/Firsching/Dörner/Hausmann/Firsching* Länderteil USA Rn 96.

EGBGB Art 9   Internationales Privatrecht

2   Wie die Grundsatzanknüpfung für die Rechtsfähigkeit in Art 7 nahe legt, beruft Art 9 S 1 für die oben angesprochenen Fragen das nach der **Staatsangehörigkeit** zu bestimmende **Heimatrecht des Verschollenen** (Personalstatut), wobei – selbstverständlich – als maßgeblicher Zeitpunkt nur der letzte bekannte Lebenszeitpunkt in Frage kommt. Art 9 S 2 eröffnet bei **Ausländern** subsidiär die Möglichkeit des Rückgriffs auf eine Todeserklärung nach **deutschem Recht**, soweit hierfür ein berechtigtes Interesse streitet.

II. Staatsverträge

3   Das CIEC-Übereinkommen Nr 10 über die Feststellung gewisser Todesfälle[3] vom 18. 9. 1966 ist für Deutschland bisher noch nicht in Kraft getreten und demnach von deutschen Behörden und Gerichten nicht anzuwenden. Es hat iÜ im Wesentlichen verfahrens- und keinen kollisionsrechtlichen Inhalt[4].

III. Probleme des Allgemeinen Teils

4   Zur Anknüpfung bei Doppel- oder **Mehrstaatern**, Staatenlosen und Flüchtlingen vgl Art 5; zur Verweisung auf Staaten mit mehreren Teilrechtsordnungen Art 4 Abs 3. Eine eventuelle **Rück- oder Weiterverweisung** (Renvoi) durch das von Art 9 S 1 berufene Recht ist nach Art 4 Abs 1 S 1 HS 1 zu beachten (allgM). Dabei ist besondere Vorsicht insoweit geboten, als sich ein Renvoi auch aus einer unterschiedlichen Einordnung des Problems im (materiellen und deshalb auch) Kollisionsrecht des betreffenden Landes ergeben kann: Existiert keine allgemeine Regel, sondern wird das Problem jeweils als spezielle Facette des „eigentlich" interessierenden Hauptproblems, also etwa der Eheauflösung, des Sorgerechts bei einem verschollenen Elternteil oder der Beerbung zweier bei einem Ereignis umgekommener Personen behandelt, so liegt darin eine Verweisung auf das jeweilige Wirkungsstatut (Eheauflösungs- = Scheidungsstatut, Eltern-Kind-Statut, Erbstatut etc) aus der Sicht dieses Staates, der zu folgen ist. Allg zum „renvoi kraft abw Qualifikation" s Art 4 Rn 12[5]. Probleme mit dem **ordre public** (Art 6) sind im Bereich des Art 9 bislang nicht bekannt geworden[6].

IV. Anwendungsbereich

5   **1. Allgemeines.** Das von Art 9 berufene Recht regelt Voraussetzungen und Inhalt der im Folgenden iE genannten behördlichen Maßnahmen (Todeserklärung etc) sowie die aus ihnen folgenden oder isoliert kraft Gesetzes eintretenden Lebens- oder Todesvermutungen. Welche Konsequenzen daraus wiederum für Rechtsbeziehungen des Verschollenen (Ehe, Verträge) oder dessen Beerbung folgen, unterliegt hingegen der Beurteilung durch das jeweilige **Wirkungsstatut**, also Eheauflösungsstatut analog Art 17, Vertragsstatut, Erbstatut[7].

6   **2. Anwendungsbereich im Einzelnen. a) Todeserklärung, Verschollenheitserklärung.** Art 9 erfasst in seiner ersten Variante zunächst **gerichtliche Beschlüsse** mit dem Inhalt einer Todeserklärung iS der §§ 2, 23 VerschG. Er ist darauf aber nicht beschränkt, sondern darüber hinaus auf alle funktionsäquivalenten behördlichen Erklärungen ausländischer Rechte anwendbar, mit denen eine rechtlich bindende Aussage über die Verschollenheit oder den Tod einer Person und der daraus abzuleitenden allgemeinen Folgen gemacht wird[8]. Erfasst sind damit auch **Verschollenheits- und Abwesenheitserklärungen** nach ausländischen Rechten[9]. **Nicht**, jedenfalls nicht unmittelbar, unter Art 9 fallen hingegen **öffentlich-rechtliche Sonderregeln** des deutschen Entschädigungs-, Versorgungs- und Sozialversicherungsrechts für Verschollenheitsfragen (§ 180 BEG, § 52 BVG, § 597 RVO, § 48 AVG). Ihr räumlich-persönlicher Anwendungsbereich ist diesen Normen grds selbst zu entnehmen. Soweit diese allerdings auf das VerschG verweisen, welches früher im aufgehobenen § 12 VerschG aF auch eine kollisionsrechtliche Regelung enthielt, dürfte damit auch der jetzige Art 9 erfasst und entspr heranzuziehen sein[10].

7   **b) Feststellung des Todes und des Todeszeitpunkts.** Ist der Tod einer Person gewiss, nicht aber der Todeszeitpunkt, kommt eine isolierte Feststellung des Todeszeitpunktes in Betracht (vgl zum deutschen Recht § 39 VerschG). Auch insoweit beruft Art 9 das Heimatrecht des Verstorbenen zum letzten bekannten Lebenszeitpunkt.

8   **c) Lebens- und Todesvermutung.** Das **Heimatrecht des Betroffenen** entscheidet ebenfalls **über Voraussetzungen und Wirkung** von Lebens- und Todesvermutungen, wie sie sich bei deutschem Personalstatut beispielsweise aus §§ 9 bis 11 VerschG ergeben, unabhängig davon, ob diese Vermutungen eine Todes- oder Verschollenheitserklärung voraussetzen oder nicht, letzteres zB bei § 10 VerschG

---

[3] Vgl www.ciec-deutschland.de/nn_866074/DE/Abkommen/abkommen10.html.
[4] *Kegel/Schurig* § 17 I f) dd) bbb).
[5] Anders MünchKommBGB/*Birk* Rn 11: Verweisung geht ins Leere, weshalb das aus deutscher Sicht zu bestimmende Wirkungsstatut zur Anwendung gelangt.
[6] So auch *Soergel/Kegel* Rn 40.
[7] *Erman/Hohloch* Rn 3; zumindest ungenau daher BayObLG FamRZ 1998, 443, das aus „Art 9 iVm Art 47 des Gesetzes über die Familie vom 29. 5. 1979 für Bosnien-Herzegowina" schloss, dass die Ehe zwischen zwei bosnischen Staatsangehörigen mangels Todeserklärung der verschollenen Ehefrau als fortbestehend anzusehen war.
[8] *Erman/Hohloch* Rn 5.
[9] MünchKommBGB/*Birk* Rn 15.
[10] MünchKommBGB/*Birk* Rn 10.

2620   *Mäsch*

oder allgemein im anglo-amerikanischen Rechtskreis[11]. Versterben mehrere Personen bei einem Ereignis, zB einem Unfall, ohne dass der jeweilige genaue Todeszeitpunkt feststeht, muss etwa für erbrechtliche Fragen festgelegt werden, ob die eine Person die andere zumindest kurzfristig überlebt hat (und deswegen beerben konnte) oder beide als gleichzeitig Verstorbene zu gelten haben (**Kommorientenvermutung**); die Lösungen in den einzelnen Rechtsordnungen sind insoweit sehr unterschiedlich[12]. Auch insoweit ist grds nach Art 9 S 1 das jeweilige Heimatrecht maßgeblich. Haben die Verstorbenen allerdings **verschiedene Heimatrechte** und **widersprechen** sich deren Vermutungen, so entsteht ein Konflikt, der nach richtiger Ansicht dadurch zu lösen ist, dass man hilfsweise im Wege der **kollisionsrechtlichen Angleichung** (zum Begriff vgl Einl IPR Rn 95) für beide Personen das Recht heranzieht, das über die zwischen ihnen bestehenden familienrechtlichen Beziehungen entscheidet (allgemeines Ehewirkungsstatut bei Ehegatten, Eltern-Kind-Beziehung in sonstigen Fällen), str[13]. Wenn eine solche familienrechtliche Beziehung nicht besteht, ist äußerst hilfsweise auf das Recht zurückzugreifen, zu dem die Kommorienten in sonstiger Weise eine gemeinsame enge Beziehung (zB gemeinsamer gewöhnlicher Aufenthalt) aufweisen[14]. Für die rechtspolitisch bedenkenswerte Auffassung von *Birk*, dass die Vermutungen des Personalstatuts im Rahmen erbrechtlicher Fragen nur subsidiär zu etwaig vorhandenen Vermutungen des Erbstatuts gelten sollen[15], gibt es im geltenden Recht keine Stütze.

V. Art 9 S 2

In Abweichung von der Regelanknüpfung des Art 9 S 1 eröffnet Art 9 S 2 deutschen Gerichten die Möglichkeit, im Rahmen ihrer internationalen Zuständigkeit (Rn 13) eine Person mit ausländischem Personalstatut iS des Art 5 nach deutschem Recht für tot zu erklären, soweit hierfür ein „berechtigtes Interesse" gegeben ist. Es entscheiden die Umstände des Einzelfalls (allgM). Ein „berechtigtes Interesse" wird im Regelfall (nur) dann gegeben sein, wenn (1) im nach Art 9 S 1 vorrangig berufenen Heimatrecht des Verschollenen ein der Todeserklärung vergleichbares Instrument fehlt oder dieses im konkreten Fall versagt, oder der Inhalt des anwendbaren ausländischen Rechts trotz der nach § 293 ZPO erforderlichen Anstrengungen des Gerichts insoweit nicht aufgeklärt werden kann, **und** (2) in der Sache ein so **starker Inlandsbezug** besteht, dass es nicht gerechtfertigt erscheint, sich mit den sonstigen rechtlichen Möglichkeiten des Heimatrechts (etwa Todesvermutung nach einem uU längeren Zeitraum) oder dem Fortbestehen der Ungewissheit zu begnügen. Der bloße letzte gewöhnliche Aufenthalt des Verschollenen im Inland wird dafür regelmäßig nicht ausreichen, weil dies nichts dazu aussagt, ob ein berechtigtes Interesse anderer daran besteht, mittels hilfsweisen Anwendung deutschen Rechts rechtliche Gewissheit über sein Ableben zu erhalten. Ein solches Interesse ist jedoch zu bejahen, wenn überlebende Personen mit gewöhnlichem Aufenthalt in Deutschland (etwa hinsichtlich ihrer Ehe oder ihres Personenstandes) betroffen sind und/oder zur Klärung in Deutschland zu verortender offener Rechtsfragen (zB hinsichtlich eines hier weiterzuführenden Unternehmens, der Durchsetzung von inländischen Rentenansprüchen von Hinterbliebenen) die Todeserklärung notwendig ist; allgemein also, wenn ohne die letztere der **inländische Rechtsverkehr** beeinträchtigt würde[16]. In der Begründung des RegE zum IPR-Reformgesetz von 1986 wird die Auffassung vertreten, auch nach Art 9 S 2 liege ein berechtigtes Interesse **stets** (also auch ohne die Voraussetzung oben (1)) in den im aufgehobenen § 12 Abs 2 bis 4 VerschG aF genannten Fällen vor[17]; die neuere Lit dem weitgehend zu[18]. Dem ist jedenfalls für § 12 Abs 2 und 3 VerschG aF schon deshalb **nicht zu folgen**, weil nicht ersichtlich ist, inwieweit die dort genannten Umstände (im Inland belegene Vermögenswerte; materiell dem **deutschen Recht** unterliegende Rechtsbeziehungen des Verschollenen; inländischer Wohnsitz und deutsche Staatsangehörigkeit des überlebenden Ehegatten), für sich genommen die Antwort auf die Frage nach dem auf die **Todeserklärung anwendbaren Recht** (nicht nach dem „Ob" einer Todeserklärung durch deutsche Gerichte!) beeinflussen können. Und § 12 Abs 4 VerschG aF hilft ohnehin nicht weiter, weil diese Vorschrift ihrerseits ein dort nicht definiertes „berechtigtes Interesse" voraussetzt[19].

---

[11] MünchKommBGB/*Birk* Rn 46.
[12] Rechtsvergleichender Überblick bei *Jayme/Haack* ZVglRWiss 84 (1985), 80, 82 ff.
[13] *Jayme/Haack* ZVglRWiss 84 (1985), 80, 96; *Palandt/Heldrich* Rn 2; grds aA *Dörner* IPRax 1994, 362, 365; ihm folgend Art 25 Rn 23 (*S. Lorenz*). Die Folgen unterschiedlicher Vermutungsregeln seien bei jeweils gesonderter Prüfung der Erbfolge nach den Kommorienten hinzunehmen, solange nicht ein logischer ("Seins")-Widerspruch iS *Kegels* (Kegel/Schurig IPR § 8 II 1) entstehe. Letzteres sei nur dann der Fall, wenn jedes Personalstatut jeweils das Überleben „seines" Angehörigen vermutet. (Nur) diese Konstellation sei mittels Angleichung, nämlich durch Rückgriff auf die materielle Lösung des § 11 VerschG (Vermutung des gleichzeitigen Versterbens) zu lösen.
[14] *Erman/Hohloch* Rn 14; aA MünchKommBGB/*Birk* Rn 47: bei unterschiedlichem Personalstatut der Kommorienten soll das Recht maßgeblich sein, dem die zu lösende Hauptfrage unterworfen ist, also idR das Erbstatut, wenn es um die Erbfähigkeit geht; hilfsweise – wenn auch das Erbstatut unterschiedlich ist – soll die Lösung des deutschen materiellen Rechts (Vermutung des gleichzeitigen Todes) gelten).
[15] MünchKommBGB/*Birk* Rn 47.
[16] Vgl mit unterschiedlichen Akzentuierungen MünchKommBGB/*Birk* Rn 26; *Erman/Hohloch* Rn 9 m Rn 7: berechtigtes Interesse „regelmäßig" bereits allein durch die Voraussetzung oben (1) begründet; *Palandt/Heldrich* Rn 3; *Soergel/Kegel* Rn 10.
[17] BT-Drucks 10/504 S 46.
[18] *Soergel/Kegel* Rn 10; *v. Bar* IPR II Rn 19; *Kropholler* IPR § 42 III 1; *v. Hoffmann/Thorn* IPR § 7 Rn 5; in der Sache wohl auch *Palandt/Heldrich* Rn 3.
[19] Abl zur „Tradierung" des § 12 Abs 2 bis 4 VerschG aF auch MünchKommBGB/*Birk* Rn 26.

10   Auf **isolierte Feststellungen des Todeszeitpunktes** nach §§ 39 ff VerschG ist Art 9 S 2 analog anwendbar (hM), weil nicht ersichtlich ist, dass der Gesetzgeber durch die enge Formulierung des Art 9 S 2 diese Variante bewusst ausschließen wollte[20]. Für die Möglichkeit einer Verschollenheitserklärung ist Art 9 S 2 ohne Bedeutung, weil diese dem deutschen Recht unbekannt ist.

11   Die einseitige Regelung des Art 9 S 2 ist **nicht allseitig auszubauen** (allgM; zum Begriff des allseitigen Ausbaus vgl Einl IPR Rn 45). Es kann daher eine deutsche Behörde nicht einen Deutschen oder einen zu Lebzeiten hier ansässigen Ausländer in Abweichung von dem nach Art 9 S 1 berufenen Recht nach einem (anderen) ausländischen Recht unter Hinweis auf ein (angeblich) dafür streitendes Interesse für tot oder verschollen erklären[21]. Eine dem Art 9 S 2 entsprechende Regelung **im ausländischen Recht** kann aber bei der Prüfung einer Rück- oder Weiterverweisung eine Rolle spielen.

VI. Art 2 § 1 Abs 4 S 1 VerschÄndG

12   Eine den Art 9 S 2 ergänzende Sonderregel zur ausnahmsweisen Todeserklärung ausländischer Staatsbürger nach deutschem Recht enthält Art 2 § 1 Abs 4 VerschÄndG[22]. Der Anwendungsbereich dieser Vorschrift ist jedoch auf Personen beschränkt, die **vor dem 1. 7. 1948 aus Anlass des Zweiten Weltkriegs** vermisst worden sind. Auf eine Kommentierung wird deshalb hier verzichtet[23].

VII. Verfahrensfragen

13   **1. Internationale Zuständigkeit deutscher Gerichte.** Die internationale Zuständigkeit deutscher Gerichte für eine Todeserklärung, Feststellung des Todes oder der Todeszeit sowie – wenn sie im nach den obigen Regeln anwendbaren Recht vorgesehen ist – die Verschollenheitserklärung[24] ist in § 12 VerschG in der ihm durch das IPR-Reformgesetz von 1986 gegebenen Fassung (BGBl 1986 I S 1142, 1151) geregelt. Abs 1 dieser Vorschrift eröffnet die internationale Zuständigkeit dann, wenn der Verschollene im letzten sicheren Lebenszeitpunkt **deutscher Staatsangehöriger** war oder **seinen gewöhnlichen Aufenthalt im Inland** hatte. Dies wird ergänzt durch § 12 Abs 2 VerschG, wonach die internationale Zuständigkeit deutscher Gerichte in Ermangelung dieser Kriterien dann zu bejahen ist, wenn „ein **berechtigtes Interesse** an einer Todeserklärung oder Feststellung der Todeszeit durch sie besteht." Der Begriff des berechtigten Interesses ist hier nicht zwangsweise ebenso auszulegen, wie er zu Art 9 S 2 zu verstehen ist (Rn 9), weil das Interesse am Tätigwerden deutscher Gerichte und das Interesse an der Anwendung deutschen Rechts in der Sache nicht notwendig miteinander verknüpft sind; str[25]. Im Rahmen der Zuständigkeit geht es – ohne Ansehen des in der Sache anwendbaren Rechts – lediglich darum, ob und unter welchen Umständen es trotz des Umstandes, dass der Verschollene weder deutscher Staatsangehöriger noch in Deutschland ansässig war, nicht zumutbar erscheint, die von der Ungewissheit über den Tod des Verschollenen rechtlich betroffenen Personen auf die Anrufung ausländischer Behörden zu verweisen. Die Beantwortung dieser Frage ist zunächst unabhängig von den zu Art 9 S 2 erörterten Kriterien für die hilfsweise Anwendung deutschen Rechts trotz eines ausländischen Personalstatuts des Verschollenen. Sie richtet sich vielmehr danach, ob trotz der aus deutscher Sicht im Umkehrschluss zu § 12 Abs 1 VerschG vorrangigen Zuständigkeit der Behörden des ausländischen Heimat- oder Aufenthaltslandes des Verschollenen ein **Fürsorgebedürfnis** für Maßnahmen deutscher Gerichte zu erkennen ist[26]. Folglich ist erstes Kriterium, ob die Anrufung der genannten ausländischen Behörde für den Antragsteller aus rechtlichen (etwa weil diese Behörde sich aus eigener Sicht nicht für zuständig hält oder in der Sache ausländisches Recht anwenden würde, das eine Todes- oder Verschollenheitserklärung nicht kennt) oder tatsächlichen (etwa hohe Kostenhürden, lange Verfahrensdauer oÄ) Gründen **nicht möglich oder nicht Erfolg versprechend** ist. Ist dies der Fall, ist in einem zweiten Schritt zu prüfen, ob der Fall einen hinreichenden **Bezug zum inländischen Rechtsverkehr** aufweist, der ein „Einspringen" gerade der deutschen Gerichte rechtfertigt. Hier kann auf die in Rn 9 bei (2) entwickelten Kriterien zurückgegriffen werden: Der Bezug ist gegeben, wenn der Antragsteller seinen gewöhnlichen Aufenthalt im Inland hat und/oder die Todeserklärung für im Inland zu lokalisierende Rechtsbeziehungen erforderlich erscheint.

14   **2. Anerkennung ausländischer Todeserklärungen.** Ausländische Todeserklärungen und verwandte behördliche oder gerichtliche Feststellungen sind unter den Voraussetzungen des **§ 16 a FGG** in Deutschland ohne ein förmliches Anerkennungsverfahren (inzidenter) anzuerkennen (allgM). Dabei ist nach § 16 a Nr 1 FGG ua die spiegelbildliche internationale Zuständigkeit aus § 12 VerschG (Rn 13) zu prüfen, nicht aber, ob das aus der Sicht des deutschen IPR richtige Recht angewandt

---

[20] *Erman/Hohloch* Rn 13.
[21] *Soergel/Kegel* Rn 26.
[22] BGBl 1951 I S 59; abgedruckt zB bei *Soergel/Kegel* Vor Rn 1.
[23] S aber näher *Soergel/Kegel* Rn 20 ff.
[24] Eine Verschollenheitserklärung nach ausländischem Recht ist als bloßes minus zur Todeserklärung einem deutschen Gericht nicht zu fremd, dass Bedenken im Hinblick auf die erforderliche „wesenseigene Zuständigkeit" (vgl allg *Schack* IZVR Rn 503 ff) entstünden, richtig *v. Bar* IPR II Rn 16; *Kegel/Schurig* IPR § 17 I 1 f) bb) aaa).
[25] Im Ansatz ebenso MünchKommBGB/*Birk* Rn 20; *Staudinger/Weick* Rn 68; aA etwa *v. Bar* IPR II Rn 16: § 12 Abs 2 VerschG meint nur Fälle, in denen über Art 9 S 2 materiell deutsches Recht angewandt wird; *Kropholler* IPR § 42 III 2: Erwägungen zu Art 9 S 2 gelten „entspr", soweit für die Zuständigkeit nicht ohnehin § 12 Abs 1 Nr 2 VerschG greift.
[26] Vgl *Kegel/Schurig* IPR § 17 I 1 f) bb) ccc).

wurde; allgM[27]. Unerheblich ist, ob ein deutscher Staatsangehöriger oder ein Ausländer mit letztem gewöhnlichen Aufenthalt in Deutschland betroffen ist, denn aus § 12 Abs 3 VerschG ergibt sich, dass Deutschland in diesen Fällen keine ausschließliche eigene Zuständigkeit in Anspruch nimmt[28]. Anzuerkennen ist unter den genannten Voraussetzungen auch eine spätere Abänderung der eigenen Todeserklärung (insbes im Hinblick auf den Todeszeitpunkt) durch die ausländische Behörde[29]. Anerkennung bedeutet **Erstreckung der Wirkungen** des ausländischen Hoheitsaktes ins Inland, womit eine anzuerkennende ausländische Todes- oder Verschollenheitserklärung auch in Deutschland – in den Grenzen des ordre public (§ 16 a Nr 4 FGG) – diejenigen Wirkungen hat, die ihr nach dem von der ausländischen Behörde angewandten (ausländischen) Recht zukommen[30].

3. Inländische Abänderung/Aufhebung ausländischer Todeserklärungen. Die Abänderung 15 oder Aufhebung einer ausländischen und hier anzuerkennenden Todeserklärung durch ein nach § 12 VerschG international zuständiges deutsches Gericht ist in den vom **deutschen Recht** gesetzten Grenzen (§§ 30, 33 a VerschG) möglich; hM[31]. Ob zusätzlich zu fordern ist, dass das Recht des Entscheidungsstaates die Abänderung grds erlaubt, ist nach richtiger Auffassung zwar zu verneinen[32], bedarf allerdings regelmäßig nicht der Entscheidung[33], weil, soweit ersichtlich, sich als falsch herausstellende Todes- und Verschollenheitserklärungen sowie Todeszeitpunktfeststellungen überall nachträglich korrigiert oder aufgehoben werden können.

4. Konkurrierende Todes- oder Verschollenheitsfeststellungen. Die Konkurrenz widerstrei- 16 tender[34] Entscheidungen zur Todes- oder Verschollenheitsfeststellung wird auf der Anerkennungsebene gelöst: Gemäß § 16 a Nr 3 FGG **geht die inländische der ausländischen vor** (dh letztere wird nicht anerkannt und entfaltet im Inland keine Wirkungen), bei divergierenden ausländischen Entscheidungen setzt sich (ebenfalls auf Grund § 16 a FGG) **die frühere** durch; allgM[35].

VIII. Übergangsrecht im Verhältnis zur ehemaligen DDR

Fragen in dieser Hinsicht dürften im vorliegenden Zusammenhang nur noch sehr selten praktisch 17 relevant werden. Für Einzelfragen des intertemporalen und des interlokalen Kollisionsrechts s deshalb MünchKommBGB/*Birk* Rn 53 ff.

Art 10 Name

(1) Der Name einer Person unterliegt dem Recht des Staates, dem die Person angehört.

(2) ¹Ehegatten können bei oder nach der Eheschließung gegenüber dem Standesbeamten ihren künftig zu führenden Namen wählen
1. nach dem Recht eines Staates, dem einer der Ehegatten angehört, ungeachtet des Artikels 5 Abs. 1, oder
2. nach deutschem Recht, wenn einer von ihnen seinen gewöhnlichen Aufenthalt im Inland hat.

²Nach der Eheschließung abgegebene Erklärungen müssen öffentlich beglaubigt werden.
³Für die Auswirkungen der Wahl auf den Namen eines Kindes ist § 1617 c des Bürgerlichen Gesetzbuchs sinngemäß anzuwenden.

(3) ¹Der Inhaber der Sorge kann gegenüber dem Standesbeamten bestimmen, daß ein Kind den Familiennamen erhalten soll
1. nach dem Recht eines Staates, dem ein Elternteil angehört, ungeachtet des Artikels 5 Abs. 1,

---

[27] Möglicherweise anders zum alten Recht BGH IPRax 1982, 155 m Anm *Vékás* 142: (nur?) eine nach dem (vom deutschen IPR berufenen) Heimatrecht des Verschollenen erfolgte ausländische Todeserklärung ist anzuerkennen.
[28] *v. Bar* IPR II Rn 15; vgl auch BGH FamRZ 1990, 498 m Anm *Bosch* 499: keine Bedenken gegen die Anerkennung einer polnischen Todeserklärung eines deutschen Staatsangehörigen.
[29] BGH IPRax 1982, 155 m Anm *Vékás* 142, zum alten Recht.
[30] MünchKommBGB/*Birk* Rn 36; vgl auch BGH FamRZ 1990, 498 m Anm *Bosch* 499: ob aus einer in Polen erfolgten und hier anerkannten Todeserklärung in Deutschland ebenso wie bei einer deutschen Todeserklärung (nur) eine widerlegliche Vermutung des Todes folgt, beurteilt sich nach dem von der polnischen Behörde angewandten materiellen polnischen Recht; BGH IPRax 1982, 155 m Anm *Vékás* 142, zum alten Recht: bei einer nach ungarischem Recht ergangenen Todeserklärung entscheidet das ungarische Recht darüber, ob die Todeserklärung für Folgeentscheidungen bindend ist oder etwa – zB hinsichtlich des Todeszeitpunkts – der Gegenbeweis zugelassen ist.
[31] ZB MünchKommBGB/*Birk* Rn 41; Erman/*Hohloch* Rn 12; vgl zur Abänderung von ausländischen Titeln der streitigen Gerichtsbarkeit *Geimer* IZPR Rn 2653; *Schack* IZVR Rn 1004 ff, dort auch eingehende theoretische Erörterung des Problems.
[32] MünchKommZPO/*Gottwald* § 323 Rn 113; vgl auch *Schack* IZVR Rn 1009, beide zur streitigen Gerichtsbarkeit; aA *Bumiller/Winkler* § 16 a FGG Rn 9.
[33] Offen gelassen wurde diese Frage auch von BGH NJW 1983, 1976 f zu § 328 ZPO.
[34] Zu den verschiedenen Möglichkeiten des Widerspruchs zwischen Todesfeststellungen vgl näher MünchKommBGB/*Birk* Rn 39; hierunter fällt zB auch der Fall, dass in dem einen Land die Todesfeststellung abgelehnt, sie in dem anderen aber ausgesprochen wird.
[35] Ausführlicher MünchKommBGB/*Birk* Rn 39 f.

2. nach deutschem Recht, wenn ein Elternteil seinen gewöhnlichen Aufenthalt im Inland hat, oder
3. nach dem Recht des Staates, dem ein den Namen Erteilender angehört.
²Nach der Beurkundung der Geburt abgegebene Erklärungen müssen öffentlich beglaubigt werden.

(4) *(aufgehoben)*

Schrifttum: *Benicke/Zimmermann*, Internationales Namensrecht im Spannungsfeld zwischen Internationalem Privatrecht, Europäischem Privatrecht, Europäischem Gemeinschaftsrecht und Europäischer Menschenrechtskonvention, IPRax 1995, 144; *Dörner*, Die Wahl des Vornamens im deutschen IPR, IPRax 1983, 287; *Henrich*, Der Erwerb und die Änderung des Familiennamens, 1983; *ders*, Das internationale Namensrecht auf dem Prüfstand des EuGH, FS Heldrich, 2005, S 617; *Hepting*, Das internationale Ehenamensrecht in der Reform, StAZ 1994, 1; *ders*, Das IPR des Kindesnamens nach der Kindschaftsrechtsreform, StAZ 1998, 133; *Hepting/Gaaz*, Personenstandsrecht mit Eherecht und internationalem Privatrecht; *Stoll*, Die Rechtswahl im Namens-, Ehe- und Erbrecht, 1991.

Übersicht

	Rn
I. Normzweck, Grundsatz	1
II. Staatsverträge	3
1. Deutsch-iranisches Niederlassungsabkommen	3
2. Istanbuler CIEC-Abkommen	4
3. Pariser CIEC-Abkommen	5
4. Münchener CIEC-Abkommen	6
5. Berner CIEC-Abkommen	7
III. Probleme des Allgemeinen Teils	8
1. Doppelstaater, Staatenlose, Verweis auf Staaten mit Teilrechtsordnungen	8
2. Rück- und Weiterverweisung	9
3. Vorfragenanknüpfung	10
4. Ordre public	12
IV. Einflüsse des Gemeinschaftsrechts und der EMRK	13
V. Statutenwechsel	14
1. Wechsel des Personalstatuts	14
2. „Verträglichkeit" mit dem materiellen deutschen Recht	15
3. Anpassung der Namensführung nach Art 47	15 a
4. Rechtswahl	16
VI. Behördliche Namensfeststellung und -änderung	17
VII. Intertemporale Anwendung	18
VIII. Eintragung in Personenstandsbücher	19
IX. Anwendungsbereich	20
1. Persönlicher Anwendungsbereich	20
2. Sachlicher Anwendungsbereich	21
a) Namensführung, -bestandteile und -schreibweise	21
b) Ehenamenswahl, Einbenennung	23
c) Pseudonyme, Gebrauchsnamen	24
d) Berechtigung zur Bestimmung des Vornamens	25
e) Wirkung familienrechtlicher Tatbestände auf den Namen	25 a
f) Namensänderung	26
g) Namensschutz	31
X. Regelanknüpfung: Staatsangehörigkeit	32

	Rn
1. Maßgeblicher Zeitpunkt	32
2. Erwerb einer neuen Staatsangehörigkeit mit dem namensrechtlich relevanten Vorgang	33
3. Name nach Eheschließung	34
XI. Rechtswahl für den Namen von Ehegatten (Abs 2)	35
1. Grundsatz, Normzweck	35
2. Voraussetzungen der Rechtswahl	36
a) Frist	36
b) Ort der Eheschließung	37
c) Staatsangehörigkeit der Ehegatten	38
3. Reichweite des Wahlrechts	39
a) Sachliche Reichweite	39
b) Wählbare Rechte	41
4. Wirksame Ausübung des Wahlrechts	44
a) Materielle Voraussetzungen	44
b) Formelle Voraussetzungen	45
5. Folgen der Rechtswahl	48
a) Bindungswirkung	48
b) Keine Rückverweisung	49
c) Materiellrechtliche Ehenamenswahl	50
d) Korrektur eines nach altem Statut gebildeten Ehenamens nach Rechtswahl	52
e) Namensführung nach Auflösung der Ehe	54
f) Folgen der Rechtswahl für den Namen eines Kindes (Abs 2 S 3)	55
XII. Rechtswahl für den Kindesnamen (Abs 3)	58
1. Grundsatz, Normzweck	58
2. Voraussetzungen der Rechtswahl	61
a) Eheliche und nichteheliche Kinder	61
b) Zeitpunkt	62
c) Wahlberechtigte	63
d) Inlandsbezug	64
3. Reichweite des Wahlrechts	65
a) Sachliche Reichweite	65
b) Wählbare Rechte	67
4. Wirksame Ausübung des Wahlrechts	69
a) Materielle Voraussetzungen	69
b) Formelle Voraussetzungen	70
5. Folgen der Rechtswahl	72
6. Rechtswahl bei mehreren Kindern	75
XIII. Name der juristischen Person, Firma	76

I. Normzweck, Grundsatz

1 Der Name einer Person ist nicht nur für das Privatrecht und dort insbes für das Personenstandswesen wichtig, sondern – vielleicht sogar mehr noch – auch für ihre Personal- und Ausweispapiere. Da letztere idR von dem Staat, dem die betreffende Person angehört, auf der Basis des eigenen Rechts ausgestellt werden und eine Diskrepanz zwischen dem **„öffentlich-rechtlichen" und „privatrechtlichen" Namen** nicht wünschenswert erscheint, beruft Art 10 Abs 1 für den letzteren Bereich ebenfalls **das**

Heimatrecht[1]. Diese Lösung kann allerdings bei Familien mit Mitgliedern verschiedener Staatsangehörigkeit die Kennzeichnung der Familieneinheit durch einen gemeinsamen Familiennamen oder zwar unterschiedliche, aber nach einheitlichen Regeln gebildete Nachnamen gefährden. Dem tragen die Ausnahmeregelungen in Abs 2 und 3 Rechnung, indem sie für die **Namensführung von Ehegatten und Kindern eine Rechtswahlmöglichkeit** eröffnen.

Im Rahmen von Art 10 Abs 1 spielt die Beurteilung familienrechtlicher Tatbestände für die Bestimmung des Namens eine wichtige Rolle. Von großer Bedeutung ist deshalb hier die gesetzlich nicht geregelte Frage der **Vorfragenanknüpfung** (Rn 10). Der Vorschlag, von der von Art 10 Abs 1 angeordneten Anknüpfung des Namens an das Heimatrecht des Namensträgers im Falle der **Adoption** eine Ausnahme zu machen und (auch) für den Namen des Adoptierten das **Adoptionsstatut** zu befragen[2], ist mit dem geltenden Recht nicht zu vereinbaren; in der Praxis kann sich aber die uU abweichende Ansicht eines ausländischen Rechts über § 16 a FGG durchsetzen, wenn im Falle einer Dekretadoption im Adoptionsbeschluss der auf der Grundlage des Adoptionsstatuts geänderte Name des Adoptierten ausdrücklich festgestellt wird (Rn 28, 30).

II. Staatsverträge

1. Deutsch-iranisches Niederlassungsabkommen. Zum deutsch-iranischen Niederlassungsabkommen vgl Einl IPR Rn 18 und Art 7 Rn 4. Die Grundsatzanknüpfung des Art 10 Abs 1 deckt sich mit der von Art 8 Abs 3 des Abkommens für das den bürgerlichrechtlichen Namen einschließende „Personenrecht" berufenen Heimatrecht. Die Sonderregeln in Art 10 Abs 2 und 3 sind als Abweichungen, die alle (fremden) Staatsangehörigen gleichermaßen treffen, nach dem Niederlassungsabkommen gestattet und daher auch dann anzuwenden, wenn iranische Staatsangehörige betroffen sind.

2. Istanbuler CIEC-Abkommen. Das Istanbuler CIEC-Abkommen über die Änderung von Namen und Vornamen vom 4. 9. 1958[3] regelt **Verfahrensfragen**, dh der internationale **Zuständigkeit** für Namensänderungen durch inländische Behörden und die **Anerkennung** ausländischer Namensänderungen (Rn 27 f), und hat damit mit dem Inhalt von Art 10, nämlich der Bestimmung des Namensstatuts, keine Berührungspunkte.

3. Pariser CIEC-Abkommen. Ebenfalls einer Verfahrensfrage widmet sich das Pariser CIEC-Abkommen betr die **Entscheidungen über die Berichtigung von Einträgen in Personenstandsbüchern** (Zivilstandsregistern) vom 10. 9. 1964[4]. Solche Berichtigungen soll nur die Behörde vornehmen, die auch die Eintragung selbst vorgenommen hat, sind dann aber in den anderen Vertragsstaaten anzuerkennen und (nur für deren Personenstandsregister) bindend[5].

4. Münchener CIEC-Abkommen. Das Münchener CIEC-Abkommen über das auf Namen und Vornamen anwendbare Recht vom 5. 9. 1980[6] ist für Deutschland (noch) nicht, wohl aber für Italien, die Niederlande, Spanien und Portugal[7] in Kraft. Das Abkommen kann deshalb nur im Rahmen der Prüfung eines Renvois (Rn 9) Bedeutung gewinnen, zumal nach seinem Art 2 das durch das Abkommen bezeichnete Recht auch das eines Nichtvertragsstaates sein kann. Da die Anknüpfung des Namens im Abkommen aber mit der des Art 10 Abs 1 übereinstimmt, ergibt sich aus ihm idR die Annahme der Verweisung.

5. Berner CIEC-Abkommen. Das Berner CIEC-Abkommen über die Angabe von Familiennamen und Vornamen in den Personenstandsbüchern vom 13. 9. 1973[8] normiert die Schreibweise ausländischer Namen in inländischen Personenstandsbüchern einschließlich der Frage der Transliteration von in fremden Schriftzeichen ausgedrückten Namen (näher Rn 19). Auf die Frage, nach welchem Recht ein Name zu beurteilen ist, hat das Abkommen keinen Einfluss.

III. Probleme des Allgemeinen Teils

1. Doppelstaater, Staatenlose, Verweis auf Staaten mit Teilrechtsordnungen. Zur Anknüpfung bei **Doppel-** oder **Mehrstaatern,** Staatenlosen und Flüchtlingen vgl Art 5; ein deutsch-ausländischer Doppelstaater erwirbt aus deutscher Sicht seinen Geburtsnamen grds gemäß Art 10 Abs 1, 5 Abs 1 S 2 unabhängig vom Geburtsort oder gewöhnlichen Aufenthalt nach deutschem materiellen Recht; zur europarechtlichen Fragwürdigkeit der Anwendung des Art 5 Abs 1 S 2 im Namensrecht[9] s Rn 13. Zweifelhaft ist im Hinblick auf die „auflösende Bedingung" des § 29 StAG, ob sich beim Erwerb der deutschen Staatsangehörigkeit nach § 4 Abs 3 StAG der Name unter teleologischer Reduktion des

---

[1] Vgl Begr RegE, BT-Drucks 10/504 S 46 f; krit zu dieser Begr *Soergel/Schurig* Rn 4.
[2] *Henrich*, FS Großfeld, 1999, S 355, 364.
[3] BGBl 1961 II S 1076; abgedruckt bei *Jayme/Hausmann* Nr 20; Vertragsstaaten neben Deutschland zurzeit Frankreich, Italien, Luxemburg, Niederlande, Österreich, Portugal, Spanien, Türkei.
[4] BGBl 1969 II S 588, Vertragsstaaten neben Deutschland zur Zeit Frankreich, Luxemburg, Niederlande, Schweiz, Spanien, Türkei.
[5] Vgl BSG IPRspr 1985 Nr 210 Türkei: keine Bindung für Sozialgericht.
[6] Vgl *Jayme/Hausmann* Fn 2 vor Nr 20; nichtamtliche deutsche Übersetzung mit Erläuterungen abgedruckt bei *Böhmer* StAZ 1980, 109, 113 f.
[7] *Soergel/Schurig* Rn 107.
[8] BGBl 1976 II S 1473, Vertragsstaaten neben Deutschland zurzeit Griechenland, Italien, Luxemburg, Niederlande, Österreich, Türkei.
[9] Vgl zB OLG Zweibrücken FamRZ 1999, 1447.

Art 5 Abs 1 S 2 nach dem Recht der effektiven (ausländischen) Staatsangehörigkeit richtet[10]. Zur Staatsangehörigkeit und zum abgeleiteten Flüchtlingsstatut von Kindern s auch Rn 58. Zur Verweisung auf Staaten mit mehreren **Teilrechtsordnungen** Art 4 Abs 3.

9   2. Rück- und Weiterverweisung. Etwaige Rück- oder Weiterverweisungen[11] des aus deutscher Sicht berufenen Rechts sind nach Art 4 Abs 1 und 2 im Rahmen der objektiven Bestimmung des Namensstatuts über Art 10 Abs 1 zu beachten (allgM), nicht aber dann, wenn es um eine Rechtswahl nach Art 10 Abs 2 und 3 geht (Art 4 Abs 2). Zu einem Renvoi kann es nicht nur dann kommen, wenn das aus deutscher Sicht maßgebliche Recht die Namensführung statt dem Heimatrecht etwa dem Recht am Wohnsitz oder gewöhnlichen Aufenthaltsort unterstellt, sondern insbes auch dann, wenn es namensrechtliche Folgen eines familienrechtlichen Vorgangs anders qualifiziert, zB die Namensführung von Ehegatten dem Ehewirkungsstatut unterstellt oder die des adoptierten Kindes dem Adoptionsstatut[12].

10   3. Vorfragenanknüpfung. Gesetzlich nicht geklärt ist die Frage, nach welchem Recht die Wirksamkeit familienrechtlicher Tatbestände zu überprüfen ist, wenn sie auf den Namen einer Person „ausstrahlen" (Eheschließung, Scheidung, Adoption, – eheliche – Kindschaft, Vaterschaftsanerkennung und -anfechtung etc). Sicher ist nur, dass insoweit nicht „automatisch" das durch Art 10 berufene Namensstatut entscheidet, sondern zunächst mit Hilfe des Kollisionsrechts das für diese **Vorfragen** maßgebliche Recht neu zu ermitteln ist. Streitig ist, welches Kollisionsrecht zu befragen ist: Das der Hauptfrage (lex causae, hier Namensstatut, sogenannte unselbstständige – besser: abhängige – Vorfragenanknüpfung), oder das deutsche als das Kollisionsrecht des Forums (sogenannte selbstständige Anknüpfung)[13]. **Rspr** und **hL** befürworten die **unselbstständige Anknüpfung**[14]. Dem ist zuzustimmen, weil nur durch die Anwendung (auch) der kollisionsrechtlichen Regeln des Heimatstaates der betreffenden Person tatsächlich der von **Art 10 Abs 1** angestrebte Gleichlauf mit dem in den Ausweispapieren zu findenden („öffentlich-rechtlichen") Namen (vgl Rn 1) gewährleistet wird[15]. Aus diesem Grunde ist umgekehrt dem **BGH** und einigen anderen Stimmen darin **nicht** zu folgen, dass vom Grundsatz der unselbstständigen Anknüpfung eine **Ausnahme** zu machen sei, wenn **die (nicht)eheliche Abstammung eines Kindes**[16] oder die Wirksamkeit der **Adoption**[17] als Vorfrage für die Namensführung nach Art 10 Abs 1 zu prüfen ist. Anderes gilt im Rahmen von Art 10 **Abs 2 und 3:** Da hier ohnehin der Gleichlauf mit den Ausweispapieren zugunsten der (Möglichkeit zur) familiären Namenseinheit via **Rechtswahl** verlassen wird, gibt es hier keinen Grund, fremdem Kollisionsrecht die Priorität einzuräumen. Hier sind Vorfragen **selbstständig anzuknüpfen**[18]. Das Wahlrecht für Eheleute nach Abs 2 setzt also eine nach dem vom deutschen IPR berufenen Recht wirksame Eheschließung voraus, das Wahlrecht für den Kindesnamen nach Abs 3 eine über deutsche Kollisionsnormen ermittelte Kindschaftsbeziehung. Damit lassen sich uU unbillig erscheinende Folgen der unselbstständigen Vorfragenanknüpfung im Rahmen von Art 10 Abs 1 beseitigen[19].

11   Das Problem der Vorfragenanknüpfung stellt sich nicht, wenn Gegenstand der Vorfrage die gestaltende Wirkung einer **richterlichen oder behördlichen Entscheidung** ist, insbes also die Wirksamkeit einer **Dekretadoption** oder einer **gerichtlichen Scheidung.** Hier kommt es **nicht** darauf an, ob diese Entscheidung den über eine selbstständige oder unselbstständige Anknüpfung zu ermittelnden

---

[10] So LG Karlsruhe StAZ 2001, 111; allg gegen eine Sonderbehandlung des § 4 Abs 3 StAG s Art 5 Rn 8.
[11] Umfassend zum Renvoi im Namensrecht *Sturm/Sturm*, FS Jayme, 2004, S 919.
[12] Vgl BGH NJW 2007, 3347, 3349 betr Türkei, Namensführung als Scheidungsfolge; FGPrax 1999, 102 betr Peru; allg zur Rück- und Weiterverweisung bei der Namensführung nach fremdem Recht *Henrich* StAZ 1997, 225 mz Hinweisen zu ausländischen Kollisionsrechten; zum Renvoi kraft abw Qualifikation vgl allg Art 4 Rn 12.
[13] Allg zu diesem Problem Einl IPR Rn 63; ist das Namensstatut auf Grund deutscher Staatsangehörigkeit des Betroffenen deutsches Recht, ist das Kollisionsrecht der lex causae und der lex fori identisch – selbstständige und unselbstständige Vorfragenanknüpfung haben keine unterschiedlichen Auswirkungen.
[14] BGHZ 90, 129 = NJW 1984, 1299; BGH NJW 1986, 984; KG NJW-RR 1989, 644; BayObLG FamRZ 1990, 93; NJW 1992, 632; OLG Stuttgart FamRZ 1992, 102; MünchKommBGB/*Birk* Rn 24; *Palandt/Heldrich* Rn 2; *Erman/Hohloch* Rn 4; *Kropholler* IPR § 43 I 1 a; v. *Hoffmann/Thorn* IPR § 6 Rn 65; *Sturm* StAZ 1990, 350; aA *Soergel/Schurig* Rn 88; *v. Bar* IPR II Rn 86 ff; *Staudinger/Hepting* Rn 125; *Hepting* StAZ 1998, 133, 143, letzterer wegen der durch das KindRG notwendigen Neubewertung: Generell selbstständige Vorfragenanknüpfung. Für eine „hinkende" Eheschließung offen gelassen von BayObLG StAZ 2000, 45, 47, weil in concreto die materielle Heilungsvorschrift des § 1310 Abs 3 BGB auch bei selbstständiger Anknüpfung half.
[15] *Kropholler* IPR § 32 IV 2 b.
[16] BGH NJW 1986, 3022; KG NJW-RR 1989, 644; OLG Düsseldorf FamRZ 1999, 328; offenbar auch BayObLG StAZ 2000, 45 betr Vaterschaftsanerkenntnis; unklar BayObLG NJW 1992, 632: selbstständige Anknüpfung des Ehelichenstatus, nicht aber der nichtehelichen Abstammung; der Rspr zust zB MünchKommBGB/*Birk* Rn 24; *Erman/Hohloch* Rn 4; zweifelnd, aber ohne abschließende Stellungnahme; *v. Hoffmann/Thorn* IPR § 6 Rn 66.
[17] *Henrich* IPRax 1998, 96 f; offen gelassen von OLG Karlsruhe IPRax 1998, 110, 111.
[18] *Soergel/Schurig* Rn 89; *Hepting* StAZ 1998, 133, 135.
[19] Ein ausländisches Ehepaar muss bei einer unselbstständigen Vorfragenanknüpfung, wenn die Kollisionsnormen des gemeinsamen Heimatrechts zu einer Rechtsordnung führen, die die Ehe anders als das aus deutscher Sicht für diese Frage berufene Recht für ungültig hält, nach Art 10 Abs 1 beim Namen tragen, den ihr Heimatrecht für Unverheiratete vorsieht. Wenn *v. Bar* (IPR II Rn 87) daraus ein Plädoyer für die selbstständige Anknüpfung (auch) im Rahmen von Art 10 Abs 1 ableitet, lässt er außer Betracht, dass die Eheleute über Art 10 Abs 2 iVm der dort selbstständig vorzunehmenden Anknüpfung der Ehewirksamkeit zu einem gemeinsamen Ehenamen in Deutschland kommen können.

materiellen Normen des maßgeblichen (Adoptions- oder Scheidungs-)Statuts entspricht, sondern darauf, ob sie **im Inland** verfahrensrechtlich **wirksam** ist[20], was für inländische Entscheidungen selbstverständlich und für ausländische von den jeweils maßgeblichen **Anerkennungsvoraussetzungen (Art 21 EuEheVO, §§ 328 ZPO, 16 a FGG)** abhängt[21]; bei nicht von Behörden des gemeinsamen Heimatstaates vorgenommenen ausländischen Scheidungen ist zusätzlich das Anerkennungsverfahren nach Art 7 § 1 FamRÄndG[22] zu beachten. **Kein Raum** bleibt für die Prüfung, ob deutsche Vorentscheidungen **im Heimatstaat des Namensträgers** anerkennungsfähig sind[23], denn auf die „Zustimmung" ausländischer Hoheitsträger kann für die inländische Wirksamkeit einer getroffenen inländischen hoheitlichen Maßnahme niemals ankommen[24]. Eine solche Prüfung wird folgerichtig außerhalb des internationalen Namensrechts und außerhalb des Sonderfalls des Art 13 Abs 2 Nr 3, soweit ersichtlich, nirgendwo befürwortet. Der **Name eines Elternteils** oder einer anderen Person ist, weil es sich nicht um ein präjudizielles Rechtsverhältnis handelt, **keine Vorfrage** bei der Ermittlung des von diesem abhängigen Namens des Kindes. Hier ist, wenn Zweifel bestehen, unabhängig vom Streit über die selbstständige oder unselbstständige Vorfragenanknüpfung das insoweit anwendbare Recht immer über Art 10 zu bestimmen[25].

4. Ordre public. Konstellationen, in denen die Anwendung ausländischer Vorschriften durch deutsche Gerichte gegen den ordre-public-Vorbehalt (Art 6) verstößt, sind im internationalen Namensrecht selten, nicht aber ausgeschlossen. (1) Nach deutschem Namensrecht sind keine **Vornamen** „zugelassen", die für Inländer **erkennbar anstößig oder lächerlich** sind[26]. Dieses Prinzip setzt sich zum Schutz des Kindes bei hinreichendem Inlandsbezug auch gegen ein großzügigeres ausländisches Namensrecht durch (allgM)[27]. Der deutsche Grundsatz, dass jedenfalls ein Vorname das Geschlecht des Kindes erkennen lassen muss und eindeutig geschlechtswidrige Vornamen unzulässig sind[28], ist hingegen nicht so wesentlich, als dass er zum Inhalt des internationalen ordre public zu zählen ist[29]. Eine nach ausländischem Recht zulässige geschlechtsneutrale Vornamensgebung auch für deutsch-ausländische Doppelstaater zu gestatten, verstößt hingegen gegen Art 5 Abs 1 S 2[30]. (2) **Streitig** ist, ob es gegen den ordre public verstößt, wenn ein ausländisches Recht dem Namensträger freie Hand lässt, seinen (Vor- und Nach-) **Namen durch private Willenserklärung** oder im Wege eines gebundenen Gerichtsbeschlusses nach Belieben **zu ändern**[31]. Die Lösung dürfte – wie auch sonst in ordre-public-Fällen – darin liegen, dass nach Art 6 nicht die ausländischen Rechtsregeln („freie Namensänderung möglich") abstrakt anhand deutscher Gerechtigkeitsvorstellungen zu überprüfen sind, sondern „nur" ihre inländischen Auswirkungen im konkreten Fall (A nennt sich jetzt B; allg Art 6 Rn 9). Dass eine als A geborene Person später B heißt, ist für sich genommen nun sicher nicht anstößig – es sei denn, der Name wurde aus betrügerischer oder sonst nicht billigenswerter Motivation gewechselt[32]. Selbst die Annahme eines

---

[20] Vgl speziell zur Adoption MünchKommBGB/*Klinkhardt* Art 22 Rn 83; einprägsam *Lüderitz* FamRZ 1988, 881: „Verfahrensrecht geht dem materiellen IPR vor".
[21] Unrichtig daher OLG Karlsruhe FGPrax 1997, 144 = IPRax 1998, 110 m Anm *Henrich* 96, das bei (in concreto offen gelassener) unselbstständiger Vorfragenanknüpfung die Wirksamkeit der von einem deutschen Amtsgericht ausgesprochenen Erwachsenenadoption eines libanesischen Staatsangehörigen im Hinblick auf die Namensfolge „nach libanesischem Recht" (materielles Recht? IPR?) prüfen wollte.
[22] Abgedruckt bei *Jayme/Hausmann* Nr 101.
[23] So aber *Kegel/Schurig* IPR § 17 IV 1 b; noch schärfer KG StAZ 1988, 325, 326 und BayObLG IPRax 2004, 121 m abl Anm *Mäsch* 102, die nicht einmal Anerkennungsfähigkeit ausreichen lassen wollen, sondern eine tatsächliche Anerkennungsentscheidung des Heimatstaates fordern! Richtig hingegen OLG Hamm StAZ 2004, 171; OLG Düsseldorf FamRZ 1999, 328; *Staudinger/Hepting* Rn 122; offen gelassen von BGH vom 20. 6. 2007, XII ZB 17/04 Tz 19 f.
[24] In die Leere geht auf dieser Basis die Kritik von *Hepting* StAZ 1998, 133, 143, der einen „eklatanten Wertungswiderspruch" darin sieht, dass man bei einer (von ihm abgelehnten) unselbstständigen Vorfragenanknüpfung im Rahmen von Art 10 Abs 1 eine durch ein deutsches Gericht ausgesprochene Adoption im Inland als namensrechtlich irrelevant ansehen müsste, wenn das maßgebliche Heimatrecht sie nicht anerkennt.
[25] IE ebenso BayObLG StAZ 2000, 45, 46; *Staudinger/Hepting* Rn 397, beide dies allerdings zu Unrecht als „selbstständig anzuknüpfende Vorfrage" bezeichnend.
[26] Vgl *Hepting/Gaaz* § 21 PStG Rn 110 ff.
[27] Vgl LG Bremen StAZ 1996, 46: Vorname „Frieden mit Gott allein durch Jesus Christus" auch bei südafrikanischen Namensstatut nicht ins Familienbuch eintragbar.
[28] *Hepting/Gaaz* § 21 PStG Rn 101 ff; noch großzügiger OLG Stuttgart NJOZ 2003, 378 und OLG Frankfurt StAZ 2000, 238, 239: selbst bei deutschem Namensstatut ist uU eine geschlechtsneutrale Vornamenswahl zulässig, wenn das Kind und die Namensgeber auch Angehörige eines ausländischen Staates sind, der einen vergleichbaren Grundsatz nicht kennt.
[29] Inzident ebenso *Hepting/Gaaz* § 21 PStG Rn 295.
[30] Richtig OLG Hamm NJWE-FER 2001, 229 gegen OLG Frankfurt StAZ 2000, 238; zur möglichen Ausnahme im Fall des § 4 Abs 3 StAG Rn 8.
[31] Insbes angelsächsische Rechte sind hier großzügig, vgl *v. Bar* IntEncCompL III 17–57 ff; zu England *Meyer-Witting*, Das Personennamensrecht in England, 1990. Für das Eingreifen von Art 6 bei hinreichendem Inlandsbezug (zB Wohnsitz in Deutschland, Beurkundung der Namensänderungserklärung vor deutschem Notar) etwa LG Hagen IPRax 1985, 294 m Anm *Henrich* 273; MünchKommBGB/*Birk* Rn 29; *Erman/Hohloch* Rn 7; gegen einen ordre-public-Verstoß *Soergel/Schurig* Rn 92; wohl auch LG Heidelberg IPRspr 1988 Nr 6: selbst „freie" (Wieder-)Annahme eines adeligen Namens verstößt nicht gegen den ordre public, wenn der Namensträger adelig geboren war; *v. Bar* IPR II Rn 90: „größte Zurückhaltung".
[32] Was zB für den Fall des LG Hagen IPRax 1985, 294 zu verneinen ist: Dort sollte die Namensänderung dazu führen, dass der ausländische Ehemann denselben (Doppel-)Namen wie seine deutsche Frau tragen kann. Auf der

aus einem einzigen Buchstaben gebildeten Namens (ohne Vorname)[33] ist unter dieser Voraussetzung hinzunehmen, weil dies allenfalls dem Namensträger gesellschaftliche Schwierigkeiten bereiten, nicht aber die Grundfeste der deutschen Rechtsordnung erschüttern kann. (3) Nach herrschender und zutreffender Meinung ruft es den ordre public weder dann auf den Plan, wenn ein ausländisches Recht einem Ehepaar **keine Möglichkeit zu einem gemeinsamen Ehenamen** einräumt[34], noch wenn umgekehrt ein **Zwang zu einem gemeinsamen Namen** (idR dem Mannesnamen) ausgeübt wird[35] – in beiden Fällen hilft die Wahlmöglichkeit des Art 10 Abs 2 Härten für den deutschen Rechtskreis zu verhindern. (4) Die bloße **Abschaffung von Adelstiteln** (s auch Rn 21) in ausländischen Rechtsordnungen verstößt nicht gegen den deutschen ordre public (allgM), wohl aber eine bestimmte Bevölkerungsgruppen schikanierende oder diskriminierende Namensregelung[36]. Bei späteren deutschen Staatsangehörigen (zum Statutenwechsel Rn 14) oder nach einer Rechtswahl zum deutschen Recht über Art 10 Abs 2 kann Abhilfe bei internationalprivatrechtlich hinzunehmenden ausländischen Namensregeln ggf über die öffentlich-rechtlichen Namensänderungsregeln des materiellen Rechts (NamÄndG), bei Spätaussiedlern auch über § 94 BVFG geschaffen werden.

IV. Einflüsse des Gemeinschaftsrechts und der EMRK

13 Die Anknüpfung des Namens an die Staatsangehörigkeit verstößt grds nicht gegen das allgemeine Diskriminierungsverbot und die Grundfreiheiten des **EG-Rechts**[37]. Diese Bestimmungen sollen jedoch nach Auffassung des EuGH den Mitgliedstaaten verwehren, den Namen **minderjähriger Kinder mit doppelter inländisch-(EU-)ausländischer Staatsangehörigkeit** ausschließlich nach dem eigenen Recht zu beurteilen[38], wie es im deutschen Recht Art 10 Abs 1 iVm **Art 5 Abs 1 S 2** grds vorsieht. Die deutsche Regelung wird aber durch das von Art 5 Abs 1 S 2 ausdrücklich nicht eingeschränkte Wahlrecht des Art 10 Abs 3 Nr 1 „aufgeweicht", so dass die Entscheidung ohne Auswirkung auf das deutsche Internationale Kinder-Namensrecht bleibt[39]. Jedoch wird man in Fortführung des Urteils nunmehr wohl **erwachsenen Doppelstaatern**, die in ihren beiden (EU-)Heimatstaaten unterschiedliche Namen führen, ebenso ein Wahlrecht zugunsten eines dieser Rechte ungeachtet des Art 5 Abs 1 S 2 einräumen müssen[40]. Zu EG-rechtlichen Grenzen für die **Transliteration** s Rn 19. Zu weit geht es, in jeder „**gespaltenen" Namensführung**[41] einen Verstoß gegen Art 8 Abs 2 EMRK sehen zu wollen, wenn es dem Betroffenen nicht freisteht, seinen Namen (in welchem Land?) zu ändern[42].

V. Statutenwechsel

14 **1. Wechsel des Personalstatuts.** Bei einem Wechsel des Personalstatuts, also idR bei einem Wechsel der Staatsangehörigkeit, untersteht die Namensführung nach Art 10 Abs 1 ab diesem Zeitpunkt dem neuen Recht (allgM); Gleiches gilt bei der Wahl eines neuen Namensstatuts nach Art 10 Abs 2 und 3. Die nach altem Recht entstandenen Rechte und Pflichten bestehen allerdings bei einem **Wechsel zum deutschen Recht**[43] fort (allg zum Statutenwechsel Einl IPR Rn 42). Für den Namen heißt das: Ein unter Herrschaft ausländischen Rechts erworbener oder verlorener Name bleibt unter dem neuen deutschen Namensstatut erworben oder verloren[44]. Für deutsche Volkszugehörige und frühere Deutsche, die nun (wieder) ein deutsches Personalstatut erworben haben, gilt keine Ausnahme[45], bei **Spätaussiedlern** ist im deutschen Sachrecht aber **§ 94 BVFG** zu beachten, der für Statusdeutsche in gewissem Rahmen eine Anpassung an die deutsche Namensführung

---

Grenzlinie liegt der 1998 an die Öffentlichkeit gelangte Fall des australischen Software-Spezialisten, der sich zur Steigerung seiner Bekanntheit und seiner Umsätze in Bill Gates umbenannte.

[33] Zu einem solchen Fall *Coester* StAZ 1988, 215: „Y".
[34] MünchKommBGB/*Birk* Rn 29; *Soergel/Schurig* Rn 92 mN zur älteren Rspr.
[35] Vgl *v. Bar* IPR II Rn 90.
[36] *Soergel/Schurig* Rn 17 mN zur älteren Rspr.
[37] Str, hM, vgl *Henrich*, FS Heldrich, 2005, S 667, 674 f; Einl IPR Rn 27 und zur gleichen Problematik bei Art 7 dort Rn 7; ausführlicher und zT abw MünchKommBGB/*Birk* Rn 145 ff; aA GA *Jacobs* in seinem Schlussantrag in EuGH IPRax 2005, 440 – Grunkin-Paul, zum Vorlagebeschluss des AG Niebüll FamRZ 2004, 1314; zu Recht abl dazu *Henrich* IPRax 2005, 422; der EuGH hat die Vorlage als unzulässig zurückgewiesen, ohne in der Sache Stellung zu beziehen, EuGH IPRax 2006, 402 m Anm *Coester-Waltjen* 392, 397; dieselbe Sache ist auf Vorlage des AG Flensburg unter dem Az C 353/06 erneut beim EuGH anhängig, ABl EU 2006 Nr C 281 S 22.
[38] EuGH IPRax 2004, 339 – García Avallo m Anm *Mörsdorf-Schulte* 315; vgl dazu *Henrich*, FS Heldrich, 2005, S 667, 671 ff; *Helms* GPR 2005, 36; *Frank* StAZ 2005, 161.
[39] *Henrich*, FS Heldrich, 2005, S 667, 672.
[40] *Henrich*, FS Heldrich, 2005, S 667, 672 f.
[41] Also einer solchen, bei der verschiedene Rechtsordnungen – aus welchem Grund auch immer – den Namen einer Person unterschiedlich beurteilen.
[42] So aber *Benicke/Zimmermann* IPRax 1995, 141, 149.
[43] Die Regeln zu den Folgen eines Statutenwechsels sind Teil des (nationalen) Kollisionsrechts. Ob eine ausländische Rechtsordnung die unter einem ihr fremden Statut entstandenen Rechte bei einem Wechsel anerkennt, entscheidet folglich ihr Kollisionsrecht. Im Zweifel dürften die Regeln aber denen des deutschen IPR entsprechen, die im Folgenden allein dargelegt werden. Eine abweichende Gestaltung müsste iÜ am ordre public gemessen werden.
[44] *Soergel/Schurig* Rn 23; *Bungert* IPRax 1994, 109, 11.
[45] BGHZ 121, 305, 311 = NJW 1993, 2245; näher *Soergel/Schurig* Rn 23.

ermöglicht[45]. Verlorene Adelsbezeichnungen sind also auch bei einem späteren Erwerb der deutschen Staatsangehörigkeit nicht wieder zu erlangen[47], wenn nicht auf der Ebene des materiellen Rechts § 3 a NamÄndG hilft[48]. Eine „Rückübersetzung" von unter altem Namensstatut slawisierten Namen deutscher Volksangehöriger ist vorbehaltlich der genannten Vorschriften nicht vorzunehmen[49], allerdings soll ein sowjetrussisches bloßes „Durchgangsnamensstatut" bei nicht-sowjetischer Staatsangehörigkeit im Zeitpunkt der Geburt aus deutscher Sicht unbeachtlich sein[50]. Ausländische Adelsbezeichnungen sind bei Erwerb der deutschen Staatsangehörigkeit nicht einzudeutschen[51].

2. „Verträglichkeit" mit dem materiellen deutschen Recht. Die konkrete Form eines unter 15 ausländischem Recht erworbenen Namens muss aber mit den Regeln des deutschen Rechts über Namensführung und -bildung „verträglich" sein; ist dies nicht der Fall, kann der Name anzupassen sein[52], so zB hinsichtlich seiner Schreibweise in lateinischen Buchstaben, wenn er aus einem Land mit anderen Schriftzeichen stammt. Zur Transliteration s iÜ Rn 19; zu ausländischen **geschlechtsspezifischen Namensformen** nach einem Wechsel zum deutschen Recht Rn 21. Sonstige Fälle der „Unverträglichkeit" scheinen eher selten zu sein, liegen indes nicht bereits dann vor, wenn der ausländische Name einen Bestandteil hat, den das deutsche Recht nicht kennt (etwa einen Zwischennamen nach islamischem oder russischem Recht)[53]. Deshalb konnte der Namensträger bisher auch nach Einbürgerung einen **Zwischennamen** selbst freiwillig **nicht ablegen**[54]; ab dem 1. 1. 2009 hilft insoweit Art 47 Abs 1 S 1 Nr 3 (s dort). Ein aus einem **Eigennamen** (zum Begriff Rn 19 mwN)[55] und einem religiös motivierten Zusatz **(„Singh")** gebildeter Name kann in dieser Form auch nach deutschem Recht getragen werden[56]. Auf Wunsch des Namensträgers ist aber nach neuerer Auffassung des BayObLG eine Anpassung dergestalt vorzunehmen, dass der Eigenname als Vorname und der Namenszusatz als Familienname geführt wird[57]; folgt man dem, ist der herrschenden Ansicht, der **Namenszusatz** könne (mangels Familiennamensqualität) unter deutschem Recht **nicht zum gemeinsamen Ehenamen** bestimmt werden[58], der Boden entzogen[59]. Mehrere Eigennamen oder mehrere Bestandteile eines Eigennamens können ebenfalls mittels „Anpassungserklärung" zu Vor- und Familienname bestimmt werden[60] und dann auch die Grundlage für einen Ehenamen bilden[61]. Besteht ein Name nach ausländischem Recht aus einem persönlichen Eigennamen und dem Eigennamen des Vaters, so kann der Namensträger nach Statutenwechsel zum deutschen Recht **frei bestimmen, welches der beiden Elemente als Vor- und Familienname** gelten soll; sein Ehegatte kann gleichzeitig die umgekehrte Wahl treffen[62].

3. Anpassung der Namensführung nach Art 47. Die Anwendung der soeben dargestellten 15 a Regeln zur Anpassung eines mit deutschen Gepflogenheiten nicht verträglichen ausländischen Namens nach einem Statutenwechsel zum deutschen Recht ist in der Praxis oft schwierig und mit Unsicherheiten behaftet. **Ab dem 1. 1. 2009** ermöglicht Art 47 durch Erklärung gegenüber dem Standesbeamten **eine für das deutsche Namensrecht passende Namensform zu wählen** (Einzelheiten dort).

4. Rechtswahl. Soweit das (Familien-)Namensstatut nach Art 10 Abs 2 und 3 durch die Rechts- 16 wahl bestimmt wurde, hat ein späterer **Wechsel der Staatsangehörigkeit keinen Einfluss** mehr und führt nicht zu einem Statutenwechsel[63].

VI. Behördliche Namensfeststellung und -änderung

Zur Bindung an eine gerichtliche oder behördliche Namensfeststellung, insbes im Zusammenhang 17 mit einer Adoption, s Rn 30, zur behördlichen Namensänderung s Rn 27 f.

---

[46] Näher Silagi StAZ 1999, 263; Soergel/Schurig Rn 23 a; für eine analoge Anwendung von § 94 BVFG (über Art 10 Abs 2), wenn nur einer der Ehegatten Statusdeutscher ist, OLG Stuttgart FGPrax 1999, 54; OLG Frankfurt StAZ 2000, 210, 211.
[47] HM, aA Kegel/Schurig IPR § 17 IV 2: Adelsabschaffungen sind wie Enteignungen zu behandeln und wirken nur für das Gebiet des eingreifenden Staates.
[48] Vgl VGH Mannheim IPRax 1994, 136 m Anm Bungert 109; näher Soergel/Schurig Rn 14 f.
[49] Anderes gilt selbstverständlich dann, wenn der Betroffene zur Zeit der Slawisierung des Namens durch eine ausländische Stelle die ausländische Staatsangehörigkeit hatte. In diesem Fall ist die Umwandlung nicht anzuerkennen, vgl § 57 Abs 5 S 3 DA und Hepting/Gaaz § 2 PStG Rn 13 b.
[50] KG StAZ 1996, 301: bei Geburt als Lette (1937) entfallen etwaige als späterer Sowjetbürger nach dem neuen Heimatrecht hinzu erworbene Namensbestandteile (Vatersname als Zwischenname) nach Statutenwechsel zum deutschen Recht.
[51] Palandt/Heldrich Rn 10 mwN.
[52] Ausf an Hand zahlreicher Fallgruppen Hepting StAZ 2001, 257.
[53] Näher Hepting/Gaaz § 2 PStG Rn 13 e.
[54] OLG Frankfurt StAZ 2006, 142.
[55] Hepting/Gaaz § 2 PStG Rn 13 h.
[56] BayObLG StAZ 2000, 235, 236.
[57] BayObLGZ 1998, 66 = FGPrax 1999, 23, 25 f; BayObLG StAZ 2000, 235, 236; aA zB noch Hepting/Gaaz § 2 PStG Rn 13 h
[58] BayObLG StAZ 1987, 102; StAZ 1993, 387; OLG Hamm StAZ 1998, 258.
[59] Konsequent BayObLG StAZ 2000, 235, 236.
[60] Vgl BayObLG StAZ 1998, 284; zur Bestimmung des Familiennamens aus einer Kette von Eigennamen nach islamischem Recht OLG Hamm StAZ 1995, 238, 239 f.
[61] Vgl BayObLG StAZ 1992, 241; OLG Jena StAZ 1996, 172.
[62] OLG Hamm StAZ 2006, 357 betr srilankisches Recht.
[63] Hepting/Gaaz Rn III-841.

VII. Intertemporale Anwendung

18 Art 10 basiert in seiner jetzigen Fassung auf der IPR-Reform von 1986, deren Übergangsvorschrift sich in Art 220 findet[64], und auf zwei späteren Änderungen durch das Familiennamensrechtsgesetz (FamNamRG) mit Wirkung vom 17. 4. 1994 und das Kindschaftsrechtsreformgesetz (KindRG) mit Wirkung vom 1. 7. 1998. Art 7 FamNamRG enthält die Übergangsvorschrift zum ersten Gesetz[65], Art 224 § 3 die zum letzteren.

VIII. Eintragung in Personenstandsbücher

19 Wie ein Name gebildet wird, bestimmt das Namensstatut. In welcher Weise er in deutsche Personenstandsbücher einzutragen ist, ist eine Verfahrensfrage, die unabhängig vom Namensstatut deutschem Recht unterliegt[66]; gleiches gilt für die nachträgliche Berichtigung eines Eintrags[67]. Hat der Name ausländische „Wurzeln" (auf Grund eines bei Erwerb oder auch jetzt noch maßgebenden ausländischen Namensstatuts), so ist er grds so einzutragen, wie er vom Namensträger nach dem ausländischen Namensrecht tatsächlich geführt wird, auch wenn dies von deutschen Vorstellungen abweicht[68]. Eine **Übersetzung ausländischer Adelsprädikate** ins Deutsche ist unzulässig, wenn das ausländische Namensstatut dieses nicht ausnahmsweise selbst vorsieht[69]. Es kann aber im übertragenen Sinne gewisse „Übersetzungsarbeit" notwendig sein, um den formalen Anforderungen an das deutschen Kategorien ausgerichteten Register zu genügen[70]. Dies gilt etwa für die Behandlung von **Zwischennamen**[71] oder von Fällen, in denen ein Familienname deutschen Zuschnitts gar nicht geführt wird[72], insbes aber auch für Namen, die im Herkunftsland aus nicht-lateinischen Schriftzeichen gebildet werden. Hier ist eine Umschreibung in lateinische Schrift erforderlich, die gemäß Art 3 des **Berner CIEC-Abkommens** vom 13. 9. 1973 (Rn 7) in möglichst buchstabengetreuer Übertragung nach den einschlägigen ISO-Normen vorzunehmen ist **(Transliteration)**, ohne Rücksicht auf eine phonetische Übereinstimmung des Übertragungsergebnisses mit dem Ursprungsnamen. Das kann zu einem Namen führen, der in der Aussprache deutlich verfälscht ist. Nach Auffassung des EuGH verstößt dies bei einem gewerblich tätigen EU-Bürger jedenfalls dann gegen die Niederlassungsfreiheit aus Art 43 (ex-Art 52) EG-Vertrag, wenn in der Folge der Namensträger von seiner Umgebung nicht mehr mit seinem geschriebenen Namen identifiziert werden kann[73], doch wird Fällen dieser Art heute durch eine interessengerechte Auslegung von Art 2 und 3 des Berner Abkommens begegnet, indem die vielfach in die ausländischen Ausweispapiere zur Erleichterung des internationalen Verkehrs aufgenommene **phonetische Transkription** des Namens in lateinische Buchstaben (zB nach dem ELOT-System) der Transliteration vorgezogen wird[74].

IX. Anwendungsbereich

20 1. **Persönlicher Anwendungsbereich.** Art 10 betrifft nur den Namen der natürlichen Person (allgM). Zum Namen juristischer Personen und zur handelsrechtlichen Firma s Rn 76.

21 2. **Sachlicher Anwendungsbereich. a) Namensführung, -bestandteile und -schreibweise.** Nach dem Namensstatut[75] richten sich alle Namensbestandteile und Modalitäten der Namensbildung, also vornehmlich **Eigen-**[76] bzw **Vorname** (zur Grenze des ordre public für die Vornamensgebung nach ausländischem Recht s Rn 12; zur Frage der Berechtigung zur Vornamensgebung Rn 25; zur **Vor-**

---

[64] Zu ihren Folgen speziell für das Namensrecht MünchKommBGB/*Birk* Rn 45 ff; zur Anwendung alten Rechts auf die namensrechtlichen Folgen einer vor dem 1. 9. 1986 erfolgten Vaterschaftsanerkennung AG Rottweil FamRZ 2000, 57.
[65] Zu ihrer kollisionsrechtlichen Komponente ausf *Henrich* IPRax 1994, 174, 176 ff; MünchKommBGB/*Birk* Rn 48 ff.
[66] *v. Bar* IPR II Rn 102.
[67] BayObLG StAZ 1999, 331, 332.
[68] Vgl OLG Rostock StAZ 1994, 287: vietnamesische Namen sind auch nach einem Statutenwechsel zum deutschen Recht in der in Vietnam gebräuchlichen Reihenfolge – Nachname, Zwischenname, Vorname – in die Personenstandsbücher aufzunehmen.
[69] BayObLG StAZ 1989, 345; *Staudinger/Hepting* Rn 39, 46 betr Ungarn.
[70] Zur Behandlung ausländischer Namen im deutschen Personenstandsrecht *Sturm*, FS Lange, 1992, S 957, 960 ff.
[71] Vgl *Soergel/Schurig* Rn 8.
[72] Allg *Hepting/Gaaz* § 2 PStG Rn 11 f, 13 ff; zu einem Fall eines fehlenden Familiennamens und dessen Ersetzung im Heiratsbuch durch einen fingierten BayObLG StAZ 1996, 41; zur Eintragung eines Eigennamens und eines religiös motivierten Namenszusatzes in den Personenstandsbüchern in den Spalten für Vor- und Familienname mit den erläuternden Zusätzen „Eigenname" und „Namenszusatz" BayObLG FGPrax 1999, 23, 24 f; zum „persönlichen Namen" eines srilankischen Staatsangehörigen und dessen Eintragung als Vorname BayObLG EzFamR aktuell 1999, 109 = FamRZ 1999, 1661, LS.
[73] EuGH StAZ 1993, 256 m Anm *Steinz* 243 = IPRax 1994, 113 – Konstantinidis; zu Recht krit zur europarechtlichen Argumentation des EuGH *Böhmer* IPRax 1994, 80, 81; ausf *Henrich*, FS Heldrich, 2005, S 667, 668 f.
[74] BGH FamRZ 1994, 225, 226; vgl auch KG StAZ 2000, 216; AG Hagen FamRZ 2003, 1015, auch zur Bedeutung unterschiedlicher Transliterationen in zeitlich aufeinanderfolgenden Pässen; näher *Staudinger/Hepting* Rn 53 ff; *Böhmer* IPRax 1994, 80, 81; diese Entwicklung hatte bereits vor dem EuGH das OLG Karlsruhe (StAZ 1993, 114) eingeleitet.
[75] Zum islamischen Namensrecht *Sturm*, FS Lange, 1992, S 957.
[76] Der Eigenname ist der einer Einzelperson zugeordnete Individualname, der mit ihrem Tod erlischt; dem entspricht im deutschen Recht der Vorname, vgl *Staudinger/Hepting* Vor Art 10 Rn 2.

namensänderung nach abgeschlossener Beurkundung im Geburtenbuch s Rn 26) und Existenz und Form eines **Familiennamens** (Nachname), die Führung des **Vaternamens** mit Bezeichnung des Tochter-/Sohn-Verhältnisses (-ewitsch, Ben) sowie eventuelle **Zwischennamen** („middle name")[77] und **Namenszusätze** („Jr.")[78], Verbindungsworte beim Hinzufügen des Mannesnamen nach Heirat[79], **Adelsprädikate**[80] etc sowie die Reihenfolge der Namensführung[81]. Nicht zum Namen iS des Art 10 gehören **akademische Grade** und **Ehrentitel**, auch wenn sie in Deutschland „nach ständiger Übung"[82] in Personenstandsbücher einzutragen sind[83]. Das Namensstatut entscheidet über die Form des Namens, insbes über **Abwandlungen auf Grund des Geschlechts**, dh idR über eine besondere Form für **weibliche** Namensträger (zB -ová nach tschechischem Recht). Die im griechischen Reisepass eingetragene Transkription der weiblichen Namensform in die männliche Grundform ist für deutsche Behörden nicht bindend, da und soweit sie die Rechtslage nicht zutreffend wiedergibt[84]. Bei einem **Statutenwechsel** (s auch Rn 14) zum deutschen Recht ist der weibliche Name mit dieser Abwandlung beizubehalten, weil dies zwar hiesigem internen Recht nicht entspricht, mit diesem aber nicht unverträglich ist (hM)[85]; beizubehalten sind auch alle diakritischen Zeichen (Rn 22). Problematischer ist der Fall, dass sich der **nach deutschem Recht** zu beurteilende Name einer Person von einer anderen ableitet, die ihrerseits einen **nach ausländischem Recht** begründeten Namen in geschlechtsspezifischer Form führt. Ein Beispiel ist das außerhalb einer Ehe geborene deutsche Kind einer ehemals polnischen Mutter, die auch nach dem Statutenwechsel ihren Familiennamen in weiblicher Form führt. Nach hM erwirbt das Kind über § 1617a BGB ungeachtet seines Geschlechts stets **die (männliche) Stammform des Familiennamens**, weil das deutsche Recht geschlechtsbezogene Besonderheiten des Familiennamens nicht kennt[86]. Unter deutschem Recht kann deshalb auch der Ehemann den Familiennamen seiner Frau nicht in der weiblichen Form zu seinem Ehenamen wählen[87]. Ähnlich liegt es bei **Doppelnamen des spanischen Rechtskreises:** Ungeachtet der Tatsache, dass nach spanischem Verständnis lediglich der erste Apellido, der Geburtsname eines Ehegatten, an die nächste Generation weitergegeben wird, kann **bei deutschem Namensstatut** zum gemeinsamen Ehenamen nur der **vollständige Doppelname** bestimmt werden[88], welcher nach deutschem Recht auch zum Geburtsnamen eines Abkömmlings wird[89].

Zu den ab dem 1. 1. 2009 eröffneten neuen Möglichkeiten des Betroffenen, durch Erklärung gegenüber dem Standesbeamten **eine von den obigen Regeln abweichende Namensform** anzunehmen, s Art 47. **21a**

Die **Schreibweise** des Namens richtet sich ebenfalls nach dem Namensstatut (allgM), zu beachten sind deshalb auch in Deutschland fremde **diakritische Zeichen** wie Akzente etc[90]. Zur **Transliteration** bei Eintragungen in deutsche Personenstandsbücher s Rn 19. **22**

b) **Ehenamenswahl, Einbenennung.** Das Namensstatut entscheidet über die materiellrechtlichen Möglichkeiten der Ehenamenswahl oder der Einbenennung eines Kindes. Das auf die **Form** solcher Erklärungen anwendbare Recht ermittelt sich nach Art 11[91]. Zum Ehenamen in einer gemischtnationalen Ehe s Rn 23; zur Ehenamenswahl von Spätaussiedlern s Rn 53. Davon zu unterscheiden ist die Rechtswahl für den Namen von Ehegatten nach Art 10 Abs 2 (Rn 35 ff). **23**

c) **Pseudonyme, Gebrauchsnamen.** Ob die Verwendung eines von den materiellen Regeln des Namensstatuts abweichenden Namens (Künstlername, **Pseudonym**) im Rechtsverkehr die Rechte Dritter verletzt oder umgekehrt unter bestimmten Umständen Schutz genießt, beurteilt sich nicht nach dem Namensstatut, sondern – wie auch sonst der Persönlichkeitsschutz – nach dem **Deliktsstatut**[92]. Hierher gehören auch die Fälle, in denen ein Ehepartner, zumeist die Ehefrau, aus gesellschaftlicher **24**

---

[77] Näher *Staudinger/Hepting* Vor Art 10 Rn 20; vgl KG FGPrax 1999, 101 = FamRZ 2000, 53; OLG Frankfurt FGPrax 2000, 106 und BayObLG StAZ 2000, 235, 236, zum Versuch, bei deutschem Personalstatut des Kindes den Mädchennamen der US-amerikanischen Mutter in der Funktion eines US-amerikanischen „middle name" als weiteren Vornamen des Kindes eintragen zu lassen.
[78] AG Coburg StAZ 1990, 106; AG Bad Kreuznach StAZ 1990, 107.
[79] BGHZ 56, 193, 195: „de".
[80] Zu den namensrechtlichen Folgen der Erhebung eines Deutschen in den Adelsstand im Ausland s Rn 28.
[81] OLG Rostock StAZ 1994, 287, 288; s auch Rn 19 zur Folge für die Eintragung in deutsche Personenstandsbücher.
[82] BGHZ 38, 380.
[83] *Staudinger/Hepting* Rn 15.
[84] OLG Hamm StAZ 2005, 262.
[85] LG Oldenburg StAZ 1990, 196, 197; AG Bonn IPRspr 1985 Nr 9; KG StAZ 1968, 351, 352; *Hepting/Gaaz* § 2 PStG Rn 13c mwN; aA *Soergel/Schurig* Rn 6; *Staudinger/Hepting* Rn 183ff: Namenswahlrecht eingebürgerter Ehegatte analog § 1355 Abs 2 und 3 S 4 BGB bzw (ab dem 1. 1. 2009) Art 47 Abs 1 Nr 4 EGBGB.
[86] LG Oldenburg StAZ 1992, 143; *Hepting/Gaaz* § 2 PStG Rn 13c mwN; mit einer bedenkenswerten, die Praxis wohl aber überfordernden Differenzierung *Soergel/Schurig* Rn 6: Die weibliche Form wird unter deutschem Recht dann erworben, sofern sie im ausländischen Recht gleichwertig neben der männlichen steht und nicht nur einen nicht konstitutiven Namenszusatz darstellt.
[87] OLG Hamm StAZ 1986, 10; aA LG Berlin StAZ 2000, 109, weil Art 3 GG es verbiete, die männliche Form als „Grundform" anzusehen.
[88] BGH IPRax 2000, 428; AG Berlin-Schöneberg StAZ 1998, 180; *Hepting/Gaaz* § 21 PStG Rn 244ff.
[89] OLG Düsseldorf StAZ 1995, 41.
[90] § 49 Abs 1 DA, vgl *Hepting/Gaaz* § 2 PStG Rn 11a.
[91] AG Berlin-Schöneberg StAZ 2002, 81, 82; *Sturm*, FS Sonnenberger, 2004, S 711, 714.
[92] *v. Bar* IPR II Rn 91; aA *Soergel/Schurig* Rn 5.

Sitte (auch) im Rechtsverkehr den Namen des anderen (mit-)benutzt, ohne dass hierfür nach dem Namensstatut eine rechtliche Grundlage (insbes: gemeinsamer Ehename) besteht (**Gebrauchsnamen, nom d'usage**). Schon die Tatsache, dass die Grundsatzanknüpfung des Art 10 Abs 1 mit der anzustrebenden Übereinstimmung mit den Ausweispapieren gerechtfertigt wird, zeigt, dass Art 10 nur den kraft Gesetzes bestehenden bürgerlichen Namen erfassen soll. Im Übrigen obliegt auch der Schutz des letzteren dem Deliktsstatut (Rn 31), weshalb für das Pseudonym insoweit nichts anderes gelten kann. Art 10 kommt erst ins Spiel, wenn versucht wird, das Pseudonym im Wege der Namensänderung (Rn 26) zum „richtigen" bürgerlichen Namen zu machen oder wenn das Heimatrecht den personenstandsrechtlich unbeachtlichen Gebrauchsnamen mit einschlägigen Rechtsnormen aufwertet (Recht zur Fortführung nach Scheidung oÄ)[93] – diese Regeln wird man über Art 10 Abs 1 auch im Ausland zu beachten haben. Welche Folgen die Verwendung eines „falschen" Namens für die Willensübereinstimmung im Rahmen des Vertragsschlusses mit einem gutgläubigen Dritten hat, entscheidet das Vertragsstatut (Art 31); ebenso, inwieweit bei der Stellvertretung Handeln **unter** fremden Namen dem Handeln **in** fremden Namen gleichzustellen ist.

25 d) **Berechtigung zur Bestimmung des Vornamens.** Die hM unterstellt die Berechtigung zur Bestimmung des Vornamens eines neugeborenen Kindes (ebenso wie die inhaltlichen Grenzen für die Wahl eines bestimmten Namens, s Rn 21) dem Namensstatut, weil es keinen Sinn mache, verschiedene Rechtsordnungen über den Erwerb von Vor- und Familiennamen entscheiden zu lassen[94]. Wenn aber in der Neufassung von Art 10 Abs 3 klargestellt wird, dass zur Namenswahl hinsichtlich des Familiennamens des Kindes der Inhaber der elterlichen Sorge berechtigt ist, der allein auch die materielle Namenswahl im deutschen Recht treffen kann (§§ 1617, 1617 a BGB), kann für die Vornamenswahl im Rahmen von Art 10 Abs 1 genau aus diesem Grund nichts anderes gelten: Auch diese steht dem Sorgerechtsinhaber zu[95]. Zur (unselbstständigen) Anknüpfung der Vorfrage des Sorgerechts (nach deutschem IPR eine Sache des Art 21) vgl Rn 10.

25 a e) **Wirkung familienrechtlicher Tatbestände auf den Namen.** Das Namensstatut entscheidet über die Wirkung familienrechtlicher Tatbestände (Eheschließung, Scheidung, Adoption, – eheliche – Kindschaft, Vaterschaftsanerkennung und -anfechtung etc) auf den Namen einer Person. Wenn etwa das nepalesische Recht bei einer Erwachsenenadoption den Erwerb des Familiennamens des Adoptierenden von der ausdrücklichen Einwilligung des leiblichen Vaters abhängig macht, so ist das zu berücksichtigen, wenn das Adoptivkind die nepalesische Staatsangehörigkeit besitzt, unabhängig davon, welchem Recht die Adoption selbst unterliegt[96]. Zum Wechsel der Staatsangehörigkeit durch den fraglichen Tatbestand s Rn 33; zu dem auf seine Wirksamkeit anwendbaren Recht s Rn 10.

26 f) **Namensänderung. aa) Allgemeines; behördliche und privatautonome Namensänderung.** Das durch Art 10 Abs 1 berufene Recht bestimmt über die materiellen Voraussetzungen für eine behördliche oder privatautonome Namensänderung[97]. Deutschen Staatsangehörigen ist damit die letztere selbst bei Vornahme im Ausland verwehrt, da sie dem deutschen materiellen Recht unbekannt ist (allgM). Das hindert allerdings auch unter dem Gesichtspunkt des ordre public Namensträger mit ausländischem Personalstatut – vorbehaltlich einer Rückverweisung (Rn 9) – nicht daran, eine Namensänderung im In- oder Ausland mit Wirkung für den deutschen Rechtsbereich vorzunehmen (vgl Rn 12). Bei deutschem Namensstatut kann der **Vorname** eines Kindes **nach abgeschlossener Beurkundung im Geburtenbuch** nicht im Wege der Berichtigung, sondern nur über eine behördliche Namensänderung korrigiert werden; gleiches gilt für die Hinzufügung eines weiteren Vornamens[98]. Im Übrigen ist hinsichtlich der **behördlichen Namensänderung** mit Blick auf die internationale Zuständigkeit deutscher Behörden und die Anerkennung von Namensänderungen unter Mitwirkung ausländischer Behörden zu unterscheiden:

27 bb) **Namensänderung durch deutsche Behörden.** Deutsche Behörden werden idR auf der Grundlage des NamÄndG tätig. Eine behördliche Namensänderung im Inland kommt danach nur bei einem wichtigen Grund iS der §§ 3, 3 a NamÄndG in Betracht. Sie wird grds nur Personen mit (auch) **deutschem Personalstatut** ermöglicht (allgM). Gegenüber den Vertragsstaaten des Istanbuler CIEC-Abkommens über die Änderung von Namen und Vornamen (Rn 4 mwN) ergibt sich dies aus Art 2 des Abkommens (wobei den Doppelstaatern nicht die effektive Staatsangehörigkeit vorgeht[99], also für Deutsche das gleiche Ergebnis je nach dem im Rahmen des Abkommens noch anwendbaren Art 5 Abs 1 S 2 erreicht wird). Für die übrigen Fälle bestimmt § 1 NÄG, dass der Familienname nur bei Deutschen (hier gilt Art 5 Abs 1 S 2 zumindest entsprechend) und Staatenlosen mit inländischem Wohnsitz geändert werden kann. Ersteres umfasst nach hM alle Deutschen iS von Art 116 Abs 1 GG[100], letzteres steht pars pro toto für alle Fälle, in denen eine Person ein deutsches Personalstatut hat, ohne

---

[93] Vgl zu Frankreich *Coester* StAZ 1987, 196; *Despeux* StAZ 2000, 195, 197 Fn 24.
[94] Vgl *Palandt/Heldrich* Rn 19 mwN.
[95] So bereits vor der Neufassung MünchKommBGB/*Birk* 3. Aufl Rn 32; MünchKommBGB/*Klinkhardt* 3. Aufl Art 19 Rn 68; jetzt wohl auch BayObLG StAZ 1999, 331, 332; offen gelassen noch von BayObLG StAZ 1995, 106, 107.
[96] AG Rottweil StAZ 2006, 144.
[97] HM, aA *Staudinger/Hepting* Rn 63 f: privatautonome Namensänderung ist öffentlich-rechtlich zu qualifizieren.
[98] BayObLG FamRZ 2000, 55.
[99] Vgl *Soergel/Schurig* Rn 96.
[100] Vgl *Hepting/Gaaz* PStG § 30 Rn 539.

deutscher Staatsangehöriger zu sein (näher Art 5 Rn 20: Asylberechtigte, Flüchtlinge). Zusätzlich soll in der Folge einer Entscheidung des OVG Hamburg[101] in einer deutsch-ausländischen Ehe eine Namensänderung durch eine deutsche Behörde mit Wirkung auch für den ausländischen Partner dann möglich sein, wenn ein gemeinsamer Ehename nach deutschem Recht geführt wird, der von der Heimatrechtsordnung des letzteren nicht anerkannt wird; in diesem Fall können die Eheleute über das NÄG nachträglich den Geburtsnamen des ausländischen Ehegatten zum Ehenamen bestimmen[102]. Man wird darin den Ansatz für eine Notzuständigkeit deutscher Behörden für die Namensänderung eines Ausländers sehen können, die manche allgemein bei „besonderem Fürsorgebedürfnis" fordern[103].

Wird von einer deutschen Behörde oder einem deutschen Gericht der Name einer Person außerhalb des NamÄndG geändert, etwa im Wege der **konstitutiven Festlegung des Namens** des Anzunehmenden in einem auf ausländischem Recht basierenden **Adoptionsdekret** (zur bloßen Feststellung eines kraft Gesetzes geänderten Namens Rn 30), so ist diese Änderung im Inland bindend, auch wenn sie auf fehlerhaften sach- oder kollisionsrechtlichen Erwägungen beruht, soweit sie nicht nichtig ist[104]. **27 a**

cc) Die Anerkennung einer Namensänderung durch ausländische Behörden. Ist nach dem oben Gesagten die internationale Zuständigkeit deutscher Behörden auf deutsche Staatsangehörige und diesen gleichgestellte Personen beschränkt, so wirkt sich dieses Konzept auch auf die Anerkennung ausländischer behördlicher Namensänderungen aus. Eine ausländische behördliche Namensänderung entfaltet in Deutschland in Anlehnung an § 328 ZPO, § 16 a FGG[105] nur dann Wirkung, wenn sie aus dem **Heimatstaat des Namensträgers** stammt (§ 328 Nr 1 ZPO, § 16 a Nr 1 FGG, iE hM[106]) oder von diesem anerkannt wird[107] und den deutschen ordre public nicht verletzt (§ 328 Nr 4 ZPO, § 16 a Nr 4 FGG) auf die Verbürgung der Gegenseitigkeit kommt es nicht an. Entspr der deutschen Lösung (Rn 27), die eine Zuständigkeit bei jedem Deutschen annimmt, sollte es gegen Art 5 Abs 1 nicht auf die effektive Staatsangehörigkeit ankommen. Im Anwendungsbereich des Istanbuler Abkommens (Rn 4) folgt die Anerkennung der in einem fremden Heimatstaat erwirkten Namensänderung bereits aus Art 3 des Abkommens. Konsequenz ist, dass die **im Ausland erfolgte behördliche Änderung des Namens eines Deutschen** im Inland jedenfalls dann **nicht anzuerkennen** ist, wenn er nicht zugleich die betreffende ausländische Staatsangehörigkeit hat (allgM). Ob es hilft, wenn ein Deutscher **auch** Angehöriger des den Namen ändernden Staates ist, ist – außerhalb des Anwendungsbereichs des Istanbuler Abkommens[108] – **strittig**. Nach richtiger Auffassung[109] ist dies zu bejahen[110], denn es ist weder dem NÄG zu entnehmen noch sonst ein Grund dafür ersichtlich, dass Deutschland für die Namensänderung deutsch-ausländischer Doppelstaater eine ausschließliche Zuständigkeit in Anspruch nimmt. Letzteres würde beispielsweise dann, wenn der Namensträger seinen Lebensmittelpunkt im Ausland hat, auch zu ganz unangemessenen Ergebnissen führen. Bei (nach der hier vertretenen Auffassung: allein, nach aA: auch) deutschem Personalstatut verhilft die Adelsverleihung durch einen ausländischen Staat nicht zu einem adeligen Namen für den Bereich des deutschen Rechts[111]; eine andere Frage ist, ob man auf diesen Umstand erfolgreich einen Antrag auf Namensänderung nach dem NamÄndG stützen kann[112]. **28**

dd) Behördliche Vornamensänderung nach dem TSG. Für die behördliche Vornamensänderung nach dem Transsexuellengesetz (TSG) auf Grund einer veränderten Geschlechtszuordnung gilt insoweit keine Besonderheit: Deutsche Behörden können nach § 1 TSG nur für Deutsche oder Deutschen Gleichgestellte tätig werden; ausländische Vornamensänderungen werden nur dann anerkannt, wenn sie vom Heimatstaat der betroffenen Person vorgenommen wurden (zum TSG näher Art 7 Rn 36 f, 54 f). **29**

ee) Behördliche Feststellung eines kraft Gesetzes geänderten Namens. Von der oben behandelten Problematik der Namensänderung durch eine Behörde ist der Fall zu unterscheiden, dass diese einen kraft Gesetzes geänderten Namen feststellt, etwa im Zusammenhang mit einer Dekretadoption. Eine solche Feststellung ist, wenn sie von einem deutschen Gericht stammt und rechtskräftig[113] ist, ohne **30**

---

[101] OVG Hamburg StAZ 1985, 45.
[102] Näher *Hepting/Gaaz* § 30 PStG Rn 540; *Henrich/Wagenitz/Bornhofen,* Deutsches Namensrecht, S C/220, Stand: Februar 2007.
[103] Vgl *Soergel/Schurig* Rn 11.
[104] LG Rottweil FamRZ 2005, 1696, LS.
[105] Die direkte Anwendung dieser Vorschrift, wie sie offenbar *Soergel/Schurig* Rn 11 vorschwebt, erscheint fernliegend, weil aus der maßgeblichen deutschen Sicht die (öffentlich-rechtliche) Namensänderung nach dem NÄG keine Sache der freiwilligen Gerichtsbarkeit ist.
[106] Statt aller OLG Bremen StAZ 1986, 9; *Erman/Hohloch* Rn 14; weiter *Henrich* S 93 f; zust *Soergel/Schurig* Rn 11: anzuerkennen sind auch Namensänderungen aus Drittstaaten, wenn das Heimatrecht des Namensträgers für das Namensstatut auf dieses weiter verweist; MünchKommBGB/*Birk* Rn 42: wenn Namensänderung im Drittstaat auf Antrag des Betroffenen erfolgt, abzulehnen.
[107] *Staudinger/Hepting* Rn 74.
[108] Dort ist die Frage in Art 5 grds bejahend beantwortet.
[109] OLG Bremen StAZ 1986, 9, 10.
[110] AA OLG Hamm StAZ 1999, 40; BayObLG StAZ 2000, 148, 150; *v. Bar* IPR II Rn 100 Fn 387; *Staudinger/Hepting* Rn 73.
[111] Zutr *v. Bar* IPR II Rn 92.
[112] Vgl BVerwG StAZ 1960, 76.
[113] Zur Frage, ob bei der Namensbestimmung in einem Adoptionsbeschluss das Veränderungsverbot des § 56 e S 3 FGG greift, vgl OLG Köln StAZ 1982, 278 und OLG Hamm StAZ 1983, 200.

weiteres bindend, auch wenn sie auf sachrechtlichen Fehlern oder der Anwendung des falschen Rechts beruht[114]; bei einer ausländischen Feststellung kommt es auf die Anerkennung nach § 16 a FGG an[115].

31 **g) Namensschutz.** Der Schutz des Namens unterliegt dem **Deliktsstatut** (hM)[116]. Dass die Antwort auf die Frage, welchen Namen eine Person berechtigterweise führt, das Namensstatut gibt, zwingt nicht dazu, dieser Rechtsordnung insgesamt oder in Teilaspekten auch die Voraussetzungen für einen Schutz dieses Namens zu entnehmen. Sachnäher ist hier das Deliktsstatut (Art 40), weil dieses auch iÜ den Schutz der Persönlichkeit des Namensträgers übernimmt und der Täter mit dessen Geltung – weil idR das Recht am Tatort – eher rechnen muss als mit einem schwer erkennbaren fremden Namensstatut. Zum Schutz des Firmennamens Rn 77. Inwieweit aus der nichtberechtigten Benutzung eines fremden Namens bereicherungsrechtliche Ansprüche erwachsen können, entscheidet das Bereicherungsstatut (Art 38)[117].

X. Regelanknüpfung: Staatsangehörigkeit

32 **1. Maßgeblicher Zeitpunkt.** Art 10 Abs 1 beruft zum Namensstatut das **Heimatrecht des Namensträgers** (zu Doppelstaatern, Staatenlosen etc s Rn 8). Maßgeblich ist die Staatsangehörigkeit **zum Zeitpunkt des Vorgangs**, für den die Ermittlung des Namens relevant ist, also etwa zum Zeitpunkt der vorzunehmenden Eintragung in Personenstandsbücher, der behaupteten Verletzung des Namensrechts oder einer zu überprüfenden materiellrechtlichen Namenswahlerklärung. Hatte der Namensträger zuvor eine andere Staatsangehörigkeit, so wird aber – jedenfalls nach deutschem Kollisionsrecht – der Name grds in der Prägung übernommen, die er unter dem alten Namensstatut erhalten hat (ausf zum Statutenwechsel s Rn 14). Damit kommt es in einem zweiten Schritt jeweils auch auf die Staatsangehörigkeit zum **Zeitpunkt des für den (möglichen) Erwerb oder Verlust des Namens relevante Vorgangs** an; maßgeblich sind also die materiellen Namensregeln des Heimatrechts etwa bei Geburt, Eheschließung, Adoption, Scheidung, privater Namensänderung (allgM).

33 **2. Erwerb einer neuen Staatsangehörigkeit mit dem namensrechtlich relevanten Vorgang.** Wenn und soweit ein solcher namensrechtlicher Vorgang zugleich den Erwerb einer neuen Staatsangehörigkeit mit sich bringt (möglich etwa bei Vaterschaftsanerkennung, Heirat, Adoption), ist die Namensfolge dem **neuen** Heimatrecht zu entnehmen, sofern bei Fortbestand der alten Staatsangehörigkeit die neu erworbene die **effektive oder die deutsche** ist (Art 5 Abs 1) und damit das Personalstatut bestimmt; andernfalls bleibt es beim alten Recht[118]. Die vom **BGH angeführte Gegenmeinung,** die jedenfalls bei der Bildung des Ehenamens eine etwaige durch die Heirat erworbene Staatsangehörigkeit außer Betracht lassen will[119], leuchtet nicht ein, weil es doch gerade um den nach Eheschließung und damit unter Herrschaft des für diesen Zeitraum maßgebenden Personalstatuts zu führenden Namen geht[120]; sie gerät iÜ dann in Schwierigkeiten, wenn die alte Staatsangehörigkeit mit der Eheschließung verloren geht – dann bleibt auch ihr nichts anderes übrig, als (von ihrem Ausgangspunkt systemwidrig) dann doch auf die neue Staatsangehörigkeit zurückzugreifen[121]. Entsprechendes gilt bei dem **Verlust der Staatsangehörigkeit** auf Grund eines familienrechtlichen Vorgangs (Vaterschaftsanfechtung)[122].

34 **3. Name nach Eheschließung.** Der von Ehegatten nach Eheschließung **kraft Gesetzes** zu führende Name beurteilt sich im Grundsatz ebenso nach dem Recht der Staatsangehörigkeit (zum Namensstatut bei Erwerb einer neuen Staatsangehörigkeit durch Eheschließung s Rn 33) wie auch die Frage, ob ihnen **materiell ein Wahlrecht** für die Bestimmung eines gemeinsamen Familiennamens zukommt. Bei gemischtnationalen Ehen sind damit unterschiedliche Rechte maßgeblich, die bei unterschiedlichen Vorstellungen über die Namensführung in einer Ehe zu **Regelungswidersprüchen** führen können. Nicht immer muss sich ein solcher Widerspruch im Ergebnis auswirken. Wenn etwa das Mannesrecht für beide Ehegatten die unveränderte Fortführung der „vorehelichen" Namen vorsieht, nach dem Heimatrecht der Frau diese aber kraft Gesetzes den Mannesnamen als Ehenamen erwirbt, führen beide im Ergebnis den Mannesnamen wie einen gemeinsamen Ehenamen (den es jedenfalls aus der Sicht des Mannesrechts tatsächlich nicht gibt)[123]. In anderen Fällen kann man im

---

[114] Vgl OLG Karlsruhe FGPrax 1997, 144 = IPRax 1998, 110 m Anm *Henrich* 96; dies soll allerdings nicht gelten, wenn für die vorgenommene Namensbestimmung im angewendeten Recht „jegliche gesetzliche Grundlage fehlt", OLG Karlsruhe FGPrax 1999, 58, 59.
[115] AG Karlsruhe StAZ 1990, 264; *Henrich,* FS Großfeld, 1999, S 355, 358.
[116] Begr RegE, BT-Drucks 10/504 S 46; OLG Stuttgart IPRspr 1988 Nr 14; *Henrich,* FS Großfeld, 1999, S 355, 364; *Palandt/Heldrich* Rn 11; *Erman/Hohloch* Rn 16; *Kropholler* IPR § 43 vor I; *Junker* IPR Rn 309; aA *Kegel/Schurig* IPR § 17 IV 1; diff *Soergel/Schurig* Rn 20 ff: namensrechtlicher Schutz (zB nach § 12 BGB) richtet sich nach Namensstatut, nur der deliktsrechtliche Namensschutz nach dem Deliktsstatut; diesem zust *Staudinger/Hepting* Rn 80.
[117] Vgl *Wagner* RIW 1994, 195.
[118] *Soergel/Schurig* Rn 27 Fn 1 a mit Art 14 Rn 5; *Hepting/Gaaz* Rn III-807, beide für die Eheschließung.
[119] BGHZ 72, 163, 165; BayObLG IPRax 1987, 242, 243: in beiden Fällen war allerdings die alte Staatsangehörigkeit sowohl die deutsche als auch die effektive, so dass auch die hier vertretene Auffassung zu keinem anderen Ergebnis geführt hätte; *Palandt/Heldrich* Rn 12.
[120] Zutr *Soergel/Schurig* Rn 27 Fn 1 a.
[121] MünchKommBGB/*Birk* Rn 64.
[122] Vgl *Hepting* StAZ 1998, 133, 36: ob ein Kind mit Anfechtung der Vaterschaft seinen Namen verliert, beurteilt sich nach seinem Heimatrecht *nach* erfolgter Anfechtung.
[123] Vielzitiertes Beispiel nach *Henrich* IPRax 1986, 334.

Wege der materiellrechtlichen **Anpassung (Angleichung)**[124] helfen, indem sich das **flexiblere dem starreren Recht beugt,** man also den „gemeinsamen Nenner" ermittelt: Das Recht, das keinen gesetzlichen Ehenamen oder keine oder eine weniger weitgehende Namenswahl ermöglicht, setzt sich durch, soweit das von ihm erstrebte Ergebnis im anderen Recht zumindest **auch möglich** ist. Trifft etwa das deutsche Recht mit einem ausländischen Recht zusammen, nach dem jeder Ehegatte in der Ehe seinen bisherigen Namen behalten muss, führt dies bei Anwendung des Art 10 Abs 1 dazu, dass auch der deutsche Ehegatte seinen Namen weiterführt, weil § 1355 Abs 1 S 3 BGB ihm dies ermöglicht; die Wahlmöglichkeiten des § 1355 Abs 1 S 1, Abs 4 BGB bleiben ihm hingegen versperrt, denn sie setzen eine gemeinsame Wahl voraus[125]. Für eine Lösung, nach der § 1355 Abs 2 BGB bei einer Eheschließung zwischen einer Deutschen und einem Türken, dessen Heimatrecht den Geburtsnamen des Ehemannes gesetzlich zum Ehenamen bestimmt, dahingehend anzupassen ist, dass er (obwohl er für den türkischen Ehepartner nicht gilt) eine (nur vermeintlich) **„gemeinsame" Bestimmung des Ehenamens durch beide Ehegatten mit Wirkung nur für den deutschen Ehegatten** ermöglicht[126], besteht weder Raum noch Notwendigkeit, denn die Rechtswahl nach Art 10 Abs 2 vermag den Ehegatten zu einem gemeinsamen deutschen Namensstatut und damit allen Wahlmöglichkeiten des § 1355 BGB zu verhelfen[127]. Die Ehegatten können den aus Art 10 Abs 1 erwachsenden Schwierigkeiten mithilfe einer **Rechtswahl** nach Art 10 Abs 2 aus dem Wege gehen (Rn 35 ff).

XI. Rechtswahl für den Namen von Ehegatten (Abs 2)

1. Grundsatz, Normzweck. Zur Vermeidung der oben (Rn 34) geschilderten Probleme, die aus 35 der Staatsangehörigkeits-Anknüpfung für die Namensführung in einer gemischtnationalen Ehe erwachsen können, billigt der deutsche Gesetzgeber Eheleuten – und über den Verweis in **Art 17b Abs 2 auch den Beteiligten einer Lebenspartnerschaft** – eine beide Namen umfassende **Rechtswahlmöglichkeit** zu; die über Art 10 Abs 2 Nr 2 auch dazu genutzt werden kann, die Namensführung eines ausländischen Paares an das **deutsche Umweltrecht anzupassen**. Weil die Rechtswahl zeitlich unbeschränkt möglich ist (Rn 36), ist auch die Anpassung an **Änderungen der Personalstatute nach Eheschließung** eröffnet[128].

2. Voraussetzungen der Rechtswahl. a) Frist. Die Möglichkeit zur Wahl des Namensstatuts ist 36 nicht auf den Zeitpunkt der Eheschließung begrenzt; die Wahl kann **ohne Fristbegrenzung** auch zu einem späteren Zeitpunkt während der Ehe erfolgen. Dies gilt grds auch in Ehen, die vor dem Inkrafttreten der Neufassung des Art 10 Abs 2 am 1. 4. 1994 geschlossen wurden. Nach der Übergangsvorschrift des Art 7 § 5 Abs 1 FamNamRG ist für diese Ehen der Weg zu einer nachträglichen Rechtswahl nach Art 10 Abs 2 nF seit Ablauf der zweijährigen Übergangsfrist nur dann verschlossen, wenn die Eheleute zuvor bereits von den eingeschränkten kollisionsrechtlichen Wahlmöglichkeiten des bisherigen Rechts nach Art 10 Abs 2 bis 4 aF Gebrauch gemacht haben; in den übrigen Fällen gibt es auch in „Altehen" für die Ausübung des Wahlrechts nach Art 10 Abs 2 nF keine zeitliche Begrenzung[129]. Zu den von Art 10 Abs 2 grds nicht berührten **Fristen des materiellen Rechts zur Wahl eines Namens** s Rn 50.

b) Ort der Eheschließung. Die Möglichkeit zur Wahl des Namensstatuts ist im Gegensatz zum 37 früheren Recht nicht mehr auf Ehen beschränkt, die im Inland geschlossen wurden. Für Auslandsehen hat insbes die nachträgliche Rechtswahl in Form der Wahl des deutschen Rechts bei einem Zuzug nach Deutschland Bedeutung. Ob Eheschließung im In- oder Ausland: Voraussetzung für eine Wahl des Namensstatuts ist eine **wirksame Eheschließung.** Dies beurteilt sich in **selbstständiger Anknüpfung** immer nach dem vom deutschen IPR (Art 13) insoweit berufenen Recht (Rn 10).

c) Staatsangehörigkeit der Ehegatten. Auch wenn der Gesetzgeber das Wahlrecht vor allem mit 38 Blick auf die rechtlichen Namenskonflikte in einer gemischtnationalen Ehe konzipiert hat (Rn 34), sind **divergierende Heimatrechte keine Tatbestandsvoraussetzung** für die Ausübung des Wahlrechts. Ein Recht wählen kann deshalb auch ein Paar mit **gemeinsamer ausländischer Staatsangehörigkeit,** sei es, um die Namensführung am deutschen Umweltrecht auszurichten (Art 10 Abs 2 Nr 2), sei es, um über die gewillkürte Berufung ihres gemeinsamen Heimatrechts den bei der objektiven Anknüpfung des Art 10 Abs 1 (Rn 9), nicht aber bei der Rechtswahl (Rn 49) wirkenden Mechanismus des Renvoi auszuschalten, oder auch um das Namensstatut gegen einen späteren Statutenwechsel immun zu machen (Rn 14; allgM). Auch für ein Ehepaar mit zum Zeitpunkt der Wahl (nur) **deutscher Staatsangehörigkeit** ist die Rechtswahl **nicht ausgeschlossen,** weil zumindest der letztere Aspekt auch für sie gilt[130].

---

[124] Allg Einl IPR Rn 90; ausf zur Anpassung bei der Namensführung von Ehegatten *Staudinger/Hepting* Rn 286 ff.
[125] Beispiel nach *Hepting/Gaaz* Rn III-831, der selbst allerdings dieses Ergebnis für „sinnwidrig" hält und in Anlehnung an den abgeschafften Art 220 Abs 4 für ein einseitiges Recht des deutschen Ehepartners plädiert, den Namen des anderen zu seinem Ehenamen zu machen, *Hepting* StAZ 1994, 1, 4. An beiden Fundstellen weitere problematische Fallgruppen und ihre Angleichungslösungen.
[126] OLG Stuttgart FamRZ 2007, 149; *Staudinger/Hepting* Rn 292; *Soergel/Schurig* Rn 63 n.
[127] Vgl *Henrich* IPRax 2007, 52, der selbst aber der Ansicht des OLG Stuttgart vorsichtig positiv gegenübersteht.
[128] Zum Normzweck auch *Hepting* StAZ 1994, 1, 4.
[129] Ausführlicher *Soergel/Schurig* Rn 63 l; *Bornhofen* StAZ 1994, 141, 149, der weitergehend Rechtswahlverbrauch auch bei einer materiellrechtlichen Erklärung nach Art 220 Abs 4 aF annimmt; aA *Henrich* IPRax 1994, 174, 176.
[130] *Hepting* StAZ 1996, 235, 236; offen gelassen von OLG Hamm FGPrax 1999, 55, 56; aA *Soergel/Schurig* Rn 31.

39 **3. Reichweite des Wahlrechts. a) Sachliche Reichweite. aa) Familiennamen.** Die Ehegatten können nur das für den während der Ehe von ihnen jeweils zu führenden Familiennamen maßgebliche Recht bestimmen. Soll ein Namensbestandteil eines ausländischen Ehegatten über eine Wahl des deutschen Rechts mittels der Namenswahl des § 1355 Abs 1 BGB zum gemeinsamen Ehenamen bestimmt werden, ist deshalb sorgfältig zu prüfen, ob dieser Bestandteil in seiner Funktion einem Familiennamen deutscher Prägung entspricht (Rn 15). Alle nicht den Familiennamen bildenden Namensbestandteile unterliegen weiterhin der Anknüpfung nach Art 10 Abs 1.

40 **bb) Wahl des anwendbaren Rechts.** Art 10 Abs 2 ist auf die Rechtswahl beschränkt, eine materielle **Namenswahlmöglichkeit** erwächst daraus nur, wenn und soweit sie das **gewählte materielle Recht** zulässt (Rn 50).

41 **b) Wählbare Rechte. aa) Heimat- oder deutsches Recht.** Gewählt werden kann eines der Heimatrechte der Ehegatten oder das deutsche Recht, wenn zumindest einer der Ehegatten seinen gewöhnlichen Aufenthalt (zu diesem Begriff näher Art 5 Rn 13) in Deutschland hat. Die Geltung des Art 5 Abs 1 wird ausdrücklich ausgeschlossen. Daraus folgt, dass bei Doppelstaatern nicht die effektive oder die deutsche Staatsangehörigkeit den Vorrang genießt, sondern jede der Staatsangehörigkeiten gleichermaßen als Anknüpfungspunkt für die Wahl dienen kann. Damit spielt es hier – anders als bei Art 10 Abs 1 (Rn 33) – keine Rolle, wenn durch die Eheschließung die Staatsangehörigkeit des anderen Ehegatten hinzu erworben wird.

42 **bb) Heimatrecht bei Ausübung des Wahlrechts.** Maßgeblicher **Zeitpunkt** für die Bestimmung der zur Verfügung stehenden Heimatrechte ist derjenige der Ausübung des Wahlrechts, nicht der Eheschließung (wenn beide auseinanderfallen). Die Ehegatten sind also bei einer nachträglichen Rechtswahl nicht auf die Rechte beschränkt, die ihnen bei Eheschließung zur Verfügung standen; umgekehrt hilft ihnen dann eine bei Eheschließung noch bestehende, später verlorene Staatsangehörigkeit nicht. Entsprechendes gilt für die Wahlmöglichkeit nach Art 10 Abs 2 Nr 2: Sie wird (nur) durch einen gewöhnlichen inländischen Aufenthalt im Zeitpunkt der Wahl eröffnet; auf den Aufenthaltsort bei Eheschließung kommt es bei einer nachträglichen Wahl nicht an[131]. Dies ermöglicht auch und gerade bei einem späteren Zuzug nach Deutschland die Anpassung an das hiesige Namensrecht.

43 **cc) Ausländisches Aufenthaltsrecht.** Zweifelhaft ist, ob Art 10 Abs 2 Nr 2 **analog** angewandt werden kann in Fällen, in denen die Ehegatten das Recht eines **anderen als des deutschen Staates** wählen wollen, in dem sich einer der oder beide Ehegatten gewöhnlich aufhalten. Es ist rechtspolitisch tatsächlich ungereimt, einem deutsch-italienischen Ehepaar, das in der Schweiz lebt, nicht auch für den Bereich des deutschen Rechts die Wahl des Schweizer Namensrechts zu ermöglichen, das nach Schweizer IPR ohnehin gilt[132]. Dennoch wurde die Analogiefähigkeit für die bis 1994 geltende Fassung des Art 10 Abs 2 zutreffend mit der Begründung verneint, es liege insoweit keine „planwidrige" Gesetzeslücke vor[133], weil der Gesetzgeber offenbar Handlungsbedarf für deutsche Behörden nur bei einem Inlandsaufenthalt gesehen hat. Dass er diese Einstellung geändert hat, ist nicht feststellbar, weshalb es nicht angeht, die in der neuen Fassung beibehaltene Beschränkung auf die Wahl des deutschen Aufenthaltsrechts nunmehr als einen mit Hilfe der Analogie auszugleichenden Irrtum des Gesetzgebers anzusehen[134].

44 **4. Wirksame Ausübung des Wahlrechts. a) Materielle Voraussetzungen.** Die Rechtswahl ist ein Rechtsgeschäft. Ob dieses materiell wirksam vorgenommen wurde oder an Mängeln leidet (etwa Irrtum) und welche Folgen (Unwirksamkeit, bloße Anfechtbarkeit) diese auslösen, bestimmt sich nicht nach dem gewählten, sondern immer nach **deutschem Recht** (heute wohl allgM)[135]. Danach ist eine **Irrtumsanfechtung ausgeschlossen**[136]. Die Erklärung ist nach dem ausdrücklichen Wortlaut der Vorschrift gegenüber dem Standesbeamten abzugeben, also **amtsempfangsbedürftig**. Eine im Ausland erfolgte Rechtswahl (zu ihrer Form s Rn 46 f) muss also nicht nur gegenüber der ausländischen Trauungs- oder Beurkundungsperson erklärt werden, sondern zusätzlich nach § 15 c Abs 2 PStG dem das Familienbuch führenden Standesbeamten oder hilfsweise dem Standesamt I in Berlin zugehen (ab dem 1. 1. 2009 gilt stattdessen § 41 Abs 2 PStG idF durch das PStRG), um im Inland wirksam zu sein[137]. Zur stillschweigenden Rechtswahl durch sachrechtliche Namenswahl s Rn 51.

45 **b) Formelle Voraussetzungen.** Die für die Rechtswahlerklärung einzuhaltende Form ergibt sich aus Art 10 Abs 2 selbst (hM)[138].

---

[131] *Palandt/Heldrich* Rn 14; *Hepting/Gaaz* Rn III-894.
[132] Beispiel nach *Soergel/Schurig* Rn 63 d; krit zu diesem Versäumnis des deutschen Gesetzgebers *Schurig* ebd; *Hepting/Gaaz* Rn III-894.
[133] *Soergel/Schurig* Rn 30.
[134] IE ebenso *Hepting/Gaaz* Rn III-880; *Staudinger/Hepting* Rn 315; *Palandt/Heldrich* Rn 14; aA *Soergel/Schurig* Rn 63 d; *Henrich*, FS Großfeld, 1999, S 355, 362; ebenso bereits zum alten Recht *Sturm* StAZ 1995, 255, 259, letzterer ohne Begr.
[135] Näher MünchKommBGB/*Birk* Rn 77.
[136] Str, vgl *Staudinger/Hepting* Rn 318 mwN; aA LG Stuttgart StAZ 2002, 341; noch anders *Sturm*, FS Sonnenberger, 2004, S 711, 723: Rücktritt nach § 313 Abs 3 S 1 BGB; vgl zum Ausschluss der Irrtumsanfechtung bei der materiellrechtlichen Namenswahl BayObLG NJW 1993, 337.
[137] *Staudinger/Hepting* (2000) Rn 186.
[138] AA allein *Hepting* StAZ 1994, 1, 7: Art 11 Abs 1. Die nach dieser Auffassung gegebene alternative Verweisung auf die Form des ausländischen Ortsrechts wird allerdings in aller Regel, darauf weist *Hepting* aaO selber hin, ins Leere

aa) Nachträgliche Rechtswahl. Art 10 Abs 2 regelt ausdrücklich allerdings nur die Form der 46
nachträglichen Rechtswahl: Diese bedarf der **öffentlichen Beglaubigung** (§ 129 BGB), die **im
Inland** nicht nur vom Notar, sondern nach § 15 c Abs 1 Nr 4 PStG (ab 1. 1. 2009: § 41 Abs 1 PStG
idF durch das PStRG) auch vom Standesbeamten vorgenommen werden kann. Wird die nachträgliche
Erklärung im Ausland abgegeben, was zulässig ist, kommt es darauf an, ob die Tätigkeit der Person, die
die Erklärung entgegennimmt, einem deutschen Notar oder einem deutschen Standesbeamten **funktionell gleichwertig ist** (**Substitution;** näher Art 11 Rn 34 ff).

bb) Rechtswahl bei Eheschließung. Die Rechtswahl bei Eheschließung wird, weil Art 10 Abs 2 47
insoweit keine Sonderregel enthält, wie die materielle Namenswahl von den **Formvorschriften für
die Eheschließung** selbst erfasst (allgM). Sie muss **im Inland** also bei beiderseitiger gleichzeitiger
Anwesenheit vor dem Standesbeamten erklärt (§§ 1310, 1311, 1355 Abs 3 S 1 BGB), nicht aber
schriftlich niedergelegt werden, da die Beurkundung der Eheschließung, der Namens- und der Rechtswahl im Heiratsbuch nach §§ 9, 15 c Abs 2 S 1 PStG kein Wirksamkeitserfordernis darstellt[139]. **Im
Ausland** muss **die dort geltende Eheschließungsform** eingehalten werden[140]. Die Wahl des Ehenamensstatuts kann also gegenüber jeder nach der Ortsform zur Trauung berechtigten Person (Priester!)
erfolgen und ist nicht unbedingt vor einem Standesbeamten im deutschen Sinne oder einer funktionell
gleichwertigen Person zu erklären[141]. Allerdings ist erforderlich, dass die ausländische Trauungsperson
überhaupt bereit ist, eine Wahlerklärung hinsichtlich des Namensstatuts entgegenzunehmen, woran es
fehlen kann, wenn im Heiratsstaat Namenserklärungen bei Eheschließung im Allgemeinen oder
Rechtswahlerklärungen im Besonderen unbekannt sind. Der den Ehegatten obliegende **Nachweis,**
dass eine Rechtswahlerklärung bei der Heirat im Ausland abgegeben und entgegengenommen wurde,
kann in der Praxis wohl nur durch einen entsprechenden Vermerk in den Heiratspapieren geführt
werden. Die bloße Tatsache, dass die Eheleute die Heiratsurkunde mit einem bestimmten Namen
unterzeichnet haben, ist für sich genommen nicht hinreichend, um eine kollisionsrechtliche Wahl des
diesem Namen zugrunde liegenden Namensstatuts zu vermuten[142].

5. Folgen der Rechtswahl. a) Bindungswirkung. Die einmal getroffene Rechtswahl ist bindend. 48
Die Eheleute haben, sollten sich später die tatsächlichen Verhältnisse ändern, nicht die Möglichkeit zu
einer Korrektur (allgM).

b) Keine Rückverweisung. Die Rechtswahl führt direkt zum materiellen Namensrecht. Eine 49
eventuelle Rück- oder Weiterverweisung des Kollisionsrechts dieser Rechtsordnung ist unbeachtlich
(Art 4 Abs 2).

c) Materiellrechtliche Ehenamenswahl. Die wirksame Wahl des für den während der Ehe zu 50
führenden Namen maßgeblichen materiellen Rechts sagt für sich genommen noch nichts darüber aus,
ob, unter welchen Voraussetzungen und in welcher Form die Eheleute auch einen **gemeinsamen
Namen wählen** können[143]. Darüber entscheidet das materielle Recht selbst (allgM). Dieses Recht
entscheidet bei einer Rechtswahl nach Eheschließung auch darüber, ob und inwieweit eine **nachträgliche Namenswahl** überhaupt möglich ist und ob der Ablauf etwaig hierfür geltender **Fristen**
durch den Umstand gehemmt ist, dass die Eheleute durch die nachträgliche Rechtswahl erst für ihre
Anwendbarkeit gesorgt haben. Im deutschen Recht besteht ein solches Problem durch die Abschaffung
der früheren Fünfjahresfrist für die Namenswahl nach Heirat (§ 1355 Abs 3 S 2 BGB aF) nicht mehr.
Zur Wahl eines ausländischen **Eigennamens** oder eines bloßen **Namenszusatzes** („Singh") sowie
eines **Doppelnamen des spanischen Rechtskreises** zum gemeinsamen Ehenamen nach deutschem
Recht s Rn 15, 21. Wird deutsches Recht gewählt und soll ein unter einem ausländischem Statut
erworbener, uU nicht ohne weiteres mit dem deutschen Namensrecht verträglicher Name (Rn 50)
zum Ehenamen bestimmt werden, so ermöglicht Art 47 **ab dem 1. 1. 2009,** durch Erklärung gegenüber dem Standesbeamten **eine für das deutsche Recht passende Namensform zu wählen**
(Einzelheiten dort). Das auf die **Form** einer materiellrechtlichen Namenswahl anwendbare Recht
ermittelt sich nach Art 11[144].

Kollisionsrechtliche Rechtswahl und **materielle Namenswahl** können miteinander in einer 51
Erklärung **verbunden werden** (allgM). Die Rechtswahl kann auch stillschweigend in einer Namenswahl verborgen sein, wenn die gewählte Namensform nur einem der in Frage kommenden
Rechte möglich ist und deshalb dessen Wahl zwingend voraussetzt[145].

d) Korrektur eines nach altem Statut gebildeten Ehenamens nach Rechtswahl. aa) Wirkung 52
ex nunc. Der Wechsel des Namensstatuts durch eine nachträgliche Rechtswahl nach Eheschließung

---

gehen, weil im Ausland die Möglichkeit der Wahl des Ehenamensstatuts (nicht zu verwechseln mit der materiellen
Namenswahl) weithin unbekannt ist. In diesen Fällen bleibt es bei den deutschen Formvorschriften.
[139] Vgl *Hepting* StAZ 1994, 1, 7.
[140] *Hepting* StAZ 1994, 1, 7.
[141] AA *Soergel/Schurig* Rn 63 f: nur, wenn Trauungsperson nach Recht des Heiratsorts kollisionsrechtliche Wahlerklärungen entgegennehmen darf; *Palandt/Heldrich* Rn 14: nur ausländischer Standesbeamter; aber unklar, ob diese
Aussage tatsächlich auch die Rechtswahl bei Eheschließung erfassen soll.
[142] OLG Frankfurt StAZ 2004, 338, 340 für Rechtswahl und materielle Namensbestimmung; näher *Hepting* StAZ
1994, 1, 7.
[143] OLG Hamm FGPrax 1999, 55, 56.
[144] *Sturm,* FS Sonnenberger, 2004, S 711, 714.
[145] *Hepting/Gaaz* Rn III-889.

hat Wirkung nur für die Zukunft („… künftig zu führender Name …"). Wenn deutsches Recht nach einem Zuzug nach Deutschland über Art 10 Abs 2 Nr 2 nachträglich gewählt wird und die Ehegatten auf Grund des bisherigen Namensstatuts des Mannesnamen als gemeinsamen Ehenamen führen **mussten**, stellt sich allerdings die materiellrechtliche Frage, ob nunmehr **zur getrennten Namensführung zurückkehren** können. Nach dem Wortlaut des § 1355 Abs 3 BGB ist dies zu verneinen, da nachträglich nur ein gemeinsamer Ehename gewählt werden kann (weil mangels abweichender Erklärung bei Eheschließung kraft Gesetzes getrennte Namen geführt werden). Würde man in wörtlicher Anwendung materiellrechtlich die zwangsweise Festlegung einer gemeinsamen Namensführung in der Ehe durch das bisherige Statut hinnehmen, würde das die kollisionsrechtliche Möglichkeit zum Wechsel des Namensstatuts zur Anpassung an deutsche Gepflogenheiten (und Wahlmöglichkeiten) weitgehend entwerten. Deshalb wird man in solchen Fällen den Ehegatten nach § 1355 BGB eine Namenswahl so gestatten müssen, als stünden sie jetzt bei der Eheschließung. Sie können sich deshalb (für die Zukunft) auch gegen den gemeinsamen Ehenamen entscheiden[146].

53   bb) „Verbrauch" des materiellen Wahlrechts. Haben die Ehegatten hingegen **bei der Eheschließung nach ausländischem Recht** (freiwillig) einen **gemeinsamen Ehenamen bestimmt**, so können sie diesen über eine spätere Wahl des deutschen Namensrechts nicht mit Hilfe des § 1355 Abs 3 BGB nachträglich austauschen oder gar zur getrennten Namensführung zurückkehren. Das materielle Wahlrecht des § 1355 BGB ist durch die frühere Wahl nach ausländischem Recht **verbraucht**[147]. Dies gilt nach zutreffender, mit **BGH** allerdings **verworfener** Auffassung auch für **Spätaussiedler**[148]; ihnen kann nicht mit einer Sonderinterpretation von § 1355 Abs 3 BGB geholfen werden, zumal eine im Regierungsentwurf zum EheschlRG enthaltene Ergänzung des § 1355 Abs 3 BGB, die Deutschen iS des Art 116 GG eine erneute Wahl ausdrücklich zugestehen wollte[149], gerade nicht Gesetz geworden ist. Sedes materiae bleibt deshalb allein § 94 BVFG, der der speziellen Situation der Spätaussiedler Rechnung tragen soll, eine zweite Namenswahl aber auch in analoger Anwendung nur schwerlich zulässt.

54   e) Namensführung nach Auflösung der Ehe. Nach hM ist das nach Art 10 Abs 2 gewählte Recht auch für die Namensführung nach Scheidung[150] und nach dem Tod[151] einer der Ehegatten maßgeblich. Eine erneute Rechtswahlmöglichkeit für beide oder einen der Ex-Ehegatten nach Scheidung sieht das Gesetz nicht vor. Haben deutsch-ausländische Eheleute für ihre Namensführung in der Ehe nach Art 10 Abs 2 ausländisches Recht gewählt, so möchte dennoch die hM dem deutschen Ehegatten erlauben, **für seine Namensführung nach der Scheidung zum deutschen Namensrecht** (und damit zu § 1355 Abs 5 BGB) zurückzukehren[152].

55   f) Folgen der Rechtswahl für den Namen eines Kindes (Abs 2 S 3). aa) Allgemeines. Der Familienname eines Kindes bestimmt sich gemäß Art 10 Abs 1 nach dem Recht seiner Staatsangehörigkeit oder nach dem gemäß Art 10 Abs 3 für seinen Namen gewählten Recht (Rn 58 ff). Haben die verheirateten Eltern nach Art 10 Abs 2 **vor der Geburt** des Kindes das für ihren jeweiligen Familiennamen in der Ehe maßgebliche Recht gewählt und damit über ihren Namen entschieden, wirkt sich die Rechtswahl mittelbar insofern aus, als sich nach wohl jedem Recht, das einen Familiennamen kennt, der Familienname des Kindes in der einen oder anderen Form nach dem von den Eltern bei Geburt getragenen Namen richtet, der seinerseits vom gewählten Statut bestimmt wird. Wählen die Eltern aber **nach der Geburt** des Kindes ein neues Statut für ihren Namen und ändert sich dieser kraft Gesetzes nachfolgender materieller Namenswahl oder ex lege (andernfalls wäre die Rechtswahl überflüssig), muss auf der Ebene des materiellen Rechts entschieden werden, ob und unter welchen Voraussetzungen sich auch der Name des Kindes ändert. Hier ist zu unterscheiden:

56   bb) Deutsches Namensstatut des Kindes. Ist das Namensstatut des Kindes das deutsche Recht, findet sich die Antwort im Hinblick auf die Folgen einer nachträglichen materiellen Namenswahl in **§ 1617 c BGB**. Für den Fall, dass infolge der Rechtswahl der Name der Eltern kraft Gesetzes ändert, erklärt **Art 10 Abs 2 S 3** die Norm ebenfalls („sinngemäß") für anwendbar. Die Namensänderung der Eltern infolge der Rechtswahl wirkt sich demnach bei **deutschem Namensstatut** des Kindes **ohne weiteres auf seinen Namen** aus, wenn es zu diesem Zeitpunkt das **fünfte Lebensjahr** noch nicht vollendet hat[153]. Ist das Kind älter als fünf Jahre, ändert sich sein Name nur dann, wenn es

---

[146] *Soergel/Schurig* Rn 63 h; aA *Henrich* IPRax 1994, 174, 175.
[147] OLG Hamm FGPrax 1999, 55, 56; *Soergel/Schurig* Rn 63 h aE.
[148] OLG Hamm FGPrax 1999, 55, 56; aA BGH FamRZ 2001, 903, 904; OLG Frankfurt StAZ 2006; 263; StAZ 2000, 209 Vorlagebeschluss; OLG Stuttgart FGPrax 1999, 57, 58; BayObLG StAZ 1999, 270 Vorlagebeschluss; *Hepting/Gaaz* § 15 e PStG Rn 85 a; *Silagi* StAZ 1999, 263, 265; *Gaaz* IPRax 2000, 115, 116; noch weitergehender *Sturm*, FS Sonnenberger, 2004, S 711, 725: jeder „Auslandsdeutsche" kann nach Rückkehr in die Heimat eine Namenswahl berichtigen, mit der er sich dem fremden Aufenthaltsrecht angepasst hat; zum Folgeproblem des Kindesnamens, wenn die Eltern auf der Basis der Auffassung des BGH zur getrennten Namensführung zurückkehren, vgl OLG Frankfurt StAZ 2007, 146: entspr Anwendung des § 1617 c BGB.
[149] Vgl BT-Drucks 12/4898; daggen die Beschlussempfehlung des Rechtsausschusses, BT-Drucks 13/9416 S 29.
[150] OLG Dresden StAZ 2004, 170; BayObLG FamRZ 2003, 310; OLG Hamm StAZ 1999, 370; *Staudinger/Hepting* Rn 272 mwN; MünchKommBGB/*Birk* Rn 95; aA *v. Bar* IPR II Rn 76.
[151] *Soergel/Schurig* Rn 63; aA MünchKommBGB/*Birk* Rn 95.
[152] OLG Frankfurt StAZ 2005, 47; OLG Dresden StAZ 2004, 170; OLG Hamm StAZ 1999, 370; *Henrich* StAZ 1996, 132; *Palandt/Heldrich* Rn 12; ähnlich MünchKommBGB/*Birk* Rn 96: Wahl der Namensführung nach dem Recht des gewöhnlichen Aufenthaltsorts; zu Recht anders AnwK-BGB/*Mankowski* Rn 120.
[153] *Palandt/Diederichsen* § 1617 c Rn 7; FamRefK/*Wax* § 1617 c BGB Rn 7.

sich in öffentlich beglaubigter Form – oder einer eventuell abweichenden Ortform (Art 11 Abs 1) – gegenüber dem Standesbeamten der Rechtswahl **anschließt**[154]. Ist das Kind **noch nicht 14 Jahre alt oder ist es geschäftsunfähig,** wird diese Erklärung vom Sorgeberechtigten in gesetzlicher Vertretung (selbstständig anzuknüpfende Vorfrage, vgl Rn 10) abgegeben. Andernfalls muss das **Kind sich selber erklären,** bis zum Eintritt der Geschäftsfähigkeit allerdings **gemeinsam mit dem gesetzlichen Vertreter.**

cc) **Ausländisches Namensstatut des Kindes.** Unterliegt der Name des Kindes ausländischem 57 Recht, entscheidet **dieses** über die Auswirkungen der Elternnamensänderung auf das Kind; ggf sind, dem Rechtsgedanken des Art 10 Abs 2 S 3 folgend, die ausländischen Regeln über die Auswirkungen einer materiellen Namenswahl der Eltern bei ex-lege-Änderungen infolge der Rechtswahl entspr anzuwenden. Es besteht **kein Anlass,** stattdessen auch bei **ausländischem Namensstatut generell § 1617 c BGB** anzuwenden[155], wie es eine Mindermeinung[156] fordert; dies sollte den Fallgestaltungen vorbehalten bleiben, in denen es einschlägige Regeln im Kindesnamensstatut gar nicht gibt[157].

XII. Rechtswahl für den Kindesnamen (Abs 3)

1. **Grundsatz, Normzweck.** Der Name des Kindes wird grds durch sein Heimatrecht bestimmt, 58 Art 10 Abs 1. Maßgeblich für seinen Geburtsnamen ist die durch Geburt erworbene Staatsangehörigkeit, ggf der von seinen Eltern abgeleitete Flüchtlingsstatus[158]. Ist die Mutter zu diesem Zeitpunkt verheiratet, kommt es hierfür nach deutschem Staatsangehörigkeitsrecht wie wohl auch nach allen ausländischen Rechten neben ihrer Nationalität auch auf die Staatsangehörigkeit des Ehemannes an, sonst auf diejenige des Mannes, der die Vaterschaft anerkennt oder dessen Vaterschaft festgestellt wird. Hat das Kind danach eine doppelte Staatsangehörigkeit, entscheidet Art 5 Abs 1: Es geht die deutsche[159], beim Konflikt zweier ausländischer Heimatrechte die effektive Staatsangehörigkeit vor. Erfolgt die **Vaterschaftsanerkennung** (oder eine konstitutive Registrierung) **nach der Geburt,** so kann sie den Geburtsnamen des Kindes nur beeinflussen, wenn der damit verbundene Staatsangehörigkeiterwerb (wie nach § 4 Abs 1 S 1 StAG) **zurückwirkt;** andernfalls bewirkt sie, wenn sie über Art 5 Abs 1 S 1 maßgibt, nur einen Statutenwechsel für die Zukunft[160]. Der bisherige Name des Kindes bleibt im letzteren Fall wegen des Grundsatzes der Namenskontinuität (Rn 14) vorbehaltlich einer behördlichen Namensänderung erhalten[161]. Vorfragen (Ehe, Vaterschaftsanerkennung) sind im Rahmen der Prüfung der Staatsangehörigkeit des Kindes unselbstständig anzuknüpfen[162].

Auch die namensrechtlichen Folgen sonstiger postnataler familienrechtlich relevanter Veränderungen 59 (Adoption, Legitimation, soweit ein anwendbares Recht diese vorsieht, etc) bestimmen sich grds nach dem Heimatrecht des Kindes (zur Vorfragenanknüpfung s Rn 10).

Das Namensstatut des Kindes stimmt nicht immer mit dem Recht seiner Umwelt überein; es kann 60 auch, insbes im Hinblick auf nach der Geburt erfolgte Änderungen wie die oben erwähnte nachträgliche Vaterschaftsanerkennung, zu einem die tatsächlichen familiären Verhältnisse nicht widerspiegelnden Namen führen. Die Rechtswahl nach Art 10 Abs 3 soll deshalb dem Sorgeberechtigten ermöglichen, die **Namensführung des Kindes der konkreten Familiensituation und der sozialen Umgebung anzupassen**[163].

2. **Voraussetzungen der Rechtswahl. a) Eheliche und nichteheliche Kinder.** Art 10 Abs 3 61 unterscheidet im Anschluss an die Entwicklung im materiellen Recht nicht (mehr) zwischen ehelichen und nichtehelichen Kindern; die Möglichkeit zur Namensrechtswahl ist beiden Gruppen unter gleichen Voraussetzungen und in gleichem Umfang gegeben.

b) **Zeitpunkt.** Die Wahl des Namensstatuts ist nicht auf den Zeitpunkt der Beurkundung der 62 Geburt begrenzt; wie Art 10 Abs 3 S 2 zeigt, kann man sie auch später nachholen, ohne an eine Frist gebunden zu sein[164]. Weil die Wahl dem Sorgeberechtigten vorbehalten ist, muss sie allerdings bis zum Zeitpunkt der das Sorgerecht beendenden Volljährigkeit[165] des Kindes getroffen werden. Auch die nachträgliche Wahl muss nach geltendem Recht nicht in **einem zeitlichen Zusammenhang mit**

---

[154] Vgl zu einem solchen Fall unter Geltung von § 1616 a BGB aF, der noch die Genehmigung des Vormundschaftsgerichts forderte, BayObLG StAZ 1998, 284, 285.
[155] So auch *Soergel/Schurig* Rn 75 f noch zu § 1616 a BGB aF; *Staudinger/Hepting* Rn 521; *Henrich* IPRax 1994, 174, 178.
[156] *Palandt/Heldrich* Rn 18.
[157] Zutr *Soergel/Schurig* Rn 75 f.
[158] Vgl BayObLGZ 1999, 27, 30 f; abw Art 5 Rn 25.
[159] Vgl LG München I StAZ 1999, 174; BayObLG FamRZ 2000, 56: Aus den Geburtsnamen beider Eltern zusammengesetzter Doppelname bei in USA geborenem Kind mit deutscher und US-amerikanischer Staatsangehörigkeit ist allein am deutschen Recht zu messen und danach (§ 1616 Abs 2 BGB) unzulässig.
[160] Vgl BayObLG StAZ 1996, 200, 201.
[161] Näher *Hepting* StAZ 1998, 133, 136, auch zu den Folgen für die Personenstandsregister.
[162] *Staudinger/Hepting* Rn 394; näher Art 5 Rn 2; davon zu unterscheiden ist die Anknüpfung der von Art 10 Abs 3 oder von dem durch diesen für die Namensfrage berufenen Recht aufgeworfene Vorfragen, s Rn 10.
[163] *Hepting* StAZ 1998, 133, 137.
[164] LG Berlin StAZ 2003, 172; aA *Staudinger/Hepting* Rn 460: Frist analog § 1617 b Abs 1 BGB.
[165] Die Altersgrenze für die Volljährigkeit ist analog Art 7 dem Heimatrecht des Kindes zu entnehmen, vgl Art 7 Rn 23.

einer tatsächlichen **Änderung** stehen, die eine Namensanpassung sachlich rechtfertigt (Aufenthaltswechsel, Änderung der Familiensituation, Statutenwechsel)[166].

63   c) **Wahlberechtigte.** Wahlberechtigt ist der Sorgeberechtigte. Wer **sorgeberechtigt** für das Kind ist, ist in **selbstständiger Anknüpfung** nach Art 21 zu ermitteln[167]. Das Sorgerechtsstatut entscheidet auch darüber, ob bei mehreren Sorgeberechtigten beide gemeinsam handeln müssen oder nicht.

64   d) **Inlandsbezug.** Die Rechtswahl setzt materiellrechtlich **keinen besonderen Inlandsbezug** voraus[168], wie man aus § 31a Abs 2 S 3 PStG rückschließen kann, der die örtliche Zuständigkeit des Standesbeamten für die Entgegennahme der Rechtswahlerklärung gerade nicht an ein etwaiges auf Grund deutschen Aufenthalts, deutscher Geburt oder Nationalität im Inland für die betroffene Person geführtes oder zu führendes Personenstandsbuch anlehnt.

65   3. **Reichweite des Wahlrechts. a) Sachliche Reichweite.** Das Wahlrecht betrifft nur den Familiennamen des Kindes; sein Vorname und alle anderen Namensbestandteile unterliegen weiterhin der Anknüpfung nach Art 10 Abs 1 (allgM).

66   Wie Art 10 Abs 2 ist auch Art 10 Abs 3 auf die **Rechtswahl** beschränkt, eine materielle **Namenswahlmöglichkeit** folgt nur, wenn und soweit sie das **gewählte materielle Recht** zulässt (Rn 74). Die Möglichkeit zur Namenswahl ist weder zwingende Voraussetzung noch automatische Folge der Rechtswahl[169]; s aber Rn 67 zur Einbenennung.

67   b) **Wählbare Rechte.** Zur Wahl stehen ungeachtet des Art 5 Abs 1 (die Ausführungen bei Rn 41 gelten entsprechend) eines der **Heimatrechte** der Eltern oder das **deutsche Recht,** wenn zumindest ein Elternteil seinen gewöhnlichen Aufenthalt (zu diesem Begriff näher Art 5 Rn 13) in Deutschland hat. Bei Flüchtlingen kann nicht auf ihre Staatsangehörigkeit zurückgegriffen werden[170], weil diese hinter ihren gewöhnlichen Aufenthalt zurücktritt (näher Art 5 Rn 29), was durch den Ausschluss von Art 5 Abs 1 nicht berührt wird. Gewählt werden kann nach **Art 10 Abs 3 Nr 3** auch das Recht des Staates, dem „ein den Namen Erteilender" angehört. Damit ist für die sogenannten **Einbenennung** zur namensrechtlichen Identifizierung des Kindes mit einem Stiefelternteil, wie sie im deutschen Recht in § 1618 BGB geregelt ist, eine weitere Wahlmöglichkeit (die neben denen des Art 10 Abs 3 Nr 1 und 2 steht) geschaffen. Zwar eröffnet Art 10 Abs 3 Nr 3 wie die anderen Varianten „nur" eine Rechtswahl. Nach Sinn und Wortlaut der Vorschrift wird man hier aber die getrennte Betrachtung von Rechtswahl und materieller Namensfolge (Rn 66) aufgeben müssen und die Rechtswahl nach Nr 3 nur in den Fällen zulassen, in denen sie tatsächlich zu einer **Namensangleichung mit dem Stiefelternteil** führt[171]. Zur Rolle des Art 23 bei der Einbenennung s dort Rn 5, 14.

68   Maßgeblicher **Zeitpunkt** für die Bestimmung der zur Verfügung stehenden Heimatrechte ist der der **Ausübung des Wahlrechts,** nicht der Geburt (vgl Rn 42).

69   4. **Wirksame Ausübung des Wahlrechts. a) Materielle Voraussetzungen.** Zur Beurteilung der materiellen Wirksamkeit der Rechtswahl nach deutschem Recht s Rn 44.

70   b) **Formelle Voraussetzungen. aa) Nachträgliche Rechtswahl.** Die einzuhaltende **Form** ergibt sich aus Art 10 Abs 3 S 2 nur für die nachträgliche Rechtswahl: Diese muss (ebenso wie die nachträgliche materielle Namenswahl nach deutschem Recht, § 1617 Abs 1 S 2 BGB) **öffentlich beglaubigt** (§ 129 BGB) werden, was **im Inland** nicht nur beim Notar, sondern nach § 31a Abs 1 Nr 4 PStG auch durch den Standesbeamten geschehen kann. Zur Rechtswahlerklärung im Ausland[172] vgl Rn 46.

71   bb) **Rechtswahl bei Geburt.** Fraglich ist die für die Rechtswahl bei Geburt (dh bis zur Beurkundung der Geburt in Deutschland[173]) einzuhaltende Form. Die Vorschrift schweigt dazu, weshalb manche Art 10 Abs 3 S 2 analog anwenden wollen und die öffentliche Beglaubigung auch in diesem Fall fordern[174]. Näher liegt, in Parallele zur Rechtswahl bei Eheschließung, welche der Form der materiellen Namenswahl im Rahmen der Eheschließung unterstellt wird (Rn 47), die Rechtswahl bei Geburt an den formellen Anforderungen zu messen, die das deutsche Recht (§ 1617 Abs 1 S 1 BGB) an die materiellrechtliche Namenswahl für das Kind zu diesem Zeitpunkt stellt (§ 1617 BGB Rn 9). Damit genügt die **einfache (formlose) Erklärung gegenüber dem Standesbeamten,** wovon auch § 270 Abs 5 DA und (stillschweigend) das BayObLG[175] ausgehen.

72   5. **Folgen der Rechtswahl.** Für die Folgen der Rechtswahl gelten zunächst die Aussagen in Rn 48 ff zur Wahl des Namensstatuts bei Eheleuten entsprechend.

73   Der Wechsel des Namensstatuts durch eine Rechtswahl nach Beurkundung der Geburt in Deutschland hat **Wirkung nur für die Zukunft** und führt einen Statutenwechsel herbei. Der Geburtsname

---

[166] AA *Hepting* StAZ 1998, 133, 140 f.
[167] OLG Düsseldorf FamRZ 1999, 328, 329.
[168] *Palandt/Heldrich* Rn 20; aA *Hepting* StAZ 1998, 133, 141.
[169] Vgl BayObLG StAZ 1997, 275.
[170] AA *Palandt/Heldrich* Rn 21.
[171] Ebenso *Soergel/Schurig* Rn 78.
[172] Diese ist zulässig, *Palandt/Heldrich* Rn 21; aA MünchKommBGB/*Birk* Rn 114.
[173] Vgl *Soergel/Schurig* Rn 75 d.
[174] *Hepting* StAZ 1998, 133, 138.
[175] BayObLG StAZ 1997, 174, 175 zu Art 10 Abs 3 aF; zust *Palandt/Heldrich* Rn 21.

des Kindes wird also zunächst übernommen (Rn 14), er ändert sich nur, wenn das gewählte Statut eine private Namensänderung oder eine Namenswahl (dazu sogleich) ermöglicht. Wird deutsches Recht gewählt und ist der unter einem ausländischem Statut erworbene Geburtsname nicht ohne weiteres mit dem deutschen Namensrecht verträglich (Rn 15), so ermöglicht Art 47 **ab dem 1. 1. 2009,** durch Erklärung gegenüber dem Standesbeamten **eine für das deutsche Namensrecht passende Namensform zu wählen** (Einzelheiten dort).

Die wirksame Wahl des für den Kindesnamen maßgeblichen materiellen Rechts sagt für sich genommen noch nichts darüber aus, ob, unter welchen Voraussetzungen und in welcher Form für den Namen selbst Wahlmöglichkeiten bestehen. Darüber entscheidet das materielle Recht; wird deutsches Recht gewählt, die §§ 1617 ff BGB. Zum Zusammenhang zwischen Rechtswahl und Namenswahl bei der Einbenennung s Rn 67. 74

6. Rechtswahl bei mehreren Kindern. Bei mehreren Kindern kann für jedes Kind eine andere Rechtswahl getroffen werden, weil kollisionsrechtlich eine dem § 1617 Abs 1 S 3 BGB entsprechende Vorschrift fehlt[176]; auch kann eine unterschiedliche Wahl bei Änderung des Aufenthaltsorts der Familie oder der Staatsangehörigkeit der Eltern sinnvoll sein[177]. Unterschiedliche Namensstatute führen nicht automatisch zu (unerwünschten) unterschiedlichen Namen[178]. Wenn für das zweite Kind kraft Heimatrechtsanknüpfung oder Rechtswahl deutsches Recht gilt, ist allerdings § 1617 Abs 1 S 3 BGB zu beachten: Sein Name ist materiellrechtlich festgelegt durch die Wahl des Namens für das erste Kind, unabhängig davon, unter welchem Recht diese vorgenommen wurde[179]. 75

XIII. Name der juristischen Person, Firma

Der Name der juristischen Person und allgemein von Gesellschaften unterliegt dem Gesellschaftsstatut, zu dessen Bestimmung vgl Art 12 Rn 44. **Handelsnamen** (Firma, Geschäftsbezeichnung) werden hinsichtlich ihres Bestehens und der Namensberechtigung ebenfalls nach dem Gesellschaftsstatut beurteilt, wenn sie von Gesellschaften geführt werden[180], bei natürlichen Personen nach dem Recht am tatsächlichen Unternehmenssitz[181]. Für die Firma einer Zweigniederlassung ist das Recht ihres Verwaltungssitzes maßgeblich[182]. Wird eine Firma von einem ausländischen Unternehmen im deutschen Inland verwendet, darf sie, um schutzfähig zu sein, nicht gegen den ordre public (Art 6) oder gegen den Grundsatz der Firmenwahrheit (§ 18 Abs 2 HGB) verstoßen[183]. 76

Der **Schutz des Namens** einer Gesellschaft und der Schutz einer Firma, auch unter wettbewerbsrechtlichen Gesichtspunkten, richten sich nach dem Recht des Landes, für dessen Gebiet der Schutz geltend gemacht wird (**„Schutzland")**[184]; dies wird sich idR mit der deliktsrechtlichen Anknüpfung an den Tatort (Art 40) decken. Führt dies zum deutschen Recht, wird sein Schutz unabhängig davon gewährt, ob nach dem für das Bestehen des Namens zuständigen ausländischen Recht (Rn 76) entsprechende Schutzvorschriften bestehen[185]. 77

Anhang: Gewillkürte Stellvertretung

Schrifttum: *Ebenroth,* Kollisionsrechtliche Anknüpfung kaufmännischer Vollmachten, JZ 1983, 821; *Fischer,* Verkehrsschutz im internationalen Vertragsrecht, 1990, § 12; *ders,* Anscheinsvollmacht, Vollmachtsstatut und Rechtswahl, IPRax 2005, 269; *Rabel,* Vertretungsmacht für obligatorische Rechtsgeschäfte, RabelsZ 3 (1929), 807; *Reithmann/Martiny/Hausmann,* Internationales Vertragsrecht, 6. Aufl 2004; *Ruthig,* Vollmacht und Rechtsschein im IPR, 1996; *Schwarz,* Das Internationale Stellvertretungsrecht im Spiegel nationaler und supranationaler Kodifikation; RabelsZ 71 (2007), 729; *Spellenberg,* Geschäftsstatut und Vollmacht im IPR, 1979; *Steding,* Die Anknüpfung der Vollmacht im IPR, ZVglRWiss 86 (1987), 25.

Übersicht

	Rn		Rn
Anhang: Gewillkürte Stellvertretung	78	a) Unteranknüpfung bei Verweisung auf Staaten mit mehreren Teilrechtsordnungen....	80
1. Grundsatz, Eingrenzung.....................	78	b) Rück- und Weiterverweisungen	81
2. Staatsverträge, Europarecht.................	79	c) Ordre public............................	82
3. Probleme des Allgemeinen Teils	80	4. Anwendungsbereich........................	83

---

[176] *Soergel/Schurig* Rn 75 b; *Henrich* StAZ 1996, 129, 134; *Palandt/Heldrich* Rn 23.
[177] Auf die Fälle der nachträglichen Änderung der kollisionsrechtlichen Rahmenbedingungen will *Hepting* StAZ 1998, 133 139 die Rechtswahlmöglichkeit für ein nachgeborenes Kind beschränken.
[178] Näher MünchKommBGB/*Birk* Rn 118.
[179] *Henrich* StAZ 1996, 129, 134; aus Art 224 § 3 kann sich anderes ergeben, vgl OLG München FamRZ 2008, 181.
[180] BayObLG RIW 1986, 548, 549; *Staudinger/Großfeld* IntGesR Rn 319; andere halten das Gesellschaftsstatut nur für den Namen für maßgeblich, während die Firma dem Recht am Unternehmenssitz unterliegen soll, zB *Palandt/Heldrich* Rn 5; dies beruht wohl aber nur auf einer verkürzenden Gleichstellung des Gesellschaftsstatuts mit dem Recht am Verwaltungssitz.
[181] *Palandt/Heldrich* Rn 5.
[182] *Palandt/Heldrich* Rn 5.
[183] BayObLG RIW 1986, 548, 549.
[184] *Staudinger/Großfeld* IntGesR Rn 323.
[185] BGH NJW 1995, 2985, 2986 gegen die frühere Rspr.

Mäsch

EGBGB Anh Art 10 Stellvertretung

	Rn		Rn
a) Gewillkürte Stellvertretung	83	6. Vertrauensschutz des Dritten, des Vertretenen und des Vertreters bei objektiver Anknüpfung der Vollmacht	116
b) Erfasste Rechtsbereiche	86	a) Vertrauensschutz des Drittkontrahenten	117
c) Reichweite des Vollmachtsstatuts	87	b) Vertrauensschutz des Vertretenen	118
5. Anknüpfung	99	c) Vertrauensschutz des Vertreters	120
a) Subjektive Anknüpfung	100	d) Form der Vollmacht	121
b) Objektive Anknüpfung	103		
c) Rechtsschein einer Vollmacht	114		

78 **1. Grundsatz, Eingrenzung.** Ob eine Person kraft Gesetzes oder kraft einer Organstellung die Rechtsmacht hat, eine andere natürliche oder juristische Person Dritten gegenüber zu verpflichten, richtet sich nach dem Recht, das auch im Innenverhältnis für ihre Beziehung zu der fraglichen Person oder für die Konstitution der Gesellschaftsorgane maßgeblich ist **(Parallelität von Innen- und Außenverhältnis).** Die **gesetzliche Vertretungsmacht** der Eltern oder des Vormunds ist also nach dem Statut der Eltern-Kind-Beziehung (Art 21) bzw dem Vormundschaftsstatut (Art 24) zu beurteilen, die aus der **Organstellung entspringende Vertretungsmacht** der Leitungsebene einer Gesellschaft nach dem Gesellschaftsstatut[186]. Die Stellvertretung auf rechtsgeschäftlicher Grundlage, also regelmäßig auf Grund einer **Vollmacht** des Geschäftsherrn, wird hingegen vom häufig instabileren und nach außen weniger sichtbaren Innenverhältnis (Auftrag, Mandat, Arbeitsvertrag etc) abstrahiert und – entspr der Trennung im deutschen Sachrecht – im Außenverhältnis **gesondert angeknüpft (Vollmachtsstatut)**, um die Interessen des Drittkontrahenten an einer zuverlässigen Feststellung von Bestand und Umfang der Vollmacht im Hinblick auf den Bestand des mit dem Vertreter abgeschlossenen Geschäfts zu wahren[187]. Diese Anknüpfung ist gesetzlich nicht geregelt. Die in der Vergangenheit von Rspr und Lehre entwickelten Regeln sind umstritten und (angesichts der praktischen Fülle von Vertretergeschäften überraschend) selten streitentscheidend gewesen, so dass von einer gewohnheitsrechtlichen Verfestigung nicht die Rede sein kann[188]. Herrschend ist die Auffassung, dass – vorbehaltlich einer möglichen Rechtswahl – grds an die **Niederlassung** des Vertreters, hilfsweise an den **Wirkungs- oder Gebrauchsort der Vollmacht** anzuknüpfen ist (näher Rn 103 ff). Von der Frage der Vertretungsmacht ist zu unterscheiden, ob für das konkrete vom Vertreter abgeschlossene Geschäft eine gewillkürte Stellvertretung überhaupt **zulässig** ist und welche weiteren Voraussetzungen vorliegen müssen, damit eine Bindungswirkung beim Vertretenen eintritt (etwa Offenkundigkeit des Vertreterhandelns); insoweit entscheidet das Statut, dem dieses Geschäft unterliegt **(Geschäftsstatut).**

79 **2. Staatsverträge, Europarecht.** Deutschland hat das **Haager Übereinkommen über das auf die Stellvertretung anwendbare Recht** vom 14. 3. 1978[189] nicht gezeichnet und wird dies aller Voraussicht nach auch in Zukunft nicht tun. Das Übereinkommen ist aber in Argentinien, Portugal, Frankreich und den Niederlanden als loi uniforme[190] in Kraft getreten[191] und kann für den deutschen Rechtsanwender Bedeutung erlangen, wenn er – gegen die hM, Rn 81 – einem Renvoi folgen will. Das **UN-Abkommen über die Stellvertretung beim Internationalen Warenkauf** vom 17. 2. 1983[192] ist ebenfalls von Deutschland nicht gezeichnet worden und noch in keinem Staat in Kraft getreten.

79 a Der Entwurf der **Rom I-VO**[193] enthält in Art 7 Abs 2 und 3 (schwer verständliche) Regelungen zur Vollmacht, die sich grds dem **Recht am gewöhnlichen Aufenthaltsort des Vertreters** unterstellen, welches aber durch das Recht am Gebrauchsort verdrängt wird, wenn entweder der Vertretene oder der Dritte seinen gewöhnlichen Aufenthalt in diesem Staat hat. Zudem soll der Vertreter oder der Vertretene das auf die Vollmacht anwendbare Recht **frei bestimmen** können, sofern dies schriftlich und mit ausdrücklichem Einverständnis des Dritten geschieht[194]. In der verabschiedeten VO ist die Regelung ersatzlos gestrichen worden[195].

80 **3. Probleme des Allgemeinen Teils. a) Unteranknüpfung bei Verweisung auf Staaten mit mehreren Teilrechtsordnungen.** Das Problem der Unteranknüpfung bei der Verweisung auf das Recht eines Staates mit mehreren **Teilrechtsordnungen** stellt sich im Rahmen der Ermittlung des Vollmachtsstatuts nicht, weil alle diskutierten Anknüpfungen (Niederlassung, Gebrauchsort, Geschäftsstatut etc) die maßgebende Teilrechtsordnung bereits bezeichnen.

---

[186] Entspr richtet sich die organschaftliche Vertretung eines ausländischen Staates nach dem Recht dieses Staates, BGHZ 40, 197; KG IPRax 1996, 280.
[187] Vgl *v. Bar* IPR II Rn 587.
[188] *Basedows* nicht allein auf Deutschland bezogener Hinweis auf das „Gewirr der Meinungen" und das „ungefestigte Richterrecht", RabelsZ 45 (1981), 196, 206, hat nicht an Aktualität verloren.
[189] Englischer und französischer Text abgedruckt in RabelsZ 43 (1979), 176 m ausf Bericht *Müller-Freienfels* 80 ff; zum Abkommen etwa auch *Basedow* RabelsZ 45 (1981), 196, 206.
[190] Zum Begriff vgl das Glossar, Einl IPR Rn 95.
[191] Quelle: http://www.hcch.net.
[192] Englischer Text zu finden über http://www.unidroit.org.
[193] Vorschlag für eine Verordnung des Europäischen Parlaments und des Rates über das auf vertragliche Schuldverhältnisse anzuwendende Recht (Rom I) vom 15. 12. 2005, KOM(2005) 650 endg.
[194] Vgl *Mankowski* IPRax 2006, 101, 108 f; für eine eingehende Analyse und Kritik des Art 7 Rom I-VO-E und einen Gegenvorschlag s Max Planck Institute for Comparative and International Private Law RabelsZ 71 (2007), 225, 298 ff. Vgl auch *Schwarz* RabelsZ 71 (2007), 729 ff.
[195] http://www.ipr.uni-Koeln.de.

b) Rück- und Weiterverweisungen. Nach ganz hM sind die Verweisungen im Rahmen der 81 Ermittlung des Vollmachtsstatuts **Sachnormverweisungen,** so dass eventuelle Rück- und Weiterverweisungen eines ausländischen Rechts nicht zu beachten sind[196]. Diese Auffassung ist schon deshalb zutreffend, weil für ungeschriebenes Kollisionsrecht Art 4 Abs 1 nicht unmittelbar gilt und man deshalb an dessen verunglückte Renvoi-Freundlichkeit nicht gebunden ist[197]. Wer allerdings Art 4 Abs 1 (entsprechend) auch hier heranziehen möchte, tut sich schwer mit einer Begründung, warum gerade im Rahmen der Ermittlung des Vollmachtsstatuts ausnahmsweise die Beachtung eines Renvoi dem Sinn der Verweisung widersprechen soll (Art 4 Abs 1 S 1 HS 2)[198].

c) Ordre public. Probleme mit dem ordre public sind im Rahmen des Vollmachtsstatuts bislang 82 nicht bekannt geworden. Das Reichsgericht hat zu Recht keinen ordre-public-Verstoß darin sehen wollen, dass ein ausländisches Recht Selbstkontrahieren in einem größeren Umfang als das deutsche erlaubte[199].

4. Anwendungsbereich. a) Gewillkürte Stellvertretung. Die gesonderte Anknüpfung der die 83 Vertretung betreffenden Fragen ist auf Fallgestaltungen beschränkt, in denen der Vertreter seine Befugnis, mit Wirkung für einen anderen Rechtsgeschäfte zu tätigen, auf eine ihrerseits rechtsgeschäftlich erteilte Vertretungsmacht, also eine final auf das Vertretergeschäft gerichtete Erklärung des Vertretenen, stützt[200] (gewillkürte Stellvertretung, auch „rechtsgeschäftliche" genannt). Es geht damit um die Vertretung kraft **Vollmacht** oder eines auf eine solche bezogenen **Rechtsscheins** (aus deutscher Sicht: Anscheins- und Duldungsvollmacht), allgM. Die organschaftliche und gesetzliche Vertretung und allgemein Vertretungsformen, die für den Vertretenen **Fremd-, nicht Selbstbestimmung** sind[201], unterliegen nicht einer von Innenverhältnis gelösten Anknüpfung (Rn 78). Das gilt zB für die **gesetzliche Vertretung Minderjähriger** (Art 7 Rn 30) und die Vertretungsmacht eines Gesellschaftsorgans (Vorstand, Geschäftsführer; Art 12 Rn 73), aber auch für die Vertretungsmacht eines **Testamentsvollstreckers, Nachlass- und Insolvenzverwalters,** eines Miterben für andere Mitglieder einer **Erbengemeinschaft,** eines Ehegatten für den anderen in Folge der Eheschließung **(Schlüsselgewalt)**[202] oder auf güterrechtlicher Basis sowie – nach einigen Rechten denkbar – eines Geschäftsführers ohne Auftrag[203].

Ob und inwieweit eine Person berechtigt ist, über ein (eigenes oder fremdes) Recht zu verfügen, ist 84 ebenfalls nicht Gegenstand des internationalen Vertretungsrechts. Die **Verfügungsmacht** ist nach dem Statut zu beurteilen, dem das über die Verfügung betroffene Recht zum Zeitpunkt der Verfügung unterliegt (Sachstatut, Forderungsstatut). Dies gilt auch für die rechtsgeschäftlich erteilte Verfügungsbefugnis, insbes für die **Einziehungsermächtigung**[204], sowie für die **Genehmigung** der Verfügung eines Nichtberechtigten[205].

Die Vertretung bei **geschäftsähnlichen Handlungen** ist hingegen dem Vollmachtsstatut zu unter- 85 werfen.

b) Erfasste Rechtsbereiche. Die rechtsgeschäftliche Stellvertretung ist in allen Rechtsbereichen 86 gesondert anzuknüpfen, in denen es Vertretergeschäfte gibt, also nicht nur im Schuldvertragsrecht, sondern etwa auch bei sachenrechtlichen Verfügungen in fremdem Namen, in Prozess-Situationen (Prozessvollmacht) und im Erb- oder Familienrecht[206]. Soweit also nach dem Eheschließungsstatut (Art 13 Abs 1) eine Stellvertretung im Willen zulässig (vgl Rn 92) ist (vgl Art 11 Rn 20 und Erl zu Art 13), ist folglich die Vollmacht selbst nach dem Vollmachtsstatut zu beurteilen.

c) Reichweite des Vollmachtsstatuts. aa) Grundsatz. Das Vollmachtsstatut entscheidet über 87 (alle, aber auch nur solche) Fragen, die mit der rechtsgeschäftlichen Erteilung, dem Bestand und Umfang sowie der Beendigung der Vertretungsmacht und eines auf sie bezogenen Rechtsscheins zusammenhängen[207]. Zur Form der Vollmacht s Rn 121.

bb) Einzelfragen. (1) Allgemein. Das Vollmachtsstatut ist maßgeblich für: die **Erteilung** (durch 88 Vertrag oder einseitiges Rechtsgeschäft, im letzteren Fall auch für die Bestimmung des Adressaten der

---

[196] *Palandt/Heldrich* Art 32 Anh Rn 1; *Reithmann/Martiny/Hausmann* Rn 2440; *Erman/Hohloch* Art 37 Rn 18; *v. Bar* IPR II Rn 589; *Kropholler* IPR § 41 I 4; aA *Sandrock/Müller,* HdB der Internationalen Vertragsgestaltung, 1980, Rn D 101.
[197] Zu den grundsätzlichen Vorbehalten gegen den Renvoi vgl *Mäsch* RabelsZ 61 (1997), 285.
[198] Vgl etwa *Soergel/Lüderitz* 11. Aufl Vor Art 7 Rn 312 (anders 12. Aufl Anh Art 10 Rn 112), und *Reithmann/Martiny/Hausmann* Rn 2440, die mit dem gleichen Argument (deutsche Anknüpfung dient dem Verkehrsschutz) zu entgegengesetzten Lösungen kommen.
[199] RG IPRspr 1928 Nr 13.
[200] MünchKommBGB/*Spellenberg* Vor Art 11 Rn 181.
[201] MünchKommBGB/*Spellenberg* Vor Art 11 Rn 197.
[202] BGH NJW-RR 1990, 248, 250.
[203] MünchKommBGB/*Spellenberg* Vor Art 11 Rn 203.
[204] BGHZ 125, 196, 204 = NJW 1994, 2549; BGH NJW 1992, 3096, 3097; NJW-RR 1990, 248, 250; aA wohl *Kegel/Schurig* IPR § 17 V 2 a: Vollmachtsstatut; beiläufig auch BGH GRUR 2001, 1134 – Lepo Sumera.
[205] So im Grundsatz BGH RIW 2000, 704, mit Vorbehalt einer Sonderanknüpfung bei engerer Verbindung zu einem anderen Recht.
[206] AA zu den letzten beiden Bereichen wohl MünchKommBGB/*Spellenberg* Vor Art 11 Rn 215 f; sein Hinweis, dass die Zulässigkeit der Stellvertretung in diesen Bereichen dem jeweiligen Geschäftsstatut unterliegt, trifft aber die gesonderte Anknüpfung der Bevollmächtigung selbst nicht, s Rn 88.
[207] MünchKommBGB/*Spellenberg* Vor Art 11 Rn 261.

Vollmachtserklärung) und **Wirksamkeit** einer Vollmacht[208]; ihre **Auslegung**[209] und ihren **Umfang**[210] (also etwa für die Frage, ob sie Einzel- oder Gesamtvertretungsmacht vermittelt, ob das vom Vertreter mit dem Dritten abgeschlossene Geschäft durch die Vollmacht gedeckt ist[211] oder die Vollmacht missbraucht wurde (Rn 97)[212], ob der Vertreter **Untervollmacht** erteilen[213] und mit sich **selbst kontrahieren**[214] darf); die **Dauer** und das **Erlöschen** der Vollmacht (etwa Erlöschen kraft gesetzlicher Befristung, durch Widerruf[215] oder Tod, Konkurs oder Geschäftsunfähigkeit des Vertretenen[216]; zum Zusammenspiel mit der Beendigung des Innenverhältnisses s Rn 98); die Möglichkeit, einen Minderjährigen zu bevollmächtigen[217].

89 Ist nach der Vollmachtsstatut keine wirksame Vollmacht erteilt worden, so beurteilt sich die Frage, ob die Vertretungsmacht des Vertreters auf **Rechtsscheingesichtspunkte** gestützt werden kann, ebenfalls nach dem (insofern hypothetischen) Vollmachtsstatut (zur Anknüpfung in diesem besonderen Fall s Rn 114). Zum Handeln ohne Vertretungsmacht s Rn 94. Zum Rechtsschein einer **organschaftlichen Vertretungsmacht** s Art 12 Rn 80.

90 **(2) Vollmachten mit gesetzlich geregeltem Umfang (Prokura), registrierte Vollmachten.** Für Vollmachten mit **gesetzlich geregeltem Umfang**, wie zB die deutsche Prokura oder, in abgeschwächter Form, die Handlungsvollmacht, gilt nichts Besonderes (heute wohl allgM)[218]. §§ 49, 54 HGB und entsprechende Vorschriften eines ausländischen Rechts sind deshalb zu berücksichtigen, wenn sie Teil des jeweiligen Vollmachtsstatuts sind; sind sie es im Einzelfall nicht, hat der Geschäftsherr sie aber bei Erteilung der Vollmacht vor Augen gehabt, sind sie gleichwohl, soweit möglich, bei der Auslegung in dem durch das Vollmachtsstatut eröffneten Rahmen zu berücksichtigen („Handeln unter falschem Recht"; allg Einl IPR Rn 93), sofern man nicht ohnehin eine konkludente Wahl des Vollmachtsstatuts annimmt (Rn 100). Aus anwendbaren gesetzlichen Vorschriften folgende Einschränkungen der Vertretungsmacht des Vertreters können sich auch zu Lasten eines gutgläubigen ausländischen Vertragspartners auswirken[219].

91 Hinsichtlich der **Publizitätswirkungen** der Registrierung einer Vollmacht (wie nach §§ 53, 15 HGB) ist zu unterscheiden: *Welche* Wirkungen die Registrierung einer Vollmacht hat, kann nur das Recht des jeweiligen Registers beantworten, das auch über die Voraussetzungen einer Eintragung und den Prüfungsumfang der Registerbehörde entscheidet. Ob diese Wirkungen einen **Gutglaubensschutz des Drittkontrahenten** tragen, muss aber dem Vollmachtsstatut überlassen bleiben (vgl zu Publizität und Gutglaubensschutz auch Art 11 Rn 25).

92 **(3) Abgrenzung zum Geschäftsstatut. (a) Zulässigkeit der Stellvertretung, Anforderungen an den Vertreter.** Das Geschäfts-, nicht das Vollmachtsstatut entscheidet darüber, ob für das Geschäft gewillkürte Stellvertretung überhaupt **zulässig** oder wegen des höchstpersönlichen Charakters ausgeschlossen ist, und ob ggf spezielle Anforderungen an die Bevollmächtigung (ausdrückliche statt konkludente Vollmacht, Spezial- statt Generalvollmacht etc)[220] oder den Bevollmächtigten (zB bei Prozessvertretern)[221] zu stellen sind. Gleiches gilt für die Anforderungen an die **Geschäftsfähigkeit des Vertreters**[222].

93 **(b) Offenkundigkeit der Stellvertretung, Vertretung einer Gesellschaft ohne Rechtsformzusatz.** Ob der Vertretene nur bei **offenkundigem Handeln** des Vertreters **in fremdem Namen** oder auch bei **verdeckter Stellvertretung** („undisclosed agency") aus dem Vertretergeschäft berechtigt und verpflichtet sein kann, ist keine Frage der Vertretungsmacht und beurteilt sich folgerichtig nach Maßgabe des Geschäftsstatuts[223]. Gleiches gilt für Zulässigkeit und Wirkung von **Handeln unter fremdem Namen**[224]. Ob der Vertreter einer Gesellschaft mit dem Rechtsformzusatz zeichnen muss (vgl § 4 GmbHG), beurteilt sich aus demselben Grund nicht nach dem Vollmachtsstatut, sondern nach dem Gesellschaftsstatut[225].

---

[208] BGH NJW 1982, 2733.
[209] *Reithmann/Martiny/Hausmann* Rn 2462 mwN.
[210] Vgl OLG München IPRax 1990, 320.
[211] BGH IPRspr 1960/61 Nr 40.
[212] Vgl RGZ 134, 67, 171.
[213] OLG Frankfurt IPRspr 192/63 Nr 164.
[214] BGH NJW 1992, 618.
[215] RGZ 30, 122.
[216] Vgl *Reithmann/Martiny/Hausmann* Rn 2475 mwN.
[217] *Str, v. Caemmerer* RabelsZ 24 (1959), 201, 215, mit Berücksichtigung des Innenverhältnisses; aA – Geschäftsstatut – *Staudinger/Firsching* 12. Aufl Vor Art 12 Rn 252.
[218] Früher anders *Rabel* RabelsZ 3 (1929), 811, 835; *Raape* IPR 502: solche Vollmachten sind wie *gesetzliche* Vertretungsbefugnisse (Rn 78) zu behandeln.
[219] MünchKommBGB/*Spellenberg* Vor Art 11 Rn 258, wobei eine Ausnahme gelten soll, wenn im konkreten Fall eine zuverlässige Information des Drittkontrahenten über die Vertretungsbefugnisse „nicht möglich oder zumutbar war.
[220] *Reithmann/Martiny/Hausmann* Rn 2484.
[221] MünchKommBGB/*Spellenberg* Vor Art 11 Rn 266.
[222] MünchKommBGB/*Spellenberg* Vor Art 11 Rn 266.
[223] OLG Düsseldorf IPRspr 2003, Nr 25; OLG Hamburg TranspR 1996, 40; *Soergel/Lüderitz* Art 10 Anh Rn 103, 106.
[224] *Soergel/Lüderitz* Art 10 Anh Rn 106.
[225] *Römermann* GmbHR 2007, 595; unklar BGH NJW 2007, 1530, der bei einer niederländischen „B. V." im Hinblick auf die Pflicht zur Führung des Firmenzusatzes bei Vertretergeschäften in Deutschland gleichermaßen auf deutsches wie niederländisches Recht abgestellt hat.

(c) Vertretung ohne Vertretungsmacht. Hinsichtlich der Anknüpfung der Folgen, wenn der 94
Vertreter bei Abschluss seines Geschäfts nach dem Vollmachtstatut **ohne Vertretungsmacht** gehandelt hat, ist vieles streitig. Die von den Gerichten überwiegend geteilte **hM** möchte insoweit pauschal das **Geschäftsstatut** des Vertretergeschäfts entscheiden lassen. Nach dem **Geschäftsstatut** soll also insbes zu beurteilen sein ob, wie und unter welchen Voraussetzungen der Vertretene das Geschäft durch **Genehmigung** an sich ziehen kann[226]. Zutreffend erscheint es hingegen, wie bei den Folgen mangelnder Geschäftsfähigkeit (Art 7 Rn 28) und mit § 49 Abs 1 österr IPRG und Art 126 Abs 2 schweizer IPRG zu differenzieren: Wenn der vorherige „Zustimmung" zu einem Vertretergeschäft (= Bevollmächtigung) und auch ihr Widerruf unter das **Vollmachtstatut** fällt, kann nichts anderes für die Genehmigungsfähigkeit – einschließlich ihrer Beseitigung durch einen Widerruf des Drittkontrahenten – und die nachträgliche Genehmigung selbst (zum Anknüpfungskriterium in diesem Fall s Rn 107) gelten[227]. Erst wenn nach dem Vollmachtstatut feststeht, dass es an einer wirksamen Genehmigung fehlt, beurteilen sich die **weiteren Folgen** nach dem Geschäftsstatut des Vertretergeschäfts. Dieses Statut beherrscht auch die Haftung des Vertreters als **falsus procurator**[228] und die Frage, ob den Vertretenen eine Haftung für das Handeln des **vollmachtlosen Vertreters** unter dem Gesichtspunkt des Verschuldens bei Vertragsverhandlungen (c.i.c.) trifft[229].

(d) Vorvertragliche Vertrauenshaftung (c.i.c.). Die Anknüpfung der vorvertraglichen Vertrauenshaftung des Vertretenen im Rahmen eines durch einen mit Vertretungsmacht versehenen Vertreters 95
angebahnten Vertrauensverhältnisses folgt den allgemeinen Regeln[230]. Auch eine etwaige **c.i.c.-Eigenhaftung des Vertreters** neben dem Vertretenen unterliegt diesen Regeln (folgt also zumeist aus dem Geschäftsstatut), weil es hier nicht um Bestehen oder Umfang der Vertretungsmacht, sondern um die Haftung gegenüber dem Drittkontrahenten aus einer eigene Pflichtverletzung geht[231].

(e) Willensmängel, Zurechnung von Umstandskenntnissen. Selbstverständlich ist, dass sich die 96
Bedeutung von **Willensmängeln** für die eventuelle Nichtigkeit oder Anfechtbarkeit[232] eines Rechtsgeschäfts auch dann nach dem **Geschäftsstatut** richtet, wenn ein Vertreter eingeschaltet wurde, weil für diese grundsätzliche Frage der Willensübereinstimmung der Vertragsschluss die Vertretungsmacht keine Rolle spielt (vgl für Schuldverträge die Erl zu Art 31). Wenn das Geschäftsstatut aber entscheidet, ob und welche Willensmängel überhaupt relevant sind, muss es schon aus Praktikabilitätsgründen auch dazu befragt werden, ob insoweit auf die Person des Vertreters oder des Vertretenen abzustellen ist (str)[233]. Gleiches gilt für die darüber hinausgehende allgemeine Frage, ob **Kenntnisse tatsächlicher Umstände des Vertreters** dem Vertretenen zugerechnet werden können (etwa im Hinblick auf den Verlust von Mängelgewährleistungsansprüchen oder den gutgläubigen Erwerb von Rechten, str; auch hier geht es nicht eigentlich um die Vollmacht des Vertreters[234]. Folgerichtig entscheidet weiterhin das Statut der c.i.c.-Haftung des Vertretenen[235] über die diesbezügliche Bedeutung von Umstandskenntnissen des Vertreters[236].

(4) Abgrenzung zum Statut des Innenverhältnisses zwischen Vertreter und Vertretenem. 97
Die Anknüpfung der Vollmacht ist auch dann vom Innenverhältnis zwischen Vertreter und Geschäftsherrn zu lösen, wenn das danach für die Vollmacht zuständige Recht auf sachrechtlicher Ebene eine solche Unterscheidung nicht trifft (allgM). Ob und in welchem Umfang aus einer bestimmten Stellung des Vertreters im Innenverhältnis zum Vertretenen (zB Anstellungsvertrag, Handelsvertreter oder -makler) die (gesetzliche) **Vermutung einer Bevollmächtigung im Außenverhältnis** folgt, entscheidet deshalb das Vollmachtstatut, nicht das Statut des Innenverhältnisses[237]. So findet beispielsweise § 56

---

[226] So etwa BGH IPRspr 1964/65 Nr 34; NJW 1992, 618, 619; BGHZ 128, 41, 48; OLG Celle WM 1984, 494, 500; *v. Bar* IPR II Rn 593; *Reithmann/Martiny/Hausmann* Rn 2488; *Erman/Hohloch* Art 37 Rn 19; *Palandt/Heldrich* Art 32 Anh Rn 3; diff *Soergel/Lüderitz* Art 10 Anh Rn 103: Geschäftsstatut entscheidet über Genehmigungsfähigkeit, nicht aber über die Erteilung der Genehmigung als solche.
[227] Zutr *Leible* IPRax 1998, 257, 259; in der Sache auch BGH NJW-RR 1990, 248, 250: Auslegung und Reichweite einer Genehmigung nach dem Vollmachts-, nicht nach dem Geschäftsstatut beurteilt.
[228] Str, *v. Bar* IPR II Rn 593; *v. Hoffmann/Thorn* IPR § 10 Rn 13; *Reithmann/Martiny/Hausmann* Rn 2491; *Erman/Hohloch* Art 37 Rn 19; aA – Vollmachtstatut – OLG Hamburg VersR 1987, 1216; *Palandt/Heldrich* Art 32 Anh Rn 3; *Kropholler* IPR § 41 I 3; *Fischer* IPRax 1996, 332, 335; *Steding* ZVglRWiss 86 (1987), 25, 47; diff *Soergel/Lüderitz* Art 10 Anh Rn 105: grds Vollmachtstatut, ob aber Erfüllung oder nur Schadensersatz gefordert werden kann, sagt das Geschäftsstatut. Der nicht Gesetz gewordene (Rn 79 a) Art 7 Abs 4 des Vorschlags zur Rom I-VO unterstellte die Haftung als falsus procurator dem (objektiven) Vollmachtstatut. Der BGH (II. ZS) hat die Frage der persönlichen Haftung des für eine Gesellschaft ohne Firmenzusatz zeichnenden Vertreters als Rechtsscheinshaftung „entsprechend § 179 BGB" eingestuft und für die kollisionsrechtliche Behandlung der Letzteren auf seine Grundsätze zur Anknüpfung einer Rechtsscheinvollmacht (Rn 114) Bezug genommen. Ob dem Gesellschaftsrechtssenat klar war, dass über Anwendung dieser Grundsätze gerade auf die Haftung als falsus procurator höchstrichterlich noch gar nicht entschieden wurde, muss bezweifelt werden.
[229] *Soergel/Lüderitz* Art 10 Anh Rn 105.
[230] *Palandt/Heldrich* Art 32 Rn 8; s bei Art 40.
[231] *Soergel/Lüderitz* Art 10 Anh Rn 105; aA OLG Hamburg WM 1989, 1241: Vollmachtstatut.
[232] Einschließlich der Durchführung der Anfechtung.
[233] *Reithmann/Martiny/Hausmann* Rn 2486 mwN; aA LG Essen RIW 1992, 227 und die ältere Rspr des RG: RGZ 78, 55, 60; RG IPRspr 1929 Nr 29; RGZ 134, 67, 69; aus der Lit *Soergel/Lüderitz* Rn 104 mwN.
[234] *Reithmann/Martiny/Hausmann* Rn 2486 mwN; aA *v. Caemmerer* RabelsZ 24 (1959), 201, 216; *Staudinger/Firsching* 12. Aufl Vor Art 12 Rn 249.
[235] *Palandt/Heldrich* Art 32 Rn 8.
[236] *Soergel/Lüderitz* Rn 104, 105.
[237] MünchKommBGB/*Spellenberg* Vor Art 11 Rn 201.

HGB (nur) Anwendung, wenn das deutsche Recht das Vollmachtstatut stellt, unabhängig davon, welchem Recht der Arbeitsvertrag des betroffenen Ladenangestellten unterliegt. Nach dem Vollmachtstatut richtet sich weiterhin, ob und unter welchen Voraussetzungen eine Überschreitung der vom Vertretenen dem Vertreter im Innenverhältnis gesetzten Grenzen trotz der im Außenverhältnis bestehenden Vertretungsmacht das Vertretergeschäft unwirksam macht (**Missbrauch der Vertretungsmacht**)[238].

98 Das Vollmachtstatut regelt ebenfalls, welche Folgen die **Beendigung des Innenverhältnisses** für die Vollmacht des Vertreters hat, ungeachtet der Tatsache, dass sich die Beendigung des Innenverhältnisses selbst naturgemäß nach dem auf das letztere anwendbaren Recht richtet[239].

99 5. Anknüpfung. Während einhellige Meinung ist, dass die für die gewillkürte Stellvertretung geltenden Regeln (anders als bei der organschaftlichen und gesetzlichen Stellvertretung, s Rn 78) nicht dem über das Innenverhältnis zwischen Geschäftsherrn und Vertreter regierenden Recht zu entnehmen sind, herrscht Streit über die Frage, was stattdessen gelten soll. Das EGBGB hilft bei der Lösung nicht. Art 37 Nr 3 ist nur die negative Feststellung zu entnehmen, dass der Gesetzgeber in Art 27 ff nicht auch die Anknüpfung der Vollmacht bei Schuldverträgen iS einer Unterstellung unter das Geschäftsstatut verbindlich regeln wollte. Das schließt aber nicht aus, auf Grund einer **ungeschriebenen Regel** die **Vollmacht dem Geschäftsstatut** zu unterstellen, wie es eine Mindermeinung mit beachtlichen Argumenten tut[240]; der notwendige Schutz des Vertretenen vor einer ihm unzumutbaren Bindung wird nach diesem Ansatz über Art 31 Abs 2 gewährleistet[241]. Nach **ganz hM** ist demgegenüber (vorbehaltlich einer statthaften Rechtswahl, s Rn 100) an die **Niederlassung des Vertreters**, hilfsweise an den **Gebrauchsort der Vollmacht** anzuknüpfen. Schon weil diese Auffassung die Praxis der Gerichte beherrscht, wird von ihr in der folgenden Darstellung ausgegangen. Trotz der nicht zu übersehenden Abgrenzungsschwierigkeiten zum Geschäftsstatut spricht für sie in Zeiten europäischer Vereinheitlichungsbestrebungen zudem die Tatsache, dass die europäischen Länder, die diese Frage gesetzlich geregelt haben, ebenfalls die Niederlassung des Vertreters und/oder den Gebrauchsort zum Ausgangspunkt nehmen[242]. Damit ist hier auch anderen Auffassungen nicht nachzugehen, die – mit Abweichungen in den Details – eine Anknüpfung an den Sitz des Vertretenen mit Schutz des Drittkontrahenten über den Rechtsgedanken des Art 12[243] oder eine Kumulation dieses Rechts mit dem Recht am Gebrauchsort[244] favorisieren[245].

100 a) Subjektive Anknüpfung. aa) Zulässigkeit einer Rechtswahl. In der Rspr fehlt es an eindeutigen Stellungnahmen zu der Frage, ob die Wahl des Vollmachtstatuts zulässig ist. Es ist aber der hM in der Literatur beizupflichten, die eine **Wahlmöglichkeit** dann befürwortet, wenn auch das vom Vertreter abgeschlossene Geschäft der Rechtswahl zugänglich ist (also insbes bei Schuldverträgen)[246]. Es gibt keinen Grund für eine unterschiedliche Behandlung von Vollmachterteilung und Vertretergeschäft in dieser Hinsicht[247]. Eine Reihe anderer europäischer Rechte teilt diese Auffassung[248]. Eine **konkludente Rechtswahl** kann (muss aber nicht) schon darin liegen, dass der Vertretene sich bei Bevollmächtigung erkennbar auf die eigene Rechtsordnung bezieht, etwa durch die Ernennung zum „Prokuristen" und die entsprechende Eintragung im deutschen Handelsregister[249]. In solchen Fällen dürfte aber in aller Regel die objektive Anknüpfung an die Niederlassung (Rn 103) zum gleichen Ergebnis führen. Mit Einverständnis aller drei Beteiligten kann eine Rechtswahl auch **nach Abschluss des Vertretergeschäfts** erfolgen[250].

101 bb) Wahlberechtigte. Ob die Bestimmung des Vollmachtstatuts **einseitig durch den Vertretenen** als Vollmachtgeber erfolgen kann[251] oder einem echten Rechtswahlvertrag zwischen Vertretenem

---

[238] RGZ 134, 67, 71; MünchKommBGB/*Spellenberg* Vor Art 11 Rn 270.
[239] *Reithmann/Martiny/Hausmann* Rn 2477.
[240] MünchKommBGB/*Spellenberg* Vor Art 11 Rn 272 ff; zust etwa *Coester-Waltjen/Mäsch*, Übungen in Internationalen Privatrecht und Rechtsvergleichung, 3. Aufl 2008, S 94.
[241] MünchKommBGB/*Spellenberg* Vor Art 11 Rn 287 f.
[242] Vgl § 49 österr IPRG; Art 126 Schweizer IPRG; Art 60 ital IPRG; Art 39 portug CC; Art 10 Abs 11 span CC (alle wiedergegeben in *Riering*, IPR-Gesetze in Europa, 1997) und Art 11 des in Frankreich, den Niederlanden und Portugal geltenden Haager Übereinkommens über das auf die Stellvertretung anwendbare Recht vom 14. 3. 1978 (aaO).
[243] *Kegel/Schurig* IPR § 17 V 2 a; *Dorsel* MittRhNotK 1997, 9, 10 f; vgl auch *Ebenroth* JZ 1983, 821, 824.
[244] *Luther* RabelsZ 38 (1974), 421, 436 ff.
[245] Knapper Überblick über die vertretenen Auffassungen bei MünchKommBGB/*Spellenberg* Vor Art 11 Rn 247.
[246] *Reithmann/Martiny/Hausmann* Rn 2435; *Soergel/Lüderitz* Art 10 Anh Rn 101; MünchKommBGB/*Spellenberg* Vor Art 11 Rn 226; *Kropholler* IPR § 41 I 2 e.
[247] So zu Recht MünchKommBGB/*Spellenberg* Vor Art 11 Rn 226.
[248] § 49 Abs 1 österr IPRG; Art 10 Abs 11 span CC (Nachweise aaO); Frankreich, Niederlande, Portugal: Art 14 Haager Übereinkommen über das auf die Stellvertretung anwendbare Recht vom 14. 3. 1978 (aaO); Schweiz: vgl *Girsberger/Heini* ua (Hrsg), IPRG/*Keller/Girsberger*, 2. Aufl 2004, Art 126 Rn 50.
[249] So zu Recht MünchKommBGB/*Spellenberg* Vor Art 11 Rn 233 mit Beispielen auch aus anderen Rechtsordnungen.
[250] Str, *Bauer*, Grenzen nachträglicher Rechtswahl durch Rechte Dritter im Internationalen Privatrecht, 1992, S 31; aA *Ruthig* S 126 f; diff *Fischer* IPRax 2005, 269 (271 f: Dritter oder Vertreter müssen einer nachträglichen Rechtswahl nicht zustimmen, wenn sie ihre Position verbessert, wie es vor der Entstehung einer wirksamen Vollmacht der Fall ist).
[251] So *Kropholler* IPR § 41 I 2 e; *Reithmann/Martiny/Hausmann* Rn 2436: daneben auch Rechtswahlvertrag möglich; unklar *Fischer* S 294: es reicht, wenn „Vollmachtmitteilung oder -urkunde eine entspr klare Rechtswahl enthält".

und dem Drittkontrahenten vorbehalten ist[252], ist ohne erkennbare praktische Bedeutung, da auch die Anhänger der ersteren Auffassung verlangen, dass der **Dritte** vor dem Geschäftsabschluss **Kenntnis** von der Wahl des Vertretenen gehabt haben muss (vgl Rn 99 aE mwN); schließt der Dritte in diesem Wissen den Vertrag mit dem Vertreter, kann man darin zugleich eine konkludente Zustimmung zu einer Rechtswahlvereinbarung iS der zweiten Auffassung sehen[253]. Ebenfalls ohne praktische Relevanz ist wohl die – wegen der von der Beurteilung der Vollmacht durch das Vollmachtstatut abhängigen Haftung als **falsus procurator** zu bejahende[254] – Frage, ob auch der **Vertreter** mit der Wahl des Vollmachtsstatuts einverstanden sein muss. Ist die Rechtswahl für den Dritten erkennbar, wird sie dies in aller Regel ebenfalls für den Vertreter sein, der ihr durch den Gebrauch der Vollmacht konkludent zustimmt.

cc) Wirksamkeit der Wahl. Die Wirksamkeit der Wahl des Vollmachtsstatuts wird man entspr Art 27 Abs 4, 31 am gewählten Recht zu messen haben. Für die Form der Rechtswahl vgl Art 11 Rn 18. **102**

b) Objektive Anknüpfung. aa) Niederlassung des Vertreters. Die Vertretungsmacht von Personen, die unternehmensbezogene Geschäfte **ständig von einer bestimmten Niederlassung aus** schließen, unterliegt dem am Ort dieser Niederlassung geltenden Recht[255], weil in dieser Konstellation für den Rechtsverkehr nahe liegt, dass der Vertreter seine Tätigkeit auf dem Boden dieser Rechtsordnung entfaltet und entfaltet, auch wenn sie grenzüberschreitende Wirkungen hat[256]. Soll dieses vom Gebrauchsort (Rn 106) der Vollmacht losgelöste Anknüpfungskriterium eigenständigen Sinn machen, muss das Recht am Ort der Niederlassung gerade auch für die Vertretungsmacht bei solchen Geschäften gelten, die der Vertreter außerhalb dieses Landes tätigt, sofern der Bezug auf die Niederlassung – etwa durch den verwendeten Briefkopf etc – für den Drittkontrahenten erkennbar ist[257]. Die Rspr hat über diese Konsequenz freilich noch nicht ausdrücklich entschieden[258]. **103**

Die Anknüpfung an die Niederlassung erfasst die Tätigkeit sowohl selbstständiger[259] als auch unselbstständiger[260] Vertreter, also Handelsvertreter ebenso wie Angestellte des Unternehmens, wobei in letzterer Hinsicht weiterhin keine Rolle spielt, ob es sich um leitende oder sonstige Angestellte handelt und ob ihnen Prokura, Handlungsvollmacht oder Vollmacht in sonstiger Form eingeräumt wurde[261]. Einziger Unterschied ist, dass es bei den selbstständigen Vertretern auf ihre eigene Niederlassung ankommt, während für unselbstständig Beschäftigte die Niederlassung ihres Arbeitgebers entscheidet, der sie erkennbar zugeordnet sind[262], hilfsweise dessen hauptsächlicher Verwaltungssitz[263]. **104**

Der Niederlassung gleich steht für die Vertretungsmacht des Schiffskapitäns das **Recht der Flagge** seines Schiffes (wohl allgM)[264] und für eine familienrechtliche **„Dauervollmacht" zwischen Ehegatten** deren **gemeinsamer gewöhnlicher Aufenthaltsort**[265]. Dieses Recht ist jeweils unabhängig davon maßgeblich, wo die konkreten Vertretergeschäfte getätigt werden. **105**

bb) Gebrauchsort. (1) Allgemein. Die Vollmacht von Vertretern, welche keiner Niederlassung oder einem „niederlassungsgleichen" Ort (Rn 105) zugeordnet werden können, oder die ein Geschäft abschließen, das außerhalb ihrer auf die Niederlassung bezogenen beruflichen Tätigkeit steht – **Gelegenheitsvertreter,** Handelsreisende ohne feste Niederlassung –, wird an den **Gebrauchsort (Wirkungsort)** angeknüpft[266]. Dies wird mit der Notwendigkeit des **Schutzes des Drittkontrahenten** begründet, der anhand dieses Rechts die Wirksamkeit und den Umfang der Vollmacht des Vertreters am leichtesten und zuverlässigsten prüfen kann[267]. Unklar ist, welches Recht gelten soll, wenn der vom Vollmachtgeber intendierte und der reale Gebrauchsort auseinanderfallen. Der mit der Anknüpfung verfolgte Schutz des Dritten spricht dafür, in diesem Fall vom **tatsächlichen Gebrauchsort** auszugehen (hM), sofern der Dritte den bestimmungswidrigen Gebrauch der Vollmacht nicht kannte oder kennen musste[268]; zum Schutz des Vertretenen in diesem Fall s Rn 118. Die Rspr hatte diese Konstellation, soweit ersichtlich, noch in keinem Verfahren ausdrücklich zu entscheiden; in den Urteilsbegrün- **106**

---

[252] Art 14 Haager Übereinkommen über das auf die Stellvertretung anwendbare Recht vom 14. 3. 1978 (aaO); wohl auch MünchKommBGB/*Spellenberg* Vor Art 11 Rn 225, 229.
[253] Zutr MünchKommBGB/*Spellenberg* Vor Art 11 Rn 229.
[254] Vgl MünchKommBGB/*Spellenberg* Vor Art 11 Rn 230.
[255] BGH NJW 1990, 3088; OLG Frankfurt IPRspr 1968/69 Nr 21; LG Bielefeld IPRax 1990, 315, 316; in der Sache auch schon BGHZ 43, 21, 26, wo aber die Anknüpfung an den Ort einer Außenhandelsniederlassung als Anknüpfung an den „Gebrauchsort" bezeichnet wird; *Reithmann/Martiny/Hausmann* Rn 2444 mwN.
[256] Vgl *Reithmann/Martiny/Hausmann* Rn 2444.
[257] *Reithmann/Martiny/Hausmann* Rn 2446; *Ruthig* S 40; aA etwa *v. Bar* IPR II Rn 592; *Fischer* S 298 f.
[258] In der Sache aber wohl OLG Frankfurt IPRax 1986, 373, 375: Vertretungsmacht für *in concreto* in der Schweiz handelnden Generalbevollmächtigten einer deutschen KG dem deutschen Recht an deren Sitz unterstellt, dies aber als „Wirkungs"-Anknüpfung bezeichnend.
[259] *Reithmann/Martiny/Hausmann* Rn 2444.
[260] *Kropholler* IPR § 41 I 2 c.
[261] *Reithmann/Martiny/Hausmann* Rn 2442 f.
[262] Vgl LG Bielefeld IPRax 1990, 315, 316.
[263] *Kropholler* IPR § 41 I 2 c; so auch Art 126 Abs 3 Schweizer IPRG.
[264] Statt aller *Palandt/Heldrich* Art 32 Anh Rn 2.
[265] BGH NJW-RR 1990, 248, 250.
[266] ZB BGH NJW 2004, 1315, 1316; NJW 1982, 2733; DNotZ 1994, 485; BayObLG NJW-RR 1988, 873; OLG Düsseldorf IPRspr 2003, Nr 25; *Palandt/Heldrich* Art 32 Anh Rn 1.
[267] BGHZ 43, 21, 26; vgl *Reithmann/Martiny/Hausmann* Rn 2432.
[268] *Kropholler* IPR § 41 I 2 a; *Reithmann/Martiny/Hausmann* Rn 2439; *Erman/Hohloch* Art 37 Rn 16.

dungen verwendet sie ohne Problembewusstsein Formulierungen, die sowohl auf die eine als auch auf die andere Lösung hindeuten[269].

107 **(2) Bestimmung des Gebrauchsortes.** Der Gebrauchs- oder Wirkungsort einer Vollmacht ist der Ort, an dem der Vertreter seine rechtsgeschäftliche Erklärung gegenüber dem Dritten **abgibt** (allgM), also der Ort, wo er seine mündliche Erklärung äußert oder seine schriftliche Erklärung auf den Weg bringt[270] oder von dem aus er telefoniert[271], ein Fax oder eine E-Mail (näher Art 11 Rn 43 mwN) abschickt etc. Der Ort des Zugangs seiner Willenserklärung oder der Ort, an dem er seine Vollmacht dem Dritten gegenüber nachweist, sind unbeachtlich[272]. Bei der Prüfung der **Genehmigung vollmachtlosen Handelns** (Rn 94) und der Vertretungsmacht kraft Rechtsschein (Rn 114) gilt diese Anknüpfung an den Ort der Vertretererklärung ebenso, auch wenn man hier von einem „Gebrauchsort der Vollmacht" nur schwer sprechen kann.

108 Wird von einer (General- oder Dauer-)**Vollmacht für mehrere Geschäfte an unterschiedlichen Orten Gebrauch** gemacht, so gilt für jedes vom Vertreter abgeschlossene Geschäft ein anderes Vollmachtsstatut[273], sofern nicht die in Rn 103 f dargestellte vorrangige Anknüpfung an den Ort der Niederlassung oder verwandte Einheitskriterien greift.

109 **cc) Sonderregeln.** Für Vollmachten für bestimmte Geschäftstypen geht die Praxis von den folgenden feststehenden Anknüpfungen aus, wobei für praktische Zwecke dahin stehen kann, inwieweit es sich um Spezialregeln handelt, die Vorrang vor den Anknüpfungen in Rn 103 bis 108 beanspruchen, oder um bloße klarstellende Anwendungsfälle dieser Anknüpfungen.

110 **(1) Grundstücksgeschäfte.** Bei **Verfügungen** über **Immobiliarrechte** ist die gewillkürte Vertretungsmacht immer nach der **lex rei sitae** zu beurteilen[274]; Gleiches soll für die Vollmacht zur „Verwaltung" eines Grundstücks gelten[275]. Ob sich diese Anknüpfung auch gegen eine etwaige Rechtswahl durchsetzt, ist noch nicht entschieden, aber zu verneinen, da der Dritte nicht gegen seinen Willen geschützt werden muss. Für das **schuldrechtliche Grundgeschäft** bleibt es bei den allgemeinen Regeln[276].

111 **(2) Prozessvollmacht.** Die Prozessvollmacht des Rechtsanwalts richtet sich nach der lex fori[277]. Davon zu unterscheiden ist die nach den obigen Kriterien zu beurteilende Frage, wer in (organschaftlicher, gesetzlicher, gewillkürter) Vertretung des Mandanten diese Vollmacht erteilen kann[278].

112 **(3) Börsengeschäfte, Versteigerungen.** Vollmachten für Börsengeschäfte und für die Teilnahme an Versteigerungen werden dem am Börsenplatz bzw Versteigerungsort geltenden Recht unterstellt[279].

113 **(4) Konnossement.** Die Vollmacht zur Ausstellung eines Konnossements ist nach zutreffender Auffassung an das Ausstellungsort des Konnossements anzuknüpfen[280].

114 **c) Rechtsschein einer Vollmacht.** Steht nach dem anhand der obigen Regeln ermittelten Recht fest, dass der Vertreter ohne wirksame Vollmacht gehandelt und der Vertretene das Geschäft auch nicht genehmigt hat, stellt sich die Frage, ob der Vertreter den letzteren dennoch kraft des diesem zurechenbaren Rechtsscheins einer Bevollmächtigung[281] binden konnte. Aus deutscher Sicht geht es hier vor allem um den internationalen Anwendungsbereich der Grundsätze über die **Anscheins- und Duldungsvollmacht**. Schon die verschwimmende Grenze zwischen Duldungsvollmacht und konkludent erteilter Vollmacht zeigt, dass es wenig Sinn macht, über die Vertretungsmacht kraft Rechtsschein ein anderes Recht als über die tatsächliche Bevollmächtigung entscheiden zu lassen. Nach **hM** sind deshalb „Rechtsscheinvollmachten" nach dem Recht zu beurteilen, dem in der konkreten Situation auch eine tatsächliche Bevollmächtigung unterworfen wäre, also nach dem (hypothetischen) **Vollmachtsstatut**[282]. Es gelten die in Rn 103 bis 108 dargestellten Regeln (Niederlassung des Vertreters, „Ge-

---

[269] Intendierter Gebrauchsort: BGH DNotZ 1994, 485, 487; OLG Koblenz IPRax 1994, 302, 304; realer Gebrauchsort: BGH NJW 1990, 3088.
[270] Vgl OLG Frankfurt IPRspr 1968/69 Nr 21.
[271] OLG Saarbrücken IPRspr 1968/69 Nr 19 a.
[272] *Reithmann/Martiny/Hausmann* Rn 2433.
[273] BGH IPRspr 1958/59 Nr 38: Dauervollmacht für die Durchsetzung von Erbrechten in verschiedenen Staaten (nur) im Hinblick auf die Wirkungen in Deutschland dem deutschen Recht unterworfen; *v. Caemmerer* RabelsZ 24 (1959), 201, 207; aA noch *Reithmann/Martiny/Hausmann*, 5. Aufl 1996, Rn 1740: Schwerpunkt entscheidet, unter Bezugnahme auf die Entscheidung BGH NJW-RR 1990, 248, in der nach der bei vertretenen Deutung aber an den „niederlassungsgleichen" gemeinsamen gewöhnlichen Aufenthalt der Eheleute angeknüpft wurde, Rn 105.
[274] BGH NJW 1963, 46, 47; RGZ 149, 93, 94; OLG Stuttgart DNotZ 1981, 746; *Palandt/Heldrich* Art 32 Anh Rn 2.
[275] OLG Frankfurt IPRspr 1962/63 Nr 164; *Kropholler* IPR § 41 I 2 d.
[276] Str, inzidenter BGH NJW-RR 1990, 248: „Dauervollmacht" zwischen in Deutschland ansässigen Eheleuten auch insoweit nach deutschem Recht beurteilt – s Rn 105 –, als sie auch für die Bevollmächtigung durch den Ehemann für beide Eheleute erklärte Genehmigung des Verkaufs eines gemeinsamen spanischen Grundstücks durch einen Dritten bezog; *Reithmann/Martiny/Hausmann* Rn 2454; *Erman/Hohloch* Art 37 Rn 17; *Soergel/Lüderitz* Art 10 Anh Rn 101, 90; aA *Leible* IPRax 1998, 257, 258 mwN; *Schäfer* IPRax 1996, 189, 190.
[277] AllgM, vgl zB BGH IPRax 1991, 247.
[278] MünchKommBGB/*Spellenberg* Vor Art 11 Rn 219.
[279] *Kropholler* IPR § 41 I 2 d; *Reithmann/Martiny/Hausmann* Rn 2456.
[280] Näher *Mankowski* TranspR 1991, 253, 258 ff.
[281] Zum Rechtsschein einer organschaftlichen Vertretungsmacht s Art 12 Rn 80.
[282] OLG Frankfurt IPRspr 1968/69 Nr 21; OLG Saarbrücken IPRspr 1968/69 Nr 19 a; aus der Lit zB *Kropholler* IPR § 41 I 3; *Reithmann/Martiny/Hausmann* Rn 2480; *Leible* IPRax 1998, 257, 260.

brauchs"-Ort etc). Der BGH hat demgegenüber in einer älteren Entscheidung auf den Ort abgestellt, „**an dem der Rechtsschein entstanden ist und sich ausgewirkt hat**"[283], ohne diese enigmatische Formel näher zu erläutern. Im konkreten Fall sollte sie in Abgrenzung zu einer anderen BGH-Entscheidung zur tatsächlichen Bevollmächtigung[284] rechtfertigen, warum die Anscheinsvollmacht der Mitarbeiter einer osteuropäischen Außenhandelsvertretung in Deutschland für Außenhandelsunternehmen ihres Landes nicht an den „Ort der Bevollmächtigung oder die Staatsangehörigkeit oder das Domizil des Vollmachtgebers"[285] angeknüpft werden könne, sondern dem deutschen Recht am Sitz der Vertretung unterliege. Dies deckt sich aber mit der Anknüpfung der tatsächlichen Vollmacht an den Ort der Niederlassung (Rn 103) und stellt deswegen in der Sache keine Abweichung von der auch hier vertretenen hM zur (vollmachts-) akzessorischen Anknüpfung der Rechtsscheinsvollmacht dar[286]. Nur wer den BGH dahingehend interpretieren will, dass es auf den Ort ankommen soll, an dem der Dritte „an den Rechtsschein glaubt"[287] (also regelmäßig dessen Sitz), käme zu einem anderen Ergebnis[288], das aber schon deshalb nicht zu rechtfertigen ist, weil die Interessenlage der Beteiligten bei tatsächlicher und Rechtsscheinsvollmacht identisch ist und eine differenzierende Anknüpfung nicht verträgt[289].

Zum Schutz des Vertretenen vor einer unangemessenen Bindung über eine Rechtsscheinvollmacht **115** über Art 31 Abs 2 s Rn 118.

6. Vertrauensschutz des Dritten, des Vertretenen und des Vertreters bei objektiver An- 116 knüpfung der Vollmacht. Das Recht, das nach hM gemäß den obigen Regeln in Ermangelung einer Rechtswahl der Parteien über den Bestand der Vertretungsmacht kraft Vollmacht oder Rechtsschein entscheidet, ist nicht unbedingt das, an dem die Beteiligten (Vertreter, Vertretener und Drittkontrahent) jeweils ihre Erwartungen ausrichten. Es fragt sich deshalb, ob und inwieweit sie in ihrem Vertrauen auf eine abweichende Rechtslage zu schützen sind.

a) Vertrauensschutz des Drittkontrahenten. Die Anknüpfung der Vollmacht an die Nieder- **117** lassung des Vertreters bzw an den Gebrauchsort und die diese ergänzenden Sonderregeln (Rn 105–113) werden gerade mit der Notwendigkeit begründet, im Interesse des Drittkontrahenten auf verlässliche und für ihn erkennbare Kriterien abzustellen[290]; folgerichtig ist **kein Raum für (weiteren) Vertrauensschutz zu seinen Gunsten**. Deshalb kann beispielsweise zur Begründung einer Anscheinsvollmacht des im Ausland niedergelassenen Vertreters nicht auf das Recht am inländischen Sitz des Dritten zurückgegriffen werden[291]. Anders sieht das nur eine Mindermeinung, die ganz grds auch bei einem Vertreter mit Niederlassung immer an den tatsächlichen Gebrauchsort der Vollmacht anknüpfen will (vgl Rn 99 aE mwN).

b) Vertrauensschutz des Vertretenen. aa) Rechtsscheinvollmacht. Der Vertretene kann sich **118** nach hM jedenfalls gegenüber einer auf das Vollmachtsstatut gestützten Rechtsscheinvollmacht **entspr Art 31 Abs 2** auf das an seinem Sitz oder gewöhnlichen Aufenthaltsort geltende Recht berufen, wenn nach diesem eine Rechtsscheinhaftung in der konkreten Situation nicht gegeben ist und er mit der Anwendung eines anderen Rechts nicht rechnen musste[292]. Wann letzteres der Fall ist, ist allerdings bislang unklar geblieben. Ausgeschlossen erscheint ein erfolgreicher „Rückzug" des Vertretenen auf sein eigenes Recht bei Vertretern, die mit seinem Willen von einer ausländischen Niederlassung aus tätig werden (Rn 103). Aber auch bei Gelegenheitsvertretern (Rn 106) dürfte der Vertretene die Folgen für die Rechtsanwendung zu tragen haben, wenn er jedenfalls der Tätigkeit des als Vertreter aufgetretenen Person (irgendwo) im Ausland zugestimmt hat.

bb) Tatsächliche Vollmacht. Ob der Vertretene gegen seine vertragliche Verpflichtung durch **119** einen tatsächlich mit Vollmacht ausgestatteten Vertreter einwenden kann, diese Vollmacht sei nach „seinem" Recht iS des Art 31 Abs 2 nicht wirksam oder decke ihrem Umfang nach das konkrete Geschäft nicht, ist innerhalb der hM nicht geklärt. Es ist jedoch nicht ersichtlich, warum diese Fallgruppe anders als die Rechtsscheinvollmacht (Rn 118) zu behandeln wäre.

c) Vertrauensschutz des Vertreters. Noch wenig Aufmerksamkeit hat innerhalb der hM die Frage **120** gefunden, ob sich der Vertreter gegen eine drohende Haftung als falsus procurator erfolgreich mit dem Argument wehren kann, nach „seinem" Recht (das noch näher zu bestimmen ist) habe er anders als nach dem Vollmachtsstatut im Rahmen einer wirksamen Vollmacht gehandelt. Will man sich jedoch nicht in Widerspruch setzen zu der Bevorzugung des Vertretenen durch die diesem ermöglichte

---

[283] BGHZ 43, 21, 27, ohne weitere Erläuterung wiederholt in BGH NJW 2007, 1529, 1530; ihm folgend etwa OLG Karlsruhe IPRax 1987, 237, 239, sondern krit zum BGH *Kropholler* NJW 1965, 1641.
[284] BGH LM Art 11 Nr 2.
[285] BGHZ 43, 21, 27.
[286] In der Sache wohl ebenso *Palandt/Heldrich* Art 32 Anh Rn 3; *Erman/Hohloch* Art 37 Rn 19, die lediglich verkürzend die Anknüpfung des BGH an den Entstehungs- und Wirkungsort des Rechtsscheins mit der von ihnen zum Grundsatz erhobenen Anknüpfung an den tatsächlichen Gebrauchsort der Vollmacht gleichsetzen.
[287] *Leible* IPRax 1998, 257, 260.
[288] So offenbar OLG Koblenz IPRax 1987, 237, 239: Anscheinsvollmacht eines im Wesentlichen von seinem Büro in Italien aus agierenden, aber für die Beurteilung einer Mängelrüge nach Deutschland gereisten Handelsagenten gegenüber einem in Deutschland ansässigen Kunden nach deutschem Recht beurteilt.
[289] Näher *Leible* IPRax 1998, 257, 260.
[290] Vgl hier nur *Kropholler* IPR § 41 I 2.
[291] AA OLG Koblenz IPRax 1987, 237, 239.
[292] *Reithmann/Martiny/Hausmann* Rn 2480; *Palandt/Heldrich* Art 32 Anh Rn 3; *Soergel/Lüderitz* Art 10 Anh Rn 107; aA *Erman/Hohloch* Art 37 Rn 19.

Berufung auf sein eigenes Recht zur Abwehr einer für ihn von einem Vertreter eingegangenen vertraglichen Verpflichtung (Rn 117), kommt man nicht umhin, das Vertrauen des Vertreters auf seine Vertretungsmacht generell nicht für schützenswert zu halten. Immerhin hat er es ja in der Hand, in unklaren Situationen einen Geschäftsabschluss mit dem Dritten zu verweigern.

121 **d) Form der Vollmacht.** Welche Formvorschriften bei der Vollmachterteilung zu beachten sind, beurteilt sich nach Art 11 (allgM). Nach Art 11 Abs 1 genügt damit alternativ die Einhaltung der Form des am Ort der Vollmachterteilung geltenden Rechts oder des Vollmachtsstatuts[293]. Dies gilt auch für die Form der Auflassungsvollmacht; die zwingende Anknüpfung des Art 11 Abs 5 an die lex rei sitae greift selbst bei einer unwiderruflichen Vollmacht nicht ein (Art 11 Rn 62)[294]. Ebenso berührt Art 11 Abs 4 die Vollmacht für schuldrechtliche Grundstücksgeschäfte nicht[295].

Art 11 Form von Rechtsgeschäften

(1) Ein Rechtsgeschäft ist formgültig, wenn es die Formerfordernisse des Rechts, das auf das seinen Gegenstand bildende Rechtsverhältnis anzuwenden ist, oder des Rechts des Staates erfüllt, in dem es vorgenommen wird.

(2) Wird ein Vertrag zwischen Personen geschlossen, die sich in verschiedenen Staaten befinden, so ist er formgültig, wenn er die Formerfordernisse des Rechts, das auf das seinen Gegenstand bildende Rechtsverhältnis anzuwenden ist, oder des Rechts eines dieser Staaten erfüllt.

(3) Wird der Vertrag durch einen Vertreter geschlossen, so ist bei Anwendung der Absätze 1 und 2 der Staat maßgebend, in dem sich der Vertreter befindet.

(4) Verträge, die ein dingliches Recht an einem Grundstück oder ein Recht zur Nutzung eines Grundstücks zum Gegenstand haben, unterliegen den zwingenden Formvorschriften des Staates, in dem das Grundstück belegen ist, sofern diese nach dem Recht dieses Staates ohne Rücksicht auf den Ort des Abschlusses des Vertrages und auf das Recht, dem er unterliegt, anzuwenden sind.

(5) Ein Rechtsgeschäft, durch das ein Recht an einer Sache begründet oder über ein solches Recht verfügt wird, ist nur formgültig, wenn es die Formerfordernisse des Rechts erfüllt, das auf das seinen Gegenstand bildende Rechtsverhältnis anzuwenden ist.

Schrifttum: *Barmeyer*, Die Anerkennung ausländischer, insbes englischer Beurkundungen auf dem Gebiet des Gesellschaftsrechts in Deutschland, 1996; *Benecke*, Auslandsbeurkundungen im GmbH-Recht, RIW 2002, 280; *Goette*, Auslandsbeurkundungen im Kapitalgesellschaftsrecht, FS Boujong, 1996, S 131; *Kröll*, Beurkundung gesellschaftsrechtlicher Vorgänge durch einen ausländischen Notar, ZGR 2000, 111; *Reithmann*, Substitution bei Anwendung der Formvorschriften des GmbH-Gesetzes, NJW 2003, 385; *Ulrich/Böhle*, Die Auslandsbeurkundung im M&A-Geschäft, GmbHR 2007, 566.

Übersicht

	Rn		Rn
I. Normzweck, Grundsatz	1	b) Rechtswahlvertrag	18
II. Staatsverträge, Europarecht	2	c) Gerichtsstandsvereinbarung, Schiedsabrede, vollstreckbare Urkunde	19
III. Vorrangige Spezialregeln	3	2. Formvorschriften	20
1. Eheschließung im Inland	3	a) Allgemein	20
2. Verfügungen von Todes wegen	4	b) Einzelne Abgrenzungsfragen	22
3. Verbraucherverträge, Arbeitsverträge	5	3. Folgen von Formfehlern	28
4. Time-Sharing-Verträge, Fernabsatzverträge	6	VII. Regelanknüpfung (Abs 1–3)	29
5. Kartellrechtliche Formvorschriften, Sonstiges	7	1. Alternative Geltung von Geschäfts- und Ortsrecht (Abs 1)	29
IV. Abdingbarkeit	10	a) Günstigkeitsvergleich	29
V. Probleme des Allgemeinen Teils	11	b) Geschäftsstatut	31
1. Verweis auf Staaten mit mehreren Teilrechtsordnungen	11	c) Ortsform	42
2. Rück- und Weiterverweisungen	12	2. Distanzverträge (Abs 2)	49
3. Ordre public, Gesetzesumgehung	13	a) Dreifache Wahlmöglichkeit	49
4. Einfluss des Gemeinschaftsrechts	15	b) Vornahmeort	50
5. Intertemporale Anwendbarkeit	16	c) Sachlicher Anwendungsbereich	51
VI. Anwendungsbereich	17	3. Vertragsschluss durch Stellvertreter (Abs 3)	52
1. Erfasste Geschäfte	17	VIII. Ausschluss der Ortsform	53
a) Grundsatz	17	1. Schuldrechtliche Immobiliarverträge (Abs 4)	54
		a) Allgemeines, Anwendungsbereich	54

---

[293] OLG Stuttgart DNotZ 1981, 746, 747 = MDR 1981, 405; *Palandt/Heldrich* Art 32 Anh Rn 3.
[294] Str, OLG Stuttgart DNotZ 1981, 746, 747 = MDR 1981, 405.
[295] Str, *Reithmann/Martiny/Hausmann* Rn 2471; aA MünchKommBGB/*Spellenberg* Vor Art 11 Rn 292.

b) Deutsche international zwingende Formvorschriften	56
c) Ausländische international zwingende Formvorschriften	57
2. Dingliche Verfügungsgeschäfte (Abs 5)	58
a) Allgemeines, Anwendungsbereich	58
b) Analoge Anwendung	60
c) Fehlende Trennung zwischen schuldrechtlichem und dinglichem Geschäft im anwendbaren Recht	61
d) Vollmacht für Immobilienverfügungen	62
e) Auflassung deutscher Grundstücke vor ausländischem Notar	63
IX. Gesellschaftsrechtliche Vorgänge	65
1. Meinungsstand zur Anknüpfung von Formfragen	65
2. Praktische Vorgehensweise	66
a) Gleichwertigkeitsprüfung	66 a
b) Ortsform	67
3. Gesellschafter-/Hauptversammlung im Ausland	70
X. Legalisation	72

I. Normzweck, Grundsatz

Die Existenz des Art 11 stellt zunächst klar, dass für die **Teilfrage**[1] **der Formwirksamkeit** eines Rechtsgeschäfts nicht automatisch die Normen des Rechts gelten, das für den Inhalt des Geschäfts und seine materielle Wirksamkeit maßgibt (Geschäftsstatut, Wirkungsstatut). Art 11 Abs 1 eröffnet vielmehr eine **Alternative:** Ein Rechtsgeschäft ist als formwirksam anzusehen, wenn es entweder den Formvorschriften des Geschäftsstatuts oder den für die Parteien oft einfacher zu ermittelnden und einzuhaltenden Regeln am Abschlussort genügt. Damit wird iS des **favor negotii** die Formgültigkeit des Geschäfts begünstigt. Der Schutz der (schwächeren) Partei vor unüberlegtem Handeln, dem materielle Formenstrenge neben der bloßen Beweisfunktion häufig dient, wird dadurch internationalprivatrechtlich abgewertet[2], weshalb es nur konsequent ist, dass für **Verbraucherverträge Abweichendes** gilt (Rn 5). 1

II. Staatsverträge, Europarecht

Bei der IPR-Reform 1986 konnte in Art 11 Art 9 des Römischen Vertragsrechtsübereinkommens (EVÜ)[3] inkorporiert werden, weil dessen auf Schuldverträge beschränkte Anknüpfungsregeln von den darüber hinausgehenden Art 11 nicht abweichen. Lediglich Art 9 Abs 5 EVÜ bildet eine Ausnahme; diese Sonderbestimmung für Verbraucherverträge wurde wegen des Sachzusammenhangs folgerichtig als Art 29 Abs 3 in das deutsche Recht übernommen (s auch Rn 5). Soweit es um **Schuldverträge** geht, sind deshalb auch im Rahmen von Art 11 die Vorschriften der **Art 35 und 36** zu beachten (allgM). 2

Die **Rom I-VO**[4] enthält in Art 11 Anknüpfungsregeln für Formfragen bei Schuldverträgen, die von denen des EVÜ, die sie ersetzen sollen, nur insoweit abweichen, als bei Vertragsschlüssen durch Vertreter zusätzlich die Einhaltung der Formerfordernisse des Rechts des Staates genügt, in dem eine der Vertragsparteien zu dem betreffenden Zeitpunkt ihren gewöhnlichen Aufenthalt hat[5]. 2 a

III. Vorrangige Spezialregeln

1. Eheschließung im Inland. Für die Form der Eheschließung im Inland gilt allein Art 13 Abs 3: Sie unterliegt deutschem Recht. Bei der Alternativanknüpfung des Art 11 Abs 1 verbleibt es hingegen für die **Trauung im Ausland** (allgM): Sie ist formgültig, wenn sie den Anforderungen des Eheschließungsstatuts (Art 13 Abs 1) oder denen am Eheschließungsort genügt[6]. 3

2. Verfügungen von Todes wegen. Die Form von Verfügungen von Todes wegen beurteilt sich nach dem das Haager Testamentsformabkommen inkorporierenden Art 26 (näher s dort). 4

3. Verbraucherverträge, Arbeitsverträge. Die Form von **Verbraucherverträgen** iS von Art 29 richtet sich zwingend nach dem Recht am gewöhnlichen Aufenthaltsort des Verbrauchers (Art 29 Abs 3). Die merkwürdige und uU schwierige Angleichungsprobleme hervorrufende Diskrepanz zum Günstigkeitsprinzip des Art 29 Abs 1 erklärt sich wohl nur aus einer mangelnden Koordination der Arbeit am EVÜ[7]. Eine Sonderregel für **arbeitsrechtliche Willenserklärungen** besteht **nicht**, obwohl die Interessenlage ähnlich derjenigen bei Verbraucherverträgen ist. Arbeitsrechtliche Formvorschriften wie die des § 623 BGB können deshalb bei Abgabe der entsprechenden Willenserklärung im Ausland 5

---

[1] Zum Begriff Einl IPR Rn 67; zu Unrecht als „Vorfrage" bezeichnet etwa von *Palandt/Heldrich* Art 19 Rn 7; MünchKommBGB/*Klinkhardt* Art 19 Rn 46, 48, jeweils zur Form des Vaterschaftsanerkenntnisses.
[2] Krit insoweit auch MünchKommBGB/*Spellenberg* Rn 2 f.
[3] BGBl 1986 II S 810 = *Jayme/Hausmann* Nr 70.
[4] Vorschlag für eine Verordnung des Europäischen Parlaments und des Rates über das auf vertragliche Schuldverhältnisse anzuwendende Recht (Rom I) vom 15. 12. 2005, KOM(2005) 650 endg.
[5] Vgl *Mankowski* IPRax 2006, 101, 108; für eine eingehende Analyse und Kritik des Art 10 Rom I-VO-E und einen nur leicht abgewandelten Gegenvorschlag s Max Planck Institute for Comparative and International Private Law RabelsZ 71 (2007), 225, 318 ff. In der verabschiedeten VO ist die Regelung der Stellvertretung gestrichen worden, vgl Anh Art 10 Rn 79 a.
[6] Vgl zB KG FamRZ 1999, 1130.
[7] Näher *Mäsch*, Rechtswahlfreiheit und Verbraucherschutz, 1993, S 60 ff.

(auf den Zugang kommt es nicht an, s Rn 46) ins Leere laufen. Hilfe über eine Analogie zu Art 29 Abs 3 oder über Art 34 erscheint angesichts der – zu Recht – restriktiven Rspr zu ähnlichen Versuchen[8] nicht möglich. Zum Nachweisgesetz s Rn 26.

6 **4. Time-Sharing-Verträge, Fernabsatzverträge.** Die **besonderen** Formerfordernisse für **Time-Sharing-Verträge** und im Zusammenhang mit **Fernabsatzverträgen** sind, wenn die Voraussetzungen des **Art 29 a** vorliegen, **ohne Alternativanknüpfung ausschließlich § 484 BGB und § 312 c Abs 2 BGB** zu entnehmen, weil Art 29 a die unbedingte Anwendung dieser Normen mit europarechtlichem „Hintergrund" fordert[9]. Gleiches gilt im Erst-Recht-Schluss, wenn sich das deutsche Time-Sharing-Recht der §§ 481 ff BGB oder das deutsche Fernabsatzvertragsrecht der §§ 312 b ff BGB nicht erst über Art 29 a gegen ein ausländisches Vertragsstatut durchsetzt, sondern der jeweilige Time-Sharing- oder Fernabsatzvertrag insgesamt deutschem Recht auf Grund der allgemeinen Kollisionsnormen der Art 27 ff unterworfen ist[10]. Nur dann, wenn weder insgesamt deutsches Vertragsrecht gilt, noch Art 29 a eingreift, bleibt es bei Art 11; in dieser Situation dürfte aber selten ein deutsches Gericht zuständig sein. Formerfordernisse für Time-Sharing-Verträge, die sich aus anderen Umständen als dem Time-Sharing- oder Fernabsatzcharakter ergeben (etwa weil das Geschäft zugleich einen Verbraucherkredit beinhaltet oder die Übertragung von Immobilieneigentum oder gleichgestellter Rechte zum Gegenstand hat), bleiben von Art 29 a unberührt; hier gelten die allgemeinen Regeln (Art 11 Abs 1, 4, 5, ggf Art 29 Abs 3)[11]. Art 11 gilt über Art 27 Abs 4 auch für die Form der Rechtswahl in einem Time-Sharing- oder Fernabsatzvertrag (Rn 18).

7 **5. Kartellrechtliche Formvorschriften, Sonstiges.** Ob kartellrechtliche Formvorschriften für wettbewerbsbeschränkende Abreden, falls es sie nach Beispiel des aufgehobenen § 34 GWB aF im Ausland noch gibt, zu beachten sind und welche Folgen ein etwaiger Verstoß hat, beurteilt sich nach dem vom internationalen Kartellrecht (vgl zum internationalen Anwendungsbereich des deutschen Kartellrechts § 130 Abs 2 GWB) berufenen Recht, wobei jedoch umstritten ist, inwieweit deutsche Gerichte ausländische Kartellvorschriften durchsetzen können oder müssen[12].

8 Für die Form von **Wechsel- und Scheckerklärungen** sind Art 92 WG und Art 62 ScheckG maßgeblich. Für den Protest und ähnliche Handlungen gelten Art 97 WG und Art 66 ScheckG.

9 Im Rahmen ihres Anwendungsbereichs auch für Formfragen vorrangig sind **CMR**[13] und **COTIF**[14], insbes für die Form des Frachtbriefs, sowie das **Konnossement-Abkommen** von 1924[15].

IV. Abdingbarkeit

10 Art 11 ist wie jede geschriebene Kollisionsnorm, die der Privatautonomie nicht ausdrücklich einen Platz einräumt, **nicht abdingbar.** Dies ist wohl unbestritten für die Regelungen in Abs 4 und 5, gilt aber auch für Art 11 Abs 1 mit seinen Hilfsregeln in Abs 2 und 3. Die gesetzlich angeordnete alternative Geltung von Geschäfts- und Ortsrecht ist dem Parteiwillen nicht unterworfen[16]; die Parteien haben nur indirekten Einfluss, soweit das Geschäftsstatut (etwa nach Art 27 Abs 1) gewählt werden kann. Ohne hinreichende Begründung dafür, warum der zwingende Charakter des Kollisionsrechts[17] ausgerechnet (und nur) Art 11 Abs 1 nicht ergreifen soll, sieht das die vom **BGH angeführte hM anders:** Jedenfalls bei Schuldverträgen sollen die Parteien sowohl eines der von Art 11 Abs 1 berufenen Rechte **abwählen** als auch ein **drittes Recht zum Formstatut** bestimmen können[18]. Nach dem BGH soll sogar allein in der **Wahl des (deutschen) Vertragsstatuts** (Geschäftsstatut) zugleich **stillschweigend die Abwahl** des Ortsrechts für die Form liegen[19]. Praktisch erheblich ist dieser Streit allerdings nur

---

[8] Vgl BGH IPRax 1994, 449; NJW 1997, 1697 zu Art 29 und 34; BAG DB 1990, 1668 zu Art 30 und 34.
[9] Vgl bei Art 29 a zum aufgehobenen Art 8 TzWrG: *Hildenbrand/Kappus/Mäsch*, Time-Sharing und TzWrG, 1997, § 8 TzWrG Rn 55; *Jayme* IPRax 1997, 233, 235; *Staudinger/Winkler v. Mohrenfels* Rn 266; aA *Palandt/Heldrich* Art 29 a Rn 8: auf § 484 BGB kommt es nur an, wenn das von Art 11 berufene Recht den Vertrag nicht für formunwirksam hält.
[10] Zum alten § 8 TzWrG *Hildenbrand/Kappus/Mäsch* § 8 TzWrG Rn 56; zur Time-Sharing-RL entspr *Downes/Heiss* IPRax 1999, 137, 138; aA wohl *Freitag* IPRax 1999, 142, 143; unentschieden *Neises* NZM 1999, 294, 296: Klärung durch die Rspr erforderlich.
[11] Ausf *Hildenbrand/Kappus/Mäsch* § 8 TzWrG Rn 55 ff.
[12] Näher MünchKommBGB/*Immenga* Int Kartellrecht Rn 16 ff, 27.
[13] Genfer Übereinkommen über den Beförderungsvertrag im internationalen Straßengüterverkehr vom 19. 5. 1956/16. 8. 1961, BGBl 1961 II S 119; 1962 II S 12.
[14] Übereinkommen vom 9. 5. 1980 über den internationalen Eisenbahnverkehr, BGBl 1985 II S 130, dessen Bestandteile die Berner Übereinkommen über die internationale Eisenbahnbeförderung von Gütern (CIM) und Personen und Gepäck (CIV) geworden sind.
[15] Internationales Abkommen zur Vereinheitlichung von Regeln über Konnossemente, RGBl 1939 II S 1049.
[16] *Soergel/Kegel* Rn 1.
[17] *Erman/Hohloch* Einl Art 3 Rn 49; deutlich MünchKommBGB/*Sonnenberger* Einl IPR Rn 233 f: Ausweitung dispositiver Anknüpfungen bleibt als rechtspolitische Entscheidung dem Gesetzgeber vorbehalten.
[18] Grundlegend BGHZ 57, 337, 339 = NJW 1972, 385; OLG Brandenburg RIW 1997, 424, 425; vgl *Staudinger/Winkler v. Mohrenfels* Rn 210 mwN. Der BGH beruft sich darauf, dass es den Parteien gestattet sein muss, die „Unklarheit über die Auswirkung der Anwendung eines fremden Rechts" auszuschließen, aaO 340; doch wirkt sich die Alternativanknüpfung ohnehin nur zugunsten der Formwirksamkeit aus, kann also dem Interesse der Parteien an einem formwirksamen Geschäft nicht zuwiderlaufen, zutr *Jayme* NJW 1972, 1618.
[19] BGHZ 57, 337, 339 = NJW 1972, 385; zu Recht auf den Einzelfall abstellend MünchKommBGB/*Spellenberg* Rn 34 ff; krit auch *Staudinger/Winkler v. Mohrenfels* Rn 211 ff.

dann, wenn die Ortsform leichter als die Geschäftsform ist (andernfalls setzt sich auch bei alternativer Anknüpfung die letztere durch) oder – bei einer allerdings problematischen Umdeutung der kollisionsrechtlichen Wahl des Formstatuts in eine materiellrechtliche Formregelung[20] – das materielle Recht am Abschlussort es den Parteien nicht gestattet, strengere Formregeln zu vereinbaren bzw an einen Verstoß gegen die vereinbarte Form andere Rechtsfolgen knüpft als bei gesetzlichen Formvorschriften.

V. Probleme des Allgemeinen Teils

1. Verweis auf Staaten mit mehreren Teilrechtsordnungen. Das Problem der Unteranknüpfung bei der Verweisung auf das Recht eines Staates mit mehreren Teilrechtsordnungen stellt sich im Rahmen des Art 11 nicht, weil sowohl die Anknüpfung an das Geschäftsstatut als auch die an den Vornahmeort die maßgebende Teilrechtsordnung bereits bezeichnet (vgl Art 4 Rn 19); nach der Gesetzesbegründung ist in letzter Hinsicht ohne Belang, dass nach dem Gesetzeswortlaut das Recht des Staates und nicht des Ortes berufen wird, in bzw an dem das Geschäft vorgenommen wird[21]. 11

2. Rück- und Weiterverweisungen. Rück- oder Weiterverweisungen des aus deutscher Sicht berufenen Rechts sind wegen Art 35 (Rn 2) jedenfalls nicht zu beachten, soweit es sich um die Form von **Schuldverträgen** handelt (allgM). Mit der Formulierung, dass ein Rechtsgeschäft formgültig ist, wenn es die „Formerfordernisse" des Geschäftsstatuts oder des Vornahmeorts erfüllt, sollte nach dem Willen des Gesetzgebers aber klargestellt werden, dass auch außerhalb dieser Fallgruppe **unmittelbar auf das materielle Recht** verwiesen wird[22]; einer Rück- oder Weiterverweisung durch das Geschäftsstatut oder das Recht am Vornahmeort kann deshalb hier auch dann nicht gefolgt werden, wenn sie dem Geschäft zur Formwirksamkeit verhelfen würde[23]. Davon zu unterscheiden ist, dass es sich selbstverständlich indirekt auf die Anknüpfung der Form auswirkt, wenn das Geschäftsstatut seinerseits über einen Renvoi gewonnen wurde[24]. Letzteres gilt auch bei Art 11 Abs 5. 12

3. Ordre public, Gesetzesumgehung. Konstellationen, in denen die Anwendung ausländischer Formvorschriften durch deutsche Gerichte gegen den **ordre public** (Art 6) verstößt, sind kaum denkbar; insbes reicht nicht bereits aus, dass ein im Inland zwingenden Formvorschriften unterliegendes Geschäft im Ausland formlos abgeschlossen werden kann (allgM). Deshalb sollten auch keine Bedenken gegen ausländische formlose Eheschließungen bestehen (hM)[25]. Zur Sonderregel des Abs 4 für schuldrechtliche Grundstücksverträge und des Abs 5 für dingliche Rechtsgeschäfte vgl Rn 54 und 58. 13

Fraglich ist, ob unter dem Gesichtspunkt der **Gesetzesumgehung** die Anwendung des **Ortsrechts** abgewehrt werden kann, wenn sich die Parteien bewusst nur deshalb für den Abschluss des Geschäfts ins Ausland begeben haben, um (Notar-)Kosten zu sparen[26] oder allgemein von den am Abschlussort geltenden schwächeren Formvorschriften zu profitieren, ohne dass das Geschäft zu diesem Staat weitere Beziehungen aufweist. Nach hM ist dies zu verneinen. Der Gesetzgeber hat die alternative Anknüpfung an das Ortsrecht gerade deshalb zugelassen, weil die Beachtung des letzteren für die Parteien oft einfacher ist; dann kann es ihnen nicht zum Vorwurf gereichen, wenn sie von der ihnen eröffneten Gestaltungsmöglichkeit Gebrauch machen[27]. 14

4. Einfluss des Gemeinschaftsrechts. Zur Frage, ob die exklusive Betrauung deutscher Notare mit der Beurkundung der Auflassung deutscher Grundstücke gegen den EG-Vertrag verstößt, vgl Rn 63. 15

5. Intertemporale Anwendbarkeit. Der zeitliche Anwendungsbereich des Art 11 beurteilt sich nach den intertemporalen Regeln für das fragliche Rechtsgeschäft in der Sache; gilt für dieses eine unwandelbare Anknüpfung, deren Tatbestand sich vor dem 1. 9. 1986 verwirklicht hat, bleibt es auch hinsichtlich der Formanknüpfung beim alten Recht (s bei Art 28). 16

VI. Anwendungsbereich

1. Erfasste Geschäfte. a) Grundsatz. Art 11 gilt vorbehaltlich der oben genannten Sondervorschriften (Rn 3 ff) für alle privaten, ein- oder zweiseitigen **Rechtsgeschäfte** auf der Ebene des **materiellen Rechts** (allgM). Er erfasst damit nicht nur Schuld- und dingliche Verträge (zu letzteren s Rn 58), sondern etwa auch die Abtretung, die Kündigung, die Erteilung einer Vollmacht, die Eheschließung (s auch Rn 3), den Ehevertrag, den Unterhaltsabfindungsvertrag[28], die **Ehenamenswahl** (s 17

---

[20] Vgl *Soergel/Kegel* Rn 2.
[21] BT-Drucks 10/504 S 48; iE auch *Staudinger/Winkler v. Mohrenfels* Rn 168.
[22] BT-Drucks 10/504 S 48; iE auch *Staudinger/Winkler v. Mohrenfels* Rn 53.
[23] HM, *v. Bar* IPR II Rn 596; *Palandt/Heldrich* Rn 1 a; *Erman/Hohloch* Rn 5; *Staudinger/Winkler v. Mohrenfels* Rn 53; aA *Soergel/Kegel* Rn 41; MünchKommBGB/*Spellenberg* Rn 41: für einen Renvoi des Ortsrechts.
[24] AllgM, unrichtig OLG Hamm StAZ 1991, 315, 317, das aus dieser unbestrittenen Aussage den falschen Schluss zieht, dass einer Weiterverweisung des Eheschließungsstatuts (Art 13 Abs 1) speziell für die Form der Eheschließung zu folgen ist (zust MünchKommBGB/*Spellenberg* Rn 41; richtig hingegen *Staudinger/Winkler v. Mohrenfels* Rn 51). Nur einem Renvoi hinsichtlich der (materiellen) Eheschließungsvoraussetzungen wäre – für diese – zu folgen, womit sich im Arschluss dann auch die Anknüpfung für die Form ändert.
[25] MünchKommBGB/*Spellenberg* Rn 43 mwN; aA wohl *Staudinger/Firsching* 12. Aufl Rn 45.
[26] Zum „Run" auf Schweizer Notare zur kostengünstigen Beurkundung der Veräußerung von Geschäftsanteilen vgl zB *Heidenhain* NJW 1999, 3073, 3074.
[27] *Palandt/Heldrich* Rn 16 mwN.
[28] OLG Düsseldorf FamRZ 2002, 118.

auch Art 10 Rn 35 ff)[29] das Vaterschaftsanerkenntnis[30], die **Einbenennung** eines Kindes, die Erbschaftsausschlagung, etc. Art 11 sollte auch auf **geschäftsähnliche Handlungen,** wie Mahnungen[31] oder die Einwilligung des Ehemanns in eine heterologe Insemination[32], angewandt werden. Strittig ist sein Anwendungsbereich im Rahmen **gesellschaftsrechtlicher Vorgänge** (Rn 65 ff).

18 b) **Rechtswahlvertrag.** Die Rechtswahl ist kein materiellrechtlicher, sondern ein kollisionsrechtlicher Vertrag. Die notwendige Form kann sich deshalb **nicht** alternativ nach den von Art 11 berufenen Sachrechten beurteilen[33], sondern ist auf der kollisionsrechtlichen Ebene selbst festzulegen. Folglich finden sich in **Art 10 Abs 2 S 2, Abs 3 S 2, 14 Abs 4 und 15 Abs 3** entsprechende Formvorschriften für die Rechtswahl im Namens- und Eherecht; die Rechtswahl des Art 42 ist an keine Form gebunden. Ob am Ort, an dem die Rechtswahl vorgenommen wird, andere oder keine Formvorschriften für die Rechtswahl gelten, ist in diesen Fällen unerheblich. Nur dort, wo der Gesetzgeber für die Rechtswahl hinsichtlich ihrer Form ausdrücklich auf Art 11 verweist, kommt dessen Alternativanknüpfung ins Spiel. Deshalb ist die von Art 27 Abs 1 eröffnete **Rechtswahl in Schuldverträgen** über **Art 27 Abs 4** hinsichtlich ihrer Form nach Art 11 Abs 1 **alternativ am gewähltem Recht**[34] (das – ebenfalls über Art 27 Abs 4 – die Rechtswahl hinsichtlich ihres materiellen Zustandekommens regiert und folglich das Wirkungsstatut stellt) oder am **Recht des Vornahmeorts** zu messen. Maßgeblich sind insoweit aber nicht die Formvorschriften des jeweiligen materiellen Rechts für den Schuldvertrag, mit dem die Rechtswahl verknüpft ist, sondern etwaige kollisionsrechtliche Formvorschriften für den Rechtswahlvertrag selbst. **Das deutsche Kollisionsrecht** enthält für die Rechtswahl in Schuldverträgen **keine Formvorschrift;** diese ist also formfrei möglich[35], wenn deutsches Recht gewählt oder die Rechtswahl in Deutschland getroffen wird.

19 c) **Gerichtsstandsvereinbarung, Schiedsabrede, vollstreckbare Urkunde.** Welche Form für **Gerichtsstandsvereinbarungen** notwendig ist, bestimmt sich nach den einschlägigen prozessrechtlichen Regeln (§ 38 ZPO, Art 23 EuGVO, Art 17 Luganer Abkommen), allgM. Die Form der **Schiedsabrede** beurteilt sich, soweit deutsches Schiedsverfahrensrecht maßgibt, nach § 1031 ZPO. Eine **Zwangsvollstreckungsunterwerfung** nach der prozessualen und deshalb nicht dem Spiel des Art 11 unterworfenen Vorschrift des § 794 Abs 1 Nr 5 ZPO kann nach ihrem klaren Wortlaut nur ein deutscher Notar (und dies auch nur in Deutschland, Rn 24) beurkunden; das schließt allerdings nicht aus, im Ausland einen deutschen Konsularbeamten (Rn 37) hinzuzuziehen oder nach ausländischem Recht eine vollstreckbare Urkunde zu errichten und aus dieser nach den einschlägigen Vorschriften, insbes der EuGVO (Art 57) und des Luganer Abkommens, die Anerkennung und Vollstreckung zu betreiben[36].

20 2. **Formvorschriften. a) Allgemein.** Für die Klärung, welche Vorschriften als „Formvorschriften" unter Art 11 fallen (Qualifikation), ist von den Anschauungen des deutschen Rechts auszugehen (allg zur Qualifikation Einl IPR Rn 51). Eine Formvorschrift ist demnach eine Norm, die die **Art und Weise der Äußerung einer Willenserklärung** regelt[37] (womit selbstverständlich auch die ausdrückliche oder stillschweigende gesetzliche Zulassung formloser Äußerungen erfasst ist), in Abgrenzung zu Regelungen, die **inhaltliche Fragen** des **wirksamen Zustandekommens** eines Rechtsgeschäfts iÜ oder dessen **verfahrensrechtliche Behandlung** vor Gericht oder Behörden betreffen. Neben Vorschriften über die Mündlichkeit, Schriftlichkeit, Beurkundungs- oder Beglaubigungsbedürftigkeit eines Geschäfts **sind von Art 11 etwa erfasst:** Die Möglichkeit der religiösen Eheschließung bzw Vorschriften über die notwendige Mitwirkung eines Standesbeamten; die Notwendigkeit der Vorlage eines Ehefähigkeitszeugnisses oder einer Heiratslizenz[38], das Aufgebot[39]; das Erfordernis der gleichzeitigen Anwesenheit beider Ehepartner bei der Eheschließung oder umgekehrt die Möglichkeit der Ferntrauung oder der Eheschließung unter Einschaltung eines Boten in der Erklärung bei der Eheschließung (Handschuhehe)[40] – nicht aber die Stellvertretung im Willen bei der Auswahl des Ehepartners, für die Art 13 Abs 1 gilt[41]; die Notwendigkeit der Hinzuziehung von Zeugen für den Abschluss eines Rechtsgeschäfts, der Hinzufügung eines Siegels („seal") oder der Übergabe bestimmter Dokumente[42]; gesetzliche Regelungen über die in einer Vertragsurkunde zu benutzende **Sprache**[43] – soweit nicht Sonder-

---

[29] AG Berlin-Schöneberg StAZ 2002, 81, 82; *Sturm,* FS Sonnenberger, 2004, S 711, 714.
[30] MünchKommBGB/*Klinkhardt* Art 19 Rn 48.
[31] *Erman/Hohloch* Rn 11.
[32] Ohne Begr aA zu der Art 11 entsprechenden Vorschrift des österreichischen IPR (§ 8 IPRG) der öOGH JBl 1996, 717 m abl Anm *Bernat*: in Deutschland getroffene Vereinbarung eines österreichischen Ehepaars über die heterologe Insemination sei, weil mit der Abstammung und ihrer Anfechtung nach § 21 IPRG österreichischem Recht unterliegt, hinsichtlich der Form ausschließlich an § 156 a ABGB zu messen.
[33] Missverständlich MünchKommBGB/*Spellenberg* Rn 8.
[34] Vgl OLG Celle ZIP 2001, 1724, 1725; BGH IPRax 1998, 479 m Anm *Spickhoff* 462 zu einem innerdeutschen Fall.
[35] BGH IPRax 1998, 479, 481, allgM.
[36] Näher *Riering* IPRax 2000, 16, 17 f.
[37] *Erman/Hohloch* Rn 13.
[38] KG FamRZ 1999, 1130.
[39] *Staudinger/Mankowski* Art 13 Rn 772 mwN.
[40] BGHZ 29, 137; BayObLGZ 2000, 72; OLG Hamm StAZ 1986, 134; OLG Karlsruhe StAZ 1994, 286; zur Handschuhehe allg *Jacobs* StAZ 1992, 5.
[41] *Soergel/Schurig* Art 13 Rn 80; *Staudinger/Winkler v. Mohrenfels* Rn 105.
[42] OLG Stuttgart DB 2000, 1218, 1219: Übergabe verbriefter shares für die Übertragung von Gesellschaftsanteilen.
[43] Str, ausf *Freitag* IPRax 1999, 142, 147 zu § 3 TzWrG; MünchKommBGB/*Spellenberg* Vor Art 11 Rn 93; aA *Erman/Hohloch* Rn 13; *Palandt/Heldrich* Rn 3.

bestimmungen dem Art 11 vorgehen, vgl zu § 3 TzWrG bzw Art 4 der zugrunde liegenden Timesharing-Richtlinie Rn 6. Vom letzteren Aspekt abzugrenzen ist das **Sprachrisiko**, das die Frage der Willensübereinstimmung der Parteien trotz sprachlicher Verständigungsschwierigkeiten betrifft und nach den Regeln des Vertragsstatuts gelöst wird[44]. Formvorschriften sind auch solche Normen, die elektronisch abgegebene Willenserklärungen unter bestimmten Voraussetzungen **(digitale Signatur)** schriftlichen Erklärungen gleichsetzen.

Keine Formvorschriften sind: Regelungen über Zugang und Empfang einer Willenserklärung, auch 21 nicht in Form der Amtsempfangsbedürftigkeit; das Erfordernis einer consideration als Indiz für den ernsthaften Bindungswillen der Parteien im englischen Recht[45] – anders wohl im US-amerikanischen Recht, wobei hier nach den einzelnen Bundesstaaten zu differenzieren ist[46]; das Erfordernis der Benachrichtigung des Schuldners bei der Forderungsabtretung oder der vorherigen mündlichen Unterrichtung des Arbeitnehmers von einer beabsichtigten Kündigung[47]; Auslegungsregeln (Art 32 Abs 1 Nr 1: Geschäftsstatut), wegen der Sachnähe zur Auslegung auch nicht Regeln der Art der anglo-amerikanischen parol evidence rule (bei Existenz einer Vertragsurkunde kein Beweis formloser ergänzender oder abweichender Vereinbarungen möglich)[48] oder die widerlegbare Vermutung der Vollständigkeit einer Vertragsurkunde.

b) Einzelne Abgrenzungsfragen. aa) Ausschluss des Zeugenbeweises für bestimmte Ver- 22 **träge.** Die früher umstrittene Frage, ob Normen, die den Zeugenbeweis für Verträge, insbes solche oberhalb eines bestimmten Gegenstandswertes, ausschließen oder sonst die Nachweismöglichkeiten begrenzen (und damit praktisch zu einer schriftlichen Niederlegung zwingen), als Formvorschriften oder als prozessuale Regelungen anzusehen oder sogar dem Vertragsstatut[49] zu entnehmen sind, ist heute durch **Art 32 Abs 3 S 2** für Schuldverträge beantwortet. Die Regelung sollte, weil eine abweichende Interessenlage nicht zu erkennen ist, analog auch bei anderen Verträgen herangezogen werden[50]. Danach sind alle Beweisarten zulässig, die entweder nach deutschem Verfahrensrecht oder den von Art 11 berufenen Formstatuten möglich sind. Der Gesetzgeber hat sich also einerseits für eine doppelte Qualifikation als Form- und Verfahrensregelung entschieden, andererseits aber durch die „Potenzierung" der Alternativität dafür gesorgt, dass sich **vor deutschen Gerichten** die großzügigere deutsche lex fori durchsetzt, **Zeugenbeweisverbote fremden Rechts also nicht zu beachten sind.**

bb) Form und besondere Geschäftsfähigkeiten. Auch Vorschriften, die zum Ausgleich für die 23 Erweiterung der Geschäftsfähigkeit für bestimmte Geschäfte die Einhaltung einer besonderen Form verlangen, fallen unter Art 11. Für Verfügungen von Todes wegen (vgl im deutschen Recht §§ 2229, 2233 Abs 1 BGB) spricht dies Art 26 Abs 3 S 1 ausdrücklich aus. Diese Qualifikation ist über das Erbrecht hinaus verallgemeinerungsfähig[51].

cc) Form und Verfahren. Ist zur Wahrung der Form die Mitwirkung einer bestimmten Person 24 (Notar) oder Behörde vorgeschrieben, regelt das Formstatut auch das insoweit zu beachtende Verfahren und die Grenzen ihrer Zuständigkeit und Handlungsbefugnis. Unter Geltung deutschen Formstatuts kann ein deutscher Notar nicht wirksam außerhalb Deutschlands beurkunden[52].

dd) Publizitätspflichten. Ob ein Rechtsgeschäft zu seiner Wirksamkeit der **konstitutiven Ein-** 25 **tragung in ein Register** (Handelsregister etc) bedarf oder mit **deklaratorischen Zwecken** eingetragen werden soll oder kann, entscheidet nicht das Form-, sondern das **Geschäftsstatut** (allgM); für dingliche Rechtsgeschäfte würde wegen Art 11 Abs 5 auch eine Qualifikation als Formfrage iU nichts ändern. Das **Eintragungsverfahren** und die in diesem Rahmen zu erfüllenden **Nachweispflichten** (etwa durch öffentliche Urkunden) bestimmt in jedem Fall das Recht am Registerort (allgM); zur **Legalisation** ausländischer Urkunden im Rahmen solcher Verfahren s Rn 72. Der Umfang positiver oder negativer **Publizitätswirkungen** konstitutiver oder deklaratorischer Eintragungen bzw fehlender Eintragungen gegenüber Dritten bei Folgegeschäften entscheidet sich ebenfalls nach dem Recht des Registers; hinzukommen muss aber, dass nach dem Recht, dem das fragliche Folgegeschäft unterliegt, es überhaupt auf den guten Glauben des Dritten oder darauf ankommt, ob ihm eine bestimmte Tatsache entgegengehalten werden kann[53].

ee) Nachweisgesetz. Da das auf einer EG-RL beruhende arbeitsrechtliche Nachweisgesetz[54] und 26 die entsprechenden Vorschriften anderer EU-Mitgliedstaaten keine Form für den Arbeitsvertrag vorschreiben, sondern dem Arbeitnehmer lediglich das Recht geben, innerhalb eines Monats nach Arbeitsaufnahme die Aushändigung der niedergelegten Arbeitsbedingungen zu fordern, haben sie mit Art 11 keine Berührungspunkte. Diese Gesetze sind jeweils als Teil des Arbeitsvertragsstatuts nach Art 30 anwendbar.

---

[44] Näher MünchKommBGB/*Spellenberg* Vor Art 11 Rn 49, 104 ff.
[45] *v. Bar* IPR II Rn 536; zust *Kropholler* IPR § 41 III 3 a Fn 36; *Soergel/Kegel* Rn 29; aA MünchKommBGB/*Spellenberg* Rn 113.
[46] *Kropholler* IPR § 41 III 3 a; *v. Bar* IPR II Rn 536.
[47] Zweifelnd *Schlachter* NZA 2000, 57, 63.
[48] Vgl *Coester-Waltjen*, Internationales Beweisrecht, 1983, Rn 521 ff.
[49] So *Coester-Waltjen*, Internationales Beweisrecht, 1983, Rn 498 ff.
[50] AA MünchKommBGB/*Spellenberg* Rn 17.
[51] MünchKommBGB/*Spellenberg* Rn 14.
[52] BGH NJW 1998, 2830 = IPRax 2000, 29 m Aufsatz *Riering* 16; zu Recht krit *Spellenberg*, FS Schütze, 1999, S 887, 892.
[53] Vgl MünchKommBGB/*Spellenberg* Rn 28 f.
[54] *Grünberger* NJW 1995, 2809.

27 **ff) Steuerrechtliche Formvorschriften.** Steuerrechtliche Formvorschriften (etwa die Pflicht zur Anbringung von Steuermarken oder der Verwendung von Stempelpapier) fallen nicht unter den auf das Privatrecht beschränkten Art 11 (allgM), sondern unter die Kollisionsnormen des Internationalen Steuerrechts.

28 **3. Folgen von Formfehlern.** Das Formstatut bestimmt über die Folgen (Nichtigkeit, Heilbarkeit, Verlängerung einer Frist für die Gegenseite etc) etwaiger Formmängel (allgM) und somit auch darüber, ob im Einzelfall die Berufung auf einen Formmangel nach Treu und Glauben ausgeschlossen ist. Zur Auflösung des Konflikts zwischen unterschiedlichen Rechtsfolgen eines nach beiden von Art 11 alternativ berufenen Rechten bestehenden Formfehlers s Rn 30.

VII. Regelanknüpfung (Abs 1–3)

29 **1. Alternative Geltung von Geschäfts- und Ortsrecht (Abs 1). a) Günstigkeitsvergleich.** Nach Art 11 Abs 1 genügt es – vorbehaltlich der Sonderregeln in Abs 4 und 5 –, wenn ein Rechtsgeschäft entweder den Formvorschriften des Geschäftsstatuts oder des am Abschlussort geltenden Rechts entspricht. Es setzt sich damit das Recht durch, das der Formwirksamkeit günstiger ist. Der Richter hat diesen Günstigkeitsvergleich **von Amts wegen** vorzunehmen; zum Streit über die Abdingbarkeit der Alternativanknüpfung s Rn 10.

30 Die Günstigkeit kann sich zum einen daraus ergeben, dass das eine Recht schwächere Anforderungen an die Form eines Geschäfts stellt, also etwa schriftliche Abfassung an Stelle der Beurkundung genügen lässt. Zum anderen kann sie aber auch darin liegen, dass bei gleichen Formanforderungen ein Verstoß mildere Folgen auslöst (etwa Heilbarkeit statt endgültiger Nichtigkeit). Zur Heilung eines nach deutschem Recht formungültigen Grundstückskaufvertrags durch den Eigentumsübergang nach ausländischem Recht Rn 39. Zur Konkurrenz mehrerer Geschäftsstatute s Rn 33, zu mehreren Ortsstatuten s Rn 49.

31 **b) Geschäftsstatut. aa) Allgemeines.** Das Geschäftsstatut ist das Recht, das über das Rechtsgeschäft in der Sache herrscht, bei der Eheschließung also das Eheschließungsstatut nach Art 13 Abs 1, bei einem güterrechtlichen Vertrag das Ehegüterstatut nach Art 15, bei dinglichen Rechtsgeschäften das Sachstatut nach Art 43, bei Schuldverträgen das Vertrags(schließungs-)statut nach Art 31 Abs 1, 27 ff etc. Das Geschäftsstatut kann, soweit durch die jeweiligen Kollisionsnormen gestattet (zB Art 15 Abs 2, 27 Abs 1), also auch ein von den Parteien gewähltes Recht sein. Wird die **Wahl des Geschäftsstatuts nachträglich** getroffen oder geändert, bestimmt **Art 27 Abs 2 S 2** in Fortführung des Art 11 Abs 1 beherrschenden favor-negotii-Gedankens, dass die nach dem ursprünglichen Statut gegebene **Formwirksamkeit** von etwaigen höheren Hürden des neuen Statuts **nicht berührt** wird; im Umkehrschluss daraus folgt, dass durch schwächere Formvorschriften des neuen Rechts ein ursprünglich **formunwirksames Geschäft (rückwirkend) geheilt** werden kann[55]. Art 27 Abs 2 S 2 ist auf Schuldverträge begrenzt, kann aber in anderen Fällen nachträglicher Rechtswahl entspr herangezogen werden.

32 Zur Bedeutung des Renvois im Zusammenhang mit der Ermittlung des Geschäftsstatuts s Rn 12.

33 Bilden **mehrere Rechtsordnungen das Geschäftsstatut** (etwa bei der Heirat, Art 13 Abs 1), so stehen sie in Ermangelung einer der Regelung des Abs 2 für mehrere Ortsrechte entsprechenden Vorschrift zueinander nicht in einem Alternativ-, sondern einem **Kumulativverhältnis:** Der Form „des Geschäftsstatuts" ist nur dann Genüge getan, wenn die entsprechenden Vorschriften des **strengeren Rechts** eingehalten sind[56]. Die alternative Geltung des Ortsrechts neben dem Geschäftsstatut wird dadurch nicht berührt.

34 **bb) Erfüllung der Formerfordernisse des Geschäftsstatuts bei Auslandsberührung des Sachverhalts. (1) Allgemeines.** Prüft man die Einhaltung der sachrechtlichen Formvorschriften des Geschäftsstatuts, so kann sich die Frage stellen, ob diese Normen wegen der Berührung mit einem anderen Recht in modifizierter Form anzuwenden sind (**Substitution,** Auslandssachverhalt)[57] oder sogar die konkrete Fallgestaltung gar nicht erfassen. Problematisch sind insbes die Fälle, in denen (a) die **inländische Form im Ausland** unter Beteiligung einer ausländischen Amtsperson, insbes eines Notars, gewahrt werden soll (Rn 35 f) oder (b) der **Vertragsgegenstand ein ausländischer** ist (Verkauf eines ausländischen Grundstücks oder Anteile einer ausländischen Gesellschaft, Rn 39 f). Aus deutscher Sicht sind hierbei vor allem die Fälle relevant, in denen das deutsche Recht das Geschäftsstatut stellt. Insoweit ist zu unterscheiden:

35 **(2) Erfüllung deutscher Formvorschriften im Ausland.** Vom deutschen Recht vorgeschriebene öffentliche **Beglaubigungen** können nach wohl allgM auch von ausländischen Amtspersonen – Notar, US-amerikanischer oder kanadischer notary public[58] – und Behörden wirksam vorgenommen werden, wenn und soweit sie nach ihrem eigenen Recht zu entsprechenden Handlungen befugt sind und das dafür vorgesehene Verfahren beachten.

---

[55] AllgM, vgl *Spickhoff* IPRax 1999, 462, 464.
[56] AllgM, vgl AG Kassel StAZ 1998, 181: Eheschließung zwischen einer Deutschen und einem Finnen in der finnischen Seemannskirche in Antwerpen ist formunwirksame Nichtehe, weil die religiöse Eheschließung zwar nach finnischem, nicht aber nach deutschem Recht bürgerlichrechtlich wirksam ist (und auch das belgische Ortsrecht nicht hilft).
[57] Zur Substitution allg vgl Einl IPR Rn 91; speziell zur Substitution bei Anwendung der Formvorschriften des GmbHG *Reithmann* NJW 2003, 385.
[58] Vgl OLG Naumburg NZG 2001, 853 betr Belgien; OLG Stuttgart DB 2000, 1218, 1219 betr Kalifornien; OLG Zweibrücken FGPrax 1999, 86 betr Ontario.

Ausländische Urkundspersonen können nach BGH hingegen eine sich aus dem deutschen Recht 36
ergebende **Beurkundung**spflicht nur erfüllen, wenn (1) sie nach Vorbildung und Stellung im Rechtsleben eine der Tätigkeit des deutschen Notars entsprechende Funktion ausüben und (2) für die Errichtung der Urkunde ein Verfahrensrecht zu beachten haben, das den tragenden Grundsätzen des deutschen Beurkundungsrechts entspricht[59]. Dass ausländische Notare mangels Kenntnis des deutschen Rechts nicht über dieses belehren können, wie es § 17 BeurkG vorsieht, wird dabei vom BGH nicht als Hindernis angesehen, weil die Belehrung auf die Belehrung verzichten können und in einer solcher konkludenter Verzicht gerade in der Beauftragung des ausländischen Notars liegt[60]. Die von Gegnern dieser Auffassung erhoffte Wende in der Rspr des BGH[61] und der Oberlandesgerichte ist bislang ausgeblieben und dürfte tatsächlich auch nicht wünschenswert sein: Wer sich zur Wahrung deutscher Beurkundungsvorschriften ins Ausland begibt, tut dies in aller Regel erst auf Grund des Ratschlags versierter deutscher Anwälte und bedarf keiner weiteren Beratung durch den Notar. Da iÜ der deutsche Notar aus deutscher Sicht Geschäftsvorgänge wirksam beurkunden kann, die ausländischem Recht unterliegen, ohne über das ausländische Recht belehren zu müssen (§ 17 Abs 3 S 2 BeurkG), würde man mit zweierlei Maß messen, wollte man umgekehrt den ausländischen Notar zur Belehrung über deutsches Recht verpflichten[62]. Die grundsätzliche **Gleichwertigkeit von Urkundsperson und Beurkundungsvorgang**[63] im Ausland mit der Beurkundung durch deutsche Notare wird auf dieser Grundlage etwa **bejaht** für Notare in Österreich[64], England[65] und Israel[66], im Bereich des „lateinischen" Notariats (insbes Frankreich, Benelux, Italien, Spanien)[67] und für die Niederlande[68]. In der Schweiz, dem wichtigsten Land für den deutschen „Beurkundungstourismus", ist das Beurkundungswesen kantonal unterschiedlich geregelt. Es muss deshalb die Gleichwertigkeit für jeden Kanton gesondert ermittelt werden; als gegeben angesehen hat sie die Rspr bislang in Basel-Stadt[69], Bern[70], Zürich[71], Zug[72] und Luzern[73]; zu befürworten ist sie – wegen der strukturellen Nähe zum französischen Notariat – auch für die französischsprachigen Kantone der Westschweiz (Genf, Waadtland)[74]. **Abgelehnt** wird die Gleichwertigkeit der Beurkundung durch einen US-amerikanischen notary public[75] und durch dänische Notare[76].

Von der Mitwirkung ausländischer Urkundspersonen bei der Einhaltung deutscher Formvorschriften 37
im Ausland ist die Tätigkeit **deutscher Konsularbeamter** zu unterscheiden. Nach § 10 Abs 2 **KonsularG** stehen die von einem Konsularbeamten im Rahmen seiner Befugnisse aufgenommenen Urkunden denen von einem inländischen Notar im Inland aufgenommenen gleich; sie sind folgerichtig – mit geringen Abweichungen – an das BeurkG gebunden (§ 10 Abs 3 KonsularG).

(3) Erfüllung deutscher Formvorschriften durch ausländische Urkundspersonen im Inland. 38
Es ist nicht ausgeschlossen, dass von ausländischen Urkundspersonen in Deutschland vorgenommene Akte (etwa die Beglaubigung durch den notary public eines US-amerikanischen Stützpunktes) deutsche Formvorschriften erfüllen; die Substitution ist nicht per se auf Handlungen im Heimatland der Urkundsperson beschränkt[77].

(4) Deutsche Formvorschriften für Verträge über ausländische Grundstücke und Gesell- 39
schaftsanteile. Unterliegt der Kaufvertrag über ein ausländisches Grundstück kraft (ausdrücklicher oder stillschweigender) Rechtswahl der Parteien dem deutschen Recht als Geschäftsstatut und sollen dessen Formvorschriften gewahrt werden (zur Auffassung des BGH, dass in der Wahl deutschen Geschäfts-

---

[59] BGHZ 80, 76 = DNotZ 1981, 451; BGH ZIP 1989, 1052, 1054.
[60] BGHZ 80, 76 = DNotZ 1981, 451; anders – naturgemäß – viele Stimmen aus den Reihen des deutschen Notariats, die in dem fehlenden „materielle Richtigkeitsgewähr" bei der Beurkundung im Ausland das maßgebliche Hindernis für deren Anerkennung als gleichwertig ansehen, zB *Schervier* NJW 1992, 593; soweit Dritte betroffen sind, auch *Goette* MittRhNotK 1997, 1, 5.
[61] Diese Hoffnung wurde beflügelt durch krit Äußerungen eines Richters des II. BGH-Senats: *Goette*, FS Boujong 1996, S 131; *ders* MittRhNotK 1997, 4.
[62] *Soergel/Kegel* Rn 35.
[63] Allg *Besedow* RabelsZ 55 (1991), 428.
[64] LG Kiel DB 1997, 1223 = RIW 1997, 957; noch offen gelassen von BayObLG GmbHR 1978, 39.
[65] BayObLGZ 1977, 242, 244 = NJW 1978, 500.
[66] Vgl *Scheftelowitz* DNotZ 1978, 145.
[67] Vgl *MünchKommBGB/Spellenberg* Rn 61 mwN; *Brück* DB 2004, 2409, 2411; *Löber* RIW 1989, 94 betr Spanien.
[68] *Staudinger/Winkler v. Mohrenfels* Rn 323; *Ulrich/Böhle* GmbHR 2007, 566, 569.
[69] OLG Frankfurt GmbHR 2005, 764; OLG München NJW-RR 1998, 758; LG Nürnberg-Fürth NJW 1992, 633; aA *Pilger* BB 2005, 1285; gegen ihn mit Recht *Weller* BB 2005, 1807.
[70] OLG Hamburg IPRspr 1979 Nr 9.
[71] BGHZ 80, 76 = DNotZ 1981, 451; BGH NJW-RR 1989, 1259; OLG Stuttgart IPRax 1983, 79; aA LG Augsburg MittBayNot 1996, 318; *Bredthauer* BB 1986, 1864; *Heckschen* DB 1990, 161 diff *Staudinger/Winkler v. Mohrenfels* Rn 329: Gleichwertigkeit, wenn der beurkundende Notar ein erfolgreiches rechtswissenschaftliches Studium nachweisen kann; aA *Pilger* BB 2005, 1285; gegen ihn mit Recht *Weller* BB 2005, 1807.
[72] LG Stuttgart IPRspr 1976 Nr 5A.
[73] LG Koblenz IPRspr 1970 Nr 144.
[74] So zu Recht *Erman/Hohloch* Rn 20; für Genf ebenso *Staudinger/Winkler v. Mohrenfels* Rn 327.
[75] AllgM; mit Ausnahme der notaries public des Staates Louisiana und von Puerto Rico, deren Stellung dem lateinischen Notariat nahe kommen soll, vgl *MünchKommBGB/Spellenberg* Rn 61 mwN.
[76] Vgl *MünchKommBGB/Spellenberg* Rn 61 mwN; *Ulrich/Böhle* GmbHR 2007, 566, 569.
[77] Zu den Voraussetzungen iE *Rehm* RabelsZ 64 (2000), 104.

rechts zugleich die Abwahl der Ortsform liegt, s Rn 10), **muss § 311 b Abs 1 BGB beachtet werden** (heute wohl allgM). Die Beurkundungspflicht ist nicht auf in Deutschland belegene Grundstücke beschränkt[78]. Erfüllt werden kann sie wie für deutsche Grundstücke unter den oben (Rn 36) dargelegten Bedingungen allerdings auch durch einen ausländischen Notar, sofern bei dessen Einschaltung nicht ohnehin die ausländische Ortsform hilft (anderes gilt für die Auflassung eines deutschen Grundstücks, s Rn 63). Für die **Heilung** eines formnichtigen Grundstückskaufvertrages nach § 311 b Abs 1 S 2 BGB ist bei einem ausländischen Grundstück auf die Vollendung des sachenrechtlichen Übereignungstatbestandes nach der ausländischen lex rei sitae abzustellen[79]. Wenn die lex rei sitae den dinglichen Rechtsübergang an das schuldrechtliche Geschäft knüpft, ist – für die Frage der Heilung – dessen Wirksamkeit nach dem Recht zu beurteilen, zu dem das Kollisionsrecht des Lageortes führt.

40   Umstritten ist, ob Entsprechendes gilt, wenn der **Kauf** und die **Übertragung von Anteilen an einer ausländischen Gesellschaft** dem deutschen Recht unterliegen: Zur Einhaltung der Form des deutschen Geschäfts- (oder ggf Orts-) Statuts bedarf es nach einer Auffassung jedenfalls dann der notariellen Beurkundung nach § 15 Abs 3, 4 S 1 GmbHG, wenn die ausländische Gesellschaft im Wesentlichen einer deutschen GmbH entspricht[80]. Andere halten diese Norm auch bei Geltung deutschen Formstatuts für sachlich begrenzt auf den Verkauf deutscher GmbH-Anteile und deshalb nicht für anwendbar bei ausländischen Anteilen[81]; wieder andere wollen die Formerfordernisse für die Anteilsübertragung und die schuldrechtliche Verpflichtung dazu wegen einer vermeintlichen Sonderstellung des Gesellschaftsrechts ohnehin nicht Art 11 Abs 1 unterwerfen, sondern ausschließlich dem jeweiligen Gesellschaftsstatut entnehmen, also den Verkauf ausländischer Geschäftsanteile (auch) in formeller Hinsicht exklusiv am ausländischen Recht messen[82]. Letzteres ist nicht richtig (näher Rn 68 f), und zwischen den anderen Auffassungen gebührt der erstgenannten der Vorzug, ist doch nicht ersichtlich, warum der von § 15 Abs 4 S 1 GmbHG (auch) vermittelte Schutz der Anleger vor den Gefahren eines (zu) leichten und spekulativen Handels mit Gesellschaftsanteilen nicht auch bei ausländischen Gesellschaften zu gewähren ist, wenn deutsche Formvorschriften maßgebend sind. Anwendbar ist mit §§ 15 Abs 3, 4 S 1 GmbHG aber auch die in § 15 Abs 4 S 2 GmbHG enthaltene Heilungsmöglichkeit[83].

41   **(5) Standesamtliche Trauung nach deutschen Formvorschriften im Ausland.** Eine standesamtliche Trauung nach deutschen Vorschriften ist nach hM im Ausland nicht durchführbar, weil eine ausländische Stelle nicht in der Lage ist, den detaillierten deutschen Verfahrensvorschriften insoweit adäquat (gleichwertig) zu genügen[84]; es bleibt hier also nur die Einhaltung der **Ortsform** oder, unter in **§ 8 KonsularG** näher beschriebenen Voraussetzungen, die Einschaltung eines deutschen Konsularbeamten.

42   **c) Ortsform. aa) Allgemeines.** Nach Art 11 Abs 1 genügt für die Formgültigkeit die Einhaltung der am Vornahmeort des fraglichen Geschäfts geltenden Formvorschriften, auch – und gerade – wenn das Ortsrecht nicht zugleich das Geschäftsstatut ist und schwächere Formanforderungen als das letztere stellt. Insbes ist keine „**Gleichwertigkeitsprüfung**" erforderlich[85]; diese ist beschränkt auf die Fälle, in denen Formvorschriften des Geschäftsstatuts durch Einschaltung von Urkundspersonen im Ausland gewahrt werden sollen (Rn 36). Allerdings kann dem Erklärenden, der eine nach dem Ortsrecht formwirksame Erklärung abgibt, der **Rechtsbindungswille** fehlen, wenn er von der Geltung der strengeren Formvorschriften des Geschäftsstatuts ausging (etwa: Beurkundungspflicht) und deshalb in einer diesen Formvorschriften nicht genügenden (etwa: schriftlichen) Erklärung nur eine rechtlich unverbindliche Absichtserklärung sah. Zu beurteilen ist der Rechtsbindungswille nach dem Geschäftsstatut (bei Schuldverträgen: Art 31).

43   **bb) Bestimmung des Vornahmeorts.** Der Vornahmeort ist der Ort, an dem die Willenserklärung **abgegeben** wird (allgM), bei einer (nach dem Geschäftsstatut) **nicht empfangsbedürftigen** Willenserklärung also der Ort, wo sie formuliert bzw zu Papier gebracht oder durch eine sonstige Handlung (etwa in Fällen, wie sie § 151 BGB regelt) offenbart wurde, bei einer **empfangsbedürftigen Erklä-**

---

[78] So zB BGHZ 73, 338, 3901 = NJW 1979, 1173.
[79] BGHZ 73, 388, 391 = NJW 1979, 1173; OLG Frankfurt RIW 1995, 1033, 1034; *Reithmann* NZG 2005, 873, 874.
[80] *Soergel/Kegel* Rn 17; *Staudinger/Winkler v. Mohrenfels* Rn 310; *Dutta* RIW 2005, 98, 99; zu pauschal OLG Celle NJW-RR 1992, 1126, das ohne Übereinstimmungsprüfung Beurkundungspflicht für den Kauf von Anteilen an einer „polnischen GmbH" annimmt. Umgekehrt die funktionelle Äquivalenz einer kanadischen „Ltd" ohne hinreichende Begründung verneinend OLG München NJW-RR 1993, 998; dagegen mit Recht *Merkt* ZIP 1994, 1417, 1421 f für die „private limited company"; *Bungert* DZWiR 1993, 494, 497.
[81] OLG München NJW-RR 1993, 998; *Götsch/Schultz* ZIP 1999, 1909, 1912; *Bungert* DZWiR 1993, 494, 497; zust Einl IPR Rn 47.
[82] MünchKommBGB/*Kindler* IntGesR Rn 533 mwN. Zu dieser Ansicht neigt ohne abschließende Stellungnahme auch der III. ZS des BGH, der es in einem neueren Urteil in Anschluss an *Merkt* ZIP 1994, 1417, 1422 ff, für erwägenswert hält, trotz der Geltung deutschen Rechts als Orts- und Geschäftsstatut zu prüfen, ob das Statut der ausländischen Gesellschaft, deren Anteile übertragen werden sollen, den formfreien Abschluss des Geschäfts ermöglicht, BGH NZG 2005, 41, 43. Das ist allerdings keine „erweiternde Auslegung des Art 11", wie der Senat aaO meint, sondern eine Abkehr von dieser Norm.
[83] *Reithmann* NZG 2005, 873, 874.
[84] *Soergel/Schurig* Art 13 Rn 83; aA *Staudinger/Mankowski* Art 13 Rn 721; *Spellenberg*, FS Schütze, 1999, S 887, 894.
[85] AllgM, wohl nur irrtümlich anders *Bühler* NJW 2000, 1243, 1245; *Haerendel* DStR 2001, 1803, 1804.

rung der Ort, an dem sie der Erklärende dergestalt auf den Weg gebracht hat, dass sie unter normalen Umständen ohne weiteres Zutun seiner selbst zum Empfänger gelangen wird (etwa: Einwurf in Briefkasten, Übergabe an Boten). Bei telefonischen Erklärungen kommt es auf den Ort an, wo sich der Erklärende befindet; bei Zuhilfenahme des **Internet** ist der Standort des vom Erklärenden für die Absendung seiner Äußerung genutzten Endgeräts (Terminal), idR der **Ort „des Mausklicks"**[86], maßgeblich. Dieses Recht ist also alternativ etwa bei der Frage heranzuziehen, ob und unter welchen Voraussetzungen eine digitale Signatur der Schriftform gleichzusetzen ist.

Es entscheidet jeweils der **tatsächliche Abgabeort**; die Angabe eines falschen Abgabeorts in einer Vertragsurkunde bindet den Rechtsanwender nicht, kann aber als Indiz für eine stillschweigende Wahl des Geschäftsstatuts[87] und/oder, wenn man mit dem BGH Art 11 Abs 1 für abdingbar hält (Rn 10), für eine Abwahl des Ortsrechts gewertet werden. Bei einer auf **hoher See** abgegebenen Willenserklärung stellt das **Recht der Flagge** (Registrierung) des fraglichen Schiffes das Ortsrecht[88]. Entsprechendes gilt für eine Willenserklärung durch den Passagier eines sich **im Flug befindlichen Flugzeugs**[89]. 44

Das Gelände einer **ausländischen diplomatischen Vertretung** (Botschaft, Konsulat) ist für die Bestimmung des Ortsrechts nach Art 11 Abs 1 als Teil des Landes anzusehen, in dem es belegen ist (allgM). Das Ortsrecht bei einer Eheschließung in einer ausländischen Botschaft ist deshalb das Recht des Empfangs-, nicht des Entsendestaates[90]. 45

Der Ort des **Zugangs** oder etwaiger Durchgangsrechte bei der Übermittlung der Willenserklärung ist in allen Fällen **ohne Bedeutung**. Zu Distanzverträgen zwischen **Parteien in verschiedenen Staaten** s Rn 49; zum **Vertragsschluss durch Stellvertreter** s Rn 52. 46

cc) **Bestimmung der maßgeblichen Formvorschriften.** Ist das konkrete Geschäft, wie es vom Geschäftsstatut vorgegeben ist, im Recht des Vornahmeorts **nicht bekannt**, sind die Formvorschriften für **ähnliche Geschäfte** maßgeblich; die Ähnlichkeit beurteilt sich danach, ob „eine **Übereinstimmung in den wesentlichen geschäftstypischen Merkmalen**"[91] besteht, welche man in **Funktion**, rechtlicher **Erfolg** und inhaltliche **Ausgestaltung** unterteilen kann[92]. Wenn auch dies nicht weiterhilft, geht die Anknüpfung an das Ortsrecht ins Leere; die Formanforderungen können dann **nur** dem Geschäftsstatut entnommen werden[93]. Unzutreffend wäre es, stattdessen auf eine Formfreiheit nach dem Ortsrecht zu schließen (allgM). Das in diesem Zusammenhang oft erwähnte Beispiel des Erbvertrages, der dem italienischen Recht unbekannt ist und deshalb von Deutschen auch in Italien nur in der deutschen Form und nicht etwa formfrei geschlossen werden kann, gehört allerdings über Art 26 Abs 4 in den Bereich des Art 26 Abs 1. 47

Sorgfältig zu untersuchen ist jeweils, ob besondere Formvorschriften des Ortsrechts das fragliche Geschäft, wenn es einen Auslandsbezug aufweist, überhaupt erfassen wollen (vgl die in Rn 39 wiedergegebene Diskussion über die Anwendbarkeit von § 311b Abs 1 S 1 BGB auf Kaufverträge über ausländische Grundstücke). 48

2. Distanzverträge (Abs 2). a) Dreifache Wahlmöglichkeit. Befinden sich die Parteien **eines Vertrages** bei der Abgabe ihrer jeweiligen Willenserklärungen nicht in demselben Staat, weitet sich nach Art 11 Abs 2 die alternative Rechtsanwendung des Art 11 Abs 1 zu einer dreifachen Wahlmöglichkeit. Neben der Einhaltung der Formvorschriften des Geschäftsstatuts genügt für beide Willenserklärungen, wenn sie nach einem der Ortsrechte formwirksam sind. Es setzt sich für beide Erklärungen das schwächere Ortsrecht durch; es ist nicht erforderlich, dass die Erklärung jeweils den formellen Anforderungen gerade an dem Ort genügt, an dem sie selber abgegeben wurde[94]. So muss eine Bürgschaftserklärung in Deutschland nicht die Form des § 766 BGB einhalten, wenn der Bürgschaftsvertrag nach dem Recht des Staates, in dem sich der Erklärungsempfänger (Gläubiger) im Zeitpunkt 49

---

[86] Näher zur Abgabe von digitalen Willenserklärungen über das Internet *Härting* Internetrecht, 1999, Rn 68 ff; aA *Staudinger/Winkler v. Mohrenfels* Rn 161: bei E-Mails entscheidet der Standort „des Servers", gemeint ist wohl der Mailserver des vom Absender genutzten Internet Service Providers. Seine Prämisse, dass (nur) dieser Standort für den Empfänger der E-Mail immer aus den letzten beiden Buchstaben der Absenderadresse ersichtlich sei, ist zum einen unzutr – weder ist die Registrierung eines Mailservers unter einer länderbezogenen Top Level Domain („.de" etc) zwingend (die generischen Top Level Domains „.com", „.net" etc sind nicht länderbezogen), noch sagt sie etwas über den physikalischen Standort des mit dieser Adresse versehenen Servers aus – und zum anderen im Rahmen des Art 11 kein wichtiger Umstand: Ob der Erklärungsort für den Erklärungsempfänger erkennbar ist, spielt auch außerhalb elektronischer Erklärungen keine Rolle.
[87] *Soergel/Kegel* Rn 9.
[88] Vgl für Eheschließungen *Soergel/Schurig* Art 13 Rn 81 mwN; ausführlicher *Staudinger/Winkler v. Mohrenfels* Rn 171 ff mit dem Vorschlag, die Flagge generell anzuknüpfen, wenn sich das Schiff auf hoher See befindet, bei Willenserklärungen in Küsten- und Eigengewässern alternativ aber das Recht des Küstenstaates zu berufen.
[89] *Staudinger/Winkler v. Mohrenfels* Rn 177.
[90] Vgl BGHZ 82, 34, 44; *Beitzke* FamRZ 1959, 507: ausländische Botschaften und Konsulate sind nur in dem Sinne als „exterritorial" anzusehen, als die Diplomaten des Entsendestaates in diesen Räumen vor hoheitlichen Maßnahmen des Empfangsstaates, insbes vor zwangsweisem Eindringen von dortigen Behördenvertretern, geschützt sind.
[91] Begr RegE, BT-Drucks 10/504 S 49.
[92] MünchKommBGB/*Spellenberg* Rn 102 mwN und Beispielen.
[93] OLG Bamberg FamRZ 2002, 1120: dem Ortsrecht unbekannte Vereinbarung über den Versorgungsausgleich; *Ulrich/Böhle* GmbHR 2007, 566.
[94] Zu Recht krit zu dieser weiteren Verringerung des durch Formzwang bezweckten Schutzes MünchKommBGB/*Spellenberg* Rn 97 f.

50 **b) Vornahmeort.** Art 11 Abs 2 beruft das Recht der Orte, an denen sich die Parteien bei Vertragsschluss „befinden". Damit ist trotz des von Art 11 Abs 1 abweichenden Wortlauts der jeweilige Ort der tatsächlichen Abgabe der Willenserklärung gemeint (Vornahmeort, Rn 43), nicht etwa der gewöhnliche Aufenthaltsort oder der Wohnsitz in diesem Zeitpunkt[96].

51 **c) Sachlicher Anwendungsbereich.** Art 11 Abs 2 ist zwar mit Ausnahme einer leichten redaktionellen Änderung wortgetreu aus dem EVÜ (Rn 2) übernommen, wie aber insgesamt Art 11 **nicht auf Schuldverträge beschränkt,** sondern bei **allen vertraglichen Abmachungen** anwendbar. Streit herrscht allerdings darüber, ob Abs 2 auch die Eheschließung unter Abwesenden (vgl allg zu deren Einbeziehung Rn 17) erfasst[97].

52 **3. Vertragsschluss durch Stellvertreter (Abs 3).** Art 11 Abs 3 stellt klar, dass bei einem **Vertragsschluss** durch Vertreter der Vornahmeort iS von Art 11 Abs 1 und 2 der Ort ist, an dem der Stellvertreter seine Erklärung abgibt. Die Vorschrift ist entspr anwendbar, wenn ein Vertreter ein **einseitiges Rechtsgeschäft** vornimmt[98]. Ob der Vertreter seinerseits formgerecht bevollmächtigt wurde, entscheidet sich anhand des für die Vollmachtserteilung maßgeblichen Geschäfts- bzw Ortsstatuts. Für einen Boten gilt Art 11 Abs 3 nicht; wird er eingeschaltet, bleibt es hinsichtlich der Ortsform bei dem Recht des Ortes, an dem ihm die Erklärung von der Partei übergeben wurde (allgM).

VIII. Ausschluss der Ortsform

53 In Ausnahme zu Art 11 Abs 1 wird in zwei Fällen die alternative Geltung von Geschäfts- und Ortsform zugunsten der alleinigen Anwendung der Formvorschriften der lex rei sitae ausgeschlossen.

54 **1. Schuldrechtliche Immobiliarverträge (Abs 4). a) Allgemeines, Anwendungsbereich.** Verträge, die ein dingliches oder Nutzungsrecht an einem Grundstück „zum Gegenstand haben", unterliegen ohne Ausweichmöglichkeit allein den Formvorschriften des Rechts am Belegenheitsort, wenn diese Vorschriften für Geschäfte der fraglichen Art „international zwingend" sind[99]. Gibt es solche Vorschriften nicht, bleibt es auch für diese Verträge bei der Alternativanknüpfung des Art 11 Abs 1.

55 Art 11 Abs 4 erfasst (nur) **obligatorische Verträge** über die Einräumung schuldrechtlicher Nutzungsrechte an Grundstücken oder Grundstücksteilen (Miete, Pacht) und über die Einräumung oder Übertragung dinglicher Rechte an einer Immobilie (Eigentum, Wohnungseigentum, beschränkte dingliche Rechte). **Dingliche Verfügungen** fallen unter **Art 11 Abs 5.**

56 **b) Deutsche international zwingende Formvorschriften.** Ob eine Formvorschrift des Rechts am Belegenheitsort international zwingend ist, ist mit Hilfe des Kollisionsrechts des **Belegenheitsstaates** zu beantworten. Maßgeblich ist, ob dieser Staat, wenn aus seiner Sicht inländische Immobilien betroffen sind, inländische Formvorschriften ohne Rücksicht auf den Abschlussort des Vertrages oder sein Geschäftsstatut anwendet. Das **deutsche Recht** ist mit der Durchsetzung seiner Formvorschriften für Geschäfte über Immobilien eher zurückhaltend[100]; § 311 b BGB ist nach einhelliger Ansicht international nicht zwingend[101], sondern unterliegt der „gewöhnlichen" Alternativanknüpfung des Art 11 Abs 1, weshalb deutsche Grundstücke im Ausland über Art 11 Abs 1 Alt 2 ggf nach der Ortsform privatschriftlich verkauft werden können. Anderes wird, ohne dass bislang einschlägige Rspr vorliegt, für § 566 BGB[102] und für **Formvorschriften zum Schutz des Mieters** (§§ 564 a Abs 1, 536 a Abs 5 BGB)[103] vertreten, wohl zu Recht, weil diese Vorschriften ihre volle Wirkung nur entfalten können, wenn sie alle Mietobjekte in Deutschland erfassen und nicht über einen ausländischen Vornahmeort umgangen werden können. Auch die **besonderen Formvorschriften für Time-Sharing-Verträge** (§ 3 TzWrG, s auch Rn 6) sind (nicht nur, aber auch) für in Deutschland belegene Objekte international zwingend, was sich aber wohl nicht aus Art 11 Abs 4, sondern aus dem richtigen Verständnis der vorrangigen Spezialkollisionsnorm des Art 29 a ergibt (Rn 9)[104].

57 **c) Ausländische international zwingende Formvorschriften.** Gesicherte Erkenntnisse zur Haltung ausländischer Rechtsordnungen liegen derzeit nur vereinzelt vor. So wird durch Art 119 Abs 3 S 2 des schweizerisches IPRG (ua) für Kaufverträge[105] über Grundstücke in der Schweiz die Einhaltung der Formvorschrift des Art 216 Abs 1 OR (öffentliche Beurkundung) zur Pflicht gemacht. Diese

---

[95] BGHZ 121, 224, 235 = NJW 1993, 599.
[96] *Erman/Hohloch* Rn 26, allgM; wohl nur irrtümlich anders *Bachmann* in: *Lehmann* (Hrsg), Internet- und Multimediarecht, 1997, S 179, die für Formfragen bei Vertragsschlüssen über das Internet den „Sitz" der Parteien als maßgeblich erachtet.
[97] Vgl *Soergel/Schurig* Art 13 Rn 79 mwN; *MünchKommBGB/Coester* Art 13 Rn 150.
[98] *Erman/Hohloch* Rn 31; *MünchKommBGB/Spellenberg* 3. Aufl Rn 71, dort Fn 256 auch zur Anwendung von § 174 BGB in Fällen mit Auslandsberührung.
[99] Zur ratio legis vgl *MünchKommBGB/Spellenberg* Rn 121.
[100] Vgl Begr RegE, BT-Drucks 10/504 S 49.
[101] *v. Bar* IPR II Rn 604.
[102] *v. Hoffmann/Thorn* IPR § 10 Rn 6 m Fn 12.
[103] *v. Bar* IPR II Rn 595.
[104] Näher zum in Art 29 a aufgegangenen § 8 TzWrG *Hildenbrand/Kappus/Mäsch* § 8 TzWrG Rn 58.
[105] Zu den sonstigen von Art 119 Abs 3 IPRG erfassten Verträgen *Girsberger/Heini* ua (Hrsg) IPRG/*Keller/Girsberger*, 2. Aufl 2004, Art 124 und 119 Abs 3, Rn 58.

ausdrückliche Regelung bindet über Art 11 Abs 4 auch den deutschen Rechtsanwender. Im Übrigen hilft im Zweifelsfall nur die Einholung eines Sachverständigengutachtens.

2. Dingliche Verfügungsgeschäfte (Abs 5). a) Allgemeines, Anwendungsbereich. Bei dinglichen Geschäften sind zwingend die **Formvorschriften** des dieses Geschäft in der Sache regierenden Rechts zu beachten. Dieses ist nach Art 43 Abs 1 idR die **lex rei sitae**, kann aber über die Ausweichklausel des Art 46 auch ein anderes Recht sein. Ein Renvoi ist bei der Ermittlung des Geschäftsstatuts auch im Rahmen von Art 11 Abs 5 zu beachten (allgM, Rn 12). 58

Art 11 Abs 5 betrifft nur dingliche Rechtsgeschäfte, also **Verfügungen** über Sachen (insbes Eigentumsübertragungen), nicht der Verfügung zugrundeliegenden obligatorischen Rechtsgeschäfte (letztere unterliegen Art 11 Abs 1, bei Immobilien auch Art 11 Abs 4). Erfasst sind Verfügungen **sowohl über unbewegliche als auch bewegliche Sachen**. Ob die letzteren insgesamt oder in Teilbereichen von der Regelung des Art 11 Abs 5 auszunehmen sind, wollte der Reformgesetzgeber von 1986 der damals noch ausstehenden Gesamtneuregelung des Internationalen Sachenrechts überlassen[106]; als diese 1999 dann erfolgte, sah man für eine solche Einschränkung jedoch kein Bedürfnis mehr[107]. Verfügungen über Vermögenspositionen, die sich nur mittelbar auf Rechte an Sachen auswirken (Erbteilsübertragung, Ehegütervertrag, Übertragung von Gesellschaftsanteilen etc) fallen nicht unter Art 11 Abs 5[108]. 59

b) Analoge Anwendung. Art 11 Abs 5 ist weder auf gesellschaftsrechtliche Vorgänge (Rn 65 ff) noch auf die Übertragung eines Erbteils[109] oder auf die Verfügung über eine Forderung[110], ein Mitgliedschaftsrecht[111] oder ein Immaterialgüterrecht[112] analog anwendbar. 60

c) Fehlende Trennung zwischen schuldrechtlichem und dinglichem Geschäft im anwendbaren Recht. Art 11 Abs 5 ist auch dann anwendbar, wenn die lex rei sitae bzw das nach Art 46 anwendbare Recht ein vom schuldrechtlichen Geschäft zu trennendes **gesondertes Verfügungsgeschäft** gar nicht kennt. In diesem Fall ist innerhalb ein und desselben Rechtsgeschäfts zu differenzieren: Die Formwirksamkeit der schuldrechtlichen Seite des Vertrages ist an den nach Art 11 Abs 1, 4 ermittelten Rechten zu messen, sachenrechtliche Wirkungen etwa in Form des Eigentumsübergangs treten aber nur ein, wenn die insoweit nach Art 11 Abs 5 allein maßgeblichen formellen Voraussetzungen der lex rei sitae erfüllt sind[113]. 61

d) Vollmacht für Immobiliarverfügungen. Die Form der Vollmacht zur Verfügung über Grundstücke unterfällt, auch wenn sie unwiderruflich ist, nicht Art 11 Abs 5[114]; hier bleibt es bei der alternativen Geltung von Wirkungs- (= Vollmachts-, s bei Art 10) und Ortsstatut. 62

e) Auflassung deutscher Grundstücke vor ausländischem Notar. Ist nach Art 11 Abs 5 bei der Auflassung eines deutschen Grundstücks zwingend die deutsche Form des § 925 BGB einzuhalten, fragt sich, ob diese Form jedenfalls dann durch die Auflassung vor einem ausländischen Notar gewahrt wird, wenn dessen Stellung und das von ihm beachtete Verfahren „gleichwertig" sind (vgl Rn 36). Die hM verneint dies: Ein **deutsches Grundstück kann nur vor einem deutschen Notar aufgelassen werden**[115], weil allein dieser über die Rechtskenntnis verfüge, die erforderlich sei, um den mit dem Formzwang verbundenen Funktionen gerecht zu werden. Diese Begründung ist höchst zweifelhaft und kann im Bereich der EU wohl kaum das Verdikt einer unzulässigen Behinderung der Dienstleistungsfreiheit verhindern[116]. 63

Folgt man der hM, kann ein deutsches Grundstück im Ausland nur vor einem deutschen Konsularbeamten aufgelassen werden (§ 12 Nr 1 KonsularG). 64

IX. Gesellschaftsrechtliche Vorgänge

1. Meinungsstand zur Anknüpfung von Formfragen. Inwieweit **Formfragen, die im Rahmen gesellschaftsrechtlicher Vorgänge** auftauchen, dem oben dargestellten „normalen" Spiel des Art 11 Abs 1 unterliegen, ist **grds und in den Details stark umstritten**. Im Vordergrund der deutschen Diskussion stehen dabei naturgemäß Geschäfte, die **deutsche Gesellschaften** betreffen; zum Verkauf von Anteilen ausländischer Gesellschaften unter deutschem Recht als Orts- oder Geschäftsstatut s Rn 40[117]. (1) Eine Auffassung[118] bejaht hier die Anwendbarkeit von Art 11 Abs 1; danach sind bei deutschen Kapitalgesellschaften Abschluss des Gesellschaftsvertrages, Satzungsänderung, Umwandlung, 65

---

[106] Begr RegE, BT-Drucks 10/504 S 49.
[107] Begr RegE, BT-Drucks 14/343 Erl vor Art 43.
[108] MünchKommBGB/*Spellenberg* Rn 131.
[109] *Palandt/Heldrich* Rn 22; aA *Ludwig* NJW 1983, 495.
[110] *Soergel/Kegel* Rn 15.
[111] *Soergel/Kegel* Rn 15.
[112] MünchKommBGB/*Spellenberg* Rn 127.
[113] Vgl *Erman/Hohloch* Rn 33.
[114] OLG Stuttgart DNotZ 1981, 746, 747 = MDR 1981, 405; *Palandt/Heldrich* Rn 21; aA MünchKommBGB/ *Spellenberg* Vor Art 11 Rn 292; *Staudinger/Winkler v. Mohrenfels* Rn 71; *Ludwig* NJW 1983, 495.
[115] BGH WM 1968, 1170; KG DNotZ 1987, 44; *Palandt/Heldrich* Rn 9 mwN; *Ulrich/Böhle* GmbHR 2007, 566, 571; aA *Spellenberg*, FS Schütze, 1999, S 887, 897.
[116] Näher MünchKommBGB/*Spellenberg* Rn 73 f.
[117] Ausf zur Bestimmung des Geschäftsstatuts beim schuldrechtlichen Vertrag über ausländische Gesellschaften *Merkt* ZIP 1994, 1417, 1423 f.
[118] *Palandt/Heldrich* Rn 1, 13; MünchKommBGB/*Spellenberg* Rn 137, 64; *Ulrich/Böhle* GmbHR 2007, 566, 567; *Bauer* NZG 2001, 45, 46; OLG Stuttgart NJW 1981, 1176; OLG Düsseldorf NJW 1989, 2200 betr Kapitalerhö-

Verschmelzung, Vermögensübertragung, Abschluss eines Unternehmensvertrages und Verkauf und Übertragung eines GmbH-Anteils im Ausland in der dort üblichen Form möglich; existiert eine Ortsform nicht oder ist sie nicht eingehalten, kann auf das deutsche Wirkungsstatut (Gesellschaftsstatut) zurückgegriffen werden und die von diesem vorgeschriebene Beurkundung nach positiver Gleichwertigkeitsprüfung (Rn 36) auch durch einen ausländischen Notar erfolgen. (2) Andere[119] behaupten, dass alle gesellschaftsrechtlichen Akte außerhalb des Art 11 stehen und hinsichtlich ihrer Form ausschließlich am Gesellschaftsstatut zu messen seien, dessen Anforderungen bei deutschen Gesellschaften iÜ allein durch einen deutschen Notar erfüllt werden können (zur parallelen Diskussion bei der Auflassung deutscher Grundstücke s Rn 63)[120]. (3) Zumindest im gesellschaftsrechtlich spezialisierten Schrifttum herrschend ist eine vermittelnde Meinung[121], wonach zwar Angelegenheiten, die die Gesellschaftsverfassung betreffen (insbes Feststellung der Satzung und Satzungsänderung, iE Rn 68), sowie Unternehmensverträge der Form des Gesellschaftsstatuts vorbehalten bleiben, iÜ aber – insbes also für die Veräußerung von GmbH-Anteilen – Art 11 mit seiner Alternative von Ortsform und Gesellschaftsstatut gelte; inwieweit die Form des Gesellschaftsstatuts (in beiden Varianten) im Ausland erfüllt werden kann, ist innerhalb dieser Auffassung wiederum umstritten[122]. Der BGH hat 1981 in einem obiter dictum zur Auslandsbeurkundung einer Satzungsänderung Sympathie für Meinung (1) erkennen lassen[123], bislang aber nicht abschließende Stellung nehmen müssen. Spätere Äußerungen eines Mitglieds des zuständigen II. Senats iS von Meinung (3) – mit Ablehnung der Erfüllbarkeit des deutschen Beurkundungszwangs durch einen ausländischen Notar[124] – haben (mangels Gelegenheit?) noch keine anderen Folgen in der BGH-Rspr gezeigt als den Hinweis, dass die Anwendung von Art 11 auf eine Treuhandvereinbarung über einen Gesellschaftsanteil „nahe liegt", weil es nicht um „Fragen der inneren Verfassung der Gesellschaft" geht[125].

66   **2. Praktische Vorgehensweise.** Für die Praxis dürfte von Folgendem auszugehen sein[126]:

a) Gleichwertigkeitsprüfung. Trotz einiger Versuche deutscher Notare und einzelner Registergerichte, die Beurkundung „deutscher" gesellschaftsrechtlicher Akte ausschließlich deutschen Notaren vorzubehalten, sind sich die Obergerichte mit dem BGH jedenfalls heute darin einig, dass auch im Gesellschaftsrecht ein ausländischer Notar eine dem deutschen Recht entspringende Beurkundungspflicht erfüllen kann, wenn seine Beurkundung die Gleichwertigkeitsprüfung besteht[127]. Dem ist zuzustimmen, denn die von der abweichenden Meinung vermisste „materielle Richtigkeitsgewähr" bei einer Beurkundung durch den des deutschen Rechts nicht unbedingt kundigen ausländischen Notar ist kein Spezifikum des Gesellschaftsrechts. Ist aber die Belehrung und damit auch die Prüfung durch den Notar in anderen Bereichen verzichtbar, spricht nichts dagegen, dies auch im Gesellschaftsrecht so zu handhaben, zumal möglicherweise betroffene dritte Personen durch die Einschaltung der Registergerichte geschützt werden. Haben die Parteien zur Beurkundung eines eine deutsche Gesellschaft betreffenden Vorgangs also einen **Notar in einem als gleichwertig „anerkannten" ausländischen Staat oder Kanton** (Rn 36) aufgesucht, ist **die Form gewahrt,** ohne dass Stellung bezogen werden müsste, ob man dieses Ergebnis über Art 11 Abs 1 Alt 1 oder außerhalb dieser Norm über die zwingende Anwendung des Gesellschaftsstatuts auch in Formfragen gewonnen hat[128].

67   **b) Ortsform.** Ist die deutsche Form nicht gewahrt, kommt es darauf an, ob alternativ auch die Ortsform zur Verfügung steht. Hier ist zu differenzieren:

---

hungsbeschluss; OLG München NJW-RR 1998, 758 betr Kauf von GmbH-Anteilen; in diese Richtung tendierend, die Frage letztlich aber offen lassend auch OLG Stuttgart DB 2000, 1218, 1219 betr Anteilsübertragung.
[119] *Lutter/Hommelhoff/Lutter/Bayer* § 15 GmbHG Rn 16; *Dignas* GmbHR 2005, 139, 140; *Schervier* NJW 1992, 593, 594; *Staudinger/Großfeld* IntGesR Rn 467, 497, 498; *Geimer* DNotZ 1981, 406; *Ebenroth/Wilken* JZ 1991, 1061, 1064 f.
[120] LG Augsburg NJW-RR 1997, 420; *Staudinger/Großfeld* IntGesR Rn 485 m Rn 479; *Geimer* DNotZ 1981, 406, 408; diff im Rahmen dieses Ansatzes *Ebenroth/Wilken* JZ 1991, 1061, 1065 f.
[121] Vgl MünchKommBGB/*Kindler* IntGesR Rn 534 mwN; *Benecke* RIW 2002, 280, 286; *Weller* BB 2005, 1807 mwN; wohl auch LG Kiel RIW 1997, 957 betr Verschmelzung zweier deutscher Genossenschaften.
[122] Pro LG Kiel RIW 1997, 957; MünchKommBGB/*Kindler* IntGesR Rn 539 mwN; contra *Goette* MittRhNotK 1997, 1, 5.
[123] BGHZ 80, 76, 78 = NJW 1981, 1160; offen gelassen von BGH NJW-RR 1989, 1259; vgl auch bereits RGZ 160, 225.
[124] *Goette,* FS Boujong, 1996, S 131; *ders* MittRhNotK 1997, 1, 4; vgl auch *Röhricht,* ebenfalls Mitglied dieses Senats, in: GroßkommAktG, 4. Aufl 1997, § 29 Rn 47 ff.
[125] BGH NZG 2005, 41, 42 = LMK 2005, 64 (*Pfeiffer*); dazu auch *Dutta* RIW 2005, 98.
[126] Vgl auch *Geyrhalter* RIW 2002, 386, 391; *Ettinger/Wolff* GmbHR 2002, 890, zu Gestaltungsmöglichkeiten zur Vermeidung von Formunsicherheiten in grenzüberschreitenden M&A-Transaktionen.
[127] BGHZ 80, 76, 78 = NJW 1981, 1160; BGH NJW-RR 1989, 1259; OLG Stuttgart NJW 1981, 1176; OLG Düsseldorf NJW 1989, 2200; OLG München NJW-RR 1998, 758; in der Lit m ausf Begr *Kröll* ZGR 2000, 111, 129 ff; aA noch OLG Hamm NJW 1974, 1057 mwN und OLG Hamburg IPRax 1994, 291 für den Spezialfall der Hauptversammlung einer AG im Ausland (§ 130 AktG, Rn 70); offen gelassen für § 53 GmbHG.
[128] Beim obligatorischen Geschäft (Schuldvertrag) im Rahmen der Veräußerung von Anteilen setzt diese Lösung allerdings voraus, dass das Gesellschaftsstatut zugleich das Wirkungsstatut des Schuldvertrages stellt, was insbes bei deutschen Parteien nahe liegt, wegen der Rechtswahlmöglichkeit des Art 27 Abs 1 und der objektiven Anknüpfung an den (Wohn-)Sitz des Veräußerers nach Art 28 Abs 2 – vorbehaltlich der Ausweichklausel des Art 28 Abs 5 – aber nicht selbstverständlich ist. Fallen Geschäfts- und Gesellschaftsstatut auseinander, muss zu dem in Rn 69 dargestellten Streit Stellung genommen werden.

aa) Verfassungsakte. Der Gesetzgeber in Deutschland hat bislang, auf Vereinheitlichungsbestrebun- **68** gen in der Europäischen Union hoffend, das Kollisionsrecht der juristischen Personen bewusst nicht geregelt[129]. Art 37 Nr 2, der dies im Hinblick auf die dem EVÜ entnommenen Art 27 ff ausdrücklich ausspricht, ist auch für die Auslegung von Art 11 zu berücksichtigen, weil diese Norm „weitgehend wörtlich dem Art 9 des EG-Schuldvertragsübereinkommens [entstammt]"[130]. Deshalb ist es nur folgerichtig, wenn die Begründung des Regierungsentwurfs festhält, dass Art 11 auf Grund ua der Entstehungsgeschichte **„nicht die Form von Vorgängen regelt, die sich auf die Verfassung von Gesellschaften und juristischen Personen beziehen"**[131]. Die Alternativanknüpfung des Art 11 Abs 1 ist also nicht anwendbar auf Verfassungsakte wie Gründung und Satzungsänderung, Verschmelzung, Spaltung, Vermögensübertragung und formwechselnde Umwandlung sowie den Kapitalerhöhungsbeschluss[132] und die Übernahmeerklärung bei der Kapitalerhöhung einer GmbH (§ 55 Abs 1 GmbHG)[133]. In allen diesen Fällen ist **allein die Form des Gesellschaftsstatuts formwahrend** (zur Beurkundung im Ausland s Rn 36). Das obiter dictum des BGH, in dem dieser es für möglich hielt, dass die Ortsform für die Niederlegung einer Satzungsänderung genügt (Rn 65), steht dieser Auffassung schon deshalb nicht entgegen, weil die Entscheidung vor dem Inkrafttreten der Neufassung von 1986 erging.

bb) Sonstiges. Es bleiben für Art 11 Abs 1 und folglich (auch) für **die Ortsform im Wesentlichen** **69** **die Abtretung eines Geschäftsanteils, die Eingehung der Verpflichtung**[134] hierzu (§ 15 Abs 3, 4 GmbHG) und Treuhandgeschäfte über Gesellschaftsanteile[135], weil diese Vorgänge als „gewöhnliche" Rechtsgeschäfte die Verfassung der Gesellschaft nicht berühren[136]. Hier allein das Gesellschaftsstatut als Formstatut zuzulassen, weil die Formfrage in diesem Rahmen eng mit spezifisch gesellschaftsrechtlichen Interessen zusammenhängt und eine wichtige gesellschaftsrechtliche Funktion (für § 15 Abs 3, 4 GmbHG Erschwerung der Fungibilität der Anteile in Abgrenzung zur AG) erfüllt[137], ist rechtspolitisch bedenkenswert. De lege lata kommt man aber an der Erkenntnis nicht vorbei, dass der Gesetzgeber überall dort, wo er Art 11 Abs 1 nicht ausdrücklich (Abs 4, 5) oder implizit (wie Rn 68 für Verfassungsakte) ausgeschlossen hat, die vom Geschäftsstatut aufgestellten Formzwänge ohne Rücksicht auf die dahinter stehende Motivation durch die alternative Zulassung der Ortsform bewusst „entwertet" hat. Dieser Entscheidung kann nicht unter Berufung auf angebliche Besonderheiten des Gesellschaftsrechts ausgewichen werden[138], zumal schuldrechtliche Abreden über Gesellschaftsanteile von Art 9 EVÜ erfasst werden, was über Art 18 EVÜ/Art 36 EGBGB eine entsprechende Auslegung von Art 11 EGBGB erzwingt[139]. Das Recht des Vornahmeortes muss aber eine **vergleichbare Gesellschaftsform** kennen, soll die Verweisung auf die Ortsform nicht ins Leere gehen (allg Rn 47)[140].

3. Gesellschafter-/Hauptversammlung im Ausland. Ob die Satzung einer Kapitalgesellschaft **70** generell vorsehen kann, dass die Haupt- oder Gesellschafterversammlung im Ausland abgehalten wird oder werden kann, entscheidet – weil keine Formfrage – nach einhelliger Auffassung das Gesellschaftsstatut. Umstritten ist hingegen, welche Antwort das deutsche Recht für deutsche Kapitalgesellschaften gibt, weil sich eine ausdrückliche Regelung in GmbHG und AktG nicht findet. Die hM **bejaht die Frage für beide Gesellschaftstypen**[141] und kann sich dabei wohl auch auf den BGH stützen[142], zumal ein öffentliches Interesse an der Beschränkung auf einen inländischen Versammlungsort nicht zu

---

[129] Begr RegE, BT-Drucks 10/504 S 29.
[130] Bericht des Rechtsausschusses, BT-Drucks 10/5632 S 49.
[131] Begr RegE, BT-Drucks 10/504 S 49. Der an dieser Stelle zu findende Hinweis auf den Standort der Norm im Abschnitt „Recht der natürlichen Personen" überzeugt hingegen nicht, weil dieser Abschnitt seiner Überschrift nach zugleich das Recht „der Rechtsgeschäfte" regeln soll, worunter auch gesellschaftsrechtliche Verfassungsakte gezählt werden könnten, zutr *Palandt/Heldrich* Rn 1. Ausweislich des RefE zum IntGesR (Anh Art 12 Fn 120) wird dem Art 11 folgender Abs 6 angefügt:
„(6) Ein Rechtsgeschäft, der die Verfassung einer Gesellschaft, eines Vereins oder einer juristischen Person betrifft, ist nur formgültig, wenn es die Formerfordernisse des nach Art 10 anzuwendenden Rechts erfüllt".
[132] AA OLG Düsseldorf NJW 1989, 2200.
[133] *Goette* MittRhNotK 1997, 1, 3 f; *Kröll* ZGR 2000, 111, 125; *Haerendel* DStR 2001, 1802, 1803; *Loritz* DNotZ 2000, 90, 108; aA etwa *Palandt/Heldrich* Rn 1 mwN: die restriktive gesetzgeberische Intention hat im Gesetzestext keinen hinreichenden Ausdruck gefunden; im Ergebnis ähnlich MünchKommBGB/*Spellenberg* Rn 132, 135: Solange der Gesetzgeber keine besondere Regelung für das Internationale Gesellschaftsrecht trifft, gelten Art 11 Abs 1–3 als allgemeine Normen auch in diesem Bereich.
[134] Seit dem 1. 1. 2008 genügt für die Veräußerung von GmbH-Anteilen in der Schweiz die Schriftform (Art 785 OR) vgl *Müller-Chen* IPrax 2008, 45.
[135] BGH NZG 2005, 41, 42 hält dies zumindest für „nahe liegend".
[136] *Goette* MittRhNotK 1997, 1, 3; *Kröll* ZGR 2000, 111, 125; OLG München NJW-RR 1998, 758 = RIW 1998, 147; für den Kaufvertrag auch *Merkt* ZIP 1994, 1417, 1424.
[137] So *Ebenroth/Wilken* JZ 1991, 1061, 1065; zust MünchKommBGB/*Kindler* IntGesR Rn 535 mwN.
[138] Ebenso MünchKommBGB/*Spellenberg* Rn 137.
[139] Näher *Pfeiffer* LMK 2005, 46, 47.
[140] Vgl OLG Stuttgart DB 2000, 1218, 1219: Vergleichbarkeit einer deutschen GmbH mit einer US-amerikanischen close corporation offen gelassen, mit einer limited liability company verneint; OLG Celle NJW-RR 1992, 1127 f: polnische „GmbH" entspricht der deutschen GmbH; wohl ebenso *Ulrich/Böhle* GmbHR 2007, 566, 569.
[141] OLG Düsseldorf NJW 1989, 2200; *Bungert* AG 1995, 26; *Biehler* NJW 2000, 1243, 1244; wN bei MünchKommBGB/*Spellenberg* Rn 57; aA insbes OLG Hamburg IPRax 1994, 291; *Palandt/Heldrich* Rn 13, beide zur Hauptversammlung einer AG; *Lichtenberger* DNotZ 1994, 82 mwN.
[142] BGH NJW 1981, 1160 implizit; WM 1985, 567.

71 Eine andere Frage ist, ob bei (erlaubter) Abhaltung der Gesellschafter-/Hauptversammlung im Ausland (1) die Formvorschriften der § 130 AktG, § 53 GmbHG über die **Verhandlungsniederschrift** bzw die **Beurkundung satzungsändernder Beschlüsse** als Teil des Gesellschaftsstatuts gegen die Ortsform durchzusetzen sind und (2) unter Mitwirkung eines örtlichen Notars (deutsche Notare können wirksam nur im Inland beurkunden, vgl Rn 24) eingehalten werden können. Ersteres ist uneingeschränkt zu bejahen, was sich im Fall des § 53 GmbHG aus den Erwägungen Rn 68 ergibt, und im Falle des § 130 AktG daraus, dass Art 11 Abs 1 nur die Form von Rechtsgeschäften und nicht die Niederschrift tatsächlicher Vorgänge erfasst[146]. Letzteres reiht sich ein in die allgemeine Diskussion über die Erfüllung inländischer Formvorschriften im Ausland und ist anhand des Gleichwertigkeitskriteriums (Rn 36) zu beantworten.

X. Legalisation

72 Auf einer anderen Ebene als die kollisionsrechtliche Ermittlung der anwendbaren Formvorschriften des materiellen Rechts liegt die Frage, ob und ggf unter welchen Voraussetzungen **ausländische öffentliche Urkunden,** also Urkunden, die eine ausländische öffentliche Behörde oder eine mit öffentlichem Glauben versehene ausländische Amtsperson aufgenommen hat (vgl § 415 ZPO), **im gerichtlichen Verfahren** (Zivilprozess und freiwillige Gerichtsbarkeit, insbes Grundbuch- und Handelsregister-Eintragungsverfahren) **inländischen öffentlichen Urkunden gleichgestellt** werden können. Bedeutung erlangt diese Fragestellung etwa dann, wenn es um die **Beweiskraft einer öffentlichen Urkunde** geht (§ 415 ZPO) oder darum, ob **grundbuchrechtliche Eintragungsvoraussetzungen** nach § 29 GBO durch öffentliche Urkunden nachgewiesen sind. Gemäß § 438 Abs 2 ZPO, der entspr auch in der freiwilligen Gerichtsbarkeit gilt[147], ist für den Beweis der Echtheit die **Legalisation** hinreichend (aber nicht zwingend notwendig), dh eine Bestätigung der Echtheit der ausländischen Urkunde durch einen im Errichtungsland tätigen deutschen Konsularbeamten mittels Anbringung eines entsprechenden Vermerks auf der Urkunde (sog „Überbeglaubigung"). Details zu Zuständigkeit und Verfahren der Legalisation regelt § 13 KonsularG. Weil die Legalisation relativ aufwändig ist, insbes wegen des nur dünnen Netzes von Botschaften und Konsulaten, wird in zahlreichen bilateralen Abkommen von der Legalisation ganz abgesehen oder diese durch eine sogenannte gerichtliche „Zwischenbeglaubigung" des Errichtungsstaates ersetzt[148]. Das von zahlreichen Staaten ratifizierte **Haager Übereinkommen vom 5. 10. 1961 zur Befreiung ausländischer öffentlicher Urkunden von der Legalisation**[149], das für Deutschland am 13. 2. 1966 in Kraft getreten ist[150], bringt weitere Erleichterungen. An die Stelle der Legalisation tritt für die in Art 1 Abs 2 des Abkommens genannten Urkunden als einzige Bestätigungsförmlichkeit die **Apostille**, die von der zuständigen Behörde des Errichtungsstaates, also nicht von der konsularischen Vertretung des Empfangsstaates, erteilt wird. Die Apostille erbringt nach Art 5 Abs 2 des Abkommens ebenso wie die Legalisation den Nachweis der Echtheit der Urkunde. Für Einzelheiten wird auf die einschlägige Spezialliteratur verwiesen[151].

Art 12 Schutz des anderen Vertragsteils

¹Wird ein Vertrag zwischen Personen geschlossen, die sich in demselben Staat befinden, so kann sich eine natürliche Person, die nach den Sachvorschriften des Rechts dieses Staates rechts-, geschäfts- und handlungsfähig wäre, nur dann auf ihre aus den Sachvorschriften des Rechts eines anderen Staates abgeleitete Rechts-, Geschäfts- und Handlungsunfähigkeit berufen, wenn der andere Vertragsteil bei Vertragsabschluß diese Rechts-, Geschäfts- und Handlungsunfähigkeit kannte oder kennen mußte. ²Dies gilt nicht für familienrechtliche und erbrechtliche Rechtsgeschäfte sowie für Verfügungen über ein in einem anderen Staat belegenes Grundstück.

---

[143] Zutr MünchKommBGB/*Spellenberg* Rn 57; ausf *Bungert* AG 1995, 26, 27 ff.
[144] *Bungert* AG 1995, 26, 28 f.
[145] Vgl *Lichtenberger* DNotZ 1994, 82.
[146] *Lichtenberger* DNotZ 1994, 82.
[147] BGH NJW 1957, 1673.
[148] Vgl zu diesen Abkommen *Bülow/Böckstiegel/Geimer/Schütze* Bd IV D I ff; eine Kurzbeschreibung des jeweiligen Abkommeninhalts findet sich bei *Bauer/v. Oefele/Knothe* GBO, 2. Aufl 2006, Int Bezüge, Rn 630 ff; eine Auflistung der Abkommen auch in BayJMBl 1989 S 13 und DJ 1994, 110.
[149] BGBl 1965 II S 876; zu den Vertragsstaaten vgl *Jayme/Hausmann* Nr 250 Fn 1; FNB im BGBl III, zuletzt ausgegeben am 22. 1. 1999. Seit diesem Zeitpunkt ist das Abkommen noch für Schweden in Kraft getreten, BGBl 1999 II S 420.
[150] BGBl 1966 II S 106; nach seinem Art 8 ersetzt es in einem etwaigen bilateralen Abkommen mit dem Herkunftsstaat der Urkunde vorgesehene Förmlichkeiten, soweit diese strenger sind.
[151] *Kierdorf*, Die Legalisation von Urkunden, 1975; *Bülow/Böckstiegel/Geimer/Schütze* Bd IV D I ff; zu ausländischen öffentlichen Urkunden im Grundbuchverfahren *Bauer/v. Oefele/Knothe* GBO, 2. Aufl 2006, Int Bezüge, Rn 623 ff.

Schrifttum (zu Art 12): *Fischer,* Verkehrsschutz im internationalen Vertragsrecht, 1990; *Lipp,* Verkehrsschutz und Geschäftsfähigkeit im IPR, RabelsZ 63 (1999), 107; *Schotten,* Der Schutz des Rechtsverkehrs im Internationalen Privatrecht, DNotZ 1994, 670.

Übersicht

	Rn
I. Normzweck, Allgemeines	1
1. Normzweck	1
2. Recht des Abschlussortes	2
3. Herkunft, Rom I-VO	3
4. Verwandte Probleme	4
II. Probleme des Allgemeinen Teils	5
1. Verweisung auf Staaten mit mehreren Teilrechtsordnungen	5
2. Rück- und Weiterverweisung	6
3. Ordre public	7
III. Anwendungsbereich	8
1. Persönlicher Anwendungsbereich	8
a) Natürliche Personen	8
b) Vertragspartner gleicher Nationalität	9
c) Rechtsstreit mit einem Dritten	10
2. Sachlicher Anwendungsbereich	11
a) Erfasste Geschäfte	11
b) Nach Art 12 S 2 ausgeschlossene Geschäfte	13
c) Rechtsfähigkeit	16
d) Geschäftsfähigkeit	18
e) Handlungsfähigkeit	22
IV. Voraussetzungen für den Schutz der anderen Partei	24
1. Beiderseitige Anwesenheit im Abschlussstaat	24
a) Allgemeines	24
b) Vertragsschluss unter Einschaltung von Vertretern und Boten	26
c) Maßgeblicher Zeitpunkt	30
d) Irrtümer über den Aufenthaltsort	31
2. Guter Glaube des Geschäftspartners	32
a) Voraussetzungen der Gutgläubigkeit	32
b) Gutglaubensschutz gegen ausländische Entmündigung	33
c) Beweislast	34
V. Rechtsfolge: Günstigkeitsvergleich	35
1. Alternativanknüpfung	35
2. Kein Wahlrecht	37
3. Rechtsstreit mit einem Dritten	38
VI. Analoge Anwendung	39
1. Beschränkungen der gesetzlichen Vertretungsmacht	39
2. Bestand und Umfang einer Vollmacht	40
3. Eherechtliche Verpflichtungs- und Verfügungsbeschränkungen	41
4. Gesellschaftsrecht	42

I. Normzweck, Allgemeines

1. Normzweck. Art 7 unterstellt die Rechts- und Geschäftsfähigkeit dem Heimatrecht der fraglichen Person. Das ist nicht zwangsläufig das Recht, unter dem diese Person am Geschäftsleben teilnimmt (etwa: Vertragsstatut). Zu diesem Recht können inhaltliche Diskrepanzen bestehen, man denke nur an die unterschiedlichen Altersgrenzen zur Erlangung der vollen **Geschäftsfähigkeit**. Diese ist auch der **Hauptanwendungsfall** des Art 12. Unterschiede bei der Beurteilung der **Rechtsfähigkeit** natürlicher Personen sind gering und werden zudem ggf über den ordre public eingeebnet (Art 7 Rn 9); der Anwendungsbereich der in Art 12 zusätzlich genannten, dem internen deutschen Gesetzesrecht unbekannten **„Handlungsfähigkeit"** ist umstritten, jedenfalls aber schmal (vgl Rn 22). Im Hinblick auf die Geschäftsfähigkeit aber entsteht für den Geschäftspartner eines Ausländers nicht selten das spezifisch kollisionsrechtliche Risiko, dass er die nach dem Heimatrecht bestehende Geschäftsunfähigkeit oder beschränkte Geschäftsfähigkeit nicht erkennt und deshalb auf die Gültigkeit des Geschäfts vertraut. Dieses Risiko soll Art 12 dem gutgläubigen Vertragspartner abnehmen. Kollisionsrechtlich wird der Minderjährigenschutz dem Händlerschutz geopfert[1], obwohl materiellrechtlich jedenfalls nach deutschem Recht der gute Glaube an die Geschäftsfähigkeit nicht geschützt wird[2]. 1

2. Recht des Abschlussortes. Mit dem Ziel des Schutzes des gutgläubigen Geschäftspartners beruft Art 12 zusätzlich zum Heimatrecht des Rechts- oder Geschäftsunfähigen (zur Regelungstechnik s Rn 35) das **Recht des Staates, in dem sich die Parteien bei Vertragsschluss befinden**. Zugrunde liegt möglicherweise die Idee, dass die Vertragsparteien am dortigen Rechtsverkehr teilnehmen und sich deshalb auf die dort geltenden Voraussetzungen und Bedingungen für rechtsgeschäftliches Handeln einstellen müssen und verlassen dürfen[3]. Das Vertrauen des Vertragspartners wird aber tatsächlich – unabhängig vom uU zufälligen Abschlussort – eher auf die ihm bekannten oder leicht ermittelbaren Regeln des Rechts an seinem gewöhnlichen Aufenthaltsort gerichtet sein, worauf iÜ auch die vergleichbare Vertrauensschutzregelung des Art 31 Abs 2 beruht[4]. Aufgrund dieser Unschärfe der alles in allem missglückten Regelung des Art 12 befürworten manche Stimmen eine **restriktive Auslegung** und in einigen Bereichen eine teleologische Reduktion der Vorschrift (zB Rn 9). 2

---

[1] v. Bar IPR II Rn 57.
[2] Palandt/Heinrichs Einf § 104 Rn 3; BGH ZIP 1988, 831; zur bislang wenig erfolgreichen Suche nach einer überzeugenden ratio des Art 12 vgl v. Bar IPR II Rn 57: „im Innersten ungeklärt"; MünchKommBGB/*Spellenberg* Rn 13: „rechtspolitisch erstaunlich"; *Lipp* RabelsZ 63 (1999), 107, 125 ff.
[3] Vgl *Lipp* RabelsZ 63 (1999), 107, 137, der freilich zugleich hervorhebt, dass der Grund für die Geltung (gerade) des Ortsrechts bei den Vorarbeiten zum EVÜ nicht ausdrücklich erörtert wurde, aaO 124.
[4] Auf die Diskrepanz zwischen Art 31 Abs 2 und Art 12 weist schon MünchKommBGB/*Spellenberg* Rn 11 ff hin.

3 **3. Herkunft, Rom I-VO.** Art 12 beruht wie Art 27 bis 37 auf dem Römischen EWG-Übereinkommen über das auf vertragliche Schuldverhältnisse anzuwendende Recht vom 19. 6. 1980 (EVÜ)[5]; nur aus systematischen Gründen hat man die Umsetzung von Art 11 EVÜ nicht bei den auf Schuldverträge begrenzten Schwestervorschriften, sondern im dem allgemein dem Recht der natürlichen Personen und der Rechtsgeschäfte gewidmeten Zweiten Abschnitt der IPR-Vorschriften des EGBGB angesiedelt. Die Herkunft der Norm ist bei ihrer Auslegung zu berücksichtigen (vgl Art 36). Die zukünftige **Rom I-VO**[6] enthält in Art 12 eine mit Art 11 EVÜ und Art 12 inhaltsgleiche Regelung.

4 **4. Verwandte Probleme.** Zum Schutz des gutgläubigen Verkehrs bei **eherechtlich motivierten Einschränkungen und Erweiterungen** der rechtsgeschäftlichen „Bewegungsfreiheit" s **Art 16** und Rn 41.

II. Probleme des Allgemeinen Teils

5 **1. Verweisung auf Staaten mit mehreren Teilrechtsordnungen.** Das Problem der Unteranknüpfung bei der Verweisung auf das Recht eines Staates mit mehreren Teilrechtsordnungen stellt sich im Rahmen des Art 12 nicht, weil die zusätzliche Anknüpfung an den Abschlussort die maßgebende Teilrechtsordnung bereits bezeichnet (vgl Art 4 Rn 19).

6 **2. Rück- und Weiterverweisung.** Zur Frage des Einflusses einer eventuellen Rück- oder Weiterverweisung durch das berufene Recht ist zu unterscheiden: Art 12 beruft ausdrücklich die „Sachvorschriften" des Rechts am Abschlussort, womit ein **Renvoi nicht zu beachten** ist[7]. Diese Verweisung kommt allerdings nur zum Tragen, wenn die Regeln des Ortsrechts günstiger sind als die ansonsten auf die Rechts-, Geschäfts- oder Handlungsfähigkeit angewandten „Sachvorschriften" eines anderen Staates. Damit sind die durch Art 7 berufenen Sachnormen gemeint, die ihrerseits über einen Renvoi gewonnen sein können (Art 7 Rn 6); im Rahmen von Art 7 ist er zu berücksichtigen. Ganz allgemein ist zu betonen, dass die sorgfältige Prüfung einer Rück- oder Weiterverweisung bei Art 7 in vielen Fällen den Rückgriff auf Art 12 überflüssig machen kann, nämlich dann, wenn das qua Renvoi durch Art 7 berufene Recht (etwa das des Wirkungsstatuts oder des gewöhnlichen Aufenthaltsorts der betroffenen Person) zugleich das Recht des Abschlussortes des Vertrages ist.

7 **3. Ordre public.** Art 6 wirkt sich bei Art 12 nicht anders als bei dem durch Art 7 berufenen Recht aus. Das Vertrauen auf die Wirksamkeit des Geschäfts nach dem Ortsrecht wird also etwa dann und insoweit nicht geschützt, als sich dieses auf eine unserem ordre public widersprechende zu niedrige Altersstufe für die volle Geschäftsfähigkeit stützt (vgl Art 7 Rn 22).

III. Anwendungsbereich

8 **1. Persönlicher Anwendungsbereich. a) Natürliche Personen.** Art 12 eröffnet nur für natürliche Personen die alternative Anknüpfung ihrer Rechts-, Geschäfts- und Handlungsfähigkeit, nicht für juristische Personen oder sonstige Gesellschaften. Zur **analogen Anwendung** im **internationalen Gesellschaftsrecht** s Rn 79 f. Für den anderen Geschäftspartner gilt eine entsprechende Einschränkung nicht: Auch Gesellschaften werden in ihrem Vertrauen auf das Ortsrecht geschützt.

9 **b) Vertragspartner gleicher Nationalität.** Art 12 erfasst mangels einer diesbezüglichen Einschränkung auch Geschäfte zwischen Ausländern gleicher Nationalität (str). Dies entspricht den Absichten der Verfasser des EVÜ[8], auf die die Norm zurückgeht (Rn 3), weshalb für die von manchen Autoren vorgeschlagene teleologische Reduktion[9] kein Raum ist. Eine andere Frage ist freilich, inwieweit in einem solchen Fall tatsächlich guter Glaube des Vertragspartners auf die Geschäftsfähigkeit nach dem Abschlussortsrecht vorliegen kann (Rn 32).

10 **c) Rechtsstreit mit einem Dritten.** Art 12 ist auch dann anwendbar, wenn sich die Frage nach der Geschäftsfähigkeit einer Person nicht in einem Rechtsstreit mit ihr selbst, sondern mit einem Dritten stellt (vgl Rn 38).

11 **2. Sachlicher Anwendungsbereich. a) Erfasste Geschäfte.** Art 12 S 1 spricht nur von „**Verträgen**", nach seiner systematischen Stellung im zweiten Abschnitt (Recht ... der Rechtsgeschäfte) und dem abweichenden Sprachgebrauch in S 2 der Vorschrift sollte aber kein Zweifel daran bestehen, dass auch sonstige, also **einseitige Rechtsgeschäfte** ebenfalls erfasst sind, wenn sie einem anderen gegenüber vorzunehmen, dh empfangsbedürftig sind[10]. Gerade bei einseitigen empfangsbedürftigen Rechtsgeschäften besteht ein Bedürfnis der Beteiligten, Unsicherheit über deren Wirksamkeit zu vermeiden[11]. Art 12 wirkt insoweit in zweifache Richtung: Geschützt wird sowohl derjenige, der ein zugangsbedürftiges einseitiges Rechtsgeschäft gegenüber einem nach seinem Heimatrecht nicht (voll) Geschäftsfähigen tätigt, als auch derjenige, der eine Willenserklärung des

---

[5] Vgl BT-Drucks 10/5632 S 40.
[6] Verordnung des Europäischen Parlaments und des Rates über das auf vertragliche Schuldverhältnisse anzuwendende Recht (Rom I), abgedruckt auf S 2991 ff (bei Art 37 aE).
[7] AllgM, aA nur *Soergel/Kegel* Rn 26.
[8] Näher *Lipp* RabelsZ 63 (1999), 107, 135.
[9] MünchKommBGB/*Spellenberg* Rn 21.
[10] HM, MünchKommBGB/*Spellenberg* Rn 24; *Fischer* S 44; *v. Bar* IPR II Rn 60; *Lichtenberger* DNotZ 1994, 670, 671; aA *Palandt/Heldrich* Rn 2.
[11] *Fischer* S 43.

Letzteren empfängt[12]. Ausgenommen sind Rechtsgeschäfte, die unter **Satz 2** fallen (näher Rn 13). Weil dort nur Verfügungen über in einem anderen Land belegene Grundstücke erwähnt werden, folgt im Umkehrschluss, dass bei **allen anderen empfangsbedürftigen Verfügungen** und allgemein bei **dinglichen Rechtsgeschäften** über Art 12 S 1 der gleiche Schutz wie bei Verpflichtungsgeschäften gewährt wird (allgM). Auch **Schenkungen** sind in den Verkehrsschutz einbezogen[13], weil der Empfänger einer unentgeltlichen Leistung im Vertrauen auf deren Bestand schützenswerte Dispositionen getroffen haben kann.

Zur Diskussion über die Ausdehnung des sachlichen Anwendungsbereichs des Art 12 im Wege der Analogie s Rn 39 ff. **12**

b) Nach Art 12 S 2 ausgeschlossene Geschäfte. aa) Familien- und erbrechtliche Geschäfte. **13**
Kein Verkehrsschutz wird nach Art 12 S 2 bei familien- und erbrechtlichen Rechtsgeschäften gewährt, weil und soweit es sich bei diesem nicht um **„Verkehrsgeschäfte"** handelt, bei denen allein ein solcher Schutz angebracht ist[14]. Die Berufung auf das Recht am Vornahmeort ist deshalb von einem ausgeschlossen, wenn Rechts- und Geschäftsfähigkeit bei Testamenten, Erbverträgen, Anfechtungen von Verfügungen von Todes wegen, Erbannahmen und -ausschlagungen und beim Erbverzicht eine Rolle spielen, zum anderen sind etwa Verlöbniseingehung, Eheschließung und Einwilligung dazu, Eheverträge, Vaterschaftsanerkennung, Unterhaltsverträge, Sorgerechts- und Versorgungsausgleichsvereinbarungen sowie Adoptionen nicht erfasst[15]. Gleiches gilt bei Erbauseinandersetzungsverträgen, nicht aber für deren dinglichen Vollzug: Art 12 ist anwendbar auf die Auflassung eines im Vertragsabschlussstaat belegenen (Rn 15) Grundstücks in Durchführung einer Erbauseinandersetzung[16]. Die Norm ist ebenfalls anwendbar auf den **Erbschaftskauf**[17], weil es hier um einen (fast) gewöhnlichen Kaufvertrag mit einem Dritten über die Gesamtheit des auf den Erben übergegangenen Nachlassvermögens, nicht etwa um die Übertragung „des Erbrechts" geht.

Zu unterscheiden vom Ausschluss familienrechtlicher Geschäfte vom Verkehrsschutz für die Rechts- und Geschäftsfähigkeit ist die Frage, inwieweit Art 12 S 1 auf familienrechtliche Handlungsbeschränkungen analog angewandt werden kann (Rn 39, 41). **14**

bb) Verfügungen über ausländische Grundstücke. Des Weiteren sind Verfügungen über **15** Grundstücke, die nicht im Staat des Vertragsabschlusses belegen sind, ausgenommen, wohl weil bei einer solchen dinglichen Transaktion die letztere Rechtsordnung nicht berührt ist[18]. Folgerichtig ist Art 12 S 1 bei Verfügungen über im Vornahmeland belegene Grundstücke anwendbar (allgM). Die **schuldrechtliche Seite** von Immobiliargeschäften bei Veräußerung, Miete oder Pacht etc ist immer – unabhängig vom Lageort des Grundstücks – in den Verkehrsschutz einbezogen[19], ebenso Verfügungen über Fahrnis.

c) Rechtsfähigkeit. Dass einer ein Rechtsgeschäft tätigenden natürlichen Person nach ihrem Heimatrecht die Rechtsfähigkeit fehlt, ist schon deshalb schwer vorstellbar, weil ggf der ordre public eingreift (vgl Art 7 Rn 9). Art 12 hat deshalb insoweit keinen erkennbaren praktischen Anwendungsbereich. Zur analogen Anwendung im internationalen Gesellschaftsrecht bei **partieller Rechtsfähigkeit juristischer Personen** s Rn 78. **16**

Weil es Art 12 (nur) um Schutz bei materiellrechtlichen Rechtsgeschäften geht, hat er für die **Parteifähigkeit** auch dann **keine** Bedeutung, wenn das im konkreten Fall anwendbare Prozessrecht (wie das deutsche) diese aus der Rechtsfähigkeit ableitet (allgM). **17**

d) Geschäftsfähigkeit. aa) Allgemeines. Wichtig ist die Vorschrift hingegen für die Geschäftsfähigkeit. Der Begriff der Geschäftsfähigkeit ist in Art 12 ebenso wie in Art 7 zu bestimmen. Der gute Glaube an das Vorliegen einer der „besonderen Geschäftsfähigkeiten" (Art 7 Rn 31) wird folglich nicht über Art 12 geschützt, weil diese auch von Art 7 nicht erfasst werden. Für die Wechsel- und Scheckfähigkeit s Art 60 Abs 2 ScheckG, Art 91 Abs 2 WG. **18**

Gilt am Abschlussort deutsches Recht, so lässt sich mit Hilfe des Art 12 insbes die Regelung des **§ 113 BGB** gegen ein ausländisches Heimatrecht durchsetzen, wenn dieses eine gesetzliche oder an die elterliche Ermächtigung zum Eintritt in ein Arbeitsverhältnis anknüpfende Teilgeschäftsfähigkeit nicht kennt[20]. **19**

Der gute Glaube an die **Prozessfähigkeit** ist (ebenso wie der an die Parteifähigkeit, s Rn 17) nicht Gegenstand des Art 12; insoweit gilt im deutschen Prozessrecht § 55 ZPO. **20**

bb) Entmündigung. Über Art 12 können sich die Regeln des Ortsrechts auch gegen eine nach dem Heimatrecht der betroffenen Person ausgesprochene oder von diesem Recht anerkannte Entmündigung durchsetzen[21]. Notwendig wird der Weg über Art 12 allerdings erst dann, wenn die fragliche Entmündigung (auch) **in Deutschland anzuerkennen** ist (Art 7 Rn 51 ff), denn nur dann hat sie hier **21**

---

[12] MünchKommBGB/*Spellenberg* Rn 24.
[13] HM, MünchKommBGB/*Spellenberg* Rn 23; aA *Fischer* S 42.
[14] BT-Drucks 10/504 S 50; *Soergel/Kegel* Rn 13.
[15] Vgl *Soergel/Kegel* Rn 21; *Staudinger/Hausmann* Rn 45 f.
[16] KG IPRspr 1934 Nr 44 zu Art 7 Abs 3 S 2 aF; *Staudinger/Hausmann* Rn 46.
[17] Str, aA *Staudinger/Hausmann* Rn 46.
[18] *Lipp* RabelsZ 63 (1999), 107, 124.
[19] Str, aA *Staudinger/Hausmann* Rn 48 für Rechtsgeschäfte über Grundstücke in Ländern, die nicht zwischen der verpflichtenden und verfügenden Wirkung eines Rechtsgeschäfts unterscheiden.
[20] Rspr-Nachweise zur Vorgängervorschrift des Art 7 Abs 3 aF bei *Soergel/Kegel* Rn 2.
[21] MünchKommBGB/*Spellenberg* Rn 39.

Rechtswirkungen, die ggf über den Gutglaubensschutz zu überspielen sind[22]. Wenn die Voraussetzungen für einen Schutz nach Art 12 vorliegen, bleibt die fremde Entmündigung allerdings nicht einfach unbeachtet. Nach dem Schutzzweck der Vorschrift sind vielmehr nur solche Behinderungen auszuschalten, die über die Möglichkeiten des Entmündigungsrechts am Vertragsabschlussort hinausgehen. Folglich wird lediglich der gute Glaube daran geschützt, dass ein Volljähriger nur in dem im Abschlussstaat vorgesehenen **Maß** und unter den dort geltenden **Voraussetzungen** in seiner Geschäftsfähigkeit beschränkt werden kann[23]. Liegt der Abschlussort in Deutschland, heißt das, dass einer ausländischen Entmündigung bei gutem Glauben des Vertragspartners (Rn 33) allenfalls die Wirkungen einer Betreuung in ihrem weitestreichenden Umfang (§ 1903 BGB) zukommen können[24]; darüber hinaus bleibt eine Entmündigung aus einem Grund, der im Abschlussstaat einen Eingriff in die Geschäftsfähigkeit nicht rechtfertigt, unbeachtlich, sofern ein solcher Eingriff im konkreten Fall nach Abschlussortsrecht auch aus keinem anderen Grund hätte erfolgen können[25]. Entsprechendes gilt, sollte nach ausländischem Recht eine hier anzuerkennende Betreuung angeordnet worden sein, die über einen Einwilligungsvorbehalt Auswirkungen auf die Geschäftsfähigkeit des Betreuten hat[26]; freilich dürfte bei einem solchen im Vergleich zur Entmündigung schwächeren Eingriff nur selten das nach dem Recht am Abschlussort Mögliche überschritten sein.

22   **e) Handlungsfähigkeit.** Der Begriff der „Handlungsfähigkeit" gibt Rätsel auf, denn er ist dem deutschen materiellen Gesetzesrecht unbekannt. In der Literatur wird er mit durchaus unterschiedlichen Akzentuierungen, im Zivilrecht meist aber als Oberbegriff für die Geschäfts- und Delikts- bzw Verschuldensfähigkeit natürlicher Personen verwandt[27]. Als solcher taugt er hier nicht, denn erstere ist ohnehin ausdrücklich in Art 12 erwähnt, letztere als „besondere Geschäftsfähigkeit" nach allgM nicht erfasst. Tatsächlich handelt es sich wohl um eine durch Anlehnung an Art 1 Abs 2 Nr 1 EuGVÜ missglückte Übersetzung des im EVÜ verwandten französischen Begriffs der incapacité, weshalb man am besten daran tut, den Terminus als im vorliegenden Zusammenhang inhaltsleer zu ignorieren[28]. Manche wollen so weit nicht gehen und den Begriff – da es ihn nun einmal gibt – dadurch mit Leben füllen, dass sie die Grenzen **gesetzlicher Vertretungsmacht** für natürliche Personen als (familienrechtliche) „Handlungsbeschränkungen" deuten[29]. Damit aber tut man Art 12 nach Herkunft, Wortlaut und Systematik Gewalt an[30]. Zutreffenderweise stellt sich hier die Frage, inwieweit Art 12 in diesem Bereich **analog** angewendet werden kann und soll (Rn 39).

23   Die Handlungsfähigkeit **im Gesellschaftsrecht** ist nicht Gegenstand des auf natürliche Personen beschränkten Art 12 (s insoweit Rn 73).

IV. Voraussetzungen für den Schutz der anderen Partei

24   **1. Beiderseitige Anwesenheit im Abschlussstaat. a) Allgemeines.** Die alternative Anknüpfung des Art 12 setzt voraus, dass sich **beide Parteien zum Zeitpunkt des Vertragsschlusses in demselben Staat** (nicht an demselben Ort) befinden. Eine kurzfristige oder gar **zufällige Anwesenheit** in diesem Land, etwa während eines kurzen Zwischenstopps bei einem Transitflug reicht aus (hM), erst recht etwa eine solche während einer Messe, auch wenn der Rechtsverkehr des Gastgeberlandes in diesen Fällen überhaupt nicht tangiert wird. Man mag dies kritisch sehen und – zu Recht – rechtspolitisch eine Lösung fordern, bei der über die bloße Anwesenheit bei Vertragsschluss hinaus weitere Elemente das Geschäft oder die geschützte Vertragspartei (etwa über ihren gewöhnlichen Aufenthaltsort) mit dem Abschlussstaat verbinden. Es geht aber nicht an, bereits de lege lata den bewussten Verzicht des Gesetzgebers auf die Normierung solcher zusätzlicher Umstände durch eine teleologische Reduktion zu unterlaufen[31].

25   Auf die gewählten Kommunikationswege und ihre Einordnung durch das Sachrecht kommt es nicht an, erfasst ist also neben der mündlichen auch jede brieflich, telefonisch, per Telefax oder E-Mail abgegebene Erklärung, unabhängig davon, ob sie als Erklärung unter Ab- oder Anwesenden gilt[32]. Eine telefonische Erklärung gilt als im Land des Erklärenden abgegeben[33], bei einer E-Mail entscheidet der jeweilige Standort des Computers (unabhängig ob Laptop oder Desktop), in den der Erklärende seinen Text zur Absendung eingibt (vgl Art 11 Rn 77).

---

[22] HM, vgl MünchKommBGB/*Spellenberg* Rn 39; *Lipp* RabelsZ 63 (1999), 107, 137; aA *Soergel/Kegel* Rn 13: Anerkennung im Vertragsabschlussstaat notwendig.
[23] *Lipp* RabelsZ 63 (1999), 107, 137 f.
[24] *Palandt/Heldrich* Rn 4.
[25] *Fischer* S 128.
[26] MünchKommBGB/*Spellenberg* Rn 39.
[27] ZB *Leipold* BGB I, 1999, Rn 334; *Palandt/Heinrichs* Überbl v § 1 Rn 3.
[28] *Schotten* DNotZ 1994, 670; *Staudinger/Hausmann* Rn 2.
[29] *Erman/Hohloch* Rn 11; *Palandt/Heldrich* Rn 5.
[30] Ähnlich MünchKommBGB/*Spellenberg* Rn 29.
[31] So aber *Fischer* S 64 f: keine Anwendung des Art 12 bei nur flüchtigem Abschlussort, den er bei Börsen- und Messegeschäften allerdings nicht bejaht; restriktiv auch *Lipp* RabelsZ 63 (1999), 107, 134 f: zwar Verträge auf Flughafen erfasst, nicht aber zwischen Mitgliedern einer Reisegruppe und brieflich geschlossene Verträge, bei denen eine der Parteien zu dieser Zeit völlig unabhängig davon in dem Staat reist, in dem sich die andere Partei aufhält; ähnlich *Staudinger/Hausmann* Rn 50; gegen *Fischer* etwa MünchKommBGB/*Spellenberg* Rn 56.
[32] HM, *Lipp* RabelsZ 63 (1999), 107, 135 f; aA ohne Begr *Kropholler* IPR § 42 I 3 a: nur Verträge zwischen Anwesenden, nicht auch Distanzverträge erfasst.
[33] MünchKommBGB/*Spellenberg* Rn 51.

b) Vertragsschluss unter Einschaltung von Vertretern und Boten. aa) Vertretung auf Seiten 26
der Geschäftsunfähigen. Der nicht (voll) Geschäftsfähige muss sich **persönlich** in dem Land aufhalten, in dem sich die Gegenseite bei Abgabe der Erklärungen befindet[34]. Die Anwesenheit eines auf seiner Seite auftretenden **Vertreters** reicht richtiger Ansicht nach nicht aus, weil diese nicht das Vertrauen der anderen Seite legitimieren kann, die Geschäftsfähigkeit des sich im Ausland aufhaltenden Vertragspartners messe sich nach den Maßstäben des Abschlussortes[35]. Dies gilt bei der **gewillkürten Vertretung** schon deshalb, weil Vertretergeschäft und Vollmachterteilung auseinander gehalten werden müssen. Beim ersteren kommt es nur auf die Geschäftsfähigkeit des Vertreters an (Rn 28)[36], und bei der Letzteren spielt Art 12 im Verhältnis zum Dritten (dem künftigen Vertragspartner) nur eine Rolle, wenn man – wie hier vertreten – diese Norm auch auf ein einseitiges Rechtsgeschäft anwenden will und für dieses die tatbestandlichen Voraussetzungen gegeben sind, die Vollmacht also als Außenvollmacht gegenüber dem Dritten bei gleichzeitiger Anwesenheit in einem Staat erteilt wurde[37]. Zu Art 12 und den Grenzen **gesetzlicher Vertretungsmacht** s Rn 39.

bb) Vertretung auf der Gegenseite. Tritt für die Gegenseite ein Vertreter auf, so kommt es 27
hingegen auf dessen Aufenthaltsort an. Denn wird er rechtsgeschäftlich tätig, ist entspr dem Rechtsgedanken des § 166 Abs 1 BGB maßgeblich, ob er auf die Gültigkeit des Geschäfts vertraut[38].

cc) Geschäftsfähigkeit des Vertreters. Von dem soeben erörterten Problem, inwieweit bei der 28
Einschaltung von Hilfspersonen Einschränkungen der Geschäftsfähigkeit einer der vertragsschließenden Parteien nach ihrem Heimatrecht mit Hilfe des Art 12 überwunden werden können, ist die Frage nach der Geschäftsfähigkeit des Vertreters zu unterscheiden: Insoweit ist Art 12 „normal" anwendbar, wenn der nach Heimatrecht nicht (voll) geschäftsfähige Vertreter sich bei Vertragsschluss in einem Staat mit (dem Vertreter) der Gegenseite befindet[39]. Ob und in welcher Form Geschäftsfähigkeit des Vertreters überhaupt notwendig ist, entscheidet demgegenüber das Vollmachtsstatut (Art 7 Rn 20).

dd) Einschaltung eines Boten. Wird von einer Partei ein Bote eingeschaltet, ist Art 12 nur 29
anwendbar, wenn der Übermittlungsauftrag jeweils in dem Land **erteilt und ausgeführt** wurde, in dem auch der andere Teil seine Erklärung abgegeben hat[40].

c) Maßgeblicher Zeitpunkt. In zeitlicher Hinsicht ist die **Abgabe,** nicht der Zugang **beider** 30
Vertragserklärungen bzw bei einseitigen Rechtsgeschäften (vgl Rn 11) der einen Erklärung maßgeblich (allgM). Ein Ortswechsel zwischen Abgabe und Zugang hat weder positiven noch negativen Einfluss.

d) Irrtümer über den Aufenthaltsort. Fraglich ist der Einfluss von Irrtümern der geschützten 31
Partei über den Aufenthaltsort seines geschäftsunfähigen Geschäftspartners, etwa bei einem Vertragsschluss per Telefon oder E-Mail. Wohl allgM ist, dass die unzutreffende Annahme, der Partner befinde sich bei Abgabe der Erklärungen im gleichen Land wie man selbst, nicht zur Anwendung des Art 12 führt. Nach dem Wortlaut der Norm wird die tatsächliche, nicht die angenommene beiderseitige Anwesenheit in einem Land vorausgesetzt[41]. Zweifelhaft ist aber umgekehrt, ob hinzukommen muss, dass der geschützte Teil letztere auch kennt, ob also die irrige Annahme, der Geschäftspartner befinde sich bei Abgabe im Ausland, schadet. Dies wird vertreten[42], dürfte letztlich aber zu verneinen sein. Der Wortlaut der Vorschrift gibt für eine solche Einschränkung nichts her, im Gegenteil: Der Vergleich mit der Formulierung in ihrer ersten Fassung durch den dem EVÜ vorangegangenen Vorentwurf des Europäischen Schuldrechtsübereinkommens von 1972[43] zeigt deutlich, dass offenbar bewusst davon Abstand genommen wurde, die Kenntnis der die Anwendung des Rechts des Vornahmeortes rechtfertigenden Umstände zu einem notwendigen Tatbestandsmerkmal zu machen. Die von der Gegenmeinung gezogene Parallele zur Rechtsscheinhaftung im materiellen Recht, bei der die Kenntnis des Rechtsscheinstatbestandes vorausgesetzt wird[44], passt schon deshalb nicht, weil es hier nicht um die Sanktion eines vom Geschäftsunfähigen verantwortlich gesetzten Rechtsscheins geht.

2. Guter Glaube des Geschäftspartners. a) Voraussetzungen der Gutgläubigkeit. Nur der 32
gutgläubige Geschäftspartner wird mittels der Anwendung des Rechts am Abschlussort geschützt. Maßgeblich ist nach dem Wortlaut der Vorschrift insoweit allein, ob er die Fähigkeitsbeschränkung durch das Heimatrecht der anderen Person kannte bzw kennen musste; wie bei § 122 Abs 2 BGB schadet auch einfache und leichte Fahrlässigkeit iS von § 276 BGB[45]. Mit dieser Formulierung ist zunächst einmal klargestellt, **dass die Unkenntnis des Kollisionsrechts nicht entlastet.** Mit der Verteidigung, er habe nicht gewusst, dass es überhaupt auf das Heimatrecht eines Ausländers zur Bestimmung von dessen Rechts- und Geschäftsfähigkeit ankommt, wird der Geschäftspartner nicht

---

[34] Str, so MünchKommBGB/*Spellenberg* Rn 51 *Schotten* DNotZ 1994, 670, 671.
[35] AA *Staudinger/Hausmann* Rn 53; *Erman/Hohloch* Rn 9; *Palandt/Heldrich* Rn 2; *Liessen* NJW 1989, 501; *Lipp* RabelsZ 63 (1999), 107, 136: Art 11 Abs 3 analog.
[36] Der bei einem nach seinem Heimatrecht minderjährigen Geschäftsherrn ggf ohne Vertretungsmacht handelt.
[37] Vgl *Fischer* S 39 f; MünchKommBGB/*Spellenberg* Rn 53.
[38] Vgl *Fischer* S 40.
[39] Vgl MünchKommBGB/*Spellenberg* Rn 53.
[40] *Fischer* S 39.
[41] MünchKommBGB/*Spellenberg* Rn 52.
[42] *Fischer* S 54; MünchKommBGB/*Spellenberg* Rn 52.
[43] Abgedruckt in RabelsZ 38 (1974), 211.
[44] *Fischer* S 54.
[45] *Fischer* S 52.

gehört[46]. Ebenso unbeachtlich ist von vornherein der (reine) Irrtum über das Alter des Ausländers, weil dieser Irrtum mit den kollisionsrechtlichen Besonderheiten des Falls mit Auslandsberührung nichts zu tun hat[47]. Nach allgM kann hingegen (1) die Unkenntnis der materiellen Regeln des ausländischen Heimatrechts und – im Vorfeld dazu – (2) die fehlende Kenntnis der ausländischen Staatsangehörigkeit des Geschäftspartners[48] die Anwendung des Art 12 ermöglichen. Entscheidend ist in diesen beiden Fällen allein, ob die Unkenntnis vorwerfbar ist, was sich daran orientiert, welche Erkundigungsobliegenheiten man dem Vertragspartner aufbürden will. Insoweit ist zu unterscheiden: (1) **Weiß** die geschützte Partei (oder der für sie handelnde Vertreter, vgl im deutschen Recht § 166 BGB), **welche Staatsangehörigkeit** ihr Vertragspartner hat, hilft ihr die Unkenntnis der in diesem Staat geltenden materiellen Regeln über die Rechts- und Geschäftsfähigkeit dann nicht, wenn sie selbst ihren **gewöhnlichen Aufenthalt** dort hat – vor der Anwendung der (leicht ermittelbaren) Regeln seines eigenen Umweltrechts muss man nicht geschützt werden. Entsprechendes gilt, wenn die geschützte Partei die **gleiche Staatsangehörigkeit** wie der Geschäftspartner hat[49]. Dass sie hier mit ihr unbekannten oder nicht ermittelbaren Normen konfrontiert wird, wird nicht vorkommen, zumal bei Doppelstaatsangehörigen über Art 5 Abs 1 S 1 insoweit auf die effektive Staatsangehörigkeit abzustellen ist; nur deutsch-ausländische Doppelstaater könnten hier wegen Art 5 Abs 1 S 2 härter getroffen werden. (2) Kennt die geschützte Partei die Staatsangehörigkeit des Vertragspartners nicht oder kennt sie sie zwar, aber verbindet sie mit dem dadurch berufenen Recht nicht der eigene gewöhnliche Aufenthalt oder die eigene Staatsangehörigkeit, darf sie dennoch nicht auf die Regeln des Abschlussortes vertrauen, wenn sie (a) im Rahmen ihrer gewerblichen Tätigkeit die **grenzüberschreitende Reise des Vertragspartners an diesen Ort selbst veranlasst** hat. Das japanische Reiseunternehmen, das (auch) für Kunden aus China Reisen nach Deutschland organisiert, hat keinen Anlass, bei Rechtsgeschäften auf deutschem Boden einen 18jährigen Mitfahrer an der deutschen Volljährigkeitsgrenze festzuhalten[50]. (b) Im Übrigen entscheidet die **(wirtschaftliche) Bedeutung des Geschäfts.** Immer (aber auch nur dann), wenn man in einem reinen Binnengeschäft Anlass hätte, sich über die Geschäftsfähigkeit des Vertragspartners besondere Gedanken zu machen und Nachforschungen anzustellen, muss man dies auch dann tun, wenn der Beteiligte (was bekannt ist oder sich erst später herausstellt) ein Ausländer ist. Solche Nachforschungsobliegenheiten bestehen sicher nicht bei den „normalen" Umsatzgeschäften des täglichen Lebens auf einem Markt, in einem Laden oder in einem Kaufhaus[51] oder bei gewöhnlichen, nicht kostenintensiven Dienstleistungen. Umgekehrt ist die Wertung des § 11 BeurkG zu beachten: Wenn der Gesetzgeber dem Notar bei jedem **beurkundungspflichtigen** Geschäft zur Aufgabe macht, Feststellungen über die Geschäftsfähigkeit zu machen, ist es dem Vertragspartner eines solchen Geschäfts verwehrt, die unterlassene Prüfung der Geschäftsfähigkeit des Ausländers nach seinem Heimatrecht mit dem Hinweis auf das abweichende Recht am Vertragsschlussort zu rechtfertigen (wohl allgM). Dazwischen liegt ein weiter Graubereich, bei dem eine Einzelfallbetrachtung notwendig ist und allgemeine Regeln versagen. Zu betonen ist jedoch, dass in keinem Fall allein die Kenntnis von der Ausländereigenschaft des Vertragspartners ohne eines der oben genannten zusätzlichen Kriterien bösgläubig macht[52].

33   **b) Gutglaubensschutz gegen ausländische Entmündigung.** Für den Verkehrsschutz gegenüber ausländischen Entmündigungen gilt in Bezug auf den notwendigen guten Glauben (zur Rechtsfolge des Art 12 S 1 in diesem Fall s Rn 21) nichts Besonderes. Auch hier ist maßgeblich, ob der Geschäftspartner nach den obigen Maßstäben mit der Anwendung des Heimatrechts in dieser Hinsicht an Stelle des Rechts am Abschlussort rechnen musste. Die rein faktische Unkenntnis der Entmündigung als solche hilft ihm – wie der bloße Irrtum über das Alter – nicht[53], ebenso wenig wirkt ein (kollisionsrechtlicher) Irrtum über die Anerkennungsfähigkeit der Entmündigung in Deutschland[54] oder im Land des Vertragsschlusses entschuldigend. Zu beachten ist aber, dass ein Rückgriff auf Art 12 nicht notwendig ist, wenn man mit der – hier abgelehnten – hM der ausländischen Entmündigung eines Deutschen ohnehin nur die Wirkungen einer im Inland angeordneten Betreuung zukommen lassen will (Art 7 Rn 52).

34   **c) Beweislast.** Die Beweislast dafür, dass der Geschäftspartner die nach dem Heimatrecht gegebene Geschäftsunfähigkeit kannte und fahrlässig verkannt hat, trägt der in seiner Fähigkeit nach seinem Heimatrecht Beschränkte bzw derjenige, der an seiner Stelle über Art 7 die Unwirksamkeit des vom ersteren getätigten Geschäfts geltend machen will[55]. Ein 18-jähriger Algerier, der unter den Umständen des Art 12 einen Vertrag in Deutschland schließt und nachträglich geltend machen will, dass er nach

---

[46] HM, *v. Bar* IPR II Rn 59; für den Regelfall über einen strengen Fahrlässigkeitsmaßstab ebenso *Fischer* S 16 f, 51 f, 243, 356; diff MünchKommBGB/*Spellenberg* Rn 67: nur der Irrtum über eigenes Kollisionsrecht ist unbeachtlich; ihm folgend *Staudinger/Hausmann* Rn 64.
[47] AllgM; anders, wenn er zusammenfällt mit einem Irrtum über die Volljährigkeitsgrenze des ausländischen Rechts.
[48] AA insoweit *Staudinger/Hausmann* Rn 66.
[49] Vgl den Fall des OLG Hamm NJW-RR 1996, 1144; im Ergebnis ähnlich *v. Bar* IPR II Rn 59 und die Autoren, die bei gleicher Staatsangehörigkeit der Parteien bereits die Anwendbarkeit von Art 12 verneinen (aaO), die aber jeweils nicht deutlich machen, ob der geschützte Vertragspartner von der Übereinstimmung *wissen* muss.
[50] Im Ergebnis ebenso *Lipp* RabelsZ 63 (1999), 107, 141 f.
[51] *v. Bar* IPR II Rn 59.
[52] Ähnlich *Palandt/Heldrich* Rn 2; *Staudinger/Hausmann* Rn 70.
[53] MünchKommBGB/*Spellenberg* Rn 70.
[54] MünchKommBGB/*Spellenberg* Rn 70.
[55] MünchKommBGB/*Spellenberg* Rn 74.

algerischem Recht erst mit 19 Jahren geschäftsfähig wird, muss also beweisen, dass sein Vertragspartner dies wusste oder nach den obigen Kriterien hätte wissen müssen. Manche folgern daraus, dass die Geltung des Ortsrechts bei nicht über die Grenze geschlossenen Verträgen der **Normalfall** und der Rückgriff auf das Heimatrecht für die Bestimmung der Rechts- und Geschäftsfähigkeit die Ausnahme ist.

V. Rechtsfolge: Günstigkeitsvergleich

1. Alternativanknüpfung. Liegen die tatbestandlichen Voraussetzungen des Art 12 S 1 vor, so gesellen sich zu den durch die allgemeinen Regeln berufenen Normen für die Rechts- oder Geschäftsfähigkeit diejenigen des Rechtes des Abschlussortes hinzu. Es handelt sich also um eine alternative Anknüpfung[56], dh eine gleichzeitige Verweisung auf zwei Rechte (Heimatrecht/Ortsrecht) für eine Fragestellung. Von diesen Rechten wird im Wege eines „Günstigkeitsvergleichs" dasjenige ermittelt und im Ergebnis angewandt, das den Schutz des Geschäftspartners der fraglichen Person besser gewährleistet, also die Rechts- oder Geschäftsfähigkeit der Letzteren bejaht oder für die Wirksamkeit der Geschäfts unter diesen Gesichtspunkten wenigstens die kleineren Hürden aufstellt, beispielsweise – anders als das deutsche Recht – unter bestimmten Umständen Gutgläubigkeit genügen lässt[57]. Ist das Rechtsgeschäft sowohl nach dem Ortsrecht als auch nach dem nach Art 7 berufenen Recht nicht voll gültig, wirkt sich Art 12 dergestalt aus, dass sich die Rechtsfolgen des milderen Rechts durchsetzen[58]. Schwebende Unwirksamkeit mit Genehmigungsmöglichkeit hat also Vorrang vor einer endgültig und sofort eintretenden Nichtigkeit, ebenso die längere vor der kürzeren Genehmigungsfrist oder der nur auf Einrede zu beachtende Mangel vor dem von Amts wegen zu berücksichtigenden.

Die leicht missverständliche Gesetzesformulierung, nach der sich der eine Vertragsteil auf seine nach den allgemeinen Regeln bestehende Rechts-, Geschäfts- oder Handlungs**unfähigkeit** nicht „berufen" darf (also die Regeln des Abschlussortsrechts nur vorgehen, wenn sie zur Wirksamkeit des Geschäfts führen), bezeichnet lediglich dieses Kriterium für den Günstigkeitsvergleich und legt **nicht** etwa indirekt fest, dass die genannten „Unfähigkeiten" grds nur **Einreden** darstellen, auf die sich die vermeintlich unfähige Partei im Prozess ausdrücklich berufen muss (allgM). Letztere Frage bleibt vielmehr zur Beantwortung dem jeweiligen alternativ berufenen materiellen Recht überlassen[59]. Wie oben angedeutet, wäre es denkbar, dass sich die Günstigkeit einer der Rechtsordnungen gerade daraus ergibt, dass sie materiell die Geschäftsunfähigkeit als Einrede einstuft (was tatsächlich wohl nur wenige Rechte tun), die im konkreten Fall nicht erhoben wurde, während das andere Recht von einem von Amts wegen zu prüfenden Umstand ausgeht.

2. Kein Wahlrecht. Unabhängig davon ist jedenfalls der **Günstigkeitsvergleich selbst** zwischen den alternativ berufenen Rechtsordnungen **von Amts wegen** anzustellen (allgM). Das Gericht hat, ohne dass es eines dahingehenden Antrags der Parteien bedarf, von sich aus zu ermitteln, welche Rechtsordnung für die Aufrechterhaltung des Geschäfts unter dem Gesichtspunkt der Rechts-, Geschäfts- oder Handlungs-(un-)fähigkeit die günstigere ist. Das schließt es zugleich aus, dem Geschäftsgegner der potentiell Unfähigen ein **Wahlrecht** dahingehend einzuräumen, auf seine Begünstigung durch das Recht des Abschlussortes zu verzichten, um es bei der Unwirksamkeit des Geschäfts nach dem ohne Art 12 anwendbaren Recht zu belassen[60]. Alternativ heißt nicht wahlweise[61], wie sich nicht zuletzt an Art 40 Abs 1 S 2 zeigt, der sich für das Deliktsrecht zugunsten eines Optionsrechts des Opfers ausdrücklich von der früher vertretenen alternativen Anknüpfung verabschiedet hat. Auch rechtspolitisch erscheint ein Wahlrecht bei Art 12 nicht wünschenswert. Zum einen kann das zu schützende Vertrauen des Vertragspartners legitimerweise nur auf die Wirksamkeit des Geschäfts, nicht aber darauf gerichtet sein, das Geschäft nach seiner Wahl als wirksam oder unwirksam behandeln zu können, und zum anderen würde der vor der Ausübung des Wahlrechts bestehende Schwebezustand Rechtsunsicherheit fördern[62].

3. Rechtsstreit mit einem Dritten. Kommt es nach dem oben Gesagten gegen den Gesetzeswortlaut nicht darauf an, dass sich der nach dem Heimatrecht Unfähige auf seine Rechts-, Geschäfts- oder Handlungsunfähigkeit „beruft", so folgt daraus zugleich, dass Art 12 auch dann anzuwenden ist, wenn sich die Frage nach der Wirksamkeit des von ihm abgeschlossenen Geschäfts in einem Rechtsstreit stellt, an dem er selbst nicht beteiligt ist (etwa: Klage des Geschäftspartners gegen einen Bürgen). Auch in diesem Fall aber kommt es nur auf die Gutgläubigkeit des Vertragspartners, nicht des Dritten, an.

---

[56] So auch v. Bar IPR II Rn 55; allg zur alternativen Anknüpfung Einl IPR Rn 36; zur vergleichbaren Struktur des Art 29 Abs 1 Mäsch, Rechtswahlfreiheit und Verbraucherschutz, 1993, S 26 ff.
[57] Knappe rechtsvergleichende Hinweise zum französischen, englischen und Schweizer Recht bei *Lipp* RabelsZ 63 (1999), 107, 138 f.
[58] MünchKommBGB/*Spellenberg* Rn 79.
[59] MünchKommBGB/*Spellenberg* Rn 75, 79.
[60] Str, für ein Wahlrecht *Fischer* S 118; *Schotten* DNotZ 1994, 670, 672; wie hier abl *Soergel/Kegel* Rn 3; *Staudinger/Hausmann* Rn 74.
[61] *Soergel/Kegel* Art 11 Rn 1.
[62] Dies betont schon *Fischer* S 116 f, der sich selbst allerdings für ein Wahlrecht ausspricht.

VI. Analoge Anwendung

39 **1. Beschränkungen der gesetzlichen Vertretungsmacht.** Nach wohl allgM ist die Regelung des Art 12 wegen der vergleichbaren Interessenlage auch zum Schutz des Verkehrs vor am Vornahmeort unbekannten Beschränkungen der gesetzlichen Vertretungsmacht von **Eltern, Vormündern, Pflegern und Betreuern** anwendbar, wobei im Ergebnis unerheblich ist, ob man dies – wie hier – mit einem Analogieschluss oder mit einem Rückgriff auf den ansonsten inhaltsleeren Begriff der „Handlungsfähigkeit"[63] begründet.

40 **2. Bestand und Umfang einer Vollmacht.** Inwieweit der gute Glaube an Bestehen und Umfang einer rechtsgeschäftlichen Vollmacht geschützt wird, ist allein Sache des Vertretungsstatuts (Art 10 Rn 114 ff), unabhängig davon, welche Position man zu dessen Anknüpfung bezieht (hM). Folgt man dort der hM, so macht der zusätzliche Rückgriff auf Art 12 schon deshalb keinen Sinn, weil dann die Vollmacht oder hilfsweise die Vertretungsmacht unter Rechtsscheinsgesichtpunkten ohnehin idR – mit dem Argument des andernfalls vernachlässigten Verkehrsschutzes! – dem Recht am Gebrauchsort unterworfen wird. Hält man mit der Mindermeinung das Geschäftsstatut auch für die Vollmacht für maßgeblich, so fehlt es an der Vergleichbarkeit mit der der Regelung des Art 12 S 1 zugrundeliegenden Sonderbehandlung der Teilfrage der Geschäftsfähigkeit nach Art 7 in Abweichung vom Umweltrecht des Vertragsschlusses[64].

41 **3. Eherechtliche Verpflichtungs- und Verfügungsbeschränkungen.** Manche wollen Art 12 auch bei eherechtlich motivierten Verpflichtungs- und Verfügungsbeschränkungen von Ehegatten (im deutschen Recht zB §§ 1365, 1369 BGB, im Schweizer Recht zB Zustimmungserfordernisse des Ehegatten für Abzahlungskäufe oder für Bürgschaften des anderen Ehepartners) einschließlich der sogenannten **Interzessionsverbote**[65] in einigen ausländischen Rechten anwenden[66]. Zutreffend erscheint jedoch insoweit eine Analogie zu der sachnäheren Vorschrift des **Art 16 Abs 2**[67].

42 **4. Gesellschaftsrecht.** Zur analogen Anwendung des Rechtsgedankens des Art 12 im internationalen Gesellschaftsrecht s Rn 79 f.

Anhang: Internationales Gesellschaftsrecht

Schrifttum (zum Internationalen Gesellschaftsrecht): *Behrens* (Hrsg), Die GmbH im internationalen und europäischen Recht, 2. Aufl 1997; *ders* in: *Ulmer/Habersack/Winter* (Hrsg), Kommentar zum GmbHG, 2005, Allg Einl Rn B 106 ff; *Bungert*, Deutsch-amerikanisches Gesellschaftsrecht, ZVglRWiss 93 (1994), 117; *Eidenmüller*, Gesellschaftsstatut und Insolvenzstatut, RabelsZ 70 (2006), 474; *ders* (Hrsg), Ausländische Kapitalgesellschaften im deutschen Recht, 2004; *Grasmann*, System des internationalen Gesellschaftsrechts, 1970; *Habersack*, Europäisches Gesellschaftsrecht, 3. Aufl 2006; *Hachenburg/Behrens* GmbHG, 8. Aufl 1992; *Hirte/Bücker* (Hrsg), Grenzüberschreitende Gesellschaften, 2. Aufl 2006; *Hofmeister* WM 2007, 868; *Leible*, Niederlassungsfreiheit und Sitzverlegungsrichtlinie, ZGR 2004, 531; *Lutter* (Hrsg), Europäische Auslandsgesellschaften in Deutschland, 2005; *Lutter/Hommelhoff*, GmbH-Gesetz, 16. Aufl 2004; *Merkt/Göthel*, US-amerikanisches Gesellschaftsrecht, 2. Aufl 2006; *Roth*, Internationales Gesellschaftsrecht nach *Überseering*, IPRax 2003, 117; *Schnichels*, Reichweite der Niederlassungsfreiheit, 1995; *Scholz/ H. P. Westermann*, GmbH-Gesetz, Bd 1, 10. Aufl 2006; *G. C. Schwarz*, Europäisches Gesellschaftsrecht, 2000; *Ungan*, Gläubigerschutz nach dem EuGH-Urteil in „Inspire Art" – Möglichkeiten einer Sonderanknüpfung für die Durchgriffshaftung in der Insolvenz?, ZVglRWiss 104 (2005), 355; *Spahlinger/Wegen*, Internationales Gesellschaftsrecht in der Praxis, 2005; *Zimmer*, Internationales Gesellschaftsrecht, 1996.

Übersicht

	Rn		Rn
Anhang: Internationales Gesellschaftsrecht		a) Unteranknüpfung bei Staaten mit mehreren Teilrechtsordnungen	50
1. Grundstruktur	43	b) Rück- und Weiterverweisungen	51
2. Staatsverträge	45	c) Ordre public	52
a) Deutsch-amerikanischer Freundschafts-, Handels- und Schifffahrtsvertrag	45	d) Statutenwechsel, Anerkennungsproblematik	53
b) Deutsch-spanisches Niederlassungsabkommen	47	4. Einflüsse des Gemeinschaftsrechts und der EMRK	55
c) Bilaterale Kapitalschutz- und Investitionsförderungsabkommen	48	a) Gemeinschaftsrecht	55
d) Rück- und Weiterverweisungen	49	b) EMRK	56
3. Probleme des Allgemeinen Teils	50	5. Anknüpfung	57
		a) Gründungstheorie	57

---

[63] Für Letzteres etwa *Palandt/Heldrich* Rn 5.
[64] Vgl MünchKommBGB/*Spellenberg* 3. Aufl Rn 34 a; nur wer erwägt, die Vollmacht an das Domizil des Vollmachtgebers oder den Ort der Vollmachterteilung anzuknüpfen, könnte und müsste zugunsten des Verkehrsschutzes Art 12 S 1 analog anwenden, so denn auch *Kegel/Schurig* IPR § 17 V 2 a.
[65] Dabei handelt es sich um Normen, die es einem Ehegatten zum Schutz vor unbilliger Einflussnahme untersagen, sich für Geschäfte des anderen Ehegatten zu verbürgen oder in sonstiger Weise „Schuldhilfe" (*Raape* IPR S 328) zu leisten, etwa Garantie, Schuldübernahme, Verpfändung; ausführlicher und rechtsvergleichend dazu *Graue*, Liber Amicorum Schnitzer, 1979, S 139, 142 ff; s auch *Staudinger/Mankowski* Art 14 Rn 233 ff.
[66] LG Aurich FamRZ 1990, 776 = IPRax 1991, 341; *Hanisch* IPRax 1987, 47, 50; MünchKommBGB/*Siehr* Art 14 Rn 93; *Fischer* S 171 ff; *Palandt/Heldrich* Rn 5; *v. Hoffmann/Thorn* IPR § 7 Rn 10.
[67] So auch *v. Bar* IPR II Rn 26; *Staudinger/Mankowski* Art 14 Rn 238 ff; MünchKommBGB/*Spellenberg* Rn 45; *Erman/Hohloch* Rn 11; unentschieden *Soergel/Schurig* Art 14 Rn 64, Art 16 Rn 21.

	Rn		Rn
b) Sitztheorie	58	8. Scheinauslandsgesellschaften in Deutschland	99
6. Reichweite des Gesellschaftsstatuts	70	a) Scheinauslandsgesellschaften im Anwendungsbereich der Gründungstheorie	99 a
a) Persönlicher Anwendungsbereich	70		
b) Sachlicher Anwendungsbereich: Umfang des Gesellschaftsstatuts	73	b) Scheinauslandsgesellschaften im Anwendungsbereich der Sitztheorie	100
c) Sonderanknüpfung einzelner materiellrechtlicher Normen	88 b	9. Grenzüberschreitende Verschmelzungen	105
		10. Nachbargebiete	106
7. Grenzüberschreitende Sitzverlegung	89	a) Fremdenrecht	106
a) Allgemeines, Sekundäres Gemeinschaftsrecht	89	b) Supranationale Gesellschaftsformen	107
		c) Internationales Kapitalmarktrecht	110
b) Gründungstheorie	90	11. Enteignungen	111
c) Sitztheorie	93 a		

1. Grundstruktur. Das Internationale Gesellschaftsrecht bezeichnet die Gesamtheit der Regeln, mit denen ermittelt wird, welches materielle Recht über „gesellschaftsrechtliche Verhältnisse" regiert[68], oder, in den Worten des BGH, nach welchem materiellen Recht eine Gesellschaft „entsteht, lebt und vergeht"[69]. Bestimmt wird also **das Gesellschaftsstatut.** Das Internationale Gesellschaftsrecht wurde bei der IPR-Reform 1986 ausgespart (vgl auch Art 37 Nr 2); der Grund damals war das Bestreben, dem Abschluss der zuvor angeschobenen europäischen Vereinheitlichung der Materie nicht vorzugreifen[70]. Das zwischen den ursprünglichen sechs Mitgliedstaaten der EWG auf der Basis des damaligen Art 220 EWG-Vertrag (jetzt Art 239 EG-Vertrag) geschlossene EWG-Übereinkommen vom 29. 2. 1968 über die gegenseitige Anerkennung von Gesellschaften und juristischen Personen (BGBl 1972 II S 370) ist allerdings wegen der noch ausstehenden Ratifikation durch die Niederlande niemals in Kraft getreten. Inzwischen gilt das Abkommen als totes Recht[71], seine Wiederbelebung ist nicht zu erwarten[72]. Dennoch wurde auch 1999 bei der Ergänzung des EGBGB das Internationale Gesellschaftsrecht nicht kodifiziert und der Rechtsanwender auf einen „späteren Zeitpunkt" vertröstet[73]. Möglicherweise hat der deutsche Gesetzgeber damit das Heft des Handelns endgültig aus der Hand gelegt. Auch wenn derzeit noch nicht konkret absehbar ist, dass die EU von den ihr im Amsterdamer Vertrag zugesprochenen Kompetenzen auf dem Gebiet der Angleichung der IPR-Vorschriften der Mitgliedstaaten (Art 65 EG-Vertrag) im Hinblick auf das Internationale Gesellschaftsrecht Gebrauch machen wird, so lässt die EuGH-Rspr zur Niederlassungsfreiheit (Rn 55) jedenfalls im Verhältnis zu den anderen EU-Mitgliedstaaten dem nationalen Gesetzgeber nicht mehr viel Spielraum. 43

Einstweilen gelten also in Deutschland weiterhin die von der Rspr unter weitgehender Zustimmung der Literatur entwickelten Regeln, denen man jedenfalls heute **gewohnheitsrechtlichen Charakter** zusprechen muss[74]. Danach ist grds das Recht des Landes maßgeblich, in dem sich der tatsächliche Verwaltungssitz der fraglichen Gesellschaft befindet (**Sitztheorie;** näher Rn 58); in einigen speziellen Konstellationen (Rn 45 ff) gilt auf Grund vorrangiger staatsvertraglicher Regelungen die **Gründungstheorie,** nach der das Recht entscheidet, unter dem die Gesellschaft gegründet wurde. In Gefolge der EuGH-Entscheidungen Centros, Überseering und Inspire Art hat sich darüber hinaus die Auffassung durchgesetzt, dass die Gründungstheorie auch für **alle Gesellschaften aus der EU** gilt (näher Rn 55). Damit gibt die Sitztheorie in der Praxis letztlich nur noch für Gesellschaften aus Drittländern Maß (Rn 58). 44

Supranationale Gesellschaftsformen wie zB die Societas Europaea haben mit dem auf das Kollisionsrecht beschränkten Internationalen Gesellschaftsrecht nichts zu tun (s auch Rn 107 ff). 44 a

2. Staatsverträge. a) Deutsch-amerikanischer Freundschafts-, Handels- und Schifffahrtsvertrag. Nach hM[75] enthält Art XXV Abs 5 des **deutsch-amerikanischen Freundschafts-, Handels- und Schifffahrtsvertrags** vom 29. 10. 1954 (im Folgenden: US-FHS-Vertrag)[76] eine umfassende kollisionsrechtliche Sonderregel dergestalt, dass **im Verhältnis zu den USA**[77] **die Gründungstheorie** gilt[78]; mit dieser Vertragsbestimmung haben sich die USA mit dem auch im autonomen Kollisionsrecht der US-Bundesstaaten geltenden Gründungsrechts-Konzept durchgesetzt. Eine nach dem Recht eines US-Bundesstaates wirksam gegründete Gesellschaft ist demnach aus deutscher Sicht **ohne Rücksicht auf den Ort des Verwaltungssitzes** als rechtsfähig anzuerkennen und auch iÜ – 45

---

[68] Vgl schon RGZ 83, 367.
[69] BGHZ 25, 134, 144 = NJW 1957, 1433.
[70] BT-Drucks 10/504 S 29.
[71] Vgl Bungert ZVglRWiss 93 (1994), 117, 122.
[72] Großfeld/König RIW 1992, 433, 436; zum Abbruch der Neuverhandlungen über das Abkommen aus Anlass des Beitritts neuer EG-Mitglieder vgl Timmermans RabelsZ 48 (1984), 1, 39 f; Bericht des BMJ ZIP 1986, 674, 677 ff.
[73] BT-Drucks 14/343 unter A1.
[74] Ebenso MünchKommBGB/Kindler IntGesR Rn 5; Behrens Rn IPR 2.
[75] Überblick über gesellschaftsrechtlich relevante Staatsverträge bei Eidenmüller/Rehm § 2 Rn 12.
[76] BGBl 1956 II S 487; Art XXV Abs 5 US-FHS-Vertrag lautet: Gesellschaften, die gemäß den Gesetzen und sonstigen Vorschriften des einen Vertragsteils in dessen Gebiet errichtet sind, gelten als Gesellschaften dieses Vertragsteils; ihr rechtlicher Status wird in dem Gebiet des anderen Vertragsteils anerkannt.
[77] Zum Einfluss der neueren Entwicklung des „europäischen" internationalen Gesellschaftsrechts auf das deutschamerikanische Verhältnis Schurig, Liber Amicorum Hay, 2005, S 369.
[78] Vgl Ebenroth/Bippus DB 1988, 842, 843; dies NJW 1988, 2137, 2141; Palandt/Heldrich Rn 23; MünchKommBGB/Kindler IntGesR Rn 314 mwN.

jedenfalls im Grundsatz – am Recht dieses Bundesstaates als Gesellschaftsstatut zu messen[79]. Umstritten ist, ob dies auch dann gilt, wenn der Gesellschaft mit Ausnahme des Gründungsakts **jegliche effektive Beziehung zum US-Gründungsstaat** fehlt, insbes weil sie ihre Aktivitäten maßgeblich in und von Deutschland aus entfaltet und dort ihre tatsächliche Verwaltung hat[80]. Der Ansatz beim **ordre public**, den manche in dieser Situation befürworten, führt selbst dann nicht weiter, wenn man gegen die zutreffende hM (Art 6 Rn 7 ff) diese Rechtsfigur im staatsvertraglichen Bereich im Allgemeinen und für den US-FHS-Vertrag im Besonderen auch ohne ausdrückliche oder durch Auslegung zu ermittelnde Normierung im Staatsvertrag selbst für anwendbar hält[81]. Der ordre public dient nicht der Korrektur einer **deutschen** (auch staatsvertraglich begründeten) Kollisionsnorm im Einzelfall, sondern der Abwehr **ausländischer** Rechtsnormen wegen ihres materiellen Ergebnisses, nachdem die kollisionsrechtliche Anknüpfung bereits abgeschlossen ist[82]. Das Problem der vermeintlich rechtsmissbräuchlichen Ausnutzung der staatsvertraglich verordneten Anknüpfung an das Recht der Gründung ist richtigerweise bei der **Gesetzesumgehung** (allg Einl IPR Rn 73) anzusiedeln, doch wird ein solcher Vorwurf selten berechtigt sein: Wenn der (staatsvertraglich gebundene) Gesetzgeber ausdrücklich und ausschließlich den Gründungsakt für maßgeblich erachtet, liegt in der bloßen Nutzbarmachung dieses Konzeptes durch den oder die Gesellschaftsgründer kein Rechtsmissbrauch (allg Einl IPR Rn 73)[83]. Andere wollen damit helfen, dass sie unter Berufung auf die IGH-Entscheidung im Nottebohm-Fall[84] ein **„genuine link"** der Gesellschaft zum Gründungsstaat in Form dorthin weisender tatsächlicher, effektiver Beziehungen fordern, nur dann soll sich das Gründungsrecht gegen das Recht am tatsächlichen Verwaltungssitz durchsetzen[85]. Diese Ableitung sieht sich mehreren durchschlagenden Einwänden ausgesetzt[86], von denen hier nur der hervorgehoben werden soll, dass dem völkerrechtlichen genuine-link-Erfordernis, so es existiert, gerade auch durch eine Anknüpfung an das Gründungsrecht der Kapitalgesellschaft genügt werden kann[87].

46 Festzuhalten bleibt, dass auf Grund von Art XXV US-FHS-Vertrag im deutsch-amerikanischen Rechtsverkehr gegenseitig alle Gesellschaften anzuerkennen sind, die den Anforderungen des Rechts des Gründungsstaates genügen. Weitere Bedingungen sind nicht zu stellen[88]. Näher zur Gründungstheorie und ihren praktischen Folgen Rn 55 ff.

47 b) **Deutsch-spanisches Niederlassungsabkommen.** Für Art XV Abs 2 des deutsch-spanischen Niederlassungsabkommens vom 23. 4. 1970 (BGBl 1972 II S 1041) wird trotz des insoweit indifferenten Wortlauts[89] ebenfalls behauptet, dass er im Verhältnis zu Spanien die Sitztheorie zugunsten der Gründungstheorie verdränge[90]. Dies beruht aber auf der wohl unzutreffenden Annahme, dass das autonome Kollisionsrecht Spaniens wie das der USA der Gründungstheorie folgt. Tatsächlich unterliegt aus spanischer Sicht eine Gesellschaft nur dann dem spanischen Gesellschaftsrecht, wenn sie nicht nur nach spanischem Recht gegründet wurde, sondern darüber hinaus auch ihren Verwaltungssitz in Spanien hat[91]. Folgt damit Spanien wie Deutschland grds der Sitztheorie[92], kann in Art XV des bilateralen Niederlassungsabkommens nicht eine Hinwendung zu der beiden Seiten fremden Gründungstheorie liegen[93]. Diese ist heute aber durch die EuGH-Rspr für die EU-Mitgliedstaaten Deutschland und Spanien vorgegeben (Rn 55), so dass der Streit um die Auslegung des Niederlassungsabkommens nicht mehr relevant ist.

---

[79] Ausf zur Deutung des Art XXV Abs 5 US-FHS-Vertrag als Kollisionsregel und zu seinem Hintergrund *Bungert* ZVglRWiss 93 (1994), 117, 132 ff, der mit beachtlichen Gründen – insoweit allerdings gegen die hM – die Gründungstheorie darin nur für das Außenverhältnis der Gesellschaft, also insbes für die Frage der Rechtsfähigkeit und der wirksamen Gründung – festgeschrieben sehen will, während es iÜ bei der Sitztheorie verbleiben soll; vgl auch Rn 57.

[80] Zu einem solchen Fall einer „Pseudo"-Delaware-Corporation OLG Düsseldorf WM 1995, 808 = IPRax 1996, 128.

[81] So OLG Düsseldorf WM 1995, 808 = IPRax 1996, 128; zutr aA *M. Ulmer* IPRax 1996, 100, 102.

[82] MünchKommBGB/*Sonnenberger* Einl IPR Rn 761; unzutr OLG Düsseldorf WM 1995, 808 = IPRax 1996, 128.

[83] Vgl auch BGH NJW 1971, 2124, 2125: Staatsangehörigkeitswechsel zur Ermöglichung der Ehescheidung nicht missbräuchlich.

[84] ICJ Reports 1955, 4, 23 f.

[85] OLG Düsseldorf WM 1995, 808 = IPRax 1996, 128; *Ebenroth/Bippus* DB 1988, 842, 844 ff; *Mankowski* RIW 2005, 481, 488 f; MünchKommBGB/*Kindler* IntGesR Rn 322 mwN; offen gelassen von BGH NZG 2004, 1001; DNotZ 2005, 141, weil auch nur die geringe Aktivitäten im Gründungsstaat genügen, die im zu entscheidenden Fall gegeben waren; krit *Ebke* JZ 2005, 299, 302.

[86] Ausf und überzeugend *Bungert* ZVglRWiss 93 (1994), 117, 151 f.

[87] *Bungert* ZVglRWiss 93 (1994), 117, 155; abl zum genuine-link-Erfordernis auch *Palandt/Heldrich* Rn 23; *Schurig*, Liber Amicorum Hay, 2005, S 369, 375; *ders* in: *Leible/Ruffert* (Hrsg), Völkerrecht und IPR, 2006, S 55, 66; *Dammann* RabelsZ 68 (2004), 607, 644; *Rehm* JZ 2005, 304, 305; *Paal* RIW 2005, 735, 738; zur vergleichbaren Problematik, ob § 8 TzWrG wegen der darin angeordneten Anwendung deutschen Time-Sharing-Rechts trotz fehlenden Inlandsbezugs des Sachverhalts gegen Völkerrecht verstieß, *Hildenbrand/Kappus/Mäsch*, Time-Sharing und TzWrG, 1997, § 8 Rn 31; anders jetzt die Regelung in Art 29 a.

[88] Zutr *M. Ulmer* IPRax 1996, 100, 103.

[89] Art XV Abs 2 S 1 lautet: „Der rechtliche Status der Gesellschaften der einen Vertragspartei wird im Hoheitsgebiet der anderen Vertragspartei anerkannt."

[90] *Soergel/Lüderitz* Anh Art 10 Rn 13; *Ebenroth/Bippus* DB 1988, 842, 844.

[91] Vgl *Pérez Vera* (Hrsg), Derecho Internacional Privado II, 4. Aufl 1992, S 46 ff; *Marin Lopez*, Derecho Internacional privado español II, 8. Aufl 1994, S 68 f.

[92] *Behrens/Keil* Rn E 51; ausf *Krupski* ZVglRWiss 96 (1997), 405.

[93] Abl im Ergebnis auch *Steiger* RIW 1999, 169, 175.

c) Bilaterale Kapitalschutz- und Investitionsförderungsabkommen. Aus den Formulierungen 48
in einigen bilateralen Kapitalschutz- oder Investitionsförderungsabkommen wird geschlossen, dass die **Sitztheorie im Verhältnis zu dem jeweiligen Staat nur eingeschränkt** gilt. Während es für Gesellschaften mit **effektivem Verwaltungssitz in Deutschland** dabei bleibt, dass sie nach der Sitztheorie den Anforderungen des deutschen Gesellschaftsrechts genügen müssen, ist iÜ die Gründungstheorie maßgeblich. Gesellschaften, die nach den Gesetzen des anderen Vertragsstaates wirksam gegründet wurden, sind in Deutschland unabhängig davon anzuerkennen, ob sie ihren tatsächlichen Verwaltungssitz in diesem oder einem Drittstaat haben[94]. Betroffen sind Gesellschaften, die nach dem Recht folgender Staaten gegründet sind: **Antigua und Barbuda** (BGBl 2000 II S 858) **Bolivien, Volksrepublik China, Dominica, Ghana, Guyana, Honduras, Hongkong, Indien, Indonesien, Jamaika, Jemen, Kambodscha, Kamerun, Katar**[95]**, Kongo (Demokratische Republik ehemals Zaïre), (Süd-)Korea, Kuba, Kuwait, Lesotho, Liberia, Malaysia, Mali, Mauritius, Nepal, Oman, Pakistan, Papua-Neuguinea, Senegal, Serbien und Montenegro, Singapur, Slowenien, Somalia, Sri-Lanka, St. Lucia, St. Vincent und die Grenadinen, Sudan, Swasiland, Tansania, Tschad**[96].

d) Rück- und Weiterverweisungen. Rück- oder Weiterverweisungen des durch einen Staats- 49
vertrag berufenen Rechts sind nicht zu beachten (allg Art 4 Rn 2).

3. Probleme des Allgemeinen Teils. a) Unteranknüpfung bei Staaten mit mehreren Teil- 50
rechtsordnungen. Das Problem der Unteranknüpfung bei der Verweisung auf das Recht eines Staates mit mehreren Teilrechtsordnungen stellt sich im Rahmen des Internationalen Gesellschaftsrechts nicht, weil sowohl die Anknüpfung an den tatsächlichen Verwaltungssitz (Sitztheorie) als auch die an das „Gründungsrecht" (Gründungstheorie) die maßgebende Teilrechtsordnung bereits bezeichnet.

b) Rück- und Weiterverweisungen. Rück- oder Weiterverweisungen des aus deutscher Sicht 51
berufenen ausländischen Rechts sind im Bereich der **Sitztheorie** nach ganz herrschender, allerdings abzulehnender Ansicht entspr **Art 4 Abs 1 HS 1 zu beachten**[97]. Dies gilt auch und gerade dann, wenn das Kollisionsrecht des Verwaltungssitzes seinerseits an das Gründungsrecht anknüpft[98]. Im Bereich der Gründungstheorie ist der Renvoi bei den staatsvertraglichen Anknüpfungen nicht zu beachten (Rn 49) und für EU-Gesellschaften (Rn 55) praktisch belanglos, weil die Niederlassungsfreiheit alle Mitgliedstaaten gleichermaßen zur Anwendung der Gründungstheorie zwingt.

c) Ordre public. Der ordre public (Art 6) spielt im Internationalen Gesellschaftsrecht keine große 52
Rolle. Die deutsche öffentliche Ordnung ist nicht bereits immer dann in Gefahr, wenn in Deutschland nach einem ausländischen Gesellschaftsstatut organisierte juristische Personen und Gesellschaften tätig werden, die in ihrer Ausgestaltung mit einem vom deutschen Recht zur Verfügung gestellten Typus nicht vergleichbar sind (allgM). Über den ordre public können – bei hinreichendem Inlandsbezug (allg Art 6 Rn 15)[99] – nur solche Ergebnisse der Anwendung ausländischer Rechtsnormen abgewehrt werden, die „Minimalerfordernisse"[100] des deutschen Gesellschaftsrechts missachten. Was zu diesen Minimalerfordernissen zu zählen ist, ist eher unklar; einschlägige Rspr ist nicht ersichtlich. Die Literatur fordert beispielhaft eine „hinreichende Gewähr", dass ein gesellschaftsrechtliches Gebilde sich nicht jederzeit „in Luft auflöst"[101], und – bei fehlender persönlicher Haftung – die Beachtung der deutschen Grundsätze der Trennung der Vermögensmassen der Gesellschaft und ihrer Mitglieder[102] sowie der Aufbringung und Erhaltung des Gesellschaftskapitals[103]. Nicht zum ordre public dürften die deutschen Mindestkapitalbeträge bei juristischen Personen oder die unternehmerische Mitbestimmung der Arbeitnehmer zählen. Der **ordre public ist iÜ kein Mittel,** um die **Erschleichung laxerer gesellschaftsrechtlicher Standards** durch die Gründung in einem „Oasenstaat" zu verhindern, mit dem die fragliche Gesellschaft ansonsten keine Berührungspunkte aufweist. Der missbräuchlichen Manipulation von Anknüpfungsmerkmalen wird vielmehr allein mit der Figur der **Gesetzesumgehung** begegnet[104]. Im Rahmen der Sitztheorie steht dem Erfolg einer solchen Vorgehensweise ohnehin schon die Anknüpfung an den der Manipulation nur schwer zugänglichen tatsächlichen Verwaltungssitz entgegen. Anders liegt es bei staatsvertraglichen Anknüpfungsregeln auf der Grundlage der Gründungstheorie (Rn 45).

d) Statutenwechsel, Anerkennungsproblematik. Zum Statutenwechsel durch Sitzverlegung vgl 53
Rn 92 ff.

---

[94] Ausf *Ebenroth/Bippus* RIW 1988, 336.
[95] Zu den Besonderheiten des Abkommens mit Katar MünchKommBGB/*Kindler* IntGesR Rn 309.
[96] Nachweise bei MünchKommBGB/*Kindler* IntGesR Rn 309; zur Fortgeltung des mit dem ehemaligen Jugoslawien abgeschlossenen Kapitalschutzabkommens in Kroatien vgl Bek BGBl 1992 II S 1146.
[97] Vgl etwa OLG Frankfurt IPRax 1991, 403, 404 f: Weiterverweisung durch Schweizer Recht; OLG Hamm NJW 2001, 2183: Rückverweisung durch das englische Recht.
[98] Ein Überblick über die Anknüpfung in einzelnen ausländischen Kollisionsrechten findet sich etwa in *Schwarz*, Europäisches Gesellschaftsrecht, 2000, Rn 164, nur EU-Mitgliedstaaten; Staudinger/*Großfeld* IntGesR Rn153 ff, irreführend zu Dänemark; MünchKommBGB/*Kindler* IntGesR Rn 486 ff.
[99] Speziell zum Gesellschaftsrecht *Zimmer* S 274: Kriterium ist insbes, aber nicht notwendig das Bestehen einer Inlandsniederlassung oder -vertretung.
[100] Staudinger/*Großfeld* IntGesR Rn 202.
[101] Staudinger/*Großfeld* IntGesR Rn 202.
[102] Staudinger/*Großfeld* IntGesR Rn 202.
[103] Staudinger/*Großfeld* IntGesR Rn 202; *Fischer* S 256 f.
[104] Zur Unterscheidung von ordre public und Gesetzesumgehung vgl Einl IPR Rn 73; nur irrtümlich anders OLG Düsseldorf RIW 1995, 508 = IPRax 1996, 128.

54 Mit dem Begriff der „**Anerkennung**" einer ausländischen Gesellschaft wird im internationalen Gesellschaftsrecht lediglich die Suche nach dem Gesellschaftsstatut umschrieben: Eine Gesellschaft ist anzuerkennen, wenn sie nach dem über die Gründungs- oder ausnahmsweise Sitztheorie (Rn 44) ermittelten materiellen Recht wirksam gegründet wurde (allgM). Ein besonderer verfahrensrechtlich zu qualifizierende Anerkennungsakt anstelle oder zusätzlich zu dieser materiellen Prüfung ist nicht erforderlich.

55 **4. Einflüsse des Gemeinschaftsrechts und der EMRK. a) Gemeinschaftsrecht.** Das materielle Gesellschaftsrecht ist weit mehr als andere Bereiche des Privatrechts vom europäischen Gesetzgeber geprägt. Zu den bereits umgesetzten gesellschaftsrechtlichen Richtlinien gesellen sich die Verordnungen zur Schaffung der EWIV[105] und der Europäischen Aktiengesellschaft (Rn 107) sowie zahlreiche verwirklichte Richtlinien und einige noch der Verwirklichung harrende Richtlinienentwürfe und sonstige Projekte[106]. Im Internationalen Gesellschaftsrecht fehlt es (noch) an Sekundärrecht. Hier stellt sich aber die Frage, inwieweit die in Deutschland herrschende Sitztheorie gegen primäres Europarecht, nämlich die auch für Gesellschaften garantierte Niederlassungsfreiheit aus Art 43, 48 (ex-52, 58) EG-Vertrag verstößt[107]; weil eine der Auswirkungen dieser Theorie ist, dass die grenzüberschreitende Verlegung der Hauptniederlassung (**primäre Niederlassungsfreiheit**)[108] unter Wahrung der Identität der Gesellschaft nicht möglich ist (näher Rn 95 ff). Da aber Art 293 (ex-220) EG-Vertrag es den Mitgliedstaaten zur (derzeit noch nicht erfüllten) Aufgabe macht, auf völkerrechtlicher Ebene und damit außerhalb des Europarechts gemeinsame Regeln für die gegenseitige Anerkennung ausländischer Gesellschaften aufzustellen, war lange Zeit hM, dass die Garantie der Niederlassungsfreiheit auf die Anknüpfung des Gesellschaftsstatuts keinen Einfluss nimmt, sondern eine nach dem kollisionsrechtlich maßgeblichen nationalen Recht wirksam gegründete bzw bestehende Gesellschaft voraussetzt. Mit anderen Worten: Das Internationale Gesellschaftsrecht geht der primären Niederlassungsfreiheit vor[109]. Damit wurde begründet, dass die Sitztheorie in Einklang mit Art 43, 48 EG-Vertrag stehe[110], wobei sich diese Sichtweise sich insbes auf das **Daily-Mail-Urteil** des EuGH aus dem Jahr 1988 stützte, wonach „beim derzeitigen Stand des Gemeinschaftsrechts" die sich aus den Kollisionsrechten der Mitgliedstaaten ergebenden Hindernisse für einen nachträglichen Sitzwechsel hinzunehmen seien[111]. Auf Vorlage des BGH[112] hat der EuGH 2002 im Fall **Überseering** demgegenüber entschieden, dass die Niederlassungsfreiheit die EU-Mitgliedstaaten verpflichtet, die Rechtsfähigkeit einer in einem Mitgliedstaat wirksam gegründeten Gesellschaft, die ihren Sitz in einen anderen Mitgliedstaat verlegt, „nach dem Recht ihres Gründungsstaats zu achten"[113]. Aus einer Gesamtschau dieser Entscheidung mit dem vorangegangenen **Centros**-Urteil[114] aus dem Jahr 1999 und dem folgenden **Inspire-Art**-Verfahren[115] schließen nunmehr die deutschen Gerichte[116] und die hL[117], dass im **innereuropäischen Rechtsverkehr** insgesamt von der **Sitz- zur Gründungstheorie zu wechseln** ist. Das hat zum einen die Konsequenz, dass das Internationale Gesellschaftsrecht Deutschlands jetzt **zweigeteilt** ist: Für im EU-Ausland gegründete Gesellschaften und solchen aus Ländern mit entsprechenden Staatsverträgen (Rn 44) gilt die Gründungstheorie (iE Rn 57), für Gesellschaften aus Drittstaaten die Sitztheorie (iE Rn 58 ff)[118]. Zum anderen hat die Hinwendung zur Gründungstheorie zu einem Boom

---

[105] VO Nr 2137/85/EWG vom 25. 7. 1985, ABl EG Nr L 199 S 1.
[106] Umfassend zum Europäischen Sekundärrecht im Bereich des Gesellschaftsrechts *Habersack* und *Schwarz* nach Lit-Verz.
[107] So etwa *Behrens* RabelsZ 52 (1988), 498, 517 ff; *Knobbe-Keuk* ZHR 154 (1990), 325, 329 ff; *Schnichels* S 198; *Gounalakis/Radke* ZVglRWiss 88 (1999), 1, 24; vgl auch *Brödermann/Iversen*, Europäisches Gesellschaftsrecht und Internationales Privatrecht, 1994, Rn 279 ff.
[108] Zur Unterscheidung zwischen der „primären" (Errichtung der Hauptniederlassung außerhalb des Gründungslandes oder nachträgliche Verlagerung ins Ausland) und der „sekundären" Niederlassungsfreiheit – Gründung von ausländischen Zweigniederlassungen oder Tochtergesellschaften – vgl *Habersack* § 3 Rn 2.
[109] Vgl *Klinke* ZGR 1993, 1, 7; *Kindler* NJW 1999, 1993, 1997.
[110] Vgl zB BayObLGZ 1992, 113, 116 ff = DNotZ 1993, 187; OLG Hamm ZIP 1997, 1696, 1697; *Habersack* § 3 Rn 13 mwN; so auch noch Voraufl Rn 13.
[111] EuGH Slg 1988, 5505 = NJW 1989, 2186 – Daily Mail.
[112] BGH EuZW 2000, 412 = RIW 2000, 55; dazu etwa *Altmeppen* DStR 2000, 1061; *Forsthoff* DB 2000, 1109; *Zimmer* BB 2000, 1361; *Kindler* RIW 2000, 649. Generalanwalt *Ruiz-Jarabo Colomer* hielt in seinen Schlussanträgen vom 4. 12. 2001 die Sitztheorie grds für europarechtskonform; es sei nur materiell- oder kollisionsrechtlich sicherzustellen, dass der Gesellschaft bei Sitzverlegung nicht die Klagemöglichkeit genommen wird (ZIP 2002, 75). Im deutschen Recht ist dies weitgehend gesichert, vgl Rn 92 ff.
[113] EuGH NJW 2002, 3614, 3617 – Überseering.
[114] EuGH NJW 1999, 2027 – Centros.
[115] EuGH NJW 2003, 3331 – Inspire Art.
[116] BGH NJW 2003, 1461; NJW 2004, 3706, 3707; NJW 2005, 1648, 1649; BayObLG NZG 2003, 290; NZG 2004, 98, 99; OLG Celle GmbHR 2003, 2476; OLG Zweibrücken FGPrax 2003, 135, 136; vgl auch öOGH JZ 2000, 199 m Anm *Mäsch* 201; ZIP 2003, 1086, 1088 f.
[117] *Palandt/Heldrich* Rn 6; *Bayer* BB 2003, 2357, 2363 f; *Eidenmüller* ZIP 2002, 2233, 2238; *Eidenmüller/Rehm* ZGR 2004, 159, 164 ff; *Forsthoff* DB 2003, 2471, 2476; *Geißler* NZG 2003, 1, 15; *Horn* NJW 2004, 893, 896 f; *Leible/Hoffmann* RIW 2002, 925, 929; *Lutter* NJW 2003, 7, 9; *Ulmer* NJW 2004, 1201, 1205 f; *Wertenbruch* NZG 2003, 618 f; *Zimmer* BB 2003, 1, 5; *ders* NJW 2003, 3585, 3586 f; aA *Kindler* NJW 2003, 1073, 1077 ff; *Altmeppen* NJW 2004, 97, 99 f; *Altmeppen/Wilhelm* DB 2004, 1083, 1085 f.
[118] Der Deutsche Rat für Internationales Privatrecht hat eine Neuregelung des deutschen Internationalen Gesellschaftsrechts vorgeschlagen, die auf einer im Wesentlichen einheitlichen Anwendung der Gründungstheorie in allen Fällen beruht, vgl *Sonnenberger/Bauer* RIW 2006, Beilage 1 Heft 4. Es gibt derzeit einen Referentenentwurf des BMJ, der eben dieses vorsieht (http://www.bmj.de).

von in England gegründeten, aber in Deutschland ansässigen und tätigen private limited companies (Ltd) geführt, der zahlreiche praktische Probleme mit sich bringt (Rn 99) und den deutschen Gesetzgeber unter Druck gesetzt hat, im Gesellschaftsrecht zu „lüften" und antiquierte Vorschriften ad acta zu legen[119].

b) EMRK. Die Auffassung, dass die Sitztheorie gegen die Europäische Menschenrechtskonvention (EMRK) verstößt[120], hat zu Recht keine Anhänger gefunden[121]. **56**

5. Anknüpfung. a) Gründungstheorie. aa) Anwendungsbereich. (1) Geographisch. Die **57** Gründungstheorie gilt für alle Gesellschaften, die im **zur EU gehörenden Territorium**[122] eines anderen EU-Mitgliedstaats nach den dortigen Rechtsvorschriften gegründet worden sind. Die Isle of Man zB gehört nicht zur EU[123]. Erfasst sind hingegen Gesellschaften aus **assoziierten außereuropäischen Ländern und Hoheitsgebieten,** die gemäß Art 182 Abs 1, 183 Nr 5 EG-Vertrag iVm Anh II des EG-Vertrags in den Geltungsbereich der Niederlassungsfreiheit gemäß Art 43 ff EG-Vertrag einbezogen sind[124], womit etwa auf den British Virgin Islands inkorporierte Gesellschaften auch bei einem Verwaltungssitz in Deutschland oder einem Drittland nach dem Gründungsrecht zu beurteilen sind[125]. Ebenso der Gründungstheorie unterfallen über Art 31, 34 EWR-Abkommen (ABl EG 1994 Nr L 1 S 3) Gesellschaften aus Ländern des EWR, also aus **Liechtenstein**[126], **Norwegen** oder **Island**, nicht aber solche, die in der Schweiz inkorporiert sind[127]. Für im EU-Mitgliedstaat Deutschland gegründete und geführte Gesellschaften gilt deutsches Recht kraft der Gründungstheorie, nicht wegen des Verwaltungssitzes[128].

(2) Persönlich. Weil die Anwendung der Gründungstheorie von der Niederlassungsfreiheit des **57 a** Art 48 EG-Vertrag erzwungen wurde (Rn 55) und diese gemäß Art 48 Abs 2 EG-Vertrag auf Gesellschaften mit einem Erwerbszweck beschränkt ist, ist das auf einen Idealverein anwendbare Recht auch dann nach der Sitztheorie zu ermitteln, wenn er in einem EU-Mitgliedstaat gegründet wurde[129].

bb) Anknüpfung. Nach der Gründungstheorie ist das Gesellschaftsstatut anhand des Willens der **57 b** Gesellschaftsgründer zu bestimmen: Maßgeblich ist das **Recht, nach dessen Vorschriften sie die Gesellschaft organisiert** und ihre Rechtsform bestimmt haben[130]. Dies zeigt sich insbes in der **Einhaltung der Publizitäts- und Registrierungsvorschriften** dieses Rechts; hilfsweise entscheidet der bei der Gründung in der Satzung angegebene Sitz (**Satzungssitz**), weil das **Recht des Inkorporationsstaates** idR die Notwendigkeit eines statuarischen Sitzes auf seinem Territorium vorsieht.

b) Sitztheorie. aa) Geltungsbereich. Die Sitztheorie gilt für alle Gesellschaften ohne Erwerbszweck (Rn 57); bei kommerziellen Unternehmungen für alle, die nicht in einem Land inkorporiert wurden, für das nach dem in Rn 57 Gesagten die Gründungstheorie maßgibt[131]. Dazu zählen etwa die Isle of Man[132] und die Schweiz (Rn 57)[133]. **58**

---

[119] Vgl *Stork* GewA 2005, 265; *Heidinger* DNotZ 2005, 97; *Eidenmüller* ZGR 2007, 168; *Leuering* ZRP 2006, 201; *ders* NJW-Spezial 2001, 315; Handelsrechtsausschuss des DAV: Stellungnahme zum RefE eines Gesetzes zur Modernisierung des GmbH-Rechts zur Bekämpfung von Missbräuchen (MoMiG), NZG 2007, 211.
[120] *Meilicke* RIW 1992, 578.
[121] Zur Kritik vgl *Bungert* EWS 1993, 17, 22; *v. Bar* BerDtGesVölkR 1994, 1991, 200; *Ebke* RabelsZ 62 (1998), 196, 212 f.
[122] Gemäß Art 299 EG-Vertrag gehören über die europäischen Hoheitsgebiete der Mitgliedstaaten hinaus ebenfalls zur EU: die französischen Überseedepartements Guadeloupe, Französisch-Guayana, Martinique, Réunion, die spanischen Kanarischen Inseln, Ceuta und Melilla sowie die portugiesischen Inseln Azoren und Madeira. Nicht zur EU gehören sonstige Überseegebiete einzelner EU-Staaten wie die Falkland Inseln, St. Helena, Niederländischen Antillen, die französischen Territoires d'Outre Mer und besonderen Gebiete Französisch-Polynesien, St. Pierre & Miquelon und Mayotte. Innerhalb des geographischen Europas ausgeschlossen sind Andorra, die Kanalinseln, die Färöer-Inseln (Art 299 Abs 6 lit a EG-Vertrag), die Isle of Man (vgl Art 299 Abs 6 lit c EG-Vertrag), Monaco, San Marino, der Vatikanstaat und Grönland, nicht aber die Åland-Inseln (Art 299 Abs 5 EG-Vertrag).
[123] *Callies/Ruffert/Schmallenbach*, Das Verfassungsrecht der Europäischen Union, 3. Aufl 2007, Art 299 EGV Rn 15.
[124] Grönland, Neukaledonien und Nebengebiete, Französisch-Polynesien, Französische Süd- und Antarktisgebiete, Wallis & Futuna, Mayotte, St. Pierre & Miquelon, Aruba, Niederländische Antillen (Bonaire, Curaçao, Saba, Sint Eustatius, Sint Maarten, Anguilla; Cayman Islands; Falkland Islands; Südgeorgien und südliche Sandwichinseln; Montserrat; Pitcairn; St. Helena und Nebengebiete; Britisches Antarktis-Territorium; Britisches Territorium im Indischen Ozean; Turks- & Caicosinseln; British Virgin Islands; Bermuda.
[125] BGH NJW 2004, 3706.
[126] BGH NJW 2005, 3351 m Anm *Weller* ZGR 2006, 748.
[127] Die Schweiz ist zwar Mitglied der EFTA, nicht aber des EWR, vgl *Weller* ZGR 2006, 748, 766; *Leuering/Simon* NJW-Spezial 2005, 556, 557; *Wachter* GmbHR 2005, 1484, 1485; davon zu unterscheiden ist der Fall, dass eine in einem Drittland inkorporierte Gesellschaft in der Schweiz domiziliert ist: hier folgt jedenfalls nach hM das deutsche Recht der Schweizer Weiterverweisung, Art 154 Abs 1 IPRG; s Rn 58 a.
[128] *Palaadt/Heldrich* Rn 6; aA *Roth*, FS Heldrich, 2005, S 974, 977.
[129] OLG Zweibrücken NZG 2005, 1019, 1020.
[130] Vgl *Behrens* Rn IPR 20.
[131] *Palaadt/Heldrich* Rn 9 mwN.
[132] OLG Hamburg ZIP 2007, 1108 = GmbHR 2007, 763.
[133] Wohl nur irrtümlich anders OLG Hamm ZIP 2006, 1822, 1823.

58a **bb) Anknüpfung.** Im Bereich der Sitztheorie ist für die Bestimmung des Gesellschaftsstatuts nach st Rspr[134] und hL[135] der **Ort des tatsächlichen Sitzes der Hauptverwaltung** der fraglichen Gesellschaft entscheidend. Unerheblich ist der in der Satzung angegebene Sitz (Satzungssitz), der Registrierungsort oder – was idR damit zusammenfällt – das Recht, unter dem die Gesellschaft gegründet wurde. Gerechtfertigt wird die Sitztheorie mit dem Ziel, im Interesse vor allem der Gläubiger, aber auch der Minderheitseigner und der Arbeitnehmer der Gesellschaft die Umgehung von Schutzvorschriften des Staates, in dem der effektive Schwerpunkt der Gesellschaft liegt, durch reine **Briefkastengründungen in Oasenstaaten mit laxeren Regelungen zu verhindern**[136]. Dass dieser Gedanke tatsächlich tragfähig ist, wird mit beachtlichen Gründen bestritten. So ist weder garantiert, dass wirtschaftlicher Schwerpunkt und Verwaltungssitz zusammenfallen[137], noch ausgemacht, dass man mit der „Keule" der unwirksamen Gründung von pseudo foreign corporations (vgl Rn 101) den zu schützenden Interessen besser gerecht wird als mit einer modifizierten Gründungstheorie[138], was sich nicht zuletzt daran zeigt, dass auch Anhänger der Sitztheorie nicht selten mit dem erklärten Ziel des Schutzes des Geschäftsverkehrs(!) die zunächst unter Anwendung des Sitzrechts in Frage gestellte Rechtsfähigkeit von Briefkastenfirmen über den Umweg des Rechtsscheins dann doch bejahen (näher Rn 80)[139]. Es spricht deshalb rechtspolitisch einiges dafür, mit dem Vorschlag des Deutschen Rats für IPR auch in Bezug auf Drittstaaten-Gesellschaften zur Gründungstheorie überzugehen (Rn 55)[140]; die Gerichte scheuen aber jedenfalls derzeit noch vor diesem Schritt zurück. Nimmt man jedoch die Begründung der Sitztheorie ernst, so wird man gegen die ganz hM einer **Weiterverweisung** des Kollisionsrechts am Verwaltungssitz nicht folgen können: Die oben genannten Interessen sind im gleichen Maße betroffen, wenn eine in Andorra oder Monaco inkorporierte Briefkastenfirma nicht von Lörrach, sondern von Basel aus geleitet wird, unabhängig davon, dass der Schweizer Gesetzgeber einen anderen Weg als das deutsche Recht verfolgt und grds das Gründungsrecht (Art 154 Abs 1 IPRG) beruft[141].

59 **cc) Bestimmung des tatsächlichen Verwaltungssitzes.** Der tatsächliche Verwaltungssitz[142] ist in den auf *Sandrock* zurückgehenden Worten des BGH „der Tätigkeitsort der Geschäftsführung und der dazu berufenen Vertretungsorgane, also der Ort, wo die grundlegenden **Entscheidungen der Unternehmensleitung effektiv in laufende Geschäftsführungsakte umgesetzt** werden"[143]. Damit ist maßgeblich, wo die zuständigen Mitglieder der obersten Geschäftsleitung der Gesellschaft ihre Weisungen zur Gestaltung des Tagesgeschäfts geben. In der Regel, aber nicht zwingend wird dies der Ort sein, an dem **Vorstands- und Aufsichtsratssitzungen** stattfinden, da und soweit die dort getroffenen Entscheidungen dort auch zwecks gesellschaftsinterner Umsetzung verlautbart werden. Der Ort von Betriebs- und Produktionsstätten der Gesellschaft ist ebenso unerheblich wie der Ort, an dem die interne Willensbildung des Leitungsorgans stattfindet[144], an dem untergeordnete Verwaltungsaufgaben wie Buchführung und Steuerangelegenheiten bearbeitet werden[145] oder an dem sich eine „Abschreibungsgesellschaft" ihr Kapital beschafft[146]. Im Konzern ist der Sitz für jede konzernangehörige Gesellschaft nach diesen Kriterien gesondert, also im Hinblick auf die jeweils eigene Unternehmensleitung zu bestimmen; der Sitz der konzernleitenden Gesellschaft überstrahlt nicht alles. Der Sitz einer reinen Holdinggesellschaft ist dort, wo die Entscheidungen über die Verwaltung der Beteiligungen getroffen und umgesetzt werden[147]. Ein tatsächlicher **Doppelsitz** ist – anders als ein Satzungs-Doppelsitz, aber wie ein doppelter gewöhnlicher Aufenthalt (Art 5 Rn 13) – **nicht möglich;** auch in schwierigen Fällen ist der Schwerpunkt der effektiven Verwaltungstätigkeit zu ermitteln[148]. Bei einer dezentralen Struktur mit zwei oder mehr wirklich gleichgeordneten, auch nicht ansatzweise hierarchisch verbundenen operativen Verwaltungszentralen in verschiedenen Län-

---

[134] ZB BGHZ 53, 181, 183; 78, 318, 334 = NJW 1981, 522; BGHZ 134, 116, 118 = NJW 1997, 657; BayObLGZ 1992, 113, 115 = NJW-RR 1993, 43; BayObLG DB 1998, 2318, 2319; OLG Hamm RIW 1997, 236, 237; KG DB 1997, 1124, 1125; OLG Düsseldorf JZ 2000, 203.
[135] *Palandt/Heldrich* Rn 2; *Staudinger/Großfeld* IntGesR Rn 38; MünchKommBGB/*Kindler* IntGesR Rn 400 ff mwN in Rn 338 Fn 1222.
[136] MünchKommBGB/*Kindler* IntGesR Rn 401 ff; *Ulmer* JZ 1999, 662, 664 betont hingegen am Beispiel Englands zu Recht, dass die aus der Zulassung ausländischer Briefkastengesellschaften vermeintlich fließenden Gefährdungen für den Gläubigerschutz bei nüchterner Betrachtung nicht so groß sind wie von vielen – ohne nähere Prüfung der Rechtslage nach dem Gründungsrecht – befürchtet.
[137] Richtig *Behrens* Rn IPR 13.
[138] Zu den schwierigen Folgeproblemen der Sitztheorie vgl umfassend *Eidenmüller/Rehm* ZGR 1997, 89.
[139] Zu Recht krit insoweit *Behrens* Rn IPR 33.
[140] Dafür auch *Eidenmüller* ZIP 2002, 2233, 2244; *Behrens* IPRax 2003, 193, 205; im Verhältnis zur Schweiz ebenso OLG Hamm ZIP 2006, 1822; aA BayOLG DB 2003, 819; *Palandt/Heldrich* Anh Art 12 Rn 9; *Mankowski* RIW 2004, 481, 483, die weiterhin von der gewohnheitsrechtlichen Anknüpfung an den effektiven Verwaltungssitz ausgehen.
[141] Vgl *Mäsch* RabelsZ 61 (1997), 285, 291. Abl zum Renvoi auch *Brödermann/Iversen* aaO Rn 284 ff.
[142] Umfassend *Panthen*, Der „Sitz"-Begriff im Internationalen Gesellschaftsrecht, 1988.
[143] BGHZ 97, 269, 272 = NJW 1986, 2194; *Sandrock*, FS Beitzke, 1979, S 669, 683.
[144] MünchKommBGB/*Kindler* IntGesR Rn 434.
[145] Vgl LG Essen NJW 1995, 1500, 1501.
[146] AA OLG Frankfurt IPRax 1986, 373, 374 m insoweit abl Anm *Arens* 355, 357.
[147] Vgl MünchKommBGB/*Kindler* IntGesR Rn 437.
[148] *Reithmann/Martiny/Hausmann* Rn 2217; ausf zum Schwerpunkt der Verwaltungstätigkeit in Grenzfällen – Kleinstunternehmen mit schwacher Struktur, multinationale Unternehmen mit auf mehreren Staaten verteilter Geschäftsführung etc – *Borges* RIW 2000, 167, 170 ff.

dern (wie sie tatsächlich nur selten vorliegen wird[149]) sollte die Übereinstimmung einer der Verwaltungszentralen mit dem Satzungssitz den Ausschlag geben.

dd) Nachweis des effektiven Verwaltungssitzes, Beweislast. (1) Offenlassen des Sitzortes, Vermutung der Übereinstimmung von Gründungsort und Verwaltungssitz. Der Nachweis des Ortes des effektiven Verwaltungssitzes[150] wird geführt, indem mit den im jeweiligen Verfahren zulässigen Beweismittel zur Überzeugung des Richters belegt wird, dass dort nach den obigen Kriterien die Entscheidungen der Unternehmensleitung effektiv in laufende Geschäftsführungsakte umgesetzt werden. Es ist aber in jedem Fall sorgfältig zu prüfen, ob ein positiver Nachweis im obigen Sinne tatsächlich notwendig ist. Ist etwa umstritten, ob eine Gesellschaft ihren Verwaltungssitz am ausländischen Gründungsort oder in Deutschland hat, so kann jedenfalls im Hinblick auf die Partei- und Rechtsfähigkeit eine Entscheidung dieser Frage **dahinstehen**, wenn bei deutschem Gesellschaftsstatut wegen des Betriebs eines Handelsgewerbes § 124 HGB oder die neuere Rspr des BGH zur Rechts- und Parteifähigkeit der Außen-BGB-Gesellschaft (vgl Rn 102) helfen würde[151]. Dies dürfte in der Praxis zahlreiche Problemfälle entschärfen. 60

Im Übrigen spricht nach der wohl überwiegenden Rspr eine **Vermutung** dafür, dass sich der effektive **Verwaltungssitz einer Gesellschaft in dem Land befindet, in dem sie registriert** ist oder nach dessen Recht sie gegründet wurde[152]. Gegen kritische Stimmen in der Lit[153] ist an dieser Vermutung festzuhalten, denn keiner wird ernsthaft bestreiten wollen, dass in der Rechtswirklichkeit die überwältigende Mehrzahl aller im Geschäftsverkehr auftretenden Gesellschaften von dem Land aus gesteuert werden, in dem sie gegründet wurden. Die Frage ist lediglich, unter welchen Umständen diese Vermutung als erschüttert anzusehen ist mit der Folge, dass der nach den unten darzustellenden Regeln Beweisbelastete nunmehr vollen Beweis antreten muss. Allein die Tatsache, dass die Gesellschaft in einem als „Oasenstaat" verschrienen Land[154] gegründet wurde, reicht nach richtiger Ansicht nicht aus[155], weil auch in diesen Ländern „reguläre" Gesellschaften tätig sind. Entscheidend wird in diesen wie auch in anderen Fällen vielmehr sein, ob Umstände bekannt sind, die es als zweifelhaft erscheinen lassen, dass die geschäftsleitenden Weisungen tatsächlich im Gründungsstaat ausgegeben und umgesetzt werden[156]. Solche Umstände sind etwa eine fehlende firmeneigene Postanschrift und fehlende eigene Fax- oder Telefonanschlüsse[157]; weiter die Tatsache, dass alle die Leitungsebene bildenden natürlichen Personen ihren gewöhnlichen Aufenthaltsort nicht im Gründungsstaat[158] haben oder keine dortige Geschäftstätigkeit der Gesellschaft zu erkennen ist; ferner, dass am Satzungssitz ein funktionsfähiger Apparat (eigenes Personal, Büro) – soweit für die Geschäfte der Gesellschaft nach ihrem behaupteten Umfang notwendig – nicht vorhanden ist[159]. Schädlich ist es selbstverständlich auch, wenn der Gesellschaftsvertrag einer nach englischem Recht gegründeten private limited company den leitenden Direktoren der Gesellschaft aus vermeintlichen steuerlichen Gründen untersagt, in England Sitzungen abzuhalten[160]. Ist danach im Einzelfall die Vermutung der Übereinstimmung von Gründungs-/Registrierungsstaat und Staat des tatsächlichen Verwaltungssitzes erschüttert, muss im Hinblick auf die Frage, wer den vollen Nachweis des Sitzortes beizubringen bzw die Folgen der Nichtfeststellbarkeit zu tragen hat, nach den verschiedenen Verfahren und Parteirollen differenziert werden. 61

(2) Aktivprozesse der Gesellschaft. In Aktivprozessen der Gesellschaft zur Durchsetzung eigener (prozessualer) Ansprüche muss die Gesellschaft grds im Rahmen der Zulässigkeitsprüfung ihre **Parteifähigkeit** (Rn 74) nach dem Gesellschaftsstatut belegen, also auf der Basis der Sitztheorie[161] den Beweis führen, dass sie ihren effektiven Verwaltungssitz im Land der Rechtsordnung hat, von der sie diese ableitet[162]. Für die **Rechtsfähigkeit** als eine Anspruchsvoraussetzung in der Begründetheitsstation gilt Entsprechendes; wegen der weitgehenden Abhängigkeit der Partei- und der Rechtsfähigkeit wird sich häufig eine gesonderte Prüfung allerdings erübrigen. 62

Beantragt der Beklagte ein Versäumnis- oder Verzichtsurteil gegen die klagende Gesellschaft, trifft ihn die Beweislast für deren wirksames Bestehen, muss er also ggf die Tatsachen zur Bestimmung des effektiven Verwaltungssitzes beibringen. 63

---

[149] Ein Beispiel soll die DaimlerChrysler AG sein, vgl *Zimmer*, FS Buxbaum, 2000, S 655, 665 f.
[150] Ausf *Travers*, Der Beweis des Anknüpfungskriteriums „tatsächlicher Sitz der Hauptverwaltung" im Internationalen Gesellschaftsrecht, 1998.
[151] Übersehen etwa von LG Potsdam RIW 2000, 945; richtig hingegen LG München I RIW 2000, 147.
[152] Vgl etwa OLG Jena IPRax 1998, 364, 365 = DB 1998, 1178; OLG Düsseldorf IPRax 1996, 128 = DB 1995, 1021; OLG Hamm NJW-RR 1995, 469, 470 = DB 1995, 137; LG Rottweil IPRax 1996, 110, 111; wohl auch BGHZ 97, 269, 273 = NJW 1986, 2194; *Bungert* IPRax 1998, 339, 341 mwN.
[153] Etwa MünchKommBGB/*Kindler* IntGesR Rn 449 mwN.
[154] Eine beispielhafte Aufzählung findet sich bei MünchKommBGB/*Kindler* IntGesR Rn 352.
[155] KG NJW-RR 1997, 1127, 1128 = DB 1997, 1124: zusammen mit nur geringem Grundkapital; *Bungert* IPRax 1998, 339, 342; aA MünchKommBGB/*Kindler* IntGesR Rn 451.
[156] Vgl *Bungert* IPRax 1998, 339, 346.
[157] OLG Düsseldorf IPRax 1996, 128 = DB 1995, 1021.
[158] Vgl OLG Köln OLGR 1999, 377.
[159] AA *Bungert* IPRax 1998, 339, 346.
[160] Vgl OLG Frankfurt RIW 1999, 783.
[161] Zum Anwendungsbereich der Gründungstheorie s Rn 45 ff.
[162] MünchKommBGB/*Kindler* IntGesR Rn 448 mwN; abweigig OLG Frankfurt RIW 1999, 783, 784: ist ein Verwaltungssitz weder im Gründungs- noch in einem anderen Staat feststellbar, weil die Geschäftsführer der Gesellschaft die Geschäfte „fliegend" wahrgenommen haben, ist die Gesellschaft hilfsweise nach der Gründungstheorie(!) als rechtsfähig anzusehen. Das Gericht belohnt auf diese Weise besonders dubioses Geschäftsgebaren; insoweit abl auch *Borges* RIW 2000, 167, 169.

64 **(3) Passivprozesse der Gesellschaft.** In Passivprozessen der Gesellschaft wird **§ 50 Abs 2 ZPO** entspr angewandt[163]. Es ist ohne nähere Prüfung des Verwaltungssitzes von der **Parteifähigkeit** ausländischer Gesellschaften auszugehen, wenn (1) dies erforderlich ist, um Ansprüche durchzusetzen, die ungeachtet ihrer Rechtsfähigkeit nur gegen sie gerichtet sein können (insbes also dann, wenn die Gesellschaft als **Buchberechtigte** auf Erteilung der Bewilligung nach § 19 GBO verklagt wird)[164], oder wenn (2) die Gesellschaft im inländischen Rechtsverkehr wie eine juristische Person aufgetreten ist (etwa als „Stiftung" ausländischen Rechts) und es dem „redlichen Geschäftsverkehr" nicht möglich oder zuzumuten ist, Nachforschungen über die tatsächliche Rechtsfähigkeit oder die etwaigen „Hintermänner" anzustellen (Gefahr der „Rechtlosstellung")[165]. In den Fällen, in denen der Kläger seinen Klageanspruch **in der Sache** auf die **Rechtsunfähigkeit** der verklagten Gesellschaft stützt, hat er diese (genauer: die Tatsachen, die zum Sitz in einem Land führen, nach dessen Recht die Gesellschaft nicht rechtsfähig ist) genauso zu beweisen[166], wie er grds im umgekehrten Fall die von der Gesellschaft bestrittene **Rechtsfähigkeit** zu belegen hat. Der Gesellschaft, die im Rechtsverkehr wie eine juristische Person aufgetreten ist, ist allerdings eine Berufung auf die eigene Rechtsunfähigkeit nach dem Grundsatz des venire contra factum proprium verwehrt[167], so dass sich in diesen Fällen die Beweislastfrage nicht stellt.

65 Soweit in Prozessen, an denen die Gesellschaft beteiligt ist, nicht um deren Partei- oder Rechtsfähigkeit gestritten wird, sondern die geltend gemachten Ansprüche in der Sache von **gesellschaftsrechtlichen Normen einer bestimmten Rechtsordnung** abhängen, ohne dass deren Anwendbarkeit durch die Beurteilung der Rechts- oder Parteifähigkeit nach diesem Recht präjudiziert ist (vgl Rn 60 zu § 124 HGB, Rn 64 zu § 50 Abs 2 ZPO), trifft nach allgemeinen Grundsätzen diejenige Partei die Beweislast für die zu diesem Recht führenden Anknüpfungstatsachen (hier also den tatsächlichen Verwaltungssitz), welche von diesen Normen eine für sie günstige Rechtsfolge ableitet.

66 **(4) Prozesse unter Dritten.** In Prozessen unter Dritten, in denen zur Begründung der vom Kläger geltend gemachten Ansprüche auf die **Rechtsunfähigkeit** der Gesellschaft nach dem Gesellschaftsstatut verwiesen wird, gelten wie Rn 64 die allgemeinen Regeln. Wer also als Gläubiger auf der Basis der deutschen Normen zur **Gesellschafter- und Handelndenhaftung** bei Geschäften im Namen einer vermeintlich nicht wirksam gegründeten Gesellschaft (näher Rn 102 f) gegen einen Gesellschafter klagt, hat die Voraussetzungen für die Anwendbarkeit dieser gesellschaftsrechtlichen Regeln und damit den tatsächlichen Sitz in Deutschland zu beweisen[168].

67 **(5) Handelsregister-Eintragungsverfahren.** Im handelsregisterlichen Eintragungsverfahren (etwa bzgl der Anmeldung einer inländischen Zweigniederlassung oder der Eintragung von Gesellschafterbeschlüssen, an denen eine ausländische Gesellschaft als Gesellschafter mitgewirkt hat) gilt der **Amtsermittlungsgrundsatz** (§ 12 FGG), aber auch die oben dargelegte **Vermutungsregel** (Rn 61)[169]. Das Registergericht kann sich folglich idR darauf verlassen, dass Gründungsstaat und Verwaltungssitz zusammenfallen, die Gesellschaft also, wenn die dortigen Gründungsvorschriften beachtet sind, wirksam entstanden ist. Nur bei **„begründeten Zweifeln"**[170] hinsichtlich des Verwaltungssitzes muss es Nachforschungen anstellen und kann zu diesem Zweck vom Anmeldenden weitergehende Nachweise verlangen sowie ggf die Eintragung ablehnen, wenn positive Gewissheit nicht zu erlangen ist.

68 **(6) Grundbuch-Eintragungsverfahren.** Im Grundbuch-Eintragungsverfahren bestehen im Rahmen von **§ 19 GBO** keine besonderen **Nachforschungspflichten** des Grundbuchamtes hinsichtlich der (von der **Rechtsfähigkeit** und damit der Bestimmung des Gesellschaftsstatuts abhängenden) **Beteiligten- und Erwerbsfähigkeit;** es genügt, wenn diese – trotz eines wegen eines auf die Rechtsfähigkeit hindeutenden Namenszusatzes wie Ltd, Inc oÄ – nach den Eintragungsunterlagen „abstrakt möglich" erscheint[171]. Nur in den Fällen des **§ 20 GBO** (insbes **Auflassung**) muss der Antragsteller den **materiellen Konsens** der Parteien und damit auch deren rechtliche Existenz (und auf der Seite des Erwerbers dessen Erwerbsfähigkeit) nachweisen. Dazu gehört auch der Nachweis des Verwaltungssitzes im Gründungsstaat, wenn von dessen Rechtsfähigkeit abgeleitet wird und die Frage des Sitzes nicht offen gelassen werden kann (Rn 60). Das Registergericht kann auch hier von der Vermutung (Rn 61) als allgemeinem Erfahrungssatz ausgehen[172]; ist sie entkräftet, kann der Nachweis „formfrei" auf Grund freier Beweiswürdigung der vom Antragsteller vorgelegten Eintragungsunterlagen geführt werden. Die Form des § 29 Abs 1 S 2 GBO ist nicht einzuhalten, weil die Beweiskraft

---

[163] BGH NJW 2004, 3706, 3707; BGHZ 97, 270 = NJW 1986, 2194; MünchKommBGB/*Kindler* IntGesR Rn 452.
[164] Vgl BGHZ 97, 270 = NJW 1986, 2194.
[165] BGH NJW 1960, 1204, 1205.
[166] BGHZ 97, 270, 273 = NJW 1986, 2194.
[167] *Staudinger/Großfeld* IntGesR Rn 240.
[168] Ebenso MünchKommBGB/*Kindler* IntGesR Rn 459; vgl zu diesen Fällen OLG München NJW 1986, 2197, 2198; OLG Oldenburg NJW 1990, 1422; OLG Düsseldorf IPRax 1996, 128 = DB 1995, 1021.
[169] *Bungert* IPRax 1998, 339, 343; der Sache nach auch KG NJW-RR 1997, 1127, 1128 = DB 1997, 1124: Nachforschung nur bei „begründeten Zweifeln"; selbst wenn das Gericht seinen Worten nach die Übertragung der im Zivilprozess geltenden Vermutungsregel auf die freiwillige Gerichtsbarkeit ablehnt.
[170] KG NJW-RR 1997, 1127, das freilich die Schwelle für solche Zweifel sehr niedrig ansetzt: Gründung in „Oasenstaat", niedriges Grundkapital; aA MünchKommBGB/*Kindler* IntGesR Rn 461, der folgerichtig das Registergericht für verpflichtet halten möchte, auch bei jeder nach nicht deutschem Recht gegründeten Gesellschaft nach dem tatsächlichem Verwaltungssitz zu fahnden.
[171] *Bausback* DNotZ 1996, 254, 263 f.
[172] OLG Hamm NJW-RR 1995, 469, 470 = DB 1995, 137.

öffentlicher Urkunden tatsächliche Umstände wie den Verwaltungssitz gar nicht erfassen kann[173]. § 32 GBO gilt für nach ausländischem Recht gegründete Gesellschaften nur, wenn sie bereits eine ordnungsgemäß eingetragene Zweigniederlassung in Deutschland haben[174].

ee) Auseinanderfallen von Gründungsrecht und Verwaltungssitz. Die wirksame Gründung und die Rechtsfähigkeit einer Gesellschaft wird nach dem oben Gesagten im Geltungsbereich der Sitztheorie (Rn 58) – vorbehaltlich einer Rück- oder Weiterverweisung (Rn 51) – ausschließlich am materiellen Recht des tatsächlichen Verwaltungssitzes gemessen. Gesellschaften, die vom Land A aus gesteuert werden, sind inländische Gesellschaften dieses Staates auch dann, wenn sie nach dem Recht des Staates B gegründet wurden: Letzteres macht sie nur zu Scheinauslandsgesellschaften oder **pseudo foreign corporations**, befreit sie aber nicht von der Pflicht zur Einhaltung der materiellen gesellschaftsrechtlichen Regeln des Sitzlandes. IdR wird die Anerkennung als rechtsfähige juristische Person eine Registrierung im Sitzland voraussetzen, welche die Registrierung im ausländischen Gründungsstaat nicht ersetzen kann. Es stellt sich in diesem Fall die weitere Frage, ob trotz der fehlenden Registrierung zumindest eine Teilrechtsfähigkeit bejaht werden kann oder die schlichte Nichtexistenz der Gesellschaft die Folge ist. Weil sich dies auf der Ebene des materiellen Rechts beantwortet, sind pauschale Antworten nicht möglich. Zu **pseudo foreign corporations** mit **Sitz in Deutschland** s Rn 100 ff; zu den Folgen der **nachträglichen Verlegung des Verwaltungssitzes** aus dem Gründungs- in ein anderes Land s Rn 95 ff.

6. Reichweite des Gesellschaftsstatuts. a) Persönlicher Anwendungsbereich. Art 150 Abs 1 des Schweizer IPRG bestimmt, dass Gesellschaften iS des Schweizer Kollisionsrechts alle „**organisierten Personenzusammenschlüsse und organisierten Vermögenseinheiten**" sind. Dies umschreibt zutreffend auch den persönlichen Anwendungsbereich des deutschen Internationalen Gesellschaftsrechts[175]. Erfasst sind damit insbes rechtsfähige Einheiten wie Stiftungen[176], private Anstalten, Vereine, Genossenschaften und Kapitalgesellschaften, aber auch nicht oder nur teilrechtsfähige „Gebilde" mit einer selbst geschaffenen, **dauerhaften Organisationsstruktur**, wie sie vor allem bei Personenhandelsgesellschaften, aber auch bei bestimmten Personengesellschaften des bürgerlichen Rechts – (man denke etwa an die bei Großbauprojekten häufigen **Arbeitsgemeinschaften** oder an bankrechtliche **Emmissionskonsortien**[177] – anzutreffen ist (allgM). Indizien für eine Organisationsstruktur sind etwa die Belegung eigener Räume, die Beschäftigung eigenen Personals oder die Schaffung spezieller Geschäftsführungsregeln im Inneren und Vertretungsregeln für den Auftritt der Gesellschaft nach außen etc Keine Rolle spielt, ob ein ideeller oder wirtschaftlicher Zweck verfolgt wird (allgM), unerheblich ist auch, ob Anteilseigner einer privaten Gesellschaft direkt oder indirekt der Staat oder eine Kommune ist: Auch idS „**öffentliche" Unternehmen** unterfallen dem Regeln des Internationalen Gesellschaftsrechts (allgM). Zweifelhaft ist hingegen, ob dies auch für „**öffentlich-rechtliche Unternehmen**", also nach öffentlichem Recht organisierte Gebilde, insbes **öffentlich-rechtliche Körperschaften**, gilt, wenn sie privatwirtschaftlich tätig werden. Nach richtiger Ansicht ist diese Frage ebenso wie bei der (öffentlich-rechtlichen) Frage der Staatsangehörigkeit einer natürlichen Person (Art 5 Rn 2) zugunsten einer abweichenden Kollisionsnorm zu entscheiden: Maßgeblich ist das **Recht des Staates, von dessen öffentlich-rechtlichen Rechtssätzen das Gebilde seine Existenz (möglicherweise) ableitet**, da jeder Staat selbst entscheidet, welche öffentlich-rechtlichen Unternehmensformen er ins Leben ruft[178]. Die für Privatunternehmen entwickelte analoge Anwendung von Art 12 in Fällen beschränkter Rechtsfähigkeit dürfte aber auch gegenüber öffentlich-rechtlichen Unternehmen gelten.

Auch bei **Trusts** des anglo-amerikanischen Rechtskreises entscheidet die Organisationsstruktur über die Zurechnung zum Internationalen Gesellschaftsrecht: Ist die Struktur vorhanden, was allenfalls, aber nicht zwingend bei express trusts denkbar ist, gelten die obigen Anknüpfungsregeln; fehlt sie (idR bei statutory, implied und constructive trusts), entscheidet das Vertrags- oder, je nach Zusammenhang, das Erbstatut[179].

Für Gesellschaften, die sich keine erkennbare Organisation gegeben haben, gilt das nach Art 27 ff EGBGB zu bestimmende Vertragsstatut. Das betrifft aus deutscher Sicht insbes die **reine BGB-Innengesellschaft** sowie Gläubiger- und gesetzlich begründete Bruchteilsgemeinschaften und Gelegenheitsgesellschaften des bürgerlichen Rechts[180]. Die Abgrenzung der Innen- von der Außen-GbR ist kollisionsrechtlich nicht einfacher als auf materiellrechtlicher Ebene[181]. Auch die **stille Gesellschaft** fällt

69

70

71

72

---

[173] Vgl OLG Hamm NJW-RR 1995, 469, 470 = DB 1995, 137; *Eidenmüller/Rehm* ZGR 1997, 89, 110.
[174] OLG Hamm NJW-RR 1995, 469, 470 = DB 1995, 137; MünchKommBGB/*Kindler* IntGesR Rn 462.
[175] Ebenso MünchKommBGB/*Kindler* IntGesR Rn 3.
[176] OLG Köln OLGR 1999, 377.
[177] Näher MünchKommBGB/*Kindler* IntGesR Rn 262 ff.
[178] Anders etwa *Staudinger/Großfeld* IntGesR Rn 652 ff mwN: für alle organisatorisch verselbstständigten Einrichtungen der öffentlichen Hand gelten die Regeln des Internationalen Gesellschaftsrecht „entsprechend"; wieder anders MünchKommBGB/*Kindler* 3. Aufl IntGesR Rn 696: Es ist der im „Heimatstaat" (der doch erst festzustellen ist!) herrschenden Anknüpfungstheorie zu folgen. Im praktischen Ergebnis dürften sich selten Unterschiede zu der hier vertretenen Meinung ergeben, da Gründungsrecht und Recht des inkorporierenden Staates ohnehin zusammenfallen und der Verwaltungssitz in einem anderen Staat kaum denkbar ist.
[179] Ebenso zum Schweizer Recht *Girsberger/Heini* ua (Hrsg) IPRG/*Vischer*, 2. Aufl 2004, Art 150 Rn 13 ff; vgl ausführlicher *Wittuhn*, Das internationale Privatrecht des trust, 1987; *Czermak*, Der express trust im internationalen Privatrecht; *Mayer*, Die organisierte Vermögenseinheit gemäß Art 150 des Bundesgesetzes über das internationale Privatrecht, 1998.
[180] Vgl *Stauainger/Großfeld* IntGesR Rn 714.
[181] Vgl zu letzterem *K. Schmidt* NJW 2001, 993, 1001 f.

als Innengesellschaft nicht unter das Internationale Gesellschaftsrecht, sondern beurteilt sich nach den Normen des Vertragsstatuts[182].

73 **b) Sachlicher Anwendungsbereich: Umfang des Gesellschaftsstatuts. aa) Anwendungsbereich im Allgemeinen.** Das Gesellschaftsstatut bezeichnet die Gesamtheit der materiellen Regeln, nach denen eine Gesellschaft „entsteht, lebt und vergeht" (Rn 43). Dazu zählen Normen über: die Art der Gesellschaft und ihren **Typus,** insbes also die Frage, ob und in welchem Umfang einer Gesellschaft juristische Persönlichkeit zuerkannt wird; die **Entstehung der Gesellschaft,** dh die materiellen Voraussetzungen für die Gründung der Gesellschaft (insbes Mindestzahl der Gesellschafter, Kapitalaufbringung, Wirksamkeit von Sacheinlagen, Register- und Publizitätspflichten sowie ihre konstitutive oder deklaratorische Funktion; zu Formfragen in diesem Zusammenhang s Rn 75; zu Vor- und Vorgründungsgesellschaft sowie zur Berechtigung und Verpflichtung aus Geschäften im Gründungsstadium s Rn 76); **die Rechts- und Handlungsfähigkeit**[183] (zur **ultra-vires-Lehre** und auf bestimmte Rechtsgeschäfte **beschränkten Rechtsfähigkeit** sowie zum Schutz des Rechtsverkehrs in diesem Zusammenhang Rn 79 f); den **Namen und die Firma** der Gesellschaft (Berechtigung zum Tragen einer Firma, Kriterien für die Namensbildung und für notwendige oder untersagte Namensbestandteile; zum Namens- und Firmenschutz s Art 10 Rn 76 f); die **Organisation (Verfassung) der Gesellschaft,** insbes die Ernennung, Zusammensetzung und Abberufung der **Organe** und deren Aufgaben und Befugnisse einschließlich der sich aus der organschaftlichen Stellung ergebenden **Vertretungsmacht**[184] (zur organschaftlichen Vertretung einer ausländischen Zweigniederlassung, zum **Anschein** einer organschaftlichen Vertretungsmacht und zur gewillkürten Vertretung s Rn 80); die **Vertretung der Arbeitnehmer in den Organen der Gesellschaft** (zur betrieblichen Mitbestimmung, s Rn 83); die Befugnisse zu Erlass und Abänderung von **Satzungsbestimmungen; Kapitalerhaltungs- und -erhöhungsvorschriften; Rechnungslegungsvorschriften;** die internen Beziehungen der Gesellschaft zu ihren Gesellschaftern sowie zwischen den letzteren **(Treuepflichten; Beitrags- und Nachschusspflichten),** die aus der Mitgliedschaft folgenden **Mitwirkungsrechte,** wie etwa Auskunfts- und Rechnungslegungsanspruch[185], ihre **Verbriefung**[186] und **Übertragbarkeit;** zu Stimmbindungsverträgen s Rn 77); die **Innenhaftung** der Organe und der Gesellschaft aus der Verletzung gesellschaftsrechtlicher Vorschriften[187]; die **Außenhaftung für die Verbindlichkeiten der Gesellschaft** (insbes die Frage, ob kraft Gesetzes die Haftung auf das Vermögen der Gesellschaft beschränkt ist oder auch das Vermögen der Gesellschafter ergreift und ob es im letzteren Fall zulässig ist, die Haftungsmasse rechtsgeschäftlich auf das Gesellschaftsvermögen zu begrenzen; ob aus einem bestimmten Rechtsverhältnis die Haftung der Gesellschaft gegen einen Dritten begründet ist – etwa Delikt, Vertrag – bestimmt das auf dieses Rechtsverhältnis anwendbare Wirkungsstatut); die Voraussetzungen für einen **Haftungsdurchgriff** auf die **Gesellschafter** oder die im Namen der Gesellschaft Handelnden **(Handelndenhaftung,** s auch Rn 103)[188] und umgekehrt für eine Haftung der Gesellschaft für Verbindlichkeiten der Gesellschafter; die **Übertragung von Anteilsrechten**[189] (zur Form s Art 11 Rn 69) und deren **Belastung** (zum Kapitalmarktrecht s Rn 110); das **Verbot des Erwerbs eigener Aktien** durch die Gesellschaft[190]; die **Auflösung der Gesellschaft** (Auflösungsgründe, Publizitäts- und Registerpflichten, Wirkungen der Auflösung, insbes Durchführung der Liquidation, Ernennung und Befugnisse der Liquidatoren, Erlöschen der Rechtspersönlichkeit; Wiedereintragung einer erloschenen Gesellschaft (zu Insolvenz s Rn 88; zur Verstaatlichung/Enteignung s Rn 111).

74 Die **Parteifähigkeit** richtet sich ebenfalls nach dem Gesellschaftsstatut[191]. Sie ist nach herrschender und zutreffender Auffassung nicht nur entspr § 50 Abs 1 ZPO dann gegeben, wenn die Gesellschaft nach dem Gesellschaftsstatut rechtsfähig ist, sondern auch dann, wenn ihr die verfahrensrechtlichen Vorschriften des Gesellschaftsstatuts Parteifähigkeit ohne (volle) Rechtsfähigkeit zubilligen[192], wie etwa das deutsche Recht der OHG und der KG (§§ 124 Abs 1, 161 Abs 2 HGB) und das englische Recht

---

[182] Vgl *Staudinger/Großfeld* IntGesR Rn 709: Vertragsstatut ist – vorbehaltlich einer Rechtswahl – idR das Recht an dem Ort, an dem das Unternehmen betrieben wird.
[183] BGHZ 128, 41, 44.
[184] BGHZ 128, 41, 44; deshalb kann bei einer ihrem englischen Gründungsrecht unterliegenden Limited mit Sitz in Deutschland nicht eine Befreiung des Geschäftsführers vom Selbstkontrahierungsverbot „des § 181 BGB" ins Handelsregister eingetragen werden, vgl dazu OLG München NJW-RR 2005, 1486; NJW-RR 2006, 1042; OLG Celle NJW-RR 2006, 324; *Schall* NZG 2006, 54; *Wachter* NZG 2005, 338; ders ZNotP 2005, 122; 132 f; aA LG Freiburg ZIP 2005, 84 = EWiR 2004, 1225 (*Schall*); LG Ravensburg GmbHR 2005, 489, 490 = EWiR 2005, 423 (*Wachter*); LG Augsburg NZG 2005, 356.
[185] LG München I RIW 2000, 47.
[186] Zum Unterschied zwischen dem Recht aus dem Papier (Gesellschaftsstatut) und dem Recht am Papier (Sachstatut) S. *Lorenz* NJW 1995, 176.
[187] OLG München ZIP 1999, 1558, 1559.
[188] BGH NJW 2005, 1648, 1649: Geschäftsführer einer wirksam in England gegründeten Limited haftet nicht nach deutschem Recht – § 11 Abs 2 GmbHG – für rechtsgeschäftliche Verbindlichkeiten der Gesellschaft; dazu *Leible* RIW 2005, 544.
[189] OLG Stuttgart RIW 2000, 629 = GmbHR 2000, 721; für das der Übertragung zu Grunde liegende Kausalgeschäft ist das über Art 27 ff zu ermittelnde Vertragsstatut maßgeblich, *Palandt/Heldrich* Rn 16.
[190] Vgl *Spickhoff* BB 1997, 2593.
[191] BGH IPRax 2000, 21, 22 mit Aufsatz *H. Roth* 11; dort auch zu den Folgen einer ungenauen Bezeichnung einer ausländischen Gesellschaft, partnership des englischen/nordirischen Rechts.
[192] *Schack*, Internationales Zivilverfahrensrecht, 4. Aufl 2006, Rn 530 mwN.

der partnership[193]. Zur Möglichkeit, die Parteifähigkeit ohne genaue Feststellung des Gesellschaftsstatuts zu bejahen, Rn 60; zu den Erleichterungen bei der Feststellung der **passiven Parteifähigkeit** s Rn 64.

bb) Einzelne Anwendungsfragen. (1) Formerfordernisse. Zu **Formfragen** in Zusammenhang 75 mit gesellschaftsrechtlichen Vorgängen s Art 11 Rn 65 ff.

(2) Vor- und Vorgründungsgesellschaft. Das Gesellschaftsstatut ist kraft Vorwirkung auch das 76 Statut der **Vorgesellschaft** – soweit die Sitztheorie gilt, entscheidet also der tatsächliche oder erst projektierte Verwaltungssitz der künftigen Gesellschaft. Damit ist das Gesellschaftsstatut darüber zu befragen, ob und inwieweit die Vorgesellschaft selbst bereits Träger von Rechten und Pflichten sein kann. Gleiches gilt für die Frage, wer aus Verträgen berechtigt und verpflichtet wird, die **im Namen einer** nach dem Gesellschaftsstatut **(noch) nicht wirksam gegründeten Gesellschaft** geschlossen wurden; dies betrifft insbes die **Gesellschafter- und Handelndenhaftung**[194]. Ob dem Geschäftspartner ggf in seinem Vertrauen auf die insoweit am Abschlussort geltenden Regeln mit einer analogen Anwendung des Art 12 geholfen werden kann, ist durch die bisherige Rspr nicht geklärt; dies spricht dafür, dass ein praktisches Bedürfnis für einen solchen zusätzlichen Schutz neben dem des Sitzrechts nicht existiert. Keine Bedenken bestehen jedenfalls dagegen, die Frage, ob der Vertragspartner der (noch) nicht existierenden Gesellschaft **eigenen Ansprüchen** des im Namen der letzteren **Handelnden** ausgesetzt ist oder nicht, über eine Analogie zu Art 12 alternativ zugunsten des gutgläubigen Vertragspartners[195] auch nach dem Recht des Abschlussortes zu beantworten. Sorgfältig zu prüfen bleibt dabei, ob im konkreten Fall der gute Glaube des Geschäftspartners tatsächlich schützenswert war (zu den insoweit – mutatis mutandis – anzuwendenden Kriterien s Rn 32).

Im Gegensatz zur Vorgesellschaft richtet sich das Verhältnis zwischen den Gründern auf Grund des 77 zuvor geschlossenen Vertrages mit dem Ziel der Gründung der Gesellschaft **(Vorgründungsgesellschaft)** mangels einer eigenen Organisationsstruktur nach dem Vertragsstatut (Art 27 ff)[196]. Entsprechendes gilt für Stimmbindungsverträge.

(3) Beschränkungen der Rechtsfähigkeit, Rechtsfähigkeit kraft Rechtsschein. Die **Rechts-** 78 **fähigkeit** richtet sich auch dann nach dem Gesellschaftsstatut, wenn dieses – anders als das deutsche Recht – eine Beschränkung der Rechtsfähigkeit von Gesellschaften kennt. Hierin gehört etwa die **ultra-vires-Lehre** des anglo-amerikanischen Rechts, nach der – mit vielen Schattierungen und Differenzierungen iE – Geschäfte, die außerhalb des satzungsmäßigen Geschäftszweckes einer Gesellschaft liegen, nicht mit Wirkung für und gegen diese Gesellschaft vorgenommen werden können[197], und Regeln in Ländern mit staatlich reglementiertem Außenhandel, nach denen **Außenhandelsverträge** besonderen Außenhandelsgesellschaften vorbehalten werden, im Umkehrschluss alle anderen Gesellschaften also für derartige Geschäfte partiell nicht rechtsfähig sind[198]. Diese beschränkte Rechtsfähigkeit ist auch vor deutschen Gerichten zu beachten, wobei dem Geschäftspartner einer solchen Gesellschaft mit der **analogen Anwendung von Art 12** geholfen werden kann, wenn er auf deren unbeschränkte Rechtsfähigkeit nach dem Recht des Abschlussortes (für Gesellschaften vergleichbaren Zuschnitts) vertraut hat (hM)[199]. Es schadet allerdings **schon leichte Fahrlässigkeit** (vgl Rn 32)[200].

Über Art 12 hinausgehend ist wohl hM, dass, anknüpfend an die Rspr des BGH zur passiven 79 Parteifähigkeit (Rn 64 f), auf der Grundlage allgemeiner **Rechtsscheingrundsätze** eine Gesellschaft, die nach ihrem ausländischen Statut nicht rechtsfähig ist, aber **in Deutschland als juristische Person aufgetreten** ist, zu ihren Lasten als rechtsfähig behandelt werden kann, wenn die in Rn 64 unter (2) erläuterten Voraussetzungen vorliegen[201].

(4) Gewillkürte Vertretung, Anschein einer organschaftlichen Vertretungsmacht, Vertre- 80 **tung einer ausländischen Zweigniederlassung.** Die rechtsgeschäftlich begründete, also nicht auf eine Organstellung zurückgehende Vertretung der Gesellschaft, beurteilt sich nach dem **Vollmachtsstatut** (Art 10 Rn 99 ff). Auch die Frage, ob eine Person, die nicht Organ der Gesellschaft ist oder ihre organschaftliche Vertretungsmacht überschritten hat, gleichwohl über den (vom zuständigen Organ) geduldeten **Anschein** einer das konkrete Geschäft umfassenden **organschaftlichen Vertretungsmacht** die Gesellschaft zu binden vermag, wird von der hM vom Gesellschaftsstatut gelöst und wie die

---

[193] RSC Order 81, nach Einführung der Civil Procedure Rules (CPR) in England weiterhin anwendbar, s Part 50 und Schedule 1 der CPR; vgl auch BGH IPRax 2000, 21, 22.
[194] *Staudinger/Großfeld* IntGesR Rn 261; MünchKommBGB/*Kindler* IntGesR Rn 527.
[195] Zum Günstigkeitsvergleich des Art 12 s Rn 35; abzulehnen ist LG München I ZIP 1999, 1680, das gegen die intendierte Schutzrichtung des Art 12 die Feststellung, dass der Vertragspartner der nicht-existierenden ausländischen Gesellschaft zur Zahlung an den unter deren Namen Auftretenden verpflichtet sei, dem Recht am (deutschen) Abschlussort entnahm.
[196] Vgl *Staudinger/Großfeld* IntGesR Rn 245 mwN.
[197] Vgl etwa *Merkt/Göthel* Rn 295 ff; in vielen Bundesstaaten hat die ultra-vires-Lehre allerdings nur noch für das Innenverhältnis zwischen Gesellschaft und Gesellschafter Bedeutung, vgl zB § 203 New York Business Corporation Law.
[198] Vgl zu einem solchen Fall BGH NJW 1998, 2452 betr Jugoslawien/Kroatien.
[199] MünchKommBGB/*Kindler* IntGesR Rn 559 mwN; offen gelassen von BGH NJW 1998, 2452, weil in concreto Bösgläubigkeit gegeben war; aA die Vorinstanz, OLG Bremen OLGR 1997, 49, welche allerdings die Analogie allein wegen des auf natürliche Personen beschränkten Wortlauts von Art 12 ablehnte(!); *Bausback* DNotZ 1996, 254, 259 für Auflassungen. So ausdrücklich auch Art 12 Abs 2 Ref E (Fn 120).
[200] Zu Fahrlässigkeitskriterien im Hinblick auf Außenhandelsgeschäfte BGH NJW 1998, 2452, 2453.
[201] OLG Nürnberg IPRax 1985, 342 m zust Anm *Rehbinder* 324.

Anscheinsvollmacht dem Vollmachtsstatut unterworfen[202]. Zur Anknüpfung der Anscheinsvollmacht vgl Art 10 Rn 114). Soweit Gesellschaftsorgane im Staate einer **ausländischen registrierten Zweigniederlassung** mit Bezug auf diese handeln, sollte ein Schutz des Vertragspartners analog Art 12 in Erwägung gezogen werden, wenn das Gesellschaftsstatut dem Recht der Zweigniederlassung unbekannte Beschränkungen der Vertretungsmacht enthält[203].

81 **(5) Erwerb von Anteilen einer Gesellschaft durch eine andere; Grenzüberschreitende Typenvermischung, Spaltung und Verschmelzung; Beherrschungsverträge; Konzernhaftung.** Ob der **Erwerb von Anteilen an einer juristischen Person durch eine andere** zulässig ist, ist kumulativ nach dem Statut der erwerbenden als auch der Zielgesellschaft zu prüfen (allgM), ebenso die **grenzüberschreitende Typenvermischung zwischen Personen- und Kapitalgesellschaften**. Aus deutscher sachrechtlicher Sicht bestehen keine Bedenken dagegen, dass sich eine ausländische Kapitalgesellschaft an einer deutschen Personengesellschaft (insbes **„ausländische Kapitalgesellschaft & Co KG"**) beteiligt[204]; Gleiches gilt vice versa für ausländische Beteiligungen inländischer Gesellschaften. Dies entbindet nicht von der zusätzlichen Prüfung nach dem jeweiligen ausländischen Sachrecht.

82 Voraussetzungen und Folgen **grenzüberschreitender Beherrschungsverträge** beurteilen sich nach dem Statut der **abhängigen Gesellschaft**[205], ebenso ganz allgemein die Rechtsbeziehungen in einem grenzüberschreitenden **Unterordnungskonzern**[206]. Die deutschen Grundsätze über die Haftung wegen eines **existenzvernichtenden Eingriffs**[207] finden bei einer deutschen abhängigen Gesellschaft auch gegenüber einer ausländischen „Konzernmutter" Anwendung[208]. Bei internationalen **Verschmelzungen und Spaltungen** wird **kumulativ** an die Statute der beteiligten oder entstehenden Gesellschaften angeknüpft; ist danach (auch) deutsches Recht anwendbar, folgte nach bisher hM aus § 1 Abs 1 UmwG, dass beide Vorgänge in grenzüberschreitender Form sachrechtlich unzulässig sind[209]; zur Rechtslage nach der IntVerschmRL und der UmwG-Reform s Rn 105.

83 **(6) Betriebsverfassungsrecht.** Die betriebliche Mitbestimmung und allgemein das internationale Betriebsverfassungsrecht folgen unabhängig vom Gesellschaftsstatut eigenen Regeln (**Territorialitätsprinzip**). Näher bei Art 30. Zur unternehmerischen Mitbestimmung s Rn 73.

84 **cc) Abgrenzung zu anderen Statuten. (1) Erbstatut.** Ob und unter welchen Voraussetzungen eine juristische Person **erbfähig** ist, richtet sich nach dem Erbstatut[210] (allgM, allg zur Erbfähigkeit als einer „besonderen Rechtsfähigkeit" s Art 7 Rn 12 ff). Stellt sich die Frage, ob und in welcher Weise eine Person im Wege der Erbfolge von der Beteiligung des Erblassers an einer Gesellschaft profitiert, ist zu differenzieren: **Wer Erbe wird, bestimmt das Erbstatut**; ob und in welcher Weise sich der **Gesellschaftsanteil** oder ein aus ihm fließendes Folgerecht **im Nachlass wiederfindet, bestimmt das Gesellschaftsstatut** (allgM). Praktische Probleme warf bislang allein die Vererbung von Anteilen an **Personengesellschaften** auf. Insoweit gilt: Das Gesellschaftsstatut bestimmt, ob und unter welchen Voraussetzungen (etwa Nachfolgeklauseln, Eintrittsklauseln) die **Gesellschafterstellung auf den Erben übergeht** oder, verneinendenfalls, ob und in welchem Umfang dem Letzteren ein **Abfindungsanspruch** zusteht[211]. Das **Verhältnis zwischen mehreren Erben** und die Verteilung der Nachlasswerte unter ihnen bestimmt auch in Bezug auf Gesellschaftsanteile oder Abfindungsansprüche grds das Erbstatut; eine Ausnahme gilt, wenn das Gesellschaftsstatut – wie das deutsche Recht – besondere, von den allgemeinen erbrechtlichen Grundsätzen abweichende Regeln für die **Rechtsnachfolge in Gesellschaftsanteile** kennt (etwa Einzelnachfolge statt Universalsukzession). Diese Spezialregeln setzen sich nach dem Rechtsgedanken des Art 3 Abs 3 gegen das Erbstatut durch[212].

85 **(2) Ehegüterstatut.** Noch wenig geklärt ist das Verhältnis zwischen Ehegüter- und Gesellschaftsstatut[213]. Abgrenzungsfragen tauchen insbes dann auf, wenn die Ehegatten nach dem über Art 15 ermittelten Ehegüterstatut in **Güter- oder Errungenschaftsgemeinschaft** leben und nur ein Ehegatte eine Beteiligung an einer Gesellschaft hält oder erwirbt, deren Statut ein anderes Recht ist. Grds gilt: Ob und in welcher Form der eine Ehegatte den Gesellschaftsanteil erwerben kann und welche

---

[202] BGHZ 40, 197, 203 f; *Leible* IPRax 1998, 257, 261, jeweils für ausländischen Fiskus; OLG Hamm IPRspr 1956/57, Nr 27: president einer US-Gesellschaft; MünchKommBGB/*Kindler* IntGesR Rn 560.

[203] Vgl näher *Leible* IPRax 1997, 133, 135 f.

[204] Str, vgl OLG Stuttgart IPRax 1995, 397, 399: schweizer „GmbH & Co KG"; OLG Saarbrücken IPRax 1990, 324: schweizer „AG & Co KG"; BayObLGZ 1986, 61, 66, 70 = NJW 1986, 3029, 3031: englische „Ltd & Co KG"; Nachweise zum Schrifttum bei *Behrens* Rn IPR 34; aA *Staudinger/Großfeld* IntGesR Rn540; MünchKommBGB/*Kindler* IntGesR Rn 552 f, je mwN.

[205] HM, *Palandt/Heldrich* Rn 18 mwN; diff *Kronke* ZGR 1989, 473; aA *Einsele* ZGR 1996, 40: kumulative Anwendung beider Gesellschaftsstatute; vgl auch *Ebenroth* JZ 1988, 77.

[206] MünchKommBGB/*Kindler* IntGesR Rn 731 ff, Rn 766 ff zum Internationalen Gleichordnungskonzern; *Zimmer*, Internationales Gesellschaftsrecht, S 370 ff.

[207] Vgl *Benecke* JR 2004, 89; *Bruns* NZG 2004, 409.

[208] *Zimmer* IPRax 1998, 187, 188 zum Vorgänger-Haftungs-Modell der Haftung im qualifizierten faktischen Konzern; vgl auch die von *Zimmer* dort besprochene Entscheidung des OLG Düsseldorf IPRax 1998, 210 zur internationalen Zuständigkeit deutscher Gerichte für eine entsprechende Klage.

[209] MünchKommBGB/*Kindler* IntGesR Rn 867 ff.

[210] Ausf zu dieser Abgrenzungsfrage *Staudinger/Dörner* Art 25 Rn 63 ff; *v. Oertzen* IPRax 1994, 73; *Witthoff*, Die Vererbung von Anteilen deutscher Personengesellschaften im IPR, 1992.

[211] *v. Oertzen* IPRax 1994, 73, 74.

[212] Vgl *Staudinger/Dörner* Art 25 Rn 64.

[213] Umfassend zur Abgrenzung *Riering* IPRax 1998, 322.

Mitgliedschaftsrechte daraus erwachsen, entscheidet das Gesellschaftsstatut[214]. Welche speziell **güterrechtlichen Folgen** der Erwerb im Hinblick auf den anderen Ehegatten auslöst, ist hingegen nach dem **Güterstatut** zu beurteilen[215]. Das umfasst insbes die Frage nach der Einbeziehung des Anteils in das Gesamtgut der Ehegatten, ggf auch nach der Art der Mitberechtigung des anderen Ehegatten (Gesamthand, Bruchteilsgemeinschaft, wertmäßige Beteiligung), sowie etwaige **güterrechtliche Verpflichtungs- und Verfügungsbeschränkungen**. Sieht das Güterstatut eine gesamthänderische Beteiligung der Ehegatten vor, kann dies zur – in der Praxis schwierigen – gemeinschaftlichen Ausübung von Mitgliedschaftsrechten aus dem Anteil zwingen[216]. **Spezielle gesellschaftsrechtliche „Erwerbshindernisse"**, also auf der Basis des **Gesellschaftsstatut** gesetzlich – Beispiele im deutschen Recht: §§ 38 S 1; 717 S 1 BGB[217] – oder rechtsgeschäftlich – **Vinkulierung**; etwa § 15 Abs 5 GmbHG, § 68 Abs 2 AktG – begründete Verbote der Übertragung von Gesellschaftsanteilen auf andere sollen jedoch der güterrechtlich angeordneten (gesamthänderischen) Mitberechtigung des Ehegatten entgegenstehen[218]. Letzterer ist in diesem Fall auf etwaige schuldrechtliche Ausgleichsansprüche des Güterstatuts angewiesen[219].

Ob es **Eheleuten** gestattet ist, miteinander eine Gesellschaft zu gründen, beantwortet nicht das Gesellschafts-, sondern das Ehegüterstatut[220]. Gesellschaftsverbote zwischen Ehegatten sind allerdings rar geworden. 86

(3) Deliktsstatut. Ob und unter welchen Bedingungen eine nach dem Gesellschaftsstatut als rechts- 87 fähig geltende Gesellschaft für unerlaubte Handlungen (einschließlich Wettbewerbsverstöße) durch eine natürliche Person einstehen muss (**Deliktsfähigkeit**), entscheidet das **Delikts-, nicht das Gesellschaftsstatut** (allgM). Bei deutschem Deliktsstatut (nach Art 40 ff) gilt also für die Haftung auch einer ausländischen Gesellschaft § 31 BGB[221] mit der weiten Auslegung, die der Begriff des „verfassungsmäßig berufenen Vertreters" durch die Rspr erfahren hat. Ob die maßgeblichen Kriterien in der Person des Handelnden erfüllt sind, wird sich allerdings häufig nicht ohne Rückgriff auf das Gesellschaftsstatut und die ihm danach zukommende (Organ-)Stellung im Unternehmen klären lassen[222]. Entsprechendes gilt bei ausländischem Deliktsstatut.

(4) Insolvenzstatut. Die Voraussetzungen, Durchführung und Wirkung eines inländischen Insol- 88 venzverfahrens sowie die Anerkennung und Folgen eines ausländischen Insolvenzverfahrens im Inland unterliegen der **Europäischen Insolvenzverordnung**[223], hilfsweise den in Deutschland nach Einführung der InsO weiterhin nur bruchstückhaft gesetzlich niedergelegten Regeln des Internationalen Insolvenzrechts (§§ 355 ff InsO). Zur Abgrenzung des Gesellschafts- vom Insolvenzstatut *Rauscher/Mäsch*, Europäisches Zivilprozessrecht, 2. Aufl 2006, Art 4 EuInsVO Rn 8 f.

(5) (Handels-)Registerstatut. Registerrecht ist öffentliches Recht. Wegen des dieses grds beherr- 88 a schenden Territorialitätsprinzips gilt deutsches Handelsregisterrecht für alle Unternehmen mit Niederlassung in Deutschland, unabhängig vom Gesellschaftsstatut und Ort des Satzungs- oder effektiven Verwaltungssitzes[224]. In diesem Sinne „ausländische" Unternehmen müssen also der Registerpflichten der §§ 13 c ff HGB beachten. Eine nach englischem Recht gegründete, aber ausschließlich in Deutschland ansässige Limited hat an ihrem Sitz nach § 13 d HGB eine „Zweigniederlassung" zur Eintragung anzumelden[225].

c) Sonderanknüpfung einzelner materiellrechtlicher Normen. Die Frage, ob die nach dem in 88 b Rn 70 Gesagten umfassende Geltung des Gesellschaftsstatuts unter Rückgriff auf Rechtsnormen anderer Länder eingeschränkt werden kann, stellt sich in der Praxis nur für die Gründungstheorie: Inwieweit darf der Staat, in dem die Gesellschaft ihren tatsächlichen Verwaltungssitz hat, eigene, als besonders sensibel angesehene Vorschriften durch eine **Sonderanknüpfung** gegen das Gründungsrecht durchsetzen?

aa) Allgemeines, staatsvertraglich festgelegte Gründungstheorie. Für die Gründungstheorie 88 c spricht die mit ihr verbundene Rechtssicherheit, aber auch ihre Anhänger können und wollen nicht verleugnen, dass mit der größeren Freiheit, die dem Parteiwillen gewährt wird, zugleich die Gefahr nicht wünschenswerter Gesellschaftsgründungen in „Oasenstaaten" zur Umgehung strenger Schutzvorschriften im Land der schwerpunktmäßigen Geschäftstätigkeit wächst. Vorschläge zur Eindämmung dieser Gefahr sind in der Vergangenheit in zahlreichen Varianten gemacht worden, die mit Stichworten wie **eingeschränkte Gründungs-**[226], **Überlagerungs-**[227] und **Differenzierungstheorie**[228] oder

---

[214] Vgl *Soergel/Kegel* Art 15 Rn 36.
[215] MünchKommBGB/*Kindler* IntGesR Rn 679.
[216] Näher zur Beteiligung an einer deutschen GmbH *Riering* IPRax 1998, 322, 326.
[217] Vgl RG JW 1938, 1718 = SeuffA 92, 231.
[218] *Riering* IPRax 1998, 322, 325; MünchKommBGB/*Kindler* IntGesR Rn 680 mwN.
[219] *Riering* IPRax 1998, 322, 325.
[220] MünchKommBGB/*Kindler* IntGesR Rn 679 mwN.
[221] Vgl OLG Köln NJW-RR 1998, 756.
[222] Ähnlich MünchKommBGB/*Kindler* IntGesR Rn 668.
[223] VO Nr 1346/2000 vom 29. 5. 2000, ABl EG Nr L 160 S 1.
[224] Vgl *Baumbach/Hopt/Hopt* § 13 d HGB Rn 2.
[225] AG Duisburg NZG 2003, 1072, 1073; *Klose-Mokroß* DStR 2005, 971, 972.
[226] *Behrens* Rn IPR 23; vgl zuletzt *ders* IPRax 1999, 323.
[227] *Sandrock* BerDtGesVölkR 18 (1978), 169, 191 ff; *ders* RabelsZ 42 (1978), 227, 246 ff; *ders*, FS Beitzke 1979, S 669 ff; zuletzt *ders* BB 1999, 1337.
[228] *Grasmann* Rn 625 ff; 977 ff.

Kombinationslehre[229] bezeichnet werden und als gemeinsamen Nenner haben, dass jedenfalls in gewissem Umfang gesellschaftsrechtliche Schutzvorschriften des Landes des tatsächlichen Verwaltungssitzes oder der hauptsächlichen Geschäftstätigkeit neben oder an Stelle des Gründungsrechts Anwendung finden (**modifizierte Gründungstheorien**)[230]. Praktische Erfahrungen gibt es mit diesen Theorien nicht. Die in Rn 48 genannten bilateralen Kapitalschutz- oder Investitionsförderungsabkommen haben, soweit ersichtlich, insoweit noch keinen Anlass zu Gerichtsentscheidungen gegeben, und im Rahmen des US-FHS-Vertrages sieht die – spärliche – Praxis zu Unrecht ein Allheilmittel gegen pseudo foreign corporations im ordre-public-Vorbehalt und dem vermeintlich zu beachtenden „genuine link"-Erfordernis (Rn 45). Vorzuziehen ist für den letzteren Vertrag *Bungerts* mit gründlicher Analyse begründete **Spaltungslösung**, wonach sich nur das **Außenverhältnis** der Gesellschaft (worunter insbes die Frage der Rechtsfähigkeit, der organschaftlichen Vertretungsmacht und einer eventuellen materiellen Durchgriffshaftung der Gesellschafter oder handelnden Personen zu verstehen ist) nach Gründungsrecht beurteilt, während das **Innenverhältnis** (insbes die Rechte und Pflichten der (auch Minderheits-)Gesellschafter und die Berufung, Aufgabe, Haftung und Abberufung der Verwaltungsorgane) dem Recht am tatsächlichen Verwaltungssitz unterworfen ist[231].

88 d **bb) Gründungstheorie im Bereich der gemeinschaftsrechtlichen Niederlassungsfreiheit. (1) Zwingende Gründe des Allgemeinwohls.** Die Niederlassungsfreiheit, die über den Umweg der EuGH-Rspr den Übergang zur Gründungstheorie im innereuropäischen Rechtsverkehr erzwungen hat, setzt zugleich möglichen Eingriffen in die umfassende Geltung des Gründungsrechts für die betroffene Gesellschaft enge Grenzen: In Fortführung seiner allgemeinen Rspr zu staatlichen Eingriffen in die Grundfreiheiten durch unterschiedslos auf in- wie ausländische Marktbürger anwendbare Normen[232] ist nach Auffassung des EuGH dem Sitzstaat die Durchsetzung eigener Normen gegen das Gründungsrecht nur dann gestattet, wenn er mit diesen Normen (1) zwingende Gründe des **Allgemeinwohls** (2) in einer **nicht-diskriminierenden** und (3) zur Erreichung des Ziels **geeigneten Weise** verfolgt, ohne (4) über das hinauszugehen, was insoweit **erforderlich** ist[233]. Einen zwingenden Grund des Allgemeinwohls kann etwa der Schutz der Gesellschaftsgläubiger, der Minderheitsgesellschafter und der Arbeitnehmer der Gesellschaft darstellen[234]. Insbes Prüfungsschritt (4) zwingt aber zu einer sorgfältigen Prüfung, ob das Ziel nicht bereits unter Anwendung des ausländischen Gründungsrechts oder mit Hilfe gemeinschaftsrechtlicher Schutzregelungen erreicht werden kann. So gibt es etwa im englischen Gesellschaftsrecht der Limited einige Möglichkeiten, den Gläubigern einer vermögenslos am Markt agierenden Limited mit Verwaltungssitz in Deutschland zu helfen[235]. Zudem betont der EuGH auf der Grundlage seines Leitbildes vom verständigen und mündigen Marktteilnehmer, dass ein besonderes Bedürfnis für die Durchsetzung sitzstaatlichen Gläubigerschutzes schon dann regelmäßig nicht besteht, wenn die Gesellschaft nach außen erkennbar als ausländische aufgetreten ist[236]. Die **Handelndenhaftung** deutscher Prägung (§ 11 Abs 2 GmbHG) ist deshalb bei Gesellschaften mit ausländischem Gründungsrecht nicht anwendbar[237]. Auch ist nicht selbstverständlich, die Gesellschafter ausländischer Gesellschaften mit Sitz in Deutschland der deutschen Existenzvernichtungshaftung[238] auszusetzen[239]. Weitgehend Einigkeit besteht darüber, dass die **Unternehmensmitbestimmung** durch Sonderanknüpfung nicht zu begründen ist[240]. Insgesamt müssen sich Eingriffe des Sitzstaates in die umfassende Geltung des Gründungsrechts an **sehr hohen Anforderungen** messen lassen[241].

88 e **(2) Bekämpfung von Missbrauch und Betrug.** Weiterhin sollen nach EuGH Maßnahmen des Sitzstaates zur Verhinderung einer missbräuchlichen oder betrügerischen Nutzung der Niederlassungsfreiheit erlaubt sein[242]. Wenn er aber selbst das ausdrückliche Ziel, mit der Gesellschaftsgründung nach Auslandsrecht die strengere Rechtsordnung des Sitzstaates zu unterlaufen und die Einhaltung hinderlicher Rechtsvorschriften zu vermeiden, so wie dies die „Centros"-Gründer offen eingeräumt haben[243], nicht als missbräuchlich einstuft, dürfte dieser Rechtfertigungsgrund[244] keine allzu große Wirkung

---

[229] *Zimmer* S 220 ff.
[230] Umfassend zu den einzelnen Spielarten der modifizierten Gründungstheorie MünchKommBGB/*Kindler* IntGesR Rn 367 ff; neueste Vorschläge zum Schutz inländischer Gläubiger von Kapitalgesellschaften mit fiktivem Auslandssitz bei *Ulmer* JZ 1999, 662.
[231] Ausf *Bungert* ZVglRWiss 93 (1994), 117, 139 f.
[232] *Callies*/*Ruffert*/*Kingreen* aaO Art 28, Art 29, Art 30 EGV Rn 37 ff.
[233] Vgl EuGH NJW 99, 2027, 2029 – Centros; NJW 2003, 3331, 3334 – Inspire Art, BGH NJW 2005, 1648, 1649.
[234] Vgl *Palandt*/*Heldrich* Rn 8, der noch den Schutz des Fiskus dazu zählt.
[235] Knapp dazu *Eidenmüller*/*Rehm* § 10 Rn 65 ff; *Just*, Die Englische Limited in der Praxis, 2. Aufl 2006, Rn 178 ff.
[236] EuGH NJW 2003, 3331, 3334 – Inspire Art; dieser Gesichtspunkt schließt allerdings Schutzmaßnahmen zugunsten nichtvertraglicher Gläubiger der Gesellschaft nicht aus, vgl *Spindler*/*Berner* RIW 2004, 7, 13 f.
[237] BGH NJW 2005, 1648, 1649.
[238] Vgl *Zöllner* GmbHR 2006, 1, 7; *Römermann* NJW 2006, 2065, 2068.
[239] So aber *Palandt*/*Heldrich* Rn 8.
[240] *Hüffer* § 1 AktG Rn 43; *Eidenmüller* ZIP 2002, 2233, 2242; *Eidenmüller*/*Rehm* ZGR 2004, 159, 184 f; *Forsthoff* DB 2002, 2471, 2477; *Hammen* WM 1999, 2487, 2493 ff; *Paefgen* DB 2003, 487, 491 f; aA *Bayer* AG 2004, 534, 537 f; *v. Halen* WM 2003, 571, 577; *Ulmer* JZ 1999, 662, 663.
[241] *Hofmeister* WM 2007, 868, 871 f; *Schön* ZHR 168 (2004), 268, 292 f.
[242] EuGH NJW 1999, 2027, 2028 – Centros.
[243] EuGH NJW 1999, 2027 f – Centros.
[244] Zur dogmatischen Einstufung als Rechtfertigungsgrund oder Tatbestandsausschluss *Spindler*/*Berner* RIW 2004, 7, 8 f mwN.

entfalten[245]. In der Rspr wurde er aber etwa herangezogen in Fällen, in denen die Gründung einer englischen Limited der **Umgehung einer Gewerbeuntersagung** diente[246].

7. Grenzüberschreitende Sitzverlegung. a) Allgemeines, Sekundäres Gemeinschaftsrecht. 89
Ein Vorentwurf der Europäischen Kommission von 1997 für eine (14.) „Richtlinie über die Verlegung des Sitzes einer Gesellschaft in einen anderen Mitgliedstaat"[247], der ohne Eingriffe in die nationalen Kollisionsrechte die Identität der Gesellschaft bei grenzüberschreitender Sitzverlegung auf sachrechtlicher Ebene wahren will[248], ist bislang nicht in die Tat umgesetzt worden. Seine Wiederbelebung wird vor dem Hintergrund der EuGH-Rspr zur Niederlassungsfreiheit, die die rechtlichen Probleme bei Verlegung des tatsächlichen Verwaltungssitzes weitgehend beseitigt hat (Rn 55), seit 2004 von der Kommission reduziert auf die Verlegung des Satzungssitzes betrieben[249]. Wann diese Bestrebungen zum Erfolg führen, ist derzeit noch nicht absehbar. Es ist deshalb einstweilen auch in Binnenmarktsachverhalten von den unten darzustellenden allgemeinen Regeln auszugehen, wobei zum einen zwischen Sitzverlegungen im Geltungsbereich der Gründungs- oder der Sitztheorie und zum anderen zwischen der Verlegung des Satzungssitzes oder des effektiven Verwaltungssitzes zu unterscheiden ist. Die Darstellung konzentriert sich auf die für deutsche Gerichte praktisch wichtigste Fallgruppe der **Sitzverlegungen von und nach Deutschland**. Für Sitzverlegungen zwischen Drittländern gelten aber entsprechende Überlegungen; nur die aus dem deutschen Sachrecht als Gesellschaftsstatut geschöpften Argumente sind ggf durch solche aus dem entsprechenden ausländischen Statut zu ersetzen[250].

b) Gründungstheorie. Zum Geltungsbereich der Gründungstheorie im deutschen IPR s Rn 57 ff. 90
Betroffen sind danach insbes **Sitzverlegungen** von nach deutschem Recht gegründeten Gesellschaften in andere **Mitgliedstaaten der EU sowie in die USA und umgekehrt.**

aa) Verlegung des effektiven Verwaltungssitzes. Soweit die Gründungstheorie gilt, ist der 91
effektive Verwaltungssitz nicht das maßgebliche Kriterium für die Bestimmung des auf gesellschaftsrechtliche Verhältnisse anwendbaren Rechts. Die Sitzverlegung führt nicht zu einer Änderung des anwendbaren Rechts und damit nicht zu einem Statutenwechsel. Es ist folglich allein das **materielle Recht des Gründungsstaates,** das entscheiden muss, ob die effektive Verwaltung der Gesellschaft von einem anderen Land aus **negative Auswirkungen auf den Bestand der Gesellschaft** (oder in sonstiger Hinsicht) hat. Nach dem Recht der US-Bundesstaaten ist dies wohl zu verneinen, weil allein die Beibehaltung eines „registered office" für Zustellungszwecke notwendig ist[251]. **Auch im deutschen Sachrecht ist der effektive Verwaltungssitz** einer deutschen Gesellschaft **im Ausland kein Hindernis,** sofern im Inland der Satzungssitz und ein Minimum an Geschäftstätigkeit beibehalten bleibt[252]. Die jedenfalls früher **hM** meinte demgegenüber, dass die **Verlegung des effektiven Verwaltungssitzes ins Ausland sachrechtlich zwingend zum Übertritt der Gesellschaft ins Liquidationsstadium** führt[253]. Das insoweit vorgebrachte zentrale Argument, dass es einer Gesellschaft nicht freigestellt sein kann, „die von einer bestimmten Staatshoheit erteilte Rechtsfähigkeit ... beliebig in ein anderes Land hinüber[zu]tragen"[254], überzeugt allerdings nicht, weil dies zum einen kollisionsrechtlich ein Gesichtspunkt ist, der das Sachrecht nicht berührt, und es zum anderen zu einem „Hinübertragen" der Rechtsfähigkeit, also einem Wechsel der maßgeblichen Rechtsordnung, in der hier zu behandelnden Konstellation gerade nicht kommt: Die deutsche Gesellschaft bleibt bei einer Verlagerung ihrer Leitung in das Ausland unter Beibehaltung des Satzungssitzes in Deutschland eine deutsche Gesellschaft[255]. Tatsächlich wurde und wird dieses „sachrechtliche" Argument denn auch meist nur unterstützend in den Fällen vorgebracht, in denen nach der Sitztheorie ohnehin kollisionsrechtlich ein Wechsel eintritt. Im durch die Rspr des EuGH zur Niederlassungsfreiheit erzwungenen europäischen Anwendungsbereich der Gründungstheorie (also bei einem Wechsel des effektiven Verwaltungssitzes von Deutschland in einen anderen EU-Mitgliedstaat) kann die hM ohnehin kein Bestand mehr haben, weil sie mit der

---

[245] *Hofmeister* WM 2007, 868, 871.
[246] BGH NJW 2007, 2328, OLG Dresden ZIP 2006, 1097; OLG Jena NZG 2006, 434 (Vorlagebeschluss); krit dazu *Mankowski* BB 2006, 1173.
[247] Abgedruckt in ZIP 1997, 1721.
[248] Zum Vorentwurf etwa *Habersack* § 4 Rn 35 ff; *Meilicke* GmbHR 1998, 1053.
[249] Näheres unter http://ec.europa.eu/internal_market/company/seat-transfer/index_de.htm; für eine RL über die Verlegung von Satzungs- und Verwaltungssitz *Leible* ZGR 2004, 531, 557.
[250] Zu sachrechtlichen Vorschriften in anderen EU-Mitgliedstaaten für transnationale Sitzverlegungen (Zu- oder Wegzug) vgl *Schwarz,* Europäisches Gesellschaftsrecht, Rn 171.
[251] Zum „registered office" nach US-Recht vgl knapp *Merkt/Göthel* Rn 322 f; *Bungert* RIW 1999, 109, 113.
[252] Vgl *Eidenmüller/Eidenmüller* § 4 Rn 1; *Roth/Altmeppen* § 4 a GmbHG Rn 22; *Ebenroth/Auer* RIW-Beilage 1/1992 Rn 24; *Bungert* RIW 1999, 109, 114, je zum deutsch-amerikanischen Verhältnis; MünchKommBGB/*Kindler* IntGesR Rn 505: wenn im Rahmen der Sitztheorie der neue Verwaltungssitz-Staat zum deutschen Sachrecht zurückverweist.
[253] *Staudinger/Großfeld* IntGesR Rn 613; *Scholz/H. P. Westermann* Einl Rn 153 f; OLG Hamm NJW 2001, 2183; *Baumbach/Hueck/Fastrich* § 4 a GmbHG Rn 10; *Roth/Altmeppen* § 4 a GmbHG Rn 24; aA *Lutter/Hommelhoff* § 4 a GmbHG Rn 20; Kölner Kommentar/*Kraft,* 2. Aufl 1988, § 45 AktG Rn 24; *Hachenburg/Behrens* Einl Rn 170: alle Sitzverlegungen ins Ausland sachrechtlich möglich; noch anders zB OLG Düsseldorf NZG 2001, 506; *Hüffer* § 5 AktG Rn 12 mwN: Verlegungsbeschluss nichtig; *Spahlinger/Wegen* Rn C 451, 469; Verlegung nur in einen Staat möglich, der der Gründungstheorie folgt.
[254] BGHZ 25, 134, 144; allerdings unklar, ob vom BGH als sach- oder kollisionsrechtliches Argument gemeint; ähnlich bereits RGZ 89, 53, 54 f; sich darauf berufend etwa *Staudinger/Großfeld* IntGesR Rn 613.
[255] Gegen den sachrechtlichen „Anstrich" der hM bereits *Ebenroth/Auer* DNotZ 1993, 191, 193 f.

92 **bb) Verlegung des Satzungssitzes. (1) Verlegung aus Deutschland.** Die Verlegung des Satzungssitzes einer deutschen Gesellschaft iS der § 5 Abs 1 AktG, § 4a Abs 1 GmbHG etc ins Ausland führt im Geltungsbereich der Gründungstheorie ebenfalls nicht zu einem Statutenwechsel, weil das anwendbare Recht – das (deutsche) Gründungsrecht – auch hier dasselbe bleibt[257]. Aber das deutsche **Sachrecht** verhindert die Wirksamkeit des Verlegungsbeschlusses, der deshalb als solcher nicht ins Handelsregister eingetragen werden kann[258]. Die hM im deutschen Recht wertet den Beschluss über die Verlegung des Satzungssitzes als **Auflösungsbeschluss**, der zur Liquidation der Gesellschaft führt[259]. Hier ist ihr zuzustimmen, weil der Satzungssitz große Bedeutung hat für die Zuständigkeit deutscher Behörden und Gerichte[260] und folglich mit seiner Verlegung eine wirksame behördliche und gerichtliche Kontrolle wenn nicht ver-, so doch behindert wird[261]. Die Rspr des EuGH zur Niederlassungsfreiheit (Rn 55) hat hieran auch im innereuropäischen Verhältnis nichts geändert, weil diese (nur) die Verlegung des effektiven **Verwaltungssitzes** der Gesellschaft unter Wahrung ihrer Identität ermöglichen soll[262]. Abhilfe kann insoweit nur die geplante EU-RL (Rn 89) schaffen.

93 **(2) Verlegung aus den USA.** Aus US-amerikanischer Sicht kommt es wohl allein darauf an, dass die in einem US-Bundesstaat gegründete Gesellschaft in diesem Staat ein „registered office" und einen „registered agent" behält; der Satzungssitz deutscher Prägung spielt, soweit ersichtlich, keine Rolle[263].

93a **c) Sitztheorie.** Die Sitztheorie beherrscht das deutsche Internationale Gesellschaftsrecht außerhalb des Verhältnisses zur EU und zum EWR sowie außerhalb staatsvertraglicher Sonderregeln (Rn 58 ff).

94 **aa) Verlegung des effektiven Verwaltungssitzes. (1) Zuzug nach Deutschland.** Verlegt im Geltungsbereich der Sitztheorie eine im Ausland gegründete und zuvor vom Ausland aus geleitete Gesellschaft ihren effektiven Verwaltungssitz nach Deutschland, so kommt es zu einem Statutenwechsel: Die Gesellschaft untersteht nunmehr als pseudo foreign corporation dem materiellen deutschen Gesellschaftsrecht (allgM). Zu den Folgen dieses Statutenwechsels s Rn 99 ff.

95 **(2) Wegzug aus Deutschland. (a) Aufnehmender Staat folgt Gründungstheorie.** Verlegt eine **in Deutschland gegründete Gesellschaft ihre tatsächliche Leitung ins Ausland,** ändert sich das anwendbare Recht nach hM dann nicht, wenn der **aufnehmende Staat** seinerseits kollisionsrechtlich der **Gründungstheorie** folgt (angelsächsisch geprägte Länder, Schweiz)[264], weil dessen **Rückverweisung** auf das deutsche (Gründungs-)Recht zu folgen sei (Rn 51). Stimmt man dem zu, kommt es nicht zu einem Statutenwechsel und der Fall wie in Rn 92 zu behandeln; entscheidend ist dann, ob man die oben diskutierte und verworfene Auffassung teilt, dass aus sachrechtlichen Gründen die Gesellschaft aufzulösen sei. Lehnt man, wie hier vertreten (Rn 51), die Beachtlichkeit einer Rückverweisung ab, ändert sich das anwendbare Recht und gelten die in der folgenden Rn darzustellenden Regeln. Wird mit dem Verwaltungssitz zugleich der Satzungssitz verlegt, vgl Rn 98.

96 **(b) Aufnehmender Staat folgt Sitztheorie.** Folgt der Staat, in den die deutsche Gesellschaft ihren effektiven Verwaltungssitz verlegt hat, der Sitztheorie, nimmt er die Verweisung des deutschen Kollisionsrechts an. Das **Sachrecht des Zuzugsstaates** ist nunmehr maßgeblich[265]. In der Regel wird dies (jedenfalls bei juristischen Personen) zur Nichtigkeit der Gesellschaft führen, weil dessen Vorschriften über die Gründung einer Gesellschaft nicht beachtet wurden[266]; möglicherweise kommt aber eine

---

[256] Str, aA *Baumbach/Hueck/Fastrich* § 4a GmbHG Rn 10; *K. Schmidt* ZHR 168 (2004), 493, 496; *Spahlinger/Wegen* Rn C 451, 469; schwankend *Hirte/Bücher/Forsthoff* § 2 Rn 23: Der Gesetzgeber muss tätig werden. Tut er dies nicht, „könnte und sollte die Rechtsprechung diesen Schritt tun".

[257] AA *Behrens* Rn IPR 62; *Bungert* RIW 1999, 109, 112, beide ohne Begründung; dass nach materiellem deutschen Recht bei der Gründung einer deutschen Gesellschaft ein deutscher Satzungssitz bestimmt werden muss, hat mit der kollisionsrechtlichen Frage des anwendbaren Rechts nichts zu tun und ist deshalb zur Begründung eines Statutenwechsels auch unter der Gründungstheorie nicht geeignet; aA offenbar *Staudinger/Großfeld* IntGesR Rn 650.

[258] BayObLG NJW-RR 2004, 836.

[259] Vgl OLG Düsseldorf DB 2001, 901 m Anm *Emde*; OLG Hamm NJW-RR 1998, 615; BayObLG NJW-RR 1993, 43; *Staudinger/Großfeld* IntGesR Rn 655; *Scholz/Westermann* Einl Rn 125; *Ebenroth/Auer* JZ 1993, 374 mwN; aA *Hüffer* § 5 AktG Rn 12; *Michalski/Leible* GmbHG Bd 1 Syst Darst 2 Rn 133; *MünchKommBGB/Kindler* IntGesR Rn 510 mwN; *MünchKommAktG/Hüffer* § 262 Rn 36; *MünchKommHGB/Krafka* § 13h Rn 15; *Triebel/v. Hase* BB 2003, 2409, 2415 mwN in Fn 74: Nichtigkeit des Beschlusses über die Satzungssitzverlegung analog § 241 Nr 3 AktG; die Gesellschaft bleibt aus Gründen des Sitzrechts zwar solange in Deutschland ansässig; offen gelassen von BayObLG NJW-RR 2004, 836.

[260] Näher *Staudinger/Großfeld* IntGesR Rn 241.

[261] *Staudinger/Großfeld* IntGesR Rn 652.

[262] Vgl BayObLG NJW-RR 2004, 836; zweifelnd *Bayer* BB 2003, 2357, 2363 f; *Wertenbruch* NZG 2003, 618, 620, *Triebel/v. Hase* BB 2003, 2409, 2411; *Eidenmüller* JZ 2004, 24, 29.

[263] Vgl *Bungert* RIW 1999, 109, 113 f.

[264] Knapper Überblick zu Staaten außerhalb von EU/EWR, die der Gründungstheorie folgen, bei MünchKommBGB/*Kindler* IntGesR Rn 488.

[265] AA *Kegel/Schurig* IPR § 17 II 2: altes und neues Recht gleichermaßen maßgeblich.

[266] Zu vereinzelten sachrechtlichen Vorschriften anderer EU-Mitgliedstaaten, die unter bestimmten Voraussetzungen den identitätswahrenden Zuzug von im Ausland gegründeten Gesellschaften ohne Neugründung ermöglichen (Belgien, Frankreich, Luxemburg, Portugal, Spanien), vgl *Schwarz*, Europäisches Gesellschaftsrecht, Rn 171. Einen Zuzug deutscher Gesellschaften sollen diese Regelungen allerdings nicht eröffnen, weil eine Voraussetzung immer ist, dass (auch) der Wegzugstaat sachrechtlich die Gesellschaft trotz Sitzverlegung bestehen lässt, vgl *Schwarz* aaO, was die hM für das deutsche Recht verneint, s Rn 91, 92.

Teilrechtsfähigkeit in Betracht. Soll die Gesellschaft als solche „weiterleben", müsste sie neu gegründet werden[267].

bb) Verlegung des Satzungssitzes. (1) Verlegung aus Deutschland. Weil der Satzungssitz im 97 Rahmen der auf den tatsächlichen Verwaltungssitz abstellenden Sitztheorie wie bei der Gründungstheorie kein maßgebliches Kriterium zur Bestimmung des anwendbaren Rechts ist, gelten bei der Verlegung des Satzungssitzes einer in Deutschland gegründeten Gesellschaft ins Ausland die in Rn 92 ff dargestellten Regeln entspr (materiell-rechtliche Würdigung als Auflösungsbeschluss)[268].

(2) Verlegung nach Deutschland. Welche Folgen die Verlegung des Satzungssitzes einer tatsäch- 98 lich vom Ausland aus geleiteten Gesellschaft nach Deutschland hat, beurteilt sich nach dem jeweiligen materiellen ausländischen Gesellschaftsrecht, da kein Statutenwechsel stattfindet[269]. Anderes gilt nur dann, wenn man mit der hier abgelehnten hM eine Rückverweisung für beachtlich hält (Rn 51) und der Staat des Verwaltungssitzes kollisionsrechtlich einer Theorie folgt, nach der weder der Ort der tatsächlichen Verwaltung der Gesellschaft noch das Gründungsrecht, sondern der jeweilige Ort des Satzungssitzes maßgeblich sein soll; in diesem Fall sind mit dem neuen deutschen Satzungssitz kraft Rückverweisung die Normen des materiellen deutschen Gesellschaftsrechts und damit die Regeln über pseudo foreign corporations im deutschen Sachrecht (Rn 101 ff) maßgeblich[270].

8. Scheinauslandsgesellschaften in Deutschland. Die Terminologie ist nicht einheitlich, gele- 99 gentlich wird mit dem Begriff „Scheinauslandsgesellschaft" (pseudo foreign corporation) in Deutschland nur eine solche bezeichnet, die nach ausländischem Recht gegründet wurde und organisiert ist, in Anwendung der Sitztheorie aber auf Grund ihres effektiven inländischen Verwaltungssitzes dem deutschen Recht untersteht (unten b). In einem umfassenderen Sinn, der auch hier zugrunde gelegt wird, ist der Begriff auch unter der Gründungstheorie anwendbar (unten a) und bezeichnet jede Gesellschaft, die ihren effektiven Verwaltungssitz in einem anderen Staat als dem hat, unter dessen Recht sie gegründet wurde. Das „scheinausländische" ist in beiden Fällen darin zu sehen, dass die Gesellschaft keine tatsächlichen und dauerhaften Verbindungen zur Wirtschaft des Staates (mehr) hat, in dem inkorporiert wurde.

a) Scheinauslandsgesellschaften im Anwendungsbereich der Gründungstheorie. Im Anwen- 99 a dungsbereich der Gründungstheorie (Rn 57) sind im Ausland gegründete Gesellschaften auch dann, wenn sie ihren effektiven Verwaltungssitz von Anfang an in Deutschland hatten oder ihn später dorthin verlegt haben, an ihrem ausländischen Gründungsrecht zu messen (Rn 57). Dies gilt jedenfalls, soweit es sich nicht um insolvenzrechtliche Fragestellungen handelt. Wegen des Fehlens einer Mindestkapitalregelung war jedenfalls eine Zeit lang die Rechtsform einer **private limited company** („Limited")[271] nach englischem Recht bei deutschen Unternehmensgründern sehr beliebt[272]; ob diese Mode angesichts strenger Bilanzvorschriften und des hohen laufenden Rechtsberatungsbedarfs anhalten wird, ist zu bezweifeln. Der deutsche Gesetzgeber will überdies dem Trend mit einer Modernisierung des GmbH-Rechts den Wind aus den Segeln nehmen[273]. Hilfe für die zahlreichen Probleme bei der praktischen Arbeit mit dem englischen Gesellschaftsstatut der „deutschen" Limited findet sich etwa bei *Heinz* (Hrsg), Die englische Limited, 2. Aufl 2006; *Just*, Die englische Limited in der Praxis, 2. Aufl 2006; *Römermann* (Hrsg), Private Limited Company in Deutschland, 2006; *Triebel/v. Hase/Melerski*, Die Limited in Deutschland, 2006; *Hirte/Bücker*, Grenzüberschreitende Gesellschaften, 2. Aufl 2006. Das englische Gesellschaftsrecht wird sich nach vollständigem Inkrafttreten des Companies Act 2006[274] im Oktober 2008 umfassend ändern[275].

b) Scheinauslandsgesellschaften im Anwendungsbereich der Sitztheorie. Eine nach aus- 100 ländischem Recht gegründete, im Rahmen der Sitztheorie (zu deren Anwendungsbereich s Rn 58) wegen des von Anfang an in Deutschland liegenden oder später hierher verlegten Verwaltungssitzes aber dem deutschen Gesellschaftsrecht unterworfene Gesellschaft ist im Ausgangspunkt unabhängig von der Sichtweise des Gründungsrechts als solche **nicht rechtsfähig**[276]. Es fehlt die insoweit notwendige konstitutive Eintragung in ein deutsches Register, welche wegen des numerus clausus der deutschen Gesellschaftsformen durch eine etwaige ausländische Eintragung nicht ersetzt werden kann (allgM). Der numerus clausus führt weiter dazu, dass das ausländische Gebilde

---

[267] MünchKommBGB/*Kindler* IntGesR Rn 499 mwN.
[268] OLG Hamm NJW 2001 2183: fälschlicherweise zugleich die Auflösung auf die Nichtanerkennung der Gesellschaft durch das – nicht gefragte! – Recht des neuen Satzungssitz-Ortes stützend; *Staudinger/Großfeld* IntGesR Rn 652.
[269] Grds ebenso MünchKommBGB/*Kindler* IntGesR Rn 513.
[270] Anders MünchKommBGB/*Kindler* IntGesR Rn 499, der – ohne Begründung – Gründungstheorie und Anknüpfung an den jeweiligen Satzungssitz gleichsetzt und deshalb in der hier behandelten Konstellation für alle Staaten, die der Gründungstheorie folgen, zu einer Rückverweisung zum deutschen Recht kommt.
[271] Zur Nutzung der Limited Liability Partnership als Organisationsform anwaltlicher Berufsausübung in Deutschland s *Henssler/Mansel* NJW 2007, 1393.
[272] Empirische Daten bei *Westhoff* GmbHR 2006, 525 ff; GmbHR 2007, 474 ff.
[273] Entwurf eines Gesetzes zur Modernisierung des GmbH-Rechts und zur Bekämpfung von Missbräuchen (MoMiG) vom 25. 5. 2007, BT-Drucks 354/07.
[274] 2006 c 46; in der Vorbereitungszeit nannte sich das Projekt Company Law Reform Bill.
[275] Vgl aus dem deutschen Schrifttum *Jänig* RIW 2006, 270; *Torwegge* GmbHR 2006, 919.
[276] Umfassend zur Behandlung von schuld- und sachenrechtlichen Verträgen sowie Gestaltungserklärungen und Delikten unter „Beteiligung" einer Scheinauslandsgesellschaft *Eidenmüller/Rehm* ZGR 1997, 89; sie kann aber aus Rechtsscheinsgesichtspunkten als rechtsfähig zu behandeln sein, vgl Rn 80. Das berührt die im Folgenden darzustellende persönliche Gesellschafter- und Handelndenhaftung nicht, richtig *Eidenmüller/Rehm* ZGR 1997, 89, 104.

Mäsch

in das System des deutschen Gesellschaftsrechts eingeordnet werden muss. Insoweit ist zu differenzieren[277]:

101 **aa) Alleingesellschafter.** Steht hinter der pseudo foreign corporation nur **eine Person,** haftet diese für im Namen der Scheinauslandsgesellschaft abgeschlossene Geschäfte persönlich und unbeschränkt (allgM), wird als wahrer Unternehmensinhaber aber aus diesen Geschäften auch persönlich berechtigt. Bei Betrieb eines Handelsgewerbes iS von § 1 Abs 2 HGB ist die Person als Kaufmann zu behandeln, wenn das deutsche Recht auch das Wirkungsstatut des fraglichen Geschäfts stellt (zur Anknüpfung der Kaufmannseigenschaft s Art 7 Rn 40).

102 **bb) Mehrere Gesellschafter.** Besteht das Gebilde aus mehreren Personen, so ist es als **nichtrechtsfähiger Verein** einzustufen, wenn ein ideeller Zweck iS des § 21 BGB verfolgt wird[278]. Bei erwerbswirtschaftlicher Zielsetzung handelt es sich um eine Personengesellschaft, dh **beim Betrieb eines Handelsgewerbes iS von § 1 Abs 2 HGB** – was die Regel sein dürfte – um eine **OHG**, ansonsten um eine **BGB-Gesellschaft.** Im ersten Fall ist § **124 Abs 1 HGB** und die daraus folgende rechtliche Verselbstständigung der Gesellschaft etwa für die Parteifähigkeit zu beachten; im letzteren die Rspr des BGH zur Rechts- und Parteifähigkeit einer Außen-BGB-Gesellschaft[279]. In beiden Fällen **haften die Gesellschafter persönlich und unbeschränkt**[280]. Das bloße Auftreten als ausländische Kapitalgesellschaft führt ebenfalls in beiden Fällen nicht zu einer Haftungsbeschränkung auf das Gesellschaftsvermögen. Zur Rechtsfähigkeit kraft Rechtsscheins s Rn 78.

103 **cc) Handelndenhaftung.** Ist die Scheinauslandsgesellschaft (etwa als Ltd, Inc oder Stiftung) körperschaftlich strukturiert, tritt neben die persönliche Haftung der Gesellschafter die persönliche Haftung der handelnden Personen entspr § 41 Abs 1 S 2 AktG, § 11 Abs 2 GmbHG[281]. Die Handelndenhaftung trifft alle **Organmitglieder,** alle Personen, die wie Organe auftreten **(faktische Organe),** sowie rechtsgeschäftlich bestellte Vertreter der Gesellschaft, die als **selbstständige Entscheidungsträger** aufgetreten sind[282].

104 **dd) Wirksamkeit von Vertragsschlüssen.** Manche möchten regelmäßig im Wege der Auslegung der für die (als solche nicht existierende) ausländische Kapitalgesellschaft abgegebenen Willenserklärung und wegen der mangelnden Vertretungsmacht für die tatsächlich bestehende inländische OHG oder BGB-Gesellschaft wirksame Vertragsschlüsse mit der Letzteren verneinen[283], wollen dem Geschäftspartner aber dennoch (gesetzliche) Erfüllungs- und erst in zweiter Reihe Schadensersatzansprüche gegen die Handelnden und Gesellschafter geben[284]. Dies erscheint als eine kaum zu rechtfertigende Bevorzugung des Geschäftspartners, könnte er doch weder bei einer „echten" inländischen noch einer „echten" ausländischen Gesellschaft auf Erfüllungsansprüche ohne eine eigene Verpflichtung hoffen.

105 **9. Grenzüberschreitende Verschmelzungen.** Nach bisheriger einmütiger Rspr und hM waren grenzüberschreitende Umwandlungen, insbes Verschmelzungen, unter Beteiligung deutscher Gesellschaften unzulässig, weil diese nach § 1 Abs 1 UmwG nur in Rechtsträger mit Sitz im Inland umgewandelt werden konnten. Mit der am 25. 4. 2007 in Kraft getretenen Reform des Umwandlungsgesetzes[285] hat der deutsche Gesetzgeber aber ua die Vorgaben der RL über die Verschmelzung von Kapitalgesellschaften aus verschiedenen Mitgliedstaaten (IntVerschmRL)[286] in §§ 122a bis 122l UmwG umgesetzt, womit nunmehr grenzüberschreitende Verschmelzungen in dem dort näher geregelten Verfahren möglich sind[287].

---

[277] Näher zum Folgenden sowie m ausf Begr auch MünchKommBGB/*Kindler* IntGesR Rn 464 ff.
[278] MünchKommBGB/*Kindler* IntGesR Rn 471; zur Haftung für im Namen des nichtrechtsfähigen Vereins eingegangenen Verpflichtungen vgl § 54 BGB Rn 17 ff.
[279] BGH NJW 2001, 1056; aA *Bechtel* NZG 2001, 21, 23: eine aus dem Ausland zuziehende Gesellschaft ist „zunächst" eine fehlerhafte Vorgesellschaft.
[280] Anders für „reine Kapitalanleger" – Haftung nur in Höhe der Einlageverpflichtung – *Fischer* IPRax 1991, 100, 101; *Eidenmüller/Rehm* ZGR 1997, 89, 103.
[281] Ganz hM, Rspr-Nachweise bei MünchKommBGB/*Kindler* IntGesR Rn 474 Fn 1807.
[282] Vgl *Fischer* IPRax 1991, 100, 102; weiter OLG Oldenburg NJW 1990, 1422, 1423: alle Handelnden; zust Staudinger/*Großfeld* IntGesR Rn 443.
[283] Vgl *Eidenmüller/Rehm* ZGR 1997, 89, 92 ff.
[284] *Eidenmüller/Rehm* ZGR 1997, 89, 101 f; 103 f, wobei allerdings trotz des fehlenden Synallagmas die Einreden „aus § 320 ff BGB" bestehen sollen (auch wenn deutsches Recht nicht Vertragsstatut ist oder eine Vorleistungspflicht der Gesellschaft vereinbart wurde?).
[285] BGBl 2007 I S 542; vgl zu den binnenrechtlichen Aspekten der Reform *Bayer/Schmidt* NZG 2006, 841; *Drinhausen* BB 2006, 2313; Stellungnahme des DAV, NZG 2006, 737; zur grenzüberschreitenden Verschmelzung *Drinhausen/Keinath* BB 2006, 375; *Forsthoff* DStR 2006, 613; *Kallmeyer/Kappes* AG 2006, 224; *Spahlinger/Wegen* NZG 2006, 721; *Vetter* AG 2006, 613.
[286] RL 2005/56/EG des Europäischen Parlaments und des Rates vom 26. 10. 2005 über die Verschmelzung von Kapitalgesellschaften aus verschiedenen Mitgliedstaaten, ABl EU Nr L 310 S 1 (10. Gesellschaftsrechtliche RL); hierzu etwa *Bayer/Schmidt* NJW 2006, 401.
[287] Näher *Heckschen* DNotZ 2007, 444, 453 ff; parallel zum Verfahren der Verabschiedung der RL hat der EuGH im Fall „Sevic" entschieden, dass es bereits die Niederlassungsfreiheit gebietet, die grenzüberschreitende Hineinverschmelzung nach Deutschland möglich zu machen, EuGH NJW 2006, 425 – SEVIC; dazu etwa *Leible/Hoffmann* RIW 2006, 16; die IntVerschmRL und das neue UmwG erübrigen nunmehr für die Praxis eine Auseinandersetzung mit dieser primärrechtlichen Argumentation. Der RefE (Fn 120) enthält eine Kollisionsregel zur Umwandlung.

10. Nachbargebiete. a) Fremdenrecht. Auf einer anderen Ebene als das Internationale Gesellschaftsrecht, nämlich der des Sachrechts, liegt das Gesellschafts-Fremdenrecht, das privat- oder öffentlichrechtliche Sonderregeln für Gesellschaften umfasst, die wegen des Verwaltungssitzes oder – im Bereich der Gründungstheorie (Rn 57) – der Gründung außerhalb Deutschlands als ausländisch zu qualifizieren sind („**Sachrecht für Fremde**"; Einl IPR Rn 11)[288]. Solche Sonderregeln für ausländische Gesellschaften berühren etwa ihren Grundrechtsschutz (Art 19 Abs 3 GG) oder finden sich im Außensteuer- und Wirtschaftsrecht, im Kapitalmarktrecht (§ 41 Abs 2 BörsG), im Prozessrecht (§§ 55, 110, 114 Abs 2, 4 ZPO) sowie in den besonderen Normen für ausländische Stiftungen und Vereine (§§ 23, 80 S 2 BGB) und für **inländische Zweigniederlassungen ausländischer Unternehmen**[289] (zB §§ 53 bis 53 c KWG; §§ 105 ff VAG), insbes für deren **Eintragung im Handelsregister** (§§ 13 d ff HGB)[290]. Die für die Eintragung der Zweigniederlassung (auch) einer Gesellschaft aus dem EU-Ausland zu zahlenden **Gebühren** müssen sich wegen Art 10 und 12 der Gesellschaftssteuerrichtlinie[291] am tatsächlichen Aufwand und nicht am Grundkapital der Gesellschaft orientieren **(Kostendeckungsprinzip)**[292].

b) Supranationale Gesellschaftsformen. aa) Europäische Wirtschaftliche Interessenvereinigung. Als erste supranationale Gesellschaftsform wurde mit einer auf Art 308 (ex-235) EG-Vertrag gestützten EG-Verordnung die Europäische Wirtschaftliche Interessenvereinigung (EWIV) geschaffen[293], welche im Kern nicht der Entfaltung einer eigenen, sondern nur der Koordination der wirtschaftlicher Tätigkeit ihrer Mitglieder dienen soll. Die (unmittelbar anwendbare) Verordnung verweist für zahlreiche Einzelfragen, so etwa auch für die Frage der Rechtspersönlichkeit der EWIV, auf bestehendes oder zu erlassendes einzelstaatliches Recht[294]. Welches einzelstaatliche Recht insoweit zur Anwendung gelangt, richtet sich nach **Verwaltungssitz der Gesellschaft.** Nach deutschem Recht ist eine in Deutschland ansässige EWIV im Wesentlichen wie eine **OHG** zu behandeln[295].

bb) Europäische Aktiengesellschaft. Nach 30 Jahren Diskussion sind am 8. 10. 2001 die rechtlichen Regelungen zur Europäischen Aktiengesellschaft **(Societas Europaea – SE)** verabschiedet worden, die am 8. 10. 2004 in Kraft traten[296].

cc) Europäische Privatgesellschaft. Die Arbeiten zur Einführung der Rechtsform der „Europäischen Privatgesellschaft" (EPG), dem europäischen Pendant zur GmbH, sind bislang über das Vorbereitungsstadium nicht hinausgekommen[297].

c) Internationales Kapitalmarktrecht. Das in Deutschland weitestgehend nicht gesetzlich fixierte Internationale Kapitalmarktrecht[298] ist kein Teil des Internationalen Gesellschaftsrechts und folgt eigenen Regeln. Ein einheitliches Anknüpfungsprinzip gibt es allerdings wegen der sehr heterogenen Normen, die im Kapitalmarktrecht (Insiderrecht, Übernahmeregeln, Börsenhandel und -aufsicht etc) zusammengefasst werden, nicht[299].

11. Enteignungen. Eine Enteignung[300] hat grds nur Wirkung im Gebiet des enteignenden Staates (Territorialitätsprinzip)[301]. Wird also eine Gesellschaft mit Sitz im Ausland enteignet, so berührt das die außerhalb des Sitzstaates belegenen Vermögenswerte der Gesellschaft nicht[302]. Die Gesellschaft besteht aus deutscher Sicht als **Rest- oder Spaltgesellschaft** mit unveränderter Vertretungsmacht ihrer Organe und unveränderten Mitgliedschaftsrechten weiter[303]; ihr Gesellschaftsstatut und ihre Rechtsform ändern sich nicht.

---

[288] MünchKommBGB/*Sonnenberger* Einl IPR Rn 385.
[289] Umfassend *Rinne,* Zweigniederlassungen ausländischer Unternehmen im deutschen Kollisions- und Sachrecht, 1998.
[290] Ausführlicher zum Gesellschafts-Fremdenrecht etwa *Staudinger/Großfeld* IntGesR Rn 961 ff; MünchKommBGB/*Kindler* IntGesR Rn 881 ff, Rn 893 ff zur registerrechtlichen Behandlung von inländischen Zweigniederlassungen ausländischer Unternehmen.
[291] RL 69/335/EWG vom 17. 7. 1969 idF der RL 85/303/EWG vom 10. 8. 1985.
[292] EuGH EuZW 1998, 47 = ZIP 1998, 206 – Fantask; weshalb § 26 Abs 6 KostO auf Zweigniederlassungen von EU-Auslandsgesellschaften nicht anwendbar ist, vgl BayObLG RIW 1999, 301; OLG Köln RIW 1999, 302.
[293] VO Nr 2137/85/EWG vom 25. 7. 1985, ABl EG Nr L 199 S 1; abgedruckt etwa bei *Habersack* § 11 Rn 41.
[294] Zur Verknüpfung der EWIV mit dem einzelstaatlichen Recht vgl *Abmeier* NJW 1986, 2987.
[295] Ausf zur EWIV *Habersack* § 11.
[296] VO Nr 2157/2001/EG, RL 2001/88/EG, jeweils vom 8. 10. 2001, ABl EG L 294 S 22 S 1 und S 22; dazu etwa *Casper* AG 2007, 97; *Lutter* BB 2002, 1; *Schwarz* ZIP 2001, 1847; aus Drittland-Sicht (Schweiz) *Mäsch/ Fountoulakis* SZW/RSDA 2005, 49; zur Vorrats-SE *Casper/Schäfer* ZIP 2007, 653; zu den Vorentwürfen *Pluskat* EuZW 2001, 524.
[297] Vgl *Dejmek* NZG 2001, 878; *Bachmann* ZGR 2001, 351, 370 ff; die Kommission hat am 13. 12. 2005 eine Machbarkeitsstudie zur EPG vorgestellt (http://ec.europa.eu/enterprise/entrepreneurship/craft/craft-priorities/craft_spe_event.htm) und nach einer zur Schaffung eines EPG-Statuts auffordernden Parlaments-Resolution (2006/2013(INI)) bis zum 31. 10. 2007 eine öffentliche Konsultation zu diesem Thema durchgeführt.
[298] Umfassend MünchKommBGB/*Schnyder* Int Kapitalmarktrecht.
[299] Näher MünchKommBGB/*Kindler* IntGesR Rn 26 ff; MünchKommBGB/*Schnyder* Int Kapitalmarktrecht Rn 28 ff; zur Kodifikation des europäischen Übernahmekollisionsrechts in der Übernahme-Richtlinie, ABl EU Nr L 142 S 12, vgl etwa *v. Hein* ZGR 2004, 529.
[300] Ausführlicher MünchKommBGB/*Wendehorst* Anh Art 46.
[301] Palandt/*Heldrich* Art 43 Rn 12 mwN.
[302] St Rspr, BGHZ 32, 256; danach soll auch eine „kalte" Enteignung des Gesellschaftsvermögens über den Umweg der Enteignung der Mitgliedschaftsrechte in der Gesellschaft nur territorial wirken.
[303] BGHZ 43, 51; nach aA soll sich die Gesellschaft in eine Liquidationsgesellschaft umwandeln, vgl MünchKommBGB/*Wendehorst* Anh Art 46 Rn 55 mit Verweis auf MünchKommBGB/*Kindler* IntGesR Rn 997 ff.

Dritter Abschnitt. Familienrecht (Art 13–24)

Art 13 Eheschließung

(1) Die Voraussetzungen der Eheschließung unterliegen für jeden Verlobten dem Recht des Staates, dem er angehört.

(2) Fehlt danach eine Voraussetzung, so ist insoweit deutsches Recht anzuwenden, wenn
1. ein Verlobter seinen gewöhnlichen Aufenthalt im Inland hat oder Deutscher ist,
2. die Verlobten die zumutbaren Schritte zur Erfüllung der Voraussetzung unternommen haben und
3. es mit der Eheschließungsfreiheit unvereinbar ist, die Eheschließung zu versagen; insbesondere steht die frühere Ehe eines Verlobten nicht entgegen, wenn ihr Bestand durch eine hier erlassene oder anerkannte Entscheidung beseitigt oder der Ehegatte des Verlobten für tot erklärt ist.

(3) [1]Eine Ehe kann im Inland nur in der hier vorgeschriebenen Form geschlossen werden. Eine Ehe zwischen Verlobten, von denen keiner Deutscher ist, kann jedoch vor einer von der Regierung des Staates, dem einer der Verlobten angehört, ordnungsgemäß ermächtigten Person in der nach dem Recht dieses Staates vorgeschriebenen Form geschlossen werden; eine beglaubigte Abschrift der Eintragung der so geschlossenen Ehe in das Standesregister, das von der dazu ordnungsgemäß ermächtigten Person geführt wird, erbringt vollen Beweis der Eheschließung.

Schrifttum: *Andrae*, Internationales Familienrecht, 2. Aufl 2006, §§ 1, 9, 10; *v. Bar*, Die eherechtlichen Konventionen der Haager Konferenz(en), RabelsZ 57 (1993), 63; *Bergmann/Ferid/Henrich*, Internationales Ehe- und Kindschaftsrecht, Loseblatt 175, ErgLfg Stand 2008; *Bosch*, Die geplante Neuregelung des Eheschließungsrechts – 2. Teil, FamRZ 1997, 139; *Dötsch*, Scheidungen nach ausländichem Recht, NJW-spezial 2007, 532; *Gruber*, Die neue „europäische Rechtshängigkeit" bei Scheidungsverfahren, FamRZ 2000, 1129; *Hausmann/Hohloch*, Das Recht der nichtehelichen Lebensgemeinschaft, 2. Aufl 2004; *Helms*, Die Anerkennung ausländischer Entscheidungen im Europäischen Eheverfahrensrecht, FamRZ 2001, 257; *Henrich*, Nichtigerklärung einer gemischt-internationalen bigamischen Ehe, IPRax 1993, 236; *ders*, Kollisionsrechtliche Fragen der eingetragenen Lebenspartnerschaft, FamRZ 2002, 137; *ders*, Die Morgengabe und die Internationale Privatrecht, FS Sonnenberger, 2004, S 389; *Hepting*, Die „ordnungsgemäße Ermächtigung" in Art 13 Abs 3 Satz 2 EGBGB nF, StAZ 1987, 154; *ders*, Das Eheschließungsrecht nach der Reform, FamRZ 1998, 713; *Jayme*, Zum Verhältnis von Rückverweisung und Vorfrage bei der Eheschließung in Deutschland geschiedenen Brasilianerin, IPRax 2003, 339; *Krüger*, Ehe und Brautgabe, Rechtliche Probleme bei Ehen mit Angehörigen islamischen Staaten, dargestellt am Beispiel Tunesiens, FamRZ 1977, 114; *Mörsdorf-Schulte*, Dänische Eheschließung vor dem OVG, NJW 2007, 1331; *Otte*, Wenn der Schein trügt – zivil-, verfahrens- und kollisionsrechtlicher Umgang mit der sog „Aufenthaltsehe", JuS 2000, 148; *Röthel*, Gleichgeschlechtliche Ehe und ordre public, IPRax 2002, 496; *dies*, Inländerprivilegien und Grundrechtsschutz der Transsexualität: Gleichwertigkeit von Staatsangehörigkeits- und Aufenthaltsanknüpfung?, IPRax 2007, 204; *Schotten/Wittkowski*, Das deutsch-iranische Niederlassungsabkommen im Familien- und Erbrecht, FamRZ 1995, 264; *Schröder/Bergschneider/Mörsdorf-Schulte*, Familienvermögensrecht, 2. Aufl 2007, Rn 11.69–11.137; *Schwimann*, Der rätselhafte Art 13 Abs 2 nF EGBGB, StAZ 1988, 35; *Siehr*, Heilung einer ungültigen Ehe gemäß einem späteren Aufenthalts- oder Heimatrecht der Eheleute – Heilung durch Statutenersatz, IPRax 2007, 30; *Striewe*, Ausländisches und Internationales Privatrecht der nichtehelichen Lebensgemeinschaft, 1986; *Sturm*, Eheschließungsformen im Ausland, ihre Gültigkeit und Nachweisbarkeit im Inland, StAZ 1995, 343; *ders*, Zum neuen § 1310 Absatz 3 BGB, FS Rolland, 1999, S 373; *R. Wagner*, Die Anerkennung und Vollstreckung von Entscheidungen nach der Brüssel II-Verordnung, IPRax 2001, 73; *Wurmnest*, Die Mär von der mahr – Zur Qualifikation von Ansprüchen aus Brautgabevereinbarungen, RabelsZ 71 (2007), 527; *ders*, Die Brautgabe im Bürgerlichen Recht, FamRZ 2005, 1878.

Übersicht

	Rn		Rn
I. Allgemeines	1	b) Anknüpfungszeitpunkt	43
1. Regelungskonzept	1	c) Gesetzesumgehung	46
2. Rechtstatsachen	3	3. Rück- und Weiterverweisung	49
		4. Korrektur (Eheschließungsmängel, Eheschließungsfreiheit)	50
II. Vorrangige staatsvertragliche Regelungen (Art 3 Abs 2)	4	a) Heilung mangelhaft geschlossener Ehen	50
		b) Regelwidrige Anwendung deutschen Rechts (Abs 2)	55
III. Anwendungsbereich	16		
1. Abgrenzung des Eheschließungsstatuts	16	**V. Form der Eheschließung (Abs 3)**	62
2. Ehe und ähnliche Institutionen	17	1. Qualifikation als Formfrage	62
		2. Eheschließung im Inland	63
IV. Sachliche Eheschließungsvoraussetzungen	25	a) Grundsatz	64
1. Anknüpfungsgegenstand	25	b) Ausnahme	67
2. Anknüpfungspunkt	38	3. Eheschließung im Ausland	70
a) Staatsangehörigkeit, Personalstatut	38	4. Heilung formfehlerhafter Ehen	73

	Rn		Rn
a) bei Eheschließung im Ausland	73	f) Konsularische Eheschließung	86
b) bei Eheschließung im Inland	74	2. Anerkennung ausländischer Eheschließungen und Eheentscheidungen	87
VI. Verfahrensrecht	75		
1. Internationale Zuständigkeit und Verfahrensablauf	75	**VII. Interlokales Privat- und Verfahrensrecht**	94
a) Feststellungen der Ehevoraussetzungen	75	1. Recht der Deutschen Demokratischen Republik und Ost-Berlins vor dem Beitritt	94
b) Ehefähigkeitszeugnis	76		
c) Verweigerung von Scheinehen	83	2. Recht der Bundesrepublik Deutschland vor dem Beitritt	96
d) Befreiung von Ehehindernissen	84		
e) Anlegung deutscher Personenstandsbücher und Eintragungen	85	3. Rechtslage seit Beitritt	97

I. Allgemeines

1. Regelungskonzept. Art 13 regelt das auf die Eheschließung anwendbare Recht. Abs 1 unterstellt die **sachlichen Eheschließungsvoraussetzungen** den Heimatrechten der Verlobten (Rn 38 ff). Abs 2 beruft im Interesse der Eheschließungsfreiheit unter bestimmten Voraussetzungen ersatzweise deutsches Recht (Rn 55 ff), wenn nach dem nach Abs 1 berufenen Eheschließungsstatut eine Eheschließung ausgeschlossen ist. Abs 3 hat die bei einer Eheschließung im Inland zu beachtende Form zum Gegenstand (Rn 62 ff). Die **Form der Eheschließung** im Ausland fällt unter Art 11 (Ortsform oder Form des gemäß Art 13 Abs 1, Rn 69 ff) zu bestimmenden Geschäftsrechts [1]. 1

Das Gesetz trennt zwischen der Begründung des Ehebandes und den **Wirkungen der Ehe**[2]. Letztere 2 sind nicht von Art 13 erfasst, sondern einzeln normiert in Art 10 Abs 1 und 2 (namensrechtliche Wirkungen), Art 14 (allgemeine Wirkungen) und Art 15 (güterrechtliche Wirkungen), mit Verkehrsschutzregelung in Art 16, Art 18 (Unterhalt), Art 25 (erbrechtliche Wirkungen). Auch Voraussetzungen und Folgen der Auflösung der Ehe ex nunc (Abgrenzung zu Ehemängeln Rn 16 und Art 17 Rn 11) fallen nicht unter Art 13, sondern unter das Scheidungsstatut des Art 17 bzw die Kollisionsregel zur inländischen Ehewohnung in Art 17 a.

2. Rechtstatsachen. An den 388.451 in Deutschland geschlossenen Ehen des Jahres 2005 waren 3 29.606 Ausländer und 37.883 Ausländerinnen beteiligt[3]. Unter Berücksichtigung dessen, dass in Deutschland auch Ehepaare leben, die ihre Ehe im Ausland (gemeinsames Heimatland, Land mit erleichterter Eheschließung) geschlossen haben, dürfte die praktische Relevanz des internationalen Eheschließungsrechts im Hinblick auf seine präjudizielle Bedeutung für die Geltendmachung von Ehewirkungen, eine spätere Scheidung oder eine erneute Eheschließung noch höher liegen. Auch der grenzüberschreitende Anteil der innerhalb der EG geschlossenen Ehen beläuft sich auf fast 16%[4]. Der ausländische Bevölkerungsanteil in Deutschland betrug Ende 2005 9%[5].

II. Vorrangige staatsvertragliche Regelungen (Art 3 Abs 2)

Das **Haager Abkommen zur Regelung des Geltungsbereichs der Gesetze auf dem Gebiete der** 4 **Eheschließung** vom 12. 6. 1902[6] ist seit dem 1. 6. 1989[7] nur noch von Bedeutung im Verhältnis zwischen Deutschland und Italien[8]. Hier verdrängt es Art 13 Abs 1 und Art 11 Abs 1 EGBGB[9]. Nach seinem Art 8 wird es nur auf solche Ehen angewandt, die in einem Vertragsstaat[10] zwischen Personen geschlossen werden, von denen wenigstens eine einem Vertragsstaat angehört. Dabei soll der Eheschließungsstaat nicht identisch sein dürfen mit dem Vertragsstaat, dem die Person angehört; denn die frühen IPR-Abkommen wollten keine lois uniformes schaffen, sondern gingen vom Gegenseitigkeitsprinzip aus[11]. Ob das Abkom-

---

[1] Zur Gesetzgebungsgeschichte vgl *Staudinger/Mankowski* Rn 37–47.
[2] Anders etwa für die eingetragene Lebenspartnerschaft in Art 17 b, wo einheitlich an den Registrierungsort angeknüpft wird.
[3] Statistisches Bundesamt, Statistisches Jahrbuch 2007, abrufbar über www.destatis.de, S 51.
[4] *Andrae* Vorwort S 5: 350.000 von 2,2 Mio jährlich geschlossener Ehen.
[5] Statistisches Bundesamt, Statistisches Jahrbuch 2007.
[6] RGBl 1904 S 221, deutsche Übersetzung des nur auf französisch verbindlichen Textes abgedruckt in *Jayme/Hausmann* Nr 30 und bei *Erman/Hohloch* Rn 64 sowie Art 1 bis 8 bei MünchKommBGB/*Coester* Anh Art 13 Rn 5; abgedruckt und knapp kommentiert bei *Staudinger/Mankowski* Rn 3–12; *Soergel/Schurig* Rn 133–141.
[7] Kündigung Luxemburgs, Bek vom 23. 12. 1988, BGBl 1989 II S 69.
[8] Bek vom 14. 2. 1955, BGBl II S 188; *Staudinger/Mankowski* Rn 4; *Erman/Hohloch* Rn 64; MünchKommBGB/*Coester* Anh Art 13 Rn 1; ungeachtet der auf Italien beschränkten Bekanntmachung von 1955 halten *Kegel/Schurig* IPR § 20 IV 5 a das Abkommen auch noch für anwendbar im Verhältnis zu Rumänien, zu dem es 1904 in Kraft trat. Die *Haager* Konferenz verzeichnet darüber hinaus auch für Portugal ein Inkrafttreten 1907 und keine Kündigung, http://hcch.e-vision.nl/index_en.php?act=text.display&tid=13. Trotz überwiegend angenommener völkerrechtlicher Fortgeltung wird bei vor allem von Weltkriegen abgeschlossenen Staatsverträgen der Klarheit für die Gerichte halber eine die Suspendierung oder Anwendungshemmung beendende Regierungserklärung zur Wiederanwendung gefordert, dazu BGH NJW 1954, 837; NJW 1969, 980; BGHZ 31, 374, 380; 51, 330; 70, 268, 271; MünchKommBGB/*Sonnenberger* Einl IPR Rn 325–330.
[9] *Jayme* Jb ItalR 2 (1989), 13; zuletzt KG FamRZ 1999, 1130.
[10] BGH FamRZ 1997, 542; OLG Hamm FamRZ 2007, 656.
[11] *Staudinger/Mankowski* Rn 13.

EGBGB Art 13 Internationales Privatrecht

men auch auf Ehen zwischen Deutschen und Angehörigen eines Drittstaates anwendbar ist, ist umstritten[12]. Art 13 Abs 3 EGBGB bleibt jedenfalls unberührt[13]. Inhaltlich ähnelt die Regelung des Abkommens der des Art 13 Abs 1: Nach Art 1 des Abkommens unterliegen die Voraussetzungen der Eheschließung für jeden Verlobten dem Recht des Staates, dem er unmittelbar vor der Eheschließung angehört und nach HS 2 sind auch Rück- und Weiterverweisung zu beachten. Es gilt keine allgemeine Vorbehaltsklausel, doch finden sich besondere Normen zur ordre public-Widrigkeit in Art 2 und 3 des Abkommens, die den Vorbehalt auf religiöse Ehehindernisse beschränken. Insgesamt ist das Abkommen praktisch nahezu bedeutungslos, auch weil es nach seinen Regelungen angesichts der modernen Eheschließungsrechte kaum jemals zu anderen Ergebnissen führt als das deutsche autonome IPR.

5 Von den meisten Vertragsstaaten ist das vorgenannte Haager Abkommen von 1902 gekündigt und ersetzt worden durch das **Haager Abkommen über die Eheschließung und Anerkennung der Gültigkeit von Ehen vom 14. 3. 1978**[14]. Dieses Abkommen ist seit dem 1. 5. 1991 in Kraft, allerdings nicht für Deutschland, sondern bisher nur für Australien, Luxemburg und die Niederlande. Es unterscheidet zwischen Inlandsheirat (Sach- oder Kollisionsrecht des Heiratsstaates) und Auslandsheirat (Anerkennung, wenn nach dem Recht des Heiratsstaates wirksam. Inländische Rechtsvorstellungen treten – bis an die Grenze des ordre public – zurück.)

6 Das **Pariser CIEC-Übereinkommen Nr 7 zur Erleichterung der Eheschließung im Ausland** vom 10. 9. 1964[15] ist praktisch nicht bedeutsam geworden. Titel I des Abkommens ist durch Deutschland von der Geltung ausgeschlossen worden. Kern des Staatsvertrags ist Art 5, der bei vorgeschriebener religiöser Eheschließung die konsularische oder diplomatische Eheschließung für Angehörige von Vertragsstaaten erleichtert. Durch den Wechsel von Vertragsstaaten wie Spanien und Griechenland von der zwingend religiösen Eheschließung zur fakultativen Zivilehe ist die Bedeutung des Abkommens zurückgegangen.

7 Das **Münchener CIEC-Abkommen Nr 20 über die Ausstellung von Ehefähigkeitszeugnissen** vom 5. 9. 1980[16] vereinheitlicht Form und Inhalt der Zeugnisse, regelt aber kein Kollisionsrecht, dazu Rn 77.

8 **Bilaterale Konsularverträge** enthalten **speziell die Eheschließungsbefugnis** betreffende kollisionsrechtliche Regelungen. Solche bilateralen Konsularverträge gelten im Verhältnis zur Türkei (Art 18 Konsularvertrag vom 28. 5. 1929, RGBl 1930 II S 748), zu Japan, (Regierungsabkommen über die Erteilung standesamtlicher Befugnisse vom 27. 6. 1957, BAnz Nr 174 vom 11. 9. 1957) Bulgarien (29. 9. 1911 und 4. 6. 1929, RGBl 1913, S 435; RGBl 1930 II S 763), Italien (4. 5. 1891, RGBl S 142; 1920 S 1577), Paraguay (21. 7. 1887, RGBl 1888 S 178) und der UdSSR (25. 4. 1958, BGBl 1959 II S 233, 469, Art 23 abgedruckt in *Jayme/Hausmann* Nr 33) sowie ihren Nachfolgestaaten (Zur Weiteranwendung des zwischen der Bundesrepublik Deutschland und der UdSSR geschlossenen Konsularvertrages vgl *Jayme/Hausmann* Nr 33), namentlich der Russischen Föderation (BGBl 1992 II S 1016), Kasachstan (BGBl 1992 II S 1120), Kirgisistan (BGBl 1992 II S 1015), Georgien (BGBl 1992 II S 1128), Armenien (BGBl 1993 II S 169), Ukraine (BGBl 1993 II S 1189), Usbekistan (BGBl 1993 II S 2038), Belarus (BGBl 1994 II S 2533), Tadschikistan (BGBl 1995 II S 255), der Republik Moldau (BGBl 1996 II S 768) und Aserbaidschan (BGBl 1996 II S 2471), sowie zu Großbritannien (30. 7. 1956, BGBl 1957 II S 285 – gilt auch im Verhältnis zu Fiji, Grenada, Jamaika, Malawi und Mauritius).

9 Eheschließungsbefugnis im Inland haben auch Konsuln solcher Staaten, mit denen **Konsular- oder Handelsverträge mit Meistbegünstigungsklausel** für konsularische Befugnisse abgeschlossen worden sind, wie mit dem Jemen (vom 21. 4. 1953, BGBl 1954 II S 573, 1955 II S 4), Schweden (vom 26. 7. 1933, RGBl II S 530, allerdings ohne Verbürgung der Gegenseitigkeit), Belgien und Luxemburg (RGBl 1992 II S 883), Bolivien (RGBl 1909 II S 507), Estland (RGBl 1926 II S 327), Haiti (RGBl 1993 II S 1), Iran (RGBl 1930 II S 1002), Irland (RGBl 1931 II S 116), Kolumbien (RGBl 1895, S 471), Litauen (RGBl 1929 II S 245), Nicaragua (RGBl 1897 S 171), Österreich (RGBl 1930 II S 1079), Panama (RGBl 1928 II S 639), Südafrika (RGBl 1929 II S 15) und Siam (RGBl 1938 II S 52).

10 Die Konsularverträge räumen Konsuln der Vertragsstaaten die **Eheschließungsbefugnis** für Angehörige des Entsendestaates im jeweils anderen Vertragsstaat ein, wenn Gegenseitigkeit verbürgt ist.

---

[12] Dagegen RGZ 78, 235; *Staudinger/Mankowski* Rn 12 f; *Soergel/Schurig* Rn 142; *Looschelders* Rn 91; dafür AG Memmingen IPRax 1983, 300; *Palandt/Heldrich* Anh Art 13 Rn 3 mit der Einschränkung, dass das Abkommen nach seinem Art 8 Abs 2 nicht zur Anwendung des Rechts eines Nichtvertragsstaates verpflichte.
[13] *Staudinger/Mankowski* Rn 9; *Erman/Hohloch* Rn 64.
[14] Text abgedruckt in 25 AmJComp Law (1977), 399 und abrufbar über www.hcch.net; inoffizielle Übersetzung in StAZ 1977, 202 m Erl durch *Böhmer* S 185; eingehend *Kegel/Schurig* IPR § 20 IV 5 b und *v. Bar* RabelsZ 57 (1993), 66, 81 ff, 106 f auch zur deutschen Kritik.
[15] BGBl 1969 II S 451, deutsche Fassung – authentisch ist allein der französische Text (abrufbar über www.ciec1.org sowie www.ciec-deutschland.de) – abgedruckt in *Jayme/Hausmann* Nr 31; *Staudinger/Mankowski* Rn 14 mit Erläuterung; in *Kraft* seit dem 25. 7. 1969 zwischen Deutschland, den Niederlanden inklusive Surinam und der Türkei (Bek vom 22. 9. 1969, BGBl II S 2054), seit dem 15. 1. 1977 auch im Verhältnis zu Spanien (BGBl II S 105) und seit dem 21. 2. 1987 zu Griechenland (BGBl II S 364); weiter haben Belgien und Frankreich das Abkommen gezeichnet.
[16] BGBl 1997 II S 1087, authentische Fassung französisch (abrufbar über www.ciec1.org sowie www.ciec-deutschland.de), auf deutsch abgedruckt in *Jayme/Hausmann* Nr 32 sowie StAZ 1997, 256 ff, für die Bundesrepublik Deutschland in Kraft seit 1. 11. 1997 im Verhältnis zu Italien, Luxemburg, den Niederlanden, Österreich, Portugal, der Schweiz, Spanien und der Türkei, Bek vom 25. 5. 1999, BGBl II S 486, ausf zum Abkommen *Gaaz* StAZ 1996, 289.

Weitere Voraussetzung der konsularischen Eheschließungsbefugnis ist die Ermächtigung eines Konsuls zur Eheschließung durch das Recht des Entsendestaates. Sie kann durch dieses personal begrenzt sein, häufig auf die Trauung Angehöriger des Entsendestaates. Die Begrenzung kommt gewöhnlich in den bilateralen Übereinkommen zum Ausdruck[17].

Die Eheschließungsbefugnis deutscher Konsuln im Ausland ergibt sich aus § 8 Konsulargesetz vom 11. 9. 1974[18], wenn wenigstens ein Verlobter deutscher Staatsangehöriger ist und keiner der Verlobten Angehöriger des Empfangsstaates (Sitz des Konsuls) ist. Der Konsul fungiert dann als deutscher Standesbeamter. Anwendbar sind die Verfahrensvorschriften des PStG. Die konsularische Trauung Deutscher erfüllt damit die Formerfordernisse ihres Heimatrechts iS des Art 11 Abs 1 Alt 1[19]. Die **Trauungsbefugnis** der Konsuln besteht nur in durch Runderlasse des Auswärtigen Amtes bestimmter **Konsularbezirken**[20]. Näheres zu den Konsularbezirken, zur Trauungsbefugnis und dem personalen Anwendungsbereich von § 8 Konsulargesetz regeln Ausführungsvorschriften zu § 8 Konsulargesetz vom 11. 12. 1974 idF vom 4. 12. 1998[21]. 11

Ob die vorgenannten bilateralen Verträge ihre Funktion im Rahmen der Geltung der inhaltlich weitergehenden **Art 5 ff des Wiener Übereinkommens über konsularische Beziehungen** vom 24. 4. 1963 (BGBl 1969 II S 1587) eingebüßt haben[22] oder letztere keine ausreichende Grundlage für eine Trauungsermächtigung bieten, ist umstritten. 12

Im Übrigen gehen die bilateral geregelten Eheschließungsbefugnisse gemäß Art 3 Abs 2 zwar Art 13 insgesamt vor, bleiben inhaltlich aber hinter Art 13 Abs 3 S 2 zurück. Die bilateralen Verträge haben idR nur die Eheschließungsbefugnis über *beide* Verlobte aus dem Entsendestaat zum Gegenstand, während Art 13 Abs 2 S 2 die Staatsangehörigkeit *eines* der Verlobten aus dem Entsendestaat genügen lässt. Eine Ausschaltung günstigerer Regelungen ist den Vertragstexten nicht zu entnehmen[23]. Im Rahmen der Abkommen erübrigt sich immerhin die nach **Art 13 Abs 3 S 2** erforderliche Prüfung der ordnungsgemäßen Ermächtigung[24]. Allerdings machen die begünstigten Staaten in der Praxis von der konsularischen Trauungsbefugnis kaum Gebrauch[25]. 13

Auf Iraner in Deutschland und Deutsche im Iran findet das Niederlassungsabkommen zwischen dem Deutschen Reich und dem Kaiserreich Persien (RGBl 1931 II S 9, Bek vom 15. 8. 1955, BGBl II S 829) Anwendung, das sich nach seinem Schlussprotokoll[26], das „einen Teil des Abkommens selbst bildet", ua auf die „Ehe" und „alle Angelegenheiten des Familienrechts unter Einschluss aller den Personenstand betreffenden Fragen" erstreckt. Vom persönlichen Anwendungsbereich her ist es beschränkt auf Fälle, in denen **beide Verlobten ausschließlich die iranische** bzw ausschließlich die deutsche Staatsangehörigkeit besitzen[27]. In seinem Art 8 Abs 3 (abgedruckt s. u. Art 25 Rn 12) ordnet es kollisionsrechtlich die Geltung des Heimatrechts an. Es bleiben jedoch über Art 8 Abs 3 S 2 die besonderen „ordre public"-Klauseln des deutschen Rechts anwendbar. Ob dies aber dazu führt, dass sich zB die Gültigkeit einer von zwei Iranern in Deutschland geschlossenen Ehe nach der Inlandsform des Art 13 Abs 3 S 1 (Rn 63), also nach deutschem Recht und nicht etwa nach iranischem Recht richtet[28], erscheint insofern zweifelhaft, als die Ausnahmevorschrift des Art 13 Abs 3 S 1 gerade für die Eheschließung unter zwei Ausländern eine Gegenausnahme erfährt (Art 13 Abs 3 S 2), die Anwendung deutschen formalen Eheschließungsrechts also keineswegs unbedingt durchgesetzt wird. 14

Das **UN-Übereinkommen über die Erklärung des Ehewillens, das Heiratsmindestalter und die Registrierung von Eheschließungen** vom 7. 11. 1962 (BGBl 1969 II S 161, Bekanntmachung über den Geltungsbereich vom 26. 2. 2007, BGBl II S 347) gewährleistet in Art 1 und 3 sachrechtlich die Eheschließungsfreiheit und ist für die Bundesrepublik Deutschland in Kraft seit dem 7. 10. 1969[29]. Der Einfluss auf das Kollisionsrecht ist mittelbar[30]. 15

---

[17] So für russische (Art 23 deutsch-russischer Konsularvertrag) und türkische Konsuln (Art 18, 27 deutsch-türkischer Konsularvertrag), MünchKommBGB/*Coester* Rn 107, 108.
[18] BGBl I S 2317; abgedruckt in *Jayme/Hausmann* Nr 36.
[19] Vgl MünchKommBGB/*Coester* Rn 152, wonach aus Sicht eines beteiligten Drittstaatsangehörigen die Trauung dann in der deutschen Ortsform erfolge. Dies widerspräche allerdings der auf das öffentliche Recht begrenzten Wirkung der Exterritorialität diplomatischer Einrichtungen, die das anwendbare Privatrecht unberührt lässt (vgl *Kegel/Schurig* § 1 IV 2 a aE).
[20] Vgl Runderlass vom 14. 4. 1993, StAZ 1993, 231.
[21] Abgedruckt in StAZ 1975, 109, idF der Ausführungsvorschrift vom 4. 12. 1998, StAZ 1999, 213.
[22] So *Erman/Hohloch* Rn 6; *Schack*, Internationales Zivilverfahrensrecht, 4. Aufl 2006, Rn 135: auch, wenn der Entsendestaat nicht Vertragsstaat ist; aA MünchKommBGB/*Coester* Rn 140 Fn 529; *Hepting* StAZ 1987, 159 f.
[23] Günstigkeitsprinzip, *Staudinger/Mankowski* Rn 33, 34 mwN; ausdrücklicher Verzicht nur in Art 19 lit a Nr 3 des Konsularvertrages mit Großbritannien vom 30. 7. 1956, BGBl 1957 II S 285.
[24] Vgl BayObLG StAZ 1988, 259, 260; *Staudinger/Mankowski* Rn 35; MünchKommBGB/*Coester* Rn 145; *Looschelders* Rn 79.
[25] MünchKommBGB/*Coester* Rn 145.
[26] RGBl 1930 II S 1012.
[27] Vgl BGH FamRZ 1986, 345, 347.
[28] *Schotten/Wittkowski* FamRZ 1995, 267.
[29] Zum Inkrafttreten in den anderen Vertragsstaaten Übersicht bei *Staudinger/Mankowski* Rn 27, mit Abdruck der Art 1 und 3 unter Rn 26.
[30] Ebenso Art 16 Abs 1 S 1 der Allgemeinen Erklärung der Menschenrechte vom 10. 12. 1948, Art 12 der Europäischen Konvention zum Schutz der Menschenrechte und Grundfreiheiten, BGBl 1952 II S 685, und der Internationalen Pakt über bürgerliche und politische Rechte vom 19. 12. 1966, BGBl 1973 II S 1533.

III. Anwendungsbereich

16 **1. Abgrenzung des Eheschließungsstatuts.** Art 13 erfasst in Abs 1 die sachlichen Voraussetzungen der Eheschließung (Willensbildung; Ehefähigkeit; Ehemündigkeit; Zustimmungen Dritter; Ehewillen; Ersetzung der Zustimmung durch Gericht; Eheschließung unter falschem Namen; Stellvertretung im Willen), Ehehindernisse, Eheverbote und Rechtsfolgen (Rn 50) ihres Fehlens oder ihrer Verletzung. Für den Extremfall, dass Folge die Unmöglichkeit der beabsichtigten Eheschließung ist, schafft ggf Abs 2 Abhilfe. Die **Form** der Eheschließung wird nach Abs 3 (Heirat im Inland) bzw Art 11 (Heirat im Ausland) gesondert angeknüpft (Rn 63 ff). Nicht vom Eheschließungsstatut des Art 13 umfasst sind die **Wirkungen** der geschlossenen Ehe (Art 10, 14 und 15, mit Verkehrsschutzregelung in Art 16, Art 18 und 25) sowie Voraussetzungen und Folgen ihrer Auflösung ex nunc (Art 17, 17 a, s Art 17 Rn 11). Bei der **Abgrenzung zum Scheidungsstatut** kommt es nicht auf die gewählte Bezeichnung an[31], sondern darauf, ob der Mangel schon die Begründung der Ehe betrifft oder eine wirksam geschlossene Ehe ihr vorzeitiges Ende findet. Bei der Qualifikation als Aufhebungs- bzw Nichtigkeitsgrund auf der einen oder Scheidungsgrund auf der anderen Seite ist auszugehen vom Selbstverständnis und Funktionszusammenhang des fremden Rechts[32]. Wo die Qualifikation nach dem Antragsziel[33] wegen gleicher Folgen nicht weiterführt, soll nach einer Ansicht das Scheidungsstatut den Vorrang haben[34]; idR wird aber mit Hilfe des Zeitpunktes auch hier eine Zuordnung der betreffenden Voraussetzung zu Eheschließung (dann Art 13) oder Eheführung (dann Art 17) möglich sein, dh danach, ob der Mangel schon bei Heirat vorhanden war oder noch nicht[35].

17 **2. Ehe. a) Ehebegriff.** Ehe iS von Abs 1 ist die als Ehe verstandene – also herausgehobene[36], auf Lebenszeit angelegte und alle Lebensbereiche erfassende – Lebensgemeinschaft (daher auch keine post-mortale „Ehe", s Rn 26) von Mann und Frau[37]. Im Vordergrund steht dieser weite, über deutsches materielles Eherecht hinausgreifende Ehebegriff. Sie ist folglich nicht allein die formal eingegangene **Einehe**, sondern auch die **formlos** eingegangene **Verbindung**[38] und sogar die nach dem betreffenden Heimatrecht wirksame **Mehrehe**[39] sowie die **Zeitehe** schiitischen Rechts[40].

18 **b) Nichteheliche Lebensgemeinschaft.** Nicht erfasst ist die (weil von den Partnern selbst nicht als „Ehe" verstandene) nichteheliche Lebensgemeinschaft. Fragen der Anknüpfung bei Begründung und Auflösung der Lebensgemeinschaft sowie der Vermögensauseinandersetzung sind im deutschen Kollisionsrecht nicht ausdrücklich geregelt[41]. Es kommen die allgemeinen Vorschriften über den Unterhalt (Art 18), die Kindschaft (Art 19 ff) und das Erbrecht (Art 25, 26) zur Anwendung.

19 Die **übrigen vermögensrechtlichen Folgen** nichtehelicher Lebensgemeinschaften unterliegen wegen der Ablehnung ehelicher Bindung und des Fehlens eines Begründungsaktes nach einer Meinung grds nicht den Art 13 ff[42]. Allerdings tragen die sonst für die vermögensrechtlichen Wirkungen in Frage kommenden Anknüpfungen nach dem Vertrags-, Gesellschafts- bzw für Fragen der dinglichen Rechtslage Belegenheitsstatut dem inzwischen sozialtypischen Phänomen des faktischen familienähnlichen Zusammenlebens mit allmählichem Zusammenwachsen zu einer Gemeinschaft nicht hinreichend Rechnung. Großen Zuspruch findet daher die Ansicht, dass im Hinblick auf die Eheähnlichkeit und den personalen Charakter der Beziehung eine familienrechtliche Qualifikation jedenfalls besser passe als die schuldrechtlichen Alternativen[43]. Geht man dementsprechend von einer Analogie zu Art 14 aus, liegt es nahe, die erste Anknüpfungsstufe des Art 14 Abs 1 Nr 1 (gemeinsame Staatsangehörigkeit) zu überspringen und unmittelbar auf den gemeinsamen gewöhnlichen Aufenthalt abzustellen. Auf diese Weise lässt sich der Faktizität der Gemeinschaft und der Ablehnung statusrechtlicher Folgen durch die Betroffenen Rechnung tragen. Insgesamt erscheint der **gemeinsame gewöhnliche Aufenthalt als Ort der gelebten Gemeinschaft** als sachgerechter Anknüpfungspunkt für die kollisionsrechtliche Beurteilung etwaiger aus dem bloßen Zusammenleben sich ergebender Folgen oder Abwicklungsansprüche und stellt zugleich den größten gemeinsamen Nenner der verschiedenen Ansichten dar[44].

---

[31] Manche Rechtsordnungen bezeichnen die Folge mangelhafter Eheschließung als „Scheidung", Beispiele nennen *Soergel/Schurig* Rn 3. Teilweise werden beide Auflösungen auch sachlich zunehmend ähnlich behandelt, *Coester-Waltjen/Coester*, Formation of Marriage, Intl Encyclopedia of Comp Law, Vol IV 1997 sec 3-151, 157, 172 ff.
[32] MünchKommBGB/*Winkler v. Mohrenfels* Art 17 Rn 28 ff.
[33] MünchKommBGB/*Winkler v. Mohrenfels* Art 17 Rn 29.
[34] MünchKommBGB/*Coester* Rn 113 mwN zur Diskussion.
[35] *Kegel/Schurig* IPR § 20 IV 3; *Soergel/Schurig* Rn 3: Mangel bei Heirat vs Versagen der Ehe.
[36] *Kegel/Schurig* IPR § 20 IV 1 b; MünchKommBGB/*Schwimann* 2. Aufl 1992, Rn 4; *Erman/Hohloch* Rn 13.
[37] Die Geschlechtsverschiedenheit als nicht mehr zeitgemäßes Charakteristikum abl zB MünchKomBGB/*Coester* Rn 5 mwN; wie hier dagegen ua *Erman/Hohloch* Rn 13; *Staudinger/Mankowski* Rn 177 ff und wohl auch *Palandt/Heldrich* Rn 3.
[38] BayObLG IPRspr 1977 Nr 161; LG Heilbronn IPRspr 1952/53 Nr 165; Nachweise zur „faktischen Sowjetehe" und zur common-law-Ehe mancher US-Staaten MünchKommBGB/*Coester* Rn 5 in Fn 8.
[39] LG Hamburg IPRspr 1974 Nr 50; LG Frankfurt/M IPRspr 1976 Nr 53.
[40] MünchKommBGB/*Coester* Rn 7 mN zum iranischen Recht.
[41] *v. Bar* IPR, Bd 2, 1991, § 2 Rn 120; *Erman/Hohloch* Vor Art 13 Rn 12; *Striewe* S 357 ff.
[42] *Palandt/Heldrich* Rn 3; Art 15 Rn 24; MünchKommBGB/*Coester* Rn 9 und Art 17 b Rn 151.
[43] *Andrae* § 9 Rn 30; *v. Hoffmann/Thorn* IPR § 8 VI Rn 18; *Junker* Rn 539; *Kropholler* IPR § 46 V; *Striewe* S 385 ff; *Hausmann/Hohloch/Martiny* Rn 786 ff; *Kegel/Schurig* IPR § 20 III; *Staudinger/Mankowski* Anh Art 13 Rn 61 ff.
[44] MünchKommBGB/*Coester* Art 17 b Rn 154 f mN zu dem unter verschiedenen Aspekten letztlich mehrheitlich diesen Anknüpfungspunkt ins Zentrum stellenden Diskussionsstand iE.

Rechtsschutzerwartungen können beim formlosen Zusammenleben, wenn überhaupt, allenfalls durch das Recht am gewöhnlichen Aufenthalt begründet werden[45]. Dieses Statut der nichtehelichen Lebensgemeinschaft würde, anders als bei der Ehe, deren Begründung ebenso wie deren Wirkungen umfassen. Eine Anwendung des – in direkter Anwendung gleichgeschlechtlichen Verbindungen vorbehaltenen[46] – Art 17 b kommt im Wege der Analogie in Betracht, wenn die heterosexuelle nichteheliche Lebensgemeinschaft **registriert** worden ist, was zB nach französischem, niederländischem oder belgischem Recht möglich ist[47]; s auch Art 17 b Rn 13 f.

c) Gleichgeschlechtliche Lebensgemeinschaft. Für die gleichgeschlechtliche **eingetragene Lebenspartnerschaft** existiert mit Art 17 b eine eigene Kollisionsnorm. Fragen der Begründung der Lebenspartnerschaft richten sich gemäß Abs 1 S 1 nach dem Sachrecht des Staates, in dem die Partnerschaft registriert ist. Öffnet eine ausländische Rechtsordnung, wie etwa diejenige Belgiens oder der Niederlande, das Institut der Ehe auch für gleichgeschlechtliche Paare, so ist Art 17 b analog anzuwenden[48]. Der präzise gefasste Wortlaut des Art 17 b lässt zwar keine unmittelbare Anwendung zu. Jedoch entspricht die gleichgeschlechtliche Verbindung, auch wenn sie im ausländischen Recht als Ehe konzipiert ist, nach den deutschen Systembegriffen funktional der eingetragenen Lebenspartnerschaft. Die deutsche Auffassung vom aliud zur Ehe[49] spricht dagegen hier Art. 13 analog heranzuziehen[50]. Dessen Anwendung würde außerdem zum Verlust der die Wirksamkeit der Verbindung begünstigenden Anknüpfung an den Registrierungsort führen und sie der strengeren distributiven Anknüpfung unterwerfen. 20

Die Frage der Ehefähigkeit bei Eheschließung mit einem **Transsexuellen** des ehemals gleichen Geschlechts unterliegt gemäß Art 13 dem Heimatrecht des betreffenden Eheschließungswilligen. Gegenüber ablehnendem Heimatrecht des Transsexuellen setzen sich deutsche verfassungsrechtliche Wertvorstellungen (Art 1, 2 und 6 GG) und der inländische ordre public durch[51]. Von der Ehefähigkeit zu trennen ist die vorrangig zu beantwortende Frage der statusändernden Wirkung einer geschlechtsumwandelnden Operation (sog große Lösung) oder einer entsprechenden Erklärung (sog kleine Lösung); diese richtet sich entspr Art 7 Abs 1 nach dem Personalstatut[52]. Kennt das danach berufene Heimatrecht keine Möglichkeit der Statusänderung, so muss wegen Art 3 Abs 1, 2 Abs 1, 1 Abs 1 GG entgegen der bisherigen Fassung des Art 1 Abs 1 Nr 1 TSG auch ein Ausländer die Gelegenheit erhalten, eine solche vor deutschen Behörden zu beantragen, wenn er sich rechtmäßig und nicht nur vorübergehend in Deutschland aufhält[53]. Soweit deutsche Gerichte für Ausländer eine Änderung der Geschlechtszugehörigkeit dennoch nicht aussprechen können, soll den Betroffenen in an Art 6 GG orientierter verfassungskonformer Auslegung des § 10 TSG die Eheschließung in Deutschland ggf trotzdem möglich sein[54], was notfalls mit Hilfe des Art 6 S 2 als Bestandteil des positiven ordre public auch gegen anwendbares Auslandsrecht durchzusetzen wäre[55]. 21

d) Verlobung. Art 13 trifft nur eine kollisionsrechtliche Regelung für die sachlichen Voraussetzungen der **Eheschließung.** Obwohl in Art 13 von den „Verlobten" die Rede ist, ist **keine Verlobung** im Rechtssinne (etwa §§ 1297 bis 1302 BGB: Vertrag) vorausgesetzt. Ausreichend ist, dass sich die Beteiligten wechselseitig das Eheversprechen gegeben haben, zur Eheschließung unmittelbar anschicken oder wenigstens fest entschlossen haben. Die Verwendung des Begriffes im Gesetzestext entspricht lediglich dem Anknüpfungszeitpunkt (unmittelbar) vor der Eheschließung (Rn 43). 22

Für das gegenseitige Eheversprechen (Verlobung) oder für das durch Verlobung begründete Rechtsverhältnis (Verlöbnis) enthält das EGBGB keine Anknüpfungsregel. Für die **sachlichen Voraussetzungen der Verlobung** (zB Zulässigkeit, Ledigsein, Zustimmungserfordernisse, Sittenwidrigkeit) wird Art 13 Abs 1 aber seit BGHZ 28, 375 entspr angewendet sowie nach hM[56] wohl auch Abs 2. Art 13 analog soll auch für das Verlöbnis gleichgeschlechtlicher Partner (vgl § 1 Abs 3 LPartG) gelten, dessen 23

---

[45] *Lüderitz* Rn 132, 360.
[46] PWW/*Rausch* Art 17 b Rn 1.
[47] MünchKommBGB/*Coester* Art 17 b Rn 127 ff; *Rauscher* IPR 3. Teil B II 1; aA *Palandt*/*Heldrich* Art 17 b Rn 11; *Staudinger*/*Mankowski* Art 17 b Rn 101 f; *Looschelders* Rn 88.
[48] Vgl auch Art 17 b Rn 12; *Henrich* FamRZ 2002, 137; *Staudinger*/*Mankowski* Rn 177 ff; *Erman*/*Hohloch* Rn 13.
[49] BVerfG FamRZ 2002, 1169, 1173.
[50] So aber MünchKommBGB/*Coester* Rn 5 mwN und Art 17 b Rn 143–147; *Röthel* IPrax 2002, 498; *Palandt*/*Heldrich* Rn 3.
[51] *Staudinger*/*Mankowski* Rn 185 mwN; nach EGMR NJW 2004, 289 verletzt es Art 12 EMRK, Transsexuellen nach einer Geschlechtsumwandlung die Eheschließung mit einer Person ihres ursprünglichen Geschlechts zu verwehren.
[52] KG StAZ 2002, 307, 308; *Kegel*/*Schurig* IPR § 17 I 3; *Staudinger*/*Mankowski* Rn 185; *Erman*/*Hohloch* Rn 28; aA *Soergel*/*Schurig* Rn 15: ebenfalls nach Art 13, da nur für Eheschließung relevant; im Lichte von BVerfG JZ 2007, 409 (s sogleich) schlägt eine Ergänzung dieser grundsätzlichen Berufung des Heimatrechts durch die subsidiäre Berufung deutscher Aufenthaltsrechts nach dem rechtstechnischen Muster der Art 18 Abs 1 und 2 bzw 19 Abs 1 S 1 und 2 vor *Röthel* IPrax 2007, 207.
[53] BVerfG JZ 2007, 409 m Anm *Pawlowski* und Aufs *Röthel* IPrax 2007, 204; dem Gesetzgeber ist vom BVerfG aufgegeben worden, bis zum 30. 6. 2007 eine verfassungskonforme Regelung zu treffen; der EuGH (JZ 2004, 512) geht davon aus, dass sich aus Art 8 EMRK ein Recht auf Anerkennung von Geschlechtsumwandlungen ergibt.
[54] *Staudinger*/*Mankowski* Rn 186 f mit Hinweis auf die zunächst noch zurückhaltende, inzwischen aber gegenüber Eheschließungsverboten für Transsexuelle im Hinblick auf Art 8 und 12 EMRK kritischen Rspr des EGMR.
[55] Vgl entspr Überlegungen des BVerfG JZ 2007, 409 sub B I 3 c, II 2, dazu *Röthel* IPRax 2007, 204, 206; ggf muss Befreiung vom Ehefähigkeitszeugnis nach § 1309 Abs 2 BGB erteilt werden, vgl *Looschelders* Rn 40.
[56] *Staudinger*/*Mankowski* Anh zu Art 13 Rn 10; *Soergel*/*Schurig* Vor Art 13 Rn 14.

Anknüpfung analog Art 17 b an der noch fehlenden Registrierung scheitert[57]. Sie richten sich, wie bei der Eheschließung, für jeden Verlobungswilligen in Bezug auf den konkreten anderen Verlobungswilligen nach seinem Heimatrecht[58]. Bei verschiedenen Heimatrechten ist also distributiv Wirksamkeit nach beiden Heimatrechten notwendig. Nach dem Grundsatz des „ärgeren Rechts" sind auch hier die strengeren Vorschriften dafür maßgebend, ob das Verlöbnis überhaupt zustande kommt. Wenn eines der Rechte das Verlöbnis als Rechtsinstitut nicht kennt, richtet sich die Wirksamkeit des Verlöbnisses allein nach dem anderen Recht[59]. Klagbarkeit ist wegen der Freiheit der Eheschließung (§ 1297 BGB) kein konstitutiver Bestandteil; sie dürfte ganz im Gegenteil gegen den deutschen ordre public verstoßen[60]. Geschäftsfähigkeit wird gesondert nach Art 7 angeknüpft; Verlöbnisfähigkeit nach Art 13[61]. Die Form richtet sich nur nach Art 11[62].

24   Weil das Versprechen zur Eingehung der Ehe schon aus Gründen des ordre public unabhängig von der anwendbaren Rechtsordnung nicht erzwingbar ist, interessiert idR nur die Anknüpfung von **Sekundärwirkungen des Verlöbnisses** (Rückgabe von Geschenken und Schadensersatz). Der BGH knüpft trotz Kritik des Schrifttums nach wie vor entspr Art 13 an das Heimatrecht des in Anspruch genommenen Verlobten an[63], was zu einer Rechtsspaltung je nach Zielrichtung des geltend gemachten Anspruches führt. Vorzugswürdig erscheint eine generelle Anlehnung des Verlobungskollisions- an das Ehekollisionsrecht, das zwischen Eingehung und Wirkungen der Ehe unterscheidet und die Wirkungen nicht nach Art 13, sondern nach der Anknüpfungsleiter des Art 14 bestimmt, die für die Frage der Verlobungswirkungen analog heranzuziehen wäre[64]. Ist hierbei mangels[65] gemeinsamer Staatsangehörigkeit und gemeinsamen gewöhnlichen Aufenthalts auf der letzten Stufe hilfsweise auf den Schwerpunkt des Verlöbnisses abzustellen, so können für das gemeinsame Umweltrecht etwa die miteinander gesprochene Sprache oder der Ort, an dem die Verlobten ihr gemeinsames Eheleben aufzunehmen planten, ein Indiz darstellen[66]. Auch verlöbnisrechtliche Rückgewähr- oder Ersatzansprüche von und gegen Verwandte der Verlobten sind nach diesem Recht zu beurteilen[67]. Rechtsfolgen mit mittelbarer Eheerzwingungsfunktion (etwa Vertragsstrafe) dürften **ordre-public-widrig** sein[68]. Dies ist aber nicht schon bei einem Überschreiten der in §§ 1298 bis 1301 BGB vorgesehenen Ersatz- und Herausgabeansprüche anzunehmen[69].

IV. Sachliche Eheschließungsvoraussetzungen

25   **1. Anknüpfungsgegenstand. a) Ehefähigkeit und Willensbildung.** Das Eheschließungsstatut beherrscht Fragen der **Ehefähigkeit** und des Mindestalters für eine Eheschließung **(Ehemündigkeit).** Ehemündigkeit unter 14 Jahren ist unter dem Gesichtspunkt des ordre public kritisch zu beurteilen und verstößt gegen Art 6[70] jedenfalls bei starkem Inlandsbezug auch eine Ehemündigkeit vor Vollendung des 15.[71] bzw 16.[72] Lebensjahres. Vom Eheschließungsstatut zusätzlich verlangte Geschäftsfähigkeit ist nach Art 7 Abs 1 gesondert anzuknüpfen (Personalstatut)[73].

26   Nahezu universales Grunderfordernis für eine Eheschließung ist ein rechtserheblicher Ehewille auf Seiten beider Verlobter[74]. Art 13 erfasst dementsprechend die **Willensbildung** zur Eheschließung. Dabei geht es um die Wirkung, Folgen und Geltendmachung von Willensmängeln (etwa Irrtum, Drohung, Täuschung, aber auch Gewalt, geheimer Vorbehalt oder Mangel an Ernstlichkeit)[75], was auch

---

[57] *MünchKommBGB/Coester* Vor Art 13 Rn 1.
[58] BGHZ 28, 375, 377; LG Bochum FamRZ 1990, 882; LG Berlin FamRZ 1993, 198; *Palandt/Heldrich* Rn 30; *Staudinger/Mankowski* Anh zu Art 13 Rn 10.
[59] *Staudinger/Mankowski* Anh zu Art 13 Rn 13 mwN.
[60] *Soergel/Schurig* Vor Art 13 Rn 15; *Erman/Hohloch* Vor Art 13 Rn 6; *Palandt/Heldrich* Rn 30.
[61] *Staudinger/Mankowski* Anh zu Art 13 Rn 11, auch zur sog Wiegenverlobung.
[62] *Staudinger/Mankowski* Anh zu Art 13 Rn 16 ff.
[63] BGH FamRZ 2005, 1151; BGHZ 132, 105, 116; 28, 375, 379; krit *Mankowski* IPRax 1997, 173, *Staudinger/Mankowski* Anh zu Art 13 Anh Rn 19 ff und MünchKommBGB/*Coester* Vor Art 13 Rn 4.
[64] *Lüderitz* IPR, Rn 359 mwN; *Kropholler* IPR § 44 IV 3; *Junker* IPR Rn 495; *Staudinger/Mankowski* Anh zu Art 13 Rn 25 ff; Einwände zeigen auf *Rauscher* IPR S 161 und MünchKommBGB/*Coester* Vor Art 13 Rn 4, der in Anlehnung an *Soergel/Schurig* Rn 17 f kumulative Anknüpfung an beide Heimatrechte nach dem Grundsatz des schwächeren Rechts favorisiert.
[65] Ohne Rücksicht auf die vorangehenden Anknüpfungsstufen der Art 14 Nr 1 und 2 analog, unmittelbar auf das gemeinsame Umweltrecht abstellend *Kropholler* IPR § 44 IV 3; *Erman/Hohloch* Vor Art 13 Rn 7 folgend Vorauf (Otte); diese Ansicht trägt unzureichend dem Umstand Rechnung, dass Art 13 als auch 14 hervorgehobenen familienkollisionsrechtlichen Bedeutung einer gemeinsamen Staatsangehörigkeit Rechnung, die zudem den gerade bei den rechtsvergleichend (dazu *Staudinger/Mankowski* Anh zu Art 13 Rn 1 bis 8) heterogenen Institut der Verlobung wünschenswerten Gleichlauf von Begründung und Wirkung ermöglicht.
[66] Dazu auch *Staudinger/Mankowski* Anh zu Art 13 Rn 32, der dabei im Zweifelsfalle den Belangen des verlassenen, idR anspruchsberechtigten Verlobten ein höheres Anknüpfungsgewicht beimessen würde als jenen des anderen Verlobten.
[67] MünchKommBGB/*Coester* Vor Art 13 Rn 4 mwN.
[68] *Erman/Hohloch* Vor Art 13 Rn 9.
[69] MünchKommBGB/*Coester* Vor Art 13 Rn 6; *Erman/Hohloch* Vor Art 13 Rn 9 mwN.
[70] *Erman/Hohloch* Rn 24.
[71] AG Hannover FamRZ 2002, 1116, 1117; *Staudinger/Mankowski* Rn 203 mwN.
[72] MünchKommBGB/*Coester* Rn 38.
[73] *Palandt/Heldrich* Rn 6; MünchKommBGB/*Coester* Rn 39; *Erman/Hohloch* Rn 24.
[74] MünchKommBGB/*Coester* Rn 39 unter Bezugnahme auf mehrere Konventionen und Deklarationen der UN.
[75] OLG München IPRspr 1950/51 Nr 132; OLG Frankfurt FamRZ 1987, 155; AG Lüdenscheid NJW-RR 1998, 866; *Erman/Hohloch* Rn 24.

Fragen der **Scheinehe** (fehlender Konsens zur Lebensgemeinschaft) und ihrer Rechtsfolgen (Anfechtbarkeit, wie nach §§ 1314 Abs 2 Nr 5, 1313 BGB, oder etwa Nichtigkeit) mit einschließt[76]. Auch gehören gesetzliche oder gewillkürte **Stellvertretung** im Willen dazu[77]. Wo sie, wie in Deutschland verboten ist, ist dieses Vertretungsverbot idR zweiseitiges (Rn 42) Ehehindernis: Stellvertretung im Willen führt daher zur Nichtehe auch dann, wenn sich nicht der deutsche, sondern der andere Partner vertreten lässt[78]. Unter Abs 1 fällt weiterhin die Zulässigkeit der Eheschließung unter falschem Namen, nicht hingegen Stellvertretung in der Erklärung oder Erklärung durch Boten, was Formfragen sind (Rn 62). Einzelabweichungen von inländischen Vorstellungen sind mit Art 6 vereinbar, solange nicht die Geltendmachung schwerer Willens- oder Vertretungsmängel gänzlich ausgeschlossen ist. Auch die Möglichkeit des Eheschlusses mit einem **Verstorbenen,** der naturgemäß keinen eigenen Willen mehr bilden kann, unterliegt Art 13 (analog)[79], soweit die beschränkten Wirkungen der postmortalen Ehe nicht von vornherein die Anwendung anderer Kollisionsnormen gebieten[80].

Hinzu kommen Fragen der **Zustimmung Dritter**[81] sowie der Ersetzung der Zustimmung durch ein Gericht. 27

b) Ehehindernisse. Zu den sachlichen Voraussetzungen der Eheschließung gehört weiter das Fehlen von (ein- oder zweiseitigen, Rn 41 f) **Ehehindernissen und Eheverboten.** Diese können Eigenschaften der Nupturienten, ihre Beziehung untereinander oder zu Dritten betreffen. 28

aa) Fehlende Geschlechtsverschiedenheit. Fehlende Geschlechtsverschiedenheit ist im Inland Ehehindernis und begründet einen Verstoß gegen Art 6. Dies ist auch der Fall, wenn eine solche Verbindung nach den Personalstatuten beider Partner zulässig ist. Zwischen gleichgeschlechtlichen Partnern sind nach dem LPartG eingetragene Lebenspartnerschaften zulässig. Es bleibt aber bei der begrifflichen Trennung von „Ehe" und „Lebenspartnerschaft" und bei einigen sachrechtlichen Unterschieden (zB keine gemeinsame Fremdadoption, keine Zusammenveranlagung zur Einkommensteuer, kein beamtenrechtlicher Familienzuschlag der Stufe 1). Kollisionsrechtlich gilt für sie Art 17 b (s auch Rn 20). Bei im Ausland geschlossener gleichgeschlechtlicher Ehe besteht die Möglichkeit, den darin liegenden Verstoß gegen den deutschen ordre public unter dem Gesichtspunkt des geringst möglichen Eingriffs mittels Transposition in eine eingetragene Lebenspartnerschaft zu korrigieren[82]. Bei **Geschlechtsumwandlung** beurteilt sich die Ehefähigkeit des betreffenden Verlobten gegenüber Angehörigen seines früheren Geschlechts nach Eheschließungsstatut; jedoch ist die Frage der Geschlechtszugehörigkeit davon zu trennen und unterliegt dem Personalstatut (Transsexualität, ausf Rn 21). 29

bb) Familiäre Beziehung. Ehehindernisse können sich auch aus bereits vorhandenen familiären Beziehungen zwischen den Eheschließungswilligen ergeben: So knüpfen manche fremde Rechtsordnungen an **Verwandtschaft und Schwägerschaft,** auch auf Grund eines **Adoptionsverhältnisses,** weit reichende Eheverbote, andere verfahren hier großzügig. Soweit die Maßstäbe in diesem Punkt vom deutschen Recht abweichen, haben sie idR vor Art 13 Abs 2 und Art 6 Bestand[83], doch kann über strengere Eheverbote wegen entfernter Verwandtschaft oder Schwägerschaft ggf Art 13 Abs 2 hinweghelfen[84]. Umgekehrt schlägt die von § 1307 BGB (Ehe unter Blutsverwandten, Geschwistern) gezogene Grenze als minimales Ehehindernis auf den ordre public (Art 6) durch[85]. 30

cc) Vorehe. Das Eheverbot der **Doppelehe** oder der **Mehrehe** verbietet die Eheschließung eines Verheirateten nach Rn 41: betrifft die Frage, *wer* heiraten darf) und idR unter sich mit einem Verheirateten (sog zweiseitiges Ehehindernis, Rn 42: betrifft die Frage, *wen* man heiraten darf). Im monogamen Ehestatut führt die Vorfrage der Doppelehe stets zur Überprüfung der Wirksamkeit der Schließung einer früheren Ehe und/oder ihrer wirksamen Auflösung, namentlich durch Scheidung. Bei der Vorfrage des gültigen Bestehens einer anderen Ehe kommt der Vermeidung hinkender Ehen (Definition Rn 40) große Bedeutung zu. Daher werden Zustandekommen und Fortbestand einer **Vorehe grds unselbständig angeknüpft**[86]: Da das Interesse am internationalen Entscheidungseinklang insoweit überwiegt[87] ist hier das Internationale Privat- und Verfahrensrecht der lex causae heranzuziehen. 31

---

[76] Zweiseitiges (Rn 42) Ehehindernis, MünchKommBGB/*Coester* Rn 60; *Staudinger/Mankowski* Rn 350; vgl auch *Otte* JuS 2000, 148, 153 f.
[77] Begr RegE, BT-Drucks 10/504 S 52; so teilweise in islamischen Rechten; ohnehin nicht zulässig bei inländischer Eheschließung, die schon aus Gründen formeller Wirksamkeit persönliche und gleichzeitige Anwesenheit beider Partner verlangt, s Rn 62 ff.
[78] *Kropholler* IPR § 44 II 3; *Staudinger/Mankowski* Rn 219 mwN.
[79] OLG Karlsruhe IPRax 1991, 250; *Erman/Hohloch* Rn 24; aA *Beitzke* IPRax 1991, 228.
[80] MünchKommBGB/*Coester* Rn 8, 42; die Qualifizierung als Ehe erscheint in der Tat als zweifelhaft, da eine Lebensgemeinschaft nicht mehr eingegangen werden kann; als Ausweg bietet sich außer Art 19 im Hinblick auf die Vaterschaftswirkung ggf eine Analogie zu Art 13 an.
[81] BGH IPRspr 1964/65 Nr 88; KG FamRZ 1968, 466; LG Kassel StAZ 1990, 169.
[82] MünchKommBGB/*Coester* Rn 52 f.
[83] OLG Düsseldorf FamRZ 1969, 654; OLG Stuttgart FamRZ 2000, 821; s Rn 58; laut EGMR FamRZ 2005, 1971, LS, m Bericht *Henrich*, verstößt englisches Eheverbot der Schwägerschaft aber gegen Art 12 EMRK.
[84] BT-Drucks 10/504 S 53.
[85] Ebenso Art 6 Rn 24 und *Looschelders*, Art 6 Rn 44.
[86] OLG München IPRax 1988, 354, 356; *Schwimann* StAZ 1988, 37; MünchKommBGB/*Coester* Rn 74; aA OLG Koblenz IPRax 1996, 278; OLG Nürnberg NJW-RR 1998, 4; BayObLGZ 1998, 253; Vorauf Rn 37 *(Otte);* Soergel/*Schurig* Rn 17; *Erman/Hohloch* Rn 31; nur hinsichtlich des Zustandekommens aA *Staudinger/Mankowski* Rn 263.
[87] Zu parallelen Fällen unselbständiger Anknüpfung, etwa wegen Bedeutung internationalen Namenseinklangs, vgl Einl IPR Rn 71.

Dabei entscheidet (1) über die Wirksamkeit der Vorehe das nach dem Kollisionsrecht der das Ehehindernis der Mehrehe enthaltenden Rechtsordnung zurzeit der Schließung der Vorehe geltende Ehestatut und (2) über die Wirksamkeit einer Scheidung das Scheidungsstatut dieser Rechtsordnung bzw bei Scheidung durch behördlichen oder gerichtlichen Akt deren Recht der internationalen Anerkennung[88]. Nur wenn dies letztlich zur Unüberwindbarkeit des Ehehindernisses der Mehrehe führt, kann der – von ebendieser unselbständigen Anknüpfung ausgehende[89] – Art 13 Abs 2 (Rn 55 ff) eingreifen und unter den dort genannten Voraussetzungen zur Überwindung dieses Hindernisses erlauben, unmittelbar auf ein in Deutschland ergangenes oder anerkanntes Scheidungsurteil abzustellen.

32   Wenn das Ehehindernis der Mehrehe im Rahmen des **deutschen Eheschließungsstatuts** in Frage steht, gilt nichts anderes, auch wenn naturgemäß die Vorfragenanknüpfung hier nicht als unselbständige hervortritt[90], sondern von der selbständigen nicht zu unterscheiden ist. Die **Wirksamkeit** der Schließung der **Vorehe** richtet sich nach Art 13 und 11 in Bezug auf die damaligen Verlobten und den damaligen Eheschließungsort. Auch hier erfolgt bei Auflösung durch gerichtliche oder behördliche Entscheidung eine Verlagerung der Prüfung auf das Prozessrecht: Scheidung durch rechtskräftiges deutsches Urteil beseitigt aus deutscher Sicht ohne weiteres das Ehehindernis der Vorehe. Inlandswirkung einer durch ausländisches Urteil erfolgten Scheidung erfordert Anerkennung nach Art 13 ff EheVO bzw Art 7 § 1 FamRÄndG, § 328 Abs 1 Nr 3 ZPO (Rn 87 ff)[91]. Dabei entfallen Entscheidungen von Gerichten der EG-Mitgliedstaaten mit Ausnahme Dänemarks ihre Inlandswirkung ohne besonderes Anerkennungsverfahren (Art 14 EheVO); die Anerkennung ist jeweils inzidenter zu prüfen. Das Gleiche gilt für Entscheidungen eines Gerichts oder einer Behörde des gemeinsamen Heimatstaates beider Ehegatten (Art 7 § 1 Abs 1 S 2 FamRÄndG). Rechtskraftwirkungen anderer ausländischer Scheidungsurteile werden im Inland erst durch positiven Abschluss des förmlichen Anerkennungsverfahrens nach Art 7 § 1 FamRÄndG begründet[92]. Umgekehrt kommt es zu keiner **Inlandswirkung der Auslandsscheidung**, wenn im inländischen Anerkennungsverfahren festgestellt wird, dass die Anerkennungsvoraussetzungen nicht vorliegen[93]. Diese Grundsätze gelten auch für eine ausländische Privatscheidung, wenn sie Gegenstand einer Feststellung des Vorliegens der Anerkennungsvoraussetzungen nach Art 7 § 1 FamRÄndG war[94], was teilweise für fakultativ möglich gehalten wird. Ist kein Anerkennungsverfahren durchgeführt worden, so richten sich die Wirkungen einer Privatscheidung nach Art 17, wonach sie bei Vornahme im Inland ohne Wirkung bleibt (Art 17 Abs 2) und die Wirkung bei Vornahme im Ausland vom Scheidungsstatut der Vorehe abhängt[95]. Dies ist, ggf unter Berücksichtigung des ordre public, inzidenter zu prüfen, wenn die (ehemaligen) Ehegatten hinsichtlich der Wirksamkeit ihrer Privatscheidung nicht schon Feststellungsklage[96] erhoben haben.

33   Diese Anerkennungsgrundsätze gelten auch für im Ausland zwischen Partnern mit **polygamem Ehestatut**[97] geschlossene **Mehrehen.** Sie können im Inland zwar als Ehe anerkannt[98] werden, als solche hier aber nicht mehr geschlossen werden[99]. Das das Ehehindernis aufstellende Recht befindet auch über **Bestand, Wirkung und Befreiungsmöglichkeiten.** Einschaltung der betreffenden Behörden kann helfen, sog hinkende (Definition s Rn 40) Verbindungen zu verhindern[100].

34   Wurde die Vorehe in Gütergemeinschaft oder ähnlichem Güterstand gelebt oder besteht im Hinblick auf eine Vermögensverwaltung eigener Kinder die Gefahr einer Interessenkollision, so ist nach manchen Rechtsordnungen ein **Auseinandersetzungszeugnis** beizubringen[101]. Ob sein Fehlen, wie zumeist, einseitiges Ehehindernis ist, entscheidet das Personalstatut des betreffenden Verlobten[102]. Die Gültigkeit eines ausländischen Auseinandersetzungszeugnisses hat der Standesbeamte selbst inzidenter zu prüfen, bei Ungültigkeit kann sich eine internationale Zuständigkeit deutscher Vormundschaftsgerichte aus §§ 43, 35 b FGG ergeben[103].

35   dd) **Weitere Ehehindernisse.** Weitere Ehehindernisse können sein: **Geschlechtsgemeinschaft**[104] und **Milchverwandtschaft** (in den islamischen Rechten), **vorheriger Ehebruch** der Eheschließungs-

---

[88] BGH FamRZ 1997, 542, 543.
[89] MünchKommBGB/*Coester* Rn 74, 78; *Staudinger/Mankowski* Rn 121 ff.
[90] *Jayme* IPRax 2003, 339.
[91] BGH FamRZ 2001, 991. Zur Anerkennung s. auch Rn 89 f.
[92] Für teleologische Reduktion des Art 7 § 1 FamRÄndG und Verzicht auf ein deutsches Anerkennungsverfahren, wenn beide Partner Ausländer sind, KG StAZ 1984, 309; MünchKommBGB/*Coester* Rn 79; *Staudinger/Mankowski* Rn 312.
[93] *Erman/Hohloch* Rn 31.
[94] OLG Hamm FamRZ 1992, 673.
[95] *Soergel/Schurig* Rn 18; *Looschelders* Rn 48; dazu Art 17 Rn 81 ff.
[96] Feststellungsklage ist zulässig, AG Hamburg IPRspr 1982 Nr 66A; *Erman/Hohloch* Art 17 Rn 82; *Palandt/Heldrich* Art 17 Rn 36.
[97] Länderübersicht bei *Staudinger/Mankowski* Rn 239 ff.
[98] LG Frankfurt/M FamRZ 1976, 217; OLG Hamm StAZ 1986, 352; SozG Stuttgart FamRZ 1992, 234; *Erman/Hohloch* Rn 32.
[99] MünchKommBGB/*Coester* Rn 70 mwN.
[100] *Kropholler* IPR § 44 I 1.
[101] So bis 1998 auch unter deutschem Eheschließungsstatut nach § 9 EheG; dazu KG FamRZ 1961, 477; AG Moers DAVorm 1991, 955.
[102] Vgl ausf insbes zum schweizerischen und ehemaligen deutschen Recht *Staudinger/Mankowski* Rn 353 ff.
[103] MünchKommBGB/*Coester* Rn 58.
[104] Geschlechtsverkehr des einen mit einem Blutsverwandten gerader Linie des anderen Verlobten, vgl ehemals auch § 4 Abs 2 EheG, verfassungswidrig nach BVerfG NJW 1974, 545.

willigen[105], **Wartefrist** der Frau oder des Ehebrechers oder Scheidungsschuldigen[106], **körperliche oder geistige Mängel** (Erbkrankheiten, Geisteskrankheit, ansteckende Krankheiten, Impotenz)[107], **Religionsverschiedenheit**[108], **höhere Weihen**[109], **Rasseverschiedenheit** oder **ausländische** Staatsangehörigkeit[110], fehlende staatliche **Genehmigung bei Beamten**, Militärangehörigen oder auch Studenten[111], noch abzuleistende **Wehrpflicht** (Verstoß gegen Art 6 bei unzumutbar langen Zeiträumen)[112].

c) **Zuwendungen.** Unter Umständen kann die Wirksamkeit der Eheschließung von Zuwendungen an die Braut (Brautgabe, Morgengabe, Brautgeld) oder deren Familie (Brautpreis) abhängen. Die Qualifikation der Brautgabe islamisch geprägter Rechtsordnungen („mahr", „sadāq"), ist nach hM uneinheitlich[113]. Es handelt sich um ein vor der Heirat vereinbartes Heiratsgeld, das vom Mann an die Frau zu zahlen ist. Es kann ganz oder teilweise vor oder bei Eheschließung, während der Ehe oder bei Eheauflösung zu zahlen sein, wobei der Fälligkeitszeitpunkt in der deutschen Diskussion als einer der Anhaltspunkte dafür gewertet wird, ob ihm eheschließungsrechtliche, güterrechtliche, unterhaltsrechtliche, erbrechtliche oder schuldrechtliche Funktion zukommt[114]. Bei Vereinbarung in Deutschland unter Beteiligung Deutscher ist aus die Prüfung des Rechtsbindungswillens zu beachten[115]. Art 13 kommt nur zur Anwendung, wenn die Vereinbarung der **Brautgabe** (auch) eheschließungsrechtliche Funktion hat, was grds *neben* einer der oben genannten Funktionen in Betracht kommt. Eheschließungsrechtliche Funktion liegt vor, wenn von ihr (nach auch nur einem der Heimatrechte der Verlobten) die Rechtswirksamkeit der Eheschließung abhängt, was vor allem nach dem in den maghrebinischen Staaten verbreiteten malekitischem Ritus der Fall ist[116]. Das Fehlen der Brautgabe ist dann zweiseitiges (Rn 42) Ehehindernis[117]. 36

Nicht nur verschiedene afrikanische Rechte machen die Wirksamkeit der Eheschließung davon abhängig, dass der Bräutigam an die Familie der Braut einen **Brautpreis** zahlt[118]. Auch hier gilt Art 13 Abs 1, wobei hinreichendem Inlandsbezug gegen das Erfordernis einer solchen Ablösesumme unter dem Aspekt der Menschenwürde Art 6 auf den Plan ruft[119]; denn die Frau kann hier – anders als bei der Brautgabe, wo sie etwa durch Verzicht[120] oder Stundung letztlich über die Eheschließung bestimmen kann – nicht selbst über die Forderung verfügen. 37

2. **Anknüpfungspunkt. a) Staatsangehörigkeit, Personalstatut.** Anknüpfungspunkt ist bei Art 13 die **Staatsangehörigkeit** (bzw das Personalstatut) der Verlobten unmittelbar vor der Eheschließung. Ausschlaggebend ist bei **Doppel- oder Mehrstaatern** nach Maßgabe von Art 5 Abs 1 S 1 die engste Verbindung zu einem der Heimatstaaten (effektive Staatsangehörigkeit, gewöhnlicher Aufenthalt), bei Mehrstaatern mit deutscher Staatsangehörigkeit automatisch deutsches Recht (Art 5 Abs 1 S 2). Bei Angehörigen von **Mehrrechtsstaaten** erfolgt Unteranknüpfung nach Art 4 Abs 3. Bei zurzeit der Eheschließung **Staatenlosen** wird sowohl nach Art 12 des New Yorker UN-Übereinkommens über die Rechtsstellung der Staatenlosen[121] als auch nach Art 5 Abs 2 EGBGB an den gewöhnlichen, hilfsweise den einfachen Aufenthalt angeknüpft. Bei **Flüchtlingen** iS des Genfer UN-Abkommens greift – unabhängig vom Status der Asylberechtigung[122] – internationales Flüchtlingsrecht ein, nach dem ebenfalls der gewöhnliche Aufenthalt maßgeblich ist.[123] 38

---

[105] OLG Frankfurt NJW 1956, 672, 673; aus heutiger Sicht ggf unvereinbar mit Art 6 GG.
[106] *Staudinger/Mankowski* Rn 353–367, auch zum Streit über die Ein- oder Zweiseitigkeit (Rn 41 f) dieser Ehehindernisse.
[107] MünchKommBGB/*Coester* Rn 87.
[108] *Staudinger/Mankowski* Rn 387 ff.
[109] OLG Hamm OLGZ 1974, 103.
[110] *Staudinger/Mankowski* Rn 405 f; MünchKommBGB/*Coester* Rn 91, auch zum Verstoß gegen Art 6.
[111] Nachweise bei *Erman/Hohloch* Rn 30; *Staudinger/Mankowski* Rn 407 f.
[112] OLG Düsseldorf StAZ 1980, 308.
[113] Für einheitliche Anknüpfung dagegen *Wurmnest* RabelsZ 71 (2007), 527, 557; *Rauscher* DEuFamR 1999, 194; *Henrich*, FS *Sonnenberger*, S 389; *Andrae* § 3 Rn 148 ff.
[114] BGH NJW 1987, 2161 und FamRZ 1999, 217; OLG Stuttgart FamRBInt 2007, 29, berichtet von *Mörsdorf-Schulte*; *Yassari* FamRZ 2002, 1088, 1093 f betr Iran.
[115] *Mörsdorf-Schulte* FamRBInt 2005, 71 f zu OLG Saarbrücken; ähnl vgl zum Rechtsinstitut und seiner Transposition in deutsches Recht bei Vereinbarung durch deutsche Muslime oder gemischtnationale Paare, die in Deutschland leben, *Wurmnest* FamRZ 2005, 1878 und RabelsZ 71 (2007), 527, 555 f, wonach mit einer Absprache über Brautgabe lediglich der islamischen Tradition Respekt gezollt, jedenfalls aber keine Rechtswahl getroffen werden solle.
[116] Vgl *Krüger* FamRZ 1977, 115 mN; *Staudinger/Mankowski* Rn 381 ff; MünchKommBGB/*Coester* Rn 86, *Erman/Hohloch* Rn 33; *Looschelders* Rn 53; *Henrich*, FS Sonnenberger, S 391; zu Art 13 Nr 2 des marokkanischen CSP *Andrae* § 3 Rn 140.
[117] MünchKommBGB/*Coester* Rn 86; *Erman/Hohloch* Rn 33.
[118] Vgl *Staudinger/Mankowski* Rn 385 f mN für die Rechte Sambias, Zaires und des Stammes der Ibo in Nigeria; OLG Celle FamRBInt 2/2008 für die Praxis der kurdischen Yeziden.
[119] Vgl *Sturm* StAZ 1995, 350.
[120] Zum Erlass der Morgengabe vgl OLG Zweibrücken FamRBInt 2007, 81, berichtet von *Mörsdorf-Schulte*.
[121] Vom 28. 9. 1954, BGBl 1976 II S 473, 1977 II S 235, abgedruckt in *Jayme/Hausmann* unter Nr 12 – trotz des abweichenden Wortlautes („Wohnsitz") gleicher Anknüpfungspunkt; dazu Art 5 Rn 51 ff mit Abdruck der Vorschriften.
[122] OLG Bamberg FamRZ 1982, 505; OLG Hamm FamRZ 1992, 551.
[123] Art 12 Abs 1 des Genfer UN-Abkommens über die Rechtsstellung der Flüchtlinge vom 28. 7. 1951, BGBl 1953 II S 560, 1954 II S 619, abgedruckt in *Jayme/Hausmann* Nr 10; Art 1 AHKG 23 vom 17. 3. 1950, abgedruckt ebd Nr 14; Abkommens-/Gesetzestexte m Erl auch unter Art 5 Rn 20 ff.

39 **Anknüpfungspersonen** sind die **Verlobten.** Dabei handelt es sich um die unmittelbar Eheschließungswilligen, nicht notwendig die Partner eines förmlichen Verlöbnisses (aus Sicht des jeweiligen Personalstatuts), s Rn 22 f.

40 Eine vollwirksame Ehe wird geschlossen, wenn die **Voraussetzungen beider Personalstatute** – getrennt für Mann und Frau – vorliegen, sog distributive Anknüpfung oder Koppelung beider Rechte[124]. Einseitige Beachtung nur des die Eheschließungsvoraussetzungen bejahenden (schwächeren) Rechts könnte sonst zu **hinkenden** (dh in nur einem der Heimatstaaten für wirksam, im anderen aber für unwirksam gehaltenen) **Ehen** führen, was vermieden werden soll. Löst das Fehlen einer zweiseitigen (Rn 42) Ehevoraussetzung bei einem der Eheschließenden in den Heimatrechten beider Eheschließenden unterschiedliche Rechtsfolgen aus, so setzt sich die strengere Rechtsfolge (zB Ehenichtigkeit statt Aufhebbarkeit) durch (Grundsatz des „ärgeren/strengeren Rechts")[125]. Bei gleichen Rechtsfolgen entscheiden, wie sonst auch, beide Eheschließungsstatute getrennt[126]. Allerdings können bei gleicher Rechtsfolge hinsichtlich des Bestands des Ehebandes die beiden Rechte unterschiedliche Modalitäten (zB der Erhebung der Nichtigkeitsklage) und weitere Folgen vorsehen, die sich gegenseitig behindern oder ausschließen. Für die insoweit erforderliche Festlegung auf eines der (in der Summe der Nichtigkeitsprozeduren und -folgen betrachtet gleich argen) Heimatrechte werden verschiedene Unteranknüpfungen vorgeschlagen: So soll nach einer Ansicht an die engste Verbindung, die idR im gemeinsamen gewöhnlichen Aufenthalt bei Eheschließung bestehe, anzuknüpfen sein[127], nach einer anderen Ansicht an das Scheidungsstatut analog[128], nach Ansicht der Rspr an das Heimatrecht nur des „verletzten" oder getäuschten Ehegatten[129].

41 Im Ausgangspunkt bewirkt die distributive Anknüpfung, dass Voraussetzungen und Wirksamkeit der Eheschließung aus der Sicht des Heimatrechts *jedes* Eheschließenden dergestalt vorliegen müssen, dass für jeden Eheschließenden die Eheschließungsvoraussetzungen nach dem für ihn maßgeblichen Eherecht gegeben sind und nach diesem Recht keine Ehehindernisse vorliegen. Dabei ist zu unterscheiden: **Einseitige Ehehindernisse** beziehen sich nur auf die Person eines Eheschließenden.

42 Sog **zweiseitige** Ehehindernisse des Personalstatuts eines Eheschließenden gelten hingegen für beide Eheschließende[130], und hindern die Wirksamkeit daher auch schon dann, wenn sie nur in der Person des an sich nicht dem betreffenden Recht unterworfenen anderen Eheschließenden vorliegen. Dass dessen Personalstatut das betreffende Ehehindernis nicht kennt (zB Verbot der Doppelehe im deutschen Recht, nicht aber im Recht des in Mehrehe verheirateten Muslimen), spielt dann keine Rolle. Denn das jeweilige Heimatrecht gilt nicht nur für die Voraussetzungen, die sich auf den betreffenden Verlobten beziehen[131], sondern für die Frage, ob und unter welchen Voraussetzungen dieser heiraten kann, was eben auch von Voraussetzungen abhängig gemacht werden kann, die außerhalb seiner Person liegen, insbes von in der Person des zu Heiratenden liegenden Umständen: Der Bezug zur jeweiligen Anknüpfungsperson besteht in der für diese geltenden Rechtsfolge, nicht darin dass diese in ihrer Person selbst die Voraussetzung oder ein Ehehindernis erfüllt oder nicht. Über die Qualifizierung eines Ehehindernisses als ein- oder zweiseitig entscheidet das Sachrecht, welches das betreffende Ehehindernis aufstellt. Unter den deutschen Regelungen wurden als zweiseitiges Ehehindernis qualifiziert die §§ 5, 7, 18 Abs 1 EheG; nicht § 8 EheG (heute §§ 1306, 1307, 1319 BGB); Beispiele vgl Rn 26, 31, 35 f.

43 b) **Anknüpfungszeitpunkt.** Der Anknüpfungszeitpunkt liegt **unmittelbar vor der Eheschließung.** Maßgeblich ist ausschließlich das zu diesem Zeitpunkt geltende Personalstatut, das auch als Antrittsrecht bezeichnet wird[132]. Die Unwandelbarkeit der Anknüpfung schließt einen Statutenwechsel aus: Ein Wechsel der Staatsangehörigkeit oder Eintritt von Staatenlosigkeit **nach der Eheschließung** hat grds keinen Einfluss auf das Eheschließungsstatut[133]. Diese Unwandelbarkeit der Anknüpfung bietet Schutz vor späterer Invalidierung der Ehe durch Statutenwechsel. Allenfalls im Interesse der Heilung einer fehlerhaften Eheschließung kann ein späterer Wechsel der Staatsangehörigkeit ausnahmsweise Berücksichtigung finden (Rn 51 ff). Dies gilt auch für den Staatsangehörigkeits(hinzu)erwerb **durch die Eheschließung** selbst, der ebenfalls irrelevant bleibt, solange er nicht ausnahmsweise im Rahmen der Heilung anfänglicher Eheschließungsmängel Bedeutung erlangt.

44 Auch **früheres Heimatrecht** hat keine Wirkung – Art 7 Abs 2 gilt hinsichtlich der Ehemündigkeit nicht analog.

45 Auch ein späterer **Wechsel zur deutschen Staatsangehörigkeit** verändert daher zwar nicht das auf die Eheschließung anwendbare Recht, kann jedoch eine Intensivierung des Inlandsbezuges begründen und auf diesem Wege zum Eingreifen des deutschen ordre public führen, dessen Verletzung aber, wie

---

[124] Kropholler IPR § 44 I 1; Staudinger/Mankowski Rn 49; aA Erman/Hohloch Rn 15.
[125] BGH NJW 1991, 3088; OLG Düsseldorf IPRax 1993, 251; BayObLGZ 1993, 224; OLG Nürnberg NJW-RR 1998, 5; OLG Oldenburg IPRax 2001, 143; OLG Frankfurt FamRZ 2002, 705; OLG Zweibrücken FamRZ 2004, 950; Henrich IPRax 1993, 236; Erman/Hohloch Rn 15, 37.
[126] Palandt/Heldrich Rn 14; Erman/Hohloch Rn 37.
[127] Henrich IPRax 1993, 236, 237 und MünchKommBGB/Coester Rn 118 mwN.
[128] Lüderitz Rn 339.
[129] OLG Düsseldorf IPRax 1993, 251 und OLG Zweibrücken FamRZ 2006, 1201; LG Hamburg IPRspr 1975 Nr 38.
[130] Begr RegE, BT-Drucks 10/504 S 52.
[131] Looschelders Rn 4.
[132] RGZ 151, 313, BGHZ 27, 375, 380; AG Hannover FamRZ 2002, 1116; Begr RegE, BT-Drucks 10/504 S 52.
[133] OLG Koblenz IPRspr 1988 Nr 62; Palandt/Heldrich Rn 4; Erman/Hohloch Rn 12.

stets, nur im Extremfall zur Abänderung führt (zB zur Unwirksamkeit bei pakistanischer Kinderehe, nicht aber ohne weiteres bei im Ausland geschlossener arabischer Mehrehe, wo dem ordre public durch die Einräumung der Möglichkeit sofortiger Eheaufhebung im Inland genügt ist, auch wenn die Ehefrauen von dieser im konkreten Fall keinen Gebrauch machen)[134].

c) Gesetzesumgehung. Eheschließungsrecht ist nicht frei wählbar. Wählbar sind aber der **Eheschließungsort** und, wenn auch mit (durch die Staatsangehörigkeitsrechte vorgegebenen) Einschränkungen, die **Staatsangehörigkeit**. Eine damit bezweckte Steuerung des anwendbaren Eheschließungsrechts durch ausschließlich darauf gerichtete Manipulation von Anknüpfungsmerkmalen kann es Gesetzesumgehung (fraus legis) dazu führen, dass dann das Recht anwendbar ist, das ohne die fraudulöse Handlung anwendbar wäre, wobei der Erwerb der betreffenden Staatsangehörigkeit iÜ als wirksam behandelt würde[135]. In der Praxis wird einem Staatsangehörigkeitswechsel aber wegen seiner zahlreichen weiteren Wirkungen eine **ausschließliche Umgehungsabsicht** kaum jemals unterstellt. Für die Verlegung des Trauungsortes gilt umgekehrt, dass der Gesetzgeber mit der Formanknüpfung an die lex loci celebrationis (Art 11) den Beteiligten bewusst die Wahl des Ortes überlässt, so dass es widersprüchlich wäre, die Nutzung dieser Wahlmöglichkeit als Umgehung zu diskreditieren. 46

Herbeiführung der Eheschließungsvoraussetzungen durch Änderung des Personalstatuts **(echte Gesetzesumgehung)**[136] oder Verlagerung des Trauungsortes ins Ausland ist daher im Prinzip möglich. Dabei betrifft eine Verlegung des Trauungsortes letztlich nicht nur die Formvorschriften, sondern kann mittelbar dazu führen, dass zB wegen abweichender Anknüpfung der Eheschließungsvoraussetzungen (Dänemark: lex loci celebrationis maßgeblich für formelle wie materielle Ehevoraussetzungen – „Tondern-Ehe") oder abweichender Qualifikation (Schottland: Mindestalter als Formerfordernis – „Gretna Green-Ehe") von der ausländischen Trauungsbehörde auch ein anderes materielles Eheschließungsrecht angewandt wird als aus deutscher kollisionsrechtlicher Sicht geboten wäre. Auf diese Weise lässt sich zB den §§ 1309 oder 1310 BGB mit ihren weitreichenden Prüfungspflichten für den deutschen Standesbeamten auswechseln oder es lassen sich trennende oder aufschiebende Eheverbote (zB Wartefristen) des deutschen materiellen Eheschließungsrechts umgehen **(unechte Gesetzesumgehung)**[137]. Auch bei Anwendbarkeit deutschen Rechts nach Art 13 Abs 1 sind unter Verstoß gegen deutsche aufschiebende Eheverbote im Ausland formwirksam geschlossene Ehen ohne weiteres wirksam; zwar sind unter Verstoß gegen trennende Eheverbote geschlossene Ehen eigentlich fehlerhaft, aber ohne gerichtliche Feststellung des Mangels wirkt sich dieser ebenfalls nicht aus. 47

Aus diesen Gründen ist zur Erlangung **aufenthaltsrechtlicher Vorteile** in Deutschland die Eheschließung in Dänemark beliebt, wo die Trauungspraxis der Behörden nach wie vor unbürokratisch gehandhabt wird und rechtsgültige Ehen Deutscher mit Drittstaatenangehörigen leichter zustande kommen als im Inland[138]. Die vor einer ausländischen Behörde erfolgte Trauung ist grds ein Ortsrecht hinzunehmen und bedarf im Inland weder einer Legalisierungsbescheinigung[139] noch eines sonstigen formellen Aktes wie etwa der Anlegung eines Familienbuches nach § 15a Abs 1 Nr 1 PStG[140]. Solange es sich nach Ortsrecht nicht um eine Nichtehe handelt, unterliegt sie keiner révision au fond durch ein inländisches Gericht[141]. Eine Vernichtung, auch nach dem materiellen Eheschließungsstatut, bleibt unbenommen, bedarf teilweise aber eines gesonderten Feststellungsaktes, der uU nur ex nunc wirkt[142]. Gelingt aus der Sicht des am Eheschließungsort anwendbaren Rechts die Eheschließung ehemündiger und lediger Personen, so steht auch der ordre public (Art 6) nicht entgegen[143]. 48

3. Rück- und Weiterverweisung. Art 13 Abs 1 führt nicht unmittelbar zum Eheschließungsrecht der Heimatstaaten, sondern zunächst nur zu deren Kollisionsrechten: Die Verweisung des Art 13 Abs 1 ist **Gesamtverweisung (Kollisionsnormverweisung).** Rück- und Weiterverweisung durch das IPR der verwiesenen Rechte – etwa auf vorehelichen gewöhnlichen Aufenthalt, voreheliches domicile oder Eheschließungsort – sind nach Art 4 Abs 1 zu beachten[144]. Dies ist insbes bei Verweisung auf Rechtsordnungen mit Domizilprinzip bedeutsam (Großbritannien, USA, Dänemark, Norwegen, Brasilien)[145], kommt wegen der weiten Verbreitung der Heimatrechtsanknüpfung aber insgesamt eher selten vor[146]. 49

---

[134] *Staudinger/Mankowski* Rn 83–86 mwN.
[135] Vgl allg BGH NJW 1981, 522, 524; *Staudinger/Mankowski* Rn 64.
[136] Allg Einl IPR Rn 73; speziell *Staudinger/Mankowski* Rn 65 f.
[137] Allg Einl IPR Rn 74; speziell *Staudinger/Mankowski* Rn 67 ff m ausf Erl der Gretna-Green- und Tondern-Ehen.
[138] Vgl OVG Münster NJW 2007, 314; VGH Mannheim NJW 2007, 2506; www.expressheirat.de; www.heiraten-in-dk.de; dazu *Mörsdorf-Schulte* NJW 2007, 1331; auf Grund ausländischen Protests in den letzten Jahren ergangene Verschärfungen der dänischen Trauungsregelung (dazu Bergmann/Ferid/Henrich Dänemark S 22 mwN; *Looschelders* Rn 11) scheinen die Praxis der dortigen Trauungsbehörden bislang nicht nennenswert verändert zu haben.
[139] VGH Mannheim InfAuslR 2006, 323.
[140] OLG Brandenburg InfAuslR 2002, 478.
[141] VGH Mannheim NJW 2007, 2506; *Mörsdorf-Schulte* NJW 2007, 1331; aA OVG Münster NJW 2007, 314.
[142] So etwa die gerichtliche Aufhebung nach §§ 1313, 1314 BGB, dazu *Mörsdorf-Schulte* NJW 2007, 1333; zur Reaktion auch anderer europäischer Rechte auf Scheinehen vgl Otte JuS 2000, 153 f.
[143] *Erman/Hohloch* Rn 10.
[144] BGH NJW 1991, 3088, 3090.
[145] OLG Hamm StAZ 1991, 317; AG Groß-Gerau IPRax 2003, 355 (LS) m Aufsatz Jayme 339.
[146] Nachweise bei *Staudinger/Mankowski* Rn 56–63.

50 **4. Korrektur (Eheschließungsmängel, Eheschließungsfreiheit). a) Heilung mangelhaft geschlossener Ehen. aa) Sachrechtliche Heilung.** Art 13 ist nicht nur für die Ehevoraussetzungen, sondern auch für die Verletzungsfolgen maßgeblich (Rn 16). Die Heilung von Mängeln der Eheschließung unterliegt daher dem verletzten Recht. Bei Verletzung beider Heimatrechte der Eheschließungswilligen hat auch die **Heilung nach beiden Rechten** zu erfolgen. Das verletzte Recht bestimmt über die Verletzungsfolgen (Folgenstatut), über die rechtliche Bewertung des Mangels, über seine sachrechtliche Auswirkung, ob die Folgen eo ipso eintreten oder erst nach gerichtlicher Geltendmachung, über die Klagebefugnis zur Geltendmachung des Mangels durch Ehepartner oder Dritte (früherer bzw dritter Ehegatte, Eltern, Erben), über die Verteilung des Klagerechts und über die einzuhaltenden Fristen. Ein Mangel kann die Gültigkeit der Ehe unberührt lassen (so bei der Verletzung von Sollvorschriften), zur Aufhebung führen, zur Vernichtbarkeit der Ehe oder zur Nichtexistenz (Nichtehe)[147]. **Heilung** kann etwa **durch Zeitablauf oder Bestätigung** vorgesehen sein. Hierbei handelt es sich um sachrechtliche Heilung.

51 **bb) Kollisionsrechtliche Heilung.** Kollisionsrechtliche Heilung ist auf dem Wege des **Statutenwechsels** denkbar. Inwieweit ein solcher auf Grund bei Eheschließung oder nachträglich erfolgten Staatsangehörigkeitserwerbs im Interesse einer Heilung ausnahmsweise möglich sein soll, ist umstritten[148]. Zwar würde seine Zulassung zur Überspielung des ursprünglichen, an sich – im Interesse von Statussicherheit und -beständigkeit – unwandelbaren Eheschließungsstatuts führen[149], doch dient der Grundsatz der Unwandelbarkeit (Rn 43 ff) nach hM nicht der Perpetuierung einer Unwirksamkeit[150]. Es verstieße gegen die Eheschließungsfreiheit (Art 6 Abs 1 GG), nachteilige Rechtsfolgen aus Eheschließungsmängeln zu ziehen, wenn die Ehe unter einem neuen Personalstatut, das die Ehe als gültig ansieht[151]. Vordergründig bejaht die Rspr die Möglichkeit kollisionsrechtlicher Heilung grds[152] begründet dies aber kaum[153], so dass dem Grundsatz verallgemeinerungsfähige Konturen fehlen. Konkrete Fälle, in denen eine Heilung angenommen werden konnte, sind bisher selten[154]. Als vermittelnde Lösung, die einerseits einer Heilung nicht im Wege steht, andererseits aber auch nicht über Gebühr Unsicherheit in den Bestand der Ehe bringt, bietet sich an, die Heilung auf die unter neuem Personalstatut wirklich gelebte Ehe zu beschränken, wobei für eine solche Korrektur des Art 13 Abs 1 sehr unterschiedliche rechtliche Konstruktionen rund um den Statutenwechsel vorgeschlagen werden[155]. Welche Rolle das neue Personalstatut und welche das am gemeinsamen gewöhnlichen Aufenthalt geltende Recht spielt und ob sie sich decken müssen, bleibt vielfach offen[156].

52 Tatsächlich dürfte das Problem eher in dem in einem (je nach Lage des Falles kollisions- oder auch sachrechtlichen) Rechtsirrtum begründeten Absehen der vermeintlichen Eheleute von einer Novation der Eheschließung liegen als in der Unwandelbarkeit als solcher, zumal der Normtext des Art 13 Abs 1 keinen fixen Anknüpfungszeitpunkt benennt und Wandelbarkeit jedenfalls explizit nicht ausschließt. Vor allem vermag die Annahme der Wandelbarkeit allein das Ergebnis einer Heilung nicht zu begründen: Denn auch unter Geltung des neuen Statuts wären dessen Voraussetzungen nicht erfüllt, weil die förmliche und freiwillige Eheschließung selbst noch unter Geltung des alten Statuts erfolgt ist und, jedenfalls ohne eine dem Art 43 Abs 3 vergleichbare Regel, eine Berücksichtigung von **vor dem Statutenwechsel erfolgten (zumal abgeschlossenen) Vorgängen** kaum zu begründen ist. Subjektiv kommt das Verhalten der nach wie vor sich freiwillig zu ihrer Ehe bekennenden Eheleute **nach dem Statutenwechsel** einem „**Unterlassen** unter falschem Recht" gleich. Dass dieses anders als sonstiges „Handeln unter falschem Recht" (Einl IPR Rn 93 zu dessen sachrechtlicher Berücksichtigung) auf kollisionsrechtlicher Ebene honoriert werden soll, leuchtet nicht ein.

53 Heilungsüberlegungen können daher allein an dem Aspekt **kollisionsrechtlichen Vertrauensschutzes** ansetzen[157]. Heilung ist nur angebracht, wenn im Einzelfall entsprechende Vertrauensmomente vorliegen, etwa eingewanderte Partner eine erneute Eheschließung (bzw Scheidung einer Vorehe) gerade deshalb unterlassen haben, weil eine nach altem Heimatrecht unwirksame oder geschiedene Ehe (bzw unwirksame Scheidung der Vorehe) nach dem Recht des neuen Heimat- und Aufenthaltsstaates als wirksam angesehen wird[158]. Insoweit überzeugt auch das überwiegende Abstellen auf das Recht, unter dem die Ehe gelebt worden ist, obwohl dies bei Abheben auf den bloßen

---

[147] Vgl zB BGH FamRZ 2001, 991.
[148] Die Rspr äußert sich großzügig, die Ansicht der Lit ist nach Feststellung MüchKommBGB/*Coesters* Rn 17 mwN etwa hälftig geteilt.
[149] Gegen Heilung durch Statutenwechsel daher *Soergel/Kegel* 11. Aufl 1984, Art 13 aF Rn 41.
[150] BGHZ 27, 375, 380; KG FamRZ 1986, 680; OLG München StAZ 1993, 151 f; *Staudinger/Mankowski* Rn 90 f mwN.
[151] Ähnlich *Siehr* IPRax 2007, 34.
[152] BGHZ 27, 375, 382; nach *Siehr* IPRax 2007, 31 mN haben bisher nur wenige Entscheidungen iE eine Heilung abgelehnt, etwa wenn die Eheleute später nicht in einem „heilenden" Staat als Eheleute zusammen lebten oder die Heilung erst nach dem relevanten Zeitpunkt eingetreten sei.
[153] Vgl *Erman/Hohloch* Rn 35 mN.
[154] KG FamRZ 1986, 680; OLG Koblenz IPRspr 1988 Nr 62 und 1975 Nr 39; nur hilfsweise OLG München StAZ 1993, 151, 152.
[155] Zum Diskussionsstand vgl MünchKommBGB/*Coester* Rn 17 ff mwN.
[156] Unklar zB *Erman/Hohloch* Rn 35; für Deckung anscheinend MünchKommBGB/*Coester* Rn 19; alternativ offenbar *Siehr* IPRax 2007, 34.
[157] Ähnl *Kropholler* IPR § 27 II 3 c.
[158] KG IPRax 1987, 33.

Statutenwechsel keine Relevanz haben dürfte, weil unter Art 13 Abs 1 nur ein neues *Heimat*recht relevant sein kann. Ein langjährig beständiges Umweltrecht – bei Ehe und Familie regelmäßig besonders geprägt durch den gewöhnlichen Aufenthalt – rechtfertigt seine Berücksichtigung auch unter dem Aspekt des Drittschutzes, insoweit eine solche Prägung auch nach außen erkennbar wird. Ebenso wie in den gesetzlich niedergelegten kollisionsrechtlichen Vertrauensschutztatbeständen der Art 12 und 16 wird hier zusätzlich ein subjektives Element (Unkenntnis, Gutgläubigkeit) zu fordern sein, freilich nicht wie dort seitens eines Dritten, sondern seitens der Eheleute selbst. Urkunden und Registereintragungen können Indizien für ein solches Vertrauen auf die Anwendbarkeit der später auch tatsächlich mit der Eheführung eng verbundenen Rechtsordnung sein. Zusätzlich zur tatsächlichen Eheführung unter und dem subjektiven Vertrauen in die Geltung dieser Rechtsordnung muss aber ein Wechsel im Personalstatut hin zu ebendieser hinzukommen (kumulative Voraussetzungen einer Heilung). Dies ist deshalb erforderlich, weil andernfalls die eherechtliche Anknüpfung contra legem korrigiert[159] und unzulässig eine Ausweichklausel eingeführt würde: Art 13 Abs 1 legt zwar einen Anknüpfungspunkt fest (Staatsangehörigkeit), benennt ausdrücklich jedoch keinen Anknüpfungszeitpunkt. Zwar fixiert die hM diesen grds zutreffend auf den Moment vor Eheschließung (Rn 43 ff), vom Gesetzestext her bleibt aber Spielraum. Erst diese Unschärfe eröffnet die Möglichkeit einer Auswahl – die dann freilich beschränkt ist auf die aufeinander folgenden Personalstatute – und bietet daher den notwendigen Ansatzpunkt für eine gewisse Korrektur der allzu starren Anknüpfung. Auf eine innere Loslösung vom alten Personalstatut[160] wird man verzichten können: Wichtig ist nur, dass es überhaupt ein **neues Personalstatut** gibt und dieses **mit dem gelebten Recht übereinstimmt**.

Von Heilung zu unterscheiden ist der Fall, dass (etwa politische, religiöse oder rassische) **Ehehindernisse** unter ausländischem Eheschließungsstatut **den deutschen ordre public** verletzen (die Ehe ist dann nur aus der Sicht deutschen Rechts (= hinkend) gültig) oder eine Beseitigung der Ehehindernisse (etwa die Vorehe wird geschieden) nachträglich rückwirkend anerkannt wird (Rn 55 ff)[161]. In diesen Fällen findet, anders als bei der Heilung, keine Neubewertung der Rechtslage statt, sondern diese hätte zum Zeitpunkt der Eheschließung bereits genau so beurteilt – eben als wirksam behandelt – werden müssen. Bei der Heilung wird demgegenüber durch die Berücksichtigung späterer Umstände die Rechtslage, ggf ex tunc, selbst umgestaltet. 54

b) Regelwidrige Anwendung deutschen Rechts (Abs 2). Fehlen nach dem Eheschließungsstatut sachliche Ehevoraussetzungen, so können diese unter den kumulativ vorliegenden Voraussetzungen des Abs 2 durch (punktuelle) Anwendung deutschen Rechts ersetzt werden. Im Übrigen bleibt es bei der Anwendung des nach Abs 1 bestimmten Eheschließungsstatuts[162]. Abs 2 honoriert unter den dort genannten Voraussetzungen starken Inlandsbezug und setzt die in Art 6 Abs 1 GG grundrechtlich garantierte **Eheschließungsfreiheit** im Kollisionsrecht durch. Die damit intendierte Verwirklichung des ordre public hat ihren Ursprung in BVerfGE 31, 58 („Spanienentscheidung")[163]. Bei Abs 2 handelt es sich um eine – die allgemeine Vorbehaltsklausel des Art 6 in Bezug auf die Eheschließungsfreiheit verdrängende (s aber Rn 56) – spezielle ordre-public-Klausel[164]. 55

Soweit es um Verstöße gegen andere Grundsätze als denjenigen der Eheschließungsfreiheit geht, ist **Art 6** daneben weiterhin anwendbar (zB Eheverbot der Eingehung polygamer Ehe im Inland oder von Kinderehen). Wegen der im ausländischen Recht kaum anzutreffenden Scheidungsverbote wird der vor allem als Reaktion auf diese eingeführte Abs 2 zT als inzwischen überflüssig angesehen[165]. 56

Abs 2 verweist in Ausnahme zu Abs 1 auf **deutsches Recht,** wenn **vier Voraussetzungen** kumulativ gegeben sind: 57

(1) Nach wenigstens einem der beteiligten Personalstatute **fehlt eine Eheschließungsvoraussetzung,** die in deutschem Recht *nicht* aufgestellt ist (zB Eheverbot der Religionsverschiedenheit[166], des nicht geleisteten Wehrdienstes[167], der höheren Weihen[168]) oder deren Beurteilung unter deutschem Recht anders ausfiele. Vergleichsmaßstab ist dabei immer das deutsche Recht, unabhängig davon, ob es im betreffenden Fall auch eines der Eheschließungsstatute ist oder nicht. 58

(2) Erforderlich ist nach Abs 2 Nr 1 weiter gewöhnlicher Aufenthalt eines Verlobten im Inland oder dessen deutsche Staatsangehörigkeit (Art 116 Abs 1 GG). Mit diesen Alternativen konkretisiert der Gesetzgeber den für ein Eingreifen des deutschen ordre public ausreichenden **Inlandsbezug.** Die Aufenthaltsanknüpfung nimmt Art 13 Abs 2 den Charakter einer Exklusivnorm nur für Deutsche. Nr 1 Alt 2 wird daher auf Staatenlose und Flüchtlinge entspr angewendet[169]. Streitig ist angesichts der Spezialität im Verhältnis zur allgemeinen ordre public Klausel, ob eine Überwindung ausländischer 59

---

[159] Zur Grenze des Gesetzeswortlauts *Wengler,* Skizzen zur Lehre vom Statutenwechsel, RabelsZ 23 (1958), 535, 546.
[160] So aber KG IPRax 1987, 33, 34 mwN; MünchKommBGB/*Coester* Rn 18: völlige Lösung: „alle Brücken hinter sich abgebrochen haben"; *Staudinger/Mankowski* Rn 95.
[161] BGH FamRZ 1997, 543; OLG Karlsruhe FamRZ 1991, 92; *Soergel/Schurig* Rn 27.
[162] *Erman/Hohloch* Rn 22.
[163] Begr RegE, BT-Drucks 10/504 S 53.
[164] *Erman/Hohloch* Rn 9; *Kegel/Schurig* IPR § 20 IV 1 b bb.
[165] *Kropholler* IPR § 44 I 3 Fn 6; *Schwimann* StAZ 1988, 35.
[166] BGHZ 56, 180; OLG Hamm FamRZ 1977, 323.
[167] OLG Düsseldorf StAZ 1980, 308.
[168] OLG Hamm StAZ 1974, 66.
[169] *Palandt/Heldrich* Rn 16; *Erman/Hohloch* Rn 18.

Ehehindernisse aus Gründen des ordre public auch möglich ist, wenn der Inlandsbezug hinter der Festlegung in Nr 1 zurückbleibt, also etwa nur schlichter Inlandsaufenthalt gegeben ist oder nur die Eheschließung im Inland stattfindet. Da der Gesetzgeber mit Art 13 Abs 2 gerade nicht das Wirkungsfeld des deutschen ordre public beschneiden wollte, es vielmehr um die gesetzliche Niederlegung einer typischen Fallkonstellation ging, wird man dies jedenfalls nicht grds ausschließen können, wobei die Ansiedlung dieser Fälle bei Art 13 Abs 2 analog oder Art 6 als rechtstechnische Frage letztlich dahinstehen kann[170]. Als Auffangregel muss auch hier das bewegliche System des Art 6 gelten, in dem besonders krasse Abweichungen vom deutschen ordre public selbst dann zu einer Korrektur führen können, wenn der Inlandsbezug gering ist.

60 (3) Abs 2 Nr 2 normiert als Obliegenheit der Verlobten, die ihnen zumutbaren **Schritte zur Beseitigung der Ehehindernisse** unter dem von Art 13 Abs 1 berufenen Recht zu unternehmen. Dadurch soll die Entstehung „hinkender" (halbwirksamer, Rn 40) Ehen verhindert werden. Denkbar ist etwa die Beseitigung aufschiebender Ehehindernisse, die Bemühung um Befreiung von Ehehindernissen[171] oder um Beseitigung des Ehehindernisses der Doppelehe durch Betreiben der Anerkennung einer Inlands- oder Drittstaatsscheidung im Heimatstaat oder durch Zweitscheidung im Heimatstaat[172]. Wegen Unzumutbarkeit unterbleiben können Schritte, die nach dem Recht oder der Rechtspraxis des anwendbaren Eheschließungsrecht aussichtslos oder nach deutschem Recht ihrerseits ordre-public-widrig sind[173].

61 (4) Schließlich darf es nach Abs 2 Nr 3 mit der verfassungsrechtlich in Art 6 Abs 1 GG garantierten **Eheschließungsfreiheit nicht vereinbar** sein, die Ehe zu versagen. Als Beispiel für eine solche Unvereinbarkeit bezieht sich das Gesetz auf das Ehehindernis der Doppelehe: Wenn das anwendbare ausländische Recht vom Bestand der Vorehe ausgehe, obwohl diese aus deutscher Sicht wegen Scheidung oder Tod nicht mehr bestehe, sei dies mit der Eheschließungsfreiheit unvereinbar. Ein solches „Hinken" der im Inland erfolgten oder anerkannten Beseitigung der Vorehe im ausländischen Eheschließungsrecht eines Verlobten findet sich etwa bei Staaten, die wie Andorra, Malta, der Vatikanstaat, San Marino, die Dominikanische Republik und die Philippinen an der Unauflöslichkeit der Ehe festhalten[174], aber auch, wenn ein ausländischer Staat ein deutsches Scheidungsurteil nicht anerkennt, weil er eine Alleinzuständigkeit für die Scheidung seiner eigenen Staatsangehörigen beansprucht[175], jedenfalls wenn diese sich dort nicht mehr nachholen lässt. Ein weiteres Beispiel für eine Unvereinbarkeit nennt der RegE, nämlich das Ehehindernis entfernter Verwandtschaft[176]. Dass das Gesetz **Regelbeispiele** aufführt, weist darauf hin, dass die Unvereinbarkeit restriktiv zu verstehen ist. Art 13 Abs 2 als spezielle Ausprägung des ordre public-Vorbehalts schützt nicht vor allen vom deutschen Recht abweichenden Ehehindernissen. Das Scheitern der Eheschließung im Inland muss vielmehr als untragbar erscheinen. Hierbei ist zwischen der durch Art 6 Abs 1 GG gewährleisteten Eheschließungsfreiheit und dem vom Gesetzgeber verfolgten Bestreben, nach Möglichkeit hinkende, dh im Heimatstaat mindestens eines der Verlobten nicht anerkannte Ehen zu vermeiden, abzuwägen[177], und zwar – wie stets bei Prüfung der ordre-public-Vereinbarkeit – im Lichte der Umstände des konkreten Falles[178].

V. Form der Eheschließung (Abs 3)

62 **1. Qualifikation als Formfrage.** Die Abgrenzung der sachlichen Eheschließungsvoraussetzungen gegenüber Fragen der Form erfolgt durch **teleologische und funktionelle** Qualifikation. Sinn und Zweck von Formvorschriften sind die Sicherung des Beweises, der Hinweis auf die Bedeutung der abzugebenden Erklärung und die Verhinderung übereilter und verbotener Rechtsgeschäfte[179]. Die Art und Weise der Bekundung des Ehekonsenses vor dem Standesbeamten ist eine Frage der Form. Gleiches gilt trotz materiellrechtlicher Sichtweise der Kirche für die Kundgabe des Ehekonsenses vor einem Priester[180]. Auch die Handschuhehe (etwa Art 111 Abs 2 ital Codice civile) wird als Formfrage qualifiziert, weil es sich um Stellvertretung „mit gebundener Marschroute" handelt[181] bzw um Botenschaft[182] (Stellvertretung in der Erklärung im Unterschied zu Stellvertretung im Willen, s Rn 26). Nicht zur Form zählt hingegen die Frage der postmortalen Eheschließung; denn mit der intendierten Bindung an einen Verstorbenen steht das Wesen der Ehe und der Ehewille in Frage (Rn 26)[183].

---

[170] MünchKommBGB/*Coester* Rn 27, 34.
[171] BGH FamRZ 1997, 544.
[172] OLG Hamm FamRZ 2003, 298; *Erman/Hohloch* Rn 19.
[173] BGH FamRZ 1997, 544; KG FamRZ 1994, 1414; OLG Köln StAZ 1989, 260, 261; krit im Hinblick auf Rechtsunsicherheit *Kropholler* IPR § 44 I 3.
[174] Aufzählung bei *Dötsch* NJW-Spezial 2007, 532, 533; zu den Philippinen ausf *Staudinger/Mankowski* Rn 281.
[175] Vgl *Staudinger/Mankowski* Rn 283 unter Hinweis auf irakisches Recht.
[176] BT-Drucks 10/504.
[177] Vgl BVerfGE 31, 58.
[178] OLG Stuttgart FamRZ 2000, 821 hält Scheitern der Eheschließung bei Eheverbot der Schwägerschaft (Rn 30) unter diesem Aspekt für nicht unangemessen, zumal hinter diesem rechtsvergleichend nicht ungewöhnlichen und bis 1998 in Deutschland selbst gültigen Eheverbot legitime Zwecke der Vermeidung familiärer Belastungssituationen stehen und in casu auch die Kinder der Ehewilligen nach Ansicht des Gerichtes keine durchgreifenden Nachteile aus dem Eheverbot erlitten.
[179] BGHZ 29, 137, 142.
[180] RGZ 88, 191, 193.
[181] BGHZ 29, 137, 144.
[182] *Kegel/Schurig* IPR § 20 IV 2 a.
[183] OLG Karlsruhe IPRax 1991, 250 mit Aufs *Beitzke* S 227; *Kropholler* IPR § 44 II.

2. Eheschließung im Inland. Für die Anknüpfung der **Form** gibt es zwei unterschiedliche 63
Kollisionsregeln, je nachdem, wo die Ehe geschlossen wurde. Bei Eheschließung in einer diplomatischen Vertretung ist Eheschließungsort das Gastland[184]. Zweifelhaft sein kann der Ort der Eheschließung vor allem in Vertretungsfällen. Die Ehe wird dort eingegangen, wo die Eheschließungserklärungen des Vertreters und des anderen Partners zusammentreffen (Art 11 Abs 3)[185]; auf den Ort der Unterzeichnung der Vollmachtsurkunde kommt es hier nicht an. So kann zwar eine Handschuhehe im Inland nicht geschlossen werden (Art 13 Abs 3 S 1), doch kann ein Verlobter im Inland die Vollmacht für eine ausländische Eheschließung erteilen[186].

a) Grundsatz. Nach dem **staatlichen Eheschließungsmonopol** kann die Eheschließung im 64
Inland nur nach deutschen Formvorschriften[187] der §§ 1310 ff BGB (obligatorische Ziviltrauung unter persönlicher und gleichzeitiger Anwesenheit beider Partner vor dem Standesbeamten) erfolgen (Art 13 Abs 3 S 1), selbst wenn die Personalstatute der Verlobten eine andere Eheschließungsform zulassen oder vorsehen (nur Ortsform, keine Geschäftsform). Art 13 Abs 3 verdrängt die allgemeine alternative Formanknüpfung an die Form des Geschäftsrechts (Heimatrecht beider Verlobten, Art 13 Abs 1) nach Art 11, setzt zwingend die Ortsform durch und verleiht dem nach deutschem materiellen Recht geltenden Prinzip der obligatorischen Zivilehe auf deutschem Boden auch international unbedingte Geltung. Abs 3 S 1 wird deshalb als spezielle Ausprägung von Art 6 angesehen **(spezielle ordre-public-Klausel)**. Nach dem somit anwendbaren deutschen Sachrecht liegt bei einem Formverstoß eine Nichtehe vor.

Dem deutschen Standesbeamten stellt sich so vielfach die Aufgabe, ein möglicherweise **vom deut-** 65
schen Formstatut abweichendes ausländisches Sachstatut (Heimatrechte der Nupturienten, Art 13 Abs 1) anwenden zu müssen. Durch die Übertragung der Klärung von Vorfragen auf andere Behörden (Ehefähigkeitszeugnis – Rn 76, dient zudem der besseren Umsetzung internationalen Entscheidungseinklangs – Rn 84, Feststellungen der Anerkennung ausländischer Scheidungen, Rn 88 ff) soll ihm dies erleichtert werden. In der sich daraus für den ausländischen Verlobten ergebenden Notwendigkeit der Beibringung eines Ehefähigkeitszeugnisses ist kein Verstoß gegen Art 3 GG zu sehen[188].

Der Zwang zur Inlandsform hat in der Vergangenheit vereinzelt zum Zustandekommen hinkender 66
(Definition s Rn 40) Ehen geführt. Die daran Anstoß nehmende Kritik und Vorschläge zur Rückkehr zur Grundregel des Art 11 Abs 1[189] haben sich aber nicht durchgesetzt. Die **Gefahr hinkender Ehen** hat durch die Einführung der fakultativen Zivilehe in einigen Ländern (Griechenland; Spanien) und die Möglichkeit der Heilung nicht standesamtlich geschlossener Ehen gemäß § 1310 Abs 3 BGB (Rn 74) etwas abgenommen. Soweit die Gefahr fortbesteht, ist sie gegenüber dem Bedürfnis nach Rechtsklarheit hinsichtlich des Personenstandsverhältnisses der im Inland lebenden Partner hinzunehmen[190].

b) Ausnahme. S 2 mildert diese strenge Grundregel des S 1 für die im Inland geschlossene **reine** 67
Ausländerehe ab (damit erfolgte die Übernahme des früheren § 15 a EheG 1946 in das EGBGB), weil zahlreiche ausländische Rechtsordnungen die auf deutschen Standesämtern geschlossene Ehe ihrer Staatsangehörigen nicht anerkennen. *Keiner* der Verlobten darf Deutscher oder deutscher Doppelstaater sein; auch wenn die deutsche Staatsangehörigkeit nicht die effektive ist, schadet sie gemäß Art 5 Abs 2 S 1.

Voraussetzung ist die Eheschließung durch eine von der Regierung des Staates, dem mindestens *einer* 68
der Eheschließungswilligen angehört, ordnungsgemäß ermächtigten Person in der Form, die das Recht dieses Staates vorschreibt. Ordnungsgemäß ermächtigte Personen können zB **diplomatische Vertreter, Truppenoffiziere oder Geistliche** sein. Zur Trauung generell ermächtigt sind nach Art 5 ist F des Wiener Übereinkommens über konsularische Beziehungen vom 24. 4. 1963 (BGBl 1969 II S 1587) auch **konsularische Vertreter.** Die Staatsangehörigkeit des ermächtigenden Staates muss der Ermächtigte nicht besitzen. Während bei konsularischen und diplomatischen Vertretern und Truppenoffizieren allgemein ihre Ermächtigung durch Gesetz ausreicht[191], liefert die gesetzliche Anerkennung der kirchlichen Trauung für katholische oder orthodoxe Geistliche keine ausreichende Ermächtigung[192]. Denn durch Anerkennung der kirchlichen Trauung übernimmt der ausländische Heimatstaat nicht schon die Gewähr für eine seinen Gesetzen entsprechende ordnungsgemäße Trauung. Eine Ermächtigung iSd Art 13 Abs 3 S 2 verlangt aber gerade eine solche Verbürgung der staatlichen Trauungsfunktion und die wirksame Bestellung des Betreffenden zum Organwalter[193]. Geistliche sind daher aus der Sicht des Auslands persönlich zu benennen, wenn gleich auch eine entsprechende gesetzliche Ermächtigung als ordnungsgemäß iS von Art 13 Abs 3 S 2 anzuerkennen wäre[194]. In diesen Fällen wird verlangt, dass die

---

[184] BGHZ 82, 34, 43 f; *Staudinger/Mankowski* Rn 487 mwN.
[185] BGHZ 29, 237; *Kropholler* IPR § 44 II 3 mwN Fn 29.
[186] *Kropholler* IPR § 44 II 3.
[187] Zu den nicht übernommenen Gegenvorschlägen *Erman/Hohloch* Rn 3.
[188] *Staudinger/Mankowski* Rn 48.
[189] *Dopffel/Drobnig/Siehr* (Hrsg), Reform des deutschen IPR, 1980, S 174; MPI Hamburg RabelsZ 47 (1983), 622.
[190] *Kropholler* IPR § 44 II 1 a.
[191] OLG Hamm FamRZ 1986, 678.
[192] BGHZ 43, 213; BGH FamRZ 2000, 699; 2003, 838; OLG Celle FamRZ 1964, 209; BayObLG FamRZ 1966 147.
[193] MünchKommBGB/*Coester* Rn 140 mwN.
[194] *Hepting* StAZ 1987, 154, 157.

ausländische Regierung der Bundesrepublik die Ermächtigung durch Verbalnote bekannt gibt[195], so dass das Bestehen einer Ermächtigung anhand einer Anfrage beim Bundesverwaltungsamt in Köln, sonst auch bei der diplomatischen oder konsularischen Vertretung des betreffenden Staates geprüft werden kann.

69 Zur **Beweisführung** der Eheschließung vor einer besonders dazu ermächtigten Person reicht die beglaubigte Abschrift der Eintragung in das konsularische Standesregister des betreffenden Heimatstaates (Art 13 Abs 3 S 2 HS 2) aus, nicht aber etwa ein Eintrag in Kirchenbücher[196]. Da Abs 3 S 2 aber keine einschränkende Tendenz besitzt, sondern im Interesse der Praxis nur einen häufig vorkommenden Fall regelt, in dem der „volle Beweis" jedenfalls erbracht ist, bleibt den Eheschließenden unbenommen, den Beweis mit anderen Mitteln zu führen und den Rechtsanwender von der Eheschließung zu überzeugen[197].

70 **3. Eheschließung im Ausland.** Bei Heirat im Ausland bestimmt sich das Formstatut hingegen direkt nach Art 11[198]. Art 13 enthält insoweit keine spezielle Regelung. Formgültigkeit kann sich demgemäß richten entweder nach den Formerfordernissen des **Geschäftsrechts** – dh entspr Art 13 Abs 1 distributiv nach den Personalstatuten der Verlobten – (Art 11 Abs 1 Alt 1, bei deutschem Recht in der Form des §§ 1310 ff BGB) oder alternativ des Rechts des Ortes der Eheschließung (Art 11 Abs 1 Alt 2, locus regit actum: **Ortsrecht**). Wirksam sind folglich die nur kirchliche Heirat Deutscher in Spanien, Griechenland oder bestimmten US-Bundesstaaten, die formlose Konsensehe nach altem common law[199]; die Handschuhehe[200]; in den diese gestattenden Staaten sowie zB die faktische Sowjetehe[201].

71 Die **Alternativanknüpfung** soll die Validierung der Ehe erleichtern („Günstigkeitsprinzip"). Über Folgen von nicht geheilten **Formfehlern** befindet – wenn keine alternativ wirksame Form gefunden wird – die verletzte Rechtsordnung. Sind Ehen sowohl nach Ortsrecht wie nach einem oder beiden Heimatrechten formfehlerhaft, ist entspr der Grundintention von Art 11 (Günstigkeitsprinzip) in ihrem Verhältnis zueinander **das mildere Recht** vorzuziehen[202]. Im Verhältnis der beiden beteiligten Personalstatute zueinander ist hingegen maßgeblich das Recht mit den strengeren Gültigkeitsvoraussetzungen (Grundsatz des „ärgeren" Rechts), in der Beurteilung des Formfehlers übereinstimmendes Personalstatut und Ortsrecht sind daher maßgeblich[203].

72 Die Ortsrechtsanknüpfung gilt **auch für rein deutsche Ehen** (Art 11 Abs 1 Alt 1 oder 2, Art 13 Abs 1). Unbedeutend ist also, ob auch das ausländische Heimatrecht eines Verlobten die Ortsform genügen lässt[204]. Deutsche Partner können daher im Ausland wirksam eine kirchliche oder gar eine common-law-Eheschließung (bloßer Konsens ohne Trauungsorgan) nach dem Recht einiger US-Bundesstaaten vornehmen, selbst wenn sie dadurch die deutsche Zivilehe vermeiden wollen. Halten sich die Brautleute in verschiedenen Staaten auf, so beurteilt sich die Ehewirksamkeit wiederum nach dem für sie günstigeren Recht (etwa von einer der Staaten die formlose Eheschließung erlaubt, Art 11 Abs 2)[205].

73 **4. Heilung formfehlerhafter Ehen. a) bei Eheschließung im Ausland.** Heilung des Formmangels bei Auslandseheschließungen ist ebenso möglich wie die Heilung materieller Mängel. Auch hier kann bereits das anwendbare Sachrecht (Orts- oder Geschäftsstatut) Heilungsmöglichkeiten vorsehen (Rn 50). Sonst ist an eine kollisionsrechtliche Heilung zu denken, die aber nur im Ausnahmefall möglich ist und nur bei einem Wechsel der Staatsangehörigkeit nach Art 11 Abs 1 Alt 1 iVm Art 13 Abs 1 gebildeten Formstatuts in Betracht kommt (vgl Rn 51 ff zu Art 13 Abs 1 unmittelbar).

74 **b) bei Eheschließung im Inland.** Heilung des Formmangels bei Inlandseheschließungen ist im Grundsatz nicht möglich (Art 13 Abs 3). Eine Ausnahme konstituiert § 1310 Abs 3 BGB (sachrechtliche Heilung). Die Norm erlaubt aus Gründen des Vertrauensschutzes die Heilung von Verstößen gegen Art 13 Abs 3, etwa wenn die trauende Person weder deutscher Standesbeamter noch zur Eheschließung „ordnungsgemäß ermächtigte Person" iS von Art 13 Abs 3 S 2 war[206]. Ansatzpunkt für das zu schützende Vertrauen ist die Eintragung der Ehe in ein Personenstandsbuch oder die Erteilung einer die wirksame Eheschließung voraussetzenden Bescheinigung[207]. Neben den formellen Voraussetzungen ist mindestens zehnjähriges Zusammenleben der Ehegatten oder mindestens fünfjähriges Zusammenleben bis zum Tode eines Partners erforderlich. § 1310 Abs 3 BGB ist Formvorschrift und findet unbeschadet des Personalstatuts der Partner als Ortsrecht auf jede fehlerhafte Inlandstrauung Anwendung[208]. Denn § 1310 Abs 3 BGB kommt als Vorschrift des Formstatuts der ursprünglichen (gescheiterten) Eheschließung zur Anwendung, für die der Anknüpfungszeitpunkt auf den damals

---

[195] BGH FamRZ 2003, 838, 841; Veröffentlichung einer solchen Verbalnote betr griechisch-orthodoxe Geistliche zB in StAZ 1965, 15.
[196] BGHZ 43, 213, 226.
[197] Vgl ausf BayObLG StAZ 1988, 259; VG Stuttgart IPRspr 1991, Nr 73; *Palandt/Heldrich* Rn 29; MünchKommBGB/*Coester* Rn 143; *Soergel/Schurig* Rn 92; aA offenbar BGHZ 43, 213, 226; *Staudinger/Mankowski* 648 f; *Erman/Hohloch* Rn 54; *v. Bar* IPR II Rn 178.
[198] OLG Karlsruhe StAZ 1994, 286; VGH Mannheim NJW 2007, 2506, 2507.
[199] RGZ 138, 314, 216.
[200] BGHZ 29, 137, 147; zu beiderseitiger deutsch-iranischer Handschuhehe KG OLGZ 1973, 435.
[201] RGZ 157, 257, 259.
[202] *Staudinger/Mankowski* Rn 763, 764 mwN.
[203] LG Berlin IPRspr 1960/61 Nr 87; *Staudinger/Mankowski* Rn 762.
[204] *Kropholler* IPR § 44 II 2.
[205] *Kropholler* IPR § 44 II 2.
[206] Begr RegE, BT-Drucks 13/4898 S 17.
[207] BGH FamRZ 2003, 838.
[208] *Kropholler* IPR § 44 II 1 c; *Sturm*, FS Rolland, 1999, S 377; aA *Bosch* FamRZ 1997, 139; *Erman/Hohloch* Rn 45; diff *Palandt/Heldrich* Rn 21.

missglückten Eheschließungsversuch fixiert ist. Wo später die Heilungsumstände verwirklicht werden, ist für die kollisionsrechtliche Anknüpfung und ihren Ort irrelevant.

VI. Verfahrensrecht

1. Internationale Zuständigkeit und Verfahrensablauf. a) Feststellungen der Ehevoraussetzungen. Deutsches Verfahrensrecht beherrscht Verfahrensart und Verfahrensablauf. Feststellungen über das Vorliegen oder Nichtvorliegen der Ehevoraussetzungen oder über die Wirksamkeit von Privatscheidungen ohne behördliche Mitwirkung (nach Maßgabe des Scheidungsstatuts) treffen die **Gerichte und Behörden** im Rahmen ihrer Zuständigkeit **inzidenter** (im Rahmen eines auf eine andere Frage gerichteten Verfahrens) **oder direkt,** etwa im Rahmen einer Scheidungs- oder Feststellungsklage auf Bestehen oder Nichtbestehen einer Ehe (Rn 88). Die **Landesjustizverwaltungen** treffen die vorgenannten Feststellungen nach Art 7 § 1 FamRÄndG im Rahmen der Anerkennung ausländischer Eheschließungen (Rn 89). **Standesbeamte** bzw die nach den §§ 47 ff PStG zuständigen **Gerichte** treffen sie bei der Entscheidung über die Zulässigkeit einer Amtshandlung des Standesbeamten. Die internationale Zuständigkeit der Gerichte (Entscheidungszuständigkeit) richtet sich nach den Vorschriften der Art 3 ff EuEheVO (zur Anwendungsfrage s Rn 88), sonst nach § 606 a Abs 1 ZPO. Die Herstellungsklage kann – unbeschadet ausländischen Anfechtungs- oder Scheidungsstatuts – nach § 610 ZPO mit einer Scheidungsklage verbunden werden, wenn etwa Willensmängel und Scheidungsgründe zusammentreffen. 75

b) Ehefähigkeitszeugnis. Bei einer **Inlandseheschließung** mit Auslandsbezug wird die Anwendung des fremden Rechts, auf das Art 13 Abs 1 verweist, verfahrensmäßig dadurch erleichtert, dass **ausländischem Personalstatut** unterstehende Eheschließungswillige vor der Eheschließung in Deutschland eine Bescheinigung vorzulegen haben, aus der das Nichtvorliegen von Ehehindernissen und das Vorliegen der materiellrechtlichen Eheschließungsvoraussetzungen nach ihrem Heimatrecht hervorgeht (Ehefähigkeitszeugnis, § 1309 BGB). In dem Zeugnis muss auch der jeweils andere Verlobte genannt sein[209], weil zweiseitige Ehehindernisse (Rn 42) ohne dessen Konkretisierung nicht subsumiert werden können und sonst keine abschließende Beurteilung der materiellen Ehewirksamkeit nach dem Heimatrecht des das Zeugnis beantragenden Partners erfolgen kann. Zusätzlich zu der Entlastungsfunktion für den deutschen Standesbeamten werden Eheschließungen verhindert, die im Heimatstaat eines der Verlobten eventuell nicht anerkannt werden. § 1309 BGB gilt nicht für Doppelstaater mit deutscher Staatsangehörigkeit und nicht für Staatenlose, Flüchtlinge und Asylberechtigte mit deutschem Personalstatut (gewöhnlicher Aufenthalt in Deutschland); denn sie unterstehen auch materiell deutschem Recht (Rn 36). Die nur Ausländer treffende Pflicht aus § 1309 BGB verstößt nicht gegen Art 3 GG (Rn 65). 76

Staaten, die Ehefähigkeitszeugnisse ausstellen, nennt § 166 Abs 4 DA[210]. Dem Ehefähigkeitszeugnis einer **Heimatbehörde** steht nach § 1309 Abs 1 S 2 BGB gleich eine nach Maßgabe eines mit dem betreffenden Heimatstaat geschlossenen völkerrechtlichen Vertrages (etwa das CIEC-Übereinkommen über die Ausstellung von Ehefähigkeitszeugnissen von 1980, BGBl 1997 II S 1086; 1999 II S 486; Rn 5) ausgestellte Bescheinigung einer anderen Stelle. Die zuständige Behörde bezeichnet jeder Vertragsstaat selbst. Häufig sind dies konsularische Auslandsvertretungen. 77

Das Ehefähigkeitszeugnis kann im Grundsatz nicht materiellrechtlich über das Fehlen sonstiger Eheschließungsvoraussetzungen hinweghelfen oder entsprechende Befreiungen ersetzen[211]. Das Zeugnis ist nicht mehr und nicht weniger als ein **Beweismittel** für den Inhalt des von Art 13 Abs 1 berufenen ausländischen Rechts (Sach- wie Kollisionsrecht, daher auch erforderlich bei Rückverweisung auf deutsches Eheschließungsrecht[212]) sowie die maßgeblichen Tatsachen[213]. 78

Stellt der Heimatstaat keine Ehefähigkeitszeugnisse aus, haben Staatenlose ihren gewöhnlichen Aufenthalt im Ausland oder weist das ausländische Personalstatut Ehehindernisse auf, die gegen den deutschen ordre public verstoßen, kann der Präsident des OLG, in dessen Bezirk die Ehe geschlossen werden soll, nach Prüfung, ob Ehehindernisse nach ausländischem Personalstatut bestehen, von der **Vorlagepflicht befreien** (§ 1309 Abs 2 S 2 und 3 BGB)[214]. Bestehen keine Ehehindernisse, besteht Anspruch auf Erteilung der Befreiung[215]. Es handelt sich um einen Justizverwaltungsakt, über dessen Rechtmäßigkeit auf Antrag das OLG (Senat unter Ausschluss des Präsidenten) entscheidet (§§ 23 Abs 1, 25 Abs 1 EGGVG). Der Standesbeamte hat diese Entscheidung vorzubereiten (§ 5 a PStG) und ist an sie gebunden. 79

§ 1309 Abs 1 BGB ist **Sollvorschrift** des Verfahrensrechts. Der Trauungsbeamte ist trotz Vorlage eines Ehefähigkeitszeugnisses oder eines Befreiungsnachweises aber nicht gehindert, die Eheschließungs- 80

---

[209] MünchKommBGB/*Coester* Rn 104.
[210] Neubekanntmachung vom 27. 7. 2000, BAnz Nr 154 a; aktuelle Aufzählung der Staaten bei *Palandt/Brudermüller* § 1309 BGB Rn 9; besondere Verfahren zur Beschaffung gelten im Verhältnis zu Luxemburg, Österreich und der Schweiz.
[211] MünchKommBGB/*Coester* Rn 108; *Staudinger/Mankowski* Rn 592, 594: Ausnahmen regeln §§ 174 Abs 2, 175 Abs 3, 176 Abs 2 DA, etwa Entbehrlichkeit des Heimataufgebots, Gesundheitszeugnisses etc.
[212] Begr RegE, BT-Drucks 13/4898 S 15; *Kropholler* IPR § 44 I 4; *Hepting* FamRZ 1998, 713; aA *Palandt/Heldrich* Rn 22.
[213] BT-Drucks 13/4898 S 15; BGHZ 41, 136, 139; 46, 87, 92; MünchKommBGB/*Coester* Rn 99 mwN. S. auch § 1309 BGB Rn 3.
[214] BGHZ 56, 180, 184 betr jüdisches Eheverbot der Religionsverschiedenheit.
[215] BGHZ 56, 180, 184.

voraussetzungen gesondert nachzuprüfen und die Trauung bei sachlich begründeten Zweifeln zu verweigern (Grenze: Willkürverbot). Der Standesbeamte ist an den Inhalt des Zeugnisses nicht gebunden. Er kann die Mitwirkung an der Eheschließung ablehnen, wenn er es nicht für richtig hält[216]. Umgekehrt ist eine Eheschließung auch dann wirksam, wenn ein Ehefähigkeitszeugnis gar nicht vorgelegt wurde[217]. Auch hindern Ehefähigkeitszeugnis oder Befreiung den Standesbeamten nicht daran, zur Ausräumung ihm verbleibender Zweifel eine gerichtliche Entscheidung nach § 45 Abs 2 PStG herbeiführen[218], die ihn dann bindet. Gegen eine Ablehnung der Eheschließung durch den Standesbeamten können die Verlobten gem §§ 45, 50 PStG gerichtliche Entscheidung beantragen.

81   Mit einem Ehefähigkeitszeugnis nicht zu verwechseln ist die **staatliche Heiratsgenehmigung** wegen besonderer Vertrauensverhältnisse oder Pflichtenstellungen zum Heimatstaat. International zuständig sind nur die Heimatbehörden. Das Genehmigungserfordernis kann ggf durch Art 13 Abs 2 oder Art 6 EGBGB überwunden werden[219].

82   Die Zuständigkeit zur Erteilung eines Ehefähigkeitszeugnisses **für Deutsche, die im Ausland heiraten wollen,** richtet sich nach § 69 b Abs 1 PStG.

83   c) **Verweigerung von Scheinehen.** Die Schließung von offenkundig zum Zwecke der Erlangung aufenthaltsrechtlicher und arbeitsrechtlicher Vorteile beabsichtigter Scheinehen (Rn 48) kann der Standesbeamte nach § 1314 Abs 2 Nr 5, § 1310 Abs 1 S 2 BGB ablehnen[220]. Es sind jedoch konkrete Anhaltspunkte für einen Rechtsmissbrauch erforderlich, um Ermittlungen (§ 5 Abs 4 PStG) aufzunehmen[221]. Bei im Ausland geplanter Scheinehe kann der deutsche Standesbeamte die Erteilung eines Ehefähigkeitszeugnisses ablehnen[222].

84   d) **Befreiung von Ehehindernissen.** Für die Befreiung von Hindernissen sind die Gerichte des Staates international zuständig, dem der gehinderte Verlobte angehört, in dem er sich gewöhnlich aufhält, in dem ein Fürsorgebedürfnis besteht (§§ 43 Abs 1, 35 b FGG), oder dessen Recht anzuwenden ist. Die örtliche Zuständigkeit richtet sich nach den §§ 43 Abs 1, 36 Abs 1 bis 3 FGG.

85   e) **Anlegung deutscher Personenstandsbücher und Eintragungen.** Bei Eheschließung vor dem deutschen Standesbeamten (Art 13 Abs 3 S 1) wird die Ehe in das Heiratsbuch eingetragen (§§ 9, 11 PStG) und ein Familienbuch angelegt. Haben die Ehegatten dann im Inland weder Wohnsitz noch gewöhnlichen Aufenthalt, wird das Familienbuch gemäß § 13 Abs 3 PStG fortgeführt. Bei Eheschließung vor einer dazu ermächtigten Person (Art 13 Abs 3 S 2) wird ein deutsches Familienbuch nur auf Antrag angelegt (§ 15 a Abs 1 Nr 2 PStG). Gleiches gilt bei Eheschließung im Ausland. Nach konsularischer Eheschließung Deutscher im Ausland (Rn 86) wird die im Konsulat vorgenommene Eintragung der Heirat an das Standesamt Berlin I übersandt, das gemäß § 8 Abs 2 S 2 KonsularG als eheschließender Standesbeamter gilt.

86   f) **Konsularische Eheschließung.** Für konsularische Eheschließungen im Ausland gilt § 8 KonsularG vom 11. 9. 1974 (BGBl I S 2317); die Möglichkeit besteht aber praktisch nicht mehr[223]. Die **konsularische Eheschließungen im Inland** regeln bilateral geschlossene Konsularverträge oder Handelsverträge mit Meistbegünstigungsklausel (Rn 8 f). Die Verlagerung des Trauungsortes in das Ausland (zur Umgehung von § 1309 = unechte **Gesetzesumgehung**, Rn 46 f) ist begrenzt möglich. Trennende Ehehindernisse der Heimatrechte werden auf diese Weise aber nicht beseitigt[224].

87   2. **Anerkennung ausländischer Eheschließungen und Eheentscheidungen.** Im Ausland geschlossene Ehen können vor inländischen Behörden und Gerichten durch Vorlage entsprechender Bescheinigungen anerkannt werden. **Nachweis** wird erbracht durch Urkunde, Zeugenaussage, eidesstattliche Versicherung oder sonstige geeignete Mittel[225].

88   Eine gerichtliche Überprüfung des Bestehens oder Nichtbestehens der Ehe als eigener Verfahrensgegenstand ist nur möglich in einem eigenen **Feststellungsverfahren** nach Maßgabe der dafür vorgesehenen besonderen Zulässigkeitsvoraussetzungen (§§ 256, 632 ZPO). Geht es dabei um Inlandsehen mit Auslandsberührung, so setzen Klagen vor deutschen Gerichten die internationale Zuständigkeit voraus. Seit Geltung der EuEheVO, die als loi uniforme konzipiert ist, ergibt sie sich grds nicht mehr aus § 606 a ZPO, sondern aus der Verordnung, die für einen Rückgriff auf autonomes Zuständigkeitsrecht nur noch Raum lässt im Falle einer Restzuständigkeit, dh wenn sich aus der EuEheVO in keinem der EG-Staaten außer Dänemark eine Zuständigkeit ergibt[226]. Der Anwendungsbereich der EuEheVO erfasst nach ihrem Art 1 Abs 1 lit a neben Scheidung und Trennung

---

[216] BGHZ 46, 87.
[217] *Kropholler* IPR § 44 I 4.
[218] OLG Braunschweig StAZ 1996, 85, 86; *Staudinger/Mankowski* Rn 592.
[219] *Palandt/Heldrich* Rn 8; *Soergel/Schurig* Rn 114 mwN Fn 8.
[220] OLG Düsseldorf StAZ 1996, 138, FamRZ 1999, 225 und 791; OLG Celle StAZ 1996, 366; FamRZ 1998, 1108; OLG Jena StAZ 1998, 177 und 2000, 175; OLG Dresden NJW-RR 2001, 1; OLG Schleswig StAZ 2001, 362; OLG Naumburg FamRZ 2002, 1115; *Otte* JuS 2000, 148.
[221] KG NJW-RR 2001, 1373.
[222] AG Bonn IPRax 1984, 42.
[223] Vgl *Schröder/Bergschneider/Mörsdorf-Schulte* Rn 11.108 mN.
[224] LG Hamburg IPRspr 1974 Nr 50; *Erman/Hohloch* Rn 10. S. aber Rn 47 aE.
[225] BayObLG IPRspr 1988 Nr 59; zB dänischer Trauschein VGH Mannheim NJW 2007, 2506 und OVG Münster NJW 2007, 314 m Anm *Mörsdorf-Schulte* 1331.
[226] Vgl *Schröder/Bergschneider/Mörsdorf-Schulte* Rn 11.120–125.

ausdrücklich zwar nur die „Ungültigerklärung einer Ehe", doch sollen nach überw M auch[227] Klagen auf Feststellung des Bestehens oder Nichtbestehens einer Ehe darunter fallen.

Ausländische Entscheidungen in Ehesachen (Feststellung von Bestehen oder Nichtbestehen der **89** Ehe, Nichtigerklärung, Aufhebung, Scheidung mit oder ohne Trennung des Ehebandes; Privatscheidungen mit behördlicher Beteiligung) durch staatliche oder religiöse Gerichte oder Behörden bedürfen für ihre Anerkennung im Inland der Entscheidung der zuständigen **Landesjustizverwaltung,** die auf unbefristeten Antrag jedes rechtlich Interessierten gemäß §§ 328, 606a Abs 2 ZPO, Art 7 § 1 FamRÄndG ergeht[228]. Deren Entscheidung ist allgemeinverbindlich (Art 7 § 1 Abs 8 FamRÄndG). Entscheidungen des gemeinsamen Heimatstaates der Eheleute bedürfen nach Art 7 § 1 Abs 1 S 3 FamRÄndG keiner Anerkennung in einem separaten Verfahren und sind daher inzident auf ihre Anerkennungsfähigkeit zu überprüfen[229]. Es besteht aber auch hier fakultativ die Möglichkeit der Durchführung eines Anerkennungsverfahrens bei der Landesjustizverwaltung[230].

Stammt die anzuerkennende **Entscheidung aus einem EG-Mitgliedstaat** mit Ausnahme Däne- **90** marks, so verdrängt die EuEheVO (zum sachlichen Anwendungsbereich Rn 88) autonomes nationales Recht. Nach ihr ist eine förmliche Anerkennung von Entscheidungen aus Mitgliedstaaten nicht erforderlich Sie erfolgt vielmehr ipso iure. Für Gerichte wie für Standesbeamten gilt hier das Prinzip der Inzidentanerkennung (Art 21 EuEheVO), selbst wenn die ausländische Entscheidung ihre Gestaltungswirkung erst mit der Eintragung in das Personenstandsbuch erlangt und diese im Wege der Substitution in Deutschland erfolgt[231]. Auch in Bezug auf Entscheidungen aus EG-Staaten außer Dänemark existiert aber ein isoliertes Feststellungsverfahren über die bestehende oder nicht bestehende Anerkennungsfähigkeit, das jede Partei einer ausländischen Entscheidung beantragen kann (Art 21 Abs 3 EuEheVO, §§ 10, 12 IntFamRG); ausf zur Anerkennung ausländischer Scheidungen Art 17 Rn 159ff. Bei Entscheidungen aus der **Schweiz** oder aus **Tunesien** sind neben[232] dem autonomen Anerkennungsrecht bilaterale Staatsverträge anwendbar[233].

Verfahren, in denen es auf eine Anerkennung durch die Landesjustizverwaltung nach Art 7 § 1 **91** FamRÄndG ankommt, sind **auszusetzen** (§ 148 ZPO).

Soll die ausländische Entscheidung über das Bestehen einer Ehe in erster Linie dazu benutzt werden, **92** in Rechte Dritter (Erbe, Versicherer) einzugreifen so kommt ein Verstoß gegen den inländischen anerkennungsrechtlichen ordre public (§ 328 Abs 1 Nr 4 ZPO) in Betracht[234]. Allerdings dürfte der Nachweis solcher ausschließlich auf Beschädigung der Rechtspositionen Dritter gerichteter Schritte schwierig sein.

Sachliche Anerkennungsvoraussetzungen sind Gerichtsbarkeit des Entscheidungsstaates, formelle **93** Rechtskraft der Entscheidung und die in § 328 Abs 1 Nr 1 bis Nr 4 ZPO aufgeführten Voraussetzungen. Maßgeblicher Zeitpunkt zur Beurteilung des Vorliegens der Anerkennungsvoraussetzungen und zur intertemporalen Bestimmung des anzuwendenden deutschen Anerkennungsrechts nach Rechtsänderungen ist der Abschluss des ausländischen Verfahrens (Erlass der Entscheidung)[235]. Falls es die Anerkennung fördert, ist auch neues deutsches Anerkennungsrecht anwendbar. Die Anerkennung wirkt dann ab Rechtskraft der deutschen Anerkennungsentscheidung[236]. Geht es um die Anerkennung des Urteils eines **EG-Mitgliedstaates** außer Dänemark, so gilt ohne weiteres die oben beschriebene (Rn 90) europäische Wirkungserstreckung nationaler Entscheidungen, die keine positive Feststellung bestimmter Anerkennungsvoraussetzungen verlangt, wohl aber an den in Art 22 EuEheVO genannten **Einwendungen** (ordre public, rechtliches Gehör, entgegenstehende Rechtskraft, Rechtshängigkeitseinwand) scheitern kann (zu Art 22 EuEheVO bei Anerkennung einer Scheidung s Art 17 Rn 164).

VII. Interlokales Privat- und Verfahrensrecht

1. Recht der Deutschen Demokratischen Republik und Ost-Berlins vor dem Beitritt.
In **94** der DDR regelten die §§ 5 bis 8 FamGB[237] das **materielle Eheschließungsrecht** (Anfang, Ende der Ehe und Ehewirkungen). Aufhebung der Ehe (iS der §§ 28 bis 37 EheG aF) war durch Scheidung (§ 24 FGB)[238] ersetzt, parallel dazu die Aufhebung iS von § 39 Abs 1 EheG durch § 38 FGB. Die

---

[227] *Kropholler*, Europäisches Zivilprozessrecht, Einl Rn 86; *R. Wagner* IPRax 2001, 73, 76 Fn 58; *Gruber* FamRZ 2000, 1129, 1130; PWW/*Rausch* Rn 17; MünchKommBGB/*Coester* Rn 173; aA MünchKommZPO/*Gottwald* Art 1 EheGVO Rn 2; *Helms* FamRZ 2001, 257, 259.
[228] BGH FamRZ 2001, 991.
[229] Wenn einer der Ehegatten zugleich Deutscher ist, scheidet diese Möglichkeit, die ohnehin eng auszulegen ist, aus, OLG Düsseldorf IPRspr 1979 Nr 77.
[230] BGHZ 112, 130; *Baumbach/Lauterbach/Albers/Hartmann* § 328 ZPO Rn 55; MünchKommZPO/*Gottwald* § 328 Rn 162; aA OLG Frankfurt NJW 1971, 1528; *Geimer* NJW 1971, 2138; *Stein/Jonas/Schumann* § 328 ZPO Rn 440, 445.
[231] *Schlosser*, EU-Zivilprozessrecht, 2. Auf 2002, Art 14 EuEheVO Rn 2 mwN.
[232] Vgl *Zöller/Geimer* § 328 ZPO Rn 8.
[233] RGBl 1930 II S 1066: Schweiz; BGBl 1969 II S 890: Tunesien; zu beidem auch Art 17 Rn 165.
[234] *Soergel/Schurig* Rn 117.
[235] KG FamRZ 1987, 603.
[236] BayObLG StAZ 1988, 101; MünchKommBGB/*Coester* Rn 142.
[237] GBl 1966 S 1; ÜbernahmeVO vom 28. 1. 1966, VOBl IS 117, idF vom 19. 6. 1975, GBl I S 517 Einzelheiten bei *Soergel/Schurig* Rn 164.
[238] Zuletzt neu gefasst durch 1. FamRÄndG vom 20. 7. 1990, GBl I S 1038, in Kraft 1. 10. 1990, außer Kraft am 3. 10. 1990.

EGBGB Art 14   Internationales Privatrecht

Reaktion auf Ehehindernisse oder Willensmängel war daher nicht Nichtigkeit, sondern Scheidung, wenn Ostrecht das interlokale Personalstatut des betreffenden Verlobten war.

95 **Internationales Eheschließungsrecht** der DDR und Berlin Ost war zuletzt geregelt in den §§ 12, 20 Abs 3 Rechtsanwendungsgesetz vom 5. 12. 1975 (RAG)[239]. Aus Sicht der DDR gab es kein interlokales Eherecht, weil die Bundesrepublik und Berlin West als Ausland galten. Für jeden Verlobten unterlagen die Heiratsvoraussetzungen seinem Heimatrecht. Heirat von Ausländern war bis zum 31. 1. 1990 **genehmigungspflichtig**[240]. Es galt die Form des Abschlussortes (§ 18 Abs 2 RAG), bei gemischtnationalen Ehen genügte die Form des Heimatrechts eines Verlobten (§ 18 Abs 3 RAG). § 18 Abs 1 S 2 RAG und die Bestimmungen der VO vom 30. 11. 1988 wurden, soweit Heirat von Ausländern betreffend, 1990 aufgehoben[241].

96 **2. Recht der Bundesrepublik Deutschland vor dem Beitritt.** Im innerdeutschen Verhältnis galt aus westdeutscher Sicht bis zur deutschen Wiedervereinigung am 3. 10. 1990 Art 13 entsprechend: An die Stelle der Staatsangehörigkeit trat **das interlokale Personalstatut** jedes Verlobten, also dessen **gewöhnlicher Aufenthalt** in West oder Ost[242]. Auf die **Form** der Eheschließung war **Art 11 Abs 1 entspr** anzuwenden. Art 13 Abs 3 S 1 wurde auf Heiraten in der DDR und in Berlin-Ost nicht angewandt. Für entsprechende Anwendung des Art 13 Abs 2, der zur alternativen Geltung des westdeutschen Rechts führen würde, besteht interlokal kein Anlass[243].

97 **3. Rechtslage seit Beitritt.** Seit der Wiedervereinigung ist die Rechtsspaltung aufgehoben allerdings nicht vollständig, vgl **Art 236 und 234 § 1**. Für die Eheschließungen seit dem 3. 10. 1990 (**„Neufälle"**) gilt im gesamten Gebiet der Bundesrepublik das zuvor nur in den alten Bundesländern und West-Berlin geltende materielle, internationale und interlokale Eheschließungsrecht (EheG, BGB, EGBGB).

98 Für die vor dem 3. 10. 1990 geschlossenen Ehen (**„Altfälle"**) führt Art 236 § 1 zur Anwendung des **bisherigen Internationalen** Privatrechts. Um zu entscheiden, ob das bisherige Internationale Privatrecht dasjenige der DDR oder dasjenige der Bundesrepublik war, ist eine interlokale Beurteilung erforderlich. Ob diese ohne weiteres anhand des heutigen einheitlichen interlokalen Privatrechts (identisch mit demjenigen der Bundesrepublik vor der Wiedervereinigung) oder bei Schwerpunkt des Falles in den neuen Bundesländern nach demjenigen der DDR (Rn 95) zu erfolgen hat, hängt davon ab, ob man die Fortgeltungsanordnung in Art 236 § 1 nicht nur auf das Internationale, sondern (ua weil dies der Auffassung in der DDR entsprach) auch auf das Interlokale Privatrecht bezieht oder nicht. Die Frage war umstritten und ist vom BGH inzwischen in dem Sinne entschieden worden, dass interlokales Privatrecht auch bei Altfällen in jedem Fall dasjenige der Bundesrepublik sei[244]. In Bezug auf die Eheschließungsanknüpfung dürfte die Frage angesichts der Ähnlichkeit der diesbezüglichen Kollisionsregel in beiden deutschen Gebieten (Rn 94–96) letztlich ohne praktische Relevanz sein.

99 Führt das interlokal anwendbare Internationale Privatrecht zur Anwendung deutschen Rechts, erfordert die Anordnung der **Fortgeltung von Sachrecht der DDR** (Familiengesetzbuch) in Art 234 für bis einschließlich am 2. 10. 1990 in der DDR geschlossene bzw für nichtig erklärte Ehen[245] wiederum eine interlokale Entscheidung, für die die Rspr bundesdeutsches interlokales Privatrecht (dazu Rn 96) heranzieht (Nachweis zu Rn 98).

100 Das **interlokale Verfahrensrecht** regelt Fragen des anwendbaren Rechts auf Verfahren vor und nach der deutschen Vereinigung (insbes Zuständigkeit, Anerkennung, Vollstreckung) sowie der Kollision von Entscheidungen mit verschiedenen Ergebnissen[246]. Relevant ist noch die Anerkennung und Vollstreckung von **Entscheidungen von Gerichten der DDR**. Scheitern kann die Anerkennung vor allem an der Verletzung der internationalen Zuständigkeit (Anerkennungszuständigkeit, mithin „spiegelbildlich" aus Sicht der Bundesrepublik) und des ordre public[247].

Art 14 Allgemeine Ehewirkungen

(1) Die allgemeinen Wirkungen der Ehe unterliegen
1. dem Recht des Staates, dem beide Ehegatten angehören oder während der Ehe zuletzt angehörten, wenn einer von ihnen diesem Staat noch angehört, sonst

---

[239] GBl I S 748; Ost-Berlin VOBl 1976 S 9; zur Entwicklung näher *Soergel/Schurig* Rn 176.
[240] Abs 1 S 2 aufgehoben zum 1. 2. 1990, GBl I S 10; Einzelheiten der Zustimmung zuletzt geregelt in §§ 5 bis 13 der VO zur Gewährung des ständigen Wohnsitzes für Ausländer in der DDR und zur Eheschließung von Bürgern der DDR mit Ausländern vom 30. 11. 1988, GBl I S 274 = StAZ 1989, 85 f, in Kraft seit 1. 1. 1989.
[241] § 18 RAG durch § 1 Gesetz zur Anpassung von Regelungen an das Reisegesetz vom 11. 1. 1990, GBl I S 10 = StAZ 1990, 118, die VO vom 30. 11. 1988 durch Bek vom 1. 1. 1990, GBl I S 13.
[242] BGH NJW 2001, 2394; zu eng noch BGHZ 42, 99, 100: Eherecht der DDR nur, wenn *beide* Verlobte bei Heirat gewöhnlichen Aufenthalt in der DDR hatten; krit *Soergel/Schurig* Rn 169.
[243] *Kegel/Schurig* IPR § 20 IV 6 b bb.
[244] BGHZ 124, 273; BGH NJW 2006, 2034; *Palandt/Heldrich* im Palandt-Archiv Teil II bei www.palandt.beck.de, Art 236 Rn 4 m zahlreichen Hinweisen zur Gegenansicht.
[245] *Palandt/Diederichsen* im Palandt-Archiv Teil II bei www.palandt.beck.de, Art 234 § 2 Rn 2.
[246] *Kegel/Schurig* IPR § 22 VIII 2; *Soergel/Kegel* 11. Aufl 1984, Art 17 Rn 178, Vor Art 7 Rn 704–793, 719, 745–760; *Soergel/Kegel* Art 3 Anh Rn 238, 243; Art 17 Rn 152–156.
[247] Näher *Kegel/Schurig* IPR VIII 2 b ccc mN.

2. dem Recht des Staates, in dem beide Ehegatten ihren gewöhnlichen Aufenthalt haben oder während der Ehe zuletzt hatten, wenn einer von ihnen dort noch seinen gewöhnlichen Aufenthalt hat, hilfsweise
3. dem Recht des Staates, mit dem die Ehegatten auf andere Weise gemeinsam am engsten verbunden sind.

(2) Gehört ein Ehegatte mehreren Staaten an, so können die Ehegatten ungeachtet des Artikels 5 Abs. 1 das Recht eines dieser Staaten wählen, falls ihm auch der andere Ehegatte angehört.

(3) ¹Ehegatten können das Recht des Staates wählen, dem ein Ehegatte angehört, wenn die Voraussetzungen des Absatzes 1 Nr. 1 nicht vorliegen und
1. kein Ehegatte dem Staat angehört, in dem beide Ehegatten ihren gewöhnlichen Aufenthalt haben, oder
2. die Ehegatten ihren gewöhnlichen Aufenthalt nicht in demselben Staat haben.
²Die Wirkungen der Rechtswahl enden, wenn die Ehegatten eine gemeinsame Staatsangehörigkeit erlangen.

(4) ¹Die Rechtswahl muss notariell beurkundet werden. ²Wird sie nicht im Inland vorgenommen, so genügt es, wenn sie den Formerfordernissen für einen Ehevertrag nach dem gewählten Recht oder am Ort der Rechtswahl entspricht.

Schrifttum: *Andrae,* Internationales Familienrecht, 2. Aufl 2006; *A. Börner,* Die Anforderungen an eine konkludente Rechtswahl des auf die Ehewirkungen anwendbaren Rechts nach Art 14 EGBGB, IPRax 1995, 309; *Finger,* Familienrechtliche Rechtsanwendung im Verhältnis zum Iran, FuR 1999, 58, 158, 215; *Henrich,* Die Morgengabe und das Internationale Privatrecht, FS Sonnenberger, 2004, S 389; *Jayme,* Zur Ehescheidung von Doppelstaatern mit verschiedener effektiver Staatsangehörigkeit, IPRax 2002, 209; *Kartzke,* Renvoi und Sinn der Verweisung, IPRax 1988, 8; *Kühne,* Die außervertragliche Parteiautonomie im neuen Internationalen Privatrecht, IPRax 1987, 69; *Lichtenberger,* Zu einigen Problemen des Internationalen Familien- und Erbrechts, FS Ferid, 1988, S 269; *Schotten/Schmellenkamp,* Das Internationale Privatrecht in der notariellen Praxis, 2. Aufl 2007; *Schotten/Wittkowski,* Das deutsch-iranische Niederlassungsabkommen im Familien- und Erbrecht, FamRZ 1995, 264; *Schröder/Bergschneider/Mörsdorf-Schulte,* Familienvermögensrecht, 2. Aufl 2007; *Spickhoff,* Die engste Verbindung im interlokalen und internationalen Familienrecht, JZ 1993, 336; *Wegmann,* Rechtswahlmöglichkeiten im internationalen Familienrecht, NJW 1987, 1740; *Wurmnest,* Die Mär von der *mahr* – Zur Qualifikation von Ansprüchen aus Brautgabevereinbarungen RabelsZ 71 (2007), 527.

Übersicht

	Rn		Rn
I. Allgemeines	1	b) Sekundäranknüpfung an den Aufenthalt (Nr 2)	34
1. Regelungskonzept	1	c) Tertiäranknüpfung an die gemeinsame engste Verbindung auf andere Weise (Nr 3)	39
2. Rechtstatsachen	2		
3. Vorrangige staatsvertragliche Regelungen (Art 3 Abs 2)	3	3. Subjektive Anknüpfung: beschränkte Rechtswahl (Abs 2 bis 4)	42
II. Anküpfungsgegenstand	5	a) Wirkung der Wahl	42
1. Qualifikation als allgemeine Ehewirkung	5	b) Wahlmöglichkeiten	45
a) Ehe	5	c) Durchführung und Geltung der Wahl	51
b) Allgemeine Wirkungen	7	4. Anknüpfungszeitpunkt	60
2. Einzelne allgemeine Ehewirkungen	9	5. Geltung allgemeiner Grundsätze	64
a) Persönliche Rechtsbeziehungen (eheliche Lebensgemeinschaft und Lebensführung)	9	a) Gesamtverweisung	64
		b) Rechtsspaltung, Einzelstatut	67
b) Vermögensrechtliche Beziehungen	11	c) Vorfrage nach dem Bestand einer Ehe	68
III. Anknüpfung	24	d) Ordre public-Vorbehalt	72
1. Überblick zu den Anknüpfungspunkten	24		
2. Objektive Anknüpfung	25	**IV. Verfahren**	73
a) Primäranknüpfung an die Staatsangehörigkeit (Abs 1 Nr 1)	26	**V. Innerdeutsches Kollisionsrecht**	80

I. Allgemeines

1. Regelungskonzept. Art 14 beantwortet allein die kollisionsrechtliche Frage, welchem Recht die allgemeinen Wirkungen (Rechtsfolgen) einer Ehe unterliegen (**Ehewirkungsstatut**). Die Vorfrage des gültigen Eheschlusses bestimmt sich nach dem von Art 13 berufenen Recht (Eheschließungsstatut). Namens- und güterrechtliche Wirkungen, Scheidung und Scheidungsfolgen sowie erbrechtliche Folgen unterliegen gesonderter Anknüpfung (Art 10, 15, 17, 17 a, 18 und 25), die aber in vielen Fällen (vgl Art 15 Abs 1, Art 17 Abs 1 Satz 1 und Abs 3 und Art 18 Abs 4) auf die **Grundsatzanknüpfung** von Art 14 verweist. In gleicher Weise verweisen Art 19 Abs 1 S 3 für das Abstammungsstatut und Art 22 S 2 für das Adoptionsstatut auf Art 14 Abs 1. Das dadurch geschaffene **einheitliche Familienstatut**[1]

---

[1] Begriff aus BT-Drucks 10/5632 S 41.

sorgt für eine (fast) durchgängig gleichförmige Anknüpfung der familienrechtlichen Rechtsbeziehungen. Trotz seines originär begrenzten Anwendungsbereichs kommt dem Ehewirkungsstatut damit eine weit reichende Bedeutung zu, wobei sich der familienrechtlichen Anknüpfungsgleichklang durch entsprechende Nutzung der Wahlmöglichkeiten (Art 14 Abs 2 und 3) noch verstärken lässt. Bei **Teilnahme der Ehegatten am inländischen Rechtsverkehr** ist Art 16 Abs 2 zu beachten, wonach deutscher Verkehrsschutz Abweichungen ausländischen Ehewirkungsstatuts uU verdrängen kann.

2   2. **Rechtstatsachen.** Es ist anzunehmen, dass der überwiegende Teil der in Deutschland geschlossenen Ehen auch in Deutschland gelebt wird, so dass hier die allgemeinen Ehewirkungen eintreten und idR auch zu beurteilen sind. An ca 16% dieser Ehen war im Jahr 2004 mindestens ein ausländischer Partner beteiligt[2]. Im Jahr 2004 lebten in Deutschland 845.000 ausländisch-ausländische Ehepaare mit Kindern und 594.000 deutsch-ausländische Ehepaare mit Kindern, während sich die Anzahl der ausschließlich deutschen Ehepaare mit Kindern auf 7.809.000 belief[3].

3   3. **Vorrangige staatsvertragliche Regelungen (Art 3 Abs 2).** Das **Haager Ehewirkungsabkommen** vom 17. 7. 1905 (RGBl 1912 S 453) betraf allgemeine Ehewirkungen und das Ehegüterrecht. Mit seiner Kündigung zum 23. 8. 1987 ist das Abkommen **für Deutschland außer Kraft** getreten. Die in Art 2 des Abkommens geregelte Anknüpfung des gesetzlichen Güterstandes an die Staatsangehörigkeit des Mannes verstieß gegen Art 3 Abs 2 GG[4]. Auf vor dem Außerkrafttreten entstandene Fälle kann es mit Ausnahme des Art 2 des Übereinkommens entspr Art 220 Abs 1 und 2 noch anwendbar sein.

4   Noch in Kraft ist das **Deutsch-iranische Niederlassungsabkommen** vom 17. 2. 1929[5]. Dessen Art 8 Abs 3 enthält eine Kollisionsnorm für das gesamte Personen-, Familien- und Erbrecht[6]. Angeknüpft wird an das gemeinsame Heimatrecht der Ehepartner. Das Abkommen gilt nur für in Deutschland lebende Ehegatten gemeinsamer iranischer und für im Iran lebende Ehegatten gemeinsamer deutscher Staatsangehörigkeit[7]. Nicht anwendbar ist es bei gemischtnationalen Ehen und bei Flüchtlingen aus dem Iran[8]. Die Anwendung von Heimatrecht der Ehepartner kann vom Aufenthaltsstaat „nur ausnahmsweise und nur insoweit ausgeschlossen werden, als ein Ausschluss allgemein gegenüber jedem anderen fremden Staats erfolgt" (Art 8 Abs 3 S 2 des Abkommens), wie dies etwa bei einer Verletzung des deutschen ordre public der Fall ist.

II. Anküpfungsgegenstand

5   1. **Qualifikation als allgemeine Ehewirkung. a) Ehe.** Um Wirkungen einer Ehe kann es nur gehen, wenn eine wirksame Ehe geschlossen und nicht geschieden worden ist. Diese Frage nach dem **Bestand einer Ehe** wird **als Vorfrage** grds selbständig nach Art 11, 13 (Eheschließung) bzw Art 17 (Ehescheidung) angeknüpft (ausf Rn 68 ff)[9].

6   Der kollisionsrechtliche **Ehebegriff** des Art 14 deckt sich mit demjenigen des Art 13 (dort Rn 17 ff), umfasst also etwa nicht die in Art 17 b geregelten **eingetragenen Partnerschaften** zwischen homosexuellen Partnern oder Partnerinnen. Nach einer Ansicht werden auch etwaige **Wirkungen nichtehelicher Lebensgemeinschaften** nicht durch Art 14 erfasst, sondern je nach Grundlage der zu beurteilenden Rechtsbeziehung beherrscht vom Vertragsstatut (mit der Folge freier Rechtswahl, Art 27, bzw, wenn nicht gewählt wurde, gemäß Art 28 wegen „engster Verbindung" idR letztlich ähnlicher Anknüpfung folgend wie Art 14), Belegenheitsstatut etc[10]. Überzeugender ist die Ansicht, wonach wegen des personalen Einschlags der Beziehung insgesamt an den gemeinsamen gewöhnlichen Aufenthalt als Ort der gelebten Gemeinschaft anzuknüpfen ist (Begründung s Art 13 Rn 19). Die Ablehnung rechtlicher Erfassung ihrer Beziehung durch die nur faktisch Zusammenlebenden mag sachrechtlich der Annahme eines eigenen Rechtsinstituts entgegenstehen, schließt kollisionsrechtlich aber nicht aus, einen

---

[2] Vgl Statistisches Bundesamt – Datenreport 2006, Bundeszentrale für politische Bildung, Bonn 2006, S 39 (www.destatis.de): 9.000 rein ausländische Paare, 56.000 deutsch-ausländische Paare, 396.000 vor deutsche Standesbeamten insges geschlossene Ehen.
[3] Statistisches Bundesamt, Datenreport 2006 – Zahlen und Fakten über die Bundesrepublik Deutschland, Bonn 2006, Schriftenreihe der Bundeszentrale für politische Bildung, Bd 544, abrufbar über www.destatis.de, S 38; an dieser Stelle keine Angaben zu kinderlosen Ehepaaren.
[4] BGH NJW 1987, 583 = IPRax 1987, 114 m Aufsatz *Henrich* 93.
[5] RGBl 1930 II S 1006; BGBl 1955 II S 829. Dazu *Schotten/Wittkowski* FamRZ 1995, 264; *Finger* FuR 1999, 58 ff, 158 ff, 215 ff.
[6] OLG Celle FamRZ 1990, 656. Art 8 Abs 3 abgedruckt unter Art 25 Rn 12. Zum Geltungsbereich von Art 8 Abs 3 des Abkommens heißt es im Schlussprotokoll (RGBl 1930 II S 1012): „Die vertragsschließenden Staaten sind sich darüber einig, dass das Personen, Familien- und Erbrecht, das heißt das Personalstatut, die folgenden Angelegenheiten umfasst: Ehe, eheliche Abstammung, Annahme an Kindes Statt, Geschäftsfähigkeit, Volljährigkeit, Vormundschaft und Pflegschaft, Entmündigung, testamentarische und gesetzliche Erbfolge, Nachlassabwicklungen und Erbauseinandersetzungen, ferner alle anderen Angelegenheiten des Familienrechts unter Einschluss aller den Personenstand betreffenden Fragen.".
[7] OLG Zweibrücken IPRspr 1983 Nr 53; OLG Celle FamRZ 1990, 656; *Erman/Hohloch* Rn 5.
[8] BGH NJW-RR 1986, 1005; OLG Bremen IPRspr 1984 Nr 92.
[9] Vgl Kommentierung von Art 13 und 17 auch zu vorrangigen Staatsverträgen und Anerkennungsfragen bei ausländischem Trauschein oder ausländischer Scheidung.
[10] BGH FamRZ 1981, 530; *Palandt/Heldrich* Rn 1; *Erman/Hohloch* Vor Art 13 Rn 13; aA *v. Bar* IPR Bd 2 Rn 122; MünchKommBGB/*Siehr* Rn 139, 140; Art 18 Rn 140; *Soergel/Schurig* Vor Art 13 Rn 30, 31; *Kegel/Schurig* IPR § 20 III; *Staudinger/Mankowski* Art 13 Anh Rn 80–84.

an der Faktizität orientierten Schwerpunkt des Verhältnisses festzustellen, um überhaupt ein über Vorhandensein oder Fehlen spezifischer rechtlicher Wirkungen erst befindendes Recht zu finden. Es bleibt abzuwarten, ob die Rspr die Anregungen des Schrifttums zur Entwicklung eigener IPR-Normen bzw zu entsprechender Anwendung geltenden Ehekollisionsrechts noch aufnimmt, wofür die Konvergenz der unterschiedlichen Schrifttumsansichten im Ergebnis (gewöhnlicher Aufenthalt) förderlich sein könnte. Zu den Wirkungen eines **Verlöbnisses** vgl Art 13 Rn 24.

b) Allgemeine Wirkungen. „Allgemeine Ehewirkungen" sind alle Wirkungen einer Ehe, für die 7 das Gesetz **keine besonderen** Anknüpfungsregeln vorsieht. Die Anwendbarkeit des Art 14 ist dabei nicht beschränkt auf persönliche Ehewirkungen. Soweit vermögensrechtliche Wirkungen nicht einer anderen Kollisionsnorm (zB Art 15 oder 18) zugewiesen sind, fallen sie grds ebenso unter Art 14 wie die persönlichen Ehewirkungen[11]. Der Kreis der Ehewirkungen ist durch funktionale Qualifikation (Zwecksetzung der betreffenden Norm) zu ermitteln: Maßgeblich ist zunächst das begriffliche Verständnis des deutschen Rechts, wie es sich in den §§ 1353 bis 1362 BGB findet, bei fremden Regelungen ist darüber hinaus deren Selbstverständnis und Funktionszusammenhang zu beachten[12], so dass, wie sonst auch, mittels rechtsvergleichender Methodik entschieden werden kann, ob die in Frage stehende fremde Regelung dem deutschen Funktionsbegriff einer Ehewirkung zuzuordnen ist.

Besondere Anknüpfungsregeln finden sich für das Ehenamensrecht in Art 10 (objektive Anknüpfung in Abs 1, subjektive Anknüpfung in Abs 2), für das Ehegüterrecht in Art 15 Abs 2 mit der Ausnahmeregelung des Art 16 (dessen Abs 2 auch zu Art 14 Ausnahmen vorsieht), für das Scheidungs- und Scheidungsfolgenrecht in Art 17 Abs 1 S 2, 17a und für das Recht des Ehegatten- und Familienunterhalts in Art 18 bzw in dem damit in das EGBGB inkorporierten Haager Übereinkommen über das auf Unterhaltspflichten anwendbare Recht vom 2. 10. 1973 (in Kraft seit 1. 4. 1987). Die Qualifikation als allgemeine Ehewirkung bedeutet daher vielfach Abgrenzung zum Anwendungsbereich dieser besonderen – vom Gesetz gesondert angeknüpften – Ehewirkungen.

2. Einzelne allgemeine Ehewirkungen. a) Persönliche Rechtsbeziehungen (eheliche Le- 9 bensgemeinschaft und Lebensführung). Zu den von Art 14 erfassten persönlichen Rechtsbeziehungen zählen die **Pflichten zur ehelichen Lebensgemeinschaft** im Ganzen (§ 1553 BGB). Sie betreffen Einzelheiten der Eheführung (Arbeitsteilung bei Haushaltsführung und Erwerbstätigkeit, § 1356 BGB, Dienstpflicht, Pflicht zu gegenseitiger Unterstützung, Regelung von Meinungsverschiedenheiten), Auskunftspflichten nicht speziell güterrechtlicher Art[13], den Anspruch auf Herstellung der Lebensgemeinschaft[14], die Klagbarkeit des Herstellungsverlangens[15] und die gegen die Herstellungsklage gerichteten Einreden von Scheidungs- bzw Trennungsgründen[16]. Das **Verfahren** der Herstellungsklage bestimmt sich hingegen nach der **lex fori**. Unter Art 14 fallen weiter Entscheidungs- und Eingriffsrechte (etwa in persönlichen Angelegenheiten des Ehegatten[17], Wohnortbestimmung)[18], das Recht auf Getrenntleben[19], die Rechtsfolgen der Verletzung ehelicher Pflichten, die Haftung wegen Verletzung eherechtlicher – nicht deliktsrechtlicher – Pflichten[20], der Anspruch **gegen Ehepartner** auf Unterlassung der Ehestörung bzw Schadensersatzanspruch[21] und der allgemeine Haftungsmaßstab bei Sorgfaltspflichtverletzungen in der Ehe (§ 1359 BGB)[22] sowie eine etwaige Verjährungshemmung.

Nicht zu Art 14, sondern als Scheidungsvoraussetzung oder Vorstufe der Scheidung in den Anwendungs- 10 bereich von Art 17 gehört der **Anspruch auf Trennung von Tisch und Bett** (Art 17 Rn 13)[23].

b) Vermögensrechtliche Beziehungen. Die hauptsächlichen vermögensrechtlichen Folgen einer 11 Eheschließung, nämlich Unterhalt (Art 18) und Güterrecht (Art 15) werden gesondert angeknüpft und unterliegen daher im Prinzip nicht dem Art 14, jedoch ergeben sich hier Abgrenzungsprobleme in Randbereichen (Rn 17 ff). Die Ehe löst aber auch andere wirtschaftlich bedeutsame Folgen aus. Diese unterfallen Art 14, der trotz der insoweit missverständlichen gelegentlichen Kennzeichnung seines Anknüpfungsgegenstandes als „persönliche" Ehewirkungen auch vermögensrechtliche Fragen umfasst[24].

---

[11] Missverständlich daher die Gleichsetzung des Anwendungsbereichs des Art 14 mit dem Ausdruck „persönliche Ehewirkungen." zB bei *Kegel/Schurig* IPR § 20 V 1, die deshalb zusätzlich den engeren Begriff „personenrechtlich" verwenden, § 20 V 3.
[12] MünchKommBGB/*Siehr* Rn 78; *Erman/Hohloch* Rn 27.
[13] BGH FamRZ 1984, 465; AG Karlsruhe FamRZ 1999, 1507.
[14] RG 147, 385; KG JW 1939, 2470; LG Berlin IPRspr 1960/61 Nr 182; *Erman/Hohloch* Rn 29; aA OLG München FamRZ 1986, 807: wenn der Vorbereitung einer Scheidungsklage dienend.
[15] KG FamRZ 1968, 646; MünchKommBGB/*Siehr* Rn 80; *Soergel/Schurig* Rn 40 Fn 7 mwN zu älterer Rspr; *Erman/Hohloch* Rn 29.
[16] KG FamRZ 1968, 646, 647.
[17] *Soergel/Schurig* Rn 43 mwN.
[18] BGHZ 42, 7, 12; OLG Hamm FamRZ 1980, 447.
[19] BGH NJW 1976, 1028; MünchKommBGB/*Siehr* Rn 83; *Erman/Hohloch* Rn 29; *Soergel/Schurig* Rn 40; aA OLG Karlsruhe IPRax 1985, 106; OLG München FamRZ 1986, 807: Art 17; die Gestaltungsklage auf Trennung von Tisch und Bett hingegen fällt unter Art 17, s Rn 10.
[20] *Soergel/Schurig* Rn 45; aA MünchKommBGB/*Siehr* Rn 101.
[21] OLG Hamm NJW-RR 1998, 1542; MünchKommBGB/*Siehr* Rn 80; *Erman/Hohloch* Rn 29; aA *v. Bar* IPR Bd 2 Rn 192 Fn 428.
[22] *Palandt/Heldrich* Rn 18; MünchKommBGB/*Siehr* Rn 79, 80; *Kegel/Schurig* IPR § 20 V 3; *Erman/Hohloch* Rn 29. S aber Rn 16.
[23] BT-Drucks 10/504 S 60; BGHZ 47, 324, 333; BGH NJW 1988, 636.
[24] *Kegel/Schurig* IPR § 20 V 3, s auch Rn 7.

12 **aa) Geschäftsfähigkeit.** Der **Erwerb der Geschäftsfähigkeit** durch Eheschließung („Heirat macht mündig")[25] unterliegt einer Sonderanknüpfung in Art 7 Abs 1 S 2; denn dabei geht es um die allgemein größere Lebenserfahrung der verheirateten Frau.

13 Etwaige **Beschränkungen der Geschäfts- und Handlungsfähigkeit** auf Grund der Ehe (Interzessionsverbote; Zustimmungserfordernis zu bestimmten Rechtsgeschäften auf Grund innerehelicher Aufgabenteilung; Bsp s Art 14 Rn 20 mwN) werden hingegen von Art 14 erfasst[26], es sei denn, sie träten nur bei bestimmten Güterständen ein und fielen daher unter Art 15[27]. Bei Minderungen der Geschäftsfähigkeit wird der Rechtsverkehr nach Art 12 geschützt. Art 7 Abs 2 gilt entsprechend: Wechsel des Ehewirkungsstatuts beeinträchtigt die Geschäftsfähigkeit nicht. Auf Beschränkungen der Geschäftsfähigkeit aus güterrechtlichen Gründen ist Art 15 anwendbar, ebenfalls ggf eingeschränkt durch Art 7 Abs 2, Art 12.

14 **bb) Freiwillige oder gesetzliche Mithaftung des anderen Ehegatten.** Zu Art 14 gehören die Verpflichtungsermächtigung für Geschäfte zur Deckung des Lebensbedarfs (§ 1357 BGB, Schlüsselgewalt), der Abschluss von Rechtsgeschäften untereinander[28], Sicherungsrechte der Ehegatten am Vermögen des anderen (Legalhypotheken, mangels Eintragungsfähigkeit im Inland nicht zulässig[29]: hier besteht Angleichungsbedarf)[30], Besitz- und Eigentumsvermutungen, soweit nicht güterrechtlich beeinflusst, dh soweit sie, wie § 1362 BGB, unabhängig vom Güterstand gelten[31]. Für Drittschutz sorgt Art 16 Abs 2, der uU dazu führen kann, dass nach Art 14 anwendbares ausländisches Ehewirkungsrecht von den deutschen §§ 1357, 1362 BGB verdrängt wird.

15 Bei zwischen Ehegatten **verbotenen Geschäften** (von Schenkung, von Kauf, nach Art 156 cc Paraguay aller Verträge) ist auf den Zweck des Verbots abzustellen. In der Regel geht es um die Absicherung der materiellen Grundlage für die eheliche Lebensführung bzw den Schutz der Gläubiger vor Übervorteilung durch die Ehegatten und nicht um die Vermögensordnung zwischen den Ehegatten. Gleiches gilt für Verbote von Geschäften mit Dritten (zB Interzessionsverbote) oder gesetzlich bestimmte Zustimmungsvorbehalte[32].

16 Bei Teilnahme der Ehegatten am allgemeinen Rechtsverkehr wird das Recht der Sorgfaltspflichtverletzungen vom **Deliktsstatut** beherrscht[33]. Der Anspruch gegen den Dritten auf Unterlassung der Ehestörung bzw Schadensersatzanspruch unterfällt ebenfalls dem Deliktsstatut[34].

17 **cc) Abgrenzung zum Ehegüterrecht.** Schwierig ist die Abgrenzung gegenüber güterrechtlichen Wirkungen. So ist die Verfügungsbeschränkung eines Ehegatten über Haushaltsgegenstände (§ 1369 BGB) nach deutschem Recht Folge des gesetzlichen Güterstandes der Zugewinngemeinschaft und damit güterrechtlich zu qualifizieren. Nach französischem Recht ist die Verfügungsbeschränkung hingegen unabhängig vom Güterstand rein eherechtliche Folge (Art 215 III Cc). Eine Hilfsüberlegung kann sein, ob die Regel die Ehe schlechthin charakterisieren soll. Regelungen über Einbringung und Erwerb von Vermögen in Rechtsordnungen mit nur *einem* Güterstand werden vorzugsweise güterrechtlich qualifiziert[35]. Die Zulässigkeit von Ehegattengesellschaften[36] und Ehegattenarbeitsverträgen richtet sich wegen ihres güterrechtlichen Einschlages nach Art 15[37]. Das Gleiche gilt für die Rückabwicklung ehebedingter **unbenannter Zuwendungen** (Art 15 Rn 37). Wie die deutsche Gesetzessystematik zeigt, gehören hingegen Regelungen, die den § 1357 (Schlüsselgewalt) und § 1362 BGB (Eigentumsvermutungen) entsprechen, zu den allgemeinen Ehewirkungen; sie haben ihren Grund im gemeinsamen arbeitsteiligen Wirtschaften und Wohnen. Nicht um eine allgemeine Ehewirkung, sondern um ein Institut des Ehegüterrechts handelt es sich nach richtiger Ansicht schließlich bei der Morgengabe, auch wenn hier bisweilen Haushaltsgegenstände zugewendet werden (ausf Rn 20).

18 **dd) Abgrenzung zum Unterhalt.** Unterhaltsansprüche und **Prozesskostenvorschuss** (als Unterhaltsleistung zu einem bestimmten Zweck) unterstehen normalerweise Art 18[38]. Zwar kann im fremden Recht ausnahmsweise eine güterrechtliche Funktion gegeben sein, so dass dann Art 15 anzuwenden ist[39], Art 14 kommt hier jedenfalls nicht in Betracht.

---

[25] Umfängliche rechtsvergleichende Tabelle hierzu bei *Schotten/Schmellenkamp* Anh 1.
[26] LG Berlin FamRZ 1993, 198; *Erman/Hohloch* Rn 30; *Palandt/Heldrich* Rn 18; *Kegel/Schurig* IPR § 20 V 3.
[27] So zB beim südafrikanischen Recht, *Kegel/Schurig* IPR § 20 V 3.
[28] BGH NJW 1969, 369; OLG Stuttgart NJW 1958, 1972; *Erman/Hohloch* Rn 32.
[29] *Erman/Hohloch* Art 14 Rn 32; MünchKommBGB/*Siehr* Rn 110; *Palandt/Heldrich* Rn 18; aA *Soergel/Schurig* Rn 57.
[30] *V. Bar* IPR Bd 2 Rn 191; *Soergel/Schurig* Rn 57: „zumindest".
[31] *Palandt/Heldrich* Rn 18; *Erman/Hohloch* Rn 32; *Soergel/Schurig* Rn 65.
[32] *Kegel/Schurig* IPR § 20 V 3; *v. Bar* IPR Bd 2 Rn 189; *Soergel/Schurig* Rn 64; MünchKommBGB/*Siehr* Rn 91; *Palandt/Heldrich* Rn 18; anscheinend übersehen von BGH NJW 1997, 1011, wo nur Bürgschaftsstatut angewandt wurde, das das Verbot, sich ohne Zustimmung des Ehepartners zu verbürgen, nicht kannte; ebenso OLG Köln RIW 1998, 148 für Schuldbeitritt – entsprechende Beschränkungen des Ehewirkungsstatuts hätten nur über Art 16 überwunden werden können.
[33] BGHZ 90, 294: bei gleichem Umgebungsrecht ggf gleiche Anknüpfungsergebnisse; *Erman/Hohloch* Rn 31.
[34] *Erman/Hohloch* Rn 29.
[35] *Soergel/Schurig* Rn 37.
[36] *Palandt/Heldrich* Rn 18; *Soergel/Schurig* Rn 63.
[37] RGZ 163, 367, 376; FG Düsseldorf RIW 1987, 644; *Erman/Hohloch* Rn 32.
[38] KG FamRZ 1988, 167; *Palandt/Heldrich* Rn 19; *Lüderitz* IPR Rn 136; *v. Bar* IPR Bd 2 Rn 297; *Soergel/Schurig* Rn 52.
[39] MünchKommBGB/*Siehr* Rn 102 ff; *Soergel/Schurig* Rn 52.

Allgemeine Ehewirkungen **Art 14 EGBGB**

Unklar ist, wie die Pflicht zum **Unterhalt von Verwandten des Ehegatten** zu qualifizieren ist. Nach 19
einer Ansicht wird hier wegen des Auseinanderfallens von Berechtigung und Begünstigung aus Zweckmäßigkeitsgründen ehewirkungsrechtlich angeknüpft[40], nach anderer Ansicht unterhaltsrechtlich[41]. Die Unterhaltspflicht für ein gemeinsames Kind wird hingegen allgemein unterhaltsrechtlich angeknüpft, auch wenn sie auch gegenüber dem Ehepartner besteht. Gleiches gilt für den Anspruch auf Taschengeld[42].

Die bei Eheschließung fällige und in der Ehe geltend gemachte **Braut- oder Morgengabe** („mahr", 20
„sadāq") hingegen ist nicht unterhaltsrechtlich zu qualifizieren[43], weil sie allenfalls (faktisch) unterhaltssichernd wirkt, nicht aber in Erfüllung einer Unterhaltspflicht gegeben wird[44]. Vielfach wird sie als allgemeine Ehewirkung eingeordnet[45]. Im Regelfall dürfte jedoch – von Rechtsordnung zu Rechtsordnung kann die Funktion uU variieren (vgl Nachweise bei Art 13 Rn 36) – eine güterrechtliche Qualifikation vorzuziehen sein[46] (Art 15 Rn 44), so dass ein Rückgriff auf Art 14 nicht erforderlich und ein Statutenwechsel ausgeschlossen ist. Denn die frei vereinbarte Summe geht nach der Eheschließung in das persönliche Vermögen der Ehefrau über, auch wenn sie häufig bis zur Geltendmachung vom Manne verwaltet wird. Sie ähnelt einer individuellen Anerkennungssumme für die mit Schließung einer islamischen Ehe traditionell aufgegebenen Chancen und Freiheiten (anderweitige Verheiratung, außerhäusliche Erwerbstätigkeit) der ansonsten nunmehr weitgehend vom Ehemann abhängigen und zur Familienarbeit verpflichteten Frau. Damit dient die **mahr** als Zeichen des Respekts des Ehemannes für seine Frau und kann als eine Art pauschalierter Teilhabe der Ehefrau an der Vermögenssteigerung des Ehemannes verstanden werden[47], was auch zu der Übung passt, den Betrag ganz oder teilweise bis zur Beendigung der Ehe zu stunden.

ee) Nutzung von Ehewohnung und Hausrat. Die am unmittelbarsten der Verwirklichung der 21
ehelichen Lebensgemeinschaft dienenden Vermögensgüter sind Ehewohnung und Hausrat. Art 17 a sieht hierfür seit 2002 eine eigene (wenn auch nur einseitige) Kollisionsregel vor. Danach unterliegt die Nutzungsbefugnis für die im Inland belegene Ehewohnung und den im Inland befindlichen Hausrat den deutschen Sachvorschriften. Dies gilt sowohl während (Getrenntleben) als auch nach (Scheidung) der Ehe (Art 17 a Rn 16).

Da ein allseitiger Ausbau dieser Exklusivnorm nicht in Betracht kommt (Art 17 a Rn 10), unterliegt 22
die Nutzung einer **im Ausland belegenen Ehewohnung** nebst Hausrat während der bestehenden (auch getrennt gelebten) Ehe dem allgemeinen Ehewirkungsstatut des Art 14[48]. Der Aspekt der Unterhaltssicherung, der für eine Anwendung von Art 18 spräche, tritt demgegenüber in den Hintergrund[49]. Soweit Vorschläge einer Anknüpfung an die lex rei sitae[50] oder bei Eilbedürftigkeit an die lex fori[51] die Anwendung deutschen Rechts auf in Deutschland belegene Wohnungen zum Ziel hatten, haben sie sich mit Einführung Art 17 a erledigt.

Werden die Nutzungsansprüche Teil einer güterrechtlichen Auseinandersetzung, so ist Art 15 anzu- 23
wenden[52]. Eine als Scheidungsfolge vorzunehmende Aufteilung wird dem Scheidungsstatut unterstellt[53]. Inwieweit dies nicht nur für ausländische Wohnungen gilt, sondern auch für den von Art 17 a

---

[40] *Soergel/Schurig* Rn 47.
[41] So offenbar *Rauscher* 3. Teil 2. Abschnitt C IV, zu Art 206 frz Cc, wonach Schwiegereltern gegen Schwiegerkinder einen Ehewirkungsanspruch haben.
[42] LG Augsburg FamRZ 1973, 375.
[43] So aber KG FamRZ 1980, 470, 471; AG Hamburg IPRax 1983, 74, 75; AG Memmingen IPRax 1985, 230 m Anm *Henrich*; AG Kerpen FamRZ 1999, 1429; FamRZ 2001, 1526, 1527; AG Aachen IPRspr 2000 Nr 67; aA OLG Hamburg FamRZ 2004, 459; *Staudinger/Mankowski* Art 18 Anh I Rn 282; eine unterhalts- oder erbrechtliche Qualifikation erwähnt zB BGH FamRZ 1999, 217, lässt die Frage aber selbst offen. Zur Qualifikation der Morgengabe auch Art 15 Rn 42, Art 17 Rn 37.
[44] Die Morgengabe als bedarfsmindernden Vermögenswert bei der Beurteilung daneben eventuell bestehender unterhaltsrechtlicher Ansprüche sachrechtlich zu berücksichtigen, schließt die Ablehnung der unterhaltsrechtlichen Qualifikation nicht aus, ähnlich *Soergel/Schurig* Rn 48; *Wurmnest* RabelsZ 71 (2007), 551 f.
[45] BGH FamRZ 2004, 1952; NJW 1987, 2161; OLG Nürnberg FamRZ 2001, 1613 und wohl OLG Köln NJW-RR 1994, 200 sowie OLG Zweibrücken, FamRBInt 2007, 81, berichtet von *Mörsdorf-Schulte*; *Henrich*, FS Sonnenberger, S 389, 395; *Palandt/Heldrich* Rn 18, Art 13 Rn 9; *v. Bar* IPR Bd 2 Rn 192; *Erman/Hohloch* Rn 34 und Art 13 Rn 33.
[46] OLG Bremen FamRZ 1980, 606, 607; *Wurmnest* RabelsZ 71 (2007), 553 ff; MünchKommBGB/*Siehr* Rn 108, Art 15 Rn 87; *Soergel/Schurig* Rn 48, Art 15 Rn 35; *Andrae* § 3 Rn 149; AnwK-BGB/*dies* Rn 87: Annex zum Güterstand der Gütertrennung nach islamischem Recht mit Ehestabilisierungs- und nachehelicher Versorgungsfunktion.
[47] *Wurmnest* RabelsZ 71 (2007), 554.
[48] OLG Hamm FamRZ 1990, 54; OLG Stuttgart FamRZ 1990, 1354; KG FamRZ 1991, 1190; OLG Frankfurt IPRax 1993, 417; FamRZ 1994, 633; 1994, 715; OLG Celle FamRZ 1999, 443; *Palandt/Heldrich* Rn 18; MünchKommBGB/*Siehr* Rn 104; *Lüderitz* IPRax 1987, 74, 77; *v. Bar* IPR Bd 2 Rn 190; *Soergel/Schurig* Rn 50; aA OLG Hamm FamRZ 1989, 621; IPRax 1990, 186; OLG Düsseldorf NJW 1990, 3091; OLG Koblenz IPRax 1991, 263; OLG Hamm FamRZ 1993, 91; OLG Karlsruhe FamRZ 1993, 1464.
[49] OLG Stuttgart FamRZ 1190, 1354, 1356; OLG Frankfurt FamRZ 1989, 84; FamRZ 1994, 633; OLG Hamm FamRZ 1990, 54; KG FamRZ 1991, 1190; aA – Anknüpfung an das Unterhaltsstatut – OLG Hamm IPRax 1990, 186; OLG Düsseldorf NJW 1990, 3091; OLG Koblenz NJW-RR 1991, 522; AG Kerpen FamRZ 1997, 893; *Brudermüller* FamRZ 1999, 204.
[50] OLG Stuttgart FamRZ 1978, 686; OLG Hamm FamRZ 1981, 875.
[51] OLG Karlsruhe IPRax 1985, 106; KG IPRspr 1996 Nr 67.
[52] *Soergel/Schurig* Rn 50.
[53] *Erman/Hohloch* Rn 33.

erfassten Regelungsgegenstand, ist umstritten (Art 17 a Rn 16). Als Exklusivnorm ist Art 17 a prinzipiell eng auszulegen und dem Gesetzeswortlaut entspr auf die Nutzungsbefugnis zu beschränken, dabei dürfen konkurrierende **vermögensrechtliche Statute** eine unter Art 17 a vom deutschen Recht gewährte Nutzungsbefugnis allerdings nicht faktisch vereiteln. Sich aus einer solchen Depecage ergebenden Abstimmungsproblemen kann mit Anpassungsmechanismen (Einl IPR Rn 90) abzuhelfen sein.

III. Anknüpfung

24 **1. Überblick zu den Anknüpfungspunkten.** Die Wirkungen einer wirksam geschlossenen Ehe richten sich nach dem Heimatrecht der Eheleute als in erster Linie hiervon Betroffenen. Soweit Außenwirkungen in Rede stehen (Mitverpflichtung des anderen Ehegatten oder Eigentumsvermutungen), werden betroffene Dritte durch die Sonderanknüpfung des Art 16 Abs 2 vor unvermutet fremdem Heimatrecht ihrer Geschäftspartner geschützt. – Bei Art 14 bemüht sich der Gesetzgeber, zweierlei unter einen Hut zu bringen: Anknüpfung an das Heimatrecht und (bei unterschiedlichem Heimatrecht der Betroffenen) Anknüpfung ohne Verletzung des Gleichberechtigungsgrundsatzes durch Bevorzugung der Staatsangehörigkeit nur eines der Ehegatten. Dass Art 14 trotz der einfachen **Heimatrechtsgrundregel** einen großen Umfang hat und kompliziert anmutet, liegt an den Bemühungen des Gesetzgebers, diese Regel möglichst weitgehend zur Geltung zu bringen und auf eine Anknüpfung an andere Anknüpfungspunkte (gewöhnlicher Aufenthalt, sonst engste Verbindung) nur hilfsweise zurückzugreifen: Bei divergierender Staatsangehörigkeit entscheidet die letzte gemeinsame Staatsangehörigkeit während der Ehe (Abs 1 Nr 1 Alt 2). Auf Wunsch (förmliche Rechtswahl) der Parteien kann dabei auch eine gemeinsame nicht effektive Staatsangehörigkeit ausreichen (Abs 2), sonst, wiederum auf Wunsch (förmliche Rechtswahl) der Parteien, auch die Staatsangehörigkeit nur eines der Ehegatten, wenn der Bezug zum gewöhnlichen Aufenthalt schwach ist (Abs 3).

25 **2. Objektive Anknüpfung.** Die objektive Anknüpfung der allgemeinen Ehewirkungen ist in Art 14 Abs 1 fünfstufig gestaffelt (**Anknüpfungsleiter,** nach ihrem Entwickler auch „**Kegel'sche Leiter**" genannt). In einem konkreten Fall darf die nächst höhere Stufe[54] erst beschritten werden, wenn die vorhergehende Stufe keinen möglichen Anknüpfungspunkt geliefert hat[55]. Es handelt sich um eine Hintereinanderschaltung von **Hilfsanknüpfungen.** Anschaulich ist auch von einer Kaskadenanknüpfung gesprochen worden[56].

26 **a) Primäranknüpfung an die Staatsangehörigkeit (Abs 1 Nr 1). aa) Gegenwärtige gemeinsame Staatsangehörigkeit (Alt 1).** Nach Art 14 Abs 1 Nr 1 Alt 1 bestimmen sich die allgemeinen Ehewirkungen zunächst nach dem Recht des Staates, dem beide Ehegatten zur Zeit der beurteilten Ehewirkungen (zum Anknüpfungszeitpunkt s Rn 60 ff) angehören **(1. Anknüpfungsstufe).** Die Staatsangehörigkeit eines Ehegatten richtet sich nach dem Recht des Staates, dessen Staatsangehörigkeit jeweils erwogen wird, da jeder Staat bestimmt mit seinem Staatsangehörigkeitsrecht über die Zugehörigkeit der Personen selbst. Bei der Staatsangehörigkeit als Aspekt der Beziehung zwischen Staat und Bürger handelt es sich nicht um eine privatrechtliche Frage, sondern um eine solche des öffentlichen Rechts, so dass für deren „Anknüpfung" nicht IPR-Regeln heranzuziehen sind und sich auch nicht die für zivilrechtliche Rechtsverhältnisse sich stellende Frage einer selbständigen oder unselbständigen Anknüpfung stellt.

27 Führt der Erwerb der Staatsangehörigkeit kraft Eheschließung zu gemeinsamer Staatsangehörigkeit, scheint die Voraussetzung des Abs 1 Nr 1 Alt 1 erfüllt. Bei **Mehrstaatern** ist dies aber nicht ohne weiteres der Fall. Denn für sie gelten die Grundsätze des Art 5 Abs 1, dh für die Anknüpfung an deren Heimatrecht gilt **nur die effektive Staatsangehörigkeit** (engste Verbindung, Art 5 Abs 1 Satz 1). Das muss aber nicht diejenige sein, die durch Heirat (hinzu)erworben wurde[57]. Die durch Eheschließung hinzuerworbene Staatsangehörigkeit wird sich idR zur „effektiven" erst entwickeln müssen. Im Einzelfall sind Ausnahmen (etwa durch vorangehenden langen Aufenthalt im neuen Heimatstaat) denkbar. Auch fließen in die Feststellung der Effektivität Zukunftsplanung und Wille der Betroffenen, wenn sie in den objektiven Gegebenheiten eine Stütze finden, diesen jedenfalls nicht widersprechen, durchaus ein (vgl Art 5 Rn 6). Außerdem ist in dieser Situation gemeinsames Heimatrecht auch unabhängig von dessen Effektivität als Ehewirkungsstatut wählbar (Art 14 Abs 2). Haben die Ehegatten eine entsprechende formwirksame (Rn 54 ff) Rechtswahl aber nicht getroffen, reicht ihr gemeinsames Heimatrecht nicht aus, wenn es für den Mehrstaater unter ihnen nicht zugleich die effektive Staatsangehörigkeit ist[58].

28 Ist einer der Ehegatten **Deutsch-Ausländer** (iS von Art 116 GG), so ist nach Art 5 Abs 1 S 2 eine Anknüpfung an die gemeinsame ausländische Staatsangehörigkeit unabhängig von Effektivitätsüberlegungen von vornherein ausgeschlossen[59]. Es liegt dann keine zur Anknüpfung iS von Art 14 Abs 1

---

[54] Im Bild der Leiter eigentlich „Sprosse", doch wird überwiegend von „Stufe" gesprochen.
[55] BGH IPRax 1995, 111, 113.
[56] *Staudinger/Mankowski* Rn 8.
[57] *Palandt/Heldrich* Rn 7.
[58] OLG Hamm FamRZ 1990, 54; AG Freiburg IPRax 2002, 223 m Aufs *Jayme* 209; *Erman/Hohloch* Rn 13; *Soergel/Schurig* Rn 5: sogar für „strengere Anforderungen".
[59] OLG Hamm FamRZ 1990, 54.

Nr 1 Alt 1 taugliche gemeinsame Staatsangehörigkeit vor[60], so dass die Ehegatten auf eine Rechtswahl nach Abs 2 oder die Hilfsanknüpfungen der Anknüpfungsleiter angewiesen sind.

Soweit das Heimatrecht Anknüpfungspunkt ist, ist für **Staatenlose, internationale Flüchtlinge** 29 und ihnen gleichgestellte Asylsuchende das Recht ihres gewöhnlichen Aufenthaltes maßgeblich (New Yorker Abkommen über die Rechtsstellung der Staatenlosen vom 28. 9. 1954[61], Genfer Abkommen über die Rechtsstellung der Flüchtlinge vom 28. 7. 1951 (BGBl 1953 II 559, abgedruckt und erläutert bei Art 5 Rn 22 ff; vgl auch Gesetz über Maßnahmen für im Rahmen humanitärer Hilfsaktionen aufgenommene Flüchtlinge vom 22. 8. 1980, BGBl I S 1057, idF vom 9. 7. 1990, BGBl I S 1254, abgedruckt und erläutert Art 5 Rn 42 f), jeweils Art 12, sowie Art 5 Abs 2 EGBGB und das mit dem AHKG 23 fast inhaltsgleiche Bundesgesetz über die Rechtsstellung heimatloser Ausländer im Bundesgebiet vom 25. 4. 1951 (BGBl I S 269) idF vom 9. 7. 1990 (BGBl I S 1354), hilfsweise das Recht ihres schlichten Aufenthalts (Art 5)[62], Für **Verschleppte und internationale Flüchtlinge** mit Aufenthalt im Bundesgebiet, die nicht die deutsche Staatsangehörigkeit besitzen, gilt das AHKG Nr 23 über die Rechtsverhältnisse verschleppter Personen und Flüchtlinge vom 17. 3. 1950 idF des Gesetzes vom 1. 3. 1951[63] und das inhaltsgleiche Gesetz für Berlin-West[64]. **Volksdeutsche Flüchtlinge** iS von Art 116 GG unterliegen deutschem Recht.

bb) Letzte gemeinsame Staatsangehörigkeit während der Ehe (Alt 2). Verliert ein Ehegatte 30 die während der Ehezeit bestehende gemeinsame Staatsangehörigkeit, gibt er sie auf oder nimmt er eine andere Staatsangehörigkeit an, unterliegen die allgemeinen Wirkungen der Ehe dem Recht des Staates, dem beide Ehegatten während der Ehe zuletzt angehörten, **wenn der andere Ehegatte die (früher gemeinsame) Staatsangehörigkeit noch beibehält (2. Anknüpfungsstufe).** Die gleiche Wirkung hat es, wenn die neue Staatsangehörigkeit eines Mehrstaaters erst später zur effektiven wird, er also dadurch die früher gemeinsame Staatsangehörigkeit noch „beibehält"[65]. Die rückwärtig auf Kontinuität gerichtete Anknüpfung ist starr und gilt auch, wenn bereits ein Ehegatte aus einer gemeinsamen Staatsangehörigkeit heraus einen Staatsangehörigkeitswechsel zum Aufenthaltsstaat hin vornimmt, in dem beide Ehegatten bereits lange leben um sich dessen Recht anzupassen[66].

Das Gesetz beabsichtigt mit Alt 2 **Anknüpfungskontinuität** und Verhinderung eines Verstoßes 31 gegen Art 3 Abs 2 GG. Die intendierte Kontinuität der Anknüpfung lässt sich erst durch den Staatsangehörigkeitswechsel *beider* Ehepartner durchbrechen. Das leuchtet ein, denn der Wechsel der Staatsangehörigkeit ist höchstpersönlich und in der Ehe nicht konsensbedürftig.

Notwendig ist die Begründung gemeinsamer Staatsangehörigkeit **zu irgendeinem Zeitpunkt in** 32 **der Ehe.** Ist diese nicht begründet worden (etwa wegen Staatenlosigkeit, Flüchtlingsstatus oder effektiv verschiedener Staatsangehörigkeit), oder bestand die gemeinsame Staatsangehörigkeit nur vor der Ehe, kommen nur Abs 1 Nr 2 und 3 sowie Abs 2 zur Anwendung[67].

Wegen ihrer Wandelbarkeit (Rn 61) entfällt die Anknüpfung nach Nr 1 infolge **Verlustes** der noch 33 verbliebenen, früher gemeinsamen Staatsangehörigkeit oder beim Mehrstaater durch **Aufgabe** der effektiven, früher gemeinsamen Staatsangehörigkeit. In dieser Situation ist also einseitig Veränderung des Statuts durch einen der Ehepartner möglich[68]. **Späterer Wiedererwerb** der alten gemeinsamen Staatsangehörigkeit durch einen Ehegatten löst nicht mehr die Wirkung von Abs 1 Nr 1 Alt 2 aus.

b) Sekundäranküpfung an den Aufenthalt (Nr 2). aa) Recht des gegenwärtigen gemein- 34 **samen gewöhnlichen Aufenthalts (Alt 1).** Greift Art 14 Abs 1 Nr 1 in beiden Alternativen nicht ein (gemeinsame Staatsangehörigkeit bestand zu keiner Zeit während der Ehe oder die bei ausländischen Mehrstaatern übereinstimmende war nicht die effektive iS von Art 5 Nr 1 oder die ehemals gemeinsame Staatsangehörigkeit wurde gemeinsam abgelegt), so unterliegen die allgemeinen Ehewirkungen nach Art 14 Abs 1 Nr 2 Alt 1 dem Recht des Staates, in dem beide Ehegatten für den zu beurteilenden Zeitraum ihren gewöhnlichen Aufenthalt begründet haben **(3. Anknüpfungsstufe).** Nicht notwendig ist, dass die Ehegatten zusammen leben[69].

Der gewöhnliche Aufenthalt bestimmt sich als der **Daseins- oder Lebensmittelpunkt** einer Person, 35 an dem der Schwerpunkt der Beziehungen in familiärer und beruflicher Hinsicht liegt[70]. Es gelten die zu Art 5 Abs 3 entwickelten objektiven und ggf auch subjektiven Kriterien (Art 5 Rn 13 ff). Der gewöhnliche Aufenthalt wird für jeden Ehegatten getrennt ermittelt. Hat ein Ehegatte mehrere Lebensmittelpunkte und bereitet die Ausermittlung eines eindeutigen gewöhnlichen Aufenthalts Probleme, so

---

[60] OLG Hamm FamRZ 1990, 54; *Erman/Hohloch* Rn 13; *Palandt/Heldrich* Rn 7.
[61] BGBl 1976 II S 473, in der Bundesrepublik in Kraft seit dem 24. 1. 1977, BGBl II S 235, abgedruckt und erläutert bei Art 5 Rn 51 ff.
[62] OLG Hamm StAZ 1998, 78; OLG Köln FamRZ 1999, 1517.
[63] Gesetz der Alliierten Hohen Kommission für Deutschland, ABl AHK 140, abgedruckt und erläutert bei Art 5 Rn 44 f.
[64] Inhaltlich gleich das Gesetz Nr 9 über die Rechtsverhältnisse verschleppter Personen und Flüchtlinge vom 28. 8. 1950, VOBl S 458, idF vom 13. 4. 1951, GVBl S 332.
[65] *Soergel/Schurig* Rn 8.
[66] Krit *Kropholler* IPR § 45 II 3 b.
[67] OLG Hamm StAZ 1993, 78; BayObLG NJW-RR 1999, 1452; *Erman/Hohloch* Rn 14: „über Nr 2 zu adäquaten Ergebnissen"; MünchKommBGB/*Siehr* Rn 36.
[68] *Soergel/Schurig* Rn 9; krit *Kegel/Schurig* IPR § 20 V 1 a.
[69] Gemeinsamer gewöhnlicher Aufenthalt erfordert nicht Wohnungsnahme am gleichen Ort, sondern nur im gleichen Staat, Begr RegE, BT-Drucks 10/504 S 55; *Soergel/Schurig* Rn 11.
[70] BGHZ 19, 240, 245.

36   lassen sich hier ausnahmsweise[71] mehrere gewöhnliche Aufenthalte annehmen, da das Zusammenfallen eines gewöhnlichen Aufenthalts mit dem des anderen Ehegatten ausreicht[72].
Gibt es zwei gemeinsame gewöhnliche Aufenthalte, so ist für die Anknüpfung nach Art 14 Abs 1 Nr 2 eine Auswahl zu treffen[73] und eine Gewichtung vorzunehmen. Liegt die berufliche Existenz im einen Land, leben die gemeinsamen Kinder im anderen, so ist die soziale Integration der Ehepartner im Aufenthaltsstaat der Kinder regelmäßig stärker.

37   **bb) Letzter gemeinsamer gewöhnlicher Aufenthalt (Alt 2).** Gibt ein Ehegatte diesen gemeinsamen gewöhnlichen Aufenthalt auf, während der andere ihn ununterbrochen[74] beibehält, richten sich die allgemeinen Ehewirkungen nach Art 14 Abs 1 Nr 2 Alt 2 nach dem Recht des letzten gemeinsamen Aufenthaltsstaates **(4. Anknüpfungsstufe).** Auch Alt 2 ist Ausdruck des Kontinuitäts- und des Gleichberechtigungsgedankens. Das Festhalten an dem einmal gewählten Anknüpfungspunkt soll einen Statutenwechsel nach Möglichkeit verhindern, der durch Wechsel des Aufenthaltsstaates noch leichter zu erreichen wäre als durch Staatsangehörigkeitswechsel[75]. Aufgabe der Gemeinsamkeit oder der Gewöhnlichkeit des Aufenthalts durch beide Ehegatten lässt eine Anknüpfung nach Nr 2 Alt 2 nicht mehr zu. Es ist dann zur 5. Anknüpfungsstufe überzugehen.

38   Problematisch ist die Anknüpfung an einen Aufenthaltsort nach Abs 1 Nr 2 Alt 2, wenn die **Heimatrechte der Beteiligten verschieden, aber eng miteinander verwandt** sind, während ihnen Recht und Kultur des Aufenthaltsstaates relativ fremd sind („Gefällekonstellation"). Nach der Vorstellung des Gesetzes soll hier die Rechtswahlmöglichkeit des Abs 3 (Rn 46 ff) Abhilfe schaffen.

39   **c) Tertiäranknüpfung an die gemeinsame engste Verbindung auf andere Weise (Nr 3).** Kann ein mindestens von einem Partner beibehaltenes gemeinsames Personalstatut oder beibehaltener gemeinsamer gewöhnlicher Aufenthalt nicht gefunden werden, so erfolgt eine Anknüpfung nach Art 14 Abs 1 Nr 3 **(5. Anknüpfungsstufe),** wo auf die gemeinsame engste Verbindung der Ehegatten zu einem Staat abgestellt wird. Eine solche Verbindung können zB begründen:

a) der gemeinsame einfache, nicht nur ganz vorübergehende (flüchtige) Aufenthalt in einem Staat[76];
b) der letzte gemeinsame gewöhnliche Aufenthalt in einem Staat, wenn keiner der Ehegatten sich mehr dort befindet, einer der Ehegatten aber diesem Staat angehört[77];
c) die gemeinsame soziale Bindung der Ehegatten an einen Staat durch Herkunft im weiteren Sinne, durch Kultur, Sprache oder berufliche Tätigkeit[78];
d) die gemeinsame Verbundenheit der Ehegatten mit einem Staat durch die beabsichtigte Begründung einer gemeinsamen Staatsangehörigkeit oder eines ersten gemeinsamen gewöhnlichen Aufenthaltes in einem Staat („erster ehelicher Wohnsitz")[79];
e) der Ort der Eheschließung, sofern dieser Aspekt durch die Staatsangehörigkeit, den gewöhnlichen Aufenthalt eines Ehegatten oder sonstige Momente gemeinsamer Verbindung verstärkt wird und nicht zufällig erscheint[80];
f) gemeinsames religiöses Eherecht[81], falls beide Ehegatten Staaten verbunden sind, die dessen weltliche Geltung anordnen[82];
g) gemeinsame Berührungspunkte im Zeitpunkt der Eheschließung;
h) gemeinsame zukünftige Anknüpfungspunkte (Planung[83]) in Bezug auf den Verlauf der ehelichen Lebensgemeinschaft[84].

Die Kriterien stehen in keiner Rangfolge, sondern sind nach Abwägung der kollisionsrechtlichen Interessen variabel einsetzbar. Die Gesetzesbegründung nennt zusätzlich ein negatives Beispiel dafür, was **nicht als gemeinsame engste Verbindung** gelten solle: So könne idR nicht an die letzte gemeinsame Staatsangehörigkeit angeknüpft werden, wenn keiner der Ehegatten diesem Staat mehr angehört und dort keiner mehr seinen Aufenthalt hat, weil sich beide dann vollständig von diesem Staat gelöst haben[85].

---

[71] Zum Grundsatz vgl PWW/*Mörsdorf-Schulte* Art 5 EGBGB Rn 31.
[72] *Erman/Hohloch* Rn 16.
[73] *Junker* Rn 509 aE.
[74] Unterbrechung mit anschließender Rückkehr nicht ausreichend, BGH NJW 1993, 2048.
[75] *Staudinger/Mankowski* Rn 59; *Junker* Rn 509.
[76] BT-Drucks 10/5632 S 41.
[77] BT-Drucks 10/5632 S 41.
[78] BT-Drucks 10/5632 S 41.
[79] BT-Drucks 10/5632 S 41; OLG Köln FamRZ 1998, 1590, selbst wenn es letztlich nicht zur Verwirklichung dieser Absichten gekommen ist; AG Hannover FamRZ 2000, 1576.
[80] BT-Drucks 10/5632 S 41; BGH IPRax 1994, 131, 133; OLG Celle FamRZ 1998, 686, 687; OLG Düsseldorf FamRZ 2003, 381, LS.
[81] *Erman/Hohloch* Rn 18.
[82] Ähnlich einschränkend KG FamRZ 2002, 840, 841 und *Andrae* § 3 Rn 55.
[83] Laut BT-Drucks 10/504 S 55 sollen besonders in der ersten Zeit einer Ehe auch subjektive, durch objektive Umstände untermauerte Elemente berücksichtigt werden können.
[84] Dies sollte als Konkretisierung der Nr 3 zunächst in den Gesetzestext aufgenommen werden. Wegen der Befürchtung weiterer Zweifelsfragen angesichts dieser Heraushebung hat man darauf verzichtet, sich aber von dem Kriterium nicht distanziert, so dass es weiterhin Bedeutung hat (BT-Drucks 10/5632 S 41) wenn es auch bei der Verweisung von Art 15 auf Art 14 wegen des dortigen Abstellens ausschließlich auf den Eheschließungszeitpunkt allenfalls als Bezugspunkt einer Planung weiterhilft.
[85] BT-Drucks 10/5632 S 41.

Ist eine **gemeinsame engste Verbindung** zu einem Staat **nicht feststellbar**, besteht über die 40
Rechtsfolge Streit. Hier werden sehr unterschiedliche Ansichten vertreten: Nach dem Grundsatz des
„schwächeren Rechts" ist eine kumulative Anwendung beider Heimatrechte denkbar[86], andere plädieren für Rechtswahl oder Wahl desjenigen der beteiligten Rechte, das dem deutschen Recht am
nächsten steht, einige für die Anwendung der deutschen lex fori wegen gemeinsamer Verbindung zum
Gerichtsstaat[87], zT wenigstens bei deutschem Heimatrecht eines Ehegatten[88]. Richtigerweise erscheint
die Anwendung deutschen Rechts in dieser Situation bei jedem substantiellen Inlandsbezug vertretbar.
Wenn aber die kumulative Anwendung beider Heimatrechte zu einem praktikablen Ergebnis führt,
dürfte dies der kollisionsrechtlichen Grundwertung des Abs 1 Nr 1 am ehesten entsprechen[89].

Bei Getrenntleben kommt es kaum noch zu reinen Ehewirkungen. Allein für die Beurteilung des 41
Ehewirkungsstatuts in dieser Zeit ist die Anknüpfung nach Nr 3 gegenüber den Anknüpfungen nach
Abs 1 Nr 1 und 2 daher eher unbedeutend. Bedeutung hat Nr 3 vor allem bei einer Verweisung aus
Art 15 Abs 1 und Art 17 Abs 1 auf Art 14. So lässt sich für den Zeitpunkt des Eintritts der Rechtshängigkeit des Scheidungsantrags eine gemeinsame engste Beziehung am ehesten anhand der oben
genannten Punkte a) bis g) ermitteln[90].

3. Subjektive Anknüpfung: beschränkte Rechtswahl (Abs 2 bis 4). a) Wirkung der Wahl. 42
Das Gesetz bietet den Ehegatten in den von Abs 2 und 3 gezogenen Grenzen die Möglichkeit der
Rechtswahl des Ehewirkungsstatuts. Die Ehegatten können dadurch unerwünschten Anknüpfungsergebnissen aus Abs 1 Nr 1 und 2 ausweichen und in klarer, vorhersehbarer und daher weitgehend
streitvermeidender Weise das Ehewirkungsstatut (letztlich auch mit Wirkung für Güterrechts- und
Scheidungsstatut) festlegen. Die Rechtswahl ist jederzeit, auch vor der Eheschließung, möglich, **wirkt**
aber mit Abschluss der Rechtswahlvereinbarung **nur ex nunc** bzw, wenn die in Abs 2 und 3 genannten
Voraussetzungen im Wahlzeitpunkt noch nicht vorliegen, erst mit deren Eintreten[91].

In der **Praxis**[92] wird von der Rechtswahl bisher nur selten Gebrauch gemacht[93]. Dies könnte daran 43
liegen, dass wichtige Rechtsfragen aus dem Anwendungsbereich des Art 14 ausscheiden, im Streitfall
durch Rechtswahl kaum noch beeinflussbar sind bzw das auf rein persönliche Ehewirkungen anwendbare Recht selten geplant wird. Unbedeutend ist die Wahl ausländischen Rechts, soweit es im Aufenthaltsstaat kraft objektiver Anknüpfung ohnehin angewendet wird. Nicht sicher ist schließlich die
Anerkennung der im Inland vorgenommenen Rechtswahl in Drittländern. Hier drohen hinkende
Rechtsverhältnisse[94].

Wegen der Verweisung in Art 15 hat die Wahl des Ehewirkungsstatuts auf das Ehegüterrecht 44
Auswirkung nur dann, wenn die Wahl schon bei der Eheschließung erfolgte[95]. Auch zu einem späteren
Zeitpunkt lässt sich aber für das Güterrecht noch von den – zudem weniger strengen – Rechtswahlmöglichkeiten des Art 15 Abs 2 Gebrauch machen. Wegen Art 17 Abs 1 beeinflusst die Wahl des
Ehewirkungsstatuts das **Scheidungsstatut**, wegen Art 17 Abs 3 S 1 das Versorgungsausgleichsstatut
und über Art 18 Abs 4 das den nachehelichen Unterhalt beherrschende Recht. Keinen Einfluss hat die
Rechtswahl auf **Abstammungsstatut** und **Adoptionsstatut**. Hier verweisen die Art 19 Abs 1 S 3
und Art 22 S 2 unmittelbar auf Art 14 Abs 1, der nur die objektive Anknüpfung vorsieht.

b) Wahlmöglichkeiten. aa) Gemeinsames Heimatrecht bei Mehrstaatern (Abs 2). Abs 2 45
eröffnet nur eine äußerst begrenzte Wahlmöglichkeit: Mehrstaater dürfen unter ihren Heimatrechten
wählen und auch nur zugunsten deren Schnittmenge. Diese Rechtswahlmöglichkeit des Abs 2 erschöpft sich der Sache nach darin, abweichend von Art 5 Abs 1 im Interesse einer weitgehenden
Verwirklichung der 1. Anknüpfungsstufe (Abs 1 Nr 1 Alt 1) zur Disposition der Betroffenen zu stellen.
Die Wahl steht nur Mehrstaatern offen. Sie kann nur zur Erreichung einer Anknüpfung an die gemeinsame (nicht effektive oder nichtdeutsche) Staatsangehörigkeit eingesetzt werden, wenn diese nicht
bereits nach Abs 1 Ehewirkungsstatut ist. Sie ist auch anwendbar, wenn **beide Ehegatten** Doppelstaater sind und das Recht der gemeinsamen, aber nicht effektiven Staatsangehörigkeit wählen, was auch
dann möglich ist, wenn sie **gleiche Doppelstaater** sind[96].

bb) Heimatrecht eines Ehegatten (Abs 3). Ist ein gegenwärtiges oder früheres gemeinsames 46
Heimatrecht (Abs 1 Nr 1) nicht feststellbar, kann die Anknüpfungsleiter in Abs 1 Nr 2 und 3 zu einem
Ehewirkungsstatut (Aufenthaltsrecht) führen, mit dem die Ehegatten nur geringfügig verbunden sind

---

[86] *Kegel/Schurig* IPR § 20 V 1 a; *Soergel/Schurig* Rn 15.
[87] KG FamRZ 2002, 840; OLG Schleswig StAZ 2006, 297; *Erman/Hohloch* Rn 18; MünchKommBGB/*Siehr* Rn 38: als Ort des Schwerpunkts des zum Familienstatut gehörenden Rechtsverhältnisses; *Andrae* § 3 Rn 57 und AnwK-BGB/*dies* Rn 33: im Hinblick auf den in der internationalen Zuständigkeit zum Ausdruck kommenden Inlandsbezug.
[88] *Spickhoff* JZ 1993, 338 f, 341 f.
[89] AG Leverkusen FamRZ 2006, 1384.
[90] BGH NJW 1993, 2048 f; OLG Celle FamRZ 1998, 686; OLG Köln FamRZ 1998, 1590; BT-Drucks 10/504 S 55 und 10/5632 S 41.
[91] Formulierungsbeispiele für vorsorgliche Rechtswahl bei *Schotten/Schmellenkamp* Rn 132, 132 a.
[92] Ausf Formulierungsvorschläge für eine Rechtswahl zur Bestimmung des Ehewirkungsstatuts zugunsten deutschen Rechts geben *Schotten/Schmellenkamp* Rn 119, 131 bis 132 a.
[93] Etwa OLG Düsseldorf FamRZ 1995, 932; BayObLGZ 1998, 108; Zurückhaltung stellt auch fest *Erman/Hohloch* Rn 19.
[94] Zum Ganzen *Soergel/Schurig* Rn 16.
[95] *Soergel/Schurig* Rn 17.
[96] *Soergel/Schurig* Rn 18.

(Rn 38). Das Gesetz benennt solche Konstellationen als **Voraussetzungen der Rechtswahl** in den Abs 3 Nr 1 und 2 und erlaubt insoweit die Wahl des Heimatrechts eines der Ehegatten[97]. Es geht davon aus, dass bei fehlender gemeinsamer Staatsangehörigkeit in der Ehezeit (Abs 1 Nr 1) die Anknüpfung an das Recht des gegenwärtigen gemeinsamen Aufenthaltsstaates, dem zurzeit der Anknüpfung kein Ehegatte angehört (Abs 1 Nr 2 Alt 1 = Fall des Abs 3 Nr 1), oder die Anknüpfung an das Recht des letzten, während der Ehezeit gemeinsamen gewöhnlichen Aufenthaltsstaates, in dem sich die Ehegatten im Zeitpunkt der Anknüpfung nicht mehr gewöhnlich aufhalten (Abs 1 Nr 2 Alt 2 = Fall des Abs 3 Nr 2), schwach oder interessenwidrig sein kann.

47 Die Rechtswahl ist hingegen – in **Umkehrung des Abs 3** – ausgeschlossen, wenn das Ehewirkungsstatut durch Abs 1 Nr 1 Alt 1 oder 2 bestimmt wird oder wenn ein Ehegatte die Staatsangehörigkeit des gemeinsamen gewöhnlichen Aufenthaltsstaates hat oder wenn beide Ehegatten zur Zeit der Anknüpfung ihren gewöhnlichen Aufenthalt in demselben Staat haben. Jede dieser Alternativen wird als hinreichend starke Anknüpfung angesehen, die keinen Raum für eine Rechtswahl lässt.

48 Für die Alternative einer Rechtswahl nach Abs 2 gilt dies nicht, obwohl sie ebenfalls zu dem starken Anknüpfungsmoment eines (wenn auch letztlich nur formal) gemeinsamen Heimatrechts führt. Die Bezugnahme des Abs 3 auf Abs 1 Nr 1 schließt die Anknüpfung nach Abs 1 Nr 1 iVm Abs 2 auf Grund Wahl eines gemeinsamen nichteffektiven oder nichtdeutschen Personalstatuts nicht ein. Denn insoweit ist der Wortlaut (Bezugnahme nur auf Abs 1) eindeutig. Es besteht **kein Vorrang der Wahl nach Abs 2 gegenüber derjenigen nach Abs 3**.

49 Wählbar ist nach Abs 3 S 1 das Recht des Staates, dem ein Ehegatte angehört. Streitig ist, ob hierfür bei Mehrstaatern Effektivität der Staatsangehörigkeit notwendig ist und auch der Vorrang der Deutschenstellung gilt oder ob **ohne die Bindung des Art 5 Abs 1** zwischen allen Nationalitäten ausgewählt werden kann. Anders als Abs 2 nennt Abs 3 den Art 5 Abs 1 nicht und stellt diesen nicht ausdrücklich zur Disposition. Als Vorschrift des allgemeinen Teils gilt Art 5 Abs 1 immer dann, wenn er nicht – wie in Abs 2 – ausgeschlossen ist. Einen Anhaltspunkt dafür, dass der Gesetzgeber in Abs 3 die Geltung des Art 5 Abs 1 überstehen hat, könnte der Umstand liefern, dass Heimatstaat und Staat des gewöhnlichen Aufenthalts sich jedenfalls im Falle der Nr 1 nicht decken, die Effektivität einer der Staatsangehörigkeiten vielfach also in dieser Alternative schon schwer feststellbar sein dürfte. Zweifelhaft ist die Anwendbarkeit des Art 5 Abs 1 überdies generell dann, wenn das Heimatrecht nur auf Grund einer Rechtswahl zum Zuge kommt und nicht ohne weiteres von Gesetzes wegen. Immerhin in drei Fällen (Art 14 Abs 2 und Art 10 Abs 2 und 3) hat der Gesetzgeber hierfür ausdrücklich die Beschränkung des Art 5 Abs 1 aufgehoben. Bei Art 5 Abs 1 handelt es sich um einen gesetzlichen Auswahlmechanismus bei mehrdeutigem Personalstatut, dessen es im Falle einer Rechtswahl nicht bedarf, sofern der Wahlberechtigte hier die betreffende Rechtsordnung selbst auswählt[98]. Art 10 Abs 2 und 3 zeigen auch, dass das nichteffektive oder nichtdeutsche Personalstatut auch dann wählbar sein kann, wenn seine Bedeutung nicht, wie in Art 14 Abs 2, durch die Übereinstimmung mit dem Personalstatut einer anderen Person verstärkt ist. Daher ist auch im Rahmen des Art 14 Abs 3 nicht zu fordern, dass das gewählte Heimatrecht des Mehrstaaters wenigstens iS von Art 5 Abs 1 effektiv sein muss. Dies würde die Wahlmöglichkeit in einem vom Gesetzgeber nicht intendierten Maße einschränken, der die gemeinsame Wahl der Ehegatten in dieser Konstellation gleichsam als letzten Ausweg aus einer unbefriedigenden objektiven Anknüpfung ermöglicht[99].

50 cc) **Statutenabsicherung durch Rechtswahl?** Streitig und ungeklärt ist, ob ein sich aus der **objektiven Anknüpfung** nach Abs 1 Nr 1 oder Nr 2 ergebendes Ergebnis (etwa gegenwärtiges oder früheres effektives gemeinsames Heimatrecht oder gegenwärtiger gemeinsamer gewöhnlicher Aufenthalt) **auch gewählt** werden kann, mit dem Ziel einer Abschneidung der Rück- oder Weiterverweisung (wegen Sachnormverweisung nach Art 4 Abs 2) oder um die Wandelbarkeit auszuschließen[100]. Die Wahlmöglichkeit nach Abs 2 nur den Mehrstaatern einzuräumen, anderen Ehegatten aber zu versagen, erscheint willkürlich[101]. Ein Erst-Recht-Schluss drängt sich auf: Ist die Wahl des Rechts nicht effektiver Staatsangehörigkeit eines Doppel- oder Mehrstaaters möglich, könnte auch die Wahl effektiver Staatsangehörigkeit im Normalfall (Abs 1 Nr 1) zulässig sein[102]. Allerdings wird angesichts des bei der Gesetzesnovelle herrschenden Streits[103] um eine generelle Wählbarkeit des Ehewirkungsstatuts die historische Auslegung dagegen sprechen. Umgekehrt sollte auf die Rechtswahl nach Art 14 Abs 2 in Anbetracht der Enge der Wahlvorgaben Art 4 Abs 2 ohnehin nicht angewandt werden, weil es sich funktional eher um einen zu Art 5 Abs 1 alternativen Auswahlmechanismus bei Mehrdeutigkeit des gesetzlichen Anknüpfungspunktes (der Staatsangehörigkeit) handelt als um eine Wahl des Rechts und

---

[97] BT-Drucks 10/504 S 56, 57.
[98] Vgl PWW/*Mörsdorf-Schulte* Art 5 Rn 21 f; ähnlich Art 5 Rn 9.
[99] IE ebenso *Palandt/Heldrich* Rn 13; *Lichtenberger*, FS Ferid, 1988, S 269, 273; *Soergel/Schurig* Rn 22; *Kegel/Schurig* IPR § 20 V 1 b; aA *v. Bar* IPR Bd 2 Rn 200; *Kühne* IPRax 1987, 71; *Wegmann* NJW 1987, 1740 f; *Pirrung* IPVR 143; MünchKommBGB/*Siehr* Rn 46; *Mansel*, Personalstatut, Staatsangehörigkeit und Effektivität, 1988, Rn 433; *Erman/Hohloch* Rn 20 und 22.
[100] Dafür *Kühne* IPRax 1987, 70; aA *Lichtenberger*, FS Ferid, 1988, S 269, 273; *Palandt/Heldrich* Rn 12; *v. Bar* IPR Bd 2 Rn 199 Fn 459; *Erman/Hohloch* Rn 20.
[101] So zu Recht wertend *Soergel/Schurig* Rn 19, 25.
[102] Eine Rechtswahl über die Abs 2 und 3 hinaus bietet sich auch für bestimmte Interessenlagen an.
[103] Vgl die Nachweise bei *Soergel/Schurig* Rn 16 Fn 1.

die Wahl angesichts der vorgegebenen Beschränkungen eher den Charakter einer Option hat[104]. Das Problem der Ungleichbehandlung wäre damit entschärft.

c) Durchführung und Geltung der Wahl. aa) Zeitpunkt. Die Rechtswahl unter den gegebenen Voraussetzungen ist **zu jedem Zeitpunkt** und auch wiederholt möglich und kann sogar im Vorgriff auf eine Eheschließung erfolgen, wenn die in Abs 2 und 3 normierten Voraussetzungen wenigstens substantiell prognostiziert werden können. Die Wirkung ist dann aufschiebend bedingt. Umgekehrt lässt aber ein späterer Eintritt der Voraussetzungen eine Rechtswahl nicht in Wirksamkeit erstarken, wenn sie in der irrtümlichen Annahme getroffen wurde, die Voraussetzungen lägen bereits vor[105]. 51

bb) Materielle Erfordernisse. Rechtswahl der Ehegatten oder Verlobten ist nur **gemeinsam** möglich. Die Einigung ist familienrechtlicher Vertrag. 52

Das auf ihn anwendbare Recht ist nach einer Ansicht nach Schuldvertragskollisionsrecht das als Ehewirkungsstatut gewählte Recht, analog Art 27 Abs 4, Art 31[106]. Nach aA richtet sich die Frage, ob die Rechtswahl materiell wirksam zustande gekommen ist, nach der lex fori[107]. 53

cc) Form (Abs 4). Die Rechtswahl ist **im Inland** – unabhängig davon, welches Recht gewählt ist – nur wirksam bei **notarieller Beurkundung.** Diese soll sachkundige Beratung sichern, Klarheit schaffen und vor unliebsamen Folgen warnen. Die Ehegatten müssen für die Rechtswahl daher gleichzeitig vor dem Notar erscheinen[108]. Zu den Formerfordernissen im deutschen Recht gehört die Feststellung der Sprachkundigkeit eines Ehegatten und ggf Hinzuziehung eines Dolmetschers (§ 16 BeurkG)[109]. S 2 und die Gesetzesbegründung lassen auf Gleichstellung der Rechtswahl mit den Formerfordernissen des Ehevertrages gemäß § 1410 BGB schließen. Abs 4 S 1 ist außerdem lex specialis zu Art 11 Abs 1: Auch wenn das gewählte Recht (= Geschäftsrecht) eine mildere Form vorsieht, reicht deren Einhaltung im Inland aus. 54

Wird die Rechtswahl **im Ausland** vorgenommen, so genügt für ihre Form nach S 2 alternativ die Einhaltung des für einen Ehevertrag gewählten Geschäftsrechts (ohne Rücksicht auf die Beachtung der Form)[110], des für einen Ehevertrag geltenden Ortsrechts[111] oder das Recht, auf das das IPR von Geschäfts- oder Ortsrecht zugunsten von Formgültigkeit verweist[112]. Bei Weiterverweisung reicht aber auch die Form des verweisenden Sachrechts aus[113]. Die Alternativanknüpfung dient größtmöglicher Validierung der Rechtswahl. Renvoi hingegen führt zu einer Verengung der Rechtswahl und ist daher ausgeschlossen[114]. Ist nach dem anwendbaren Formstatut **konkludente Rechtswahl** möglich, so ist zwischen der Vereinbarung als rechtsverbindlich gewollter Regelungen und der bloßen Feststellung der Einhaltung religiöser Riten sorgsam zu unterscheiden[115]. Ein ausschließlich güterrechtliche Fragen und ggf den Versorgungsausgleich regelnder Ehevertrag indiziert keine Rechtswahl für das allgemeine Ehewirkungsstatut[116]. 55

Alternativ zu allem ist Substitution durch **im Ausland erfolgte notarielle Beurkundung** möglich, wenn sie der deutschen **funktionell gleichwertig** ist (arg e S 2: „genügt es")[117]. 56

dd) Erlöschen. Die **nach Abs 3 getroffene Rechtswahl** wirkt ex lege **nur bis zur Erlangung einer gemeinsamen Staatsangehörigkeit,** Abs 3 S 2, die Voraussetzung der objektiven Anknüpfung nach Abs 1 Nr 1 ist. Bei Mehrstaatern muss diese gemeinsame Staatsangehörigkeit daher iS von Art 5 effektiv sein[118]. Da mit dieser Regel sich die objektive Anknüpfung gegen eine zulässig getroffene Rechtswahl durchsetzt, und zwar selbst dann, wenn den Parteien der Eintritt des Erlöschensgrundes nicht bewusst ist, ist eine enge Auslegung geboten[119]. Wird eine gemeinsame nichteffektive Staatsangehörigkeit erworben, bleibt den Ehegatten unbenommen, anstelle der nach Abs 3 getroffenen Rechtswahl nunmehr eine Wahl nach Abs 2 vorzunehmen. 57

---

[104] IE ebenso Vorschlag *Soergel/Schurigs* Rn 19, 25; die Auswahl zwischen den eigenen Nationalitäten nach Abs 2 lässt sich insofern mit der deliktsrechtlichen Option in Art 40 Abs 1 S 2 vergleichen, die, vgl PWW/*Mörsdorf-Schulte* Art 4 Rn 16, ebenfalls keine Rechtswahl iS des Art 4 Abs 2 darstellt.
[105] *Soergel/Schurig* Rn 29.
[106] Ähnlich *Erman/Hohloch* Rn 23; MünchKommBGB/*Siehr* Rn 59, der auch auf die parallele Situation des Art 26 Abs 5 S 1 abhebt.
[107] *A. Börner* IPRax 1995, 313 f; *Palandt/Heldrich* Rn 14.
[108] Str, wie hier *Lichtenberger*, FS Ferid, 1988, S 269, 271; *v. Bar* IPR Bd 2 Rn 201; *Staudinger/Mankowski* Rn 120–123; wohl auch *Erman/Hohloch* Rn 24; undeutlich BT-Drucks 10/504 S 56, 57; *Palandt/Heldrich* Rn 14; aA *Breuer* in: *Rahm/Künkel* Bd 8 Rn 202; *Soergel/Schurig* Rn 32.
[109] OLG Schleswig IPRspr 2000 Nr 53; OLG Stuttgart FamRZ 1991, 708, 709 f; *Andrae* § 3 Rn 64.
[110] Begr RegE, BT-Drucks 10/504 S 57.
[111] OLG Düsseldorf FamRZ 1995, 932; BayObLGZ 1998, 108; *Palandt/Heldrich* Rn 14; vgl *Lichtenberger*, FS Ferid, 1988, S 269, 271.
[112] Bericht Rechtsausschuss, BT-Drucks 10/5632 S 39; *Soergel/Schurig* Rn 32; aA MünchKommBGB/*Siehr* Rn 61; *Erman/Hohloch* Rn 24.
[113] BGH NJW 1967, 1177; *Staudinger/Mankowski* Rn 125; MünchKommBGB/*Spellenberg* Art 11 Rn 58.
[114] *Staudinger/Mankowski* Rn 125; insofern auch *Erman/Hohloch* Rn 24.
[115] BayObLG FamRZ 2003, 381, 383; *Andrae* § 3 Rn 68.
[116] BayObLG FamRZ 1998, 1594, 1596; *Staudinger/Mankowski* Rn 144.
[117] *Lichtenberger* DNotZ 1986, 644, 663; *v. Bar* IPR Bd 2, Rn 201 Fn 465; *Staudinger/Mankowski* Rn 126–129; *Soergel/Schurig* Rn 32; aA wohl MünchKommBGB/*Siehr* Rn 52.
[118] *Kühne* IPRax 1987, 72; *Wegmann* NJW 1987, 1740 f; *Soergel/Schurig* Rn 26; *Erman/Hohloch* Rn 26; MünchKommBGB/*Siehr* Rn 51; *v. Bar* IPR Bd 2 Rn 203; aA *Palandt/Heldrich* Rn 15.
[119] *Lüderitz* Rn 342 Fn 21.

58 Auf eine **Wahl nach Abs 2** ist der Erlöschensgrund des Abs 3 S 2 schon aus systematischen Gründen nicht anzuwenden. Für eine Analogie besteht kein Anlass[120].

59 IÜ wirkt die nach Abs 2 wie die **nach Abs 3 getroffene Rechtswahl** unstreitig bis zum Zeitpunkt erneuter einverständlicher Änderung oder Aufhebung durch erneute wirksame Rechtswahlvereinbarung[121]. Streitig ist, ob die Wirkungen der Rechtswahl dann beendet sind, wenn die als Anknüpfungspunkt **zugrunde liegende Staatsangehörigkeit verloren bzw aufgegeben worden ist**[122], oder ob die Rechtswahl bis zu ihrer eigenen einverständlichen Aufhebung weiterwirkt[123]. Aus Abs 3 S 2 folgt für eine Wahl nach Abs 3, dass die Beendigung der Rechtswahl tatbestandlich auf den Fall beschränkt sein soll, der nach Abs 1 Nr 1 Alt 1 eine objektive und im Vergleich interessengerechte Anknüpfung ermöglicht (**Erwerb** gemeinsamer Staatsangehörigkeit), deren Fehlen durch Rechtswahl gerade ersetzt werden sollte. Es ist interessengerecht, dass sich die Rechtswahl gegenüber allen anderen Änderungen der Staatsangehörigkeit durchsetzt. Verändern sich also die zum Zeitpunkt der Rechtswahl bestehenden, ihr zugrunde gelegten Umstände nachträglich (Verlust der Staatsangehörigkeit durch beide Ehegatten oder Wechsel des Aufenthaltes), beendet dies die Wirkung der Rechtswahl nicht[124]. An eine Rückwirkung des bloßen Staatsangehörigkeitswechsels auf das gewählte Ehewirkungsstatut werden die Ehegatten kaum jemals denken. Angesichts des Optionscharakters der **Wahl nach Abs 2** (Rn 50) muss hier anderes gelten: Besitzt keiner der Ehegatten mehr die gewählte Staatsangehörigkeit, so erlischt die Wirkung der Wahl nach Abs 2[125] ebenso wie auch eine Anknüpfung nach Abs 1 Nr 1 unmittelbar (ohne die durch Abs 2 bewirkte Außerkraftsetzung des Art 5 Abs 1) erlöschen würde.

60 **4. Anknüpfungszeitpunkt.** Bei der Anknüpfung der allgemeinen Ehewirkungen kommt es – im Unterschied zur mittelbaren Anwendung der Anknüpfung des Art 14 durch die Art 15, 17, 19 und 22, wo umwandelbar angeknüpft wird an den Zeitpunkt der Eheschließung, der Rechtshängigkeit, der Kindsgeburt oder der Adoption – nicht auf einen bestimmten Zeitpunkt an. Maßgebend ist vielmehr, welcher der Anknüpfungspunkte des Art 14 Abs 1 zu dem Zeitpunkt erfüllt ist, in welchem sich **der jeweils anzuknüpfende Sachverhalt (Anknüpfungstatbestand)** verwirklicht (zB Abschluss des Vertrages, dessen Verpflichtungswirkungen auf einen Ehegatten in Frage stehen).

61 Das **Statut der allgemeinen Ehewirkungen** ist also **wandelbar.** Das für die jeweilige Ehewirkung maßgebliche Recht ändert sich, wenn es zum **Wechsel zu einem neuen Anknüpfungspunkt** kommt[126]. Der Wechsel von **Staatsangehörigkeit** oder **Aufenthalt** nur *eines* Ehegatten führt idR (Ausnahme s Rn 33) nicht den Wechsel des Ehewirkungsstatuts herbei – es bleibt beim Recht des letzten gemeinsamen objektiven Anknüpfungspunktes (Staatsangehörigkeit, gewöhnlicher Aufenthalt). Wechseln beide Ehegatten ihre Staatsangehörigkeit oder ihren Aufenthalt in verschiedene Richtungen, kommen die Anknüpfungen nach Abs 1 Nr 1 und 2 nicht zur Anwendung, es bleibt nur die Suche nach der auf andere Weise sich ergebenden gemeinsamen engsten Verbindung (Nr 3). Dabei dürfte aber dann (neben anderen Aspekten) auch die letzte gemeinsame Staatsangehörigkeit oder der letzte gemeinsame Aufenthalt von Bedeutung sein.

62 Ein durch **Rechtswahl** bestimmtes Ehewirkungsstatut ist maßgeblich bis zur Aufhebung oder Abänderung durch Rechtsgeschäft. Auch Abs 3 S 2 (Rn 57 ff) führt zu einem Statutenwechsel. Die vom Ehewirkungsstatut abgeleiteten anderen Statuten sind in der Regel umwandelbar (Rn 60).

63 **Abgeschlossene** Tatbestände beurteilen sich nach altem, **neue** Tatbestände nach neuem Ehewirkungsstatut. **Gestreckte** Tatbestände, die in den Geltungszeitraum des neuen Statuts hineinreichen, können uU nach neuem Sachrecht beurteilt werden (Einl IPR Rn 42 f). Unter altem Recht **entstandene** Rechte und Pflichten bestehen fort, ihr **Inhalt** bestimmt sich jedoch nach neuem Recht[127]. Hier können sich Angleichungsfragen (Anpassung, s Einl IPR Rn 90) ergeben, die durch Auslegung des neuen Sachrechts zu lösen sind[128]. Ist es auch innerhalb des für anwendbar befundenen Rechts zur Rechtsänderung gekommen, können dessen intertemporale Normen nochmals die Geltung des alten oder neuen materiellen Rechts anordnen.

64 **5. Geltung allgemeiner Grundsätze. a) Gesamtverweisung.** Die Verweisungen des Art 14 Abs 1 Nr 1 und 2 sind nach Art 4 Abs 1 Gesamtverweisungen. Rück- und Weiterverweisung des verwiesenen Rechts sind folglich zu beachten[129]. Praktisch bedeutsam ist dies insbes bei nicht in ihrem Heimatland lebenden Angehörigen von Staaten, die dem Domizilprinzip folgen (angloamerikanischer Rechtskreis, aber auch Dänemark oder Norwegen)[130].

65 Für die Anknüpfung an den Staat der **gemeinsamen engsten Verbindung nach Abs 1 Nr 3** wird in Teilen des Schrifttums Rück- oder Weiterverweisung als dem Sinn der Anknüpfung gemäß Art 4 Abs 1 S 1 HS 2 zuwiderlaufend angesehen. Die Verweisung in Abs 1 Nr 3 wird daher von manchen

---

[120] *Andrae* § 3 Rn 60; AnwK-BGB/*Andrae* Rn 37 mwN auch zur aA.
[121] BT-Drucks 10/5632 S 11, 41; *Lüderitz* IPR Rn 342; *Palandt/Heldrich* Rn 16; *Soergel/Schurig* Rn 21 mwN.
[122] So *Soergel/Schurig* Rn 20.
[123] *Lüderitz* IPR Rn 342; MünchKommBGB/*Siehr* Rn 44; *Erman/Hohloch* Rn 26.
[124] *Soergel/Schurig* Rn 28.
[125] *Soergel/Schurig* Rn 20; aA *Erman/Hohloch* Rn 26.
[126] *Erman/Hohloch* Rn 10; *Palandt/Heldrich* Rn 6.
[127] PWW/*Mörsdorf-Schulte* Art 3 Rn 38 ff.
[128] *Soergel/Schurig* Rn 14, Vor Art 3 Rn 154–162.
[129] *V. Bar* IPR Bd 2 Rn 208; *Kartzke* IPRax 1988, 9; *Erman/Hohloch* Rn 6.
[130] *Erman/Hohloch* Rn 13.

als Sachnormverweisung behandelt[131]. Eine derartige Differenzierung ist in der Anknüpfungs- und Verweisungstechnik des EGBGB aber nicht angelegt. Alle objektiven Anknüpfungen des EGBGB sind Typisierungen engster Verbindungen, eine Anknüpfung nach offener Abwägung ist für Belange des renvoi nicht anders zu behandeln[132].

Um eine Sachnormverweisung handelt es sich dagegen bei der Kollisionsnorm für die Form der in **Abs 4 S 2** (arg ex Art 3 Abs 1 S 2)[133] und bei einer Rechtswahl nach den **Abs 3** (arg ex Art 4 Abs 2)[134]. Abs 2 sollte hingegen als Gesamtverweisung betrachtet werden (Begründung s Rn 50). 66

b) Rechtsspaltung, Einzelstatut. Besitzt das Recht, auf das verwiesen wird, **mehrere Teilrechtsordnungen**, weil etwa für Angehörige verschiedener Religionen, verschiedener Volkszugehörigkeit oder verschiedener Regionen unterschiedliches Familienrecht gilt, so findet Art 4 Abs 3 Anwendung (Art 4 Rn 18 ff). Geht es um vermögensrechtliche Fragen und **liegt der betreffende Vermögensgegenstand nicht in dem Staat,** dessen Recht anwendbar ist, so ist Art 3 Abs 3 zu beachten (vgl ausf Art 15 Rn 93 f). 67

c) Vorfrage nach dem Bestand einer Ehe. Die Beurteilung des Bestehens einer Ehe ist **selbständig anzuknüpfende** Vorfrage. Berufen sind die für Eheschließung und Eheauflösung maßgeblichen Kollisionsnormen (Art 11, 13, 17)[135]. 68

Daher ist eine im Inland geschlossene Ehe auch dann nach Art 13 Abs 3 S 1 formgültig, wenn das Heimatrecht eines der Eheleute die deutsche Ziviltrauung nicht anerkennt und die Ehe deshalb als ungültig und nicht geschlossen (Nichtehe) ansieht. Die ältere Rspr hatte auch in diesem Falle die Ehewirkungen deutschem Recht unterstellt[136]. Im Schrifttum und der neueren Rspr werden die Ehewirkungen hingegen mehrheitlich konsequent nach Art 14 angeknüpft[137]. Der erstgenannte, in Anlehnung an den unter altem Kollisionsrecht für die Scheidung hinkender Ehen (ausländische Nichtehe – inländische Ehe) entwickelte Gedanke führt zur gespaltenen Beurteilung von Ehewirkungen, durchbricht die Anknüpfung nach Art 14 Abs 1 und sollte daher nur auf krasse Fälle einer Invalidierung der Ehe durch zu strenges ausländisches Recht angewendet werden[138]. Der Sache nach handelt es sich hier um eine **Anpassungsproblematik** infolge einer Dépeçage durch das Aufeinandertreffen eines nicht harmonierenden Vorfragen- (Ehebestand, Art 13) und Hauptfragenstatuts (Ehewirkung, Art 14). Methode der Wahl zur Auflösung fehlender Abstimmung der hier infolge selbständiger Vorfragenanknüpfung nebeneinander anzuwendenden Rechte (des Eheschließungs- und des Ehewirkungsstatuts) ist die Angleichung (Anpassung, s Einl IPR Rn 90). Alternativ zur kollisionsrechtlichen Anpassung (entspricht der oben genannten alten Lösung) könnten daher auch sachrechtliche Anpassungsversuche vorsichtige Modifikationen des ausländischen Ehewirkungsrechts in Betracht zu ziehen sein. 69

Kommt es wegen Verstoßes gegen **inländische Formvorschriften zur Nichtehe,** liegen Ehewirkungen als Anknüpfungsgegenstand nicht vor. Zu beurteilen sind dann nur die Rechtswirkungen einer nichtehelichen Lebensgemeinschaft nach den dafür geltenden Anknüpfungsregeln (Rn 6, Art 13 Rn 19). Tritt hingegen Heilung des Mangels ein (Art 13 Rn 50 ff, 73 f), ist auch die Vorfrage des Bestehens der Ehe zu bejahen. 70

Ist eine Ehe bereits aufgelöst, treten Ehewirkungen nicht mehr ein. Die Vorfrage der **Eheauflösung** ist hier ebenso zu behandeln wie iRd Art 13 (s dort Rn 31 f): Bei Inlandsscheidung kommt es auf die Rechtskraft des Scheidungsurteils an, über die Wirksamkeit einer Auslandsscheidung ist entweder inzidenter im Gerichtsverfahren über darin zu beurteilende Ehewirkungen oder im Verfahren der inländischen Anerkennung der Auslandsscheidung nach Art 7 § 1 FamRÄndG zu befinden. 71

d) Ordre public-Vorbehalt. Die Anwendung ausländischen Kollisions- und Sachrechts ist bei entsprechendem Inlandsbezug hinsichtlich ihrer Konformität mit wesentlichen Grundsätzen des deutschen Rechts zu überprüfen. Zu beachten ist hier insbesondere die kollisionsrechtliche und sachrechtliche **Gleichbehandlung von Mann und Frau**[139]. Ein Verstoß gegen den deutschen ordre public kann sich etwa ergeben, wenn im Ehewirkungsstatut Rechte in der Ehe in einer gegen Art 3 GG verstoßenden Weise geregelt werden (zB einseitiges Aufenthaltsbestimmungs- oder Wohnsitzbestimmungsrecht[140]; sonstige ungleich bzw einseitig verteilte Entscheidungsrechte, etwa Kündigungsrecht nur des Mannes; Steigerung oder Abschwächung der Pflicht zur ehelichen Lebensgemeinschaft im Vergleich zu deutschem Recht[141]; Notwendigkeit der Trennungsklage für Antrag auf Änderung des Unterhalts[142]; Pflicht 72

---

[131] Palandt/Heldrich Rn 3, Art 4 Rn 8; Erman/Hohloch Rn 6, 18; Andrae § 3 Rn 70.
[132] Kartzke IPRax 1988, 9; PWW/Mörsdorf-Schulte Art 4 Rn 15; MünchKommBGB/Sonnenberger Art 4 Rn 20 ff; Staudinger/Mankowski Rn 97, mit Einschränkung Rn 98; Soergel/Schurig Rn 70; Rauscher IPR, 3. Teil, 2. Abschnitt A II 3 g. Ebenso s Art 4 Rn 8.
[133] MünchKommBGB/Siehr Rn 61.
[134] Palandt/Heldrich Rn 3; Erman/Hohloch Rn 6; Staudinger/Mankowski Rn 96 ff.
[135] RGZ 157, 257; OLG Hamm FamRZ 1982, 166; MünchKommBGB/Siehr Rn 118 f.
[136] Nachweise bei Soergel/Schurig Rn 69 Fn 2.
[137] RGZ NJW 1963, 51; LG Düsseldorf MDR 1952, 623; Staudinger/Mankowski Rn 52; MünchKommBGB/Siehr Rn 117; Erman/Hohloch Rn 9; Palandt/Heldrich Rn 17; BGHZ 78, 288.
[138] So zutr Soergel/Schurig Rn 69.
[139] BGH NJW 1967, 2109; genauer: keine sachlich ungerechtfertigte Ungleichbehandlung.
[140] KG JW 1936, 2473; FamRZ 1958, 464; Erman/Hohloch Rn 30.
[141] RGZ 150, 283 betr Italien.
[142] LG Darmstadt NJW 1962, 1162 betr Italien.

zum Zusammenleben im iranischen Unterhaltsrecht[143]). Persönliche Wirkungen polygamer Ehen sind von Art 6 nicht berührt, mit Einschränkung bestimmter, aus der Sicht unseres Rechts „unteilbarer" Ehewirkungen, zB Herstellung der ehelichen Lebensgemeinschaft[144].

IV. Verfahren

73   Verfahren, in denen Art 14 zur Anwendung gelangt, sind zB die Klage auf Herstellung des ehelichen Lebens, das Verfahren über Teilung von Ehewohnung und Hausrat nach § 1361a BGB (Rn 78), Streitigkeiten zu verbotenen Geschäften mit Dritten sowie einstweilige Anordnungen (Rn 76) und die gerichtliche Mitwirkung bei der Schließung von Geschäften zur Deckung des Lebensbedarfs (Rn 77). Verfahrensrechtliche Fragen zum Unterhalt sind erörtert bei Art 18 Rn 74–94.

74   Die **internationale Zuständigkeit** deutscher Gerichte richtet sich primär nach Art 3 ff **EuEheVO**. Diese gilt nach Art 1 EuEheVO etwa für **Trennungen** ohne Auflösung des Ehebandes. Daneben verbleibt ein Anwendungsbereich für autonomes Zuständigkeitsrecht: Und zwar entspr Art 7 EuEheVO zum einen dann, wenn sich aus Art 3 bis 5 EuEheVO keine internationale Zuständigkeit eines EG-Mitgliedstaates außer Dänemark ergibt. Zum anderen dann, wenn es sich um eine Angelegenheit außerhalb des Ehesachenbegriffs des Art 1 EuEheVO handelt, etwa im Falle der **Herstellungsklage**, die aber unter den Ehesachenbegriff des § 606 ZPO fällt. In diesen Fällen richtet sich die internationale Zuständigkeit deutscher Gerichte für Ehesachen nach §§ 606, 606a ZPO (bei anderen Familiensachen nach § 621 Abs 2 **ZPO**, iÜ nach §§ 12 ff ZPO). In den Fällen des § 606a Abs 1 Nr 4 ist die internationale Zuständigkeit deutscher Gerichte ausgeschlossen, wenn die Entscheidung offensichtlich in keinem Heimatstaat einem Ehegatten anerkannt wird. In Bezug auf die vermögensrechtlichen Ansprüche käme eine Geltung der sonst vorrangig anwendbaren EuGVO in Betracht, doch schließt deren Art 1 Abs 2 lit a alle vermögensrechtlichen Beziehungen, die sich unmittelbar aus der Ehe oder ihrer Auflösung ergeben[145], vom Anwendungsbereich aus. Unter diese Ausnahme fällt auch die Rückforderung unbenannter Zuwendungen[146].

75   Kennt das ausländische Ehewirkungsstatut eine Klageart (etwa **Herstellungsklage**) nicht, kann in dieser Weise auch nicht in Deutschland geklagt werden. Kann der Anspruch im Ausland hingegen im Verfahren der freiwilligen Gerichtsbarkeit verfolgt und verwirklicht werden, ist eine Herstellungsklage vor deutschen Gerichten möglich[147]. Ausländische und inländische Herstellungsurteile sind im Inland nicht vollstreckbar (§ 888 Abs 2 ZPO).

76   Das **Verfahren** vor deutschen Gerichten richtet sich nach der ZPO, dem FGG und der HausratsVO. **Einstweilige Anordnungen** nach § 620 S 1 Nr 5 bis 10 ZPO (Getrenntleben, Leistung gegenseitigen Unterhalts, Nutzung von Ehewohnung und Hausrat, Herausgabe persönlicher Gegenstände, Prozesskostenvorschuss, Kontaktverbot, Überlassungsanordnung) können nach dem Verfahrens- und Sachrecht des angerufenen Forums getroffen werden[148]. Innerhalb des Geltungsbereichs der EuEheVO gilt nach Art 20 EuEheVO für die Anordnung einstweiliger Maßnahmen einschließlich Schutzmaßnahmen autonomes Zuständigkeitsrecht wenn Personen oder Vermögensgegenstand in diesem Staat betroffen sind. Die Internationale Zuständigkeit deutscher Gerichte bestimmt sich nach dem – nach autonomem deutschem Recht (gemäß Art 20 EuEheVO ohne Rücksicht auch die Zuständigkeitsordnung der EuEheVO) zu bestimmen – international Hauptsachezuständigkeit (für die notwenig bereits anhängige Ehesache)[149], in Eilfällen auch bereits vor Klärung der Hauptsachezuständigkeit[150]. Gleiches gilt für einstweilige Verfügungen[151].

77   Ausländisches Recht kann die gerichtliche Mitwirkung bei Beschränkung, Entziehung oder Wiederherstellung der Befugnis zu Geschäften zur Deckung des täglichen Bedarfs vorsehen. Hierfür sind deutsche Gericht sachlich zuständig[152]. Internationale und örtliche Zuständigkeit ergibt sich doppelfunktional nach § 45 Abs 1 bis 4 FGG, wenn einer der Ehegatten Deutscher ist oder sich in Deutschland gewöhnlich aufhält. Der Anspruch ausländischer Gerichte auf ausschließliche Zuständigkeit wird nicht beachtet[153].

78   **Ansprüche auf Ehewohnung und Hausrat** sind erfasst vom autonomen Begriff des ehelichen Güterstandes in Art 1 Abs 2 lit a EuGVO[154] und damit aus dem Anwendungsbereich der EuGVO ausgenommen. Auch die EuEheVO gilt hier nicht (vgl Erwägungsgrund 8). Der internationale Gerichtsstand ergibt sich daher aus autonomem Recht: Über Ehewohnung und Hausrat wird nach

---

[143] OLG Oldenburg IPRax 1981, 136; wN bei *Soergel/Schurig* Rn 41; *Erman/Hohloch* Art 6 Rn 35.
[144] BT-Drucks 10/504 S 43; *Lüderitz* IPR Rn 208; *Soergel/Schurig* Rn 74; *Palandt/Heldrich* Rn 18; *Jayme* FamRZ 1975, 341.
[145] EuGH NJW 1979, 1100; OLG Stuttgart FamRZ 2001, 1371; OLG München IPRspr 1999 Nr 158; *Andrae* § 3 Rn 3.
[146] *Andrae* § 3 Rn 4.
[147] KG JW 1936, 2473; *Soergel/Schurig* Rn 42.
[148] BayObLGZ 1960, 370; OLG Hamburg MDR 1968, 670; OLG Karlsruhe FamRZ 1973, 97; OLG Stuttgart IPRspr 1979, Nr 184; OLG Frankfurt FamRZ 1980, 174; OLG Karlsruhe IPRax 1987, 38. KG IPrax 1991, 60. Ausf, mN zum von der Rspr angewandten heimischen oder ausländischen Recht *Soergel/Schurig*Rn 53.
[149] OLG Schleswig IPRspr 1950/51 Nr 3; KG FamRZ 1974, 198; OLG Karlsruhe FamRZ 1984, 184.
[150] OLG Hamm NJW 1977, 1597.
[151] OLG Oldenburg IPRax 1991, 136; OLG Karlsruhe FamRZ 1986, 1226.
[152] *Soergel/Schurig* Rn 44, Art 15 Rn 61.
[153] *Soergel/Schurig* Rn 44.
[154] *Andrae* § 3 Rn 7; MünchKommBGB/*Winkler von Mohrenfels* Art 17a Rn 22; *Schröder/Bergschneider/Mörsdorf-Schulte* Rn 11.233.

§§ 1361a und 1361b BGB im Verfahren der freiwilligen Gerichtsbarkeit entschieden, § 18 iVm § 13 Abs 1 HausratsVO[155]. Deutsche Gerichte sind analog § 18a, § 11 HausratsVO international zuständig, wenn es um ein isoliertes Hausratsverfahren geht und die Voraussetzungen der §§ 11 Abs 2 Hausrats-VO, 606 ZPO analog vorliegen (Ehewohnung bzw Aufenthalt im Inland). Bei Anhängigkeit einer Ehesache im Inland ergibt sich eine auch international wirkende **Verbundzuständigkeit** aus §§ 623, 621 Abs 1 Nr 7 ZPO analog. Ob diese Zuständigkeit davon abhängig ist, dass das anzuwendende Recht (unten 11) eine der HausratsVO entsprechende Regelung kennt, oder schon ausreicht, dass es nur um die Regelung der Rechtsverhältnisse an der Ehewohnung und am Hausrat geht, ist umstritten[156]. S ausf Art 17a Rn 24 ff[157].

Die **Anerkennung** ausländischer Entscheidungen der streitigen Gerichtsbarkeit richtet sich, wenn weder EheVO noch EuGVO mit ihren Anerkennungsvorschriften anwendbar sind, nach § 328 ZPO, von Entscheidungen der freiwilligen Gerichtsbarkeit nach § 16a FGG. Vgl iÜ zur Anerkennung ausf Art 17 Rn 159 ff. 79

V. Innerdeutsches Kollisionsrecht

Bei der Anknüpfung von Ehewirkungen bei Altfällen ist im Hinblick auf die DDR neben dem internationalen auch das interlokale Privat- und Zivilverfahrensrecht zu beachten (ausf Art 13 Rn 94–100). 80

Vor der Wiedervereinigung am 3.9.1990 war das Recht im Verhältnis zur DDR **interlokal gespalten**. Aus westdeutscher Sicht galt Art 14 Abs 1 Nr 2 und 3 und Abs 3 entspr (Abs 2 hatte interlokal keine Funktion): Anstelle der Staatsangehörigkeit war an den gewöhnlichen Aufenthalt anzuknüpfen, bei unterschiedlichem Aufenthalt an den letzten gemeinsamen, bei dessen Fehlen an die engste Verbindung zum Recht eines Gebietes. 81

In der DDR waren die Art 14 bis 16 aF EGBGB durch §§ 16 EGFGB abgeschafft, § 16 EGFGB sodann durch § 15 Abs 2 Nr 37 EGZGB vom 19.6.1975 aufgehoben worden. § 16 EGFGB wurde ersetzt durch § 19 RAG (Rechtsanwendungsgesetz) vom 5.12.1975 (GBl I S 748; VOBl 1976, 9 für Berlin Ost). § 19 RAG lautete: „*Die persönlichen Beziehungen, die Unterhaltsansprüche und die Vermögensverhältnisse der Ehegatten bestimmen sich nach dem Recht des Staates, dessen Bürger die Ehegatten sind. Sind die Ehegatten Bürger verschiedener Staaten, so ist das Recht der Deutschen Demokratischen Republik anzuwenden.*" 82

Nach der Wiedervereinigung begründet die zeitliche Rechtsspaltung eine fortwirkende Relevanz der ehemals räumlichen Rechtsgestaltung: Für die **nach der deutschen Vereinigung eingetretenen Ehewirkungen** (auch solcher vor dem Beitritt geschlossener Ehen) gilt heute im gesamten Bundesgebiet das **BGB**, Art 234 § 1 (Art 234 § 1 gilt für alle familienrechtlichen Verhältnisse, Art 234 § 3 regelt trotz seiner Überschrift „Wirkungen der Ehe im Allgemeinen" nur namensrechtliche Fragen). Nach der in Art 236 § 2 niedergelegten **intertemporalen Regel** richtet sich für die Zeit vor dem Beitritt die Frage des auf die Wirkungen familienrechtlicher Rechtsverhältnisse anwendbaren Rechts nach dem damaligen – international gespaltenen – IPR. Ob RAG oder EGBGB zum Zuge kommt, wird heute in **entsprechender Anwendung des Art 14** entschieden, sog **innerdeutsches Kollisionsrecht**, vgl Voraufl Art 236 Rn 9 ff, 19[158]. 83

Art 15 Güterstand

(1) Die güterrechtlichen Wirkungen der Ehe unterliegen dem bei der Eheschließung für die allgemeinen Wirkungen der Ehe maßgebenden Recht.

(2) Die Ehegatten können für die güterrechtlichen Wirkungen ihrer Ehe wählen

1. das Recht des Staates, dem einer von ihnen angehört,
2. das Recht des Staates, in dem einer von ihnen seinen gewöhnlichen Aufenthalt hat, oder
3. für unbewegliches Vermögen das Recht des Lageorts.

(3) Artikel 14 Abs. 4 gilt entsprechend.

(4) Die Vorschriften des Gesetzes über den ehelichen Güterstand von Vertriebenen und Flüchtlingen bleiben unberührt.

Schrifttum: *Andrae*, Internationales Familienrecht, 2. Aufl 2006; *Dörner*, Zur Beerbung eines in der Bundesrepublik verstorbenen Iraners, IPRax 1994, 33; *Ebenroth/Eyles*, Der Renvoi nach der Novellierung des deutschen Internationalen Privatrechts IPRax 1989, 1; *Henrich*, Internationales Scheidungsrecht, 2. Aufl 2005; *ders*, Das internationale Eherecht nach der Reform, FamRZ 1986, 841; *ders*, Nochmals: Staatsangehörigkeit und Güterstand deutsch-/österreichischer Sowjetzonenflüchtlinge, IPRax 1983, 25; *Jayme/Kohler*, Europäisches Kollisionsrecht 2006: Eurozen-

---

[155] AG München IPRax 1981, 60; BayObLGZ 1953, 102; OLG Hamm FamRZ 1968, 321; OLG Frankfurt FamRZ 1989, 84; OLG Karlsruhe IPRax 1985, 106; *Soergel/Schurig* Rn 51.
[156] Gegen Anwendung von § 621 Abs 1 Nr 7 ZPO wenn ausländisches Recht anwendbar ist, das eine entsprechende Regelung nicht kennt OLG Stuttgart FamRZ 1997, 1085 und OLG Karlsruhe NJW 1997, 202 mwN = FamRZ 1997, 33, dazu OLG Frankfurt FamRZ 2001, 367 mwN und OLG Düsseldorf FamRZ 1995, 1280.
[157] *Soergel/Schurig* Rn 52.
[158] *Palandt/Heldrich* Art 3 Rn 4 und Art 234 § 3, Art 236 Rn 4, 64. Aufl 2005, in den neueren Aufl nur noch über www.palandt.beck.de im Palandt-Archiv, Teil II einsehbar.

trismus ohne Kodifikationsidee?, IPRax 2006, 537; *Jeremias/Schäper*, Zugewinnausgleich nach § 1371 BGB bei Geltung ausländischen Erbrechts, IPRax 2005, 521; *Kartzke*, Renvoi und Sinn der Verweisung, IPRax 1988, 8; *Kemp*, Grenzen der Rechtswahl im internationalen Ehegüter- und Erbrecht, 1999; *Kühne*, Die außerschuldrechtliche Parteiautonomie im neuen Internationalen Privatrecht, IPRax 1987, 69; *Langenfeld*, Ehevertragsgestaltung nach Ehetypen, FamRZ 1987, 9; *Lichtenberger*, Zum Gesetz zur Neuregelung des IPR, DNotZ 1986, 644; *ders*, Zu einigen Problemen des Internationalen Familien- und Erbrechts, FS Ferid, 1988, S 269; *Mankowski/Osthaus*, Gestaltungsmöglichkeiten durch Rechtswahl beim Erbrecht des überlebenden Ehegatten in internationalen Fällen, DNotZ 1997, 10; *Rauscher*, Sachnormverweisungen aus dem Sinn der Verweisung, NJW 1988, 2151; *Reithmann/Martiny/Hausmann*, Internationales Vertragsrecht, 6. Aufl 2004; *Riering*, Gesellschaftsstatut und Ehegüterstatut, IPRax 1998, 322; *Schotten.*, Die Konstituierung des neuen sowie die Beendigung und Abwicklung des alten Güterstandes nach einer Rechtswahl, DNotZ 1999, 326; *ders/Johnen* Probleme hinsichtlich der Anerkennung, der Erteilung und des Inhalts von Erbscheinen im deutsch-deutschen Verhältnis, DtZ 1991, 257; *ders/Schmellenkamp*, Das Internationale Privatrecht in der notariellen Praxis, 2. Aufl 2007; *Schröder/Bergschneider/Mörsdorf-Schulte*, Familienvermögensrecht, 2. Aufl 2007, 11. Abschnitt; *V. Stoll*, Die Rechtswahl im Namens-, Ehe- und Erbrecht, 1991; *Wassermann*, Die güterrechtlichen Beziehungen von Übersiedlern aus der DDR, FamRZ 1990, 333; *Wegmann*, Rechtswahlmöglichkeiten im internationalen Familienrecht, NJW 1987, 1740; *Winkler v. Mohrenfels*, Ehebezogene Zuwendungen im Internationalen Privatrecht, IPRax 1995, 379; *Wurmnest*, Die Mär von der mahr – Zur Qualifikation von Ansprüchen aus Brautgabevereinbarungen, RabelsZ 71 (2007, 527; *ders*, Die Brautgabe im Bürgerlichen Recht, FamRZ 2005, 1879.

Rechtsvergleichend: Darstellung ausländischer Ehegüterrechte bei *Schotten/Schmellenkamp* Anh II; *Süß* (Hrsg), Eherecht in Europa, 2007 (Länderberichte Belgien, Dänemark, Deutschland, England, Finnland, Frankreich, Griechenland, Italien, Katalonien, Lettland, Luxemburg, Österreich, Portugal, Schottland, Schweden, Schweiz, Slowakei, Spanien, Tschechische Republik, Türkei, Ungarn); *Reithmann/Martiny/Hausmann* Rn 2686 ff m Bibliographie; *Bergmann/Ferid*, Internationales Ehe- und Kindschaftsrecht, Loseblatt; *Hohloch*, Internationales Scheidungs- und Scheidungsfolgenrecht, 1998.

Übersicht

	Rn		Rn
I. Regelungskonzept	1	c) Objektive Anknüpfung an die gemeinsame engste Verbindung (iVm Art 14 Abs 1 Nr 3)	55
II. Vorrangige Sonderregelungen in Staatsverträgen (Art 3 Abs 2)	8	d) Subjektive Anknüpfung bei Wahl des Ehewirkungsstatuts (iVm Art 14 Abs 2 bis 4)	57
1. Haager Ehewirkungsabkommen	8	2. Wahl des Güterrechts (Abs 2)	58
2. Haager Abkommen über das auf Ehegüterstände anzuwendende Recht	9	a) Zeitpunkt der Wahl	60
		b) Aufhebung der Wahl	63
3. Deutsch-iranisches Niederlassungsabkommen vom 17. 2. 1929	10	c) Kreis der wählbaren Rechte	65
		d) Form	72
4. EG-Grünbuch zum internationalen Ehegüterrecht	11	3. Anknüpfungspersonen	73
		a) Allgemeines	73
III. Anknüpfungsgegenstand	12	b) Volksdeutsche (Abs 4)	75
1. Ehe	13	4. Anknüpfungszeitpunkt	79
2. Güterrechtliche Wirkungen	15		
a) Qualifikation	15	**V. Allgemeine Vorschriften**	87
b) Einzelne güterrechtliche Wirkungen	16	1. Vorfrage der Ehe	87
c) Abgrenzung	34	2. Gesamtverweisung, Rechtsspaltung	89
3. Einschränkung durch Verkehrsschutz	50	3. Vorrang des Einzelstatuts (Art 3 Abs 3)	93
IV. Anknüpfung	51	4. Ordre public	95
1. Akzessorietät zum allgemeinen Ehewirkungsstatut (Abs 1) als Grundanknüpfung	51	**VI. Verfahrensrecht**	96
a) Objektive Anknüpfung an die gemeinsame Staatsangehörigkeit (iVm Art 14 Abs 1 Nr 1)	52	**VII. Intertemporales Recht**	99
b) Objektive Anknüpfung an den gemeinsamen gewöhnlichen Aufenthalt (iVm Art 14 Abs 1 Nr 2)	53	**VIII. Interlokales Privat- und Verfahrensrecht**	100

I. Regelungskonzept

1   Art 15 regelt die güterrechtlichen Wirkungen (Rechtsfolgen) einer Ehe und verweist dazu auf die gesamte Vorschrift des Art 14 für die Anknüpfung von Ehewirkungen. Allerdings ist das Güterrechtsstatut fixiert auf den Zeitpunkt der Eheschließung (Unwandelbarkeit, dazu Rn 79 ff) während das allgemeine Ehewirkungsstatut sich im Verlaufe der Ehe ändern kann (Wandelbarkeit).

2   Der **Gleichlauf von Ehewirkungsstatut und Güterrechtsstatut** fördert die einheitliche Anknüpfung aller Rechtsbeziehungen der Ehegatten untereinander und – infolge entsprechender Verweisungen aus dem internationalen Kindschaftsrecht auf das durch sog „Familienstatut" des Art 14 (Art 14 Rn 1) – auch im Verhältnis zu ihren Kindern. Die Verweisung nach Abs 1 gilt – unbeschadet der für das Güterrechtsstatut isolierten Rechtswahlmöglichkeit nach Abs 2 – für das durch objektive Anknüpfung ebenso wie für das durch Rechtswahl bestimmte Ehewirkungsstatut. Mit einer (rechtzeitigen[1]) Wahl

---

[1] Zum Anknüpfungszeitpunkt s Rn 78 ff.

des Rechts ihrer allgemeinen Ehewirkungen gemäß Art 14 Abs 2, 3 legen die Ehegatten daher ohne weiteres auch das Güterrecht fest.

Bei **Teilnahme eines Ehegatten am inländischen Rechtsverkehr** ist Art 16 zu beachten, der gutgläubige Dritte schützt und Eintragungen eines fremden Güterstandes in das deutsche Güterrechtsregister erforderlich machen kann. 3

Im deutschen IPR herrscht der **Grundsatz der Einheit des Güterrechts:** Die gesamte güterrechtliche Rechtsbeziehung wird von *einem* Recht beherrscht, unabhängig vom Lageort der einzelnen Vermögensgegenstände (Mobilien und Immobilien). Eine Durchbrechung des Grundsatzes der Einheit kann sich aber im Wege des **renvoi** ergeben (Art 4 Abs 1), wenn das durch Art 15 Abs 1 berufene Güterrechtsstatut auf das Recht des Lageortes der Immobilie weiterverweist (Teilweiterverweisung), oder auch beim **Vorrang des Belegenheitsstatuts** gemäß Art 3 Abs 3, wenn dieses eine kollisionsrechtliche Spaltung[2] des Güterrechtsstatuts für Immobilien und Mobilien vorsieht[3] (Rn 93) oder schließlich auf Grund der in Abs 2 Nr 3 zugelassenen (partiellen) Rechtswahl der lex rei sitae für unbewegliches Vermögen (Rn 67 ff). 4

Eine Mehrzahl anwendbarer Güterrechte lässt sich durch gleichsam absichernde **Rechtswahl**[4] insofern vermeiden, als Art 4 Abs 2 dann fremdes Kollisionsrecht ausschaltet. Da aber Art 3 Abs 3 auch in diesem Falle anwendbar ist, ist die Einheit des Güterrechts letztlich nicht restlos zu garantieren. 5

Bei **Altehen** sind wegen der unwandelbaren (Rn 79 ff) Anknüpfung und der Änderung der kollisionsrechtlichen Gesetzeslage in den Jahren 1953, 1983 und 1986 intertemporale Besonderheiten zu beachten, die in Art 220 Abs 3 detailliert geregelt sind (Rn 99). 6

Bei vor Aufnahme in die Bundesrepublik geschlossenen Ehen **volksdeutscher** Vertriebener, Flüchtlinge und Übersiedler unterliegt die Unwandelbarkeit Einschränkungen (Rn 74 ff). 7

II. Vorrangige Sonderregelungen in Staatsverträgen (Art 3 Abs 2)

1. Haager Ehewirkungsabkommen. Das Haager Abkommen betr den Geltungsbereich der Gesetze in Ansehung der Wirkungen der Ehe auf die Rechte und Pflichten der Ehegatten in ihren persönlichen Beziehungen und auf das Vermögen der Ehegatten vom 17. 7. 1905[5] ist von der Bundesrepublik zum 23. 8. 1987 **gekündigt** worden[6]. Es galt zuletzt nur noch im Verhältnis zu Italien – hier mit der Maßgabe, dass der wegen Verstoßes gegen Art 3 Abs 2 GG nicht angewandte Art 2 Abs 1 des Übk durch entsprechende Anwendung von Art 220 Abs 3 ersetzt wurde[7]. 8

2. Haager Abkommen über das auf Ehegüterstände anzuwendende Recht. Vertragsstaaten des Abkommens vom 14. 3. 1978 sind seit dem 1. 9. 1992 Frankreich, Luxemburg und die Niederlande[8]. Von Deutschland ist es noch nicht gezeichnet. Nach Art 2 gilt es als sog „loi uniforme" auch gegenüber Angehörigen von Drittstaaten. Es kann daher infolge einer Gesamtverweisung auf das Recht eines Abkommensstaates anwendbar sein[9]. 9

3. Deutsch-iranisches Niederlassungsabkommen vom 17. 2. 1929. Das Abkommen enthält in Art 8 Abs 3 eine kollisionsrechtliche Regelung auch des Güterstatuts mit Anknüpfung an das gemeinsame Heimatrecht (Text s Art 25 Rn 12). Das Abkommen ist aber nur dann anwendbar, wenn beide in Deutschland sich aufhaltenden Ehegatten iranische Staatsangehörigkeit haben oder umgekehrt im Iran beide Ehegatten deutsche Staatsangehörigkeit besitzen (vgl Art 14 Rn 4 mwN). 10

4. EG-Grünbuch zum internationalen Ehegüterrecht. Eine EG-Verordnung zum internationalen Ehegüterrecht ist in Vorbereitung (sog Rom-IV-VO). Sie soll neben dem Kollisions- auch das Zuständigkeits- und Anerkennungsrecht vereinheitlichen. Im Juli 2006 hat die Kommission ein Grünbuch zu den Kollisionsnormen im Güterrecht unter besonderer Berücksichtigung der gerichtlichen Zuständigkeit und der gegenseitigen Anerkennung vorgelegt und dem Rat und dem Parlament zur Stellungnahme zugeleitet[10]. Dieses hat eine breite Diskussion eröffnet. Kritisiert wird, dass außer im Hinblick auf die Zuständigkeitsregelung der enge Zusammenhang zwischen dem Güterstatut und dem Erbstatut nicht erkannt worden sei[11]. 11

III. Anknüpfungsgegenstand

Die „güterrechtlichen Wirkungen der Ehe" sind gleichbedeutend mit einer gesetzlich oder vertraglich begründeten Sonderrechtsordnung für das Vermögen der Ehegatten, deren inhaltliche Ausgestaltung oder Abwicklung nach Auflösung der Ehe gesonderten Abwicklungsbestimmungen unter- 12

---

[2] Die sich daraus ergebende Spaltung des Güterrechtsstatuts erstreckt sich auf die Durchführung eines Zugewinnausgleichs; aA *Ludwig* DNotZ 2000, 663.
[3] BayObLGZ 71, 34; KG NJW 1973, 428.
[4] Nach Art 15 Abs 1 iVm Art 14 Abs 3 oder Art 15 Abs 2 Nrn 1 und 2; bei Art 15 Abs 1 iVm Art 14 Abs 2 ist die Anwendung des Art 4 Abs 2 allerdings nicht sicher, vgl Art 14 Rn 50.
[5] RGBl 1912 S 453, 475, Bek vom 14. 1. 1955, BGBl II S 188; abrufbar über www.hcch.net.
[6] Bek vom 26. 2. 1986, BGBl II S 505.
[7] Bericht des Rechtsausschusses, BT-Drucks 10/5632 S 46.
[8] Abgedruckt in RabelsZ 41 (1977), 554 und abrufbar über www.hcch.net; Schrifttumsnachweise bei *Soergel/Schurig* Rn 82 Fn 67.
[9] OLG Düsseldorf FGPrax 2000, 5.
[10] Grünbuch KOM (2006) 400 vom 17. 7. 2006, abrufbar über www.europa.eu.int/eur-lex/.
[11] *Jayme/Kohler* IPRax 2006, 541; *Schotten/Schmellenkamp* Rn 135.

liegt[12], oder in der von einer weiteren Regelung ganz abgesehen wird (Gütertrennung). Erfasst sind **Entstehung, Wirkungen** und **Beendigung** der Sonderordnung und damit verbundener Rechte und Pflichten der beteiligten Ehegatten. Entscheidend für die Einordnung der Ehewirkungen als güterrechtlich ist deren **Funktion** in der Rechtsordnung, in der sie ihren Ursprung haben. Wegen der unwandelbaren objektiven Anknüpfung des Ehegüterrechts ist die **Abgrenzung** zu Scheidungsfolgenstatut und Erbstatut bedeutsam.

13   1. **Ehe.** Die Anwendung des Art 15 setzt zunächst die Beantwortung der Frage voraus, ob eine Ehe besteht oder bestand. Diese ist als Vorfrage (Erstfrage) **selbständig anzuknüpfen** (ausf Rn 87 ff).

14   Der kollisionsrechtliche **Ehebegriff** des Art 15 deckt sich mit demjenigen der Art 13 und 14 (Art 13 Rn 17 ff), umfasst also etwa nicht die in Art 17 b geregelten eingetragenen Lebenspartnerschaften zwischen homosexuellen Partnern und nicht die nichtehelichen Lebensgemeinschaften (zu deren Anknüpfung Art 13 Rn 18 f 14 Rn 6). Zu erwägen ist jedoch, die güterrechtlichen Wirkungen von **formalisierten Lebensgemeinschaften** fremder Rechte (zB brasilianische Vertragsehe oder unión de hecho) nach Art 15 (analog) zu bestimmen, wenn der Vertrag keine güterrechtliche Regelung vorsieht[13], wenngleich hier auch Vertragsanpassung unter dem Vertragsstatut in Frage kommt.

15   2. **Güterrechtliche Wirkungen. a) Qualifikation.** „Güterrechtliche Wirkungen" sind, den allgemeinen Regeln entsprechend, nach dem Begriffsverständnis des deutschen Rechts unter funktionaler Erfassung der betreffenden ausländischen Regelung und deren Selbstverständnisses zu qualifizieren. Erfasst sind alle Regeln, die für das **Vermögen der Ehegatten** während der Ehe **eine besondere Ordnung** entweder schaffen oder explizit ausnehmen bzw die nach Eheauflösung für vermögensrechtliche Abwicklung sorgen[14].

16   b) **Einzelne güterrechtliche Wirkungen. aa) Gesetzlicher Güterstand.** Vom Güterrechtsstatut beherrscht werden zunächst **Entstehung und Änderung** des gesetzlichen Güterstandes anlässlich der Eheschließung.

17   Dazu gehört die **Maßgeblichkeit eines von mehreren Güterständen** einer Rechtsordnung, die Wirkung eines Güterstandes, die Unterscheidung von Gütermassen und die Zuordnung von Gegenständen zu einem Güterstand (zB Erwerb unter Lebenden ins Gesamtgut, Erwerb von Todes wegen ins Vorbehaltsgut)[15].

18   Weiterhin gehören zu den güterrechtlichen Wirkungen etwa die **Zusammensetzung der Gütermassen** nach dem entstandenen gesetzlichen Güterstand, Eigentumsverhältnisse, Verwaltungs- und Nutzungsrechte durch einen oder beide Ehegatten[16] (Berechtigung zur Nutzung, Art und Weise und Verwendungszweck der Nutzungen; Mitberechtigung an Konto), sowie Zustimmungs- und Kontrollrechte des jeweils nicht verwaltenden Ehegatten; Besitz- und Verfügungsrechte, Verfügungs- und Erwerbsverbote oder -beschränkungen infolge des Güterstandes (Beachtung auch im Grundbuchverkehr; im Zusammenhang mit Auflassungsvormerkung; §§ 1365, 1369 BGB), die dingliche Berechtigung an Gesellschaftsanteilen bei Eheleuten in Gütergemeinschaft und die Notwendigkeit gerichtlicher Genehmigungen, wenn vom Güterstand vorgesehen.

19   Fragen der **Verwaltung und Nutznießung** sowie der Schuldenhaftung im Innen- und Außenverhältnis unterstehen ebenfalls dem Güterrechtsstatut.

20   Zu den güterrechtlichen Wirkungen gehören ferner:
– güterstandsabhängige Sorgfaltspflichten bei der Verwaltung und bei deren Verletzung die Frage der Haftung der Ehegatten untereinander;
– Auskunftsansprüche und -pflichten betr Vermögensverwaltung und Vermögensbestand (bei Fehlen im Güterrechtsstatut durch Anpassung zu ergänzen; hilfsweise Ehewirkungsstatut);
– Fragen der Auseinandersetzung einschließlich Auskunftspflicht, Fragen der Sicherheitsleistung für güterrechtliche Ansprüche;
– Folgerungen des Ehegüterrechts für das Unterhaltsrecht und Prozesskostenvorschusspflicht; ggf Anpassung, wenn das ausländische Güterrechtsstatut diese Ansprüche nicht kennt;
– die güterstandsabhängige Haftung eines Ehegatten für die Verbindlichkeiten des anderen gegenüber Dritten und die Ausgleichspflicht der Ehegatten untereinander;
– die Frage des Bestehens einer Gesellschaft zwischen den Ehegatten;
– Gesellschaftsverbot unter Ehegatten;
– Rechte zur Geltendmachung der Rechte des anderen Ehegatten und die materiellrechtliche Klagebefugnis zur gerichtlichen Geltendmachung von Rechten;
– der Einfluss der Scheidung/Trennung auf das Güterrecht (zB Verpflichtung zur Rückgabe der Mitgift).

21   Das Güterrechtsstatut beherrscht schließlich alle Fragen der **Beendigung** eines Güterstandes, nämlich
– alle Fragen der Gründe (Beendigung der Ehe, Pflichtverletzung iS von § 1386 BGB; gesetzliche Trennung), Art und Weise der Beendigung des gesetzlichen Güterstandes durch Tod, Scheidung oder sonstiger Auflösung der Ehe (Aufhebung, Nichtigerklärung, Trennung von Tisch und Bett);

---

[12] BT-Drucks 19/504 S 57; OLG Hamm FamRZ 1992, 965.
[13] Ähnlich MünchKommBGB/*Siehr* Rn 199.
[14] BT-Drucks 10/504 S 57; OLG Hamm FamRZ 1992, 965; *Palandt/Heldrich* Rn 25.
[15] OLG Oldenburg Rpfleger 1991, 412; BayObLGZ 1992, 85; OLG Hamm FamRZ 1999, 300.
[16] OLG Köln NJW-RR 1998, 865; OLG Celle IPRax 1999, 113.

– Fragen der vorzeitigen Aufhebung vor Auflösung der Ehe wegen Pflichtverletzung eines Ehegatten, und aller damit zusammenhängender Ansprüche auf Rechnungslegung und Auskunft[17];
– Fragen zum Nießbrauch an Vermögenswerten des Partners bei Beendigung des Güterstandes[18];
– anlässlich der Beendigung des Güterstandes Fragen der Entschädigung für die Nutzung eines beiden Partnern zugewiesenen Vermögensgegenstandes[19];
– die Auseinandersetzung zwischen den Ehegatten und ihren Rechtsnachfolgern, Auskunftsansprüche betr das Vermögen (bzw dem von diesem berufenen Scheidungsstatut)[20];
– die Ersetzung des aufgelösten Güterstandes durch Gütertrennung oder durch fortgesetzte Gütergemeinschaft zwischen dem überlebenden Ehegatten und den gemeinschaftlichen Abkömmlingen[21].

bb) Wahlgüterstände. Unter Art 15 Abs 1 und 2 fällt auch die Frage, ob und mit welchem Inhalt 22 Ehegatten einen Ehevertrag und damit einen vertragsmäßig bestimmten Güterstand abschließen, ändern und aufheben können. Sonderanknüpfung von **Teilfragen** (Geschäftsfähigkeit Art 7, s Rn 26, Form Art 11, s Rn 32) oder von deutschem Recht zum Schutz des inländischen Rechtsverkehrs (Art 16) ist daneben zu beachten.

(1) Abschluss eines Ehevertrags. Der Ehevertrag kann nach deutschem Recht vor und nach der 23 Eheschließung geschlossen werden. Sieht ausländisches Ehegüterstatut einen **nachträglichen Ehevertrag** nicht vor, so können sich die Ehegatten diese Möglichkeit durch nachträgliche Wahl eines entsprechenden Rechts verschaffen, so etwa durch Wahl des deutschen Rechts unter den Voraussetzungen des Abs 2 Nr 1 oder 2 für das gesamte eheliche Vermögen oder unter den Voraussetzungen von Abs 2 Nr 3 für das im Inland belegene Vermögen[22].

Ist mit dem Ehevertrag die Wahl eines anderen Güterstatuts verbunden (wird also nicht nur eine 24 **sachrechtliche Wahl** zugunsten eines Wahlgüterstandes getroffen, sondern zugleich auch eine **kollisionsrechtliche Wahl** zwischen den nach Art 14, 15 wählbaren Rechtsordnungen), so beherrschen dann dessen Sachnormen die güterrechtlichen Wirkungen der Ehe[23]. Kollisionsrechtliche Wirksamkeit der Wahl setzt aber die Beachtung der Formalien des Art 15 Abs 3 iVm Art 14 Abs 4 voraus. Ohne Einhaltung der notariellen Form, könnte ein solcher Vertrag mithin nur bei Vertragsschluss im Ausland wirksam sein.

Der Ehevertrag muss nach Maßgabe des geltenden Ehegüterstatuts **zulässig** sein, das auch über die 25 Notwendigkeit etwaiger **Genehmigungen** und das Vorliegen oder Fehlen von **Willensmängeln** entscheidet. Kennt das gewählte ausländische Güterstatut einen Ehevertrag nicht, so ist das zu respektieren[24].

Die allgemeine **Geschäftsfähigkeit** zum Abschluss des Vertrages richtet sich nach dem Heimatrecht 26 der Vertragsschließenden, Art 7 Abs 1[25]. Als familienrechtliches Rechtsgeschäft wird der Ehevertrag nicht von Art 12 Satz 1 erfasst. Das Güterstatut beherrscht die Geschäftsfähigkeit, soweit für den Ehevertrag besondere Regeln vorgehalten werden[26].

Wird zusammen mit dem Ehevertrag ein Erbvertrag geschlossen, bleibt für den Erbvertrag das 27 Erbstatut maßgeblich. Ob ein Ehevertrag zur **Umgehung eines Erbvertrags** gedacht und deshalb wegen Gesetzesumgehung unwirksam ist, bestimmt sich nach Güterrechtsstatut und inländischem IPR (Einl IPR Rn 73 f).

(2) Inhalt. Über Inhalt und Wirkungen eines Ehevertrages sowie die Zulässigkeit seiner Abänderung 28 und Ergänzung entscheidet ebenfalls das Güterrechtsstatut. Das Gleiche gilt für die Ersetzung durch Güterstatut vorgeschriebener ausländischer Vertragstypen.

Zulässiger Inhalt eines Ehevertrages ist die Schaffung, Änderung oder Beendigung eines Güterstandes. 29 Der Ehevertrag ist deshalb nicht bloßer Auseinandersetzungsvertrag[27]. Zum Inhalt des Ehevertrages kann auch gehören, ob Vorbehaltsgut begründet werden darf oder ob Zuwendungen an Dritte zulässig sind. Auch ob Verfügungen von Todes wegen im Ehevertrag zulässig sind, entscheidet das Güterstatut. Zur Änderung gehören zB Veränderungen in der Verwaltung des Gesamtgutes, Erklärung von Vorbehaltsgut zu Gesamtgut und von Gesamtgut zu Vorbehaltsgut. Hierbei ist die Abgrenzung zu anderen, gesondert anzuknüpfenden nichteherechtlichen Rechtsverhältnissen zwischen den Ehegatten oder im Verhältnis zu Dritten zu beachten.

Kommt deutsches Güterrecht zur Anwendung, so ist nach § 1409 BGB eine bloße globale sachrecht- 30 liche **Verweisung auf einen Güterstand ausländischen Rechts** im Ehevertrag („Stichwortvertrag") unzulässig. Entscheidend und erlaubt ist bei Rechtswahl hingegen die Bestimmung ausländischen Güterrechtsstatuts nach den Vorgaben von Art 15 Abs 2 für den Ehevertrag insgesamt, der dann auch dem gewählten Recht gemäß abzuschließen ist[28]. Zulässig ist aber auch die wortgetreue oder wenigstens

---

[17] MünchKommBGB/*Siehr* Rn 79.
[18] AG Frankfurt IPRspr 1991 Nr 80.
[19] OLG München IPRspr 1993 Nr 59.
[20] OLG Hamm NJW-RR 1992, 1220; OLG Koblenz NJW-RR 1994, 648.
[21] BGH FamRZ 1982, 358; OLG Düsseldorf NJW-RR 1994, 453.
[22] Soergel/*Schurig* Rn 51.
[23] Soergel/*Schurig* Rn 48.
[24] MünchKommBGB/*Siehr* Rn 86.
[25] Palandt/*Heldrich* Rn 30; MünchKommBGB/*Siehr* Rn 87; Soergel/*Schurig* Rn 55 mwN.
[26] Soergel/*Schurig* Rn 55; Staudinger/*Mankowski* Rn 311, zB Altersobergrenze nach portugiesischem und brasilianischem Recht, Rn 309; *Looschelders* Rn 8.
[27] Soergel/*Schurig* Rn 45.
[28] Soergel/*Schurig* Rn 52.

eingepasste **Inkorporation** ausländischer Bestimmungen in den Ehevertrag, allerdings unter Beachtung der zwingenden Vorschriften der §§ 1408 Abs 2 S 2 und 1413 BGB[29].

31   **Handeln unter falschem**, nicht der objektiven Anknüpfung entsprechenden **Recht** (allg Einl IPR Rn 93) kann möglicherweise **als Rechtswahl** nach Art 15 Abs 2 ausgelegt werden. Auch hier setzten freilich die Formerfordernisse des Art 15 Abs 3 iVm Art 14 Abs 4 Grenzen: Ohne notarielle Form, bei der wohl auch Ausdrücklichkeit zu verlangen wäre, würde eine solche Auslegung oder gar Annahme einer konkludenten Wahl nur bei Handeln im Ausland und einem entspr großzügigen Orts- oder Geschäftsstatut nach Art 15 Abs 3 iVm Art 14 Abs 4 S 2 in Betracht kommen. Scheidet das aus, sollte der Parteiwille im Wege der Ausschöpfung von Auslegungsspielräumen des tatsächlich geltenden Ehegüterstatuts möglichst weitgehend verwirklicht werden. Ist das nicht möglich und sind für die Parteien wesentliche Vertragsteile nach anwendbarem Ehegüterstatut nicht wirksam, ist der gesamte Ehevertrag unwirksam[30].

32   **(3) Form.** Die Formerfordernisse des Ehevertrages sind nach dem über Art 11 Abs 1 bis 3 ermittelten Formstatut gesondert anzuknüpfen. Entscheidend ist daher das Recht des Abschlussortes (Art 11 Abs 1 Alt 1) oder das Güterstatut (Art 11 Abs 1 Alt 2 iVm Art 15) selbst. Davon zu unterscheiden sind die (strengeren) Formerfordernisse des Rechtswahlvertrages, die auch bei Verbindung mit den sachrechtlichen Regelungen eines Ehevertrags zu beachten sind (dazu Rn 24).

33   **(4) Beendigung.** Abänderung und Aufhebung des Ehevertrages, Auseinandersetzung und Fortsetzung zwischen dem überlebenden Ehegatten und den gemeinsamen Abkömmlingen unterliegen dem Ehegüterstatut. Wird der vertragliche Güterstand, etwa durch Auflösung auf Verlangen eines oder beider Ehegatten, noch während der Ehe beendet, so entscheidet das auf den Vertrag anwendbare Güterrechtsstatut auch darüber, welcher gesetzliche Güterstand an die Stelle des vertraglichen tritt und wie der Übergang geregelt ist[31]. Anders liegt es nur, wenn mit der Auflösung des Ehevertrages auch die kollisionsrechtliche Rechtswahl aufgehoben oder durch eine neue ersetzt wird. Dann entscheidet das objektiv angeknüpfte Ehegüterstatut bzw das neu gewählte Recht.

34   **c) Abgrenzung.** In Bezug auf die einzelnen Vermögensgegenstände vorgenommene Rechtshandlungen führen zu Berührungspunkten des Güterstatuts mit zahlreichen anderen Statuten:

35   **aa) Gegenüber Schuldrecht.** Rechtsbeziehungen zu Dritten unterstehen zunächst jeweils dem Recht, das das einzelne Rechtsverhältnis beherrscht. Dies gilt grds auch für Rechtsbeziehungen der Ehegatten untereinander. So unterliegen etwa vertragliche schuldrechtliche Beziehungen unter Ehegatten und deren (Rück-)abwicklung prinzipiell dem Schuldstatut (Art 27 ff, auch der Arbeitsvertrag zwischen Ehegatten)[32] bzw dem Gesellschaftsstatut und gesetzliche Schuldverhältnisse (GoA, ungerechtfertigte Bereicherung, unerlaubte Handlung) unterliegen den hierfür geltenden **besonderen Schuldstatuten** (Art 38 bis 42; ab 11. 1. 2009 stattdessen Rom-II-VO). Es kann aber zu einem Zusammenspiel dieser jedenfalls als **Ausgangspunkt** heranzuziehenden Schuldstatute mit dem Güterstatut kommen:

36   Denn **spezielle güterrechtliche Rechtsfolgen oder Tatbestandsvoraussetzungen** der Rechtsbeziehungen werden güterrechtlich beurteilt[33]. Soweit das Güterstatut für bestimmte Verträge Einschränkungen vorsieht, etwa Ehegattengesellschaften oder Arbeitsverträge verbietet[34], ist dies daher zu beachten, auch wenn sich iU der Vertrag nicht nach Schuldstatut richtet[35]. Über die dingliche Berechtigung von in Güter- oder Errungenschaftsgemeinschaft lebenden Ehegatten an einer Kapitalgesellschaft herrscht das Güterstatut und nicht das Gesellschaftsstatut[36]; denn hier geht es um die vermögensrechtliche Zuordnung. Ebenso beherrscht das Güterstatut die vom Güterstand abhängige Zugehörigkeit einer Forderung zum Vorbehaltsgut, die Haftung eines Ehegatten für Verbindlichkeiten des anderen und Fragen der Mitberechtigung am Bankkonto.

37   Die Rückabwicklung ehebedingter **unbenannter Zuwendungen**[37] unterliegt nach Art 38 Abs 1 dem der Zuwendung zugrunde liegenden Recht, was hier das Ehegüterrecht ist. Denn es geht um im Interesse der Lebensgemeinschaft getätigte Vermögensbeiträge eines Ehegatten an den anderen. Auch besteht ein besonderes Bedürfnis nach Rechtssicherheit, dem am besten die mit der Anknüpfung nach Art 15 gewährleistet Unwandelbarkeit Rechnung trägt[38].

---

[29] MünchKommBGB/*Siehr* Rn 95.
[30] MünchKommBGB/*Siehr* Rn 96.
[31] MünchKommBGB/*Siehr* Rn 100.
[32] BGHZ 119, 392, 396 ff: unbenannte Zuwendungen unter Ehegatten (insoweit aA Rn 36 a); *Palandt/Heldrich* Rn 25; aA *Winkler v. Mohrenfels* IPRax 1995, 379.
[33] *Soergel/Schurig* Rn 37.
[34] RGZ 193, 367, 376: belg Verbot von Ehegattengesellschaft; FG Düsseldorf RIW 197, 644: niederl Verbot von Arbeitsverträgen; *Palandt/Heldrich* Rn 25; *Erman/Hohloch* Rn 36.
[35] *Reithmann/Martiny/Hausmann* Rn 2669; zu ehewirkungsrechtlichen Verboten s Art 14 Rn 15.
[36] *Kropholler* IPR § 45 IV 2; *Riering* IPRax 1998, 322.
[37] Definition der unbenannten Zuwendung vgl BGHZ 142, 137, 147: Rechtsgeschäft sui generis mit familienrechtlichem Charakter, das zur Vermögensmehrung des anderen Ehegatten führt und dessen Zweck nach dem übereinstimmenden Willen der Parteien ein Beitrag zur Ausgestaltung, Erhaltung oder Sicherung der ehelichen Lebensgemeinschaft ist.
[38] *Andrae* § 3 Rn 158 ff; *Reithmann/Martiny/Hausmann* Rn 2785; *Winkler v. Mohrenfels* IPRax 1995, 381; unklar *Looschelders* Art 14 Rn 4; aA BGHZ 119, 392, 396 ff.

bb) Gegenüber Sachenrecht und Forderungsstatut. Der reine Vollzug jeder vom Ehegüterrecht 38
angeordneten **Verfügung** richtet sich nach Belegenheitsstatut. Eigentumserwerb, Besitz, Entstehen
beschränkt dinglicher Rechte, Übergang oder Untergang dinglicher Rechte unterstehen dem Recht
des Lageortes der betreffenden Sache (lex rei sitae), ebenso die dingliche Rechtslage[39] und der Anspruch
auf **Herausgabe** des persönlichen Eigentums infolge der Scheidung sowie Voraussetzungen und
Wirkungen sachenrechtlicher Rechtsgeschäfte[40]. Bei Forderungen gilt das Schuldstatut.

Das die Sache oder Forderung beherrschende Statut regelt aber nur Tatbestand und Rechtsfolge der 39
Verfügung selbst. Über die innereheliche Verteilung der Rechte und Pflichten bzw ihrer einzelnen
Aspekte entscheidet hingegen das Güterrecht, nämlich über Einflüsse auf die Besitzlage, die Art des
gemeinschaftlichen Eigentums, die Zuordnung eines Gegenstandes zu einer von mehreren Gütermassen
oder über die Verfügungsbefugnis eines Ehegatten. Güterrechtlich angeordnete Entstehung eines
Rechts am Gegenstand und Rechtsfolgen dürfen indes nicht dem die Einzelgegenstände beherrschenden Recht widersprechen[41].

cc) Gegenüber allgemeinen Ehewirkungen. Nicht güterrechtlich sondern ehewirkungsrechtlich 40
zu qualifizieren sind Fragen zu Geschäften zur Deckung des Lebensbedarfs, zum ehelichen Hausrat (aber
nur bis zur Trennung von Tisch und Bett, danach greift das Scheidungsstatut ein, Art 17, 17 a, s Rn 41),
zu verbotenen Geschäften zwischen den Ehegatten, zu einer gesetzlichen Hypothek der Ehefrau, zu
Eigentumsvermutungen[42] und zu Interzessionsverboten (s auch Art 14 Rn 15).

dd) Gegenüber Trennung und Scheidung. Endet der Güterstand durch Scheidung, so richtet sich 41
die Auseinandersetzung einschließlich einer Auseinandersetzungspflicht der Ehegatten nach dem Güterrechtsstatut[43]. Der **Auseinandersetzungsvertrag** vor oder nach Scheidung oder Trennung von Tisch
und Bett ist ebenfalls nach Art 15 güterrechtlich zu beurteilen[44]. Zwar beendet die Ehescheidung den
ehelichen Güterstand, doch lässt sie gleichzeitig das Abwicklungsverhältnis beginnen[45]. **Unterhaltsvereinbarungen** vor oder nach Ehescheidung oder Trennung werden – gleich ob isoliert oder im
Verbund mit Auseinandersetzungsvereinbarungen – unterhaltsrechtlich qualifiziert und gesondert angeknüpft[46]. Für Ansprüche nach Scheidung oder Trennung regelt dies ausdrücklich Art 18 Abs 4. Als
Unterhalt idS sind auch Ausgleichszahlungen zu qualifizieren, die wie französischen *prestations
compensatoires* oder der türkische Entschädigungsanspruch[47] an die Stelle eines Unterhaltsanspruchs
treten[48].

Andere in- oder ausländische **scheidungsrechtliche Nebenfolgen** sind etwa die Zuweisung der 42
Ehewohnung und die **Hausratsteilung.** Hier wurde die Abgrenzung zur unterhaltsrechtlichen[49] oder
güterrechtlichen Qualifizierung[50] zuweilen uneinheitlich beurteilt. Dabei hat sich, was das materielle
Recht angeht, die Beurteilung nach dem Scheidungsstatut gemäß Art 17 (heute bei Belegenheit in
Deutschland Art 17 a) durchgesetzt[51], (bei Zuweisung iRd Getrenntlebens während bestehender Ehe
dementsprechend die Beurteilung nach Art 14, s dort Rn 21 ff). Art 15 ist aber anzuwenden, wenn die
Nutzungsansprüche Teil einer güterrechtlichen Auseinandersetzung werden[52]. Für den **Versorgungsausgleich** gilt Scheidungsstatut, Art 17 Abs 3[53]. Das **Verfahren der Verteilung** richtet sich nach der
lex fori.

Für den Fall einer Trennung von Tisch und Bett, in dem deutsches Recht, das diese nicht kennt, 43
Güterrechtsstatut ist, werden zwei Lösungen vertreten: Nach der einen sind die **güterrechtlichen
Folgen der Trennung** dem Trennungsstatut (= Scheidungsstatut, Art 17 Rn 13) zu entnehmen und
es muss ggf eine Angleichung (Anpassung, s Einl IPR Rn 90) erfolgen[54]. Nach aA sind die im
Güterrechtsstatut für den Fall der Scheidung vorgesehenen Regeln analog anzuwenden[55]. Im Ergebnis
werden beide Ansichten kaum auseinander liegen, doch dürfte konstruktiv die zweite Ansicht vorzuziehen sein. Denn für die Hauptfrage (vermögensmäßige Auseinandersetzung der Ehegatten) ist vom

---

[39] OLG Köln NJW-RR 1994, 200; aA LG Berlin FamRZ 1993, 198; LG Tübingen NJW-RR 1992, 1096.
[40] Erwerb von Allein- oder Miteigentum der Ehegatten OLG Köln NJW-RR 1994, 200; aA LG Berlin FamRZ 1993, 198
[41] Einschränkend *Soergel/Schurig* Rn 36 für den Fall deutschen Einzelgegenstandsstatuts, weil ausreichender Schutz durch Art 16 und Regeln des gutgläubigen Erwerbs im Sachenrecht bestehe.
[42] *Soergel/Schurig* Rn 42.
[43] BGH FamRZ 1986, 1200; OLG Karlsruhe FamRZ 1995, 738; OLG Köln NJW-RR 1998, 865; OLG Hamburg FamRZ 2001, 916; OLG Stuttgart FamRZ 2005, 1676.
[44] *Soergel/Schurig* Rn 45.
[45] MünchKommBGB/*Winkler v. Mohrenfels* Art 17 Rn 193.
[46] MünchKommBGB/*Winkler v. Mohrenfels* Art 17 Rn 185; *Soergel/Schurig* Rn 46.
[47] Dazu AG Hamburg FamRZ 1989, 749, 752.
[48] *Henrich*, Internationales Scheidungsrecht, Rn 176 f, obwohl in Frankreich selbst eine güterrechtliche Qualifizierung vorherrscht; aA OLG Karlsruhe IPRax 1990, 406 m krit Anm *Hausmann* 382.
[49] OLG Hamm FamRZ 1989, 621; *Kegel* IPR § 20 V 3.
[50] OLG Köln NJW-RR 1989, 646; *Soergel/Schurig* Art 14 Rn 37, Art 18 Rn 128; Art 17 Rn 123 mwN in Fn 14, 16 und 17.
[51] OLG Frankfurt FamRZ 1989, 75, 77; KG FamRZ 1989, 74; OLG Köln NJW-RR 1989, 646; OLG Stuttgart FamRZ 1990, 1354; OLG Hamm FamRZ 1993, 211; *Soergel/Schurig* Art 17 Rn 123.
[52] *Soergel/Schurig* Art 14 Rn 50.
[53] BGH NJW 1993, 2049.
[54] *Soergel/Schurig* Rn 44; Voraufl/*Otte* Rn 62.
[55] *Staudinger/Mankowski* Rn 289, 290.

Güterrechtsstatut auszugehen. Die sich auf dessen Grundlage stellende Vorfrage der Scheidung ist nach Art 17 anzuknüpfen (Art 17 Rn 13), was zu dem Recht führt, das die Trennung von Tisch und Bett vorsieht. Um diese Trennung wiederum als Scheidung iS des deutschen Güterrechts aufzufassen, ist Transposition (Einl IPR Rn 90) erforderlich, ggf mit anschließender sachrechtlicher Anpassung, in deren Rahmen etwaige im Trennungsstatut vorhandene Unterschiede zwischen einer Scheidung und einer Trennung von Tisch und Bett, die ggf geringere vermögensrechtliche Konsequenzen auslöst, zu berücksichtigen sind.

44 Der Anspruch auf die nach islamischem Recht bei oder nach Eheschließung fällige – und idR spätestens bei Trennung geltend gemachte – **Braut-** oder **Morgengabe** („mahr"), mit der die Frau mit Eintritt in die Ehe und Aufgabe ihres bisherigen Lebens ohne weitere Bedingung einen ihr persönlich zustehenden Vermögenswert erhält (häufig eine Anzahl festgelegter Goldmünzen, manchmal auch wertvolle Haushaltsgegenstände und einen Koran), ist idR güterrechtlich zu qualifizieren[56]. Auch wenn keine abstrakt bezeichnete Vermögensmasse, sondern konkret benannte Einzelgegenstände oder Vermögenswerte zugewandt werden[57], so geht es hier doch um eine allein Ehegatten vorbehaltene besondere Ordnung von Vermögen iS des Art 15 (Rn 15). Die Morgengabe ist Grundlage einer eigenen Vermögensbildung der Frau[58]. Und diese Ordnung hat nach den ihr zugrunde liegenden religiösen Texten[59] auch einen Bezug zu Förderung von Sexualität und Fortpflanzung, wurzelt also im Wesen der Ehe[60]. Dass der Betrag sich bei Scheidung auf Betreiben (nur oder auch) der Frau vermindern kann, hindert nicht an einer güterrechtlichen Einordnung[61].

45 **ee) Gegenüber Erbrecht.** Endet der Güterstand durch Tod eines Ehegatten, hängt die Qualifizierung der Rechtsfolgen von der Sichtweise ab, ob in erster Linie die eheliche Vermögensordnung abgewickelt werden soll unter Berücksichtigung des Erbrechts oder ob der überlebende Ehegatte unter Berücksichtigung des ehelichen Güterstandes am Nachlass des Verstorbenen partizipiert. Die überwM in Rspr und Lit tendiert nunmehr allgemein zu **güterrechtlicher vor erbrechtlicher Qualifikation.** Zum Nachlass rechnet nur das durch güterrechtlichen Ausgleich bereinigte Vermögen des Erblassers[62].

46 Die Qualifizierung des **Zugewinnausgleichs,** einschließlich der Verjährungsfrage[63], erfolgt daher nach hM rein güterrechtlich. Das gilt auch im Erbfall bei Entstehung der errechneten **Ausgleichsforderung** mit dem Tode des anderen Ehegatten nach § 1371 Abs 2 BGB[64].

47 Streitig war lange Zeit die Qualifikation der **pauschalen Erhöhung nach § 1371 Abs 1 BGB.** Wer die Erhöhung des Erbteils nach § 1371 Abs 1 BGB erbrechtlich qualifizierte, konnte den Ausgleich nach § 1371 Abs 1 BGB nicht durchführen, wenn sich auch die Erbfolge ausschließlich oder partiell nach deutschem Recht richtete[65]. Richtet sich die Erbfolge nach ausländischem Erbrecht, war der Zugewinnausgleich nur nach § 1371 Abs 2 BGB durchzuführen. Auch hier hat sich inzwischen die güterrechtliche Qualifikation durchgesetzt[66]. Für die Anwendung von § 1371 Abs 1 BGB ist damit entscheidend, ob in der Ehe deutsches Güterrechtsstatut herrscht und der gesetzliche Güterstand der Zugewinngemeinschaft besteht. Auf die Frage, ob außerdem Erbstatut deutsches Recht sein muss, kommt es dann nicht mehr an[67]. Ob der Ehegatte erbt, ist nach dem betreffenden Erbstatut zu beantwortende Vorfrage. Erlangt der Ehegatte danach keine Erbenstellung, so entfällt die Möglichkeit des § 1371 Abs 1 BGB.

---

[56] OLG Bremen FamRZ 1980, 606, 607; OLG Köln NJW-RR 1994, 200; OLG Frankfurt FamRZ 1996, 1479; LG Frankfurt/M IPRspr 1987 Nr 52; *Krüger* FamRZ 1977, 114, 116; MünchKommBGB/*Siehr* Rn 97; *Wurmnest* FamRZ 2005, 1879; *ders* RabelsZ 71 (2007), 527, 553 ff. S auch Art 14 Rn 20, Art 13 Rn 36. *Andrae* § 3 B IV Rn 148 ff: zutr umfassende Qualifikation; abl BGH FamRZ 2004, 1952, 1959; offen, wenn auch mit gewisser Tendenz zur unterhaltsrechtlichen Qualifikation, BGH FamRZ 1999, 217; Nachweise zur Gegenansicht und Begr s Art 14 Rn 18; insges s auch Art 17 Rn 37.
[57] Die Frage, ob Geldsummen- oder -sortenschuld besteht und Inflationsbereinigung erforderlich ist, wirft BGH FamRZ 2004, 1952, 1958 auf.
[58] *Staudinger/Mankowski* Art 18 Anh I Rn 282.
[59] Sure 4 Vers 24; Sure 2 Verse 229, 236 f, auf Deutsch bei MünchKommBGB/*Winkler v. Mohrenfels* Art 17 Rn 191 Fn 404 f.
[60] Dies leuchtet auch ohne die vom OLG Hamburg FamRZ 2004, 459 gewählte Überzeichnung ein, wonach „die Morgengabe im Wesentlichen der Preis dafür" sei, „dass der Ehemann ein quasi dingliches Recht auf ehel. Verkehr mit der Ehefrau erwirbt". Die Aussetzung der Morgengabe (Sure 2 Vers 237 bei MünchKommBGB/*Winkler v. Mohrenfels* Art 17 Rn 191 Fn 406) lässt sich plausibler vielleicht als „Brautwerbung" auffassen und drückt positiv gewandt Wertschätzung des Mannes für die Frau aus. *Wurmnest* RabelsZ 71 (2007), 554 bezeichnet die *mahr* dementsprechend als „ein Zeichen des Respekts des Ehemannes für seine Frau".
[61] So sah zB auch das BGB vor der Güterrechtsreform in § 1478 BGB aF eine güterrechtliche Sanktionsmöglichkeit des in der Scheidung für schuldig erklärten Ehegatten vor. Was aber dem Güterrechtsverständnis des BGB entspricht, kann nicht grundsätzlich dem EGBGB widersprechen.
[62] LG Memmingen IPRax 1985, 41; *Erman/Hohloch* Rn 37.
[63] BGH NJW-RR 2002, 937.
[64] BayObLGZ 1978, 276, 284.
[65] So OLG Düsseldorf IPRspr 1987 Nr 105; *Ferid* IPR Rn 8–130; MünchKommBGB/*Siehr* Rn 114; MünchKommBGB/*Birk* Art 25 Rn 158; *Schotten/Johnen* DtZ 1991, 259.
[66] OLG Karlsruhe NJW 1990, 1421; OLG Hamm IPRax 1994, 49, 53; LG Mosbach ZEV 1998, 489; OLG Stuttgart 2005, 1429, letztlich auch unklar ob güterrechtlicher oder Doppelqualifikation; *Jeremias/Schäper* IPRax 2005, 524 f; *Palandt/Heldrich* Rn 26; *Soergel/Schurig* Rn 40; *Erman/Hohloch* Rn 37; *Dörner* IPRax 1994, 34; *Staudinger/Mankowski* Rn 342 ff; *Kropholler* IPR § 45 IV 2.
[67] LG Bonn MittRhNotK 1985, 106; *Palandt/Heldrich* Rn 26; *v. Bar* IPR Bd 2 Rn 244; *Erman/Hohloch* Rn 37.

Haben die Ehegatten in deutscher oder ausländischer Gütertrennung gelebt, ist die in **§ 1931 Abs 4** 48
BGB vorgesehene Erhöhung des gesetzlichen Erbteils **erbrechtlich** zu qualifizieren. Denn hier geht es
darum, wie der Nachlass erbrechtlich zu verteilen ist und nicht darum, was in güterrechtlicher
Betrachtungsweise in den Nachlass fällt[68].

Erhält der überlebende Ehegatte durch die Anwendung unterschiedlicher Güter- und Erbrechte am 49
Nachlass im Verhältnis zu den Miterben inhaltlich weniger (oder mehr), als ihm nach jedem der beiden
Rechte allein mindestens (bzw höchstens) zustände, weil durch die depeçage das – in jeder Rechts-
ordnung für sich betrachtet aufeinander abgestimmte – Zusammenspiel von Erbrecht und Güterrecht
gestört wird (sog **Normenmangel oder Normenhäufung**), ist eine Lösung nur im Wege der
Angleichung (Anpassung, s Einl IPR Rn 90) möglich durch Sicherung des Teils, der dem überleben-
den Ehegatten **nach jedem Recht allein** mindestens (bzw höchstens) zustände[69]. Das konkrete
Ergebnis wird im Wege der Interpolation zwischen den bei hypothetischer Anwendung der betroffenen
Rechtsordnungen je für sich erzielten Ergebnissen zu finden sein.

3. Einschränkung durch Verkehrsschutz. Einschränkend schützt Art 16 Abs 1 den inländischen 50
(gutgläubigen) Rechtsverkehr vor ausländischen Güterständen, die nicht in das Güterrechtsregister des
zuständigen deutschen Amtsgerichts eingetragen sind (Art 16 Rn 13 ff). Ausländische gesetzliche oder
Wahlgüterstände werden damit genauso behandelt wie deutsche Wahlgüterstände: Wenn sie nicht in
das deutsche Güterrechtsregister eingetragen sind, können sie Dritten (im Inland) nicht entgegengehalten werden (§ 1412 BGB). Außerdem erklärt Art 16 Abs 2 zugunsten eines gutgläubigen Dritten
unabhängig von dem nach Art 15 anwendbaren Güterrecht die deutschen §§ 1431 und 1456 BGB für
anwendbar (Art 16 Rn 37 ff, 53).

IV. Anknüpfung

1. Akzessorietät zum allgemeinen Ehewirkungsstatut als Grundanknüpfung (Abs 1). Art 15 51
Abs 1 verweist auf das **Ehewirkungsstatut**, das **nach Art 14** Abs 1 primär durch die gemeinsame
(effektive oder deutsche) Staatsangehörigkeit (Nr 1), sonst durch Rechtswahl in den Schranken der
Abs 2 bzw 3, sonst durch den gemeinsamen gewöhnlichen Aufenthalt (Nr 2) im gleichen Staat, sonst
durch die gemeinsame engste Verbindung (Nr 3) bestimmt wird. Für Art 15 ist, anders als für Art 14,
entscheidend ausschließlich das **im Zeitpunkt der Eheschließung** geltende Ehewirkungsstatut (Anknüpfungszeitpunkt, Rn 79 f). Anknüpfung an die vergangenheitsbezogenen Merkmale („während der
Ehe zuletzt angehörten/hatten") ist daher nicht möglich. Denn schon für Art 14 ist vor der Eheschließung bestehende, aber verlorengegangene Gemeinsamkeit nicht maßgeblich; für Art 15 wird darüber
hinaus durch die Unwandelbarkeit auch nach der Eheschließung erworbene Gemeinsamkeit ausgeblen-
det. Die objektive Anknüpfungsleiter des Art 14 wird dadurch von fünf auf drei Stufen reduziert. Die
subjektive Anknüpfung gewinnt an Bedeutung, weil über die Rechtswahl nach Art 14 Abs 2 und 3
hinaus güterrechtlich auch Rechtswahl nach Art 15 Abs 2 möglich ist.

a) Objektive Anknüpfung an die gemeinsame Staatsangehörigkeit (iVm Art 14 Abs 1 52
Nr 1). Primäranknüpfung ist die gemeinsame Staatsangehörigkeit der Eheleute bei Eheschließung
(Art 14 Abs 1 Nr 1). Umstritten ist angesichts dieser engen zeitlichen Fixierung des Anknüpfungspunktes (Rn 79 ff) auf dieser ersten Anknüpfungsebene, ob eine **erst durch Eheschließung erworbene** oder hinzuerworbene Staatsangehörigkeit für die Qualifizierung als „gemeinsame Staatsangehörigkeit" herangezogen werden kann (wegen Art 5 Abs 1 S 2 stellt sich das Problem nicht bei deutschen
Ehegatten)[70]. Zum Teil wird dies kategorisch abgelehnt[71], zum Teil wenigstens bejaht bei gleichzeitigem Verlust der alten Staatsangehörigkeit, bei Bestehen[72] oder bei Eheschluss bereits angelegten
oder gar rasch absehbarem Erwerb einer entsprechenden effektiven Staatsangehörigkeit[73]. Bei Erwerb
einer neuen Staatsangehörigkeit durch Ehe und gleichzeitigem Verlust der zuvor bestehenden Staatsangehörigkeit leuchtet ein Abstellen auf die neue Staatsangehörigkeit ein. Denn in diesem Falle liegt
eine doppelte Staatsangehörigkeit nicht mehr vor und der Zeitpunkt des Art 15 „bei der Eheschließung" ist, anders als in Art 13 das Heimatrecht „der Verlobten", eine juristische Sekunde später
anzusetzen, dh nicht im letzten Moment vor der Eheschließung sondern im ersten Moment der Ehe.
Nach dem Wortlaut des Abs 1 soll es nämlich ankommen auf das „für die allgemeinen Wirkungen der
Ehe maßgebende[n] Recht", was darauf hindeutet, dass die Ehe Wirkungen entfaltet, also schon
besteht; in diesem Moment besteht auch bereits die neu erworbene Staatsangehörigkeit und die frühere
Staatsangehörigkeit ist abgelegt. Wird die neue Staatsangehörigkeit nur hinzu erworben und liegt
deshalb im entscheidenden Zeitpunkt doppelte Staatsangehörigkeit vor, ließe sich der Feststellung der
Effektivität iS des Art 5 Abs 1 S 1 anhand des weiteren Verlaufs der Ehe entgegen halten, dass dies auf

---

[68] *v. Bar* IPR Bd 2 Rn 244; *Kropholler* IPR § 45 IV 2; *Erman/Hohloch* Rn 38; *Palandt/Heldrich* Rn 28; aA *Soergel/Schurig* Rn 38, 41: güterrechtlich.
[69] OLG Hamm IPRax 1994, 49; LG Mosbach ZEV 1998, 489; *v. Bar* IPR Bd 2 Rn 244; *Palandt/Heldrich* Rn 26; *Erman/Hohloch* Rn 37; aA OLG Stuttgart NJW-RR 2005, 740.
[70] Diese Frage hat im Rahmen des Art 14 selbst keine Bedeutung, da sie ihre Relevanz erst durch die Verengung des Art 15 auf den Moment der Eheschließung erlangt.
[71] *Palandt/Heldrich* Rn 17.
[72] BayObLGZ 1986, 1; OLG Düsseldorf IPRax 1984, 156; OLG Karlsruhe NJW 1984, 570; aA KG IPRax 1987, 117.
[73] *Soergel/Schurig* Rn 5; letzteres offenbar verneinend *Erman/Hohloch* Rn 18.

eine unzulässige Rückwirkung eines erst später vorliegenden gemeinsamen Personalstatuts auf den Zeitpunkt der Eheschließung hinausliefe. Ist ein Bekennen des betreffenden Ehegatten zu dieser gemeinsamen Staatsangehörigkeit zu erkennen, sollte man hier dennoch nicht kleinlich sein, zumal die in der Zukunft liegenden objektiven Umstände lediglich der Untermauerung der subjektiven Haltung dienen und so ohnehin eher eine Indiz- als eine tatsächliche Rückwirkung vorliegt. Folgt man dem nicht, dürfte aber wenigstens das Kriterium der gemeinsamen engsten Verbindung gemäß Art 14 Abs 1 Nr 3 vorrangig durch die spätere gemeinsame Staatsangehörigkeit erfüllt sein (Art 14 Rn 39), so dass sie jedenfalls bei Fehlen eines gemeinsamen gewöhnlichen Aufenthalts wieder Bedeutung erlangt. Im Interesse einer Klärung wäre den Ehegatten ggf eine Rechtswahl nach Art 14 Abs 2 zu empfehlen.

53   **b) Objektive Anknüpfung an den gemeinsamen gewöhnlichen Aufenthalt (iVm Art 14 Abs 1 Nr 2).** Besteht bei Eheschließung keine gemeinsame Staatsangehörigkeit, so ist gemäß Abs 1 iVm Art 14 Abs 1 Nr 2 anzuknüpfen an den gemeinsamen gewöhnlichen Aufenthalt im gleichen Staat zurzeit der Eheschließung. Spätere Veränderungen werden nach allg Meinung nicht berücksichtigt[74].

54   Die in Rn 52 dargestellte Problematik besteht hier entsprechend: Existiert ein gemeinsamer gewöhnlicher Aufenthalt zurzeit der Eheschließung noch nicht, sollte der bereits bei Eheschließung hinreichend konkret geplante und später aufgenommene gewöhnliche Aufenthalt[75] – sofern belegbar – tauglicher Anknüpfungspunkt wenigstens iS von Art 14 Abs 1 Nr 3 sein. Entgegen dem Wortlaut von Art 14 Abs 1 Nr 2 sollte in gleicher Weise verfahren werden, wenn zwar zurzeit der Eheschließung ein gemeinsamer Aufenthalt bestand, aber ein gemeinsamer Aufenthaltswechsel geplant und nach der Eheschließung auch unverzüglich vorgenommen wird[76]. Begeben die Verlobten sich zum Zwecke der Eheschließung in den Heimatstaat der Frau, haben aber die Ehewohnung bereits in einem anderen Staat eingerichtet, so ist zu beachten, dass der gewöhnliche Aufenthalt schon allgemein keine ununterbrochene physische Präsenz der betreffenden Person voraussetzt und subjektive Momente, wie der Wille, an einem bestimmten Ort einen gewöhnlichen Aufenthalt zu begründen, gerade bei einem neuen Aufenthalt von Bedeutung sind (Art 5 Rn 14).

55   **c) Objektive Anknüpfung an die gemeinsame engste Verbindung (iVm Art 14 Abs 1 Nr 3).** Hatten die Ehegatten bei Heirat weder ein gemeinsames Heimatrecht noch gemeinsamen gewöhnlichen Aufenthalt im vorbenannten Sinne, führt die Verweisung von Abs 1 zum Recht der gemeinsamen engsten Verbindung (Art 14 Abs 1 Nr 3). Entscheidend ist auch hier der bereits bei Eheschließung hinreichend konkret geplante und später aufgenommene gewöhnliche Aufenthalt (Art 14 Rn 37).

56   Die wesentliche Bedeutung von Nr 3 liegt bei den vorerwähnten Problemen nach Eheschließung erworbener Staatsangehörigkeit bzw begründeten gemeinsamen Aufenthalts. Kann zurzeit der Eheschließung gar keine gemeinsame Bindung zu einem gemeinsamen Staat festgestellt werden, ist letztlich nur die kumulative Anwendung beider Heimatrechte nach dem **Grundsatz des schwächeren Rechts** möglich[78].

57   **d) Subjektive Anknüpfung bei Wahl des Ehewirkungsstatuts (iVm Art 14 Abs 2 bis 4).** Eine nach Art 14 Abs 2 bis 4 vor oder bei Eheschließung vorgenommene, zulässige Rechtswahl des Ehewirkungsstatuts erstreckt sich nach Art 15 Abs 1 auch auf den Güterstand und geht den durch Abs 1 berufenen objektiven Anknüpfungen des Art 14 Abs 1 Nr 2 und 3 vor. Diese mittelbare Bestimmung des Güterrechtsstatuts durch Wahl des Ehewirkungsstatuts ist im gleichen Umfang (dazu, insbes zu Besonderheit betr Art 14 Abs 2 s Art 14 Rn 66) Sachnormverweisung wie hinsichtlich der unmittelbaren Bestimmung des Ehewirkungsstatuts, will man dem Sinn einer Rechtswahl auch im Einklang mit Art 4 Abs 1 S 1 HS 2 und Abs 2 gerecht werden[79]. Zugunsten der Annahme einer Gesamtverweisung wird damit vermeintlich zu erreichender Gleichlauf von Güterrechtsstatut und Erbstatut angeführt[80]. Dieser lässt sich jedoch ohnehin nicht sicher erreichen und wird von den Partnern bei Wahl des Ehewirkungsstatuts zurzeit der Heirat auch weniger in den Blick genommen als ein Gleichlauf von Ehewirkungs- und Güterrechtsstatut. Diesbezügliche Unsicherheiten können die Ehegatten jedenfalls durch ausdrückliche Wahl des Güterrechtsstatuts nach Art 15 Abs 2 und 3 vermeiden[81].

58   **2. Wahl des Güterrechts (Abs 2).** Für das Güterrecht besteht neben der Anknüpfung an das (zum Zeitpunkt der Eheschließung) gewählte Ehewirkungsstatut die Möglichkeit der nur auf das Güterrecht bezogenen **Rechtswahl**. Diese besteht in weiterem Umfang als für die allgemeinen Ehewirkungen und ist nicht an besondere Voraussetzungen, insbes das Nichtvorliegen eines gemeinsamen Personalstatuts, geknüpft. Die Ehegatten können auf diese Weise eine ihren Verhältnissen entsprechende Vermögensrechtsordnung selbst bestimmen oder schlicht auf bestimmte Regelungen des gewählten Rechts abzielen. Gewählt wird Sachrecht; eine Rückverweisung ist gemäß Art 4 Abs 2 nicht zu beachten. Der

---

[74] Begr RegE, BT-Drucks 10/504 S 58; *Erman/Hohloch* Rn 19.
[75] *Staudinger/Mankowski* Rn 37 f, der auf damit verbundene Beweisschwierigkeiten hinweist.
[76] Ebenso bereits *Soergel/Schurig* Rn 9.
[77] BGH NJW 198, 638, 640 obiter; MünchKommBGB/*Siehr* Rn 20; *v. Bar* IPR Bd 2 Rn 208; *Erman/Hohloch* Art 125 Rn 20.
[78] *Soergel/Schurig* Rn 13.
[79] *Erman/Hohloch* Rn 21; MünchKommBGB/*Siehr* Rn 128–130 mwN.
[80] *Rauscher* NJW 1988, 2154; *Ebenroth/Eyles* IPRax 1989, 12 Fn 131.
[81] So auch *Kartzke* IPRax 1988, 10 f; *Kropholler* IPR § 45 III 2; *Palandt/Heldrich* Rn 2; MünchKommBGB/*Siehr* Rn 129.

Grundsatz der Einheit des Güterrechtsstatuts ist bei Wahl eines Güterrechts folglich nicht durch Kollisionsrecht des gewählten Rechts (etwa im Wege des renvoi) angreifbar.

Die Möglichkeit der Rechtswahl ist von der Staatsangehörigkeit der Ehegatten nicht abhängig. Freilich steht ausländischen Rechtsordnungen die Anerkennung einer anderorts getroffenen Rechtswahl frei. Daher sind trotz Rechtswahl **in verschiedenen Staaten** voneinander **abweichende Beurteilungen** der güterrechtlichen Verhältnisse einer Ehe **möglich**[82]. Somit sollte bei Rechtswahl bedacht werden, in welchem Staat die Ehe danach tatsächlich geführt wird. Die Möglichkeit einer güterrechtlichen Rechtswahl kennen ua belgisches, englisches, französisches, luxemburgisches, österreichisches (Art 19 österr IPRG) und türkisches (Art 14 türkisches IPRG) Recht[83]. 59

a) Zeitpunkt der Wahl. Die Rechtswahl ist zur Erreichung höchstmöglicher Flexibilität und Anpassung an sich ändernde Verhältnisse nicht an einen bestimmten Zeitpunkt geknüpft. Sie kann **jederzeit** geändert oder auch aufgehoben werden mit der Folge des Wiederauflebens der objektiven Anknüpfung nach Abs 1. Maßgeblich für die **Änderungsbefugnis** ist bei der hier erlaubten Rechtswahl allein – anders als nach Verweisung kraft objektiver Anknüpfung – deutsches IPR. Eine Neuwahl der Rechtsordnung ist daher auch dann möglich, wenn das Kollisionsrecht der bis zur Neuwahl maßgeblichen Rechtsordnung eine Änderung des Güterrechtsstatuts nicht vorsieht oder verbietet[84]. 60

Die Voraussetzungen für eine Rechtswahl müssen nur im Zeitpunkt des beabsichtigten Eintritts der güterrechtlichen Wirkungen vorliegen: Nach dem Willen des Gesetzgebers ist eine **vorgezogene** (vor Eheschließung erfolgende) **Rechtswahl** möglich. Deren Wirkungen sollen dann erst mit der Eheschließung eintreten[85]. 61

Rechtswahl **während der Ehe** ist ebenfalls möglich und erlaubt den Wechsel des bisher bestehenden Güterrechtsstatuts ex nunc[86], schließt aber bereits vorhandenes Vermögen ein[87]. Der alte Güterstand ist dann abzuwickeln[88]. Abwicklung und Überleitung des bisherigen Güterstandes richten sich nach dem neuen Güterrechtsstatut[89]. Rückwirkende Rechtswahl ist nicht möglich[90]. Hiervon zu unterscheiden ist die Frage, ob und inwieweit das anwendbare Güterrecht selbst (sachrechtlich) den Parteien gestattet, ihrem Güterstand eine gewisse Rückwirkung beizumessen[91]. 62

b) Aufhebung der Wahl. Die Rechtswahl wird bei **Entfallen ihrer tatbestandlichen Voraussetzungen** nicht eo ipso hinfällig, sondern nur auf Betreiben der Eheleute. Sie ist jederzeit mit Wirkung ex nunc aufhebbar und änderbar[92] in ein anderes Güterrechtsstatut. Bei bloßer Aufhebung lebt das mittels Anknüpfung an die Verhältnisse zum Zeitpunkt der Eheschließung – nicht des Aufhebungszeitpunkts[93] – gemäß Abs 1 zu bestimmende Güterrechtsstatut wieder auf[94]. Andernfalls würde die Unwandelbarkeit des objektiven Güterstatuts zur Disposition der Parteien gestellt. Der Aufhebung eine Art impliziter Wahl des auf Grund der dann gegebenen Lage zu ermittelnden objektiven Ehegüterstatuts zu entnehmen[95], kommt nicht nur einer Fiktion gleich, weil die Parteien bei einer bloßen Aufhebung ihrer Wahl hinsichtlich des Rechts, das an dessen Stelle tritt, gerade keine Bestimmung getroffen haben, zB weil sie keine Einigung erzielt haben. Selbst wenn man eine solche Bestimmung unterstellen würde, könnte sie nur Geltung haben, wenn sie sich im Rahmen der Abs 2 gesetzten Bedingungen einer Rechtswahl hielte, namentlich eines der danach überhaupt wählbaren Rechte berufen würde und den Formanforderungen des Art 15 Abs 3 iVm Art 14 Abs 4 genügen würde, nach denen sich jedenfalls im Inland eine konkludente oder implizite Rechtswahl verbietet. 63

Interessant ist die Rechtswahl insbes für Ehen, die vor dem 1. 4. 1953 geschlossen worden waren und deren güterrechtlichen Wirkungen nach Art 220 Abs 3 unberührt bleiben. Art 220 Abs 3 S 6 verweist hier ausdrücklich auf die **Möglichkeit nachträglicher Rechtswahl** gemäß Art 15 Abs 2 und 3. 64

c) Kreis der wählbaren Rechte. aa) Heimatrecht eines Ehegatten (Abs 2 Nr 1). Wählbar ist das Recht des Staates, dem einer der Ehegatten angehört. Übereinstimmende Staatsangehörigkeit ist nicht notwendig. Anders als der Gesetzeswortlaut („des Staates") vermuten lässt, ist bei Doppelstaatern nicht die Wahl des betreffenden effektiven Heimatrechts iS von Art 5 Abs 1 S 1 oder gar deutschen Rechts iS von Art 5 Abs 1 S 2 notwendig: Doppelstaater haben wie bei Art 10 Abs 2 S 1 Nr 1 und Art 14 Abs 2 die freie Wahl; **Art 5 Abs 1 ist nicht zu beachten**[96]. Zwar wird damit sogar der Anknüpfungsbezug nach Abs 2 Nr 2 unterschritten, doch spricht für eine erweiternde Auslegung auch 65

---

[82] *Kropholler* IPR § 45 IV 4.
[83] Umfassend Begr RegE, BT-Drucks 10/504 S 57-58.
[84] MünchKommBGB/*Siehr* Rn 53, 24.
[85] Begr RegE, BT-Drucks 10/504 S 58.
[86] *Schotten* DNotZ 1999, 327; *Palandt/Heldrich* Rn 22; aA *Mankowski/Osthaus* DNotZ 1997, 20.
[87] Begr RegE, BT-Drucks 10/504 S 58.
[88] *Schotten* DNotZ 1999, 326.
[89] *Palandt/Heldrich* Rn 21; aA *Wegmann* NJW 1987, 1744: Abwicklung nach dem bisherigen Güterrechtsstatut; s auch Rn 83.
[90] *Schotten* DNotZ 1999, 327; *Palandt/Heldrich* Rn 21; aA *Staudinger/Mankowski* Rn 116.
[91] Ein Beispiel aus dem italienischem Recht nennt *Lichtenberger* DNotZ 1986, 661.
[92] Begr RegE, BT-Drucks 10/504 S 58.
[93] So aber *Staudinger/Mankowski* Rn 112 f; MünchKommBGB/*Siehr* Rn 58.
[94] *Lichtenberger* DNotZ 1986, 660; *Soergel/Schurig* Rn 25; *Kropholler* IPR § 45 IV 4 d.
[95] Vgl *Staudinger/Mankowski* Rn 113.
[96] *Kropholler* IPR § 45 IV 4 a; *Palandt/Heldrich* Rn 22; *Erman/Hohloch* Rn 26; aA *Lichtenberger* DNotZ 1986, 659; *v. Bar* IPR Bd 2 Rn 222.

der Wortlaut von Art 3 Abs 2 Nr 1 des Haager Ehegüterrechtsabkommens vom 14. 3. 1978. Der durch Art 5 Abs 1 S 2 angeordnete Vorrang deutschen Rechts kann ohnehin durch die Aufenthaltsanknüpfung nach Art 15 Abs 1 iVm Art 14 Abs 1 Nr 2 umgangen werden, wenn ausländisches Kollisionsrecht die Einschränkung des Art 5 Abs 1 S 2 nicht kennt[97]. Die nach Nr 1 getroffene Rechtswahl betrifft einheitlich alle güterrechtlichen Beziehungen der Ehegatten. Die Wahl des Heimatrechts bietet sich an bei absehbarem Wechsel des Aufenthaltsstaates.

66   **bb) Gewöhnlicher Aufenthalt eines Ehegatten (Abs 2 Nr 2).** Alternativ ist das Recht des Staates wählbar, in dem wenigstens einer der Ehegatten seinen gewöhnlichen Aufenthalt hat. Selbstverständlich können auch beide Ehegatten ihren gewöhnlichen Aufenthalt im gleichen Staat haben. Die Wahl nach Abs 2 Nr 2 erlaubt gerade Ausländern flexibel und unabhängig von ihrem Heimatrecht die Anpassung an das Recht ihres Aufenthaltsstaates. Auch diese Rechtswahl beherrscht alle güterrechtlichen Beziehungen der Ehegatten.

67   **cc) Immobilien (Abs 2 Nr 3): Gegenständlich beschränkte Rechtswahl.** Gewählt werden kann nach den bisher genannten Möglichkeiten nur ein Güterrechtsstatut insgesamt und nicht Teile verschiedener Rechtsordnungen. In Ausnahme hiervon kann für unbewegliches Vermögen das Belegenheitsrecht (Lageort) gewählt werden (Art 15 Abs 2 Nr 3), und zwar ohne Rücksicht auf die Heimatrechte der Ehegatten oder ihr sonstiges nach Abs 1 und 2 Nr 1 und 2 bestimmtes Güterrechtsstatut[98]. Dadurch kommt es hinsichtlich des Gesamtvermögens zur **Spaltung** des Güterrechtsstatuts. Die betroffenen Vermögensmassen sind damit unterschiedlichen güterrechtlichen Regelungen unterworfen, etwa mit unterschiedlichen Wirkungen für Verfügungsbeschränkungen oder Ausgleichsregelungen.

68   Umstritten ist lediglich, ob die Rechtswahl **das gesamte in einem Staat belegene Immobiliarvermögen** erfassen muss oder ob sie sich auch auf einzelne Immobilien beschränken darf[99]. Gegen eine hierdurch bewirkte weitergehende Spaltung des Güterrechtsstatuts ist nichts einzuwenden, wenn sie hinreichend erkennbar gemacht wird. Ob für verschiedene, einheitlichem Belegenheitsrecht unterstehende Grundstücke ein jeweils anderer materiellrechtlicher Güterstand des Belegenheitsrechts gewählt werden kann, muss den sachrechtlichen Bestimmungen dieses Belegenheitsrechts überlassen bleiben. Nach deutschem Recht wäre dies etwa nicht möglich[100].

69   Der Inhalt des **Begriffes des „unbeweglichen Vermögens"** wird nach einer Auffassung unabhängig vom Lageort dem deutschem Recht entnommen[101]. Nach einer anderen Ansicht ist nach dem Recht des Lageortes zu qualifizieren[102]. Im Hinblick auf den Zweck der Wahlmöglichkeit, im Interesse des internationalen Entscheidungseinklangs auch aus deutscher Sicht gerade diejenigen Gegenstände der lex rei sitae zu unterstellen, die diese möglicherweise selbst ihrem Recht unterstellt, lässt sich ohne Berücksichtigung der Einordnung durch die lex rei sitae nicht auskommen. Denn anders als in Art 25 Abs 2 besteht hier keine gesetzliche Beschränkung auf in Deutschland belegenes unbewegliches Vermögen (auch wenn der historische Gesetzgeber primär solche Konstellationen im Auge gehabt haben dürfte, Rn 71). Man wird daher Erweiterungen des deutschen Begriffs des unbeweglichen Vermögens im Hinblick auf das Verständnis des jeweiligen Belegenheitsstaates zulassen müssen, nicht aber Einschränkungen.

70   Erfasst werden Grundstücke, deren Bestandteile und Zubehör, ebenso das Erbbaurecht und das Wohnungs- und Stockwerkseigentum, beschränkte dingliche Rechte an Grundstücken und grundstücksgleiche Rechte. Nicht erfasst sind bloße Forderungen[103], Gesellschaftsanteile[104] und Registerrechte (an Kfz nach italienischem oder französischem Recht; an Schiffen). Der Erbanteil an einem Nachlass, zu dem Grundstücke gehören, ist nicht unbeweglich; ebenso wenig der Anteil an einer Gesellschaft mit Grundbesitz. Denn in diesen Fällen stehen Gesamthands- und Gesellschaftsanteil im Vordergrund[105].

71   Vom Gesetzgeber beabsichtigt war, den Erwerb deutscher Grundstücke durch ausländische Ehegatten – vor allem im Grundbuchrecht – zu erleichtern[106]. Umgekehrt gilt dies freilich auch für den Erwerb ausländischer Grundstücke durch deutsche Ehegatten[107]. Die Rechtswahl nach Abs 2 Nr 3 kann Zweifel ausräumen helfen, ob ein Fall des Art 3 Abs 3 vorliegt, und es kann Übereinstimmung mit dem Erbstatut nach Art 25 Abs 2 herbeigeführt werden. Spaltung des Güterrechtsstatuts kann aber

---

[97] So bereits ausf MünchKommBGB/*Siehr* Rn 27, 28.
[98] LG Mainz NJW-RR 1994, 73 m Anm *Mankowski*.
[99] Für Letzteres LG Mainz FamRZ 1994, 1457 m zust Anm *Mankowski*; *Kropholler* IPR § 45 IV 4 c; *Palandt/Heldrich* Rn 22 mwN; *Henrich* FamRZ 1986, 847; *Soergel/Schurig* Art 18 Rn 21; *Lichtenberger*, FS Ferid, 1988, S 269, 275 ff; *ders* DNotZ 1986, 659; DNotZ 1987, 300; *V. Stoll* S 131 ff; *Erman/Hohloch* Art 18 Rn 29; dagegen *Kemp* S 60 ff; *Kühne* IPRax 1987, 73; *Langenfeld* FamRZ 1987, 12; *Wegmann* NJW 1987, 1743; *Schotten* DNotZ 1994, 566.
[100] *Kropholler* IPR § 45 IV 4 c, diese sachrechtliche Haltung des deutschen Rechts allerdings ohne Begr verallgemeinernd.
[101] *Kropholler* IPR § 45 IV 4 c; MünchKommBGB/*Siehr* Rn 30, 32; *Palandt/Heldrich* Rn 22.
[102] *Staudinger/Mankowski* Rn 164; *Kühne* IPRax 1987, 73; *Soergel/Schurig* Rn 18, 22.
[103] AA *Wegmann* NJW 1987, 1743.
[104] *Röll* MittBayNot 1989, 3.
[105] *Kropholler* IPR § 45 IV 4 c; *Lichtenberger* DNotZ 1986, 659; *v. Bar* IPR II Rn 369; *Krzywon* BWNotZ 1986, 154, 159; aA *Erman/Hohloch* Rn 28; aber auch für die Erbengemeinschaft an einem Grundstück und reine Grundstücksgesellschaften *Neuhaus* RabelsZ 19 (1954), 566; *Staudinger/Dörner* Art 25 Rn 485 mwN.
[106] Vgl BayObLG NJW-RR 1992, 1235.
[107] *Erman/Hohloch* Rn 28.

auch Anpassungsprobleme aufwerfen, etwa dann, wenn der deutsche gesetzliche Güterstand nur für das in Deutschland belegene Grundvermögen gilt[108].

d) Form. Für die Form der Rechtswahl verweist Abs 3 auf die entsprechende Anwendung von Art 14 Abs 4. Erfolgt die Rechtswahl **im Ausland** und ist dem dortigen Ortsrecht oder einem gewählten Recht eine Wahl des Güterrechtsstatuts bekannt, so ist die Einhaltung der deutschen Ehevertragsform oder einer dieser gleichwertigen, ausländischen Form (Substitution) nicht notwendig, wenn eine weniger strenge Form vom Ortsrecht oder Geschäftsrecht vorgeschrieben und eingehalten ist[109]. Im Interesse der Rechtsklarheit sollte die Rechtswahl aber auch in diesen Fällen möglichst ausdrücklich erfolgen. Für die Annahme einer **konkludenten Rechtswahl** sind strenge Anforderungen an deren Eindeutigkeit zu stellen (s auch Art 14 Rn 55). Weder aus der Rechtswahl für einen Kaufvertrag über ein Grundstück[110] noch aus der Vereinbarung einer Morgengabe[111] ergibt sich ohne weiteres eine Wahl des Ehegüterstatuts. 72

3. Anknüpfungspersonen. a) Allgemeines. Anknüpfungspersonen sind bei Art 15 die Eheleute. Besonderheiten hinsichtlich des Personalstatuts bei **Mehrstaatern, Staatenlosen, Flüchtlingen und Mehrrechtsstaatern** folgen den allgemeinen Regeln der Art 5 und Art 4 Abs 3. Bei **Doppel- oder Mehrstaatern** ist die effektivere oder die deutsche Staatsangehörigkeit maßgebend, Art 5 Abs 1. Bei **Staatenlosen** und **Flüchtlingen** ist auf den gewöhnlichen Aufenthalt abzustellen, Art 5 Abs 2 bzw die einschlägigen Abkommen (Art 14 Rn 29). 73

Für **internationale Flüchtlinge und gleichgestellte Asylberechtigte** mit Wohnsitz oder gewöhnlichem Aufenthalt oder sonstigem gemeinsamen Schwerpunkt (etwa einfacher Aufenthalt) im Aufenthaltsstaat sollte wegen ihrer innerlichen Abkehr und dauernden Aufgabe der Bindung an das Herkunftsland und dessen Recht das **Güterrechtsstatut wandelbar** gestellt werden[112]. Die auch ihnen offen stehende Möglichkeit der Rechtswahl nach Abs 2 ist nicht immer sicher belegbar und wirkt nur für die Zukunft. Bei deutschen Flüchtlingen ist der Grundsatz der Unwandelbarkeit ohnehin durchbrochen (Rn 77). 74

b) Volksdeutsche (Abs 4). Auf **Volksdeutsche** als Minderheit „in einem Staat mit fremdnationaler Mehrheit"[113], **Vertriebene (auch Um-, Aus- und Spätaussiedler), Flüchtlinge aus der Sowjetzone und der DDR** iS des Bundesvertriebenengesetzes (BVFG)[114] **sowie Übersiedler aus der DDR**, die allesamt nach Art 116 Abs 1 GG kollisionsrechtlich als Deutsche zu behandeln sind, ist in güterrechtlichen Fragen vorrangig das **Gesetz über den ehelichen Güterstand von Vertriebenen und Flüchtlingen vom 4. 8. 1969** (GeGVF)[115] anwendbar. Hierauf weist Art 15 Abs 4 hin. 75

Die Regelung (Text Rn 103) gilt für die seinerzeit **in der DDR in gültiger Ehe Lebenden**, für **Übersiedler aus der DDR und Berlin-Ost**, die bis zum Ende des DDR am 2. 10. 1990 in das Gebiet der alten Bundesrepublik oder Berlin-West übergesiedelt sind (§ 3 BVFG, § 1 Abs 1 S 2 GeGVF)[116] und für **Spätaussiedler** iS von § 4 BVFG, die ihre Heimat bis zum 31. 12. 1992 in Richtung Deutschland verlassen haben. Ob auch Spätaussiedler, die ihre Heimat erst nach diesem Zeitpunkt verlassen haben, in den Anwendungsbereich des Gesetzes fallen, ist umstritten, aber wohl zu verneinen[117]. Eine analoge Anwendung des Gesetzes auf diese Gruppe[118] scheint aber trotz des Ausnahmecharakters der Regelung konsequent, da es ohnehin Pläne zu einem Änderungsgesetz geben soll, das Spätaussiedler ausdrücklich in das GeGVF einbeziehen[119] und eine auch rückwirkende Überleitung in deutsches Güterrecht dem auch bei dieser Personengruppe bestehenden besonderen, auf die deutsche Volkszugehörigkeit gestützten umfassenden Integrationsinteresse des Gesetzgebers eher gerecht wird als die bloße Verweisung auf die jedenfalls nach Art 15 Abs 2 mögliche und ex nunc wirkende Wahl deutschen Rechts. 76

Das Gesetz leitet in § 1 bei gewöhnlichem Aufenthalt beider Ehegatten in der Bundesrepublik über zum deutschen Ehegüterstatut (Statutenwechsel) – der **Grundsatz der Unwandelbarkeit ist also bei deutschen Flüchtlingen durchbrochen.** Anwendbar ist das Gesetz, wenn beide Ehegatten ihren gewöhnlichen, schlichten oder ehelichen Aufenthalt in Deutschland zurzeit des Inkrafttretens des Gesetzes oder gemäß § 3 S 1 GeGVF nach diesem Zeitpunkt gemeinsam oder nacheinander begründet haben und wenn beide Ehegatten zu dieser Zeit im gesetzlichen Güterstand eines außerhalb der Bundesrepublik Deutschland geltenden Gesetzes leben. Wird die erste Voraussetzung des gewöhnlichen Inlandsaufenthalts erst nach Inkrafttreten des Gesetzes am 1. 10. 1969 erfüllt, so gilt das bundesdeutsche Eheguterrecht erst ab Beginn des vierten Monats nach Begründung des gemeinsamen Inlandsaufenthalts (§ 3 GeGVF). Bis dahin entstandenes Eigentum der Ehegatten bleibt Gesamthandseigentum[120]. 77

---

[108] *Kropholler* IPR § 45 IV 4 c; *Süß* ZNotP 1999, 385.
[109] So etwa Art 53 Abs 1 Schweizer IPRG, vgl MünchKommBGB/*Siehr* Rn 40.
[110] LG Augsburg MittBayNot 1995, 233.
[111] OLG Frankfurt 1996, 1478; ausf *Wurmnest* RabelsZ 71 (2007), 554/555.
[112] Eberso *Soergel/Schurig* Rn 70; *Kegel/Schurig* IPR § 20 VI 1 d; aA die hM, OLG Hamm FamRZ 1977, 327; OLG Bamberg FamRZ 1982, 505; *Erman/Hohloch* Rn 4; *Palandt/Heldrich* Rn 3; Art 15 Anh Rn 2.
[113] BGH FamRZ 1982, 358, 360.
[114] BGBl 1953 I S 201, idF vom 2. 6. 1993, BGBl I S 829.
[115] BGBl I S 1067, in Kraft seit dem 1. 10. 1969; Text abgedruckt bei *Jayme/Hausmann* Nr 37; *v. Bar* IPR Bd 2 Rn 218; *Palandt/Heldrich* Rn 2, dazu Henrich IPRax 1983, 25; *Wassermann* FamRZ 1990, 333; *Scheugenpflug* MittRheinNotK 1999, 172.
[116] *Soergel/Schurig* Rn 75; *Palandt/Heldrich* Anh Art 15 Rn 2; *Erman/Hohloch* Rn 51.
[117] *Palandt/Heldrich* Anh Art 15 Rn 2; aA *Scheugenpflug* MittRhNotK 1999, 372; *PWW/Rausch* Rn 16.
[118] Dafür *Staudinger/Mankowski* 439 f; *Erman/Hohloch* Rn 51; AnwK-BGB/*Sieghörtner* Rn 10.
[119] Vgl *Finger* FuR 2002, 342, 344 Fn 35.
[120] OLG Brandenburg DtZ 1997, 204; *Palandt/Heldrich* Anh Art 15 Rn 3.

78 Im Zeitpunkt des Statutenwechsels dürfen die Ehegatten nicht in einem gesetzlichen Güterstand gelebt haben, der etwa durch Rückverweisung oder Überleitung Bundesrecht untersteht[121]. Die zweite Voraussetzung ist auch nicht erfüllt durch Ehegatten, die zuvor in vertraglichem Güterstand gelebt hatten (Abs 1), der nicht in der Bundesrepublik galt, oder deren gesetzlicher Güterstand in ein Güterrechtsregister in der Bundesrepublik eingetragen war (§ 1 Abs 2, § 2) und es darf nicht iS von §§ 2 und 4 dessen Weitergeltung beantragt worden sein. Zur Überleitung kommt es auch dann nicht, wenn sie durch einen Ehegatten durch notariell beurkundete Erklärung gegenüber einem Amtsgericht abgelehnt wird, §§ 2, 3. Das Gesetz gilt mit Wirkung vom 1. 10. 1969, dh es gibt insoweit keine Rückwirkung[122].

79 **4. Anknüpfungszeitpunkt.** Für die gesetzliche Grundanknüpfung wird – anders als beim Ehewirkungsstatut – ausdrücklich **unwandelbar** auf den Zeitpunkt der Eheschließung abgestellt. Das zu diesem Zeitpunkt zur Anwendung gelangende Ehewirkungsstatut ist für das Güterrechtsstatut maßgeblich. Ein kurz vor der Heirat eingetretener Anknüpfungswechsel – etwa durch Ehevertrag – findet daher Berücksichtigung[123]. Die Begründung der Anknüpfungspunkte während der Ehe ist hingegen nicht ausreichend. Eine Änderung (Staatsangehörigkeits- oder Aufenthaltswechsel; engste Beziehung zu einem Staat; Wahl des Ehewirkungsstatuts) während der Ehe ist unerheblich[124]. Damit sollen Rechtssicherheit und Rechtsklarheit verwirklicht werden[125] und wohlerworbene Rechte erhalten bleiben[126].

80 Eine Anknüpfung an die **vergangenheitsbezogenen Merkmale** „frühere" gemeinsame Staatsangehörigkeit (Art 14 Abs 1 Nr 1 Alt 2) oder „früherer" gemeinsamer gewöhnlicher Aufenthalt (Art 14 Abs 1 Nr 2 Alt 2) ist daher ausgeschlossen[127]. Aus dem gleichen Grund kann nicht an eine nach Heirat erst erworbene Staatsangehörigkeit oder an einen während der Ehe erst begründeten gewöhnlichen Aufenthalt angeknüpft werden[128]. Ausreichend ist insoweit aber die anlässlich der Eheschließung erworbene gemeinsame Staatsangehörigkeit oder der während der Ehe erst begründete gewöhnliche Aufenthalt, zumindest unter den bei Art 14 Abs 1 Nr 3 aufgeführten Voraussetzungen der belegbaren Planung bei Heirat (ausf Rn 51 ff).

81 Zwar ist für die Auffanganknüpfung des Art 15 Abs 1 iVm Art 14 Abs 1 Nr 3 ebenfalls der Zeitpunkt des Eheschlusses ausschlaggebend. Bei der Beurteilung der engsten Verbindung sind aber häufig als Indizien auch feststellbare gemeinsame **Zukunftspläne** (Begründung eines gemeinsamen gewöhnlichen Aufenthalt kurz im Anschluss an die Eheschließung oder später) von Bedeutung. Verwirklichung des Plans ist nicht erforderlich[129]. Zur Bestimmung der engsten Verbindung sind alle ermittelbaren Einzelfallumstände zu berücksichtigen (soziale Bindung durch Herkunft, Kultur, Sprache, Beruf, gemeinsamer schlichter, nicht nur vorübergehender Aufenthalt).

82 Die Unwandelbarkeit kann **im Falle einer Rück- oder Weiterverweisung durchbrochen** werden, wenn das verweisende fremde Kollisionsrecht seinerseits Wandelbarkeit vorsieht[130], sowie durch **Anknüpfungswechsel** nach Art 220 Abs 3.

83 Die Unwandelbarkeit kann auch **durch güterrechtliche Rechtswahl** der Ehegatten während der Ehe gemäß Art 15 Abs 2 **durchbrochen** werden, um das Güterrechtsstatut veränderten Vermögensverhältnissen anzupassen. An der Rechtslage zurzeit der Eheschließung sollen Ehegatten nicht gegen ihren Willen festgehalten werden. Eine **Rückwirkung** kann normalerweise nur innerhalb der Grenzen des gewählten Güterstandes eintreten[131]. Ohne besondere sachrechtliche Regelung oder zulässige vertragliche Vereinbarung einer Rückwirkung wirkt der vom gewählten Recht vorgesehene oder darunter gewählte Güterstand nur ex nunc für neues Vermögen[132]. Die Ehegatten können aber **vom Zeitpunkt der Rechtswahl an** eine Wirkung auf das vor dieser Rechtswahl bereits bestehende Vermögen vorsehen, soweit damit nicht Rechte Dritter nachteilig berührt werden[133]. Völlige Rückwirkung in den Zeitraum vor der Rechtswahl ist wegen drittschützender Belange abzulehnen[134]. Neues Recht beherrscht auch Abwicklung und Überleitung des bisherigen Güterstandes, weil nur dieses die Zuordnung des bisherigen Ehevermögens im neuen Güterstand zu regeln vermag[135]. Die allgemeinen Regeln des Statutenwechsels, wonach unter dem bisherigen Statut begründete („wohlerworbene")

---

[121] Erman/Hohloch Rn 52; Palandt/Heldrich Rn 52, Anh Art 15 Rn 3.
[122] OLG Hamm NJW 1977, 1591; Palandt/Heldrich Anh Art 15 Rn 2; Erman/Hohloch Rn 51; aA Sonnenberger, FS Ferid, 1988, S 447, 458.
[123] Soergel/Schurig Rn 28; Kegel/Schurig IPR § 20 VI 3.
[124] OLG Düsseldorf FGPrax 2000, 7.
[125] Begr RegE, BT-Drucks 10/504 S 58.
[126] LG Stuttgart BWNotZ 1981, 136; OLG Oldenburg Rpfleger 1985, 188; Soergel/Schurig Rn 28; krit Kropholler IPR § 45 IV 3 a.
[127] BT-Drucks 10/5632 S 41.
[128] Begr RegE, BT-Drucks 10/504 S 58; Palandt/Heldrich Rn 16–19.
[129] Palandt/Heldrich Rn 19.
[130] OLG Hamm IPRspr 1974 Nr 62; LG Memmingen IPRax 1985, 41 betr Ungarn; Erman/Hohloch Rn 11.
[131] Kropholler IPR § 45 IV 4; Lichtenberger DNotZ 1986, 661; s auch Rn 62.
[132] Kropholler IPR § 45 IV 4; MünchKommBGB/Siehr Rn 54; Erman/Hohloch Rn 25, 11; aA Palandt/Heldrich Rn 21: vom Zeitpunkt der Rechtswahl auch für bestehendes Ehevermögen.
[133] BT-Drucks 10/504 S 58; Erman/Hohloch Rn 25, MünchKommBGB/Siehr Rn 54; aA Palandt/Heldrich Rn 21; Schotten DNotZ 1999, 327.
[134] Palandt/Heldrich Rn 21: Schotten DNotZ 1999, 327; aA Mankowski/Osterhaus DNotZ 1997, 20.
[135] BT-Drucks 10/504 S 104, 110; Palandt/Heldrich Rn 21; Erman/Hohloch Rn 25; für altes Recht Wegmann NJW 1987, 1744; MünchKommBGB/Siehr Rn 54.

Rechte – zB Anspruch auf Zugewinnausgleich unter dem alten Recht – anzuerkennen sind, ihr weiteres Schicksal sich aber nach dem neuen Statut richtet – zB Einstellung des Ausgleichsanspruchs als Vermögenswert in das Anfangsvermögen des betreffenden Ehegatten unter neuem Recht –, gelten auch hier.

Unwandelbarkeit des maßgeblichen Güterrechtsstatuts behindert nicht die Berücksichtigung dessen 84 materiellrechtlicher Entwicklung. Verweisung auf ein Recht erfasst auch dessen intertemporale Vorschriften und materiellrechtliche Änderungen[136]. Unwandelbarkeit bedeutet nicht fortschrittsfeindliche **„Versteinerung"** des alten Rechtszustandes. **Rechtswahl** des alten Rechtszustandes ist hingegen möglich, wenn das intertemporale Recht des berufenen Rechts dies zulässt[137].

Anknüpfung an den Zeitpunkt des Abbruchs der **Beziehungen zu einem früheren Heimatstaat** 85 durch Vertreibung, Flucht oder Emigration sollte nach früherer Rspr vor der Anwendung politisch motivierter Rechtsänderungen schützen, die im Kern Fluchtgrund waren[138]. Diese Anknüpfung führt indes nur zu veraltetem Recht und kann daher integrationsfeindlich wirken[139]. Die Schwierigkeiten sind leichter mit dem Einwand des ordre public zu lösen[140]. Sie sind für Flüchtlinge vollends zu vermeiden durch Stellung des Güterrechtsstatuts als wandelbar (Rn 74).

Eine weitere Ausnahme vom Grundsatz der Unwandelbarkeit statuiert das nach **Art 15 Abs 4** 86 fortgeltende und auch vom Einigungsvertrag unberührt gebliebene Gesetz vom 4. 8. 1969 über den ehelichen Güterstand von Vertriebenen und Flüchtlingen (BGBl I S 1067, abgedruckt Rn 103; s auch Rn 75 ff). Für volksdeutsche Flüchtlinge iS von Art 116 Abs 1 GG **leitet** das Gesetz deren gesetzlichen Güterstand **in den geltenden gesetzlichen Güterstand** der Gütertrennung mit Zugewinnausgleich (Zugewinngemeinschaft) **über**. Ehevertragliche Güterstände bleiben unberührt.

V. Allgemeine Vorschriften

1. Vorfrage der Ehe. Die Vorfrage der bestehenden oder aufgelösten Ehe ist **selbständig anzu-** 87 **knüpfen**. Maßgeblich sind die Eheschließung und Eheauflösung beherrschenden Kollisionsregeln (Art 11, 13, 17) und – bei ausländischen Entscheidungen – Anerkennungsrecht (Art 7 § 1 FamRÄndG; § 328 ZPO bzw vorrangig die EuEheVO und Staatsvertragsrecht, ausf Art 13 Rn 31 f). Unerheblich ist, ob das anwendbare Güterstatut die Gültigkeit der Ehe anerkennt[141]. Auch bei solch **hinkenden** (im Inland wirksamen, im Ausland unwirksamen) Ehen bestimmen sich die güterrechtlichen Wirkungen nach Art 15[142]. Art 15 ist indes nicht einschlägig, wenn im Inland eine **Nichtehe** vorliegt (etwa wegen Verstoßes gegen die Inlandsform gemäß Art 13 Abs 3 S 1).

Eine nach ausländischem Formstatut im Ausland formlos geschlossene Ehe ist auch im Inland 88 gültig[143], soweit nicht der – seltene – Verstoß gegen Art 6 vorliegt; ebenso eine nach Art 13 Abs 3 **in ausländischen Formen formgültig** im Inland geschlossene Ehe. Die güterrechtlichen Wirkungen einer solchen Ehe bestimmen sich nach dem über Art 15 ermittelbaren Güterrechtsstatut[144].

2. Gesamtverweisung, Rechtsspaltung. Nach Art 4 Abs 1 sind Rück- und Weiterverweisung im 89 Grundsatz beachtlich. **Gesamtverweisung** liegt vor, wenn das Güterrechtsstatut objektiv nach dem Familienstatut gemäß Art 14 Abs 1 Nr 1 und 2 bestimmt wird. Gleiches gilt im Falle der Anknüpfung an das nach Art 14 Abs 1 Nr 3 bestimmte Familienstatut (Recht der engsten gemeinsamen Verbindung).

Als **Sachnormverweisung** stellen sich die meisten Fälle einer unmittelbaren oder mittelbaren Wahl 90 des Güterrechtsstatuts dar
– die sich aus Art 14 Abs 3 (zu Art 14 Abs 2 vgl Art 14 Rn 66, 50) ergebenden Verweisungen bei Rechtswahl des Ehewirkungsstatuts, an die Art 15 Abs 1 objektiv anknüpft,
– die direkte Wahl des Güterrechtsstatuts nach Art 15 Abs 2 und 3
– und die nach Art 15 Abs 3 sich ergebende Anknüpfung der Form an Art 14 Abs 4 S 2 (dort Rn 66).

Zu **teilweiser Rück- oder Weiterverweisung** kann es kommen, wenn ausländisches Kollisions- 91 recht bewegliches und unbewegliches Vermögen unterschiedlich anknüpft (Rechtsspaltung) oder überhaupt an den jeweiligen Belegenheitsort anknüpft und damit nur für im Inland belegene Vermögensgegenstände auf die deutsche lex rei sitae zurückverweist. Die damit verbundene Durchbrechung des Grundsatzes einheitlicher güterrechtlicher Anknüpfung durch das berufene Recht wird akzeptiert (vgl bereits Art 3 Abs 3, dazu Rn 93 f). Ebenso wird eine Durchbrechung des Unwandelbarkeitsgrundsatzes hingenommen durch Verweisung auf ein nach Heirat maßgebliches Recht (bewegliche Anknüpfung)[145]. Weiterverweisung als Gesamtverweisung ist möglich (arg ex Art 4 Abs 1 S 2).

---

[136] KG FamRZ 2005, 1676; OLG Stuttgart NJW 1958, 1972; OLG Karlsruhe IPRax 1990, 122; *Palandt/Heldrich* Rn 3; *Soergel/Schurig* Rn 29, 63 f, 70.
[137] MünchKommBGB/*Siehr* Rn 45.
[138] BGHZ 40, 32; FamRZ 1976, 612; BayObLGZ 1959, 89; 1961, 123; OLG Hamm NJW 1977, 1591; LG Wuppertal IPRspr 1987 Nr 54.
[139] *Palandt/Heldrich* Rn 3; MünchKommBGB/*Siehr* Rn 65; Rn 44; OLG Düsseldorf FamRZ 1979, 160.
[140] *V. Ba-* IPR Bd 1, Rn 319; *Erman/Hohloch* Rn 12 und Einl Rn 34.
[141] OLG Stuttgart FamRZ 1978, 507; *Palandt/Heldrich* Rn 24.
[142] Str, wie hier OLG Stuttgart FamRZ 1978, 507; *Soergel/Schurig* Rn 62; *Erman/Hohloch* Rn 10 mwN zum älteren(!) Streitstand; MünchKommBGB/*Siehr* Rn 120; zur entspr Problematik ausf bei Art 14, s dort Rn 65.
[143] RGZ 138, 214; 157, 257; MünchKommBGB/*Siehr* Art 13 Rn 111.
[144] MünchKommBGB/*Siehr* Rn 198.
[145] *Soergel/Schurig* Rn 64; MünchKommBGB/*Siehr* Rn 125.

92 Bei Verweisung auf das Recht eines Mehrrechtsstaates mit einer **territorial oder personal gespaltenen Rechtsordnung** ist die maßgebende Teilrechtsordnung anhand von Art 4 Abs 3 zu bestimmen[146]. Bei erst nach der Eheschließung **zerfallenen ehemaligen Gesamtstaaten** ist die maßgebende Nachfolgerechtsordnung durch entsprechende Anwendung des Art 4 Abs 3 anhand der engsten Verbindung zu ermitteln[147].

93 **3. Vorrang des Einzelstatuts (Art 3 Abs 3).** Das Güterrechtsstatut beherrscht als **Gesamtstatut** grds alle Vermögensgegenstände der Ehegatten[148]. Dies ruft Art 3 Abs 3 auf den Plan, der hier eine bedingte Sonderanknüpfung anordnen kann. Anwendbar ist Art 3 Abs 3 nur auf Vermögensgegenstände, die sich außerhalb des Staates befinden, dessen Recht als Güterstatut anwendbar ist. Wenn nun in dem Staat, in dem diese Gegenstände sich befinden (Belegenheitsstaat) eine Rechtsordnung gilt, innerhalb der etwa für Sondervermögen besondere güterrechtliche Regeln gelten, bestimmte Vermögensgegenstände also dem (dortigen) Güterrecht entzogen und einem besonderen Regime unterworfen werden, erklärt Art 3 Abs 3 diese besonderen Regeln für (neben dem iÜ für die anderen Vermögensgegenstände geltenden Güterstatut) anwendbar. Solche güterrechtliche Rechtsspaltung kann sich ergeben sei es sachrechtlich aus einer Sonderbestimmung der lex rei sitae für Sondervermögen[149], zB Erbhöfe, Familienfideikommisse, Lehen, Stiftungsgüter[150], oder bei rein kollisionsrechtlich[151] aufgefasster Sonderanknüpfung an das Recht des Belegenheitsstaates (lex rei sitae). Die in diesem Fall von Art 3 Abs 3 angeordnete Sonderanknüpfung der in dem betreffenden Staat belegenen Vermögensgegenstände an dieses Einzelstatut kann ebenso zu einer kollisionsrechtlichen Spaltung führen wie partielle Rechtswahl der Ehegatten gemäß Art 15 Abs 2 Nr 3. Letztere beschränkt sich auf unbewegliches Vermögen während die Rechtsspaltung nach Art 3 Abs 3 **sowohl unbewegliches als auch bewegliches Vermögen** erfasst[152].

94 Fraglich ist dieser Vorrang des Einzelstatuts gegenüber dem Gesamtstatut, wenn letzteres durch Rechtswahl bestimmen worden ist, sei es gemäß Abs 2 Nr 1 und 2, sei es gemäß Abs 2 Nr 3. Unbestritten sollen sich nach Art 3 Abs 3 *sachrechtliche* Sonderbestimmungen der lex rei sitae gegen die Rechtswahl durchsetzen[153]. Vereinzelt wird vorgeschlagen, dass im Falle nur kollisionsrechtlicher Rechtsspaltung das Einzelstatut sich gegen ein gewähltes Gesamtstatut nicht durchsetzt, und zwar auch soweit das kraft Sonderanknüpfung geltende Recht eine **Rechtswahl** für unzulässig erklärt (eine Rechtswahl sich also gegen eine ausländische lex rei sitae durchsetzt)[154]. Eine solche Sonderstellung der Rechtswahl gegenüber kollisionsrechtlicher Sonderanknüpfung findet zurzeit aber weder in der Rspr noch im herrschenden Schrifttum eine Stütze.

95 **4. Ordre public.** Sowohl ausländisches Güterkollisionsrecht wie Gütersachrecht ist bei hinreichendem Inlandsbezug an Art 6 zu messen[155]. Lücken fremden Rechts sind vorrangig durch **Auslegung**, ggf auch durch **Anpassung** zu schließen[156]. Nicht hinnehmbar sind etwa der gänzliche Verzicht auf güterrechtliche Regelungen, gegen den Gleichberechtigungsgrundsatz verstoßende Anknüpfungen und sachrechtliche Regeln mit gleichberechtigungswidriger Vermögenszuordnung. Von Art 6 unberührt bleiben hingegen ausländische Zugewinngemeinschaften und Gütertrennung[157], des Weiteren güterrechtliche Wirkungen polygamer Ehen unter der Geltung islamischen Rechts[158].

VI. Verfahrensrecht

96 Fragen der **streitigen Gerichtsbarkeit** unterliegen nicht der EuGVO bzw dem LugÜ (Art 1 Abs 2 Buchst 1 EuGVO bzw Art 1 Abs 2 Nr 1 LugÜ), da diese das Güterrecht von ihrem Anwendungsbereich ausschließen. Nicht ausgenommen sind vermögensrechtliche Streitigkeiten, bei denen das Güterrecht nur als Vorfrage Bedeutung hat[159]. Da auf Ehefolgesachen auch die EuEheVO nicht anwendbar ist[160], gilt autonomes Recht der internationalen Zuständigkeit. Nach der Doppelfunktionstheorie ist die **internationale Zuständigkeit** für isolierte Güterrechtsverfahren aus §§ 621 Abs 2 S 2, 13 ZPO abzuleiten; iÜ greift die Verbundzuständigkeit des § 606 a Abs 1 ZPO ein[161]. In Fragen der **freiwilligen Gerichtsbarkeit** richtet sich die internationale Zuständigkeit nach den allgemeinen Vorschriften, insbes bei Eintragung in inländische Güterrechtsregister, wie bei reinen Inlandsfällen nach

---

[146] ZB zu den spanischen Foralrechten des ehelichen Güterrechts *Schotten/Schmellenkamp* S 583 f.
[147] OLG Frankfurt IPRax 2001, 140 zu Jugoslawien; *Großerichter/Bauer* RabelsZ 65 (2001), 211.
[148] *Palandt/Heldrich* Rn 4; *Erman/Hohloch* Rn 13.
[149] *Kegel/Schurig* IPR § 12 II; MünchKommBGB/*Siehr* Rn 138.
[150] BT-Drucks 10/504 S 36; keine güterrechtliche Sonderanknüpfung nach inländischem Recht.
[151] HM, BGHZ 45, 351; 50, 63; BayObLGZ 1971, 34; *Palandt/Heldrich* Rn 4; *Lüderitz* IPR Rn 168; *Erman/Hohloch* Rn 13, 25; krit *Soergel/Schurig* Rn 66; *Kegel/Schurig* IPR § 12 II 2 b cc.
[152] BayObLGZ 1971, 34; KG NJW 1973, 428; OLG Hamm IPRspr 1974 Nr 62; MünchKommBGB/*Siehr* Rn 47, 49; *Erman/Hohloch* Rn 13 und 29; *Soergel/Schurig* Rn 21.
[153] MünchKommBGB/*Siehr* Rn 137.
[154] MünchKommBGB/*Siehr* Rn 138; *Soergel/Schurig* Rn 66.
[155] *Soergel/Schurig* Rn 68; *Erman/Hohloch* Rn 9.
[156] MünchKommBGB/*Siehr* Rn 141.
[157] OLG Karlsruhe IPRax 1990, 122; *Soergel/Schurig* Rn 68 mwN.
[158] *Soergel/Schurig* Rn 68; Art 13 Rn 122.
[159] OLG Stuttgart IPRspr 2000 Nr 55.
[160] Erwägungsgrund 8 zur EuEheVO.
[161] *Schröder/Bergschneider/Mörsdorf-Schulte* Rn 11.194 f; ausf vgl die Ausführungen zu den allgemeinen Ehewirkungen bei Art 14 Rn 74 ff und Art 17 Rn 143 ff; zur Verbundzuständigkeit beim Zugewinnausgleich Art 17 Rn 154.

deutschen Zuständigkeitsvorschriften[162]. Der Abschluss ausländischer Güterverträge ist vor deutschen Gerichten überprüfbar; die dies **nicht als wesensfremde Aufgabe** ablehnen können; denn Maßnahmen des anwendbaren ausländischen Güterrechts können auch dann getroffen werden, wenn das deutsche Recht sie nicht kennt, solange sie nur mit dem deutschen Verfahrensrecht kompatibel sind[163]. Die internationale Zuständigkeit ist nicht von einer Anerkennung deutscher Entscheidungen durch das ausländische Güterrechtsstatut abhängig[164].

Das **Verfahren** und sein Ablauf richten sich nach der lex fori. Einzelheiten der richtigen Klageart und des Klagegegners richten sich nach Güterstatut. 97

Zur **Anerkennung ausländischer Entscheidungen** vgl Art 17 Rn 159 ff. 98

VII. Intertemporales Recht

Für die güterrechtlichen Wirkungen der Ehe trifft Art 220 Abs 3 eine besondere intertemporale 99 Regelung in Bezug auf Altehen, die **vor dem Inkrafttreten des neuen IPR am 1. 9. 1986 und damit des Art 15 nF** (Ersetzung der gleichberechtigungswidrigen Anknüpfung an das Heimatrecht des Mannes durch Anknüpfung an gemeinsames Heimatrecht, gewöhnlichen Aufenthalt und engste Verbindung) geschlossen worden sind. Bereits bevor Art 15 in seiner gegenwärtigen Fassung in Kraft trat, war die aF vom BVerfG am 22. 2. 1983 für partiell nichtig erklärt worden[165]. Abgesehen war sie nach Art 117 Abs 1 GG „eigentlich" bereits mit Ablauf des 31. 3. 1953 außer Kraft getreten. In den von diesen Daten markierten drei Zeiträumen ist damit im Hinblick auf die vermeintliche (Vertrauensschutz) und tatsächliche Rechtslage die Situation unterschiedlich; dem trägt der Gesetzgeber in Art 220 Abs 3 Rechnung, der den allgemeinen Regeln des Art 220 Abs 1, 2 vorgeht.

VIII. Interlokales Privat- und Verfahrensrecht

In der DDR herrschte bis 1965 gesetzlich **Gütertrennung** mit der Option zur Begründung von 100 **Miteigentum** an einzelnen Vermögensgegenständen. Bei Scheidung oder Tod eines Partners hatte der andere einen unvererblichen und unübertragbaren familienrechtlichen **Ausgleichsanspruch** gegen den anderen Ehegatten bzw die Erben. Das FGB vom 20. 12. 1965 (GBl 1966 I S 1; VOBl 1966 I S 117) führte in den §§ 13 bis 16 FGB dann eine Errungenschaftsgemeinschaft ein („Eigentums- und Vermögensgemeinschaft"), die durch das 1. Familienrechtsänderungsgesetz vom 20. 7. 1990 (GBl I S 1038) für die Zeit vom 1. 10. 1990 bis zum 3. 10. 1990 zT verändert wurde.

Nach Art 234 § 4 Abs 1 wird der gesetzliche Güterstand der DDR am 3. 10. 1990 in den gesetzli- 101 chen Güterstand der Zugewinngemeinschaft übergeleitet. In den beiden folgenden Jahren hatte jeder Ehegatte die Möglichkeit, dem Kreisgericht gegenüber zu **erklären, dass der bisherige gesetzliche Güterstand fortgelten solle.** Für die Zeit vor dem Beitritt kann auch ohne eine solche Erklärung ein etwa entstandener Ausgleichsanspruch nach § 40 FGB geltend gemacht werden, wenn die Ehe später geschieden wird[166]. Ob die betreffenden Ehegatten überhaupt dem Recht der DDR unterstanden oder nach Abgabe der erwähnten Erklärung unterstehen, richtet sich nach hM nach dem interlokalen Privatrecht der Bundesrepublik Deutschland[167]. Danach wird der **Güterstand im innerdeutschen Verhältnis** nach Art 15 analog (interlokales Kollisionsrecht, ausf Art 13 Rn 94–100) unwandelbar an den gewöhnlichen Aufenthalt der Ehegatten im Zeitpunkt der Eheschließung angeknüpft[168]. Haben die Ehegatten als Bürger der DDR ihren **gewöhnlichen Aufenthalt vor der Wiedervereinigung in die Bundesrepublik verlegt**, so ist die Überleitung ihres gesetzlichen Güterstandes vorrangig nach dem Gesetz über den ehelichen Güterstand von Vertriebenen und Flüchtlingen (Rn 75 ff) zu beurteilen[169]. Weist der güterrechtliche Altfall Auslandsbezug auf, so entscheidet Art 15 analog (als interlokale Norm) zunächst darüber, ob nach dem IPR der DDR (RAG) oder nach dem EGBGB anzuknüpfen ist (Art 236; s Art 14 Rn 82).

Art 16 Schutz Dritter

(1) Unterliegen die güterrechtlichen Wirkungen einer Ehe dem Recht eines anderen Staates und hat einer der Ehegatten seinen gewöhnlichen Aufenthalt im Inland oder betreibt er hier ein Gewerbe, so ist § 1412 des Bürgerlichen Gesetzbuchs entsprechend anzuwenden; der fremde gesetzliche Güterstand steht einem vertragsmäßigen gleich.

(2) Auf im Inland vorgenommene Rechtsgeschäfte ist § 1357, auf hier befindliche bewegliche Sachen § 1362, auf ein hier betriebenes Erwerbsgeschäft sind die §§ 1431 und 1456 des Bürgerlichen Gesetzbuchs sinngemäß anzuwenden, soweit diese Vorschriften für gutgläubige Dritte günstiger sind als das fremde Recht.

---

[162] MünchKommBGB/*Siehr* Rn 144.
[163] *Soergel/Schurig* Rn 61; MünchKommBGB/*Siehr* Rn 144 mwN; aA *Staudinger/Mankowski* Rn 133.
[164] MünchKommBGB/*Siehr* Rn 144.
[165] BVerfGE 63, 191.
[166] BGH NJW 1999, 2520; *Looschelders* Rn 45.
[167] BGHZ 124, 273; BGH NJW 2006, 2034.
[168] BGHZ 40, 32, 35; *Palandt/Heldrich* Rn 3; *Erman/Hohloch* Rn 15.
[169] *Wassermann* FamRZ 1990, 333; *Looschelders* Rn 46.

EGBGB Art 16

Schrifttum: *Amann*, Eigentumserwerb unabhängig von ausländischem Güterrecht?, MittBayNot 1986, 222; *Dästner*, Der Verkehrsschutz im deutschen internationalen Eherecht (Art 16 EGBGB), 1970; *Gerfried Fischer*, Verkehrsschutz im internationalen Verkehrsrecht, 1990, S 133; *Gottschalg*, Zur Bedeutung des § 1412 Abs. 2 BGB im Hinblick auf das Güterrechtsregister, DNotZ 1970, 274; *Liessem*, Guter Glaube beim Grundstückserwerb von einem durch seinen Güterstand verfügungsbeschränkten Ehegatten?, NJW 1989, 497; *Rauscher*, Die Überleitung des Eheguterrechts im Einigungsvertrag (Art 234 § 4 EGBGB), DNotZ 1991, 209; *Reithmann/Martiny/Hausmann*, Internationales Vertragsrecht, 6. Aufl 2004, Rn 2790–2814; *Reithmann*, Schutz des Rechtsverkehrs bei Geschäften mit verheirateten Personen, DNotZ 1961, 3; *Herbert Roth*, Grundbuchverfahren und ausländisches Güterrecht, IPRax 1991, 320; *Schotten*, Der Schutz des Rechtsverkehrs im Internationalen Privatrecht, DNotZ 1994, 670; *Schotten/Schmellenkamp*, Das Internationale Privatrecht in der notariellen Praxis, 2. Aufl 2007, Anh II; *Süß*, Ausländer im Grundbuch und im Registerverfahren, Rpfleger 2003, 54; *Christian Schröder*, Das Günstigkeitsprinzip im IPR, 1996.

Übersicht

	Rn		Rn
I. Regelungskonzept	1	a) Normzweck	37
		b) Anwendungsvoraussetzungen	39
II. Vorrangige staatsvertragliche Regelungen (Art 3 Abs 2 S 1)	9	c) Die einzelnen Abweichungen vom deutschen Recht	49
III. Einzelerläuterungen	13	d) Analoge Anwendung von Abs 2 auf sonstige Beschränkungen ausländischen Ehewirkungsrechts	56
1. Wirkung ausländischen Güterrechts gegenüber Dritten im Inlandsverkehr (Abs 1)	13	e) Analoge Anwendung zum Schutz ausländischen Geschäftsverkehrs	57
a) Anwendungsbereich	14		
b) Wirkung	21	**IV. Verfahrensvorschriften**	58
c) Anwendungsvoraussetzungen	25		
2. Schutz des inländischen Rechtsverkehrs vor fremdem Ehewirkungs- oder Güterrechtsstatut (Abs 2)	37	**V. Interlokales Recht**	61

I. Regelungskonzept

1 Wegen der Primäranknüpfung der Art 14 und 15 an die Staatsangehörigkeit und der Möglichkeit der Wahl von Ehewirkungs- oder Güterrechtsstatut (Art 14 Abs 2 bis 4, Art 15 Abs 2 und 3) können dauernd oder vorübergehend im Inland lebende Ausländer im Hinblick auf ihre Vermögensverhältnisse fremdem Recht unterstehen, dessen Eigenarten und zahlreiche Abweichungen von inländischem Recht ihrem Gegenüber im inländischen Rechtsverkehr nicht ohne weiteres bekannt sind. So ergeben sich in vielen ausländischen Güterrechten aus dem gesetzlichen Güterstand **Beschränkungen der Handlungsfreiheit** der einzelnen Ehegatten im Rechtsverkehr mit Dritten. Dabei handelt es sich zB um Zustimmungserfordernisse zu bestimmten Geschäften mit Immobilien oder Hausrat[1] oder um Einschränkungen der Verfügungsbefugnis der Ehefrau[2]. Auch kennen viele ausländische Rechte keine § 1357 BGB entsprechende Mitverpflichtungsbefugnis unter Ehegatten oder weisen in Ausgestaltung oder Rechtsfolgen Modifikationen auf[3].

2 Gegen die hieraus folgenden Unwägbarkeiten sieht Art 16 einseitige Kollisionsregeln zum **Schutz des inländischen Rechtsverkehrs**[4] gutgläubiger Dritter mit Ehegatten vor, die ausländischem Ehewirkungs- oder Güterrechtsstatut unterworfen sind. Die vermögensrechtlichen Beziehungen der Ehegatten untereinander bleiben im Innenverhältnis von der Sonderanknüpfung des Art 16 unberührt und unterstehen weiterhin dem Art 14 und 15.

3 Zur Sicherung eines **kollisionsrechtlichen Gutglaubensschutzes** des mit einer verheirateten Person kontrahierenden oder eine solche verklagenden Dritten bedient sich Art 16 Abs 1 des **deutschen Güterrechtsregisters.** Dieses besitzt **negative Publizität** und zerstört nach § 1412 BGB einen guten Glauben an die Geltung des (deutschen) gesetzlichen Güterstandes bzw eines noch eingetragenen, inzwischen unrichtig gewordenen Wahlgüterstandes. § 1412 BGB schneidet Ehegatten, die es versäumen, ihren Wahlgüterstand oder dessen Änderung eintragen zu lassen, daraus sich herleitende Einwendungen gegenüber Dritten ab. Art 16 Abs 1 ordnet die entsprechende Geltung dieser Vorschrift mit der Maßgabe an, dass der fremde gesetzliche oder vertragliche[5] Güterstand einem inländischen Wahlgüterstand gleichsteht. Da Eintragungen eines ausländischen Güterstandes in das – ohnehin auch bei reinen Inlandsfällen für Wahlgüterstände kaum genutzte – deutsche Güterrechtsregister nur selten

---

[1] Belgien, Dänemark, Finnland, Frankreich, Italien, Norwegen, Portugal, Schweden; vgl jeweils *Schotten/Schmellenkamp* Anh II.
[2] Brasilien, Chile, vgl Nachweise bei *Staudinger/Mankowski* Rn 2; zum brasilianischen Recht auch *Schotten/Schmellenkamp* Rn 393.
[3] § 96 österreichisches ABGB, Art 187 türkisches ZGB. Zu weiteren Besonderheiten der Rechte der EU-Mitgliedstaaten vgl die von der EG-Kommission in Auftrag gegebene Studie vom 30. 4. 2003 über die vermögensrechtlichen Verhältnisse bei verheirateten und bei unverheirateten Paaren im internationalen Privatrecht und in den Rechtsordnungen der Mitgliedstaaten der Union („Étude sur les régimes matrimoniaux des couples mariés et sur le patrimoine des couples non mariés dans le droit international privé et le droit interne des États membres de l'Union"), http://ec.europa.eu/justice_home/doc_centre/civil/studies/doc/regimes/report_regimes_030703_fr.pdf.
[4] BT-Drucks 10/504 S 59.
[5] *Erman/Hohloch* Rn 15: zB Gütertrennung als ausländischer Vertragsgüterstand.

erfolgen[6], führt das in aller Regel zur Anwendung deutschen Güterrechts im Außenverhältnis, soweit dieses für den Dritten günstiger ist als das eigentlich anwendbare Güterstatut. Das nach Art 16 iVm § 1412 BGB zugunsten des Dritten fiktiv zugrunde zu legende Güterrecht muss aber nicht zwingend der deutsche gesetzliche Güterstand sein; vielmehr bringt die von Art 16 angeordnete Analogie zu § 1412 BGB einschließlich dessen Abs 2 es mit sich, dass wegen der negativen Publizität dann, wenn zunächst ein ausländischer Güterstand eingetragen war, aber nach Eintreten eines Statutenwechsels (gem Art 15 auf Grund Rechtswahl oder Änderung der objektiven Anknüpfungspunkte sowie ggf auch auf Grund von sachrechtlichen Wahlmöglichkeiten des tatsächlich anwendbaren Güterrechtsstatuts) die Änderung der Eintragung versäumt wurde, Art 16 durchaus auch dem ehemals geltenden eingetragenen ausländischen Güterstand zur Anwendung verhilft, soweit er für den Dritten vorteilhafter ist als das aktuell geltende deutsche oder ausländische Güterrecht[7].

Zusätzlich ordnet Art 16 Abs 2 zugunsten eines gutgläubigen Dritten[8] die Geltung einzelner, im Rechtsverkehr **wichtiger Bestimmungen deutschen Ehewirkungs- bzw Güterrechts** (§§ 1357, 1362 BGB und die §§ 1431, 1456 BGB) an, wenn sie für diesen Dritten günstiger sind. Der sich gewöhnlich im Inland aufhaltende oder hier ein Erwerbsgeschäft betreibende Ehegatte soll sich gutgläubigen Dritten gegenüber, mit denen er Geschäfte im Inland abschließt, nicht darauf berufen können, dass er nach dem anwendbaren ausländischen Güterrecht nicht das Ehevermögen verpflichten kann, obwohl dies nach deutschem Recht so wäre. Art 16 verfolgt damit insgesamt ein Günstigkeitsprinzip zugunsten des Geschäftspartners des Ehegatten. Umgekehrt ist fremdes, dem inländischen funktionell vergleichbares Recht Dritten gegenüber nur anwendbar, wenn es für sie im Einzelfall günstiger ist als das deutsche. 4

Eine Entsprechung zu Art 16 normiert für **im Ausland eingetragene Lebenspartnerschaften** Art 17 b Abs 2 S 2. 5

Eine **Parallelnorm** findet sich in Art 12: So wie Art 16 im Interesse kollisionsrechtlichen Verkehrsschutzes als Gegenspieler zu Art 14 und 15 fungiert, ist Art 12 Gegenspieler zu Art 7. Art 12 überwindet unter Verkehrsschutzgesichtspunkten Beschränkungen der allgemeinen Rechts- und Geschäftsfähigkeit, die sich aus dem nach Art 7 eigentlich anwendbaren Heimatrecht ergeben. Anders als Art 16 ist Art 12 allseitig formuliert. Dort gilt nicht nur deutsches, sondern jedes Abschlussortrecht. Teilweise wird auch für ehebedingte Verpflichtungs- und Verfügungsbeschränkungen eine Heranziehung des Art 12 vertreten, da dieser neben Rechts- und Geschäftsfähigkeit auch von Handlungsfähigkeit spricht[9]. Auf dieser Grundlage kann eine **Konkurrenz des Art 12** zu Art 16 entstehen, die sich entweder über ein Günstigkeitsprinzip zu Gunsten der jeweils die Rechtswirksamkeit bewirkenden Norm[10] auflösen lässt oder mit Erwägungen der Spezialität zu Gunsten des Art 16[11]. Art 12 ist im vorliegenden Kontext nicht schon wegen seiner Nichtanwendbarkeit auf familienrechtliche Rechtsgeschäfte (Art 12 S 2) ausgeschlossen; denn mit dem Dritten wird kein familienrechtliches Rechtsgeschäft abgeschlossen. Teleologische und systematische Gründe sprechen aber grds dafür, Beschränkungen zum Erhalt des Familienvermögens und der Ausgestaltung der ehelichen Lebensgemeinschaft trotz des sprachlich weit gefassten Begriffs der Handlungsfähigkeit nicht dem Art 12 zu unterstellen (Art 12 Rn 41), sondern ausschließlich dem Art 16[12]. 6

Art 16 verdrängt, soweit er zur Anwendung deutschen Rechts führt, selbstverständlich auch die erst am Ergebnis der Rechtsanwendung ansetzende ordre-public-Regelung des **Art 6**[13]. 7

Die **praktische Bedeutung** von Art 16 erscheint groß, wenngleich in der Rechtspraxis die wie selbstverständliche Anwendung der dort getroffenen Regelungen[14] Rechtsstreitigkeiten mit Bezug auf Verkehrsschutzbelange bisher im Wesentlichen erspart hat[15]. 8

II. Vorrangige staatsvertragliche Regelungen (Art 3 Abs 2 S 1)

Art 16 wird durch spezielleres Abkommenrecht (Art 3 Abs 2 S 1) gegenwärtig nur in seltenen Fällen verdrängt. Für den Bereich der allgemeinen Ehewirkungen und des ehelichen Güterrechts gilt für Deutschland zurzeit nur das **Deutsch-Iranische Niederlassungsabkommen** vom 17. 2. 1929[16]. Die Geltung des Art 16 schließt es jedoch nicht aus[17]. Denn hierbei handelt es sich um eine Verkehrsschutz- 9

---

[6] Vgl nur MünchKommBGB/*Siehr* Rn 20 mN.
[7] Vgl entspr zur versäumten Änderung der Eintragung eines Wahlgüterstandes bei direkter Anwendung des § 1412 BGB RGRK/*Finke* § 1412 Rn 17; *Staudinger*/*Thiele* § 1412 BGB Rn 13; *Gottschalg* DNotZ 1970, 274.
[8] Vor der Reform setzte Abs 2 keinen guten Glauben voraus und gewährte daher einen objektiven Schutz, vgl Begr RegE, BT-Drucks 10/504 S 59; Bericht des Rechtsausschusses, BT-Drucks 10/5632 S 42.
[9] So LG Aurich NJW 1991, 642; *Palandt*/*Heldrich* Art 12 Rn 5; *Fischer* S 171; *Liessem* NJW 89, 497, 500; *Hanisch* IPRax 87, 47, 50 f.
[10] *Liessem* NJW 1989, 497, 500.
[11] *Roth* IPRax 1999, 320, 322; *Schotten* DNotZ 1994, 670, 83 f.
[12] Vgl Hk-BGB/*Staudinger* Art 12 Rn 7; *Erman*/*Hohloch* Art 12 Rn 11; *Looschelders* Art 12 Rn 16; *Staudinger*/*Hausmann* Art 12 Rn 35; MünchKommBGB/*Spellenberg* Art 12 Rn 29; zur Lückenfüllung des Art 16 mittels Analogie zu Art 12 s Rn 20.
[13] *Staudinger*/*Mankowski* Rn 2; *Erman*/*Hohloch* Rn 3.
[14] LG Aurich NJW 1991, 642 m Aufs *Roth* IPRax 1991, 320; *Erman*/*Hohloch* Rn 5.
[15] BGH NJW 1992, 909; OLG Frankfurt IPRax 2001, 140 m Aufsatz *Henrich* 113; OLG Celle IPRax 1993, 96 m Anm *Jayme* 80; OLG Köln DNotZ 1972, 182; KG IPRspr 1972 Nr 55; DNotZ 1933, 112; LG Aurich NJW 1991, 642; AG Wedel IPRspr 1972 Nr 54.
[16] RGBl 1930 II S 1006; 1931 II S 9; BGBl 1955 II S 829, abgedruckt in *Jayme*/*Hausmann* Nr 24, S 82, Art 8 Abs 3 auch unter Art 25 Rn 12.
[17] Offen insoweit MünchKommBGB/*Siehr* Art 16 Rn 2.

regelung, die eine „allgemein gegenüber jedem anderen fremden Staat" geltende Ausnahme vom anwendbaren Güter- bzw Ehewirkungsrecht darstellt, die gemäß Art 8 Abs 3 S 2 des Übereinkommens auch in dessen Anwendungsbereich anwendbar bleibt.

10 Das **Haager Ehewirkungsabkommen** von 1905, dessen Art 8 Abs 1 gegenüber Art 16 speziell war, ist seit dem 23. 8. 1987 außer Kraft[18].

11 Das **Haager Übereinkommen über das auf Ehegüterstände anwendbare Recht** vom 14. 3. 1978 enthält in Art 9 Abs 2 bis 4 eine eigene Drittschutzregelung, ist für Deutschland aber noch nicht in Kraft (vgl Art 15 Rn 9).

12 Das **Grünbuch der EG** zu den Kollisionsnormen im Güterrecht unter besonderer Berücksichtigung der gerichtlichen Zuständigkeit und der gegenseitigen Anerkennung[19] vom 17. 7. 2006 befasst sich, zB in Frage 18, auch mit der Wirkung gegenüber Dritten und den Möglichkeiten eines Gläubigerschutzes durch Güterrechtsregister.

III. Einzelerläuterungen

13 **1. Wirkung ausländischen Güterrechts gegenüber Dritten im Inlandsverkehr (Abs 1).** Bei Teilnahme der Eheleute am inländischen Rechtsverkehr können sich Abweichungen des **fremden Güterrechtsstatuts** gegenüber inländischem Güterrecht ergeben (Rn 1). Die rechtlichen Abweichungen können Dritten nur entgegengehalten werden, wenn dieser **Güterstand** im Inland **im Güterrechtsregister eingetragen** ist oder wenn der Dritte den betreffenden ausländischen Güterstand **positiv kennt.** Das ergibt sich aus Abs 1 iVm § 1412 BGB.

14 **a) Anwendungsbereich. aa) Einwendungen gegen ein Rechtsgeschäft.** Von der Verweisung auf § 1412 BGB erfasst werden zunächst Ansprüche aus Rechtsgeschäften zwischen einem der Ehegatten und dem Dritten; nicht erfasst sind Ansprüche aus Gesetz (Bereicherung, unerlaubte Handlungen, gesetzliche Unterhaltspflicht, Prozesskostenforderung des Staates)[20] und der Erwerb in der Zwangsvollstreckung[21] oder kraft Gesetzes[22]. Registereintragung oder Kenntnis des Dritten müssen zum Zeitpunkt des Geschäftsabschlusses gegeben sein[23]. Der Verkehrsschutz betrifft **zweiseitige Rechtsgeschäfte** zwischen einem Ehegatten und dem Dritten ebenso wie **einseitige Rechtsgeschäfte** des Dritten gegenüber dem Ehegatten. Ob der im ausländischen Güterstand lebende Ehegatte auf Erwerber- oder Veräußererseite steht, ist irrelevant[24]. Das Grundbuchamt muss einen auf Grund von Abs 1 zustande gekommenen Erwerb eintragen, auch wenn dem Erwerber unbekannte ausländische güterrechtliche Verfügungsbeschränkung dort positiv dienstlich bekannt ist[25].

15 Es muss sich um ein **Verkehrsgeschäft** handeln[26]. Erfasst werden auch Geschäfte über Immobilien[27].

16 **bb) Einwendungen gegen rechtskräftige Urteile.** Der Verkehrsschutz des von Art 16 in Bezug genommenen § 1412 BGB erfasst neben Einwendungen gegen ein Rechtsgeschäft auch Einwendungen gegen ein rechtskräftiges Urteil, welches zwischen einem Ehepartner und dem Dritten ergangen ist. Als Gegenstand eines solchen Urteils kommen jegliche Forderungen in Betracht, etwa auch deliktische Haftungsansprüche; denn die Vertrauensbetätigung liegt hier nicht in einem rechtsgeschäftlichen, sondern in einem prozessualen Handeln: Der Dritte wird in seinem (typisierten) Vertrauen darauf geschützt, dass der Ehegatte, mit dem er den Prozess führt, nach dem von ihm angenommenen Güterstand zur Prozessführung auch mit Wirkung für und gegen den anderen Ehegatten befugt ist[28]. Es geht mithin nicht um den Ausschluss von Einwendungen in der Zwangsvollstreckung, sondern um den Ausschluss von Einwendungen gegen die **Rechtskrafterstreckung** auf den anderen Ehepartner[29]. § 1412 BGB kann daher nur Anwendung finden, soweit die fingierte Güterrechtslage überhaupt eine solche Wirkung der Rechtskraft eines zwischen einem Ehegatten und dem Dritten ergangenen Urteils für und gegen den anderen Ehegatten kennt[30]. Aus diesem Grunde ist Art 16 iVm § 1412 Abs 1 Alt 2 BGB praktisch gegenstandslos: Denn der inländische gesetzliche Güterstand der Zugewinngemeinschaft sieht eine solche Rechtskrafterstreckung nicht vor[31]. Immerhin kann es zu dieser Situation noch im

---

[18] BGBl 1986 II S 505, abgedruckt noch in *Soergel/Schurig* Anh Rn 1 ff.
[19] KOM(2006) 400.
[20] *Erman/Hohloch* Rn 14; OLG Breslau JW 1930, 1880.
[21] *Erman/Heckelmann* § 1412 BGB Rn 3; *Palandt/Brudermüller* § 1412 BGB Rn 6.
[22] *Palandt/Brudermüller* § 1412 BGB Rn 6.
[23] *Erman/Heckelmann* § 1412 BGB Rn 5; *Palandt/Brudermüller* § 1412 BGB Rn 8.
[24] *Amann* MittBayNot 1986, 222, 224; *Staudinger/Mankowski* Rn 44.
[25] LG Aurich NJW 1991, 642; *H. Roth* IPRax 1991, 320; aA offenbar noch *Süß* Rpfleger 2003, 54, 63 mit älteren Nachweisen.
[26] *Erman/Hohloch* Rn 14.
[27] Umkehrschluss aus dem Fehlen einer Entsprechung zu Art 12 S 2, *Staudinger/Mankowski* Rn 72.
[28] *Staudinger/Thiele* § 1412 BGB Rn 26.
[29] *Staudinger/Mankowski* Rn 35.
[30] *Palandt/Heldrich* § 1412 BGB Rn 7.
[31] Nicht einmal bei Verurteilung eines Ehegatten auf Grundlage des § 1357 BGB, vgl nur MünchKommBGB/*Wacke* § 1357 BGB Rn 48; aA 1. Aufl (*Otte*) und *Staudinger/Mankowski* Rn 35. Historisch sah der deutsche gesetzliche Güterstand eine solche Rechtskrafterstreckung noch vor, weshalb die Bedeutung dieser Alternative des § 1412 (bzw seiner Vorgängernorm § 1435 aF) BGB ursprünglich größer war als heute: Zur Zeit der Schaffung des später in § 1412 übernommenen § 1435 BGB aF wurde durch die Eheschließung das Vermögen der Frau von Gesetzes wegen der Verwaltung und Nutznießung des Mannes unterworfen (§ 1363 Abs 1 BGB aF), was nach § 1380 BGB aF zur

Falle des Art 16 iVm § 1412 Abs 2 BGB kommen, wenn nämlich ein zuvor bestehender ausländischer Güterstand oder Wahlgüterstand im Güterrechtsregister eingetragen ist, nach dem eine solche Rechtskrafterstreckung gilt, und die Eintragung der Änderung oder Aufhebung dieses Güterstandes versäumt worden ist. In diesem Fall müssen die Ehegatten sich an dem eingetragenen Güterstand festhalten lassen. Ist etwa eine – tatsächlich später durch Ehevertrag oder kollisionsrechtlichen Statutenwechsel aufgehobene oder geänderte – Gütergemeinschaft mit Alleinverwaltung durch den Ehemann im Güterrechtsregister eingetragen, so müssen die Ehegatten dies auch im Hinblick auf eine nach § 1422 BGB bzw nach der für den betreffenden ausländischen Güterstand[32] geltenden ausländischen Norm gegebene Rechtskrafterstreckung auf den das Gesamtgut nicht verwaltenden Ehegatten gegen sich gelten lassen.

Einwendungen des anderen Ehegatten sind entspr § 1412 Abs 1 HS 2 BGB nur dann zulässig, wenn der die Rechtskrafterstreckung nicht vorsehende aktuelle ausländische[33] oder deutsche Güterstand im Güterrechtsregister eingetragen oder dem Dritten positiv bekannt war, als der Rechtsstreit anhängig[34] bzw **rechtshängig**[35] wurde, der Dritte also zum Zeitpunkt seines Eingehens des Prozessrechtsverhältnisses nicht mit der subjektiven Rechtskrafterstreckung rechnen durfte. Bei **ausländischen Verfahren** stellt sich die Frage, inwiefern hier ein vom deutschen Güterrechtsregister getragener Vertrauensschutz gerechtfertigt ist. Teilweise wird der Verkehrsschutz von vornherein auf inländische Urteile beschränkt[36]. Folgt man dieser Ansicht, so lassen sich ausländische Urteile jedenfalls nicht unter dem Gesichtspunkt des anschließend in Deutschland geführten Exequaturverfahrens inländischen Urteilen gleich stellen[37]; denn dieses hat auf die subjektive Rechtskraftwirkung keinen Einfluss mehr. Ebensowenig wie beim rechtsgeschäftlichen Verkehrsschutz eine grundsätzliche Beschränkung auf im Inland vorgenommene Rechtsgeschäfte geboten ist (Rn 19), ist beim prozessualen Verkehrsschutz eine grundsätzliche Beschränkung auf inländische Prozesse erforderlich[38]. Jedoch ist stets eine ein typisiertes Vertrauen auf die Geltung inländischen Rechts bzw die Maßgeblichkeit des inländischen Registers rechtfertigende Inlandsbeziehung zu fordern, die bei im Ausland geführten Prozessen besonders darzulegen wäre[39]. Veranlassung, ein darüber hinausgehendes **konkretes Vertrauen** zu verlangen, besteht auch beim prozessualen Verkehrsschutz nicht[40]. Der vertrauensrelevante Zeitpunkt der Rechtshängigkeit wäre bei ausländischen Verfahren nach der ausländischen prozessualen lex fori zu bestimmen[41].

Abgesehen von der dargestellten subjektiven Rechtskrafterstreckung wirkt der von Art 16 Abs 1 iVm § 1412 BGB vermittelte Verkehrsschutz nur isoliert in der Zwangsvollstreckung, erweitert also nicht die Vollstreckungsmöglichkeiten des Titularglägers über den tatsächlich bestehenden Güterstand hinaus[42].

cc) Analoge Anwendung zum Schutz des ausländischen Geschäftsverkehrs. Trotz der einseitig auf den Schutz deutschen Verkehrsrechts zugeschnittenen Fassung[43] kann die Regelung zur **allseitigen** Kollisionsnorm ausgebaut und damit im Wege der Analogie auch auf den Schutz des ausländischen Rechtsverkehrs ausgedehnt werden, **wenn der fremde Staat seinen Rechtsverkehr in ähnlicher Weise schützt**[44]. Tatsächlich ist ein entsprechender registerbezogener kollisionsrechtlicher Verkehrsschutz innerhalb der EU nicht ungewöhnlich[45], wenn auch etwa Österreich darauf verzichtet[46]. Ein vergleichbarer Schutzmechanismus sollte schon darin zu sehen sein, dass der fremde Staat sein Recht zum Ehewirkungsrecht insgesamt beruft. Andererseits dürfte die Gleichwertigkeit des ausländischen Verkehrsschutzes[47] nicht von der Existenz eines mit negativer Publizität ausgestatteten Registers

---

Folge hatte, dass der Mann ein zu diesem „eingebrachten Gute" gehörendes Recht der Frau im eigenen Namen gerichtlich geltend machen konnte und das Urteil, wenn er befugt war, über das Recht nach § 1376 BGB aF ohne Zustimmung der Frau zu verfügen, auch für und gegen diese wirkte.

[32] Nach dem etwa, wie nach einigen südamerikanischen Rechten (vgl *Staudinger/Mankowski* Rn 2) der Ehemann kraft Gesetzes innerhalb der Gesamtguts einer Güter- und Errungenschaftsgemeinschaft oder sogar, wie in Deutschland der ersten Hälfte des 20. Jahrhundert, von im Eigentum seiner Ehefrau stehenden Vermögen („eingebrachtes Gut") wird, was nach dem betreffenden Recht auch dem § 1380 BGB aF entsprechende Urteilswirkungen mit sich bringen dürfte.

[33] Insoweit § 1412 BGB entsprechend, *Staudinger/Mankowski* Rn 33.

[34] MünchKommBGB/*Kanzleiter* § 1412 Rn 6.

[35] *Staudinger/Thiele* § 1412 BGB Rn 42.

[36] AG Wedel IPRspr 1972 Nr 54; *Erman/Hohloch* Rn 14; krit *Soergel/Schurig* Rn 6.

[37] *Staudinger/Mankowski* Rn 35; so aber *Staudinger/v. Bar* 12. Aufl 1992, Art 16 aF Rn 13.

[38] So auch *Soergel/Schurig* Rn 6; im Ergebnis ebenso *Staudinger/Mankowski* Rn 35 f.

[39] Ähnlich MünchKommBGB/*Siehr* Rn 20, der ein solches Vertrauen bei ausländischen Verfahren freilich von vornherein als Ausnahme ansieht. Zu den verschiedenen möglichen Anhaltspunkten für eine Inlandsbeziehung s Rn 19 aE.

[40] So aber offenbar *Staudinger/Mankowski* Rn 36.

[41] Ebenso MünchKommBGB/*Siehr* Rn 19 aE; *Staudinger/Mankowski* Rn 35.

[42] *Soergel/Schurig* Rn 6; *Staudinger/Mankowski* Rn 34–36; aA offenbar *Erman/Hohloch* Rn 6.

[43] BT-Drucks 10/504 S 59.

[44] *Kegel/Schurig* IPR § 20 VI 4; *Reithmann/Martiny/Hausmann* Rn 2804; MünchKommBGB/*Siehr* Rn 43 mwN; *Soergel/Schurig* Rn 22; aA *Staudinger/Mankowski* Rn 48–51: fehlender ausländischer Registerschutz; zurückhaltend *Erman/Hohloch* Rn 25: Erforderlichkeit nicht erkennbar.

[45] Vgl Abschlussbericht „Analyse comparative des rapports nationaux et proposition d'harmonisation" des der EG-Kommission erstatteten Gutachtens über Güterrecht in den Mitgliedstaaten vom 30. 4. 2003, S 181, unter 3.5, http://ec.europa.eu/justice_home/doc_centre/civil/studies/doc/regimes/report_regimes_030703_fr.pdf.

[46] Vgl MünchKommBGB/*Siehr* Rn 43 Fn 34.

[47] *Gerfried Fischer* S 176 f.

abhängen, da die deutsche Rechtspraxis auf dieses ohnehin kaum zurückgreift und diese Möglichkeit der Erhaltung der Außenwirkung ihres Güterstandes gerade für rechtsunkundige ausländische Ehegatten allenfalls eine theoretische Möglichkeit darstellt. Innerhalb der von allseitigen Normen geprägten Gesamtkonzeption des deutschen Kollisionsrechts erscheint ein auf den inländischen Rechtsverkehr begrenzter Verkehrsschutz als Fremdkörper; nicht der Ausbau zur allseitigen Norm, sondern die Exklusivität inländischen Rechts bedürfte einer besonderen Begründung[48], zumal der Gesetzgeber die Frage nicht abschließend regeln wollte[49]. Dass nur die Teilnahme am **deutschen Rechtsverkehr** für gutgläubige Dritte zum Verlust des güterrechtlichen Schutzes führen soll, Verkehr im Ausland aber den güterrechtlichen Unwägbarkeiten selbst dann ausgesetzt sein soll, wenn das dortige Kollisionsrecht einen entsprechenden Schutz vorsieht, leuchtet nicht ein, zumal sich der Verkehrsschutz unabhängig von der auf den Vertrag oder die Verfügung anwendbaren lex causae und deren Schutzintensität für unerfahrene Verkehrsteilnehmer durchsetzt. Wenn das deutsche Kollisionsrecht mit Art 12 eine allseitige Einschränkung des vom Heimatrecht etwaig gewährten Minderjährigenschutzes hinnimmt, ist nicht erkennbar, warum bei der ebenso von Verkehrsinteressen geleiteten Einschränkung des Schutzes der wirtschaftlichen Grundlage der Ehe größere Zurückhaltung geboten sein sollte.

20   **dd) Analoge Anwendung auf nicht güterrechtlich zu qualifizierende Ehewirkungen?** Probleme bereiten Rechtsordnungen, die die Freiheit von Eheleuten, über eigenes oder gemeinsames Vermögen zu verfügen bzw bestimmte Verpflichtungen einzugehen, unabhängig vom Güterstand im Interesse der Familiengemeinschaft einschränken. So sehen zahlreiche Rechtsordnungen bereits als allgemeine Ehewirkung[50] vor, dass Ehegatten zum Abschluss bestimmter besonders belastender oder risikoreicher Verpflichtungsverträge wie Schenkung, Bürgschaft, Schuldübernahme oder Abzahlungskauf einer gerichtlichen Genehmigung (sog Interzessionsverbote) oder der Zustimmung ihres Partners bedürfen[51]. Da hier nicht die güterrechtlichen sondern die allgemeinen Wirkungen der Ehe einem ausländischen Recht unterliegen, findet Art 16 Abs 1 vom Wortlaut her keine Anwendung. Mangels **Eintragungsfähigkeit** allgemeiner Ehewirkungen in das Güterrechtsregister[52] scheidet ein auf dessen (negative) Publizität gestützter Gutglaubensschutz von vornherein aus. Angesichts dessen, dass die Praxis vom Güterrechtsregister ohnehin kaum Gebrauch macht (Rn 1), kommt es indes auch hinsichtlich des Güterstandes letztlich nur noch auf die positive Kenntnis des Dritten an, die sich hier wie dort etwa durch einen entsprechenden Hinweis im Rahmen der Vertragsverhandlungen erzeugen ließe. Dennoch verbietet sich eine Analogie: Denn der nicht an dem Rechtsgeschäft beteiligte und hiervon vielleicht nicht einmal in Kenntnis gesetzte andere Ehegatte hätte auf die Kenntnis des Dritten von den allgemeinen Ehewirkungen und damit seinen guten Glauben keinerlei Einflussmöglichkeit und könnte – anders als nach dem registergestützten Schutzkonzept des Abs 1 – den nach der ehewirkungsrechtlich anwendbaren Rechtsordnung gegebenen Schutz des Familienvermögens mangels Eintragungsmöglichkeit nicht durchsetzen. Ein **Verkehrsschutz gegenüber unerwarteten allgemeinen Ehewirkungen kommt daher nur auf Grundlage einer Analogie zu** dem (vom Grundsatz her[53]) ohne Register auskommenden **Abs 2**[54]**, ggf auch iVm Art 12** als Rechtsanalogie (zu dessen direkter Anwendbarkeit s Rn 6) in Betracht (Rn 56).

21   **b) Wirkung.** Bei ordnungsgemäßer Registereintragung des ausländischen Güterstandes oder Kenntniserlangung vor Geschäftsabschluss eines Ehegatten von dem Dritten können gegen das Rechtsgeschäft **Einwendungen** aus güterrechtlichen Verfügungsbeschränkungen (etwa bei ausländischen Gütergemeinschaften entspr §§ 1416, 1418 BGB)[55] oder nicht erfüllten Zustimmungserfordernissen hergeleitet werden. Interessen des auf die Wirksamkeit des Vertrages vertrauenden Dritten finden in dieser Situation auch bei ungewöhnlichen Abweichungen vom inländischen Güterrecht kollisionsrechtlich keinen Schutz. – Eine Geltendmachung von Ansprüchen aus culpa in contrahendo oder der aus arglistiger Täuschung folgenden Rechtsfolgen bleibt dem Dritten unbenommen. Ebenso der von anderen Rechtsscheinträgern sachrechtlich gewährleistete Gutglaubensschutz wie §§ 892 f, 932 ff

---

[48] AA *Erman/Hohloch* Rn 25.
[49] Ein Umkehrschluss aus der Erwähnung einer möglichen Analogie durch die Gesetzesmaterialien BT-Drucks 10/504 S 59 in Zusammenhang nur des Abs 2, wie *Staudinger/Mankowski* Rn 51 ihn zieht, ist nicht zwingend, da das Schutzkonzept beider Absätze ähnlich und auf dasselbe Ziel gerichtet ist, Abs 2 ebenfalls die Wirkung nicht nur des Art 14, sondern auch des Art 15 einschränkt und dem Güterrechtsregister letztlich auch im Rahmen des Abs 2 eine gewisse Bedeutung für die Zerstörung des guten Glaubens des Dritten zukommt (Rn 47). Daher ist es auch verständlich, wenn etwa *Looschelders* Rn 18 eine Allseitigkeit des Art 16 ohne Differenzierung zwischen Abs 1 und 2 erörtert und zutr insgesamt bejaht. Zu Abs 2 s Rn 57.
[50] Zur Abgrenzung der Qualifikation von allgemeinen Ehewirkungen (Art 14) und Ehegüterrecht (Art 15). *Süß* Rpfleger 2003, 54, 64.
[51] Vgl *Reithmann/Martiny/Hausmann* Rn 2814; *Süß* Rpfleger 2003, 54, 64: Art 224 § 1 belg CC und Art 88 Abs 1 b niederl BW verlangen für Schenkungen durch Ehegatten die Zustimmung des anderen Ehegatten auch dann, wenn die Schenkung aus dem Vorbehaltsgut des schenkenden Ehegatten erfolgt, soweit durch die Schenkung der Erhalt des Familienvermögens gefährdet wird.
[52] Ausnahmen bilden hier nur die in Abs 2 genannten Materien iRd durch Abs 2 gewährleisteten Schutzes (Rn 47).
[53] Zur Bedeutung, die das Register auch hinsichtlich der Einschränkung von allgemeinen Ehewirkungen – zB Ausschluss der Schlüsselgewalt – haben kann, s Rn 47.
[54] Dafür auch *Staudinger/Mankowski* Rn 17, 18.
[55] *Soergel/Schurig* Rn 7.

BGB[56], soweit er kollisionsrechtlich eingreift, etwa als lex rei sitae dann, wenn einer der unter im Güterrechtsregister eingetragener ausländischer Gütergemeinschaft lebenden Ehegatten im deutschen Grundbuch als Alleineigentümer eines in Deutschland gelegenen Grundstücks eingetragen wäre. – Andererseits kann bei Geltung fremden Güterstatuts auch der Dritte sich auf ihm daraus ergebende Vorteile berufen. Doch ist dies eine Wirkung des Güterrechtsstatuts und nicht eine von Art 16 Abs 1 an dessen Eintragung geknüpfte Folge[57].

Fehlen Eintragung und Kenntnis, ist **der Dritte** durch die Regelung in § 1412 BGB im Vertrauen 22 auf die Geltung deutschen gesetzlichen Güterstandes **geschützt.** Der Dritte kann in dieser Situation letztlich das ihm günstigere Recht wählen[58]; denn § 1412 BGB schließt schon nach seinem Wortlaut nur Einwendungen der Ehegatten – also nicht des Dritten selbst – aus: Ist das Rechtsgeschäft nach den tatsächlichen – dh gemäß Art 15 anwendbaren – güterrechtlichen Verhältnissen unwirksam, sind die Ehegatten mit dieser Einwendung ausgeschlossen, so hat der dritte Geschäftspartner die **Wahl,** ob er sich auf die tatsächliche Rechtslage berufen, die Unwirksamkeit des Rechtsgeschäfts also geltend machen oder an dem Rechtsgeschäft festhalten will[59]. Dies führt auch nicht zu übermäßiger Unsicherheit hinsichtlich des Bestandes des Rechtsgeschäfts; denn vom Dritten wird nicht zu verlangen sein, einen etwaigen Verzicht auf den Verkehrsschutz unverzüglich nach Kenntnis der wahren güterrechtlichen Lage zu äußern; schweigt er, ist davon auszugehen, dass er an der von ihm ursprünglich intendierten Wirksamkeit des Vertrages festhält. – Auch wenn nur Abs 2 von „günstigeren" Vorschriften spricht, normiert doch auch Art 16 Abs 1 iVm § 1412 BGB ebenso ein **Günstigkeitsprinzip,** das einerseits die Wirksamkeit des Rechtsgeschäfts begünstigen will, diesen Verkehrsschutz aber andererseits nur im Interesse des konkreten Dritten gewährt, der auf ihn auch verzichten kann.

Aus einer (von vornherein) **falschen Eintragung** kann der Dritte keine Rechte herleiten. Denn das 23 Güterrechtsregister besitzt keine positive, sondern nur negative Publizität.[60]

Ebenso wie unter § 1412 BGB unmittelbar, gilt auch bei seiner von Art 16 Abs 1 angeordneten 24 entsprechenden Anwendung, dass der Ausschluss von sich aus dem tatsächlichen Güterstand ergebenden Einwendungen diejenigen Einwendungen unberührt lässt, die den Ehegatten auf Grund der Güterrechtslage zustehen, von der der Dritte nach § 1412 BGB auf Grund seines guten Glaubens ausgehen darf, auch wenn es sich dabei um **dieselben Einwendungen** handelt wie nach dem an sich geltenden, wegen versäumter Eintragung präkludierten ausländischen Recht[61]. Art 16 Abs 1 versperrt in diesem Falle nicht die Berufung auf die nach deutschem Güterrecht gegebenen Einwendungen der §§ 1363 ff BGB; diese kann nur der Dritte selbst durch Geltendmachung der ihm günstigeren wahren Rechtslage versperren[62].

c) **Anwendungsvoraussetzungen. aa) Ausländisches Güterstatut.** Die güterrechtlichen Wir- 25 kungen der betreffenden Ehe müssen aus Sicht des Inlands dem **Recht eines anderen Staates** unterliegen. Der **ausländische Güterstand** kann ein gesetzlicher oder ein vertraglicher sein. Maßgeblich ist eine Bestimmung des Güterrechtsstatuts durch objektive Anknüpfung nach Art 15 Abs 1 oder durch Rechtswahl nach Art 15 Abs 2. Ob die Eheleute bei im Inland getroffener Rechtswahl ihres Güterstandes vom Notar über die Bedeutsamkeit der Eintragung in das deutsche Güterrechtsregister für Art 16 belehrt worden sind oder nicht, spielt keine Rolle. Denkbar ist auch die Geltung fremden Rechts nur für Teile des Vermögens der oder eines Ehegatten als Folge einer Teilrückverweisung[63]. Deutschem Güterrecht unterstehende Ehen fallen nicht unter Art 16 Abs 1; eine Sonderanknüpfung wäre hier auch nicht notwendig. Deutsches Güterstatut ist auch bei Ausländerehen nicht selten, was nicht unbedingt auf eine Rechtswahl nach Art 15 Abs 2 zurückgehen muss, sondern sich auch bei objektiver Anknüpfung nach Art 15 Abs 1 aus den allgemeinen Regeln ergeben kann, etwa auf Grund von **Rück- oder Weiterverweisung,** bei **Asylberechtigten,** Flüchtlingen oder auch bei Mehrstaatern nach Art 5 Abs 1.

bb) **Inlandsbezug.** Anknüpfungspunkt für die Sonderanknüpfung des Abs 1 ist, dass **einer der** 26 **Ehegatten** sich im Inland gewöhnlich aufhält (zum Anknüpfungspunkt des gewöhnlichen Aufenthalts s Art 5 Rn 13 f) oder hier ein Gewerbe betreibt. Dabei muss es sich nicht um den kontrahierenden Ehegatten handeln[64]; denn auf die zur Verfügung stehende Haftungsmasse kann das Güterrecht unabhängig davon Einfluss nehmen, mit welchem der Ehegatten der Vertragsabschluss erfolgt. Auch für die Person des Dritten wird weder inländische Staatsangehörigkeit noch inländischer gewöhnlicher Aufenthalt gefordert. Demnach müsste der gesetzlich vorgeschriebene Inlandsbezug die Parteien des

---

[56] Vgl *Reithmann/Martiny/Hausmann* Rn 2814, 2798; MünchKommBGB/*Siehr* Art 15 Rn 108 und zur gleichen Frage bei § 1412 BGB in direkter Anwendung Palandt/*Brudermüller* § 1412 BGB Rn 2; MünchKommBGB/*Kanzleiter* § 1412 Rn 10; Erman/*Heckelmann* § 1412 BGB Rn 4.
[57] Erman/*Hohloch* Rn 15.
[58] *Amann* MittBayNot 1986, 224, 226; *Schotten* DNotZ 1994, 678; wohl auch Soergel/*Schurig* Rn 8; aA *Gernhuber/Coester-Waltjen* § 33 IV 2.
[59] Vgl zu § 1412 in direkter Anwendung MünchKommBGB/*Kanzleiter* § 1412 Rn 9; Soergel/*Gaul* § 1412 BGB Rn 7 mwN; Staudinger/*Thiele* 1412 BGB Rn 12; aA *Dölle* I § 46 III 1; *Gernhuber/Coester-Waltjen* § 33 IV 2.
[60] BayObLGZ 1959, 89; Staudinger/*Mankowski* Rn 37; Soergel/*Schurig* Rn 6; s aber zur falsch gewordenen Eintragung Rn 3.
[61] RGZ 142, 59, 61.
[62] Erman/*Hohloch* Rn 16.
[63] Soergel/*Schurig* Rn 3.
[64] *V. Bar* IPR Bd 2 Rn 234; *Bader* MittRhNotK 1994, 161, 163; Erman/*Hohloch* Rn 8; MünchKommBGB/*Siehr* Rn 10, 11; krit, im Ergebnis aber ebenso Staudinger/*Mankowski* Rn 22.

Rechtsgeschäfts nicht einmal betreffen. Anders als etwa der ebenfalls den Verkehr schützende Art 12 sowie Art 16 Abs 2 macht Art 16 Abs 1 keine Vorgaben hinsichtlich des Abschlussorts des Rechtsgeschäfts. Auch der Belegenheitsort des involvierten Vermögens ist nach dem Wortlaut ohne Bedeutung[65].

27 Dem Gesetzgeber ging es mit Art 16 indes nur um den Schutz des inländischen Rechtsverkehrs, nicht um eine generelle Relativierung des in Art 15 normierten Internationalen Güterrechts. Daher erscheint kollisionsrechtlich schutzbedürftig nur der Dritte, der typischerweise auf die Geltung gerade deutschen Ehegüterrechts bzw auf die Vollständigkeit des deutschen Güterrechtsregisters vertraut. Allein der objektive Umstand des inländischen gewöhnlichen Aufenthalts oder Gewerbes eines der Ehegatten bietet für sich genommen aber keine Grundlage für ein solches Vertrauen. Das verkehrsschützende Telos des Art 16 gebietet daher, über den Wortlaut von Abs 1 hinaus **Bezug des Rechtsgeschäfts und des kontrahierenden Dritten zum Inland** zu fordern, um die Geltung des Güterrechts nicht ohne Grund zu beschneiden. Andernfalls nähme Abs 1 nämlich den Charakter einer einseitigen Sonderanknüpfung der Außenwirkung des Güterrechts schlechthin an den deutschen gewöhnlichen Aufenthalt eines Ehegatten an; der die Staatsangehörigkeit in den Mittelpunkt stellende Art 15 hätte dann nur noch für die Innenwirkung der güterrechtlichen Angelegenheiten Bedeutung. Der gesetzgeberisch beabsichtigte Verkehrsschutz als Rechtfertigung der Ungleichbehandlung von Außen- und Innenwirkung wäre nicht mehr erkennbar. Auch wenn der Gesetzgeber bei der Neufassung des Art 16 versäumt hat, dem Ausdruck zu verleihen, ist daher im Wege der teleologischen Reduktion ein Bezug zum inländischen Rechtsverkehr zu fordern, aus dem heraus der Dritte veranlasst wird, auf die Geltung deutschen Rechts bzw der Maßgeblichkeit des deutschen Registers zu vertrauen. Mangels gesetzlicher Konkretisierung eines solchen Bezugs besteht hier Raum für eine Betrachtung der Gesamtheit der Umstände, zu denen im Einzelfall etwa auch eine inländische Vertragsanbahnung gehören kann[66]. Hinreichender Inlandsbezug ist jedenfalls dann gegeben, wenn der Vertrag im Inland geschlossen wurde[67]. Alternativ dürfte vor allem auch der gewöhnliche Inlandsaufenthalt des Dritten idR einen ausreichenden Inlandsbezug begründen[68]; denn im gewöhnlichen Aufenthalt sieht der Gesetzgeber auch in anderen kollisionsrechtlichen Zusammenhängen (zB Art 29, 31 Abs 2) das Umfeld, das wesentlich den rechtsgeschäftlichen Erwartungshorizont der Partei bestimmt. Der Geltung deutschen Rechts für das getätigte Rechtsgeschäft (lex causae) kommt hingegen keine Bedeutung für den Inlandsbezug zu[69].

28 Soweit der Gutglaubensschutz nicht die rechtsgeschäftliche Verpflichtungs- oder Verfügungsbefugnis betrifft, sondern die prozessuale Verfügungsbefugnis (Art 16 iVm § 1412 Abs 1 Alt 2 BGB: „Einwendungen gegen ein rechtskräftiges Urteil"), wird neben dem gewöhnlichen Aufenthalt des Dritten etwa auch der **Ort der Prozessführung** einen entsprechenden Inlandsbezug begründen können (Rn 16). Weist das deutsche Güterrechtsregister zum vertrauensschutzrelevanten Zeitpunkt überhaupt die Eintragung eines Güterstandes auf – die im vorliegenden Zusammenhang für den Drittschutz nur wegen der versäumten Änderung oder Aufhebung relevant wird – so dürfte bereits der (beim prozessualen Vertrauensschutz regelmäßig gegebene, Rn 16) Umstand, dass die Eheleute eine solche Eintragung im Inland veranlasst haben, einen hinreichenden Anhaltspunkt für die Maßgeblichkeit des deutschen Güterrechtsregisters und damit den notwendigen Inlandsbezug begründen.

29 Für den gesetzlich geforderten **gewöhnlichen Aufenthalt** eines Ehegatten im Inland muss dieser hier seinen Lebensmittelpunkt haben[70]; lediglich einfacher Inlandsaufenthalt (Besuch, Durchreise) reicht nicht aus. Schon die Zuständigkeit des das Güterrechtsregister führenden Amtsgerichts setzt nach § 1558 Abs 1 BGB den gewöhnlichen Aufenthalt eines der Ehegatten voraus[71].

30 Soweit Abs 1 auf einen **inländischen Gewerbebetrieb** abstellt, setzt dieser eine auf Gewinn gerichtete selbständige Tätigkeit von gewisser Dauer im Inland voraus[72]. Der Begriff des Gewerbebegriffs orientiert sich an der Gewerbeordnung[73]. Reine Messevertretungen, Erscheinen oder Vertretensein auf anderen Märkten, bloße Werbung oder Kundenbesuche mit Vertragsabschluss sind ebenso ausgenommen[74] wie Tätigkeiten der freien Berufe. Der inländische Betrieb muss weder einziger noch überwiegender Ausgangspunkt der Tätigkeit des Gewerbes sein. Der betreibende Ehegatte braucht keinen gewöhnlichen Aufenthalt im Inland zu haben. Er muss das Gewerbe aber für sich betreiben, **nicht als** Vertreter, Organ oder Gesellschafter für eine dritte Rechtspersönlichkeit (sei es auch als beherrschender oder **geschäftsführender Gesellschafter**); denn diese wäre von besonderen güterrechtlichen Verfügungsbeschränkungen nicht betroffen[75].

---

[65] *Soergel/Schurig* Rn 4.
[66] *Looschelders* Rn 4 misst solchen sonstigen Umständen Bedeutung zu, wenn sie im Einzelfall den typischen Bezugspunkt des Abschlussortes als eher zufällig erscheinen lassen.
[67] *Reithmann/Martiny/Hausmann* Rn 2804; *Schotten* DNotZ 1994, 677 f; *v. Bar* IPR II Rn 234; *Staudinger/Mankowski* Rn 31 f.
[68] *Erman/Hohloch* Rn 11; *Staudinger/Mankowski* Rn 30.
[69] *Soergel/Schurig* Rn 30; *Erman/Hohloch* Rn 11.
[70] *MünchKommBGB/Siehr* Rn 10.
[71] *Erman/Hohloch* Rn 10; KG NJW 1973, 428; OLG Köln OLGZ 1972, 171; OLG Hamm OLGZ 1965, 342.
[72] *MünchKommBGB/Siehr* Rn 24; *Staudinger/Mankowski* Rn 24.
[73] *Soergel/Schurig* Rn 4; *MünchKommBGB/Siehr* Rn 12; *Staudinger/Mankowski* Rn 23.
[74] *Erman/Hohloch* Rn 8; *MünchKommBGB/Siehr* Rn 12.
[75] *Staudinger/Mankowski* Rn 26.

cc) Fehlende Eintragung. Der Verweis auf § 1412 BGB bewirkt, dass Verkehrsschutz nur gewährt wird, wenn die Ehegatten ihren ausländischen Güterstand oder dessen Aufhebung oder Änderung im deutschen Güterrechtsregister nicht gemäß § 1560 BGB haben eintragen lassen. Da nach deutschem Recht eine Pflicht zur Registereintragung nicht besteht und in der Praxis Ehegatten unter ausländischem Güterrechtsstatut idR eine solche auch nicht vornehmen lassen, müssen sie sich gegenüber unwissenden Dritten als deutschem gesetzlichen Güterstand unterworfen behandeln lassen[76]. Nach § 1412 BGB können lediglich **vertragsmäßige Güterstände** oder deren Aufhebung oder Beschränkung in das Güterrechtsregister eingetragen werden. Nach Abs 1 können Ehegatten mit ausländischem Güterrechtsstatut auch ihren **gesetzlichen Güterstand** eintragen lassen. Zum Verfahren der Registereintragung s Rn 58. 31

Eintragungen in das deutsche Güterrechtsregister werden nur selten vorgenommen. Art 16 Abs 1 bewirkt daher die in der Praxis regelmäßig, dass im Rechtsverkehr mit Eheleuten mit abweichendem Güterstand für Dritte die in den §§ 1363 ff BGB normierten Regelungen zum gesetzlichen Güterstand (Zugewinngemeinschaft) angewandt werden. 32

Verkehrsschutz wird infolge Eintragung im deutschen Güterrechtsregister nur dann versagt, wenn die Publizitätsvorschriften des deutschen Rechts eingehalten sind. Auch wenn fremdes Güterrecht die Möglichkeit formloser Vereinbarungen eröffnet, erlangen diese erst mit Eintragung Wirksamkeit gegenüber Dritten[77]. 33

dd) Unkenntnis des Dritten. Auch ohne Eintragung scheidet Verkehrsschutz dann aus, wenn der Dritte das Bestehen des konkreten ausländischen Güterstandes, dh der einzutragenden Tatsachen positiv kennt. Ausreichend ist die Kenntnis eines **bestimmten ausländischen Güterstandes;** Kenntnisse über seine Ausgestaltung iE sind allerdings nicht notwendig[78]. 34

Unterhalb dieser Schwelle ist das Maß schädlicher Kenntnis unklar: So wird vertreten, das positive Wissen um die Geltung fremden Güterrechts reiche aus[79], ebenso, dass Umstände bekannt sind, aus denen sich eine Abweichung der güterrechtlichen Situation der Eheleute von der inländischen Rechtslage aufdrängt[80]. Kenntnis der Ausländereigenschaft eines oder beider Ehegatten genügt jedenfalls nicht[81], denn aus ihr lässt sich schon nicht zwingend auf die Geltung fremden Eheguterrechts schließen. 35

Das Gesetz erfordert **Kenntnis.** Grob oder gar leicht fahrlässige Unkenntnis von Tatsachen, die auf einen fremden Güterstand hindeuten, reicht nicht aus[82]. Die diesbezügliche Beweislast liegt beim Prozessgegner des Dritten[83]. Umgekehrt hilft Kenntnis nicht, wenn es zur Eintragung gekommen ist. Dem Dritten kann seine Unkenntnis nur in dem Maße zugute kommen, in dem sie von dem fremden Güterrecht sachrechtlich berücksichtigt wird[84]. 36

2. Schutz des inländischen Rechtsverkehrs vor fremdem Ehewirkungs- oder Güterrechtsstatut (Abs 2). a) Normzweck. Abs 2 bewirkt Verkehrsschutz gegenüber abweichenden Vorschriften ausländischen **Ehewirkungs- oder Güterstatuts** dadurch, dass er die Geltung der wichtigsten Regeln des deutschen Ehewirkungsrechts im Rahmen von Verkehrsgeschäften anordnet, soweit sich Dritte im guten Glauben an ihre Geltung befinden und soweit sie günstiger sind als das nach Art 14 oder 15 maßgebliche fremde Recht. Praktisch hat das zur Folge, dass in nahezu allen Rechtsgeschäften mit ausländischem Recht unterstehenden Ehepartnern die in Abs 2 genannten Vorschriften zur Anwendung kommen. 37

Der Anwendungsvorrang ergibt sich nur bei günstigerer Regelung gegenüber dem fremden Recht. Rechtswahl deutschen Rechts (nach Art 14 Abs 2 oder 3 bzw Art 15 Abs 2) erspart diese **Günstigkeitsprüfung**[85]. Wird **Schutz bereits ausreichend durch Abs 1** zuteil, bleibt Abs 2 außer Betracht. Regelungen eines nach Abs 1 anwendbaren zB voreingetragenen ausländischen gesetzlichen Güterstandes können freilich hinter den in Abs 2 genannten drittschützenden Normen zurück bleiben. 38

b) Anwendungsvoraussetzungen. Abs 2 verhilft bei der **grundsätzlichen Geltung ausländischen Ehewirkungsstatuts (Art 14) oder Güterrechtsstatuts (Art 15)** einigen Verkehrsschutzregeln des deutschen Rechts der allgemeinen Ehewirkungen (§§ 1357, 1362 BGB) und des Rechts der Gütergemeinschaft (§§ 1431, 1456 BGB) zur Geltung, die bei der Anwendung fremden Rechts nicht zur Anwendung kämen. Im Innenverhältnis der Ehegatten zueinander bleibt das ausländische Recht anwendbar. 39

aa) Ausländisches Ehewirkungs- oder Güterrechtsstatut. Erste Voraussetzung ist, dass bei im Inland vorgenommenen Rechtsgeschäften (HS 1) und bei im Inland befindlichen Sachen (HS 2) für den Geschäftspartner des Dritten ausländisches Ehewirkungsstatut, beim inländischen Betrieb eines 40

---

[76] LG Aurich NJW 1991, 642; *Erman/Hohloch* Rn 12.
[77] *Staudinger/Mankowski* Rn 40.
[78] *Erman/Hohloch* Rn 9; MünchKommBGB/*Siehr* Rn 22; *Soergel/Schurig* Rn 8; *Staudinger/Mankowski* Rn 43.
[79] *Reithmann/Martiny/Hausmann* Rn 2806; *Looschelders* Rn 6; aA *Palandt/Heldrich* Rn 2; *Staudinger/Mankowski* Rn 42: Kenntnis der Nichtanwendbarkeit deutschen Güterrechts nicht ausreichend.
[80] *Erman/Hohloch* Rn 13; aA *Soergel/Schurig* Rn 8: nur Kenntnis des konkreten Güterstandes.
[81] MünchKommBGB/*Siehr* Rn 22; *Reithmann/Martiny/Hausmann* Rn 2806.
[82] *Erman/Hohloch* Rn 13; AG Wedel IPRspr 1992 Nr 54; MünchKommBGB/*Siehr* Rn 22; *Staudinger/Mankowski* Rn 41–43; *Schotten* DNotZ 1994, 677; *v. Bar* IPR Bd 2 Rn 234; *Palandt/Heldrich* Rn 2.
[83] *Erman/Hohloch* Rn 13.
[84] *Erman/Hohloch* Rn 15.
[85] *Erman/Hohloch* Rn 5; BGH NJW 1992, 909 = LM BGB § 1357 Nr 7 m Anm *Hohloch*; NJW 1988, 1592.

Erwerbsgeschäfts (HS 3) ausländisches Güterrechtsstatut gilt. Dies ist nach den Art 14 und 15 oder vorrangigem Staatsvertragsrecht zu beurteilen.

41   **bb) Günstigkeit.** Das somit zur Anwendung berufene Ehewirkungs- oder -güterrecht muss für den gutgläubigen Dritten, verglichen mit den genannten inländischen Vorschriften ungünstiger sein. Günstiger ist hier das Recht, das für den Dritten **im konkreten Einzelfall**[86] vorteilhafter ist[87]. Die Günstigkeitsprüfung umfasst auch die im Kern neutrale Fragestellung, ob Validierung oder Invalidierung des Rechtsgeschäfts unter der Geltung des einen oder anderen Rechts für den Dritten vorzugswürdig erscheint[88]. Dies hängt weniger von der bloßen Wirksamkeit als vom Inhalt des Rechtsgeschäfts ab. Für **vom Dritten vorgenommene Rechtsgeschäfte** wird eine das allgemeine Ehewirkungsstatut übersteigende Ausdehnung der Wirksamkeit nach § 1357 BGB auf den anderen Ehegatten idR günstiger, für dem **Dritten gegenüber vorgenommene einseitige Rechtsgeschäfte** (dh nachteilige Folgen) wird sie idR ungünstiger sein[89]. Umgekehrt kehrt eine nach § 1357 hinter dem allgemeinen Ehewirkungsstatut zurückreichende Wirkung diese Sichtweise um: vorteilhafte Rechtsfolgen sind nach § 1357 BGB dann ungünstiger, nachteilige Rechtsfolgen günstiger[90].

42   Die Entscheidung über die kollisionsrechtliche Einwendung obliegt grds dem Gericht. Der Verkehrsschutz sollte jedoch disponibel sein, dem Dritten also ein Verzicht möglich sein[91]. Dies gilt für das **Recht selbst** wie auch **hinsichtlich der Person** des vom Rechtsgeschäft Betroffenen, wenn Ehewirkungsstatut und § 1357 BGB in Bezug auf die Bindungswirkung des Geschäfts für den einen oder anderen Ehegatten voneinander abweichen[92]. Das Werturteil der Günstigkeit ergibt sich aus einer Gesamtbetrachtung. Auswahl nur der vorteilhaften Regelungen (Rosinentheorie) ist nicht möglich[93].

43   **cc) Inlandsbezug.** Abs 2 verlangt einen Inlandsbezug, der in jeder der drei genannten Situationen konkret im Gesetzestext beschrieben wird: Vornahme des Rechtsgeschäfts im Inland für die Frage der Mitverpflichtung (Rn 50), Belegenheit der Sache im Inland für die Frage der Eigentumsvermutung (Rn 51 f) und Betrieb des Erwerbsgeschäfts im Inland für die Frage diesbezüglicher Beschränkungen (Rn 55). Ob Abs 2 darüber hinaus stillschweigend voraussetzt, dass auch hier der **in Abs 1** verlangte allgemeine **Inlandsbezug** (gewöhnlicher Aufenthalt wenigstens eines Ehegatten im Inland oder Gewerbebetrieb im Inland, s Rn 26 ff) vorliegt, ist umstritten. Zu Gunsten einer solchen Einschränkung wird angeführt, dass ohne diese Verknüpfung der Vertrauensschutz des Dritten im Rahmen der in Abs 2 geregelten Bereiche (§§ 1357, 1362, 1431 und 1456 BGB) zu weit ausgreifen würde[94]. Tatsächlich ist jedoch kein Grund dafür erkennbar, über die Annahme einer solchen weiteren Voraussetzung die im Rahmen des Abs 1 bei der Feststellung des Inlandsbezugs sich stellenden Probleme (Rn 26 ff) in Abs 2 hineinzutragen, zumal solche physische Momente unter den Bedingungen einer globalisierten, auf Telekommunikation gestützten Wirtschaft nurmehr noch relative Bedeutung für den Vertrauensschutz haben. Richtiger dürfte sein, die typischen Momente des von Abs 1 geforderten Inlandsbezugs bei der Feststellung des von Abs 2 vorausgesetzten guten Glaubens (Rn 45 ff) angemessen zu berücksichtigen, etwa in der Weise, dass bei gewöhnlichem Inlandsaufenthalt oder inländischem Gewerbebetrieb mindestens eines Ehegatten die Anforderungen an etwaige Nachforschungen deutlich abzusenken wären. Dies liefe darauf hinaus, dass bei Vorliegen der Anwendungsvoraussetzungen des Abs 1 jedenfalls idR auf die Anwendbarkeit deutschen Rechts vertraut werden dürfte, eine Unkenntnis des eigentlich anwendbaren Ehewirkungs- und Güterstatut also jedenfalls mangels besonderer Anhaltspunkte nicht auf grobe Fahrlässigkeit zurückgeführt werden könnte.

44   Welchem **Vertragsstatut das getätigte Rechtsgeschäft** im Fall des Abs 2 HS 1 unterliegt, ist unbedeutend. Herbeiführung der deutschen Verkehrsschutzregelungen durch Rechtswahl zwischen einem oder beiden Ehegatten und dem Dritten ist nicht möglich[95], da es sich bei Art 16 um eine objektive Anknüpfung handelt und § 1357 BGB nicht vertragsrechtlich zu qualifizieren ist, also nicht von der ggf subjektiv bestimmten lex causae des abgeschlossenen Vertrages erfasst wird.

45   **dd) Gutgläubigkeit.** Abs 2 wirkt nur zugunsten gutgläubiger Dritter. Guter Glaube fehlt nach Maßgabe des in § 932 Abs 2 BGB niedergelegten zivilrechtlichen Grundsatzes **bei Kenntnis oder**

---

[86] *Erman/Hohloch* Rn 23; *Palandt/Heldrich* Rn 3; *Reithmann/Martiny/Hausmann* Rn 2810; aA OLG Celle IPRax 1993, 96.
[87] BGH NJW 1992, 909 = LM BGB § 1357 Nr 7 m Anm *Hohloch*; OLG Celle IPRax 1993, 96.
[88] Insoweit einschr *Soergel/Schurig* Rn 11; aA *Staudinger/Mankowski* Rn 55–57: kein Reurecht des Dritten, nur Wirksamkeit zählt und Rn 66; MünchKommBGB/*Siehr* Rn 29: beide für Wahlrecht in Zweifelsfällen der Günstigkeit bei Verschiedenheit der Rechtsfolgen in beiden Rechten – keine Kumulation; ebenso *Reithmann/Martiny/Hausmann* Rn 2810.
[89] Zu allg *Soergel/Schurig* Rn 11; einseitig auf Gültigkeit des Rechtsgeschäfts bzw Zulässigkeit der Vollstreckung abstellend MünchKommBGB/*Siehr* Rn 27.
[90] *Soergel/Kegel,* 11. Aufl 1984, Rn 13, 14, 15; gegen diese Querwirkung *Soergel/Schurig* Rn 11, 12, 13.
[91] *Staudinger/Mankowski* Rn 15, 47; *H. Roth* IPRax 1991, 320, 321; *Schotten* DNotZ 1994, 670, 678; *Böhmer* JR 1992, 498; aA *Soergel/Schurig* Rn 10; MünchKommBGB/*Siehr* Rn 27; *Reithmann/Martiny/Hausmann* Rn 2810: nur bei Zweifeln darüber, was günstiger ist.
[92] *Staudinger/Mankowski* Rn 15, 57; *Soergel/Kegel,* 11. Aufl 1984, Art 16 aF Rn 14; krit *Soergel/Schurig* Rn 11.
[93] LG Aurich NJW 1991, 642; *Bader* MittRhNotK 1994, 161, 164; *Staudinger/Mankowski* Rn 16, 47.
[94] 1. Aufl 32 (*Otte*); zur weiteren Widersprüchen *Soergel/Schurig* Rn 9; aA MünchKommBGB/*Siehr* Rn 33; *Staudinger/Mankowski* Rn 53; *Looschelders* Rn 9.
[95] *Staudinger/Mankowski* Rn 52; *Jayme* IPRax 1993, 80 f; *Looschelders* Rn 8; aA BGH NJW 1992, 909; *Erman/Hohloch* Rn 5.

grob fahrlässiger Unkenntnis[96]. Bezogen wird er auf die Anwendbarkeit fremden Rechts als Ehewirkungs- bzw Güterrechtsstatut. Wegen der Schwierigkeit bei der Beurteilung, ob und mit welchem Inhalt ausländisches Recht gilt, sollte Fahrlässigkeit aber zurückhaltend beurteilt werden[97]. Fremder Akzent allein zerstört guten Glauben nicht, denn selbst bei verschiedener Staatsangehörigkeit der Ehegatten kann nach Art 14 Abs 1 Nr 2 deutsches Recht gelten[98].

Ist der Dritte hinsichtlich der Nichtanwendbarkeit fremden Rechts gutgläubig und kommt es deshalb zur Anwendung der genannten deutschen Vorschriften, so kann bei der sachrechtlichen Anwendung der §§ 1357, 1431 und 1456 BGB guter Glaube nochmals eine Rolle spielen, wenn nämlich ein Ehegatte von der sachrechtlichen Möglichkeit der rechtsgeschäftlichen Abänderung der gesetzlichen Regelungen Gebrauch gemacht hat; denn vor solchen Änderungen ist der Rechtsverkehr wiederum auf sachrechtlicher Ebene nach § 1412 BGB geschützt (gemäß § 1357 Abs 2 S 2 bzw § 1431 Abs 3 oder § 1456 Abs 3 BGB). Insoweit schadet bei fehlender Eintragung im Güterrechtsregister **nur noch positive Kenntnis** der in den §§ 1357 bzw 1431 oder 1456 BGB maßgeblichen Umstände[99]. **46**

Eine Bedeutung für das Kollisionsrecht gewinnt dies, wenn man annimmt, dass nicht nur rechtsgeschäftliche, sondern auch auslandsrechtliche Abweichungen von den genannten gesetzlichen Regelungen des deutschen Familienrechts eintragungsfähig sind und am Schutz des Güterrechtsregisters teilnehmen. In diesem Falle ergäbe sich in kollisionsrechtlicher Hinsicht insgesamt eine **zweistufige Gutglaubensprüfung,** bei der zwar im Ausgangspunkt die kollisions- und die sachrechtliche Ebene klar voneinander zu trennen sind[100], letztlich aber auch der *kollisionsrechtliche* gute Glaube an die Geltung deutschen Rechts zum Gegenstand der registerrechtlichen negativen Publizität wird. Der Dritte müsste Eintragungen in Entsprechung zu §§ 1357 Abs 2 S 2 bzw § 1431 Abs 3 oder § 1456 Abs 3 BGB dann im Rahmen von Art 16 Abs 2 gegen sich gelten lassen[101]. Trotz der fehlenden Erwähnung im Gesetzeswortlaut des Abs 2 spricht für eine solche Eintragungsfähigkeit von Abweichungen des ausländischen allgemeinen Ehewirkungs- oder Güterstatuts von den deutschen §§ 1357, 1563, 1431 und § 1456 BGB, dass so ein reinen Inlandsfällen vergleichbares Niveau an Verkehrsschutz erreicht wäre, was dem Anliegen des Art 16 entspricht. Die **Eintragungsfähigkeit** von Tatsachen ist nicht gesetzlich geregelt, sondern ergibt sich unmittelbar aus der Funktion des Güterrechtsregisters[102]. Diese wird von § 1412 BGB, von den auf diese Vorschrift verweisenden (zB Art 16 Abs 1 oder § 1357 Abs 2 S 2) sowie den wiederum auf diese Normen verweisenden Normen, wie eben Art 16 Abs 2, bestimmt. Eine Gleichstellung der registerrechtlichen Schutzposition ausländischem Recht unterstehender Eheleute mit inländischen Eheleuten, die entsprechendes privatautonom angeordnet haben, setzt eine Bejahung der Eintragungsfähigkeit von durch die ausländische Gesetzeslage vorgegebenen Restriktionen, soweit sie in ihren Wirkungen nicht weiter gehen als die Beschränkung nach § 1357 bzw Einwilligungswiderruf nach §§ 1431, 1456 BGB voraus. Der Wortlaut des Art 16 Abs 2 gebietet keine engere Auslegung; denn sein Verweis auf §§ 1357, 1431, 1456 BGB schließt den darin enthaltenen registergestützten sachrechtlichen Gutglaubensschutz mit ein[103]. Es besteht auch keine Veranlassung, eine Analogisierung ausländischer gesetzlicher Regelungen mit rechtsgeschäftlichen Regelungen in Abs 1 zuzulassen, nicht aber in Abs 2. Die an sich registerunabhängige Schutzkonzeption des Abs 2 zwingt nicht dazu, den Abweichungen des kollisionsrechtlich anwendbaren ausländischen Rechts weniger Durchsetzungskraft zuzugestehen als unter deutschem Recht ohnehin mögliche rechtsgeschäftliche Abweichungen. Methodisch handelt es sich hier um eine nach allgemeinen Grundsätzen im Hinblick auf die Situation des sog Auslandssachverhalts angepasste Auslegung des anwendbaren Sachrechts der §§ 1357 Abs 2 S 2, 1431 Abs 3, 1456 Abs 3 BGB. Gehen die auslandsrechtlichen Beschränkungen weiter als die in den deutschen Vorschriften zugelassenen, so lässt sich ihnen mangels Eintragungsfähigkeit auf diesem sachrechtlichen Wege allerdings nicht zur Anwendung verhelfen. Die Publizitätsfunktion des Registers hat damit im Rahmen des Abs 2 eine weitaus geringere Tragweite als iRd Abs 1, wo sie auch dem deutschen Recht unbekannte ausländische Beschränkungen abzusichern in der Lage ist. **47**

Die Voraussetzungen des Verkehrsschutzes müssen **zur Zeit des Abschlusses des Rechtsgeschäfts** vorliegen. Spätere Veränderungen sind ohne Bedeutung. **48**

c) Die einzelnen Abweichungen vom deutschen Recht. aa) Anwendung von § 1357 auf im Inland vorgenommene Rechtsgeschäfte (HS 1). Art 16 Abs 2 HS 1 betrifft die Befugnis zur **Mitverpflichtung** des einen Ehegatten durch den anderen Ehegatten (sog „Schlüsselgewalt"). Sie und nicht die aus § 1357 BGB eventuell auch resultierende Mitberechtigung des nichtkontrahierenden Ehegatten spielt aus der Sicht des Dritten für den Günstigkeitsvergleich die entscheidende Rolle[104]. Betroffen sind nur Geschäfte zur angemessenen Deckung des Lebensbedarfs. Keine Anwendung findet die Ermächtigung zur Mitverpflichtung bei Getrenntleben (§ 1357 Abs 3 BGB). **49**

---

[96] BT-Drucks 10/504 S 59.
[97] *Erman/Hohloch* Rn 22.
[98] *Lüderitz* IPR Rn 347.
[99] *Soergel/Schurig* Rn 20.
[100] *Staudinger/Mankowski* Rn 54.
[101] So *Erman/Hohloch* Rn 22.
[102] Vgl alg MünchKommBGB/*Kanzleiter* Vor § 1558 BGB Rn 6.
[103] *Erman/Hohloch* Rn 19: Anwendung des § 1357 BGB mit allen Absätzen.
[104] *Staudinger/Mankowski* Rn 60.

50   **Inlandsvornahme** des Rechtsgeschäfts setzt Anwesenheit des Dritten und des vertragsschließenden Ehegatten im Inland voraus[105]. Dass ein Rechtsgeschäft iS des EGBGB nur dann in einem Land vorgenommen wird, wenn sich die Vertragsschließenden in diesem Land befinden, ergibt schon die sprachliche Zusammenschau der Art 11 Abs 1 und 2, 12 S 1 und 16 Abs 2. Die Parteien müssen sich bei Abgabe ihrer Willenserklärungen im Anwendungsbereich derselben Rechtsordnung aufhalten; ein Rechtsgeschäft unter Anwesenden ist aber nicht erforderlich[106]. Bei **Stellvertretung** reicht es auf Seiten des vertrauenden Vertragsteils mit Blick auf § 166 Abs BGB ohne weiteres aus, wenn sich nur der Vertreter im Inland befindet. Nichts anderes gilt für Stellvertretung auf Seiten des Ehegatten; denn dessen persönliche Anwesenheit im Inland spielt für das typisierte Vertrauen auf die Geltung der deutschen eherechtlichen Mitverpflichtungsbefugnis, anders als etwa die familienbezogene Natur des Rechtsgeschäfts als solche, keine erkennbare Rolle. Das Geschäftsrecht des Rechtsgeschäfts ist irrelevant (Auswirkungen hat es allenfalls für den Gutglaubensschutz).

51   **bb) Eigentumsvermutung gemäß § 1362 im Inland (HS 2).** Art 16 Abs 2 regelt die Sonderanknüpfung einer weiteren Ehewirkung: Haben Eheleute unter der Geltung ausländischen Ehewirkungsstatuts im Inland belegene bewegliche Sachen und hat wenigstens ein Ehegatte gewöhnlichen Inlandsaufenthalt oder betreibt er im Inland ein Gewerbe, dann ist zugunsten gutgläubiger Gläubiger eines Ehegatten § 1362 BGB anwendbar, sofern die darin normierte Eigentumsvermutung für den Gläubiger günstiger ist als Regelungen des ausländischen Ehewirkungsstatuts. Die Eigentumsvermutung des § 1362 muss sich auf **im Inland belegene bewegliche Sachen** beziehen. Sie gilt entspr in der für reine Inlandsfälle geltenden Weise zu Lasten des anderen, nichtschuldenden Ehegatten, bei Getrenntleben der Ehepartner nur eingeschränkt bzw nicht, wenn der Vollstreckungsgegenstand sich nicht im Besitz des schuldenden Ehegatten befindet, und bei Sachen des persönlichen Gebrauchs nur nach § 1362 Abs 2 BGB.

52   Der Anknüpfungspunkt der Belegenheit einer beweglichen Sache schafft Anknüpfungsgleichheit mit dem lex rei sitae-Grundsatz des internationalen Sachenrechts. Art 16 Abs 2 gilt nicht für Immobiliargeschäfte. Verfügungsbeschränkungen und Zuordnungen des Eigentums nach ausländischem Ehegüterrecht gehen der Belegenheitsanknüpfung des Immobiliarstatuts insoweit vor[107]. Auch § 892 BGB hilft darüber nicht hinweg; denn ausländische eherechtliche und ehegüterrechtliche Regelungen sind im Grundbuch nicht eintragungsfähig. Verkehrsschutz bei Geschäften über Immobilien bietet nur Abs 1.

53   **cc) Zustimmungserfordernis bei selbständigem Erwerbsgeschäft im Inland gemäß §§ 1431, 1456 (HS 3).** Betreibt bei einer Gütergemeinschaft der nicht oder nicht allein verwaltende Ehegatte ein Erwerbsgeschäft, in dessen Betrieb der andere generell eingewilligt hat oder den er widerspruchslos zur Kenntnis genommen hat, so sind einzelne Zustimmungen zu Rechtsgeschäften und zur Führung von Rechtsstreitigkeiten nicht mehr notwendig. Die Geltendmachung von Einspruch oder Widerruf der Zustimmung ist Dritten gegenüber nur noch nach Maßgabe von § 1412 BGB möglich. Art 16 Abs 2 ordnet die entsprechende Anwendung der §§ 1431, 1456 BGB an für gleiche oder ähnlich wirksame generelle Einwilligungen des fremden Güterrechtsstatuts.

54   Der Schutz des Dritten nach Abs 2 iVm den §§ 1431 und 1456 BGB setzt zunächst voraus, dass der **ausländische Güterstand dem Dritten bekannt** war **oder** dass er im deutschen Güterrechtsregister **eingetragen** war. Ohne Eintragung ist Verkehrsschutz bereits über Abs 1 iVm § 1412 BGB gegeben[108]. Liegen diese Voraussetzungen vor, setzen die Regeln der §§ 1431, 1456 BGB ein: Der Dritte darf sich darauf verlassen, dass Einwilligung des anderen Ehegatten von Kenntnis vom Erwerbsgeschäft seines Partners auch nach dem fremden Güterrechtsstatut den §§ 1431, 1456 BGB entsprechende Folgen hat und dass Einwilligung bzw Kenntnis bis zur Eintragung oder Kenntniserlangung des Dritten wirken. Bei **Kenntnis oder grobfahrlässiger Nichtkenntnis der gegenteiligen Wirkung des fremden Rechts** ist eine Berufung des Dritten auf Abs 2 ausgeschlossen. Gleiches gilt, wenn der Dritte **konkret** vom Widerruf der Einwilligung oder vom Einspruch **Kenntnis** hat oder eine entsprechende Eintragung im deutschen Güterrechtsregister erfolgt ist. Ob insoweit auch **bereits grobfahrlässige Unkenntnis** schadet[109], ist zweifelhaft. Denn hinsichtlich der für die §§ 1431, 1456 BGB bedeutsamen Umstände (Widerruf der Einwilligung, Einspruch) schadet nach § 1412 BGB **nur positive Kenntnis**[110].

55   Das Erwerbsgeschäft muss im Inland betrieben werden. Der Begriff des Erwerbsgeschäfts entspricht demjenigen in § 1431 BGB (s dort) und umfasst neben Gewerbe u. a. freiberufliche und landwirtschaftliche Tätigkeiten sowie Heimarbeit[111].

56   **d) Analoge Anwendung von Abs 2 auf sonstige Beschränkungen ausländischen Ehewirkungsrechts.** Abs 2 ist über seinen kasuistischen Wortlaut hinaus entspr anwendbar, wenn ein Ehegatte

---

[105] MünchKommBGB/*Siehr* Rn 33; *Erman/Hohloch* Rn 19; *Soergel/Schurig* Rn 10 sowie *Staudinger/Mankowski* Rn 61, der zwar von den „Vertragsparteien" spricht, damit aber offenbar auch nur die den Vertrag schließenden Personen meint und nicht auch den erst durch § 1357 zur Vertragspartei werdenden anderen Ehegatten.
[106] So wohl auch *Staudinger/Mankowski* Rn 62: nationale Distanzgeschäfte.
[107] *Staudinger/Mankowski* Rn 71.
[108] *Erman/Hohloch* Rn 21; *Palandt/Heldrich* Rn 3. In dem denkbaren Falle einer unzutr gewordenen Eintragung, etwa einer Gütergemeinschaft, s Rn 3, kann Abs 2 freilich seine Bedeutung auch ohne Eintragung des aktuell bestehenden ausländischen Güterstandes behalten.
[109] So MünchKommBGB/*Siehr* Rn 41; *Kegel/Schurig* IPR § 20 VI 4.
[110] *Soergel/Schurig* Rn 16.
[111] *Staudinger Mankowski* Rn 77.

nach einem fremden Ehewirkungsstatut beschränkt ist, bestimmte Geschäfte abzuschließen, die er nach deutschem allgemeinen Ehewirkungsrecht abschließen könnte. Auf diese Weise lassen sich etwa auslandsrechtliche Verbote, für den anderen Ehegatten Bürgschaften zu stellen (Interzessionsverbote)[112] oder ohne dessen Zustimmung Schenkungen zu machen[113], überwinden. Eine Analogie ist nicht notwendig in Fällen, in denen Art 12 weiterhilft (Rn 6).

e) Analoge Anwendung zum Schutz ausländischen Geschäftsverkehrs. Aus den schon zu Abs 1 57 (Rn 19) genannten Gründen ist auch der vom Wortlaut her ebenso als einseitige Kollisionsnorm ausgestaltete Abs 2 zu einer allseitigen Norm auszubauen[114]. Mit Hilfe einer solchen Analogie können die Entsprechungen zu den §§ 1357, 1362, 1431, 1456 BGB im Recht des ausländischen Ortes des Geschäftsschlusses, der Belegenheit des Gewerbebetriebs zur Anwendung gebracht werden, falls das betreffende ausländische Recht selbst auch einen ähnlichen kollisionsrechtlichen Verkehrsschutz gegen fremdes Ehewirkungs- oder Güterstatut vorsieht, mit anderen Worten über ein Pendant zu Art 16 Abs 2 verfügt[115]. Versucht man, diese Bedingung rechtstechnisch einzuordnen, so ähnelt die Konstruktion weniger einer Sonderanknüpfung ausländischen Verkehrsschutzrechts[116], mit der, wie etwa bei Art 3 Abs 3 deutlich wird, von der allgemeinen kollisionsrechtlichen Methodik abgewichen würde, als vielmehr einer besonderen Spielart der von Art 4 Abs 1 ohnehin zur Regel erhobenen Gesamtverweisung, die die Anwendung der fremden Verkehrsschutznormen unter die Bedingung der Annahme der Verweisung durch das dortige Verkehrsschutzkollisionsrecht stellt. Auch wenn sich die konstruktiv etwas ungewöhnliche Bedingung nicht ganz glatt in das kollisionsrechtliche System integrieren lässt, dürften Bedenken hinsichtlich einer ausreichenden gesetzlichen Ermächtigung[117] die analoge Heranziehung des Art 16 Abs 2 letztlich nicht ausschließen, zumal die Bedingung ausdrücklich gerade von den Gesetzesmaterialien angeregt ist.

IV. Verfahrensvorschriften

Für das Verfahren der Registereintragung gelten die §§ 1558 bis 1563 BGB, Art 4 EGBGB. Nach 58 § 1558 Abs 1 BGB ist **örtlich zuständiges Registergericht** jedes Gericht, in dessen Bezirk auch nur einer der Ehegatten seinen gewöhnlichen Aufenthalt oder seinen Gewerbebetrieb hat. Betreibt ein Ehegatte im Inland ein Gewerbe, gilt § 1558 Abs 1 BGB iVm Art 4 Abs 1 EGBGB. Bei Wechsel von gewöhnlichem Aufenthalt oder Ort des Gewerbebetriebes in den Bezirk eines anderen Registergerichts muss die Eintragung dort wiederholt werden (§ 1559 Abs 1 BGB).

Welche Tatsachen **eintragungsfähig** sind, ist nicht geregelt; ihr Kreis ergibt sich mittelbar aus 59 § 1412 BGB, ggf iVm den auf ihn Bezug nehmenden Normen wie ua § 1357 Abs 3 etc BGB oder Art 16 Abs 1 und umfasst jedenfalls all diejenigen güterrechtlich und – wegen § 1357 Abs 3 BGB teilweise auch – eherechtlich relevanten Umstände, an deren Veröffentlichung das Gesetz Rechtswirkungen knüpft (Rn 20, 47).

Die **internationale Zuständigkeit** deutscher Registergerichte ergibt sich in Anlehnung an die 60 örtliche Zuständigkeit kraft Doppelfunktionalität der Zuständigkeitsnormen bei gewöhnlichem Inlandsaufenthalt eines Ehegatten oder bei inländischem Gewerbebetrieb. Hat der im Inland gewerbetreibende Ehegatte keinen gewöhnlichen Inlandsaufenthalt, ist im Wege der Anpassung örtlich zuständig das Gericht, in dessen Bezirk der Ehegatte das Gewerbe betreibt. Bei Kaufmannseigenschaft des Ehegatten ist gemäß Art 4 EHGB örtlich zuständig das Gericht am Ort der Handelsniederlassung[118].

V. Interlokales Recht

Vor der Wiedervereinigung griff Art 16 nach interlokalrechtlichen Grundsätzen im Verhältnis zur 61 DDR ein, wenn DDR-Recht interlokal als Güterrechtsstatut der Ehegatten galt, weil die Ehegatten seine Weitergeltung gewählt hatten oder weil nach früher gemeinsamen gewöhnlichen DDR-Aufenthalt nur einer der Ehegatten gewöhnlichen Aufenthalt oder Gewerbebetrieb in der Bundesrepublik hatte.

Nach der Wiedervereinigung ist **Art 16 Abs 1** im Bereich des innerdeutschen Kollisionsrechts 62 entspr anwendbar, wo Rechtsverschiedenheit gegeben ist[119]. Für den Bereich des Ehegüterrechts ist dies etwa denkbar, wenn sich die Eheleute im Beitrittsgebiet gemäß Art 234 § 4 Abs 2 S 1 für die Beibehaltung des bisherigen gesetzlichen Güterstandes entschieden haben (Art 15 Rn 101), weil der in Art 234 § 4 Abs 2 S 2 enthaltene Einwendungsausschluss lediglich frühere Geschäfte schützt.

Art 16 Abs 2 ist im innerdeutschen Kollisionsrecht nicht entspr anwendbar, soweit Art 234 § 1 und 63 § 3 im Bereich der allgemeinen Ehewirkungen nicht zu Rechtsverschiedenheit führt.

---

[112] BT-Drucks 10/504 S 59; *Erman/Hohloch* Rn 24; *Soergel/Schurig* Rn 21; *Staudinger/Mankowski* Rn 86–88; *Reithmann/Martiny/Hausmann* Rn 2812.
[113] *Looschelders* Rn 17; zur Problematik s Rn 20.
[114] MünchKommBGB/*Siehr* Rn 44; *Soergel/Schurig* Rn 22; zweifelnd *Erman/Hohloch* Rn 25; aA *Staudinger/Mankowski* Rn 89 f.
[115] Vgl BT-Drucks 10/504 S 59.
[116] So aber *Staudinger/Mankowski* Rn 90.
[117] *Staudinger/Mankowski* Rn 90.
[118] *Soergel/Schurig* Rn 5.
[119] *Erman/Hohloch* Rn 4; MünchKommBGB/*Siehr* Rn 44; die Regelung ist vor dem 3. 10. 1990 auch praktiziert worden, OLG München NJW 1953, 628; zur Fortsetzung der innerdeutschen Rechtsspaltung infolge der Übergangsvorschriften der Art 230 ff s Art 13 Rn 96 bis 100.

Art 17 Scheidung

(1) ¹Die Scheidung unterliegt dem Recht, das im Zeitpunkt des Eintritts der Rechtshängigkeit des Scheidungsantrags für die allgemeinen Wirkungen der Ehe maßgebend ist. ²Kann die Ehe hiernach nicht geschieden werden, so unterliegt die Scheidung dem deutschen Recht, wenn der die Scheidung begehrende Ehegatte in diesem Zeitpunkt Deutscher ist oder dies bei der Eheschließung war.

(2) Eine Ehe kann im Inland nur durch ein Gericht geschieden werden.

(3) ¹Der Versorgungsausgleich unterliegt dem nach Absatz 1 Satz 1 anzuwendenden Recht; er ist nur durchzuführen, wenn ihn das Recht eines der Staaten kennt, denen die Ehegatten im Zeitpunkt des Eintritts der Rechtshängigkeit des Scheidungsantrags angehören. ²Kann ein Versorgungsausgleich danach nicht stattfinden, so ist er auf Antrag eines Ehegatten nach deutschem Recht durchzuführen,

1. wenn der andere Ehegatte in der Ehezeit eine inländische Versorgungsanwartschaft erworben hat oder
2. wenn die allgemeinen Wirkungen der Ehe während eines Teils der Ehezeit einem Recht unterlagen, das den Versorgungsausgleich kennt,

soweit seine Durchführung im Hinblick auf die beiderseitigen wirtschaftlichen Verhältnisse auch während der nicht im Inland verbrachten Zeit der Billigkeit nicht widerspricht.

Schrifttum: *Banse,* Die Qualifikation der Zuweisung der Ehewohnung bei Trennung und Scheidung der Ehegatten, 1995; *Dopffel,* Die Voraussetzungen der Ehescheidung im neuen Internationalen Privatrecht, FamRZ 1987, 1205; *Gottwald,* Probleme Internationaler Familienverfahren, FS Nakamura, 1996, S 187; *Gruber,* Die neue „europäische Rechtshängigkeit" bei Scheidungsverfahren, FamRZ 2000, 1129; *Hau,* Das System der internationalen Entscheidungszuständigkeit im Europäischen Eheverfahrensrecht, FamRZ 2000, 1333; *Hay,* Die Anwendung US-amerikanischer Jurisdiction-Regeln als Verweisungsnorm bei Scheidung von in Deutschland wohnhaften Amerikanern, IPRax 1988, 265; *Heiderhoff,* Die Berücksichtigung ausländischer Rechtshängigkeit in Ehescheidungsverfahren, 1998; *Helms,* Die Anerkennung ausländischer Entscheidungen im Europäischen Eheverfahrensrecht, FamRZ 2001, 257; *ders,* Internationales Verfahrensrecht für Familiensachen in der Europäischen Union, FamRZ 2002, 1593; *Henrich,* Internationales Scheidungsrecht, 2. Aufl 2005; *ders,* Das internationale Eherecht nach der Reform, FamRZ 1986, 841; *ders,* Die Morgengabe und das internationale Privatrecht, FS Sonnenberger, 2004, S 389; *Herfarth,* Scheidung nach religiösem Recht durch deutsche Gerichte, IPRax 2000, 101; *Jayme,* Fragen der internationalen Verbundzuständigkeit, IPRax 1984, 121; *ders,* Scheidung gemischtnationaler Ehen und Auslegung des Art 17 Abs 1 Satz 2 EGBGB, IPRax 1987, 167; *Kartzke,* Abänderung von Unterhaltsentscheidungen und neues Internationales Unterhaltsrecht, NJW 1988, 104; *Lüderitz,* Die Ehescheidung nach dem Gesetz zur Neuregelung des Internationalen Privatrechts, IPRax 1987, 74; *ders, Talaq* vor deutschen Gerichten, FS Baumgärtel, 1990, S 333; *Nolte-Schwarting,* Der Versorgungsausgleich in Fällen mit Auslandsberührung, 1984; *Odendahl,* Zum Scheidungs-IPR der in Deutschland lebenden Migranten aus der Türkei, IPRax 2005, 320; *Pauli,* Islamisches Familien- und Erbrecht und ordre public, 1994; *Piltz,* Internationales Scheidungsrecht, 1988; *Puszkajler,* Das internationale Scheidungs- und Sorgerecht nach Inkrafttreten der Brüssel II-Verordnung – Erste Hinweise für die Praxis anhand von Fällen, IPRax 2001, 81; *Rauscher,* Qualifikationen und Übergangsfragen im Kollisionsrecht der Scheidungsfolgen, IPRax 1988, 343; *ders,* Bis dass der Tod euch scheide?, IPRax 2006, 140; *ders,* Kollisionsrecht und ordre public bei der Ehescheidung, JZ 2007, 738; *Rigaux,* „Versorgungsausgleich" und Art 12 WC: Discriminations based on the nationality and German private international law, FamRZ 2000, 287; *H. Roth,* Übersehener Schuldausspruch und der Grundsatz der Einheitlichkeit der Entscheidung im Scheidungsverfahren, IPRax 2000, 292; *Rüberg,* Auf dem Weg zu einem europäischen Scheidungskollisionsrecht, Konstanz 2006, veröffentlicht unter http://w3.ub.uni-konstanz.de/v13/volltexte/2005/1694//pdf/Rueberg.pdf; *Staudinger/Spellenberg,* Internationales Verfahrensrecht in Ehesachen, Neubearbeitung 2005; *G. Wagner,* Scheidung von EU-Auslandsdeutschen nach Inlandsrecht – europarechtswidrig?, IPRax 2000, 512; *R. Wagner,* Versorgungsausgleich mit Auslandsberührung, 1996; *ders,* Versorgungsausgleich bei deutsch/US-amerikanischer Ehe, IPRax 1999, 94; *ders,* Die Anerkennung und Vollstreckung von Entscheidungen nach der Brüssel II-Verordnung, IPRax 2001, 73; *Winkler v. Mohrenfels,* Hinkende Doppelehe, Vorfragenanknüpfung und Gestaltungswirkung inländischer Scheidungsurteile, IPRax 1988, 341.

Rechtsvergleichend: *Bergmann/Ferid/Henrich,* Internationales Ehe- und Kindschaftsrecht, Loseblatt; *Dethloff,* Die einverständliche Scheidung. Eine rechtsvergleichende und rechtshistorische Untersuchung zu Umfang und Grenzen der Parteiautonomie im Scheidungsrecht, 1994; *Hofer/Schwab/Henrich* (Hrsg), Scheidung und nachehelicher Unterhalt im europäischen Vergleich, 2003; *Hohloch* (Hrsg), Internationales Scheidungs- und Scheidungsfolgenrecht, 1998 (GR, I, A, PL, TR); *Reinhard,* Rechtsordnungen mit Versorgungsausgleich iS des Art 17 Abs 3 EGBGB. Eine rechtsvergleichende Untersuchung unter besonderer Berücksichtigung des kanadischen, niederländischen und spanischen Rechts, 1995; *Süß/Ring,* Eherecht in Europa, Baden-Baden 2006; *Verschraegen,* Die einverständliche Scheidung in rechtsvergleichender Sicht, 1991.

Übersicht

	Rn
A. Allgemeines	1
I. Normzweck	1
II. Rechtstatsachen	4
III. Staatsvertragliche und europarechtliche Kollisionsnormen	5
B. Einzelerläuterungen	10

	Rn
I. Sachlicher Anwendungsbereich (Anknüpfungsgegenstände)	10
1. Betroffene Rechtsinstitute	11
2. Vorfragen bestehender Ehe	19
3. Eheauflösungs-, Ehetrennungs- und Scheidungsvoraussetzungen (Scheidbarkeit und Scheidungsgründe)	22
4. Scheidungswirkungen	29

	Rn		Rn
II. Anknüpfungspunkte	50	6. Inländischer Versorgungsausgleich nach Auslandsscheidung	127
1. Regelanknüpfung des Scheidungsstatuts (Abs 1 S 1)	50	7. Versorgungsausgleich nach fremdem Recht	130
2. Scheidungserleichterung durch „regelwidrige" Anwendung deutschen Rechts (Abs 1 S 2)	56	V. Allgemeine Regeln	131
		1. Rück- und Weiterverweisung	131
		2. Ordre public	137
3. Unscheidbarkeit der Ehe als Verstoß gegen Art 6	67	C. Verfahrensrecht	140
4. Anwendung deutschen Rechts bei hinkender Inlandsehe (Abs 1 S 2 entsprechend)	71	I. Zuständigkeit (Grundsatz und Verbundprinzip)	143
III. Scheidung durch deutsche Gerichte	74	1. Recht der EU	143
1. Grundsatz Scheidungsmonopol (Abs 2)	74	2. Staatsverträge	149
2. Durchführung der Scheidung im Inland bei ausländischem Scheidungsstatut	84	3. Autonomes Recht	150
		4. Folgen fehlender internationaler Zuständigkeit	158
IV. Versorgungsausgleich (Abs 3)	97	II. Anerkennung	159
1. Grundsatz: Maßgeblichkeit des Scheidungsstatuts (Abs 3 S 1)	97	1. Überblick	159
2. Vertraglicher Ausschluss des Versorgungsausgleichs oder Rechtswahl	101	2. Recht der EU	162
		3. Autonomes Recht	166
3. Einschränkung des Grundsatzes durch zusätzliche Anwendung des Heimatrechts (Abs 3 S 1 HS 2)	103	III. Rechtshängigkeit im Ausland	183
		D. Intertemporales Recht	184
4. Durchbrechung des Grundsatzes: Regelwidrige Durchführung des VA nach deutschem Recht (Abs 3 S 2)	107	E. Interlokales Recht	187
		I. Neufälle	187
5. Inländischer Versorgungsausgleich bei Auslandsberührung	119	II. Altfälle	190

A. Allgemeines

I. Normzweck. Im Interesse einer **einheitlichen Anknüpfung** aller Rechtsbeziehungen der 1 Ehegatten untereinander verweist Art 17 für die **Voraussetzungen und die wesentlichen Rechtsfolgen** einer Ehescheidung auf das von Art 14 im Zeitpunkt der Rechtshängigkeit des Scheidungsantrags berufene **Ehewirkungsstatut.** Die einheitliche Anknüpfung ist wegen des in vielen Rechtsordnungen bestehenden inhaltlichen Zusammenhangs zwischen aus der Ehe erwachsenden Pflichten und den Folgen ihrer Verletzung für die Ehescheidung zweckmäßig.

Wichtige **Nebenfolgen** der Scheidung, so insbes der nacheheliche Unterhalt (Art 18) und die 2 elterliche Sorge (Art 15, 21), werden jedoch gesondert angeknüpft (Rn 14, 75–81). Für den Versorgungsausgleich wird nach Art 17 Abs 3 im Grundsatz zwar wie für die Scheidung selbst auf das Ehewirkungsstatut abgestellt (Rn 32 ff), es werden hier jedoch zahlreiche Ausnahmen zugelassen (Rn 38 ff).

Art 17 gilt unmittelbar auch für die **Anerkennung** ausländischer Privatscheidungen, also solcher 3 Ehescheidungen, die nach Angaben eines oder beider Ehegatten im Ausland ohne die Beteiligung einer Behörde oder eines Gerichts durchgeführt wurden.

II. Rechtstatsachen. Internationale Ehescheidungen sind häufig. Im Jahr 2004 betrafen nach 4 Erhebungen des statistischen Bundesamtes ca 17% aller in Deutschland erfolgten Ehescheidungen ausländische oder gemischt nationale Ehen. Das waren fast 40.000 Scheidungen. Zusätzlich hat Art 17 Bedeutung für die Anerkennung ausländischer Ehescheidungen in Deutschland.

III. Staatsvertragliche und europarechtliche Kollisionsnormen. Auf dem Gebiet des interna- 5 tionalen Scheidungsrechts ist Deutschland zurzeit nicht an multilateralen Übereinkommen beteiligt. Das **Haager Abkommen zur Regelung des Geltungsbereichs der Gesetze und der Gerichtsbarkeit auf dem Gebiete der Ehescheidung und der Trennung von Tisch und Bett** vom 12. 6. 1902 (Haager Ehescheidungsabkommen; RGBl 1904 S 231, 249) ist seit dem 1. 6. 1934 im Verhältnis zu Deutschland außer Kraft (RGBl II S 376).

Noch in Kraft ist das **deutsch-iranische Niederlassungsabkommen**[1] vom 17. 2. 1929. Art 8 6 Abs 3 iVm Ziff I Abs 3 des Schlussprotokolls enthält eine den Art 17 verdrängende Kollisionsregelung für die Ehescheidung von rein iranischen Ehen in Deutschland und rein deutschen Ehen im Iran. Diese verweist jeweils auf das Heimatrecht (Sachrecht) der Beteiligten und führt inhaltlich somit nur beim Versorgungsausgleich zu Abweichungen von den gesetzlichen Regelungen[2].

Auf der Ebene des **Rechts der EU** existieren gegenwärtig vor allem die einschlägigen Normen des 7 internationalen Verfahrensrechts (Rn 143).

Zu erwarten ist aber die baldige Verabschiedung kollisionsrechtlicher Normen. Vor allem soll die 8 EheGVO II (= Brüssel IIa-VO – VO (EG) Nr 2201/2003) überarbeitet und um kollisionsrechtliche

---

[1] RGBl 1930 II S 1006, Bek der Weitergeltung vom 15. 8. 1955, BGBl II S 829.
[2] BGH NJW-RR 2005, 1449; OLG Stuttgart FamRZ 2004, 25; OLG Düsseldorf FamRZ 1998, 1114; OLG München IPRax 1989, 240; OLG Frankfurt NJW 1990, 646; zum Wortlaut von Art 8 Abs 3 Art 25 Rn 12, zum Anhang vgl Art 14 Rn 4 Fn 5; *Erman/Hohloch* Rn 5.

Vorschriften für das Eherecht ergänzt werden. Ein Vorschlag für diese liegt bereits vor[3]. Vorgesehen ist insbes die Möglichkeit einer, wiewohl beschränkten, Wahl des Scheidungsstatuts (derzeit Art 20 a). Darüber, wie die eigentliche Kollisionsregel letztlich lauten wird, ist noch keine Vorhersage möglich. Eine Angleichung des materiellen Ehescheidungsrechts ist vorerst nicht zu erwarten. Durch diese Änderung der EheGVO II wird wohl zunächst die grundsätzlich ebenfalls geplante kollisionsrechtliche VO, die sog Rom III-VO hinfällig[4].

9   Für Fragen des **Verfahrensrechts** (Zuständigkeit, Anerkennung und Vollstreckung) Rn 84–119.

B. Einzelerläuterungen

10 **I. Sachlicher Anwendungsbereich (Anknüpfungsgegenstände).** Das Scheidungsstatut regelt – vorbehaltlich anderer Anknüpfungen – die materiellrechtlichen **Voraussetzungen** und **Rechtsfolgen** der Ehescheidung, dh **ob und aus welchen Gründen** geschieden oder getrennt werden kann (Scheidbarkeit), **wann** die erforderlichen Trennungs- oder Scheidungsgründe vorliegen und, soweit nicht gesonderte Anknüpfung vorgesehen ist, **welche Rechtsfolgen** die Scheidung hat.

11 **1. Betroffene Rechtsinstitute. a) Begriff der Ehescheidung.** „Scheidung" iS des Art 17 wird weit verstanden. Der Begriff umfasst nicht nur **Scheidungen** iS des deutschen Rechts, sondern **alle Eheauflösungen** ex nunc. Art 17 setzt also eine **wirksame Ehe** voraus. Art 17 entscheidet nicht über die **Aufhebung oder Anfechtung der Ehe** als Folge von Willensmängeln oder anderer Mängel – wie zB Ehehindernissen oder Formfehlern – bei Heirat. Denn diese „Aufhebungen" sind schon in der Fehlerhaftigkeit der Eheschließung begründet. Das gilt selbst dann, wenn unter ausländischem Recht auch diese Verfahren der Aufhebung **untechnisch** unter den Begriff **„Scheidung"** gefasst werden. Insoweit ist stets Art 13 einschlägig. Gleiches gilt für die Frage der Möglichkeit der **Wiederheirat nach der Scheidung.**

12 Von dem weiten Scheidungsbegriff umfasst sind dagegen auch andere, seltenere Formen der Eheauflösung ex nunc, etwa durch Verschollenheits- oder Todeserklärung[5].

13 Art 17 gilt des Weiteren (zumindest entsprechend) für die unter fremdem Recht[6] gelegentlich vorkommenden bloßen **Lockerungen** des Ehebandes durch gerichtlich/behördlich angeordnete **Trennung von Tisch und Bett,** die meist eine Vorstufe der eigentlichen Scheidung mit endgültiger Lösung des Ehebandes darstellen[7]. Die Trennung wird als Minus der Scheidung in Art 17 nicht ausdrücklich erwähnt, ist aber von der Regelung schon nach dem Willen des Gesetzgebers mit erfasst[8]. Keine Scheidung ist dagegen in der im niederländischen Recht seit dem 1. 4. 2001 möglichen (und 2007 abgeschafften) Herabstufung der Ehe zu einer registrierten Partnerschaft zu sehen[9].

14 Nicht erfasst ist die Frage des Anspruchs bzw der Berechtigung zum Getrenntleben während der Ehe (insbes Herstellungsklage), der Ausfluss der allgemeinen Eheewirkungen ist. Die **Berechtigung zum Getrenntleben während der Ehe** beurteilt sich nach dem Ehewirkungsstatut, es gilt Art 14[10].

15 Ob die Trennung später in eine Scheidung **umgewandelt** werden kann, ergibt ebenfalls das für die Scheidung maßgebende Recht. Dieses kann wegen Statutenwechsels nach der Trennung ein anderes sein als das Trennungsstatut.

16 **b) Auflösung der nichtehelichen Lebensgemeinschaft.** Für nichteheliche Lebensgemeinschaften ist umstritten, ob ihre Auflösung familienrechtlich – dann über Art 17 – oder schuldrechtlich – dann über Art 27 ff – angeknüpft werden muss. Anders als für die eingetragenen Lebenspartnerschaften – Art 17 b – fehlt eine spezielle kollisionsrechtliche Regelung. Überwiegend wird aber eine familien- bzw eherechtliche Qualifikation der nichtehelichen Lebensgemeinschaft vorgenommen[11]. Das überzeugt, da es sich um eine personale Verbindung handelt und der Ausgangspunkt aller die nichteheliche Lebensgemeinschaft betreffenden Rechtsfragen in dieser persönlichen, familiären Komponente liegt. Hinzu kommt, dass die nichteheliche Lebensgemeinschaft im ausländischen Recht oft ganz deutlich als

---

[3] Vorschlag für eine VO des Rates zur Änderung der VO (EG) Nr 2201/2003 im Hinblick auf die Zuständigkeit in Ehesachen und zur Einführung von Vorschriften betreffend das anwendbare Recht in diesem Bereich, KOM (2006) 399 – http://ec.europa.eu/civiljustice/divorce/docs/com_2006_399_de.pdf.

[4] Vgl hierzu das Grünbuch über das anzuwendende Recht und die gerichtliche Zuständigkeit in Scheidungssachen vom 14. 3. 2005, KOM (2005) 82.

[5] MünchKommBGB/*Winkler v. Mohrenfels* Rn 24 mw Beispielen; s auch Rn 14.

[6] Italien, Portugal, Polen, bis zur Reform 2005 auch Spanien, Chile, die Niederlande – mit einer Übersicht zu den EU-Mitgliedstaaten http://ec.europa.eu/civiljustice/divorce/divorce_gen_de.htm.

[7] BGHZ 47, 324 = NJW 1967, 2109; BGH NJW 1988, 636; OLG Karlsruhe FamRZ 2007, 838; OLG Stuttgart NJW-RR 1989, 261; FamRZ 1997, 879; OLG Hamm FamRZ 1990, 61.

[8] BT-Drucks 10/504 S 60.

[9] Vgl Art 1:149 und 1:77 a des Gesetzes zur Öffnung der Ehe für gleichgeschlechtliche Paare; die Schwierigkeiten mit der Anerkennung der – in einem zweiten Schritt – möglichen notariellen Auflösung der Ehe zeigen sich in OLG Celle OLGR 2006, 13; dazu *Boele-Woelki/Schrama* in: *Scherpe/Yassari*, Rechtsstellung nichtehelicher Lebensgemeinschaften, S 307 ff, 361; *Vlaardingerbroek/van Beekhoff* in: *Süß/Ring*, Eherecht in Europa, S 841 ff Rn 94.

[10] AA OLG München FamRZ 1986, 807; wie hier jedoch *Palandt/Heldrich* Rn 16; MünchKommBGB/*Siehr* Art 14 Rn 83; *Erman/Hohloch* Rn 34 und Art 14 Rn 29.

[11] *v. Bar* IPR Bd 2 Rn 122; *Kropholler* IPR § 46 V; nach Normen diff *Soergel/Schurig* Vor Art 13 Rn 30; MünchKommBGB/*Coester* Art 17 b Rn 154 – mit dem Ruf nach einer Kollisionsnorm; *Striewe* IPRax 1983, 248; *Andrae*, Internationales Familienrecht, § 9 Rn 26 ff; *Röthel* IPRax 2000, 74; anders, aber ohne Nennung einer Grundlage BGH NJW-RR 2005, 1089; offen gelassen von OLG Zweibrücken NJW-RR 1993, 1478.

familienrechtliches Institut verstanden wird oder sogar kodifiziert ist[12]. Zunächst muss also familienrechtlich vorgegangen werden, um die Grundlagen des Rechts der nichtehelichen Lebensgemeinschaften im fremden Recht aufzuspüren.

Das allein bringt aber keine vollständige Klärung. Sehr streitig ist nämlich, wie mit den Einzelfragen der Auflösung umzugehen ist. Hier muss separat angeknüpft werden, soweit dies schon gesetzlich vorgegeben ist, also zB bei Abstammungs-, Unterhalts- und Sorgerechtsfragen (Art 18 ff)[13]. Problematisch ist aber, ob eine separate Anknüpfung erfolgen kann oder muss, soweit die Abwicklung der nichtehelichen Lebensgemeinschaft keine familienrechtlichen Besonderheiten aufweist, sondern rein schuldrechtlich erfolgt. Eine selbstständige schuldrechtliche Anknüpfung sollte auch dann abgelehnt werden. Es lässt sich im deutschen Recht gründlich genug erkennen, wie verfärbt schuldrechtliche Ansprüche verstanden werden, soweit es um den Ausgleich von Vermögenspositionen nach dem Ende der nichtehelichen Lebensgemeinschaft geht[14]. Es handelt sich zwar um den Gebrauch schuldrechtlicher Anspruchsgrundlagen, jedoch dienen sie einem familienrechtlichen Zweck und füllen im Grunde Lücken des Familienrechts auf[15]. 17

Nach in Deutschland noch ganz hM gelten diese Grundsätze aber nur für die nicht registrierten, verschiedengeschlechtlichen eheähnlichen Gemeinschaften[16]. Bei diesen sollte also immer zunächst das nach Art 13 ff und inbes nach Art 17 berufene Recht herangezogen werden. So kann festgestellt werden, ob auch die dortige Rechtslage eine familienrechtliche Qualifikation des jeweiligen Anspruchs angemessen erscheinen lässt. 18

2. Vorfragen bestehender Ehe. Die Vorfragen der Ehewirksamkeit (Gültigkeit, Beginn und Ende der Ehe) wird selbstständig angeknüpft[17]. Es gelten die für die Eheschließung maßgeblichen Kollisionsnormen, also insbesondere Art 13 sowie Art 11. Zu beachten ist auch das Anerkennungsrecht (dazu Art 13 Rn 89). 19

Davon zu unterscheiden ist die Frage, ob eine zunächst wirksame Ehe bereits **aufgelöst** oder **von Tisch und Bett getrennt** ist. Dazu kommt es auf die Anerkennung an, bei der – soweit heute überhaupt noch eine inhaltliche Überprüfung erfolgt – auf die Befolgung der Vorgaben des Scheidungsstatuts nach Art 17 abzustellen ist (näher zur Anerkennung Rn 159 ff). 20

Wenn die seltene Frage betroffen ist, ob eine zunächst – etwa in Folge einer Todeserklärung – aufgelöste Ehe **wieder aufgelebt ist**, weil der für tot erklärte Ehegatte zurückgekehrt ist, so betrifft dies eine Frage der Eheauflösung, nicht der Eheschließung, daher ist Art 17 einschlägig[18]. 21

3. Eheauflösungs-, Ehetrennungs- und Scheidungsvoraussetzungen (Scheidbarkeit und Scheidungsgründe). Nach dem Scheidungsstatut (Art 17) richtet sich zunächst die Frage der Scheidbarkeit der Ehe, also der **Zulässigkeit** von Scheidung oder Ehetrennung (zur Vorgehensweise bei deren Fehlen Rn 56 ff). Das Scheidungsstatut bestimmt insbes auch die **Scheidungs- und Ehetrennungsgründe**. Die Scheidungsgründe sind in den Rechtsordnungen sehr unterschiedlich. Hierbei kann es sich wie in Deutschland um Zerrüttung, aber auch um Verschulden oder sonstige uU schuldlose Pflichtverletzungen handeln. Das deutsche Gericht prüft dann das Vorliegen des Verschuldens bzw des sonstigen Scheidungsgrundes[19]. 22

Die Verschuldensscheidung ist international noch häufig: 23

Vgl zu den Rechtsordnungen der Mitgliedstaaten der EU die Übersichten unter http://ec.europa.eu/civiljustice/divorce/docs/com_2006_399_de.pdf; weltweit *Staudinger/Mankowski* Rn 27 ff; vgl aus der jüngeren Rspr AG Leverkusen FamRZ 2006, 950; OLG Hamm IPRax 2000, 308 – zu **Polen**, wo der Schuldausspruch nach Art 57 § 1 FVGB Bedeutung für den Unterhaltsanspruch hat (Zum polnischen Scheidungsrecht *Ludwig* in: *Süß/Ring*, Eherecht in Europa, S 951 ff, Rn 48); BGH NJW 1988, 636 betr Italien. Das **griechische** Recht kennt im Grunde ebenfalls noch die Verschuldensscheidung – wenn auch die Möglichkeit der einvernehmlichen Scheidung sowie der Scheidung nach vierjähriger Trennungszeit besteht – Art 1439, 1441 griech ZGB (*Stamatiadis/Tsantinis* in: *Süß/Ring*, Eherecht in Europa, S 559 ff, Rn 33 ff). Zum **neuen französischen** Recht, das ebenfalls die Verschuldensscheidung 23.1

---

[12] So in Europa ua in vielen Regionen Spaniens und in Portugal (dazu *González Beilfuss*, in: *Scherpe/Yassari* Rechtsstellung nichtehelicher Lebensgemeinschaften, S 249 ff und ersetzen durch), auch in Belgien (gesetzliches Zusammenwohnen als güterrechtsähnlicher Tatbestand), näher *Pintens*, in: *Scherpe/Yassari* Rechtsstellung nichtehelicher Lebensgemeinschaften, S 277 ff; sonst etwa in Australien und Neuseeland, dazu *Jessep*, in: *Scherpe/Yassari* Rechtsstellung nichtehelicher Lebensgemeinschaften, S 529 ff, 535 ff; in vielen Provinzen Kanadas, dazu *Holland*, in: *Scherpe/Yassari* Rechtsstellung nichtehelicher Lebensgemeinschaften, S 479 ff, 501 ff; vgl mit weiteren Beispielen *Dörner*, FS Jayme, S 143, 145; ähnlich wie hier *Andrae*, Internationales Familienrecht, § 9 Rn 26; *Junker* IPR Rn 539.
[13] *Henrich* Internationales Familienrecht, § 1 VIII 2 b mwN; *Junker* IPR Rn 539.
[14] S nur BGH NJW-RR 2005, 1089; FuR 2001, 366; NJW 1997, 3371.
[15] Für güterrechtliche Qualifikation *v. Bar* IPR Bd II Rn 122; *Junker* Rn 539; ähnlich *Andrae*, Internationales Familienrecht, § 9 Rn 40 ff, die aber zutreffend darauf hinweist, dass es in einer nichtehelichen Lebensgemeinschaft auch rein schuldrechtlich, vertraglich begründete Ansprüche geben kann, für die dann Art 27 ff gelten.
[16] Zu den gleichgeschlechtlichen und den registrierten verschiedengeschlechtlichen Gemeinschaften s Art 17 b Rn 9 ff und Rn 13; zu den bloßen Einstandsgemeinschaften MünchKommBGB/*Coester* Art 17 b Rn 158.
[17] BGHZ 169, 240 = NJW-RR 2007, 145; BGH NJW-RR 2003, 850; OLG Zweibrücken NJW-RR 1997, 1227; *Palandt/Heldrich* Rn 13; *Erman/Hohloch* Rn 10; MünchKommBGB/*Winkler v. Mohrenfels* Rn 72 ff, dort auch zur Gegenansicht; *Lüderitz* IPRax 1987, 74, 76; zT abw aber OLG München IPRax 1988, 354, 356; OLG Düsseldorf FamRZ 1992, 1078: Scheidbarkeit trotz fehlender Heiratsurkunde.
[18] *Kegel/Schurig* IPR § 20 IV 1 b bb, S 803.
[19] OLG Zweibrücken FamRZ 1997, 430, zum Verschulden; OLG Stuttgart FamRZ 2004, 25, zur Unterhaltsverweigerung; zur Frage des Schuldausspruchs im Tenor Rn 46.

noch beibehält *Döbereiner* ZEuP 2007, 521. Eine Darstellung im Überblick findet sich in: *Boele-Woelki/Braat/Curry-Sumner*, European Family Law in Action. Volume I – Grounds for Divorce, S 187 ff.

23.2 Auch das **türkische** Recht kennt die Verschuldensscheidung – allerdings neben anderen Scheidungsgründen, wie insbes der Zerrüttungsscheidung. Vgl zum türkischen Recht nach der Reform vom 1. 1. 2002 OLG Hamm FamRZ 2006, 1387; OLG Karlsruhe NJW-RR 2006, 369; insbes zur Frage der Zerrüttung nach Art 166 türk ZGB OLG Frankfurt FamRZ 2005, 1681 sowie OLG Bremen FamRZ 2005, 1683; AG Bochum Streit 2006, 130; *Oğuz* FamRZ 2005, 766; *Öztan* FamRZ 2005, 328; *Seier/Seier* ZFE 2004, 336.

24 Oftmals müssen nach fremdem Recht für die Scheidung **Warte- und Trennungsfristen** eingehalten sein[20]. Die Scheidung kann nach manchen ausländischen Rechtsordnungen auch **ohne Gründe** stattfinden[21].

25 In vielen Rechtsordnungen erfolgt die Scheidung durch **privaten Rechtsakt** (näher Rn 76). Wegen Art 17 Abs 2 stellt die Durchführung dieses privaten Rechtsakts (zB Verstoßung, Vertrag) nicht den konstitutiven Akt, sondern nur den Grund für die gerichtliche Auflösung der Ehe dar. Bei **vertraglich vereinbarten Scheidungsgründen** wird für die Wirksamkeit der Vereinbarung und deren Auslegung ebenfalls das Scheidungsstatut angewendet[22]. Von Art 17 umfasst ist auch die Frage der Möglichkeit einer **einverständlichen Scheidung** und die Bedeutung des Widerspruchs eines Ehegatten gegen die Scheidung.

26 Art 17 beherrscht schließlich die Frage, ob Scheidungsgründe entkräftet oder **verwirkt** sind[23]. Scheidungsgründe können uU auch **erloschen** sein, zB durch Versöhnung, Einwilligung in bestimmte Handlungen des Ehegatten[24], durch Mitverschulden[25], oder durch Fristverstreichung[26].

27 Soweit sonstige Formen der **Eheauflösung** vom Scheidungsstatut umfasst sind (Rn 11 ff), sind auch die Gründe für diese Auflösung von Art 17 erfasst. Dazu können gehören: Tod, Verschollenheitserklärung, Todeserklärung oder Wiederheirat nach Todeserklärung, Wiederheirat nach Religionswechsel[27], uU auch lebenslange Freiheitsstrafe[28]. Schließlich gilt Art 17 auch für die Gründe, die zur **Trennung von Tisch und Bett** berechtigen (Nachweise Rn 13).

28 Wichtig ist die Abgrenzung zu **verfahrensrechtlichen** Fragen, für die nicht das Scheidungsstatut gilt, sondern die stets der lex fori, in Deutschland also deutschem Recht unterfallen (Rn 140). Gegenüber Grundsätzen des Verfahrensrechts kann das ausländische Recht nichts ausrichten. Daraus folgt auch, dass ein deutsches Scheidungsurteil auch dann gilt, wenn die Ehe nach dem Heimatrecht nicht hätte aufgelöst werden können. Ist das deutsche Urteil rechtskräftig, so ist die Ehe in Deutschland geschieden, selbst wenn das ausländische Recht dies, etwa wegen fehlender Scheidungsgründe oder auch wegen fehlender Zuständigkeit, nicht anerkennt.

29 **4. Scheidungswirkungen. a) Hauptfolgen.** Obwohl im Prinzip die Einheit von Scheidungsstatut und Scheidungsfolgenstatut gilt, gibt es viele Durchbrechungen. Dem Scheidungsstatut unterliegen die Hauptfolgen von Ehetrennung und Scheidung. Hauptfolge der Scheidung ist **Eheauflösung**. In Deutschland erfolgt diese nach Art 17 Abs 2 stets durch rechtskräftiges Urteil (Gestaltungsurteil; iE Rn 85).

30 Folge der **Ehetrennung** ist die Lockerung des ehelichen Bands. Welche genauen Folgen die **Trennung von Tisch und Bett** hat, wird durch das jeweilige Trennungsstatut beherrscht. Das Scheidungsstatut beherrscht auch die Möglichkeit der Umwandlung der Trennung in eine Scheidung, etwa nach Ablauf der Trennungsfrist[29]. Im Regelfall wird das Verfahren der Trennung wie ein deutsches Scheidungsverfahren durchgeführt. Auch für die Ehetrennung gilt das Scheidungsmonopol des Art 17 Abs 2[30]; und zwar selbst dann, wenn das ausländische Recht nur eine „Bestätigung" des Gerichts vorsieht. Die im Ausland erfolgte Bestätigung wirkt, soweit sie anerkannt werden kann, freilich auch in Deutschland[31].

31 **Andere Arten der Eheauflösung** (Tod, Verschollenheit, Todeserklärung, Wiederheirat, Religionswechsel etc) durch in Deutschland verwirklichte Auflösungsgründe vollziehen sich ipso iure. Ein Urteil wird insoweit nicht benötigt, nur die etwaigen erforderlichen Erklärungen (Todeserklärung oÄ) müssen anerkannt werden[32].

32 **b) Sonstige Scheidungsfolgen. aa) Durchbrechung der Einheit.** Trotz der im Grundsatz angestrebten und sinnvollen Einheit von Scheidungsstatut und Scheidungsfolgenstatut fallen bereits von vornherein nur wenige sonstige **Folgen** von Ehetrennung bzw Scheidung unter das Scheidungsstatut. Man spricht bei diesen von den unselbstständigen Scheidungsfolgen[33]. Meist greift dagegen eine

---

[20] BGHZ 169, 328 = NJW 2007, 220; OLG Hamm FamRZ 2004, 954; OLG Stuttgart OLGR 1999, 248.
[21] Vgl etwa das neue spanische Recht, dazu *Martin-Casals/Ribot* FamRZ 2006, 1331; *Huzel* in: *Süß/Ring*, Eherecht in Europa, S 1195 ff, Rn 45; eine Übersicht bringt *Staudinger/Mankowski* Rn 27 ff.
[22] OLG Schleswig IPRspr 2000, Nr 66, 136.
[23] OLG Köln IPRspr 2001, Nr 71, 149 zu Art 129 Abs 2 aF türk ZGB; OLG Frankfurt FamRZ 1978, 510.
[24] KG StAZ 1976, 16.
[25] BGH FamRZ 1982, 795; OLG Frankfurt IPRax 1982, 22.
[26] OLG Karlsruhe FamRZ 1990, 168 f.
[27] OLG Köln IPRspr 1982 Nr 43: Abfall des Ehemanns vom islamischem Glauben; *Palandt/Heldrich* Rn 15.
[28] Näher *Staudinger/Mankowski* Rn 243 ff.
[29] OLG Frankfurt FamRZ 1975, 632; LG Hamburg IPRspr 1976 Nr 47; AG Altena IPRax 1981, 61.
[30] *Johannsen/Henrich* Rn 44.
[31] OLG Karlsruhe FamRZ 1991, 1308.
[32] *Kegel/Schurig* IPR § 20 IV 1 b bb, S 803.
[33] MünchKommBGB/*Winkler v. Mohrenfels* Rn 154.

besondere Kollisionsnorm, wie Art 15 für das Güterrecht, Art 17 Abs 3 für den Versorgungsausgleich, Art 18 für den Unterhalt, Art 21 für die elterliche Sorge. Dabei ist die Abgrenzung nicht immer einfach. Hinzu kommt selbst für die unselbstständigen Scheidungsfolgen, dass die Einheit von Scheidungsstatut und Scheidungsfolgenstatut aus anderen Gründen durchbrochen sein kann. Insbes kann sich dies durch eine nur teilweise Rückverweisung (renvoi) aus dem fremden Recht ergeben (näher Rn 131–136).

Welche Folgen die Ehescheidung im konkreten Fall hat, ergibt sich durch das rechtskräftige Urteil, soweit im Scheidungsausspruch über die Folgen mit entschieden wird. Ansonsten ergeben sich die Folgen aus dem zur Anwendung berufenen Recht[34]. **33**

bb) Unselbstständige Scheidungsfolgen. Nach Scheidungsstatut (nicht nach Deliktsstatut) kann sich die **Schadensersatzpflicht** des schuldig Geschiedenen richten[35]. Anders kann es aber sein, wenn der Anspruch bei genauerem Hinsehen **unterhaltsrechtlich** qualifizierbar ist[36]. Das Recht zum **Widerruf von Schenkungen** ist scheidungsrechtlich zu qualifizierende Nebenfolge, soweit es sich aus der Scheidung ergibt und nicht auf anderen, davon unabhängigen Gründen beruht[37]. **34**

Wenn es sich einfach um die **Herausgabe von Eigentum** anlässlich der Scheidung – und nicht in rechtlichem Zusammenhang mit der Scheidung – handelt, gilt Sachenrecht, also die lex rei sitae – das Recht der Belegenheit der Sache[38]. Geht es um die im Zusammenhang mit der Scheidung stehende **Pflicht zur Herausgabe** von Gegenständen, kann diese jedoch häufig güterrechtlich zu qualifizieren sein. **35**

Schwierigkeiten machen Ansprüche im Bereich der so genannten **Morgengabe** oder **Brautgabe** (mahr). Hier muss zunächst sehr genau überlegt werden, ob es sich bei dem geltend gemachten Anspruch überhaupt um eine Brautgabe iS des Eheschließungsstatuts (Art 14) handelt. Ein Indiz gegen des Vorliegen einer Brautgabe ist ein nachträglich abgeschlossener Schenkungsvertrag[39]. **36**

Handelt es sich um eine Brautgabe, so muss unter Heranziehung der jeweiligen nationalen Vorschriften differenziert werden[40]. Außerdem wird oftmals nach dem konkret geltend gemachten Anspruch – zB Leistung bei Eheschließung, Leistung bei Eheende, Herausgabe einer bereits geleisteten Morgengabe – unterschieden[41]. Bei Ansprüchen auf Rückgabe der Morgengabe oder auf die nachträgliche Zahlung der Morgengabe bei der Ehescheidung ist die Ermittlung des anzuwendenden Rechts höchst streitig. Nach verbreiteter Ansicht gilt das Scheidungsstatut für die aus Anlass der Scheidung geltend gemachten Ansprüche auf eine noch nicht geleistete **Morgengabe**[42]. Für eine unterhaltsrechtliche Qualifikation über Art 18 Abs 4 S 2 spricht demgegenüber, dass die Morgengabe auch die Funktion hat, die Braut finanziell abzusichern[43]. Für güterrechtliche Qualifikation wird wiederum angeführt, dass es um die dem Güterrecht verwandte Stabilisierung der Ehe und um die vermögensrechtliche Beziehung zwischen den Ehegatten gehe. Außerdem lässt sich mit der güterrechtlichen Einordnung eine weitgehend einheitliche Qualifikation für alle die Morgengabe betreffenden Fragen erreichen[44]. Teils wird auch Art 14 gegenüber Art 15 bevorzugt, weil es um eine im Ehevertrag festgelegte Ehewirkung „sui generis" gehe[45]. Letztlich ist für die bei der Scheidung (noch) zu zahlende Morgengabe der Einordnung bei Art 17 zuzustimmen, da die Ansprüche in der Tat weder von einem besonderen Güterstand noch von den typischen unterhaltsrechtlichen Voraussetzungen – wie Leistungsfähigkeit und Bedürftigkeit – abhängen, sondern idR in Abhängigkeit vom Scheidungsgrund bestehen[46]. **37**

Auch der Anspruch auf **Herausgabe von Hausrat** kann Anknüpfungsprobleme verursachen, soweit nicht Art 17a eingreift (zur Reichweite des Art 17a dort Rn 13ff). Erfolgen die Ansprüche im Rahmen des Scheidungsverfahrens, muss im Regelfall das Scheidungsstatut angewendet werden[47]. Anders kann es jedoch sein, wenn die Herausgabe des Hausrats oder der Ehewohnung nach dem Ehestatut güterrechtlichen oder unterhaltsrechtlichen Charakter trägt (s auch Art 17a Rn 8). Anders **38**

---

[34] *Kegel/Schurig* IPR § 20 VII 4, S 876.
[35] OLG Karlsruhe NJW-RR 2003, 725; OLG Frankfurt FamRZ 1992, 1182; OLG Stuttgart FamRZ 1993, 974, alle zu Art 143 Abs 2 aF türk ZGB.
[36] OLG Stuttgart FamRZ 1993, 975.
[37] S nur MünchKommBGB/*Winkler v. Mohrenfels* Art 17.
[38] OLG Köln NJW-RR 1994, 200; *Palandt/Heldrich* Rn 17; aA OLG Hamm FamRZ 1994, 1259 zu Art 15.
[39] Vgl OLG Stuttgart FamRZ 2007, 825, leider ohne Aussage zur Kollisionsnorm.
[40] So zu Recht OLG Hamburg FamRZ 2004, 459; zu den unterschiedlichen islamischen Schulen *Staudinger/Mankowski* Art 13 Rn 380ff; zum türkischen Recht OLG Hamm NJW-RR 1995,133; OLG Köln NJW-RR 1994, 200; zu allem *Henrich*, FS Sonnenberger, S 389ff; *Wurmnest* FamRZ 2005, 1878ff.
[41] Zu dieser Differenzierung – iE abl – *Andrae*, Internationales Familienrecht, § 3 B IV Rn 144ff; zur Geltendmachung der Morgengabe im Verbundverfahren BGHZ 160, 322 = NJW-RR 2005, 81.
[42] OLG Hamburg FamRZ 2004, 459; andeutend auch OLG Köln NJW-RR 2007, 154; OLG München IPRspr 1985 Nr 67; *Palandt/Heldrich* Rn 17.
[43] OLG Düsseldorf FamRZ 1998, 623; KG FamRZ 1988, 296; AG Hamburg IPRax 1983, 74; AG Memmingen IPRax 1985, 230; OLG Hamm FamRZ 1981, 875; *Erman/Holloch* Rn 38; *Heldrich* IPRax 1983, 64; *Heßler* IPRax 1988, 95, 97.
[44] *Andrae*, Internationales Familienrecht, § 3 B IV Rn 148ff; MünchKommBGB/*Siehr* Art 15 Rn 97; auch Art 15 Rn 44.
[45] OLG Köln NJW-RR 2007, 154; MünchKommBGB/*Winkler v. Mohrenfels* Rn 191; *Henrich*, FS Sonnenberger, S 389, 395.
[46] *Öztan* FamRZ 1998, 624; *Wurmnest* FamRZ 2005, 1879.
[47] So die hM, vgl OLG Hamm NJW-RR 1998, 1542; auch MünchKommBGB/*Winkler v. Mohrenfels* Art 17a Rn 19; *Henrich*, Internationales Scheidungsrecht, Rn 171ff; aA *Soergel/Schurig* Art 14 Rn 50 – immer Art 14 mwN.

mag es auch sein, wenn die Scheidung bereits so lange zurückliegt, dass die Aufteilung nur noch rein schuldrechtlichen Charakter trägt[48]. Wegen des Verfahrens ist die lex fori, also die HausratsVO, anzuwenden.

39 **cc) Selbstständige Scheidungsfolgen.** Für die meisten wesentlichen Scheidungsfolgen finden sich besondere Anknüpfungsnormen, die vorrangig anzuwenden sind. Der Anspruch auf **nachehelichen Unterhalt**, der Anspruch auf **Auskunft über die Vermögensverhältnisse** wegen Unterhalts[49] und auf **Abänderung** einer Ehegattenunterhaltsentscheidung unterliegen gemäß Art 18 Abs 4 S 1 **dem Unterhaltsstatut** − und damit nicht dem sich bei korrekter Anwendung des Art 17 ergebenden Scheidungsstatut, sondern dem **tatsächlich auf die Scheidung angewandten** Recht. Das gilt auch für **Unterhalt nach Trennung** (Art 18 Abs 4 S 2).

40 Der Anspruch gegen den anderen Ehegatten auf **Prozesskostenvorschuss** unterfällt nach heute überwiegender Ansicht wegen der Verwandtschaft zum Unterhaltsanspruch ebenfalls Art 18[50].

41 Auch die **sozialversicherungsrechtlichen Auswirkungen** der Scheidung werden selbstständig angeknüpft − im Grundsatz also nach dem Territorialprinzip, vgl nur § 3 SGB IV[51].

42 **Namensrechtliche** Folgen werden gesondert nach Art 10 angeknüpft[52].

43 **Kindschaftsrechtliche** Folgen der Scheidung für das Verhältnis zwischen Eltern und Kindern (elterliche Sorge über das eheliche Kind) unterliegen dem Kindschaftsrecht, Art 21 oder vorrangig dem Haager Minderjährigenschutzabkommen[53].

44 **Güterrechtliche** Scheidungsfolgen unterfallen dem Güterrechtsstatut (Art 15)[54]. Der **Versorgungsausgleich** (Ausgleich der in der Ehe unterschiedlich erworbenen Anwartschaften auf Invaliditäts- und Alterssicherung) wird nach Art 17 Abs 3 gesondert angeknüpft. Es gilt stets das „eigentliche" Scheidungsstatut des Art 17 Abs 1 S 1 (Rn 97 ff).

45 **c) Scheidungsausspruch.** Das Scheidungsstatut beeinflusst auch den Inhalt des Scheidungsausspruchs[55]. Wenn das Scheidungsstatut auf dem Verschuldensprinzip basiert oder die Scheidung aus Verschulden neben dem Zerrüttungsprinzip kennt, ist dies als sachrechtliche Scheidungsvoraussetzung zu berücksichtigen[56]. Das deutsche Gericht kann im Scheidungs- oder Trennungsurteil entsprechende sachrechtliche Feststellungen zur Schuld oder zum Mitverschulden aufnehmen[57].

46 Ein **Ausspruch zur Schuld** kann auch **in den Tenor** des deutschen Urteils aufgenommen werden[58]. Er **muss** in den **Tenor** aufgenommen werden, wenn davon die Wirkungen des Scheidungsurteils abhängen[59]. Bei Fehlen des Schuldausspruchs ist keine Urteilsergänzung und, wegen Identität des Streitgegenstands, keine neue Klageerhebung möglich[60]. Möglich ist dann vielmehr Einlegung der Berufung − oder − bei Rechtskraft, Berücksichtigung des Verschuldens bei den Folgeentscheidungen trotz des fehlenden Schuldausspruchs[61]. Aus dem Schuldausspruch können sich insbes Auswirkungen für die Scheidungs- oder Trennungsfolgen − wie etwa den Unterhalt − oder für die Anerkennungsfähigkeit ergeben.

47 **d) Scheidungsfolgen und ordre public.** Ausländische Scheidungsfolgen können als solche gegen den deutschen ordre public verstoßen. Wie stets muss auch hier bei der Anwendung des Art 6 mit Vorsicht vorgegangen werden[62].

Jedoch kann es gegen den ordre public verstoßen, wenn das anzuwendende Recht **einseitige Schuldtatbestände** kennt, die dazu führen, dass eine Seite (meist die Frau) auch bei den Folgen der Scheidung gegenüber dem Mann ungerechtfertigt benachteiligt wird.

48 Auch die Sicherung des Unterhalts der Mutter eines kleinen Kindes kann zum ordre public gehören. Der vollständige Ausschluss des Unterhalts für die Mutter eines Kleinkinds wegen Verwirkens einer Frist zur Geltendmachung verstößt gegen den ordre public (näher Art 18 Rn 71)[63].

---

[48] OLG Hamburg NJW-RR 2001, 1012.
[49] OLG Düsseldorf FamRZ 1981, 42.
[50] OLG Zweibrücken IPRax 1984, 329; auch Art 18 Rn 27.
[51] BSGE 83, 200 = NJWE-FER 1999, 255; *Kegel/Schurig* IPR § 23.
[52] AG Duisburg StAZ 1991, 256; *Palandt/Heldrich* Rn 17; s näher Art 10 Rn 34.
[53] Übereinkommen über die Zuständigkeit der Behörden und das anzuwendende Recht auf dem Gebiete des Schutzes von Minderjährigen vom 5. 10. 1961, BGBl 1971 II S 217, abgedruckt in *Palandt/Heldrich* Art 24 Anh Rn 1 ff.
[54] *Palandt/Heldrich* Rn 17; s Art 15 Rn 41.
[55] *Erman/Hohloch* Rn 41.
[56] BGH NJW 1988, 636; NJW 1982, 1940; OLG Karlsruhe NJW-RR 1990, 778; OLG Düsseldorf NJW-RR 1994, 1221; OLG Zweibrücken FamRZ 1997, 431.
[57] BGH NJW 1988, 636; OLG Zweibrücken FamRZ 1997, 431.
[58] BGH NJW 1988, 636, 638 betr Italien; OLG Zweibrücken FamRZ 1997, 431; OLG Hamm IPRax 2000, 308; FamRZ 1989, 625; OLG Celle FamRZ 1989, 623, alle betr Polen; OLG Karlsruhe NJW-RR 1990, 778 betr Portugal; FamRZ 1995, 738 betr Österreich; OLG Frankfurt IPRax 1982, 22 betr Griechenland; *Palandt/Heldrich* Rn 18; *Soergel/Schurig* Rn 68–75.
[59] *Johannsen/Henrich* Scheidungsrecht Rn 39; *Staudinger/Mankowski* Rn 236, 237; *Erman/Hohloch* Rn 42; *Junker* IPR Rn 535.
[60] OLG Hamm IPRax 2000, 308.
[61] Wie hier *Roth* IPRax 2000, 292.
[62] OLG Karlsruhe NJW-RR 2003, 725; OLG Frankfurt FamRZ 1992, 1182, jeweils kein Verstoß durch Anspruch auf Ersatz des immateriellen Schadens nach türkischem Recht.
[63] OLG Koblenz FamRZ 2004, 1877.

Scheidung **Art 17 EGBGB**

Zur Korrektur ist bei Verstoß das mildeste Mittel anzuwenden – nach Möglichkeit ist das ausländi- 49
sche Recht heranzuziehen, und nur im Notfall kann auf deutsches Recht zurückgegriffen werden
(näher Art 6 Rn 17)[64].

II. Anknüpfungspunkte. 1. Regelanknüpfung des Scheidungsstatuts (Abs 1 S 1). a) We- 50
sentlicher Zeitpunkt. Art 17 Abs 1 S 1 beruft das nach Art 14 für die **persönlichen Ehewirkungen**
maßgebende Recht. Dabei wird auf die Sachlage zum Zeitpunkt der **Rechtshängigkeit des Schei-**
dungsantrags (im Inland: Zustellung der Antragsschrift, §§ 608, 261, 253 Abs 1 ZPO) abgestellt.
Nachträgliche Änderungen der für die Anknüpfung maßgebenden Umstände wirken sich nicht mehr
aus. Während des Scheidungsverfahrens ist das Scheidungsstatut **unwandelbar**[65]. Anders ist es nur im
Rahmen des Abs 1 S 2, wo es sowohl für die Unscheidbarkeit wie auch für die deutsche Staatsangehörigkeit auf den Zeitpunkt der letzten mündlichen Verhandlung ankommt (näher Rn 57 ff)[66].

b) Verweis auf Art 14. Die Verweisung auf Art 14 schließt alle Anknüpfungen des Ehewirkungs- 51
statuts (Art 14 Abs 1, 2, 3 – die „Kegel'sche Leiter") mit ein (näher Art 14 Rn 24 ff). Das Scheidungsstatut bestimmt sich daher in erster Linie nach dem **gemeinsamen Heimatrecht** (Personalstatut)
der Ehegatten zum vorgenannten maßgebenden Zeitpunkt (Art 17 Abs 1 iVm Art 14 Abs 1 Nr 1). Bei
Doppelstaatern ist die in Art 5 Abs 1 S 1 und 2 bezeichnete effektive Staatsangehörigkeit zu berücksichtigen[67].

Art 5 Abs 1 S 2 führt dazu, dass bei Doppelstaatern, die auch die deutsche Staatsangehörigkeit 52
besitzen, stets nur die deutsche Staatsangehörigkeit zu beachten ist (näher Art 5 Rn 8). Hat einer der
Eheleute während der Ehe die deutsche Staatsangehörigkeit angenommen und daneben die ursprüngliche Staatsangehörigkeit beibehalten (wie nach § 25 Abs 2 StAG möglich), greift daher nicht Art 14
Abs 1 Nr 1, sondern Art 14 Abs 1 Nr 2.

Bei Angehörigen aus **Mehrrechtsstaaten** gilt Art 4 Abs 3: Soweit der betroffene Staat keine Vorgaben macht, 52.1
kommt es auf die engste Verbindung an. Für **Staatenlose** (unter den Geltungsbereich des New Yorker Übereinkommens) und für **internationale Flüchtlinge** (mit Flüchtlingsstatus unter dem Genfer Abkommen) gilt anstelle
der Staatsangehörigkeit gemäß Art 5 Abs 2 für Art 17 Abs 1 S 1 das Recht ihres **gewöhnlichen Aufenthalts**, bei
ihnen gleichgestellten Asylberechtigten das Recht ihres **Wohnsitzes**, hilfsweise das Recht ihres **schlichten Aufent-**
halts[68]. Volksdeutsche Flüchtlinge, Vertriebene und ihnen gleichgestellte Personen (Spätaussiedler) sind den deutschen Staatsangehörigen (als Deutsche iS von Art 116 GG) gleichgestellt, vgl Art 9 Abschnitt II Nr 5 FamRÄndG[69].

Fehlt eine gegenwärtige gemeinsame Staatsangehörigkeit, ist an das **letzte gemeinsame Heimat-**
recht anzuknüpfen, sofern ihm ein Ehegatte noch angehört[70].

Gibt oder gab es ein gemeinsames Heimatrecht nicht, so unterliegt die Scheidung dem Recht des 53
gemeinsamen gewöhnlichen Aufenthalts zur Zeit der Rechtshängigkeit des Scheidungsantrags
(Art 14 Abs 1 Nr 2). Dabei reicht es, wenn beide Ehegatten in demselben Staat leben, es ist nicht
erforderlich, dass die Ehegatten dort auch zusammen leben[71]. Besteht kein gemeinsamer Aufenthalt
mehr, so unterliegt die Scheidung dem Recht des Staates, in dem beide Ehegatten **zuletzt** ihren
gemeinsamen Aufenthalt hatten, sofern einer der Ehegatten diesen gewöhnlichen Aufenthalt
noch hat[72]. Für die Aufenthaltsbestimmung gelten die allgemeinen Regeln (näher Art 5
Rn 13 ff)[73]. Die Staatsangehörigkeit des Aufenthaltslands muss der Ehegatte nicht besitzen[74].

Ist ein solcher gemeinsamer gewöhnlicher Aufenthalt nicht vorhanden, so ist hilfsweise auf eine 54
sonstige **gemeinsame engste Verbindung** beider Ehegatten zu einem Staat abzustellen (Art 14
Rn 39). Hierfür sind sämtliche Einzelumstände heranzuziehen[75]. Eine engste Verbindung muss dann
in jedem Fall festgestellt werden, auch wenn dies schwierig sein kann. (Leichtfertig) die lex fori
anzuwenden, kann demgegenüber kein vorzugswürdiger Weg sein[76].

c) Rechtswahl. Die Wahl eines Rechts für die Scheidung ist unzulässig[77]. Eine bis zum Rechts- 55
hängigkeitszeitpunkt wirksam ausgeübte Rechtswahl der Ehegatten, die den Anforderungen von Art 14
Abs 2–4 entspricht, bestimmt aber – wegen des Verweises in Art 17 Abs 1 S 1 – immer auch das

---

[64] Vgl nur nochmals OLG Koblenz FamRZ 2004, 1877.
[65] OLG Hamm FamRZ 1995, 932, 933; näher AnwK-BGB/*Gruber* Rn 18; krit MünchKommBGB/*Winkler v.*
Mohrenfels Rn 36 f.
[66] BGHZ 169, 328 = NJW 2007, 220–223; OLG Köln FamRZ 1996, 947.
[67] BGH NJW-RR 1994, 642; OLG Stuttgart FamRZ 89, 760; OLG München FamRZ 1994, 634; BayObLG
NJW-RR 1994, 772; OLG Düsseldorf FamRZ 1994, 1262; OLG Hamm NJWE-FER 1997, 234; aA OLG Düsseldorf FamRZ 1987, 195 f; zur Bestimmung BayObLG ZEV 2005, 165.
[68] BGHZ 169, 240 = NJW-RR 2007, 145 betr abgelehnte Asylbewerber; OLG Zweibrücken FamRZ 2006,
1201; OLG Karlsruhe FamRZ 1996, 1147; NJW-RR 1991, 966; OLG Celle FamRZ 1998, 757; zu allem näher
Art 5 Rn 11 ff.
[69] AG Lengo IPRspr 2000, Nr 62, 131 f; MünchKommBGB/*Winkler v. Mohrenfels* Rn 63; umfassend Art 5 Rn 20
ff; *Kegel/Schurig* IPR § 13 II 6 und 7.
[70] BGH NJW-RR 1994, 642; OLG Karlsruhe FamRZ 1996, 1147.
[71] *Palandt/Heldrich* Rn 8.
[72] BGH NJW 1993, 2048 f.
[73] MünchKommBGB/*Sonnenberger* Einl IPR Rn 730; *Palandt/Heldrich* Art 5 Rn 10.
[74] *Palandt/Heldrich* Rn 8; *Erman/Hohloch* Art 14 Rn 19.
[75] Vgl OLG Düsseldorf FPR 2003, 468; AG Leverkusen FamRZ 2006, 950; *Palandt/Heldrich* Art 14 Rn 10.
[76] Sehr str, anders KG FamRZ 2002, 840, 842; zu leichtfertig auch OLG Schleswig StAZ 2006, 297; *Andrae*,
Internationales Familienrecht, § 4 Rn 17; wie hier aber *Staudinger/Mankowski* Art 14 Rn 68 ff.
[77] KG IPRax 2000, 544; MünchKommBGB/*Winkler v. Mohrenfels* Rn 38; aA AnwK-BGB/*Gruber* Rn 13.

Scheidungsstatut. Besteht eine Rechtwahl, muss sie somit auch im Scheidungsverfahren beachtet werden und geht der objektiven Anknüpfung des Scheidungsstatuts über Art 14 Abs 1 vor[78]. Auf diese Weise können die Ehegatten das Scheidungsstatut und damit das Ergebnis der Scheidung in gewissem Umfang durch Rechtswahl steuern[79]. Beziehen sich die Ehegatten im Verfahren beide auf eine bestimmte Rechtsordnung, die nicht dem Scheidungsstatut entspricht, liegt darin allein jedoch keine Rechtswahl[80]. Näher zu allem Art 14 Rn 42 ff.

56 **2. Scheidungserleichterung durch „regelwidrige" Anwendung deutschen Rechts (Abs 1 S 2). a) Normvoraussetzungen. aa) Unscheidbarkeit der Ehe.** Art 17 Abs 1 S 2 ist eine Regelung für die Fälle, in denen die Ehe nach dem anwendbaren Recht (gemäß Abs 1 S 1) nicht geschieden werden kann. Wenn der die Scheidung begehrende Ehegatte die deutsche Staatsangehörigkeit besitzt oder besaß, soll ersatzweise deutsches Scheidungsrecht zur Anwendung kommen. Die Grundsatzanknüpfung nach Art 17 Abs 1 S 1 wird dann verdrängt. Dadurch soll die Scheidung für die erfassten Personen erleichtert werden[81]. Dies muss konsequenterweise selbst dann gelten, wenn die Ehegatten wirksam ein Recht gewählt haben, welches zu einem Ausschluss der Scheidung führt. Ein deutscher Staatsangehöriger kann sich des Rechts auf Ehescheidung nicht begeben.

57 Zu unterscheiden sind dabei zunächst zwei Fallgruppen: Die Scheidung der Ehe kann nach dem allgemeinen Familienstatut nach S 1 entweder **generell** nicht zugelassen sein, oder sie kann **im konkreten Fall** bzw **zur Zeit nicht mehr** oder **noch nicht** möglich sein, etwa weil für die Scheidung der Ehe längere Trennungsfristen als nach deutschem Recht (§§ 1565, 1566 Abs 2 BGB) vorgeschrieben sind. Nur ein Teil dieser Fälle ist nach richtiger Ansicht von Abs 1 S 2 erfasst. Die Ehe muss generell oder im konkreten Fall überhaupt nicht oder überhaupt nicht mehr auflösbar sein[82]. Dagegen reicht es nicht, wenn die Voraussetzungen der Scheidung gegenüber dem deutschen Recht nur moderat erschwert sind, und zB längere Trennungsfristen abgewartet werden müssen[83]. Der Sinn der Vorschrift besteht nicht darin, dem deutschen Ehegatten immer die kompletten Vorteile des deutschen Scheidungsrechts (bzw eine Höchstwartezeit von einem Jahr gemäß § 1566 Abs 1 BGB) einzuräumen.

58 Daher muss die Nichtscheidbarkeit unbedingt **gesondert festgestellt** werden[84]; keinesfalls ist unter Übergehen des ausländischen Rechts gleichsam hilfsweise nach deutschem Recht zu scheiden. Wegen der nach Scheidungsstatut möglicherweise andersartigen Scheidungsfolgen genügt nicht die bloße Feststellung, die Ehe sei „jedenfalls auch" nach deutschem Recht scheidbar[85].

59 Ausreichend ist, dass die Ehe nach dem gemäß S 1 maßgebenden Scheidungsstatut zum Zeitpunkt der letzten **mündlichen Verhandlung** nicht oder nicht mehr geschieden werden kann[86].

60 **bb) Deutscher, die Scheidung begehrender Ehegatte.** Art 17 Abs 1 S 2 erlaubt die Anwendung deutschen Rechts im Interesse eines die **Scheidung begehrenden deutschen oder ehemals deutschen Ehegatten.** Das Scheidungs*begehren* äußert sich durch Stellung des Scheidungsantrags, bei einverständlicher Scheidung reicht die bloße Zustimmung zum Scheidungsbegehren des anderen Ehegatten.

61 Die Norm erfasst alle Deutschen iS des Art 116 GG (Art 5 Abs 1 S 2; Art 9 Abschnitt 2 Nr 5 FamRÄndG; §§ 1 ff BVFG) sowie Flüchtlinge etc, mit deutschem Personalstatut[87]. Der Betroffene muss entweder deutscher Staatsangehöriger sein oder es einmal gewesen sein. Der Verlust der deutschen Staatsangehörigkeit durch die Eheschließung selbst schadet also ebenso wenig, wie die freiwillige oder unfreiwillige Aufgabe bei oder nach der Eheschließung. Für den Zeitpunkt der Voraussetzungen des Abs 1 S 2 kommt es nicht auf die Rechtshängigkeit, sondern auf die letzte mündliche Verhandlung an. Es reicht also der Erwerb der deutschen Staatsangehörigkeit **nach Eintritt der Rechtshängigkeit** oder ein Eintreten der Unscheidbarkeit nach Eintritt der Rechtshängigkeit. Ansonsten würden die Abweisung der Klage und die erneute Klageerhebung nötig, ohne dass für eine solche Verfahrensdopplung ein sachlicher Grund erkennbar wäre[88].

62 **cc) Reichweite der Anwendung deutschen Sachrechts.** Die regelwidrige Anknüpfung bezieht sich auf die Scheidungsvoraussetzungen und Scheidungsfolgen[89], nicht aber auf den Versorgungsaus-

---

[78] *Palandt/Heldrich* Rn 8.
[79] *Staudinger/Mankowski* Rn 139.
[80] OLG Karlsruhe NJW-RR 2006, 369.
[81] MünchKommBGB/*Winkler v. Mohrensfels* Rn 59; krit *Henrich* FamRZ 1986, 841 ff, 850 f.
[82] BGHZ 169, 328 = NJW 2007, 220; OLG Stuttgart FamRZ 2006, 43; OLG Hamm FamRZ 2004, 954; OLG Köln IPRax 1989, 310 LS; AG Hamburg FamRZ 1998, 1590; *Henrich* FamRZ 2007, 117; *Andrae*, Internationales Familienrecht, § 4 Rn 22 f.
[83] So aber OLG Celle FamRZ 1987, 160; *Dopffel* FamRZ 1987, 1205 ff, 1213; *Palandt/Heldrich* Rn 9; MünchKommBGB/*Winkler v. Mohrenfels* Rn 67 f; *Staudinger/Mankowski* Rn 168; teilweise aA AnwK-BGB/*Gruber* Rn 35.
[84] *Erman/Hohloch* 17 Rn 24; *Palandt/Heldrich* Rn 9.
[85] *Lüderitz* IPRax 1987, 74, 75: keine Alternativität, sondern Subsidiarität deutschen Rechts; *Erman/Hohloch* Rn 24.
[86] *Palandt/Heldrich* Rn 9; MünchKommBGB/*Winkler v. Mohrenfels* Rn 68; AnwK-BGB/*Gruber* Rn 34; aA *Kersting* FamRZ 1992, 274: Zeitpunkt der Rechtshängigkeit.
[87] Generell zu deren Rechtsposition Art 5 Rn 20 ff; vgl auch MünchKommBGB/*Winkler v. Mohrenfels* Rn 63, 65.
[88] BGHZ 169, 328 = NJW 2007, 220; MünchKommBGB/*Winkler v. Mohrenfels* Rn 66: letzte mündliche Verhandlung; **aA** die wohl **hM** *Palandt/Heldrich* Rn 9; *Staudinger/Mankowski* Rn 176 f; *Lüderitz* IPRax 1987, 74, 76; *Kersting* FamRZ 1992, 268 ff, 275; *v. Hoffmann/Thorn* IPR § 8 Rn 51; AnwK-BGB/*Gruber* Rn 37.
[89] *Palandt/Heldrich* Rn 9, 19; *Erman/Hohloch* Rn 25; aA für Hausrat *Piltz*, Internationales Scheidungsrecht S 101.

gleich. Der Versorgungsausgleich wird wegen Abs 3 S 1 vom Scheidungsstatut nach Abs 1 S 1 beherrscht[90].

dd) Keine Sperrwirkung, keine Erfassung ungewollter Scheidungsfolgen. Gewährt umgekehrt das Scheidungsstatut die Scheidung, ist diese aber vom deutschen Recht nicht vorgesehen, fungiert S 2 nicht als Sperre[91]. Hier ist allenfalls auf Art 6 zu achten. Dasselbe gilt, wenn das ausländische Recht zwar die Scheidung vorsieht, die Scheidungsfolgen aber deutschen Rechtsgrundsätzen widersprechen (Rn 67 f). 63

b) Erweiterter Anwendungsbereich. aa) Keine analoge Anwendung bei nicht ermittelbarem Recht. Vereinzelt wird vorgeschlagen, Art 17 Abs 1 S 2 entsprechend anzuwenden, wenn sich der Inhalt des nach Art 17 Abs 1 S 1, Art 14 maßgebenden Rechts nicht ermitteln lässt[92]. Das ist jedoch überhaupt nicht erforderlich, da es ohnehin die allgemeine kollisionsrechtliche Regel gibt, dass bei unermittelbarem ausländischem Recht die lex fori, also deutsches Recht, anzuwenden ist (vgl Einl IPR Rn 84)[93]. 64

bb) Keine analoge Anwendung auf andere Staatsangehörige. Gegen Art 17 Abs 1 S 2 wird oft vorgebracht, dass die einseitige Fassung (nur für Deutsche) eine Belastung des internationalen Entscheidungseinklangs und eine einseitige Bevorzugung deutscher Staatsangehöriger bewirke. Daher ist vereinzelt vorgeschlagen worden, Art 17 Abs 1 S 2 entgegen seinem Wortlaut allseitig zu verstehen, und ihn auch dann anzuwenden, wenn Angehörige anderer Staaten von einem ihrem Heimatrecht fremden Scheidungsverbot betroffen sind[94]. Dem muss widersprochen werden. Zwar wird die Einseitigkeit der Norm zu Recht kritisiert – in ihrer bewussten Beschränkung gerade auf Deutsche lässt sie ein solches allseitiges Verständnis aber nicht zu[95]. 65

Eine andere Frage ist, ob die Norm diskriminierend iS des Art 12 EG-Vertrag und damit europarechtswidrig ist. Art 12 EG-Vertrag verbietet jede Diskriminierung aufgrund der Staatsangehörigkeit. Er erfasst somit nicht nur die explizite Benachteiligung von EU-Ausländern sondern auch die Bevorzugung von Inländern. Meist wird dennoch vertreten, ein Verstoß liege nicht vor, da Art 12 EG-Vertrag nur solche Rechtsgebiete erfasse, die von der Kompetenz der EU umfasst seien, und dazu gehöre das internationale Eherecht nicht[96]. Inzwischen kann aber kein Zweifel mehr daran bestehen, dass die EU auch für das internationale Eherecht zuständig ist (vgl zur Rom III-VO Rn 8). In den seltenen Fällen, in denen ein EU-Ausländer in Deutschland auf Grund der Tatsache, dass er nicht Deutscher iS des Art 17 Abs 1 S 2 ist, keine Scheidung erlangen kann, greift das Diskriminierungsverbot ein[97]. 66

3. Unscheidbarkeit der Ehe als Verstoß gegen Art 6. Wenn die Ehe nach dem berufenen Scheidungsstatut nicht geschieden werden kann, ist zu überlegen, ob darin ein Verstoß gegen Art 6 – den deutschen ordre public – besteht. Ein Verstoß gegen den ordre public kann – im konkreten Einzelfall – zunächst auf einer Verletzung des Art 6 Abs 1 GG beruhen[98]. Denn die Ehescheidungsfreiheit ist in Deutschland tief verwurzelt und kann – etwa unter dem Gesichtspunkt der Freiheit, eine neue, intakte Ehe zu schließen – als mit von Art 6 Abs 1 GG geschützt angesehen werden. Häufiger noch wird eine Verletzung des Art 3 Abs 2 GG[99] vorkommen. Schließlich ist ein Verstoß gegen Art 4 GG denkbar, und zwar insbes, wenn die Scheidung den Zwang zur Durchführung religiöser Handlungen umfasst[100]. 67

Inwieweit die Scheidungsfeindlichkeit eines Rechts hinzunehmen ist, soweit nur Art 6 Abs 1 GG und nicht gleichzeitig Art 3 Abs 2 GG verletzt ist, und wieweit die Unscheidbarkeit der Ehe nach dem Scheidungsstatut folglich nicht über Art 6 korrigiert werden darf, ist streitig. Immerhin hat der BGH diese Möglichkeit jetzt grundsätzlich bejaht[101]. Wie im Rahmen des Art 6 stets erforderlich, muss auch bei der Ehescheidung auf den Inlandsbezug abgestellt werden. Wenn das gemeinsame Heimatrecht der Ehegatten zum Scheidungsstatut berufen ist, wird ein Verstoß gegen den ordre public daher nur selten anzunehmen sein. Denkbar ist dies aber, wenn die Ehegatten sich sehr weit von dem Heimatstaat entfremdet haben, zB weil sie schon lange in Deutschland leben und keine Rückkehr planen. Insgesamt ist die Möglichkeit der Ehescheidung in Deutschland von so fundamentaler rechtlicher Bedeutung, dass bei deutlichem Inlandsbezug und unter Berücksichtigung aller Aspekte des jeweiligen Einzelfalls eine Korrektur möglich sein muss[102]. 68

---

[90] AG Mainz NJW-RR 1990, 780; *Palandt/Heldrich* Rn 19; *Prütting/Rausch* Rn 19; *Jayme* IPRax 1987, 167, 168; *Lüderitz* IPRax 1987, 74, 78; aA OLG Karlsruhe IPRax 1990, 52 f.
[91] *Erman/Hohloch* Rn 24.
[92] Andeutend *Palandt/Heldrich* Rn 9.
[93] *Staudinger/Mankowski* Rn 170.
[94] *Kegel/Schurig* IPR § 20 VII 2 a bb; *Soergel/Schurig* Rn 32 aE.
[95] Wie hier AnwK-BGB/*Gruber* Rn 43.
[96] Etwa *Staudinger/Mankowski* Rn 165 a.
[97] AA AnwK-BGB/*Gruber* Rn 43.
[98] BGHZ 169, 240 = NJW-RR 2007, 145.
[99] OLG Rostock FamRZ 2006, 947.
[100] OLG Oldenburg FamRZ 2006, 950 m Anm *Henrich* IPRax 2007, 137.
[101] Sehr gut begründet BGHZ 169, 240 = NJW-RR 2007, 145; nachdrücklich dafür auch *Rauscher* IPRax 2006, 140; *ders* JZ 2007, 738 ff, 743.
[102] Wie hier BGHZ 169, 240 = NJW-RR 2007, 145; *Andrae,* Internationales Familienrecht, § 4 Rn 59; *Rauscher* IPRax 2006, 140; *Looschelders* IPR Rn 13; anders OLG Karlsruhe IPRax 2006, 181; *Palandt/Heldrich* Rn 11;

68. 1 Vollständige Scheidungsverbote existieren inzwischen nur noch in sehr wenigen Staaten (wohl Andorra, Malta, die Philippinen und im Vatikan). Es gibt aber einzelne Staaten, welche die Ehescheidung dem Recht der jeweiligen Religionsgemeinschaft der Ehegatten überlassen. Daher ist die Auflösung der Ehe christlicher Minderheiten in einigen islamischen Staaten ausgeschlossen[103]. Unter Umständen können auch sehr hohe Voraussetzungen an die Scheidung bereits gegen den deutschen ordre public verstoßen[104].

69 Häufiger kommen Verstöße gegen Art 3 Abs 2 GG vor, die anders als die Verstöße gegen Art 6 Abs 1 GG allgemein als Verletzung des deutschen ordre public anerkannt werden. Dabei kommt es aber stets darauf an, ob die Ehefrau im konkreten Fall benachteiligt ist. Soweit es um die Möglichkeit der Scheidung geht, ist ein Verstoß gegen den ordre public jedenfalls dann zu bejahen, wenn die Frau (anders als in der umgekehrten Situation der Mann) keine Möglichkeit hat, die Scheidung zu erreichen und wenn nach deutschem Recht die Scheidung möglich wäre[105]. Die Ehe wird dann nach deutschem Recht geschieden, soweit sich nicht im fremden Recht doch eine Grundlage findet, die heran gezogen werden kann[106]. Eine willkürliche Fortentwicklung des fremden Rechts, etwa in der Weise, dass ein Verstoßungsrecht auch der Frau angenommen wird, ist dagegen nicht möglich[107].

70 Etwas anderes ist es, wenn das Scheidungsverfahren – insbes das Recht des Mannes, dieses gänzlich einseitig zu steuern – (Rn 95) oder die Scheidungsfolgen gegen den deutschen ordre public verstoßen (Rn 47).

71 **4. Anwendung deutschen Rechts bei hinkender Inlandsehe (Abs 1 S 2 entsprechend).** Immer wieder kommt es vor, dass im Inland eine Ehe geschlossen worden ist, die nach dem für die Scheidung maßgeblichen Recht (etwa dem Heimatrecht nach Art 14 Abs 1 Nr 1) jedoch überhaupt nicht als wirksame Ehe angesehen wird, weil bestimmte Voraussetzungen nicht erfüllt sind[108]. Solche nur im Inland wirksamen Ehen werden als **„hinkende Ehen"** oder Inlandsehen bezeichnet. Hinkende (Inlands-)Ehen kommen vor, wenn das Heimatrecht eine in Deutschland oder in einem Drittstaat durchgeführte Eheschließung nicht anerkennt. Das beruht oftmals auf besonderen Formvoraussetzungen an die Eheschließung. Häufig besteht oder bestand zur Zeit der Eheschließung die Notwendigkeit religiöser Trauung. Denkbar sind auch andere Ehehindernisse[109]. Davon zu unterscheiden sind Ehen, die hinken, weil eine im Ausland bereits erfolgte Auflösung der Ehe in Deutschland nicht anerkannt werden kann.

72 Für hinkende Ehen wird nicht das durch Art 17 Abs 1, Art 14 Abs 1 zu ermittelnde Ehestatut angewendet, sondern sie werden in entsprechender Anwendung von Abs 1 S 2 nach deutschem Recht geschieden. Das gilt selbst dann, wenn keiner der Beteiligten Deutscher ist. Ist also die Ehe nach dem für die Heiratsform geltenden deutschen Recht gültig (zB Standesamtsehe), nach dem Scheidungsstatut aber Nichtehe, wird sie allein nach deutschem Recht geschieden und nicht nach dem Recht, nach welchem gar keine Ehe vorliegt[110].

73 Argumentiert wird für diese regelwidrige Anwendung deutschen Rechts oftmals damit, dass das ausländische Recht die Ehe nicht wolle, also sein Desinteresse an der Verbindung zeige[111]. Es muss aber auch an die Interessen der Ehegatten gedacht werden. Insbes wenn die Ehe deswegen hinkt, weil sie im Ausland als **schon aufgelöst** gilt, ist daher anders zu entscheiden. Dann müssen die ausländischen Scheidungsgründe angewendet werden, solange sie geringer sind als die inländischen. Differenziert werden muss auch bei den **Scheidungsfolgen.** Auch für diese kann das ausländische Scheidungsstatut beachtlich sein, wenn dies der gelebten Ehe entspricht[112].

74 **III. Scheidung durch deutsche Gerichte. 1. Grundsatz Scheidungsmonopol (Abs 2). a) Keine Privatscheidung im Inland.** Das Scheidungsstatut bestimmt auch, auf welche Art und Weise die Scheidung als solche durchgeführt wird. Die Durchführung der Scheidung (Vollzug) wird also zunächst ebenfalls nach Art 17 Abs 1 angeknüpft. Soweit das eigentliche Verfahrensrecht betroffen ist, gilt allerdings die lex fori (Rn 84). Auch soweit das Scheidungsstatut für den Vollzug der Scheidung materiellrechtlich zu qualifizierende Voraussetzungen aufstellt, sind dabei jedoch Grenzen gesetzt. Eine **inländische Scheidung** ist – unabhängig vom Scheidungsstatut – **nur durch gerichtliches Urteil** (§ 1564 BGB) möglich[113]. Inland iS von Abs 2 sind auch ausländische Botschaften in Deutschland[114].

Staudinger/Mankowski Rn 106; Erman/Hohloch Rn 34; bei Unscheidbarkeit im Scheidungsstatut sowie im Heimatrecht auch v. Bar IPR II Rn 255.
[103] Dazu etwa Rauscher IPRax 2006, 140.
[104] Staudinger/Mankowski Rn 20 ff mit einer näheren Übersicht über die scheidungsfeindlichen Rechtsordnungen.
[105] BGHZ 160, 322 = NJW-RR 2005, 81; OLG Rostock FamRZ 2006, 947; OLG Zweibrücken NJW-RR 2002, 581; OLG Frankfurt IPRspr 2001, Nr 59, 130; Rauscher IPRax 2000, 391; Staudinger/Mankowski Rn 112.
[106] AG Bochum Streit 2003, 86; OLG Hamm IPRax 1995, 175 m Anm Henrich 166; MünchKommBGB/Winkler v. Mohrenfels Rn 138; aA v. Bar IPR Bd 2 Rn 265, der für die Frau stets deutsches Recht heranziehen will.
[107] OLG Stuttgart FamRZ 2004, 25.
[108] OLG Stuttgart FamRZ 1980, 783; OLG Koblenz NJW-RR 1994, 647; OLG Hamm FamRZ 1994, 1182.
[109] OLG Koblenz NJW-RR 1994, 647: Religionsverschiedenheit als Ehehindernis nach ägyptischem Recht.
[110] OLG Hamm FamRZ 1994, 1182; OLG Koblenz NJW-RR 1994, 647; Palandt/Heldrich Rn 10; MünchKommBGB/Winkler v. Mohrenfels Rn 88; v. Bar IPR Bd 2 Rn 259; diff Kegel/Schurig IPR § 20 VII 2 a dd: deutsches Recht nur, wenn es geringere Voraussetzungen an die Scheidung stellt als das Scheidungsstatut; Soergel/Schurig Rn 34: Ehe soll nicht stärker binden als nach jedem der beiden Rechte; gänzlich gegen die Anwendbarkeit deutschen Rechts Looschelders IPR Rn 10.
[111] So etwa MünchKommBGB/Winkler v. Mohrenfels Rn 88.
[112] Näher Johannsen/Henrich Eherecht Rn 34.
[113] Begr RegE, BT-Drucks 10/504 S 61; OLG Stuttgart FamRZ 2004, 25.
[114] BGHZ 82, 34; OLG Frankfurt EzFamR aktuell 2003, 92; MünchKommBGB/Winkler v. Mohrenfels Rn 97.

Art 17 Abs 2 ist zwingend und führt in Verbindung mit § 1564 S 1 BGB das **gerichtliche** 75
Scheidungsmonopol des deutschen formellen und materiellen Scheidungsrechts in das Kollisionsrecht ein.

Die Privatscheidung ohne Mitwirkung staatlicher Gerichte ist in vielen Rechtsordnungen vorgesehen. So kann 76
nach islamischem Recht die Verstoßung erfolgen (talaq)[115]. Viele Staaten kennen den Aufhebungsvertrag ohne oder mit Registrierung – so Südkorea[116], Japan[117], Taiwan[118], Thailand[119]. Verbreitet ist auch die Scheidung durch behördlichen Akt, die in Deutschland ebenfalls nicht möglich ist. In Brasilien wurde nun die notarielle Scheidung eingeführt[120]. Das jüdische Recht kennt die Übergabe des Scheidebriefes (Get)[121]. In Deutschland ausgeschlossen sind schließlich auch Scheidungen durch **nichtstaatliche Gerichte** also zB Geistliche oder Kirchengerichte[122].

Wenn im Inland entgegen Art 17 Abs 2 eine Privatscheidung erfolgt ist, kann diese für den Staat des 77
Scheidungsstatuts oder für Drittländer idR wirksam sein. Dennoch wird die Ehe aus deutscher Sicht nicht aufgelöst. Das Eheband bleibt erhalten und ein inländisches Gestaltungsurteil wird nicht entbehrlich[123].

Erfolgt in Deutschland eine private Scheidung und wird diese im Heimatstaat anerkannt, so dass die 78
Ehe dort als aufgelöst gilt, spricht man von einer „**hinkenden Scheidung**". So eine hinkende Scheidung führt zu einer hinkenden – nämlich nur noch in Deutschland wirksamen – Ehe. Eine spätere gerichtliche Inlandsscheidung in Deutschland ist möglich – und kann nach deutschem Recht vorgenommen werden (Rn 71 ff)[124].

Wenn eine **Privatscheidung nicht vollkommen in Deutschland** durchgeführt wird, sondern zB 79
ein Ehegatte in Deutschland und einer im Ausland lebt und beide an ihrem jeweiligen Wohnort agieren, muss entschieden werden, ob Abs 2 eingreift oder ob bereits von einer privaten Auslandsscheidung ausgegangen werden kann. Diese würde unter Abs 2 fallen und könnte nach allgemeinen Maßstäben anerkannt werden. Beachtlich ist bei der Abgrenzung von In- und Auslandsscheidung nicht nur das Scheidungsmonopol als solches, sondern auch das Bedürfnis nach Rechtsklarheit. Die hM lässt es dennoch zu, dass ein nicht konstitutiver Teilakt einer Auslandsscheidung in Deutschland erfolgt. So begründet allein **inländischer Zugang** einer im Ausland abgegebenen Erklärung (insbes des an sich ohne Zugang wirksamen talaq) keine unzulässige Inlandsscheidung iS von Abs 2. Es handelt sich hierbei um eine **Auslandsscheidung**[125]. Konstitutive Akte – wie Übergabe des Scheidebriefes, Erklärung des talaq[126] – dürfen dagegen nicht privat im Inland erfolgen[127]. Dieser differenzierenden Ansicht muss aus systematischen wie praktischen Argumenten zugestimmt werden: Schließlich ist die im Ausland erfolgende Privatscheidung nicht schon deshalb ausgeschlossen, weil ein Ehegatte seinen gewöhnlichen Aufenthalt in Deutschland hat. Dann aber werden sich Zustellungen oder Beglaubigungen in Deutschland kaum vermeiden lassen[128].

Die **Feststellung der Unwirksamkeit** einer im Inland vollzogenen reinen Privatscheidung ohne 80
behördliche Mitwirkung kann durch **Feststellungsurteil** gemäß §§ 256, 638 ZPO erfolgen, ansonsten inzident, wenn es in einem Verfahren um den Bestand der Ehe als Vorfrage geht[129]. Zur Anerkennung einer Auslandsprivatscheidung Rn 173.

b) Wirkung ausländischer Privatscheidung. Über die **Wirkungen** einer Privatscheidung **im** 81
Ausland entscheidet das jeweilige Scheidungsstatut.

Für die **Wirksamkeit von im Ausland vorgenommenen Privatscheidungen** im Inland kommt 82
es auf die **Anerkennungsfähigkeit** an, die sich, soweit keine Behörde und kein Gericht beteiligt ist (zB Wirksamkeit erst nach Registrierung), allein nach Art 17 richtet. Eine Privatscheidung entfaltet in Deutschland nur Wirkung, wenn das nach Art 17 ermittelte Scheidungsstatut sie zulässt. Die Anerken-

---

[115] Beispiele bei BGHZ 160, 322 = NJW-RR 2005, 81; OLG Rostock FamRZ 2006, 947; OLG Stuttgart IPRax 1988, 172; AG Frankfurt/M NJW 1989, 1434; OLG München IPRax 1989, 238, 241; *Elwan/Mehnhofer* StAZ 2005, 168; *Rauscher* IPRax 2000, 391; *Lüderitz*, FS Baumgärtel, 1990, S 335.
[116] *Chang* in: *Bergmann/Ferid/Henrich* Länderbericht Republik Korea S 17.
[117] §§ 763 ff jap ZGB – dazu *Yamauchi/Menkhaus/Sato* in: *Bergmann/Ferid/Henrich* Länderbericht Japan S 29 f.
[118] *Altenburger* in: *Bergmann/Ferid/Henrich* Länderbericht Republik China S 27.
[119] BGHZ 82, 45; näher *König-Tumpiya* in: *Bergmann/Ferid/Henrich* Länderbericht Thailand S 28.
[120] *Weishaupt* StAZ 2007, 244.
[121] Näher OLG Oldenburg FamRZ 2006, 950 m Anm *Henrich* IPRax 2007, 137, der betont, dass die jüdische Privatscheidung sich darin von der Verstoßung unterscheidet, dass dem privaten Akt ein religionsgerichtliches Verfahren vorgeschaltet ist.
[122] BGH FamRZ 1994, 435 – dort allerdings zur Anerkennung der Scheidung durch ein Rabbinatsgericht – zu allem näher die Übersicht bei *Staudinger/Mankowski* Rn 58 ff.
[123] Ganz hM, *Palandt/Heldrich* Rn 12; *Erman/Hohloch* Rn 29; aA *Kegel/Schurig* IPR § 20 VII 3 b, der meint, richtiger wäre Feststellungsurteil.
[124] BGHZ 82, 34.
[125] BayObLG IPRax 1982, 104 f – dort allerdings wegen ordre public Verstoßes dennoch keine Anerkennung; OLG Frankfurt NJW 1990, 646, 647.
[126] Zu den sich aus den unterschiedlichen Regelungen in verschiedenen Staaten hier ergebenden Problemen näher *Henrich*, Internationales Scheidungsrecht, Rn 46 f.
[127] OLG Stuttgart IPRax 1988, 172; BayObLG FamRZ 1985, 75; OLG Düsseldorf IPRax 1986, 305; *Palandt/Heldrich* Rn 12; aA, allerdings bei bloßer Beglaubigung einer Erklärung in Deutschland, KG StAZ 1984, 309; insgesamt großzügiger *Beule* IPRax 1988, 150.
[128] Ähnlich MünchKommBGB/*Winkler v. Mohrenfels* Rn 100.
[129] OLG Hamm IPRax 1989, 107; *Palandt/Heldrich* Rn 36; *Lüderitz*, FS Baumgärtel, 1990, S 342 betont, dass jeder besondere Verfahrensakt unnötig sei.

nung einer ausländischen Privatscheidung ist nicht möglich, wenn das Scheidungsstatut deutsches Recht ist[130].

83 Bei konstitutiver behördlicher Beteiligung gelten Art 21 ff EheGVO II, wenn die Entscheidung aus einem EU-Mitgliedstaat stammt, oder Art 17 iVm Art 7 § 1 FamRÄndG (näher Rn 167 ff). Art 7 § 1 FamRÄndG wird nach ganz hM immer bereits dann angewendet, wenn überhaupt eine Behörde beteiligt ist, und sei es nur durch Registrierung[131].

84 **2. Durchführung der Scheidung im Inland bei ausländischem Scheidungsstatut. a) Geltung deutschen Verfahrensrechts.** Für das Verfahren gilt bei in Deutschland durchzuführenden Scheidungen die **lex fori**. An die Stelle eines ausländischen Verfahrens tritt das inländische gerichtliche (Scheidungs-)Verfahren mit inländischen Verfahrensregeln (§§ 606 ff ZPO)[132]. Der Scheidungsantrag wird daher nach deutschem Verfahrensrecht auf seine Zulässigkeit und nach dem Scheidungsstatut auf seine Begründetheit geprüft. An die Stelle einem Scheidungsstatut vorgesehenen nichtgerichtlichen Verfahrens (Verfahren der freiwilligen Gerichtsbarkeit; Verwaltungsverfahren, sondergesetzliche Scheidung; Scheidung durch Behörden oder geistliche Gerichte; Scheidung nur mit Eintragung in Register des Standesamtes) tritt der deutsche Ehescheidungsprozess, der mit Gestaltungsurteil endet. Um die ausländischen Scheidungsvoraussetzungen zu erhalten, werden ausländische private oder verfahrensrechtliche Akte soweit möglich in das deutsche Verfahren integriert (näher sogleich Rn 86). Die Abgrenzung von materiellrechtlichen und verfahrensrechtlichen Vorschriften ist nicht immer einfach zu treffen. Insbes können auch bestimmte Anforderungen an das Scheidungsverfahren, etwa bestimmte Antragserfordernisse zur Erreichung der einvernehmlichen Scheidung materiellrechtlichen Charakter tragen. Dann gilt das Scheidungsstatut[133].

85 **Vollzug der Scheidung** in Deutschland geschieht in jedem Fall durch gerichtliches **Gestaltungsurteil.** Dies gilt auch, wenn das Scheidungsstatut eine Scheidung durch Rechtsgeschäft oder durch Verstoßung kennt[134].

86 **b) Beachtung ausländischer Verfahrensbesonderheiten im deutschen Scheidungsverfahren. aa) Abgrenzung von materiellen und verfahrensrechtlichen Akten.** Probleme kann die Qualifikation von ausländischen Rechtsakten als materiell- oder als verfahrensrechtlich verursachen. Materielle Rechtsakte gehören zum Scheidungsstatut und richten sich daher ohne weiteres nach dem fremden Recht. Verfahrensrechtliche Voraussetzungen sind dagegen im Grundsatz in Deutschland nicht zu übernehmen, da für das Verfahren insgesamt die lex fori, also deutsches Recht gilt. Im Sinne einer verbesserten Chance der Anerkennung sollten, ohne Beharren auf der strengen Unterscheidung **auch verfahrensrechtliche Bestandteile** ausländischer Ehescheidungen in das deutsche Verfahren **integriert** werden. Insbes im fremden Recht vorgesehene Sühneversuche können durchgeführt werden[135]. Auch andere Verfahrensregeln mit materiellrechtlichem Anteil, wie zB die Mitwirkung der **Staatsanwaltschaft** im Scheidungsverfahren, dürfen und sollten angewendet werden, wenn deutsches Verfahrensrecht entsprechenden Raum lässt und erst dadurch nach § 606 Abs 1 Nr 4 ZPO zu beachtende Anerkennungsfähigkeit des deutschen Urteils im Ausland herbeigeführt werden kann. Die Notwendigkeit der Durchführung entfällt, wenn der betroffene Heimatstaat auf die Anwendung solcher Verfahrensregeln verzichtet[136]. So ist es bei der Beteiligung der Staatsanwaltschaft, wie das italienische Recht sie fordert. Diese wird, anders als hier vertreten, oftmals für den mit dem deutschen Verfahrensrecht nicht vereinbar gehalten und deshalb ausgeschlossen. Das ist unproblematisch, seit es für die Anerkennung in Italien auf diese Beteiligung nicht mehr ankommt[137]. (Zu den Folgen einer wirklichen Unvereinbarkeit von ausländischen Verfahrensvorgaben und deutschem Verfahrensrecht auch Rn 164).

87 Reine Verfahrensregeln des ausländischen Scheidungsstatuts sind nicht zu beachten (vgl näher Rn 90 aE, 92).

88 **bb) Vorstadien und Vorbedingungen der Ehescheidung.** Einige Rechtsordnungen kennen nicht die unmittelbare Scheidung der Ehe, sondern verlangen das Durchlaufen einer Phase der Lockerung oder auch sonstige vorgelagerte Verfahrensakte. Bedeutsam ist die besonders in Italien verlangte **Trennung von Tisch und Bett.** Hier bestimmt das ausländische Trennungsstatut (vgl zur Anwendbarkeit des Art 17 auf solche Trennungen Rn 13) den Charakter und – soweit keine gesonderte Anknüpfung gilt – die Folgen der Trennung. Es gilt jedoch inländisches Verfahren, soweit der Vollzug der Trennung durch gerichtliches Gestaltungsurteil betroffen ist.

89 In der **Türkei** wird bei bestimmten Scheidungstatbeständen eine gerichtliche Rückkehraufforderung verlangt[138]. Unstreitig kann diese von deutschen Gerichten ausgesprochen werden. Streitig ist aber, ob

---

[130] BGHZ 110, 267–278 = NJW 1990, 2194; BayObLG FamRZ 2003, 381; OLG Celle FamRZ 1998, 686.
[131] *Zöller/Geimer* § 328 ZPO Rn 311 mwN.
[132] *Palandt/Heldrich* Rn 11; *Herfarth* IPRax 2000, 101, 102.
[133] MünchKommBGB/*Winkler v. Mohrenfels* Rn 131 f.
[134] Ganz hM, BGHZ 160, 322; OLG München IPRax 1989, 238; *Henrich*, Internationales Scheidungsrecht, Rn 97 f; MünchKommBGB/*Winkler v. Mohrenfels* Rn 135 ff; für Belassung der Gestaltungswirkung der Scheidung durch Rechtsgeschäft und inländisches Feststellungsurteil, dass Ehe nicht mehr besteht, hingegen *Kegel/Schurig* IPR § 20 VII 3 b.
[135] OLG Frankfurt FamRZ 2001, 293; OLG Karlsruhe NJW-RR 1990, 778; OLG Bremen IPRax 1985, 47, jeweils zu gerichtlichen Sühneversuchen; OLG Hamburg FamRZ 2001, 1007 zu einem privaten Sühneversuch.
[136] AG Lüdenscheid FamRZ 2002, 1486.
[137] OLG Frankfurt IPRax 1983, 193.
[138] Art 164 Abs 2 türk ZGB; näher *Heiderhoff* IPRax 2007, 118.

dies – ganz abweichend von den türkischen Vorschriften – auf der Basis einer Sachprüfung durch Urteil zu geschehen hat[139], oder ob eine Anpassung deutschen Verfahrensrechts in der Weise möglich ist, dass die Gerichte tatsächlich den bloßen Formalakt durchführen, die Rückkehraufforderung auszusprechen[140].

cc) Verfahrensvorschriften bei Scheidungsfolgen und Verbund. Die im fremden (oder im deutschen § 630 ZPO) Recht geregelte Pflicht, Vereinbarungen über die Scheidungsfolgen oder Vereinbarungen über die Regelung von Umgangs- oder Sorgerecht bei **einverständlicher** Scheidung im Verfahren vorzulegen, sind materiellrechtlich zu qualifizieren[141]. Ihre Anwendung folgt also dem Scheidungsstatut. Dagegen sind die Vorschriften über das deutsche – oder ein eventuelles ausländisches – **Verbundverfahren** verfahrensrechtlicher Natur[142]. 90

Eine Sonderfrage stellt aber die Anwendung der deutschen verfahrensrechtlichen Vorschriften auf die **Trennung von Tisch und Bett** dar. Hier finden die deutschen Verbundvorschriften nur dann entsprechende Anwendung, wenn man das Trennungsverfahren als mit der Scheidung iS der ZPO äquivalent ansieht[143]. Ausländische Verbundvorschriften können vor deutschen Gerichten nicht angewendet werden. Versucht werden kann aber wiederum, vom ausländischen Recht gewünschte Ergebnisse über die Anwendung entsprechender deutscher Parallelvorschriften zu erreichen. 91

dd) Nichtbeachtung zusätzlicher Wirksamkeitserfordernisse. Wenn das Scheidungsstatut neben einem Gestaltungsurteil die **Eintragung der Scheidung in ein Register** des Standesamts des Heimat- oder Aufenthaltslandes erfordert (nicht mehr in Belgien und den Niederlanden, aber noch in Italien)[144], ist das inländische Gestaltungsurteil ohne eine solche Eintragung ausreichend. Denn diese Eintragung ist nur ausländischer Verfahrensbestandteil. Sie ist dem Einfluss des inländischen Verfahrens daher völlig entzogen und wird aus deutscher Sicht durch das inländische Verfahren vollständig ersetzt[145]. Das hat freilich die unerfreuliche Folge, dass dadurch die Ehe im Inland geschieden ist, im Staat des Scheidungsstatuts möglicherweise aber noch wirksam bleibt („hinkende" Scheidung bzw Ehe). Teils wird daher vorgeschlagen, wenigstens einen Hinweis auf die Notwendigkeit der Registrierung in den Urteilsgründen der deutschen Entscheidung aufzunehmen[146]. Für die unmittelbare Wirksamkeit der Scheidung hilft ein solcher Hinweis aber nicht weiter, wenn er von den Parteien nicht (freiwillig) befolgt wird. 92

c) Umgang mit vom ausländischen Scheidungsrecht vorgegebenen privaten Rechtsakten. aa) Durchführung vor deutschen Gerichten. Wenn das Scheidungsstatut private Rechtsakte der Parteien vorsieht, sind diese im Regelfall innerhalb des deutschen Verfahrens zu erfüllen. Es gilt nicht etwa ersatzweise deutsches Recht, da sonst die Anerkennung der Scheidung im Heimatstaat (bzw im sonstigen Ausland) gefährdet wäre. Die einverständliche Privatscheidung (Beispiele bei Rn 74 ff) muss vor dem inländischem Gericht vorgenommen werden. Auch die islamische Verstoßung – talaq – wird vor dem deutschen Gericht erklärt[147]. Das Gericht kann sich auch auf zwischen den Parteien bereits vor Durchführung des Gerichtsverfahrens durchgeführte private Erklärungen stützen. So wird zum einen berücksichtigt, dass die **Privatscheidung** entsprechend dem Scheidungsstatut als **materiellrechtliche Grundlage** des deutschen gerichtlichen Scheidungsurteils verstanden werden muss[148]. Zum anderen wird den deutschen Verfahrensvorstellungen Rechnung getragen. 93

Muss eine private Erklärung **erzwungen** werden – etwa der Ausspruch der Verstoßung durch den Mann – gilt § 894 ZPO. Der betroffene Ehegatte wird zur Abgabe der Erklärung verurteilt und sie gilt mit Rechtskraft des Urteils als abgegeben[149]. 94

bb) Ordre public. Der ordre public (Art 6) stellt für eine Vornahme privater Scheidungsakte eine Grenze dar. Dies gilt insbs, soweit einseitige Privatscheidungen durch Verstoßung betroffen sind, die eklatant gegen Art 3 Abs 2 GG und damit gegen Art 6 verstoßen können[150]. Eine Scheidung durch (vor Gericht nochmals ausgesprochenen) **Verstoßung** (talaq) wird **vor deutschen Gerichten** aber dann durchgeführt, wenn eine freie Zustimmung der Ehefrau zu dieser Scheidungsform vorliegt. Dann handelt es sich im Grunde um eine einvernehmliche Scheidung[151]. Die Ehe ist außerdem dann idR zu scheiden, wenn eine Scheidung nach deutschem Recht möglich wäre – wie es nach einem Getrenntleben von mehr als drei Jahren stets der Fall ist[152]. Allgemein lässt sich sagen, dass nicht etwa die einseitige Verstoßung, wie das islamische Recht sie kennt, als solche gegen den ordre public verstößt. 95

---

[139] So OLG Stuttgart FamRZ 2005, 1679.
[140] Dafür *Heiderhoff* IPRax 2007, 118; jedenfalls falsch das AG Besigheim FamRZ 2005, 913, mit dem Erlass eines Urteils ohne Sachprüfung.
[141] AG Hamburg IPRax 1983, 74; MünchKommBGB/*Winkler v. Mohrenfels* Rn 131 f; *Erman/Hohloch* Rn 44.
[142] Zur Geltendmachung der Morgengabe im Verbundverfahren BGHZ 160, 322 = NJW-RR 2005, 81.
[143] Dafür OLG Karlsruhe FamRZ 2007, 838; FamRZ 1999, 1680; OLG Frankfurt NJW-RR 1995, 139; dagegen OLG Koblenz FamRZ 1980, 713; MünchKommBGB/*Winkler v. Mohrenfels* Rn 146.
[144] Zu letzterem *Cubeddu Wiedemann* in: *Bergmann/Ferid/Henrich*, Länderbericht Italien, S 42.
[145] So *Kegel/Schurig* IPR § 20 VII 3 b.
[146] So *Henrich*, Internationales Familienrecht, S 107; *Erman/Hohloch* Rn 45.
[147] BGHZ 160, 322 = NJW-RR 2005, 81; AG Esslingen IPRax 1993, 250; AG Hamburg FamRZ 1980, 453; entschieden dagegen aber MünchKommBGB/*Winkler v. Mohrenfels* Rn 140; *Staudinger/Mankowski* Rn 207 ff.
[148] *Staudinger/Mankowski* Rn 185; *Junker* IPR Rn 533.
[149] BGHZ 160, 322 = NJW-RR 2005, 81.
[150] AG Frankfurt NJW 1989, 1434.
[151] AG Hamburg FamRZ 1980, 453; OLG München IPRax 1989, 238, 241; AG Bonn IPRax 1985, 165; AG Esslingen IPRax 1993, 250, 251;AnwK-BGB/*Gruber* Rn 67; *Junker* IPR Rn 533; aA *Erman/Hohloch* Rn 46.
[152] AG Kulmbach FamRZ 2004, 631; OLG München IPRax 1989, 238, 241; AnwK-BGB/*Gruber* Rn 68.

Vielmehr kommt es darauf an, ob die Frau im konkreten Fall entgegen ihrem Willen gegenüber dem Mann benachteiligt ist.

96 **d) Ausschließliche Scheidungszuständigkeit nichtstaatlicher Gerichte.** Insbes in Israel und in einigen islamischen Rechtsordnungen sieht das Scheidungsstatut nicht die rein private Scheidung vor, sondern die Scheidung durch ein religiöses Gericht. Wenn diese Zuständigkeit eine ausschließliche ist, muss überlegt werden, wie sie überwunden werden kann, um die Scheidung in Deutschland zu ermöglichen. Jedenfalls kann es nicht sein, dass die Scheidung in Deutschland dann verweigert wird[153]. Qualifiziert man die Zuständigkeit des religiösen Gerichts verfahrensrechtlich, so kann sie ohne weiteres durch Anwendung der lex fori überwunden werden[154].

97 **IV. Versorgungsausgleich (Abs 3). 1. Grundsatz: Maßgeblichkeit des Scheidungsstatuts (Abs 3 S 1).** Der Versorgungsausgleich (also der Ausgleich der während der Ehe von den Ehegatten in unterschiedlicher Höhe erworbenen Anwartschaften auf Renten uÄ) wird als weitere Scheidungsfolge nach Art 17 Abs 3 gesondert angeknüpft. Im Grundsatz erfolgt die Anknüpfung entsprechend Art 17 Abs 1 S 1. Der Versorgungsausgleich unterliegt also dem Scheidungsstatut. Bei dieser Anknüpfung nach Abs 1 S 1 bleibt es auch dann, wenn für die eigentliche Scheidung nach Art 17 Abs 1 S 2 regelwidrig deutsches Recht berufen ist. Der Verweis umfasst nämlich **nicht** die **Ersatzanknüpfungen** nach Abs 1 S 2[155]. In einem solchen Fall fehlt es am Einklang von Versorgungsausgleichsstatut und Scheidungsstatut[156]. Zum Auseinanderfallen kommt es auch, wenn die Ehe nach einem vom Familiengericht unzutreffend angewendeten Scheidungsstatut geschieden wurde[157]. Von der Grundregel des Abs 3 S1 Hs 1 machen Abs 3 Abs 1 HS 2 und Abs 3 S 2 wesentliche Ausnahmen (Rn 103–109).

98 Der Versorgungsausgleich ist gemäß Abs 1 iVm Art 14 Abs 1 nach **deutschem Recht** durchzuführen,
– wenn entweder gemäß Abs 1 Nr 1 beide Ehegatten zum maßgebenden Zeitpunkt die deutsche Staatsangehörigkeit besitzen oder als Doppelstaater wenigstens auch besitzen oder zuletzt besessen hatten, falls ein Ehegatte noch Deutscher ist[158].
– wenn nach Art 14 Abs 1 Nr 2 beide Ehegatten keine gemeinsame oder nach Art 5 Abs 1 zu berücksichtigende Staatsangehörigkeit (Personalstatut) besitzen oder besessen haben oder beide verloren haben – beide ihren gewöhnlichen Aufenthalt im Inland haben oder während der Ehe zuletzt gehabt haben, sofern einer der Ehegatten im Inland lebt,
– gemäß Nr 3, wenn – falls die Voraussetzungen nach Nr 1 und 2 nicht vorliegen – beide Ehegatten zum maßgebenden Zeitpunkt zum deutschen Recht auf andere Weise am engsten verbunden sind,
– oder wenn beide Ehegatten unter den Voraussetzungen des Art 14 Abs 3 deutsches Recht als Ehewirkungsstatut und damit mittelbar nach Abs 1 auch als Scheidungsstatut gewählt haben[159].

99 Weitere Voraussetzungen kommen nicht hinzu. Die Durchführung des Versorgungsausgleichs ist also nicht etwa ausgeschlossen, wenn der Ausgleichsberechtigte oder der Ausgleichsverpflichtete nur einen **ausländischen Wohnsitz** hat[160].

100 Ist **ausländisches** Recht Scheidungsstatut, so ist der Versorgungsausgleich im Grundsatz nach diesem Recht durchzuführen[161]. Für eine Scheidung, die dem deutsch-iranischen Niederlassungsübereinkommen (Rn 6) unterfällt, gilt Art 17 Abs 3 insgesamt nicht – ein Versorgungsausgleich findet daher, soweit iranisches Recht Scheidungsstatut ist, nicht statt[162].

101 **2. Vertraglicher Ausschluss des Versorgungsausgleichs oder Rechtswahl.** Der Versorgungsausgleich kann vertraglich ausschließbar sein[163]. Die **Wirksamkeit** eines vertraglichen Ausschlusses des Versorgungsausgleichs bestimmt sich nach dem Recht, welches auch auf den Versorgungsausgleich anzuwenden ist. Es gilt also Abs 3 S 1 und S 2. Dabei kommt es – wie bei allen die Scheidungswirkungen betreffenden Verträgen – zunächst auf das Recht an, welches zu dem nach Abs 1 S 1 maßgebenden Zeitpunkt (Rechtshängigkeit) an. Soweit dies bei Vertragsschluss nicht vorhersehbar war, richtet sich die Billigkeitskontrolle jedoch nach dem Recht, das bei Vertragsschluss für die Scheidung maßgebend gewesen wäre[164]. Eine Ausübungskontrolle, wie sie die Rspr des BGH[165] vorsieht, sollte aber auch in diesem Fall anhand der gegenwärtigen Umstände, also anhand des tatsächlichen Scheidungsstatuts, stattfinden.

---

[153] So aber KG FamRZ 1994, 839; IPRax 2000, 126; wie hier dagegen Henrich IPRax 1995, 86; Staudinger/Mankowski Rn 219 ff; MünchKommBGB/Winkler v. Mohrenfels Rn 142.
[154] AA Erman/Hohloch Rn 46 aE: Verstoß gegen den ordre public; so auch Zöller/Geimer § 328 ZPO Rn 308.
[155] AG Mainz NJW-RR 1990, 780; Jayme IPRax 1987, 168; Lüderitz IPRax 1987, 78; unzutr OLG Karlsruhe IPRax 1990, 52 m abl Anm Jayme 33; Kegel/Schurig IPR § 20 VII 4, S 878; Palandt/Heldrich Rn 19.
[156] Krit Kegel/Schurig IPR § 20 VII 4, S 878.
[157] OLG Zweibrücken NJWE-FER 2001, 143; NJW 2000, 2432.
[158] BGH NJW-RR 2004, 1.
[159] OLG Frankfurt NJW-RR 1990, 582.
[160] OLG Karlsruhe FamRZ 1998, 1029.
[161] Palandt/Heldrich Rn 19; zur Begr s RegE, BT-Drucks 10/504 S 10, 61 aE und BT-Rechtsausschuss, BT-Drucks 10/5632 S 42.
[162] BGH NJW-RR 2005, 1449; aA MünchKommBGB/Winkler v. Mohrenfels Rn 223.
[163] Zur deutschen Rechtslage §§ 1408 ff, 1414 S 2; zur Inhaltsbeschränkung bei Eheverträgen hier nur BGHZ 158, 81 = NJW 2004, 930; zum Versorgungsausgleich auch BGH NJW 2005, 137.
[164] Staudinger/Mankowski Rn 350 f; Palandt/Heldrich Rn 19; aA Soergel/Schurig Rn 131, der in jedem Fall Abs 3 mit Abs 1 anwenden will.
[165] BGH NJW 2005, 137.

102 Haben die Ehegatten ein **Statut** der persönlichen Ehewirkungen nach Art 14 Abs 2 bis 4 **gewählt, das keinen Versorgungsausgleich kennt**, so versagt die Anknüpfung des Versorgungsausgleichs nach Art 17 Abs 3 S 1 HS 1. Es ist davon auszugehen, dass die Ehegatten dies so wussten und wollten. Daher ist eine teleologische Reduktion der Ersatzanknüpfung gemäß Abs 3 S 2 sinnvoll. Auf eine Ersatzanknüpfung muss verzichtet werden[166]. **Güterrechtliche Wirkungen** einer Ausschlussvereinbarung werden vom Güterrechtsstatut beherrscht.

3. Einschränkung des Grundsatzes durch zusätzliche Anwendung des Heimatrechts (Abs 3 S 1 HS 2).

103 Durch Abs 3 S 1 HS 2 wird der soeben dargestellte Grundsatz der Anknüpfung an das Scheidungsstatut deutlich eingeschränkt. Ein im Scheidungsstatut geregelter Versorgungsausgleich findet vor deutschen Familiengerichten nur statt, wenn zusätzlich das Heimatrecht wenigstens eines Ehegatten eine **dem deutschen Recht wenigstens funktionell vergleichbare Regelung** kennt. Bei Mehrstaatern kommt es auch hier auf das nach Art 5 Abs 1 beachtliche Recht der effektiven Staatsangehörigkeit an, bei Staatenlosen und Flüchtlingen auf das durch den gewöhnlichen Aufenthalt bestimmte Personalstatut. Das Heimatrecht muss den Versorgungsausgleich oder die vergleichbare Regelung im Sachrecht selbst enthalten. Es ist unbeachtlich, wenn das Heimatrecht nur auf das deutsche Recht zurückverweist[167]. Der Zweck dieser Regelung besteht darin, den Ehegatten Überraschungen durch ein ihnen unbekanntes Rechtsinstitut des Aufenthaltsrechts zu ersparen. Das wurde für erforderlich gehalten, da nur wenige Rechte einen Versorgungsausgleich oder entsprechende Regelungen – zT mit sozialversicherungsrechtlichen oder familienrechtlichen Abwandlungen – kennen[168]. Auf welche Weise das Scheidungsstatut bestimmt worden ist, ist für die Anwendung von Abs 3 S 1 HS 2 zwar grundsätzlich gleichgültig[169]. Die Regelung ist jedoch bedeutungslos, wenn das Heimatrecht eines Ehegatten bereits Scheidungsstatut ist[170]. Praktisch relevant wird die Einschränkung besonders für im Inland lebende Ausländer mit verschiedener Staatsangehörigkeit[171]. Ein nach deutschem oder ausländischem Scheidungsstatut durchzuführender Versorgungsausgleich ist also nach Abs 3 S 1 HS 2 ausgeschlossen, wenn ihn keines der Heimatrechte der Ehegatten zur Zeit der Rechtshängigkeit des Scheidungsantrags kennt.

104 Dass somit der Versorgungsausgleich nur dann durchgeführt wird, wenn er wenigstens in dem Heimatrecht eines Ehegatten bekannt ist, verringert die Fälle des Versorgungsausgleichs bei internationalen Ehescheidungen deutlich.

104.1 Mit einer Übersicht über die Rechtsordnungen, die Ausgleichungen bei der Versorgung kennen, *Staudinger/Mankowski* Rn 306–316 sowie zur Rspr Rn 334. Einen als Versorgungsausgleich zu qualifizierenden Ausgleich kennen in Europa jedenfalls die Niederlande, Irland (vgl http://ec.europa.eu/civiljustice/divorce/divorce_ire_de.htm) und die Schweiz. Das türkische Recht kennt den Versorgungsausgleich nicht (BGH NJW-RR 2007, 361); mit weiteren Länderberichten vgl auch *Bürsch* ZVglRWiss 79 (1980), 191 betr USA; *Steinmeyer* FamRZ 1982, 335 betr Kanada; *Nolte-Schwarting* S 174 betr Belgien, England, Frankreich, Niederlande, Österreich, einzelne US-Bundesstaaten, Kanada; *Jayme* IPRax 1988, 114; *Reinhard*, Rechtsordnungen mit Versorgungsausgleich iS des Art 17 Abs 3 EGBGB, 1995, betr Belgien, Niederlande, Spanien, Kanada; *Wagner*, Versorgungsausgleich mit Auslandsberührungen, 1996, Nr 31 S 21 f und Nr 78 S 51; LG Landstuhl NJW-RR 1998, 1541 f m Anm *R. Wagner* IPRax 1999, 94, 97. Auch einige Bundesstaaten und Territorien der USA kennen den Versorgungsausgleich (*Wagner* IPRax 1999, 94 mwN).

105 Wann iS des Abs 3 S 1 HS 2 „**Kenntnis**" des Versorgungsausgleichs durch das Personalstatut eines Ehegatten vorliegt, bestimmt das Gesetz nicht. Es kommt darauf an, ob das Heimatrecht ein Rechtsinstitut kennt, welches dem Versorgungsausgleich ähnlich ist. Teils wird angenommen, bei Teilung von mehr als der Hälfte der Anwartschaften könne davon ausgegangen werden[172]. Jedoch muss zum einen systematischer angesetzt werden: Nur wenn im Heimatrecht dafür gesorgt ist, dass durch eine richterliche Entscheidung bei oder nach der Ehescheidung auch der Ehegatte ohne eigenes Einkommen zu Lasten des anderen Ehegatten (also durch eine Art Teilung) später eine Rente oder sonstige Versorgung erhält, kann von einem Funktionsäquivalent ausgegangen werden[173]. Zum anderen kann keine allgemein gültige Quote gebildet werden. Der Ausgleich muss zu einem angemessenen Teil erfolgen – das wird idR schon wegen des Charakters des Versorgungsausgleichs als „gleichmäßige Teilung" deutlich mehr als die Hälfte der Ansprüche betreffen. So erfolgt damit insgesamt eine Zurückdrängung der Bedeutung des Abs 3 S 1 (zu den Auswirkungen auf S 2 sogleich).

106 Liegen die Voraussetzungen von Abs 3 S 1 HS 1 und HS 2 jedoch vor, so wird der Versorgungsausgleich durchgeführt und bestimmt sich allein nach dem Scheidungsstatut[174]. Das Heimatrecht ist insofern unbeachtlich[175].

---

[166] *Johannsen/Henrich* Rn 66.
[167] AG Heidelberg IPRax 1990, 126 m Anm *Jayme* IPRax 1990, 126; *Palandt/Heldrich* Rn 20; *Kartzke* IPRax 1988, 13: „Sachnormverweisungscharakter".
[168] BT-Drucks 10/504 S 62; krit *Kegel/Schurig* IPR § 20 VII 4, S 878.
[169] *Palandt/Heldrich* Rn 20.
[170] Im Ergebnis zur daher *Kartzke* IPRax 1988, 13: Norm greift nur, wenn das Versorgungsausgleichsstatut gemäß Art 14 Abs 1 Nr 2 oder 3 bestimmt worden ist.
[171] Mit Beispielsfall *Lorenz* FamRZ 1987, 649.
[172] *Kegel/Schurig* § 20 VIII 4, S 878.
[173] Genauer *Staudinger/Mankowski* Rn 323 ff; vgl ähnlich auch *Johannsen/Henrich* Rn 59 f.
[174] *Palandt/Heldrich* Rn 20.
[175] *Staudinger/Mankowski* Rn 348; anders *Lüderitz* IPRax 1987, 79 für kumulative Anwendung von HS 1 und 2.

107 **4. Durchbrechung des Grundsatzes: Regelwidrige Durchführung des Versorgungsausgleichs nach deutschem Recht (Abs 3 S 2). a) Keine Durchführung nach Scheidungsstatut.** Nach Abs 3 S 1 kommt es zunächst nicht zum Versorgungsausgleich, wenn er entweder schon im Scheidungsstatut nicht vorgesehen ist oder wenn ihn – bei einer Versorgungsausgleichs-Regelung im Scheidungsstatut – keines der Heimatrechte der Ehegatten kennt. In diesen Fällen kann unter den Voraussetzungen des Abs 3 S 2 ein Versorgungsausgleich nach deutschem Recht durchgeführt werden[176]. Zu den in Abs 3 S 2 genannten Voraussetzungen kommen keine weiteren ungeschriebenen hinzu.

108 Erste Voraussetzung für die Anwendung deutschen Rechts (Ersatzanknüpfung) ist nach Abs 3 S 2, dass sonst nach Abs 3 S 1 kein Versorgungsausgleich stattfindet. Das ist dann der Fall, wenn es nach Abs 3 S 1 zu überhaupt keinem Versorgungsausgleich kommt, weil es ihn in den relevanten Rechtsordnungen nicht gibt[177]. Es ist gleichgültig, ob der Versorgungsausgleich schon auf Grund des ersten Halbsatzes oder erst auf Grund des zweiten Halbsatzes nicht durchgeführt werden kann. Fraglich ist, ob der Versorgungsausgleich nach deutschem Recht durchgeführt werden kann, wenn er nach ausländischem Recht inhaltlich (also nur im konkreten Fall) gescheitert ist. Das kann zumindest dann nicht sein, wenn der Berechtigte wirksam auf die Ausgleichsansprüche verzichtet hat[178].

109 Gelegentlich wird überlegt, ob auch bei einem bloß hinter deutschem Standard zurückbleibenden (inhaltlich also geringeren) Versorgungsausgleich die zum deutschen Recht führende Billigkeitsregel des Abs 3 S 2 zum Zuge kommen soll. Die Norm wäre dann anders zu lesen, und zwar mit der gedachten Ergänzung: „*Soweit* ein Versorgungsausgleich nicht stattfinden kann,…". Dies ist jedoch abzulehnen[179]. Denn wenn man Abs 3 S 2 als besondere Ausprägung von Art 6 begreift[180], so muss die Norm zum einen eng verstanden werden. Zum anderen handelt es sich im Grunde um ein Scheingefecht[181]. Denn wie gezeigt ist Abs 3 ohnehin so eng zu lesen, dass unvollständige Versorgungsausgleichsmodelle aus fremden Rechtsordnungen nicht als dem Versorgungsausgleich ähnlich angesehen werden dürfen. Sie sind also kein „Versorgungsausgleich" iS des Abs 3 S 2. Außerdem dürften solche Modelle kaum je zum Zuge kommen können[182]. Der Versorgungsausgleich nach ausländischem Recht ist also der Ausnahmefall – gibt es ihn aber, so wird er entsprechend den ausländischen Regeln und ohne Ergänzungen nach deutschem Recht durchgeführt. Diese Zurückdrängung des S 1 gegenüber S 2 bietet schließlich den Vorteil, dass das Antragmodell des S 2 gegenüber dem amtswegigen Ausgleich nach S 1 wichtiger wird, was für internationale Ehen angemessen scheint[183].

110 **b) Antrag eines Ehegatten – Tenorierung.** Der Versorgungsausgleich nach deutschem Recht findet nur dann statt, wenn ein Ehegatte den Versorgungsausgleich **beantragt** (zweite Voraussetzung)[184].

111 Die Durchführung des Versorgungsausgleichs erfolgt nicht notwendig im Verbundverfahren, vielmehr kann der Antrag auch noch nachträglich gestellt werden[185].

112 Probleme können hier auftreten, wenn das die Scheidung aussprechende Gericht wegen des fehlenden Antrags auf Versorgungsausgleich in den **Urteilstenor** die Rechtsfolge aufnimmt, dass ein Versorgungsausgleich nicht statt finde. Ein solcher Ausspruch muss unterbleiben[186]. Erfolgt er dennoch, so erwächst er nicht in Rechtskraft[187].

113 **c) Inländische Versorgungsanwartschaften.** Als dritte Voraussetzung muss der Antragsgegner in der Ehezeit (bis zur Zustellung des Scheidungsantrags)[188] entweder eine **inländische Versorgungsanwartschaft** erworben haben (Art 17 Abs 3 S 2 Nr 1), oder eines der die Ehe wenigstens zeitweise beherrschenden **Ehewirkungsstatute** muss einen Versorgungsausgleich kennen (Art 17 Abs 3 S 2 Nr 2). Jedenfalls bei einem solchermaßen gegebenen Bezug zu dem Rechtsgedanken des Versorgungsausgleichs erschiene eine völlige Versagung des Versorgungsausgleichs allzu unbillig[189].

114 Eine inländische Versorgungsanwartschaft kann auch **im Ausland erworben** sein, soweit sich der Versorgungsanspruch gegen einen inländischen Träger richtet[190]. Streitig ist, ob die Norm analog angewendet werden sollte, wenn es sich um echte **ausländische Anwartschaften** handelt, die aber in

---

[176] BGH BeckRS 2007, 8437; NJW-RR 2007, 361; OLG Oldenburg FamRZ 1995, 1590; altes und neues Recht sind verfassungsgemäß laut BVerfG IPRspr 1990, Nr 93.
[177] ZB OLG Düsseldorf NJW-RR 1993, 1414.
[178] Näher *Staudinger/Mankowski* Rn 362.
[179] Auch *Palandt/Heldrich* Rn 21; aA *Lüderitz* IPRax 1987, 79; *Andrae,* Internationales Familienrecht, § 4 A V 2 c bb.
[180] Näher MünchKommBGB/*Winkler v. Mohrenfels* Rn 223.
[181] Auch *Staudinger/Mankowski* Rn 363 ff.
[182] MünchKommBGB/*Winkler v. Mohrenfels* Rn 219.
[183] So auch *Johannsen/Henrich* Rn 60.
[184] OLG Hamm FamRZ 1989, 1191; 1991, 204; OLG München FamRZ 1990, 186; OLG Schleswig FamRZ 1991, 96; *Palandt/Heldrich* Rn 22.
[185] OLG Braunschweig FamRZ 2005, 1683; OLG Karlsruhe FamRZ 2006, 955; OLG Köln OLGR 2005, 441; vgl auch Rn 127.
[186] *Henrich*, Internationales Scheidungsrecht, Rn 313.
[187] OLG Karlsruhe FamRZ 2006, 955; OLG Düsseldorf FamRZ 1999, 1210.
[188] BGH NJW-RR 1994, 962: auch bei vorangegangener Ehetrennung; OLG Koblenz FamRZ 1991, 1324.
[189] Verfassungsgemäß – so schon BVerfG IPRspr 1990, Nr 93; vgl auch OLG Oldenburg FamRZ 1995, 1590 – näher *Staudinger/Mankowski* Rn 385.
[190] Vgl nur *Staudinger/Mankowski* Rn 381.

einem Staat erworben wurden, der seinerseits einen Versorgungsausgleich kennt. Gemeint ist ein allseitiger Ausbau der Norm, der dann zu einem Versorgungsausgleich nach ausländischem Recht führen müsste[191]. Zu Recht wendet hiergegen *Mankowski* ein, dass in den wenigen betroffenen Fällen die Ehegatten an ihr Heimatgericht verwiesen werden sollten[192].

Alternativ reicht es auch, wenn eines der Ehewirkungsstatute, denen die Ehe unterlag, den Versorgungsausgleich kennt. Das erneute Abstellen des Abs 3 S 2 Nr 2 auf **Kenntnis** des Versorgungsausgleichs bringt gegenüber S 1 wesentliche Unterschiede mit sich. Zwar ist der Begriff des Kennens ebenso eng zu verstehen wie in S 1[193]. Es kommt jetzt aber nicht mehr auf das Heimatrecht der Ehegatten an, sondern auf das Ehewirkungsstatut. Dabei reicht es, wenn die Ehe nur zeitweilig einem Ehewirkungsstatut unterlag, welches den Versorgungsausgleich kannte. Bei gemischt nationalen Ehen reicht also insbes der gemeinsame gewöhnliche Aufenthalt in Deutschland (Art 14 Abs 1 Nr 2). 115

d) Keine Unbilligkeit. Schließlich darf der Versorgungsausgleich nach Abs 3 S 2 letzter HS nur durchgeführt werden, wenn dies nicht im Einzelfall zu unbilligen Ergebnissen führt. Wenn dagegen die Durchführung des Versorgungsausgleichs in Hinblick auf die beiderseitigen wirtschaftlichen Verhältnisse der Ehegatten unbillig wäre, muss er unterbleiben. Der BGH versteht Art 17 Abs 3 S 2 letzter HS dabei so, dass er auch die genaue Festlegung der Ausgleichsansprüche schon hier prüft und auf das jeweils billige Maß festlegt[194]. Teils wird dagegen Art 17 als Kollisionsregel verstanden, die nur die Möglichkeit der Durchführung oder der Ablehnung des Versorgungsausgleichs zulässt. Billigkeitsaspekte bei der Festlegung der Höhe der Ansprüche müssten dann im Rahmen des § 1597 c Nr 1 BGB festgemacht werden[195]. Der Wortlaut der Norm stützt die Ansicht des BGH: Der Versorgungsausgleich muss nur unterbleiben, *soweit* er unbillig ist. 116

Die Problematik der Billigkeit hat die Rspr viel beschäftigt. Über die im Gesetz genannten Beurteilungskriterien (wirtschaftliche Verhältnisse; Aufenthaltsdauer im Inland) hinaus können in der gebotenen Einzelfallprüfung weitere Gesichtspunkte Beachtung finden. Unbillig ist der Versorgungsausgleich nicht allein deshalb, weil der andere Ehegatte es trotz eigenen Einkommens unterlassen hat, eine eigene Altersversorgung aufzubauen[196]. Vielmehr kommt es hier auf die Einzelumstände an. 117

Unbillig kann er aber insbes sein, wenn er nicht die wirtschaftlichen Unterschiede zwischen den Aufenthaltsstaaten der Ehegatten berücksichtigt[197]. Die unterschiedlichen Lebenshaltungskosten im In- und Ausland müssen daher bei der Festlegung des Ausgleichsanspruchs berücksichtigt werden. Beachtet werden muss auch, inwiefern die aufgeteilten Rentenansprüche vor Ort auch ausgezahlt wurden[198]. Der Versorgungsausgleich ist auch dann unbillig, wenn zwar nur ein Ehegatte im Inland eine Altersversorgung aufgebaut hat, der andere Ehegatte aber ein entsprechendes oder gar diese übertreffendes Vermögen im Ausland aufgebaut hat[199]. Dieses Vermögen muss aber eine angemessene Alterssicherung sein und darf insbes nicht hinter der durch den Versorgungsausgleich zu erreichenden zurückbleiben[200].

Die Frage der **Schuld** an der Ehescheidung ist bei der Abwägung ohne Bedeutung[201]. Dafür greift allein § 1537 c BGB. 118

5. Inländischer Versorgungsausgleich bei Auslandsberührung. a) Grundsätzlich vollständige Durchführung. Sind die Voraussetzungen des Abs 3 S 2 erfüllt, so wird der Versorgungsausgleich im Grundsatz stets vollständig durchgeführt[203]. Auch wenn also nur ein Teil der Anwartschaften in Deutschland erworben wurde (Abs 3 S 2 Nr 1), wird der Versorgungsausgleich für alle Anwartschaften durchgeführt[203]. Ausländische Rentenanwartschaften werden also ebenfalls geteilt. Das Gleiche gilt, wenn die Ehe nur für einen bestimmten Zeitraum einem Ehestatut unterlag, welches den Versorgungsausgleich kannte[204]. 119

Anders kann es nur sein, wenn die vollständige Durchführung des Versorgungsausgleichs gegen die Billigkeit iS des Abs 3 S 2 letzter HS verstieße. Dann fällt der Versorgungsausgleich nicht notwendig insgesamt weg, sondern es erfolgt eine Anpassung in der Höhe der Ansprüche. Obwohl der Wortlaut des Abs 3 S 2 letzter HS an diesem Punkt nicht ganz klar ist, kommt es nicht etwa zu einer Beschränkung auf die in Deutschland erworbenen Ansprüche. Der Ausgleichspflichtige soll vielmehr schon auf der Ebene des anwendbaren Rechts insgesamt davor geschützt werden, seine Anwartschaften teilen zu müssen, falls dies unbillig wäre (etwa wegen der inzwischen eingetretenen finanziellen Lage des anderen, s näher Rn 116 f). Dabei ist es unerheblich, ob der Ausgleichspflichtige sie in Deutschland oder während der – vorübergehenden – Geltung deutschen Ehestatuts erworben hat[205]. 120

---

[191] Dafür MünchKommBGB/*Winkler v. Mohrenfels* Rn 227; wohl auch *Lorenz* FamRZ 1987, 645, 653, der aber deutsches Recht anwenden will.
[192] Staudinger/*Mankowski* Rn 382.
[193] S nur MünchKommBGB/*Winkler v. Mohrenfels* Rn 229.
[194] Deutlich BGH NJW-RR 2007, 361.
[195] Dafür *Kegel/Schurig* IPR S 879 f.
[196] OLG Karlsruhe NJW-RR 2004, 652.
[197] BGH NJW-RR 2007, 361; OLG Frankfurt FamRZ 2000, 164.
[198] BGH NJW-RR 2007, 361; FamRZ 2000, 419.
[199] BGH FamRZ 1994, 825; BT-Drucks 10/5632 S 42; *Palandt/Heldrich* Rn 23; krit *Lüderitz* IPRax 1987, 79.
[200] BGH BeckRS 2007, 8437.
[201] OLG Celle FamRZ 1991, 205.
[202] Str, dagegen *Palandt/Heldrich* Rn 22.
[203] *Johannsen/Henrich* Rn 69 mwN.
[204] MünchKommBGB/*Winkler v. Mohrenfels* Rn 228; *Johannsen/Henrich* Rn 64.
[205] MünchKommBGB/*Winkler v. Mohrenfels* Rn 230 f; *Kegel/Schurig* IPR § 20 VII 4, S 879.

121 **b) Reichweite des Versorgungsausgleichsstatuts.** Das gemäß Art 17 Abs 3 S 1 oder S 2 für den Versorgungsausgleich geltende Statut beherrscht die Voraussetzungen und die Durchführung des Versorgungsausgleichs[206]. Dazu gehören alle versorgungsausgleichsrechtlich zu qualifizierenden Fragen, also zB der Auskunftsanspruch aus § 1587 e BGB[207]. Geht es um die Wirksamkeit einer Vereinbarung, mit der die Parteien den Versorgungsausgleich ausgeschlossen haben, so gilt, wie oben bereits näher dargelegt, ebenfalls das gemäß Abs 3 iVm Abs 1 ermittelte Statut (Rn 101).

122 **c) Behandlung inländischer Versorgungsanwartschaften.** Für die inländischen Ansprüche gilt das BGB, also die §§ 1587 ff BGB. Es erfolgt der öffentlich-rechtliche Versorgungsausgleich, und zwar grundsätzlich auch dann, wenn der Berechtigte im Ausland lebt. Wie auch schon im Rahmen des Abs 3 S 2 gezeigt, kann es auch bei der regelmäßigen Anwendung deutschen Rechts als Versorgungsausgleichsstatut nach Abs 3 S 1 dazu kommen, dass eine Auszahlung von Ansprüchen im Ausland nicht gesichert erscheint oder nur herabgesetzt erfolgt[208]. Notfalls muss ein schuldrechtlicher Versorgungsausgleich angeordnet werden[209]. Hier ist auch dann nochmals die Härteklausel des § 1587 c BGB zu beachten, wenn die Anwendung des deutschen Rechts erst über Abs 3 S 2 erreicht wurde.

123 **d) Behandlung ausländischer Versorgungsanwartschaften.** Wenn der Versorgungsausgleich nach S 1 oder 2 nach deutschem Versorgungsausgleichsrecht stattfindet, müssen auch **ausländische Versorgungsanwartschaften** geteilt werden[210]. Anders ist es nur dann, wenn es sich um vom Einkommen/von der Einzahlung ganz abgekoppelte, volksrentenartige Ansprüche handelt[211]. Nun können ausländische Anwartschaften von deutschen Gerichten weder durch Splitting, Quasisplitting (§ 1587 b Abs 1 und 2 BGB) oder Realsplitting (§ 1 Abs 2 VAHRG) noch durch erweiterten Ausgleich (§ 3 b Abs 1 Nr 1 VAHRG) oder Beitragsentrichtung (§ 3 b Abs 1 Nr 2 VAHRG) aufgeteilt werden[212]. Art 3 Abs 3 ist nicht anwendbar, es gilt also nicht etwa für bestimmte Anwartschaften das Belegenheitsrecht[213].

124 Es bleibt dann nur der **schuldrechtliche Versorgungsausgleich,** §§ 2 und 3 a ff VAHRG[214].

124.1 Ausländische Anwartschaften sind einbezogen worden in den schuldrechtlichen Versorgungsausgleich unter deutschem Recht in Bezug auf französisches[215], italienisches[216], niederländisches[217], österreichisches[218], polnisches[219], schweizerisches[220], schwedisches[221] Recht und US-Recht[222].

125 Sind die inländischen Anwartschaften eines Ehegatten höher als die ausländischen des anderen Ehegatten (letztere also nur als Rechnungsposten zu berücksichtigen), bleibt es beim **öffentlich-rechtlichen Versorgungsausgleich**[223]. Problematisch sind die häufigen Fälle, in welchen sich die Höhe der ausländischen Ansprüche gar **nicht ermitteln** lässt. Normalerweise ist hier die Beweislast klar verteilt: Derjenige, der einen Ausgleichsanspruch begehrt, muss nachweisen, dass er keine eigenen Rentenanwartschaften besitzt. Ansonsten kann der Versorgungsausgleich, soweit diese Anwartschaften betroffen sind, nicht durchgeführt werden und das Verfahren ist auszusetzen[224]. Der BGH hat hiervon jetzt eine Ausnahme zugelassen, um die Anspruchsberechtigten zu entlasten. Sind die Ansprüche offen erkennbar wertlos oder nicht durchsetzbar, dürfen sie bei der Durchführung des Versorgungsausgleichs ohne besonderen Nachweis über ihre Höhe außer Acht gelassen werden[225]. Der BGH hat damit eine pragmatische Lösung für einen tatsächlich sehr häufigen Fall geschaffen[226].

126 **e) Berechnung der Ehezeit.** Für die Bestimmung der Ehezeit, bzw genau genommen für die Bestimmung des Endes des für den Versorgungsausgleich maßgeblichen Zeitraums, kommt es auf die Rechtshängigkeit des Scheidungsantrags an. Diese richtet sich bei einem ausländischen Scheidungsverfahren nach der ausländischen lex fori. Bei der Trennung von Tisch und Bett – als Vorstufe zur Scheidung – handelt es sich nicht um das Ende der Ehe. Es kommt auch hier auf die Ehescheidung an[227].

---

[206] *Erman/Hohloch* Rn 53.
[207] OLG Bamberg FamRZ 1979, 239.
[208] *Johannsen/Henrich* Rn 75.
[209] OLG Karlsruhe FamRZ 2000, 163 noch zur alten polnischen Rechtslage.
[210] BGH FamRZ 2007, 996; FamRZ 2006, 321 m Anm *Reinhard* FamRZ 2007, 866.
[211] *Andrae*, Internationales Familienrecht, § 4 Rn 126.
[212] BGH NJW 1989, 1997; *Palandt/Heldrich* Art 19 Rn 25.
[213] *Palandt/Heldrich* Art 19 Rn 25.
[214] BGH FamRZ 2007, 996; FamRZ 2006, 321; NJW 1989, 1997; OLG Zweibrücken NJWE-FER 2001, 143; OLG Bamberg FamRZ 1986, 691; OLG Hamm NJW-RR 1989, 584; OLG Nürnberg NJW-RR 1999, 803; *Palandt/Heldrich* Rn 25; *Soergel/Hohloch* § 1587 b Rn 282; *Staudinger/Mankowski* Rn 417 ff.
[215] OLG Stuttgart FamRZ 1989, 760.
[216] OLG Zweibrücken NJWE-FER 2001, 143.
[217] OLG Celle FamRZ 1994, 1463.
[218] OLG Schleswig OLGR 2006, 170.
[219] OLG Karlsruhe FamRZ 2000, 963.
[220] KG FamRZ 1990, 1257.
[221] OLG Bamberg FamRZ 1980, 62.
[222] AG Heidelberg IPRax 1990, 126; AG Landstuhl FamRZ 1994, 837.
[223] BGH NJW-RR 2004, 1; *G. Wagner* IPRax 1999, 94, 96; *Palandt/Heldrich* Rn 25.
[224] *Rauscher* IPRax 2005, 431 mwN.
[225] BGH NJW-RR 2004, 1, dort ausf zur Problematik.
[226] Krit daher *Rauscher* IPRax 2005, 431.
[227] OLG Saarbrücken IPRspr 2004, Nr 57, 125.

Scheidung **Art 17 EGBGB**

6. Inländischer Versorgungsausgleich nach Auslandsscheidung. Ist die Ehe im Ausland ge- 127
schieden, ohne dass ein Versorgungsausgleich durchgeführt wurde, kann nach Anerkennung der
Scheidung der **Versorgungsausgleich** im Inland im Verfahren nach § 621 Abs 1 Nr 6 ZPO auch
nachträglich isoliert durchgeführt werden[228]. Dabei ist das nach Art 17 Abs 3 maßgebliche Versorgungsausgleichsstatut anzuwenden. Dieses ist vom deutschen Gericht selbstständig zu bestimmen. In
der Praxis greift, wie gezeigt, meist deutsches Recht. Eine etwaige Verwirkung durch eine zu späte
Beantragung des Versorgungsausgleichs ist, wie gezeigt, im Rahmen des Art 17 Abs 3 S 2 zu prüfen,
soweit dieser eingreift, ansonsten gilt § 1587 c BGB. Allein in der nachträglichen Geltendmachung des
Versorgungsausgleichs liegt aber keine Härte für den anderen Ehegatten[229].

Wird die **Abänderung** einer Entscheidung über den Versorgungsausgleich begehrt, ist zu unter- 128
scheiden. Gemäß § 10 a VAHRG kann eine Entscheidung über den Versorgungsausgleich abgeändert
werden, wenn bei der Ermittlung des Wertunterschieds der ausgleichspflichtigen Anrechte später
wesentliche Änderungen eintreten. Es kommt dabei nicht darauf an, ob tatsächlich nachträglich eine
Wertveränderung eingetreten ist, oder ob das Erstgericht einen Fehler bei der Ermittlung gemacht
hat[230]. Wenn dagegen der Versorgungsausgleich zu Unrecht vollständig ausgeschlossen oder zu Unrecht
durchgeführt wurde, ist eine Anwendung des § 10 a VAHRG nicht möglich. Eine **kollisionsrechtlich
fehlerhaft** zustande gekommene, aber rechtskräftige Entscheidung eines deutschen Gerichts über einen
Versorgungsausgleich oder über die Nichtdurchführung des Versorgungsausgleichs kann daher nicht
gemäß § 10 a VAHRG abgeändert werden[231]. Können **Anwartschaften nicht geklärt** werden,
spricht das Gericht aus, dass eine Durchführung des Versorgungsausgleichs **zur Zeit** nicht stattfindet,
um so die Möglichkeit der späteren Änderung offen zu halten[232].

Sollte ein **ausländisches Scheidungsurteil** bereits einen Ausspruch über die Folgen der Scheidung 129
enthalten, so schließt dies den deutschen Versorgungsausgleich idR nicht aus[233]. Wird im Inland ein
Antrag auf Durchführung des isolierten Versorgungsausgleichs gestellt, so ist darüber im Inland zu
entscheiden. Das anwendbare Recht ist, unabhängig vom ausländischen Urteil, nach Art 17 Abs 3 zu
ermitteln. Eine kollisionsrechtlich fehlerhaft zustande gekommene Entscheidung über einen Versorgungsausgleich kann bei deutschem Versorgungsausgleichsstatut grds nicht gemäß § 10 a VAHRG
abgeändert werden[234].

7. Versorgungsausgleich nach fremdem Recht. Entscheidungen über einen Versorgungsausgleich 130
auf der Grundlage ausländischen Versorgungsausgleichsrechts liegen zur Zeit nicht vor, sei es, dass ein
Versorgungsausgleich dem Heimatrecht der Ehegatten nur selten bekannt ist (Rn 104) oder das nach
Art 17 Abs 3 S 1 bestimmte Versorgungsausgleichsstatut auf den gewöhnlichen (dann inländischen)
Aufenthalt der Ehegatten zurückverweist.

V. Allgemeine Regeln. 1. Rück- und Weiterverweisung. Nach der allgemeinen Regel des Art 4 131
Abs 1 ist auch die gesetzliche Anknüpfung des Scheidungsstatuts grds als **Gesamtverweisung** zu
verstehen. Sie schließt also Rück- und Weiterverweisungen durch im maßgeblichen fremden Recht
aufgefundene Scheidungskollisionsnormen mit ein[235]. Eine Rückverweisung liegt vor, wenn die im
fremden Recht enthaltene Kollisionsnorm deutsches Recht für anwendbar erklärt. Eine Weiterverweisung ist gegeben, wenn die Anknüpfung nach der fremden Kollisionsnorm auf eine dritte Rechtsordnung verweist.

Anders ist es auch nicht in den Fällen des Art 14 Abs 1 Nr 3 (**gemeinsame engste Verbindung**). 132
Zwar mag es bedauert werden, dass die dort vorgesehene mühsame Suche nach der engsten Verbindung
durch eine uU weniger differenzierte ausländische Regel zunichte gemacht werden soll. Jedoch kann es
nicht sein, dass gerade die dort vorgesehene, auf einer sehr entfernten Verbindung beruhende Verweisung unumstößlich sein soll. Art 14 Abs 1 Nr 3 ist also ebenfalls Gesamtverweisung[236]. Die **Rechtswahl** nach Art 14 Abs 2 und Abs 3 ist dagegen Sachnormverweisung[237]. Nur Sachrecht meint (selbstverständlich) auch die regelwidrige Anknüpfung an deutsches Recht nach Abs 1 S 2.

Da das zunächst bestimmte fremde Recht idR für die Scheidung und die Ehewirkungen – oder auch 133
für unterschiedliche scheidungsrechtliche Fragen – unterschiedliche Kollisionsregeln kennt, kann es hier
zu einer Spaltung des Scheidungsstatuts sowie zu einem Auseinanderfallen von Ehewirkungs- und
Scheidungsstatut kommen[238]. Zu Rück- und Weiterverweisung kommt es vor allem bei einer von

---

[228] BGH NJW 1993, 2047; NJW-RR 1994, 322; OLG Frankfurt FamRZ 2005, 989; OLG Braunschweig FamRZ 2005, 1683; OLG Karlsruhe FamRZ 2006, 955; OLG Köln OLGR 2005, 441; OLG Stuttgart FamRZ 1991, 1068.
[229] S nur BGH NJW 1992, 3293; OLG Braunschweig FamRZ 2005, 1683.
[230] BGH FamRZ 2005, 1467.
[231] BGH FamRZ 2005, 1467; FamRZ 1997, 326; zust *Erman/Hohloch* Rn 63; aA OLG Hamm NJW-RR 1993, 263.
[232] OLG Oldenburg FamRZ 2003, 1752.
[233] Mit Missbrauchserwägungen bei einer im Rahmen der Auslandsscheidung getroffenen Vereinbarung über die Scheidungsfolgen OLG Köln OLGR 2005, 441.
[234] BGH FamRZ 2005, 1467; aA OLG Hamm FamRZ 1992, 826 f; *Erman/Hohloch* Rn 63.
[235] KG NJW 2005, 2562; OLG Stuttgart FamRZ 2005, 913; OLG Karlsruhe NJW-RR 1990, 777; OLG Hamm NJW 1991, 3099; *Henrich*, Internationales Scheidungsrecht, Rn 87; *Palandt/Heldrich* Rn 2.
[236] Näher Art 4 Rn 8; Art 14 Rn 1 ff; *Erman/Hohloch* Rn 6 und 20; MünchKommBGB/*Sonnenberger* Art 4 Rn 29; aA *Palandt/Heldrich* Rn 2; PWW/*Rausch* Rn 14; *Andrae*, Internationales Familienrecht, § 7 Rn 34.
[237] *Johannsen/Henrich* Rn 24; *Palandt/Heldrich* Rn 2.
[238] *Kegel/Schurig* IPR § 20 VII 4.

Art 17 ausgesprochenen Verweisung auf gemeinsames Heimatrecht, das die vorrangige Anknüpfung an den gemeinsamen Aufenthalt oder an das Domizil (angloamerikanischer Rechtskreis) kennt[239].

133.1 Dieses „Domizilprinzip" ist sehr verbreitet. Vgl aus der Rspr LG Frankfurt FamRZ 1976, 640 betr England; OLG Schleswig SchlHA 1982, 27 betr Dänemark; AG Hamburg NJW-RR 1986, 374 betr Peru; AG Freiburg IPRax 1989, 108; AG Bonn IPRax 1989, 108; AG Detmold IPRax 1990, 415 alle betr Argentinien; OLG Stuttgart FamRZ 1979, 1022 betr Polen – anders bei nur einem in Deutschland lebenden Ehegatten, AG Leverkusen FamRZ 2006, 950; BGH NJW 1982, 1940 betr Frankreich; OLG München FamRZ 1986, 807 betr Österreich; OLG Köln IPRax 1989, 297 betr Irland; OLG Bamberg FamRZ 1979, 930; AG Heidelberg IPRax 1988, 113; IPRax 1990, 126; OLG Zweibrücken NJW-RR 1999, 948 alle betr USA; OLG Stuttgart FamRZ 2003, 1669 betr Ghana.

134 Häufig kommt die Rückverweisung auch vor bei der Scheidung ursprünglich rein **türkischer Ehen**, wenn nur einer der Ehegatten die deutsche Staatsangehörigkeit angenommen hat[240].

135 Von einer **versteckten Rückverweisung** spricht man, wenn das fremde Recht keine Kollisionsnorm enthält, sondern immer die lex fori anwendet. Nach wohl allgemeiner Ansicht wird dann dennoch eine Rückverweisung angenommen, wenn die internationale Zuständigkeitsnorm des betroffenen Staates keine dortige Zuständigkeit begründet, sondern – wenn man sie aus deutscher Perspektive anwendet – die Zuständigkeit in Deutschland begründen würde[241]. Streitig ist, ob eine versteckte Rückverweisung auch angenommen werden kann, wenn die ausländische Zuständigkeitsnorm eine eigene sowie eine deutsche Zuständigkeit begründet. Wegen des erwähnten „Heimwärtsstrebens" und in Parallelität zu der echten Rückverweisung – bei der eine ausschließliche Anwendbarkeit deutschen Rechts nicht erforderlich ist – sollte dies mit der hM bejaht werden[242].

136 Die Rückverweisung erfasst auch die **Scheidungsfolgen**, soweit sie durch Art 17 umfasst sind und soweit das fremde Recht die Rückverweisung für diese ebenfalls meint. Eine allgemeine Rückverweisung für die Scheidung und ihre Folgen erfasst insbes auch den Versorgungsausgleich, soweit das rückverweisende Recht einen Versorgungsausgleich gar nicht kennt[243]. Schwierigkeiten entstehen hier allenfalls, wenn das fremde Recht zwischen unterschiedlichen Scheidungsfolgen (Güterrecht, Unterhalt etc) differenziert. Streng genommen muss dann herausgefunden werden, wie das fremde Recht den deutschen Versorgungsausgleich einordnen würde. Kennt das rückverweisende Recht den Versorgungsausgleich, so wird es oftmals eine eigene Kollisionsnorm für diesen enthalten, welche dann beachtlich ist (vgl Art 10 a niederländisches IPR).

137 **2. Ordre public. a) Voraussetzungen der Anwendung.** Früher enthielt Art 17 eine besondere Vorbehaltsklausel zum Schutz vor Verstößen fremden Rechts gegen den deutschen ordre public (Art 17 Abs 4 aF) Nachdem diese weggefallen ist, gilt für den **ordre public**. Einwand unmittelbar Art 6[244]. Zu beachten sind allerdings die Verweisungen auf deutsches Recht in Abs 1 S 2 und Abs 3 S 2. Durch diese ist die Anwendung deutschen Rechts in wesentlichen Fällen gesichert, so dass ein Rückgriff auf Art 6 nicht nötig ist.

138 Der Vorbehalt des ordre public kann sich theoretisch bereits gegen das ausländische **Kollisionsrecht** richten. Dazu müsste dieses aber zum einen gegen das Gleichheitsgebot als wesentlichstes Gerechtigkeitsgebot des deutschen Rechts verstoßen. (Dass Kollisionsnormen an das Heimatrecht des Mannes anknüpfen, ist international noch häufig.) Es müsste aber außerdem zu einer Benachteiligung des anderen Ehegatten auch im Ergebnis führen. Damit dürfte kaum zu rechnen sein (wie hier auch Art 6 Rn 11). Der ordre public muss aber insbes bei der Anwendung fremden **Sachrechts** beachtet werden. Jedoch ist Art 6 – wie überhaupt – auch im Rahmen des Art 17 stets mit Vorsicht einzusetzen. Abweichungen bei den Scheidungsvoraussetzungen oder den Scheidungsfolgen führen nicht ohne weiteres zum Einwand nach Art 6[245]. Hinzu kommt, dass bei deutschem Antragsteller primär Abs 1 S 2 anzuwenden ist[246]. Ein Verstoß kann jedoch sowohl bei den Voraussetzungen der Scheidung (Rn 22 ff, 95) und insbes beim Scheidungsverbot (Rn 67 ff) als auch bei den Scheidungsfolgen (Rn 47) gegeben sein. Es muss jeweils im Einzelfall geprüft werden, ob bei Berücksichtigung des jeweiligen Inlandsbezugs des Falls das konkrete Ergebnis bereits so sehr vom deutschen Recht abweicht, dass ein Festhalten daran mit deutschen Rechtsgrundsätzen unvereinbar erschiene[247].

---

[239] *Palandt/Heldrich* Rn 2.
[240] OLG Stuttgart FamRZ 2005, 913; KG NJW 2005, 2562; OLG Düsseldorf NJW-RR 2005, 447; näher dazu *Andrae*, Internationales Familienrecht, § 4 II 2 a, die darauf hinweist, dass die Türkei inzwischen nach Art 29 türk Staatsangehörigkeitsgesetz die betroffenen Personen unter bestimmten Voraussetzungen weiterhin den türkischen Staatsangehörigen gleichstellt. Für die somit aus türkischer Sicht vorliegende rein türkische Ehe gilt auch nach türkischem IPR türkisches Recht.
[241] Näher mit vielen Beispielen und insbes zu den Normen der EheGVO als mögliche Basis für eine Rückverweisung *Andrae*, Internationales Familienrecht, § 4 Rn 38 ff; auch AnwK-BGB/*Gruber* Rn 28 f, der meint, es komme weiterhin auf das autonome Recht an.
[242] OLG Hamburg FamRZ 2001, 916; MünchKommBGB/*Winkler v. Mohrenfels* Rn 50; *Andrae*, Internationales Familienrecht, § 4 Rn 51.
[243] Wie hier OLG Stuttgart FamRZ 1986, 687; OLG Hamm IPRax 1991, 197; *Soergel/Schurig* Rn 140; *Lüderitz* IPRax 1987, 74, 80; *Andrae*, Internationales Familienrecht, § 4 V 2 b bb; AnwK-BGB/*Gruber* Rn 116 mwN; aA OLG Oldenburg FamRZ 1984, 715; AG Hamburg NJW-RR 1986, 374.
[244] *Palandt/Heldrich* Rn 3; *Erman/Hohloch* Rn 9.
[245] *Erman/Hohloch* Rn 9.
[246] *Erman/Hohloch* Rn 9.
[247] Art 6 Rn 12 ff; *Henrich*, Internationales Scheidungsrecht, Rn 93 ff; *Staudinger/Mankowski* Rn 105 ff.

b) Rechtsfolgen des ordre public Verstoßes. Soweit im Einzelfall ein Verstoß gegen den ordre 139 public bejaht werden muss, kann dennoch nicht ohne weiteres deutsches Recht auf die Ehescheidung angewendet werden. Vielmehr sollte der Eingriff in das fremde Recht möglichst gering bleiben. So kann es sein, dass der Ehefrau zwar entgegen dem Scheidungsstatut ein Scheidungsrecht zugestanden wird, weil sie sonst dem Mann gegenüber benachteiligt wäre. Für die Scheidungsfolgen kann (und muss) dann aber dennoch das fremde Recht angewendet werden, soweit es hier Vorschriften gibt, die dem ordre public entsprechen (vgl auch Rn 86).

C. Verfahrensrecht

Art 17 regelt nur das Kollisionsrecht der Scheidung und bestimmt damit das anwendbare materielle 140 Recht. Das Verfahren richtet sich nach den Vorschriften der ZPO sowie den sonstigen verfahrensrechtlichen Normen. Vorrangig gegenüber dem autonomen deutschen internationalen Prozessrecht sind das Recht der EU sowie das staatsvertragliche Verfahrensrecht.

Für Fragen der Zuständigkeit für das Scheidungsverfahren sowie der Anerkennung und Vollstre- 141 ckung von Ehescheidungen und Sorgerechtsentscheidungen in der Europäischen Union gilt seit dem 1. 3. 2005 die **EheGVO II** (= Brüssel IIa-VO 2201/2003 des Rates über die Zuständigkeit und die Anerkennung und Vollstreckung von Entscheidungen in Ehesachen und in Verfahren betreffend die elterliche Verantwortung vom 27. 11. 2003). Dadurch wurde die **EheGVO I** (= Brüssel II-VO)[248] bereits abgelöst. Die EheGVO II gilt für **Zuständigkeitsfragen** immer – sie enthält Bestimmungen auch für die (wenigen) Fälle, in denen keiner ihrer Zuständigkeitstatbestände greift (Rn 144). Bei der **Anerkennung** greift sie nur ein, soweit die Entscheidung aus einem Staat stammt, in dem die EheGVO II ebenfalls gilt. Im Verhältnis zu Polen, Tschechien, der Slowakei, Slowenien, Ungarn, Zypern, Malta, Lettland, Litauen und Estland gilt sie seit dem 1. 5. 2005 (ABl EG 2003 Nr L 236 S 33). Im Verhältnis zu Rumänien und Bulgarien gilt sie seit dem 1. 1. 2007 (ABl EG 2005 Nr L 157 S 46). Seit dem 1. 7. 2007 gilt die EheGVO II auch für Dänemark (ABl EG 2005 Nr L 299 S 61, 62). Die EheGVO I ist noch anzuwenden für Verfahren, die vor dem 1. 3. 2005 eingeleitet wurden (vgl Art 64 EheGVO II). Im Verhältnis zu Dänemark galt sie nicht. Die deutschen **Ausführungsvorschriften** sind im Internationalen Familienrechtsverfahrensgesetz (= IntFamRVG)[249] enthalten.

Autonomes internationales Verfahrensrecht ist geregelt für die **Zuständigkeit** in § 606 a Abs 1 142 ZPO, für die **Anerkennung** in §§ 328, 606 a Abs 2 ZPO, § 16 a FGG und Art 7 § 1 FamRÄndG (Rn 150 ff).

I. Zuständigkeit (Grundsatz und Verbundprinzip). 1. Recht der EU. a) EheGVO II (Brüs- 143 **sel IIa-VO).** Die internationale Zuständigkeit der Gerichte der EU-Staaten in Scheidungs- und Sorgerechtssachen ist seit dem 1. 3. 2005 in den Art 3 bis 7 EheGVO II (Brüssel IIa-VO) geregelt. Vom 1. 3. 2001 bis zum 28. 2. 2005 galten die Art 2 bis 6 EheGVO I (Brüssel II-VO)[250]. S zum räumlichen Anwendungsbereich, insbes zum Inkrafttreten in Bezug auf die Beitrittsstaaten und Dänemark Rn 141. Zuvor galt das autonome nationale Recht, insbes § 606 a ZPO.

b) Erfasste Rechtsfragen. Die EheGVO II erfasst nur die Scheidung selbst sowie die ausdrücklich 144 genannten Folgesachen (insbes elterliche Sorge). Soweit eine Folgesache nicht durch die EheGVO II erfasst ist, gelten die autonomen nationalen Regelungen. Dies gilt insbes für die internationale Verbundzuständigkeit nach den §§ 621 Abs 3, 623 ZPO, die nicht durch die EheGVO II ausgeschlossen wird[251]. Für **Unterhaltsverfahren** gilt im Verhältnis zu den EU-Mitgliedstaaten die EuGVVO (VO Nr 44/2001/EG des Rates vom 22. 12. 2000, ABl EG 2001 Nr L 12 S 1, ber ABl EG 2001 Nr L 307/28 = Brüssel I-VO). Im Verhältnis zu Dänemark galt anstatt der EuGVVO noch bis zum 1. 7. 2007 das EuGVÜ[252].

c) Zuständigkeitstatbestände. Die **allgemeine Zuständigkeit** kann nach Art 3 Abs 1 lit a 145 EheGVO II zunächst durch den **gewöhnlichen Aufenthalt** begründet werden. Hier seien die Zuständigkeitstatbestände der Vereinfachung halber nur aus der Sicht des deutschen Gerichts dargestellt. Die Zuständigkeit kann durch den gewöhnlichen Aufenthalt beider oder eines Ehegatten in Deutschland begründet werden[253]. Hierbei reichen der gemeinsame gewöhnliche Aufenthalt, der letzte gemeinsame gewöhnliche Aufenthalt sowie der Aufenthalt des Antragsgegners (bzw bei gemeinsamer Antragstellung eines Ehegatten) ohne weiteres aus. Hat nur der Antragsteller seinen gewöhnlichen Aufenthalt in Deutschland, so muss es sich um einen Aufenthalt von wenigstens einem Jahr handeln. Ist der Antragsteller deutscher Staatsangehöriger, so reicht es, wenn er sich seit sechs Monaten vor der Antragstellung in Deutschland aufgehalten hat. Hierin wird in aller Regel ein Verstoß gegen das Diskriminierungsverbot erblickt[254]. Zumindest aber wird die Personenverkehrsfreiheit im Binnenmarkt nicht gefördert,

---

[248] VO Nr 1347/2000/EG des Rates vom 29. 5. 2000, ABl EG Nr L 160 S 19, dazu auch Reform des AVAG, BGBl 2001 I S 288, in Kraft am 1. 3. 2001.
[249] Gesetz zur Aus- und Durchführung bestimmter Rechtsinstrumente auf dem Gebiet des internationalen Familienrechts, BGBl 2005 I S 161.
[250] *Vogel* MDR 2000, 1045; *Hau* FamRZ 1999, 484.
[251] *Rauscher/*Rauscher EuZPR Einl Rn 9, Art 1 Rn 9.
[252] Übereinkommen über die gerichtliche Zuständigkeit und Vollstreckung in Zivil- und Handelssachen vom 27. 9. 1968, BGBl 1972 II S 774.
[253] AG Leverkusen FamRZ 2006, 950.
[254] *Helms* FamRZ 2002, 1593, 1596 mwN.

wenn bestimmte Vorgänge – wie die Ehescheidung – am leichtesten im Heimatstaat erreicht werden können.

Hinzu kommt die Begründung der Zuständigkeit durch gemeinsame Staatsangehörigkeit eines Mitgliedstaates bzw durch gemeinsames domicile im Vereinigten Königreich oder Irland (Art 3 Abs 1 lit b EheGVO II). Hierbei wird ganz überwiegend angenommen, dass eine Übereinstimmung auch der nicht effektiven Staatsangehörigkeit des betreffenden Mitgliedstaats ausreichen soll[255].

146 Die EheGVO II ist immer anwendbar. Sie gilt also auch, wenn beide Ehegatten Staatsangehörige von **Drittstaaten** sind. Es müssen lediglich die Voraussetzungen des jeweiligen Zuständigkeitstatbestands erfüllt sein. Insbes reicht also der gewöhnliche Aufenthalt in Deutschland (bzw in einem Mitgliedstaat). Ist kein Zuständigkeitstatbestand erfüllt, muss Art 7 EheGVO II beachtet werden.

147 Die durch Art 3 EheGVO II begründete Zuständigkeit ist gemäß Art 6 EheGVO II **ausschließlich,** wenn der beklagte Ehegatte seinen gewöhnlichen Aufenthalt in einem Mitgliedstaat der EU hat oder die Staatsangehörigkeit dieses Staates besitzt oder sein domicile in Irland oder im Vereinigten Königreich hat[256]. Näher zur Bedeutung der Art 6, 7 sowie zur parallelen Anwendbarkeit des § 606a ZPO Rn 150 ff.

148 Für den **einstweiligen Rechtsschutz** gilt Art 20 EheGVO II. Nach hM ist dadurch in dringenden Fällen auch die Zuständigkeit nach allen Zuständigkeitstatbeständen der EuGVO II sowie des nationalen Rechts eröffnet. Vorliegen muss aber der in der Norm beschriebene Bezug zu in diesem Staat befindlichen Personen oder Vermögen[257].

149 **2. Staatsverträge.** Internationale Übereinkommen, welche Regelungen zur internationalen Zuständigkeit in Ehescheidungssachen enthalten, sind für Deutschland nicht in Kraft. Anders ist es bei bestimmten Folgesachen, wie zB der elterlichen Sorge (Art 1 MSA).

150 **3. Autonomes Recht. a) Zuständigkeitstatbestände.** § 606a ZPO regelt die internationale Zuständigkeit deutscher Gerichte in Ehesachen gegenüber der EheGVO II nur noch subsidiär (Art 8 EheGVO II). Seine Bedeutung ist dabei, soweit es um die eigentliche Ehescheidung geht, nur noch minimal. Anwendbar bleibt die Norm aber für die Auflösung von Lebenspartnerschaften (iVm § 661 Abs 3 ZPO, dazu Art 17b Rn 55) und für Entscheidungen in Ehesachen, die nicht die Auflösung der Ehe iS der EheGVO II betreffen. Für die Ehescheidung oder Ehetrennung kann § 606a ZPO wegen Art 6 EheGVO II jedenfalls nur noch dann eingreifen, wenn der Antragsgegner nicht die Staatsangehörigkeit eines Mitgliedstaates besitzt und seinen gewöhnlichen Aufenthalt außerhalb der EU hat (vgl Art 6 EheGVO II). Streitig ist jedoch die Bedeutung der Art 7 Abs 1 EuGVO II. Die hM vertritt überzeugend, dass die EheGVO II auch in diesen Fällen das nationale Recht verdrängt, soweit die EheGVO II nur irgendeinen Gerichtsstand in der EU begründet. Erst wenn es also nach der EheGVO II gar keinen Gerichtsstand in der EU gibt, wird § 606a ZPO danach „freigegeben"[258].

150.1 Der Vorschlag für die Neufassung der EheGVO sieht auch eine Neufassung des Art 7 EheGVO vor (KOM (2006) 399 S 9). An die Stelle des Verweises auf das Recht der Mitgliedstaaten wird dann ein Katalog mit „Notzuständigkeiten" treten. Sie begründen sich auf einen früheren gemeinsamen Wohnsitz in einem Mitgliedstaat oder der Staatsangehörigkeit.

151 Die sich aus § 606a ZPO ergebende Zuständigkeit gilt aber nicht mehr nur für deutsche Staatsangehörige, sondern in Verbindung mit Art 7 Abs 2 EheGVO II für Angehörige aller Mitgliedstaaten, die ihren gewöhnlichen Aufenthalt in Deutschland haben[259]. Daraus folgt insgesamt, dass nur noch die Zuständigkeit nach § 606a Abs 1 Nr 1 ZPO relevant ist. Sie greift, wenn die antragstellende Ehegatte die deutsche Staatsangehörigkeit besitzt und beide Parteien sich gewöhnlich außerhalb der EU aufhalten. § 606a Abs 1 Nr 1 ZPO greift wegen Art 7 Abs 2 EheGVO auch dann ein, wenn der Antragsteller nicht die deutsche Staatsangehörigkeit hat, aber sich gewöhnlich in Deutschland aufhält. Allerdings gilt auch das nur, wenn dieser Aufenthalt seit weniger als zwölf Monaten besteht. Denn sonst würde Art 3 EheGVO II eingreifen. § 606a Abs 1 Nr 4 ZPO hat damit seine Bedeutung verloren. Die negative **Anerkennungsprognose** findet daher keine Anwendung mehr[260]. Es gibt keinen Fall mehr, in dem es darauf ankommt, ob die Anerkennung im Heimatstaat der Parteien offensichtlich nicht zu erwarten wäre. Nur mit Blick auf die Vergangenheit sei daher darauf hingewiesen, dass an die Offensichtlichkeit der Nichtanerkennung in der Praxis ohnehin hohe Anforderungen gestellt wurden[261]. Eine nur geringe Wahrscheinlichkeit einer Anerkennung reichte zur Annahme der internationalen Zuständigkeit schon bisher aus.

---

[255] Dafür *Dilger,* Internationale Zuständigkeit in Ehesachen, Rn 483 ff; *Hau* FamRZ 2000, 1333, 1337; *Palandt/ Heldrich* Rn 27.
[256] EuGH NJW 2008, 207.
[257] *Zöller/Geimer* EheGVO Art 20 Rn 6 ff.
[258] *Hau* FamRZ 2000, 1333, 1340; AnwK-BGB/*Gruber* Art 6 EheGVO II Rn 2 ff; *Zöller/Geimer* Art 6 EheGVO II Rn 6; aA *Rauscher/Rauscher* EuZPR Art 6 EheGVO Rn 6 mwN.
[259] *Hau* FamRZ 2000, 1333, 1340; *Zöller/Geimer* Art 7 EheGVO Rn 2.
[260] OLG Stuttgart FamRZ 2004, 1382.
[261] OLG Frankfurt FamRZ 1992, 700; OLG Hamm StAZ 1994, 221; IPRax 1987, 250; auch *Palandt/Heldrich* Rn 27 – zugängliche Quellen sind zB *Staudinger/Spellenberg,* Internationales Verfahrensrecht in Ehesachen, Neubearbeitung 2005, Rn 217; *Bergmann/Ferid/Henrich,* Internationales Ehe- und Kindschaftsrecht.

Prozesskostenhilfe wird jedoch auch bei Vorliegen einer Zuständigkeit nicht gewährt, wenn mit **152** einer Anerkennung der Ehe in dem gemeinsamen Heimatstaat beider Ehegatten nicht gerechnet werden kann[262].

b) Bedeutung des § 606a ZPO für die Anerkennung. Wegen § 328 Abs 1 Nr 1 ZPO hat **153** § 606a ZPO auch für die Anerkennung von ausländischen Ehescheidungen Bedeutung. Die dort bestimmte Notwendigkeit der Zuständigkeit des ausländischen Gerichts für die Anerkennung in Deutschland gilt aber nur, solange nicht der Anwendungsbereich der EheGVO II eröffnet ist (Rn 160 f). Zur Ermittlung der Zuständigkeit des entscheidenden ausländischen Gerichts ist § 606a ZPO dann spiegelbildlich heranzuziehen. Es reicht also der gewöhnliche Aufenthalt des Klägers im Scheidungsstaat – vgl insbes § 606a Abs 2 ZPO. Wenn durch § 606a Abs 1 S 1 ZPO auch eine internationale Zuständigkeit in Deutschland begründet ist, schließt dies die Anerkennung einer im Ausland ergangenen Ehescheidung nicht aus[263].

c) Verbundzuständigkeit. Die durch § 606a Abs 1 ZPO begründete internationale Zuständigkeit **154** für eine Ehesache gilt gemäß § 621 Abs 2 S 1 ZPO als sog Verbundzuständigkeit auch für mit der Scheidung verbundene Folgesachen, für die keine besonderen Zuständigkeitsregeln (zB MSA) bestehen. Dies gilt zunächst für den **Versorgungsausgleich**. Hier gilt nach hM (insbes Rspr) darüber hinaus eine abgeleitete Zuständigkeit, wenn der Versorgungsausgleich isoliert durchgeführt wird. Auch dann soll – über § 621 ZPO – also das Gericht zuständig sein, welches nach § 606a ZPO (und nicht etwa nach der hier nicht eingreifenden EheGVO II) für die Scheidung zuständig gewesen wäre[264]. Dagegen kann freilich eingewendet werden, dass die Verbundzuständigkeit überhaupt keinen Sinn macht, wenn die Scheidung isoliert im Ausland erfolgt ist[265]. Beim Zugewinnausgleich gilt die Verbundzuständigkeit, wenn er im Verbund geltend gemacht wird. Bei isolierter Klage kommt es darauf an, ob sie während der Anhängigkeit des Scheidungsverfahrens erhoben wird. Dann wird ebenfalls § 606a ZPO angewendet. Ist das Scheidungsverfahren dagegen bei Erhebung der Klage auf Zugewinnausgleich bereits abgeschlossen, greift für die örtliche und internationale Zuständigkeit § 23 ZPO[266]. Erfasst ist auch die **Zuweisung der Ehewohnung**[267]. Für das **Sorgerechtsverfahren** gilt die Verbundzuständigkeit dagegen nur noch unter engen Voraussetzungen. Es dürfen zum einen weder die EheGVO II noch das MSA[268] eingreifen, zum anderen muss es sich überhaupt um eine im Verbundverfahren zu treffende Entscheidung handeln (vgl § 623 Abs 2 und 3 ZPO). Im Ehetrennungsverfahren werden die Regeln zur Verbundzuständigkeit entsprechend angewendet.

Ist ein Scheidungsverfahren im Ausland anhängig, können deutsche Gerichte gleichwohl über **155** Folgesachen entscheiden. Es gibt also **keine internationale Verbundunzuständigkeit**[269]. Die ausländische Rechtshängigkeit ist aber zu beachten, wenn sich der Streitgegenstand des ausländischen Verfahrens mit dem inländischen Verfahren deckt (näher Rn 183)[270].

d) Einstweilige Anordnung. Bei der Zuständigkeit für einstweilige Anordnungen ist zum einen zu **156** unterscheiden, ob es sich um **Ehesachen** (betr. Getrenntleben, Unterhalt, Nutzung der Ehewohnung und des Hausrats, Herausgabe der Sachen zum persönlichen Gebrauch, Prozesskostenvorschuss, Kontaktverbot, Überlassungsanordnung) oder um **andere Sachen** als Ehesachen handelt. Zum anderen ist zu unterscheiden, ob eine Ehesache schon im Inland oder im Ausland anhängig ist. Soweit es sich um eine Ehesache handelt und das Hauptverfahren schon im Inland anhängig ist, richtet sich die Zuständigkeit – soweit nicht wie meist Art 20 EheGVO II gilt – nach § 606a ZPO[271]. Ist das Verfahren (nur) im Ausland anhängig, ist äußerst streitig, ob und unter welchen Voraussetzungen überhaupt Eilrechtsschutz im Inland erlangt werden kann[272]. Insbes seit dem Inkrafttreten der EheGVO II mit der Regelung der isolierten Eilzuständigkeit in Art 20 EheGVO II sollte man die Zulässigkeit wenigstens dann bejahen, wenn ein besonderes Rechtsschutzbedürfnis hierfür besteht. Es greift dann der für die entsprechende Sache jeweils geltende Zuständigkeitstatbestand – also zB § 13 Abs 4 HausratsVO oder Art 9 MSA[273].

e) Wesenseigene Unzuständigkeit. Die internationale Zuständigkeit nach § 606a Abs 1 S 1 ZPO **157** (teils wird auch auf die „Zulässigkeit der gerichtlichen Tätigkeit in Deutschland" abgestellt) entfällt, wenn das Scheidungsstatut eine dem deutschen Gericht **wesensfremde** gerichtliche Tätigkeit erfordert. Das ist in extremen Einzelfällen von den Gerichten bejaht worden[274]. Jedoch dürfte sich (fast) immer

---

[262] OLG Stuttgart FamRZ 2004, 1382.
[263] *Palandt/Heldrich* Rn 28.
[264] BGH NJW-RR 1994, 834; OLG Saarbrücken IPRspr 2004, Nr 57, 125.
[265] Dagegen daher *Staudinger/Spellenberg* § 606a ZPO Rn 276 ff.
[266] OLG Karlsruhe FamRZ 2001, 1012.
[267] OLG München FRES 1980 Nr 0413.
[268] OLG Hamm FamRZ 1994, 773: keinerlei zwischenstaatliche Abkommen über Regelung der Zuständigkeit zwischen der BRD und Polen.
[269] OLG Düsseldorf IPRax 1983, 129; OLG Frankfurt NJW-RR 1990, 647; *Staudinger/Spellenberg*, Internationales Verfahrensrecht in Ehesachen, § 606a ZPO Rn 281; *Schwolow* FPR 2002, S 605, 608.
[270] S nur *Staudinger/Spellenberg*, Internationales Verfahrensrecht in Ehesachen, Anh § 606a ZPO Rn 12 ff.
[271] *Zöller/Geimer* § 620a ZPO Rn 10.
[272] Dagegen *Zöller/Geimer* § 620a ZPO Rn 10; dafür *Staudinger/Spellenberg*, Internationales Verfahrensrecht in Ehesachen, Rn 192.
[273] Zu allem näher *Staudinger/Spellenberg*, Internationales Verfahrensrecht in Ehesachen, Anh § 606a ZPO Rn 190 ff.
[274] KG FamRZ 1994, 839: Rabbinatsscheidung.

eine rechtliche Lösung finden, die auf der einen Seite den Anforderungen des ausländischen Scheidungsverfahrens genügt, auf der anderen Seite aber für das deutsche Gericht durchführbar ist. Zumeist wird die Anwendung einer derart wesensfremden ausländischen Sachvorschrift ohnehin gegen den deutschen ordre public verstoßen und kann schon aus diesem Grund übergangen werden[275].

158 **4. Folgen fehlender internationaler Zuständigkeit.** Die internationale Zuständigkeit ist in jeder Lage des Verfahrens von Amts wegen zu prüfen[276]. Eine rechtskräftige inländische gerichtliche Entscheidung ist jedoch trotz Zuständigkeitsmangels **wirksam**[277]. Freilich droht die Nichtanerkennung der deutschen Scheidung im Ausland.

159 **II. Anerkennung. 1. Überblick.** Für die Anerkennung muss unterschieden werden, in welchem Staat und in welcher Form die Ehescheidung erfolgt ist. Für Ehescheidungen, die durch Gerichte oder Behörden eines Mitgliedstaates der EU erfolgt sind, muss die **vorrangige Geltung des Rechts der EU** beachtet werden. Hier gilt insbes die EheGVO II – zu deren räumlichen und zeitlichen Anwendungsbereich Rn 143 f. Nach Art 21 ff EheGVO II erfolgt die Anerkennung ausländischer Entscheidungen ipso iure (näher Rn 163).

160 Das EuGVÜ[278] und das Luganer Parallelübereinkommen[279] gelten nach Maßgabe des Art 1 Abs 2 Nr 1 in Scheidungssachen nicht. Relevant sind sie nur für im Rahmen von Scheidungen erlassene Unterhaltsregelungen und einstweilige Unterhaltsanordnungen[280].

161 **Gerichtliche und behördliche Ehescheidungen,** die **nicht** aus einem **EU-Mitgliedstaat** stammen, werden nach Art 7 § 1 FamRÄndG iVm § 328 ZPO anerkannt. Für das Eingreifen des Art 7 § 1 FamRÄndG reicht, anders als für das Eingreifen der EheGVO II, auch die bloße nicht konstitutive Beteiligung einer Behörde[281]. Nach Art 7 § 1 FamRÄndG dürfen gerichtliche und behördliche Ehescheidungen ausschließlich in dem dort vorgegebenen förmlichen Verfahren anerkannt werden (Rn 168 f). Die Anerkennung von **Privatscheidungen,** bei denen keine Behörde mitgewirkt hat, kann dagegen inzidenter oder in einem gerichtlichen Feststellungsverfahren geklärt werden (Rn 173).

162 **2. Recht der EU. a) EheGVO II. aa) Geltungsbereich.** Vgl zum räumlichen und insbes zum zeitlichen Geltungsbereich der EheGVO II im Allgemeinen Rn 143 f. Die VO gilt für die Anerkennung von Scheidungen (Rn 159 f), die durch ein Gericht oder durch eine Behörde eines Mitgliedstaates der EU erfolgt sind (Art 2 EheGVO II). Sie gilt nicht für Privatscheidungen. Sie erfasst also weder die Scheidungen, bei denen zwar eine behördliche Registrierung nötig ist, der konstitutive Akt aber privat erfolgt, noch Scheidungen durch religiöse Gerichte[282].

163 **bb) Anerkennungsverfahren.** Für die Anerkennung von Entscheidungen aus einem Mitgliedstaat der EU gilt nicht das Anerkennungsmonopol nach Art 7 § 1 FamRÄndG. Im Normalfall erfolgt die **automatische Anerkennung.** Wird die Wirksamkeit der Entscheidung in einem Gerichtsverfahren relevant, prüft das Gericht sie inzidenter. Eine rechtskräftige Feststellung der Anerkennung (oder der Nichtanerkennung) kann nur bei einem entsprechenden Interesse nach Art 21 Abs 3 erreicht werden. Dieses ist bei den Ehegatten idR zu bejahen[283]. Das Verfahren der Anerkennung bestimmt sich in diesem Fall nach §§ 10 ff IntFamRG[284].

164 **cc) Anerkennungsvoraussetzungen.** Die Anerkennung darf nur verweigert werden, wenn die in Art 22 EheGVO II genannten Gründe gegeben sind. Keinesfalls darf sie wegen fehlender Zuständigkeit versagt werden. Darin liegt der wesentliche inhaltliche Unterschied zum autonomen Recht. Die in Art 22 EheGVO II genannten Gründe sind: Der Verstoß gegen den ordre public, der aber innerhalb der EU selten sein wird (lit a); die Verletzung des rechtlichen Gehörs iS des lit b; die Unvereinbarkeit mit einer zwischen denselben Personen im Anerkennungsstaat ergangenen Entscheidung (lit c) sowie die Unvereinbarkeit mit einer in einem Drittstaat ergangenen, anerkennungsfähigen Entscheidung (lit d).

165 **b) Staatsverträge.** Für die Anerkennung von Ehescheidungen gelten nur noch wenige Staatsverträge. In Kraft sind das **deutsch-schweizerische Abkommen** über die gegenseitige Anerkennung und Vollstreckung von gerichtlichen Entscheidungen und Schiedssprüchen vom 2. 11. 1929 (RGBl 1930 II S 1066) und das **deutsch-tunesische Abkommen** vom 19. 7. 1966 (BGBl 1969 II S 890; in Kraft seit 13. 3. 1970 – vgl BGBl II S 125). Zahlreiche Abkommen haben keine Gültigkeit (mehr): Das Luxemburger **„CIEC-Übereinkommen über die Anerkennung von Entscheidungen in Ehesachen"** vom 8. 9. 1967 ist gezeichnet und in Kraft (in den Niederlanden, Österreich und der Türkei), aber von Deutschland nicht ratifiziert. Das **„Haager Übereinkommen über die Anerkennung von Ehescheidungen und Ehetrennungen"** vom 1. 6. 1970 ist von Deutschland nicht gezeichnet. Das

---

[275] Näher *Geimer/Zöller* § 606 a ZPO Rn 13 ff.
[276] BGHZ 120, 29 = NJW 1993, 848.
[277] LG Bonn StAZ 1989, 354; *Zöller/Geimer* § 606 a ZPO Rn 9; *Kegel/Schurig* IPR § 22 II, S 1053.
[278] Übereinkommen über die gerichtliche Zuständigkeit und Vollstreckung in Zivil- und Handelssachen vom 27. 9. 1968, BGBl 1972 II S 774.
[279] Übereinkommen über die gerichtliche Zuständigkeit und die Vollstreckung gerichtlicher Entscheidungen in Zivil- und Handelssachen vom 16. 9. 1988, BGBl II 1994 S 2660.
[280] BGH vom 14. 3. 2007; EuGH Slg 1980, 731 = NJW 1980, 1218; näher Art 18 Rn 77.
[281] OLG Frankfurt FamRZ 2005, 989.
[282] Nur *Rauscher/Rauscher* EuZPR Art 1 Brüssel IIa-VO Rn 5, 6.
[283] *Rauscher/Rauscher* EuZPR Art 21 Brüssel IIa-VO Rn 23.
[284] *Rauscher/Rauscher* EuZPR Einl Brüssel IIa-VO Rn 10.

1968 beschlossene **„Haager Übereinkommen über die Anerkennung von Scheidungen sowie Trennungen von Tisch und Bett"** vom 1. 6. 1970[285] ist für die Bundesrepublik nicht in Kraft getreten.

3. Autonomes Recht. a) Geltung. Die autonomen Vorschriften des deutschen Anerkennungs- 166
rechts gelten für Ehescheidungen aus Staaten außerhalb der EU sowie für Ehescheidungen, die vor dem Inkrafttreten der EheGVO I – also vor dem 1. 3. 2001 ergangen sind[286]. Autonomes Recht gilt außerdem für Ehescheidungen, bei denen weder ein staatliches Gericht noch eine Behörde konstitutiv mitgewirkt haben. Denn dafür enthält das Gemeinschaftsrecht bisher keine Regelungen.

b) Anerkennungsverfahren. aa) Verfahren bei gerichtlicher oder behördlicher Eheschei- 167
dung. Ist im Ausland ein Scheidungsurteil ergangen oder eine behördliche Scheidung erfolgt, so hängt die Wirksamkeit dieser Scheidung im Inland von der Anerkennung im Anerkennungsverfahren nach **Art 7 § 1 FamRÄndG** ab[287]. Anders ist es nur, wenn die Scheidung im gemeinsamen Heimatstaat der Ehegatten erfolgte (vgl Rn 168, 172). Die Vorschrift soll unverändert in das neue FamFG übernommen werden (vgl § 107 des aktuellen Entwurfs vom 10. 5. 2007, BR-Drucks 309/07).

Die Entscheidung ergeht auf Antrag[288]. Der Antrag ist nicht fristgebunden[289]; das Antragsrecht kann aber verwirkt werden[290]. Fragwürdig ist allerdings, ob der Antrag bei zwischenzeitlicher Wiederaufnahme der ehelichen Beziehung rechtsmissbräuchlich sein kann.

Das in Art 7 § 1 FamRÄndG vorgesehene Verfahren gilt **ausschließlich,** dh dass die Scheidung 168
nicht auf andere Art und Weise Wirksamkeit erlangen kann. Eine Ausnahme enthält aber Abs 1 S 2 für den Fall, dass die Ehescheidung in dem Staat erfolgt ist, dem beide Ehegatten zur Zeit der Entscheidung angehört haben. Dann kann die Anerkennung im Gerichtsverfahren oder im behördlichen Verfahren inzidenter erfolgen. Möglich ist auch die Durchführung des Verfahrens nach Art 7 § 1 FamRÄndG, wenn eine Partei dies beantragt[291].

Zuständig sind nach Art 7 § 1 Abs 2 FamRÄndG die **Landesjustizverwaltungen** des Bundeslands, 169
in dem sich ein Ehegatte gewöhnlich aufhält[292], hilfsweise des Lands erneuter Heirat; äußerst hilfsweise des Lands Berlin (§ 1 Abs 2). Die Zuständigkeit ist durch Rechtsverordnung übertragbar auf den OLG-Präsidenten (Art 7 § 1 Abs 2 a). Über die Entscheidung der Landesjustizverwaltung entscheidet auf Antrag das **OLG** (§ 1 Abs 4, 5 S 1) endgültig (§ 1 Abs 6 S 5) und bindend für Gerichte und Verwaltungsbehörden (§ 1 Abs 8) im Verfahren der freiwilligen Gerichtsbarkeit.

Anerkennungsfähig sind nur Entscheidungen (und nicht nur Urteile), durch die die Ehe nach dem Recht des Forumstaats (formell) rechtskräftig aufgelöst worden ist[293].

Ist die Wirksamkeit der ausländischen Ehescheidung **Vorfrage** in einem inländischen Verfahren, darf 170
das Gericht nicht selbst über die Anerkennungsfähigkeit entscheiden. Es erfolgt Aussetzung von Amts wegen nach § 148 ZPO bis zur Entscheidung durch die Landesjustizverwaltung[294]. Bei offensichtlich nicht anerkennungsfähiger Auslandsscheidung kann das inländische Verfahren fortgesetzt werden[295].

Zur Anerkennung von ausländischen Scheidungsfolgeregelungen, wie zB Unterhalts- oder Sor- 171
gerechtsregelungen, ist ein Anerkennungsverfahren iS von Art 7 § 1 FamRÄndG nicht erforderlich[296]. Die Anerkennung richtet sich nach § 328 ZPO.

Werden **Ausländer ohne deutsche Staatsangehörigkeit in ihrem Heimatstaat außerhalb der** 172
EU geschieden, bestimmt sich die Anerkennung ebenfalls allein nach § 328 ZPO. Die Anerkennung gerichtlicher Entscheidungen hängt nicht von einem Verfahren nach Art 7 § 1 FamRÄndG ab. Es ist jedoch ein freiwillig eingeleitetes Verfahren zulässig[297]. Bei Art 7 § 1 FamRÄndG bleibt es aber, wenn auch nur einer der Ehegatten auch die (nicht notwendig effektive) deutsche Staatsangehörigkeit besitzt[298]. Das Gleiche gilt, wenn zweifelhaft ist, ob beide Ehegatten zur Zeit der Scheidung die Staatsangehörigkeit (bei Mehrstaatern die gemeinsame effektive Staatsangehörigkeit) des Urteilsstaates besaßen[299].

bb) Verfahren bei reiner Privatscheidung. Für Privatscheidungen ohne behördliche Beteiligung 173
gilt die EheGVO nicht. Es bleibt stets beim nationalen Recht. Grundlage der Anerkennung ist hier allein Art 17. Auch Art 7 § 1 FamRÄndG und § 328 ZPO gelten nicht. Denn **ausländische Pri-**

---

[285] Abgedruckt in Rev dir int priv proc 1968, 928 und 1986, 440, 445.
[286] Näher *Dilger,* Die Regelungen zur internationalen Zuständigkeit in Ehesachen in der VO (EG) Nr 2201/2003, Rn 174 ff.
[287] BGH FamRZ 2001, 991; NJW 1983, 514; OLG Frankfurt FamRZ 2005, 989; krit zu dieser Vorschrift *Andrae/Heidrich,* FPR 2006, 222.
[288] Zur Antragsberechtigung OLG Koblenz IPRax 1988, 359; *Krzywon* IPRax 1988, 349 f.
[289] BayObLG FamRZ 1979, 1014.
[290] OLG Düsseldorf IPRspr 1977 Nr 162.
[291] HM, vgl BGHZ 112, 127 = NJW 1990, 3081; MünchKommZPO/*Gottwald* § 328 Rn 762; aA *Zöller/Geimer* § 328 ZPO Rn 318: nur inzidenter.
[292] BayObLGZ 1996, 122, 123.
[293] BayObLG FamRZ 1990, 897; FamRZ 1998, 1305.
[294] BGH FamRZ 1982, 1203; OLG Koblenz FamRZ 2005, 1692; OLG Köln FamRZ 1998, 1303; OLG Karlsruhe FamRZ 1991, 92.
[295] BGH NJW 1983, 514; OLG Koblenz FamRZ 2005, 1692 m Anm *Gottwald* 1694.
[296] BGH FamRZ 2007, 717; KG FamRZ 1994, 759; *Geimer* ZZP 1990, 498.
[297] BGHZ 112, 127; OLG Frankfurt FamRZ-RR 1990, 778.
[298] BayObLG NJW-RR 1990, 842.
[299] OLG Hamburg IPRspr 1982 Nr 181.

vatscheidungen, bei denen keine gerichtliche oder behördliche Mitwirkung erfolgt oder vorgesehen ist, sind keine Entscheidungen iS von § 328 ZPO oder von Art 7 § 1 FamRÄndG. Die Unwirksamkeit von Privatscheidungen **ohne ausländische behördliche Mitwirkung** ist **ohne förmliches Verfahren** von den im Inland damit befassten Behörden oder Gerichten **inzidenter** festzustellen[300]. Es bestehen aber keine Bedenken, den Ehegatten die Anerkennung auf dem Wege des Art 7 § 1 FamRÄndG durchführen zu lassen, wenn sie dies beantragen[301]. Auch eine Klage auf Feststellung des Nichtbestehens der Ehe ist zulässig[302].

174   c) **Voraussetzungen der Anerkennung. aa) Allgemeine Voraussetzungen.** Die Anerkennung hängt davon ab, dass die Landesjustizverwaltung das Vorliegen ihrer Voraussetzungen feststellt. Die Voraussetzungen der Anerkennung der ausländischen Entscheidung beurteilen sich grds nach den **zur Zeit des Erlasses** der Entscheidung geltenden Vorschriften[303]. Hilfreich und nicht schädlich ist ein Abstellen auf den **Zeitpunkt der Anerkennung**, wenn die Anerkennung dadurch erleichtert wird[304].

175   Da die Anerkennung in ihrer Wirkung nie über die anzuerkennende Entscheidung hinausgeht (s auch Rn 182), ist Voraussetzung für eine Anerkennung, dass die Ehe durch die ausländische Entscheidung geschieden wurde. Daher sind nur solche Entscheidungen oder Behördenakte anerkennungsfähig, durch die nach dem Recht des Entscheidungsstaats die Ehe rechtskräftig aufgelöst worden ist[305]. Es dürfen keine Verfahrensbestandteile mehr fehlen – auch zB nicht eine erforderliche behördliche Registrierung. Dies alles muss zweifelsfrei sein. Voraussetzung der Anerkennung einer Privatscheidung ist außerdem, dass der konstitutive Akt der Scheidung im Ausland vollzogen wurde.

176   Für die Anerkennung eines ausländischen Ehetrennungsurteils ohne Auflösung des ehelichen Bandes (die natürlich auch in Deutschland nur als Trennung und nicht als Scheidung anerkannt werden kann) bedeutet dies, dass die Ehe im Ausland wirksam getrennt worden sein muss[306]. Fehlende Anerkennung in einem anderen Staat, dessen Recht Scheidungsstatut ist, hindert nicht die Anerkennung eines ausländischen Urteils im Inland.

177   **bb) Voraussetzungen bei gerichtlicher oder behördlicher Ehescheidung.** Die materiellrechtlichen Anerkennungsvoraussetzungen ergeben sich grds für alle ausländischen **Entscheidungen** allgemein aus **§ 328 ZPO**, bei Ehesachen iVm **§ 606 a Abs 2 ZPO und Art 7 § 1 FamRÄndG**. Für Entscheidungen, die im Verfahren der freiwilligen Gerichtsbarkeit (zB Versorgungsausgleich) ergangen sind, gilt § 16 a Nr 1 FGG. Erste Voraussetzung ist nach § 328 Abs 1 Nr 1 ZPO sowie nach § 16 a Nr 1 FGG, dass die Gerichte des Scheidungsstaates allgemein nach **spiegelbildlicher Anwendung** deutscher Zuständigkeitsregeln international zuständig sind (sog Anerkennungszuständigkeit oder äußere internationale Zuständigkeit). Zur Feststellung der Zuständigkeit in spiegelbildlicher Anwendung des § 606 a Abs 1 iVm Abs 2 ZPO s Rn 154. Für die Anerkennung einer Drittstaatenentscheidung genügt auch deren Anerkennung in den Heimatstaaten der Ehegatten (Abs 2 S 2).

178   Bei Fehlen der internationalen Zuständigkeit ist die Anerkennung zu versagen[307]. Nach wohl überwM kann ein Zuständigkeitsmangel auch durch Zustimmung beider Parteien nicht geheilt werden[308].

179   Weitere Anerkennungsvoraussetzungen finden sich in den § 328 Abs 1 Nr 2 bis 5 ZPO bzw für Entscheidungen in der freiwilligen Gerichtsbarkeit in den § 16 a Nr 2 bis 4 FGG. Dazu gehört die ordnungsgemäße und rechtzeitige Zustellung des verfahrenseinleitenden Schriftstücks; außerdem darf kein Widerspruch mit einer Entscheidung bzw mit einem früher rechtshängigen Verfahren vorliegen. Schließlich wird überprüft, ob durch die Anerkennung des Urteils kein ordre public Verstoß erfolgen würde. Die Verbürgung der Gegenseitigkeit ist nach Art 7 § 1 Abs 1 S 2 bei Ehesachen nicht Voraussetzung für die Anerkennung.

180   Bei bestimmten Anerkennungsvoraussetzungen ist es problematisch, ob deren Fehlen **heilbar** ist, wenn beide Parteien damit einverstanden sind. Dabei muss es darauf ankommen, auf welche Vorschriften die Parteien auch im deutschen Verfahren **verzichten** könnten. Ein Verzicht auf die Geltendmachung der Unzuständigkeit ist daher wegen § 40 Abs 2 ZPO auch im Anerkennungsverfahren nicht möglich[309]. Dagegen kann die betroffene Partei auf das Anerkennungshindernis der Gehörsverletzung nach § 328 Abs 1 Nr 2 verzichten[310].

---

[300] Str, wie hier OLG Hamm IPRax 1989, 107; *Junker* IPR Rn 534; *Schack* IZVR Rn 895 und 815; *Henrich*, Internationales Scheidungsrecht, S 24; *Looschelders* IPR Rn 72; *Palandt/Heldrich* Rn 36; vorsichtiger *Staudinger/ Spellenberg*, Internationales Verfahrensrecht in Ehesachen, Art 7 § 1 Rn 38; aA *Andrae*, Internationales Familienrecht, § 4 Rn 185.
[301] Str, wie hier Präs OLG Frankfurt StAZ 2003, 137; vgl auch die vorstehenden Nachweise; skeptisch *Looschelders* IPR Rn 72.
[302] *Zöller/Geimer* § 328 ZPO Rn 306; AG Hamburg IPRspr 1982 Nr 66 A: Feststellung der Wirksamkeit der Scheidung.
[303] BGH NJW 1990, 2195; KG NJW 1988, 649.
[304] BayObLGZ 1987, 439; BayObLG FamRZ 1990, 1265: internationale Zuständigkeit aus Sicht des Anerkennungszeitpunkts gegeben.
[305] BayObLG FamRZ 1990, 897; FamRZ 1998, 1305.
[306] BayObLG FamRZ 1990, 897; vgl OLG Hamburg IPRspr 1983 Nr 184: ausländische Entscheidung kann im Bereich des Anerkennungsverfahrens keine größere Wirkung beanspruchen, als sie sich selbst beilegt.
[307] BayObLG NJW 1990, 3099; NJW-RR 1992, 514.
[308] BayObLG NJW-RR 1992, 514; *Staudinger/Spellenberg*, Internationales Verfahrensrecht in Ehesachen, § 328 Rn 316; aA *Zöller/Geimer* § 328 ZPO Rn 142: Überprüfung nur auf Rüge des Beklagten; s auch Rn 180.
[309] MünchKommZPO/*Gottwald* § 328 Rn 317; noch enger *Schack* IZVR Rn 882.
[310] OLG Bremen FamRZ 2004, 1975.

cc) Voraussetzungen bei reinen Privatscheidungen. Für die Anerkennung von Privatscheidungen müssen die Voraussetzungen des nach Art 17 maßgebenden Scheidungsstatuts eingehalten sein, auf die in § 328 ZPO genannten Kriterien kommt es nicht an[311]. Da die Privatscheidung in Deutschland insgesamt nicht zulässig ist (Art 17 Abs 2) scheidet die Anerkennung aus, wenn das Scheidungsstatut deutsches Recht ist[312]. Zu allem s auch Rn 173, 175, 74 ff. 181

d) Wirkungen der Anerkennung. Die Anerkennung der ausländischen Entscheidung führt dazu, dass die Wirkungen des ausländischen Urteils auf das Inland erstreckt werden[313]. Die Anerkennung verleiht daher der ausländischen Ehescheidung keine weitergehenden Wirkungen im Inland als sie im Ausland hat[314]. Eine nachträgliche Abänderung von Unterhaltstiteln im Inland gemäß § 323 ZPO ist aber möglich[315]. Die Anerkennung erfasst auch den Ausspruch der Entscheidung über die Schuld[316]. Die anerkannte ausländische Entscheidung bindet Gerichte und Verwaltungsbehörden[317]. 182

III. Rechtshängigkeit im Ausland. Ein Scheidungsverfahren kann im Inland nicht durchgeführt werden, wenn bereits ein Verfahren im Ausland rechtshängig ist[318]. Das gilt nach Art 19 EheGVO II, wenn das Verfahren in einem anderen Mitgliedstaat rechtshängig ist, und nach § 261 ZPO für die Rechtshängigkeit in einem sonstigen Staat. Wer sich auf die ausländische Rechtshängigkeit beruft, muss ihr Vorliegen beweisen[319]. Das ausländische Verfahren muss zuerst rechtshängig geworden sein, um die Sperre auszulösen (**Prioritätsgrundsatz**). Um festzustellen, wann des betroffene Verfahren im Ausland rechtshängig geworden ist, ist bei Eingreifen des § 261 ZPO das ausländische Prozessrecht anzuwenden. Jedoch muss der für die Rechtshängigkeit erforderliche Verfahrensstand wenigstens annähernd vergleichbar sein – insbes muss der andere Ehegatte wenigstens von dem Verfahren wissen[320]. Bei Rechtshängigkeit in einem EU-Mitgliedstaat findet für die Bestimmung des Rechtshängigkeitszeitpunkts (im anderen Staat sowie in Deutschland) Art 16 EheGVO II Anwendung. Die ausländische Rechtshängigkeit ist jedoch nur beachtlich, wenn eine Anerkennung der ausländischen Entscheidung zu erwarten ist[321]. 183

D. Intertemporales Recht

Das Scheidungsstatut wird grds unwandelbar angeknüpft. Nach Art 220 Abs 1 war die am 1. 9. 1986 in Kraft getretene Neuregelung des Scheidungsstatuts auf zu jenem Zeitpunkt bereits rechtshängige Scheidungsverfahren als sog „abgeschlossene Tatbestände" nicht anwendbar[322]. Das neue Scheidungskollisionsrecht findet nur Anwendung auf Scheidungsverfahren, die nach dem 1. 9. 1986 rechtshängig geworden sind. 184

Die Abgeschlossenheit eines Vorgangs bestimmt sich aus der Sicht des neuen Kollisionsrechts[323]. Maßgeblicher Zeitpunkt ist die Zustellung beim Antragsgegner. Bei Zustellung vor dem Stichtag bestimmt sich das Scheidungsstatut nach dem vor dem Inkrafttreten der Reform und nach Nichtigerklärung des Art 17 Abs 1 aF richterrechtlich entwickelten Ersatzkollisionsrecht – wandelbar auf den Zeitpunkt der letzten mündlichen Verhandlung[324]. 185

Gleiches gilt für Scheidungsfolgen, wenn sie vom Scheidungsstatut beherrscht werden, insbes für den Versorgungsausgleich[325]. Ist altes Scheidungsfolgenkollisionsrecht anwendbar, kommt es nicht zur „regelwidrigen" Durchführung des Versorgungsausgleichs gemäß Art 17 Abs 3 S 2[326]. Für eine vor dem Stichtag bereits rechtskräftig geschiedene Ehe wird er auch nicht nachträglich gemäß Art 17 Abs 3 S 2 durchgeführt[327]. 186

---

[311] BGHZ 110, 267 = NJW 1990, 2194; BayObLG NJW-RR 1994, 771; OLG Celle FamRZ 1998, 686 und 757.
[312] FamRZ 2003, 381; BGHZ 110, 267 = NJW 1990, 2194; BGH NJW-RR 1994, 642; BayObLG NJW-RR 1994, 771; OLG Oldenburg FamRZ 2006, 950; OLG Celle FamRZ 1998, 686, 757.
[313] Ganz hM, vgl nur *Geimer/Schütze* § 328 ZPO Rn 20; *Staudinger/Spellenberg*, Internationales Verfahrensrecht in Ehesachen, § 328 ZPO Rn 123.
[314] OLG Hamm FamRZ 1993, 215.
[315] BGH FamRZ 1983, 806; OLG Köln NJW-RR 2005, 876.
[316] BGH FamRZ 1976, 614, 615; *Staudinger/Spellenberg*, Internationales Verfahrensrecht in Ehesachen, § 328 ZPO Rn 127; aA *Krzywon* StAZ 1989, 93, 96.
[317] BGHZ 82, 39.
[318] *Staudinger/Spellenberg*, Internationales Verfahrensrecht in Ehesachen, Anh § 606 a ZPO, Rn 3 ff.
[319] *Gottwald* FamRZ 2005, 380; aA OLG Zweibrücken FamRZ 2005, 379.
[320] Wie hier OLG Hamm NJW 1988, 3102, 3103: vergleichbarer Entwicklungsstand beider Verfahren; aA MünchKommBGB/*Winkler v. Mohrenfels* Rn 319; näher *Heiderhoff*, Die Berücksichtigung ausländischer Rechtshängigkeit, S 193 ff.
[321] BGH NJW 2001, 524 für Zahlungsklage; OLG Oldenburg FamRZ 2006, 1043 für Scheidung in Israel.
[322] BGH FamRZ 1987, 793; FamRZ 1990, 32; FamRZ 1990, 386; NJW 1990, 638 und 2195; NJW 1991, 3088; FamRZ 1991, 421; FamRZ 1993, 177; FamRZ 1994, 884.
[323] *Erman/Hohloch* Rn 13; Art 220 Rn 5, 6; *ders* JuS 1989, 81, 84; *Palandt/Heldrich* Art 220 Rn 2.
[324] BGH FamRZ 1987, 793 f; FamRZ 1990, 386; MünchKommBGB/*Winkler v. Mohrenfels* Rn 13–17; *Erman/Hohloch* Rn 13.
[325] BGH NJW 1990, 638; FamRZ 1990, 386; NJW 1991, 3088; FamRZ 1992, 295; FamRZ 1993, 416; FamRZ 1994, 885.
[326] *Erman/Hohloch* Rn 14; aA BGH NJW 1990, 638.
[327] BGH NJW 1990, 638; NJW 1991, 3088; FamRZ 1993, 416; FamRZ 1994, 885; aA OLG Frankfurt IPRax 1988, 175.

E. Interlokales Recht

187 **I. Neufälle.** Für **Scheidungen** nach dem Inkrafttreten des BGB in den neuen Bundesländern am 3. 10. 1990 (Neufälle) und ihre **Folgen** gilt das westdeutsche materielle und internationale (und interlokale) Scheidungsrecht. Art 236 § 2 regelt dies für die neuen Bundesländer in Bezug auf das internationale Familienrecht. Mit Bezug auf das interlokale Familienrecht ist Art 236 § 2 entsprechend anzuwenden. Relevant wird das Übergangsrecht heute allenfalls noch für Fälle des **nachträglichen isolierten Versorgungsausgleichs** nach Ehescheidungen, die vor dem 1. 1. 1992 erfolgt sind. Für diese gilt nach Art 234 § 6 Abs 1 S 1 in Bezug auf den Versorgungsausgleich noch das Recht der DDR. In einem solchen Fall muss daher so vorgegangen werden, wie in einem internationalen Fall: Es ist zunächst Kollisionsrecht anzuwenden, um festzustellen, ob Ost- oder Westrecht Scheidungsstatut ist. Ist Ostrecht Scheidungsstatut, so erfolgt kein Versorgungsausgleich[328].

188 Bei allen erst später erfolgten Ehescheidungen gilt das BGB. Für den Versorgungsausgleich ist aber noch Art 234 § 6 Abs 1 S 2 zu beachten. Der Versorgungsausgleich findet auch dann insoweit nicht statt, als das auszugleichende Anrecht Gegenstand oder Grundlage einer vor dem Wirksamwerden des Beitritts geschlossenen Vereinbarung oder gerichtlichen Entscheidung über die Vermögensverteilung war.

190 **II. Altfälle.** Vor dem Stichtag **im Gebiet der ehemaligen DDR** erfolgte, rechtskräftig abgeschlossene **Ehescheidungen** (und Scheidungsfolgen) bleiben nach Art 18 Abs 1 des Einigungsvertrages wirksam. Für die nach dem Stichtag zu beurteilenden **Scheidungsfolgen** (Name, Unterhalt, Versorgungsausgleich) solcher Alt-Scheidungen verweist Art 236 § 1 in den neuen Bundesländern auf das „bisherige" dort geltende internationale und interlokale Privatrecht (§ 20 Abs 1 und 2 RAG).

Art 17 a Ehewohnung und Hausrat

Die Nutzungsbefugnis für die im Inland belegene Ehewohnung und den im Inland befindlichen Hausrat sowie damit zusammenhängende Betretungs-, Näherungs- und Kontaktverbote unterliegen den deutschen Sachvorschriften.

Schrifttum: *Finger*, Zum Entwurf eines Gesetzes zur Verbesserung des zivilgerichtlichen Schutzes bei Gewalttaten und Nachstellungen sowie zur Erleichterung der Überlassung der Ehewohnung bei Trennung, WuM 2001, 313; *ders*, Rechtsverhältnisse an Ehewohnung und Hausrat bei Auslandsbezug, FuR 2002, 197; *Grziwotz*, Schutz vor Gewalt in Lebensgemeinschaften und vor Nachstellungen, NJW 2002, 872; *Rupp*, Rechtstatsächliche Untersuchung zum Gewaltschutzgesetz: Begleitforschung zum Gesetz zur Verbesserung des zivilrechtlichen Schutzes bei Gewalttaten und Nachstellungen sowie zur Erleichterung der Überlassung der Ehewohnung bei Trennung, Köln 2005; *Schumacher*, Mehr Schutz bei Gewalt in der Familie, FamRZ 2002, 645; *Thorn*, Entwicklungen des internationales Privatrechts 2000–2001, IPRax 2002, 34.

Übersicht

	Rn		Rn
I. Allgemeines	1	a) Ehegatten – gleichgeschlechtliche Lebenspartnerschaften – nichteheliche Lebensgemeinschaften	13
1. Normzweck	1		
2. Staatsvertragliche und europarechtliche Kollisionsnormen	6	b) Allgemeine Nutzungsbefugnis	15
		c) Nutzungszuweisung und damit zusammenhängende Schutzanordnungen	17
II. Einzelerläuterung	8	d) Deliktsrechtliche Ansprüche	22
1. Grundsätze	8	e) Rechte von betroffenen Kindern und Jugendlichen	23
a) Alte Rechtlage	8		
b) Einseitige Verweisungsnorm	9		
2. Anwendungsbereich	13	**III. Verfahrensrecht**	24

I. Allgemeines

1 **1. Normzweck.** Die am 1. 1. 2002 in Kraft getretene Norm ist durch das GewSchG[1] in das EGBGB eingefügt worden. Der bisherige Art 17 a wurde zu Art 17 b.

2 **Ziel des GewSchG** ist die Schaffung einer Rechtsgrundlage für Schutzanordnungen des Zivilgerichts bei häuslicher Gewalt und bestimmten unzumutbaren Belästigungen (zB Stalking). Es verschafft eine Anspruchsgrundlage für die zumindest zeitweise **Überlassung** einer zuvor gemeinsam genutzten Wohnung **nach häuslicher Gewalt** und für **Schutzanordnungen** vor Gewalt und Nachstellungen[2].

3 Art 17 a soll durch die Anwendung deutschen Sachrechts diesen Schutz auch in internationalen Fällen sichern[3]. Zum einen fehlt es nämlich im ausländischen Ehewirkungs-, Ehescheidungs-, Güter-

---

[328] BGH NJW 2006, 2034; vgl allg zur rentenrechtlichen Situation bei DDR-Ehen *Lauterbach* NZS 2004, 131.
[1] Gesetz zur Verbesserung des zivilgerichtlichen Schutzes bei Gewalttaten und Nachstellungen sowie zur Erleichterung der Überlassung der Ehewohnung bei Trennung vom 11. 12. 2001, BGBl I S 3513; dazu *Schwab* FamRZ 2002, 1, 2 f.
[2] Näher *Grziwotz* NJW 2002, 872; *Schumacher* FamRZ 2002, 645.
[3] BT-Drucks 14/5429 S 14.

rechts- oder Unterhaltsstatut nicht selten schon an einer Regelung über die Zuweisung der Ehewohnung, die den Schutz eines misshandelten oder mit Gewalt bedrohten Ehegatten sowie dadurch gefährdeter Kinder sicherstellt. Deutsche Gerichte hatten in solchen Fällen bisher nur die Möglichkeit, auf den ordre public zurückzugreifen, um so zur Anwendung deutschen Sachrechts zu gelangen[4]. Dafür war ein oft langwieriges Verfahren einschließlich der Ermittlung ausländischen Sachrechts erforderlich. Zum Schutz vor drohenden Gewalttaten ist aber **zügiges Handeln** der Gerichte nötig, so dass es einer gesicherten und eindeutigen, durch die Gerichte schnell anwendbaren Rechtsgrundlage bedurfte[5]. Hinzu kommt die enge Verbindung der materiellrechtlichen Normen mit dem der lex fori folgenden Verfahren, welche eine Anwendung des deutschen Rechts ebenfalls sinnvoll erscheinen ließ[6].

Art 17a verweist für die **Nutzungsbefugnis** an der ehelichen Wohnung bzw ehelichem Hausrat sowie für **Betretungs-, Näherungs- und Kontaktverbote** der Ehegatten untereinander auf die Sachvorschriften des deutschen Rechts sowie insbes des Gewaltschutzgesetzes[7]. Dem Wortlaut nach umfasst die Norm wie das Gewaltschutzgesetz selbst nur Ansprüche auf (vorübergehende) Nutzungsbefugnis und nicht auf dauerhaften Eigentumswechsel. Die Norm geht aber über die Fälle des Gewaltschutzgesetzes hinaus, indem sie auch für die Rechte aus §§ 1361a und 1361b BGB gilt[8]. Ansprüche nach der HausratsVO sind nach hM sogar umfasst, soweit es nach § 8 Abs 3 HausratsVO neben der Nutzungsüberlassung auch um den endgültigen Eigentumserwerb geht; näher Rn 16[9]. Art 17a greift andererseits jedoch nicht für alle Tatbestände des GewSchG, sondern gilt nur, soweit die Wohnung sowie damit zusammenhängende Betretungs-, Näherungs- und Kontaktverbote betroffen sind. 4

Den Erwartungen zum Trotz ist Art 17a praktisch bisher offenbar wenig relevant. Veröffentlichte Entscheidungen liegen noch nicht vor. 5

2. Staatsvertragliche und europarechtliche Kollisionsnormen. Das **deutsch-iranische Niederlassungsabkommen**[10] vom 17. 2. 1929 enthält in Art 8 Abs 3 iVm Ziff I Abs 3 des Schlussprotokolls eine allgemeine, auch den Art 17a verdrängende Kollisionsregelung. Diese verweist jeweils auf das Heimatrecht (Sachrecht) der Beteiligten und lässt für rein iranische Ehen daher eine Anwendung des Art 17a nicht zu[11]. 6

Auf der Ebene des **Rechts der EU** existieren bisher keine Vorschriften für die von Art 17a geregelten Fragen. Auch die verfahrensrechtlichen Vorschriften in der EheGVO II und in der EuGVVO erfassen die hier betroffene Nutzungsüberlassung nicht. Denn Art 1 Abs 2 EuGVVO schließt die ehelichen Güterstände aus[12] und die EheGVO II gilt nach Art 1 Abs 1 lit a nur für die Ehescheidung selbst sowie nach Art 1 Abs 1 lit b für die elterliche Sorge[13]. 7

II. Einzelerläuterung

1. Grundsätze. a) Alte Rechtlage. Bisher war die kollisionsrechtliche Behandlung der **Zuweisung von Ehewohnung und Hausrat** aus Anlass der Trennung oder Scheidung der Ehegatten umstritten. Sie wurde, wenn sie **vor der Scheidung** erfolgte, überwiegend dem Ehewirkungsstatut unterstellt[14]. **Nach der Scheidung** wurde dagegen häufig das Scheidungsstatut angewendet[15]. Je nach dem Sachzusammenhang, in dem ein Anspruch erhoben wird, eine Regelung getroffen werden, hielten Rspr und Lit statt dessen auch das **Güterrechts- oder das Unterhaltsstatut** für anwendbar[16]. Für im Ausland belegenen Hausrat sind diese Grundsätze noch relevant (s auch Art 17 Rn 38). 8

b) Einseitige Verweisungsnorm. Mit Art 17a wird die Behandlung der Nutzungsbefugnis (Wohnungsüberlassung oder Zuweisung) für eine im Inland belegene **Ehewohnung** und für den im Inland befindlichen **Hausrat** in Kollisionsfällen ausschließlich dem deutschen Sachrecht unterstellt[17]. Dies gilt iÜ auch für damit **zusammenhängende Schutzanordnungen** (gerichtliche Gebote und Verbote). 9

Art 17a ist damit eine rein einseitige Verweisungsnorm. Bei im Inland befindlichem Hausrat gilt deutsches Recht. Diese im EGBGB sonst nur noch vereinzelt verwendete Regelungstechnik ist

---

[4] OLG Frankfurt FamRZ 1994, 633, 634.
[5] Zu allem *Looschelders* IPR Rn 2.
[6] MünchKommBGB/*Winkler v. Mohrenfels* Rn 6.
[7] *Schwab/Motzer* HdB ScheidungsR VIII Rn 135.
[8] AnwK-BGB/*Gruber* Rn 6.
[9] Wie hier *Johannsen/Henrich* Rn 3; *Kropholler* IPR § 45 VI S 361; *Andrae*, Internationales Familienrecht, § 3 Rn 30.
[10] RGBl 1930 II S 1006, Bek der Weitergeltung vom 15. 8. 1955, BGBl II S 829.
[11] PWW/*Kausch* Rn 2; Entscheidungen zu dem Abkommen: BGH NJW-RR 2005, 1449 zum Versorgungsausgleich; OLG Stuttgart FamRZ 2004, 25; OLG Düsseldorf FamRZ 1998, 1114; OLG München IPRax 1989, 240; OLG Frankfurt NJW 1990, 646; zum Wortlaut von Art 8 Abs 3 Art 25 Rn 12, zum Schlussprotokoll vgl Art 14 Rn 4.
[12] *Rauscher/Mankowski* EuZPR Art 1 EuGVVO Rn 12; MünchKommBGB/*Winkler v. Mohrenfels* Rn 1.
[13] MünchKommBGB/*Winkler v. Mohrenfels* Rn 1.
[14] OLG Stuttgart FamRZ 1990, 1354; FamRZ 1998, 1321 f; OLG Frankfurt FamRZ 1994, 633; FamRZ 1994, 715 f; OLG Celle FamRZ 1999, 443; für alle Fälle *Soergel/Schurig* Art 14 Rn 50 mwN.
[15] OLG Karlsruhe NJW 1997, 202; OLG Stuttgart FamRZ 1990, 1354; OLG Hamm NJW-RR 1998, 1542.
[16] Für Art 18 KG IPRspr 1996 Nr 67; OLG Hamm IPRax 1990, 186; FamRZ 1993, 191; OLG Koblenz NJW-RR 1991, 522; OLG Düsseldorf NJW 1990, 3091 f; OLG Frankfurt FamRZ 1991, 1190; OLG Karlsruhe FamRZ 1993, 1464; eingehende Analyse bei *Henrich*, FS Ferid, S 147, 152 ff.
[17] *Schwab/Motzer* HdB ScheidungsR VIII Rn 135.

gerechtfertigt, weil die Familiengerichte in Angelegenheiten der Wohnungszuweisung vielfach über Eilanträge mit weitreichender Bedeutung für elementare Rechtsgüter der Beteiligten zu entscheiden haben. Sie sind daher in besonderem Maße auf eine klare, nicht erst ermittlungs- und klärungsbedürftige Rechtsgrundlage angewiesen. Die Einseitigkeit der Verweisung ergibt sich nicht nur aus dem Wortlaut der Norm, sie entspricht auch ihrem Ziel. Unbeschadet der Ehewirkungs-, Güterrechts-, Scheidungs- und Unterhaltsstatute soll auf deutschem Territorium Gewaltschutz und Rechtsfrieden schnell und nach den örtlichen Regelungen durchsetzbar sein. Das soll auch für im Inland geführte gemischt-nationale sowie ausländische Ehen und Partnerschaften gelten[18].

10 Ein allseitiger Ausbau der Norm – mit der Folge, dass auf im Ausland belegene Wohnungen und dazu gehörigen Hausrat das entsprechende ausländische Recht anwendbar wäre – ist daher nicht möglich[19].

11 Hinzu kommt, dass spezialgesetzliche Gewaltschutzregelungen international noch nicht sehr verbreitet sind. Ein Ausbau zur zweiseitigen Anknüpfung erschien dem Gesetzgeber auch schon deshalb nicht angezeigt.

11.1 Vgl aber Art 1 a des türkischen Gesetzes zum Schutz der Familie von 1998, der eine verwandte Regelung enthält[20]. In Österreich ist das dortige Gewaltschutzgesetz (GeSchG) schon seit 1. 5. 1997 in Kraft. Ein neues Gewaltschutzgesetz hat auch die Schweiz (Art 28 b ZGB, in Kraft seit 1. 7. 2007); die meisten Kantone der Schweiz haben eigene Gewaltschutzgesetze (zB Zürich – GSG). Bolivien hat seit dem 3. 12. 1995 ein „Gesetz gegen familiäre und häusliche Gewalt"[21]. Irland hat seit 1976 ein „Gesetz zum Schutz der Familienwohnung"[22]. In Norwegen gibt es seit dem 4. 7. 1991 ein „Gesetz über das Recht, die gemeinsame Wohnung und Haushaltsgegenstände nach der Beendigung einer Haushaltsgemeinschaft zu übernehmen"[23].

12 Bei ausländischen Spezialgesetzen, welche hinter den deutschen Vorstellungen zurückbleiben, würde schließlich der allseitige Ausbau die Anwendung des inländischen ordre public nur erschweren.

13 **2. Anwendungsbereich. a) Ehegatten – gleichgeschlechtliche Lebenspartnerschaften – nichteheliche Lebensgemeinschaften.** Art 17 a ist geschlechtsneutral formuliert[24]. Die Norm ist jedoch beschränkt, indem sie nur auf die „Ehewohnung" bezogen ist. Art 17 b Abs 2 S 1 verweist auf Art 17 a und erweitert den Anwendungsbereich von Art 17 a auf registrierte **Lebenspartnerschaften,** so dass auch deren Wohnung ohne weiteres erfasst ist.

14 Problematisch ist jedoch die Frage der Anwendung auf **nichteheliche Lebensgemeinschaften,** die nach dem Wortlaut des Gesetzes weder von der Verweisung nach Art 17 a erfasst werden und für die auch die Regelung in Art 17 b Abs 2 S 1 nicht gilt[25]. Das Fehlen der nichtehelichen oder eheähnlichen Lebensgemeinschaften ist verwunderlich, zumal das GewSchG selbst keine Statusspezifikation vornimmt und nur von „Partnerschaft" und von einem „auf Dauer angelegten gemeinsamen Haushalt" ausgeht. Schon dieses Auseinanderfallen mit dem GewSchG sollte verhindert werden. Zudem sind die Alternativen zweifelhaft: Würde Art 17 a nicht angewendet, so würde für nichteheliche Lebensgemeinschaften wegen des Hausrats teils eine familienrechtliche, teils nur eine schuldrechtliche Qualifikation in Betracht kommen (näher Art 17 Rn 16). Bedenkt man, dass es für die nichteheliche Lebensgemeinschaft schon generell ratsam ist, die jeweils passende eherechtliche Kollisionsnorm heranzuziehen, so ist eine **analoge Anwendung** des Art 17 a erst recht sinnvoll[26].

15 **b) Allgemeine Nutzungsbefugnis. aa) Erfasste Ansprüche.** Art 17 a ordnet die Anwendung inländischer Sachvorschriften auf die Nutzungsbefugnis von Ehewohnung und Hausrat an. Die genaue Reichweite des Art 17 a ist dabei umstritten. Trotz des Zusammenhangs mit dem Gewaltschutzgesetz, der durch die Bezugnahme auf die beispielhaft aufgeführten Schutzanordnungen hergestellt ist, gibt es keine Beschränkung des sachlichen Anwendungsbereichs der Kollisionsnorm auf gewaltbezogene richterliche Zuweisungen und Anordnungen. Aus der Formulierung und der systematischen Stellung lässt sich schließen, dass deutsches Recht insgesamt maßgeblich ist für die Regelung der Rechtsverhältnisse an Ehewohnung und Hausrat, sofern diese im Inland belegen sind[27]. Eine Durchbrechung der Inlandsanknüpfung nach Art 17 a durch das Ehewirkungs- bzw Scheidungsstatut, Güterrechts- oder Unterhaltsstatut in nicht gewaltbezogenen Fällen wäre misslich. Art 17 a ist daher in diesem Punkt – wie es der Wortlaut auch ohne weiteres zulässt – weit auszulegen.

16 **bb) Insbes: Geltung im Rahmen des Scheidungsverfahrens.** Nach hM gilt Art 17 a auch für Ansprüche, die im Rahmen des Scheidungsverfahrens geltend gemacht werden[28]. Erfasst ist insbes die

---

[18] *Staudinger/Mankowski* Rn 9.
[19] *Staudinger/Mankowski* Rn 10; *Palandt/Heldrich* Rn 2; *Kropholler* IPR § 45 VI S 361 – wiewohl krit dazu; das Gegenteil andeutend *Thorn* IPRax 2002, 349, 356.
[20] Abgedruckt in FamRZ 1998, 732; näher *Finger* FuR 1998, 398, 401.
[21] IdF vom 6. 7. 1998 abgedruckt bei *Bergmann/Ferid/Henrich* Länderbereich Bolivien.
[22] Abgedruckt bei *Bergmann/Ferid/Henrich* Länderbericht Irland.
[23] Abgedruckt bei *Bergmann/Ferid/Henrich* Länderbericht Norwegen.
[24] Dagegen ist die Gesetzesbegr eher geschlechtsspezifisch ausgerichtet; krit *Bock,* Gutachten vom 15. 6. 2002 zur Anhörung im BT-Rechtsausschuss am 20. 6. 2001, veröffentlicht unter http://www.vafk.de/themen/expanhbock.htm.
[25] Krit bereits *Finger* WuM 2001, 313, 315; auch *Staudinger/Mankowski* Rn 27.
[26] Wie hier MünchKommBGB/*Winkler v. Mohrenfels* Rn 16; *Looschelders* IPR Rn 5; AnwK-BGB/*Gruber* Rn 22; eine Analogie erwägend *Staudinger/Magnus* Rn 27 ff.
[27] So auch *Finger* WuM 2001, 313, 315.
[28] *Palandt/Heldrich* Rn 2; *Kropholler* IPR § 45 VI S 361; *Johannsen/Henrich* Rn 3; *Kropholler* IPR § 45 VI, S 361; *Andrae,* Internationales Familienrecht, § 3 Rn 30.

Zuteilung von Hausrat, obwohl sie nach § 8 Abs 3 HausratsVO auch zum endgültigen Eigentumserwerb führt[29]. Dagegen wird teils eingewendet, Art 17 a sei auf Eilverfahren ausgerichtet und könne nicht die endgültige Zuweisung von Gegenständen bewirken[30]. Der letztgenannten Auffassung ist zuzugeben, dass Art 17 a bei der von der hM vorgenommenen weiten Auslegung über das Ziel des schnellen Gewaltschutzes deutlich hinausgeht. Es erscheint nicht ganz einsichtig, dass für die Verteilung in Deutschland belegenen Hausrats einseitig die deutsche HausratsVO gelten soll. Jedoch sind zum einen die Vorteile einer weiten, auch die Scheidung umfassenden Auslegung überwältigend: Wie für den Trennungsfall haben auch für die Scheidung viele Rechtsordnungen keine Normen zur Hausratsverteilung. Zum zweiten aber muss berücksichtigt werden, dass für den eigentlichen Eigentumsübergang auch ohne Art 17 a ohnehin die lex rei sitae gelten würde: Der Eigentumsübergang richtet sich also ohnehin nach deutschem Recht. Vor diesem Hintergrund kann einer Anwendung des Art 17 a auch auf die Hausratsverteilung nach der Scheidung kaum etwas entgegen gehalten werden. Der Gedanke des Gewaltschutzes kann sich außerdem auch innerhalb des Scheidungsverfahrens noch fortsetzen. Für die Anwendung auf Scheidungsfälle spricht schließlich auch die Stellung der Norm im Gesetz im unmittelbaren Anschluss an Art 17.

c) Nutzungszuweisung und damit zusammenhängende Schutzanordnungen. aa) Belegenheit im Inland. Anknüpfungspunkt für die Verweisung in Art 17 a ist die inländische Belegenheit der Ehewohnung bzw des Hausrats. Auf diese inländische Belegenheit müssen die erfassten Tatbestände bezogen sein. Ein Befriedungs- und Schutzbedürfnis besteht freilich auch dann, wenn zwar die gemeinsame Wohnung im Ausland liegt, sich der Aufenthalt des Verletzten hingegen im Inland befindet. Dann ist jedoch Art 17 a nach seinem klaren Wortlaut, nach seinem Zweck und nach dem Willen des Gesetzgebers nicht anwendbar[31]. 17

bb) Erfasste Schutzanordnungen. Der Wortlaut von Art 17 a beschränkt den Anwendungsbereich auf Zuweisung von Ehewohnung und Hausrat sowie auf damit zusammenhängende Schutzanordnungen. 18
Mit den Schutzanordnungen sind gerichtliche Maßnahmen zum Schutz vor Gewalt und Nachstellungen gemeint. Solche Schutzanordnungen finden sich in § 1 GewSchG. Sie sind nicht sämtlich auf die Wohnung des Opfers bezogen, so dass sich fragt, in welchem Umfang sie von Art 17 a erfasst sind.
Hat eine Person vorsätzlich den Körper, die Gesundheit oder die Freiheit einer anderen Person widerrechtlich verletzt, hat das Gericht nach § 1 Abs 1 GewSchG auf Antrag der verletzten Person die zur Abwendung weiterer Verletzungen erforderlichen Maßnahmen zu treffen. Das Gericht kann insbes anordnen, dass der Täter es unterlässt, 19
1. die Wohnung der verletzten Person zu betreten,
2. sich in einem bestimmten Umkreis der Wohnung der verletzten Person aufzuhalten,
3. zu bestimmende andere Orte aufzusuchen, an denen sich die verletzte Person regelmäßig aufhält,
4. Verbindung zur verletzten Person, auch unter Verwendung von Fernkommunikationsmitteln, aufzunehmen,
5. Zusammentreffen mit der verletzten Person herbeizuführen,
soweit dies nicht zur Wahrnehmung berechtigter Interessen erforderlich ist.
Zulässig ist eine Schutzanordnung nach § 1 Abs 2 auch dann, wenn 20
1. eine Person einer anderen mit einer Verletzung des Lebens, des Körpers, der Gesundheit oder der Freiheit widerrechtlich gedroht hat oder
2. wenn eine Person widerrechtlich und vorsätzlich
    a) in die Wohnung einer anderen Person oder deren befriedetes Besitztum eindringt oder
    b) eine andere Person dadurch unzumutbar belästigt, dass sie ihr gegen den ausdrücklich erklärten Willen wiederholt nachstellt oder sie unter Verwendung von Fernkommunikationsmitteln verfolgt.
Angesichts der weitergehenden, nicht wohnungsbezogenen Erfassung von Nachstellung und Belästigung in § 1 Abs 1 und 2 GewSchG ist undeutlich, worin der Zusammenhang iS von Art 17 a bestehen muss: 21
– im Zusammenhang mit der Ehewohnung und dem Hausrat (rein räumlich),
– im Zusammenhang mit einer vorhergehenden Zuweisung der Nutzungsbefugnis von Ehewohnung und Hausrat,
– im Zusammenhang mit dem für die Zuweisung ursächlichen Verhalten oder
– im Zusammenhang nur mit Gewalt oder Belästigung?
Die Bezugnahme der Gesetzesbegründung auf die bisherige Anwendung von Ehewirkungs- bzw Scheidungsstatut oder von Güterrechts- und Unterhaltsstatut (Rn 4) deutet auf einen **notwendigen Bezug zu Wohnung und Hausrat** (im Inland) an. Dieser Bezug rechtfertigt auch die einseitige Verweisung in den drei ersten Fällen. Eine bloße Anknüpfung an im Inland begangene oder dort nur wirkende Gewalt oder Belästigung reicht dagegen nicht. Auch schon der Gesetzgeber selbst hat erkennen lassen, dass hierfür offenbar eine rein deliktskollisionsrechtliche Lösung ausreichen soll[32].

---

[29] *Johannsen/Henrich* Rn 3; AnwK-BGB/*Gruber* Rn 8 ff, 12.
[30] *Staudinger/Mankowski* Rn 16.
[31] AnwK-BGB/*Gruber* Rn 16.
[32] Begr, BGBl 2001 I S 3513; vgl zur Anwendung des Deliktsrechts und zum Stalking in einem rein deutschen Fall OLG Saarbrücken NJW-RR 2006, 747; AnwK-BGB/*Gruber*, Rn 19.

22   **d) Deliktsrechtliche Ansprüche.** Soweit Art 17a für die Schutzanordnungen nach den soeben angestellten Überlegungen nicht greift, weil die Verletzungen keinen Bezug zu einer Ehewohnung im Inland aufweisen, muss das internationale Deliktsrecht angewendet werden. Auch bei Anwendung der allgemeinen Kollisionsnormen gelangt man letztlich oft zum deutschen Recht. So greift bei schuldhafter Rechtsgutverletzung und insbes beim „Stalking" ohne Bezug zu einer inländischen Ehewohnung zwar Art 17a nicht ein. Hier ist deutsches Recht jedoch nach Art 40 Abs 1 S 1 als Tatort im Regelfall Deliktsstatut (Art 40). Anders ist es nur, wenn Täter und Verletzter ihren gewöhnlichen Aufenthalt beide in demselben ausländischen Staat haben und daher Art 40 Abs 2 S 1 greift[33].

23   **e) Rechte von betroffenen Kindern und Jugendlichen.** Art 17a erfasst nur Rechte der Partner untereinander. Zwar verweist § 3 Abs 1 GewSchG (Geltungsbereich, Konkurrenzen) für **Personen unter elterlicher Sorge, Vormundschaft oder unter Pflegschaft** anstelle von § 1 Abs 1 oder Abs 2 S 1 GewSchG auf deutsches Sorgerechts-, Vormundschafts- oder Pflegschaftsrecht, kollisionsrechtlich ist dies aber nicht gesondert verarbeitet. Auch das GewSchG gibt den mitbetroffenen Kindern und Jugendlichen bewusst kein eigenes Antragsrecht[34].

III. Verfahrensrecht

24   Für das Verfahrensrecht gilt wie stets die lex fori. Da § 1 GewSchG verfahrensrechtlich ausgestaltet ist (einstweiliger Rechtsschutz), gilt deutsches Recht für den Erlass von Schutzanordnungen[35]. Inländische Schutzanordnungen ergehen und sind im Inland durchsetzbar nach inländischem Verfahrensrecht. Einstweiliger Rechtsschutz ist nach § 620 Nr 7 und Nr 9 ZPO sowie § 621 g ZPO oder, bei fehlender Verbindung zu einer Ehesache, als einstweilige Anordnung nach § 64 b Abs 3 FGG möglich[36].

25   Hinsichtlich der internationalen Zuständigkeit und Anerkennung ist zu differenzieren, da teilweise **europäisches Recht** eingreift. Wann dies genau der Fall ist, ist allerdings sowohl für die EheGVO II als auch für die EuGVVO umstritten. Die Rechtslage ist höchst unübersichtlich.

Die **EheGVO II** (= Brüssel IIa-VO – VO (EG) Nr 2201/2003) gilt für den Bereich des Art 17a EGBGB jedenfalls dann insgesamt nicht, wenn kein Bezug zu einer Ehescheidung vorliegt. Denn sie erfasst nur die Scheidung selbst sowie sorgerechtliche Angelegenheiten. Überwiegend wird aber vertreten, für Eilmaßnahmen müsse Art 20 EheGVO greifen, wenn der beantragte Rechtsschutz **im Zusammenhang mit einer Scheidung** erfolge[37].

26   Auch bei der **EuGVVO** (= Brüssel I-VO – VO (EG) Nr 44/2001) muss, trotz der mit einer differenzierenden Lösung verbundenen praktischen Schwierigkeiten, zwischen den verschiedenen von Art 17a erfassten Ansprüchen unterschieden werden: Die in Art 1 Abs 2 lit a vorgesehene Bereichsausnahme für güterrechtliche Angelegenheiten ist weit zu verstehen und umfasst auch die Aufteilung des Hausrats[38]. Entspr gilt die EuGVVO für solche Angelegenheiten nicht.

27   Dagegen können Verfahren nach dem GewSchG nicht mehr unter den Begriff der „güterrechtlichen Gegenstände" subsumiert werden. Für Anträge nach dem GewSchG, die **keinen Zusammenhang mit einer Ehescheidung** aufweisen, gilt daher die EuGVVO. Es greift für die Zuständigkeit die Zuständigkeitsnorm des Art 5 Abs 3 EuGVVO, da der Anspruch deliktisch zu qualifizieren ist[39]. Einzelheiten sind hier noch klärungsbedürftig. Soweit weder die EheGVO II noch die EuGVVO eingreifen, richtet sich die internationale Zuständigkeit nach autonomem Recht. Bei Verbindung mit einer Ehesache greifen §§ 621 Abs 2, 606 a ZPO, sonst § 621 Abs 2 ZPO iVm der jeweiligen Vorschrift über die örtliche Zuständigkeit, zB § 11 Abs 2 S 1 HausratsVO.

28   Die grenzüberschreitende **Anerkennung** und **Durchsetzung** der inländischen Schutzanordnung (Betretungs-, Näherungs- und Kontaktverboten) kann geboten sein, etwa wenn die Belästigung oder Nachstellung bei inländischer Ehewohnung bzw Hausrat aus dem (ggf nahen oder bei Einsatz von Kommunikationsmitteln auch fernen) Ausland heraus erfolgt. Innerhalb des Anwendungsbereichs der EheGVO erfolgt diese nach Art 21 ff EheGVO, innerhalb des Anwendungsbereichs der EuGVVO nach Art 31 ff EuGVVO.

29   Nicht möglich ist es aber weiterhin, bei Anwendbarkeit autonomen Rechts Unterlassungen nach GewSchG durch im Inland verhängte und zuvor angedrohte **Ordnungssanktionen** (Ordnungsgeld oder Ordnungshaft) nach § 890 ZPO durchzusetzen. Nach autonomem IZVR sind auf Zwangsgeld lautende Entscheidungen oder damit kombinierte Rechtsschutzanordnungen international nicht anerkennungsfähig und vollstreckbar[40]. Möglich ist nur die Anerkennung der gerichtlichen Anordnung im Vollstreckungsstaat und Vollstreckung unter Einsatz der dort zulässigen Zwangsmittel[41].

---

[33] Mit einer etwas engeren Abgrenzung *Schwab/Motzer*, HdB ScheidungsR, VIII Rn 135, 138.
[34] *Palandt/Brudermüller* § 3 GewSchG Rn 1.
[35] Begr, BGBl 2001 I S 3513.
[36] Zu allem näher *Palandt/Brudermüller* § 2 GewSchG Rn 19.
[37] So insbes *Staudinger/Spellenberg*, Internationales Eheverfahrensrecht, Art 20 Rn 20; *Zöller/Geimer* Art 20 EheGVO Rn 3; noch weiter diff *Rauscher/Rauscher* EuZPR Art 20 Rn 10 Fn 25: §§ 2, 3 GewSchG und § 1361 b BGB sind von Art 20 erfasst, § 1361 a BGB dagegen nicht.
[38] *Rauscher/Mankowski* EuZPR Art 1 EuGVVO Rn 12; MünchKommBGB/*Winkler v. Mohrenfels* Rn 22.
[39] *Andrae*, Internationales Familienrecht, § 3 Rn 11; MünchKommBGB/*Winkler v. Mohrenfels* Rn 29.
[40] *Schack* IZVR Rn 974.
[41] *Schack* IZVR Rn 974.

Art 17 b Eingetragene Lebenspartnerschaft

(1) ¹Die Begründung, die allgemeinen und die güterrechtlichen Wirkungen sowie die Auflösung einer eingetragenen Lebenspartnerschaft unterliegen den Sachvorschriften des Register führenden Staates. ²Auf die unterhaltsrechtlichen und die erbrechtlichen Folgen der Lebenspartnerschaft ist das nach den allgemeinen Vorschriften maßgebende Recht anzuwenden; begründet die Lebenspartnerschaft danach keine gesetzliche Unterhaltsberechtigung oder kein gesetzliches Erbrecht, so findet insoweit Satz 1 entsprechende Anwendung. ³Der Versorgungsausgleich unterliegt dem nach Satz 1 anzuwendenden Recht; er ist nur durchzuführen, wenn das Recht eines der Staaten, denen die Lebenspartner im Zeitpunkt der Rechtshängigkeit des Antrags auf Aufhebung der Lebenspartnerschaft angehören, einen Versorgungsausgleich zwischen Lebenspartnern kennt. ⁴Kann ein Versorgungsausgleich hiernach nicht stattfinden, so ist er auf Antrag eines Lebenspartners nach deutschem Recht durchzuführen, wenn der andere Lebenspartner während der Lebenspartnerschaftszeit eine inländische Versorgungsanwartschaft erworben hat, soweit die Durchführung des Versorgungsausgleichs im Hinblick auf die beiderseitigen wirtschaftlichen Verhältnisse auch während der nicht im Inland verbrachten Zeit der Billigkeit nicht widerspricht.

(2) ¹Artikel 10 Abs. 2 und Artikel 17 a gelten entsprechend. ²Unterliegen die allgemeinen Wirkungen der Lebenspartnerschaft dem Recht eines anderen Staates, so ist auf im Inland befindliche bewegliche Sachen § 8 Abs. 1 des Lebenspartnerschaftsgesetzes und auf im Inland vorgenommene Rechtsgeschäfte § 8 Abs. 2 des Lebenspartnerschaftsgesetzes in Verbindung mit § 1357 des Bürgerlichen Gesetzbuchs anzuwenden, soweit diese Vorschriften für gutgläubige Dritte günstiger sind als das fremde Recht.

(3) Bestehen zwischen denselben Personen eingetragene Lebenspartnerschaften in verschiedenen Staaten, so ist die zuletzt begründete Lebenspartnerschaft vom Zeitpunkt ihrer Begründung an für die in Absatz 1 umschriebenen Wirkungen und Folgen maßgebend.

(4) Die Wirkungen einer im Ausland eingetragenen Lebenspartnerschaft gehen nicht weiter als nach den Vorschriften des Bürgerlichen Gesetzbuchs und des Lebenspartnerschaftsgesetzes vorgesehen.

Schrifttum: *Andrae*, Internationales Familienrecht, 2. Aufl 2006, § 10; *Basedow/Hopt/Kötz* (Hrsg), Die Rechtsstellung gleichgeschlechtlicher Lebensgemeinschaften, 2000; *Bogdan*, IPR-Aspekte der schwedischen eingetragenen Partnerschaft für Homosexuelle, IPRax 1995, 56; *Dethloff*, Registrierte Partnerschaften in Europa, ZEuP 2004, 59; *Dörner*, Grundfragen der Anknüpfung gleichgeschlechtlicher Partnerschaften, FS Jayme, S 143; *Eule*, Probleme der „gesetzlichen Verteilung" im neuen niederländischen Partnerschaftserbrecht in der deutschen notariellen Praxis, RNotZ 2003, 434; *Forkert*, Eingetragene Lebenspartnerschaften im deutschen IPR – Art 17 b EGBGB, 2003; *Frank*, Die eingetragene Lebenspartnerschaft unter Beteiligung von Ausländern, MittBayNot Sonderheft 2001, 35; *Gebauer/Staudinger*, Registrierte Lebenspartnerschaften und die Kappungsregel des Art 17 b Abs 4 EGBGB, IPRax 2002, 275; *Hausmann*, FS Henrich, 2000, S 241; *Hausmann/Hohloch*, Das Recht der nichtehelichen Lebensgemeinschaft, 2004; *Henrich*, Internationales Familienrecht, 2. Aufl 2000; *Henrich*, Kollisionsrechtliche Fragen der eingetragenen Lebenspartnerschaft, FamRZ 2002, 137; *Heun*, Gleichgeschlechtliche Ehen in rechtsvergleichender Sicht, 1999; *Jayme*, Dänisches Partnerschaftsgesetz und Internationales Privatrecht, IPRax 1990, 197; *ders*, Registrierte Partnerschaften und neue Vorhaben der EU im Internationalen Privat- und Verfahrensrecht, IPRax 2000, 155; *Jakob*, Die eingetragene Lebenspartnerschaft im internationalen Privatrecht, 2002; *Kornmacher*, Erbrecht in eingetragenen Lebenspartnerschaften unter Beteiligung von Ausländern, FPR 2005, 291; *Krings*, Die „eingetragene Lebenspartnerschaft" für gleichgeschlechtliche Paare, ZRP 2000, 409; *Pintens*, Grundgedanken und Perspektiven einer Europäisierung des Familien- und Erbrechts – Teil 1, FamRZ 2003, 329; *Pintens/Scherpe*, Gleichgeschlechtliche Ehen in Belgien, StAZ 2003, 321; *Röthel*, Registrierte Partnerschaften im internationalen Privatrecht, IPRax 2000, 74; *dies*, Gleichgeschlechtliche Ehe und ordre public, IPRax 2002, 496; *dies*, Anerkennung gleichgeschlechtlicher Ehen nach deutschem und europäischem Recht, IPRax 2006, 250; *Scherpe*, Erfahrungen mit dem Rechtsinstitut der registrierten Partnerschaft in Dänemark, FPR 2001, 439; *Scherpe/Hömberg*, Erste gesetzliche Regelungen zur Lebenspartnerschaft in Argentinien, StAZ 2004, 38; *Scholz/Uhle*, „Eingetragene Lebenspartnerschaft" und Grundgesetz, NJW 2001, 393; *Schotten*, Lebenspartnerschaft im Internationalen Privatrecht, FPR 2001, 458; *Schümann*, Nichteheliche Lebensgemeinschaften und ihre Einordnung im internationalen Privatrecht, 2001; *Striewe*, Ausländisches und Internationales Privatrecht der nichtehelichen Lebensgemeinschaft, 1986; *Stüber*, Gesetz zur Überarbeitung des Lebenspartnerschaftsrechts, FamRZ 2005, 574; *Süß*, Notarieller Gestaltungsbedarf bei eingetragenen Lebenspartnerschaften mit Ausländern, DNotZ 2001, 168; *Wagner*, Das neue Internationale Privat- und Verfahrensrecht zur eingetragenen Lebenspartnerschaft, IPRax 2001, 281; *Widmer*, Die eingetragene Partnerschaft im schweizerischen IPR-Gesetz, IPRax 2007, 155.

Übersicht

	Rn
I. Allgemeines	1
1. Gesetzesgeschichte und Normzweck	1
2. Rechtsvergleichende Übersicht	4
3. Staatsvertragliche und europarechtliche Kollisionsnormen	8
II. Einzelerläuterungen	9

	Rn
1. Sachlicher Anwendungsbereich (Anknüpfungsgegenstand)	9
a) Eingetragene Lebenspartnerschaft	9
b) Rechtliche Behandlung nicht erfasster Gemeinschaften	15
c) Reichweite der Anknüpfung	16
2. Anknüpfungspunkt – Recht des Register führenden Staates	24
3. Besondere Anknüpfungsgegenstände	26

	Rn
a) Güterrechtliche Wirkungen und Verkehrsschutz (Abs 1 S 1, Abs 2 S 2)	26
b) Unterhaltsrecht	28
c) Versorgungsausgleich	33
d) Erbrecht	34
e) Namensrecht	37
f) Gewaltschutz	38
g) Sonstige Rechtsfragen	39
4. Inlandswirkungen im Ausland eingetragener Lebenspartnerschaften – „Kappungsregelung" (Abs 4)	45
a) Hintergrund	45
b) Anwendungsbereich	47
c) Inlandsbezug	49
d) Rechtsfolgen	50
5. Allgemeine Regeln	51
a) Rück- und Weiterverweisungen	51
b) Vorfragen	52
c) Ordre public	53
d) Intertemporale Konfliktregelung (Abs 3)	54
III. Internationales Verfahrensrecht	55
1. Internationale Zuständigkeit	55
2. Anerkennung ausländischer Entscheidungen	57

I. Allgemeines

1 **1. Gesetzesgeschichte und Normzweck.** Art 17 b wurde durch das LPartG[1] – zunächst noch als Art 17 a – in das EGBGB eingefügt. Die Norm trat am 1. 8. 2001 in Kraft. Damit wurde für das neue Institut der eingetragenen Lebenspartnerschaft (eLP) eine ausdrückliche Kollisionsregel geschaffen, so dass der Streit um die richtige Qualifikation[2] von gesetzgeberischer Seite beendet wurde. Die Themenkomplexe, für die die Vorschrift keine explizite Regelung trifft, unterliegen den allgemeinen kollisionsrechtlichen Anknüpfungen.

2 So wie die eLP im deutschen Sachrecht ein „aliud" zur Ehe darstellt[3], findet die Anknüpfung im Kollisionsrecht eigenständig und von der Ehe unabhängig statt. Dabei wird insbesondere an die Führung des Registers angeknüpft, damit den Lebenspartnern die Anwendung eines Rechts gesichert ist, welches die von ihnen gewählte Form der Verbindung (näher Rn 9) kennt. Die Lebenspartnerschaft steht auch Ausländern mit nur kurzfristigem Inlandsaufenthalt offen. Damit wird der Gesetzeszweck des LPartG, der Diskriminierung gleichgeschlechtlicher Partnerschaften entgegenzuwirken, auch kollisionsrechtlich unterstützt und verstärkt[4].

3 Art 17 a wurde zu Art 17 b durch das GewSchG vom 11. 12. 2001[5]. Art 17 b Abs 2 nahm den Verweis auf Art 17 a auf. Durch das Gesetz zur Überarbeitung des LPartG vom 15. 12. 2004[6] sind in Abs 1 die Sätze 3 und 4 angefügt worden.

4 **2. Rechtsvergleichende Übersicht.** Regelungen zu registrierten gleichgeschlechtlichen Lebenspartnerschaften sind, seitdem Dänemark 1989 als erstes Land die „registreret partnerskab"[7] einführte, in Europa weit verbreitet[8].

4.1 Norwegen (1993, registrert partnerskap), Schweden (1995, registrerat partnerskap), Grönland (1996, registreret partnerskab), Island (1996, staðfesta samvist), Ungarn (1996, unregistrierte Partnerschaft), Spanien (1998, unión estable de parella), Niederlande (1998, geregistreerd partnerschap), Frankreich (1999, pacte civil de solidarité – PACS), Belgien (2000, cohabitation légale), Portugal (2001, uniões de facto), Finnland (2002, rekisteröity parisuhde/registrerat partnerskap), Luxemburg (2004, partenariat (enregistré)), Kroatien (2003, unregistrierte Partnerschaft), Großbritannien und Nordirland (2005, civil partnership), Andorra (unió estable de parella), Slowenien (2006, registrirana istospolna partnerska skupnost), Tschechien (2006, registrované partnerství), Schweiz (2007, eingetragene Partnerschaft; hierzu *Widmer* IPRax 2007, 155 ff) und Italien (unione civile, nicht in allen Regionen).

Die ausländischen Regelungen unterscheiden sich teilweise deutlich vom deutschen Sachrecht. So ist das Rechtsinstitut der registrierten Partnerschaft in den skandinavischen Rechtsordnungen – anders als in Deutschland – der Ehe gleichgestellt.

5 Der französische PACS, die belgische cohabitation légale sowie die niederländische registrierte Partnerschaft stehen nicht nur homosexuellen Partnerschaften offen, sondern können auch von verschiedengeschlechtlichen Lebensgemeinschaften begründet werden. Einige Staaten, darunter die Niederlande (1. 4. 2001 als erstes Land der Welt) wie auch später Belgien[9] und Spanien[10] haben homosexuellen Partnern die Möglichkeit der **Eheschließung** eröffnet. Parallel hierzu sehen beide Rechtsordnungen das Modell der registrierten Partnerschaft vor.

6 Auch außerhalb Europas existieren der eLP vergleichbare Rechtsinstitute. In den Vereinigten Staaten sind eingetragene Partnerschaften („Civil Unions" oder „Domestic Partnerships") nicht in allen Bundesstaaten vorgesehen, teilweise sind sie sogar gesetzlich untersagt.

---

[1] Art 3 § 25 des Gesetzes zur Beendigung der Diskriminierung gleichgeschlechtlicher Gemeinschaften: Lebenspartnerschaften vom 16. 2. 2001, BGBl I S 266; zur Entstehungsgeschichte *Schwab* FamRZ 2001, 385 f; *Wagner* IPRax 2001, 281, 293; zur Verfassungsmäßigkeit BVerfG NJW 2002, 2543.
[2] *Jakob* S 157 ff; *Röthel* IPRax 2000, 74.
[3] BVerfG NJW 2002, 2543.
[4] BT-Drucks 14/3751 S 60.
[5] BGBl I S 3513.
[6] BGBl I S 3396.
[7] *Scherpe* FRR 2001, 439.
[8] *Dethloff* ZEuP 2004, 59.
[9] Am 1. 6. 2003; hierzu *Pintens/Scherpe* StAZ 2003, 321.
[10] Durch die Reform von 2005, dazu nur *Martin-Casals/Ribot* FamRZ 2006, 1331.

Folgende US-Bundesstaaten kennen die eingetragene Lebenspartnerschaft: Connecticut (2005), District of Columbia (2002), Hawaii (1997), Kalifornien (1999), Maine (2004), New Hampshire (2008), New Jersey (2006), Oregon (2007), Vermont (2000) und Washington (2007). Sonstige Staaten: Argentinien (2003, dazu *Scherpe/Hömberg* StAZ 2004, 38 ff), Australien (2003), Brasilien (2004), Kanada (2001; hierzu *Heun* S 172 ff; bzw für Québec 2002), Kolumbien (2007), Neuseeland (2005). **6.1**

Nicht alle diese Rechtsordnungen haben allseitige **Kollisionsnormen** für die Lebenspartnerschaft[11]. Mehrere kollisionsrechtliche Modelle konkurrieren: Wohnsitz eines Partners im Inland und inländische Staatsangehörigkeit (Norwegen), lex loci celebrationis (Niederlande), analoge Anwendung der Kollisionsnormen für die Ehe (Belgien). **7**

3. Staatsvertragliche und europarechtliche Kollisionsnormen. Unmittelbar zu den Lebenspartnerschaften gibt es bislang weder staatsvertragliche noch europarechtliche Regelungen. Vorschläge, ein Übereinkommen zu den nichtehelichen Lebensgemeinschaften in das zukünftige Arbeitsprogramm der Haager Konferenz aufzunehmen, scheiterten bisher am Widerstand jener Staaten, die eine materiellrechtliche Regelung des Rechtsinstituts noch nicht kennen[12]. Die Frage, inwieweit bestehende Rechtsinstrumente auf Lebenspartnerschaften analoge Anwendung finden können, kann nicht pauschal beantwortet werden. Unter den Begriff der „Familie" iS des Art 1 HUntÜbk 1973 wird die Lebenspartnerschaft teils subsumiert (dazu Art 18 Rn 20)[13]. Als „Ehe" (etwa iS der EheVO II) wird sie dagegen in aller Regel nicht angesehen[14]. Nach Art 8 Abs 3 des **deutsch-iranisches Niederlassungsabkommens** vom 17. 2. 1929[15] richten sich familienrechtliche Angelegenheiten zwischen iranischen Staatsangehörigen nach iranischem Recht. Sie können in Deutschland also keine eLP schließen. Bei verschiedenem Personalstatut der Beteiligten ist das Abkommen nicht anwendbar[16]. **8**

II. Einzelerläuterungen

1. Sachlicher Anwendungsbereich (Anknüpfungsgegenstand). a) Eingetragene Lebenspartnerschaft. Art 17 b bestimmt das auf die eLP anzuwendende Recht. Der Begriff „eingetragene Lebenspartnerschaft" ist **weit zu verstehen**[17]. Nur so kann die Vielfalt der internationalen Ausgestaltung (vgl Rn 4) kollisionsrechtlich geregelt werden. Bei der Qualifikation ist der Begriff der eLP entsprechend den allgemeinen Grundsätzen (näher Einl IPR Rn 51 ff) unabhängig von der sachrechtlichen Begriffsbildung zu bestimmen. **9**

aa) Rechtsförmlichkeit. Entscheidendes Kriterium ist die Rechtsförmlichkeit registrierter Partnerschaften, dh deren förmliche Begründung sowie ihr daraus folgender Status mit Rechtswirkungen, im Gegensatz zur lediglich **faktischen Lebensgemeinschaft**. Eine analoge Anwendung von Art 17 b auf nicht registrierte ausländische Partnerschaften ist bereits mangels Registrierungsstatuts nicht möglich. **10**

bb) Abgrenzung zur Ehe. Weiteres Merkmal der eLP besteht in ihrem aliud-Charakter gegenüber der Ehe[18]. Fraglich ist daher die Qualifikation der in manchen Ländern eingeführten **Ehen für gleichgeschlechtliche Paare**[19]. Nach einer Ansicht sind diese „Ehen" dennoch unter Art 17 b (direkt oder analog) zu subsumieren[20]. Nach der Gegenansicht ist die eherechtliche Anknüpfung nach Art 13 ff sachgerechter[21]. **11**

Überzeugen kann nur die erstgenannte Ansicht. Eine gleichgeschlechtliche Verbindung ist nach der in Deutschland derzeit noch verwurzelten Ansicht keine Ehe und kann dies auch bei funktionaler Qualifikation nicht sein. Außerdem führt die Anknüpfung nach dem Registerstatut zu einem mit dem deutschen Standpunkt gut verträglichen Ergebnis. Denn so wird zum einen respektiert, dass die „Eheschließung" in den betreffenden Staaten auch gleichgeschlechtlichen Paaren eröffnet ist. Zum anderen braucht nicht der in jedem Fall missliche Weg über Art 13 ff gegangen zu werden. Denn dabei gäbe es zum einen die Möglichkeit, die homosexuelle Ehe in der Tat als Ehe gelten zu lassen – das ist aber mit den deutschen Rechtsgrundsätzen derzeit schwer vereinbar. Ansonsten müsste man trotz der Anknüpfung über Art 13 ff doch materiell-rechtlich wieder das LPartG anwenden[22]. Gegen **12**

---

[11] *Wagner* IPRax 2001, 281, 289 m Bsp Dänemark; *Siehr* IPR B 1 § 14 I.
[12] *Wagner* IPRax 2001, 281, 284.
[13] Dafür MünchKommBGB/*Coester* Rn 6.
[14] Dazu nur *Rauscher* EuZVR Brüssel IIa-VO Art 1 Rn 3.
[15] RGBl 1930 II S 1002, 1006; 1931 II S 9; BGBl 1955 II S 899, abgedruckt Art 25 Rn 12.
[16] BGH NJW 1990, 636; OLG Bremen IPRax 1985, 296.
[17] MünchKommBGB/*Coester* Rn 10.
[18] BVerfG NJW 2002, 2543, 2549.
[19] Ua Niederlande, Spanien und Belgien, vgl oben Rn 5, zur öffentlich-rechtlichen Anerkennung dieser Ehen: *Röthel* IPRax 2006, 250, 251 ff.
[20] Stellungnahme des Bundesverbands Deutscher Standesbeamtinnen und -beamten, abgedruckt in StAZ 2005, 239 f; *Henrich* FamRZ 2002, 137, 138; *Dörner*, FS Jayme, S 150 f; *Staudinger/Mankowski* Rn 22; *Andrae*, Internationales Familienrecht, § 10 Rn 60; *Hausmann/Hohloch/Martiny* Kap 12 Rn 60 sowie VG Karlsruhe IPRax 2006, 284, 287; BFH IPRax 2006, 287; Niedersächs Finanzgericht EFG 2005, 308 f.
[21] *Gebauer/Staudinger* IPRax 2002, 275, 377; *Forkert* S 79 f; Hk-LPartG/*Kiel*Rn 69; *Palandt/Heldrich* Rn 1; MünchKommBGB/*Coester* Rn 147; Art 13 Rn 52; *Winkler v. Mohrenfels*, FS Ansay, 2006, S 536 f mit Verweis darauf, dass der ausländische Gesetzgeber anders als der deutsche kein aliud zur Ehe, sondern ein der Ehe wesensgleiches Institut schaffen wollte und dies respektiert werden sollte.
[22] So MünchKommBGB/*Coester* Rn 147, Art 13 Rn 52; *Hausmann/Hohloch/Martiny* Kap 12 Rn 62.

die hier vertretene Ansicht spricht auch nicht, dass manche Rechtsordnungen neben der Ehe parallel auch die registrierte Partnerschaft vorsehen. Dort gibt es dann aus deutscher Sicht eben zwei Formen der Partnerschaft iS des Art 17 b. Als Stütze für die hier vertretene Ansicht kann auch Art 17 Abs 4 (näher Rn 45 ff) herangezogen werden. Die dort enthaltene Kappung erlaubt den Umkehrschluss, dass Art 17 zunächst durchaus Partnerschaften umfasst, die über die deutsche eLP hinausgehen.

13 cc) **Andere Merkmale.** Zweifelhaft bleiben andere Eigenschaften wie zB die Beschränkung auf eine im Ausland nicht immer vorausgesetzte **Paarbeziehung.** So fehlt zB dem französischen PACS der Charakter der Paarbeziehung. Ungeklärt ist auch, ob Art 17 b auf **heterosexuelle registrierte** Partnerschaften angewendet werden kann[23]. Wohl überwiegend wird eine Anwendung des Art 17 b (direkt oder analog) in diesen Fällen abgelehnt[24]. Konsequenz dieser Ansicht ist, dass der Streit über die auf nicht registrierte nichteheliche Lebensgemeinschaften anwendbaren Kollisionsnormen auch auf diese registrierten Lebensgemeinschaften übertragen wird. Klarer ist die Gegenansicht: Sie wendet Art 17 b analog auf ausländische registrierte Partnerschaften auch dann an, wenn sie heterosexuell sind oder keinen Paarcharakter tragen[25].

14 Dieser klaren Lösung sollte gefolgt werden: Soweit ausländische Rechtsordnungen einen förmlichen Rechtsakt voraussetzen[26], erscheint eine (analoge) Anwendung des Art 17 b angemessen. Ansonsten müsste etwa beim französischen PACS jeweils im Einzelfall untersucht werden, ob es sich um eine Paarbeziehung oder eine bloße Solidargemeinschaft unter Freunden handelt. Auch müsste der PACS, je nachdem, ob er von Personen gleichen oder unterschiedlichen Geschlechts geschlossen wurde, entweder unter Art 17 b oder – mit den bekannten Schwierigkeiten – unter die Art 15 ff eingeordnet werden. Ein Grund für eine Beschränkung auf homosexuelle Partnerschaften ist kaum erkennbar[27]. Dass der ursprüngliche Zweck der Norm auch in der Verhinderung von Diskriminierung homosexueller Paare lag, stellt keine Schranke für ein erweitertes Verständnis dar[28].

15 b) **Rechtliche Behandlung nicht erfasster Gemeinschaften.** Die Qualifikation der nicht registrierten, also bloß faktischen Lebensgemeinschaften, zu denen insbes die nichtehelichen Lebensgemeinschaften gehören, ist damit weiterhin streitig[29]. Dabei darf zwischen heterosexuellen und homosexuellen Beziehungen nicht unterschieden werden. Zum Teil wird eine rein schuldrechtliche[30], überwiegend aber eine familienrechtliche Qualifikation vorgeschlagen. Diese familienrechtliche Einordnung ist auch sachgerecht, da sowohl im ausländischen Recht als auch im deutschen Recht die rechtliche Bewertung dieser Lebensgemeinschaften aus familienrechtlicher Perspektive erfolgt. Wenn letztlich die Anwendung eherechtlicher Vorschriften abgelehnt wird, so ist das keine Negierung des familienrechtlichen Charakters, sondern nur Ausfluss der Unterschiedlichkeit gerade zur Ehe. Es muss dabei die jeweils passende familienrechtliche Vorschrift herangezogen werden[31]. Näher Art 14 Rn 50 ff; Art 17 Rn 16.

16 c) **Reichweite der Anknüpfung. aa) Überblick.** Das Registerstatut beherrscht die Begründung, die Wirkungen und die Auflösung der eLP. Es besteht ein **Gleichlauf** von Partnerschaftsschließungs- und Partnerschaftswirkungsstatut. Bei Registrierung in Deutschland haben daher weder das gemeinsame Heimatrecht noch das gemeinsame Aufenthaltsrecht Bedeutung. Für die **unterhalts- und erbrechtlichen** Wirkungen gilt das Registerstatut nur hilfsweise nach dem allgemeinen Statut (Rn 28, 34).

17 bb) **Begründung der Lebenspartnerschaft.** Das Registerstatut beherrscht sämtliche Fragen bzgl der Begründung der eLP. Erfasst sind mithin Formfragen[32], Inhalt und Abgabe der erforderlichen Erklärungen sowie die materiellen Voraussetzungen der Begründung (in Deutschland also nach § 1 LPartG insbes Konsenserfordernis, Gleichgeschlechtlichkeit der Partner, Nichtvorliegen der Partnerschaftshindernisse nach § 1 Abs 2 LPartG). Die Lebenspartnerschaft wird mit dem **Inhalt** des Rechts des Registerstaates geschlossen. Mithin können sich auch zwei ausländische Staatsangehörige vor einem deutschen Standesbeamten unter deutschem Recht registrieren lassen. Vorfragen, wie die Frage des Bestehens einer anderen Partnerschaft oder Ehe, sind selbstständig anzuknüpfen (Rn 52).

18 cc) **Wirkungen der Lebenspartnerschaft.** Das Registerstatut gilt für die **allgemeinen Partnerschaftswirkungen** iS von gegenseitigen persönlichen Rechten und Pflichten (wie zB die Verpflichtung zur Ehegemeinschaft, § 2 LPartG), Eigentumsvermutungen[33], Haftungserleichterungen (vgl § 4 LPartG), Beziehungen zu den Verwandten des Lebenspartners (vgl § 11 LPartG), Güterstand (Rn 26)[34] oder vergleichbaren Wirkungen, die das ausländische Sachrecht bereithält[35]. Eine **Rechtswahl** ist nicht

---

[23] Registrierung heterosexueller Paare ist zB möglich in den Niederlanden und Belgien.
[24] *Staudinger/Mankowski* Rn 99 ff; *Wagner* IPRax 2001, 281, 295; *Palandt/Heldrich* Rn 12.
[25] AnwK-BGB/*Gebauer* Rn 8; *Andrae*, Internationales Familienrecht, § 10 Rn 57; *Coester*, FS Sonnenberger, S 321, 328 ff unter Verweis auf den ordre public; *Rauscher* IPR Teil 3, II 1; *Erman/Hohloch* Rn 6.
[26] So zB in Belgien, Vermont und Katalonien.
[27] So auch *Rauscher* IPR Teil 3, II 1; v. *Hoffmann* § 8 Rn 73 b; AnwK-BGB/*Gebauer* Rn 8.
[28] Anders aber *Looschelders* IPR Rn 3.
[29] MünchKommBGB/*Coester* Rn 149; iE *Hausmann/Hohloch/Martiny* Kap 12 Rn 7–58.
[30] *Palandt/Heldrich* Rn 12; Art 13 Rn 3; *Erman/Hohloch* Vor Art 13 Rn 13.
[31] Zu den Einzelheiten nur MünchKommBGB/*Coester* Rn 154 ff.
[32] Wie die Frage der zuständigen staatlichen Stelle, des Beurkundungs- und Registrierungsverfahrens oder etwaiger fremdrechtlicher Beschränkungen; Art 11 gilt hier nicht; BT-Drucks 14/3751 S 60.
[33] *Hausmann/Hohloch/Hohloch* Kap 1 Rn 36.
[34] Ausf *Hausmann/Hohloch/Martiny* Kap 12 Rn 88 ff.
[35] MünchKommBGB/*Coester* Rn 32.

möglich[36]. **Sorgerechtliche Befugnisse** hingegen gehören nicht zu den allgemeinen Wirkungen der eLP und unterliegen mithin nicht dem Registerstatut[37]. Nach Abs 4 (näher Rn 45 ff) gilt jedoch der **Grundsatz des schwächeren Rechts**, so dass die Wirkungen einer im Ausland begründeten Partnerschaft nicht über die vom deutschen Recht vorgesehenen Rechtsfolgen hinausgehen können.

dd) Auflösung der eLP. Auch die Auflösung der eLP richtet sich nach dem Recht des **Registrierungsstaats**. Damit wird garantiert, dass jeder eLP auch die Möglichkeit der Auflösung zur Verfügung steht. Denn es erscheint nicht vorstellbar, dass ein Staat eine eLP einführt, die unauflöslich angelegt ist[38]. Erfasst sind sowohl die **Voraussetzungen** sowie grundsätzlich auch die **Folgen** der Auflösung. Das Partnerschaftsstatut gilt für Auflösung durch staatlichen Rechtsakt ebenso wie die gesetzliche Auflösung, etwa durch Tod des einen Lebenspartners oder durch Rechtsgeschäft[39]. Auch **Formvorschriften** bzgl der Auflösung werden vom Registerstatut beherrscht[40]. Nur das eigentliche **Verfahren** der behördlichen Aufhebung unterliegt – entsprechend den allgemeinen Regeln – der lex fori[41]. 19

Streitig ist, wie die **Art und der Weise der Auflösung,** deren Regelungen international stark divergieren, anzuknüpfen ist. Das hat zum einen Bedeutung, wenn Lebenspartnerschaften, deren Statut die private Auflösung kennt, in Deutschland aufgelöst werden sollen. Wichtig wird es auch, wenn zu entscheiden ist, ob eine ausländische private Auflösung einer in Deutschland registrierten Lebenspartnerschaft wirksam ist. 20

In Deutschland ist wie bei der Scheidung ein Gerichtsurteil erforderlich (§ 15 Abs 1 LPartG); in den Niederlanden (Buch 1, Art 80 c lit c BW), Dänemark (§ 5 PartG 1989), Norwegen (§ 3 PartG 1993) und Island (Kap VI Abs 2 Art 106 PartG 1996) reicht eine gemeinsame, amtlich registrierte Erklärung der Lebenspartner aus. In Frankreich (Art 515-7 Abs 7 Nr 2 cc) und Belgien genügt ein einseitiger Antrag. 20.1

Sieht man die Art und Weise der Auflösung als verfahrensrechtliche Frage an, müsste die lex fori angewendet werden und es wären nach § 15 LPartG stets die Gerichte zuständig[42]. Auch könnte man analog Art 17 Abs 2 ein dem Scheidungsmonopol verwandtes Auflösungsmonopol durch die Gerichte annehmen[43]. Allerdings sprechen gewichtige Gründe dafür, dass auch für die Art und Weise das **Registerstatut** gilt: Es kann kaum sein, dass es sich um eine verfahrensrechtliche Frage handelt, wenn das ausländische Registerstatut eine private Auflösung vorsieht. Zudem besteht kein Anhaltspunkt dafür, das Fehlen einer dem Art 17 Abs 2 entsprechenden Vorschrift als planwidrige Lücke anzusehen. Im Gegenteil ist davon auszugehen, dass der Gesetzgeber bewusst auf das „Auflösungsmonopol" verzichtet hat[44]. Soll also eine ausländische eLP im Inland aufgelöst werden, sind ggf sowohl die erleichterten als auch die erschwerten Voraussetzungen des registerführenden Staates maßgeblich[45]. 21

Für eine eLP, die in Deutschland registriert wurde, gilt hingegen die in § 15 Abs 1 LPartG normierte Pflicht zum gerichtlichen Verfahren. Eine im Ausland erfolgte private Auflösung kann nicht anerkannt werden. Für eine Lockerung dieses Grundsatzes besteht kein Anlass[46]. 22

Die **Folgen** der Auflösung werden ebenfalls vom Registerstatut erfasst, soweit für diese keine Sonderregelung vorgesehen ist, so für den Unterhalt zB Abs 1 S 2 iVm Art 18 (Rn 28–32); zum Versorgungsausgleich s Rn 34. 23

2. Anknüpfungspunkt – Recht des Register führenden Staates. Die Begründung, die allgemeinen und die güterrechtlichen Wirkungen sowie die Auflösung einer eLP unterfallen gemäß Abs 1 S 1 den Sachvorschriften des Register führenden Staates (lex libri). Dies kann nicht gleichgesetzt werden mit dem Recht des Registrierungsorts, da manche Staaten die Möglichkeit der Registrierung im Ausland vor den dortigen Konsulaten vorsehen[47]. Die lex libri ist klar und gut feststellbar. Sie wurde aber vor allem gewählt, um sicher zustellen, dass das anwendbare Recht die eLP überhaupt kennt[48]. Ein längerer Aufenthalt in Deutschland, eine Aufenthaltsberechtigung oder Aufenthaltsgenehmigung sind keine Voraussetzung. Nach § 27 Abs 2 **AufenthG** führt freilich die Eingehung der Lebenspartnerschaft mit einer deutschen (§ 28 AufenthG) oder in Deutschland mit Niederlassungs-/Aufenthaltserlaubnis lebenden Person zu einem Nachzugsrecht. 24

---

[36] Henrich FamRZ 2002, 139; Hausmann/Hohloch/Martiny Kap 12 Rn 67.
[37] Palandt/Heldrich Rn 4; MünchKommBGB/Coester Rn 33; AnwK-BGB/Gebauer Rn 43; aA Hausmann/Hohloch/Martiny Kap 12 Rn 115; Erman/Hohloch Rn 12.
[38] Staudinger/Mankowski Rn 42; für den unwahrscheinlichen Fall des Gegenteils AnwK-BGB/Gebauer Rn 47: analoge Anwendung von Art 17 Abs 1 S 2.
[39] Wagner IPRax 2001, 281, 289; MünchKommBGB/Coester Rn 35.
[40] BT-Drucks 14/3751 S 60.
[41] Palandt/Heldrich Rn 6.
[42] Dafür Palandt/Heldrich Rn 6; Zöller/Geimer § 661 ZPO Rn 26.
[43] So aus Gründen der Sicherheit und sonstigen Ordnungsvorstellungen Jakob S 304 ff.
[44] So die hM, Andrae, Internationales Familienrecht, § 10 Rn 46; Looschelders IPR Rn 17; Henrich FamRZ 2002, 137, 141; AnwK-BGB/Gebauer Rn 48.
[45] Eingehend MünchKommBGB/Coester Rn 38 ff.
[46] MünchKommBGB/Coester Rn 39; Andrae, Internationales Familienrecht, § 10 Rn 45; Looschelders IPR Rn 16.
[47] So zB Frankreich für den PACS, Art 515-3 VI Abs 2 und 515-7 V Abs 2 cc; dazu MünchKommBGB/Coester Rn 20.
[48] BT-Drucks 14/3751 S 60; Andrae, Internationales Familienrecht, § 10 Rn 15; krit hierzu Hausmann/Hohloch/Martiny Kap 12 Rn 58.

25 Die Begriffe „Eintragung" und „Register" sind weit auszulegen und erfassen alle staatlichen Beurkundungsakte[49]. Die Anknüpfung an das Sachrecht des Registrierungsorts ist **unwandelbar**[50]. Zu beachten ist allerdings Art 17 b Abs 3 (Rn 54).

26 **3. Besondere Anknüpfungsgegenstände. a) Güterrechtliche Wirkungen und Verkehrsschutz (Abs 1 S 1, Abs 2 S 2).** Für die güterrechtlichen Wirkungen gilt grundsätzlich ebenfalls das Registerstatut (Rn 18). Anders als bei der Ehe (Art 15) gilt also nicht das an das Heimat- oder Aufenthaltsrecht angeknüpfte Wirkungsstatut (Art 14). Eine **Rechtswahlmöglichkeit,** wie sie Art 15 Abs 2 den Eheleuten eröffnet, besteht für die Lebenspartner nicht[51]. Allerdings eröffnen ihnen die §§ 6 und 7 LPartG die Möglichkeit eines Güterrechtsvertrags. Dabei könnten die Lebenspartner sogar ein ausländisches Güterrechtsmodell übernehmen[52]. Unter die güterrechtlichen Wirkungen sind sämtliche auf der Begründung der eLP beruhende Spezialordnungen des Vermögens der Lebenspartner zu subsumieren. Insbes sind die Verteilungsregeln erfasst, die nach dem Ende der eLP gelten, nicht aber Unterhaltsansprüche[53].

27 Durch die Regelung des **Abs 2 S 2** wird die Geltung des Registerstatuts allerdings zugunsten des im Inland geltenden **Verkehrsschutzes** modifiziert. Als einseitige Kollisionsnorm bestimmt Abs 2 S 2, dass sowohl die Eigentumsvermutung des § 8 Abs 1 LPartG, § 1362 BGB als auch die „Schlüsselgewalt" nach § 8 Abs 2 LPartG, § 1357 BGB gilt, soweit diese Regelungen gutgläubige Dritte ggü dem Registerstatut begünstigen. Abs 2 S 2 ist Art 16 Abs 2 nachgebildet (allerdings ohne Erstreckung auf die §§ 1365 ff BGB). Einer Nachbildung von Art 16 Abs 1 bedurfte es wegen der Regelung in Art 17 b Abs 4 nicht[54]. Der im Rahmen des Abs 2 S 2 notwendige **Günstigkeitsvergleich** sowie der zu verlangende **Inlandsbezug** folgen den zu Art 16 Abs 2 entwickelten Grundsätzen[55]. Günstiger ist danach das Sachrecht, das im konkreten Einzelfall dem Gläubiger oder Vertragspartner zu seinem erstrebten Erfolg verhilft[56]. Näher Art 16 Abs 2, Rn 41 ff. Außerhalb der unmittelbaren güterrechtlichen Folgen der eLP gelten für eigentumsrechtliche Fragen die allgemeinen Regeln des Internationalen Sachenrechts (Art 43 ff EGBGB) und somit das Recht des Belegenheitsorts (lex rei sitae)[57].

28 **b) Unterhaltsrecht.** Hinsichtlich der unterhaltsrechtlichen Folgen erklärt Art 17 b Abs 1 S 2 das **allgemeine Unterhaltsstatut** für anwendbar. Diese Verweisung gilt sowohl für die Lebenspartner untereinander als auch für Dritte ggü einem Lebenspartner. Hier steht also das Registerstatut zunächst zurück. So ist eine einheitliche Anknüpfung von Ansprüchen der Lebenspartner untereinander und Ansprüchen Dritter gesichert[58].

29 Sachlich umfasst die Kollisionsregel sämtliche Unterhaltsansprüche der Lebenspartner im Verhältnis zueinander (iS von laufenden oder einmaligen Leistungen, die der Sicherung des Lebensunterhalts des Partners dienen) bei **Bestehen, Trennung** und nach **Auflösung** der Partnerschaft[59]. Umfasst sind auch vertragliche Unterhaltsvereinbarungen, allerdings nur, soweit sie gesetzliche Verpflichtungen modifizieren oder konkretisieren. Werden Vereinbarungen unabhängig von gesetzlichen Vorgaben getroffen, liegt allein eine vertragliche Verpflichtung vor, die demnach nach den Art 27 ff anzuknüpfen ist[60].

30 Streitig ist, ob der Vorrang des **HUntÜbk 1973** vor Art 18 auch für die eLP gilt (auch Art 18 Rn 20). Aus deutscher Sicht könnte die eLP unter den Begriff der „Familie" in Art 1 HUntÜbk subsumiert werden[61]. Allerdings würde dies bedeuten, dass das HUntÜbk verbindlich von deutscher Seite ausgelegt würde, was schlechthin nicht sein kann; nach hM ist daher ausnahmsweise Art 18 unmittelbar einschlägig[62]. Als Besonderheit ist vor einem Ausweichen auf die Hilfsanknüpfungen iS von Art 18 Abs 1 S 2 die Anwendbarkeit der ausländischen **eherechtlichen Vorschriften** auf die eLP zu erwägen, die jedoch in der Regel zu verneinen sein wird[63].

31 Kennt das allgemeine Unterhaltsstatut keinen Unterhaltsanspruch, verweist **Art 17 b Abs 1 S 2** doch auf die Sachvorschriften des Registrierungsstaats[64]. Damit finden sich die allgemeinen Überlegungen zugunsten des Registrierungsstatuts (Seltenheit der eLP, ungenügende Regeln im Ausland – vgl oben Rn 2) doch auch hier wieder. Die Hilfsanknüpfung kommt nur dann zum Zuge, wenn es weder nach

---

[49] MünchKommBGB/*Coester* Rn 23.
[50] BT-Drucks 14/3751 S 60; Palandt/*Heldrich* Rn 3; *Andrae*, Internationales Familienrecht, § 10 Rn 17.
[51] *Erman*/*Hohloch* Rn 14; AnwK-BGB/*Gebauer* Rn 44: beide unter Verweis auf die mittelbare Rechtswahlmöglichkeit durch Wahl des Registrierungsstatuts.
[52] MünchKommBGB/*Coester* Rn 42; *Henrich* FamRZ 2002, 137, 139.
[53] MünchKommBGB/*Coester* Rn 42; AnwK-BGB/*Gebauer* Rn 44.
[54] BT-Drucks 14/3741 S 60; krit dazu MünchKommBGB/*Coester* Rn 45.
[55] *Looschelders* IPR Rn 15; *Andrae*, Internationales Familienrecht, § 10 Rn 38.
[56] Näher *Hausmann*/*Hohloch*/*Martiny* Kap 12 Rn 93; Hk-LPartG/*Kiel* Rn 58.
[57] Näher *Hausmann*/*Hohloch*/*Martiny* Kap 12 Rn 25.
[58] AnwK-BGB/*Gebauer* Rn 50.
[59] *Hausmann*/*Hohloch*/*Martiny* Kap 12 Rn 94; MünchKommBGB/*Coester* Rn 46.
[60] So auch MünchKommBGB/*Coester* Rn 48; näher Art 18 Rn 20.
[61] *Staudinger*/*Mankowski* Art 18 Rn 12; *Henrich* FamRZ 2002, 137, 141 f; *Göppinger*/*Wax*/*Linke* Rn 3083; *Forkert* S 202 ff.
[62] So auch *Böhmer*/*Siehr*/*Finger* Rn 45; Hk-LPartG/*Kiel* Art 17 a Rn 33 ff; Palandt/*Heldrich* Rn 8, allerdings ohne Begr; *Hausmann*/*Hohloch*/*Martiny* Kap 12 Rn 94; *Andrae*, Internationales Familienrecht, § 8 Rn 56; PWW/*Rausch* Rn 17; im Ergebnis offenlassend MünchKommBGB/*Coester* Rn 47.
[63] AnwK-BGB/*Gebauer* Rn 52; MünchKommBGB/*Coester* Rn 50; *Wagner* IPrax 2001, 281.
[64] BT-Drucks 14/3751.

der Anknüpfung an das Aufenthaltsrecht des Berechtigten noch nach einer der in Art 18 vorgesehenen Hilfsanknüpfungen (also auch Art 18 Abs 2) zu einem Unterhaltsanspruch kommt. Denkbar ist das wohl nur beim Fehlen eines **nachpartnerschaftlichen Unterhaltsanspruchs.** Dieser richtet sich zunächst nach Art 18 Abs 4[65]. Der Unterhaltsanspruch muss **gänzlich fehlen.** Es reicht nicht aus, wenn das jeweilige Recht nur einen geringeren oder schwerer durchzusetzenden Unterhaltsanspruch gewährt[66].

Kommt es nun zur Anwendung der Hilfsanknüpfung nach Abs 1 S 2 HS 2, bedeutet dies, dass anstelle des Unterhaltsrechts das Registerrecht anzuwenden ist. Allerdings wird das Unterhaltsstatut nicht vollständig verdrängt, sondern es gilt **nur in dem Maße,** in dem das Unterhaltsstatut eine gesetzliche Unterhaltsberechtigung von Lebenspartnern nicht vorsieht. Damit wird der Unterhalt beanspruchende Lebenspartner so gestellt, als würde ihm das durch das Unterhaltsstatut bestimmte Sachrecht einen wie durch das Registerrecht bestimmten Anspruch gewähren. 32

c) Versorgungsausgleich. Abs 1 S 3 modifiziert die Geltung des Registerstatuts für den Versorgungsausgleich[67]. Die Vorschrift ist eine etwas vereinfachte Nachbildung des Art 17 Abs 3. Danach gilt das Registerstatut für den Versorgungsausgleich nur unter dem Vorbehalt, dass zumindest eines der Heimatrechte den Versorgungsausgleich kennt. Dabei kommt es nur auf das materielle Recht des entsprechenden Staates an, Rück- oder Weiterverweisungen sind nicht zu beachten. Es genügt nicht, wenn das fremde Recht einen nach*ehelichen* Versorgungsausgleich vorsieht. Es reicht jedoch aus, dass ein irgendwie gearteter Versorgungsausgleich unter Lebenspartnern im Grundsatz bekannt ist (näher Art 17 Rn 103)[68]. Wenn der Versorgungsausgleich nach dem ausländischen Recht nicht durchzuführen ist oder von keinem der Heimatrechte der Lebenspartner gekannt wird, kommt es auf Antrag eines der Lebenspartner zur hilfsweisen Anwendung **deutschen Rechts** gemäß Abs 1 S 4. Hierfür muss wenigstens ein Lebenspartner während der eLP eine deutsche Versorgungsanwartschaft erworben hat. Die Durchführung darf der Billigkeit nicht widersprechen (zu allem näher Art 17 Rn 103 ff). 33

d) Erbrecht. aa) Geltung des Erbstatuts. Für das Erbrecht verweist Art 17 b Abs 1 S 2 HS 1 auf die allgemeinen Vorschriften, also auf Art 25. Nur so kann die Anwendung des gleichen Rechts auf alle Erben erreicht werden[69]. Das Erbstatut gilt zunächst ohne Besonderheiten. Die **Vorfrage** des Bestehens einer eLP ist selbstständig anzuknüpfen. Schwierigkeiten macht die Vorfrage nach der **Auflösung** der eLP. Wenn die eLP des Erblassers nach seinem Personalstatut wirksam aufgelöst worden ist, werden meist auch alle Beteiligten von der Beendigung der eLP ausgehen. Es sollte dann nicht das Registerrecht herangezogen werden, sondern unselbstständig angeknüpft und nach Art 25 auch auf die Frage der Auflösung das Personalstatut angewendet werden[70]. 34

bb) Fehlendes Erbrecht nach Erbstatut. Begründet die eLP kein „gesetzliches Erbrecht", gilt nach der Auffangregel des Abs 1 S 2 HS 2 hilfsweise das **Registerstatut.** Bei Begründung im Inland gilt also § 10 LPartG. Hiermit soll der Diskriminierung gleichgeschlechtlicher Lebenspartnerschaften angesichts der geringen internationalen Verbreitung eines Lebenspartnererbrechts entgegengewirkt werden[71]. Zugleich werden die Lebenspartner damit allerdings Ehegatten gegenüber potentiell begünstigt. Allgemein wird daher eine enge Auslegung des Abs 1 S 2 HS 2 vertreten. Deutsches Recht soll dann zum Einsatz kommen, wenn das Erbstatut die eLP im Grunde ignoriert. Sieht das Erbstatut dagegen eine erbrechtliche Stellung des Lebenspartners vor, muss es angewendet werden, auch wenn diese Stellung sehr schwach ist[72]. Insbesondere muss kein gesetzliches Pflichtteilsrecht vorgesehen sein[73]. Nach dem Gesetzeswortlaut gilt die Hilfsanknüpfung auch für den Fall, dass ein gesetzliches Erbrecht fehlt, der Lebenspartner jedoch testamentarisch bedacht ist. Dies führte jedoch zu einer unnötigen Zerstückelung des Erbstatuts, so dass hier teleologisch zu reduzieren ist und von der Hilfsanknüpfung in diesem Fall kein Gebrauch gemacht werden sollte[74]. 35

Bei der Anwendung des ausländischen Erbrechts darf nicht formal vorgegangen werden. Sieht es kein Lebenspartnererbrecht vor, muss geprüft werden, ob der Begriff des Ehegatten im ausländischen Recht durch den des Lebenspartners ersetzt werden kann[75]. Meist wird man dies freilich ablehnen müssen[76]. Geprüft werden muss immer auch, ob die konkret betroffene Partnerschaft überhaupt dem vom Erbstatut erfassten Partnerschaft entspricht. 35.1

cc) Hilfsweise Anwendung des Registerstatuts. S 2 HS 2 verweist auf die Sachvorschriften des Registrierungsstaats (S 1). Dessen erbrechtliche Vorschriften sind dann lückenfüllend anzuwenden. Im Grundsatz soll es bei der Anwendbarkeit des allgemeinen Erbstatuts bleiben[78]. In der Konsequenz 36

---

[65] *Wagner* IPrax 2001, 281, 290; *Looschelders* IPR Rn 19; AnwK-BGB/*Gebauer* Rn 50.
[66] *Looschelders* IPR Rn 21; *Palandt*/*Heldrich* Rn 9: keine Gewährung eines „unterhaltsrechtlichen Mindeststandards"; *Staudinger*/*Mankowski* Rn 59.
[67] *Palandt*/*Heldrich* Rn 7.
[68] *Palandt*/*Heldrich* Rn 7.
[69] BT-Drucks 14/3751 S 60; AnwK-BGB/*Gebauer* Rn 55.
[70] So auch MünchKommBGB/*Coester* Rn 59; *Henrich* FamRZ 2002, 137, 143; aA AnwK-BGB/*Gebauer* Rn 56.
[71] MünchKommBGB/*Coester* Rn 62.
[72] *Looschelders* IPR Rn 22 f; *Henrich* FamRZ 2002, 137, 144.
[73] So auch *Süß* DNotZ 2001, 168, 172; *Henrich* FamRZ 2002, 137, 144; *Leipold* ZEV 2001, 218, 222.
[74] So auch MünchKommBGB/*Coester* Rn 63; aA *Staudinger*/*Mankowski* Rn 64.
[75] *Wellenhofer-Klein* Rn 357.
[76] So auch *Wagner* IPrax 2001, 281, 291; AnwK-BGB/*Gebauer* Rn 57.
[77] *Eule* RNotZ 2003, 434.
[78] BT-Drucks 14/3751 S 60; *Süß* DNotZ 2001, 172, 173, spricht von einem „Normenmix".

bedeutet dies, dass diejenigen, denen nach dem Erbstatut ein bestimmter Nachlassanteil zustünde, nunmehr einen Teil hiervon an den Lebenspartner verlieren[79].

37 **e) Namensrecht.** Art 17 b enthält keine gesonderte kollisionsrechtliche Regelung für das Namensrecht, hier muss also nach Art 10 angeknüpft werden (zum Anwendungsbereich vgl Art 10 Rn 20 ff). Nach Art 10 Abs 1 gilt daher grds das **Heimatrecht** der Lebenspartner[80]. Art 17 b Abs 2 S 1 verweist ausdrücklich auf Art 10 Abs 2 und verdeutlicht den Lebenspartnern so die für ihre Namensführung geeignete Rechtswahl des Art 10 Abs 2[81]. Wenn das hiernach berufene Heimatrecht keine Regelung für das Namensrecht enthält, ist zu prüfen, ob das Ehegattennamensrecht entsprechend anwendbar ist. Dies hat durch Auslegung und ggf Substitution zu erfolgen[82]. Die entsprechende Anwendung des Art 10 Abs 2 S 3 erscheint nur in Ausnahmefällen angebracht, nämlich dann, wenn das Kind tatsächlich Kind beider Lebenspartner ist. Ist dies – wie in den meisten Fällen – nicht der Fall, kann nur die Änderung des Namens seines Elternteils für das Kind von Bedeutung sein. Dies sind dann Fälle der Einbenennung, die nach dem Personalstatut zu regeln sind.

38 **f) Gewaltschutz.** Abs 2 verweist auch auf **Art 17 a.** Die deutschen Gewaltschutzvorschriften gelten daher auch für Lebenspartner, die im **Inland** belegene Partnerwohnung und Hausrat haben (Abs 2 S 1 iVm 17 a). Befinden sich Wohnung und Hausrat jedoch im **Ausland,** hat die Anknüpfung als allgemeine Partnerschaftswirkung unter das Registerstatut bzw nach Aufhebung unter das Aufhebungsstatut (also auch Registerstatut) stattzufinden. **Endgültige Regelungen** über die Partnerwohnung und den Hausrat sind als güterrechtlich zu qualifizieren und müssen demnach nach dem Registerstatut angeknüpft werden (Art 17 b Abs 1 S 1).

39 **g) Sonstige Rechtsfragen.** Art 17 b hält nicht für jede in Verbindung mit der eLP möglicherweise auftretende Fragestellung eine Regelung bereit. Damit gelten für diese Sachkomplexe die allgemeinen Kollisionsnormen.

40 Für **Verträge,** die die Lebenspartner untereinander abschließen, gelten, soweit kein Spezialstatut eingreift, die Kollisionsnormen der Art 27 ff in direkter Anwendung.

41 Für **deliktsrechtliche** Sachkomplexe gilt auch für Lebenspartner das Deliktsstatut der Art 40 ff in direkter Anwendung. Wenn allerdings das Recht der eLP in das Deliktsrecht hineinwirkt, wie durch eine Modifizierung des **Haftungsmaßstabs** der Lebenspartner zueinander, gilt hierfür das Registerstatut.

42 Auch kindschaftsrechtliche Aspekte haben in der eLP Bedeutung. Für die Frage der **Abstammung** des Kindes von einem Lebenspartner, kommt es bei Art 19 Abs 1 S 1 und 2 auf die eLP gar nicht an. Art 19 Abs 1 S 3 sollte aber – als Ausfluss des in Art 19 geltenden Günstigkeitsgrundsatzes – dann analog angewendet werden, wenn das Registerstatut besondere Abstammungsregeln für die eLP vorsieht (näher Art 19 Rn 18).

43 Soweit es sich um die **sorgerechtlichen** Befugnisse des einen Lebenspartners in Bezug auf die Kinder seines Partners geht, ist nach den allgemeinen Vorschriften anzuknüpfen. Damit kommt insbes das Haager Minderjährigenschutzübereinkommen vom 5. 10. 1961 zur Anwendung. Im Übrigen gilt für die eLP Art 21 analog, so dass es auf das Recht des gewöhnlichen Aufenthalts des Kindes ankommt. Da der Bezug zum Kind für das Sorgerecht vorrangig ist, gibt es keinen Grund, hier für die eLP eine andere Regelung als für Ehegatten anzunehmen[83].

44 Da nur wenige Rechtsordnungen für eine eLP die Möglichkeit der gemeinsamen **Adoption** kennen, ist die Anknüpfung besonders bedeutsam. Art 22 Abs 1 S 1 bestimmt, dass bei der Adoption durch eine unverheiratete Einzelperson die Staatsangehörigkeit des Annehmenden maßgeblich ist, während bei der Annahme durch eine verheiratete Person nach Abs 1 S 2 an das Ehewirkungsstatut angeknüpft wird. Teils wird vertreten, dass sich die Adoption durch die eLP bzw durch einen einzelnen Lebenspartner nach Abs 1 S 2 richte[84]. Das ist jedoch mit dem Gesetz, welches für die eLP trotz der bekannten Problematik gerade keinen Verweis auf diese Vorschrift enthält, nicht zu vereinbaren[85]. (Näher auch Art 22 Rn 41).

45 **4. Inlandswirkungen im Ausland eingetragener Lebenspartnerschaften – „Kappungsregelung" (Abs 4). a) Hintergrund.** Im Ausland registrierte Lebenspartnerschaften oder sie betreffende Regelungen reichen gemäß Abs 4 nicht weiter als nach den im Lebenspartnerschaftsgesetz und im BGB vorgesehenen allgemeinen und güterrechtlichen Wirkungen[86]. Damit hat der Gesetzgeber – noch in Hinblick auf die anfängliche deutsche Diskussion zur Verfassungsmäßigkeit des LPartG (Art 6 Abs 1 GG) – die Abwehr ausländischen Rechts nicht der allgemeinen Vorbehaltsklausel des ordre public überlassen, sondern das große Einfallstor, das er durch die Registeranknüpfung nach Abs 1 S 1 geöffnet hat, durch eine spezielle Vorbehaltsklausel wieder verengt. Hierfür hat er jedoch zum Teil **heftige Kritik** geerntet[87].

---

[79] Näher *Looschelders* IPR Rn 24 f; MünchKommBGB/*Coester* Rn 64.
[80] *Palandt/Heldrich* Rn 7.
[81] Näher *Palandt/Heldrich* Rn 7; AnwK-BGB/*Gebauer* Rn 64.
[82] MünchKommBGB/*Coester* Rn 69.
[83] MünchKommBGB/*Coester* Rn 79; *Hausmann/Hohloch/Martiny* Kap 12 Rn 115; aA *Forkert* S 113, 316.
[84] MünchKommBGB/*Coester* Rn 81 f; *Hausmann/Hohloch/Martiny* Rn 114.
[85] Wie hier *Jakob* S 349 f, *Forkert* S 321; *Staudinger/Mankowski* Rn 94.
[86] BT-Drucks 14/1351 S 61; *Wagner* IPRax 2001, 281 bei Fn 193.
[87] *Wagner* IPRax 2001, 281, 292, der insbes die aufwändige Anwendung im Einzelfall kritisiert; *Jakob* S 183 ff, der den pauschalen Rückschritt fremden Rechts auf das deutsche Niveau im Hinblick auf die vorherige Öffnung durch die Anknüpfung an das Registerrecht als widersprüchlich bemängelt; MünchKommBGB/*Coester* Rn 88 Fn 204:

Solange die Regelung Gesetz ist, muss sie jedoch beachtet werden. Insbes muss Art 17 Abs 4 auf **gleichgeschlechtliche Ehen** angewendet werden, und führt dazu, dass sie nach dem LPartG behandelt werden[88]. Für **heterosexuelle registrierte Partnerschaften** gilt er in eingeschränkter Form: Dass diese in Deutschland gar nicht vorgesehen sind, stört nicht. Auch sie können jedoch nicht besser behandelt werden als die eLP nach dem LPartG[89]. **46**

Andere Länder wie zB die Schweiz, die von vornherein an den Wohnsitz anknüpfen, haben eine solche Regelung nicht für notwendig erachtet und es insofern bei der allgemeinen ordre-public-Regelung belassen[90]. **46.1**

b) Anwendungsbereich. Strittig ist, ob die Kappungsregel des Abs 4 für sämtliche die eLP betreffende Rechtsfragen gilt, für die ausländisches Recht berufen ist, oder ob sie nur eingreift, soweit nach Abs 1 S 1 das **Registerrecht** berufen wird. Teils wird Abs 4 weit interpretiert. Dies wird mit dem Wortlaut der Norm, der keine Einschränkungen vorsieht, und der systematischen Stellung am Ende der Norm begründet[91]. Für eine enge, auf die von Abs 1 S 1 erfassten Rechtsfragen begrenzte Anwendung wird dagegen vor allem inhaltlich argumentiert: So würde für eLPs mit deutschem Registerstatut bei ausländischem Erblasser nach Art 25 uneingeschränkt ausländisches Erbrecht anwendbar sein, während dies für eLPs mit ausländischem Statut unter Umständen gekappt werden müsste[92]. In der Tat deutet auch die Anknüpfung an die im Ausland erfolgte Registrierung auf diesen Bezug zum Registerstatut hin[93]. Letztlich erlaubt das enge Verständnis, der zweifelhaften Vorschrift sinnvoll zu begegnen[94]. **47**

Somit ist trotz der systematischen Stellung des Abs 4 die Kappungsregel nicht auf sämtliche Rechtsfragen anzuwenden, sondern nur auf diejenigen, die dem Registerstatut unterliegen. Für die übrigen Wirkungen der Lebenspartnerschaft genügt der allgemeine Vorbehalt des ordre public gemäß Art 6 (näher Rn 53). **48**

c) Inlandsbezug. Ein bestimmter Inlandsbezug wird für die Anwendung der Kappungsregelung nicht explizit vorausgesetzt und entsprechend von Teilen der Lit auch nicht für notwendig erachtet[95]. Er sollte jedoch, wie in Art 6 S 2 ausdrücklich im Gesetz vorgesehen ist, auch bei Art 17 b verlangt werden. Die Frage wird sich selten stellen. Jedoch gibt es für das deutsche Kollisionsrecht keinen Grund, in (beinahe) reine Auslandssachverhalte durch eine Kappungsregelung einzugreifen[96]. **49**

d) Rechtsfolgen. Das deutsche Recht bestimmt die **Höchstgrenze der möglichen Rechtswirkungen.** Durch die erhebliche Erweiterung der Rechte der Lebenspartner durch das LPartÜbkG vom 15. 12. 2004 hat die Regelung jedoch erheblich an Bedeutung verloren[97], da es nunmehr nur noch wenige Rechtsordnungen gibt, die für die Lebenspartnerschaft weitergehende Wirkungen als das deutsche Recht vorsehen. Immerhin führt die Regelung dazu, dass auf gleichgeschlechtliche Ehen nur das LPartG angewendet werden kann (Rn 11, 46). Der **Vergleich der Reichweite beider Rechte** kann aufwändig sein, da er zu einem komplizierten Wirkungsvergleich fremden Rechts mit deutschem Recht zwingt[98]. **50**

5. Allgemeine Regeln. a) Rück- und Weiterverweisungen. Abs 1 verweist auf die **Sachvorschriften** des Register führenden Staats. Rück- und Weiterverweisungen sind unbeachtlich[99]. So ist gesichert, dass das Ziel der Norm – nämlich die Begünstigung der eLP durch Sicherung der Geltung des Registerstatuts (Rn 2) nicht durch eine Weiterverweisung doch noch vereitelt werden kann. **51**

b) Vorfragen. Vorfragen sind selbstständig anzuknüpfen[100]. Wichtigste Vorfrage für die Möglichkeit der Eingehung der eLP ist das Fehlen einer anderweitigen Ehe oder Lebenspartnerschaft (§ 1 Abs 2 Nr 1 LPartG). Weitere Vorfrage kann die Volljährigkeit der Lebenspartner sein, dafür gilt Art 7. **52**

c) Ordre public. Durch das Bestehen der Kappungsgrenze in Abs 4, bleibt für die Anwendung des Art 6 bei der eLP kaum ein Wirkungsbereich. Art 6 greift daher allenfalls außerhalb des Anwendungsbereichs des Abs 4. Nach hier vertretener Ansicht sind das insbes die unterhalts- und erbrechtlichen Folgen. Dabei hilft aber die hilfsweise Anwendbarkeit deutschen Rechts nach Abs 1 S 2 HS 2 über die **53**

überproportionale und rechtswidrige Durchsetzung deutscher Rechtsmaßstäbe; *Rauscher* IPR Teil 3, II 3: völlig unflexibel; die Streichung fordernd *Gebauer/Staudinger* IPRax 2002, 275, 282; AnwK-BGB/*Gebauer* Rn 71 und *Stüber* FamRZ 2005, 574, 578 unter Hinweis auf den Widerspruch zu Art 9 der EU-Grundrechte-Charta.

[88] Wie hier *Andrae*, Internationales Familienrecht, § 10 Rn 61; *Staudinger/Mankowski* Rn 85.
[89] Sehr str, gegen jegliche Anwendung auch AnwK-BGB/*Gebauer* Rn 77; MünchKommBGB/*Coester* Rn 135; *Andrae*, Internationales Familienrecht, § 10 Rn 58; wie hier aber *v. Hoffmann/Thorn* IPR § 8 Rn 73 f.
[90] Für die Schweiz *Widmer* IPRax 2007, 155, 156.
[91] *Staudinger/Mankowski* Rn 84; *Henrich* FamRZ 2002, 137, 140; *Gebauer/Staudinger* IPRax 2002, 275, 276.
[92] AnwK-BGB/*Gebauer* Rn 75; für analoge Anwendung auch auf inländische eLPs dagegen *Looschelders* IPR Rn 32.
[93] So insbes MünchKommBGB/*Coester* Rn 91 ff.
[94] So auch MünchKommBGB/*Coester* Rn 93; AnwK-BGB/*Gebauer* Rn 75; *Forkert* S 298 ff.
[95] *Wagner* IPRax 2001, 281, 292; *Süß* DNotZ 2001, 168, 171.
[96] So auch MünchKommBGB/*Coester* Rn 96; *Staudinger/Mankowski* Rn 86; AnwK-BGB/*Gebauer* Rn 75; *Thorn* IPRax 2002, 349, 355; *Forkert* S 306 ff, 309.
[97] *Palandt/Heldrich* Rn 4.
[98] Mit Blick auf die dadurch verursachten Auslegungsprobleme krit daher *Süß* DNotZ 2001, 163, 170 ff; *Wellenhofer-Klein* Rn 362.
[99] Krit *Wagner* IPRax 2001, 281.
[100] BT-Drucks 14/3751 S 60; *Henrich* FamRZ 2002, 137; *Wagner* IPRax 2001, 281, 288; *Staudinger/Mankowski* Rn 34.

wesentlichsten Probleme hinweg. Die gleichgeschlechtliche Ehe verstößt nicht gegen den deutschen ordre public. Da selbst das völlige Fehlen einer eLP in einem ausländischen Staat hingenommen werden muss, kann es auch kaum gegen den ordre public verstoßen, wenn die Wirkungen einer ausländischen eLP hinter denen des LPartG zurückbleiben[101].

54 d) **Intertemporale Konfliktregelung (Abs 3).** Führen die Partner einer wirksam eingetragenen Lebenspartnerschaft die wirksame Eintragung in einem weiteren Staat herbei, würde die Regelung in Abs 1 mit seiner Sachnormverweisung auf Vorschriften des jeweiligen Registrierungsstaates dazu führen, dass zwei Rechtsordnungen nebeneinander anwendbar wären[102]. Abs 3 vermeidet diesen Normkonflikt und unterstellt die in Abs 1 umschriebenen allgemeinen und güterrechtlichen, unterhaltsrechtlichen und erbrechtlichen Wirkungen und Folgen der Lebenspartnerschaft den **Sachvorschriften des Staats der letzten Registrierung.** Die Partner können das Wirkungsstatut und das Güterrechtsstatut folglich durch Aufenthaltswechsel und Neuregistrierung für die Zukunft (nicht ex tunc) verändern, folglich einen Statutenwechsel herbeiführen. Dies kann dann sinnvoll sein, wenn die Wirkungen und Folgen nach inländischem Recht über die nach dem Recht des ersten Registrierungsstaates hinausgehen[103]. Die Beteiligten können sich dann die nach deutschem Recht vorgesehenen Lebenspartnerschaftswirkungen unabhängig von der Ausgestaltung des ausländischen Begründungsstatuts sichern.

III. Internationales Verfahrensrecht

55 **1. Internationale Zuständigkeit.** Für die Begründung von Lebenspartnerschaften existieren bisher keine staatsvertraglichen oder europäischen Regelungen. Insbes ist die EheGVO II nicht anwendbar[104]. Für **Unterhaltsansprüche** gilt aber auch in der eLP die EuGVVO. Die Zuständigkeit richtet sich daher allein nach den § 661 Abs 1 bis 3 iVm § 606 a ZPO. Die Norm ist weit zu verstehen und umfasst – wenigstens in analoger Anwendung – sämtliche unter Art 17 b subsumierbare Erscheinungsformen der registrierten Partnerschaften[105]. Die in § 606 a ZPO geregelte internationale Zuständigkeit gilt gemäß § 661 Abs 3 Nr 1 ZPO wie folgt: § 606 a Abs 1 Nr 1 bis 3 ZPO werden unverändert auf die Partnerschaften angewendet. Nr 4 wird modifiziert. Deutsche Gerichte sind danach immer schon dann international zuständig, wenn ein Lebenspartner seinen **gewöhnlichen Aufenthalt im Inland** hat (§ 661 Abs 3 Nr 1 b ZPO) oder wenn die Lebenspartnerschaft vor **deutschen Standesbeamten begründet** worden war (§ 661 Abs 3 Nr 1 b ZPO), wobei der Begriff des Standesbeamten funktional weit als die „nach Landesrecht zuständige Stelle" ausgelegt werden muss[106]. Die Versagung internationaler Zuständigkeit bei negativer Anerkennungsprognose in den Heimatstaaten beider Ehepartner hätte die Gerichtszuständigkeit angesichts noch fehlender Verbreitung nichtehelicher Lebenspartnerschaften übermäßig behindert[107].

56 § 661 Abs 2 ZPO begründet iVm Abs 3 die internationale Annexzuständigkeit deutscher Familiengerichte für die in § 621 Abs 1 Nr 1 bis 9 ZPO genannten Folgesachen, wenn ein entsprechendes Verfahren anhängig ist[108].

57 **2. Anerkennung ausländischer Entscheidungen.** Auch für die Anerkennung ausländischer Entscheidungen existieren (bislang) keine europäischen oder staatsvertraglichen Regelungen. Wiederum gilt nur für die Anerkennung und Vollstreckung von **Unterhaltsansprüchen** die EuGVVO. Die Anerkennung aller anderen Entscheidungen richtet sich daher nach § 328 ZPO[109]. Nach § 328 Abs 2 ZPO entfällt für die Anerkennung von Lebenspartnerschaftssachen nach § 660 Abs 3 Nr 1 und 2 ZPO (Aufhebung und Feststellung des Bestehens/Nichtbestehens) das Gegenseitigkeitserfordernis in § 328 Abs 1 Nr 5 ZPO. Eine Schranke für die Anerkennung von Lebenspartnerschaftssachen stellt gemäß § 328 Abs 1 Nr 4 ZPO der ordre public dar.

58 Streitig ist, ob ein Feststellungsverfahren analog **Art 7 § 1 FamRÄndG** stattfindet. Dafür spricht, dass es auch bei der eLP Sinn macht, eine verbindliche Feststellung der Auflösung zu verlangen[110]. Dagegen spricht aber, dass eine wirkliche Regelungslücke nicht besteht. Die Spezialregelung in Art 7 § 1 FamRÄndG stellt formal eine Erschwerung der Anerkennung dar. Sie ist außerdem innerhalb der EU wegen Art 14 EheGVO II nicht mehr anzuwenden (Art 17 Rn 163). Daher sollte sie letztlich auch für die eLP nicht herangezogen werden[111].

---

[101] *Looschelders* IPR Rn 11.
[102] BT-Drucks 14/3751 S 60 f.
[103] BT-Drucks 14/3751 S 61; *Jakob* S 213.
[104] Ganz hM, *Zöller/Geimer* Anh II Art 1 EheGVO II Rn 17; *Rauscher* EuZPR Art 1 EheGVO Rn 3; MünchKommBGB/*Coester* Rn 124; aA *Boele-Woelki* ZfRV 2001, 121, 127.
[105] MünchKommZPO/*Coester-Waltjen*, Rn 3 f.
[106] *Zöller/Geimer* § 661 ZPO Rn 39; *Hausmann/Hohloch/Martiny* Kap 12 Rn 117; MünchKommBGB/*Coester* Rn 123.
[107] *Wagner* IPRax 2001, 281, 292.
[108] Näher MünchKommBGB/*Coester* Rn 121.
[109] MünchKommZPO/*Coester-Waltjen* § 661 Rn 12; *v. Hoffmann/Thorn* IPR § 8 Rn 73 n.
[110] So MünchKommBGB/*Coester* Rn 125.
[111] Wie hier *Kegel/Schurig* § 20 VIII 4, S 891; *Zöller/Geimer* § 661 ZPO Rn 47; *Hausmann/Hohloch/Martiny* Rn 122.

Art 18 Unterhalt

(1) ¹Auf Unterhaltspflichten sind die Sachvorschriften des am jeweiligen gewöhnlichen Aufenthalt des Unterhaltsberechtigten geltenden Rechts anzuwenden. ²Kann der Berechtigte nach diesem Recht vom Verpflichteten keinen Unterhalt erhalten, so sind die Sachvorschriften des Rechts des Staates anzuwenden, dem sie gemeinsam angehören.

(2) Kann der Berechtigte nach dem gemäß Absatz 1 Satz 1 oder 2 anzuwendenden Recht vom Verpflichteten keinen Unterhalt erhalten, so ist deutsches Recht anzuwenden.

(3) Bei Unterhaltspflichten zwischen Verwandten in der Seitenlinie oder Verschwägerten kann der Verpflichtete dem Anspruch des Berechtigten entgegenhalten, daß nach den Sachvorschriften des Rechts des Staates, dem sie gemeinsam angehören, oder, mangels einer gemeinsamen Staatsangehörigkeit, des am gewöhnlichen Aufenthalt des Verpflichteten geltenden Rechts eine solche Pflicht nicht besteht.

(4) ¹Wenn eine Ehescheidung hier ausgesprochen oder anerkannt worden ist, so ist für die Unterhaltspflichten zwischen den geschiedenen Ehegatten und die Änderung von Entscheidungen über diese Pflichten das auf die Ehescheidung angewandte Recht maßgebend. ²Dies gilt auch im Fall einer Trennung ohne Auflösung des Ehebandes und im Fall einer für nichtig oder als ungültig erklärten Ehe.

(5) Deutsches Recht ist anzuwenden, wenn sowohl der Berechtigte als auch der Verpflichtete Deutsche sind und der Verpflichtete seinen gewöhnlichen Aufenthalt im Inland hat.

(6) Das auf eine Unterhaltspflicht anzuwendende Recht bestimmt insbesondere,
1. ob, in welchem Ausmaß und von wem der Berechtigte Unterhalt verlangen kann,
2. wer zur Einleitung des Unterhaltsverfahrens berechtigt ist und welche Fristen für die Einleitung gelten,
3. das Ausmaß der Erstattungspflicht des Unterhaltsverpflichteten, wenn eine öffentliche Aufgaben wahrnehmende Einrichtung den ihr nach dem Recht, dem sie untersteht, zustehenden Erstattungsanspruch für die Leistungen geltend macht, die sie dem Berechtigten erbracht hat.

(7) Bei der Bemessung des Unterhaltsbetrags sind die Bedürfnisse des Berechtigten und die wirtschaftlichen Verhältnisse des Unterhaltsverpflichteten zu berücksichtigen, selbst wenn das anzuwendende Recht etwas anderes bestimmt.

Schrifttum: *Andrae*, Internationales Familienrecht, 2006, § 8; *Bach*, Zehn Jahre Auslandsunterhaltsgesetz, FamRZ 1996, 1250; *Brückner*, Unterhaltsregress im internationalen Privat- und Verfahrensrecht, 1994; *Eidenmüller*, Discovery und materiellrechtlicher Auskunftsanspruch im deutschen Unterhaltsprozess – Anpassung durch Qualifikation?, IPRax 1992, 356; *Furkel/Gergen*, Das französische Ehescheidungsgesetz vom 26. 5. 2004, FamRZ 2005, 1615; *Gebauer/Schulze*, Wissenschaft, Lehre und Praxis des Internationalen Privat- und Verfahrensrechts, NJW 2001, 1192 *Hausmann*, Der Unterhaltsbegriff in Staatsverträgen des internationalen Privat- und Verfahrensrechts, IPRax 1990, 382; *Heiderhoff*, Vollstreckbarerklärung von Titeln auf Kindesunterhalt im Verhältnis zwischen Deutschland und Österreich, IPRax 2004, 99; *Henrich*, Kollisionsrechtliche Fragen zum Geschiedenenunterhalt, IPRax 1992, 84; *ders*, Zur Anerkennung und Abänderung ausländischer Unterhaltsurteile, die unter Nichtbeachtung früherer deutscher Unterhaltsurteile ergangen sind, IPRax 1988, 21; *ders*, Das internationale Eherecht nach der Reform, FamRZ 1986, 851; *Jakob*, Die eingetragene Lebenspartnerschaft im Internationalen Privatrecht, 2002; *Katsanou*, Übereinkommen über die Geltendmachung von Unterhaltsansprüchen im Ausland – „New Yorker Unterhaltsübereinkommen", FRP 2006, 255; *Kohler/Jayme*, Europäisches Kollisionsrecht 2001 – Anerkennungsprinzip statt IPR?, IPRax 2001, 501; *Kremer*, Das Stiefkind im Unterhaltsrecht, 2000; *Looschelders/Boos*, Das grenzüberschreitende Unterhaltsrecht in der internationalen und europäischen Entwicklung, FamRZ 2006, 374; *Mankowski*, Im Dschungel der für die Vollstreckbarerklärung ausländischer Unterhaltsentscheidungen einschlägigen Abkommen und ihrer Ausführungsgesetze, IPRax 2000, 188; *ders*, Wahl des auf die Scheidungsunterhalt anwendbaren Rechts, FuR 1997, 316; *Mansel*, Zu Auslegungsproblemen des IPR-Reformgesetzes, StAZ 1986, 315; *Martiny*, Maintainance Obligations in the Conflict of Laws, Rec des cours 247 (1994-III), 131; *Mingers*, Auskunftsansprüche im internationalen Unterhaltsrecht, 1998; *Müller*, Die nichteheliche Vaterschaft im internationalen Privatrecht, StAZ 1989, 301; *Reng*, Unterhaltsansprüche auf Grund nichtehelicher Lebensgemeinschaft: internationales Privatrecht und ausländisches materielles Recht, 1994; *Rigaux*, „Versorgungsausgleich" und Art 12 EC: Discriminations based on the nationality and German private international law, IPRax 2000, 287; *Schotten/Wittkowski*, Das deutsch-iranische Niederlassungsabkommen im Familien- und Erbrecht, FamRZ 1995, 264; *Schümann*, Nichteheliche Lebensgemeinschaften und ihre Einordnung im Internationalen Privatrecht, 2001; *Spellenberg*, Abänderung ausländischer Unterhaltsurteile und Statut der Rechtskraft, IPRax 1984, 304; *Schulze*, Bedürfnis und Leistungsfähigkeit im internationalen Unterhaltsrecht, 1998; *Wagner*, Das neue Internationale Privat- und Verfahrensrecht zur eingetragenen Lebenspartnerschaft, IPRax 2001, 281; *ders*, Der Wettstreit um neue kollisionsrechtliche Vorschriften im Unterhaltsrecht, FamRZ 2006, 979; *Wandt*, Zum Rückgriff im Internationalen Privatrecht, ZVglRWiss 1987, 272.

Rechtsvergleichend: *Gralla/Leonhardt* (Hrsg), Das Unterhaltsrecht in Osteuropa, 1989; *Hofer/Schwab/Henrich* (Hrsg), Scheidung und nachehelicher Unterhalt im europäischen Vergleich, 2003; *Martiny*, Ehescheidung und nachehelicher Unterhalt in Europa, EJCL 2004, http://www.ejcl.org/83/abs83-3.html; *Schwab/Henrich* (Hrsg), Familiäre Solidarität, die Begründung und die Grenzen der Unterhaltspflicht unter Verwandten im europäischen Vergleich, 1997; *Schulze*, Ordre public bei Versagung nachehelichen Unterhalts wegen Ehebruchs nach österreichischem Recht, IPRax 1998, 350.

EGBGB Art 18   Internationales Privatrecht

Übersicht

	Rn		Rn
A. Allgemeines	1	5. Sonderfall: Ausrichtung am Scheidungsstatut, Art 8 HUntÜbk 1973	55
I. Normzweck	1	6. Ausnahme: Geltungsanspruch deutschen Rechts bei starkem Inlandsbezug, Art 15 HUntÜbk 1973 (Art 18 Abs 5)	60
II. Staatsvertragliches und europäisches Recht	3		
1. Überblick	3	7. Ausnahme Eilrechtschutz?	64
2. Haager Übereinkommen über das auf Unterhaltsverpflichtungen gegenüber Kindern anzuwendende Recht	5	V. Allgemeine Regeln	65
		1. Rück- und Weiterverweisungen	65
3. Haager Übereinkommen über das auf Unterhaltspflichten anwendbare Recht	9	2. Vorfragen	66
		3. Ordre public	71
4. Niederlassungsabkommen zwischen dem Deutschen Reich und dem Kaiserreich Persien	12	**C. Verfahrensrecht**	74
		I. Allgemeines	74
5. Reformvorhaben	13	II. Internationale Zuständigkeit	75
B. Einzelerläuterungen	14	1. Überblick	75
I. Verhältnis zum HUntÜbk 1973	14	2. EuGVVO	76
II. Allgemeine Reichweite des Unterhaltsstatuts (Qualifikationsfragen)	16	3. Autonomes deutsches IZVR	79
1. Weiter Unterhaltsbegriff	16	III. Grenzüberschreitende Durchsetzung von Unterhaltsansprüchen und -entscheidungen	80
2. Einzelfragen	20	1. Rechtshilfe	80
III. Sachlicher Umfang der Verweisung	29	2. Anerkennung und Vollstreckung ausländischer Titel in Deutschland	82
1. Art 10 Nr 1 HUntÜbk 1973 – Art 18 Abs 6 Nr 1	29	3. Insbes: offene und unbestimmte Auslandstitel	89
2. Verfahrenseinleitung – Art 10 Nr 2 HUntÜbk 1973 (Art 18 Abs 6 Nr 2)	39	4. Abänderung von Unterhaltsentscheidungen	91
3. Ausmaß der Erstattungspflicht gegenüber öffentlich-rechtlichen Versorgungsträgern – Art 10 Nr 3 HUntÜbk 1973 (Art 18 Abs 6 Nr 3)	41	5. Neue Klage im Inland	93
		6. Vollstreckung deutscher Unterhaltstitel im Ausland	94
IV. Anknüpfung	43	**D. Interlokales und intertemporales Kollisionsrecht**	95
1. Übersicht	43	I. Interlokales Recht	95
2. Regelanknüpfung (Art 4 HUntÜbk 1973)	46	1. Neufälle	95
3. Korrekturen der Regelanknüpfung (Art 5 und 6 HUntÜbk 1973)	48	2. Altfälle	96
4. Ausnahme bei fernerer Verwandtschaft (Art 7 HUntÜbk 1973)	52	II. Intertemporales Recht	97

A. Allgemeines

1 **I. Normzweck.** Art 18 ist eine Spezialnorm für alle familienrechtlichen Unterhaltsansprüche. Sie verdrängt andere Regelungen, wie etwa Art 17 (Ehescheidung) oder Art 21 (Eltern-Kind-Verhältnis). Art 18 regelt die Anknüpfung des Unterhaltsstatuts zwischen „Unterhaltsberechtigtem" und „Unterhaltsverpflichtetem"[1]. Erfasst sind damit die zwischen Unterhaltsanspruchsteller und Anspruchsgegner geltend gemachten Ansprüche. Die Norm wirkt im Kontext des EGBGB ungewöhnlich. Das beruht darauf, dass sie nicht eigenständig vom deutschen Gesetzgeber geformt wurde, sondern die Regelungen des Haager Unterhaltsabkommens von 1973 übernimmt. Da dieses Übereinkommen gemäß seinem Art 3 nicht nur gegenüber anderen Vertragsstaaten, sondern allgemein gilt (loi uniforme), tritt Art 18 in der Rechtsanwendung fast vollständig hinter diesem zurück (Rn 14). Das mit dem Übereinkommen übereinstimmende Ziel der Norm ist es, Unterhaltsansprüche auch international zu sichern.

2 Art 18 ist von dem staatsvertraglichen Hintergrund nicht nur in seinem Regelungsinhalt sondern auch in seinem Regelungscharakter geprägt. Wie der ausdrückliche Wortlaut des Art 18 Abs 1 S 1 erkennen lässt, wird direkt auf die Sachvorschriften des anwendbaren Rechts verwiesen. Rück- und Weiterverweisung durch das IPR des betreffenden Staats sind somit unbeachtlich (näher Rn 65). Bzgl Vorfragen ist streitig, ob der staatsvertragliche Hintergrund eine unselbstständige Anknüpfung verlangt. Die inzwischen überwiegende Auffassung lehnt das jedoch ab (näher Rn 66 ff).

3 **II. Staatsvertragliches und europäisches Recht. 1. Überblick.** Das autonome internationale Unterhaltsrecht ist vollständig von Staatsverträgen und von europäischen Normen überlagert. Wesentliche Bedeutung haben die Haager Übereinkommen von 1956 und von 1973, wobei das Übereinkommen von 1956 allerdings nur für den Kindesunterhalt gilt. Das Haager Übereinkommen von 1973 (näher Rn 9) wird derzeit revidiert[2].

4 In der **EU** ist bisher noch keine kollisionsrechtliche Regelung in Kraft getreten. Für das Verfahren gilt die EuGVVO (= Brüssel I-VO – Verordnung (EG) Nr 44/2001); s Rn 76. Jedoch bereitet die EU derzeit eine **Unterhaltsverordnung** vor, die ganz wesentliche Teile der bei grenzüberschreitenden Unterhaltsstreitigkeiten auftretenden Rechtsfragen – und insbes die Frage des anwendbaren Rechts –

---

[1] So die unterhaltsrechtliche Terminologie, Denkschrift (Bericht Verwilghen), BT-Drucks 10/258 S 60 Nr 137.
[2] Näher *Wagner* FamRZ 2006, 979.

regeln wird[3]. Geplant war ursprünglich ein Inkrafttreten der Verordnung zum 1. 1. 2008. Nun wurden die Vorbereitungen aber verschoben, um dem ebenfalls in Überarbeitung befindlichen Haager Unterhaltsübereinkommen den Vortritt zu lassen; vgl auch Rn 13.

2. Haager Übereinkommen über das auf Unterhaltsverpflichtungen gegenüber Kindern anzuwendende Recht. Das Haager Übereinkommen über das auf Unterhaltsverpflichtungen gegenüber Kindern anzuwendende Recht vom 24. 10. 1956 (**HUntÜbk 1956** = UStAK) ist für die Bundesrepublik Deutschland seit dem 1. 1. 1962 in Kraft[4]. Es gilt noch im Verhältnis zu Belgien, Liechtenstein, Österreich und dem chinesischen Verwaltungsgebiet Macao. Ansonsten ist es durch das Haager Übereinkommen über das auf Unterhaltspflichten anwendbare Recht vom 2. 10. 1973 (BGBl 1986 II S 837) ersetzt (Rn 9). 5

Das HUntÜbk 1956 und das Ergänzungsgesetz vom 2. 6. 1972 (BGBl II S 589) regeln nur das anwendbare Recht auf dem Gebiet der Unterhaltspflicht[5]. Sachlich betrifft das HUntÜbk 1956 nur Unterhaltsansprüche von unverheirateten Kindern unter 21 Jahren (Art 1 Abs 4). Erfasst sind die Ansprüche von Kindern (eheliche, nichteheliche, Adoptiv-), die ihren **jeweiligen gewöhnlichen Aufenthalt in einem Vertragsstaat** haben[6] oder – soweit der frühere Aufenthalt entscheidet – gehabt haben (Art 6, Art 1 Abs 1, 2). Auf die Staatsangehörigkeit des Kindes kommt es nicht an. Gewöhnlicher Aufenthalt ist auch hier der Daseinsmittelpunkt[7]. Umgekehrt sollte das Übereinkommen aber auch angewendet werden, wenn das Kind in Deutschland lebt und der Verpflichtete in Österreich, Liechtenstein oder Belgien[8]. **Ausnahmen** von der Aufenthaltsanknüpfung sind in Art 2 HUntÜbk 1956 normiert. Danach kann jeder Vertragsstaat eigenes Recht anwenden, wenn (kumulativ) der Unterhaltsanspruch vor seinen Behörden geltend gemacht wird, und wenn Unterhaltspflichtiger und Kind die gemeinsame Staatsangehörigkeit dieses Staats haben und wenn der Pflichtige seinen gewöhnlichen Aufenthalt in diesem Staat hat[9]. Hat das Kind nach dem Aufenthaltsrecht keinen Anspruch, entscheidet das Recht, das vom IPR des Forumstaats berufen wird, Art 3. Die Vorbehaltsklausel in Art 4 darf nur bei deutlichem Verstoß (manifestement) gegen den ordre public angewendet werden[10]. 6

Vorfragen über die Abstammung werden meist als vom materiellen Recht des Unterhaltsstatuts (Aufenthaltsrecht) mitbeherrscht angesehen – also unselbstständig angeknüpft[11]. Dem muss widersprochen werden. Auch im Rahmen des Unterhaltsanspruchs kann es nicht sein, dass eine gleichsam isolierte Feststellung der Vaterschaft erfolgt (Rn 66 ff). 7

Das HUntÜbk 1956 steht inhaltlich mit der Regelung in Art 18 in Einklang[12]. Im Ergebnis würde mit der Anwendung von Art 18 also auch das HUntÜbk 1956 angewendet. Rechtstechnisch ist dies jedoch inkorrekt. Das Übereinkommen geht Art 18 nach Art 3 Abs 2 S 1 vor und ist daher als solches anzuwenden[13]. Insbesondere mit Blick auf unter Umständen ergangene ausländische Rspr sollte dies stets berücksichtigt werden – zur ähnlichen Problematik beim HUntÜbk 1973 s Rn 14. 8

3. Haager Übereinkommen über das auf Unterhaltspflichten anwendbare Recht. a) Geltung des HUntÜbk 1973. Das Haager Übereinkommen über das auf Unterhaltspflichten anwendbare Recht vom 2. 10. 1973 (**HUntÜbk 1973** = HUÜ 1973 = UStA) ist für die Bundesrepublik (mit Vorbehalt aus Art 15) seit dem 1. 4. 1987 in Kraft (BGBl 1986 II S 837; 1987 II S 225). Es regelt das auf familienrechtliche Unterhaltspflichten anwendbare Recht ohne Beschränkung auf Kinder umfassend, Art 1 (auch hier keine zuständigkeitsrechtliche Regelung). Das HUntÜbk 1973 gilt im Verhältnis zu Estland (1. 1. 2002), Frankreich (1. 10. 1987), Italien (1. 1. 1982), Japan (1. 9. 1986), Litauen (1. 9. 2001), Luxemburg (1. 10. 1987), Niederlande (1. 3. 1981) (einschließlich der niederländischen Antillen seit dem 1. 3. 1981 und Aruba seit dem 1. 1. 1986), Polen (1. 5. 1996), Portugal (1. 10. 1987), Schweiz (1. 10. 1987), Spanien (1. 10. 1996), Türkei (1. 11. 1983). Im Verhältnis zweier Vertragsstaaten zueinander ersetzt es das Haager Abkommen vom 24. 10. 1956. Das HUntÜbk 1973 ist die Basis des Art 18. Obwohl Art 18 dem Übereinkommen nachgebildet ist, ist das HUntÜbk 1973 nach Art 3 Abs 2 S 1 vorrangig anzuwenden (näher Rn 14). 9

Der Geltungsanspruch des HUntÜbk 1973 ist ohne Rücksicht auf das Gegenseitigkeitserfordernis allseitig. Abweichendes autonomes Kollisionsrecht auf dem Gebiet des Unterhaltsrechts ist nicht anzuwenden[14]. Abweichend von dem HUntÜbk 1956 ist das HUntÜbk 1973 nach Art 3 sog **„loi uniforme"** (Einheitskollisionsrecht): Es gilt nicht nur im Verhältnis der Vertragsstaaten zueinander, sondern bestimmt das Unterhaltsstatut unabhängig davon auch bei gewöhnlichem Aufenthalt des Berechtigten in einem 10

---

[3] Vorschlag für eine Verordnung des Rates über die Zuständigkeit und das anwendbare Recht in Unterhaltssachen, die Anerkennung und Vollstreckung von Unterhaltsentscheidungen und die Zusammenarbeit im Bereich der Unterhaltspflichten KOM 2005, 649.
[4] BGBl 1961 II S 1012, abgedruckt in *Palandt/Heldrich* Art 18 Anh Rn 3; *Jayme/Hausmann* Nr 40.
[5] Keine Zuständigkeitsregelung: OLG Düsseldorf FamRZ 1979, 313.
[6] OGH ZfRV 2004, 157.
[7] BGH FamRZ 2001, 412; NJW 1975, 1068.
[8] Wie hier *Staudinger/Mankowski*, Rn 9; enger *Palandt/Heldrich* Anh Art 18 Rn 2: Kind muss Aufenthalt in einem Vertragsstaat haben.
[9] Vgl Art 1 a deutsches Zustimmungsgesetz vom 24. 10. 1956 idF des Ergänzungsgesetzes vom 2. 6. 1972, BGBl II S 589.
[10] Keine „Meistbegünstigungsklausel": PWW/*Rausch* Rn 12.
[11] BGHZ 90, 129; BGH IPRax 1987, 22 f zum Namensrecht.
[12] *Palandt/Heldrich* Anh Art 18 Rn 1.
[13] Wie hier MünchKommBGB/*Siehr* Rn 1.
[14] So auch *Brückner* 2004 S 11.

Nichtvertragsstaat und vertragsstaatenfremder Staatsangehörigkeit. Es kann somit – unter Verzicht auf das Gegenseitigkeitserfordernis – zur Anwendung von Unterhaltsrecht eines Nichtvertragsstaats führen[15].

11 **b) Inhalt des HUntÜbk 1973.** Das HUntÜbk 1973 beruft wie das HUntÜbk 1956 in erster Linie das **Recht des gewöhnlichen Aufenthalts des Unterhaltsberechtigten** (Art 4). Es begünstigt ihn aber durch Verweisung auf das **Heimatrecht** (Art 5) und die **lex fori** (Art 6). Für den Geschiedenen wird das **Scheidungsstatut** berufen (Art 8 Abs 1), ebenso bei Trennung, Nichtig- und Ungültigerklärung einer Ehe (Art 8 Abs 2). Für die Einzelheiten sei hier auf die sich anschließenden Einzelkommentierungen (Rn 20 ff) verwiesen.

12 **4. Niederlassungsabkommen zwischen dem Deutschen Reich und dem Kaiserreich Persien.** Art 8 III des deutsch-iranischen Niederlassungsabkommens[16] geht der Regelung in Art 18 und den beiden HUntÜbk (Rn 5, 6) vor (Art 19 HUntÜbk 1973). Es ist noch in Kraft[17], gilt aber nur bei gleicher Staatsangehörigkeit beider Beteiligten[18]. Bei verschiedenem Personalstatut der Beteiligten ist das Abkommen nicht anwendbar[19]. Bei Mehrstaatern entscheidet die effektive Staatsangehörigkeit. Nach dem Abkommen unterliegen Unterhaltsansprüche zwischen Iranern iranischem Recht[20]. Der Unterhaltsanspruch iranischer Kinder gegen einen iranischen Elternteil unterliegt also stets iranischem Recht.

13 **5. Reformvorhaben.** Im Bereich des internationalen Unterhaltsrechts gibt es derzeit zwei wichtige Reformvorhaben. Zum einen liegt seit 2005 der Vorschlag für eine EU-Unterhaltsverordnung vor[21], zum anderen ist am 23. 11. 2007 eine Neufassung des HUntÜbk 1973 verabschiedet worden[22]. Die EU hat entschieden, der Revision des international geltenden HUntÜbk den Vortritt zu lassen, und die Verabschiedung der Unterhaltsverordnung, deren Inkrafttreten bereits für 2008 geplant war, zunächst zurückgestellt. Bei beiden Reformprojekten geht es letztlich darum, die grenzüberschreitende Durchsetzung von Unterhaltsansprüchen noch weiter zu verbessern.

B. Einzelerläuterungen

14 **I. Verhältnis zum HUntÜbk 1973.** Das Verhältnis von Art 18 zum HUntÜbk 1973 ist umstritten. Teils wird vertreten, Art 18 sei aus Gründen der Übersichtlichkeit und zur Vereinfachung der Rechtsanwendung anwendbar[23]. Dabei solle sein staatsvertraglicher Charakter beachtet werden[24]. Auch soll diese Vereinfachung einen Rückgriff auf das Übk bei „Diskrepanzen" zwar nicht ausschließen[25]. IdR wird aber angenommen, er sei wegen „Inhaltsgleichheit" überflüssig[26]. Überwiegend wird demgegenüber vertreten, dass Abkommen genieße wegen Art 3 Abs 2 strikten **Anwendungsvorrang**[27].

15 Die praktische Bedeutung der Auseinandersetzung ist gering[28]. Dennoch sollte der Anwendungsvorrang des Übereinkommens, der sich auch aus Art 3 Abs 2 ergibt, gewahrt werden. Ihn zu ignorieren, schafft nur Unklarheiten. Bzgl der wenigen praktisch relevanten Fragen müsste der Vorrang dann nämlich doch wieder beachtet werden[29]. Art 18 hätte dann gleichsam staatsvertraglichen Charakter, der bei seiner Auslegung berücksichtigt werden müsste[30]. Insbesondere wäre als Teil der in dem Übereinkommen bestehenden völkerrechtlichen Verpflichtung auch ausländische Rspr zu berücksichtigen. Die Möglichkeit, den Rückgriff auf das Abkommen zu ersparen, ist ohnehin vom der Praxis kaum angenommen worden[31]. Zur ähnlichen Problematik beim – inhaltlich freilich viel engeren – HUntÜbk 1956 s Rn 8. Art 18 greift demzufolge nur ein, wenn ein unterhaltsrechtlicher Anspruch ausnahmsweise nicht vom HUntÜbk 1973 erfasst sein sollte. Somit hat er im Grunde weniger einen praktischen Anwendungsbereich, als eher die **Funktion der (formalen) Vervollständigung** autonomer internationalfamilienrechtlicher Normierung[32].

---

[15] *Palandt/Heldrich* Art 18 Anh Rn 5; *Junker* IPR Rn 541.
[16] RGBl 1930 II S 1002, 1006; 1931 II S 9; BGBl 1955 II S 899, abgedruckt bei *Jayme/Hausmann* 13. Aufl 2006, Nr 82 sowie Art 25 Rn 12.
[17] Bek vom 15. 8. 1955, BGBl II S 829.
[18] *Schotten/Wittkowski* S 264, 265 f.
[19] BGH NJW 1990, 636; OLG Bremen IPRax 1985, 296.
[20] OLG Zweibrücken vom 24. 4. 2007, 5 UF 74/05, BeckRS 2007, 10055; auch bei Scheidung nach deutschem Recht, AG Kerpen FamRZ 2001, 1526 f.
[21] *Hess/Mack* JAmt 2007, 229; *Schulz* FamRZ 2006, 1309.
[22] *Wagner* FamRZ 2006, 979.
[23] PWW/*Rausch* Rn 2; für gleichzeitige Geltung *v. Hoffmann* IPR § 8 Rn 77.
[24] So *Erman/Hohloch* Rn 2; PWW/*Rausch* Rn 2.
[25] Denkschrift (Bericht Verwilghen) BT-Drucks 10/258 S 27; *Kegel/Schurig* IPR § 1 IV 1 a) S 12.
[26] *Palandt/Heldrich* Rn 2 mwN; *Luthin/Kamm*, Unterhaltsrecht, Rn 8005; *Kegel/Schurig* IPR § 1 IV 1 a) S 13 mwN.
[27] So schon die Stellungnahme des Max-Planck-Instituts Hamburg RabelsZ 47 (1983), 640 f; *Mansel* StAZ 1986, 315, 316; *Staudinger/Mankowski* Rn 2 ff; MünchKommBGB/*Siehr* Rn 1; *Brückner* 1994 S 13; *Hausmann* IPRax 1990, 382, 383.
[28] *Kropholler* IPR § 47 I 4; kleine Divergenzen annehmend etwa *Wagner* IPRax 2001, 281, 288.
[29] *Junker* IPR Rn 541.
[30] *Palandt/Heldrich* Rn 2, Vor Art 3 Rn 7 f; *Looschelders* IPR Art 18 Rn 4.
[31] Vgl ohne Rückgriff auf bzw mit bloßer Parallelnennung des Art 18 zB BGH NJW 2002, 145; OLG Düsseldorf FamRZ 2006, 803; OLG Stuttgart OLGR 2003, 235; OLG Schleswig IPRspr 2004, Nr 235; anders aber OLG Zweibrücken FamRZ 2004, 729; OLG Hamm FamRZ 1999, 888.
[32] *Junker* IPR Rn 541; *Johannsen/Henrich* Rn 2: „Hinweischarakter".

II. Allgemeine Reichweite des Unterhaltsstatuts (Qualifikationsfragen). 1. Weiter Unterhaltsbegriff.
Der Anwendungsbereich des HUntÜbk 1973 (und damit des Art 18) ist weit. Zweck ist die Bündelung aller (familienrechtlichen) Unterhaltsansprüche in einem Regelungskomplex. Anhaltspunkte zur näheren Bestimmung des Anwendungsbereichs ergeben sich aus § 1 HUntÜbk 1973 (entspr Art 18 Abs 6) sowie indirekt auch aus § 11 Abs 2 HUntÜbk 1973 (entspr Art 18 Abs 7). Das HUntÜbk 1973 (sowie Art 18) bestimmt das auf Unterhaltspflichten aller Art anwendbare Recht. Aus dem Wortlaut des Art 1 HUntÜbk 1973 ergibt sich, dass nur Ansprüche aus den Beziehungen von **Ehe, Familie, Verwandtschaft und Schwägerschaft** gemeint sind. Für Art 18 ergibt sich dies aus der Stellung der Norm. Gleich ist, ob es um die Befriedigung einmaliger oder dauerhafter Lebensbedürfnisse geht. Ansprüche sind schon dann als unterhaltsrechtlich iSd HUntÜbk 1973 zu qualifizieren, wenn sie den vorgenannten Beziehungen in irgendeiner Weise zuzurechnen sind[33].

Erfasst sind insbes Unterhaltsansprüche aus ehelicher oder nichtehelicher Abstammung, infolge Adoption sowie, soweit sie bestehen, auch Ansprüche des Pflegekindes gegen seine Pflegeeltern. Erfasst ist auch der nacheheliche Unterhalt (Art 8 HUntÜbk) sowie die aus Schwangerschaft, Geburt und Kindesbetreuung resultierenden Unterhaltspflichten des leiblichen Vaters gegenüber der mit ihm nicht verheirateten Mutter (§§ 1615l ff BGB)[34]. Art 1 HUntÜbk 1973 bezieht die **Unterhaltspflicht gegenüber nichtehelichen Kindern** ausdrücklich mit ein. Die Übernahme dieser ausdrücklichen Regelung in Art 18 ist hingegen für überflüssig erachtet worden[35].

Nicht erfasst sind aber Unterhaltszahlungen allein auf Grund **vertraglicher oder deliktischer Schadensersatzpflicht** wegen entgangenen Unterhalts (letztere iS von § 844 Abs 2 BGB). Hier greift das Vertrags- oder Deliktsstatut ein. Es überwiegt die typische Schadensersatzfunktion[36].

Erbrechtlich begründete Ansprüche mit unterhaltsrechtlichem Einschlag fallen unter Art 25. Das gilt etwa für erbrechtliche Ansprüche unter Lebenden, Unterhaltsverpflichtungen der Erben gegenüber Angehörigen des Erblassers, Ausbildungsansprüche des Stiefkindes iS von § 1371 Abs 4 BGB und vorzeitigen Erbausgleich des nichtehelichen Kindes[37].

Erfasst sind auch vorbereitende Ansprüche, wie ein **Auskunftsanspruch**, weil sie die Feststellung des Unterhaltsanspruchs erst ermöglichen[38]. Die nicht von der Auskunft abhängigen Voraussetzungen des Anspruchs müssen aber bereits gegeben sein[39]. Sind Auskunftsansprüche im Unterhaltsstatut nicht vorgesehen oder feststellbar, ein Unterhaltsanspruch gemäß dem Unterhaltsstatut aber schlüssig vorgetragen, sollte ein Auskunftsanspruch auf der Grundlage der lex fori gegeben werden[40]. Fehlt er, weil im berufenen Recht von Amts wegen untersucht wird, wird der Anspruch auf unterschiedliche Art konstruiert. Teils wird der Weg der Anpassung gewählt[41], teils wird die Qualifikation als prozessual übernommen und die lex fori angewendet[42], teils wird eine versteckte Rückverweisung angenommen[43].

2. Einzelfragen. a) Nichteheliche Lebensgemeinschaften. aa) Eingetragene Lebenspartnerschaft.
Unstreitig ist seit der Einführung des Art 17b, dass Art 18 auch Ansprüche aus Beendigung einer **eingetragenen Lebenspartnerschaft** erfasst[44]. Umstritten ist nur, ob für diese auch das HUntÜbk 1973 gilt. Das wird wegen der erforderlichen autonomen Auslegung des Übereinkommens oft abgelehnt[45]. Dieses Argument lässt sich schwer entkräften, denn nicht alle Vertragsstaaten kennen (bzw akzeptieren) die eingetragene Partnerschaft. Da die Frage keine praktische Relevanz hat, mag es insofern richtiger sein, nicht das HUntÜbk 1973, sondern Art 18 EGBGB anzuwenden, auch wenn dies rechtspolitisch unbefriedigend erscheint[46].

bb) Nichteheliche Lebensgemeinschaft.
Auch für die nichteheliche Lebensgemeinschaft ist streitig, inwiefern ein etwaiger Unterhaltsanspruch bei ihrer Beendigung unter das HUntÜbk 1973 bzw unter Art 18 fallen kann. Bezüglich des Haager Abkommens wird vielfach angenommen, dass es nur auf bestimmte, im Abkommen erwähnte familienrechtliche Beziehungen anwendbar sei, nicht aber auf

---

[33] *Hausmann* IPRax 1990, 382; *Jayme*, FS Overbeck, 1990, S 529; *Henrich*, Internationales Familienrecht, S 141 f; *Erman/Hohloch* Rn 25.
[34] So die ganz hM, vgl nur *Palandt/Heldrich*, Rn 15; anders aber *Erman/Hohloch* Rn 26 unter Verweis auf Art 19 Abs 2.
[35] Begr RegE, BT-Drucks 10/504 S 63.
[36] Erfasst ist aber das Bestehen einer familienrechtlichen Unterhaltspflicht *als Vorfrage* einer solchen deliktischen Schadensersatzpflicht, OLG Hamm NZV 1989, 271; *Erman/Hohloch* Rn 26; *Palandt/Heldrich* Rn 15.
[37] BGHZ 96, 262.
[38] BGH NJW-RR 1994, 644; OLG Köln FamRZ 2003, 544; OLG Frankfurt IPRax 1983, 245; OLG Stuttgart IPRax 1986, 180; OLG Nürnberg FamRZ 1996, 353.
[39] BGH NJW 1983, 279.
[40] OLG Stuttgart IPRax 1990, 113; *Erman/Hohloch* Rn 30: im Wege der Anpassung; *Andrae*, Internationales Familienrecht, § 8 Rn 72.
[41] OLG Hamm NJW-RR 1993, 1155; AnwK-BGB/*Gruber* Rn 63.
[42] OLG Karlsruhe FamRZ 1995, 738 f; *Eidenmüller* IPRax 1992, 356 f.
[43] *Soergel/Kegel* Rn 31.
[44] *Palandt/Heldrich* Rn 15; MünchKommBGB/*Coester* Art 17b Rn 46 ff.
[45] *Böhmer/Siehr/Finger* Art 17b Rn 45; Hk-LPartG/*Kiel* Art 1a Rn 33 ff; *Palandt/Heldrich* Art 17b Rn 8, allerdings ohne Begründung; *Hausmann/Hohloch/Martiny* Kap 12 Rn 94; aA *Staudinger/Mankowski* Rn 12; *Henrich* FamRZ 2002, 137, 141 f; *Göppinger/Wax/Linke* IPR Rn 3083; AnwK-BGB/*Gebauer* Art 17b Rn 50, die auch das HUntÜbk für anwendbar halten.
[46] So auch *Jakob* 2002 S 316 ff.

Ansprüche aus der nichtehelichen Lebensgemeinschaft[47]. Zumeist wird dann vertreten, dass Art 18 weiter gefasst sei als das Übereinkommen, so dass ausnahmsweise die nationalen Vorschriften vorrangig zu beachten sind[48]. Teils wird dagegen auch Art 18 für unanwendbar gehalten[49]. Die Gegenansicht dagegen hält das HUntÜbk 1973, dessen Wortlaut keine Einschränkungen normiert, allgemein auch auf die nichtehelichen Lebenspartnerschaften für anwendbar[50].

22   Hier muss das Gleiche gelten, wie für die nichteheliche Lebensgemeinschaft im Allgemeinen: Sie ist zunächst familienrechtlich zu qualifizieren, und damit greift Art 18 ein (vgl allg näher Art 17 Rn 16 f). Kennt das so ermittelte Unterhaltsstatut einen Anspruch, der sich aus der nichtehelichen Lebensgemeinschaft oder aus deren Auflösung ergibt, so ist es ohne Einschränkung anwendbar[51]. Wenn das so ermittelte Unterhaltsstatut, ähnlich wie das deutsche Recht, keinen solchen Anspruch kennt, kann weiter überlegt werden, ob es in dem konkreten Fall ausnahmsweise Ansprüche geben könnte, die rein schuldrechtlicher – etwa schuldvertraglicher – Natur sind. Für solche Ansprüche, die aber im Grunde gar nicht unmittelbar auf dem Institut der nichtehelichen Lebensgemeinschaft basieren, kann dann eine entsprechende (etwa vertragliche) Anknüpfung erfolgen.

23   **b) Vertragliche Ansprüche auf Unterhalt.** Vertragliche Unterhaltsansprüche (ihre Voraussetzungen und Grenzen) werden vom HUntÜbk grds nicht erfasst. Hiervon sind jedoch wesentliche Ausnahmen zu machen. Tritt die vertraglich vereinbarte Verpflichtung an die Stelle eines gesetzlichen oder sonst familienrechtlichen Anspruchs, so wird sie ebenfalls vom HUntÜbk beherrscht[52]. Das gilt insbes für Unterhaltsansprüche in Scheidungsvereinbarungen[53].

24   **c) Ehe- und scheidungsrechtliche Ansprüche mit unterhaltsrechtlichem Charakter.** Schwierigkeiten kann die Qualifikation von im Ausland bekannten, unterhaltsähnlichen familienrechtlichen Ansprüchen machen. Hier kann eine Berücksichtigung von Leistungsfähigkeit oder Bedürftigkeit die unterhaltsrechtliche Qualifikation unterstützen, ist aber nicht conditio sine qua non[54]. Unterhaltsrechtlichen Charakter kann die an den Zeitpunkt der Eheauflösung anknüpfende **Morgengabe** haben. Dabei ist jedoch zu differenzieren. Oft kann die Morgengabe weder der Höhe nach als unterhaltsähnliche Absicherung angesehen werden, noch hängt ihre Zahlung von der Bedürftigkeit ab, noch entfällt sie im Falle der Wiederheirat. Dann ist eine scheidungsrechtliche Qualifikation näher liegend. Zu allem näher Art 17 Rn 37[55].

25   Das HUntÜbk 1973 ist auch anwendbar, wenn ein Unterhaltsanspruch selbst als Schadensersatzanspruch oder Ausgleichsleistung konstruiert ist – etwa die Ausgestaltung von Getrenntlebenden- oder Geschiedenenunterhalt als Ersatz der trennungs- und scheidungsbedingten Nachteile[56]. Dies betrifft besonders die Ansprüche aus Art 270 ff französischer CC (**prestations compensatoires**). Diese vereinigen zwar mehrere Funktionen in sich, es überwiegt aber die absichernde Funktion[57]. Ähnlich ist es mit **Art 174 I türk ZGB** (entspricht Art 143 ZGB aF), der einen Schadensersatzanspruch gegen den an der Scheidung Schuldigen gewährt[58]. Dieser wäre unterhaltsrechtlich zu qualifizieren ist der Anspruch aus Art 175 ZGB wegen Bedürftigkeit[59]. Auch dort überwiegt die unterhaltsrechtliche Komponente. Diese streitige Frage wirkt sich wegen Art 8 HUntÜbk 1973 im Ergebnis nicht aus. Kein unterhaltsrechtlicher Charakter besteht aber, wenn der Anspruch einen Ersatz für bestimmte Rechtsverletzungen darstellt, wie für den Anspruch auf Genugtuung nach Art 174 II türk ZGB wegen Verletzung ehelicher Pflichten anzunehmen ist[60].

26   Nicht erfasst sind schließlich auch Ansprüche, die typischerweise vom Ehewirkungsstatut oder dem Scheidungsfolgenstatut beherrscht werden. Dies gilt insbes für die **Zuweisung von Ehewohnung und**

---

[47] So etwa *Reng* S 93; *Schümann* S 86 f.
[48] *Schümann* S 87 f; für analoge Anwendung *v. Bar* IPR II Rn 120; *Erman/Hohloch* Rn 15.
[49] *Palandt/Heldrich* Rn 15; PWW/*Rausch* Rn 6.
[50] MünchKommBGB/*Siehr* Rn 10; *Andrae*, Internationales Familienrecht, 2006, § 8 Rn 59; *Erman/Hohloch* Rn 15, 26; *Hausmann*, FS Henrich, S 241, 260; *v. Hoffmann* IPR § 8 Rn 18; *Junker* IPR Rn 539; *Soergel/Schurig* Vor Art 13 Rn 35 f; *Staudinger/Strätz* § 1297 BGB Anh Rn 34.
[51] Wie hier die hM, MünchKommBGB/*Siehr* Rn 10; *Andrae*, Internationales Familienrecht, § 8 Rn 59; *Erman/Hohloch* Rn 15, 26.
[52] *Henrich*, Internationales Familienrecht, S 187; *Kropholler* IPR § 47 II 4 a.
[53] *Staudinger/Mankowski* Anh I Art 18 Rn 267.
[54] *Erman/Hohloch* Rn 25.
[55] Mit differenzierenden Überlegungen auch BGH NJW 1999, 574 f; *Palandt/Heldrich* Art 13 Rn 9: Heiratsstatut, Art 14 Rn 18: Ehewirkungsstatut, Art 17 Rn 17: Scheidungsstatut; ebenso *Erman/Hohloch* Art 13 Rn 33, Art 14 Rn 34, Art 17 Rn 38; dem Unterhaltsstatut zuneigend *Göppinger/Wax/Linke* Rn 3110; *Soergel/Kegel* Rn 28.
[56] So auch *Looschelders* Rn 6, der betont, dass es auf die Funktion und nicht auf die rechtliche Konstruktion des Anspruchs ankommt.
[57] EuGH IPRax 1981, 19 m Anm *Hausmann*; *ders* IPRax 1990, 382, 384 ff; OLG Stuttgart NJW-RR 1994, 135 f; *Erman/Hohloch* Rn 26; ausf *Staudinger/Mankowski* Anh I Art 18 Rn 274 ff; zweifelnd an der Vereinbarkeit mit dem ordre public, *Rumpf/Odendahl* in: *Bergmann/Ferid/Henrich*, Länderbericht Türkei S 40; zum neuen türkischen Recht *Oğuz* FamRZ 2005, 766, 771; zweifelnd *Johannsen/Henrich* Rn 25, 26; ausf *Staudinger/Mankowski* Anh I Art 18 Rn 260 f.
[59] Vgl nur OLG Hamm FamRZ 2006, 1387.
[60] *Erman/Hohloch* Rn 26 Art 17 Rn 37; OLG Stuttgart OLGR 2004, 353 f: nicht Ersatz wirtschaftlichen Interesses, sondern Kompensation für seelisches Leiden; *Henrich*, Internationales Familienrecht, § 5 IV 2 a: Geltung des Scheidungsfolgenstatuts.

Hausrat, die idR unter Art 17a fallen, und für diesbezügliche einstweilige Anordnungen, § 621 Nr 7 und 9 ZPO, vgl auch Art 17 Rn 38[61].

Der Anspruch auf **Prozesskostenvorschuss** im Scheidungsverfahren trägt unterhaltsrechtlichen Charakter[62]. 27

d) Ausländisches Recht. Wie aus dem Vorstehenden bereits erkennbar wurde, sind Unterhaltsansprüche im Ausland oft stark abweichend vom deutschen Recht begründet und ausgestaltet. Es können auch Unterhaltspflichten zwischen Personen bestehen, die nicht in gerader Linie verwandt sind (vgl Rn 52). Insbesondere der nacheheliche Unterhalt ist teils unbekannt, teils gänzlich verschuldensabhängig, und häufig wird anstelle einer Rente eher eine Einmalzahlung gewährt. Letzteres schließt, wie gezeigt, die Qualifikation als Unterhaltsanspruch nicht unbedingt aus. Für nähere Details sei auf die Speziallitertatur verwiesen[63]. 28

III. Sachlicher Umfang der Verweisung. 1. Art 10 Nr 1 HUntÜbk 1973 – Art 18 Abs 6 Nr 1. a) Voraussetzungen des Unterhaltsanspruchs. Das nach Art 4 HUntÜbk 1973 (entspr Art 18 Abs 1 bis 5) maßgebliche Unterhaltsstatut entscheidet über das **Bestehen** des Anspruchs, über seine **Höhe** und über den Berechtigten und den Verpflichteten. Die Anspruchsvoraussetzungen richten sich somit nach dem Unterhaltsstatut[64]. Dazu gehören auch **Fristen, Beginn, Beendigung, Wirkungen** eines Verzichts[65], Verjährung[66], Verwirkung[67], Erlöschen durch Tod des Berechtigten oder Verpflichteten oder durch Zusammenleben mit einem neuen Partner[68] sowie die **Rückwirkung**[69]. Die **Altersgrenze**, bis zu der der Unterhaltsberechtigte als Minderjähriger privilegiert ist, ist ebenfalls umfasst[70]. Schließlich richtet sich der **Rang** mehrerer Unterhaltsverpflichtungen nach dem Unterhaltsstatut[71]. 29

Das Unterhaltsstatut bestimmt abstrakt auch die **Person des Unterhaltsschuldners,** dh gegen wen sich die Ansprüche richten können (Ehegatten, Eltern, Kinder). Notwendige tatbestandliche Voraussetzungen der Unterhaltspflicht wie Abstammung, Ehelichkeit eines Kindes oder Gültigkeit einer Ehe sind jedoch als **Vorfragen** uU gesondert anzuknüpfen (vgl Rn 66 ff). Schließlich beherrscht das Unterhaltsstatut die sachrechtlichen Voraussetzungen der **Abänderung einer Unterhaltsentscheidung** auf Grund von Veränderung in den Lebensverhältnissen des Berechtigten oder Verpflichteten (Rn 91 ff)[72]. 30

b) Höhe und Art des Unterhaltsanspruchs. aa) Grundsätze. Erfasst ist, wie Art 10 Nr 1 HUntÜbk 1973 entnommen werden kann, auch die Regelung des Ausmaßes des Unterhalts, dh Art und Höhe der Unterhaltsleistungen[73]. Hierzu gehören grds auch das Erfordernis und die Beurteilung der **Bedürftigkeit** des Berechtigten sowie der **Leistungsfähigkeit** des Verpflichteten. Hierfür gelten also primär die Regelungen des Unterhaltsstatuts. Sekundär ist aber Art 11 Abs 2 HUntÜbk 1973 heranzuziehen, der die Beachtung von Bedarf und Leistungsfähigkeit unmittelbar vorschreibt. Im Ergebnis sind Bedarf und Leistungsfähigkeit also stets zu beachten (vgl näher Rn 32 ff). Des Weiteren bestimmt das HUntÜbk 1973 die **Art der Gewährung** des Unterhalts – zB durch Geldzahlung oder Erziehungs- bzw Betreuungsleistung[74]. Das Unterhaltsstatut beherrscht auch die Pflicht des Berechtigten zur Erwerbstätigkeit[75]. 31

bb) Berechnung der Unterhaltshöhe. (1) Berücksichtigung von Bedarf und Leistungsfähigkeit. Falls das Unterhaltsstatut eine Berücksichtigung von Unterhaltsbedarf und Leistungsfähigkeit nicht vorsieht, muss dies nach Art 11 Abs 2 HUntÜbk 1973 (entspr Art 18 Abs 7) dennoch geschehen. Art 11 Abs 2 (entspr Art 18 Abs 7) ist Sachnorm mit international zwingendem Charakter und kon- 32

---

[61] Str, wie hier OLG Stuttgart NJW-RR 1991, 581; OLG Hamm NJW-RR 1993, 1349 f; OLG Düsseldorf FamRZ 1993, 575; OLG Frankfurt FamRZ 1994, 633; *Palandt/Heldrich* Art 14 Rn 18, Art 17 Rn 17; *Andrae,* Internationales Familienrecht, § 3 Rn 80 f; aA OLG Hamm FamRZ 1993, 191; OLG Karlsruhe FamRZ 1993, 1464; *Soergel/Kegel* Rn 28, 46; *Henrich,* Internationales Familienrecht, § 5 IV 2 d mwN; *Junker* IPR Rn 547; *v. Bar* IPR II Rn 190 mwN.

[62] OLG Köln FamRZ 1995, 680; MünchKommBGB/*Siehr* Art 18 Anh I Rn 33; *Henrich,* Internationales Familienrecht, § 5 2 d.

[63] Ein guter Überblick über die Unterhaltspflichten im Ausland findet sich bei *Wendl/Staudigl/Dose* § 7 Rn 35 a ff.

[64] OLG Hamm FamRZ 1989, 1084; FamRZ 1990, 1137; OLG Stuttgart FamRZ 1987, 700; OLG Karlsruhe FamRZ 1990, 313; NJW-RR 1989, 1346 f; OLG Oldenburg FamRZ 1988, 170.

[65] LG Frankfurt FamRZ 1993, 233; OLG Frankfurt FamRZ 1994, 584; OLG Karlsruhe NJW-RR 1992, 1094 f.

[66] OLG Stuttgart NJW-RR 2007, 80: Beginn jedoch nicht ab Scheidungsurteil, sondern ab Anerkennung des Scheidungsurteils; KG Berlin FamRZ 1990, 437 f; OLG Hamm DtZ 1992, 87.

[67] OLG Celle FamRZ 1991, 598 f; OLG Hamm FamRZ 1994, 774; unrichtig OLG Zweibrücken FamRZ 2004, 729.

[68] *Erman/Hohloch* Rn 29.

[69] OLG Hamburg NJW-RR 1991, 390 f.

[70] OLG Hamm FamRZ 2002, 54: Geltung der dortigen Altersgrenzen bei Studium in den USA; OLG Hamm FamRZ 1999, 888: bei gewöhnlichem Aufenthalt in Deutschland also Grenze bei 18 Jahren, selbst bei abweichender Regelung nach Heimatrecht; Art 7 ist insoweit nicht anzuwenden.

[71] OLG Frankfurt NJW-RR 1990, 647 f; FamRZ 1994, 584.

[72] Denkschrift (Bericht Verwilghen) BT-Drucks 10/258 S 65; BGH NJW 1983, 1976; KG NJW-RR 1994, 138; OLG Hamm NJW-RR 1995, 456; *Andrae,* Internationales Familienrecht, § 8 Rn 72, S 431.

[73] BGH NJW 2004, 3111 zur Anrechnung von Kindergeld; NJW-RR 1987, 1474; OLG Köln IPRax 1988, 30; OLG Hamm FamRZ 2005, 369 f; FamRZ 1989, 1084; FamRZ 1989, 1095.

[74] OLG Karlsruhe NJW-RR 1991, 643; OLG Bamberg NJW-RR 1990, 198.

[75] OLG Hamm FamRZ 1989, 1084, 1086; OLG Celle FamRZ 1991, 598, 600.

kretisiert ordre-public Erwägungen[76]. Dementsprechend ist die Norm erst dann anzuwenden, wenn das Unterhaltsstatut beide Gesichtspunkte nicht hinreichend berücksichtigt[77]. Die Praxis ist hier freilich nicht immer zurückhaltend.[78]

33 **(2) Berücksichtigung des Lebensstandards.** Leben Unterhaltsberechtigter und Verpflichteter in verschiedenen Ländern mit verschiedenem Lebensstandard, so sind für den **Unterhaltsbedarf** des Berechtigten die **Lebensbedingungen in seinem Aufenthaltsstaat** maßgebend[79]. Dies geschieht idR durch individuell zu ermittelnden (näher Rn 36) **Aufschlag** oder **Abschlag** gegenüber dem deutschen Bedarf. Für die Leistungsfähigkeit und den Selbstbehalt des **Pflichtigen** gilt dessen Aufenthaltsrecht[80].

33.1 Beispiele aus der Rechtsprechung für die Berücksichtigung abweichenden Lebensstandards im Falle von Ehegatten- und Kindesunterhalt finden sich im Verhältnis zu Bulgarien[81], Polen[82], Serbien[83], Slowenien[84], Tschechien[85] und der Türkei[86].

34 Zur Berücksichtigung abweichender Lebensstandards in den verschiedenen Aufenthaltsstaaten der Beteiligten kommt es bei **Trennungs- oder Geschiedenenunterhalt** nicht, wenn die eheliche Lebensgemeinschaft vor der Trennung/Scheidung nur im Ausland bestand. Bei Geschiedenenunterhalt kommt es für den Vergleich der Lebensverhältnisse auf den **Scheidungszeitpunkt** an, so dass Einkommensveränderungen im neuen Aufenthaltsstaat als unerwartete Entwicklungen angesehen werden, die unberücksichtigt bleiben[87]. Ferner gilt der **Halbteilungsgrundsatz nur eingeschränkt,** wenn der ins Ausland zurückkehrende Ehegatte wegen des dort bestehenden geringeren Lebensstandards geringere Lebenshaltungskosten vorfindet[88].

35 So wie nach deutschem Unterhaltsrecht (§ 1578 Abs 1 BGB) immer der Aufwand zur Aufrechterhaltung eines im Zeitpunkt der Scheidung bestehenden ehelichen Lebensstandards maßgebend ist, bestimmt Art 11 Abs 2 allgemein neben der Berücksichtigung der Lebensverhältnisse am Aufenthaltsort des Berechtigten eine **gewisse Teilhabe** an den besseren Lebensverhältnissen im Aufenthaltsstaat des Verpflichteten[89].

36 **(3) Konkrete Bedarfsbemessung.** Zur Bedarfsbemessung hat die individuelle Ermittlung Vorrang[90]. Sie erfolgt durch einen Abschlag oder Aufschlag, der sich an den deutschen Tabellenbeträgen orientieren kann[91]. Es kommt für seine Bemessung auf die Kaufkraft des Geldes an, die am ehesten durch einen Warenkorbvergleich (Verbrauchergeldparität) ermittelt werden kann[92]. Sie stützt sich nicht auf statistische Angaben, kann sich aber als Ausgangspunkt an der deutschen Tabelle (ggf mit Aufschlag bzw Abschlag) und den Tabellen für den Kaufkraftvergleich orientieren. Über die Lebenshaltungskosten im In- und Ausland finden sich Angaben im Statistischen Jahrbuch der Bundesrepublik Deutschland. Insbesondere geben die **Verbrauchergeldparitäten des Statistischen Bundesamtes**[93] und dessen **Eilberichte** Maß[94]. Immer, wenn die Verbrauchergeldparität von der Devisenparität abweicht, muss eine entsprechende Angleichung des Unterhalts durch Korrektur nach oben oder nach

---

[76] BGH NJW 1991, 2212; OLG Köln NJW-RR 2004, 73; OLG Celle NJW 1991, 1428; *Palandt/Heldrich* Rn 20; *Erman/Hohloch* Rn 39; zur Berücksichtigung von Bedarf und Leistungsfähigkeit als Rechtsprinzip *Schulze* Bedürfnis und Leistungsfähigkeit Kap II, 3.
[77] OLG Hamm FamRZ 1993, 75; OLG Köln FamRZ 1995, 1582; FamRZ 1996, 490; Begr RegE des IPRG, BT-Drucks 10/504 S 64; *Palandt/Heldrich* Rn 20; *Soergel/Kegel* Rn 22; umfassend zum Anwendungsbereich *Schulze* Bedürfnis und Leistungsfähigkeit Kap VI.
[78] OLG Köln NJW-RR 1998, 325; OLG Braunschweig FamRZ 1988, 427, jeweils Anwendung eigenen materiellen Rechts; OLG Karlsruhe FamRZ 1990, 313; OLG Hamm NJW-RR 1992, 711; SG Stuttgart FamRZ 1992, 235; *Henrich* IPRax 1992, 86.
[79] BGH NJW-RR 1987, 1474; OLG Hamm FamRZ 2005, 369; OLG Zweibrücken FamRZ 2004, 729; OLG Hamm FamRZ 1989, 626; OLG Düsseldorf FamRZ 1992, 953; OLG Köln DAVorm 1993, 95; *Soergel/Kegel* Rn 35 mwN in Fn 5.
[80] OLG Bamberg NJW-RR 1990, 198; OLG Köln DAVorm 1993, 95; zum Selbstbehalt OLG Stuttgart FamRZ 2006, 1403 f; OLG Naumburg FamRZ 1994, 395; DAVorm 1994, 722.
[81] OLG Koblenz FamRZ 1998, 1532; auch *Buseva* FamRZ 1997, 264.
[82] OLG Hamm FamRZ 2005, 369 f; IPRax 2002, 529; KG Berlin FamRZ 2002, 1057 f; AG Leverkusen FamRZ 2004, 727.
[83] OLG Stuttgart FamRZ 1999, 887 f.
[84] LG Hannover FamRZ 1998, 858.
[85] OLG München FamRZ 1998, 857.
[86] OLG Hamm FamRZ 2006, 1387; OLG Zweibrücken FamRZ 1999, 33; OLG München FamRZ 2002, 55.
[87] OLG Hamm FamRZ 1989, 625; *Johannsen/Henrich* Rn 30.
[88] OLG Karlsruhe NJW-RR 1988, 392 f; *Erman/Hohloch* Rn 33; zu einem zwischen Marokko und Deutschland pendelnden Unterhaltsverpflichteten OLG Hamm NJW-RR 1992, 710.
[89] BGH NJW-RR 1987, 1474 ff; *Henrich,* Internationales Familienrecht, § 5 IV 4; *Junker* IPR Rn 549; *Palandt/Heldrich* Rn 16 mwN aus der st Rspr; *Schulze* Bedürfnis und Leistungsfähigkeit S 48 ff.
[90] BGH NJW-RR 1987, 1474 ff; OLG Karlsruhe FamRZ 1992, 58; umfassend *Johannsen/Henrich* Rn 30; *Andrae,* Internationales Familienrecht, § 8 Rn 75.
[91] OLG Koblenz FamRZ 2004, 1515; OLG Düsseldorf FamRZ 2002, 1118 ff; FamRZ 1989, 98; DAVorm 1991, 198; OLG Hamm FamRZ 1991, 105; OLG Bamberg NJW-RR 1990, 198; OLG Karlsruhe FamRZ 1991, 602; OLG Celle FamRZ 1991, 600; KG NJW-RR 1995, 202; OLG Nürnberg FamRZ 1994, 1133 f; OLG Koblenz FamRZ 1994, 1195; *Erman/Hohloch* Rn 32; *Henrich* IPRax 1988, 22.
[92] OLG Hamm FamRZ 2005, 369; *Andrae,* Internationales Familienrecht, § 8 Rn 75.
[93] Fachserie 17, Reihe 10; OLG Hamm FamRZ 2005, 369 f.
[94] Umfassend *Soergel/Kegel* Rn 41, 42; *Erman/Hohloch* Rn 31; Tabellen bei *Rahm/Künkel/Breuer,* HdB des Familiengerichtsverfahrens, VIII Rn 322 ff; *Johannsen/Henrich* Rn 30.

unten erfolgen[95]. Für den Unterhaltsbedarf im Ausland enthält auch das **Bundessteuerblatt** vergleichende, wenn auch wesentlich gröbere Länderinformationen. Ist die individuelle Feststellung nicht möglich, geben bei Geltung **deutschen Unterhaltsstatuts** (gleich, ob nach Maßgabe von Abs 1 S 1, 2, Abs 2, 4 oder 5) die **RegelunterhaltsVO**, sowie unterhaltsrechtliche Leitlinien und -tabellen der Oberlandesgerichte Maß. Bei ausländischem Unterhaltsstatut und im Inland lebenden Unterhaltsberechtigten sind ebenfalls die deutschen Unterhaltstabellen zu berücksichtigen.

Auch für die **Leistungsfähigkeit des Verpflichteten** müssen mit Hilfe der genannten Quellen und unter Berücksichtigung der Besonderheiten des Falles individuelle Informationen eingeholt werden. **37**

cc) Währung. Die Erfüllung erfolgt grds in der am gewöhnlichen Aufenthalt des Berechtigten geltenden Währung. Auch die Wahl einer anderen Währung kann zulässig sein. Stets muss die Zahlung in der bestimmten Währung dem Verpflichteten (rechtlich und tatsächlich) möglich sowie beiden Parteien zumutbar sein[96]. Unzumutbar sein kann eine Währung bei im Aufenthaltsstaat des Berechtigten herrschender Inflation[97] oder bei dort geltenden Deviseneinfuhrvorschriften, die zur Zahlung nach amtlichen Wechselkursverhältnis 1:1 zwingen, dem Berechtigten aber nur einen Bruchteil der Zahlung zukommen lassen[98]. Dann sollte auf die Währung des Landes ausgewichen werden, in dem der Berechtigte lebt bzw auf eine Währung, die eingeführt werden kann. Bei Umrechnung kommt es in solchen Fällen nicht auf den Kurs der Währung, sondern auf einen **Kaufkraftvergleich** an (Warenkorbvergleich)[99]. Auf ausländische Vollstreckungstitel kann der Schuldner in Deutschland nach § 244 BGB in inländischer Währung leisten[100]. **38**

2. Verfahrenseinleitung – Art 10 Nr 2 HUntÜbk 1973 (Art 18 Abs 6 Nr 2). Das Unterhaltsstatut und nicht das Verfahrensrecht beherrscht im Interesse des Entscheidungseinklangs nach Art 10 Nr 2 HUntÜbk 1973 auch die **Klagebefugnis** in Verfahren sowie materiellrechtlich bedeutsame **Klagefristen** für die Verfahrenseinleitung. Die einheitliche unterhaltsrechtliche Beurteilung von Berechtigten mit gleichem gewöhnlichen Aufenthalt soll nicht durch Anwendung fremden Verfahrensrechts (etwa der lex fori) unterlaufen oder gefährdet werden. Soweit der Berechtigte die Ansprüche selbst erhebt, ist dies unmittelbar einleuchtend. Zur Klagebefugnis gehört aber auch die gesetzliche **Vertretung** eines Kindes im Verfahren gegen einen Elternteil[101]. Bei deutschen Unterhaltsstatut ergibt sich diese also aus § 1629 Abs 2 S 2, Abs 3 BGB. Art 10 Nr 2 HUntÜbk 1973 gilt wegen der Vertretung des Kindes im Unterhaltsverfahren ausschließlich[102]. Der Wortlaut der Norm lässt eine nur alternative Geltung neben dem Sorgerechtsstatut nicht zu. **39**

Das Unterhaltsstatut gilt nach Art 10 Nr 2 HUntÜbk 1973 außerdem für **Klagefristen.** Häufig kommt es zB vor, dass nach ausländischem Recht der Unterhalt zugleich mit der Scheidung oder jedenfalls innerhalb eines festen Zeitraums danach geltend gemacht werden muss. Dann ist ausländisches Recht beachtlich. Zugleich kann es aber nach Art 5 bzw 6 HUntÜbk 1973 überwunden werden (die allerdings für nacheheliche Unterhalt nicht gelten, vgl Rn 50 f). Rein prozessuale Fristen, wie etwa die Berufungsfrist, erfasst Art 10 Nr 2 HUntÜbk 1973 nicht[103]. **40**

3. Ausmaß der Erstattungspflicht gegenüber öffentlich-rechtlichen Versorgungsträgern – Art 10 Nr 3 HUntÜbk 1973 (Art 18 Abs 6 Nr 3). Das Unterhaltsstatut beherrscht nach Art 10 Nr 3 HUntÜbk (nur) das **Ausmaß der Erstattungspflicht** des Unterhaltsschuldners. Das auf den übergegangenen Anspruch vor Übergang anwendbare Recht soll auch nach Übergang anwendbar sein; die rechtliche Stellung des Unterhaltsschuldners soll durch Vorleistung und cessio legis nicht nachteilig verändert werden. Das Unterhaltsstatut beherrscht auch Fragen des **Erlöschens** und der **Verjährung** dieses Erstattungsanspruchs[104]. **41**

Die **Entstehung** des Erstattungsanspruchs einer für den Unterhaltsschuldner in Vorleistung getretenen öffentlichen Einrichtung (Kommune, Jugendbehörde, Sozialbehörde, Unterhaltsvorschusskasse, gemeinwirtschaftlich betriebenes Krankenhaus) durch Überleitung, Legalzession oÄ regelt hingegen das **Forderungsstatut**, dh das Rechtsordnung, der die Einrichtung untersteht, nach Art 9 HUntÜbk 1973; auch den in Art 10 Nr 3 HUntÜbk (Abs 6 Nr 3) vorausgesetzten **Übergang** beherrscht das Recht, dem die öffentliche Einrichtung „untersteht". Die cessio legis untersteht der Rechtsordnung, die das Verhältnis zwischen zahlender Stelle und Gläubiger beherrscht, dem sog Zessionsgrund-Statut, für das sich dem Art 13 EVÜ (1980) folgend auch Art 33 Abs 3 EGBGB entschieden hat[105]. **42**

---

[95] Ein guter Überblick über die relevanten Daten für die wichtigsten Länder findet sich bei *Wendl/Staudigl/Dose* § 7 Rn 24 a.
[96] BGH NJW-RR 1993, 5.
[97] LG Rottweil DAVorm 1988, 195; *Erman/Hohloch* Rn 35.
[98] So früher häufig in sozialistischen Regimes BGH NJW-RR 1990, 1093 f; mwN *Soergel/Kegel* Art 18 Fn 10, 11 und 18.
[99] OLG Frankfurt DAVorm 1986, 458; *Krause* FamRZ 2002, 145; AnwK-BGB/*Gruber* Rn 65.
[100] KG NJW-RR 1995, 202; NJW-RR 1994, 138: Wahlrecht des Unterhaltsberechtigten bei zulässiger Abänderungsklage.
[101] BGH NJW-RR 1986, 1005; NJW 1990, 3073; LG Berlin FamRZ 1991, 104; KG NJW 1998, 2062 f.
[102] HM, *Heidrich* IPRax 1989, 347; AnwK-BGB/*Gruber* Rn 67; *Andrae*, Internationales Familienrecht, § 8 Rn 72; *Göppinger/Wax/Linke* Rn 3115–3117; aA MünchKommBGB/*Siehr* Art 18 Anh I Rn 288, 291: alternative Geltung des Art 21; LG Berlin FamRZ 1991, 104.
[103] MünchKommBGB/*Siehr* Art 18 Anh 1 Rn 294.
[104] *Erman/Hohloch* Rn 38; MünchKommBGB/*Siehr* Art 18 Anh I Rn 301; aA *Wandt* ZVglRWiss 1987, 272.
[105] *Kegel/Schurig* IPR § 20 VII 4 mwN.

43 **IV. Anknüpfung. 1. Übersicht.** Art 4 HUntÜbk 1973 (entspr Art 18 Abs 1 S 1) normiert eine **Regelanknüpfung**, die bei Versagen ggf nach Art 5 bzw 6 HUntÜbk 1973 (entspr Art 18 Abs 1 S 2 und Abs 2) zum Zwecke der Begünstigung des Berechtigten **korrigiert** wird (Anknüpfungsleiter). Art 15 HUntÜbk 1973 räumt den Mitgliedstaaten außerdem die Option ein, bei überwiegendem Inlandsbezug die Anwendbarkeit der lex fori zu bestimmen. Davon hat Deutschland Gebrauch gemacht, vgl Art 18 Abs 5 (Rn 51). Schließlich erlaubt Art 7 HUntÜbk 1973 eine Begrenzung des Anspruchs bei entfernteren Verwandten und Verschwägerten. Dem Art 4 geht als **Sonderanknüpfung** außerdem Art 8 HUntÜbk 1973 (Art 18 Abs 4) für Ansprüche zwischen **geschiedenen Ehegatten** vor.

44 Die Anknüpfungen nach Art 4 ff HUntÜbk 1973 (Art 18 Abs 1 und 2) sind zwingend; **materiellrechtliche Verweisungen** des berufenen Rechts sind **möglich**[106]. Die **Rechtswahl** ist – außerhalb der indirekten Auswirkungen im Rahmen des Art 8 – ausgeschlossen[107].

45 In der geplanten EU-UnterhaltsVO soll eine eingeschränkte Rechtswahlmöglichkeit eingeführt werden.

46 **2. Regelanknüpfung (Art 4 HUntÜbk 1973).** Unterhaltsansprüche unterliegen nach Art 4 HUntÜbk 1973 (Art 18 Abs 1 S 1) grds dem materiellen Unterhaltsrecht (Sachnormverweisung) am jeweiligen **gewöhnlichen Aufenthalt** des Unterhaltsberechtigten. Auch hier ist der gewöhnliche Aufenthalt als faktischer Lebensmittelpunkt zu begreifen (allg näher Art 5 Rn 13)[108]. Bei einer auf Dauer angelegten Verlegung des Daseinsmittelpunkts in einen neuen Staat tritt der Wechsel des gewöhnlichen Aufenthalts sofort ein[109]. Handelt es sich um einen **Mehrrechtsstaat**, so wird die Unteranknüpfung durch Art 16 HUntÜbk 1973 angeordnet. Ähnlich wie nach Art 4 Abs 3 wird dort vorrangig auf die Bestimmungen des betroffenen Staates verwiesen. Fehlen solche Bestimmungen, gilt das Recht des Teilgebiets, zu dem die Beteiligten die engste Verbindung haben.

47 Mit der Verlegung des gewöhnlichen Aufenthalts in einen anderen Staat wechselt das durch Regelanknüpfung gefundene Unterhaltsstatut ex nunc: das Statut nach Art 4 HUntÜbk 1973 ist also **wandelbar**[110]. Anders ist dies bei Art 8 HUntÜbk 1973 (Rn 55 ff). Eine unter dem **bisherigen Statut** wirksam getroffene **Vereinbarung** behält im Grundsatz ebenfalls Gültigkeit (Bestandskraft) auch bei Statutenwechsel[111]. Gerichtlich rechtskräftig festgestellte, unter altem Statut erstrittene Unterhaltspflichten bleiben wirksam bis zur Änderung durch neue Entscheidung unter neuem Statut[112].

48 **3. Korrekturen der Regelanknüpfung (Art 5 und 6 HUntÜbk 1973). a) Art 5 HUntÜbk 1973.** Gewährt das Aufenthaltsstatut iS von Art 4 HUntÜbk 1973 (Art 18 Abs 1 S 1) gar keinen Unterhalt, so ist nach Art 5 HUntÜbk 1973 (Art 18 Abs 1 S 2) das **gemeinsame Heimatrecht** (Staatsangehörigkeit) von Berechtigtem und Pflichtigem berufen. Entscheidend ist die grundsätzliche Nichtgewährung eines Unterhaltsanspruchs gegen den Pflichtigen[113]. So ist der Unterhaltsanspruch zwischen Geschwistern im Schweizer Recht und der des Stiefkindes im englischen Recht bekannt, während deutsches Recht beide Arten nicht kennt. Gewährung von Unterhaltsansprüchen in nur geringer Höhe löst die Anwendbarkeit von S 2 nicht aus[114]. Nicht ausreichend ist auch, dass der Anspruch wegen mangelnder Bedürftigkeit oder fehlender Leistungsfähigkeit nicht realisierbar ist[115]. Nicht ausreichend ist des Weiteren das Versagen von Prozesskostenhilfe[116]. Dass Heimatrecht Unterhalt für einen längeren Zeitraum gewährt als das Unterhaltsstatut (man denke etwa an § 1615 l BGB), reicht für die Anwendung des Art 5 HUntÜbk 1973 ebenfalls nicht aus, da es auch dabei letztlich um die Quantität des Anspruchs geht[117]. Anders liegen die Dinge, wenn der Anspruch nach Aufenthaltsrecht nicht mehr besteht, etwa bei Verfristung oder Verwirkung bestehender Ansprüche oder bei Überschreiten der Altersgrenze[118].

49 Die Zugehörigkeit bestimmt nicht das HUntÜbk 1973, sondern jeder Staat nach eigenem Staatsangehörigkeitsrecht. Bei Mehrstaatern ist nach hM nicht die gemeinsame effektive Staatsangehörigkeit erforderlich. So soll der Schutz des Unterhaltsberechtigten verbessert werden[119]. Für Staatenlose bleibt

---

[106] *Soergel/Kegel* Rn 23.
[107] OLG Karlsruhe FamRZ 1990, 313, 314; aA *Kropholler* IPR § 40 II, § 47 II 3; dazu umfassend *Hohloch*, FS Sonnenberger, S 401 ff, 408, der für eine Änderung de lege ferenda plädiert.
[108] Zum Unterhaltsrecht BGH FamRZ 2001, 412 f; OLG Hamm FamRZ 1989, 621.
[109] Wie hier AnwK-BGB/*Gruber* Rn 9.
[110] BGH NJW 1982, 1216, jedoch nicht bei nur vorübergehender Rückkehr an den Familienwohnsitz; OLG Köln NJW-RR 2005, 876; OLG Hamm FamRZ 1989, 1084; OLG Karlsruhe FamRZ 1990, 313; OLG Koblenz FamRZ 1990, 426; OLG Düsseldorf FamRZ 1995, 37.
[111] OLG Hamm FamRZ 1998, 1532.
[112] *Kropholler* IPR § 47 II 1; AnwK-BGB/*Gruber* Rn 13.
[113] BGH FamRZ 2001, 412 m zust Anm *Hohloch* JuS 2001, 610; OLG Hamm FamRZ 1999, 889; *Palandt/Heldrich* Rn 9; *Erman/Hohloch* Rn 17.
[114] OLG Karlsruhe FamRZ 1990, 1352; OLG Hamm FamRZ 1998, 25; FamRZ 1999, 889.
[115] BGH FamRZ 2001, 412 f; OLG Hamm FamRZ 1998, 25; OLG Oldenburg NJW-RR 1996, 1220 f; *Staudinger/Mankowski* Art 18 Anh I Rn 182 a, 185.
[116] KG FamRZ 1988, 167, 169; *Soergel/Kegel* Rn 12.
[117] Ähnlich OLG Karlsruhe FamRZ 1990, 1352; *Palandt/Heldrich* Rn 9; MünchKommBGB/*Siehr* Art 18 Anh I Rn 121; aA *Erman/Hohloch* Rn 17; *Henrich*, Internationales Familienrecht, S 723.
[118] OLG Bremen NJW-RR 1999, 513; *Erman/Hohloch* Rn 17; *Soergel/Kegel* Rn 7; diff *Göppinger/Wax/Linke* Rn 3045.
[119] *Staudinger/Mankowski* Anh I Art 18 Rn 192; MünchKommBGB/*Siehr* Art 18 Anh I Rn 132; aA *Palandt/Heldrich* Rn 9.

es bei der Aufenthaltsanknüpfung. Auf Personen mit gemeinsamem Flüchtlingsstatut findet S 2 entsprechende Anwendung.

Art 5 HUntÜbk 1973 (Art 18 Abs 1 S 2) gilt wegen der Sonderregelung in Art 8 HUntÜbk 1973 **nicht für geschiedene** Ehegatten[120]. Eine **Korrekturmöglichkeit** mit Bezug auf die Höhe des Unterhalts bietet Art 11 HUntÜbk (Art 18 Abs 7; s Rn 32 f). 50

b) Anwendbarkeit der lex fori (Art 6 HUntÜbk 1973). Gewähren im vorgenannten Sinne weder Aufenthaltsrecht noch gemeinsames Heimatrecht (Rn 46) einen Unterhaltsanspruch oder ist kein gemeinsames Heimatrecht der Beteiligten vorhanden (Art 5 HUntÜbk 1973/Art 18 Abs 1 S 2), erlaubt Art 6 HUntÜbk 1973 (Art 18 Abs 2) für Grund und Höhe des Anspruchs hilfsweise die Heranziehung der lex fori, also **deutschen Rechts**. Für das Nichtbestehen des Anspruchs gelten die oben (Rn 48) genannten Maßstäbe. Wie Art 5 gilt auch Art 6 HUntÜbk 1973 (Art 18 Abs 1 S 2) **nicht für geschiedene** Ehegatten. 51

4. Ausnahme bei fernerer Verwandtschaft (Art 7 HUntÜbk 1973). Die Unterhaltspflicht zwischen ferneren Verwandten, die nur in einigen Vertragsstaaten bekannt ist, soll nur mit den in Art 7 HUntÜbk 1973 (Art 18 Abs 3) genannten Einschränkungen möglich sein. 52

Unterhaltspflichten zwischen Verwandten in der Seitenlinie gibt es in einigen europäischen Rechtsordnungen, so zB **für Geschwister** in Italien[121], der Türkei[122] und der Schweiz; für **Stiefkinder** in England[123], den Niederlanden[124] und Schweden[125] und für **Verschwägerte**, zB gegenüber **Schwiegereltern** nach türkischem[126] und französischem Recht[127]. 52.1

Art 7 HUntÜbk 1973 gewährt dem Unterhaltsverpflichteten eine im Prozess vorzubringende Einrede gegen die nach dem Unterhaltsstatut an sich bestehende Unterhaltspflicht, wenn die Verpflichtung nur nach dem Aufenthaltsrecht des Berechtigten besteht, dh, wenn das gemeinsame Heimatrecht der Beteiligten oder – falls ein solches nicht gegeben ist – das Recht am gewöhnlichen Aufenthalt des Verpflichteten eine Unterhaltspflicht zwischen Verwandten diesen Grades nicht kennt. Art 7 HUntÜbk 1973 verwehrt damit die (wegen der Anknüpfung an den Aufenthalt in Art 4 bis 6 HUntÜbk 1973 an sich eröffnete) **Manipulationsmöglichkeit** durch Verlegung des gewöhnlichen Aufenthalts[128]. 53

In zwei Fällen kommt Art 7 HUntÜbk 1973 aber schon tatbestandlich nicht zum Zuge. Bestimmt die gemeinsame Staatsangehörigkeit das Unterhaltsstatut (Art 5 HUntÜbk 1973), so findet die Einrede aus Art 7 HUntÜbk 1973 keine Anwendung, wenn bereits nach dem Unterhaltsstatut der Anspruch oder die Einrede entfällt. Im Falle von Art 6 HUntÜbk 1973 gewährt bereits das anwendbare deutsche Unterhaltsstatut Seitenverwandten und Verschwägerten keinen Unterhaltsanspruch[129]. 54

5. Sonderfall: Ausrichtung am Scheidungsstatut (Art 8 HUntÜbk 1973). a) Grundsatz. Der Unterhaltsanspruch zwischen Ehegatten nach Scheidung, Ehetrennung oä richtet sich gemäß Art 8 HUntÜbk 1973 (Art 18 Abs 4) wegen des engen Zusammenhangs mit der Eheauflösung nach dem **Scheidungsfolgenstatut**. Er folgt dem Recht, unter dem die Ehe tatsächlich geschieden worden ist. Die Eheauflösung kann vom inländischen[130] oder ausländischen[131] Gericht ausgesprochen worden sein. Gewährt das Scheidungsstatut keinen Anspruch, kann nicht auf Art 5 und 6 HUntÜbk 1973 (Art 18 Abs 1 S 2 oder Abs 2) zurückgegriffen werden (Rn 48 ff). Denkbar ist eventuell eine Verletzung des deutschen ordre public (Rn 71 ff). 55

b) Reichweite der Verweisung auf das Scheidungsstatut. Von der Verweisung auf das Scheidungsstatut werden alle Unterhaltsansprüche, die sich aus der Ehe oder der Scheidung ergeben, erfasst (näher Rn 24 ff). Durch die Anknüpfung an das unwandelbare tatsächliche Scheidungsstatut ist das Unterhaltsstatut in diesen Fällen ebenfalls **unwandelbar**. Es gilt auch für die spätere (in- oder ausländische) Abänderung einer (in- oder ausländischen) Entscheidung über Geschiedenenunterhalt (näher Rn 91). Ein Umzug in ein Land mit besserer Unterhaltsregelung verschafft einem geschiedenen Ehegatten also keine Vorteile. Eine mittelbare Steuerung des Unterhaltsstatuts ist nur zwar möglich, und zwar durch die geschickte Wahl des Scheidungsforums. Eine solche Wahl ist im Rahmen der EheGVO II wegen der vielen in Art 2 zur Verfügung gestellten Gerichtsstände durchaus möglich (näher Art 17 Rn 55)[132]. 56

Das Scheidungsstatut entscheidet auch über die Wirksamkeit einer vor der Scheidung getroffenen **Vereinbarung über den nachehelichen Unterhalt**. Auch diese ist nach dem tatsächlich angewende- 57

---

[120] *Andrae*, Internationales Familienrecht, § 8 Rn 52; *Staudinger/Mankowski* Anh I Art 18 Rn 189; *Soergel/Kegel* Rn 12 mit Kritik an OLG Köln IPRax 1989, 396, welches eine „hilfsweise" Anwendbarkeit annimmt.
[121] FG Hamburg EFG 1981, 294.
[122] AG Fritzlar IPRax 1984, 278; BFH IPRax 2004, 342–346.
[123] *Martiny*; Unterhaltsrang und -rückgriff, Bd 1, Teil II. § 4 IV 2 d.
[124] *Kremer*, Das Stiefkind im Unterhaltsrecht, Kap IV, 3.
[125] *Kremer*, Das Stiefkind im Unterhaltsrecht, Kap IV, 4.
[126] BFH IPRax 2004, 342 m Anm *Kanzler* FR 2002, 1244 f.
[127] *Martiny*, Unterhaltsrang und -rückgriff, Bd 1, Teil II, § 4 III 1 g.
[128] Ebenso *Palandt/Heldrich* Rn 11; MünchKommBGB/*Siehr* Art 18 Anh I Rn 142.
[129] *Soergel/Kegel* Rn 16.
[130] BGH FamRZ 1987, 682; NJW 1991, 2213; FamRZ 1993, 790; OLG Düsseldorf FamRZ 2002, 1118; OLG Hamm NJW-RR 1992, 711.
[131] BGH NJW 2002, 145; NJW 1991, 2213; OLG Saarbrücken FamRZ 1994, 579; OLG Düsseldorf FamRZ 1995, 885; OLG Zweibrücken FamRZ 1997, 94; *Rigaux* IPRax 2000, 131 f.
[132] *Kropholler* IPR § 47 II 3; krit *Schwarz/Scherpe* FamRZ 2004, 665, 675; *Gebauer/Schulze* NJW 2001, 1192.

ten **Scheidungsstatut** zu beurteilen, welches erst mit Eintritt der Rechtshängigkeit des Scheidungsantrags bestimmt werden kann[133].

58 c) **Wirksame Ehescheidung.** Art 8 HUntÜbk 1973 gilt für private und gerichtliche Scheidungen. Das über den Unterhaltsanspruch entscheidende Gericht hat das tatsächlich angewandte Scheidungsrecht zu erforschen[134]. Das gilt auch bei einer Scheidung vor deutschen Gerichten[135]. Es wird das Unterhaltsrecht des Staats angewendet, dessen Recht auf die Scheidung angewendet worden ist[136]. Ohne Bedeutung ist, ob das Scheidungsstatut im Scheidungsurteil rechtsfehlerhaft[137] oder abweichend von Art 17 bestimmt worden ist[138]. Durch Art 8 HUntÜbk 1973 werden die **Sachnormen des tatsächlich angewandten Scheidungsstatuts** berufen[139]. Es kommt also auch hier auf Rück- und Weiterverweisungen nicht an. Gleiche Regeln gelten für eine ausländische gerichtliche **Ehetrennung** ohne Auflösung des ehelichen Bandes, bei **Nichtigerklärung** oder **Aufhebung** der Ehe[140] und für die Änderung der Unterhaltsentscheidung[141]. Für Ansprüche nach Auflösung einer **eingetragenen Partnerschaft** gilt das HUntÜbk 1973 wie gezeigt nicht (Rn 20) – es gilt aber Art 18 Abs 4.

59 Im Fall ausländischer gerichtlicher Scheidung ist Voraussetzung die förmliche Anerkennung gemäß Art 7 § 1 FamRÄndG[142]. Die bloße Inzidentanerkennung reicht aber nach Art 7 § 1 Abs 1 S 3 FamRÄndG bei Scheidung durch ein Gericht des Heimatstaats beider Ehegatten aus[143]. Vor Abschluss des Scheidungsverfahrens findet Art 8 HUntÜbk 1973 noch keine Anwendung[144]. Gleiches gilt, wenn ein ausländisches Scheidungsurteil nicht anerkannt werden kann. Dann ist nur Trennungsunterhalt möglich. Der Unterhaltsanspruch **bloß getrennt lebender** oder **nicht wirksam geschiedener Ehegatten** bestimmt sich stets nach Art 4, 5 und 6 HUntÜbk 1973 (Art 18 Abs 1, 2 und 3)[145].

60 6. **Ausnahme: Geltungsanspruch deutschen Rechts bei starkem Inlandsbezug (Art 15 HUntÜbk 1973 – Art 18 Abs 5).** Deutschland hat von der Option in Art 15 HUntÜbk 1973 Gebrauch gemacht und in Art 18 Abs 5 bestimmt, dass bei starkem Inlandsbezug – nämlich gemeinsamer deutscher Staatsangehörigkeit und gewöhnlichem Aufenthalt des Verpflichteten in Deutschland – deutsches Recht anwendbar ist (Exklusivnorm). Streitig ist, ob die Norm auch im Fall der vorgegangenen Ehescheidung (Art 8 HUntÜbk 1973/Art 18 Abs 4) vorrangig angewendet werden darf[146]. Die Geltung ist zu bejahen. Weder der Wortlaut der Norm noch die Stellung innerhalb des HUntÜbk 1973 (bzw des Art 18) lassen eine Beschränkung in irgendeiner Weise erkennen. Die Regelung gilt also auch für Geschiedenenunterhalt.

61 Erste Voraussetzung ist, dass beide Parteien Deutsche iS von Art 116 Abs 1 GG sind[147]. Umstritten ist die Frage, ob die deutsche Staatsangehörigkeit auch dann ausreicht, wenn sie ineffektiv ist. Das entspräche der allgemeinen Regel in Art 5 Abs 1 S 2, sollte aber dennoch abgelehnt werden. Denn Art 15 HUntÜbk 1973 soll eine Ausnahmeregelung gerade für die Fälle sein, in denen die Verbindung zum Gerichtsstaat besonders eng ist[148]. Die Gleichstellung von **Staatenlosen und Flüchtlingen** mit deutschem Personalstatut (gewöhnlicher Aufenthalt in Deutschland) ist zu bejahen[149].

62 Zweite Voraussetzung ist, dass der Verpflichtete seinen **gewöhnlichen Aufenthalt** (Rn 6) im Inland hat. Bloßer Wohnsitz des Unterhaltsverpflichteten genügt nicht[150]. Der Berechtigte darf seinen gewöhnlichen Aufenthalt im Ausland haben.

---

[133] *Palandt/Heldrich* Rn 8, 12; *Staudinger/Mankowski* Art 18 Anh I Rn 269; LSG Sachsen-Anhalt NZS 2003, 43; zum Sonderfall der Morgengabe s Rn 24.
[134] *Henrich* FamRZ 1986, 851.
[135] BGH NJW-RR 1987, 1474 ff.
[136] BGH NJW 1992, 438 ff; *Erman/Hohloch* Rn 9; *Palandt/Heldrich* Rn 3.
[137] BGH NJW-RR 1987, 1474 ff; OLG Karlsruhe NJW-RR 1988, 392 f; OLG Hamm FamRZ 1989, 1095.
[138] OLG Hamm FamRZ 1988, 968; *Palandt/Heldrich* Rn 12; MünchKommBGB/*Siehr* Art 18 Anh I Rn 171.
[139] BGH NJW 1992, 438.
[140] OLG Karlsruhe FamRZ 1999, 606, 607; *Erman/Hohloch* Rn 22.
[141] BGH NJW 1991, 2212.
[142] BGH NJW-RR 2007, 722.
[143] Hier nur BGHZ 112, 127, 123; OLG Hamm NJW-RR 1995, 520; *Schack* IZVR Rn 891 f; aA KG FamRZ 1993, 567; zu allem näher Art 17 Rn 167.
[144] Irrig insofern OLG Hamburg IPRax 2002, 294, welches ausf das Statut für eine noch nicht erfolgte Scheidung prüft.
[145] OLG Hamm NJW-RR 1992, 711; OLG Karlsruhe FamRZ 1992, 58; OLG Frankfurt FamRZ 1998, 1431; *Soergel/Kegel* Rn 6.
[146] Dafür BGHZ 124, 57 = NJW 1994, 382; BGH FamRZ 1994, 824; OLG Düsseldorf FamRZ 1992, 573; OLG Hamm NJW-RR 1993, 1352; *Erman/Hohloch* Rn 24 unter Verweis auf die Reformberatungen, BT-Drucks 10/258 S 785, und auf das Fehlen einer erkennbaren Unterscheidung bei Vorbehalten zu Art 15 HUntÜbk 1973; AnwK-BGB/*Gruber* Rn 42; *v. Bar* IPR Bd II Rn 282; aA KG NJ 1992, 413; AG Tempelhof-Kreuzberg DtZ 1995, 420; MünchKommBGB/*Siehr* Art 18 Anh I Rn 366; *Soergel/Kegel* Rn 14.
[147] Zu Aussiedlern OLG Hamm FamRZ 2001, 918 f; NJW-RR 1993, 1352; OLG München FamRZ 1998, 503; OLG Bremen NJW-RR 1999, 513 f.
[148] Wie hier MünchKommBGB/*Siehr* Art 18 Anh I Rn 361; *Göppinger/Wax/Linke* Rn 3026; *Andrae*, Internationales Familienrecht, § 8 Rn 50; dafür aber KG FamRZ 2002, 1057; AnwK-BGB/*Gruber* Rn 43; *Soergel/Kegel* Rn 11.
[149] OLG Karlsruhe FamRZ 1991, 1449 f; *Erman/Hohloch* Rn 24; *Palandt/Heldrich* Rn 13.
[150] OLG Stuttgart IPRspr 1987 Nr 76.

Von der Vorbehaltsmöglichkeit in Art 15, Art 1 S 1 und Art 24 S 1 HUntÜbk 1973 haben außer **63** Deutschland auch zahlreiche andere Vertragsstaaten Gebrauch gemacht[151].

7. Ausnahme Eilrechtsschutz? Für die Zuerkennung eines Unterhaltsanspruchs im Verfahren des **64** einstweiligen Rechtsschutzes enthält das HUntÜbk 1973 keine besondere Regelung. Es gelten daher die allgemeinen Regeln, insbes Art 4 bis 6, 8 HUntÜbk 1973[152]. §§ 127 a, 620 ZPO beherrschen nur das Verfahren, bieten jedoch keine eigenständige materiellrechtliche Grundlage. Streitig ist, ob bei Ermittlungsschwierigkeiten die Anwendung der materiellrechtlichen **lex fori** möglich ist[153]. Dies sollte ausnahmsweise bejaht werden, wenn das ausländische Recht nicht hinreichend schnell ermittelbar ist. Ggf können die nach deutschem Recht bestehenden Ansprüche in Hinblick auf das zu erwartende Ergebnis nach dem Unterhaltsstatut im Hauptverfahren gekürzt werden[154].

V. Allgemeine Regeln. 1. Rück- und Weiterverweisungen. Das HUntÜbk 1973 (entspr Art 18) **65** arbeitet nicht mit Gesamtverweisungen. Vielmehr ist entweder ausländisches Sachrecht oder die lex fori (deutsches Recht) anwendbar. Daher gilt die Grundregel des Art 4 Abs 1 hier nicht. Rück- und Weiterverweisungen kommen nicht zum Tragen[155].

2. Vorfragen. a) Übersicht über den Meinungsstand. Die Anknüpfung von Vorfragen, die bei **66** der Beurteilung der Unterhaltspflicht nach ausländischem Recht auftreten, ist umstritten. Betroffen sind die unterschiedlichsten Fragen, wie bspw die Frage der Gültigkeit einer Ehe für den Ehegattenunterhalt, der Abstammung in Hinblick auf die Unterhaltspflicht des Kindes gegenüber einem Elternteil oder auch der Wirksamkeit einer Adoption oder eines Unterhalt umfassenden Pflegeverhältnisses. Wegen des staatsvertraglichen Charakters wird für Vorfragen überwiegend eine unselbstständige Anknüpfung vorgeschlagen. Dies führt zur Beurteilung nach dem vom IPR des Unterhaltsstatuts zur Anwendung berufenen Recht[156]. Für die **selbstständige Anknüpfung** spricht dagegen, wie stets, der Aspekt des internationalen Entscheidungseinklangs bzw das Interesse an Gleichbehandlung familienrechtlicher Beziehungen in unterschiedlichen Kontexten[157]. Sie entspricht außerdem dem auch außerhalb von Staatsverträgen Üblichen[158]. Ein wichtiger, gerade in Unterhaltsfragen zu berücksichtigender Aspekt ist schließlich die Begünstigung des Unterhaltsberechtigten. Sie kann besonders gut durch die alternative, dem Berechtigten jeweils günstigste Anknüpfung erreicht werden[159]. Bevor abschließend zu dem Streit Stellung genommen werden kann, sei vorab (Rn 67 ff) darauf hingewiesen, dass für einzelne Vorfragen eine differenzierende Lösung angezeigt ist[160].

b) Arten von Vorfragen. Keine Probleme ergeben sich beim **Geschiedenenunterhalt**. Hier ist in **67** Art 8 HUntÜbk 1973 erkennbar, dass die Vorfrage der Scheidung **selbstständig** (nach Art 17) anzuknüpfen bzw eine Entscheidung nach § 328 ZPO und Art 7 § 1 FamRÄndG zu überprüfen ist[161]. Anders ist es bei Unterhaltsansprüchen **während der Ehe** einschließlich des Trennungsunterhalts. Dann muss die Wirksamkeit der Ehe festgestellt werden, und die Anknüpfung ist streitig.

Für den **Kindesunterhalt** ist die Anknüpfung der Vorfragen der Abstammung bzw der Ehe der **68** Kindeseltern streitig[162]. Relevant werden kann auch die Frage der Wirksamkeit einer Adoption oder eines Unterhalt umfassenden Pflegeverhältnisses.

Schließlich kann das **Alter** des Unterhaltsberechtigten für den Unterhaltsanspruch bedeutsam sein. **69** Dies ist nach überwM eng mit dem Anspruch verknüpft und unselbstständig anzuknüpfen[163].

c) Stellungnahme. Schon im Interesse der Einfachheit empfiehlt sich (abgesehen von den soeben **70** benannten Ausnahmen) eine einheitliche Behandlung aller Vorfragen. Zu bevorzugen ist die **selbstständige** Anknüpfung. Das widerspricht nicht dem Gebot der Begünstigung des Unterhaltsberechtigten. Man muss sich Folgendes vor Augen führen: Die alternative Anknüpfung wird gewählt, um auch dann einen Unterhaltsanspruch zu erreichen, wenn der Unterhaltsberechtigte nach dem Unterhaltsstatut mit dem Unterhaltsverpflichteten gar nicht verwandt/verschwägert/verheiratet ist. Das Gleiche wird – wenn auch auf komplizierterem Weg – über die unselbstständige Anknüpfung erreicht. Stellt sich nämlich heraus, dass das erforderliche Verwandtschaftsverhältnis oder die Ehe nach dem Unterhaltsstatut nicht besteht, und kann deswegen nach dem Unterhaltsstatut kein Anspruch geltend gemacht werden,

---

[151] Bek vom 26. 3. 1987, BGBl II S 225; *Junker* IPR Rn 542.
[152] *Johannser./Henrich* Rn 28 b.
[153] Dafür OLG Oldenburg NJW 1982, 2736 f; *Göppinger/Wax/Linke* Unterhaltsrecht Rn 3061; *Henrich*, Internationales Familienrecht, § 5 IV 3; *Erman/Hohloch* Rn 27.
[154] So auch *Erman/Hohloch* Rn 27.
[155] OLG Stuttgart OLGR 2003, 235; AG Ulm IPRspr 2001, Nr 83, 173; *MünchKommBGB/Siehr* Rn 39.
[156] LG Dortmund NJW-RR 1990, 12; *Erman/Hohloch* Rn 11; *Palandt/Heldrich* Rn 14; *Andrae*, Internationales Familienrecht, § 8 Rn 66 ff.
[157] *Soergel/Kegel* Rn 86; Vor Art 3 Rn 130; AnwK-BGB/*Gruber* Rn 78; *Kegel/Schurig* IPR § 20 IX 1 a S 895 und *Kropholler* IPR § 47 II 4 b;
[158] *Staudinger/Mankowski* Rn 23.
[159] Dafür *MünchKommBGB/Siehr* Art 18 Anh I Rn 241 ff, 249; *Lagarde*, FS Overbeck, S 520, 527 f; *Erman/Hohloch* Rn 11, soweit es um die Gewährung des (ehelichen) Kindesunterhalts geht.
[160] Wie hier *MünchKommBGB/Siehr* Art 18 Anh I Rn 241.
[161] OLG Hamm FamRZ 1993, 75; zust *Henrich* FamRZ 1993, 436; *Erman/Hohloch* Rn 11; aA *Müller* StAZ 1989, 301, 304.
[162] *Kropholler* IPR § 47 II 4 b; *Henrich*, Internationales Familienrecht, § 5 III d; BayOLG 1Z BR 46/99.
[163] AnwK-BGB/*Gruber* Rn 79; *Kropholler* IPR § 47 II 4 b; OLG Hamm FamRZ 2003, 1855 f, allerdings ohne Begründung.

so hat dies zur Folge, dass Art 5 und 6 HUntÜbk 1973 eingreifen, und deutsches Recht anwendbar wird[164]. Dieses Ergebnis erscheint zunächst positiv, weil es den Anspruchsteller begünstigt. Ein ganz wesentlicher Grund spricht jedoch dagegen: Zu bedenken ist, dass über die betreffende Vorfrage, sei es die Wirksamkeit einer Ehe, sei es die Abstammung eines Kindes, sehr oft ein **gesonderter Rechtsstreit** geführt werden wird. Sobald dieser Rechtsstreit – in dem das Gericht die Frage unmittelbar, also gewissermaßen selbstständig, anknüpft wird – entschieden ist, ist die Entscheidung nach allgemeiner Ansicht auch für die Frage des Unterhaltsanspruchs verbindlich. Hiermit lässt es sich nicht vereinbaren, zugunsten des Unterhaltberechtigten im Unterhaltsrechtsstreit zunächst unselbstständig oder alternativ anzuknüpfen[165].

71 **3. Ordre public.** Das Ergebnis, welches sich bei Anwendung des über Art 4ff HUntÜbk 1973 gefundenen Unterhaltsstatuts ergibt, ist der ordre-public-Kontrolle nach Art 6 zugänglich (vgl schon Art 4 HUntÜbk 1956 und Art 11 Abs 1 HUntÜbk 1973). Wegen der Ausweichanknüpfungen in Art 5 und 6 HUntÜbk 1973 und der Anpassungsmöglichkeit nach Art 11 Abs 2 HUntÜbk 1973 kommen unerträgliche Ergebnisse allerdings selten vor. Selbst die komplette Nichtgewährung von Unterhalt (nach der Ehe) in Abweichung von inländischem Rechtsstandard ist insofern nicht schlechthin ordre-public-widrig[166]. Die Rspr neigt hier zu sorgfältiger Einzelfallprüfung. Nichtgewährung von **Geschiedenenunterhalt** ist im Grundsatz zu akzeptieren[167]. Anders ist nur im **Härtefall** zu entscheiden[168]. Wesentlich ist dabei ua die Wahrung des **Kindeswohls**. Wenn wegen Nichtgewährung von nachehelichen Unterhaltsansprüchen die elterliche Kindesbetreuung in verfassungsrechtlich relevanter Art und Weise gefährdet ist, greift Art 6 S 2 ein[169].

72 Problematisch kann der **Verzicht** auf Unterhalt sein. Die Grenze des Art 6 kann überschritten sein, wenn der Bedürftige dadurch der öffentlichen Sozialfürsorge zur Last fällt, während sich der Verpflichtete im Inland aufhält[170]. Indirekt kann der Unterhaltsanspruch gegen den ordre public verstoßen, wenn die zugrunde liegende **Statusentscheidung** gegen diesen verstößt[171].

73 Verstößt das ausländische Recht gegen den ordre public, so ist der Unterhalt nicht auf ein Mindestmaß festzusetzen, sondern es kann Art 11 Abs 2 HUntÜbk 1973 herangezogen werden[172]. Abweichungen vom inländischen **Unterhaltsmaß,** die sich durch fehlende Berücksichtigung von Bedarf oder Leistungsfähigkeit ergeben, sind über Art 11 Abs 2 HUntÜbk 1973 (Abs 7) korrigierbar (Rn 20 ff).

C. Verfahrensrecht

74 **I. Allgemeines.** Für das Verfahren gilt, wie stets, die lex fori. Nach ihr richten sich die Zuständigkeit, die Anerkennung und Vollstreckung ausländischer Entscheidungen, aber auch sonstige verfahrensrechtliche Fragen. So kann auch bei Anwendbarkeit ausländischen Rechts das vereinfachte Verfahren nach §§ 645 ff ZPO durchgeführt werden[173]. Stets muss die Abgrenzung von verfahrensrechtlichen und materiellrechtlichen Fragen sorgfältig getroffen werden (insbes zur Abänderungsklage s Rn 91 ff).

75 **II. Internationale Zuständigkeit. 1. Überblick.** Für die Zuständigkeit gilt vorrangig die EuGVVO. Soweit ihr Anwendungsbereich nicht eröffnet ist, ist zu prüfen, ob eine staatsvertragliche Regelung eingreift (zB LugÜ) und erst, wenn auch das nicht der Fall ist, kann das autonome deutsche Recht, also insbes die ZPO, angewendet werden.

76 **2. EuGVVO.** Die EuGVVO kennt in Art 2 den allgemeinen Beklagtengerichtsstand, der ohne Rücksicht auf die Staatsangehörigkeiten gegenüber allen Personen gilt, die ihren Wohnsitz in dem Hoheitsgebiet eines Mitgliedstaats haben[174]. In Art 5 Nr 2 ist außerdem ein besonderer **Gerichtsstand für Unterhaltssachen** vorgesehen. Danach kann eine Person, die ihren Wohnsitz in dem Hoheitsgebiet eines Mitgliedstaats hat, auch am Wohnsitz oder gewöhnlichen **Aufenthaltsort des Unterhaltsberechtigten** verklagt werden, wodurch die Position des Berechtigten verstärkt wird[175]. Geht es zugleich um eine Personenstandssache (Verbundverfahren, in Deutschland insbes § 621, 623 ZPO), so gelten die sich daraus ergebenden Zuständigkeiten. Es kommt dann folglich auf die EheGVO II an, (Art 17 Rn 143)[176].

77 **a) EuGVÜ/LugÜ.** Auch Art 5 Nr 2 EuGVÜ (Übereinkommen der Europäischen Gemeinschaft über die gerichtliche Zuständigkeit und die Vollstreckung gerichtlicher Entscheidungen in Zivil- und

---

[164] Näher *Andrae,* Internationales Familienrecht, § 8 Rn 68 ff; bei nachehelichem Unterhalt trifft das freilich nicht zu.
[165] Wie hier AnwK-BGB/*Gruber* Rn 78.
[166] *Schulze* IPRax 1998, 351.
[167] BSG IPRspr 2003, Nr 75, 214ff; BGH NJW 1991, 2212; OLG Karlsruhe NJW-RR 1989, 1346f betr islamisches Recht; OLG Köln NJW-RR 1998, 1540 f betr türkisches Recht.
[168] BGH NJW 1991, 2212.
[169] OLG Zweibrücken FamRZ 1997, 95; OLG Hamm FamRZ 1999, 1142 betr Marokko; OLG Zweibrücken FamRZ 2000, 32 betr Algerien.
[170] OLG Hamm NJW-RR 1999, 950.
[171] Nur OLG Hamm NJW-RR 2006, 293 zur Anerkennung des Anspruch eines polnischen Kindes gegen seinen „Vater", dessen Vaterschaft zugleich durch Versäumnisurteil festgestellt worden war.
[172] BGH NJW 1991, 2212.
[173] OLG Karlsruhe NJW-RR 2006, 1587.
[174] Vgl *Looschelders/Boos* FamRZ 2006, 374, 379.
[175] Vgl *Looschelders* IPR Rn 56.
[176] Zu allem näher *Rauscher/Leible* EuZPR Art 5 Brüssel I-VO Rn 71 ff.

Handelssachen vom 27. 9. 1968, BGBl 1972 II S 774) kennt einen Klägergerichtsstand am Wohnsitz des gewöhnlichen Aufenthalts des Unterhaltsberechtigten. Das EuGVÜ galt noch bis zum 1. 7. 2007 gegenüber Dänemark, seitdem ist es komplett durch die EuGVVO abgelöst[177]. Der gleichlautende Art 5 Nr 2 LugÜ gilt noch im Verhältnis zu Island, Norwegen und der Schweiz.

b) EU-Unterhaltsverordnung (Vorschlag). Die EU-Unterhaltsverordnung[178] sieht für den Unterhaltsberechtigten vier Wahlgerichtsstände vor. Nach dem geplanten Art 3, der auch für Unterhaltsverfahren ohne Auslandsberührung gelten soll, ist auch hier ua der Klägergerichtsstand vorgesehen[179]. 78

3. Autonomes deutsches IZVR. In Deutschland sind die Familiengerichte für durch Verwandtschaft und Ehe begründete Unterhaltspflichten sachlich ausschließlich zuständig (§ 23 a Nr 2, § 23 b Abs 1 Nr 5, 6 GVG, § 621 Abs 1 Nr 4 und 5 ZPO). **International zuständig** sind deutsche Gerichte bei internationaler Zuständigkeit für Ehesachen (§ 606 ZPO) **kraft Verbunds** (§ 621 Abs 2 S 1, § 623 ZPO, bei Auskunftsanspruch § 643 ZPO)[180]. Außerhalb des Verbunds richtet sich die internationale Zuständigkeit analog § 621 Abs 2 S 2 ZPO nach der örtlichen Zuständigkeit[181] und somit nach dem allgemeinen Beklagtenwohnsitz (§ 13 ZPO), der Belegenheit des Vermögens (§ 23 ZPO), bzw hilfsweise nach dem allgemeinen Gerichtsstand des Klägers (§ 23 a ZPO). 79

III. Grenzüberschreitende Durchsetzung von Unterhaltsansprüchen und -entscheidungen. 1. Rechtshilfe. Insbesondere, wenn keine internationalen Übereinkommen eingreifen, ist die Rechtshilfe das wesentliche Instrument zur Durchsetzung von Unterhaltsansprüchen im Ausland. Am wichtigsten ist in diesem Bereich das **New Yorker UN-Übereinkommen über die Geltendmachung von Unterhaltsansprüchen im Ausland** vom 20. 6. 1956[182]. Das Übereinkommen gilt nicht im Verhältnis zu den USA und Kanada[183]. Es soll die Geltendmachung und internationale Durchsetzung von Unterhaltsansprüchen über als Übermittlungs- und Empfangsstellen deklarierte Zentralbehörden erleichtern. Für die Entgegennahme von Gesuchen sind in Deutschland die Landesjustizverwaltungen bzw das Amtsgericht am gewöhnlichen Aufenthalt des Berechtigten, für die Durchsetzung von Gesuchen gegen Unterhaltsverpflichtete im Bundesgebiet ist das Bundesverwaltungsamt zuständig[184]. Das Gesuch, das nicht tituliert sein muss, wird an die zuständige Empfangsstelle übersandt. Dieser obliegt es nun, alles Notwendige zu tun, um die Leistung des Unterhalts zu erreichen (Art 6 Abs 1 HS 1 UN-Übk). Im Einzelnen richtet sich die Tätigkeit der Empfangsstelle nach den geltenden Bestimmungen ihres Staats. Zu ihren Aufgaben gehören die Ermittlung der aktuellen Anschrift des Pflichtigen, der Versuch eines außergerichtlichen Vergleichs sowie ggf Erhebung der Klage und/oder Einleitung der Vollstreckung aus einem Titel[185]. Die Empfangsstelle hat die Übermittlungsstelle laufend zu benachrichtigen (Art 6 UN-Übk). Das Übereinkommen ist nicht auf Unterhaltsansprüche minderjähriger Kinder beschränkt, rein vertragliche Ansprüche werden jedoch nicht erfasst[186]. Der Unterhaltsberechtigte muss in einem Vertragsstaat seinen (zumindest) einfachen Aufenthalt haben, auf die Staatsangehörigkeit kommt es nicht an. 80

Im Verhältnis zu den USA und Kanada ist das **Auslandsunterhaltsgesetz** (= AUG, Gesetz zur Geltendmachung von Unterhaltsansprüchen im Verkehr mit ausländischen Staaten vom 19. 12. 1986) zu beachten[187]. Es dient, ähnlich wie das UN-Übk, der Erleichterung der Geltendmachung von Unterhaltsansprüchen im Ausland, insbes in Ländern des anglo-amerikanischen Rechts. Es ist den Verfahrensregeln des US Uniform Reciprocal Enforcement of Support Act (URESA) von 1958 (revidiert 1968) angeglichen[188]. Das Gesetz regelt die Zusammenarbeit mit ausländischen Gerichten und Behörden. Es enthält weder kollisions- noch materiellrechtliche Regelungen. Nach § 1 Abs 2 AUG muss die Gegenseitigkeit verbürgt sein[189]. 81

2. Anerkennung und Vollstreckung ausländischer Titel in Deutschland. a) Übersicht. Wie für die internationale Zuständigkeit überlagern sich auch für die Anerkennung verschiedene europäische, staatsvertragliche und autonome Regelungen. Es gilt hier aber kein Vorrang, sondern die EuGVVO, staatsvertragliche Regelungen und autonomes Recht gelten grds **nebeneinander.** Wie sich auch aus Art 71 Abs 2 lit b EuGVVO ergibt, gilt das **Günstigkeitsprinzip**[190]. 82

---

[177] Zur alten Rechtslage *Mankowski* IPRax 2000, 188, 192 f.
[178] KOM (2005) 649; abgedruckt bei *Jayme/Hausmann* 2006 Nr 161.
[179] Näher zu der geplanten Verordnung bereits *Rauscher/Rauscher* EuZPR Bd 2 S 1681 ff; *Wagner* FamRZ 2006, 979, 980 f; umfassend *Kropholler* IPR § 47 IV.
[180] *Zöller/Philippi* § 621 ZPO Rn 76; *Musielak/Borth* § 621 ZPO Rn 91 ff.
[181] *Zöller/Philippi* § 621 ZPO Rn 83 ff; *Musielak/Borth* § 621 ZPO Rn 94 f; BGH NJW-RR 2005, 1593; NJW-RR 1993, 5; OLG Köln FamRZ 2003, 544: auch bei anhängiger Ehesache im Ausland.
[182] BGBl 1959 II S 149, abgedruckt und kommentiert in *Baumbach/Lauterbach* ZPO § 168 GVG Anh; zum aktuellen Status: http://untreaty.un.org/ENGLISH/bible/englishinternetbible/partI/chapterXX/treaty1.asp.
[183] *Palandt/Heldrich* Art 18 Anh Rn 7.
[184] Vgl *Looscaelders* IPR Rn 63.
[185] Umfassend *Katsanou* FPR 2006, 255, 258.
[186] *Katsanou* FPR 2006, 255, 256.
[187] BGBl S 2563, in Kraft seit 1. 1. 1987, abgedruckt in *Soergel/Kegel* Rn 81 ff.
[188] *Bach* FamRZ 1996, 1250; *Looschelders* IPR Rn 63; ausf *Wicke* FPR 2006, 240.
[189] Übersicht in FamRZ 1990, 1329; Bek vom 1. 1. 1997, BGBl I S 155.
[190] OLG Dresden NJW-RR 2007, 82; OLG München IPRspr 2004, Nr 174, 394; OLG Koblenz IPRspr 2004, Nr 171, 386; näher *Rauscher/Mankowski* EuZPR Art 71, Rn 17 f; *Heiderhoff* IPRax 2004, 99.

83 Für die Vollstreckung von in einem ausländischen Scheidungsverfahren zugesprochenem **Scheidungsunterhalt** ist zusätzlich die förmliche Anerkennung des Scheidungsurteils in Deutschland nach Art 7 § 1 FamRÄndG Voraussetzung (näher Rn 79)[191]. Die Anerkennung und Vollstreckbarerklärung einer ausländischen Entscheidung über den **Kindesunterhalt**, die innerhalb eines Scheidungsverfahrens erfolgt ist, setzt nicht die vorherige förmliche Anerkennung nach Art 7 § 1 FamRÄndG voraus[192].

84 **b) Europäische Regelungen. aa) EuGVVO.** Nach Art 33 EuGVVO werden Entscheidungen eines Mitgliedstaats in jedem anderen Mitgliedstaat automatisch anerkannt, ohne dass es dafür eines besonderen Verfahrens bedarf (ipso jure). Die Anerkennungshindernisse sind abschließend in Art 34, 35 benannt. Nach Art 38 müssen ausländische Entscheidungen vor der Vollstreckung für vollstreckbar erklärt werden (Exequaturverfahren). Dabei ergeht die erstinstanzliche Entscheidung nach Art 41 S 2 EuGVVO ohne rechtliches Gehör des Schuldners[193]. Für die Durchführung der Vollstreckung gilt das Anerkennungs- und Vollstreckungsausführungsgesetz (AVAG).

85 **bb) EuVTVO.** Anders erfolgt die Vollstreckung aus europäischen Vollstreckungstiteln nach der EuVTVO, die jedoch nur für unstreitige Forderungen erlangt werden können. Hier wird die Erteilung des entsprechenden Titels bereits im Ausgangsverfahren beantragt, zur Vollstreckung kann sich der Unterhaltsberechtigte dann direkt an die Vollstreckungsorgane im Vollstreckungsstaat wenden. Die geplante Unterhaltsverordnung will das System der EuVTVO auch für streitige Unterhaltstitel übernehmen[194].

86 **c) Staatsvertragliche Regelungen.** Der wichtigste die Anerkennung und Vollstreckung von Unterhaltsentscheidungen betreffende Staatsvertrag ist das **Haager Übereinkommen über die Anerkennung und Vollstreckung von Unterhaltsentscheidungen** vom 2. 10. 1973 (HUntVollstrÜbk 1973, BGBl 1986 II S 826); vgl für die aktuelle Liste der Vertragsstaaten http://www.hcch.net/index_en.php?act=conventions.status&cid=85. Zuletzt ist das Übereinkommen in Australien (2002), Litauen (2003) und Griechenland (2004) in Kraft getreten.

87 Es ersetzt gegenüber den meisten Staaten das Haager Übereinkommen über die Anerkennung und Vollstreckung von Entscheidungen auf dem Gebiet der Unterhaltspflicht gegenüber Kindern vom 15. 4. 1958 (BGBl 1961 II S 1005). Letzteres gilt aber bspw noch gegenüber Österreich und Ungarn. Es erfasst im Gegensatz zum HUntVollstrÜbk 1973 nur Ansprüche auf Kindesunterhalt[195]. Beide HUntVollstrÜbk gelten nicht für Vergleiche[196]. **Bilaterale Abkommen**, die allgemein zur Anerkennung und Vollstreckung von Urteilen dienen, bestehen mit **Israel** (2. 7. 1977)[197] und **Tunesien** (19. 7. 1966)[198].

88 **d) Autonomes Recht.** Bleibt es mangels vorgehender günstigerer Regelungen bei der Anwendung autonomen Rechts, so gelten die §§ 722, 723, 328 ZPO.

89 **3. Insbes: offene und unbestimmte Auslandstitel. a) Verfahren zur Vollstreckbarerklärung ergänzbarer ausländischer Unterhaltstitel.** Offene Auslandstitel müssen für Zwecke der Inlandsvollstreckung **ergänzt** werden durch Anpassung der Unterhaltshöhe an einen Index für Lebenshaltungskosten bzw durch Errechnung der Zinslast an Diskontsätzen ausländischer Notenbanken. Die Ergänzung kann erfolgen im Ausland, bei der inländischen Vollstreckbarerklärung oder bei Gelegenheit der Inlandsvollstreckung durch das inländische Vollstreckungsorgan[199].

90 **b) Unbestimmte Auslandstitel.** Nicht selten kommt es vor, dass Auslandstitel trotzdem für die Vollstreckung in Deutschland zu unbestimmt sind. Wenn eine ergänzende Konkretisierung nicht möglich ist, können solche Titel im Inland nicht vollstreckt werden[200].

91 **4. Abänderung von Unterhaltsentscheidungen.** Die Abänderung ausländischer Titel auf Grund von Veränderung in den Lebensverhältnissen des Berechtigten oder Verpflichteten im inländischen Abänderungsverfahren ist völkerrechtlich zulässig[201]. Durch sie wird nur die Anerkennung eingeschränkt[202]. Die Abänderungsklage richtet sich nach § 323 ZPO[203]. Die **verfahrensrechtlichen Voraussetzungen** zur Abänderung von Unterhaltsentscheidungen (Abänderungszeitpunkt; Tatbestand der wesentlichen Änderung der Verhältnisse) werden von der lex fori beherrscht[204]. Es kommt nach ganz hM nicht darauf an, ob das ausländische Recht eine Abänderung zulässt[205].

---

[191] BGH NJW-RR 2007, 722.
[192] BGH NJW-RR 2007, 722; *Soergel/Kegel* Rn 21; aA OLG Celle NJW 1991, 1428.
[193] OLG Dresden NJW-RR 2007, 82.
[194] *Looschelders/Boos* FamRZ 2006, 374, 381; *Rauscher/Rauscher* EuZPR Einf EG-UnterhaltsVO-E Rn 3.
[195] Zu beiden knapp *Looschelders/Boos* FamRZ 2006, 374, 380 f.
[196] OLG Dresden NJW-RR 2007, 82.
[197] BGBl 1980 II S 926, in Kraft seit dem 1. 1. 1988.
[198] BGBl 1969 II S 886, in Kraft seit dem 3. 3. 1970; dazu *Jayme* IPRax 1984, 101.
[199] BGHZ 122, 16; OLG Stuttgart DAVorm 1990, 713; OLG Düsseldorf FamRZ 1994, 1480; OLG Hamburg RIW 1994, 424.
[200] AG Wiesbaden FamRZ 2006, 562: Zahlung eines Viertels der Gesamteinkünfte; OLG Karlsruhe FamRZ 2002, 1420: Unterhalt bei „ernsthaftem zielstrebigem Studium".
[201] BGH NJW 1983, 1976; OLG Nürnberg IPRax 1984, 162; OLG Köln IPRax 1988, 30; OLG Koblenz NJW 1987, 2167; OLG Karlsruhe FamRZ 1990, 314.
[202] BGH NJW 1983, 1976.
[203] IE str, wie hier AnwK-BGB/*Gruber* Rn 118; näher *Zöller/Vollkommer* § 323 ZPO Rn 12; *Musielak/Borth* § 323 ZPO Rn 4.
[204] OLG Hamm FamRZ 1991, 718; *Erman/Hohloch* Rn 45; *Soergel/Kronke* Art 38 Anh IV Rn 188.
[205] Nur MünchKommZPO/*Gottwald* § 323 Rn 113.

Für die Zuständigkeit gelten die allgemeinen Regeln, inbes Art 5 Abs 2 EuGVVO[206]. Das **92** Begehren auf Abänderung kann nicht als Einwendung gegen die Vollstreckbarerklärung nach Art 43 EuGVVO, §§ 11 ff AVAG geltend gemacht werden[207]. Streitig ist, welches Recht auf die **sachrechtlichen Voraussetzungen** (Maßstäbe der Änderung und neuer Inhalt) der Abänderung einer Unterhaltsentscheidung anzuwenden ist. Bei einem Wechsel des Unterhaltsstatuts, etwa durch einen Aufenthaltswechsel des Anspruchstellers, wird überwiegend die Anwendung des neuen Unterhaltsstatuts angenommen[208]. Dagegen wird bei unverändertem Statut häufig das von dem ausländischen Gericht angewendete Sachrecht herangezogen[209]. Nach im Vordringen befindlicher und überzeugender Ansicht ist § 323 Abs 1 ZPO eine solche Beschränkung jedoch nicht zu entnehmen. Es darf das sich nach deutschem Kollisionsrecht ergebende Unterhaltsstatut angewendet werden[210].

5. Neue Klage im Inland. Statt der Vollstreckbarerklärung des ausländischen Unterhaltstitels (Sach- **93** urteil) kann im Inland neu geklagt werden. Das inländische Urteil darf in diesem Fall inhaltlich nicht vom ausländischen Titel abweichen. Ansonsten muss der Antrag in eine Abänderungsklage nach § 323 ZPO umgedeutet werden[211]. Ist unklar, ob die ausländische Unterhaltsklage aus Sach- oder Verfahrensgründen abgewiesen worden ist[212], oder wird das ausländische Urteil im Inland nicht anerkannt[213], ist der Kläger ebenfalls zur Erhebung einer neuen Inlandsklage berechtigt.

6. Vollstreckung deutscher Unterhaltstitel im Ausland. Soll aus einem deutschen Unterhalts- **94** titel im Ausland vollstreckt werden, ist die Rechtslage ebenfalls vielschichtig. Innerhalb der **EU** bestehen mehrere Alternativen. Der Gläubiger kann entweder versuchen, einen europäischen Vollstreckungstitel iS der EuVTVO zu erhalten. Dies ist freilich nur möglich, wenn sein Begehren unstreitig bleibt (s auch Rn 85). Oder er kann nach den Regeln der EuGVVO vorgehen[214]. Ansonsten kommt es darauf an, ob staatsvertragliche Regelungen bestehen. So ist es zB im Verhältnis zu Norwegen und der Schweiz (LugÜ) und zur Türkei (HUntVollstrÜbk). Bestehen solche Regelungen nicht, vermag insbes im Verhältnis zu den USA das Auslandsunterhaltsgesetz (AUG) zu helfen (vgl Rn 81).

D. Interlokales und intertemporales Kollisionsrecht

I. Interlokales Recht. 1. Neufälle. Für nach dem 3. 10. 1990 entstandene Unterhaltsansprüche gilt **95** in allen Bundesländern einheitlich das westdeutsche materielle, internationale und interlokale Unterhaltsrecht. Art 236 § 2 regelt dies für das internationale Familienrecht (und entspr für das interlokale Recht).

2. Altfälle. Vor dem 3. 10. 1990 abgeschlossene Unterhaltstatbestände werden in den neuen Bundes- **96** ländern nach Art 236 § 1 vom bisherigen internationalen und interlokalen Privatrecht beherrscht[215]. Nach dem **Kollisionsrecht der DDR** folgte der Unterhaltsanspruch jeweils dem Statut, aus dem er floss[216]. Für den Unterhalt zwischen Eltern und (ehelichen wie nichtehelichen) Kindern galt § 22 RAG, zwischen Adoptiveltern und Kind § 23 RAG und zwischen Eheleuten § 19 RAG. In den alten Bundesländern ist Art 18 entspr anzuwenden. Es gilt Aufenthaltsrecht. Falls Unterhaltsansprüche von Ostrecht beherrscht werden, bestimmt Art 234 § 1 intertemporal, dass seit dem 3. 10. 1990 das BGB die Unterhaltspflicht bestimmt. Für Geschiedene bleibt es nach Art 234 § 5 bei materiellem Ostrecht.

II. Intertemporales Recht. Am 1. 9. 1986 trat das neue IPR, am 1. 4. 1987 das HUntÜbk 1973 in **97** Kraft. Bis zum 31. 8. 1986 gelten das IPR alter Fassung oder das HUntÜbk 1956. Vom 1. 9. 1986 bis zum 31. 3. 1987 galt Art 18 nF oder das HUntÜbk 1956. Unterhaltsansprüche sind nicht abgeschlossene Vorgänge gemäß Art 220 Abs 1. Als Wirkungen familienrechtlicher Verhältnisse werden sie nach Art 220 Abs 2 von dem Recht beherrscht, das in dem Zeitraum gilt, für den Unterhalt begehrt wird[217]. Die intertemporale Regelung in Art 12 HUntÜbk 1973 folgt – mit versetztem Stichdatum 1. 4. 1987 – den gleichen Grundsätzen[218].

---

[206] OLG Hamm NJW-RR 2005, 876.
[207] BGH FamRZ 2007, 989.
[208] OLG Hamm NJW-RR 2005, 876; OLG Koblenz OLGR 2003, 339; *Göppinger/Wax/Linke* Rn 3309; *Riegner* FamRZ 2005, 1799 ff, 1802.
[209] BGH NJW 1983, 1976; *Spellenberg* IPRax 1984, 304; *Erman/Hohloch* Rn 45; offen gelassen in BGH NJW-RR 1993, 5; OLG Karlsruhe FamRZ 1989, 1310.
[210] KG NJW 1994, 138 ff; MünchKommZPO/*Gottwald* § 323 Rn 119; *Staudinger/Mankowski* Anh I Art 18, Rn 43 ff, 47 f; *Riegner* FamRZ 2005, 1799, 1802; *Palandt/Heldrich* Rn 17.
[211] BGH FamRZ 1992, 1060.
[212] OLG Hamburg FamRZ 1990, 535.
[213] OLG Nürnberg IPRax 1985, 353.
[214] Aus Sicht des deutschen Gläubigers mit Angaben zu den Besonderheiten in den Mitgliedstaaten *Hohloch* FPR 2006, 244.
[215] *Andrae* IPRax 1994, 223; OLG Jena FamRZ 2002, 1042; beachte aber BGH FamRZ 1994, 824 f: Geltung bundesdeutschen Rechts, wenn der Unterhaltsverpflichtete vor dem Stichtag in die BRD übergesiedelt ist.
[216] BSG IPRspr 2003, Nr 75, 214 f; OLG Jena FamRZ 2002, 1042.
[217] BGH NJW RR 2005, 1593: Art 21 aF EGBGB gilt bis zum Inkrafttreten des Art 18 für die Unterhaltsansprüche eines nichtehelichen kroatischen Kindes; BGH NJW 1991, 2212; NJW-RR 1987, 1474; OLG Karlsruhe FamRZ 1989, 1310 f; NJW-RR 1989, 1346 f; *Soergel/Kegel* Rn 5.
[218] *Soergel/Kegel* Rn 5, 178.

98 Gemäß Art 220 Abs 2 gilt die Neuregelung in Art 18 für alle nach dem 1. 9. 1986 fällig gewordenen Ansprüche[219] sowie für Abänderungen von vor dem 1. 9. 1986 erlassenen Unterhaltsentscheidungen[220]. Für den Scheidungsunterhalt gilt Art 220 Abs 2 ebenfalls, so dass es ab dem 1. 9. 1986 auf das tatsächlich angewandte Scheidungsstatut ankommt[221].

Art 19 Abstammung

(1) ¹Die Abstammung eines Kindes unterliegt dem Recht des Staates, in dem das Kind seinen gewöhnlichen Aufenthalt hat. ²Sie kann im Verhältnis zu jedem Elternteil auch nach dem Recht des Staates bestimmt werden, dem dieser Elternteil angehört. ³Ist die Mutter verheiratet, so kann die Abstammung ferner nach dem Recht bestimmt werden, dem die allgemeinen Wirkungen ihrer Ehe bei der Geburt nach Artikel 14 Abs. 1 unterliegen; ist die Ehe vorher durch Tod aufgelöst worden, so ist der Zeitpunkt der Auflösung maßgebend.

(2) Sind die Eltern nicht miteinander verheiratet, so unterliegen Verpflichtungen des Vaters gegenüber der Mutter auf Grund der Schwangerschaft dem Recht des Staates, in dem die Mutter ihren gewöhnlichen Aufenthalt hat.

Schrifttum: *Andrae*, Internationales Familienrecht, 2. Aufl 2006, § 5; *Budzikiewicz*, Materielle Statuseinheit und kollisionsrechtliche Statusverbesserung, Tübingen 2007; *Dethloff*, Konkurrenz von Vaterschaftsvermutung und der Anerkennung der Vaterschaft, IPRax 2005, 326; *Dörner*, Probleme des neuen Internationalen Kindschaftsrechts, FS Henrich, 2000, S 119; *Eschbach*, Die nichteheliche Kindschaft im IPR, Geltendes Recht und Reform, 1997; *Ferrari*, Neueste Entwicklungen im österreichischen Familien- und Erbrecht, FamRZ 2005, 1634; *Frucht*, Ersatzmutterschaft im US-amerikanischen und deutschen Recht unter Berücksichtigung rechtsvergleichender und kollisionsrechtlicher Aspekte, 1996; *Gaaz*, Ausgewählte Probleme des neuen Eheschließungs- und Kindschaftsrechts, StAZ 1998, 241; *Henrich* Das Kollisionsrecht im Kindschaftsrechtsreformgesetz, StAZ 1998, 1; *ders*, Kindschaftsrechtsreformgesetz und IPR, FamRZ 1998, 1401; *ders*, Das Kind mit zwei Müttern (und zwei Vätern) im internationalen Privatrecht, FS Schwab, 2005, S 1141; *Hepting*, Ausländische Legitimation im deutschen Geburtenbuch, StAZ 1999, 97; *ders*, Konkurrierende Vaterschaften in Auslandsfällen, StAZ 2000, 33; *ders*, Mehrfachanknüpfung und doppelte Vaterschaft im Abstammungsrecht, IPRax 2002, 288; *Huber*, Die ausländische Legitimation zwischen Aufenthaltsrecht, Heimatrecht und deutschem Geburtenbuch, IPRax 2000, 116; *Kirchmeier*, Zivilrechtliche Fragen der homologen und heterologen Insemination de lege lata et ferenda, FamRZ 1998, 1281; *Looschelders*, Alternative und sukzessive Anwendung mehrerer Rechtsordnungen nach dem neuen internationalen Kindschaftsrecht, IPRax 1999, 420; *Otte*, The New German Private International Law of Parents and Child, Yearbook of Private International Law, Vol 1, 1999, 201; *Pfister*, Die unordentliche Geburt, FS Spellenberg, 2006, S 103; *Rauscher*, Gespaltenes Kindschaftsrecht im vereinten Deutschland, StAZ 1991, 1; *Siehr*, Das Kindschaftsrecht im Einigungsvertrag, IPRax 1991, 20; *Sturm*, Das Günstigkeitsprinzip und die Zustimmung nach Art 23 EGBGB, Schutz für das Kind oder Hindernis für die Abstammungsfeststellung?, StAZ 1997, 261; *ders*, Das Abstammungsstatut und seine alternative Anknüpfung, StAZ 2003, 353; *Wedemann*, Konkurrierende Vaterschaften und doppelte Mutterschaft im Internationalen Abstammungsrecht, Baden-Baden 2006.

Übersicht

	Rn		Rn
I. Allgemeines	1	4. Allgemeine Regeln	30
1. Normzweck	1	a) Rück- und Weiterverweisungen (Art 4 Abs 1)	30
2. Staatsvertragliche Regelungen	3	b) Vorfragen	31
II. Einzelkommentierung	6	c) Ordre public	35
1. Anwendungsbereich des Art 19 Abs 1	6		
a) Art 19 Abs 1 S 1 und 2	6	**III. Verfahrensrecht**	37
b) Art 19 Abs 1 S 3	9	1. Internationale Zuständigkeit	37
2. Anknüpfungspunkte in Art 19 Abs 1	10	2. Anerkennung	38
a) Alternativanknüpfungen	10		
b) Rangfolge der Anknüpfungen	19	**IV. Intertemporales und interlokales Recht**	39
3. Art 19 Abs 2	28	1. Intertemporales Recht	39
a) Anwendungsbereich	28	2. Interlokale Fallgestaltungen	40
b) Anknüpfungspunkt	29		

I. Allgemeines

1 **1. Normzweck.** Art 19 Abs 1 bestimmt das anwendbare Recht für die Abstammung des Kindes von seinen Eltern. Die Norm stellt mehrere Anknüpfungsalternativen auf, von denen diejenige zu wählen ist, nach welcher für das Kind am ehesten ein Vater bzw eine Mutter bestimmt werden

---

[219] BGH NJW 1991, 2212; NJW 1992, 3293; OLG Düsseldorf FamRZ 1992, 573.
[220] *Kartzke* NJW 1988, 104, 107.
[221] BGH NJW 1991, 2212 m Anm *Henrich* IPRax 1992, 85; NJW 1992, 3293; KG FamRZ 1988, 167; OLG Düsseldorf FamRZ 1992, 573.

können. Es gilt das Günstigkeitsprinzip[1]. Art 19 Abs 2 bestimmt das Recht, welches für die in Folge der Schwangerschaft bestehenden Ansprüche der Mutter des nichtehelichen Kindes gegen den Vater gilt.

Die Norm trat am 1. 7. 1998 in Kraft. Sie beruht auf dem Gesetz zur Reform des Kindschaftsrechts (KindRG) vom 16. 12. 1997 (BGBl 1999 I S 2942). Mit dieser wurde neben dem materiellen auch das internationale Kindschaftsrecht einer grundlegenden Reform unterworfen. In spiegelbildlicher Umsetzung der materiellrechtlichen Gleichstellung nichtehelicher und ehelicher Kinder ist die Unterscheidung zwischen nichtehelicher und ehelicher Abstammung in Art 19 aF und Art 20 aF aufgegeben und die Regelung des Art 21 aF, der die Anknüpfung der Statusverbesserung durch Legitimation behandelte, ersatzlos gestrichen worden. Das auf die **Begründung** der Abstammung anwendbare Recht wird nunmehr **einheitlich** durch Art 19 Abs 1 bestimmt, während die **Anfechtung** der Abstammung der Regelung des Art 20 unterfällt. Die Rechtsbeziehung zwischen dem Kind und seinen Eltern, die bislang nach Art 19 Abs 2 und 20 Abs 2 aF angeknüpft wurde, ist jetzt in Art 21 aufgenommen worden. Art 23 ergänzt Art 19, soweit im Rahmen der Abstammung die Zustimmung des Kindes oder einer der sonstigen erfassten Personen erforderlich sind[2]. 2

2. Staatsvertragliche Regelungen. Staatsvertragliche Regelungen gehen dem autonomen Kollisionsrecht gem Art 3 Abs 2 vor. Für die Frage der Abstammung von der **Mutter** gilt vorrangig das CIEC-Übereinkommen über die Feststellung der mütterlichen Abstammung nichtehelicher Kinder vom 12. 9. 1962 (BGBl 1965 II S 23; FNB 1998, 424). Es gilt im Verhältnis zu Griechenland, Luxemburg, Niederlande, der Schweiz, Spanien und der Türkei. Nach Art 1 CIEC-Übereinkommen wirkt die Eintragung einer Frau als Mutter für die Abstammung konstitutiv und macht ein nach Abstammungsstatut etwa erforderliches Mutterschaftsanerkenntnis entbehrlich[3]. Streitig ist, ob das Übereinkommen nur Anwendung findet, wenn Mutter und Kind Angehörige eines Vertragsstaats sind[4]. Teils wird angenommen, dass auch Art 4 Abs 1 des HUntÜbk 1973[5] eine Sonderregelung mit sich bringe[6]. Das wäre aber nur dann zutreffend, wenn man, anders als hier vertreten (vgl Art 18 Rn 66 ff, 70), im Rahmen des HUntÜbk 1973 die unselbständige Anknüpfung von Vorfragen favorisieren würde. Nur dann würde nämlich die Abstammung im Rahmen des Unterhaltsstreits mit nach dem Unterhaltsstatut bestimmt. 3

Im Bereich des Art 19 Abs 2 ist das HUntÜbk 1973 jedoch für **Unterhaltsansprüche** vorrangig anwendbar. Wieweit genau die von Art 19 Abs 2 umfassten Ansprüche Unterhaltsansprüche iS der HUntÜbk 1973 darstellen, ist streitig (zur Erfassung der Ansprüche der nichtehelichen Mutter aus §§ 1615l ff BGB durch das HUntÜbk 1973 s Art 18 Rn 17). Die Frage wird im Detail meist offen gelassen, da sie beinahe ohne praktische Relevanz ist[7]. Vereinzelt wird Art 19 Abs 2 allerdings auch als lex specialis gegenüber dem Unterhaltsrecht begriffen[8]. Das ließe sich gegenüber dem autonomen Recht in Art 18 vertreten, nicht jedoch gegenüber dem nach Art 3 Abs 2 wegen seiner Qualität als Staatsvertrag vorrangigen HUntÜbk 1973. 4

Nach Art 8 Abs 3 des **deutsch-iranischen Niederlassungsabkommens** vom 17. 2. 1929[9] richtet sich die Abstammung zwischen iranischen Staatsangehörigen nach iranischem Recht. Bei verschiedenem Personalstatut der Beteiligten ist das Abkommen nicht anwendbar[10]. Bei Mehrstaatern entscheidet die effektive Staatsangehörigkeit. 5

II. Einzelkommentierung

1. Anwendungsbereich des Art 19 Abs 1. a) Art 19 Abs 1 S 1 und 2. Art 19 Abs 1 S 1 und 2 bestimmen das auf die Abstammung anwendbare Recht sowohl in Bezug auf den Vater als auch auf die Mutter. Die Bestimmung der Abstammung fällt im Ausland dabei teils deutlich anders aus, als in Deutschland. 6

Im ausländischen Recht wird teils nicht nur die Vaterschaft, sondern auch die Mutterschaft besonders festgestellt. So herrscht in Italien bei der unehelichen Abstammung das Anerkennungsprinzip, durch das eine uneheliche Vaterschaft und Mutterschaft festgestellt wird (Art 250 Cciv). Daneben ist eine gerichtliche Feststellung der Abstammung möglich (Art 269 Cciv)[11]. In Polen wird neben der Anerkennung der Vaterschaft auch die (gesetzlich nicht geregelte) Feststellung und Anfechtung der Mutterschaft für zulässig gehalten[12]. 6.1

---

[1] MünchKommBGB/*Klinkhardt* Rn 14; *Andrae*, Internationales Familienrecht, § 5 Rn 16; *Hepting* StAZ 2000, 33, 34.
[2] Zum alten Recht *Eschbach*, Die nichteheliche Kindschaft im IPR, 1997.
[3] *Staudinger/Henrich* Vor Art 19 Rn 17 ff – mit Abdruck; MünchKommBGB/*Klinkhardt* Rn 9.
[4] Näher *Staudinger/Henrich* Vor Art 19 Rn 19 ff.
[5] Haager Unterhaltsübereinkommen vom 2. 10. 1973; BGBl 1986 II S 837; 1987 II S 225.
[6] *Kegel* IPR § 20 X 2.
[7] MünchKommBGB/*Klinkhardt* Art 19 Rn 67 f; *Staudinger/Henrich* Rn 102, 103; *Palandt/Heldrich* Art 19 Rn 9, der darauf hinweist, dass sich aus Art 18 Abs 1 S 2, Abs 2, Abs 5 und aus der Unbeachtlichkeit von Rück- und Weiterverweisungen uU Abweichungen ergeben können.
[8] *v. Hoffmann/Thorn* IPR § 8 Rn 135; *Kegel/Schurig* IPR § 20 X 2, S 914.
[9] RGBl 1930 II S 1002, 1006; 1931 II S 9; BGBl 1955 II S 899, abgedruckt bei Art 25 Rn 12.
[10] BGH NJW 1990, 636; OLG Bremen IPRax 1985, 296.
[11] *Bergmann/Ferid/Henrich/Cibeddu-Wiedemann*, Internationales Ehe- und Kindschaftsrecht, Länderbericht Italien, Stand März 2000, S 42 a.
[12] *Bergmann/Ferid/Henrich/Gralla* Länderbericht Polen Stand April 2006, S 32–32 b.

6.2 Bei der **Geburt nach Scheidung** der Mutter gibt es in einigen Rechtsordnungen eine Abstammungsvermutung für Kinder, die innerhalb von 300 Tagen nach der Scheidung geboren werden. Dazu gehören die Türkei (Art 285 Abs 1 ZGB)[13], Belgien (Art 315 iVm 227 Nr 2 Code civil)[14], Bulgarien (Art 32 Abs 1 iVm 94 Nr 3 Familiengesetzbuch)[15] und Polen (Art 62 § 1 iVm Art 56 Familien- und Vormundschaftsgesetzbuch)[16].

6.3 In Polen wird zudem aus Art 72 FVGB gefolgert, dass die Anerkennung eines ehelich geborenen Kindes solange ausgeschlossen ist, bis die Vaterschaft des Ehemanns der Mutter widerlegt ist[17].

6.4 Dagegen reicht es in Schweden für die Zuordnung zu einem anderen Vater aus, dass der Ehemann dessen Vaterschaftsanerkennung schriftlich bestätigt (§ 2 Elterngesetz)[18]. In **Österreich** kann der biologische Vater seit 2005 trotz bestehender rechtlicher Vaterschaft eines anderen Mannes ein so genanntes durchbrechendes Vaterschaftsanerkenntnis abgeben (§ 163 e ABGB). Dies kann bei entsprechender Mitwirkung von Mutter und Kind zu einer rechtlichen Vaterschaft führen[19].

7 Vom Abstammungsstatut werden das Erfordernis und die Voraussetzungen einer Anerkennung der Vater- oder Mutterschaft bzw deren gerichtlicher Feststellung, Empfängniszeiten, Vaterschafts- und Beiwohnungsvermutungen erfasst. Dem Abstammungsstatut unterfallen außerdem eventuell erforderliche Zustimmungserfordernisse zu einer Abstammungserklärung, wobei nach Art 23 ergänzend das **Heimatrecht** bzw nach Art 23 S 2 das deutsche Recht heranzuziehen ist. Insbesondere für die Anerkennung durch den Vater kann das wichtig werden[20].

8 Art 19 bestimmt auch die Rechtsfolgen einer Legitimanerkennung nach islamischem Recht, weil diese am ehesten der Anerkennung nach § 1592 Nr 2 BGB ähnelt, welche ebenfalls keine leibliche Abstammung voraussetzt[21]. Es ist angesichts des deutschen Anerkennungsrechts, auf welches Art 19 abgestimmt ist, unrichtig, Art 19 nur für die leibliche Abstammung (iS der biologischen Abstammung) anzuwenden[22]. Denn das deutsche Recht ermöglicht bewusst die Anerkennung fremder Kinder zur Herstellung der rechtlichen Vaterschaft. Nicht unter Abs 1 fällt die Beurteilung der Frage der Beseitigung einer rechtswirksam begründeten Abstammung, etwa durch **Anfechtung**. Insoweit ist Art 20 einschlägig.

9 **b) Art 19 Abs 1 S 3.** Gegenüber Art 19 Abs 1 S 1 und 2 ist der Anwendungsbereich des Art 19 Abs 1 S 3 eingeschränkt. Die Verweisung auf das allgemeine Ehestatut kommt nur insofern zum Tragen, als die Frage betroffen ist, ob ein Kind durch Geburt in der Ehe die Mutter und deren Ehemann als Eltern bekommt[23]. Dieser Auffassung kann nicht entgegen gehalten werden, dass sie auf die Feststellung des (durch das KindRG abgeschafften) Status der Ehelichkeit hinausliefe[24]; dem Kind wird lediglich durch zusätzliche Anknüpfung an das Ehewirkungsstatut möglichst frühzeitig zu einem Vater verholfen (vgl Rn 17).

10 **2. Anknüpfungspunkte in Art 19 Abs 1. a) Alternativanknüpfungen.** 19 Abs 1 sieht drei Anknüpfungsmöglichkeiten vor, die zur Ermittlung der maßgeblichen Rechtsordnung alternativ herangezogen werden können (zum Rangverhältnis der einzelnen Anknüpfungspunkte s Rn 19 ff).

11 **aa) Aufenthalt des Kindes.** Nach Art 19 Abs 1 S 1 unterliegt die Abstammung dem Recht des Staats, in dem das Kind seinen **gewöhnlichen Aufenthalt** hat. Zur Anwendung berufen wird dadurch diejenige Rechtsordnung, zu der das Kind die engste Verbindung aufweist. Maßgeblich für die Bestimmung des gewöhnlichen Aufenthalts ist der Schwerpunkt der Bindung des Kindes, dh die soziale Integration durch familiäre, freundschaftliche, berufliche oder sonstige Beziehungen (Daseinsmittelpunkt). Entscheidend ist vor allem die Dauer und Beständigkeit des Aufenthalts[25]. Der Aufenthaltswille kann dennoch bewirken, dass ein neuer gewöhnlicher Aufenthalt schon mit dem Umzug an einen neuen Ort begründet wird. Der gewöhnliche Aufenthalt des Kindes ist zwar grds unabhängig von demjenigen seiner Eltern zu bestimmen[26]. Bei der Geburt stimmt er aber in aller Regel mit dem Aufenthalt der Mutter überein. Dasselbe gilt für Kinder, die mit ihren Eltern zusammenleben[27].

12 Durch die Regelung des Art 19 Abs 1 S 1 hat der Gesetzgeber eine Harmonisierung mit dem Unterhaltsstatut nach Art 4 Abs 1 HUntÜbk 1973 (bzw Art 18 Abs 1) und mit Art 2 Abs 1 iVm Art 1 MSA[28] verwirklicht, die gleichfalls auf den gewöhnlichen Aufenthalt des Kindes abstellen.

---

[13] *Bergmann/Ferid/Henrich/Rumpf/Odendahl* Länderbericht Türkei, Stand Juni 2003, S 84.
[14] *Bergmann/Ferid/Henrich/Pintens* Länderbericht Belgien, Stand April 2001, S 67, 71.
[15] *Bergmann/Ferid/Henrich/Jessel-Holst* Länderbericht Bulgarien, Stand Oktober 2003, S 42, 54.
[16] *Bergmann/Ferid/Henrich/Gralla* Länderbericht Polen, S 52, 54; zu allem ausf *Wedemann* S 25 ff.
[17] *Bergmann/Ferid/Henrich/Gralla* Länderbericht Polen, S 32 a.
[18] *Bergmann/Ferid/Henrich/Gebhard* Länderbericht Schweden, S 35.
[19] *Ferrari* FamRZ 2005, 1634.
[20] *Sturm* StAZ 1997, 261.
[21] Str, wie hier *Otte* Yearbook of Private International Law, Vol 1, 1999, 201, 204; *Palandt/Heldrich* Rn 7; aA MünchKommBGB/*Klinkhardt* Art 22 Rn 7; *Kegel/Schurig* IPR § 7 III 3 b cc bbb S 353: Art 22; s auch Art 22 Rn 13.
[22] Anders aber *Andrae*, Internationales Familienrecht, § 5 Rn 10.
[23] HM, AG Gießen StAZ 2005, 362, 363; MünchKommBGB/*Klinkhardt* Art 19 Rn 25; AnwK-BGB/*Bischoff* Rn 18; aA *Palandt/Heldrich* Rn 7.
[24] So aber *Palandt/Heldrich* Rn 7.
[25] BGH NJW 1975, 1068; IPRax 1981, 139; OLG Schleswig OLGR 2005, 744; MünchKommBGB/*Klinkhardt* Art 19 Rn 10; *Palandt/Heldrich* Art 5 Rn 10; auch Art 5 Rn 13.
[26] *Andrae*, Internationales Familienrecht, § 6 Rn 36; *v. Hoffmann/Thorn* IPR § 5 Rn 81 ff.
[27] BayObLG FamRZ 2001, 1543.
[28] Haager Minderjährigenschutzabkommen vom 5. 10. 1961, BGBl 1971 II S 217, 219.

Das Abstammungsstatut nach Art 19 Abs 1 S 1 ist durch Änderung des gewöhnlichen Aufenthalts grds **wandelbar,** da der Aufenthaltsort gewechselt werden kann[29]. Fraglich ist aber, wieweit diese Wandelbarkeit rechtlich beachtlich ist. Teils wird von uneingeschränkter Wandelbarkeit ausgegangen[30]. Meist wird diese jedoch eingeschränkt[31]. Die uneingeschränkte Wandelbarkeit könnte dazu führen, dass eine Abstammung durch Aufenthaltswechsel neu begründet werden könnte oder eine zuvor bestehende durch Aufenthaltswechsel entfiele. Zwar wird dies auf Grund der dreifachen Anknüpfungsalternativen selten sein. Im Einzelfall sind dennoch Konstellationen denkbar, in denen die Wandelbarkeit des Abstammungsstatuts den Verlust einer unter dem Vorstatut begründeten Vaterschaft zur Folge haben kann[32]. In der Literatur wird diese Konsequenz zT auf ein Redaktionsversehen des Gesetzgebers zurückgeführt, der die Problematik nicht bedacht habe. Die Kritik richtet sich darauf, dass bei Anknüpfung der Abstammung vorzugswürdig auf den gewöhnlichen Aufenthalt des Kindes zum Zeitpunkt seiner Geburt abzustellen wäre[33]. 13

Ein Abstellen auf den Zeitpunkt der Geburt ist im Rahmen des Art 19 Abs 1 S 1 nun freilich nicht möglich[34]. Richtig ist es vielmehr, auch die Wandelbarkeit in einer dem Kind günstigen Weise zu verstehen[35]. Solange die Abstammung ungeklärt ist oder nach altem Statut zu verneinen war, ist das neue Statut anzuwenden. Immerhin hat der Gesetzgeber ausweislich der Gesetzesbegründung gewollt, dass eine wandelbare Anknüpfung es dem Standesbeamten in weitem Umfang erlaubt, das interne Recht des Beurkundungsstaats anzuwenden[36]. Das verhilft dem rechtlich vaterlosen Kind uU schneller zu einem Vater. Anders ist es dagegen, wenn die Abstammung bei dem Wechsel des Aufenthalts geklärt war. Bereits bestehende Zuordnungen, seien sie gesetzlicher Art oder erst durch Anerkennung eingetreten, können durch den Statutenwechsel jedoch nicht aufgelöst werden[37]. 14

Bei **prozessualer Anerkennung** und **Substitution** stellt sich das Problem nicht: Gerichtliche Abstammungsfeststellungen im früheren Aufenthaltsstaat werden gemäß § 328 ZPO und § 16 a FGG anerkannt und wirken wie im Urteilsstaat fort[38]. Ausländische (außergerichtliche) Vaterschaftsanerkenntnisse können, soweit nach Substitutionsgrundsätzen mit den inländischen gleichgestellt und sachlich gleichwertig und nach dem Recht des früheren Aufenthaltsstaats wirksam, unter § 1592 Nr 2 BGB subsumiert werden[39]. 15

bb) Heimatrechte der Eltern. Nach Art 19 Abs 1 S 2 kann die Abstammung im Verhältnis zu jedem Elternteil alternativ auch nach dessen Heimatrecht ermittelt werden. Bei Mehrstaatern ist Art 5 Abs 1 zu berücksichtigen, bei Staatenlosen Art 5 Abs 2. Bei letztgenannten ist zudem das New Yorker Übereinkommen über die Rechtsstellung der Staatenlosen vom 28. 9. 1954 zu beachten[40]; zu allem näher Art 5 Rn 2 ff. Hier ergibt sich **Wandelbarkeit** durch die Möglichkeit des Wechsels der Staatsangehörigkeit – es gelten die soeben (Rn 13 f) dargelegten Grundsätze. 16

cc) Ehewirkungsstatut. Ist die Mutter verheiratet, kann die Abstammung des Kindes gemäß Art 19 Abs 1 S 3 auch nach dem Ehewirkungsstatut der Art 14 Abs 1 bestimmt werden. Maßgeblicher Zeitpunkt ist in diesem Fall die Geburt des Kindes (bzw der vorherige Tod ihres Ehegatten). Aufgrund dieser Fixierung des Anknüpfungszeitpunkts ist das so bestimmte Abstammungsstatut – anders als bei Art 19 Abs 1 S 1 und 2 – **nicht wandelbar**[41]. Die Vorfrage nach dem Bestehen einer (gültigen) Ehe der Mutter ist selbstständig nach Art 13 anzuknüpfen[42]. 17

Die Anknüpfung nach Art 14 Abs 1 folgt einem hierarchischen Stufensystem, wobei die jeweils nachfolgenden Anknüpfungspunkte nur hilfsweise (nicht alternativ) zur Verfügung stehen (vgl Art 14 Rn 24 ff). In erster Linie anwendbar ist das gemeinsame Heimatrecht (Art 14 Abs 1 Nr 1, bei Staatenlosen und Flüchtlingen das gemeinsame Personalstatut), hilfsweise ist auf das Recht des gemeinsamen gewöhnlichen Aufenthalts (Art 14 Abs 1 Nr 2) abzustellen; fehlt es auch an diesem, ist die Rechtsordnung des Staats heranzuziehen, dem die Ehegatten auf andere Weise am engsten verbunden sind (Art 14 Abs 1 Nr 3). 17.1

---

[29] Ganz hM; anders aber *Kegel/Schurig* IPR § 20 X 3 S 914: über die Abstammung ist unwandelbar im Zeitpunkt der Geburt zu entscheiden.
[30] *Palandt/Heldrich* Rn 4: es entscheidet das neue Statut; *Erman/Hohloch* Rn 9.
[31] AnwK-BGB/*Bischoff* Rn 15; *Rauscher* IPR S 206 f; *Looschelders* IPRax 1999, 420, 423 f; *Andrae*, Internationales Familienrecht, § 5 Rn 13.
[32] Mit Beispielen *Andrae*, Internationales Familienrecht, § 5 Rn 13; mit Beispiel auch *Otte* Yearbook of Private International Law, Vol 1, 1999, 201, 209.
[33] *Henrich* StAZ 1998, 1, 3 mit Verweis auf Art 68 f des schweizerischen IPR, das Art 19 Abs 1 als Vorbild gedient habe und seinerseits den Zeitpunkt der Geburt des Kindes als maßgeblich für die Anknüpfung der Abstammung statuiere. Zumindest müsse versucht werden, Art 19 Abs 1 einschränkend zu interpretieren.
[34] Näher *Otte* Yearbook of Private International Law, Vol 1, 1999, 201, 210 Fn 30.
[35] *Staudinger/Henrich* Rn 14.
[36] Begr RegE, BT-Drucks 13/4899 S 137.
[37] HM, *Andrae*, Internationales Familienrecht, § 5 Rn 12; *Looschelders* IPRax 1999, 420, 424; *Dörner*, FS Henrich S 119, 125 f; *Looschelders* IPR Rn 12.
[38] Allg *Schack* IZVR Rn 791 ff; *Zöller/Geimer* § 328 ZPO Rn 20 ff.
[39] *Looschelders* IPRax 1999, 420, 424.
[40] Ratifiziert durch Gesetz vom 12. 4. 1976, BGBl II S 473; für die Bundesrepublik Deutschland in Kraft getreten am 24. 1. 1977, BGBl II S 235.
[41] *Rauscher* IPR S 206 f; *v. Hoffmann/Thorn* IPR § 8 Rn 130.
[42] Näher *Andrae*, Internationales Familienrecht, § 5 Rn 31; *Looschelders* IPR Rn 14; *Palandt/Heldrich* Rn 5; *v. Hoffmann/Thorn* IPR § 8 Rn 130; aA – nämlich Günstigkeitsprinzip – MünchKommBGB/*Klinkhardt* Rn 35 ff.

Eine Rechtswahl seitens der Ehegatten nach Maßgabe der Art 14 Abs 2 bis 4 ist auf Grund der eindeutigen Verweisung des Art 19 Abs 1 S 3 auf Art 14 Abs 1 ohne Einfluss auf die Anknüpfung der Abstammung.

18   Eine analoge Anwendung der Regelung auf Kinder aus **eheähnlichen Gemeinschaften** wird zum Teil abgelehnt[43]. Sie sollte aber dann erfolgen, wenn eine ausländische Rechtsordnung gerade hierfür eine besondere Abstammungsregelung vorsieht, die dem Kind zugute kommen kann (denkbar ist etwa die Gewährung der Vaterstellung für den Lebensgefährten der Mutter oder sogar der Zweit-Mutterstellung für die Lebenspartnerin der Bauchmutter). Es ist dann das Statut der Lebensgemeinschaft zu befragen[44].

19   **b) Rangfolge der Anknüpfungen. aa) Problemstand.** Das Gesetz sieht in Art 19 Abs 1 ein alternatives Anknüpfungssystem vor, ohne festzulegen, welcher Anknüpfung der Vorzug zu geben ist, wenn die parallele Verweisung in unterschiedliche Rechtsordnungen zu kollidierenden Ergebnissen führt. In Betracht kommt, dass überhaupt nur eine der Rechtsordnungen zu einer Feststellung der Abstammung führt, dass eine der Rechtsordnungen schneller zur Feststellung der Abstammung führt oder dass die Rechtsordnungen zur Abstammung von verschiedenen Personen führen. Denkbar ist dies etwa bei Geburt nach Ehescheidung. Während § 1592 Nr 1 BGB für die Zuordnung des Kindes zum Ehemann auf den Zeitpunkt der Geburt (Geburt in der Ehe) abstellt, also eine Vaterschaft des geschiedenen Ehemanns nicht ex lege begründet, knüpfen andere Rechte an die Empfängnis in der Ehe an, so dass auch deutlich nach Eheende (300 Tage) geborene Kinder noch dem Ehemann zugeordnet werden (vgl Rn 6.2).

20   **bb) Geltung des Günstigkeitsprinzips. (1) Wortlaut und Normzweck.** Der Wortlaut der Norm lässt keinen Rückschluss auf ein vorgegebenes Rangverhältnis der einzelnen Anknüpfungsalternativen zu[45]. Zwar scheint die Formulierung in Art 19 Abs 1 S 2 und 3 („*kann* die Abstammung *ferner* bestimmt werden") auf deren nachrangige Anwendbarkeit hinzudeuten; dem steht jedoch entgegen, dass hier die Formulierung des insoweit identischen Art 20 Abs 1 S 3 aF übernommen wurde[46]. Für diesen war aber einhellig von der Gleichwertigkeit der Anknüpfungspunkte ausgegangen worden[47]. Ansätze für die Lösung der Konkurrenzfrage müssen sich daher an dem Zweck der Norm orientieren. Ausschlaggebendes Kriterium ist das Wohl des Kindes[48]. Dieses soll nach der gesetzgeberischen Intention durch eine **erleichterte Feststellung** der Abstammung gefördert werden[49]. Es kommt jedoch auch darauf an, dass das Kind einen **geeigneten Vater** bekommt. Letztlich ist daher stets die Anknüpfungsalternative zu wählen, die für das Kind am günstigsten ist (sog **Günstigkeitsprinzip**)[50].

21   **(2) Priorität.** Um die Günstigkeit dem Kind gegenüber zu wahren, ist nach hM primär das Statut maßgeblich, auf Grund dessen eine Abstammung **zuerst** gesetzlich festgestellt werden kann oder gerichtlich festgestellt wurde. Dies gilt jedenfalls dann, wenn nur eine Person als möglicher Vater in Betracht kommt[51]. Denn es dient dem Wohl des Kindes am besten, wenn es möglichst schnell und ohne unnötige Kosten seinem wirklichen Vater zugeordnet wird. Bei gerichtlicher Feststellung der Abstammung muss ggf zuerst eine Anerkennung der betreffenden Entscheidung erfolgen (zB § 328 ZPO). Wenn in einem solchen Fall ein anderes mögliches Statut die private Anerkennung vorsieht, so ist dieses Statut anzuwenden, weil es auf **einfacherem Weg** zu der Feststellung der Vaterschaft führt. Ermöglicht eine Rechtsordnung die Anerkennung, während die andere ein Gerichtsverfahren vorsieht, ist die Anerkennung vorzuziehen[52]. Sollte der so bestimmte Vater ungeeignet sein, kann dies im Rahmen der Anfechtung der Vaterschaft durch das Kind berücksichtigt werden[53].

22   **(3) Wahrscheinlichkeit und Kindeswohl bei mehreren möglichen Vätern.** Das Kriterium der Priorität kann indes nicht entscheidend sein, wenn die alternativ zur Anwendung berufenen Rechtsordnungen die Vaterschaft **verschiedener Männer im Zeitpunkt der Geburt** begründen. Auch in diesem Fall gilt das Günstigkeitsprinzip, es wirkt sich jedoch anders aus. Die für das Kind günstigste Alternative wird im Regelfall darin zu sehen sein, dem Kind die Feststellung der Abstammung von seinem **biologischen** Vater zu ermöglichen[54]. Im Einzelfall kann das anders sein. So wird

---

[43] *Palandt/Heldrich* Rn 5; AnwK-BGB/*Bischoff* Rn 20.
[44] In diese Richtung auch *Jakob*, Die eingetragene Lebenspartnerschaft, S 343 f, jedoch nur für heterosexuelle Gemeinschaften.
[45] OLG Hamm FamRZ 2005, 291; OLG Schleswig FamRZ 2003, 781; *Palandt/Heldrich* Rn 6; *Gaaz* StAZ 1998, 241, 250; aA *Kegel* IPR § 20 X 2 S 909 f: gewöhnlicher Aufenthalt geht vor; ebenso *Dethloff* IPRax 2005, 329; v. *Hoffmann/Thorn* IPR § 8 Rn 132.
[46] Auch BT-Drucks 13/4899 S 137 f.
[47] *Looschelders* IPRax 1999, 420, 421; *Dörner*, FS Henrich, S 119, 120; *Sturm* StAZ 2003, 353, 355; zum alten Recht *Henrich* StAZ 1995, 284.
[48] *Henrich* FamRZ 1998, 1401, 1402; *Otte* Yearbook of Private International Law, Vol 1, 1999, 201, 207.
[49] *Looschelders* IPRax 1999, 420, 421; *Rauscher* IPR S 205; v. *Hoffmann/Thorn* IPR § 8 Rn 132.
[50] Ganz hM, BayObLG NJW-RR 2002, 1009; OLG Nürnberg FamRZ 2005, 1697; *Palandt/Heldrich* Rn 6; *Staudinger/Henrich* Rn 22 ff; MünchKommBGB/*Klinkhardt* Rn 14; *Henrich*, FS Schwab, S 1141, 1145 f; *Sturm* StAZ 2003, 353, 355 ff.
[51] OLG Nürnberg FamRZ 2005, 1697; *Palandt/Heldrich* Rn 6; *Otte* Yearbook of Private International Law, Vol 1, 1999, 201, 204; *Henrich* FamRZ 1998, 1401, 1402; *Sturm* StAZ 2003, 353, 355.
[52] BayObLG FamRZ 2001, 1543.
[53] OLG Nürnberg FamRZ 2005, 1697.
[54] AG Regensburg FamRZ 2003, 1856; *Henrich* FamRZ 1998, 1401, 1402; aA *Palandt/Heldrich* Rn 6: für ein Wahlrecht des Kindes; dem folgend P/W/W/*Rausch* Rn 12; teilweise abw auch *Otte* Yearbook of Private Interna-

man keinen Samenspender als Vater feststellen wollen, wenn die Mutter verheiratet ist und mit ihrem Ehemann gemeinsam die Verantwortung übernehmen will (vgl die Wertung des § 1600 BGB). Daher ist nicht hölzern nach der biologischen Wahrscheinlichkeit vorzugehen, sondern bei gleicher Wahrscheinlichkeit der Elternteil zu bestimmen, der dem Kindeswohl am besten zu entsprechen scheint[55].

Letztlich ist bei der Feststellung der Wahrscheinlichkeit und des Kindeswohls aber nicht der individuelle Fall zu betrachten. Vielmehr muss, um Willkür und Wertungswidersprüche mit dem nationalen Recht zu vermeiden, von den **Anordnungen der §§ 1592 ff BGB** ausgegangen werden[56], denn diese verwirklichen in den Augen des deutschen Gesetzgebers genau diese beiden Ziele (Wahrscheinlichkeit und Kindeswohl). Das bedeutet insbesondere, dass bei einem während bestehender Ehe geborenen Kind, welches von einem anderen Mann anerkannt wird, der Ehemann als Vater vorgeht[57]. Wird dieses Ergebnis nicht gewünscht, steht den Parteien, genau wie im nationalen Recht, die Anfechtung zur Verfügung[58]. In den Fällen, in denen das Abstammungsstatut auch solche Kinder noch als vom Ehemann abstammig ansieht, die erst nach der Ehe geboren wurden (Rn 6.2), sieht das deutsche Recht allerdings keine Regelung vor. Es ist in diesen Fällen besser, die Anerkennung durch den wahren, nichtehelichen Vater zu bevorzugen[59]. 23

(4) Insbes: Das Kindeswohl bei mehreren möglichen Müttern. Durch Leihmutterschaft und die Methoden der künstlichen Insemination kann sich die Frage der Mutterschaft im Verhältnis zwischen genetischer und medizinischer Mutter stellen. In Deutschland gilt nach § 1591 BGB die Frau als Mutter, die das Kind geboren hat; der genetischen Mutter ist es nicht möglich, diesen Status anzugreifen[60]. § 1 Abs 1 Nr 7 Embryonenschutzgesetz (ESchG) vom 13. 12. 1990 (BGBl I S 2746) untersagt zudem die Leihmutterschaft. Im Ausland ist die Leihmutterschaft dagegen teilweise erlaubt, und es wird sogar, infolge gerichtlicher Überprüfung, Bestätigung oder auch Entscheidung, die Wunschmutter zur rechtlichen Mutter. 24

In Griechenland gilt bei einer Leihmutterschaft die Mutterschaftsvermutung für die Frau, der die gerichtliche Erlaubnis erteilt wurde (genetische Mutter). Diese Vermutung kann jedoch innerhalb von sechs Monaten nach der Geburt durch eine Mutterschaftsanfechtungsklage widerlegt werden, wenn bewiesen wird, dass das Kind biologisch von der gebärenden Frau abstammt (Art 1464 Abs 2 ZGB). Die Mutterschaft wird in einem solchen Fall durch ein unanfechtbares Gerichtsurteil festgestellt[61]. Auch in einigen Staaten der USA wird nach dem Uniform Parentage Act 2002 (Modellgesetz) die genetische Mutter (bei entsprechender gerichtlicher Bestätigung) rechtliche Mutter[62]. 24.1

Teils wird wegen der klaren Aussage des deutschen Rechts vertreten, eine Anknüpfung an das Heimatrecht der genetischen Eltern verstoße gegen Art 6 (ordre public). In Fällen mit Auslandsbezug sei schon daher über Art 19 Abs 1 das Recht zur Anwendung zu bringen, das der Leihmutter die Mutterschaft zuerkennt[63]. Eine andere Entscheidung wäre danach auch dann nicht möglich, wenn ein Kind mit Wissen und Willen der Leihmutter bereits längere Zeit (!) bei den genetischen (als vermeintlich rechtlichen) Eltern gelebt hat. Hierfür wird zwar der Normzweck des § 1591 BGB angeführt, der Gesetzesumgehungen durch Fortpflanzungshilfen im Ausland verhindern solle[64]. Dem ist jedoch zu widersprechen. Eine ordre public Entscheidung ist immer nur im Einzelfall zu treffen. Es kommt darauf an, ob das im konkreten Fall erreichte Ergebnis der deutschen öffentlichen Ordnung entgegen steht (näher Rn 35 f; Art 6 Rn 9 ff). 25

Der deutschen öffentlichen Ordnung kann eine das Kind betreffende Entscheidung aber nicht wegen eines bloßen Verstoßes gegen deutsche Gesetze widersprechen, sondern es muss immer vorrangig das Kindeswohl berücksichtigt werden. Wenn ein von einer Leihmutter ausgetragenes Kind nach Geburt von der Wunschmutter nach Deutschland verbracht wird, ist es im Allgemeinen erforderlich, es der Wunschmutter zuzuordnen. Die Leihmutter wird oft überhaupt keinen Kinderwunsch gehabt haben, so dass es nicht sinnvoll wäre, ihr das Kind zuzuordnen. Das Kind ist bereits an die Wunscheltern gewöhnt, alle Seiten sind von deren rechtlicher Elternschaft ausgegangen (zur ohnehin eingeschränkten Wandelbarkeit der Anknüpfung in einem solchen Fall s auch Rn 13 f). Es entspricht dann trotz der 26

---

tional Law, Vol 1, 1999, 201, 205, 207: Der Prioritätsgrundsatz gilt auch dann, wenn die Mutter vor der Geburt des Kindes heiratet, die Vaterschaft aber zuvor bereits durch einen anderen Mann anerkannt wurde; anders auch *Sturm* StAZ 2003, 353, 356 ff: es kommt auch hier auf die Priorität und zusätzlich auf die Sicherheit der Feststellung an.

[55] *Kegel/Schurig* IPR § 20 X 2 S 910: Kindeswohl entscheidet bei gleicher Wahrscheinlichkeit; noch stärker *Hepting* StAZ 2000, 33, 34 f: relative Günstigkeit, dh Unwahrscheinlichkeit ist nur ein relatives Indiz, wenn der unwahrscheinliche Vater mit einem wahrscheinlichen konkurriert.

[56] So insbes *Dörner*, FS Henrich, S 119, 123 f; *Wedemann* S 111 ff; ähnlich *Looschelders* IPRax 1999, 420, 421: die Auflösung des Interessenkonflikts erfordert primär eine materielle, keine rein kollisionsrechtliche Wertentscheidung.

[57] Wie hier *Dörner*, FS Henrich, S 119, 123 f; anders aber *Otte* Yearbook of Private International Law, Vol 1, 1999, 201, 205.

[58] OLG Nürnberg FamRZ 2005, 1697.

[59] BayObLG NJW-RR 2002, 1009; dagegen aber *Gaaz* StAZ 1998, 241, 250 f.

[60] BT-Drucks 13/4899 S 82 ff.

[61] *Bergmann/Ferid/Henrich/Kastrissios* Länderbericht Griechenland, Stand Januar 2007, S 38; LG Heraklion FamRZ 2004, 1507 zu Art 1455 ff griech ZGB.

[62] MwN *Henrich*, FS Schwab, S 1141, 1142.

[63] *Looschelders* IPRax 1999, 420, 423; *Otte* Yearbook of Private International Law, Vol 1, 1999, 201, 211.

[64] Begr RegE, BT-Drucks 13/4899 S 82 f; *Palandt/Diederichsen* § 1591 Rn 1; *Looschelders* IPRax 1999, 420, 423; so auch die Vorauflage, Rn 23.

Wertung des § 1591 BGB der Günstigkeit, diejenige Anknüpfung zu wählen, nach der das Kind den Wunscheltern zugeordnet wird[65].

27 Anders stellt sich die Sache dar, wenn die Leihmutter während der Schwangerschaft doch einen Kinderwunsch entwickelt hat und das Kind behalten will. Ist nun über die Mutterschaft zu entscheiden, so tritt in der Tat die deutsche Wertung zugunsten der genetischen Mutter hervor. Es wird dann diejenige Anknüpfung gewählt, nach der die genetische Mutter die rechtliche Mutter wird. Wenn im Ausland bereits eine Entscheidung ergangen ist, kommt es auf deren Anerkennung an. Auch diese kann allerdings nach § 328 Nr 4 ZPO im Extremfall am ordre public scheitern (näher Rn 38).

28 **3. Art 19 Abs 2. a) Anwendungsbereich.** Art 19 Abs 2 erfasst wegen des Vorrangs des HUntÜbk 1973 nur solche Ansprüche der mit dem Vater nicht verheirateten Mutter, die nicht Unterhaltsansprüche sind (näher zur Konkurrenz mit HUntÜbk 1973 bereits oben Rn 4). Erfasst sind insbes Kosten, die im Zusammenhang mit der Schwangerschaft und der Geburt oder auch bei Tod der Mutter (§ 1615 m BGB) entstehen. Der Anspruch des betreuenden nichtehelichen Vaters gegen die Mutter § 1615 l Abs 4 BGB fällt nicht unter Art 19 Abs 2, da es sich um einen Unterhaltsanspruch handelt[66].

Nicht in den Anwendungsbereich des Art 19 Abs 2 fallen Ansprüche aus unerlaubten Handlungen oder Verlöbnis; diese unterstehen dem Delikts- bzw Verlöbnisstatut[67].

29 **b) Anknüpfungspunkt.** Die Ansprüche der Mutter gegenüber dem nicht mit ihr verheirateten Vater auf Grund der Schwangerschaft und Geburt unterliegen dem Recht des Staats, in dem die Mutter ihren **gewöhnlichen Aufenthalt** hat. Das Statut ist wandelbar, maßgeblich ist der Aufenthalt im Zeitpunkt der Anspruchsbegründung[68]. Rück- und Weiterverweisungen sind beachtlich[69]. Anders ist es freilich, soweit das für Unterhaltsansprüche vorrangige HUntÜbk 1973 (vgl Rn 4) angewendet wird.

30 **4. Allgemeine Regeln. a) Rück- und Weiterverweisungen.** Rück- und Weiterverweisungen (Art 4 Abs 1) sind im Rahmen der Anknüpfung nach Art 19 Abs 1 S 1 und 2 sowie Art 19 Abs 1 S 3 iVm Art 14 Abs 1 Nr 1 und Nr 2 grds zu beachten[70]. Allerdings darf dadurch wegen des Günstigkeitsgrundsatzes nicht die Möglichkeit der Feststellung der Vaterschaft entfallen. Teils wird daher vertreten, Verweisungen seien nur zu beachten, soweit dadurch die Zahl der anwendbaren Rechtsordnungen nicht reduziert wird[71]. Richtiger und mit Art 4 Abs 1 S 1 vereinbar ist die Aussage, dass eine Rückverweisung nicht angenommen (bzw eine Weiterverweisung nicht beachtet) wird, wenn dadurch die Möglichkeit der Feststellung der Vaterschaft entfiele[72]. Teils wird die Rück- bzw Weiterverweisung auch bei einer Anknüpfung nach Art 19 Abs 1 S 3 iVm Art 14 Abs 1 Nr 3 für unbeachtlich gehalten, da ein renvoi dem Sinn der Verweisung in Art 14 Abs 1 Nr 3 zuwiderlaufen soll. Das ist jedoch abzulehnen (vgl Art 17 Rn 132; Art 14 Rn 65 ff).

31 **b) Vorfragen. aa) Grundsatz der selbstständigen Anknüpfung.** Auch im Rahmen des Art 19 gilt zunächst der allgemeine Grundsatz der selbstständigen Anknüpfung. Die im Zusammenhang mit der Feststellung der Abstammung auftretenden Vorfragen (Vertretung, Form, Geschäftsfähigkeit, etc) sind selbstständig anzuknüpfen[73]. Dies gilt auch, soweit das durch Art 19 Abs 1 berufene Recht noch zwischen ehelicher und nichtehelicher Abstammung unterscheidet. Insbesondere ist die Frage einer gültigen **Ehe der Mutter** selbstständig anzuknüpfen[74]. Wenn es aber um die **Ehelichkeit** des Kindes als solche geht, ist streitig, wie anzuknüpfen ist; vgl dazu die folgenden Ausführungen.

32 **bb) Vorfrage der Ehelichkeit.** Durch das KindRG ist die Unterscheidung zwischen ehelicher und nichtehelicher Abstammung aufgegeben worden. Soweit im ausländischen Recht an die **Ehelichkeit** (eheliche Abstammung) eines Kindes noch Rechtsfolgen geknüpft werden (Name, elterliche Sorge, Unterhalt, Erbrecht, Staatsangehörigkeit, etc), ist daher diese Vorfrage **unselbstständig**. Es sind also die Kollisionsnormen der auf die jeweilige Rechtsfrage zur Anwendung berufenen Rechtsordnung (Sachstatut) anzuwenden[75]. Verweist das ausländische Kollisionsrecht zurück auf deutsches Recht oder weiter auf das Recht eines Drittstaats, dem die Unterscheidung zwischen ehelicher und nichtehelicher Abstammung ebenfalls fremd ist, so kann diese Verweisung nur als solche auf den Status der einheitlichen Kindschaft begriffen werden[76].

---

[65] Ähnlich wie hier *Henrich*, FS Schwab, S 1141, 1149 mit verschiedenen Beispielen; aA aber *Wedemann*, S 140 ff.
[66] AA *Kegel/Schurig* IPR § 20 X 2 S 914.
[67] MünchKommBGB/*Klinkhardt* Art 19 Rn 67; Palandt/*Heldrich* Rn 9.
[68] MünchKommBGB/*Klinkhardt* Art 19 Rn 61; Palandt/*Heldrich* Rn 9.
[69] Palandt/*Heldrich* Rn 9; AnwK-BGB/*Bischoff* Rn 35; *v. Hoffmann/Thorn* IPR § 8 Rn 135; aA ohne Begr MünchKommBGB/*Klinkhardt* Art 19 Rn 66.
[70] Str, wie hier Palandt/*Heldrich* Rn 2; *Looschelders* IPR Rn 21; im Ergebnis auch *Andrae*, Internationales Familienrecht, § 5 Rn 30: „primär eine Sachnormverweisung und sekundär eine Gesamtverweisung"; aA MünchKommBGB/*Klinkhardt* Art 19 Rn 21 f, der für Art 19 Abs 1 S 1 von einer Sachnormverweisung ausgehen will.
[71] *Otte* Yearbook of Private International Law, Vol 1, 1999, 201, 204; Palandt/*Heldrich* Rn 2; für Abs 1 S 2 und S 3 auch MünchKommBGB/*Klinkhardt* Art 19 Rn 23; *v. Hoffmann/Thorn* IPR § 8 Rn 134.
[72] OLG Nürnberg FamRZ 2005, 1697.
[73] MünchKommBGB/*Klinkhardt* Art 19 Rn 46 ff, auch zu den wenigen Ausnahmen; *Looschelders* IPR Rn 5.
[74] Palandt/*Heldrich* Rn 8; AnwK-BGB/*Bischoff* Rn 13.
[75] AG Gießen StAZ 2005, 362; *Otte* Yearbook of Private International Law, Vol 1, 1999, 201, 212; *Hepting* StAZ 1999, 97; Palandt/*Heldrich* Rn 8; *Andrae*, Internationales Familienrecht, § 5 Rn 41; AnwK-BGB/*Bischoff* Rn 13; *v. Hoffmann/Thorn* IPR § 8 Rn 129; aA – nämlich selbstständig – *Looschelders* IPR Rn 5; *Budzikiewicz*, Materielle Statuseinheit, S 389 ff Rn 596.
[76] *Hepting* StAZ 1999, 97, 98.

cc) Legitimation. Schwierigkeiten entstehen auch, soweit eine ausländische Rechtsordnung noch 33
an dem Institut der Legitimation festhält. Als solche kann die Legitimation aus deutscher Sicht ignoriert werden. Durch sie wird das Kind „ehelich", was an sich keine Bedeutung entfaltet und von der Frage der Abstammung getrennt werden kann und muss. Als Vorfrage für andere Rechtsfragen kann die Legitimation aber ihre Bedeutung behalten. Sie kann Wirkungen etwa für das Eltern-Kind-Verhältnis, den Namen, die Staatsangehörigkeit (so in der Türkei) oder das Erbrecht haben. Für diese Rechtsfragen ist jeweils einzeln zu überlegen, wie anzuknüpfen ist[77]. Dennoch lässt sich insgesamt sagen, dass eine **unselbstständige** Anknüpfung sinnvoll ist[78]. Dann kann nämlich, soweit das anzuknüpfende ausländische Recht die Frage der Legitimation beachtlich findet, auch ausländisches Kollisionsrecht angewendet werden, um das für die Legitimation geltende Recht zu ermitteln. Anders als im deutschen Recht werden sich dort geeignete Vorschriften finden.

Notwendig ist die Auseinandersetzung mit der Legitimation aber auch für die Frage des Randvermerks im **Geburtenbuch.** Es fragt sich, ob die Legitimation als Form der Personenstandsänderung iS 34
des § 30 PStG (ab 1. 1. 2009 § 27 Abs 3 PStG) begriffen werden muss[79]. Hier wird nicht selten die **selbstständige** Anknüpfung vertreten[80]. Welche Norm im deutschen Recht angewendet werden soll, ist dabei allerdings höchst streitig. Teils wird die Anwendung von Art 21 aF bzw die Bildung einer neuen, diesem entsprechenden ungeschriebenen Kollisionsregel vertreten[81]. Teils wird Art 21 nF[82] und teils Art 23 vorgeschlagen[83]. Hier sind vielerlei Aspekte zu bedenken. Letztlich ist der Randvermerk jedoch abzulehnen. Zu Recht weist *Henrich* darauf hin, dass ein Eingreifen des § 30 PStG angesichts der dann von Amts wegen bestehenden Pflicht zur Eintragung praktisch höchst problematisch ist[84]. Aber auch der entscheidende Gedanke an das Wohl des Kindes kann nicht zu einem anderen Ergebnis führen. Für das Kind ist zwar wichtig, dass es bei einer Rückkehr in seinen Heimatstaat (oder bei dort auftretenden Rechtsfragen – wie einer Erbberechtigung) den Status des ehelichen Kindes hat. Es ist aber nicht anzunehmen, dass die Randbemerkung im Geburtenbuch dabei ausschlaggebend sein kann. Vielmehr ist es umgekehrt diskriminierend für das in Deutschland lebende Kind, wenn seine nachträgliche Legitimation eingetragen werden muss[85]. Insofern überzeugt letztlich die Ansicht, dass die Frage aus deutscher Sicht das Eltern-Kind-Verhältnis betrifft, so dass Art 21 nF angewendet werden kann[86].

c) Ordre public. aa) Allgemeines. Wegen der Möglichkeit des Günstigkeitsvergleichs (Rn 20 ff) 35
wird der ordre public im Rahmen der Anwendung des Art 19 nur selten bedeutsam. Allgemein ist auf das Wohl des Kindes im konkreten Fall abzustellen. Das kann die Anwendung von Regeln, die in ihrer Anlage diskriminierend oder unsachlich sind, in einem konkreten Einzelfall durchaus erlauben[87].

bb) Leih- und Wunschmutterschaft. Oben wurde bereits dargelegt, dass die Wunschmutterschaft 36
in bestimmten Konstellationen die für das Kind günstigste Abstammungsvariante ist und nach Art 19 die entsprechende Anknüpfung gewählt werden muss. Andererseits kann die Leihmutterschaft, je nach Lage des Einzelfalls, auch gegen den ordre public verstoßen. Das kann insbes dann der Fall sein, wenn die Leihmutter das Kind behalten möchte, weil sie eine emotionale Verbindung zu ihm aufgebaut hat. Es widerspricht den Grundwertungen des deutschen Rechts, das Kind in einem solchen Fall der Wunschmutter zuzuordnen. Meist wird man das Instrument des ordre publics hier nicht brauchen, weil die Abstammungsalternativen des Art 19 entspr genutzt werden können. Es wird das Statut ausgewählt, nach dem die Leihmutter die rechtliche Mutter ist. Wichtig wird die Frage aber, wenn eine ausländische Entscheidung anzuerkennen ist. Hier können auch Gedanken der Generalprävention Bedeutung erhalten, wenn deutsche Eltern nur für den erforderlichen Mindestzeitraum in das Ausland reisen, um dort ein Kind von einer Tragemutter austragen zu lassen. Im Einzelnen gilt aber das bereits oben (Rn 24 ff) Dargestellte: Da es um eine das Kind und sein ganzes Dasein betreffende Frage geht, dürfen formale oder generalpräventive Argumente niemals über das Wohl des Kindes im konkreten Fall gestellt werden. Will die US-amerikanische Leihmutter das Kind nicht haben, sind aber die deutschen Wunscheltern gut geeignet, so muss unter Umständen die Mutterschaft der Wunschmutter akzeptiert werden[88].

---

[77] *Hepting* StAZ 1999, 97, 98; *Staudinger/Henrich* Rn 89 ff; *AnwK-BGB/Bischoff* Rn 55.
[78] *Henrich* FamRZ 1998, 1401, 1404; *Hepting* StAZ 1999, 97.
[79] *Huber* IPRax 2000, 116.
[80] BayObLGZ 1999, 163 = IPrax 2000, 135, 137; *Kegel/Schurig* IPR § 20 XII S 954.
[81] *Kegel/Schurig* IPR § 20 XII S 954; *Hepting* IPRax 2001, 114; *Otte* Yearbook of Private International Law, Vol 1, 1999, 201, 213.
[82] *Huber* IPRax 2000, 116, 118.
[83] *Budzikiewicz*, Materielle Statuseinheit, S 391 ff Rn 600.
[84] *Staudinger/Henrich* Rn 86.
[85] Im Ergebnis wie hier OLG Köln FamRZ 1999, 529, 530; *Staudinger/Henrich* Rn 79 ff; *Huber* IPRax 2000, 116; *AnwK-BGB/Bischoff* Rn 55; für ein Kind, welches durch die Legitimation keine neue Rechtsstellung erlangt (Kosovo) auch OLG Stuttgart FamRZ 2000, 436; aA BayObLGZ 1999, 163 = IPRax 2000, 135, 137; *Hepting* StAZ 1999, 97, 101 f; *ders* IPRax 2001, 114: die zur Vermeidung der Diskriminierung allerdings jeweils die bloße Eintragung der Eheschließung befürworten; AG Heilbronn IPRax 1999, 114; *Palandt/Heldrich* Rn 8.
[86] *Huber* IPRax 2000, 116, 119.
[87] Noch zum alten Recht OLG Karlsruhe FamRZ 2002, 899, 900.
[88] Wie hier *Henrich*, FS Schwab, S 1141, 1152.

III. Verfahrensrecht

37 **1. Internationale Zuständigkeit.** Europäische Regelungen über die Abstammung liegen bisher nicht vor.
Die internationale Zuständigkeit für Kindschaftssachen ist in § 640a Abs 2 ZPO geregelt. Danach sind die deutschen Gerichte (nicht ausschließlich) zuständig, wenn zumindest eine der Parteien Deutscher iS von Art 116 Abs 1 GG ist oder ihren gewöhnlichen Aufenthalt im Inland hat. Die Norm kommt unabhängig davon zur Anwendung, welches Recht über die materielle Rechtslage entscheidet (kein Gleichlauf zwischen materiellem Recht und internationaler Zuständigkeit) oder ob der Heimatstaat der ausländischen Partei(en) die Entscheidung anerkennt[89].

38 **2. Anerkennung.** Die Anerkennung ausländischer gerichtlicher Entscheidungen über die Vaterschaft richtet sich, soweit kein bilaterales Übereinkommen eingreift, nach § 328 ZPO. Dabei dürfen im Rahmen des § 328 Abs 1 Nr 4 (ordre public) nicht deutsche Maßstäbe angelegt werden. Insbesondere ist die Einholung eines serologischen oder genetischen Gutachtens nicht erforderlich[90]. Zu Recht verneint wurde die Anerkennungsfähigkeit jedoch für eine Gerichtsentscheidung, die bei streitiger Abstammung ohne rechtliches Gehör des festgestellten Vaters erging[91].

IV. Intertemporales und interlokales Recht

39 **1. Intertemporales Recht.** Nach Art 224 § 1 Abs 1 (analog) haben die Art 19 Abs 1 aF und 20 Abs 1 aF auch zukünftig noch Bedeutung, soweit die Vaterschaft hinsichtlich eines vor dem 1. 7. 1998 geborenen Kindes festzustellen ist[92]. Die Abstammung richtet sich in diesem Fall nach Art 19 aF, sofern die Mutter zum Zeitpunkt der Empfängnis oder der Geburt des Kindes verheiratet war, ansonsten nach Art 20 aF. Die Frage der wirksamen Eheschließung der Eltern untersteht via selbstständig anzuknüpfende Vorfrage dem nach Art 13 berufenen Recht[93]. Liegt eine wirksame Eheschließung vor, beurteilt sich die Ehelichkeit eines Kindes in erster Linie nach dem sog Ehewirkungsstatut (Art 19 Abs 1 S 1 aF iVm Art 14 Abs 1). Bei gleicher Staatsangehörigkeit der Mutter und ihres Ehemanns gilt danach gemäß Art 14 Abs 1 Nr 1 das gemeinsame Heimatrecht bzw das letzte gemeinsame Heimatrecht[94]. Fehlt es an einer gemeinsamen Staatsangehörigkeit, so findet das Recht am Ort des gemeinsamen gewöhnlichen Aufenthalts Anwendung (Art 14 Abs 1 Nr 2), hilfsweise das Recht, zu dem beide Ehegatten die engste Verbindung aufweisen (Art 14 Abs 1 Nr 3). Alternativ kann nach Art 19 Abs 1 S 2 der eheliche Status des Kindes auch nach dem Heimatrecht der Mutter oder ihres Ehemanns festgestellt werden. Maßgeblich ist jeweils der Zeitpunkt der Geburt. War die Mutter weder zum Zeitpunkt der Empfängnis noch bei der Geburt verheiratet, sieht Art 20 Abs 1 aF die alternative Anknüpfung an das Heimatrecht der Mutter, das Heimatrecht des Vaters – jeweils im Zeitpunkt der Geburt – oder das Recht des Staats, in dem das Kind – im Zeitpunkt der Feststellung – seinen gewöhnlichen Aufenthalt hat, vor.

40 **2. Interlokale Fallgestaltungen.** Auf interlokale Fallgestaltungen finden Art 234 § 1 und Art 234 § 7 Anwendung[95].

Art 20 Anfechtung der Abstammung

¹Die Abstammung kann nach jedem Recht angefochten werden, aus dem sich ihre Voraussetzungen ergeben. ²Das Kind kann die Abstammung in jedem Fall nach dem Recht des Staates anfechten, in dem es seinen gewöhnlichen Aufenthalt hat.

Schrifttum: *Frank*, Rechtsvergleichende Betrachtungen zur Vaterschaftsanfechtung durch den leiblichen Vater des Kindes, FS Schwab, 2005, S 1127; *Helms*, Die missbräuchliche Anerkennung der Vaterschaft, StAZ 2007, 69; *Henrich*, Zum Schutz des Scheinvaters durch den deutschen ordre public, IPRax 2002, 118; *Pfeiffer*, Internationalprivat- und -verfahrensrechtliches zu „heimlichen" Vaterschaftstests, FS Laufs, 2005, S 1193; vgl auch die Angaben bei Art 19.

Übersicht

	Rn		Rn
I. Allgemeines	1	**II. Einzelerläuterungen**	4
1. Normzweck	1	1. Sachlicher Anwendungsbereich	4
2. Staatsvertragliche Regelungen	3	2. Anwendbares Recht	8

---

[89] MünchKommZPO/*Coester-Waltjen* § 640a Rn 4; *Stein/Jonas/Schlosser* § 640a ZPO Rn 3; *Zöller/Geimer* § 640a ZPO Rn 6, 7.
[90] OLG Dresden FamRZ 2006, 563: Feststellung auf Grund der Aussage der Mutter; OLG Stuttgart FamRZ 2005, 636: Feststellung auf der Basis von Zeugenaussagen; OLG Hamm FamRZ 2003, 1855.
[91] OLG Hamm NJW-RR 2006, 293.
[92] Ganz hM, OLG Karlsruhe FamRZ 2002, 899; *Staudinger/Henrich* Rn 5; *Kropholler* IPR § 48 IV S 405; AnwK-BGB/*Bischoff* Rn 39; *Palandt/Heldrich* Rn 3; aA *Dörner*, FS Henrich, S 119 ff, 128 – Art 220 analog.
[93] BGHZ 43, 214, 218, 227; *Kegel* IPR § 20 XII.
[94] OLG Karlsruhe FamRZ 2002, 899.
[95] BGH NJW 1999, 1862; *Rauscher* StAZ 1991, 1; *Siehr* IPRax 1991, 20.

	Rn		Rn
a) Abstammungsstatut	8	1. Internationale Zuständigkeit	16
b) Aufenthaltsstatut	9	2. Anerkennung	17
3. Allgemeine Regeln	12		
a) Rück- und Weiterverweisungen	12	**IV. Interlokale und intertemporäre Fallgestaltungen**	18
b) Vorfragen	13		
c) Ordre public	14	1. Interlokales Recht	18
III. Verfahrensfragen	16	2. Intertemporales Recht	19

I. Allgemeines

1. Normzweck. Art 20 bestimmt das anwendbare Recht für die Anfechtung der Abstammung. 1 Davon erfasst ist die Abstammung von der Mutter und vom Vater. Wie in Art 19 so wurde auch hier mit Inkrafttreten des KindRG am 1. 7. 1998 die Unterscheidung zwischen ehelicher und nichtehelicher Kindschaft aufgegeben.

Die Vorschrift stellt, ohne eine konkrete Liste aufzustellen, alle Rechtsordnungen zur Wahl, aus 2 denen sich die Voraussetzungen der Abstammung ergeben. Hinzu kommt das Recht des gewöhnlichen Aufenthalts des Kindes, welches sogar dann anwendbar ist, wenn sich danach nicht die Abstammung des Kindes von der Person ergibt, gegen deren Stellung sich die Anfechtung richtet. Die Norm ist damit ausgesprochen anfechtungsfreundlich. Dabei muss allerdings der Gedanke im Vordergrund stehen, dem Kind das Recht auf seine wahre Abstammung zu sichern, während Rechte Dritter stets auch vor dem Hintergrund des Kindeswohls zu beurteilen sind[1].

2. Staatsvertragliche Regelungen. Es gibt zurzeit keine staatsvertraglichen Regelungen über die 3 Anfechtung der Abstammung. Die CIEC-Staatsverträge sind für die Anfechtung der Abstammung nicht einschlägig (siehe Art 19 Rn 3). Für Iraner gilt wie stets das **deutsch-iranische Niederlassungsabkommen** vom 17. 2. 1929 (abgedruckt in Art 25 Rn 12; näher Art 19 Rn 5).

II. Einzelerläuterungen

1. Sachlicher Anwendungsbereich. Nach Art 20 bestimmt sich, welchem Recht die Beseitigung 4 einer einmal begründeten oder festgestellten Abstammung unterliegt. Da im ausländischen Recht, anders als im deutschen Recht, nicht selten die Anfechtung der **Mutterschaft** möglich ist, ist auch diese von Art 20 erfasst[2].

Die Vorschrift bestimmt die Anknüpfung der Anfechtungsgründe, der Form (Frage der Klagenot- 5 wendigkeit) und Frist der Anfechtung einschließlich Hemmung und Unterbrechung[3].

Auch die Anfechtungsberechtigung richtet sich nach dem Anfechtungsstatut[4]. 6

Meist können heute die Mutter, der rechtliche Vater und das Kind die Vaterschaft anfechten. Die Anfechtung 6.1 der Vaterschaft durch den potentiellen leiblichen Vater trotz ehelicher Geburt oder Vaterschaftsanerkennung wie in Deutschland (§ 1600 Abs 1 Nr 2, Abs 2 BGB) ist unter ähnlichen Voraussetzungen auch in anderen Ländern wie etwa in Frankreich möglich, wenn keine sozial-familiäre Beziehung vorliegt. Norwegen (§ 6 Kindes- und Elterngesetz) und Russland (Art 53 Familiengesetzbuch) sehen für den biologischen Vater sogar ein uneingeschränktes Anfechtungsrecht vor[5]. Wenn dies im Anfechtungsstatut vorgesehen ist, kann also auch die **Staatsanwaltschaft** anfechten; im deutschen Recht wird die geplante Anfechtung durch die **zuständige Behörde** nach § 1600 Abs 1 Nr 5 erfasst[6]. Ohnehin soll § 1600 Abs 1 Nr 5 eine international zwingende Eingriffsnorm sein[7].

Sofern die Anfechtung im Klageverfahren durchzuführen ist, richtet sich aber das **Verfahrensrecht** 7 wie stets nach der lex fori[8]. Zum Verfahrensrecht zählen auch die zulässigen Beweismittel. Dafür gilt in Deutschland also auch die ZPO[9]. Zum Anfechtungsstatut gehören dagegen gesetzliche Vermutungen, die aufgrund eines verweigerten Gentests zur Feststellung der Vaterschaft führen[10].

2. Anwendbares Recht. a) Abstammungsstatut. Gemäß Art 20 S 1 ist Anfechtungsstatut jedes 8 Recht, nach dem sich die **Voraussetzungen der Abstammung** ergeben. Das können alle in Art 19 genannten Rechtsordnungen sein[11]. Ausreichend ist, dass sich bei Anwendung der entsprechenden Rechtsordnungen eine Abstammung des Kindes ergeben würde. Ob die Abstammung auch tatsächlich

---

[1] *Kropholler* IPR § 48 IV 2; krit dazu, dass auch anfechtende (Schein-)Väter begünstigt werden, insbes *Andrae*, Internationales Familienrecht, § 5 Rn 48.
[2] Näher nur *Staudinger/Henrich* Rn 42 ff.
[3] OLG Hamm FamRZ 1998, 1133 zu Art 19 Abs 1 S 1 aF; *Palandt/Heldrich* Rn 3.
[4] *Palandt/Heldrich* Rn 3; MünchKommBGB/*Klinkhardt* Art 20 Rn 9; *Andrae*, Internationales Familienrecht, § 5 Rn 51; *v. Hoffmann* IPR, 6. Aufl 2000, § 8 Rn 137.
[5] Zu allem näher *Frank*, FS Schwab, S 1127 ff, 1136 f.
[6] Zum Gesetz zur Ergänzung des Rechts zur Anfechtung der Vaterschaft s nur BT-Drucks 16/3291; dazu *Helms* StAZ 2007, 69 ff.
[7] *Gaaz*, StAZ 2007, 75, 81.
[8] *Andrae*, Internationales Familienrecht, § 5 Rn 51.
[9] *Andrae*, Internationales Familienrecht, § 5 Rn 51.
[10] *Pfeiffer*, FS Laufs, S 1193, 1197.
[11] *Looschelders* IPR Rn 9; mit Beispielen *Staudinger/Henrich* Rn 10 ff.

nach dieser Rechtsordnung festgestellt wurde, ist ohne Bedeutung[12]. Ist die Feststellung der Abstammung nach mehreren Rechtsordnungen möglich, so kann die Anfechtung nach Wahl des Anfechtenden alternativ (nicht kumulativ) nach jedem dieser Rechte erfolgen[13]. Die alternative Anknüpfung ist vor allem dann von praktischer Bedeutung, wenn die Anfechtung nach einer der berufenen Rechtsordnungen wegen Fristablaufs bereits ausgeschlossen ist; in diesem Fall bleibt es dem Anfechtenden unbenommen, Rückgriff auf die anderen möglichen Abstammungsstatute zu nehmen[14]. Da Art 20 S 1 sich auf Art 19 bezieht, der ein im Grundsatz wandelbares Abstammungsstatut vorsieht, ist auch das Anfechtungsstatut **wandelbar** (näher Art 19 Rn 13).

9 **b) Aufenthaltsstatut.** Nach Art 20 S 2 kann das Kind darüber hinaus die Abstammung nach dem Recht seines **gewöhnlichen Aufenthalts** (Art 19 Rn 11 ff; Art 5 Rn 13) anfechten. Im Gegensatz zu Art 20 S 1 setzt Art 20 S 2 seinem insoweit klaren Wortlaut nach („jedem Fall") nicht voraus, dass sich aus dem Anfechtungsstatut überhaupt die Abstammung ergibt, die durch die Anfechtung beseitigt werden soll[15]. Diese Möglichkeit hat nur das Kind. Sie ist den übrigen Anfechtungsberechtigten verwehrt.

10 Da auch Art 20 S 1 die Anknüpfung an den gewöhnlichen Aufenthalt des Kindes bereits umfasst, kommt Art 20 S 2 letztlich nur dann zum Tragen, wenn nach dem Recht des gewöhnlichen Aufenthalts die anzufechtende Abstammung in der Tat gar nicht besteht[16].

11 Das Anfechtungsstatut nach Art 20 S 2 ist durch Änderung des gewöhnlichen Aufenthalts ex nunc **wandelbar**[17].

12 **3. Allgemeine Regeln. a) Rück- und Weiterverweisungen.** Rück- und Weiterverweisungen (Art 4 Abs 1) sind im Rahmen der Anknüpfung nach Art 20 S 1 in Verbindung mit der zur Bestimmung des Abstammungsstatuts maßgeblichen Kollisionsnorm grds beachtlich (zu den Einschränkungen vgl Art 19 Rn 17)[18]. Gleiches gilt für die Anknüpfung nach Art 20 S 2. Allerdings darf – ebenso wie bei Art 19 – durch die Rück- oder Weiterverweisung die Anfechtung nicht vereitelt werden[19].

13 **b) Vorfragen.** Wie stets erfolgt die Anknüpfung von Vorfragen (Form, gesetzliche Vertretung, Geschäftsfähigkeit) im Regelfall selbstständig. Anders ist es jedoch, wenn im ausländischen Recht noch nach ehelicher und nichtehelicher Kindschaft unterschieden wird. Da das deutsche Recht dazu keine Regelung mehr enthält, ist die Vorfrage der **Ehelichkeit** des Kindes unselbstständig anzuknüpfen (vgl Art 19 Rn 32)[20]. Geht es jedoch nicht um die Ehelichkeit als solche, sondern um die Gültigkeit der Ehe der Mutter, unterliegt diese Frage wiederum – gemäß der allgemeinen Regel – einer selbstständigen Anknüpfung (vgl Art 19 Rn 31).

14 **c) Ordre public.** Grds kann die Ausgestaltung der Anfechtung gegen den deutschen ordre public (Art 6) verstoßen. Jedoch kommt dieser wegen der Anknüpfungsalternativen selten zur Anwendung[21]. Kein automatischer Verstoß liegt vor, wenn das ausländische Recht zwischen ehelicher und nichtehelicher Abstammung unterscheidet[22]. Sieht das ausländische Recht eine im Verhältnis zu deutschem Recht **kürzere Anfechtungsfrist** vor, so ist darin ebenfalls noch kein Verstoß gegen den ordre public zu sehen[23]. Jedoch darf hier heute nicht mehr einseitig der Wunsch nach dem Erhalt des ehelichen Status für das Kind dominieren. Auch das Recht auf die Feststellung der wahren Abstammung ist wesentlich. Nicht ausreichend sind daher sehr kurze Fristen[24]. Jedenfalls liegt ein Verstoß vor, wenn das Recht auf Anfechtung der Anerkennung von der ausländischen Rechtsordnung vereitelt wird oder wenn die Anfechtung einer Anerkennung wider besseren Wissens nicht möglich ist und dem Anerkennenden nicht genügend Bedenkzeit gewährt wurde[25].

15 Auch bei der **unbefristeten** Anfechtung muss die Frage des ordre public erwogen werden. Jedenfalls ist es vorstellbar, dass ein Kind vor einer willkürlichen, entgegen besserem Wissen erst nach Jahren erhobenen Anfechtungsklage geschützt werden muss[26]. Die Verwertung heimlicher Vaterschaftstests in

---

[12] *Looschelders* IPR Rn 9; *MünchKommBGB/Klinkhardt* Art 20 Rn 2; *Palandt/Heldrich* Rn 2; aA *v. Hoffmann/Thorn* IPR § 8 Rn 136: Anfechtung nur nach dem Recht, nach dem die Anfechtung festgestellt wurde; so wohl auch *Andrae*, Internationales Familienrecht, § 5 Rn 52.
[13] OLG Stuttgart FamRZ 1999, 610; *Palandt/Heldrich* Rn 2; *MünchKommBGB/Klinkhardt* Art 20 Rn 2, 3; *Henrich* StAZ 1998, 1401, 1403; *Otte*, The New German Private International Law of Parents and Child, Yearbook of Private International Law, Vol 1, 1999, 201, 211; einschränkend *Andrae*, Internationales Familienrecht, § 5 Rn 47: Priorität des Rechts des gewöhnlichen Aufenthalts.
[14] OLG Karlsruhe, FamRZ 2000, 107.
[15] *Henrich* FamRZ 1999, 1401, 1403; *Palandt/Heldrich* Rn 2.
[16] Mit Beispiel *Staudinger/Henrich* Rn 22.
[17] *Kegel/Schurig* IPR § 20 X 3; *Palandt/Heldrich* Rn 2.
[18] *Kropholler* IPR § 48 IV 2 c; aA – nämlich Sachnormverweisung auf das Recht, nach dem die Abstammung festgestellt wurde – *v. Hoffmann/Thorn* IPR § 8 Rn 136; *Andrae*, Internationales Familienrecht, § 5 Rn 52.
[19] *Palandt/Heldrich* Rn 1; *AnwK-BGB/Bischoff* Rn 14.
[20] *Kropholler* IPR § 48 IV 2; *Andrae*, Internationales Familienrecht, § 5 Rn 41; aA *Looschelders* IPR Rn 2.
[21] *AnwK-BGB/Bischoff* Rn 15.
[22] *AnwK-BGB/Bischoff* Rn 15; *Looschelders* IPR Rn 5.
[23] BGHZ 75, 32, 43 f = NJW 1979, 1776: sechs Monate.
[24] *Staudinger/Henrich* Rn 56; *Andrae*, Internationales Familienrecht, § 5 Rn 54; *Looschelders* IPR Rn 5; anders aber AG Spandau FamRZ 1998, 1132: einen Monat nach türkischem Recht; ebenso *v. Hoffmann/Thorn* IPR § 8 Rn 137; *AnwK-BGB/Bischoff* Rn 16.
[25] OLG Stuttgart FamRZ 2001, 246; *AnwK-BGB/Bischoff* Rn 16; offen lassend *Henrich* IPRax 2002, 118.
[26] Ähnlich *Staudinger/Henrich* Rn 56; nicht ganz so deutlich *MünchKommBGB/Klinkhardt* Rn 13.

anderen Rechtsordnungen kann sowohl kollisions- als auch anerkennungsrechtlich gegen den ordre public verstoßen[27].

III. Verfahrensfragen
1. Internationale Zuständigkeit. Vgl Art 19 Rn 37.   16
2. Anerkennung. Vgl Art 19 Rn 38.   17

IV. Interlokale und intertemporäre Fallgestaltungen
1. Interlokales Recht. Bei interlokalen Fallgestaltungen greifen Art 234 § 1 und 234 § 7 ein.   18
Anfechtungen, die nach dem 1. 7. 1998 erfolgt sind, richten sich nach dem BGB[28].
2. Intertemporales Recht. Nach Art 224 § 1 Abs 2 (analog) findet Art 20 auf alle Anfechtungen   19
Anwendung, die nach dem 30. 6. 1998 erfolgen, unabhängig davon, wann das Kind geboren wurde[29]. Str ist aber, ob die Norm genauso angewendet werden kann, wie bei nach dem Stichtag geborenen Kindern. Dann müsste für die Bestimmung der Abstammungsstatute also Art 19 nF herangezogen werden[30]. Richtiger ist die Gegenauffassung, die für die Abstammung dennoch das alte Recht heranzieht, wie Art 224 § 1 Abs 1 es ausdrücklich bestimmt[31].

Art 21 Wirkungen des Eltern-Kind-Verhältnisses

Das Rechtsverhältnis zwischen einem Kind und seinen Eltern unterliegt dem Recht des Staates, in dem das Kind seinen gewöhnlichen Aufenthalt hat.

Schrifttum: *Andrae*, Zur Abgrenzung des räumlichen Anwendungsbereichs von EheVO, MSA, KSÜ und autonomem IZPR/IPR, IPRax 2006, 82; *Baetge*, Haager Kindesentführungsübereinkommen – Sorgerechtsverletzung und Widerrechtlichkeit der Entführung, IPRax 2000, 146; *Breuer*, Gemeinsame elterliche Sorge – Geltung für ausländische Staatsangehörige in Deutschland, FPR 2005, 74; *Dutta/Scherpe*, Die Durchsetzung von Rückführungsansprüchen nach dem Haager Kindesentführungsübereinkommen durch deutsche Gerichte, FamRZ 2006, 901; *Finger*, Nichteheliche Kindschaft und Auslandsbezug, ZfJ 2004, 134; *Looschelders*, Die Europäisierung des internationalen Verfahrensrechts für Entscheidungen über die elterliche Verantwortung, JR 2006, 45; *Roth/Döring*, Das Haager Abkommen über den Schutz von Kindern, JBl 1999, 758; Max-Planck-Institut für ausländisches und internationales Privatrecht (Hrsg), Kindschaftsrecht im Wandel, 1994; *Schulz*, Internationale Regelungen zum Sorge- und Umgangsrecht, fpr 2004, 299; *Staudinger*, Die neuen Karlsruher Leitlinien zum Haager Kindesentführungsübereinkommen, IPRax 2000, 194; *Sturm/Sturm*, Die gesetzliche Vertretung Minderjähriger nach dem neuen Kindschaftsrecht – national und international, StAZ 1998, 305.

Rechtsvergleichend: *Boele-Woelki, Ferrand* ua (Hrsg), Principles for European Family Law Regarding Parental Responsibilities, 2007; *Oğuz*, Das reformierte türkische Scheidungsrecht, FamRZ 2005, 766; *Patti*, Die neue italienische Regelung über das gemeinsame Sorgerecht, FamRZ 2006, 1321.

Übersicht

	Rn		Rn
I. Allgemeines	1	b) Vorfragenanknüpfung	16
1. Normzweck	1	c) Ordre public	17
2. Staatsvertragliche und europarechtliche Kollisionsnormen	2		
a) MSA	2	III. Internationales Verfahrensrecht	18
b) Haager Kindesentführungsübereinkommen	4	1. Internationale Zuständigkeit	18
c) Weitere Übereinkommen	5	a) EheGVO II	18
		b) MSA/KSÜ	19
II. Einzelerläuterung	7	c) Autonomes deutsches Recht	20
1. Anwendungsbereich (Anknüpfungsgegenstände)	7	2. Anerkennung und Vollstreckung	21
a) Persönlich	8	a) Anerkennung innerhalb der EU	21
b) Sachlich	9	b) Anerkennung nach MSA/ESÜ	22
c) Nicht erfasste Rechtsbereiche	10	c) Anerkennung nach autonomem Recht	23
2. Anknüpfungpunkt	11		
3. Allgemeine Regeln	15	IV. Intertemporales und interlokales Recht	24
a) Rück- und Weiterverweisungen (Art 4 Abs 1)	15	1. Intertemporales Recht	24
		2. Interlokales Recht	25

---

[27] *Pfeifer*, FS Laufs, S 1193 ff.
[28] Vgl BGH NJW 1999, 1862.
[29] OLG Nürnberg, FamRZ 2002, 1722; OLG Köln FamRZ 2003, 1857; *Palandt/Heldrich* Art 20 Rn 1; aA – nämlich für analoge Anwendung von Art 220 – *Dörner*, FS Henrich, S 119, 128 ff.
[30] So OLG Hamm FamRZ 2005, 291.
[31] Wie hier *Staudinger/Henrich* Rn 3; MünchKommBGB/*Klinkhardt* Rn 17.

I. Allgemeines

1. 1. Normzweck. Art 21 regelt die Anknüpfung einiger wesentlicher Rechtsbeziehungen des Kindes zu seinen Eltern. Der Anwendungsbereich ist stark reduziert durch vorrangige Regeln bspw im HUntÜbk 1973 (vgl auch Art 18) für den Unterhalt, in Art 19 für die Abstammung und im MSA für Schutzmaßnahmen (näher Rn 2). Die Vorschrift wurde durch das KindRG vom 16. 12. 1997 neu in das EGBGB eingefügt und ist seit dem 1. 7. 1998 in Kraft. Die bislang in Art 21 aF geregelte Anknüpfung der Statusverbesserung durch Legitimation ist ersatzlos aufgehoben worden (vgl Art 19 Rn 32). Die Neufassung des Art 21 unterscheidet (anders als Art 19 Abs 2 aF und Art 20 Abs 2 aF) nicht mehr zwischen ehelicher und nichtehelicher Kindschaft, sondern knüpft **einheitlich an den gewöhnlichen Aufenthalt** des Kindes an. Dadurch hat der Gesetzgeber eine weitgehende Harmonisierung mit dem Unterhaltsstatut nach Art 4 Abs 1 HUntÜbk 1973 (inkorporiert in Art 18 Abs 1, vgl Art 18 Rn 14) und Art 2 Abs 1 iVm Art 1 MSA verwirklicht.

2. 2. Staatsvertragliche und europarechtliche Kollisionsnormen. a) MSA. aa) Geltungsbereich. Als staatsvertragliche Regelung geht nach Art 3 Abs 2 in erster Linie das **Haager Minderjährigenschutzabkommen** (MSA) vom 5. 10. 1961 (BGBl 1971 II S 217) der Anknüpfung nach Art 21 vor. Soweit dessen kollisionsrechtlicher Gehalt betroffen ist, wird es durch die EheGVO II nicht bzw nur teilweise verdrängt (näher Rn 3)[1]. In den sachlichen Anwendungsbereich des MSA fallen nach Art 1 Maßnahmen zum Schutz der Person und des Vermögens des Minderjährigen. Nach wohl einhelliger Ansicht sind davon sämtliche gerichtlich oder behördlich angeordneten Umgangs- oder Sorgerechtsregelungen erfasst – insbes die gerichtliche Übertragung der Sorge oder eines Teils der Sorge auf einen Elternteil im Fall der Scheidung der Eltern[2]. In persönlicher Hinsicht ist das MSA anwendbar, wenn das Kind sowohl nach seinem Heimatrecht als auch nach dem Recht am Ort seines gewöhnlichen Aufenthalts minderjährig ist (Art 12 MSA). Außerdem muss das Kind seinen gewöhnlichen Aufenthalt in einem Vertragsstaat haben[3]. Für in Deutschland lebende Kinder greift es damit immer ein, wenn eine gerichtliche oder behördliche Maßnahme zu treffen ist.

3. bb) Inhalt. Das MSA enthält zwei Normen mit wesentlichem kollisionsrechtlichen Gehalt: Nach **Art 2 MSA** wendet das nach Art 1 MSA zuständige Gericht stets sein eigenes Recht an (lex fori). Seit dem Inkrafttreten der EheGVO II bereitet es große Schwierigkeiten, die Kollisionsnorm in Art 2 MSA anzuwenden, soweit sich die Zuständigkeit nach Art 8 ff EheGVO II richtet. Denn dann ist die Zuständigkeitsregel in Art 1 MSA, auf die Art 2 MSA aufbaut, verdrängt. Es bestehen insgesamt wenigstens vier Möglichkeiten, damit umzugehen. Zunächst gäbe es die Möglichkeit, Art 2 MSA neben der EheGVO II gar nicht mehr anzuwenden. Dies wurde oben bereits verworfen (Rn 2). Wendet man das MSA an, so gibt es zunächst die Auffassung, Art 2 sei als kollisionsrechtliche Vorschrift weiterhin stets anzuwenden, weil die EheGVO II Kollisionsrecht nicht umfasse. Daraus leiten sich dann jedoch zwei Deutungsalternativen ab: Das wesentliche Anliegen des Art 2 MSA kann entweder darin erblickt werden, die lex fori für anwendbar zu erklären (Gleichlaufprinzip), oder darin, das Recht am gewöhnlichen Aufenthalt des Kindes für anwendbar zu erklären[4]. Die dritte und wohl überwiegende Auffassung will Art 2 MSA dagegen nur dann anwenden, wenn sich – bei einer fiktiven Anwendung – aus Art 1 MSA ebenfalls eine Zuständigkeit ergeben würde[5]. Für die letzte Auffassung spricht, dass sie Art 2 MSA nicht überstrapaziert. Art 2 MSA enthält nun keine Regelung für den Fall, dass eine Zuständigkeit nach Art 1 MSA nicht gegeben ist. Für die Fälle, in denen die EheGVO II zu einer anderen Zuständigkeit führt (zB Annexzuständigkeit, Art 12 EheGVO II), greift daher Art 21 ein. Nach **Art 3 MSA** sind so genannte „Gewaltverhältnisse", die nach dem Heimatrecht des Minderjährigen gesetzlich bestehen, in allen Mitgliedstaaten anzuerkennen. Nach hM greift auch Art 3 nur im Rahmen der Anordnung von Schutzmaßnahmen, sonst greift Art 21[6]. Bei Schutzmaßnahmen iS der Art 1, 2 MSA muss das Gericht die bestehenden Gewaltverhältnisse (insbes Inhaberschaft der elterlichen Sorge) also nach dem Heimatrecht bestimmen. Die bestehenden gesetzlichen Gewaltverhältnisse können dann nach hM von den deutschen Gerichten zum Schutz des Kindes geändert werden, soweit das Heimatrecht eine solche Änderung zumindest kennt[7]. Kennt es sie nicht, können bei ernstlichen Gefahren nach Art 8 MSA dennoch Eingriffe erfolgen.

4. b) Haager Kindesentführungsübereinkommen. Das Haager Übereinkommen über die zivilrechtlichen Aspekte internationaler Kindesentführungen vom 25. 10. 1980 (= HKiEntÜbk) ist für die Bundesrepublik Deutschland am 1. 12. 1990 in Kraft getreten[8]. Eine aktuelle Übersicht über die

---

[1] Inzwischen ganz hM, AnwK-BGB/*Gruber* Art 8 EheGVO II Rn 7; MünchKommBGB/*Siehr* Anh I Art 21 Vorbem und Rn 156; Staudinger/*Spellenberg* Vor Art 1 EheGVO Rn 11; einschränkend aber *Rauscher/Rauscher* EuZPR Art 8 Rn 9.
[2] Näher Staudinger/*Kropholler* Vor Art 19 B Rn 48 ff.
[3] Nur *Palandt/Heldrich* Anh Art 24 Rn 2.
[4] Für ersteres *Kropholler* IPR § 48 I 3; für letzteres AG Leverkusen FamRZ 2002, 1636; *Gruber* Rpfleger 2002, 545, 549.
[5] *Andrae*, Internationales Familienrecht, § 6 Rn 96 ff m Bsp; *dies* IPRax 2006, 82, 87; *Solomon* FamRZ 2004, 1409, 1415 f; *Rauscher/Rauscher* EuZPR Art 8 Brüssel IIa-VO Rn 9.
[6] BGH IPRax 1991, 254, 256 m zust Anm *Sturm* 231; AnwK-BGB/*Benicke* Anh II Art 24, Art 3 MSA, Rn 4 f; *Finger* ZfJ 2004, 135; aA Staudinger/*Kropholler* Vor Art 19 Rn 289.
[7] BGH NJW 2005, 672.
[8] BGBl 1990 II S 206; BGBl 1991 II S 329; dazu *Mansel* NJW 1990, 2176; *Baer* ZRP 1990, 209; verfahrensrechtlich *Dutta/Scherpe* FamRZ 2006, 901; *Gruber* AnwBl 2005, 209.

zahlreichen Vertragsstaaten findet sich unter www.datenbanken.justiz.nrw.de/ir_htm/vertragsstaaten25101930.htm. Das Ziel des HKiEntÜbk besteht darin, die möglichst schnelle Rückführung von Kindern (unter 16 Jahren) zu erreichen, die widerrechtlich in einen anderen Vertragsstaat verbracht wurden oder dort festgehalten werden. Nach Art 3 HKiEntÜbk ist das Verbringen widerrechtlich, wenn dadurch die Alleinsorge oder die gemeinsame Sorge einer Person oder Behörde verletzt wird[9]. Willigt der andere Elternteil ein oder genehmigt er nachträglich, so scheidet die Rückführung aus[10]. Dies soll zum einen durch eine enge Zusammenarbeit der Behörden, zum anderen durch einen Anspruch auf sofortige Herausgabe (Art 12 HKiEntÜbk) erreicht werden. Befindet das Kind sich nicht bereits seit mehr als einem Jahr in dem ersuchten Staat, können der Herausgabe nur gewichtige Gründe entgegengehalten werden. Dies ist zum einen die schwerwiegende Gefahr eines körperlichen oder seelischen Schadens, zum anderen, bei entsprechender Reife des Kindes, sein eigener entgegenstehender Wille (Art 13 lit b und lit c HKiEntÜbk). Nach Art 11 Abs 4 EheGVO II, der die Vorschriften des HKiEntÜbk innerhalb der EU ergänzt, muss das Kind sogar dann herausgegeben werden, wenn die Gefahren, die durch die Herausgabe entstehen, durch angemessene staatliche Vorkehrungen beseitigt werden. In Deutschland muss dem Kind ein Verfahrenspfleger bestellt werden, wenn Anhaltspunkte dafür bestehen, dass der sorgeberechtigte Elternteil seine Interessen nicht ordnungsgemäß wahrnimmt[11]. Problematisch bei der Regelung des Art 13 HKiEntÜbk erschien vor allem, dass der Regelungsbereich des Übereinkommens endete, wenn ein Vertragsstaat bzw dessen Gerichte die Herausgabe entgegen dieser Norm verweigerte. Diese Lücke versucht nun Art 11 EheGVO II zu schließen. Danach erhalten die Gerichte des ursprünglichen Aufenthaltsstaats die örtliche Zuständigkeit für das Herausgabeverfahren zurück, wenn die Gerichte des „Entführungsstaats" nicht die Herausgabe anordnen (Art 11 Abs 6 EheGVO II). Die Entscheidung dieses Gerichts ist vollstreckbar (Art 11 Abs 8 EheGVO II). Die Vollstreckung in Deutschland richtet sich nach § 44 IntFamRVG; der Katalog der Vollstreckungsmaßnahmen ist hier ggü § 33 FGG deutlich erweitert[12]. Zulässig sind nunmehr, wie sich insbes aus Art 11 Abs 4 EheGVO II ergibt, auch die Anordnung von Auflagen zum Schutz des Kindes (sog undertakings)[13].

c) Weitere Übereinkommen. Das Europäische Übereinkommen über die Anerkennung und Vollstreckung von Entscheidungen über das Sorgerecht für Kinder und die Wiederherstellung des Sorgerechtsverhältnisses vom 20. 5. 1980 (= ESÜ)[14] ist lediglich Rechtshilfeabkommen ohne eigene Kollisionsnormen in Bezug auf das Sorgerecht und ohne Kompetenznormen für angerufene Gerichte, über das Sorgerecht selbst zu entscheiden. Es wird durch die EheGVO II verdrängt und gilt nur noch im Verhältnis zu den Staaten, die nicht zugleich EU-Mitgliedstaaten sind[15]. Das in einigen Staaten bereits geltende **Haager Kindesschutzübereinkommen** von 1996 (= KSÜ), das im Verhältnis der Vertragsstaaten das MSA ersetzen soll, wurde von Deutschland am 1. 4. 2003 gezeichnet, ist hier jedoch bislang nicht in Kraft getreten[16]. Nach Art 61 EheGVO II geht die EheGVO II auch dem KSÜ vor, wenn das Kind seinen gewöhnlichen Aufenthalt in einem Mitgliedstaat hat[17]. Davon sind jedoch die kollisionsrechtlichen Regelungen in Art 15 ff KSÜ nicht betroffen, da die EheGVO II diese gar nicht betrifft. Ähnlich wie nach Art 1, 2 MSA ist nach Art 5, 15 Abs 1 KSÜ im Regelfall das Gericht am Ort des gewöhnlichen Aufenthalts des Kindes zuständig und wendet die lex fori an. Entsprechend werden sich ähnliche Abgrenzungsprobleme wie beim MSA stellen (vgl Rn 3).

Soweit die Geltendmachung von **Unterhaltsansprüchen** in Rede steht, richtet sich die Vertretungsmacht gemäß Art 10 Nr 2 HUntÜbk 1973 (übernommen in Art 18; näher dort Rn 29) ausnahmsweise nach dem Unterhaltsstatut. Das Niederlassungsabkommen zwischen dem Deutschen Reich und dem Kaiserreich Persien vom 17. 2. 1929 (**Deutsch-iranisches Niederlassungsabkommen**)[18] geht Art 21 vor. Es gilt aber nur bei gleicher Staatsangehörigkeit beider Beteiligten. Bei unterschiedlichem Personalstatut (bei Doppelstaatern entscheidet die effektive Staatsangehörigkeit; Art 5 Abs 1 S 2 ist zu beachten) der Beteiligten ist das Abkommen nicht anwendbar[19].

II. Einzelerläuterung

1. Anwendungsbereich (Anknüpfungsgegenstände). Aufgrund der vorrangigen Staatsverträge verbleibt für Art 21 nur ein geringer Anwendungsbereich. Da bei gewöhnlichem Aufenthalt des Kindes in Deutschland das MSA eingreift, soweit gerichtliche oder behördliche Maßnahmen zu treffen sind (Art 1, 2 MSA), führt Art 21 idR zur Anwendung ausländischen Rechts[20].

---
[9] OLG Rostock FamRZ 2003, 959.
[10] OLG Karlsruhe NJW-RR 2006, 1590.
[11] BVerfG FamRZ 2006, 1261.
[12] Mit der Anordnung von Ordnungshaft OLG Stuttgart OLGR 2007, 15; zu allem näher *Dutta/Scherpe* FamRZ 2006, 901.
[13] *Dutta/Scherpe* FamRZ 2006, 901, 908; *Mäsch* FamRZ 2002, 1069, 1071 ff.
[14] BGBl 1990 II S 220, für die Bundesrepublik Deutschland in Kraft seit dem 1. 2. 1991, BGBl II S 392.
[15] UA Serbien, Montenegro, Norwegen; vgl für einen aktuellen Stand der Ratifikationen http://conventions.coe.int/Treaty/Commun/ChercheSig.asp?NT=105&CM=8&DF=6/15/2007&CL=GER.
[16] Vgl *Sturm* IPRax 1997, 10; *Siehr* RabelsZ 62 (1998), 464; *Roth* JBl 1999, 758.
[17] Sehr krit *Rauscher* EuZPR Art 61 Brüssel IIa VO Rn 1–2.
[18] RGBl 1930 II S 1002, 1006; 1931 II S 9; BGBl 1955 II S 899, Art 25 Rn 12.
[19] BGH NJW 1990, 636; OLG Bremen IPRax 1985, 296.
[20] *Brewer* FPR 2005, 78.

8   **a) Persönlich.** Die Vorschrift regelt die Anknüpfung der Rechtsbeziehungen zwischen einem Kind und den Personen, die aufgrund des nach Art 19 Abs 1 oder Art 22 bestimmten Rechts als dessen Eltern gelten. Soweit die Abstammung gemäß Art 22 ermittelt wird, gilt dies allerdings nur insofern, als das Adoptionsstatut das Eltern-Kind-Verhältnis nicht selbst regelt (s auch Art 22 Rn 26)[21]. Vom Anwendungsbereich erfasst werden auch Nachwirkungen der Sorge, die nach dem Tod eines Elternteils ggü dem Kind bestehen[22]. Geht es um die Sorge weiterer Personen, ist die Abgrenzung zu Art 24 schwierig. Sobald das Rechtsverhältnis eher einer Vormundschaft ähnelt, geht Art 24 vor. Art 21 kann aber die Frage der Verwandtschaft als solcher beherrschen[23].

9   **b) Sachlich.** In sachlicher Hinsicht umfasst Art 21 vor allem die kraft Gesetzes entstandenen **Umgangs- und Sorgerechte**[24]. Im Einzelnen betrifft dies den Inhalt und Umfang der Personen- und Vermögenssorge. Umfasst ist auch die gesetzliche Vertretung[25], vgl auch Rn 3 aE. Dazu gehören zum einen die Bestimmung des/der Sorgeberechtigten, sei es von Gesetzes wegen, sei es zB durch wirksame Sorgeerklärungen oÄ. Zum anderen ist der Umfang der Sorge erfasst: Hierzu gehört die Befugnis der Eltern zur Bestimmung des Aufenthalts des Kindes[26]. Streitig ist, inwiefern dadurch der Wohnsitz als gewöhnliche Aufenthalt iS des Gesetzes mitbestimmt wird (s auch Art 5 Rn 13 ff)[27]. Des Weiteren sind erfasst: Folgen einer Eheschließung auf das Sorgerecht, Entziehung und Ruhen des Sorgerechts, die Haftung des Kindes und der Eltern untereinander[28], Auskunftsansprüche sowie die Regelung des elterlichen Sorgerechts im Falle einer Scheidung[29], soweit nicht das MSA zur Anwendung kommt (vgl Rn 3)[30].

10   **c) Nicht erfasste Rechtsbereiche.** Nicht in den Anwendungsbereich des Art 21 fallen **Unterhaltsansprüche** (Anknüpfung nach HUntÜbk; dazu Art 18 Rn 16 ff), der **Vor- und Nachname** des Kindes einschließlich der Befugnis zur Erteilung des Vornamens (Anknüpfung nach Art 10)[31], der Eintritt der **Volljährigkeit** (Anknüpfung nach Art 7)[32] und das **Erbrecht** (Anknüpfung nach Art 25, 26). Ebenfalls nicht erfasst werden die Auswirkungen der **Vormundschaft** über ein Kind sowie der Bereich der **Pflegschaft** (Anknüpfung nach Art 24)[33].

11   **2. Anknüpfungspunkt.** Art 21 verweist auf das Recht am **gewöhnlichen Aufenthaltsort** des Kindes. Der gewöhnliche Aufenthaltsort ist der Daseinsmittelpunkt des Kindes (näher Art 5 Rn 13 ff; Art 19 Rn 11). Er muss eine gewisse Dauer haben und den Ort darstellen, an dem das Kind den Schwerpunkt seiner sozialen Bindungen hat[34]. Wird der Aufenthaltsort viermal innerhalb eines Jahres gewechselt, ist ein erst seit vier Wochen bestehender Aufenthalt im Ausland noch kein gewöhnlicher Aufenthalt iS des Art 21[35].

12   Das Statut ist durch Änderung des gewöhnlichen Aufenthalts im Grundsatz ex nunc **wandelbar**[36]. Im Sinne des Vertrauensschutzes müssen davon jedoch Ausnahmen gemacht werden. Bereits **abgeschlossene tatsächliche Vorgänge** (zB Verletzung einer Umgangsrechtsregelung oder Überschreitung sorgerechtlicher Befugnisse) bleiben von einem Statutenwechsel ohnehin unberührt[37]. Eine gewisse Kontinuität sollte insbes für die elterliche Sorge gelten, welche international derzeit noch recht unterschiedlich geregelt ist. Durch die Wandelbarkeit können dann unerwünschte Unsicherheiten entstehen[38]. Vor allem bei unverheirateten Eltern weichen die Rechtsordnungen deutlich voneinander ab. Dies gilt selbst innerhalb der EU, vgl dazu die Serviceseiten der Europäischen Kommission mit einer Übersicht zu allen Mitgliedstaaten, http://ec.europa.eu/civiljustice/parental_resp/parental_resp_gen_de.htm.

12.1   Der rechtsgeschäftliche Erwerb der gemeinsamen elterlichen Sorge durch Abgabe von Sorgeerklärungen nach § 1626a BGB findet nach dem **englischen** Children Act 1989 durch rechtsgeschäftliches „parental responsibility agreement" eine Entsprechung[39]. Nach dem Children Act 2003 erhält der Vater die Sorge aber auch automatisch,

---

[21] MünchKommBGB/*Klinkhardt* Rn 5; *Palandt/Heldrich* Rn 4.
[22] BayObLG NJW-RR 1992, 70, 72; MünchKommBGB/*Klinkhardt* Rn 5.
[23] Näher *Kegel* IPR § 20 XIV 1.
[24] *Junker* IPR Rn 567; MünchKommBGB/*Klinkhardt* Rn 8; *Otte*, The New German Private International Law of Parents and Child, Yearbook of Private International Law, Vol 1, 1999, S 201, 212; *v. Hoffmann/Thorn* IPR § 8 Rn 140; *Kegel/Schurig* IPR § 20 XI 1, S 923; *Palandt/Heldrich* Rn 5.
[25] OLG Stuttgart NJW-RR 1996, 1288.
[26] Vgl BGH FamRZ 1990, 1224, 1225; MünchKommBGB/*Klinkhardt* Rn 20; *Kegel/Schurig* IPR § 20 XI 1, S 923; *Palandt/Heldrich* Rn 5.
[27] Dagegen wohl BGH NJW-RR 1993, 4; umfassend *Kropholler*, FS Jayme, S 471.
[28] BGH NJW 1993, 2305, 2306.
[29] MünchKommBGB/*Klinkhardt* Rn 9; *Henrich* FamRZ 1998, 1401, 1404; *Palandt/Heldrich* Rn 5.
[30] MünchKommBGB/*Klinkhardt* Rn 7; *Rauscher* IPR S 198; *Kegel/Schurig* IPR § 20 XI 1, S 923; *Palandt/Heldrich* Rn 6.
[31] *Palandt/Heldrich* Rn 6; *Rauscher* IPR S 205; aA MünchKommBGB/*Klinkhardt* Rn 18, der die Befugnis für die Auswahl eines Vornamens der Personensorge zuordnet und insofern Art 21 anwendet.
[32] MünchKommBGB/*Klinkhardt* Rn 12; *Kegel/Schurig* IPR § 20 XI 1, S 923.
[33] *Kegel/Schurig* IPR § 20 XI 1, S 923.
[34] OLG Jena IPRspr 2001, Nr 207, 449.
[35] OLG Schleswig OLGR 2005, 744 f m Anm *Völker* jurisPR-FamR 9/2006 Anm 4.
[36] *Henrich* FamRZ 1998, 1401, 1404; *Rauscher* IPR S 206 f; einschränkend *Looschelders* IPRax 1999, 420, 425 f; *Breuer* FPR 2005, 76.
[37] MünchKommBGB/*Klinkhardt* Rn 3; *Palandt/Heldrich* Rn 3.
[38] Umfassend *Looschelders* IPRax 1999, 420, 423 f.
[39] *Sturm/Sturm* StAZ 1998, 305, 313 f.

wenn er die Geburt gemeinsam mit der Mutter beim Standesamt anzeigt[40]. In **Polen** und **Rumänien** erwerben die nichtehelichen Partner die gemeinsame elterliche Sorge im Fall der Anerkennung ex lege[41]. In **Frankreich** besteht die gemeinsame Sorge automatisch, wenn die Vaterschaft im ersten Lebensjahr des Kindes festgestellt wird (Art 372 franz CC). In **Italien** erfordert der Erwerb der gemeinsamen elterlichen Sorge eine förmliche Anerkennung des Kindes, wenn die Eltern zusammenleben, Art 280, 316 Abs 2 ital CC[42]. Auch in Ungarn ist das Zusammenleben erforderlich. In den **Niederlanden** erfolgt auf Antrag beider Eltern die Eintragung in das Sorgerechtsregister (Art 1.252 niederländisches BW). **Österreichisches** Recht verlangt eine behördliche oder gerichtliche Entscheidung und häusliche Gemeinschaft der Eltern (§ 167 S 1 ABGB), seit dem 1. 1. 2000 ebenso **schweizerisches** Recht[43].

Bei Trennung oder Scheidung der Eltern wird die Weiterführung der gemeinsamen Sorge immer üblicher, auch dort gibt es aber noch Unterschiede. **13**

Weiter geführt wird die gemeinsame Sorge in aller Regel. So jetzt etwa auch nach Art 155 ital CC[44]. In einigen Staaten ist jedoch zwingend eine Gerichtsentscheidung erforderlich. So ist es in der Türkei, wo das Gericht aber über den Wortlaut des Gesetzes hinaus auch die gemeinsame Sorge anordnen kann[45]. Eine Gerichtsentscheidung ist auch erforderlich in Österreich (§ 177 ABGB) und in der Schweiz (Art 133 Abs 3 ZGB). Übersichtlich zu allen Einzelheiten *Boele-Woelki/Ferrand* ua (Hrsg), Principles of European Family Law Regarding Parental Responsibilities, 2007, mit im Internet erhältlichen Berichten http://www2.law.uu.nl/priv/cefl/Field2.html. **13.1**

Um dem Kindeswohl nicht zu schaden (Interesse des Kindes an Kontinuität der rechtlichen Verhältnisse), wird daher versucht, eine deutlichere Bestandskraft der Sorgerechtsverhältnisse zu konstruieren. Das Gesetz bietet dazu freilich kaum eine Basis. Anders als Art 16 Abs 2 und 3 des (noch nicht in Kraft befindlichen) KSÜ und als Art 3, 5 Abs 1 MSA macht es auch keine Ausnahmen. Dennoch ist die freie Wandelbarkeit des Sorgerechtsverhältnisses nicht hinnehmbar[46]. Begründet werden kann dies mit der starken, auch durch Art 6 Abs 2 gesicherten Rechtsposition, die das Sorgerecht bedeutet. Aufschlussreich ist der Blick in die moderne Regelung des KSÜ: Nach Art 16 Abs 4 KSÜ kann ein Statutenwechsel nur zur Begründung eines bislang nicht existierenden Sorgerechts führen[47]. Das Gleiche muss als ungeschriebener Grundsatz auch für Art 21 angenommen werden[48]. Die dem entgegenstehende hM führt dazu, dass ein nichtehelicher Vater, der bei Geburt des Kindes zunächst automatisch die elterliche Sorge hatte, diese bei Umzug nach Deutschland verliert. Jedenfalls müssen Rechte, die durch Gerichtsentscheidung oder durch vertragliche Einigung erworben wurden, bestehen bleiben, bis eine neue Entscheidung des zuständigen Gerichts getroffen wird oder eine neue vertragliche Einigung erfolgt[49]. **14**

3. Allgemeine Regeln. a) Rück- und Weiterverweisungen (Art 4 Abs 1). Rück- und Weiterverweisungen (Art 4 Abs 1) durch das Recht am Ort des gewöhnlichen Aufenthalts sind zu beachten[50]. Dass der Gesetzgeber in Art 21 eine Harmonisierung mit dem auf das Sachrecht verweisenden MSA herbeiführen wollte, steht dem nicht entgegen[51]. Soweit der Gesetzgeber bislang Kollisionsnormen unter Berücksichtigung einer staatsvertraglichen Regelung formuliert hat und in diesen eine Sachnormverweisung aufnehmen wollte, geht dies aus dem Wortlaut der Vorschrift jeweils unmittelbar hervor (vgl Art 18 und Art 26). Da eine solche Klarstellung in Art 21 fehlt, ist hier von einer Gesamtverweisung auszugehen (s auch Art 4 Rn 2 ff)[52]. Für **versteckte Rückverweisungen** gelten die allgemeinen Grundsätze (vgl Art 4 Rn 12; Art 22 Rn 47). **15**

b) Vorfragenanknüpfung. Die Vorfrage der **Abstammung** bzw **Adoption** ist im Rahmen des Art 21 selbstständig nach Art 19 Abs 1 oder Art 22 anzuknüpfen[53]. Soweit allerdings im ausländischen Recht eine Rechtsbeziehung neben der Abstammung zusätzlich noch an die Ehelichkeit bzw Legitimation des Kindes oder an die Ehe der Eltern gebunden wird, ist diese Vorfrage unselbstständig, dh nach den Kollisionsnormen der nach Art 21 zur Anwendung berufenen Rechtsordnung anzuknüpfen (vgl auch Art 19 Rn 32)[54]. Die Vorfrage der **Minderjährigkeit** ist ebenfalls selbstständig anzuknüpfen und richtet sich nach Art 7[55]. **16**

---

[40] Zu Besonderheiten auch *Siehr* IPRax 2005, 526.
[41] www2.law.un.nl/priv/cefl
[42] www2.law.un.nl/priv/cefl
[43] Art 298a ZGB nF, AS Nr 10 vom 16. 3. 1999, S 1118 ff; altes schweizerisches Recht (Art 298 Abs 1 ZGB) lehnte bis 31. 12. 1999 die gemeinsame elterliche Sorge nichtehelich zusammenlebender Partner (noch) grds ab, BGE 114 II (1988), 412, 415.
[44] *Patti* FamRZ 2006, 1321.
[45] *Oğuz* FamRZ 2005, 766, 773.
[46] *Looschelders* IPRax 1999, 420, 425 f, der sich für eine Rechtsfortbildung bei Art 21 und gegen eine Lösung des Konflikts durch Fortbildung des MSA ausspricht.
[47] *Siehr* RabelsZ 62 (1998), 464, 490 f; *Looschelders* IPRax 1999, 420, 426.
[48] AA die hM, vgl *Staudinger/Henrich* Rn 26; AnwK-BGB/*Benicke* Rn 23.
[49] Für Letzteres auch *Kropholler* IPR § 48 IV 4 c, S 414; AnwK-BGB/*Benicke* Rn 24 f; wohl auch *Henrich* Rn 29.
[50] HM, AnwK-BGB/*Benicke* Rn 20; Palandt/*Heldrich* Rn 1; *v. Hoffmann/Thorn* IPR § 8 Rn 140; aA MünchKommBGB/*Klinkhardt* Rn 4.
[51] So aber MünchKommBGB/*Klinkhardt* Rn 4.
[52] MünchKommBGB/*Sonnenberger* Art 4 Rn 30.
[53] MünchKommBGB/*Klinkhardt* Rn 23; *Otte*, The New German Private International Law of Parents and Child, Yearbook of Private International Law, Vol 1, 1999, S 201, 212; Palandt/*Heldrich* Rn 4.
[54] MünchKommBGB/*Klinkhardt* Rn 24.
[55] AnwK-BGB/*Benicke* Rn 28.

EGBGB Art 21

17 **c) Ordre public.** Die Anwendung ausländischen Rechts kann wegen Verstoßes gegen den ordre public (Art 6) ausgeschlossen sein, wenn diese zu einem Ergebnis führt, das mit dem Kindeswohl offensichtlich unvereinbar ist[56]. Sorgerechtsregelungen oder Kindesherausgabeansprüche müssen sich am Kindeswohl orientieren und dürfen nicht schematisch entweder die Mutter oder den Vater bevorzugen[57]. Dennoch muss es dem ordre public nicht immer widersprechen, wenn nach ausländischem Recht ein Elternteil, sei es Vater oder Mutter, von Gesetzes wegen die Alleinsorge hat[58]. Vielmehr kommt es darauf an, ob die konkrete Sorgerechtsregelung im Einzelfall dem Kindeswohl entspricht. Hierbei kommt es nicht darauf an, ob das Kindeswohl bereits ernstlich gefährdet ist[59]. Vielmehr ist hier – freilich mit der gebotenen Zurückhaltung – darauf abzustellen, bei welchem Elternteil das Kindeswohl am besten gefördert werden wird[60]. Problematisch ist schon wegen der fehlenden Kontinuität häufig die Sorgerechtsverteilung des islamischen Rechts, bei der die Mutter bis zu einem gewissen Alter die tatsächliche Personensorge innehat, später aber die Gesamtsorge auf den Vater übergeht[61]. Widerspricht eine Sorgerechtsregelung in dieser Weise dem ordre public, kann sie von den deutschen Gerichten abgeändert werden, wobei nach Möglichkeit schonend vorzugehen ist und die entsprechenden Normen des ausländischen Rechts herangezogen werden sollten[62].

III. Internationales Verfahrensrecht

18 **1. Internationale Zuständigkeit. a) EheGVO II.** Die internationale Zuständigkeit für alle Entscheidungen über die elterliche Verantwortung innerhalb der **EU-Mitgliedstaaten** richtet sich seit dem 1. 3. 2005 nach der **EheGVO II** (= Brüssel IIa-VO; VO 2201/2003 des Rates über die Zuständigkeit und die Anerkennung und Vollstreckung von Entscheidungen in Ehesachen und in Verfahren betreffend die elterliche Verantwortung vom 27. 11. 2003). Zum Inkrafttreten der EheGVO II in Dänemark und den neuen Mitgliedstaaten vgl Art 17 Rn 141. Die EheGVO II ersetzt die **EheGVO I** (= Brüssel II-VO 1347/2000/EG des Rates vom 29. 5. 2000), die seit dem 1. 3. 2001 die internationale Zuständigkeit für die Regelung der elterlichen Sorge lediglich im Rahmen von Ehescheidungs- oder -trennungsverfahren bestimmte[63]. Zuständig sind gemäß Art 8 Abs 1 EheGVO II grundsätzlich die Gerichte des Mitgliedstaats, in dem das Kind seinen gewöhnlichen Aufenthalt hat. Die EheGVO I und II verdrängte bzw verdrängt jeweils in ihrem Anwendungsbereich die Regelungen des MSA[64].

19 **b) MSA/KSÜ.** Das **MSA** (bzw zukünftig das **KSÜ**) ist außerhalb des Geltungsbereichs der EheGVO I und II anwendbar, wenn der Minderjährige seinen gewöhnlichen Aufenthalt in einem Vertragsstaat hat[65]. Das ist dann der Fall, wenn das Kind nicht in einem Mitgliedstaat der EU, aber in einem Vertragsstaat des MSA gewöhnlich aufhält. Betroffen sind derzeit die Schweiz, die Türkei und das chinesische Verwaltungsgebiet Macao. Streitig ist, ob MSA/KSÜ auch greifen, wenn das Kind seinen gewöhnlichen Aufenthalt in Deutschland hat, der andere berührte Staat aber die Türkei bzw die Schweiz ist. Nach Art 1 MSA sind die Gerichte am Ort des gewöhnlichen Aufenthalts des Kindes zuständig.

20 **c) Autonomes deutsches Recht.** Die autonomen deutschen Vorschriften zur internationalen Zuständigkeit sind nur für die Fälle einschlägig, in denen weder die EheGVO I bzw II noch das MSA vorgehen. Das ist der Fall, wenn das Kind seinen gewöhnlichen Aufenthalt in einem Staat hat, der weder EG-Mitgliedstaat noch Vertragsstaat des MSA ist. In diesen Fällen ist § 35 b Abs 1 iVm § 43 Abs 1 FGG heranzuziehen[66]. Danach sind die deutschen Gerichte insbes international zuständig, wenn das Kind Deutscher iS des Art 116 GG ist[67]. Diese (nicht ausschließliche, § 35 b Abs 3 FGG) Zuständigkeit ist auch dann gegeben, wenn in Deutschland die Notwendigkeit der Fürsorge für das Kind vorliegt, etwa weil dieses im Inland Vermögen besitzt[68]. Sorgerechtsregelungen im Zusammenhang mit einem Scheidungsverfahren unterliegen aufgrund des Scheidungsverbunds nach §§ 623, 621, 606 iVm § 606 a ZPO der Zuständigkeit der deutschen Familiengerichte.

21 **2. Anerkennung und Vollstreckung. a) Anerkennung innerhalb der EU.** Die Anerkennung und Vollstreckung von Sorgerechts- und Umgangsrechtsentscheidungen eines anderen EU-Mitglied-

---

[56] *Erman/Hohloch* Rn 5; MünchKommBGB/*Klinkhardt* Rn 25; *Kropholler* IPR § 48 IV 4, S 413; für einen Fall der Anerkennung einer ausländischen Entscheidung OLG Hamm IPRspr 2000, Nr 81, 166.
[57] BGHZ 120, 29 = NJW 1993, 848 m Anm *Spickhoff* JZ 1993, 210; *Staudinger/Henrich* Rn 53 ff.
[58] MünchKommBGB/*Klinkhardt* Rn 25; OLG Frankfurt IPRspr 2001, Nr 89 b, 185; aA die Vorinstanz: AG Korbach FamRZ 2002, 633; einen ordre public-Verstoß annehmend auch OLG Karlsruhe NJW-RR 1998, 582: Stichentscheid des Vaters nach Art 263 türk ZGB.
[59] Str, wie hier AnwK-BGB/*Benicke* Rn 31; *Andrae*, Internationales Familienrecht, § 6 Rn 122 f; diff *Henrich* IPRax 1993, 83, 84; aA OLG Saarbrücken IPRax 1993, 100 f.
[60] MünchKommBGB/*Klinkhardt* Rn 25.
[61] Ähnlich AnwK-BGB/*Benicke* Rn 32; ausf zum islamischen Recht *Staudinger/Henrich* Rn 41 ff.
[62] Nochmals BGHZ 120, 29 = NJW 1993, 848.
[63] *Schulz* FPR 2004, 300; *Andrae* IPRax 2006, 82.
[64] KG NJW 2006, 3503 zur Möglichkeit der Verweisung nach Art 15 EheGVO II; MünchKommBGB/*Klinkhardt* Rn 14; *Palandt/Heldrich* Rn 7.
[65] BGH NJW 2005, 672 noch zur EheGVO I.
[66] OLG Schleswig OLGR 2005, 744 f; OLG Jena IPRspr 2001, Nr 207, S 449.
[67] OLG Schleswig OLGR 2005, 744 f.
[68] KG FamRZ 1998, 441, 442; MünchKommBGB/*Klinkhardt* Art 20 Rn 11.

staats richtet sich vorrangig nach Art 21 ff **EheGVO II** (zur Geltung s Rn 18). Hiernach sind sorgerechtliche Regelungen eines Mitgliedstaats ohne weitere Voraussetzungen in jedem anderen Mitgliedstaat anzuerkennen. Für die Vollstreckung einer in einem anderen Mitgliedstaat ergangenen sorgerechtlichen Entscheidung ist eine Vollstreckbarerklärung erforderlich (Art 28 EheGVO II). Der Antrag ist beim Familiengericht am Sitz des OLG des gewöhnlichen Aufenthalts des Vollstreckungsschuldners oder des Kindes zu stellen (Art 29 EheGVO II, §§ 12 ff IntFamVG). Dies gilt aber nicht für Entscheidungen, die ein **Umgangsrecht** bzw die **Herausgabe** des Kindes anordnen. Solche Entscheidungen sind nach Art 41, 42 EheGVO II ohne gesonderte Vollstreckbarerklärung in allen Mitgliedstaaten vollstreckbar. Voraussetzung ist eine entsprechende Bescheinigung des Gerichts des Ursprungsmitgliedstaats (näher Art 41 Abs 2 EheGVO II).

b) Anerkennung nach MSA/ESÜ. Im Übrigen ist das **MSA** in seinem Anwendungsbereich 22 grundsätzlich maßgeblich; nach Art 7 S 1 MSA sind Maßnahmen im Sinne des MSA in allen Vertragsstaaten anzuerkennen. Allerdings regelt das Abkommen ausschließlich die Anerkennung selbst, nicht auch eine eventuell erforderliche Vollstreckbarerklärung (vgl Art 7 S 2 MSA). Für die Anerkennung von Sorgerechtsentscheidungen anderer Länder ist das **Europäische Sorgerechtsübereinkommen** (ESÜ; zu den Vertragsstaaten s Rn 5) zu beachten, das neben der Anerkennung auch die Vollstreckbarerklärung ermöglicht (vgl Art 7 des Übereinkommens). Ist der Anwendungsbereich beider Abkommen eröffnet, ist die Regelung heranzuziehen, nach der die Anerkennung der ausländischen Entscheidung am leichtesten erfolgt[69].

c) Anerkennung nach autonomem Recht. Die Anerkennung von Sorgerechtsentscheidungen oder 23 von Entscheidungen über die Herausgabe des Kindes kann auch auf der Grundlage des § 16 a FGG vorgenommen werden[70]. Im Verhältnis zu den staatsvertraglichen Regelungen gilt wiederum das Günstigkeitsprinzip[71]. Im Rahmen des § 16 a FGG, der im Grundsatz kein besonderes Anerkennungsverfahren voraussetzt, ist zu beachten, dass bei einer Regelung des Sorgerechts im Zusammenhang mit einer ausländischen Scheidung grds zunächst das Verfahren nach Art 7 § 1 FamRÄndG durchgeführt werden muss. Die sachlichen Anerkennungsvoraussetzungen sind § 328 ZPO zu entnehmen. Eine révision au fond findet nicht statt; dh, dass das deutsche Gericht die ausländische Entscheidung nicht nachprüfen darf. Unbeachtlich ist auch die Anerkennung in dem Staat, dessen Recht nach Art 21 Maß gibt. Die Vollstreckung ausländischer Entscheidungen ist im FGG nicht geregelt, jedoch sind diese nach § 33 FGG durchsetzbar[72]. Abänderungen ausländischer Sorgerechtsentscheidungen durch international zuständige deutsche Gerichte sind zulässig, sofern dies nach dem vom EGBGB ermittelten Sachstatut statthaft ist (Rn 12)[73].

IV. Intertemporales und interlokales Recht

1. Intertemporales Recht. Eine spezielle Übergangsvorschrift für die Anknüpfung des Eltern- 24 Kind-Verhältnisses besteht nicht. Jedoch kann **Art 220 Abs 2 analog** herangezogen werden[74]. Danach ist für Auswirkungen des Rechtsverhältnisses vor dem 1. 7. 1998 die alte Rechtslage, für solche seit Inkrafttreten des KindRG neues Recht maßgebend. Mit dem Inkrafttreten der Neuregelung am 1. 7. 1998 kann es mithin zu einem **Statutenwechsel** in Bezug auf das Eltern-Kind-Verhältnis kommen; dies gilt insbes, wenn unter altem Recht gemäß Art 19 Abs 2 S 1 aF das Ehewirkungsstatut zur Anwendung berufen wurde[75].

2. Interlokales Recht. In interlokalen Fallgestaltungen sind für die Zeit vor dem 3. 10. 1990 die 25 Regelungen in Art 19 Abs 2 aF und Art 20 Abs 2 aF entsprechend heranzuziehen. Demnach gilt hinsichtlich der Rechtsbeziehungen zwischen einem ehelichen Kind und seinen Eltern das Ehewirkungsstatut (Art 19 Abs 1 S 1 aF) bzw, wenn die Ehe nicht (mehr) besteht, das Recht am gewöhnlichen Aufenthalt des Kindes (Art 19 Abs 2 S 2 aF)[76]; für nichteheliche Kinder ist ausschließlich das Recht am jeweiligen gewöhnlichen Aufenthalt maßgeblich (Art 20 Abs 2 aF)[77]. Ab dem 3. 10. 1990 gelten einheitlich die Vorschriften des BGB.

Art 22 Annahme als Kind

(1) ¹**Die Annahme als Kind unterliegt dem Recht des Staates, dem der Annehmende bei der Annahme angehört.** ²**Die Annahme durch einen oder beide Ehegatten unterliegt dem Recht, das nach Artikel 14 Abs. 1 für die allgemeinen Wirkungen der Ehe maßgebend ist.**

---

[69] MünchKommBGB/*Siehr* Art 21 Anh III Rn 58; MünchKommBGB/*Klinkhardt* Rn 16.
[70] BGH FamRZ 1983, 1008; FamRZ 1989, 378; OLG München FamRZ 1993, 349, 350; KG DAVorm 1991, 206; OLG Koblenz NJW 1989, 2201, 2203; OLG Hamm FamRZ 1987, 506; AG Mönchengladbach FamRZ 2005, 1702.
[71] Staudinger/*Henrich* Art 19 aF Rn 508; MünchKommBGB/*Klinkhardt* Rn 16.
[72] *Jansen/v. König* § 33 FGG Rn 71 ff.
[73] BGH IPRax 1987, 317; BGHZ 64, 19; OLG Karlsruhe FamRZ 1995, 562, 563; OLG Hamm IPRax 1993, 104, 106; KG OLGZ 75, 119; *Palandt/Heldrich* Rn 9.
[74] MünchKommBGB/*Klinkhardt* Art 28; aA *Kegel/Schurig* IPR S 926 f: Art 236 §§ 1 und 2 analog.
[75] Vgl Beispiel bei *v. Hoffmann/Thorn* IPR § 8 Rn 140.
[76] *Palandt/Heldrich* 57. Aufl 1998, Art 19 Rn 17; MünchKommBGB/*Klinkhardt* 3. Aufl 1998, Art 19 Rn 44.
[77] *Palandt/Heldrich* 57. Aufl 1998, Art 20 Rn 2.

(2) Die Folgen der Annahme in Bezug auf das Verwandtschaftsverhältnis zwischen dem Kind und dem Annehmenden sowie den Personen, zu denen das Kind in einem familienrechtlichen Verhältnis steht, unterliegen dem nach Absatz 1 anzuwendenden Recht.

(3) ¹In Ansehung der Rechtsnachfolge von Todes wegen nach dem Annehmenden, dessen Ehegatten oder Verwandten steht der Angenommene ungeachtet des nach den Absätzen 1 und 2 anzuwendenden Rechts einem nach den deutschen Sachvorschriften angenommenen Kind gleich, wenn der Erblasser dies in der Form einer Verfügung von Todes wegen angeordnet hat und die Rechtsnachfolge deutschem Recht unterliegt. ²Satz 1 gilt entsprechend, wenn die Annahme auf einer ausländischen Entscheidung beruht. ³Die Sätze 1 und 2 finden keine Anwendung, wenn der Angenommene im Zeitpunkt der Annahme das achtzehnte Lebensjahr vollendet hatte.

Schrifttum: *Andrae*, Internationales Familienrecht, 2. Aufl 2006; *Baumann*, Verfahren und anwendbares Recht bei Adoptionen mit Auslandsberührung, 1992; *Benicke*, Typenmehrheit im Adoptionsrecht und deutsches Internationales Privatrecht, 1995; *Brandt*, Die Adoption durch eingetragene Lebenspartner im internationalen Privat- und Verfahrensrecht, 2004; *Dietz*, Das Erbrecht des Adoptivkindes im Internationalen Privatrecht, Frankfurt, 2006; *Frank*, Neuregelungen auf dem Gebiet des Internationalen Adoptionsrechts unter besonderer Berücksichtigung der Anerkennung von Auslandsadoptionen, StAZ 2003, 257; *Heiderhoff*, Das Erbrecht des adoptieren Kindes nach der Neuregelung des internationalen Adoptionsrechts, FamRZ 2002, 1282; *Hepting*, Anerkennung und Substitution schwacher Auslandsadoptionen, StAZ 1986, 305; *Hohnerlein*, Internationale Adoption und Kindeswohl, 1991; *Klinkhardt*, Zweierlei Zweitadoptionen, IPRax 1995, 238; *ders*, Das Fehlen einer Adoptionseinwilligung im Wandel der Zeiten, IPRax 1997, 414; *Lorenz*, Internationale Erwachsenenadoption und lex loci actus, IPRax 1994, 193; *ders*, Adoptionswirkungen, Vorfragenanknüpfung und Substitution im Internationalen Adoptionsrecht nach der Umsetzung des Haager Adoptionsübereinkommens v 29. 5. 1993, FS Sonnenberger, 2004, S 497; *Marx*, Perspektiven der internationalen Adoption, Adoptionsrecht und Adoptionspolitik in ausgewählten Staaten Asiens unter Berücksichtigung der UN-Deklaration über Jugendwohlfahrt, Pflegekindschaft und Adoption, 1993; *ders*, Das Haager Übereinkommen über internationale Adoptionen, StAZ 1995, 315; *ders*, Das Dilemma mit der Anerkennung ausländischer Adoptionsbeschlüsse – Schwebezustand zu Lasten deutscher Adoptiveltern, ZfJ 1998, 147; *ders*, Zum Rechtsanspruch auf einen Adoptionsbericht (home study) bei internationalen Adoptionen, ZfJ 1999, 8; *Maurer*, Das Gesetz zur Regelung von Rechtsfragen auf dem Gebiet der internationalen Adoption und zur Weiterentwicklung des Adoptionsvermittlungsrechts, FamRZ 2003, 1337; *Menhofer*, Die Kafala des marokkanischen Rechts vor deutschen Gerichten, IPRax 1997, 252; *Mottl*, Zur Vorfrage nach der Wirksamkeit einer Auslandsadoption, IPRax 1997, 294; *Odendahl/Adar*, Die Änderungen im türkischen Adoptionsrecht und der Beitritt der Türkei zum Haager Adoptionsabkommen, ZFE 2006, 220; *Ring*, Der Schutz von Kindern und die Zusammenarbeit auf dem Gebiet der Internationalen Adoption (HAdoptÜ), ZFE 2007, 220; *Schnabel*, Aufenthaltserlaubnis und Adoption – Adoptionshindernis der Kinderlosigkeit und Vorbehalt des ordre public, IPRax 1993, 169; *Staudinger*, Der ordre public-Vorbehalt bei der Anerkennung ausländischer Adoptionen, FamRBint 2007, 42; *Steiger*, Im alten Fahrwasser zu neuen Ufern – Neuregelungen im Recht der internationalen Adoption mit Erläuterungen für die notarielle Praxis, DNotZ 2002, 184; *Wandel*, Auslandsadoption, Anerkennung und erbrechtliche Auswirkungen im Inlandserbfall, BWNotZ 1992, 17; *Weitzel*, Anerkennung einer Auslandsadoption nach deutschem Recht trotz schwerwiegender Mängel der ausländischen Entscheidung?, JAmt 2006, 333; *ders*, Zur Anerkennung ausländischer Adoptionsentscheidungen, IPRax 2007, 308; *Wolf*, Überprüfung von in der DDR ausgesprochenen Adoptionen – Zu Art 234 § 13 EGBGB und zum Adoptionsfristgesetz vom 30. 9. 1991, FamRZ 1992, 12.

Übersicht

	Rn		Rn
A. Allgemeines	1	IV. Durchführung der Adoption in Deutschland – Dekret oder Vertragsadoption	53
I. Normzweck	1	1. Dekretsystem	54
II. Staatsvertragliche Regelungen	3	2. Vertragssystem	55
1. Haager Adoptionsübereinkommen	4	3. Mischformen	56
2. Sonstige Abkommen	6		
III. Rechtstatsachen	7	**C. Verfahrensfragen**	57
		I. Internationale Zuständigkeit	57
B. Einzelerläuterungen	8	II. Anerkennung	60
I. Sachlicher Anwendungsbereich	8	1. Allgemeines	60
1. Begriff der Annahme als Kind – Qualifikation	8	2. Voraussetzungen Anerkennung nach dem HAdoptÜ	62
2. Reichweite des Adoptionsstatuts	15	3. Voraussetzungen der Anerkennung nach autonomem Recht	63
II. Anwendbares Recht	38	III. Umwandlung bzw Wiederholung der Adoption im Inland	68
1. Annahme durch eine Einzelperson – Personalstatut	38	1. Umwandlung der Adoption	68
2. Gemeinsame Annahme durch zwei unverheiratete Personen	40	2. Wiederholung der Adoption	69
3. Annahme durch Verheiratete – Ehewirkungsstatut	42	IV. Anerkennungszuständigkeit	70
III. Allgemeine Regeln	45	**D. Interlokale und intertemporäre Fallgestaltungen**	71
1. Rück- und Weiterverweisungen	45	I. Interlokales Recht	71
2. Vorfragen	49	II. Intertemporales Recht	72
3. Ordre public	51		

A. Allgemeines

I. Normzweck. Art 22 bestimmt das auf Adoptionen anwendbare Recht. Dabei differenziert die Norm zwischen der Durchführung der Annahme, für die Art 22 Abs 1 gilt, und den Rechtsfolgen der Annahme, für die Art 22 Abs 2 gilt. Art 22 Abs 3 stärkt zusätzlich die erbrechtliche Position des angenommenen Kindes bei testamentarischer Verfügung. Neben Art 22 ist Art 23 stets ergänzend mit heranzuziehen, wodurch sich das Ergebnis der Anknüpfung stark verändert. Während nach Art 22 vom Recht des Annehmenden auszugehen ist, beruft Art 23 zusätzlich das Heimatrecht des Kindes, soweit es um die dort genannten Einwilligungen (insbes des Kindes und seiner Eltern) geht. Soweit es zum Wohl des Kindes erforderlich ist, gilt stattdessen deutsches Recht (Art 23 S 2). 1

Art 22 und 23 kommen zum Tragen, wenn bei einer im Inland durchzuführenden Adoption Auslandsberührung besteht. Das ist insbes der Fall, wenn ein ausländisches Kind angenommen werden soll oder wenn die Annehmenden ausländische Staatsangehörige sind. Art 22 ist auch einschlägig, wenn eine Annahme im Ausland durch Privatrechtsakt erfolgt ist und in Deutschland anerkannt werden soll. Liegt dagegen bereits eine ausländische behördliche oder gerichtliche Entscheidung vor, so stellt sich die Frage des anwendbaren Rechts nicht mehr; zu prüfen ist nur noch, ob die ausländische Entscheidung im Inland anerkannt werden kann (vgl Rn 60 ff). 2

II. Staatsvertragliche Regelungen. Nach Art 3 Abs 2 S 1 gehen staatsvertragliche Regelungen den Vorschriften des EGBGB vor. Das Adoptionsrecht ist davon nur teilweise betroffen, da es nur wenige kollisionsrechtliche Regelungen in Staatsverträgen gibt. Das **Recht der EU** enthält solche Regelungen bisher noch gar nicht. 3

1. Haager Adoptionsübereinkommen. Deutschland ist seit dem 1. 3. 2002 Vertragsstaat des Haager Übereinkommens über den Schutz von Kindern und die Zusammenarbeit auf dem Gebiet der internationalen Adoptionen vom 29. 5. 1993 (BGBl II S 1035; HAdoptÜ). Das Übereinkommen gilt derzeit in 71 Staaten, eine aktuelle Liste der Mitgliedstaaten findet sich unter http://hcch.e-vision.nl/index_en.php?act=conventions.status&cid=69. Ziel des Übereinkommens ist der Schutz der Kinder vor missbräuchlichen Adoptionen (insbes Kinderhandel). Das Übereinkommen enthält **keine kollisionsrechtlichen** Bestimmungen, sondern einige materielle Voraussetzungen und Anforderungen an das Adoptionsverfahren[1]. 4

Nach Art 2 Abs 1 gilt das Übereinkommen, wenn ein (minderjähriges) Kind, das in einem Mitgliedstaat seinen gewöhnlichen Aufenthalt hat, in einen anderen Mitgliedstaat verbracht wird, weil es von einer Person oder einem Ehepaar aus diesem Mitgliedstaat angenommen wurde oder angenommen werden soll. Erfasst sind dabei alle Adoptionen oder adoptionsähnlichen Rechtsinstitute, welche eine dauerhafte Eltern-Kind-Beziehung begründen (Art 2 Abs 2 HAdoptÜ). Zentral sind die Vorschriften in Art 4 und 5 HAdoptÜ. Der Adoptionsantrag wird nach Art 14 HAdoptÜ, § 4 AdÜbAG[2] am Heimatort der Annehmenden gestellt. Daraufhin müssen Behörden des Aufnahmestaates unter anderem prüfen, ob die Annehmenden geeignet sind (Art 4, 5 HAdoptÜ). Die Behörden im Aufenthaltstaat des Kindes überprüfen, ob die Adoption dem Wohl des Kindes dient und ob alle Einwilligungen rechtmäßig erteilt wurden (Art 4 HAdoptÜ). Insbesondere kommt es darauf an, ob für das Kind keine geeignete Unterbringung im Heimatstaat gefunden werden kann. Die eigentliche Matchingentscheidung – also die Zuordnung des Kindes zu den Annehmenden – erfolgt durch die zuständige Behörde im Heimatstaat in enger Zusammenarbeit mit der zuständigen Behörde im Aufnahmestaat. Die zentrale Behörde des Vermittlungsstaats macht einen Vermittlungsvorschlag, der im Aufnahmestaat geprüft wird. In Deutschland überprüft die Auslandsvermittlungsstelle nach § 5 AdÜbAG insbes nochmals die Wahrung des Kindeswohls. Das Verfahren nach dem HAdoptÜ endet dann damit, dass die Heimatbehörde entscheidet, den Annehmenden das Kind anzuvertrauen (Art 17 HAdoptÜ). Der Adoptionsbeschluss kann entweder im Heimatstaat oder im Aufnahmestaat erfolgen. 5

2. Sonstige Abkommen. Kollisionsrechtliche Regelungen enthält das Abkommen über die Zuständigkeit der Behörden, das anwendbare Recht und die Anerkennung von Entscheidungen auf dem Gebiet der Adoption vom 15. 11. 1965. Es ist jedoch für Deutschland nicht in Kraft getreten[3]. Als staatsvertragliche Regelung gilt im Verhältnis zum **Iran** das deutsch-iranische Niederlassungsabkommen vom 17. 2. 1929[4] im Rahmen seines Anwendungsbereichs der Anknüpfung nach Art 22 nF. Im Verhältnis zu **Dänemark** besteht eine Vereinbarung betreffend den vereinfachten Behördenverkehr in Adoptionssachen[5]. Das Übereinkommen des Europarats über die Adoption von Kindern vom 24. 4. 1967[6] ist zwar für die Bundesrepublik am 11. 2. 1981 in Kraft getreten[7], es enthält jedoch keine kollisionsrechtlichen Regelungen, sondern ausschließlich materielles Recht. 6

III. Rechtstatsachen. Adoptionen sind insgesamt relativ selten. Im Jahr 2005 wurden in Deutschland nach Angaben des statistischen Bundesamtes insgesamt nur noch 4762 Kinder und Jugendliche 7

---

[1] *Lorenz*, FS Sonnenberger, 2004, S 497, 503 f.
[2] Adoptionsübereinkommens-Ausführungsgesetz vom 5. 11. 2001.
[3] Vertragsstaaten sind nur Österreich, die Schweiz und das Vereinigte Königreich; dazu *Massfeller*, Familienrecht für Standesbeamte II, 1965, S 143 ff – dort auch Abdruck der Art 1 bis 18; vgl zum Inhalt knapp *Kegel/Schurig* IPR § 20 XIII 4.
[4] RGBl 1930 II S 1006; 1931 II S 9; Bek der Weitergeltung BGBl 1955 II S 829, abgedruckt bei Art 25 Rn 12.
[5] Bek vom 24. 1. 1969, BGBl II S 180.
[6] BGBl 1980 II S 1093.
[7] BGBl II S 72.

adoptiert. Der Anteil ausländischer Kinder an diesen Adoptionen ist jedoch hoch. 1453 der angenommenen Kinder, das sind 31%, besaßen nicht die deutsche Staatsangehörigkeit. 547 dieser Kinder wurden zum Zweck der Adoption in das Inland geholt. 182 dieser Kinder waren unter drei Jahre alt. Das internationale Adoptionsrecht kann außerdem relevant werden für Kinder, die im Ausland angenommen worden sind (Rn 60, 63). Zuverlässige Zahlen darüber, wie viele deutsche Eltern gezielt Kinder (dann meist Säuglinge oder Kleinkinder) im Ausland adoptieren, liegen nicht vor. Allgemein wird angenommen, dass dies trotz des HAdoptÜ in steigendem Maße geschieht[8].

B. Einzelerläuterungen

8 **I. Sachlicher Anwendungsbereich. 1. Begriff der Annahme als Kind – Qualifikation. a) Formen der Adoption.** Art 22 regelt die Anknüpfung der „Annahme als Kind". Unmittelbar erfasst sind die im deutschen Recht bekannte Minderjährigenadoption (§§ 1741 ff BGB) und die Volljährigenadoption (§§ 1767 ff BGB) sowie die entsprechenden Institute des ausländischen Rechts. Die Formulierung „Annahme als Kind" setzt nicht die Minderjährigkeit des Anzunehmenden voraus, sondern sie schließt jegliche Personen ein, zu der ein Eltern-Kind-Verhältnis begründet werden soll[9].

9 Umfasst sind sowohl die **starke Adoption** (Volladoption), wie sie in Deutschland für Minderjährige bekannt ist, als auch die **schwache Adoption**, wie etwa das österreichische Recht (§ 182 ABGB) sie kennt und wie sie in Deutschland für Volljährige besteht[10]. Bei der starken Adoption wird das Kind verwandtschaftlich völlig aus der alten Familie herausgenommen und tritt in die neue Familie wie ein leibliches Kind ein. Bei der schwachen Adoption werden neue Verwandtschaftsbeziehungen meist nur zu dem Annehmenden selbst hergestellt, die Beziehungen zu den leiblichen Verwandten bleiben ganz oder teilweise bestehen (vgl § 1770 BGB).

10 Schließlich greift Art 22 nicht nur für **Dekretadoptionen**, also für Adoptionen durch Gerichtsentscheidung, wie sie das deutsche Recht kennt, sondern auch für **Vertragsadoptionen**, also Adoptionen durch private vertragliche Vereinbarung.

11 **b) Weitere, der Adoption nur ähnliche Rechtsinstitute.** Darüber hinaus können auch im Inland unbekannte, jedoch in der Funktion adoptionsähnliche Rechtsinstitute erfasst sein. Es kommt dann darauf an, ob durch dieses Institut ein dauerhaftes Eltern-Kind-Verhältnis bzw ein anderes Verwandtschaftsverhältnis zwischen Personen konstituiert wird, die zuvor in keiner (rechtlichen) Abstammungsbeziehung zueinander standen[11]. Hiervon betroffen ist unstreitig die (allerdings wohl nicht mehr oder kaum noch vorkommende) Annahme an Enkels oder Bruders statt[12].

12 Problematisch ist dagegen die Frage, welche Formen der im Ausland bekannten **Pflegekindschaft** vom Adoptionsstatut erfasst sind. Die Anwendung des Art 22 sollte hier bejaht werden, sofern diese Rechtsinstitute eine auf unbegrenzte Zeit angelegte Personensorge begründen[13]. Es darf jedoch nicht um die bloße Hilfe zur Erziehung gehen, wie sie in Deutschland in § 33 SGB VIII vorgesehen ist, auch wenn diese faktisch oft bis zur Volljährigkeit weiter besteht. Vielmehr muss die Pflege tatsächlich dazu gedacht sein, die Eltern auf Dauer zu ersetzen[14]. Die Kafala in den islamischen Staaten, die die dort nicht bekannte Adoption ersetzt, fällt daher noch in den Anwendungsbereich des Art 22[15]. Für die Pflegekindschaft, wie sie etwa in Italien, der Schweiz oder in Österreich neben der Möglichkeit der Adoption besteht, ist dagegen die Qualifikation als Adoption auf keinen Fall mehr geeignet, da sie weit geht[16].

13 Umgekehrt wird teils angenommen, die **Legitimanerkennung** eines Kindes durch einen Nichtvater könne als Adoption qualifiziert werden[17]. Hier darf jedoch nicht übersehen werden, dass die deutsche Anerkennungsregelung in § 1592 Nr 2 BGB genau diese Möglichkeit der Erlangung der Vaterstellung ohne biologische Vaterschaft ebenfalls kennt. Es handelt sich daher aus deutscher Sicht nicht um einen der Adoption funktionsgleichen Vorgang. Vielmehr ist Art 19 anwendbar (Art 19 Rn 8)[18].

14 **c) Rechtsvergleichende Hinweise.** Die Adoption ist heute weltweit sehr verbreitet. Sie erfolgt in aller Regel zum Wohl des Kindes und ist immer häufiger als Volladoption ausgestaltet. Eine wesentliche Ausnahme stellen die Staaten dar, die islamisches Recht anwenden. Dort ist die Adoption teils sogar verboten (Ägypten, Algerien, Marokko). An ihre Stelle tritt mit der Kafala eine stark ausgebaute Pflege, die insbes die Unterhaltspflicht umfasst. Eine Liste mit Kurzbeschreibungen der

---

[8] Krit *Reinhardt* ZRP 2006, 244.
[9] BayObLG NJW-RR 1995, 1287; OLG Bremen OLGR 2006, 510; OLG Celle FamRZ 1995, 829; KG NJW-RR 1993, 1288; *Erman/Hohloch* Rn 12; *Soergel/Lüderitz* Rn 2.
[10] *Soergel/Lüderitz* Rn 2; *Looschelders* IPR Rn 6; AnwK-BGB/*Benicke* Rn 1.
[11] Amtl Begr, BT-Drucks 10/504 S 70.
[12] Amtl Begr, BT-Drucks 10/504 S 70; *Erman/Hohloch* Art 23 Rn 12; *Andrae,* Internationales Familienrecht, § 7 Rn 23; *Palandt/Heldrich* Rn 1.
[13] Wie hier amtl Begr, BT-Drucks 10/504 S 70; *Palandt/Heldrich* Rn 1; *Hepting* StAZ 1986, 305, 306; *Erman/Hohloch* Rn 12.
[14] *Staudinger/Henrich* Rn 2; AnwK-BGB/*Benicke* Rn 3: bei Unterhaltspflicht und elterlicher Sorge der Pflegeeltern; noch enger *v. Mangoldt* StAZ 1985, 301, 305; *Soergel/Lüderitz* Rn 16; MünchKommBGB/*Klinkhardt* Rn 7: Anknüpfung nach Art 24 bzw MSA.
[15] OLG Karlsruhe IPRax 1999, 49; *Kegel/Schurig* IPR § 20 XIII 2 a; *Staudinger/Henrich* Rn 2; AnwK-BGB/*Benicke* Rn 3; aA MünchKommBGB/*Klinkhardt* Rn 8.
[16] *Staudinger/Henrich* Rn 2; AnwK-BGB/*Benicke* Rn 3; MünchKommBGB/*Klinkhardt* Rn 8.
[17] MünchKommBGB/*Klinkhardt* Rn 7; *Looschelders* IPR Rn 6.
[18] Str, wie hier *Soergel/Lüderitz* Rn 16, noch mit Hinweis auf den alten Art 21 Abs 2.

Wirkungen, die die Adoption in den verschiedenen Rechtsordnungen (weltweit) hat, stellt das Bundesjustizamt im Internet zur Verfügung http://www.bundesjustizamt.de/cln_048/nn_257850/SharedDocs/Publikationen/BZAA/Adoptionswirkungen.html. Einen Überblick bietet auch *Staudinger/Henrich* Vor Art 22 Rn 4 ff; nähere Einzelheiten bei *Bergmann/Ferid/Henrich*, Internationales Ehe- und Kindschaftsrecht mit Staatsangehörigkeitsrecht, Loseblatt.

2. Reichweite des Adoptionsstatuts. a) Möglichkeit der Adoption. In sachlicher Hinsicht 15 regelt das von Art 22 berufene Recht zunächst die grundsätzliche Frage, ob eine Annahme als Kind überhaupt möglich ist, dh ob ein entsprechendes Rechtsinstitut prinzipiell zur Verfügung gestellt wird[19]. Bei einem aus deutscher Sicht nicht nachvollziehbaren Adoptionsverbot kann uU allerdings der deutsche ordre public eine Durchbrechung nötig machen (näher Rn 51).

b) Voraussetzungen der Adoption. aa) Allgemeine Voraussetzungen. Nach Art 22 sind auch 16 die Voraussetzungen anzuknüpfen, unter denen eine Annahme als Kind erfolgen kann[20]. Hierunter fallen ua besondere Altersgrenzen (Höchst- oder Mindestalter) des Kindes und des Annehmenden, ein eventuell erforderlicher Altersunterschied zwischen diesen sowie die Frage, ob der Annehmende kinderlos sein muss[21]. Erfasst sind auch Fragen der persönlichen Eignung und wirtschaftlichen Fähigkeit des Annehmenden, die Verantwortung für die Erziehung eines Kindes zu übernehmen. Auch die Anforderungen an das Kindeswohl und das erwartete Eltern-Kind-Verhältnis unterliegen grundsätzlich dem Adoptionsstatut, wobei hier die Grenzen, die durch den deutschen ordre public gezogen sind, allerdings relativ eng sind[22]. Zu den durch den ordre public gesetzten Grenzen s auch Rn 51. Das von Art 22 berufene Recht bestimmt bei der Ehegattenadoption aber auch darüber, ob die **Ehegatten** ein Kind lediglich gemeinsam annehmen können oder ob ggf eine Adoption durch nur einen der Ehepartner möglich ist[23]. Zur Anknüpfung der Ehegatteneigenschaft iS des Art 22 S 2 vgl Rn 42; zur Behandlung der gemeinsamen Adoption durch Unverheiratete Rn 40.

Hinzu kommen die eventuellen weiteren Voraussetzungen wie etwa die Erforderlichkeit von Probezeiten 17 oder (vor allem auch im Fall der Anerkennung ausländischer Adoptionen, Rn 60 ff) von Rechtsakten, die für die Wirksamkeit der Adoption unabdingbar sind, zB Eintragung in ausländischen Personenstandsbüchern[24]. Nach dem von Art 22 berufenen Recht richtet sich des Weiteren, welche Personen bei der Adoption mitwirken und welche Erklärungen diese abgeben müssen.

bb) Einwilligungen. Besonders wichtig für die Adoption sind die Fragen der **Erforderlichkeit** und 18 der **Erteilung** von Einwilligungen[25]. Für die Einwilligungen des Kindes und der Personen, zu denen es in einem familienrechtlichen Verhältnis steht, gelten die Art 22 und **Art 23** kumulativ[26]. Nach Art 22 müssen die Vorgaben des Adoptionsstatuts erfüllt sein, nach Art 23 zusätzlich die Vorgaben des Heimatrechts des Kindes (näher Art 23 Rn 9 ff). Zunächst muss geprüft werden, welche Einwilligungen nach dem Adoptionsstatut erforderlich sind; besteht die Notwendigkeit einer Einwilligung (oder Zustimmung), so regelt das Adoptionsstatut auch die Voraussetzungen, unter denen diese wirksam erteilt werden kann. Dazu gehört auch die Frage, ob die Einwilligung des Kindes durch den **gesetzlichen Vertreter** erteilt werden kann bzw erteilt werden muss[27]. Eine Vorfrage ist dagegen die Frage danach, wer der gesetzliche Vertreter des Kindes ist – hier erfolgt im Regelfall eine selbstständige Anknüpfung (näher Rn 49 f).

Der Verweisung nach Art 22 unterliegt schließlich auch das Erfordernis der gerichtlichen oder 19 behördlichen **Genehmigung** einer Erklärung oder Einwilligung[28]. Zweifel scheinen teils noch wegen des Anwendungsbereichs des § 1746 Abs 1 S 4 BGB zu bestehen. Der Wortlaut der Norm ist durch die mit der Kindschaftsreform 1998 erfolgte Ergänzung in HS 2 jedoch klar: Bei unterschiedlicher Staatsangehörigkeit von Annehmendem und Anzunehmendem wird für die Einwilligung des Kindes grundsätzlich die – idR zusätzliche – vormundschaftliche Genehmigung verlangt. Dies gilt aber dann nicht, wenn die Annahme deutschem Recht unterliegt[29]. Die früher teils geäußerte Auffassung, die Norm gelte gerade nur dann, wenn deutsches Recht Adoptionsstatut sei, ist nicht mehr haltbar[30].

---

[19] *Soergel/Lüderitz* Rn 13; *MünchKommBGB/Klinkhardt* Rn 18.
[20] BayObLG NJW-RR 1997, 644, 645; *Palandt/Heldrich* Rn 4; *Looschelders* IPR Rn 7; *Soergel/Lüderitz* Rn 13; *Staudinger/Henrich* Rn 23; *Kropholler* IPR § 49 III 2 a, S 420; *MünchKommBGB/Klinkhardt* Rn 18 ff.
[21] Wie im früheren türkischen Recht, dazu noch AG Siegen IPRax 1993, 184, 185 – einen Verstoß gegen den ordre public annehmend.
[22] Mit Bezug zur Zahl der Kinder, die eine Person adoptieren darf etwa *Kegel/Schurig* IPR § 20 XIII 2 b, S 972.
[23] Etwa im Fall der Stiefkindadoption, vgl § 1741 Abs 2 BGB oder als Adoption durch den leiblichen Vater, OLG Hamm NJW-RR 1993, 1287, 1288 zum früheren ital Recht.
[24] *Beitzke* StAZ 1984, 346, 347; *MünchKommBGB/Klinkhardt* Rn 19; *Andrae,* Internationales Familienrecht, § 7 Rn 40.
[25] *Palandt/Heldrich* Rn 5; *Soergel/Lüderitz* Rn 14; *MünchKommBGB/Klinkhardt* Rn 25 ff; *Andrae,* Internationales Familienrecht, § 7 Rn 40.
[26] *Palandt/Heldrich* Rn 1; *Andrae,* Internationales Familienrecht, § 7 Rn 49.
[27] LG Augsburg FamRZ 1973, 160, 161; *Erman/Hohloch* Rn 15; *MünchKommBGB/Klinkhardt* Rn 21; *Kegel/Schurig* IPR § 20 XIII 2 b, S 973 f.
[28] LG Tübingen StAZ 1986, 42, 43; *MünchKommBGB/Klinkhardt* Rn 31; *Kegel/Schurig* IPR § 20 XIII 2 b, S 974; *Palandt/Heldrich* Rn 5.
[29] *MünchKommBGB/Klinkhardt* Rn 32 ff; *Andrae,* Internationales Familienrecht, § 7 Rn 57 f; *Palandt/Brudermüller* § 1746 BGB Rn 5; *jurisPK/Heiderhoff* § 1746 BGB Rn 11.
[30] Mit dieser Auffassung noch *Staudinger/Henrich* Art 23 Rn 22.

20 Das Adoptionsstatut gilt ebenfalls für die Frage der **Ersetzbarkeit** oder **Entbehrlichkeit** von Zustimmungen[31]. Steht die **Anfechtung** einer Erklärung wegen **Irrtums** in Rede, so ist auch diese nach Art 22 anzuknüpfen[32].

21 Ihre Grenze findet die Reichweite des Adoptionsstatuts bei solchen **Vorfragen**, die selbstständig anzuknüpfen sind. Dies gilt für die Frage der allgemeinen Geschäftsfähigkeit des Erklärenden, für die Art 7 greift, sowie für die Frage der Form der Erklärung, die Art 11 unterliegt (näher Rn 49)[33].

22 **cc) Insbes: Folgen der Einwilligung in die Adoption.** Nach Art 22 Abs 1 richtet sich grundsätzlich auch die Regelung des uU eintretenden Zwischenstadiums zwischen dem Zeitpunkt der Einwilligung der Eltern in die Adoption, mit der sie sich bereits aus der Elternstellung zu lösen beginnen, und der Aufnahme in die neue Familie. Verweist Art 22 auf deutsches Adoptionsrecht, so richten sich die Folgen der Einwilligung eines Elternteils auf die elterliche Sorge unabhängig von der Staatsangehörigkeit des Kindes nach § 1751 Abs 1 bis 3 BGB[34]. Zu beachten ist jedoch, dass die Amtsvormundschaft eines deutschen Jugendamts gemäß § 1751 Abs 1 BGB nur dann eintreten kann, wenn der Angenommene seinen Aufenthalt im Inland hat[35]. Lebt das Kind im Ausland, muss der Vormund bei Verlegung des Aufenthalts nach Deutschland vom Vormundschaftsgericht bestellt werden – es handelt sich dann um eine Schutzmaßnahme nach dem MSA[36].

23 Bei **ausländischem Adoptionsstatut**, aber Aufenthalt des Kindes in Deutschland gilt § 1751 BGB nicht. Wenn ein Vormund erforderlich wird, bestimmt sich das anwendbare Recht nach dem MSA.

24 **c) Durchführung der Adoption.** Nach dem Adoptionsstatut richtet sich ferner die Art und Weise, in der die Adoption durchzuführen ist. Dies gilt allerdings nur, soweit nicht reines Verfahrensrecht betroffen ist, das wie stets der lex fori unterliegt. Dennoch richtet sich nach dem Adoptionsstatut auch die Frage, ob die Adoption durch Gerichtsbeschluss, durch privaten Vertrag oder in einer Mischform erfolgt[37]. Ist die Adoption in Deutschland durchzuführen, zwingt aber das deutsche Recht und insbes der deutsche ordre public zur Einhaltung bestimmter Mindestvoraussetzungen (Rn 51).

25 **d) Wirkungen der Adoption (Art 22 Abs 2). aa) Status.** Die Wirkungen der Adoption betreffen zunächst die Konsequenzen, die die Adoption auf den Status des Kindes hat. Art 22 Abs 2 bestimmt ausdrücklich, dass sich die Folgen, welche die Adoption für die verwandtschaftlichen Beziehungen des Kindes hat, nach dem Adoptionsstatut richten. Das Adoptionsstatut entscheidet also, ob und in welchem Ausmaß die Rechtsbeziehungen des Angenommenen zu seiner natürlichen Familie gelöst und im Verhältnis zu der Familie des Annehmenden begründet werden[38]. Sieht das Adoptionsstatut eine so genannte schwache Adoption (Rn 9) vor, so hat also auch die in Deutschland nach ausländischem Adoptionsstatut durchgeführte Adoption nur die im ausländischen Recht vorgesehenen, gegenüber dem deutschen Recht geringeren Wirkungen. Art 22 Abs 2 gilt allerdings nicht für die **Anerkennung** von Adoptionen, die im **Ausland** durch Gerichtsbeschluss oder behördliche Entscheidung erfolgt sind. Diese müssen nach § 16a FGG bzw nach dem AdWirkG anerkannt werden. Dabei kann nach § 3 AdWirkG eine schwache Adoption in eine starke Adoption umgewandelt werden (näher Rn 68).

26 **bb) Eltern-Kind-Verhältnis.** Der Geltungsbereich des Adoptionsstatuts ist begrenzt auf den Vorgang der Adoption. Erlangt das adoptierte Kind durch die Adoption im Verhältnis zu dem Annehmenden die Stellung eines natürlichen Kindes, so richtet sich das zukünftige Rechtsverhältnis zwischen Kind und Annehmendem nicht nach dem Adoptionsstatut, sondern unterliegt der von Art 21 berufenen Rechtsordnung (soweit nicht staatsvertragliche Regelungen, also insbes das MSA, vorgehen, vgl Art 21 Rn 3)[39]. Erlangt das Kind durch die Adoption eine besondere Rechtsstellung, die nicht den Eintritt in die elterliche Sorge umfasst (zB Kafala), so ist für die auftretenden Folgefragen jeweils die passende Kollisionsnorm heranzuziehen, uU sogar Art 24.

27 **cc) Name.** Nicht dem Adoptionsstatut, sondern dem von Art 10 berufenen Namensstatut unterliegen auch die namensrechtlichen Auswirkungen der Adoption[40]. Maßgeblich für die Namensgebung ist danach das Personalstatut des Kindes, das dieses *nach* Durchführung des Adoptionsverfahrens besitzt.

28 **dd) Erbrecht. aaa) Anknüpfung im Allgemeinen.** Art 22 Abs 3 enthält eine Sondervorschrift für den Fall der testamentarischen Erbeinsetzung des Adoptivkindes. Die allgemeinen Grundlagen des

---

[31] BayObLG FamRZ 2002, 1282; FamRZ 2002, 1142; FamRZ 1988, 868; OLG Karlsruhe FamRZ 1999, 1686; *Erman/Hohloch* Rn 15; MünchKommBGB/*Klinkhardt* Rn 26; *Palandt/Heldrich* Rn 5.
[32] *Palandt/Heldrich* Rn 4.
[33] *Looschelders* IPR Rn 13, 14; MünchKommBGB/*Klinkhardt* Rn 24, 30.
[34] LG Bonn FamRZ 1979, 1078; LG Kassel FamRZ 1993, 234, 235 m abl Anm *Henrich*; MünchKommBGB/ *Klinkhardt* Rn 22; iE wohl auch *Soergel/Lüderitz* Rn 25, vorrangig auf Art 23 abstellend; *Staudinger/Henrich* Rn 28.
[35] MünchKommBGB/*Klinkhardt* Rn 22.
[36] Wie hier *Erman/Hohloch* Rn 15; *Staudinger/Henrich* Rn 28.
[37] *Palandt/Heldrich* Rn 5; *Erman/Hohloch* Rn 15; *Looschelders* IPR Rn 7; *Staudinger/Henrich* Rn 33.
[38] *Looschelders* IPR Rn 8; AnwK-BGB/*Benicke* Rn 14; *Erman/Hohloch* Rn 17; *Staudinger/Henrich* Rn 44; MünchKommBGB/*Klinkhardt* Rn 37; *Palandt/Heldrich* Rn 6; auch OVG Hamburg StAZ 2007, 86.
[39] *Palandt/Heldrich* Rn 6; *Staudinger/Henrich* Rn 45.
[40] AG Rottweil StAZ 2006, 144; LG Gießen IPRspr 1995, Nr 13; *Erman/Hohloch* Rn 18; MünchKommBGB/ *Klinkhardt* Rn 41; *Palandt/Heldrich* Rn 6; PWW/*Rausch* Rn 2; näher zu denkbaren Konfliktfällen: AnwK-BGB/ *Benicke* Rn 23; *Staudinger/Henrich* Rn 47 ff; *Benicke* S 241 ff; aA AG Detmold IPRax 1990, 254: Art 22 als lex specialis; ferner OLG Karlsruhe FamRZ 1999, 253: Adoptionsbeschluss hat hinsichtlich der Namensgebung Bindungswirkung.

Erbrechts des angenommenen Kindes sind jedoch in Art 22 nicht geregelt. Es gelten die allgemeinen erbrechtlichen Kollisionsnormen. Dabei ist zu differenzieren: Das von Art 25, 26 berufene Erbstatut entscheidet darüber, wie die Verwandtschaftsbeziehungen zwischen Erblasser und Erbe ausgestaltet sein müssen, um ein Erbrecht des Letzteren zu begründen[41]. Ob durch die Adoption ein entsprechendes Verhältnis zu der Familie des Annehmenden entstanden bzw zu der natürlichen Familie des Angenommenen erloschen ist, bemisst sich dann aber auf der Grundlage der Rechtsordnung, nach der die Adoption tatsächlich durchgeführt wurde[42]. Dies gilt unabhängig davon, ob diese Rechtsordnung auch mit der von Art 22 berufenen Rechtsordnung übereinstimmt[43].

Bei deutschem Erbstatut kann also zB kein Erbrecht nach § 1924 BGB angenommen werden, falls der Angenommene nach dem Adoptionsstatut gar nicht einem „Abkömmling" gleichgestellt ist. Auch die umgekehrten Fälle können so gelöst werden: Wenn Kinder durch Volladoption die Rechtsposition eines natürlichen Kindes des Erblassers erhalten haben, so haben sie das gleiche Erbrecht wie ein Abkömmling, auch wenn das Erbstatut ein Erbrecht angenommener Kinder ausschließt. Das kommt vor, wenn es entweder die schwache Adoption kennt oder eine Adoption gar nicht vorsieht. Auf diesem Wege wird der Wirkung beider beteiligten Statuten in angemessener Form Rechnung getragen. Ausgestaltung und Umfang des Erbrechts richten sich nach dem von Art 25 und 26 berufenen Recht[44].

bbb) Insbes: erbrechtliche Folgen der Minderjährigenadoption (Art 22 Abs 3). Eine erbrechtliche Sonderregelung von geringer praktischer Relevanz enthält Art 22 Abs 3[45]. Danach können der Annehmende sowie dessen Ehegatte und dessen Verwandte das Kind durch Verfügung von Todes wegen in der erbrechtlichen Stellung einem leiblichen Kind gleichstellen[46]. Diese Regelung gilt allerdings nur bei Geltung deutschen Erbrechts[47] und nur bei der Annahme Minderjähriger (S 3). Die Besonderheit der Norm betrifft das Pflichtteilsrecht. Denn eine Einsetzung des angenommenen Kindes als Erbe neben oder vor den leiblichen Kindern war ohnehin stets möglich. Die Gleichstellung nach Art 22 Abs 3 bewirkt nun zusätzlich eine Verringerung des Pflichtteils der leiblichen Kinder: Denn bei der Berechnung des Pflichtteils muss infolge der Gleichstellung das angenommene Kind ebenfalls bereits berücksichtigt werden[48]. Hat der unverheiratete Erblasser zB ein leibliches und das angenommene Kind, beträgt der Pflichtteil nicht mehr ein Halb, sondern nur noch ein Viertel (§§ 1924, 2303 BGB).

Ist die Adoption im Ausland erfolgt, so kann Abs 3 zwar angewendet werden (vgl S 2), jedoch ist dann die Umwandlung der Annahme nach § 3 AdWirkG der nahe liegende und umfassende Weg zur Erreichung der Rechtsstellung eines leiblichen Kindes (näher Rn 68).

ee) Staatsangehörigkeit. Wird ein ausländisches oder staatenloses Kind durch einen deutschen Staatsangehörigen[49] adoptiert, so **erwirbt** das Kind nach § 6 StAG die deutsche Staatsangehörigkeit, wenn es im Zeitpunkt der Stellung des Annahmeantrags[50] noch nicht 18 Jahre alt ist[51]. Bei gemeinsamer Annahme durch ein Ehepaar ist die deutsche Staatsangehörigkeit eines Ehepartners ausreichend[52]. § 6 StAG setzt voraus, dass die Annahme als Kind „nach den deutschen Gesetzen wirksam ist". Bei einer ausländischen Adoptionsentscheidung ist also die Anerkennung im Inland erforderlich.

Nach allgM muss die Adoption außerdem die **wesentlichen Merkmale** einer Minderjährigenadoption nach deutschem Recht erfüllen[53]. Sie muss also ein Kindschaftsverhältnis zwischen Angenommenem und Annehmendem begründen (Volladoption). Zugleich muss das verwandtschaftliche Verhältnis zu den leiblichen Eltern beendet sein oder zumindest in seiner Bedeutung hinter dem neu

---

[41] Unstr, nur AnwK-BGB/*Benicke* Rn 38; *v. Hoffmann/Thorn* IPR § 8 Rn 145.
[42] BGH NJW 1989, 2197; OLG Düsseldorf FamRZ 1998, 1627; MünchKommBGB/*Klinkhardt* Rn 44; *Andrae*, Internationales Familienrecht, § 7 Rn 100 ff; *Kropholler* IPR § 51 IV 2; *Palandt/Heldrich* Rn 6; AnwK-BGB/*Benicke* Rn 38, 15, 22; *Heiderhoff* FamRZ 2002, 1682, 1683; ähnlich *Dietz*, Das Erbrecht des Adoptivkindes, S 100 sowie *Erman/Hohloch* Rn 19, die aber nicht auf das tatsächlich angewendete Adoptionsrecht, sondern auf das Adoptionsstatut nach Art 22 abstellen; KG FamRZ 1983, 98, 99; LG Berlin IPRspr 1988, Nr 131; *Beitzke* IPRax 1990, 36, 37 f: jeweils Anwendbarkeit des Erbstatuts.
[43] *Looschelders* IPR Rn 25.
[44] *Erman/Hohloch* Rn 19; MünchKommBGB/*Klinkhardt* Rn 45.
[45] Näher *Dietz* S 108 ff.
[46] Zu dieser Thematik auch EGMR NJW 2005, 875, wonach ein Testament vom Gericht nicht so ausgelegt werden darf, dass es zwischen leiblichen und adoptierten Kindern unterscheidet; zur dennoch verbleibenden Möglichkeit ausdrücklicher Unterscheidung im Testament *Staudinger* ZEV 2005, 140.
[47] Für allseitigen Ausbau allerdings *v. Hoffmann/Thorn* IPR § 8 Rn 145.
[48] *Heiderhoff* FamRZ 2002, 1682, 1685; *Looschelders* IPR Rn 28.
[49] Nicht ausreichend ist die deutsche Volkszugehörigkeit iS des Art 116 GG, MünchKommBGB/*Klinkhardt* Rn 48 mwN.
[50] BVerwGE 119, 111 = NJW 2004, 1401; BVerwGE 108, 216 = NJW 1999, 1347; BayVGH FamRZ 1999, 91; MünchKommBGB/*Klinkhardt* Rn 48; *Palandt/Heldrich* Rn 20.
[51] Diese in der Norm konkret bezeichnete Altersgrenze gilt unabhängig davon, ob das Kind nach Verweisung durch Art 7 minder- oder volljährig ist, *Soergel/Lüderitz* Rn 24, Fn 30; MünchKommBGB/*Klinkhardt* Rn 48, Fn 149; unzutr VGH Baden-Württemberg NJW 1992, 3117.
[52] BayVGH NJW 1989, 3107; AG Bonn StAZ 1992, 41; *Soergel/Lüderitz* Rn 24; MünchKommBGB/*Klinkhardt* Rn 48; *Palandt/Heldrich* Rn 20.
[53] OVG Hamburg StAZ 2007, 86; BayVGH NJW 1989, 3107 betr Österreich; VGH Baden-Württemberg NJW 1992, 3117 betr Indonesien; VG München StAZ 1992, 351 betr Brasilien; *Andrae*, Internationales Familienrecht, § 7 Rn 95 ff; *Soergel/Lüderitz* Rn 24; MünchKommBGB/*Klinkhardt* Rn 48; *Palandt/Heldrich* Rn 20.

begründeten Kindschaftsverhältnis deutlich zurücktreten[54]. Nicht erforderlich ist, dass das Kind durch die Adoption seine alte Staatsangehörigkeit verliert[55].

34 Adoptiert ein Ausländer ein (minder- oder volljähriges) deutsches Kind, so **verliert** dieses nach § 27 S 1 StAG die deutsche Staatsangehörigkeit, wenn es durch die Adoption zugleich die Staatsangehörigkeit des Annehmenden erwirbt. Voraussetzung für den Verlust der deutschen Staatsangehörigkeit ist wiederum das Vorliegen einer (wirksamen) Volladoption (vgl Rn 33). Eine Ausnahme macht § 27 S 2 StAG nur für den Fall, dass der Angenommene mit einem deutschen Elternteil verwandt bleibt, also für die Stiefkindadoption. Nach allgemeiner Ansicht ist dem eine Adoption gleichzusetzen, die gemeinschaftlich durch einen deutschen und einen ausländischen Ehegatten erfolgt[56].

35 **ff) Rechtsverletzungen und deren Folgen.** Fehlt es an einer nach den Regeln des Adoptions- oder Zustimmungsstatuts (Art 22, 23) für die Durchführung der Adoption notwendigen Voraussetzung oder weist diese sonstige Mängel auf, so ist streitig, welches Recht über die Rechtsfolgen (**Unwirksamkeit, Aufhebbarkeit, Anfechtbarkeit** etc) entscheidet, die dieser Fehler auslöst (s auch Art 23 Rn 16). Richtigerweise richtet sich dies nach dem Recht des Staates, dessen Vorschriften nicht eingehalten wurden[57]. Es gilt also grundsätzlich das Adoptionsstatut, für die zusätzlichen Erfordernisse aus Art 23 dagegen das Zustimmungsstatut. Die Gegenansicht will auch für die Zustimmungserfordernisse aus Art 23 das Adoptionsstatut befragen[58].

36 Das soeben Gesagte gilt nur für solche Adoptionen, die im Inland noch vorgenommen werden sollen bzw im Ausland durch Privatrechtsakt (Vertrag) erfolgt sind. Liegt bereits eine inländische oder ausländische gerichtliche oder behördliche Entscheidung vor, so ist zu unterscheiden. Soweit eine in Deutschland durchgeführte Adoption oder eine anerkannte ausländische Adoption einen Mangel aufweist, gilt wegen des Verfahrens § 56 f FGG. Für noch nicht anerkannte ausländische Dekretadoptionen ist zu prüfen, ob die ausländische Entscheidung im Inland anerkannt werden kann (vgl Rn 64)[59]. Das kann aus zwei Gründen scheitern: Zum einen kann die Mangelhaftigkeit so erheblich sein, dass eine wirksame, anerkennungsfähige ausländische Adoption gar nicht vorliegt. Für diese Frage kommt es nicht auf das sich aus Art 22 ergebende Adoptionsstatut an, sondern auf das Recht, welches auf die Adoption tatsächlich angewendet wurde. Zum anderen kann in dem Mangel zugleich ein Anerkennungshindernis liegen, selbst wenn das angewendete Recht die Adoption für wirksam ansehen würde.

37 Soll allerdings eine Adoption aufgrund eines nachträglich eingetretenen Umstands – wie schwerer Vernachlässigung – aufgehoben werden, so muss das Recht angewendet werden, welches sich zum Zeitpunkt der gewünschten Aufhebung bei Anknüpfung nach Art 22 ergibt. Hat das Adoptionsstatut gewechselt, so findet auf die Frage der Aufhebbarkeit ausschließlich das neue Recht Anwendung. Soll eine **erneute Adoption** durchgeführt werden, so darf nicht das für diese geltende Adoptionsstatut herangezogen werden, soweit es darum geht, ob die Erstadoption aufhebbar ist. Jedoch ist auch dieses Statut für die erneute Adoption beachtlich, etwa in der Frage, ob es die erneute Adoption überhaupt zulässt[60].

38 **II. Anwendbares Recht. 1. Annahme durch eine Einzelperson – Personalstatut.** Art 22 differenziert bei der Anknüpfung zwischen der Annahme durch eine unverheiratete Person und der Annahme durch einen oder beide Ehegatten (Rn 42). Nicht ausdrücklich erfasst wird der Fall, dass zwei nicht miteinander verheiratete Personen gemeinsam die Adoption vornehmen wollen (vgl Rn 40).

39 Nach **Art 22 S 1** unterliegt die Annahme als Kind durch eine Einzelperson dem Recht des Staates, dem der Annehmende bei der Annahme angehört (Personalstatut). Zur Bestimmung des **Personalstatuts** sind die allgemeinen Regeln des Art 5 Abs 1 heranzuziehen, es kommt auf die deutsche bzw bei zwei ausländischen Staatsangehörigkeiten auf die effektive an. Ist der Annehmende staatenlos, so kommt Art 5 Abs 2 zum Tragen, sofern nicht staatsvertragliche Regelungen vorgehen[61]; näher zu allem Art 5 Rn 2 ff, 11. Maßgeblich für die Ermittlung des Personalstatuts ist der **Zeitpunkt**, in dem die letzte für die Wirksamkeit der Adoption notwendige Bedingung erfüllt wird[62]. Ein späterer Statutenwechsel ist auf die Wirksamkeit bzw Unwirksamkeit der Adoption ohne Einfluss; das Adoptionsstatut ist **unwandelbar**[63].

40 **2. Gemeinsame Annahme durch zwei unverheiratete Personen.** Art 22 findet seinem Wortlaut nach dann Anwendung, wenn die Annahme durch eine einzelne unverheiratete Person bzw durch einen oder beide Ehegatten erfolgen soll. Nicht ausdrücklich geregelt ist der Fall einer **Annahme durch**

---

[54] Großzügig hier HessVGH StAZ 1985, 312.
[55] BayVGH NJW 1989, 3107; AG Siegen IPRspr 1992, Nr 146; *Soergel/Lüderitz* Rn 24.
[56] *Palandt/Heldrich* Rn 21.
[57] HM, BayObLG ZfJ 1992, 442; OLG Hamm FamRZ 1996, 435; *Kropholler* IPR § 49 III 2 d, S 422; *Palandt/Heldrich* Rn 4; diff MünchKommBGB/*Klinkhardt* Rn 18, 50 f; Art 23 Rn 13: keine Anwendbarkeit des Art 23 bei nachträglich auftretenden Mängeln, die sich allerdings wohl ohnehin aus einer Verletzung des Art 23 nicht ergeben könnten.
[58] AnwK-BGB/*Benicke* Art 23 Rn 27.
[59] AnwK-BGB/*Benicke* Rn 7 ff; MünchKommBGB/*Klinkhardt* Rn 52.
[60] Zu weitgehend dagegen AG München IPRax 1981, 182, LS; *Looschelders* IPR Rn 9; wie hier wohl *Erman/Hohloch* Rn 16.
[61] Vorrangig anzuwenden ist vor allem das New Yorker Abkommen über die Rechtsstellung Staatenloser vom 28. 9. 1954, BGBl 1976 II S 473.
[62] *Erman/Hohloch* Rn 10; *Soergel/Lüderitz* Rn 9; MünchKommBGB/*Klinkhardt* Rn 14; *Palandt/Heldrich* Rn 3.
[63] Amtl Begr, BT-Drucks 10/504 S 71; MünchKommBGB/*Klinkhardt* Rn 14; *Staudinger/Henrich* Rn 5; *Soergel/Lüderitz* Rn 9; *Palandt/Heldrich* Rn 3; *Kropholler* IPR § 49 III 1, S 420.

mehrere nicht miteinander verheiratete Personen (nichteheliche Lebensgemeinschaft, Lebenspartnerschaft, Geschwister, etc). Eine analoge Anwendung der Regelung des Art 22 S 2 kommt hier mangels planwidriger Regelungslücke nicht in Betracht. Daher ist nach Art 22 S 1 kumulativ das Heimatrecht sämtlicher Annehmenden zur Anwendung zu bringen. Das hat zur Folge, dass eine gemeinsame Adoption nur dann in Betracht kommt, wenn das Heimatrecht aller Annehmenden diese zulässt[64].

Das gilt, wiewohl dies zu bedauern ist, auch für die registrierten **Lebenspartnerschaften**[65]. Der 41 Gesetzgeber hat bei der Neuregelung in Art 17b einen Verweis in Art 22 S 2 unterlassen[66]. Ist die gemeinsame Adoption allerdings nach dem Heimatrecht beider Lebenspartner zulässig, so kann sie in Deutschland durchgeführt werden[67].

Dem steht nicht Art 17b Abs 4 entgegen, da diese Norm nur die unmittelbaren Wirkungen der Lebenspartnerschaft, für die das Registerstatut gilt, betrifft[68]. Die Möglichkeit von Adoptionen durch eLPs verbreitet sich international langsam. In Deutschland, Dänemark und Norwegen ist immerhin die Stiefkindadoption möglich. In einigen Staaten ist jetzt auch die Möglichkeit der gemeinsamen Adoption eines fremden Kindes vorgesehen[69]. Das Haager Adoptionsübereinkommen vom 29. 5. 1993 enthält keine besonderen Regelungen für die Annahme durch eLPs.

3. Annahme durch Verheiratete – Ehewirkungsstatut. Soll die Adoption durch einen Ehegatten 42 oder durch ein Ehepaar erfolgen, so findet gemäß **Art 22 S 2** das nach Art 14 Abs 1 zu bestimmende Ehewirkungsstatut Anwendung. Seinem klaren Wortlaut nach greift S 2 auch, wenn eine verheiratete Einzelperson ein Kind annimmt[70]. Maßgebend ist danach das gemeinsame Heimatrecht (Personalstatut) der Ehegatten im Zeitpunkt der Annahme bzw deren letztes gemeinsames Heimatrecht, soweit ein Ehepartner dieses beibehalten hat (Art 14 Abs 1 Nr 1); zur Bestimmung des Personalstatutes vgl Rn 10. Fehlt es an einer gemeinsamen Staatsangehörigkeit, so findet das Recht am Ort des gemeinsamen gewöhnlichen Aufenthalts Anwendung bzw in Ermangelung dessen das Recht des letzten gemeinsamen Aufenthalts, sofern jedenfalls ein Ehegatte diesen beibehalten hat (Art 14 Abs 1 Nr 2). Ist auch nach dieser Regelung das Ehewirkungsstatut nicht zu ermitteln, so ist hilfsweise auf das Recht Rückgriff zu nehmen, zu dem beide Eheleute im Zeitpunkt der Annahme des Kindes in sonstiger Weise die engste Verbindung besitzen (Art 14 Abs 1 Nr 3).

Keinesfalls zu berücksichtigen ist eine **Rechtswahl** seitens der Ehegatten nach Maßgabe der Art 14 43 Abs 2 bis 4; die eindeutige Verweisung des Art 22 S 2 auf Art 14 Abs 1 lässt ausschließlich eine objektive Bestimmung des Ehewirkungsstatuts im Rahmen der Verweisung nach Art 22 zu[71].

Die Anwendung des Art 22 S 2 setzt voraus, dass der Annehmende verheiratet ist. Diese kollisions- 44 rechtliche Vorfrage **(Erstfrage)** nach der Ehegatteneigenschaft ist jedenfalls dann selbstständig nach Art 13 anzuknüpfen, wenn es um die Durchführung einer Adoption in Deutschland geht[72]. Maßgeblich für die Ermittlung des Ehewirkungsstatuts ist entsprechend der Regelung in Art 22 S 1 (vgl Rn 39) der **Zeitpunkt,** in dem die letzte für die Wirksamkeit der Adoption notwendige Bedingung erfüllt wird[73]. Erfolgt die Annahme des Kindes durch die Ehegatten getrennt, so ist der für die Bestimmung des Adoptionsstatuts maßgebliche Zeitpunkt für jeden der Ehegatten selbstständig festzulegen.

III. Allgemeine Regeln. 1. Rück- und Weiterverweisungen. Rück- und Weiterverweisungen 45 (renvoi, Art 4 Abs 1) sind sowohl im Rahmen der Anknüpfung nach Art 22 S 1 als auch bei der Bestimmung des Ehewirkungsstatuts nach Art 22 S 2 iVm Art 14 Abs 1 Nr 1 und 2 zu beachten[74]. Streitig ist wie stets die Frage, ob auch die Anknüpfung nach Art 22 Abs 1 S 3 iVm Art 14 Abs 1 Nr 3 eine Gesamtverweisung ist und ob daher ein renvoi zu beachten ist. Teilweise wird angenommen, dass hier ein renvoi dem Sinn der Verweisung zuwiderliefe[75]. Das ist jedoch unzutreffend[76]. Denn anders als

---

[64] *Erman/Hohloch* Rn 10; *Soergel/Lüderitz* Rn 8; *Staudinger/Henrich* Rn 6; *Looschelders* IPR Rn 20.
[65] AnwK-BGB/*Benicke* Rn 55.
[66] AA *Brandt,* Die Adoption durch eingetragene Lebenspartner im internationalen Privat- und Verfahrensrecht, S 108; MünchKommBGB-*Klinkhardt* Rn 9: analoge Anwendung.
[67] AA *Erman/Hohloch* Rn 10: Verstoß gegen den ordre public bei genügendem Inlandsbezug.
[68] *Andrae,* Internationales Familienrecht, § 7 Rn 28; aA AnwK-BGB/*Benicke* Rn 55; *Looschelders* IPR Rn 21; *Staudinger/Henrich* Rn 6.
[69] So zB in Schweden, vgl hierzu *Pintens* FamRZ 2003, 329, 336; in den Niederlanden – allerdings nur von Inlandskindern, vgl hierzu *Dethloff* ZEuP 2004, 59, 64; *Jakob* S 104 f; in England – ACA 2002 s 144 (4); sowie in Einzelstaaten der USA, vgl hierzu *Jakob* S 348 f; in Spanien, dazu *Süß/Ring/Huzel,* Eherecht in Europa, S 1245 ff, Rn 89.
[70] Ganz hM, BayObLG FamRZ 2005, 921; LG Hamburg FamRZ 1999, 253, 254; *Staudinger/Henrich* Rn 7; *Palandt/Heldrich* Rn 7; einschränkend *Kegel/Schurig* IPR § 20 XIII 1 a: die Anwendbarkeit des Ehewirkungsstatuts ist nur dann angemessen, wenn die Adoption durch einen Ehegatten dazu führt, dass das Kind ein gemeinsames wird.
[71] *Staudinger/Henrich* Rn 7; MünchKommBGB/*Klinkhardt* Rn 12; *Erman/Hohloch* Rn 11; *Palandt/Heldrich* Rn 7; *Andrae,* Internationales Familienrecht, § 7 Rn 26.
[72] *Erman/Hohloch* Rn 7; *Andrae,* Internationales Familienrecht, § 7 Rn 30; *v. Hoffmann/Thorn* IPR § 8 Rn 143: immer selbstständig; weitgehend auch *Staudinger/Henrich* Rn 24, 31; *Soergel/Lüderitz* Rn 22; aA MünchKommBGB/ *Klinkhardt* Rn 10: Günstigkeitsprinzip – Art 22 S 2 greift bei Bejahung der Ehe entweder nach Ehe- oder nach Adoptionsstatut.
[73] LG Hamburg FamRZ 1999, 253, 254; *Erman/Hohloch* Rn 11; *Soergel/Lüderitz* Rn 9; MünchKommBGB/ *Klinkhardt* Rn 14.
[74] LG Hamburg FamRZ 1999, 253, 254; *Schnabel* IPRax 1993, 169, 170.
[75] *Palandt/Heldrich* Rn 2; PWW/*Rausch* Rn 10.
[76] So auch *Erman/Hohloch* Rn 5, 11; *Staudinger/Henrich* Rn 16; MünchKommBGB/*Klinkhardt* Rn 15 f, Art 4 Rn 29; *Andrae,* Internationales Familienrecht, § 7 Rn 34; *v. Bar* IPR, Bd 2 1991, Rn 321.

im Eherecht selbst gilt in Bezug auf die Adoption, dass das deutsche Gericht sich durch die Anwendung des Art 14 Abs 1 Nr 3 unter Umständen weit von dem Grundsatz der engsten Verbindung entfernt. Knüpft das Recht, auf welches verwiesen wird, für die Adoption anders an (etwa über den Aufenthalt oder die Staatsangehörigkeit des Kindes) ist eine Rückverweisung anzunehmen[77]. Vgl näher Art 17 Rn 132 sowie Art 4 Rn 8.

46 Auch wenn die Bestimmung des Adoptionsstatuts über Art 22 S 2 iVm Art 14 Abs 1 erfolgt, wird entgegen dem Wortlaut der Norm eine Verweisung auf die **Kollisionsnormen zum Adoptionsrecht,** nicht auf diejenigen zum Ehewirkungsstatut ausgesprochen[78]. Zwar verhindert dieser Ansatz eine einheitliche Anknüpfung des Ehewirkungsstatuts, jedoch wird der internationale Entscheidungseinklang im Adoptionsrecht gefördert, dem in diesem Fall der Vorrang einzuräumen ist[79]. Für die Anknüpfung nach Art 22 S 1 versteht sich die Verweisung auf das internationale Adoptionsrecht von selbst.

47 Von einer **versteckten Rückverweisung** spricht man, wenn das nach Art 22 zunächst berufene Recht selbst überhaupt keine Kollisionsnorm zum internationalen Adoptionsrecht bereithält, jedoch eine Bestimmung über die internationale Zuständigkeit trifft, an welche die Anwendbarkeit der lex fori, also des eigenen Rechts gebunden ist (so zumeist im anglo-amerikanischen Rechtskreis). Für diese versteckten Rückverweisungen gelten im Adoptionsrecht keine Besonderheiten. Sie werden als Rückverweisung auf deutsches Recht verstanden, sofern die ausländische Rechtsordnung die deutschen Gerichte als international zuständig ansieht[80]. Sehr streitig ist, wie vorzugehen ist, wenn die deutsche Zuständigkeit nach dem ausländischen Recht **nicht ausschließlich,** sondern nur neben der dortigen eigenen Zuständigkeit besteht. Teils wird dies abgelehnt oder weiter differenziert[81]. Insbesondere die Praxis nimmt der Vereinfachung halber dagegen auch solche Rückverweisungen an[82].

48 Noch weitergehend ist die Ansicht, nach der eine versteckte Rückverweisung auch dann zu beachten sei, wenn der ausländische Staat – ohne die deutschen Gerichte originär für zuständig zu halten – die **Anerkennung** der deutschen Entscheidung gewährleiste[83]. Hier ist zu differenzieren: Grundsätzlich leuchtet es nicht ein, dass zwischen der versteckten und der echten kollisionsrechtlichen Rückverweisung dermaßen unterschieden werden sollte. Die bloße Anerkennungsfähigkeit reicht als Basis für die Anwendung deutschen Rechts nicht aus. Anders kann es aber sein, wenn eine Rechtsordnung sich mit bestimmten internationalen Fragen nur so selbstbezogen beschäftigt, dass weder eine kollisionsrechtliche noch eine zu verallgemeinernde zuständigkeitsrechtliche Norm auffindbar ist.

49 **2. Vorfragen.** Vorfragen sind im Regelfall **selbstständig** anzuknüpfen. Dies gilt auch für Vorfragen in Bezug auf die Adoption. Insbesondere richtet sich die für die Abgrenzung von §§ 1741 ff BGB (Minderjährigenadoption) zu 1767 ff BGB (Volljährigenadoption) relevante Frage der **Minderjährigkeit** nach ganz hM nach Art 7[84]. Auch die Frage nach dem **gesetzlichen Vertreter** des Kindes, die insbes für die Erteilung der Einwilligung des Kindes meist wichtig ist, muss selbstständig angeknüpft werden (MSA, Art 21 und 24 Abs 1)[85].

50 Soweit jedoch das **ausländische Adoptionsstatut** zu Vorfragen führt, ist für einzelne Fragen eine Ausnahme zu machen, weil sonst die Einheitlichkeit der Entscheidung gefährdet wäre. Dies gilt insbes mit Bezug auf die Altersgrenze, wenn das ausländische Recht zwischen der Volljährigenadoption und der Minderjährigenadoption unterscheidet. Die Frage der „Volljährigkeit" muss dann **unselbstständig** nach den Kollisionsnormen des Adoptionsstatuts angeknüpft werden, um Unstimmigkeiten zu vermeiden[86]. Auch bei anderen Vorfragen, wie der gesetzlichen Vertretung, sollte im Einzelfall ausnahmsweise unselbstständig angeknüpft werden, wenn sonst der Entscheidungseinklang gefährdet wäre[87]. Zur Frage des **Verheiratetseins** iS des Art 22 Abs 1 S 2 s Rn 44.

51 **3. Ordre public.** Wenn die Anwendung des ausländischen Adoptionsrechts dazu führt, dass das konkrete Ergebnis gegen wesentliche Grundsätze des deutschen Rechts verstößt, ist es nicht anzuwenden (Art 6). Ausländisches Adoptionsrecht kann zunächst dann gegen den deutschen ordre public verstoßen,

---

[77] *Staudinger/Henrich* Rn 16; MünchKommBGB/*Klinkhardt* Rn 15 f, Art 4 Rn 29.
[78] LG Hamburg FamRZ 1999, 253, 254; umfassend *Staudinger/Henrich* Rn 14; *Kartzke* IPRax 1988, 8, 10; *Dörner* StAZ 1990, 1, 5; *Lorenz* IPRax 1994, 193, 194; *Soergel/Lüderitz* Rn 61; MünchKommBGB/*Klinkhardt* Rn 15; *Palandt/Heldrich* Rn 2.
[79] *Dörner* StAZ 1990, 1, 5.
[80] BayObLGZ 1968, 331, 336 betr USA; KG OLGZ 1983, 129, 131 betr England; LG Freiburg DAVorm 1977, 60, 61 betr Kanada; AG Darmstadt ZfJ 1988, 152 betr England; *Erman/Hohloch* Rn 5; *Soergel/Lüderitz* Rn 61; *Staudinger/Henrich* Rn 17 f.
[81] *Wengler* NJW 1959, 127; *Beitzke* RabelsZ 37 (1973), 380; diff *Andrae*, Internationales Familienrecht, § 7 Rn 37 f.
[82] So auch *Staudinger/Henrich* Rn 18; näher *Andrae*, Internationales Familienrecht, § 7 Rn 37 f – aus der Rspr OLG Stuttgart FamRZ 2003, 1669; OLG Hamburg FamRZ 2001, 916, jeweils bzgl Ehescheidung.
[83] Dafür OLG Köln FamRZ 2003, 1773 betr China; *Staudinger/Henrich* Rn 19; AnwK-BGB/*Benicke* Rn 59.
[84] BayObLG NJW-RR 1995, 1287; *Palandt/Heldrich* Rn 1; aA aber AnwK-BGB/*Benicke* Rn 6: immer Anwendung des Adoptionsstatuts; *v. Bar* IPR, Bd 2 1991, Rn 324: maßgebliche Altersgrenze ist *keine* Vorfrage im technischen Sinn, sondern nach den Vorschriften des Adoptionsstatuts zu beantworten.
[85] *Erman/Hohloch* Rn 15; *Soergel/Lüderitz* Rn 22; MünchKommBGB/*Klinkhardt* Rn 22, 31: soweit nicht das Adoptionsstatut ausnahmsweise besondere Regelungen gerade für den Rechtsbereich der Adoption bereit hält; *Palandt/Heldrich* Rn 5; diff – wie auch hier im Folgenden dargelegt – *Staudinger/Henrich* Rn 31.
[86] MünchKommBGB/*Klinkhardt* Rn 20; AnwK-BGB/*Benicke* Rn 6; diff *Staudinger/Henrich* Rn 26, Rn 31; *Andrae*, Internationales Familienrecht, § 7 Rn 33; aA OLG Bremen OLGR 2006, 510; *Looschelders* IPR Rn 13; *Erman/Hohloch* Rn 14; *Palandt/Heldrich* Rn 1: sämtlich für selbstständige Anknüpfung nach Art 7.
[87] Str, wie hier *Staudinger/Henrich* Rn 31; *Andrae*, Internationales Familienrecht, § 7 Rn 33.

wenn es die Adoption verbietet oder bestimmte, restriktive Voraussetzungen stellt. Wie allgemein muss dabei auch hier für jeden Einzelfall gesondert entschieden werden. Der Inlandsbezug ist zu beachten. Bei geringem Inlandsbezug kann ein Adoptionsverbot keinen Verstoß gegen den ordre public darstellen. Beachtet werden muss auch, ob nicht das ausländische Recht ein Ersatzinstitut kennt, welches dem Kindeswohl ebenfalls genügt. Dies gilt besonders für das islamische Institut der Kafala, welches zwar dem Kind nicht den einer deutschen Adoption entsprechenden Status verschafft, aber doch die dauerhafte Versorgung des Kindes sichert und zugleich die Kontinuität der kulturellen Entwicklung des Kindes fördert[88]. Wenn in Deutschland lebende türkische Staatsangehörige Kinder annehmen wollen, die ebenfalls bereits seit zehn Jahren in Deutschland leben, so verstieß das frühere türkische Recht, welches Personen, die bereits eigene eheliche Kinder haben, die Annahme verbot, gegen den ordre public[89]. Bei starkem Inlandsbezug können auch bestimmte religiöse Vorgaben gegen den deutschen ordre public verstoßen, wenn sonst eine für das Kindeswohl wesentliche Adoption scheitern würde[90].

Ausländisches Recht verstößt insbes dann gegen den ordre public, wenn die Adoption nicht zum **Wohl des Kindes** und insbes zur Herstellung eines Eltern-Kind-Verhältnisses erfolgt, sondern anderen Zwecken dient. Das ist allerdings weltweit selten geworden. Die Verletzung des Kindeswohls wirkt sich daher heute insbes im Rahmen der Anerkennung aus (näher Rn 66). So kann ein Verstoß anzunehmen sein, wenn eine Vielzahl von Kindern adoptiert wird, nur um ihnen bestimmte Rechte (zB Staatsangehörigkeit) zu sichern[91]. Bei Fehlern, die nicht das Kindeswohl betreffen, muss Art 6 mit großer Zurückhaltung angewandt werden. Es liegt zB kein Verstoß vor, wenn ein Ehegatte ohne Zustimmung des anderen ein Kind annehmen darf[92]. Sieht das Adoptionsstatut lediglich eine **schwache Adoption** vor, aufgrund derer nicht sämtliche Beziehungen zu der natürlichen Familie des Kindes aufgehoben werden, so verstößt der Ausspruch einer solchen Adoption trotz der im deutschen Recht statuierten Volladoption nicht gegen den ordre public[93]. 52

IV. Durchführung der Adoption in Deutschland – Dekret- oder Vertragsadoption. Soll eine 53 ausländische Adoption in Deutschland durchgeführt werden, so stellt sich die Frage, ob die Adoption nur im Wege gerichtlicher oder behördlicher Entscheidung **(Dekretadoption)** oder aber, falls das ausländische Recht dies vorsieht, auch durch Parteivereinbarung **(Vertragsadoption)** durchgeführt werden kann.

1. Dekretsystem. Beruht das ausländische Adoptionsstatut auf dem Dekretsystem, so wirft dies im 54 Inland regelmäßig keine Probleme auf, da die Verfahrensvorschriften des deutschen Rechts (das seit 1977 die Adoption durch Gerichtsbeschluss vorsieht, § 1752 BGB) für diesen Fall konzipiert sind. Die verfahrensrechtlichen Vorschriften können, falls das ausländische Recht dies erforderlich macht, angepasst werden.

2. Vertragssystem. Sieht das anwendbare Recht dagegen eine Adoption durch privaten Rechtsakt 55 (Vertrag) vor, so fragt sich, ob die Wirksamkeit des Adoptionsverfahrens auch hier von einem vormundschaftsgerichtlichen Beschluss abhängt oder ob nicht vielmehr die Einhaltung der Vorschriften des Adoptionsstatuts ausreichend ist. Klar ist zunächst, dass das Adoptionsstatut die Frage der Durchführung der Adoption auch insoweit umfasst, dass es bestimmt, ob die Adoption durch Vertrag erfolgt[94]. Streitig ist dagegen, ob sich **deutsche Verfahrensvorschriften,** und insbes § 1752 BGB, demgegenüber durchsetzen oder inwieweit sie wenigstens ergänzend heranzuziehen sind. Für die Notwendigkeit einer gerichtlichen Beteiligung wird vor allem die Regelung des § 1752 BGB vorgebracht. Wenn man dieser Norm neben ihrem materiellrechtlichen Gehalt auch einen eigenständigen verfahrensrechtlicher Charakter zukommen lässt, muss sie als lex fori stets angewendet werden. Demzufolge könnte eine Adoption im Inland nur dann (wirksam) durchgeführt werden, wenn das Vormundschaftsgericht auf Antrag des Annehmenden die Annahme (nach Prüfung der materiellen Vertragsvoraussetzungen) durch Beschluss ausspräche[95]. Jedoch ist die Sichtweise, die § 1752 BGB als doppelfunktional (nämlich materiellrechtlich und verfahrensrechtlich) ansieht und die Norm deshalb immer anwendet, nicht zwingend. Vielmehr liegt der Schwerpunkt der Norm im materiellrechtlichen Bereich. Die Norm setzt sich daher gegen das nach Art 22, 23 berufene Recht nicht durch. Folglich ist nicht zu rechtfertigen, die Durchführung der Adoption zwingend dem deutschen Recht zu unterwerfen. Vielmehr muss das Adoptionsverfahren schon dann als wirksam durchgeführt gelten, wenn sämtliche Voraussetzungen des Adoptionsstatuts erfüllt sind und der deutsche ordre public gewahrt ist[96].

---

[88] OLG Karlsruhe FamRZ 1998, 56; *Menhofer* IPRax 1997, 252 ff; MünchKommBGB/*Klinkhardt* Rn 56: idR wegen des starken Auslandsbezugs kein Verstoß gegen den ordre public.
[89] OLG Schleswig NJW-RR 2001, 1372; zweifelnd zu Recht allerdings im konkreten Fall – nämlich einer Großelternadoption *Kegel/Schurig* IPR § 20 XIII 2 b; zum neuen türkischen Adoptionsrecht, welches die Voraussetzung der Kinderlosigkeit fallen lassen hat, *Odendahl/Adar* ZFE 2006, 220.
[90] Vgl etwa zum indischen Recht *Otto* StAZ 1993, 39.
[91] *Kegel/Schurig* IPR § 20 XIII 2 b; ohne folgend *Soergel/Lüderitz* Rn 15.
[92] OLG Nürnberg FPR 2002, 457 betr Rumänien.
[93] *Soergel/Lüderitz* Rn 23.
[94] Amtl Begr, BT-Drucks 10/504 S 71; BayObLG StAZ 1990, 69, 70 f noch mit Bezug auf das alte deutsche Recht; AG Tübingen StAZ 1992, 217, 218 zu einer durch privaten Rechtsakt durchgeführten Adoption bei Geltung deutschen Adoptionsstatuts; *Erman/Hohloch* Rn 15; *Staudinger/Henrich* Rn 33; AnwK-BGB/*Benicke* Rn 71; im Grundsatz auch *Soergel/Lüderitz* Rn 17; MünchKommBGB/*Klinkhardt* Rn 20; *Andrae,* Internationales Familienrecht, § 7 Rn 42 f; *Palandt/Heldrich* Rn 5.
[95] Dafür BayObLG 1997, 85, 87 f; *Erman/Hohloch* Rn 16; *Palandt/Heldrich* Rn 5.
[96] *v. Bar* IPR, Bd 2 1991, Rn 327; *Soergel/Lüderitz* Rn 19; MünchKommBGB/*Klinkhardt* Rn 19.

Dies führt bei der **Volljährigenadoption** dazu, dass auch **rein privatrechtliche Adoptionen** im Inland möglich sind. Im Fall der Adoption von **Minderjährigen** ist hiervon aber aus Gründen des ordre public eine Ausnahme zu machen. Der Schutz des Kindes macht es erforderlich, bei der Adoption die Mitwirkung einer (in- oder ausländischen) **Behörde** oder eines **Gerichts** zu fordern, um zu prüfen, ob die Annahme tatsächlich eine Eltern-Kind-Beziehung begründen und dem Wohl des Kindes dienen soll[97].

56   **3. Mischformen.** Sieht das ausländische Adoptionsstatut neben einer privatautonomen Handlung eine zusätzliche, zumindest teilweise konstitutive gerichtliche Bestätigung oder Bewilligung der privatrechtlichen Erklärungen vor, so genügt es, wenn auch das deutsche Gericht lediglich eine solche ausspricht; ein gerichtlicher Beschluss ist in diesem Fall nicht erforderlich[98]. Beantragt der Annehmende allerdings ausdrücklich einen Gerichtsbeschluss, so kann dieser unter Berücksichtigung der materiellrechtlichen Vorgaben des Adoptionsstatuts ergehen; die schwächeren Vorgaben des ausländischen Rechts sperren diese Vorgehensweise nicht[99].

C. Verfahrensfragen

57   **I. Internationale Zuständigkeit.** Die internationale Zuständigkeit in Fragen der Adoption bestimmt sich nach § 43 b FGG. Danach sind die deutschen Gerichte international zuständig, wenn der Annehmende, einer der annehmenden Ehegatten oder das Kind Deutscher iS des Art 116 GG ist oder seinen gewöhnlichen Aufenthalt im Inland hat. Nicht erforderlich ist es hingegen, dass die Adoption in dem Staat anerkennungsfähig ist, dessen Rechtsordnung nach Art 22 auf die Adoption Anwendung findet[100]. Zu beachten ist, dass ggf das Rechtsschutzbedürfnis fehlt, wenn das Kind und die Adoptiveltern unmittelbar nach der Adoption in ein Land zurückkehren wollen, das die Annahme voraussichtlich nicht anerkennen wird[101].

58   Problematisch ist die mit dem AdWirkG eingeführte Vorschrift in **§ 43 b Abs 2 S 2 FGG**. Danach soll § 5 Abs 1 S 1 und Abs 2 AdWirkG ergänzend gelten, wenn ausländische Sachvorschriften zur Anwendung kommen. Folglich entscheidet nicht das nach § 43 b Abs 1 FGG zuständige Vormundschaftsgericht, sondern stets das Vormundschaftsgericht, in dessen Bezirk ein Oberlandesgericht seinen Sitz hat, für den Bezirk dieses Oberlandesgerichts. Die Reichweite des § 43 b Abs 2 S 2 FGG ist äußerst umstritten. Teils wird die Norm wörtlich und damit zugleich sehr weit verstanden. Dann wird sie immer angewandt, wenn ausländisches Adoptionsrecht überhaupt beachtlich ist, sei es auf die Adoption tatsächlich anwendbar, sei es im Rahmen des Art 23 zu beachten oder sei es auch nur im Rahmen eines Rückverweises oder einer Vorfrage von Bedeutung[102]. Nach anderer Ansicht gilt die Norm dagegen nur, wenn die Adoption selbst nach ausländischem Recht vorzunehmen ist[103]. Die extreme Gegenansicht will § 43 b Abs 2 S 2 FGG dagegen als eine Art Rechtsgrundverweisung verstehen. Die Norm soll danach nur dann gelten, wenn das AdWirkG ebenfalls eingreift. Das bedeutet, dass sich die Adoption insgesamt nach ausländischem Recht richten und dass es sich zugleich um eine Minderjährigenadoptionen handeln muss[104]. Sinnvoll ist einzig die erst genannte, sehr weite Ansicht. Denn die Zuständigkeitskonzentration kann nur den Grund haben, die schwierigen Fragen der Auslandsberührung insgesamt bei einem damit besonders erfahrenen Gericht zu bündeln[105].

59   Es sei darauf hingewiesen, dass der Entwurf für das das FamFG (BR-Drucks 309/07, Gesetz zur Reform des Verfahrens in Familiensachen und in den Angelegenheiten der freiwilligen Gerichtsbarkeit) eine entsprechende Zuständigkeitskonzentration dennoch nicht mehr vorsieht. Vgl zur **Anerkennungszuständigkeit** Rn 70.

60   **II. Anerkennung. 1. Allgemeines.** Wesentliche Unterschiede ergeben sich für die Anerkennung daraus, ob das HAdoptÜ (Haager Adoptionsübereinkommen vom 29. 5. 1993; allg Rn 4 ff) eingreift oder ob es bei der Anwendung autonomen deutschen Rechts bleibt. Das HAdoptÜ stellt einige eigene Anerkennungsvoraussetzungen auf[106] (Art 23 ff; Rn 62) und sieht eine Umwandlung von schwachen in starke Adoptionen vor (Art 27; Rn 68). Gilt **autonomes Recht**, so unterliegt die Anerkennung einer im Ausland erfolgten Adoption unterschiedlichen Voraussetzungen, je nachdem, ob es sich um eine reine Vertragsadoption handelt oder aber ein Gericht bzw eine andere öffentliche Stelle konstitutiv bei der Durchführung mitgewirkt hat (Rn 64)[107]. Bei privaten Adoptionen erfolgt eine Überprüfung

---

[97] *Soergel/Lüderitz* Rn 19; *Staudinger/Henrich* Rn 78; *MünchKommBGB/Klinkhardt* Rn 57.
[98] *Andrae*, Internationales Familienrecht, § 7 Rn 45 ff; *Soergel/Lüderitz* Rn 42; *Staudinger/Henrich* Rn 78; *Palandt/Heldrich* Rn 9 aE, im Widerspruch zu Rn 5.
[99] *Soergel/Lüderitz* Rn 41, 42; AnwK-BGB/*Benicke* Rn 72; dies akzeptierend auch *Staudinger/Henrich* Rn 78.
[100] AnwK-BGB/*Benicke* Rn 67.
[101] *Palandt/Heldrich* Rn 9; AnwK-BGB/*Benicke* Rn 68.
[102] OLG Karlsruhe FamRZ 2005, 1695; BayObLG FamRZ 2005, 1694; FamRZ 2006, 1464; OLG Hamm FamRZ 2006, 1463; OLG Düsseldorf RNotZ 2006, 147; OLG Köln StAZ 2006, 76; OLG Stuttgart FamRZ 2004, 1124; so auch AnwK-BGB/*Benicke* Rn 68.
[103] OLG Frankfurt Beschluss vom 29. 11. 2006, 20 W 265/06, BeckRS 2007, 2903.
[104] OLG Schleswig FamRZ 2006, 1462; FamRZ 2006, 1142; OLG Stuttgart IPRax 2007, 338.
[105] AnwK-BGB/*Benicke* Rn 70; *Henrich* IPRax 2007, 338.
[106] *Frank* StAZ 2003, 257 ff; *Maurer* FamRZ 2003, 1337, 1339 ff.
[107] *Benicke* S 86 ff.

anhand des sich aus Art 22 ergebenden Adoptionsstatuts, gerichtliche oder behördliche Adoptionen unterliegen dagegen § 16 a FGG (Rn 63).

Die Anerkennung einer ausländischen Adoption kann stets **inzident** innerhalb des gerichtlichen Verfahrens erfolgen, für dessen Ausgang sie erheblich ist. Rechtskraft entwickelt diese inzidente Anerkennung nicht[108]. In Deutschland wurde zur Umsetzung der Vorgaben des HAdoptÜ das **AdWirkG** (Gesetz über Wirkungen der Annahme als Kind nach ausländischem Recht vom 5. 11. 2001) erlassen. Dieses gilt allgemein, also auch außerhalb des Anwendungsbereichs des HAdoptÜ. Es sieht für die Anerkennung aller (also privater und gerichtlicher) ausländischen Minderjährigenadoptionen ein fakultatives **Anerkennungsverfahren** vor (§§ 1, 2 AdWirkG). 61

2. Voraussetzungen der Anerkennung nach dem HAdoptÜ. Das HAdoptÜ formalisiert die Voraussetzungen für die Anerkennung einer Adoption. Es ist nach Art 23 Abs 1 HAdoptÜ zunächst erforderlich, dass die zuständige Behörde des Staates, in dem die Adoption durchgeführt wurde, bestätigt, dass die Adoption gemäß den Vorschriften des HAdoptÜ durchgeführt wurde. Das Gericht im Anerkennungsstaat braucht dies also nicht selbst zu überprüfen. Zugleich darf es aber nicht die Anerkennung von einer eigenen Überprüfung oder gar von weiteren Voraussetzungen abhängig machen. Bei Vorliegen der entsprechenden Bescheinigung erfolgt gemäß Art 24 HAdoptÜ lediglich die Prüfung, ob die Adoption gegen den **ordre public** verstößt. Schwierigkeiten entstehen, wenn das strikte Verfahren des HAdoptÜ *nicht* eingehalten wurde. Dann greift zwar nicht das System der Art 23, 24 HAdoptÜ – es kann aber nach nationalem Recht (Art 2 AdWirkG mit § 16 a FGG) dennoch eine Anerkennung erfolgen[109]. Inhaltlich stellt sich folgendes Problem: Einerseits kann die Anerkennung für das Kindeswohl so wichtig sein, dass die Gerichte ein Bedürfnis sehen, auch ohne Vorliegen der notwendigen Erklärung(en) durchzuführen. Andererseits kann das Kindeswohl und damit der ordre public gerade deshalb beeinträchtigt sein, weil bestimmte Vorschriften nicht eingehalten wurden. Das kann zB dann der Fall sein, wenn die Prüfung der Geeignetheit des Annehmenden ganz fehlt[110]. Entsprechend der vorstehenden Überlegungen wird – soweit dies im Ergebnis dem Kindeswohl dient – teilweise sehr großzügig vorgegangen und die Adoption auch dann anerkannt, wenn zum einen die nach Art 23 HAdoptÜ vorgesehene Bescheinigung fehlt, zum anderen außerdem erhebliche Verstöße gegen die Vorschriften des Adoptionsstatuts feststellbar sind[111]. In der Tat muss das Kindeswohl ganz im Vordergrund stehen. Notfalls muss bei der Anerkennung eine eigene Kindeswohlprüfung erfolgen[112]. Teilweise wird die Anerkennung aber doch aus formalen Gründen scheitern. Das ist insbes dann der Fall, wenn das Kind noch nicht bei den Annehmenden lebt. Dann darf eine fehlende Kindeswohlprognose oder Eignungsprüfung nicht im Anerkennungsverfahren nachgeholt werden[113]. Letztlich kann die Entscheidung nur im Einzelfall getroffen werden. Wichtig ist, dass bei der Überprüfung des Kindeswohls und des ordre public nicht generalpräventiv vorgegangen werden darf. Es ist stets auf das Wohl des konkreten Kindes im Zeitpunkt der Anerkennungsentscheidung abzustellen[114]. (S allg auch Rn 66). 62

3. Voraussetzungen der Anerkennung nach autonomem Recht. a) Vertragsadoption. Die lediglich durch privaten Rechtsakt vorgenommene Adoption stellt keinen Akt der Freiwilligen Gerichtsbarkeit dar, so dass die Anerkennung nicht über § 16 a FGG erfolgen kann. Zu prüfen ist vielmehr, ob sämtliche Wirksamkeitsvoraussetzungen erfüllt sind, die das von Art 22 berufene Adoptionsstatut für die Durchführung der Kindesannahme fordert[115]. Bei Geltung deutschen Adoptionsstatuts ist eine Vertragsadoption wegen § 1752 BGB stets unwirksam[116]. 63

b) Ausländische Entscheidungen. Hat bei einer im Ausland vorgenommenen Adoption ein Gericht oder eine Behörde an der Kindesannahme mitgewirkt, so erfolgt die Anerkennung der betreffenden Entscheidung nach Maßgabe des § 16 a FGG. Für die Beurteilung, ob eine Behörde oder ein Gericht mitgewirkt hat, kommt es darauf an, ob eine gerichtliche oder behördliche Überprüfung der wesentlichen Voraussetzungen erfolgt[117]. Reine Registrierungsakte ändern den Charakter als private Vertragsadoption nicht[118]. Anerkennungsfähig sind neben Volladoptionen auch schwache Adoptionen, durch welche die Rechtsbeziehungen des Kindes zu seiner natürlichen Familie nicht oder jedenfalls nicht vollständig abgebrochen werden. Durch die Anerkennung gemäß § 16 a FGG erstrecken sich die nach ausländischem Recht bestehenden (starken oder schwachen) Adoptionswirkungen auch auf das Inland, so dass es im Fall einer schwachen Adoption bei eben dieser Wirkung bleibt. Die Aufwertung von einer schwachen in eine starke (dem deutschen Recht entsprechende) Volladoption kann nur im Rahmen der Umwandlung nach § 3 AdWirkG erfolgen (Rn 68). Ein Verstoß gegen den 64

---

[108] *Andrae*, Internationales Familienrecht, § 7 Rn 61; *Erman/Hohloch* Rn 25.
[109] Zur Begründung *Staudinger* FamRBint 2007, 42, 44 f.
[110] So in AG Hamm JAmt 2006, 361.
[111] AG Hamm JAmt 2006, 363; krit *Weitzel* JAmt 2006, 333.
[112] So auch schon BT-Drucks 14/6011 S 29; zust *Staudinger* FamRBint 2007, 42, 44.
[113] AG Hamm JAmt 2006, 361; LG Dresden JAmt 2006, 360.
[114] So weitgehend KG FamRZ 2006, 1405, beachte allerdings die unzutr Ausführungen auf S 1408; einschränkend bei Kinderhandel auch AnwK-BGB/*Benicke* Rn 97.
[115] AG Tübingen StAZ 1992, 217; *Looschelders* IPR Rn 33; *Soergel/Lüderitz* Rn 43; *Staudinger/Henrich* Rn 98; MünchKommBGB/*Klinkhardt* Rn 92; *Palandt/Heldrich* Rn 11; *Hohnerlein* S 50 ff.
[116] KG FamRZ 2006, 1405; *Palandt/Heldrich* Rn 11; *Staudinger/Henrich* Rn 98.
[117] *Benicke* S 169 ff.
[118] *Looschelders* IPR Rn 34.

ordre public (§ 16a Nr 4 FGG) ist, wie bereits aus §§ 2, 3 AdWirkG geschlossen werden kann, hierin nicht zu erblicken[119].

65 Eine Anerkennung nach § 16a FGG setzt nicht voraus, dass die Annahme des Kindes auf der Grundlage der von Art 22 berufenen Rechtsordnung vorgenommen wurde. Zu den Folgen der Nichtbeachtung von Zustimmungserfordernissen, die das nach Art 22 berufene Adoptionsstatut oder das nach Art 23 berufene Zustimmungsstatut vorsieht, vgl Rn 39.

66 **c) Insbes: ordre public.** Gemäß § 16a Nr 4 FGG muss die ausländische Entscheidung dem deutschen ordre public entsprechen, um anerkannt werden zu können[120]. Deutsche Gerichte verweigern ausländischen Adoptionen relativ häufig die Anerkennung, weil ein Verstoß gegen den ordre public angenommen wird. Wie soeben dargelegt, verlangt der ordre public aber nicht, dass die ausländische Adoption der deutschen Adoption in den Wirkungen gleicht (Rn 64). Meist liegt der Verstoß gegen den ordre public darin, dass das **Kindeswohl** bei der ausländischen Adoption nicht hinreichend berücksichtigt wurde[121]. Ein Verstoß gegen den ordre public kann auch dann vorliegen, wenn **wesentliche Erklärungen** der Beteiligten (insbes der natürlichen Eltern) nicht oder nicht freiwillig abgegeben wurden und es auch an einer nach rechtsstaatlichen Grundsätzen einwandfreien Ersetzung dieser Erklärungen fehlt[122]. In diesem Fall ist jedoch auch zu berücksichtigen, dass die fehlende oder unwirksame Zustimmung des Angenommenen oder die fehlende Genehmigung durch das Vormundschaftsgericht ggf noch nachgeholt werden kann[123]. Wie stets ist nicht nur der materiellrechtliche, sondern auch der **verfahrensrechtliche** ordre public zu beachten (§ 16b Nr 2 und 3 FGG). Denkbar ist eine Verletzung hier etwa, wenn eine zuvor erfolgte deutsche Adoption im Ausland übergangen wurde[124]. Kein Verstoß gegen den ordre public liegt dagegen vor, wenn die ausländische Entscheidung nur nicht dem Verfahren des AdVermiG entspricht[125]. Zum Verstoß gegen die Vorgaben des HAdoptÜ Rn 62.

67 Maßgeblicher Zeitpunkt für die Bestimmung des Verstoßes gegen den ordre public ist der Zeitpunkt, in dem über die Anerkennung zu entscheiden ist[126]. Auch die Verletzung von wesentlichen Verfahrensvorschriften kann also überwunden werden, wenn dies für das Kindeswohl notwendig ist, vgl den Gedanken des § 1741 Abs 1 S 2 BGB. Das Gericht muss also im Rahmen der Anerkennungsentscheidung notfalls **eigene Kindeswohlerwägungen** anstellen. Führen diese zu einer positiven Beurteilung der Annahme, so ist die ausländische Entscheidung anzuerkennen, selbst wenn sie erhebliche Verfahrensfehler enthält[127]. Zu den entsprechenden Gedanken bei Geltung des HAdoptÜ s auch Rn 62.

68 **III. Umwandlung bzw Wiederholung der Adoption im Inland. 1. Umwandlung der Adoption.** § 3 AdWirkG sieht vor, dass im Rahmen des Anerkennungsverfahrens die Wirkungen der ausländischen Minderjährigenadoption umgewandelt und an das deutsche Recht angeglichen werden können. Dies gilt für alle Arten von ausländischen Minderjährigenadoptionen, seien es schwache oder starke Adoptionen, seien sie in einem Mitgliedstaat des HAdoptÜ ergangen oder nicht[128]. Dabei statuiert § 3 AdWirkG drei Voraussetzungen: (1) Die Umwandlung muss dem Kindeswohl dienen, (2) es müssen die erforderlichen Einwilligungen erteilt worden sein und (3) es dürfen keine wesentlichen Interessen der Ehegatten oder des Kindes von Angenommenem bzw Annehmendem entgegenstehen[129]. Problematisch wird insbes die Notwendigkeit der Einwilligungen sein. Das kann auch daran liegen, dass das ausländische Recht, weil es die Volladoption nicht kennt, auch die entsprechenden Einwilligungen nicht vorsieht[130]. Da auch hier Art 23 eingreift, darf bei Erforderlichkeit für das Wohl des Kindes deutsches Recht angewendet werden. Damit besteht die Möglichkeit der Anwendung des § 1748 BGB, also der Ersetzung der Einwilligung. Sind jedoch die engen Vorgaben des § 1748 BGB nicht gewahrt, ist die Umwandlung bei Fehlen der nötigen Einwilligungen nicht möglich[131].

69 **2. Wiederholung der Adoption.** Früher wurde anstelle der Anerkennung der Adoption häufig eine einfache Wiederholung der Adoption im Inland vorgenommen. Eine Wiederholung kam zum einen dann in Betracht, wenn eine schwache ausländische Adoption (vgl Rn 39) durch eine Volladoption nach deutschem Recht ersetzt werden sollte[132]. Zu diesem Zweck ist eine Adoptionswieder-

---

[119] Heute allgM, OLG Zweibrücken StAZ 1985, 132, 133; AnwK-BGB/*Benicke* Rn 89; *Soergel/Lüderitz* Rn 50; *Looschelders* IPR Rn 36; MünchKommBGB/*Klinkhardt* Rn 99; *Palandt/Heldrich* Rn 14; aA, allerdings in einem Sonderfall, noch AG St. Ingbert IPRax 1984, 43 m zust Anm *Jayme*.
[120] *Hohnerlein* S 60 ff.
[121] KG FamRZ 2006. 1405; *Weitzel* IPRax 2007, 308, 310 ff.
[122] *Soergel/Lüderitz* Rn 48; *Staudinger/Henrich* Rn 90 f; *Palandt/Heldrich* Rn 17; aA *Kegel/Schurig* IPR § 20 XIII 3: Zustimmung nach Maßgabe des Heimatrechts des Kindes ist ausreichend.
[123] *Palandt/Heldrich* Rn 13 aE.
[124] AnwK-BGB/*Benicke* Rn 36.
[125] KG FamRZ 2006. 1405.
[126] KG FamRZ 2006, 1405; *Palandt/Heldrich* Rn 13; *Klinkhardt* IPRax 1997, 414, 415; krit *Weitzel* IPRax 2007, 308, 310 ff.
[127] Wie hier AG Hamm JAmt 2004, 377; *Beyer* JAmt 2006, 329, 332; *Staudinger* FamRBint 2007, 42; aA aber AG Celle JAmt 2004, 377.
[128] *Maurer* FamRZ 2002, 1337, 1340 f.
[129] Umfassend *Steiger* DNotZ 2002, 184 ff, 203 ff; *Staudinger/Henrich* Rn 101 ff; *Maurer* FamRZ 2003, 1337 ff; *Lorenz*, FS Sonnenberger, S 497, 512 ff.
[130] *Lorenz*, FS Sonnenberger, S 497 ff, 512 f.
[131] Wie hier *Staudinger/Henrich* Rn 104.
[132] OLG Frankfurt NJW-RR 1992, 777; LG Stuttgart StAZ 1989, 316; AG Ibbenbüren IPRax 1984, 221; *Soergel/Lüderitz* Rn 58; *Staudinger/Henrich* Rn 99; *Palandt/Heldrich* Rn 18; *Klinkhardt* IPRax 1995, 238 f.

holung heute nicht mehr möglich, da die Umwandlung nach § 3 AdwirkG insofern spezieller ist und die Wiederholung ausschließt. Die Wiederholung kam aber zum anderen auch in Betracht, soweit **Zweifel** bestanden, ob eine im Ausland vorgenommene Adoption im Inland anerkennungsfähig war. Dies war insbes dann bedeutsam, wenn einzelne Voraussetzungen der Adoption, wie zB eine bestimmte Einwilligungserklärung, nicht nachgewiesen werden konnten. Es ist streitig, ob die Wiederholung der Adoption in diesem Fall auch nach dem Inkrafttreten des AdWirkG noch möglich ist[133]. Allerdings wirkt die neue Adoption nur ex nunc und kommt insofern einer Anerkennung nicht gänzlich gleich[134].

IV. Anerkennungszuständigkeit. Im Grundsatz bestimmt sich die Anerkennungszuständigkeit nach § 43 b FGG[135]. Jedoch gilt für die Anerkennung von Minderjährigenadoptionen vorrangig § 5 AdWirkG, der eine **Zuständigkeitskonzentration** bei dem Vormundschaftsgericht am Ort des OLG vorsieht. In Berlin ist das AG Schöneberg zuständig. Das bedeutet, dass zunächst festgestellt werden muss, welches Gericht nach § 43 b FGG örtlich und international zuständig wäre. Dieses entscheidet aber nicht selbst über die Anerkennung, sondern es ist innerhalb des gleichen OLG-Bezirks das Gericht zuständig, in dessen Gerichtsbezirk das OLG seinen Sitz hat. 70

D. Interlokale und intertemporäre Fallgestaltungen

I. Interlokales Recht. Seit dem 3. 10. 1990 gelten im gesamten Bundesgebiet einheitlich die westdeutschen materiellen und kollisionsrechtlichen Adoptionsvorschriften. Auf Adoptionen, die vor dem 3. 10. 1990 abgeschlossen wurden (vgl Rn 4), fand (und findet) in den neuen Bundesländern jedoch gemäß Art 236 § 1 analog das Kollisionsrecht der früheren DDR (§ 23 RAG) Anwendung[136]. Für die Behandlung von Adoptionen, die vor dem Beitrittszeitpunkt nach dem Recht der ehemaligen DDR vorgenommen wurden, ist die Regelung des Art 234 § 13 heranzuziehen[137]. 71

II. Intertemporales Recht. Intertemporal unterliegen gemäß Art 220 Abs 1 die **Wirksamkeit** sowie die **statusrelevanten Konsequenzen** einer Adoption, die vor dem 1. 9. 1986 durchgeführt wurde, der Verweisung nach Art 22 aF. Hinsichtlich der Frage, wann eine Adoption als in diesem Sinne durchgeführt gilt, ist danach zu unterscheiden, ob die betreffende Annahme im In- oder Ausland erfolgt ist. Liegt eine Inlandsadoption vor, so gilt diese dann als abgeschlossen, wenn der betreffende Beschluss gemäß § 56 e S 2 FGG zugestellt wurde[138]. Ist die Adoption dagegen im Ausland vorgenommen worden, so ist sie erst dann durchgeführt, wenn sämtliche Voraussetzungen vorliegen, die ihre Anerkennung auch im Inland ermöglichen. Dies setzt bei einer Adoption durch gerichtliche oder behördliche Entscheidung **(Dekretadoption)** voraus, dass die Adoption wirksam geworden ist; im Fall einer Adoption durch Parteivereinbarung **(Vertragsadoption)** müssen dagegen alle Voraussetzungen erfüllt sein, die das Recht aufstellt, das durch die Normen des deutschen Kollisionsrechts berufen wird (insbes müssen sämtliche erforderlichen Einwilligungen und Genehmigungen eingeholt worden sein)[139]. Liegt nach Maßgabe der vorgenannten Bedingungen ein abgeschlossener Vorgang vor, so richten sich im Folgenden auch **Aufhebung** bzw **Anfechtung** der Adoption nach dem von Art 22 aF berufenen Recht[140]. Die **Wirkungen** der Adoption, die ihrer Natur nach **wandelbar** sind, werden gemäß Art 220 Abs 2 ab dem 1. 9. 1986 nach neuem Recht angeknüpft[141]. 72

Art 23 Zustimmung

¹Die Erforderlichkeit und die Erteilung der Zustimmung des Kindes und einer Person, zu der das Kind in einem familienrechtlichen Verhältnis steht, zu einer Abstammungserklärung, Namenserteilung oder Annahme als Kind unterliegen zusätzlich dem Recht des Staates, dem das Kind angehört. ²Soweit es zum Wohl des Kindes erforderlich ist, ist statt dessen das deutsche Recht anzuwenden.

Schrifttum: *Sturm,* Das Günstigkeitsprinzip und die Zustimmung nach Art 23 EGBGB, Schutz für das Kind oder Hindernis für die Abstammungsfeststellung?, StAZ 1997, 261.

---

[133] Dafür AG Worms IPRax 2004, 534; MünchKommBGB/*Klinkhardt* Rn 113; *Heiderhoff* FamRZ 2002, 1282, 1285; *Steiger* DNotZ 2002, 184, 206; iE sehr ähnlich, nämlich für eine Wiederholung nur bei Fehlen bzw fehlender Nachweisbarkeit von Anerkennungsvoraussetzungen Palandt/*Heldrich* Rn 18; dagegen aber AnwK-BGB/*Benicke* Rn 144: stets Umwandlung.
[134] AG Hagen IPRax 1984, 279 betr Sri Lanka; MünchKommBGB/*Klinkhardt* Rn 114.
[135] *Benicke* S 190.
[136] *Pirrung* RabelsZ 55 (1991), 211, 235 ff; *Staudinger/Dörner* Art 236 § 3 Rn 84; MünchKommBGB/*Sonnenberger* Einl IPR Rn 264; *Kegel/Schurig (Kegel)* IPR § 20 XIII 5 b; aA *Spickhoff* IPRax 1998, 462, 463; *Kegel/Schurig (Schurig)* IPR § 1 VII 2 b.
[137] Vgl *Wolf* FamRZ 1992, 12.
[138] *Erman/Hohloch* Rn 8; *Staudinger/Henrich* Rn 3; MünchKommBGB/*Klinkhardt* Rn 64; Palandt/*Heldrich* Art 220 Rn 4.
[139] *Erman/Hohloch* Rn 8; *Staudinger/Henrich* Rn 3; MünchKommBGB/*Klinkhardt* Rn 64 f.
[140] *Staudinger/Henrich* Rn 3.
[141] *Staudinger/Henrich* Rn 4; MünchKommBGB/*Klinkhardt* Rn 66 aE.

EGBGB Art 23

Übersicht

	Rn		Rn
I. Normzweck	1	2. Bestimmung des Personalstatuts	18
II. Recht der EU und Staatsverträge	3	3. Renvoi	19
III. Anwendbares Recht	4	4. Sonderanknüpfung, Kindeswohl	20
1. Anwendungsbereich	4	a) Normzweck	20
a) Zustimmungsgegenstand	4	b) Anwendungsbereich	21
b) Zustimmende Personen	8	c) Kindeswohl	23
c) Ergänzende Geltung	13	5. Zuständigkeit	24
d) Zustimmungsbedürftigkeit	15	6. Intertemporales Recht	25

I. Normzweck

1 Art 23 tritt **zusätzlich** neben die Art 10 Abs 1, 3 (Name), 19 Abs 1 (Abstammung) und 22 (Adoption). Art 23 bestimmt für diese den Status betreffenden Rechtsfragen, dass in Bezug auf Zustimmungen des Kindes bzw solcher Personen, zu denen das Kind in einem familienrechtlichen Verhältnis steht – insbes also der Eltern –, auch das Heimatrecht des Kindes angewendet werden muss. Das Personalstatut des Kindes ist also zusätzliches Zustimmungsstatut. Die Norm führt damit in Bezug auf Zustimmungserfordernisse zu einer kumulativen Anwendung des für die Abstammungserklärung, die Namensänderung oder die Adoption berufenen Rechts und dem (nach Art 23 berufenen) Heimatrecht des Kindes (S 1). Durch die zusätzliche Anwendung des Heimatrechts soll verhindert werden, dass eine für das Kind wesentliche Statusänderung (Abstammung, Adoption) oder eine ggf ähnlich bedeutsame Namenserteilung unter Umgehung des Schutzes durch das Heimatrecht des Kindes (Personalstatut) erfolgen kann. Man wollte solche wesentlichen Rechtsakte zum einen nicht durch eine Überzahl an Formalitäten behindern, zum anderen aber doch das Heimatrecht des Betroffenen nicht völlig übergehen[1]. Gleichzeitig erhöht sich durch die Befolgung der Vorgaben des Heimatstatuts die Wahrscheinlichkeit, dass Statusänderungen auch im Ausland, vor allem im Heimatstaat des Betroffenen, anerkannt und hinkende Rechtsverhältnisse damit weitestgehend vermieden werden.

2 Soweit es zum Wohl des Kindes erforderlich ist, wird nach S 2 stattdessen deutsches Recht angewendet (vgl Rn 20 ff). Die hilfsweise Anwendbarkeit des deutschen Rechts zum Schutz des Kindeswohls ist letztlich eine besondere Ausprägung des ordre public. Insbes soll im konkreten Fall eine für das Kindeswohl sehr förderliche Adoption nicht wegen des Fehlens einer Zustimmung scheitern.

II. Recht der EU und Staatsverträge

3 Nach Art 3 Abs 2 geht als staatsvertragliche Regelung das deutsch-iranische Niederlassungsabkommen vom 17. 2. 1929[2] im Rahmen seines Anwendungsbereichs der Anknüpfung nach Art 23 vor. EU-Recht zur Abstammung, zur Namenserteilung und zur Adoption ist noch nicht vorhanden. Zu den im HAdoptÜ enthaltenen materiell-rechtlichen und verfahrensrechtlichen Vorschriften s Art 22 Rn 4 f.

III. Anwendbares Recht

4 **1. Anwendungsbereich. a) Zustimmungsgegenstand. aa) Abstammungserklärung.** Art 23 S 1 erfasst zunächst die Zustimmung zur Abstammungserklärung. Hiervon betroffen ist vor allem der häufige Fall der Anerkennungserklärung seitens des Vaters, zu der, wie auch im deutschen Recht, die Zustimmung der Mutter oder auch die Zustimmung des Kindes nötig sein können[3]. Betroffen sind aber auch Abstammungserklärungen durch die Mutter, wie einige Rechtsordnungen sie kennen[4]. Dabei tritt das nach Art 23 S 1 berufene Recht neben die Zustimmungsvoraussetzungen, die das Abstammungsstatut (Art 19 Abs 1) aufstellt, so dass sich die Wirksamkeit der Zustimmungserklärung kumulativ nach den Regelungen beider Rechtsordnungen richtet. Sollte der Fall eintreten, dass ein Elternteil sowohl persönlich als auch in der Funktion des gesetzlichen Vertreters des Kindes zustimmungsberechtigt ist, so gilt die in der einen Rolle abgegebene Erklärung grds auch als solche in der anderen[5].

5 **bb) Namenserteilung.** Des Weiteren findet Art 23 bei der Namenserteilung Anwendung[6]. Betroffen ist in erster Linie die Einbenennung des Kindes, bei der es den neuen Ehenamen der Mutter erwirbt (§ 1618 BGB). Jedoch kann ebenso die Namenserteilung durch die Mutter oder den Vater in Rede stehen – in Deutschland also Art 10 Abs 3 bzw im materiellen Recht §§ 1617 ff BGB[7]. Die Voraussetzungen einer wirksamen Zustimmung sind in diesem Fall sowohl dem Namensstatut (Art 10) als auch dem nach Art 23 berufenen Recht zu entnehmen[8].

---

[1] Vgl amtl Begr, BT-Drucks 10/504 S 71 f.
[2] RGBl 1930 II S 1006; 1931 II S 9; Bek der Weitergeltung BGBl 1955 II S 829.
[3] OLG Hamm FamRZ 2005, 291; OLG Stuttgart FamRZ 1990, 559.
[4] *Erman/Hohloch* Rn 11; *Staudinger/Henrich* Rn 8; *Palandt/Heldrich* Rn 4.
[5] OLG Frankfurt FamRZ 1989, 663, 664; *Staudinger/Henrich* Rn 11; *Palandt/Heldrich* Rn 3.
[6] OLG Frankfurt NJWE-FER 2000, 205.
[7] *Staudinger/Henrich* Rn 13; MünchKommBGB/*Klinkhardt* Rn 21 f; *Palandt/Heldrich* Rn 4.
[8] AG Rottweil StAZ 2006, 144; *Palandt/Heldrich* Rn 4.

cc) Annahme als Kind. Schließlich gilt Art 23 auch für die Zustimmung zu einer **Adoption** des 6
Kindes. Erfasst sind sowohl die Minderjährigen- als auch die Volljährigenadoption[9]. Für die wirksame
Durchführung der Adoption müssen sowohl die dem Adoptionsstatut (Art 22) zu entnehmenden
Zustimmungsvoraussetzungen als auch die Zustimmungsvoraussetzungen des nach Art 23 berufenen
Rechts erfüllt sein[10]. Ob Art 23 auf die **Aufhebung der Adoption** entsprechende Anwendung findet,
ist streitig[11]. Jedoch besteht bei der Aufhebung einer Adoption eine völlig andere Problematik als bei
ihrer Begründung. Es geht dabei stets darum, dass ganz schwerwiegende Fehler beseitigt werden. Die
Statusveränderung spielt demgegenüber eine nebensächliche Rolle. Im Grunde wird ein Status wieder
hergestellt, der ohne den Fehler ohnehin noch bestünde. Ist eine im ausländischen Recht vorgesehene
Aufhebung dem Kindeswohl abträglich, so hilft nicht Art 23, sondern Art 6.

dd) Legitimation. Durch das am 1. 7. 1998 in Kraft getretene Gesetz zur Reform des Kindschafts- 7
rechts (KindRG) vom 16. 12. 1997 (BGBl 1999 I S 2942) wurde der Anknüpfungsgegenstand der
„Legitimation" aus der Regelung des Art 23 ersatzlos gestrichen. Die Streichung erfolgte in Konsequenz der Aufhebung des Art 21 aF (Anknüpfung der Statusverbesserung durch Legitimation, dazu iE
Art 19 Rn 2, 33).

b) Zustimmende Personen. Art 23 S 1 erfasst zunächst die Zustimmung des betroffenen **Kindes.** 8
Dabei gilt als „Kind" diejenige Person, deren Status bzw Name sich ändern soll. Bei der Frage nach
dem Kindesstatus iS des Art 23 S 1 handelt es sich nicht um eine nach Art 7 zu beantwortende Vor-
oder Erstfrage, sondern um einen autonom auszulegenden Rechtsbegriff. Das Alter des Betroffenen
spielt in diesem Zusammenhang keine Rolle, so dass Minder- und Volljährige gleichermaßen in den
Anwendungsbereich der Vorschrift fallen[12]. Die Verwendung des Begriffs „Kind" erklärt sich daraus,
dass eine „Eltern-Kind-Beziehung" betroffen ist. Wenn dieses Element fehlt, weil zB eine selbst
gewünschte Namensänderung einer volljährigen Person (zB im Rahmen der Eheschließung) durchzuführen ist greift Art 23 nicht ein.

Von der Auslegung des Kindesbegriffs in Art 23 S 1 zu unterscheiden ist die Problematik, die sich 9
erst im Folgenden daraus ergeben kann, dass das nach Art 23 S 1 berufene Heimatrecht (insbes im Fall
der Adoption) unterschiedliche Regelungen für Minder- und Volljährige bereithält. Hier ist die
maßgebliche Altersgrenze unselbstständig nach den Vorschriften des Personalstatuts anzuknüpfen[13].

Wenn das Kind nach dem Heimatrecht durch seinen **gesetzlichen Vertreter** vertreten wird, so fragt 10
sich, nach welchem Recht zu beurteilen ist, wer der gesetzliche Vertreter des Kindes ist. Auch das sollte
unselbstständig angeknüpft werden, da das Ziel des Art 23 gerade darin liegt, die Vorgaben des
Heimatrechts zu wahren. Um die dort erforderlichen Anforderungen wirklich zu wahren, ist es nötig,
dem Heimatrecht auch bei der Bestimmung der zustimmungspflichtigen Personen zu folgen[14].

Neben der Zustimmung des Kindes erfasst Art 23 auch die Zustimmung durch **dritte Personen,** zu 11
denen das Kind „in einem familienrechtlichen Verhältnis" steht. Aus den soeben genannten Gründen
ist auch die Frage, ob ein solches Verhältnis vorliegt, nach dem durch Art 23 berufenen Recht zu
beantworten. Sie ist also ebenfalls als unselbstständige Vorfrage zu behandeln[15].

Streitig ist die Frage, ob Art 23 auch für die Zustimmung des **Ehegatten** des Kindes gilt[16]. Dabei handelt 12
es sich nicht um die Vorfrage, ob ein Ehegatte zum Kind in einem „familienrechtlichen Verhältnis" steht.
Vielmehr geht es um eine autonome Auslegung des Art 23 und seiner Zielrichtung. Aus deutscher Sicht
wird man dazu klar sagen können, dass das Interesse des Ehegatten nicht als so hoch eingeschätzt werden
kann, dass es die zusätzliche Anwendung des Heimatrechts des Kindes nötig machen würde[17]. Art 23 gilt
jedenfalls nicht für die Zustimmung des Ehegatten bzw der Kinder des *Annehmenden*[18].

c) Ergänzende Geltung. Art 23 findet stets nur ergänzend („zusätzlich") neben den Regelungen 13
der Art 10 Abs 1, 3, Art 19 Abs 1 und Art 22 Anwendung, kann also nicht isoliert von diesen herangezogen werden[19]. Fehlt es bereits aufgrund der Vorschriften des Hauptstatuts an den Voraussetzungen
einer Abstammungserklärung, Adoption oder Namenserteilung, so ist eine Prüfung des nach Art 23
berufenen Rechts obsolet[20].

---

[9] BayObLG NJW-RR 1995, 1287; StAZ 1996, 171.
[10] OLG Hamm FamRZ 2006, 1463.
[11] Dafür *Jayme* 1988, 251; *Kegel* IPR § 20 XIII 2 d S 975.
[12] BayObLG NJW-RR 1995, 1287, 1288; *v. Bar* IPR, Bd 2 1991, Rn 324; *Erman/Hohloch* Rn 9; *Soergel/Lüderitz* Rn 16; MünchKommBGB/*Klinkhardt* Rn 6.
[13] *Staudinger/Henrich* Rn 16; MünchKommBGB/*Klinkhardt* Rn 9.
[14] *Staudinger/Henrich* Rn 16; MünchKommBGB/*Sonnenberger* Einl IPR Rn 556; aA – Bestimmung der Person des Vertreters ist selbstständig anzuknüpfende Vorfrage – die wohl hM MünchKommBGB/*Klinkhardt* Rn 9; Kropholler IPR § 19 IV 1; *Erman/Hohloch* Rn 10; *Soergel/Lüderitz* Rn 16.
[15] MünchKommBGB/*Klinkhardt* Rn 7; *Andrae*, Internationales Familienrecht, § 7 Rn 52; ähnlich *Staudinger/Henrich* Rn 7: Entscheidung zwischen selbstständiger und unselbstständiger Anknüpfung sollte aber im jeweiligen Einzelfall getroffen werden; aA *Kropholler* IPR § 49 IV 1 S 417: selbstständige Anknüpfung.
[16] Dagegen *Soergel/Lüderitz* Rn 15; *Staudinger/Henrich* Rn 24; *Looschelders* IPR Rn 14; dafür *v. Bar* IPR, Bd 2 1991, Rn 32+; KG FamRZ 1973, 472, 476 zu Art 22 Abs 2 aF.
[17] *Staudinger/Henrich* Rn 24; aA noch Vorauﬂ Rn 10.
[18] *Erman/Hohloch* Rn 9.
[19] *v. Bar* IPR, Bd 2 1991, Rn 323; *Erman/Hohloch* Rn 1; MünchKommBGB/*Klinkhardt* Rn 2, 5; *Palandt/Heldrich* Rn 1.
[20] BayObLG NJW-RR 1995, 1287, 1288: Volljährigenadoption; OLG Celle FamRZ 1995, 829: Adoption; *Soergel/Lüderitz* Rn 3.

14 Die Verweisung nach Art 23 läuft aber auch dann leer, wenn die in Rede stehende Statusänderung bzw Einbenennung zwar den Vorschriften des Hauptstatuts, nicht aber dem Heimatrecht des Kindes bekannt ist. Die Zustimmungserfordernisse sind in diesem Fall ausschließlich dem Hauptstatut zu entnehmen; das Heimatrecht bleibt unberücksichtigt[21]. Das Problem, dass das Heimatstatut das gewünschte Rechtsinstitut gar nicht kennt, wird insbes im Adoptionsrecht bedeutsam: Kennt das Heimrecht des Kindes keine Adoption oder sieht es lediglich eine schwache Adoption vor, während das Adoptionsstatut eine starke Adoption verlangt, so kann die erforderliche Einwilligung nicht erteilt werden. Auch ein Rückgriff auf deutsches Recht gemäß Art 23 S 2 kommt dann nicht in Betracht, da die Verweisung nur eingreift, wenn nach dem Personalstatut überhaupt ein Zustimmungserfordernis besteht[22]. Art 23 greift auch dann nicht ein, wenn bei einer Annahme als Kind (Art 22) das Hauptstatut eine starke Adoption vorsieht, das Heimatrecht aber nur eine schwache Adoption kennt.

15 **d) Zustimmungsbedürftigkeit.** Art 23 regelt die Anknüpfung sowohl der Erforderlichkeit (Notwendigkeit) als auch der Erteilungsvoraussetzungen einer Zustimmung. Dabei betrifft die Frage der Erforderlichkeit den Punkt, inwiefern eine Zustimmung der betroffenen Personen überhaupt erfolgen muss, in welchen Fällen sie fehlen darf sowie ob und, wenn ja, unter welchen Voraussetzungen sie ersetzt werden kann[23]. Steht die Notwendigkeit der Zustimmungserteilung danach fest, so regelt das Heimatrecht des Kindes die Voraussetzungen, unter denen die als erforderlich erachtete Zustimmung wirksam erteilt werden kann[24]. Der Verweisung nach Art 23 unterliegt also auch das eventuelle Erfordernis gerichtlicher oder behördlicher Genehmigungen der Zustimmungen[25]. Dies kann aber im deutschen Adoptionsbeschluss mit erfüllt werden. Schließlich wird auch die Bestimmung des Zeitpunkts erfasst, zu dem sämtliche Voraussetzungen für eine wirksame Zustimmung erfüllt sein müssen[26].

16 Fehlt es an einer notwendigen Zustimmung oder liegen nicht alle erforderlichen Voraussetzungen vor, so ist sehr streitig, welches Recht über die **Rechtsfolgen** entscheidet, die dieser Fehler auslöst. Wohl überwiegend wird vertreten, dass dies sich nach dem Recht des Staates richten müsse, dessen Vorschriften nicht eingehalten wurden. Bei zusätzlichen Zustimmungen nach Art 23 gilt dann also auch für die Folgen des Fehlens das Heimatstatut[27]. Die Gegenansicht will das Adoptionsstatut befragen[28]. Richtig ist es, wegen der zusätzlich erforderlichen Zustimmungen nur das nach Art 23 S 1 berufene Recht zu befragen. Es bestimmt darüber, welche Zustimmungen vorliegen müssen und welche Folgen sich an eine Fehlen knüpfen. Verstößt die im Heimatrecht vorgesehene Folge gegen das Kindeswohl (zB abrupte Nichtigkeit), so kann Art 23 S 2 herangezogen werden[29]. Alles andere würde den Zweck der Norm (Rn 1 f) verfehlen.

17 Fehlen Zustimmungen nach dem Adoptionsstatut und nach dem Heimatstatut, und sehen beide Rechte unterschiedliche Rechtsfolgen vor, so kommt das strengere Recht zum Tragen[30]. Allerdings gilt dies nur für solche statusrelevanten Vorgänge, die im Inland vorgenommen werden bzw im Ausland durch Privatrechtsakt (zB Vertrag) erfolgen. Liegt bereits eine ausländische gerichtliche oder behördliche Entscheidung vor, so stellt sich die Frage des anwendbaren Rechts nicht mehr; zu prüfen ist nur noch, ob die ausländische Entscheidung im Inland anerkannt werden kann. Das richtet sich, soweit keine vorrangigen staatsvertraglichen Regelungen anwendbar sind, nach § 16 a FGG[31].

18 **2. Bestimmung des Personalstatuts.** Gemäß **Art 23 S 1** richtet sich im Fall einer Abstammungserklärung, Adoption oder Namenserteilung die Erforderlichkeit sowie die Erteilung einer Zustimmung des betroffenen Kindes oder eines Dritten, zu dem das Kind in einem familienrechtlichen Verhältnis steht, ergänzend nach dem Recht des Staates, dem das Kind angehört (Personalstatut). Zur Bestimmung des Personalstatuts sind die allgemeinen Regeln des Art 5 Abs 1 heranzuziehen. Ist das Kind staatenlos, so kommt Art 5 Abs 2 zum Tragen, sofern nicht staatsvertragliche Regelungen[32] vorgehen. Maßgeblicher **Zeitpunkt** für die Ermittlung des Personalstatuts ist derjenige unmittelbar vor der Statusänderung

---

[21] *Jayme* IPRax 1988, 251; *ders* NJW 1989, 3069, 3070; *Staudinger/Henrich* Rn 19; *Andrae*, Internationales Familienrecht, § 7 Rn 50; aA *Kegel/Schurig* IPR § 20 XIII 2 b, S 973: Einwilligung soll als fehlend gelten; *Soergel/Lüderitz* Rn 14: vergleichbare Rechtsinstitute sollen für Einwilligungserfordernis herangezogen werden.
[22] *Staudinger/Henrich* Rn 19; aA AG Lahnstein FamRZ 1994, 1350, 1351.
[23] *Erman/Hohloch* Rn 10; *Kropholler* IPR § 49 IV 1 S 416; MünchKommBGB/*Klinkhardt* Rn 11; *Palandt/Heldrich* Rn 3; aA *Soergel/Lüderitz* Rn 12: Ersetzbarkeit einer Zustimmung unterliegt ausschließlich der Verweisung nach Art 23 S 2.
[24] MünchKommBGB/*Klinkhardt* Rn 9; *Palandt/Heldrich* Rn 3.
[25] MünchKommBGB/*Klinkhardt* Rn 9; *Palandt/Heldrich* Rn 3; aA *Soergel/Lüderitz* Rn 17, der eine Durchführung solcher Verfahrensschritte im Inland ablehnt.
[26] *Erman/Hohloch* Rn 10; *Palandt/Heldrich* Rn 3.
[27] *Erman/Hohloch* Rn 10; *Soergel/Lüderitz* Rn 11, 13; *Staudinger/Henrich* Rn 25; *Kropholler* IPR § 49 IV 2, S 418; *Palandt/Heldrich* Rn 3.
[28] AnwK-BGB/*Benicke* Rn 27; diff MünchKommBGB/*Klinkhardt* Rn 13 f.
[29] Dagegen die Anwendung des milderen Rechts vorschlagend MünchKommBGB/*Klinkhardt* Rn 13 f; ebenso AnwK-BGB/*Benicke* Rn 30.
[30] *Staudinger/Henrich* Rn 26; *Kropholler* IPR § 49 IV 2, S 418; aA *Soergel/Lüderitz* Rn 13.
[31] *Erman/Hohloch* Rn 17; *Staudinger/Henrich* Rn 27 und näher Art 22 Rn 90; MünchKommBGB/*Klinkhardt* Rn 29.
[32] Vorrangig anzuwenden ist vor allem das New Yorker Abkommen über die Rechtsstellung Staatenloser vom 28. 9. 1954, BGBl 1976 II S 473 – näher bei Art 5 Rn 2.

oder Namenserteilung; erwirbt das Kind durch die Änderung seines Status eine neue (oder weitere) Staatsangehörigkeit, so bleibt diese für die Anknüpfung nach Art 23 S 1 unberücksichtigt[33].

3. Renvoi. Ob Rück- und Weiterverweisungen durch das Heimatrecht des Kindes (renvoi, Art 4 Abs 1) zu beachten sind, ist für Art 23 streitig. Für die Annahme von Rückverweisungen spricht, dass der die Norm beherrschende Schutzgedanke einer solchen Gesamtverweisung nicht entgegensteht. Es ist angesichts der nur zusätzlichen Anknüpfung an das Personalstatut des Kindes nicht erforderlich, den Sachnormen des entsprechenden Landes zur Geltung zu verhelfen, wenn dessen Kollisionsrecht die Verweisung nicht annimmt[34]. Es muss dem Heimatrecht aber darüber hinaus zugestanden werden, seinerseits bewusst Erfordernisse eines weiteren, fremden Rechts zu verlangen. Dafür spricht auch der Wortlaut der Norm. Diese enthält keinen Hinweis auf eine (ausnahmsweise anzunehmende) Sachverweisung und kann daher iVm mit der Grundregel des Art 4 auch nicht ohne weiteres als Sachverweisung angesehen werden[35]. Es gibt jedoch auch ein wichtiges Argument gegen die Annahme einer Gesamtverweisung: Es würde den Sinn des Art 23 verletzen, wenn das Heimatrecht – zumal unter Umständen durch eine allgemeine Kollisionsregel für alle die Adoption betreffenden Fragen – auf ein weiteres, aus deutscher Sicht eher abgelegen erscheinendes Recht verweist. Art 23 darf nicht dazu führen, dass die Adoption bzw Statusänderung unnötig verkompliziert wird[36]. Daher ist der neueren Auffassung zuzustimmen, die differenziert und Rück- und Weiterverweisungen (nur) dann annimmt, wenn diese gerade auf die besonderen Zustimmungserfordernisse ausgerichtet sind[37]. 19

4. Sonderanknüpfung, Kindeswohl. a) Normzweck. Nach **Art 23 S 2** sind Erforderlichkeit und Erteilung der Zustimmung nicht dem Heimatrecht des Kindes, sondern deutschem Recht zu entnehmen, wenn das Wohl des Kindes dies erfordert. Die Regelung ist innerhalb ihres Anwendungsbereichs als spezielle Ausprägung des ordre public Vorbehalts zu betrachten und verdrängt damit die allgemeine Vorschrift des Art 6[38]. Es handelt sich um eine gegenüber Art 23 S 1 subsidiäre Ausnahmeregelung, deren Anwendung strengen Maßstäben unterliegt. Insbes muss die Anwendung deutschen Rechts im konkreten Fall nicht bloß nützlich, sondern tatsächlich erforderlich sein, um das Kindeswohl zu wahren[39]. 20

b) Anwendungsbereich. Die Regelung des Art 23 S 2 stimmt sachlich mit dem Anwendungsbereich des Art 23 S 1 überein, kommt also gleichermaßen bei Abstammungserklärungen, Namenserteilungen und Adoptionen zum Tragen. Freilich muss desto mehr Zurückhaltung geübt werden, je weniger wichtig der Akt für das Kind ist[40]. Der persönliche Anwendungsbereich der Norm ist dagegen auf minderjährige Kinder beschränkt[41]. 21

Keine Anwendung findet Art 23 S 2, wenn Anforderungen des **eigentlichen Adoptionsstatuts** nicht erfüllt sind. Dies folgt aus dem Wortlaut der Vorschrift ("stattdessen") ebenso wie aus deren Sinn und Zweck. Durch Anwendung der Regelung sollen lediglich solche Schwierigkeiten überwunden werden, die aus den (zusätzlich berufenen) Zustimmungserfordernissen des Heimatrechts resultieren[42]. Werden die Voraussetzungen des Hauptstatuts als unzumutbar empfunden, so bleibt nur der Rückgriff auf die allgemeine Regelung des Art 6. Streitig ist die Vorgehensweise bei einer **Übereinstimmung** von Hauptstatut und Personalstatut des Kindes. Dann wird häufig das Eingreifen des Art 23 S 2 befürwortet[43]. Auch das lässt sich jedoch mit dem Wortlaut und Sinn der Norm nicht vereinbaren. Art 23 erfasst diese Fälle insgesamt nicht – es bleibt bei Art 6[44]. 22

c) Kindeswohl. Das in Art 23 S 2 avisierte Wohl des Kindes rechtfertigt eine Abweichung von Art 23 S 1 nur dann, wenn dem Kind anderenfalls ernsthafte Nachteile drohten[45]. Dies trifft vor allem in solchen Fällen zu, in denen die Frage nach der Notwendigkeit einer Zustimmungserklärung aufgrund der Verweisung nach Art 23 S 1 in angemessener Zeit nicht beantwortet werden kann. Sie 23

---

[33] OLG Frankfurt NJW 1988, 1472, 1473; FamRZ 1997, 241, 243; *Erman/Hohloch* Rn 8; *Soergel/Lüderitz* Rn 4; *Staudinger/Henrich* Rn 5; MünchKommBGB/*Klinkhardt* Rn 3; *Palandt/Heldrich* Rn 3.
[34] BayObLG NJW-RR 1988, 1352; *Palandt/Heldrich* Rn 2; *Kropholler* IPR § 49 IV Rn 2.
[35] *Soergel/Lüderitz* Rn 24; *Jayme* IPRax 1990, 309, 310.
[36] Mit Bsp *Staudinger/Henrich* Rn 6.
[37] MünchKommBGB/*Klinkhardt* Rn 4; *Andrae*, Internationales Familienrecht, § 7 Rn 54; diff auch *Staudinger/Henrich* Rn 6.
[38] *Erman/Hohloch* Rn 15; *Staudinger/Henrich* Rn 32; MünchKommBGB/*Klinkhardt* Rn 30.
[39] OLG Celle StAZ 1989, 9, 10; BayObLG NJW-RR 1995, 327, 329; OLG Frankfurt FamRZ 1997, 241, 243; LG Bielefeld FamRZ 1989, 1338, 1339; *Henrich* StAZ 1995, 284, 286; *Staudinger/Henrich* Rn 32; *Kropholler* § 49 IV 3, S 418; MünchKommBGB/*Klinkhardt* Rn 30; aA Frankfurt/M DAVorm 1994, 734: bereits ein bloßer Vorteil für das Kind ist ausreichend; LG Lahnstein FamRZ 1994, 1350, 1351: keine hohen Anforderungen; weit auch AnwK-BGB/*Benicke* Rn 31.
[40] Zu einer Stiefkindadoption BayObLG FamRZ 2002, 1282; noch enger wohl *v. Bar* IPR, Bd 2 1991, Rn 325: nur bei Adoption.
[41] BayObLG NJW-RR 1995, 327; *Erman/Hohloch* Rn 16; *v. Bar* IPR, Bd 2 1991, Rn 325; aA AG Tübingen StAZ 1998, 182: Adoption eines 19-jährigen Kindes; unklar auch LG Rottweil FamRZ 2005, 1696.
[42] *Soergel/Lüderitz* Rn 23; *Kropholler* IPR § 49 IV 3 aE; aA *Erman/Hohloch* Rn 16: auch bei Übereinstimmung beider Statute; OLG Hamm FamRZ 2005, 291.
[43] *Palandt/Heldrich* Rn 6; *Erman/Hohloch* Rn 16; *Kropholler* IPR § 49 IV 3 aE.
[44] *Soergel/Lüderitz* Rn 23.
[45] BayObLG NJW-RR 1995, 327; OLG Frankfurt FamRZ 1997, 241, 243; DAVorm 1998, 472; *Palandt/Heldrich* Rn 6.

kommt auch dann zum Tragen, wenn die ausländischen Vorschriften zwar bekannt sind, deren Vorgaben aber nicht oder nur unter beträchtlichen Schwierigkeiten erfüllt werden können. Dies ist insbes der Fall, wenn die Zustimmung eines Elternteils faktisch nicht oder nur sehr schwer erlangt werden kann, die baldige Adoption – oder Klärung der Statusfrage – für das Kind aber wichtig ist[46]. Das deutsche Recht erlaubt außerdem nach §§ 1747, 1748 BGB in bestimmten Fällen die Ersetzung der Einwilligung, während andere Rechtsordnungen eine solche Möglichkeit nicht kennen[47]. Art 23 S 2 ermöglicht es in diesen Fällen, gemäß § 1747 Abs 4 BGB auf die Einwilligung eines Elternteils mit unbekanntem Aufenthalt zu verzichten oder aber dessen Einwilligung unter den Voraussetzungen des § 1748 BGB zu ersetzen.

24   **5. Zuständigkeit.** Große Schwierigkeiten hat den Gerichten in den letzten Jahren die Frage der örtlichen Zuständigkeit verursacht, wenn Adoptionen durchgeführt werden sollten, bei denen zwar deutsches Recht Adoptionsstatut war, Art 23 aber zusätzlich zur Anwendung des Personalstatuts führte. Dann fragt sich, ob die Verweisung auf § 5 AdWirkG in § 43 b Abs 2 S 2 FGG eingreift und wie Zuständigkeitskonzentration bei dem Amtsgericht erfolgt, in dessen Bezirk das OLG seinen Sitz hat (ausf Art 22 Rn 58). Zu folgen ist der überwiegend vertretenen Ansicht. Danach reicht es für die Anwendbarkeit des § 5 AdWirkG aus, wenn nur wegen Art 23 zusätzlich zum deutschen Adoptionsstatut auch ausländisches Recht angewendet werden muss. Das entspricht dem Sinn und Zweck der Sondervorschrift, die bewirken will, dass die schwierige Anwendung ausländischen Rechts auf bestimmte Gerichte konzentriert wird[48]. § 43 b Abs 2 S 1 FGG gilt dann nicht.

25   **6. Intertemporales Recht.** Intertemporal hängt die Anwendbarkeit des Art 23 davon ab, ob die Vorgänge, die einer Zustimmung bedürfen, bereits vor dem 1. 9. 1986 abgeschlossen waren (Art 220 Abs 1)[49]. Ist dies der Fall, wurde die Anerkennungserklärung, Adoption oder Namenserteilung also schon vor dem genannten Datum wirksam, bleibt sie von der Anknüpfung nach Art 23 unberührt.

Art 24 Vormundschaft, Betreuung und Pflegschaft

(1) ¹Die Entstehung, die Änderung und das Ende der Vormundschaft, Betreuung und Pflegschaft sowie der Inhalt der gesetzlichen Vormundschaft und Pflegschaft unterliegen dem Recht des Staates, dem der Mündel, Betreute oder Pflegling angehört. ²Für einen Angehörigen eines fremden Staates, der seinen gewöhnlichen Aufenthalt oder, mangels eines solchen, seinen Aufenthalt im Inland hat, kann ein Betreuer nach deutschem Recht bestellt werden.

(2) Ist eine Pflegschaft erforderlich, weil nicht feststeht, wer an einer Angelegenheit beteiligt ist, oder weil ein Beteiligter sich in einem anderen Staat befindet, so ist das Recht anzuwenden, das für die Angelegenheit maßgebend ist.

(3) Vorläufige Maßregeln sowie der Inhalt der Betreuung und der angeordneten Vormundschaft und Pflegschaft unterliegen dem Recht des anordnenden Staates.

Schrifttum: *Andrae,* Internationales Familienrecht, 2006; *Baer,* Die Beistandschaft für ausländische Kinder, DAVorm 1998, 491; *dies* in: *Oberloskamp* (Hrsg), Vormundschaft, Pflegschaft und Beistandschaft für Minderjährige, 2. Aufl 1998, §§ 9 und 10; *Böhmer,* Das Betreuungsgesetz und seine Bedeutung für die Tätigkeit des Standesbeamten, StAZ 1992, 65; *Guttenberger,* Das Haager Übereinkommen über den internationalen Schutz von Erwachsenen, BtPrax 2006, 83; *Hellmann,* Rechtliche Unterstützung und Vertretung für Menschen mit geistiger Behinderung in den EU-Staaten, BtPrax 2006, 87; *Henrich,* Internationales Familienrecht, 2. Aufl 2000, § 9; *Jaspersen,* Die vormundschaftliche Genehmigung in Fällen mit Auslandsbezug, FamRZ 1996, 393; *Nitzinger,* Das Betreuungsrecht im internationalen Privatrecht, 1998; *Oelkers,* Internationales Betreuungsrecht, 1996; *Rausch,* Betreuung bei Auslandsbezug, BtPrax 2004, 137; *Röthel,* Das Betreuungsrecht im IPR, BtPrax 2006, 90; *dies,* Erwachsenenschutz in Europa, FamRZ 2004, 999; *Schnyder,* Auf dem Weg zu einem umfassenden schweizerischen Erwachsenenschutzrecht, FamRZ 2005, 1569; *Wagner,* Die Regierungsentwürfe zur Ratifikation des Haager Übereinkommens vom 13. 1. 2000 zum internationalen Schutz Erwachsener, IPRax 2007, 11.

Übersicht

	Rn		Rn
I. Normzweck	1	1. Anwendungsbereich	10
II. Sonderregelungen in Staatsverträgen	4	2. Anwendbares Recht	12
		3. Inhalt	15
III. Allgemeine Regeln	7	V. Betreuung	19
IV. Vormundschaft	10	1. Anwendungsbereich	19

---

[46] BayObLG NJW-RR 1995, 327; großzügig OLG Frankfurt DAVorm 1998, 472 – zu einer Vaterschaftsanerkennung.
[47] BayObLG FamRZ 2002, 1282; *Erman/Hohloch* Rn 16; *Staudinger/Henrich* Rn 32; *Kropholler* IPR, 3. Aufl 1997, S 377; *Palandt/Heldrich* Rn 6.
[48] BayObLG FamRZ 2005, 1694; OLG Hamm FamRZ 2006, 1463; OLG Köln StAZ 2006, 76; OLG Düsseldorf RNotZ 2006, 147; aA OLG Schleswig FamRZ 2006, 1142.
[49] *Erman/Hohloch* Rn 6; *Staudinger/Henrich* Rn 3; *MünchKommBGB/Klinkhardt* Rn 15; im Ergebnis ebenso *Soergel/Lüderitz* Rn 5.

	Rn		Rn
2. Anwendbares Recht	20	VIII. Vorläufige Maßregeln	35
VI. Pflegschaft	23		
1. Anwendungsbereich	23	IX. Internationales Verfahrensrecht	37
a) Sonderregelung in Art 24 Abs 2	25	1. Internationale Zuständigkeit	37
b) Sonderregelung Nachlasspflegschaft	26	2. Anerkennung	39
c) Sonderregelung Sammelvermögen	27		
2. Anwendbares Recht	28	**X. Intertemporales und interlokales Recht**	42
3. Inhalt	31		
VII. Beistandschaft und Schutzmaßnahmen	33	**XI. Reformvorhaben**	44

I. Normzweck

Mit Art 24 wurde durch die IPR-Reform von 1986 erstmals eine kollisionsrechtliche Bestimmung für die Vormundschaft in das EGBGB aufgenommen. Die Norm ersetzt den lediglich verfahrensrechtlich konzipierten Art 23 aF, der die internationale Zuständigkeit in Vormundschafts- und Pflegschaftsangelegenheiten regelte und auf kollisionsrechtliche Fallgestaltungen nur entsprechende Anwendung fand. Bei Einführung der rechtlichen Betreuung im Jahr 1992[1] wurde der Gegenstand der Norm auch auf die Betreuung ausgedehnt. **1**

Gemäß Art 24 Abs 1 S 1 richten sich die Entstehung, die Änderung sowie das Ende der Vormundschaft und Pflegschaft nach dem Heimatrecht (Personalstatut) des Betroffenen. Über den Inhalt der gesetzlicher Vormundschaft oder Pflegschaft bestimmt ebenfalls das nach Art 24 Abs 1 S 1 berufene Heimatrecht des Mündels oder Pfleglings. Der Inhalt der angeordneten Vormundschaft oder Pflegschaft unterliegt dagegen gemäß Art 24 Abs 3 dem Recht des anordnenden Staates (lex fori). Die Anwendung der lex fori ist sinnvoll, weil bei der Durchführung einer angeordneten Vormundschaft materielles Recht und Verfahrensrecht eng miteinander verwoben sind[2]. Ebenso wie die Gerichte die lex fori anwenden, soll insbes auch das Jugendamt vor Ort unkompliziert nach eigenem (deutschem) Recht arbeiten können. Das ist ein Gedanke, der sich auch in dem auf die angeordnete Vormundschaft vorrangig anzuwendenden Art 2 MSA findet. **2**

Entstehung, Änderung und Ende der Betreuung richten sich nach dem Heimatrecht des Betreuten (Art 24 Abs 1 S 1), soweit nicht der gewöhnliche Aufenthalt des Betreuten in Deutschland liegt und das Vormundschaftsgericht nach Art 24 Abs 1 S 2 deutsches Recht anwendet. Der Inhalt der Betreuung richtet sich nach der lex fori (Art 24 Abs 3). **3**

II. Sonderregelungen in Staatsverträgen

Der Anknüpfung nach Art 24 gehen gemäß Art 3 Abs 2 S 1 staatsvertragliche Regelungen vor. Das betrifft die Vormundschaft schon heute in großem Maße – es wird in Zukunft auch für die Betreuung gelten (Rn 45). Insbes kommt für **angeordnete Vormundschaften** über **Minderjährige** mit gewöhnlichem Aufenthalt in der Bundesrepublik oder einem sonstigen Vertragsstaat das Haager Minderjährigenschutzabkommen **(MSA)** vom 5. 10. 1961 (BGBl 1971 II S 217) zum Tragen. Für die Frage des anwendbaren Rechts gilt dieses auch neben der EheGVO II uneingeschränkt weiter[3]. Nach Art 2 MSA haben die Behörden ihr eigenes Recht anzuwenden. **4**

Das MSA enthält dagegen keine Regelung zum auf die gesetzliche Vormundschaft anwendbaren Recht. Hier greift lediglich die Anerkennungsregelung in Art 3 MSA[4]. Näher zum MSA und zum noch nicht in Kraft getretenen Haager Kinderschutzübereinkommen (KSÜ) bei Art 21 Rn 2ff.

Im Verhältnis zu **Belgien** greift das (alte) Haager Abkommen zur Regelung der Vormundschaft über Minderjährige (Haager Vormundschaftsübereinkommen) vom 12. 6. 1902[5]. Im Verhältnis zu **Österreich** gilt das deutsch-österreichische Vormundschaftsabkommen vom 5. 2. 1927 (RGBl II S 511). Für Leistungen der Jugendhilfe findet das deutsch-österreichische Abkommen über Fürsorge- und Jugendwohlfahrtspflege vom 17. 1. 1966 Anwendung[6]. Nach Art 2 können Österreicher in Deutschland die gleichen Leistungen beanspruchen wie Deutsche. Im Verhältnis zum **Iran** gilt das deutsch-iranische Niederlassungsabkommen[7] vom 17. 2. 1929. Art 8 Abs 3 iVm Ziff I Abs 3 des Schlussprotokolls bestimmt die Anwendung des iranischen Rechts, wenn der Betroffene die iranische Staatsangehörigkeit besitzt. Daneben ist Art 24 nicht anwendbar[8]. Faktisch nicht angewendet wird das deutsch-polnische **4.1**

---

[1] Gesetz zur Reform des Rechts der Vormundschaft und Pflegschaft für Volljährige (BtG) vom 12. 9. 1990 – sog Betreuungsgesetz; BGBl I S 2002, in Kraft seit dem 1. 1. 1992, Art 11 BtG.
[2] *Kropholler* IPR S 430.
[3] Inzwischen ganz hM, AnwK-BGB/*Gruber* Art 8 EheGVO II Rn 7; MünchKommBGB/*Siehr* Anh I zu Art 21 Vorbem und Rn 156; *Staudinger/Spellenberg* Vor Art 1 EheGVO Rn 11; einschränkend aber *Rauscher/Rauscher* EuZPR Art 8 Rn 9, der meint, es sei – der Wertung des MSA folgend – stets die lex fori anwendbar.
[4] Zur Abgrenzung bei Einzelmaßnahmen wie vormundschaftsrechtlichen Genehmigungen *Jaspersen* FamRZ 1996, 393, 398.
[5] RGBl 1904 S 240 – abgedruckt und kommentiert in MünchKommBGB/*Klinkhardt* Art 24 Anh.
[6] BGBl 1969 II S 2, samt Durchführungsvereinbarung vom 25. 10. 1968, BGBl 1969 II S 1285.
[7] RGBl 1930 II S 1006, Bek der Weitergeltung vom 15. 8. 1955, BGBl II S 829, abgedruckt bei Art 25 Rn 12.
[8] Vgl wie hier *Staudinger/Kropholler* Vor Art 24 Rn 8; diese ausschließende Wirkung in einem Scheidungsfall annehmend auch BGH NJW-RR 2005, 1532.

Vormundschaftsabkommen vom 5. 3. 1924[9]. Keine Anwendung mehr findet das Haager Entmündigungsabkommen vom 17. 7. 1905, das mit Wirkung zum 23. 8. 1992 von der Bundesrepublik gekündigt wurde (BGBl II S 272).

5   Für **Verfahrensfragen,** insbes für Zuständigkeit und Anerkennung, greifen ebenfalls die EheGVO II sowie, außerhalb des Anwendungsbereichs der EheGVO II, das MSA (Rn 37).

6   Art 24 ist derzeit damit im Wesentlichen (nur) anwendbar auf Betreuungen und auf Pflegschaften über Volljährige sowie auf Vormundschaften über Volljährige, die es im ausländischen Recht noch gibt. Für Minderjährige greift die Norm in den seltenen Fällen, in denen das betroffene Kind sich entweder außerhalb eines Mitgliedstaats des MSA befindet oder in denen das Kind unter gesetzlicher Vormundschaft steht[10].

III. Allgemeine Regeln

7   Das Gericht ist von Amts wegen verpflichtet, Feststellungen zur Frage der **Staatsangehörigkeit** zu treffen, wenn Anhaltspunkte dafür bestehen, dass der Betroffene eine ausländische Staatsbürgerschaft besitzt und deshalb ausländisches Recht angewendet werden muss[11]. Bei Mehrstaatern gelten die allgemeinen Regeln des Art 5 Abs 1. Ist der Betroffene staatenlos, so kommt Art 5 Abs 2 zum Tragen, sofern nicht staatsvertragliche Regelungen vorgehen; näher Art 5 Rn 2[12]. Soll die Vormundschaft oder Pflegschaft für einen nasciturus bestellt werden (vgl §§ 1774 S 2, 1912 BGB), so ist dessen voraussichtliches Heimatrecht heranzuziehen[13].

8   **Rück- und Weiterverweisungen** des Heimatrechts sind gemäß Art 4 Abs 1 zu beachten[14]. Dies gilt auch für die Verweisung in Art 24 Abs 2[15].

9   **Vorfragen** wie die des elterlichen Sorgerechts (Art 21) und der Minderjährigkeit (Art 7 – beachte aber auch den vorrangigen Art 12 MSA) bzw der Geschäftsfähigkeit sind selbstständig anzuknüpfen[16].

IV. Vormundschaft

10 **1. Anwendungsbereich.** Art 24 erfasst sowohl die **anzuordnende** als auch die **gesetzliche** Vormundschaft. Unter letztere fällt in Deutschland die gesetzliche Amtsvormundschaft des Jugendamtes nach § 1791 c BGB, wenn eine minderjährige, nicht verheiratete Frau ein Kind bekommt, für das noch kein Vormund bestellt wurde und für das auch der Vater nicht die elterliche Sorge hat[17]. § 1791 c BGB enthält jedoch eine eigene Regelung zu seiner Anwendbarkeit in Fällen mit Auslandsberührung, die nach ganz hM vorrangig anzuwenden ist[18]. Daher ist in diesen Fällen schon nach § 1791 c BGB selbst immer deutsches Recht anzuwenden, wenn sich das Kind gewöhnlich in Deutschland aufhält. Als weiteren Fall der gesetzlichen Vormundschaft gibt es in Deutschland noch § 1751 Abs 1 S 2 BGB, der für den Zeitraum nach der Einwilligung der Eltern in die Adoption aber vor deren Ausspruch gilt.

11 Die **angeordnete Vormundschaft** ist in Deutschland der Normalfall (§§ 1773 ff BGB). Für diese ist stets zu beachten, dass das **MSA** (Rn 4; inhaltlich wie Art 21 Abs 2 ff) vorrangig anzuwenden ist, wenn der Minderjährige seinen gewöhnlichen Aufenthalt in einem der Vertragsstaaten des MSA (also insbes in Deutschland) hat. Bei Art 24 bleibt es aber, wenn eine in einem ausländischen Staat begründete angeordnete Vormundschaft über einen Volljährigen vorliegt – bei Vorliegen einer solchen wird allerdings eine funktionale Qualifikation zumeist ergeben, dass es sich nach deutschem Verständnis eher um eine Betreuung handelt (näher Rn 19).

12 **2. Anwendbares Recht.** Das **Heimatrecht** entscheidet gemäß Art 24 Abs 1 S 1 über die **Entstehung** der Vormundschaft und bestimmt damit die Voraussetzungen, unter denen die Maßnahmen zur Anwendung kommen. **Änderungen** und **Ende** der Vormundschaft richten sich ebenfalls nach dem Heimatrecht. Maßgeblich ist dabei die Staatsangehörigkeit (Personalstatut), die der Mündel zum Zeitpunkt der Änderung bzw der Beendigung hat[19].

13 Das Vormundschaftsstatut ist durch die Änderung der Staatsangehörigkeit ex nunc wandelbar. In diesem Fall ist nach dem neuen Personalstatut darüber zu entscheiden, ob weiterhin ein Bedürfnis für die unter altem Heimatrecht begründete Vormundschaft besteht oder ob diese nunmehr aufzuheben ist[20].

14 Nicht von der Anknüpfung nach Art 24 Abs 1 S 1 erfasst wird dagegen die **Beendigung des Amts** des Vormunds. Diese Frage betrifft den Inhalt der Vormundschaft. Auf sie findet daher gemäß Art 24 Abs 3 das Recht des anordnenden Staates Anwendung (Rn 15)[21].

---

[9] RGBl 1925 II S 145; dazu *Staudinger/Kropholler* Vor Art 24 Rn 7.
[10] *Erman/Hohloch* Rn 1; *Staudinger/Kropholler* Rn 1; MünchKommBGB/*Klinkhardt* Rn 1 f; *Andrae* § 6 Rn 109, 110; *Henrich* S 337.
[11] BayObLG IPRax 1985, 354 f.
[12] Vorrangig anzuwenden ist vor allem das New Yorker Abkommen über die Rechtsstellung der Staatenlosen vom 28. 9. 1954, BGBl 1976 II S 473.
[13] *Soergel/Kegel* Rn 36; *Staudinger/Kropholler* Rn 26; MünchKommBGB/*Klinkhardt* Rn 5.
[14] *Erman/Hohloch* Rn 4; *Soergel/Kegel* Rn 58; *Staudinger/Kropholler* Rn 64; MünchKommBGB/*Klinkhardt* Rn 6; Palandt/*Heldrich* Rn 1.
[15] *Erman/Hohloch* Rn 4; *Staudinger/Kropholler* Rn 67; Palandt/*Heldrich* Rn 1.
[16] *Erman/Hohloch* Rn 6; MünchKommBGB/*Klinkhardt* Rn 18; *Staudinger/Kropholler* Rn 94.
[17] *Staudinger/Kropholler* Rn 10; MünchKommBGB/*Klinkhardt* Rn 13; Palandt/*Heldrich* Rn 5.
[18] *Staudinger/Kropholler* Rn 10; MünchKommBGB/*Klinkhardt* Rn 13.
[19] MünchKommBGB/*Klinkhardt* Rn 16, 32.
[20] *Soergel/Kegel* Rn 50; *Staudinger/Kropholler* Rn 35; *Kegel/Schurig* IPR S 987.
[21] *Staudinger/Kropholler* Rn 34.

3. Inhalt. „Inhalt" der Vormundschaft iS des Abs 3 wird weit verstanden. Die gesamte **Durch-** 15
führung einer angeordneten Vormundschaft richtet sich nach dem Recht des Landes, in dem sie
angeordnet wurde (Art 24 Abs 3). Dazu gehören die Fähigkeit bzw die Tauglichkeit (§§ 1780, 1781
BGB), die Auswahl und die Bestellung des Vormunds, seine Rechte, namentlich seine Vertretungsmacht, und seine Pflichten ggü dem Mündel und ggü Dritten[22].

Ebenfalls nach Art 24 Abs 3 ist die Haftung des Vormunds anzuknüpfen, soweit diese aus dem 16
Verhältnis zum Mündel resultiert; beruht die Haftung auf einem deliktischen Verhalten, so findet das
Deliktsstatut Anwendung[23].

Das Recht zur Ablehnung der Übernahme der Vormundschaft (§§ 1785 ff BGB) besteht dagegen 17
ausschließlich zugunsten des zukünftigen Vormunds und ist daher seinem Personalstatut zu entnehmen[24].

Bei einer **gesetzlichen Vormundschaft** richtet sich die Durchführung nach dem Heimatrecht des 18
Mündels (Art 24 Abs 1 S 1).

V. Betreuung

1. Anwendungsbereich. Art 24 erfasst nicht nur die Betreuung im engen Wortsinn, sondern auch 19
die Rechtsinstitute, die im ausländischen Recht die Funktion der Betreuung übernehmen. Insbes bei
ausländischen **Vormundschaften für Erwachsene** muss stets überlegt werden, ob sie nicht vielmehr
der Funktion des Erwachsenenschutzes dienen[25]. Die Qualifikation einer solchen „Vormundschaft" als
Betreuung erhält trotz der parallelen Nennung beider Institute (Vormundschaft und Betreuung) in
Abs 1 S 1 Bedeutung, weil erst die Einordnung als Betreuung die Anwendbarkeit des Abs 1 S 2
eröffnet.

2. Anwendbares Recht. Entstehung, Änderungen und **Ende** der Betreuung richten sich nach 20
dem **Heimatrecht** des Betreuten (Art 24 Abs 1 S 1). Entscheidend ist das Personalstatut zum Zeitpunkt
der Entstehung, Änderung oder Beendigung der Betreuung. Das Betreuungsstatut ist wie das Vormundschaftsstatut durch die Änderung der Staatsangehörigkeit ex nunc wandelbar (vgl Rn 8). Auf die
Beendigung des Amtes des Betreuers findet Art 24 Abs 1 S 1 keine Anwendung[26]. Hierfür gilt
gemäß Art 24 Abs 3 das Recht des anordnenden Staates (näher Rn 22).

Darüber hinaus kann das Vormundschaftsgericht für einen Ausländer mit gewöhnlichem Aufenthalt 21
im Inland nach **Art 24 Abs 1 S 2** wahlweise auch einen Betreuer nach deutschem Recht (§§ 1896 ff
BGB) bestellen[27]. Mit der hM ist zu verlangen, dass der Betroffene im Inland seinen gewöhnlichen
Aufenthalt hat. Nur bei einem Betroffenen, der überhaupt keinen gewöhnlichen Aufenthalt hat, reicht
der schlichte Aufenthalt im Inland aus[28]. Von dieser Möglichkeit wird in der Praxis idR Gebrauch
gemacht. Die Regeln des Art 24 Abs 1 S 1 werden daher nur selten relevant. Das hat zum einen den
offenkundigen Vorteil, dass die Notwendigkeit der Ermittlung und Anwendung ausländischen Rechts
vermieden wird[29]. Zum anderen kann so die Anwendung solcher ausländischen Rechtsordnungen ohne
weiteres vermieden werden, die noch die Entmündigung von Erwachsenen und die Vormundschaft
über Erwachsene kennen. Art 6 wird insofern nicht benötigt.

Über den **Inhalt** der Betreuung entscheidet das Recht der **anordnenden Behörde** (Art 24 Abs 3). 22
Auch hier wenden also deutsche Gerichte deutsches Recht an. Für die Abgrenzung des über den
Vormund Gesagte auch für den Betreuer (vgl Rn 15). Art 24 Abs 3 gilt zunächst für die Auswahl des
Betreuers[30]. Nach Art 24 Abs 3 richtet sich außerdem der Aufgabenkreis des Betreuers sowie seine
einzelnen Kompetenzen, seine Pflichten und die Haftung des Betreuers ggü dem Betreuten bei Pflichtverletzungen (§ 1908 i Abs 1 S 1 iVm § 1833 BGB). Vor allem werden **Genehmigungspflichten**
(wie insbes in § 1904 und § 1906 BGB vorgesehen) erfasst, so dass zB eine gefährliche Heilbehandlung
oder eine Unterbringung in Deutschland nicht ohne vormundschaftsgerichtliche Genehmigung möglich sind[31].

VI. Pflegschaft

1. Anwendungsbereich. Art 24 findet auf die Pflegschaft Anwendung, soweit nicht das MSA 23
eingreift oder Art 21 vorgeht. Zu den erfassten Pflegschaften zählt unstreitig die Abwesenheitspflegschaft für Erwachsene nach § 1911 BGB[32].

---

[22] MünchKommBGB/*Klinkhardt* Rn 21–29.
[23] *Erman/Hohloch* Rn 13; *Staudinger/Kropholler* Rn 42; MünchKommBGB/*Klinkhardt* Rn 29.
[24] *Soergel/Kegel* Rn 17 a; MünchKommBGB/*Klinkhardt* Rn 24; *Kegel/Schurig* IPR S 987 f; aA *Staudinger/Kropholler* Rn 30.
[25] Näher *Röthel* BtPrax 2006, 90, 91; *dies* FamRZ 2004, 999; dagegen AnwK-BGB/*Benicke* Rn 1.
[26] *Staudinger/Kropholler* Rn 34.
[27] *Staudinger/Kropholler* Rn 31; *Kegel/Schurig* IPR S 984; *Palandt/Heldrich* Rn 4; *Röthel* BtPrax 2006, 90, 91; aA *v. Bar* IPR, Bd 2 1991, Rn 50 ff; *Erman/Hohloch* Rn 15, die Art 24 Abs 1 S 2 als Exklusivnorm verstehen; aA *Oelkers*, Internationales Betreuungsrecht, S 237, die Art 24 Abs 1 S 1 und 2 als Regel-Ausnahmeanknüpfung versteht.
[28] PWW/*Rausch* Rn 29; aA AnwK-BGB/*Benicke* Rn 16.
[29] *Staudinger/Kropholler* Rn 31, 35; *Rausch* BtPrax 2004, 137, 139; *Röthel* BtPrax 2006, 90, 91.
[30] Str, wie hier *Henrich*, Internationales Familienrecht, S 338 mwN.
[31] Wie hier *Röthel* BtPrax 2006, 90, 92.
[32] *Soergel/Kegel* Rn 11; *Staudinger/Kropholler* Rn 13; *Kegel/Schurig* IPR S 986.

24 Streitig ist, ob die Norm auch für die Ergänzungspflegschaft für Minderjährige nach § 1909 BGB gelten soll[33]. Da die Ergänzungspflegschaft neben die elterliche Sorge oder eine Vormundschaft tritt, und, wie schon der Name ausdrückt, ergänzend auf diese abgestimmt sein muss, sollte für diese das Recht angewendet werden, das für das Sorgerecht (Art 21) bzw für die Vormundschaft (dann Art 24) maßgebend ist.

25 **a) Sonderregelung in Art 24 Abs 2.** Die Pflegschaft für unbekannte Beteiligte (§ 1913 BGB) und für Beteiligte, die sich im Ausland befinden (§ 1911 BGB), unterliegt gemäß Art 24 Abs 2 dem Recht, das für die Angelegenheit selber maßgebend ist. Für unbekannte Beteiligte ist eine solche Regelung notwendig, da die Anknüpfung an das Personalstatut ausscheidet. Dagegen fragt sich, in welchen Fällen die Norm bei einem abwesenden Beteiligten angewendet werden soll. Sie passt jedenfalls nur dann, wenn es um die Pflegschaft in Bezug auf eine konkrete Angelegenheit geht, für welche ein bestimmtes anwendbares Recht gilt[34]. Die frühere Sonderregelung in § 10 Zuständigkeitsergänzungsgesetz wurde aufgehoben[35].

26 **b) Sonderregelung Nachlasspflegschaft.** Nicht von der Anknüpfung nach Art 24 erfasst wird die Bestellung von Nachlasspflegschaften (vgl §§ 1960, 1961 BGB). Auf diese findet als ungeschriebener Rechtsgrundsatz das Recht der anordnenden Behörde Anwendung[36]. Auch die Pflegschaft für Nachlassauseinandersetzungen unterliegt nicht Art 24, sondern richtet sich nach dem Erbstatut (Art 25, 26)[37].

27 **c) Sonderregelung Sammelvermögen.** Die Pflegschaft für Sammelvermögen (vgl § 1914 BGB) unterliegt schließlich dem Recht des Staates, in dem das betreffende Vermögen verwaltet bzw verwahrt wird[38].

28 **2. Anwendbares Recht. Entstehung**, **Änderungen** und **Ende** der von Art 24 Abs 1 erfassten Pflegschaft richten sich nach dem **Heimatrecht** des Pfleglings (Art 24 Abs 1 S 1). Maßgebend ist auch hier das Personalstatut zum Zeitpunkt der Entstehung, Änderung oder Beendigung der Pflegschaft.

29 Soll eine Pflegschaft bestellt werden, weil unbekannt ist, wer an einer Angelegenheit beteiligt ist oder weil sich ein Beteiligter im Ausland befindet, so ist nach **Art 24 Abs 2** das Pflegschaftsstatut akzessorisch an das in der Hauptsache maßgebliche Statut anzuknüpfen (etwa in Erbrechtsfällen an das Erbstatut). Das auf diese Weise bestimmte Pflegschaftsstatut regelt den Beginn, die Änderung sowie die Beendigung der Pflegschaft, während sich ihr Inhalt auch in diesen Fällen gemäß Art 24 Abs 3 nach dem Recht des anordnenden Staates (lex fori) richtet[39].

31 **3. Inhalt.** Die Durchführung einer **angeordneten Pflegschaft** richtet sich nach dem Recht des Landes, in dem sie angeordnet wurde (Art 24 Abs 3). Für die Abgrenzung von Abs 1 und Abs 3 gilt das über die Vormundschaft Gesagte auch für die Pflegschaft (Rn 15 f).

32 Über den Inhalt einer **gesetzlichen Pflegschaft** (die das deutsche Recht allerdings nicht kennt) bestimmt das nach Art 24 Abs 1 S 1 berufene Heimatrecht des Pfleglings.

VII. Beistandschaft und Schutzmaßnahmen

33 Generell ausgenommen aus dem Anwendungsbereich des Art 24 (sowie aus demjenigen des MSA) ist die **beantragte Beistandschaft des Jugendamts** nach §§ 1712 bis 1717 BGB. Der § 1717 BGB enthält eine versteckte einseitige Kollisionsnorm, nach der die beantragte Beistandschaft ohne Rücksicht auf die Staatsangehörigkeit des Kindes eintritt, wenn das Kind seinen gewöhnlichen Aufenthalt im Inland hat (§ 1717 BGB Rn 1)[40]. Hat das Kind seinen gewöhnlichen Aufenthalt im Ausland, so kommt das nach Art 21 berufene Recht zur Anwendung[41].

34 Ebenfalls nicht vom Anwendungsbereich des Art 24 erfasst werden **öffentlich-rechtliche Schutzmaßnahmen**[42]. § 6 SGB VIII enthält eine eigene Kollisionsnorm, der gemäß Leistungen der Jugendhilfe an Personen mit gewöhnlichem Aufenthalt in Deutschland (§ 6 Abs 1 S 1 SGB VIII) sowie an deutsche Staatsangehörige im Ausland (§ 6 Abs 3 SGB VIII) erfolgen können. Die Inobhutnahme eines ausländischen Kindes, welches sich ohne Begleitung eines Sorgeberechtigten in Deutschland aufhält, erfolgt nach § 6 Abs 1 S 2, § 42 Abs 1 Nr 3 SGB VIII ebenfalls nach deutschem Recht.

---

[33] Dafür *Soergel/Kegel* Rn 11; *Staudinger/Kropholler* Rn 13; *Kegel/Schurig* IPR S 986; dagegen MünchKommBGB/*Klinkhardt* Rn 50; *Andrae*, Internationales Familienrecht, § 6 Rn 109.
[34] Ähnlich wie hier *Staudinger/Kropholler* Rn 57.
[35] Erstes Gesetz über die Bereinigung von Bundesrecht vom 19. 4. 2006, BGBl I S 18.
[36] *Erman/Hohloch* Rn 10; *Staudinger/Kropholler* Rn 17; MünchKommBGB/*Leipold* § 1960 BGB Rn 5; aA MünchKommBGB/*Klinkhardt* Rn 56: Erbstatut findet auf sämtliche erbrechtlich relevanten Pflegschaften Anwendung.
[37] *Kegel/Schurig* IPR S 984.
[38] *Erman/Hohloch* Rn 10; *Staudinger/Kropholler* Rn 17; *Kegel/Schurig* IPR S 985; aA MünchKommBGB/*Klinkhardt* Rn 54: Anwendbarkeit des Art 24 Abs 2.
[39] *Erman/Hohloch* Rn 16; *Staudinger/Kropholler* Rn 58.
[40] MünchKommBGB/*Klinkhardt* Rn 47; *Andrae*, Internationales Familienrecht, 2006, § 6 Rn 108; *Palandt/Diederichsen* § 1717 BGB Rn 1.
[41] *Palandt/Heldrich* Rn 5; *Kegel/Schurig* IPR S 985 f, der § 1717 BGB sogar allseitig anwenden möchte mit der Folge, dass ausländische Beistandschaftsvorschriften jeweils auf die Kinder Anwendung finden, die ihren gewöhnlichen Aufenthalt in dem betreffenden Land haben.
[42] *Erman/Hohloch* Rn 11; *Palandt/Heldrich* Rn 3.

VIII. Vorläufige Maßregeln

Für vorläufige Maßregeln gilt nach Art 24 Abs 3 das Recht des **anordnenden Staates** (lex fori). Das 35
auf diese Weise berufene Recht entscheidet darüber, welche Maßnahmen iE verhängt werden können.
In Betracht kommen vor allem Sicherungsmaßregeln in Bezug auf die Person oder das Vermögen: die
Hinterlegung von Geld oder Wertpapieren, die Inventarerrichtung, die Kündigung von Forderungen
oder die Anfechtung von Willenserklärungen, die Bestellung eines Verwahrers, die Erteilung von
Genehmigungen zum Abschluss von Verträgen, die Arrestbetreibung sowie die Bestellung eines
Prozessvertreters[43].

Ob und wie die Anordnung einer Vormundschaft, Betreuung oder Pflegschaft selber als vorläufige 36
Maßnahme im Rahmen des Art 24 Abs 3 erfolgen kann, war lange streitig. Heute hat sich jedoch die
Ansicht durchgesetzt, dass eine **vorläufige Vormundschaft, Betreuung** oder **Pflegschaft** als vorläufige Maßnahme gemäß Art 24 Abs 3 angesehen werden kann[44]. Freilich müssen alle Voraussetzungen einer solchen vorläufigen Maßnahme im berufenen Recht gegeben sein. In Deutschland kommen
etwa Maßnahmen nach § 1909 Abs 3 BGB oder nach § 69 f FGG (vorläufiger Betreuer) in Betracht.
Zur Inobhutnahme nach Jugendhilferecht s Rn 34.

IX. Internationales Verfahrensrecht

1. Internationale Zuständigkeit. Auch bei der Bestimmung der internationalen Zuständigkeit für 37
gerichtliche Vormundschafts-, Pflegschafts- oder Betreuungsmaßnahmen sind eventuelle staatsvertragliche
Regelungen vorrangig zu beachten. Einschlägig ist insbes die **EheGVO II** (EG-VO 2201/2003 = Brüssel
IIa-VO), die für die Bestimmung der internationalen Zuständigkeit bei Entscheidungen über die elterliche Verantwortung gilt[45]. Art 8 EheGVO II sieht als Grundtatbestand die Zuständigkeit der Gerichte des Mitgliedstaats vor, in dem das Kind seinen gewöhnlichen Aufenthalt hat. Wann daneben für Fragen der Zuständigkeit das **MSA** gilt, ist streitig. Nach Art 60 EheGVO II geht die EheGVO II dem MSA nur „im Verhältnis
zwischen den Mitgliedstaaten" vor. Teils wird dies so verstanden, dass die EheGVO II für die Frage der
Zuständigkeit in einem Mitgliedstaat immer vorgehe[46]. Teils wird aber auch vertreten, dass die EheGVO II
zurücktrete, wenn das Kind seinen gewöhnlichen Aufenthalt außerhalb der EU in einem Mitgliedstaat des
MSA habe[47]. Für Letzteres spricht ein Umkehrschluss aus Art 61 EheGVO II (näher Art 21 Rn 3).

Greifen in Vormundschafts- oder Pflegschaftsangelegenheiten weder die EheGVO II noch eine 38
staatsvertragliche Regelung (zB weil Volljährige betroffen sind), so ist **§ 35 b FGG** heranzuziehen[48]. In
Betreuungsangelegenheiten ist über den Verweis in § 69 e Abs 1 S 1 FGG ebenfalls § 35 b FGG
anwendbar. Die deutschen Vormundschaftsgerichte sind danach insbes immer dann zuständig, wenn
der Betroffene seinen gewöhnlichen Aufenthalt in Deutschland hat (§ 35 b Abs 1 Nr 2 FGG) und
wenn der Betroffene der Fürsorge in Deutschland bedarf (§ 35 b Abs 2 FGG). Lebt der Betroffene im
Ausland, so sind die deutschen Gerichte zuständig, wenn er die deutsche Staatsangehörigkeit hat (§ 35 b
Abs 1 Nr 1 FGG). Örtlich zuständig ist dann nach § 65 Abs 3 FGG das AG Berlin Schöneberg[49].

2. Anerkennung. Die Anerkennung einer im Ausland durchgeführten Anordnung oder Aufhebung 39
fürsorgerechtlicher Handlungen richtet sich nach der EheGVO II, soweit die Entscheidung aus einem
Mitgliedstaat stammt. Nach Art 60 lit a EheGVO II tritt das MSA in diesen Fällen zurück[50].

Als einziger einschlägiger Staatsvertrag greift das MSA ein, wenn die Entscheidung aus einem anderen 40
Mitgliedstaat stammt. Das MSA sieht die gegenseitige Anerkennung vor, wenn die zuständige Behörde
gehandelt hat (Art 7 S 1 MSA). Es schließt die Fragen der Vollstreckung jedoch von seinem Anwendungsbereich aus (Art 7 S 2 MSA).

Greifen weder die EheGVO II noch das MSA, erfolgt die Anerkennung unter den Voraussetzungen 41
des § 16 a FGG. Dieser enthält einen abschließenden Katalog von Anerkennungsvoraussetzungen[51]. Es
gilt hier wie stets, dass die Wirkungen der ausländischen Entscheidung auf das Inland erstreckt werden[52].
Das bedeutet, dass nicht nur die Bestellung des Vormunds weiterwirkt, sondern auch dessen Befugnisse
so anzuerkennen sind, wie sie ihm im Ausland erteilt wurden[53]. Problematisch kann hier die Anerkennung **ausländischer Entmündigungen** sein. Meist wird überzeugend vertreten, diese nicht insgesamt
an Art 6 (ordre public) scheitern zu lassen[54]. Vielmehr kann der Gedanke verwendet werden, den Art 9
§ 1 BtG für intertemporale Fälle statuierte: Im Rahmen der Anerkennung muss eine solche Vormund-

---

[43] *Erman/Hohloch* Rn 17; *Soergel/Kegel* Rn 19; *Staudinger/Kropholler* Rn 60; *Kropholler* IPR, 6. Aufl 2006, S 432; *Palandt/Heldrich* Rn 7.
[44] *v. Bar* IPR, Bd 2 1991, Rn 350; *Looschelders*, IPR Rn 14; *Soergel/Kegel* Rn 20; *Staudinger/Kropholler* Rn 62, 63; *Kropholler* IPR, 6. Aufl 2006, S 432; *MünchKommBGB/Klinkhardt* Rn 60, 61; *Röthel* BtPrax 2006, 90, 93 unter Hinweis auf die zeitliche Grenze in § 69 f Abs 2 FGG; *Oelkers*, Internationales Betreuungsrecht, S 253 ff; aA *Erman/Hohloch* Rn 17; *Palandt/Heldrich* Rn 7: Anknüpfung nach Art 24 Abs 1, jeweils mwN.
[45] *Palandt/Heldrich* Rn 2.
[46] So MünchKommBGB/*Siehr* Art 21 Anh I Rn 294.
[47] So *Rauscher/Rauscher* EuZPR Art 8 EheGVO Rn 2.
[48] Näher *Rausch* BtPRax 2004, 137.
[49] Nur *Bienwald/Sonnenfeld/Hoffmann/Bienwald* § 69 e FGG Rn 6 ff.
[50] Nur *Rauscher/Rauscher* Art 21 EheGVO Rn 6; MünchKommBGB/*Siehr* Art 21 Anh I Rn 294.
[51] Näher *Rausch* BtPRax 2004, 137, 138.
[52] *Jansen/Wick* § 16 a FGG Rn 6 ff.
[53] Ähnlich *Röthel* BtPrax 2006, 90, 93.
[54] Anders aber *Nietzinger* S 44 ff.

schaft nach Entmündigung in eine Betreuung mit Einwilligungsvorbehalt (§ 1903 BGB) übergeleitet werden[55]. Nach § 47 Abs 1 FGG können die deutschen Gerichte auch eine Betreuung anordnen, wenn bereits im Ausland eine Fürsorgesache anhängig ist. Dadurch verliert die im Ausland getroffene Fürsorgemaßnahme für deutsche Rechtsverhältnisse ihre Anerkennungsfähigkeit[56].

X. Intertemporales und interlokales Recht

42 **Intertemporal** unterliegt nach Art 220 S 1 die Entstehung von Vormundschaften und Pflegschaften in der Zeit vor dem 1. 9. 1986 als abgeschlossener Vorgang weiterhin dem bis dahin maßgeblichen Kollisionsrecht (Art 23 aF). Inhalt, Änderung und Ende einer bereits vor dem 1. 9. 1986 begründeten Vormundschaft oder Pflegschaft sind dagegen gemäß Art 220 Abs 2 als „Wirkungen familienrechtlicher Rechtsverhältnisse" ab diesem Zeitpunkt nach neuem Recht (Art 24) anzuknüpfen[57].

43 In **interlokalen** Fallgestaltungen galt in den alten Bundesländern bis zum 3. 10. 1990 die Regelung des Art 24 entsprechend[58]. Seit dem 3. 10. 1990 gelten nach Art 234 § 1 für das gesamte Bundesgebiet einheitlich die Vorschriften des BGB. Für die Frage der Überleitung von Vormundschaften und Pflegschaften, die zum Beitrittszeitpunkt dem Recht der ehemaligen DDR unterlagen, ist die Regelung des Art 234 §§ 14 und 15 heranzuziehen[59].

XI. Reformvorhaben

44 Das MSA soll durch das **Haager Kinderschutzübereinkommen** (KSÜ) vom 19. 10. 1996 ersetzt und damit fortentwickelt und verbessert werden[60]. Die Mitgliedstaaten der EU wollen das KSÜ gemeinsam ratifizieren. In Art 61 EheGVO II ist bereits ein Vorrang für das KSÜ vorgesehen – jedoch lässt das Inkrafttreten derzeit auf sich warten.

45 Auf dem Gebiet des Internationalen Betreuungsrechts wurde am 2. 10. 1999 das **Übereinkommen über den internationalen Schutz von Erwachsenen** (ESÜ) verabschiedet, das in Deutschland auch noch nicht in Kraft getreten ist, dessen Inkrafttreten jedoch derzeit durch ein Gesetz zur Umsetzung des ESÜ[61] vorbereitet wird[62]. Auch nach dem ESÜ werden die zuständigen Behörden (Art 5 ff – insbes bei gewöhnlichem Aufenthalt im Inland und bei eigenen Staatsangehörigen) ihr eigenes Recht anwenden (Art 13 ESÜ). Bis zum Inkrafttreten gilt noch das autonome Kollisionsrecht in Art 24[63]. Das ESÜ regelt in Anlehnung an das KSÜ die internationale Zuständigkeit, das anwendbare Recht und die Anerkennung und Vollstreckung für den gesamten Bereich des Erwachsenenschutzrechts. Darüber hinaus etabliert das ESÜ ein umfassendes System der Zusammenarbeit zwischen den Vertragsstaaten auf dem Gebiet der Erwachsenenfürsorge[64].

---

[55] *Staudinger/Kropholler* Rn 133 mwN; *Looschelders* IPR Rn 8, 17; *Böhmer* StAZ 1992, 65, 70; ebenso – aber nur für deutsche Betreute – *Henrich*, Internationales Familienrecht, S 340; auch für deutsche Entmündigte dagegen sehr zurückhaltend mit dem Rückgriff auf den ordre public *Röthel* BtPrax 2006, 90, 93; mw Bsp für denkbare Verstöße einer ausländischen Entscheidung gegen den deutschen ordre public MünchKommBGB/*Klinkhardt* Rn 34.
[56] Ungenau OLG Hamm FamRZ 2003, 253, 254; wie hier *Röthel* BtPrax 2006, 90, 93.
[57] *Erman/Hohloch* Rn 7; *Staudinger/Kropholler* Rn 8; MünchKommBGB/*Klinkhardt* Rn 35; *Kegel/Schurig* IPR S 987; *Palandt/Heldrich* Art 220 Rn 4.
[58] Näher *Erman/Hohloch* Rn 8; *Soergel/Kegel* Rn 88; *Staudinger/Kropholler* Rn 97; MünchKommBGB/*Klinkhardt* Rn 36; *Kegel/Schurig* IPR S 995; *Palandt/Heldrich* Rn 1; vgl auch BGHZ 91, 186 = NJW 1984, 2361.
[59] Vgl *Rauscher* StAZ 1991, 1, 11; *Siehr* IPRax 1991, 20, 22.
[60] *Staudinger/Kropholler* Vor Art 24 Rn 4.
[61] BR-Drucks 674/06 und 675/06.
[62] *Wagner* IPRax 2007, 11.
[63] *Staudinger/Kropholler* Vor Art 24 Rn 5; *Hellmann* BtPrax 2006, 87.
[64] *Guttenberger* BtPrax 2006, 83.

Vierter Abschnitt. Erbrecht (Art 25–26)

Art 25 Rechtsnachfolge von Todes wegen

(1) Die Rechtsnachfolge von Todes wegen unterliegt dem Recht des Staates, dem der Erblasser im Zeitpunkt seines Todes angehörte.

(2) Der Erblasser kann für im Inland belegenes unbewegliches Vermögen in der Form einer Verfügung von Todes wegen deutsches Recht wählen.

Schrifttum: *Dörner,* Probleme des neuen Internationalen Erbrechts, DNotZ 1988, 67; *Edenfeld,* Europäische Entwicklungen im Erbrecht, ZEV 2001, 457; *Fetsch,* Auslandsvermögen im Internationalen Erbrecht, RNotZ 2006, 1 und 77; *Flick/Piltz,* Der Internationale Erbfall, 2. Aufl 2007; *Klingelhöffer,* Kollisionsrechtliche Probleme des Pflichtteils, ZEV 1996, 258; *Lange,* Rechtswahl als Gestaltungsmittel bei der Nachfolgeplanung, DNotZ 2000, 322; *ders,* Neuere Entwicklungen des IPR auf den Gebieten des Erbrechts und den Gebieten des Erbrechts und der Vermögensnachfolge, ZEV 2000, 469; *v. Oertzen,* Personengesellschaftsanteile im Internationalen Erbrecht, IPRax 1994, 73; *Riering,* Der Erbverzicht im Internationalen Privatrecht, ZEV 1998, 248; *Siehr,* Das internationale Erbrecht nach dem Gesetz zur Neuregelung des Internationalen Privatrechts, IPRax 1987, 4; *Wacker,* Internationale Besteuerung von Schenkungs- und Erbfällen, IStR 1998, 33; zum ausländischen internationalen und materiellen Erbrecht s insbes *Ferid/Firsching/Dörner/Hausmann* (Hrsg), Internationales Erbrecht (Loseblattsammlung); *Süß/Haas* (Hrsg), Erbrecht in Europa, 2004, sowie die Länderberichte in AnwK-BGB, Bd 5 Erbrecht, 2004.

Übersicht

	Rn		Rn
I. Normzweck, intertemporaler Anwendungsbereich	1	VIII. Vorrang des Einzelstatuts (Art 3 Abs 3)	49
II. Vorrangige staatsvertragliche Regelungen (Art 3 Abs 2)	3	IX. Nachlassspaltung und Nachlasskonflikte	50
1. Multilaterale Staatsverträge	3	X. Erbstatut und Ehegüterstatut	53
2. Bilaterale Staatsverträge	4	XI. Einfluss des ordre public (Art 6)	57
a) Deutsch-türkisches Nachlassabkommen	5	XII. Grundzüge des internationalen Nachlassverfahrensrechts	63
b) Deutsch-iranisches Niederlassungsabkommen	11	1. Internationale Zuständigkeit deutscher Nachlassgerichte (Gleichlauf Grundsatz)	63
c) Deutsch-sowjetischer Konsularvertrag	13	2. Erteilung von Erbscheinen und Testamentsvollstreckerzeugnissen	65
III. Grundsätze: Staatsangehörigkeitsprinzip und Nachlasseinheit (Abs 1)	15	a) Eigenrechtserbschein (§ 2353 BGB)	65
IV. Rechtswahl (Abs 2)	18	b) Fremdrechtserbschein (§ 2369 BGB)	66
V. Reichweite der Anknüpfung (Qualifikation)	23	c) Erbschein und Nachlassspaltung	71
1. Berufung zur Erbschaft	23	d) Testamentsvollstreckerzeugnisse	72
a) Allgemeines	23	3. Anerkennung ausländischer Erbscheine und Testamentsvollstreckerzeugnisse	73
b) Gesetzliche Erbfolge	25	XIII. Innerdeutsches Erbrecht nach der Wiedervereinigung	74
c) Gewillkürte Erbfolge	26	1. Praktische Bedeutung	74
d) Pflichtteilsrecht	30	2. Grundsätze des interlokalen Kollisionsrechts vor der Wiedervereinigung	76
2. Umfang des Nachlasses	31	3. Fortgeltung dieser Grundsätze	77
3. Rechtliche Stellung der Erben, Erbschaftserwerb und Erbengemeinschaft	32	4. Anwendung von DDR-Recht	80
4. Erbenhaftung	38	5. Interlokales Nachlassverfahrensrecht	81
5. Zweiseitige Rechtsgeschäfte mit Berührung zum Erbrecht	39	XIV. Anhang: Erbstatut im ausländischen IPR	83
VI. Anknüpfung von Vorfragen	45		
VII. Rück- und Weiterverweisung, Unteranknüpfung (Art 4)	47		

I. Normzweck, intertemporaler Anwendungsbereich

Die Norm regelt – gemeinsam mit Art 26 – das **Internationale Erbrecht**. Das EGBGB enthält 1 damit eine umfassende Kodifikation dieses Bereichs. Während Art 25 die Anknüpfung hinsichtlich aller **materiell-erbrechtlicher** Fragen enthält, regelt Art 26 das auf die **Form** von Verfügungen von Todes wegen anwendbare Recht sowie – versteckt – eine Detailfrage der materiellen Wirksamkeit solcher Verfügungen im Falle des **Statutenwechsels** (Art 26 Abs 5). Abs 1 regelt die Grundsatzanknüpfung, Abs 2 eine – allerdings sachlich nur beschränkt mögliche – **Rechtswahl**.

Die Vorschrift gilt gemäß Art 220 Abs 1 für alle Erbfälle, die sich seit dem 1. 9. 1986 ereignet haben. 2 Bis auf die Möglichkeit einer Rechtswahl nach Abs 2 hat sich jedoch durch die Neuregelung sachlich keine Änderung zur früheren Regelung in Art 24, 25 aF ergeben. Bei auch-deutschen Mehrstaatern ist allerdings der intertemporale Anwendungsbereich von Art 5 Abs 1 S 2 zu beachten, so dass bei Erbfällen vor dem 1. 9. 1986 auch bei diesem Personenkreis auf die effektive Staatsangehörigkeit abzustellen ist (Art 5 Rn 8).

II. Vorrangige staatsvertragliche Regelungen (Art 3 Abs 2)

3   1. **Multilaterale Staatsverträge.** Eine multilaterale staatsvertragliche Regelung enthält bezüglich der Form letztwilliger Verfügungen das **Haager Übereinkommen über das auf die Form letztwilliger Verfügungen anwendbare Recht vom 5. 10. 1961** (Art 26 Rn 2), dessen Regelungen in Art 26 integriert wurden. Das **Haager Übereinkommen über das auf die Rechtsnachfolge von Todes wegen anwendbare Recht vom 1. 8. 1989**[1] ist noch nicht in Kraft getreten. Auf der Ebene der EU gibt es Bestrebungen zu einer Vereinheitlichung des internationalen Erbrechts auf der Grundlage von Art 65 lit b EG-Vertrag[2]. Das Europäische Parlament hat sich in einer Entschließung vom 16. 11. 2006 für eine Regelung im Wege einer VO ausgesprochen, die – anders als das geltende deutsche Kollisionsrecht – im Grundsatz von einer Aufenthaltsanknüpfung ausgeht, aber Rechtswahlmöglichkeiten zugunsten des Heimatrechts vorsieht.[3]

4   2. **Bilaterale Staatsverträge.** Es bestehen zahlreiche bilaterale Übereinkommen. Die praktisch bedeutsamsten sind:

5   a) **Deutsch-türkisches Nachlassabkommen.** Das deutsch-türkische Nachlassabkommen[4] (Anlage zu Art 20 des Konsularvertrags zwischen dem Deutschen Reich und der Türkischen Republik vom 28. 5. 1929, RGBl 1930 II S 748; im Folgenden: NA) unterstellt die Erbfolge in **bewegliches** Vermögen dem Recht des Staates, dem der Erblasser zum Zeitpunkt seines Todes angehörte, während die Vererbung **unbeweglichen**[5] Nachlasses dem Recht des Belegenheitsortes (lex rei sitae) unterstellt wird (§ 14 Abs 1, 2 NA). Über die Frage der Qualifikation beweglich/unbeweglich entscheidet dabei das Recht des jeweiligen Belegenheitsortes (§ 13 Abs 3 NA). Es kann somit zu einer kollisionsrechtlichen **Nachlassspaltung** kommen (Rn 50 f)[6]. **Rück-** und **Weiterverweisung** sind, wie stets im staatsvertraglichen Kollisionsrecht, ausgeschlossen (Art 4 Rn 7)[7]. Gleiches gilt für eine Anwendung von Art 6 (ordre public-Vorbehalt; Art 6 Rn 7)[8]. Das Abkommen entspricht angesichts des großen Anteils türkischstämmiger Bevölkerung im Inland insbesondere durch die weitgehende Heimatzuständigkeit nicht mehr den heutigen sozialen Verhältnissen und sollte in dieser Form nicht aufrechterhalten werden.

6   Das Abkommen findet – ungeachtet des Erblasserwohnsitzes – nach §§ 14, 18 NA immer dann Anwendung, wenn sich innerhalb eines Vertragsstaates Vermögenswerte befinden, die zum Nachlass eines Angehörigen des jeweils anderen Vertragsstaates gehören[9]. Es ist also auch dann anwendbar, wenn ein **deutscher Erblasser** Vermögen in der Türkei hinterlässt[10] oder ein **türkischer Erblasser** mit letztem Wohnsitz in der Türkei Vermögen in Deutschland hinterlässt[11]. Bei **Mehrstaatern** ist mangels besonderer Regelung im NA de lege lata lückenfüllend auf Art 5 Abs 1 zurückzugreifen[12]. Unabhängig von der Frage der Effektivität der jeweiligen Staatsangehörigkeit ist damit das NA bezüglich beweglichen Nachlasses deutsch-türkischer Doppelstaater nicht anwendbar, wohl aber hinsichtlich in der Türkei belegenen unbeweglichen Nachlasses[13].

---

[1] Vgl MünchKommBGB/*Birk* Rn 286 ff; *Staudinger/Dörner* Vor Art 25 f Rn 111 ff mit Wortlaut des Übereinkommens; *van Loon* MittRhNotK 1989, 9, jeweils mwN; Wortlaut auch in IPRax 2000, 53.

[2] Grünbuch der EG-Kommission zum Erb- und Testamentsrecht vom 1. 3. 2005, KOM(2005) 65 endg, auszugsweise wiedergegeben in ZEV 2005, 138; s dazu *Dörner/Härtel/Lagarde/Riering* IPRax 2005, 1; *Dörner* ZEV 2005, 137; *Bauer* IPRax 2006, 202; *Lehmann* IPRax 2006, 204; *Stumpf* EuZW 2006, 587; *Bajons*, FS Heldrich, 2005, S 495; *Mansel* FS Ansay, 2006, 185 ff; .

[3] Entschließung des Europäischen Parlaments mit Empfehlungen an die Kommission zum Erb- und Testamentsrecht (2005/2148(INI)) vom 16. 11. 2006.

[4] Vgl insbes *Bauer* FamRZ 2007, 1252; *Krüger* FS Ansay, 2006, S 131 ff; *Dörner* ZEV 1996, 90; *Kremer* IPRax 1981, 205; zum materiellen türkischen Erbrecht vgl *Serozan* ZEV 1997, 473 sowie *Kesen* ZEV 2003, 152, zugleich zum Erbschaftsteuerrecht; zur Aufhebung von erbrechtlichen Beschränkungen ehemaliger türkischer Staatsangehöriger vgl *Boduroglu* ZEV 1997, 477; eine deutsche Übersetzung des türkischen IPR-Gesetzes von *Krüger* findet sich in IPRax 1982, 254 sowie bei *Riering*, IPR-Gesetze in Europa, Nr 11, S 338.

[5] Zu diesem mit dem in Art 25 Abs 2 verwandten Begriff des „unbeweglichen Vermögens" gleichbedeutenden Begriff s Rn 20.

[6] Vgl speziell zum deutsch-türkischen Verhältnis *Dörner* ZEV 1996, 90, 94.

[7] AnwK-BGB/*Kroiß* Rn 8.

[8] AnwK-BGB/*Kroiß* Rn 8.

[9] Zutr *Dörner* ZEV 1996, 90.

[10] *Dörner* ZEV 1996, 90; *Serozan* ZEV 1997, 473; AnwK-BGB/*Kroiß* Rn 5; AG Bad Homburg IPRspr 1977 Nr 103.

[11] Zu vom autonomen IPR abw Anknüpfungsergebnissen führt dies allerdings nur, wenn es sich dabei um unbewegliches Vermögen handelt.

[12] Für Unanwendbarkeit des Nachlassabkommens *Soergel/Schurig* Rn 108; *Krüger*, FS Ansay, 2006, S 131 ff, 151; *Bauer* FamRZ 2007, 1252, 1255. MünchKommBGB/*Birk* Rn 295 stellt auf die effektive Staatsangehörigkeit ab, ohne Art 5 Abs 1 S 2 heranzuziehen.

[13] *Dörner* ZEV 1996. 90, 92 f; AnwK-BGB/*Kroiß* Rn 10; *Süß/Haas/Haas* § 1 Rn 13; aus der Rspr vgl AG Bad Homburg IPRspr 1977 Nr 103.

Das auf die **Formwirksamkeit** letztwilliger Verfügungen anwendbare Recht unterliegt dem Haager **7**
Testamentsformübereinkommen, die restriktivere Regelung des § 16 NA wird insoweit verdrängt[14].
Für Erbverträge, die vom Testamentsformübereinkommen sachlich nicht erfasst werden (Art 26 Rn 2),
bleibt § 16 NA aber anwendbar[15]. Hinsichtlich der materiellrechtlichen Wirksamkeit letztwilliger
Verfügungen kommt es allein auf den Zeitpunkt des Erbfalls an, da das NA eine Art 26 Abs 5 S 1
vergleichbare Regelung nicht enthält. Dies kann bei einem Wechsel der Staatsangehörigkeit zur
Unwirksamkeit einer bereits errichteten letztwilligen Verfügung durch Statutenwechsel führen[16].

Nach § 4 NA kann der Konsul, der nach § 1 NA vom Erbfall, den bekannten Erben, deren **8**
Aufenthalt sowie Wert und Zusammensetzung des Nachlasses zu unterrichten ist, die Nachlassregelung
übernehmen. In diesem Fall sind Verfügungen über den im Inland belegenen beweglichen Nachlass
nur mit seiner Zustimmung möglich. Insbes dürfen Banken und Versicherungen Zahlungen an die
Erben nur mit Genehmigung des Konsuls vornehmen. Mangels einer Genehmigung ist an den Konsul
selbst zu leisten. Übernimmt der Konsul die Nachlassabwicklung nicht, sind die Erben uneingeschränkt
verfügungsbefugt[17]. Die daraus folgende Beschränkung der Verfügungsbefugnis der Erben ist dann im
Erbschein zu vermerken.

§ 15 NA begründet für Klagen auf Feststellung des Erbrechts, Erbschaftsansprüche, Ansprüche aus **9**
Vermächtnissen und Pflichtteilsansprüche die ausschließliche gerichtliche Zuständigkeit des Heimatstaates für beweglichen Nachlass sowie der Gerichte des Belegenheitsstaates für unbeweglichen Nachlass[18].
Entscheidungen sind im jeweils anderen Vertragsstaat anzuerkennen. Erbrechts- sowie Testamentsvollstreckerzeugnisse des Heimatstaates sind bezüglich beweglichen Nachlasses anzuerkennen (§ 17 NA).

Wortlaut des Nachlassabkommens: **10**

§ 1. (1) [1]Stirbt ein Angehöriger eines Vertragsstaates im Gebiete des anderen Vertragsstaates, so hat die
zuständige Ortsbehörde dem zuständigen Konsul des Staates, dem der Verstorbene angehörte, unverzüglich von dem Tode Kenntnis zu geben und ihm mitzuteilen, was ihr über die Erben und deren
Aufenthalt, den Wert und die Zusammensetzung des Nachlasses sowie für das etwaige Vorhandensein
einer Verfügung von Todes wegen bekannt ist. [2]Erhält zuerst der Konsul des Staates, dem der
Verstorbene angehörte, von dem Todesfalle Kenntnis, so hat er seinerseits die Ortsbehörde (in gleicher
Weise) zu benachrichtigen.

(2) Gehört der Sterbeort zu einem Konsulatsbezirk, so ist die Mitteilung an den diplomatischen
Vertreter des Staates, dem der Verstorbene angehörte, zu richten.

(3) Die der Ortsbehörde und dem Konsul alsdann obliegenden Verrichtungen bestimmen sich
hinsichtlich des beweglichen Nachlasses nach §§ 2–11 und hinsichtlich des unbeweglichen Nachlasses
nach § 12.

§ 2. (1) [1]Für die Sicherung des Nachlasses hat in erster Linie die zuständige Ortsbehörde zu sorgen. [2]Sie
hat sich auf Maßnahmen zu beschränken, die erforderlich sind, um die Substanz des Nachlasses unversehrt zu erhalten, wie Siegelung und Aufnahme eines Nachlaßverzeichnisses. [3]Auf Ersuchen des Konsuls
hat sie in jedem Falle die von ihm gewünschten Sicherungsmaßregeln zu treffen.

(2) Der Konsul kann gemeinsam mit der Ortsbehörde, oder soweit sie noch nicht eingegriffen hat,
allein gemäß den Vorschriften des von ihm vertretenen Staates entweder persönlich oder durch einen
von ihm ernannten, mit seiner Vollmacht versehenen Vertreter den beweglichen Nachlaß siegeln und
ein Nachlaßverzeichnis aufnehmen, wobei er die Hilfe der Ortsbehörden in Anspruch nehmen darf.

(3) [1]Ortsbehörden und Konsul haben einander, sofern nicht besondere Umstände entgegenstehen,
Gelegenheit zur Mitwirkung bei den Sicherungsmaßnahmen zu geben. [2]Die Behörde, die hierbei nicht
hat mitwirken können, ist befugt, im Falle einer Siegelung den angelegten Siegeln nachträglich ihr
Siegel beizufügen. [3]Hat die andere Behörde nicht mitwirken können, so ist ihr sobald als möglich
beglaubigte Abschrift des Nachlaßverzeichnisses und des Verhandlungsprotokolls zu übersenden.

(4) [1]Dieselben Bestimmungen gelten für die gemeinschaftlich vorzunehmende Aufhebung der
Sicherungsmaßregeln und insbesondere die Abnahme der Siegel. [2]Jedoch kann sowohl die Ortsbehörde
wie der Konsul allein zur Abnahme schreiten, falls die andere Behörde ihre Einwilligung dazu erteilt
oder auf eine mindestens 48 Stunden vorher an sie ergangene Einladung sich nicht rechtzeitig einge-
funden hat.

---

[14] *Dörner* ZEV 1996, 90, 95. Lediglich für Erbfälle vor dem 22. 10. 1983 – Inkrafttreten des *Haager* Testamentsformübereinkommens in der Türkei – sowie für Erbverträge bleibt § 16 NA Anwendung.
[15] *Dörner* ZEV 1996, 90, 95; *Süß/Haas/Haas* § 1 Rn 16; AnwK-BGB/*Kroiß* Rn 10.
[16] *Dörner* ZEV 1996, 90, 93, der aber eine erweiterte Interpretation des § 14 NA iS einer Art 26 Abs 5 S 1
vergleichbaren Regelung für möglich hält; wie hier *Süß/Haas/Haas* § 1 Rn 15.
[17] OLG München IPRax 1981, 215, 216; LG Augsburg IPRax 1981, 215; *Kremer* IPRax 1981, 205; unrichtig
Reinhart BWNotZ 1987, 97, 98, der das Verwaltungsrecht des Konsuls mit dem Vertretungsrecht nach § 13 NA
verwechselt.
[18] Für eine restriktive Auslegung dieser Regelung – keine ausschließliche Zuständigkeit des Heimatstaates bei
gemeinsamem gewöhnlichen Aufenthalt der Prozessparteien im anderen Vertragsstaat – zutr *Dörner* ZEV 1996, 95,
96; die Möglichkeit einer restriktiven Auslegung, wenn nicht nur Angehörige eines Staates beteiligt sind, sehen auch
Erman/Hohloch Rn 57; *Krüger* FS Ansay, 2006, S 131, 147; *Staudinger/Dörner* Vor Art 25 f Rn 182; aA LG
München I FamRZ 2007, 1250, 1251 f mit zust Anm *Bauer* FamRZ 2007, 1252, 1254 ff.

§ 3. Die Ortsbehörde soll die in dem Lande gebräuchlichen oder durch dessen Gesetze vorgeschriebenen Bekanntmachungen über die Eröffnung des Nachlasses und den Aufruf der Erben oder Gläubiger erlassen und die Bekanntmachungen dem Konsul mitteilen; dieser kann auch seinerseits entsprechende Bekanntmachungen erlassen.

§ 4. [1]Der Konsul kann die Nachlaßregelung übernehmen. [2]In diesem Falle gelten die Bestimmungen der §§ 5–10 des Abkommens.

§ 5. (1) [1]Der Konsul ist berechtigt, sich alle Nachlaßsachen, mit Einschluß der Papiere des Verstorbenen, die sich im Gewahrsam von Privatpersonen, Notaren, Banken, Versicherungsgesellschaften, öffentlichen Kassen und dergleichen oder der Ortsbehörden befinden, unter denselben Voraussetzungen aushändigen zu lassen, und unter denselben Voraussetzungen zum Nachlaß gehörige Forderungen einzuziehen, unter denen der Verstorbene selbst dazu befugt gewesen wäre. [2]Wenn der Nachlaß ganz oder zum Teil beschlagnahmt ist oder sich unter Zwangsverwaltung befindet, kann der Konsul davon erst Besitz nehmen, nachdem die Beschlagnahme oder Zwangsverwaltung aufgehoben ist.

(2) [1]Der Konsul ist ebenfalls berechtigt, die Herausgabe der von dem Verstorbenen errichteten Verfügungen von Todes wegen zu verlangen, und zwar auch dann, wenn sie von den Landesbehörden in amtliche Verwahrung genommen worden sind, die das Recht haben, die Verfügungen vor der Herausgabe zu eröffnen. [2]Der Konsul hat eine beglaubigte Abschrift jeder in seinen Besitz gelangten und eröffneten Verfügungen der Ortsbehörde mitzuteilen.

§ 6. [1]Der Konsul hat das Recht und die Pflicht, alle Maßnahmen zu treffen, die er zur Erhaltung des Nachlasses als im Interesse der Erben liegend erachtet, oder die zur Erfüllung öffentlich-rechtlicher Verpflichtungen des Erblassers oder der Erben erforderlich sind. [2]Insbes ist er gegenüber den zuständigen Behörden zur Erteilung von Auskunft über den Wert des Nachlasses verpflichtet. [3]Er kann den Nachlaß entweder persönlich verwalten oder durch einen von ihm gewählten und in seinem Namen handelnden Vertreter, dessen Geschäftsführung er überwacht, verwalten lassen. [4]Der Konsul ist berechtigt, die Hilfe der Ortsbehörden in Anspruch zu nehmen.

§ 7. (1) Der Konsul hat den Nachlaß, sobald er ihn in Besitz genommen hat, innerhalb des Landes seines Amtssitzes aufzubewahren.

(2) Der Konsul ist befugt, selbständig im Wege der Versteigerung und gemäß den Gesetzen und Gebräuchen des Landes seines Amtssitzes die Bestandteile des Nachlasses, die dem Verderben ausgesetzt sind und deren Aufbewahrung schwierig und kostspielig sein würde, zu veräußern.

(3) Er ist ferner berechtigt, die Kosten der letzten Krankheit und die Beerdigung des Verstorbenen, den Lohn von Hausbediensteten, Angestellten und Arbeitern, Mietzins und andere Kosten, deren Aufwendung zur Verwaltung des Nachlasses erforderlich ist, sowie im Notfalle den für die Familie des Verstorbenen erforderlichen Unterhalt, ferner Gerichtskosten, Konsulatsgebühren und Gebühren der Ortsbehörden sofort aus dem Bestande des Nachlasses zu entnehmen.

§ 8. Streitigkeiten infolge von Ansprüchen gegen den Nachlaß sind bei den zuständigen Behörden des Landes, in dem dieser sich befindet, anhängig zu machen und von diesen zu entscheiden.

§ 9. (1) [1]Die Zwangsvollstreckung in die Nachlaßgegenstände ist zulässig, auch wenn diese sich in der Verwahrung des Konsuls befinden. [2]Dieser hat sie der zuständigen Behörde auf Ersuchen herauszugeben.

(2) [1]Falls die zuständige Behörde ein Konkursverfahren über den im Lande befindlichen Nachlaß eröffnet, hat der Konsul auf Erfordern alle Nachlaßgegenstände, soweit sie zur Konkursmasse gehören, der Ortsbehörde oder dem Konkursverwalter auszuliefern. [2]Der Konsul ist befugt, die Interessen seiner Staatsangehörigen in dem Verfahren wahrzunehmen.

§ 10. [1]Nach Ablauf von drei Monaten seit der letzten Bekanntmachung über die Eröffnung des Nachlasses oder, wenn eine solche Bekanntmachung nicht stattgefunden hat, nach Ablauf von vier Monaten seit dem Tode des Erblassers kann der Konsul die Nachlaßsachen an die Erben, die ihr Recht nachgewiesen haben, oder sofern der Nachweis nicht geführt werden konnte, an die zuständigen Behörden seines Landes herausgeben. [2]Er darf aber die Herausgabe nicht vornehmen, bevor alle die geschuldeten öffentlich-rechtlichen Abgaben des Erblassers und die staatlichen Abgaben sowie die zugehörigen den Nachlaß von Angehörigen oder Bewohnern des Staates, in dessen Gebiet sich der Nachlaß befindet, befriedigt oder ordnungsgemäß sichergestellt sind. [3]Diese Verpflichtung des Konsuls gegenüber den angemeldeten Forderungen erlischt, wenn er nicht binnen weiterer sechs Monaten davon in Kenntnis gesetzt wird, daß die Forderungen anerkannt oder bei dem zuständigen Gericht eingeklagt worden sind.

§ 11. (1) Falls der Konsul die Herausgabe nicht verlangt hat, ist die Ortsbehörde verpflichtet, die in ihrem Gewahrsam befindlichen Nachlaßgegenstände den Erben unter denselben Bedingungen herauszugeben, unter denen der Konsul nach § 10 dazu verpflichtet ist.

(2) ¹Führen die Interessenten nicht binnen sechs Monaten seit dem Todestage des Erblassers den Nachweis ihres Erbrechts, so hat die Ortsbehörde den Nachlaß unter Mitteilung der darauf bezüglichen Akten an den Konsul abzuliefern, vorbehaltlich der in § 10 vorgesehenen Bedingungen. ²Der Konsul hat damit nach Maßgabe des § 10 zu verfahren.

§ 12. (1) ¹In Ansehung des unbeweglichen Nachlasses sind ausschließlich die zuständigen Behörden des Staates, in dessen Gebiet sich dieser Nachlaß befindet, berechtigt und verpflichtet, alle Verrichtungen nach Maßgabe der Landesgesetze und in derselben Weise vorzunehmen wie bei Nachlässen von Angehörigen ihres eigenen Staates. ²Beglaubigte Abschrift des über den unbeweglichen Nachlaß aufgenommenen Verzeichnisses ist sobald als möglich dem zuständigen Konsul zu übersenden.

(2) Hat der Konsul eine Verfügung von Todes wegen in Besitz genommen, worin Bestimmungen über den unbeweglichen Nachlaß enthalten sind, so hat er der Ortsbehörde auf ihr Ersuchen die Urschrift dieser Verfügung auszuhändigen.

(3) Das Recht des Staates, in dem sich der Nachlaß befindet, entscheidet darüber, was zum beweglichen und unbeweglichen Nachlaß gehört.

§ 13. ¹In allen Angelegenheiten, zu denen die Eröffnung, Verwaltung und Regelung der beweglichen und unbeweglichen Nachlässe von Angehörigen des einen Staates im Gebiet des anderen Staates Anlaß geben, soll der Konsul ermächtigt sein, die Erben, die seinem Staate angehören und keinen Bevollmächtigten in dem anderen Staate bestellt haben, zu vertreten, ohne daß er gehalten ist, seine Vertretungsbefugnis durch eine besondere Urkunde nachzuweisen. ²Die Vertretungsbefugnis des Konsuls fällt weg, wenn alle Berechtigten anwesend oder vertreten sind.

§ 14. (1) Die erbrechtlichen Verhältnisse bestimmen sich in Ansehung des beweglichen Nachlasses nach den Gesetzen des Landes, dem der Erblasser zur Zeit seines Todes angehörte.

(2) Die erbrechtlichen Verhältnisse in Ansehung des unbeweglichen Nachlasses bestimmen sich nach den Gesetzen des Landes, in dem dieser Nachlaß liegt, und zwar in der gleichen Weise, wie wenn der Erblasser zur Zeit seines Todes Angehöriger dieses Landes gewesen wäre.

§ 15. ¹Klagen, welche die Feststellung des Erbrechts, Erbschaftsansprüche, Ansprüche aus Vermächtnissen sowie Pflichtteilsansprüche zum Gegenstand haben, sind, soweit es sich um beweglichen Nachlaß handelt, bei den Gerichten des Staates anhängig zu machen, dem der Erblasser zur Zeit seines Todes angehörte, soweit es sich um unbeweglichen Nachlaß handelt, bei den Gerichten des Staates, in dessen Gebiet sich der unbewegliche Nachlaß befindet. ²Ihre Entscheidungen sind von dem anderen Staat anzuerkennen.

§ 16. (1) Verfügungen von Todes wegen sind, was ihre Form anlangt, gültig, wenn die Gesetze des Landes beachtet sind, wo die Verfügungen errichtet sind, oder die Gesetze des Staates, dem der Erblasser zur Zeit der Errichtung angehörte.

(2) Das gleiche gilt für den Widerruf solcher Verfügungen von Todes wegen.

§ 17. ¹Ein Zeugnis über ein erbrechtliches Verhältnis, insbesondere über das Recht des Erben oder eines Testamentsvollstreckers, das von der zuständigen Behörde des Staates, dem der Erblasser angehörte, nach dessen Gesetzen ausgestellt ist, genügt, soweit es sich um beweglichen Nachlaß handelt, zum Nachweis dieser Rechtsverhältnisse auch für das Gebiet des anderen Staates. ²Zum Beweise der Echtheit genügt die Beglaubigung durch einen Konsul oder einen diplomatischen Vertreter des Staates, dem der Erblasser angehörte.

§ 18. Die Bestimmungen der §§ 1 bis 17 finden entsprechende Anwendung auf bewegliches oder unbewegliches Vermögen, das sich im Gebiet des einen Teils befindet und zu dem Nachlaß eines außerhalb dieses Gebietes verstorbenen Angehörigen des anderen Teils gehört.

§ 19. (1) Wenn eine Person, die zur Besatzung eines Schiffes eines der beiden Staaten gehört, im Gebiet des anderen Staates stirbt und nicht diesem angehört, so sollen ihre Heuerguthaben und ihre Habseligkeiten dem Konsul des zuständigen Staates übergeben werden.

(2) Wenn ein Angehöriger des einen der beiden Staaten auf der Reise im Gebiet des anderen stirbt, ohne dort seinen Wohnsitz oder gewöhnlichen Aufenthalt gehabt zu haben, so sollen die von ihm mitgeführten Gegenstände dem Konsul seines Landes übergeben werden.

(3) Der Konsul, dem die in Abs. 1 und 2 erwähnten Nachlaßsachen übergeben sind, wird damit nach den Vorschriften seines Landes verfahren, nach dem er die von dem Verstorbenen während des Aufenthaltes in dem Lande gemachten Schulden geregelt hat.

b) Deutsch-iranisches Niederlassungsabkommen. Art 8 Abs 3 des Abkommens[19] sieht in Bezug auf das Erbrecht unabhängig von Art und Belegenheit des Nachlasses die Anwendung des **Heimat-**

---

[19] Niederlassungsabkommen zwischen dem Deutschen Reich und dem Kaiserreich Persien vom 17. 2. 1929, RGBl 1931 II S 9; Bestätigung der Weitergeltung vom 4. 11. 1954, BGBl 1955 II S 829; vgl hierzu auch *Schotten/Wittkowski* FamRZ 1995, 264; zu den Rechten der iranischen diplomatischen Vertretungen vgl *Birmanns* IPRax 1996, 320.

rechts vor[20]. Sachlich werden im Bereich des Erbrechts „testamentarische und gesetzliche Erbfolge, Nachlassabwicklungen und Erbauseinandersetzungen" erfasst[21]. Rück- und Weiterverweisung sind ausgeschlossen. Eine Rechtswahl nach Art 25 Abs 2 ist wegen des Vorrangs der staatsvertraglichen Regelung ausgeschlossen[22]. Für das auf die Form letztwilliger Verfügungen anwendbare Recht, welches vom Abkommen nach zutreffender Ansicht nicht geregelt wird, gilt allerdings aus deutscher Sicht das Haager Testamentsformübereinkommen bzw Art 26[23]. Das Abkommen ist nach seinem Sinn und Zweck nicht auf deutsch-iranische **Doppelstaater** anwendbar[24]. Bei nicht-deutschen Mehrstaatern ist auf den Rechtsgedanken des Art 5 Abs 1 zurückzugreifen und auf die effektive Staatsangehörigkeit abzustellen[25]. Es ist ebenfalls nicht auf Flüchtlinge oder Asylberechtigte anzuwenden. Art 8 Abs 3 S 2, wonach die Anwendung des Heimatrechts „nur ausnahmsweise und nur insoweit ausgeschlossen werden (kann), als ein solcher Ausschluss allgemein gegenüber jedem anderen fremden Staat erfolgt", wird allgemein als Vorbehalt zu Gunsten des jeweiligen nationalen ordre public verstanden. Das Abkommen lässt damit der Anwendung von Art 6 Raum[26].

12 **Wortlaut der Regelung:**

Art 8 Abs 3. [1]In Bezug auf das Personen-, Familien- und Erbrecht bleiben die Angehörigen jedes der vertragsschließenden Staaten im Gebiet des anderen Staates jedoch den Vorschriften ihrer heimischen Gesetze unterworfen. [2]Die Anwendung dieser Gesetze kann von dem anderen vertragsschließenden Staat nur ausnahmsweise und nur insoweit ausgeschlossen werden, als ein solcher Ausschluß allgemein gegenüber jedem anderen fremden Staat erfolgt.

13 c) **Deutsch-sowjetischer Konsularvertrag.** Nach Art 28 Abs 3 des Konsularvertrags[27] unterliegt die Erbfolge in „unbewegliche Nachlassgegenstände" dem Recht des Belegenheitsortes[28]. Insoweit ist eine Rück- oder Weiterverweisung ausgeschlossen. Bezüglich des wo auch immer belegenen unbeweglichen Nachlasses bleibt es aus deutscher Sicht bei der Anwendung von Art 25 Abs 1. Auch im Verhältnis zu den betr Nachfolgestaaten der Sowjetunion kann es also zur kollisionsrechtlichen **Nachlassspaltung** (Rn 50 f) kommen. Die Form letztwilliger Verfügungen unterliegt dem Haager Testamentsformübereinkommen bzw Art 26 (dort Rn 2).

14 **Wortlaut der Regelung:**

Art 28 Abs 3. Hinsichtlich der unbeweglichen Nachlaßgegenstände finden die Rechtsvorschriften des Staates Anwendung, in dessen Gebiet diese Gegenstände belegen sind.

III. Grundsätze: Staatsangehörigkeitsprinzip und Nachlasseinheit (Abs 1)

15 Das deutsche internationale Erbrecht folgt auch nach der Reform des Jahres 1986 weiterhin dem **Staatsangehörigkeitsprinzip:** Die Erbfolge unterliegt dem Recht des Staates, dem der Erblasser zum Zeitpunkt seines Todes angehörte **(Erbstatut).** Die Staatsangehörigkeit der übrigen Beteiligten ist kollisionsrechtlich grds irrelevant (zum Sonderfall der gemeinschaftlichen Testamente s Rn 28). Bei Mehrstaatern ist die effektive Staatsangehörigkeit zu ermitteln, bei auch-deutschen Mehrstaatern ist allein die deutsche Staatsangehörigkeit ausschlaggebend (Art 5 Abs 1 S 2). Zum deutsch-deutschen Erbrecht s Rn 74 ff. Zur Ersetzung der Staatsangehörigkeit bei unbekannter Staatsangehörigkeit, Staatenlosen und Flüchtlingen s Art 5 Rn 9, 13 ff.

---

[20] Str ist die Anwendbarkeit in Bezug auf in Drittstaaten belegenes unbewegliches Vermögen. Richtigerweise kann dem Abkommen diesbezüglich keine Einschränkung entnommen werden. Im Geltungsbereich des Übereinkommens ist daher auch Art 3 Abs 3 unanwendbar; aA *Staudinger/Dörner* Vor Art 25 f Rn 152, wie hier MünchKommBGB/*Birk* Rn 296.
[21] So eine gemeinsame Erklärung zum Geltungsbereich von Art 8 Abs 3, die nach dem Schlussprotokoll „einen Teil des Abkommens selbst bildet", RGBl 1930 II S 1012.
[22] Str, wie hier MünchKommBGB/*Birk* Rn 296; *Erman/Hohloch* Rn 4; aA *Staudinger/Dörner* Vor Art 25 f Rn 151.
[23] *Schotten/Wittkowski* FamRZ 1995, 264, 268; *Erman/Hohloch* Art 26 Rn 5; AnwK-BGB/*Kroiß* Rn 3.
[24] *Erman/Hohloch* Rn 4; *Süß/Haas/Haas* § 1 Rn 24; AnwK-BGB/*Kroiß* Rn 3.
[25] AA MünchKommBGB/*Birk* Rn 295, wonach auch bei deutsch-iranischen Doppelstaatern auf die effektive Staatsangehörigkeit abzustellen ist.
[26] Ganz hM, vgl BGHZ 120, 29, 35 = NJW 1993, 848, 849; BGH NJW-RR 1993, 962; OLG Oldenburg FamRZ 1995, 1590; OLG Hamm FamRZ 1993, 111, 113 = IPRax 1994, 49, 52; *Schotten/Wittkowski* FamRZ 1995, 264, 266; *Krüger* FamRZ 1973, 6, 8 f; IPG 1983 Nr 32, S 293; *Dörner* IPRax 1994, 33, 35; *Staudinger/Dörner* Art 25 f Rn 159; MünchKommBGB/*Birk* Rn 298 sowie oben Art 6 Rn 8.
[27] Vom 25. 4. 1958, BGBl 1959 II S 233; nach der Auflösung der Sowjetunion ist die Weitergeltung deutsch-sowjetischer Verträge vereinbart worden mit der Russischen Föderation, Bek vom 14. 8. 1992, BGBl 1992 II S 1016; Kirgisistan, BGBl 1992 II S 1015; Kasachstan, BGBl 1992 II S 1120; Georgien, BGBl 1992 II 1128; Armenien, BGBl 1993 II S 169; Ukraine, BGBl 1993 II S 1189; Usbekistan, BGBl 1993 II S 2038; Weißrußland, BGBl 1994 II S 2533; Tadschikistan, BGBl 1995 II S 255; Aserbeidschan, BGBl 1996 II S 2471; Moldawien, BGBl 1996 II S 768. Die Weitergeltung in Bezug auf die übrigen Nachfolgestaaten der Sowjetunion ist völkerrechtlich str, vgl MünchKommBGB/*Birk* Rn 303; nach AnwK-BGB/*Kroiß* Rn 12 haben Estland, Lettland und Litauen das Abkommen nicht übernommen.
[28] Dieser entscheidet auch die Frage, ob ein Gegenstand als beweglich oder unbeweglich zu qualifizieren ist, *Staudinger/Dörner* Vor Art 25 f Rn 197; zur Begriffsbestimmung s Rn 20.

Durch den zeitlichen Bezug auf den Tod des Erblassers ist die Anknüpfung erst nach dem Tod des 16
Erblassers **unwandelbar,** jedoch durch die Möglichkeit eines Wechsels der Staatsangehörigkeit vor
dem Erbfall nicht mit letzter Sicherheit voraussehbar. In Bezug auf die materielle Gültigkeit und
Bindungswirkung von Verfügungen von Todes wegen sowie die Testierfähigkeit wird diese Wandelbarkeit durch Art 26 Abs 5 mit einer (unwandelbaren) Anwendung des Rechts, das zum Zeitpunkt der Errichtung einer Verfügung von Todes wegen auf den Erbfall anzuwenden gewesen wäre (**hypothetisches Erbstatut**) zu Gunsten der Rechtssicherheit in der Nachlassplanung korrigiert. Man spricht insoweit auch vom **„Errichtungsstatut"** (Art 26 Rn 11 ff).

Es gilt weiter der Grundsatz der **Nachlasseinheit:** Die Erbfolge wird grds einheitlich, dh ohne 17
Rücksicht auf Art und Belegenheit des Vermögens, dem Heimatrecht des Erblassers unterstellt. Zur
Nachlassspaltung s Rn 50 f.

IV. Rechtswahl (Abs 2)

Art 25 Abs 2 gestattet eine auf inländisches „unbewegliches Vermögen" begrenzte Rechtswahl. 18
Folge einer solchen Rechtswahl ist **kollisionsrechtliche Nachlassspaltung** (Rn 50). Darüber hinaus
ist eine parteiautonome Bestimmung des Erbstatuts aus der Sicht des deutschen internationalen Privatrechts de lege lata nicht möglich[29]. Sie ergibt sich auch nicht aus dem materiellrechtlichen Grundsatz
der Testierfreiheit[30]. Eine kollisionsrechtlich unwirksame Verweisung auf eine bestimmte Rechtsordnung kann jedoch ebenso wie die unrichtige Annahme der Anwendbarkeit einer bestimmten Rechtsordnung auf der Ebene des **materiellen** Rechts bei der Auslegung einer Verfügung von Todes wegen
unter dem Gesichtspunkt des „Handelns unter falschem Recht" beachtlich sein (Einl IPR Rn 93)[31].

Art 25 Abs 2 übersteigende Rechtswahlmöglichkeiten eröffnen sich im Wege der **Gesamtverwei-** 19
sung, wenn das nach Art 25 Abs 1 berufene Heimatrecht des Erblassers eine Rechtswahl zulässt. Eine
Art 25 Abs 2 überschreitende Rechtswahl wird dann zwar bei der Anwendung deutschen Kollisionsrechts
zunächst ignoriert, ist aber bei der Anwendung des Art 25 Abs 2 iVm Art 4 Abs 1 S 1 angeordneten Anwendung des
verwiesenen ausländischen Kollisionsrechts zu beachten. Sanktioniert dieses die Rechtswahl, indem es
vollumfänglich auf die gewählte Rechtsordnung zurück- oder weiterverweist[32], so ist das aus der Sicht des
deutschen Rechts auch dann anzuerkennen, wenn sich daraus die Anwendbarkeit deutschen Rechts
ergibt[33]. Für deutsche Erblasser kann keine Rechtswahl auf der Basis ausländischer Kollisionsrechts als
Harmonisierungsinstrument zur Vermeidung eines faktischen Nachlasskonfliktes hilfreich sein (Rn 52)[34].

Der auch in Art 26 Abs 1 Nr 4 verwendete Begriff des „unbeweglichen Vermögens" ist nirgends 20
gesetzlich definiert. Unstreitig unterliegt die Qualifikation dieses Begriffs im Rahmen von Art 25 Abs 2
deutschem Recht[35]. Dieses unterscheidet materiellrechtlich in den §§ 90 ff BGB lediglich zwischen
Grundstücke und beweglichen Sachen. Die Beschreibung der Reichweite von „unbeweglichem Vermögen" in den §§ 864, 865 ZPO ist wegen der spezifisch zwangsvollstreckungsrechtlichen Zielsetzung
für das IPR nicht verwertbar. Im Interesse der Wahrung der **Nachlasseinheit** sowie im Hinblick auf die
gesetzgeberische Zielsetzung (Erleichterung des Grundstücksverkehrs)[36] ist der Begriff eng auszulegen. Er
umfasst neben dem Eigentum an Grundstücken (einschließlich der wesentlichen Bestandteile iS von
§§ 93, 94 BGB sowie aus Gründen der Aufrechterhaltung wirtschaftlicher Einheiten auch unwesentlicher
Bestandteile und Zubehör[37]) grundstücksgleiche Rechte (Wohnungseigentum und Erbbaurecht) sowie
beschränkt dingliche Rechte an Grundstücken (Grundpfandrechte, Reallasten, dingliche Vorkaufsrechte
etc)[38]. Nur mittelbare Rechte an solchen Vermögensgegenständen, insbes Anteile an Gesamthandsvermögen (Gesellschaftsanteile, Miterbenanteile, Gesamtgutsanteile)[39], in denen sich Grundstücke befinden,
sind selbst dann nicht als unbewegliches Vermögen zu qualifizieren, wenn sich das Gesamthandsvermögen im Wesentlichen oder ausschließlich aus Grundstücken zusammensetzt[40]. Auch schuldrechtliche

---

[29] BayObLGZ 1994, 40, 46 ff = NJW-RR 1994, 967.
[30] BGH NJW 1972, 1001.
[31] S zB BGH NJW-RR 2006, 948: Berücksichtigung der mit einer (unwirksamen) Rechtswahl verfolgten Ziele im Rahmen der Testamentsauslegung.
[32] Zu letzterer Alternative vgl *Jayme* IPRax 1986, 265, 270.
[33] Ganz hM, s Art 4 Rn 11 sowie RGZ 163, 367, 371; BayObLGZ 1995, 366 = FamRZ 1996, 694, 696; BayObLG ZEV 2001, 483; MünchKommBGB/*Birk* Rn 27 ff; *Staudinger/Dörner* Rn 504; *Palandt/Heldrich* Rn 7 f; *Soergel/Schurig* Rn 83; AnwK-BGB/*Kroiß* Rn 54; *Dörner* DNotZ 1988, 67, 86; *Riering* ZEV 1995, 404, 406; *Mankowski/Osthaus* DNotZ 1997, 10, 13 ff; *Lange* DNotZ 2000, 332.
[34] Im Verhältnis zur Schweiz *S. Lorenz* DNotZ 1993, 148.
[35] Vgl nur *Staudinger/Dörner* Rn 511. Zur Qualifikation lege causae bei der Frage der Rück- oder Weiterverweisung sowie zur Qualifikationsverweisung in anglo-amerikanischen Erbfällen s Einl IPR Rn 60 f, Art 4 Rn 12. Zur Qualifikation im innerdeutschen Erbrecht (§ 25 Abs 2 RAG-DDR) s Rn 79.
[36] Vgl Bericht des Rechtsausschusses, BT-Drucks 10/5632 S 44.
[37] *Dörner* DNotZ 1988, 94.
[38] *Palandt/Heldrich* Rn 7; *Staudinger/Dörner* Rn 516 ff; AnwK-BGB/*Kroiß* Rn 48; *Looschelders* Rn 39; gegen die Einbeziehung von Grundpfandrechten *Soergel/Schurig* Rn 4.
[39] Zu letzteren vgl *Riering* ZEV 1995, 404.
[40] Sehr str, wie hier BGHZ 24, 352, 362 ff betr Gesellschaftsanteil; BGHZ 146, 310 betr Miterbenanteil; MünchKommBGB/*Birk* Rn 66 f; *Palandt/Heldrich* Rn 7; AnwK-BGB/*Kroiß* Rn 69; *Looschelders* Rn 39; *Reinhart* BWNotZ 1987, 97, 101 f; *Tiedemann* RabelsZ 55 (1991), 17, 24; *Schotten/Schmellenkamp*, Das IPR in der notariellen Praxis, Rn 162; *v. Bar* IPR II Rn 369; *vom Oertzen* IPRax 1994, 73, 78 f; *Witthoff*, Die Vererbung von Anteilen deutscher Personengesellschaften im Internationalen Privatrecht, 1993, S 77 f; *Riering* ZEV 1995, 404, 405; *Lichtenberger* DNotZ 1986, 644, 659; aA *Staudinger/Dörner* Rn 519; *Dörner* DNotZ 1988, 67, 96; *Erman/Hohloch* Rn 18; *Krzywon*

Ansprüche auf die Einräumung bzw Übertragung dinglicher Rechte bzw auf Überlassung oder Nutzung von Grundstücken oder grundstücksgleichen Rechten sind nicht Bestandteil des unbeweglichen Vermögens[41].

21 Die Rechtswahl kann nur zu Gunsten deutschen Rechts und nur bezüglich inländischen Vermögens erfolgen. Sie muss jedoch nicht notwendig das gesamte inländische Vermögen erfassen. Die gegenständliche Beschränkung auf einzelne unbewegliche Vermögensgegenstände ist ebenso wie im Rahmen von Art 15 Abs 2 Nr 3 zulässig[42], wenngleich wegen der dadurch eintretenden (weiteren) Nachlassspaltung (Rn 50) zumindest idR wenig empfehlenswert. Sie muss in der **Form** einer Verfügung von Todes wegen erfolgen, die sich auf eine bloße Rechtswahl beschränken kann[43]. Das auf die Formwirksamkeit anwendbare Recht beurteilt sich nach Art 26 bzw dem Haager Testamentsformübereinkommen. Im Übrigen unterliegt die materielle Wirksamkeit der Rechtswahl in entspr Anwendung von Art 27 Abs 4, 31 Abs 1 deutschem materiellem Recht[44]. Sie setzt daher Testierfähigkeit nach deutschem Recht voraus. Eine konkludente Rechtswahl ist grds möglich[45]. Eine inhaltliche Orientierung einer letztwilligen Verfügung am deutschen Recht kann allerdings nur dann eine solche konkludente Rechtswahl darstellen, wenn ein entsprechendes Erklärungsbewusstsein nachweisbar ist. Daran fehlt es, wenn der Erblasser lediglich irrtümlich von der Anwendbarkeit deutschen Rechts ausgegangen ist[46]. Da es sich hierbei um eine Frage der Wirksamkeit der Rechtswahl als solcher handelt, kann auch nicht in Analogie zu § 2084 BGB eine (konkludente) Rechtswahl angenommen werden, wenn das objektiv bestimmte Erbstatut zur Unwirksamkeit, deutsches Erbrecht aber zur Wirksamkeit der Verfügung führte[47], denn die (dogmatisch mögliche) analoge Anwendung von § 2084 BGB auf die Wirksamkeit der Rechtswahl würde nur dazu führen, diejenige Auslegungsvariante zu bevorzugen, die zur Wirksamkeit der Rechtswahl als solcher, nicht aber der Verfügung iÜ führen würde. Letzteres ist eine dem Kollisionsrecht nachgeordnete Frage, die auf der kollisionsrechtlichen Ebene keine Rolle spielen darf. Auch die Frage der Aufrechterhaltung einer (unzulässigen) umfassenden Rechtswahl in Bezug auf inländisches unbewegliches Vermögen unterliegt deutschem materiellen Recht. Maßgeblich ist der (ggf mutmaßliche) Erblasserwille, der einschließlich der Auslegungsregeln der §§ 139, 2085 BGB zu bestimmen ist[48].

22 Die Rechtswahl ist jederzeit durch Verfügung von Todes wegen **widerruflich,** selbst wenn sie im Wege eines gemeinschaftlichen Testaments oder eines Erbvertrags erfolgte. Ein Widerruf berührt jedoch nicht eine nach dem früher gewählten Recht bestehende Bindung an die frühere Verfügung (Art 26 Abs 5 S 1)[49].

V. Reichweite der Anknüpfung (Qualifikation)

23 **1. Berufung zur Erbschaft. a) Allgemeines.** Die nach Art 25 als Erbstatut berufene Rechtsordnung ist mit Ausnahme der Form von Verfügungen von Todes wegen grds für **alle** materiell-erbrechtlichen Fragen maßgebend. Nach ihr bestimmt sich auch die Frage von Eintritt und Zeitpunkt des Erbfalls. Der Eintritt des Todes sowie Todesvermutungen und -erklärungen einer Person unterliegen hingegen dem Personalstatut (Art 9)[50]. Für Kommorientenvermutungen ist dies im Falle unterschiedlicher Staatsangehörigkeit von Familienangehörigen str, jedoch hat die von der hM vertretene Anknüpfung an das jeweilige „Familienstatut"[51] keinerlei gesetzliche Grundlage und ist daher abzulehnen[52].

BWNotZ 1986, 154; aers BWNotZ 1987, 4: Qualifikation als unbeweglich, wenn im Wesentlichen aus Grundstücken oder grundstücksgleichen Rechten bestehend, iÜ Aufspaltung; *Pünder* MittRhNotK 1989, 1: Aufspaltung; s auch BGH vom 15. 3. 2007, V ZB 145/06, BeckRS 2007, 6300 zu § 2113 BGB.
[41] BGHZ 144, 245 = IPRax 2002, 40 m Anm *Umbeck* 33 sowie *Rauscher* JR 2001, 234: Anspruch aus § 3 Abs 1 VermG; aA *Dörner* DNotZ 1988, 67, 96; *Kryzwon* BWNotZ 1987, 5; *Lichtenberger* DNotZ 1986, 659; wie hier *Schotten/Schmellenkamp*, Das IPR in der notariellen Praxis, Rn 162; *Palandt/Heldrich* Rn 7; MünchKommBGB/*Birk* Rn 67; *v. Bar* IPR II Rn 369.
[42] Str, wie hier *Palandt/Heldrich* Rn 8; *Staudinger/Dörner* Rn 537; MünchKommBGB/*Birk* Rn 47; AnwK-BGB/*Kroiß* Rn 52, jeweils mwN.
[43] Formulierungsvorschläge bei MünchKommBGB/*Birk* Rn 41; *Staudinger/Dörner* Rn 534; *Riering* ZEV 1995, 404, 406.
[44] OLG Hamburg IPRspr 2003 Nr 98 S 281, unzutr ist allerdings die alternative Begründung mit Art 11; aus der Lit vgl MünchKommBGB/*Birk* Rn 32; *Staudinger/Dörner* Rn 526; *Palandt/Heldrich* Rn 8; *Tiedemann* RabelsZ 55 (1991), 17, 26 f jeweils mwN.
[45] BayObLGZ 1995, 366, 372; OLG Zweibrücken ZEV 2003, 162; LG München I ZEV 2007, 434, 435; *Soergel/Schurig* Rn 10; MünchKommBGB/*Birk* Rn 42; *Erman/Hohloch* Rn 17.
[46] Zutr betont bei *Loschelders* Rn 42; *Staudinger/Dörner* Rn 534; problematisch daher OLG Zweibrücken ZEV 2003, 162.
[47] So aber OLG Zweibrücken ZEV 2003, 162; ebenso *Staudinger/Dörner* Rn 534; wie hier *Schack*, GS *Lüderitz*, 2000, S 659, 668; *Süß* ZEV 2003, 164.
[48] OLG Hamburg IPRspr 2003 Nr 98, S 281 ff; LG Hamburg ZEV 1999, 491; *Tiedemann* RabelsZ 55 (1991), 17, 24; großzügiger wohl OLG Zweibrücken ZEV 2003, 162: Rechtswahl ist „regelmäßig" beschränkt auf das deutsche Grundvermögen aufrechtzuerhalten.
[49] Str, wie hier *Palandt/Heldrich* Rn 8; *Dörner* DNotZ 1988, 67, 68; *Staudinger/Dörner* Rn 548; *Kühne* IPRax 1987, 47; aA vgl MünchKommBGB/*Birk* Rn 58 mwN.
[50] HM, vgl *Staudinger/Dörner* Rn 92; *Palandt/Heldrich* Rn 10; aA MünchKommBGB/*Birk* Rn 194 ff: Erbstatut.
[51] So etwa *Palandt/Heldrich* Rn 10; *Erman/Hohloch* Art 9 Rn 14; *v. Bar/Mankowski* IPR I § 7 Rn 254 Fn 1086; *Jayme/Haack* ZVglRWiss 1985, 80 sowie Art 9 Rn 8; anders MünchKommBGB/*Birk* Rn 196: Erbstatut, bei widersprechenden Regelungen materiellrechtliche Anpassung zugunsten einer Vermutung gleichzeitigen Versterbens.
[52] Vgl umfassend *Staudinger/Dörner* Rn 92 ff.

Dem Erbstatut unterliegen auch die persönlichen Voraussetzungen in der Person des Begünstigten, insbes die **Erbfähigkeit** einschließlich etwaiger Erfordernisse einer bestimmten Überlebensdauer. Dies gilt aus der Sicht des deutschen IPR auch dann, wenn das Erbstatut materiellrechtlich auf die allgemeine Rechtsfähigkeit abstellt[53]. Denkbar ist allenfalls eine teilweise Rück- oder Weiterverweisung kraft abweichender Qualifikation (vgl Einl IPR Rn 60), wenn das Erbstatut insoweit auch kollisionsrechtlich auf das Personalstatut abstellt und diesbezüglich auf eine andere Rechtsordnung verweist[54]. Nach dem Personalstatut (Art 7) beurteilt sich allerdings die Frage, ob die nach dem Erbstatut erbfähige Person die erbrechtliche Begünstigung als selbständiger Rechtsträger innehaben kann (Art 7 Rn 13)[55]. De facto kommt es damit zu einer Art „Veto-Wirkung" des Personalstatuts: Wenn dieses dem Begünstigten die Rechtsfähigkeit versagt, wird er auch dann nicht Erbe, wenn er nach dem Erbstatut erb- und rechtsfähig wäre. Auch die Frage der **Erbunwürdigkeit** einschließlich der Art und Weise ihrer Geltendmachung sowie einer möglichen Verzeihung unterliegt ausschließlich dem Erbstatut. 24

b) Gesetzliche Erbfolge. Im Bereich der gesetzlichen Erbfolge beurteilen sich insbes der Kreis der gesetzlichen Erben[56], die Art ihrer Berechtigung sowie ihre Erbquoten nach dem Erbstatut. Gleiches gilt für die Frage der Erbenlosigkeit des Nachlasses und ein eventuelles **Erbrecht des Fiskus**, das nach ganz hM unabhängig von seiner Ausgestaltung als privatrechtliches Erbrecht erbrechtlich zu qualifizieren ist (sog Einheitstheorie)[57]. Ist es nach dem Erbstatut als privatrechtliches Erbrecht ausgestaltet[58], unterscheidet sich die Berufung des (ggf ausländischen) Fiskus nicht von der eines beliebigen anderen Erben. Ist es jedoch hoheitlich als Aneignungsrecht („Heimfallsrecht") ausgestaltet, so ist ein solches vorbehaltlich (derzeit nicht existierender) staatsvertraglicher Regelungen im Inland nicht anerkennungsfähig. Für den im Inland belegenen Nachlass kommt es dann nach im Ergebnis übereinstimmender hM zum gesetzlichen Erbrecht des deutschen Fiskus nach § 1936 BGB[59], was mit einer versteckten Teilrückverweisung des Heimatrechts begründet werden kann[60]. Ist nach dem Erbstatut der inländische oder ein ausländischer Fiskus gesetzlicher Erbe, so ist das gesetzliche Aneignungsrecht eines dritten Staates, in dessen Gebiet Nachlassgegenstände belegen sind, nach Art 3 Abs 3 als vorrangiges Sonderstatut anzuerkennen, wenn dieser Staat es selbst für sich in Anspruch nimmt[61]. 25

c) Gewillkürte Erbfolge. Im Bereich der gewillkürten Erbfolge unterliegen dem Erbstatut insbes die materiellen Voraussetzungen und Wirkungen der Verfügungen von Todes wegen, während das auf die Formwirksamkeit solcher Verfügungen anwendbare Recht nach Art 26 bzw dem Haager Testamentsformübereinkommen zu ermitteln ist. Zur Sicherung einer **Nachlassplanung** unterliegen dabei jedoch die Gültigkeit einer Verfügung und deren Bindungswirkung dem **hypothetischen Erbstatut** (Rn 16; eingehend Art 26 Rn 11 ff). Dieses entscheidet auch über die **Testierfähigkeit,** Art 26 Abs 3 ist insoweit nicht einschlägig (Art 26 Rn 5)[62]. Dies gilt auch dann, wenn danach die Testierfähigkeit an die allgemeine Geschäftsfähigkeit gekoppelt wird[63]. Das Erbstatut ist somit insbes maßgeblich für die Reichweite der Testierfreiheit, den möglichen Inhalt von Verfügungen von Todes wegen einschließlich der Einsetzbarkeit bestimmter Personen[64], die Anordnung von Vor- und Nacherbschaft und deren zeitliche Grenzen sowie die Art und Weise der Begünstigung (schuldrechtlicher Anspruch oder dingliche Beteiligung). Das Begünstigungsverbot des § 14 Abs 1 S 1, Abs 2 HeimG ist dagegen wegen seiner speziellen Zielrichtung nicht erbrechtlich zu qualifizieren, sondern unabhängig vom Erbstatut auf alle Verfügungen inländischer Heimbewohner anzuwenden[65]. 26

Dem (hypothetischen) Erbstatut unterliegen die Möglichkeit der Stellvertretung, die Relevanz von Willensmängeln und andere Unwirksamkeitsgründe einschließlich der Art und Weise ihrer Geltendmachung (Nichtigkeit oder Anfechtbarkeit durch Gestaltungsklage oder Gestaltungserklärungen) sowie die 27

---

[53] Str, aA etwa *Palandt/Heldrich* Rn 16: Rechtsfähigkeit als selbständig nach Art 7 anzuknüpfende Vorfrage; ebenso *Looschelders* Rn 4.
[54] Nur methodisch anders, aber im Ergebnis übereinstimmend *MünchKommBGB/Birk* Rn 203: Rechtsfähigkeit als unselbständig anzuknüpfende Vorfrage.
[55] *Staudinger/Dörner* Rn 81 ff.
[56] Zur Anknüpfung familienrechtlicher Vorfragen sowie zum Erbrecht des Adoptivkindes s Rn 45 f.
[57] Vgl *Bungert* MDR 1991, 713; *Lange/Kuchinke,* Lehrbuch des Erbrechts, 5. Aufl 2001, § 13 II; *Looschelders* Rn 5 mwN.
[58] So etwa in der Schweiz, der Türkei, Italien, Spanien, Griechenland; zu Schweden vgl KG OLGZ 1985, 280 = IPRax 1986, 25 m Anm *Firsching.*
[59] S nur *Staudinger/Dörner* Rn 214 f; *Erman/Hohloch* Rn 23; *Palandt/Heldrich* Rn 10 jeweils mwN; Einzelheiten zu den vertretenen Ansichten bei *Bungert* MDR 1991, 714; zur Teilrückverweisung des österreichischen IPR auf das Belegenheitsrecht im Falle der Erbenlosigkeit des Nachlasses *S. Lorenz* Rpfleger 1993, 433 f; zum niederländischen Recht vgl *Bungert* ZfRV 1991, 241.
[60] So *Staudinger/Dörner* Rn 214; *Palandt/Heldrich* Rn 10; aA etwa *Bungert* MDR 1991, 716 f; für ein Aneignungsrecht des deutschen Fiskus analog § 958 Abs 2 BGB *Looschelders* Rn 5 sowie *v. Hoffmann/Thorn* IPR § 9 Rn 57.
[61] *Staudinger/Dörner* Rn 206; *MünchKommBGB/Birk* Rn 177.
[62] Zum Problem des Statutenwechsels (Art 26 Abs 5 S 2) s Art 26 Rn 12.
[63] So zutr *MünchKommBGB/Birk* Art 26 Rn 13; *Staudinger/Dörner* Art 25 Rn 238; nach aA ist in diesem Fall Art 7 Abs 1 maßgeblich – selbständige Anknüpfung der Vorfrage –, vgl *Palandt/Heldrich* Art 25 Rn 16; *Erman/Hohloch* Art 25 Rn 29; für generelle Anwendung von Art 7 Abs 1 *van Venrooy* JR 1988, 485.
[64] *Staudinger/Dörner* Rn 129 unterstellt diese Beschränkungen wegen ihrer sachlichen Nähe zu Willensmängeln dem Errichtungsstatut (Art 26 Abs 5). Zur Abgrenzung zu Fragen der Formwirksamkeit bei der Begünstigung von Urkundspersonen oder Zeugen s Art 26 Rn 5.
[65] OLG Oldenburg NJW 1999, 2448 = IPRax 1999, 469 m Anm *Dörner* 455; *Staudinger/Dörner* Rn 131; *Lange* ZEV 2000, 469, 470.

Möglichkeit der **Umdeutung** einer nichtigen Verfügung[66]. Auch die **Auslegung** letztwilliger Verfügungen unterliegt dem Erbstatut, wobei jedoch auf der Ebene des materiellen Rechts (Erforschung des Erblasserwillens) ausländische Rechtsinstitute zu berücksichtigen sind, wenn der Verfügende sich am ausländischen Recht als vermeintlich anwendbarer Rechtsordnung orientiert hat („**Handeln unter falschem Recht**"; Einl IPR Rn 93)[67].

28   Das (hypothetische) Erbstatut gilt auch für die **Bindungswirkung** von Verfügungen und deren Widerruf (Art 26 Rn 12). Daher unterliegt auch die materielle Gültigkeit von **gemeinschaftlichen Testamenten** und **Erbverträgen** einschließlich des vertraglichen Erbverzichts[68] dem (hypothetischen) Erbstatut. Ist nach dem Erbstatut eine gemeinschaftliche oder vertragliche Verfügung von Todes wegen unzulässig, ist stets zu prüfen, ob es sich dabei um eine inhaltliche[69] oder um eine auf die Form bezogene Unzulässigkeit handelt. Liegt letzteres[70] vor, ist die Frage nach dem Testamentsformübereinkommen bzw Art 26 anzuknüpfen[71]. Ist eine gemeinschaftliche letztwillige Verfügung von Personen unterschiedlicher Staatsangehörigkeit nach dem Erbstatut nur eines der Verfügenden unwirksam, so tritt nach hM Gesamtnichtigkeit ein, gleiches gilt für mehrseitige Erbverträge[72]. Jedenfalls dann, wenn eine wechselbezügliche Verfügung des überlebenden ausländischen Ehegatten eines deutschen Erblassers nach dessen (hypothetischen) Erbstatut nichtig ist, weil es gemeinschaftliche Testamente inhaltlich nicht zulässt, ist die Verfügung des deutschen Erblassers nach § 2270 Abs 1 BGB unwirksam. Auf jeden Fall unterliegt die Bindungswirkung dem (hypothetischen) Erbstatut (Art 26 Abs 5) des jeweiligen Erblassers. Bei unterschiedlicher Bindungswirkung entscheidet diejenige Rechtsordnung, welche die stärkere Bindung vorsieht, über den Einfluss der mangelnden Bindung bzw des Widerrufs des anderen Teils[73]. Dabei ist uU eine **materiellrechtliche Anpassung** vorzunehmen: So entfällt analog § 2270 Abs 1 BGB die Bindungswirkung einer wechselbezüglichen Verfügung des deutschen Ehegatten, wenn das (hypothetische) Erbstatut des ausländischen Ehegatten keine Bindungswirkung vorsieht[74]. Entsprechendes gilt für erbvertragliche Verfügungen.

29   Dem Erbstatut unterliegen auch die Möglichkeit der Einsetzung eines **Testamentsvollstreckers** bzw **Nachlassverwalters**, dessen Befugnisse und die daraus resultierenden **Verfügungsbeschränkungen** der Erben[75]. Setzt ein Erblasser unter vermeintlicher Anwendbarkeit anglo-amerikanischen Rechts eine bestimmte Person als Testamentsvollstrecker („executor") ein, ist bei Anwendbarkeit deutschen Rechts unter Berücksichtigung des „Handelns unter falschem Recht" durch Auslegung zu ermitteln, ob der Erblasser damit nur den (vermeintlich anwendbaren) Verfahrensregeln des anglo-amerikanischen Rechts Genüge tun wollte. Dies ist insbes dann anzunehmen, wenn der alleinige Begünstigte gleichzeitig als executor eingesetzt ist. Nur wenn der Erblasser der betreffenden Person tatsächlich eine dem Testamentsvollstrecker deutschen Rechts ähnliche Rechtsposition einräumen wollte, kann von der Anordnung einer Testamentsvollstreckung ausgegangen werden[76].

30   **d) Pflichtteilsrecht.** Dem Erbstatut unterliegt weiter das gesamte Pflichtteilsrecht[77] einschließlich von Pflichtteilsergänzungsansprüchen, selbst wenn diese (zB im Falle beeinträchtigender Schenkungen) gegen Dritte gerichtet sind. Dies gilt sowohl hinsichtlich des pflichtteilsberechtigten Personenkreises als auch hinsichtlich der Art der Pflichtteilsgewährung (schuldrechtlicher Anspruch oder materielles Noterbrecht). Gegen den Nachlass gerichtete **Unterhaltsansprüche** sind hingegen auch dann, wenn sie das Fehlen von Pflichtteilsansprüchen kompensieren sollen, nach Art 18 anzuknüpfen, wobei in

---

[66] OLG Jena FamRZ 1994, 786, 787.
[67] BGH NJW-RR 2006, 948: Berücksichtigung der mit einer unwirksamen Rechtswahl verbundenen Absichten für die Testamentsauslegung; BayObLGZ FamRZ 1996, 694; ZEV 2003, 503, 508; OLG Köln NJW 1986, 2199; LG München I IPRax 1998, 117 m Anm *Jayme*.
[68] Vgl *Riering* ZEV 1998, 248; *ders* ZEV 1998, 455 speziell zum islamischen Recht; *Böhmer* ZEV 1998, 251; OLG Hamm ZEV 2000, 507: schuldrechtliche Anknüpfung für den Abfindungsvorschlag; rechtsvergleichender Überblick bei *Lange/Kuchinke* Erbrecht § 24 I 2; zur Problematik gemeinschaftlicher Testamente zuletzt *Süß* IPRax 2002, 22; zur erbrechtlichen Qualifikation des für die Unternehmensnachfolge bedeutenden „Familienvertrages" des italienischen Rechts s *Kindler* FamRZ 2007, 954.
[69] So etwa das Verbot gemeinschaftlicher Testamente in Italien, vgl BayObLGZ 1957, 381 sowie *Grundmann* IPRax 1986, 96; OLG Frankfurt IPRax 1986, 112, und in Jugoslawien, vgl OLG Zweibrücken NJW-RR 1992, 587.
[70] So etwa im französischen Recht, vgl *Riering* ZEV 1994, 225; im niederländischen Recht, vgl *Riering* ZEV 1995, 90 sowie im schweizerischen Recht, vgl *Kropholler* DNotZ 1967, 741.
[71] HM, vgl *Staudinger/Dörner* Rn 323 mwN; zum deutsch-österreichischen Verhältnis vgl *Riering/Bachler* DNotZ 1995, 580; zum portugiesischen Recht vgl *Jayme* IPRax 1982, 210; 1983, 308; zu deutsch-englischen gemeinschaftlichen Testamenten vgl *Dopffel* DNotZ 1976, 335; wN zum ausländischen Recht bei *Umstätter* DNotZ 1984, 532.
[72] Str, wie hier *Palandt/Heldrich* Rn 13; PWW/*Freitag* Rn 21; aA *Staudinger/Dörner* Rn 316, 349.
[73] OLG Zweibrücken NJW-RR 1992, 587, 588; *Staudinger/Dörner* Rn 340; *Palandt/Heldrich* Rn 13; für Kumulation und Geltung des „schwächeren Rechts" hingegen MünchKommBGB/*Birk* Art 26 Rn 105; ebenso *Erman/Hohloch* Rn 31; PWW/*Freitag* Rn 21; *Riering* ZEV 1994, 225, 227; *Pfeiffer* FamRZ 1993, 1266, 1277.
[74] *Staudinger/Dörner* Rn 340.
[75] Zur Testamentsvollstreckung an Personengesellschaftsanteilen s *v. Oertzen* IPRax 1994, 73, 76 ff mwN; zur Willensvollstreckung des österreichischen Rechts vgl *Sprung/Fink* öJBl 1996, 205; zum schweizerischen Recht vgl BayObLG NJW-RR 1990, 906.
[76] BayObLGZ 1980, 48; OLG Brandenburg FGPrax 2001, 206; *Staudinger/Dörner* Rn 270, 893; zu den Auslegungskriterien vgl etwa BFH WM 1988, 1679 = IPRRspr 1988 Nr 134.
[77] Vgl BGH NJW 1993, 1920, 1921 = LM BGB § 1577 Nr 17 m Anm *Hohloch*; *Klingelhöffer* ZEV 1996, 258 mwN.

Fällen von Normenmangel bzw -häufung eine Angleichung erforderlich sein kann[78]. Auch die Art und Weise der Geltendmachung des Noterbrechts, etwa durch erbrechtliche Gestaltungsklagen[79], unterliegt dem Erbstatut[80]. Entsprechende Gestaltungsurteile können auch von deutschen Gerichten gefällt werden. Ein „numerus clausus" der Gestaltungsklagen besteht im deutschen Zivilprozessrecht nicht. Es handelt sich dabei auch nicht etwa um wesensfremde Tätigkeiten[81]. Dem Erbstatut unterliegt neben der Verjährung von Pflichtteilsansprüchen auch der vertragliche oder einseitige Pflichtteilsverzicht (Rn 28).

2. Umfang des Nachlasses. Zwar entscheidet das Erbstatut darüber, welche **existenten** Aktiva und Passiva zum Nachlass gehören, soweit es jedoch um deren Existenz im Vermögen des Erblassers geht, ist das jeweilige Einzelstatut maßgeblich (selbstständig anzuknüpfende Vorfrage). So entscheidet das Sachenrechtsstatut, ob eine Sache im Eigentum des Erblassers stand, das jeweilige Forderungsstatut über die Gläubigereigenschaft des Erblassers[82]. Diesem jeweiligen Einzelstatut ist auch zu entnehmen, ob ein Gegenstand überhaupt vererblich gestellt ist. So entscheidet etwa das Unterhaltsstatut (Art 18) über die Vererblichkeit von Unterhaltsansprüchen, das Gesellschaftsstatut über die Nachlasszugehörigkeit und Vererblichkeit Gesellschaftsanteilen sowie die Zulässigkeit einer Testamentsvollstreckung an diesen[83]. Das Erbstatut entscheidet aber über die Nachlasszugehörigkeit von Surrogaten. Die im Anschluss an den BGH[84] anzutreffende Aussage, der Umfang des Nachlasses unterliege dem Erbstatut[85], ist daher zumindest ungenau[86]. 31

3. Rechtliche Stellung der Erben, Erbschaftserwerb und Erbengemeinschaft. Das Erbstatut entscheidet nicht nur über die Berufung zur Erbschaft (titulus), sondern grds auch über alle mit dem **Erbschaftserwerb** zusammenhängenden sachenrechtlichen Fragen (modus). Einer teilweise Rück- oder Weiterverweisung des Erbstatuts hinsichtlich des Erbschaftserwerbs ist allerdings zu folgen[87]. Das Erbstatut regelt sowohl den Anfall der Erbschaft als auch die Art und Weise der Berechtigung am Nachlass (schuldrechtlicher Anspruch oder dingliche Beteiligung, Universalsukzession oder Sondererbfolge). Bei der Nachfolge in Personengesellschaftsanteile[88] ist hinsichtlich gesellschaftsrechtlicher und erbrechtlicher Nachfolge zu unterscheiden: Ob ein Gesellschaftsanteil vererblich ist, entscheidet das Gesellschaftsstatut, während die Person des Erben vom Erbstatut bestimmt wird. Einfache Nachfolgeklauseln sind demzufolge ausschließlich gesellschaftsrechtlich zu qualifizieren[89], bei qualifizierten Nachfolgeklauseln entscheidet das Erbstatut über die erbrechtliche Zulässigkeit der Einsetzung des Rechtsnachfolgers. Ebenfalls gesellschaftsrechtlich zu qualifizieren ist der Erwerbs**modus** von Personengesellschaftsanteilen. Die im deutschen Recht vorgesehene Singularsukzession bei der Vererbung von Personengesellschaftsanteilen[90] gilt daher auch bei ausländischem Erbstatut, wenn deutsches Recht als Gesellschaftsstatut berufen ist[91]. Die Anwendung des Gesellschaftsstatuts ist dabei kein Anwendungsfall des Art 3 Abs 3[92], die pflichtteilsrechtlichen Konsequenzen der gesellschaftsrechtlichen Nachfolge unterliegen ausschließlich dem Erbstatut[93]. 32

Nach dem Erbstatut beurteilt sich insbes die Frage, ob der Erbe den Nachlass unmittelbar mit dem Erbfall erwirbt oder ob es hierfür einer **Annahme** und/oder einer gerichtlichen Handlung bedarf[94]. 33

Gleiches gilt für die besonders strittige Frage des **Zwischenerwerbs** des Nachlasses durch einen (im eigenen Namen verfügenden) Treuhänder, wie dies hinsichtlich beweglichen und teilweise auch hinsichtlich unbeweglichen Nachlassvermögens im anglo-amerikanischen Recht im Rahmen der sog „**administration**" durch einen „personal representative" der Fall ist. Dieser wird im Falle einer Einsetzung durch den Erblasser als „**executor**", bei gerichtlicher Einsetzung als „**administrator**" 34

---

[78] *Palandt/Heldrich* Rn 10; teilweise aA *Staudinger/Dörner* Rn 755 f: erbrechtliche Qualifikation erst mit dem Erbfall entstehender Unterhaltsansprüche; *Henrich*, FS Gernhuber 1993, S 667 ff; zur Angleichung s Einl IPR Rn 90.
[79] So etwa in Frankreich, Italien und der Schweiz.
[80] Ganz hM, s nur *Dörner* IPRax 2004, 519 mwN; zur Frage der Aufnahme in den Erbschein s Rn 70.
[81] *Kindler*, Einführung in das italienische Recht, § 18 Rn 29.
[82] OLG Düsseldorf FamRZ 2001, 1102 = ZEV 2001, 484 m Anm *Henrich*.
[83] HM, vgl nur *Palandt/Heldrich* Rn 17; *Staudinger/Dörner* Rn 133 mwN; zu Gesellschaftsanteilen s LG München I IPRax 2001, 459; *Staudinger/Dörner* IPRax 2001, 446; *Dörner* IPRax 2004, 519 f; *Palandt/Heldrich* Rn 15; *Staudinger/Dörner* Rn 63 ff; *MünchKommBGB/Birk* Rn 183; *Looschelders* Rn 20.
[84] BGH NJW 1959, 1317, 1318.
[85] So zB *Kropholler* IPR § 51 IV 1; *Palandt/Heldrich* Rn 10; s aber auch Rn 17.
[86] *Staudinger/Dörner* Rn 141; *S. Lorenz* NJW 1995, 176 f; zutr nunmehr KG ZEV 2000, 499, 500.
[87] Zum österreichischen Recht (§§ 31, 32 öIPRG) vgl öOGH IPRax 2004, 531 m Anm *S. Lorenz*; OLG Köln NJW-RR 1997, 1091; öOGH IPRax 1992, 328 m Anm *Schwind* 333; v. *Oertzen/Mondl* ZEV 1997, 240; *Solomon* ZVglRWiss 99 (2000), 170; zum italienischen Recht vgl *Kindler* RabelsZ 61 (1997), 227, 267; *S. Lorenz* IPRax 1990, 82 f.
[88] *v. Oertzen* IPRax 1994, 73; näher zur Abgrenzung Gesellschaftsstatut/Erbstatut nach Art 12 Rn 84.
[89] Vgl *Dörner* IPRax 2004, 519 f.
[90] BGHZ 22, 186; 68, 225; *Schurig* IPRax 2001, 446.
[91] *Staudinger/Dörner* Rn 63 ff, 66; *MünchKommBGB/Birk* Rn 180 ff; *vom Oertzen* IPRax 1994, 73.
[92] So aber v. *Bar* IPR Bd II Rn 371; v. *Oertzen* RIW 1994, 818; *MünchKommBGB/Birk* Rn 102; *Palandt/Heldrich* Art 3 Rn 18; wie hier *MünchKommBGB/Sonnenberger* Art 3 Rn 36; *Schurig* IPRax 2001, 446, 447; *Staudinger/Dörner* Rn 558; *Dörner* IPRax 2004, 519, 520.
[93] *Dörner* IPRax 2004, 519, 520; im Ergebnis ebenso MünchKommBGB/Birk Rn 183.
[94] Vgl etwa BayObLGZ 1995, 47 = DNotZ 1996, 106 m Anm *Riering* = ZEV 1995, 416 m Anm *v. Oertzen*; OLG Köln NJW-RR 1997, 1091 zur „Einantwortung" des österreichischen Rechts; zum Erfordernis der Erbschaftsannahme nach italienischem Recht vgl *Rauscher* DNotZ 1985, 204; *Salaris* ZEV 1995, 240.

bezeichnet[95]. Da jedoch die entsprechenden Rechtsordnungen des anglo-amerikanischen Rechtskreises insoweit auf das Recht des jeweils anordnenden Staates verweisen[96], kommt im Falle gesetzlicher Erbfolge die Einsetzung eines administrator durch deutsche Gerichte nicht in Betracht, weil die im Wege der Rückverweisung maßgebliche deutsche lex fori keinen treuhänderischen Zwischenerwerb vorsieht[97]. Ist ein administrator von einem ausländischen Gericht mit Wirkung auch für den in Deutschland belegenen Nachlass ernannt[98], so ist diese Ernennung (weil nach Erbstatut wirksam) zwar anzuerkennen[99], jedoch hat der administrator im Inland nach hM trotz seiner alleinigen dinglichen Berechtigung nicht die Stellung eines Erben, sondern die Befugnisse eines Nachlassverwalters (Fall der Angleichung). Die letztlich gesetzlich oder testamentarisch Universalbegünstigten[100] werden im Inland als (in der Verfügungsmacht beschränkte) Erben behandelt, ihre Verfügungsbeschränkung durch die administration ist analog § 2364 BGB auf dem nach § 2369 BGB zu erteilenden Erbschein zu vermerken (sog **Anerkennungstheorie**)[101]. Dem administrator ist (nur) in diesem Fall analog §§ 2368 Abs 3, 2369 BGB ein Zeugnis über seine Rechtsstellung auszustellen[102]. Hat hingegen der Erblasser einen personal representative eingesetzt und diesen (auch für das im Inland belegene Vermögen) mit Aufgaben betraut, die denen eines Testamentsvollstreckers deutschen Rechts entsprechen, so ist nach dem für die Nachlassabwicklung im Wege der Rückverweisung maßgeblichen deutschen Recht eine Testamentsvollstreckung (deutschen Rechts) anzunehmen und ein Testamentsvollstreckerzeugnis nach § 2368 BGB zu erteilen[103]. Die sich hierbei stellende Auslegungsfrage ist identisch mit der in Rn 29 erörterten Problematik des „Handelns unter falschem Recht". Damit kann ein deutsches Nachlassgericht nie einen administrator/executor ausländischen Rechts bestellen[104], sondern lediglich dessen Rechtsstellung bei der Erbscheinerteilung berücksichtigen oder aber ihn bei entsprechendem Erblasserwillen kraft Rückverweisung als Testamentsvollstrecker deutschen Rechts behandeln. Angesichts dieser auch verfahrensmäßig komplizierten Rechtslage kann sich für eine Nachlassplanung die Erteilung postmortaler Vollmachten empfehlen[105].

35 Nach dem Erbstatut bestimmen sich auch die materielle Wirksamkeit sowie die Rechtsfolgen von **Annahme** und **Ausschlagung** der Erbschaft einschließlich deren Auslegung, Empfangsbedürftigkeit, Frist, Widerruf und Anfechtung. Für die **Form** solcher Erklärungen gilt Art 11, die Vorfrage der (gesetzlichen) Vertretungsmacht ist selbstständig anzuknüpfen. Ist eine Erklärung nach dem Erbstatut gegenüber einer bestimmten Behörde abzugeben, so ist dies nur insoweit materiellrechtlich zu qualifizieren, als die Erklärung amtsempfangsbedürftig ist. Bei gegebener internationaler Zuständigkeit deutscher Gerichte kann die entsprechende Erklärung auch vor den nach deutschem Recht sachlich zuständigen Behörden abgegeben werden (insoweit prozessrechtliche Qualifikation)[106].

36 Die Maßgeblichkeit des Erbstatuts für den Erbschaftserwerb findet ihre Grenze in der Kompatibilität mit der inländischen Sachenrechtsordnung. Dinglich wirkende Vermächtnisse (**Vindikationslegate**) ausländischer Rechtsordnungen können deshalb nach hM im Inland nur schuldrechtliche Wirkung entfalten und sind deshalb auch nicht in den Erbschein aufzunehmen[107]. Gleiches gilt für dinglich wirkende Teilungsanordnungen.

37 Dem Erbstatut unterliegen auch Ausgestaltung und Innenverhältnis der **Erbengemeinschaft**[108] (Bruchteils- oder Gesamthandsgemeinschaft, Vertretungsmacht), deren Auseinandersetzung[109] einschließlich der Anrechnung und Ausgleichung von Vorempfängen sowie Möglichkeit und materielle Voraussetzungen der Übertragung von Miterbenanteilen.

---

[95] Vgl etwa BGHZ 7. 339, 343; KG ZEV 2000, 501; aus der Lit vgl zuletzt *Schack*, Verfahrensmäßige Behandlung von Nachlässen im anglo-amerikanischen und internationalen Zivilverfahrensrecht, in: *Schlosser* (Hrsg), Veröffentlichungen der Wissenschaftlichen Vereinigung für Internationales Verfahrensrecht, Bd 8, 1996, S 242.
[96] *Staudinger/Dörner* Rn 667, 856, 893; *Berenbrok*, Internationale Nachlassabwicklung, 1989, S 187 ff; *Wohlgemuth* MittRhNotK 1992, 101, 105 mwN.
[97] *Staudinger/Dörner* Rn 856.
[98] Die Anordnung der administration erstreckt sich aus der Sicht der betreffenden Rechtsordnungen regelmäßig auch auf das Auslandsvermögen, vgl *Schack* in: *Schlosser* S 260.
[99] *v. Oertzen* IPRax 1994, 73, 76 ff; LG München I IPRax 2001, 459; *Schurig* IPRax 2001, 446; aA *Staudinger/Dörner* Rn 911.
[100] Zur Unterscheidung zwischen universalbegünstigten und daher idR als Erben zu behandelnden distributees (gesetzliche Erbfolge) bzw residuary legatees (gewillkürte Erbfolge) und den idR als Vermächtnisnehmern zu qualifizierenden specific legatees vgl MünchKommBGB/*Birk* Rn 239; *Johnen* MittRhNotK 1986, 57, 66 mwN.
[101] Im Ergebnis hM, vgl MünchKommBGB/*Birk* Rn 239; *Staudinger/Dörner* Rn 893; *Schack* in: *Schlosser* S 261 mwN; LG München I IPRax 2001, 459.
[102] *Kegel/Schurig* IPR § 21 IV 4; *Schack* in: *Schlosser* S 262; aA *Staudinger/Dörner* Rn 899.
[103] BayObLGZ 1980, 42, 48; KG IPRRspr 1972 Nr 123; *Firsching*, Deutsch-amerikanische Erbfälle, 1965, S 135; *Staudinger/Dörner* Rn 899; aA BGH WM 1969, 72; *Kegel/Schurig* IPR § 21 IV 4; *Berenbrok*, Internationale Nachlassabwicklung, 1989, S 185 ff; Testamentsvollstreckerzeugnis nach Maßgabe des jeweiligen Erbstatuts.
[104] BayObLGZ 1976. 152, 157; *v. Oertzen* IPRax 1994, 73, 77; aA *Schack* in: *Schlosser* S 262 f.
[105] *F. Odersky* ZEV 2000, 492.
[106] BayObLG ZEV 1998, 472 m Anm *S. Lorenz* = NJW-RR 1998, 798 f; *S. Lorenz* ZEV 1994, 146, 147; aA *Staudinger/Dörner* Rn 117.
[107] Vgl nur BGH NJW 1995, 58 = IPRax 1996, 39 m Anm *Dörner* 26; *Palandt/Heldrich* Rn 11; *Staudinger/Dörner* Rn 887; MünchKommBGB/*Birk* Rn 339 f, jeweils mwN; *Nishitani* IPRax 1998, 74; für eine sachenrechtliche Qualifikation *Süß* RabelsZ 65 (2001) 245.
[108] BGH NJW 1997, 1150, 1151.
[109] BGHZ 87, 19; die hierbei erforderlichen Verfügungsgeschäfte unterliegen jedoch dem jeweiligen Sachstatut.

4. Erbenhaftung. Nach dem Erbstatut sind weiter sämtliche Fragen der Erbenhaftung[110] einschließlich ihrer Beschränkbarkeit[111] zu beurteilen. **38**

5. Zweiseitige Rechtsgeschäfte mit Berührung zum Erbrecht. Schenkungen von Todes **39** wegen sind in Parallelität mit der materiellrechtlichen Wertung des § 2301 BGB auch im internationalen Privatrecht erbrechtlich zu qualifizieren, sofern sie beim Tod des Erblassers noch nicht vollzogen waren. Im Falle eines lebzeitigen Vollzugs sind sie hingegen nach Art 27 ff anzuknüpfen[112]. Die Frage des dinglichen Vollzugs unterliegt dabei dem jeweiligen Sachstatut[113].

Der **Vertrag zugunsten Dritter auf den Todesfall** ist hinsichtlich des Deckungsverhältnisses **40** zwischen Versprechendem und Versprechensempfänger unzweifelhaft schuldvertraglich zu qualifizieren[114]. Die Frage der Rechtsbeständigkeit des Erwerbs im Valutaverhältnis zwischen dem Erblasser bzw den Erben und dem Dritten ist im Falle eines Rechtsgeschäftes unter Lebenden schuldvertragsrechtlich, im Falle einer Schenkung auf den Todesfall hingegen erbrechtlich zu qualifizieren[115].

Der **Erbschaftskauf** wird von der hM sowohl hinsichtlich der schuldrechtlichen als auch hinsichtlich **41** der sachen- und erbrechtlichen Komponente einheitlich erbrechtlich qualifiziert[116], richtigerweise ist jedoch nach schuldrechtlichen und erbrechtlichen Wirkungen zu differenzieren. Nur letztere sind dem Erbstatut zu unterstellen[117].

Testierverträge (schuldrechtliche Verpflichtungen zur Errichtung von Verfügungen von Todes **42** wegen) sind wegen ihrer funktionellen Nähe zu Erbverträgen einheitlich erbrechtlich zu qualifizieren, jedoch ist analog Art 26 Abs 5 das hypothetische Erbstatut zum Zeitpunkt des Vertragsschlusses maßgeblich[118]. Für die Form gilt Art 26 Abs 4 analog.

Schuldrechtliche **Verträge über den Nachlass eines noch lebenden Dritten** (vgl § 311b Abs 4 **43** BGB) sind rein schuldvertragsrechtlich zu qualifizieren[119].

Das Rechtsinstitut des **testamentary trust** nach anglo-amerikanischem Recht[120] ist wegen der funk- **44** tionellen Nähe zur Vor- und Nacherbschaft bzw zur Testamentsvollstreckung erbrechtlich zu qualifizieren[121]. An im Inland belegenem Vermögen ist jedoch die Begründung eines trust wegen der Inkompatibilität mit der inländischen Sachenrechtsordnung nicht möglich[122], eine entsprechende Anordnung ist uU in die Einsetzung eines Treuhänders oder (Dauer-)Testamentsvollstreckers umzudeuten[123].

VI. Anknüpfung von Vorfragen

Der auf dem Gedanken des inneren Entscheidungseinklangs beruhende Grundsatz der selbstständigen **45** Anknüpfung von **Vorfragen** (allg Einl IPR Rn 63 ff) gilt auch im internationalen Erbrecht. Praktisch bedeutsam ist dies neben der bereits erwähnten Fragen des Umfangs des Nachlasses (Rn 31) sowie der Rechtsfähigkeit als Voraussetzung der Testierfähigkeit (Rn 24, 26) insbes für die im Rahmen der gesetzlichen Erbfolge relevante Frage einer familienrechtlichen Beziehung: Welcher Kreis von Personen zur gesetzlichen Erbfolge berufen ist, ist dem Erbstatut zu entnehmen, ob eine Person jedoch die vom Erbstatut erforderte familienrechtliche Stellung innehat, also etwa Ehegatte oder sonstiger Verwandter des Erblassers ist, unterliegt dem nach deutschen Kollisionsnormen auf die jeweilige Beziehung anwendbaren Recht: Die Vorfrage einer wirksamen Ehe des Erblassers ist damit nach Art 13 anzuknüpfen[124], wobei jedoch ein im Inland ergangenes oder anzuerkennendes Scheidungsurteil unabhängig von der nach Art 13 maßgeblichen Rechtsordnung anzuerkennen ist[125]. Soweit es im Rahmen des Erb-

---

[110] BGHZ 9, 151, 154.
[111] Ganz hM, vgl nur *Staudinger/Dörner* Rn 225 f; MünchKommBGB/*Birk* Rn 254 ff.
[112] Vgl *Henrich*, FS Firsching, 1985, S 111 ff sowie S. *Lorenz* ZEV 1996, 406 mwN; aA – weitgehend erbrechtliche Qualifikation – *Staudinger/Dörner* Rn 375; *Looschelders* Rn 18.
[113] Im Ausgangspunkt zutr OLG Düsseldorf NJW-RR 1997, 199; ZEV 1996, 423; vgl dazu S. *Lorenz* ZEV 1996, 406; aA offenbar PWW/*Leible* Rn 22.
[114] OLG Düsseldorf ZEV 2001, 484 m Anm *Henrich*.
[115] *Henrich*, FS W. Lorenz, 1991, S 379 ff; *Looschelders* Rn 19; abw OLG Düsseldorf ZEV 2001, 484 m insoweit krit Anm *Henrich*: ausschließlich schuldvertragsrechtlich Qualifikation; ebenso Palandt/*Heldrich* Rn 15.
[116] Palandt/*Heldrich* Rn 10; MünchKommBGB/*Birk* Art 26 Rn 162; PWW/*Leible* Rn 23.
[117] *Staudinger/Dörner* Rn 439 ff.
[118] *Staudinger/Dörner* Rn 403 ff; MünchKommBGB/*Birk* Art 26 Rn 151 f; *Hepp*, Der amerikanische Testiervertrag – contract to make a will – aus der Sicht des deutschen Rechts, 1991; aA – schuldvertragliche Qualifikation – *van Venrooy* JZ 1985, 609.
[119] HM, vgl nur MünchKommBGB/*Birk* Art 26 Rn 163 mwN; zu Erb- und Pflichtteilsverzichtverträgen s Rn 28, 30.
[120] Vgl zuletzt *Siemers/Müller* ZEV 1998, 206, zu den steuerrechtlichen Aspekten vgl dies IStR 1998, 385; *Wienbracke* ZEV 2007, 413; für einen Kurzüberblick zu den verschiedenen Facetten des trust s *Flick/Piltz/Göckeler*, Der Internationale Erbfall, Rn 1028 ff.
[121] Palandt/*Heldrich* Rn 11; *Staudinger/Dörner* Rn 427; *Flick/Piltz/Göckeler*, Der Internationale Erbfall, Rn 1084 mwN; *Schurig* IPRax 2001, 446; LG München I IPRax 2001, 459; zum von Deutschland nicht ratifizierten Haager Übereinkommen über das auf trusts anwendbare Recht und über ihre Anerkennung vom 1. 7. 1985 vgl *Staudinger/ Dörner* Vor Art 25 f Rn 129 ff sowie MünchKommBGB/*Birk* Rn 284 f; zum Inkrafttreten in der Schweiz am 1. 7. 2007 s *Grüninger* ZEV 2007, 431.
[122] BGH IPRax 1985, 223 f.
[123] OLG Frankfurt IPRspr 1962/63 Nr 146; *Staudinger/Dörner* Rn 431 mwN; s dazu auch *Schurig* IPRax 2001, 446.
[124] OLG Frankfurt ZEV 2001, 493.
[125] Ganz hM, vgl nur BGH NJW 1981, 1900, 1901 m Anm *Denzler* IPRax 1982, 181; OLG Hamm NJW-RR 1993, 838 = FamRZ 1993, 607 m Anm *Haas*; *Staudinger/Dörner* Rn 594 ff; Palandt/*Heldrich* Rn 17 mwN.

statuts auf das eheliche Güterrecht ankommt, ist die hierauf anzuwendende Rechtsordnung nach Art 15 zu ermitteln. Das Scheidungsstatut des Art 17 befindet über ein vom Erbstatut für relevant erachtetes Scheidungsverschulden[126]. Die Frage der Abstammung vom Erblasser bzw der Abstammung des Erblassers einschließlich der Ehelichkeit oder Nichtehelichkeit sowie einer Legitimation unterliegt dem Abstammungsstatut des Art 19[127].

46 Sehr str ist die Frage der erbrechtlichen Wirkungen einer **Adoption**[128], bei der sich sowohl ein Qualifikationsproblem als auch ein Vorfragen- und Substitutionsproblem stellt[129]: Nach zutreffender hM entscheidet grds das Erbstatut über die Frage, ob und in welcher Höhe das Adoptivkind erbrechtlich begünstigt wird (Qualifikation)[130]. Nach dem Adoptionsstatut (Art 22 Abs 2) bzw im Falle einer Dekretadoption nach Art 23 ff des Haager Adoptionsübereinkommens vom 29. 5. 1993 (BGBl 2001 II S 1034, s bei Art 22) bzw § 16 a FGG beurteilt sich, ob eine wirksame Adoption vorliegt (Vorfrage)[131] und ob diese eine ähnlich starke familienrechtliche Beziehung begründet hat, wie sie die als Erbstatut berufene Rechtsordnung für eine Beteiligung an der gesetzlichen Erbfolge voraussetzt (Substitution)[132]. Besteht somit nach dem Erbstatut ein gesetzliches Erbrecht des Adoptivkindes, so ist zu fragen, ob die dort im materiellen Recht vorausgesetzte Adoption in ihren Wirkungen mit der tatsächlich erfolgten Adoption vergleichbar ist. Begründet die Adoption im Erbstatut umfassende verwandtschaftliche Beziehungen, während das nach Art 22 Abs 2 maßgebliche Adoptionsstatut solche versagt, ist ein Erbrecht des Angenommenen zu verneinen[133]. Die bloße Tatsache, dass das Adoptionsstatut dem Angenommenen kein gesetzliches Erbrecht gibt, schließt zwar als solche ein Erbrecht nicht a priori aus, kann aber ein Indiz für das Fehlen einer dem Erbstatut ähnlichen starken familienrechtlichen Beziehung sein[134]. Besteht hingegen auch nach dem Adoptionsstatut ein gesetzliches Erbrecht, so ist das Vorliegen einer solchen ohne weiteres zu bejahen. Wenn allerdings bereits das Erbstatut kein gesetzliches Erbrecht des Angenommenen vorsieht, wird ein solches selbst dann nicht begründet, wenn die Wirkungen der Adoption nach dem Adoptionsstatut stärker sind als nach dem Erbstatut[135] bzw die als Adoptionsstatut maßgebliche Rechtsordnung ein gesetzliches Erbrecht des Angenommenen vorsieht. Entsprechende Grundsätze gelten bei der Frage des Erbrechts des Adoptivkindes nach leiblichen Verwandten und der Beerbung des Adoptivkindes[136].

46 a Seit dem 1. 1. 2002 erlaubt es Art 22 Abs 3[137] dem Annehmenden, seinem Ehegatten oder einem Verwandten, dessen Rechtsnachfolge – sei es auch im Wege der Rückverweisung – deutschem Recht unterliegt[138], den Angenommenen (nur für die jeweils eigene Erbfolge!) in Form einer letztwilligen Verfügung (zur Form s Art 26) einem nach deutschem Recht angenommenen Kind erbrechtlich **gleichzustellen,** sofern der Angenommene bei der Annahme das 18. Lebensjahr noch nicht vollendet hatte. Diese Gleichstellungsmöglichkeit ist insbes dann relevant, wenn das Adoptionsstatut kein hinreichendes Verwandtschaftsverhältnis im og. Sinne begründet. Sie kann aber darüber hinaus auch aus Gründen der Rechtssicherheit empfehlenswert sein, weil sich in diesem Fall für erbrechtliche Fragen eine Prüfung des Adoptionswirkungsstatuts (Art 22 Abs 2) erübrigt. Die wohl wichtigste Funktion der Regelung besteht angesichts der nach deutschem materiellen Erbrecht ohnehin gegebenen Möglichkeit, den Angenommenen im Rahmen der Testierfreiheit durch eine letztwillige Verfügung zu begünstigen (§ 1937 BGB), darin, diesen in den Kreis der Pflichtteilsberechtigten einzubeziehen, was etwa bei der Berechnung von Pflichtteilsansprüchen anderer Verwandter bzw bei der Teilung des Nachlasses von Bedeutung sein kann[139].

VII. Rück- und Weiterverweisung, Unteranknüpfung (Art 4)

47 Rück- und Weiterverweisung sind nach Art 4 Abs 1 anzuerkennen[140]. Bei der Anwendung des IPR des Heimatrechts des Erblassers (vgl die Übersicht Rn 83) sind – vorbehaltlich einer Qualifikations-

---

[126] BayObLGZ 1980, 284.
[127] BayObLGZ 2003, 68, 73.
[128] Vgl *Beitzke,* FS Firsching, 1985, S 9 ff; ders IPRax 1990, 36; *Hepting* StAZ 1986, 305; *K. Müller* NJW 1985, 2056; *Wandel* BWNotZ 1992, 17.
[129] Vgl insbes die Problemdarstellung bei *Staudinger/Dörner* Rn 174 ff.
[130] BGH NJW 1989, 2197 = IPRax 1990, 55 m Anm *Beitzke* 36; *Staudinger/Dörner* Rn 179 ff; MünchKommBGB/*Klinkhardt* Art 22 Rn 42 ff; im Ergebnis ebenso *Palandt/Heldrich* Art 22 Rn 6.
[131] Für den Fall der Anerkennung einer gerichtlichen Nichtigerklärung einer Adoption als Vorfrage zum Erbrecht nach einem Blutsverwandten s OLG Düsseldorf IPRax 1997, 427 = FamRZ 1996, 699.
[132] BGH NJW 1989, 2197, 2198 = FamRZ 1989, 378, 379; OLG Düsseldorf ZEV 1998, 487 = IPRax 1999, 380 m Anm *Klinkhardt* 356 f; allg zur Substitution s Einl IPR Rn 91. Seit dem 1. 1. 2002 besteht freilich nach § 2 AdWirkG (BGBl 2001 I S 2953) die Möglichkeit zur Umwandlung einer „schwachen" Auslandsadoption eines Kindes, welches zur Zeit der Annahme das 18. Lebensjahr noch nicht vollendet hatte, in eine Adoption mit den Rechtswirkungen des deutschen materiellen Rechts.
[133] KG FamRZ 1983, 98, 99; *Palandt/Heldrich* Art 22 Rn 6; KG NJW 1988, 1471 f; *Staudinger/Dörner* Rn 189 ff.
[134] BGH NJW 1989, 2197, 2198: „spricht einiges dafür"; dem folgend OLG Düsseldorf ZEV 1998, 487; aA KG NJW 1988, 1471, 1472.
[135] *Beitzke* IPRax 1990, 36, 41.
[136] Sehr instruktive Darstellung der Prüfungsreihenfolge bei *Staudinger/Dörner* Rn 194 ff.
[137] Eingefügt durch Art 4 Abs 4 des Gesetzes zur Regelung von Rechtsfragen auf dem Gebiet der internationalen Adoption vom 5. 11. 2001, BGBl I S 2950.
[138] Nach der ratio dieser Einschränkung, einem fremden Erbstatut einer derartige Aufwertung einer „schwachen"Adoption nicht aufzuzwingen, Begr RegE, BT-Drucks 14/6011 S 58, dürfte ein bloß hypothetisches deutsches Erbstatut zur Zeit der Errichtung der letztwilligen Verfügung (Rn 16 sowie Art 26 Rn 11 ff) nicht ausreichend sein.
[139] Begr RegE, BT-Drucks 14/6011 S 58.
[140] Zur Relevanz einer Rechtswahl auf der Ebene fremden Kollisionsrechts s Rn 19.

verweisung – sämtliche Qualifikationsfragen, insbes die Frage der **Reichweite** einer Rück- oder Weiterverweisung nach dessen Maßstäben zu beurteilen (lex causae-Qualifikation; Einl IPR Rn 60). Verweist es nur hinsichtlich bestimmter Nachlassbestandteile oder bestimmter Teilfragen wie etwa des Erbschaftserwerbs oder der Ausgestaltung der Erbengemeinschaft auf eine andere Rechtsordnung, so ist dies zu beachten. Verweist etwa das Heimatrecht des Erblassers bezüglich beweglichen Nachlasses auf das Heimat- oder Wohnsitzrecht des Erblassers, bezüglich unbeweglichen Nachlasses aber auf das Recht des Lageorts[141], kommt es in Durchbrechung des Grundsatzes der **Nachlasseinheit** (Rn 17) zur **kollisionsrechtlichen Nachlassspaltung** (Rn 50).

Handelt es sich bei dem Heimatstaat des Erblassers um einen **Mehrrechtsstaat** ohne einheitliches Kollisionsrecht (sog **auch kollisionsrechtliche Rechtsspaltung**, Art 4 Rn 21), so ist bereits bei der Prüfung einer Rück- oder Weiterverweisung im Wege der Unteranknüpfung nach Art 4 Abs 3 die maßgebliche **Teilrechtsordnung** zu ermitteln. Bei Mehrrechtsstaaten ohne interlokale Kollisionsnormen wie insbes den USA, Kanada und Australien ist gemäß Art 4 Abs 3 S 2 als „engste Verbindung" auf den (letzten) gewöhnlichen Aufenthalt in einem Bundesstaat abzustellen (Art 4 Rn 20). Die Frage des domicile (Art 5 Rn 18) ist insoweit irrelevant. 48

VIII. Vorrang des Einzelstatuts (Art 3 Abs 3)

Zur **Nachlassspaltung** kommt es auch im Falle eines nach Art 3 Abs 3 vorrangigen Einzelstatuts des Belegenheitsrechts. Ein solches liegt jedoch nur vor, wenn das IPR des Staates, auf dessen Gebiet bestimmte Nachlassgegenstände belegen sind, für diese wegen ihres Belegenheitsortes auf Grund einer besonderen Anknüpfung die Anwendung des eigenen Rechts vorsieht (eingehend Art 3 Rn 12)[142]. Sehr häufig ist dies im Zusammenhang mit Rechtsordnungen des anglo-amerikanischen und des romanischen Rechtskreises der Fall[143]. Auch im innerdeutschen Erbrecht konnte es hierdurch im Zusammenspiel mit § 25 Abs 2 DDR-RAG zur kollisionsrechtlichen Nachlassspaltung kommen (Rn 76 f)[144]. 49

IX. Nachlassspaltung und Nachlasskonflikte

Kommt es auf Grund einer gespaltenen staatsvertraglichen Anknüpfung des Erbstatuts[145], einer Rechtswahl nach Art 25 Abs 2, einer Teilrück- oder Weiterverweisung des Heimatrechts des Erblassers oder auf Grund eines nach Art 3 Abs 3 vorrangigen Einzelstatuts des Belegenheitsrechts zur kollisionsrechtlichen **Nachlassspaltung,** so sind sämtliche Teilnachlässe **materiellrechtlich** grds unabhängig voneinander nach dem für sie maßgebenden Recht so zu behandeln, als ob es sich jeweils um den gesamten Nachlass handelte[146]. Das hat ua. zur Folge, dass ein und dieselbe letztwillige Verfügung hinsichtlich des jeweiligen Nachlasses in ihrer **materiellen** Wirksamkeit und ihrem Inhalt unterschiedlich zu beurteilen sein kann. Nach dem jeweils geltenden Recht sind insbes auch das Pflichtteilsrecht[147] und die Erbenhaftung zu beurteilen. Gleiches gilt für sämtliche Fragen des Erbschaftserwerbs einschließlich der Wirksamkeit einer Ausschlagung[148] oder der Testamentsvollstreckung[149]. Der Erblasser kann auch gezielt für einzelne Nachlassteile unterschiedliche Verfügungen treffen oder hinsichtlich eines Nachlassteiles gesetzliche Erbfolge eintreten lassen. Auch **verfahrensrechtlich** sind die jeweiligen Nachlassmassen wie unterschiedliche Erbgänge zu behandeln. Die internationale Zuständigkeit deutscher Nachlassgerichte (Rn 63 ff) ist jeweils gesondert zu prüfen, für jede Nachlassmasse ist ein gesonderter Erbschein auszustellen (Rn 71, Zusammenfassung in einer Urkunde möglich). 50

Die grundsätzliche Trennung der Spaltnachlässe führt jedoch nicht dazu, dass diese vollkommen beziehungslos nebeneinander stehen, als ob es sich um verschiedene Erbfälle handelte. Die Existenz des jeweils anderen Nachlasses ist vielmehr auf der Ebene und nach Maßgabe des auf den jeweiligen 51

---

[141] So im anglo-amerikanischen Rechtskreis und vielen Rechtsordnungen des romanischen Rechtskreises, s Zusammenstellung bei Rn 83.
[142] OLG Zweibrücken ZEV 1997, 512, 513 = IPRax 1999, 110 m Anm *Kartzke* 98.
[143] Vgl BGH NJW 1993, 1920 = IPRax 1994, 375 m Anm *Dörner* 362; NJW 2004, 3558; BayObLG ZEV 2005, 168, alle betr USA, Florida; BayObLGZ 1996, 165 = NJW-RR 1997, 201 betr Rumänien; BayObLG NJW-RR 1990, 1033; OLG Zweibrücken ZEV 1997, 512 = FamRZ 1998, 263 betr Südafrika = IPRax 1999, 110 m Anm *Watzke* 98; *S. Lorenz* Rpfleger 1990, 167 f sowie BayObLG ZEV 2005, 165 betr Frankreich; zu Frankreich s auch das Beispiel bei Art 3 Rn 14.
[144] S nur BayObLGZ 2002, 189 = NJW 2003, 216 mwN.
[145] So im Verhältnis zur Türkei (Rn 5 ff) sowie im Anwendungsbereich des deutsch-sowjetischen Konsularvertrags (Rn 13 f).
[146] BGHZ 24, 352, 355; BGH NJW 2004, 3558, 3560; OLG Zweibrücken ZEV 1997, 512; IPRax 1999, 110 m Anm *Kartzke* 98; BayObLGZ 1995, 79, 88 = DtZ 1995, 411, 414; BayObLG 1999, 296 = NJW-RR 2000, 298; BayObLG NJW 2000, 440, 441; NJW-RR 2001, 950, 952; *Palandt/Heldrich* Rn 9; zur verfahrensmäßigen Bewältigung im Erbscheinsverfahren s Rn 71.
[147] BGH NJW 1993, 1920, 1921; OLG Hamburg DtZ 1993, 28 f; *Dörner* FamRZ 2003, 1880, 1881; aA *Siehr*, FS Hay, 2005, S 389 ff; auch BGHZ 134, 60, 63 deutet in einem obiter dictum im Sinne des Sonderfall (Pflichtteilsverzichtsvertrag) die Möglichkeit einer „materiellrechtlich einheitliche Beurteilung" an. Zur Pflichtteilsberechnung *Gruber* ZEV 2001, 463.
[148] Zum Problem des Adressaten der Erbausschlagungserklärung sowie zur Heilung analog § 7 FGG BGH NJW 1998, 227; BayObLGZ 1994, 40, 49 ff; BayObLG 1995, 79; BayObLG DtZ 1996, 214; KG DtZ 1992, 187; *S. Lorenz* ZEV 1994, 146, 148.
[149] BayObLGZ 1999, 296 = NJW-RR 2000, 298.

Nachlassteil anwendbaren Rechts bzw im Wege der Angleichung[150] zu berücksichtigen. Dies gilt primär für die **Auslegung** von Verfügungen von Todes wegen: Sofern dem Erblasser die Nachlassspaltung nicht bekannt war, ist zB eine letztwillige Verfügung im Zweifel auf den Gesamtnachlass bezogen[151], der Spaltnachlass bei Ermittlung des hypothetischen Erblasserwillens im Rahmen von § 2079 S 2 BGB[152] oder der Anwendung von § 2087 Abs 2 BGB im Rahmen einer Gesamtschau zu berücksichtigen[153]. Insoweit wird häufig „Handeln unter falschem Recht" (Rn 18) vorliegen bzw sind ähnliche Auslegungsgrundsätze anzuwenden[154]. Eine **Angleichung** kann sich im Bereich des Pflichtteilsrechts sowie im Bereich der Nachlasshaftung als erforderlich erweisen. So ist etwa die Begünstigung eines in einem Nachlassteil übergangenen Pflichtteilsberechtigten in anderen Spaltnachlass im Wege der Angleichung bei der Frage der Pflichtteilsverletzung zu berücksichtigen, wenn ihm im anderen Spaltnachlass mehr als der dort vorgesehene Pflichtteil zugewendet ist[155]. Gleiches gilt für die Frage einer Verletzung des deutschen ordre public (Art 6), wenn ein Spaltnachlass kein Pflichtteilsrecht gewährt (Rn 59). Ähnlich ist beim Ausgleich von Vorempfängen in einer **Gesamtschau** die Gesamtbegünstigung der Beteiligten zu berücksichtigen[156]. Bei der Erbenhaftung treffen nicht objektbezogene Nachlassverbindlichkeiten jede Nachlassmasse in voller Höhe nach den jeweils für sie geltenden Regeln. Für Voraussetzungen und Umfang der Erbenhaftung für „fixierte", dh eindeutig einer bestimmten Nachlassmasse zuzuordnende Verbindlichkeiten wie zB dinglich gesicherte Verbindlichkeiten, Verwendungsersatzansprüche oder Herausgabeansprüche ist dagegen ausschließlich die für die jeweilige Nachlassmasse geltende Rechtsordnung maßgeblich[157]. Sofern ein Nachlassteil wegen nicht objektbezogener Verbindlichkeiten in Anspruch genommen wird, für die nach dem jeweiligen Statut jeder Nachlassteil haftet, so ist im Wege der materiellrechtlichen Angleichung nach den Grundsätzen der gesamtschuldnerischen Haftung ein Ausgleichsanspruch gegen die andere Nachlassmasse zu gewähren[158].

52 Die Situation der Nachlassspaltung ist nicht zu verwechseln mit dem Problem des **Nachlasskonfliktes.** Ein solcher entsteht – insbes beim Zusammentreffen zweier renvoifreundlicher Systeme (Art 4 Rn 3) – wenn ein und derselbe Erbfall in verschiedenen Staaten nach unterschiedlichem Recht beurteilt wird. Hier untersteht aus der Sicht des deutschen IPR die Erbfolge **rechtlich** einer einzigen Rechtsordnung, **faktisch** aber ist dies nicht vollständig durchsetzbar, weil das IPR des Staates, in dem sich bestimmte Nachlassbestandteile befinden, eine andere Rechtsordnung als Erbstatut beruft, ohne dass es sich hierbei um „besondere Vorschriften" iS von Art 3 Abs 3 handelt und die Entscheidungen deutscher Gerichte in diesem Staat uU nicht anerkannt werden. Diese Situation ist insbes in der **Nachlassplanung** zu berücksichtigen. Hier kann sich vor allem eine etwaige nach dem IPR des Belegenheitsstaates mögliche Rechtswahl zur Harmonisierung der Rechtsanwendungsergebnisse und damit zur Vermeidung eines Nachlasskonfliktes als nützlich erweisen: Unterstellt etwa ein deutscher Staatsangehöriger mit letztem Wohnsitz in der Schweiz seine Erbfolge im Wege einer Rechtswahl deutschem Recht, so ist dies aus der Warte des deutschen IPR ebenso unbeachtlich wie unnötig, da dieses nach Art 25 Abs 1 ohnehin Anwendung findet. Er erreicht damit aber, dass auch aus der Sicht eines schweizerischen Rechtsanwenders deutsches Recht zur Anwendung kommt, weil die schweizerische IPR die Erbfolge nach Ausländern mit Wohnsitz in der Schweiz zwar grds schweizerischem Recht unterstellt, aber eine Rechtswahl zugunsten des Heimatrechts zulässt[159].

X. Erbstatut und Ehegüterstatut

53 Die vermögensrechtlichen Folgen der Beendigung der Erblasserehe oder einer gleichgeschlechtlichen registrierten Partnerschaft durch Tod können sowohl vom Erbstatut als auch vom Ehegüterstatut (Art 15) bzw Lebenspartnerschaftsgüterstatut (Art 17 b Abs 1) erfasst werden.

54 Bei der Frage der **Qualifikation** ist auf die ratio der jeweiligen Regelung abzustellen. Stellt diese einen Ausgleich bzw eine Konsequenz der Tatsache dar, dass die Ehegatten/Lebenspartner „gemeinsam gewirtschaftet" haben, ist sie güterrechtlich zu qualifizieren. Dies gilt selbst dann, wenn der Ausgleich anlässlich oder nur für den Fall der Güterstandsbeendigung durch Tod und – wie in § 1371 Abs 1 BGB bzw § 6 S 2 LPartG iVm § 1371 Abs 1 BGB – mit erbrechtlichen Mitteln erfolgt. Wird der Ehegatte/Lebenspartner hingegen in eine Reihe mit Verwandten des Erblassers gestellt und wird er im Hinblick auf seine Nähebeziehung zum Erblasser begünstigt, liegt eine erbrechtlich zu qualifizierende Regelung vor.

55 Angleichungsprobleme (Einl IPR Rn 90) können sich sowohl unter dem Gesichtspunkt des Normenmangels als auch unter dem Gesichtspunkt der Normenhäufung ergeben, wenn als Erb- und

---

[150] Vgl *Derstadt*, Die Notwendigkeit der Anpassung bei Nachlassspaltung im internationalen Erbrecht, 1998; *Henle*, Kollisionsrechtliche Nachlassspaltung im deutsch-französischen Rechtsverkehr, 1975; *Dörner* DNotZ 1988, 67, 101; zum Nachlasskonkurs im Falle der Nachlassspaltung vgl *Hanisch* ZIP 1990, 1246.
[151] BayObLG NJW 2000, 440 f; OLG Hamm FamRZ 1998, 121 f = ZEV 1997, 502; vgl auch BGHZ 134, 60, 63.
[152] BayObLGZ 1980, 42, 51.
[153] *Kartzke* IPRax 1999, 98, 99; *Hohloch* ZEV 1997, 469, 473; *Staudinger/Dörner* Rn 776.
[154] *Kartzke* IPRax 1999, 98, 99.
[155] *Dörner* FamRZ 2003, 1880, 1881 f gegen OLG Celle FamRZ 2003, 1876; *Staudinger/Dörner* Rn 780; *Werkmüller* ZEV 1999, 474 zum deutsch-französischen Verhältnis; *Gruber* ZEV 2001, 463.
[156] Sehr str, wie hier *Staudinger/Dörner* Rn 788 mwN.
[157] *Staudinger/Dörner* Rn 791; MünchKommBGB/*Birk* Rn 147 mwN.
[158] MünchKommBGB/*Birk* Rn 147 f; ähnlich *Staudinger/Dörner* Rn 796 f.
[159] Eingehend S. *Lorenz* DNotZ 1993, 148; zu Rechtsfragen im Zusammenhang mit schweizerischen Bankkonten deutscher Erblasser *Becker* ZEV 2007, 208.

Güterstatut unterschiedliche Rechtsordnungen berufen sind. Im Falle des **Normenmangels** ist das Minimum zu gewähren, dh die Gesamtbegünstigung des überlebenden Ehegatten ist derjenigen Rechtsordnung zu entnehmen, die bei einheitlicher Anwendung als Erb- und Ehegüterstatut die geringere Beteiligung gewährt. Im Falle der **Normenhäufung** ist dagegen das Maximum zu gewähren, dh das Ergebnis ist derjenigen Rechtsordnung zu entnehmen, die bei einheitlicher Anwendung die höhere Beteiligung gewährt[160].

Der **pauschale Zugewinnausgleich** durch die Erhöhung des Ehegattenerbteils nach § 1371 Abs 1 BGB ist nach heute ganz hM ausschließlich **güterrechtlich** zu qualifizieren[161]. Die pauschale Erhöhung des Ehegattenerbteils setzt somit die Anwendbarkeit deutschen Ehegüterrechts nach Art 15, 220 Abs 3, nicht aber die Anwendbarkeit deutschen Erbrechts voraus[162]. Damit kann auch ein gesetzlicher Erbteil nach ausländischem Recht um das zusätzliche Viertel nach § 1371 Abs 1 BGB erhöht werden, wenn die nach dem Erbstatut gewährte Begünstigung des überlebenden Ehegatten (im Wege der Substitution) als „gesetzlicher Erbteil" iS von § 1371 Abs 1 BGB angesehen werden kann[163]. Führt die Erhöhung eines gesetzlichen Erbteils nach ausländischem Recht jedoch zu einer höheren Erbquote, als sie bei der Anwendung deutschen Erb- und Ehegüterrechts nach §§ 1931, 1371 Abs 1 BGB ergäbe, so ist das Ergebnis im Wege der materiellrechtlichen Angleichung auf letztere zu korrigieren[164]. Qualifikationskonflikte und Angleichungsprobleme lassen sich rechtsgestalterisch durch eine Harmonisierung beider Statute im Wege der Rechtswahl des Ehegüterstatuts (Art 15 Abs 2) und/oder des Erbstatuts (Art 25 Abs 2 bzw durch Art 25 Abs 1 berufenes ausländisches Kollisionsrecht) vermeiden[165]. 56

XI. Einfluss des ordre public (Art 6)

Generelle Aussagen sind im Bereich des ordre public problematisch, weil stets der konkrete Einzelfall betrachtet werden muss (Art 6 Rn 10). Im Bereich des Erbrechts ist insbes zu beachten, dass fehlende erbrechtliche Begünstigungen funktional häufig durch andere Rechtsinstitute wie zB das Unterhaltsrecht ersetzt bzw kompensiert werden[166]. Im Übrigen begründen die gerade im Erbrecht häufig anzutreffenden Unterschiede zwischen den nationalen Rechtsordnungen als solche noch **keinen** Verstoß gegen Art 6. 57

Ordre public-relevant können jedoch insbes Verstöße gegen das **Gleichheitsgebot** im Bereich der gesetzlichen Erbfolge sein. So verstößt – hinreichenden Inlandsbezug vorausgesetzt – die Diskriminierung weiblicher Nachkommen in der gesetzlichen Erbfolge islamisch geprägter Rechtsordnungen gegen den deutschen ordre public[167]. Gleiches gilt unabhängig von der jeweiligen konkreten Erbquote für die ebenfalls im islamischen Recht anzutreffende Zurücksetzung der überlebenden Ehefrau[168] sowie für auf **Religionsverschiedenheit** beruhende **Erbverbote** (Verstoß gegen Art 4 GG)[169]. Auch ein vollkommener Erbrechtsausschluss nichtehelicher Kinder ist im Hinblick auf Art 6 problematisch. Ein ordre-public-Verstoß diskriminierender gesetzlicher Erbfolgeregeln ist hingegen zu verneinen, wenn der Erblasser eine entsprechende erbrechtliche Regelung auch nach deutschem Recht durch letztwillige Verfügung hätte treffen können und dies im Hinblick auf die seinem Willen entsprechenden gesetzlichen Erbfolgeregeln nach seinem Heimatrecht bewusst unterlassen hat. Dies setzt aber die positive Feststellung eines entsprechenden Erblasserwillens voraus[170]. 58

---

[160] *Staudinger/Dörner* Rn 754.
[161] BGHZ 40, 32, 34; OLG Karlsruhe NJW 1990, 1420 = IPRax 1990, 407; LG Mosbach ZEV 1998, 489 f; *Palandt/Heldrich* Art 15 Rn 26; *Staudinger/Dörner* Rn 34; *Erman/Hohloch* Rn 35; *Soergel/Schurig* Rn 38, *Looschelders* Art 15 Rn 10 f; *Mäsch/Gotsche* ZErb 2007, 43, 45, *Jeremias/Schäper* IPRax 2005, 521, 524 f, jeweils mwN; aA etwa MünchKommBGB/*Birk* Rn 158 f (Doppelqualifikation) sowie – zumindest im Ergebnis – OLG Stuttgart ZEV 2005, 443.
[162] Entsprechendes gilt für die Erhöhung des gesetzlichen Erbteils des überlebenden Lebenspartners (§ 10 LPartG) nach § 6 S 2 LPartG iVm § 1371 Abs 1 BGB.
[163] Vgl *Mäsch/Gotsche* ZErb 2007, 43, 45; *Dörner* ZEV 2005, 444, 445; aA OLG Stuttgart ZEV 2005, 443 m krit Anm *Dörner* 444 f = IPRax 2005, 549 m krit Anm *Jeremias/Schäper* 521; vgl auch die krit Anm *Süß* ZErb 2005, 208, *Ludwig* DNotZ 2005, 586 sowie *Rauscher/Pabst* NJW 2007, 3541, 3545.
[164] Sehr str, wie hier LG Mosbach ZEV 1998, 489 f; *Staudinger/Dörner* Rn 754; *Palandt/Heldrich* Art 15 Rn 26.
[165] Vgl *Mankewski/Osthaus* DNotZ 1997, 10.
[166] S dazu sowie zur damit verbundenen Angleichungsproblematik Art 6 Rn 10.
[167] *Staudinger/Dörner* Rn 727; MünchKommBGB/*Sonnenberger* Art 6 Rn 54; *Dörner* IPRax 1994, 33; *S. Lorenz* IPRax 1994, 148; *Schotten/Wittkowski* FamRZ 1995, 264, 269; IPG 1987/88 Nr 43 (Köln [Ägypten]), IPG 1983 Nr 32 (Göttingen [Iran]); aA MünchKommBGB/*Birk* Rn 114 aE; LG Hamburg IPRRspr 1991 Nr 142 S 268; IPG 1977 Nr 31 (Hamburg [Tunesien]), s dazu die harsche Kritik von *Sturm* RabelsZ 47 (1983), 386 ff, 397; vgl zum Ganzen auch *Pauli*, Islamisches Familien- und Erbrecht und ordre public, 1994 sowie *Pattar*, Islamisch inspiriertes Erbrecht und der ordre public, 2007.
[168] Sehr str, wie hier *Staudinger/Dörner* Rn 727; *S. Lorenz* IPRax 1993, 148; *Dörner* IPRax 1994, 33, 35 f; MünchKommBGB/*Sonnenberger* Art 6 Rn 53 Fn 167; aA OLG Hamm IPRax 1994, 49; *Erman/Hohloch* Art 6 Rn 50, vgl aber *dens* Art 25 Rn 8; *Palandt/Heldrich* Art 6 Rn 7; nicht hinreichend zwischen Nachkommen und Ehegatten diff ders Art 6 Rn 30.
[169] Vgl IPG 1987/88 Nr 43 S 420 betr Ägypten; IPG 1983 Nr 32 S 29; *Staudinger/Dörner* Rn 728; *Dörner* IPRax 1994, 33, 36; aA IPG 1977 Nr 31; vgl hierzu *S. Lorenz* IPRax 1993, 149 Fn 6; OLG Hamm ZEV 2005, 436, 437 m Anm *S. Lorenz* 440 f = IPRax 2006, 481 m Anm *Looschelders* 462, 463.
[170] Zur dort gegen OLG Hamm IPRax 1994, 49 *Staudinger/Dörner* Rn 717; zust jetzt OLG Hamm ZEV 2005, 436, 440 f m Anm *S. Lorenz* ebenso *Rauscher/Pabst* NJW 2007, 3541, 3545 („nur bei eindeutigen Hinweisen"); aA MünchKommBGB/*Birk* Rn 114 aE.

59 Str ist der Einfluss des ordre public auf das **Pflichtteilsrecht:** Bisher wurde ein Verstoß durch Nichtgewährung eines Pflichtteilsrechts zu Recht erst dann in Betracht gezogen, wenn die betreffende Person minderjährig oder bedürftig ist und die fehlende erbrechtliche Versorgung nicht unterhaltsrechtlich ausgeglichen wird[171]. Das BVerfG hat dagegen nunmehr dem Pflichtteilsrecht unter ausdrücklicher Betonung der **bedarfsunabhängigen** Mindestbeteiligung Grundrechtscharakter zugebilligt[172]. In der Konsequenz dieser Entscheidung dürfte der vollständige und nicht anderweitig kompensierte Erbrechtsausschluss von Pflichtteilsberechtigten bei ausreichendem Inlandsbezug als ordre public-widrig einzustufen sein[173].

60 Im Einzelfall kann auch das Fehlen von Erb-, Vermächtnis- und Pflichtteilsunwürdigkeitsgründen zu einem ordre public-Verstoß führen[174], wobei jedoch die Erbunwürdigkeitsgründe des § 2339 Nr 1 und 2 BGB nicht ein weiteres Bestandteil des ordre public sind[175]. Sofern eine fremde Rechtsordnung entsprechende Erbunwürdigkeitsgründe kennt, diese aber von weiteren Voraussetzungen (wie zB rechtskräftiger strafgerichtlicher Verurteilung) abhängig macht, ist darin alleine noch kein ordre public-Verstoß zu sehen.

61 Kein ordre public-Verstoß liegt vor, wenn die **Testierfreiheit** des Erblassers auf einen Bruchteil seines Nachlasses („verfügbare Quote") beschränkt wird[176], das gesetzliche Erbrecht von Ehegatten und Verwandten oder sonst nahe stehenden Personen im Vergleich zum deutschen Erbrecht eingeschränkt oder erweitert wird[177], ein **Genehmigungserfordernis** für den Erbschaftserwerb durch juristische Personen besteht[178] oder Verpflichtungsgeschäfte über Nachlassgegenstände von der Zustimmung des Testamentsvollstreckers abhängig gemacht werden[179].

62 Wird das Erbstatut infolge eines ordre public-Verstoßes modifiziert angewendet[180], ist dies im Erbschein im Zusammenhang mit der Angabe des angewendeten Rechts kenntlich zu machen (Rn 68).

XII. Grundzüge des internationalen Nachlassverfahrensrechts

63 **1. Internationale Zuständigkeit deutscher Nachlassgerichte (Gleichlaufgrundsatz).** In streitigen Angelegenheiten mit Bezug zum Erbrecht gelten die allgemeinen Regeln über die internationale Zuständigkeit deutscher Gerichte[181]. Die EuGVVO und das LugÜ (Einl IPR Art 3 Rn 7) sind jedoch nach ihrem Art 1 Abs 2 Nr 1/lit a auf erbrechtliche Streitigkeiten nicht anwendbar[182]. Die §§ 72 ff FGG enthalten keine ausdrückliche Regelung der internationalen Zuständigkeit der Nachlassgerichte. Trotz langjähriger Kritik in der Lit schließt die ganz hM in der Rspr aber nicht – wie in der Lit seit langem vorgeschlagen – in analoger Anwendung von § 73 FGG von der örtlichen auf die internationale Zuständigkeit (Einl IPR Rn 7), sondern geht – vorbehaltlich staatsvertraglicher Regelungen – weiterhin vom sog **Gleichlaufgrundsatz** aus. Danach sind deutsche Nachlassgerichte international grds nur dann und nur soweit zuständig, als (ggf kraft Rückverweisung[183]) deutsches materielles Erbrecht Anwendung findet[184]. Soweit ausländisches Recht Anwendung findet, besteht als **Ausnahme** hiervon eine Zuständigkeit zur Erbscheinserteilung nach § 2369 BGB, wenn im Inland belegener Nachlass vorhanden ist. Die positivrechtliche Verankerung des Gleichlaufgrundsatzes wird im Wortlaut von § 2369 BGB („... für die es an einem zur Erteilung des Erbscheins zuständigen deutschen Nachlassgerichte fehlt ...") gesehen. Sachlich begründet wird sie mit dem speziellen Zuschnitt des deutschen Nachlassverfahrensrechts auf das deutsche materielle Erbrecht. Auch der Gesetzgeber ist im Zusammenhang mit der IPR-Neuregelung des Jahres 1986 von der Fortgeltung des Gleichlaufgrundsatzes ausgegangen[185].

64 Der Gleichlaufgrundsatz wird allerdings von vielfältigen weiteren **Ausnahmen** durchbrochen, so dass sich die von der Lit zutreffend geltend gemachten Mängel[186] in der Praxis letztlich kaum

---

[171] Vgl etwa *Staudinger/Dörner* Rn 731; PWW/*Leible* Rn 34; *Looschelders* Rn 35; *Dörner* IPRax 1994, 362, 363; *Spickhoff,* Der ordre public im Internationalen Privatrecht, 1989, S 278 mwN; ähnlich MünchKommBGB/*Birk* Rn 113 mwN: Anheimfallen an die deutsche Sozialhilfe; zur Lückenfüllung in diesem Fall siehe *Klingelhöffer* ZEV 1996, 258, 259: analoge Anwendung von § 1586 b BGB; unhaltbar generalisierend hingegen *Pentz* ZEV 1998, 449; zur Gesamtschau im Falle von Nachlassspaltung s Rn 51.

[172] BVerfG ZEV 2005, 301.

[173] S. *Lorenz* ZEV 2005, 440, 441 f; ebenso *Looschelders* IPRax 2006, 462, 465; *Staudinger/Dörner* Rn 73 f.

[174] Ganz hM; nicht haltbar dagegen die von MünchKommBGB/*Birk* Rn 213 ohne weitere Begründung vorgeschlagene Sonderanknüpfung von § 2339 Nr 1, 2 BGB.

[175] So aber *Staudinger/Dörner* Rn 732.

[176] LG Hamburg IPRRspr 1991 Nr 142 S 268.

[177] Vgl zB BayObLGZ 1976, 163 = NJW 1976, 2076 betr gesetzliches Erbrecht des nichtehelichen Lebensgefährten nach israelischem Recht.

[178] KG DtZ 1996, 151 = ZEV 1996, 269.

[179] BGH NJW 1963, 46; allerdings dürfte ein solches Erfordernis nicht erbrechtlich, sondern schuldvertragsrechtlich zu qualifizieren sein.

[180] Zur Lückenfüllung s Art 6 Rn 17.

[181] Zu Grundzügen insbes *Firsching/Graf* Nachlassrecht, 8. Aufl 2000; *Berenbrok,* Internationale Nachlassabwicklung, 1989.

[182] Zu Bestrebungen bezüglich einer europäischen Regelung auf EG-Ebene s Einl IPR Rn 26 aE.

[183] OLG Brandenburg FamRZ 1998, 985.

[184] Vgl zuletzt BayObLG ZEV 2003, 503, 505; ZEV 2005, 166, 167; OLG Zweibrücken NJW-RR 2002, 154; ZEV 2003, 162 jeweils mwN.

[185] Begr RegE, BT-Drucks 10/504 S 92; BayObLG NJW 1987, 1148.

[186] Grundlegend *Heldrich,* Internationale Zuständigkeit und anwendbares Recht, 1969; ders NJW 1967, 417; vgl weiter *Berenbrok,* Internationale Nachlassabwicklung, 1989, S 33 ff; MünchKommBGB/*Birk* Rn 320; MünchKommBGB/*Sonnenberger* Einl IPR Rn 468; *Staudinger/Dörner* Rn 848 ff; *Soergel/Schurig* Rn 50; *Erman/Hohloch* Rn 45.

auswirken[187]. Es ist daher nicht zu erwarten, dass die gerichtliche Praxis von ihm abweichen wird. Ausnahmen vom Gleichlaufgrundsatz sind in der Rspr anerkannt worden für den Fall, dass die Ablehnung der internationalen Zuständigkeit zur **Rechtsverweigerung** führen würde oder ein **dringendes Fürsorgebedürfnis** besteht. Stets zulässig, weil internationaler Übung entsprechend, sind **vorläufig sichernde Maßnahmen**[188]. Solche können sowohl nach Maßgabe des Erbstatuts als auch nach Maßgabe der lex fori ergriffen werden. Die internationale Zuständigkeit deutscher Nachlassgerichte besteht unter diesem Gesichtspunkt zB für die Bestellung eines Nachlasspflegers sowohl zu Gunsten der Erben als auch zu Gunsten der Nachlassgläubiger[189] sowie für die Eröffnung einer letztwilligen Verfügung[190]. Unter dem Aspekt drohender Rechtsverweigerung wurde sie bejaht für die Mitwirkung bei der Inventarerrichtung[191], die Entgegennahme von bedingten Annahmeerklärungen[192], die Anordnung einer Nachlassverwaltung[193] sowie für die Entlassung des Testamentsvollstreckers[194]. Sofern ein deutsches Nachlassgericht ohne internationale Zuständigkeit gehandelt oder amtsempfangsbedürftige Erklärungen entgegengenommen hat, kommt Heilung analog § 7 FGG in Betracht[195]. Für die Einziehung von Erbscheinen ergibt sich die internationale Zuständigkeit eines Nachlassgerichts bereits aus deren Erteilung[196].

2. Erteilung von Erbscheinen und Testamentsvollstreckerzeugnissen. a) Eigenrechtserbschein (§ 2353 BGB). Ergibt sich die internationale Zuständigkeit deutscher Nachlassgerichte unabhängig von Art und Belegenheit des Nachlasses aus der Anwendbarkeit deutschen materiellen Erbrechts, ist der zu erteilende Erbschein in solcher nach § 2353 BGB („**Eigenrechtserbschein**"). Im Falle der **Nachlassspaltung** besteht die internationale Zuständigkeit insoweit nur hinsichtlich des deutschem Recht unterstehenden Teilnachlasses. Die eingeschränkte Geltung des Erbscheins nach § 2353 BGB, der ggf mit einem solchen nach § 2369 BGB kombiniert werden muss, ist dann auf diesem zu vermerken (**„gegenständlich beschränkter Eigenrechtserbschein")**[197]. So ist etwa im Falle der Rückverweisung auf deutsches Recht hinsichtlich im Inland belegenen unbeweglichen Nachlasses oder bei Vorliegen einer Rechtswahl nach Art 25 Abs 2 die Geltung des Erbscheins auf im Inland belegenen unbeweglichen Nachlass zu beschränken. Wenn eine isolierte Rechtswahl nur hinsichtlich einzelner Grundstücke vorliegt (Rn 21), sind die betreffenden Grundstücke zu bezeichnen[198]. Spricht das Heimatrecht des Erblassers hinsichtlich beweglichen Vermögens eine Rückverweisung auf deutsches Recht als das Recht des letzten Erblasserwohnsitzes aus und verweist es gleichzeitig hinsichtlich nicht in Deutschland belegenen unbeweglichen Vermögens auf das jeweilige Lagerecht, so ist auf dem Erbschein zu vermerken, dass er sich nicht auf im Ausland belegenes unbewegliches Vermögen bezieht[199]. Gleiches gilt bei deutschen Erblassern im Falle einer auf Grund von Art 3 Abs 3 eintretenden Nachlassspaltung (Rn 49).

b) Fremdrechtserbschein (§ 2369 BGB). Als Ausnahme vom Gleichlaufgrundsatz begründet § 2369 BGB auch bei ausländischem Erbstatut bezüglich im Inland belegenen Nachlasses die Zuständigkeit deutscher Nachlassgerichte zur Erteilung eines Erbscheins (**„Fremdrechtserbschein").** Diese Zuständigkeit umfasst unabhängig davon, ob ein Erbschein beantragt ist, darüber hinaus alle Verrichtungen, die Voraussetzung für die Erbscheinserteilung sind oder damit in engem Sachzusammenhang stehen[200]. Hierunter fällt insbes die Entgegennahme von amtsempfangsbedürftigen Erklärungen[201], die nach dem Erbstatut Voraussetzungen des Erbschaftserwerbs sind oder zu dessen Unwirksamkeit führen (zB Annahme- und Ausschlagungserklärungen[202] sowie deren Anfechtung)[203]. Die Reichweite von Erbausschlagungserklärungen gegenüber deutschen Nachlassgerichten erstreckt sich – sofern keine kollisionsrechtliche Nachlassspaltung vorliegt – auch auf den im Ausland belegenen Nachlass[204]. Hinsichtlich im Ausland belegenen, nicht deutschem Recht unterstehenden unbeweglichen Nachlasses deutscher Erblasser kann ein Fremdrechtserbschein nur im Falle drohender Rechtsverweigerung erteilt werden[205].

---

[187] *Palandt*/*Heldrich* Art 25 Rn 18; *Looschelders* Rn 48; *Hohloch* ZEV 1997, 469, 473.
[188] BGHZ 49, 1, 2 = NJW 1968, 353.
[189] BGHZ 49, 1, 2; BayObLGZ 1963, 52, 54.
[190] Vgl MünchKommBGB/*Birk* Rn 319 mwN.
[191] BayObLGZ 1965, 423.
[192] BayObLGZ 1967, 197, 203 f und 338, 342.
[193] BayObLGZ 1976, 151, 157.
[194] OLG Frankfurt OLGZ 1977, 180; vgl auch BayObLGZ 1999, 296 = NJW-RR 2000, 298, in casu verneinend.
[195] BayObLGZ 1994, 40 = NJW-RR 1994, 967; BayObLG NJW-RR 1998, 800 = ZEV 1998, 472 m Anm *S. Lorenz*; *ders* ZEV 1994, 146.
[196] BayObLG ZEV 2001, 483.
[197] Da sich auch der solchermaßen beschränkte Erbschein nie auf einzelne Nachlassgegenstände bezieht, sollte terminologisch nicht von einem „gegenständlich", sondern von einem „territorial beschränkten Erbschein" gesprochen werden.
[198] *Staudinger*/*Dörner* Rn 873 mwN.
[199] OLG Köln NJW-RR 1992, 1480 = IPRax 1994, 376 f m Anm *Dörner* 362.
[200] *Staudinger*/*Dörner* Rn 840.
[201] Zum Qualifikationsproblem s Rn 35.
[202] BayObLG NJW-RR 1998, 798 = ZEV 1998, 472; *S. Lorenz* ZEV 1994, 146, 147 f; *Staudinger*/*Dörner* Rn 840; LG Hagen FamRZ 1997, 645 unter dem Gesichtspunkt drohender Rechtsverweigerung.
[203] Zur Heilung analog § 7 FGG s Rn 65.
[204] *S. Lorenz* ZEV 1994, 146, 147 f; offen gelassen in BayObLGZ 1998, 242 = NJW-RR 1998, 798 = IPRax 2000, 309 m Anm *Andrae* 200.
[205] OLG Zweibrücken OLGZ 1985, 413, dazu *Witz*/*Bopp* IPRax 1987, 83.

67 Da der Erbschein nicht die Zugehörigkeit bzw Existenz von Nachlassvermögen bescheinigt, setzt seine Erteilung nach zutreffender, vom BGH allerdings abgelehnter Ansicht nicht das Vorhandensein inländischen Nachlasses voraus. Dies ist vielmehr allein eine Frage des Rechtsschutzbedürfnisses, so dass insoweit verfahrensrechtlich die Angabe des Antragstellers, dass solche Gegenstände vorhanden sind, ausreichend ist[206].

68 Der Fremdrechtserbschein ist territorial stets auf den im Inland belegenen Nachlass zu beschränken (**gegenständlich beschränkter Erbschein**), was bereits im Erbscheinsantrag zu berücksichtigen ist[207]. Er hat weiter das angewendete Erbrecht anzugeben. Im Falle der unterlassenen oder unzutreffenden Angabe des Erbstatuts ist der Erbschein nach hM trotz der Tatsache, dass diese Angabe keinerlei Gutglaubenswirkung entfaltet, als unvollständig bzw unrichtig einzuziehen[208]. Sofern das Ergebnis der Rechtsanwendung wegen eines Verstoßes gegen den ordre public (Art 6) korrigiert wurde, ist dies ebenfalls zu vermerken[209].

69 Die Erteilung eines Erbscheins setzt allerdings voraus, dass der Begünstigte bereits eine Rechtsstellung innehat, die derjenigen eines „Erben" des deutschen Rechts vergleichbar ist. Damit ist insbes erforderlich, dass bereits ein Erbschaftserwerb stattgefunden hat. Im Falle der Zwischenerwerbs durch sog **legal representatives** hat es sich in der Praxis jedoch eingebürgert, die letztlich Universalbegünstigten als Erben zu behandeln (Rn 34). Setzt das Erbstatut eine (konstitutive) Annahme der Erbschaft voraus, so kann ein Erbschein erst nach erfolgter Annahme erteilt werden[210]. Verlangt das Erbstatut für den Erwerb der Erbenstellung über die bloße Entgegennahme von Erklärungen hinaus besondere gerichtliche oder behördliche Handlungen, so können solche von deutschen Nachlassgerichten trotz gegebener internationaler Zuständigkeit nicht vorgenommen werden, wenn es sich um **wesensfremde Tätigkeiten** handelt[211]. So kann etwa die gerichtliche Einantwortung des Nachlasses, welche das österreichische Recht nach Annahme der Erbschaft zum Erwerb der Erbenstellung voraussetzt[212], nach in der Rspr vorherrschender Ansicht nicht von deutschen Nachlassgerichten aus diesem Grunde nicht vorgenommen werden[213]. Sofern eine solche im jeweiligen Einzelfall mangels Vermögensbelegenheit in Österreich auch von österreichischen Gerichten nicht vorgenommen wird oder es den Beteiligten nicht zumutbar ist, eine solche vornehmen zu lassen, wird daher von deutschen Nachlassgerichten zur Erbscheinserteilung lediglich die (unbedingte) Annahmeerklärung („Erberklärung") vorausgesetzt und auf die Einantwortung schlicht verzichtet[214].

70 **Verfügungsbeschränkungen** des Erben zB durch eine Testamentsvollstreckung sind auf dem Erbschein zu vermerken. Gleiches gilt für eine gerichtlich angeordnete **administration** nach angloamerikanischem Recht (Rn 34). Da die Gestaltung des Erbscheins iÜ deutschem Recht als der lex fori unterliegt, sind Beschränkungen oder Verpflichtungen des Erben, denen (zumindest im Inland) nur schuldrechtliche Wirkungen zukommen, nicht in den Erbschein aufzunehmen. Dies gilt etwa für (im Inland nur schuldrechtlich wirkende) **Vindikationslegate** (Rn 36) sowie für **dingliche Nießbrauchrechte** am Nachlass[215]. **Pflichtteilsrechte** sind dann aufzunehmen, wenn es sich um zum Zeitpunkt der Erbscheinserteilung bereits bestehende echte Noterbrechte handelt. Müssen sie erst durch eine rechtsgestaltende Herabsetzungsklage durchgesetzt werden[216], sind sie in den Erbschein nicht aufzunehmen. Ein bereits erteilter Erbschein ist nach ihrer Durchsetzung als unrichtig einzuziehen[217]. Sofern – wie etwa im Recht Englands und den australischen Partikularrechtsordnungen – dem überlebenden Ehegatten ein bestimmter Nachlasswert vorab zugewiesen wird, kann er im Erbschein als Alleinerbe bezeichnet werden, wenn der Nachlass nach übereinstimmenden Angaben der Beteiligten diesen Wert nicht übersteigt. Andernfalls ist ua zu bezeugen, dass der Erblasser bis zu dem jeweiligen Nachlasswert von seinem überlebenden Ehegatten allein beerbt wurde[218].

---

[206] OLG Zweibrücken FamRZ 1992, 1474; KG DtZ 1992, 187; ZEV 2007, 226; BayObLGZ 1995, 47 = ZEV 1995, 416; BayObLGZ 1995, 79 = ZEV 1995, 256 = DtZ 1995, 411; BayObLGZ 1998, 242 = ZEV 1998, 475; S. Lorenz ZEV 1995, 436; aA BGHZ 131, 22 = ZEV 1995, 448; krit hierzu KG DtZ 1996, 217 = ZEV 1996, 234.

[207] BayObLG NJW-RR 1998, 798 = ZEV 1998, 472 m Anm S. Lorenz; OLG Zweibrücken NJW-RR 2002, 154; zur entspr Hinweispflicht des Nachlassgerichts vgl aber BayObLGZ 1995, 47 = ZEV 1995, 416.

[208] BGHZ 131, 22, 32; BayObLGZ 1961, 4, 22.

[209] S. Lorenz IPRax 1993, 148, 150 f; Dörner IPRax 1994, 33, 37; Palandt/Heldrich Art 25 Rn 20; Staudinger/Dörner Rn 881.

[210] Zum materiellrechtlichen Gehalt einer solchen Regelung im Falle der Amtsempfangsbedürftigkeit der Erklärung s Rn 35.

[211] Vgl nur Staudinger/Dörner Rn 852; Berenbrok, Internationale Nachlassabwicklung, 1989, S 140 ff.

[212] Vgl Staudinger/Dörner Art 25 f Anh Rn 630; Meyer ZEV 1995, 8; Solomon ZVglRWiss 99 (2000), 170.

[213] Zu Recht krit Staudinger/Dörner Anh zu Art 25 f Rn 635; AnwK-BGB/Süß, Länderbericht Österreich Rn 26; eine Einantwortung vorgenommen hat etwa AG Leipzig, 501 IV 126/07, berichtet bei Tersteegen ZErb 2007, 339, 341 f.

[214] BayObLGZ 1995, 47 = DNotZ 1996, 106 m Anm Riering = ZEV 1995, 416 m Anm v. Oertzen; S. Lorenz IPRax 2004, 536, 539 f; zur Entbehrlichkeit einer Einantwortung bei inländischem unbeweglichen Nachlass s OLG Köln NJW-RR 1997, 1091; krit zu dieser Praxis hingegen Riering/Tersteegen ZfRV 2006, 211; Tersteegen ZErb 2007, 339.

[215] BayObLGZ 1961, 19.

[216] So etwa im französischen, italienischen und schweizerischen Recht.

[217] Sehr str, aA Staudinger/Dörner Rn 886: Vermerk der Klagemöglichkeit auf dem Erbschein; Johnen MittRhNotK 1986, 57, 69; Schotten/Schmellenkamp, Das IPR in der notariellen Praxis, Rn 346: Erbscheinserteilung wie im Falle bedingter Nacherbfolge.

[218] Staudinger/Dörner Rn 892 mwN.

c) Erbschein und Nachlassspaltung. Im Falle kollisionsrechtlicher Nachlassspaltung (Rn 50 f) ist 71
auch verfahrensrechtlich zwischen den Nachlassmassen zu unterscheiden. Hinsichtlich des deutschen
Rechts unterstehenden Nachlasses ist ein territorial beschränkter Eigenrechtserbschein nach § 2353
BGB auszustellen, hinsichtlich des im Inland befindlichen, ausländischem Recht unterstehenden Nachlasses ein Erbschein nach § 2369 BGB. Beide Erbscheine können als kombinierter Erbschein in einer
Urkunde zusammengefasst werden (Doppelerbschein)[219].

d) Testamentsvollstreckerzeugnisse. Das zu Erbscheinen Dargelegte gilt nach § 2368 BGB entspr 72
für Testamentsvollstreckerzeugnisse[220]. Die Rspr geht auch hier vom **Gleichlaufgrundsatz** und den
dargelegten Ausnahmen aus[221]. Zur Einsetzung eines executors nach (vermeintlich) anwendbarem
anglo-amerikanischen Recht s Rn 29, 34.

3. Anerkennung ausländischer Erbscheine und Testamentsvollstreckerzeugnisse. Die Aner- 73
kennung ausländischer Erbrechtszeugnisse unterliegt vorbehaltlich staatsvertraglicher Regelungen § 16 a
FGG[222]. Dies setzt aber voraus, dass es sich bei dem entsprechenden Zeugnis um eine „Entscheidung"
im Rechtssinne handelt[223]. Jedenfalls besteht bei gegebener internationaler Zuständigkeit deutscher
Nachlassgerichte **keinerlei Bindung** an ein ausländisches Erbrechtszeugnis, so dass ein solches in
keinem Fall die Erteilung eines Erbscheins durch ein deutsches Nachlassgericht verhindert[224]. Ob ein
ausländischer Erbschein die Tatbestandswirkung des Erbscheins in einer inländischen Rechtsnorm
erfüllt, ist keine Frage der Entscheidungsanerkennung, sondern eine solche der Auslegung der entsprechenden Rechtsnorm (Substitution)[225]. Die Legitimationswirkung der §§ 2366, 2367 BGB kommt
nach hM nur einem deutschen Erbschein zu[226], auch § 35 Abs 1 GBO verlangt einen deutschen
Erbschein[227]. Eine Sonderregelung besteht gemäß § 17 des deutsch-türkischen Nachlassabkommens
(Rn 10)[228].

XIII. Innerdeutsches Erbrecht nach der Wiedervereinigung

1. Praktische Bedeutung. Das Erbrecht der ehemaligen **DDR** ist mit Wirkung vom 1. 1. 1976 im 74
ZGB der DDR umfassend neu kodifiziert worden. Bereits vorher war das Erbrecht des bis dahin auch
in der DDR fortgeltenden BGB mehrfach modifiziert worden. Angesichts der tiefgreifenden materiellrechtlichen Unterschiede[229] stellte sich damit vor der Wiedervereinigung in Erbfällen mit Bezug zur
DDR die Frage des interlokal anwendbaren Rechts. Mit der Wiedervereinigung Deutschlands wurde
auch auf dem Gebiet des Erbrechts für Erbfälle ab dem 3. 10. 1990 weitgehend Rechtseinheit
hergestellt (vgl Art 235). Nach der Wiedervereinigung stellte sich die Frage des anwendbaren Erbrechts
hinsichtlich vor dem 3. 10. 1990 eingetretener Erbfälle sowie bezüglich der erbrechtlichen Gleichstellung ehelicher und nichtehelicher Kinder, welche gesamtdeutsch erst mit Wirkung vom 1. 4. 1998
durch das ErbGleichG vom 16. 12. 1997 herbeigeführt wurde. Art 235 § 1 Abs 2 enthielt insofern eine
interlokale Fortgeltung des Erbrechts der früheren DDR. Nach Art 227 Abs 1 sind die bisherigen
Regeln über das Erbrecht des nichtehelichen Kindes nur dann weiter anzuwenden, wenn der Erblasser
vor dem 1. 4. 1998 verstorben ist oder ein vorzeitiger Erbausgleich stattgefunden hat. Die interlokale
Frage bezüglich des Erbrechts nichtehelicher Kinder ist daher nur noch in Erbfällen relevant, die sich
zwischen dem 2. 10. 1990 und dem 1. 4. 1998 ereignet haben.

Praktische Bedeutung hat die Frage des interlokalen Erbrechts insbes im Zusammenhang mit der 75
Frage der Erbenstellung früherer westdeutscher Erben in Bezug auf im Beitrittsgebiet belegenes **Grundvermögen** erlangt. Im Westen ansässige Erben haben vor der Wiedervereinigung häufig Erbschaften
ausgeschlagen, weil ihnen das auf dem Gebiet der damaligen DDR belegene Grundvermögen des
Erblassers unbekannt war bzw es für wirtschaftlich wertlos gehalten wurde. Die enorme Wertsteigerung
des Grundvermögens bzw Restitutionsansprüche nach dem VermG haben nach der Wiedervereinigung
vermehrt zur Geltendmachung erbrechtlicher Ansprüche nach vor der Wiedervereinigung verstorbenen
Erblassern geführt. Im Zentrum stehen insbes Fragen von Annahme und Ausschlagung der Erbschaft

---

[219] BayObLGZ 1971, 39; BayObLG DNotZ 1984, 48; NJW-RR 2001, 950, 952; *Hohloch* ZEV 1997, 469.
[220] Zum Zeugnis über die fortgesetzte Gütergemeinschaft nach § 1507 BGB vgl *Dörner* DNotZ 1980, 662.
[221] BayObLG 1999, 296 = NJW-RR 2000, 298; OLG Brandenburg FGPrax 2001, 206.
[222] Vgl *Siehr* IPRax 1987, 7 f; *Geimer*, FS Ferid, 1988, S 89, 117: grds keine Anerkennung wegen fehlender Rechtskraftwirkung; als staatsvertragliche Regelung kommen allein der deutsch-österreichische Vertrag über die gegenseitige Anerkennung und Vollstreckung von gerichtlichen Entscheidungen, Vergleichen und öffentlichen Urkunden vom 6. 6. 1959, vgl LG Hamburg IPRax 1992, 251 sowie Art 17 des deutsch-türkischen Nachlassabkommens (Rn 10) in Betracht.
[223] Verneinend etwa für die Erbenbescheinigung schweizerischen Rechts BayObLG NJW-RR 1991, 1098, 1099.
[224] BayObLG NJW-RR 1991, 1098, 1099; BayObLGZ 1965, 377, 383. Zur Rechtskraftwirkung eines österreichischen Einantwortungsbeschlusses vgl *Bungert* IPRax 1992, 225.
[225] *Staudinger/Dörner* Rn 914 mwN; allg zur Substitution s Einl IPR Rn 91.
[226] *Staudinger/Dörner* Rn 915; PWW/*Leible* Rn 37; aA – zur Erbenbescheinigung schweizerischen Rechts – *Kaufhold* ZEV 1997, 399.
[227] Zu § 35 Abs 1 GBO vgl *Krzywon* BWNotZ 1989, 133; KG NJW-RR 1997, 1095; einschränkend *Staudinger/Dörner* Rn 915: nur ausnahmsweise Ersetzung durch ausländische Erbrechtszeugnisse, wenn die ausgebende Stelle die Rechtslage aus der Sicht deutscher Behörden attestiert bzw zum gleichen Ergebnis kommt.
[228] *Staudinger/Dörner* Rn 916: Substitution kraft staatsvertraglicher Vereinbarung.
[229] Vgl *Schotten/Johnen* DtZ 1991, 225; *Märker* ZEV 1999, 245.

und deren Anfechtung[230], Testamentsauslegung[231] und -anfechtung[232] sowie Rechtsnachfolgefragen in Zusammenhang mit Restitutionsansprüchen nach dem VermG (Rn 79).

76 **2. Grundsätze des interlokalen Kollisionsrechts vor der Wiedervereinigung.** Vor der Wiedervereinigung Deutschlands am 3. 10. 1990 wurden im Verhältnis zur damaligen DDR die geschriebenen und ungeschriebenen Kollisionsnormen des IPR der Bundesrepublik als interlokales Privatrecht analog angewendet. Soweit danach an die Staatsangehörigkeit einer Person anzuknüpfen war, wurde dieses Kriterium wegen der Nichtanerkennung einer DDR-Staatsbürgerschaft nach hM durch den **gewöhnlichen Aufenthalt** in einem deutschen Teilrechtsgebiet ersetzt. Im Erbrecht galt danach die Regel, dass sich die Rechtsnachfolge von Todes wegen nach einem deutschen Erblasser nach den Bestimmungen derjenigen Teilrechtsordnung richtet, in deren Geltungsbereich der Erblasser seinen gewöhnlichen Aufenthalt hatte[233]. Dies stellte, wenngleich nicht rechtlich, so doch de facto eine Anerkennung der DDR-Staatsbürgerschaft für den Bereich des internationalen Erbrechts dar. § 25 des am 1. 1. 1976 in Kraft getretenen Rechtsanwendungsgesetzes der DDR (RAG) unterstellte die erbrechtlichen Verhältnisse dem Heimatrecht des Erblassers zum Zeitpunkt seines Todes (Abs 1), sah aber in Abs 2 eine Sonderanknüpfung für in der DDR belegene „Grundstücke und Gebäude" vor. Die erbrechtlichen Kollisionsnormen des RAG/DDR lauteten:

§ 25 Recht der Erbfolge

(1) Die erbrechtlichen Verhältnisse bestimmen sich nach dem Recht des Staates, dessen Bürger der Erblasser im Zeitpunkt seines Todes war.

(2) Die erbrechtlichen Verhältnisse in Bezug auf das Eigentum und andere Rechte an Grundstücken und Gebäuden, die sich in der Deutschen Demokratischen Republik befinden, bestimmen sich nach dem Recht der Deutschen Demokratischen Republik.

§ 26 Wirksamkeit des Testaments

Die Fähigkeit zur Errichtung oder Aufhebung sowie die zulässigen Arten testamentarischer Verfügungen, deren Anfechtung und die Rechtsfolgen von Erklärungsmängeln bei ihrer Errichtung bestimmen sich nach dem Recht des Staates, in dem der Erblasser im Zeitpunkt der Errichtung des Testaments seinen Wohnsitz hatte.

Damit nahm das IPR der damaligen DDR die Verweisung des bundesrepublikanischen interlokalen Privatrechts hinsichtlich der Erbfolge nach einem Deutschen mit gewöhnlichem Aufenthalt in der DDR (im Folgenden: „DDR-Bürger") an, weil es sich aus der Sicht des DDR-Rechts um einen Staatsangehörigen der DDR handelte. Bei der Erbfolge nach einem Deutschen mit gewöhnlichem Aufenthalt in der Bundesrepublik (im Folgenden: „BRD-Bürger") bzw nach einem Ausländer wurde die abweichende Anknüpfung in § 25 Abs 2 RAG für in der DDR belegenes Grundvermögen aus der Sicht des bundesrepublikanischen Kollisionsrechts als abweichendes Sonderstatut iS von Art 3 Abs 3 (bzw Art 28 aF) berücksichtigt (s auch Rn 49)[234]. Damit kam es bei Erbfällen ab dem 1. 1. 1976 im interlokalen Kollisionsrecht zur **kollisionsrechtlichen Nachlassspaltung:** Hinterließ ein Erblasser Grundvermögen auf dem Gebiet der ehemaligen DDR, beurteilte sich die Erbfolge in dieses Vermögen unabhängig vom allgemeinen Erbstatut nach dem Recht der DDR.

77 **3. Fortgeltung dieser Grundsätze.** Der Einigungsvertrag enthält keine Regelungen über das Fortgelten der Regeln des interlokalen Rechts: Art 236 gilt nicht für rein interlokale Fälle, sondern setzt einen über das innerdeutsche Verhältnis hinausgehenden Auslandsbezug voraus. Auch Art 235 beantwortet als intertemporale Norm die interlokalen Frage nicht. Welches das „bisherige Recht" ist, das für einen Erbfall, der sich vor dem 3. 10. 1990 ereignet hat, gemäß Art 235 § 1 maßgebend bleibt, beurteilt sich vielmehr nach den mit der Wiedervereinigung nunmehr in ganz Deutschland geltenden ungeschriebenen Regeln des (früher bundesrepublikanischen) interlokalen Privatrechts[235]. Aus Rechtssicherheitsgründen abzulehnen ist die in jüngerer Zeit in der Rspr des BGH anzutreffende Tendenz, die Weiteranwendung des Erbrechts der DDR im Zusammenhang mit Art 3 Abs 3 zusätzlich von bestimmten Vertrauensschutzkriterien abhängig zu machen[236].

78 Danach gilt **im Ergebnis** folgendes: Die Beerbung von vor dem 3. 10. 1990 verstorbenen „DDR-Bürgern" unterliegt unabhängig vom Todeszeitpunkt dem Recht der ehemaligen DDR. Die Beerbung von vor dem 1. 1. 1976 (Inkrafttreten des RAG) verstorbenen „BRD-Bürgern" unterliegt vollumfäng-

---

[230] Vgl etwa BVerfG DtZ 1994, 312; KG ZEV 1997, 154; DtZ 1992, 187; DtZ 1992, 355; DtZ 1993, 87; BayObLG DtZ 1992, 284; DtZ 1996, 214; ZEV 1994, 47; BayObLGZ 95, 79 = ZEV 1995, 256; BayObLG NJW 1991, 1237; *S. Lorenz* DStR 1994, 584; *Grunewald* NJW 1991, 1208; *Meyer* ZEV 1994, 12; *Trittel* DNotZ 1992, 450.
[231] KG DtZ 1995, 417; FamRZ 1995, 762; DtZ 1996, 217 = ZEV 1996, 234; OLG Frankfurt DtZ 1993, 216; OLG Hamm ZEV 1996, 346 m Anm *S. Lorenz;* ZEV 1997, 502; BayObLG ZEV 1994, 47; OLG Köln DtZ 1994, 216.
[232] Vgl etwa BGHZ 124, 270 = NJW 1994, 582; OLG Brandenburg FamRZ 1998, 59; KG FamRZ 1995, 762; *Grunewald* NJW 1991, 1208; *Bestelmeyer* FamRZ 1994, 1444; *Meyer* ZEV 1994, 12.
[233] Vgl nur BGHZ 124, 270, 273.
[234] BayObLGZ 2002, 189 = NJW 2003, 216.
[235] BGHZ 124, 270, 272; 131, 22, 26; 146, 310, 313; BayObLG NJW 2000, 440; NJW-RR 2001, 950, 951.
[236] So BGHZ 131, 22, 29 ff; ähnlich BayObLGZ 1998, 242; IPRax 2000, 309 m Anm *Andrae* 300.

lich dem Recht der Bundesrepublik. Bei der Beerbung seit dem 1. 1. 1976, aber vor dem 3. 10. 1990 verstorbener „BRD-Bürger" unterliegt jedoch die Erbfolge in auf dem Gebiet der damaligen DDR belegene „Grundstücke und Gebäude" iS von § 25 Abs 2 RAG dem Recht der DDR (Art 28 aF bzw Art 3 Abs 3 analog)[237]. Das Erbstatut hinsichtlich zwischen dem 31. 12. 1975 und dem 3. 10. 1990 verstorbener Ausländer bestimmt sich nach Art 25, jedoch unterliegt die Erbfolge in auf dem Gebiet der damaligen DDR belegene „Grundstücke und Gebäude" iS von § 25 Abs 2 RAG ebenfalls dem Recht der DDR (Art 28 aF bzw Art 3 Abs 3 analog). Die Folgen einer so eintretenden **kollisionsrechtlichen Nachlassspaltung** (grundsätzliche Selbstständigkeit der Nachlassmassen) sind dieselben wie in internationalen Fällen (Rn 50 f)[238].

Die Qualifikation eines Nachlassgegenstandes als „Grundstück" oder „Gebäude" iS von § 25 Abs 2 RAG unterliegt dem Recht der ehemaligen DDR. **Gesamthandsanteile** wie insbes Miterbenanteile an einem Nachlass, in welchem sich auf dem Gebiet der ehemaligen DDR belegene „Grundstücke" oder „Gebäude" befinden, unterfallen nach zutreffender Ansicht nicht der Nachlassspaltung[239]. **Restitutionsansprüche** nach dem **VermG** sind mit dessen Inkrafttreten in der Person des Enteigneten oder unmittelbar in der Person seines Rechtsnachfolgers entstanden (vgl §§ 2, 3 VermG) und damit idR nicht Gegenstand einer dem Recht der ehemaligen DDR unterfallenden Erbfolge[240]. Ist der Enteignete zwischen dem 31. 12. 1975 und dem Inkrafttreten des VermG verstorben, so ist bei der Bestimmung des „Rechtsnachfolgers" iS von § 2 Abs 1 VermG nach Ansicht des BGH und der wohl hM im Schrifttum § 25 Abs 2 RAG auf Restitutionsansprüche bezüglich enteigneter Grundstücke und Gebäude **nicht** anwendbar. Die erbrechtlichen Verhältnisse richten sich danach auch insoweit nach dem „allgemein für den Erblasser geltenden Erbstatut"[241]. Diese Ansicht ist zwar aus der Sicht des Erbrechts zutreffend (weil gar keine Erbfolge vorliegt), übersieht aber die Zielsetzung des VermG, den enteigneten Vermögensgegenstand an diejenige Person zu restituieren, die, wäre die Enteignung nicht erfolgt, im Wege der Erbfolge Eigentümer des enteigneten Gegenstandes geworden wäre[242]. Die Rechtsnachfolge in den entzogenen Gegenstand ist also hypothetisch für die Frage, wer „Rechtsnachfolger" iS von § 2 Abs 1 VermG ist, im Wege einer Fiktion zu ermitteln[243], was eine (hypothetische) Nachlassspaltung einschließt.

4. Anwendung von DDR-Recht. Soweit es intertemporal/interlokal weiterhin zur Anwendung des Erbrechts der DDR kommt, gilt für die Reichweite des Erbstatuts nichts anderes als in internationalen Fällen. Das Recht der DDR gilt dann insbes auch für die Fragen von Annahme und Ausschlagung der Erbschaft sowie deren Anfechtung, für die Testamentsauslegung und -anfechtung und die Befugnisse des Testamentsvollstreckers[244]. Eine Ergebniskorrektur nach Art 6 **(ordre public)** ist weder möglich noch nötig (Art 6 Rn 6). Hinsichtlich der Erklärungsadressaten bei amtsempfangsbedürftigen Willenserklärungen wie insbes der Erbausschlagung gilt die in Rn 35 behandelte Abgrenzung zwischen Erbstatut und Verfahrensrecht: Sofern die interlokale Zuständigkeit deutscher Nachlassgerichte bestand, konnte eine Ausschlagung auch vor Nachlassgerichten der Bundesrepublik wirksam erklärt werden. Im Falle der Nachlassspaltung nach § 25 Abs 2 RAG erstreckte sich die interlokale Zuständigkeit westdeutscher Nachlassgerichte nicht auf in der DDR belegenes unbewegliches Vermögen, so dass vor westdeutschen Nachlassgerichten erklärte Erbausschlagungen vorbehaltlich einer Heilung analog § 7 FGG[245] insoweit unwirksam sind. Soweit nach weiter anzuwendendem DDR-Recht Erklärungen gegenüber dem Staatlichen Notariat der DDR abzugeben sind, ist dessen Zuständigkeit mit der Wiedervereinigung zunächst auf die Kreisgerichte, dann auf die Nachlassgerichte übergegangen. Nach weiter anwendbarem DDR-Recht zur Testamentsanfechtung notwendige Gestaltungsklagen sind auch nach der Wiedervereinigung erforderlich[246].

5. Interlokales Nachlassverfahrensrecht. Vor der Wiedervereinigung hatten sich im Verhältnis zur DDR keine festen Grundsätze der interlokalen Zuständigkeit insbes zur Erbscheinserteilung heraus-

---

[237] BayObLGZ 2003, 1, 8 f.
[238] BayObLG NJW 2000, 440, 441; BayObLGZ 2003, 1, 9 f.
[239] BGHZ 146, 310, 313 f; BayObLGZ 1998, 242 = IPRax 2000, 309; OLG Dresden MittRhNotK 1997, 267; *Schotten/Johnen* DtZ 1991, 257, 260; *Schmellenkamp* MittRhNotK 1998, 137; aA KG ZEV 2000, 505 f; OLG Oldenburg MittRhNotK 1998, 136; *Andrae* NJ 1998, 113, 117. Zur Qualifikationsfrage im Zusammenhang mit Art 25 Abs 2 s Rn 20.
[240] KG ZEV 2000, 499; anders im Falle staatlicher Verwaltung, vgl KG ZEV 1997, 156. Eine Vererbung des Restitutionsanspruchs selbst durch den Enteigneten ist nur denkbar, wenn sich der Erbfall zwischen dem Inkrafttreten des VermG am 29. 9. 1990 und der Wiedervereinigung am 3. 10. 1990 ereignet hat; unrichtig daher OLG Düsseldorf NJW 1998, 2607, 2608. Nach *Staudinger/Dörner* Rn 940 ist der Restitutionsanspruch in diesem Fall in den Anwendungsbereich von § 25 Abs 2 RAG einzubeziehen; aA BGHZ 131, 22, 30.
[241] BGHZ 131, 22, 27 ff; 144, 251, 254 für den Fall der Teilrückverweisung des Erbstatuts auf das Belegenheitsrecht; zust BayObLG NJW 2000, 440, 442; OLG Düsseldorf NJW 1998, 2607, 2608; KG ZEV 2000, 501; *Palandt/Heldrich* Rn 24; ebenso *Staudinger/Dörner* Rn 941; *Staudinger/Rauscher* Art 235 § 1 Rn 15; *Erman/Hohloch* Rn 60.
[242] *S. Lorenz* DStR 1993, 1126; ZEV 1994, 437 f; *Soergel/Schurig* Rn 113 a; *Solomon* IPRax 1997, 24; *Bestelmeyer* FamRZ 1994, 605; *Dieckmann* ZEV 1994, 199; *de Leve* FamRZ 1996, 201, 203; *Kuchinke* DtZ 1994, 194; *Rauscher* JR 1996, 280; *ders* JR 2001, 234; *Staudinger/Rauscher* Art 235 § 1 Rn 24.
[243] So ausdrücklich BVerwG VIZ 1999, 215 f.
[244] Vgl KG DtZ 1995, 448; DtZ 1996, 217; *Götting/v. Morgen* DtZ 1994, 199; *Janke* DtZ 1994, 364.
[245] BayObLG NJW 1991, 1237; ihm folgend KG DtZ 1992, 187 = OLGZ 1992, 279; KG OLGZ 1993, 1; LG Bonn DtZ 1992, 56; *S. Lorenz* ZEV 1994, 146, 148.
[246] BGHZ 124, 270 = NJW 1994, 582.

gebildet. Bundesdeutsche Nachlassgerichte haben ihre Zuständigkeit uneinheitlich auf Grund des **Gleichlaufprinzips**, auf Grund eines besonderen **Fürsorgebedürfnisses** oder auf Grund des letzten **Erblasserwohnsitzes** bejaht[247]. Beim Tode eines „BRD-Bürgers" mit Vermögen auf dem Gebiet der DDR wurde ein Eigenrechtserbschein nach § 2353 BGB erteilt, im Falle der Nachlassspaltung wurde dieser mit dem Hinweis versehen, dass er sich nicht auf innerhalb der DDR belegenes Vermögen bezog. Beim Tod eines „DDR-Bürgers" wurde bezüglich in der Bundesrepublik belegenen Vermögens in entsprechender Anwendung von §§ 73 Abs 2 FGG, 2369 BGB die interlokale Zuständigkeit bundesdeutscher Nachlassgerichte zur Erteilung eines auf das in der Bundesrepublik und West-Berlin belegene Vermögen beschränkten Erbscheins bejaht[248].

82   Soweit intertemporal/interlokal weiterhin das Erbrecht der DDR zur Anwendung kommt (Erbfolge nach vor dem 3. 10. 1990 verstorbenen „DDR-Bürgern"), wird heute ein allgemeiner Erbschein nach § 2353 BGB erteilt, in welchem die Anwendung des Rechts der ehemaligen DDR zu vermerken ist[249]. Eine dem Recht der ehemaligen DDR unterstehende Testamentsvollstreckung ist nicht im Erbschein zu vermerken, weil sie keine Verfügungsbeschränkung der Erben bewirkt[250]. Im Falle der **Nachlassspaltung** ist neben dem allgemeinen Erbschein nach § 2353 BGB, dessen Nichtgeltung bezüglich im Beitrittsgebiet belegenen unbeweglichen Vermögens zu vermerken ist, ein auf unbewegliches Vermögen im Beitrittsgebiet gegenständlich beschränkter Erbschein auszustellen[251]. Wegen der Anwendung „deutschen Rechts" handelt es sich hierbei um einen Eigenrechtserbschein nach § 2353 BGB[252], der aber in Formulierung und Funktion dem Erbschein nach § 2369 BGB in internationalen Fällen entspricht. Nach Ansicht des BGH setzt die Erteilung eines solchen gegenständlich beschränkten Erbscheins den Nachweis voraus, dass der Nachlassspaltung unterliegendes Vermögen iS von § 25 Abs 2 RAG tatsächlich vorhanden ist[253]. Richtigerweise ist dies jedoch eine Frage des **Rechtsschutzbedürfnisses**, so dass die Erteilung eines auf unbewegliches Vermögen iS von § 25 Abs 2 RAG auf dem Gebiet der ehemaligen DDR beschränkten Erbscheins bereits dann in Frage kommt, wenn solches nur möglicherweise vorhanden bzw möglicherweise als von § 25 Abs 2 RAG erfasstes Vermögen zu qualifizieren ist[254].

XIV. Anhang: Erbstatut im ausländischen IPR

83   Vgl insbes die umfangreichen Nachweise bei *Staudinger/Dörner* Anh Art 25 f Rn 1 ff sowie die Quellen bei *Riering* (Hrsg), IPR-Gesetze in Europa, 1997, sowie *Kropholler/Krüger/Riering/Samtleben/Siehr* (Hrsg), Außereuropäische IPR-Gesetze, 1999. Alle Anknüpfungen beziehen sich – soweit nicht anders vermerkt – auf den Todeszeitpunkt. Umfangreiche Nachweise zum Kollisionsrecht sowie zum materiellen Recht einzelner Staaten bei *Ferid/Firsching/Dörner/Hausmann* (Hrsg), Internationales Erbrecht (Loseblattsammlung); s auch *Süß/Haas*, Erbrecht in Europa (2004) sowie die Länderberichte in AnwK-BGB, Bd 5 Erbrecht, 2004; Kurzhinweise zum Kollisionsrecht sowie zum materiellen Erbrecht einiger Staaten auch bei *Flick/Piltz*, Der Internationale Erbfall, Rn 375 ff, sowie bei *Süß* ZEV 2000, 486, 489.

Afghanistan:	Heimatrecht (Art 25 ZGB)[255]
Ägypten:	Heimatrecht (Art 17 ZGB)
Albanien	Heimatrecht, Belegenheitsrecht für in Albanien belegenes unbewegliches Vermögen (Art 14 Gesetz vom 21. 11. 1964)
Algerien:	Heimatrecht (Art 16 ZGB)[256]
Andorra:	Heimatrecht[257]
Angola:	Heimatrecht (Art 62, 31 ZGB)
Äquatorialguinea:	Heimatrecht
Argentinien:	Wohnsitzrecht (Art 10, 11, 3283 Código civil), nach der Rspr argentinisches Recht für inländische Immobilien und bewegl. Sachen mit festem Lageort in Argentinien[258]
Armenien:	Fortgeltung des deutsch-sowjetischen Konsularvertrags (Rn 13 f)

---

[247] Vgl nur *Staudinger/Dörner* Rn 976 mwN.
[248] Vgl nur BGHZ 52, 142; 65, 317 sowie *Staudinger/Dörner* Rn 978 mwN; zur Fortgeltung solcher Erbscheine sowie zur Anerkennung und Fortgeltung von Erbscheinen der Staatlichen Notariate der DDR vgl *Schotten/Johnen* DtZ 1991, 257; *Staudinger/Dörner* Rn 979, 991 mwN.
[249] *Schotten/Johnen* DtZ 1991, 257, 262 f.
[250] KG DtZ 1995, 448; DtZ 1996, 217.
[251] BayObLGZ 98, 242 = ZEV 1998, 475, 476; FamRZ 1994, 723 f; KG OLGZ 1992, 279, 283; OLG Zweibrücken DtZ 1992, 360; OLG Jena OLG-NL 1997, 16; *Palandt/Edenhofer* § 2353 BGB Rn 8 f; *Schotten/Johnen* DtZ 1991, 257, 262 ff.
[252] Funktionell ist daher der Rechtspfleger zuständig, der Vorbehalt des § 16 Abs 1 Nr 6, 7 RPflG greift nicht ein, vgl BayObLGZ 98, 242 = ZEV 1998, 475.
[253] BGHZ 131, 22, 31; ebenso OLG Hamm FamRZ 1995, 758; *Kuchinke* DtZ 1996, 194; für die Erteilung eines Testamentsvollstreckerzeugnisses ebenso OLG Brandenburg FGPrax 2001, 206.
[254] *S. Lorenz* ZEV 1995, 436; *Solomon* IPRax 1997, 24, 30 f; *de Leve* FamRZ 1996, 201, 205; offen gelassen in BayObLG ZEV 1998, 475, 478.
[255] Zum Recht Afghanistans s auch *Schwarz* IPRax 2005, 383.
[256] Vgl *Nelle* IPrax 2007, 548; Gesetzeswortlaut aaO S 557.
[257] Vgl *Rau* RabelsZ 53 (1989), 207.
[258] Beachte: Die von 15 lateinamerikanischen Staaten ratifizierte staatsvertragliche Regelung des IPR in Südamerika (sog Código Bustamante) gilt nur im Verhältnis der Vertragsstaaten untereinander.

Aserbeidschan:	Ständiger Aufenthalt, Rechtswahl zugunsten Heimatrecht möglich (Art 29 IPRG)[259]; Fortgeltung des deutsch-sowjetischen Konsularvertrags (Rn 13 f)
Australien:	Kein gesamtstaatliches IPR, nach dem Recht aller Staaten und Territorien aber Common Law-Prinzipien (Nachlassspaltung, s Großbritannien/USA)
Bahamas:	Common Law-Prinzipien (Nachlassspaltung, s Großbritannien/USA)
Bahrain:	Heimatrecht (Art 21 Nr 6 Gesetz über die Zivil- und Handelsprozessordnung)[260]
Barbados:	Common Law-Prinzipien (Nachlassspaltung, s Großbritannien/USA)
Belarus:	s Weißrußland
Belgien:	Beweglicher Nachlass nach Wohnsitzrecht, unbeweglicher Nachlass nach dem Recht des Lageorts (Art 78 IPR-Gesetz); umfassende Rechtswahlmöglichkeit zu Gunsten des Heimatrechts oder Wohnsitzrechts unter Vorbehalt der Pflichtteilsrechte(Art 79 IPRG)[261]
Bermudas:	Common Law-Prinzipien (Nachlassspaltung, s Großbritannien/USA)
Birma:	Common Law-Prinzipien (Nachlassspaltung, s Großbritannien/USA)
Bolivien:	Wohnsitzrecht für bewegliches Vermögen, Belegenheitsrecht für unbewegliches Vermögen
Bosnien-Herzegowina:	Fortgeltung des jugoslawischen IPR-Gesetzes vom 15. 7. 1982[262] (s Jugoslawien)
Botswana:	Common Law-Prinzipien (Nachlassspaltung, s Großbritannien/USA)
Brasilien:	Wohnsitzrecht mit Privilegierungen zu Gunsten brasilianischer Kinder und Ehegatten bzgl in Brasilien belegenen Vermögens (Art 10 EinfG ZGB)[263]
Bulgarien:	Gewöhnlicher Aufenthalt für bewegliches Vermögen, Belegenheitsrecht für unbewegliches Vermögen, Rechtswahl bzgl des gesamten Vermögens zug. Heimatrechts unter Vorbehalt der Pflichtteilsrechte möglich (Art 89 bis 92 IPRG vom 4. 5. 2005)[264]
Burkina Faso:	Heimatrecht, bei offensichtlich engerer Beziehung zum Wohnsitzstaat Wohnsitzrecht (Art 1043 Gesetz über Personenstand und Familie)
Burma:	s Myanmar
Cayman Islands:	Common Law-Prinzipien (Nachlassspaltung, s Großbritannien/USA)
Chile:	Wohnsitzrecht (Art 955 Código civil)
China (Republik):	Heimatrecht mit Sonderregeln bzgl erbloser Nachlässe sowie zug. Erben taiwanesischer Staatsangehörigkeit (§§ 22, 23 Gesetz über die Rechtsanwendung in Zivilrechtsfällen mit Außenbeziehung)
China (Volksrepublik):	Wohnsitzrecht für bewegliches Vermögen, Belegenheitsrecht für unbewegliches Vermögen (§ 149 Allgemeine Grundsätze des Zivilrechts, § 36 ErbG vom 10. 4. 1985, Nachlassspaltung)[265]
	Hongkong: Common Law-Prinzipien (Nachlassspaltung, s Großbritannien/USA)
	Macao: Heimatrecht
Costa Rica:	Wohnsitzrecht, für inländischen Nachlass weitestgehend Belegenheitsrecht (Art 24 Código civil)
Dänemark:	Wohnsitzrecht
Ecuador:	Wohnsitzrecht mit Privilegierungen zug. ecuadorianischer Erben (Art 1019 ff Código civil)
El Salvador:	Wohnsitzrecht mit Privilegierungen zug. salvadorianischer Erben (Art 956 Código civil)
Estland:	Wohnsitzrecht, Belegenheitsrecht für in Estland belegenes unbewegliches Vermögen[266]
Fidschi-Inseln:	Common Law-Prinzipien (Nachlassspaltung, s Großbritannien/USA)
Finnland:	Wohnsitzrecht zur Zeit des Todes; früheres Wohnsitzrecht, wenn zugleich Heimatrecht; Ausweichklausel bei engerer Verbindung; Rechtswahlmöglichkeit zug. Heimatrechts, eines (früheren) Wohnsitzrechts oder des auf die güterrechtlichen Verhältnisse anwendbaren Rechts (§§ 5, 6 ErbG Nr 1228/2001)[267]
Frankreich:	Wohnsitzrecht für bewegliches Vermögen, Belegenheitsrecht für unbewegliches Vermögen (Nachlassspaltung)
Gabun:	Wohnsitzrecht für bewegliches Vermögen, Belegenheitsrecht für unbewegliches Vermögen (Nachlassspaltung, Art 53 ZGB)
Gambia:	Common Law-Prinzipien (Nachlassspaltung, s Großbritannien/USA), Vorbehalte zu Gunsten religiösen Rechts
Georgien:	Heimatrecht (Art 55 IPRG); Fortgeltung des deutsch-sowjetischen Konsularvertrags (Rn 13 f)
Ghana:	Common Law-Prinzipien (Nachlassspaltung, s Großbritannien/USA)
Gibraltar:	Common Law-Prinzipien (Nachlassspaltung, s Großbritannien/USA)
Griechenland:	Heimatrecht (Art 28 ZGB vom 15. 3. 1940 idF vom 17./24. 10. 1984)
Großbritannien:	Kein einheitliches kodifiziertes IPR, nach allgemeinen Grundsätzen des Common Law: Domizilrecht („domicile") (Art 5 Rn 13) für bewegliches Vermögen, Belegenheitsrecht für unbewegliches Vermögen (Nachlassspaltung, Qualifikationsverweisung (Einl IPR Rn 61) bzgl der Qualifikation als beweglich oder unbeweglich)[268]

---

[259] Gesetzestext in IPRax 2003, 386.
[260] Vgl *Elwan* IPRax 1986, 59.
[261] S. dazu *Süß* ZErb 2006, 289 mit Wiedergabe des Gesetzestextes; zum belgischen IPR-Gesetz s auch *Franq* RabelsZ 70 (2006) 235.
[262] *Staudinger/Dörner* Art 25 f Anh Rn 115.
[263] S dazu sowie zum materiellen Erbrecht Brasiliens *Rechsteiner* ZEV 2007, 212.
[264] Gesetzeswortlaut in deutscher Übersetzung in RabelsZ 71 (2007), 457; s dazu auch *Zidarova/Stanceva-Minceva* aaO 398.
[265] Vgl *Münzel* IPRax 1988, 58.
[266] Wohl Fortgeltung des der Sache nach den „Grundlagen der Zivilgesetzgebung der UdSSR und der Unionsrepubliken vom 8. 12. 1961" entsprechenden früheren Rechts, vgl *Boguslawskij* IPRax 1992, 403 sowie Staudinger/ Dörner Art 25 f Anh Rn 218.
[267] Gesetzeswortlaut bei *Reich* IPRax 2002, 548.
[268] BayObLG DNotZ 1984, 47.

Guatemala:	Wohnsitzrecht, Belegenheitsrecht für inländischen Nachlass (Art 27 Código civil)
Guinea:	Wohnsitzrecht, Immobilien nach Belegenheitsrecht
Guinea-Bissau:	Heimatrecht
Guyana:	Common Law-Prinzipien (Nachlassspaltung s Großbritannien/USA)
Indien:	Common Law-Prinzipien (Nachlassspaltung, s Großbritannien/USA); Vorbehalte zu Gunsten religiösen Rechts
Indonesien:	Heimatrecht, für in Indonesien belegene Grundstücke Belegenheitsrecht
Irak:	Heimatrecht mit Einschränkungen bzgl im Irak belegener Grundstücke (Art 22 bis 24)[269]
Iran:	Heimatrecht (Art 97 ZGB); im Verhältnis zu Deutschland gilt das deutsch-iranische Niederlassungsabkommen (Rn 11 f)
Irland:	Common Law-Prinzipien (Nachlassspaltung, s Großbritannien/USA)
Israel:	Wohnsitzrecht (Sec 137 ErbG vom 10. 11. 1965)
Italien:	Heimatrecht, Rechtswahl zu Gunsten des Aufenthaltsrechts möglich, (Art 46 IPR-Gesetz vom 31. 5. 1995)[270]
Jamaika:	Common Law-Prinzipien (Nachlassspaltung, s Großbritannien/USA)
Japan:	Heimatrecht (Art 36 Gesetz Nr 78 vom 21. 6. 2006 – Rechtsanwendungsgesetz) [271]
Jemen:	Jemenitisches Recht unabhängig von Staatsangehörigkeit und Wohnsitz des Erblassers (Art 27 ZGB)[272]
Jordanien:	Heimatrecht (Art 18 ZGB)[273]
Jugoslawien:	Heimatrecht (Art 30 IPR-Gesetz vom 1. 1. 1983)
Kanada:	Kein einheitliches IPR, sämtliche Teilrechtsgebiete folgen Common Law-Prinzipien (Nachlassspaltung, s Großbritannien/USA)[274]; Québec mit Rechtswahlmöglichkeit zu Gunsten Wohnsitz- oder Heimatrecht bzw Belegenheitsrecht zur Zeit der Testamentserrichtung oder zur Zeit des Erbfalls (Art 3098 ff ZGB)
Kasachstan:	Wohnsitzrecht für bewegliches Vermögen, Belegenheitsrecht für unbewegliches Vermögen (Nachlassspaltung, Art 1121, 1123 ZGB); Fortgeltung des deutsch-sowjetischen Konsularvertrags (Rn 13 f)[275]
Katar:	Heimatrecht, katarisches Recht für in Katar belegene erbenlose Nachlässe (Art 23 ZGB); Wirksamkeit von Verfügungen von Todes wegen unterliegen dem Heimatrecht zur Zeit der Errichtung; die Form dem Heimatrecht oder dem Recht des Errichtungsorts (Art 24 ZGB)[276]
Kenia:	Common Law-Prinzipien (Nachlassspaltung, s Großbritannien/USA)
Kirgisistan:	Wohnsitzrecht für bewegliches Vermögen, Rechtswahl zug. Heimatrecht möglich, Belegenheitsrecht für unbewegliches Vermögen, kirgisisches Recht für in staatliche Register Kirgisistans eingetragenes Vermögen (Nachlassspaltung, Art 1206–1208 ZGB)[277]; Fortgeltung des deutsch-sowjetischen Konsularvertrags (Rn 13 f)
Kolumbien:	Wohnsitzrecht mit Privilegierungen zug. ecuadorianischer Erben (Art 1012, 1053 ff ZGB)
Kongo (Zaire):	Heimatrecht (Art 10 ZGB)
Korea (Republik):	Heimatrecht (IPRG vom 7. 4. 2001)[278]
Kroatien:	Ausdrückliche Übernahme des jugoslawischen IPR-Gesetzes vom 15. 7. 1982[279] (s Jugoslawien)
Kuba:	Heimatrecht (Art 15 ZGB)
Kuwait:	Heimatrecht (Art 47 Gesetz zur Regelung der Rechtsbeziehung mit Auslandselement)[280]
Laos:	Heimatrecht (Dekr Nr 135)
Lesotho:	Common Law-Prinzipien (Nachlassspaltung, s Großbritannien/USA)
Lettland:	Wohnsitzrecht, Belegenheitsrecht für in Lettland belegenes unbewegliches Vermögen (Art 16 ZGB)[281]
Libanon:	Heimatrecht
Libyen:	Heimatrecht (Art 17 ZGB)
Liechtenstein:	Heimatrecht, Rechtswahl zug. eines der Heimatrechte sowie zug. des letzten gew. Aufenthalts (Art 29 IPRG)
Litauen:	Gewöhnlicher Aufenthalt für bewegliches Vermögen, Belegenheitsrecht für unbewegliches Vermögen (Nachlassspaltung); Sonderanknüpfung für in Litauen ansässige gesetzliche Erben eines litauischen Erblassers (Art 1.62 ZGB)[282]
Luxemburg:	Wohnsitzrecht für bewegliches Vermögen, Belegenheitsrecht für unbewegliches Vermögen (Nachlassspaltung)
Madagaskar:	Wohnsitzrecht für bewegliches Vermögen, Belegenheitsrecht für unbewegliches Vermögen (Art 31 VO über das IPR, Nachlassspaltung)
Malawi:	Common Law-Prinzipien (Nachlassspaltung, s Großbritannien/USA)

---

[269] Vgl *Krüger/Küppers* IPRax 1988, 180; zur Fortgeltung vgl *Krüger* IPRax 2003, 474.
[270] Vgl *Kindler* RabelsZ 61 (1997), 229, 265; *Maglio/Thorn* ZVglRWiss 96 (1997), 347, 365; zum materiellen italienischen Erbrecht vgl *Salaris* ZEV 1995, 240.
[271] Gesetzeswortlaut wiedergegeben bei *Sakadura/Nishitani/Schwittek* ZfRV 2006, 225 sowie IPrax 2007, 560.
[272] *Krüger* IPRax 2004, 370 f.
[273] Vgl *Krüger* IPRax 1987, 126.
[274] Zu Ontario vgl *Meyer* ZEV 1998, 452; zu Québec vgl *Glenn* IPRax 1994, 309.
[275] *Weishaupt* IPRax 2002, 53; Gesetzestext in IPRax 2002, 55.
[276] *Klaiber/Krüger* IPrax 2007, 149.
[277] Gesetzestext in IPRax 2004, 270.
[278] *Pissler* RabelsZ 2006, 279.
[279] StAZ 1992, 283; *Bergmann/Ferid/Gec-Korošec,* Internationales Ehe- und Familienrecht, Länderteil Kroatien, S 2; *Staudinger/Dörner* Art 25 f Anh Rn 433.
[280] Vgl *Krüger* RIW 1983, 801; *Elwan* IPRax 1985, 305.
[281] s Estland sowie *Staudinger/Dörner* Art 25 f Anh Rn 461.
[282] Gesetzestext in IPRax 2003, 298; s dazu auch *Ravluševicius* IPRax 2003, 272.

Malaysia:	Common Law-Prinzipien (Nachlassspaltung, s Großbritannien/USA)
Malta:	Common Law-Prinzipien (Nachlassspaltung, s Großbritannien/USA)
Marokko:	Heimatrecht (Art 18 Dahir über die zivilrechtliche Stellung der Franzosen und Ausländer), bei Moslems wird stets (marokkanisch-)islamisches Recht angewendet
Mazedonien	Fortgeltung des jugoslawischen IPR-Gesetzes vom 15. 7. 1982[283] (s Jugoslawien)
Mexico:	Kein gesamtstaatliches IPR, die einzelnen Bundesstaaten stellen idR auf das Belegenheitsrecht ab[284]
Moldawien:	Wohnsitzrecht, inländische Immobilien nach Belegenheitsrecht (Art 601 ZGB); Fortgeltung des deutsch-sowjetischen Konsularvertrags (Rn 13 f)
Moçambique:	Heimatrecht (Art 62, 31 ZGB)
Monaco:	Wie Frankreich (Nachlassspaltung)
Mongolei:	Wohnsitzrecht, inländische Immobilien nach Belegenheitsrecht (Art 552 ZGB)[285]
Myanmar:	Common Law-Prinzipien (Nachlassspaltung, s Großbritannien/USA)
Namibia:	Common Law-Prinzipien (Nachlassspaltung, s Großbritannien/USA)
Neuseeland:	Common Law-Prinzipien (Nachlassspaltung, s Großbritannien/USA)
Nicaragua:	Wohnsitzrecht, Privilegierung nicaraguanischer Erben
Niederlande:	Kombination von Staatsangehörigkeits- und Aufenthaltsprinzip durch Verweisung auf das Haager Übereinkommen über das auf die Rechtsnachfolge von Todes wegen anwendbare Recht vom 1. 8. 1989 (Rn 3), Sonderregelungen für die Nachlassabwicklung (Gesetz über das Kollisionsrecht der Erbfolge, in Kraft getreten am 1. 10. 1996)[286]
Nigeria:	Common Law-Prinzipien (Nachlassspaltung, s Großbritannien/USA)
Norwegen:	Wohnsitzrecht
Österreich:	Heimatrecht, Erwerbsmodus unbeweglichen Nachlasses nach dem Belegenheitsrecht (§§ 28, 31, 32 IPR-Gesetz vom 15. 6. 1978)[287]
Pakistan:	Wohnsitzrecht, Belegenheitsrecht für in Pakistan belegenes unbewegliches Vermögen
Panama:	Belegenheitsrecht (Art 631 ZGB, Nachlassspaltung)
Papua-Neuguinea:	Common Law-Prinzipien (Nachlassspaltung, s Großbritannien/USA)
Paraguay:	Wohnsitzrecht, Belegenheitsrecht für in Paraguay belegenes unbewegliches Vermögen (Art 2447 ZGB)[288]
Peru:	Wohnsitzrecht; im Falle der Fiskuserbfolge peruanisches Recht für in Peru belegenen Nachlass (Art 2100 f ZGB)
Philippinen:	Heimatrecht (Art 16 Civil Code)
Polen:	Heimatrecht (Art 34 IPR-Gesetz vom 12. 11. 1965)
Portugal:	Heimatrecht (Art 62 ZGB)
Rumänien:	Heimatrecht für bewegliche Sachen, Belegenheitsrecht für unbewegliche Sachen und Handelsgeschäfte (Nachlassspaltung, Art 66 Gesetz Nr 105 vom 22. 9. 1992)[289], Rechtswahl möglich (Art 68 Abs 1)
Russische Föderation:	Wohnsitzrecht für bewegliches Vermögen, Belegenheitsrecht für unbewegliches Vermögen (Nachlassspaltung, Art 1124 ZGB)[290]; Fortgeltung des deutsch-sowjetischen Konsularvertrags (Rn 13 f)
Sambia:	Common Law-Prinzipien (Nachlassspaltung, s Großbritannien/USA)
Saudi-Arabien:	Heimatrecht bzw generell Anwendung der lex fori[291]
Schweden:	Heimatrecht (Gesetz Nr 81 vom 5. 3. 1937 betr internationale Verhältnisse in Nachlasssachen)
Schweiz:	Wohnsitzrecht, Rechtswahlmöglichkeit zu Gunsten des Heimatrechts[292]
Senegal:	Heimatrecht (Art 847 FamGB)
Seychellen:	Common Law-Prinzipien (Nachlassspaltung, s Großbritannien/USA)
Sierra Leone:	Common Law-Prinzipien (Nachlassspaltung, s Großbritannien/USA)
Singapur:	Common Law-Prinzipien (Nachlassspaltung, s Großbritannien/USA)
Slowakische Republik:	Heimatrecht (Art 17 IPRG vom 4.12.1963)
Slowenien::	Heimatrecht, für die Testierfähigkeit zur Zeit der Testamentserrichtung (Art 32 IPRG vom 28. 7. 1999)[293]
Somalia:	Heimatrecht (Art 17 ZGB)
Spanien:	Heimatrecht (Art 9 Abs 8 Einführungstitel zum ZGB)[294]
Sri-Lanka:	Common Law-Prinzipien (Nachlassspaltung, s Großbritannien/USA)
Südafrika:	Common Law-Prinzipien (Nachlassspaltung, s Großbritannien/USA)[295]

---

[283] *Staudinger/Dörner* Art 25 f Anh Rn 530; *Bergmann/Ferid/Gec-Korošec*, Internationales Ehe- und Familienrecht, Länderteil Mazedonien S 13.

[284] Vgl *Prinz v. Sachsen-Gessaphe*, Das mexikanische internationale Erbrecht und seine Bedeutung für deutsch-mexikanische Nachlassfälle, 1987; *ders* IPRax 1989, 111.

[285] Gesetzestext in IPRax 2003, 381; s dazu auch *Nelle* IPRax 2003, 378.

[286] Vgl *Eule* ZEV 2007, 219 f; *Weber* IPRax 2000, 41; *Schmellenkamp* MittRhNotK 1997, 245; BayObLG NJW-RR 2001, 297.

[287] Vgl OLG Köln NJW-RR 1997, 1091 = ZEV 1997, 508; öOGH IPRax 2004, 531; *S. Lorenz* IPRax 2004, 536 mwN.

[288] Vgl *Bau*z RabelsZ 51 (1987), 440; *Tiedemann*, Internationales Erbrecht in Deutschland und Lateinamerika, 1993.

[289] BayObLGZ 1996, 165 = NJW-RR 1997, 201.

[290] *Mindach* IPRax 2002, 309; Gesetzestext in IPRax 2002, 327.

[291] *Krüger* IPRax 2005, 386.

[292] Zu den iE str Fragen vgl *S. Lorenz* DNotZ 1993, 148; zur Beerbung Schweizerbürger mit Wohnsitz im Inland BayObLG ZEV 2001, 483 f sowie LG Kempten IPRax 2004, 530 f; zu Rechtsfragen im Zusammenhang mit schweizerischen Bankkonten deutscher Erblasser *Becker* ZEV 2007, 208.

[293] *Rudolf* IPRax 2003, 158; Gesetzestext in IPRax 2003, 163.

[294] *Süß* IPRax 2001, 488 f.

[295] OLG Zweibrücken ZEV 1997, 512 = IPRax 1999, 110 m Anm *Kartzke* 98; *Jülicher* ZEV 1999, 466.

Sudan:	Heimatrecht (Art 11 Abs 10 ZGB)
Syrien:	Heimatrecht (Art 18 ZGB)
Tadschikistan:	Wohnsitzrecht, inländische Immobilien nach Belegenheitsrecht (Art 563 ZGB); Fortgeltung des deutsch-sowjetischen Konsularvertrags (Rn 13 f)
Tansania:	Common Law-Prinzipien (Nachlassspaltung, s Großbritannien/USA)
Taiwan:	s. China (Republik)
Thailand:	Wohnsitzrecht für bewegliches Vermögen, Belegenheitsrecht für unbewegliches Vermögen (§§ 37 ff Gesetz über die Gesetzeskollisionen, Nachlassspaltung)
Togo:	Heimatrecht, Immobilien und Geschäftsvermögen nach Belegenheitsrecht; Erbschaftserwerb unbewegl. Vermögens nach Belegenheitsrecht (Art 714, 716 FamGB)
Trinidad und Tobago:	Common Law-Prinzipien (Nachlassspaltung, s Großbritannien/USA)
Tschad:	Heimatrecht (Art 70 Nr 4 VO Nr 6 vom 21. 3. 1967)
Tschechische Republik:	Heimatrecht (Art 17 IPRG vom 4. 12. 1963)
Tunesien:	Heimatrecht (Art 54 IPR-Gesetz)[296]
Türkei:	Heimatrecht, inländische Immobilien nach Belegenheitsrecht (Art 22 IPRG), im Verhältnis zu Deutschland gilt das Nachlassabkommen (Rn 5)[297]
Turkmenistan:	Wohnsitzrecht, inländische Immobilien nach Belegenheitsrecht (Art 568 ZGB)
Uganda:	Common Law-Prinzipien (Nachlassspaltung, s Großbritannien/USA)
Ukraine:	Hinsichtlich unbeweglichen Vermögens Fortgeltung des deutsch-sowjetischen Konsularvertrags (Rn 13 f); iÜ Wohnsitzrecht.
Ungarn:	Heimatrecht (Art 36 Gesetzes-VO Nr 13/1979 vom 31. 5. 1979)
Uruguay:	Belegenheitsrecht (Art 2400 ZGB, Nachlassspaltung)
USA:	Kein gesamtstaatliches IPR, das Recht aller Einzelstaaten folgt aber den Common Law-Prinzipien: Domizilrecht („domicile") für bewegliches Vermögen, Belegenheitsrecht für unbewegliches Vermögen[298] (Nachlassspaltung). Qualifikationsverweisung bzgl der Qualifikation als beweglich oder unbeweglich
Usbekistan:	Wohnsitzrecht mit Rechtswahlmöglichkeit zug. Heimatrecht, für unbewegl. Sachen Belegenheitsrecht (Art 1197 ff ZGB); Fortgeltung des deutsch-sowjetischen Konsularvertrags (Rn 13 f)
Vatikan:	Heimatrecht
Venezuela:	Wohnsitzrecht mit Sonderregelungen bezüglich des Noterbrechts und des Staatserbrechts an in Venezuela belegenem Vermögen (Art 34 bis 36 IPRG)[299]
Vereinigte Arabische Emirate:	Heimatrecht (Art 17 ZGB)[300]
Weißrußland (Belarus):	Wohnsitzrecht für bewegliches Vermögen mit Rechtswahlmöglichkeit zug. des Heimatrechts, Belegenheitsrecht für unbewegliches Vermögen (Art 1133 ff ZGB)[301]; Fortgeltung des deutsch-sowjetischen Konsularvertrags (Rn 13 f).
Zentralafrikanische Republik:	Wohnsitzrecht für bewegliches Vermögen, Belegenheitsrecht für unbewegliches Vermögen (Art 43 G. über die Rechtsstellung der Ausländer, Nachlassspaltung)
Zypern:	Common Law-Prinzipien (Nachlassspaltung, s Großbritannien/USA)

Art 26 Verfügungen von Todes wegen

(1) ¹Eine letztwillige Verfügung ist, auch wenn sie von mehreren Personen in derselben Urkunde errichtet wird, hinsichtlich ihrer Form gültig, wenn diese den Formerfordernissen entspricht
1. des Rechts eines Staates, dem der Erblasser ungeachtet des Artikels 5 Abs. 1 im Zeitpunkt, in dem er letztwillig verfügt hat, oder im Zeitpunkt seines Todes angehörte,
2. des Rechts des Ortes, an dem der Erblasser letztwillig verfügt hat,
3. des Rechts eines Ortes, an dem der Erblasser im Zeitpunkt, in dem er letztwillig verfügt hat, oder im Zeitpunkt seines Todes seinen Wohnsitz oder gewöhnlichen Aufenthalt hatte,
4. des Rechts des Ortes, an dem sich unbewegliches Vermögen befindet, soweit es sich um dieses handelt, oder
5. des Rechts, das auf die Rechtsnachfolge von Todes wegen anzuwenden ist oder im Zeitpunkt der Verfügung anzuwenden wäre.

²Ob der Erblasser an einem bestimmten Ort einen Wohnsitz hatte, regelt das an diesem Ort geltende Recht.

(2) ¹Absatz 1 ist auch auf letztwillige Verfügungen anzuwenden, durch die eine frühere letztwillige Verfügung widerrufen wird. ²Der Widerruf ist hinsichtlich seiner Form auch

---

[296] Wortlaut des Gesetzes in IPRax 1999, 292 ff; s auch *Mezghani* RabelsZ 65 (2001), 78.
[297] Zum türkischen materiellen Erbrecht vgl Serozan ZEV 1997, 473; zur Aufhebung von erbrechtlichen Beschränkungen ehemaliger türkischer Staatsangehöriger vgl *Boduroglu* ZEV 1997, 477; deutsche Übersetzung des türkischen IPR-Gesetzes von *Krüger* findet sich in IPRax 1982, 254 sowie bei *Riering* IPR-Gesetze in Europa, Nr 11, S 338.
[298] BGH NJW 1993, 1920 = IPRax 1994, 375 m Anm *Dörner* 362 zu Florida; OLG Karlsruhe NJW 1990, 1420 m Anm *Schurig* IPRax 1990, 389 zu Texas; BGHZ 24, 352 zu Kalifornien; OLG Brandenburg FGPRax 2001, 206 zu New Jersey; umfangreiche wN zu den Einzelstaaten bei *Staudinger/Dörner* Art 25 f Anh Rn 922.
[299] Deutscher Text in IPRax 1999, 196; vgl auch *Hernández-Bretón* S 194.
[300] Vgl *Krüger/Küppers* IPRax 1986, 389.
[301] *Mosgo* IPRax 2000, 148 f mit deutscher Übersetzung der Gesetzestexte S 149 ff.

dann gültig, wenn diese einer der Rechtsordnungen entspricht, nach denen die widerrufene letztwillige Verfügung gemäß Absatz 1 gültig war.

(3) ¹Die Vorschriften, welche die für letztwillige Verfügungen zugelassenen Formen mit Beziehung auf das Alter, die Staatsangehörigkeit oder andere persönliche Eigenschaften des Erblassers beschränken, werden als zur Form gehörend angesehen. ²Das gleiche gilt für Eigenschaften, welche die für die Gültigkeit einer letztwilligen Verfügung erforderlichen Zeugen besitzen müssen.

(4) Die Absätze 1 bis 3 gelten für andere Verfügungen von Todes wegen entsprechend.

(5) ¹Im übrigen unterliegen die Gültigkeit der Errichtung einer Verfügung von Todes wegen und die Bindung an sie dem Recht, das im Zeitpunkt der Verfügung auf die Rechtsnachfolge von Todes wegen anzuwenden wäre. ²Die einmal erlangte Testierfähigkeit wird durch Erwerb oder Verlust der Rechtsstellung als Deutscher nicht beeinträchtigt.

Übersicht

	Rn		Rn
I. Normzweck, Vorrang von Staatsverträgen, intertemporaler Anwendungsbereich	1	VI. Errichtungsstatut (hypothetisches Erbstatut, Abs 5), Handeln unter falschem Recht	11
II. Sachlicher Anwendungsbereich	4		
III. Alternative Anknüpfung der Formwirksamkeit (Abs 1 Nr 1–5)	7	Anhang: Haager Übereinkommen über das auf die Form letztwilliger Verfügungen anzuwendende Recht vom 5. 10. 1961 (Haager Testamentsformübereinkommen, BGBl 1965 II S 1145) (Auszug)	16
IV. Unteranknüpfung bei Mehrrechtsstaaten	9		
V. Substitution	10		

I. Normzweck, Vorrang von Staatsverträgen, intertemporaler Anwendungsbereich

Die Vorschrift regelt primär Fragen der **Formgültigkeit** von Verfügungen von Todes wegen (Abs 1–4). Zweck der Regelung ist es, durch **alternative Anknüpfung** (zum Begriff s Einl IPR Rn 36) der Formwirksamkeit die Formgültigkeit von Verfügungen von Todes wegen zu begünstigen (**favor testamenti**). Daneben regelt die Vorschrift in Abs 5 als **lex specialis** zu Art 25 die Frage der materiellen Gültigkeit solcher Verfügungen im Falle des **Statutenwechsels (hypothetisches Erbstatut bzw Errichtungsstatut).** Wegen der sachlichen Zugehörigkeit dieser Frage zu Art 25 ist die kodifikatorische Lokalisierung in Art 26 ein Missgriff des Gesetzgebers. 1

Der Gesetzgeber hat aus Gründen der kodifikatorischen Einheit des deutschen IPR in Art 26 Abs 1–3 die entsprechenden Regelungen des Haager Übereinkommens über das auf die Form letztwilliger Verfügungen anzuwendende Recht vom 5. 10. 1961¹ (**Haager Testamentsformübereinkommen**) integriert. Da dieses als **loi uniforme** auch gegenüber Nichtvertragsstaaten anwendbar ist (Art 6 Testamentsformübereinkommen), stellt sich die Frage des Vorrangs vor Art 26 nach Art 3 Abs 2. In der Lit ist überaus str, ob die in Art 26 Abs 1–3 enthaltenen Regelungen wegen des Vorrangs des Testamentsformübereinkommens praktisch obsolet sind², ob trotz des grundsätzlichen Vorrangs des Testamentsformübereinkommens Art 3 Abs 2 durch die in der Praxis häufig anzutreffende Anwendung von Art 26 anstelle des Testamentsformübereinkommens dieses zumindest nicht verletzt wird, sofern dies unter Beachtung des **staatsvertraglichen Charakters** der Regelung geschieht³ oder ob die Anwendung des Testamentsformübereinkommens durch dessen Integration in Art 26 gar überflüssig geworden ist⁴. Die Rspr ist uneinheitlich⁵. Da der Gesetzgeber offensichtlich nicht obsoletes Recht schaffen, sondern eine Anwendung von Art 26 Abs 1–3 ermöglichen wollte, kann man diese Regelungen angesichts des nur deklaratorischen Charakters von Art 3 Abs 2 (Art 3 Rn 4, 7) in Abweichung von der dort enthaltenen Auslegungsregel als vorrangige lex posterior zu den Regelungen des Testamentsformübereinkommens ansehen⁶, deren Anwendung auch keinen Völkerrechtsverstoß darstellt, solange sie in sachlicher Übereinstimmung mit den Regelungen des Testamentsformübereinkommens erfolgt. Dies ist insbes bei der Anwendung von Art 6 (**ordre public**) und bei der Frage der **Unteranknüpfung** bei Mehrrechtsstaaten zu beachten, weil Art 1 Abs 2 Testamentsformübereinkommen diesbezüglich eine nicht ganz mit Art 4 Abs 3 übereinstimmende Regelung enthält. Auch ist Art 3 Abs 3 wegen des Vorrangs des Haager Testamentsformübereinkommens nicht auf die Testamentsform anzuwenden⁷. Soweit der sachliche 2

---

¹ Für die Bundesrepublik in Kraft getreten am 1. 1. 1966, BGBl 1965 II S 1145; Wortlaut Rn 16; zum Kreis der übrigen Vertragsstaaten s BGBl FNB 2001 S 449.
² So etwa MünchKommBGB/*Birk* Rn 2; *Staudinger/Dörner* Rn 16, 18.
³ *Palandt/Heldrich* Rn 1; *Soergel/Schurig* Rn 3; *Erman/Hohloch* Rn 3 f.
⁴ So etwa *Palandt/Heldrich* Rn 1; *Erman/Hohloch* Rn 3 mwN.
⁵ Für Vorrang des Testamentsformübereinkommens BGH NJW 1995, 58; dieses wird auch angewendet von OLG Zweibrücken NJW-RR 1992, 587; Art 26 wurde angewendet von BayObLG DNotZ 1994, 393; BayObLGZ 1995, 366.
⁶ Ähnlich v. *Bar* IPR II Rn 356: Art 26 als lex specialis zu Art 3 Abs 2.
⁷ *Dörner* FamRZ 2003, 1880; *Süß* NotBZ 2004, 393; *Leible/Sommer* ZEV 2006, 93, 95; *Looschelders* IPRax 2005, 232, 233 im Ergebnis ebenso BGH NJW 2004, 3558, 3560; aA OLG Celle ZEV 2003, 509.

Anwendungsbereich von Art 26 denjenigen des Testamentsformübereinkommens durch die Einbeziehung anderer Verfügungen von Todes wegen, dh von Erbverträgen (Abs 4) übersteigt, stellt sich das Konkurrenzproblem von vorneherein nicht. Zum Verhältnis von Art 26 bzw dem Haager Testamentsformübereinkommen zu § 16 des deutsch-türkischen Nachlassabkommens s Art 25 Rn 7.

3 Die Regelung findet gemäß Art 220 Abs 1 **intertemporal** auf Verfügungen von Todes wegen Anwendung, die seit dem 1. 9. 1986 errichtet wurden. Für vor diesem Zeitpunkt, aber nach dem 31. 12. 1965 eingetretene Erbfälle gilt unabhängig vom Zeitpunkt der Errichtung ausschließlich das Testamentsformübereinkommen (Art 8 Testamentsformübereinkommen). Bei vor dem 1. 1. 1966 eingetretenen Erbfällen beurteilt sich das auf die Formgültigkeit von Verfügungen von Todes wegen anwendbare Recht nach Art 11 aF.

II. Sachlicher Anwendungsbereich

4 In Übereinstimmung mit Art 1 des Testamentsformübereinkommens erfasst Art 26 Abs 1 die Form **letztwilliger Verfügungen,** dh von Testamenten und gemeinschaftlichen Testamenten. Darüber hinaus werden über Abs 4 auch andere Verfügungen von Todes wegen, also insbes **Erbverträge** in den Anwendungsbereich der Regelung einbezogen. Die Form von **Schenkungen von Todes wegen** fällt dann unter die Vorschrift, wenn sie nach dem für sie maßgebenden materiellen Recht (Art 25 Rn 40) als Verfügungen von Todes wegen qualifiziert werden. Die Form sonstiger erbrechtlicher Rechtsgeschäfte wie zB Erbschaftsannahme und -ausschlagung und deren Anfechtung, die Anfechtung von Verfügungen von Todes wegen, Erbverzicht, Erbschaftskauf oder Testierverträgen etc unterliegt Art 11[8]. Nach Abs 2 gilt die Vorschrift auch für **Widerrufstestamente,** für deren **Form**wirksamkeit zusätzlich das Formstatut der widerrufenen Verfügung bereitgestellt wird. Die **materielle Wirksamkeit** eines Widerrufstestaments sowie der Widerruf auf andere Weise als durch Widerrufstestament (etwa durch Vernichtung oder Rücknahme aus amtlicher Verwahrung, vgl §§ 2255, 2256 BGB) unterliegen hingegen allein dem (hypothetischen) Erbstatut (Art 25, 26 Abs 5; Rn 14).

5 Erfasst werden nur Regelungen über **Formerfordernisse,** nicht materielle Gültigkeitsanforderungen. Letztere unterliegen ausschließlich dem (hypothetischen) Erbstatut. Ob eine Regelung als Formerfordernis oder als materielle Gültigkeitsanforderung zu verstehen ist, ist grds im Wege der **Qualifikation** nach der lex fori zu ermitteln, da trotz des staatsvertraglichen Hintergrundes eine autonome Qualifikation faktisch unmöglich ist[9]. Aus der Sicht des deutschen Rechts sind Formvorschriften alle Regelungen, die zu Beweiszwecken, zur Sicherung der Authentizität und des Testierwillens und zum Schutz vor Verfälschungen eine bestimmte äußere Gestaltung der Verfügung bzw des Erbvertrags vorschreiben[10]. Damit ist maßgeblich auf die ratio legis einer Vorschrift abzustellen, dh es ist zu fragen, ob sie sich selbst als eine Vorschrift versteht, die nach diesen Maßstäben der als Formvorschrift zu qualifizieren wäre. So kann etwa das Verbot eines **gemeinschaftlichen Testaments** oder eines **Erbvertrags** nach dem Erbstatut Zwecke verfolgen, die nach den Kategorien des deutschen Rechts materiellrechtlicher Art sind (zB Aufrechterhaltung der Testierfreiheit)[11] und damit ausschließlich nach Art 25 anzuknüpfen sein. Verfolgt das Verbot hingegen Formzwecke[12], ist Art 26 bzw das Testamentsformübereinkommen anzuwenden[13]. Regelungen über die **materielle Höchstpersönlichkeit** wie etwa § 2274 BGB sind nicht als Formerfordernisse zu qualifizieren[14]. Besonders schwierige Qualifikationsfragen werden in Abs 3 (entspr Art 5 Testamentsformübereinkommen) ausdrücklich geregelt. Danach fallen Vorschriften, welche im Hinblick auf bestimmte persönliche Eigenschaften wie zB das Alter des Erblassers bestimmte Formen von Verfügungen beschränken, in den Anwendungsbereich von Art 26. Gemeint sind damit Vorschriften wie zB §§ 2233 Abs 2, 2247 Abs 4 BGB[15], dh Regelungen des **Testieralters.** Die **Testierfähigkeit** als solche unterfällt hingegen ausschließlich dem (hypothetischen) Erbstatut (Art 25 Rn 26). Zur Form gehören nach Abs 3 S 2 (entspr Art 5 S 2 Testamentsformübereinkommen) auch Regelungen über persönliche Qualifikation von Zeugen einer Verfügung von Todes wegen. Begünstigungsverbote bezüglich Zeugen oder Urkundspersonen (vgl etwa §§ 7, 27 BeurkG) unterfallen hingegen dem Erbstatut, weil sie sich teleologisch nicht auf die Beurkundungsfähigkeit, sondern auf die Einsetzbarkeit beziehen[16].

---

[8] Zur Abgrenzung zur materiellrechtlichen Frage des Erklärungsadressaten bei amtsempfangsbedürftigen Willenserklärungen s Art 25 Rn 35.
[9] *Staudinger/Dörner* Vor Art 25 f Rn 84.
[10] *Staudinger/Dörner* Vor Art 25 f Rn 85.
[11] So etwa im Recht der (ehemaligen) jugoslawischen Teilrepubliken, vgl OLG Zweibrücken NJW-RR 1992, 587 und im italienischen Recht, vgl BayObLGZ 1957, 376; OLG Frankfurt IPRax 1986, 111m Anm *Grundmann* 94 betr Italien; *Kindler,* Einführung in das italienische Recht, S 233.
[12] So im französischen, niederländischen und schweizerischen Recht vgl Art 25 Rn 28 mwN; zum gemeinschaftlichen Testament deutsch-französischer Ehegatten vgl *Riering* ZEV 1994, 225.
[13] Nur in der Begründung anders *v. Bar* IPR II Rn 381 Fn 156: Qualifikation lege fori stets als materiellrechtlich, bei abw Qualifikation der lex causae aber Rück- bzw Weiterverweisung kraft abweichender Qualifikation (Art 4 Rn 12); *Grundmann* IPRax 1986, 94, 95 f: Qualifikation lege causae kraft Qualifikationsverweisung (Einl IPR Rn 61). Zu den materiellrechtlichen Fragen (Bindungswirkung) s Art 25 Rn 28.
[14] *Staudinger/Dörner* Rn 35.
[15] Zur Verfassungswidrigkeit des Ausschlusses testierfähiger stummer Schreibunfähiger im deutschen Recht vgl BVerfG NJW 1999, 1853.
[16] *Staudinger/Dörner* Vor Art 25 f Rn 91, 93; *MünchKommBGB/Birk* Rn 72; aA *v. Bar* IPR II Rn 401; *Palandt/ Heldrich* Rn 6; *Soergel/Schurig* Rn 21; *Erman/Hohloch* Rn 23; hinsichtlich der Urkundspersonen diff *Soergel/Schurig* Rn 20.

Art 26 bzw das Testamentsformübereinkommen gilt sowohl für die Formerfordernisse als auch für die **Folgen** der Verletzung von Formvorschriften[17], dh insbes auch für die Frage, ob der Formverstoß ipso iure zur Nichtigkeit der Verfügung führt oder das Erfordernis einer (fristgebundenen) rechtsgestaltenden Nichtigkeitsklage besteht[18]. Auch insoweit gilt bei alternativer Anknüpfung die der Formwirksamkeit jeweils günstigste Regelung, dh es gilt das Recht, welches die mildeste Sanktion vorsieht: Ist eine letztwillige Verfügung etwa nach deutschem Recht als dem Recht des Errichtungsorts (Abs 1 Nr 2) gemäß § 125 BGB ipso iure nichtig, nach dem Heimatrecht des Erblassers (Abs 1 Nr 1) jedoch lediglich aufhebbar, so gilt letzteres. 6

III. Alternative Anknüpfung der Formwirksamkeit (Abs 1 Nr 1–5)

Zur Begünstigung der Formwirksamkeit einer Verfügung von Todes wegen enthält Abs 1 Nr 1–5 eine Reihe alternativer Anknüpfungen der Formwirksamkeit. Eine Verfügung von Todes wegen ist formwirksam errichtet, wenn sie den Formerfordernissen auch nur einer der von der Vorschrift zur Verfügung gestellten Rechtsordnungen entspricht. Aus dem Sinn und Zweck der Vorschrift ergibt sich daher aus Art 4 Abs 1 S 1 HS 2 (Sinnvorbehalt) ein **Ausschluss der Rück- und Weiterverweisung**, sofern dadurch die Zahl der zur Verfügung stehenden Rechtsordnungen vermindert wird (Art 4 Rn 8). 7

In Übereinstimmung mit dem Testamentsformübereinkommen kann sich die Formwirksamkeit einer Verfügung ergeben: 8

(1) aus einem (nicht zwingend effektiven) **Heimatrecht** des Erblassers zum Zeitpunkt der Errichtung oder des Todes (Abs 1 Nr 1, entspr Art 1 Abs 1 lit b Testamentsformübereinkommen)[19];

(2) aus dem Recht des **Errichtungsortes** (Abs 1 Nr 2, entspr Art 1 Abs 1 lit a Testamentsformübereinkommen), wobei zu beachten ist, dass diplomatische Vertretungen insoweit nicht als exterritorial zu betrachten sind (Einl IPR Rn 1)[20]. Errichtungsort ist der Ort der Vornahme der Verfügung von Todes wegen, bei einer mündlichen Verfügung der Ort der Verlautbarung[21]. Eine besondere Aufenthaltsdauer am Errichtungsort ist nicht erforderlich[22].

(3) aus dem Recht des Ortes des **Wohnsitzes** oder **gewöhnlichen Aufenthaltes** des Erblassers zum Zeitpunkt der Errichtung oder des Todes (Abs 1 Nr 3, entspr Art 1 Abs 1 lit c, d Testamentsformübereinkommen);

(4) begrenzt auf die Vererbung unbeweglichen Vermögens aus dem Recht des **Belegenheitsortes**, wobei über die Frage der Qualifikation eines Nachlassgegenstandes als beweglich oder unbeweglich ebenfalls das Belegenheitsrecht entscheidet (Abs 1 Nr 4, entspr Art 1 Abs 1 lit e Testamentsformübereinkommen). Durch diese Anknüpfung kann es somit, sofern nicht die Verfügung iÜ nach einer anderen von der Vorschrift zur Verfügung gestellten Anknüpfung formwirksam ist, zu einer nur partiell formwirksamen letztwilligen Verfügung kommen;

(5) aus dem Recht, das tatsächlich auf die Erbfolge Anwendung findet **(Erbstatut)** oder im Zeitpunkt der Verfügung Anwendung gefunden hätte (**hypothetisches Erbstatut,** Rn 11) (Abs 1 Nr 5, keine Entsprechung im Testamentsformübereinkommen).

IV. Unteranknüpfung bei Mehrrechtsstaaten

Soweit auf das an einem bestimmten Ort geltende Recht verwiesen wird, stellt sich das Problem der Unteranknüpfung nicht, weil sich die Verweisung **unmittelbar** auf die Teilrechtsordnung bezieht. Kommt es aber im Rahmen der Anknüpfung an die Staatsangehörigkeit (Abs 1 Nr 1, entspr Art 1 Abs 1 lit b Testamentsformübereinkommen) zu einer Verweisung auf das Recht eines Mehrrechtsstaats, so ist die Unteranküpfung nach Art 1 Abs 2 Testamentsformübereinkommen vorzunehmen. Diese Regelung weicht inhaltlich von Art 4 Abs 3 ab und ist daher wegen des Vorrangs des Staatsvertrags als **lex specialis** zu Art 4 Abs 3 anzusehen. Die inhaltliche Abweichung besteht darin, dass es nach Art 1 Abs 2 Testamentsformübereinkommen auf die engste Bindung des Erblassers (und nicht wie in Art 4 Abs 3 S 2 „des Sachverhalts") zu einer Teilrechtsordnung ankommt. 9

V. Substitution

Die durch die Regelung zur Verfügung gestellten Anknüpfungen werden sich im Ergebnis häufig überschneiden. Ist die Verfügung von Todes wegen nach einer einzigen der in Betracht kommenden Rechtsordnungen formwirksam, erübrigt sich eine Prüfung der Formwirksamkeit nach anderen Rechtsordnungen. Fälle, in welchen nach allen in Betracht kommenden Rechtsordnungen Formunwirksamkeit vorliegt, sind dagegen selten. Wird eine Verfügung unter der vermeintlichen Anwendbarkeit eines bestimmten Rechts errichtet, kann sich aber auf **materiellrechtlicher** Ebene ein Problem der **Substitution** stellen. In der (meist unveröffentlichten) Praxis der Nachlassgerichte handelt es sich 10

---

[17] *Staudinger/Dörner* Vor Art 25 f Rn 86; aA *MünchKommBGB/Birk* Rn 47, 83: Erbstatut; offen gelassen in BayObLG ZEV 2005, 441, 443.
[18] So etwa im schweizerischen Recht (Art 520 ZGB) und bei bestimmten Formmängeln auch im italienischen Recht (Art 606 Abs 2 Codice Civile).
[19] BayObLG ZEV 2005, 441, 442.
[20] BGHZ 82, 34, 44.
[21] LG München I ZEV 1999, 489 f = IPRax 1999, 182 m Anm *Jayme*.
[22] Zutr LG München I ZEV 1999, 489.

dabei um Fälle, in denen ein Erblasser in der diplomatischen Vertretung eines Staates[23] eine letztwillige Verfügung in der Form des Rechts dieses Staates errichtet, ohne gleichzeitig die Staatsangehörigkeit dieses Staates zu besitzen oder in diesem zum Zeitpunkt der Errichtung bzw zum Zeitpunkt seines Todes Wohnsitz oder gewöhnlichen Aufenthalt zu haben. Hier sowie in ähnlich gelagerten Fällen ist zu fragen, ob die Beurkundung durch eine Amtsperson im Wege der Substitution der notariellen Beurkundung des deutschen Rechts (§ 2232 BGB) funktional gleichgestellt werden kann. Dies ist bei der Beurkundung durch einen US-amerikanischen „notary public" jedoch zu verneinen[24].

VI. Errichtungsstatut (hypothetisches Erbstatut, Abs 5), Handeln unter falschem Recht

11   Im Interesse einer effektiven und sicheren Nachlassplanung erklärt die sachlich Art 25 zugehörige Regelung, die keine Entsprechung im Testamentsformübereinkommen hat, in S 1 für bestimmte materiell-erbrechtliche Fragen der gewillkürten Erbfolge in Abweichung von Art 25 Abs 1 nicht das Heimatrecht des Erblassers zum Zeitpunkt seines Todes, sondern das zum Zeitpunkt der Errichtung geltende Erbstatut für maßgeblich (sog **Errichtungsstatut**). Es ist somit (einschließlich sämtlicher Fragen wie insbes der Rück- und Weiterverweisung und eines eventuellen Vorrangs des Einzelstatuts gemäß Art 3 Abs 3) zu ermitteln, welche Rechtsordnung auf die Erbfolge anwendbar gewesen wäre, wenn der Erbfall im Zeitpunkt der Errichtung der Verfügung eingetreten wäre. Soweit im Rahmen einer Rück- oder Weiterverweisung ausländisches Kollisionsrecht zu prüfen ist, ist ebenfalls der Rechtszustand zum Zeitpunkt der Errichtung maßgeblich. Man spricht deshalb auch vom **hypothetischen** oder **fiktiven Erbstatut**.

12   Dieses ist maßgeblich für die **Gültigkeit** einer Verfügung sowie deren Bindungswirkung. Die vom Gesetzgeber bewusst offengelassene Reichweite des Begriffs „Gültigkeit" umfasst die Testierfähigkeit, die materiellrechtliche Statthaftigkeit einer Verfügung (etwa eines gemeinschaftlichen Testaments bzw eines Erbvertrags)[25] sowie sämtliche materiellen Wirksamkeitsvoraussetzungen einer Verfügung einschließlich der Möglichkeit der Stellvertretung und der Relevanz von Willensmängeln und der Art und Weise ihrer Geltendmachung. Bezüglich der **Testierfähigkeit** präzisiert S 2, dass die einmal erlangte Testierfähigkeit eines Deutschen bei Wechsel der Staatsangehörigkeit auch dann erhalten bleibt, wenn sie bis zu diesem Zeitpunkt nicht ausgeübt wurde. Die Regelung findet analoge Anwendung auf testierfähige Ausländer, die eine andere (ausländische) Staatsangehörigkeit erwerben (Verallseitigung)[26].

13   Nicht unter den Begriff der Gültigkeit fallen materiellrechtliche Fragen ohne Bezug auf die wirksame Vornahme des Rechtsgeschäfts, dh Fragen des zulässigen **Inhalts** und der **Wirkungen** von Verfügungen (zB Wahrung der Pflichtteilsrechte) einschließlich ihrer Auslegung. Insoweit ist ausschließlich das Erbstatut zum Zeitpunkt des Todes maßgeblich, wobei jedoch auf der Ebene und nach Maßgabe des anwendbaren materiellen Rechts etwa bei Fragen der Testamentsauslegung das vom Erblasser bei Errichtung für anwendbar gehaltene Recht nach den Grundsätzen des **„Handelns unter falschem Recht"** zu berücksichtigen ist (Art 25 Rn 27).

14   Das hypothetische Erbstatut gilt aber kraft ausdrücklicher gesetzlicher Anordnung auch für die **Bindungswirkung** einer Verfügung. Dieses entscheidet im Interesse Dritter, ob und inwieweit der Erblasser an eine Verfügung gebunden ist, dh über die Statthaftigkeit des Widerrufs. Über dessen materielle Wirksamkeit iE entscheidet nach Art 26 Abs 5 wiederum das hypothetische Erbstatut zurzeit der Widerrufshandlung, seine Formwirksamkeit unterliegt Art 26 Abs 2[27]. Erfolgt der Widerruf nicht durch Verfügung von Todes wegen (etwa durch Vernichtung), ist Art 26 Abs 5 analog anzuwenden[28].

15   Art 26 Abs 5 dient primär der Aufrechterhaltung einer wirksam errichteten Verfügung im Falle eines späteren Statutenwechsels. Die Regelung kann aber nach hM nicht für eine nachträgliche **Validierung** einer nach dem hypothetischen Erbstatut unwirksamen Verfügung herangezogen werden. Eine danach ungültige bzw nicht bindende Verfügung soll ungültig bzw nicht bindend bleiben, selbst wenn sie nach dem im Zeitpunkt des Erbfalls tatsächlich maßgeblichen Erbstatut wirksam bzw bindend wäre[29]. Richtigerweise kann diese Frage jedoch nicht abstrakt kollisionsrechtlich gelöst werden, sondern ist dem jeweiligen Erbstatut zu überlassen[30]. Da Art 26 Abs 5 die materielle Wirksamkeit von Verfügungen von Todes wegen begünstigen will, ist daher aus der Sicht des deutschen Rechts bei Geltung deutschen materiellen Erbrechts eine Verfügung entgegen dem zu weit geratenen Wortlaut der Vorschrift im Rahmen einer teleologischen Reduktion auch dann für **gültig** zu erachten, wenn sie nach dem hypothetischen Erbstatut unwirksam war, nach dem tatsächlichen

---

[23] Zur fehlenden Exterritorialität s Rn 8.
[24] So etwa in dem Fall, in welchem die deutsche Ehefrau eines in Deutschland stationierten US-Soldaten in der Kaserne der US-Army vor einem notary public der US-Army ein Testament in der Form eines US-Bundesstaates errichtet.
[25] Zur Abgrenzung zum Formstatut s Rn 5.
[26] HM, vgl *Staudinger/Dörner* Rn 85; *MünchKommBGB/Birk* Art 25 Rn 20; *Palandt/Heldrich* Rn 9; *Erman/Hohloch* Rn 30; aA *Siehr* IPRax 1987, 4, 6; allg zur Verallseitigung s Einl IPR Rn 45.
[27] LG Heidelberg IPRax 1992, 170, 171.
[28] *Staudinger/Dörner* Rn 78; *Soergel/Schurig* Rn 26.
[29] *Staudinger/Dörner* Rn 83; *MünchKommBGB/Birk* Rn 16 zur Testierfähigkeit; *Erman/Hohloch* Art 26 Rn 32; *Soergel/Schurig* Rn 26.
[30] So wohl auch *Palandt/Heldrich* Rn 8.

Verfügungen von Todes wegen   **Art 26 EGBGB**

Erbstatut aber wirksam ist[31]. Ein schützenswertes Vertrauen des Erblassers oder gar Dritter auf die Ungültigkeit einer Verfügung ist nicht vorstellbar. Die **Bindungswirkung** ist hingegen wegen ihrer Auswirkung auf die Testierfreiheit des Verfügenden auch in negativer Hinsicht ausschließlich nach dem hypothetischen Erbstatut zu beurteilen, eine danach widerrufliche Verfügung kann durch einen Statutenwechsel nicht unwiderruflich werden.

Anhang: Haager Übereinkommen über das auf die Form letztwilliger Verfügungen anzuwendende Recht vom 5. 10. 1961 (Haager Testamentsformübereinkommen, BGBl 1965 II S 1145)

(Auszug)

Art 1 [Anknüpfung]   16

(1) Eine letztwillige Verfügung ist hinsichtlich ihrer Form gültig, wenn diese dem innerstaatlichen Recht entspricht:
a) des Ortes, an dem der Erblasser letztwillig verfügt hat, oder
b) eines Staates, dessen Staatsangehörigkeit der Erblasser im Zeitpunkt, in dem er letztwillig verfügt hat, oder im Zeitpunkt seines Todes besessen hat, oder
c) eines Ortes, an dem der Erblasser im Zeitpunkt, in dem er letztwillig verfügt hat, oder im Zeitpunkt seines Todes seinen Wohnsitz gehabt hat, oder
d) des Ortes, an dem der Erblasser im Zeitpunkt, in dem er letztwillig verfügt hat, oder im Zeitpunkt seines Todes seinen gewöhnlichen Aufenthalt gehabt hat, oder
e) soweit es sich um unbewegliches Vermögen handelt, des Ortes, an dem sich dieses befindet.

(2) Ist die Rechtsordnung, die auf Grund der Staatsangehörigkeit anzuwenden ist, nicht vereinheitlicht, so wird für den Bereich dieses Übereinkommens das anzuwendende Recht durch die innerhalb dieser Rechtsordnung geltenden Vorschriften, mangels solcher Vorschriften durch die engste Bindung bestimmt, die der Erblasser zu einer der Teilrechtsordnungen gehabt hat, aus denen sich die Rechtsordnung zusammensetzt.

(3) Die Frage, ob der Erblasser an einem bestimmten Ort einen Wohnsitz gehabt hat, wird durch das an diesem Ort geltende Recht geregelt.

Art 2 [Widerruf letztwilliger Verfügungen]

(1) Artikel 1 ist auch auf letztwillige Verfügungen anzuwenden, durch die eine frühere letztwillige Verfügung widerrufen wird.

(2) Der Widerruf ist hinsichtlich seiner Form auch dann gültig, wenn diese einer der Rechtsordnungen entspricht, nach denen die widerrufene letztwillige Verfügung gemäß Artikel 1 gültig gewesen ist.

Art 3 [Bestehende Formvorschriften der Vertragsstaaten]

Dieses Übereinkommen berührt bestehende oder künftige Vorschriften der Vertragsstaaten nicht, wodurch letztwillige Verfügungen anerkannt werden, die der Form nach entsprechend einer in den vorangehenden Artikeln nicht vorgesehenen Rechtsordnungen errichtet worden sind.

Art 4 [Anwendung auf gemeinschaftliche Testamente]

Dieses Übereinkommen ist auch auf die Form letztwilliger Verfügungen anzuwenden, die zwei oder mehrere Personen in derselben Urkunde errichtet haben.

Art 5 [Zur Form gehörig]

[1]Für den Bereich dieses Übereinkommens werden die Vorschriften, welche die für letztwillige Verfügungen zugelassenen Formen mit Beziehung auf das Alter, die Staatsangehörigkeit oder andere persönliche Eigenschaften des Erblassers beschränken, als zur Form gehörend angesehen. [2]Das gleiche gilt für Eigenschaften, welche die für die Gültigkeit einer letztwilligen Verfügung erforderlichen Zeugen besitzen müssen.

Art 6 [Allseitige Anwendung des Übereinkommens]

[1]Die Anwendung der in diesem Übereinkommen aufgestellten Regeln über das anzuwendende Recht hängt nicht von der Gegenseitigkeit ab. [2]Das Übereinkommen ist auch dann anzuwenden, wenn

---

[31] So ausdrücklich die in der Begr RegE, BT-Drucks 10/504 S 76, in Bezug genommene Regelung im österreichischen IPR, § 30 Abs 1 S 2 IPRG.

die Beteiligten nicht Staatsangehörige eines Vertragsstaates sind oder das auf Grund der vorangehenden Artikel anzuwendende Recht nicht das eines Vertragsstaates ist.

Art 7 [ordre-public-Klausel]

Die Anwendung eines durch dieses Übereinkommen für maßgebend erklärten Rechtes darf nur abgelehnt werden, wenn sie mit der öffentlichen Ordnung offensichtlich unvereinbar ist.

Art 8 [Intertemporale Regelung]

Dieses Übereinkommen ist in allen Fällen anzuwenden, in denen der Erblasser nach dem Inkrafttreten des Übereinkommens gestorben ist.

Art 9 [Vorbehalt bezüglich der Bestimmung des Wohnsitzrechtes]

Jeder Vertragsstaat kann sich, abweichend von Artikel 1 Abs. 3, das Recht vorbehalten, den Ort, an dem der Erblasser seinen Wohnsitz gehabt hat, nach dem am Gerichtsort geltenden Recht zu bestimmen.

Art 10 [Vorbehalt bezüglich mündlicher Testamente]

Jeder Vertragsstaat kann sich das Recht vorbehalten, letztwillige Verfügungen nicht anzuerkennen, die einer seiner Staatsangehörigen, der keine andere Staatsangehörigkeit besaß, ausgenommen den Fall außergewöhnlicher Umstände, in mündlicher Form errichtet hat.

Art 11 [Vorbehalt bezüglich bestimmter Formen]

(1) Jeder Vertragsstaat kann sich das Recht vorbehalten, bestimmte Formen im Ausland errichteter letztwilliger Verfügungen auf Grund der einschlägigen Vorschriften seines Rechtes nicht anzuerkennen, wenn sämtliche der folgenden Voraussetzungen erfüllt sind:
a) Die letztwillige Verfügung ist hinsichtlich ihrer Form nur nach einem Recht gültig, das ausschließlich auf Grund des Ortes anzuwenden ist, an dem der Erblasser sie errichtet hat,
b) der Erblasser war Staatsangehöriger des Staates, der den Vorbehalt erklärt hat,
c) der Erblasser hatte in diesem Staat einen Wohnsitz oder seinen gewöhnlichen Aufenthalt und
d) der Erblasser ist in einem anderen Staat gestorben als in dem, wo er letztwillig verfügt hatte.

(2) Dieser Vorbehalt ist nur für das Vermögen wirksam, das sich in dem Staat befindet, der den Vorbehalt erklärt hat.

Art 12 [Vorbehalt bezüglich Anordnungen nicht erbrechtlicher Art]

Jeder Vertragsstaat kann sich das Recht vorbehalten, die Anwendung dieses Übereinkommens auf Anordnungen in einer letztwilligen Verfügung auszuschließen, die nach seinem Rechte nicht erbrechtlicher Art sind.

Art 13 [Zeitlicher Vorbehalt]

Jeder Vertragsstaat kann sich, abweichend von Artikel 8, das Recht vorbehalten, dieses Übereinkommen nur auf letztwillige Verfügungen anzuwenden, die nach dessen Inkrafttreten errichtet worden sind.

Fünfter Abschnitt. Schuldrecht (Art 27–42)

Erster Unterabschnitt. Vertragliche Schuldverhältnisse (Art 27–37)

Art 27 Freie Rechtswahl

(1) ¹Der Vertrag unterliegt dem von den Parteien gewählten Recht. ²Die Rechtswahl muß ausdrücklich sein oder sich mit hinreichender Sicherheit aus den Bestimmungen des Vertrages oder aus den Umständen des Falles ergeben. ³Die Parteien können die Rechtswahl für den ganzen Vertrag oder nur für einen Teil treffen.

(2) ¹Die Parteien können jederzeit vereinbaren, daß der Vertrag einem anderen Recht unterliegen soll als dem, das zuvor auf Grund einer früheren Rechtswahl oder auf Grund anderer Vorschriften dieses Unterabschnitts für ihn maßgebend war. ²Die Formgültigkeit des Vertrages nach Artikel 11 und Rechte Dritter werden durch eine Änderung der Bestimmung des anzuwendenden Rechts nach Vertragsabschluß nicht berührt.

(3) Ist der sonstige Sachverhalt im Zeitpunkt der Rechtswahl nur mit einem Staat verbunden, so kann die Wahl des Rechts eines anderen Staates – auch wenn sie durch die Vereinbarung der Zuständigkeit eines Gerichts eines anderen Staates ergänzt ist – die Bestimmungen nicht berühren, von denen nach dem Recht jenes Staates durch Vertrag nicht abgewichen werden kann (zwingende Bestimmungen).

(4) Auf das Zustandekommen und die Wirksamkeit der Einigung der Parteien über das anzuwendende Recht sind die Artikel 11, 12 und 29 Abs. 3 und Artikel 31 anzuwenden.

Schrifttum (wN s Vorauft): *Basedow*, Europäische Vertragsrechtsvereinheitlichung und deutsches Recht, 2000; *Coester-Waltjen*, Einige Überlegungen zur konkludenten Rechtswahl im europäischen Vertragsrecht, FS Sonnenberger, 2004, S 343; *Czernich/Heiss*, EVÜ – Das Europäische Schuldvertragsübereinkommen, 2001; *Dutta*, Kollidierende Rechtswahlklauseln in allgemeinen Geschäftsbedingungen, ZVglRWiss 104 (2005), 461; *Ferrari/Kieninger/Mankowski/Otte/Saenger/Staudinger*, Internationales Vertragsrecht, 2007; *Giuliano/Lagarde*, Bericht über das Übereinkommen über das auf vertragliche Schuldverhältnisse anzuwendende Recht, BT-Drucks 10/503 S 27; *Junker*, Vom Citoyen zum Consommateur – Entwicklungen des internationalen Verbraucherschutzrechts, IPRax 1998, 64; *Lagarde*, Le nouveau droit international privé des contrats après l'entrée en vigueur de la convention de Rome du 19 juin 1980, Rev crit dr int priv 1991, 287; *E. Lorenz*, Die Rechtswahlfreiheit im internationalen Schuldvertragsrecht – Grundsätze und Grenzen, RIW 1987, 569; *Mäsch*, Rechtswahlfreiheit und Verbraucherschutz: Eine Untersuchung zu den Art 29 I, 27 III und 34 EGBGB, 1993; *Mankowski*, Strukturfragen des internationalen Verbrauchervertragsrechts, RIW 1993, 453; *ders*, Überlegungen zur sach- und interessengerechten Rechtswahl für Verträge des internationalen Wirtschaftsverkehrs, RIW 2003, 2; *Martiny*, Europäisches Internationales Vertragsrecht – Erosion der römischen Konvention?, ZEuP 1997, 107; *ders*, Internationales Vertragsrecht im Schatten des Europäischen Gemeinschaftsrechts, ZEuP 2001, 308; *Möllenhoff*, Nachträgliche Rechtswahl und Rechte Dritter, 1993; *Reithmann/Martiny*, Internationales Vertragsrecht, 6. Aufl 2004; *Schack*, Keine stillschweigende Rechtswahl im Prozeß!, IPRax 1986, 272; *Schröder*, Auslegung und Rechtswahl, IPRax 1985, 131; *Spickhoff*, Internationales Handelsrecht vor Schiedsgerichten und staatlichen Gerichten, RabelsZ 56 (1992), 116; *ders*, Zwingendes Recht und IPR, Jura 2007, 407; *Stoll*, Das Statut der Rechtswahlvereinbarung – eine irreführende Konstruktion, FS A. Heini, 1995, S 429; *Symeonides*, Choice of Law in the American Courts in 2002: Sixteenth Annual Survey, AmJCompL 51 (2003), 1; *Taupitz*, Kaffeefahrten deutscher Urlauber auf Gran Canaria: Deutscher Verbraucherschutz im Gepäck?, BB 1990, 642; *G. Wagner*, Prozeßverträge, 1998; *Wichard*, Die Anwendung der UNIDROIT – Prinzipien für internationale Handelsverträge durch Schiedsgerichte und staatliche Gerichte, RabelsZ 60 (1996), 269.

Übersicht

	Rn		Rn
I. Vorbemerkung	1	3. Normzweck	23
1. Rechtsquellen	1		
a) Internationales Vertragsrecht bis 1986	2	III. Rechtswahl (Abs 1)	24
b) EGBGB und EVÜ	3	1. Gegenstand der Rechtswahl: „Recht"	24
c) Rechtsquellen außerhalb des EGBGB	4	2. Rechtswahl	29
d) Insbes: Herkunftslandprinzip	7	a) Rechtsnatur	29
2. Intertemporales und Interlokales Privatrecht	13	b) Zustandekommen und Wirksamkeit (Abs 4)	30
3. Internationale Zuständigkeit	15	c) Ausdrückliche Rechtswahl (Abs 1 S 2 Alt 1)	34
a) Rechtsquellen	15		
b) EuGVVO	16	d) Stillschweigende Rechtswahl (Abs 1 S 2 Alt 2)	36
c) Sonstige Rechtsgrundlagen	18	e) Teilrechtswahl (Abs 1 S 3)	44
II. Herkunft, Bedeutung und Normzweck	19	3. Änderung der Rechtswahl (Abs 2)	46
1. Herkunft	19		
2. Bedeutung	20		

	Rn		Rn
4. Beziehungslose Rechtswahl und zwingende Bestimmungen (Abs 3)	50	2. Gesetzesumgehung	53
		3. Ordre public	54
IV. Allgemeine Regeln	52	4. Geltungsbereich und Vorfragen	55
1. Sachnormverweisung	52		

I. Vorbemerkung

1 **1. Rechtsquellen.** Das Auffinden der einschlägigen Rechtsquellen des Internationalen Vertragsrechts ist weniger einfach, als es zunächst den Anschein hat. Kernstück des geltenden Rechts sind zwar die **Art 27 bis 37**. Für Altfälle ist jedoch auf das bis zum Inkrafttreten dieser Vorschriften geltende Richter- und Gewohnheitsrecht zurückzugreifen. Sachverhalte, die eine Berührung zur früheren DDR aufweisen, sind möglicherweise auch nach den Kollisionsregeln des Rechtsanwendungsgesetzes der DDR zu beurteilen. Überdies sind vorrangige Staatsverträge, Spezialregelungen und **künftig** ggf die sog Rom I-Verordnung zu beachten, die derzeit erarbeitet wird und als Vorschlag für eine **Verordnung des Europäischen Parlaments und des Rates über das auf vertragliche Schuldverhältnisse anzuwendende Recht** (idF vom 12. 12. 2005, KOM [2005] 650) vorliegt (Einführung und Text bei Art 37, Rn 15 ff).

2 **a) Internationales Vertragsrecht bis 1986.** Das Internationale Vertragsrecht war in der Bundesrepublik Deutschland bis zum September 1986 nicht kodifiziert. Maßgeblich waren deswegen diejenigen Grundsätze, die sich **richter- und gewohnheitsrechtlich** herausgebildet hatten. Wie heute in Art 27 normiert, wurde auch vor dessen Inkrafttreten vorrangig an das von den Parteien ausdrücklich oder stillschweigend gewählte Recht, also an den realen Parteiwillen, angeknüpft[1]. Hilfsweise war der hypothetische Parteiwille maßgeblich[2]. Den hypothetischen Parteiwillen ermittelte die Rspr zuletzt durch eine „vernünftige Interessenabwägung nach objektiven Grundsätzen"[3]. Das RG und Teile in der Literatur waren demgegenüber der sog subjektiven Theorie gefolgt, wonach maßgeblich war, welche Vereinbarung die Parteien vernünftigerweise getroffen hätten, wenn sich ihnen das Problem des anwendbaren Rechts gestellt hätte[4]. Das Problem der subjektiven Lehre lag darin, dass sie auf die Unterstellung eines wirklichen Willens hinauslief. Methodisch ehrlicher war es deshalb, von vornherein nach dem objektiven Schwerpunkt des Vertragsverhältnisses anstatt nach einem besonders schwachen stillschweigenden Willen zu suchen[5]. Letzthilfsweise hielt die deutsche Rspr den Erfüllungsort für entscheidend[6]. Maßgeblich für die Ermittlung des Erfüllungsortes war die lex fori, für einen deutschen Richter also deutsches materielles Recht (insbes §§ 269, 270 BGB)[7]. Die missliche Konsequenz dieser – sehr bestrittenen[8] – Anknüpfung an den Erfüllungsort war eine Aufspaltung des anwendbaren Rechts: Folgten aus einem (insbes gegenseitigen) Vertrag mehrere Verpflichtungen, so unterlag jede einzelne dem Recht ihres Erfüllungsortes[9].

3 **b) EGBGB und EVÜ.** Art 27 bis 37 beruhen auf dem **Römischen EWG-Übereinkommen** vom 19. 6. 1980 über das auf vertragliche Schuldverhältnisse anzuwendende Recht (EVÜ). Neben Deutschland sind Vertragsparteien dieses Abkommens: Belgien, Dänemark, Finnland[10], Frankreich, Griechenland, Großbritannien[11], Irland[12], Italien, Luxemburg, Niederlande[13], Österreich[14], Portugal, Schweden[15], Spanien[16], Tschechien, Estland, Zypern, Lettland, Litauen, Ungarn, Malta, Polen, Slowenien und die Slowakische Republik[17]. Durch Gesetz vom 25. 7. 1986 hat der Bundestag diesem Abkommen zugleich mit der Verabschiedung des IPRG zugestimmt[18]. Das Übereinkommen ist für Deutschland am 1. 4. 1991 völkerrechtlich in Kraft getreten[19]. Es enthält allseitige Kollisionsregeln für das auf Schuldverträge anwendbare Recht inklusive Fragen der Form (Art 9), der Rechts-, Geschäfts- und Hand-

---

[1] BGHZ 52, 239, 241 = NJW 1969, 1760; BGHZ 53, 189, 191; BGH NJW 1971, 320; NJW 1976, 1582.
[2] BGHZ 7, 231, 235 = NJW 1953, 339; BGHZ 61, 221, 223 = NJW 1973, 2151; BGHZ 164, 361, 365.
[3] BGHZ 44, 183, 186; ähnlich BGHZ 61, 221, 223 und BGHZ 164, 361, 365.
[4] RGZ 68, 203, 205; 161, 296, 298; *Gamillscheg* AcP 157 (1958/59), 303, 324 ff; *Mann* JZ 1962, 6, 10 ff.
[5] Vgl *Gamillscheg* AcP 157 (1958/59), 303, 325.
[6] BGH BB 1955, 462; BGHZ 25, 127 = NJW 1957, 1435; BGH NJW 1958, 750; NJW 1960, 1720, 1721; BGHZ 57, 72, 75.
[7] RGZ 108, 241, 243; 109, 295, 298; BGH BB 1955, 462, 463.
[8] ZB von *Raape* IPR, 5. Aufl 1961, S 484 f.
[9] Näher zur Rechtslage vor Inkrafttreten der Art 27 ff zB *Reithmann/Martiny*, Internationales Vertragsrecht, 3. Aufl 1980; *Palandt/Heldrich*, 45. Aufl 1986, Vor Art 12; MünchKommBGB/*Martiny*, 1. Aufl 1983, Vor Art 12; *Kegel* IPR, 5. Aufl 1985, § 18 I; *Soergel/Kegel*, 11. Aufl 1984, Vor Art 7, Rn 324 ff, jeweils mwN.
[10] BGBl 1998 II S 1421, 16. 7. 1998.
[11] BGBl 1991 II S 872; dazu *Jayme/Kohler* IPRax 1995, 343, 353.
[12] BGBl 1992 II S 550, 1. 1. 1992.
[13] BGBl 1992 II S 550, 1. 9. 1991.
[14] BGBl 1998 II S 1421, 16. 7. 1998; dazu *Rudisch* RabelsZ 63 (1999), 70.
[15] BGBl 1998 II S 1421, 16. 7. 1998.
[16] BGBl 1992 II S 306; vgl auch BGBl 1995 II S 306, 908.
[17] BGBl 2006 II S 346; zum Inkrafttreten BGBl 2007 II S 638.
[18] BGBl 1986 II S 809, 810 mit Denkschrift zum Übereinkommen und Bericht von *Giuliano/Lagarde* BT-Drucks 10/503 S 21 f; zu den Auswirkungen vgl *Martiny* ZEuP 1995, 67.
[19] Bek vom 12. 7. 1991, BGBl 1991 II S 871, 872; dazu *Jayme/Kohler* IPRax 1991, 361 f.

lungsfähigkeit (Art 11), der Abtretung (Art 12 und 13) sowie Fragen des Allgemeinen Teils des IPR (insbes Art 15 – Ausschluss der Rück- und Weiterverweisung, Art 16 – öffentliche Ordnung und Art 19 – Mehrrechtsordnungen). Im Interesse der Rechtsklarheit sind für die Bundesrepublik Deutschland die Artikel des EVÜ nicht in innerstaatlich maßgebendes Recht transformiert worden, so dass sie als Kollisionsrecht nicht unmittelbar anwendbar sind (Art 1 Abs 2 des Zustimmungsgesetzes). Daher besitzen die Vorschriften des EVÜ auch nicht gemäß Art 3 Abs 2 S 1 Vorrang vor dem autonomen deutschen IPR. Statt dessen hat der deutsche Gesetzgeber (entgegen einer Empfehlung der EG-Kommission vom 15. 1. 1985)[20] die Kollisionsregeln des EVÜ in das EGBGB, insbes in Art 27 bis 37, ferner in Art 6, 11 und 12 eingestellt[21]. Ein **unmittelbarer Rückgriff auf das EVÜ** ist deshalb **ausgeschlossen.** Dem Ursprung des deutschen Internationalen Schuldvertragsrechts ist durch Art 36 und dem dort statuierten Gebot der einheitlichen Auslegung des Inhalts des EVÜ Rechnung zu tragen. Insoweit unterscheidet sich das im EGBGB geregelte Internationale Schuldvertragsrecht in seinem Verhältnis zum EVÜ von Art 18 im Verhältnis zum Haager Unterhaltsabkommen von 1973 und von Art 26 im Verhältnis zum Haager Testamentsformabkommen von 1961 (Art 18 Rn 9, 10; Art 26 Rn 2). Zur **Auslegungskompetenz des EuGH für das EVÜ** s Art 36 Rn 12[22].

c) **Rechtsquellen außerhalb des EGBGB.** Wie sich aus Art 37 ergibt, werden von Art 27 ff eine **4** Reihe von Verträgen, insbes die in Art 37 aufgeführten, nicht erfasst. Dies sind insbes **Versicherungsverträge,** welche Risiken decken, die im Bereich der EWG gelegen sind. Insoweit gelten die Art 7 bis 15 EGVVG (näher Art 37 Rn 6). Vorrang gegenüber den Art 27 ff haben sodann gemäß Art 3 Abs 2 S 1 Kollisionsnormen in Staatsverträgen, insbes auf dem Gebiet der Beförderung von Personen und Waren. Auch im Bereich der Schiedsgerichtsbarkeit sind die einschlägigen vorrangigen Staatsverträge zu beachten. Diesen **Vorrang anderer Staatsverträge** erkennt auch Art 21 EVÜ an, wonach dieses Übereinkommen nicht die Anwendung internationaler Übereinkommen berührt, denen ein Vertragsstaat angehört oder angehören wird[23]. Überdies hat der Gesetzgeber verschiedene spezielle Kollisionsnormen, meist europarechtlichen Ursprungs, geschaffen, durch die **einzelne Gesetze sonderangeknüpft** werden. Zu beachten sind namentlich Art 29 a, der am 30. 6. 2000 in Kraft getreten ist (BGBl I S 897) und durch den auf der Time-Sharing-RL beruhende frühere § 8 TzWrG sowie der auf der Klausel-RL beruhende § 12 AGBG abgelöst worden sind, ferner § 1 AEntG. § 61 BörsG ist durch das Inkrafttreten des WpHG entfallen; siehe dazu nun (allgemein zu Verhaltensregeln für Wertpapierdienstleistungsunternehmen und hinsichtlich Finanzanalysen) §§ 31 (Abs 3), 32 (Abs 3), 36 a und 37 d (Abs 6: Finanztermingeschäfte) WpHG[24]. Das EVÜ steht auch der Einführung solcher neuer zwingender Regeln nicht entgegen, mögen die Sonderanknüpfungen auch europarechtlichen Ursprungs sein[25].

In **Altfällen,** die eine Berührung zur früheren DDR aufweisen, kann nach Art 236 § 1 auch das **5** **Rechtsanwendungsgesetz** (RAG) der DDR vom 5. 12. 1975 die einschlägige Rechtsquelle für das Internationale Vertragsrecht liefern. Im Rahmen des RAG ist zu unterscheiden zwischen Internationalen Wirtschaftsverträgen und sonstigen Zivilrechtsverträgen. Die einschlägige Kollisionsnorm für Internationale Wirtschaftsverträge findet sich in § 12 RAG. Internationale Wirtschaftsverträge sind Wirtschaftsverträge mit einem Auslandsbezug, wobei der wirtschaftliche Zweck des Vertrages weit zu verstehen ist. Darunter fallen Verträge über wissenschaftlich-technische Leistungen ebenso wie Leistungsverträge zwischen Einrichtungen des Gesundheits- und Bäderwesens, zwischen kulturellen Einrichtungen oder Tourismus-Organisationen[26]. Die Bestimmung des anzuwendenden Rechts bei Internationaler Wirtschaftsverträgen erfolgte gemäß § 12 RAG anhand folgender Anknüpfungsleiter: Vorrangig maßgeblich war eine ausdrückliche oder stillschweigende Rechtswahlvereinbarung[27], hilfsweise die Anknüpfung an das Recht am Sitz derjenigen Vertragspartei, die die vertragscharakteristische Leistung erbringt (§ 12 Abs 1, Abs 2 S 1 RAG), letzthilfsweise die Anknüpfung an den Vertragsabschlussort (§ 12 Abs 2 S 2 RAG). Aus Verträgen über das Eigentum und andere Rechte an Grundstücken und Gebäuden in der DDR war nach § 12 Abs 3 RAG ausschließlich das Recht der DDR anzuwenden. – Sonstige Zivilrechtsverträge wurden dem Recht des Vertragsabschlussortes unterworfen, wobei eine deutliche Tendenz zur Begünstigung des Rechts der DDR erkennbar war[28].

---

[20] ABl EG 85 Nr L 44 S 12 = IPRax 1985, 178, 180.
[21] Krit insoweit auch Stellungnahme MPI RabelsZ 47 (1983), 595, 665 ff; v. Hoffmann IPRax 1984, 10; Beitzke RabelsZ 43 (1984), 623, 637; Nolte IPRax 1985, 71; vgl auch Sandrock RIW 1986, 841, 842; v. Bar/Pirrung, Europäisches Gemeinschaftsrecht und IPR, S 21 ff.
[22] Dutta/Volders EuZW 2004, 556.
[23] Genauer MünchKommBGB/Martiny Vor Art 27 Rn 27.
[24] Reithmann/Martiny/Mankowski, Internationales Vertragsrecht, Rn 1281 ff.
[25] Mankowski IPRax 1995, 230, 231 ff; zweifelhaft ist das bei kollisionsrechtlichen Normen in Spezialgesetzen, die schon vor Inkrafttreten des IPRG galten. Begründete rechtspolitische Kritik an der mit dieser Regelungsweise verbundenen Zersplitterung der Kodifikation durch die Sonderanknüpfung des Internationalen Schuldvertragsrechts durch europarechtliche Einflüsse Junker IPRax 1998, 64 f; Martiny ZEuP 1997, 107, 109; ders ZEuP 2001, 308 umfassend zu europarechtlichen Einflüssen; Jayme, FS Trinkner, 1995, S 575, 584.
[26] IPR-Kommentar zum RAG, § 12 Anm 1.
[27] IPR-Kommentar zum RAG, § 12 Anm 1.4.
[28] IPR-Kommentar zum RAG, § 12 Anm 2: bei Alltagsgeschäften in der DDR könne „die kollisionsrechtliche Frage nach dem anzuwendenden Recht vernachlässigt werden; es ist das Zivilrecht der DDR anzuwenden. In allen übrigen Fällen sind zivilrechtliche Verträge mit Auslandsberührung dem Recht des Vertragsabschlussortes zuzuordnen, idR dem Recht der DDR".

6 Weiter verdrängt **Internationales Einheits(sach)recht** gemäß Art 3 Abs 2 S 1 die Art 27 ff, sofern der entspr Staatsvertrag umgesetzt worden ist. Innerhalb seines gegenständlichen und räumlich-persönlichen Anwendungsbereiches hat insbes das **UN-Kaufrecht** die Art 27 ff im Wesentlichen verdrängt[29]. Das Abkommen ist für die Bundesrepublik Deutschland am 1. 1. 1991 in Kraft getreten[30], für das Gebiet der ehemaligen DDR bereits am 1. 3. 1990. Gemäß Art 11 Einigungsvertrag erstreckte sich vom 3. 10. 1990 bis zum 31. 12. 1990 die (noch) Nicht-Geltung des UN-Kaufrechts auch auf die neuen Bundesländer, so dass während dieser Zeit das Abkommen einheitlich nicht gegolten hat[31]. Wegen der weiteren Einzelheiten zum UN-Kaufrecht sei auf die Erläuterung in diesem Kommentar (Bd 1) verwiesen. Das Haager Übereinkommen betr das auf Internationale Kaufverträge über bewegliche Sachen anzuwendende Recht vom 15. 6. 1955 und das neue Haager Übereinkommen betr das auf Internationale Kaufverträge über bewegliche Sachen anzuwendende Recht vom 22. 12. 1986 sind für Deutschland nicht in Kraft getreten[32]. Mit dem Inkrafttreten des UN-Kaufrechts ist auch das zuvor für die Bundesrepublik Deutschland geltende Haager Einheitliche Kaufrecht außer Kraft getreten. Dazu war die Bundesrepublik gemäß Art 99 Abs 3 bis 6 des Wiener UN-Übereinkommens über Verträge über den Internationalen Warenkauf verpflichtet, und dieser Verpflichtung entspr hat die Bundesrepublik das Haager Übereinkommen vom 1. 7. 1964 zur Einführung eines Einheitlichen Gesetzes über den Abschluss von Internationalen Kaufverträgen über bewegliche Sachen bzw zur Einführung eines Einheitlichen Gesetzes über den Internationalen Kauf beweglicher Sachen gekündigt[33]. Beide Abkommen sind mit dem 31. 12. 1990 aufgehoben worden[34].

7 **d) Insbes: Herkunftslandprinzip.** Eine weitere, von ihrer Rechtsnatur her (als Kollisionsrecht, Sachrecht oder eine Rechtsmaterie sui generis) indes streitige Norm findet sich in § 3 TMG (früher § 4 TDG). Wortlaut:

§ 3 TMG. Herkunftslandprinzip

(1) In der Bundesrepublik Deutschland niedergelassene Diensteanbieter und ihre Telemedien unterliegen den Anforderungen des deutschen Rechts auch dann, wenn die Telemedien in einem anderen Staat innerhalb des Geltungsbereichs der Richtlinie 2000/31/EG des Europäischen Parlaments und des Rates vom 8. Juni 2000 über bestimmte rechtliche Aspekte der Dienste der Informationsgesellschaft, insbesondere des elektronischen Geschäftsverkehrs, im Binnenmarkt (ABl. EG Nr. L 178 S. 1) geschäftsmäßig angeboten oder erbracht werden.

(2) ¹Der freie Dienstleistungsverkehr von Telemedien, die in der Bundesrepublik Deutschland von Diensteanbietern geschäftsmäßig angeboten oder erbracht werden, die in einem anderen Staat innerhalb des Geltungsbereichs der Richtlinie 2000/31/EG niedergelassen sind, wird nicht eingeschränkt. ²Absatz 5 bleibt unberührt.

(3) Von den Absätzen 1 und 2 bleiben unberührt
1. die Freiheit der Rechtswahl,
2. die Vorschriften für vertragliche Schuldverhältnisse in Bezug auf Verbraucherverträge,
3. gesetzliche Vorschriften über die Form des Erwerbs von Grundstücken und grundstücksgleichen Rechten sowie der Begründung, Übertragung, Änderung oder Aufhebung von dinglichen Rechten an Grundstücken und grundstücksgleichen Rechten,
4. das für den Schutz personenbezogener Daten geltende Recht.

(4) Die Absätze 1 und 2 gelten nicht für
1. die Tätigkeit von Notaren sowie von Angehörigen anderer Berufe, soweit diese ebenfalls hoheitlich tätig sind,
2. die Vertretung von Mandanten und die Wahrnehmung ihrer Interessen vor Gericht,
3. die Zulässigkeit nicht angeforderter kommerzieller Kommunikationen durch elektronische Post,
4. Gewinnspiele mit einem einen Geldwert darstellenden Einsatz bei Glücksspielen, einschließlich Lotterien und Wetten,
5. die Anforderungen an Verteildienste,
6. das Urheberrecht, verwandte Schutzrechte, Rechte im Sinne der Richtlinie 87/54/EWG des Rates vom 16. Dezember 1986 über den Rechtsschutz der Topographien von Halbleitererzeugnissen (ABl. EG Nr. L 24 S. 36) und der Richtlinie 96/9/EG des Europäischen Parlaments und des Rates vom 11. März 1996 über den rechtlichen Schutz von Datenbanken (ABl. EG Nr. L 77 S. 20) sowie für gewerbliche Schutzrechte,

---

[29] Wiener UN-Übereinkommen über Verträge über den internationalen Warenkauf vom 11. 4. 1980, BGBl 1989 II S 588; berichtigt BGBl 1990 II S 1699.
[30] Bek vom 23. 10. 1990, BGBl II S 1477.
[31] Str, wie hier *Herber* BB 1990, Beilage 37 zu Heft 30 S 1; *ders* BB 1991, Beilage 14 zu Heft 18 S 7; *v. Bar* IPR II Rn 404 Fn 21; aA und für Weitergeltung wegen Gewohnheitsrecht über die Wiener Konvention über die Staatennachfolge in Verträgen, dort Art 13: *Enderlein/Graefrath* BB 1991, Beilage 6 zu Heft 6 S 7; *Kemper* WR 1991, 181, 183; *Enderlein* WR 1991, 236, 240.
[32] Zu beiden Abkommen zB *Kegel/Schurig* IPR § 4 III 2 b.
[33] Bek vom 30. 10. 1990, BGBl II S 1482.
[34] Bek vom 12. 12. 1990, BGBl I S 2894, 2895; zum Übergangsrecht s Art 5 des deutschen Vertragsgesetzes zum UN-Kaufrecht; dazu BGH NJW 1992, 619, 620; *Reinhart* IPRax 1990, 289, 290; *Piltz* IPRax 1994, 191 f.

Freie Rechtswahl **Art 27 EGBGB**

7. die Ausgabe elektronischen Geldes durch Institute, die gemäß Artikel 8 Abs. 1 der Richtlinie 2000/46/EG des Europäischen Parlaments und des Rates vom 18. September 2000 über die Aufnahme, Ausübung und Beaufsichtigung der Tätigkeit von E-Geld-Instituten (ABl. EG Nr. L 275 S. 39) von der Anwendung einiger oder aller Vorschriften dieser Richtlinie und von der Anwendung der Richtlinie 2000/12/EG des Europäischen Parlaments und des Rates vom 20. März 2000 über die Aufnahme und Ausübung der Tätigkeit der Kreditinstitute (ABl. EG Nr. L 126 S. 1) freigestellt sind,
8. Vereinbarungen oder Verhaltensweisen, die dem Kartellrecht unterliegen,
9. die von den §§ 12, 13 a bis 13 c, 55 a, 83, 110 a bis 110 d, 111 b und 111 c des Versicherungsaufsichtsgesetzes und der Versicherungsberichterstattungs-Verordnung erfassten Bereiche, die Regelungen über das auf Versicherungsverträge anwendbare Recht sowie für Pflichtversicherungen.

(5) ¹Das Angebot und die Erbringung von Telemedien durch einen Diensteanbieter, der in einem anderen Staat im Geltungsbereich der Richtlinie 2000/31/EG niedergelassen ist, unterliegen abweichend von Absatz 2 den Einschränkungen des innerstaatlichen Rechts, soweit dieses dem Schutz
1. der öffentlichen Sicherheit und Ordnung, insbesondere im Hinblick auf die Verhütung, Ermittlung, Aufklärung, Verfolgung und Vollstreckung von Straftaten und Ordnungswidrigkeiten, einschließlich des Jugendschutzes und der Bekämpfung der Hetze aus Gründen der Rasse, des Geschlechts, des Glaubens oder der Nationalität sowie von Verletzungen der Menschenwürde einzelner Personen sowie die Wahrung nationaler Sicherheits- und Verteidigungsinteressen,
2. der öffentlichen Gesundheit,
3. der Interessen der Verbraucher, einschließlich des Schutzes von Anlegern,

vor Beeinträchtigungen oder ernsthaften und schwerwiegenden Gefahren dient und die auf der Grundlage des innerstaatlichen Rechts in Betracht kommenden Maßnahmen in einem angemessenen Verhältnis zu diesen Schutzzielen stehen. ²Für das Verfahren zur Einleitung von Maßnahmen nach Satz 1 – mit Ausnahme von gerichtlichen Verfahren einschließlich etwaiger Vorverfahren und der Verfolgung von Straftaten einschließlich der Strafvollstreckung und von Ordnungswidrigkeiten – siehe Artikel 3 Abs. 4 und 5 der Richtlinie 2000/31/EG Konsultations- und Informationspflichten vor.

§ 3 TMG setzt Art 3 der E-Commerce-RL um und enthält das sog Herkunftsland- (oder besser: **8** Niederlassungs-) Prinzip. Um die Frage beantworten zu können, wie dieser Grundsatz auf die Art 27 ff EGBGB einwirkt, ist es erforderlich, sich zunächst seinen **Anwendungsbereich** (und damit auch den der E-Commerce-RL und des TMG überhaupt) zu vergegenwärtigen. Das TMG gilt zunächst einmal prinzipiell für alle elektronischen Informations- und Kommunikationsdienste (§ 1 Abs 1 TMG). Auf die Entgeltlichkeit kommt es nicht an (§ 1 Abs 1 S 2 TMG). Eine weitere wichtige Einschränkung ergibt sich daraus, dass nur Tätigkeiten erfasst sind, die online vonstatten gehen. Damit wird die Auslieferung von Waren oder eine sonstige Erbringung von Offline-Diensten nicht erfasst (Erwägungsgrund Nr 18 der RL). Das führt zu „kaum praktikablen Abgrenzungsfragen" und der Frage nach wenig sinnhaften Differenzierungen zwischen allein online übertragenen Produkten einerseits und zB auf Diskette oder CD gelieferten Produkten andererseits³⁵. Wird eine per Internet bestellte Ware (wie im Fall der niederländischen Internet-Versandhandels-Apotheke „Doc Morris") ausgeliefert, gilt also für den Vertragsschluss außerhalb von Verbraucherverträgen (dazu sogleich) ggf das Herkunftslandprinzip, während die Haftung für fehlerhafte Waren nicht mehr dem Herkunftslandprinzip der E-Commerce-RL folgt.

Das Herkunftslandprinzip gilt von seinem **räumlichen Anwendungsbereich** her von vornherein **9** nur dann, wenn die betreffenden Dienste vom Hoheitsgebiet eines Mitgliedstaates aus geschäftsmäßig angeboten oder erbracht worden sind (Art 3 Abs 1 RL, § 3 Abs 1 TMG). Im Übrigen bleibt es bei den allgemeinen Grundanknüpfungen des Kollisionsrechts. Das Herkunftslandprinzip schützt oder begünstigt ggf also nur Diensteanbieter aus der EU. Alle anderen Diensteanbieter können sich nicht darauf einstellen, vor Gerichten innerhalb der EU (und im Rahmen des sachlichen Anwendungsbereichs des Herkunftslandprinzips) nur an den Normen gemessen zu werden, die am Ort ihrer Niederlassung gelten. Die tendenzielle Bevorzugung von Diensteanbietern innerhalb der EU beruht wohl darauf, dass bei diesen zumindest die Einhaltung der europarechtlichen Mindeststandards auch nach ihrem Niederlassungsrecht zu erwarten steht. Dennoch bleibt die aus kollisionsrechtstheoretischer Sicht eher missliche Ungleichbehandlung.

Das Herkunftslandprinzip unterliegt weiteren **wichtigen Einschränkungen**³⁶. Es gilt zunächst nur **10** für solche Dienste, die geschäftsmäßig angeboten oder erbracht werden (§ 2 S 1 Nr 2 TMG). Darunter soll nach der Gesetzesbegründung jede nachhaltige Tätigkeit, unabhängig von einer Gewinnerzielungsabsicht, zu verstehen sein. Die private gelegentliche Betätigung soll demgegenüber ausscheiden³⁷. Daraus hat man hergeleitet, der private Homepage-Anbieter könne auf Grund der Nachhaltigkeit vom Herkunftslandprinzip erfasst werden³⁸. Indes weist das **Merkmal der Geschäftsmäßigkeit** demgegenüber eher auf eine überhaupt geschäftliche oder unternehmerische Tätigkeit hin. Nicht schon jede bloß irgendwie nachhaltige Aktivität im Internet wird man aber schon als geschäftlich oder unternehmerisch ansehen können. Daher sollten rein private Homepage-Anbieter, die ihre Homepage außerhalb einer solchen geschäftlichen Tätigkeit bereitstellen, aus dem Anwendungsbereich des Her-

---

³⁵ Vgl Tettenborn K&R 2000, 59, 61; Spindler RabelsZ 66 (2002), 633, 645 f.
³⁶ Näher Spindler RIW 2002, 183 f; vgl auch Mankowski IPRax 2002, 257, 263 f.
³⁷ BT-Drucks 14/6098 S 17.
³⁸ Spindler RIW 2002, 183.

kunftslandprinzips ausscheiden. Bedenkt man, dass auch das Internationale Strafrecht und das Internationale Öffentliche Recht vom Herkunftslandprinzip überlagert werden, hätte der Gesetzgeber die Einbeziehung selbst privater Homepage-Anbieter in den Kreis des „geschäftsmäßigen" Diensteerbringens zumindest deutlicher zum Ausdruck bringen müssen. Die bloße Umschreibung von Geschäftsmäßigkeit mit Nachhaltigkeit genügt hierfür jedenfalls nicht, zumal die Anknüpfung an die bloße Nachhaltigkeit über das von der RL geforderte Maß deutlich hinausreicht. Sodann spricht § 3 TMG nur vom „niedergelassenen Diensteanbieter", was von der Anknüpfung (an die Niederlassung, nicht an den gewöhnlichen Aufenthalt) eher auf Unternehmer hindeutet. Daher sollten im Rahmen der deutschen Umsetzung unter dem Aspekt der fehlenden Geschäftsmäßigkeit neben der privaten Homepage auch Angebote von Universitäten, Kirchen oder Museen nicht vom Anwendungsbereich des Herkunftslandprinzips erfasst werden[39]. Es verbleiben dann im Wesentlichen solche Dienste, die von entsprechenden Unternehmen angeboten werden, mag das konkrete Angebot nun entgeltlich oder unentgeltlich, mit oder ohne Gewinnerzielungsabsicht erfolgen. Weiter wird das **Verbrauchervertragsrecht** vom Herkunftslandprinzip nicht erfasst. Dabei sollte man in Übereinstimmung mit der E-Commerce-RL nicht nur einzelne Vorschriften des Verbraucherschutzrechts vom Herkunftslandprinzip ausnehmen, worauf § 3 Abs 3 Nr 2 TMG hinzudeuten scheint, wenn dort von „den Vorschriften für vertragliche Schuldverhältnisse in Bezug auf Verbraucherverträge" die Rede ist. Besser, weil erneute Abgrenzungsfragen vermeidend, ist es, mit dem Anhang 6. Spiegelstrich E-Commerce-RL „vertragliche Schuldverhältnisse in Bezug auf Verbraucherverträge" insgesamt vom Herkunftslandprinzip mit seiner Anknüpfung an den Ort der Niederlassung des Unternehmers auszunehmen[40]. Noch weiter als in Art 29 Abs 1 EGBGB (und Art 5 EVÜ), also ohne eine Beschränkung auf Verträge über die Lieferung beweglicher Sachen oder die Erbringung von Dienstleistungen, wird man von einem solchen Verbrauchervertrag ganz allgemein sprechen können, wenn der Vertrag zu einem Zweck geschlossen wird, der nicht der beruflichen oder gewerblichen Tätigkeit einer Vertragsseite zugerechnet werden kann. Das entspricht auch der Begriffsbildung in Art 15 Abs 1 EuGVVO. Damit betrifft das Herkunftslandprinzip die von Art 29 und auch 29 a erfassten Verträge ebenso wenig wie den gesamten Bereich der Telemedizin, jedenfalls soweit es um vertragliche Ansprüche von Patienten geht.

11   Nach § 3 Abs 3 Nr 1 TMG und Anhang 5. Spiegelstrich E-Commerce-RL findet das Herkunftslandprinzip weiter keine Anwendung auf die **„Freiheit der Rechtswahl"**. Der Grund für die Verdrängung des Herkunftslandprinzips infolge einer parteiautonomen Rechtswahl liegt auf der Hand: In diesem Fall begibt sich der durch das Herkunftslandprinzip begünstigte Diensteanbieter seines Schutzes; er verzichtet darauf oder ist jedenfalls mit der Anwendung der vereinbarten Rechtsordnung einverstanden. Das ergreift auch die **Möglichkeit der vertragsakzessorischen Anknüpfung im internationalen Deliktsrecht**, die Art 41 Abs 2 Nr 1 bzw Art 4 Abs 3 S 2, Art 5 Abs 3 S 2 Rom II-VO vorsehen. Im Bereich des internationalen Vertragsrechts greift eine Rechtswahl weiter als Art 42 EGBGB, Art 14 Abs 1 b Rom II-VO insoweit, als sie typischerweise vor Eintritt des schädigenden Ereignisses erfolgt ist. Eine Rechtswahl, die im internationalen Deliktsrecht nur unter dem Aspekt der vertragsakzessorischen Anknüpfung relevant wird, ist auch für die Absteckung des Anwendungsbereichs des Herkunftslandprinzips nicht unbeachtlich, obwohl der Anhang 5. Spiegelstrich E-Commerce-RL nur von der „Freiheit der Rechtswahl für Vertragsparteien" spricht. Das folgt aus dem telos des Vorrangs der Parteiautonomie gegenüber dem Herkunftslandprinzip. Wenn es richtig ist, dass eine Ausnahme vom Herkunftslandprinzip auf Grund einer Rechtswahl durch die Parteien sich nur darauf gründet, dass der Diensteanbieter mit der Abwahl des Rechtes seines Herkunftslandes einverstanden ist, so gibt es keinen vernünftigen Grund, hierbei zwischen vertragsrechtlichen und deliktsrechtlichen Ansprüchen zu unterscheiden. Daher sollte man nicht nur die Parteiautonomie im Deliktskollisionsrecht, sondern auch die Fernwirkungen vertragsrechtlicher Parteiautonomie im Rahmen einer vertragsakzessorischen Anknüpfung deliktsrechtlicher Ansprüche vom Herkunftslandprinzip ausnehmen. Dass auf diese Weise ein kollisionsrechtlich unerfreuliches Aufspalten der anwendbaren Rechtsordnung nach vertraglichen und deliktischen Ansprüchen vermieden wird, erhöht zumindest von den Wertungen des Internationalen Privatrechts her das Gewicht der Gründe, die für eine solche Lösung sprechen. Hinzu kommt, dass die Abgrenzung und Qualifikation von vertraglichen und deliktischen Ansprüchen obendrein alles andere als stets eindeutig ist; man denke nur an die verschiedenen Fälle des Verschuldens bei Vertragsschluss oder der Auskunftshaftung (s nun Art 12 Rom II-VO).

12   Jedenfalls wenn ein Schuldvertrag in Ermangelung einer Rechtswahl objektiv anzuknüpfen ist (Art 28), erhebt sich die Frage, ob das internationale Schuldvertragsrecht insgesamt von einer möglichen Einwirkung durch das Herkunftslandprinzip unter dem Aspekt des Respekts vor dem Europäischen Vertragsrechtsübereinkommen auszunehmen ist[41]. Zwar wird regelmäßig über Art 28 Abs 2 objektiv im internationalen Vertragsrecht ohnedies der Sitz des Diensteanbieters für die Bestimmung des anwendbaren Rechts maßgeblich sein. Doch sind Ausnahmen über Art 28 Abs 5 unter dem Aspekt einer wesentlich engeren Verbindung denkbar. Indes kann man umgekehrt auch fragen, ob man nicht von einer Anwendung der Ausweichklausel des europäischen internationalen Schuldvertragsrechts im Hinblick auf den Respekt vor dem Herkunftslandprinzip absehen sollte. Zwar ist das EVÜ bekanntlich

---

[39] *Spindler* RabelsZ 66 (2002), 633, 647 f.
[40] *Spindler* RabelsZ 66 (2002), 633, 686 ff.
[41] Dafür *Mankowski* IPRax 2002, 257, 264; *Palandt/Heldrich* Art 28 Rn 24.

kein genuines Europarecht, steht dem aber in der Sache doch nahe, wie die Auslegungskompetenz des EuGH zeigt. Beließe man es bei der Grundanknüpfung von Art 28 Abs 2, liefen eine Anknüpfung nach dem EVÜ und nach dem Herkunftsland im Wesentlichen parallel, gleich, ob das Herkunftslandprinzip nun überhaupt ins internationale Vertragsrecht unmittelbar hineingreift oder nicht.

2. Intertemporales und Interlokales Privatrecht. In **intertemporaler Hinsicht** bestimmt 13 Art 220 Abs 1, dass auf vor dem 1. 9. 1986 abgeschlossene Vorgänge das bisherige IPR (Rn 2) anwendbar bleibt. Im Verhältnis zur früheren DDR regelt Art 236 § 1, dass auf vor dem Wirksamwerden des Beitritts abgeschlossene Vorgänge das bisherige Internationale Privatrecht anwendbar bleibt. Das **interlokale Schuldvertragsrecht** wird ausdrücklich von Art 236 § 1 nicht erfasst. Aus Sicht der früheren DDR handelte es sich im Verhältnis der beiden deutschen Staaten um inter*national*-privatrechtliche Fragen, aus Sicht der früheren Bundesrepublik um inter*lokal*-rechtliche. Nach mittlerweile hM ist Art 236 auf interlokal-privatrechtliche Altfälle weder unmittelbar noch analog anzuwenden. Statt dessen ist allein nach den Regeln des interlokalen Privatrechts der Bundesrepublik Deutschland zu bestimmen, ob das Recht der früheren DDR oder der Bundesrepublik Deutschland anzuwenden ist[42].

Der Begriff des abgeschlossenen Vorgangs, der in Art 220 Abs 1 und – diesem insoweit nachgebildet 14 – Art 236 § 1 verwendet wird, ist einheitlich zu interpretieren[43]. Grds ist für die **Abgeschlossenheit des Vorgangs** bei Schuldverträgen der Zeitpunkt des Vertragsschlusses maßgeblich[44]. Ob das auch bei Dauerschuldverhältnissen gilt, ist streitig. Namentlich das BAG[45] hat einen Statutenwechsel für möglich gehalten. Das ist nicht nur unter Vertrauensschutzgesichtspunkten zweifelhaft, sondern widerspricht auch Art 17 EVÜ, wonach dieses Übereinkommen in einem Vertragsstaat nur auf solche Verträge anzuwenden ist, die *geschlossen* worden sind, nachdem das Abkommen für diesen Staat in Kraft getreten ist. Zwar gilt das EVÜ nicht unmittelbar, jedoch ist auch im Rahmen der Art 220 Abs 1, 236 § 1 allgemeinen Grundsätzen entspr das Gebot der satzungsmäßig festen, einheitlichen Auslegung der Vorschriften des EVÜ zu beachten, was Art 36 in Anlehnung an Art 18 EVÜ für die Vorschriften des Internationalen Schuldvertragsrechts ausdrücklich hervorhebt. Auch bei Dauerschuldverhältnissen ist daher richtigerweise auf den Zeitpunkt des Vertragsschlusses abzustellen[46].

3. Internationale Zuständigkeit. a) Rechtsquellen. Auch im Bereich der internationalen Zu- 15 ständigkeit erweist sich der Zugriff auf die zutreffende Rechtsgrundlage nicht immer als ganz einfach. Zu nennen sind als Rechtsquellen insbes die EuGVVO, das EuGVÜ, das LugÜ sowie die §§ 12 ff ZPO analog. Dabei sollte man auch in dieser Reihenfolge die jeweiligen Rechtsquellen der internationalen Zuständigkeit prüfen.

b) EuGVVO. Der allgemeine Gerichtsstand der EuGVVO liegt gemäß Art 2 Abs 1, 59, 60 16 EuGVVO im Sitz bzw Wohnsitz des Beklagten, wobei für natürliche Personen auf §§ 7 ff BGB zurückzugreifen ist (Art 59 Abs 1 EuGVVO). Für juristische Personen und Gesellschaften gilt als Wohnsitz der satzungsmäßige Sitz, die Hauptverwaltung oder die Hauptniederlassung (Art 60 Abs 1 EuGVVO). Dabei ist zu beachten, dass der Anwendungsbereich der EuGVVO insofern weit ausgelegt wird. Insbes muss der Rechtsstreit **nicht Berührungspunkte zu mehreren Mitgliedstaaten** aufweisen[47]. Nur wenn der Beklagte keinen Wohnsitz im Hoheitsgebiet eines Mitgliedstaates hat, bestimmt sich die Zuständigkeit nicht nach der EuGVVO. Damit ist auf die EuGVVO auch dann zurückzugreifen, wenn sich zB ein afrikanischer Beklagter und ein südamerikanischer Kläger vor deutschen Zivilgerichten streiten.

Neben der allgemeinen Zuständigkeit und den Zuständigkeitsvorschriften bei Verbrauchersachen 17 (Art 15 bis 17 EuGVVO), welche sowohl die allgemeinen als auch die besonderen Zuständigkeiten verdrängen, kann sich die internationale Zuständigkeit namentlich aus der besonderen Zuständigkeit für vertragliche Ansprüche nach Art 5 Nr 1 EuGVVO ergeben. Anders als im Rahmen der §§ 12 ff ZPO **schließen sich der allgemeine Gerichtsstand und die besonderen Zuständigkeiten nach Art 5 EuGVVO gegenseitig aus**. Denn Art 5 EuGVVO betrifft nach seinem eindeutigen Wortlaut nur den Fall, dass eine Person, die ihren Wohnsitz im Hoheitsgebiet eines Mitgliedstaates hat, in einem „anderen" Mitgliedstaat gemäß Art 5 EuGVVO verklagt werden kann. Dabei bestimmt Art 5 Nr 1 b EuGVVO eine konkretisierende, autonome Auslegung des Begriffs des Erfüllungsortes. Für Kaufverträge kommt es auf den tatsächlichen oder vertragsgemäßen Ort der Auslieferung beweglicher Sachen an. Bei Dienstleistungen gilt dasselbe in Bezug auf den Ort der Erbringung der Dienstleistung. Vertragliche Ansprüche außerhalb dieser Konkretisierung sind gegebenenfalls am Erfüllungsort geltend zu machen. Wo der Erfüllungsort dann liegt, das ist nicht nach der lex fori (§§ 269 ff BGB), sondern nach dem kollisionsrechtlich anwendbaren Vertragsrecht zu bestimmen. Damit ist für diese Fälle bereits zur

---

[42] BGHZ 124, 57 = NJW 1994, 382; BGHZ 124, 270 = NJW 1994, 582; BGH NJW 1995, 1345; *Soergel/Schurig* Art 236 Rn 4 ff mwN.
[43] *Soergel/Schurig* Art 236 § 1 Rn 18 mwN.
[44] BGH NJW-RR 1990, 249; BGH NJW 1992, 619; NJW 1996, 2569.
[45] BAGE 71, 297 = AP IPR Nr 31 m krit Anm *Mankowski* IPRax 1994, 88 f; genau anders BAG IPRax 2000, 540, 542 – offenbar unreflektiert, vgl auch *Franzen* IPRax 2000, 506, 508; *Junker* RIW 2001, 94, 38; ebenso aber *Däubler* RIW 1987, 249, 256; zum Streitstand vgl auch *Junker* IPRax 1990, 303, 305.
[46] Ebenso OLG Koblenz RIW 1993, 934, 935; *Junker* SAE 1994, 37, 39; *Palandt/Heldrich* Art 220 Rn 4; offenlassend BGH NJW 1993, 2754; diff *Soergel/Schurig* Art 220 Rn 14; denn BAG folgend LAG Hamburg IPRspr 1988 Nr 52 b; LAG Köln RIW 1992, 933; *Sonnenberger*, FS Ferid, 1988, S 447, 457.
[47] EuGH Slg 2005, I-1383, 1455–1457 Rn 23–36; BGH FuR 2006, 25; *Rauscher/Mankowski* EuZPR Vor Art 2 Brüssel I-VO Rn 11; anders noch BGH FamRZ 2001, 412; *Stein/Jonas/Roth* Vor § 12 ZPO Rn 32.

Begründung der internationalen Zuständigkeit die Frage nach dem anwendbaren Recht (Art 27 ff EGBGB) zu beantworten[48]. Dabei ist hervorzuheben, dass der **Begriff der vertraglichen Ansprüche** seinerseits **autonom** auszufüllen ist. In den vertraglichen Gerichtsstand des Erfüllungsortes fallen auch Klagen aus ungerechtfertigter Bereicherung im Zusammenhang mit der Rückabwicklung eines Vertrages, nicht aber Ansprüche aus vorvertraglichen Schuldverhältnissen, jedenfalls soweit es an einer freiwillig eingegangenen Verpflichtung fehlt[49]; hier kommt der deliktische Gerichtsstand (Art 5 Nr 3 EuGVVO) in Betracht. Eine (internationale) Zuständigkeit kraft Sachzusammenhangs ist weder im Rahmen der EuGVVO noch im Rahmen des EuGVÜ, des LugÜ oder der ZPO anerkannt[50].

18   **c) Sonstige Rechtsgrundlagen.** Auf den Vorgänger der EuGVVO, das EuGVÜ, ist nur abzustellen für die Gebiete der Mitgliedstaaten, für die das Gemeinschaftsrecht nach Art 299 EG-Vertrag nicht gilt (Art 68 Abs 1 EuGVVO; s auch Erwägungsgrund Nr 23). Das war bislang auch Dänemark. Doch ist durch ein Abkommen der EG mit Dänemark über die gerichtliche Zuständigkeit und die Anerkennung und Vollstreckung von Entscheidungen in Zivil- und Handelssachen vom 19. 10. 2005[51] mittlerweile vereinbart worden, dass die EuGVVO auch auf die Beziehungen zwischen der Gemeinschaft und Dänemark angewendet werden soll. Die Notifizierung iS des Art 12 Abs 2 des Abkommens durch Dänemark ist am 18. 1. 2007 erfolgt, so dass die EuGVVO für Dänemark am 1. 7. 2007 in Kraft getreten ist. Damit ist das **EuGVÜ** für deutsche Gerichte im Wesentlichen **bedeutungslos.** Anders steht es mit dem **LugÜ,** das wiederum dem EuGVÜ nachgebildet ist. Dieses gilt nach wie vor im Verhältnis zu den EFTA-Staaten, soweit diese nicht mittlerweile Mitglieder der EU geworden sind. Auf die §§ 12 ff ZPO analog ist es erst letzthilfsweise abzustellen. Neben den allgemeinen Gerichtsständen (§§ 12 ff ZPO) kommt insbes ein Rückgriff auf § 29 ZPO in Betracht. Auch hier ist die Frage, wo der Erfüllungsort liegt, nach dem durch das deutsche Kollisionsrecht bestimmten Sachrecht zu ermitteln. Es ist also nicht lege fori, sondern lege causae zu qualifizieren[52].

II. Herkunft, Bedeutung und Normzweck

19   **1. Herkunft.** Art 27 Abs 1 hat den schon vor Inkrafttreten dieser Norm richter- und gewohnheitsrechtlich verfestigten **Grundsatz der sog Parteiautonomie** (Art 27 Rn 2) aufgegriffen und kodifiziert. Art 27 versteht sich als Umsetzung von Art 3 EVÜ, weicht aber im Wortlaut von Art 3 EVÜ geringfügig ab. Auffällig ist vor allem, dass Art 3 Abs 3 EVÜ (entspricht Art 27 Abs 3) nicht – wie Art 27 Abs 3 – davon spricht, dass der Sachverhalt im Zeitpunkt der Rechtswahl „nur mit einem Staat verbunden" ist, sondern formuliert, dass von ius cogens nur dann abgewichen werden kann, wenn nicht „alle anderen Teile des Sachverhalts im Zeitpunkt der Rechtswahl in ein und demselben Staat belegen" sind. Glücklicher erscheint die Formulierung in Art 27 Abs 3, da der Begriff der Belegenheit eher für Sachen als für Vertragsverhältnisse passt[53]. Sollten (was kaum vorstellbar ist) aus dem unterschiedlichen Wortlaut Auslegungsdivergenzen drohen, wäre Art 27 staatsvertragskonform iS des EVÜ auszulegen (vgl auch Art 36).

20   **2. Bedeutung.** Abs 1 statuiert den Grundsatz der freien Rechtswahl, die ausdrücklich oder stillschweigend erfolgen kann. Im Falle des Fehlens einer Rechtswahl ist auf Art 28 zurückzugreifen. Die Rechtswahlfreiheit wird im Internationalen Privatrecht Parteiautonomie genannt, die von der sachrechtlichen Privatautonomie, der Vertragsfreiheit, terminologisch zu unterscheiden ist[54]. Der Sache nach ist freilich die Parteiautonomie die international-privatrechtliche **Verwandte der Privatautonomie.**

21   Abs 2 statuiert die Möglichkeit der nachträglichen Rechtswahl, Abs 3 enthält eine Bestimmung, die bei reinen Inlandssachverhalten die Umgehung von ius cogens zu vermeiden bezweckt. Abs 4 betrifft die Frage, nach welcher Rechtsordnung sich das Zustandekommen und die Wirksamkeit der Rechtswahlvereinbarung richten. **Spezialvorschriften,** die die Möglichkeit der Rechtswahlvereinbarung für bestimmte Vertragstypen besonders regeln, finden sich in Art 29 (Verbraucherverträge), Art 30 (Arbeitsverträge) sowie in Art 7, 8 EGVVG (Versicherungsverträge).

22   Art 27 gilt grds für **alle Schuldverträge,** hingegen nicht, zumindest nicht unmittelbar (vgl aber Art 41 Abs 2 Nr 1 und Art 4 Abs 3 S 2, Art 5 Abs 2 S 2 Rom II-VO), für deliktische Ansprüche und für sachenrechtliche Verträge, ebenso wenig für die in Art 37 ausgeklammerten Verträge. Bei Prozessverträgen, insbes Schiedsvereinbarungen und Gerichtsstandsvereinbarungen, ist vorrangig das Prozessrecht der lex fori anzuwenden. Art 27, 28 EGBGB gelten nur subsidiär[55].

23   **3. Normzweck.** Über den rechtspolitischen Grund des Primats der Parteiautonomie im Internationalen Schuldvertragsrecht besteht Streit: Nicht selten wird die Parteiautonomie als gesetzgeberische Verlegenheitslösung angesehen, weil eine objektive Anknüpfung von Schuldverträgen schwer, ein allgemein einleuchtender Ausgleich der Parteiinteressen, die auf mehrere Rechte hindeuten, nicht

---

[48] EuGH IPRax 2000, 399; *Nagel/Gottwald* IZPR, 6. Aufl 2007, § 3 Rn 44–46; *Kropholler,* Europäisches Zivilprozessrecht, 8. Aufl 2006, Art 5 EuGVVO, Rn 27; str.
[49] EuGH IPRax 2003, 143; dazu – mit Kritik – *Mankowski* IPRax 2003, 127.
[50] EuGH NJW 1988, 3088; BGH IPRax 2006, 40, 43; IPRax 1997, 187.
[51] ABl EU Nr L 299 S 61 und 62; ratifiziert am 27. 4. 2006, ABl EU Nr L 120 S 122.
[52] *Stein/Jonas/Roth,* 22. Aufl 2003, § 29 ZPO Rn 52.
[53] *Staudinger/Magnus* Rn 7.
[54] Zur Herkunft der Begriffe *Kropholler* IPR § 40 I.
[55] Eingehend *Wagner* S 346 ff.

möglich sei[56]. Reine Praktikabilitätserwägungen würden damit den Grundsatz des Art 27 Abs 1 rechtfertigen. In der neueren Lehre verweist man demgegenüber zu Recht auf den **engen Zusammenhang zwischen sachrechtlicher Privatautonomie,** die gerade im Schuldvertragsrecht ihren ureigensten Platz hat, und der kollisionsrechtlichen Parallelerscheinung, der Parteiautonomie. Und in der Tat zeigen sich, obwohl Parteiautonomie und Privatautonomie keineswegs identisch sind, doch deutliche Parallelentwicklungen auf der Ebene des Sachrechts und auf der Ebene des Kollisionsrechts. Denn gerade in Gebieten, in denen das Sachrecht die Privatautonomie zurückdrängt (wie im Bereich des Verbraucherschutzes und des Arbeitsrechts), finden sich auch im Kollisionsrecht eine Reihe von Beschneidungen der Parteiautonomie, im EGBGB insbes Art 29, 29 a und 30. Ebenso wie die materiell-rechtliche Privatautonomie nach dem Grundsatz „in dubio pro libertate" die Parteien einen Vertrag ihren individuellen Bedürfnissen entspr ausgestalten lässt[57], können die Parteien auch für das konkrete Vertragsverhältnis am besten beurteilen, welche Rechtsordnung dafür die angemessensten Lösungen bereit hält. So verwundert es wenig, dass der fast weltweite Siegeszug der Parteiautonomie im Kollisionsrecht eben nicht nur Ausdruck weltweiter Verlegenheit ist, sondern auf weltweit anerkannten Sachgründen beruht. Zu solchen Sachgründen gehört auch die beste Voraussehbarkeit der anzuwendenden Rechtsordnung für die Parteien nach einer Rechtswahl[58]. Innerhalb der EU mag die Parteiautonomie überdies zum Teil aus den Grundfreiheiten des EG-Vertrags gefolgert werden[59].

III. Rechtswahl (Abs 1)

1. Gegenstand der Rechtswahl: „Recht". Gegenstand des Vertrages, von dem Art 27 spricht, ist 24 das „Recht". Nach zutreffender und ganz hM ist damit **nur staatliches Recht** gemeint. Aus vielen Vorschriften des EGBGB ist erkennbar, dass das kodifizierte IPR nur die Anwendung staatlicher Rechtsordnungen im Auge hat (vgl zB Art 3 Abs 1 S 1, 4, 5, 6, 34, 35). Wollte man nach der Wahl eines außerstaatlichen Rechts zulassen, so liefe zumindest dem Wortlaut nach insbes der Einwand des ordre public (Art 6) ins Leere, weil mit Hilfe dieser Vorbehaltsklausel nur eine Rechtsnorm eines anderen „Staates" nicht anzuwenden wäre. Im Rahmen des EVÜ folgt aus dessen Art 2 mittelbar, dass nur Verweisungen auf staatliches Recht gemeint sein können, wenn es dort heißt, dass das nach diesem Übereinkommen bezeichnete Recht (nur!) „auch dann anzuwenden (ist), wenn es das Recht eines Nichtvertragsstaates ist"[60].

Bei der Wahl der anwendbaren Rechtsordnung sind die Parteien prinzipiell frei. Insbes ist **nicht** 25 **erforderlich,** dass der Sachverhalt mit der vereinbarten Rechtsordnung in einer besonderen Beziehung steht oder auch nur einen **Auslandsbezug** aufweist. Das folgt im Umkehrschluss aus Art 27 Abs 3, wonach Einschränkungen nur bei der Abwahl von ius cogens bestehen. Auch aus Art 3 Abs 1 S 1, der von „Sachverhalten mit einer Verbindung zum Recht eines ausländischen Staates" spricht, folgt zumindest im Bereich des Schuldvertragsrechts nichts anderes; Art 27 modifiziert vielmehr den – ohnedies unglücklich formulierten – Art 3 Abs 1 S 1 ebenso, wie die Parallelvorschrift des Art 3 EVÜ den Art 1 Abs 1 EVÜ, der seinerseits von Sachverhalten spricht, die eine Verbindung zum Recht verschiedener Staaten aufweisen, modifiziert[61]. Das ist auch der Sache nach berechtigt, denn häufig wählen die Parteien gerade ein „neutrales" Recht (Chinesen und US-Amerikaner wählen schweizerisches Recht).

Nicht geklärt ist, ob die Parteien ausländisches Recht **unter Einschluss des ausländischen Kollisi-** 26 **onsrechts wählen** können. Anerkannt ist jedenfalls, dass die Parteien im Zweifel ohnedies stets Sachvorschriften wählen. Nach der hier vertretenen (sehr bestrittenen) Ansicht besteht die von Art 27 gewährte Parteiautonomie lediglich in Bezug auf die Wahl einer Sachrechtsordnung (näher Rn 52 mwN).

Gelegentlich versuchen die Parteien, im Interesse der Rechtssicherheit Rechtsänderungen nach 27 Vertragsschluss durch entsprechende vertragliche Bestimmungen entgegen zu treten. Denn ohne eine solche Vereinbarung sind Rechtsänderungen nach Vertragsschluss in jedem Falle beachtlich, soweit das Intertemporale Privatrecht der nach Art 27, 28 gewählten Rechtsordnung dies vorsieht[62]. Im Übrigen entscheidet über eine Klausel, die den Zustand des gewählten Rechts zu einem bestimmten Zeitpunkt „versteinert" (sog **Versteinerungsklausel**) oder – bei Verträgen mit staatlichen Partnern – vor späterer einseitiger Rechtsänderung durch den staatlichen Partner schützt (sog **Stabilisierungsklausel**), jeweils die lex causae[63]. Die Wahl einer nicht mehr geltenden Rechtsordnung mit kollisionsrechtlicher Wirkung ist von vornherein nicht zulässig[64].

---

[56] BT-Drucks 10/504 S 51; *Kegel/Schurig* IPR § 18 I 1 c; *Ferid* IPR § 6 Rn 8-11.
[57] *Leible* ZVglRWiss 97 (1998), 286, 305.
[58] Näher *v. Bar* IPR II Rn 412 ff; *Kropholler* IPR § 40 III 2; *Soergel/v. Hoffmann* Rn 5, AnwK-BGB/*Leible* Rn 4–6; *Ferrari* Int VertragsR Rn 3, je mwN.
[59] Näher *v. Wilmowsky* RabelsZ 62 (1998), 1, 3 ff.
[60] *Soergel/v. Hoffmann* Rn 12; *v. Bar* IPR II Rn 425; *Lagarde* Rev crit dr int priv 1991, 287, 300; *Dicey/Morris,* Conflict of Laws II, S 1218 f; diff *Staudinger/Magnus* Rn 34; *Wichard* RabelsZ 60 (1996), 269, 282; anders *Kappus* IPRax 1993, 137, 139 f; AnwK-BGB/*Leible* Rn 34: ein funktionaler, nicht institutioneller Begriff des Rechts sei jedenfalls für die Rechtswahl maßgeblich.
[61] HM, MünchKommBGB/*Martiny* Rn 19–21; *Palandt/Heldrich* Rn 3; *Staudinger/Magnus* Rn 35; *Erman/Hohloch* Rn 7; aA *v. Bar* IPR II Rn 417; *Kegel/Schurig* IPR § 18 I 1 c; *W. Lorenz* IPRax 1987, 269, 271; *Kindler* RIW 1987, 660, 661.
[62] MünchKommBGB/*Martiny* Rn 23.
[63] MünchKommBGB/*Martiny* Rn 25, 26; *Soergel/v. Hoffmann* Rn 23.
[64] *v. Bar* IPR II Rn 482.

28 Der Grundhaltung des Internationalen Privat- und Vertragsrechts zufolge, wonach nur die Wahl nationaler Rechtsordnungen in Betracht kommt, ist eine Denationalisierung des anwendbaren Vertragsrechts durch international-privatrechtliche Mittel, auch im Rahmen der Parteiautonomie, nicht möglich. Deswegen gibt es **keine rechtsordnungslosen Verträge** in dem Sinne, dass alle Rechtsordnungen abgewählt werden[65]. Ebenso wenig ist es möglich, dass ein staatliches Gericht originär die sog **lex mercatoria** oder **„transnationales Recht"** anwendet[66] oder seiner Beurteilung gar „Cyber Law" zugrunde legt[67]. Während demgegenüber die Lehre vom transnationalen Recht eine Verweisung auf allgemeine Rechtsgrundsätze bzw Normen zulässt, die entweder mit dem Recht derjenigen Staaten vereinbar sind, welche an der Regelung des jeweiligen Sachverhaltes ein konkretes Interesse haben[68], oder die sich aus international gültigen allgemeinen Rechtsgrundsätzen ergeben[69], geht die Lehre von der lex mercatoria von der Möglichkeit der Verweisung auf eine prinzipiell autonom gesetzte Welthandels-Privatrechtsordnung aus, die weltweit zu Gewohnheitsrecht erstarkt sei. Abgesehen von dem fehlenden nationalen Bezug und abgesehen davon, dass ein derartiges Rechtsgebilde eine unzureichende Dichte aufweist, ist oft kein internationaler Konsens sichtbar. Sodann ist dunkel geblieben, wie „transnationales" Recht oder Weltgewohnheitsrecht von einem nationalen Richter – in Deutschland im Rahmen von § 293 ZPO – ermittelt werden sollte: Gibt das Gericht die zu vergleichenden Rechte vor, und wer zieht die rechtsvergleichende Summe? Auch ist der Aufwand derartiger rechtsvergleichender Arbeit von staatlichen Gerichten nicht zu leisten. Überdies ist unklar, welcher Personenkreis befugt wäre, transnationales Recht oder Welthandelsrecht für anwendbar zu erklären, von der thematischen Begrenzung des Gebietes einmal ganz abgesehen[70]. Ebenso wenig können die Parteien auf allgemeine Rechtsgrundsätze, die sog Lando Principles oder die UNIDROIT-Prinzipien sowie auf internationale Handelsverträge, die eine von UNIDROIT geforderte Zusammenfassung von Grundregeln für internationale Verträge beinhalten, verweisen[71]. Zu beachten ist aber, dass internationale Handelsbräuche auf sachrechtlicher Ebene in den Grenzen zwingenden (staatlichen) Sachrechts der Entscheidung ggf zu Grunde zu legen sind. Vor Schiedsgerichten sind überdies Billigkeitsentscheidungen möglich, die zur Konkretisierung auf das, was sich hinter der lex mercatoria verbirgt, zurückgreifen können (vgl § 1051 Abs 3 ZPO)[72]. Wird „islamisches Recht" oder die „Scharia" als Vertragsstatut gewählt[73], so ist dies – falls möglich – als Wahl des entsprechenden staatlichen Rechts zu deuten, in dem das islamisch-religiös gefärbte Recht gilt. Für die Bestimmung der **Kaufmannseigenschaft** gilt (unabhängig von dem auf den Vertrag anwendbaren Recht) das Recht am Geschäftssitz der betreffenden Person[74].

29 **2. Rechtswahl. a) Rechtsnatur.** Die Rechtswahl ist ihrer Rechtsnatur nach ein Vertrag (sog **Verweisungsvertrag**). Grds handelt es sich bei der Rechtswahl um eine sog **kollisionsrechtliche Verweisung.** Durch sie vereinbaren die Parteien die Anwendung einer bestimmten Rechtsordnung, typischerweise im ganzen, gelegentlich zum Teil (Art 27 Abs 1 S 3). Möglich ist allerdings auch eine materiell-rechtliche Verweisung. Hierbei wird das ohne Rechtswahl anwendbare Recht durch einzelne Sachvorschriften der gewählten Rechtsordnung ergänzt. Ob eine solche materiell-rechtliche Verweisung möglich ist, entscheidet das ius cogens des iÜ anzuwendenden Vertragsstatuts. Eine solche bloß materiell-rechtliche Verweisung ist die Ausnahme, der kollisionsrechtliche Verweisungsvertrag die Regel[75]. Während die materiell-rechtliche Verweisung integraler Bestandteil des Schuldvertrages ist, ist der kollisionsrechtliche Verweisungsvertrag – auch wenn er häufig nur als eine Klausel der Gesamtvereinbarungen der Parteien erscheint – vom Schuldvertrag zu **abstrahieren.**

30 **b) Zustandekommen und Wirksamkeit (Abs 4).** Zustandekommen und Wirksamkeit der (kollisionsrechtlichen) Rechtswahlvereinbarung richten sich gemäß Abs 4 iVm Art 31, 12, 11 und 29 Abs 3 nach dem Recht, das anzuwenden wäre, wenn die Rechtswahl wirksam wäre. Die Wirksamkeit der Rechtswahl ist also für die Frage, welcher Prüfungsmaßstab bei der Untersuchung der Wirksamkeit und des Zustandekommens anzulegen ist, zu unterstellen. Der damit im Raume stehende **Zirkelschluss** ist – mag er auch rechtspolitisch zweifelhaft sein[76] – geltendes Recht[77]. Dogmatisch kann man diese

---

[65] *Spickhoff* RabelsZ 56 (1992), 116, 126; MünchKommBGB/*Martiny* Rn 40; *Staudinger/Magnus* Rn 45; anders *E. Lorenz* RIW 1987, 569, 573.
[66] Ebenso schweiz BG AJP/PJA 2006, 613; *Mankowski* RIW 2003, 2, 12 ff. Zur sog lex sportiva und lex technika *Röthel* JZ 2007, 755.
[67] *Pfeiffer* JuS 2004, 282; PWW/*Brödermann/Wegen* Rn 8; *Ferrari* Int VertragsR Rn 17.
[68] So zB *Bonell* RabelsZ 42 (1978), 485, 496.
[69] *Langen,* Transnationales Recht, 1981, Rn 2.
[70] Abl gegenüber einer Denationalisierung des anwendbaren Vertragsrechts zB *v. Bar* IPR I Rn 103 ff; *Spickhoff* RabelsZ 56 (1992), 116, 121 ff; Palandt/*Heldrich* Rn 3; *Staudinger/Magnus* Rn 45 ff; MünchKommBGB/*Martiny* Rn 28 ff; Soergel/*v. Hoffmann* Rn 14 f, je mwN; aA aber *E. Lorenz* RIW 1987, 569, 573.
[71] AA *Wichard* RabelsZ 60 (1996), 269, 282 f; AnwK-BGB/*Leible* Rn 33, 34; *Schinkels* GPR 2007, 106 und Art 3 Abs 2 Rom I-VO-Entwurf; wie hier *Michaels* RabelsZ 62 (1998), 580, 610; *Frick* RIW 2001, 416, 420 f; *Mankowski* RIW 2003, 2, 11 f.
[72] *v. Hoffmann,* FS Kegel, 1987, S 215, 227 f; MünchKommBGB/*Martiny* Rn 38 ff; *Spickhoff* RabelsZ 56 (1992), 116, 134 ff, auch zur Anerkennung entsprechender Schiedssprüche.
[73] *Bälz* IPRax 2005, 44.
[74] OLG Hamm IPRspr 2002 Nr 48.
[75] MünchKommBGB/*Martiny* Rn 14 ff, *Staudinger/Magnus* Rn 30 ff; *Kegel/Schurig* IPR § 18 I 1 c.
[76] *Mincke* IPRax 1985, 313, 314; vgl auch *Giuliano/Lagarde* BT-Drucks 10/503 S 33, 62: „Teufelskreis".
[77] BGHZ 123, 380, 383 = NJW 1994, 262; dazu *W. Lorenz* IPRax 1994, 429, 430 f; *Fischer* JZ 1994, 367, 369; KG MDR 1998, 760; OLG Celle ZIP 2001, 1724, 1725.

Regelung auch so verstehen, dass dasjenige Sachrecht darüber Auskunft gibt, ob das Erklärte für einen Rechtswahlvertrag ausreicht oder nicht, zu dessen Gunsten der Rechtsschein einer Rechtswahl besteht[78]. Das anscheinend gewählte Recht ist nur insoweit für die Frage des Zustandekommens und der Wirksamkeit der Rechtswahl nicht heranzuziehen, als es um die (kollisionsrechtliche) Zulässigkeit der Rechtswahl sowie um eine aus Indizien zu folgernde stillschweigende Rechtswahl geht[79].

Die Rechtswahl kann nach Abs 4 iVm Art 31 Abs 2 auch noch nach dem Recht des Staates, in dem eine der am Vertrag beteiligten Parteien ihren gewöhnlichen Aufenthalt hat, unwirksam sein, wenn sich die betreffende Partei mit der Begründung auf das Recht dieses Staates beruft, sie habe dem Vertrag nicht zugestimmt. Das ist insbs dann denkbar, wenn es darum geht, **Schweigen** (ausnahmsweise) den Erklärungsgehalt einer Zustimmung zuzubilligen, etwa im Falle des Schweigens auf ein kaufmännisches Bestätigungsschreiben[80], aber auch bei **Rechtswahlvereinbarungen in AGB**. Im Falle schlicht **kollidierender Rechtswahlklauseln** fehlt es im Prinzip an einer wirksamen Rechtswahl[81]. **31**

Eine besondere **Form** ist für die Rechtswahl im EGBGB nicht vorgeschrieben. Nach Art 27 Abs 4 gelten insoweit Art 11 und – für den besonderen Fall eines Verbrauchervertrages – Art 29 Abs 3, wonach das Recht am Ort des gewöhnlichen Aufenthalts des Verbrauchers Maß gibt. Auf Grund der Abstraktion von Hauptvertrag und Rechtswahlvereinbarung ist auch die Formfrage für jeden der beiden Verträge gesondert zu beurteilen. Insbs bedarf die Rechtswahlvereinbarung nicht notwendig der gleichen Form wie der Hauptvertrag, so dass über eine Rechtswahl auch Verpflichtungsgeschäfte über Grundstücke in Deutschland (anders als die dinglichen Geschäfte!) formlos (oder formschwächer) möglich werden können[82]. **32**

Im Interesse des **Verkehrsschutzes** verweist Art 27 Abs 4 auch auf Art 12, der von der eigentlich nach Art 7 Abs 1 maßgeblichen Anknüpfung an die Staatsangehörigkeit des potentiell Geschäftsunfähigen eine Ausnahme zu Gunsten des Vertragsabschlussortes macht, es sei denn, dass der rechts-, geschäfts- und handlungsfähige Vertragspartner bei Vertragsabschluss die Rechts-, Geschäfts- und Handlungsunfähigkeit des anderen kannte oder kennen musste. **33**

c) Ausdrückliche Rechtswahl (Abs 1 S 2 Alt 1). Eine ausdrückliche Rechtswahl kann erfolgen durch Individualabrede, in AGB (selbst wenn diese stillschweigend vereinbart wurden[83]), auch nachträglich, etwa im Prozess[84]. Möglich ist auch eine rein negative Rechtswahl, wodurch ein Recht ausdrücklich abgewählt wird. Hilfsweise gilt dann das nach Art 28 objektiv anwendbare Recht. Haben die Parteien gerade dieses abgewählt, ist das Recht der zweitengsten Verbindung anzuwenden[85]. **34**

Sehr zweifelhaft ist, welches Recht den **Maßstab für die Auslegung** einer ausdrücklichen Rechtswahlvereinbarung liefert[86]. Vertreten wird: Entwicklung autonomer Auslegungsmaßstäbe aus dem EVÜ[87], Anwendung der lex fori[88] und der (möglicherweise) gewählte lex causae[89]. Da Art 27 Abs 4 gerade nicht auf Art 32 Abs 1 Nr 1 verweist, andererseits in Art 36 das Gebot zur einheitlichen Auslegung und Anwendung des internationalen Vertragsrechts normiert ist, erscheint die Entwicklung autonomer Auslegungsmaßstäbe als vorzugswürdig[90]. Auf diese Weise wird man auch ggf Schärfen am besten vermeiden können, die drohen, wenn man undifferenziert die lex fori oder die (scheinbare) lex causae als alleinigen Auslegungsmaßstab heranzieht, mag es auch schwierig sein, solche autonomen Auslegungskriterien zu ermitteln. **35**

d) Stillschweigende Rechtswahl (Abs 1 S 2 Alt 2). Die stillschweigende Rechtswahl setzt stets voraus, dass ein entsprechender **realer Parteiwille** mit hinreichender Sicherheit aus den Bestimmungen des Vertrages oder den Umständen des Falles hergeleitet werden kann[91]. Durch die Formulierung in Art 27 Abs 1 S 2 soll sichergestellt werden, dass der Richter keinesfalls ermächtigt wird, „eine Rechtswahl durch die Parteien zu unterstellen, sofern diese nicht die bestimmte Absicht der Vornahme einer solchen Rechtswahl hatten"[92]. Die Frage, ob die Parteien ein bestimmtes Recht (stillschweigend) wählen wollten, ist also konventionsautonom zu beurteilen[93]. Lässt sich das nicht feststellen, ist auf Art 28 (oder ggf auf Art 29 Abs 1, Art 30 Abs 2) zurückzugreifen. Der Anknüpfung an einen bloß hypothetischen Parteiwillen ist zumindest dogmatisch jedenfalls eine deutliche Absage erteilt[94]. Daraus folgt ferner, dass **36**

---

[78] *v. Bar* IPR II Rn 473 ff; *Staudinger/Magnus* Rn 140; *Soergel/v. Hoffmann* Rn 100, 101 mwN; anders und für die lex fori der öOGH IPRax 1991, 419, 420 f, dazu *Tiedemann* IPRax 1991, S 424, vor Inkrafttreten des EVÜ in Österreich; zT abw auch *Stoll*, FS Heini, 1995, S 429 ff.
[79] MünchKommBGB/*Martiny* Rn 100; *Staudinger/Magnus* Rn 140; *Palandt/Heldrich* Rn 8; bei Insolvenzverwalterverträgen diff aber *Eidenmüller* ZZP 114 (2001), 3, 30 ff.
[80] Vgl BGHZ 57, 72, 77 = NJW 1972, 391, 394 m Anm *Geimer* und *Schmidt-Salzer*.
[81] *Dutta* ZVglRWiss 104 (2005), 461, 464 ff.
[82] *Moller-Christensen* MDR 1996, 775 zu Dänemark; MünchKommBGB/*Martiny* Rn 105.
[83] BGHZ 108, 353, 361 f = NJW 1990, 242, 244.
[84] OLG Koblenz IPRax 1989, 175.
[85] *v. Hoffmann/Thorn* IPR § 10 Rn 28.
[86] Offen gelassen in OLG Koblenz RIW 1993, 934 f.
[87] *Dicey/Morris*, Conflict of Laws II, S 1218.
[88] MünchKommBGB/*Martiny* Rn 44; *v. Hoffmann* IPR § 10 Rn 31.
[89] Dafür *v. Bar* IPR II Rn 539 Fn 596.
[90] Ebenso *Staudinger/Magnus* Rn 55.
[91] BAG NJW 1996, 741; Denkschrift EVÜ BT-Drucks 10/503 S 21, 24.
[92] *Giuliano/Lagarde* BT-Drucks 10/503 S 36, 49.
[93] *Coester-Waltjen*, FS Sonnenberger, S 343, 349 f; anders öOGH JBl 2004, 716, 719.
[94] Ausdrücklich Denkschrift EVÜ BT-Drucks 10/503 S 21, 24 gegen BGHZ 7, 231, 235.

es zumindest im Rahmen des EVÜ und damit (über Art 36) auch bei Art 27, 28 zur Feststellung der entsprechenden Willensübereinstimmung in Bezug auf eine Rechtswahl auf **aktuelles Erklärungsbewusstsein** ankommt; bloß potentielles Erklärungsbewusstsein genügt – anders als nach hM im internen deutschen Sachrecht[95] – nicht[96].

37 Eine stillschweigende Rechtswahl kann nach Art 27 Abs 2 von vornherein getroffen oder erst nachträglich erfolgt sein. Im Zentrum einer nachträglichen stillschweigenden Rechtswahl steht in erster Linie das Prozessverhalten der Parteien. Ob eine stillschweigende Rechtswahl erfolgt ist oder nicht, kann anhand verschiedener **Indizien** ermittelt werden. Trotz der damit verbundenen Typisierung bleibt die Prüfung prinzipiell einzelfallbezogen. Führen unterschiedliche Indizien, die ungefähr gleichgewichtig erscheinen, zu jeweils anderen Rechtsordnungen, kann von einer stillschweigenden Rechtswahl nicht ausgegangen werden[97].

38 Indizielle Wirkung in Bezug auf die lex fori als lex causae können insbes **Gerichtsstandsvereinbarungen** haben. Namentlich die Vereinbarung eines ausschließlichen Gerichtsstandes ist ein besonders starkes Indiz. Ohne entgegenstehende Indizien ist in der Vereinbarung eines solchen ausschließlichen Gerichtsstandes die stillschweigende Wahl des Rechts zu sehen, das am Gerichtsort gilt[98]. Auch aus Art 27 Abs 3 folgt nichts anderes. Zwar genügt danach nicht die Vereinbarung der Zuständigkeit eines Gerichts, um ius cogens des Staates abzuwählen, mit dem der sonstige Sachverhalt allein verbunden ist, doch ist damit nichts über die indizielle Wirkung einer Gerichtsstandsvereinbarung gesagt[99]. Allerdings wird dadurch eine auch für den Richter bequeme Lösung – Anwendung des eigenen Rechts – präjudiziert. Doch ist gerade dieser Effekt und damit eine größere Richtigkeitsgewähr im Vergleich zu Entscheidungen, die die Anwendung fremden Rechts verlangen, von den Parteien in Ermangelung gegenläufiger Anhaltspunkte gewollt und jedenfalls kein Gegenargument gegen die indizielle Wirkung[100]. Keine bzw eine erheblich geringere Indizwirkung entfaltet die Vereinbarung eines nicht ausschließlich zuständigen Gerichts[101], und erst recht keine Indizwirkung besteht, wenn die Gerichtsstandsklausel nicht wirksam vereinbart ist[102].

39 Im Prinzip ebenso wie die Vereinbarung eines ausschließlichen Gerichtsstandes[103] stellt auch eine **Schiedsklausel**[104] ein deutliches Indiz in Bezug auf eine stillschweigende Vereinbarung des Sachrechts am Sitz des Schiedsgerichtes dar. Vorausgesetzt ist allerdings, dass die Schiedsvereinbarung wirksam ist, dass das Schiedsgericht nicht nur wahlweise zuständig sein soll, dass das Schiedsgericht nicht erst ad hoc gebildet werden muss und sein Sitz von vornherein feststeht, bzw dass das Schiedsgericht grds das nationale Recht an seinem Sitz anwendet. Deshalb ergibt keinen Hinweis auf das anwendbare Recht die Vereinbarung der Schiedsgerichtsbarkeit, wenn nach der einschlägigen Schiedsordnung ohne Rechtswahl nach dem für angemessen erachteten **Kollisionsrecht** das anwendbare Recht vom Schiedsgericht zu bestimmen ist[105].

40 Ein Indiz im Hinblick auf eine Rechtswahl kann darin liegen, dass **auf ein bestimmtes Recht** in irgendeiner Weise **Bezug genommen** wird. Als solche, eine indizielle Wirkung auslösende Bezugnahmen kommen in Betracht: Hinweise auf bestimmte Vorschriften einer Rechtsordnung[106]; Verwendung von auf einer Rechtsordnung aufbauenden Formularen[107]; Einbeziehung von AGB einer Partei, die ihrerseits auf bestimmtes Recht hinweisen oder darauf erkennbar aufbauen[108]; Vereinbarung der VOB/B oder der HOAI[109]. Zum Teil wird sogar vertreten, dass generell das Recht dessen (Personalstatut bzw Sitzrecht) gelten soll, der die AGB verwendet[110]. Ohne entsprechende Bezugnahme auf ein bestimmtes Recht erscheint allein dies jedoch nicht ausreichend zur Annahme einer stillschweigenden

---

[95] *Medicus* BGB AT Rn 607–608 a; *Larenz/Wolf* AT § 24 Rn 8; *Bydlinski* JZ 1975, 1 ff; *Palandt/Heldrich* Einf § 116 Rn 17.
[96] AnwK-BGB/*Leible* Rn 46; *Mansel* ZVglRWiss 86 (1987), 1, 12: real vorhandener Wille; *Hohloch/Kjelland* IPRax 2002, 30, 32; im Ergebnis auch *Schack* NJW 1984, 2736, 2738; BGH NJW 1991, 1292, 1293; OLG Köln RIW 1993, 1023, 1024 f; *Palandt/Heldrich* Rn 7; *Erman/Hohloch* Rn 13 sprechen jeweils allg von erforderlichem Erklärungsbewusstsein, zumindest nicht ausdrücklich vom „aktuellen" oÄ; genauer *Sandrock* RIW 1986, 841, 848; vom erforderlichen „Gestaltungswillen" spricht – ungenau *Sandrock* JZ 2000, 1119 – BGH JZ 2000, 1115, 1117.
[97] v. *Hoffmann/Thorn* IPR § 10 Rn 36; *Staudinger/Magnus* Rn 87.
[98] BGH WM 1964, 1023, 1024; BGHZ 104, 268, 270 = NJW 1988, 1964; BGH NJW-RR 1990 183 f; NJW 1991, 1420; NJW 1996, 2569.
[99] Vgl auch *Giuliano/Lagarde* BT-Drucks 10/503 S 36 49.
[100] Zu zurückhaltend deshalb v. *Bar* IPR II Rn 469, 470.
[101] BGH IPRspr 1953/49 Nr 53; vgl auch BGH IPRax 1986, 292; krit dazu *Schack* IPRax 1986, 272.
[102] Vgl BGH LM Art 7 ff Nr 33.
[103] BGH IPRspr 1966/67 Nr 41 b.
[104] OLG Hamm NJW-RR 1993, 1445, 1446; vgl auch *Wenner* RIW 1998, 173, 175.
[105] S bereits OLG Stuttgart AWD 1960, 246; MünchKommBGB/*Martiny* Rn 51; *Staudinger/Magnus* Rn 68, 69; v. *Bar* IPR II Rn 472.
[106] BGH JZ 2000, 1115, 1116; IPRax 2002, 37; NJW-RR 1996, 1034; OLG Köln RIW 1993, 414, 415; OLG Düsseldorf IPRspr 20C3 Nr 29; FamRZ 2001, 1102, 1103; LAG Nds LAGE § 23 KSchG Nr 16; AG Hamburg NJW-RR 2000, 352, 353.
[107] BGH JZ 1963, 167 m Anm *Lüderitz*; IPRspr 1966/67 Nr 41 b.
[108] BGH NJW-RR 1999, 813: Anlehnung an VOB/B; vgl auch LG Waldshut-Tiengen IPRax 1984, 100 m Anm *Jayme*; anders *Wenner* BauR 1993, 257, 269; *ders* RIW 1998, 173, 178 in Bezug auf die HOAI.
[109] BGH NJW-RR 1999, 813: VOB; EWiR Art 27 1/01, 625 m Anm *Wenner*. HOAI.
[110] BGH RIW 1976, 447, 448; OLG München RIW 1983, 957 f; OLG Hamburg RIW 1986, 462, 463; OLG Schleswig NJW-RR 1988, 283, 284; OLG München IPRax 1989, 42; OLG Hamburg RIW 1991, 61, 62.

Rechtswahl[111]. In der Vereinbarung der Auslegung des Vertrages nach ausländischem Recht liegt regelmäßig eine (zumindest) stillschweigende Wahl dieser Rechtsordnung; dass sich nur die Auslegung nach einem, der Vertrag iÜ aber nach einem anderen Recht richtet, ist ohne entsprechende deutliche Hinweise nicht zu unterstellen[112].

Eine stillschweigende Rechtswahl kann auch auf eine frühere **Vertragspraxis** der Parteien gestützt werden, sofern diese nicht nachweislich aufgegeben worden ist oder werden sollte. Das Gleiche gilt, wenn der zu prüfende Vertrag auf einen anderen Vertrag mit Rechtswahl Bezug nimmt oder zumindest wirtschaftlich mit ihm zusammenhängt[113]. **41**

Ohne weitere Umstände **nicht ausreichend** zur Begründung einer stillschweigenden Rechtswahl ist die Vereinbarung eines **Erfüllungsortes**[114], es sei denn, es wird ein einheitlicher Erfüllungsort vereinbart, der obendrein vom tatsächlichen Leistungsort abweicht[115]. Ebenso wenig reicht allein die **Vertragssprache** als Indiz aus[116], und das Gleiche gilt für die isolierten Elemente **Abschlussort** oder **vereinbarte Währung**[117] sowie die des **gewöhnlichen Aufenthaltes bzw Sitzes** oder der **Staatsangehörigkeit** der Parteien[118]. Liegen verschiedene der isoliert betrachtet nicht hinreichenden Indizien in Kumulation vor, hängt es vom Einzelfall ab, ob hieraus eine stillschweigende Rechtslage abgeleitet werden kann. So sind stillschweigende Rechtswahlvereinbarungen angenommen worden, wenn Abschlussort und Sprache übereinstimmen[119], wenn Abschluss- und Erfüllungsort, Vertragssprache und Währung auf dasselbe Recht hinweisen[120]. **42**

Besonders problematisch ist die nach Art 27 Abs 2 S 1 mögliche nachträgliche stillschweigende Rechtswahl durch **Prozessverhalten**. Im Anschluss an *Giuliano/Lagarde*[121] wird neuerdings vertreten, die Rechtswahl während des Prozesses fiele in den Bereich des nationalen Verfahrensrechts und sei keine Berücksichtigung von Willenserklärungen, sondern lediglich ein Problem der Präklusion, deren Zulässigkeit sich aus den §§ 39, 296 Abs 2 ZPO ergebe und die nicht auf Angriffs- und Verteidigungsmittel zu beschränken sei[122]. Diese Auffassung ist abzulehnen. § 39 ZPO behandelt die Möglichkeit der zuständigkeitsbegründenden rügelosen Einlassung und hat mit der Frage des anwendbaren Rechts nichts zu tun. § 296 ZPO bezieht sich erstens nur auf Tatsachen, nicht aber auf Recht, und obendrein ist der Anwendungsbereich der Norm auf Angriffs- und Verteidigungsmittel beschränkt[123]. Nichts ist ersichtlich, warum das (deutsche) Internationale Zivilprozessrecht einer nachträglichen Rechtswahl entgegenstehen oder diese geradezu herbeiführen sollte. Wenn präkludiert werden kann, dann nur der Vortrag zu Tatsachen, die eine Subsumtion unter ausländisches Sachrecht ermöglichen, und auch das lediglich dann, wenn die Parteien sich über die kollisionsrechtlichen Fragen überhaupt im Klaren waren, ggf darauf auch hingewiesen worden sind[124]. Rspr und hL behandeln das Problem daher zu Recht als Frage der stillschweigenden Rechtswahl iS von Art 27 Abs 1 S 2. Die Rspr geht dabei mehrheitlich davon aus, dass eine stillschweigende nachträgliche Rechtswahl (oder aber die Bestätigung einer bereits früher erfolgten stillschweigenden Rechtswahl) darin zu sehen ist, dass die Parteien übereinstimmend die Sache nach einer bestimmten Rechtsordnung behandeln, sei es eine ausländische[125], sei es die deutsche[126]. Dabei akzeptiert zwar auch die Rspr formal den Satz, dass beide Parteien Erklärungs- **43**

---

[111] *Meyer-Sparenberg* RIW 1989, 347, 348; *Staudinger/Magnus* Rn 80.
[112] Für ausdrückliche Rechtswahl im Falle der sog construction clause OLG München IPRax 1989, 42, 44; zust *W. Lorenz* IPRax 1989, 22, 24 f; für stillschweigende Wahl LG München IPRax 1984, 318; insoweit krit *Schröder* IPRax 1985, 131, 132; *Palandt/Heldrich* Rn 6; wie hier auf den Einzelfall abstellend MünchKommBGB/*Martiny* Rn 57; *Staudinger/Magnus* Rn 76.
[113] BGH IPRspr 1956/57 Nr 55; IPRspr 1966/67 Nr 41 b; MünchKommBGB/*Martiny* Rn 66; *Soergel/v. Hoffmann* Rn 46; *Staudinger/Magnus* Rn 81, 82.
[114] Vgl auch BGH NJW 1985, 560, 561; OLGR Düsseldorf 1997, 314: Urlaubsort bei Reisevertrag; *Erman/Hohloch* Rn 18; aA LG Hamburg RIW 1993, 144, 145: Bürgschaft; *Wenner* RIW 1998, 173, 175.
[115] OLG Köln RIW 1994, 970; *Palandt/Heldrich* Rn 6.
[116] BGHZ 19, 110, 111 f; LG Hamburg RIW 1993, 144, 145; *Erman/Hohloch* Rn 18; vgl aber BGH NJW 1998, 1321, 1322, indes unter Hinweis auf Art 28 Abs 3 wegen des zusätzlichen starken immobiliarsachenrechtlichen Einschlages.
[117] BGH DB 1981, 1279; NJW-RR 1990, 183 f; OLG Brandenburg NJ 2001, 257, 258; s aber auch OLG Hamm RIW 1993, 940; OLG Köln RIW 1994, 970.
[118] *Staudinger/Magnus* Rn 85; *Reithmann/Martiny/Martiny*, Internationales Vertragsrecht, Rn 85, 143; s aber auch BGH RIW 2006, 984.
[119] BGH NJW 1998, 1321; aA LG Hamburg RIW 1993, 144, 145; *Dörner* LM Nach Art 38 Nr 3.
[120] Vgl BGH RIW 1997, 426, dort freilich sogar mit Bezugnahme auf das BGB; NJW 2004, 3706, 3708: Vertragssprache deutsch, zuständiges Gericht, Verwendung von Begriffen des deutschen Gesellschaftsrechts; Berufung auf deutsches Recht im Prozess; OLG Köln VersR 2002, 1374, 1375; RIW 1994, 970: deutscher Erfüllungsort, deutsche Währung; LG Heidelberg IPRax 2005, 42: deutsche Vertragsparteien mit inländischem Wohnsitz schließen Vertrag in deutscher Sprache, freilich über Grundstück in Spanien.
[121] BT-Drucks 10/503 S 33, 50.
[122] *Soergel/v. Hoffmann* Rn 52; *v. Hoffmann/Thorn* § 10 Rn 37; bezogen auf das Rechtsmittelverfahren ebenso *Staudinger/Magnus* Rn 73.
[123] *Schack* NJW 1984, 2736, 2739.
[124] Vgl *Spickhoff*, Richterliche Aufklärungspflicht und materielles Recht, 1998, S 72 f.
[125] OLG Celle RIW 1990, 320, 322.
[126] BGH NJW 1991, 1292, 1293; RIW 1992, 585, 586; NJW 1992, 909; NJW 1992, 1380; NJW 1994, 187; RIW 1995, 410, 412; OLG Saarbrücken IPRspr 2002 Nr 43; OLG Zweibrücken IPRspr 2002 Nr 71; OLG Köln RIW 1994, 970, 971; OLG Hamm RIW 1995, 681, 682; OLG Saarbrücken WM 1998, 836; OLG Karlsruhe MDR 1998, 1470, 1471; NZG 2001, 748, 749.

bewusstsein in Bezug auf eine Rechtswahl haben müssen, so dass die irrtümliche Annahme, deutsches Recht sei anwendbar, prinzipiell nicht ausreicht[127], doch soll schon die rügelose Hinnahme der Urteilsbegründung im Berufungsverfahren genügen[128]. Dieser Rspr ist nur mit großer Vorsicht zu begegnen. Soweit sie – wie in der großen Mehrzahl der Fälle – über die Unterstellung einer stillschweigenden nachträglichen Rechtswahl zur Anwendung deutschen Rechts kommt, ist sie lediglich Ausdruck eines vom IPR nicht getragenen Heimwärtsstrebens zu Gunsten des (insoweit sachwidrig bevorzugten) eigenen Rechts. In der Revisionsinstanz vermeidet man dadurch zwar die Peinlichkeit, den Vorinstanzen sowie den bis dahin mit der Sache befassten Anwälten das Übersehen der kollisionsrechtlichen Fragestellung zu quittieren[129], doch wächst das Ansehen der Rspr nicht dadurch, dass der BGH als Revisionsgericht Fehler zur Weisheit umdeklariert. Das häufige Verkennen der international-privatrechtlichen Fragestellung durch Anwälte ändert nichts am Ausgangspunkt: Nur deswegen, weil die Parteien während eines Rechtsstreits übereinstimmend von der Anwendung einer bestimmten Rechtsordnung ausgehen (jedenfalls der deutschen), darf nicht von einer stillschweigenden Wahl deutschen Rechts oder von einer Bestätigung einer früheren Wahl deutschen Rechts ohne weitere Anhaltspunkte ausgegangen werden. Anderenfalls würde man potentielles Erklärungsbewusstsein in Bezug auf die Rechtswahl genügend sein lassen, was jedenfalls im Rahmen der Art 27, 28 und des EVÜ nicht angängig erscheint. Ggf. sind deswegen die Parteien oder ihre Bevollmächtigten auf die kollisionsrechtliche Fragestellung hinzuweisen; bleiben sie danach bei ihrem Vortrag nur zu einer bestimmten Rechtsordnung, liegt eine entsprechende Rechtswahl vor[130]. Dass eine Rechtswahl im Prozess nur wirksam ist, wenn die auftretenden Anwälte bevollmächtigt sind[131], versteht sich von selbst.

44   e) **Teilrechtswahl (Abs 1 S 3)**. Art 27 Abs 1 S 3 ermöglicht neben einer materiell-rechtlichen auch eine **kollisionsrechtliche Teilverweisung**[132]. Nach dem Wortlaut der Norm können die Parteien die Rechtswahl für den ganzen Vertrag oder nur für einen Teil des Vertrages treffen. Soweit keine Teilrechtswahl vorgenommen ist, gilt dann die objektive Anknüpfung (Art 28). Nach allgM können die Parteien den Vertrag parteiautonom in der Weise aufspalten, dass verschiedene Rechte für verschiedene Bereiche des Vertragsrechts anwendbar sein sollen, auch wenn sie allesamt vom objektiven Vertragsstatut abweichen[133]. Eine solche Aufspaltung des Vertragsstatuts ist auch durch eine stillschweigende, selbst nachträgliche Rechtswahl denkbar[134], was schon aus der Systematik der Vorschrift folgt. Da eine Aufspaltung des Vertragsstatuts uU zu erheblichen Anpassungsproblemen führen kann, ist sie in stillschweigender Form ganz besonders zurückhaltend, dh nur beim Vorliegen ganz besonders starker Indizien anzunehmen. Viel spricht dafür, von einer tatsächlichen Vermutung gegen eine Teilverweisung auszugehen[135].

45   Die Teilrechtswahl unterliegt bestimmten **Grenzen**. Insbes muss die Teilfrage überhaupt abspaltbar sein[136]. Das bedeutet, dass die Rechtswahl in sich sachgerecht sein muss. Sie hat sich auf Elemente des Vertrages zu beziehen, die verschiedenen Rechten unterworfen werden können, ohne dass dies zu widersprüchlichen Ergebnissen führt. So könnte die Auflösung des Vertrages wegen Nichterfüllung nicht zwei verschiedenen Rechten (einem für den Verkäufer und einem anderen für den Käufer) unterworfen werden[137]. Auch die Beurteilung des materiellen Vertragsschlusses kann nicht auf verschiedene Rechtsordnungen verteilt werden[138]. Ggf ist die entsprechende Vereinbarung als Wahl des betreffenden Rechts insgesamt auszulegen[139]. Möglich ist aber, eine „Indexklausel" einem abweichenden Recht zu unterwerfen[140], das formelle Zustandekommen des Vertrages einerseits und seine materielle Wirksamkeit andererseits verschiedenen Rechten zu unterstellen[141], die Kündigung eines Arbeitsverhältnisses einer partiellen Rechtswahl zuzuführen[142], zwischen Vertragsschluss und Vertragsdurchführung[143], zwischen Zahlungsgeschäft und schuldrechtlicher Begründung bzw Existenz der Forderung selbst[144] sowie zwischen Ansprüchen des Verkäufers und Ansprüchen des Käufers zu differenzieren, soweit zwischen den gewählten Rechten keine Widersprüchlichkeiten auftreten[145]. Zweifelhaft bleiben trotz dieser Beispiele die theo-

---

[127] OLG Köln NJW 1987, 1151, 1152; OLG München RIW 1996, 329, 330.
[128] BGH NJW 1991, 1292, 1293.
[129] Exemplarisch BGH IPRax 1982, 13; krit *Kreuzer* IPRax 1982, 1, 2 f.
[130] Im Ergebnis ebenso MünchKommBGB/*Martiny* Rn 55; AnwK-BGB/*Leible* Rn 55; *Mansel* ZVglRWiss 86 (1987), 1, 11 ff; *W. Lorenz* IPRax 1987, 269, 273; *Steinle* ZVglRWiss 93 (1994), 313; zurückhaltend gegenüber einer voreiligen Unterstellung der stillschweigenden Rechtswahl durch Prozessverhalten auch BGH NJW 1993, 1126; *Schack* IPRax 1986, 272, 273 f; *Staudinger/Magnus* Rn 70; *Ferrari* IntVertragsR Rn 28.
[131] *Mansel* ZVglRWiss 86 (1987), 1, 13; *Palandt/Heldrich* Rn 7; *Schack* NJW 1984, 2736, 2739.
[132] MünchKommBGB/*Martiny* Rn 68.
[133] OLG Frankfurt IPRax 1992, 314, 316 f; *Staudinger/Magnus* Rn 90; *Palandt/Heldrich* Rn 9; *Erman/Hohloch* Rn 19; *Kropholler* IPR § 52 II 3 b; *Soergel/v. Hoffmann* Rn 5.
[134] *Giuliano/Lagarde* BT-Drucks 10/503 S 36, 49; näher *Kondring* IPRax 2006, 425.
[135] *Erman/Hohloch* Rn 19; *Kropholler* IPR § 52 II 3 b; vgl auch *Soergel/v. Hoffmann* Rn 65.
[136] MünchKommBGB/*Martiny* Rn 70.
[137] *Giuliano/Lagarde* BT-Drucks 10/503 S 36, 49.
[138] *Soergel/v. Hoffmann* Rn 58; *Staudinger/Magnus* Rn 94.
[139] OLG Düsseldorf IPRspr 2002, Nr 49.
[140] *Giuliano/Lagarde* BT-Drucks 10/503 S 33, 49.
[141] OLG Hamm NJW-RR 1996, 1145; *Palandt/Heldrich* Rn 9.
[142] BAG AP GVG § 18 Nr 1 = EzA Art 30 EGBGB Nr 4.
[143] OLG Frankfurt IPRax 1992, 314, 316 f.
[144] BGHZ 164, 361; dazu – krit – *Freitag* IPRax 2007, 24, 29 f.
[145] *Staudinger/Magnus* Rn 94; *W. Lorenz* IPRax, 1987, 269, 272; aA *Jayme*, FS Kegel, 1987, S 253, 263; *Palandt/Heldrich* Rn 9.

retischen Grenzen der Abspaltbarkeit. Denn das Risiko, dass die Aufspaltung des Vertrages mit dem Ziel vorgenommen wird, bestimmte zwingende Vorschriften zu umgehen, liegt auf der Hand. Hier sollte Art 7 EVÜ helfen, doch ist die Berücksichtigung international zwingender Vorschriften, die Art 7 Abs 1 EVÜ vorsah, (zulässigerweise) nicht ins EGBGB übernommen worden. Daher führt Art 34 nur zur Berücksichtigung international zwingender deutscher Vorschriften. Will man nicht die Parteien über kollisionsrechtliche Mittel einen de facto rechtsordnungslosen Vertrag kreieren lassen, darf die Lehre von der Teilrechtswahl jedenfalls nicht dazu führen, dass sich die Parteien das für sie anwendbare Vertragsrecht nach Art einer „**Rosinentheorie**" zusammenstellen[146]. Überdies sind die Schranken der Art 27 Abs 3, 34 und des sonstigen nicht disponiblen Kollisionsrechts in jedem Fall zu beachten. Soweit die Teilrechtswahl unwirksam ist, wird objektiv angeknüpft (insbes über Art 28)[147]. In der **anwaltlichen Beratungspraxis** ist in Bezug auf die Gestaltungsmöglichkeit der autonom gespaltenen Rechtswahl Vorsicht angezeigt. Der Mandant sollte zumindest auf die nicht restlos geklärte Frage nach den Grenzen der Teilrechtswahl hingewiesen werden. Der zumindest kollisionsrechtlich „sicherere Weg" besteht ggf in der Vermeidung der Teilrechtswahl.

3. Änderung der Rechtswahl (Abs 2). Nach Art 27 Abs 2 S 1 können die Parteien jederzeit eine **Änderung des zuvor anwendbaren Rechts** vereinbaren, sei es, dass sie eine frühere Rechtswahlvereinbarung abändern, sei es, dass sie das bislang objektiv zu ermittelnde Recht über eine Rechtswahl auswechseln. Das Vertragsstatut ist damit parteiautonom wandelbar. Art 27 Abs 3 gilt auch in Bezug auf eine Teilrechtswahl nach Art 27 Abs 1 S 3 sowie für eine nachträgliche stillschweigende Rechtswahl[148], etwa wie eben (Rn 43) dargelegt im Prozess. Nicht ausreichend insoweit ist, dass ein Vertrag gegen Bestimmungen des bisher anwendbaren Rechts verstößt und dass später alle Beteiligten ihren Wohnort in einen anderen Staat verlegt haben[149]. Die Zulässigkeit der parteiautonomen nachträglichen Änderung des Vertragsstatuts ergibt sich ausschließlich aus Art 27 Abs 2; evtl entgegenstehende Bestimmungen des bisher anwendbaren Vertragsstatuts sind unbeachtlich. Nur für die Frage, ob (insoweit) neues Tatsachenvorbringen zulässig ist oder nicht, sind die Vorschriften des nationalen Prozessrechts maßgeblich[150]. Weitergehende Begrenzungen, auf die Giuliano/Lagarde[151] hinweisen, lassen sich jedenfalls dem deutschen Prozessrecht nicht entnehmen. 46

Die Parteien können selbst bestimmen, ob die Rechtswahl rückwirkend **(ex tunc)** oder ab dem Zeitpunkt der Änderung mit **ex nunc-Wirkung** gilt[152]. Haben die Parteien nichts vereinbart, ist streitig, ob eine Vermutung für eine ex nunc-Wirkung[153] oder eine Vermutung zu Gunsten einer ex tunc-Wirkung[154] gilt. Als Begründung der zuletzt genannten hM wird zumeist der Umkehrschluss aus Art 27 Abs 2 S 2 gezogen. Danach werden die Formgültigkeit sowie Rechte Dritter durch eine spätere Änderung des Vertragsstatuts nicht berührt. Diese Norm wird als Ausnahme von der stillschweigend vorausgesetzten Regel der ex tunc-Wirkung verstanden[155]. Indes ist dieses Argument zweifelhaft. Man kann Art 27 Abs 2 S 2 ebenso gut dahin verstehen, dass jedenfalls die Formwirksamkeit sowie Rechte Dritter durch eine spätere Rechtswahl nicht berührt werden, gleich ob die Rechtswahl nun Rückwirkung entfaltet bzw entfalten soll oder nicht. Darüber hinaus folgt für die grundsätzliche Frage der ex tunc- oder ex nunc-Wirkung der nachträglichen Rechtswahl aus Art 27 Abs 2 S 2 an sich nichts. Maßgeblich ist deswegen die **Auslegung der Vereinbarung,** und hierbei wird man bei objektiver Betrachtung im Zweifel – also vorbehaltlich besonderer Fall- oder Vertragskonstellationen, die etwas anderes nahe legen – von einer ex nunc-Wirkung ausgehen können[156]. Sonst würde man unterstellen, die Parteien hätten eine (zeitliche) Aufspaltung, einen Wandel des anwendbaren Vertragsrechts gewollt. Das aber ist mangels entgegenstehender Anhaltspunkte genauso fernliegend wie eine Teilrechtswahl iS von Abs 1 S 3[157]. Ist im Prozess umstritten, ob nur vereinbart worden ist, „es soll das Recht des Staates X gelten" (dann im Zweifel ex tunc-Wirkung), oder ob der nachträglichen Rechtswahlvereinbarung ausdrücklich ex nunc-Wirkung zugeschnitten war, ist im Falle des non liquet von überhaupt keiner nachträglichen Rechtswahlvereinbarung auszugehen[158]. 47

Die **Formbedürftigkeit** der nachträglichen Rechtswahl ist nach den durch Art 27 Abs 4 iVm Art 11 Abs 1 bezeichneten Rechten iS des Günstigkeitsprinzips zu beurteilen (Abs 2 S 2 HS 1). Neben der Beachtung einer Form für die Rechtswahlvereinbarung nach dem (neu gewählten) Geschäftsrecht 48

---

[146] Ebenso *v. Bar* IPR II Rn 426.
[147] *Erman/Hohloch* Rn 21; *Soergel/v. Hoffmann* Rn 64; *Kropholler* § 52 II 3 b.
[148] OLG Düsseldorf IPRspr 2003 Nr 29.
[149] *Palandt/Heldrich* Rn 10 gegen KG IPRspr 1979 Nr 13 a; LG Berlin und KG IPRspr 1980 Nr 15.
[150] MünchKommBGB/*Martiny* Rn 78; vgl auch OLG Düsseldorf RIW 1987, 793 zu § 528 Abs 2 ZPO aF, s nun § 531 Abs 2 ZPO.
[151] BT-Drucks 10/503 S 36, 50.
[152] *Reinhart* IPRax 1995, 365, 368.
[153] OLG Frankfurt IPRax 1992, 314, 315; *W. Lorenz* IPRax 1987, 269, 273; offen gelassen BGH NJW 1991, 1292, 1293.
[154] Vgl BGH IPRax 1998, 479, 481; OLG Hamm RIW 1993, 940 f; OLG Köln IPRax 1995, 393, 394; LG Heidelberg IPRax 2005, 42, 43; *v. Bar* IPR II Rn 480; *Erman/Hohloch* Rn 23; *Soergel/v. Hoffmann* Rn 73; *Reithmann/Martiny/Martiny* IVR § 52 II 4; *Kropholler* IPR § 52 II 4; *Lagarde* Rev crit dr int priv 1991, 287, 304; *Reinhart* IPRax 1995, 365, 368 ff.
[155] ZB *Reinhart* IPRax 1995, 365, 369; *Soergel/v. Hoffmann* Rn 73.
[156] Einschränkend *W. Lorenz* IPRax 1987, 269, 273; s auch LG Essen RIW 2001, 943; zweifelhaft.
[157] Ebenso *Reithmann/Martiny/Martiny* IVR Rn 100; *Kropholler* IPR § 52 II 4; *v. Bar* IPR II Rn 480.
[158] *Spickhoff* IPRax 1998, 462, 465.

49 Auch **Rechte Dritter** werden durch eine Änderung der Bestimmung des anzuwendenden Rechts durch Rechtswahl nach Vertragsabschluss nicht berührt (Abs 2 S 2 HS 2). Würde die spätere Rechtswahl in Bezug auf den Dritten zu einer Verschlechterung von dessen Rechtsstellung im Vergleich zum zuvor anwendbaren Recht führen, so bleibt für sein Verhältnis zu den Vertragsparteien das ursprüngliche Vertragsstatut die Entscheidungsgrundlage. Insoweit kann man also von einer Relativität des Verweisungsvertrags-Verhältnisses sprechen[161]. In Betracht kommen etwa Begünstigte aus einem echten Vertrag zugunsten Dritter, Bürgen und Pfändungsgläubiger[162]. Aus dem Schutzzweck der Norm folgt, dass an der Rechtswahlvereinbarung nicht beteiligten Dritten Verbesserungen ihrer Rechtsstellung infolge der späteren Rechtswahl widerfahren können[163], vorausgesetzt, die Parteien haben dies gewollt[164].

50 **4. Beziehungslose Rechtswahl und zwingende Bestimmungen (Abs 3).** Ist ein Sachverhalt von der Rechtswahl abgesehen nur mit einem einzigen Staat verbunden, so kann die Rechtswahl – auch wenn sie mit einer Gerichtsstandsvereinbarung kombiniert wird – **zwingende Bestimmungen** des Staates, zu dem allein relevante Beziehungen bestehen, **nicht umgehen**. Unter zwingenden Bestimmungen iS des Art 27 Abs 3 ist – anders als in Art 34 – ius cogens zu verstehen, also alle Bestimmungen des Sachrechts, die nicht dispositiv sind. An sich bleibt die Rechtswahl also wirksam, jedoch werden unter den Voraussetzungen des Art 27 Abs 3 die einschlägigen zwingenden Bestimmungen in das gewählte „Einbettungsstatut" gewissermaßen injiziert[165]. Art 27 Abs 3 gilt nicht nur zu Gunsten zwingender Vorschriften des deutschen Sachrechts[166]. Ist über den allseitigen Art 27 Abs 3 ausländisches ius cogens anwendbar, während über Art 34 deutsches international zwingendes Recht anzuwenden ist, und widersprechen sich beide Normenbereiche, genießt das über Art 34 anzuwendende deutsche Recht Vorrang[167]. Im Falle von EU-Binnensachverhalten gilt Folgendes: Wählen Angehörige verschiedener EU-Mitgliedstaaten ein Recht außerhalb der EU, setzt sich deren zwingendes Vertragsrecht durch[168], selbst wenn es auf Richtlinien der EU beruht. Denn im horizontalen Bereich entfalten EU-Richtlinien erst nach entsprechender Umsetzung unmittelbare Wirkung, und bislang ist die EU noch kein einheitlicher Staat. Deswegen finden sich in den Richtlinien häufig eigene kollisionsrechtliche Regelungen, auf die Art 20 EVÜ Bezug nimmt, die aber die EU nicht als einheitlichen Staat behandeln[169].

51 Die wesentliche Voraussetzung von Art 27 Abs 3 ist der fehlende **Auslandsbezug**. Aus dem Wortlaut ergibt sich, dass als Auslandsbezug weder die Rechtswahl noch eine Gerichtsstandsvereinbarung (und erst recht die Vereinbarung eines ausländischen Schiedsgerichts)[170], nicht einmal die mit einer Gerichtsstandsvereinbarung kombinierte Rechtswahlvereinbarung ausreichen. Art 27 Abs 3 will Umgehungen von ius cogens entgegenwirken. Doch darf andererseits über Art 27 Abs 3 nicht zu weitreichend das zwingende Recht einer bestimmten Rechtsordnung durchgesetzt werden. Keinen relevanten Auslandsbezug stellt es jedenfalls dar, wenn die Parteien ein bloßes Interesse an der Anwendung eines bestimmten ausländischen Rechts haben, etwa weil dieses besonders gut und für sie günstig entwickelt ist[171]. Elemente, die in den Art 28 bis 30 genannt sind und die für die objektive Anknüpfung eine Rolle spielen, stellen eine im Rahmen des Abs 3 zu beachtende Verbindung mit einem weiteren Staat her, so etwa der gewöhnliche Aufenthalt bzw der Sitz der Hauptverwaltung[172], ebenso der Ort der Leistung bzw eine grenzüberschreitende Bewegung von Leistungen[173]. Auch der ausländische Vertragsabschlussort genügt – jedenfalls soweit er nicht ganz flüchtig und zufällig erscheint – zur Herstellung eines Auslandsbezuges, da in Art 29 Abs 3 Nr 3 genannt[174], mag auch der (ausländische) Verkäufer ein Strohmann sein (wie in den sog Gran Canaria-Fällen)[175]. Weiter ist der ausländische Erfüllungsort ein

---

[159] Zu eng daher der LS in BGH IPRax 1998, 479.
[160] Vgl *v. Bar* IPR II Rn 478.
[161] Vgl *Möllenhoff* S 134; im Ergebnis ebenso *W. Lorenz* IPRax 1987, 269, 273; *Giuliano/Lagarde* BT-Drucks 10/503 S 33, 50.
[162] *Lagarde* Rev crit dr int priv 1991, 304 f; *Palandt/Heldrich* Rn 10; *MünchKommBGB/Martiny* Rn 83 a.
[163] *MünchKommBGB/Martiny* Rn 86.
[164] *v. Bar* IPR II Rn 481; *Soergel/v. Hoffmann* Rn 79.
[165] *Erman/Hohloch* Rn 25; *Staudinger/Magnus* Rn 115.
[166] *Staudinger/Magnus* Rn 86; *Ferrari* IntVertragsR Rn 55.
[167] *Junker* IPRax 1989, 69, 73; *E. Lorenz* RIW 1987, 569, 579; *Palandt/Heldrich* Rn 4.
[168] Anders aber *Lando* RabelsZ 57 (1993), 155, 163; *Bröderman/Iversen*, Europäisches Gemeinschaftsrecht und Internationales Privatrecht, 1994, Rn 713 ff, 983 – anders aber, wenn eine EG-RL nicht umgesetzt worden ist; *Kropholler* IPR § 40 IV 3.
[169] *MünchKommBGB/Martiny* Rn 92; *Staudinger/Magnus* Rn 127; *AnwK-BGB/Leible* Rn 79.
[170] *Soergel/v. Hoffmann* Rn 86.
[171] *MünchKommBGB/Martiny* Rn 95.
[172] *V. Bar* IPR II Rn 419; *Soergel/v. Hoffmann* Rn 91.
[173] *Soergel/v. Hoffmann* Rn 90.
[174] BGH NJW 1997, 1697, 1699; sehr str, wie hier OLG Celle RIW 1991, 421; OLG Frankfurt IPRax 1990, 236, 238 m Anm *Lüderitz* IPRax 1990, 216; *Kegel/Schurig* IPR § 18 I 1 c; *Mankowski* RIW 1993, 453, 454; *MünchKommBGB/Martiny* Rn 95; *Taupitz* BB 1990, 642, 648; *Palandt/Heldrich* Rn 4; *Staudinger/Magnus* Rn 123; aA *Mäsch* S 98; *Soergel/v. Hoffmann* Rn 88.
[175] Zu diesen Sachverhalten eingehend *Taupitz* BB 1990, 642; wegen des Umgehungscharakters aA *Soergel/v. Hoffmann* Rn 92: extensive Auslegung des Art 27 Abs 3; *Erman/Hohloch* Rn 26.

relevanter Umstand[176], ebenso die ausländische Staatsangehörigkeit, sofern andere Umstände (wie ein gewöhnlicher Auslandsaufenthalt oder die Ausländereigenschaft auch des anderen Teils) hinzutreten[177]. Für diese differenzierte Gewichtung der Staatsangehörigkeit spricht, dass diese zwar nicht auf den Leistungsaustausch bei Schuldverträgen bezogen ist[178], andererseits über Art 7 und 12 (entspricht Art 11 EVÜ) zumindest im Rahmen von Vorfragen doch Einfluss auf den Vertrag nehmen kann, abgesehen davon, dass das gesamte IPR nach wie vor in wesentlichen Teilen vom Staatsangehörigkeitsprinzip beherrscht wird, mag dieses auch rechtspolitisch umstritten sein.

IV. Allgemeine Regeln

1. Sachnormverweisung. Art 27 enthält Sachnormverweisungen (Art 35 Abs 1). Rück- und Weiterverweisungen sind deshalb prinzipiell unbeachtlich. Im Schrifttum wird allerdings vielfach vertreten, dass die Parteien ausnahmsweise **auch ausländisches Kollisionsrecht wählen** können. Das schließe Art 35 im Unterschied zur allgemeinen Regel des Art 4 Abs 2 nicht kategorisch aus. Art 35 gehe deshalb als Spezialvorschrift vor[179]. Die Gegenauffassung liest Art 35 Abs 1 dagegen in Übereinstimmung mit Art 4 Abs 2, so dass ein Verweisungsvertrag kollisionsrechtlich ins Leere geht, wenn sich die Parteien lediglich auf die Herrschaft eines bestimmten Internationalen Privatrechts verständigen[180]. Wenn Art 35 Abs 1 formuliert, dass dann, wenn die Art 27, 28 vom „Recht eines Staates" sprechen, die in diesem Staat geltenden Sachvorschriften anzuwenden sind (entspricht Art 15 EVÜ, wonach unter „Recht eines Staates" die „in diesem Staat geltenden Rechtsnormen unter Ausschluss derjenigen des Internationalen Privatrechts' zu verstehen sind), dann bedeutet dies nichts anderes, als dass die Parteien über das anwendbare Internationale Privatrecht gerade nicht disponieren können. Etwas anderes ist lediglich für die Schiedsgerichtsbarkeit anzunehmen, denn Schiedsgerichten ist das anwendbare Kollisionsrecht nicht in gleichem Maße vorgegeben wie staatlichen Gerichten, vgl § 1051 ZPO[181]. Führt die Rechtswahl in einen Staat mit lokaler Rechtsspaltung, wird jede Gebietseinheit als eigener Staat angesehen (Art 35 Abs 2). **52**

2. Gesetzesumgehung. Ob unter dem Aspekt einer Gesetzesumgehung (fraus legis) eine Rechtswahl ganz oder teilweise konterkariert werden kann, ist äußerst zweifelhaft[182]. Art 27 Abs 3, 29, 30 und 34 wirken solchen Umgehungsversuchen teilweise entgegen. Im Übrigen erlaubt das positivierte Internationale Vertragsrecht über die Möglichkeit der Rechtswahl gerade die Umgehung oder Ergehung bestimmter Rechtsordnungen und Rechtssätze. Einer erweiternden Auslegung der genannten Beschränkungen der Rechtswahlmöglichkeit oder einer Ausschaltung der Rechtswahlmöglichkeit allgemein über das Institut der Gesetzesumgehung ist auch in Bezug auf das Gebot der einheitlichen Auslegung des Internationalen Vertragsrechts (Art 36) mit äußerster Zurückhaltung zu begegnen[183]. **53**

3. Ordre public. Das anwendbare ausländische Sachrecht (nicht hingegen die Rechtswahl selbst[184]) ist im Einzelfall nicht anzuwenden, wenn seine Anwendung mit wesentlichen Grundsätzen des deutschen Rechts offensichtlich unvereinbar wäre (Art 6). So kann im Einzelfall den **Einwand der öffentlichen Ordnung** auslösen: wenn ausländisches Recht das Verbot des Rechtsmissbrauchs nicht kennt[185]; wenn Vertragsstrafen anstößig hoch sind[186]; wenn Verträge die Grenze der Sittenwidrigkeit übersteigen[187], insbes im Falle von überhöhten Kreditzinsen[188]; wenn das ausländische Recht Strafschadensersatz (punitive damages) als Haftungsfolge vorsieht (entspr Art 40 Abs 3 Nr 1, 2)[189]; wenn ein Bürge durch den Staat auf Zahlung in Anspruch genommen wird, nachdem der Staat dem Bürgen dessen Anteile am Hauptschuldner entschädigungslos entzogen hat[190]; bei besonders krassen Abweichungen vom deutschen Verbraucherschutzrecht[191], wobei entscheidend nicht zuletzt die konkrete Schutzbedürftigkeit des Käufers (geschäftlich besonders Unerfahrene, Rentner auf Verkaufsveranstaltung) sein sollte. Keinen ordre public- **54**

---

[176] MünchKommBGB/*Martiny* Rn 95.
[177] *v. Bar* IPR II Rn 419; *E. Lorenz* RIW 1987, 569, 575; uneingeschränkt für die Beachtlichkeit der ausländischen Staatsangehörigkeit als relevante Beziehung *Sandrock* RIW 1986, 841, 846; insgesamt gegen die Beachtlichkeit einer ausländischen Staatsangehörigkeit als relevante Auslandsbeziehung *Staudinger/Magnus* Rn 124; *Soergel/v. Hoffmann* Rn 95.
[178] Das hebt *Soergel/v. Hoffmann* Rn 95 hervor.
[179] *Staudinger/Magnus* Rn 14, 36; *Kropholler* IPR § 24 II 6; MünchKommBGB/*Martiny* Art 35 Rn 4, 5; *Soergel/v. Hoffmann* Rn 13; *Erman/Hohloch* Rn 3.
[180] *Giuliano/Lagarde* BT-Drucks 10/503 S 36, 48; *W. Lorenz* IPRax 1987, 269, 271; *Kartzke* IPRax 1988, 8; *Staudinger/Hausmann* Art 3 Rn 283; *v. Bar* IPR II Rn 424; *Palandt/Heldrich* Rn 2.
[181] *v. Bar* II Rn 424.
[182] Dafür aber *Lando* RabelsZ 57 (1993), 155, 165.
[183] MünchKommBGB/*Martiny* Rn 10, 11; *Staudinger/Magnus* Rn 29.
[184] Verkannt von LG Berlin NJW-RR 1995, 754, 755; klarstellend *Palandt/Heldrich* Rn 3.
[185] OLG Frankfurt IPRax 1981, 165, 167; schweiz BG SZIER 2003, 259.
[186] OLG Hamburg *Mugdan/Falkmann* 6, 231.
[187] *Spickhoff*, Der ordre public im IPR, 1989, S 172 f.
[188] *Mühlbert/Bruinier* WM 2005, 105, 109 ff.
[189] BGHZ 118, 312, 338 ff = NJW 1992, 3096, 3103 f zur Vollstreckbarerklärung.
[190] BGHZ 104, 240, 243 ff = NJW 1988, 2173, 2174 f; dazu *Dörner*, FS Sandrock, S 205 ff.
[191] Zum alten AbzG RG JW 1932, 591; AG Lichtenfels IPRax 1990, 235, 236: Verstoß bejaht; OLG Celle RIW 1993, 587, 588: Verstoß verneint; zum HaustürWG aF OLG Celle RIW 1991, 421, 423: Verstoß bejaht; OLG Hamm NJW-RR 1989, 496, 497; OLG Düsseldorf NJW-RR 1995, 1396: Verstoß verneint; zum Käuferschutz gegenüber Bauunternehmen vgl OLG Hamm NJW 1977, 1594, 1595, mE zu weitgehend; *Spickhoff*, Ordre public, S 176.

Verstoß lösen aus: die Anpassung einer Forderung an die Geldentwertung[192] oder pauschalierter Schadensersatz[193]. Wegen geänderten Normenumfelds gehören der Termin- und Differenzeinwand (§§ 52 ff BörsG aF und § 764 BGB) nicht (mehr) zum ordre public[194]. Zweifelhaft geworden ist, ob besonders hohe **anwaltliche Erfolgshonorare** den ordre public auslösen können[195]. Das BVerfG hat in einem Beschluss vom 12. 12. 2006 das ausnahmslose Verbot von anwaltlichen Erfolgshonoraren wegen Verstoßes gegen Art 12 Abs 1 GG beanstandet[196]. Zwar kann die dahinterstehende Norm des § 49 b Abs 2 BRAO bis zum 30. 6. 2008 weiter angewendet werden. Doch werden außerhalb des Familien- und Strafrechts – hier hat das BVerfG das Verbot von Erfolgshonorarvereinbarungen ausdrücklich gebilligt (Nr 110 der Gründe) – im Falle der zureichend klaren und unmissverständlichen Erfüllung entsprechender Hinweis- und Aufklärungspflichten des Anwalts über die Höhe der ggf zu erwartenden anwaltlichen Forderung gegenüber seinem Mandanten kaum noch ordre public-Vestöße angenommen werden können, wenn in etwa die aus den USA bekannten Prozentsätze (bis zu 40%; im Falle des BVerfG waren 33% Erfolgshonorar vereinbart worden) in Rede stehen und es anderenfalls die wirtschaftliche Lage des Mandanten diesem vernünftigerweise nicht erlauben würde, ein Prozessrisiko einzugehen. Soweit das BVerfG eine Verfassungswidrigkeit des § 49 b Abs 2 BRAO nicht konstatiert hat, kommt aber weiterhin an eine Sonderanknüpfung des Quota-Litis-Verbots im Rahmen von Art 34 in Betracht (Art 34 Rn 15, 20).

55   **4. Geltungsbereich und Vorfragen.** Welche Gegenstände zum Bereich des Internationalen Vertragsrechts gehören und welche nicht, ist in wesentlichen Teilen in **Art 32 (positiv) und Art 37 (negativ)** geregelt. Gemeint sind grds nur Schuldverträge. Indes kommt eine entsprechende Anwendung der Art 27 ff in Betracht[197]. Das ist insbes (auch wegen der Nähe zum Vertragsschluss und zur culpa in contrahendo) wohl auch anzunehmen bei **einseitigen Leistungsversprechen** wie Patronatserklärungen (Art 28 Rn 70), der Auslobung[198] und der Gewinnmitteilung (Art 28 Rn 80)[199]. Selbständig anzuknüpfen sind insbes die Geschäftsfähigkeit (Art 7, 12) und die Vollmacht. Für **unbestellte Leistungen** (§ 241 a BGB) gilt Art 38 Abs 3.

Art 28 Mangels Rechtswahl anzuwendendes Recht

(1) ¹Soweit das auf den Vertrag anzuwendende Recht nicht nach Artikel 27 vereinbart worden ist, unterliegt der Vertrag dem Recht des Staates, mit dem er die engsten Verbindungen aufweist. ²Läßt sich jedoch ein Teil des Vertrages von dem Rest des Vertrages trennen und weist dieser Teil eine engere Verbindung mit einem anderen Staat auf, so kann auf ihn ausnahmsweise das Recht dieses anderen Staates angewandt werden.

(2) ¹Es wird vermutet, daß der Vertrag die engsten Verbindungen mit dem Staat aufweist, in dem die Partei, welche die charakteristische Leistung zu erbringen hat, im Zeitpunkt des Vertragsabschlusses ihren gewöhnlichen Aufenthalt oder, wenn es sich um eine Gesellschaft, einen Verein oder eine juristische Person handelt, ihre Hauptverwaltung hat. ²Ist der Vertrag jedoch in Ausübung einer beruflichen oder gewerblichen Tätigkeit dieser Partei geschlossen worden, so wird vermutet, daß er die engsten Verbindungen zu dem Staat aufweist, in dem sich deren Hauptniederlassung befindet oder in dem, wenn die Leistung nach dem Vertrag von einer anderen als der Hauptniederlassung zu erbringen ist, sich die andere Niederlassung befindet. ³Dieser Absatz ist nicht anzuwenden, wenn sich die charakteristische Leistung nicht bestimmen läßt.

(3) Soweit der Vertrag ein dingliches Recht an einem Grundstück oder ein Recht zur Nutzung eines Grundstücks zum Gegenstand hat, wird vermutet, daß er die engsten Verbindungen zu dem Staat aufweist, in dem das Grundstück belegen ist.

(4) ¹Bei Güterbeförderungsverträgen wird vermutet, daß sie mit dem Staat die engsten Verbindungen aufweisen, in dem der Beförderer im Zeitpunkt des Vertragsabschlusses seine Hauptniederlassung hat, sofern sich in diesem Staat auch der Verladeort oder der Entladeort oder die Hauptniederlassung des Absenders befindet. ²Als Güterbeförderungsverträge gelten für die Anwendung dieses Absatzes auch Charterverträge für eine einzige Reise und andere Verträge, die in der Hauptsache der Güterbeförderung dienen.

---

[192] BGH NJW 1993, 1801, 1802.
[193] BGHZ 75, 167, 171 f = NJW 1980, 527, 528; BGHZ 118, 312, 331 = NJW 1992, 3096, 3101; LG Heilbronn RIW 1991, 343, 344.
[194] BGH RIW 2005. 463, 465; dazu *Mörsdorf-Schulte* JR 2006, 309.
[195] So BGHZ 44, 183, 190 f = NJW 1966, 296, 299 f: höchstens 20% zulässig; BGHZ 51, 290, 293 f; 22, 162, 165 f: ordre public-Verstoß abgelehnt, überdies ist teilweise Art 34 zu beachten; *Spickhoff*, Ordre public, S 192 ff; vgl auch BGH NJW 2003, 3486 = IPRax 2005, 150 m Anm *Spickhoff* 125 und *Staudinger* 129: Sittenwidrigkeit bei 17facher Überschreitung der gesetzlichen Gebühren.
[196] BVerfG NJW 2007, 979; *Mayer* AnwBl 2007, 561.
[197] Für Art 27 entspr BGH NJW 1998, 1321 m Anm *Stoll* IPRax 1999, 29 für den Sonderfall des spanischen Legalschuldverhältnisses zwischen Miteigentümern einer Ferienwohnanlage trotz dessen sachenrechtlicher Grundlage.
[198] MünchKommBGB/*Martiny* Art 28 Rn 429.
[199] BGH NJW 2003, 3620; NJW 2004, 1652; NJW 2006, 230; S *Lorenz* IPRax 2002, 195; *Martiny* ZEuP 2006, 64; für eine deliktsrechtliche Qualifikation hingegen LG Freiburg IPRspr 2002, Nr 137; *Leible* IPRax 2003, 33; für eine wettbewerbsrechtliche Qualifikation *Fetsch* RIW 2002, 938.

(5) **Die Vermutungen nach den Absätzen 2, 3 und 4 gelten nicht, wenn sich aus der Gesamtheit der Umstände ergibt, daß der Vertrag engere Verbindungen mit einem anderen Staat aufweist.**

Schrifttum (s auch Voraufl): *Abel,* Die Qualifikation der Schenkung, 1997; *v. Bar,* Kollisionsrechtliche Aspekte der Vereinbarung und Inanspruchnahme von Dokumentenakkreditiven, ZHR 152 (1988), 38; *Bartels,* Die Bankgarantie im Auslandsgeschäft, 2. Aufl 1990; *Blaurock,* Vermutungen und Ausweichklausel in Art. 4 EVÜ – ein tauglicher Kompromiß zwischen starren Anknüpfungsregeln und einem flexible approach?, FS Stoll, 2001, S 463; *Böhmer,* Das deutsche Internationale Privatrecht des Timesharing, 1993; *Diehl/Leistner,* Internationales Factoring, 1992; *Drews,* Zum anwendbaren Recht beim multimodalen Transport, TranspR 2003, 12; *Eberl,* Rechtsfragen der Bankgarantie im internationalen Wirtschaftsverkehr nach deutschem und schweizerischem Recht, 1992; *Eidenmüller,* Der nationale und der internationale Insolvenzverwaltervertrag, ZZP 114 (2001), 3; *Geisler,* Die engste Verbindung im Internationalen Privatrecht, 2001 (§§ 15–19); *Girsberger,* Grenzüberschreitendes Finanzierungsleasing, 1997; *Hanisch,* Bürgschaft mit Auslandsbezug, IPRax 1987, 47; *Harries,* Die Parteiautonomie in internationalen Kreditverträgen als Instrument der Vertragsgestaltung, FS Heinsius, 1991, S 201; *Henrich,* Die Anknüpfung von Spar- und Depotverträgen zu Gunsten Dritter auf den Todesfall, FS W. Lorenz, 1991, S 379; *Hiestand,* Die Anknüpfung internationaler Lizenzverträge, 1993; *Hoppe,* Lizenz- und Know-how-Verträge im Internationalen Privatrecht, 1994; *Hoyer,* Die Anknüpfung des privaten Darlehensvertrages, ZfRV 37 (1996), 221; *Katzenberger,* Urheberrechtsverträge im Internationalen Privatrecht und Konventionsrecht, FG Schricker, 1995, S 225; *Kiel,* Internationales Kapitalanlegerschutzrecht, 1994; *Kindler,* L'arrêt Optelec – Deutsch-französisches zur objektiven Anknüpfung des Vertragshändlervertrages, FS Sonnenberger, 2004, S 433; *Könning-Feil,* Das internationale Arzthaftungsrecht, 1992; *Leible,* Warenversteigerungen im Internationalen Privat- und Verfahrensrecht, IPRax 2005, 424; *Lurger,* Der Timesharing-Vertrag im Internationalen Privatrecht und im Konsumentenschutzrecht, ZfRV 33 (1992), 348; *Mäger,* Der Schutz des Urhebers im internationalen Vertragsrecht, 1995; *Mankowski,* Kollisionsrechtsanwendung bei Güterbeförderungsverträgen, TranspR 1993, 213; *ders,* Timesharingverträge und Internationales Vertragsrecht, RIW 1995, 362; *ders,* Das Internet im Internationalen Vertrags- und Deliktsrecht, RabelsZ 63 (1999), 203; *ders,* Seerechtliche Vertragsverhältnisse im Internationalen Privatrecht, 1995; *Mansel,* Kollisions- und zuständigkeitsrechtlicher Gleichlauf der vertraglichen und deliktischen Haftung, ZVglRWiss 86 (1987), 1; *ders,* Kollisionsrechtliche Bemerkungen zum Arzthaftungsprozess, in: Institut für ausländisches und internationales Privatrecht Heidelberg (Hrsg), Einheit in der Vielfalt, 1985, S 33; *Martiny,* Spiel und Wette im Internationalen Privat- und Verfahrensrecht, FS W. Lorenz, 2001, S 375; *Otte,* Anwendbares Recht bei grenzüberschreitendem Timesharing, RabelsZ 62 (1998), 405; *Schuster,* Die internationale Anwendung des Börsenrechts, 1996; *Severain,* Die Bürgschaft im deutschen internationalen Privatrecht, 1990; *Sieg,* Internationale Anwaltshaftung, 1996; *Ullrich/Körner* (Hrsg), Der internationale Softwarevertrag, 1995.

Übersicht

	Rn		Rn
I. Herkunft, Systematik und Normzweck	1	3. Die Rechtsvermutungen (Abs 2 bis 4)	9
1. Herkunft	1	a) Charakteristische Leistung (Abs 2)	9
2. Normzweck	3	b) Grundstücksverträge (Abs 3)	17
3. Systematik	4	c) Güterbeförderungsverträge (Abs 4)	20
II. Anknüpfungsgrundsätze	5	4. Engere Verbindung (Abs 5)	22
1. Recht eines Staates	5	5. Allgemeine Regeln	25
2. Grundsatzanknüpfung an die engste Verbindung (Abs 1)	6	a) Sachnormverweisung	25
a) Begriff der engsten Verbindung	6	b) Ordre public	26
b) Aufspaltung des objektiven Vertragsstatuts (Abs 1 S 2)	7	c) Gesetzesumgehung	27
		d) Anwendungsbereich und Qualifikation	28
c) Beurteilungszeitpunkt und Wandelbarkeit des (objektiven) Vertragsstatuts	8	**III. Einzelne Vertragstypen (alphabetisch geordnet)**	29

I. Herkunft, Systematik und Normzweck

1. Herkunft. Art 28 baut auf **Art 4 EVÜ** auf. Dabei ist Art 4 EVÜ – ohne dass inhaltliche 1 Änderungen beabsichtigt wären – modifiziert worden: Art 28 Abs 2 enthält anders als Art 4 Abs 2 EVÜ nicht den ausdrücklichen Vorbehalt zu Gunsten des jeweiligen Abs 5, ebenso wenig wie Art 28 Abs 3 und 4 den ausdrücklichen Hinweis darauf, dass Abs 2 verdrängt ist. Art 4 Abs 5 S 1 EVÜ ist zu Art 28 Abs 2 S 3 geworden.

Maßgeblich ist grds das Recht des Staates, mit dem der Vertrag die „engsten Verbindungen" aufweist. 2 Nach der Regelvermutung von Abs 2 ist das der Staat, in dem die Partei ihren gewöhnlichen Aufenthalt bzw Hauptverwaltungssitz hat, welche die vertragscharakteristische Leistung zu erbringen verpflichtet ist. **Vor dem Inkrafttreten** des nun geltenden Internationalen Schuldvertragsrechts am 1. 9. 1986 war der **hypothetische Parteiwille** maßgebend, der indes auf objektiver Grundlage ermittelt wurde[1]. Oft, aber nicht notwendig wurde deswegen von der Rspr bereits vor 1986 das Recht der Vertragspartei angewandt, die die vertragscharakteristische Leistung zu erbringen hatte[2]. Hilfsweise kam auch eine Anwendung des Rechts am Erfüllungsort der streitigen Verpflichtung in Betracht (Art 27 Rn 2).

---

[1] BGHZ 7, 231, 235 = NJW 1953, 339, 341 m Anm *Harmening.*
[2] Vgl OLG Köln AWD 1980, 877; KG IPRspr 1979 Nr 13 A; *Soergel/Kegel,* 11. Aufl 1984, Vor Art 7 Rn 354; *Palandt/Heldrich,* 45. Aufl 1986 Vor Art 12 Anm 2 a cc.

Insgesamt ist zu beachten, dass bei der Konkretisierung von Art 28 die Rspr vor dessen Geltung nicht unbesehen übernommen werden kann.

3   **2. Normzweck.** Art 28 enthält **Regeln über die objektive Bestimmung des Schuldvertragsstatuts** im Falle des Fehlens einer Rechtswahl. Art 28 ist damit nach der ausdrücklichen gesetzlichen Regelung subsidiär anwendbar gegenüber Art 27. Vorrangig gegenüber Art 28 sind auch die Art 29 Abs 2 und Art 30 Abs 2. Indem Art 28 in seinem ersten Absatz sehr allgemein an das Recht der engsten Verbindung anknüpft, zeigt sich eine erhebliche Unsicherheit des Normgebers. Denn es ist im Grundsatz Aufgabe allen Internationalen Privatrechts, zu bestimmen, zu welcher Rechtsordnung ein bestimmter Sachverhalt die engste Verbindung aufweist[3]. Immerhin wird in Abs 2 bis 4 die jeweils engste Verbindung konkretisiert[4]: Grds gilt das Recht des Staates, in dem die Vertragspartei, die die vertragscharakteristische Leistung erbringen muss, ihren gewöhnlichen Aufenthalt bzw ihre Hauptverwaltung hat.

4   **3. Systematik.** Im Rahmen der Prüfung des Art 28 ist **zunächst** von den konkretisierenden Vermutungsregeln in **Abs 2 bis 4** auszugehen, innerhalb derer die spezielleren Vermutungen in Abs 3 und Abs 4 Vorrang vor der allgemeineren Vermutung des Abs 2 haben[5]. Greifen die Vermutungsregeln von Abs 2 bis 4 nicht, ist gemäß Abs 1 unmittelbar auf das Prinzip der engsten Verbindung abzustellen. Zur Begründung der Vermutungen von Abs 2 bis 4 sind andere Kriterien (wie der gewöhnliche Aufenthalt der Parteien oder die Staatsangehörigkeit) zunächst ausgeschlossen. Denn nach Abs 5 gelten die Vermutungen nach den Abs 2, 3 und 4 (nur dann) nicht, wenn sich aus der Gesamtheit der Umstände ergibt, dass der Vertrag engere Verbindungen mit einem anderen Staat aufweist[6]. Greift eine der Vermutungen von Abs 2 bis 4, ist im Rahmen von Abs 5 zu prüfen, ob der Vertrag auf Grund sonstiger signifikanter Umstände engere Verbindungen mit einem anderen Staat aufweist. Um Art 28 nicht völlig konturenlos werden zu lassen, sollte **Art 5 als bloße Ausnahme von den Regelanknüpfungen** der Abs 2 bis 4 verstanden werden[7]. Auf **Abs 1** ist nur im Falle der Unbestimmbarkeit der vertragscharakteristischen Leistung nach Abs 2 S 2[8] sowie dann zurückzugreifen, wenn die Vermutungen in Abs 2 bis 4 nach Abs 5 nicht gelten[9].

II. Anknüpfungsgrundsätze

5   **1. Recht eines Staates.** Im Rahmen des Art 28 ergibt sich bereits aus dessen Wortlaut („Recht des Staates" in Abs 1), dass eine **Anwendung außerstaatlichen Rechts** ohne Verankerung im nationalen Recht **ausgeschlossen** ist. Damit kann ein staatliches Gericht die sog lex mercatoria oÄ im Rahmen des Art 28 im Vergleich zu Art 27 erst recht nicht anwenden[10].

**2. Grundsatzanknüpfung an die engste Verbindung (Abs 1). a) Begriff der engsten Ver-
6 bindung.** Für den Begriff der engsten Verbindung gibt es **keine wirkliche Definition.** Immerhin spricht Art 28 Abs 1 von den engsten Verbindungen des betreffenden Vertrages zu einer bestimmten Rechtsordnung. Damit kann es nur auf solche Anknüpfungspunkte ankommen, die für die vertraglichen Beziehungen relevant sind, also die **Vertragsparteien**, den **Vertragsgegenstand** sowie die **vertraglichen Pflichten.** Insgesamt kommt es auf den räumlichen Schwerpunkt des Vertrages an[11]. Er ist **einzelfallbezogen** zu ermitteln und kann, wie Abs 1 S 2 zeigt, auch auf mehrere Rechtsordnungen verteilt sein. Die Kriterien zur Ermittlung der (objektiv) engsten Verbindung sind grds auch Indizien für eine konkludente Rechtswahl (Art 27 Abs 1 S 2), was die Abgrenzung der stillschweigenden Rechtswahl von der objektiven Anknüpfung schwierig, bei Ergebnisgleichheit aber auch überflüssig macht[12]. Maßgebliche Wertungsgesichtspunkte zur Ermittlung der engsten Verbindung sind: gemeinsame Staatsangehörigkeit der Parteien[13], Ort des gewöhnlichen Aufenthalts von Privatpersonen, Ort des Geschäftssitzes von geschäftlich Tätigen und Ort des Hauptverwaltungssitzes einer Gesellschaft[14]. Maßgebend können sodann sein: die Belegenheit eines Vermögenswertes, der Vertragsgegenstand ist[15]; im Einzelfall der Abschlussort; die Vertragssprache[16]; schließlich auch der Erfüllungsort, der gegenüber dem Vertragsabschlussort überwiegt[17]. Nur schwache Indizwirkung haben die vertraglich vereinbarte Währung[18],

---

[3] *Kegel/Schurig* IPR § 6 I 4 b; *W. Lorenz* IPRax 1987, 269, 274.
[4] Ebenso BGH IPRax 2005, 342, 344.
[5] Aus Art 4 EVÜ folgt das noch deutlicher; näher *Geisler* S 186 ff.
[6] Ebenso MünchKommBGB/*Martiny* Rn 19; *Soergel/v. Hoffmann* Rn 16; *Palandt/Heldrich* Rn 2 ff.
[7] Ebenso *Soergel/v. Hoffmann* Rn 18; *Kropholler* IPR § 52 III 4; aA *v. Bar* IPR II Rn 488; *Ferrari* Int VertragsR Rn 65.
[8] *Soergel/v. Hoffmann* Rn 21.
[9] *Ferid* IPR § 6 Rn 54; *Ferrari* Int VertragsR Rn 6; MünchKommBGB/*Martiny* Rn 16; *Soergel/v. Hoffmann* Rn 20.
[10] *Spickhoff* RabelsZ 56 (1992), 116, 133 f; *Wichard* RabelsZ 60 (1996), 269, 294; PWW/*Brödermann/Wegen* Rn 5; MünchKommBGB/*Martiny* Rn 20 a; im Grundsatz auch *Kappus* IPRax 1993, 137, 141; zur Problematik auch Art 27 Rn 24.
[11] BGH NJW 1993, 2753; NJW 1996, 2569; OLG Düsseldorf RIW 1997, 780.
[12] *Looschelders* Rn 8.
[13] BGH WM 1977, 793 zum alten Recht.
[14] MünchKommBGB/*Martiny* Rn 11.
[15] LG Stuttgart IPRax 1996, 140.
[16] *Palandt/Heldrich* Rn 2.
[17] *Soergel/v. Hoffmann* Rn 128; vgl auch *Mankowski* RIW 1995, 1034, 1036.
[18] BAG IPRax 1991, 407, 410; dazu *Magnus* IPRax 1991, 382; BAG IPRax 1994, 123, 128; dazu *Mankowski* IPRax 1994, 88; LG Hamburg RIW 1999, 391.

der Beurkundungsort sowie Flagge, Heimathafen und Registrierungsort von Schiffen, Flugzeugen, Kraftfahrzeugen oder sonstigen registrierten Gegenständen (zum Internationalen Sachenrecht s aber Art 45)[19]. Nur im Rahmen des Art 27, nicht aber im Rahmen des Art 28 haben Bedeutung: das Prozessverhalten, Gerichtsstands- und Schiedsgerichtsvereinbarungen sowie Bezugnahmen im Vertrag auf eine bestimmte Rechtsordnung[20]. Bei Verträgen einer Privatperson mit dem Staat oder mit öffentlich-rechtlichen Körperschaften besteht nicht notwendig die engste Verbindung zum Recht des betreffenden Staates[21]. Maßgebend sind nur sog Rechtsanwendungs- bzw IPR-Interessen[22], weswegen der Inhalt des jeweiligen Sachrechts nicht entscheidend ist[23]. Als Verträge, die als Anwendungsfälle des Art 28 Abs 2 S 3 in Betracht kommen, und die deshalb primär von Art 28 Abs 1 erfasst werden können, sind zu nennen: Tausch, Kompensationsgeschäfte, Vereinbarungen gegenseitiger Vertriebspflichten, Lizenztausch, Swap-Geschäfte, Kooperationsverträge (joint-ventures), Spiel und Wette, Ausgleichspflicht unter Gesamtgläubigern, mehrere Schuldner der charakteristischen Leistung[24]. Zu den Einzelfragen s die Aufstellung Rn 29 ff.

b) Aufspaltung des objektiven Vertragsstatuts (Abs 1 S 2). So wie Art 27 Abs 1 S 3 eine 7 Teilrechtswahl ermöglicht, sieht auch Abs 1 S 2 eine Aufspaltung des anwendbaren Vertragsrechts nach objektiven Kriterien vor. Die Aufspaltung des Vertragsstatuts ist jedoch als **Ausnahme** anzusehen. Das folgt aus dem Wortlaut der Norm[25]. Voraussetzung ist die Abtrennbarkeit eines Teils des Vertrages. Abtrennbar sind nur inhaltlich abgrenzbare und gesondert lösbare Rechtsfragen[26]. An der Abtrennbarkeit fehlt es, wenn das Synallagma eines gegenseitigen Vertrages zerstört werden würde[27]. Deutschsprachige Rspr zur Aufspaltung des Vertragsstatuts fehlt; wenn, dann kommt sie hauptsächlich bei besonders komplexen Vertragsverhältnissen oder Kooperationsverträgen in Betracht[28].

c) Beurteilungszeitpunkt und Wandelbarkeit des (objektiven) Vertragsstatuts. Art 28 Abs 1 8 bestimmt den maßgeblichen Zeitpunkt für die Beurteilung der engsten Verbindung nicht. Nach dem Bericht von *Giuliano/Lagarde*[29] ist es möglich, zur Ermittlung der engsten Verbindung eines Vertrages zu einem Staat auch nach einem Vertragsabschluss eingetretene Umstände zu berücksichtigen. Doch bedeutet das noch nicht mehr, als dass (vorhersehbare) spätere Änderungen im Tatsächlichen für die Beurteilung der engsten Verbindung schon bei Vertragsschluss bei prospektiver Betrachtung eine Rolle spielen können[30]. Die Möglichkeit eines Statutenwechsels im Rahmen des Art 28 ist damit noch nicht präjudiziert. Vielmehr zeigen Abs 2 S 1 und Abs 4, die beide auf den Zeitpunkt des Vertragsschlusses abstellen, den entsprechenden allgemeinen Grundgedanken des Art 28. Abgesehen von intertemporal-rechtlichen Sonderkonstellationen[31] ist das objektiv ermittelte **Vertragsstatut** im Rahmen des Art 28 daher **unwandelbar**[32]. Das gilt auch bei Dauerschuldverhältnissen. Die einseitige Änderung von Momenten, die die engste Verbindung begründen, führt also nur dann zum Statutenwechsel, wenn eine nachträgliche Änderung der Rechtswahl, ggf auch konkludent, festgestellt werden kann (Art 27 Abs 2 S 1, Abs 1 S 2).

3. Die Rechtsvermutungen (Abs 2 bis 4). a) Charakteristische Leistung (Abs 2). aa) Begriff 9 **und maßgeblicher Zeitpunkt.** Der Begriff der charakteristischen Leistung ist, wofür auch Art 36 spricht, für die EVÜ-Staaten einheitlich und insoweit rechtsvergleichend-autonom auszulegen[33]. Charakteristische Leistung ist diejenige, welche dem betreffenden Vertragstyp seine **Eigenschaft** verleiht und seine **Unterscheidung** von anderen Vertragstypen **ermöglicht**[34]. Maßgeblich ist – vom Darlehen abgesehen – im Allgemeinen die Leistung, die nicht auf Geld gerichtet ist[35] und die dem Vertrag seinen Namen gibt[36]. Bei unentgeltlichen Verträgen erbringt zumeist nur eine Partei eine (Haupt-)Leistung, ebenso im Falle von einseitig verpflichtenden Verträgen[37]. Im Übrigen ist die charakteristische Leistung bei Veräußerungsverträgen die Veräußerung (Übergabe und Übereignung der Sache beim Kauf), bei Gebrauchsüberlassungsverträgen die Gebrauchsüberlassung (Miete, Leihe), die Dienstleistung beim Dienstvertrag, die Herstellung des Werkes beim Werkvertrag usw[38].

---

[19] *Staudinger/Magnus* Rn 47, 48.
[20] *Staudinger/Magnus* Rn 50–53 mN auf die zT abw Rspr vor Inkrafttreten des aktuellen IPR.
[21] KG IPRax 1998, 280, 283; *Ferrari* Int VertragsR Rn 22; anders – „im Zweifel" – *Kegel/Schurig* IPR § 18 I 1 d.
[22] Hierzu nach wie vor grundlegend *Kegel/Schurig* IPR § 2 II.
[23] *Palandt/Heldrich* Rn 2; MünchKommBGB/*Martiny* Rn 11.
[24] *Geisler* S 187 ff.
[25] Vgl auch *Giuliano/Lagarde* BT-Drucks 10/503 S 33, 55; *Ferrari* Int VertragsR Rn 28.
[26] MünchKommBGB/*Martiny* Rn 23; *Soergel/v. Hoffmann* Rn 132; *Staudinger/Magnus* Rn 57: nur größere Teilkomplexe kämen in Betracht.
[27] *Soergel/v. Hoffmann* Rn 136; MünchKommBGB/*Martiny* Rn 22.
[28] BT-Drucks 10/504 S 78; *Giuliano/Lagarde* BT-Drucks 10/503 S 33, 55.
[29] BT-Drucks 10/503 S 33, 52.
[30] *Dicey/Morris*, Conflict of Laws II, S 1210, 1233; *Staudinger/Magnus* Rn 61.
[31] Auf sie weist *Erman/Hohloch* Rn 7, 20 und Art 27 Rn 14.
[32] *Ferid* IPR § 6 Rn 74; *Staudinger/Magnus* Rn 61; aA MünchKommBGB/*Martiny* Rn 25.
[33] Ebenso bzw ähnlich, wenn auch mit unterschiedlichen Nuancen, *Staudinger/Magnus* Rn 68; *Soergel/v. Hoffmann* Rn 25; MünchKommBGB/*Martiny* Rn 27, 32, 33.
[34] BGHZ 128, 41; BGH NJW 1993, 2753; OLG Düsseldorf RIW 1997, 780; *Stadler* Jura 1997, 505, 510.
[35] MünchKommBGB/*Martiny* Rn 30.
[36] *v. Bar* IPR II Rn 495; *Soergel/v. Hoffmann* Rn 23.
[37] MünchKommBGB/*Martiny* Rn 30; *Staudinger/Magnus* Rn 74.
[38] BGHZ 128, 41; OLG Hamm NJW-RR 1996, 1271; *Stadler* Jura 1997, 505, 511; *Palandt/Heldrich* Rn 3; MünchKommBGB/*Martiny* Rn 32; *Soergel/v. Hoffmann* Rn 24.

10   Maßgeblich ist der **Zeitpunkt des Vertragsabschlusses** (vgl den Wortlaut von Abs 2 S 1), auch in den Fällen des Abs 2 S 2, der an den vorherigen Satz nur anschließt. Insoweit ist das Vertragsstatut also unwandelbar[39], es sei denn, die Parteien treffen eine nachträgliche (ändernde) Rechtswahl.

11   **bb) Räumliche Zuordnung.** Abs 2 differenziert in seinen ersten beiden Sätzen bei der räumlichen Zuordnung der vertragscharakteristischen Leistung: Verträge, die in Ausübung einer beruflichen oder gewerblichen Tätigkeit von derjenigen Partei, die die vertragscharakteristische Leistung zu erbringen hat, geschlossen worden sind, werden an das Recht der Hauptniederlassung dieser Partei angeknüpft bzw an das Recht einer sonstigen Niederlassung, wenn die Leistung nach dem Vertrag von einer anderen als der Hauptniederlassung zu erbringen ist. Verträge, die nicht in Ausübung einer beruflichen oder gewerblichen Tätigkeit der Partei, die die vertragscharakteristische Leistung zu erbringen hat, geschlossen worden sind, werden dem Recht am gewöhnlichen Aufenthaltsort bzw – bei Gesellschaften, einem Verein oder einer juristischen Person – dem Recht des Staates unterworfen, in dem die betreffende Person ihre Hauptverwaltung hat.

12   Diese in Abs 2 S 1 genannte Anknüpfung bildet die Regel. In Bezug auf einzelne natürliche Personen kommt es also auf deren gewöhnlichen Aufenthalt an[40]. Der Rechtsklarheit wegen ist der **Begriff des gewöhnlichen Aufenthalts** hier wie sonst nicht abweichend vom allgemeinen Verständnis oder differenzierend (etwa nach Vertragstypus) auszulegen[41]. Das gebietet ein Art 36 nicht[42].

13   Auch der **Begriff der Hauptverwaltung** ist ebenso autonom auszulegen (Art 36) wie die Begriffe der Gesellschaft, des Vereins und der juristischen Person. Gemeint ist jede Personenvereinigung oder Vermögensmasse, die sich vertraglich verpflichten kann[43]. Bei dem Ort der Hauptverwaltung kommt es auf den Ort der tatsächlichen Hauptverwaltung an. Maßgeblich ist, wo die zentralen Leitungsentscheidungen getroffen werden[44]. Der Ort der alltäglichen Geschäftstätigkeit[45] reicht demgegenüber ebenso wenig wie der Registersitz oder der Gründungsort[46]. Nicht berufliche oder gewerbliche Tätigkeit von Personenvereinigungen ist insbes denkbar im Falle von Leistungen durch Idealvereine oder Spenden zu Gunsten von gemeinnützigen Zwecken[47]. Im Übrigen können die Begriffe wohl im Wesentlichen in Parallelität zu der international-prozessrechtlichen Norm des Art 60 EuGVVO ausgelegt werden.

14   Ist der Vertrag in **Ausübung von beruflicher oder gewerblicher Tätigkeit** geschlossen worden, so wird an das Recht des Staates angeknüpft, in dem die Partei, die die vertragscharakteristische Leistung erbringen muss, ihre Hauptniederlassung hat, was insbes bei mehreren Niederlassungen wesentlich ist. Ist die Leistung nicht von der Hauptniederlassung zu erbringen, gilt das Recht des Staates, in dem sich die leistende Niederlassung befindet.

15   Der Begriff der **Niederlassung**, im EGBGB (und auch im EVÜ) nicht definiert, ist über Art 36 autonom zu bestimmen. Im Anschluss an *v. Bar*[48] kann an die Definition des EuGH zum Parallelbegriff in Art 5 Nr 5 EuGVVO angeknüpft werden[49]. Danach ist eine Niederlassung „ein Mittelpunkt geschäftlicher Tätigkeit", der „auf Dauer als Außenstelle eines Stammhauses hervortritt, eine Geschäftsführung hat und sachlich so ausgestattet ist, dass er in der Weise Geschäfte mit Dritten betreiben kann, dass diese, obgleich sie wissen, dass möglicherweise ein Rechtsverhältnis mit dem im Ausland ansässigen Stammhaus begründet wird, sich nicht unmittelbar an dieses zu wenden brauchen, sondern Geschäfte an dem Mittelpunkt geschäftlicher Tätigkeit abschließen können, der dessen Außenstelle ist"[50]. Deshalb ist keine Niederlassung eine kurzfristige Einrichtung wie ein Messestand. Als Zeitraum wird man eine geplante Dauer von mehr als einem Jahr verlangen müssen[51].

16   **cc) Unbestimmbarkeit der charakteristischen Leistung (Abs 2 S 3).** Wenn sich eine charakteristische Leistung nicht feststellen lässt, gilt nach Abs 2 S 3 die vorhergehende Vermutung nicht. Stattdessen ist nach **Abs 1** anzuknüpfen[52]. Abs 5 ist dann nicht mehr anwendbar[53]. Hauptbeispiel ist der Tausch[54]. Weitere denkbare Fälle sind Verträge sui generis sowie Fälle, in denen mehrere Schuldner mit Sitz bzw gewöhnlichem Aufenthalt in verschiedenen Ländern zu leisten haben[55]. Zu weiteren Einzelfragen s Rn 6 und 29 ff.

---

[39] Vgl OLG Hamm IPRax 1996, 33, 36; dazu *Otto* IPRax 1996, 22; weiter *Mansel* ZVglRWiss 86 (1987), 1, 8 f; MünchKommBGB/*Martiny* Rn 37 mwN.
[40] BGH NJW 1987, 2161.
[41] AA *Schwind*, FS Ferid, 1978, S 423, 425, 431; wie hier *Soergel/v. Hoffmann* Rn 61; allg auch *Spickhoff* IPRax 1995, 185 ff; MünchKommBGB/*Sonnenberger* Einl IPR Rn 664.
[42] Für eine prinzipiell autonome Auslegung des Begriffs *Soergel/v. Hoffmann* Rn 61.
[43] Vgl *Erman/Hohloch* Rn 22; MünchKommBGB/*Martiny* Rn 41; *Soergel/v. Hoffmann* Rn 63; *Staudinger/Magnus* Rn 85.
[44] MünchKommBGB/*Martiny* Rn 42; *Soergel/v. Hoffmann* Rn 62; *Staudinger/Magnus* Rn 85.
[45] Dafür aber *Dicey/Morris*, Conflict of Laws II, S 1236.
[46] *Staudinger/Magnus* Rn 85.
[47] Vgl auch *v. Bar* IPR II Rn 510.
[48] IPR II Rn 510; *Staudinger/Magnus* Rn 87; MünchKommBGB/*Martiny* Rn 47, 48.
[49] Ebenso AnwK-BGB/*Leible* Rn 44.
[50] EuGH RIW 1979, 56, 58.
[51] *Soergel/v. Hoffmann* Rn 67.
[52] Anders nur LG Dortmund IPRax 1989, 51 m krit Anm *Jayme*: Art 32 Abs 2 angewandt.
[53] *Erman/Hohloch* Rn 18.
[54] MünchKommBGB/*Martiny* Rn 53; *Staudinger/Magnus* Rn 93; *Ferrari* Int VertragsR Rn 47.
[55] *Dicey/Morris*, Conflict of Laws II, S 1237; MünchKommBGB/*Martiny* Rn 60; *Staudinger/Magnus* Rn 94.

b) Grundstücksverträge (Abs 3). Für Verträge, die ein dingliches Recht an einem Grundstück 17
oder ein Recht zur Nutzung eines Grundstücks zum Gegenstand haben, gilt das Recht des Staates, in
dem das **Grundstück belegen** ist. Sehr streitig ist, wie die von Abs 3 erfassten Verträge sowie die dort
genannten Grundstücke und entsprechenden Nutzungsrechte zu qualifizieren sind. In Betracht kommt
eine autonome Qualifikation[56], eine Qualifikation nach der lex causae[57] sowie eine Qualifikation nach
der lex fori. Hintergrund der Problematik ist, dass viele Rechtsordnungen nicht zwischen Verpflichtungs- und Verfügungsgeschäft trennen. Zwar unterliegt auch das Verfügungsgeschäft in Bezug auf
Immobilien der lex rei sitae (Art 43), doch handelt es sich bei letzterer im Internationalen Sachenrecht
um eine Gesamtverweisung (Art 4 Abs 1 S 1; (s Art 43 Rn 14). Da anerkannt ist, dass Art 28 Abs 3 nur
für das Verpflichtungsgeschäft gilt, nicht für das dingliche Geschäft[58], die Abstraktion zwischen Verpflichtungs- und Verfügungsgeschäft aber gerade für den deutschen Rechtskreis stiltypisch ist (nicht
hingegen für den romanischen und den anglo-amerikanischen), wird eine EVÜ-autonome Qualifikation und eine Qualifikation nach den Maßstäben des deutschen Rechts kaum zu unterschiedlichen
Ergebnissen führen. Fehlt (wie in aller Regel das Abstraktionsprinzip im anwendbaren ausländischen
Recht, kann es sein, dass derselbe Schuldvertrag (je nachdem, ob er als Verpflichtungsgeschäft oder als
Tatbestandsvoraussetzung einer dinglichen Rechtsänderung gesehen wird) in seiner Eigenschaft als
Schuldverhältnis anders beurteilt wird als in seiner Eigenschaft als dingliches Rechtsgeschäft[59]. Die
Nutzungsrechte und die sonstigen dinglichen Rechte wird man in Übereinstimmung mit der hM
autonom (Art 36) auslegen können. Ein Vertrag, der mehrere Grundstücke in verschiedenen Ländern
zum Gegenstand hat, ist entspr den Regeln des Abs 3 nur anzuknüpfen, wenn eines der Grundstücke
wirtschaftlich evident dominiert. Sonst gilt Abs 1[60].

Unter Abs 3 fallen etwa: Kauf[61], Tausch, Miete[62] und Pacht, die Schenkung von Grundstücken, 18
Verträge, welche zur Bestellung von Grundstückssicherheiten verpflichten, der auf ein Sicherungsrecht
bezogene Sicherungsvertrag[63], Time-Sharing-Verträge über Grundstücke[64], insbes auch die Vermietung
von Ferienwohnungen (wobei der Vorrang von Abs 5[65] und Art 29 zu beachten ist)[66]. Unter Abs 3 fällt
auch die Miete von Park- und Stellplätzen[67]. Bau- und Haussanierungsverträge fallen grds nicht unter
Abs 3, sondern unter Abs 2[68]. Eine Anknüpfung nach Abs 3 kommt nur dann in Betracht, wenn
gleichzeitig ein Grundstück miterworben ist, das in seinem wirtschaftlichen Wert die Bebauung
überwiegt. Nicht unter Abs 3 fällt die Haus- oder Grundstücksverwaltung[69], denn mit solchen Verträgen korrespondiert kein Recht zur Nutzung des Grundstücks. Allerdings erbringt der Verwalter
meistens am Ort des Grundstücks die charakteristische Leistung, so dass über Abs 2 ohnedies das
Belegenheitsrecht gelten wird. Unter Abs 3 fällt hingegen nicht der Kauf einer Darlehensforderung,
selbst wenn sie hypothekarisch gesichert ist. Indes ist dann Abs 5 zu beachten[70].

Abs 3 ist unanwendbar im Falle einer **Rechtswahl** nach Art 27. Auch nach Inkrafttreten des jetzt 19
geltenden EGBGB liegt die Annahme einer stillschweigenden Rechtswahl des Belegenheitsrechts nahe,
sofern keine Anhaltspunkte dagegen sprechen[71].

c) Güterbeförderungsverträge (Abs 4). Für Güterbeförderungsverträge, einschließlich Charter- 20
verträge für eine einzige Reise (S 2), wird an das Recht der Hauptniederlassung des Beförderers zurzeit
des Vertragsschlusses angeknüpft. Voraussetzung ist, dass sich im Staat der Hauptniederlassung auch der
Verlade- oder Entladeort oder aber die Hauptniederlassung des Absenders befindet; wo Verlade- bzw
Entladeort liegen, ergibt sich aus der entsprechenden vertraglichen Festlegung[72]. Liegen diese Erfordernisse nicht vor, ist Abs 1 (und nicht Abs 2) anwendbar[73]. Liegen sie vor, ist immer noch zu prüfen, ob
nach Abs 5 der Vertrag engere Verbindungen zu einem anderen Staat aufweist. Dazu genügt die

---

[56] MünchKommBGB/*Martiny* Rn 62 unter Hinweis auf EuGH IPRax 1990, 45 f m Anm *Schlosser* IPRax 1991, 29 in Bezug auf die Begriffe „dingliches Recht" bzw „Nutzungsrecht".
[57] *Soergel/v. Hoffmann* Rn 73 in Bezug auf die Begriffe „Grundstück" und „dingliches Recht".
[58] *Mankowski* RIW 1995, 1034, 1036; *Palandt/Heldrich* Rn 5; *Staudinger/Magnus* Rn 99; *v. Bar* IPR II Rn 517; eingehend zum Ganzen *Fetsch* RNotZ 2007, 456.
[59] *v. Bar* IPR II Rn 517 im Anschluss an *Staudinger/Stoll*, Internationales Sachenrecht Rn 166.
[60] *Reithmann/Martiny/Limmer*, Internationales Vertragsrecht, Rn 948.
[61] OLG Frankfurt NJW-RR 1993, 182, 183, ebenso schweiz BG SZIER 2003, 268.
[62] OLG München ZMR 1997, 411; LG Hamburg IPRspr 1991 Nr 40.
[63] *Geimer* IPRax 1999, 152, 153.
[64] OLG Frankfurt RIW 1995, 1033; *Mankowski* RIW 1995, 364; zum Streitstand, insbes zum Verhältnis von Abs 3 zu Art 29, *Jayme* IPRax 1995, 234, 235 f; *Otte* RabelsZ 62 (1998), 405, 414 f.
[65] BGHZ 109, 29, 36 = NJW 1990, 317, 319; KG IPRspr 1994 Nr 21; *W. Lorenz* IPRax 1990, 294.
[66] *Lindacher* IPRax 1993, 229; *Palandt/Heldrich* Rn 5.
[67] AG Mannheim IPRspr 1994 Nr 36; anders AG Delmenhorst IPRspr 1994 Nr 45.
[68] *W. Lorenz* IPRax 1995, 329, 331; *Thode* ZfBR 1989, 43, 47.
[69] *Staudinger/Magnus* Rn 103; *Soergel/v. Hoffmann* Rn 240.
[70] BGH IPRax 2005, 342, 344; dazu *Unberath* IPRax 2005, 308.
[71] Vgl OLG München NJW-RR 1989, 663, 665; OLG Brandenburg RIW 1997, 424, 425; OLG Nürnberg NJW-RR 1997, 1484; für Grundstücke in der früheren DDR vgl OLG Brandenburg LG OLG-NL 1998, 154, 155; *Palandt/Heldrich* Rn 5; abw Akzentuierung bei *Staudinger/Magnus* Rn 105 und *Ferrari* Int VertragsR Rn 50: stillschweigende Wahl des Belegenheitsrechts nur bei zusätzlichen Indizien.
[72] *Giuliano/Lagarde* BT-Drucks 10/503 S 33, 54; *Mankowski* TranspR 1993, 213, 223.
[73] OLG München NJW-RR 1998, 549, 550; OLG München OLGR 1996, 235; OLG Braunschweig TranspR 1996, 385; BT-Drucks 10/504 S 79; *Basedow* IPRax 1987, 333, 340; *Erman/Hohloch* Rn 25; *Mankowski* TranspR 1993, 213, 224; *Siehr* IPR S 206; aA OLG Frankfurt NJW-RR 1993, 809, 810.

Ausschiffung, Lagerung und Verladung im Ausland aber noch nicht[74]. Der Begriff des „Beförderers" ist autonom zu bestimmen, Art 36[75]. Erfasst ist jeder, der sich zur Beförderung der Güter verpflichtet. Gleichgültig ist, ob der Verpflichtete die Beförderung selbst durchführt oder von einem Dritten durchführen lässt[76]. Abs 4 erfasst auch Speditionsverträge[77], wobei einschränkend hinzugefügt werden muss, dass der Speditionsvertrag nur dann unter Abs 4 subsumiert werden kann, wenn der Spediteur selbst als Beförderer auftritt[78]. Auch die Multimodalbeförderung fällt unter Abs 4[79].

21 Das Übereinkommen über den Beförderungsvertrag im internationalen Straßengüterverkehr (CMR) vom 19. 5. 1956[80] geht der Anknüpfung nach Abs 4 vor, soweit es eingreift[81]. Nicht unter Abs 4 fallen Personenbeförderungsverträge, die nach Abs 2 und 5 bzw Abs 1 zu beurteilen sind[82]. Art 29 ist nach seinem Abs 4 Nr 1 auf Personenbeförderungsverträge nicht anwendbar. Zu Beförderungsverträgen s Rn 46, 51, 69, 73, 81.

22 **4. Engere Verbindung (Abs 5).** Ergeben alle Umstände des Einzelfalles, dass der Vertrag engere Verbindungen mit einem anderen Staat als dem nach Abs 2 bis 4 bezeichneten aufweist, so gilt wiederum das sonstige Recht der engsten Verbindung. Diese **Grundregel** soll sich also im Prinzip stets durchsetzen[83]. Abs 5 beinhaltet eine spezielle (keine generelle wie Art 15 schweiz IPRG) Ausweichklausel für die objektive Grundanknüpfung des Internationalen Vertragsrechts. Abs 5 ist eng auszulegen, schon um die Konturen des Art 28 nicht im Übermaß aufzulösen[84]. Zumindest gedanklich ist Abs 5 gleichwohl stets mit ins Kalkül zu ziehen und zu prüfen[85]. Merkmale, die im Rahmen des Abs 5 eine Rolle spielen können, sind alle Anknüpfungskriterien, die im Rahmen von Abs 1 bzw als Indizien einer stillschweigenden Rechtswahl in Betracht kommen[86]. Nicht zu folgen ist deshalb der Auffassung, die Staatsangehörigkeit, Abschlussort und Vertragssprache für Abs 5 als unwesentlich ansieht, weil diese Merkmale nicht auf den objektiven Leistungsaustausch bezogen seien[87]; hierdurch würde den Parteiinteressen nicht zureichend Rechnung getragen.

23 Folgende **generelle Leitlinien** lassen sich bei der Handhabung der Ausweichklausel von Abs 5 festhalten[88]: Erscheinen die Regelanknüpfungsmomente von Abs 2 und 3 isoliert, sind engere Verbindungen zu einem anderen Staat besonders nahe liegend. Davon kann etwa ausgegangen werden, wenn mit Ausnahme des Sitzes bzw des gewöhnlichen Aufenthalts des Verkäufers alle anderen Umstände auf das Käuferrecht hindeuten[89]. Bei Grundstückskaufverträgen bleibt es allerdings bei der Anwendung der lex rei sitae, auch wenn der Schuldvertrag im Belegenheitsstaat notariell beurkundet worden ist[90]. Wird umgekehrt der Verkauf einer hypothekarisch gesicherten Forderung im Ausland beurkundet, entspricht dem Beurkundungsort die Vertragssprache, der Vertragsschluss durch Anwälte vor Ort und die Währung, so begründet die Nähe zu Art 28 Abs 3 in Kombination mit den weiteren Momenten ein Abweichen der Anknüpfung des Vertragsstatuts hin zur lex rei sitae gemäß Abs 5[91]. Überhaupt kann im Falle zusammenhängender Verträge im Einzelfall an eine akzessorisch-einheitliche Anknüpfung gedacht werden[92]. Auch kann die Vertragsabwicklung in einem anderen als in dem durch Abs 2 bis 4 bezeichneten Staat zum Nichteingreifen der entsprechenden Vermutungen führen. Allerdings ist zu beachten, dass grds die bloße Verbindung (auch) zu einem anderen Land als demjenigen, auf das die Vermutung hinweist, noch nicht ausreicht, um die Ausweichklausel zu aktivieren[93]. So wird etwa ein

---

[74] OLG Celle IPRspr 2002 Nr 55A.
[75] Ebenso *Staudinger/Magnus* Rn 117.
[76] *Giuliano/Lagarde* BT-Drucks 10/503 S 33, 54.
[77] OLG Hamburg IPRspr 1989 Nr 62; OLG Düsseldorf RIW 1994, 597; *Palandt/Heldrich* Rn 6.
[78] Einschränkend auf die Fälle des Selbsteintritts nach § 412 HGB, der Fixkostenspedition nach § 413 Abs 1 HGB und der Sammelladungsspedition gemäß § 413 Abs 2 HGB daher *v. Bar* IPR II Rn 523; *Soergel/v. Hoffmann* Rn 83; *Staudinger/Magnus* Rn 113; *Reithmann/Martiny/Mankowski*, Internationales Vertragsrecht, Rn 1374 ff.
[79] BGH RIW 2006, 948; OLG Düsseldorf VersR 2004, 1479; LG Hamburg IPRspr 2002 Nr 55; näher *Koller* VersR 2000, 1187, 1188 ff; *Drews* TranspR 2003, 12.
[80] BGBl 1961 II S 1119; für die Bundesrepublik in Kraft seit dem 5. 2. 1962, BGBl II S 12.
[81] Vgl OLG München RIW 1997, 507 f; OLG Hamm IPRspr 1993 Nr 47; *Giuliano/Lagarde* BT-Drucks 10/503 S 33, 54; *Soergel/v. Hoffmann* Rn 95.
[82] MünchKommBGB/*Martiny* Rn 70 mit dem Vorschlag, auch beim Personentransport die Hauptniederlassung des Beförderers nur dann maßgebend sein zu lassen, wenn in dem Staat, in dem sich diese befindet, entweder der Abreise- bzw Abflugort oder der Bestimmungsort oder der gewöhnliche Aufenthalt der beförderten Personen liegt; insoweit aA *Soergel/v. Hoffmann* Rn 86, weil sonst die Nichtanwendbarkeit des vierten Absatzes auf Personenbeförderungsverträge praktisch ausgehöhlt werde.
[83] MünchKommBGB/*Martiny* Rn 107; *Geisler* S 286 f.
[84] Im Ergebnis ebenso BGH IPRax 2005, 342, 345; zuvor bereits *W. Lorenz* IPRax 1995, 329, 332; *Mankowski* RIW 1995, 1034, 1036; *Soergel/v. Hoffmann* Rn 18, 96; MünchKommBGB/*Martiny* Rn 107; aA PWW/*Brödermann/Wegen* Rn 22 in Bezug auf Abs 2.
[85] AA *Soergel/v. Hoffmann* Rn 18; wie hier dagegen auch *v. Bar* IPR II Rn 488.
[86] *Ferid* IPR § 6 Rn 38; *Lüderitz* IPR Rn 280; *v. Bar* IPR II Rn 490; *Staudinger/Magnus* Rn 129.
[87] So *Soergel/v. Hoffmann* Rn 98; wie hier auch *Ferrari* Int VertragsR Rn 67.
[88] Genauer zu den einzelnen Vertragstypen *Geisler* §§ 16–18, zum Folgenden § 19. Zur uneinheitlichen Handhabung der Ausweichklausel in der Rspr der EVÜ-Staaten Blaurock, FS Stoll, 2001, S 463, 465 ff.
[89] Vgl OLG Celle NJW-RR 1992, 1126, 1127.
[90] OLG Frankfurt NJW-RR 1993, 182, 183; zu Abs 5 genauer *Geisler* S 265 ff.
[91] BGH IPRax 2005, 342, 346.
[92] IE MünchKommBGB/*Martiny* Rn 115 ff.
[93] Vgl BGH RIW 1999, 456 f; BGHZ 128, 41; KG IPRax 1998, 280, 283; ebenso MünchKommBGB/*Martiny* Rn 111.

Feriendarlehen zwischen Urlaubern gleicher Staatsangehörigkeit[94] auch dann dem gemeinsamen Personalstatut (gewöhnlicher Aufenthalt des Darlehensgebers) zu unterwerfen sein, wenn die Vertragsabwicklung in einem anderen (Urlaubs-)Land erfolgt ist. Selbst schützenswerte Interessen nur einer Vertragspartei können die Ausweichklausel auslösen. So kann es dem Begünstigten einer Bürgschaft oder Garantie erkennbar darauf ankommen, dass diese zusätzliche Absicherung einem anderen Recht unterliegt als der Hauptvertrag, wenn sonst der Vertragszweck nicht sinnvoll erfüllt werden würde[95]. Auch bei der Erstellung eines literarischen Sammelwerkes werden die mit den verschiedenen Autoren geschlossenen Verträge über Abs 5 dem Recht des Verlegers unterworfen, weil dieser ein schützenswertes Interesse an der einheitlichen Behandlung aller Einzelverträge hat[96].

Über Abs 5 wird man insbes das Recht am Sitz der **Hauptverwaltung** bzw am **gewöhnlichen Aufenthalt** des Verkäufers überwinden können, wenn für den Käufer (oder allgemeiner formuliert: für den Vertragspartner) **nicht erkennbar** ist, in welchem Land die Gegenseite sitzt bzw sich aufhält. Ist ein entsprechender Schein gesetzt worden, gilt zum Schutz des Vertragspartners ggf das Recht am Ort der bloß scheinbaren Niederlassung, wenn der Vertragspartner sich auf das Recht am Ort der scheinbaren Niederlassung beruft. Denkbar ist das insbes im Falle von Vertragsschlüssen über das **Internet**[97]. Bei schlichter Falschangabe des Aufenthaltsortes des Leistungserbringers sollte über Abs 5 an den Scheinaufenthalt angeknüpft werden[98]. Hat die die charakteristische Leistung erbringende Partei ihren Sitz bzw ihren gewöhnlichen Aufenthalt (unseriös) überhaupt nicht angegeben und ist er auch sonst nicht erkennbar, ist es nicht sachgerecht, ersatzweise als Sitz bzw Aufenthaltsrecht das Recht des Staates anzuwenden, in dem die Homepage abgelegt worden ist[99]. Denn die Beziehungen zu diesem Ort bzw diesem Land erscheinen als eher zufällig (zB Kostengründe). An sich ist derjenige, der sich in solchen Fällen überhaupt auf einen Vertragsschluss per Internet einlässt, in Bezug auf das anwendbare Recht nicht schutzwürdig[100]; Schutz muss dann im Sachrecht gesucht (und ggf über Art 6 oder Art 34 durchgesetzt) werden. Allenfalls im Falle von Verbrauchergeschäften außerhalb des Anwendungsbereichs von Art 29 kommt daher in Betracht, über Abs 5 an das Recht des Staates anzuknüpfen, in dem der Käufer seinen gewöhnlichen Aufenthalt bzw seinen Sitz hat; denn schützenswerte Interessen desjenigen, der die charakteristischen Leistungen zu erbringen hat, werden durch diese Anknüpfung, die diese Partei selbst notwendig gemacht hat, nicht verletzt. Die Anknüpfungsgrundsätze der Art 27 ff werden durch die sog **E-Commerce-RL** 2000/31/EG (ABl EG 2000 L 178 S 1) bzw deren Umsetzung in **§ 3 TMG** (früher § 4 TDG) kaum berührt; außerhalb einer Rechtswahl (§ 3 Abs 3 Nr 1 TMG) und des Verbrauchervertragsrechts (§ 3 Abs 3 Nr 2 TMG) sowie anderen in der bezeichneten Bereichen kommt es aber sowohl über Art 28 Abs 2 als auch über Abs 5 im § 3 Abs 1 TMG verankerte sog Herkunftslandprinzip zu einer Anknüpfung an das Sitzrecht des Diensteanbieters; Abs 5 sollte daher nicht eingreifen (näher Art 27 Rn 7–12)[101]. § 1 Abs 5 TMG, wonach das TMG insgesamt keine Regelungen im Bereich des IPR schafft, beinhaltet eine verfehlte ("narrative") Norm[102].

5. Allgemeine Regeln. a) Sachnormverweisung. Nach Art 35 Abs 1 wird nur das Sachrecht berufen; **Rück- oder Weiterverweisungen** sind **unbeachtlich**. Im Falle räumlicher Rechtsspaltung ist nicht das ausländische Interlokale Privatrecht anwendbar (anders Art 4 Abs 3, der durch Art 35 als Spezialregel verdrängt wird), sondern es gilt jede Gebietseinheit (zB jeder amerikanische Bundesstaat) als eigener Staat.

b) Ordre public. Ebenso wie im Rahmen des Art 27 (dort Rn 54) kann auch im Rahmen des Art 28 der Anwendung ausländischen Rechts die **deutsche öffentliche Ordnung** entgegen stehen, wenn das Ergebnis der Anwendung ausländischen Rechts mit wesentlichen Grundsätzen des deutschen Rechts offensichtlich unvereinbar ist (Art 6).

c) Gesetzesumgehung. Die Gesetzesumgehung ist als eigenständiges Institut im Rahmen des Art 28 bislang noch nicht eingesetzt worden. Das ist auch schon deshalb nicht erforderlich, weil die für das Eingreifen der Gesetzesumgehung maßgeblichen Wertungskriterien (Umgehen oder Ergehen eines Rechtssatzes sowie – str – Umgehungsabsicht) im Rahmen der Ermittlung der engsten Verbindung (Abs 1 und Abs 5) hinreichend berücksichtigt werden können.

d) Anwendungsbereich und Qualifikation. Der Anwendungsbereich des Internationalen Vertragsrechts folgt insbes aus **Art 32 und 37**. Die in Art 28 eingestellten Begriffe sind autonom auszulegen und zu qualifizieren (Art 36)[103].

---

[94] Vgl öOGH JBl 1980, 600, 601.
[95] BGH NJW 1996, 2569, 2570.
[96] Näher *Reithmann/Martiny/Obergfell* Rn 1804.
[97] Eingehend *Mankowski* RabelsZ 63 (1999), 203, 222 f.
[98] *Grolimund* ZSR 2000, 339, 376 zum schweiz IPRG.
[99] Ebenso *Waldenberger* BB 1996, 2305, 2370 f; *Pfeiffer* NJW 1997, 1207, 1214; *Mehrings* CR 1998, 613, 617; im Ergebnis anders *Borges* ZIP 1999, 565, 566 f.
[100] Vgl auch *Mankowski* RabelsZ 63 (1999), 203, 225 f.
[101] Zur umstrittenen kollisionsrechtsdogmatischen Einordnung von § 3 TMG und der RL weiter *Mankowski* ZVglRWiss 100 (2001), 137, 153 ff; *Ahrens* CR 2000, 835, 837; *Spindler* IPRax 2001, 400; *ders* ZHR 165 (2001), 324, 332 ff; *ders* WM 2001, 1689, 1690 f; *ders* ZRP 2001, 203, 204 ff; umfassend *Leible* (Hrsg), Die Bedeutung des IPR im Zeitalter der neuen Medien, 2003.
[102] Vgl auch *Staudinger/v. Hoffmann* Art 40 Rn 299.
[103] *Staudinger/Magnus* Rn 20: rechtsvergleichende Qualifikation; *MünchKommBGB/Martiny* Rn 21; aA – Qualifikation „auf dem Boden der Begriffswelt des deutschen Rechts" – *Erman/Hohloch* Rn 16.

III. Einzelne Vertragstypen (alphabetisch geordnet)

29   Die Anknüpfung des **Anlagenvertrages** als Vertrag auf (auch schlüsselfertige) Errichtung einer Bau-, Industrie- oder sonstigen größeren Anlage[104] ist umstritten. Vertreten wird eine Anknüpfung an das Recht am Sitz des Auftraggebers[105], des Errichtungsortes[106] sowie an das Recht der Niederlassung des beauftragten Unternehmens[107]. Letztgenannte Auffassung entspricht Abs 2 und trifft daher im Grundsatz zu.

30   **Anleihe.** Bei der objektiven Anknüpfung[108] ist nicht zwischen Emissionen in einem einzigen Land und Emissionen in mehreren Staaten zu differenzieren. Vielmehr wird die Anleihe einheitlich durch die Leistung des Anleiheschuldners charakterisiert. Der Beitrag des Anleihegläubigers tritt dahinter zurück. Anzuknüpfen ist daher an das Recht des Schuldnersitzes[109]. Nach der Gegenansicht ist (über Abs 5) das Recht des Ausgabeortes maßgebend[110], was teilweise auf Emissionen in mehreren Staaten beschränkt wird[111]. Auch Staatsanleihen unterliegen wegen ihres privatrechtlichen Charakters diesen Regeln[112].

31   **Anwaltsvertrag.** Verträge mit Anwälten unterliegen bei fehlender Rechtswahl der Rechtsordnung am Ort der Anwaltsniederlassung[113]. Dies gilt auch, wenn dieser Ort im Ausland liegt. Ist allerdings der ausländische Anwalt im Inland als Rechtsbeistand zugelassen und unterhält eine deutsche Zweigstelle, findet deutsches Recht Anwendung[114]. Unter das Vertragsstatut fällt auch das anwaltliche Gebührenrecht, das freilich über Art 34 oder Art 6 korrigiert werden kann[115], nicht aber, da gesellschaftsrechtlich zu qualifizieren, das internationale Sozietätsrecht[116].

32   **Anweisung.** Im Deckungsverhältnis zwischen Anweisendem und Angewiesenem ebenso wie im Zuwendungsverhältnis zwischen Angewiesenen und Anweisungsempfänger erbringt der Angewiesene die charakteristische Leistung in Form der Durchführung der Anweisung. Mangels Rechtswahl unterliegen daher beide Verhältnisse nach Abs 2 dem Recht seines gewöhnlichen Aufenthaltes bzw seiner Niederlassung[117]. Demgegenüber unterliegt das Valutaverhältnis zwischen Anweisendem und Anweisungsempfänger dem Schuldstatut für ihren Vertrag[118].

33   Zum **Arbeitsvertrag** vgl die Erläuterungen zu Art 30.

34   Für **Arzt- und Krankenhausverträge** mit Auslandsbezug, die an Bedeutung zunehmen[119], ist im Allgemeinen das Recht der Arztniederlassung maßgebend[120]. In Bezug auf das Gebührenrecht ist – von Art 29 abgesehen – zwar an eine Sonderanknüpfung gemäß Art 34 zu denken. So ist in Bezug auf die GOÄ vertreten worden, diese sei gewissermaßen nicht abdingbar, wenn ärztliche Leistungen in Deutschland erbracht werden[121]. Dem ist in dieser Pauschalität indes nicht zu folgen[122]. Auch in Bezug auf Anwaltsverträge oder Architektenverträge ist anerkannt, dass solche Verträge durchaus fremdem Recht unterliegen können. Das gilt auch in Bezug auf die Gebührenforderung[123]. Selbst das bislang sonderanzuknüpfende Quota-Litis-Verbot des anwaltlichen Gebührenrechts ist aus verfassungsrechtlichen Gründen gefallen[124]. Auch die GOÄ-Sätze sind keineswegs völlig unverrückbar[125]. Das gilt auch bei Beratungsleistungen per Internet[126], bei Krankenhausverträgen und im Falle der Tätigkeit nichtärzt-

---

[104] *Dünnweber*, Verträge zur Erstellung einer schlüsselfertigen Industrieanlage im internationalen Wirtschaftsverkehr, 1984, S 144 f passim.
[105] So früher § 12 Abs 1 lit C RAnwG DDR.
[106] *Erman/Hohloch* Rn 39.
[107] *v. Bar* IPR II Rn 502. *Soergel/v. Hoffmann* Rn 217; *Staudinger/Magnus* Rn 317.
[108] Vgl zur Rechtswahl RGZ 118, 370; RGZ 126, 196, 201; RG JW 1936, 2058 = RabelsZ 10 (1936), 385; *Stucke*, Das Recht der Gläubiger bei DM-Auslandsanleihen, 1988, S 10 f.
[109] *Ebenroth*, FS Keller, 1989, S 391, 406 f.
[110] *Kegel*, GS R. Schmidt, 1966, S 215, 225; *Soergel/v. Hoffmann* Rn 190.
[111] *Böse*, Der Einfluss des zwingenden Rechts auf internationale Anleihen, 1963, S 60 ff: Recht des Emissionsortes, der die engste Beziehung zur Gesamtanleihe aufweist; im Ergebnis auch *Soergel/v. Hoffmann* Rn 190, der jedoch bei der Emission einer nicht in einzelne Tranchen aufgeteilten Anleihe in verschiedenen Staaten (zB Euro-Anleihen) andere Kriterien zur Ermittlung der engsten Verbindung heranziehen will.
[112] *Soergel/v. Hoffmann* Rn 191.
[113] BGH IPRspr 1991 Nr 170; LG Hamburg NJW-RR 2000, 510, dazu krit *Jayme/Kohler* IPRax 2000, 463 f; *Spickhoff* IPRax 2005, 125, 126; früher schon BGHZ 44, 183 = NJW 1966, 296; LG Saarbrücken IPRspr 1977 Nr 175; LG München I IPRax 1982, 117 (LS) m Anm *Jayme*; zum Ganzen vgl auch *Mankowski* AnwBl 2001, 249; *Commichau* IPRax 1989, 12, 13; *Henssler* JZ 1994, 178, 185; *Raiser* NJW 1991, 2057; *Zuck* NJW 1987, 3033; eingehend zum internationalen Anwaltshaftungsrecht *Sieg* SZIER 2004, 395, 398 ff.
[114] KG EWiR Art 28 1/2000, 333 (*Mankowski*); MünchKommBGB/*Martiny* Rn 205.
[115] BGH IPRax 2005, 150.
[116] *Knöfel* RIW 2006, 87, 89 f.
[117] *Vischer/v. Planta* IPR S 181; *Staudinger/Magnus* Rn 520; *Soergel/v. Hoffmann* Rn 524.
[118] *Staudinger/Magnus* Rn 521; MünchKommBGB/*Martiny* Rn 348.
[119] Näher *Deutsch/Spickhoff* Medizinrecht, 6. Aufl 2008, Rn 808 ff.
[120] *Deutsch*, FS Ferid, 1978, S 117, 121 ff; *Spoerr/Uwer* MedR 2003, 668, 671 f; *Hübner/Linden* VersR 1998, 793, 794; *Könning-Feil*, Das Internationale Arzthaftungsrecht, 1992; *Mansel* in: Institut für ausländisches und internationales Privatrecht Heidelberg (Hrsg), 1985, S 33; *Kegel/Schurig* IPR § 18 I 1 d.
[121] *Spoerr/Uwer* MedR 2003, 668, 673.
[122] *Spickhoff* NJW 2004, 1710, 1712.
[123] *Spickhoff* IPRax 2005, 125, 126 f.
[124] BVerfG NJW 2007, 979.
[125] *Pflüger* MedR 2003, 276 zur Zulässigkeit der Unterschreitung des einfachen GOÄ-Satzes im Fall laborärztlicher Leistungen.
[126] Näher *Fischer*, FS Laufs, 2006, S 781 ff.

licher Hilfsberufe wie Hebammen, Heilpraktiker, Psychologen, Psychotherapeuten[127] sowie bei kosmetischen Dienstleistungen. Kollisionsrechtliche Sonderfragen werfen Verträge zwischen der Pharmaindustrie mit dem Forscher bis zu den Rechtsverhältnissen mit den Probanden sowie das internationale Versicherungsrecht im Bereich der klinischen Forschung auf, namentlich im Falle internationaler Multicenterstudien. Im allgemeinen gilt außerhalb einer zulässigen Rechtswahl das Recht am Ort des Forschungsgeschehens[128].

Beim **Auftrag** erbringt der Beauftragte die charakteristische Leistung, so dass nach Abs 2 grds das Recht am gewöhnlichen Aufenthalts- bzw Niederlassungsort des Beauftragten maßgebend ist[129]. 35

Im Falle der **Auslobung** ist grds an das Recht des Staates anzuknüpfen, in dem sich der Auslobende gewöhnlich aufhält, da sich ohnedies nur er zu einer Leistung ggf verpflichtet[130]. 36

Bankverträge. Nr 6 Abs 1 AGB-Banken (mit § 307 BGB vereinbar) führt zur Geltung deutschen Rechts[131]. Eine Rechtswahl ist möglich, auch wenn der Bankvertrag über das Internet geschlossen wird[132]. Bei fehlender Rechtswahl gilt regelmäßig das Recht am Ort des Haupt- oder Zweigniederlassung der Bank, in deren Rahmen das Geschäft abgeschlossen wurde[133]. Beim Verkehr zwischen mehreren Banken gilt das Recht am Sitz der beauftragten Bank bzw derjenigen Bank, welche die vertragstypische Leistung erbringt[134]. Bei Verbrauchergeschäften ist der im Einzelfall vorrangige Art 29 zu beachten, da Bankgeschäfte als Finanzierungsgeschäfte bzw Dienstleistungen iS dieser Vorschrift eingestuft werden können[135]. Im Einzelnen gilt[136]: 37

a) **Einlagen-, Giro- und Diskontgeschäft.** Für das Bankguthaben gilt an sich das Recht der beauftragten Bank, ebenso für die Banküberweisung[137], auch im Verhältnis zu einer anderen Bank[138]. Mittlerweile sind für grenzüberschreitende Überweisungen die §§ 676 a ff BGB[139] zu beachten. Auch beim Diskontgeschäft erbringt die Bank die vertragscharakteristische Leistung[140]. 38

b) **Dokumentenakkreditiv.** In der Praxis finden zumeist die „**Einheitlichen Richtlinien und Gebräuche für Dokumenten-Akkreditive 1993 (ERA 500)**"[141], aufgestellt von der IHK, Anwendung. Sofern Teile nicht bereits als (internationaler) Handelsbrauch anzusehen sind, müssen sie wirksam einbezogen werden und haben insofern AGB-Charakter[142]. Im Übrigen gilt bei fehlender Rechtswahl im Verhältnis zwischen Begünstigtem (Verkäufer) und beauftragter Bank das Recht der Bank[143]. 39

c) **Factoring.** Eine Vereinheitlichung bezweckt das „**UNIDROIT-Übereinkommen über das Internationale Factoring**" vom 28. 5. 1988, in Kraft seit dem 1. 12. 1998[144]. Sachlich erfasst dieses sowohl das echte als auch das unechte Factoring[145]. Bei einer Rechtswahl zwischen Factor und Gläubiger der Forderung des Schuldners darf sich die Rechtsstellung des Schuldners ohne seine Zustimmung nicht verschlechtern[146]. Im Übrigen gilt das Recht am Niederlassungsort des Factors[147]. 40

---

[127] AnwK-BGB/*Leible* Rn 96.
[128] Näher *Deutsch* VersR 2006, 577, 582.
[129] BGH DtZ 1996, 51; ZIP 2004, 2324, 2325 f = RIW 2005, 144, 145 f betr Treuhandvertrag; OLG Hamm NJW-RR 1997, 1007, 1008; IPRax 1996, 33, 37 m Anm *Otto* 22; *v. Bar* IPR II Rn 496.
[130] *v. Bar* IPR II Rn 496.
[131] Näher BGH NJW 1981, 1101, 1102; WM 1987, 530, 531 = NJW 1987, 1825 = IPRax 1987, 372, 373 m Anm *Schlechtriem* 356; OLG Hamburg VersR 1983, 350; OLG Hamburg RIW 1978, 615; *Ungnade* WM 1973, 1130, 1131; *Schmidt-Dencker*, Die Korrespondenzbank im Außenhandel, 1992, S 19 ff; für den Girovertrag LG Köln RIW 1980, 215, 216.
[132] *Lehmann/Bachmann*, Internet- und Multimediarecht, 1996, S 169, 176; *Koch/Maurer* WM 2002, 2443, 2449 ff.
[133] Vgl OLG Köln RIW 1993, 1023, 1025; OLG München RIW 1996, 329, 330; OLG Düsseldorf RIW 1996, 155; *Giuliano/Lagarde* BT-Drucks 10/503 S 33, 52 f; *Kaiser* EuZW 1991, 83, 84; *Berger* DZWiR 1997, 426; *Dicey/Morris*, Conflicts of Laws II, S 1234.
[134] BGH IPRax 2005, 446 m Anm *Weller* 428; BGHZ 108, 362; OLG Hamburg VersR 1983, 350, 351; *Kegel*, Gedächtnisschrift R. Schmidt, 1966, S 215, 225; *Ungnade* WM 1973, 1130, 1132; *Pleyer/Wallach* RIW 1988, 172, 174; *Schütze* WM 1982, 226, 228; *Schefold* IPRax 1995, 118, 119; *Siehr* IPR S 209.
[135] Vgl *Hoffmann* ZBB 2000, 391; MünchKommBGB/*Martiny* Rn 350.
[136] S auch *Freitag* in: Derleder/Knops/Bamberger, Handbuch zum deutschen und europäischen Bankrecht, 2004, § 54.
[137] BGH WM 1987, 530, 531; *Pleyer/Wallach* RIW 1988, 172, 173 f; *Soergel/v. Hoffmann* Rn 337.
[138] BGHZ 25, 127 = WM 1957, 1047, 1048; OLG Köln RIW 1993, 1023, 1024; MünchKommBGB/*Martiny* Rn 352.
[139] *Bülow* WM 2000, 58; *Einsele* JZ 2000, 9; *Klamt* DB 1999, 943; *v. Westphalen* BB 2000, 157; *Schneider* WM 1999, 2189; *Hoffmann* ZBB 2000, 391.
[140] OLG Frankfurt IPRax 1985, 34 m Anm. *v. Hoffmann/Pauli* 13.
[141] IntHK-Publikation Nr 500; Text auch bei *Baumbach/Hopt* HGB Anh 11; näher *Nielsen*, Neue Richtlinien für Dokumenten-Akkreditive, 1994.
[142] MünchKommBGB/*Martiny* Rn 355; *Staudinger/Magnus* Rn 550.
[143] OLG Frankfurt RIW 1992, 315, 316; OLG Frankfurt RIW 1996, 913, 914; nicht erwähnt in BGH WM 1994, 1063; anders OLG Frankfurt WM 1988, 254, 256; OLG Köln ZIP 1994, 1791, 1792: Recht am Sitz der inländischen Zahlstelle; krit dazu *Schefold* IPRax 1990, 20, 21; IPRax 1996, 347, 351; *Thorn* IPRax 1996, 257, 259.
[144] Englischer Text: Int Leg Mat (1988), 943; vgl auch Gesetz vom 25. 2. 1998, BGBl II S 172, dort mit englischem und französischem Text sowie mit deutscher Übersetzung und Bek vom 31. 8. 1998, BGBl II S 2375; hierzu *Hakenburg* RIW 1998, 909; *Weller* RIW 1999, 161; *Frick* RIW 2001, 416.
[145] Vgl Art 1 Abs 2 des Abkommens; so auch *Basedow* ZEuP 1997, 615, 628; *Ferrari* RIW 1996, 181, 183.
[146] Vgl OLG Köln NJW 1987, 1151 = IPRax 1987, 239, 240 m Anm *Sonnenberger* 221; *Jayme* Heidelberger Jb 29 (1985), 26 f; *Reithmann/Martiny/Martiny*, Internationales Vertragsrecht, Rn 1228.
[147] Cour d'appel Grenoble Rev crit dr int priv 1996, 666 m Anm *Pardoel*; *Basedow* ZEuP 1997, 619 f; *Schwander*, FG Schluep, 1988, S 501, 507 f; diff *Soergel/v. Hoffmann* Rn 328.

41 **d) Forfaitierung.** Der Forfaiteur erbringt die das Vertragsverhältnis prägende Leistung, so dass das Recht an dessen Niederlassungsort Anwendung findet (Abs 2 S 2)[148]. Für die Zession der forfaitierten Forderung gilt Art 33[149].

42 **e) Inkassogeschäft.** Das Inkassogeschäft unterliegt in der Praxis zumeist den „**Einheitlichen Richtlinien für Inkassi von Handelspapieren**" (ERI-Revision 1995) in der jeweiligen Fassung[150]. Im Übrigen gilt das Recht am Ort der jeweils beauftragten Bankniederlassung[151].

43 **f) Andere Bankgeschäfte.** Beim Auskunftsvertrag ist das Recht am Sitz der Auskunft erteilenden Bank maßgeblich[152], ebenso beim Depotvertrag über die Verwahrung von Wertpapieren[153]; für sachenrechtliche Vorgänge gilt das freilich nicht[154]. Bei Zins- und Währungsswaps kommt es – ähnlich dem Tausch – nach Abs 1 auf die sonstige engste Verbindung an[155]. Anlagen auf dem Eurogeldmarkt (zB Eurodollar) unterliegen dem Recht der kontoführenden Bank[156].

44 **Bauvertrag.** Ist die Anwendbarkeit der VOB vereinbart worden, kann daraus auf eine Rechtswahl nach Art 27 Abs 1 S 2 geschlossen werden[157]. Bei fehlender Rechtswahl ist das Recht dessen, der die charakteristische Leistung – hier der Bauunternehmer – erbringt, ausschlaggebend, nicht der Ort der Baustelle[158].

45 **Beherbergungsvertrag.** Den Charakter dieses Vertrages prägen die mit der Unterbringung in Verbindung stehenden Leistungen, so dass der Betriebssitz des Gastwirtes und damit das Recht am Unterbringungsort maßgebend ist[159]. Das deckt sich im Allgemeinen mit der lex rei sitae[160]. Bei Pauschalreisen kann Art 29 zur Anwendung kommen, wobei Art 29 Abs 4 Nr 2 den besonderen kollisionsrechtlichen Verbraucherschutz ausschließt.

46 **Binnenschifffahrts-Frachtvertrag.** Mangels Rechtsvereinheitlichung dieses Güterbeförderungsvertragstyps gilt außerhalb einer Rechtswahl die Vermutung des Abs 4. Die engste Verbindung besteht mit dem Staat, in dem der Beförderer zum Zeitpunkt des Vertragsschlusses seine gewerbliche Hauptniederlassung hat und in dem sich der Verladeort, der Entladeort oder die Hauptniederlassung des Absenders befindet[161]. Aus der Gesamtwürdigung kann sich eine engere Verbindung mit einem anderen Staat (etwa bei Liegegeldfragen[162]) ergeben.

47 Für **Börsen- bzw Finanztermingeschäfte** gilt außerhalb einer Rechtswahl das Recht des Börsenplatzes. Das entspricht im Ergebnis allgM. Allerdings besteht keine Einigkeit, ob sich diese Anknüpfung aus Abs 1[163], aus Abs 2[164] oder aus Abs 2 und 5[165] ergibt. All das gilt grds auch bei Termingeschäften an ausländischen Börsen[166]. § 764 BGB und § 61 BörsG, die lex specialis zu Art 6 EGBGB waren[167], sind aufgehoben worden. S nun allgemein zu Verhaltensregeln für Wertpapierdienstleistungsunternehmen und hinsichtlich Finanzanalysen §§ 31 (Abs 3), 32 (Abs 3), 36 a und 37 d (Abs 6: Finanztermingeschäfte) WpHG[168].

48 **Bürgschaft.** Trotz der Akzessorietät der Bürgschaft im deutschen Sachrecht in Bezug auf die Verpflichtung des Hauptschuldners ist sie kollisionsrechtlich selbstständig anzuknüpfen[169]. Der Bürge

---

[148] Staudinger/Magnus Rn 540; Reithmann/Martiny/Martiny, Internationales Vertragsrecht, Rn 1229; für das Recht am Sitz des Forfaitisten, wenn der Forfaiteur das Bonitätsrisiko trägt, Soergel/v. Hoffmann Rn 331.
[149] v. Westphalen RIW 1977, 84; Schütze WM 1979, 962, 963; vgl auch OLG Hamburg ZIP 1983, 46, 47 = IPRspr 1982 Nr 24.
[150] Text: WM 1996, 229, dazu Nielsen, Neue Richtlinien für Dokumenten-Akkreditive, 1994, Rn 5/754 ff.
[151] Schmidt-Dencker, Die Korrespondenzbank im Außenhandel, 1982, S 37; Staudinger/Magnus Rn 569; MünchKommBGB/Martiny Rn 370.
[152] OLG Hamburg VersR 1983, 350; Dörner WM 1977, 962.
[153] Soergel/v. Hoffmann Rn 335; MünchKommBGB/Martiny Rn 372.
[154] Drobnig, FS Zweigert, 1981, S 73, 89 f: Recht am Verwahrungsort.
[155] Ebenroth, FS Keller, 1989, S 391, 421 f; Drobnig FS Zweigert, 1981, S 73, 89 f.
[156] Fuchs ZVglRWiss 1996, 283, 297.
[157] Nicklisch IPRax 1987, 286, 287; Thode ZfBR 1989, 43, 45; ohne entsprechende (bewiesene) Vereinbarung gilt dies nicht, OLG Brandenburg EWiR § 198 BGB 1/01, 655 (Schwenker).
[158] BGH NJW 1999, 2442; KG IPRax 2000, 405; öOGH IPRax 1995, 326, 329; OLG Hamm NJW-RR 1996, 1144; Thode ZfBR 1989, 43, 47; Kartzke ZfBR 1994, 1, 4; Kropholler IPR § 52 III 2 c; W. Lorenz IPRax 1995, 331; für das Recht am Ort der Baustelle (Abs 5) Hök ZfBR 2000, 7, 8 f; hiergegen aber mit Grund Geisler S 228 mwN.
[159] LG Hamburg IPRspr 1991 Nr 33; AG Bernkastel-Kues IPRspr 1993 Nr 28 = IPRax 1994, 141; öOGH ZfRV 1994, 161, 162; Reithmann/Martiny/Martiny, Internationales Vertragsrecht, Rn 135; Staudinger/Magnus Rn 331.
[160] Dafür v. Bar IPR II Rn 515.
[161] Reithmann/Martiny/van Dieken, Internationales Vertragsrecht, Rn 1649; vgl auch OLG Nürnberg NJW-RR 1995, 1435, 1437.
[162] Hierzu bereits BGHZ 9, 221 = IPRspr 1952/53 Nr 40; vgl heute Art 32 Abs 2.
[163] Dafür Palandt/Heldrich Rn 23.
[164] Dafür Erman/Hohloch Rn 57.
[165] Dafür MünchKommBGB/Martiny Rn 377; Staudinger/Magnus Rn 581.
[166] So Starp, Die Börsentermingeschäfte an Auslandsbörsen, 1985, S 65 ff; W.-H. Roth IPRax 1987, 147; Staudinger/Magnus Rn 581.
[167] Horn ZIP 1990, 15; Samtleben NJW 1990, 2670, 2671; ders IPRax 1992, 362; Hartung ZIP 1991, 1185, 1186; s aber BGH NJW 1998, 2358; zu § 61 BörsG auch Kümpel WM 1989, 1485, 1495.
[168] Reithmann/Martiny/Mankowski, Internationales Vertragsrecht Rn 1281 ff.
[169] OLG Hamburg IPRspr 1976 Nr 147; LG Hamburg RIW 1993, 144, 145; v. Bar IPR II Rn 503; Reithmann/Martiny/Martiny, Internationales Vertragsrecht, Rn 1183; Kropholler IPR § 52 III 3 f; Staudinger/Magnus Rn 496; Ferrari Int VertragsR Rn 86.

erbringt die charakteristische Leistung in Form der Einstandspflicht. Bei Fehlen der Rechtswahl gilt nach Abs 2 S 1 das Recht am gewöhnlichen Aufenthaltsort des Bürgen[170]. Allerdings kann die Bürgschaft so weitgehend mit anderen Geschäften verbunden sein, dass nach Abs 5 das Recht des gewöhnlichen Aufenthaltes zurücktritt[171]. Das Bürgschaftsstatut umfasst namentlich, ob, wie lange und in welchem Umfang gehaftet wird[172], die Akzessorietät der Bürgenhaftung[173] und die Einrede der Vorausklage[174]. Stellt das anwendbare Sachrecht in diesem Zusammenhang auf die Hauptschuld ab, handelt es sich um eine selbständig anzuknüpfende, dem Statut der Hauptschuld unterliegende Vorfrage[175]. Das Statut im Innenverhältnis zwischen Bürge und Hauptschuldner ist selbstständig anzuknüpfen[176]. Die Möglichkeit eines Rückgriffs des Bürgen gegenüber dem Hauptschuldner unterliegt dem Bürgschaftsstatut, soweit sie auf gesetzlichem Forderungsübergang beruht[177]. Für die Form gilt Art 11. Interzessionsbeschränkungen bei Ehegatten sind als Vorfrage selbständig nach Art 14, 15 anzuknüpfen[178].

Darlehen. Die Hingabe der Kreditsumme und nicht die Nutzung des Darlehens charakterisiert den Vertrag. Bei fehlender Rechtswahl ist Darlehensstatut daher das Recht am gewöhnlichen Aufenthalts- bzw Niederlassungsort des Darlehensgebers[179], bei Bankdarlehen nach Abs 2 S 2 das Recht der (Haupt-) Niederlassung der Bank (sofern nicht Art 29 Abs 2 eingreift)[180]. Beim Realkredit sollte allerdings im Allgemeinen an den Lageort des belasteten Grundstücks angeknüpft werden[181]. Überhöhte Kreditzinsen können den ordre public (Art 6) auslösen. Rechtsfolge ist – anders als im (umstrittenen) Falle der bereicherungsrechtlichen Rückwicklung von Wucherzins-Darlehen nach deutschem Recht – wegen des Prinzips des geringstmöglichen Eingriffs in die lex causae eine bloße Reduktion des überhöhten Zinssatzes auf das aus deutscher Sicht (unter Berücksichtigung des Auslandsbezugs) noch gerade Erträglichen[182]. 49

Dienstvertrag. Vertragscharakteristische Leistung des Dienstvertrages ist prinzipiell die Leistung des Dienstverpflichteten[183]. Bei freiberuflicher Dienstleistung ist grds nach Abs 2 S 2 das Recht der Niederlassung bzw des gewöhnlichen Aufenthaltes des Dienstleistenden maßgeblich[184]. Denn hier werden die Dienste angeboten und typischerweise erbracht. 50

Eisenbahntransport. Für die internationale Beförderung sowohl von Personen als auch von Gütern findet das zwischen den meisten europäischen Staaten geltende „**Übereinkommen über den internationalen Eisenbahnverkehr**" (COTIF)[185] vom 9. 5. 1980[186] mit den Anhängen der „**Einheitlichen Rechtsvorschriften für den Vertrag über die internationale Eisenbahnbeförderung von Personen und Gepäck (ER-CIV)**" (BGBl 1985 II S 178) und den „**Einheitlichen Rechtsvorschriften für den Vertrag über die internationale Eisenbahnbeförderung von Gütern (ER-CIM)**" (BGBl 1985 II S 224) Anwendung. Das Abkommen enthält vereinheitlichtes Sachrecht. Außerhalb seines Anwendungsbereiches gelten die allgemeinen Regeln des Internationalen Vertragsrechts, soweit nicht zwingendes nationales Recht eingreift (vgl § 1 EVO). Im Falle der Güterbeförderung gilt die Vermutungsregel des Abs 4; bei Personenbeförderung greift Abs 2[187]. Regelmäßig gilt das Recht des befördernden Bahnunternehmens[188]. 51

Fahrniskauf. Vorrangig anwendbar ist das materielle Einheitsrecht des „**UN-Übereinkommens über Verträge über den internationalen Warenkauf**" vom 11. 4. 1980 (BGBl 1989 II S 588; berichtigt BGBl 1990 II S 1699), das für die Bundesrepublik Deutschland am 1. 3. 1991 (BGBl 1990 II S 1477) in Kraft getreten ist. Das Abkommen war für die frühere DDR bereits am 1. 3. 1990 in Kraft 52

---

[170] BGHZ 121, 224, 228 = NJW 1993, 1126 m Anm *Cordes* 2427 = ZEuP 1994, 493, 494 m Anm *Bülow*; BGH NJW 1999, 2372, 2373; OLG Frankfurt RIW 1995, 1033 m Anm *Mankowski*; AnwK-BGB/*Leible* Rn 144.
[171] OLG Oldenburg IPRspr 1975 Nr 15; vgl auch OLG Hamburg IPRspr 1958/59 Nr 61; *Geisler*, S 236 ff.
[172] *Reithmann/Martiny/Martiny*, Internationales Vertragsrecht, Rn 1186 ff; *Staudinger/Magnus* Rn 499.
[173] BGH IPRspr 1976 Nr 9 = NJW 1977, 1011 m Anm *Jochem* = RIW 1977, 48 = JZ 1977, 438 m Anm *Kühne*.
[174] RGZ 9, 185, 188; *Reuter* S 31 f.
[175] MünchKommBGB/*Martiny* Rn 333; *Soergel/v. Hoffmann* Rn 287.
[176] AG Bremen IPRspr 1950/51 Nr 17; *Severain*, Die Bürgschaft im deutschen IPR, 1990, S 87 ff; *Letzgus* RabelsZ 3 (1929), 837, 853.
[177] *Severain*, Die Bürgschaft im deutschen IPR, 1990, S 91 ff; *Soergel/v. Hoffmann* Rn 288; MünchKommBGB/*Martiny* Rn 333.
[178] *Palandt/Heldrich* Rn 21; *Staudinger/Magnus* Rn 501; aA BGH NJW 1977, 1011 m abl Anm *Jochem* 1012 = JZ 1977, 438, 439 m abl Anm *Kühne* 439.
[179] OLG Düsseldorf FamRZ 2001, 1102, 1103; OLG Celle IPRax 1999, 456, 457; OLG Hamburg IPRspr 1984 Nr 24 b; OLG München RIW 1996, 329, 330; OLG Düsseldorf NJW-RR 1995, 755, 756 = IPRax 1996, 199 m Anm *Baetge* 185; OLG Düsseldorf NJW-RR 1998, 1145, 1146; schweiz BG SZIER 2003, 271; *v. Hoffmann/Thorn* IPR § 10 Rn 46.
[180] *Rosenau* RIW 1992, 879.
[181] OLG Karlsruhe NJW-RR 1989, 367 = IPRspr 1987 Nr 24 a; *Klotz* RIW 1997, 197, 199; anders *Soergel/v. Hoffmann* Rn 184: auch dann Recht des Darlehensgebers; diff *Geisler* S 235; *Looschelders* Rn 46.
[182] Siehe Art 6 Rn 17; näher *Spickhoff*, Der ordre public im IPR, 1989, 103 ff. Zum Teil abw *Mühlbert/Bruinier* WM 2005, 105, 111 f.
[183] BGHZ 128, 41, 48; *v. Bar* IPR II Rn 496; *Dicey/Morris* II 1234 f; *Kropholler* IPR § 52 III 3 c.
[184] Vgl BGH IPRspr 1968/69 Nr 246; *Staudinger/Magnus* Rn 248; zu Wirtschafts- bzw Abschlussprüfern *Ebke*, FS Sandrock, 2000, S 243, 251 f.
[185] BGBl 1985 II S 132; dazu *de laMotte* TranspR 1985, 245; ausf *Reithmann/Martiny/van Dieken*, Internationales Vertragsrecht, Rn 1443 ff.
[186] In der Bundesrepublik Deutschland am 1. 5. 1985 in Kraft getreten, Bek vom 24. 7. 1985, BGBl II S 1001.
[187] Vgl OLG Braunschweig TranspR 1996, 385, 387.
[188] *Ermen/Hohloch* Rn 45; MünchKommBGB/*Martiny* Rn 279.

getreten[189]. S dazu die Kommentierung in diesem Kommentar, auch zu den vor dem 1. 1. 1991 geschlossenen Kaufverträgen, für die das materielle Einheitsrecht der einheitlichen Gesetze über den internationalen Kauf beweglicher Sachen (EKG) und das einheitliche Gesetz zum Abschluss von internationalen Kaufverträgen (EAG) vom 17. 7. 1973 (BGBl I S 856, 868) Anwendung finden. Die Anknüpfung ist nach Art 28 vorzunehmen, soweit das UN-Kaufrecht überhaupt nicht anwendbar ist, Lücken aufweist oder die Parteien es nach seinem Art 6 abbedungen, jedoch keine Rechtswahl nach Art 27 vorgenommen haben. Nehmen die Parteien in ihren Schriftsätzen Bezug auf Normen des BGB oder des HGB, so kann allein daraus nicht nicht geschlossen werden, dass sie die Anwendung des UN-Kaufrechts stillschweigend ausschließen wollten[190]. Abs 2 führt regelmäßig zur Rechtsordnung am gewöhnlichen Aufenthalts- bzw Niederlassungsort des Verkäufers[191]. Das gilt – vorbehaltlich Abs 5 (Rn 24) – grds auch beim Verkauf (einschließlich der **Internet-Auktionen**) über das Internet, während Verträge zwischen dem Betreiber der Auktionsplattform und den Nutzern dem Sitzrecht des Betreibers unterliegen[192]. Bei übereinstimmender Staatsangehörigkeit beider Parteien und Unanwendbarkeit des UN-Kaufrechts kann nach Abs 5 die engere Verbindung zum gemeinsamen Heimatrecht führen[193]. Bei Verbraucherverträgen geht Art 29 als Sonderregelung vor.

53 **Forderungs- und Rechtskauf.** Das Einheitskaufrecht gilt nicht für den Kauf von Forderungen oder Rechten[194]. Grds erbringt der Verkäufer die vertragscharakteristische Leistung[195].

54 **Franchisevertrag.** Vertragscharakteristische Leistung ist regelmäßig die des Franchisenehmers, denn er hat den Vertrieb der wirtschaftlichen Leistung des Franchisegebers in eigener Regie zu organisieren[196]. Außerhalb einer Rechtswahl gilt daher nach Abs 2 S 2 das Recht seines Niederlassungsortes[197], nicht (auch nicht im Falle des Dienstleistungsfranchising) das Recht des Niederlassungsortes des Franchisegebers[198]; mag dieser auch im „Zentrum des gesamten Vertriebssystems" stehen[199]; denn es kommt auf den konkreten Vertrag an.

55 **Garantievertrag.** Die charakteristische Leistung erbringt derjenige, der das Garantieversprechen abgibt. Dessen Sitzrecht ist daher im Allgemeinen maßgebend[200]. Indes ist wegen der eventuell angelehnten Natur des Versprechens über Abs 5 an eine akzessorische Anknüpfung an die garantierte Forderung zu denken.

56 **Geschäftsbesorgung.** Die charakteristische Leistung besteht in der Geschäftsbesorgung des Auftragnehmers. Daher ist an das an seinem gewöhnlichen Aufenthalts-/Niederlassungsort geltende Recht anzuknüpfen (Abs 2)[201].

57 Zu **Grundstückskauf, -miete und -pacht** vgl Abs 3 und Rn 17–19.

58 **Handelsvertretervertrag.** In der EU und dem Europäischen Wirtschaftsraum ist das materielle Handelsvertreterrecht weitgehend angeglichen worden[202], so dass die Frage der Rechtsanwendung hier insoweit an Relevanz verloren hat. Die charakteristische Leistung besteht in der ständigen Vermittlung von Verträgen für einen oder mehrere Geschäftsherren, so dass die objektive Anknüpfung nach Abs 2 S 2 idR zum Recht am Niederlassungsort des Handelsvertreters führt[203]. Das gilt auch dann, wenn Niederlassung und Tätigkeitsgebiet in unterschiedlichen Staaten liegen[204]. Indes kann Abs 5 eingreifen[205]. Überdies lässt sich der in der EU-Handelsvertreter-Richtlinie enthaltene Ausgleichsanspruch

---

[189] Zu den daraus entstandenen Problemen vgl *Herber* BB Beilage 37 zu Heft 30/1990, 1; *ders* BB-Beilage 14 zu Heft 18/1991, 7; *Enderlein/Graefrath* BB Beilage 6 zu Heft 6/1991, 8; *Kemper* WR 1991, 181, 183; *Enderlein* WR 1991, 236, 240.

[190] LG Saarbrücken IPRspr 2002 Nr 47.

[191] BGH NJW 1997, 2322; OLG Köln IPRax 2006, 51; OLG Frankfurt NJW-RR 2003, 704, 706; OLG Rostock IPRax 2000, 230, 231; OLG Karlsruhe NJW-RR 1993, 567, 568, 1316; KG RIW 1994, 683; OLG Düsseldorf RIW 1995, 53, 54; *Dicey/Morris*, Conflict of Laws II, S 1325.

[192] AnwK-BGB/*Leible* Rn 109, 110.

[193] Zum Auktionskauf vgl OLG Düsseldorf NJW 1991, 1492; genauer zu Abs 5 *Geisler* S 213 ff.

[194] *Staudinger/Magnus* Rn 182, 192.

[195] BGH IPRax 2005, 342, 345.

[196] Vgl zum Diskussionsstand MünchKommBGB/*Martiny* Rn 230; *Staudinger/Magnus* Rn 297.

[197] *Schlemmer* IPRax 1989, 252, 253; *Schwander*, FS Schluep, 1988, S 501, 510.

[198] *Vischer*, FS Schluep, 1988, S 515, 531.

[199] So *v. Bar* IPR II Rn 499; für die Ermittlung des konkreten Vertragsschwerpunktes je nach Ausgestaltung des einzelnen Vertrages *Soergel/v. Hoffmann* Rn 275; vgl ferner OGH GRUR Int 1988, 72 = IPRax 1989, 242 m Anm *Schlemmer* 252: bei Einräumung von Immaterialgüterrechten soll das Recht des Landes gelten, für welches das Immaterialgüterrecht eingeräumt wurde (Schutzland).

[200] BGH NJW 1996, 54; schweiz BG SZIER 2003, 271; näher MünchKommBGB/*Martiny* Rn 335–344.

[201] BGH IPRspr 1987 Nr 16; DtZ 1996, 51; OLG Hamm RIW 1994, 513, 515 = IPRax 1996, 33, 36 m Anm *Otto* 22.

[202] RL vom 18. 12. 1986, ABl EG Nr L 382 S 13; dazu *Ankele* DB 1987, 569; *ders* DB 1989, 2211; *Kindler* JbItalR 4 (1991), 25; *ders* RIW 1990, 358; s auch *Saenger/Schulze*, Der Ausgleichsanspruch des Handelsvertreters, 2000.

[203] Bericht *Giuliano/Lagarde* BT-Drucks 10/503 S 36, 53; BGH DtZ 1996, 56, 57; BGH IPRax 1994, 115, 116 m Aufs. *Cordes*; OLG Düsseldorf RIW 1995, 53, 54 = IPRspr 1994 Nr 26; vgl auch LG Nürnberg-Fürth DB 2003, 2765.

[204] Anders – Geltung des Rechts des Tätigkeitsortes – *Birk* ZVglRWiss 79 (1980), 268, 282; *Weitnauer* S 181 f; vgl auch OLG Stuttgart IPRax 1999, 103.

[205] So MünchKommBGB/*Martiny* Rn 222; vgl auch OLG Koblenz RIW 1996, 151, 152 = EWiR Art 37 EGBGB 1/96, 305 (*Otte*); *Geisler* S 242 ff; *Sura* DB 1981, 1271; *Kindler* S 164 ff; *ders* RIW 1987, 660, 664; *Kränzlin* ZVglRWiss 83 (1984), 257, 276 f.

auch über eine Rechtswahl nicht umgehen, wenn der Handelsvertreter seine Tätigkeit im Binnenmarkt ausübt[206].

Hinterlegung, Lagergeschäft, Verwahrung und Archivierung. Bei der **Hinterlegung** erbringt der Hinterlegende die vertragscharakteristische Leistung, so dass das Recht der Hinterlegungsstelle gilt[207]. Das **Lagergeschäft** unterliegt dem Recht am Niederlassungsort des Lagerhalters[208], der **Verwahrungsvertrag** dem Aufenthalts- bzw Sitzrecht des Verwahrers[209], der **Archivierungsvertrag** dem Aufenthalts- bzw Sitzrecht dessen, der das Archiv betreibt[210]. 59

Immaterialgüterrechtsbezogene Verträge sind nicht nach dem Schutzlandprinzip (Art 40 Rn 58), sondern als schuldrechtlich verpflichtende Verträge über Art 27 ff anzuknüpfen. Gemäß Art 28 Abs 2 sollte grds (also vorbehaltlich Abs 5) auf das Recht am gewöhnlichen Aufenthalt dessen abgestellt werden, der das Recht entgeltlich überträgt oder zur Nutzung überlässt[211], es sei denn, die Pflicht zur Verwertung ist dominant[212]. So liegt es, wenn dem Erwerber ein Urheberrecht übertragen wird; hier ist die Verbreitungs- und Vervielfältigungspflicht charakteristisch, so dass mangels Rechtswahl das Recht am Sitz dessen, für den diese Pflicht besteht, zur Anwendung kommt[213]. In Bezug auf das Gebot der angemessenen Vergütung und einer weiteren Beteiligung des Urhebers (§§ 32, 32a UrhG) ist auf § 32b UrhG hinzuweisen. Danach finden die genannten sachrechtlichen Vorschriften zwingend Anwendung, wenn mangels Rechtswahl (also nur objektiver Anknüpfung) deutsches Recht anzuwenden wäre oder soweit Gegenstand des Vertrages maßgebliche Nutzungshandlungen im räumlichen Geltungsbereich des UrhG sind. Die Norm ist kaum allseitig auszulegen; vielmehr handelt es sich um eine Eingriffsnorm iS von Art 34[214]. Filmverträge (einschließlich von Regieverträgen) dürften typischerweise (einheitlich) dem Recht am Sitz des Filmproduzenten zu unterwerfen sein[215]. Zu **Internet** und **Online-Diensten** s Rn 24; Art 27 Rn 7 ff. Art 29 und Art 29a sind vorrangig zu beachten. Beim Vertragsschluss im Internet begründet der (überaus leicht austauschbare) Server keine Niederlassung iS von Abs 2 S 2, es sei denn, er ist in eine Betriebsorganisation des Anbieters eingebunden, die neben dem Vertragsabschluss auch die folgende Abwicklung des Vertrages betreut[216]. Im Falle von Verträgen über Online-Dienste kommt es auf den Sitz bzw den gewöhnlichen Aufenthalt des Dienstleistungserbringers an. Allerdings geht insoweit die Anknüpfung an den (kaum lokalisierbaren) Ort der Erfüllungshandlung ins Leere, so dass Art 32 Abs 2 nicht anwendbar ist[217]. Auf **Providerverträge** ist – ebenso wie bei allen anderen Verträgen mit Dienstleistern im Internet und vorbehaltlich Abs 5 – über Abs 2 nach dem Recht am Sitz des Providers bzw des sonstigen Diensteerbringers anzuwenden[218]. Für **Domainregistrierungsverträge** gilt das Recht am Sitz bzw Niederlassungsort der Registrierungsstelle[219], während für obligatorische Verträge über die Nutzung oder Übertragung einer Domain dem Recht an Sitz des Übertragenden unterliegen[220]. 60

Know-how-Verträge[221] haben die entgeltliche Vermittlung bestimmten naturwissenschaftlich-technischen und/oder ökonomischen Wissens oder Sachverstands ohne den Schutz eines absolut wirkenden Immaterialgüterrechts zum Gegenstand[222]. Daher erbringt im Allgemeinen der Know-how-Geber die charakteristische Leistung. Das Recht seines Niederlassungsortes ist anzuwenden[223], es sei denn, der Know-how-Nehmer übernimmt die wesentlichen Pflichten gegenüber dem Know-how-Geber selbst[224] oder die maßgeblichen Leistungen des Know-how-Gebers (wie zB Hilfestellungen bei einer Montage, Beratungsleistungen uÄ) sind „vor Ort" zu erbringen; dann kann im Einzelfall über Abs 5 die wesentlich engere Verbindung am Tätigkeitsort lokalisiert werden[225]. 61

---

[206] EuGH RIW 2001, 133 = NJW 2001, 2007, dazu *Freitag/Leible* RiW 2001, 287 krit; *Kindler* BB 2001, 11; *Staudinger* NJW 2001, 1974; *Michaels/Kamann* EWS 2001, 301; *Schwarz* ZVglRWiss 101 (2002), 45; zur sachrechtlichen Abdingbarkeit *Hagemeister* RIW 2006, 498.
[207] MünchKommBGB/*Martiny* Rn 328; *Soergel/v. Hoffmann* Rn 223; *Staudinger/Magnus* Rn 358.
[208] LG Aachen RIW 1999, 304; *Soergel/v. Hoffmann* Rn 225; MünchKommBGB/*Martiny* Rn 329.
[209] *Palandt/Heldrich* Rn 18; MünchKommBGB/*Martiny* Rn 327.
[210] KG ZUM 1986, 550, 552 = IPRspr 1985 Nr 30 (LS).
[211] MünchKommBGB/*Martiny* Rn 387.
[212] *Schack*, Urheber- und Urhebervertragsrecht, 2. Aufl 2001, Rn 1143.
[213] *Reithmann/Martiny/Obergfell* Rn 1805, 1806 zum Lizenzvertrag und Rn 1809 zum Bestellvertrag nach § 47 VerlG; *Erman/Hohloch* Rn 54; für Filmauswertungsverträge OLG München ZUM 2001, 439, 440 zur Zurverfügungstellung charakteristische Leistung; zur dinglichen Seite OLG Karlsruhe GRUR Int 1987, 788 f.
[214] *Schack*, FS Heldrich, 2005, S 997, 999 f.
[215] Zum Streitstand MünchKommBGB/*Martiny* Rn 397, 399.
[216] *Mankowski* RabelsZ 63 (1999), 203, 226 ff.
[217] Genauer *Mankowski* RabelsZ 63 (1999), 203, 228 f; zu sog Grids, die je nach Vertragsgegenstand diff anzuknüpfen sind, *Koch* CR 2006, 42, 49 f.
[218] *Pfeiffer* in: *Gounalakis*, Rechtshandbuch Electronic Business, 2003, § 12 Rn 109 ff; AnwK-BGB/*Leible* Rn 105; MünchKommBGB/*Martiny* Rn 422, 423.
[219] AnwK-BGB/*Leible* Rn 106; *Ferrari* Int VertragsR Rn 107.
[220] AnwK-BGB/*Leible* Rn 108.
[221] *Kreuzer*, FS v. Caemmerer, 1978, S 705; *Stumpf*, Der Know-how-Vertrag, 3. Aufl 1977; *Hoppe*, Lizenz- und Know-how-Verträge im Internationalen Privatrecht, 1994; *Deleuze*, Le contrat international de licence de know-how, Paris 1988.
[222] Vgl *Kreuzer*, FS v. Caemmerer, 1978, S 705, 707; *Soergel/v. Hoffmann* Rn 517; *Staudinger/Magnus* Rn 621.
[223] *Kreuzer*, FS v. Caemmerer, 1978, S 705, 722; *Staudinger/Magnus* Rn 622.
[224] MünchKommBGB/*Martiny* Rn 413.
[225] OLG Köln IPRspr 2002 Nr 209.

62 Die objektive Anknüpfung des **Kommissionsvertrages** wird durch das Recht am Ort der gewerblichen Niederlassung des Kommissionärs bestimmt[226].

63 **Leasing.** Das „Übereinkommen von Ottawa vom 28. 5. 1988 über das internationale Finanzierungsleasing"[227] gilt nicht für die Bundesrepublik Deutschland. Da die Gebrauchsüberlassung die vertragscharakteristische Leistung darstellt, gilt – vorbehaltlich Art 29, der im Wesentlichen auf das Recht am Aufenthaltsort des Leasingnehmers verweist[228], das Recht am gewöhnlichen Aufenthalts- bzw Niederlassungsort des Leasinggebers[229]. Beim Immobilienleasing gilt nach Abs 3 die lex rei sitae.

64 Für die **Leibrente** ist die Verpflichtung des Schuldners zur regelmäßig wiederkehrenden Rentenzahlung charakteristisch. Mangels Rechtswahl ist daher dessen gewöhnlicher Aufenthalt bzw dessen Niederlassung maßgebend[230].

65 **Leihe.** Charakteristische Leistung ist hier die unentgeltliche Gebrauchsgestattung durch den Verleiher, so dass das Recht am gewöhnlichen Aufenthalts- bzw Niederlassungsort des Verleihers anzuwenden ist[231]. In Fällen der Grundstücks- und Wohnungsleihe findet nach Abs 3 die lex rei sitae Anwendung, sofern der Vertrag nach der Gesamtheit der Umstände keine engere Verbindung mit einem anderen Staat (Abs 5) aufweist.

66 **Lizenz.** Die objektive Anknüpfung wird richtigerweise nicht durch das Recht des Schutzlandes bestimmt[232], sondern im Falle der ausschließlichen[233] wie der nicht ausschließlichen Lizenz, bei welcher der Lizenznehmer im Wesentlichen nur eine Lizenzgebühr zahlt, durch die Nutzungsgestattung des Rechtsinhabers geprägt. Es ist also das Recht am Niederlassungsort des Lizenzgebers anwendbar (Abs 2 S 2)[234]. Das gilt auch im Falle einer globalen, einheitlich gesteuerten Lizenzvergabe in mehrere Schutzländer[235]. Ist ein auf Software-Überlassung gerichteter Vertrag nicht als Kauf-, sondern als Lizenzvertrag einzuordnen, kommt im Einzelfall eine analoge Anwendung von Art 29 in Betracht[236].

67 Beim **Lotterie- und Ausspielvertrag** ist das Recht am Niederlassungsort des Lotterie- oder Ausspielunternehmens anzuwenden (s auch Rn 79)[237].

68 **Luftbeförderung.** § 51 LuftVG verweist im Wesentlichen auf die Voraussetzungen einschlägiger Staatsverträge[238], insbes auf das **Warschauer Abkommen zur Vereinheitlichung von Regeln über die Beförderung im internationalen Luftverkehr (WA)** vom 12. 10. 1929 (RGBl 1933 II S 1039) in der derzeit geltenden Fassung, ergänzt durch Zusatzabkommen[239]. Nur soweit keine vorrangigen Staatsverträge anwendbar sind, ist auf Art 28 zurückzugreifen. Für Personenbeförderung gilt Abs 2 (nicht Abs 4), so dass regelmäßig das Recht am Ort der Hauptniederlassung des vertraglichen Luftfrachtführers gilt[240]. Anders soll es bei „Billigfliegern" liegen, falls Fluggast, Abflugs- und Ankunftsort mit Abwicklung (Ein- und Aus-Checken) im vom Sitz des Beförderers abweichenden Staat liegen; dann soll über Abs 5 dieses Recht anzuwenden sein[241]. Das führt für den Beförderer wegen der großen Vielzahl an Reisenden zur weitgehenden Unübersehbarkeit des anwendbaren Rechts und ist daher zweifelhaft, zumal die Anwendbarkeit von Art 29 gerade ausgeschlossen ist (Art 29 Abs 4 Nr 1)[242].

69 **Maklerverträge** unterstehen typischerweise dem Recht des Ortes, an dem der Makler seinen Sitz (Niederlassung) bzw gewöhnlichen Aufenthalt hat. Doch ist Abs 5 zu beachten. So kann für die Tätigkeit vom Börsenmakler auf das Recht am Börsenort abgestellt werden. Bei übereinstimmender Staatsangehörigkeit oder gemeinsamem gewöhnlichen Aufenthalt der Vertragsparteien kann, wenn nicht schon eine konkludente Wahl des gemeinsamen Heimatrechts vorliegt, dieses als das Recht der wesentlich engeren Verbindung angesehen werden. Schließlich kann im Einzelfall (Seefrachtverträge mit Regelung der Provision, hier evtl schon konkludente Rechtswahl) akzessorisch an den Hauptvertrag angeknüpft werden[243]. Die MaBV ist freilich ggf über Art 34 sonderanzuknüpfen.

70 **Management- und Consultingvertrag.** Beim Consulting bildet die Beratung durch einen außenstehenden, unabhängigen Dritten bei der Lösung bestimmter technischer und unternehmerischer Fra-

---

[226] Soergel/v. Hoffmann Rn 250; Staudinger/Magnus Rn 270.
[227] Text in Reithmann/Martiny/Dageförde, Internationales Vertragsrecht, Rn 1149.
[228] Vgl MünchKommBGB/Martiny Rn 173; Reithmann/Martiny/Dageförde, Internationales Vertragsrecht, Rn 1154; Staudinger/Magnus Rn 224.
[229] Hövel DB 1991, 1029, 1032.
[230] MünchKommBGB/Martiny Rn 347; Staudinger/Magnus Rn 638; Soergel/v. Hoffmann Rn 523.
[231] v. Bar IPR II Rn 496; Soergel/v. Hoffmann Rn 182; Staudinger/Magnus Rn 219.
[232] Dafür aber Beier GRUR Int 1981, 299, 305; MünchKommBGB/Martiny Rn 407; ebenso § 43 Abs 1 S 1 ÖIPRG.
[233] Dafür Geisler S 256: eingeschränkt; wie hier v. Hoffmann RabelsZ 40 (1976), 215.
[234] Reithmann/Martiny/Hiestand, Internationales Vertragsrecht, Rn 1737; v. Bar IPR II Rn 498; Lejeune ITRB 2003, 247, 248; ebenso BGE 101 II 293, 298 = GRUR Int 1977, 208, 209.
[235] Für das Recht des Niederlassungsortes des Lizenznehmers generell Henn S 90.
[236] Klimek ZUM 1998, 902, 907 f.
[237] MünchKommBGB/Martiny Rn 384; Schönberger/Jäggi Rn 318; Staudinger/Magnus Rn 596.
[238] Näher und mwN hierzu MünchKommBGB/Martiny Rn 244.
[239] Giemulla/Lau/Mölls/Schmid, Warschauer Abkommen; Kadletz VersR 2000, 927. Vgl auch Reithmann/Martiny, Internationales Vertragsrecht, Rn 1466; Staudinger/Magnus Rn 448 ff.
[240] Vgl BGH NJW 1976, 1581; NJW 1582; LG München I IPRspr 1977 Nr 31 a; Kahlert/Hast VersR 2001, 559.
[241] OLG Koblenz OLGR 2006, 485: deutsches Recht angewendet; Abflug und Ankunft: Frankfurt/Hahn.
[242] Mit Grund zweifelnd MünchKommBGB/Martiny Rn 268.
[243] BGH IPRspr 1956/57 Nr 55; LG Hamburg IPRspr 1973 Nr 9.

gestellungen die vertragscharakteristische Leistung. Je nach Vertragsgestaltung ist das Recht am Sitz der Zentrale oder am Sitz der Niederlassung am Projektort anwendbar[244]. Beim Managementvertrag ist die Geschäftsführungs- und Ausbildungsleistung des Managers charakteristisch. Da sich indes die gesamte Vertragsaktivität auf das Unternehmen des Management-Nehmers konzentriert, sollte – falls Abs 2 zu einem davon abweichenden Recht führt – über Abs 5 das Recht am Ort des Management-Nehmers angewendet werden[245].

Für die **Miete** unbeweglicher Sachen gilt – vorbehaltlich Abs 5[246] – Abs 3. Bei der Miete beweg- 71 licher Sachen ist die Gebrauchsüberlassung charakteristisch, so dass grds nach Abs 2 das Recht am gewöhnlichen Aufenthalts- bzw Niederlassungsort des Vermieters Anwendung findet[247]. Möglich ist jedoch eine Gesamtabwägung gemäß Abs 5 zu Gunsten des gemeinsamen Heimat- und Benutzungsortsrechts.

Multimodaler (kombinierter) Transport. Bei Güterbeförderung durch verschiedene Transport- 72 mittel von einem Gesamtbeförderer gilt – vorbehaltlich einer Rechtswahl, die auch stillschweigend erfolgen kann – im Prinzip Abs 4, wobei für das jeweilige Transportmittel ggf unterschiedliche Rechte anwendbar sind[248]. Bleibt das Gut in ein- und demselben Transportmittel und wird dieses seinerseits auf einer Teilstrecke von einem Trägerfahrzeug (zB Eisenbahn) transportiert, ist das Recht des Transportmittels maßgeblich, in dem das Gut geblieben ist[249].

Patronatserklärung[250] (letter of comfort). Die Muttergesellschaft, welche die Erklärung abgibt, 73 erbringt die vertragscharakteristische Leistung; ihr Sitzrecht ist maßgebend[251].

Reisevertrag. Eine gewisse Vereinheitlichung der Standards hat die Pauschalreise-Richtlinie der EG 74 herbeigeführt. Die vertragscharakteristische Leistung beim Reisevertrag mit dem Kunden erbringt der Reiseveranstalter, an dessen Niederlassung mithin anzuknüpfen ist[252]. Bei Pauschalreisen ist Art 29 Abs 4 Nr 2 zu beachten. Vermittelt und betreut eine Niederlassung des Veranstalters im Ausland den Reisevertrag, gilt das Recht am Ort dieser Niederlassung, vorausgesetzt, diese erscheint als der eigentliche Vertragspartner[253].

Bei der **Schenkung** beweglicher Sachen gilt das Recht am gewöhnlichen Aufenthalt des Schenkers 75 (Abs 2 S 1)[254]. Im Falle der Schenkung von Grundstücken ist nach Abs 3, sog lex rei sitae[255], anzuknüpfen, wobei eine engere Verbindung zum gemeinsamen Heimatrecht möglich ist (Abs 5). Im Falle der gemischten Schenkung gilt nichts anderes, vorausgesetzt, das Schenkungselement überwiegt[256]. Zur Schenkung von Todes wegen s Art 25.

Beim **Schuldanerkenntnis** ist akzessorisch über Abs 5 auf das Statut der zugrunde liegenden 76 Forderung abzustellen (Art 33 Rn 16)[257], beim abstrakten, konstitutiven **Schuldversprechen** auf den gewöhnlichen Aufenthaltsort des Schuldners[258].

Das **Seefrachtvertragsrecht**[259] ist weitgehend vereinheitlicht, insbes durch das über Art 6 EGHGB 77 anwendbare **„Internationale Übereinkommen zur Vereinheitlichung von Regeln über Konossemente" (Haager Regeln)** vom 25. 8. 1924[260] und dessen Änderungsprotokoll vom 23. 2. 1968, den sog **„Visby-Regeln"**[261].

Speditionsvertrag. Nach Abs 4 gilt grds das Recht am Niederlassungsort des Spediteurs[262]. Das gilt 78 auch, wenn der Auftraggeber seinerseits (Haupt-)Spediteur ist[263]. Ist der Spediteur selbst kein Beförde-

---

[244] *Schlüter,* Management- und Consultingverträge, 1987, S 209, 211; MünchKommBGB/*Martiny* Rn 198.
[245] *Schlüter,* Management- und Consultingverträge, 1987, S 207 f, 211; *Weimar/Grote* RIW 1998, 267, 273; *Zeiger,* Der Management-Vertrag als internationales Kooperationsinstrument, 1983, S 91 f; anders zum Schiffsmanagementvertrag *Mankowski* S 451 f; *Soergel/v. Hoffmann* Rn 242: Recht des gewöhnlichen Aufenthaltes bzw Niederlassungsortes des Managers; vorsichtiger auch *Geisler* S 226.
[246] Vgl BGHZ 109, 36; 119, 157; OLG Düsseldorf NJW-RR 1998, 1159; *Geisler* S 268 ff.
[247] *v. Bar* II Rn 495; *Ferrari* Int VertragsR Rn 120.
[248] BGH RIW 2006, 948; BGHZ 101, 172, 178 f = NJW 1988, 640; BGHZ 123, 303, 306; OLG Düsseldorf RIW 1995, 248; VersR 2004, 1479; LG Hamburg IPRspr 2002 Nr 55; vgl auch *Koller* VersR 2000, 1187, 1188, 1189, 1193; *Herber* TranspR 2001, 101; *Drews* TranspR 2003, 12.
[249] MünchKommBGB/*Martiny* Rn 316.
[250] *Hoffmann,* Die Patronatserklärung im deutschen und österreichischem Recht, 1989; *Wittuhn* RIW 1990, 495; *Jander/Hess* RIW 1995, 730.
[251] *v. Bar* IPR II Rn 497; *Jander/Hess* RIW 1995, 730, 735; *Rümker* WM 1974, 996 f; *Seiler* S 150 f; *v. Westphalen* S 395; *Wolf* IPRax 2000, 477, 482.
[252] *Soergel/v. Hoffmann* Rn 220; MünchKommBGB/*Martiny* Rn 201; *Staudinger/Magnus* Rn 326; siehe weiter *Bergmann/Wethebach* RRa 2006, 104, 106 ff, auch zu den Verträgen der Leistungsträger untereinander.
[253] Vgl KG IPRspr 1994 Nr 21 b.
[254] OLG Köln NJW-RR 1994, 1026 betr Brautgeld; OLG Frankfurt GRUR 1998, 141, 142; *v. Bar* IPR II Rn 496.
[255] Palandt/*Heldrich* Rn 11; *Staudinger/Magnus* Rn 204.
[256] *Looschelders* Rn 31.
[257] OLG Düsseldorf VersR 2003, 1324, 1325; OLG München RIW 1997, 507, 508;.
[258] MünchKommBGB/*Martiny* Rn 346; OLG Frankfurt IPRax 1988, 99; dazu *Schwenzer* IPRax 1988, 86.
[259] Näher MünchKommBGB/*Martiny* Rn 281 ff.
[260] In Kraft für das Deutsche Reich seit dem 1. 1. 1940, Bek vom 22. 12. 1939, RGBl II S 1049; im Verhältnis zu den früheren Vertragsstaaten wieder in Kraft seit dem 1. 11. 1953, BGBl II S 116; 1954 II S 466.
[261] Näher Reithmann/*Martiny/Mankowski,* Internationales Vertragsrecht, Rn 1495 ff.
[262] OLG Frankfurt TranspR 1987, 191, 192 = IPRax 1988, 99 m Anm *Schwenzer* 87; OLG Hamburg VersR 1988, 177; *v. Bar* IPR II Rn 524; krit *Staudinger* IPRax 2001, 183, 189 mwN.
[263] Vgl OLG Hamburg TranspR 1996, 40.

rer, ist nach Abs 2 anzuknüpfen[264], nicht nach Abs 1[265]. Der Speditionsvertrag kann auch der CMR unterliegen[266].

79 **Spiel und Wette.** Die charakteristische Tätigkeit erfolgt grds (über Abs 1) am Abschlussort des Spiels[267]. Ist ein Spielcasino Vertragspartner, gilt das Recht am Niederlassungsort des Unternehmens. Diese Rechtsordnung entscheidet zB über den Anspruch auf Gewinnauszahlung[268]. § 762 BGB kann im Einzelfall über Art 6 durchgesetzt werden[269]. Ob die **Gewinnzusage** nach § 661 a BGB vertragsrechtlich zu qualifizieren ist, ist umstritten. Der BGH hat die Frage einerseits verneint, andererseits aber (inkonsequent, wiewohl im Ergebnis zutreffend) Art 34 zur Durchsetzung der Norm wegen dessen lauterkeitsrechtlicher und sozialpolitischer Zielsetzung herangezogen[270]. Richtigerweise sollten im Wege einer übereinkommensautonomen Auslegung wegen der Nähe von § 661 a BGB zur culpa in contrahendo die Art 27 ff (zumindest analog) angewendet werden (s auch Art 12 Abs 1, Abs 2 c Rom II-VO)[271]. Das führt (wenn nicht Art 29 eingreift) zum Aufenthaltsrecht des Versprechenden[272].

80 **Straßentransport.** Bei **Güterbeförderung** gilt Abs 4 (Recht am Niederlassungsort des Frachtführers, sofern sich im Staate der Niederlassung des Beförderers auch der Verladeort, Entladeort oder die Hauptniederlassung des Entsenders befindet), allerdings nur insoweit, als das **„Übereinkommen über den Beförderungsvertrag im internationalen Straßengüterverkehr (CMR)"** vom 19. 5. 1956 (BGBl 1961 II S 1119) idF vom 28. 12. 1980 (BGBl II S 1443)[273] hierzu noch Raum lässt. Bei **Personenbeförderung** gilt die Rechtsordnung am gewerblichen Niederlassungsort des Transportunternehmers (Abs 2)[274]; das **„Übereinkommen über den Vertrag über die internationale Beförderung von Personen und Gepäck auf der Straße" (CVR)** ist noch nicht in Kraft getreten. Art 29 findet keine Anwendung (vgl Art 29 Abs 4 Nr 1).

81 Beim **Tausch** lässt sich eine charakteristische Leistung nur einer Partei nicht bezeichnen, Abs 2 S 3, vielmehr stehen sich zwei gleichgewichtige Hauptleistungspflichten gegenüber[275]. Daher gilt Abs 1[276]. Anwendbar kann das Recht am Ort der Beurkundung sein[277]. Das gilt auch im Falle eines grenzüberschreitenden Grundstückstauschs. Abs 3 passt dann nicht. Zwar hat der Vertrag ein dingliches Recht an einem Grundstück zum Gegenstand (Eigentum)[278], jedoch heben sich die jeweiligen leges rei sitae gewissermaßen auf[279].

82 **Time-Sharing.** Innerhalb der EU hat eine Rechtsangleichung durch die RL 94/47 stattgefunden[280], deren Regelung in Deutschland zunächst in § 8 TzWrG umgesetzt wurde[281], der jetzt in Art 29 a aufgegangen ist. Eine einheitliche Anknüpfung für Time-Sharing-Verträge, die nicht dem Anwendungsbereich von Art 29 unterfallen, ist wohl nicht möglich, da Time-Sharing-Verträge in vielen verschiedenen (ua dinglichen, schuldrechtlichen, gesellschaftsrechtlichen oder vereinsrechtlichen) Formen auftreten[282]. Für Verträge, die auf den Erwerb dinglicher oder obligatorischer Rechte an einer Ferienwohnung gerichtet sind, gilt im Allgemeinen die Rechtsordnung am Ort der Immobilie[283], Abs 3. Der Erwerb der Mitgliedschaft in einer Time-Sharing-Gesellschaft richtet sich nach dem Gesellschaftsstatut[284]. Sofern

---

[264] OLG Bremen VersR 1996, 868; *Reithmann/Martiny/Mankowski*, Internationales Vertragsrecht, Rn 1374 f; *Soergel/v. Hoffmann* Rn 83, 251, 253; MünchKommBGB/*Martiny* Rn 233; anders *Rugullis* TranspR 2006, 380; *Ferrari* Int VertragsR Rn 130.
[265] Dafür *Erman/Hohloch* Rn 41.
[266] BGHZ 65, 340, 341 = NJW 1976, 1029; BGHZ 83, 96, 99 f = NJW 1982, 1946 = IPRax 1982, 240, 241 m Anm *Helm* 225; BGH NJW 1982, 1944; RIW 1996, 602; *Thume* TranspR 1992, 355, 356.
[267] Genauer *Martiny*, FS W. Lorenz, 2001, S 375 ff; *Looschelders* Rn 53; MünchKommBGB/*Martiny* Rn 376; *Soergel/v. Hoffmann* Rn 526; modifizierend für privates Spiel und Wette *Geisler* S 198.
[268] Vgl BGH NJW 1988, 647 = IPRax 1988, 228 m Anm *Gottwald* S 210; *Dicey/Morris*, Conflict of Laws II, S 1468; *Staudinger/Magnus* Rn 594 f; *Roquette/Nordemann-Schiffel* ZVglRWiss 99 (2000), 444.
[269] Vgl IPG 1984 Nr 21 (Hamburg); aA *Soergel/v. Hoffmann* Rn 527.
[270] BGH NJW 2006, 230, 232.
[271] OLG Hamm NJW-RR 2003, 717: Art 29 angewendet; ebenso OLG Hamm IPRspr 2002 Nr 155; *Wagner/Potsch* Jura 2004, 401, 406 ff; *S. Lorenz* IPRax 2002, 192, 195; *ders/Unberath* IPRax 2005, 219, 223; *Häcker* ZVglRWiss 103 (2004), 464, 492 ff; MünchKommBGB/*Martiny* Rn 430; *ders*, FS Pazdana, S 189, 202 ff; für eine wettbewerbsrechtliche Qualifikation *Fetsch* RIW 2002, 936, 938; für eine deliktsrechtliche Qualifikation LG Freiburg IPRspr 2002 Nr 137; *Leible* IPRax 2003, 28, 33; *Felke/Jordans* IPRax 2004, 409, 411 f.
[272] Ebenso *Dörner*, FS Kollhosser II, 2004, 75, 86.
[273] Näher *Reithmann/Martiny/Mankowski*, Internationales Vertragsrecht, Rn 1394 ff mwN.
[274] *Lagarde* Rev crit dr int priv 1991, 287, 309; *Staudinger/Magnus* Rn 200.
[275] *Reithmann/Martiny/Martiny*, Internationales Vertragsrecht, Rn 139.
[276] Vgl zu Kompensationsgeschäften *Niggemann* RIW 1987, 169.
[277] LG Amberg IPRax 1982, 29 (LS) m Anm *Jayme*.
[278] Anders *Palandt/Heldrich* Rn 10.
[279] *Geisler* S 189; MünchKommBGB/*Martiny* Rn 168; *Erman/Hohloch* Rn 33.
[280] Vom 26. 10. 1994, ABl EG Nr L 280 S 83 = NJW 1995, 375.
[281] Näher zum Time-Sharing *Mäsch* DNotZ 1997, 180 f; *ders* EuZW 1995, 8 f; *Otte* RabelsZ 62 (1998), 405.
[282] *Lurger* ZfRV 32 (1992), 348, 351 f; *Soergel/v. Hoffmann* Rn 167; zu den einzelnen Gestaltungen *Tönnes* RIW 1996, 124; *Ferrari* Int VertragsR Rn 135.
[283] LG Detmold NJW 1994, 3301 = IPRax 1995, 249 m Anm *Jayme* 234 = EWiR Art 34 EGBGB 1/95, 453 (*Mankowski*); MünchKommBGB/*Martiny* Rn 163 f; modifizierend für kurzfristigen Verträge für den Sitzrecht des Time-Sharing-Gebers *Soergel/v. Hoffmann* Rn 167; aA OLG Frankfurt RIW 1995, 1033 m krit Anm *Mankowski*.
[284] Vgl *Kohlepp* RIW 1986, 180; *Böhmer* S 262; anders in Bezug auf das schuldrechtliche Geschäft zum Erwerb des Gesellschaftsanteils *Soergel/v. Hoffmann* Rn 168; *Staudinger/Magnus* Rn 229.

dem Erwerber auch dingliche Rechte (Miteigentum, beschränkt dingliche Rechte) übertragen werden, gilt das Internationale Sachenrecht (Art 43)[285].

Unternehmenskauf. Es gelten im Prinzip die allgemeinen Regeln des Art 28. Beim Anteilskauf[286], der Gesellschaftsanteile des Rechtsträgers zum Gegenstand hat, findet das UN-Kaufrecht keine Anwendung (keine „Ware"; vgl Art 2 lit d CISG)[287]. Auch das Gesellschaftsstatut ist nicht maßgebend, so dass der Ausschlusstatbestand des Art 37 Nr 2 nicht eingreift. Ebenso wenig sind Gesellschaftsanteile Wertpapiere, die von Art 37 Nr 1 erfasst würden[288]. Der Verkäufer des Unternehmens(teils) erbringt die vertragscharakteristische Leistung; sein Aufenthaltsrecht ist maßgebend, Abs 2[289]. 83

Für den **Vergleich** (einschließlich der materiellrechtlichen Wirkungen des Prozessvergleichs) empfiehlt sich prinzipiell über Abs 1 (Abs 2 greift nicht, Abs 3 S 3) eine akzessorische Anknüpfung an das Statut des ursprünglichen Rechtsverhältnisses, das nicht notwendig ein Vertrag sein muss[290]. 84

Für den **Verlagsvertrag** ist die Verbreitungsverpflichtung des Verlegers kennzeichnend, so dass das Recht an seinem Sitz gilt (Rn 60)[291]. 85

Im Falle von **Versteigerungen** soll das Recht am Ort des Sitzes des Verkäufers gelten[292]. Indes prägt der Charakter des Platzgeschäftes die engste Verbindung[293], jedenfalls wenn und weil der gewöhnliche Aufenthalt der Person des veräußernden Hintermannes für den Erwerber (anders als beim Vertragsschluss auf Märkten und Messen) nicht erkennbar ist. Das gilt nicht nur im Falle von öffentlichen Versteigerungen, sondern auch sonst. Anders steht es – vorbehaltlich Abs 5 (siehe Rn 24) – bei **Internet-Auktionen**. Dort führt Abs 2 regelmäßig zur Rechtsordnung am gewöhnlichen Aufenthaltsbzw Niederlassungsort des Verkäufers. 86

Vertragshändlervertrag. Beim Alleinvertriebsvertrag, auf den als Rahmenvertrag das UN-Kaufrecht nicht anwendbar ist[294], ist die charakteristische Leistung die des Alleinvertreibers, den Vertrieb der Vertragswaren durchzuführen. Daher wird mangels Rechtswahl die Rechtsordnung des Staates, in dem sich die maßgebliche Niederlassung befindet, berufen[295]. Beim Eigenhändlervertrag liegen die charakteristischen Leistungen in Absatz, Lagerhaltung und Marktbearbeitung durch den Händler. Bei objektiver Anknüpfung ist daher das Recht am Ort seiner Niederlassung (und nicht der des Unternehmers) maßgebend[296]. 87

Zum **Versicherungsvertrag** s Art 37 Rn 6 f. 88

Werkvertrag. Die vertragscharakteristische Leistung erbringt der Werkunternehmer, so dass an dessen Niederlassungsort bzw an seinem gewöhnlichen Aufenthaltsort anzuknüpfen ist[297]. Bei Verbraucherverträgen ist Art 29 zu beachten. Für den Subunternehmervertrag ist das Recht am Sitz des Subunternehmers anwendbar[298]. Eine grundsätzliche akzessorische Anknüpfung an den Hauptvertrag ist wegen der Selbstständigkeit der Leistung des Subunternehmers nicht angezeigt[299]. 89

Der **Werklieferungsvertrag** ist dem Fahrniskauf gleichzustellen: Soweit das UN-Kaufrecht nicht gilt, kommt es auf den Aufenthalt bzw die Niederlassung des Werklieferanten an[300]. 90

Zusammenarbeitsverträge; joint venture. Für Zusammenarbeits- oder Kooperationsverträge fehlt es typischerweise an einer charakteristischen Leistung, so dass über Abs 1 die engste Beziehung zu bestimmen ist[301]. Regelmäßig wird die Rechtsordnung des Ortes berufen, an dem die Kooperation durchgeführt und der gemeinsame Zweck verfolgt werden soll[302]. Verpflichten sich die Parteien, ein 91

---

[285] *Gralka*, Time-Sharing bei Ferienhäusern und Ferienwohnungen, 1986, S 137; MünchKommBGB/*Martiny* Rn 165; *Staudinger/Magnus* Rn 231.
[286] Zum Kauf einzelner Wirtschaftsgüter MünchKommBGB/*Martiny* Rn 149; *Reithmann/Martiny/Merkt*, Internationales Vertragsrecht, Rn 852 ff; *Staudinger/Magnus* Rn 188 ff.
[287] *Reithmann/Martiny/Merkt*, Internationales Vertragsrecht, Rn 852 f; *Staudinger/Großfeld* IntGesR Rn 342.
[288] *Reithmann/Martiny/Merkt*, Internationales Vertragsrecht, Rn 855; AnwK-BGB/*Leible* Rn 86; *Staudinger/Magnus* Rn 182 ff.
[289] *Reithmann/Martiny/Merkt*, Internationales Vertragsrecht, Rn 858 f; MünchKommBGB/*Martiny* Rn 148; *Soergel/v. Hoffmann* Rn 157; s für Aktienkauf BGH NJW 1987, 1141 = JR 1987, 198, 199 m Anm *Dörner* = IPRax 1988, 27, 28 m Anm *Kreuzer* 16, 17; zur Rechtswahl *Picot/Land* DB 1998, 1601.
[290] OLG Schleswig IPRspr 1989 Nr 48; OLG Hamm IPRspr 1985 Nr 28; AnwK-BGB/*Leible* Rn 150.
[291] BGHZ 19, 110, 113; *v. Bar* IPR II Rn 498; grds für die Leistung des Urhebers *Mäger* S 189 ff mwN.
[292] So – Regelanknüpfung nach Art 28 Abs 2 – BGH IPRax 2005, 444 und *Leible* IPRax 2005, 424, 426; im Fall des BGH fielen Versteigerungsort und Aufenthaltsort des Verkäufers freilich zusammen.
[293] OLG Düsseldorf vom 13. 6. 2001, Az 15 U 232/00.
[294] *Schlechtriem/Schwenzer/Schlechtriem* Vor Art 14–24 Rn 7; *Reithmann/Martiny/Häuslschmid*, Internationales Vertragsrecht, Rn 2046.
[295] *Reithmann/Martiny/Häuslschmid*, Internationales Vertragsrecht, Rn 2049 ff; zweifelnd *Müller-Feldhammer* RIW 1994, 926, 928.
[296] BGH NJW 1993, 2753, 2754; OLG Düsseldorf RIW 1996, 958, 959; *Kindler* FS Sonnenberger, 2004, S 433, 441; *Sturm*, FS Wahl, 1973, S 207, 232; *W. Lorenz*, FS Lipstein, 1980, S 157, 173; *Ebenroth* RIW 1984, 165, 169; aA LG Dortmund IPRax 1989, 51 m Anm *Jayme*.
[297] BGH NJW 1999, 2442; OLG Düsseldorf IPRspr 2003 Nr 25; OLG Brandenburg NJ 2001, 257, 258; OLG Schleswig IPRax 1993, 95 m Anm *Vollkommer* 79; OLG Nürnberg IPRspr 1993 Nr 31; OLG Hamm IPRax 1995, 104, 106; *Thode* ZfBR 1989, 43, 46–48 mwN; *v. Bar* IPR II Rn 496; *Kropholler* IPR § 52 III 3 c; *Jayme*, FS Pleyer, 1986, S 371, 376; zum Bauvertrag *Hök* ZfBR 2000, 7.
[298] *Erman/Hohloch* Rn 39; *Reithmann/Martiny/Thode*, Internationales Vertragsrecht, Rn 1108.
[299] MünchKommBGB/*Martiny* Rn 192; *Staudinger/Magnus* Rn 308; aA aber *Jayme*, FS Pleyer, 1986, S 371, 377.
[300] MünchKommBGB/*Martiny* Rn 145.
[301] *Geisler* S 196; *Soergel/v. Hoffmann* Rn 283.
[302] MünchKommBGB/*Martiny* Rn 427; *Staudinger/Magnus* Rn 632.

Gemeinschaftsunternehmen (joint venture) zu schaffen oder zu nutzen, um mit diesem ihren gemeinsamen Zweck zu verfolgen, so ist für die Gründung und die internen Rechtsverhältnisse des Gemeinschaftsunternehmens das Internationale Gesellschaftsrecht maßgebend[303]. Der vorbereitende Grundlagenvertrag ist hingegen schuldrechtlich zu qualifizieren[304] und mangels charakteristischer Leistung einer Partei nach Abs 1 anzuknüpfen[305]. Danach ist im Allgemeinen das Recht am Sitz des Gemeinschaftsunternehmens anwendbar[306].

Art 29 Verbraucherverträge

(1) Bei Verträgen über die Lieferung beweglicher Sachen oder die Erbringung von Dienstleistungen zu einem Zweck, der nicht der beruflichen oder gewerblichen Tätigkeit des Berechtigten (Verbrauchers) zugerechnet werden kann, sowie bei Verträgen zur Finanzierung eines solchen Geschäfts darf eine Rechtswahl der Parteien nicht dazu führen, daß dem Verbraucher der durch die zwingenden Bestimmungen des Rechts des Staates, in dem er seinen gewöhnlichen Aufenthalt hat, gewährte Schutz entzogen wird,

1. wenn dem Vertragsabschluß ein ausdrückliches Angebot oder eine Werbung in diesem Staat vorausgegangen ist und wenn der Verbraucher in diesem Staat die zum Abschluß des Vertrages erforderlichen Rechtshandlungen vorgenommen hat,
2. wenn der Vertragspartner des Verbrauchers oder sein Vertreter die Bestellung des Verbrauchers in diesem Staat entgegengenommen hat oder
3. wenn der Vertrag den Verkauf von Waren betrifft und der Verbraucher von diesem Staat in einen anderen Staat gereist ist und dort seine Bestellung aufgegeben hat, sofern diese Reise vom Verkäufer mit dem Ziel herbeigeführt worden ist, den Verbraucher zum Vertragsabschluß zu veranlassen.

(2) Mangels einer Rechtswahl unterliegen Verbraucherverträge, die unter den in Absatz 1 bezeichneten Umständen zustande gekommen sind, dem Recht des Staates, in dem der Verbraucher seinen gewöhnlichen Aufenthalt hat.

(3) ¹Auf Verbraucherverträge, die unter den in Absatz 1 bezeichneten Umständen geschlossen worden sind, ist Artikel 11 Abs. 1 bis 3 nicht anzuwenden. ²Die Form dieser Verträge unterliegt dem Recht des Staates, in dem der Verbraucher seinen gewöhnlichen Aufenthalt hat.

(4) ¹Die vorstehenden Absätze gelten nicht für
1. Beförderungsverträge,
2. Verträge über die Erbringung von Dienstleistungen, wenn die dem Verbraucher geschuldeten Dienstleistungen ausschließlich in einem anderen als dem Staat erbracht werden müssen, in dem der Verbraucher seinen gewöhnlichen Aufenthalt hat.

²Sie gelten jedoch für Reiseverträge, die für einen Pauschalpreis kombinierte Beförderungs- und Unterbringungsleistungen vorsehen.

Schrifttum (s auch die Angaben zu Art 28 und Voraufl): *Backert*, Kollisionsrechtlicher Verbraucherschutz im Mosaik der Sonderanknüpfungen des deutschen internationalen Schuldvertragsrechts: Eine Darstellung am Beispiel der „Gran Canaria-Fälle", 2000; *Ganssauge*, Internationale Zuständigkeit und anwendbares Recht bei Verbraucherverträgen im Internet, 2004; *Junker*, Vom Citoyen zum Consommateur – Entwicklungen des Internationalen Verbraucherschutzes, IPRax 1998, 65; *Kelp*, Time-Sharing-Verträge, 2005; *Knaul*, Auswirkungen des europäischen Binnenmarktes der Banken auf das internationale Bankvertragsrecht unter besonderer Berücksichtigung des Verbraucherschutzes, 1995; *Leible*, Rechtswahlfreiheit und kollisionsrechtlicher Verbraucherschutz, JbJZivRW 1995, S 245; *Loacker*, Der Verbrauchervertrag im internationalen Privatrecht, 2006; *Looschelders*, Der Schutz von Verbrauchern und Versicherungsnehmern im Internationalen Privatrecht, FS Lorenz, 2004, S 441; *Mankowski*, Zur Analogie im Internationalen Schuldvertragsrecht, IPRax 1991, 305; *ders*, Strukturfragen des internationalen Verbrauchervertragsrechts, RIW 1993, 453; *ders*, Spezielle vertragsrechtliche Gesetze und internationales Privatrecht, IPRax 1995, 230; *ders*, Widerrufsrecht und Art. 31 Abs. 2 EGBGB, RIW 1996, 382; *ders*, „Gemischte Verträge und der persönliche Anwendungsbereich des Internationalen Verbraucherschutzrechts, IPRax 2005, 503; *Mäsch*, Rechtswahlfreiheit und Verbraucherschutz – Eine Untersuchung zu den Art. 29 I, 27 III und 34 EGBGB, 1993; *Paefgen*, Kollisionsrechtlicher Verbraucherschutz im Internationalen Vertragsrecht und europäisches Gemeinschaftsrecht, ZEuP 2003, 266; *Sachse*, Der Verbrauchervertrag im Internationalen Privat- und Prozessrecht, 2006; *Schlosser*, Sonderanknüpfungen von zwingenden Internationalen und europäisches Prozessrecht, FS Steindorff, 1990, S 1379; *Schnelle*, Die objektive Anknüpfung von Darlehensverträgen im deutschen und amerikanischen IPR, 1992; *Schurig*, Zwingendes Recht, „Eingriffsnormen" und neues IPR, RabelsZ 54 (1990), 217; *Taupitz*, Kaffeefahrt auf Gran Canaria – Deutscher Verbraucherschutz im Urlaubsgepäck, BB 1990, 642.

---

[303] *Zweigert/v. Hoffmann*, FS Luther, 1976, S 203, 207.
[304] *Reithmann/Martiny/Göthel*, Internationales Vertragsrecht, Rn 1956.
[305] *Staudinger/Großfeld* IntGesR Rn 711; *Staudinger/Magnus* Rn 634.
[306] *Soergel/v. Hoffmann* Rn 283; für eine Kumulation der Rechtsordnungen der beteiligten Partnerunternehmen *Zweigert/v. Hoffmann*, FS Luther, 1976, S 203, 208 f; nur als ,Notanker' dafür auch *Staudinger/Großfeld* IntGesR Rn 712.

Art 29 EGBGB

Übersicht

	Rn		Rn
I. Normzweck, Herkunft und Systematik	1	c) Verkaufsreise (Nr 3)	14
1. Normzweck und Stellung im System des Internationalen Vertragsrechts	1	d) Analoge Anwendung von Nr 1–3	15
2. Herkunft	3	**III. Rechtswahl (Abs 1)**	16
3. Inneres System der Norm	4	1. Allgemeines	16
		2. Zwingende Bestimmungen	17
II. Verbraucherverträge (Abs 1 und 4)	5	3. Günstigkeitsvergleich	18
1. Sachlich-gegenständlicher Schutzbereich: erfasste Verträge (Abs 1)	6	**IV. Objektive Anknüpfung (Abs 2)**	19
2. Ausnahmen (Abs 4)	9	**V. Form (Abs 3)**	20
3. Persönlicher Schutzbereich: Verbraucher	10	**VI. Allgemeine Regeln**	21
4. Modaler Schutzbereich: Art und Weise des Vertragsschlusses	11	1. Sachnormverweisung	21
a) Absatztätigkeit im Aufenthaltsstaat des Verbrauchers (Nr 1)	12	2. Ordre public	22
b) Entgegennahme einer Bestellung (Nr 2)	13	**VII. Internationale Zuständigkeit**	23

I. Normzweck, Herkunft und Systematik

1. Normzweck und Stellung im System des Internationalen Vertragsrechts. Art 29 ist von 1 dem Bestreben geleitet, mit kollisionsrechtlichen Mitteln dem **Verbraucherschutz** zu dienen. Abs 1 versucht dieses Ziel durch eine Beschränkung der Rechtswahlmöglichkeit des Art 27 zu verwirklichen. Die **Parallelen zu entsprechenden Einschränkungen der Privatautonomie** auf der Ebene des Sachrechts sind deutlich. Es würde zu einem wertungsmäßigen Bruch führen, die sachrechtliche Vertragsfreiheit zu Gunsten der marktschwächeren Partei einzuschränken, es aber zu gestatten, diese Einschränkungen insgesamt „abzuwählen"[1]. Abs 2 knüpft in Abweichung des Grundsatzes von Art 28 Abs 2 objektiv an das Recht des Staates an, in dem der Verbraucher seinen gewöhnlichen Aufenthalt hat.

Art 29 steht im **Zusammenhang mit einer Reihe weiterer kollisionsrechtlicher Spezial-** 2 **regelungen** zum Schutze der marktschwächeren Partei, neben Art 30 vor allem Art 29 a (zum Verhältnis s Art 29 a Rn 7). Im Einzelfall helfen auch Art 34 sowie Art 27 Abs 3. Art 34 wird dann relevant, wenn über Art 29 deutsches Recht nicht anwendbar ist, eine international zwingende Vorschrift des deutschen Rechts aber im Wege der Sonderanknüpfung über Art 34 durchgesetzt wird[2]. Das Verhältnis des Art 29 zu Art 27 Abs 3 ist zweifelhaft. Liegen die Voraussetzungen von Art 27 Abs 3 vor, so kann durch eine Rechtswahl einfaches zwingendes Recht nicht abgewählt werden, wenn der Sachverhalt nur mit dem Staat verbunden ist, dessen Recht „abgewählt" werden soll. Liegen daneben auch die Voraussetzungen des Art 29 vor (insbes Abs 1 Nr 3), und sind die von Art 29 Abs 1 berufenen zwingenden Vorschriften nicht mit den von Art 27 Abs 3 berufenen identisch, dann gilt nach dem Schutzzweck von Art 29 das Günstigkeitsprinzip[3]. § 3 Abs 2 TMG nimmt die Vorschriften für vertragliche Schuldverhältnisse in Bezug auf Verbraucherverträge vom sog Herkunftslandprinzip ausdrücklich aus[4].

2. Herkunft. Auch Art 29 beruht auf dem **EVÜ**. Art 29 Abs 1 und 2 entsprechen Art 5 Abs 1–3 3 EVÜ, Art 29 Abs 4 entspricht Art 5 Abs 4 und 5 EVÜ, und Art 29 Abs 3 entspricht Art 9 Abs 5 EVÜ. Eine vergleichbare Regelung gab es vor Inkrafttreten des IPRG 1986 nicht. Abgesehen von § 12 AGBG aF (s nun Art 29 a) und den (aufgehobenen) § 10 Nr 8 AGBG und § 11 Fernunterrichtsgesetz konnten früher allein der ordre public (Art 30 aF) sowie – theoretisch – das Institut der Gesetzesumgehung helfen, um zwingendes Verbraucherschutzrecht durchzusetzen, das sonst nicht anwendbar war.

3. Inneres System der Norm. Abs 1 bezieht sich auf den Fall der **Rechtswahl** (Art 27), die 4 **nicht pauschal** für **unzulässig** erklärt wird (anders als Art 5 Rom I-VO-Entwurf). Unter den unter näher aufgeführten Voraussetzungen ist (einfaches) zwingendes Sachrecht durch eine Rechtswahl nicht entziehbar. Abs 1 injiziert also in das gewählte Recht bestimmte zwingende Bestimmungen des Rechts des Staates, in dem der Verbraucher seinen gewöhnlichen Aufenthalt hat. **Abs 2** normiert demgegenüber von **Art 28** abweichend und diesen in toto **verdrängend** das objektive Vertragsstatut im Falle von Verbraucherverträgen. Was Verbraucherverträge sind, ist für beide Anknüpfungen ebenso einheitlich geregelt (in Abs 1 und Abs 4) wie die Umstände, unter denen der Vertrag zustande gekommen sein muss (Abs 1). Eine Sonderregelung für die Form solcher Verträge enthält Abs 3.

---

[1] Vgl *Giuliano/Lagarde* BT-Drucks 10/503 S 33, 55; *Mäsch* S 22 ff; *Roth* S 151 ff; *Sachse* S 36 ff; MünchKommBGB/*Martiny* Rn 2; AnwK-BGB/*Leible* Rn 2, 3.
[2] Ebenso *Palandt/Heldrich* Art 34 Rn 3 a; *Erman/Hohloch* Rn 8; aA *Magnus* IPRax 1990, 141, 145.
[3] *E. Lorenz*, FS G. Kegel, 1987, S 303, 337; *Erman/Hohloch* Rn 8; *Soergel/v. Hoffmann* Rn 30; *Knaul* S 280 f; *E. Lorenz* RIW 1987, 369, 377; anders, weil das in Art 29 vorgesehene Günstigkeitsprinzip das Maß des erforderlichen kollisionsrechtlichen Verbraucherschutzes ohnehin schon überschreite AnwK-BGB/*Leible* Rn 12: es soll bei Art 27 Abs 3 bleiben.
[4] AnwK-BGB/*Leible* Rn 6.

II. Verbraucherverträge (Abs 1 und 4)

5 Der Begriff des Verbrauchervertrages, der autonom auszulegen ist[5], erscheint nur in der Überschrift von Art 29. Der Vertrag muss einem Zweck dienen, der nicht zur beruflichen oder gewerblichen Tätigkeit des Berechtigten gehört, der also der **„eigenen" Bedürfnisbefriedigung**[6] dient. Abs 1 nennt zwei Geschäftstypen, die als Verbraucherverträge in Betracht kommen: Verträge über die Lieferung beweglicher Sachen bzw Verträge über die Erbringung von Dienstleistungen. Erweiternd unterliegen auch Verträge zur Finanzierung eines Geschäfts der beiden vorbezeichneten Arten Art 29.

6 **1. Sachlich-gegenständlicher Schutzbereich: erfasste Verträge (Abs 1).** Ein Vertrag über die **Lieferung beweglicher Sachen** ist zunächst der Kauf, wobei das UN-Kaufrecht nach Art 2 a des UN-Übereinkommens über Verträge über den Internationalen Warenkauf regelmäßig nicht vorrangig anwendbar ist. Der Barkauf ist ebenso erfasst wie der Abzahlungskauf[7], nicht hingegen die Miete, die weder Gegenstand einer Dienstleistung noch einer Lieferungspflicht ist[8]. Demgegenüber ist Art 29 auf den Mietkauf und das Finanzierungsleasing anwendbar[9]. Da der Vertrag bewegliche Sachen umfassen muss, fallen Verträge über Grundstücke (vgl Art 28 Abs 3), Immobilienmiete, das Time-Sharing[10] sowie – wegen fehlender Sacheigenschaft – die Übertragung von bloßen Rechten (wie Immaterialgüterrechten) und Wertpapieren nicht unter Art 29[11]. Werklieferungsverträge sind demgegenüber unstreitig von Art 29 erfasst, weil es sich hierbei entweder um die „Lieferung beweglicher Sachen"[12] oder um die „Erbringung von Dienstleistungen"[13] handelt. Standardsoftware ist nicht nur eine Sache iS von Art 29, wenn sie auf einem gegenständlichen Datenträger (Diskette, CD oder auf Festplatte) geliefert wird, sondern wohl auch dann, wenn sie zB über das Internet sogleich auf die Festplatte geladen wird[14].

7 Der Begriff der **Dienstleistung** ist ebenso wie die weiteren in Art 29 verwendeten Begriffe autonom auszulegen[15]. Dabei ist die Parallele zu Art 13 Abs 1 Nr 3 EuGVÜ gewollt[16] und daher zu beachten[17]. Der Begriff ist in einem weiten Sinne zu verstehen[18]. Erfasst sind Dienst- und Werkverträge[19], Geschäftsbesorgungsverträge[20], der treuhänderische Erwerb von Kommanditanteilen[21], die Tätigkeit im Zusammenhang mit der Teilnahme an Devisen-, Wertpapier- und Warentermingeschäften an ausländischen Börsen[22], Gastwirts- und Beherbergungsleistungen[23], Unterrichtsangebote[24], Arzt- und Krankenhausverträge (mit dem Vorbehalt des Abs 4 S 1 Nr 2) sowie Verträge zur Vermögensanlage und Vermögensverwaltung[25]. Auch Versicherungsverträge kommen in Betracht, weil sie Dienstleistungen sind, doch ist Art 37 Nr 4 zu beachten[26]. Das Time-Sharing führt im Allgemeinen nicht zu einer Dienstleistung als Hauptpflicht, so dass Art 29 nicht einschlägig ist[27].

8 Die von Abs 1 erfassten **Finanzierungsverträge** müssen die zuvor beschriebenen Geschäfte zu finanzieren bezwecken. Zu beachten ist, dass der einfache, nicht zweckgebundene Verbraucherkredit – in Übereinstimmung mit den international-zuständigkeitsrechtlichen Regelungen der Art 13 EuGVVÜ, Art 13 LugÜ und anders als in Art 15 EuGVVO[28] – ebenso wenig von Art 29 erfasst wird[29]

---

[5] *Reinhart*, FS Trinkner, S 657; *Junker* IPRax 1998, 65, 68; *Faber* ZEuP 1998, 854; *Sachse* S 59 ff.
[6] BGH NJW 1996, 930, 932.
[7] *Giuliano/Lagarde* BT-Drucks 10/503 S 33, 55; *Kroeger* S 48; *v. Bar* IPR II Rn 431.
[8] *E. Lorenz* RIW 1987, 569, 576.
[9] *Palandt/Heldrich* Rn 3; MünchKommBGB/*Martiny* Rn 15; *Soergel/v. Hoffmann* Rn 5; *Erman/Hohloch* Rn 23; aA *v. Bar* IPR II Rn 431 in Fn 136.
[10] *Mankowski* RIW 1995, 364, 367; *Kropholler* IPR § 52 V 1; aA *Jayme* IPRax 1995, 234, 235 f; *Mäsch* EuZW 1995, 9, 13.
[11] BGHZ 123, 380, 385 = NJW 1994, 262, 263; *Spindler* NZG 2000, 1058, 1060; aA OLG Düsseldorf RIW 1994, 420 m abl Anm *Mankowski*.
[12] So *Soergel/v. Hoffmann* Rn 6; MünchKommBGB/*Martiny* Rn 15.
[13] So *Staudinger/Magnus* Rn 52 unter Hinweis auf BGHZ 123, 380, 385 und BGHZ 135, 131.
[14] AnwK-BGB/*Leible* Rn 29; *Lurger* in: *Leible*, Die Bedeutung des IPR im Zeitalter der neuen Medien, 2003, S 33, 44 f; *Mankowski* RabelsZ 63 (1999), 203, 232; anders *Czernich/Heiss* Art 5 EVÜ Rn 16.
[15] BGHZ 123, 380, 385 = NJW 1994, 262, 263.
[16] *Giuliano/Lagarde* BT-Drucks 10/503 S 33, 55.
[17] Auf Art 60 EG-Vertrag verweist überdies *Soergel/v. Hoffmann* Rn 7.
[18] BGHZ 123, 380, 385; BGH NJW 1997, 1697, 1698.
[19] Vgl BGHZ 123, 380, 385 = NJW 1994, 262, 263; OLG Frankfurt NJW-RR 2000, 1367 betr Anwaltsvertrag; *v. Bar* IPR II Rn 432.
[20] *W. Lorenz* IPRax 1994, 429, 430; *Ferrari/Staudinger* Int VertragsR Rn 12.
[21] BGHZ 123, 380, 386.
[22] OLG Düsseldorf RIW 1994, 420 m Anm *Mankowski*; OLG Düsseldorf RIW 1995, 769, 770 = IPRax 1997, 117, 118; OLG Düsseldorf RIW 1996, 681, 683; krit *Aden* RIW 1997, 723.
[23] MünchKommBGB/*Martiny* Rn 18; *Soergel/v. Hoffmann* Rn 9.
[24] *Giuliano/Lagarde* BT-Drucks 10/503 S 36, 57.
[25] BGHZ 123, 380, 385 f = NJW 1994, 262, 263.
[26] *Palandt/Heldrich* Rn 3; MünchKommBGB/*Martiny* Rn 18; *Basedow* NJW 1991, 785, 788.
[27] BGH NJW 1997, 1697, 1698 = BGHZ 135, 131, dazu *Michaels/Kamann* JZ 1997, 601; OLG Celle RIW 1996, 963, 964; aA LG Düsseldorf VuR 1996, 262, 264 m Anm *Tonner* = RIW 1995, 415 m Anm *Mankowski* 364 und *Beise* 632; *Mäsch* EuZW 1995, 9, 13; ders DNotZ 1997, 180, 206; *Jayme* IPRax 1995, 234, 235 f.
[28] *Kropholler*, Europäisches Zivilprozessrecht, 8. Aufl 2005, Art 15 EuGVVO Rn 20; *Rauscher/Staudinger*, Europäisches Zivilprozessrecht, 2. Aufl 2006, Art 15 Brüssel I-VO Rn 6; *Schack*, Internationales Zivilverfahrensrecht, 3. Aufl 2002, Rn 280 a.
[29] BGHZ 165, 248 = NJW 2006, 762 f; *Klotz* RIW 1997, 197, 198; AnwK-BGB/*Leible* Rn 34; *Looschelders* Rn 33; *Knaul* S 285 f; *Schnelle* S 163 f; *v. Bar* IPR II Rn 430; *Palandt/Heldrich* Rn 3; *Soergel/v. Hoffmann* Rn 11; Münch-

wie die Finanzierung eines Immobiliengeschäfts sowie sonstige Verträge, die originär nicht unter Art 29 fallen.

2. Ausnahmen (Abs 4). Abs 4 S 1 nimmt bestimmte Verbraucherverträge aus dem Anwendungsbereich des Art 29 heraus. Stattdessen gelten dann Art 27 und 28 (sowie ggf Art 29 a). Beförderungsverträge iS von **Abs 4 Nr 1** sind sowohl Güter- als auch Personenbeförderungsverträge[30]. Ebenso werden Umzüge erfasst[31]. Verträge über Dienstleistungen, die ausschließlich in einem vom Ort des gewöhnlichen Aufenthalts des Verbrauchers abweichenden Staat erbracht werden müssen **(Abs 4 Nr 2),** sind gleichfalls ausgenommen. Darunter fallen Beherbergungsverträge mit ausländischen Hotels[32] sowie Unterrichtsverträge (Auslandssprachkurse, Ski- oder Segelkurse, die im Ausland absolviert werden)[33], Anwaltsverträge[34], Arzt- und Krankenhausverträge[35] sowie alle weiteren Heilbehandlungsverträge (zB mit Hebammen, Heilpraktikern) und Verträge mit Kosmetik- und Schönheitsstudios, ferner Bank oder Broker-Dienstleistungen, die vollständig am ausländischen Sitz der Bank zu erbringen sind[36]. Abs 4 Nr 2 gilt aber nicht, wenn ein ausländischer Terminbroker auch im Inland bzw in anderen Staaten tätig wird und dies nach dem maßgeblichen Vertragsinhalt auch darf oder geradezu soll[37], oder wenn als Erfüllungsort der Staat des gewöhnlichen Aufenthalts des Verbrauchers gewählt ist und dort die Leistungen auch tatsächlich erbracht werden[38]. Pauschalreisen fallen nach **Abs 4 S 2** demgegenüber unter Art 29. Vorausgesetzt ist, dass Beförderungs- und Unterbringungsleistungen in Kumulation Gegenstand der vertraglichen Verpflichtung sind. Allerdings müssen die besonderen Voraussetzungen der vorhergehenden Absätze vorliegen[39]. Unter Abs 4 Nr 2 fallen Verträge mit ausländischen gewerblichen Ferienhaus-Anbietern, die ihre Leistungen ausschließlich im Ausland erbringen[40]. Ist der Reiseveranstalter indes ein inländischer, gilt Abs 4 Nr 2 nicht, da die Leistungen nicht ausschließlich im Ausland erbracht worden sind[41]; ggf ist also Art 29 einschlägig[42].

3. Persönlicher Schutzbereich: Verbraucher. Der Begriff „Verbrauchervertrag" ist Art 13 EuGVÜ entlehnt und autonom auszulegen[43]. Der **Vertragszweck darf nicht der beruflichen oder gewerblichen Tätigkeit des Berechtigten zuzurechnen sein.** Als gewerblich ist jede selbständige geschäftliche Tätigkeit anzusehen; ein Gewerbe iSd Gewerbeordnung braucht nicht vorzuliegen. Berufliche Tätigkeit ist jedenfalls auch die Ausübung von freien Berufen, wie diejenige von Rechtsanwälten und Ärzten[44]. Der Zweck des Geschäfts ist aus der Sicht des Leistenden zurzeit des Vertragsabschlusses[45] zu bestimmen, was jedoch dadurch relativiert wird, dass es auf die objektive Erkennbarkeit ankommt[46]. Jedenfalls genügt nicht die unerkennbare subjektive Absicht einer Partei. Bei gemischter Nutzung – wie unter Umständen im Falle des Kaufs eines Pkw – kommt es darauf an, ob die Nutzung im Wesentlichen außerhalb des Rahmens der beruflichen oder gewerblichen Tätigkeit liegen soll[47]. Der EuGH hat das zum – insoweit an sich parallel auszulegenden – Art 13 EuGVÜ/LugÜ (nun Art 15 EuGVVO) dahingehend präzisiert, dass ein nicht ganz untergeordneter gewerblicher Anteil im Falle von „gemischten" Verträgen der Anwendbarkeit von Art 29 entgegensteht[48]. Um dem Schutzzweck des Art 29 in besonderem Maße Rechnung zu tragen, sollte demgegenüber eher im Zweifel ein Verbrauchervertrag angenommen werden[49]. Der Verbraucherbegriff des § 13 BGB gilt im Hinblick auf seine Beschränkung auf natürliche Personen nicht ohne weiteres[50]. Nicht berufliche oder gewerbliche

---

KommBGB/*Martiny* Rn 22; *Staudinger*/*Magnus* Rn 56; für eine Analogie zu Art 29 und § 12 AGBG aF *v. Hoffmann* IPRax 1989, 261, 271; mit Grund abgelehnt von BGHZ 165, 248 = NJW 2006, 762, 763.

[30] *Ferid* IPR Rn 6-30; MünchKommBGB/*Martiny* Rn 26; AnwK-BGB/*Leible* Rn 39; übersehen von AG Frankfurt NJW-RR 2003, 641 = IPRspr 2002 Nr 53.
[31] *Mankowski* IPRax 1995, 230, 233.
[32] AG Bernkastell-Kues IPRspr 1993 Nr 74 = IPRax 1994, 141 (*Jayme*).
[33] BT-Drucks 10/503 S 27.
[34] BGH NJW 2003, 3486 = IPRax 2005, 150; dazu *Spickhoff* IPRax 2005, 225; *Staudinger* IPRax 2005, 129.
[35] AnwK-BGB/*Leible* Rn 41.
[36] OLG München IPRspr 2002 Nr 36; *Soergel*/*v. Hoffmann* Rn 36; MünchKommBGB/*Martiny* Rn 27.
[37] BGH RIW 2005, 463, 464 f; OLG Düsseldorf RIW 1994, 420, 421; vgl auch *Reich* ZHR 153 (1989), 571, 593.
[38] BGH NJW 2003, 3486 = IPRax 2005, 150; dazu *Spickhoff* IPRax 2005, 225; *Staudinger* IPRax 2005, 129.
[39] LG Konstanz IPRax 1994, 448; dazu *Thorn* IPRax 1994, 426 (zustimmend).
[40] *Kartzke* NJW 1994, 823, 825; *Mankowski* RIW 1995, 364, 367.
[41] BGHZ 109, 29, 36; *Lindacher* BB 1990, 661.
[42] Vgl BGHZ 119, 152, 158 = NJW 1992, 3158, 3159; dazu *Lindacher* IPRax 1993, 228, 229; AnwK-BGB/*Leible* Rn 43.
[43] *Giuliano*/*Lagarde* BT-Drucks 10/503 S 33, 55.
[44] OLG Düsseldorf RIW 1995, 769 betr Börsentermingeschäfte eines Arztes; *E. Lorenz* RIW 1987, 569, 576.
[45] PWW/*Remien* Rn 5.
[46] BT-Drucks 10/503 S 26; vgl auch *Giuliano*/*Lagarde* BT-Drucks 10/503 S 33, 55.
[47] *Giuliano*/*Lagarde* BT-Drucks 10/503 S 33, 55; vgl auch *Lüderitz*, FS Riesenfeld, 1983, S 147, 156; Soergel/*v. Hoffmann* Rn 14.
[48] EuGH NJW 2005, 653 = IPRax 2005, 537; eingehend zum Diskussionsstand und für eine Schwerpunktbetrachtung *Mankowski* IPRax 2005, 503.
[49] *Staudinger*/*Magnus* Rn 32 unter Hinweis auf BGE 121 III, 343. für eine enge Auslegung der zuständigkeitsrechtlichen Vorschriften des EuGVÜ insoweit hingegen EuGH NJW 2005, 653, 654; ebenso *Ferrari*/*Staudinger* Int VertragsR Rn 6.
[50] Anders aber für die Klauselrichtlinie EuGH NJW 2002, 205; im Anschluss daran auch für Art 5 EVÜ/Art 29 die hL, statt aller *Looschelders* Rn 18; AnwK-BGB/*Leible* Rn 24; MünchKommBGB/*Martiny* Rn 7; PWW/*Remien* Rn 3.

Zwecke ieS verfolgen rein ideellen Zielen verpflichtete Einrichtungen wie etwa Heime oÄ, so dass nach dem Schutzgedanken des Art 29 bei Verträgen mit solchen Einrichtungen (auch wenn es sich eben nicht um natürliche Personen handelt) die Annahme eines Verbrauchervertrages in Betracht kommt[51]. Demgegenüber liegt nicht die für Art 29 und das Verbraucherschutzrecht im ganzen typische Ungleichgewichtslage vor, wenn auch der Verpflichtete mit dem Vertragsabschluss rein private Zwecke verfolgt (Pkw-Kauf von privat zu privat)[52]. Hingegen sollte Art 29 durchaus (und in Übereinstimmung mit seinem Wortlaut) auch dann greifen, wenn der Verbraucher die vertragscharakteristische Leistung (Warenlieferung, etwa Verkauf an Antiquitätenhändler, Altwarenhändler, Verkauf des Pkw an Kfz-Händler usw oder Dienstleistung) an einen Unternehmer erbringt. Denn „berechtigt" iS der Norm können alle Vertragsparteien sein[53].

11 **4. Modaler Schutzbereich: Art und Weise des Vertragsschlusses.** Art 29 nennt ausdrücklich drei verschiedene Modalitäten des Vertragsschlusses. Wie der Wortlaut von Abs 1 ergibt (Nr 2 aE: „oder"), müssen diese **Modalitäten nicht kumulativ** vorliegen, sondern es genügt, dass eine der Ziffern erfüllt ist.

12 **a) Absatztätigkeit im Aufenthaltsstaat des Verbrauchers (Nr 1).** In der ersten Variante ist vorausgesetzt, dass dem Vertragsabschluss ein ausdrückliches Angebot oder eine Werbung im Aufenthaltsstaat des Verbrauchers vorausgegangen ist, und dass der Verbraucher in seinem Aufenthaltsstaat die zum Abschluss des Vertrages erforderlichen Rechtshandlungen vorgenommen hat. Da die Begriffe „**Angebot**" **und „Werbung"** allgemeinen Grundsätzen folgend autonom auszulegen sind (Art 36), ist ein Angebot iS der Dogmatik des deutschen Bürgerlichen Rechts nicht erforderlich[54]. Deswegen ist streitig, ob die bloße invitatio ad offerendum, etwa in Gestalt einer Zusendung von Katalogen, Zeitungsanzeigen, Werbung im Fernsehen oder Tele-Shopping[55] bzw Werbung im Internet (etwa über eine Web-Seite oder Werbe-E-Mails) schon ein ausdrückliches Angebot iS des Art 29 ist[56] oder nicht[57]. Legt man die letztgenannte Auffassung zu Grunde, ist – auch in Bezug auf das **Internet** (Art 29 wird hier nicht von § 3 (Abs 3 Nr 2) TMG – Herkunftslandprinzip – verdrängt) – jedenfalls der Tatbestand der „Werbung" erfüllt[58]. Und (jedenfalls) unter diese Alternative fallen auch konkludente Angebote, die an den Abschluss eines Verbrauchervertrages gerichtet sind. Eine **Kausalität zwischen Werbemaßnahme und Vertragsabschluss ist nicht erforderlich**[59]. Das damit verbundene Rechtsanwendungsrisiko kann dem Anbieter bzw dem Werbenden als Konsequenz seiner Nutzung des betreffenden Mediums zugemutet werden; die weite Verbreitung ist zumeist erwünscht und wird jedenfalls in Kauf genommen. Erforderlich ist lediglich, dass die Werbung an den Aufenthaltsstaat des Verbrauchers gerichtet ist[60]. Deshalb genügt es nicht, wenn man eine Zeitung im Ausland kauft und daraufhin im Inland einen Vertrag abschließt[61]. Unter Nr 1 fallen naturgemäß der Versandhandel ebenso wie der Detailreisehandel. Auch die Einschaltung eines Vertreters oder Boten steht der Anwendbarkeit der Nr 1 nicht entgegen[62]. Unter Nr 1 fällt auch Werbung mit Hilfe der modernen Telekommunikation, sofern sie im Aufenthaltsland des Verbrauchers verbreitet wird und werden soll. Ergibt sich aus der Gestaltung der Werbemaßnahme, etwa über die Sprache, die Währung oder die ausschließliche Angabe örtlicher Telefonnummern, aus der Sicht des Verbrauchers erkennbar eine entsprechende territoriale Begrenzung der Zielrichtung, fehlt es ggf an einer Werbung „in diesem" (eben davon abweichenden) Staat[63]. Der Anwendung von Art 29 steht nicht entgegen, wenn der Verbraucher aktiv im Internet „surft"[64]. Begibt sich der Verbraucher auf Grund der Werbung in das Land des Anbieters im Wege der Individualanreise, ist nicht Nr 3 einschlägig, sondern Nr 1 greift ein[65]. Denn dafür, dass der Verbraucher in seinem Aufenthaltsstaat „die zum Abschluss des Vertrages erforderlichen Rechtshandlungen vorgenommen hat", ist nicht eine förmliche Annahmeerklärung im Aufenthaltsstaat erforderlich (wenngleich ausreichend), sondern es genügt jede Willensbekundung in Bezug auf ein Angebot oder eine Werbung und damit jede nach außen sichtbar

---

[51] Ebenso *Lüderitz* IPR Rn 274.
[52] Wie hier *v. Bar* IPR II Rn 435; *Looschelders* Rn 21; AnwK-BGB/*Leible* Rn 25; *Soergel/v. Hoffmann* Rn 14; *E. Lorenz* RIW 1987, 569, 576; *W. Lorenz*, IPRax 1994, 429; aA *Palandt/Heldrich* Rn 4 aE; MünchKommBGB/*Martiny* Rn 13; *Erman/Hohloch* Rn 22.
[53] PWW/*Remien* Rn 7; anders – obiter – offenbar KGR 2005, 470.
[54] MünchKommBGB/*Martiny* Rn 34.
[55] *Wagner* WM 1995, 1129 ff.
[56] BGHZ 123, 380, 389; *Mankowski* RIW 1993, 453, 458; *ders* RIW 1997, 990, 992; MünchKommBGB/*Martiny* Rn 34; *Wach-Weberpals* AG 1989, 193, 199; *Borges* WM 2001, 1542, 1544 f.
[57] *Erman/Hohloch* Rn 11; *Looschelders* Rn 45.
[58] Näher zum Internet *Mankowski* RabelsZ 63 (1999), 203, 234 ff mwN; weiter *Hanika* MedR 2000, 205, 210 f; *Gruber* DB 1999, 1437; *Sandrock* ZVglRWiss 98 (1999), 227, 238; *Taupitz/Kritter* JuS 1999, 839, 844; *Junker* RIW 1999, 809, 815; enger *Mehrings* CR 1998, 613, 619; *Borges* ZIP 1999, 565, 659; *ders* WM 2001, 1542; *Boele-Waelki* BerGesVR 39 (2001), 331.
[59] *Schlosser*, FS Steindorff, 1990, S 1379, 1386; *Kronke* RIW 1996, 985, 986; *Staudinger/Magnus* Rn 72.
[60] *Erman/Hohloch* Rn 11; *Mankowski* RIW 1993, 453, 458; *ders* RabelsZ 63 (1999), 203, 234 f; krit *Lüderitz*, FS Riesenfeld, 1983, S 147. 158.
[61] *Giuliano/Lagarde* BT-Drucks 10/503 S 33, 56.
[62] *Giuliano/Lagarde* BT-Drucks 10/503 S 33, 56.
[63] *Kronke* RIW 1996, 985, 988; *Pfeiffer* NJW 1997, 1207, 1214; *Looschelders* Rn 49; AnwK-BGB/*Leible* Rn 50.
[64] *Mankowski* MMR Beilage 2000, 22, 24 f.
[65] *v. Bar* IPR II Rn 439; *Soergel/v. Hoffmann* Rn 18; MünchKommBGB/*Martiny* Rn 35.

gewordene Willensbildung[66], auch durch Boten[67]. Im Falle eines Vertragsschlusses durch einen Vertreter gilt Art 11 Abs 3 entspr[68]. Im Falle der elektronisch vermittelten Rechtshandlung zum Abschluss des Vertrages (Internet, aber auch Handy oder Telefon bzw Telefax) kommt es auf den Ort der Ein- bzw Abgabe der Erklärung an[69].

b) Entgegennahme einer Bestellung (Nr 2). Der Anwendungsbereich des Art 29 ist weiter 13 eröffnet, wenn die Bestellung durch den Verbraucher in seinem Aufenthaltsstaat vom Vertragspartner bzw von dessen Vertreter entgegengenommen worden ist. Die „Entgegennahme" umfasst sowohl den Erhalt als auch den Zugang der Bestellung[70]. Der Vertragsschluss selbst ist nicht erforderlich[71], die Annahme allein im Aufenthaltsstaat des Verbrauchers genügt nicht. Erforderlich ist eine physische Präsenz des Vertragspartners des Verbrauchers, woran es bei Internet-Verträgen mit einem im Ausland ansässigen Verkäufer fehlt[72]. Erfasst sind etwa Geschäfte auf Märkten und Messen[73]. Der Begriff des „Vertreters" ist über Art 36 autonom und nicht allein iS der §§ 164 ff BGB auszulegen. Daher genügt jedes Handeln im Namen des Vertragspartners des Verbrauchers[74].

c) Verkaufsreise (Nr 3). Im Falle des Warenkaufs, typischerweise bei grenzüberschreitenden 14 „Kaffeefahrten", die mit dem Ziel herbeigeführt werden, an **Werbe-Verkaufsveranstaltungen** teilzunehmen, ist der Anwendungsbereich des Art 29 gleichfalls eröffnet. Wesentlich ist, dass der Verkäufer die (ggf auch unentgeltlich durchgeführte) Reise organisiert oder veranlasst[75]. Ein Indiz dafür liegt etwa in Gewinnabsprachen, in feststehenden engen geschäftlichen Verflechtungen und Geschäftsbeziehungen, auch darin, dass ein besonders niedriger Preis der Pauschalreise nur über „Drittzuschüsse" nachvollziehbar ist. In derartigen Fällen genügt jedenfalls kein pauschales Bestreiten solcher Anhaltspunkt mit Nichtwissen; vielmehr ist dann ein substantiiertes Bestreiten erforderlich[76]. Nützt indes der Verkäufer im Rahmen einer Auslandsreise (und erst recht einer Pauschalreise) nur übliche Freizeiten (ohne faktischen Zwang oder Druck in Richtung auf die Teilnahme) aus, um Verkaufsveranstaltungen durchzuführen oder dafür zu werben, ist der Tatbestand von Nr 3 nicht erfüllt[77]. Nr 3 ist auch dann unanwendbar, wenn eine Reise aus Drittstaaten zu Verkaufszwecken durchgeführt wird[78].

d) Analoge Anwendung von Nr 1–3. Die hochumstrittene Frage, ob und ggf inwieweit die 15 Nummern 1 bis 3 analog angewendet werden können[79], ist von vornherein überlagert durch die Entstehungsgeschichte dieser Vorschrift, die im EVÜ (Art 5 Abs 2) ihren Ursprung hat. Besonders ist deswegen zu beachten, dass nach Art 36 (= Art 18 EVÜ) das Internationale Schuldvertragsrecht in den Vertragsstaaten des EVÜ einheitlich ausgelegt und angewandt werden soll. Zwar ist die Analogie im Rahmen von Staatsverträgen, insbes solchen mit deutlicher Nähe zum Europarecht (wie das EVÜ), nicht von vornherein ausgeschlossen. Dennoch bedarf sie einer besonderen Begründung und ist mit äußerster Zurückhaltung als methodisches Mittel einzusetzen. Insbesondere die **dezisionistische Regelung** in den Nummern 1 bis 3 **steht einer Analogie grds entgegen**[80]. Nicht zuletzt in den Gran-Canaria-Fällen[81] (deutsche Urlauber kaufen auf Gran Canaria Bettwäsche im Rahmen einer Werbe-Verkaufsveranstaltung von einem spanischen Verkäufer, die Ware wird jedoch vom deutschen Hersteller direkt in Deutschland ausgeliefert) ist infolgedessen Art 29 mehrheitlich nicht analog angewandt worden, so dass das in Deutschland bereits geltende HaustürWG (nun §§ 312, 312a BGB) nicht galt[82]. Gleichfalls nicht analog angewandt wurde Art 29 für schuldrechtliche Time-Sharing-Verträge mit ausländischen Anbietern[83]. Abzulehnen ist deshalb ebenso eine Einzelanalogie von

---

[66] *Giuliano/Lagarde* BT-Drucks 10/503 S 33, 56; *Staudinger/Reinhart* Rn 51; *Mankowski* RIW 1993, 458; *Lüderitz*, FS Riesenfeld, 1983, S 147, 158.
[67] *Looschelders* Rn 50.
[68] *Palandt/Heldrich* Rn 6; *Erman/Hohloch* Rn 11; *Soergel/v. Hoffmann* Rn 19.
[69] *Looschelders* Rn 50.
[70] BGHZ 135, 124, 132 = NJW 1997, 1697, 1698.
[71] MünchKommBGB/*Martiny* Rn 38.
[72] *Gruber* LB 1999, 1437; aA *Mehrings* CR 1998, 613, 620; diff AnwK-BGB/*Leible* Rn 54.
[73] AnwK-BGB/*Leible* Rn 54.
[74] BGHZ 123, 380, 390 = NJW 1994, 262, 263; *Staudinger/Magnus* Rn 78; MünchKommBGB/*Martiny* Rn 39; aA OLG Frankfurt NJW-RR 1989, 1018, 1019; *Soergel/v. Hoffmann* Rn 20 (Auftrag erforderlich).
[75] BGH NJW 1991, 1054; LG Tübingen NJW 2005, 1513; LG Limburg/Lahn NJW 1990, 2206; *Giuliano/Lagarde* BT-Drucks 10/503 S 33, 56.
[76] So mit Recht LG Tübingen NJW 2005, 1513, 1514 = IPRax 2006, 477, 478 m Anm *Mankowski* 454.
[77] LG Hamburg RIW 1999, 392; LG Düsseldorf NJW 1991, 2220; LG Tübingen NJW 2005, 1513 f, jeweils Teppichkauf in der Türkei; *Looschelders* Rn 53; weitergehend LG Limburg/Lahn NJW 1990, 2206.
[78] OLG Düsseldorf NJW-RR 1995, 1396; *Looschelders* Rn 54; *Palandt/Heldrich* Rn 6; AnwK-BGB/*Leible* Rn 58.
[79] Eingehend *Mankowski* IPRax 1991, 305.
[80] BGHZ 165, 248 = NJW 2006, 762, 763 m Anm *Weller* 1247; *Pfeiffer* IPRax 2006, 238; *Tamm* JZ 2006, 676; *Mankowski* RIW 2006, 321; BGHZ 135, 124, 133 = NJW 1997, 1697, 1699; OLG Hamm NJW-RR 1989, 496; OLG Celle IPRax 1991, 334, 335; OLG Düsseldorf NJW-RR 1995, 1396; *Palandt/Heldrich* Rn 7 im Anschluss an *Taupitz* BB 1990, 642, 649; AnwK-BGB/*Leible* Rn 59, 60; *Looschelders*, FS E. Lorenz, S 441, 446; im Ergebnis auch *Ebke* IPRax 1998, 263, 267; aA OLG Stuttgart IPRax 1991, 332, 333; *Erman/Hohloch* Rn 10; *Kothe* EuZW 1990, 150, 156.
[81] Zum Sachverhalt genauer *Taupitz* BB 1990, 642.
[82] Vgl *Backert* S 128 ff, insbes 148 ff; dafür aber zB *Mäsch* S 171; in Spanien ist die Haustürwiderrufs-RL mit Gesetz vom 21. 11. 1991 (26/1991) umgesetzt worden; vgl *Jayme* IPRax 1992, 203 f; *Mäsch* S 112 f.
[83] BGHZ 135, 124 = NJW 1997, 1697, 1698.

EGBGB Art 29

Nr 2[84], von Nr 3[85] oder Nr 1. In diesen Fällen hilft im Falle der Rechtswahl auch nicht Art 27 Abs 3[86] bzw außerhalb der Rechtswahl Art 28 Abs 5[87]. Ebensowenig fällt der (isolierte) Kreditvertrag unter Art 29 analog oder unter Art 34[88]. Verfehlt ist sodann die Annahme einer unmittelbaren, horizontalen Direktwirkung einer EG-Richtlinie[89]. Auch die Heranziehung der Grundsätze der Gesetzesumgehung[90] bedeuten in der Sache nichts anderes als eine analoge Anwendung des Art 29 und sind daher abzulehnen. Das gilt ebenso für Art 34[91]. **Im Einzelfall** (besondere Schutzbedürftigkeit des Käufers wie etwa im Falle von geschäftsunerfahrenen Rentnern, besonders hoher Kaufpreis und besonders starke Inlandsbeziehung) kann aber **Art 6** eingreifen[92]. Außerdem scheint der EuGH neuerdings dazu zu neigen, Richtlinien auch ohne explizite kollisionsrechtliche Vorgaben schutzzweckorientiert bei starkem Binnenmarktbezug sonderanzuknüpfen[93].

III. Rechtswahl (Abs 1)

16 1. **Allgemeines. Abs 1** schließt die Möglichkeit einer Rechtswahl nach Art 27 nicht grds aus, sondern **entzieht der Parteiautonomie** unter den dort näher bezeichneten Voraussetzungen lediglich **die Abwahl von zwingenden Bestimmungen** des Aufenthaltsstaates des Verbrauchers. Über Art 27 Abs 4, Art 31 Abs 1 gilt für das Zustandekommen und die materielle Wirksamkeit des Rechtswahlvertrages (ebenso wie des Hauptvertrages) das Vertragsstatut; nur für die Form gilt Art 29 Abs 3 S 2. Nicht anwendbar ist Art 31 Abs 2, der sich im Wesentlichen nur auf die Frage bezieht, ob einem Verhalten der Charakter einer Willenserklärung zukommt (insbes Schweigen)[94].

17 2. **Zwingende Bestimmungen.** Der Begriff der „zwingenden Bestimmungen" in Art 29 Abs 1 ist derselbe wie in Art 27 Abs 3[95]. Darunter kann auch „zwingendes Richterrecht" fallen[96], so etwa die in der Rspr entwickelten und entspr verfestigten Grundsätze über Aufklärungs-, Hinweis und Warnpflichten gegenüber Kapitalgesellschaften. Eine wie auch immer konkretisierte Einschränkung auf Normen des Verbraucherschutzrechts ist nicht geboten[97], wegen der sonst drohenden Unklarheit der Abgrenzung auch nicht auf solche Normen, die in gleicher Weise wie spezifische Verbraucherschutzregelungen den schwächeren Vertragsteil vor Übervorteilung schützen[98]. Erfasst ist also jede Art von **ius cogens**, etwa die Regeln zu Haustürwiderrufsgeschäften (§§ 312, 312 a BGB)[99], zum Verbraucherkredit (§§ 491 ff BGB), die Bestimmungen über den Reisevertrag (§§ 651 a ff BGB)[100], über Allgemeine Geschäftsbedingungen (§§ 305 ff BGB; über Art 29 a hinaus), aber auch §§ 134, 138 BGB.

18 3. **Günstigkeitsvergleich.** Da es grds mit dem von den Parteien gewählten Recht sein Bewenden hat, bleibt ein vereinbartes verbraucherfreundlicheres ausländisches Recht anwendbar, selbst wenn die Voraussetzungen der Art 29 vorliegen und deshalb ius cogens eines anderen Landes anwendbar sein könnte. Beim durchzuführenden Günstigkeitsvergleich ist das **konkrete Begehren des Verbrauchers** entscheidend[101]. Der Günstigkeitsvergleich zwischen gewähltem Recht und ius cogens des Aufenthaltsrechts des Verbrauchers ist von Amts wegen durchzuführen[102]. Die konkret streitige Rechtsfrage ist also für jede Rechtsordnung jeweils anhand sämtlicher relevanter, betroffener Normen zu beantworten[103]. Insgesamt führt der Günstigkeitsvergleich im Rahmen von Abs 1 dazu, dass dem Zweck dieser Norm

---

[84] OLG Frankfurt NJW-RR 1989, 1018, 1019; LG Hamburg IPRax 1990, 239, 241.
[85] Dafür OLG Stuttgart NJW-RR 1990, 1081, 1083.
[86] OLG Hamm NJW-RR 1989, 496; aA OLG Frankfurt NJW-RR 1989, 1018 f.
[87] So aber LG Würzburg NJW-RR 1988, 1324; LG Konstanz NJW-RR 1992, 1332, 1333.
[88] BGHZ 165, 248 = NJW 2006, 762,763 m Anm *Weller* 1247; für Art 34 dagegen AnwK-BGB/*Leible* Rn 17.
[89] Übersehen von OLG Celle RIW 1991, 421, 423; LG Hildesheim IPRax 1993, 173 m Anm *Langenfeld* 155; AG Bremerhafen NJW-RR 1990, 1083, 1084; LG Wiesbaden MDR 1991, 156 gegen EuGH NJW 1994, 2473 f; NJW 1986, 2178, 2180; *Jayme* IPRax 1990, 220; MünchKommBGB/*Martiny* Rn 51; *v. Bar/Ebke*, Europäisches Gemeinschaftsrecht und IPR, S 77, 98, 100.
[90] Hierfür *Kohte* EuZW 1990, 150, 151; *v. Bar/Ebke* S 77, 97; *Coester-Waltjen*, FS W. Lorenz, 1991, S 297, 315.
[91] OLG Naumburg OLGR 1999, 172; *Mankowski* RIW 1998, 287, 289; *Ebke* IPRax 1998, 263, 268 f; insoweit aA grds *Palandt/Heldrich* Rn 7; s auch *G. Fischer* JZ 1994, 367; vgl aber BGHZ 123, 390; *Junker* IPRax 1998, 65, 70.
[92] Vgl LG Bamberg NJW-RR 1990, 694; AG Lichtenfels IPRax 1990, 235 m Anm *Lüderitz* 216; *Ferrari/Staudinger* Int VertragsR Rn 24; im Ergebnis abl OLG Hamm NJW-RR 1989, 496, 497.
[93] EuGH NJW 2001, 2007 zur Handelsvertreter-RL, s Art 28 Rn 58; für die Erstreckung solcher Grundsätze auch auf Verbraucherschutz-Richtlinien *Staudinger* NJW 2001, 1975, 1977; s Art 34 Rn 15.
[94] BGH NJW 1997, 1697, 1700; *Taupitz* BB 1990, 642, 643 f; *Mäsch* S 118 f; *Mankowski* RIW 1996, 382, 384; *Soergel/v. Hoffmann* Rn 28; MünchKommBGB/*Martiny* Rn 55; abw OLG Frankfurt NJW-RR 1989, 1018; LG Hamburg NJW-RR 1990, 695, 696; LG Stuttgart NJW-RR 1990, 1394; RIW 1996, 424, 425; LG Aachen NJW 1991, 2221; OLG Düsseldorf RIW 1994, 420; LG Giesen NJW 1995, 406; LG Koblenz NJW-RR 1995, 1335; LG Rottweil NJW-RR 1996, 1401.
[95] *v. Bar* IPR II Rn 441; *Bülow* EuZW 1993, 435.
[96] BGH RIW 2005, 463, 464 = ZIP 2005, 478, 480 m insoweit krit Anm *Mörsdorf-Schulte* JR 2006, 309; *Giuliano/Lagarde* BT-Drucks 10/503 S 33, 59; *Kroeger* S 100; *Junker* RabelsZ 55 (1991), 674, 680.
[97] *Mäsch* S 43 f; MünchKommBGB/*Martiny* Rn 56; *Staudinger/Magnus* Rn 102.
[98] Dafür aber AnwK-BGB/*Leible* Rn 65.
[99] BGHZ 123, 380 = NJW 1994, 262, 264; LG Limburg/Lahn NJW 1990, 2206; *Knaul* S 285.
[100] AG Waldshut/Tiengen NJW-RR 1988, 953; *Kartzke* NJW 1994, 823, 825.
[101] *E. Lorenz* RIW 1987, 569, 576 f; *Schurig* RabelsZ 54 (1990), 217, 225; *W. Lorenz* IPRax 1994, 429, 430; *Leible* Jb JZivRW 1995, 245, 257; *Mäsch* S 37.
[102] *Mäsch* S 72.
[103] AnwK-BGB/*Leible* Rn 68: Gruppenvergleich anstelle einer punktuellen Betrachtungsweise.

IV. Objektive Anknüpfung (Abs 2)

Im Falle einer fehlenden (oder auch unwirksamen) Rechtswahl unterliegen Verbraucherverträge, die 19
unter den in Abs 1 konkretisierten Umständen zu Stande gekommen sind, dem **Aufenthaltsrecht des Verbrauchers**. Art 28 wird insgesamt verdrängt, nicht nur in Bezug auf abweichendes ius cogens. Der Verbraucher soll im Prinzip genauso behandelt werden wie im Falle eines Inlandsgeschäfts. Anders als im Falle des Abs 1 kann der Verbraucherschutz durch vom Aufenthaltsrecht abweichende verbraucherrechtliche Normen nicht größer, aber auch nicht kleiner werden als bei Inlandsgeschäften. Der Vertragspartner des Verbrauchers hat sich hierauf einzustellen[105].

V. Form (Abs 3)

Ist ein Verbrauchervertrag unter den in Abs 1 bezeichneten Umständen geschlossen worden, darf auf 20
die allgemeine Vorschrift zur Anknüpfung von Formfragen in Art 11 Abs 1 bis 3 nicht abgestellt werden. Stattdessen gilt für die Frage der Form (ohne Günstigkeitsvergleich) **ausschließlich** das **Aufenthaltsrecht des Verbrauchers**. Der Grund dafür liegt wohl auch in der Vorhersehbarkeit der Formanforderungen für den Verbraucher. Daher gilt die ausschließliche Anknüpfung an das Aufenthaltsrecht des Verbrauchers auch dann, wenn die Parteien strengere Formvorschriften wählen wollten bzw parteiautonom gewählt haben[106]. Ob die sonst eintretende Rechtsfolge einer möglichen Unwirksamkeit im Ergebnis den Verbraucher stärker schützen würde, das lässt sich pauschal kaum beantworten. – Abs 3 ist lex specialis im Verhältnis zu Art 11. Abs 3 gilt nicht nur für den materiellen Verbrauchervertrag, sondern auch für eine Rechtswahlvereinbarung in Verbraucherverträgen (Art 27 Abs 4).

VI. Allgemeine Regeln

1. Sachnormverweisung. Art 29 spricht ebenso wie das Internationale Vertragsrecht insgesamt 21
Sachnormverweisungen aus. Rück- und Weiterverweisungen nach ausländischem Internationalen Privatrecht sind nicht zu beachten (Art 35 Abs 1). Im Falle von Verweisungen auf Mehrrechtsstaaten gilt Art 35 Abs 2, nicht Art 4 Abs 3. Im innerdeutschen Kollisionsrecht galt Art 29 analog[107].

2. Ordre public. Der Vorbehalt der öffentlichen Ordnung (Art 6) wird im Anwendungsbereich des 22
Art 29 **nur selten** eingreifen. Immerhin kann im Rahmen des Günstigkeitsvergleichs nach Abs 1 unter Umständen ein gewähltes ausländisches Recht (nur) durch ein davon abweichendes ausländisches Aufenthaltsrecht korrigiert werden. Bleibt auch dieses hinter den deutschen Mindeststandards zurück und liegt, was nur schwer vorstellbar ist, die erforderliche Inlandsbeziehung vor, kann Art 6 eingreifen. Denn prinzipiell liegt der Einsatz des ordre public zum Schutz des Schwächeren nahe[108]. Im Einzelfall kommt der Einsatz des ordre public etwa zur Durchsetzung eines Widerrufsrechts nach den §§ 312, 312 a, 355, 356 BGB in Betracht (Rn 15)[109].

VII. Internationale Zuständigkeit

Der Verbraucherschutz findet sich im Recht der Internationalen Zuständigkeit an verschiedener Stelle. 23
Im **autonomen Recht** ist insbes auf **§ 29 c ZPO** hinzuweisen, wonach für Klagen aus Haustürgeschäften iS des § 312 BGB das Gericht zuständig ist, in dessen Bezirk der Verbraucher zurzeit der Klageerhebung seinen Wohnsitz, in Ermangelung eines solchen seinen gewöhnlichen Aufenthalt hat. Für Klagen gegen den Verbraucher ist dieses Gericht ausschließlich zuständig. Davon abweichende Vereinbarungen sind nur zulässig, wenn der Verbraucher nach Vertragsschluss seinen Wohnsitz oder gewöhnlichen Aufenthalt aus dem Geltungsbereich dieses Gesetzes verlegt oder sein Wohnsitz oder gewöhnlicher Aufenthalt den Zeitpunkt der Klageerhebung nicht bekannt ist (§ 29 c Abs 3 ZPO). Die Vorschrift begründet nicht nur eine örtliche Zuständigkeit, sondern sie indiziert iS der Doppelfunktionalität zugleich die Internationale Zuständigkeit[110]. Zu beachten ist, dass Internet-Shopping nicht unter diese Norm fällt, weil es am Merkmal der mündlichen Verhandlung iS von § 312 Abs 1 S 1 Nr 1 BGB fehlt[111]. Das Gegenteil (Gerichtsstand gegeben) gilt indes ggf im Rahmen des Art 15 Abs 1 c EuGVVO[112].

---

[104] Rechtspolitisch krit aber AnwK-BGB/*Leible* Rn 64.
[105] BT-Drucks 10/503 S 27.
[106] AnwK-BGB/*Leible* Rn 70; MünchkommBGB/*Martiny* Rn 74; *Erman*/*Hohloch* Rn 21; zweifelnd bzw anders aber *Looschelders* Rn 72; *Staudinger/Magnus* Rn 116.
[107] *Palandt*/*Heldrich* Rn 2.
[108] Vgl *Spickhoff*, Der ordre public im IPR, 1989, S 174 ff; auf den geringer gewordenen Anwendungsbereich von Art 6 im Zusammenhang mit Art 29 weisen auch *Mankowski* RIW 1995, 364, 370 sowie *Leible* Jb JZivRW 1995, 245, 265 f, hin.
[109] AA OLG Hamm NJW-RR 1989, 496, 497; OLG Düsseldorf NJW-RR 1995, 1396.
[110] *Nagel/Gottwald*, Internationales Zivilprozessrecht, 6. Aufl 2007, § 3 Rn 353; *Stein/Jonas*/*H. Roth*, 22. Aufl 2003, § 29 c ZPO Rn 15.
[111] *Junker* RIW 1999, 809, 812.
[112] *Stein/Jonas*/*H. Roth* § 29 c ZPO Rn 16.

24 Der **Anwendungsbereich von § 29 c ZPO** ist freilich **gering.** Die Norm kommt zur Begründung der internationalen Zuständigkeit nur dann zur Anwendung, wenn der Beklagte keinen Wohnsitz im Hoheitsgebiet eines Mitgliedstaates hat; dann gehen die **EuGVVO (Art 15 Abs 1, 4 Abs 1 EuGVVO) bzw Art 13 Abs 1, 4 Abs 1 LugÜ** vor. Dabei verdrängen die Art 15 bis 17 EuGVVO die Art 13 bis 15 LugÜ, soweit der Anwendungsbereich der EuGVVO reicht. Die dort geregelten Gerichtsstände bei Verbrauchersachen sind nur begrenzt dispositiv (Art 17 EuGVVO, Art 15 LugÜ). Für **Klagen gegen den Unternehmer** gelten Art 16 Abs 1 EuGVVO bzw Art 14 Abs 1 LugÜ. Danach kann der „andere Vertragspartner" mit Wohnsitz in einem der Vertragsstaaten entweder vor den Gerichten des Staates, in dem der Unternehmer seinen Wohnsitz hat, oder vor dem Gericht des Ortes, an dem der Verbraucher seinen Wohnsitz hat, verklagt werden. Im ersten Falle ist nur die internationale, im zweiten Falle auch die örtliche Zuständigkeit geregelt[113]. Für **Klagen gegen den Verbraucher** gelten Art 16 Abs 2 EuGVVO bzw Art 14 Abs 2 LugÜ. Danach kann der „andere Vertragspartner" den Verbraucher nur vor den Gerichten des Staates verklagen, in dem der Verbraucher seinen Wohnsitz hat. Durch diese Regelung ist nur die internationale, nicht die örtliche Zuständigkeit geregelt; für letztere ist auf die Regeln der §§ 12 ff ZPO zurückzugreifen[114].

25 Es ist zu beachten, dass die Regeln der EuGVVO bzw des LugÜ nur für **Streitigkeiten aus Verträgen** gilt, nicht für konkurrierende deliktische Anspruchsgrundlagen[115]. Ansprüche, die zu einem Vertrag „eine so enge Verbindung aufweisen, dass sie von diesem nicht getrennt werden können", können indes noch im Verbrauchergerichtsstand geltend gemacht werden. Das hat der EuGH angenommen für eine Gewinnzusage im Zusammenhang mit einer Warenbestellung[116]. Nicht erfasst sein sollen im Wesentlichen auch Ansprüche wegen Verschuldens bei Vertragsschluss. Vertragliche Rückabwicklungsansprüche sind indes erfasst[117]. Ist ein Vertrag teils privaten, teils beruflich-gewerblichen Zwecken zuzurechnen (**„gemischte Verträge"**), greifen die besonderen Vorschriften der EuGVVO bzw des LugÜ dann nicht, wenn der gewerbliche Anteil nicht derart nebensächlich erscheint, dass er im Gesamtzusammenhang des betreffenden Geschäfts nur eine ganz untergeordnete Rolle spielt[118]. Zu beachten ist, dass Art 13 LugÜ (ebenso wie Art 13 EuGVÜ) enger als Art 15 EuGVVO gefasst ist[119]. Insbesondere zählen **Kreditverträge,** die nicht unter Art 13 LugÜ fallen sollen, unter den Auffangtatbestand des Art 15 Abs 1 c EuGVVO[120].

Art 29 a Verbraucherschutz für besondere Gebiete

(1) Unterliegt ein Vertrag auf Grund einer Rechtswahl nicht dem Recht eines Mitgliedstaats der Europäischen Union oder eines anderen Vertragsstaats des Abkommens über den Europäischen Wirtschaftsraum, weist der Vertrag jedoch einen engen Zusammenhang mit dem Gebiet eines dieser Staaten auf, so sind die im Gebiet dieses Staats geltenden Bestimmungen zur Umsetzung der Verbraucherschutzrichtlinien gleichwohl anzuwenden.

(2) Ein enger Zusammenhang ist insbesondere anzunehmen, wenn

1. der Vertrag auf Grund eines öffentlichen Angebots, einer öffentlichen Werbung oder einer ähnlichen geschäftlichen Tätigkeit zustande kommt, die in einem Mitgliedstaat der Europäischen Union oder einem anderen Vertragsstaat des Abkommens über den Europäischen Wirtschaftsraum entfaltet wird, und

2. der andere Teil bei Abgabe seiner auf den Vertragsschluss gerichteten Erklärung seinen gewöhnlichen Aufenthalt in einem Mitgliedstaat der Europäischen Union oder einem anderen Vertragsstaat des Abkommens über den Europäischen Wirtschaftsraum hat.

(3) Die Vorschriften des Bürgerlichen Gesetzbuchs über Teilzeit-Wohnrechteverträge sind auf einen Vertrag, der nicht dem Recht eines Mitgliedstaats der Europäischen Union oder eines anderen Vertragsstaats des Abkommens über den Europäischen Wirtschaftsraum unterliegt, auch anzuwenden, wenn das Wohngebäude im Hoheitsgebiet eines dieser Staaten liegt.

(4) Verbraucherschutzrichtlinien im Sinne dieser Vorschrift sind in ihrer jeweils geltenden Fassung:

1. die Richtlinie 93/13/EWG des Rates vom 5. April 1993 über missbräuchliche Klauseln in Verbraucherverträgen (ABl. EG Nr. L 95 S. 29);

2. die Richtlinie 94/47/EG des Europäischen Parlaments und des Rates vom 26. Oktober 1994 zum Schutz der Erwerber im Hinblick auf bestimmte Aspekte von Verträgen über den Erwerb von Teilzeitnutzungsrechten an Immobilien (ABl. EG Nr. L 280 S. 83);

---

[113] *Nagel/Gottwald,* Internationales Zivilprozessrecht, 6. Aufl 2007, § 3 Rn 121.
[114] *Nagel/Gottwald,* Internationales Zivilprozessrecht, § 3 Rn 123.
[115] S zum Diskussionsstand *Rauscher/Staudinger,* Europäisches Zivilprozessrecht, 2. Aufl 2006, Vor Art 15–17 Brüssel I-VO Rn 4 mwN.
[116] EuGH NJW 2002, 2607 = IPRax 2003, 50 m Anm *Leible* 28.
[117] *Rauscher/Staudinger,* Europäisches Zivilprozessrecht, Vor Art 15–17 Brüssel I-VO Rn 3 mwN.
[118] EuGH NJW 2005, 653; dazu *Mankowski* IPRax 2005, 503.
[119] Näher *Nagel/Gottwald,* Internationales Zivilprozessrecht, § 3 Rn 126.
[120] *Kropholler,* Europäisches Zivilprozessrecht, 8. Aufl 2005, Art 15 EuGVVO, Rn 20; *Schack,* Internationales Zivilverfahrensrecht, 3. Aufl 2002, Rn 280 a.

3. die Richtlinie 97/7/EG des Europäischen Parlaments und des Rates vom 20. Mai 1997 über den Verbraucherschutz bei Vertragsabschlüssen im Fernabsatz (ABl. EG Nr. L 144 S. 19);
4. die Richtlinie 1999/44/EG des Europäischen Parlaments und des Rates vom 25. Mai 1999 zu bestimmten Aspekten des Verbrauchsgüterkaufs und der Garantien für Verbrauchsgüter (ABl. EG Nr. L 171 S. 12);
5. die Richtlinie 2002/65/EG des Europäischen Parlaments und des Rates vom 23. September 2002 über den Fernabsatz von Finanzdienstleistungen an Verbraucher und zur Änderung der Richtlinie 90/619/EWG des Rates und der Richtlinien 97/7/EG und 98/27/EG (ABl. EG Nr. L 271 S. 16).

Schrifttum (s auch Voraufl): *Bitterich*, Die Neuregelung des Internationalen Verbrauchervertragsrechts in Art. 29a EGBGB, 2003; *Freitag/Leible*, Von den Schwierigkeiten der Umsetzung kollisionsrechtlicher Richtlinienbestimmungen, ZIP 1999, 1296; *dies*, Ergänzung des kollisionsrechtlichen Verbraucherschutzes durch Art. 29a EGBGB, EWS 2000, 342; *Heiss*, Die Richtlinie über den Fernabsatz von Finanzdienstleistungen an Verbraucher aus Sicht des IPR und des IZVR, IPRax 2003, 100; *Kelp*, Time-Sharing-Verträge, 2005; *Leible*, Kollisionsrechtlicher Verbraucherschutz im EVÜ und in EG-Richtlinien, in: *Schulte-Nölke/Schulze*, Rechtsangleichung und nationale Privatrechte, 1999, S 353; *Rusche*, Der „enge Zusammenhang" im Sinne des Art. 29a EGBGB, IPRax 2001, 420; *Staudinger*, Art. 29a EGBGB des Referentenentwurfs zum Fernabsatzgesetz, RIW 2000, 416; *R. Wagner*, Zusammenführung verbraucherschützender Kollisionsnormen aufgrund EG-Richtlinien in einem neuen Art. 29a EGBGB, IPRax 2000, 249; *Wegner*, Internationaler Verbraucherschutz für Time-Sharing- Erwerber nach dem neuen Art. 29a EGBGB, VuR 2000, 227.

Übersicht

	Rn
I. Normzweck und Entstehung	1
1. Normzweck	1
2. Vorläufer	2
II. Stellung im Normensystem	3
1. Europarechtliche Aspekte	3
a) Art 36 und Vorlagepflicht	3
b) Richtlinienkonformität	5
2. Art 29a im System des Internationalen Vertragsrechts nach dem EGBGB	6
3. Art 29a und das Herkunftslandprinzip im E-Commerce	9
III. Anknüpfungsgrundsätze	10
1. Persönlicher und sachlicher Anwendungsbereich der betroffenen Richtlinien	10
2. Abwahl nationalen europäischen Rechts	11
3. Enger Zusammenhang	12
4. Rechtsfolge	15
a) Grundsatz: Recht des „engen Zusammenhangs"	15
b) Teilzeit-Wohnrechte (Abs 3)	17
IV. Allgemeine Regeln	22
1. Sachnormverweisung	22
2. Art 34 und Art 6	23
3. Intertemporales Recht	24
V. Internationale Zuständigkeit	25

I. Normzweck und Entstehung

1. Normzweck. Mit Art 29a wird zunächst vordergründig der rein systematische Versuch unternommen, Kollisionsnormen für besondere Gesetze des Verbraucherschutzes in einer Norm des Internationalen Vertragsrechts zusammenzufassen. Alle diese Normen eint, dass sie auf europarechtlichen Vorgaben basieren. In der Sache geht es – nicht anders als im Falle des Art 29 – um **kollisionsrechtlichen Verbraucherschutz**. Insoweit steht Art 29a in der Nähe einer speziellen ordre-public-Klausel. Indes wird nicht der nationale, sondern gewissermaßen werden **erste Bestandteile eines europäischen ordre public zum Schutze des europäischen Binnenmarktes** durchgesetzt. Abgewehrt werden soll nicht nur negativ ausländisches Recht außerhalb der EU, sondern positiv sollen eigene Normen durchgesetzt werden. Dies geschieht mittels einer Sonderanknüpfung von ius cogens. Schon die Existenz von Art 29a (und seiner Vorläufer) deutet darauf hin, dass es sich bei den betreffenden sachrechtlichen Normen nicht um sog Eingriffsnormen iS von Art 34 handelt[1]. 1

2. Vorläufer. Vorläufer von Art 29a[2] waren **§ 12 AGBG** und **§ 8 TzWrG**. Beide Normen (§ 12 ABGB idF vom 19. 7. 1996, BGBl I S 1013) beruhten ihrerseits auf den in Abs 4 Nr 1 und 2 genannten Richtlinien der EU. Hinzugetreten ist nunmehr durch das SMG die Kollisionsnorm der Fernabsatz-RL (Art 12 Abs 2)[3], die Verbrauchsgüterkauf-RL (Art 7 Abs 2)[4] und die RL über den Fernabsatz von Finanzdienstleistungen an Verbraucher[5]. 2

---

[1] *Freitag/Leible* ZIP 1999, 1296, 1298 f; offenlassend *R. Wagner* IPRax 2000, 249, 251 f.
[2] Zu dessen Entstehung (mit vorherigen Referentenentwürfen) *R. Wagner* IPRax 2000, 249, 253.
[3] RL 97/7 EG, ABl EG Nr L 144 S 19; hierzu *Thorn* IPRax 1999, 1 ff; *Borges* ZIP 1999, 565, 572 f; *Leible* S 353, 362 mwN; zum kollisionsrechtlichen Umsetzungsbedarf *R. Wagner* IPRax 2000, 249, 250 ff.
[4] RL 99/44/EG, ABl EG Nr L 171 S 12; zur denkbaren „Rückgriffsfalle" des Unternehmers bei grenzüberschreitenden Sachverhalten *Staudinger* ZGS 2002, 63.
[5] RL 2002/65/EG, ABl EG Nr L 271 S 16; dazu *Heiss* IPRax 2003, 100.

II. Stellung im Normensystem

3 1. Europarechtliche Aspekte. a) Art 36 und Vorlagepflicht. Da Art 29a der Umsetzung von Richtlinien der EU gewidmet und nicht Bestandteil des EVÜ ist, ist zunächst **Art 36** (der Art 18 EVÜ umsetzt) nach dessen insoweit geänderten Wortlaut **nicht anzuwenden**[6]. Allerdings werden sich auf Grund der Nähe der jeweiligen Auslegungsmaßstäbe nur im Ausnahmefall Divergenzen ergeben. Dennoch geht ggf eine richtlinienkonforme Auslegung der autonomen Auslegung des Art 36 vor[7].

4 Im Unterschied zu den dem EVÜ nachgebildeten Regeln des Internationalen Schuldvertragsrechts, über die der EuGH mittlerweile freilich auch die Auslegungskompetenz hat (s die Erläuterungen zu Art 36 Rn 12), besteht in Bezug auf Art 29a seit jeher die Möglichkeit (und ggf auch die Pflicht) einer **Vorlage an den EuGH**. Daran ist insbes dann zu denken, wenn es um Zweifelsfragen bei der Auslegung von Art 29a geht, die auf den Richtlinientext zurückzuführen sind[8].

5 b) Richtlinienkonformität. Es ist zweifelhaft, ob Art 29a die kollisionsrechtlichen Vorgaben der Verbraucherschutzrichtlinien hinreichend beachtet hat. Da Art 29a **keinen Günstigkeitsvergleich** im Falle einer Rechtswahl zwischen dem vereinbarten Recht und dem von Art 29a bezeichneten Recht vorsieht, sondern das Recht eines europäischen Staates für anwendbar erklärt, kann Art 29a dazu führen, dass dem Verbraucher ein über den Mindestschutz der Richtlinien hinausgehender Schutz des gewählten Rechts entzogen wird. Diesem Ergebnis soll die teleologische Auslegung der entsprechenden Richtlinien entgegenstehen[9]. Eine richtlinienkonforme Auslegung in dieser Richtung wäre nach dem eindeutigen (und bewusst gewählten[10]) Wortlaut von Art 29a in der Tat nicht möglich. Indes ist zweifelhaft, ob europarechtliche Vorgaben wirklich dazu zwingen, Überschreitungen des Mindeststandards außerhalb der EU und des europäischen Wirtschaftsraumes zu tolerieren[11]. Allerdings wirkt Art 29a in solchen (freilich voraussichtlich höchst seltenen) Fällen dann nicht verbraucherschutzstärkend, sondern verbraucherschutzschwächend. Doch ist dies nur rechtspolitisch zu kritisieren[12].

6 2. Art 29a im System des Internationalen Vertragsrechts nach dem EGBGB. Da Art 29a nicht auf dem EVÜ beruht, gelten auch **nicht die Auslegungsgrundsätze des Art 36**, wie dieser auch ausdrücklich klarstellt (Rn 3). Auch die **Ausnahmetatbestände des Art 37 S 1** berühren die Anwendbarkeit von Art 29a nicht **(Art 37 S 2)**. Der Grund ist folgender: Nach Art 37 Nr 2 ist das Internationale Gesellschaftsrecht aus dem Anwendungsbereich der Regeln des Unterabschnitts zum Internationalen Vertragsrecht, das dem EVÜ entspricht, an sich herausgenommen. Indes unterfallen nach § 481 Abs 1 S 2 BGB auch gesellschafts- oder vereinsrechtliche Time-Sharing-Modelle dem Teilzeit-Wohnrechte-Vertragsrecht. Nach der Systematik des Internationalen Vertragsrechts wären solche gesellschaftsrechtlichen Fragen, die unter die Timesharing-Richtlinie fallen, daher keiner § 8 TzWrG aF entsprechenden Sonderanknüpfung zugänglich. Dieses Ergebnis wäre indes nicht mehr richtlinienkonform. Das Gleiche würde auch in Bezug auf die Anwendbarkeit des AGB-Rechts nach der Klauselrichtlinie anzunehmen sein[13]. Diese Konsequenzen werden über Art 37 S 2 vermieden. Von der Klauselrichtlinie und damit auch von Art 6 Abs 2 dieser RL ist schließlich nach Art 1 Abs 1, Erwägungsgrund Nr 10, auch der grenzüberschreitende Versicherungsvertrag erfasst. Ungeachtet von Art 37 S 1 Nr 4 und Art 15 EGVVG, wonach die Regeln des EGBGB lediglich entspr anwendbar sind, gilt Art 29a über Art 37 S 2 auch für entspr Versicherungsverträge[14].

7 Soweit nicht das Recht eines EU-Staates bzw eines EWR-Staates über Art 27, 29 Abs 1 ohnedies anwendbar ist, ergänzt bzw korrigiert **Art 29a – soweit eine Rechtswahl** oder ein Vertrag iS von Abs 3 **vorliegt – Art 29**[15]. Das gilt freilich nur, soweit es um die von Art 29a Abs 4 erfassten Normen geht; iÜ kann allein über Art 27 bis 29 angeknüpft werden. Überdies kommt Art 29a nach seinem Zweck nur zur Anwendung, wenn Art 29 tatbestandsmäßig nicht anwendbar ist oder zur Anwendung des Rechts eines Staates führt, der nicht der EU oder dem EWR angehört. Das folgt nicht nur aus den Gesetzesmaterialien, sondern auch von einer Prüfung von Art 29 vor Art 29a ausgehen[16], sondern auch aus dem Ziel des Verbraucherschutzes, das beschnitten werden würde, da Art 29a anders als Art 29 nach richtiger Ansicht keinen Günstigkeitsvergleich zulässt (Rn 15)[17]. Die Anwendbarkeit von **Art 34 scheidet** nach der hier vertretenen Auffassung schon deshalb **aus**, weil die in Art 29a genannten Gesetze keine Eingriffsnormen iS von Art 34 sind[18]; jedenfalls ist Art 29a eine Sonderregelung, durch

---

[6] Vgl bereits *Staudinger* IPRax 1999, 414, 419; *Freitag/Leible* ZIP 1999, 1296, 1298.
[7] *Staudinger* IPRax 1999, 414, 419 in Fn 87.
[8] *Freitag/Leible* ZIP 1999, 1296, 1298; *Staudinger* IPRax 1999, 414, 419; *Tonner* BB 2000, 1413, 1419.
[9] Vgl *Staudinger* IPRax 1999, 414, 417 f; *Freitag/Leible* ZIP 1999, 1296, 1299 f; *Siehr* IPR S 159.
[10] *R. Wagner* IPRax 2000, 249, 254 f, 256 f.
[11] Mit Grund hiergegen *Mankowski* BB 1999, 1225, 1227; *Rühl* RIW 1999, 321.
[12] Insoweit zutr *Freitag/Leible* ZIP 1999, 1296, 1298 ff; *Staudinger* IPRax 1999, 414, 416 ff, 419 f.
[13] Zur Problematik vgl auch *Staudinger* IPRax 1999, 414, 418.
[14] *Staudinger* IPRax 1999, 414, 418.
[15] Vgl *Staudinger* RIW 2000, 1413, 1419; *Tonner* BB 2000, 1413, 1419; *Staudinger/Magnus* Rn 25; AnwK-BGB/*Leible* Rn 35.
[16] BT-Drucks 14/2658 S 50.
[17] Ebenso Palandt/*Heldrich* Art 29 Rn 1; *Looschelders* Rn 10; AnwK-BGB/*Leible* Rn 17; MünchKommBGB/*Martiny* Rn 19; im Ergebnis wohl auch *Staudinger/Magnus* Rn 25; anders aber v. *Hoffmann/Thorn* IPR § 10 Rn 73 c; *Kegel/Schurig*, IPR § 18 I 1 f bb, S 677.
[18] MünchKommBGB/*Martiny* Rn 117.

welche ein Rückgriff auf Art 34 verdrängt wird[19]. Auch **Art 6** kann zur Durchsetzung der in Art 29 a genannten Gesetze **kaum** noch herangezogen werden. Denn ohne engen Zusammenhang, den Art 29 a stets voraussetzt, fehlt es an der für Art 6 erforderlichen Inlandsbeziehung. Und der Einsatz des ordre public zur Durchsetzung schärferer Standards zum Schutze von Verbrauchern als in den (umgesetzten) Richtlinien würde nicht weniger bedeuten, als den darin zum Ausdruck gebrachten europäischen Mindeststandard als anstößig niedrig zu qualifizieren, was sich mit einer europarechtsfreundlichen Auslegung des Art 6 nicht verträgt[20].

Ebenso wie im Falle von Art 29 kommt auch in Bezug auf Art 29 a theoretisch dessen **analoge Anwendung** in Betracht, etwa in Bezug auf das Recht der sog Haustürgeschäfte oder der Verbraucherkredite. Da beide Gesetze wiederum europäische Mindeststandards realisieren, hätte deren ausdrückliche Einbeziehung mehr als nahegelegen, zumal im Hinblick auf die Diskussion um den internationalen Anwendungsbereich des Rechts der sog Haustürgeschäfte. Daher muss von einer bewussten Nichteinbeziehung solcher Regelungen ausgegangen werden. Auch eine analoge Anwendung von Art 29 a, die überdies wegen des Fehlens des Günstigkeitsvergleichs nicht unproblematisch wäre, scheidet daher aus[21].

3. Art 29 a und das Herkunftslandprinzip im E-Commerce. Das Herkunftslandprinzip der E-Commerce-RL, in Deutschland umgesetzt in § 3 TMG (früher § 4 TDG), tritt gemäß § 3 Abs 2 TMG hinter Art 29 ebenso zurück[22] wie hinter Art 29 (dort Rn 2).

III. Anknüpfungsgrundsätze

1. Persönlicher und sachlicher Anwendungsbereich der betroffenen Richtlinien. Art 29 a setzt – anders als die durch ihn ggf zur Anwendung kommenden (umgesetzten) Richtlinien des Verbraucherrechts – nicht voraus, dass ein **Verbraucher** eine Vertragspartei ist. In der Lit wird dies daher zu Recht überwiegend auch nicht für erforderlich gehalten[23], während zT im Hinblick auf den Regelungszweck der Norm die Verbrauchereigenschaft im Wege der teleologisch reduzierenden Auslegung in die Norm hineingelesen wird[24]. Zumeist kommt es im Ergebnis zwar nicht auf die Antwort auf diese Frage an, weil (auf der Ebene des Sachrechts) eben der Anwendungsbereich der RL nicht eröffnet ist. Anders steht es indes mit dem **Rückgriff des Unternehmers** (in Deutschland §§ 478, 479 BGB). Art 29 a kann nach seinem eindeutigen Wortlaut zu Anwendbarkeit entsprechender Normen führen. Zu Wertungswidersprüchen führt dies nicht, weil diese jedenfalls mittelbar dem Verbraucherschutz dienen und im Kontext des Gesamtsystems des Verbraucherkaufs stehen[25]. Nichts anderes kann dann auch in Bezug auf den sachlichen Anwendungsbereich der Richtlinien gelten; ob er betroffen ist, ist (erst) eine Frage der sachrechtlichen Prüfung[26].

2. Abwahl nationalen europäischen Rechts. Abs 1 setzt zunächst voraus, dass auf Grund einer **Rechtswahl** ein Vertrag nicht dem Recht eines Mitgliedsstaats der EU oder einem anderen Vertragsstaat des Abkommens über den Europäischen Wirtschaftsraum unterliegt. Gemeint ist eine Rechtswahl iS von Art 27. Sowohl eine ausdrückliche Rechtswahl (unter Einbeziehung einer Rechtswahl durch AGB) als auch eine stillschweigende Rechtswahl kommen in Betracht. Im Falle von AGB ist zu beachten, dass Art 31 Abs 1 auch auf das Zustandekommen einer Rechtswahlklausel anwendbar ist[27]. Die Rechtswahl muss sich nicht auf einen bestimmten Vertragstyp beziehen; nur die Anforderungen der in Bezug genommenen Richtlinien müssen eben erfüllt sein.

3. Enger Zusammenhang. Im Unterschied zu Art 29 Abs 1 enthält Art 29 a Abs 1 zunächst eine generalklauselartige Anknüpfung an einen „engen Zusammenhang" (Abs 1 S 1), dem sodann in Abs 2 ein Regelbeispiel folgt. Möglich ist also über das Regelbeispiel hinaus, die genannten Sachnormen auch in weiteren Fällen sonderanzuknüpfen. Erforderlich ist aber, dass **ein dem Regelbeispiel vergleichbar enger Zusammenhang** vorliegt. Außerhalb von Abs 2 kann zur Prüfung eines engen Zusammenhanges auf **die zu Art 28 Abs 1 entwickelten Kriterien** zurückgegriffen werden[28]. Erforderlich ist eine Gesamtabwägung aller Umstände des Einzelfalles. Indizien können abgesehen von den in Abs 2 genannten sein: Staatsangehörigkeit, Firmensitz bzw Niederlassung des Verwenders, Abschlussort des Vertrages, Vertragssprache, Erfüllungsort der beiderseitigen Leistungen sowie die Belegenheit des Vertragsgegenstandes. So können etwa die der Klauselrichtlinie (Abs 4 Nr 1) entsprechenden Normen des

---

[19] *Palandt/Heldrich* Rn 8; *Looschelders* Rn 11; AnwK-BGB/*Leible* Rn 18.
[20] Vgl *Spickhoff* BB 1997, 2593, 2601 ff; im Ergebnis ebenso *Staudinger* RIW 2000, 416, 420.
[21] Ebenso *Palandt/Heldrich* Rn 2; *Looschelders* Rn 43; *Erman/Hohloch* Rn 26; *Staudinger/Magnus* Rn 53; MünchKommBGB/*Martiny* Rn 111; im Ergebnis auch BGHZ 165, 248 = NJW 2006, 762; *Ferrari/Staudinger* Int VertragsR Rn 17; anders aber *Paefgen* ZEuP 2003, 266, 291; AnwK-BGB/*Leible* Rn 49; *v.Bar/Mankowski* IPR I § 4 Rn 103; PWW/*Remien* Rn 10.
[22] AnwK-BGB/*Leible* Rn 10.
[23] *Looschelders* Rn 17; *Staudinger/Magnus* Rn 35; *Palandt/Heldrich* Rn 3.
[24] AnwK-BGB/*Leible* Rn 19, 20.
[25] *Looschelders* Rn 17; anders aber *Staudinger* ZGS 2002, 63; AnwK-BGB/*Leible* Rn 19 m Fn 37; PWW/*Remien* Rn 3.
[26] *Palandt/Heldrich* Rn 3; *Erman/Hohloch* Rn 10; *Looschelders* Rn 18; anders und konsequent auch insoweit für eine teleologische Reduktion schon von Art 29 a *Freitag/Leible* EWS 2000, 342, 344; *Bitterich* S 335 f; *Staudinger* ZGS 2002, 63.
[27] *Meyer/Sparenberg* RIW 1989, 350.
[28] *Staudinger/Magnus* Rn 48; für Binnenmarktbezug des Verbrauchers *Rusche* IPRax 2001, 420, 421.

BGB angewendet werden, wenn ein Vertrag zwischen einem deutschen Anbieter mit einem deutschen Verbraucher auf einer Werbeverkaufsveranstaltung außerhalb der EU und des Europäischen Wirtschaftsraums geschlossen wird.

13   **Abs 2 Nr 1** stellt zur Begründung des engen Zusammenhangs zunächst darauf ab, dass der Vertrag auf Grund eines **öffentlichen Angebots**, einer **öffentlichen Werbung** oder einer **ähnlichen geschäftlichen Tätigkeit** zustande kommt, vorausgesetzt, sie wird innerhalb der EU oder in einem dem Europäischen Wirtschaftsraum zugehörigen Staat entfaltet. Dazu gehört – ebenso wie im Falle von Art 29 Abs 1 Nr 1 – auch die Werbung im Internet (Art 29 Rn 12)[29] oder – gleich, ob man unter den Begriff des „öffentlichen Angebots" oder der „Werbung" subsumiert – auch die invitatio ad offerendum[30]. Dem Merkmal der „Öffentlichkeit" des Angebots lässt sich kaum ein sinnhafter Gehalt, etwa iS eines Angebots ad incertas personas[31] geben; auch persönlich gestaltete Angebote müssen genügen[32]. Ausgeschlossen werden vom Anwendungsbereich sollen mit diesem Merkmal in erster Linie Fälle, in denen Dritte auf Leistungen aufmerksam gemacht werden, die zuvor mit dem Unternehmer keinen geschäftlichen Kontakt hatten[33]. (Psychisch vermittelte) Kausalität der Werbung bzw der geschäftlichen Tätigkeit für den Vertragsschluss ist erforderlich. Wie stets im Falle psychisch vermittelter Kausalität genügt die Feststellung überwiegend wahrscheinlicher Zurechnung des Vertragsschlusses zur Werbung bzw deren psychische Förderung. Dieses Beweismaß entspricht auch dem Schutzzweck der Norm[34]. Dem vorvertraglichen oder vertragsbegründenden Verhalten gleichgestellt werden kann auch die Vertragsdurchführung, insbes die Erfüllung[35].

14   Nach **Abs 2 Nr 2** ist **zusätzlich erforderlich,** dass der Vertragspartner zurzeit der Abgabe seiner auf den Vertragsschluss gerichteten Erklärung seinen gewöhnlichen Aufenthalt innerhalb der EU oder in einem dem Europäischen Wirtschaftsraum zugehörigen Staat hat. Der Begriff des gewöhnlichen Aufenthaltes ist allgemeinen Grundsätzen entspr zu verstehen (Art 5 Rn 13, 14). Anders als noch in § 12 AGBG aF (und wie bereits in § 8 TzWrG aF) ist unerheblich, wo der Verbraucher seine Willenserklärung abgegeben hat. Die Abgabe der Erklärung auch außerhalb der EU oder des Europäischen Wirtschaftsraums steht also einer Sonderanknüpfung nach Art 29 a nicht entgegen, wenn etwa Werbung und gewöhnlicher Aufenthalt des Verbrauchers innerhalb der EU zu lokalisieren sind. Nicht erforderlich ist ferner, dass der Ort der Werbung und der gewöhnliche Aufenthalt in demselben Staat liegen. Ausreichend ist bereits, wenn der Verbraucher zB in einem Staat der EU/des EWR seinen gewöhnlichen Aufenthalt (zB Deutschland) hat, und in einem anderen Staat der EU bzw des EWR geworben wurde (zB im Urlaubsland), vorausgesetzt, der Vertragsschluss beruht auf der Werbung, ist dieser also (psychisch) zuzurechnen.

15   **4. Rechtsfolge. a) Grundsatz: Recht des „engen Zusammenhangs".** Als Rechtsfolge sieht Art 29 a vor, dass die im Gebiet des Staates, mit dem ein enger Zusammenhang iS der Norm besteht, umgesetzten Verbraucherschutzrichtlinien iS von Abs 4 gelten. In Deutschland sind diese allermittlerweile ins BGB eingestellt worden (§§ 305 ff, 481 ff, 312 b ff BGB mit BGB-InfoV, §§ 474 ff BGB)[36]. Nach dem eindeutigen Wortlaut von Art 29 a findet hierbei **kein Günstigkeitsvergleich** zwischen gewähltem Recht und dem Recht des engen Zusammenhanges statt[37]. Die Richtlinien sehen demgegenüber einen Günstigkeitsvergleich offenbar vor. Doch lässt sich eine eventuell daraus abzuleitende Richtlinienwidrigkeit nicht im Wege richtlinienkonformer Auslegung korrigieren, indem man den Günstigkeitsvergleich in Art 29 a gewissermaßen hineinliest[38]. Dazu sind Wortlaut von Art 29 a und gesetzgeberischer Wille wohl zu eindeutig[39]. Bestehen enge Zusammenhänge zu mehreren Mitgliedstaaten der EU oder anderen Vertragsstaaten des Abkommens über den Europäischen Wirtschaftsraum, so sind die Bestimmungen zur Umsetzung der Verbraucherschutzrichtlinien desjenigen Staates anwendbar, zu dem der **engste Zusammenhang** besteht[40]. Insofern wird dem Grundprinzip des Art 28 Abs 1 und allen Internationalen Privatrechts Rechnung getragen. Zu den Kriterien bei der Ermittlung der engen bzw engsten Verbindung s Rn 12.

16   Auch sog **überschießende Umsetzungen,** die den Verbraucher noch besser schützen, als dies von der RL verlangt wird, sind zu befolgen. Allerdings gilt dies nicht in Bezug auf Personen, die vom Schutzbereich der RL nicht mehr erfasst sein würden, etwa weil es sich nicht um von der RL erfasste Verbraucher handelt; spätestens hier sollte also (insoweit) nicht mehr von einer „Umsetzung" gesprochen werden. Im Übrigen kommt es auf den Normzweckzusammenhang der nationalen Regel mit der RL an[41].

17   **b) Teilzeit-Wohnrechte (Abs 3).** Eine im systematischen Kontext schwer verständliche und rechtspolitisch angezweifelte[42], sogar nicht ohne Grund als richtlinienwidrig angesehene[43] bzw wegen Ver-

---

[29] Vgl ferner *Roth/Schulze* RIW 1999, 924, 932; *Freitag/Leible* EWS 2000, 342, 345.
[30] Im Ergebnis übereinstimmend *Looschelders* Rn 27; AnwK-BGB/*Leible* Rn 25.
[31] In diese Richtung aber MünchKommBGB/*Martiny* Rn 57.
[32] *Looschelders* Rn 28; AnwK-BGB/*Leible* Rn 25.
[33] *Staudinger/Magnus* Rn 43.
[34] S auch *Looschelders* Rn 30; *Staudinger/Magnus* Rn 45.
[35] *Sonnenberger* ZEuP 1996, 382, 388, 394 f; *Staudinger* IPRax 1999, 414, 415 Rn 5.
[36] Zum IPR der Fernabsatzgeschäfte MünchKommBGB/*Wendehorst* Vor § 312 b Rn 19 ff.
[37] Vgl auch *Staudinger* IPRax 1999, 414, 417 f; *ders* RIW 2000, 416, 418; *Freitag/Leible* ZIP 1999, 1296, 1299 f; *Palandt/Heldrich* Rn 5; *Looschelders* Rn 41.
[38] Dafür *R. Wagner* IPRax 2000, 249, 255.
[39] AnwK-BGB/*Leible* Rn 42; *Looschelders* Rn 41.
[40] BT-Drucks 14/2658 S 50.
[41] *Looschelders* Rn 36.
[42] ZB AnwK-BGB/*Leible* Rn 51.
[43] *Staudinger/Magnus* Rn 58; *Kelp* S 283 ff.

stoßes gegen die Grundfreiheiten des EGV europarechtswidrige[44] sowie als wegen Verstoßes gegen Art 7 Abs 2 EVÜ völkerrechtswidrig[45] eingeschätzte Sonderanknüpfung von Teilzeit-Wohnrechteverträgen findet sich in Abs 3. Da Abs 1 auf Abs 4 verweist, wird von den Regeln der ersten beiden Absätze auch die Timesharing-Richtlinie (Abs 4 Nr 2) erfasst. Haben die Parteien daher eine Rechtsordnung außerhalb der EU bzw des EWR gewählt, kann die RL **in der jeweils in einem EU- bzw EWR-Staat umgesetzten Weise schon über Abs 1 und 2** gleichwohl anzuwenden sein. Die Rechtsfolge erschöpft sich dann freilich – anders als nach Abs 3 – nicht in der Anwendbarkeit der deutschen Vorschriften zur Umsetzung der Timesharing-Richtlinie (§§ 481 ff BGB), sondern anzuwenden ist ggf die durch die ersten beiden Absätze berufene Rechtsordnung der EU/des EWR. Wenn in der Lit vertreten wird, man sollte Abs 3 als lex specialis zu dessen Abs 1 und 2 ansehen und deshalb Abs 1 so lesen, als stünde dort ein Vorbehalt zugunsten des Abs 3[46], so entspricht dies weder dem Zweck der RL noch der systematischen Stellung von Abs 3 in Art 29 a[47]. **Abs 3 ist also nicht lex specialis gegenüber Abs 1.**

Immobilien, die außerhalb der EU bzw des EWR belegen sind, werden von Abs 3 von vornherein nicht erfasst. Freilich kann im Ausnahmefall die Anknüpfung an einen „engen Zusammenhang" nach den ersten beiden Absätzen der Norm eingreifen, insbes im Falle entsprechender Vermarktungsaktivitäten nach Abs 2 Nr 1[48]. Art 29 a greift umgekehrt insgesamt nicht ein, wenn das **Recht eines EU- bzw eines EWR-Staates gewählt** wird, da dann – richtlinienkonforme Umsetzung ist Prämisse – die inhaltlichen Anforderungen der Timesharing-Richtlinie erfüllt werden müssen. Ist eine **Immobilie innerhalb der EU bzw des EWR belegen, und wird eine Rechtsordnung außerhalb der EU bzw des EWR gewählt,** so ist zu unterscheiden: Kommt es über Absätze 1 und 2 gleichwohl zur Anwendung des Rechts eines EU- bzw eines EWR-Staates, so verbleibt es dabei infolge des Vorrangs von Abs 1 gegenüber Abs 3. Bewirken die ersten beiden Absätze hingegen keine Anwendung der (umgesetzten) Timesharing-Richtlinie, weil auf das Recht eines Drittstaates außerhalb der EU bzw des EWR verwiesen wird, so ist über Abs 3 deutsches Recht anzuwenden. Denn Abs 3 erfasst nicht nur die objektive Anknüpfung, sondern auch den Fall der subjektiven Anknüpfung in Form einer Rechtswahl[49]. 18

Außerhalb einer – typischerweise zumindest über AGB vorliegenden – **Rechtswahl** ist regelmäßig über Art 28 Abs 3 das Belegenheitsrecht anwendbar, wobei zu bemerken ist, dass nach der Rspr des BGH Timesharing-Verträge im Allgemeinen nicht unter Art 29 subsumiert werden können[50]. Auch Art 34 greift bei individualschützenden Verbraucherregelungen wie der Timesharing-Richtlinie bzw den §§ 481 ff BGB nicht (Art 34 Rn 22). Doch führt schon die Anknüpfung an das Belegenheitsrecht nach Art 28 Abs 3 zur Anwendung des Rechts eines EU- bzw EWR-Staates, wenn die Immobilie dort belegen ist. Denkbar ist in diesen Fällen das Eingreifen von Abs 3 lediglich dann, wenn über Art 28 Abs 5 ausnahmsweise (zB im Falle eines Erwerbers aus einem Drittstaat) das Recht eines Drittstaates außerhalb der EU bzw des EWR zur Anwendung kommt. Auch kann eine rein gesellschaftsrechtliche Ausgestaltung des Timesharing-Vertrages, für die Art 28 Abs 3 nicht greift, zur Anwendung eines solchen, vom Belegenheitsstaat abweichenden drittstaatlichen Rechts führen[51]. In solchen Fällen kann Abs 3 greifen[52]. Man wird den insoweit eindeutigen Wortlaut von Abs 3 in solchen Fällen nicht teleologisch in dem Sinne reduzieren können, dass die Immobilie in jedem Falle in Deutschland belegen sein muss[53]. Eine entsprechende Einschränkung wäre freilich de lege ferenda zu befürworten[54]. Befindet sich die Immobilie außerhalb der betreffenden Staaten, greifen weder Abs 1 (mangels Rechtswahl) noch Abs 3. 19

Die dargelegten Anknüpfungsgrundsätze setzen einen **Teilzeit-Wohnrechtevertrag** voraus. Zur Begriffsbestimmung ist auf **§ 481 BGB** zurückzugreifen[55]. In persönlicher Hinsicht ist demgemäß erforderlich, dass ein Unternehmer einem Verbraucher das Recht verschafft oder zu verschaffen verspricht, für die Dauer von mindestens drei Jahren ein Wohngebäude jeweils für einen bestimmten oder zu bestimmenden Zeitraum des Jahres zu Erholungs- oder Wohnzwecken gegen Zahlung eines Gesamtpreises zu nutzen. Dabei kann das Recht auch dinglich ausgestaltet sein, wie sich aus § 481 Abs 1 S 2 BGB ergibt[56]. Für rein sachenrechtliche Fragen der dinglichen Übertragung gilt hingegen Art 29 a ebenso wenig wie die sonstigen Regeln des internationalen Schuldvertragsrechts[57]. 20

Rechtsfolge von Abs 3 ist die einseitige Anwendung der §§ 481 ff BGB. Ebenso wenig wie im Rahmen des Abs 1 kommt ein Günstigkeitsvergleich mit dem regulären Vertragsstatut oder dem Recht des Lageortes und auch nicht ein Günstigkeitsvergleich mit einem verbraucherfreundlicheren 21

---

[44] v. Wilmowsky ZEuP 1995, 754 f; dagegen mit Grund aber Kelp S 292 ff.
[45] Kelp S 274 ff.
[46] So Siehr IPR S 161.
[47] Kelp S 262 f; Looschelders Rn 46; AnwK-BGB/Leible Rn 52; Palandt/Heldrich Rn 7.
[48] Staudinger/Magnus Rn 63; MünchKomm-BGB/Martiny Rn 99.
[49] Staudinger/Magnus Rn 62; Looschelders Rn 47; anders AnwK-BGB/Leible Rn 52: Abs 3 betrifft nur die objektive Anknüpfung.
[50] BGHZ 135, 124, 131 = NJW 1997, 1697, 1698.
[51] Kelp S 228 ff.
[52] AnwK-BGB/Leible Rn 56; Looschelders Rn 48.
[53] Dafür Staudinger/Magnus Rn 64.
[54] Freitag/Leible EWS 2000, 342, 349.
[55] MünchKommBGB/Martiny Rn 83.
[56] AnwK-BGB/Leible Rn 53.
[57] MünchKommBGB/Martiny Rn 85.

EU- oder EWR-Recht in Betracht[58]; dem steht der insoweit gerade im EGBGB eindeutige, zweifelsfreie Wortlaut der Norm entgegen[59]. Insgesamt erscheint Abs 3 auch insoweit rechtspolitisch verfehlt. Funktional ist er als regelwidrige Sonderanknüpfung der §§ 481 ff BGB nach Art des Art 34 ausgestaltet[60].

IV. Allgemeine Regeln

22 **1. Sachnormverweisung.** Nach Art 35 Abs 1 spricht auch Art 29 a – was sich schon aus dessen Wortlaut unmittelbar ergibt – **Sachnormverweisungen** aus.

23 **2. Art 34 und Art 6.** Bei Art 29 a handelt es sich um eine spezielle europäische ordre-public-Klausel (Rn 1), die zugleich Sonderanknüpfungen ausspricht. Zur Durchsetzung der Gerechtigkeitsvorstellungen der (umgesetzten) Verbraucherschutzrichtlinien, die von Art 29 a erfasst sind, sind innerhalb des Anwendungsbereiches von Art 29 a die allgemeinen Regeln des **Art 6**[61] (jedenfalls in aller Regel), **aber auch Art 34 verdrängt** (Rn 7).

24 **3. Intertemporales Recht.** In Bezug auf Art 29 a fehlt eine intertemporal-rechtliche Regel. **Analog Art 220, 236 § 1** kommt es auf die in diesen Normen zum Ausdruck gekommenen Grundsätze, insbes den Zeitpunkt des Vertragsschlusses, an (s auch Art 27 Rn 13, 14)[62].

V. Internationale Zuständigkeit

25 S zunächst Art 29 Rn 23–25. Bei **Time-Sharing-Verträgen**[63] ist zu differenzieren: In Bezug auf schuldrechtliche Ansprüche auf Nutzung gilt **Art 22 Nr 1 S 1 Alt 2/S 2 EuGVVO**, innerhalb des Anwendungsbereichs des LugÜ die Parallelvorschrift des **Art 16 Nr 1 a Alt 2/Nr 1 b LugÜ**[64]. In Bezug auf dingliche Ansprüche greifen ggf Art 22 Nr 1 S 1 Alt 1 EuGVVO bzw Art 16 Nr 1 a Alt 1 LugÜ. Im autonomen Recht ist **§ 29 c ZPO** zu beachten.

Art 30 Arbeitsverträge und Arbeitsverhältnisse von Einzelpersonen

(1) Bei Arbeitsverträgen und Arbeitsverhältnissen darf die Rechtswahl der Parteien nicht dazu führen, daß dem Arbeitnehmer der Schutz entzogen wird, der ihm durch die zwingenden Bestimmungen des Rechts gewährt wird, das nach Absatz 2 mangels einer Rechtswahl anzuwenden wäre.

(2) Mangels einer Rechtswahl unterliegen Arbeitsverträge und Arbeitsverhältnisse dem Recht des Staates,

1. in dem der Arbeitnehmer in Erfüllung des Vertrages gewöhnlich seine Arbeit verrichtet, selbst wenn er vorübergehend in einen anderen Staat entsandt ist, oder

2. in dem sich die Niederlassung befindet, die den Arbeitnehmer eingestellt hat, sofern dieser seine Arbeit gewöhnlich nicht in ein und demselben Staat verrichtet,

es sei denn, daß sich aus der Gesamtheit der Umstände ergibt, daß der Arbeitsvertrag oder das Arbeitsverhältnis engere Verbindungen zu einem anderen Staat aufweist; in diesem Fall ist das Recht dieses anderen Staates anzuwenden.

Schrifttum (s auch Voraufl): *Agel-Pahlke*, Der internationale Geltungsbereich des Betriebsverfassungsgesetzes, 1988; *Basedow*, Billigflaggen, Zweitregister und Kollisionsrecht in der Deutschen Schiffahrtspolitik, BerGesVR 31 (1990), 75; *Benecke*, Anknüpfung und Sonderanknüpfung im Internationalen Arbeitsrecht, IPRax 2001, 449; *Birk*, Betriebliche Regelungen im internationalen Arbeitsrecht, FS Trinkner, 1995, S 461; *ders*, Arbeitsrecht und internationales Privatrecht, RdA 1999, 13; *Borgmann*, Kollisionsrechtliche Aspekte des Arbeitnehmer-Entsendegesetzes, IPRax 1996, 315; *Däubler*, Wahl des anwendbaren Arbeitsrechts durch Tarifvertrag?, NZA 1990, 673; *ders*, Das neue Internationale Arbeitsrecht, RIW 1987, 249; *ders*, Neue Akzente im Arbeitskollisionsrecht, RIW 2000, 255; *Deinert*, Arbeitnehmerentsendung im Rahmen der Erbringung von Dienstleistungen innerhalb der Europäischen Union, RdA 1996, 339; *Drobnig*, Billige Flaggen im Internationalen Privatrecht, BerDGesVölkR 31 (1991), 31; *ders/Puttfarken*, Arbeitskampf auf Schiffen fremder Flagge, 1989; *Eichenhofer*, Internationales Sozialrecht und Internationales Privatrecht, 1987; *ders*, Arbeitsbedingungen bei Entsendung von Arbeitnehmern, ZIAS 10 (1996), 55; *Eßlinger*, Die Anknüpfung der Heuerverträge unter besonderer Berücksichtigung von Fragen des internationalen kollektiven Arbeitsrechts, 1991; *Eser*, Kollisionsrechtliche Probleme bei grenzüberschreitenden Arbeitsverhältnissen, RIW 1992, 1; *Franzen*, Internationales Arbeitsrecht, in: *Oehmann/Dietrich* (Hrsg.), Arbeitsrechts-Blattei SD 920, 1993; *ders*, Arbeitskollisionsrecht und sekundäres Gemein-

---

[58] *Palandt/Heldrich* Rn 7; *Looschelders* Rn 54; AnwK-BGB/*Leible* Rn 58; *Otte* RabelsZ 62 (1998), 405, 423 f; s auch *Erman/Hohloch* Rn 18, 21; *Rauscher* IPR S 258.
[59] Ebenso *Kelp* S 291; dennoch für einen Günstigkeitsvergleich aber *Reithmann/Martiny/Mankowski*, Internationales Vertragsrecht Rn 1100; MünchKommBGB/*Martiny* Rn 103; *Bitterich* S 410 f.
[60] Zu Recht krit MünchKommBGB/*Sonnenberger* Einl IPR Rn 53; *Palandt/Heldrich* Rn 7: „Systembruch".
[61] *Staudinger* RIW 2000, 416, 419 f; *Looschelders* Rn 13, 14; AnwK-BGB/*Leible* Rn 15: Art 6 ausnahmslos verdrängt; vorsichtiger für „Krasse Fälle" *Palandt/Heldrich* Rn 8.
[62] BT-Drucks 14/2658 S 50; *Staudinger* RIW 2000, 416, 420; *Ferrari/Staudinger* Int VertragsR Rn 3.
[63] Eingehend *Kelp* S 325 ff.
[64] *Rauscher/Mankowski*, Europäisches Zivilverfahrensrecht, 2. Aufl 2006, Art 22 Brüssel I-VO Rn 17–18 c: auch pseudo-gesellschafts- bzw. – vereinsrechtlich ausgestaltete Verträge; s weiter *Kropholler*, Europäisches Zivilverfahrensrecht, 8. Aufl 2005, Art 22 EuGVVO Rn 17.

schaftsrecht – Die EG-Entsende-Richtlinie, ZEuP 1997, 1055; *Gamillscheg,* Ein Gesetz über das internationale Arbeitsrecht, ZfA 14 (1983), 307; *Ganzert,* Das internationale Arbeitsverhältnis im deutschen und französischen Kollisionsrecht, 1992; *Geisler,* Die engste Verbindung im IPR, 2001 (§§ 20, 21); *Gronert,* Die Entsendung von Arbeitnehmern im Rahmen der grenzüberschreitenden Erbringung von Dienstleistungen, 2001; *Heilmann,* Das Arbeitsvertragsstatut, 1991; *Hergenröder,* Der Arbeitskampf mit Auslandsberührung, 1987; *ders,* Internationales Tarifvertragsrecht, in: *Oehmann/ Dietrich* (Hrsg), Arbeitsrechts-Blattei SD 1550.15, Tarifvertrag XV, 1993; *Hohloch,* Rechtswahl, Günstigkeitsprinzip und Mindeststandards – Kollisionsrechtliche Anmerkungen zum Einsatz entsandter Kräfte im Baugewerbe, FS Heiermann, 1995, S 143; *Hoppe,* Die Entsendung von Arbeitnehmern ins Ausland, 1999; *Junker,* Internationales Arbeitsrecht im Konzern, 1992; *ders,* Zwingendes ausländisches Recht und deutscher Tarifvertrag, IPRax 1994, 21; *ders,* Die „zwingenden Bestimmungen" im neuen internationalen Arbeitsrecht, IPRax 1989, 69; *ders,* Internationales Arbeitsrecht in der Praxis im Blickpunkt: 20 Entscheidungen der Jahre 1994–2000, RIW 2001, 94; *ders,* Zwingendes ausländisches Recht und deutscher Tarifvertrag, IPRax 1994, 21; *ders,* Das Internationale Arbeitsrecht im Spiegel der Rechtsprechung, FS 50 Jahre BAG, 2004, 1197; *ders,* Arbeitnehmerentsendung aus deutscher und aus europäischer Sicht, JZ 2005, 481; *ders,* Gewöhnlicher Arbeitsort und vorübergehende Entsendung im IPR, FS Heldrich, 2005, 719; *ders,* der sog. Räumliche Geltungsbereich des KSchG, FS Konzen, 2006, S 367; *ders,* Internationales Arbeitsrecht in der geplanten Rom I-Verordnung, RIW 2006, 401; *ders,* „Lohndumping" und IPR, IPRax 2007, 469; *Kirschbaum,* Handbuch zum internationalen Betriebsverfassungsrecht, 1994; *Kraushaar,* Die Auslandsberührungen des deutschen Arbeitsrechts BB 1989, 2121; *Krebber,* Internationales Privatrecht des Kündigungsschutzes bei Arbeitsverhältnissen, 1997; *ders,* Die Bedeutung von Arbeitnehmer-Entsendungen und Internationales Privatrecht, BB 2001, 22; *Kronke,* Rechtstatsachen, kollisionsrechtliche Methodenentfaltung und Arbeitnehmerschutz im internationalen Arbeitsrecht, 1980; *E. Lorenz,* Das objektive Arbeitsstatut nach dem Gesetz zur Neuregelung des Internationalen Privatrechts, RdA 1989, 220; *Mankowski,* Ausländische Scheinselbständige und Internationales Privatrecht, BB 1998, 465; *ders,* Internet und Telearbeit im Internationalen Arbeitsvertragsrecht, DB 1999, 1854; *ders,* Wichtige Klärungen im Internationalen Arbeitsrecht, IPRax 1994, 88; *ders,* Arbeitsverträge von Seeleuten im deutschen Internationalen Privatrecht, RabelsZ 53 (1989), 487; *ders,* Seerechtliche Vertragsverhältnisse im Internationalen Privatrecht, 1994; *Pulte,* Kündigungs- und Entlassungsschutz im Internationalen Privatrecht, RdA 1996, 68; *Schlachter,* Grenzüberschreitende Arbeitsverhältnisse, NZA 2000, 57; *dies,* Fortentwicklung des Kollisionsrechts der Arbeitsverträge, in: *Leible,* Das Grünbuch zum Internationalen Vertragsrecht, 2004, S 155; *Thüsing,* Rechtsfragen grenzüberschreitender Arbeitsverhältnisse, NZA 2003, 1303; *Weber,* Das Zwingende an den zwingenden Vorschriften im neuen internationalen Arbeitsrecht, IPRax 1988, 82; *Wimmer,* Neuere Entwicklungen im internationalen Arbeitsrecht – Überlegungen zur Politik des Arbeitskollisionsrechts, IPRax 1995, 207.

Übersicht

	Rn		Rn
I. Normzweck, Herkunft und europäische Rechtsangleichung	1	1. Allgemeines	13
1. Normzweck	1	2. Zwingende Bestimmungen	15
2. Herkunft und früheres Kollisionsrecht	2	3. Günstigkeitsvergleich	17
3. Europäische Rechtsangleichung und Arbeitnehmerentsendung	5	**IV. Objektive Anknüpfung (Abs 2)**	19
4. Systematik der Norm	6	1. Normstruktur	20
5. Analogiefähigkeit	7	2. Arbeitsort (Nr 1)	21
II. Arbeitsverträge und Arbeitsverhältnisse	8	3. Einstellende Niederlassung (Nr 2)	23
1. Arbeitsverträge	9	4. Engere Verbindung	27
2. Arbeitsverhältnisse	10	**V. Allgemeine Regeln**	28
3. Umfang der Verweisung	11	1. Sachnormverweisung	28
		2. Ordre public	29
III. Rechtswahl (Abs 1)	13	**VI. Internationale Zuständigkeit**	30

I. Normzweck, Herkunft und europäische Rechtsangleichung

1. Normzweck. Art 30 beinhaltet ähnlich wie Art 29 eine kollisionsrechtliche **Norm zum Schutz** 1 **des** – zumindest typischerweise – marktschwächeren **Arbeitnehmers**[1]. Insbesondere die **Rechtswahl** wird **eingeschränkt,** weil die Parteiautonomie auf kollisionsrechtlicher Ebene ebenso wenig wie die Privatautonomie auf sachrechtlicher Ebene im Bereich des individuellen Arbeitsrechts auf Grund der typischerweise gegebenen sozialen Ungleichgewichtslage zu einem angemessenen Interessenausgleich für die Regelung individueller Arbeitsrechtsbeziehungen führt.

2. Herkunft und früheres Kollisionsrecht. Art 30 beruht auf **Art 6 EVÜ,** der seinerseits in 2 ähnlicher Form auf Art 2 Abs 3 und Art 5 EVÜ-Entwurf 1972[2] zurückgeht. Art 30 hat Art 6 EVÜ nur sprachlich verändert. Insbesondere sind die Hinweise in Art 6 Abs 1 und Abs 2 EVÜ auf Art 3 EVÜ und Art 4 EVÜ nicht übernommen worden. Dass auch Art 30 die Art 27 und 28 modifiziert, folgt aber ohnedies aus der Stellung der Norm.

Auch **vor Inkrafttreten von Art 30** war im Internationalen Arbeitsvertragsrecht eine **Rechtswahl** 3 **prinzipiell zulässig**[3]. Bei fehlender oder unwirksamer Rechtswahl wurde an den hypothetischen

---

[1] BT-Drucks 10/504 S 81; *Giuliano/Lagarde* BT-Drucks 10/503 S 33, 57.
[2] Vgl *Lando* RabelsZ 38 (1974), 20, 22 f.
[3] St Rspr, BAGE 2, 18, 19 = AP BGB § 242 Nr 4 Ruhegehalt; BAGE 13, 121, 124 = AP IPR (ArbR) Nr 6; BAG NJW 1977, 2039, 2040; AP IPR (ArbR) Nr 4; AP IPR (ArbR) Nr 9; AP IPR (ArbR) Nr 12; ebenso *Gamillscheg,* Internationales Arbeitsrecht, 1959, S 101; vgl auch *Kronke* S 61 ff.

Parteiwillen angeknüpft, der zum Schwerpunkt des Arbeitsverhältnisses und damit zum Arbeitsort als maßgeblichen Anknüpfungspunkt führte[4]. Sehr streitig war, inwieweit zwingende Bestimmungen des ohne Rechtswahl anwendbaren Sachrechts durch eine Rechtswahl derogiert werden konnten[5].

4 Wichtig insbes im Internationalen Arbeitsvertragsrecht ist nach wie vor die **Übergangsregel von Art 220 Abs 1**. Maßgebliches Kriterium ist dort das Merkmal des abgeschlossenen Vorgangs. Nach der Rspr des BAG ist im Falle eines Dauerschuldverhältnisses, insbes eines Dienst- oder Arbeitsvertrags, der Vorgang nicht bereits mit dem Vertragsschluss abgeschlossen[6]. Mit dem Inkrafttreten des nun geltenden EGBGB kann also ein Statutenwechsel eingetreten sein. Im innerdeutschen Kollisionsrecht galt Art 30 bzw zuvor die richterrechtlichen Grundsätze des internationalen Arbeitsvertragsrechts analog[7].

5 **3. Europäische Rechtsangleichung und Arbeitnehmerentsendung.** Im Bereich der EU existieren eine Reihe von Richtlinien, von denen die RL **über die Entsendung von Arbeitnehmern ins EG-Ausland** (RL 96/71/EG, ABl 1997 Nr L 18 S 1) kollisionsrechtlich von besonderem Interesse ist. Danach hat der aufnehmende Staat dafür zu sorgen, dass dem Arbeitnehmer nicht die Arbeitsbedingungen versagt werden, die an dem Ort, an dem die Arbeitsleistung vorübergehend erbracht wird, für Tätigkeiten der gleichen Art gelten. Die Umsetzung dieser RL in das deutsche **Arbeitnehmer-Entsendegesetz** (BGBl 1996 I S 227) ist erfolgt[8]. Überdies bestimmt das AEntG, dass tarifvertragliche, für allgemeinverbindlich erklärte Regelungen des Baugewerbes über Entgelt und Urlaub auch auf das Arbeitsverhältnis zwischen einem Arbeitgeber mit Sitz im Ausland und seinem im räumlichen Geltungsbereich des Tarifvertrages beschäftigten Arbeitnehmer zwingend anwendbar sind (§ 1 Abs 1 AEntG)[9]. Das AEntG korrigiert (im Wege der Sonderanknüpfung kraft Eingriffsnorm) also die Anknüpfungen des Art 30 teilweise, soweit letztere (wie regelmäßig) zum Recht des Herkunftslandes des Arbeitnehmers führen[10].

6 **4. Systematik der Norm.** Strukturell ähnelt Art 30 dem Art 29. Abs 1 betrifft den Fall der (zulässigen) Rechtswahl, die nicht dazu führen darf, dass dem Arbeitgeber der Schutz entzogen wird, der ihm durch die zwingenden Bestimmungen des Rechts gewährt wird, das objektiv anwendbar wäre. Welches Recht objektiv anwendbar ist, folgt aus Abs 2, der am Ende wieder zum Prinzip der engsten Verbindung (ähnlich wie in Art 28) zurückkehrt. Zu beachten ist, dass das EGBGB in der Bek vom 21. 9. 1994 (BGBl I S 2494) einen Druckfehler insoweit enthielt, als die Ausnahmeklausel in Abs 2 ohne Absatz an Abs 2 Nr 2 angeschlossen worden war; dieser Fehler ist inzwischen berichtigt worden (Bek vom 5. 5. 1997, BGBl I S 1061). Die **Ausnahmeklausel bezieht sich** also **auf beide Ziffern in Abs 2**.

7 **5. Analogiefähigkeit.** Wie im Falle von Art 29 stellt sich auch für Art 30 im Prinzip die Frage nach dessen Analogiefähigkeit. Sie ist unter dem Eindruck des Postulats der **einheitlichen Auslegung (Art 36)** ebenso zu beantworten wie für Art 29 (dort Rn 15). Die Herkunft von Art 30, der eben auf dem EVÜ (Art 6) beruht, unterscheidet sich prinzipiell von autonomen Normen des nationalen Rechts, etwa solchen des BGB. Demgemäß ist auch Art 30 nicht analog auf andere Fallgestaltungen anzuwenden, insbes nicht auf Vertragsverhältnisse, die nach der eben autonom durchzuführenden Auslegung des Art 30 (Art 6 EVÜ) nicht unter diese Norm fallen. Anderenfalls würde man den Anwendungsbereich der Grundanknüpfungen der Art 27 und Art 28 (= Art 3 und 4 EVÜ) konventionswidrig zurückdrängen. Daher ist Art 30 prinzipiell nicht analog auf Verträge mit Geschäftsführern einer GmbH anwendbar, es sei denn, diese fallen nach der autonomen Definition des Arbeitsvertrages (ausnahmsweise) unter Art 30/ Art 6 EVÜ, wie etwa im Falle von Scheinselbstständigen[11] oder (im Einzelfall) auch Gesellschaftsgeschäftsführern im Hinblick auf deren Verhältnis zum Arbeitgeber, vorausgesetzt, Weisungsgebundenheit (und keine Organstellung) liegt vor. Ob das der Fall ist, richtet sich nach dem Gesellschaftsstatut[12].

II. Arbeitsverträge und Arbeitsverhältnisse

8 Die für den Anwendungsbereich des Art 30 zentralen Begriffe der Arbeitsverträge und Arbeitsverhältnisse sind wie stets im Rahmen des Art 36 **autonom auszulegen**[13]. Solange vom EuGH eine

---

[4] BAGE 7, 357, 362 = AP IPR (ArbR) Nr 3; BAGE 16, 215, 222 = AP IPR (ArbR) Nr 9; *Gamillscheg*, Internationales Arbeitsrecht, 1959, S 103, 127, 140.
[5] Zum früheren Streitstand vgl MünchKommBGB/*Martiny* Rn 3.
[6] BAG AP EGBGB Art 27 Nr 6 = BB 2004, 1393; BAGE 71, 297, 307 f = AP IPR (ArbR) Nr 31; aA etwa *Junker* SAE 1994, 37.
[7] *Soergel/v. Hoffmann* Rn 1 c; *Palandt/Heldrich* Rn 1.
[8] Mit Gesetz vom 19. 12. 1998, BGBl I S 3843; dazu *Däubler* RIW 1998, 255, 257; *Looschelders* Rn 46–48; *Lunk/ Nehl* DB 2001, 1934; *Wank/Börgmann* NZA 2001, 177, 179; vgl auch EuGH ZEuP 2001, 358 m Anm *Krebber*; BAG AP BGB § 611 Nr 4 Ruhen des Arbeitsverhältnisses m Anm *Werthebach* NZA 2006, 247; DB 2003, 2287 sowie BAG NZA 2006, 379, jeweils zum Urlaubskassenverfahren.
[9] Zur Europarechtswidrigkeit des Arbeitnehmerüberlassungsgesetzes EuGH NJW 2001, 3767; zu „Green-Card"-Arbeitnehmern *Möll/Reichel* RdA 2001, 308.
[10] *Junker* JZ 2005, 481, 485; *Schlachter* NZA 2002, 1242; ErfK/*Schlachter* § 1 AEntG Rn 1, 2; vgl auch BAG NZA 2006, 379, 380; RdA 2006, 175, 177 m Anm *Schlachter* = BB 2004, 1337, 1339 f zu §§ 1, 3 AEntG aF.
[11] *Mankowski* BB 1997, 465, 469 ff.
[12] Näher *Mankowski* RIW 2004, 167; MünchKommBGB/*Martiny* Rn 20; zumindest methodisch verfehlt daher OLG Düsseldorf RIW 2004, 230.
[13] MünchHdbArbR/*Birk* § 19 Rn 3, 60; *Mankowski* BB 1997, 465, 466; *Weber* IPRax 1988, 82; *Schlachter* NZA 2000, 57, 58; MünchKommBGB/*Martiny* Rn 17; *Staudinger/Magnus* Rn 20; aA *Franzen* AR-Blattei SD Nr 920, Internationales Arbeitsrecht Rn 62 f; eingehend *Heilmann* S 40 ff.

einheitliche europäische Definition noch nicht entwickelt worden ist, gilt hilfsweise nicht die Qualifikation nach der lex causae[14], sondern die Begriffe sind nach der lex fori zu qualifizieren[15].

1. Arbeitsverträge. Im Wesentlichen besteht Einigkeit über die Anforderungen an Arbeitsverträge 9 iS des Art 30. Es handelt sich hierbei um **Dienstverträge,** die zu einer **weisungsgebundenen, abhängigen, fremdbestimmten und entgeltlichen Tätigkeit** verpflichten[16]. In welcher Sparte gearbeitet wird, ist ebenso gleichgültig wie die Frage, ob die Arbeit allein oder in Gruppen geschieht[17]. Arbeitsverträge liegen vor im Falle von Teilzeitarbeit[18], Ausbildungsverhältnissen[19], Heim- oder Telearbeit[20], Leiharbeitsverhältnissen[21], Arbeitsverhältnissen zwischen Familienmitgliedern, privatrechtlichen Arbeitsverträgen der Beschäftigten des Öffentlichen Dienstes[22], bei Arbeitsverträgen der Beschäftigten internationaler Organisationen (jedoch nur, wenn nicht kraft Völkergewohnheitsrechts eigenständiges Dienstrecht der jeweiligen Organisation anzuwenden ist)[23], im Einzelfall auch bei Scheinselbstständigen (Rn 7) und arbeitnehmerähnlichen Personen (zB Reinigungspersonal). Handelsvertreterverträge sind nur dann Arbeitsverträge, wenn sie zu einer Weisungsabhängigkeit des als Handelsvertreter Bezeichneten führen[24]. Das Gleiche gilt für freie Mitarbeiter.

2. Arbeitsverhältnisse. Die Erwähnung der Arbeitsverhältnisse beruht darauf, dass unter Art 30 10 auch **nichtige Verträge sowie bloß faktische Arbeitsverhältnisse** subsumiert werden können. Auf diese Weise sollen vor allem solche Konstellationen erfasst werden, in denen vom Gesetz zum Schutz der Arbeitnehmer vorgeschriebene vertragliche Bestimmungen nicht eingehalten worden sind[25]. In aller Regel hätte das gleiche Ergebnis allerdings auch über Art 32 Abs 1 Nr 5 erzielt werden können[26].

3. Umfang der Verweisung. Art 30 unterwirft Arbeitsverträge und Arbeitsverhältnisse dem Recht 11 eines näher bezeichneten Staates. Abgesehen von den Fällen der Sonderanknüpfung zwingender Bestimmungen nach Abs 1 und Art 34 folgt der Umfang der Verweisung des Art 30 aus Art **31 und 32,** so dass prinzipiell **alle mit Begründung, Inhalt, Einwendungen, Verjährung, Beendigung (Kündigung) eines Arbeitsvertrages zusammenhängenden Fragen** erfasst sind. Für die Frage der Geschäftsfähigkeit gelten demgegenüber die Art 7 und 12, für die Frage der Form (für welche anders als bei Art 29 eine besondere Regelung fehlt) gilt Art 11[27]. Unter den Anwendungsbereich des Art 30 fallen insbes Befristungen[28] und § 613a BGB[29]. Arbeitnehmer- und Arbeitgeberpflichten, die aus dem Arbeitsvertrag folgen, sind gleichfalls nach den Grundsätzen des Art 30 anzuknüpfen. Dazu gehört die Lohnzahlungs-[30] und Provisionszahlungspflicht[31]. Lohnfortzahlung im Krankheitsfalle ist demgegenüber wohl ein Bestandteil des Internationalen Sozialversicherungsrechts[32]. Zum Anwendungsbereich des Art 30 gehören weiter die Erstattung von Umzugskosten[33], Urlaubsansprüche[34], Pensionsansprüche[35] sowie die Haftung des Arbeitnehmers aus Vertrag[36]. Sodann fallen grds die im Zusammenhang mit einer Arbeitnehmererfindung stehenden Fragen unter diese Norm[37]. Es steht hier nicht anders als in Bezug auf das Urhebervertragsrecht angestellter Urheber[38]. Auch die Kündigung unterliegt Art 30, wobei in untragbaren Fällen Art 6 eingreifen kann[39], soweit der privatrechtliche Kündigungsschutz nicht durch öffentlich-rechtliche Vorschriften überlagert ist[40]; prinzipiell fällt aber auch der Kündi-

---

[14] So aber *Soergel/v. Hoffmann* Rn 4; weitergehend für die Qualifikation nach der lex causae *Dicey/Morris,* Conflict of Laws II, S 1304.
[15] *Gamillscheg* ZfA 14 (1983), 307, 365; *v. Bar* IPR II Rn 446; *Däubler* RIW 1987, 249, 250.
[16] *Mankowski* BB 1997, 465, 469; *Staudinger/Magnus* Rn 36; *Soergel/v. Hoffmann* Rn 7–9; *Reithmann/Martiny/ Martiny,* Internationales Vertragsrecht, Rn 1872; *Looschelders* Rn 3.
[17] *Gamillscheg* ZfA 14 (1983), 307, 333.
[18] *Mankowski* BB 1997, 465, 468.
[19] Näher MünchHdbArbR/*Birk* § 19 Rn 206.
[20] *Staudinger/Magnus* Rn 41.
[21] Hess LAG AR-Blattei ES Nr 920, Internationales Arbeitsrecht, Rn 4 m Anm *Mankowski*.
[22] *Staudinger/Magnus* Rn 47; AnwK-BGB/*Doehner* Rn 8; aA *Soergel/v. Hoffmann* Rn 7 aE.
[23] Näher MünchKommBGB/*Martiny* Rn 22 ff.
[24] *Klima* RIW 1987, 796.
[25] *Giuliano/Lagarde* BT-Drucks 10/503 S 33, 58.
[26] *Gamillscheg* ZfA 14 (1983), 307, 332 f; *v. Bar* IPR II Rn 446; *Looschelders* Rn 4.
[27] Hierzu *Junker* IPRax 1993, 1, 5.
[28] So bereits *Gamillscheg* S 232 f; ebenso *Ferrari/Staudinger* Int VertragsR Rn 7.
[29] *Junker,* FS 25 Jahre Arbeitsgemeinschaft Arbeitsrecht im Deutschen Anwaltverein, 2006, S 595, 598 ff; *Däubler* DB 1988, 1850 f; *Kegel/Schurig* IPR § 18 I 1 f cc; aA MünchHdbArbR/*Birk* § 19 Rn 177 f: Recht des Betriebsortes; ähnlich *Junker* S 236 ff; für Art 34 zB *Jayme/Kohler* IPRax 1993, 369 f; insoweit aA BAG IPRax 1994, 123, 128; *Mankowski* IPRax 1994, 88, 94; LAG Köln RIW 1992, 93.
[30] *Deinert* RdA 1996, 339, 343; *Gamillscheg* ZfA 14 (1983), 307, 360; *Weth/Korver* RdA 1998, 233, 237.
[31] Vgl BAG NJW 1985, 2910; *Birk* RabelsZ 40 (1982), 387, 400; *Reithmann/Martiny/Martiny,* Internationales Vertragsrecht, Rn 1913.
[32] *Eichenhofer* S 94 ff; *Weth/Kreuzer* RdA 1998, 233, 238.
[33] BAG NJW 1996, 741 zu Art 27.
[34] *Gamillscheg* ZfA 14 (1983), 307, 360; *Magnus* IPRax 1990, 141, 145; *Schmidt-Hermesdorf* RIW 1988, 938, 941.
[35] BAG AP BGB § 242 Nr 159 Ruhegehalt m Anm *Grunsky;* AP IPR (ArbR) Nr 4 m Anm *Gamillscheg; Junker* IPRax 1993, 1, 6.
[36] MünchHdbArbR/*Birk* § 19 Rn 138.
[37] *Gamillscheg* ZfA 14 (1983), 307, 362; *Birk,* FS Hubmann, 1985, S 5 f.
[38] *Pütz* IPRax 2005, 13, 14.
[39] BAGE 63, 17, 29 f = AP IPR (ArbR) Nr 30; LAG München IPRax 1992, 97 m Anm *Däubler* 82.
[40] BAG NJW 1987, 2766, 2767.

gungsschutz und das KSchG unter Art 30[41]. Auch auf einen Aufhebungsvertrag zwischen Arbeitnehmer und Arbeitgeber soll das Recht des aufzuhebenden Vertrages anzuwenden sein[42]. Dafür spricht, dass der Aufhebungsvertrag nicht selten eine Kündigung funktional substituiert, so dass der Schutzwürdigkeit des Arbeitnehmers dann hier wie dort gleichermaßen gegeben ist. Pflichten und die Folgen von Verletzungen arbeitsvertraglich vereinbarter Wettbewerbsverbote sind gleichfalls unter Art 30 zu subsumieren[43].

12 Für das **kollektive Arbeitsrecht** gilt demgegenüber Art 30 nicht, insbes nicht für die Betriebsverfassung und das Tarifrecht. Das **Internationale Betriebsverfassungsrecht** wird vom **Territorialitätsprinzip** geleitet[44]. Betriebe unterliegen also dem deutschen BetrVG, wenn sie ihren Sitz im Inland haben. Bei bloß vorübergehender Entsendung eines Beschäftigten ins Ausland bleibt das BetrVG aber anwendbar (sog Ausstrahlung). Es ist weiter unstreitig, dass für **Tarifverträge** Art 30 nicht gilt[45]. Da Art 37 Tarifverträge nicht aus dem Anwendungsbereich der Art 27 ff ausnimmt, gilt zwar nicht Art 30, wohl aber gelten die anderen Vorschriften des Internationalen Schuldvertragsrechts der Art 27 ff[46], und zwar nicht nur in Bezug auf den schuldrechtlichen[47], sondern auch für den normativen Teil des Tarifvertrages[48]. Für bestimmte Bereiche sollen die Entsende-RL und das Arbeitnehmerentsendegesetz dafür sorgen, dass inländische allgemein verbindliche Tarifverträge nur für vorübergehend im Inland tätige Arbeitnehmer gelten, mögen auch ihre Arbeitsverträge ausländischem Recht unterstehen und sie sich gewöhnlich im Ausland aufhalten[49].

III. Rechtswahl (Abs 1)

13 **1. Allgemeines.** Art 30 Abs 1 setzt die **Zulässigkeit einer Rechtswahl der Parteien im Internationalen Arbeitsvertragsrecht** voraus. Damit können die Parteien das anzuwendende Recht in Übereinstimmung mit den zu Art 27 entwickelten Grundsätzen ausdrücklich[50] oder konkludent[51], auch nachträglich im Prozess[52] wählen, auch durch Tarifvertrag[53]. Neben Art 27 Abs 3[54] und Art 34[55] schränkt Art 30 Abs 1 die Rechtswahl allerdings in Bezug auf zwingende Bestimmungen ein.

14 Abgesehen davon bleiben aber alle **allgemeinen Bestimmungen zum Internationalen Vertragsrecht anwendbar.** Das gilt auch in Bezug auf die Möglichkeit der Teilrechtswahl gemäß Art 27 Abs 1 S 3[56]. Der Umkehrschluss, dass die Nichterwähnung dieser Möglichkeit in Art 30 zur Unzulässigkeit der Teilrechtswahl führt[57], ist hier ebenso wenig angebracht wie zB im Falle der Art 29, 42. Zu beachten ist aber – aus rechtsberatender Sicht – die grundsätzliche Problematik von kollisionsrechtlichen „patchwork-Verträgen" im Hinblick auf die Voraussehbarkeit der Ergebnisse und die prinzipiellen Grenzen der Zulässigkeit einer Teilrechtswahl[58]. Überdies folgt aus Art 27 Abs 3 im Umkehrschluss, dass – ebenso wie im Rahmen des Art 27 insgesamt – die Parteien jede beliebige Rechtsordnung wählen können. Eine besondere Auslandsberührung ist prinzipiell nicht erforderlich[59]. Im Übrigen wird man freilich Art 27 Abs 3, dem in einem reinen Inlandsfall neben Art 30 ohnedies geringe praktische Bedeutung zukäme[60], insgesamt von Art 30 (als lex specialis) verdrängt angesehen

---

[41] LAG Düsseldorf IPRspr 2003 Nr 49; *Junker* FS Konzen, 2006, S 367, 368; *Reiter* NZA 2004, 1246, 1248.
[42] *Gamillscheg* ZfA 14 (1983), 307, 362; *Staudinger/Magnus* Rn 240; anders – selbständige Anknüpfung über Art 27 und 28 – mit beachtlichen Gründen *Knöfel*, ZfA 37 (2006), 397, 402 ff.
[43] Näher, auch zu besonderen Fallkonstellationen *Thomas/Weidmann* DB 2004, 2694.
[44] BAG NJW 1987, 2766, 2767; DB 1990, 992; NZA 1997, 493; *Schlachter* NZA 2000, 57, 63 f; *Reiserer* NZA 1994, 673, 674; MünchKommBGB/*Martiny* Rn 129 ff; diff *E. Lorenz*, FS W. Lorenz, 1991, S 441 ff; zum BetrVG *Junker* RdA 1990, 212 ff; ders RIW 2001, 94, 105 f; *Richardi* IPRax 1983, 217.
[45] *Giuliano/Lagarde* BT-Drucks 10/503 S 33, 57; *Gamillscheg* ZfA 14 (1983), 307, 332 f; *Schlachter* NZA 2000, 57, 64; *Junker* RIW 2001, 94, 107 f.
[46] BAG IPRax 1994, 44, 45 m Anm *Junker* 21, 22 f; *Basedow* BerGesVR 31 (1990), 93; *Junker* S 422.
[47] So *Ebenroth/Fischer/Sorek* ZVglRWiss 88 (1989), 124, 145, hM.
[48] BAG AP BGB Befristeter Arbeitsvertrag Nr 245; *Franzen*, AR-Blattei SD Nr 920, Internationales Arbeitsrecht, Rn 201; *Hergenröder*, AR-Blattei SD Nr 1550.15, Internationales Tarifvertragsrecht, Rn 27; anders zB ErfK/*Schlachter* Rn 27.
[49] Näher ErfK/*Schlachter* § 1 AEntG Rn 8; *Koenigs* DB 1995, 1710; ders DB 1997, 225; *Birk* ZIAS 1995, 481; *Hickl* NZA 1997, 513; *Borgmann* IPRax 1996, 315; *Webers* DB 1996, 574; *Franzen* DZWiR 1996, 89.
[50] Vgl BAG NZA 1998, 995; vgl auch *Junker* RIW 2001, 95; ErfK/*Schlachter* Rn 4.
[51] Näher *Riesenhuber* DB 2005, 1371.
[52] BAG NJW-RR 1988, 482, 483; Palandt/*Heldrich* Rn 4; *Reithmann/Martiny/Martiny*, Internationales Vertragsrecht, Rn 1876; näher *Riesenhuber* DB 2005, 1571; früher bereits BAGE 16, 215 = AP IRR (ArbR) Nr 9.
[53] LAG IPRspr 1981 Nr 44 noch zum alten Recht; ErfK/*Schlachter* Rn 6; *Thüsing* NZA 2003, 1303, 1304.
[54] Vgl BAG IPRax 1999, 174, 176 betr Kündigungsschutz; krit *Krebber* IPRax 1999, 169, 165 f.
[55] *Junker* IPRax 1989, 69, 72; *Soergel/v. Hoffmann* Rn 14; gegen die Anwendung von Art 27 Abs 3 *Schmidt-Hermesdorf* RIW 1988, 938, 939.
[56] So für die Altersversorgung BAG IPRax 2006, 254 m Aufs. *Franzen* IPRax 2006, 222; für den Kündigungsschutz BAG AP KSchG 1969 § 23 Nr 19 m krit Anm *Krebbers* IPRax 1999, 164; AP GVG § 18 Nr 1; MünchKommBGB/*Martiny* Rn 29; Palandt/*Heldrich* Rn 4; *Looschelders* Rn 14.
[57] In diesem Sinne *Gamillscheg* ZfA 14 (1983), 307, 328; ErfK/*Schlachter* Rn 4.
[58] Siehe Art 27 Rn 44, 45; zutr *Junker* FS 50 Jahre BAG 1197, 1201; *Krebber* IPRax 1999, 164, 164 f.
[59] MünchKommBGB/*Martiny* Rn 26; *Staudinger/Magnus* Rn 52; *Soergel/v. Hoffmann* Rn 12; Palandt/*Heldrich* Rn 4; MünchHdbArbR/*Birk* § 19 Rn 4; anders Art 121 schweiz IPRG.
[60] *Staudinger/Magnus* Rn 56.

müssen. Das führt dazu, dass das Günstigkeitsprinzip des Abs 1 auch im Anwendungsbereich des Art 27 Abs 3 greifen kann[61].

2. Zwingende Bestimmungen. Zwingende Bestimmungen iS von Abs 1 sind – ebenso wie in 15 Art 27 Abs 3 und in Art 29 Abs 1 – Normen des **internen ius cogens**[62]. In Übereinstimmung mit dem Wortlaut von Abs 1 muss es sich überdies um zwingende Vorschriften zum Schutz des Arbeitnehmers handeln[63]. Insofern ist der Kreis der zwingenden Bestimmungen in Art 30 Abs 1 enger als derjenige in Art 27 Abs 3[64]. International zwingende Bestimmungen iS von Art 34 sind aber nicht erforderlich, um die kollisionsrechtliche Schutzwirkung des Art 30 Abs 1 auszulösen. Ist eine Norm gleichzeitig zwingende Schutzvorschrift iS von Art 30 Abs 1 und international zwingende Schutznorm iS von Art 34 (zB Mutterschutzvorschriften, die auch im Interesse der Allgemeinheit erlassen worden sind), so ist nach dem telos des Art 30 das Günstigkeitsprinzip heranzuziehen. Jedenfalls schließen sich Art 30 Abs 1 und Art 34 nicht gegenseitig aus[65]. Wesentlich ist überdies, dass international zwingende Eingriffsnormen iS von Art 34 nur solche sind, die (und soweit sie) öffentliche Gemeinwohlbelange schützen (Art 34 Rn 9–15); die entsprechende Auslegung des Art 34 durch das BAG, der sich mittlerweile auch der BGH voll inhaltlich angeschlossen hat, gehört in der Tat zu den „Glanzstücken der international-privatrechtlichen Praxis des BAG"[66].

Schutzvorschriften sind **sämtliche Normen, die die Rechtsstellung des** schwächeren Vertragsteils, genauer: des **Arbeitnehmers verbessern.** Nicht nur um Abgrenzungsschwierigkeiten zu vermeiden, sondern auch um den Schutzcharakter des Art 30 besonders zu effektivieren, sind Schutzvorschriften iS dieser Vorschrift nicht nur Normen des Individualarbeitsvertragsrechts[67], sondern auch zwingende allgemeine vertragsrechtliche Normen[68]. Für eine einschränkende Auslegung gibt auch der Wortlaut von Art 30 nichts her. Zwingende Normen iS von Art 30 Abs 1 können öffentlich-rechtlicher Natur oder auch Bestandteile von für allgemein verbindlich erklärten Tarifverträgen sein[69]. Erfasst sind etwa Normen des Kündigungsschutzrechts[70], § 613 a BGB[71], der Gleichbehandlungsgrundsatz und das AGG[72], Vorschriften über Arbeitnehmererfindungen[73] sowie Jugend-, Mutter- und Schwerbehindertenschutz, ferner das AGB-Recht.

3. Günstigkeitsvergleich. Die Rechtswahl der Parteien darf nicht dazu führen, dass dem Arbeit- 17 nehmer der Schutz entzogen wird, der ihm durch die zwingenden Bestimmungen des Rechts gewährt wird, das nach Abs 2 ohne Rechtswahl anwendbar wäre. Demzufolge kommt es auf einen Günstigkeitsvergleich an, bei dem die Ergebnisse verglichen werden müssen, die aus den nach Abs 1 und Abs 2 bezeichneten Rechtsordnungen folgen. Erweist sich die Anwendung zwingender Bestimmungen, die nach Abs 2 an sich objektiv anwendbar wären, für den Arbeitnehmer als vorteilhafter, wird insoweit die **Rechtswahl nach Abs 1 überlagert.** Die zwingenden Bestimmungen des objektiven Vertragsstatuts (Abs 2) werden in das subjektiv bestimmte Vertragsstatut gewissermaßen injiziert. Das als Vergleichsmaßstab herangezogene Recht, das über Abs 2 bestimmt ist, ist unter Zugrundelegung nicht nur der Regelanknüpfungen von Nr 1 und 2, sondern auch unter Berücksichtigung der Ausweichklausel des Abs 2 zu bestimmen[74].

Der Vergleich ist unstreitig nicht iS eines abstrakten Gesamtvergleiches der Rechtsordnungen durch- 18 zuführen. Insbesondere sind nicht pauschale Werturteile abzugeben[75]. Streitig ist allerdings, ob auf die ganz konkrete Einzelfrage, auf einen „Vorschriftenvergleich"[76], abzustellen ist, oder ob dann, wenn die Einzelfrage im unmittelbaren Zusammenhang mit weiteren Rechtsfragen steht, ganze Normenkomplexe (zB für die Mehrarbeitsvergütung) zu vergleichen sind[77]. Gegen einen isolierten Vorschriften-

---

[61] *Junker* IPRax 1989, 69, 72; ErfK/*Schlachter* Rn 15; *Looschelders* Rn 15; AnwK-BGB/*Doehner* Rn 16; im Ergebnis auch *Palandt*/*Heldrich* Rn 4; anders aber *E. Lorenz* RIW 1987, 569, 574; MünchKommBGB/*Martiny* Rn 42.
[62] BAGE 71, 297, 309 = AP IPR (ArbR) Nr 31; *Junker* IPRax 1989, 69, 72; *Staudinger*/*Magnus* Rn 72.
[63] *Giuliano*/*Lagarde* BT-Drucks 10/503 S 33, 57.
[64] *Looschelders* Rn 15.
[65] Ebenso *Staudinger*/*Magnus* Rn 74 gegen *Mankowski* S 508 f und *v. Hoffmann* IPR § 10 Rn 78; Soergel/*v. Hoffmann* Rn 18, 23.
[66] *Junker*, FS 50 Jahre BAG, 2004, 1197, 1211; ungenau daher *Wiedenfels* IPRax 2003, 317, 318 f, der Art 34 für die Begründung eines Urlaubsanspruchs heranziehen will.
[67] So aber *v. Bar* IPR II Rn 448.
[68] *Hohloch*, FS Heiermann, 1995, S 143, 147; *Junker* IPRax 1989, 69, 73; MünchKommBGB/*Martiny* Rn 34; *Staudinger*/*Magnus* Rn 75.
[69] *Giuliano*/*Lagarde* BT-Drucks 10/503 S 33, 57; *Hohloch* RIW 1987, 353, 357 f; *Kronke* DB 1984, 404, 405.
[70] BAGE 63, 17 = AP IPR (ArbR) Nr 20; BAG MDR 1998, 543; *Reiserer* NZA 1994, 673, 674; zu den englischen selbstbeschränkenden sog scope rules *Knöfel* IPRax 2007, 146; für Art 34 bei Kündigungsschutz von Müttern *Deinert* RdA 1996, 339, 343.
[71] BAGE 71, 297 = AP IPR (ArbR) Nr 31.
[72] *Ferrari*/*Staudinger* Int VertragsR Rn 9; *Staudinger*/*Magnus* Rn 79; aA *Bittner* NZA 1993, 161, 166.
[73] *Sack*, FS Steindorff, 1990, S 1333, 1343.
[74] BAGE 63, 17, 25 = AP IPR (ArbR) Nr 30; *Reithmann*/*Martiny*/*Martiny*, Internationales Vertragsrecht, Rn 1881; *Palandt*/*Heldrich* Rn 4.
[75] *v. Bar* IPR II Rn 449.
[76] *E. Lorenz* RIW 1987, 569, 577; *Schurig* RabelsZ 54 (1990), 217, 220.
[77] So die hM, *Hohloch* RIW 1987, 353, 357 f; *Schlachter* NZA 2000, 57, 61; *Eser* BB 1994, 1991, 1992; *Reiserer* NZA 1994, 673, 677; *Sack*, FS Steindorff, 1990, S 1333, 1343 f; MünchKommBGB/*Martiny* Rn 40; MünchHdb-ArbR/*Birk* § 19 Rn 24; *Staudinger*/*Magnus* Rn 84, 85; AnwK-BGB/*Doehner* Rn 19; ähnlich – „konkreter Gesamtvergleich" – *Junker* IPRax 1989, 69, 72; Soergel/*v. Hoffmann* Rn 33.

vergleich spricht, dass eine solche Vergleichsmethode nach Art der Rosinentheorie zu einer ungerechtfertigten Kumulation von Vorteilen führen kann, insbes wenn verschiedene Ansprüche zu prüfen sind, die zwar formal getrennt werden können, funktional aber doch zusammenhängen. Auch **iS eines beschränkten Gruppenvergleichs** kann im Arbeitsverhältnis unter Umständen einem Mosaik zwingender Schutzvorschriften verschiedener staatlicher Herkunft unterliegen[78]. Die daraus resultierenden Komplikationen sind vom Gesetzgeber aber in Kauf genommen worden. Zu beachten ist jedoch, dass es bei der Anwendung des subjektiv gewählten Rechtes nach Abs 1 verbleibt, wenn dieses Recht mit seinen zwingenden Vorschriften den Arbeitnehmer mindestens genauso schützt als das objektiv nach Abs 2 anwendbare Recht[79].

IV. Objektive Anknüpfung (Abs 2)

19 Auf Grund der objektiven Anknüpfung des Abs 2 ist ein Arbeitsvertrag bzw ein Arbeitsverhältnis dann anzuknüpfen, wenn es an einer Rechtswahl fehlt, sei es, dass diese überhaupt nicht vorliegt, sei es, dass sie unwirksam ist. Abgesehen davon kommt es auf die Anknüpfung des Abs 2 auch im Rahmen eines erforderlichen Günstigkeitsvergleichs nach Abs 1 an. Wegen der damit zusammenhängenden Komplikationen im Rahmen des Vergleichs führt eine Rechtswahl im Internationalen Arbeitsvertragsrecht unter Umständen zu größerer Rechtsunsicherheit als im Falle der objektiven Anknüpfung. Das sollte bedacht werden, wenn eine parteiautonome Rechtswahl im Internationalen Arbeitsvertragsrecht erwogen wird[80].

20 **1. Normstruktur.** Abs 2 sieht zwei Regelanknüpfungen in Nr 1 und 2 vor, die indes jeweils unter dem Vorbehalt einer noch engeren Verbindung zu einem anderen Staat stehen. Das Verhältnis zwischen den Regelanknüpfungen in Abs 2 Nr 1 und 2 und der Ausweichklausel ist umstritten. Teilweise wird die Ausweichklausel als eigenständige dritte Anknüpfungsvariante verstanden, weil es Fälle gebe, die weder unter Nr 1 noch unter Nr 2 subsumiert werden können. Genannt wird insbes die Arbeit im extraterritorialen Raum[81]. Zutreffend dürfte demgegenüber die hM sein, wonach die beiden **Regelanknüpfungen in Nr 1 und 2** ein **geschlossenes Regelungssystem** enthalten, so dass stets zunächst die maßgebliche Regelanknüpfung ermittelt werden muss[82]. Dafür spricht schon der Wortlaut des Abs 2, wonach die Ausweichklausel „engere" Verbindungen zu einem anderen Staat voraussetzt als die Regelanknüpfungen. Insoweit unterscheidet sich Art 30 vom Wortlaut von Art 28 Abs 1 S 1. Aus der Gesetzgebungsgeschichte folgt außerdem, dass die objektiven Regelanknüpfungen auch Arbeiten im staatsfreien Gebiet erfassen sollen, etwa Arbeiten auf einer Hochseebohrinsel[83]; hier ist Art 30 Abs 2 Nr 2 anwendbar. Das Gleiche kann angenommen werden, wenn ein Arbeitnehmer seine Tätigkeit an einem Ort verrichtet, von mehreren Staaten gleichzeitig beansprucht wird[84]. Im Ergebnis dient die **Ausweichklausel** in Abs 2 aE demnach nur der (ausnahmsweisen) Korrektur der Regelanknüpfungen, ist aber **kein originärer Anknüpfungsansatz**.

21 **2. Arbeitsort (Nr 1).** Abs 2 S 1 unterwirft Arbeitsverträge dem am gewöhnlichen Arbeitsort geltenden Recht **(lex loci laboris)**, selbst wenn der Arbeitnehmer vorübergehend in einen davon abweichenden Staat entsandt ist, vorausgesetzt, es gibt keine noch engere Verbindung zu einem anderen Staat. Der **gewöhnliche Arbeitsort** kann dort angenommen werden, **wo der Arbeitnehmer fest in einen Betrieb eingegliedert ist,** in dem er seine Arbeitsleistung erbringt[85]. Ohne entsprechende Eingliederung ist das **zeitliche und inhaltliche Schwergewicht der Arbeitnehmertätigkeit** entscheidend[86]. So haben im Inland beschäftigte ausländische Arbeitnehmer eines deutschen Arbeitgebers im Inland ihren gewöhnlichen Arbeitsort[87]. Bei fliegendem Personal ist der Ort maßgeblich, in dem die Arbeitsleistung überwiegend erbracht wird[88]. Im Falle von Heimarbeit ist der Arbeitsort nicht identisch mit dem Sitz des Betriebes;[89] hier ist der Ort der tatsächlichen Arbeitsleistung maßgeblich, auch im Falle der Heimarbeit am Computer/im Internet[90]. Das gilt auch im Falle einer Abweichung von vereinbartem und tatsächlichem Arbeitsort. Möglich ist auch, dass innerhalb eines Staates der Arbeitsort (zwischen verschiedenen politischen Gemeinden) wechselt. Für Art 30 allein relevant ist, dass innerhalb eines Staates gearbeitet wird; das Staatsgebiet ist also maßgeblich[91].

---

[78] *Palandt/Heldrich* Rn 5.
[79] *Gamillscheg* ZfA 14 (1983), 307, 335; *Palandt/Heldrich* Rn 5; MünchKommBGB/*Martiny* Rn 39.
[80] Vgl auch *Palandt/Heldrich* Rn 7, der von einer Rechtswahl im Internationalen Arbeitsvertragsrecht „dringend" abrät.
[81] BAG AP IPR (ArbR) Nr 32; AP IPR (ArbR) Nr 30; *Drobnig* BerDGesVR 31 (1990), 31, 62; *Puttfarken* RIW 1995, 617, 624; *Lagoni* JZ 1995, 499, 502.
[82] BAG AP IPR (ArbR) Nr 31; *Mankowski* RabelsZ 53 (1989), 487, 491; ders S 460; *Junker* S 186; *ders,* FS 50 Jahre BAG, 2004, S 1197, 1204: „heute wohl unstreitig"; *Franzen* EzA Nr 3 S 14 f.
[83] *Giuliano/Lagarde* BT-Drucks 10/503 S 33, 58.
[84] *Mankowski* S 462.
[85] *Junker* S 183; *Ganzert* S 85; vgl auch EuGH IPRax 1999, 365 zu Art 5 Nr 1 EuGVÜ; krit *Mankowski* IPRax 1999, 332.
[86] BAG AP IPR (ArbR) Nr 31.
[87] ArbG Wesel IPRspr 1995, Nr 58; das gilt auch bei Grenzgängern, *Weth/Kerwer* RdA 1998, 233, 236.
[88] BAG AP IPR (ArbR) Nr 31.
[89] *Staudinger/Magnus* Rn 100.
[90] *Looschelders* Rn 31; ebenso EuGH EuZW 1997, 143, 144 zu Art 5 Nr 1 EuGVÜ; zum Internet *Mankowski* DB 1999, 1854, 1856.
[91] BAG RdA 2004, 175, 177 m Anm *Schlachter* = BB 2004, 1337, 1339.

Eine **vorübergehende Entsendung** des Arbeitnehmers in einen anderen Staat ändert nichts an der grundsätzlichen Maßgeblichkeit des Arbeitsortes. Vorübergehend ist eine nicht endgültige Entsendung[92]. Ebenso wie bei der Ausfüllung des Begriffs des gewöhnlichen Aufenthalts sollte eine von vornherein vorübergehende Entsendung[93] ins Ausland den Arbeitsort im Ausland erst dann zum gewöhnlichen Arbeitsort umschlagen lassen, wenn eine **Frist von mehr als drei Jahren Arbeit im Ausland** vorgesehen ist[94]. Ohne zeitliche Begrenzung der „vorübergehenden" Entsendung in einen anderen Staat kann nur die Ausweichklausel gegenüber der Anwendbarkeit des Rechts des Arbeitsortes helfen[95]. Findet iS der vorstehenden Ausführungen ein Wechsel des gewöhnlichen Arbeitsortes statt, führt dies keineswegs zu einem rückwirkenden Statutenwechsel. Vielmehr folgt das anwendbare Recht (vorbehaltlich der Ausweichklausel) ggf den jeweiligen gewöhnlichen Arbeitsorten in den entsprechenden Zeitabschnitten[96]. Das Arbeitsvertragsstatut ist also durchaus im Prinzip „wandelbar". Es gibt aber nicht gleichzeitig mehrere für Abs 2 Nr 1 relevante „gewöhnliche" Arbeitsorte[97]. 22

3. Einstellende Niederlassung (Nr 2). Arbeitet der Arbeitnehmer nicht gewöhnlich in ein und demselben Staat, so gilt das Recht der einstellenden Niederlassung. Die Voraussetzung, dass der Arbeitnehmer seine Arbeit **gewöhnlich nicht in ein und demselben Staat verrichtet**, ist insbes in Fällen erfüllt, in denen Monteure und ähnlich Beschäftigte (zB Reisebegleiter) einen ständig wechselnden Einsatzort haben[98]. Zu nennen sind auch der Schlafwagenschaffner[99] sowie Angehörige des fliegenden Personals von Luftfahrtunternehmen[100] und Seeleute. Im Falle von Leiharbeitnehmern kommt eine Anwendung von Nr 2 in Betracht, wenn der Einsatzort des Arbeitnehmers zwischen mehreren Staatsgebieten wechselt[101]. Beim Flugpersonal sowie im Falle von Seeleuten sind allerdings folgende Besonderheiten zu beachten: 23

Beim **Flugpersonal** wird gelegentlich nicht über Abs 2 Nr 2 angeknüpft, sondern an den Ort des Staates, in dem das Flugzeug registriert ist[102]. Dagegen spricht indes schon, dass fliegendes Personal typischerweise auf wechselnden Flugzeugen eingesetzt wird, die unterschiedlichen Registrierungsorten und daher auch Rechten zugeordnet sein können. Daher erscheint die Anwendung von **Abs 2 Nr 2 sachgerecht**[103]. 24

Auch die **Anknüpfung an die Flagge des Schiffes** erscheint schon auf Grund der Problematik von Billigflaggen nicht als taugliches Anknüpfungskriterium. Im Rahmen von Art 30, der auch das Seearbeitsrecht erfasst[104], gilt damit vorrangig nicht Abs 2 Nr 1[105], sondern Abs 2 Nr 2[106]. Dafür spricht schon, dass ein Seemann nicht in ein und demselben Staat arbeitet. Denn ein Schiff ist ein Ort, kein Staat[107]. Die Auffassung, die unmittelbar unter die Ausweichklausel subsumieren will[108], ist aus systematischen Überlegungen heraus abzulehnen (Rn 20). Für Seearbeitsverhältnisse von Personen, die im Inland keinen Wohnsitz oder ständigen Aufenthalt haben, modifiziert **§ 21 Abs 4 FlRG** Art 30. Nur die Tatsache, dass ein Schiff im Zweitregister eingetragen ist und die Bundesflagge führt, begründet nicht die Anwendung deutschen Rechts. Möglich ist insbes der Abschluss von Tarifverträgen für Seeleute mit ausländischem Wohnsitz nach deren Heimatrecht. Die Geltung des deutschen Sozialversicherungsrechts bleibt aber unberührt. Diese Regel ist verfassungsmäßig[109]. Ebenso wenig verstößt § 21 Abs 4 FlRG gegen europäisches Gemeinschaftsrecht[110]. Die Vorschrift ist Interpretationsvorschrift 25

---

[92] *E. Lorenz* RdA 1989, 220, 223.
[93] Sonst gilt ausländisches Arbeitsrecht, *Schlachter* NZA 2000, 57, 60.
[94] *Gamillscheg* ZfA 14 (1983), 307, 333; *Kraushaar* BB 1989, 2121, 2124, *Ferrari/Staudinger* Int VertragsR Rn 11, *Franzen*, AR-Blattei SD Nr 920, Internat. Arbeitsrecht, Rn 76: zwei bis drei Jahre; *Heilmann* S 144; *Soergel/v. Hoffmann* Rn 39 und *v. Hoffmann/Thorn* IPR § 10 Rn 81: ein, höchstens zwei Jahre; ganz gegen Fristen und für eine Einzelfallbetrachtung *Gerauer* BB 1999, 2083; 2084; *Staudinger/Magnus* Rn 111; *Palandt/Heldrich* Rn 7; *Looschelders* Rn 34; ebenso vor Inkrafttreten von Art 30 BAG AP IPR (ArbR) Nr 16 aE.
[95] *Geisler* § 20 I 1 aE.
[96] *Mankowski* IPRax 2003, 21, 25 f.
[97] BAG AP EGBGB Art 27 Nr 6 = BB 2004, 1393.
[98] LAG Hamm NZA-RR 2000, 402; näher ErfK/*Schlachter* Rn 11; *Erman/Hohloch* Rn 19.
[99] *Geisler* § 20 I 2; *W. Lorenz* IPRax 1987, 269, 276; *Eser* RIW 1992, 1, 5.
[100] LAG Hessen IPRax 2001, 461; dazu *Benecke* IPRax 2001, 449.
[101] *Staudinger/Magnus* Rn 170.
[102] *Franzen*, AR-Blattei SD Nr 920, Internationales Arbeitsrecht, Rn 103; *Junker* S 188; *Mankowski* S 491 f; aus der Rspr: Todd vs British Midland Ltd [1978] ICR 959 (CA); Cass Rev crit dr int priv 75 (1986), 501; vor Inkrafttreten von Art 30 auch BAG AP IPR (ArbR) Nr 12 m Anm *Beitzke*.
[103] Ebenso BAG AP Nr 10 Art 30 EGBGB m Anm *Schlachter* und *Junker* SAE 2002, 258 sowie *Franzen* IPRax 2003, 239; ErfK/*Schlachter* Rn 8; *Staudinger/Magnus* Rn 163; *Geisler* § 20 I 3 a; *Palandt/Heldrich* Rn 8; *Erman/Hohloch* Rn 17; *Reithmann/Martiny/Martiny*, Internationales Vertragsrecht, Rn 1897; *Ganzert* S 97; *Gamillscheg* ZfA 14 (1983), 307, 334; *Däubler* RIW 1987, 249, 251; *Hönsch* NZA 1988, 113, 114; *Kraushaar* BB 1989, 2121, 2123; *Sack*, FS Steindorff, 1990, S 1333, 1341; *Lagarde* Rev crit dr int priv 1991, 319; (nur) für solche „Wechseldienste" ebenso *Junker*, FS Heldrich, 2005, S 719, 731 f.
[104] *Giuliano/Lagarde* BT-Drucks 10/503 S 33, 58; vgl auch BAGE 63, 17 = AP IPR (ArbR) Nr 30.
[105] So aber *Basedow* BerDGesVR 31 (1990), 83; *E. Lorenz* RdA 1989, 220, 224; *Mankowski* S 481 ff, 494.
[106] *Ebenroth/Fischer/Sorek* ZVglRWiss 88 (1989), 124, 138; *Erman/Hohloch* Rn 19; *Palandt/Heldrich* Rn 8; *Heilmann* S 187; offen gelassen in BAG AP IPR (ArbR) Nr 30; AP IPR (ArbR) Nr 32.
[107] BAG AP IPR (ArbR) Nr 32.
[108] So BAG SAE 1997, 29, 33, dazu *Puttfarken* S 10 f; *Drobnig/Puttfarken* S 15; vgl auch BVerfGE 92, 26, 39.
[109] BVerfGE 92, 26; dazu *Lagoni* JZ 1995, 499; *Kühl* TranspR 1989, 89; *Puttfarken* RIW 1995, 617, 618; *Tomuschat* IPRax 1996, 83, 85.
[110] EuGH IPRax 1994, 199; dazu *Magnus* IPRax 1994, 178.

zu Art 30[111]. Ist danach ausländisches Recht anwendbar, kommt eine Sonderanknüpfung deutscher Eingriffsnormen über Art 34 in Betracht[112]. Letzthilfsweise verbleibt der Einwand der öffentlichen Ordnung (Art 6)[113].

26 Problematisch ist schließlich der Begriff der **Niederlassung,** der im Gesetz nicht näher definiert ist. Anders als in Art 28 Abs 2 ist nicht von einer Hauptniederlassung oder einer Hauptverwaltung die Rede. Für eine Niederlassung genügt jede Organisationseinheit des Arbeitgebers mit eigenen Entscheidungskompetenzen[114]. Streitig ist, ob die Einstellung selbst dann zum Vertragsabschlussort führt[115], wenn das Arbeitsverhältnis zur einstellenden Niederlassung keinen weiteren Bezug hat. Auf diese Weise könnte man Umgehungen Vorschub leisten. Zutreffend stellt die hM deswegen dann auf das Recht des Staates ab, in dem die andere Niederlassung des Arbeitgebers das Arbeitsverhältnis betreut und durchführt (Einsatzniederlassung)[116]. Die Gegenansicht muss mit der Ausweichklausel helfen[117].

27 **4. Engere Verbindung.** Da Nr 1 und 2 in Abs 2 nur Regelanknüpfungen begründen, ist stets die **Ausnahmeklausel** am Ende dieses Absatzes zu prüfen. Aus der Gesamtheit der Umstände kann sich ergeben, dass der Arbeitsvertrag oder das Arbeitsverhältnis engere Verbindungen zu einem anderen Staat aufweist. Dann gelten die Normen dieses anderen Staates. Das **BAG** unterscheidet dabei zutreffend zwischen Umständen von besonders starkem Gewicht **(sog primäre Anknüpfungs- bzw Abwägungskriterien)** und **sekundären Abwägungskriterien** mit bloßer Indizfunktion[118]. Zu den **primären Abwägungskriterien** sind zu rechnen: der Arbeitsort, der Sitz des Arbeitgebers, die Staatsangehörigkeit beider Vertragsparteien und der Wohnsitz des Arbeitnehmers, also die räumliche Dimension des Arbeitsverhältnisses[119], ferner die einstellende Niederlassung sowie der Hauptsitz des Arbeitgebers, aber auch ein gemeinsamer gewöhnlicher Aufenthalt von Arbeitgeber und Arbeitnehmer[120]. Als **sekundäre Abwägungskriterien** treten ergänzend die Vertragssprache und Währung, in der die Vergütung gezahlt wird, hinzu, gegebenenfalls aber auch weitere vertragswesentliche Gesichtspunkte, die in ihrer Gesamtheit hinreichendes Gewicht haben, um die Bedeutung der Regelanknüpfung zu überwinden, wie etwa der Vertragsabschlussort sowie der Wohnsitz des Arbeitnehmers[121], ferner die Tätigkeit eines Agenten oder Beauftragten, das Recht, nach dem der Arbeitnehmer sozial abgesichert ist, der Ort, von dem aus das Arbeitsverhältnis faktisch dirigiert wird, bei Schiffen oder uU Flugzeugen die gewöhnliche Route, oder auch die Einbindung in ein Urlaubskassenverfahren[122] oder in sonstige Sozialsysteme (sog Vertragsdimension)[123]. Materiell-rechtliche Kriterien sind ebenso unbeachtlich[124] wie rein subjektive Parteiinteressen, die sich nicht verobjektivieren lassen[125]. Nicht relevant soll auch sein, wo der Arbeitgeber eine Zweigniederlassung eintragen lassen hat[126]. Nur eine Mehrzahl von Umständen kann eine engere Verbindung zu einer anderen Rechtsordnung abweichend von der Regelanknüpfung begründen. Das folgt daraus, dass die Ausweichklausel von einer „Gesamtheit der Umstände" spricht[127]. Im Übrigen entscheidet jeweils der Einzelfall[128]. Das von der Regelanknüpfung berufene Recht wird insgesamt nur verdrängt, wenn die Gesamtheit wichtiger und nicht nur nebensächlicher Anknüpfungsmerkmale zu einem anderen Ergebnis führt. Dabei hat der gewöhnliche Arbeitsort ein stärkeres Gewicht als die einstellende Niederlassung. Die ausdrückliche und stillschweigende Rechtswahl als solche kann nicht herangezogen werden, da es gerade auf das ohne eine Rechtswahl maßgebliche Recht ankommt[129].

---

[111] BVerfGE 92, 26, 39, 50; BAG SAE 1997, 29, 33.
[112] *Lagoni* JZ 1995, 499, 503; *Wimmer* IPRax 1995, 207, 210; *Mankowski* IPRax 1996, 408.
[113] BVerfGE 92, 26, 41; *Lagoni* JZ 1995, 499, 503; *Puttfarken* RIW 1995, 617, 625; *Mankowski* IPRax 1996, 405, 409.
[114] MünchHdbArbR/*Birk* § 19 Rn 46, 48; *Mankowski* S 498; für eine Gleichsetzung von Niederlassung und Betrieb *Gamillscheg* ZfA 14 (1983), 307, 334; *Hauschka/Henssler* NZA 1988, 597, 599.
[115] So LAG Hessen NZA-RR 2000, 401, 403; *Franzen,* AR-Blattei SD Nr 920, Internationales Arbeitsrecht, Rn 79; ErfK/*Schlachter* Rn 11; MünchHdbArbR/*Birk* § 19 Rn 48; *Heilmann* S 60.
[116] So *Gamillscheg* ZfA 14 (1983) 307, 340; *Junker,* FS 50 Jahre BAG, 2004, S 1197, 1204; *Looschelders* Rn 41; *Däubler* RIW 1987, 249, 251; *Behr* IPRax 1989, 319, 323; *Kraushaar* BB 1989, 2121, 2123; *Ganzert* S 90; *Mankowski* S 499.
[117] Vgl *Geisler* § 20 I 2.
[118] BAG AP IPR (ArbR) NR. 30; AP IPR (ArbR) Nr 31; vgl auch BAG AP IPR (ArbR) Nr 32; *Franzen* EzA Art 30 EGBGB Nr 3 S 15; *Mankowski* IPRax 1994, 88, 94.
[119] BAG BB 2004, 1393, 1395; RdA 2004, 175, 177 m Anm *Schlachter.*
[120] Vgl auch BAG AP IPR (ArbR) Nr 31; *Junker* S 194; *Mankowski* IPRax 1996, 405, 407; *Franzen* EzA Art 30 EGBGB Nr 3 S 15.
[121] Vgl auch BVerfGE 92, 26, 39.
[122] BAG RdA 2004, 175, 177 m Anm *Schlachter.*
[123] BAG BB 2004, 1393, 1395.
[124] *Gamillscheg* ZfA 14 (1983), 307, 340; *Junker* S 190; *v. Bar* IPR II Rn 530; *Erman/Hohloch* Rn 20.
[125] *Gamillscheg* ZfA 14 (1983), 307, 332, der aber im Rahmen des Art 30 für eine mittlerweile wohl überholte Anknüpfung an den hypothetischen Parteiwillen plädiert; dagegen mit Grund *Junker,* FS 50 Jahre BAG, 2004, S 1197, 1204 f; ErfK/*Schlachter* Rn 5, auch in Bezug auf die stillschweigende Rechtswahl.
[126] BAG RdA 2004, 175, 177 m Anm *Schlachter.*
[127] BAG AP IPR (ArbR) Nr 30; BAG AP IPR (ArbR) Nr 31; ArbG Wesel IPRspr 1995 Nr 58.
[128] Näher zu Einzelfällen – Flugpersonal, Schiffsbesatzungen, Ortskräfte, entsandte Mitarbeiter mit und ohne doppeltem Arbeitsverhältnis – *Geisler* § 20 II 2.
[129] BAG BB 2004, 1393, 1395.

V. Allgemeine Regeln

1. Sachnormverweisung. Rück- und Weiterverweisungen sind nach Art 35 Abs 1 nicht zu beachten. Das Internationale Arbeitsvertragsrecht spricht Sachnormverweisungen aus.

2. Ordre public. Wie stets kann auch im Internationalen Arbeitsvertragsrecht Art 6 die Anwendung ausländischen Rechts im Einzelfall begrenzen oder ausschließen. Auf Grund des erforderlichen Günstigkeitsvergleichs nach Abs 1, aber auch deshalb, weil Art 34 international zwingendes Inlandsrecht ohnedies gegenüber eigentlich anwendbarem ausländischen Vertragsrecht durchsetzt[130], ist der **Anwendungsbereich der Vorbehaltsklausel** hier **besonders begrenzt.** In Betracht kommt der Einsatz von Art 6 allgemein im Falle von Verstößen gegen das Diskriminierungsverbot des Art 3 Abs 2 GG[131]. Soweit Handelsvertreter überhaupt unter Art 30 fallen, ist jedenfalls bisher das Fehlen eines Ausgleichsanspruchs des Handelsvertreters nicht als ordre public-widrig angesehen worden[132]. Auch das Fehlen einer Vorschrift wie § 613a BGB wurde nicht als ordre public-widrig angesehen[133]. Das Fehlen von Kündigungsschutzvorschriften, die nicht unter Art 34 fallen[134], kann im Einzelfall die Vorbehaltsklausel auslösen. So, wenn vertraglich von vornherein auf jedweden Kündigungsschutz zu Gunsten des Arbeitnehmers verzichtet werden kann[135]. Das bloße Zurückbleiben ausländischen Kündigungsschutzrechts hinter dem deutschen Kündigungsschutzstandard führt aber nur in besonders krassen Fällen zur ordre public-Widrigkeit. Bisher ist ein Verstoß regelmäßig verneint worden[136]. Im Falle der Unkündbarkeit ist demgegenüber ein ordre public-Verstoß angenommen worden[137], was beim Staat als Arbeitgeber kaum zutreffen dürfte[138].

VI. Internationale Zuständigkeit

Art 18 bis 21 EuGVVO enthält eine eigenständige Regelung der internationalen Zuständigkeit bei Streitigkeiten aus individuellen Arbeitsverträgen, vergleichbar den Regelungen für Verbraucherstreitigkeiten (Art 15 bis 17 EuGVVO). Der **Arbeitgeber** kann **vom Arbeitnehmer** an seinem Wohnsitz oder Sitz (iS der Art 59, 60 EuGVVO) oder am gewöhnlichen Arbeitsort verklagt werden (Art 19 Nr 1, 2a EuGVVO). International-prozessuale Schwierigkeiten hat die Bestimmung des gewöhnlichen Arbeitsortes im Falle „doppelter Arbeitsverhältnisse" gemacht. Der EuGH hat dazu (für Art 19 Nr 2b EuGVVO) entschieden, dass dann, wenn ein Arbeitnehmer an zwei verschiedene Arbeitsorte gebunden ist, der erste Arbeitgeber nur dann am gewöhnlichen Arbeitsort verklagt werden könne, wenn er zum Zeitpunkt des (zweiten) Vertragsschlusses selbst ein Interesse an der Erfüllung der Leistung (für den zweiten Arbeitgeber) gehabt habe[139]. Die Art 18 bis 20 EuGVVO sind nur sehr begrenzt (nach Entstehen der Streitigkeit oder nicht zum Nachteil des Arbeitnehmers) abdingbar (Art 21 EuGVVO). Im Falle von in einen anderen EU-Staat entsandten Arbeitnehmern kommt § 8 AEntG (der Art 6 Entsende-RL umsetzt) hinzu; die Norm ermöglicht zulässigerweise und über die EuGVVO hinausgehend (Art 67 EuGVVO) eine Klage des nach Deutschland Entsandten (auch) in Deutschland. Der **Arbeitgeber** kann **den Arbeitnehmer** (von der Möglichkeit der Widerklage abgesehen) demgegenüber nur vor den Gerichten seines Wohnsitzes verklagen (Art 20 EuGVVO).

Art 5 Nr 1 LugÜ ermöglicht einen Gerichtsstand unter der Voraussetzung, dass die allgemeine Wohnsitzzuständigkeit nicht greift, am gewöhnlichen Arbeitsort und, falls es keinen gibt, am Ort der Einstellungsniederlassung. Für das **autonome deutsche Recht**, das letzthilfsweise eingreift, gelten wie immer die §§ 12 ff ZPO analog. Auch hier ist im Rahmen des § 29 ZPO analog der Erfüllungsort nach den Regeln des Sachrechts zu bestimmen, das über das internationale Arbeitsrecht zu ermitteln ist, sog lex causae[140]. Hinzuweisen ist schließlich auf die Besonderheit, dass **im Rahmen des ArbGG ausländisches Sachrecht** – anders als nach der ZPO (§ 545 ZPO) – **revisibel** ist. Denn nach § 73 Abs 1 ArbGG kann die Revision auf die Verletzung jeder (also auch einer ausländischen) Rechtsnorm gestützt werden[141].

---

[130] *Franzen*, AR-Blattei SD Nr 920, Internationales Arbeitsrecht, Rn 130; *Junker* S 315 ff; *Heilmann* S 141; MünchHdbArbR/*Birk* § 19 Rn 96.
[131] *Deinert* RdA 1996, 339, 343 f; MünchKommBGB/*Martiny* Rn 166; keinen ordre public-Verstoß im Falle eines Frauenbeschäftigungsverbotes, das gerade umgangen werden sollte, nahm zu Recht LAG Köln IPRspr 1932 Nr 40 an.
[132] BAG AP IPR (ArbR) Nr 23 m Anm *Beitzke*; BGH IPR (ArbR) AP Nr 20; NJW 1961, 1061, 1062; LG Frankfurt/M IPRax 1981, 134, 135.
[133] BAG IPRax 1994, 123, 128 f; AP IPR (ArbR) Nr 31.
[134] Vgl vor Inkrafttreten von Art 34 BAG AP IPR (ArbR) Nr 10; *Gamillscheg* ZfA 14 (1983), 307, 344; näher ErfK/*Schlachter* Rn 17.
[135] BAG NJW 1979, 1119, 1120 (obiter); vgl auch *Beitzke* Anm zu BAG AP IPR (ArbR) Nr 12.
[136] BAGE 63, 17, 30 = AP IPR (ArbR) Nr 30: kein Kündigungsschutz am Anfang eines Beschäftigungsverhältnisses; BAG AP IPR (ArbR) Nr 10 m Anm *Gamillscheg*; AP IPR (ArbR) Nr 12 m Anm *Beitzke*; vgl ferner LAG München IPRax 1992, 97.
[137] LAG Berlin IPRspr 1932 Nr 37.
[138] *Gamillscheg* Internationales Arbeitsrecht 74; *Spickhoff,* Der ordre public im IPR, 1989, S 186 f.
[139] EuGH RIW 2003, 619; dazu *Mankowski* RIW 2004, 133.
[140] BAG IPRax 2006, 254 m Anm *Franzen* 221.
[141] BAGE 27, 99; *Nagel/Gottwald,* Internationales Zivilprozessrecht, 6. Aufl 2007, § 10 Rn 49–52; vgl auch *Spickhoff* ZZP 112 (1999), 265, 275.

Art 31 Einigung und materielle Wirksamkeit

(1) Das Zustandekommen und die Wirksamkeit des Vertrages oder einer seiner Bestimmungen beurteilen sich nach dem Recht, das anzuwenden wäre, wenn der Vertrag oder die Bestimmung wirksam wäre.

(2) Ergibt sich jedoch aus den Umständen, daß es nicht gerechtfertigt wäre, die Wirkung des Verhaltens einer Partei nach dem in Absatz 1 bezeichneten Recht zu bestimmen, so kann sich diese Partei für die Behauptung, sie habe dem Vertrag nicht zugestimmt, auf das Recht des Staates ihres gewöhnlichen Aufenthaltsorts berufen.

Schrifttum (s auch Voraufl): *Fischer,* Verkehrsschutz im Internationalen Vertragsrecht, 1990; *Heiss,* Inhaltskontrolle von Rechtswahlklauseln in AGB nach europäischem IPR, RabelsZ (2001), 634; *Kost,* Konsensprobleme im internationalen Schuldvertragsrecht, 1995; *Mankowski,* Widerrufsrecht und Art. 31 Abs. 2 EGBGB, RIW 1996, 382; *Mäsch,* Gran Canaria und kein Ende – Zur Sonderanknüpfung vorkonsensualer Elemente im internationalen Vertragsrecht nach Art. 31 Abs. 2 EGBGB, IPRax 1995, 371; *Weller,* Stillschweigende Einbeziehung der AGB-Banken im internationalen Geschäftsverkehr?, IPRax 2005, 428.

Übersicht

	Rn		Rn
I. Normzweck und Herkunft	1	2. Wirksamkeit des Vertragsschlusses nach dem Geschäftsstatut	11
II. Grundregel für Zustandekommen und Wirksamkeit: Vertragsstatut (Abs 1)	3	3. Interessenabwägung	12
1. Zustandekommen	3	4. Berufung auf das Aufenthaltsrecht	13
2. Wirksamkeit	5	5. Fehlende Zustimmung	14
III. Insbes: AGB	6	**V. Allgemeine Regeln**	15
IV. Sonderanknüpfung: Aufenthaltsstatut (Abs 2)	9	1. Sachnormverweisung	15
1. Geschäftsstatut ungleich Aufenthaltsstatut	10	2. Ordre public	16

I. Normzweck und Herkunft

1   Art 31 ist **Art 8 EVÜ nachgebildet.** Die Vorschrift regelt das Kollisionsrecht in Bezug auf die Einigung und ihre materielle Wirksamkeit, und zwar sowohl für den sachlichen Schuldvertrag und seine Bestimmungen (einschließlich AGB) als auch für die in Bezug auf den Hauptvertrag geschlossene Rechtswahlvereinbarung (Art 27 Abs 4). Nicht nach Art 31 anzuknüpfen ist allerdings die Rechts- und insbes die Geschäftsfähigkeit einer Person; für sie gelten die Art 7 und 12. Gleichfalls vorrangige Sonderregelungen gelten für die Form des Vertrages und des Rechtswahlvertrages (Art 11, 29 Abs 3, 29 a und ggf 27 Abs 3).

2   Abgesehen von diesen Sonderanknüpfungen ist aber für ein besonderes Abschluss- oder Vornahmestatut kein Platz. Das Gesetz bekennt sich vielmehr zum **Einheitsstatut im Internationalen Vertragsrecht**[1]. Grund dafür ist das Ordnungsinteresse an einer homogenen Anknüpfung eines zusammenhängenden Lebenssachverhaltes[2]. Abs 2 ergänzt diesen Satz insoweit, als es im Einzelfall aus **Billigkeitsgründen** zu einer **Mitberücksichtigung des Aufenthaltsstatuts** kommen kann. Zugeschnitten ist Abs 2 insbes auf den Fall des Schweigens auf ein kaufmännisches Bestätigungsschreiben, das im Ausland nicht oder wesentlich zurückhaltender als im deutschen Recht als Zustimmung gewertet wird. Auch der BGH[3] hatte judiziert, dass in solchen Fällen das Aufenthaltsrecht des Schweigenden zur rechtlichen Würdigung des Schweigens mit herangezogen werden muss. Abs 2 beinhaltet also eine kollisionsrechtliche Zumutbarkeitsregel, mit der ein ausnahmsweise berechtigtes Vertrauen auf die Freiheit von Bindung geschützt wird[4]. Es handelt sich um eine kollisionsrechtliche Billigkeitsnorm, welche die Anwendung einer bestimmten Rechtsordnung sichert; eigene Sachvorschriften enthält Abs 2 nicht.

II. Grundregel für Zustandekommen und Wirksamkeit: Vertragsstatut (Abs 1)

3   **1. Zustandekommen.** Die Differenzierung zwischen Zustandekommen und Wirksamkeit des Vertrages, von der Abs 1 ausgeht, wird in Abs 2 aufgegriffen, wenn dort von Zustimmung die Rede ist. Daraus folgt, dass Abs 2 nur Fragen des Zustandekommens betrifft, nicht solche der Wirksamkeit[5]. Die Abgrenzung wird man übereinkommenskonform und in autonomer Auslegung gemäß Art 36 in der Weise vornehmen können, dass zum Zustandekommen die **Fragen der vertraglichen Einigung** und

---
[1] MünchKommBGB/*Spellenberg* Rn 1; *Erman/Hohloch* Rn 1; *Ferrari* Int VertragsR Rn 2; früher ebenso BGHZ 57, 337, 338; eingehend zur früheren Rechtslage und zur Entstehungsgeschichte *Staudinger/Hausmann* Rn 1–3.
[2] *Weller* IPRax 2005, 428, 429.
[3] BGHZ 57, 72 = NJW 1972, 391.
[4] *Fischer* S 332 ff; ebenso MünchKommBGB/*Spellenberg* Rn 59 bis 62.
[5] BGH NJW 1997, 1697, 1699 f; *Giuliano/Lagarde* BT-Drucks 10/503 S 36, 60.

zur Wirksamkeit die übrigen Voraussetzungen vertraglicher Bindung gehören, jeweils unter Vorbehalt von Sonderregelungen, namentlich in Art 11 und Art 7, 12[6].

Im Einzelnen gehören zum Zustandekommen des Vertrages: Voraussetzungen und Umfang der vertraglichen Einigung, insbes Angebot, Annahme und die Rechtsfolgen eines Einigungsmangels, Fragen eines Dissenses, Abgabe und Zugang einer Willenserklärung[7], die Abgrenzung von Angebot und bloßer invitatio ad offerendum, wohl auch die Wirkungen von Bedingung und Befristung[8]. Dazu gehört ferner das Erfordernis einer consideration im anglo-amerikanischen Rechtskreis[9], das nicht nur als Frage der Form (iS eines bloßen Seriositätsindizes) qualifiziert und also nicht unter Art 11 subsumiert werden sollte[10]. Die Anforderungen an die Ausdrücklichkeit bzw Konkludenz eines Verhaltens im Zusammenhang mit der Rechtswahl (Art 27 Abs 1 S 2) sind demgegenüber im Prinzip EVÜ-autonom zu bestimmen; hierfür gelten nicht Art 27 Abs 4, 31 und die lex causae. 4

2. Wirksamkeit. Zur Wirksamkeit gehören konsequenterweise nur solche **Fragen, die nicht schon zum Zustandekommen des Vertrages (und** zu seiner **Form,** insbes Art 11) gehören. Die Frage der Wirksamkeit des Vertrages ist betroffen, wenn es um Willensmängel geht, insbes um Irrtum, Täuschung und Drohung[11], ferner in Fällen der Mentalreservation, bei Scherzerklärungen und Scheingeschäften, auch im Falle eines Widerrufs iS der §§ 355 ff BGB wegen der Nähe der Widerrufsmöglichkeiten nach den betreffenden EU-Richtlinien zur Anfechtung wegen Motivirrtums[12]. Das Vertragsstatut entscheidet auch über die Rechtsfolgen von Willensmängeln[13]. Zur Frage der Wirksamkeit gehören sodann die §§ 134, 138 bzw entsprechenden Normen des ausländischen Rechts[14]. Im Schrifttum wird demgegenüber häufig zwischen Fällen der Sittenwidrigkeit und des Gesetzesverstoßes differenziert: Fälle der Sittenwidrigkeit sollen unter Art 31 fallen, Fälle des Gesetzesverstoßes hingegen nicht, wenn das gesetzliche Verbot staats- oder wirtschaftspolitische Zwecke verfolgt (dann Sonderanknüpfung nach Art 34)[15]. Doch ergibt sich diese Abgrenzung nicht aus Art 31. Zu beachten ist allerdings, dass bestimmte inländische zwingende Normen unter den Voraussetzungen des Art 34 auch dann anwendbar sind, wenn an sich deutsches Recht nicht gilt. Die Rspr berücksichtigt Verstöße gegen ausländische gesetzliche Verbote nicht im Rahmen des § 134 BGB (auch sofern § 134 BGB über das Internationale Vertragsrecht anwendbar ist), sondern über § 138 BGB[16]. Die Folgen der Nichtigkeit unterliegen nach Art 32 Abs 1 Nr 5 ebenfalls dem Vertragsstatut. Das gilt auch für die Folgen einer Teilnichtigkeit[17]. Zu Art 31 gehört wohl auch noch die Feststellung der Willensübereinstimmung durch Auslegung oder ggf Umdeutung. Dass hierfür das Vertragsstatut gilt, folgt auch aus Art 32 Abs 1 Nr 1[18]. Im Allgemeinen spielt hier die Abgrenzung aber keine Rolle. 5

III. Insbes: AGB

Im Falle der Einbeziehung von AGB ist zu **differenzieren.** Zum Zustandekommen des Vertrages gehört die Frage der wirksamen Einbeziehung von AGB[19], während die Inhaltskontrolle die Wirksamkeit des Vertrages oder einer seiner Bestimmungen betrifft[20], und zwar bis hin zur Auslegung von AGB's und den Rechtsfolgen unwirksamer Klauseln[21]. 6

Bei der Bestimmung des anwendbaren Rechts sind ggf Art 29, 29a zu beachten und die §§ 305 ff BGB ggf anzuwenden (und nicht, wie vor Inkrafttreten des Gesetzes zur Änderung des AGBG vom 19. 7. 1996, BGBl I S 1013, in § 12 AGBG aF, nur „zu berücksichtigen"). Problematisch ist die Konstellation einander widersprechender Rechtswahlklauseln in AGB. Im Rahmen des Anwendungs- 7

---

[6] *Soergel/v. Hoffmann* Rn 14; vgl ferner *Staudinger/Hausmann* Rn 11; *Mankowski* RIW 1996, 382; *Mäsch* IPRax 1995, 371, 372.
[7] OLG München RIW 2001, 864; zur englischen mailbox-theory *W. Lorenz* AcP 159 (1960/61), 193, 206.
[8] Ebenso *Soergel/v. Hoffmann* Rn 16; AnwK-BGB/*Leible* Rn 11; aA *Meyer-Sparenberg* RIW 1989, 347, 349; *Mankowski* RIW 1996, 382, 387; *Staudinger/Hausmann* Rn 12: Wirksamkeit.
[9] *Erman/Hohloch* Rn 6; *Staudinger/Hausmann* Rn 17; PWW/*Brödermann/Wegen* Rn, 4; *Looschelders* Rn 6; *Mankowski* RIW 1996, 382, 383; *v. Bar* IPR II Rn 536.
[10] Dafür aber AnwK-BGB/*Leible* Rn 12; MünchKommBGB/*Spellenberg* Rn 6; nur für das amerikanische und nicht für das klassische englische Common Law ebenso *Kropholler* IPR § 41 III 3 a, S 308.
[11] AG Wuppertal VuR 1993, 55 = IPRspr 1992 Nr 36.
[12] So zum früheren HaustürWG BGHZ 135, 125, 138; *Soergel/v. Hoffmann* Rn 19; aA etwa LG Aachen NJW-RR 1991, 885; LG Gießen NJW 1995, 406.
[13] *Staudinger/Hausmann* Rn 21.
[14] *Palandt/Heldrich* Rn 3.
[15] So *Soergel/v. Hoffmann* Rn 21 bis 24; *Staudinger/Hausmann* Rn 19 bis 21; zu Recht anders aber *Ferrari* Int VertragsR Rn 14.
[16] BGHZ 34, 169, 176 = NJW 1961, 822; BGH NJW 1962, 1436, 1437; BGHZ 59, 82, 85 = NJW 1972, 1575, 1576; s zum Ganzen auch AnwK-BGB/*Leible* Rn 20.
[17] OLG Hamm RIW 1995, 681, 682.
[18] Für die Anwendung von Art 31 Palandt/*Heldrich* Rn 3; ebenso für die Umdeutung *Staudinger/Hausmann* Rn 28, zur Auslegungs auch Rn 53.
[19] *Staudinger/Hausmann* Rn 19; *Soergel/v. Hoffmann,* Rn 17; *Schwenzer* IPRax 1988, 86, 87; zum Vertragsschluss im Internet *Langer* Europ LF 2000, 117, 118; MünchKommBGB/*Spellenberg* Rn 9; vgl auch – inzident – BGH IPRax 2005, 446 m Anm *Weller* 428.
[20] *Heiss* RabelsZ 65 (2001), 634, 636 ff; *Erman/Hohloch* Rn 6; *Staudinger/Hausmann* Rn 15; AnwK-BGB/*Leible* Rn 21.
[21] *Looschelders* Rn 9.

bereichs des UN-Kaufrechts ist dessen Art 19 einschlägig[22]. Abgesehen davon wird man in einem solchen Fall eine Einigung über das anzuwendende Recht in Gestalt einer Sachnorm des IPR zu verneinen haben, so dass objektiv (Art 28, 29 Abs 2, 29 a oder 30 Abs 2) anzuknüpfen ist[23], nicht aber über Art 27 Abs 4, 31 Abs 1[2][24]. Die letztgenannte Ansicht würde dazu führen, dass nach beiden (widersprüchlich von jeder Vertragspartei für sich gewählten) Rechtsordnungen die Wirksamkeit der Klausel zu prüfen wäre. Führen dann beide Rechtsordnungen zur Geltung der jeweiligen (widersprüchlichen) Klausel, muss es doch zur objektiven Anknüpfung kommen. Geht hingegen nur eine der (widersprüchlich) gewählten Rechtsordnungen von der wirksamen Einbeziehung einer Klausel aus, soll dieses Recht (unter dem Vorbehalt von Abs 2) gewählt sein. Doch das beschwört Zufallsergebnisse herauf und begünstigt ggf geringere Schutzstandards in Bezug auf AGB.

8   Im deutschen AGB-Recht setzt die Einbeziehung von AGB nicht voraus, dass der Kunde die **Sprache** versteht, in der die AGB abgefasst sind[25]. Insbesondere ist keine Übersetzung erforderlich[26], es sei denn, die AGB sind in einer Sprache abgefasst, die von derjenigen abweicht, in der die vorherigen Vertragsverhandlungen geführt worden sind[27].

IV. Sonderanknüpfung: Aufenthaltsstatut (Abs 2)

9   Grds bestimmt sich das Zustandekommen und die Wirksamkeit des Vertrages zwar nach dem Statut des Hauptvertrages (Abs 1). Aus Billigkeitsgründen lässt Abs 2 jedoch neben dem Statut des Hauptvertrages kumulativ[28] das Aufenthaltsstatut einer Partei über das Zustandekommen des Vertrages entscheiden, wenn sich diese Partei darauf beruft, sie habe dem Vertrag nicht zugestimmt. Diese **kumulative Anknüpfung an das Aufenthaltsstatut** hat folgende Voraussetzungen:

10   **1. Geschäftsstatut ungleich Aufenthaltsstatut.** Erste Voraussetzung ist, dass das von Art 27 bis 30 bestimmte Geschäftsstatut, also das auf den Vertrag prinzipiell anwendbare Recht, ein anderes Recht ist als das Recht des Staates, in dem die Partei ihren gewöhnlichen Aufenthalt hat, die sich darauf beruft, sie habe dem Vertrag nicht zugestimmt. Der Begriff des gewöhnlichen Aufenthalts ist allgemeinen Grundsätzen entspr auszufüllen (Art 5).

11   **2. Wirksamkeit des Vertragsschlusses nach dem Geschäftsstatut.** Abs 2 greift nur dann ein, wenn der Vertrag nach den prinzipiell anwendbaren Vorschriften des Internationalen Vertragsrechts (Art 27 bis 30) wirksam zustande gekommen ist. Soweit das Verhalten der Partei, die sich auf das nicht wirksame Zustandekommen des Vertrages beruft, schon nach dem Vertragsstatut keine Wirkungen entfaltet, bedarf es keiner Sonderanknüpfung.

12   **3. Interessenabwägung.** Aus den Umständen muss sich ergeben, dass es nicht gerechtfertigt wäre, die Wirkung des Verhaltens einer Partei nach dem Vertragsstatut zu bestimmen. An dieser Stelle wird die Anknüpfung an **Billigkeitserwägungen** deutlich[29]. Erforderlich ist eine **umfassende Interessenabwägung,** die zur kumulativen Anwendung des Aufenthaltsrechts führt[30]. Für das Eingreifen der Sonderanknüpfung reicht nicht, dass der potentiell zu Schützende den Erklärungsgehalt seines Verhaltens nicht positiv kennt. Umgekehrt schließt die Anwendung von Abs 2 nicht von vornherein aus, dass die betreffende Partei weiß, dass an sich ausländisches Recht für die Vertragsbeziehungen maßgeblich ist[31]. Für die Konkretisierung der Interessenabwägung lassen sich folgende **Anhaltspunkte** nennen: Abs 2 wird insbes im Falle von Distanzgeschäften relevant. Erhält man ein Angebot aus dem Ausland, muss die Reaktion im Allgemeinen nicht am ausländischen Vertragsrecht ausgerichtet werden[32]. Umgekehrt liegt es, wenn eine schriftliche Erklärung in das Ausland abgesendet wird. Hier hat man mit der Anwendung ausländischen Rechts zu rechnen, kann sich also zB nicht darauf berufen, nur eine invitatio ad offerendum abgegeben zu haben[33]. Im Falle laufender Geschäftsbeziehungen schließt es die Anwendung von Abs 2 aus, wenn die Parteien ihre Verträge bislang immer dem gleichen Recht unterstellt haben[34], was erst recht gilt, wenn auf die Folgen eines etwaigen Schweigens hingewiesen worden ist[35]. Das Gleiche (keine Anwendung von Abs 2) gilt, wenn man auf Grund früherer Kontakte mit den Erklärungsgepflogenheiten des Vertragsstatuts vertraut ist oder sonst enge Beziehungen zum Vertragsstatut bestehen[36]. Offenkundige Gepflogenheiten des internationalen Handelsverkehrs können eine Anwendung von Abs 2 ausschließen[37]. Allgemein

---

[22] *Soergel/v. Hoffmann* Rn 9.
[23] Ebenso *v. Bar* IPR II Rn 475; *Palandt/Heldrich* Art 27 Rn 8; *Soergel/v. Hoffmann* Rn 10.
[24] Dafür aber *Meyer-Sparenberg* RIW 1989, 347, 349; *Tiedemann* IPRax 1991, 424, 426; MünchKommBGB/*Spellenberg* Rn 26; *Looschelders* Rn 11.
[25] BGH NJW 1995, 190; aA OLG Koblenz RIW 1992, 1019, 1021.
[26] BGHZ 87, 112, 114.
[27] OLG Stuttgart IPRax 1988, 293, 294; vgl auch BGH NJW 1996, 1819; AG Kehl NJW-RR 1996, 565, 566; zum Vertragsschluss im Internet *Rott* ZVglRWiss 98 (1999), 383, 396; *Mankowski* RabelsZ 63 (1999), 203.
[28] MünchKommBGB/*Spellenberg* Rn 81.
[29] Vgl OLG Köln RIW 1996, 778; *Maxl* IPRax 1989, 398, 399; *Palandt/Heldrich* Rn 4.
[30] *Mankowski* RIW 1996, 382, 383 f; *Erman/Hohloch* Rn 16.
[31] *Soergel/v. Hoffmann* Rn 36; *Staudinger/Hausmann* Rn 55.
[32] *Soergel/v. Hoffmann* Rn 38; *Staudinger/Hausmann* Rn 67.
[33] *W. Lorenz* IPRax 1987, 269, 274 bei Fn 52; AnwK-BGB/*Leible* Rn 31.
[34] *Lagarde* Rev crit dr int priv 1991, 287, 327.
[35] *Lüderitz* IPR Rn 287.
[36] *Staudinger/Hausmann* Rn 61.
[37] OLG Hamburg RIW 1997, 70; *Soergel/v. Hoffmann* Rn 43–46.

verlangt Abs 2 auch die Prüfung, ob das Vertrauen der Partei auf ihr Recht schützenswert ist[38]. Deshalb spielt eine Rolle, ob die betreffende Partei damit rechnen musste, dass ihr Verhalten als Willenserklärung qualifiziert werden würde[39]. Es ist aber zu beachten, dass die bloße Erkennbarkeit der Geltung fremden Rechts zwar notwendige, nicht aber hinreichende Bedingung für das Eingreifen von Abs 2 ist[40]. Im Übrigen gilt in Bezug auf die Erkennbarkeit selbstredend kein subjektiver, sondern ein objektivierter Maßstab im Rahmen der Abwägung von Abs 2, da anderenfalls schützenswerte Interessen des Vertragspartners vernachlässigt werden würden[41].

4. Berufung auf das Aufenthaltsrecht. Die potentiell geschützte Partei muss sich darauf berufen, sie habe dem Vertrag nicht zugestimmt. Abs 2 hat damit den Charakter einer **Einrede**[42]. Diese kann auch konkludent geltend gemacht werden, indem zB eine Partei (vor allem in rechtlicher Hinsicht) bestreitet, dass ihr Verhalten als Zustimmung gewertet werden könne, und sich dabei auf Rechtsgrundsätze ihres Aufenthaltsrechts beruft. Umgekehrt bleibt Abs 2 unanwendbar, wenn sich eine Partei auf das Nichtzustandekommen des Vertrages nicht beruft. 13

5. Fehlende Zustimmung. Indem nach Abs 2 eine Partei behaupten muss, sie habe dem Vertrag nicht zugestimmt, wird der Anwendungsbereich der Norm angesprochen. Denn aus der (fehlenden) Zustimmung als Tatbestandsmerkmal folgt, dass Abs 2 **nur für das Zustandekommen** der vertraglichen Einigung, nicht für die Wirksamkeit des Vertrages gilt[43]. Abs 2 schützt vor dem Fehlen des Erklärungsbewusstseins[44]. Namentlich ist der Fall erfasst, in dem Schweigen als Erklärungstatbestand angesehen wird[45]. Insbes ist Abs 2 anwendbar, wenn – bei grundsätzlicher Anwendbarkeit deutschen Schuldvertragsrechts – ein deutscher Verkäufer seinem ausländischen Kunden eine Auftragsbestätigung zusendet, in der auf die Geltung der beigefügten AGB hingewiesen wird. Die AGB werden in diesem Falle nicht Vertragsinhalt, vorausgesetzt, der ausländische Empfänger war nach seinem Aufenthaltsrecht nicht verpflichtet, der Geltung der Bedingungen zu widersprechen[46]. Auch die Geltung überraschender Klauseln (in Deutschland: § 305 c Abs 1 BGB) sollte nicht dem Schutzzweck des Abs 2 unter dieser Norm zu subsumieren sein[47]. Abs 2 ist überdies anwendbar, wenn aus aktivem Verhalten auf eine Zustimmung geschlossen wird. Insbesondere dann, wenn eine konkludente Zustimmung nach dem Vertragsstatut angenommen werden kann, nach dem Aufenthaltsstatut hingegen nicht, wird der Empfänger geschützt. Deshalb gilt Abs 2 auch in Fällen **unverlangt zugesandter Waren**[48] (s auch Art 38 Rn 17). Nicht anwendbar ist Abs 2 im Falle des Widerrufs, des Rücktritts (jeweils auch im Bereich des Verbraucherschutzes)[49], der Kündigung oder der Durchsetzung von Willensmängeln. Denn sämtliche der genannten Gestaltungsmöglichkeiten setzen bereits eine wirksame Willenserklärung voraus und betreffen daher nur die Wirksamkeit, nicht aber das Zustandekommen des Vertrages[50]. Weder direkt (Art 37 Nr 3) noch analog ist Abs 2 in Bezug auf die Vertretungsmacht (etwa im Falle einer in Betracht kommenden Rechtsscheinsvollmacht wie einer Duldungs- oder Anscheinsvollmacht) anzuwenden[51]. 14

V. Allgemeine Regeln

1. Sachnormverweisung. Wie allgemein im Internationalen Vertragsrecht sind **Rück- und Weiterverweisungen** im Rahmen von Art 31 nach Art 35 Abs 1 **nicht zu beachten**. Das gilt auch für Abs 2[52]. 15

2. Ordre public. Ein Eingreifen der Vorbehaltsklausel kommt nur **selten** und dann in Betracht, wenn Art 27 Abs 3, Art 29 a, Art 29 Abs 1, Art 30 Abs 1, Art 31 Abs 2 und Art 34 nicht eingreifen. Abgelehnt wurde der Einsatz von Art 6 in Bezug auf das Selbstkontrahierungsverbot (§ 181 BGB)[53], bejaht demgegenüber dann, wenn Täuschung oder Drohung nicht zur Anfechtung vom Vertrag berechtigen[54]. Allerdings ginge es zu weit, die §§ 123, 124 BGB gewissermaßen „exklusiv" zur Anwendung zu bringen. Die Willensfreiheit muss keineswegs durch ein Rechtsinstitut gewährleistet werden, das exakt der deutschen Anfechtung entspricht; vielmehr genügen andere Gestaltungsformen, 16

---

[38] Fischer S 335 ff, 337.
[39] BGHZ 57, 72, 77.
[40] MünchKommBGB/Spellenberg Rn 98.
[41] MünchKommBGB/Spellenberg Rn 110.
[42] Kost S 147 f; AnwK-BGB/Leible Rn 28; Looschelders Rn 18; Ferrari Int VertragsR Rn 32.
[43] BGHZ 135, 124, 137; Giuliano/Lagarde BT-Drucks 10/503 S 36, 60; Baumert RIW 1997, 805, 807.
[44] BGH NJW 1997, 1697, 1700; Hohloch JuS 1997, 943, 945; Staudinger/Hausmann Rn 58; Mankowski IPRax 1991, 305, 312; Soergel/v. Hoffmann Rn 31; Looschelders Rn 20; AnwK-BGB/Leible Rn 24.
[45] Früher grundlegend: BGHZ 57, 72, 77 = NJW 1972, 391 m Anm Geimer und Schmidt-Salzer; s nunmehr OLG Karlsruhe RIW 1994, 1046, 1047; OLG Schleswig IPRspr 1989 Nr 48; Sandrock RIW 1986, 841, 849.
[46] OLG München IPRax 1991, 46, 49, dazu Geimer IPRax 1991, 31, 34; OLG Karlsruhe NJW-RR 1993, 567; OLG Karlsruhe RIW 1994, 1046; Fischer S 337 ff.
[47] Mankowski RIW 1996, 1001; Thorn IPRax 1997, 98, 104; AnwK-BGB/Leible Rn 21; anders aber Soergel/v. Hoffmann Rn 47.
[48] OLG Köln RIW 1996, 778 f; Giuliano/Lagarde BT-Drucks 10/503 S 36, 60; Fischer S 336 f.
[49] BGHZ 135, 124, 136 ff; Looschelders Rn 21.
[50] Baumert RIW 1997, 805, 808; Mankowski VuR 1996, 392, 395; Siehr IPR S 120; Looschelders Rn 20.
[51] OLG Düsseldorf IPRspr 2003 Nr 25.
[52] Staudinger/Hausmann Rn 9.
[53] RG JW 1928, 2013, 2014.
[54] RG IPRspr 1928 Nr 10; LAG Düsseldorf RIW 1987, 61, 62.

die in Schutzrichtung und Wirkung der Anfechtung nahe kommen[55]. Auch einzelne ausländische AGB können über Art 6 abgewehrt werden. Zwar sind AGB keine Rechtsnormen iS des Art 6, abgewehrt werden können jedoch diejenigen ausländischen Rechtsnormen, die (aus deutscher Sicht) anstößige AGB tolerieren[56].

Art 32 Geltungsbereich des auf den Vertrag anzuwendenden Rechts

(1) Das nach den Artikeln 27 bis 30 und nach Artikel 33 Abs. 1 und 2 auf einen Vertrag anzuwendende Recht ist insbesondere maßgebend für
1. seine Auslegung,
2. die Erfüllung der durch ihn begründeten Verpflichtungen,
3. die Folgen der vollständigen oder teilweisen Nichterfüllung dieser Verpflichtungen einschließlich der Schadensbemessung, soweit sie nach Rechtsvorschriften erfolgt, innerhalb der durch das deutsche Verfahrensrecht gezogenen Grenzen,
4. die verschiedenen Arten des Erlöschens der Verpflichtungen sowie die Verjährung und die Rechtsverluste, die sich aus dem Ablauf einer Frist ergeben,
5. die Folgen der Nichtigkeit des Vertrages.

(2) In bezug auf die Art und Weise der Erfüllung und die vom Gläubiger im Fall mangelhafter Erfüllung zu treffenden Maßnahmen ist das Recht des Staates, in dem die Erfüllung erfolgt, zu berücksichtigen.

(3) [1]Das für den Vertrag maßgebende Recht ist insoweit anzuwenden, als es für vertragliche Schuldverhältnisse gesetzliche Vermutungen aufstellt oder die Beweislast verteilt. [2]Zum Beweis eines Rechtsgeschäfts sind alle Beweismittel des deutschen Verfahrensrechts und, sofern dieses nicht entgegensteht, eines der nach Artikel 11 und 29 Abs. 3 maßgeblichen Rechte, nach denen das Rechtsgeschäft formgültig ist, zulässig.

Schrifttum (s auch Voraufl): *Berger*, Der Aufrechnungsvertrag, 1996; *ders*, Der Zinsanspruch im Internationalen Wirtschaftsrecht, RabelsZ 61 (1997), 311; *Busse*, Aufrechnung bei internationalen Prozessen vor deutschen Gerichten, MDR 2001, 729; *Coester-Waltjen*, Internationales Beweisrecht, 1983; *Fischer*, Culpa in contrahendo im Internationalen Privatrecht, JZ 1991, 168; *Gebauer*, Internationale Zuständigkeit und Prozessaufrechnung, IPRax 1998, 79; *Grothe*, Fremdwährungsverbindlichkeiten, 1999; *Gruber*, Auslegungsprobleme bei fremdsprachigen Verträgen unter deutschem Recht, DZWiR 1997, 353; *ders*, Die kollisionsrechtliche Anknüpfung der Verzugszinsen, MDR 1994, 759; *ders*, Die kollisionsrechtliche Anknüpfung der Prozesszinsen, DZWiR 1996, 169; *Grunsky*, Anwendbares Recht und gesetzlicher Zinssatz, FS Merz, 1992, S 147; *v. Hein*, Die culpa in contrahendo im europäischen Privatrecht: Wechselwirkungen zwischen IPR und Sachrecht, GPR 2007, 54; *Jud*, Die Aufrechnung im internationalen Privatrecht IPRax 2005, 104; *Kannengießer*, Die Aufrechnung im Internationalen Privat- und Verfahrensrecht, 1997; *Königer*, Die Bestimmung der gesetzlichen Zinshöhe nach dem deutschen Internationalen Privatrecht, 1997; *Kreuzer*, Zur Anknüpfung der Sachwalterhaftung, IPRax 1988, 16; *Nickl*, Die Qualifikation der culpa in contrahendo im internationalen Privatrecht, 1992; *Otte*, „Verfolgung ohne Ende" – ausländische Verjährungshemmung vor deutschen Gerichten, IPRax 1993, 209; *Reder*, Die Eigenhaftung vertragsfremder Dritter im IPR, 1989; *Remien*, Die Währung von Schaden und Schadensersatz, RabelsZ 62 (1998), 245; *Spickhoff*, Gerichtsstand des Sachzusammenhangs und Qualifikation von Anspruchsgrundlagen, ZZP 109 (1996), 493; *ders*, Verjährungsunterbrechung durch ausländische Beweissicherungsverfahren, IPRax 2001, 37; *Taupitz*, Unterbrechung der Verjährung durch Auslandsklage aus Sicht des österreichischen und des deutschen Rechts, IPRax 1996, 140; *ders*, Verjährungsunterbrechung im Inland durch unfreiwillige Beteiligung am fremden Rechtsstreit im Ausland, ZZP 102 (1989), 288; *Triebel/Balthasar*, Auslegung englischer Vertragstexte unter deutschem Vertragsstatut, NJW 2004, 2189.

Übersicht

	Rn		Rn
I. Normzweck und Herkunft	1	8. Beweis (Abs 3)	19
		a) Allgemeines	19
II. Anwendungsbereich des Vertragsstatuts	3	b) Gesetzliche Vermutungen und Beweislast (Abs 3 S 1)	20
1. Auslegung (Abs 1 Nr 1)	4	c) Beweiswürdigung und Anscheinsbeweis	22
2. Die Erfüllung der vertraglichen Verpflichtungen (Abs 1 Nr 2)	5	d) Beweismittel (Abs 3 S 2)	23
3. Folgen der Nichterfüllung (Abs 1 Nr 3)	6	9. Sonstiges	24
4. Erlöschen des Schuldverhältnisses (Abs 1 Nr 4 Alt 1)	9	a) Culpa in contrahendo	25
		b) Währung	26
5. Rechtsverlust durch Fristablauf (Abs 1 Nr 4 Alt 2)	11	c) Vertrauens- und Rechtsscheinstatbestände	29
6. Folgen der Nichtigkeit (Abs 1 Nr 5)	15	**III. Allgemeine Regeln: Sachnormverweisung und ordre public**	30
7. Erfüllungsmodalitäten (Abs 2)	17		

---

[55] *Spickhoff*, Der ordre public im IPR, 1989, S 161.
[56] MünchKommBGB/*Spellenberg* Rn 42.

Geltungsbereich des auf den Vertrag anzuwendenden Rechts **Art 32 EGBGB**

I. Normzweck und Herkunft

Art 32 hat (ebenso wie Art 31) den Zweck, das **Prinzip der einheitlichen Anknüpfung von** 1
Voraussetzungen und Wirkungen eines Schuldvertrages sicherzustellen[1]. Es gilt einheitlich das über Art 27 bis 30 (und Art 33 Abs 1 und 2) zu ermittelnde Vertragsstatut. Damit sollen Angleichungsschwierigkeiten, die sich aus der Anwendung unterschiedlicher Rechtsordnungen ergeben können, soweit wie möglich vermieden werden. Der Grundsatz der einheitlichen Anknüpfung von Schuldverträgen wird allerdings in verschiedener Hinsicht durchbrochen. Art 37 nimmt eine Reihe von Regelungsgegenständen aus dem Anwendungsbereich des Internationalen Schuldvertragsrechts aus. Auch im Falle von Teilrechtswahl (Art 27 Abs 1 S 3) sowie Aufspaltungen des Vertragsstatuts nach Art 28 Abs 1 S 2 wird dieser Grundsatz verlassen. Ebenso sind nach Art 29 Abs 1, Art 29 a und 30 Abs 1 bei Verbraucher- und Arbeitsverträgen ggf mehrere Rechtsordnungen zu prüfen und anzuwenden. Weiter kann im Einzelfall der Grundsatz der einheitlichen Anknüpfung des Schuldvertragsstatuts über Art 34 modifiziert werden. Selbstständig anzuknüpfende Vorfragen sind die Rechts-, Geschäfts- und Handlungsfähigkeit (Art 7 und 12), und schließlich sind Fragen der Formwirksamkeit nach Art 11 und 29 Abs 3 besonders geregelt.

Art 32 entspricht in seinen ersten beiden Absätzen Art 10 EVÜ[2]. Abs 3 S 1 entspricht Art 14 Abs 1 2
EVÜ, Abs 3 S 2 folgt Art 14 Abs 2 EVÜ. Dabei sind jeweils in der Sache nach **bedeutungslose sprachliche Modifikationen und Anpassungen des EVÜ an die Regelungen im EGBGB** erfolgt.

II. Anwendungsbereich des Vertragsstatuts

Wie sich aus dem Wortlaut von Abs 1 („insbesondere") ergibt, ist die dort enthaltene Aufzählung 3
nicht abschließend, sondern nur beispielhaft[3].

1. Auslegung (Abs 1 Nr 1). Nach Abs 1 Nr 1 gilt das **Vertragsstatut zunächst in Bezug auf** 4
die Auslegung des Hauptvertrages[4]. Unter den Begriff der Auslegung fällt ggf auch eine ergänzende Auslegung[5] sowie die Berücksichtigung von Verkehrssitten, sei dies im Rahmen der Auslegung oder iS zB von § 346 HGB[6]. Bei der Auslegung von Vertragsklauseln sind freilich im Rahmen der jeweiligen lex causae, also des Vertragsstatuts, ggf sprachliche Herkunft und Bedeutung der Klauseln zu berücksichtigen[7]. Auch für einseitige Erklärungen, wie etwa eine Haftungsübernahmeerklärung, gilt das Vertragsstatut[8]. Unter welchen Voraussetzungen eine **Rechtswahl** vorliegt, insbes die Anforderungen an die entsprechende Konkludenz eines Verhaltens oder das Erklärungsbewusstsein, das wird indes EVÜ-autonom und daher über Art 27 (= Art 3 EVÜ) und nicht über die lex causae bestimmt (Art 31 Rn 4)[9]. Auch die Auslegung des Verweisungsvertrages iÜ unterliegt nach hM der lex fori[10].

2. Die Erfüllung der vertraglichen Verpflichtungen (Abs 1 Nr 2). Mit dem Hinweis, dass das 5
Vertragsstatut die Erfüllung der durch den Vertrag begründeten Verpflichtungen erfasst, wird deutlich, dass die Art 27 ff als selbstverständliches Korrelat zur Erfüllung **auch die vertraglichen Verpflichtungen selbst,** die wiederum durch den Vertragstyp festgelegt werden, zum Gegenstand haben. Damit entscheidet das Vertragsstatut über die Rechtsnatur der vertraglichen Verpflichtungen in ihrer Gesamtheit, insbes., ob diese Verpflichtungen abstrakt oder kausal zu verstehen sind, wann, wo und an wen was zu leisten ist. Es regelt die Leistungs- und Preisgefahr ebenso wie die Frage, ob und wem gegenüber Schutzpflichten bestehen[11]. Nach dem Vertragsstatut sind die Leistungszeit[12] sowie der Leistungs- und Erfüllungsort[13] zu bestimmen. Deswegen gilt es etwa auch für Fälligkeit und Stundung[14] wie überhaupt für die (richterliche) Möglichkeit der Verlängerung der Leistungszeit[15]. Unter das Vertragsstatut fällt sodann die Qualifikation einer Schuld als zB Hol-, Schick- oder Bringschuld[16] sowie die zahlbare

---

[1] Übereinstimmend *Looschelders* Rn 2; AnwK-BGB/*Leible* Rn 3; *Ferrari* Int VertragsR Rn 1.
[2] Der Vorläufer von Art 10 EVÜ ist Art 15 EVÜ-Entwurf 1972; vgl *Lando* RabelsZ 38 (1974), 6, 44 f.
[3] *Giuliano/Lagarde* BT-Drucks 10/503 S 33, 64; BT-Drucks 10/504 S 20, 82; allgM.
[4] Für Schiedsvereinbarungen s auch OLG München RIW 1990, 585, 586.
[5] MünchKommBGB/*Spellenberg* Rn 9.
[6] MünchKommBGB/*Spellenberg* Rn 11–13.
[7] Vgl OLG Hamburg GRUR Int 1990, 388, 389; OLG Hamburg VersR 1996, 229; OLG München IPRspr 1993 Nr 48; *Gruber* DZWiR 1997, 353; zurückhaltend in Bezug auf englische Vertragstexte *Triebel/Balthasar* NJW 2004, 2189, 2193 ff.
[8] BGH RIW 1981, 194.
[9] *Looschelders* Rn 8.
[10] *E. Lorenz* RIW 1992, 697, 698 ff; Soergel/*v. Hoffmann* Rn 8; MünchKommBGB/*Spellenberg* Rn 8; Staudinger/*Magnus* Rn 28; für das Vertragsstatut aber *v. Bar* IPR II Rn 539 in Fn 596; AnwK-BGB/*Leible* Rn 11; *Ferrari* Int VertragsR Rn 7.
[11] Vgl OLG Hamburg VersR 1983, 350 noch zum Rechtszustand vor Inkrafttreten der Art 27 ff.
[12] Palandt/*Heldrich* Rn 4; MünchKommBGB/*Spellenberg* Rn 27.
[13] Zum Erfüllungsort in ausländischen Rechten *Schack* Erfüllungsort Rn 236 ff.
[14] Vgl OLG Bamberg RIW 1989, 221, 225.
[15] *Staudinger/Magnus* Rn 35; für die materiell-rechtliche Qualifikation der Möglichkeit einer Verlängerung der Verjährung auch BGH JZ 1994, 956, 959 m abl Anm *Deutsch* 960: interlokales Recht; für Abs 2 *Lagarde* Rev crit dr int priv 1991, 287, 333.
[16] *v. Bar* IPR II Rn 541; Soergel/*v. Hoffmann* Rn 15.

Spickhoff

Währung[17]; Erfüllungshindernisse auf Grund von Devisenbeschränkungen werden indes über Art 34 angeknüpft[18]. Auch legt das Vertragsstatut fest, ob an oder durch Dritte geleistet werden darf und ob und in welcher Weise eine Mehrheit von Gläubigern und/oder Schuldnern anzunehmen ist[19]. Unter das Vertragsstatut fallen sodann Verträge zu Gunsten Dritter oder Verträge mit Schutzwirkungen zugunsten Dritter[20]. Sodann folgt die Haftung für (vertragliche) Hilfspersonen dem Vertragsstatut[21]. Das Vertragsstatut entscheidet darüber, wie allgemeine Rechtsgrundsätze, zB diejenigen aus Treu und Glauben, in die Bewertung auf sachrechtlicher Ebene einfließen[22]. Insoweit sind auch Handelsbräuche des Vertragsstatuts zu berücksichtigen. Zu beachten ist allerdings, dass nach hM die Frage der Kaufmannseigenschaft gesondert anzuknüpfen ist[23]. Zur Art und Weise der Erfüllung ist **auch Abs 2 zu beachten**, wonach ggf zusätzlich zum Vertragsstatut auch noch das Recht des Staates „zu berücksichtigen" ist, in dem die Erfüllung erfolgt (Rn 17, 18).

6   **3. Folgen der Nichterfüllung (Abs 1 Nr 3).** Nichterfüllung iS von Abs 1 Nr 3 bedeutet das völlige oder teilweise Ausbleiben der Leistung in dem Sinne, dass jede Abweichung der erbrachten Leistung von der vertraglich geschuldeten erfasst ist[24]. Der Wortlaut von Nr 3 führt insoweit zu Missverständnissen, als **nicht nur die Folgen, sondern** nach einhM **auch die Voraussetzungen** für Ansprüche aus Vertragsverletzungen dem Vertragsstatut unterliegen[25]. Die Einschränkung der „durch das deutsche Verfahrensrecht gezogenen Grenzen" hat im deutschen Verfahrensrecht vor allen Dingen insoweit Bedeutung, als die Möglichkeit der Schadensschätzung nach § 287 ZPO auch dann gewahrt bleibt, wenn ausländisches Schuldvertragsrecht anwendbar ist[26]. Abgesehen davon ist die Grenze des Verfahrensrechts der lex fori wegen des englischen Rechts eingefügt worden, da dieses nur ausnahmsweise (im Falle der sog specific performance) Erfüllungsansprüche zuerkennt[27].

7   Unter Nr 3 fallen **sämtliche Formen der Leistungsstörungen** (Voraussetzungen und Folgen), also Unmöglichkeit, Verzug (inklusive Mahnung und Fristsetzung bis hin zur Verzinsung)[28]; führt die Unmöglichkeit allerdings zu einem Nichtigkeitsgrund, gilt Nr 5. Alle Formen vertraglicher Pflichtverletzungen sind erfasst[29], ebenso wie das zivilrechtliche Verschulden als Voraussetzung für eine Leistungsstörung, die Gehilfenhaftung, Zurückbehaltungsrechte und Einreden des nichterfüllten Vertrages, gesetzliche Rücktrittsrechte und Schadensersatzpflichten[30]. Mitverschulden[31], ob Vertragsstrafen oder Schadenspauschalierungen möglich sind[32], ferner sonstige Leistungshindernisse, wie höhere Gewalt, force majeure, frustration oder der Wegfall der Geschäftsgrundlage sind in Voraussetzungen und Rechtsfolgen erfasst[33]. Auch die Möglichkeit eines Haftungsausschlusses unterliegt dem Vertragsstatut[34]. Materiell-rechtlich zu qualifizierende Möglichkeiten gerichtlicher Vertragsauflösung können auch von einem deutschen Gericht ausgesprochen werden[35].

8   Streitig ist demgegenüber, ob das Vertragsstatut auch über die **Höhe von Verzugszinsen** entscheidet[36]. Im Schrifttum wird häufig an das Statut der Vertragswährung angeknüpft[37]. Dafür scheint in der Tat die Anlehnung an den in einem Staat bestehenden Zusammenhang zwischen dem üblichen Zinssatz und der Inflationsrate zu sprechen. Die unterschiedlichen Verzugszinsregelungen in der EU trotz Einführung des Euro zeigen aber, dass dieses Argument nicht durchgängig trägt. Deshalb überwiegt der enge Zusammenhang zwischen Vertragsansprüchen und ihrer Sicherung durch die Gewährung von bestimmten Verzugszinsen, so dass das Vertragsstatut maßgibt. Das gilt auch im Falle der Zubilligung von Prozesszinsen[38]. Gewährt das Vertragsstatut unangemessen niedrige oder

---

[17] AnwK-BGB/*Leible* Rn 14.
[18] *Looschelders* Rn 12.
[19] *Guiliano/Lagarde* BT-Drucks 10/503 S 33, 65.
[20] *Staudinger/Magnus* Rn 37.
[21] *Palandt/Heldrich* Rn 5; MünchKommBGB/*Spellenberg* Rn 25.
[22] *Palandt/Heldrich* Rn 4; *Staudinger/Magnus* Rn 40.
[23] OLG Naumburg WM 1994, 906, 908; *Ebenroth* JZ 1988, 18, 19; *Staudinger/Magnus* Rn 40; diff MünchKommBGB/*Spellenberg* Rn 20.
[24] MünchKommBGB/*Spellenberg* Rn 37; *Ferrari* Int VertragsR Rn 14.
[25] OLG Köln RIW 1993, 414, 415; *v. Bar* IPR II Rn 546; *Staudinger/Magnus* Rn 44.
[26] MünchKommBGB/*Spellenberg* Rn 45; *Staudinger/Magnus* Rn 56; *Palandt/Heldrich* Rn 5.
[27] *Dicey/Morris*, Private International Law II, S 1263 f.
[28] OLG Köln RIW 1993, 414, 415; RIW 1996, 778, 779; OLG Düsseldorf IPRspr 2003 Nr 25.
[29] BGHZ 123, 200, 207 = NJW 1993, 2808; LG Stuttgart IPRax 1993, 109, 110 zur alten positiven Vertragsverletzung.
[30] Vgl BGH VersR 1976, 832; OLG Hamm FamRZ 1994, 1259.
[31] *v. Bar* IPR II Rn 546.
[32] *Berger* RIW 1999, 402; MünchKommBGB/*Spellenberg* Rn 43.
[33] *Soergel/v. Hoffmann* Rn 33; *Staudinger/Magnus* Rn 54.
[34] BGHZ 119, 153, 166 f = NJW 1992, 3158.
[35] OLG Celle RIW 1988, 137, 139; MünchKommBGB/*Spellenberg* Rn 42.
[36] Dafür OLG Rostock IPRax 2000, 231; OLGR 1996, 50; OLG Frankfurt NJW 1994, 1013, 1014; IPRax 1988, 99, 100 m Anm *Schwenzer* 86; OLG Köln RIW 1996, 778, 779; LG Frankfurt/M RIW 1994, 778, 780; *Grothe* IPRax 2002, 119, 120 ff; *Gruber* MDR 1994, 759; *ders* DZWiR 1996, 169; *Lagarde* Rev crit dr int priv 1991, 287, 334; *Soergel/v. Hoffmann* Rn 36; *Staudinger/Magnus* Rn 57; MünchKommBGB/*Spellenberg* Rn 48–53; *Looschelders* Rn 17; AnwK-BGB/*Leible* Rn 21.
[37] *Grunsky*, FS Merz, 1992, S 147, 152; *Berger* RabelsZ 61 (1997), 311, 326; *Palandt/Heldrich* Rn 5.
[38] *Soergel/v. Hoffmann* Rn 36; *Staudinger/Magnus* Rn 57; aA LG Frankfurt/M RIW 1994, 778, 780.

hohe Ansprüche auf Verzugszinsen, greift – ggf modifizierend bis zur Grenze des Erträglichen – Art 6[39].

4. Erlöschen des Schuldverhältnisses (Abs 1 Nr 4 Alt 1). Abs 1 Nr 4 ordnet auch die verschiedenen Arten des **Erlöschens von Verpflichtungen (Alt 1)** sowie die Verjährung und die Rechtsverluste, die sich aus dem Ablauf einer Frist ergeben (Alt 2), dem Schuldvertragsstatut zu. Unter die Alt 1 von Nr 4 fällt insbes das Erlöschen einer Verpflichtung durch Erfüllung sowie die Möglichkeit einer Leistung an Erfüllungs Statt oder erfüllungshalber[40]. Zu den Erlöschensgründen zählen sodann die Hinterlegung[41], Aufhebung, Verzicht und Erlass als (einseitige oder übereinstimmende) Beendigung der Vertragspflichten[42], Kündigung[43], Ausübung eines vertraglichen Rücktrittsrechtes[44] sowie die Aufrechnung.

Bei der **Aufrechnung** ist jedoch die Anwendung von Abs 1 Nr 4 zweifelhaft, weil Haupt- und Gegenforderung unterschiedlichen Rechtsordnungen unterliegen können. Unterliegen beide dem gleichen Recht, ist in jedem Fall das (dann einheitliche) Schuldvertragsstatut anwendbar[45]. Der EuGH hat im Falle der Aufrechnung einer dem Gemeinschaftsrecht unterliegenden Forderung mit einer dem Recht eines Mitgliedstaates unterliegenden Forderung überhaupt die kumulative Anwendung beider Rechtsordnungen verlangt. Danach kann die Aufrechnung nur erfolgen, wenn sie – vorausgesetzt, die Forderungen unterliegen zwei verschiedenen Rechtsordnungen – den Voraussetzungen der Aufrechnung beider Rechtsordnungen genügt[46]. Indes dürfte die Entscheidung nicht zu verallgemeinern sein, da sie durch die Besonderheiten des Falles gekennzeichnet ist[47]. Unterstehen beide Forderungen unterschiedlichen Statuten, soll nach teilweise vertretener Meinung[48] das autonome Kollisionsrecht gelten, was dazu führen würde, dass die Art 27 ff nicht anzuwenden wären. Das erscheint zu weitgehend, denn Nr 4 unterstellt das Erlöschen der Verpflichtungen dem Statut des Vertrages, um dessen Wirkungsbeendigung es geht, und das ist der Vertrag der Hauptforderung[49]. Deshalb gilt für die Aufrechnung das Statut der Hauptforderung, gegen die aufgerechnet wird[50]. Entsprechendes ist für ein Zurückbehaltungsrecht anzunehmen[51]. Gelten für die Haupt- und Gegenforderung unterschiedliche Währungen, und ist deutsches Recht Schuldstatut der Hauptforderung (und sind damit die §§ 387 ff BGB anwendbar), so fehlt es an der Gleichartigkeit iS von § 387 BGB[52], es sei denn, der Schuldner ist nach § 244 BGB ersetzungsbefugt[53]. Die verfahrensrechtliche Zulässigkeit der Aufrechnung im Prozess unterliegt in Ansehung der Doppelnatur der entsprechenden Erklärungen der lex fori und damit dem deutschen Verfahrensrecht[54]. Vorauszusetzen ist für die Zulässigkeit der Prozessaufrechnung, dass das Prozessgericht auch für die Entscheidung über die Aufrechnungsforderung international zuständig ist[55]. Über die Aufrechnung in der Insolvenz entscheidet im Prinzip das Insolvenzstatut[56], dessen Konkretisierung im Rahmen der Art 4 und 6 EuInsVO bzw § 338 InsO freilich umstritten ist[57]. Im Übrigen ist die Aufrechnung über Abs 1 Nr 4 auch dann materiellrechtlich zu qualifizieren, wenn sie das Vertragsstatut prozessrechtlich qualifiziert, was im anglo-amerikanischen Rechtskreis vorkommt[58]. Aufrechnungsvereinbarungen[59] können unter Nr 4 fallen.

5. Rechtsverlust durch Fristablauf (Abs 1 Nr 4 Alt 2). Unter Abs 1 Nr 4 fallen weiter die **Verjährung** sowie sonstige Rechtsverluste, die sich aus dem Ablauf einer Frist ergeben. Auch insoweit gilt das Schuldvertragsstatut. Kollisionsrechtlich wird nach der Ausgestaltung zB als Einrede oder Einwendung nicht unterschieden[60]. Zu beachten ist – nicht zuletzt bei Fragen der Verjährung –

---

[39] Zum Ganzen *Königer*, Die Bestimmung der gesetzlichen Zinshöhe nach dem deutschen IPR, 1997.
[40] *Staudinger/Magnus* Rn 59.
[41] *v. Bar* IPR II Rn 547.
[42] OLG Bamberg RIW 1989, 221; OLG Hamm RIW 1999, 622.
[43] BGH FamRZ 1997, 547, 548; OLG Hamburg GRUR Int 1998, 431, 432, 436.
[44] *Palandt/Heldrich* Rn 6.
[45] OLG Stuttgart IPRax 1996, 139 H. K.; OLG Hamm IPRax 1996, 269 m Anm *Schlechtriem* 256; LG München I IPRax 1996, 31, 33; vgl auch LG Saarbrücken IPRspr 2002 Nr 47.
[46] EuGH JZ 2004, 87 m krit Anm *Metzger*; allg dafür – mit Abmilderungen – *Jud* IPRax 2005, 104, 107 ff.
[47] Gegen eine Überbewertung der Entscheidung auch *Metzger* JZ 2004, 90, 91 f; ähnlich MünchKommBGB/*Spellenberg* Rn 66: „im Grunde obiter".
[48] *Lagarde* Rev crit dr int priv 1991, 287, 334 f; *Soergel/v. Hoffmann* Rn 49; zum Streitstand näher *Berger* S 448 ff; *Jud* IPRax 2005, 104, 107 ff.
[49] *Dicey/Morris*, Private International Law II, S 1267; *Staudinger/Magnus* Rn 62.
[50] HM, BGH NJW 1994, 1416; BSG SozR 3-1200 § 51 SGB I; OLG Koblenz RIW 1992, 59, 61; RIW 1993, 934, 937; OLG Düsseldorf RIW 1995, 53, 55; OLG Stuttgart RIW 1995, 943, 944; OLG Frankfurt RIW 1998, 559, 560; *Gruber* MDR 1992, 121; *Busse* MDR 2001, 729, 733; AnwK-BGB/*Leible* Rn 30; *Palandt/Heldrich* Rn 6; ebenso Art 16 Rom I VO-E; ähnlich, wenngleich diff *Berger* S 452 ff; früher bereits BGHZ 38, 254, 256 = NJW 1963, 243; zu Aufrechnungsverboten vgl OLG München EWiR Art 39 CISG 1/98, 549 (*Schlechtriem*).
[51] *Reithmann/Martiny* Rn 279.
[52] KG NJW 1988, 2181; aA OLG Koblenz RIW 1992, 59, 61; *v. Hoffmann* IPRax 1981, 155, 156: bei frei konvertiblen Währungen.
[53] MünchKommBGB/*Spellenberg* Rn 64; vgl auch *Gruber* MDR 1992, 121; *Vorpeil* RIW 1993, 529.
[54] BGHZ 38, 254, 258 = NJW 1963, 243; BGHZ 60, 85, 87 = NJW 1973, 421; AnwK-BGB/*Leible* Rn 32. Zur Aufrechnung umfassend *Kannengießer*, Die Aufrechnung im Internationalen Privat- und Verfahrensrecht, 1998.
[55] BGH NJW 1993, 2753, 2754; LG Frankfurt/M EWiR Art 39 CISG 1/95, 249 (*Mankowski*).
[56] BGHZ 95, 256, 273.
[57] Näher und mwN AnwK-BGB/*Leible* Rn 33.
[58] LG München I IPRax 1996, 31, 33 zur richterlichen Aufrechnung in Italien; *Palandt/Heldrich* Rn 6.
[59] Eingehend *Berger* S 452 ff; *Gebauer* IPRax 1998, 79.
[60] MünchKommBGB/*Spellenberg* Rn 85.

12 Die **Verjährung** führt zu spezifischen Problemen auf Grund ihrer Bezüge zum Prozessrecht, zumal in ausländischen (anglo-amerikanischen) Rechtsordnungen. Dabei unterliegt auch der Fristablauf einer Verjährung dem Vertragsstatut, einschließlich **Hemmung oder Neubeginn** (früher: Unterbrechung) der Verjährung[63]. Für eine materiell-rechtliche (und nicht prozessuale) Qualifikation der Möglichkeit einer Verlängerung der Verjährung (nach dem ZGB der DDR) hat sich in interlokalrechtlicher Hinsicht der BGH[64] ausgesprochen. Nach hM haben **ausländische Urteile** – anders als **ausländische Beweissicherungsverfahren**, die regelmäßig zur Unterbrechung der Verjährung führten (§§ 477 Abs 2, 639 Abs 1 BGB aF, vgl jetzt § 204 Abs 1 Nr 7 BGB)[65] – Hemmungs- (früher: Unterbrechungs)wirkung im Falle der Anwendbarkeit deutschen Schuldvertragsrechts im Rahmen von § 204 Abs 1 Nr 1 BGB (früher: § 209 Abs 1 BGB) nur bei positiver Anerkennungsprognose, wenn also die Voraussetzungen von § 328 ZPO (bzw diejenigen vorrangiger Anerkennungs- und Vollstreckungsübereinkommen bzw der EuGVVO) gegeben sind[66]. Dafür spricht, dass die Frage, ob der Hemmungstatbestand iS von § 204 Abs 1 BGB erfüllt ist, ein Problem der sog Substitution darstellt[67]. Daher ist eine Gleichwertigkeit fremder Rechtserscheinungen zu fordern[68], und davon lässt sich am besten sprechen, wenn das betreffende entsprechende ausländische Urteil hier anerkannt werden würde. Die im Schrifttum häufig vertretene Gegenauffassung[69] hat zwar dogmatisch den Vorzug, in die zunächst einmal materiell-rechtliche Norm des § 204 Abs 1 Nr 1 BGB nicht prozessrechtliche Wertungen, insbes das rechtspolitisch fragwürdige Erfordernis der Vergeltung des § 328 Abs 1 Nr 5 ZPO, einzuschleusen[70], ist jedoch iÜ zu zersplittert, um die überkommene hM bisher in der Rechtspraxis ins Wanken gebracht zu haben. Manche begnügen sich mit einer Kontrolle nach Art 6[71], andere verlangen die Erfüllung von § 328 Abs 1 Nr 2 ZPO[72], von § 328 Abs 1 Nr 1, 2 und 5[73], von § 328 Abs 1 Nr 1[74] oder von § 328 Abs 1 Nr 1 und 2[75]. Da es im Rahmen des § 204 BGB um den interindividuellen Interessenausgleich geht, erscheint es vorzugswürdig, eine positive Anerkennungsprognose nur insoweit zu fordern, als die betreffenden Anerkennungsvoraussetzungen den Schutz von Individualinteressen verfolgen. Jedenfalls § 328 Abs 1 Nr 5 ZPO (und im Einzelfall auch andere Anerkennungsvoraussetzungen, etwa § 328 Abs 1 Nr 4 ZPO) haben damit (insoweit) nichts zu tun und sollten deshalb im Rahmen der Substitution keine Rolle spielen. Bei denjenigen Prozesshandlungen, die § 204 BGB der Klageerhebung gleichstellt, kommt es auf die Gleichwertigkeit der betreffenden Unterbrechungshandlung im Ausland an[76]. Im Falle der Frage, ob eine Streitverkündung im Ausland die Verjährung unterbricht (§ 204 Abs 1 Nr 6 BGB)[77], muss eine Streitverkündung zulässig sein, was im Folgeprozess zu prüfen ist[78]. Die Streitverkündung hat im Wesentlichen der deutschen zu entsprechen und die Hauptsacheentscheidung anerkennungsfähig zu sein[79]. Im Verhältnis zum Dritten erscheint es jedoch nicht erforderlich, die Anerkennungsvoraussetzung des § 328 Abs 1 Nr 1 ZPO (internationale Zuständigkeit)[80] und die Gegenseitigkeit (§ 328 Abs 1 Nr 5 ZPO)[81] festzustellen.

---

[61] BGH NJW 1960, 1720, 1722; *Palandt/Heldrich* Rn 6; MünchKommBGB/*Spellenberg* Rn 90.
[62] OLG Frankfurt RIW 1982, 914, 915 f; *v. Bar* IPR II Rn 548; *Palandt/Heldrich* Rn 6; *Staudinger/Magnus* Rn 73; MünchKommBGB/*Spellenberg* Rn 125; für eine Berücksichtigung des Umweltrechts im Einzelfall *Will* RabelsZ 42 (1978), 211, 219 ff.
[63] OLG Köln RIW 1992, 1021, 1024; OLG Oldenburg RIW 1996, 66, 67; *Palandt/Heldrich* Rn 6; *Otte* IPRax 1993, 209.
[64] JZ 1994, 956, 959 m abl Anm *Deutsch* 960.
[65] Dazu *Spickhoff* IPRax 2001, 37, 38 ff; zu eng – internationale Zuständigkeit des die Beweisanordnung treffenden Gerichts sei erforderlich – LG Hamburg IPRax 2001, 45.
[66] RGZ 129, 385, 389; OLG Düsseldorf NJW 1978, 1752; LG Deggendorf IPRax 1983, 125 m abl Anm *Frank* 108; LG Duisburg IPRspr. 1985 Nr 43; *Taupitz* IPRax 1996, 140, 144 f; *ders* ZZP 102 (1982), 288 ff; *Nagel/Gottwald* IZPR § 5 Rn 33; krit C. *Wolf* IPRax 2007, 180, 181 f.
[67] *Taupitz* ZZP 102 (1989), 288, 293 ff.
[68] MünchKommBGB/*Sonnenberger* Einl IPR Rn 614.
[69] *Linke*, FS Nagel, 1987, S 209, 221 ff; *Schack* RIW 1981, 301; *Soergel/v. Hoffmann* Art 32 Rn 46; MünchKommBGB/*Spellenberg* Rn 105–108 mwN.
[70] Insoweit zu Recht krit *Soergel/v. Hoffmann* Rn 46; AnwK-BGB/*Leible* Rn 36.
[71] *Linke*, FS Nagel, 1987, S 209, 223, 225.
[72] *Frank* IPRax 1983, 108, 110.
[73] *Staudinger/Peters* § 209 BGB Rn 50.
[74] *Geimer* IPRax 1984, 83, 84.
[75] *Schack* RIW 1981, 301.
[76] OLG Köln RIW 1980, 877, 878; OLG Düsseldorf RIW 1989, 743; *Palandt/Heldrich* Rn 6; *Looschelders* IPRax 1998, 286, 300; genauer MünchKommBGB/*Spellenberg* Rn 110 ff.
[77] Eingehend *Taupitz* ZZP 102 (1989), 288, 293 ff.
[78] BGHZ 36, 212, 214 f = NJW 1962, 387; BGHZ 65, 127, 130 = NJW 1976, 39.
[79] *Taupitz* ZZP 102 (1989), 293, 307 ff.
[80] *Taupitz* ZZP 102 (1989), 293, 314; *Koch* ZVglRWiss 85 (1986), 11, 57; *Schack* IZVR 923; aA *v. Hoffmann* IPRax 1982, 217, 221; früher auch RGZ 55, 236, 240.
[81] RGZ 61, 390, 393; MünchKommBGB/*Spellenberg* Rn 116; anders aber *Taupitz* ZZP 102 (1989), 288, 307 ff, 315 f.

Der **ordre public** (Art 6) sollte gegenüber ausländischen Verjährungsfristen, die von deutschen 13
abweichen, nur sehr zurückhaltend eingesetzt werden. Bloße Abweichungen begründen im Allgemeinen kein Auslösen der Vorbehaltsklausel[82]. Eine Grenze ist erst dort zu ziehen, wo ausländische Fristen so kurz sind, dass sie eine effektive Rechtsverfolgung nicht mehr ermöglichen. Umgekehrt ist selbst die Unverjährbarkeit, die das RG noch als ordre public-widrig angesehen hat[83], nicht grds zu beanstanden. Denn auch das deutsche Recht kennt – wenngleich ausnahmsweise – die Unverjährbarkeit von Ansprüchen, vgl etwa §§ 194 Abs 2, 898, 902 BGB[84]. Ggf ist die Frist auf das gerade noch mit deutschen Vorstellungen vereinbare Maß zu verlängern, zB 50 Jahre anstelle der längsten, 30jährigen Frist des § 197 BGB[85]. In der Situation der Leistungsklage kommt es typischerweise allerdings nur darauf an, ob das konkrete Ergebnis der Rechtsanwendung anstößig erscheint oder nicht; hier bedarf es keiner ordre public-konformen Reduktion der lex causae[86].

Unter **Abs 1 Nr 4 Alt 2** fallen abgesehen von Verjährung und Verwirkung **sonstige Ausschluss-** 14
fristen, deren Ablauf vertragliche Rechte einredeweise oder ohne weiteres entfallen lassen. Auch die einseitige oder übereinstimmende Aufhebung, der Verzicht oder der Erlass sind unter Abs 1 Nr 4 zu subsumieren[87]. Das Gleiche gilt für die Kündigung eines Vertrages[88].

6. Folgen der Nichtigkeit (Abs 1 Nr 5). Abs 1 Nr 5 entspricht Art 10 Abs 1 e EVÜ. Die Bundes- 15
republik Deutschland hat – anders als Italien und Großbritannien – einen nach Art 22 Abs 1 b EVÜ möglichen Vorbehalt nicht eingelegt, obwohl (auch) in Deutschland die Folgen der Nichtigkeit eines Vertrages, insbes die Leistungskondiktion (§ 812 Abs 1 S 1 Alt 1 BGB), nicht ohne weiteres im Vertragsrecht anzusiedeln sind. Abgesehen vom Nichtigkeitsgrund muss ein Vertrag vorgelegen haben[89]; iÜ **kommt es auf den Grund für die Nichtigkeit oder Unwirksamkeit nicht an,** ebenso wenig, ob die Nichtigkeit ex tunc oder ex nunc anzunehmen ist. Erfasst sind namentlich Rückabwicklungsverhältnisse, aber auch Schadensersatzansprüche. Vom Vertragsstatut ergriffen ist – trotz Art 38 Abs 1, Art 10 Abs 1 Rom II-VO – für die Rückabwicklung zunächst das Bereicherungsrecht[90]. Gegebenenfalls ist aber auch das Deliktsrecht oder das Recht der Geschäftsführung ohne Auftrag anwendbar[91], wie ganz allgemein nicht entscheidend ist, ob die Folgen der Nichtigkeit zu vertraglichen oder außervertraglichen Ansprüchen oÄ führen[92].

Nach hM unterliegen die **Folgen fehlender Geschäftsfähigkeit** allerdings dem Heimatrecht des 16
Betroffenen (Art 7) und nicht dem Vertragsstatut[93]. **Folgen eines Formverstoßes** sind nach Art 11 Abs 1 zu beurteilen; im Ergebnis gilt das der Formwirksamkeit günstigste Recht nach dem Zweck des Art 11[94]. Die **Folgen fehlender Vertretungsmacht** unterliegen demgegenüber dem Vertragsstatut[95].

7. Erfüllungsmodalitäten (Abs 2). Abs 2 sieht vor, dass das Recht des Staates, in dem die 17
Erfüllung vorliegt, „zu berücksichtigen" sein soll, wenn es um die Art und Weise der Erfüllung und die vom Gläubiger im Falle mangelhafter Erfüllung zu treffenden Maßnahmen geht. Es kommt auf den **tatsächlichen,** nicht den vereinbarten **Erfüllungsort** an[96]. Erfasst von der Art und Weise der Erfüllung sind **Untersuchungs- und Rügepflichten,** die Aufbewahrung nicht angenommener Lieferungen[97], Regeln über die Geschäftszeit und Feiertage[98]. Nicht erfasst sind demgegenüber Erfüllungshindernisse auf Grund von Preis-, Devisen- oder Bewirtschaftungsvorschriften[99]. Insoweit kann eine Sonderanknüpfung im Rahmen von Art 34 in Betracht kommen. Auch die Schuldwährung betrifft den Gegenstand der Erfüllung und nicht bloß ihre Art und Weise; letzteres kann wiederum für die Zahlungswährung angenommen werden[100].

---

[82] Vgl BGH IPRspr 1956/57 Nr 4; LG Saarbrücken IPRspr 1960/61 Nr 38; AG Traunstein IPRspr 1973 Nr 13; *Ferrari* Int VertragsR Rn 25.
[83] RGZ 106, 82, 84 f; RGZ 151, 193, 201.
[84] *Spickhoff,* Der ordre public im IPR, 1989, S 166; ebenso *Otte* IPRax 1993, 209, 212; MünchKommBGB/ *Spellenberg* Rn 95.
[85] *Soergel/Kegel* Art 6 Rn 35 mwN, zum alten Verjährungsrecht.
[86] *S. Lorenz* IPRax 1999, 429, 431.
[87] OLG Bamberg RIW 1989, 221.
[88] *v. Hoffmann* IPRax 1989, 261, 270.
[89] *Staudinger/Magnus* Rn 77.
[90] BGH DtZ 1995, 250, 253; OLG Köln NJW-RR 1994, 1026; OLG Hamm FamRZ 1994, 1259, 1260; OLG Frankfurt WM 1996, 2107, 2109; LG Bonn IPRspr 2002 Nr 40: Leistungskondiktion.
[91] OLG Hamm FamRZ 1994, 1259, 1260; AnwK-BGB/*Leible* Rn 39; *Wandt,* Die GoA im IPR, 1989, S 224 ff; *Plaßmeier,* Ungerechtfertigte Bereicherung im IPR und aus rechtsvergleichender Sicht, 1996, S 302 ff; *Busse,* Internationales Bereicherungsrecht, 1998, S 228, 230.
[92] BT-Drucks 10/504 S 82.
[93] KG IPRspr 1929 Nr 88; *Reithmann/Martiny/Hausmann,* Internationales Vertragsrecht, Rn 2844; *Palandt/Heldrich* Art 7 Rn 5; *Kropholler* IPR § 42 I 1; *v. Bar* IPR II Rn 43; *Baetge* IPRax 1996, 185, 187; aA aber OLG Düsseldorf NJW-RR 1995, 755, 756.
[94] MünchKommBGB/*Spellenberg* Rn 131; *Ferrari* Int VertragsR Rn 29.
[95] MünchKommBGB/*Spellenberg* Rn 131.
[96] *Lüderitz* IPR Rn 296; *Erman/Hohloch* Rn 8; AnwK-BGB/*Leible* Rn 42; MünchKommBGB/*Spellenberg* Rn 137.
[97] BT-Drucks 10/504 S 82.
[98] *Erman/Hohloch* Rn 8; *Ferrari* Int VertragsR Rn 33.
[99] BT-Drucks 10/504 S 82.
[100] *Staudinger/Magnus* Rn 86.

18   Abs 2 verlangt **nicht** die **Anwendung**, sondern **nur** die **Berücksichtigung** des Rechts am tatsächlichen Erfüllungsort. Damit ist dem Richter eine Art Tatbestandsermessen eingeräumt; anderenfalls wäre der von den sonstigen Kollisionsnormen deutlich abweichende Wortlaut in Abs 2 kaum zu erklären[101]. Im Ergebnis bleibt es also prinzipiell beim Vertragsstatut. Dieses ist im Wege einer materiell-rechtlichen Angleichung über Abs 2 insoweit zu modifizieren, als die Berücksichtigung des Erfüllungsortsrechts geboten erscheint[102].

19   **8. Beweis (Abs 3). a) Allgemeines.** Abs 3 ist im Wesentlichen **Art 14 EVÜ nachgebildet**, wobei Abs 3 S 1 dem Art 14 Abs 1 EVÜ entspricht. Abs 3 S 2 greift Art 14 Abs 2 EVÜ auf. Hinzulesen ist Art 1 Abs 2 h EVÜ, woraus sich ergibt, dass das EVÜ (und damit auch die entsprechenden Vorschriften des EGBGB) auf den Beweis und das Verfahren nicht anwendbar sein sollen; insoweit gilt die lex fori[103].

20   **b) Gesetzliche Vermutungen und Beweislast (Abs 3 S 1).** Abs 3 S 1 eröffnet den Anwendungsbereich des Vertragsstatuts auch für gesetzliche Vermutungen sowie die Verteilung der Beweislast. Die **lex fori gilt** insoweit also **nicht.** Erfasst werden zunächst nicht nur widerlegliche Vermutungen, sondern auch unwiderlegliche Vermutungen bzw Fiktionen[104]. Allgemein sind gesetzliche Vermutungen Regeln, die aus bestimmten Tatsachen unmittelbar Folgerungen ziehen, ohne dass es eines weiteren Beweises bedarf[105]. Rein prozessuale Vermutungen, wie etwa diejenige, dass nicht bestrittene Tatsachen als Zugeständnisse gelten (vgl § 138 Abs 3 ZPO), sind demgegenüber nicht erfasst; **Abs 3 S 1 gilt nur für materiell-rechtliche Beweisregeln,** die **speziell für vertragliche Schuldverhältnisse** aufgestellt sind[106]. Gesetzliche Vermutungen sind iÜ auch richterrechtlich fixierte, was in der deutschen Übersetzung nicht zureichend zum Ausdruck kommt[107].

21   Das gilt auch für die Verteilung der Beweislast. Abgesehen von echten Umkehrungen der Beweislast (wie etwa § 280 Abs 1 S 2 BGB) ist nach dem Schuldvertragsstatut auch die **Darlegungs- und Behauptungslast** zu beurteilen, was schon aus dem engen Zusammenhang von Darlegungs- und Behauptungslast mit dem materiell-rechtlichen Rechtssatz folgt[108]. Das Gleiche gilt für die Beweisführungslast[109].

22   **c) Beweiswürdigung und Anscheinsbeweis.** Die Beweiswürdigung, insbes für den deutschen Richter diejenige im Rahmen der §§ 286, 287 ZPO, untersteht demgegenüber nicht dem Vertragsstatut, sondern der **lex fori**[110]. Als Teil der Beweiswürdigung und als allgemeines Institut des Beweisrechts wird auch der Anscheinsbeweis nach herkömmlicher, freilich sehr bestrittener Ansicht an die lex fori angebunden[111]. Das gilt ebenso prinzipiell für das Beweismaß, es sei denn, in einer Norm des Vertragsrechts wird das Beweismaß besonders geregelt (zB § 252 S 2 BGB)[112].

23   **d) Beweismittel (Abs 3 S 2).** Mögliche Beweismittel bestimmen sich grds nach der **lex fori** als typische Verfahrensfrage[113], wovon Abs 3 S 2 ausgeht. Eine Modifikation dieses Grundsatzes bringt diese Norm insoweit, als in Bezug auf Formfragen alternativ die nach Art 11 und 29 Abs 3 maßgeblichen Rechte herangezogen werden können, sofern das Rechtsgeschäft nach einem dieser Rechte formgültig sein würde. Nach Art 11 Abs 1 ist damit sowohl das Geschäftsrecht als auch das Recht des Vornahmeortes geeignet, die Formwirksamkeit des Vertrages zu begründen. Ist ein Verbrauchervertrag iS von Art 29 geschlossen worden, kommt es stattdessen auf das Recht am gewöhnlichen Aufenthaltsort des Verbrauchers an (Art 29 Abs 3). Beweismittel sind alle zulässigen Wege, den Nachweis für eine bestimmte Tatsache zu führen[114]. Geht es um einen Nachweis gegenüber Registerbehörden, soll Abs 3. S 2 nicht gelten; stattdessen gilt das Recht am Registerort[115]. Auch die Frage der Beweiskraft, insbes von Urkunden, unterliegt nicht Abs 3, sondern der lex fori[116]. Bedeutung hat Abs 2 S 3 vor

---

[101] Vgl *Erman/Hohloch* Rn 8; *Kegel/Schurig* IPR § 17 V 1; *Soergel/v. Hoffmann* Rn 69; AnwK-BGB/*Leible* Rn 45; gegen jedes Ermessen *Staudinger/Magnus* Rn 93: das im Tatbestandsermessen liegende Unsicherheitselement sei bei Pflichten und Obliegenheiten der Parteien nicht hinnehmbar.
[102] *Soergel/v. Hoffmann* Rn 69.
[103] Vgl *Guiliano/Lagarde* BT-Drucks 10/503 S 33, 68.
[104] MünchKommBGB/*Spellenberg* Rn 155; *Erman/Hohloch* Rn 17.
[105] *Guiliano/Lagarde* BT-Drucks 10/503 S 33, 68.
[106] OLG Köln NJW-RR 1997, 182, 184; *Soergel/v. Hoffmann* Rn 76; *Kropholler* IPR § 52 I 3; AnwK-BGB/*Leible* Rn 50.
[107] *Staudinger/Magnus* Rn 100.
[108] *Schack*, Internationales Zivilverfahrensrecht, Rn 674.
[109] *Schack*, Internationales Zivilverfahrensrecht, Rn 676; *Staudinger/Magnus* Rn 103.
[110] *Schack*, Internationales Zivilverfahrensrecht, Rn 693; *Coester-Waltjen*, Internationales Beweisrecht, Rn 389 ff, 398.
[111] *Schack*, Internationales Zivilverfahrensrecht, Rn 694; *v. Bar* IPR II Rn 552; *Erman/Hohloch* Rn 17; IPG 1980 bis 81 Nr 8 (Göttingen) S 64 ff; AnwK-BGB/*Leible* Rn 53; aA – Schuldvertragsstatut – MünchKommBGB/*Spellenberg* Rn 156; *Looschelders* Rn 36; *Soergel/v. Hoffmann* Rn 77; *Coester-Waltjen*, Internationales Beweisrecht, Rn 353 f; *Staudinger/Magnus* Rn 107.
[112] OLG Koblenz RIW 1993, 502, 503; *Habscheid*, FS Baumgärtel, 1990, S 105, 119; *Schack*, Internationales Zivilverfahrensrecht, Rn 694 ff; anders aber *Coester-Waltjen*, Internationales Beweisrecht, Rn 362 ff.
[113] BT-Drucks 10/504 S 82; *v. Bar* IPR II Rn 553; *Schack*, Internationales Zivilverfahrensrecht, Rn 679.
[114] *Staudinger/Magnus* Rn 110.
[115] *Guiliano/Lagarde* BT-Drucks 10/503 S 33, 69.
[116] *Schack*, Internationales Zivilverfahrensrecht, Rn 700; *Nagel/Gottwald* IZPR § 9 Rn 118 ff; aA MünchKommBGB/*Spellenberg* Rn 171 im Anschluss an *Coester-Waltjen*, Internationales Beweisrecht, Rn 537 f.

allem insoweit, als es in romanischen und angelsächsischen Rechten bestimmte Verbote des Zeugenbeweises für Verträge über einen bestimmten Gegenstandswert gibt (zB Art 1341 franz CC). Ob es sich bei solchen Vorschriften trotz ihrer möglichen Stellung im Sachrecht um prozessual zu qualifizierende Normen handelt oder um sachrechtliche (vertragsrechtliche oder die Frage der Form betreffende)[117], ist offen geblieben, weil die Statuten nebeneinander zur Anwendung kommen können. Für deutsche Richter sind solche Beweismittelverbote jedenfalls unbeachtlich[118].

9. Sonstiges. Die Umschreibung des Geltungsbereiches des auf den Vertrag anzuwendenden Rechts in Art 32 ist nicht abschließend. Schon Abs 1 spricht davon, dass das Schuldvertragsstatut „insbesondere" maßgebend für die nachfolgenden Bereiche ist. 24

a) Culpa in contrahendo. So ist insbes die culpa in contrahendo (§§ 311 Abs 2 und 3, 241 Abs 2, 280 Abs 1 BGB) nicht, jedenfalls nicht ohne weiteres, unter eines der Regelbeispiele zu subsumieren. Infolgedessen ist die Anknüpfung umstritten. Nach überkommener Auffassung beurteilen sich Ansprüche aus culpa in contrahendo entspr Art 31 Abs 1 und Art 32 Abs 1 Nr 3 und 5 nach dem Vertragsstatut[119]. Dafür spricht, dass auf die culpa in contrahendo im deutschen Sachrecht prinzipiell die vertragsrechtlichen Regeln angewandt werden. Auch zuständigkeitsrechtlich können Ansprüche wegen Verschuldens bei Vertragsschluss im Gerichtsstand des Erfüllungsortes (§ 29 ZPO) geltend gemacht werden[120]. Doch erscheint selbst in diesem Kontext die pauschale vertragsrechtliche Qualifizierung der culpa in contrahendo als zu undifferenziert[121]. Der EuGH (der mittlerweile auch zur Auslegung des EVÜ berufen ist, s Erl zu Art 36 Rn 15) hat im Rahmen des EuGVÜ (heute: EuGVVO) eine vertragsrechtliche Qualifikation nur im Falle freiwillig eingegangener Verpflichtungen akzeptiert[122]. Auch auf der Ebene des Kollisionsrechts ist daher **funktional zu differenzieren**. Geht es um die Verletzung von Aufklärungs- und Beratungspflichten bei der Vertragsanbahnung, handelt es sich um einen Ausgleich für eine zerschlagene Leistungserwartung. Die Parteien bewegen sich damit schon (freiwillig) auf dem Boden des Vertragsrechts, und die entsprechenden Ansprüche sind vertragsrechtlich zu qualifizieren[123]. Das gilt allemal, wenn hernach ein Vertrag zustande kommt[124]. In diesem Sinne ordnet **Art 12 Abs 1 Rom II-VO** die Maßgeblichkeit des Vertragsstatuts an (s Erl zu Art 12 Rom II-VO; der ab dem 11. 1. 2008 in Kraft tritt, Art 32 Rom II-VO). Geht es um den Ersatz für die Verletzung des Integritätsinteresses, so ist demgegenüber das Deliktsstatut einschlägig[125], vorausgesetzt, die Entwicklung der culpa in contrahendo beruht hier nur auf dem Bestreben, Lücken und Defizite des Deliktsrechts zu korrigieren[126]. Das ist insbes in den Kaufhausfällen anzunehmen[127]. Die Haftung des Sachwalters bzw Repräsentanten als „vertragliche Haftung ohne Vertrag" kann eben deshalb nicht dem Vertragsstatut unterworfen werden[128]. Auch die Anwendung des Aufenthaltsrechts entspr Art 31 Abs 2[129] erscheint nicht sachgerecht, weil dadurch die Stellung (nur) einer Partei dominieren würde. Weil diese Fälle ohnehin im Grenzbereich von § 826 und § 823 Abs 2 BGB liegen und auch funktional dorthin gehören, sind diese Konstellationen deliktsrechtlich zu qualifizieren[130]. 25

b) Währung. Art 32 regelt nicht, jedenfalls nicht ausdrücklich (vgl aber Abs 1 Nr 2), die Frage, in welcher Währung geschuldet wird (sog Schuldwährung) und in welcher Währung gezahlt werden kann (sog Zahlungswährung). Dennoch ist anerkannt, dass das **Vertragsstatut** grds bestimmt, in welcher Währung geschuldet wird[131]. Das Vertragsstatut gibt auch Aufschluss darüber, in welcher Währung gezahlt werden darf[132]. Den Parteien steht es frei, im Rahmen des Art 27 Abs 1 S 3 eine auf die 26

---

[117] Hierzu bereits BGH JZ 1955, 702, 703 m Anm *Gamillscheg*.
[118] *v. Bar* IPR II Rn 553; MünchKommBGB/*Spellenberg* Rn 164.
[119] Vgl noch zum alten Recht BGH NJW 1987, 1141; OLG München AWD 1956, 127; OLG Frankfurt IPRax 1986, 373, 377.
[120] BayObLG VersR 1985, 741, 743; *Zöller/Vollkommer* § 29 ZPO Rn 6; *Stein/Jonas/Schumann* § 29 ZPO Rn 14a mwN.
[121] LG Kiel NJW 1989, 841: deliktsrechtliche Qualifikation; *Spickhoff* ZZP 109 (1996), 493, 511 f.
[122] EuGH IPRax 2003, 143, 144; dazu krit *Mankowski* IPRax 2003, 127; in der Perspektive für eine deliktsrechtliche Qualifikation tendenziell auch *Looschelders* Rn 30; aus europäischer Perspektive *v. Hein* GPR 2007, 54, auch zum „Rom I"-Entwurf und zu „Rom II"-VO.
[123] *v. Bar* IPR II Rn 558; *Bernstein* RabelsZ 41 (1977), 281, 288 f; *Staudinger/Magnus* Rn 117; MünchKommBGB/*Spellenberg* Rn 58; *Erman/Hohloch* Rn 21.
[124] AnwK-BGB/*Leible* Rn 25.
[125] Ebenso *Canaris*, FS Larenz, 1983, S 27, 109; *Grundmann* RabelsZ 54 (1990), 283, 310; *v. Bar* IPR II Rn 558; *Bernstein* RabelsZ 41 (1977), 281, 288 f; *Erman/Hohloch* Rn 21; *Kreuzer* IPRax 1988, 16, 17; *Scheffler* IPRax 1995, 20, 21; *Fischer* JZ 1991, 168; *Nickl* S 66 ff; zum alten Recht OLG Frankfurt IPRax 1986, 373, 378; OLG München WM 1983, 1093, 1097: Eigenhaftung des Vertreters.
[126] Auch hier für die Geltung des Vertragsstatuts *Ahrens* IPRax 1986, 355, 359 f; *Kegel/Schurig* IPR § 17 V 1 a; *Staudinger/Magnus* Rn 120; wie hier *Ferrari* Int VertragsR Rn 51.
[127] *v. Bar* IPR II Rn 558.
[128] *Kreuzer* IPRax 1988, 16, 21; PWW/*Brödermann/Wegen* Rn 56; anders aber *Ahrens* IPRax 1986, 355, 359 f.
[129] Dafür *Dörner* JR 1987, 201, 202 f.
[130] OLG Frankfurt IPRax 1986, 373, 378; ebenso *Kreuzer* IPRax 1988, 16, 20; *v. Bar* IPR II Rn 559; *Reder* S 266 ff; *Erman/Hohloch* Rn 21; für eine deliktische Qualifizierung im Rahmen der ZPO (§ 32) auch *Spickhoff* ZZP 109 (1996), 453, 511 f.
[131] BGH FamRZ 1987, 370, 372; OLG Hamm FamRZ 1991, 1319, 1321; *Erman/Hohloch* Rn 19; *Remien* RabelsZ 53 (1989), 244, 275 ff; *Palandt/Heldrich* Rn 10; *Staudinger/Magnus* Rn 131; für die Schuldwährung auch *Grothe* S 100.
[132] *Staudinger/Magnus* Rn 133.

Währung bezogene besondere Rechtswahl zu treffen[133]. Auf der Ebene des anwendbaren Sachrechts kann – soweit dort zulässig – vereinbart werden, dass in einer anderen Währung als der des Vertragsstatuts gezahlt wird[134]. Das Vertragsstatut entscheidet auch, was im Falle einer Währungsumstellung bzw einer Auf- oder Abwertung geschieht[135].

27 In Deutschland ist **§ 244 BGB** mit seiner dort angeordneten Ersetzungsbefugnis (Zahlung auch in inländischer Währung möglich) zu beachten. Nach hM handelt es sich hierbei um eine einseitige Kollisionsnorm[136]. Die systematische Stellung der Vorschrift spricht indes dafür, § 244 BGB nur dann anzuwenden, wenn ohnedies deutsches Schuldvertragsrecht anwendbar ist. Bei § 244 BGB handelt es sich also um eine Sachnorm, die allenfalls noch über Art 32 Abs 2 zur Anwendung gelangen kann[137].

28 Die **Umstellung auf den Euro**[138] beruhte auf dem Prinzip der währungsrechtlichen Vertragskontinuität (Art 3 EuroVO I)[139], weswegen von einer entsprechenden Vertragsänderung oder gar von einem Wegfall der Geschäftsgrundlage nicht ausgegangen werden kann. Das gilt selbst dann, wenn ausländisches Vertragsrecht anwendbar ist, weil das unmittelbar geltende EU-Recht insoweit Vorrang, auch gegenüber dem EVÜ und dem EGBGB, hat (Art 3 Abs 2 S 2)[140].

29 **c) Vertrauens- und Rechtsscheinstatbestände.** Fälle des Vertrauensschutzes auf Grund der zurechenbaren Setzung eines Rechtsscheinstatbestandes sind auch außerhalb kodifizierter Bereiche (Art 12, 16, vgl auch 31 Abs 2) oder richterrechtlich gefestigter Bereiche (wie im Falle der Anscheins- oder Duldungsvollmacht[141]) nicht ohne weiteres nach den Regeln der Art 27 ff, sondern an den Ort anzuknüpfen, an welchem die Mitteilung bestimmungsgemäß empfangen wird (sog Umweltrecht)[142]. In Bezug auf **Gewinnzusagen** (§ 661 a BGB) ist deren Qualifikation strittig. Der BGH hat wegen der Einseitigkeit der Erklärung zwar eine vertragsrechtliche Qualifikation einerseits verneint, andererseits aber (inkonsequent, wiewohl im Ergebnis zutreffend) Art 34 zur Durchsetzung der Norm wegen dessen lauterkeitsrechtlicher und sozialpolitischer Zielsetzung herangezogen[143]. Richtigerweise sollten im Wege der übereinkommensautonomen Auslegung wegen der Nähe von § 661 a BGB zur culpa in contrahendo (s nun auch Art 12 Abs 1 Rom II-VO) die Art 27 ff (zumindest analog) angewendet werden[144]. Auch der EuGH, dem nun die Auslegungshoheit über das EVÜ zukommt (s bei Art 36 Rn 15), hat (für Art 5 Nr 1 EuGVÜ, heute Art 5 Nr 1 EuGVVO) eine vertragsrechtliche Qualifikation im Falle freiwillig eingegangener Verpflichtungen (wozu die – wenngleich einseitige – Gewinnzusage gewiss gehört) akzeptiert[145]. Das führt (wenn nicht Art 29 eingreift) zum Aufenthaltsrecht des Versprechenden[146].

III. Allgemeine Regeln: Sachnormverweisung und ordre public

30 **Rück- und Weiterverweisungen** sind im gesamten Anwendungsbereich des Vertragsstatuts ausgeschlossen (Art 35 Abs 1). Art 6 **(ordre public)** kann wie stets eingreifen. Gerade im Internationalen Vertragsrecht ist aber Zurückhaltung geboten, da die Art 27 Abs 3, 29 Abs 3, 29 a, 30 Abs 2, 31 Abs 2 und 34 vielfach vorrangig zur Anwendung eigenen Rechts führen und die darin zum Ausdruck kommenden Wertungsentscheidungen sowie die Systematik des Internationalen Vertragsrechts nicht vorschnell aus den Angeln gehoben werden dürfen.

Art 33 Übertragung der Forderung. Gesetzlicher Forderungsübergang

(1) Bei Abtretung einer Forderung ist für die Verpflichtungen zwischen dem bisherigen und dem neuen Gläubiger das Recht maßgebend, dem der Vertrag zwischen ihnen unterliegt.

(2) Das Recht, dem die übertragene Forderung unterliegt, bestimmt ihre Übertragbarkeit, das Verhältnis zwischen neuem Gläubiger und Schuldner, die Voraussetzungen, unter denen die Übertragung dem Schuldner entgegengehalten werden kann, und die befreiende Wirkung einer Leistung durch den Schuldner.

---

[133] *Palandt/Heldrich* Rn 10; *Grothe* S 100 f.
[134] *Grunsky*, FS Merz, 1992, S 147, 149 f.
[135] *Pfeiffer* NJW 1999, 3674, 3677 zum Euro; *Palandt/Heldrich* Rn 10; *Staudinger/Magnus* Rn 136; aA wohl *Schefold* WM 1996, Beilage 4 S 15.
[136] LG Braunschweig NJW 1985, 1169; *Staudinger/Magnus* Rn 137.
[137] OLG München IPRax 1988, 291, 292; *v. Bar* IPR II Rn 545 mwN; *Soergel/v. Hoffmann* Rn 113; *Grothe* S 134.
[138] *Wisskirchen* DB 1998, 809; *Clausius* NJW 1998, 3148.
[139] VO Nr 1103/97/EG des Rates vom 17. 6. 1997, ABl EG Nr L S 1.
[140] *Staudinger/Magnus* Rn 141.
[141] BGHZ 43, 21, 27 = NJW 1965, 487; vgl auch OLG Koblenz IPRax 1989, 232 m Anm *Fischer* 216, zu Art 31 Abs 2 analog.
[142] *S. Lorenz* NJW 2000, 3305, 3307 f.
[143] BGH NJW 2006, 230, 232.
[144] OLG Hamm NJW-RR 2003, 717: Art 29 angewendet; ebenso OLG Hamm IPRspr 2002 Nr 155; *Wagner/Potsch* Jura 2006, 401, 406 ff; *S. Lorenz* IPRax 2002, 192, 195; *ders/Unberath* IPRax 2005, 219, 223; *Häcker* ZVglRWiss 103 (2004), 464, 492 ff; MünchKommBGB/*Martiny* Rn 430; *ders*, FS Pazdana, 2005, S 189, 202 ff; für eine wettbewerbsrechtliche Qualifikation *Fetsch* RIW 2002, 936, 938; für eine deliktsrechtliche Qualifikation LG Freiburg IPRspr 2002 Nr 137; *Leible* IPRax 2003, 28, 33; *Felke/Jordans* IPRax 2004, 409, 411 f.
[145] EuGH IPRax 2003, 143, 144.
[146] Ebenso *Dörner*, FS Kollhosser II, 2004, S 75, 86.

(3) ¹Hat ein Dritter die Verpflichtung, den Gläubiger einer Forderung zu befriedigen, so bestimmt das für die Verpflichtung des Dritten maßgebende Recht, ob er die Forderung des Gläubigers gegen den Schuldner gemäß dem für deren Beziehungen maßgebenden Recht ganz oder zu einem Teil geltend zu machen berechtigt ist. ²Dies gilt auch, wenn mehrere Personen dieselbe Forderung zu erfüllen haben und der Gläubiger von einer dieser Personen befriedigt worden ist.

Schrifttum (s auch Vorauﬂ): *v. Bar*, Abtretung und Legalzession im neuen deutschen Internationalen Privatrecht, RabelsZ 53 (1989), 462; *ders*, Kollisionsrechtliches zum Schuldbeitritt und zum Schuldnerwechsel, IPRax 1991, 197; *ders*, Zessionsstatut, Verpflichtungsstatut und Gesellschaftsstatut, IPRax 1992, 20; *Busch/Müller*, Das Internationale Privatrecht des Gläubigerschutzes bei Vermögens- und Unternehmensübertragung, ZVglRWiss 94 (1995), 157; *Einsele*, Das Internationale Privatrecht der Forderungszession und der Schuldnerschutz, ZVglRWiss 90 (1991), 1; *Girsberger*, Übernahme und Übergang von Schulden im schweizerischen und deutschen IPR, ZVglRWiss 88 (1989), 31; *Hadding/Schneider*, Die Forderungsabtretung, insbes. zur Kreditsicherung, in ausländischen Rechtsordnungen, 1999; *v. Hoffmann/Höpping*, Zur Anknüpfung kausaler Forderungszessionen, IPRax 1993, 302; *Kaiser*, Verlängerter Eigentumsvorbehalt und Globalzession im IPR, 1986; *Kieninger*, Das Statut der Forderungsabtretung im Verhältnis zu Dritten, RabelsZ 62 (1998), 678; *dies/Schütze*, Die Forderungsabtretung im IPR, IPRax 2005, 200; *dies/Sigman*, Abtretung und Legalzession, in: *Ferrari/Leible*, Ein neues Vertragsrecht für Europa, 2007, S 179; *Peltzer*, Die Forderungsabtretung im Internationalen Privatrecht, RIW 1997, 893; *Schnelle*, Die kollisionsrechtliche Anknüpfung der Haftung aus Vermögensübernahme im deutschen Internationalen Privatrecht, RIW 1997, 281; *Stadler*, Gestaltungsfreiheit und Verkehrsschutz durch Abstraktion, 1996, S 698; *dies*, Der Streit um das Zessionsstatut – eine endlose Geschichte?, IPRax 2000, 104; *Stoll*, Rechtskollisionen bei Schuldnermehrheit, FS Müller-Freienfels, 1986, S 631; *ders*, Anknüpfung bei mehrfacher Abtretung derselben Forderung, IPRax 1991, 223; *ders*, Kollisionsrechtliche Aspekte des Übereinkommens der Vereinten Nationen über Abtretungen im internationalen Handel, FS Sonnenberger, 2004, S 695; *Wandt*, Zum Rückgriff im Internationalen Privatrecht, ZVglRWiss 86 (1987), 272; *ders*, Regressstatut bei deutschem Verkehrsunfall und ausländischer Drittleistung, NZV 1993, 56.

Übersicht

	Rn		Rn
I. Normzweck und Herkunft	1	3. Regress bei gleichrangigen Verpflichtungen (S 2)	9
II. Forderungsabtretung (Abs 1 und 2)	2		
1. Verhältnis Alt- und Neugläubiger (Abs 1)	2	IV. Schuldübernahme und Verwandtes	14
2. Das Statut der übertragenen Forderung (Abs 2)	4	1. Schuldübernahme	15
a) Anknüpfung	4	2. Schuldanerkenntnis	16
b) Anwendungsbereich	5	3. Vertragsübernahme	17
III. Gesetzlicher Forderungsübergang (Abs 3)	7	4. Vermögens- und Unternehmensübernahme	18
		a) Vermögensübernahme	18
1. Allgemeines	7	b) Unternehmensübernahme	19
2. Regress bei subsidiären Verpflichtungen (S 1)	8	V. Allgemeine Regeln	20

I. Normzweck und Herkunft

Abs 1 und 2 regeln die **Forderungsabtretung.** Sie beruhen auf Art 12 EVÜ. **Abs 3** betrifft den **gesetzlichen Forderungsübergang.** Dieser Absatz beruht auf Art 13 EVÜ. Art 12 EVÜ geht zurück auf Art 16 EVÜ-Entwurf 1972, Art 13 EVÜ beruht auf Art 17 EVÜ-Entwurf 1972[1]. Das UNCITRAL-Übereinkommen der Vereinten Nationen über Abtretungen im internationalen Handel vom 12. 12. 2001 ist in Deutschland nicht in Kraft[2]. Art 33 gilt über Art 15 EGVVG insgesamt auch für Versicherungsverträge, da im EGVVG keine vorrangigen Spezialregeln enthalten sind. In Bezug auf die Forderungsabtretung sind die beiden ersten Absätze von Art 33 um einen Interessenausgleich zwischen Zedent und Zessionar sowie dem Schuldner bemüht. Für die Verpflichtungen zwischen früherem und neuem Gläubiger ist das Recht des Staates anwendbar, das für den Kausalvertrag zwischen beiden gilt (Abs 1). Für den Übertragungsvorgang (nach deutschem Verständnis das Verfügungsgeschäft) gilt nach Abs 2 demgegenüber das Recht der übertragenen (abgetretenen) Forderung. Insoweit wird dem Bestandsinteresse des Schuldners entsprochen. Der Schuldner soll sich nur auf die für ihn maßgebende Rechtsordnung einzurichten brauchen. Es sollen von ihm Unsicherheiten ferngehalten werden, die durch Anwendung oder Mitberücksichtigung der für die Rechtsbeziehungen zwischen Zedent und Zessionar maßgebenden Rechtsordnung notwendig geschaffen würden[3]. Im Falle des gesetzlichen Forderungsübergangs kommt es nach der gesetzlichen Wertung auf das Recht an, das die Verpflichtung des Dritten beherrscht, den Gläubiger einer Forderung zu befriedigen (sog

---

[1] Zu Art 16, 17 EVÜ-Entwurf *Lando* RabelsZ 38 (1974), 47 f.
[2] *Bazinas* ZEuP 2002, 782; *Kieninger*, FS 600 Jahre Würzburger Juristenfakultät, 2002, S 297; *Stoll*, FS Sonnenberger, 2004, S 695, auch zu den eventuell kollisionsrechtlichen Aspekten.
[3] BGH NJW 1991, 1414 = IPRax 1992, 43 m Anm *v. Bar* 20; *Einsele* RabelsZ 60 (1996), 407, 431; MünchKommBGB/*Martiny* Rn 1; *v. Bar* RabelsZ 53 (1989), 461, 468; *Staudinger/Hausmann* Rn 3; dafür, dass auch die Verfügung unter Abs 1 fällt, aber *Stadler* S 714 f und der niederländische Hoge Raad Rechtspraak van de Week 1997, Nr 126 C, S 739 ff.

Zessionsgrundstatut). Die IPR-Interessen des Hauptschuldners treten nach der gesetzlichen Wertung dahinter zurück[4].

II. Forderungsabtretung (Abs 1 und 2)

2 1. Verhältnis Alt- und Neugläubiger (Abs 1). Im Falle einer rechtsgeschäftlichen Übertragung einer Forderung ist nach Abs 1 für die Verpflichtungen zwischen Alt- und Neugläubiger das auf den zu Grunde liegenden Kausalvertrag gemäß Art 27 ff anwendbare Recht maßgebend. Aus dem – unter dem Blickwinkel des deutschen Abstraktionsprinzips eindeutigen – Wortlaut von Abs 1 folgert die hM, dass **für das Verfügungsgeschäft bzw den Übertragungsvorgang** (sofern ausländisches Recht ohne Abstraktionsprinzip anwendbar ist) nicht Abs 1 anwendbar ist, sondern **Abs 2.** Insoweit gilt also das Recht der übertragenen Forderung insgesamt und damit über den Wortlaut von Abs 2 hinaus, in dem sich nach dieser Sichtweise nur bestimmte Regelbeispiele finden[5]. Die Gegenauffassung ordnet demgegenüber im Wesentlichen das Innenverhältnis zwischen Zedent und Zessionar insgesamt Abs 1 zu, während Abs 2 nur ein Ausnahmetatbestand gegenüber Abs 1 für die in Abs 2 aufgeführten speziell genannten Fragen sei (hauptsächlich Fragen des Schutzes des Dritten als Schuldner der Forderung)[6]. Dafür scheint zu sprechen, dass eine solche Differenzierung in den anderen Vertragsstaaten des EVÜ überwiegt[7], und dass deshalb auch Art 33 gemäß den Auslegungsgrundsätzen, die Art 36 vorgibt, entspr auszulegen ist. Indes ist der Wortlaut von Art 12 EVÜ gerade in Bezug auf die dort genannten „Verpflichtungen" vor dem Hintergrund des deutschen Abstraktionsprinzips bewusst gewählt worden[8]. Das abstrakte Verfügungsgeschäft der Abtretung, das im deutschen Recht absolut wirkt, sollte dem Forderungsstatut insgesamt unterworfen werden, womit auch eine einheitliche und klare Anknüpfung gewählt worden ist[9]. Die hM in Deutschland interpretiert Art 33 mithin übereinkommensautonom und in Konkordanz mit den Prinzipien der einheitlichen Auslegung (Art 36).

3 Abgesehen vom Kausalgeschäft ist auch für eine entsprechende **Sicherungsabrede** im Falle der **Sicherungszession** insoweit kollisionsrechtlich **Abs 1** iVm **Art 27** ff maßgeblich[10]. Für die Sicherungszession und ihre verfügende Wirkung selbst gilt hingegen Abs 2[11].

4 2. Das Statut der übertragenen Forderung (Abs 2). a) Anknüpfung. Das Recht der abgetretenen Forderung, also das Schuldstatut des Rechtsverhältnisses, dem die abgetretene Forderung entstammt, kann zB sein: im Falle einer abgetretenen vertraglichen Forderung das entsprechende Vertragsstatut, im Falle einer aus Delikt resultierenden Forderung das Deliktsstatut usw[12]. Die Möglichkeit einer Rechtswahl besteht, selbst wenn die abgetretene Forderung einem bestimmten Statut kraft Rechtswahl unterworfen worden ist, in Bezug auf die Abtretung selbst nicht. Alt- und Neugläubiger können also nicht eine beispielsweise unabtretbare Forderung durch Rechtswahl abtretbar machen; diesbezüglich besteht keine Parteiautonomie[13]. Möglich bleibt aber eine nachträgliche Änderung des Forderungsstatuts, falls eine solche Vereinbarung zwischen Zessionar und Schuldner kollisionsrechtlich möglich ist. Dabei ist Art 27 Abs 2 S 2 zu beachten[14].

5 b) Anwendungsbereich. Nach dem zutreffenden Ausgangspunkt der hM (Rn 2) entscheidet das **Forderungsstatut auch dann, wenn die Forderungsübertragung nicht** – wie im deutschen Recht – **abstrakt, sondern kausal ausgestaltet** ist (wie zB in Belgien, Frankreich)[15], welche Auswirkungen

---

[4] Zum Streitstand vor Inkrafttreten des EVÜ und zur Bewertung von Art 33 *Wandt* ZVglRWiss 86 (1987), 272, 282 ff; *v. Bar* IPR II Rn 575; *MünchKommBGB/Martiny* Rn 3; *Soergel/v. Hoffmann* Rn 5.
[5] BGH NJW 1991, 637, 638; NJW 1991, 1414; IPRax 2000, 128, 129; OLG Düsseldorf VersR 2004, 1479; OLG Köln RIW 2004, 458, 459; OLG Karlsruhe WM 1993, 893, 894; OLG Köln ZIP 1994, 1791, 1793; OLG Düsseldorf RIW 1995, 508, 509; VersR 2000, 460; LG Stuttgart IPRax 1993, 330, 331 m Anm *v. Hoffmann/Höpping* 302; *Palandt/Heldrich* Rn 2; *Stoll* IPRax 1991, 223; *PWW/Müller* Rn 2; *Kropholler* IPR § 52 VIII. 1; *v. Bar* IPR II Rn 564; *Bette* WM 1997, 797, 798; *Ferrari/Kieninger* Int VertragsR Rn 7, 8.
[6] *Stadler* S 714 f; *dies* IPRax 2000, 104, 106; *Kaiser* S 219 ff; *Einsele* ZVglRWiss 90 (1991), 1; *dies* RabelsZ 60 (1996), 430; *Mankowski*, Seerechtliche Vertragsverhältnisse im IPR, 1995, S 265 ff; *Staudinger/Hausmann* Rn 16, 17; offen gelassen in LG Hamburg ZIP 1991, 1507, 1509.
[7] Näher *Staudinger/Hausmann* Rn 10 bis 15 mwN; *Dicey/Morris* II S 979 ff; *Batiffol/Lagarde*, Droit International privé II, Nr 611.
[8] *Giuliano/Lagarde* BT-Drucks 10/503 S 36, 66 f; *AnwK-BGB/Doehner* Rn 2; anders aber *Stadler* S 698 ff; *dies* IPRax 2000, 104, 106.
[9] BT-Drucks 10/504 S 20, 82 f; *v. Hoffmann/Höpping* IPRax 1993, 302, 303 f. Für eine Herausnahme der dinglichen Aspekte der Abtretung aus dem Anwendungsbereich des EVÜ insgesamt *Kieninger* RabelsZ 62 (1998), 676, 702 ff; *dies* JZ 1999, 405, 406: Anknüpfung an das Niederlassungsrecht des Zedenten.
[10] *Koziol* DZWiR 1993, 353, 356; *Palandt/Heldrich* Rn 2.
[11] BGHZ 111, 376, 381; *Looschelders* Rn 9.
[12] Zu deliktsrechtlichen Ansprüchen zB BGHZ 108, 353, 360, 362 = NJW 1990, 2425; BGH NJW 1988, 3095, 3096; RIW 1990, 670, 671; OLG Köln RIW 2004, 458; OLG Karlsruhe RIW 1993, 505; OLG Hamburg NJW-RR 1993, 40; OLG Hamm RIW 1997, 153, 154; OLG Koblenz RIW 1996, 151, 152; zur Bürgschaft BGH NJW-RR 2001, 307.
[13] BGH RIW 1985, 154, 155 zum alten Recht; OLG Köln NJW 1987, 1151, 1152; dazu *Sonnenberger* IPRax 1991, 221, 222; *Palandt/Heldrich* Rn 2; *MünchKommBGB/Martiny* Rn 6.
[14] *Soergel/v. Hoffmann* Rn 9.
[15] Zu Belgien und Frankreich zB *Hadding/Schneider/Forriers/Grégoire* S 135 ff; *Hadding/Schneider/Blaise/Desgorces* S 245 ff; zu Frankreich, Österreich, Schweiz und USA *Stadler* S 701 ff, zum Common Law, Schweiz und Türkei *Hartwieg* ZIP 1998, 2137, 2140 f; zum Common Law und Frankreich *Peltzer* RIW 1997, 893, 895 f; zu den EU-Staaten *Bernstorff* RIW 1994, 542 ff.

Übertragung der Forderung. Gesetzlicher Forderungsübergang   **Art 33 EGBGB**

die Unwirksamkeit des Kausalgeschäfts auf die Abtretung hat, ebenso über die Art und Weise der Abtretung und ob diese abstrakt oder kausal ist[16]. Setzt die Abtretung nach dem Forderungsstatut ein wirksames Verpflichtungsgeschäft voraus, so ist dies als Vorfrage zu behandeln, die nach wohl hL im Gegensatz zur sonst überwiegend vertretenen sog selbstständigen Anknüpfung unselbstständig, also nach den Kollisionsnormen des Forderungsstatuts, zu beurteilen ist[17].

Die **Übertragbarkeit** der Forderung betrifft zB die Abtretbarkeit bedingter oder künftiger Ansprüche, etwa im Falle einer Globalabtretung[18]. Auch für das Verhältnis zwischen Neugläubiger und Schuldner gilt das Recht der abgetretenen Forderung. Die Abtretung ändert also den Inhalt der Forderung nicht[19]. Das für das **Verhältnis von Neugläubiger und Schuldner** maßgebliche Recht der übertragenen Forderung kann zwischen Alt- und Neugläubiger auch nicht über eine Rechtswahl ohne Mitwirkung des Schuldners beeinflusst werden[20]. Das Forderungsstatut bestimmt weiter, ob die Abtretung gegenüber dem Schuldner wirkt. Deshalb fallen unter das Forderungsstatut (und nicht unter Art 11 Abs 1 als Formfrage) bestimmte förmliche Benachrichtigungen, die in Bezug auf die Abtretung dem Schuldner gegenüber erforderlich sind (wie zB die signification nach Art 1690 CC oder eine Registereintragung)[21]. Sodann fällt unter Abs 2, wie und an wen der **Schuldner mit befreiender Wirkung leisten** kann. Das Forderungsstatut ist ferner maßgeblich für die Beurteilung der Mehrfachzession[22]. Abs 2 gilt überdies im Falle einer bloßen Einziehungsermächtigung, die nichts an der Inhaberschaft der Forderung ändert, wobei die Befugnis zur Ermächtigungserteilung einem anderen Recht (zB dem Insolvenzstatut) unterliegen kann[23]. Für die Form der Abtretung gilt Art 11. Zum **Factoring** s Art 28 Rn 40. 6

III. Gesetzlicher Forderungsübergang (Abs 3)

1. Allgemeines. Abs 3 enthält in seinen beiden Sätzen **zwei Fallgruppen** des gesetzlichen Forderungsübergangs. S 1 regelt den Eintritt eines gesetzlichen Forderungsübergangs im Falle der Verpflichtung eines Dritten, den Gläubiger einer Forderung zu befriedigen. Gemeint sind sog **subsidiäre Verpflichtungen des Dritten, den Gläubiger zu befriedigen**, etwa als Bürge[24], als Versicherer bei Leistung aus einem Versicherungsvertrag[25] oder gemäß §§ 115, 116 SGB X[26] bzw als Dienstherr nach beamtenrechtlichen Grundsätzen[27]. S 2 betrifft den **Fall der gleichrangigen Schuldner**, etwa Gesamtschuldner[28]. Abs 3 weicht im Wortlaut nicht unerheblich von Art 13 EVÜ ab. Insbesondere ist bewusst darauf verzichtet worden, nur vertragliche Forderungen unter Abs 3 fallen zu lassen, so dass **auch Ansprüche aus gesetzlichen Schuldverhältnissen** erfasst sind, insbes solche aus Delikt[29]. Insoweit sind indes Art 19, 20 Rom II-VO zu beachten. Abgesehen davon ist Art 13 EVÜ insoweit erweitert worden, was zwar unbedenklich (wenngleich systematisch überraschend) ist. Soweit Abs 3 über Art 13 EVÜ hinaus reicht, gilt Art 36 und das Gebot der einheitlichen Auslegung jedenfalls nicht unmittelbar[30]. Für den Forderungsübergang enthalten die Art 9, 10 Nr 3 des Haager Unterhaltsübereinkommens von 1973 sowie Art 18 Abs 6 Nr 3 ebenso Sonderregelungen wie Art 93 der VO Nr 1408/71/EWG (ABl EG 1997 Nr L 28 S 1) über die Anwendung der Systeme der sozialen Sicherheit auf Arbeitnehmer, Selbstständige und deren Familienangehörige, die innerhalb der Gemeinschaft zu- und abwandern[31] (Art 20 EVÜ, Art 3 Abs 2 S 2)[32]. 7

2. Regress bei subsidiären Verpflichtungen (S 1). Für den Regress in den Fällen von S 1 ist das Recht des Staates, auf dem die Verpflichtung des Dritten beruht, dafür maßgeblich, ob er die Forderung des Gläubigers gegen den Schuldner zu begleichen hat oder nicht. Es kommt also zB auf das Versicherungsvertragsstatut oder das Bürgschaftsvertragsstatut an (sog **Zessionsgrundstatut**)[33]. Das Zessi- 8

---

[16] BGH NJW 1991, 1414; OLG Karlsruhe RIW 1993, 505; *Kegel/Schurig* IPR § 18 VII 1; MünchKommBGB/*Martiny* Rn 15.
[17] BGH NJW 1991, 1414 f; *v. Bar* IPRax 1992, 20, 23; *Soergel/v. Hoffmann* Rn 7 aE; MünchKommBGB/*Martiny* Rn 15. aA *Soergel/Kegel*, 11. Aufl 1984, Vor Art 7 Rn 446.
[18] Niederländischer HR NJ 1993 Nr 776, dazu *Joustra* IPRax 1994, 395; ferner BGH IPRax 2000, 128, 129; OLG Düsseldorf RIW 1995, 509; LG Stuttgart IPRax 1993, 330, 331; *Kieninger* JZ 1999, 405 f; *Peltzer* RIW 1997, 893, 898.
[19] LG Hamburg IPRspr 1991 Nr 57.
[20] *v. Bar* RabelsZ 53 (1989), 462, 468; MünchKommBGB/*Martiny* Rn 19; *Soergel/v. Hoffmann* Rn 9.
[21] OLG Hamm RIW 1997, 153, 154; OLG Köln IPRax 1996, 270 m Anm *Thorn* 257; MünchKommBGB/*Martiny* Rn 22; *Soergel/v. Hoffmann* Rn 10; aA *Koziol* DZWiR 1993, 353, 356.
[22] BGHZ 111, 376, 381 f m Anm *Stoll* IPRax 1991, 223; OLG Celle IPRspr 1989 Nr 58; RIW 1990, 670; *Reithmann/Martiny/Martiny*, Internationales Vertragsrecht, Rn 332.
[23] BGHZ 125, 196 = NJW 1994, 2549 m Anm *Gottwald* IPRax 1995, 157; *Looschelders* Rn 10; zur Subrogation *Sonnenberger* IPRax 1987, 221, 222: wie Abtretung zu behandeln.
[24] *Palandt/Heldrich* Rn 3.
[25] *Erman/Hohloch* Rn 8; vgl auch BGH NJW 1998, 3205; OLG Düsseldorf VersR 2000, 462.
[26] *Wandt* ZVglRWiss 86 (1987), 272, 278.
[27] *Ferid* IPR § 6 Rn 124.
[28] BT-Drucks 10/504 S 83; *Ferrari/Kieninger* Int VertragsR Rn 22.
[29] BT-Drucks 10/504 S 83; zum Ganzen *v. Bar* RabelsZ 53 (1989), 481; *ders* IPR II Rn 579, 580; Staudinger/*Hausmann* Rn 77; *Soergel/v. Hoffmann* Rn 4.
[30] *Jayme* IPRax 1986, 265, 266.
[31] Eingehend *Daum*, Der Sozialversicherungsregress nach § 116 SGB X im Internationalen Privatrecht, 1995.
[32] MünchKommBGB/*Martiny* Rn 52 bis 55; *Soergel/v. Hoffmann* Rn 25, jeweils mwN.
[33] BGH NJW 1998, 3205.

onsgrundstatut bestimmt die Voraussetzungen für einen gesetzlichen Forderungsübergang[34]. In Betracht kommt überdies eine erweiternde Anwendung von Abs 3 im Falle der Anordnung des Vermögensübergangs gemäß § 9 Abs 3 BetrAVG[35]. Unanwendbar ist Abs 3 allerdings, soweit es um sachenrechtliche Übertragungstatbestände geht, wie etwa den gesetzlichen Eigentumsübergang[36]. Das Forderungsstatut entscheidet demgegenüber darüber, welche Ansprüche der Dritte, auf den die Forderung kraft Gesetzes übergegangen ist, gegen den Schuldner geltend machen kann und welches Schicksal diese Ansprüche haben, bis hin zu Einreden, wie etwa derjenigen der Verjährung[37].

9 **3. Regress bei gleichrangigen Verpflichtungen (S 2).** Auch im Falle gleichrangiger Verpflichtungen der dritten Personen gilt für die Frage des Forderungsübergangs das Zessionsgrundstatut; Abs 3 knüpft insoweit **einheitlich subsidiäre und gleichrangige Verpflichtungen** an. Dieser Grundsatz lässt sich in dem Moment nicht mehr durchhalten, in dem **unterschiedliche Zessionsgrundstatute der Dritten** konkurrieren; anderenfalls gilt für das Innenverhältnis regelmäßig das gleiche Recht wie für das Außenverhältnis zum Gläubiger[38]. Besteht zwischen den gleichrangig verpflichteten Schuldnern ein besonderes Rechtsverhältnis (zB Auftrag, Dienstvertrag oder Gesellschaft), so ist das hierauf anwendbare Recht sinnvollerweise auch für den Forderungsübergang maßgebend, unabhängig davon, welches Recht im Außenverhältnis gilt. In diesem Fall beinhaltet das **Rechtsverhältnis zwischen Alt- und Neugläubiger** gegenüber dem Außenverhältnis zum Schuldner die speziellere Ausgleichsregelung[39].

10 Welche Rechtsordnung auf den Regressanspruch des möglichen Gesamtschuldners gegen den anderen iÜ anwendbar ist, ist zweifelhaft. Abs 3 S 2 regelt im Kontext des internationalen Vertragsrechts, dass dann, wenn mehrere Personen dieselbe Forderung zu erfüllen haben und der Gläubiger von einer dieser Personen befriedigt worden ist, das für die Verpflichtung des Schuldners, der den Gläubiger befriedigt hat, maßgebende Recht bestimmt, ob er die Forderung des Gläubigers gegen den Schuldner gemäß dem für seine Beziehungen maßgebenden Recht ganz oder zu einem Teil geltend zu machen berechtigt ist. Oft geht es freilich um den **Ausgleich von deliktsrechtlichen Ansprüchen**. Indes soll Art 33 auch (und an sich systemwidrig) für den gesetzlichen Übergang nicht-vertraglicher Forderungen gelten[40]. Bei vergleichbarer Interessenlage werden die Grundsätze dieser Norm jedenfalls analog anzuwenden sein, solange nicht **Art 32 Rom II-VO** anzuwenden ist (Art 32 Rom II-VO).

11 Da Art 33 Abs 3 S 2 davon spricht, dass mehrere Personen **„dieselbe" Forderung** zu erfüllen haben, erhebt sich die Frage, ob diese Forderungen dem gleichen Recht unterliegen müssen[41]. Obendrein sollen die auf Grund der Legalzession übergegangenen Ansprüche und ein Ausgleichsanspruch aus eigenem Recht selbständige Ansprüche sein, die auch kollisionsrechtlich zu trennen sind[42]. Die Grundsätze des Abs 3 S 2 sind dann in allen diesen Fällen nicht einschlägig. Die Anknüpfung des Regresses ist dann ungeregelt. Die hM geht demgegenüber auch in diesen Fällen mit Grund von Abs 3 S 2 aus[43], freilich mit verschiedenen Modifikationen. Für diese Auffassung spricht, dass nach der gesetzgeberischen Intention Abs 3 S 2 an sich eine entsprechende Anknüpfung bereit hält. Daher bleibt nur zu prüfen, ob die Voraussetzung erfüllt ist, dass mehrere Personen „dieselbe Forderung zu erfüllen haben". Wenn es richtig wäre, dass beide Schuldner dem Gläubiger nach Maßgabe derselben Anspruchsgrundlage, obendrein entnommen aus derselben Rechtsordnung, haften müssen, würden bei einer solch engen Betrachtungsweise Bürgen oder Deliktstäter, die dem Gläubiger nach einem jeweils anderen Recht haften, oder Deliktstäter, die Nebentäter sind, aus dem Anwendungsbereich des Abs 3 S 2 (bzw Art 20 Rom II-VO) bereits herausfallen, obwohl die jeweilige Vorschrift gerade für solche Fallgestaltungen benötigt wird und darauf abzielt[44]. Voraussetzung für die Anwendung von Abs 3 S 2 kann daher nur sein, dass erstens der Gläubiger nach beiden Forderungsstatuten nur einmal Befriedigung seines Interesses verlangen kann, und dass es sich hierbei zweitens um im Wesentlichen gleichartige und gleichrangige Ansprüche handelt. Ungeachtet dessen kommen folgende **Lösungen für den „gestörten Gesamtschuldnerausgleich im IPR"** in Betracht:

12 Zum Teil wird vorgeschlagen, im Falle des Ausgleichs deliktischer Schuldner an das **Tatortrecht** anzuknüpfen[45]. Doch hilft das im Fall des Distanzdeliktes kaum weiter, jedenfalls solange unklar ist, ob an das dänische oder deutsche Recht angeknüpft werden würde[46]. Denkbar wäre sodann, dass sich insgesamt das Recht durchsetzt, das dem den Gläubiger befriedigenden Schuldner **die geringsten Rechte** gibt. Doch wäre eine solche Lösung unpraktikabel und ungerecht[47]. Vertreten wird weiter, dass das **Schuldstatut desjenigen** über die Regressforderung entscheidet, dem der Schuldner untersteht,

---

[34] *Wandt* ZVglRWiss 86 (1987), 272, 281.
[35] *Eichenhofer* IPRax 1992, 74, 77 f.
[36] *Schack* IPRax 1995, 159; *Palandt/Heldrich* Rn 3; PWW/*Müller* Rn 8; unzutr OLG Koblenz IPRax 1995, 171.
[37] *Giuliano/Lagarde* BT-Drucks 10/503 S 67; *Wandt* ZVglRWiss 86 (1987) 272, 281; *v. Bar* IPR II Rn 576.
[38] Näher MünchKommBGB/*Martiny* Rn 48, 49.
[39] *Stoll*, FS Müller-Freienfels, 1986, S 631, 643, 660; *Soergel/v. Hoffmann* Rn 28.
[40] BT-Drucks 10/504 S 83; *Palandt/Heldrich* Rn 3.
[41] Dagegen *Palandt/Heldrich* Rn 3; *Wandt* ZVglRWiss 86 (1987), 272, 290 ff.
[42] *Wandt* ZVglRWiss 86 (1987), 272, 292; *Einsele* ZVglRWiss 90 (1991), 1, 22 in Fn 78; *Looschelders* Rn 20.
[43] *Staudinger/Magnus* Rn 87; *Stoll*, FS Müller-Freienfels, 1986, S 631, 660; *Soergel/v. Hoffmann* Rn 27; AnwK-BGB/*Doehner* Rn 16; PWW/*Müller* Rn 10; *Ferrari/Kieninger* Int VertragsR Rn 29.
[44] Ebenso im Ausgangspunkt auch *Stoll*, FS Müller-Freienfels, 1986, S 631, 634.
[45] So – im Blick auf den Verkehrsunfall bei mehreren Unfallbeteiligten mit unterschiedlichen „Auflockerungen" der Tatortregel – *Staudinger/v. Hoffmann* Art 40 Rn 43; ebenso *Looschelders* Rn 20; *Wandt* VersR 1989, 266, 267.
[46] So bereits *Stoll*, FS Müller-Freienfels, 1986, S 631, 648 f.
[47] Ebenso *Stoll*, FS Müller-Freienfels, 1986, S 631, 656 ff.

der bereits geleistet hat und nun Regressansprüche geltend macht. Eine – wie bereits bemerkt (Rn 9), allgemein anerkannte – Ausnahme hiervon wird angenommen, wenn zwischen den beiden Schuldnern eine Sonderrechtsbeziehung, etwa aus Vertrag, besteht. Dann ist auch die Rückgriffsfrage der dadurch bezeichneten Rechtsordnung zu entnehmen[48]. Dem Einwand, eine solche Anknüpfung an das Schuldstatut des Schuldners, der zuerst zahlt, würde die Gefahr eines „Wettlaufs der Schuldner" heraufbeschwören[49], lässt sich entgegenhalten, dass derjenige, der als erster in Anspruch genommen worden ist, kollisionsrechtlich auch bezüglich des Regresses in der Vorderhand sein sollte[50]. Unterliegen die Verpflichtungen verschiedenen Rechten, ist in Anwendung von S 2 demgemäß das **Recht** anwendbar, **dem die zuerst erfüllte Forderung unterliegt**[51]. Auf kollisionsrechtlicher Ebene setzt sich also das sachrechtliche Prioritätsprinzip fort. Um durch den damit relevant werdenden **„Schuldnerwettlauf"** die Position des später in Anspruch Genommenen nicht zu beeinträchtigen, ist diesem der Einwand zuzubilligen, dass er nach dem für ihn maßgeblichen Recht nicht oder nicht in dieser Höhe haftet[52]. Unklar bleibt dann freilich, was bei Unvereinbarkeit beider Rechte gilt, etwa wenn der Schuldner, der gezahlt hat, in deutlich größerem Umfang haftet als der in Regress Genommene. Nach *Stoll*[53] soll in derartigen Konstellationen nach Billigkeit zu entscheiden sein. Diesem Ausgangspunkt ist zwar beizupflichten, er erscheint aber noch zu undeutlich. Genau genommen stellt sich hier die Frage der Angleichung. Insgesamt sollte der Zahlende höchstens den Anteil erhalten, den er nach dem für ihn maßgeblichen Statut vom zweiten Schuldner ausgleichsweise erhalten könnte. Ist das mehr, als der in Regress Genommene nach dem für ihn maßgeblichen Statut dem Geschädigten hätte zahlen müssen, wird der Anspruch durch diesen Betrag limitiert. So lässt sich der Interessenausgleich im Falle der „gestörten Gesamtschuld im IPR" wohl am ehesten verwirklichen.

Im Recht der **internationalen Zuständigkeit** ist der **Gesamtschuldnerregress** auch unter Zugrundelegung der autonomen Auslegung des Begriffs der unerlaubten Handlung im Rahmen von **Art 5 Nr 3 EuGVVO** als eine solche qualifiziert worden[54]. Dafür spricht in der Tat der enge Zusammenhang der unerlaubten Handlung mit den ihr folgenden Regress-Ausgleichsansprüchen. Man kann daher von der einer unerlaubten Handlung „gleichgestellten" Handlung sprechen, wie Art 5 Nr 3 EuGVVO dies formuliert. In Bezug auf § 32 ZPO sind ebenso nach der Ansicht des BGH Ausgleichsansprüche nach beiden Ansätzen des § 426 BGB im deliktischen Gerichtsstand einklagbar, derjenige nach § 426 Abs 1 BGB freilich (unnötigerweise) nur unter dem Aspekt des Gerichtsstand des Sachzusammenhangs[55], den es im Rahmen der EuGVVO bzw des LugÜ nach Ansicht des EuGH[56] und für die internationale Zuständigkeit auch nach Ansicht des BGH nicht gibt[57]. Richtigerweise ist über § 840 BGB jedenfalls § 426 im Ganzen (also in Bezug auf beide Absätze) von vornherein deliktisch zu qualifizieren.

13

IV. Schuldübernahme und Verwandtes

Die Schuld-, Vertrags- und Vermögensübernahme, die schon im BGB unvollständig (und in Bezug auf die Vermögensübernahme seit dem 1. 1. 1999 nicht mehr) geregelt sind, haben das Schicksal einer vollständiger **Nichtregelung** im EGBGB erfahren. Sowohl die Verfasser des EVÜ[58] als auch der autonome Gesetzgeber haben sich den mit einer Normierung verbundenen Schwierigkeiten im Hinblick auf die in der forensischen Praxis bisher in nur ganz geringem Umfang in Erscheinung getretenen praktischen Relevanz entzogen.

14

1. Schuldübernahme. Grds ändert eine Schuldübernahme das Statut der übernommenen Schuld nicht[59]. Im Falle der **Schuldbefreiung** (sog **befreiende oder privative Schuldübernahme**) sind deren Voraussetzungen nach dem für die übernommene Schuld maßgebenden Recht zu beurteilen[60]. Das gilt jedoch nur in Bezug auf die Befreiung des Altschuldners als Verfügung über die Forderung[61]. Die Kausalvereinbarung zwischen dem Übernehmer und dem Gläubiger oder dem Übernehmer und dem Altschuldner unterliegt dem Vertragsstatut zwischen diesen beiden Parteien nach Art 27 und 28[62]. Der **Schuldbeitritt** (die **kumulative Schuldübernahme**) berührt die Interessen des Gläubigers nicht, so dass er auch nicht beteiligt zu werden braucht. Daher ist gemäß Art 27 vorrangig das vom Erst- und

15

---

[48] *Soergel/v. Hoffmann* Rn 28 mwN.
[49] *Soergel/v. Hoffmann* Rn 27.
[50] *v. Bar* IPR II Rn 584.
[51] *Stoll*, FS Müller-Freienfels, 1986, S 631, 659; *v. Bar* IPR II Rn 584; *Kropholler* IPR § 52 VIII 3; *Reithmann/ Martiny/Martiny*, Internationales Vertragsrecht, Rn 346; gegen die analoge Anwendung von Abs 3 in solchen Fällen aber *Wandt* ZVglRWiss 86 (1987), 272, 293; vgl auch BGH VersR 1989, 265, 267 m Anm *Wandt*.
[52] *Stoll*, FS Müller-Freienfels, 1986, S 272, 659 f; MünchKommBGB/*Martiny* Rn 50; *Soergel/v. Hoffmann* Rn 27; *Staudinger/Hausmann* Rn 87.
[53] FS Müller-Freienfels, 1986, S 631, 669; im Ausgangspunkt wie hier *Ferrari/Kieninger* Int VertragsR Rn 30.
[54] OLG Celle VersR 1991, 234 = IPRspr 1990 Nr 169 zu Art 5 Nr 3 EuGVÜ = Art 5 Nr 3 LugÜ; *Schlosser*, EU-Zivilprozessrecht, 2. Aufl 2003, Art 5 EuGVVO Rn 15.
[55] So für die zur örtliche Zuständigkeit BGHZ 153, 173 = VersR 2003, 663 m krit Anm *Spickhoff*.
[56] NJW 1988, 3088, 3089.
[57] BGH IPRax 2006, 40 m Anm *Looschelders* 14; BGHZ 132, 105, 112 f = NJW 1996, 1411.
[58] *Giuliano/Lagarde* BT-Drucks 10/503 S 36, 68.
[59] RG IPRspr 1932 Nr 34; *Girsberger* ZVglRWiss 88 (1989), 31, 34; *Kropholler* IPR § 52 VIII 4; MünchKommBGB/*Martiny* Rn 56.
[60] LG Hamburg IPRax 1991, 400 m Anm *Reinhart* 376; *v. Bar* IPRax 1991, 197, 194 ff.
[61] *Soergel/v. Hoffmann* Rn 31.
[62] *Kropholler* IPR § 52 VIII 4; *Palandt/Heldrich* Rn 4; *Staudinger/Hausmann* Rn 99, 100.

beitretenden Zweitschuldner gewählte Recht maßgeblich[63]; hilfsweise gilt über Art 28 Abs 2 das Recht am Ort des gewöhnlichen Aufenthaltsortes bzw der Niederlassung des Beitretenden[64]. Den praktisch wichtigsten Fall des gesetzlich angeordneten Schuldbeitritts eines Haftpflichtversicherers, der einen möglichen Direktanspruch gegen den Haftpflichtversicherer eröffnet, greift Art 40 Abs 4 bzw Art 18 Rom II-VO auf.

16   **2. Schuldanerkenntnis.** Ein Schuldanerkenntnis unterliegt, sofern keine Rechtswahl zwischen Anspruchsteller und Inanspruchgenommenen getroffen worden ist, dem **Statut der Forderung, die anerkannt worden ist** oder anerkannt worden sein soll[65].

17   **3. Vertragsübernahme.** Im Falle einer rechtsgeschäftlichen Vertragsübernahme können alle beteiligten Parteien das anwendbare Recht wählen. Ohne eine solche übereinstimmende **Rechtswahl** aller Beteiligten unterliegt die Vertragsübernahme dem **auf den übernommenen Vertrag anwendbaren Recht**[66]. Letztere Anknüpfung gibt auch Maß für die gesetzliche Vertragsübernahme[67].

18   **4. Vermögens- und Unternehmensübernahme. a) Vermögensübernahme.** Bei der Vermögensübernahme ist eine **Rechtswahl nur** dann beachtlich, wenn sie **zwischen dem Gläubiger des ursprünglichen Vermögensinhabers und dem Übernehmer** getroffen worden ist[68]. Sonst ist die **Belegenheit des Vermögens** maßgeblich, sie prägt den Sitz des Rechtsverhältnisses und die engste Verbindung zu der betreffenden Rechtsordnung[69].

19   **b) Unternehmensübernahme.** Auch hier kommt vorrangig eine – auch nachträgliche, zB im Prozess – Anknüpfung an eine **Rechtswahl** zwischen Gläubiger des ursprünglichen Unternehmensträgers und dem Übernehmer in Betracht[70]. Sonst gilt das **Recht am tatsächlichen Sitz des übernommenen und fortgeführten Unternehmens**[71].

V. Allgemeine Regeln

20   Im Rahmen des Art 33 werden **Sachnormverweisungen** ausgesprochen (Art 35 Abs 1), so dass Rück- und Weiterverweisungen durch ausländisches Kollisionsrecht nicht zu beachten sind[72]. Der Vorbehalt des ordre public (Art 6) kann zwar prinzipiell auch im Rahmen von Art 33 sowie gegenüber dem IPR der Schuldübernahme eingreifen, ist jedoch bislang nicht praktisch relevant geworden.

Art 34 Zwingende Vorschriften

Dieser Unterabschnitt berührt nicht die Anwendung der Bestimmungen des deutschen Rechts, die ohne Rücksicht auf das auf den Vertrag anzuwendende Recht den Sachverhalt zwingend regeln.

Schrifttum (s auch Vorauf): *Baum*, Faktische und potentielle Eingriffsnormen, RabelsZ 53 (1989), 152; *Baumert*, Europäischer ordre public und Sonderanknüpfung zur Durchsetzung von EG-Recht, 1994; *C. Becker*, Theorie und Praxis der Sonderanknüpfung im IPR, 1995; *Busse*, Die Berücksichtigung ausländischer „Eingriffsnormen" durch die deutsche Rechtsprechung, ZVglRWiss 95 (1996), 386; *Coester*, Die Berücksichtigung fremden zwingenden Rechts neben dem Vertragsstatut, ZVglRWiss 82 (1983), 1; *Droste,* Der Begriff der „zwingenden Bestimmung" in den Art. 27 ff. EGBGB, 1992; *G. Fischer,* Das Kollisionsrecht der Verbraucherverträge jenseits von Art. 5 EVÜ, FS Großfeld, 1999, S 277; *Habermeier,* Neue Wege zum Wirtschaftskollisionsrecht, 1997; *Hentzen,* Zur Anwendung fremden Eingriffsrechts unter der IPR-Reform, RIW 1988, 508; *v. Hoffmann,* Inländische Sachnormen mit zwingendem internationalen Anwendungsbereich, IPRax 1989, 261; *Jayme,* Ausländische Rechtsregeln und Tatbestand inländischer Sachnormen, GS Albert A. Ehrenzweig, 1976, S 35; *Junker,* Vom Citoyen zum Consommateur – Entwicklungen des internationalen Verbraucherschutzrechts, IPRax 1998, 65; *ders,* Empfiehlt es sich, Art. 7 EVÜ zu revidieren oder aufgrund der bisherigen Erfahrungen zu präzisieren?, IPRax 2000, 65; *Kegel,* Die Rolle des öffentlichen Rechts im Internationalen Privatrechts, FS Seidl-Hohenveldern, 1988, S 243; *Knüppel,* Zwingendes materielles Recht und internationale Schuldverträge, 1988; *Kreuzer,* Ausländisches Wirtschaftsrecht vor deutschen

---

[63] OLG Köln RIW 1998, 148, 149; *v. Bar* IPRax 1991, 198 in Fn 6; *Soergel/v. Hoffmann* Rn 33; *Palandt/Heldrich* Rn 4.
[64] *v. Bar* IPRax 1991, 197, 198; *Girsberger* ZVglRWiss 88 (1989), 31, 37 f; *Palandt/Heldrich* Rn 4; *Soergel/v. Hoffmann* Rn 33; *Ferrari/Kieninger* Int VertragsR Rn 32.
[65] OLG München RIW 1997, 507, 508.
[66] *Girsberger* ZVglRWiss 88 (1989), 31, 41; *Looschelders* Rn 23;*v. Bar* IPRax 1991, 200; *Zweigert* RabelsZ 23 (1958), 650 ff; *Soergel/v. Hoffmann* Rn 45, 46.
[67] LAG Köln RIW 1992, 933; MünchKommBGB/*Martiny* Rn 62; *Soergel/v. Hoffmann* Rn 45; *v. Bar* IPRax 1991, 197, 201.
[68] OLG Koblenz IPRax 1989, 175 (*v. Hoffmann*).
[69] *Staudinger/Hausmann* Rn 113; *Palandt/Heldrich* Rn 4; für vorrangige Anknüpfung an den Wohnsitz des Schuldners *Soergel/v. Hoffmann* Rn 50; näher und mwN MünchKommBGB/*Martiny* Rn 63 bis 68.
[70] *v. Bar* IPR II Rn 616; *Staudinger/Hausmann* Rn 110; MünchKommBGB/*Martiny* Rn 64; *Busch/Müller* ZVglRWiss 94 (1995), 157, 160 f.
[71] *v. Bar* IPR II Rn 616; *Schnelle* RIW 1997, 281, 285; MünchKommBGB/*Martiny* Rn 69; *Reithmann/Martiny/Merkt,* Internationales Vertragsrecht, Rn 916; *Ferrari/Kieninger* Int VertragsR Rn 43 zu Recht gegen OLG Koblenz IPRax 1989, 175 = das auf die Forderung des Gläubigers anwendbare Recht sei maßgebend; diff *Ebenroth/Offenloch* RIW 97, 1, 8; *Busch/Müller* ZVglRWiss 94 (1995), 157, 177 ff.
[72] OLG Celle IPRspr 1989 Nr 58; *Sonnenberger* IPRax 1987, 221, 222, auch zum – möglicherweise gegenläufigen – Rechtszustand vor 1986.

Gerichten, 1986; *Lehmann*, Zwingendes Recht dritter Staaten im internationalen Vertragsrecht, 1986; *Leible*, Außenhandel und Rechtssicherheit, ZVglRWiss 98 (1998), 286; *E. Lorenz*, Die Rechtswahlfreiheit im internationalen Schuldvertragsrecht, RIW 1987, 569; *Mankowski*, Keine Sonderanknüpfung deutschen Verbraucherschutzrechts über Art. 34, DZWiR 1996, 273; *ders*, Art. 34 EGBGB erfaßt § 138 BGB nicht!, RIW 1996, 8; *ders*, Strukturfragen des Internationalen Verbrauchervertrages, RIW 1998, 287; *ders*, Der internationale Anwendungsbereich des Rechtsberatungsgesetzes, AnwBl 2001, 73; *Martiny*, Gemeinschaftsrecht, ordre public, zwingende Bestimmungen und Exklusivnormen, in: *v. Bar* (Hrsg), Europäisches Gemeinschaftsrecht und Internationales Privatrecht, 1990, S 211; *Mentzel*, Sonderanknüpfung von Eingriffsrecht im internationalen Vertragsrecht, 1993; *Piehl*, Ausländische zwingende Vorschriften und deutsches Schuldstatut, RIW 1988, 841; *Remien*, Außenwirtschaftsrecht in kollisionsrechtlicher Sicht, RabelsZ 54 (1990), 431; *Schurig*, Zwingendes Recht, „Eingriffsnormen" und neues IPR, RabelsZ 54 (1990), 217; *Siehr*, Ausländische Eingriffsnormen im inländischen Wirtschaftskollisionsrecht, RabelsZ 52 (1988), 41; *Sonnenberger*, Eingriffsrecht – Das trojanische Pferd im IPR oder notwendige Ergänzung?, IPRax 2003, 104; *Spickhoff*, Eheschließung, Ehescheidung und ordre public, JZ 1991, 323; *ders*, Der ordre public im internationalen Privatrecht, 1989; *ders*, Zwingendes Recht und IPR, Jura 2007, 407; *Straube*, Das BAG und Art 34 EGBGB, IPRax 2007, 395; *Wengler*, Sonderanknüpfung, positiver und negativer ordre public, JZ 1979, 175; *ders*, Die Anknüpfung des zwingenden Schuldrechts im internationalen Privatrecht, ZVglRWiss 54 (1941), 168; *Zimmer*, Ausländisches Wirtschaftsrecht vor deutschen Zivilgerichten, IPRax 1993, 65; *Zweigert*, Nichterfüllung auf Grund ausländischer Leistungsverbote, RabelsZ 14 (1942), 283.

Übersicht

	Rn		Rn
I. Normzweck, Entstehungsgeschichte und Stellung der Norm...............	1	c) Schutz öffentlicher Interessen	11
		d) Interindividueller Interessenausgleich	12
1. Normzweck................................	1	e) Kumulierter Schutz öffentlicher und privater Interessen	15
2. Entstehungsgeschichte	2	2. Sonderanknüpfung und Inlandsbeziehung ...	16
3. Verhältnis zu Art 6	3	3. Anwendungsfälle	18
4. Verhältnis zu Art 27 Abs 3, 29 Abs 1, 29a und 30 Abs 1	4		
5. Eingriffsnormen außerhalb des Internationalen Vertragsrechts	5	**III. Ausländische international zwingende Bestimmungen**	24
6. Verhältnis zu § 328 Abs 1 Nr 4 ZPO	7	1. Allgemeines	24
II. International zwingende deutsche Normen	8	2. Sonderanknüpfung	25
		3. Territorialitätsprinzip	26
1. Anforderungen international zwingender Normen...................................	9	4. Schuldstatutstheorie und verwandte Lehren..	27
a) Ius cogens................................	9	5. Deutsches Recht als Vertragsstatut	29
b) International zwingende Normen	10	6. Ausländisches Recht als Vertragsstatut.......	30

I. Normzweck, Entstehungsgeschichte und Stellung der Norm

1. Normzweck. Art 34 betrifft die Berücksichtigung zwingender Normen des deutschen Rechts, die 1 anwendbar sein können, auch wenn der Schuldvertrag ausländischem Sachrecht unterliegt. Welche Normen das iE sind, lässt Art 34 offen; notwendig (indes nicht a priori genügend) ist der Charakter der Norm als ius cogens (Rn 9). Sodann ermöglicht Art 34 eine – gemessen an den vorherigen Kollisionsnormen des Internationalen Vertragsrechts regelwidrige – **Anwendung zwingender deutscher Normen, ohne** dabei **selbst Kollisionsnormen auszusprechen oder zu beinhalten**[1]. Das führt zunächst einmal zu einem erheblichen Maß an tatbestandlicher Offenheit, die es auszufüllen gilt. Dabei ist zu beachten, dass abgesehen von Art 27 Abs 3, Art 29 Abs 1, Art 29a und Art 30 Abs 1 sowie Art 6 die Norm des Art 34 eine zusätzliche Möglichkeit bietet, zwingendes eigenes Recht durchzusetzen. Im Rahmen des anwendbaren ausländischen Schuldvertragsrechts (dass ausländisches Schuldvertragsrecht anwendbar ist, ist Prämisse für das Eingreifen von Art 34) sind daneben auch die dort vorzufindenden zwingenden Vorschriften anwendbar; davon abweichende und über Art 34 anwendbare inländische international zwingende Normen haben aber Vorrang gegenüber der lex causae[2]. Geht es um die Anwendbarkeit zwingender Vorschriften, die weder zum deutschen Recht noch zu der (ggf davon abweichenden) lex causae gehören, so kann diese nicht mit Art 34 gerechtfertigt werden. Das folgt nicht nur aus dem insoweit eindeutigen Wortlaut, sondern vor allem auch aus der Entstehungsgeschichte.

2. Entstehungsgeschichte. Vor Inkrafttreten des jetzt geltenden IPR waren die Meinungen zur 2 Behandlung von international zwingenden Normen, insbes vom sog Staatseingriffsrecht, geteilt. Während das RG ursprünglich auf den ordre public abstellte[3], vertrat der BGH[4] eine Lehre der Sonderanknüpfung öffentlichen Staatseingriffsrechts, die von dem Grundsatz der **Nichtanwendung ausländischen öffentlichen Rechts** unter Zugrundelegung des sog **Territorialitätsgrundsatzes** ausging. Damit musste der ordre public zur Abwehr ausländischen öffentlichen Rechts praktisch nicht herangezogen werden, während eigenes Eingriffsrecht infolge einer entsprechenden Verweisung unmittelbar

---

[1] *Gamillscheg* ZfA 1983, 307, 344; *Looschelders* Rn 2; *Ferrari/Staudinger* Int VertragsR Rn 1.
[2] *Palandt/Heldrich* Rn 6; *Soergel/v. Hoffmann* Rn 104; *Staudinger/Magnus* Rn 147; für Abwägung der Regelungsinteressen MünchKommBGB/*Martiny* Rn 156.
[3] RGZ 126, 196, 204; RG JW 1924, 672, 673; JW 1923, 287.
[4] ZB BGHZ 31, 367, 370 f.

anzuwenden war. In der Lit hatte namentlich *Wengler*[5] für eine Sonderanknüpfung von Staatseingriffsrecht, allerdings unter Einbeziehung ausländischen Staatseingriffsrechts, plädiert. Vor dem Hintergrund dieser Diskussion, die nicht nur in Deutschland geführt wurde, ist Art 34 zu verstehen. Die Vorschrift basiert auf **Art 7 Abs 2 EVÜ.** Art 7 Abs 1 EVÜ wurde im Laufe des Gesetzgebungsverfahrens auf Grund eines nach Art 22 Abs 1 lit a EVÜ möglichen Vorbehalts nicht übernommen, und gerade Art 7 Abs 1 EVÜ hätte die Berücksichtigung ausländischer Eingriffsnormen ermöglicht. Die Rechtsunsicherheit infolge des dort eingeräumten erheblichen richterlichen Ermessens (genauer: Beurteilungsspielraums), die Schwierigkeiten bei der Prüfung aller in Betracht kommenden Staatseingriffsrechte sowie das Unbehagen, einen „ausländischen ordre public" berücksichtigen zu müssen, waren die wesentlichen Motive für diese Entscheidung[6].

3 **3. Verhältnis zu Art 6.** Im Schrifttum hat man zwischen Art 34 und Art 6 keinen wesentlichen Unterschied erblickt[7]. Daran ist richtig, dass sich die Sonderanknüpfungen iS des Art 34 aus der Generalklausel des ordre public entwickelt haben[8]. Indes gibt es keine positive Ausprägung der Funktion des ordre public in dem Sinne, dass bestimmte inländische Sachnormen eo ipso zur Anwendung gelangen. Art 6 begnügt sich zunächst mit der Abwehr, der Nichtanwendung unannehmbaren ausländischen Rechts. Insoweit dominiert also die sog **negative Funktion des ordre public** (s bei Art 6 Rn 3). Im Hinblick auf diejenigen inländischen Sachnormen, die von Art 34 erfasst sind, kann Art 6 mithin keine Bedeutung mehr gewinnen. In diesen Fällen gelangen ohnehin die entsprechenden inländischen Sachnormen ohne Abstriche zur Anwendung[9].

4 **4. Verhältnis zu Art 27 Abs 3, 29 Abs 1, 29 a und 30 Abs 1.** Art 34 scheint davon auszugehen, dass unabhängig von dem für einen Schuldvertrag nach Art 27 bis 30 geltenden Vertragsstatut in jedem Fall die zwingenden Bestimmungen des deutschen Rechts anzuwenden sind, die den Sachverhalt ohne Rücksicht auf das auf den Vertrag anzuwendende Recht regeln. Indes **bedarf es keines Rückgriffs auf Art 34,** wenn schon aus den **Art 27 bis 30,** insbes Art 27 Abs 3, 29 Abs 1, 29 a und 30 Abs 1, die Anwendbarkeit der einschlägigen deutschen zwingenden Vorschriften folgt. Letzten Endes ist es in derartigen Konstellationen müßig, danach zu fragen, ob die entsprechende Vorschriften schon über Art 27 bis 30 oder (erst) über Art 34 anzuwenden sind. Demgegenüber kommt es auf Art 34 dann an, wenn ausländisches Recht anwendbar ist. International zwingende Vorschriften iS von Art 34 werden dann in das grds anwendbare ausländische Vertragsrecht injiziert und verdrängen entgegenstehende Normen des ausländischen Rechts[10]. Das gilt auch, soweit es um die Anknüpfung nach Art 29 und 30 geht[11]. Nach dem Sinn und Zweck der Art 29 und 30 ist an sich das berufene Vertragsstatut trotz entgegenstehenden deutschen Eingriffsrechts anwendbar, wenn das Vertragsstatut für den Verbraucher bzw Arbeitnehmer günstiger ist als das deutsche Eingriffsrecht. Anders (Vorrang des deutschen Eingriffsrechts) liegt es, wenn öffentliche Interessen, die (typischerweise) die Existenz von Eingriffsnormen tragen, der Durchführung des Günstigkeitsprinzips zuwiderlaufen. Die günstigere ausländische Rechtsordnung setzt sich gegenüber Art 34 im Wesentlichen nur dann durch, wenn und soweit es um individualschützende Vorschriften geht. Ob hierfür Art 34 überhaupt einschlägig ist, ist streitig (Rn 12–14)[12].

5 **5. Eingriffsnormen außerhalb des Internationalen Vertragsrechts.** Art 34 gilt nach seinem Wortlaut nur für den ersten Unterabschnitt des 5. Abschnitts des 2. Kapitels des EGBGB und damit lediglich für die Art 27 bis 37. Daraus kann man jedoch nicht schließen, dass sich der unmittelbare Anwendungsbereich von Art 34 darauf beschränke[13]. Denn Art 34 beruht auf Art 7 Abs 2 EVÜ, und das EVÜ ist nicht nur in Art 27–37 eingestellt worden, sondern auch in Art 11 sowie Art 12 S 1. Über Art 36 ist der insoweit missglückte Wortlaut von Art 34 daher zu korrigieren, so dass **Art 34** im Prinzip **auch** und insbes **auf Art 11** anwendbar ist. Allerdings sind international zwingende Formvorschriften des deutschen Rechts (einschließlich § 313 BGB) nicht ersichtlich[14].

6 Überdies zeigt die Entstehungsgeschichte des Art 34, die von der Zufälligkeit des allein auf diesen Bereich begrenzten EVÜ geprägt ist, dass der Gesetzgeber die Frage der Möglichkeit einer Sonderanknüpfung für sonstige Gebiete des Internationalen Privatrechts überhaupt nicht geregelt hat. Sachgründe dafür, eigenem Eingriffsrecht außerhalb von Schuldverträgen von vornherein die **Möglichkeit einer Sonderanknüpfung** zu verstellen, sind nicht ersichtlich. Ggf sollte von ihr daher **auch in anderen Bereichen des Besonderen Teils des Internationalen Privatrechts** Gebrauch gemacht werden[15]. So

---

[5] ZVglRWiss 54 (1941), 168, 181 ff; weiter *Zweigert* RabelsZ 14 (1942), 283 ff.
[6] BT-Drucks 10/504 S 100, Stellungnahme des BR; BT-Drucks 10/5632 S 45; zur Reform *Junker* IPRax 2000, 65.
[7] *Lüderitz* IPR Rn 215.
[8] Statt aller *Kegel/Schurig* IPR § 2 IV 2.
[9] *Jayme,* Methoden der Konkretisierung des ordre public im internationalen Privatrecht, 1989, S 29; *Ferid* IPR Rn 6-81; *Spickhoff* S 130 ff; *Staudinger/Magnus* Rn 40; *Soergel/v. Hoffmann* Rn 11; *Junker* IPRax 1989, 69, 75.
[10] *Erman/Hohloch* Rn 5.
[11] Pauschal deshalb BT-Drucks 10/504 S 83: Art 34 werde im Anwendungsbereich der Art 29 und 30, die insoweit leges speciales gegenüber Art 34 seien, verdrängt.
[12] Zum Ganzen *Staudinger/Magnus* Rn 31–38; *Erman/Hohloch* Art 29 Rn 8; MünchKommBGB/*Martiny* Art 30 Rn 44; *E. Lorenz* RIW 1987, 569, 580.
[13] So aber BGHZ 102, 41 = NJW 1993, 1128; *Palandt/Heldrich* Rn 3.
[14] *Staudinger/Magnus* Rn 44.
[15] *Spickhoff* S 131; *Schwind,* Handbuch des österreichischen IPR, S 78; zum Deliktskollisionsrecht *v. Hoffmann,* FS *Henrich,* 2000, S 283 und Art 13 Rom II-VO-Entwurf; aA *Staudinger/Blumenwitz* Art 6 Rn 2.

wird etwa § 1306 BGB (Verbot der Mehrehe) auf Grund öffentlicher Interessen (Art 6 Abs 1 GG) von deutschen Standesbeamten immer durchgesetzt, auch wenn über Art 13 an sich ausländisches Recht anwendbar sein würde[16]. S nun – bezogen auf das Kollisionsrecht der außervertraglichen Schuldverhältnisse – nun auch **Art 16 Rom II-VO**.

6. Verhältnis zu § 328 Abs 1 Nr 4 ZPO. Im Schrifttum ist zuweilen vertreten worden, der Vorbehalt der öffentlichen Ordnung in § 328 Abs 1 Nr 4 ZPO bzw Art 34 Nr 1 EuGVO könne in Bezug auf den sog materiellen ordre public nur ausgelöst werden, wenn ausländische Gerichte deutsche Eingriffsnormen unbeachtet gelassen hätten, die nach deutscher Ansicht anwendbar gewesen wären[17]. Das erscheint in dieser Form zu weitreichend. Der anerkennungsrechtliche ordre public würde einerseits zu sehr eingeschränkt oder andererseits der Anwendungsbereich von Art 34 überdehnt, wenn man diese Parallelität herstellen wollte. Richtig ist aber, dass die Nichtbeachtung inländischen Eingriffsrechts im anzuerkennenden ausländischen Urteil das Eingreifen des verfahrensrechtlichen ordre public nach § 328 Abs 1 Nr 4 ZPO bzw Art 34 Nr 1 EuGVO indiziert. So kommt im Falle eines Devisenverstoßes ein Eingreifen von § 328 Abs 1 Nr 4 ZPO bzw Art 34 Nr 1 EuGVO in Betracht. Wird aber eine etwa erforderliche Genehmigung später mit Rückwirkung erteilt oder wird der Genehmigungszwang auch für frühere Geschäfte aufgehoben, kann anerkannt werden[18]. 7

II. International zwingende deutsche Normen

Art 34 betrifft als Regelungsgegenstand unmittelbar die Anwendung zwingender deutscher Bestimmungen, die den Sachverhalt ohne Rücksicht auf das auf den Vertrag anzuwendende Recht regeln. Nähere Anforderungen an solche Normen umschreibt Art 34 ebenso wenig wie die konkrete Sonderanknüpfung. Beides zu ermitteln obliegt daher dem Rechtsanwender[19]. Schon um den Anwendungsbereich der Grundanknüpfungen der Art 27 ff nicht im Übermaß aufzuweichen, ist Art 34 eng auszulegen[20]. 8

1. Anforderungen international zwingender Normen. a) Ius cogens. Nicht nur Art 34, sondern auch Art 27 Abs 3, Art 29 Abs 1 und Art 30 Abs 1 greifen den Begriff der „zwingenden Bestimmungen" auf. Während es in Art 27 Abs 3, 29 Abs 1 und 30 Abs 1 anerkannt ist, dass zwingende Bestimmungen dort identisch mit sachrechtlichen ius cogens sind, besteht im Rahmen des Art 34 ebenso Einigkeit, dass der **Charakter von ius cogens zwar notwendig, nicht aber ausreichend** für das Eingreifen einer Sonderanknüpfung im Rahmen von Art 34 ist[21]. Das folgt aus dem Wortlaut von Art 34, der davon spricht, dass die betreffende Norm den Sachverhalt „ohne Rücksicht auf das auf den Vertrag anzuwendende Recht" zwingend regelt. Erforderlich ist damit ein *international* zwingender Geltungsanspruch der betreffenden Norm des deutschen Rechts[22]. 9

b) International zwingende Normen. International zwingende Normen liegen sodann (und unabhängig von Art 34) vor, sofern die Norm ihre international zwingende Geltung selbst anordnet. Beispiele sind Art 29 a, § 1 AEntG[23] und § 32 b UrhG[24]. Die eigentlichen Schwierigkeiten ergeben sich dort, wo es an ausdrücklichen, nach Art der alten Statutentheorie gefassten einseitigen Anknüpfungen eigenen Rechts fehlt. Dann ist **nach dem Sinn und Zweck des Gesetzes festzustellen,** ob auch Verträge mit Auslandsberührung vom Anwendungsbereich der Norm erfasst werden sollen, obwohl an sich ausländisches Schuldvertragsrecht gilt[25]. Auf der Hand liegt der internationale Geltungsanspruch, wenn es um Normen geht, die die Ein- oder Ausfuhr betreffen, ferner im Falle von Devisen- und uU Währungsvorschriften[26]. 10

c) Schutz öffentlicher Interessen. Doch gibt es darüber hinaus auch eine weitere, allgemein anerkannte Normengruppe, für die eine Sonderanknüpfung im Rahmen von Art 34 in Betracht kommt. Schützen Normen Allgemeinwohlbelange, also öffentliche Interessen, so können solche Normen im Wege der Sonderanknüpfung durchgesetzt werden. Bei den soeben genannten Fällen von Ein- und Ausfuhrverboten, Devisen- und Währungsschutzbestimmungen liegt diese Schutzrichtung auf der Hand. In der Rechtsprechung, namentlich derjenigen des (insoweit richtungsweisenden) BAG und mittlerweile auch des BGH, sowie im Schrifttum wird überhaupt als notwendige Voraussetzung für die Annahme einer international zwingenden sog Eingriffsnorm iS von Art 34 vorausgesetzt, dass eine **Norm öffentliche Interessen schützt**[27]. 11

---

[16] *Spickhoff* JZ 1991, 323, 326 f; zur Hinauszögerung der Vornamensgebung und einer faktischen Sonderanknüpfung von §§ 21 Abs 1 Nr 4, 22 Abs 1 S 1 PStG vgl LG Köln StAZ 1976, 82; dazu *Spickhoff* S 159 f.
[17] So *Schack*, Internationales Zivilverfahrensrecht, 3. Aufl 2002, Rn 867.
[18] LG München NJW 1964, 985; *Soergel/v. Hoffmann* Rn 14.
[19] S nun aber Art 8 Abs 1 Rom I-VO-Entwurf; Text in Anh Art 37.
[20] *Kühne*, FS Heldrich, 2005, S 815, 820 ff; *Palandt/Heldrich* Rn 3.
[21] BAGE 63, 17, 30 f = AP IPR (ArbR) Nr 30; *Reithmann/Martiny/Freitag*, Internationales Vertragsrecht, Rn 399; *Becker* RabelsZ 60 (1990), 691, 694; *Gamillscheg* ZfA 14 (1983), 307, 345; *E. Lorenz* RIW 1987, 569, 578 f.
[22] BAGE 63, 17, 31 = AP IPR (ArbR) Nr 30; MünchKommBGB/*Martiny* Rn 8; *Taupitz* BB 1990, 642, 649.
[23] Vgl auch *Junker* IPRax 1998, 65 mit rechtspolitischer Kritik.
[24] Dazu und zu anderen Normen des Urheberrechts *Schack*, FS Heldrich, 2005, S 997, 998 ff; *Thorn* IPRax 2002, 349, 359.
[25] Grundlegend *Wengler* ZVglRWiss 54 (1941), 168, 176 ff; MünchKommBGB/*Martiny* Rn 8; *Staudinger/Magnus* Rn 52; s auch EuGH NJW 2001, 2007 zur Handelsvertreter-RL.
[26] *Reithmann/Martiny/Freitag*, Internationales Vertragsrecht, Rn 432 ff; aus der früheren Rspr vgl BGH RIW 1981, 194; RG IPRspr 1926/27 Nr 12 S 18 = LZ 20 (1926) 1265, 1266.
[27] BAG SAE 1997, 31, 34; BAGE 63, 17, 31 f = AP IPR (ArbR) Nr 30; BAGE 71, 297, 317; BAG NZA 2006, 379; DB 2003, 2287; BB 2004, 1337; BGH NJW 2006, 762; LAG Hessen IPRax 2001, 461, 467 (§ 14 Abs 1

12 d) Interindividueller Interessenausgleich. Hoch umstritten ist demgegenüber, ob auch individualschützende Vorschriften, vornehmlich solche **zum Schutz des Marktschwächeren**, über Art 34 im Wege einer Sonderanknüpfung gegenüber ausländischem Vertragsrecht durchgesetzt werden können. Die Diskussion hierüber ist noch im Fluss. Der BGH[28] hatte die Frage zunächst offen gelassen, jedenfalls die Möglichkeit nicht ausgeschlossen. Mittlerweile hat er für das deutsche Verbraucherkreditrecht eindeutig Stellung bezogen: Verbraucherprivatrecht ist kein Eingriffsrecht[29]. Die Meinungen im Schrifttum sind geteilt. Sie reichen von der Anerkennung zwingender Vorschriften des Sonderprivatrechts als Eingriffsnormen[30] über eine fallweise Konkretisierung im Rahmen von Art 34, für die neben dem Gerechtigkeitsgehalt der betreffenden Vorschrift auch der Inlandsbezug des zu entscheidenden Falles eine Rolle spielen soll, der umso stärker sein muss, je schwächer das Gewicht der durch die Eingriffsnorm geschützten öffentlichen Interessen ist[31] bis hin zum generellen Einschluss des Verbraucherschutzrechts im Hinblick auf das Sozialstaatsprinzip[32]. Für den zuletzt genannten verfassungsrechtlichen Aspekt erscheint eine Sonderanknüpfung im Rahmen von Art 34 schon deshalb als weniger angezeigt, weil Art 6 S 2 den Grundrechtsverstoß, in dem (spätestens im Rahmen von Art 2 Abs 1 GG) der Verstoß gegen das Sozialstaatsprinzip enthalten ist, bereits aufgegriffen hat[33]. Abgesehen davon lässt sich aus der Verfassung auch kein internationaler Geltungswille jeder Verbraucherschutzvorschrift herleiten. Vielmehr besteht schon im Rahmen des internen Rechts ein breiter gesetzgeberischer Spielraum[34]. Ebenso wenig lässt sich der international zwingende Geltungsanspruch einer Norm über einen besonders stark ausgeprägten Inlandsbezug begründen. Auch der stärkste Inlandsbezug kompensiert nicht das Fehlen des internationalen Geltungwillens. Im Übrigen werden durch derartig komparativ-abwägende Aspekte die Konturen der Sonderanknüpfung im Rahmen von Art 34 übermäßig aufgeweicht. Derartige Abwägungen haben vielmehr ihren Platz im Rahmen des Art 6; dort kommen sie her (sog Relativität des ordre public), und dort gehören sie hin[35].

13 Übrig bleibt damit die Frage, ob Sonderprivatrecht zum Schutz des Schwächeren über sonstige Kriterien im Rahmen von Art 34 durchzusetzen ist. Dabei ist im Anschluss an die Gesetzesmaterialien davon auszugehen, dass die Art 29, 29 a und 30 in Bezug auf die Anknüpfung zwingender Vorschriften zum Schutz Einzelner Spezialregelungen enthalten; insoweit ist Art 34 nicht mehr anwendbar[36]. Übrig bleiben zwingende Normen, die auf Verträge oder Vertragstypen anzuwenden sind, welche nicht unter Art 29, 29 a und Art 30 fallen, wie etwa Miete, Verbraucherkredit, Immobilienkauf. Dort, **wo der Gesetzgeber die entsprechenden Normen ausdrücklich sonderangeknüpft hat, erübrigt sich ein Rückgriff auf Art 34.** Es verbleiben diejenigen Fälle, in denen eine Sonderanknüpfung fehlt (zB §§ 491 ff BGB – Verbraucherdarlehen – oder das zwingende Wohnraummietrecht). Da der Gesetzgeber das Wohnraummietrecht als Anwendungsfall des Art 34 ausdrücklich genannt hat[37], wird man hier von einem internationalen Geltungswillen der entsprechenden Vorschriften ausgehen können[38]. Doch lässt sich dieser internationale Geltungswille insofern nicht nur aus den Bundestagsdrucksachen, sondern außerdem aus Art 28 Abs 3 (der markant von Art 28 Abs 2 abweicht), aus den deutlichen Bezügen des Wohnraummietrechts zum öffentlichen Recht sowie aus der ausschließlichen internationalen Zuständigkeit der Gerichte des Belegenheitsstaates nach Art 22 Nr 1 EuGVVO bzw Art 16 Nr 1 LugÜ herleiten[39]. Ähnliches wird man für Immobiliengeschäfte vertreten können[40]. Abgesehen davon stellt sich die Frage, ob die zunehmende Tendenz, auf europäischer Ebene im Rahmen entsprechender Richtlinien Sonderanknüpfungen zu schaffen, gewissermaßen in vorauseilendem Gehorsam schon über Art 34 vorweggenommen werden sollte[41]. Obwohl sich insofern das Normenumfeld zu ändern beginnt, besteht – auch aus europäischer Perspektive – kein zureichender Anlass, einen internationalen Geltungswillen einzelner zwingender Vorschriften zum Schutze Marktschwäche-

---

MuSchG, § 3 Abs 1 EFZG; dazu *Benecke* IPRax 2001, 449); *Erman/Hohloch* Rn 12; *Kropholler* IPR § 52 IX 1; *Sonnenberger* IPRax 2003, 104, 106; *Staudinger/Magnus* Rn 68; *Mankowski* IPRax 1996, 405, 409; *Kegel/Schurig* IPR § 18 I 2; tendenziell auch *v. Bar* IPR II Rn 452, 453; offen gelassen noch in BGHZ 123, 380, 391 = NJW 1997, 1697, 1699.
[28] BGHZ 123, 380, 391 = NJW 1997, 1697, 1699.
[29] BGH NJW 2006, 762.
[30] *v. Hoffmann* IPRax 1989, 261 ff; *Soergel/v. Hoffmann* Rn 7; *v. Hoffmann/Thorn* IPR § 10 Rn 95, 96.
[31] *Palandt/Heldrich* Rn 3 im Anschluss an *Kohte* EuZW 1990, 153 f; krit gegenüber der Differenzierung zwischen Normen mit ordnungspolitischer und individualbezogener Ausrichtung ferner AnwK-BGB/*Doehner* Rn 16; *Pfeiffer*, FS Geimer, 2002, S 821, 836; *W.-H. Roth*, FS Immenga, 2004, S 331, 341. Zurückhaltend auch *Gruber* NVersZ 2001, 442, 444 ff.
[32] *Reich* NJW 1994, 2128.
[33] *Spickhoff* S 127.
[34] *Mankowski* DZWiR 1996, 276, 279; *Staudinger/Magnus* Rn 64.
[35] *Mankowski* DZWiR 1996, 276, 279; *Kropholler* IPR § 52 IX 1; *Staudinger/Magnus* Rn 62.
[36] BT-Drucks 10/504, S 83; s nun auch BGH NJW 2006, 762; undeutlicher *Giuliano/Lagarde* BT-Drucks 10/503, S 33, 55 f, die ganz allgemein Normen des Verbraucherschutzrechtes nennen, ohne auf das Verhältnis zu Art 5 und 6 EVÜ einzugehen; ebenso *Soergel/v. Hoffmann* Rn 7; *v. Hoffmann/Thorn* IPR § 10 Rn 96; vgl auch BGHZ 123, 380, 391; 135, 124, 135 = NJW 1997, 1697, 1699; OLG Koblenz NJW-RR 2001, 490, 491; *Palandt/Heldrich* Rn 3 a.
[37] BT-Drucks 10/504 S 83 zu Mieterschutzvorschriften, allerdings mit dem Zusatz „zB".
[38] Zur Bedeutung von Aussagen im Kontext der Gesetzgebung für die Qualifikation als Eingriffsnorm *Sonnenberger* IPRax 2003, 104, 109 f.
[39] *v. Bar* IPR II Rn 453.
[40] *Hallwachs/Lane* NJW 1996, 3243, 3247; *Palandt/Heldrich* Rn 3 a.
[41] *G. Fischer*, FS Großfeld, 1999, S 277, 280 f; *Hoffmann/Primaczenko* IPRax 2007, 173, 178 f.

rer zu unterstellen, ohne im geltenden (Europa-) Recht hierfür konkrete Anhaltspunkte zu finden. Eine bloß allgemeine Tendenz genügt hierfür nicht. Vielmehr muss es bei dem Grundsatz bleiben, dass der Schwerpunkt eines Vertragsverhältnisses für das anwendbare Recht Maß gibt. Es ist gerade der Verdienst des modernen Kollisionsrechts, seit Savigny[42] prinzipiell nicht statutentheoretisch sonderanzuknüpfen, sondern ein Lebens- bzw Rechtsverhältnis der Rechtsordnung zu unterwerfen, in dem dieses Verhältnis seinen Sitz oder seinen Schwerpunkt hat. Hiervon geht im Prinzip auch das geltende Internationale Vertragsrecht des EVÜ aus[43]. Im Übrigen bleibt im Einzelfall die Möglichkeit eines Rückgriffs auf Art 6.

Abgesehen von den genannten Sonderfällen ist Art 34 damit in seinem Anwendungsbereich **auf** **14** **Normen beschränkt, die schwerpunktmäßig den Schutz von Gemeinwohlbelangen, also öffentlichen Interessen** iS von *Ulpian* (Dig I 1. 1, 2) **dienen**[44]. In diesem Rahmen ist für das Eingreifen der betreffenden Sachnorm kraft einseitiger, ungeschriebener Kollisionsnorm eine umso geringere Inlandsbeziehung zu fordern, je gewichtiger das betroffene Interesse ist. Auch verfassungsrechtliche Wertungen sind hier zu berücksichtigen[45].

e) Kumulierter Schutz öffentlicher und privater Interessen. Aufgrund der im Rahmen des **15** Art 34 beachtlichen Differenzierung zwischen der individuellen und öffentlichen Schutzrichtung einer Norm kann sich das Folgeproblem ergeben, wie es steht, wenn eine Norm zugleich Individualschutz und den Schutz von Allgemeinwohlbelangen bezweckt. Dabei ist aus anderen Zusammenhängen bekannt, dass der bloß reflexhafte Schutz zB von Individualinteressen neben dem im Vordergrund stehenden Schutz öffentlicher Interessen außer Betracht bleiben kann[46]. Das Problem stellt sich aber schon dann, wenn die Gewährung von Individualschutz (bzw des Schutzes von Allgemeinwohlbelangen) eines der gesetzgeberischen Anliegen der Norm ist, selbst wenn auf die Allgemeinheit (bzw den Individualschutz) gerichtete Zwecke ganz im Vordergrund stehen[47]. In solchen Fällen ist **differenzierend anzuknüpfen:** Soweit es um den Schutz öffentlicher Interessen geht, ist eine einseitige Sonderanknüpfung nach Art 34 vorzunehmen. Auf dieser Linie liegt es, dass der EuGH die **Handelsvertreterrichtlinie** zum Schutz der Niederlassungs- und Wettbewerbsfreiheit marktbezogen an den Ort der Tätigkeit eines Handelsvertreters sonderangeknüpft hat, nicht aber an den Sitz bzw gewöhnlichen Aufenthalt des Handelsvertreters als geschütztes Individuum[48]. Eine darüber hinausgehende Notwendigkeit, etwa in dem Sinne, in jede verbraucherschützende RL (zB Haustürwiderrufs-RL, Verbraucherkredit-RL) nach Art von (oder analog) Art 29 a ungeschriebene Kollisionsregeln iS von Sonderanknüpfungen zu implantieren, besteht nicht. Soweit es um den Schutz von Individualinteressen geht, ist einzelfallbezogen ggf Art 6 berufen. Eines von vielen denkbaren Beispielen ist das deutsche Verbot von quota litis-Honoraren für Rechtsanwälte, das sowohl den Schutz der Rechtspflege als auch den Schutz der anwaltlich vertretenen Partei verfolgt (Rn 20).

2. Sonderanknüpfung und Inlandsbeziehung. Nach allgemeiner Ansicht setzt die aus der po- **16** sitiven Funktion des ordre public hervorgegangene Möglichkeit der Sonderanknüpfung nach Art 34 eine **hinreichende Inlandsbeziehung** voraus[49]. Anders als im Rahmen von Art 6 gibt es aber im Rahmen von Art 34 **keine Relativität** (zur Relativität des ordre public s bei Art 6 Rn 15) in dem Sinne, dass die intern einfach-zwingende Norm auch international umso eher zur Anwendung kommt, je stärker der Inlandsbezug konkret (in casu) vorliegt (und umgekehrt)[50]. Denn das Erfordernis einer Inlandsbeziehung ändert nichts an den Erfordernissen einer Eingriffsnorm generell. Insbes. lässt eine besonders starke Inlandsbeziehung eine Norm, deren Zweck nicht auf die Wahrung öffentlicher Interessen gerichtet ist, nicht zu einer Eingriffsnorm werden[51].

Legt die jeweilige international zwingende Vorschrift ihren räumlichen Anwendungsbereich nicht im **17** Wege einer ausdrücklichen Sonderanknüpfung fest, so ist **Leitlinie für die abstrakte Formulierung der Sonderanknüpfung,** dass für das Eingreifen der betreffenden Sachnorm eine umso geringere Inlandsbeziehung gefordert werden kann, je gewichtiger das betroffene Interesse ist. Auch verfassungsrechtliche Wertungen können hier berücksichtigt werden. Rein einzelfallbezogene Sonderanknüpfungen scheiden demgegenüber aus; diese Vorgehensweise ermöglicht allein Art 6[52]. Die Kriterien der Ermittlung ungeschriebener Sonderanknüpfungsregeln sind iÜ durchaus zweifelhaft. Allein auf Hand-

---

[42] System des heutigen Römischen Rechts, Bd VIII, 1849, S 108 passim; s auch *Kühne*, FS Heldrich, 2005, S 815.
[43] *Junker* IPRax 1998, 65, 66.
[44] Im Grundsatz ebenso BAG SAE 1997, 31, 34; BAGE 63, 17, 31 f = AP IPR (ArbR) Nr 30; BAGE 71, 297, 316 ff = AP IPR (ArbR) Nr 31; BAG NZA 2006, 379; DB 2003, 2287; BB 2004, 1337; BGH NJW 2006, 762; *Erman/Hohloch* Rn 12; *Kropholler* IPR § 52 IX 1; *Mankowski* IPRax 1996, 405, 409; *Staudinger/Magnus* Rn 68–71.
[45] Vgl auch E. *Lorenz* RIW 1987, 569, 580; *Spickhoff* S 283.
[46] Zu § 823 Abs 2 BGB statt aller RGRK/*Steffen* § 823 Rn 542.
[47] Vgl zu § 823 Abs 2 BGB nur BGHZ 12, 146, 148; RGRK/*Steffen* § 823 Rn 541; *Spickhoff*, Gesetzesverstoß und Haftung, 1998, S 110 ff.
[48] EuGH NJW 2001, 2007; dazu *Staudinger* NJW 2001, 1975 mit weitergehenden Konsequenzen; *Kindler* BB 2001, 11; AnwK-BGB/*Doehner* Rn 10 ff; *Freitag/Leible* RIW 2001, 287; *Schwarz* ZVglRWiss 101 (2002), 45, 53 ff.
[49] E. *Lorenz* RdA 1989, 220, 227; *Erman/Hohloch* Rn 13; MünchKommBGB/*Martiny* Rn 136 ff; *Staudinger/Magnus* Rn 72 ff; *Kropholler* IPR § 52 IX 2; AnwK-BGB/*Doehner* Rn 18; *Looschelders* Rn 25; *Ferrari/Staudinger* Int VertragsR Rn 24.
[50] Anders *Kchte* EZW 1990, 150, 153 f.
[51] *Kropholler* IPR § 52 IX 1; *Looschelders* Rn 26; *Mankowski* DZWiR 1996, 273, 279; *ders* RIW 1998, 287, 290; *Staudinger/Magnus* Rn 79.
[52] *Spickhoff* S 282 f.

lungen im Gebiet des eingreifenden Staates abzustellen, der die betreffende Handlung dort verbieten will[53], erscheint zwar bei der Verletzung von Ein- und Ausfuhrverboten plausibel, passt jedoch nicht für alle Konstellationen, insbes wenn der Ort der Handlung nicht ohne weiteres lokalisiert werden kann[54]. Daher kann man nur allgemein auf die jeweilige Norm und den durch sie geregelten Rechts- und Lebensbereich abstellen[55]. Im Wesentlichen kommt es auf den Sitz des durch die Eingriffsnorm geschützten (öffentlichen) Interesses an[56]. Unter diesem Vorbehalt kann maßgeblich sein zB die Belegenheit für Vorschriften des Grundstücksverkehrs[57], der Ort der Geschäfts-, Gewerbe- oder Berufsausübung[58] oder die Einwirkung auf den Marktort im Hinblick auf Markt- und Gewerberegulierungsvorschriften[59].

18   **3. Anwendungsfälle.** Nach den dargelegten Kriterien sind die in Rspr und Lit diskutierten Einzelprobleme zu lösen.

19   Klassische Anwendungsgebiete für Sonderanknüpfungen iS von Art 34 sind **Normen, die öffentlichen Interessen dienen.** Dazu gehören Ein- und Ausfuhrbestimmungen, das AWG[60], Embargobestimmungen[61], das Washingtoner Artenschutzübereinkommen[62], entsprechende Beschränkungen auf der Grundlage des europäischen Rechts[63] und sonstige Vorschriften für Handelsbeschränkungen[64]. Gleichfalls sind Gesetze, die abgesehen von § 31 AWG die Unwirksamkeit eines ohne Genehmigung geschlossenen Vertrages anordnen, potentielle Eingriffsnormen. Dazu gehören §§ 17, 18 KrWaffKontrG, §§ 3 ff AtG, §§ 8, 14 GenTG, §§ 72 ff AMG sowie § 3 BtMG ebenso wie § 53 Abs 1 LFBG und § 1 Abs 4 KultSchG[65], seit dem 18. 5. 2007 KulturgüterrückgabeG (BGBl I S 757), § 1 AEntG[66] sowie bestimmte Normen eines Tarifvertrages, die § 1 AEntG zu Eingriffsnormen erklärt[67]. Denkbare Eingriffsnormen folgen sodann aus dem Devisenbewirtschaftungsrecht[68]. Als Eingriffsnormen kommen weiterhin in Betracht Normen des deutschen Kartellrechts, die über § 130 Abs 2 GWB (früher § 98 Abs 2 GWB), der eine eigene Kollisionsnorm für das Internationale Kartellrecht enthält[69], hinaus durchzusetzen sind[70]. Auch Gewinnzusagen nach § 661a lassen sich über Art 34 wegen der lauterkeitsrechtlichen und sozialpolitischen Zielsetzung dieser Norm durchsetzen[71]. Als Eingriffsnormen kommen weiter berufsrechtliche Vorschriften, insbes Standesrecht in Betracht, soweit es öffentlichen Interessen dient[72]. Maßgeblich ist bei der Überprüfung von Standesrecht eine Einzelanalyse in Bezug auf die geschützten Interessen.

20   Besonders diskutiert wird seit jeher die Frage der **Abwehr ausländischer Erfolgshonorarvereinbarungen,** insbes in Gestalt eines Anteils am Erstrittenen (sog quota litis-Honorar). Die deutsche Rspr hat regelmäßig auf den allgemeinen ordre public abgestellt[73]. Nach der Systematik des geltenden IPR ist zu differenzieren. Zum einen bezweckt das Gebührenrecht den Schutz des öffentlichen Interesses an der Rechtspflege, als deren Organe Rechtsanwälte in Deutschland angesehen werden und weswegen ihnen von der Allgemeinheit besonderes Vertrauen entgegengebracht werden soll. Insoweit geht es also

---

[53] So *Lehmann* S 223 f.
[54] MünchKommBGB/*Martiny* Rn 138.
[55] Ebenso MünchKommBGB/*Martiny* Rn 139; *Staudinger/Magnus* Rn 81; *Reithmann/Martiny/Freitag*, Internationales Vertragsrecht, Rn 400, 421 ff.
[56] *Spickhoff* JZ 1993, 210, 212.
[57] *Ferid* IPR Rn 6–78; MünchKommBGB/*Martiny* Rn 143; *Reithmann/Martiny/Limmer*, Internationales Vertragsrecht, Rn 401.
[58] *Ferid* IPR Rn 6–78; MünchKommBGB/*Martiny* Rn 146, 147.
[59] *Staudinger/Magnus* Rn 81.
[60] BGH RIW 1981, 194; *Remien* RabelsZ 54 (1990), 431, 463; AnwK-BGB/*Doehner* Rn 23.
[61] *Oeter* IPRax 1996, 73, 77; zu außenwirtschaftlichen Beschränkungen beim Beteiligungserwerb an Rüstungsunternehmen *Widder* RIW 2005, 260.
[62] BGBl 1975 II S 773, in Kraft getreten am 20. 6. 1976, BGBl 1976 II S 1237.
[63] *Soergel/v. Hoffmann* Rn 21, 22.
[64] *Staudinger/Magnus* Rn 107; MünchKommBGB/*Martiny* Rn 80; zu §§ 103, 112, 119 InsO *v. Frentz/Marrder* ZUM 2001, 761, 763 ff.
[65] Zum Kulturgüterschutz *Reichelt* IPRax 1986, 73; *ders* IPRax 1989, 254; *Rudolf*, FS Doehring, 1989, S 853; *Siehr*, FS W. Lorenz, 1991, S 525; *ders* NJW 1993, 2206; *Dulzer/Jayme/Mußgnug*, Rechtsfragen des internationalen Kulturgüterschutzes, 1994; *Schmeick*, International-privatrechtliche Aspekte des Kulturgüterschutzes, 1994; *Schwadorf-Ruckdeschel*, Rechtsfragen des grenzüberschreitenden rechtsgeschäftlichen Erwerbs von Kulturgütern, 1995; MünchKommBGB/*Martiny* Rn 121, 122.
[66] BAG NZA 2006, 379; DB 2003, 2287.
[67] Vgl *Junker* RdA 1998, 42, 45.
[68] BGH NJW 1995, 320; zum Währungs- und Devisenrecht näher MünchKommBGB/*Martiny* Anh I und II; *Soergel/v. Hoffmann* Rn 105 ff; *Staudinger/Ebke* Anh Devisenrecht; *Berger* ZVglRWiss 96 (1997), 2.
[69] BGH NJW 1973, 1609; BGHZ 74, 322, 324 = NJW 1979, 2613, 2614; BGH IPRax 1982, 20, 21; KG WM 1984, 1195, 1200.
[70] Zum Internationalen Kartellrecht MünchKommBGB/*Immenga* IntWettbR/IntKartR Rn 16 ff; *Soergel/v. Hoffmann* Rn 33 ff; *Staudinger/Magnus* Rn 106.
[71] BGH NJW 2006, 230, 232.
[72] *Soergel/v. Hoffmann* Rn 41 ff; zum RBerG *Mankowski* AnwBl 2001, 73.
[73] BGHZ 51, 290, 292 = NJW 1966, 296; BGHZ 44, 183, 189; 22, 162, 167, alle vor Inkrafttreten von Art 34; aus neuerer Zeit BGH IPRax 2005, 150: § 138 BGB unter Anwendung von Art 29; *Kilian* AnwBl 2003, 452; VersR 2006, 751; *Mankowski* NJW 2346; *ders* AnwBl 2005, 705; *Martiny*, FS Heldrich, 2005, S 907, 920 ff; *Spickhoff* IPRax 2005, 125; *Staudinger* IPRax 2005, 129; zur Praxis in Deutschland vgl auch die Umfrage des Soldan-Insituts AnwBl 2006, 50.

um den Schutz öffentlicher Interessen. Daneben kann das Verbot der quota litis-Vereinbarungen auch dem Interesse der anwaltlich beratenen und vertretenen Partei dienen. Haben die Ansprüche insbes unterhaltssichernden Charakter oder verfolgen sie einen darüber hinaus gehenden moralischen Anspruch (wie etwa auch im Falle der Entschädigung für Zwangsarbeiter), so könnten diese gesetzgeberischen Anliegen vereitelt werden, wenn ein übermäßig hoher Anteil der zugesprochenen Ansprüche dem eigentlich Berechtigten infolge eines honorarbedingten prozentual hohen Abzugs genommen würde[74]. Daraus folgt: Soweit es um den Schutz der öffentlichen Interessen geht, ist es geboten, im Inland tätig werdenden und deshalb mit der deutschen Justiz in Berührung kommenden Anwälten die Anerkennung von Erfolgshonoraren, die **§ 49b Abs 2 S 1 BRAO** auch nach der Neuordnung des anwaltlichen Gebührenrechts im RVG für unzulässig erklärt, ausnahmslos zu verweigern. Dafür spricht auch eine gewisse gebührenrechtliche Gleichbehandlung aller vor deutschen Gerichten auftretenden Anwälte. Die Beschränkung in dieser Regel auf Tätigkeiten im Inland ergibt sich daraus, dass der Allgemeininteressen schützende Zweck des Verbots von Erfolgshonorarvereinbarungen nur auf den Schutz der staatlichen Interessen in Gestalt der Rechtspflege im Inland zielt. Insoweit liegt eine Sonderanknüpfung zwingenden Staatseingriffsrechtes iS des Art 34 nahe. Im Übrigen, soweit es also um Individualschutz geht, kann darüber hinaus Art 6 eingreifen[75]. Bei der Konkretisierung der Sonderanknüpfung des § 49b Abs 2 S 1 BRAO bzw einer eventuellen Durchsetzung über Art 6 ist freilich in Rechnung zu stellen, dass das **BVerfG** das ausnahmslose Verbot von anwaltlichen Erfolgshonoraren wegen Verstoßes gegen Art 12 Abs 1 GG beanstandet hat[76]. Außerhalb des Familien- und Strafrechts – hier hat das BVerfG das Verbot von Erfolgshonorarvereinbarungen ausdrücklich gebilligt[77] – werden im Falle der zureichend klaren und unmissverständlichen Erfüllung entsprechender Hinweis- und Aufklärungspflichten des Anwalts über die Höhe der ggf zu erwartenden anwaltlichen Forderung gegenüber seinem Mandanten kaum noch ordre public-Verstöße angenommen werden können, namentlich wenn die im Heimatrecht des Auftraggebers normalen Prozentsätze vereinbart worden sind und es anderenfalls die wirtschaftliche Lage des Mandanten oder sonstige Umstände diesem vernünftigerweise nicht erlauben würde, ein Prozessrisiko einzugehen. Obwohl § 49b Abs 2 S 1 BRAO bis zum 30. 6. 2008 weiter angewendet werden darf, sollte insoweit auch eine Sonderanknüpfung ausscheiden, soweit die Norm derzeit mit Art 12 GG unvereinbar ist. Soweit (wiewit ein eine Frage der Auslegung des materiellen Verfassungsrechts) das BVerfG eine Verfassungswidrigkeit des § 49b Abs 2 S 1 BRAO nicht konstatiert hat, ist die Norm aber weiterhin über Art 34 durchzusetzen, solange und soweit der Gesetzgeber nicht – wie geplant – die Erfolgshonorarvereinbarung zur Disposition der Parteien stellt.

Während das Erfolgshonorar geradezu als klassisches Problem des Internationalen Privatrechts angesehen werden kann, war es zunächst rund um die sonstigen Fragen der Gebührenordnungen (HOAI, GOÄ, GOZ, StBGebV und RVG) im Bereich des Internationalen Privatrechts stiller. Das hat sich seit einiger Zeit geändert: Der VII. ZS des BGH hat zur HOAI entschieden, dass die Mindestsatzregelung auf einen grenzüberschreitenden Architekten- und Ingenieurvertrag anwendbar ist, wenn die vereinbarte Architekten- oder Ingenieurleistung für ein im Inland gelegenes Bauwerk erbracht werden soll, und zwar über Art 34[78]. Die Begründung dieser Entscheidung greift freilich wesentlich weiter: Da die Honorarordnung für Architekten und Ingenieure als öffentlich-rechtliche Verordnung kein Vertragsrecht regle, sondern zwingendes Preisrecht sei, erfasse die Wahl des deutschen materiellen Schuldvertragsrechts im Rahmen von Art 27 EGBGB die Regelungen der Honorarordnung für Architekten und Ingenieure von vornherein nicht[79]. Genau dasselbe wird im Schrifttum auch für die GOÄ vertreten: Diese sei gewissermaßen nicht abdingbar (auch nicht über eine Rechtswahl im Internationalen Privatrecht), wenn ärztliche Leistungen in Deutschland erbracht werden[80]. Nun sind alle diese Gebührenregelungen in wesentlichen Teilbereichen in der Tat zwingend. Doch spricht das keineswegs für den öffentlich-rechtlichen Charakter der betreffenden Regelungswerke. Denn es finden sich in ihnen jeweils durchaus Möglichkeiten für abweichende Parteivereinbarungen, weswegen man nur noch von sog Dispositivtaxen (im Gegensatz zu sog Zwangstaxen) spricht[81]. Wesentlicher ist deshalb die Zweckrichtung der betreffenden Taxen und zwingenden gebührenrechtlichen Regelungen. Insoweit ist zwar zu konstatieren, dass alle der genannten Gebührenordnungen auch, aber eben eingeschränkt ordnungspolitische Ziele verfolgen, insbes einen ruinösen Preiswettbewerb verhindern sollen. Diesen Funktionen werden die genannten Regelungswerke aber auch ohne weiteres dann gerecht, wenn man sie zunächst einmal als zwingendes Vertragsrecht charakterisiert. Die Einordnung als genuin öffentliches Recht geht demgegenüber fehl[82]. Nach der wohl mehrheitlich vertretenen (modifizierten) Subjektstheorie wäre dazu erforderlich, dass einer der Normadressaten notwendigerweise der Staat oder eine

21

---

[74] BGHZ 44, 183, 188 f = NJW 1966, 296; *Gamillscheg*, FS Nipperdey I, 1965, S 323, 350.
[75] Näher *Spickhoff* S 194 ff; genauso *Reithmann/Martiny/Mankowski*, Internationales Vertragsrecht, Rn 2122; abw *Bungert* ZIP 1993, 815, 823; weitergehend für Art 34 OLG Frankfurt RIW 2001, 374, 376; *Heß* NJW 1999, 2485, 2486; zur Inkassotätigkeit *Armbrüster* RIW 2000, 583.
[76] NJW 2007, 979.
[77] Nr 110 der Gründe.
[78] BGHZ 154, 110 = NJW 2003, 2020; dazu *Kilian/Müller* IPRax 2003, 436; zu Recht aA *Staudinger/Magnus* Rn 94; *Martiny*, FS Heldrich, 2005, S 907, 918 ff; s auch *Palandt/Heldrich* Rn 3 a; anders *Wenner* RIW 1998, 173, 176 ff; Im Ergebnis ähnlich in Bezug auf das RBerG BGH RIW 2007, 134, 135 f.
[79] BGHZ 154, 110, 115 = NJW 2003, 2020, 2021.
[80] *Spoerr/Uwe* MedR 2003, 668, 673; krit dazu *Spickhoff* NJW 2004, 1710, 1712.
[81] *Staudinger/Richardi* 2005 § 612 Rn 39.
[82] Zu Recht krit auch *Kilian/Müller* IPRax 2003, 436 f.

seiner Funktionsträger ist. Unmittelbare Normadressaten der jeweiligen Gebührenordnungen sind demgegenüber neben den Angehörigen der betreffenden sog freien Berufe deren Vertragspartner (Mandanten, Patienten, Auftraggeber usw). Auch besteht jedenfalls zwischen den Vertragspartnern kein Über- oder Unterordnungsverhältnis iS der Subordinationstheorie. Demgemäß werden Gebührenstreitigkeiten ausnahmslos vor ordentlichen (Zivil-)Gerichten ausgetragen, und daher sind die genannten Gebührenordnungen durchgehend als taxmäßige Vergütungen iS der §§ 612 Abs 2, 632 Abs 2 anerkannt[83]. In Bezug auf die HOAI wird sogar deren Charakter als Taxe bezweifelt und von einer bloß „üblichen Vergütung" gesprochen[84]. Es ist es daher ebenso erfreulich wie zutreffend, dass sich der IX. ZS von der Linie des VII. ZS des BGH abhebt und ohne viel Federlesens zwingendes Gebührenrecht privat-(vertrags-)rechtlich qualifiziert[85]. Es sind auch keineswegs alle Normen jedweder Gebührenordnung oder Gebührenregelung Eingriffsnormen iS des Art 34[86]. Vielmehr wird die nach wie vor geltendem Recht entsprechende, grundsätzliche Berechnung der Gebühren nach dem Gegenstandswert (§ 2 Abs 1 RVG) im Ausland als durchaus überraschend empfunden. In Frankreich ist sogar ein Verstoß dieser Form der Gebührenberechnung bei hohem Gegenstandswert, aber eher geringer Aufwand gegen den französischen ordre public erwogen (wenn auch im Ergebnis abgelehnt) worden[87]. Gerade dort, wo und soweit die entsprechenden Gebührenregelungen nicht einmal überhaupt zwingend sind, besteht erst recht kein Anlass zu einer pauschalen Sonderanknüpfung iS von Art 34. Unabhängig davon sollte man sich – zumal innerhalb der EU – gegenüber einer territorial exzessiven Ausdehnung von Spezialitäten des deutschen Gebührenrechts der Angehörigen der freien Berufe auch aus europarechtlichen Gründen (Dienstleistungsfreiheit) vorsichtiger kollisionsrechtlicher Zurückhaltung befleißigen[88]. Auch § 4 Abs 4 RVG, wonach eine vereinbarte Vergütung im Rechtsstreit auf den angemessenen Betrag bis zur Höhe der gesetzlichen Vergütung herabgesetzt werden kann, wenn sie unter Berücksichtigung aller Umstände als unangemessen hoch anzusehen ist, sollte nicht sonderangeknüpft werden. Vielmehr kann einem entsprechenden Bedürfnis im Einzelfall über Art 6 S 1 entsprochen werden. Gerade im Bereich der anwaltlichen Gebühren ist die Möglichkeit einer entsprechenden, gewissermaßen ordre publicconformen Reduktion der (ausländischen) lex causae auf ein für uns erträgliches Ausmaß nach dem Prinzip des geringstmöglichen Eingriffs anerkannt[89].

22 Öffentlichen Interessen dienen Normen des **Boden- und Grundstückverkehrsrechts,** zB § 2 GrStVG[90]. Das Gleiche gilt für Vorschriften des **zwingenden Mietsonderrechts,** insbes für zwingende Mieterschutzbestimmungen, obwohl diese vorrangig Individualschutz des Mieters bezwecken[91].

23 Abgesehen von ausdrücklichen Sonderanknüpfungen sollten **alle übrigen Normen des Individualschutzes des Marktschwächeren** nicht über Art 34 sonderangeknüpft, sondern im Einzelfall vorsichtig über **Art 6** zur Geltung gebracht werden. Dazu gehört der Käuferschutz gegenüber Bauunternehmen nach § 2 MaBV iVm § 34 c GewO[92], §§ 312 ff BGB[93], §§ 651 a ff BGB[94], §§ 491 ff BGB[95], § 489 BGB[96], das Individualarbeitsrecht (einschließlich des arbeitsrechtlichen Gleichbehandlungsgrundsatzes[97], des § 613 a BGB[98], des § 1 SeemG[99]), und ebenso das deutsche Mitbestimmungsrecht[100]. Auch tarifliche Zahlungspflichten in eine Zusatzversorgungskasse begründen keine Eingriffsnormen[101]. Trotz des Individualschutzes war ausdrücklich mit internationalem Geltungsanspruch ver-

---

[83] Statt aller *Erman/Schwenker* § 632 Rn 6; *Erman/Edenfeld* § 612 Rn 9; *Staudinger/Richardi* § 612 Rn 39 ff.
[84] *Jauernig/Mansel* § 632 Rn 11.
[85] BGH IPRax 2005, 150; dazu *Spickhoff* IPRax 2005, 125 und *Staudinger* IPRax 2005, 129; undeutlich OLG Frankfurt IPRax 2002, 399.
[86] Ebenso *Kilian/Müller* IPRax 2003, 436.
[87] Einen ordre public-Verstoß nahm an Cour d'appel de Douai Gaz Pal Jur 1983, 309 N. *Mauro,* aufgehoben vom französischen Kassationshof, IPRax 1985, 56 und Rev crit dr int pr 1985, 131 N. *Mezger.*
[88] S – in Bezug auf die sog Mindestsatzfiktion der HOAI – auch BGHZ 154, 110, 118 f.
[89] BGHZ 54, 183, 190.
[90] *E. Lorenz* RIW 1987, 569, 580; *Kreuzer* S 49.
[91] BT-Drucks 10/504 S 83; *v. Bar* IPR II Rn 452 f; zur Begr näher Rn 13.
[92] Vgl OLG Hamm NJW 1977, 1594, dazu *Ahrens* RIW 1977, 782, 783 f und *Dörner* NJW 1977, 2032 f; *Spickhoff* S 176 ff; *Martiny,* FS Heldrich, 2005, S 907, 922 f; aA *Staudinger/Magnus* Rn 95; *Reithmann,* FS Ferid, 1998, S 363, 369; *Soergel/v. Hoffmann* Rn 50.
[93] OLG Hamm NJW-RR 1999, 496; LG Stade IPRspr 1989 Nr 39; OLG Koblenz IPRspr 1989 Nr 43; LG Bielefeld NJW-RR 1999, 1282; LG Hamburg NJW-RR 1990, 695, 696; OLG Celle RIW 1991, 421, 422; LG Düsseldorf RIW 1995, 415, 416; *Taupitz* BB 1990, 646, 649; *Lüderitz* IPRax 1990, 216, 218; *Coester-Waltjen,* FS W. Lorenz, 1991, S 297, 313; *Mankowski* RIW 1998, 287, 290; *Beise* NJW 1995, 1724, 1725; vgl auch *Ebke* IPRax 1998, 263, 268 ff; aA LG Berlin NJW-RR 1995, 754, 755; OLG Celle RIW 1996, 963, 964; *v. Hoffmann* IPRax 1989, 261, 268; *Jayme* NJW 1990, 220, 222; *Mäsch* IPRax 1995, 371, 374; *Kohte* EuZW 1990, 150, 154; *Langenfeld* IPRax 1993, 155, 156; *Klingsporn* WM 1994, 1093, 1098 f, alle zum HaustürWG.
[94] Im Ergebnis ebenso *Soergel/v. Hoffmann* Rn 50.
[95] BGH NJW 2006, 762; *Felke* RIW 2001, 30, 32 ff; *MünchKommBGB/Martiny* Rn 112; aA *Bülow* EuZW 1993, 435, 437; *Erman/Hohloch* Rn 15, alle zum VerbrKrG.
[96] *Soergel/v. Hoffmann* Rn 61; *v. Hoffmann* IPRax 1989, 261, 271.
[97] *Junker* IPRax 1994, 21, 26; aA *Bittner* NZA 1993, 161, 165; hier hilft Art 6 S 2.
[98] BAG IPRax 1994, 123, 128 (dazu *Mankowski* IPRax 1994, 88, 94); *Franzen* AR-Blattei 920 Nr 12 3 Internationales Arbeitsrecht); LAG Köln RIW 1992, 935.
[99] BAG NZA 1995, 1191, 1193.
[100] *Palandt/Heldrich* Rn 3 b; aA *Großfeld/Erlinghagen* JZ 1993, 217, 222; *Großfeld/Johannemann* IPRax 1994, 271, 272.
[101] BAG BB 2004, 1337.

sehen der mittlerweile aufgehobene § 61 BörsG, wonach unabhängig vom anwendbaren Schuldvertragsrecht deutsches Recht zur Anwendung kam, wenn das Geschäft für die betreffende Person nach § 53 BörsG nicht verbindlich war, diese Person ihren gewöhnlichen Aufenthalt zurzeit des Geschäftsabschlusses im Inland hat und sie im Inland die für den Abschluss des Geschäfts erforderliche Willenserklärung abgegeben hat. **§ 12 WpHG** erstreckt (innerhalb seines Anwendungsbereichs, vgl § 1 WpHG) das Verbot des Insiderhandels (§ 14 WpHG) auf Wertpapiere, die innerhalb der EU bzw des EWR zum Handel zugelassen sind[102]. Der Differenzeinwand nach § 764 BGB aF (mittlerweile weggefallen) fiel gleichfalls nicht unter Art 34, sondern ggf unter Art 6[103]. Keine Sonderanknüpfung kommt schließlich in Betracht für § 313 BGB[104] sowie für die zivilrechtlichen Generalklauseln der §§ 134, 138, 242 BGB[105], soweit nicht hierüber die in Rn 11–15 genannten, für Art 34 relevanten Interessen geschützt werden[106]. Daher lassen sich Straftatbestände, die nach den Regeln des Internationalen Strafrechts (§§ 3 bis 7 StGB) anwendbar sind (zB das ESchG) iVm § 134 BGB über Art 34 durchsetzen, selbst wenn an sich deutsches Vertragsrecht nicht anwendbar ist.

III. Ausländische international zwingende Bestimmungen

1. Allgemeines. Inwieweit und auf welche Weise ausländische international zwingende Normen, 24
insbes Staatseingriffsnormen, anzuwenden sind, ist Gegenstand einer lebhaften Diskussion. Zumindest **ausdrücklich** ist die Frage im EGBGB **nicht geregelt**. **Art 7 Abs 1 EVÜ** hat demgegenüber eine Sonderanknüpfung ausländischer international zwingender Bestimmungen ermöglicht. Jedoch ist diese Vorschrift **in Deutschland nicht übernommen** worden (Rn 2). Unstreitig sind jedenfalls alle ausländischen Normen, die kraft des Internationalen Schuldvertragsrechts der Art 27 ff berufen sind, auch anzuwenden, seien es nun Staatseingriffsnormen oder nicht. Allerdings setzen sie sich gegenüber deutschem international zwingendem Recht iS von Art 34 bzw gegenüber Art 6 EGBGB ggf nicht durch[107].

2. Sonderanknüpfung. In der Lehre wird vielfach vertreten, dass ausländische Eingriffsnormen 25
kollisionsrechtlich sonderanzuknüpfen sind. Insoweit bestehe eine **Regelungslücke** in Art 34, die nicht zuletzt auf Grund internationaler comitas zu schließen sei. Wie iE die Sonderanknüpfung formuliert werden muss, ist durchaus zweifelhaft; genannt wird – wie auch im Rahmen von Art 34 – der internationale Geltungswille der Eingriffsnorm, eine enge Verbindung des Sachverhalts mit dem Eingriffsrecht sowie eine wertende Schranke in der Weise, dass die fremde Eingriffsnorm aus der Sicht des eigenen Rechts und aus internationaler Sicht als legitim erscheint[108]. Diese – im Schrifttum als hL zu bezeichnende – Auffassung ist zwei **Bedenken** ausgesetzt: Erstens birgt die mit ihr verbundene Sonderanknüpfung erhebliche Rechtsunsicherheit[109]. Im Rahmen von Art 34 kann das eher hingenommen werden, da hinter Art 34 die allgemeine Vorbehaltsklausel des Art 6 steht. Ein ausländischer ordre public ist demgegenüber außerhalb des von unseren Kollisionsnormen berufenen ausländischen Sachrechts nicht hinzunehmen[110]. Zweitens müsste konsequent dann Staatseingriffsrecht aller möglicher weiterer Staaten in Bezug auf seine Anwendbarkeit geprüft werden. Diese Gründe bewogen den Gesetzgeber, Art 7 Abs 1 EVÜ nicht zu übernehmen. Abgesehen von den genannten Sachgründen kann man deswegen in Bezug auf die Möglichkeit der Sonderanknüpfung ausländischen international zwingenden Rechts im deutschen Internationalen Vertragsrecht nicht von einer Regelungslücke ausgehen[111], sondern es liegt eine **bewusste Entscheidung des Gesetzgebers gegen eine Sonderanknüpfung** vor, die Art 7 Abs 1 EVÜ ermöglicht hätte. Auch in der Sache hat der Forumstaat grds keinen Anlass, Gemeininteressen eines fremden Staates wahrzunehmen[112]. Offener spricht Art 8 Abs 3 Rom I-VO-E davon, es „... kann den Einriffsnormen dieses Staates ebenfalls Wirkung verliehen werden". Doch kann dies nicht mit einem Anwendungsbefehl („sind anzuwenden") gleichgesetzt werden. Interessant ist, dass in dem Rom I-VO-E nicht einmal zwingend die Anwendung drittstaatlicher Eingriffsnormen von Mitgliedstaaten der EU vorgesehen ist[113].

---

[102] Näher MünchKommBGB/*Martiny* Rn 99, 100.
[103] BGH NJW 1972, 382; NJW 1975, 1600 f; NJW 1979, 488 f; NJW 1981, 1898, 1899; vgl weiter BGH IPRax 1990, 380 f m Anm *Samtleben* 362; WM 1993, 2121, 2122; *Soergel/v. Hoffmann* Rn 68, 69; *Spickhoff* S 180 ff; aA – Sonderanknüpfung – *Wengler* JZ 1979, 175, 176.
[104] OLG Köln RIW 1993, 414, 415; Staudinger/*Magnus* Rn 87.
[105] BGH RIW 1997, 875, 879; *Mankowski* RIW 1996, 8 ff; *Baumert* RIW 1997, 805, 806; MünchKommBGB/*Martiny* Rn 79, auch zu § 343 BGB; *Kropholler* § 52 IX 1; *Looschelders* Rn 24; aA LG Detmold NJW 1994, 3301; LG Berlin NJW-RR 1995, 754, 755; PWW/*Remien* Rn 8, soweit richterrechtlich verfestigte Regeln vorliegen.
[106] *Erman/Hohloch* Rn 13; zu § 134 BGB *Soergel/v. Hoffmann* Rn 3.
[107] ZB *Erman/Hohloch* Rn 25; Staudinger/*Magnus* Rn 147.
[108] ZB Staudinger/*Magnus* Rn 141–144; iS der Sonderanknüpfungslehre zB *Kropholler* IPR § 52 X 3; *Leible* ZVglRWiss 97 (1998), 286, 299; *Göthel* IPRax 2001, 411, 416 ff; MünchKommBGB/*Martiny* Rn 47–62 im Anschluss an *Wengler* ZVglRWiss 54 (1941), 168, 185 ff; *Zweigert* RabelsZ 14 (1942), 283, 295; *Ferrari/Staudinger* Int VertragsR Rn 27.
[109] *Palandt/Heldrich* Rn 5; *Looschelders* Rn 38; exemplarisch Art 19 Abs 1 schweiz IPRG; dazu zB HandelsG Zürich IPRax 2006, 490, 491 f betr FIFA-Transferbestimmungen und Art 81 EG-Vertrag.
[110] BT-Drucks 10/504 S 100; BT-Drucks 10/5632 S 45.
[111] Siehr IPR S 225; aA aber MünchKommBGB/*Martiny* Rn 59–62.
[112] *Sonnenberger* IPRax 2003, 104, 113.
[113] Dafür zB *Freitag* in: *Leible*, Das Grünbuch zum Internationalen Vertragsrecht, 2004, S 167, 184 ff.

26 **3. Territorialitätsprinzip.** De facto von einer Sonderanknüpfung geht auch das Territorialitätsprinzip aus, welches das internationale öffentliche Recht beherrscht. Öffentliches Recht bzw hier Normen, die öffentlichen Interessen dienen, würden grds angewandt, jedoch nur, wenn das **Staatsgebiet des Erlassstaates betroffen** ist. Indes handelt es sich bei Eingriffsnormen nicht notwendig um Normen des öffentlichen Rechts iS der Subjektstheorie, auch wenn die betreffenden Normen dem Gemeinwohl bzw öffentlichen Interessen dienen. Außerdem kann auf Grund des Territorialitätsprinzips zwar kein Staat gezwungen werden, ausländisches öffentliches Recht anzuwenden; gehindert ist er daran aber nicht. Das Territorialitätsprinzip[114] ist deshalb zur Bewältigung der hier in Rede stehenden Probleme nicht geeignet[115].

27 **4. Schuldstatutstheorie und verwandte Lehren.** Nach der Schuldstatutstheorie[116] sind **über das Vertragsstatut auch dessen** (vom Rechtscharakter her: privatrechtliche, vertragsbezogene) **Eingriffsnormen** berufen, vorausgesetzt, deutsche Eingriffsnormen oder der deutsche ordre public stehen dem nicht entgegen. Zwingende drittstaatliche Eingriffsnormen sind dann auf kollisionsrechtliche Weise nicht zu beachten; es bleibt eine Berücksichtigung auf der Ebene des anwendbaren Sachrechts. Ähnlich beachtet auch die sog **Datumstheorie** im Rahmen des maßgebenden Vertragsstatuts ausländisches Eingriffsrecht als Faktor oder Datum[117]. Auch die sog **Machttheorie**[118] geht im Prinzip von der Schuldstatutstheorie aus. Auf der Ebene des Sachrechts sind ausländische Eingriffsnormen grds und nur dann anzuwenden, wenn der ausländische Staat, der sie erlassen hat, die Macht besitzt, sie durchzusetzen. Das wäre insbes dann der Fall, wenn sich die umstrittene Sache auf dem Gebiet des Eingriffsstaates befindet oder Rechtsverhältnisse dort durchzuführen sind. Das Machtkriterium ist in der Tat ein tragender und viele, vielleicht die meisten Fälle erfassender Gesichtspunkt, auf dem die Schuldstatutstheorie beruht. Allerdings ist das alleinige Abstellen auf die Durchsetzung der Macht zu unbestimmt und wohl auch zu eng, weil manche Eingriffsnormen de facto nicht durchsetzbar sind oder durchgesetzt werden können, wie etwa im Falle des Schmuggelns[119].

28 Insgesamt ist zunächst eine weitgehende Ergebnisidentität der hauptsächlich vertretenen Auffassungen zu konstatieren[120]. Im Übrigen erscheint die **Schuldstatutstheorie** aus Praktikabilitätsgründen **vorzugswürdig.** Sie führt allerdings dazu, ausländische Eingriffsnormen und inländische Eingriffsnormen kollisionsrechtlich ungleich zu behandeln, doch lässt sich das mit dem engen Zusammenhang von Art 34 mit Art 6 rechtfertigen. Die einzig als Alternative ernsthaft in Betracht kommende Sonderanknüpfung (auch) ausländischer Eingriffsnormen unterliegt nicht zuletzt den genannten Bedenken.

29 **5. Deutsches Recht als Vertragsstatut.** Wenn und soweit deutsches Recht Vertragsstatut ist, so kommen **zwingende Vorschriften des ausländischen Rechts** nur über Art 27 Abs 3, 29 Abs 1, 29 a und 30 Abs 1 in Betracht. Im Übrigen ist ausländisches zwingendes Recht unmittelbar nicht anwendbar[121]. Abgesehen von staatsvertraglichen Sonderkollisionsnormen (Art VIII des Abkommens von Bretton Woods) kommt eine Berücksichtigung ausländischen zwingenden Eingriffsrechts nur auf der **Ebene des Sachrechts** in Betracht. Ausländische Eingriffsnormen sind dabei nach hM keine Verbotsgesetze iS des § 134 BGB[122]. Das kann damit erklärt werden, dass es sich bei § 134 BGB um eine sog dynamische Verweisung handelt, innerhalb derer der (Bundes-) Gesetzgeber die Normenmasse, auf die verwiesen wird, nicht völlig aus der Hand geben darf[123]. Möglich ist aber die Berücksichtigung ausländischer Eingriffsnormen bzw deren Wertungen im Rahmen von **§ 138 BGB,** insbes von dessen Abs 1. Dabei ist der **Auslandsbezug bei der Ausfüllung des Begriffs der guten Sitten zu berücksichtigen,** wenn auch der Maßstab der inländischen bleibt. Die ausländische Eingriffsnorm muss im Wesentlichen (unter Beachtung des Auslandsbezugs) deutschen Wertvorstellungen entsprechen oder vergleichbar sein[124]. Auch eine Anwendung von § 826 BGB kommt in Betracht[125]. Ferner können solche Normen im Hinblick auf die Macht des ausländischen Staates die Unmöglichkeit einer Leistung begründen[126] oder einen Wegfall der Geschäftsgrundlage auslösen[127].

---

[114] Vgl *Bydlinski* JBl 1959, 526, 529 f; *Schulze,* Das öffentliche Recht im IPR, 1972, S 206; zum RBerG BGH RIW 2007, 134, 135 f.
[115] Ebenso *Soergel/v. Hoffmann* Rn 84; *Staudinger/Magnus* Rn 136, 137.
[116] *Palandt/Heldrich* Rn 4–6; *Looschelders* Rn 38, 39; AnwK-BGB/*Doehner* Rn 42, 43; *F. A. Mann,* FS Wahl, 1973, S 139, 147 ff; *Stoll,* FS Kegel, 1987, S 623, 628; vgl OLG Hamburg NJW 1992, 635, 636; wohl auch OLG Stuttgart IPRspr 1960/61 Nr 213: Rechtsberatungsverbot.
[117] *Jayme,* GS Ehrenzweig, 1976, S 35 ff; *ders* BerGesVR 25 (1984), 90 ff; krit *Siehr* RabelsZ 52 (1988), 40, 80 f.
[118] *Kegel/Schurig* IPR § 23 I 1; *Soergel/Kegel,* 11. Aufl 1984, Vor Art 7 Rn 396; vgl auch *Soergel/v. Hoffmann* Rn 85.
[119] Krit insoweit zu Recht MünchKommBGB/*Martiny* Rn 51; *Staudinger/Magnus* Rn 133; *Soergel/v. Hoffmann* Rn 85.
[120] *Looschelders* Rn 37; AnwK-BGB/*Doehner* Rn 42, 43.
[121] *Palandt/Heldrich* Rn; aA *Schurig* RabelsZ 54 (1990), 217, 235 ff; *Remien* RabelsZ 54 (1990), 431, 464 ff.
[122] RGZ 108, 241, 243; BGHZ 59, 82, 85 = NJW 1972, 1575; BGHZ 69, 295, 296 = NJW 1977, 2356; BGHZ 128, 44, 53; OLG Düsseldorf WM 1977, 546, 547; OLG Hamburg RIW 1994, 686, 687; aA *Schurig* RabelsZ 54 (1990), 235, 240.
[123] *Karpen,* Die Verweisung als Mittel der Gesetzgebungstechnik, 1970, S 29 f, 42 f.
[124] Vgl BGHZ 59, 85 = NJW 1972, 1575; BGHZ 69, 295 = NJW 1977, 2356; BGHZ 128, 44, 53; 94, 268 = NJW 1985, 2405; BGH NJW 1991, 634.
[125] BGH NJW 91, 634; NJW 1993, 195; dazu *Junker* JZ 1991, 699.
[126] RGZ 91, 260; RGZ 93, 182.
[127] Vgl BGH NJW 1984, 1746 f; vgl auch *Zimmer* IPRax 1993, 65, 66.

6. Ausländisches Recht als Vertragsstatut. Ist ausländisches Recht Vertragsstatut, so sind – ebenso 30
wie im Falle deutschen Rechts als Vertragsstatut – die Normen der Art 27 Abs 3, 29 Abs 1, 29 a und 30
Abs 1 zu beachten, die unter Umständen zwingendes Recht eines vom Vertragsstatut abweichenden
Staates für anwendbar erklären. Außerhalb solcher ausdrücklichen Sonderanknüpfungen sind deutsche
Eingriffsnormen über Art 34 sonderanzuknüpfen. Im Übrigen **entscheidet das ausländische Sachrecht**, in welchem Rahmen es aus seiner Sicht fremdes Eingriffsrecht berücksichtigt (zB bei der
Ausfüllung des Begriffs der public policy oder der Widerrechtlichkeit iS von Art 21 schweiz OR). Ggf
sind in diesem Rahmen auch drittstaatliche Eingriffsnormen zu berücksichtigen[128].

Art 35 Rück- und Weiterverweisung. Rechtsspaltung

(1) Unter dem nach diesem Unterabschnitt anzuwendenden Recht eines Staates sind die in diesem Staat geltenden Sachvorschriften zu verstehen.

(2) Umfaßt ein Staat mehrere Gebietseinheiten, von denen jede für vertragliche Schuldverhältnisse ihre eigenen Rechtsvorschriften hat, so gilt für die Bestimmung des nach diesem Unterabschnitt anzuwendenden Rechts jede Gebietseinheit als Staat.

I. Sachnormverweisung (Abs 1)

1. Normzweck und Herkunft. Abs 1 beruht auf Art 15 EVÜ. Eine Rück- und Weiterverweisung 1
ist ausgeschlossen; bei den Regeln des Internationalen Vertragsrechts handelt es sich – wie auch schon
nach hM vor 1986[1] – um eine sog **Sachnormverweisung**. Die Bestimmung des anwendbaren Rechts
wird im Rahmen von Abs 1 nicht durch die Überprüfung fremden Kollisionsrechts belastet. Abs 1 ist
lex specialis im Verhältnis zu **Art 4 Abs 1 und 2**.

2. Anwendungsbereich. Nach dem Wortlaut von Art 35 Abs 1 greift die Norm für das nach 2
„diesem Unterabschnitt", dh nach den **Art 27 bis 37** anzuwendende Recht. Obwohl **auch Art 11
Abs 2 bis 4 sowie Art 12** auf dem EVÜ (Art 9, 11 EVÜ) beruhen, würde dies bei formaler
Betrachtung dazu führen, dass insoweit die allgemeine Regel (Art 4 Abs 1 und 2) anwendbar wäre[2].
Doch kann eine übereinkommenskonforme Auslegung nach Art 36 nur zu dem Ergebnis führen, dass
auch insoweit Art 35 (und nicht Art 4) anwendbar ist[3].

Im Falle einer parteiautonomen Rechtswahl stellt sich die Frage, ob die Parteien nicht nur die 3
Sachvorschriften, sondern auch das IPR eines Staates wählen können. Insoweit wäre dann von einer
parteiautonomen Gesamtverweisung auszugehen. Art 4 Abs 2 schließt eine Gesamtverweisung kraft
Parteiautonomie grds aus. Art 35 Abs 1 ist zwar insoweit lex specialis, doch diese Vorschrift lässt eine
parteiautonome Gesamtverweisung ebenso wenig zu[4]. Ohnedies wird sie nur ausnahmsweise
vereinbart worden sein[5].

Abs 1 gilt auch bei der **objektiven Anknüpfung nach Art 28, 29 Abs 2, 29 a und 30 Abs 3**. Das 4
war vor Inkrafttreten des umgesetzten EVÜ sehr umstritten[6]. Jedoch lässt sich Gegenteiliges mit
geltendem Recht nicht vereinbaren[7].

II. Mehrrechtsstaaten (Abs 2)

1. Normzweck und Herkunft. Art 35 Abs 2 beruht auf Art 19 Abs 1 EVÜ. Hat ein Staat Gebiete, 5
in denen unterschiedliches lokales Recht gilt, so soll prinzipiell über die **Art 27 ff direkt** entschieden
werden, welche Teilrechtsordnung anzuwenden ist. Ausländisches interlokales Recht ist also prinzipiell
nicht anwendbar. **Abs 2 ist lex specialis gegenüber Art 4 Abs 3**.

2. Verweisung auf Gebietseinheiten. a) Mehrere Gebietseinheiten mit eigenen Rechtsvor- 6
schriften. Abs 2 verweist unmittelbar auf das Recht einer Gebietseinheit, soweit ein Staat **mehrere
Gebietseinheiten mit eigenen Rechtsvorschriften** für vertragliche Schuldverhältnisse hat. Auch
unterschiedliches Richter- oder Gewohnheitsrecht reicht aus[8]. Von Gebietseinheiten kann man sprechen, wenn innerhalb des ausländischen Staates territorial begrenzte Teile vorliegen[9]. In Betracht

---

[128] *Palandt/Heldrich* Rn 6.
[1] Vgl *Soergel/v. Hoffmann* Rn 3 mwN.
[2] So *Erman/Hohloch* Rn 2.
[3] *Lüderitz* IPR Rn 291; *MünchKommBGB/Martiny* Rn 2; *Staudinger/Hausmann* Rn 5; *PWW/Brödermann/Wegen* Rn 2.
[4] AA *Junker* IPR S 173; *PWW/Brödermann/Wegen* Rn 4; *AnwK-BGB/Leible* Rn 4; *Kropholler* IPR § 24 II 5; *Soergel/v. Hoffmann* Rn 7; *Staudinger/Hausmann* Rn 8; *MünchKommBGB/Martiny* Rn 4 bis 5; *v. Bar/Mankowski* IPR I § 7 Rn 226; wie hier *Palandt/Heldrich* Art 27 Rn 2; *Looschelders* Art 27 Rn 2; *W. Lorenz* IPRax 1987, 269, 276; *Kartzke* IPRax 1988, 8; *v. Bar* IPR I Rn 541, 620; *MünchKommBGB/Sonnenberger* Art 4 Rn 72 (näher Art 27 Rn 52).
[5] *Giuliano/Lagarde* BT-Drucks 10/503 S 36, 69; *MünchKommBGB/Martiny* Rn 6.
[6] Für Gesamtverweisung früher BGH NJW 1958, 750, 751; NJW 1960, 1720, 1722.
[7] BGH NJW 1996, 54, 55; OLG Düsseldorf RIW 1993, 761, 762; OLG Hamburg RIW 1990, 225; LG Aachen RIW 1990, 491, 492; LG Hamburg NJW-RR 1990, 695, 696; *Schröder* IPRax 1987, 90, 91 f; *W. Lorenz* IPRax 1987, 269, 276; *Ferrari/Kieninger* Int VertragsR Rn 8.
[8] *Reithmann/Martiny/Martiny*, Internationales Vertragsrecht, Rn 179; *Staudinger/Hausmann* Rn 11.
[9] *MünchKommBGB/Martiny* Rn 15.

kommen etwa Spanien, Kanada, Australien, Mexiko, Großbritannien sowie die USA und (Rest-)Jugoslawien.

7 b) **Innerdeutsche Fälle.** In Art 19 Abs 2 EVÜ findet sich folgende Regel: „Ein Staat, in dem verschiedene Gebietseinheiten ihre eigenen Rechtsnormen für vertragliche Schuldverhältnisse haben, ist nicht verpflichtet, dieses Übereinkommen auf Kollisionen zwischen den Rechtsordnungen dieser Gebietseinheiten anzuwenden". Diese Norm ist in das EGBGB nicht übernommen worden, weil man die Norm offenbar für überflüssig hielt (und wohl auch auf Grund von Art 3 Abs 1, der von Sachverhalten mit einer Verbindung zum Recht eines „ausländischen" Staates spricht, so dass das EGBGB nach seiner Systematik ohnedies nicht gegenüber der DDR unmittelbar anzuwenden war)[10]. Das rechtfertigt es, Abs 2 im interlokalen Privatrecht Deutschlands nicht anzuwenden[11]. Gleichwohl können nen die **Art 27 ff** allgemeinen Grundsätzen folgend im innerdeutschen Rechtsverhältnis **analog** angewendet werden[12].

8 c) **Unklare Rechtswahl.** Im Falle der objektiven Anknüpfung wird sich das anwendbare Teilrecht im Rahmen von Abs 2 über den gewöhnlichen Aufenthalt bzw der Niederlassung vergleichsweise einfach ermitteln lassen. Unproblematisch ist auch die parteiautonome Wahl des Rechts einer bestimmten Gebietseinheit. Zweifelhaft ist demgegenüber, wie anzuknüpfen ist, wenn die Parteien nur das **Recht des ausländischen Gesamtstaates gewählt** haben. Oft geschieht das unreflektiert (zB Recht „der" USA)[13]. Vorrangig sollte dann die Erklärung ausgelegt werden, wobei die Bestimmung der gewählten Teilrechtsordnung nach den Vorstellungen der Parteien genügt. Davon wird man namentlich dann ausgehen können, wenn der Sachverhalt Berührungspunkte nur zu einer Gebietseinheit (zB zu einem Bundesstaat der USA) aufweist. So könnte man je nach Sachlage und Anhaltspunkten etwa an das Recht der Teilrechtsordnung anknüpfen, in deren Herkunftsgebiet derjenige, der die vertragscharakteristische Leistung erbringt, eine Zweigniederlassung unterhält, von wo allein die Leistung auch erbracht werden soll. Überhaupt werden die Parteien das Teilrecht gemeint haben, in dem die betreffende Leistung erbracht werden soll[14]. Im Übrigen gilt: Haben zwei Personen mit gewöhnlichem Aufenthalt vollständig außerhalb des gewählten Gesamtstaates agiert, so könnte man erwägen, dass die Rechtswahl ins Leere gegangen ist. Dann käme nur noch eine objektive Anknüpfung in Betracht (Art 28, 29 Abs 2, 30 Abs 2), die freilich zum Recht eines von gewählten abweichenden, anderen Staates führen könnte[15]. Das aber erscheint zu weitgehend und widerspricht dem (keineswegs bloß hypothetischen) Willen der Parteien. Da Abs 2 (und ebenso Art 19 Abs 1 EVÜ) diesen Fall nicht regelt, und Abs 1 nur inter*nationale,* nicht aber inter*lokale* Weiterverweisungen ausschließt, entspricht es am ehesten den Interessen der Parteien, in der gewählten Gesamtrechtsordnung zu verbleiben. Es ist dann – in Anlehnung an Art 4 Abs 3 – zunächst das interlokale Privatrecht der gewählten Rechtsordnung anzuwenden. Fehlt es an geeigneten interlokalen Rechtsnormen des gewählten Gesamtstaates, so ist – entspr Art 4 Abs 3 S 2 – das Recht der Teilrechtsordnung anzuwenden, mit welcher der Sachverhalt sonst am engsten verbunden ist. Innerhalb der Auswahl unter den betreffenden Teilrechten kann dann auf die Wertungen der Art 28, 29 Abs 2 bzw 30 Abs 2 zurückgegriffen werden[16].

Art 36 Einheitliche Auslegung

> Bei der Auslegung und Anwendung der für vertragliche Schuldverhältnisse geltenden Vorschriften dieses Kapitels mit Ausnahme von Artikel 29 a ist zu berücksichtigen, daß die ihnen zugrunde liegenden Regelungen des Übereinkommens vom 19. Juni 1980 über das auf vertragliche Schuldverhältnisse anzuwendende Recht (BGBl. 1986 II S. 809) in den Vertragsstaaten einheitlich ausgelegt und angewandt werden sollen.

Schrifttum (s auch Vorauß): *Dutta/Volders,* Was lange währt, wird endlich gut? Zur Auslegungskompetenz des EuGH für das EVÜ, EuZW 2004, 556; *Junker,* Die einheitliche Auslegung nach dem EG-Schuldvertragsübereinkommen, RabelsZ 55 (1991), 674; *Mankowski,* Zur Analogie im internationalen Schuldvertragsrecht, IPRax 1991, 305; *Mansel,* Rechtsvergleichung und europäische Rechtseinheit, JZ 1991, 529; *Martiny,* Internationales Vertragsrecht zwischen Rechtsgefälle und Vereinheitlichung, ZEuP 1995, 66; *ders,* Europäisches Vertragsrecht – Ausbau und Konsolidierung, ZEuP 1999, 246; *Meyer-Sparenberg,* Staatsvertragliche Kollisionsnormen, 1990; *Pirrung,* Zur Auslegung der Anknüpfungsnormen für Schuldverhältnisse, FS W. Lorenz, 2001, S 399; *Reinhart,* Zur einheitlichen Auslegung vereinheitlichter IPR-Normen nach Art. 36 EGBGB, RIW 1994, 445.

---

[10] *Jayme/Kohler* IPRax 1990, 353, 360; vgl weiter *v. Hoffmann* IPRax 1984, 10, 12.
[11] AllgM, *Jayme/Kohler* IPRax 1990, 353, 360; *Palandt/Heldrich* Rn 3; MünchKommBGB/*Martiny* Rn 18; *Soergel/ v. Hoffmann* Rn 11, 12; *Staudinger/Hausmann* Rn 15, 16.
[12] MünchKommBGB/*Martiny* Rn 19; *Soergel/v. Hoffmann* Rn 12.
[13] Beispiel: OLG Frankfurt IPRax 2002, 399 m Anm *Krapfl* IPRax 2002, 380; dazu später BGH IPRax 2005, 150 m Anm *Spickhoff* 125 und *Staudinger* 129.
[14] *Spickhoff* IPRax 2005, 125, 126 für anwaltliche Tätigkeit.
[15] Dafür *Erman/Hohloch* Rn 9.
[16] PWW/*Brödermann/Wegen* Rn 6; MünchKommBGB/*Martiny* Rn 13; *Staudinger/Hausmann* Rn 13; *Ferrari/Kieninger* Int VertragsR Rn 12; gegen die Berücksichtigung des fremden interlokalen Rechts *Staudinger* IPRax 2005, 129 f; AnwK-BGB/*Leible* Rn 8.

Art 36 EGBGB

I. Normzweck und Herkunft

Art 36 beruht auf Art 18 EVÜ. Der Zweck der Norm besteht in der Sicherstellung der **„europäisch-einheitlichen Auslegung"**[1]. Die Auslegung der Kollisionsnormen des Internationalen Vertragsrechts soll nicht allein von deutschen Maßstäben bestimmt werden. Deswegen ist das Verständnis der Parallelvorschriften in den anderen Vertragsstaaten des EVÜ bei der Auslegung unter Berücksichtigung auch ausländischer Rechtspraxis in Rechnung zu stellen, um eine „Re-Nationalisierung" zu verhindern[2]. Art 18 EVÜ ist in seiner Formulierung angelehnt an Art 7 Abs 1 CISG[3]. 1

II. Rechtsnatur

Der Wortlaut von Art 36 wirft insoweit Probleme in Bezug auf die Rechtsnatur dieser Norm auf, als zu berücksichtigen „ist", dass die auch dem deutschen Internationalen Vertragsrecht zugrunde liegenden Normen des EVÜ einheitlich ausgelegt und angewandt werden „sollen". Art 18 EVÜ spricht demgegenüber davon, dass einem „Wunsch Rechnung zu tragen" ist, eine einheitliche Auslegung und Anwendung des Internationalen Vertragsrechts in den Vertragsstaaten des EVÜ zu erreichen. Ursprünglich sollte Art 36 den gleichen Wortlaut haben wie Art 18. Im Laufe des Gesetzgebungsverfahrens schlug der Bundesrat sodann eine Streichung der Norm vor; Art 18 EVÜ sollte (als einzige Norm aus dem EVÜ) unmittelbar anwendbares Recht werden[4]. Das hätte die Bedeutung dieser Norm faktisch über Gebühr reduziert. Nach einer Empfehlung der EG-Kommission[5] und Protesten im Schrifttum[6] erfuhr die Norm ihre jetzige Fassung im EGBGB. Es entspricht heute einhelliger Ansicht, dass die Unterschiedlichkeit des Wortlauts von Art 18 EVÜ und Art 36 keine Bedeutung hat. Art 36 enthält eine **Rechtspflicht zur einheitlichen Auslegung** und keinen bloßen Programmsatz[7]. 2

III. Anwendungsbereich

Dem Wortlaut nach gilt Art 36 für die Vorschriften „dieses", dh des zweiten Kapitels **(Art 3 ff)**, nicht für den ersten Unterabschnitt des fünften Abschnitts des zweiten Kapitels, insbes nicht nur für die Art 27 bis 37. Damit sind auch Normen erfasst, die dem EVÜ entstammen, aber außerhalb der Art 27 bis 37 normiert sind. Erfasst sind also Art 11 Abs 2 bis 4 (Art 9 EVÜ)[8], Art 12 Abs 1 S 1 (= Art 11 EVÜ), auch Art 3 Abs 1 und 2 (vgl Art 2, 20, 21 EVÜ)[9], sowie im Prinzip Art 6 (entspricht im Wesentlichen Art 16 EVÜ), was freilich nichts daran ändert, dass es sich um einen nationalen Vorbehalt handelt, der auch gegenüber materiellem Vertragsrecht der anderen Mitgliedstaaten des EVÜ eingesetzt werden kann. Immerhin soll Art 16 auf den ordre public der EG Bezug nehmen[10], so dass insbes Normen europarechtlichen Ursprungs (zB umgesetzte Richtlinien) den inländischen ordre public nicht auslösen dürfen[11]. Art 36 gilt grds auch im Falle einer Sonderanknüpfung zwingender Vorschriften gemäß Art 27 Abs 3, 29 Abs 1, 30 Abs 1 und 34[12]. Auf **Art 29 a** bezieht sich Art 36 deshalb nicht, weil Art 29 a – anders als die auf dem EVÜ beruhenden Normen – Sonderanknüpfungen vorsieht, die auf europarechtlichen Vorgaben in Gestalt der dort in Bezug genommenen Richtlinien beruhen. Insoweit bestand von vornherein eine Auslegungskompetenz des EuGH. Auch Art 29 a ist daher ggf richtlinienkonform und – insofern doch ähnlich den Grundsätzen des Art 36 – EU-rechtsvergleichend auszulegen. 3

IV. Kriterien der Auslegung

Für die Auslegung des EVÜ gelten folgende Kriterien der Auslegung und methodologische Besonderheiten[13]: 4

1. Vertragsautonome Auslegung. Ebenso wie im Rahmen des alten EuGVÜ erscheint vom Prinzip her eine sog vertragsautonome Auslegung der Regeln des EVÜ angezeigt. Die Begriffe, die in den betreffenden Kollisionsnormen verwendet werden, sind **staatsvertragsautonom** aus sich selbst heraus auszulegen und nicht ohne weiteres nach den Maßstäben der internen Rechtsordnung[14]. Über allem anderen stehen daher „die Ziele und der Aufbau des Übereinkommens zum einen und die sich 5

---

[1] *Lüderitz* IPR Rn 34.
[2] BT-Drucks 10/5632 S 45; *Mansel* JZ 1991, 529, 532; *Taupitz*, Europäische Privatrechtsvereinheitlichung heute und morgen, 1993, S 5.
[3] *Giuliano/Lagarde* BT-Drucks 10/503 S 36, 70.
[4] BT-Drucks 10/504 S 100 ff, 106.
[5] ABl EG 1985 Nr L 44 S 42 = IPRax 1985, 178.
[6] MPI RabelsZ 47 (1983), 595, 603, 666; *v. Hoffmann* IPRax 1984, 10, 12.
[7] *Junker* RabelsZ 55 (1991), 674, 694 f; *Reinhart* RIW 1994, 445, 451; MünchKommBGB/*Martiny* Rn 9; AnwK-BGB/*Leible* Rn 5.
[8] Übersehen in BGHZ 121, 224, 235 = NJW 1993, 1126; vgl dazu auch *Martiny* ZEuP 1995, 67, 73 f.
[9] PWW/*Brödermann/Wegen* Rn 2 für Art 3 Abs 2; *Looschelders* Rn 2 für Art 3 Abs 2 S 2.
[10] *Giuliano/Lagarde* BT-Drucks 10/503 S 36, 70.
[11] Vgl *Spickhoff* BB 1997, 2593, 2601; vgl ferner *Jayme*, Methoden der Konkretisierung des ordre public im IPR, 1989, S 13 f; *Jayme/Kohler* IPRax 1991, 361, 364.
[12] *Junker* IPRax 1989, 69, 74; *Palandt/Heldrich* Rn 1; *Meyer-Sparenberg* S 179; aA *Weber* IPRax 1988, 82, 84.
[13] Grds und rechtsvergleichend zur Auslegungsmethode in Europa *Vogenauer*, Die Auslegung von Gesetzen in England und auf dem Kontinent, Bd 1 und 2, 2001, zur Auslegung im Recht der EG Bd 1 S 344 ff; *ders* ZEuP 2005, 234; ebenso *Ferrari* Int VertragsR Rn 10 ff.
[14] AnwK-BGB/*Leible* Rn 6.

aus der Gesamtheit der nationalen Rechtssysteme ergebenden allgemeinen Grundsätze zum anderen", wobei naturgemäß nur die Rechtsgrundsätze der Vertragsstaaten gemeint sein können[15].

6   2. **Grammatikalische Auslegung.** Der **Wortlaut** ist als Auslegungskriterium allgemein anerkannt. Zu beachten ist allerdings, dass in Zweifelsfällen neben dem Text des EGBGB die **Parallelbestimmung im EVÜ** heranzuziehen ist; beide Texte stimmen nicht notwendig überein. Das EVÜ seinerseits ist nicht nur in der deutschen, sondern auch in den Fassungen gleichermaßen verbindlich, die in den anderen Vertragssprachen formuliert sind (mittlerweile: dänisch, englisch, französisch, griechisch, irisch, italienisch, niederländisch, portugiesisch und spanisch). Da jede Fassung gleichermaßen verbindlich ist (Art 33 EVÜ), ist ggf eine Fassung als „Summe" zu ermitteln, deren Wortsinn dann Maß gibt[16].

7   3. **Systematische Auslegung.** Der systematische Zusammenhang, in den die Norm eingestellt ist, und die **Vermeidung von Widersprüchen mit anderen Normen** sind gleichfalls als Auslegungskriterien anerkannt[17]. Da das EVÜ prozessrechtlich von der EuGVVO (früher: EuGVÜ, vgl auch LugÜ) flankiert wird und mit diesem (auch entstehungsgeschichtlich) eng zusammen hängt, liegt bei parallelen Begriffen eine gleichlaufende Auslegung nahe, für die der EuGH im Zusammenhang mit dem früheren EuGVÜ und der EuGVVO manches geklärt hat[18]. Im Falle von systematischen Widersprüchen zwischen EGBGB und EVÜ geht die Systematik des EVÜ vor[19].

8   4. **Historische Auslegung.** Die historische Auslegung ist gleichfalls im Rahmen des EVÜ allgemein anerkannt. Hauptsächliche Quelle ist insoweit der **Bericht von** *Giuliano/Lagarde*[20], wenngleich dieser Bericht für neu auftretende Problemkonstellationen zunehmend nicht mehr hilft. Sodann kann ein Blick auf die **Entwicklung vom EVÜ-Entwurf 1972** und seine Änderungen im schließlich zum Staatsvertrag gewordenen EVÜ hilfreich sein[21]. Wenn auch in der Bedeutung dahinter zurückstehend, kann ferner auf die einzelstaatliche Geschichte der Umsetzung zurückgegriffen werden, etwa auf die **Denkschrift der Bundesregierung** zum EVÜ[22].

9   5. **Teleologische Auslegung.** Das Kriterium der teleologischen Auslegung greift das Postulat auf, die Auslegung am Sinn und Zweck der Norm und des Regelungszusammenhangs, in den sie eingestellt ist, auszurichten. Ebenso wie im Rahmen der EuGVVO und des Gemeinschaftsrechts ist auch im Rahmen des EVÜ die Auslegung am **Ziel der Rechtsvereinheitlichung in Europa** zu messen. Der EuGH hat seit jeher den „effet utile" als Auslegungskriterium idS herangezogen[23]. Daraus kann – wie etwa im Rahmen der Abgrenzung von Art 33 Abs 1 und 2 (Art 33 Rn 2) – ein Spannungsverhältnis zwischen der integrationsfreundlichen Lösung[24] und der historischen Auslegung (die im Falle von Art 33 Abs 1 und 2 für die hM in Deutschland spricht) folgen. Man wird abwarten müssen, ob sich zum Verhältnis der einzelnen Auslegungskriterien generelle Richtlinien herausbilden. Im Schrifttum wird vielfach die teleologische Auslegung als „letztlich entscheidende"[25], „wichtigste"[26] angesehen.

10 6. **Rechtsvergleichende Auslegung.** Bei der Auslegung des EVÜ ist zu berücksichtigen, dass sich die in ihm verwendeten **Begriffe und Systemzusammenhänge teilweise an bestimmte nationale Eigenheiten eines Vertragsstaates anlehnen**, die auch im Falle des Fehlens entsprechender Eigenheiten im Gerichtsstaat zu berücksichtigen sind[27]. Als Beispiel sei erneut die auf dem deutschen Abstraktionsprinzip beruhende Anknüpfung in Art 33 Abs 1 und 2 (Trennung zwischen Verpflichtungs- und Verfügungsgeschäft, Art 12 EVÜ) genannt. Für die Auslegung ist überdies nicht nur Rspr und Schrifttum aus Deutschland, sondern ggf auch insbes die Rechtspraxis in den Mitgliedstaaten des EVÜ zu berücksichtigen[28].

11 7. **Extensionen und Restriktionen, Analogien.** Richterliche Rechtsfortbildung über Extensionen, Restriktionen und Einzel- bzw Rechtsanalogien ist in Übereinstimmung mit dem herkömmlichen Auslegungsinstrumentarium des EuGH auch im Rahmen des EVÜ **prinzipiell möglich**. Das EVÜ verbietet keine Rechtsfortbildung. Dabei sind jedoch die Wertungszusammenhänge und das System des

---

[15] Zum EuGVÜ zB EuGH Rs 133/78 vom 22. 2. 1979, NJW 1979, 1771 (LS); Slg 1979, 733, 743; in Bezug auf das EVÜ *Junker* RabelsZ 55 (1991), 674, 677; *Meyer-Sparenberg* S 119; MünchKommBGB/*Martiny* Rn 15; *Soergel/ v. Hoffmann* Rn 4.
[16] Vgl *Junker* RabelsZ 55 (1991), 674, 679; *Schulze* ZfRV 1997, 183, 190.
[17] *Ferrari* Int VertragsR Rn 13; allg zu Internationalem Einheitsrecht *Kropholler*, Internationales Einheitsrecht, 1978, S 164.
[18] AnwK-BGB/*Leible* Rn 9; *Looschelders* Rn 6; vgl zB BGHZ 133, 380, 384 = NJW 1994, 262, 263; anders OLG Düsseldorf NJW-RR 1994, 1132, jeweils zum Begriff der „Dienstleistung".
[19] Vgl MünchKommBGB/*Martiny* Rn 23; *Junker* RabelsZ 55 (1991), 674, 694.
[20] BT-Drucks 10/503 S 33.
[21] RabelsZ 38 (1974), 211.
[22] BT-Drucks 10/503 S 21.
[23] So schon EuGH Rs 20/59, Slg 1960, 708 = BeckRS 2004, 72222; vgl auch *Looschelders* Rn 11.
[24] *Junker* RabelsZ 55 (1991), 674, 682 ff; *Reinhart* RIW 1994, 450.
[25] MünchKommBGB/*Martiny* Rn 25.
[26] *Soergel/v. Hoffmann* Rn 12.
[27] MünchKommBGB/*Martiny* Rn 27.
[28] BGHZ 111, 199, 209 = NJW 1990, 3073; *Magnus* IPRax 1991, 382, 384; *Reinhart* RIW 1994, 445, 450; *Soergel/v. Hoffmann* Rn 13; *Palandt/Heldrich* Rn 1; MünchKommBGB/*Martiny* Rn 27; krit *Däubler* RIW 1987, 249; *Weber* IPRax 1988, 82.

V. Auslegungskompetenz des EuGH

Der EuGH hatte in Bezug auf Art 29 a von vornherein die Auslegungskompetenz gemäß Art 234 EGV (Rn 3), nicht aber in Bezug auf das im EGBGB umgesetzte EVÜ. Das hat sich geändert, seitdem die nach offenbar zähen Verhandlungen im Dezember 1988 abgeschlossenen beiden Protokolle betr die Auslegung des EVÜ durch den EuGH am 1. 8. 2004 in Kraft getreten sind[30]. Zwar greift hier nicht Art 234 EG-Vertrag. Vorgesehen ist nur eine Vorlagemöglichkeit, keine Vorlagepflicht[31]. Vorlageberechtigt sind gemäß Art 2 a des Ersten Auslegungsprotokolls die obersten Gerichtshöfe des Bundes und nach Art 2 b die Rechtsmittelinstanzen (also ggf OLG, LG, LAG, OVG, LSG als Berufungs-Rechtsmittelinstanzen), soweit sich Fragen zum im EGBGB umgesetzten EVÜ stellen. Die Vorlagemöglichkeit unterliegt als verfahrensrechtliche Option des Gerichts nicht der intertemporalrechtlichen Norm des Art 220 Abs 1 analog, sondern sie besteht allgemeinen Grundsätzen folgend als Teil des zurzeit der Entscheidung geltenden Verfahrensrechts sogleich ab dem Zeitpunkt ihres Inkrafttretens[32]. Die Vorlagemöglichkeit besteht damit nicht nur für „Altfälle" (vom zu entscheidenden Lebenssachverhalt her), sondern auch für Rechtsstreitigkeiten, die schon vor Inkrafttreten der Auslegungsprotokolle anhängig geworden sind.

12

Art 37 Ausnahmen

¹Die Vorschriften dieses Unterabschnitts sind nicht anzuwenden auf
1. Verpflichtungen aus Wechseln, Schecks und anderen Inhaber- oder Orderpapieren, sofern die Verpflichtungen aus diesen anderen Wertpapieren aus deren Handelbarkeit entstehen;
2. Fragen betreffend das Gesellschaftsrecht, das Vereinsrecht und das Recht der juristischen Personen, wie zum Beispiel die Errichtung, die Rechts- und Handlungsfähigkeit, die innere Verfassung und die Auflösung von Gesellschaften, Vereinen und juristischen Personen sowie die persönliche gesetzliche Haftung der Gesellschafter und der Organe für die Schulden der Gesellschaft, des Vereins oder der juristischen Person;
3. die Frage, ob ein Vertreter die Person, für deren Rechnung er zu handeln vorgibt, Dritten gegenüber verpflichten kann, oder ob das Organ einer Gesellschaft, eines Vereins oder einer juristischen Person diese Gesellschaft, diesen Verein oder diese juristische Person gegenüber Dritten verpflichten kann;
4. Versicherungsverträge, die in dem Geltungsbereich des Vertrages zur Gründung der Europäischen Wirtschaftsgemeinschaft oder des Abkommens über den Europäischen Wirtschaftsraum belegene Risiken decken, mit Ausnahme von Rückversicherungsverträgen. Ist zu entscheiden, ob ein Risiko in diesem Gebiet belegen ist, so wendet das Gericht sein Recht an.

²Artikel 29 a findet auch in den Fällen des Satzes 1 Anwendung.

Übersicht

	Rn		Rn
I. Normzweck und Herkunft	1	2. Gesellschaftsrecht (Nr 2)	4
II. Rechtsfolge	2	3. Vertretungsmacht (Nr 3)	5
III. Die Ausschlusstatbestände (Nr 1 bis 4)	3	4. Versicherungsvertragsrecht (Nr 4)	6
1. Wertpapierrechtliche Verpflichtungen (Nr 1)	3	IV. Anhang: Entwurf der VO „Rom I"	15

I. Normzweck und Herkunft

Art 37 normiert bestimmte Ausschlusstatbestände für Rechtsverhältnisse, die nicht den kollisionsrechtlichen Regelungen der Art 27 ff unterliegen sollen, weil sie **entweder besondere Charakteristika** aufweisen, die eine abweichende Anknüpfung rechtfertigen, oder weil **Besonderheiten im Hinblick auf die Rechtsquellensituation** bestehen[1]. S 1 greift die Ausschlusstatbestände sowie die Regelungstechnik des Art 1 Abs 2 bis 4 EVÜ auf, ohne diese Norm jedoch vollständig zu überneh-

1

---

[29] Lüderitz IPRax 1990, 216, 219; Magnus RabelsZ 53 (1989), 124; Mansel IPRax 1990, 344, 345; Junker RabelsZ 55 (1991), 674, 685; MünchKommBGB/Martiny Rn 29; Staudinger/Magnus Rn 24; Soergel/v. Hoffmann Rn 14; Ferrari Int VertragsR Rn 16; zu Art 29 im Ausgangspunkt und in der Sache genauso BGH NJW 2006, 762; NJW 1997, 1697; s weiter Mankowski IPRax 1991, 305, 309.
[30] Bek vom 11. 1. 2005, BGBl II S 147; Texte zusammengestellt bei Jayme/Hausmann, Internationales Privat- und Verfahrensrecht, 13. Aufl 2006, Nr 70 a/b.
[31] Dutta/Volders EuZW 2004, 556; zu den möglichen Vorlageverfahren – abstrakte Vorlage oder Vorabentscheidungsverfahren – Soergel/ v. Hoffmann Rn 19 bis 21; vgl auch Martiny ZEuP 1999, 247, 269 f.
[32] BVerfGE 39, 156, 167; BGHZ 114, 1, 3 f mwN; Baumbach/Lauterbach/Hartmann ZPO, 65. Aufl 2007, Einl III Rn 78.
[1] Weniger deutlich BT-Drucks 10/504 S 34.

men. Die Übernahme einiger Ausschlusstatbestände aus Art 1 Abs 2 EVÜ war offensichtlich überflüssig, wie etwa die Nichtanwendbarkeit der Regeln des Internationalen Vertragsrechts auf den Personenstand sowie die Rechts-, Geschäfts- und Handlungsfähigkeit von natürlichen Personen (Art 1 Abs 2 a EVÜ), vertragliche Schuldverhältnisse betr Testamente und das Erbrecht, die ehelichen Güterstände sowie Rechte und Pflichten, die aus einem Familien-, Verwandtschafts- oder eherechtlichen Verhältnis oder auf einer Schwägerschaft beruhen, einschließlich der Unterhaltsverpflichtungen gegenüber einem nichtehelichen Kind (Art 1 Abs 2 b EVÜ), Schieds- und Gerichtsstandsvereinbarungen (Art 1 Abs 2 d EVÜ), für die Art 23 EuGVVO zu beachten ist und für die streitig ist, ob Art 27 bis 36 direkt[2] oder analog[3] anwendbar sind. Ferner wurde der Ausschluss des Trust (Art 1 Abs 2 g EVÜ)[4], sowie des Beweises und des Verfahrens (Art 1 Abs 2 h EVÜ) nicht übernommen. S 2 ist die Anordnung, dass es bei der Anwendbarkeit des Art 29 a bleibt, beruht darauf, dass Art 29 a der Umsetzung von EG-Richtlinien dient, deren internationaler Anwendungsbereich durch das EVÜ nicht berührt wird[5].

II. Rechtsfolge

2   Art 37 sieht als Rechtsfolge die **Nichtanwendbarkeit „dieses Unterabschnitts", dh der Art 27 bis 36**, vor. Es sind also andere Kollisionsnormen (staatsvertraglicher oder autonomer Natur) anzuwenden. Art 1 EVÜ sieht weitergehend die Nichtanwendbarkeit des gesamten Abkommens vor. Das kann dazu führen, dass diejenigen Regeln aus dem EVÜ, die außerhalb der Art 27 bis 36 normiert sind, im deutschen IPR weiterreichend angewendet werden können als nach Art 1 Abs 2 EVÜ, was allerdings unbedenklich ist[6]. Deswegen kommt sogar dann, wenn nach Art 37 die Art 27 bis 36 nicht anwendbar sind, gleichwohl deren **analoge Anwendung** in Betracht[7]. Das liegt insbes dann nahe, wenn geeignete sonstige Kollisionsnormen im deutschen IPR fehlen. So können die Art 27 ff (konkret Art 27 Abs 4) entspr auf Orderpapiere angewendet werden[8], und für das Internationale Versicherungsvertragsrecht galten vor Inkrafttreten des EGVVG richtigerweise insgesamt die Art 27–36 analog[9].

III. Die Ausschlusstatbestände (Nr 1 bis 4)

3   **1. Wertpapierrechtliche Verpflichtungen (Nr 1).** Die Ausnahmeregelung von Nr 1, die nur auf handelbare Wertpapiere zu beziehen ist (Art 1 Abs 2 c EVÜ)[10], beruht auf der Erwägung, dass auf Grund von Übereinkommen auf breiter internationaler Ebene bereits Regelungen für einzelne der in dieser Bestimmung genannten Bereiche vorliegen[11]. Es handelt sich hierbei namentlich um die kollisionsrechtlichen Sonderregeln in Art 91 bis 98 WG und in Art 60 bis 66 ScheckG, welche auf dem **Genfer Wechsel- und Scheckrecht** aus den Jahren 1930 und 1931 beruhen. Art 91 Abs 1 WG bzw Art 60 Abs 1 ScheckG regelt (ausnahmsweise als Gesamtverweisung, s jeweils S 2) die Wechsel- bzw Scheckfähigkeit (Staatsangehörigkeit); iÜ sind im Umkehrschluss Sachnormverweisungen des WG und des ScheckG anzunehmen[12]. Regeln zur Form und zum Vertrauensschutz finden sich in Art 91 Abs 2, 92 Abs 2 WG und in Art 62 Abs 2 und 3 ScheckG, zu den Wirkungen in Art 93 WG und in Art 63 ScheckG. Eine Rechtswahl wird in Bezug auf das Wirkungsstatut anerkannt[13]. Dritten gegenüber gilt die Rechtswahl aber nur, wenn sie auf dem Papier vermerkt ist[14]. Unter Nr 1 fallen alle schuldrechtlichen Verpflichtungen aus dem Wertpapier, die im Interesse seiner Verkehrsfähigkeit besonders ausgestaltet sind[15]. Von der Ausschlussklausel ferner nicht erfasst werden solche Pflichten, die auf Verträgen beruhen, auf Grund derer das Papier ausgestellt oder übertragen wurde[16]. In Art 6 EGHGB ist das IPR für Konnossemente geregelt. Eine kollisionsrechtliche Bestimmung über Verfügungen über Wertpapie-

---

[2] So OLG München IPRax 1991, 46, 48; dazu *Geimer* IPRax 1991, 31 ff; offen gelassen in BGH NJW 1989, 1431, 1432.
[3] So *Jayme/Kohler* IPRax 1991, 361, 368.
[4] Zu dessen kollisionsrechtlich diff zu beantwortenden Fragen *Dörner*, Le trust en droit international privé, 2005 (Hrsg Institut suisse de droit comparé), S 73 ff; aus schweizerischer Sicht *Mayer* recht 2007, 64, 70 ff.
[5] Vgl bereits *Staudinger* IPRax 1999, 414, 418.
[6] *Giuliano/Lagarde* BT-Drucks 10/503 S 36, 45.
[7] AnwK-BGB/*Leible* Rn 4; sogar für eine unmittelbare Anwendbarkeit *Staudinger/Reinhart*, 12. Aufl 1998, Rn 17, 18; ähnlich – Schließung der Lücke „durch eine Rückkopplung auf die Art 27 ff" – *v. Bar*, FS W. Lorenz, 1991, S 288.
[8] BGHZ 99, 207, 210 = NJW 1987, 1145.
[9] *E. Lorenz*, FS Kegel, 1987, S 338 ff.
[10] *Looschelders* Rn 12.
[11] BT-Drucks 10/504 S 84.
[12] *Looschelders* Rn 8; AnwK-BGB/*Leible* Rn 7, 21.
[13] BGH NJW 1994, 187 zum WG; BGHZ 198, 353, 356 zum ScheckG.
[14] BGHZ 104, 145, 148; AnwK-BGB/*Leible* Rn 18, 29; näher zum Internationalen Wechsel- und Scheckrecht *v. Bar*, FS W. Lorenz, 1991, S 273; *Schefold* IPRax 1987, 150; *Czempel-Kürth* NJW 1987, 2118; *Bernstorff* RIW 1991, 896; *Straub*, Internationales Wechselrecht, 1995; *Morawitz*, Internationales Wechselrecht, 1991; *Eschelbach*, Deutsches internationales Scheckrecht, 1990; *Schinnerer*, Zu den Konventionsentwürfen von UNCITRAL für ein internationales Wechselrecht und internationales Scheckrecht, 1983; MünchKommBGB/*Martiny* Rn 15–43; Soergel/*v. Hoffmann* Rn 11–39; AnwK-BGB/*Leible* Rn 5-34).
[15] BGH NJW 1987, 1145; NJW 1994, 187; OLG Hamm NJW-RR 1992, 499; *Palandt/Heldrich* Rn 2.
[16] *Giuliano/Lagarde* BT-Drucks 10/503 S 36, 43; *Palandt/Heldrich* Rn 2; aA *Basedow* IPRax 1987, 340.

re enthält § 17 a DepotG[17]. Soweit das IPR der Wertpapiere nicht anderweitig geregelt ist, kann im Prinzip auf Art 27 ff analog zurückgegriffen werden[18]. Eine Rechtswahl kann dabei in Anlehnung an die Regelungen im WG und im ScheckG indes im Hinblick auf den Verkehrsschutz an ihre Grenzen stoßen[19].

2. Gesellschaftsrecht (Nr 2). Auch das Internationale Gesellschaftsrecht ist aus dem Anwendungsbereich der Art 27 ff ausgeklammert (näher bei Art 12). Nicht gesellschaftsrechtlicher Natur, sondern **vertragsrechtlich zu qualifizieren** (und daher unter die Art 27 bis 36 fallend) sind aber folgende Fragen: der Unternehmenskauf[20], der Gründungsvorvertrag[21], die stille Gesellschaft als nur interne Beteiligung an einem Unternehmen, ganz allgemein die Innengesellschaft sowie Außengesellschaften ohne eigene Organisation, insbes Gelegenheitsgesellschaften[22]. Denkbar ist eine Anwendung des Internationalen Vertragsrechts der Art 27 ff ferner im Bereich des Kapitalmarktrechts[23]. Ausschlaggebend ist die Einzelanalyse. So gehören die §§ 71 ff AktG (Rückerwerb eigener Aktien) zwar grds zum Gesellschaftsstatut. Als besonderes Verbotsgesetz gilt dies aber nicht für § 71 Abs 4 AktG[24]. 4

3. Vertretungsmacht (Nr 3). Ausgenommen vom Anwendungsbereich der Art 27 ff ist nach Nr 3 die Frage, ob ein Vertreter natürliche Personen oder Gesellschaften, Vereine oder juristische Personen vertreten kann, ob also Vertretungsmacht vorliegt. Unter den Ausschlusstatbestand der Nr 3 fällt die **organschaftliche ebenso wie die rechtsgeschäftliche Vertretung**[25]. Erfasst sind alle Formen der Vollmacht, auch solche kraft Rechtsscheins (insbes die Anscheins- und Duldungsvollmacht)[26]. Für das zugrunde liegende Kausalgeschäft bzw (in Rechten, die das Abstraktionsprinzip nicht kennen) für alle diejenigen Bereiche, die funktional nicht die Vertretungsmacht betreffen, gilt demgegenüber der Ausschlusstatbestand nicht. Insbes. für die vertraglichen Beziehungen zwischen Vertretenem und Vertreter (zB Auftrag) gelten die Art 27 ff (näher bei Art 10)[27]. 5

4. Versicherungsvertragsrecht (Nr 4). Ausgenommen vom Anwendungsbereich der Art 27 ff sind schließlich Versicherungsverträge, die im Geltungsbereich des EWGV oder des EWR-Abkommens belegene Risiken decken. Für Rückversicherungsverträge sowie für alle anderen Versicherungsverträge gelten demgegenüber die Art 27 ff. Damit ist das deutsche Internationale Versicherungsvertragsrecht[28] auf Grund europarechtlicher Vorgaben auf rechtspolitisch zweifelhafte Weise gespalten[29]. Soweit das EGVVG einschlägig ist, ist dessen Art 15 zu beachten, wonach die Vorschriften der Art 7 bis 14 „im Übrigen entspr anzuwenden" sind[30]. Die allgemeinen Regeln des deutschen IPR außerhalb des Internationalen Schuldvertragsrechts sind ohnedies über Art 37 Nr 4 nicht ausgeschlossen[31]. Die aus dem EVÜ in das EGBGB übernommenen Regeln gelten also nur subsidiär. Insbesondere bleibt Art 34 anwendbar[32], ebenso Art 6[33]. 6

Die vom Anwendungsbereich der Art 27 ff ausgenommenen Versicherungsverträge sind kollisionsrechtlich geregelt in den im Folgenden abgedruckten Art 7 bis 14 EGVVG. 7

Art 7 EGVVG. Anwendungsbereich

(1) Auf Versicherungsverträge mit Ausnahme der Rückversicherung sind, wenn sie in einem Mitgliedstaat der Europäischen Gemeinschaft oder in einem anderen Vertragsstaat des Abkommens über den Europäischen Wirtschaftsraum belegene Risiken decken, die folgenden Vorschriften mit der Maßgabe anzuwenden, daß Vertragsstaaten des Europäischen Wirtschaftsraumes wie Mitgliedstaaten der Europäischen Gemeinschaft zu behandeln sind.

(2) Mitgliedstaat, in dem das Risiko belegen ist, ist

---

[17] Art 4 des Gesetzes vom 8. 12. 1999, BGBl I S 2384 in Umsetzung der sog Finalitäts-RL 98/26 EG vom 19. 5. 1998, ABl EG L 166 S 45; dazu *Schefold* IPRax 2000, 468; *Einsele* WM 2001, 7, 14 ff.
[18] BGHZ 99, 207, 210 = NJW 1987, 1145.
[19] AnwK-BGB/*Leible* Rn 34.
[20] Palandt/*Heldrich* Rn 2.
[21] Giuliano/Lagarde BT-Drucks 10/503 S 36, 44.
[22] BGH NJW 2004, 3706; Soergel/*v. Hoffmann* Rn 48–50; MünchKommBGB/*Martiny* Rn 51, 52; aA *v. Bar* IPR II Rn 645; OLG Hamburg NJW-RR 2001, 1012, 1013 betr Ehewohnung nach Scheidung.
[23] Näher *Zimmer*, Internationales Gesellschaftsrecht.
[24] *Spickhoff* BB 1997, 2594; *Hirte*, Handbuch der Konzernfinanzierung, 1998, § 35 Rn 28.
[25] *Sandrock* RIW 1986, 841, 845 Fn 31.
[26] OLG Düsseldorf IPRspr 2003 Nr 25; *Fischer* IPRax 2005, 269, 270; *Leible* IPRax 1998, 257 ff; MünchKommBGB/*Martiny* Rn 53; Soergel/*v. Hoffmann* Rn 53.
[27] BT-Drucks 10/504 S 84; MünchKommBGB/*Martiny* Rn 54; Palandt/*Heldrich* Rn 2.
[28] Näher Soergel/*v. Hoffmann* Art 37 Rn 54–158; *Dörner*, Internationales Versicherungsvertragsrecht, 1997; AnwK-BGB/*Leible* Rn 43–114; MünchKommBGB/*Martiny* Art 37 Rn 55–206; Reithmann/Martiny/*Schnyder* Rn 1314 ff; *Reichert-Facilides* IPRax 1990, 1; *ders*, Aspekte des Internationalen Versicherungsrechts, 1994; *Fricke* IPRax 1990, 361; *Lübbert/Vogl* r+s 2000, 265 und 311; *Siehr* IPR § 28; zum Internet-Vertrag *Mankowski* VersR 1999, 923; *Micklitz/Ebers* VersR 2002, 641.
[29] S auch die beißende rechtspolitische Kritik Kegel/*Schurig* IPR § 18 I 1 f dd, S 690: Das Internationale Versicherungsvertragsrecht sei „unnötig verwickelt" ... „Man möchte sagen: ,dem Storch, der euch gebracht hat, sollte man die Lizenz entziehen."
[30] Vgl iE MünchKommBGB/*Martiny* Art 37 Rn 161–182; Soergel/*v. Hoffmann* Rn 134–137.
[31] Staudinger/*Reinhart* Rn 91; MünchKommBGB/*Martiny* Rn 183.
[32] Näher *Armbrüster* VersR 2006, 1; MünchKommBGB/*Martiny* Rn 179, 180.
[33] Soergel/*v. Hoffmann* Rn 133; *Dörner*, Internationales Versicherungsvertragsrecht, 1997, Art 7–15 Anh EGVVG Rn 2.

1. bei der Versicherung von Risiken mit Bezug auf unbewegliche Sachen, insbesondere Bauwerke und Anlagen, und den darin befindlichen, durch den gleichen Vertrag gedeckten Sachen der Mitgliedstaat, in dem diese Gegenstände belegen sind,
2. bei der Versicherung von Risiken mit Bezug auf Fahrzeuge aller Art, die in einem Mitgliedstaat in ein amtliches oder amtlich anerkanntes Register einzutragen sind und ein Unterscheidungskennzeichen erhalten, dieser Mitgliedstaat,
3. bei der Versicherung von Reise- und Ferienrisiken in Versicherungsverträgen über eine Laufzeit von höchstens vier Monaten der Mitgliedstaat, in dem der Versicherungsnehmer die zum Abschluß des Vertrages erforderlichen Rechtshandlungen vorgenommen hat,
4. in allen anderen Fällen,
    a) wenn der Versicherungsnehmer eine natürliche Person ist, der Mitgliedstaat, in dem er seinen gewöhnlichen Aufenthalt hat,
    b) wenn der Versicherungsnehmer keine natürliche Person ist, der Mitgliedstaat, in dem sich das Unternehmen, die Betriebsstätte oder die entsprechende Einrichtung befindet, auf die sich der Vertrag bezieht.

Art 8 EGVVG. Gesetzliche Anknüpfung

Hat der Versicherungsnehmer bei Schließung des Vertrages seinen gewöhnlichen Aufenthalt oder seine Hauptverwaltung im Gebiet des Mitgliedstaats, in dem das Risiko belegen ist, so ist das Recht dieses Staates anzuwenden.

Art 9 EGVVG. Wählbare Rechtsordnungen

(1) Hat der Versicherungsnehmer seinen gewöhnlichen Aufenthalt oder seine Hauptverwaltung nicht in dem Mitgliedstaat, in dem das Risiko belegen ist, können die Parteien des Versicherungsvertrags für den Vertrag das Recht des Mitgliedstaats, in dem das Risiko belegen ist, oder das Recht des Staates, in dem der Versicherungsnehmer seinen gewöhnlichen Aufenthalt oder seine Hauptverwaltung hat, wählen.

(2) Übt der Versicherungsnehmer eine gewerbliche, bergbauliche oder freiberufliche Tätigkeit aus und deckt der Vertrag zwei oder mehrere in verschiedenen Mitgliedstaaten belegene Risiken in Verbindung mit dieser Tätigkeit, so können die Parteien des Versicherungsvertrags das Recht jedes dieser Mitgliedstaaten oder das Recht des Staates, in dem der Versicherungsnehmer seinen gewöhnlichen Aufenthalt oder seine Hauptverwaltung hat, wählen.

(3) Beschränken sich die durch den Vertrag gedeckten Risiken auf Schadensfälle, die in einem anderen Mitgliedstaat als demjenigen, in dem das Risiko belegen ist, eintreten können, können die Parteien das Recht des anderen Staates wählen.

(4) Schließt ein Versicherungsnehmer mit gewöhnlichem Aufenthalt oder mit Hauptverwaltung im Geltungsbereich dieses Gesetzes einen Versicherungsvertrag mit einem Versicherungsunternehmen, das im Geltungsbereich dieses Gesetzes weder selbst noch durch Mittelspersonen das Versicherungsgeschäft betreibt, so können die Parteien für den Vertrag jedes beliebige Recht wählen.

(5) Hat ein Versicherungsnehmer die Staatsangehörigkeit eines Mitgliedstaates als desjenigen, in dem er bei Schließung des Vertrages seinen gewöhnlichen Aufenthalt hat, so können die Parteien bei der Lebensversicherung auch das Recht des Mitgliedstaates wählen, dessen Staatsangehörigkeit der Versicherungsnehmer besitzt.

Art 10 EGVVG. Erweiterungen der Rechtswahl

(1) ¹Für einen Versicherungsvertrag über ein Großrisiko können die Parteien, wenn der Versicherungsnehmer seinen gewöhnlichen Aufenthalt oder seine Hauptverwaltung im Geltungsbereich dieses Gesetzes hat und das Risiko hier belegen ist, das Recht eines anderen Staates wählen. ²Ein Versicherungsvertrag über ein Großrisiko im Sinne dieser Bestimmung liegt vor, wenn sich der Versicherungsvertrag bezieht
1. auf Risiken der unter den Nummern 4 bis 7, 10 Buchstabe b, 11 und 12 der Anlage Teil A zum Versicherungsaufsichtsgesetz erfaßten Transport- und Haftpflichtversicherungen,
2. auf Risiken der unter den Nummern 14 und 15 der Anlage Teil A zum Versicherungsaufsichtsgesetz erfaßten Kredit- und Kautionsversicherungen bei Versicherungsnehmern, die eine gewerbliche, bergbauliche oder freiberufliche Tätigkeit ausüben, wenn die Risiken damit in Zusammenhang stehen, oder
3. auf Risiken der unter den Nummern 3, 8, 9, 10, 13 und 16 der Anlage zum Versicherungsaufsichtsgesetz erfaßten Sach-, Haftpflicht- und sonstigen Schadensversicherungen bei Versicherungsnehmern, die mindestens zwei der folgenden drei Merkmale überschreiten:
    a) sechs Millionen zweihunderttausend Euro Bilanzsumme,
    b) zwölf Millionen achthunderttausend Euro Nettoumsatzerlöse,
    c) im Durchschnitt des Wirtschaftsjahres 250 Arbeitnehmer.

³Gehört der Versicherungsnehmer zu einem Konzern, der nach § 290 des Handelsgesetzbuches, nach § 11 des Gesetzes über die Rechnungslegung von bestimmten Unternehmen und Konzernen vom 15. August 1969 (BGBl. I S. 1189), das zuletzt geändert worden ist durch Artikel 21 § 5 Abs. 4 des Gesetzes vom 25. Juli 1988 (BGBl. I S. 1093), oder nach dem mit den Anforderungen der Richtlinie 83/349/EWG des Rates vom 13. Juni 1983 über den konsolidierten Abschluß (ABl. EG Nr. L 193 S. 1) übereinstimmenden Recht eines anderen Mitgliedstaats der Europäischen Gemeinschaft oder eines anderen Vertragsstaats des Abkommens über den Europäischen Wirtschaftsraum einen Konzernabschluß aufzustellen hat, so sind für die Feststellung der Unternehmensgröße die Zahlen des Konzernabschlusses maßgebend.

(2) Schließt ein Versicherungsnehmer in Verbindung mit einer von ihm ausgeübten gewerblichen, bergbaulichen oder freiberuflichen Tätigkeit einen Versicherungsvertrag, der Risiken deckt, die sowohl in einem oder mehreren Mitgliedstaaten als auch in einem anderen Staat belegen sind, können die Parteien das Recht jedes dieser Staaten wählen.

(3) Läßt das nach Artikel 8 anzuwendende Recht die Wahl des Rechts eines anderen Staates oder lassen die nach Artikel 9 Abs. 1 und 2 wählbaren Rechte eine weitergehende Rechtswahl zu, können die Parteien davon Gebrauch machen.

Ausnahmen **Art 37 EGBGB**

Art 11 EGVVG. Mangels Rechtswahl anzuwendendes Recht

(1) ¹Soweit das anzuwendende Recht nicht vereinbart worden ist, unterliegt der Vertrag unter den Rechten, die nach den Artikeln 9 und 10 gewählt werden können, demjenigen des Staates, mit dem er die engsten Verbindungen aufweist. ²Auf einen selbständigen Vertragsteil, der eine engere Verbindung mit einem anderen Staat aufweist, dessen Recht gewählt werden kann, kann ausnahmsweise das Recht dieses Staates angewandt werden.

(2) Es wird vermutet, daß der Vertrag die engsten Verbindungen mit dem Mitgliedstaat aufweist, in dem das Risiko belegen ist.

Art 12 EGVVG. Pflichtversicherung

(1) Ein Versicherungsvertrag, für den ein Mitgliedstaat eine Versicherungspflicht vorschreibt, unterliegt dem Recht dieses Staates, sofern dieser dessen Anwendung vorschreibt.

(2) ¹Ein über eine Pflichtversicherung abgeschlossener Vertrag unterliegt deutschem Recht, wenn die gesetzliche Verpflichtung zu seinem Abschluß auf deutschem Recht beruht. ²Dies gilt nicht, wenn durch Gesetz oder auf Grund eines Gesetzes etwas anderes bestimmt ist.

(3) Stellt der Versicherungsvertrag die Deckung für Risiken sicher, die in mehreren Mitgliedstaaten belegen sind, von denen mindestens einer eine Versicherungspflicht vorschreibt, so ist der Vertrag so zu behandeln, als bestünde er aus mehreren Verträgen, von denen sich jeder auf jeweils einen Mitgliedstaat bezieht.

Art 13 EGVVG. [Ein die gesetzliche Krankenversicherung ersetzender Vertrag]

(1) Ein über eine Krankenversicherung abgeschlossener Vertrag, der ganz oder teilweise den im gesetzlichen Sozialversicherungssystem vorgesehenen Kranken- oder Pflegeversicherungsschutz ersetzen kann, unterliegt deutschem Recht, wenn die versicherte Person ihren gewöhnlichen Aufenthalt in Deutschland hat.

(2) Gewährt ein Krankenversicherungsvertrag Versicherungsschutz für mehrere Personen, von denen einzelne ihren gewöhnlichen Aufenthalt in Deutschland haben, so unterliegt der Vertrag bezüglich dieser Personen deutschem Recht.

Art 14 EGVVG. Prozeßstandschaft bei Versicherermehrzahl

Ist ein Versicherungsvertrag mit den bei Lloyd's vereinigten Einzelversicherern nicht über eine Niederlassung im Geltungsbereich dieses Gesetzes abgeschlossen worden und ist ein inländischer Gerichtsstand gegeben, so können Ansprüche daraus gegen den bevollmächtigten Unterzeichner des im Versicherungsschein an erster Stelle aufgeführten Syndikats oder einen von diesem benannten Versicherer geltend gemacht werden; ein darüber erzielter Titel wirkt für und gegen alle an dem Versicherungsvertrag beteiligten Versicherer.

Art 15 EGVVG. Verweisung auf das EGBGB

Die Vorschriften der Artikel 27 bis 36 des Einführungsgesetzes zum Bürgerlichen Gesetzbuch sind im übrigen entsprechend anzuwenden.

Die **Risikobelegenheit** ist von deutschen Gerichten nach deutschem Recht zu beurteilen (Nr 4 S 2). Sie ergibt sich insbes aus **Art 7 Abs 2 EGVVG** (für Erstversicherungsverträge). Art 7 Abs 2 Nr 1 bis 3 EGVVG bestimmt die Risikobelegenheit im Falle der Versicherung von unbeweglichen Sachen, der Fahrzeugversicherungen und der Versicherung von Reise- und Ferienrisiken. Sonst gilt der gewöhnliche Aufenthaltsort des Versicherungsnehmers bzw die Lage des Unternehmens, der Betriebsstätte oder der entsprechenden Einrichtung, auf die sich der Vertrag bezieht (Art 7 Abs 2 Nr 4 EGVVG). Im Falle der Industriehaftpflichtversicherung von großen Konzernen ist es denkbar, dass der Versicherungsvertrag mehrere Risiken, die in verschiedenen Staaten belegen sind, versichern soll und abdecken kann[34]. Insbesondere soll über die Verwendung des Tatbestandsmerkmals der Betriebsstätte bzw der entsprechenden Einrichtung als Anknüpfungsmoment die Bestimmung der Risikobelegenheit nicht einfach anhand des Hauptsitzes des Unternehmens oder gar des Konzerns, sondern anhand einer kleineren Einheit erfolgen[35]. Daher ist anerkannt, dass eine Spaltung des Vertragsstatuts nicht immer vermieden werden kann[36]. Soweit die Risiken in einem Mitgliedstaat der EG/EU/EWG belegen sind, sind die Art 7 bis 15 EGVVG anwendbar, iÜ die Art 27 bis 37 EGBGB. Ungeachtet dessen sollte man die Vorschriften des EGVVG möglichst in dem Sinne auslegen, dass eine Spaltung des Versicherungsstatuts vermieden wird, wenn dies methodologisch möglich ist[37]. Denkbar wäre allerdings, dass die Parteien auch das anwendbare Kollisionsrecht selbst bestimmen. Diese Frage ist im Rahmen des Internationalen Vertragsrechts der Art 27 bis Art 37 EGBGB, worauf Art 15 EGVVG verweist, sehr umstritten (Art 35 Rn 3). Jedenfalls könnten die Parteien selbst dann, wenn sie die Wahl des anwendbaren Kollisionsrechts wählen könnten, nur zwischen den Internationalen Privatrechten verschiedener Staaten im Ganzen wählen, nicht aber innerhalb des deutschen Internationalen Privatrechts zwischen den Kollisionsnormen des EGBGB und des EGVVG.

Gegenüber der objektiven Anknüpfung steht auch im Internationalen Versicherungsvertragsrecht die **Möglichkeit der parteiautonomen Rechtswahl** im Vordergrund. Wiederholt ist im Schrift-

8

9

---

[34] Vgl *Gruber,* Internationales Versicherungsvertragsrecht, 1999, S 103, 110 ff.
[35] AnwK-BGB/*Leible* Rn 60.
[36] *Soergel/v. Hoffmann* Rn 82; Reithmann/Martiny/Schnyder, Internationales Vertragsrecht Rn 1324.
[37] S zu Art 11 Abs 1 S 2 EGVVG *Prölss/Martin/Armbrüster* VVG, 27. Aufl 2004, Art 11 Rn 2.

tum darauf hingewiesen worden, dass sich gerade im Hinblick auf eine drohende Anknüpfungsspaltung die Rechtswahl sowohl für den Versicherer als auch für den Versicherungsnehmer als Ausweg anbietet[38]. § 12 AHB 2002 bzw Nr 33 AHB 2004 sehen demgemäß im Wege der Rechtswahl die Geltung deutschen Rechts vor. Art 9 Abs 1 EGVVG ermöglicht dann, wenn der Versicherungsnehmer seinen gewöhnlichen Aufenthalt oder seine Hauptverwaltung nicht in dem Mitgliedstaat hat, in dem das Risiko belegen ist, die Wahl des Rechtes des Staates, in dem das Risiko belegen ist, oder des Rechtes des Staates, in dem der Versicherungsnehmer seinen gewöhnlichen Aufenthalt oder seine Hauptverwaltung hat[39]. Zudem eröffnet Art 10 EGVVG, der wiederum sehr lang geraten ist, großzügiger bzw weitgehend frei die Möglichkeit der Rechtswahl, wenn Großrisiken versichert werden sollen[40]. Art 10 Abs 1 S 2 Nr 3 EGVVG erfasst in Verbindung mit Nr 13 der Anlage A zum Versicherungsaufsichtsgesetz die allgemeine Haftpflichtversicherung. Nach Art 10 Abs 1 S 3 EGVVG kommt es im Falle der Situation, dass der Versicherungsnehmer zu einem Konzern gehört, für die Feststellung der Unternehmensgröße auf die Zahlen des Konzernabschlusses an.

10   **Objektiv** gilt bei Identität von gewöhnlichem Aufenthalt bzw Hauptverwaltung und **Gebiet der Risikobelegenheit** zurzeit des Vertragsabschlusses dieses Recht (Art 8 EGVVG). Im Übrigen gilt das Recht des Mitgliedstaates, in dem das versicherte Risiko belegen ist, vorbehaltlich einer noch engeren Verbindung. Die Regelung gleicht strukturell den Rechtsvermutungen des Art 28 (mit Vorbehalt des Art 28 Abs 5). Eine Aufspaltung des Vertragsstatuts bei noch engerer Verbindung ist möglich (Art 11 Abs 1 S 2 EGVVG). Von dieser Möglichkeit Gebrauch zu machen ist indes nur opportun, wenn ein Risiko betroffen ist, das Gegenstand eines eigenständigen Versicherungsvertrages sein könnte[41]. Art 12 EGVVG enthält eine Sonderanknüpfung für Pflichtversicherungen, Art 13 EGVVG eine einseitige Kollisionsnorm für Krankenversicherungsverträge.

11   Nach dem **internationalen Schuldvertragsrecht des EGBGB** ist (in Ermangelung einer Rechtswahl) die objektive Anknüpfung im Rahmen von Art 28 dadurch gekennzeichnet, dass das **Recht des Staates** anzuwenden ist, **in dem der Versicherer seine Hauptniederlassung besitzt,** weil dieser die charakteristische Leistung erbringt (Art 28 Abs 2 S 2)[42]. Die Gegenauffassung versucht die im Ausgangspunkt abweichende objektive Anknüpfung des EGVVG in Rechnung zu stellen und plädiert für die Anwendung des Rechts am Ort der Belegenheit des zu versichernden Risikos[43]. Damit würde zumeist wohl das Recht am Ort des gewöhnlichen Aufenthalts des Versicherungsnehmers gelten. Doch ist mit Grund hervorgehoben worden, dass diese Ansicht in recht eindeutigem Widerspruch zu den Intentionen der Verfasser des Europäischen Vertragsrechtübereinkommens steht[44].

12   Auf Grund der angelehnten Natur des **Rückversicherungsvertrages** an die Erstversicherung ist der Rückversicherungsvertrag in Ermangelung einer Rechtswahl (Art 27) objektiv über Art 28 Abs 2, jedenfalls über Art 28 Abs 1 nach dem Recht des Staates zu beurteilen, in dem der Erstversicherer seine Niederlassung hat[45].

13   Auf der **Ebene des Sachrechts** ist darauf hinzuweisen, dass der BGH wiederholt entschieden hat, dass im Bereich der Kfz-Haftpflichtversicherung bei erkennbaren Zweifelsfällen eine **Pflicht zum Hinweis auf den** (ggf unzureichenden, weil begrenzten) **örtlichen Geltungsbereich des Versicherungsschutzes** besteht, etwa in Bezug auf die Aufspaltung der Türkei bzw Zypern in einen im System der „Grünen Karte" versicherten europäischen und einen nicht versicherten asiatischen Teil[46].

14   Die **internationale Zuständigkeit** für Versicherungssachen folgt vorrangig aus **Art 8 bis 14 EuGVVO** (bzw aus Art 7 bis 12 a LugÜ, jeweilsindes vorbehaltlich der Zuständigkeit für Verbrauchersachen; s Art 29 Rn 24, 25). Erfasst sind nur Privatversicherungen, nicht öffentlich-rechtliche bzw Sozialversicherungen, ebenso wenig Rückversicherungsverträge bzw der Regress[47]. Oft greift relativ problemlos der Gerichtsstand des Art 9 Abs 1 a EuGVVO. Danach kann ein Versicherer, der seinen Wohnsitz im Hoheitsgebiet eines Mitgliedstaates hat, vor den Gerichten des Mitgliedstaates verklagt werden, in dem er seinen Wohnsitz hat. Im Falle deutscher Versicherer sind demgemäß deutsche

---

[38] S zB *Honsell/Dörner,* Berliner Kommentar zum VVG, 1999, Art 7 EGVVG Rn 33; *Gruber,* Internationales Versicherungsvertragsrecht, S 111 f.
[39] Zur Möglichkeit der nachträglichen Rechtswahl im Rahmen von Art 10 Abs 5 EGVVG OLG Düsseldorf IPRax 2005, 37; dazu *Dörner* IPRax 2005, 26.
[40] Nach *Kegel/Schurig* IPR § 18 I 1 f dd, S 689: „völlig frei".
[41] MünchKommBGB/*Martiny* Rn 144.
[42] *Giuliano/Lagarde* BT-Drucks 10/503 S 36, 53; *E. Lorenz,* FS Kegel, 1987, S 327; MünchKommBGB/*Martiny* Rn 191; *Reithmann/Martiny/Schnyder,* Internationales Vertragsrecht, Rn 1336.
[43] *Fricke* VersR 1994, 778; *Soergel/v. Hoffmann* Rn 143; *Staudinger/Armbrüster,* Art 37 Anh I Rn 12.
[44] Zweifelnd auch MünchKommBGB/*Martiny* Rn 192; krit insbes *Gruber* Internationales Versicherungsvertragsrecht, 1999, S 256 ff.
[45] Für Art 28 Abs 2 *E. Lorenz,* FS Kegel, 1987, S 327 f; *Reichert-Facilides* VersR 1993, 1181; *Fricke* VersR 1994, 773, 779; *Staudinger/Reinhart* Rn 75; im Ergebnis ebenso *Armbrüster* ZVersWiss 1995, 147 f; *Dörner,* Internationales Versicherungsrecht, Anh Art 7–15 EGVVG Rn 20 f mN: Art 28 Abs 1; für das Recht am Niederlassungsort des Rückversicherers dagegen *v. Bar* IPR II Rn 531; *Deutsch,* Versicherungsvertragsrecht, 6. Aufl 2008, Rn 131; für den Betriebssitz *Mankowski* VersR 2002, 1187.
[46] BGH MDR 2005, 1108; IPRax 1990, 180; dazu *Spickhoff* IPRax 1990, 164; OLG Hamburg OLGR 2005, 129.
[47] *Nagel/Gottwald,* Internationales Zivilprozessrecht, § 33 Rn 104 mwN.

Gerichte international zuständig. Im Hinblick auf Zuständigkeitsvereinbarungen nach § 13 AHB 2002 bzw Nr 32 AHB 2004 ist in Bezug auf die Internationale Zuständigkeit darauf hinzuweisen, dass Art 13 EuGVVO die Zulässigkeit von Gerichtsstandsvereinbarungen für Versicherungssachen recht weitgehend gegenüber der allgemeinen Norm des Art 23 EuGVVO einschränkt; weiterreichende Gerichtsstandsvereinbarungen sind unwirksam (Art 23 Abs 5 EuGVVO). Immerhin kommt ihre Zulässigkeit nach Art 13 Nr 3 EuGVVO in Betracht, wenn und weil Versicherungsnehmer und Versicherer in demselben Staat ihren Sitz bzw ihre Hauptverwaltung (Art 60 Abs 1 EuGVVO) haben, und die Gerichte dieses Staates auch dann zuständig sein sollen, wenn das schädigende Ereignis im Ausland eintritt. Doch setzt diese Derogation des forum delicti commissi voraus, dass eine solche Vereinbarung auch nach dem Recht dieses Staates zulässig ist. – Hinzu tritt die Möglichkeit, dass im Falle der allgemeinen Haftpflichtversicherung von Großrisiken[48] nach Art 13 Nr 5, 14 Nr 5 EuGVVO eine Gerichtsstandsvereinbarung generell zulässig ist. Im **autonomen Recht** ist auf den (derogationsfesten) **§ 48 VVG (Sitz des Versicherungsagenten)** hinzuweisen; iÜ gelten die allgemeinen Regeln der internationalen Zuständigkeit.

IV. Anhang: Entwurf der VO „Rom I"

Das EVÜ als Grundlage des (zumindest funktional) europäischen internationalen Vertragsrechts soll seit längerer Zeit **überarbeitet und durch eine EG-Verordnung ersetzt** werden. Dem zur Zeit diskutierten Vorschlag vom 15. 12. 2005[49], der im Folgenden abgedruckt wird, war das Grünbuch über die Umwandlung des Übereinkommens von Rom aus dem Jahre 1980 in ein Gemeinschaftsinstrument sowie über seine Aktualisierung vom 14. 1. 2003[50] vorausgegangen[51]. Zusammen mit der Rom II-Verordnung über das Internationale Privatrecht der außervertraglichen Schuldverhältnisse, die im Anschluss an Art 42 wiedergegeben wird, wäre das Internationale Europäische Schuldrecht dann im Prinzip vollständig kodifiziert. Freilich wäre gerade deshalb eine möglichst gleichzeitige Kodifikation bzw Verabschiedung wünschenswert gewesen. Denn die betroffenen Gebiete sind – gleich in welcher Rechtsordnung – systematisch bzw funktional auf vielfältige Weise verbunden. Zumindest ist eine sorgfältige Abstimmung der beiden Regelungswerke miteinander, nicht minder aber auch mit der EuGVVO unabdingbar. 15

In der Sache schreibt „Rom I-VO-E" das EVÜ an sich vorsichtig fort. **Kritik** verdienen namentlich **folgende geplante Änderungen:** Der Ausschluss von „Verpflichtungen aus einem vorvertraglichen Rechtsverhältnis" aus dem Anwendungsbereich von Rom I in Art 1 Abs 2 i Rom I-VO-Entwurf schließt zwar offensichtlich an die in diese Richtung laufende Rspr des EuGH zum vertraglichen Gerichtsstand nach Art 5 Nr 1 EuGVÜ/EuGVVO an (Art 27 Rn 17)[52], greift aber – je nach Auslegung – möglicherweise zu weit. Zudem bleibt die Abgrenzungsfrage der autonomen Auslegung, was „vorvertraglich" bedeutet (s auch Art 32 Rn 25). Art 12 Rom II-VO hat insoweit freilich vollendete (Rechts-)Tatsachen geschaffen. Wesentliche Änderungen ergeben sich in Bezug auf die fragwürdige Akzeptanz einer Wahl von „auf internationaler oder Gemeinschaftsebene anerkannten Grundsätzen und Regeln des materiellen Vertragsrechts" in Art 3 Abs 2 Rom I VO-Entwurf. Gemeint sind die Principles of European Contract Law und die UNIDROIT-Grundsätze, nicht aber „private Kodifikationen" (gemeint ist wohl sonstiges sog Professorenrecht), geschweige denn die lex mercatoria[53]. Doch ist die Abgrenzung wenig trennscharf sowie rechtsquellentheoretisch in ihrer Gleichsetzung von nichtstaatlichem und staatlichem Recht nicht überzeugend[54]. Art 3 Abs 2 Rom I VO-Entwurf dürfte daher zu weiteren Diskussionen führen, insbes in Bezug auf die „lex mercatoria", deren Vertreter – Begründung hin, Begründung her – ggf Aufwind verspüren werden (zur Gesamtproblematik Art 27 Rn 24 und 28). Einen Fortschritt an Rechtsklarheit gegenüber Art 28[55] mag man in Art 4 Rom I VO-Entwurf (objektive Anknüpfung) mit dem Wegfall der Ausweichklausel (wie derzeit in Art 28 Abs 5) erblicken, wenngleich die Flexibilität der Anknüpfung (notwendig) leidet. Kritik fordert der prinzipielle Ausschluss der Parteiautonomie in Art 5 Rom I VO-Entwurf zum Schutz des Schwächeren (Verbrauchers) heraus. Unter dem Aspekt der rechtsquellentheoretischen Vereinfachung soll zwar das unglückliche Nebeneinander des in Art 29 a zusammengefassten Richtlinien-Kollisionsrechts neben den aktuell im EGBGB umgesetzten Normen des EVÜ beseitigt werden. Das ergibt sich aus Art 22 a Rom I VO-Entwurf mit der Verweisung auf den Anhang I zu Rom I VO-Entwurf, weil in diesem Anhang die in Art 29 a umgesetzten Richtlinien nicht genannt sind[56]. Doch löst sich die Norm unnötig von sachrecht- 16

---

[48] Näher *Kropholler*, Europäisches Zivilprozessrecht, Art 13 EuGVVO Rn 13 ff.
[49] KOM (2005), 650 endg; s dazu den Bericht des Europäischen Parlaments vom 21. 11. 2007 (A6-0450/2007).
[50] KOM (2002) 654 endg.
[51] Zur Diskussion *Basedow/Scherpe*, FS Heldrich, 2005, S 511; *Bitterich* RIW 2006, 262; *Calliess* ZEuP 2006, 742; *Ferrari/Leible* (Hrsg), Ein neues Internationales Vertragsrecht für Europa, 2007; *Fricke* VersR 2006, 745; *ders* VersR 2005, 726; *Heiss* öJBl 2006, 750; *ders* VersR 2006, 185; *Hübner* EuZW 2006, 449; *Junker* RIW 2006, 401; *Knöfel* RdA 2006, 269; *Leible* IPRax 2006, 365; *Mankowski* IPRax 2006, 101; *ders* ZVglRWiss 105 (2006), 120; *Martiny* ZEuP 2006, 60; *Mauer* RIW 2007, 92; MPI RabelsZ 68 (2004), 1 und RabelsZ 71 (2007), 225; *W.-H. Roth*, FS Sonnenberger, 2004, S 591.
[52] EuGH IPRax 2003, 143; dazu – mit Kritik – *Mankowski* IPRax 2003, 127.
[53] Begründung der Kommission zu Art 3 Abs 2 S 5 f.
[54] Beherzigenswerte Kritik bei *Mankowski* IPRax 2006, 101, 102.
[55] Zur Kritik daran *Kegel/Schurig* IPR § 6 I 4 cc, S 308 und § 18 I 1 d, S 660.
[56] *Bitterich* RIW 2006, 262, 264 f: lex posterior-Regel.

lichen Grundsätzen; auch im sachlichen Verbraucherrecht gibt es (wenngleich eingeschränkt) Privatautonomie[57]. Ähnliches gilt in Bezug auf die EuGVVO; auch dort ist in Bezug auf Verbrauchersachen immerhin noch – in Parallelität zum Sachrecht – eine eingeschränkte Möglichkeit von Gerichtsstandsvereinbarungen eröffnet (Art 17 EuGVVO). Wenig überzeugend ist zudem die Abweichung zur Anknüpfung von Arbeitsverträgen in Art 6 Rom I VO-Entwurf[58]. Es ist schwer zu begründen, wenn dort die Parteiautonomie im Ausgangspunkt erhalten bleibt. Übrigens soll in Art 6 Rom I VO-Entwurf auch die (ausnahmsweise) Möglichkeit der Anknüpfung an eine noch engere Verbindung (iS einer Ausweichklausel) fortbestehen[59], während sie in Art 4 Rom I VO-Entwurf aus Gründen der Rechtsklarheit abgeschafft werden soll. Schließlich führt der Spagat der Wertungen zwischen dem segmentierten Ausschluss jeder Parteiautonomie in Art 5 Rom I VO-Entwurf und der Möglichkeit, sich gemäß Art 3 Abs 2 Rom I VO-Entwurf im Ausgangspunkt von jeglicher staatlichen Privatrechtsordnung partei- bzw privatautonom verabschieden zu können, zu einer signifikanten und nur schwer zu legitimierenden Spannung.

16.1. Wortlaut:

DAS EUROPÄISCHE PARLAMENT UND DER RAT DER EUROPÄISCHEN UNION –

gestützt auf den Vertrag zur Gründung der Europäischen Gemeinschaft, insbesondere auf Artikel 61 Buchstabe c und Artikel 67 Absatz 5, Zweiter Gedankenstrich,
auf Vorschlag der Kommission,
nach Stellungnahme des Europäischen Wirtschafts- und Sozialausschusses,
gemäß dem Verfahren des Artikels 251 EG-Vertrag,
in Erwägung nachstehender Gründe:

(1) Die Union hat sich zum Ziel gesetzt, einen Raum der Freiheit, der Sicherheit und des Rechts zu erhalten und weiterzuentwickeln. Hierzu muss die Gemeinschaft unter anderem im Bereich der justiziellen Zusammenarbeit in Zivilsachen, die einen grenzüberschreitenden Bezug aufweisen, Maßnahmen erlassen, soweit sie für das reibungslose Funktionieren des Binnenmarkts erforderlich sind und die Vereinbarkeit der in den Mitgliedstaaten geltenden Kollisionsnormen fördern.

(2) Um die einschlägigen Bestimmungen des Vertrags von Amsterdam wirksam umsetzen zu können, hat der Rat (Justiz und Inneres) am 3. Dezember 1998 einen Aktionsplan zur bestmöglichen Umsetzung der Bestimmungen des Amsterdamer Vertrags über den Aufbau eines Raums der Freiheit, der Sicherheit und des Rechts angenommen, in dem die Bedeutung kompatibler Kollisionsnormen für die gegenseitige Anerkennung gerichtlicher Entscheidungen herausgestellt und erforderlichenfalls eine Revision einzelner Bestimmungen des Übereinkommens über das auf vertragliche Schuldverhältnisse anzuwendende Recht unter Berücksichtigung spezieller Bestimmungen über Kollisionsnormen in anderen Gemeinschaftsrechtsakten in Aussicht gestellt wird.

(3) Auf seiner Tagung vom 15./16. Oktober 1999 in Tampere hat der Europäische Rat die Umsetzung des Grundsatzes der gegenseitigen Anerkennung gerichtlicher Entscheidungen als Aktionsschwerpunkt für die Schaffung eines europäischen Rechtsraums gebilligt. Im Maßnahmenprogramm zur Umsetzung des Grundsatzes der gegenseitigen Anerkennung gerichtlicher Entscheidungen in Zivil- und Handelssachen wird betont, dass es sich bei den Maßnahmen zur Harmonisierung der Kollisionsnormen um eine flankierende Maßnahme handelt, die die Umsetzung dieses Grundsatzes erleichtern sollen. Im Haager Programm wies der Europäische Rat darauf hin, dass die Arbeiten an den Kollisionsnormen für vertragliche Schuldverhältnisse zügig durchgeführt werden sollten.

(4) Um Wettbewerbsverzerrungen im Verhältnis zwischen Wettbewerbern aus der Gemeinschaft zu vermeiden, den Ausgang von Rechtsstreitigkeiten berechenbarer zu machen sowie die gegenseitige Anerkennung gerichtlicher Entscheidungen zu fördern, müssen die in den Mitgliedstaaten geltenden Kollisionsnormen im Interesse eines reibungslos funktionierenden Binnenmarkts unabhängig vom Gerichtsstand dieselben Anknüpfungspunkte zur Bestimmung des anwendbaren nationalen Rechts enthalten. Deshalb muss auch für die weitest gehende Übereinstimmung zwischen der vorliegenden Verordnung, der Verordnung (EG) Nr. 44/2001 des Rates vom 22. Dezember 2000 über die gerichtliche Zuständigkeit und die Anerkennung und Vollstreckung von Entscheidungen in Zivil- und Handelssachen („Brüssel I") und der Verordnung (EG) Nr. […] des Europäischen Parlaments und des Rates über das auf außervertragliche Schuldverhältnisse anzuwendende Recht („Rom II") gesorgt werden.

(5) Im Interesse eines transparenten Gemeinschaftsrechts ist es erforderlich, dass die Kollisionsnormen zum größten Teil in einem einzigen Rechtsakt zusammengefasst sind oder dass in diese Verordnung eine Liste der Rechtsvorschriften zur Regelung besonderer Schuldverhältnisse aufgenommen wird.

(6) Der Anwendungsbereich der Verordnung muss so festgelegt sein, dass er mit der Verordnung (EG) Nr. 44/2001 und der Verordnung (EG) Nr. […] des Europäischen Parlaments und des Rates über das auf außervertragliche Schuldverhältnisse anzuwendende Recht („Rom II") in Einklang steht.

(7) Die Kollisionsnormen für vertragliche Schuldverhältnisse müssen auf der freien Rechtswahl der Parteien gründen.

---

[57] Zum Zusammenhang zwischen Privat- und Parteiautonomie Art 27 Rn 23; anders auch Art 5 Abs 2 des Entwurfs des Europäischen Parlaments; rechtspolitisch wegen der Vereinfachung mit dem Ausschluss der Rechtswahl bei Verbraucherverträgen sympathisierend aber *Mankowski* ZVglRWiss 105 (2006), 120, 150 ff; *Leible* IPRax 2006, 365, 370.
[58] *Junker* RIW 2006, 401; *Knöfel* RdA 2006, 269; *Mauer* RIW 2007, 92.
[59] *Heiss* öJBl 2006, 750, 761; *Knöfel* RdA 2006, 269, 277.

(8) Die Kollisionsnormen müssen, wenn sie zum allgemeinen Ziel dieser Verordnung, d. h. zur Rechtssicherheit im europäischen Rechtsraum, beitragen sollen, ein hohes Maß an Berechenbarkeit aufweisen. Dessen ungeachtet muss das Gericht über ein gewisses Ermessen verfügen, um in begrenzten Fällen das Recht bestimmen zu können, das zu dem Sachverhalt die engste Verbindung aufweist.

(9) Bei Verträgen, bei denen die eine Partei als schwächer angesehen wird, sollte die schwächere Partei durch Kollisionsnormen geschützt werden, die für sie günstiger sind als die allgemeine Regelung.

(10) Insbesondere bei Verbraucherverträgen sollte die Kollisionsnorm eine Reduzierung der Kosten ermöglichen, die mit der Beilegung eines Rechtsstreits, der häufig einen geringen Streitwert aufweist, verbunden sind, und der Entwicklung des Fernabsatzes Rechnung tragen. Um die Übereinstimmung mit der Verordnung (EG) Nr. 44/2001 zu wahren, ist zum einen als Voraussetzung für die Anwendung der Verbraucherschutznorm auf das Kriterium der auf einen anderen Mitgliedstaat ‚ausgerichteten Tätigkeit' zu verweisen und zum anderen auf die Notwendigkeit, dass dieses Kriterium in den beiden Rechtsakten einheitlich ausgelegt wird. Hierzu wird in einer gemeinsamen Erklärung des Rates und der Kommission zu Artikel 15 der Verordnung (EG) Nr. 44/2001 ausgeführt, „dass es für die Anwendung von Artikel 15 Absatz 1 Buchstabe c nicht ausreicht, dass ein Unternehmen seine Tätigkeiten auf den Mitgliedstaat, in dem der Verbraucher seinen Wohnsitz hat, oder auf mehrere Staaten – einschließlich des betreffenden Mitgliedstaats –, ausrichtet, sondern dass im Rahmen dieser Tätigkeiten auch ein Vertrag geschlossen worden sein muss." Des Weiteren heißt es in dieser Erklärung, „dass die Zugänglichkeit einer Website allein nicht ausreicht, um die Anwendbarkeit von Artikel 15 zu begründen; vielmehr ist erforderlich, dass diese Website auch den Vertragsabschluss im Fernabsatz anbietet und dass tatsächlich ein Vertragsabschluss im Fernabsatz erfolgt ist, mit welchem Mittel auch immer. Dabei sind auf einer Website die benutzte Sprache oder die Währung nicht von Bedeutung."

(11) Bei individuellen Arbeitsverträgen muss die Kollisionsnorm zur Anwendung des Rechts führen, das über äußerliche Merkmale hinaus die engste Verbindung zum Arbeitsverhältnis aufweist. Diese Kollisionsnorm lässt die Anwendung von Eingriffsnormen des Entsendestaats gemäß der Richtlinie 96/71/EG des Europäischen Parlaments und des Rates vom 16. Dezember 1996 über die Entsendung von Arbeitnehmern im Rahmen der Erbringung von Dienstleistungen[60] unberührt.

(12) Bei Vertreterverträgen empfiehlt sich die Einführung einer Kollisionsnorm, die auf die drei aus einem solchen Vertrag entstandenen Rechtsverhältnisse zwischen Vertretenem, Vertreter und Drittem Anwendung findet. Für den Vertrag zwischen Vertretenem und Drittem gelten die allgemeinen Bestimmungen dieser Verordnung.

(13) Zur Wahrung der öffentlichen Ordnung der Mitgliedstaaten bedarf es spezieller Vorschriften für Eingriffsnormen und den Ordre-public-Vorbehalt. Die Anwendung dieser Vorschriften muss im Einklang mit dem EG-Vertrag erfolgen.

(14) Aus Gründen der Rechtssicherheit ist eine klare Definition des Begriffs „gewöhnlicher Aufenthalt", insbesondere im Hinblick auf juristische Personen, erforderlich. Im Unterschied zu Artikel 60 Absatz 1 Buchstabe c der Verordnung (EG) Nr. 44/2001, der drei Kriterien zur Wahl stellt, muss sich die Kollisionsnorm auf ein einziges Kriterium beschränken, da es für die Parteien andernfalls nicht möglich wäre, das auf ihren Fall anwendbare Recht vorherzusehen.

(15) Es gilt den Bezug zwischen dieser Verordnung und anderen Bestimmungen des Gemeinschaftsrechts deutlich zu machen.

(16) Um die internationalen Verpflichtungen, die die Mitgliedstaaten eingegangen sind, zu wahren, darf sich die Verordnung nicht auf von den Mitgliedstaaten in besonderen Rechtsgebieten geschlossenen Übereinkommen auswirken. Befinden sich jedoch alle relevanten Sachverhaltselemente im Gebiet der Europäischen Union, würde die Anwendung bestimmter internationaler Übereinkommen, denen nur wenige Mitgliedstaaten beigetreten sind, der Zielsetzung eines echten europäischen Rechtsraums zuwiderlaufen. In diesem Fall empfiehlt sich die Anwendung der Kollisionsnorm dieser Verordnung. Um die Übersicht über die geltenden einschlägigen internationalen Übereinkommen zu erleichtern, sollte die Kommission anhand der Angaben der Mitgliedstaaten ein Verzeichnis der betreffenden Übereinkommen im *Amtsblatt der Europäischen Union* veröffentlichen.

(17) Da das Ziel dieser Verordnung, gerichtliche Entscheidungen durch einheitliche Vorschriften zur Bestimmung des auf vertragliche Schuldverhältnisse anzuwendenden Rechts berechenbarer zu machen, wegen ihrer Wirkungen auf Ebene der Mitgliedstaaten nicht ausreichend erreicht werden kann, sondern besser auf Gemeinschaftsebene zu verwirklichen ist, kann die Gemeinschaft im Einklang mit dem Subsidiaritätsprinzip nach Artikel 5 EG-Vertrag tätig werden. Entsprechend dem ebenfalls in diesem Artikel festgelegten Verhältnismäßigkeitsprinzip geht die Verordnung, die die Rechtssicherheit stärkt, ohne dass es hierzu einer Harmonisierung des innerstaatlichen materiellen Rechts bedarf, nicht über das für die Erreichung dieses Ziels erforderliche Maß hinaus.

(18) [Das Vereinigte Königreich und Irland haben gemäß Artikel 3 des Protokolls über die Position des Vereinigten Königreichs und Irlands im Anhang zum Vertrag über die Europäische Union und im Anhang zum Vertrag zur Gründung der Europäischen Gemeinschaft mitgeteilt, dass sie sich an der Annahme und Anwendung dieser Verordnung beteiligen möchten. /Gemäß den Artikeln 1 und 2 des Protokolls über die Position des Vereinigten Königreichs und Irlands im Anhang zum Vertrag über die Europäische Union und im Anhang zum Vertrag zur Gründung der Europäischen Gemeinschaft beteiligen sich diese Staaten nicht an der Annahme dieser Verordnung; die Verordnung ist daher für diese beiden Mitgliedstaaten nicht bindend und ihnen gegenüber nicht anwendbar.]

(19) Dänemark beteiligt sich gemäß den Artikeln 1 und 2 des Protokolls über die Position Dänemarks im Anhang zum Vertrag über die Europäische Union und im Anhang zum Vertrag zur Gründung der Europäischen Gemeinschaft nicht an der Annahme dieser Verordnung; die Verordnung ist daher für diesen Mitgliedstaat nicht bindend und ihm gegenüber nicht anwendbar –

HABEN FOLGENDE VERORDNUNG ERLASSEN:

---

[60] ABl L 18 vom 21. 1. 1997, S 1.

Kapitel I. Anwendungsbereich

Art 1. Materieller Anwendungsbereich

(1) Diese Verordnung gilt für vertragliche zivil- und handelsrechtliche Schuldverhältnisse, die eine Verbindung zum Recht verschiedener Staaten aufweisen.

Sie gilt nicht für Steuer- und Zollsachen sowie verwaltungsrechtliche Angelegenheiten.

(2) Vom Anwendungsbereich dieser Verordnung ausgenommen sind:
a) der Personenstand sowie die Rechts-, Geschäfts- und Handlungsfähigkeit natürlicher Personen, vorbehaltlich des Artikels 12;
b) Schuldverhältnisse, die auf einem Familienverhältnis oder einem Verhältnis beruhen, das nach Maßgabe des anzuwendenden Rechts gleiche Wirkungen entfaltet, einschließlich Unterhaltspflichten;
c) Schuldverhältnisse, die auf ehelichen Güterständen oder auf vermögensrechtlichen Verhältnissen beruhen, die nach Maßgabe des anzuwendenden Rechts gleiche Wirkungen auf Ehe-, Erb- und Testamentssachen entfalten;
d) Verpflichtungen aus Wechseln, Schecks, Eigenwechseln und anderen handelbaren Wertpapieren, sofern die Verpflichtungen aus diesen anderen Wertpapieren aus deren Handelbarkeit entstehen;
e) Schieds- und Gerichtsstandsvereinbarungen;
f) Fragen betreffend das Gesellschaftsrecht, das Vereinsrecht und das Recht der juristischen Personen, wie z. B. die Errichtung, die Rechts- und Handlungsfähigkeit, die innere Verfassung und die Auflösung von Gesellschaften, Vereinen und juristischen Personen sowie die persönliche gesetzliche Haftung der Gesellschafter und der Organe für die Schulden der Gesellschaft, des Vereins oder der juristischen Person sowie die Frage, ob ein Organ einer Gesellschaft, eines Vereins oder einer juristischen Person diese Gesellschaft, diesen Verein oder diese juristische Person Dritten gegenüber verpflichten kann;
g) die Gründung von „Trusts" sowie die dadurch geschaffenen Rechtsbeziehungen zwischen den Verfügenden, den Treuhändern und den Begünstigten;
h) der Beweis und das Verfahren, vorbehaltlich des Artikels 17;
i) Verpflichtungen aus einem vorvertraglichen Rechtsverhältnis.

(3) In dieser Verordnung bezeichnet der Ausdruck „Mitgliedstaat" alle Mitgliedstaaten mit Ausnahme Dänemarks, [des Vereinigten Königreichs und Irlands].

Art 2. Anwendung des Rechts eines Drittstaats

Das nach dieser Verordnung bezeichnete Recht ist auch dann anzuwenden, wenn es nicht das Recht eines Mitgliedstaats ist.

Kapitel II. Einheitliche Kollisionsnormen

Art 3. Freie Rechtswahl

(1) Der Vertrag unterliegt vorbehaltlich der Artikel 5, 6 und 7 dem von den Parteien gewählten Recht.

Die Rechtswahl kann ausdrücklich sein oder sich mit hinreichender Sicherheit aus den Bestimmungen des Vertrages, dem Verhalten der Parteien oder aus den Umständen des Falles ergeben. Haben die Parteien vereinbart, dass über bereits entstandene oder künftige Streitigkeiten aus einem Vertrag ein Gericht oder die Gerichte eines Mitgliedstaats entscheiden sollen, wird vermutet, dass die Parteien damit auch das Recht dieses Mitgliedstaats gewählt haben.

Die Parteien können die Rechtswahl für ihren ganzen Vertrag oder nur für einen Teil desselben treffen.

(2) Die Parteien können als anzuwendendes Recht auch auf internationaler oder Gemeinschaftsebene anerkannte Grundsätze und Regeln des materiellen Vertragsrechts wählen.

Für Fragen in Bezug auf Rechtsgebiete, diesen Grundsätzen oder Regeln unterliegen und die nicht ausdrücklich von ihnen geregelt werden, gelten die ihnen zugrunde liegenden allgemeinen Grundsätze oder in Ermangelung dieser Grundsätze das mangels Rechtswahl anwendbare Recht nach Maßgabe dieser Verordnung.

(3) Die Parteien können jederzeit vereinbaren, dass der Vertrag nach einem anderen Recht zu beurteilen ist als dem, das zuvor entweder auf Grund einer früheren Rechtswahl nach diesem Artikel oder auf Grund anderer Vorschriften dieser Verordnung für ihn maßgebend war. Die Formgültigkeit des Vertrags im Sinne des Artikels 10 und Rechte Dritter werden durch eine nach Vertragsschluss erfolgende Änderung der Bestimmung des anzuwendenden Rechts nicht berührt.

(4) Befinden sich alle Sachverhaltselemente zum Zeitpunkt der Rechtswahl in ein und demselben Staat, so kann die Wahl eines Rechts gemäß Absatz 1 oder 2 durch die Parteien – sei sie durch die Vereinbarung der Zuständigkeit eines ausländischen Gerichts ergänzt oder nicht – die Bestimmungen nicht berühren, von denen nach dem Recht jenes Staates durch Vertrag nicht abgewichen werden kann und die nachstehend „zwingende Bestimmungen" genannt werden.

(5) Die Anwendung der zwingenden Bestimmungen des Gemeinschaftsrechts bleibt von der Wahl des Rechts eines Drittstaats durch die Parteien unberührt, wenn diese Bestimmungen im konkreten Fall anwendbar wären.

(6) Auf das Zustandekommen und die Wirksamkeit der Einigung der Parteien über das anzuwendende Recht sind die Artikel 9, 10 und 12 anzuwenden.

Art 4. Mangels Rechtswahl anzuwendendes Recht

(1) Haben die Parteien keine Rechtswahl gemäß Artikel 3 getroffen, bestimmt sich das auf den Vertrag anzuwendende Recht wie folgt:

Ausnahmen   **Art 37 EGBGB**

a) Für Kaufverträge ist das Recht des Staats maßgebend, in dem der Verkäufer seinen gewöhnlichen Aufenthalt hat.
b) Für Dienstleistungsverträge ist das Recht des Staats maßgebend, in dem der Dienstleister seinen gewöhnlichen Aufenthalt hat.
c) Für Beförderungsverträge ist das Recht des Staats maßgebend, in dem der Beförderer seinen gewöhnlichen Aufenthalt hat.
d) Für Verträge, die ein dingliches Recht an einem Grundstück oder ein Recht zur Nutzung eines Grundstücks zum Gegenstand haben, ist das Recht des Staats maßgebend, in dem das Grundstück belegen ist.
e) Ungeachtet des Buchstaben d gilt für die Miete oder Pacht unbeweglicher Sachen zum vorübergehenden privaten Gebrauch für höchstens sechs aufeinander folgende Monate das Recht des Staats, in dem der Eigentümer seinen gewöhnlichen Aufenthalt hat, sofern es sich bei dem Mieter oder Pächter um eine natürliche Person handelt und der Mieter oder Pächter seinen gewöhnlichen Aufenthalt in demselben Mitgliedstaat hat.
f) Für Verträge über Rechte an geistigem Eigentum oder gewerbliche Schutzrechte ist das Recht des Staats maßgebend, in dem die Person, die diese Rechte überträgt oder zur Nutzung überlässt, ihren gewöhnlichen Aufenthalt hat.
g) Für Franchiseverträge ist das Recht des Staats maßgebend, in dem der Franchisenehmer seinen gewöhnlichen Aufenthalt hat.
h) Für Vertriebsverträge ist das Recht des Staats maßgebend, in dem der Vertriebshändler seinen gewöhnlichen Aufenthalt hat.

(2) Für nicht unter Absatz 1 aufgeführte Verträge ist das Recht des Staats maßgebend, in dem die Partei, die die charakteristische Leistung erbringt, zum Zeitpunkt des Vertragsschlusses ihren gewöhnlichen Aufenthalt hat. Lässt sich die charakteristische Leistung nicht bestimmen, ist für den Vertrag das Recht des Staats maßgebend, zu dem er die engste Verbindung aufweist.

Art 5. Verbraucherverträge

(1) Für Verbraucherverträge im Sinne und nach Maßgabe von Absatz 2 gilt das Recht des Mitgliedstaats, in dem der Verbraucher seinen gewöhnlichen Aufenthalt hat.

(2) Absatz 1 gilt für Verträge, die eine natürliche Person, der Verbraucher, der seinen gewöhnlichen Aufenthalt in einem Mitgliedstaat hat, mit einer anderen Person, dem Unternehmer, der in Ausübung seiner beruflichen oder gewerblichen Tätigkeit handelt, zu einem Zweck geschlossen hat, der nicht der beruflichen oder gewerblichen Tätigkeit des Verbrauchers zugerechnet werden kann.

Er gilt unter der Voraussetzung, dass der Vertrag mit einem Unternehmer geschlossen wurde, der in dem Mitgliedstaat, in dem der Verbraucher seinen gewöhnlichen Aufenthalt hat, eine berufliche oder gewerbliche Tätigkeit ausübt oder eine solche auf irgendeinem Wege auf diesen Mitgliedstaat oder auf mehrere Staaten, einschließlich dieses Mitgliedstaats, ausrichtet und der Vertrag in den Bereich dieser Tätigkeit fällt, es sei denn, der gewöhnliche Aufenthalt des Verbrauchers war dem Unternehmer nicht bekannt und diese Unkenntnis war nicht seiner Fahrlässigkeit zuzurechnen.

(3) Absatz 1 gilt nicht für die nachstehenden Verträge:
a) Verträge über die Erbringung von Dienstleistungen, wenn die dem Verbraucher geschuldeten Dienstleistungen ausschließlich in einem anderen als dem Staat erbracht werden müssen, in dem der Verbraucher seinen gewöhnlichen Aufenthalt hat;
b) Beförderungsverträge mit Ausnahme von Pauschalreiseverträgen im Sinne der Richtlinie 90/314/EWG vom 13. Juni 1990;
c) Verträge, die ein dingliches Recht an einem Grundstück oder ein Recht zur Nutzung eines Grundstücks zum Gegenstand haben, mit Ausnahme der Verträge über Teilzeitnutzungsrechte an Immobilien im Sinne der Richtlinie 94/47/EG vom 26. Oktober 1994.

Art 6. Individuelle Arbeitsverträge

(1) Ungeachtet des Artikels 3 darf in individuellen Arbeitsverträgen die Rechtswahl der Parteien nicht dazu führen, dass dem Arbeitnehmer der Schutz entzogen wird, der ihm durch die zwingenden Bestimmungen des Rechts gewährt wird, das nach diesem Artikel mangels einer Rechtswahl anzuwenden wäre.

(2) Mangels einer Rechtswahl gemäß Artikel 3 unterliegen individuelle Arbeitsverträge:
a) dem Recht des Staates, in dem oder von dem aus der Arbeitnehmer in Erfüllung des Vertrags gewöhnlich seine Arbeit verrichtet. Der Ort, an dem die Arbeit gewöhnlich verrichtet wird, ändert sich nicht, wenn der Arbeitnehmer seine Arbeit vorübergehend in einem anderen Staat verrichtet. Die Verrichtung der Arbeit in einem anderen Staat gilt als vorübergehend, wenn der Arbeitnehmer nach seinem Arbeitseinsatz im Ausland seine Arbeit im Herkunftsstaat wiederaufzunehmen hat. Der Abschluss eines neuen Arbeitsvertrags mit dem ursprünglichen Arbeitgeber oder einem Arbeitgeber, der zur selben Unternehmensgruppe gehört wie der ursprüngliche Arbeitgeber, schließt nicht aus, dass der Arbeitnehmer seine Arbeit vorübergehend in einem anderen Staat verrichtet;
b) dem Recht des Staates, in dem sich die Niederlassung befindet, die den Arbeitnehmer eingestellt hat, wenn dieser seine Arbeit gewöhnlich nicht in oder von ein und demselben Staat aus verrichtet oder wenn er seine Arbeit gewöhnlich in einem Raum verrichtet, der keiner nationalen Staatsgewalt unterliegt.

(3) Das nach Absatz 2 bestimmte Recht braucht nicht angewendet zu werden, wenn sich aus der Gesamtheit der Umstände ergibt, dass der Arbeitsvertrag engere Verbindungen zu einem anderen Staat aufweist; in diesem Fall ist das Recht dieses anderen Staates anwendbar.

Art 7. Vertreterverträge

(1) Mangels einer Rechtswahl nach Artikel 3 unterliegen Verträge zwischen einem Vertretenen und einem Vertreter dem Recht des Staates, in dem der Vertreter seinen gewöhnlichen Aufenthalt hat, es sei denn, der Vertreter übt seine Tätigkeit hauptsächlich in dem Staat aus, in dem der Vertretene seinen gewöhnlichen Aufenthalt hat, oder ist dazu verpflichtet, seine Tätigkeit dort auszuüben; in diesem Fall gilt das Recht dieses Staats.

(2) Für das Verhältnis zwischen dem Vertretenen und dem Dritten, das dadurch entstanden ist, dass der Vertreter in Ausübung seiner Vertretungsmacht, über seine Vertretungsmacht hinaus oder ohne Vertretungsmacht gehandelt hat,

ist das Recht am Ort des gewöhnlichen Aufenthalts des Vertreters zum Zeitpunkt seines Handelns maßgebend. Es gilt jedoch das Recht des Staates, in dem der Vertreter gehandelt hat, wenn entweder der Vertretene, in dessen Namen der Vertreter gehandelt hat, oder der Dritte seinen gewöhnlichen Aufenthalt in diesem Staat hat, oder wenn der Vertreter dort an der Börse tätig war oder an einer Versteigerung teilgenommen hat.

(3) Ist das auf das in Absatz 2 geregelte Verhältnis anzuwendende Recht vonseiten des Vertretenen oder des Dritten schriftlich bestimmt und von der anderen Partei ausdrücklich anerkannt worden, ist für dieses Verhältnis abweichend von Absatz 2 das so bestimmte Recht maßgebend.

(4) Das nach Absatz 2 bestimmte Recht ist auch für das Verhältnis zwischen Vertreter und Drittem maßgebend, das dadurch entstanden ist, dass der Vertreter in Ausübung seiner Vertretungsmacht, über seine Vertretungsmacht hinaus oder ohne Vertretungsmacht gehandelt hat.

Art 8. Eingriffsnormen

(1) Eine Eingriffsnorm ist eine zwingende Vorschrift, deren Einhaltung als so entscheidend für die Wahrung der politischen, sozialen oder wirtschaftlichen Organisation eines Staates angesehen wird, dass ihre Anwendung auf alle Sachverhalte, die in ihren Anwendungsbereich fallen, vorgeschrieben ist, ungeachtet des nach Maßgabe dieser Verordnung auf den Vertrag anzuwendenden Rechts.

(2) Diese Verordnung berührt nicht die Anwendung der Eingriffsnormen des angerufenen Gerichts.

(3) Weist der Sachverhalt eine enge Verbindung zu einem anderen Staat auf, kann den Eingriffsnormen dieses Staates ebenfalls Wirkung verliehen werden. Bei der Entscheidung, ob diesen Normen Wirkung zu verleihen ist, berücksichtigt das Gericht Art und Zweck dieser Normen nach Maßgabe der Begriffsbestimmung in Absatz 1 sowie die Folgen, die sich aus ihrer Anwendung oder Nichtanwendung für das mit der betreffenden Eingriffsnorm verfolgte Ziel sowie für die Parteien ergeben würden.

Art 9. Einigung und materielle Wirksamkeit

(1) Das Zustandekommen und die Wirksamkeit des Vertrages oder einer seiner Bestimmungen beurteilen sich nach dem Recht, das nach dieser Verordnung anzuwenden wäre, wenn der Vertrag oder die Bestimmung wirksam wäre.

(2) Ergibt sich jedoch aus den Umständen, dass es nicht gerechtfertigt wäre, die Wirkung des Verhaltens einer Partei nach dem in Absatz 1 bezeichneten Recht zu bestimmen, so kann sich diese Partei für die Behauptung, sie habe dem Vertrag nicht zugestimmt, auf das Recht des Staates ihres gewöhnlichen Aufenthalts berufen.

Art 10. Formgültigkeit des Vertrags

(1) Ein Vertrag ist formgültig, wenn er die Formerfordernisse des Rechts, das für ihn nach dieser Verordnung maßgebend ist, oder die Formerfordernisse des Rechts des Staates, in dem sich eine der Vertragsparteien oder deren Vertreter zum Zeitpunkt des Vertragsschlusses befindet, oder die Formerfordernisse des Rechts des Staates erfüllt, in dem eine der Vertragsparteien zu dem betreffenden Zeitpunkt ihren gewöhnlichen Aufenthalt hat.

(2) Ein einseitiges Rechtsgeschäft, das sich auf einen geschlossenen oder zu schließenden Vertrag bezieht, ist formgültig, wenn es die Formerfordernisse des Rechts, das nach dieser Verordnung für den Vertrag maßgebend ist oder maßgebend wäre, oder die Formerfordernisse des Rechts des Staates erfüllt, in dem dieses Rechtsgeschäft vorgenommen worden ist oder in dem die Person, die das Rechtsgeschäft vorgenommen hat, zu dem betreffenden Zeitpunkt ihren gewöhnlichen Aufenthalt hatte.

(3) Die Absätze 1 und 2 gelten nicht für Verträge, die in den Anwendungsbereich von Artikel 5 fallen. Für die Form dieser Verträge ist das Recht des Staates maßgebend, in dem der Verbraucher seinen gewöhnlichen Aufenthalt hat.

(4) Abweichend von den Absätzen 1 bis 3 beurteilen sich Verträge, die ein dingliches Recht an einem Grundstück oder ein Recht zur Nutzung eines Grundstücks zum Gegenstand haben, nach den zwingenden Formvorschriften des Staates, in dem das Grundstück belegen ist, sofern es sich bei diesen Vorschriften nach dem Recht dieses Staates um Eingriffsnormen im Sinne von Artikel 8 dieser Verordnung handelt.

Art 11. Geltungsbereich des auf den Vertrag anzuwendenden Rechts

(1) Das nach dieser Verordnung auf einen Vertrag anzuwendende Recht ist insbesondere maßgebend für
a) seine Auslegung,
b) die Erfüllung der durch ihn begründeten Verpflichtungen,
c) die Folgen der vollständigen oder teilweisen Nichterfüllung dieser Verpflichtungen, einschließlich der Schadensbemessung, soweit sie nach Rechtsnormen erfolgt, in den Grenzen der dem Gericht durch sein Prozessrecht eingeräumten Befugnisse,
d) die verschiedenen Arten des Erlöschens der Verpflichtungen sowie die Verjährung und die Rechtsverluste, die sich aus dem Ablauf einer Frist ergeben,
e) die Folgen der Nichtigkeit des Vertrages.

(2) In Bezug auf die Art und Weise der Erfüllung und die vom Gläubiger im Falle mangelhafter Erfüllung zu treffenden Maßnahmen ist das Recht des Staates, in dem die Erfüllung erfolgt, zu berücksichtigen.

Art 12. Rechts-, Geschäfts- und Handlungsunfähigkeit

Bei einem zwischen Personen, die sich in demselben Staat befinden, geschlossenen Vertrag kann sich eine natürliche Person, die nach dem Recht dieses Staates rechts-, geschäfts- und handlungsfähig wäre, nur dann auf ihre aus dem Recht eines anderen Staates abgeleitete Rechts-, Geschäfts- und Handlungsunfähigkeit berufen, wenn die andere Vertragspartei bei Vertragsschluss diese Rechts-, Geschäfts- und Handlungsunfähigkeit kannte oder infolge eigener Fahrlässigkeit nicht kannte.

Ausnahmen
Art 37 EGBGB

Art 13. Übertragung der Forderung

(1) Für die Verpflichtungen zwischen Zedent und Zessionar aus der Übertragung einer Forderung ist das Recht maßgebend, das nach dieser Verordnung auf den Vertrag zwischen ihnen anzuwenden ist.

(2) Das Recht, dem die übertragene Forderung unterliegt, bestimmt ihre Übertragbarkeit, das Verhältnis zwischen Zessionar und Schuldner die Voraussetzungen, unter denen die Übertragung dem Schuldner entgegengehalten werden kann, und die befreiende Wirkung einer Leistung durch den Schuldner.

(3) Für die Frage, ob die Übertragung der Forderung Dritten entgegengehalten werden kann, ist das Recht des Staates maßgebend, in dem der Zedent zum Zeitpunkt der Übertragung seinen gewöhnlichen Aufenthalt hat.

Art 14. Gesetzlicher Forderungsübergang

Ist ein Dritter verpflichtet, den Gläubiger einer vertraglichen Forderung zu befriedigen, ist für das Rückgriffsrecht dieses Dritten gegen den Schuldner der vertraglichen Forderung das Recht maßgebend, das auf die Verpflichtung des Dritten zur Befriedigung des Gläubigers anzuwenden ist.

Art 15. Schuldnermehrheit

Hat ein Gläubiger Rechte gegenüber mehreren Schuldnern, die gesamtschuldnerisch haften, und hat einer dieser Schuldner den Gläubiger bereits befriedigt, ist für das Recht dieses Schuldners, die übrigen Schuldner in Anspruch zu nehmen, das Recht maßgebend, das auf die Verpflichtung dieses Schuldners gegenüber dem Gläubiger anzuwenden ist. Enthält das auf die Verpflichtung eines Schuldners gegenüber dem Gläubiger anzuwendende Recht Vorschriften, die ihn vor Haftungsklagen schützen sollen, kann er sich gegenüber den anderen Schuldnern auf diese Vorschriften berufen.

Art 16. Gesetzliche Aufrechnung

Für die gesetzliche Aufrechnung gilt das Recht, das für die Verpflichtung maßgebend ist, gegen die aufgerechnet wird.

Art 17. Beweis

(1) Das nach dieser Verordnung für den Vertrag maßgebende Recht ist insoweit anzuwenden, als es für vertragliche Schuldverhältnisse gesetzliche Vermutungen aufstellt oder die Beweislast verteilt.

(2) Zum Beweis eines Rechtsgeschäfts sind alle Beweisarten der lex fori oder eines der in Artikel 10 bezeichneten Rechte, nach denen das Rechtsgeschäft formgültig ist, zulässig, sofern der Beweis in dieser Art vor dem angerufenen Gericht erbracht werden kann.

Kapitel III. Sonstige Vorschriften

Art 18. Gleichstellung mit dem gewöhnlichen Aufenthalt

(1) Im Sinne dieser Verordnung gilt als Ort des gewöhnlichen Aufenthalts einer Gesellschaft, eines Vereins oder einer juristische Person der Ort, an dem sich die Hauptverwaltung der Gesellschaft, des Vereins oder der juristischen Person befindet.

Wird der Vertrag im Rahmen des Betriebs einer Zweigniederlassung, einer Agentur oder einer sonstigen Niederlassung geschlossen oder muss die Leistung dem Vertrag zufolge von einer solchen Niederlassung bewirkt werden, entspricht der Ort des gewöhnlichen Aufenthalts dem Ort dieser Niederlassung.

(2) Wird der Vertrag im Rahmen der Ausübung der beruflichen Tätigkeit einer natürlichen Person geschlossen, gilt als Ort des gewöhnlichen Aufenthalts im Sinne dieser Verordnung der Ort ihrer beruflichen Niederlassung.

Art 19. Ausschluss der Rück- und Weiterverweisung

Unter dem nach dieser Verordnung anzuwendenden Recht eines Staates sind die in diesem Staat geltenden materiellrechtlichen Rechtsnormen unter Ausschluss derjenigen des Internationalen Privatrechts zu verstehen.

Art 20. Öffentliche Ordnung

Die Anwendung einer Norm des nach dieser Verordnung bezeichneten Rechts kann nur versagt werden, wenn dies mit der öffentlichen Ordnung des Staates des angerufenen Gerichts offensichtlich unvereinbar ist.

Art 21. Staaten ohne einheitliche Rechtsordnung

Umfasst ein Staat mehrere Gebietseinheiten, von denen jede eigene Rechtsnormen für vertragliche Schuldverhältnisse hat, so gilt für die Bestimmung des nach dieser Verordnung anzuwendenden Rechts jede Gebietseinheit als Staat.

Art 22. Verhältnis zu anderen Gemeinschaftsrechtsakten

Diese Verordnung berührt nicht die Anwendung oder den Erlass von Rechtsakten durch Organe der Europäischen Gemeinschaften, die

a) in besonderen Bereichen Kollisionsnormen für vertragliche Schuldverhältnisse enthalten; Anhang I enthält ein Verzeichnis solcher derzeit geltenden Rechtsakte;

b) vertragliche Schuldverhältnisse regeln und nach dem Willen der Parteien auf Sachverhalte Anwendung finden, bei denen eine Normenkollision vorliegt;

c) Bestimmungen zur Förderung des reibungslosen Funktionierens des Binnenmarkts vorschreiben, soweit diese Bestimmungen nicht gemeinsam auf das durch das Internationale Privatrecht bezeichnete Recht Anwendung finden können.

Art 23. Verhältnis zu bestehenden internationalen Übereinkommen

(1) Die Mitgliedstaaten übermitteln der Kommission bis spätestens sechs Monate nach Inkrafttreten dieser Verordnung das Verzeichnis der multilateralen Übereinkommen, denen sie beigetreten sind und die für bestimmte Rechtsbereiche Kollisionsnormen für vertragliche Schuldverhältnisse enthalten. Die Kommission veröffentlicht dieses Verzeichnis innerhalb von sechs Monaten nach Eingang im *Amtsblatt der Europäischen Union*.

Wird eines dieser Übereinkommen von einem Mitgliedstaat gekündigt, so setzt dieser Mitgliedstaat die Kommission davon in Kenntnis, die innerhalb von sechs Monaten nach Eingang dieser Mitteilung die Kündigung im *Amtsblatt der Europäischen Union* veröffentlicht.

(2) Diese Verordnung lässt die Anwendung der Übereinkommen im Sinne von Absatz 1 unberührt. Befinden sich jedoch alle relevanten Sachverhaltselemente zum Zeitpunkt des Vertragsschlusses in einem oder mehreren Mitgliedstaaten, geht diese Verordnung folgenden Übereinkommen vor:
- Haager Übereinkommen vom 15. Juni 1955 betreffend das auf internationale Kaufverträge über bewegliche körperliche Sachen anzuwendende Recht;
- Haager Übereinkommen vom 14. März 1978 über das auf Vertreterverträge und die Stellvertretung anzuwendende Recht.

(3) Soweit diese Übereinkommen Bereiche betreffen, die von dieser Verordnung geregelt werden, geht diese auch den in Anhang II aufgeführten bilateralen internationalen Übereinkommen zwischen Mitgliedstaaten vor.

Kapitel IV. Schlussbestimmungen

Art 24. Inkrafttreten und Anwendbarkeit

Diese Verordnung tritt am zwanzigsten Tag nach ihrer Veröffentlichung im *Amtsblatt der Europäischen Union* in Kraft.

Sie gilt ab ... [Sie wird ein Jahr nach ihrem Inkrafttreten anwendbar].

Sie gilt für nach ihrer Anwendbarkeit entstandene vertragliche Schuldverhältnisse. Sie gilt jedoch für vor ihrer Anwendbarkeit entstandene vertragliche Schuldverhältnisse, wenn ihre Bestimmungen zur Anwendung des Rechts führen, das nach Maßgabe des Übereinkommens von Rom aus dem Jahr 1980 anwendbar gewesen wäre.

Diese Verordnung ist in allen ihren Teilen verbindlich und gilt unmittelbar in jedem Mitgliedstaat.

Zweiter Unterabschnitt. Außervertragliche Schuldverhältnisse (Art 38–42)

Art 38 Ungerechtfertigte Bereicherung

(1) Bereicherungsansprüche wegen erbrachter Leistung unterliegen dem Recht, das auf das Rechtsverhältnis anzuwenden ist, auf das die Leistung bezogen ist.

(2) Ansprüche wegen Bereicherung durch Eingriff in ein geschütztes Interesse unterliegen dem Recht des Staates, in dem der Eingriff geschehen ist.

(3) In sonstigen Fällen unterliegen Ansprüche aus ungerechtfertigter Bereicherung dem Recht des Staates, in dem die Bereicherung eingetreten ist.

Schrifttum (s auch Voraufl): *Busse*, Internationales Bereicherungsrecht, 1998; *ders*, Die geplante Kodifikation des Internationalen Bereicherungsrechts in Deutschland, RIW 1999, 16; *Eilinghoff*, Das Kollisionsrecht der ungerechtfertigten Bereicherung nach dem IPR-Reformgesetz von 1999, 2004; *Einsele*, Das Kollisionsrecht der ungerechtfertigten Bereicherung, JZ 1993, 1025; *Fischer*, Die Neuregelung des Kollisionsrechts der ungerechtfertigten Bereicherung und der Geschäftsführung ohne Auftrag im IPR-Reformgesetz von 1999, IPRax 2001, 1; *Hay*, Ungerechtfertigte Bereicherung im Internationalen Privatrecht, 1987; *Jayme*, Grenzüberschreitende Banküberweisungen und Bereicherungsausgleich nach der IPR-Novelle von 1999 – eine Skizze, FS W. Lorenz, 2001, S 315; *Junker*, Die IPR-Reform von 1999: Auswirkungen auf die Unternehmenspraxis, RIW 2000, 241; *ders*, Das internationale Unfallrecht nach der IPR-Reform von 1999, JZ 2000, 477; *Kreuzer*, Die Vollendung der Kodifikation des deutschen Internationalen Privatrechts durch das Gesetz zum Internationalen Privatrecht der außervertraglichen Schuldverhältnisse und Sachen, RabelsZ 65 (2001), 383; *Plaßmeier*, Ungerechtfertigte Bereicherung im Internationalen Privatrecht und aus rechtsvergleichender Sicht, 1996; *Schlechtriem*, Internationales Bereicherungsrecht, IPRax 1995, 65; *ders.*, Bereicherungsansprüche im internationalen Privatrecht, in: *v. Caemmerer* (Hrsg), Vorschläge und Gutachten zur Reform des deutschen internationalen Privatrechts der außervertraglichen Schuldverhältnisse, 1983, S 29; *Spickhoff*, Die Restkodifikation des Internationalen Privatrechts: Außervertragliches Schuld- und Sachenrecht, NJW 1999, 2209; *Staudinger*, Das Gesetz zum Internationalen Privatrecht für außervertragliche Schuldverhältnisse und Sachen vom 21. 5. 1999, DB 1999, 1589; *R. Wagner*, Der Regierungsentwurf eines Gesetzes zum Internationalen Privatrecht für außervertragliche Schuldverhältnisse und für Sachen, IPRax 1998, 429.

Übersicht

	Rn		Rn
I. Rechtsquellen für das Kollisionsrecht der außervertraglichen Schuldverhältnisse	1	2. Anknüpfung	10
1. IPR bis zum 1. 6. 1999	1	3. Mehrpersonenverhältnisse	11
2. Das Gesetz zum IPR für außervertragliche Schuldverhältnisse und Sachen	2	VI. Eingriffskondiktion (Abs 2)	15
		VII. Sonstige Konditionsarten (Abs 3)	17
II. Intertemporales Recht	3	VIII. Allgemeine Regeln	18
III. Normzweck und Anknüpfungssystem	4	1. Gesamt- oder Sachnormverweisung	18
IV. Anwendungsbereich	6	2. Ordre public	19
V. Leistungskondiktion (Abs 1)	8	3. Intertemporales Recht	20
1. Verhältnis zu Art 32 Abs 1 Nr 5	9	IX. Internationale Zuständigkeit	21

I. Rechtsquellen für das Kollisionsrecht der außervertraglichen Schuldverhältnisse

1. IPR bis zum 1. 6. 1999. Bis zum 1. 6. 1999 waren die **Anknüpfungsregeln** auf dem Gebiet **1** der außervertraglichen Schuldverhältnisse im Wesentlichen **richterrechtlicher Natur**. Es galt lediglich Art 38 EGBGB (= Art 12 EGBGB idF vom 18. 8. 1896, RGBl S 604), die Rechtsanwendungsverordnung vom 7. 12. 1942[1] sowie § 98 Abs 2 GWB (nun § 130 Abs 2 GWB) als gesetzlich kodifiziertes Kollisionsrecht. Seit 1986 war (und ist) schließlich Art 32 Abs 1 Nr 5 für die Anknüpfung der Leistungskondiktion zu beachten. Staatsvertraglich geregeltes Kollisionsrecht war und ist weitgehend von geringer Bedeutung und wird im jeweiligen Sachzusammenhang behandelt. Letzteres gilt auch für den Diskussionsstand bis zum 1. 6. 1999 und die bis dahin einschlägigen richterrechtlichen Entwicklungen in den jeweiligen Sachgebieten.

2. Das Gesetz zum IPR für außervertragliche Schuldverhältnisse und Sachen. Am 1. 6. 1999 **2** ist das Gesetz zum Internationalen Privatrecht für außervertragliche Schuldverhältnisse und für Sachen vom 21. 5. 1999 in Kraft getreten (BGBl I S 1026). Zugleich sind Art 38 aF sowie die Rechtsanwendungsverordnung aufgehoben worden. Zum ersten Mal in der (west-)deutschen Geschichte wurde damit das außervertragliche Schuldrecht kodifiziert. Die **Geschichte dieses Gesetzes** geht zurück bis zum Jahre 1972. Damals enthielt der Vorentwurf eines EWG-Übereinkommens über das auf vertragliche und außervertragliche Schuldverhältnisse anwendbare Recht auch Kollisionsnormen für das Deliktsrecht, die jedoch auf Wunsch Großbritanniens und Irlands wieder eliminiert wurden[2]. Zum IPR der außervertraglichen Schuldverhältnisse wurden vom Deutschen Rat für IPR 1982 vollständig neue Vorschläge erarbeitet[3]. Dem folgten zwei Referentenentwürfe aus dem Jahre 1984[4] und 1993[5], die zu einem Regierungsentwurf[6] führten, der von einigen Änderungen abgesehen Gesetz geworden ist. Für den zügigen Abschluss des Gesetzgebungsverfahrens mag eine Rolle gespielt haben, dass auf der Ebene der EU eine Verordnung zur Anknüpfung außervertraglicher Schuldverhältnisse geplant war, die mittlerweile als **Verordnung des Europäischen Parlaments und des Rates über das auf außervertragliche Schuldverhältnisse anzuwendende Recht („Rom II")** vom 11. 7. 2007[7] verabschiedet worden ist (Art 42 Rn 9 ff). Sich entwickelndes Richterrecht und eine europarechtlich überaus zweifelhafte Norm wie Art 38 aF[8] hätten in der europäischen Diskussion jedenfalls geringes Gewicht gehabt. Wie stets hat dabei in vergleichender Betrachtung manches (wie etwa die verunglückte Ausgestaltung der Tatortregel in Art 40 Abs 1 in Form eines Optionsrechts als „Anwaltsfalle", die eigentümliche Vorschrift des Art 40 Abs 3 Nr 3 oder die verkürzte Verweisung des Art 44 auf die Tatortregel) nicht nur als Vorbild gedient, sondern auch abschreckend gewirkt.

II. Intertemporales Recht

Anders als im Jahre 1986 anlässlich des Inkrafttretens des IPR-Gesetzes vom 25. 7. 1986 und im Jahre **3** 1990 anlässlich der deutschen Wiedervereinigung hat der Gesetzgeber nun intertemporal-rechtliche Normen, vergleichbar mit denen der Art 220, 236, nicht aufgenommen. Besondere Übergangsvorschriften seien nicht erforderlich, da die nun geregelten Rechtsbereiche bisher im Wesentlichen durch die Rspr geprägt worden seien[9]. Dadurch wird freilich nicht entbehrlich, sich Klarheit über die

---

[1] VO über die Rechtsanwendung bei Schädigungen deutscher Staatsangehöriger außerhalb des Reichsgebietes, RGBl I S 706, BGBl III S 400-1-1.
[2] Art 10 bis 12, 14, RabelsZ 38 (1974), 211; *Staudinger/v. Hoffmann/Fuchs* Vor Art 38 ff Rn 11.
[3] Vorschläge und Gutachten zur Reform des deutschen IPR der außervertraglichen Schuldverhältnisse, Hrsg *v. Caemmerer*, 1983.
[4] Text zB bei *Basedow* NJW 1986, 2971, 2972.
[5] Text zB in IPRax 1995, 132 f; beides bei *Staudinger/v. Hoffmann/Fuchs* Vor Art 38 ff Rn 3.
[6] BR-Drucks 759/98; IPRax 1998, 513; dazu *R. Wagner* IPRax 1998, 429.
[7] Der Vorschlag (als Vorentwurf) vom 21. 2. 2006 ist veröffentlicht in KOM (2006) 83 endg; näher zur Vorgeschichte *Staudinger/v. Hoffmann/Fuchs* Vor Art 38 ff Rn 16 ff.
[8] Vgl *v. Bar* IPR II Rn 680 ff; *Taupitz* ZEuP 1997, 1007; *Brödermann* MDR 1992, 91; offen gelassen in BGHZ 131, 332, 345 f.
[9] BT-Drucks 14/343 S 7.

kollisionsrechtlichen Grundlagen zu verschaffen. Man wird analog auf diejenigen **Grundsätze** abzustellen haben, die sich **in Art 220 Abs 1, 236 § 1** finden. Nach beiden Normen bleibt das bisherige Internationale Privatrecht anwendbar, soweit es um vor dem Inkrafttreten des neuen Rechts „abgeschlossene Vorgänge" geht. Maßgebender Zeitpunkt für die hier geregelten Teilbereiche ist der 1. 6. 1999[10]. Im Falle zeitlich gestreckter Tatbestände, man denke etwa an Immissionsschäden, ist es durchaus vorstellbar, dass sich das anwendbare Recht am 1. 6. 1999 gewandelt hat. Ab dem Inkrafttreten der Rom II-VO gilt **Art 10 Rom II-VO**.

III. Normzweck und Anknüpfungssystem

4   Das nun in Art 38 kodifizierte Internationale Bereicherungsrecht folgt in der Anknüpfung im Wesentlichen der **Aufgliederung der Kondiktionsarten iS der herrschenden Dogmatik** des deutschen (sachlichen) Bereicherungsrechts[11]. Demgemäß unterscheidet das Gesetz Fälle der Leistungskondiktion (Abs 1), der Eingriffskondiktion (Abs 2) sowie sonstige Kondiktionsarten (Abs 3). Eine einzige Grundregel zur Anknüpfung aller Bereicherungsansprüche, die eine mögliche Rückabwicklung der verschiedenartigsten Vermögensverschiebungen regeln sollen, kommt demgegenüber auch rechtspolitisch nicht in Betracht[12]. Abgesehen von den Parteiinteressen[13] legt es zudem das (damit nicht im Widerspruch stehende) Gebot der inneren Entscheidungsharmonie nahe, entweder die Rechtsordnung anzuwenden, nach der das Vorliegen eines Rechtsgrundes zu beurteilen ist (Abs 1), oder diejenige heranzuziehen, die auch für das Deliktsstatut maßgeblich ist (Abs 2), oder nach der Rechtsordnung vorzugehen, in deren Staat die Bereicherung eingetreten ist (Abs 3). Art 38 bezweckt im Ergebnis also, die Rückabwicklung einer Vermögensverschiebung nach Möglichkeit einer einzigen Rechtsordnung zuzuführen und gleichzeitig eine **weitestgehende Entsprechung zwischen dem „Hin- und Rückweg" einer Bereicherung** zu gewährleisten[14].

5   Art 38 beinhaltet zwar die kollisionsrechtlichen Grundanknüpfungen des Internationalen Bereicherungsrechts, steht jedoch in der Normenhierarchie des **kollisionsrechtlichen Anknüpfungssystems** dieses Rechtsgebietes an letzter Stelle: Gegenüber allem anderen vorrangig ist eine nachträgliche Rechtswahl der Parteien (Art 42). Sodann ist nach einer im Verhältnis zu den Anknüpfungen des Art 38 wesentlich engeren Verbindung zu suchen (Art 41), und erst dann ist über Art 38 anzuknüpfen.

IV. Anwendungsbereich

6   Der Anwendungsbereich von Art 38 erfasst solche Normen des in- und ausländischen Rechts, die **funktional den Regelungen in den §§ 812 ff BGB entsprechen**. Es ist also unter Beachtung des Zwecks der Kollisionsnorm nach eigenen Vorstellungen des Forums zu qualifizieren (näher Einl IPR Rn 57). Umfasst sind Voraussetzungen und Rechtsfolgen solcher Ansprüche[15]. Insbes entscheidet das betreffende Recht ggf auch über das Fehlen eines rechtlichen Grundes[16]. Ob ein gültiger Erwerbsakt, etwa eine wirksame sachenrechtliche Verfügung vorliegt, richtet sich demgegenüber nach Art 43 ff[17], wie überhaupt ganz allgemein als Vorfrage selbstständig anzuknüpfen ist, ob der Person, die sich eines Anspruchs wegen Eingriffskondiktion berühmt, das angeblich verletzte Recht überhaupt zustand;[18] das gilt allerdings nicht für Eingriffe in nichtkörperliche Güter, wie etwa das Persönlichkeitsrecht[19].

7   Zweifelhaft ist, ob Art 38, insbes Abs 1, auch maßgeblich ist, wenn es um die **bereicherungsrechtliche Haftung** von Minderjährigen oder sonstigen (beschränkt) geschäftsfähigen oder gar **geschäftsunfähigen Personen** geht. Die bisher hM hat nach dem Bereicherungsstatut entschieden[20]; die Gegenauffassung spricht sich für eine über Art 7 Abs 1 bestimmten Vernichtungsstatut aus[21]. Der hinter der Anknüpfung der Art 7, 12 stehende (auch kollisionsrechtliche) Schutz des Minderjährigen bzw Geschäftsunfähigen gebietet folgende Lösung: Grds gilt die bereicherungsrechtliche Anknüpfung nach Art 38, insbes Abs 1. Im Sinne eines Günstigkeitsvergleichs kann der Minderjährige sich aber auf das nach Art 7, 12 anwendbare Recht berufen[22].

V. Leistungskondiktion (Abs 1)

8   Für die Leistungskondiktionen sieht Abs 1 vor, dass das Recht des Staates maßgebend ist, das auf das Rechtsverhältnis anzuwenden ist, auf das die Leistung bezogen ist.

---

[10] Ebenso BT-Drucks 14/343 S 7.
[11] *Junker* RIW 2000, 241, 243; *Sonnenberger* Rev crit dr int priv 88 (1999), 647, 653; *Staudinger/v. Hoffmann/Fuchs* Rn 3 f; AnwK-BGB/*Huber* Rn 2; *Erman/Hohloch* Rn 2; *Kreuzer* RabelsZ 65 (2001), 383, 403 f.
[12] *Busse* RIW 1999, 16, 17; MünchKommBGB/*Junker* Rn 3.
[13] *Wandt* ZVglRWiss 86 (1987), 272, 298 mwN.
[14] Näher *Plaßmeier* S 74 f, insbes 77; ähnlich *Kegel/Schurig* IPR § 18 III.
[15] Vgl bereits *Schlechtriem* IPRax 1995, 65, 70.
[16] Früher OLG Karlsruhe IPRspr 1992 Nr 52 b.
[17] Vgl *Soergel/Lüderitz* Anh I Rn 53; MünchKommBGB/*Junker* Rn 32, 33.
[18] *Schlechtriem* S 29, 56.
[19] Vgl *R. Wagner* RIW 1994, 195, 197.
[20] ZB *W. Lorenz*, FS Zweigert, 1981, S 199, 206; *Staudinger/Beitzke*, 12. Aufl 1984, Art 7 Rn 55 mwN.
[21] *v. Bar* IPR II Rn 735.
[22] Ähnlich *Staudinger/v. Hoffmann/Fuchs* Rn 7.

1. Verhältnis zu Art 32 Abs 1 Nr 5. Nach Art 32 Abs 1 Nr 5 sind jedoch die Regeln über das **9** Internationale Vertragsrecht (Art 27 f) auch für die Folgen der Nichtigkeit eines Vertrages maßgebend. Das wirft die Frage nach dem Verhältnis von Art 38 Abs 1 zu Art 32 Abs 1 Nr 5 auf[23]. Im Schrifttum ist vorgetragen worden, Art 32 Abs 1 Nr 5 werde von Art 38 Abs 1 als vorrangige Spezialregel verdrängt[24]. Das soll trotz der staatsvertraglichen Natur der Kollisionsnormen des Internationalen Vertragsrechts gelten. Einschränkend wird hinzugefügt, dass alle für Art 32 Abs 1 Nr 5 geltenden Sonderregeln staatsvertraglichen Ursprungs auch im Bereich von Art 38 Abs 1 anzuwenden wären, insbes 35 Abs 2 (anstelle von Art 4 Abs 3)[25]. Darüber hinaus müsste man aber wohl auch zumindest im Rahmen des Art 29 Abs 2 – die bereicherungsrechtliche Rückabwicklung eines Verbrauchervertrages vorausgesetzt – einen Rückgriff auf eine wesentlich engere Verbindung nach Art 41 ausschließen. Es wäre also, wollte man einen Bruch des EVÜ vermeiden, erforderlich, einerseits die entsprechenden Regeln der Art 27 ff in Art 38 Abs 1 hineinzuziehen, andererseits könnten bestimmte Normen des außervertraglichen Schuldrechts in derartigen Konstellationen gerade nicht angewendet werden. Das erscheint umständlich und von der Systematik her zweifelhaft. Richtig erscheint es vielmehr, **Art 32 Abs 1 Nr 5 als vorrangigen Spezialfall** anzusehen, der nach schon bisher allgemeiner Ansicht die Leistungskondiktion erfasst[26], und der daher Art 38 Abs 1 sowie die dieser Anknüpfung vorrangigen Regeln des Internationalen Privatrechts der außervertraglichen Schuldverhältnisse verdrängt. Nur soweit es um Leistungen außerhalb des Anwendungsbereichs der Art 27 ff geht, gilt Art 38 Abs 1 unmittelbar[27]. Unmittelbar von Art 38 erfasst werden daher insbes gesetzliche Schuldverhältnisse, wie etwa unterhalts-, delikts- oder erbrechtliche Schuldverhältnisse[28].

2. Anknüpfung. Die Grundregel des Art 38 Abs 1 sieht eine akzessorische Anknüpfung an das **10** Recht vor, welches das Rechtsverhältnis beherrscht oder beherrschen würde, wenn es wirksam bzw existent wäre. Erfasst sind etwa Fälle der Zuvielleistung oder der Zweckverfehlung[29]. Der **Begriff der „Leistung"**, der im sachlichen deutschen Bereicherungsrecht vorbelastet ist, sollte für die Zwecke des Internationalen Privatrechts autonom iS von (bewusster) Zuwendung oder Wertverschiebung, also **im natürlichen Sinn** verstanden werden[30]. Freilich muss die Leistung auf ein Rechtsverhältnis bzw einen Rechtsgrund hin ausgerichtet sein. Kann sich die Leistung auf mehrere, zu unterscheidende Rechtsverhältnisse beziehen und ist zweifelhaft, auf welches sie sich bezieht, ist streitig, ob Abs 1 anzuwenden und in Anlehnung an das sachliche deutsche Recht auf den Empfängerhorizont abzustellen ist[31] oder ob über Abs 3 das Recht am Ort des Eintritts der Bereicherung anzuwenden ist[32]. Letzteres erscheint als konsequente Fortführung des Ansatzes, dass es für den kollisionsrechtlichen Leistungsbegriff nicht notwendig auf das Erfordernis der subjektiven Zwecksetzung bei entsprechender Unsicherheit ankommen sollte.

3. Mehrpersonenverhältnisse. Art 38 gilt auch im Falle von Mehrpersonenverhältnissen[33]. Kann **11** eine **Zuwendung einer bereits bestehenden Leistungsbeziehung zugeordnet** werden, kommt es auf das **Leistungsstatut (Abs 1), sonst** auf das **Statut der jeweiligen Nichtleistungskondiktion** an[34]. Im Übrigen lassen sich typologisch folgende Konstellationen unterscheiden:
Im Kontext der sog **Anweisungsfälle** ist im Fall einer versehentlichen Überweisung des zehnfachen **12** Betrages des in Wirklichkeit angewiesenen Betrages durch die Bank für den Rückzahlungsanspruch der Bank gegen den Empfänger nach Abs 3 das Recht des Empfangsstaates maßgeblich[35] und nicht das Recht des Deckungsverhältnisses zwischen Anweisendem und Angewiesenem[36] oder das Recht, das auf die Beziehung zwischen Anweisendem und Valutaempfänger anwendbar ist[37].
Bei **Zahlung auf eine fremde Schuld** beurteilt sich der bereicherungsrechtliche Ausgleichs- **13** anspruch des Zahlenden gegen den Schuldner gemäß Art 38 Abs 1 nach dem Statut der getilgten

---

[23] Art 38 Abs 1 zur Rückabwicklung unwirksamer vertraglicher Verpflichtungen haben unreflektiert angewendet bzw Art 32 Abs 1 Nr 5 haben übersehen OLG Saarbrücken IPRspr 2002 Nr 43; OLG Hamburg IPRspr 2003 Nr 43: „Vereinbarung" eines „zusätzlichen Honorars" des Dreifachen vom vereinbarten Honorar unmittelbar vor einem Konzert mit einem der „Drei Tenöre" nach englischem Recht.
[24] *Busse* RIW 1999, 16, 18.
[25] *Busse* RIW 1999, 16, 17 f.
[26] Ebenso BT-Drucks 14/343 S 8; *Junker* RIW 2000, 241, 244; *Kreuzer* RabelsZ 65 (2001), 383, 406; AnwK-BGB/*Huber* Rn 11; *Kropholler* IPR § 53 II 1; *R. Wagner* IPRax 1998, 429, 431; *Fischer* IPRax 2002, 1, 3; *Spickhoff* NJW 1999, 2209, 2211; *Palandt/Heldrich* Rn 2.
[27] Für die Rückabwicklung nichtiger Verträge über Art 32 Abs 1 Nr 5 bereits bisher die hM BGH DtZ 1995, 250, 253; OLG Köln NJW-RR 1994, 1026; OLG Frankfurt WM 1996, 2107, 2109; OLG München RIW 1998, 559, 560; *Wandt* ZVglRWiss 86 (1987), 272, 310; *Palandt/Heldrich* Art 32 Rn 7; MünchKommBGB/*Spellenberg* Art 32 Rn 130; *Staudinger/W. Lorenz* 1994 § 812 BGB Rn 115.
[28] *Staudinger/v. Hoffmann/Fuchs* Rn 8; MünchKommBGB/*Junker* Rn 8.
[29] OLG Köln NJW-RR 1994, 1026 zum alten Recht; vgl auch *Hahn* MDR 2001, 85 in Anm zu BGH MDR 2001, 84.
[30] *Busse* S 247; *ders* RIW 1999, 16, 17; *Eilinghoff* S 137 ff; AnwK-BGB/*Huber* Rn 6.
[31] Dafür *Eilinghoff* S 170 ff.
[32] Dafür AnwK-BGB/*Huber* Rn 9.
[33] BT-Drucks 14/343 S 8.
[34] *v. Bar* IPR II Rn 736; *Plaßmeier* S 356 f.
[35] BGH NJW 1987, 185; ebenso *W. Lorenz* NJW 1990, 607, 609 ff; *v. Bar* IPR II Rn 736; *Staudinger/v. Hoffmann/Fuchs* Rn 25; MünchKommBGB/*Junker* Rn 18; AnwK-BGB/*Huber* Rn 35.
[36] Dafür aber *Schlechtriem* IPRax 1987, 356, 357.
[37] Dafür *Fischer* IPRax 2002, 1, 7; *Palandt/Heldrich* Rn 2; vgl auch *Jayme* IPRax 1987, 185, 186.

Forderung[38]. Zahlt ein Dritter auf eine vermeintlich eigene Schuld, so ist der Bereicherungsanspruch gegen den Schuldner nach dem Statut der vermeintlichen Schuld zu beurteilen. Begleicht ein Dritter demgegenüber freiwillig und bewusst fremde Schulden, so richten sich auch Bereicherungsansprüche des auf eine fremde Schuld zahlenden Dritten gegen den Gläubiger nach dem Recht, das auf die vermeintlich getilgte Verbindlichkeit anwendbar ist[39]. Für Rückgriffsansprüche gegen den Schuldner gilt, wenn zwischen Schuldner und Zahlendem keine causa besteht, über Art 38 Abs 1 das Recht, das auf die getilgte Schuld anwendbar ist[40].

14 Im Falle eines **Vertrages zugunsten Dritter** entscheidet das Deckungsverhältnis die Frage, ob der Versprechensempfänger einer Kondiktion des Versprechenden ausgesetzt ist. Das Valutaverhältnis bestimmt, ob der Dritte die faktische Leistung des Versprechenden an den Versprechensempfänger herauszugeben hat. Schließlich gilt für die Direktkondiktion des Versprechenden im Falle der Unwirksamkeit des Deckungsverhältnisses gegen den Dritten als faktischen Leistungsempfänger das Statut des Deckungsverhältnisses[41].

VI. Eingriffskondiktion (Abs 2)

15 Bereicherungsansprüche durch Eingriff in ein geschütztes Interesse unterliegen dem Recht des Staates, in dem der Eingriff geschehen ist. Bisher wurde häufig vertreten, es gebe das Recht Maß, nach welchem die Vermögensverschiebung eingetreten ist[42]. Auf das Recht der belegenen Sache abzustellen passt jedenfalls nicht im Falle von Eingriffen in nicht verkörperte Güter[43]. Durch die Anknüpfung an den Eingriff in ein „geschütztes Interesse", die auf einen Vorschlag von *v. Bar* zurückgeht[44], sollen auch Eingriffe in Persönlichkeitsrechte erfasst werden[45]. Auch soll eine **einheitliche Anknüpfung von Ansprüchen aus ungerechtfertigter Bereicherung, Geschäftsführung ohne Auftrag und insbes unerlaubter Handlung ermöglicht** werden. Es kann **ubiquitär an den Handlungs- und Erfolgsort** angeknüpft werden, jedenfalls soweit dies Art 40 Abs 1 ermöglicht. Frühere Referentenentwürfe knüpften auch im Internationalen Deliktsrecht an den Begriff des geschützten Interesses an[46], doch ist man im jetzt geltenden Art 40 Abs 1 S 2 wieder zum Begriff des Erfolges zurückgekehrt. Soweit in Art 40 Abs 1 das Ubiquitätsprinzip über das Bestimmungsrecht des Geschädigten im Hinblick auf den Erfolgsort eingeschränkt wird, sollte dies über Art 41 auch im Rahmen von Art 38 Abs 2 geschehen, um den erstrebten Gleichlauf von Ansprüchen aus Eingriffskondiktion und Delikt sicherzustellen[47].

16 Art 38 Abs 2 erfasst Ansprüche wegen Bereicherung durch Nutzung, Verwendung, Verbrauch, auch Ansprüche wegen Verbindung, Vermischung oder Verarbeitung. Allerdings sind Ansprüche aus dem Eigentümer-Besitzer-Verhältnis (§§ 987 ff BGB) nach zutreffender hM sachenrechtlich (nur § 992 BGB deliktsrechtlich) zu qualifizieren (Art 43 Rn 8). Ebenso erfasst Art 38 Abs 2 den Anspruch desjenigen, der durch die Wirksamkeit einer Verfügung eines Nichtberechtigten zu schützen ist, wie etwa durch § 816 Abs 1 BGB[48], sowie Ansprüche aus Eingriffen in die Forderungszuständigkeit (in Deutschland: § 816 Abs 2 BGB)[49]. Nicht erfasst von Abs 2 sind Eingriffe in Immaterialgüterrechte; hier gilt das sog Schutzlandprinzip, also das Recht des Staates, für dessen Gebiet Schutz beansprucht wird[50].

VII. Sonstige Kondiktionsarten (Abs 3)

17 Als **Auffangregel** bestimmt Abs 3, dass in sonstigen Fällen der ungerechtfertigten Bereicherung Ansprüche daraus nach dem Recht des Staates zu beurteilen sind, in dem die Bereicherung eingetreten ist. Maßgeblich ist im Allgemeinen die **am Wohnort oder an der Niederlassung des Empfängers geltende Rechtsordnung**[51]. Zweifelhaft ist die Konkretisierung des Orts des Bereicherungseintritts allerdings zB im Falle von Computerbuchungen. Richtigerweise wird man in derartigen Fällen auf das Recht des Staates abzustellen haben, in dem sich das Bankkonto des Empfängers befindet[52]. Von Art 38

---

[38] AnwK-BGB/*Huber* Rn 41; *Staudinger*/*v. Hoffmann*/*Fuchs* Rn 19; *v. Bar* IPR II Rn 737; für Abs 3 *Looschelders* Rn 7.
[39] AnwK-BGB/*Huber* Rn 42; *Schlechtriem* S 29, 77; *Einsele* JZ 1993, 1025, 1026.
[40] *Staudinger*/*v. Hoffmann*/*Fuchs* Rn 19; AnwK-BGB/*Huber* Rn 40.
[41] AnwK-BGB/*Huber* Rn 32, 33; *Staudinger*/*v. Hoffmann*/*Fuchs* Rn 23; früher bereits *Plaßmeier* S 341 f; *W. Lorenz*, FS Zweigert, 1981, S 214, 218 f; *Schlechtriem* S 29, 74; *Einsele* JZ 1993, 1025, 1027.
[42] *Einsele* JZ 1993, 1025, 1030; *Junker* RIW 2000, 241, 244.
[43] BT-Drucks 14/343 S 8.
[44] S *Schlechtriem* IPRax 1995, 65, 69.
[45] BT-Drucks 14/343 S 9; früher bereits *Wagner* RIW 1994, 195, 198.
[46] So noch der Referentenentwurf vom 1. 12. 1993, IPRax 1995, 132 f.
[47] Im Ergebnis ebenso – Art 40 Abs 1 analog – *Kreuzer* RabelsZ 65 (2001), 383, 407; *v. Hoffmann*/*Thorn* IPR § 11 Rn 5; *Palandt*/*Heldrich* Rn 3; PWW/*Leupertz* Rn 7.
[48] Näher und mwN *Staudinger*/*v. Hoffmann*/*Fuchs* Rn 12–16; AnwK-BGB/*Huber* Rn 16; MünchKommBGB/*Junker* Rn 22.
[49] *Staudinger*/*v. Hoffmann*/*Fuchs* Rn 13, 14.
[50] BGHZ 136, 380, 390 f = NJW 1998, 1395; *Looschelders* Rn 12; AnwK-BGB/*Huber* Rn 15.
[51] MünchKommBGB/*Junker* Rn 24; *Schlechtriem* IPRax 1987, 356, 357; *Sonnenberger* Rev crit dr int priv 88 (1999), 647, 655; früher schon *v. Caemmerer*, FS Rabel I, 1954, S 333, 388.
[52] *Busse* S 163; *Jayme*, FS W. Lorenz, 2001, S 315, 316 ff; *Fischer* IPRax 2002, 1, 7.

VIII. Allgemeine Regeln

1. Gesamt- oder Sachnormverweisung. Die Frage, ob Art 38 Gesamt- oder Sachnormverweisungen ausspricht, ist nicht geregelt. Maßgeblich ist daher zunächst die allgemeine Vorschrift des Art 4 Abs 1 und 2. Innerhalb des Anwendungsbereichs von Art 32 Abs 1 Nr 5 gilt im Falle von Leistungskondiktionen allerdings ohnedies das Prinzip der Sachnormverweisung **(Art 35 Abs 1).** Im Übrigen würde es den Zweck der akzessorischen Anknüpfung des Art 38 Abs 1 konterkarieren, wenn man Rück- oder Weiterverweisungen beachten würde, obwohl das gesetzliche Schuldverhältnis, das rückabzuwickeln ist, gleichfalls Sachnormverweisungen ausspricht. Nur dann, wenn das **Statut** für die **zu Grunde liegende Leistungsbeziehung Gesamtverweisungen** ausspricht, gilt dies auch im Rahmen des Art 38 Abs 1[55]. Die Anknüpfungen der Abs **2 und 3** sprechen demgegenüber insgesamt **Gesamtverweisungen** aus[56]. 18

2. Ordre public. Der Vorbehalt des ordre public ist im Zusammenhang mit dem Internationalen Bereicherungsrecht wie stets **zurückhaltend** anzuwenden. Selbst § 817 S 2 BGB wird den ordre public im Allgemeinen nicht auslösen[57], es sei denn, der Sitten- oder Gesetzesverstoß ist von besonderer Schwere und die Inlandsbeziehung besonders stark[58]. Art 40 Abs 3 gilt (auch im Rahmen von Art 38 Abs 2) nicht analog. Exorbitante Ansprüche können im Rahmen von Art 6 abgewehrt werden[59]. 19

3. Intertemporales Recht. Eine eigene intertemporalrechtliche Vorschrift wie in **Art 220 Abs 1** oder in **Art 236 § 1** findet sich in Bezug auf das Internationale Bereicherungsrecht nicht. Der Grundsatz, der in diesen beiden Normen zum Ausdruck kommt, ist aber **entspr anzuwenden**. Es kommt also auf die Abgeschlossenheit des jeweiligen Vorgangs an[60]. Im Wesentlichen wird man auf die Entstehung des Anspruchsgrundes abzustellen haben. In zeitlich gestreckten Fällen (zB unbefugte Verwendung von Bildern im Internet) kann sich theoretisch das Bereicherungsstatut wandeln. Da jedoch nur der **bisherige Rechtszustand im Wesentlichen kodifiziert** worden ist[61], dürften solche Problemlager praktisch kaum auftreten. 20

IX. Internationale Zuständigkeit

Für die internationale Zuständigkeit gelten die allgemeinen Regeln. Vorrangige, spezifisch darauf bezogene Staatsverträge bzw EU-Recht existieren zwar nicht. Zu beachten ist aber, dass der besondere vertragliche Gerichtsstand des Erfüllungsortes nach **Art 5 Nr 1 EuGVVO** nach (zutr) hM – im Gegensatz zur (nicht überzeugenden) hM zu § 29 ZPO – auch die **Leistungskondiktion wegen Rückabwicklung unwirksamer Verträge** erfassen soll[62]. 21

Art 39 Geschäftsführung ohne Auftrag

(1) Gesetzliche Ansprüche aus der Besorgung eines fremden Geschäfts unterliegen dem Recht des Staates, in dem das Geschäft vorgenommen worden ist.

(2) Ansprüche aus der Tilgung einer fremden Verbindlichkeit unterliegen dem Recht, das auf die Verbindlichkeit anzuwenden ist.

Schrifttum (s auch Voraufl): *Fischer*, Die Neuregelung des Kollisionsrechts der ungerechtfertigten Bereicherung und der Geschäftsführung ohne Auftrag im IPR-Gesetz von 1999, IPRax 2001, 1; *v. Hoffmann*, Das auf die Geschäfts-

---

[53] *Junker* RIW 2000, 241, 243; AnwK-BGB/*Huber* Rn 36; *Kropholler* IPR § 53 II 3; ferner *Schlechtriem* IPRax 1995, 65, 70; BGH NJW 1987, 185, 186 zum alten Recht.
[54] *Kropholler* IPR § 53 II 3; *v. Hoffmann/Thorn* IPR § 11 Rn 6; *W. Lorenz* IPRax 1985, 328; *Schlechtriem* IPRax 1995, 65, 69; *v. Bar* IPR II Rn 741.
[55] Ebenso *v. Bar* IPR II Rn 744; *Staudinger/v. Hoffmann/Fuchs* Rn 35, 36; *Jayme*, FS W. Lorenz, 2001, 315, 319 f; MünchKommBGB/*Junker* Rn 35; *Plaßmeier* S 326 f; grds innerhalb des Abs 1 für Sachnormverweisung aber *Palandt/Heldrich* Rn 1.
[56] BT-Drucks 14/343 S 8; *Palandt/Heldrich* Rn 1; *Erman/Hohloch* Rn 5; *v. Bar* IPR II Rn 744; MünchKommBGB/*Junker* Rn 34 ff; *Fischer* IPRax 2002, 1, 9 ff; diff *Busse* S 211 ff.
[57] BGH NJW 1966, 730.
[58] Ebenso *Staudinger/W. Lorenz* § 817 BGB Rn 19; *Spickhoff*, Der ordre public im IPR, 1989, S 172 ff.
[59] *Looschelders* Rn 5; *Staudinger/v. Hoffmann/Fuchs* Rn 11; aA *Busse* RIW 1999, 16, 20.
[60] Vgl BT-Drucks 14/343 S 7; *Busse* S 262 f; *ders* RIW 1999, 16, 21; *Spickhoff* NJW 1999, 2209, 2210.
[61] Vgl die bisherige Kommentarlit; vielfach wurden die jetzt in Art 38 Abs 2 und 3 differenziert geregelten Kondiktionsarten, insbes auch die Eingriffskondiktion, einheitlich nach dem Recht beurteilt, nach welchem die Vermögensverschiebung eingetreten ist; vgl *Palandt/Heldrich*, 58. Aufl 1999, Vor Art 38 Rn 3 mwN.
[62] Zu Art 5 EuGVVO *Kropholler*, Europäisches Zivilprozessrecht, Art 5 EuGVVO Rn 15; *Nagel/Gottwald*, Internationales Zivilprozessrecht, § 3 Rn 41; gegen die Anwendung von § 29 ZPO BGH NJW 1962, 739; BayObLG BB 1990, 2442; anders aber *Spickhoff* ZZP 109 (1996), 493, 510 f; *Stein/Jonas/Roth*, 22. Aufl 2003, § 29 ZPO Rn 6, schon im Hinblick auf die funktionale Nähe von Rücktritt und Bereicherung; *Schack*, Internationales Zivilvefahrensrecht, Rn 263, 264

führung ohne Auftrag anzuwendende Recht, in: *v. Caemmerer* (Hrsg), Vorschläge und Gutachten zur Reform des deutschen internationalen Privatrechts der außervertraglichen Schuldverhältnisse, 1983, S 80.

I. Normzweck, Anknüpfungssystem und Rechtsquellen

1 Die Geschäftsführung ohne Auftrag behandelt sehr unterschiedliche Ausgleichsprobleme. Im Wesentlichen gilt es, die **Interessen des Geschäftsführers und des Geschäftsherrn** an der Geltung des jeweils vertrauten Rechts zum **Ausgleich** zu bringen. Haben daher beide den gleichen gewöhnlichen Aufenthalt oder Betriebssitz, deuten die **Parteiinteressen** in Ermangelung einer abweichenden Vereinbarung (Art 42) auf das entsprechende Recht hin (Art 41 Abs 2 Nr 2)[1]. Im Falle einer medizinischen Behandlung Bewusstloser ist zudem an eine nachträgliche Rechtswahl bzw eine entsprechende akzessorische Anknüpfung durch Geschehenlassen der weiteren Behandlung nach Wiedererlangung des Bewusstseins bzw der Geschäftsfähigkeit zu denken[2]. Im Übrigen folgt das Gesetz nicht der persönlichen Verknüpfung mit einem Beteiligten, sondern stellt auf ein neutrales Anknüpfungsmerkmal, nämlich den Ort der Geschäftsführung, ab (Abs 1)[3].

2 Im **Anknüpfungssystem** gilt folgende Leiter: Vorrangig ist eine nachträgliche Rechtswahl (Art 42), gefolgt von der im Verhältnis zur Grundanknüpfung des Art 39 (die also zuvor oder inzident zu prüfen ist) wesentlich enger erscheinenden Verbindung (Art 41), wobei hier – wie bemerkt – die Anknüpfung an den gemeinsamen gewöhnlichen Aufenthalt (Art 41 Abs 2 Nr 2) besonders hervorzuheben ist. Erst wenn Anknüpfungen über Art 42 und über Art 41 ausscheiden, ist auf Art 39 abzustellen[4]. Ähnliches gilt – bei Abweichungen im Detail – künftig nach **Art 11 Rom II VO** (s Art 42 Rn 83 ff).

3 Vorrangig gegenüber allen diesen Anknüpfungen ist zum einen Art 18 Abs 6 Nr 3, der auf dem Haager Unterhaltsübereinkommen vom 2. 10. 1973 beruht[5]. Auch Art 33 Abs 3 ist zu beachten[6]. Im Falle der Hilfeleistung auf hoher See ist das Brüsseler Übereinkommen vom 23. 9. 1910 über die Hilfeleistung und Bergung in Seenot (RGBl 1913 S 66) als vorrangiger Staatsvertrag (Art 3 Abs 2) durch das Internationale Übereinkommen über Bergung abgelöst worden; es ist für die Bundesrepublik am 8. 10. 2002 in Kraft getreten (BGBl II S 1202) und im nationalen Recht in §§ **740 ff HGB** umgesetzt[7]. Gemäß **Art 8 EGHGB** gelten diese Vorschriften vor deutschen Gerichten im Wege einer vorrangigen, einseitigen Kollisionsnorm. Danach sind die §§ 740 bis 746, 748 bis 750, 753, 753 a und 902 Nr 3 iVm 903 Abs 3 HGB grds ohne Rücksicht auf das nach Internationalem Privatrecht anzuwendende Recht anzuwenden. Das gilt nach Art 8 Abs 2 EGHGB so bin zum Zinsanspruch des Bergers. Die Aufteilung des Bergelohns oder der Sondervergütung zwischen dem Berger und seinen Bediensteten bestimmt sich jedoch, wenn die Bergung von einem Schiff aus durchgeführt worden ist, nach dem Recht des Staates, dessen Flagge das Schiff führt, sonst nach dem Recht, dem der zwischen dem Berger und seinen Bediensteten geschlossene Vertrag unterliegt. Das Recht der Parteien, eine Rechtswahl zu treffen, bleibt unberührt; unterliegt jedoch das Rechtsverhältnis ausländischem Recht, so sind § 741 Abs 1 und § 750 Abs 2 HGB gleichwohl anzuwenden. Bei Bergungsmaßnahmen durch eine Behörde ist für die Verpflichtungen zwischen den Parteien das Recht des Staates maßgebend, in dem sich die Behörde befindet (Art 8 Abs 3 EGHGB).

II. Grundanknüpfung (Abs 1)

4 Art 39 Abs 1 unterstellt Ansprüche aus Geschäftsführung ohne Auftrag grds dem Recht des Staates, in dem das Geschäft vorgenommen worden ist. So verweist Art 39 Abs 1 zB auf inländisches Recht, wenn das in Frage stehende Geschäft (etwa ein verabredeter Erwerb von Anteilen einer Gesellschaft mit ausländischem Gesellschaftsstatut) im Inland ausgeführt worden ist. Die Norm schließt an die bereits bisher hM an[8]. Erfasst werden sowohl **Ansprüche des Geschäftsführers als auch die des Geschäftsherren**[9]. Von Geschäftsführung ohne Auftrag iS des Art 39 kann nur gesprochen werden, wenn ein **Fremdgeschäftsführungswille** vorliegt. Fälle des § 687 BGB lassen sich demgemäß nicht unter Art 39 subsumieren[10].

5 Erfasst werden neben Fällen der **Hilfeleistung** auch sog **Einwirkungsfälle**, also Einwirkungen auf fremde Sachen durch Nutzung, Veräußerung oder Verwendung. Für solche Einwirkungsfälle gilt das Recht am Ort der Einwirkung[11]. Im Falle von sukzessiven Handlungen in mehreren Rechtsgebieten wird man auf das Recht des Staates abzustellen haben, in dem die Hilfeleistung ganz überwiegend

---

[1] Zur akzessorischen Anknüpfung bei Fremdgeschäftsführung im Rahmen eines zwischen den Parteien bestehenden Rechtsverhältnisses vgl BGH NJW 1998, 1321, 1322.
[2] PWW/*Fehrenbacher* Rn 9.
[3] *Sonnenberger* Rev crit dr int priv 88 (1999), 647, 655; *Fischer* IPRax 2001, 1, 11; zur Interessenlage vgl auch *Soergel/Lüderitz* Art 38 Anh I Rn 2, 3.
[4] *Spickhoff* NJW 1999, 2209, 2212.
[5] *Soergel/Lüderitz* Art 38 Anh I Rn 1; BT-Drucks 14/343 S 9; *Staudinger/v. Hoffmann/Thorn* Rn 44.
[6] *Soergel/Lüderitz* Art 38 Anh I Rn 1.
[7] Drittes SeerechtsänderungsG, BGBl I 2001 S 898, zugleich in Kraft getreten, BGBl I 2002 S 1944.
[8] BGH ZIP 2004, 2324; OLG Düsseldorf MDR 1983, 132; OLG Koblenz NJW 1992, 2367; vgl auch OLG Hamburg VersR 1989, 311.
[9] *Kropholler* IPR § 53 III 1; MünchKommBGB/*Junker* Rn 5; *Soergel/Lüderitz* Art 38 Anh I Rn 8.
[10] MünchKommBGB/*Junker* Rn 4; *Staudinger/v. Hoffmann/Thorn* Rn 2; PWW/*Fehrenbacher* Rn 4.
[11] MünchKommBGB/*Junker* Rn 19.

erbracht worden ist, nicht auf den (u.U. für den Helfenden nicht erkennbaren) Ort, an dem das Hilfsbedürfnis aufgetreten ist[12]. Ein **Statutenwechsel** sollte nach Möglichkeit vermieden werden; hilfsweise ist auf den Ort des Tätigkeitsbeginns abzustellen[13]. Fallen ausnahmsweise **Handlungs- und Erfolgsort** auseinander, so kommt eine alternative Anknüpfung wie im Internationalen Deliktsrecht nicht in Betracht, denn es bestehen wechselseitige Ansprüche der Beteiligten gegeneinander. Daher ist (vorbehaltlich Art 41) grds auf den Erfolgsort abzustellen[14]. Bei mehreren Erfolgsorten bleibt nur, entweder eine Schwerpunktbetrachtung durchzuführen[15] oder – aus Gründen der Rechtsklarheit vorzugswürdig – auf den Handlungsort abzustellen[16]. Geht es um **Hilfeleistung im staatsfreien Gebiet**, insbes auf hoher See, ist (in Ermangelung anderer gemeinsamer Anknüpfungspunkte von Gerettetem und Retter wie gemeinsamer Heimathafen oder gemeinsame Flagge) das Personalstatut des Geretteten, also etwa das Heimatrecht des geretteten Schiffes, anwendbar[17]. Richtigerweise ist dieses Ergebnis nicht über die Ausweichklausel des Art 41 Abs 1 zu erzielen[18], weil eine Grundanknüpfung, von der abzuweichen wäre, hier gar nicht zur Verfügung steht, sondern ins Leere geht. Vielmehr liegt von vornherein eine zu schließende Lücke vor.

III. Tilgung einer fremden Verbindlichkeit (Abs 2)

Die auftragslose Tilgung einer fremden Schuld wird nach Abs 2 dem Schuldstatut unterworfen, also 6
dem Recht, das auf die betreffende Verbindlichkeit anzuwenden ist. Es handelt sich um eine akzessorische Anknüpfung. Ist der **Leistende dem Gläubiger zur Leistung verpflichtet**, so ist **Art 33 Abs 3 zu beachten**. Das zwischen dem Leistenden und dem Gläubiger maßgebliche Recht entscheidet über den Forderungsübergang. **Fehlt eine solche Verpflichtung** des Leistenden dem Gläubiger gegenüber, kann an ein entsprechendes Zessionsgrundstatut nicht angeknüpft werden. Maßgeblich ist dann nach Art 39 Abs 2 das **Forderungsstatut**. Zahlt ein auftragsloser Geschäftsführer zB eine fremde Kaufpreisschuld, richtet sich sein Ausgleichsanspruch nach dem Kaufvertragsstatut[19]. Viel spricht dafür, der Tilgung fremder Schuld gleichzustellen, wenn jemand auftragslos eine Sicherheit für die Schuld eines anderen bestellt; auch hier sollte das betreffende Schuldstatut gelten[20]. **Art 18 Abs 6 Nr 3** greift vorrangig (Rn 3), erfasst indes nur das Ausmaß der dort geregelten Erstattungsansprüche. Im Übrigen gilt die akzessorische Anknüpfung des Abs 2[21].

IV. Allgemeine Regeln

1. Gesamt- oder Sachnormverweisung, ordre Public. In Ermangelung einer Spezialregel gilt 7
Art 4 Abs 1 und 2. Eine Sachnormverweisung nach Art 4 Abs 2 ist im Falle einer nachträglichen Rechtswahl (Art 42) anzunehmen[22]. Dem Sinn der Verweisung (Art 4 Abs 1 S 1 aE) würde es widersprechen, im Rahmen von Art 39 Abs 2 von einer Gesamtverweisung auszugehen, wenn das Schuldstatut Sachnormverweisungen ausspricht[23]. **Art 6** kann wie stets **ausnahmsweise** eingreifen[24]. Art 40 Abs 3 ist weder direkt noch analog anzuwenden[25].

2. Intertemporales Recht. In Ermangelung einer ausdrücklichen intertemporal-rechtlichen 8
Übergangsregel gelten die **Grundsätze der Art 220 Abs 1, 236 § 1** entspr. Maßgebend ist die Abgeschlossenheit des betreffenden Vorgangs vor oder nach dem 1. 6. 1990. Im Falle einer länger andauernden Geschäftsführung ist theoretisch zu einem Wandel des anwendbaren Rechts gekommen sein[26]. Praktisch relevant dürfte das kaum werden, da Art 39 im Wesentlichen an die bereits bisher hM anschließt. Deswegen kann man die Frage nach der Anwendbarkeit von Art 39 zwar in der Praxis ggf

---

[12] So aber *Staudinger/v. Hoffmann/Thorn* Rn 14; PWW/*Fehrenbacher* Rn 6; wie hier BT-Drucks 14/343 S 9; s bereits *Spickhoff* NJW 1999, 2209, 2212.
[13] Grds für den Ort des Tätigkeitsbeginns – ohne vorherigen Versuch der Bestimmung eines Schwerpunkts – MünchKommBGB/*Junker* Rn 8.
[14] Ebenso *v. Hoffmann* S 80 ff, 83; *v. Hoffmann/Thorn*, IPR § 11 Rn 10; *Kreuzer* RabelsZ 65 (2001), 383, 411; MünchKommBGB/*Junker* Rn 9; *Looschelders* Rn 8; AnwK-BGB/*Huber* Rn 8; *Palandt/Heldrich* Rn 1.
[15] Dafür AnwK-BGB/*Huber* Rn 9; *Looschelders* Rn 8; PWW/*Fehrenbacher* Rn 7.
[16] Eingehend, auch zu vorrangigen Staatsverträgen, *Staudinger/v. Hoffmann/Thorn* Rn 22–34; im Grundsatz ebenso MünchKommBGB/*Junker* Rn 10.
[17] *v. Hoffmann* S 80, 91; *Kropholler* IPR § 53 III 2; *Kegel/Schurig* § 18 II; *Fischer* IPRax 2002, 1, 14; *v. Bar* IPR II Rn 725; *Soergel/Lüderitz* Anh I Art 38 Rn 11; nur im Ergebnis ebenso, aber auf das Recht des Erfüllungsortes abstellend OLG Hamburg VersR 1975, 1143; BGHZ 67, 368.
[18] So aber BT-Drucks 14/343 S 9; *Palandt/Heldrich* Rn 1.
[19] *Kropholler* IPR § 53 III 3; *Sonnenberger* Rev crit de dr int priv 88 (1999), 647, 656.
[20] Ebenso AnwK-BGB/*Huber* Rn 11; *Staudinger/v.Hoffmann/Thorn* Rn 42; ebenso bereits zum früheren unkodifizierten Recht *Wandt*, Die GoA im IPR, 1989, S 198 f; *v. Bar* IPR II Rn 726 aE.
[21] AnwK-BGB/*Huber* Rn 50; MünchKommBGB/*Junker* Rn 23.
[22] *v. Bar* IPR II Rn 729.
[23] Ebenso BT-Drucks 14/343 S 8; *Spickhoff* NJW 1999, 2209, 2212; *Looschelders* Rn 4; AnwK-BGB/*Huber* Rn 26; *Fischer* IPRax 2002, 1, 17; insgesamt für Sachnormverweisungen im Rahmen des Art 39 Abs 2 Erman/*Hohloch* Rn 5.
[24] Vgl *Wandt*, Die GoA im IPR, 1989, S 268 f; Erman/*Hohloch* Rn 4.
[25] Vorsichtiger *Staudinger/v. Hoffmann/Thorn* Rn 65; wie hier AnwK-BGB/*Huber* Rn 27; PWW/*Fehrenbacher* Rn 14.
[26] *Spickhoff* NJW 1999, 2209, 2210 f.

dahinstehen lassen; doch im Falle von Abweichungen zwischen altem und neuem Recht ist es nicht zutreffend, aus dem Fehlen einer Übergangsregel die Anwendbarkeit von Art 39 zu schließen[27].

V. Internationale Zuständigkeit

9   Zur internationalen Zuständigkeit ist der besondere Gerichtsstand des **Art 7 Abs 1 e** des **Brüsseler Internationalen Übereinkommens zur Vereinheitlichung von Regeln über den Arrest in Seeschiffe**[28] in Bezug auf **Berge- und Hilfslohn** und des **Art 5 Nr 7 EuGVVO** bzw **Art 5 Nr 7 LugÜ** zugunsten einer **Ladung oder Frachtforderung** zu beachten; die internationale Zuständigkeit folgt dann jeweils dem darauf bezogenen (potentiellen) Arrestgerichtsstand. Im autonomen deutschen Prozessrecht bestehen solche Sonderregeln nicht[29].

Art 40 Unerlaubte Handlung

(1) ¹Ansprüche aus unerlaubter Handlung unterliegen dem Recht des Staates, in dem der Ersatzpflichtige gehandelt hat. ²Der Verletzte kann verlangen, daß anstelle dieses Rechts das Recht des Staates angewandt wird, in dem der Erfolg eingetreten ist. ³Das Bestimmungsrecht kann nur im ersten Rechtszug bis zum Ende des frühen ersten Termins oder dem Ende des schriftlichen Vorverfahrens ausgeübt werden.

(2) ¹Hatten der Ersatzpflichtige und der Verletzte zur Zeit des Haftungsereignisses ihren gewöhnlichen Aufenthalt in demselben Staat, so ist das Recht dieses Staates anzuwenden. ²Handelt es sich um Gesellschaften, Vereine oder juristische Personen, so steht dem gewöhnlichen Aufenthalt der Ort gleich, an dem sich die Hauptverwaltung oder, wenn eine Niederlassung beteiligt ist, an dem sich diese befindet.

(3) Ansprüche, die dem Recht eines anderen Staates unterliegen, können nicht geltend gemacht werden, soweit sie
1. wesentlich weiter gehen als zur angemessenen Entschädigung des Verletzten erforderlich,
2. offensichtlich anderen Zwecken als einer angemessenen Entschädigung des Verletzten dienen oder
3. haftungsrechtlichen Regelungen eines für die Bundesrepublik Deutschland verbindlichen Übereinkommens widersprechen.

(4) Der Verletzte kann seinen Anspruch unmittelbar gegen einen Versicherer des Ersatzpflichtigen geltend machen, wenn das auf die unerlaubte Handlung anzuwendende Recht oder das Recht, dem der Versicherungsvertrag unterliegt, dies vorsieht.

Schrifttum (s auch Voraufl): *Ahrens*, Das Herkunftslandprinzip in der E-Commerce-Richtlinie, CR 2000, 835; *ders.*, Vermögensrechtliche Elemente postmortaler Persönlichkeitsrechte im Internationalen Privatrecht, FS Erdmann, 2002, S 1; *v. Caemmerer* (Hrsg), Vorschläge und Gutachten zur Reform des deutschen Internationalen Privatrechts der außervertraglichen Schuldverhältnisse, 1983; *Dethloff*, Europäisches Kollisionsrecht des unlauteren Wettbewerbs, JZ 2000, 179; *dies*, Schmerzensgeld nach ausländischem Recht vor inländischen Gerichten, FS Stoll, 2001, S 481; *Dörner*, Alte und neue Probleme des Internationalen Deliktsrechts, FS Stoll, 2001, S 491; *Freitag/Leible*, Das Bestimmungsrecht des Art. 40 Abs. 1 EGBGB im Gefüge der Parteiautonomie im Internationalen Deliktsrecht, ZVglRWiss 99 (2000), 101; *Freyberger*, Verkehrsunfälle mit Auslandsberührung, MDR 2001, 970; *Fuchs*, Opferschutz bei Verkehrsunfällen im Ausland, IPRax 2001, 425; *Gruber*, Der Direktanspruch gegen den Versicherer im neuen deutschen Kollisionsrecht, VersR 2001, 16; *Hay*, Entschädigung und andere Zwecke, FS Stoll, 2001, S 521; *v. Hein*, Das Günstigkeitsprinzip im Internationalen Deliktsrecht, 1999; *ders*, Günstigkeitsprinzip oder Rosinentheorie?, NJW 1999, 3174; *ders*, Rück- und Weiterverweisung im neuen deutschen Internationalen Deliktsrecht, ZVglRWiss 99 (2000), 272; *ders*, Grenzüberschreitende Produkthaftung für „Weiterfresserschäden", RIW 2000, 820; *v. Hinden*, Persönlichkeitsverletzungen im Internet, 1999; *v. Hoffmann*, Internationales Haftungsrecht, IPRax 1996, 1; *ders*, Sonderanknüpfung zwingender Normen im internationalen Deliktsrecht, FS Henrich, 2000, S 283; *P. Huber*, Das internationale Deliktsrecht nach der Reform, JA 2000, 67; *Junker*, Das Bestimmungsrecht des Verletzten nach Art. 40 I, EGBGB, FS W. Lorenz, 2001, S 321; *R. Koch*, Zur Neuregelung des Internationalen Deliktsrechts: Beschränkung des Günstigkeitsprinzips und Einführung der tatortakzessorischen Bestimmung des Deliktsstatuts?, VersR 1999, 1453; *Kropholler/v. Hein*, Spezielle Vorbehaltsklauseln im Internationalen Privat- und Verfahrensrecht der unerlaubten Handlungen, FS Stoll, 2001, S 554; *Looschelders*, Die Beurteilung von Straßenverkehrsunfällen mit Auslandsberührung nach dem neuen internationalen Deliktsrecht, VersR 1999, 1316; *S. Lorenz*, Zivilprozessuale Konsequenzen der Neuregelung des Internationalen Deliktsrechts: Erste Hinweise für die anwaltliche Praxis, NJW 1999, 2215; *Lurger/Vallant*, Grenzüberschreitender Wettbewerb im Internet, RIW 2002, 188; *Löffler*, Werbung im Cyberspace – Eine kollisionsrechtliche Betrachtung, WRP 2001, 379; *Mankowski*, Das Internet im Internationalen Vertrags- und Deliktsrecht, RabelsZ 63 (1999), 203; *ders*, Internet und Internationales Wettbewerbsrecht, GRUR Int 1999, 909; *Rohe*, Die Grundfreiheiten und das IPR – das Beispiel Produkthaftung, GS Lüderitz, 2000, S 635; *Sack*, Das internationale Wettbewerbs- und Immaterialgüterrecht nach der EGBGB-Novelle, WRP 2000, 272; *R. Schaub*, Die Neuregelung des Internationalen Deliktsrechts in Deutschland und das europäische Gemeinschaftsrecht, RabelsZ 66 (2002), 18; *Schurig*, Ein ungünstiges Günstigkeitsprinzip, GS Lüderitz, 2000, S 699;

---

[27] So aber offenbar – ohne konkrete Notwendigkeit für eine entsprechende Festlegung – BGH ZIP 2004, 2324; wie hier AnwK-BGB/*Huber* Rn 28; Staudinger/*v. Hoffmann/Thorn* Rn 66; Palandt/*Heldrich* Vor Art 38 Rn 1; *Looschelders* Rn 6; MünchKommBGB/*Junker* Rn 6.
[28] BGBl 1972 II S 653, in Kraft seit dem 6. 4. 1973, BGBl II S 173.
[29] Näher Staudinger/*v. Hoffmann/Thorn* Rn 67 f.

Unerlaubte Handlung **Art 40 EGBGB**

Sonnenberger, Der Persönlichkeitsrechtsschutz nach den Art. 40–42 EGBGB, FS Henrich, 2000, S 575; *Spickhoff*, Die Tatortregel im neuen Deliktsrecht, IPRax 2000, 1; *ders*, Internationale Umwelthaftungsstandards und das neue Internationale Umwelthaftungsrecht, Trierer Jahrbuch des Umwelt- und Technikrechts 2000, S 385; *ders*, Das IPR der sog. Internet-Delikte, in: *Leible* (Hrsg), Die Bedeutung des IPR im Zeitalter der neuen Medien, 2003, S 89; *Spindler*, Das Herkunftsprinzip im neuen Teledienstegesetz, RIW 2002, 183; *ders*, Das Gesetz zum elektronischen Geschäftsverkehr – Verantwortlichkeit der Diensteanbieter und Herkunftslandprinzip, NJW 2002, 921; *Stoll*, Handlungsort und Erfolgsort im internationalen Deliktsrecht, GS Lüderitz, 2000, S 733; *Sturm*, Legislative Strömungen im internationalen Deliktsrecht, SZStrafR 1996, 359; *Thorn*, Internationale Produkthaftung des Zulieferers, IPRax 2001, 561; *Vogelsang*, Die Neuregelung des Internationalen Deliktsrechts, NZV 1999, 497; *R. Wagner*, Der Regierungsentwurf eines Gesetzes zum Internationalen Privatrecht für außervertragliche Schuldverhältnisse und für Sachen, IPRax 1998, 429; *ders*, Ein neuer Anlauf zur Vereinheitlichung des IPR für außervertragliche Schuldverhältnisse auf EU-Ebene, EuZW 1999, 709.

Übersicht

	Rn		Rn
I. Normzweck	1	V. Gemeinsamer gewöhnlicher Aufenthalt, Ort von Hauptverwaltung oder Niederlassung (Abs 2)	31
II. Konkurrierende Rechtsquellen	4		
1. Staatsvertragliche Regeln	4	VI. Ausgewählte Sachbereiche	33
2. Herkunftslandprinzip nach TMG und E-Commerce-RL	5	1. Unfälle	33
		a) Straßenverkehr	33
3. Autonome Regeln	6	b) Schiffsverkehr	37
		c) Luftverkehr	39
III. Anwendungsbereich	7	d) Bahnverkehrsunfälle	40
1. Haftungsgründe und ihre Bestandteile	8	e) Arbeitsunfälle	41
		f) Massenunfälle	42
2. Folgen der Haftung	11	2. Internet-Delikte	43
3. Verhaltensnormen und Schutzgesetze	13	3. Produkt- und Prospekthaftung	45
4. Direktanspruch gegen den Versicherer (Abs 4)	15	4. Umweltschäden	47
		5. Unlauterer Wettbewerb	49
IV. Grundanknüpfung: Tatortrecht (Abs 1)	16	6. Persönlichkeitsschutz und sonstige Immaterialgüterrechte	53
1. Stellung im Anknüpfungssystem	16		
2. Platz- und Distanzdelikt	17	VII. Allgemeine Regeln	59
3. Handlungsort (S 1)	18	1. Gesamt- oder Sachnormverweisung	59
4. Erfolgsort (S 2)	22	2. Art 40 Abs 3 und ordre public	60
5. Bestimmungsrecht (S 2 und 3)	25	3. Intertemporales Recht	64
a) Rechtsnatur	26		
b) Ausübung	28	VIII. Internationale Zuständigkeit	65

I. Normzweck

Art 40 beinhaltet die Grundanknüpfung des Internationalen Deliktsrechts an den Tatort (Abs 1) **1** sowie eine der sog Auflockerungen des Tatortgrundsatzes in Gestalt der Anknüpfung an den gemeinsamen gewöhnlichen Aufenthalt (Abs 2). Der Grund für diese Anknüpfung besteht darin, dass die deliktischen Beziehungen im Allgemeinen aus einer eher zufälligen Interessenberührung der Beteiligten erwachsen, für die ein sachnäherer Schwerpunkt für eine kollisionsrechtliche Anknüpfung zunächst einmal fehlt. Dabei sind prinzipiell die rechtlichen Beziehungen, in die das deliktische **Geschehen** die Beteiligten zusammenführt, wie dieses **in die am Tatort geltenden Regeln eingebettet**; deshalb ist die **Tatortregel keine bloße Verlegenheitsregel**[1]. Im Falle des sog Distanzdeliktes fallen indes Handlungs- und Erfolgsort auseinander. Vor Inkrafttreten von Art 40 war herrschend in Rspr und wohl auch im Schrifttum die sog Ubiquitätsregel in Kombination mit dem Günstigkeitsprinzip. Es kam zur Anwendung des Rechts, das für den Geschädigten konkret materiell am günstigsten ist[2]. Dieser Ausgangspunkt im Falle des Distanzdeliktes war Gegenstand erheblicher Kritik. Wenn die Rechtsanwendungsinteressen von Schädiger und Geschädigtem gleich viel wiegen[3], liegt der Einwand auf der Hand: International-privatrechtliche Unentschlossenheit darf kein Sachgrund sein, der – quasi als „Verlegenheitsregel"[4] – eine potentielle Haftungsverschärfung trägt[5]. Gleichwohl hat der Gesetzgeber zwar nicht in gleichem Maße wie Kegel[6] und die bisher hM, aber doch wenigstens etwas mehr Sympathie mit dem Opfer als mit dem Täter. Diese (wenn auch eingeschränkte) Tendenz steht in der Kontinuität einer über 100 Jahre alten Rspr in Deutschland[7]. Daher stellt Abs 1 S 1 zum einen auf das Handlungsortsrecht ab, und zum anderen kann der Verletzte im

---

[1] BGHZ 87, 95, 97 f = NJW 1983, 1972, 1973; *Kegel/Schurig* IPR § 18 IV 1 a; *Soergel/Lüderitz* Art 38 Rn 3; krit *v. Bar* IPR II Rn 655; *Kropholler* RabelsZ 33 (1969), 601, 609; *Rothoeft/Rohe* NJW 1993, 974, 975 f.
[2] BGH NJW 1964, 2012; NJW 1981, 1606; OLG München RIW 1996, 955; *Sonnenberger* Rev crit dr int priv 88 (1999), 647, 657.
[3] *Schurig*, Kollisionsnorm und Sachrecht, 1981, S 207; genauso *K. Müller* JZ 1986, 212, 213 f.
[4] *Soergel/Lüderitz* Art 38 Rn 16.
[5] *v. Bar* JZ 1985, 961, 966.
[6] *Kegel/Schurig* IPR § 18 IV 1 a aa.
[7] *v. Hoffmann* IPRax 1996, 1, 4.

Rahmen des Abs 1 S 2 die Anwendung des Erfolgsortsrechtes verlangen, freilich nur in engen zeitlichen Grenzen. Damit wird eine **Akzentverschiebung von der Opferbegünstigung zur (vereinfachten) Verhaltenssteuerung** sichtbar. Während man bislang mehrheitlich davon ausging, dass die Rechtsgüterschutzfunktion des materiellen Deliktsrechts zunächst einmal am besten von dem Recht des Staates wahrgenommen werden kann, in dessen Hoheitsbereich sich die zu schützenden Rechte oder Rechtsgüter befinden[8], liegt nun infolge der prinzipiellen Anwendung des Handlungsortsrechts der Akzent auf der Erleichterung der Verhaltenssteuerung für den potentiellen Täter. Am Recht seines Handlungsortes wird er sein Verhalten am besten ausrichten können, da es für ihn am einfachsten ermittelbar ist[9].

2   **Abs 3** ist in gewissem Sinne der Nachfolger des alten Art 38, der Deutsche im Falle einer im Ausland begangenen unerlaubten Handlung vor weitergehenden Ansprüchen als nach deutschem Recht schützte. Die Norm regelt einen Teilausschnitt dessen, was ohnedies über Art 6 hätte erreicht werden können. Es handelt sich um eine **spezielle Vorbehaltsklausel** gegenüber der Anwendung ausländischen Deliktsrechts. Ein Referentenentwurf aus dem Jahre 1984[10] sah noch die ersatzlose Streichung des alten Art 38 vor. Abs 3 dürfte der Intervention inländischer Wirtschaftskreise zuzuschreiben sein[11].

3   **Abs 4** setzt uneingeschränkt im Interesse des Verletzten das **Günstigkeitsprinzip** durch, soweit es um einen **Direktanspruch gegen den Versicherer des Ersatzpflichtigen** geht. Die bisherige Rspr beurteilte den Direktanspruch gegen die Haftpflichtversicherung ausschließlich nach dem Deliktsstatut[12]. Doch werden die Interessen der Versicherungen dadurch, dass der Geschädigte nun alternativ einen Direktanspruch auch nach dem Versicherungsvertragsstatut durchsetzen kann, nicht über Gebühr strapaziert, da diese ohnehin damit rechnen müssen, nach dem Recht dieses Staates in Anspruch genommen zu werden. Auch vermeidet man auf diese Weise den Einsatz des ordre public[13]. Jedenfalls wird über Abs 4 auch kollisionsrechtlich die materielle Zielsetzung des Direktanspruchs, einen möglichst umfassenden Geschädigtenschutz zu gewähren, verfolgt.

II. Konkurrierende Rechtsquellen

4   **1. Staatsvertragliche Regeln.** Regelungen in völkerrechtlichen Vereinbarungen oder in Rechtsakten der Europäischen Gemeinschaften, die nach Art 3 Abs 2 vorrangig anzuwenden wären und die das Internationale Deliktsrecht vereinheitlichen, sind in der Bundesrepublik Deutschland nicht in Kraft. **Auf der Ebene der EU** ist indes eine auf Art 65 lit b EG-Vertrag gestützte Verordnung über das auf außervertragliche Schuldverhältnisse anwendbare Recht („Rom II") verabschiedet worden, die in ihrem Anwendungsbereich die Art 40 ff weitgehend verdrängen wird, Art 3 Abs 2 S 2 (s Anh Art 42)[14]. Nicht übernommen wurden die Anknüpfungsregeln des Haager Übereinkommens über das auf Straßenverkehrsunfälle anwendbare Recht vom 4. 5. 1971[15] sowie die Haager Konvention über das auf die Produkthaftpflicht anwendbare Recht vom 2. 10. 1973[16]. Beide Übereinkommen können allerdings im Rahmen der Prüfung von Rück- oder Weiterverweisungen Bedeutung erlangen. Soweit Staatsverträge spezielle Teilgebiete abdecken, werden sie im jeweiligen Sachzusammenhang behandelt.

5   **2. Herkunftslandprinzip nach TMG und E-Commerce-RL.** Das Herkunftslandprinzip, das in § 3 TMG (früher: § 4 TDG) Art 3 der **EG-RL über den elektronischen Geschäftsverkehr** (sog E-Commerce-RL)[17] umsetzt (Art 27 Rn 7–12), ist in der Beurteilung seiner **Rechtsnatur hochumstritten**. Es handelt sich um ein vom europäischen Gesetzgeber offensichtlich unreflektiert introduziertes Prinzip. Das Meinungsspektrum reicht von einer insgesamt kollisionsrechtlichen Qualifikation iS einer Hauptanknüpfung, verstanden als Sachnormverweisung[18], bis zu einem rein sachrechtlichen Verständnis[19], wobei zwischen in- und ausländischen Anbietern unterschieden wird[20]. Es verwundert

---

[8] Statt aller *Stoll* IPRax 1989, 89, 90; *G. Wagner* RabelsZ 62 (1998) 243, 260 f mwN.
[9] Näher *Spickhoff* IPRax 2000, 1, 3 f; vgl auch (krit) *Looschelders* VersR 1999, 1316, 1318; anders *Staudinger/v. Hoffmann* Rn 4, 5.
[10] Text zB bei *Staudinger/v. Hoffmann* Vor Art 38 Rn 3; *Basedow* NJW 1986, 2971, 2972; *Spickhoff* VersR 1985, 124.
[11] *Staudinger/v. Hoffmann* Vor Art 38 Rn 4.
[12] BGHZ 108, 200, 202 = NJW 1989, 3095; BGHZ 119, 137, 139 = NJW 1992, 3091; BGH NJW 1993, 1007; NJW 1993, 1019, 1010.
[13] Dafür *Trenk-Hinterberger* NJW 1974, 1048; dagegen aber *Wandt* IPRax 1992, 259, 262.
[14] Vgl zu den Vorentwürfen und zur Entwicklung IPRax 1999, 286; *Jayme* IPRax 1999, 298; ders IPRax 1998, 140, 141; R. *Wagner* EuZW 1999, 709, 713; *v. Hein* RIW 2000, 820, 824; ders RabelsZ 64 (2000), 595, 611; ders ZEuP 2001, 162; *Sonnenberger*, FS Henrich, S 283; *v. Hoffmann*, FS Henrich, S 575; zum Einfluss des Europarechts auf das Deliktskollisionsrecht R. *Schaub* RabelsZ 66 (2002), 18.
[15] Abgedruckt zB bei *Jayme/Hausmann*, Internationales Privat- und Verfahrensrecht, 13. Aufl 2006, Nr 100.
[16] Abgedruckt zB in RabelsZ 37 (1973), 594 sowie bei MünchKommBGB/*Junker* Rn 150.
[17] RL 2000/31/EG vom 8. 6. 2000, ABl EG L 178 S 1; dazu *Bodewig* GRUR Int 2000, 475; *Bender* RIW 2000, 260.
[18] *Mankowski* IPRax 2002, 257; *Lurger/Vallant* RIW 2002, 188; *Palandt/Heldrich* Rn 11; *Spickhoff* und *Kieninger* in: *Leible* (Hrsg), Die Bedeutung des IPR im Zeitalter der neuen Medien, 2003, S 89, 117 ff; und S 121, 131, jeweils mwN; PWW/*Schaub* Rn 23; *Thünken* IPRax 2001, 15, 19 f; zur Frage der Qualifikation als Eingriffsnorm *Sonnenberger* IPRax 2003, 104, 108 f.
[19] *Sack* WRP 2002, 271; *Ohly* GRUR Int 2001, 899; vgl auch *Ahrens* CR 2000, 835 ff; ders, FS Georgiades, 2006, S 789, 797, der indes auch „unbestreitbar kollisionsrechtliche Effekte" sieht; AnwK-BGB/*Wagner* Rn 88.
[20] *Spindler* RabelsZ 66 (2002), 633, 655 ff; ders IPRax 2001, 400, 401 ff.

nicht, dass auch die Umsetzung im Ausland gewissermaßen den deutschen Streitstand widerspiegelt: Dänemark und Niederlande lassen das IPR unberührt[21]; genau umgekehrt behandeln das Herkunftslandprinzip als kollisionsrechtliche Maxime offenbar Luxemburg und Frankreich[22]. Wohl unzweifelhaft ist jedenfalls, dass der Text der RL und demgemäß die etwas hilflose Umsetzung nicht nur in Deutschland[23] widersprüchlich ist, wenn es in Art 1 Abs 4 E-Commerce-RL heißt, dass diese RL keine „zusätzliche[n] Regeln im Bereich des Internationalen Privatrechts" schaffe, während andererseits nach Art 3 Abs 3, Anhang zu Art 3 5. Spiegelstrich E-Commerce-RL (nur?) die Freiheit der Rechtswahl für Vertragsparteien vom Herkunftslandprinzip ausgenommen wird; dieser Widerspruch findet sich nach wie vor auch in §§ 1 Abs 5, 3 Abs 3 Nr 1 TMG. Im Ergebnis kommt es über § 3 Abs 1 TMG zu einer Sonderanknüpfung jedenfalls des deutschen Rechts, wenn der Diensteanbieter hier niedergelassen ist. Ob es zu einer entsprechenden Sonderanknüpfung an den Ort einer ausländischen Niederlassung kommt, wenn der Diensteanbieter im europäischen Ausland niedergelassen ist, das sagt § 3 Abs 2 TMG nicht ebenso deutlich, weil der Wortlaut der RL (Art 3 Abs 1 und 2) dazu an sich nicht zwingt. Indes ist ein entsprechendes Ergebnis nahe liegend, will man einen unerfreulichen Günstigkeitsvergleich vermeiden. Während es im Rahmen von Art 34 bei der Durchsetzung eigener Eingriffsnormen typischerweise um die Durchsetzung besonderer eigener Ge- oder Verbote bis hin zu besonderen Schutzstandards geht, gilt für das Herkunftslandprinzip das genaue Gegenteil: Das Niederlassungsortsrecht bildet einen Höchststandard, dessen Einhaltung durch den Diensteanbieter von einem davon abweichenden strengeren Recht (etwa des Bestimmungsortes) keinesfalls im Standard nach oben (iS einer Verschärfung der Anforderungen) überboten werden können soll. Es ergibt sich das erstaunliche Bild, dass die E-Commerce-RL aus sachrechtlicher Perspektive also keine Harmonisierungsrichtlinie und ebenso wenig eine Mindeststandardrichtlinie darstellt, sondern sich gewissermaßen als „Höchststandardrichtlinie", wenn auch ohne eigene sachliche Aussage zum Standard selbst, charakterisieren lässt. Eine Möglichkeit der Deutung wäre, der RL zu unterstellen, sie wolle die aus der Sicht der international-privatrechtlichen Interessenbewertung bevorzugten Interessen des Diensteanbieters an der Anwendung seines eigenen Rechts noch einmal durch die Anwendung einer Günstigkeitsprüfung überbieten. Das könnte etwa in der Weise praktiziert werden, dass vom Herkunftsland abweichendes und vom „normalen" Internationalen Privatrecht berufenes Sachrecht gilt, wenn es sich damit begnügt, dass der Anbieter konkret niedrigere Standards einhält. Hält man das für überspitzt, bleibt nur, im Herkunftslandprinzip insgesamt eine Sonderkollisionsregel für die von ihm erfassten Bereiche zu sehen. Dass in jedem Falle das Herkunftslandprinzip die Neigung des Diensteanbieters verstärken dürfte, in „günstige" Länder mit gering ausgebildetem Standard auszuweichen, lässt sich dadurch freilich nicht ändern. Wie dem auch sei: Es verbleiben erhebliche Zweifel bei der Analyse der Rechtsnatur des Herkunftslandprinzips[24]. Das hat bei der Umsetzung dieser RL in Dänemark[25] und auch im deutschen Schrifttum[26] zu der Auffassung geführt, die E-Commerce-RL erfasse überhaupt keine privatrechtlichen Materien. Diese Haltung verträgt sich freilich kaum mit der ausdrücklichen Nennung zB des Verbraucherschutzrechts und der Rechtswahl. Das alles ändert natürlich nichts daran, dass es sich um geltendes Recht handelt. Doch kann und sollte man durchaus unter Beachtung der mit der E-Commerce-RL und ihrem Herkunftslandprinzip verfolgten Zwecksetzungen dessen Anwendungsbereich demgemäß in der gebotenen Weise vorsichtig, und das heißt restriktiv abstecken. Und auf der Linie einer solch vorsichtig-zurückhaltenden Auslegung liegt es, wenn man – freilich auf den ersten Blick überraschend – das Herkunftslandprinzip als **eine auf seine Gegenstände begrenzte besondere Sachnormverweisung** interpretiert.

3. Autonome Regeln. Mit der Neuregelung des Internationalen Privatrechts für außervertragliche Schuldverhältnisse ist die bis zum 31. 5. 1999 geltende Verordnung über die Rechtsanwendung bei Schädigungen deutscher Staatsangehöriger außerhalb des Reichsgebiets aufgehoben worden (Art 4 des Gesetzes zum IPR für außervertragliche Schuldverhältnisse und Sachen) (BGBl 1999 I S 1027). An autonom-innerstaatlichen gesetzlichen Kollisionsnormen verblieben ist damit nur noch **§ 130 Abs 2 GWB**, wonach das GWB Anwendung auf alle Wettbewerbsbeschränkungen findet, die sich in seinem Geltungsbereich auswirken, auch wenn sie außerhalb seines Geltungsbereiches veranlasst werden[27]. Ob zB ein auf § 33 GWB gestützter Anspruch wegen Schutzgesetzverletzung oder Schutzverfügungsverletzung besteht, ist daher nach der (einseitigen) Kollisionsnorm des § 130 Abs 2 GWB zu beurteilen und nicht nach Art 40 bis 42[28]. Da § 33 GWB indes nur Verstöße gegen das GWB erfasst, ist im Falle von

6

---

[21] *Jayme/Kohler* IPRax 2002, 461, 463.
[22] *Mankowski* IPRax 2002, 257, 262; zur österreichischen Umsetzung *Lurger/Vallant* RIW 2002, 188 ff.
[23] Zu ihr aus Sicht der Ministerialbürokratie *Bröhl* MMR 2001, 67, 70 mit schlichtem Hinweis auf § 2 Abs 6 TDG (mittlerweile: § 1 Abs 5 TMG), es sei dadurch „insoweit bestehende Rechtsunsicherheit ausgeräumt"; differenzierter *Nickel* DB 2001, 1919, 1929.
[24] *Lurger/Vallant* RIW 2002, 188, 198 sprechen sogar von der „Unmöglichkeit ..., durch Interpretation bzw Umsetzung den Widerspruch zwischen Art 1 Abs 4 und Art 3 E-Commerce-RL aufzulösen".
[25] Nach *Jayme/Kohler* IPRax 2002, 461, 463.
[26] *Sonnenberger* ZVglRWiss 100 (2001), 107, 126 ff.
[27] Zum Charakter dieser Vorschrift als Kollisionsnorm MünchKommBGB/*Immenga* IntWettbR/IntKartR Rn 16 ff mwN.
[28] *Bulst* EWS 2004, 403, 407; vgl weiter MünchKommBGB/*Immenga* IntWettbR/IntKartR Rn 27; *Erman/Hohloch* Rn 9; übersehen und Art 40 angewendet durch LG Dortmund EWS 2004, 434.

Verstößen gegen den EG-Vertrag (Art 81, 82 EG-Vertrag, etwa über § 823 Abs 2 BGB) auf Art 40 zurückzugreifen[29]. In „Rom II" ist die Materie in **Art 6** Rom II-VO geregelt.

III. Anwendungsbereich

7 Was kollisionsrechtlich als unerlaubte Handlung iS von Art 40 zu qualifizieren ist, welche Reichweite also seine Verweisungen haben, ist grds nach allgemeinen Regeln zu bestimmen. Dabei ist als Ausgangspunkt zu beachten, dass das **Deliktsstatut grds umfassend** gilt und damit Haftungsgründe, Haftungsausfüllung sowie die Rechtsfolgen eines Delikts erfasst. Eine Aufspaltung des Deliktstatbestandes in Einzelfragen ist schon im Interesse der Praktikabilität zu vermeiden bzw bedarf eines besonderen Sachgrundes. Dafür sprechen die Gebote der inneren und äußeren Entscheidungsharmonie sowie die Erwartungen der betroffenen Parteien[30].

8 1. **Haftungsgründe und ihre Bestandteile.** Unter Art 40 fallen „Ansprüche aus unerlaubter Handlung". Damit sind zunächst alle **außervertraglichen Anspruchsgrundlagen** angesprochen, die **auf rechtswidrigem Verhalten beruhen**. Obwohl **Gefährdungshaftungen** an sich rechtswidrigkeitslos sind[31], fallen auch sie unter die Kollisionsnorm des Art 40[32]. Neben den Ansprüchen aus Verschuldens- und Gefährdungshaftung fallen ferner sonstige objektive oder objektivierte Haftungstatbestände unter Art 40, etwa Art 1382, 1384 CC. Das Internationale Deliktsrecht gilt sodann an sich im **Adhäsionsverfahren** (§§ 403 ff StPO), wobei ein Strafsenat des BGH die Einbeziehung des IPR in das Adhäsionsverfahren als regelmäßig zu schwierig angesehen hat, um von einer Eignung entsprechender Fälle mit Auslandsbezug für das Adhäsionsverfahren auszugehen[33]. Erfasst sind alle Haftungstatbestände, die funktional den im Deliktsrecht geregelten entsprechen, also etwa § 829 BGB (Billigkeitshaftung)[34], darüber hinaus aber auch Schadensersatzansprüche wegen entschuldigenden Notstands und Verteidigungs- sowie Angriffsnotstands (§§ 228 S 2, 904 S 2 BGB)[35]. Weiterhin ist die zivilrechtliche Aufopferungshaftung erfasst[36], nicht hingegen Ansprüche aus enteignendem oder enteignungsgleichem Eingriff bzw öffentlich-rechtlicher Aufopferung[37]. Auch solche deliktsrechtlichen Anspruchsgründe, die im deutschen Recht außerhalb des BGB geregelt sind, unterfallen dem Deliktsstatut. Das gilt bis hin zur Haftung nach § 945 ZPO[38]. Eine abweichende Qualifikation des vom deutschen IPR berufenen ausländischen Rechts (denkbar etwa im Falle des Verlöbnisbruchs, den das deutsche Recht familienrechtlich qualifiziert) ist unbeachtlich[39]. Zur **culpa in contrahendo** s Art 32 Rn 25 und Art 12 Rom II-VO, zur **Gewinnzusage** s Art 28 Rn 80.

9 Nicht als ziviles Delikt zu qualifizieren sind Fälle der **Staatshaftung.** Außerhalb von einzelnen staatsvertraglichen Regelungen[40] und § 7 des Gesetzes über die Haftung des Reichs für seine Beamten (BGBl 1993 I S 1397) gilt in Bezug auf die Amtshaftung das **Recht des Amtsstaates**[41]. Das gilt auch, wenn es um die persönliche Haftung des Handelnden geht[42]. Für enteignungsgleiche Eingriffe ist das Recht des begünstigten Staates, hilfsweise das Recht des Staates maßgebend, dessen Funktionen wahrgenommen worden sind[43].

10 Innerhalb der jeweiligen Haftungsgründe unterliegen dem Deliktsstatut **alle Fragen des haftungsbegründenden Tatbestandes** (Verletzungserfolg, Verletzungshandlung, etwaige Haltereigenschaft[44], Kausalität und objektive Zurechnung, Rechtswidrigkeit und Rechtfertigungsgründe, Verschulden und sonstige Fragen der objektiven Zurechenbarkeit). Erfasst sind ferner die Verschuldensfähigkeit[45] sowie gegen den Anspruch gerichtete Einreden oder Einwendungen wie Verjährung, Haftungsausschlüsse oder Haftungsobergrenzen, Verzicht oder Verwirkung. Auch wer haftet, wird durch das Deliktsstatut entschie-

---

[29] *Bulst* EWS 2004, 403, 408.
[30] BGH VersR 1960, 990, 991; OGH ZfRV 1993, 245 f; *Mansel* VersR 1984, 97, 103; *Erman/Hohloch* Rn 59; zurückhaltender *Brandt*, Die Sonderanknüpfung im internationalen Deliktsrecht, 1993, S 8 f.
[31] *Deutsch*, Allgemeines Haftungsrecht, 2. Aufl 1996, Rn 644 mwN; aA *v. Bar* Verkehrspflichten, 1980, S 131 f; wohl nur missverständlich BGHZ 117, 110 f: gemeinsam sei allen unerlaubten Handlungen unter Einschluss derjenigen des § 833 S 1 BGB die objektive Rechtswidrigkeit.
[32] BT-Drucks 14/343 S 11 unter Hinweis auf BGHZ 80, 1, 3 = NJW 1981, 1516; *Junker* IPR S 382; zum früheren Streitstand zB *Brandt*, Die Sonderanknüpfung im internationalen Deliktsrecht, 1993, S 11 ff; *Staudinger/v. Hoffmann* Rn 32 f, jeweils mwN.
[33] BGH IPRax 2005, 256; dazu *Wilhelmi* IPRax 2005, 236; s weiter *v. Hoffmann*, FS Henrich, 2000, S 283, 288, 295; *Hohloch*, Das Deliktsrecht, 1983, S 101; MünchKommBGB/*Junker* Rn 10.
[34] MünchKommBGB/*Junker* Rn 10.
[35] MünchKommBGB/*Junker* Rn 10.
[36] *Deutsch*, Allgemeines Haftungsrecht, 2. Aufl 1996, Rn 716 ff.
[37] *Soergel/Lüderitz* Art 38 Rn 87 mwN.
[38] OLG Düsseldorf VersR 1961, 1144.
[39] *Soergel/Lüderitz* Art 38 Rn 84; *Erman/Hohloch* Rn 57.
[40] MünchKommBGB/*Junker* Rn 194–196.
[41] BGH NJW 1976, 2074; NJW 1978, 495; WM 1982, 241; LG Köln NJW 1999, 1556; übersehen von OLG Celle VersR 2005, 793, wo von „dem nach Art 40 Abs 2 EGBGB anwendbaren Art 34 GG iVm § 839 BGB" die Rede ist; AnwK-BGB/*Wagner* Rn 90; *H. Müller*, Das Internationale Amtshaftungsrecht, 1991, S 163 f; *Mansel* IPRax 1987, 210, 214.
[42] *H. Müller*, Das Internationale Amtshaftungsrecht, S 169 f.
[43] BGH IPRax 1986, 33, 35; MünchKommBGB/*Junker* Rn 196.
[44] LG München I IPRax 1984, 101; *Mansel* VersR 1984, 97, 102 ff; *Brandt*, Die Sonderanknüpfung im internationalen Deliktsrecht, 1993, S 17 ff.
[45] Näher *Brandt* S 20 ff mwN.

den. Es bestimmt, wer Täter ist und ob Anstifter, Gehilfen (vgl insoweit auch § 9 Abs 2 StGB) oder Mittäter haften[46]. Es gibt Auskunft darüber, ob mehrere Haftpflichtige zusammen den ganzen Schaden tragen müssen, ob jeder der Täter für den ganzen Schaden verantwortlich gemacht werden kann oder ob jeder Einzelne einen Anteil zu tragen hat[47]. Zu Ausgleichsansprüchen zwischen den Tatbeteiligten s Art 33 Rn 7, 9 und Art 19, 20 Rom II-VO[48]. Nach hM entscheidet das für den unmittelbar Handelnden – insbes den Verrichtungsgehilfen oder den Aufsichtsbedürftigen – maßgebende Deliktsstatut über die Haftung einer dritten Person, wie des Geschäftsherrn oder der Aufsichtsperson. Lediglich die Frage, ob eine Rechtspflicht zur Aufsicht besteht, wird als Vorfrage vom Aufsichtsstatut beurteilt[49]. Endlich bestimmt sich nach dem Deliktsstatut, wer der Anspruchsberechtigte ist[50], ob der Anspruch übertragen werden kann[51] und ob er vererblich ist[52].

2. Folgen der Haftung. Das Deliktsstatut bestimmt auch, welche Rechtsfolgen sich an einen **11** verwirklichten Haftungsgrund anschließen. Erfasst ist damit der **gesamte haftungsausfüllende Tatbestand**. Eine Sonderanknüpfung der Haftungsfolgen[53] könnte zwar die Schadensregulierung vereinfachen. Doch sollte eine solche „folgenorientierte Auflockerung" des Deliktsstatuts zur Vermeidung einseitiger Manipulationsmöglichkeiten eines der Tatbeteiligten in Bezug auf das anwendbare Recht nur zugelassen werden, wenn die Parteien ein im Rahmen von Art 42 wohl mögliche entsprechende Teilrechtswahl vorgenommen haben[54]. Das Deliktsstatut bestimmt Art und Höhe des Schadensersatzes, insbes ob er in Form von Naturalrestitution oder Geldersatz geschuldet ist, wie der Schaden iE zu berechnen ist (abstrakt oder konkret), ob und in welchem Rahmen immaterieller Schaden geschuldet wird. Bei der Bemessung der **Höhe des immateriellen Schadens** sind allerdings die Standards am gewöhnlichen Aufenthalt des Verletzten (moderat) zu berücksichtigen[55]. Zur Anspruchsgrundlage für Strafschadensersatz bzw schadensrechtszweckfremde Begehren kann eine Norm wie § 253 Abs 2 BGB, wenn sie anzuwenden ist, indes nicht umfunktioniert werden. Ebenso wenig darf § 253 Abs 2 BGB unter dem Eindruck des Auslandsbezugs des Opfers in Richtung auf eine völlige Versagung von Schmerzensgeld ausgelegt werden, wenn das Heimatland des Opfers kein oder ein aus deutscher Sicht ein nur ganz unzureichend ausgeprägtes Schmerzensgeld kennt. Es geht eher um die Realisierung der Zwecke des § 253 BGB (Ausgleichs- und Genugtuungsfunktion) in der Heimat des Opfers.

Das Deliktsstatut entscheidet weiter darüber, ob es als Rechtsfolge einer unerlaubten Handlung **12** **Ansprüche auf Beseitigung, Widerruf oder Unterlassung** gibt[56]. In Bezug auf Beseitigungs- und Unterlassungsansprüche ist die Verweisung des Art 44 auf Art 40 Abs 1 zu beachten. Auch der Gegendarstellungsanspruch ist deliktsrechtlich zu qualifizieren[57]. Denn der Anspruch auf Gegendarstellung ist – durchaus dem Widerruf in seiner uneingeschränkten Form verwandt – ein Mittel zum interindividuellen Interessenausgleich in unmittelbarem Sachzusammenhang zum (deliktisch zu qualifizierenden) Recht des Persönlichkeitsschutzes[58]. Ein Auskunftsanspruch ist materiell-deliktsrechtlich, nicht aber prozessrechtlich zu qualifizieren und fällt deshalb unter Art 40[59]. Auch der Unterhaltsschaden (in Deutschland etwa nach § 844 BGB) richtet sich nach dem Deliktsstatut. Ob und in welcher Höhe ein insoweit relevanter Unterhaltsanspruch bestanden hätte, das richtet sich als selbstständig anzuknüpfende Vorfrage hingegen nach Art 18 bzw dem HUÜ[60]. Die in § 1 **GewSchG** vom 11. 12. 2001 (BGBl I S 3513) genannten gerichtlichen Maßnahmen zum Schutz vor Gewalttaten und Nachstellungen (Betretungs-, Näherungs- und Kontaktverbote) sind in Bezug auf inländische Wohnungen nach deutschem Sachrecht zu beurteilen (Art 17a). Im Falle ausländischer Wohnungen gilt dies nicht entsprechend, da Art 17a bewusst einseitig formuliert ist[61]. Vielmehr richten sich die entsprechenden Folgen nach den Vorschriften des Familienstatuts (Ehewirkungs- bzw Scheidungs- oder Lebenspartnerschaftsstatuts), sind also gleichfalls nicht deliktsrechtlich zu qualifizieren[62]. Das in § 2 GewSchG aufgegriffene Wohnungs-

---

[46] BGH IPRax 1983, 118, 119f.
[47] *v. Bar* IPR II Rn 712.
[48] Für das Deliktsstatut *Wandt* VersR 1989, 265, 267; *Birk*, Schadensersatz und sonstige Restitutionsformen im internationalen Privatrecht, 1966, S 79; für die Anknüpfung an das Schuldstatut des Inanspruchgenommenen *Stoll*, FS Müller-Freienfels, 1986, S 631, 643 ff, 659.
[49] *MünchKommBGB/Junker* Rn 206 mwN; vgl auch *Brandt*, Die Sonderanknüpfung im internationalen Deliktsrecht, 1993, S 67 f; BAGE 15, 79 = AP IPR ArbR Nr 8 Verrichtungsgehilfen.
[50] OLG Köln NJW-RR 1988, 30, 31; *Brandt* S 72 ff.
[51] *Ferid* IPR § 6-185.
[52] *Ferid* IPR § 6-185; *Brandt*, Die Sonderanknüpfung im internationalen Deliktsrecht, 1993, S 79 ff.
[53] Sie erwägt *Hohloch* IPRax 1984, 14, 17 f; *Erman/Hohloch* Rn 63; vgl auch *v. Bar* JZ 1985, 961, 965 ff; *E. Wagner*, Statutenwechsel und dépecage im internationalen Deliktsrecht, 1988, S 173 f.
[54] *Staudinger/v. Hoffmann* Vor Art 40 Rn 17, 18.
[55] OLG Frankfurt zfs 2004, 452, 453; OLG München VersR 1984, 745; *Mansel* VersR 1984, 746, 747; *Palandt/ Heldrich* Rn 17; *Staudinger/v. Hoffmann* Vor Art 40 Rn 44; unreflektiert anders KG VersR 2002, 1567.
[56] BGHZ 131, 335; BGH NJW 1998, 2142; *Palandt/Heldrich* Rn 17.
[57] *Heldrich* in: *v. Caemmerer*, Vorschläge und Gutachten zur Reform des deutschen IPR der außervertraglichen Schuldverhältnisse, 1983, S 361, 371; *Hohloch* ZUM 1986, 165, 176; *Looschelders* ZVglRWiss 1995 (1996), 48, 80; *R. Wagner*, Das Deutsche IPR bei Persönlichkeitsverletzungen, 1986, S 106 ff; *v. Bar*, FS Waseda, 1988, S 575, 595.
[58] Anders – ausschließliche Anknüpfung an das Sitzrecht des Medieninhabers – aber *Staudinger/v. Hoffmann* Rn 75, 76.
[59] *Staudinger/v. Hoffmann* Vor Art 40 Rn 37.
[60] OLG Frankfurt zfs 2004, 452, 454.
[61] Anders *Thorn* IPRax 2002, 347, 356.
[62] *Palandt/Heldrich* Art 17a Rn 2; *MünchKommBGB/Winkler v. Mohrenfels* Art 17a Rn 19.

nutzungsrecht ist ein schuldrechtliches. Trotz des engen Zusammenhangs mit dem Nutzungsverhältnis wird man wohl nicht auf die lex rei sitae abzustellen haben (Art 43 Abs 1 bzw Art 46 iVm dem Rechtsgedanken des Art 28 Abs 3), sondern auf das Deliktsstatut[63], vorausgesetzt, Art 17a greift nicht (Wohnung liegt im Ausland).

13 **3. Verhaltensnormen und Schutzgesetze.** Verhaltensnormen sind **nicht prinzipiell sonderanzuknüpfen**[64]; alles andere würde die Einheit des Deliktsstatuts unnötig auseinander reißen. Hiervon ist jedoch eine **Ausnahme bei verkehrsrechtlichen Verhaltensnormen** zu machen. Sie sind **stets** dem **Recht des Verhaltensorts** zu entnehmen[65], vorausgesetzt, die entsprechenden Sicherheits- und Verhaltensnormen sind ortsgebunden. Das gilt insbes für Regeln zur Ordnung des Straßen-, aber auch des Wasser-, Ski- oder Luftverkehrs. Erforderlich ist allerdings eine entsprechende Verkehrserwartung. Daher gilt, wenn es etwa um die Berücksichtigung von Mitverschulden geht, die deutsche Gurtanschnallpflicht, wenn Fahrer und Mitfahrer ihren gewöhnlichen Aufenthalt (Art 40 Abs 2 S 1) in Deutschland hatten[66]. Die Bewertung der entsprechenden Normwidrigkeit als rechtswidrig, fahrlässig oder grob fahrlässig erfolgt jedenfalls nach dem Deliktsstatut[67].

14 Anders als im Rahmen von § 134 BGB kommen dann, wenn deutsches Deliktsrecht anwendbar ist, **für § 823 Abs 2 BGB** nicht nur inländische (wie zB Normen des InvG)[68], sondern **auch ausländische Schutzgesetze** in Betracht[69]. Wenn allerdings im Rahmen von § 823 Abs 2 BGB ein ausländisches Schutzgesetz anwendbar ist und dieses den Kreis der nach deutschem Deliktsrecht geschützten Rechte oder Rechtsgüter erweitert, dann sind auf der Ebene der Auslegung des § 823 Abs 2 BGB Eingrenzungen angezeigt. Würde über diesen Weg in das deutsche Deliktsrecht zB Schutz vor fahrlässigen Vermögensschädigungen importiert werden, wären entsprechende ausländische Normen als Schutzgesetze auszuscheiden[70].

15 **4. Direktanspruch gegen den Versicherer (Abs 4).** Abs 4 regelt den Direktanspruch des Geschädigten gegen den Versicherer des Ersatzpflichtigen. Ob ein solcher Direktanspruch besteht, richtet sich alternativ nach dem Deliktsstatut oder nach dem Versicherungsvertragsstatut, das – nach Maßgabe von Art 37 Nr 4 – entweder über Art 7 ff EGVVG oder über Art 27 ff EGBGB selbstständig als Vorfrage zu bestimmen ist (Art 37 Rn 6 ff). Die bisher hM hatte den Direktanspruch gegen den Haftpflichtversicherer ausschließlich deliktsrechtlich qualifiziert[71]. Im Interesse des Opferschutzes ist nun von einer **uneingeschränkten Alternativität iS des Günstigkeitsprinzips** auszugehen[72]. Anders als im Rahmen des Abs 1 braucht sich der Geschädigte nicht auf eines der betreffenden Rechte zu berufen, sondern das Gericht hat ggf von Amts wegen zu ermitteln. Das Gericht kann also – je nach Leichtigkeit der Ermittelbarkeit – entweder das maßgebliche Deliktsrecht oder aber das betreffende Versicherungsvertragsrecht auf einen Direktanspruch hin untersuchen. Die Anknüpfung an das Versicherungsvertragsstatut greift insbes dann hilfsweise ein, wenn kein Direktanspruch nach dem Deliktsstatut besteht. Das folgt aus dem insoweit zweifelsfreien Wortlaut, an dem auch die Gesetzesbegründung nichts ändert, in der es heißt, „notfalls" könne auch auf das Recht zurückgegriffen werden, dem der Versicherungsvertrag unterliegt[73]. Die Interessen der Versicherungen werden durch eine solche Anknüpfung nicht unangemessen berührt, da sie sich im Zweifel ohnedies auf die Anwendung der Deliktsrechtsordnung einstellen, der auch der Versicherungsvertrag unterliegt[74]. Auf diese Weise vermeidet man nicht zuletzt den Einsatz des ordre public beim Fehlen eines Direktanspruches[75]. Das Grüne-Karte-System führt innerhalb Europas (und zum Teil darüber hinaus) zu einer weitgehenden Einstandspflicht der Versicherungen[76]. Sofern der Direktanspruch nach dem Deliktsstatut geprüft wird, ist nicht nur das nach Abs 1 berufene Tatortrecht maßgeblich, sondern ggf auch das diesem vorgehende Recht des gemeinsamen gewöhnlichen Auf-

---

[63] MünchKommBGB/*Winkler v. Mohrenfels* Art 17a Rn 17.
[64] *Stoll* in: *v. Caemmerer* S 160, 172 f.
[65] BGHZ 57, 265, 267 f = NJW 1972, 387; BGHZ 87, 95, 97 f = NJW 1983, 1972, 1973; BGHZ 90, 294, 298 = NJW 1984, 2032, 2033; LG Mainz NJW-RR 2000, 31 zum Linksfahrgebot in GB; zu den FIS-Regeln beim Skilaufen OLG Hamm NJW-RR 2001, 1537; OLG Dresden VersR 2004, 1567, 1568; LG Bonn NJW 2005, 1873.
[66] OLG Karlsruhe IPRspr 1984 Nr 34; *v. Bar* JZ 1985, 961, 967; abw KG VersR 1982, 1199.
[67] BGH VersR 1978, 541, 542; *Stoll* in: *v. Caemmerer*, Vorschläge und Gutachten zur Reform des deutschen IPR der außervertraglichen Schuldverhältnisse, 1983, S 160, 174; *Brandt*, Die Sonderanknüpfung im internationalen Deliktsrecht, 1993, S 83 f.
[68] BGH NJW 2004, 3706.
[69] *Staudinger/v. Hoffmann* Vor Art 40 Rn 56 ff; *Soergel/Lüderitz* Art 38 Rn 91, 92 (Überschrift in der „Übersicht", vor Rn 1, „Schutzgesetze"); *Stoll* in: *v. Caemmerer* S 160, 174.
[70] Näher *Spickhoff*, Gesetzesverstoß und Haftung, 1998, S 106 ff, 155; für eine ausnahmslose Anwendbarkeit des Handlungs- und Erfolgsortsrechts solcher Schutzgesetze *Soergel/Lüderitz* Art 38 Rn 91; genau umgekehrt – Anwendbarkeit des allgemeinen Deliktsstatuts – *Kegel/Schurig* IPR § 18 IV 2.
[71] BGHZ 119, 137, 139 = NJW 1992, 3091; BGHZ 108, 200, 202 = NJW 1989, 3095; BGH NJW 1977, 495, 496; NJW 1974, 495; BGHZ 57, 265, 270 = NJW 1972, 387, 388.
[72] Ebenso P. *Huber* JA 2000, 67, 72; AnwK-BGB/*Wagner* Rn 53; *Staudinger/v. Hoffmann* Rn 436; MünchKommBGB/*Junker* Rn 221; *Gruber* VersR 2001, 16, 19; europarechtliche Bedenken äußert R. *Schaub* RabelsZ 66 (2002), 18, 58 ff.
[73] BT-Drucks 14/343 S 13.
[74] *Hübner* VersR 1977, 1069, 1075; *Spickhoff* IPRax 1990, 164 ff.
[75] Dafür *Trenk-Hinterberger* NJW 1974, 1048; dagegen *Wandt* IPRax 1992, 259, 262.
[76] Hierzu *Staudinger/v. Hoffmann* Rn 459–467; MünchKommBGB/*Junker* Rn 224 ff.

enthalts (Art 40 Abs 2)[77]. Anders steht es im Falle einer nachträglichen Wahl des anwendbaren Deliktsrechts durch Schädiger und Geschädigten (Art 42) oder dann, wenn das Recht einer sonstigen wesentlich engeren Verbindung anwendbar ist (Art 41). Durch eine solche nachträgliche Rechtswahl kann ein Direktanspruch gegen den Versicherer nicht zu dessen Nachteil „erwählt" werden (Art 42 S 2)[78]. Im Interesse des Opferschutzes und damit auf der Linie des Zwecks von Art 40 Abs 4 liegt es, dass dann, wenn der Direktanspruch nach dem Deliktsstatut besteht, dieses auch über den Höchstbetrag entscheidet, bis zu dem der Versicherer haftet[79], ebenso wie über Einwendungsausschlüsse[80].

IV. Grundanknüpfung: Tatortrecht (Abs 1)

1. Stellung im Anknüpfungssystem. Abs 1 beinhaltet die **Grundanknüpfung des Internationalen Deliktsrechts.** Im Falle von Grundstücksimmissionen verweist hierauf auch Art 44, so dass ein Gleichlauf zwischen sachenrechtlichen und deliktsrechtlichen Ansprüchen im Falle von beeinträchtigenden Einwirkungen, die von einem Grundstück ausgehen, zumindest regelmäßig sichergestellt ist. In der Hierarchie der Anknüpfungen des Internationalen Deliktsrechts ist allem anderen vorrangig eine nachträgliche Rechtswahl (Art 42). Diese kann auch nicht durch eine sonstige engere Verbindung (Art 41) verdrängt werden. Liegt auch eine im Verhältnis zu Art 40 wesentlich engere Verbindung nach Art 41 nicht vor, kommt es auf den gemeinsamen gewöhnlichen Aufenthalt bzw – bei Gesellschaften, Vereinen oder juristischen Personen – auf den Ort der Hauptverwaltung oder der Niederlassung an (Abs 2). In der Anknüpfungshierarchie erst an letzter Stelle kommt es auf das nach Abs 1 zu bestimmende Tatortrecht an. Allerdings kann über Art 41 erst von den Anknüpfungen des Art 40 abgewichen werden, wenn diese zuvor ermittelt worden sind. Anderenfalls wäre die vergleichend-abwägende Prüfung nicht möglich, zu welchem Recht eigentlich eine „engere" Verbindung bestehen könnte[81]. 16

2. Platz- und Distanzdelikt. Abs 1 knüpft Ansprüche aus unerlaubter Handlung grds an den Handlungsort an (Abs 1 S 1). Das Erfolgsortsrecht ist nur dann maßgeblich, wenn sich der Verletzte darauf beruft (Abs 1 S 2 und 3). Auf die Abgrenzung von Handlungs- und Erfolgsort kommt es im Falle sog Platz- oder Punktdelikte, in denen Handlungs- und Erfolgsort im gleichen Rechtsgebiet liegen, nicht an. Insbes im Falle von Verkehrsunfällen macht die Bestimmung des Tatortes keine Schwierigkeiten: Nach Abs 1 S 1 ist das Recht am Ort des deliktserheblichen Verhaltens im Rahmen von § 293 ZPO von Amts wegen zu ermitteln und anzuwenden. Wesentlich ist die Abgrenzung von Handlungs- und Erfolgsort demgegenüber im Falle von sog Distanzdelikten (gestreckten, grenzüberschreitenden oder Streudelikten). Während die bisher hM sich für uneingeschränkte Alternativität ausgesprochen hatte[82] und damit mehr Sympathie mit dem Opfer als mit dem Täter zum Ausdruck brachte[83], ist die **tendenzielle Opferbegünstigung durch die Ubiquitätsregel in Kombination mit dem Günstigkeitsprinzip in Abs 1 vom Gesetzgeber drastisch reduziert** worden. Denn die Ausübung des Optionsrechts in Bezug auf das Erfolgsortstatut setzt eine Information über den Inhalt der konkurrierenden Rechte voraus, die regelmäßig mit Kosten verbunden sein werden, welche – da vorprozessual entstanden – nicht ersatzfähig sind[84]. Auch kommt es auf Grund der Ungleichbehandlung von Handlungs- und Erfolgsort in Abs 1 im Unterschied zur früheren Rechtspraxis wesentlich entscheidender auf die Abgrenzung von beiden an. 17

3. Handlungsort (S 1). Handlungsort ist der **Ort, an dem eine unerlaubte Handlung ganz oder teilweise ausgeführt wird**[85]. Im Falle einer möglichen Haftung für andere kommt es auf deren Handlung an[86]. Wesentlich für den Handlungsbegriff ist, dass nur **willensabhängiges Verhalten** in Betracht kommt, welches in der Außenwelt als Gefährdung eines Interesses oder Rechts(guts) erscheint[87]. Ein weiteres, aber wohl zu unbestimmtes Moment aus der Dogmatik des deutschen Haftungsrechts wird in den kollisionsrechtlich relevanten Handlungsbegriff hineingetragen, wenn auf eine „konkrete" Gefährdung eines rechtlich geschützten Interesses abgestellt wird[88]. Orte, an denen bloße 18

---

[77] BGHZ 120, 87, 89 f = NJW 1993, 1007, 1008; BGHZ 119, 137, 139 = NJW 1992, 3091: gemeinsamer gewöhnlicher Aufenthalt in Deutschland; *Mansel,* Direktansprüche gegen Haftpflichtversicherer, 1986, S 47.
[78] AnwK-BGB/*Wagner* Rn 54; MünchKommBGB/*Junker* Rn 222; *Staudinger/v. Hoffmann* Rn 442, 443.
[79] Ebenso *Staudinger/v. Hoffmann* Rn 448; anders aber *Hübner* VersR 1977, 1069, 1075; obiter auch OLG Hamm VersR 1979, 926.
[80] Ebenso *Hübner* VersR 1977, 1069, 1074 f; *Mansel,* Direktansprüche gegen Haftpflichtversicherer, 1986, S 37 f; für das Versicherungsvertragsstatut *W.-H. Roth,* Internationales Versicherungsvertragsrecht, 1985, S 644 ff; *Wahle* VersR 1962, 1021; nicht eindeutig BGHZ 57, 265 = NJW 1972, 387.
[81] Zur Prüfungsfolge, die indes nichts an der Hierarchie der Anknüpfungen ändert, auch *Junker* RIW 2000, 241, 245; AnwK-BGB/*Wagner* Rn 6.
[82] BGH NJW 1964, 2012; VersR 1978, 231; OLG Saarbrücken NJW 1958, 752, 753; AG Bonn NJW 1988, 1393, 1395; für ein Wahlrecht zuletzt LG Hildesheim VersR 2007, 253; grundsätzliche europarechtliche Bedenken äußert (mE zu Unrecht) *R. Schaub* RabelsZ 66 (2002), 18, 37 ff.
[83] So die klassische Formulierung von *Kegel/Schurig* IPR § 18 IV 1 a aa.
[84] *v. Hoffmann* IPRax 1996, 1, 5; zur prozessualen Möglichkeit einer Teilklage *S. Lorenz* NJW 1999, 2215, 2217 f; vgl auch *Sonnenberger* Rev crit dr int priv 88 (1999), 647, 658.
[85] *Junker* IPR S 377; *Kegel/Schurig* IPR § 18 IV 1 abb; MünchKommBGB/*Junker* Rn 25.
[86] BGHZ 29, 237, 239 f = NJW 1959, 769, 770; BGH WM 1957, 1047, 1049, 1051; zu § 831 BGB im Kontext mit Kapitalanlagebetrug ebenso OLG Köln IPRax 2006, 479, 481 m Aufs *v. Hein* 460.
[87] *Deutsch,* Allgemeines Haftungsrecht, Rn 96; *Staudinger/v. Hoffmann* Rn 17; streng gegen jede Anbindung des Handlungsorts und -begriffs an sachrechtliche Kategorien *Stoll,* GS Lüderitz, 2000, S 733, 736 ff.
[88] So *Stoll* IPRax 1989, 89, 90; *Erman/Hohloch* Rn 24.

Vorbereitungshandlungen vorgenommen werden, sind **kollisionsrechtlich irrelevant**[89]. Ob nur eine Vorbereitungshandlung oder eine bereits tatbestandsmäßige Ausführungshandlung anzunehmen ist, entscheidet das Recht des Ortes, an dem das fragliche (zB wettbewerbswidrige) Verhalten an den Tag gelegt worden ist[90]. Die jeweils relevanten Handlungsorte werden im Zusammenhang mit den verschiedenen Deliktstypen behandelt.

19 Obwohl Abs 1 S 1 nur von der „Handlung" spricht, fällt unter die Norm auch die **Unterlassung**. Von Teilen des Schrifttums ist im Ergebnis bei der Unterlassung in erster Linie auf das Erfolgsortsrecht abgestellt worden, das jedenfalls für die Bestimmung des Orts der in Rede stehenden Unterlassung heranzuziehen sein soll[91]. Das ist nur schwer darstellbar: Übt der Verletzte kein Bestimmungsrecht aus und kommt zur Haftungsbegründung nur ein Unterlassen in Betracht, so wäre überhaupt kein Recht maßgeblich. Dass dieses Resultat nicht gemeint sein kann, liegt auf der Hand. Übrig bliebe nur, im Falle der Unterlassung von einer Regelungslücke auszugehen. Doch würde das nur die bisweilen überaus schwierige und zweifelhafte Abgrenzung zwischen Tun und Unterlassen ins Deliktskollisionsrecht hineintragen. Richtigerweise wird man deswegen als Handlungs- (genauer: Verhaltens-)ort bei Unterlassungen den **Ort** anzusehen haben, **an dem** aus der Sicht des deutschen IPR **(möglicherweise) hätte gehandelt werden müssen** (vgl auch § 9 Abs 1 StGB)[92]. Bei der Bestimmung des Unterlassungsortes liegt es also nicht anders als bei der Bestimmung des Erfolgsortes und des Ortes eines positiven Tuns; auch diese Orte werden nach eigenen Ordnungsvorstellungen bestimmt. Ist also im Falle eines emittierenden Betriebs pflichtwidrig eine Kontrolle unterlassen worden, welche die Emission verhindert hätte, so ist Handlungsort die Betriebsstätte, ohne dass es auf die entsprechende Beurteilung des Erfolgsortsrechts ankäme. Handlungs- und Erfolgsort sind also nach den Ordnungsvorstellungen des deutschen IPR zu bestimmen.

20 Zweifelhaft ist die Konkretisierung des Handlungsortsrechts auch im Falle von **objektiven Haftungen**, Kausalhaftungen oder Gefährdungshaftungen, die nicht notwendigerweise durch ein unerlaubtes Verhalten, sondern – so jedenfalls in den Fällen der deutschen Gefährdungshaftung – geradezu durch eine erlaubte Gefährdung bei Abnahme des Schadensrisikos gekennzeichnet sind[93]. Maßgeblicher „Handlungsort" ist hier derjenige **Ort, an dem die gefährliche Sache außer Kontrolle geraten ist**[94].

21 Problematisch ist schließlich, wie im Falle **mehrerer Handlungsorte** anzuknüpfen ist. Die Gesetzesbegründung geht von dieser Möglichkeit selbst aus; man denke nur an die Produzentenhaftung[95]. Daraus folgt, dass der Wortlaut von Abs 1 S 1 auch insoweit ungenau ist. Mehrere Handlungsortsrechte können relevant sein[96]. Allerdings sollten **unerhebliche Handlungsortsrechte** über die Ausweichklausel des **Art 41 Abs 1 eliminiert** werden[97]. Abgesehen davon kann die Auswahl unter mehreren relevanten Handlungsorten aber von vornherein nicht von einer notwendigen Bestimmung durch den Geschädigten wie beim Erfolgsort abhängen. Denn würde der Geschädigte sie und die Wahl des Erfolgsortsrechts nicht ausüben, ginge die Anknüpfung ins Leere. Im Übrigen ist innerhalb mehrerer relevanter Handlungsorte von einer **Wahlbefugnis des Geschädigten** auszugehen[98]. Abgesehen davon kann das Gericht aus prozessökonomischen Gründen innerhalb von Abs 1 S 1 nicht gezwungen werden, alternativ geltendes Auslandsrecht zu prüfen, wenn der erhobene Anspruch schon nach deutschem Recht begründet ist[99]. Nur wenn eine solche Wahlbefugnis nicht ausgeübt wird, hat das Gericht von Amts wegen alternativ iS des Günstigkeitsprinzips zu prüfen, ob eines der Handlungsortsrechte den geltend gemachten Anspruch trägt[100]. Denn eine entsprechende alternative Rechtsanwendung ist auch im Falle der Auswahl zwischen mehreren Handlungsortsrechten nicht mehr als eine restriktiv zu handhabende Verlegenheitsregel[101].

22 **4. Erfolgsort (S 2).** Der Erfolgsort wird in S 2 dahingehend definiert, dass auf Verlangen des Verletzten das Recht des Staates anzuwenden ist, in dem der Erfolg eingetreten ist. Das Gesetz spricht damit den Verletzungserfolg iS des Vorverständnisses von § 823 Abs 1 BGB an. Gemeint ist zunächst

---

[89] BGH MDR 1957, 31, 33.
[90] *Kegel/Schurig* IPR § 18 IV 1 a bb; MünchKommBGB/*Junker* Rn 25.
[91] Vgl MünchKommBGB/*Junker* Rn 26: nach dem Erfolgsortsrecht sei ein ggf abweichender Handlungsort zu bestimmen; genauso *Staudinger/v. Hoffmann* Rn 22; für den Ort der konkreten Gefährdung *v. Bar* IPR II Rn 659.
[92] OLG Hamburg VersR 1955, 621; *Hohloch*, Das Deliktsstatut, 1983, S 110; *Soergel/Lüderitz* Art 38 Rn 10 mwN; *Palandt/Heldrich* Rn 3; *Kegel/Schurig* IPR § 18 IV 1 a bb; *Spickhoff* IPRax 2000, 1, 4.
[93] *Deutsch*, Allgemeines Haftungsrecht, Rn 637, 644.
[94] *Kegel/Schurig* IPR § 18 IV 1 a aa; *Mansel* VersR 1984, 97, 100 f; *Staudinger/v. Hoffmann* Rn 32; MünchKommBGB/*Junker* Rn 27; *v. Bar* IPR II Rn 659; zum früheren Diskussionsstand *Staudinger/v. Hoffmann* Rn 27–30 mwN.
[95] BT-Drucks 14/343 S 10: Sitz des Herstellers, Ort der Herstellung, Ort des Inverkehrbringens oder Erwerb des Produkts durch den Geschädigten.
[96] MünchKommBGB/*Junker* Rn 28; *Kegel/Schurig* IPR § 18 IV 1 a bb; aA OLG Hamburg NJW-RR 1995, 790, 792; *Staudinger/v. Hoffmann* Rn 20.
[97] S auch *Staudinger/v. Hoffmann* Rn 20.
[98] *Freitag/Leible* ZVglRWiss 99 (2000), 101, 138 f; wohl auch *Palandt/Heldrich* Rn 3: der Verletzte „kann" – nicht: „muss" – wählen; ebenso die bereits bisher hM, vgl BGH NJW 1974, 410; NJW 1964, 2012; OLG Saarbrücken NJW 1958, 752; anders – wertende Konkretisierung des Handlungsortes – *Kreuzer* RabelsZ 65 (2001), 383, 423 mwN; PWW/*Schaub* Rn 20; AnwK-BGB/*Wagner* Rn 28: Schwerpunktermittlung.
[99] *Kegel* IPR, 7. Aufl 1995, § 18 IV 1 a aa.
[100] *Spickhoff* IPRax 2000, 1, 4 f.
[101] *Soergel/Lüderitz* Art 38 Rn 16.

der Ort, an dem das geschützte Recht oder Rechtsgut (Körper, Eigentum) verletzt worden ist. **Verletzungsfolgeschäden,** insbes Schadenseintrittsorte (Krankenhausbehandlung in den USA nach Verletzung in Deutschland) sind demgegenüber in Übereinstimmung mit der bereits bisher allgemeinen Ansicht für die Anknüpfung **irrelevant**[102].

Vermögensschäden[103] scheinen demgegenüber als erfolgsortsbegründend generell auszuscheiden. Doch wäre das zu kurz gegriffen. Schon in der bisherigen Diskussion wurde zugestanden, dass nicht nur Eingriffe in die Persönlichkeit, sondern auch in das (reine) Vermögen einen Erfolgsort haben, selbst wenn es „sprachlich nicht besonders glücklich" ist, hier von einem Erfolgsort zu reden[104]. Frühere Entwürfe sprachen genauer, aber eher unüblich vom „geschützten Interesse"[105]. Dieser Begriff – aus der Reformdiskussion zum Deliktskollisionsrecht herrührend, im Gesetz aber nun doch nicht aufgegriffen – wird jetzt in Art 38 Abs 2 für die Eingriffskondiktion verwendet. Gleichwohl ist der Begriff des Erfolges auch in Art 40 Abs 1 S 2 und 3 iS einer Verletzung des geschützten Interesses zu verstehen[106]. Im Falle des Vermögensschutzes (etwa über eine Norm wie § 826 BGB) kommt es auf das **Recht des Staates an, in dem sich das Vermögen** (zB ein Bankguthaben) **befindet**[107], an dem die **primären Vermögensinteressen verletzt** worden sind[108]. Nicht maßgebend oder ausreichend ist demgegenüber etwa im betrügerischen Kontext eine durch eine vielleicht falsche Information herbeigeführte bloße Vorstellung oder Fehlvorstellung (ein **Irrtum**) **des Opfers**. Nichts spricht dafür, die aus der deutschen Betrugsrechtsdogmatik bekannte Erscheinung ins internationale Haftungsrecht zu übernehmen, wonach bereits die konkrete Vermögensgefährdung als Schaden anzusehen sein soll und ein vollendetes Delikt angenommen werden kann. Im – nicht nur deutschen – sachrechtlichen und internationalen Deliktsrecht findet ein bloßer Irrtum als Erfolg keine Entsprechung. Daher vermag anders als im Strafrecht der bloße Irrtum bzw die bloße (Fehl-)Information ebenso wenig einen kollisionsrechtlich relevanten Erfolg zu begründen wie der nach § 9 Abs 1 Alt 4 StGB als ausreichend erachtete, bloß vorgestellte Erfolgsort. Erst recht gilt das für den bloßen Abruf einer Information im Internet, bei dem es nicht einmal zu einer Fehlvorstellung gekommen sein muss[109].

23

Ebenso wie in Bezug auf den Handlungsort spricht auch Art 40 Abs 1 S 2 und 3 nur von einem Erfolgsort, und ebenso sind doch **mehrere Erfolgsorte** denkbar (Pressedelikte, Äußerungsdelikte im Internet) Ist ein Verletzungserfolg wie die Verbreitung einer Zeitung innerhalb eines Staates vernachlässigenswert (fünf Exemplare einer Illustrierten in einem Staat), wird man einen relevanten Erfolgsort überhaupt abzulehnen haben. Jedenfalls kann in solchen Fällen die Anzahl auch der denkbaren Erfolgsorte über die Ausweichklausel des **Art 41 Abs 1** eingeschränkt werden[110]. Verbleibt es bei mehreren relevanten Erfolgsorten, so kann der **Geschädigte nur eines der Erfolgsortsrechte wählen** und seine (alleinige) Anwendbarkeit bestimmen; eine Festsetzung auf ein bestimmtes Erfolgsortsrecht über eine Schwerpunktbetrachtung[111] ist nicht angezeigt. Das folgt aus der prozessökonomischen Funktion des entsprechenden Optionsrechts. Damit nichts zu tun hat namentlich im Falle von Pressedelikten denkbare Konstellation, dass nach Art einer Mosaikbeurteilung das betreffende Erfolgsortsrecht auf den jeweiligen Verletzungserfolgsort begrenzt anwendbar ist[112].

24

5. Bestimmungsrecht (S 2 und 3). Nach S 2 und 3 kann der Verletzte ein Bestimmungsrecht in Bezug auf das Erfolgsortsrecht bzw ggf die Erfolgsortsrechte ausüben, allerdings nur im ersten Rechtszug bis zum Ende des frühen ersten Termins oder dem Ende des schriftlichen Vorverfahrens.

25

a) Rechtsnatur. Die Rechtsnatur des Optionsrechtes ist eine **rein prozessrechtliche**[113]. Übt man das Optionsrecht aus, ist man deswegen nach einer Klagerücknahme (§ 269 ZPO) im Falle der späteren erneuten Klageerhebung nicht gebunden[114]. Auf den ersten Blick scheint die Hauptwirkung der Ausübung des Bestimmungsrechts, auf die es für die Beurteilung ihrer Rechtsnatur ankommt[115], auf dem Gebiet des Internationalen Privatrechts zu liegen. Denn es geht um die Frage des anwendbaren

26

---

[102] *Kegel/Schurig* IPR § 18 IV 1 a bb; *Erman/Hohloch* Rn 25; MünchKommBGB/*Junker* Rn 32.
[103] Zur deliktschen Haftung der Gesellschafter und ihrer Organe, die im Wesentlichen durch das Gesellschaftsstatut geprägt ist, *Goette* ZIP 2006, 541; *Kiethe* RIW 2005, 649; s auch Art 1 Abs 2 d Rom II VO.
[104] *v. Bar* IPR II 663.
[105] ZB Art 40 Abs 1, S 2 RefE 1993 im Anschluss an den Vorschlag des Deutschen Rates für IPR, Vorschläge (Hrsg *v. Caemmerer*), 1983, S 2 (Art 3), 10 f; s dort genauer *W. Lorenz* S 97 ff.
[106] R. *Wagner* IPRax 1998, 429, 433.
[107] *v. Bar* IPR II 665.
[108] AnwK-BGB/*Wagner* Rn 21; *Palandt*/*Heldrich* Rn 4; zum früheren Recht ebenso *Soergel*/*Lüderitz* Art 38 Rn 11: Ort des Eintritts des unmittelbaren Vermögensschadens.
[109] Anders insoweit aber *Mankowski*, RabelsZ 63 (1999), 203, 269.
[110] BT-Drucks 14/343 S 13; PWW/*Schaub* Rn 11.
[111] Dafür *Looschelders* Rn 31; AnwK-BGB/*Wagner* Rn 27.
[112] *Spickhoff* IPRax 2000, 1, 5; vgl auch *Palandt*/*Heldrich* Rn 4.
[113] Sehr str, wie hier *S. Lorenz* NJW 1999, 2215, 2217; AnwK-BGB/*Wagner* Rn 30; *Erman*/*Hohloch* Rn 28: „Prozesshandlung"; *Vogelsang* NZV 1999, 497, 502; s auch *Spickhoff* IPRax 2000, 1, 5 f; *ders*, Trierer Jb IUTR 2000, S 385, 393 f; *ancers* – materiell-kollisionsrechtliche Qualifikation; *Junker* RIW 2000, 241, 247; *ders*, FS W. Lorenz, S 321, 329 ff; PWW/*Schaub* Rn 12; *Looschelders* Rn 33, 34 mit der Möglichkeit auf teleologische Reduktion; *Pfeiffer* NJW 1999, 3674, 3675 f; *Kropholler* IPR § 53 IV 2 b; *Freitag*/*Leible* ZVglRWiss 99 (2000), 101, 117 ff; *v. Hoffmann*/*Thorn* IPR § 11 Rn 25; *v. Hein* ZVglRWiss 99 (2000), 263; *ders* NJW 1999, 3175; *Palandt*/*Heldrich* Rn 4.
[114] Zur Teilklage *S. Lorenz* NJW 1999, 2215, 2217 f, auch in Bezug auf prozesstaktische Erwägungen (vom Gericht nach § 293 ZPO zu ermittelnder Inhalt des Erfolgsortsrechts!); vgl auch *Schurig*, GS *Lüderitz*, 2000, S 699, 710.
[115] *Rosenberg*/*Schwab*/*Gottwald* Zivilprozessrecht, 16. Aufl 2004, § 63 Rn 1.

Rechts. Auch von der Systematik her scheint mehr für die kollisionsrechtliche Natur des Optionsrechtes zu sprechen, befindet sich Art 40 doch zentral im 2. Kapitel des EGBGB mit der Überschrift „Internationales Privatrecht". Indes dient die zeitlich enge Begrenzung des Optionsrechtes neben dem Grundsatz der Waffengleichheit vor allem der Prozessökonomie. Es soll soweit wie möglich verhindert werden, dass ein Richter ggf in mehreren Instanzen dazu gezwungen werden kann, von Amts wegen die Begründetheit der Ansprüche nach mehreren Rechtsordnungen zu prüfen[116]. Schon dieser ganz deutlich zutage tretende Zweck ist auf einen effizienten Einsatz knapper staatlicher Justizressourcen gemünzt. Abs 1 S 3 nimmt sodann unmittelbar Bezug auf Normen der ZPO, wenn dort der frühe erste Termin bzw das schriftliche Vorverfahren angesprochen werden. Für Schiedsgerichte, die nach zutreffender Auffassung auch im Rahmen von § 1051 Abs 2 ZPO mangels abweichender Disposition der Parteien an sich an das staatliche IPR gebunden sind[117], passt daher die Regelung der Ausübung des Optionsrechts in Abs 1 S 3, die eben ausschließlich auf das Verfahren vor staatlichen Gerichten zugeschnitten ist, von vornherein ebenso wenig wie für ausländische Gerichte, die mit deutschem Deliktskollisionsrecht (zB im Rahmen der Prüfung von Rück- oder Weiterverweisungen) in Berührung kommen. Die für die materiellrechtliche Qualifikation der Optionsmöglichkeit zum Teil als Prämisse angeführte angebliche pauschale Unwiderruflichkeit der Ausübung von Gestaltungsrechten ist schon auf materiellrechtlicher Ebene zu relativieren. Das zeigt die Existenz der sog elektiven oder alternativen Konkurrenz. Kennzeichnend dafür ist gerade, dass der „Gläubiger die von ihm getroffene Wahlentscheidung bis zu einem bestimmten ... Zeitpunkt ändern kann". Es besteht dann „eine Lage, in der es von der Entscheidung des Gläubigers, die man auch als Verlangen bezeichnen kann, abhängt, ob und welche Leistungspflicht den Schuldner trifft und von ihm zu erfüllen ist"[118]. Selbst wenn man das (in dieser Form vorbildlos-neuartige) Optionsrecht des Abs 1 S 2 und 3 also materiell-rechtlich qualifiziert, wäre immer noch zu begründen, ob es nicht auch eine **Art elektiver oder alternativer Konkurrenz im Internationalen Privatrecht** geben kann[119]. Im Übrigen spricht gegen eine Bindung der außerprozessualen Ausübung dieser Option, dass der Geschädigte sich in Bezug auf die Frage des anwendbaren Rechts vorprozessual gar nicht äußern muss. Der Anwalt des Schädigers hat dann aber ohnehin (auch) seinerseits zu prüfen, ob sein Mandant alternativ nach Handlungs- oder Erfolgsortsrecht haftet, will er einen zutreffenden Rat darüber erteilen, ob sich der Schädiger auf das Risiko eines Prozesses (je nach Ausübung der Option durch die Gegenseite) einlässt oder den begehrten Schaden ersetzt. Außerhalb eines Prozesses (und vor der Ausübung des Optionsrechts im Prozess) „gilt" also praktisch die alte Ubiquitätsregel[120]. Umgekehrt würde der Aspekt der zuschnappenden Anwaltsfalle umso schwerer wiegen, als die (freilich ihrerseits kritikwürdige) Rspr selbst unreflektiertes Verhalten, etwa die Berufung zB auf das deutsche Recht, als hinreichend zur Annahme einer stillschweigenden Rechtswahlerklärung angesehen hat (Art 42 Rn 6), jedenfalls wenn man diese Praxis entgegen der hier vertretenen Auffassung (Rn 28) auf die außerprozessuale Ausübung des Optionsrechtes übertragen würde. Unabhängig davon, ob es sich bei Abs 1 S 2 und 3 um einen Fall materiellrechtlicher elektiver Konkurrenz (mit der Folge der Widerruflichkeit der Optionsausübung) handelt oder um eine auf die rein prozessrechtliche Seite beschränkte Optionsmöglichkeit, sollte die außerprozessuale Äußerung also nicht binden.

27 Das Optionsrecht kann innerhalb eines jeden Haftpflichtprozesses nicht ohne weiteres je nach Streitgegenstand unterschiedlich ausgeübt werden. Wenn es richtig ist, im Haftpflichtprozess die Streitgegenstände in Heilungskosten, vermehrte Bedürfnisse, Erwerbsausfall, Schmerzensgeld und Sachschaden zu unterteilen[121], geht es **nicht** an, dass der Geschädigte **iS der Rosinentheorie je nach Schadensart von einem Recht zum anderen überwechselt.** Innerhalb desselben Haftungsgrundes, also derselben Anspruchsgrundlage(n), erscheint ein solches Vorgehen (wie schon unter altem Recht[122]) nicht möglich[123].

28 **b) Ausübung.** Die Ausübung des Bestimmungsrechts setzt zunächst das entsprechende **Bewusstsein der Wahlbefugnis** voraus[124]. Im Gesetzestext kommt das deutlich zum Ausdruck („„verlangen", „Bestimmungsrecht"). Insofern unterscheidet sich die Ausübung des Bestimmungsrechts nicht von einem Rechtswahlvertrag, der nach richtiger Ansicht gleichfalls Erklärungsbewusstsein voraussetzt (Art 42 Rn 6).

29 Das Bestimmungsrecht kann **nur in der ersten Instanz ausgeübt** werden. Hat der Richter nach § 275 ZPO einen frühen ersten Termin zur mündlichen Verhandlung bestimmt, kann das Wahlrecht nach diesem Termin nicht mehr ausgeübt werden. Ist kein früher erster Termin bestimmt, kommt es

---

[116] BT-Drucks 14/343 S 11.
[117] BT-Drucks 13/5274 S 52 f; ebenso *Zöller/Geimer* § 1051 ZPO Rn 2; im Ergebnis auch MünchKommZPO/*Münch* § 1051 Rn 15; aA zB *Musielak/Voit* § 1051 ZPO Rn 1; vgl auch *Jayme/Kohler* IPRax 1998, 417, 425 f.
[118] *Weitnauer*, FS Hefermehl, 1976, S 467, 470, 480.
[119] S auch *Erman/Hohloch* Rn 26, 29; *Spickhoff* in: *Leible* (Hrsg), Die Bedeutung des IPR im Zeitalter der neuen Medien, 2003, S 89, 95 f.
[120] Offenbar anders MünchKommBGB/*Junker* Rn 35, der nicht zutr von der – wenn sie zuträfe, in der Tat absurden – Konsequenz spricht, der Kläger müsse bei prozessrechtlicher Qualifikation der Ausübung des Optionsrechts klagen, um zur Anwendung des Rechts, auf das er optieren will, zu gelangen.
[121] *Wussow/Kürschner* Unfallhaftpflichtrecht, 14. Aufl 1996, Rn 1523; *E. Schneider* MDR 1969, 535.
[122] MünchKommBGB/*Junker* Rn 16; *Erman/Hohloch* Rn 26; *Looschelders* Rn 37.
[123] *Spickhoff* IPRax 2000, 1, 6.
[124] Vgl *Dörner*, FS Stoll, S 481, 496; *Looschelders* Rn 35; MünchKommBGB/*Junker* Rn 37.

auf das Ende des schriftlichen Vorverfahrens nach § 276 ZPO an. Im Falle eines schriftlichen Verfahrens nach § 128 Abs 2 und 3 ZPO wird es auf das Ende der Schriftsatzfrist nach § 128 Abs 2 S 2 bzw Abs 3 S 2 ZPO ankommen. Verfassungsrechtliche Einwände gegen diese enge zeitliche Begrenzung des Optionsrechts, die man rechtspolitisch anzweifeln kann[125], bestehen nicht. Denn unzweifelhaft wäre es dem Gesetzgeber möglich, ausschließlich an das Handlungsortsrecht anzuknüpfen. Wenn dem Opfer eine – wenn auch noch so geringe – zusätzliche Begünstigung eingeräumt wird, kann das keinen verfassungsrechtlich zweifelhaften Eingriff in geschützte Positionen des Verletzten begründen.

Von der Normierung einer obligatorischen **richterlichen Hinweispflicht in Bezug auf das Optionsrecht**[126] ist bewusst abgesehen worden. Gelten sollen die allgemeinen Regeln des Prozessrechts zu richterlichen Hinweisen (§§ 273 Abs 1, 139 ZPO). Auf Grund der häufigen Unkenntnis des Internationalen Privat- und Zivilprozessrechts der am Prozessgeschehen Beteiligten ist diese Frage nicht ohne Relevanz. Auf den **Inhalt des Erfolgsortsrechts** ist von vornherein **nicht hinzuweisen**[127]. Fraglich ist allein eine Hinweispflicht in Bezug auf das Optionsrecht. Dabei ist zu unterscheiden[128]: Wird der Streit vom Geschädigten nur auf der Grundlage ausländischen Rechts geführt, besteht kein Anlass für einen richterlichen Hinweis, selbst wenn der Erfolgsort in Deutschland gelegen ist und das Gericht auf diese Weise zur Anwendung des eigenen Rechts kommen möchte. Denn wer sich vor deutschen Gerichten über ausländisches Recht streitet, der hat sich im Zweifel über die Frage des anwendbaren Rechts Gedanken gemacht[129]. Wird der Streit umgekehrt vom Geschädigten nur auf der Grundlage des deutschen Rechts geführt und der Erfolgsort liegt in Deutschland, der Handlungsort aber im Ausland, so ist nicht gewährleistet, dass das Bestimmungsrecht bewusst ausgeübt worden ist, was aber erforderlich wäre[130]. Daher ist eine entsprechende richterliche Nachfrage angezeigt. Denn in der Zugrundelegung deutschen Rechts wird man immerhin die Andeutung einer entsprechenden Bestimmung erblicken können, und das rechtfertigt allgemeinen Grundsätzen folgend die Annahme einer richterlichen Fragepflicht[131]. Liegt schließlich der Handlungsort in Deutschland, der Erfolgsort im Ausland, und wird der Streit nur über deutsches Handlungsortsrecht geführt, das über Abs 1 S 1 ohnedies anwendbar ist, kann es zwar durchaus sein, dass die Parteien und auch der Geschädigte die Rechtswahlfrage bzw das Optionsrecht übersehen haben. Dennoch ist auf das Optionsrecht nicht hinzuweisen. Ebenso wie der Hinweis auf nicht angedeutete Einwendung oder Einrede erscheint auch der Hinweis auf ein Optionsrecht, dass zB zur Anwendung der strict liability (anstelle der deutschen Verschuldenshaftung) führt oder führen könnte, als unzulässig. Eine entsprechende einseitige Begünstigung des Geschädigten im Prozess ist mit der richterlichen Neutralität nicht vereinbar. Im Ganzen wird damit auch über die richterliche Hinweispflicht das Erfolgsortsrecht in seiner Bedeutung zurückgedrängt, selbst wenn es zum deutschen Recht führt. Damit geschieht nicht mehr (und nicht weniger) als eine prozessrechtliche Verlängerung der neuen gesetzgeberischen Wertung des Deliktskollisionsrechts.

V. Gemeinsamer gewöhnlicher Aufenthalt, Ort von Hauptverwaltung oder Niederlassung (Abs 2)

Nach Abs 2 geht der Tatortregel ein gemeinsamer gewöhnlicher Aufenthalt in demselben Staat von Ersatzpflichtigen und Verletzten vor[132]. Bei Gesellschaften, Vereinen oder juristischen Personen kommt es auf den Sitz der Hauptverwaltung an[133]. Ist eine Niederlassung beteiligt, ist der Ort maßgeblich, an dem sich diese im relevanten Zeitpunkt befindet[134]. Das damit konkretisierte Personalstatut von Gesellschaften, Vereinen und juristischen Personen ist im Wesentlichen in Parallelität mit dem Internationalen Vertragsrecht (Art 28 Abs 2) bestimmt worden. Maßgeblicher Zeitpunkt ist das Haftungsereignis, also die Vollendung des Haftungsgrundes, insbes die Rechtsgutsverletzung[135]. Damit ist klargestellt, dass eine nachträgliche Verlegung von gewöhnlichem Aufenthalt oder Sitz durch einen der Beteiligten unbeachtlich ist; das Deliktsstatut ist unwandelbar[136]. Die Anknüpfung nach Abs 2 kann verdrängt werden durch Art 41. Die Aufhebung der Rechtsanwendungsverordnung zeigt, dass für das Eingreifen von Art 41 eine **gemeinsame Staatsangehörigkeit der Unfallbeteiligten** auch dann, wenn der Unfallort im Staat der gemeinsamen Angehörigkeit liegt, **keine Rolle mehr spielt**[137]. Während dieses Ergebnis

---

[125] v. Hoffmann IPRax 1996, 1, 5.
[126] Dafür v. Hoffmann IPRax 1996, 1, 5.
[127] S. Lorenz NJW 1999, 2215.
[128] Näher Spickhoff IPRax 2000, 1, 7 f; ebenso Staudinger/v. Hoffmann Rn 16; AnwK-BGB/Wagner Rn 32; etwas großzügiger Looschelders Rn 38, 39.
[129] BGH NJW-RR 1990, 248, 249; OLG Celle RIW 1990, 320, 322; Staudinger/Magnus Art 27 Rn 70, alle zur stillschweigenden übereinstimmenden Rechtswahl.
[130] Klassisches Beispiel nach altem Recht BGH IPRax 1982, 13; dazu Kreuzer IPRax 1982, 1 – Apfelschorf.
[131] Statt aller Musielak/Stadler § 139 ZPO Rn 9 mwN.
[132] Aus der Rspr OLG Stuttgart NJW 2007, 1367, 1368 betr Bergwandererunfall in Österreich.
[133] So die schon bisher hM, BGH WM 1989, 1047; BGHZ 78, 318, 322 = NJW 1981, 522, 523; BGHZ 35, 329, 331 = NJW 1962, 37, 38; Soergel/Lüderitz Art 38 Rn 36.
[134] Vgl auch BT-Drucks 14/343 S 12.
[135] Vgl Staudinger/v. Hoffmann Rn 403.
[136] Früher anders Hohloch IPRax 1984, 14, 15 f gegen BGHZ 87 95, 103 = NJW 1983, 1972, 1974; Staudinger/v. Hoffmann Rn 403.
[137] Vgl Staudinger/v. Hoffmann Rn 395; wohl nur ungenau LG Bonn NJW 2005, 1873: „deutsches Recht anwendbar, denn beide Parteien sind deutsche Staatsangehörige"; richtig OLG Dresden VersR 2004, 1567, 1568.

früher einen erheblichen Begründungsaufwand erforderte[138], liegt nun die Begründungslast bei dem, der vom Recht des gemeinsamen gewöhnlichen Aufenthalts abweichen will.

32 **Sitz von Hauptverwaltung oder Niederlassung und gewöhnlicher Aufenthalt** sind **allgemeinen Grundsätzen entspr** auszufüllen. Es gibt keinen Grund, den Begriff des gewöhnlichen Aufenthaltes innerhalb des Internationalen Privatrechts uneinheitlich zu verwenden[139]. Wie wenig Erfolg versprechend es ist, einen speziellen Begriff des gewöhnlichen Aufenthaltes nach den Ordnungsaufgaben und Funktionszusammenhängen speziell des Internationalen Deliktsrechts zu kreieren, zeigen die völlig gegenläufigen Versuche hierzu im Schrifttum: Während *Schwind*[140] (im Gegensatz zu Dauerrechtsverhältnissen) im Falle „punktueller Rechtsakte" – wozu zwanglos auch Unfälle gerechnet werden könnten – von einem gewöhnlichen Aufenthalt schon nach relativ kurzer Dauer sprechen möchte, geht *Baetge*[141] umgekehrt davon aus, dass im Internationalen Deliktsrecht ein strengerer Maßstab bei der Annahme eines gewöhnlichen Aufenthaltes anzulegen sei. Innerhalb des IPR, zumal innerhalb des EGBGB und des dazugehörigen Prozessrechts, spricht gegenüber solchen Versuchen wenig dafür, denselben Begriff uneinheitlich zu verwenden. Bisher theoretisch gebliebene Grenzfälle überwiegen die mit einer einheitlichen Handhabung des Begriffs des gewöhnlichen Aufenthalts verbundenen Vorteile an Rechtsklarheit nicht[142].

VI. Ausgewählte Sachbereiche

33 **1. Unfälle. a) Straßenverkehr.** Das Internationale Straßenverkehrsunfallrecht ist **nur in begrenztem Umfang staatsvertraglich geregelt.**[143] Das Haager Übereinkommen über das auf Straßenverkehrsunfälle anzuwendende Recht vom 4. 5. 1971 ist in Deutschland nicht in Kraft[144]. Nur soweit ausländisches Internationales Deliktsrecht auf Grund einer Gesamtverweisung (Rn 50) anzuwenden ist und in dem betreffenden ausländischen Staat das Abkommen gilt, wird es auch für den deutschen Richter relevant. Auf der Ebene des Sachrechts ist das CMR in Bezug auf Schäden an beförderten Gütern zu beachten.

34 Im Übrigen gilt folgende **Anknüpfungsleiter**[145]: Allem anderen vorrangig ist eine (nachträgliche) Rechtswahl (Art 42), gefolgt von der Anknüpfung an den gemeinsamen gewöhnlichen Aufenthalt von Schädiger und Geschädigtem (Abs 2) und den Unfallort, bei dem typischerweise Handlungs- und Erfolgsort zusammenfallen (Abs 1). Gemeinsamer gewöhnlicher Aufenthalt und Tatort können allerdings nach Art 41 verdrängt werden, namentlich wegen einer besonderen rechtlichen oder tatsächlichen Beziehung zwischen den Beteiligten in Zusammenhang mit dem Unfall (Art 41 Abs 2 Nr 1). Als tatsächliche Sonderbeziehung kommt insbes ein **Mitfahrerverhältnis** bei Gefälligkeitsfahrten, aber auch eine Gruppenbeziehung (etwa im Falle des einheitlichen Ausgangspunkts einer Reise) in Betracht[146]. Rechtliche Sonderbeziehungen können **familienrechtliche Beziehungen** (Ehegatten, Eltern-Kind-Verhältnis) sein. Die Frage ist aber, ob solche familienrechtlichen Sonderbeziehungen den notwendigen sachlichen Zusammenhang mit dem Unfall aufweisen[147]. Die Rspr hat einem Hineingreifen des Familienrechts in das Deliktsrecht schon auf der Ebene des Sachrechts gerade bei Verkehrsunfällen – man denke an die Frage des Haftungsmaßstabs – mit Grund ablehnend gegenüber gestanden[148]. Nichts anderes sollte daher im Internationalen Verkehrsunfallrecht gelten[149].

35 Eine sonstige wesentlich engere Verbindung (Art 41 Abs 1) kommt in Betracht im Falle eines **übereinstimmenden Registrierungsortes** bei Kraftfahrzeugunfällen (lex communis stabuli)[150]. Da entsprechende Vorschläge weder in der bisherigen Rspr[151] noch im Gesetz aufgegriffen, sondern vielmehr bewusst abgelehnt worden sind[152], kann der gemeinsame Zulassungsort ohne weiteres keine

---

[138] Ebenso wie nun Art 40 Abs 2 zuvor bereits OLG Düsseldorf IPRax 1997, 422; *Deville* IPRax 1997, 409; vgl auch öOGH JBl 2003, 862.
[139] Ebenso *Staudinger/v. Hoffmann* Rn 132; AnwK-BGB/*Wagner* Rn 34; *Staudinger/Spellenberg* IntVerfEheR Vor §§ 606 a, 328 ZPO Rn 36; *Erman/Hohloch* Art 5 Rn 46; für Differenzierungen aber zB *Kropholler* IPR § 39 II 5; *Baetge*, Der gewöhnliche Aufenthalt im IPR, 1994, S 86 ff mwN, umfassend zum Streitstand.
[140] IPR Rn 191.
[141] Der gewöhnliche Aufenthalt im IPR, 1994, S 99.
[142] Zum gewöhnlichen Aufenthalt im Internationalen Deliktsrecht vgl auch OGH IPRax 1995, 177; *Spickhoff* IPRax 1995, 185 ff.
[143] *Freyberger* MDR 2001, 970; zu Unfällen in Spanien *Backu/Naumann* VersR 2006, 760. Zum NATO-Truppenstatut *Karczewski* VersR 2001, 1204: inländische Unfälle durch ausländische Streitkräfte, die hier stationiert sind; zur Kfz-Haftpflicht-RL *Fuchs* IPRax 2001, 425; zu deren Umsetzung *Riedmeyer* zfs 2006, 132; zur Regulierungspraxis („Grüne Karte"):
[144] Text in RabelsZ 33 (1969), 342; MünchKommBGB/*Junker* Rn 78.
[145] Näher *Looschelders* VersR 1999, 1316; *Junker* JZ 2000, 477; *Bartels* ZfSch 2000, 374.
[146] AnwK-BGB/*Wagner* Rn 50; *v. Hoffmann* IPRax 1996, 1, 6; *Spickhoff* IPRax 2000, 1, 2.
[147] Dafür *Staudinger/v. Hoffmann* Art 38 Rn 143; *Kropholler* RabelsZ 33 (1969), 601, 629, 631; *Seetzen* VersR 1970, 1, 6 f; *K. Müller* JZ 1986, 212, 215 f.
[148] BGHZ 53, 352.
[149] AnwK-BGB/*Wagner* Rn 51; ebenso BGHZ 119, 137, 140 = NJW 1992, 3091.
[150] *Deutsch* in: v. Caemmerer, Vorschläge und Gutachten zur Reform des IPR der außervertraglichen Schuldverhältnisse, 1983, S 202, 221; *Dörner* VersR 2000, 956 f; ebenso Art 6 Abs 2 des Vorschlages des Deutschen Rates für IPR, in: v. Caemmerer S 3 aaO; eingehend *Sieghörner* NZV 2003, 105.
[151] BGH NJW 1977, 496, 497; OLG Köln VersR 1993, 977.
[152] BT-Drucks 14/343 S 10 f.

wesentlich engere Verbindung iS von Art 41 Abs 1 begründen[153]. Lediglich dann, wenn mehr als zwei an einem Verkehrsunfall beteiligte Kraftfahrzeuge verunglückt sind, die alle in ein und demselben Staat zugelassen waren, ist eine Anknüpfung an den gemeinsamen Zulassungsort im Rahmen von Art 41 Abs 1 angezeigt[154]. Auf diese Weise wird gewährleistet, dass die Ansprüche der Beteiligten untereinander nach derselben Sachrechtsordnung beurteilt werden. Da allerdings alle Anknüpfungen jeweils nur im Zweipersonen-Verhältnis gelten (also auch für Ansprüche von Mitfahrern[155] und von Fußgängern)[156], ist selbst dann ein Eingreifen der Ausweichklausel nur sinnvoll, wenn alle Unfallbeteiligten ihre Ansprüche in Übereinstimmung mit den vorgenannten Grundsätzen nach einer Rechtsordnung abwickeln können. Zugunsten des deutschen Rechts ist über Art 41 Abs 1 zudem vom (polnischen) Tatort abgewichen worden, wenn beide am Unfallgeschehen beteiligten Fahrzeuge in Deutschland zugelassen und versichert sind und (allein) der Geschädigte dort auch seinen gewöhnlichen Aufenthalt hat[157]. Das erscheint zweifelhaft, zumal eines der verunfallten Fahrzeuge bereits mit einem Ausfuhrkennzeichen versehen war[158].

Die **Regeln über die Ordnung des Straßenverkehrs** sind immer dem **Tatortrecht** zu entnehmen (Rn 13). Die Anknüpfung des Direktanspruchs gegen den **Versicherer** folgt den Regeln von Abs 4 (Rn 15). Die Frage, ob eine Haftung durch Gewährung von Versicherungsschutz ausgeschlossen bzw ersetzt ist[159] beurteilt sich nach dem Deliktsstatut[160]. Ist die Haftung durch eine Versicherung ersetzt, die der Geschädigte nicht erhält, kann der ordre public wegen Fehlens einer für geboten erachteten Norm eingreifen[161]. 36

b) Schiffsverkehr. Unfälle im Zusammenhang mit dem Schiffsverkehr, die Auslandsbezug aufweisen, sind durch eine Fülle von Staatsverträgen überlagert, von denen das älteste das Brüsseler Übereinkommen vom 23. 9. 1910 zur einheitlichen Feststellung von Regeln über den Zusammenstoß von Schiffen (RGBl 1913 S 49, 89) ist. Für die Einzelheiten und sonstige staatsvertragliche Regelungen, bei denen Schiffszusammenstöße auf hoher See und im Rahmen der Binnenschifffahrt[162], Ansprüche gegen den Beförderer wegen Personen- oder Sachschäden, Fragen der Haftung für Schäden beim Transport gefährlicher Stoffe auf See (namentlich Ölverschmutzung und Beförderung von Kernmaterial) sowie die kollisionsrechtliche und sachrechtliche Ebene unterschieden werden müssen, ist auf weiterführendes Schrifttum zu verweisen[163]. Außerhalb von vorrangigen staatsvertraglichen Regelungen gilt: Vorrangig zu beachten ist stets eine nachträgliche Rechtswahl (Art 42). Bei Schiffszusammenstößen auf hoher See ist sodann abzustellen auf das **gemeinsame Flaggenrecht der beteiligten Schiffe** (vgl Art 40 Abs 2)[164]. Fehlt es an einem gemeinsamen Flaggenrecht, geht die Anknüpfung an den Tatort in hoheitsfreien Gewässern ins Leere[165]. Die bisher hM lässt daher von den beiden beteiligten Flaggenrechten das **dem Geschädigten günstigere Recht** zur Anwendung kommen[166]. Im Rahmen von Hoheitsgewässern gilt vorrangig das Recht der gemeinsamen Flagge (vgl Art 40 Abs 2), sonst Ortsrecht (Art 40 Abs 1). Die frühere Rechtsprechung, wonach in deutschen Hoheitsgewässern deutsches Recht ohne Rücksicht auf die Nationalität der Schiffe anzuwenden ist[167], entbehrt im Rahmen der Art 40 bis 42 der normativen Grundlage. 37

Im Falle von **Borddelikten** ist auf hoher See der Tatort durch die **Anknüpfung an die Flagge** zu ersetzen[168]. In Hoheitsgewässern ist nicht mehr das Flaggenrecht[169], sondern gemäß Abs 1 das Tatortrecht maßgeblich, das bei fehlender Erkennbarkeit im Einzelfall allerdings über Art 41 Abs 1 durch das Flaggenrecht verdrängt werden kann. Auch iÜ gelten die allgemeinen Grundsätze des Deliktsstatuts nach Art 40 bis 42. Deliktische Ansprüche gegen den Beförderer wegen Personen- oder Sachschäden sind ggf vertragsakzessorisch anzuknüpfen (Art 41 Abs 2 Nr 1)[170]. 38

---

[153] Ebenso *Staudinger/v. Hoffmann* Art 41 Rn 26.
[154] Ebenso BT-Drucks 14/343 S 12.
[155] BGHZ 90, 294, 298 = NJW 1984, 2032.
[156] AG Köln VersR 1979, 728, 729; *Erman/Hohloch* Rn 45; anders *W. Lorenz* DAR 1983, 273, 278.
[157] LG Berlin NJW-RR 2002, 1107; *Sieghörner* NZV 2003, 105, 117.
[158] Krit auch *Palandt/Heldrich* Rn 8; MünchKommBGB/*Junker* Rn 83.
[159] ZB in Neuseeland, *Deutsch* RabelsZ 44 (1980), 487; *ders* VersR 1994, 381.
[160] *Großerichter* IPRax 1998, 220, 221.
[161] *Großerichter* IPRax 1998, 220, 222; *Staudinger/v. Hoffmann* Rn 458; für eine Anwendung des Rechts des gewöhnlichen Aufenthalts des Geschädigten *Deutsch* in: *v. Caemmerer* (Hrsg), Vorschläge und Gutachten zur Reform des IPR der außervertraglichen Schuldverhältnisse, 1983, S 220, 225.
[162] *Czerwenka* NJW 2006, 1250.
[163] ZB *Staudinger/v. Hoffmann* Rn 209 ff; MünchKommBGB/*Junker* 40 Rn 93 ff, je mwN.
[164] Vgl früher auch RGZ 49, 182, 187.
[165] Anders – Flaggenrecht des in Anspruch genommenen Schiffes als Handlungsortsrecht iS von Abs 1 S 1, Flaggenrecht des Anspruchstellers als Erfolgsortsrecht iS von Abs 1 S 2 – *Palandt/Heldrich* Rn 9.
[166] BT-Drucks 14/343 S 11; PWW/*Schaub* Rn 19; für das Flaggenrecht des geschädigten Schiffes *E. Lorenz* in: *v. Caemmerer*, Vorschläge und Gutachten zur Reform des IPR der außervertraglichen Schuldverhältnisse, 1983, S 440, 442 f, 452 ff, sofern der Schädiger mit Verletzungen auf dem Schiff dieser Flagge rechnen musste; für die lex fori *Soergel/Lüderitz* Art 38 Rn 54.
[167] BGHZ 3, 321, 324; BGH VersR 1962, 514, 515; IPRax 1981, 99.
[168] *Kegel/Schurig* IPR § 18 IV 1 f; *Staudinger/v. Hoffmann* Rn 234.
[169] Vgl aber *E. Lorenz* in: *v. Caemmerer*, Vorschläge und Gutachten zur Reform des IPR der außervertraglichen Schuldverhältnisse, 1983, S 440, 446 f.
[170] MünchKommBGB/*Junker* Rn 106.

39   **c) Luftverkehr.** Für **Flugzeugzusammenstöße** gibt es bisher keine staatsvertraglichen Regelungen. Es gelten die allgemeinen Regeln (Rechtswahl, gemeinsames Flaggenrecht, bei Kollisionen über staatlichem Hoheitsgebiet: Tatort, Art 41 Abs 1). Bei Flugzeugzusammenstößen im staatsfreien Luftraum gilt – wie bei Schiffszusammenstößen auf hoher See – nach bisher hM das Günstigkeitsprinzip[171]. **Borddelikte** außerhalb vertraglicher Beziehungen (zwischen Mannschaftsmitgliedern oder Passagieren) unterliegen dem allgemeinen Deliktsstatut, wobei die Tatortanknüpfung (Art 40 Abs 1) bei internationalen Flügen durch das Flaggenrecht (Registrierortsrecht) zu ersetzen ist, vorausgesetzt, die Flugzeuge sind nicht mehr am Boden[172]. Für Ansprüche gegen den Beförderer wegen Personen- oder Sachschäden ist, wenn nicht das Warschauer Abkommen vom 12. 10. 1929 zur Vereinheitlichung von Regeln über die Beförderung im internationalen Luftverkehr eingreift[173], das Deliktsstatut maßgeblich. Fehlt es an einer Rechtswahlvereinbarung (Art 42), ist zunächst vertragsakzessorisch anzuknüpfen (Art 41 Abs 2 Nr 1). Der Tatort (Art 40 Abs 1) ist bei Schädigungen im hoheitsfreien Gebiet durch das Recht der Flagge zu ersetzen. Wegen der Zufälligkeit des Schädigungsortes und der Schwierigkeiten, ihn zu ermitteln, ist – soweit die Schädigung über Hoheitsgebiet eintritt – der Tatort (Art 40 Abs 1) insgesamt durch das Recht der Flagge verdrängt (Art 41 Abs 1)[174].

40   **d) Bahnverkehrsunfälle.** Bahnverkehrsunfälle sind in Bezug auf die vertragliche Haftung im Großen und Ganzen staatsvertraglich geregelt[175]. Soweit deliktsrechtliche Ansprüche nicht erfasst sind, gilt das allgemeine Deliktsstatut, wobei ggf eine vertragsakzessorische Anknüpfung (Art 41 Abs 2 Nr 1) in Betracht kommt.

41   **e) Arbeitsunfälle.** Arbeitsunfälle sind, auch soweit es um deliktsrechtliche Anspruchsgrundlagen geht, **dem Recht zu unterstellen, dem der Arbeitsvertrag unterliegt.** Das war bereits bisher hM, wenn auch nicht unbestritten[176], und wird jetzt durch Art 41 Abs 2 Nr 1 bestätigt. Der Grund liegt darin, dass der Arbeitsunfall weitgehend aus dem privaten Haftungsrecht ausgeschieden bzw durch Normen des technischen Arbeitsschutzes und durch das gesetzliche Unfallversicherungsrecht geprägt wird, das an den Arbeitsvertrag anknüpft. Deliktsrechtliche Ansprüche, die aus **Arbeitskämpfen**, insbes Streiks resultieren, sind (wiederum gemäß Abs 2 Nr 1) akzessorisch an das Arbeitskampfstatut anzuknüpfen[177], womit das am Arbeitskampfort geltende Recht berufen ist[178].

42   **f) Massenunfälle.** Im Falle von Massenunfällen ist im Einzelfall anstelle einer Zweipersonenbetrachtung im Interesse einer einheitlichen Schadensabwicklung nach gleichen Standards ggf über Art 41 an eine Auflockerung zu denken; die „typische" Zweipersonenbeziehung oder der (hauptsächliche) Unfallort geben dann Maß[179].

43   **2. Internet-Delikte.** Das sog Internet-Delikt (zum Herkunftslandprinzip siehe Rn 5) ist dadurch gekennzeichnet, dass es in die anerkannten Sonderfallgruppen ohne weiteres eingreift und sich damit in erheblichem Maß überschneidet. Auch per Internet sind Persönlichkeitsverletzungen, Wettbewerbsverstöße und Fälle der Produkthaftung denkbar. Man kann deshalb durchaus die Frage stellen, ob sich die Fallgruppe „Internet-Delikt" als eigene deliktskollisionsrechtliche Fallgruppe überhaupt anbietet, oder ob es einer solchen Fallgruppe überhaupt an zureichenden kollisionsrechtlichen Charakteristika fehlt, so dass sich die betreffenden Probleme sach- und systemgerechter in den Kontext der jeweiligen tradierten Fallgruppen einfügen lassen[180]. Indes gibt es im Bereich der Konkretisierung der Tatortregel durchaus gewissermaßen internet-typische Besonderheiten[181]. Eigene Akzentuierungen liegen vor allem im Bereich der **Konkretisierung des Handlungsortes** nahe. Als ihn wird man hier vor allen Dingen den Ort anzusehen haben, an dem die betreffende, zum Schaden führende Information, eine Mitteilung oder ein Rat ins Internet eingegeben, bei E-mails: abgesendet worden ist. Der Standort des Servers kann demgegenüber nicht maßgebend sein, da er oft nur aus Kostengründen gewählt worden ist[182]. Etwas anderes wird nur dann gelten, wenn es um die deliktische Haftung des Servers oder Providers selbst geht[183]. Eine bloße Konzeption (zB Verfassen

---

[171] *Staudinger/v. Hoffmann* Rn 258 mwN zum Streitstand.
[172] *Lüderitz* IPR Rn 304; *Raape* IPR § 55 VIII 1.
[173] RGBl 1933 II S 1039 idF des *Haager* Prot vom 28. 9. 1955, BGBl 1958 II S 291; Zusatzabkommen von Guadalajara vom 18. 9. 1961, BGBl 1963 II S 1159; Text auch bei *Staudinger/v. Hoffmann* Rn 260; zur Neufassung *Saenger* NJW 2000, 169.
[174] *Staudinger/v. Hoffmann* Rn 257.
[175] Näher *Staudinger/v. Hoffmann* Rn 197 ff; MünchKommBGB/*Junker* Rn 86 ff, insbes zum COTIF.
[176] *Deutsch* in: *v. Caemmerer*, Vorschläge und Gutachten zur Reform des IPR der außervertraglichen Schuldverhältnisse, 1983, S 202, 212; *Birk* NJW 1978, 1825, 1830; ggf für den gemeinsamen gewöhnlichen Aufenthalt aber *v. Bar* IPR II Rn 688; für den Deliktsort *Gamillscheg* AcP 155 (1956), 49, 65; *Schnorr v. Carolsfeld* RdA 1958, 201, 207; *Gitter* NJW 1965, 1108, 1109.
[177] *Gamillscheg*, Internationales Arbeitsrecht, 1959, Nr 342.
[178] *Birk* IPRax 1987, 14, 16; *Kegel/Schurig* IPR § 23 VII; für das Recht am Arbeitsort *Gamillscheg* Nr 342; *Gitter* ZfA 1971, 127, 146.
[179] AnwK-BGB/*Wagner* Rn 52.
[180] S auch unten 5. zum Wettbewerbsrecht und 6. zur Persönlichkeitsverletzung.
[181] Eingehend *Mankowski* RabelsZ 63 (1999), 203, 256 ff; weiter etwa *Spindler* ZUM 1996, 533 ff; *Trunk*, Jahresheft der Internationalen Juristenvereinigung Osnabrück 7 (1997/1998), 58 ff.
[182] *Staudinger/v. Hoffmann* Rn 18; RabelsZ 63 (1999), 203, 257 ff; anders und für den Standort des Servers als Handlungsort LG Düsseldorf NJW-RR 1998, 979.
[183] AnwK-BGB/*Wagner* Rn 85; dazu rechtsvergleichend zu Frankreich, England und den USA, *Schmoll*, Die deliktische Haftung der Internet-Service-Provider, 2001.

einer E-Mail), die nicht notwendig in (nur) einem Staat durchgeführt worden sein muss, sollte schon auf kollisionsrechtlicher Ebene zunächst einmal als unbeachtliche Vorbereitungshandlung qualifiziert werden[184]. Wenn man eine solche Vorbereitungshandlung noch als Tatort ansieht[185], spräche viel dafür, diesen Anknüpfungspunkt gegenüber einem feststehenden Eingabe- bzw Absendeort als nicht zureichend gewichtig über Art 41 Abs 1 EGBGB auszuscheiden. Allerdings käme der Ort der Konzeption in Betracht, wenn sich der Absendeort (im Gegensatz zum Ort der Konzeption) einmal nicht feststellen ließe; man denke an das sog Hacking, bei welchem dem Hacker daran gelegen sein wird, seine Spuren zu verschleiern. Lassen sich weder Absendeort noch (hilfsweise) der Ort der Konzeption feststellen, wird man immer noch eher auf den Ort des gewöhnlichen Aufenthalts bzw des Unternehmenssitzes oder der zuständigen Niederlassung des Inanspruchgenommenen (als nächstwahrscheinlichen Handlungsort) abzustellen haben[186] als auf den Erfolgsort oder gar eigenes, deutsches Recht. Keine Handlungsorte sind schließlich idR Durchleitungs- oder Abruforte bzw Orte des Zielrechners[187].

Der Abrufort oder der Lageort des Zielrechners kommen aber als **Erfolgsorte** in Betracht[188]. Indes **44** sollte Erfolgsort zunächst einmal nur der Ort sein, an dem ein entsprechender Verletzungserfolg (iS eines Eingriffs in die körperliche Integrität, also vor allem Körper- oder Gesundheitsverletzung bzw Tötung und Eigentums- oder Besitzverletzung) eingetreten ist. Maßgeblich (wenngleich zumeist damit übereinstimmend) ist in diesen Bereichen – etwa der telemedizinischen Leistung – also nicht das Abrufen einer Information, sondern der Lageort des verletzten Rechtsgutes bzw Rechtes zurzeit seiner Verletzung. Deshalb ist auch auf den Lageort des Zielrechners als Erfolgsort abzustellen, wenn auf diesen durch Hacking, durch Einspeisen von Viren, ja sogar durch gezielte zeitweise Blockierung (sog E-Mail-Bombing) eingewirkt wird. Denn auch ohne Verletzung der Sachsubstanz wird man hier eine Zuordnungsverletzung, die zumindest funktionell einer Eigentums- oder Besitzverletzung gleichgestellt werden sollte, als „Erfolg" in Betracht zu ziehen haben. Das wird man auch dann annehmen können, wenn etwa die verletzte Datei auf einem Computer gespeichert ist, der nicht im Eigentum oder im berechtigten Besitz dessen steht, der die Datei erstellt hat (Beispiel: Mitarbeiter benutzt einen Computer des Unternehmens). Im Übrigen gelten für die Lokalisierung die allgemeinen Grundsätze. Der Forderung nach einer **prinzipiellen Einschränkung der relevanten Erfolgsorte beim Internet-Delikt** ist nur mit **Zurückhaltung** zu begegnen. Zwar können bei Verwendung des Internets Erfolgsorte weltweit angesiedelt sein. Doch kann dies nichts an der grundsätzlichen Maßgeblichkeit des Erfolgsortsrechts ändern. Denn der Täter „macht sich die Vorteile eines weltweiten Kommunikationsnetzes zunutze … und weiß das auch"[189]. Eine kollisionsrechtliche Dominanz des Handlungs- oder Herkunftsortes würde zur geschickten Wahl eines passenden Ortes mit niedrigem Haftungsniveau verleiten. Umso schwerer wiegen die im Prinzip im Verhältnis zum Täter nicht minder gewichtigen Interessen des Opfers an der Anwendung des Erfolgsortsrechts[190]. Es bleibt immer noch die Möglichkeit, vernachlässigenswerte Verbreitungsorte ohne signifikantes Gewicht über die **Ausweichklausel des Art 41 Abs 1** auszuscheiden. Im Falle eindeutig adressierter E-mails oder gezielter Angriffe etwa gegen bestimmte EDV-Anlagen wird ohnehin zumeist nur ein Erfolgsort vorliegen. Auch lässt sich durch das Erfordernis einer (für den Nutzer freilich erkennbaren) Beschränkung des Gebietes der bestimmungsgemäßen Abrufbarkeit, etwa durch die Verwendung einer bestimmten (vielleicht selten gebräuchlichen oder verstandenen) Sprache, eine interessengerechte Begrenzung der in Betracht kommenden Erfolgsorte erzielen[191].

3. Produkt- und Prospekthaftung. Das Internationale Produkthaftungsrecht ist in Deutschland **45** bislang nicht durch vorrangig anwendbare Staatsverträge überlagert. Das Haager Übereinkommen über das auf die Produkthaftung anwendbare Recht vom 2. 10. 1973[192] ist von der Bundesrepublik nicht gezeichnet worden, so dass seine Anwendbarkeit lediglich im Rahmen einer Rück- oder Weiterverweisung in Betracht kommt. Auf der (sachrechtlichen) Ebene der EG ist die Produkthaftungsrichtlinie bzw das ProdHaftG zu beachten[193]. Im Bereich der Arzneimittelhaftung knüpft § 84 AMG eine daraus folgende Haftung an die Abgabe des Mittels an den Verbraucher im Inland an[194]. Vom **Herkunftslandprinzip** des TMG wird die Haftung für per Internet bestellte fehlerhafte Sachprodukte wohl nicht mehr erfasst, es sei denn, es handelt sich um produkthaftungsrelevante Pflichten, die online erbracht

---

[184] *Staudinger/v. Hoffmann* Rn 18; AnwK-BGB/*Wagner* Rn 20; *Palandt/Heldrich* Rn 12.
[185] Dafür *Mankowski* RabelsZ 63 (1999), 203, 262 ff; *Boele-Woelki* BerGesVR 39 (2000), 340.
[186] Vgl *Mankowski* RabelsZ 63 (1999), 203, 265 ff, 281 f.
[187] *Mankowski* RabelsZ 63 (1999), 203, 267 f, 281 f; anders *Trunk*, Jahresheft der Internationalen Juristenvereinigung Osnabrück 7 (1997/1998), 58, 63: Zielrechner als elektronischer Arm des Schädigers.
[188] Vgl LG Düsseldorf NJW-RR 1998, 979; LG München I RIW 2000, 467: Abrufort; PWW/*Schaub* Rn 29; zu Recht diff *Mankowski* RabelsZ 63 (1999), 203, 269 ff.
[189] *Mankowski* RabelsZ 63 (1999), 203, 270 f; ebenso *ders* im (verbraucher-)vertragsrechtlichen Kontext, MMR 2000, Beilage S 22 ff.
[190] *Schurig*, Kollisionsnorm und Sachrecht, 1981, S 207; *K. Müller* JZ 1986, 212, 213 f.
[191] In diesem Sinne AnwK-BGB/*Wagner* Rn 84.
[192] Text in RabelsZ 37 (1973), 594.
[193] Zu dessen kollisionsrechtlichen Konsequenzen: *Sack* VersR 1988, 439, 440; *Hohloch*, FS Keller, S 433 ff; zu den Grundfreiheiten in Bezug auf die Internationale Produkthaftung innerhalb der EU *W. H. Roth*, GS Lüderitz, 2000, S 635.
[194] Eingehend auch zur sach- oder kollisionsrechtlichen Natur der Norm *Wandt*, Internationale Produkthaftung, 1995, S 205 ff; *Viedemann*, Das IPR der Arzneimittelhaftung, 1998, S 91 ff.

werden[195]. Soweit es um den Schutz des Verbrauchers im Kontext der Produkthaftung geht, wird das Herkunftslandprinzip durch § 3 Abs 5 Nr 3 TMG, Art 3 Abs 4 a i 4. Spiegelstrich E-Commerce-RL zusätzlich durchbrochen[196]. Damit verbleibt ein im Ganzen doch recht schmaler Anwendungsbereich des Herkunftslandprinzips im Bereich der Produkthaftung, vor allem gegenüber gewerblichen Abnehmern von Online-Produkten. In Betracht für eine deliktsrechtliche Einwirkung des Herkunftslandprinzips kommt außerhalb des Verbraucher- und Anlegerschutzes[197] indes die sog **Prospekthaftung**. Da und soweit – jedenfalls nach deutschem Sachrecht – eine unmittelbare Vertragsbeziehung zwischen Verantwortlichem und Anleger nicht erforderlich ist, spricht insoweit viel für deren deliktsrechtliche Qualifikation[198] (s nun auch Art 12 Abs 2 Rom II-VO).

46 Außerhalb dieser Sonderregelungen gilt allgemein: Eine (auch stillschweigende) nachträgliche Rechtswahl, einschließlich einer solchen im Prozess, geht allem anderen vor (Art 42). Streiten sich die Parteien über deutsches Recht, kann dabei das erforderliche Erklärungsbewusstsein nicht ohne weiteres unterstellt werden; ggf ist nachzufragen[199]. Im Übrigen ist nunmehr grds **vertragsakzessorisch anzuknüpfen**, soweit zwischen den Parteien auch vertragliche Beziehungen bestehen (Art 41 Abs 2 Nr 1)[200]. Auf diese Weise bleibt die innere Entscheidungsharmonie gewährleistet. Insbes werden Konkurrenzfragen zwischen vertraglichen und deliktischen Ansprüchen derselben Rechtsordnung unterworfen (insbes das non cumul-Prinzip des französischen Rechts). Eine Ausnahme von der vertragsakzessorischen Anknüpfung (und damit keine wesentliche engere Verbindung iS von Art 41 Abs 2 Nr 1) ist angezeigt, wenn der innere Entscheidungseinklang von vornherein nicht gewährleistet ist, etwa weil vertragliches Einheitsrecht neben national-autonom gesetztem Deliktsrecht besteht[201]. Im Falle entsprechender Werbung kommt im Einzelfall auch eine Anknüpfung an den Ort der Vermarktung an den ersten Endabnehmer über Abs 2 Nr 1 in Betracht[202]. Außerhalb von Art 42 und Art 41 gilt prinzipiell Art 40, was im Allgemeinen zum Tatortrecht führt. Eine Anknüpfung an das deutsche Erfolgsortsrecht ist nun (außerhalb von Art 42) nur noch im Falle einer entsprechenden Bestimmung durch den Geschädigten iS des Abs 1 S 2 möglich. Bloßer Vortrag zu deutschem Recht genügt für das erforderliche Bewusstsein der Ausübung des Optionsrechtes nicht; ggf ist nachzufragen (§ 139 ZPO). Im Übrigen sollte die schwierige Abgrenzung zwischen Handlungs- und Erfolgsort im Rahmen von Abs 1 zugunsten des Geschädigten nach dem Prinzip erfolgen, dass in wirklichen Grenzfällen ein **Handlungsort** anzunehmen ist. Daher kommen als Handlungsort in Betracht: Der Sitz des Herstellers, der Ort der Herstellung, des Inverkehrbringens und des Erwerbs des Produkts durch den Geschädigten[203]. Eine unterschiedliche Bestimmung des Deliktsortes für Erwerber und Dritte (bystander) führt zu unnötigen Abgrenzungsproblemen, nicht einleuchtenden Ergebnissen und ist daher nicht angebracht[204].

47 **4. Umweltschäden.** Grenzüberschreitende Umweltschäden (Immissionen, Wasserverunreinigungen, Atomreaktorunfälle, vgl auch § 40 AtG) führen zu Distanzdelikten. Soweit die Anerkennung ausländischer öffentlich-rechtlicher Genehmigungen und das internationale Immissionsschutzrecht nicht durch Staatsverträge geregelt sind[205], gelten nun prinzipiell die Art 40 bis 42. Regelmäßig ist Art 40 Abs 1 einschlägig. Grds gilt das Handlungsortsrecht; der Geschädigte kann aber im Rahmen der engen Grenzen des Abs 1 die Anwendung des Erfolgsortsrechts verlangen (ebenso, wenngleich ohne weiter zeitliche Grenzen zu setzen, Art 7 Rom II-VO). Insbes. Abs 3 Nr 3 ist für umwelthaftungsrechtliche Konstellationen gedacht (Rn 62). **Nur für sachenrechtliche**, nicht auch für deliktsrechtliche **Ansprüche** verweist **Art 44** auf Art 40 Abs 1[206] und damit auf die gleichen Grundsätze. Der Grund dafür liegt darin, dass es beim Schutz des Eigentums im Sachen- wie im Deliktsrecht um Rechtsgüterschutz

---

[195] *Spindler* RabelsZ 66 (2002), 633 (692); ähnlich *Lurger/Vallant* RIW 2002, 188, 190.
[196] *Lurger/Vallant* RIW 2002, 188, 190.
[197] Vgl *Spindler* MMR 2000, Beilage 7 S 4, 19; *Mankowski* ZVglRWiss 10 (2001), 137, 174.
[198] *Spindler* ZHR 165 (2001), 324, 358 f; *Fischer* JZ 1991, 168, 174.
[199] Nicht überzeugend daher BGH NJW 1981, 1606 = IPRax 1982, 13; dazu *Kreuzer* IPRax 1982, 1.
[200] *Palandt/Heldrich* Rn 10; *Drobnig* in: *v. Caemmerer*, Vorschläge und Gutachten zur Reform des IPR der außervertraglichen Schuldverhältnisse, 1983, S 298, 319 ff, 337; *W. Lorenz* RabelsZ 37 (1973), 317, 330; *Erman/Hohloch* Rn 52; *Junker* IPR S 392 f; anders OLG München RIW 1996, 955, alle zum alten Recht.
[201] *P. Huber* IPRax 1996, 91, 92.
[202] *Palandt/Heldrich* Rn 10; *Wandt*, Internationales Produkthaftungsrecht, 1995, Rn 1231, auch zum sog bystander, sowie Rn 1142 ff zur Konkretisierung des Marktortes; in Bezug auf Verhaltenspflichten auch *Kullmann* NJW 1999, 96, 102.
[203] BT-Drucks 14/343 S 10; vgl auch OLG Düsseldorf NJW-RR 2000, 833, 834; dazu *Thorn* IPRax 2001, 561, 564 f; gegen mehrere Handlungsorte; für den Erwerbsort als Erfolgsort das bisherige Schrifttum, zB *Staudinger/v. Hoffmann* Rn 97; für den Ort des Inverkehrbringens als Marktort AnwK-BGB/*Wagner* Rn 64; zu „Weiterfresserschäden" *v. Hein* RIW 2000, 820; *Spickhoff* IPRax 2001, 37, 38; zur Arzneimittelhaftung *Wiedemann*, Das IPR der Arzneimittelhaftung, S 214 ff.
[204] Ebenso *Drobnig* in: *v. Caemmerer*, Vorschläge und Gutachten zur Reform des IPR der außervertraglichen Schuldverhältnisse, 1983, S 298, 318 f; anders aber unter Hinweis auf Art 41 Abs 1 *Staudinger/v. Hoffmann* Rn 96; MünchKommBGB/*Junker* Rn 156.
[205] Zum Vertrag zwischen Deutschland und Österreich über den Flughafen Salzburg vom 19. 12. 1967: BGBl 1974 II S 13; zur Kernenergie vgl *Staudinger/v. Hoffmann* Rn 143–154; zur Gewässerverschmutzung MünchKommBGB/*Junker* Rn 188.
[206] Näher *Spickhoff*, Trierer Jb IUTR 2000, S 385, 388; *Erman/Hohloch* Rn 50; anders aber *Palandt/Heldrich* Art 44 Rn 2, der Art 40 Abs 3 und 4 deswegen insgesamt nur analog anwenden kann; aus der österreichischen Rspr OGH JBl 2006, 580.

gegen Einwirkungen geht. Zur Vermeidung ausnahmsweise auftretender Differenzen der Anknüpfung von delikts- und sachenrechtlichen Ansprüchen sollte von den Ausweichklauseln der Art 41 und 46 Gebrauch gemacht werden (Art 44 Rn 3).

Problematisch ist, ob und inwieweit **ausländische öffentlich-rechtliche Genehmigungen** berücksichtigt werden können. Die Rspr hat dies unter Hinweis auf das Territorialitätsprinzip des internationalen öffentlichen Rechts abgelehnt[207]. Indes besagt das Territorialitätsprinzip lediglich, dass kein Staat verpflichtet ist, Hoheitsakte eines anderen Staates im Inland anzuerkennen. Es verbietet aber nicht, Genehmigungen – zumal im Privatrecht – zu berücksichtigen. Daher steht einer prinzipiell möglichen Berücksichtigung ausländischer öffentlich-rechtlicher Genehmigungen kein zwingender Sachgrund entgegen[208]. Die gegenteilige Auffassung kann dazu führen, dass die gleichen Verschmutzungen als Auslandsemissionen untersagt, als Inlandsemissionen aber geduldet würden. Allerdings ist die Beachtlichkeit ausländischer öffentlich-rechtlicher Genehmigungen vor deutschen Gerichten an Grenzen gebunden: Voraussetzungen und Rechtsfolgen der Genehmigung müssen vergleichbar sein, insbes muss ein vergleichbarer Standard erreicht werden, und schließlich müssen insbes die immissionsbetroffenen Bewohner eines Nachbarstaats im Genehmigungsverfahren verfahrens- und materiell-rechtlich die gleichen Rechte haben (insbes beteiligt werden) wie Bewohner des Immissionsstaates. Man kann diese Grundsätze insgesamt als Konkretisierung des ordre public auffassen[209]. Relevant wird die Frage hauptsächlich im Falle von Unterlassungs- und Beseitigungsansprüchen[210]. 48

5. Unlauterer Wettbewerb. Außerhalb (kaum relevanter) vorrangiger Staatsverträge[211] gelten die Art 40 bis 42; das IPR des unlauteren Wettbewerbes wird grds **deliktsrechtlich qualifiziert**[212]. So ist nun prinzipiell eine Rechtswahl möglich (Art 42)[213]. Nach Art 42 S 2 bleiben Rechte Dritter unberührt. Abgesehen davon, dass eine Rechtswahl nur zwischen der Parteien wirkt, ist zu beachten, dass das Recht des unlauteren Wettbewerbs auch die Rechtsanwendungsinteressen des Marktstaates und der übrigen Marktbeteiligten im Auge hat. Daher wird man die Möglichkeit einer **Rechtswahl** nach Art 42 **auf rein betriebsbezogene Unlauterkeitstatbestände zu beschränken** haben[214]. Auch eine vertragsakzessorische Anknüpfung (Art 41 Abs 2 Nr 1) kommt nur in Betracht, wenn es ausschließlich um den Schutz der Interessen der beteiligten Parteien geht. Art 6 Abs. 2 Rom II-VO schließt insoweit eine Rechtswahl in toto aus. 49

Im Übrigen gilt die Tatortregel nach Art 40 Abs 1. Prinzipiell liegt der Tatort (Handlungsort) eines Wettbewerbsdelikts dort, wo die **wettbewerblichen Interessen der Konkurrenten aufeinander stoßen**[215]. Ähnliches bestimmt Art 6 Abs 1 Rom II-VO. Im Falle des Auseinanderfallens von Werbemarkt und Absatzmarkt (durch bestimmte Maßnahmen sollen Kunden gewonnen werden) entscheidet der Einwirkungsort[216]. Bloße Vorbereitungshandlungen sind allgemeinen Grundsätzen folgend auszuscheiden[217]. Auch auf sonstige Handlungsorte kommt es nicht an. Wird also ein Wettbewerbsverhalten, das auf Abnehmer im Ausland einwirken soll, vom Inland aus gesteuert, so ist das Inland kein relevanter Handlungsort. Denn alles andere würde zu einer abzulehnenden allgemeinen Verpflichtung von inländischen Unternehmen führen, ihren Wettbewerb auf einem ausländischen Markt nach den Regeln des inländischen Wettbewerbsrechts auszurichten[218]. Haben die beiden im Rechtsstreit befindlichen Wettbewerber ihre Hauptverwaltung bzw beteiligte Niederlassung in einem vom Wettbewerbseinwirkungsort abweichenden Staat, so ist eine Anknüpfung nach dem übereinstimmenden Personalstatut gemäß Abs 2 nur unter Berücksichtigung der mit dem Wettbewerbsrecht verfolgten Zwecke[219] 50

---

[207] BGH IPRspr 1978 Nr 40; OLG Saarbrücken NJW 1958, 752, 754; *Küppers* ZRP 1976, 260, 263.
[208] Ebenso *Siehr* RabelsZ 45 (1981), 377, 387; *Meessen* AöR 110 (1985), 398, 417; *G. Hager* RabelsZ 53 (1989), 306 ff; *Sturm* in: *v. Caemmerer* S 338, 360; *Wandt* VersR 1998, 529, 533; *Pfeiffer*, Trierer JbJUTR 2000, 263, 297 ff.
[209] Vgl *Staudinger/v. Hoffmann* Rn 170 f; MünchKommBGB/*Junker* Rn 192: § 328 Abs 1 insbes Nr 4 ZPO entspr; denkbar auch: Art 6 analog.
[210] Insoweit übereinstimmend AnwK-BGB/*Wagner* Rn 57, in Rn 56 aber gegen die Anerkennung ausländischer Genehmigungen im Kontext von Schadensersatzansprüchen.
[211] *Staudinger/v. Hoffmann* Rn 293; MünchKommBGB/*Drexl* IntUnlWettbR Rn 20 ff, 33 ff, auch zum Europäischen Sachrecht; zu europarechtlich uU denkbaren Modifikationen *Grandpierre*, Herkunftsprinzip kontra Marktortanknüpfung. 1999; *Staudinger/Fezer* IntWirtschR Rn 433 ff.
[212] BGHZ 35, 329, 333 = NJW 1962, 37, 38 f; BGHZ 40, 391, 394 = NJW 1964, 969, 970 f; st Rspr; vgl auch BT-Drucks 14/343 S 10; anders – Art 40 bis 42 unanwendbar, soweit es nicht um Individualinteressen geht – *Beater*, Unlauterer Wettbewerb, 2002, § 31 Rn 20.
[213] So schon früher KG IPRspr 1993 Nr 124.
[214] *Beater*, Unlauterer Wettbewerb, 2002, § 31 Rn 19; *Staudinger/v. Hoffmann* Rn 347; weitergehend abl *Kropholler* IPR § 53 VI 1; *Sack* WRP 2000, 285; vgl auch MünchKommBGB/*Drexl* IntUnlWettbR Rn 99.
[215] OLG München IPRspr 2003 Nr 102 und Nr 109; *Sack* WRP 2000, 269, 272; *Junker* RIW 2000, 241, 251; *Palandt/Heldrich* Rn 11; ebenso zum Altrecht BGH RIW 2004, 940 f; BGHZ 113, 11, 5 = NJW 1991, 1054; BGHZ 40, 391, 395 = NJW 1964, 969, 971; BGH NJW 1998, 1227, 1228; NJW 1998, 2531, 2532; vgl auch *Sack* GRUR Int 1988, 322; *ders* IPRax 1992, 24, 25; *Dethloff* JZ 2000, 179, 181; näher zum Streitstand *Kreuzer* in: *v. Caemmerer*, Vorschläge und Gutachten zur Reform des IPR der außervertraglichen Schuldverhältnisse, 1983, S 233, 238 ff; *Beater*, Unlauterer Wettbewerb, § 31 Rn 24–35 zT krit.
[216] BGHZ 113, 11, = NJW 1991, 1054; *Sack* GRUR Int 1988, 320, 323 f; vgl auch *Kreuzer* S 232, 289 f; abw für Multistate-Wettbewerbshandlungen *Dethloff* JZ 2000, 179, 181 ff: Herkunftsland.
[217] *Kreuzer* in: *v. Caemmerer*, Vorschläge und Gutachten zur Reform des IPR der außervertraglichen Schuldverhältnisse, 1983, S 232, 288.
[218] BGHZ 40, 391, 394 = NJW 1964, 969.
[219] *Deutsch*, Wettbewerbstatbestände mit Auslandsbeziehung, 1962, S 43 ff; *Ahrens* JZ 1987, 471, 473.

angezeigt: Das gemeinsame deutsche Heimatrecht gilt nur, wenn sich der Wettbewerb auf dem Auslandsmarkt ausschließlich zwischen inländischen Unternehmen abspielt oder die Wettbewerbshandlung gezielt gegen den inländischen Mitbewerber gerichtet ist[220]. So sieht es auch Art 6 Abs 2, Art 4 Abs 2 Rom II-VO. Die mit dem Wettbewerbsrecht verfolgten Rechtsanwendungsinteressen des Marktstaates und der anderen Marktbeteiligten sowie der Grundsatz der Gleichbehandlung aller Konkurrenten gebieten es, iÜ zugunsten der Tatortregel (iS von Wettbewerbseinwirkungshandlungsort) von Abs 2 abzuweichen, weil der Wettbewerbseinwirkungsort im Verhältnis zum gemeinsamen Personalstatut dann eine wesentlich engere Verbindung (Art 41 Abs 1) darstellt.

51 Die Anknüpfung an den Wettbewerbseinwirkungsort gilt auch bei **Werbemaßnahmen im Internet**[221]. Hier kommt es auf den Ort der Abrufbarkeit an[222]. Die Möglichkeiten, die dieses neue Medium bietet, sollten zu keiner rechtlichen Relativierung des Schutzes vor unlauterem Wettbewerb führen. Das Risiko der Einhaltung der entsprechenden rechtlichen Standards ist nicht mehr als die Kehrseite der Medaille, auf deren anderer Seite der erhebliche Nutzen für den Anbieter steht. Dieser kann iÜ durch die verwendete Sprache und entsprechende Eingrenzungen der anvisierten Einwirkungsstaaten über die Ausgestaltung der Werbemaßnahme das anzuwendende Recht selbst mitbestimmen.

52 Die E-Commerce-RL (Rn 5) in ihrer Umsetzung in § 3 TMG führt demgegenüber zum **Herkunftslandprinzip**[223] und damit zum Gegenteil der herkömmlichen Bestimmungslandanknüpfung. Dieses Prinzip ist rechtspolitisch fragwürdig, weil es innerhalb der EU zu Umgehungen einlädt und zu einer kollisionsrechtlichen Trennung von europäischen Sachverhalten (dann Anknüpfung an das Herkunftsland) und außereuropäischen Sachverhalten (dann Anknüpfung an den Ort der Wettbewerbseinwirkungshandlung) führt. Sachlich gilt das Herkunftslandprinzip überdies nur für Online-Werbung. Ein wirklicher Grund für ein derartiges Online-Werbungs-EU-Sonder-Wettbewerbskollisionsrecht lässt sich schwerlich ausmachen[224].

53 **6. Persönlichkeitsschutz und sonstige Immaterialgüterrechte.** Der Persönlichkeitsschutz (einschließlich des postmortalen Persönlichkeitsschutzes) unterliegt grds dem allgemeinen **Deliktsstatut**[225]. **Art 1 Abs 2 g Rom II-VO** nimmt dieses Gebiet in toto vom Anwendungsbereich der Rom II-VO aus. Hier bleibt es daher auch nach Inkrafttreten der Rom II-VO am 11. 1. 2009 (Art 32 Rom II-VO) bei der Geltung des EGBGB. Das gilt für den Namensschutz[226] ebenso wie für den Schutz des eigenen Bildes[227], den Schutz der Ehre[228] und den Schutz des allgemeinen Persönlichkeitsrechts[229]. Ob und welchen Namen man hat, ob man Träger des Rechts am Bild ist, und ob der Verletzte ein Recht an der Ehre hat, das wird als Vorfrage wohl mehrheitlich nach dem Heimatrecht des Betroffenen (bzw in Bezug auf das Namensrecht nach Art 10) beurteilt[230]. Konsequenterweise sollte das Gleiche in Bezug auf die Frage gelten, ob ein allgemeines Persönlichkeitsrecht besteht oder nicht[231]. Das Deliktsstatut ist von der Rechtsfolge her nicht nur für Schadensersatzansprüche heranzuziehen, sondern auch für Beseitigungs-, Widerrufs- und Unterlassungsansprüche, soweit sie auf eine Verletzung des Persönlichkeitsrechts gestützt werden[232]. Den **Gegendarstellungsanspruch** knüpft die hM sowohl interlokal-[233] als auch international-privatrechtlich[234] an den Sitz des Erscheinungsortes bzw des Medieninhabers an, weil er kein Mittel des privatrechtlichen Schadensausgleichs, sondern ein spezifisches Institut des Presserechts und ein Korrelat der Pressefreiheit iS eines funktionellen Äquivalents einer Präventivzensur sei. Dem ist zu

---

[220] BGHZ 40, 391, 397 = NJW 1964, 969; OLG München RIW 1993, 231; OLG Düsseldorf NJW-RR 1993, 171; OLG Koblenz NJW-RR 1993, 1196; grds zweifelnd im Hinblick auf europarechtliche Vorgaben *Schaub* RabelsZ 66 (2002), 18, 46 ff.
[221] *Dieselhorst* ZUM 1998, 293; krit *Dethloff* NJW 1998, 1596, 1566, 1599; *Kieninger* in: *Leible* (Hrsg), Die Bedeutung des IPR im Zeitalter der neuen Medien, 2003, S 121, 122 f: tendenziell Herkunftsland als Handlungsort; s auch *Glöckner* ZVglRWiss 99 (2000), 278; *Kiethe* WRP 2000, 616, 618 f; *Sack* WRP 2000, 269, 277.
[222] OLG Frankfurt EWiR § 1 UWG 7/99, 471; zu Online-Auktionen *v. Welser* ZUM 2000, 472, 475; zu Unrecht qualifiziert den Ort der Abrufbarkeit als Erfolgsort LG München I RIW 2000, 466 f.
[223] Näher zur noch ungeklärten dogmatischen Einordnung Rn 5; für eine Anknüpfung an den Herkunftsmarkt *Dethloff* JZ 2000, 179, 182.
[224] *Mankowski* ZVglRWiss 100 (2001), 137, 157 ff. Vgl ferner *Gierschmann* DB 2000, 1315, 1316; *Thunken* IPRax 2001, 15, 19; *Löffler* WRP 2001, 379, 381 ff; gegen die kollisionsrechtliche Relevanz der E-Commerce-RL noch *Fezer/Koos* IPRax 2000, 349, 352 f; *Spindler* MMR 1999, 199, 206.
[225] BT-Drucks 14/343 S 10; *Heldrich* in: *v. Caemmerer*, Vorschläge und Gutachten zur Reform des IPR der außervertraglichen Schuldverhältnisse, 1983, S 361, 369 ff; *Sonnenberger*, FS Henrich, 2000, S 573; *Ahrens*, FS Erdmann, S 1, 6 ff; *Kropholler/v. Hein*, FS Heldrich, 2005, S 793, 795 f gegen die Anknüpfung an das Personalstatut durch *Danckwerts*, Persönlichkeitsrechtsverletzungen im deutschen, schweizerischen und US-amerikanischen Privatrecht, 1999.
[226] *R. Wagner* S 59, 62; *Sonnenberger*, FS Henrich 2000, S 573, 580 ff.
[227] Vgl BGH NJW 1996, 1128.
[228] OLG Hamburg UFITA 60 (1971), 322, 327; RG SeuffA 93 Nr 90.
[229] BGH NJW 1996, 1128; OLG Hamburg NJW-RR 1995, 790, 792.
[230] *Looschelders* ZVglRWiss 95 (1996), 48, 67 betr Namensrecht; *Ferid* IPR § 7-115, 118 betr Bild; *Binder* RabelsZ 20 (1955), 401, 496 betr Ehre; *Sonnenberger*, FS Henrich, 2000, S 573, 582; aA aber mit beachtlichen Gründen *Ahrens*, FS Erdmann, S 1, 12 mwN.
[231] *Heldrich* in: *v. Caemmerer*, Vorschläge und Gutachten zur Reform des IPR der außervertraglichen Schuldverhältnisse, 1983, S 361, 372; *Ferid* IPR § 7-118; *Soergel/Kegel* Anh Art 12 Rn 10; anders aber OLG Hamburg UFITA 60 (1971), 322, 327; OLG Köln OLGZ 1973, 330, 335; *Hohloch* ZUM 1986, 765, 176; *R. Wagner*, Das deutsche IPR bei Persönlichkeitsrechtsverletzungen, 1986, S 98, alle für das Deliktsstatut.
[232] BT-Drucks 14/343 S 10.
[233] BGH NJW 1996, 1128; OLG München AfP 1969, 76; OLG Hamburg AfP 1976, 29.
[234] *Staudinger/v. Hoffmann* Rn 75; *PWW/Schaub* Rn 28; vgl auch BGH NJW 1999, 2893, 2894; NJW 1996, 1128.

Unerlaubte Handlung **Art 40 EGBGB**

widersprechen: Der Gegendarstellungsanspruch ist ein medienprivatrechtlicher Anspruch eigener Art, der mindestens deliktsähnlicher Natur ist und den interindividuellen Interessenausgleich zwischen Geschädigtem und Veröffentlichendem im Auge hat. Deswegen gelten die Regeln des Internationalen Deliktsrechts (im interlokalen Bereich: analog) ebenso wie auch die Internationale Zuständigkeit aus dem deliktischen Gerichtsstand (§ 32 ZPO, Art 5 Nr 3 EuGVVO) gefolgert werden kann. Anderenfalls würde der Gegendarstellungsanspruch vom damit eng zusammenhängenden Widerrufsanspruch sachfremd gespalten[235].

Die nähere **Konkretisierung von Handlungs- und Erfolgsort** war in der bisherigen Diskussion 54 von der durch Ubiquitäts- und Günstigkeitsprinzip gekennzeichneten Gleichwertigkeit von Handlungs- und Erfolgsort geprägt. Deswegen war das Hauptaugenmerk darauf gerichtet, sich Klarheit darüber zu verschaffen, was nicht als Handlungs- oder Erfolgsort in Betracht kommt. Bloße **(unbeachtliche) Vorbereitungshandlungen** sind das Schreiben eines Briefes, eines Artikels nebst Anfertigung von Fotos[236] und sein Druck[237]. **Handlungsort** ist (bei Briefdelikten) der Absendeort, bei Pressedelikten der Verlags- oder Erscheinungsort[238], bei Delikten durch Rundfunk und Fernsehen jedenfalls der Sitz der betreffenden Anstalt[239].

Bei **Internet-Delikten**[240] gilt gleichfalls die Tatortregel[241]. Das sog Herkunftslandprinzip gilt hier im 55 Allgemeinen nicht, da **§ 3 Abs 5 Nr 1 TMG** (im Anschluss an Art 3 Abs 4 a i 1. Spiegelstrich E-Commerce-RL) bei ausländischer Herkunft des Diensteanbieters Verletzungen der Menschenwürde einzelner Personen davon ausnimmt (was in gerichtlichen Verfahren ohne weiteres, insbes ohne die Einhaltung von Konsultations- und Informationspflichten, zu beachten ist, § 3 Abs 5 S 2 TMG). Da der Begriff der Menschenwürde in § 3 Abs 5 TMG auf den in der RL verwendeten Begriff zurückzuführen ist, ist die an sich enge Auslegung des Begriffs der Menschenwürde in Art 1 Abs 1 GG nicht maßgeblich. Freilich wird wohl auch hier nicht jede schwerwiegende Ehrverletzung die Verletzung der Menschenwürde iS der RL auslösen[242]. Daraus ergibt sich die unerfreuliche Konsequenz, schon für die Frage, ob das Herkunftslandprinzip überhaupt eingreift oder nicht, das Gewicht einer Persönlichkeitsverletzung bestimmen zu müssen. Die bloße Behauptung einer solch schwerwiegenden Verletzung wird nicht genügen. Abgesehen davon sind aber alle Medien- und Kommunikationsdelikte vom Herkunftslandprinzip der E-Commerce-RL erfasst. Handlungsort des Netzbetreibers ist der Standort des Servers und des Providers. Für den Autor der Information ist **Handlungsort** der **Absendeort**[243], nicht hingegen der Standort des Servers[244]; es sei denn, es geht um die Haftung des Servers selbst. Die Erstellung der Konzeption ist bloße Vorbereitungshandlung[245], anderenfalls wäre dieser Ort über Art 41 Abs 1 auszuscheiden.

Als **Erfolgsort** hat die Rspr bislang bei Pressedelikten das Verbreitungsgebiet angesehen[246]; bei 56 Internet-Delikten kommt es entspr auf den Abruf durch den Nutzer an[247]. Der Erwerbsort ist – anders als bei der Produkthaftung – demgegenüber im Falle von Persönlichkeitsverletzungen durch Presseerzeugnisse irrelevant, weil dieser (Handlungs-) Ort auf den Vertrauensschutz der Produzentenwerbes ausgerichtet ist, der mit dem in seiner Persönlichkeit verletzten hier gerade nicht einmal typischerweise (teil-) identisch ist. Freilich trägt die Verbreitung die Willenssteuerung und damit das wesentliche Element des Handlungsbegriffs in sich[248]. Orte, an denen eine Verbreitung nicht mehr willensgetragen ist, kommen demgegenüber nur als Erfolgsorte in Betracht[249]. Mangelnde Vorhersehbarkeit der Verbreitung ist auf der sachrechtlichen Ebene zu berücksichtigen[250]. Unter der Voraussetzung eines willensgesteuerten Verhaltens ist auch der Ausstrahlungsort im Falle von Fernseh- oder Rundfunksendungen Handlungsort, ebenso der Ort, an dem eine Zeitschrift ausgeliefert wird[251]. Der gewöhnliche Aufenthalt ist demgegenüber nicht Erfolgsort[252]. Eine derartige Anknüpfung beruht auf der (abzulehnenden) Vermischung von Bestand des Persönlichkeitsrechts einerseits und seinem Schutz andererseits. Wird zB

---

[235] Ebenso im Prinzip *Heldrich* in: *v. Caemmerer*, Vorschläge und Gutachten zur Reform des IPR der außervertraglichen Schuldverhältnisse, 1983, S 361, 373; *Looschelders* ZVglRWiss 95 (1996), 48, 80; *Hohloch* ZUM 1986, 165, 176; *R. Wagner*, Das deutsche IPR bei Persönlichkeitsverletzungen, 1986, S 106 ff; *Thümmel/Schütze* JZ 1977, 786, 787; *Stadler* JZ 1994, 642, 644 ff.
[236] Vgl OLG Oldenburg NJW 1989, 400: Aufnahme einer Deutschen in Spanien, veröffentlicht in Deutschland; AnwK-BGB/*Wagner* Rn 79.
[237] *Staudinger/v. Hoffmann* Rn 58; aA *Soergel/Lüderitz* Art 38 Rn 6.
[238] BGHZ 131, 332, 335 = NJW 1996, 1128; krit gegenüber dem Erscheinungsort *Kropholler* IPR § 53 V 4.
[239] Ebenso AnwK-BGB/*Wagner* Rn 79.
[240] *Mankowski* RabelsZ 63 (1999), 256 ff; *v. Hinden*, Persönlichkeitsverletzungen im Internet, 1999; *Spindler* NJW 1999, 3193, 3198; *ders* ZUM 1996, 533, 555 ff.
[241] KG NJW 1997, 3321; LG Düsseldorf NJW-RR 1998, 979.
[242] *Ohly* GRUR Int 2001, 899, 905; *Spindler* RabelsZ 66 (2002), 633, 691; anders *Tettenborn* K&R 2000, 59, 62.
[243] Vgl KG NJW 1997, 3321; LG Düsseldorf NJW-RR 1998, 979; *Staudinger/v. Hoffmann* Rn 58.
[244] *Palandt/Heldrich* Rn 12; aA LG Düsseldorf NJW-RR 1998, 979.
[245] *Spickhoff* in: *Leible*, Die Bedeutung des IPR im Zeitalter der neuen Medien, 2003, S 89, 98; *Palandt/Heldrich* Rn 12; aA *Mankowski* RabelsZ 63 (1999), 256, 262.
[246] BGHZ 131, 332, 335 = NJW 1996, 1128; vgl auch EuGH IPRax 1997, 111 zu Art 5 Nr 3 EuGVÜ.
[247] LG Düsseldorf NJW-RR 1998, 979; *Palandt/Heldrich* Rn 12.
[248] Für den Verbreitungsort als Handlungsort auch *v. Bar* IPR II Rn 662; *Stoll*, GS Lüderitz, 2000, S 733, 743 f.
[249] Gegen jeden theoretischen Erfolgsort beim Persönlichkeitsrechtsschutz aber *v. Bar* IPR II Rn 664.
[250] MünchKommBGB/*Junker* Rn 175.
[251] Ebenso *Soergel/Lüderitz* Art 38 Rn 6; *v. Bar* IPR II Rn 662; aA *Staudinger/v. Hoffmann* Rn 58.
[252] Dafür aber *Heldrich* in: *v. Caemmerer* (Hrsg), Vorschläge und Gutachten zur Reform des IPR der außervertraglichen Schuldverhältnisse, 1983, S 361, 377; *Staudinger/v. Hoffmann* Rn 61 mwN.

im Staat A durch Massenmedien eine Persönlichkeitsrechtsverletzung begangen, und lebt der Betroffene im Steuerparadies des Staates B, erscheint es nicht als sachangemessen, das Recht des Staates B als Erfolgsortsrecht anzuwenden[253]. Vernachlässigenswerte Verbreitungsorte ohne signifikanten Verletzungserfolg sind über die Ausweichklausel des Art 41 Abs 1 auszuscheiden[254]. Im Falle von **„Multistate"-Delikten** durch Presse, Rundfunk, Fernsehen oder Internet gilt das jeweilige Recht des Verbreitungsortes nur für die Verletzungshandlung bzw den Verletzungserfolg in den betreffenden Rechtsgebieten (**„Mosaikbeurteilung"**)[255]. Wird am Verbreitungsort, der vom Ort der Niederlassung des Herausgebers abweicht, geklagt, ist die Kognitionsbefugnis im Rahmen des EuGVVO entspr begrenzt[256]. Vor diesem Hintergrund wird in der Literatur auch insoweit ein kollisionsrechtlicher Gleichlauf mit der Shevill-Doktrin des EuGH befürwortet. Die jeweiligen Erfolgsortsrechte sollen dann nur insoweit berufen sein, als es um den Ersatz des dort entstandenen Schadens geht[257]. Das dürfte indes der sog Mosaikbetrachtung entsprechen, wenn man alle Erfolgsortsrechte gewissermaßen addiert. Wie dem auch sei: Jedenfalls ist auf Grund der geringen Praktikabilität der Mosaikbeurteilung[258] die Anknüpfung an die Verbreitungsorte zum großen Teil entwertet. Immerhin kann ein am Ort der Niederlassung des Herausgebers einer Zeitschrift angerufenes deutsches Gericht zur Mosaikbeurteilung gezwungen werden[259]. Soweit es (noch) um Handlungsortsrechte geht, hat die Mosaikbeurteilung von Amts wegen zu erfolgen, soweit (auch) bloße Erfolgsortsrechte betroffen sind, muss und kann der Verletzte entspr optieren[260].

57   Im **Bereich des Datenschutzes** gilt (auch im Bereich von Online-Delikten: § 3 Abs 3 Nr 4 TMG) im Interesse eines wirksamen Datenschutzes, dass als Handlungsorte sowohl der Ort, an dem die konkrete Datenverarbeitung stattfindet[261], als auch der Geschäftssitz der verantwortlichen Stelle in Betracht kommen[262], nicht hingegen der gewöhnliche Aufenthalt des Betroffenen[263].

58   Für den Schutz von **Immaterialgüterrechten** gilt das **Territorialitätsprinzip**, da solche Rechte von einem Staat nur mit Wirkung für sein Gebiet bewilligt werden. Auf Grund vielfacher mehrseitiger Abkommen werden solche Rechte allerdings in anderen Staaten anerkannt, was über eine Anknüpfung an das Recht des Schutzlandes geschieht[264]. Diese Grundsätze gelten auch im Falle von Rechtsverletzungen im Internet (§ 3 Abs 4 Nr 6 TMG)[265].

VII. Allgemeine Regeln

59   **1. Gesamt- oder Sachnormverweisung.** In Bezug auf die Beachtlichkeit von Rück- und Weiterverweisungen gilt Art 4 Abs 1 und 2. Im Gegensatz zu früheren Entwürfen[266] spricht das jetzt geltende Internationale Deliktsrecht – anders als im Art 24 Rom II-VO – bewusst keine prinzipielle Sachnormverweisung aus[267]. Daher wird man grds im Rahmen von Art 40 von einer **Gesamtverweisung** auszugehen haben; Rück- und Weiterverweisungen sind also zu beachten[268]. Sie sind auch dann zu beachten, wenn es um ein Distanzdelikt und dort um die Ausübung des Optionsrechtes nach Abs 1 S 2 und 3 geht. Das (jetzt vom Gesetzgeber stark zurückgedrängte) Günstigkeitsprinzip, das zwar allgemein nach seinem Sinn gegen die Beachtlichkeit von Rück- oder Weiterverweisungen spricht[269], ist im Internationalen Deliktsrecht nach wie vor Verlegenheitsregel, die Ausdruck eigener und international-privatrechtlicher Unentschlossenheit ist (Rn 1). Deswegen besteht hier besonders wenig Anlass, von

---

[253] Krit auch zB *Stoll*, FS Ferid, 1978, S 397, 414 f: Ort bloßer Schadensfolgen.
[254] *Spickhoff* IPRax 2000, 1, 5; vgl auch BT-Drucks 14/343 S 13; *v. Bar* IPR II Rn 662.
[255] *W. Lorenz*, FS Coing II, 1982, S 257, 268; *Kegel/Schurig* IPR § 18 IV 1 a bb; *Deutsch* in: *v. Caemmerer*, Vorschläge und Gutachten zur Reform des IPR der außervertraglichen Schuldverhältnisse, 1983, S 19, 29; vgl auch *Mankowski* RabelsZ 63 (1999), 256, 274; *Rüßmann* K&R 1998, 422 zu Internet-Delikten; *Stoll*, GS Lüderitz 2000, S 733, 748 ff.
[256] EuGH IPRax 1997, 111 noch zum EuGVÜ – Shevill.
[257] So zB *Kropholler/v. Hein*, FS Heldrich, 2005, S 793, 802.
[258] *G. Wagner* RabelsZ 62 (1998) 243, 277 ff; *Staudinger/v. Hoffmann* Rn 60.
[259] Krit *G. Wagner* RabelsZ 62 (1998), 243, 278 f.
[260] *Spickhoff* IPRax 2000, 1, 5.
[261] Ebenso *Bergmann* S 244 ff.
[262] Dafür *Staudinger/v. Hoffmann* Rn 69: Erfolgsort.
[263] MünchKommBGB/*Junker* Rn 169.
[264] Vgl BGHZ 129, 66, 75; 118, 394, 398 = NJW 1992, 3096; BGHZ 126, 252, 255; BGH NJW 1998, 1395, 1396; OLG Hamburg IPRax 2004, 125, 127, dazu *Kurtz* IPRax 2004, 107; vgl auch OLG München IPRax 2006, 280; MPI GRUR Int 1985, 104, 106; *Sandrock* in: *v. Caemmerer*, Vorschläge und Gutachten zur Reform des IPR der außervertraglichen Schuldverhältnisse, 1983, S 380, 405 f; für eine prinzipielle Anknüpfung an das Recht des Ursprungslandes *Schack* IPRax 1991, 347, 348; vgl auch *Peifer* IPRax 2006, 246, 247.
[265] *Spindler* IPRax 2003, 412; *ders* und *Ohly* in: *Leible* (Hrsg), Die Bedeutung des IPR im Zeitalter der neuen Medien, 2003, S 155 ff und S 135, 149 f; *Schack* JZ 1998, 753, 762; *Muth*, Die Bestimmung des anwendbaren Rechts bei Urheberrechtsverletzungen im Internet; zum Kennzeichenkonflikt im Internet *Bettinger/Thum* GRUR Int 1999, 669.
[266] ZB Art 42 Abs 2 RefE 1984; Text bei *Basedow* NJW 1986, 2971, 2972; *Spickhoff* VersR 1985, 124.
[267] BT-Drucks 14/343 S 8.
[268] BGH VersR 2005, 1551, 1552 in freilich unnötiger Hilfsprüfung m Anm *Dumbs*; *P. Huber* JA 2000, 67, 72; *Timme* NJW 2000, 3258, 3259; *Schurig*, GD Lüderitz 2000, S 699, 709; *Palandt/Heldrich* Rn 1; *Dörner*, FS Stoll, S 481, 499; ebenso zuletzt zum alten Deliktskollisionsrecht OLG Frankfurt NJW 2000, 1202, 1203; aA *v. Hoffmann* IPRax 1996, 1, 7; *v. Hoffmann/Thorn* IPR § 11 Rn 60; AnwK-BGB/*Wagner* Rn 9; diff *v. Hein* ZVglRWiss 99 (2000), 251, 260 ff.
[269] Statt aller *Kropholler* IPR § 24 II 2 c.

einer rück- oder weiterverweisungsfesten Kollisionsnorm auszugehen[270]. Ebensowenig wie zB im Falle der Verweisung des Art 14 Abs 1 Nr 2 auf das Recht des gemeinsamen gewöhnlichen Aufenthaltes besteht Anlass, nach dem Sinn der Verweisung im Falle des Abs 2 von einer Sachnormverweisung auszugehen. Eine Sachnormverweisung ist demgegenüber im Falle der Anknüpfung des Direktanspruchs gegen den Versicherer (Abs 4) anzunehmen, soweit dieser Anspruch versicherungsvertragsakzessorisch angeknüpft wird. Denn über die Annahme einer entsprechenden Rück- oder Weiterverweisung würde der durch die akzessorische Anknüpfung erstrebte Gleichlauf von Direktanspruch und Versicherungsvertrag vereitelt[271]. Gleichfalls von einer Sachnormverweisung des Abs 4 ist auszugehen, wenn das Deliktsstatut (ausnahmsweise) eine Sachnormverweisung ausspricht, wie im Falle einer vertragsakzessorischen Anknüpfung des Deliktsstatuts (Art 41 Abs 2 Nr 1) oder im Falle einer nachträglichen Rechtswahl (Art 42)[272].

2. Art 40 Abs 3 und ordre public. Abs 3 ist in gewissem Sinn der Nachfolger von Art 38, der Deutsche im Falle einer im Ausland begangenen unerlaubten Handlung vor weitergehenden Ansprüchen als nach deutschem Recht schützte, und der vor dem Hintergrund des europarechtlichen Diskriminierungsverbotes angezweifelt wurde[273]. Ansprüche nach fremdem Recht dürfen nicht wesentlich weiter gehen als zur angemessenen Entschädigung des Verletzten erforderlich (Nr 1), und sie dürfen nicht offensichtlich anderen Zwecken als einer angemessenen Entschädigung des Verletzten dienen (Nr 2). Die Norm ist eine **spezielle ordre public-Klausel**[274]. Über die Merkmale der Wesentlichkeit (Nr 1) bzw der Offensichtlichkeit (Nr 2) soll nicht nur sprachlich, sondern auch der Sache nach auf die Voraussetzungen von Art 6 Bezug genommen werden[275]. Insbes. sind daher wie bei Art 6 eine **Inlandsbeziehung** sowie die weiteren Ausprägungen der sog Relativität der Vorbehaltsklausel zu prüfen[276]. Abs 3 setzt sodann stets voraus, dass ein deliktsrechtlicher Anspruch dem Recht eines anderen Staates unterliegt. Dazu sind nach recht strengen Anforderungen des BGH gemäß § 293 ZPO nicht nur die ausländischen Rechtsquellen, sondern auch die „konkrete Ausgestaltung des Rechts in der ausländischen Rechtspraxis, insbes die ausländische Rechtsprechung" zu berücksichtigen[277]. Gegenüber deutschem Recht greift Abs 3 ebenso wenig wie Art 6. Geschützt wird nach Nr 1 und 2 jeweils der Verletzte. Das deckt sich sprachlich mit den weiteren Absätzen von Art 40. Gemeint ist damit nicht nur der unmittelbar an seinen Rechten oder Rechtsgütern Verletzte, sondern jeder Aktivlegitimierte. Sofern es deliktsrechtliche Ansprüche, insbes Unterhaltsansprüche, von Geschwistern, Stiefkindern oder Lebensgefährten des unmittelbar Verletzten gibt, ist auch insoweit das berufene ausländische (und nicht lediglich deutsches) Recht anwendbar[278]. Abs 3 ist nach seiner ratio legis prinzipiell auch im Falle der Anknüpfung deliktischer Ansprüche nach Art 41 und 42 anwendbar. Insbes. ist die über Abs 3 geschützte deutsche öffentliche Ordnung nicht parteiautonom disponibel[279].

Abs 3 Nr 1 soll mehrfachen Schadensersatz, Abs 3 Nr 2 Strafschadensersatz abwehren[280]. Beide Alternativen gehen ineinander über, da ein Anspruch, der wesentlich weiter geht als zur angemessenen Entschädigung des Verletzten erforderlich ist, grds anderen Zwecken als einer angemessenen Entschädigung des Verletzten dient[281]. Deshalb ist eine **genaue Abgrenzung von Nr 1 und 2 nicht erforderlich**, zumal durch beide Nummern eine wirkliche Verschärfung der deutschen öffentlichen Ordnung im Vergleich zu Art 6 nicht auszumachen ist[282]. Erfasst sein können etwa multiple damages, ein übermäßig hoher immaterieller Schadensersatzanspruch, punitive damages, uU auch hohe Anwaltshonorare, die in die Schadensberechnung einfließen[283]. Abs 3 versperrt nicht den Rückgriff auf Art 6[284]. Abs 3 regelt in erster Linie die Haftungsausfüllung[285]; übermäßig scharfe Haftungsgründe oder ein

---

[270] PWW/*Schaub* Rn 8; anders *Erman/Hohloch* Rn 13.
[271] BT-Drucks 14/343 S 8; *v. Hoffmann* IPRax 1996, 1, 7; *Spickhoff* NJW 1999, 2209, 2212; *Erman/Hohloch* Rn 16.
[272] Weitergehend – insgesamt Sachnormverweisung wegen Alternativität – *Palandt/Heldrich* Rn 22.
[273] BGHZ 131, 332, 345 f = NJW 1996, 1128; keinen Verstoß von Art 38 aF gegen Art 6 und 7 EG-Vertrag sieht dagegen OLG Stuttgart OLGR 2005, 1.
[274] BT-Drucks 14/343 S 12; eingehend *Kropholler/v. Hein*, FS Stoll, S 553, 555 ff; krit *Hay*, FS Stoll, S 521, 527 ff.
[275] BT-Drucks 14/343 S 12.
[276] AnwK-BGB/*Wagner* Rn 41; *Looschelders* Rn 63; Vgl auch *v. Hoffmann* IPRax 1996, 1, 8; BT-Drucks 14/343 S 12; *Spickhoff* NJW 1999, 2209, 2213; *R. Wagner* IPRax 1998, 429, 433; *Kropholler* IPR § 53 IV 6; *Palandt/Heldrich* Rn 19.
[277] BGH RIW 2003, 961 zur Verjährung deliktischer Ansprüche in Thailand nach Verkehrsunfall; s auch BGH NJW 1991, 1418 mit Kritik von *Samtleben* NJW 1992, 3057.
[278] *v. Hoffmann* IPRax 1996, 1, 8.
[279] *P. Huber* JA 2000, 67, 71 f; *Looschelders* Rn 62; zT, für Art 40 Abs 3 Nr 3, abw *Kropholler/v. Hein*, FS Stoll, S 553, 664.
[280] BT-Drucks 14/343 S 12; zu Art 40 Abs 3 Nr 2 zT anders *Hay*, FS Stoll, S 521, 527 ff vgl auch BGHZ 118, 312 = NJW 1992, 3096: Ausschluss von punitive damages, § 328 Abs 1 Nr 4 ZPO.
[281] *v. Hoffmann* IPRax 1996, 1, 8; *Staudinger/v. Hoffmann* Rn 417.
[282] *Spickhoff*, Der ordre public im IPR, 1989, S 198 f; näher *Kropholler/v. Hein*, FS Stoll, S 553, 565 ff; *Looschelders* Rn 66; AnwK-BGB/*Wagner* Rn 38; insgesamt krit – auch gegenüber dem nicht Gesetz gewordenen Art 23 S 2 Rom II VO-Entwurf – *Mörsdorf-Schulte* ZVglRWiss 104 (2005), 192.
[283] *Palandt/Heldrich* Rn 20; *Dethloff*, FS Stoll, S 482 zum Schmerzensgeld.
[284] Näher zur Abgrenzung *Kropholler/v. Hein*, FS Stoll, S 553, 567 ff.
[285] *Sack* WRP 2000, 272, 288; anders *Pfeiffer* NJW 1999, 3674, 3677; *Palandt/Heldrich* Rn 20: uU auch Ausschluss anstößiger Haftungsgründe.

anstößig erscheinendes Fehlen von Haftungsgründen können aber gegen die öffentliche Ordnung (Art 6) verstoßen[286]. Auf der anderen Seite kann nicht jede großzügigere Haftungsausfüllung nach ausländischem Recht Abs 3 auslösen[287].

62 **Abs 3 Nr 3**[288] schließt Ansprüche nach fremdem Deliktsrecht aus, soweit sie haftungsrechtlichen Regelungen eines für die Bundesrepublik Deutschland verbindlichen Übereinkommens widersprechen. Schon der Wortlaut ist zweideutig: Soweit solche Staatsverträge über Art 3 Abs 2 ohnedies eingreifen, fehlt es schon an der Voraussetzung, dass das Recht eines anderen Staates anwendbar ist. Und ist ausländisches Recht anwendbar (wie Abs 3 generell verlangt), ist der betreffende, in Deutschland umgesetzte Staatsvertrag insoweit gerade nicht verbindlich. **Gemeint** ist mit Nr 3 etwas anderes: Der Ersatzpflichtige soll vor ausländischem Recht geschützt sein, das einen multilateralen[289] völkerrechtlichen Vertrag nicht übernommen hat, der für die Bundesrepublik Deutschland in Kraft getreten ist. In solchen Fällen soll der konkret an sich nicht anwendbare, wenn auch in Deutschland umgesetzte Staatsvertrag das ausländische Deliktsstatut, auf das verwiesen worden ist, korrigieren. Dadurch sollen Ungleichbehandlungen aus der Sicht des Ersatzpflichtigen mit ansonsten gleich gelagertem Sachverhalt vermieden werden, die sich in einem Vertragsstaat eines solchen Übereinkommens ereignen. Die Norm soll insbes einerseits die Durchsetzung von Haftungsobergrenzen, die in Staatsverträgen festgelegt sind, zur Geltung bringen, obwohl die Staatsverträge räumlich nicht anwendbar sind. Andererseits sollen ebenso Haftungskanalisierungen durchgesetzt werden[290]. Als Beispiele sind das Pariser Übereinkommen über die Haftung gegenüber Dritten auf dem Gebiet der Kernenergie sowie das Übereinkommen über die zivilrechtliche Haftung für Ölverschmutzungsschäden genannt. Beide Abkommen sehen Haftungsbeschränkungen sowie eine Haftungskanalisierung auf den Schiffseigentümer bzw den Betreiber der Anlage vor. Wenn überhaupt, so kann mit Nr 3 nur der Anwendungsbereich solcher Staatsverträge ausgedehnt werden, deren Eingreifen allein an der fehlenden Verbindlichkeit im berufenen Deliktsrecht scheitert[291]. Im Übrigen sind die Anwendungsvoraussetzungen in vollem Umfang festzustellen. Eine berufene ausländische seerechtliche Haftungsnorm wird also nicht durch eine luftrechtliche Haftungsregelung eines für die Bundesrepublik Deutschland verbindlichen Abkommens ersetzt[292].

63 Würde man dieses in den Materialien zum Ausdruck kommende Verständnis von Abs 3 Nr 3 befolgen, ginge die Norm in ihrer Wirkung über den allgemeinen Vorbehalt des ordre public (Art 6) hinaus. Denn nicht jede haftungsrechtliche Regelung in einem für Deutschland geltenden Staatsvertrag beinhaltet per se wesentliche Grundsätze des deutschen Rechts. Indes ist Abs 3 Nr 3 **insgesamt kaum hinreichend durchdacht:** Die Norm hat weder in der Reformdiskussion noch in der Rspr Vorläufer. Auch im Rahmen der Rom II-VO hat sie sich genauso wenig halten lassen wie Abs 3 als Nachhut des verfehlten Art 38 aF überhaupt[293]. Unklar ist bereits, welche haftungsrechtliche Regelung sich durchsetzen soll, wenn – selbst bei multilateralen Staatsverträgen zumindest theoretisch vorstellbar – mehrere, sachlich einschlägige Übereinkommen konkurrieren. Empfindliche Haftungslücken drohen, wenn etwa der Inanspruchgenommene, auf den kanalisiert werden würde (Schiffseigentümer, Betreiber einer Anlage), nicht haftet, weil das anwendbare ausländische Recht keinen Haftungsgrund bereit hält, und sonstige Personen, die fahrlässig gehandelt haben, durch die Kanalisierungsvorschrift des (eigentlich nicht anwendbaren) Staatsvertrages nicht in Anspruch genommen werden können, obwohl das sonst möglich wäre. Es erscheint zweifelhaft, sämtliche solcher denkbaren Schutzlücken im Wege der Angleichung schließen zu können. Überzeugender ist es deshalb, aus objektiv-teleologischen Gründen vor dem Hintergrund des zweideutigen Wortlautes entgegen der gesetzgeberischen Intention auf Grund der drohenden Wertungswidersprüche auch **Abs 3 Nr 3 als Konkretisierung des ordre public (Art 6)** zu verstehen. Nur solche **haftungsrechtliche Regelungen in Staatsverträgen, die internationalem Regelungsstandard entsprechen** und daher wesentliche (transformierte) deutsche Rechtsgrundsätze ausmachen[294], können bei entsprechender Inlandsbeziehung über Abs 3 Nr 3 durchgesetzt werden. Auf diese Weise erhält die Norm die notwendige Flexibilität. Und nur dann kann – anders als Art 38 aF[295] – Abs 3 auch insgesamt **analog im Internationalen Anerkennungs- und Vollstreckungsrecht** angewendet werden.

64 **3. Intertemporales Recht.** Eine Überleitungsvorschrift für Altfälle ist nicht erlassen worden. Es gelten die in **Art 220 Abs 1, 236 § 1** statuierten Grundsätze entspr. Danach bleibt das bisherige Internationale Privatrecht anwendbar, soweit es um vor dem Inkrafttreten des neuen Rechts abgeschlossene Vorgänge geht. Maßgebender Zeitpunkt ist der 1. 6. 1999. Handlung und Verletzungserfolg iS von § 823 Abs 1 müssen also (auch im Falle von sog Weiterfresserschäden) vor diesem Zeitpunkt

---

[286] *Looschelders* Rn 21.
[287] Vgl BGHZ 88, 17 = NJW 1984, 568; 118, 312 = NJW 1992, 3096; BGH IPRax 2001, 586, 587; dazu *v. Hein* IPRax 2001, 567, 572: pauschalierter Schadensersatz.
[288] Näher *Spickhoff*, Trierer Jb IUTR 2000, S 385, 394 ff.
[289] Das verlangt BT-Drucks 14/343 S 12.
[290] BT-Drucks 14/343 S 13; *R. Wagner* IPRax 1998, 429, 433 f.
[291] Vgl *P. Huber* JA 2000, 67, 71.
[292] BT-Drucks 14/343 S 12 f; *R. Wagner* IPRax 1998, 429, 433 f.
[293] *R. Wagner* EuZW 1999, 709, 714.
[294] Zust *Looschelders* Rn 73; siehe auch die rechtspolitische Kritik bei *Kropholler/v. Hein*, FS Stoll, S 553, 558. Zur Bedeutung internationaler Regelungsstandards zur Ausfüllung des ordre public statt aller *Jayme*, Methoden der Konkretisierung des ordre public im IPR, 1989, S 44 ff; *Spickhoff*, Der ordre public im IPR, 1989, S 91 f.
[295] BGHZ 118, 312 = NJW 1992, 3096 m Anm *Koch* S 3073; BGHZ 88, 17, 24 ff = NJW 1984, 568, 569 f; gegen *Schack* VersR 1984, 423, jeweils zu Art 38 aF.

Unerlaubte Handlung **Art 40 EGBGB**

eingetreten sein; sonst gilt das aktuell geltende Internationale Deliktsrecht der Art 40 ff[296]. Dass derjenige, der sich auf die Geltung des aktuell geltenden Kollisionsrechts beruft, dafür die **Beweislast** trägt (und dass Altrecht gilt, wenn der Beweispflichtige beweisfällig bleibt oder unsubstantiiert vorträgt)[297], ist zwar zweifelhaft, entspricht aber immerhin der Rosenberg'schen Normentheorie, solange man nicht von der Geltung des aktuell geltenden Kollisionsrechts als Grundsatz und von der Geltung von Altrecht als Ausnahme ausgeht. Art 40 Abs 1 mit seinem Optionsrecht sollte trotz seiner verfahrensrechtlichen Implikationen nicht auf „Altfälle" analog angewendet werden[298], da es sonst zu einer rückwirkenden Beschneidung der Geltendmachung von Ansprüchen käme. Im Falle von zeitlich gestreckten Tatbeständen, etwa im Falle von Immissionsschäden, kann sich das anwendbare Deliktsrecht gewandelt haben[299].

VIII. Internationale Zuständigkeit

65 Die internationale Zuständigkeit richtet sich zunächst nach den allgemeinen Rechtsquellen für internationales Vermögensrecht, also im Wesentlichen nach der EuGVVO, dem LugÜ und den §§ 12 ff ZPO analog (Art 27 Rn 15 ff). Besondere Hervorhebung verdient der besondere Gerichtsstand für unerlaubte (und diesen gleichzustellenden) Handlungen **(Art 5 Nr 3 EuGVVO, Art 5 Nr 3 LugÜ und § 32 ZPO analog).** Im Bereich des autonomen Verfahrensrechts ist im Bereich der Umwelthaftung zudem an **§ 32 a ZPO analog** zu denken. Danach ist das Gericht zuständig, in dessen Bezirk sich die emittierende Anlage befindet, sofern es um eine Klage gegen den Inhaber einer im Anhang 1 des UmweltHG genannten Anlage geht, mit welcher der Ersatz eines durch eine Umwelteinwirkung verursachten Schadens geltend gemacht wird; insoweit ist die örtliche Zuständigkeit des § 32 a S 1 ZPO sogar eine ausschließliche. Anwendbar ist die Norm nicht nur bei Schadensersatzansprüchen aus § 1 UmweltHG, sondern auch im Fall von Ansprüchen aus Vertrag oder unerlaubter Handlung[300]. Auch der durch diese Norm begründete Gerichtsstand wird freilich ggf von Art 5 Nr 3 EuGVVO bzw Art 5 Nr 3 LugÜ verdrängt. Indes kommt über § 32 a S 2 ZPO der allgemeine deliktische Gerichtsstand des § 32 ZPO zur Anwendung, wenn die Anlage im Ausland belegen ist und der Beklagte keinen allgemeinen Gerichtsstand nach Art 2 Abs 1 EuGVVO bzw Art 2 Abs 1 LugÜ in einem Mitgliedstaat hat. § 32 a S 1 ZPO greift hingegen, wenn die Anlage in Deutschland belegen ist und der Betreiber seinen allgemeinen Gerichtsstand nicht in einem Mitgliedstaat hat (Art 4 Abs 1 EuGVVO bzw Art 4 Abs 1 LugÜ). Dass daraus eine *ausschließliche* internationale Zuständigkeit deutscher Gerichte folgt[301], wird mit guten Gründen bezweifelt[302]. Für Wettbewerbsverstöße gilt im Bereich des autonomen Rechts **§ 14 UWG analog**[303]. Weiter ist auf den (gleichfalls hinter der EuGVVO und dem LugÜ nur subsidiär anwendbaren) besonderen Gerichtsstand von **§ 94 a AMG** hinzuweisen. Nach dessen Abs 1 ist für Klagen, die auf Grund von § 84 AMG erhoben werden, auch das Gericht zuständig, in dessen Bezirk der Kläger zurzeit der Klageerhebung seinen Wohnsitz, in Ermangelung eines solchen seinen gewöhnlichen Aufenthaltsort hat. Nach § 94 a Abs 2 AMG gilt dies lediglich nicht für die Prüfung der internationalen Zuständigkeit von Gerichten eines ausländischen Staates im Rahmen des § 328 Abs 1 Nr 1 ZPO, im Umkehrschluss aber sehr wohl für die internationale Zuständigkeit außerhalb des Anerkennungs- und Vollstreckungsrechts. Jedenfalls im Bereich der internationalen Zuständigkeit wird man entgegen dem Wortlaut § 84 Abs 1 AMG unter dem Aspekt der Sachzusammenhangszuständigkeit keine Ansprüche außerhalb des AMG (etwa aus Vertrag oder §§ 823 ff) als erfasst ansehen können[304].

66 Im Rahmen der **EuGVVO** bzw des **LugÜ** ist der **Begriff der unerlaubten Handlung** und der einer solchen gleichgestellten Handlung **autonom** auszulegen. Demgemäß hat sich der EuGH für eine deliktsrechtliche Qualifikation bei vorvertraglichen Verletzungen des Gebotes aus Treu und Glauben ausgesprochen, wenn bei den Vertragsverhandlungen keine Verpflichtungen eingegangen wurden[305]. Überhaupt sollen – sehr weitgehend – alle nicht vertraglichen Schadensersatzansprüche deliktisch zu qualifizieren sein[306]. Auch der Gesamtschuldnerausgleich unter Deliktstätern fällt unter diesen Gerichtsstand[307]. Art 5 Nr 3 EuGVVO erfasst sodann Unterlassungsklagen aus Eigentumsverletzung[308]. Für die

---

[296] OLG Stuttgart OLGR 2005, 1; s ferner *Vogelsang* NZV 1999, 497, 501; MünchKommBGB/*Junker* Vor Art 38 Rn 17; ungenau OLG Koblenz IPRax 2003, 536, 537.
[297] So OLG Stuttgart OLGR 2005, 1 Rn 23.
[298] Für die analoge Anwendung aber *Staudinger/v. Hoffmann* Vor Art 40 Rn 73.
[299] MünchKommBGB/*Junker* Vor Art 38 Rn 18. Vgl auch *Deutsch* IPRax 1992, 284 ff (zum intertemporalen Haftungsrecht nach dem Einigungsvertrag).
[300] *Pfeiffer* ZZP 106 (1993), 159; *Stein/Jonas/Roth*, 23. Aufl 2003, § 32 a ZPO Rn 1.
[301] Dafür die hL, zB *Nagel/Gottwald*, Internationales Zivilprozessrecht, 6. Aufl 2007, § 3 Rn 359; *Pfeiffer* ZZP 106 (1993), 159, 179).
[302] *Stein/Jonas/Roth* § 32 a ZPO Rn 23.
[303] Näher zur internationalen Zuständigkeit im Wettbewerbsverfahrensrecht *Ahrens*, Der Wettbewerbsprozess 5. Aufl 2005, Kap 16; zu den weiteren staatsvertraglich gesondert geregelten Fällen der Kernenergie, der Schiffzusammenstöße, der nuklearen Schäden durch Reaktorschiffe und der Ölverschmutzungsschäden *Nagel/Gottwald*, Internationales Zivilprozessrecht, § 3 Rn 361.
[304] Anders aber *Deutsch* in: *Deutsch/Lippert*, 2. Aufl 2007, § 94 a AMG Rn 2 gegen BGHZ 132, 111 und BGH IPRax 2006, 40, 43.
[305] EuGH IPRax 2003, 143; krit *Mankowski* IPRax 2003, 127 ff.
[306] EuGH EuZW 1999, 59, 60.
[307] OLG Celle VersR 1991, 234.
[308] BGH NJW 2006, 689.

Entscheidung über nicht deliktsrechtlich iS der EuGVVO zu qualifizierende, eventuell konkurrierende Ansprüche folgt aus Art 5 Nr 3 EuGVVO keine Kognitionsbefugnis, auch nicht unter dem Gesichtspunkt eines **Gerichtsstands des Sachzusammenhangs**[309].

67 Als **Ort des Eintritts des schädigenden Ereignisses** sind der (oder die) **Handlungs-** und der (oder die) **Erfolgsort(e)** anzusehen; im Falle eines Distanzdeliktes hat der Kläger die Wahl zwischen beiden. Nur Verletzungserfolgsorte bzw Orte, an denen sog **Erstschäden** eingetreten sind, begründen aber die Tatortzuständigkeit, nicht aber weitere Orte, an denen Folgeschäden eintreten[310]. Im Falle von Vermögensschäden kommt es nicht allein auf den Klägerwohnsitz an, sondern auf die Lage der Vermögensbestandteile zurzeit des Verlustes[311]. Das gilt auch für das LugÜ und § 32 ZPO. Im Falle von Persönlichkeitsverletzungen hat der EuGH indes die Kognitionsbefugnis im Rahmen der EuGVVO (was parallel auch für das LugÜ gilt) begrenzt, wenn am Verbreitungsort geklagt wird und dieser vom Ort der Niederlassung des Herausgebers abweicht. Nur solche Schäden sollen dann am jeweiligen Verbreitungsort geltend gemacht werden können, die in dem Staatsgebiet des angerufenen Gerichts eingetreten sind[312]. Ob diese Rspr vor allem dem besonderen, prozedural verlängerten Schutz der Pressefreiheit dienen soll oder unter dem Aspekt der Sicherung der Sachnähe des Gerichts auch auf andere sog Streudelikte übertragen werden kann[313], ist noch nicht geklärt. Das Interesse des Opferschutzes spricht nicht a priori für eine entsprechende Entwertung des Erfolgs- oder des (ersten) Schadenseintrittsorts.

Art 41 Wesentlich engere Verbindung

(1) Besteht mit dem Recht eines Staates eine wesentlich engere Verbindung als mit dem Recht, das nach den Artikeln 38 bis 40 Abs. 2 maßgebend wäre, so ist jenes Recht anzuwenden.

(2) Eine wesentlich engere Verbindung kann sich insbesondere ergeben
1. aus einer besonderen rechtlichen oder tatsächlichen Beziehung zwischen den Beteiligten im Zusammenhang mit dem Schuldverhältnis oder
2. in den Fällen des Artikels 38 Abs. 2 und 3 und des Artikels 39 aus dem gewöhnlichen Aufenthalt der Beteiligten in demselben Staat im Zeitpunkt des rechtserheblichen Geschehens; Artikel 40 Abs. 2 Satz 2 gilt entsprechend.

Schrifttum (s auch bei Art 38, 39, 40 und Voraufl): *Geisler*, Die engste Verbindung im IPR, 2001; *Patrzek*, Die vertragsakzessorische Anknüpfung im IPR, 1992.

Übersicht

	Rn		Rn
I. Normzweck und Systematik	1	b) Rechtliche Sonderverbindung	10
II. Wesentlich engere Verbindung (Abs 1)	3	c) Tatsächliche Sonderverbindung	12
1. Ungerechtfertigte Bereicherung	4	2. Gemeinsamer gewöhnlicher Aufenthalt (Nr 2)	13
2. Geschäftsführung ohne Auftrag	5		
3. Unerlaubte Handlung	6	IV. Allgemeine Regeln	14
III. Besondere Fallgruppen (Abs 2)	7	1. Gesamt- oder Sachnormverweisung	14
1. Akzessorische Anknüpfung (Nr 1)	8	2. Intertemporales Recht	15
a) Zusammenhang mit dem Schuldverhältnis	9		

I. Normzweck und Systematik

1 Art 41 enthält eine **Ausweichklausel für die Anknüpfungen der ungerechtfertigten Bereicherung (Art 38), der Geschäftsführung ohne Auftrag (Art 39) und der unerlaubten Handlungen**. Verdrängt werden können nur die in Abs 1 genannten Anknüpfungen, nicht hingegen eine nachträgliche Rechtswahl (Art 42). Das folgt unzweideutig aus der Systematik des Gesetzes[1]. Auch auf Art 40 Abs 3 als besondere Vorbehaltsklausel kann sich die Ausweichklausel naturgemäß nicht beziehen. Sie bezieht sich ferner nicht auf die Anknüpfung des Direktanspruchs gegen den Versicherer (Art 40 Abs 4). Dieser kann an einem Gebrauch der Ausweichklausel allerdings insoweit partizipieren, als das Deliktsstatut nach Art 40 Abs 1 oder 2 über Art 41 korrigiert wird[2]. Art 41 will eine abweichen-

---

[309] BGH MDR 2005, 587, 588; früher bereits EuGH NJW 1988, 3088 m Anm *Geimer*, krit *Gottwald* IPRax 1989, 272.
[310] EuGH EuZW 1995, 765, 766; BGHZ 98, 263.
[311] EuGH NJW 2004, 2441.
[312] EuGH IPRax 1997, 111 noch zum EuGVÜ – Shevill; dazu krit *Kreuzer/Klötgen* IPRax 1997, 90; *Rauscher* ZZPInt 1996, 145; im Grundsatz zust *Huber* ZEuP 1996, 295; *G. Wagner* RabelsZ 62 (1998), 243.
[313] Dafür *Rauscher/Leible*, Europäisches Zivilprozessrecht I, 2. Aufl 2006, Art 5 Brüssel I-VO Rn 92; *Kropholler*, Europäisches Zivilprozessrecht, 8. Aufl 2005, Art 5 EuGVVO Rn 85, 86 mit Ausnahme von Internet-Delikten.
[1] Ebenso BT-Drucks 14/343 S 13.
[2] *Junker* RIW 2000, 241, 244; *R. Wagner* IPRax 1998, 429, 434; PWW/*Schaub* Rn 1.

de Anknüpfung ermöglichen, wenn der Sachverhalt nach den gesamten Umständen eine wesentlich stärkere Beziehung zu einer anderen Rechtsordnung als zu derjenigen aufweist, die nach den genannten Kollisionsnormen anzuwenden wäre[3]. Insbes Art 41 Abs 1 ermutigt dazu, notwendig erscheinende Korrekturen der Anknüpfung unter teleologischen Aspekten durchzuführen, wenn das Grundprinzip des Internationalen Privatrechts, diejenige Rechtsordnung zur Anwendung zu bringen, mit welcher der Sachverhalt am engsten verbunden ist, sonst nicht gewahrt wäre. Das ist **von Amts wegen** zu prüfen[4]. Allerdings ist zu beachten, dass Art 41 eine **Ausnahmevorschrift**[5] ist, die nicht voreilig angewandt werden darf. Zu Recht spricht Art 41 deswegen – in signifikantem Unterschied zu Art 28 Abs 5 und Art 30 Abs 2 – vom Erfordernis einer „wesentlich" engeren Verbindung. Eine Möglichkeit, wie im Rahmen von Art 30 Abs 2 die Ausweichklausel zu einer mit den Regelanknüpfungen gleichwertigen Anknüpfung zu erheben (Art 30 Rn 17), besteht daher von vornherein nicht[6].

Innerhalb von Art 41 sind in Abs 2 zwei konkretisierende, beispielhafte Konstellationen aufgeführt, 2 die zur Annahme der dort verlangten wesentlich engeren Verbindung führen können. Das Vorliegen eines der genannten Beispiele „kann" eine wesentlich engere Verbindung begründen. Dem Wortlaut nach sind die Beispiele nicht einmal **Regelbeispiele**. Sie sollen dem aber doch nahe kommen[7], denn ihre Anführung soll zur Erleichterung der Rechtsanwendung beitragen. Deutlich sollte lediglich werden, dass die Beispielsfälle nicht abschließend gedacht sind[8]. Daher indiziert das Vorliegen eines der Beispiele in Abs 2 ein Abweichen von den in Abs 1 genannten Grundanknüpfungen. Will man gleichwohl von den Grundanknüpfungen nicht abweichen, erfordert dies einen erhöhten Begründungsaufwand[9]. Auf diese Weise ergibt sich ein zwar flexibles, aber nicht völlig konturenloses Anknüpfungssystem[10].

II. Wesentlich engere Verbindung (Abs 1)

Die General-Ausweichklausel des Abs 1 erschien dem Gesetzgeber erforderlich, weil nicht allen 3 Fallgestaltungen durch Sonderanknüpfungen Rechnung getragen werden kann. Erforderlich ist eine im Vergleich zu den Grundanknüpfungen wesentlich engere Verbindung des zu beurteilenden Sachverhalts zu einer anderen Rechtsordnung. In dieser muss das betreffende Rechtsverhältnis seinen eigentlichen „**Sitz**"[11], seinen „**Schwerpunkt**"[12] haben. Bei der Konkretisierung einer wesentlich engeren Verbindung ist auf die **Eigenheiten der jeweiligen Regelungsmaterien** abzustellen. Im Übrigen müssen den Beispielen in Abs 2 vergleichbar deutliche Umstände vorliegen, um Abs 1 auszulösen.

1. Ungerechtfertigte Bereicherung. Das Eingreifen der Ausweichklausel des Abs 1 kommt im 4 Falle der Leistungskondiktion (Art 38 Abs 1) nur sehr selten[13] in Betracht. Auch außerhalb des Anwendungsbereichs von Art 32 Abs 1 Nr 5 erscheint hier die Beziehung zu dem gescheiterten Schuldverhältnis enger[14]. Denkbar ist das Eingreifen der Ausweichklausel aber in Konstellationen, die eine besondere Nähe zum Deliktsrecht aufweisen. Der erstrebte, aber nicht wirklich konsequent durchgeführte **Gleichlauf mit dem Deliktsstatut**, der insbes durch Art 38 Abs 2 bewirkt werden soll, kann (spätestens) über Abs 1 hergestellt werden, sofern dies sachgerecht erscheint[15], wie im Falle eines gleichen gemeinsamen gewöhnlichen Aufenthalts aller Beteiligten[16].

2. Geschäftsführung ohne Auftrag. In Fällen der Geschäftsführung ohne Auftrag ist an den Fall 5 der **Hilfe auf hoher See** zu denken[17]. Genau genommen geht allerdings hier schon die Anknüpfung in Art 39 Abs 1 an das Vornahmeortsrecht ins Leere, weil es ein solches Recht in staatsfreiem Gebiet bekanntlich nicht gibt. Deshalb ist schon in Bezug auf die Grundanknüpfung von einer Lücke auszugehen; von einer wesentlich engeren Verbindung zu sprechen macht keinen Sinn, wenngleich (natürlich) insgesamt an die engste Verbindung anzuknüpfen ist (Art 39 Rn 3).

3. Unerlaubte Handlung. Bei unerlaubten Handlungen wird man auf die Ausweichklausel des 6 Abs 1 nur selten zurückgreifen müssen. Die Konkretisierungen der generellen Ausweichklausel in Abs 2 sowie Art 40 Abs 2 lassen hierfür nur vergleichsweise wenig Raum. So wird man im Falle mehrerer Handlungs- oder Erfolgsorte deren Zahl spätestens über Abs 1 reduzieren können[18], wenn man nicht

---

[3] BT-Drucks 14/343 S 13.
[4] AnwK-BGB/*Wagner* Rn 7.
[5] Ebenso *Palandt/Heldrich* Rn 3; *Looschelders* Rn 6.
[6] *Spickhoff* NJW 1999, 2209, 2210.
[7] Im Ergebnis ebenso *Palandt/Heldrich* Rn 4; AnwK-BGB/*Wagner* Rn 8.
[8] BT-Drucks 14/343 S 13.
[9] *Spickhoff* NJW 1999, 2209, 2213; *ders* IPRax 2000, 1, 2.
[10] Zum Ganzen näher *Geisler* § 7 III.
[11] *Savigny*, System des heutigen römischen Rechts, Bd VIII, 1849, S 108.
[12] *v. Gierke*, Deutsches Privatrecht I, S 217.
[13] Vgl aber *Schlechtriem* IPRax 1995, 65, 70; *Fischer* IPRax 2002, 1, 3 f.
[14] BT-Drucks 14/343 S 13; MünchKommBGB/*Junker* Art 38 Rn 28; *Fischer* IPRax 2002, 1, 5 ff.
[15] AnwK-BGB/*Wagner* Rn 20; für ein Ausweichen in die lex rei sitae bei Eingriffen in fremde Sachen *Schlechtriem* in: *v. Caemmerer*, Vorschläge und Gutachten zur Reform des IPR der außervertraglichen Schuldverhältnisse, 1983, S 29, 54 f, 58 f: Bereicherung des Empfängers durch einen sachenrechtlichen Vorgang.
[16] *Palandt/Heldrich* Art 38 Rn 3.
[17] BT-Drucks 14/343 S 9; *Palandt/Heldrich* Art 39 Rn 1; zu Art 41 und zur GoA eingehend *Fischer* IPRax 2002, 1, 12 ff, 14 ff, 17.
[18] Ebenso BT-Drucks 14/343 S 13.

Handlungs- oder Erfolgsorte ohne nennenswerte Verbindung zum rechtserheblichen Sachverhalt schon im Rahmen von Art 40 Abs 1 ausscheidet. Nicht unter Abs 1 wird man im Falle von Kfz-Unfällen allein den **gemeinsamen Zulassungs- und Versicherungsort** fallen lassen können. Der entsprechende Vorschlag des Deutschen Rates[19] ist weder im Gesetz noch in einem der Referentenentwürfe aufgegriffen, sondern vielmehr verworfen worden[20]. Denkbar ist lediglich eine wesentlich engere Verbindung als zum Recht des gemeinsamen gewöhnlichen Aufenthalts, wenn mehr als zwei Kraftfahrzeuge an einem Unfall beteiligt sind und allesamt in demselben Staat zugelassen und versichert sind[21]. Als zweifelhaftes Heimwärtsstreben erscheint ein Abweichen von den Grundanknüpfungen über Art 41 Abs 1, wenn beide am Unfallgeschehen beteiligten Fahrzeuge in einem Staat zugelassen und versichert sind und (allein) der Geschädigte dort auch seinen gewöhnlichen Aufenthalt hat, zumal dann, wenn eines der verunfallten Fahrzeuge bereits mit einem Ausfuhrkennzeichen versehen war[22]. Nachdem der Gesetzgeber die Rechtsanwendungsverordnung aufgehoben hat, wird man auch einer **gemeinsamen Staatsangehörigkeit** der Parteien kaum noch Bedeutung beimessen können. Selbst wenn Tatortrecht und Recht der gemeinsamen Staatsangehörigkeit übereinstimmen, genügt das nicht, um über Art 41 Abs 1 vom Aufenthaltsrecht (Art 40 Abs 2) abzuweichen[23].

III. Besondere Fallgruppen (Abs 2)

7   Weder zwingend noch abschließend finden sich in Abs 2 zwei Fallgruppen, die zur Annahme einer wesentlich engeren Verbindung gegenüber den Grundanknüpfungen führen können.

8   **1. Akzessorische Anknüpfung (Nr 1).** Das erste Beispiel ist eine besondere rechtliche oder tatsächliche Beziehung zwischen den Beteiligten im Zusammenhang mit dem Schuldverhältnis.

9   **a) Zusammenhang mit dem Schuldverhältnis.** Eine akzessorische Anknüpfung nach Nr 1 setzt zunächst eine Sonderbeziehung mit dem Schuldverhältnis (Bereicherung, Geschäftsführung ohne Auftrag oder unerlaubte Handlung) voraus. Obwohl im Unterschied zum Vorschlag des Deutschen Rates für Internationales Privatrecht[24] das Erfordernis eines „sachlichen" Zusammenhangs nicht ausdrücklich hervorgehoben worden ist, ist ein **sachlicher oder innerer Zusammenhang** zu verlangen[25]. Irgendein Zusammenhang mit der Sonderbeziehung trägt eine Abweichung von den Grundregeln **nicht**, wie etwa ein Delikt oder eine Eingriffskondiktion, welche sich **nur bei Gelegenheit** einer Vertragserfüllung oder einer sonstigen rechtlichen Sonderbeziehung ereignet haben[26]. Ein solcher sachlicher Zusammenhang besteht insbes., wenn spezifische Pflichten aus der Rechtsbeziehung verletzt werden, die aus der Sicht des deutschen Kollisionsrechts ihre Wurzel in dem Rechtsverhältnis haben. Dabei können auch die Wertungen der Vertrauenshaftung herangezogen werden[27].

10 **b) Rechtliche Sonderverbindung.** Die rechtliche Sonderverbindung kann eine **vertragliche**, aber auch eine **außervertragliche**, insbes auf einem gesetzlichen Schuldverhältnis beruhende sein. Im Falle der Leistungskondiktion kommt Nr 1 ohnedies kaum in Betracht. Denn von deren Grundanknüpfung ist im Bereich des vertraglichen Schuldrechts über Art 32 Abs 1 Nr 5, 28 Abs 5 abzuweichen. Im Gegenteil kann von einer akzessorischen Anknüpfung etwa zum Schutze des Geschäftsunfähigen oder des Bedrohten nach Abs 1 abzuweichen sein[28]. Über Nr 1 kann ein Bereicherungsanspruch bei Nichtleistungskondiktionen akzessorisch dem Vertragsstatut folgen, wenn etwa eine Verwendung im Vertrauen auf die Gültigkeit eines in Wahrheit nichtigen Vertrages erfolgt ist[29]. Deliktsrechtliche Ansprüche können insbes an vertragliche Sonderbeziehungen akzessorisch angeknüpft werden[30], wie namentlich im Falle von Produkthaftungsansprüchen, wenn ein Kaufvertrag zwischen Hersteller und Geschädigtem besteht[31]. Demgegenüber können in bestimmten Fällen (ausnahmsweise) auch vertragsähnliche Ansprüche, insbes solche aus Verschulden bei Vertragsschluss, deliktsakzessorisch angeknüpft werden. Genau genommen kann man die entsprechenden Ansprüche allerdings ihrerseits deliktsrechtlich qualifizieren (näher Art 32 Rn 25 und Art 12 Rom II-VO)[32]. So liegt es bei funktionaler Betrachtung bei der sog Sachwalterhaftung des Vertreters oder in den alten Kaufhaus-Bananenschalenfällen.

---

[19] v. Caemmerer (Hrsg), Vorschläge und Gutachten zur Reform des IPR der außervertraglichen Schuldverhältnisse, 1983, S 3, 16 f im Anschluss an das Gutachten von Deutsch ebd S 202, 221.
[20] BT-Drucks 14/343 S 10 f; Staudinger/v. Hoffmann Rn 26.
[21] BT-Drucks 14/343 S 12; vgl auch Looschelders VersR 1999, 1316, 1320 ff; Staudinger DB 1999, 1589, 1593; Siehr IPR S 244.
[22] So aber LG Berlin NJW-RR 2002, 1107; Sieghörner NZV 2003, 105, 117; zu Recht krit Palandt/Heldrich Rn 8; MünchKommBGB/Junker Rn 83.
[23] AnwK-BGB/Wagner Rn 20; PWW/Schaub Rn 4.
[24] v. Caemmerer (Hrsg), Vorschläge und Gutachten zur Reform des IPR der außervertraglichen Schuldverhältnisse, 1983, Art 4 Abs 2, S 2, 12 f.
[25] Ebenso Kropholler IPR § 53 II 4 A, III 4, IV 5; Staudinger/v. Hoffmann Rn 11. Noch enger – auf das verletzte Rechtsgut bezogene Schutzpflicht im Deliktsrecht – W. Lorenz in: v. Caemmerer (Hrsg), Vorschläge und Gutachten zur Reform des IPR der außervertraglichen Schuldverhältnisse, 1983, S 97, 98, 155 ff.
[26] Staudinger DB 1999, 1589, 1593; v. Hoffmann/Thorn IPR § 11 Rn 40; AnwK-BGB/Wagner Rn 16.
[27] AnwK-BGB/Wagner Rn 16.
[28] Busse S 270.
[29] Kropholler IPR § 53 II 4.
[30] Eingehend Staudinger/v. Hoffmann Rn 15–19.
[31] Staudinger DB 1999, 1589, 1593.
[32] Ebenso PWW/Schaub Rn 5.

Als **gesetzliche Sonderbeziehungen** kommen insbes solche des **Familienrechts** in Betracht[33]. **11** Wegen der vorrangigen Anknüpfung an die Staatsangehörigkeit im Internationalen Familienrecht gewinnt insoweit dieses Anknüpfungsmerkmal doch wieder eine gewisse Bedeutung. Allerdings ist hiervon der Bereich der Straßenverkehrsunfälle auszunehmen[34]. Denn der Einfluss des Familienrechts, insbes der familienrechtlichen Haftungsbeschränkungen, auf das Deliktsrecht ist in diesem Bereich von der Rspr auch im internen Recht stets zurückgedrängt worden[35]. Das Gleiche wird im Straßenverkehr in Bezug auf andere Sonderverbindungen gelten[36]. Zumeist hilft freilich Art 40 Abs 2 ohnehin weiter[37] Deliktsrechtliche Ansprüche im Zusammenhang mit einem Verlöbnis, etwa wegen Betrugs (auch Heiratsschwindel), wird man trotz einer gewissen Instabilität des Verlöbnisses akzessorisch an das Verlöbnisstatut anknüpfen können[38]. Auch kommt eine Akzessorietät im Falle von deliktisch begründeten Sonderbeziehungen in Betracht. Insbes sind Aufwendungen des deliktischen Schädigers, die er zur Minderung des eingetretenen Schadens vornimmt, dem Deliktsstatut zu unterstellen[39].

c) Tatsächliche Sonderverbindung. Schließlich kann eine tatsächliche Sonderverbindung zu einer **12** akzessorischen Anknüpfung der Ansprüche aus außervertraglichen Schuldverhältnissen führen. Gemeint ist eine Sonderbeziehung zB **aus sozialem Kontakt**[40]. Als eine solche tatsächliche Sonderbeziehung kommen je nach Sachlage im Einzelfall in Betracht eine familienähnliche, zB nichteheliche Lebensgemeinschaft, Mitfahrerverhältnisse bei Gefälligkeitsfahrten[41], Massenzusammenstöße im Straßenverkehr (hier kann Art 40 Abs 2 zugunsten des Tatorts überwunden werden)[42] und sonstige Gruppenbeziehungen (einheitlicher Ausgangspunkt einer Reise). Ist eine Reise von Deutschland aus organisiert und gestartet worden, so entscheidet einheitlich das deutsche Haftungsrecht, wie gehaftet wird, unabhängig davon, wer aus der Gruppe wen in welchem Land geschädigt hat[43].

2. Gemeinsamer gewöhnlicher Aufenthalt (Nr 2). Eine aus einem gemeinsamen gewöhn- **13** lichen Aufenthalt resultierende wesentlich engere Verbindung kann **nur** angenommen werden für **Eingriffskondiktionen** (Art 38 Abs 2) und **sonstige Kondiktionen** (Art 38 Abs 3), ferner in allen Fällen der **Geschäftsführung ohne Auftrag** (Art 39). Im Bereich des Deliktsrechts sieht – nicht nur als Teil der Ausweichklausel – Art 40 Abs 2 diese Anknüpfung vor. Bei Gesellschaften, Vereinen oder juristischen Personen steht dem gewöhnlichen Aufenthalt der Ort gleich, an dem sich die Hauptverwaltung oder, wenn eine Niederlassung beteiligt ist, an dem sich diese befindet (Nr 2 S 2, Art 40 Abs 2, vgl auch Art 28 Abs 2). Maßgeblich ist der Zeitpunkt des rechtserheblichen Verhaltens, also der Zeitpunkt, der auch für die Grundanknüpfungen entscheidet. Eine nachträgliche Manipulation durch die Verlegung des gewöhnlichen Aufenthalts durch einen Beteiligten ist danach ausgeschlossen. Im Falle der freiwilligen Tilgung fremder Schulden sowie der Einwirkung auf fremde Güter wird Abs 2 Nr 2 nicht eingreifen[44], soweit es um Ansprüche aus Geschäftsführung ohne Auftrag geht. Der Begriff des gewöhnlichen Aufenthalts entspricht dem im EGBGB allgemein verwendeten (Art 40 Rn 32).

IV. Allgemeine Regeln

1. Gesamt- oder Sachnormverweisung. Ob und inwieweit Art 41 Sachnorm- oder Gesamt- **14** verweisungen ausspricht, richtet sich nach Art 4 Abs 1[45]. Vielfach wird vertreten, Art 41 sei insgesamt als Sachnormverweisung zu verstehen, weil Rück- bzw Weiterverweisungen dem Sinn der gesamten Norm widersprechen würden[46]. Da indes das IPR im Ganzen die Aufgabe hat, die engste Verbindung zu bestimmen, müsste dies konsequent dazu führen, Rück- oder Weiterverweisungen fast nie anzuerkennen. Das stünde jedoch mit der Wertung von Art 4 Abs 1 im Widerspruch. Hinzu kommt, dass Art 41 nicht zuletzt auch Ausdruck kollisionsrechtlicher Unentschlossenheit des Gesetzgebers ist. Es besteht kein Anlass, ausgerechnet diese als rück- und weiterverweisungsfest anzusehen. Art 41 spricht daher grds **Gesamtverweisungen** aus[47]. Nur dann, wenn an eine **rechtliche (nicht bloß tatsächliche) Sonderverbindung** akzessorisch angeknüpft wird (Abs 2 Nr 1 Alt 1), würde der Sinn der Verweisung konterkariert, da ansonsten die mit der akzessorischen Anknüpfung

---

[33] Näher *Staudinger/v. Hoffmann* Rn 20.
[34] BGHZ 119, 137 = NJW 1992, 3091; *Looschelders* Rn 15.
[35] ZB BGHZ 53, 352.
[36] Vgl BGHZ 46, 313 betr Nichtanwendung von § 708 BGB beim Straßenverkehrsunfall.
[37] AnwK-BGB/*Wagner* Rn 13.
[38] Anders früher BGHZ 132, 105 = NJW 1996, 1411; ebenso noch *Palandt/Heldrich* Art 40 Rn 6; wie hier *P. Huber* JA 2000, 67, 69; früher schon *Mankowski* IPRax 1997, 173, 181; *Kropholler* IPR § 44 IV 3.
[39] BT-Drucks 14/343 S 13 f.
[40] BT-Drucks 14/343 S 13.
[41] Näher *Staudinger/v. Hoffmann* Rn 25; krit AnwK-BGB/*Wagner* Rn 14.
[42] AnwK-BGB/*Wagner* Rn 15; *R. Wagner* IPRax 1999, 210, 211.
[43] Vgl auch *Deutsch* in: *v. Caemmerer* (Hrsg), Vorschläge und Gutachten zur Reform des IPR der außervertraglichen Schuldverhältnisse, 1983, S 202, 215, 221; *v. Hoffmann* IPRax 1996, 1, 6; AnwK-BGB/*Wagner* Rn 14; anders *Junker* JZ 2000, 477, 484.
[44] Ebenso MünchKommBGB/*Junker* Rn 22.
[45] *Busse* S 260 f.
[46] *P. Huber* JA 2000, 67, 72 f; *Siehr* IPR S 242; AnwK-BGB/*Wagner* Rn 5; mit Ausnahme von Abs 2 Nr 2 auch PWW/*Schaub* Rn 2; für Abs 1 auch *Palandt/Heldrich* Rn 2.
[47] *Dörner*, FS Stoll, S 481, 499 f; *Looschelders* Rn 19.

bezweckte einheitliche materiell-rechtliche Beurteilung zusammenhängender Rechtsfragen nicht gewährleistet wäre[48]. Und nur insoweit ist daher von **Sachnormverweisungen** auszugehen, vorausgesetzt, auch die Verweisung spricht Sachnormverweisungen aus, an die akzessorisch angeknüpft wird.

15 **2. Intertemporales Recht.** Hier wie im gesamten Bereich des außervertraglichen Schuldrechts gilt **Art 220 Abs 1, Art 236 § 1 analog**[49]. Es kommt also darauf an, ob der betreffende Vorgang vor oder nach dem 1. 6. 1999 stattgefunden hat bzw abgeschlossen worden ist. Im Falle von zeitlich gestreckten Sachverhalten kann sich das anwendbare Recht gewandelt haben.

Art 42 Rechtswahl

[1]Nach Eintritt des Ereignisses, durch das ein außervertragliches Schuldverhältnis entstanden ist, können die Parteien das Recht wählen, dem es unterliegen soll. [2]Rechte Dritter bleiben unberührt.

Schrifttum (s auch Voraufl): *v. Hein*, Rechtswahlfreiheit im Internationalen Deliktsrecht, RabelsZ 64 (2000), 595.

Übersicht

	Rn		Rn
I. Normzweck	1	4. Ausdrückliche oder stillschweigende Rechtswahl	6
II. Nachträgliche Rechtswahl	2	5. Zustandekommen und Wirksamkeit	7
1. Zeitpunkt der Rechtswahl	3	**III. Allgemeine Regeln**	8
2. Gegenstand der Rechtswahl	4		
3. Rechte Dritter	5		

I. Normzweck

1 Die **Parteiautonomie** im Recht der außervertraglichen Schuldverhältnisse beruht darauf, dass es einem potentiellen Anspruchsinhaber auch auf der Ebene des Sachrechts freisteht, über die materiellen Ansprüche aus außervertraglichen Schuldverhältnissen zu verfügen. Es ist deshalb konsequent, dass er gemeinsam mit dem potentiellen Anspruchsgegner das auf den Anspruch anwendbare Recht parteiautonom bestimmen kann. Auf diese Weise wird zwischen den Parteien Rechtsklarheit hergestellt. Insbes kann durch die Wahl der lex fori auch den Interessen an einer schnelleren Durchführung des Verfahrens Rechnung getragen werden, weil das Gericht sein ihm bekanntes eigenes Recht anwenden kann[1]. Die nachträgliche Rechtswahl nach Art 42 geht allen anderen Anknüpfungen des außervertraglichen Schuldrechts (auch Art 41) vor; lediglich die öffentliche Ordnung (Art 6 sowie Art 40 Abs 3[2]) muss gewahrt bleiben. Allerdings ist die Rechtswahl nicht so ausführlich geregelt wie in Art 27 für das internationale Vertragsrecht. Insoweit kann im Einzelfall ergänzend auf Detailregelungen in Art 27 zurückgegriffen werden.

II. Nachträgliche Rechtswahl

2 Art 42 ermöglicht eine (formlose[3]) parteiautonome Rechtswahl nach Eintritt des Ereignisses, durch das ein außervertragliches Schuldverhältnis (Bereicherung, Geschäftsführung ohne Auftrag, Delikt) entstanden ist.

3 **1. Zeitpunkt der Rechtswahl.** Art 42 gestattet mithin **nur** eine **nachträgliche Rechtswahl**. Diese Einschränkung, die sich deutlich aus dem Wortlaut des Art 42 (in Abgrenzung zu Art 27 Abs 2 S 1) ergibt, ist eine bewusste[4]. Sie steht im Gegensatz zu einer bisher häufig vertretenen Auffassung[5]; auch **Art 14 Abs 1 b Rom II-VO** lässt im kommerziellen Verkehr eine vorherige Rechtswahl (begrenzt) zu. Die Rspr vor Inkrafttreten der Kodifikation des Internationalen Privatrechts der außervertraglichen Schuldverhältnisse hat allerdings im Allgemeinen lediglich Fälle der nachträglichen

---

[48] *v. Hoffmann* IPRax 1996, 1, 7; MünchKommBGB/*Junker* Rn 27; früher bereits *Kropholler* RabelsZ 33 (1969), 601, 648; *Patrzek* S 84; im Falle von Abs 2 Nr 1 insgesamt für Sachnormverweisungen *Looschelders* VersR 1999, 1316, 1324.
[49] BT-Drucks 14/343 S 7; *Spickhoff* NJW 1999, 2209, 2210 f.
[1] Vgl MünchKommBGB/*Junker* Rn 1; *Busse*, Internationales Bereicherungsrecht, 1998, S 73: nur die Interessen der beteiligten Parteien werden berührt.
[2] *P. Huber* JA 2000, 67, 71 f und Art 40 Rn 60.
[3] *P. Huber* JA 2000, 67, 70; *Sonnenberger* Rev crit dr int priv 88 (1999), 647, 661.
[4] Vgl *R. Wagner* IPRax 1998, 429, 434.
[5] ZB *Busse*, Internationales Bereicherungsrecht, 1998, S 78 f, 243; *Wandt*, Die GoA im IPR 1989, S 261 f; auch im Rahmen von Art 42 im Einzelfall (Gefälligkeitsfahrt) weiterhin für die Möglichkeit einer vorherigen Rechtswahl Staudinger/*v. Hoffmann* Rn 4, 5.

Rechtswahl betroffen[6]. Von einer Regelungslücke in Bezug auf die Möglichkeit der vorherigen Rechtswahl wird man nicht ausgehen können[7]. Bestehen zwischen den Parteien vor der Entstehung des außervertraglichen Schuldverhältnisses rechtliche oder tatsächliche Beziehungen, kommt jedoch eine akzessorische Anknüpfung (Art 41 Abs 2 Nr 1, auch Art 38 Abs 1) in Betracht[8], in deren Rahmen, ja mehr noch: zu deren Begründung eine vorherige Rechtswahl herangezogen werden kann (zB im Falle von Gefälligkeitsfahrten). Die zeitliche Beschränkung von Art 40 Abs 1 S 3 gilt für Art 42 nicht[9]. Eine einmal getroffene Rechtswahl kann nachträglich aufgehoben oder abgeändert werden[10]; insoweit gilt nichts anderes als im Internationalen Vertragsrecht (Art 27 Abs 2 S 1). Im Zweifel wirkt eine solche Änderung ex tunc[11].

2. Gegenstand der Rechtswahl. Gegenstand der Rechtswahl kann **nur staatliches Recht** sein. **4** Der Parteiautonomie zugänglich sind diejenigen **Regelungsmaterien, die unter den Anwendungsbereich der Grundanknüpfungen der Art 38 bis 41 fallen.** Ob das abgewählte Deliktsstatut die Rechtswahl zulässt oder nicht, ist unerheblich[12]. Nicht abwählbar sind allerdings Verkehrsvorschriften, etwa das Linksfahrgebot in England; denn derartige Normen werden ohnedies außerhalb von Art 40 (dort Rn 13) sonderangeknüpft[13] (s nun auch Art 17 Rom II-VO). Die Rechtswahl ist nicht auf bestimmte Rechtsordnungen beschränkt[14]. Obwohl in Art 42 nicht ausdrücklich hervorgehoben, besteht die Möglichkeit einer Teilrechtswahl entspr Art 27 Abs 2 S 3[15], allerdings mit den gleichen Beschränkungen wie dort (Art 27 Rn 28). Insbes können die Parteien nicht nach Art der Rosinentheorie einzelne Normen aus verschiedenen Deliktsrechten „zusammenwählen". Die Rechtswahl kann sich nur auf größere Teilbereiche beschränken.

3. Rechte Dritter. Ebenso wie Art 27 Abs 2 S 2 normiert auch Art 42 S 2, dass Rechte Dritter **5** durch eine nachträgliche Rechtswahl unberührt bleiben. Das gebietet das Verkehrsinteresse und ist namentlich für **Haftpflichtversicherungen**[16], aber auch für Personen von Bedeutung, die anlässlich eines Schadensereignisses gegenüber dem Geschädigten verpflichtet sind und unter Umständen Ausgleichsansprüche gegen den Schädiger haben[17].

4. Ausdrückliche oder stillschweigende Rechtswahl. Die Rechtswahl nach Art 42 setzt – **6** ebenso wie diejenige im Rahmen von Art 27 – einen (kollisionsrechtlichen) Verweisungsvertrag voraus. Die frühere Gegenauffassung[18], die nur eine materiell-rechtliche Verweisung unter der Herrschaft eines objektiv vorgegebenen Rechts für möglich hielt, ist im Rahmen von Art 42 nicht mehr vertretbar[19]. Der Verweisungsvertrag kann allgemeinen Grundsätzen der Rechtsgeschäftslehre folgend **ausdrücklich oder stillschweigend** abgeschlossen werden, auch wenn Art 42 dies nicht wie Art 27 Abs 1 S 2 für vertragliche Schuldverhältnisse extra hervorhebt[20] (s nun Art 14 Abs 1 S 2 Rom II-VO). Eine stillschweigende (nachträgliche) Rechtswahl kommt insbes durch entsprechendes Verhalten im Prozess in Betracht. Die Rspr hat häufig eine stillschweigende Wahl deutschen Rechts angenommen, weil die Parteien sich nur über deutsches Recht stritten[21]. Die Entscheidungen sind - ebenso wie im Falle der nachträglichen Rechtswahl im Prozess bei vertraglichen Schuldverhältnissen (Art 27 Rn 36) – nur zutreffend, sofern ein **aktuelles Erklärungsbewusstsein** der Parteien festgestellt worden ist[22]. Streiten sich die Parteien über ausländisches Recht, kann man davon ausgehen, dass sie sich im Zweifel über die Frage des anwendbaren Rechts Gedanken gemacht haben. Angesichts der bekannten Unkenntnis auch von Anwälten in Bezug auf das Internationale Privat- und Prozessrecht liegt es anders, wenn unreflektiert von den Parteien deutsches Recht zugrunde gelegt wird. Hier ist ggf nachzufragen (§ 139 ZPO). Unterbleibt eine entsprechende richterliche Nachfrage und stellt sich im Nachhinein heraus, dass kein aktuelles Erklärungsbewusstsein vorgelegen hat, werden die Parteien auch nicht mit (Sach-)Vortrag

---

[6] Anders – zum Bereicherungsrecht – OLG Karlsruhe IPRspr 1992 Nr 52 b.
[7] Anders aber *Staudinger/v. Hoffmann* Art 38 Rn 146; unter europarechtlichen Aspekten de lege lata zT für die Zulässigkeit einer vorherigen Rechtswahl *v. Hein* RabelsZ 64 (2000), 595, 606 ff; rechtspolitisch krit auch *Busse* RIW 1999, 16, 19; wie hier *Looschelders* VersR 1999, 1316, 1322; *R. Wagner* IPRax 1998, 429, 434 unter Hinweis auf den Schutzcharakter außervertraglicher Schuldverhältnisse.
[8] Näher AnwK-BGB/*Wagner* Rn 14, 15; *Palandt/Heldrich* Rn 1.
[9] *R. Wagner* IPRax 1998, 429, 434; *Staudinger* DB 1999, 1589, 1593; *Looschelders* Rn 12.
[10] *Hohloch* NZV 1988, 161, 164; *Looschelders* Rn 12
[11] *Palandt/Heldrich* Rn 1.
[12] MünchKommBGB/*Junker* Rn 2; *Soergel/Lüderitz* Art 38 Rn 81; *Staudinger/v. Hoffmann* Rn 2: Art 27 Abs 3 gelte aber analog; aA *Deutsch*, FS Ferid, 1978, S 117, 125.
[13] AnwK-BGB/*Wagner* Rn 11; PWW/*Schaub* Rn 3.
[14] *Staudinger/v. Hoffmann* Rn 6; MünchKommBGB/*Junker* Rn 23; *Kropholler* RabelsZ 33 (1969), 601, 641.
[15] *Staudinger/v. Hoffmann* Rn 8; *Staudinger* DB 1999, 1589, 1590; AnwK-BGB/*Wagner* Rn 11; aA *Palandt/Heldrich* Rn 1.
[16] *P. Huber* JA 2000, 67, 70; AnwK-BGB/*Wagner* Rn 13.
[17] Deutscher Rat für IPR, Vorschläge und Gutachten zur Reform des IPR der außervertraglichen Schuldverhältnisse, 1983 (Hrsg *v. Caemmerer*), S 27; *R. Wagner* IPRax 1998, 429, 434; *Staudinger/v. Hoffmann* Rn 17.
[18] *Kegel* IPR, 7. Aufl 1995, § 18 IV 2.
[19] Vgl auch *Kegel/Schurig* IPR § 18 I 1 c zu Art 27.
[20] BT-Drucks 14/303 S 14; *R. Wagner* IPRax 1998, 429, 434.
[21] BGH VersR 1963, 241; NJW 1974, 410; IPRax 1982, 13, 14; BGHZ 98, 263, 274 = NJW 1987, 592, 594; BGH NJW-RR 1988, 534, 535; NJW 1994, 1408, 1409; krit zu dieser Auffassung auch *Sonnenberger* Rev crit dr int priv 88 (1999), 647, 661.
[22] *Palandt/Heldrich* Rn 1; *Looschelders* Rn 14; *Erman/Hohloch* Rn 8; PWW/*Schaub* Rn 2; anders *Dörner*, FS Stoll, 2001, S 491, 493; großzügiger auch AnwK-BGB/*Wagner* Rn 9.

zum anwendbaren Recht präkludiert. Rechtsnormen sind – von nicht verallgemeinerungsfähigen Ausnahmen abgesehen (zB § 39 ZPO) – ohnedies keiner Präklusion zugänglich (Art 27 Rn 43)[23].

7 **5. Zustandekommen und Wirksamkeit.** Während sich die Zulässigkeit der Rechtswahl in jedem Falle nach der lex fori richtet und das Kollisionsrecht der lex fori auch darüber Auskunft gibt, welche Anforderungen an stillschweigende Willenserklärungen im Zusammenhang mit einer Rechtswahl zu stellen sind[24], ist im Rahmen von Art 42 nicht geregelt, nach welchem Recht sich iÜ Zustandekommen und Wirksamkeit der Rechtswahlvereinbarung richten. **Entspr Art 27 Abs 4, 31** ist dafür grds das Recht des Staates maßgeblich, das anzuwenden wäre, wenn der Verweisungsvertrag wirksam wäre[25]. Auch auf Art 27 Abs 3 wird man zurückgreifen können[26] Für die Form gilt Art 11, für die Rechts- und Geschäftsfähigkeit Art 7 und 12[27].

III. Allgemeine Regeln

8 Bei der Rechtswahl nach Art 42 handelt es sich gemäß Art 4 Abs 2 um eine **Sachnormverweisung**[28]. Auch im Rahmen von Art 42 gelten die **intertemporal-rechtlichen Grundsätze von Art 220 Abs 1, 236 § 1 analog**[29]. Es kommt also darauf an, ob die Rechtswahlvereinbarung vor dem 1. 6. 1999 abgeschlossen war (dann altes Kollisionsrecht[30]) oder nicht (dann Art 42).

Anhang: Rom II-VO

Verordnung (EG) Nr. 864/2007 des Europäischen Parlaments und des Rates über das auf außervertragliche Schuldverhältnisse anzuwendende Recht vom 11. Juli 2007 (ABl. EG Nr. L 199 S. 40)

Schrifttum: *Heiss/Loacker*, Die Vergemeinschaftung des Kollisionsrechts der außervertraglichen Schuldverhältnisse durch Rom II, öJBl 2007, 613; *Handig*, Neues Internationales Wettbewerbsrecht – Auswirkungen der Rom II-Verordnung, GRUR Int 2008, 24; *Junker*, Die Rom II-Verordnung: Neues Internationales Deliktsrecht auf europäischer Grundlage, NJW 2007, 3675; *ders*, Das IPR der Straßenverkehrsunfälle nach der Rom II-Verordnung, JZ 2008, 169; *Leible/Lehmann*, Die neue EG-Verordnung über das auf außervertragliche Schuldverhältnisse anzuwendende Recht („Rom II"), RIW 2007, 721; *Spickhoff*, Die Produkthaftung im Europäischen Kollisions- und Zivilverfahrensrecht, FS Kropholler, 2008; *Staudinger*, Rechtsvereinheitlichung innerhalb Europas: Rom I und Rom II, AnwBl 2008, 8; *Tiede/Kellner*, „Forum shopping" zwischen dem Haager Übereinkommen über das auf Verkehrsunfälle anzuwendende Recht und der Rom II-Verordnung, VersR 2007, 1624; *G. Wagner*, Die neue Rom II-Verordnung, IPRax 2008, 1.

Übersicht

	Rn		Rn
Anhang: Rom II-VO	9	Art 4 Allgemeine Kollisionsnorm	29
Kommentierung der Erwägungsgründe und Vorbemerkungen	9	1. Zweck	29
1. Entstehung	9	2. Anknüpfungssystem	30
2. Zweck	10	3. Die Konkretisierung der Tatortregel (Abs 1)	31
3. Verhältnis zur EuGVVO	11	4. Gemeinsamer gewöhnlicher Aufenthalt (Abs 2)	36
4. Auslegungsgrundsätze	12	5. Offensichtlich engere Verbindung (Abs 3)	37
5. Überblick und System	13	6. Besondere Sachbereiche	43
Kapitel I. Anwendungsbereich	16	Art 5 Produkthaftung	55
Art 1 Anwendungsbereich	16	Art 6 Unlauterer Wettbewerb und den freien	
1. Zweck	16	Wettbewerb einschränkendes Verhalten	58
2. Verbindung zum Recht verschiedener Staaten	17	Art 7 Umweltschädigung	63
3. Ausnahmen (Abs 2)	18	Art 8 Verletzung von Rechten des geistigen Eigentums	65
4. Beweis und Verfahren (Abs 3)	24		
5. Sonderstatus Dänemarks (Abs 4)	25	Art 9 Arbeitskampfmaßnahmen	69
Art 2 Außervertragliche Schuldverhältnisse	26	**Kapitel III. Ungerechtfertigte Bereicherung, Geschäftsführung ohne Auftrag und Verschulden bei Vertragsverhandlungen**	71
1. Begriff des Schadens	26		
2. Wahrscheinlicher Schadenseintritt	27		
Art 3 Universelle Anwendung	28	Art 10 Ungerechtfertigte Bereicherung	71
Kapitel II. Unerlaubte Handlungen	29	1. Zweck	71
		2. Anknüpfungssystem	72

---

[23] *Schack* NJW 1984, 2736, 2739; aA aber *Staudinger/v. Hoffmann* Rn 13.
[24] AnwK-BGB/*Wagner* Rn 3; *Meyer-Sparenberg* RIW 1989, 347; so zu Art 27 auch MünchKommBGB/*Martiny* Art 27 Rn 100.
[25] Ebenso *Looschelders* Rn 15; *Busse*, Internationales Bereicherungsrecht, 1998, S 244, 81 f; *S. Lorenz* NJW 1999, 2215, 2217 Fn 24; *Kreuzer* RabelsZ 65 (2001), 383, 401; *Vogelsang* NZV 1999, 497, 500 f; aA Palandt/*Heldrich* Rn 1; PWW/*Schaub* Rn 2; *Junker* JZ 2000, 477, 478: lex fori.
[26] AnwK-BGB/*Wagner* Rn 4.
[27] *Looschelders* Rn 16, 17.
[28] *v. Hoffmann* IPRax 1996, 1, 7.
[29] BT-Drucks 14/343 S 7; *Spickhoff* NJW 1999, 2209, 2210.
[30] Zur im damaligen Schrifttum vertretenen Möglichkeit einer vorherigen Rechtswahl vgl die Nachweise Rn 3.

	Rn		Rn
3. Anwendungsbereich	73	Art 19 Gesetzlicher Forderungsübergang	124
4. Vertragsakzessorische Anknüpfung	75	1. Zweck und Herkunft	124
5. Mehrpersonenverhältnisse	77	2. Anknüpfung	125
6. Grundanknüpfung	79	Art 20 Mehrfache Haftung	126
7. Eingriffe in Immaterialgüterrechte	80	Art 21 Form	128
8. Offensichtlich engere Verbindung (Abs 4)	81	Art 22 Beweis	130
Art 11 Geschäftsführung ohne Auftrag	83	1. Herkunft	130
1. Zweck	83	2. Abs 1	131
2. Anknüpfungssystem	84	3. Abs 2	133
3. Anwendungsbereich	85		
4. Akzessorische Anknüpfung (Abs 1)	86		
5. Gemeinsamer gewöhnlicher Aufenthalt und Vornahmeortsrecht (Abs 2 und 3)	87	Kapitel VI. Sonstige Vorschriften	134
		Art 23 Gewöhnlicher Aufenthalt	134
6. Offensichtlich engere Verbindung (Abs 4)	88	1. Herkunft	134
Art 12 Verschulden bei Vertragsverhandlungen	89	2. Personenmehrheiten	135
1. Zweck	89	3. Natürliche Personen	137
2. Anwendungsbereich	90	Art 24 Ausschluss der Rück- und Weiterverweisung	138
3. Anknüpfungssystem	91		
Art 13 Anwendbarkeit des Artikels 8	94	Art 25 Staaten ohne einheitliche Rechtsordnung	140
Kapitel IV. Freie Rechtswahl	95	1. Herkunft	140
Art 14 Freie Rechtswahl	95	2. Mehrere Gebietseinheiten mit eigenen Rechtsvorschriften	141
1. Normzweck und systematische Stellung	95		
2. Gegenstand der Rechtswahl	96	3. Abs 2	142
3. Zustandekommen und Wirksamkeit	97	Art 26 Öffentliche Ordnung im Staat des angerufenen Gerichts	143
4. Nachträgliche Rechtswahl (Abs 1 S 1 lit a)	98		
5. Vorherige Rechtswahl (Abs 1 S 1 lit b)	99	1. Grundsatz	143
6. Stillschweigende Rechtswahl (Abs 1 S 2)	100	2. Europarechtlich bedingte Besonderheiten bei der Handhabung	144
7. Rechte Dritter	101		
8. Jus cogens (Abs 2 und 3)	102	Art 27 Verhältnis zu anderen Gemeinschaftsrechtsakten	145
Kapitel V. Gemeinsame Vorschriften	103		
Art 15 Geltungsbereich des anzuwendenden Rechts	103	Art 28 Verhältnis zu bestehenden internationalen Übereinkommen	146
1. Zweck	103	1. Zweck	146
2. Anwendungsfälle	104	2. Befugnis zum Abschluss von Staatsverträgen in der Zukunft	147
Art 16 Eingriffsnormen	114		
1. Zweck	114	3. Bilaterale bzw „innereuropäische" Staatsverträge	148
2. Begriff der Eingriffsnorm	115		
3. Relevanz	116	**Kapitel VII. Schlussbestimmungen**	149
4. Ausländische Eingriffsnormen	117	Art 29 Verzeichnis der Übereinkommen	149
Art 17 Sicherheits- und Verhaltensregeln	118	Art 30 Überprüfungsklausel	150
1. Zweck	118	Art 31 Zeitliche Anwendbarkeit	150
2. Straßenverkehrsordnung	119	Art 32 Zeitpunkt des Beginns der Anwendung	150
Art 18 Direktklage gegen den Versicherer des Haftenden	121		

DAS EUROPÄISCHE PARLAMENT UND DER RAT DER EUROPÄISCHEN UNION –
gestützt auf den Vertrag zur Gründung der Europäischen Gemeinschaft, insbesondere auf Artikel 61 Buchstabe c und Artikel 67,
auf Vorschlag der Kommission,
nach Stellungnahme des Europäischen Wirtschafts- und Sozialausschusses (ABl. C 241 vom 28. 9. 2004, S. 1),
gemäß dem Verfahren des Artikels 251 des Vertrags, aufgrund des vom Vermittlungsausschuss am 25. Juni 2007 gebilligten gemeinsamen Entwurfs (Stellungnahme des Europäischen Parlaments vom 6. Juli 2005 (ABl. C 157 E vom 6. 7. 2006, S. 371), Gemeinsamer Standpunkt des Rates vom 25. September 2006 (ABl. C 289 E vom 28. 11. 2006, S. 68) und Standpunkt des Europäischen Parlaments vom 18. Januar 2007 (noch nicht im Amtsblatt veröffentlicht, Legislative Entschließung des Europäischen Parlaments vom 10. Juli 2007 und Beschluss des Rates vom 28. Juni 2007),
in Erwägung nachstehender Gründe:

(1) Die Gemeinschaft hat sich zum Ziel gesetzt, einen Raum der Freiheit, der Sicherheit und des Rechts zu erhalten und weiterzuentwickeln. Zur schrittweisen Schaffung eines solchen Raums muss die Gemeinschaft im Bereich der justiziellen Zusammenarbeit in Zivilsachen, die einen grenzüberschreitenden Bezug aufweisen, Maßnahmen erlassen, soweit sie für das reibungslose Funktionieren des Binnenmarkts erforderlich sind.

(2) Nach Artikel 65 Buchstabe b des Vertrags schließen diese Maßnahmen auch solche ein, die die Vereinbarkeit der in den Mitgliedstaaten geltenden Kollisionsnormen und Vorschriften zur Vermeidung von Kompetenzkonflikten fördern.

(3) Auf seiner Tagung vom 15. und 16. Oktober 1999 in Tampere hat der Europäische Rat den Grundsatz der gegenseitigen Anerkennung von Urteilen und anderen Entscheidungen von Justizbehörden als Eckstein der justiziellen Zusammenarbeit in Zivilsachen unterstützt und den Rat und die Kommission ersucht, ein Maßnahmenprogramm zur Umsetzung dieses Grundsatzes anzunehmen.

(4) Der Rat hat am 30. November 2000 ein gemeinsames Maßnahmenprogramm der Kommission und des Rates zur Umsetzung des Grundsatzes der gegenseitigen Anerkennung gerichtlicher Entscheidungen in Zivil- und Handelssachen (ABl. C 12 vom 15. 1. 2001, S. 1) angenommen. Nach dem Programm können Maßnahmen zur Harmonisierung der Kollisionsnormen dazu beitragen, die gegenseitige Anerkennung gerichtlicher Entscheidungen zu vereinfachen.

(5) In dem vom Europäischen Rat am 5. November 2004 angenommenen Haager Programm (ABl. C 53 vom 3. 3. 2005, S. 1) wurde dazu aufgerufen, die Beratungen über die Regelung der Kollisionsnormen für außervertragliche Schuldverhältnisse („Rom II") energisch voranzutreiben.

(6) Um den Ausgang von Rechtsstreitigkeiten vorhersehbarer zu machen und die Sicherheit in Bezug auf das anzuwendende Recht sowie den freien Verkehr gerichtlicher Entscheidungen zu fördern, müssen die in den Mitgliedstaaten geltenden Kollisionsnormen im Interesse eines reibungslos funktionierenden Binnenmarkts unabhängig von dem Staat, in dem sich das Gericht befindet, bei dem der Anspruch geltend gemacht wird, dieselben Verweisungen zur Bestimmung des anzuwendenden Rechts vorsehen.

(7) Der materielle Anwendungsbereich und die Bestimmungen dieser Verordnung sollten mit der Verordnung (EG) Nr. 44/2001 des Rates vom 22. Dezember 2000 über die gerichtliche Zuständigkeit und die Anerkennung und Vollstreckung von Entscheidungen in Zivil- und Handelssachen (ABl. L 12 vom 16. 1. 2001, S. 1. Zuletzt geändert durch die Verordnung (EG) Nr. 1791/2006 (ABl. L 363 vom 20. 12. 2006, S. 1) (Brüssel I) und den Instrumenten, die das auf vertragliche Schuldverhältnisse anzuwendende Recht zum Gegenstand haben, in Einklang stehen.

(8) Diese Verordnung ist unabhängig von der Art des angerufenen Gerichts anwendbar.

(9) Forderungen aufgrund von „acta iure imperii" sollten sich auch auf Forderungen gegen im Namen des Staates handelnde Bedienstete und auf die Haftung für Handlungen öffentlicher Stellen erstrecken, einschließlich der Haftung amtlich ernannter öffentlicher Bediensteter. Sie sollten daher vom Anwendungsbereich dieser Verordnung ausgenommen werden.

(10) Familienverhältnisse sollten die Verwandtschaft in gerader Linie, die Ehe, die Schwägerschaft und die Verwandtschaft in der Seitenlinie umfassen. Die Bezugnahme in Artikel 1 Absatz 2 auf Verhältnisse, die mit der Ehe oder anderen Familienverhältnissen vergleichbare Wirkungen entfalten, sollte nach dem Recht des Mitgliedstaats, in dem sich das angerufene Gericht befindet, ausgelegt werden.

(11) Der Begriff des außervertraglichen Schuldverhältnisses ist von Mitgliedstaat zu Mitgliedstaat verschieden definiert. Im Sinne dieser Verordnung sollte der Begriff des außervertraglichen Schuldverhältnisses daher als autonomer Begriff verstanden werden. Die in dieser Verordnung enthaltenen Regeln des Kollisionsrechts sollten auch für außervertragliche Schuldverhältnisse aus Gefährdungshaftung gelten.

(12) Das anzuwendende Recht sollte auch für die Frage gelten, wer für eine unerlaubte Handlung haftbar gemacht werden kann.

(13) Wettbewerbsverzerrungen im Verhältnis zwischen Wettbewerbern aus der Gemeinschaft sind vermeidbar, wenn einheitliche Bestimmungen unabhängig von dem durch sie bezeichneten Recht angewandt werden.

(14) Das Erfordernis der Rechtssicherheit und die Notwendigkeit, in jedem Einzelfall Recht zu sprechen, sind wesentliche Anforderungen an einen Rechtsraum. Diese Verordnung bestimmt die Anknüpfungskriterien, die zur Erreichung dieser Ziele am besten geeignet sind. Deshalb sieht diese Verordnung neben einer allgemeinen Regel Sonderregeln und, in bestimmten Fällen, eine „Ausweichklausel" vor, die ein Abweichen von diesen Regeln erlaubt, wenn sich aus der Gesamtheit der Umstände ergibt, dass die unerlaubte Handlung eine offensichtlich engere Verbindung mit einem anderen Staat aufweist. Diese Gesamtregelung schafft einen flexiblen Rahmen kollisionsrechtlicher Regelungen. Sie ermöglicht es dem angerufenen Gericht gleichfalls, Einzelfälle in einer angemessenen Weise zu behandeln.

(15) Zwar wird in nahezu allen Mitgliedstaaten bei außervertraglichen Schuldverhältnissen grundsätzlich von der lex loci delicti commissi ausgegangen, doch wird dieser Grundsatz in der Praxis unterschiedlich angewandt, wenn sich Sachverhaltselemente des Falles über mehrere Staaten erstrecken. Dies führt zu Unsicherheit in Bezug auf das anzuwendende Recht.

(16) Einheitliche Bestimmungen sollten die Vorhersehbarkeit gerichtlicher Entscheidungen verbessern und einen angemessenen Interessenausgleich zwischen Personen, deren Haftung geltend gemacht wird, und Geschädigten gewährleisten. Die Anknüpfung an den Staat,

in dem der Schaden selbst eingetreten ist (lex loci damni), schafft einen gerechten Ausgleich zwischen den Interessen der Person, deren Haftung geltend gemacht wird, und der Person, die geschädigt wurde, und entspricht der modernen Konzeption der zivilrechtlichen Haftung und der Entwicklung der Gefährdungshaftung.

(17) Das anzuwendende Recht sollte das Recht des Staates sein, in dem der Schaden eintritt, und zwar unabhängig von dem Staat oder den Staaten, in dem bzw. denen die indirekten Folgen auftreten könnten. Daher sollte auch bei Personen- oder Sachschäden als Staat, in dem der Schaden eintritt, der Staat gelten, in dem der Personen- oder Sachschaden tatsächlich eingetreten ist.

(18) Als allgemeine Regel in dieser Verordnung sollte die „lex loci damni" nach Artikel 4 Absatz 1 gelten. Artikel 4 Absatz 2 sollte als Ausnahme von dieser allgemeinen Regel verstanden werden; durch diese Ausnahme wird eine besondere Anknüpfung für Fälle geschaffen, in denen die Parteien ihren gewöhnlichen Aufenthalt in demselben Staat haben. Artikel 4 Absatz 3 sollte als „Ausweichklausel" zu Artikel 4 Absätze 1 und 2 betrachtet werden, wenn sich aus der Gesamtheit der Umstände ergibt, dass die unerlaubte Handlung eine offensichtlich engere Verbindung mit einem anderen Staat aufweist.

(19) Für besondere unerlaubte Handlungen, bei denen die allgemeine Kollisionsnorm nicht zu einem angemessenen Interessenausgleich führt, sollten besondere Bestimmungen vorgesehen werden.

(20) Die Kollisionsnorm für die Produkthaftung sollte für eine gerechte Verteilung der Risiken einer modernen, hochtechnisierten Gesellschaft sorgen, die Gesundheit der Verbraucher schützen, Innovationsanreize geben, einen unverfälschten Wettbewerb gewährleisten und den Handel erleichtern. Die Schaffung einer Anknüpfungsleiter stellt, zusammen mit einer Vorhersehbarkeitsklausel, im Hinblick auf diese Ziele eine ausgewogene Lösung dar. Als erstes Element ist das Recht des Staates zu berücksichtigen, in dem die geschädigte Person beim Eintritt des Schadens ihren gewöhnlichen Aufenthalt hatte, sofern das Produkt in diesem Staat in den Verkehr gebracht wurde. Die weiteren Elemente der Anknüpfungsleiter kommen zur Anwendung, wenn das Produkt nicht in diesem Staat in Verkehr gebracht wurde, unbeschadet von Artikel 4 Absatz 2 und der Möglichkeit einer offensichtlich engeren Verbindung mit einem anderen Staat.

(21) Die Sonderregel nach Artikel 6 stellt keine Ausnahme von der allgemeinen Regel nach Artikel 4 Absatz 1 dar, sondern vielmehr eine Präzisierung derselben. Im Bereich des unlauteren Wettbewerbs sollte die Kollisionsnorm die Wettbewerber, die Verbraucher und die Öffentlichkeit schützen und das reibungslose Funktionieren der Marktwirtschaft sicherstellen. Durch eine Anknüpfung an das Recht des Staates, in dessen Gebiet die Wettbewerbsbeziehungen oder die kollektiven Interessen der Verbraucher beeinträchtigt worden sind oder beeinträchtigt zu werden drohen, können diese Ziele im Allgemeinen erreicht werden.

(22) Außervertragliche Schuldverhältnisse, die aus einem den Wettbewerb einschränkenden Verhalten nach Artikel 6 Absatz 3 entstanden sind, sollten sich auf Verstöße sowohl gegen nationale als auch gegen gemeinschaftliche Wettbewerbsvorschriften erstrecken. Auf solche außervertraglichen Schuldverhältnisse sollte das Recht des Staates anzuwenden sein, in dessen Gebiet sich die Einschränkung auswirkt oder auszuwirken droht. Wird der Markt in mehr als einem Staat beeinträchtigt oder wahrscheinlich beeinträchtigt, so sollte der Geschädigte seinen Anspruch unter bestimmten Umständen auf das Recht des Mitgliedstaats des angerufenen Gerichts stützen können.

(23) Für die Zwecke dieser Verordnung sollte der Begriff der Einschränkung des Wettbewerbs Verbote von Vereinbarungen zwischen Unternehmen, Beschlüssen von Unternehmensvereinigungen und abgestimmten Verhaltensweisen, die eine Verhinderung, Einschränkung oder Verfälschung des Wettbewerbs in einem Mitgliedstaat oder innerhalb des Binnenmarktes bezwecken oder bewirken, sowie das Verbot der missbräuchlichen Ausnutzung einer beherrschenden Stellung in einem Mitgliedstaat oder innerhalb des Binnenmarktes erfassen, sofern solche Vereinbarungen, Beschlüsse, abgestimmte Verhaltensweisen oder Missbräuche nach den Artikeln 81 und 82 des Vertrags oder dem Recht eines Mitgliedstaats verboten sind.

(24) „Umweltschaden" sollte eine nachteilige Veränderung einer natürlichen Ressource, wie Wasser, Boden oder Luft, eine Beeinträchtigung einer Funktion, die eine natürliche Ressource zum Nutzen einer anderen natürlichen Ressource oder der Öffentlichkeit erfüllt, oder eine Beeinträchtigung der Variabilität unter lebenden Organismen umfassen.

(25) Im Falle von Umweltschäden rechtfertigt Artikel 174 des Vertrags, wonach ein hohes Schutzniveau erreicht werden sollte, und der auf den Grundsätzen der Vorsorge und Vorbeugung, auf dem Grundsatz, Umweltbeeinträchtigungen vorrangig an ihrem Ursprung zu bekämpfen, sowie auf dem Verursacherprinzip beruht, in vollem Umfang die Anwendung des Grundsatzes der Begünstigung des Geschädigten. Die Frage, wann der Geschädigte die Wahl des anzuwendenden Rechts zu treffen hat, sollte nach dem Recht des Mitgliedstaats des angerufenen Gerichts entschieden werden.

(26) Bei einer Verletzung von Rechten des geistigen Eigentums gilt es, den allgemein anerkannten Grundsatz der lex loci protectionis zu wahren. Im Sinne dieser Verordnung sollte der Ausdruck „Rechte des geistigen Eigentums" dahin interpretiert werden, dass er beispielsweise Urheberrechte, verwandte Schutzrechte, das Schutzrecht sui generis für Datenbanken und gewerbliche Schutzrechte umfasst.

(27) Die exakte Definition des Begriffs „Arbeitskampfmaßnahmen", beispielsweise Streikaktionen oder Aussperrung, ist von Mitgliedstaat zu Mitgliedstaat verschieden und unterliegt den innerstaatlichen Vorschriften der einzelnen Mitgliedstaaten. Daher wird in dieser Verordnung grundsätzlich davon ausgegangen, dass das Recht des Staates anzuwenden ist, in dem die Arbeitskampfmaßnahmen ergriffen wurden, mit dem Ziel, die Rechte und Pflichten der Arbeitnehmer und der Arbeitgeber zu schützen.

(28) Die Sonderbestimmung für Arbeitskampfmaßnahmen nach Artikel 9 lässt die Bedingungen für die Durchführung solcher Maßnahmen nach nationalem Recht und die im Recht der Mitgliedstaaten vorgesehene Rechtsstellung der Gewerkschaften oder der repräsentativen Arbeitnehmerorganisationen unberührt.

(29) Für Schäden, die aufgrund einer anderen Handlung als aus unerlaubter Handlung, wie ungerechtfertigter Bereicherung, Geschäftsführung ohne Auftrag oder Verschulden bei Vertragsverhandlungen, entstanden sind, sollten Sonderbestimmungen vorgesehen werden.

(30) Der Begriff des Verschuldens bei Vertragsverhandlungen ist für die Zwecke dieser Verordnung als autonomer Begriff zu verstehen und sollte daher nicht zwangsläufig im Sinne des nationalen Rechts ausgelegt werden. Er sollte die Verletzung der Offenlegungspflicht und den Abbruch von Vertragsverhandlungen einschließen. Artikel 12 gilt nur für außervertragliche Schuldverhältnisse, die in unmittelbarem Zusammenhang mit den Verhandlungen vor Abschluss eines Vertrags stehen. So sollten in den Fällen, in denen einer Person während der Vertragsverhandlungen ein Personenschaden zugefügt wird, Artikel 4 oder andere einschlägige Bestimmungen dieser Verordnung zur Anwendung gelangen.

(31) Um den Grundsatz der Parteiautonomie zu achten und die Rechtssicherheit zu verbessern, sollten die Parteien das auf ein außervertragliches Schuldverhältnis anzuwendende Recht wählen können. Die Rechtswahl sollte ausdrücklich erfolgen oder sich mit hinreichender Sicherheit aus den Umständen des Falles ergeben. Bei der Prüfung, ob eine solche Rechtswahl vorliegt, hat das Gericht den Willen der Parteien zu achten. Die Möglichkeit der Rechtswahl sollte zum Schutz der schwächeren Partei mit bestimmten Bedingungen versehen werden.

(32) Gründe des öffentlichen Interesses rechtfertigen es, dass die Gerichte der Mitgliedstaaten unter außergewöhnlichen Umständen die Vorbehaltsklausel (ordre public) und Eingriffsnormen anwenden können. Insbesondere kann die Anwendung einer Norm nach dieser Verordnung bezeichneten Rechts, die zur Folge haben würde, dass ein unangemessener, über den Ausgleich des entstandenen Schadens hinausgehender Schadensersatz mit abschreckender Wirkung oder Strafschadensersatz zugesprochen werden könnte, je nach der Rechtsordnung des Mitgliedstaats des angerufenen Gerichts als mit der öffentlichen Ordnung („ordre public") dieses Staates unvereinbar angesehen werden.

(33) Gemäß den geltenden nationalen Bestimmungen über den Schadensersatz für Opfer von Straßenverkehrsunfällen sollte das befasste Gericht bei der Schadensberechnung für Personenschäden in Fällen, in denen sich der Unfall in einem anderem Staat als dem des gewöhnlichen Aufenthalts des Opfers ereignet, alle relevanten tatsächlichen Umstände des jeweiligen Opfers berücksichtigen, insbesondere einschließlich tatsächlicher Verluste und Kosten für Nachsorge und medizinische Versorgung.

(34) Zur Wahrung eines angemessenen Interessenausgleichs zwischen den Parteien müssen, soweit dies angemessen ist, die Sicherheits- und Verhaltensregeln des Staates, in dem die schädigende Handlung begangen wurde, selbst dann beachtet werden, wenn auf das außervertragliche Schuldverhältnis das Recht eines anderen Staates anzuwenden ist. Der Begriff „Sicherheits- und Verhaltensregeln" ist in dem Sinne auszulegen, dass er sich auf alle Vorschriften bezieht, die in Zusammenhang mit Sicherheit und Verhalten stehen, einschließlich beispielsweise der Straßenverkehrssicherheit im Falle eines Unfalls.

(35) Die Aufteilung der Kollisionsnormen auf zahlreiche Rechtsakte sowie Unterschiede zwischen diesen Normen sollten vermieden werden. Diese Verordnung schließt jedoch die Möglichkeit der Aufnahme von Kollisionsnormen für außervertragliche Schuldverhältnisse in Vorschriften des Gemeinschaftsrechts in Bezug auf besondere Gegenstände nicht aus.

Diese Verordnung sollte die Anwendung anderer Rechtsakte nicht ausschließen, die Bestimmungen enthalten, die zum reibungslosen Funktionieren des Binnenmarkts beitragen sollen, soweit sie nicht in Verbindung mit dem Recht angewendet werden können, auf das die Regeln dieser Verordnung verweisen. Die Anwendung der Vorschriften im anzuwendenden Recht, die durch die Bestimmungen dieser Verordnung berufen wurden, sollte nicht die Freiheit des Waren- und Dienstleistungsverkehrs, wie sie in den Rechtsinstrumenten der Gemeinschaft wie der Richtlinie 2000/31/EG des Europäischen Parlaments und des Rates vom 8. Juni 2000 über bestimmte rechtliche Aspekte der Dienste der Informationsgesellschaft, insbesondere des elektronischen Geschäftsverkehrs, im Binnenmarkt („Richtlinie über den elektronischen Geschäftsverkehr") (ABl. L 178 vom 17. 7. 2000, S. 1) ausgestaltet ist, beschränken.

(36) Um die internationalen Verpflichtungen, die die Mitgliedstaaten eingegangen sind, zu wahren, darf sich die Verordnung nicht auf internationale Übereinkommen auswirken, denen ein oder mehrere Mitgliedstaaten zum Zeitpunkt der Annahme dieser Verordnung angehören. Um den Zugang zu den Rechtsakten zu erleichtern, sollte die Kommission anhand der Angaben der Mitgliedstaaten ein Verzeichnis der betreffenden Übereinkommen im Amtsblatt der Europäischen Union veröffentlichen.

(37) Die Kommission wird dem Europäischen Parlament und dem Rat einen Vorschlag unterbreiten, nach welchem Verfahren und unter welchen Bedingungen die Mitgliedstaaten in Einzel- und Ausnahmefällen in eigenem Namen Übereinkünfte mit Drittländern über sektorspezifische Fragen aushandeln und abschließen dürfen, die Bestimmungen über das auf außervertragliche Schuldverhältnisse anzuwendende Recht enthalten.

(38) Da das Ziel dieser Verordnung auf Ebene der Mitgliedstaaten nicht ausreichend verwirklicht werden kann und daher wegen des Umfangs und der Wirkungen der Verordnung besser auf Gemeinschaftsebene zu verwirklichen ist, kann die Gemeinschaft im Einklang mit dem Artikel 5 des Vertrags niedergelegten Subsidiaritätsprinzip tätig werden. Entsprechend dem ebenfalls in diesem Artikel festgelegten Grundsatz der Verhältnismäßigkeit geht diese Verordnung nicht über das für die Erreichung dieses Ziels erforderliche Maß hinaus.

(39) Gemäß Artikel 3 des Protokolls über die Position des Vereinigten Königreichs und Irlands im Anhang zum Vertrag über die Europäische Union und im Anhang zum Vertrag zur Gründung der Europäischen Gemeinschaft beteiligen sich das Vereinigte Königreich und Irland an der Annahme und Anwendung dieser Verordnung.

(40) Gemäß den Artikeln 1 und 2 des dem Vertrag über die Europäische Union und dem Vertrag zur Gründung der Europäischen Gemeinschaft beigefügten Protokolls über die Position Dänemarks beteiligt sich Dänemark nicht an der Annahme dieser Verordnung, die für Dänemark nicht bindend oder anwendbar ist –

HABEN FOLGENDE VERORDNUNG ERLASSEN:

Kommentierung der Erwägungsgründe und Vorbemerkungen. 1. Entstehung. Die Verordnung über das auf außervertragliche Schuldverhältnisse anzuwendende Recht („Rom II")[31] vereinheitlicht erstmals in Wesentlichen das Internationale Privatrecht der außervertraglichen Schuldverhältnisse auf europäischer Ebene. Die Vorläuferfassung der bis zum Schluss in ihren Einzelheiten umstrittenen „Rom II-Verordnung" war der **Vorschlag für eine Verordnung des Europäischen Parlaments und des Rates über das auf außervertragliche Schuldverhältnisse anzuwendende Recht („Rom II")** vom 21. 2. 2006[32]; eine im Dezember 2006 geplante Abstimmung im Europäischen Parlament hatte auf Grund der anhaltenden Diskussionen nicht stattgefunden[33]. Die **Geschichte von „Rom II"** geht zurück bis zum Jahre 1972. Damals enthielt der Vorentwurf eines EWG-Übereinkommens über das auf vertragliche und außervertragliche Schuldverhältnisse anwendbare Recht, aus dem später das heute geltende europäische (freilich nicht zum Europarecht ieS gehörende) Vertragsrecht hervorgegangen ist, auch Kollisionsnormen für das Deliktsrecht, die jedoch auf Wunsch Großbritanniens und Irlands wieder eliminiert wurden[34].

2. Zweck. Die VO verfolgt zunächst nach Erwägungsgrund Nr 1 den Zweck, im Hinblick auf das reibungslose Funktionieren des Binnenmarktes zur schrittweisen Schaffung eines Raumes der Freiheit, der Sicherheit und des Rechts in Zivilsachen mit grenzüberschreitendem Bezug beizutragen. Insbes um den Ausgang von Rechtsstreitigkeiten vorhersehbarer zu machen (Erwägungsgrund Nr 6), sollten auch die Regeln des Internationalen Privatrechts für außervertragliche Schuldverhältnisse vereinheitlicht werden. Trotz der Erfordernisse der Rechtssicherheit arbeitet der Entwurf mit sog Ausweichklauseln, die der Gesamtregelung die notwendige Flexibilität erhalten sollen (Erwägungsgrund Nr 14).

3. Verhältnis zur EuGVVO. Die besonders enge Verbindung zwischen internationalem Privat- und internationalem Prozessrecht ist auch bei der Formulierung von „Rom II" gesehen worden (Erwägungsgründe Nr 2 und 7)[35]. Ungeachtet dessen bleibt die Frage, ob die VO diesem Anspruch in

---

[31] Erste Darstellung bei *Leible/Lehmann* RIW 2007, 721.
[32] KOM (2006) 83 endg.
[33] Zu den früheren Vorschlägen bzw Entwürfen vgl *Jayme* IPRax 1998, 141; *ders* IPRax 1999, 298; Text in IPRax 1999, 286; *Kreuzer* RabelsZ 65 (2001), 383, 399 f; *R. Wagner* EuZW 1999, 709 f; *Staudinger/v. Hoffmann* Rn 10–20; Text der Fassung Kom (2003) 427 endg in IPRax 2005, 174; dazu *Benecke* RIW 2005, 830; *Busse* RIW 2003, 606 zum Bereicherungsrecht; *Fuchs* GPR 2004, 100; *v. Hein* ZVglRWiss 102 (2003), 528; *ders* VersR 2007, 440; *Spickhoff* in: *Leible* (Hrsg), Die Bedeutung des IPR im Zeitalter der neuen Medien, 2003, S 89; *Huber/Bach* IPRax 2005, 73; *Kadner Graziano* VersR 2004, 1205; *Leible/Engel* EuZW 2004, 7; *Schmittmann* AfP 2003, 121; *Siems* RIW 2004, 662; *Koziol/Thiede* ZVglRWiss 106 (2007), 235; MünchKommBGB/*Junker* Anh Art 42 EGBGB; s dazu ferner den Entwurf eines Berichts des Europäischen Parlaments von *D. Wallis* vom 15. 3. 2004; *G. Wagner* IPRax 2006, 372.
[34] Art 10 bis 12, 14, RabelsZ 38 (1974), 211; *Staudinger/v. Hoffmann/Fuchs* Vor Art 38 ff Rn 1.
[35] Dazu auch MünchKommBGB/*Junker* Art 42 EGBGB Anh Rn 3.

allen Beziehungen gerecht geworden ist. Jedenfalls ist für die jeweils vom Internationalen Privatrecht der außervertraglichen Schuldverhältnisse, insbes vom Internationalen Deliktsrecht betroffenen Sachbereiche das **Verhältnis zur EuGVVO** in Rechnung zu stellen.

12 **4. Auslegungsgrundsätze.** Die **Auslegung** der VO hat den allgemein für sekundäres Gemeinschaftsrecht geltenden Grundsätzen zu folgen. Es gelten also – wenn auch mit anderem rechtsquellentheoretischen Hintergrund – die zu Art 36 EGBGB dargelegten Auslegungsgrundsätze. Innerhalb der VO ist es freilich so gut wie selbstverständlich, dass eine gemeinschaftsrechtlich-autonome Auslegung zu erfolgen hat, nicht zuletzt auch in Bezug auf die Frage der Qualifikation[36]. Im Übrigen gelten die auch aus der deutschen Auslegungslehre bekannten Kriterien. Es sind dies der Wortlaut bzw die **grammatikalische Auslegung**, die **historische Auslegung** bzw der Blick auf die Entstehungsgeschichte, die **systematische Auslegung** (hierbei ist das System von „Rom II", daneben aber auch die EuGVVO zu beachten) sowie schließlich der Rückgriff auf den **Zweck** (teleologische Auslegung); hierbei ist auf das Prinzip der größtmöglichen Wirksamkeit („effet utile") Rücksicht zu nehmen, wodurch die fortschreitende Integration innerhalb der EU gefördert werden soll[37].

13 **5. Überblick und System.** Im Überblick lässt sich der Vorschlag folgendermaßen skizzieren: Für das **Internationale Bereicherungsrecht** gilt (außerhalb der Rückabwicklung von Verträgen, s Art 32 EGBGB Rn 15) gemäß Art 10[38] die Leiter: (1.) Rechtswahl nach Art 14 (oft nur nachträglich zulässig), (2.) akzessorische Anknüpfung an ein bestehendes Rechtsverhältnis, Art 10 Abs 1, (3.) gemeinsamer gewöhnlicher Aufenthalt von Schuldner und Gläubiger bzw der „Parteien", Art 10 Abs 2, (4.) Bereicherungseintrittsort, Art 10 Abs 3; alle Anknüpfungen stehen unter dem Vorbehalt einer offensichtlich noch engeren Verbindung, Art 10 Abs 4. Für die **Geschäftsführung ohne Auftrag** gilt Ähnliches gemäß Art 11: (1.) Rechtswahl nach Art 14 (oft nur nachträglich zulässig), (2.) akzessorische Anknüpfung an ein bestehendes Rechtsverhältnis, Art 11 Abs 1, (3.) gemeinsamer gewöhnlicher Aufenthalt von Schuldner und Gläubiger bzw der „Parteien", Art 11 Abs 2, (4.) Ort, an dem die Geschäftsführung erfolgt ist, Art 11 Abs 3. Auch hier stehen alle Anknüpfungen unter dem Vorbehalt einer offensichtlich noch engeren Verbindung, Art 11 Abs 4.

14 Auch das **Deliktskollisionsrecht** geht – ähnlich dem deutschen Recht, das, da relativ neu, hier und da Vorbildfunktion erhalten haben mag – von einer (wenngleich flexiblen) Anknüpfungsleiter aus. Art 14 sieht in Abs 1 den gegenüber allem anderen vorrangigen **Grundsatz der freien Rechtswahl** vor. Weniger eng als Art 42 EGBGB besteht diese Möglichkeit zum Teil auch bereits vor Eintritt des haftungsbegründenden Ereignisses, wenn alle Parteien einer kommerziellen Tätigkeit nachgehen. In Art 5 bis 9 finden sich **Sonderanknüpfungen,** nämlich für die Produkthaftung, unlautere bzw wettbewerbsbeschränkende Geschäftspraktiken, Umweltschäden, für Verletzungen der Rechte am geistigen Eigentum und Arbeitskämpfe. Ähnlich wie Art 41 Abs 2 Nr 1 EGBGB sieht auch Art 4 Abs 3 die Möglichkeit der vertragsakzessorischen Anknüpfung unter dem Aspekt einer **wesentlich engeren Verbindung** im Verhältnis zum gemeinsamen gewöhnlichen Aufenthalt des Abs 2 und der Tatortregel des Abs 1 vor. Ebenso wie Art 40 Abs 2 EGBGB knüpft Art 4 Abs 2 (für Gesellschaften und unternehmerische bzw berufliche Tätigkeiten s Art 23) an einen **gemeinsamen gewöhnlichen Aufenthalt von Schädiger und Geschädigtem** (die englische Fassung spricht von „habitual residence") zum Zeitpunkt der Begehung der unerlaubten Handlung bzw an eine entsprechende Hauptverwaltung oder Niederlassung an. Auch diese Anknüpfung kann wie bemerkt von einer Rechtswahl und einer vertragsakzessorischen Anknüpfung verdrängt werden. Zwar als Grundsatz an der Spitze der Anknüpfung, normenhierarchisch aber in Wirklichkeit eher an letzter Stelle stehend, weil alle anderen Anknüpfungen die **Tatortregel** verdrängen können, stellt auch Art 4 Abs 1 (insoweit in Übereinstimmung mit Art 40 Abs 1 EGBGB) auf den Tatort ab. Dieser wird freilich anders als in Art 40 Abs 1 EGBGB und Art 5 Nr 3 EuGVVO konkretisiert. Unabhängig davon, in welchem Stadium das „schadensbegründende Ereignis", wozu auch der Handlungsort gehört, erfolgt, und in welchem Staat oder in welchen Staaten die „indirekten Schadensfolgen" festzustellen sind, soll das Recht des Staates gelten, „in dem der Schaden eintritt". Damit ist das **Recht am Ort des Erfolgseintritts** gemeint[39]. Man merkt bei der Anknüpfung an den Schadenseintrittsort deutlich den Einfluss der europäischen Nachbarländer mit deliktsrechtlicher Generalklausel, die anstelle des Verletzungserfolges das Erfordernis eines direkten, ersten Schadens stellen.

15 Die folgenden Anmerkungen dienen der **ersten Orientierung** für das künftig (ab dem 11. 1. 2009, Art 32) geltende Europäische Internationale Privatrecht der außervertraglichen Schuldverhältnisse.

Kapitel I. Anwendungsbereich

Art 1 Anwendungsbereich

(1) Diese Verordnung gilt für außervertragliche Schuldverhältnisse in Zivil- und Handelssachen, die eine Verbindung zum Recht verschiedener Staaten aufweisen. Sie gilt insbeson-

---

[36] MünchKommBGB/*Junker* Art 42 EGBGB Anh Rn 7.
[37] S auch MünchKommBGB/*Junker* Art 42 EGBGB Anh Rn 8.
[38] G. *Wagner* IPRax 2008, 1, 4, 7, 10 ff. Zu einem Vorläuferentwurf s auch *Busse* RIW 2003, 406.
[39] S bereits *v. Hein* VersR 2007, 440, 443; *Huber/Bach* IPRax 2005, 73, 76; *Sonnentag* ZVglRWiss 105 (2006), 256, 266 f; G. *Wagner* IPRax 2006, 372, 376 f.

dere nicht für Steuer- und Zollsachen, verwaltungsrechtliche Angelegenheiten oder die Haftung des Staates für Handlungen oder Unterlassungen im Rahmen der Ausübung hoheitlicher Rechte („acta iure imperii").

(2) Vom Anwendungsbereich dieser Verordnung ausgenommen sind
a) außervertragliche Schuldverhältnisse aus einem Familienverhältnis oder aus Verhältnissen, die nach dem auf diese Verhältnisse anzuwendenden Recht vergleichbare Wirkungen entfalten, einschließlich der Unterhaltspflichten;
b) außervertragliche Schuldverhältnisse aus ehelichen Güterständen, aus Güterständen aufgrund von Verhältnissen, die nach dem auf diese Verhältnisse anzuwendenden Recht mit der Ehe vergleichbare Wirkungen entfalten, und aus Testamenten und Erbrecht;
c) außervertragliche Schuldverhältnisse aus Wechseln, Schecks, Eigenwechseln und anderen handelbaren Wertpapieren, sofern die Verpflichtungen aus diesen anderen Wertpapieren aus deren Handelbarkeit entstehen;
d) außervertragliche Schuldverhältnisse, die sich aus dem Gesellschaftsrecht, dem Vereinsrecht und dem Recht der juristischen Personen ergeben, wie die Errichtung durch Eintragung oder auf andere Weise, die Rechts- und Handlungsfähigkeit, die innere Verfassung und die Auflösung von Gesellschaften, Vereinen und juristischen Personen, die persönliche Haftung der Gesellschafter und der Organe für die Verbindlichkeiten einer Gesellschaft, eines Vereins oder einer juristischen Person sowie die persönliche Haftung der Rechnungsprüfer gegenüber einer Gesellschaft oder ihren Gesellschaftern bei der Pflichtprüfung der Rechnungslegungsunterlagen;
e) außervertragliche Schuldverhältnisse aus den Beziehungen zwischen den Verfügenden, den Treuhändern und den Begünstigten eines durch Rechtsgeschäft errichteten „Trusts";
f) außervertragliche Schuldverhältnisse, die sich aus Schäden durch Kernenergie ergeben;
g) außervertragliche Schuldverhältnisse aus der Verletzung der Privatsphäre oder der Persönlichkeitsrechte, einschließlich der Verleumdung.

(3) Diese Verordnung gilt unbeschadet der Artikel 21 und 22 nicht für den Beweis und das Verfahren.

(4) Im Sinne dieser Verordnung bezeichnet der Begriff „Mitgliedstaat" jeden Mitgliedstaat mit Ausnahme Dänemarks.

1. Zweck. Art 1 verfolgt von seinem **Zweck** her zunächst einen gewissen **Gleichlauf mit dem Anwendungsbereich der EuGVVO.** Demgemäß wird in Abs 1 bestimmt, dass die Rom II-VO nur für außervertragliche Schuldverhältnisse „in Zivil- und Handelssachen" gilt. Die Anknüpfung an Zivil- und Handelssachen findet sich ebenso in Art 1 Abs 1 EuGVVO und ist in dessen Sinne (also im Wege einer europäisch-autonomen Qualifikation) zu verstehen. Nicht anders als in Art 1 Abs 1 EuGVVO werden in Abs 1 S 2 Steuer- und Zollsachen, darüber hinaus auch verwaltungsrechtliche Angelegenheiten oder die Haftung des Staates bei der Ausübung hoheitlicher Rechte ausgenommen. Damit soll insbes **Erwägungsgrund Nr 7** verfolgt werden. Der gesamte Bereich des öffentlichen Rechts ist also vom Anwendungsbereich von Rom II ausgenommen. Das gilt insbes auch im Hinblick auf das Internationale Amtshaftungsrecht (Art 40 EGBGB Rn 9), solange das Verhalten nicht privatrechtlich zu qualifizieren ist[40]. 16

2. Verbindung zum Recht verschiedener Staaten. Wann eine Verbindung zum Recht verschiedener Staaten vorliegt, ist nicht etwa gewissermaßen „freihändig" zu entscheiden. Ebenso wie im Rahmen von Art 3 EGBGB (dort Rn 2) gilt auch für die Rom II-VO, dass sich die vorhandene oder fehlende Relevanz einer Verbindung zum Recht verschiedener Staaten allein aus der Subsumtion unter die betreffenden Kollisionsnormen ergibt. 17

3. Ausnahmen (Abs 2). Abs 2 enthält einen **Negativkatalog von Ausnahmen vom sachlichen Anwendungsbereich,** die von der Rom II-VO nicht erfasst werden sollen. **Positiv** wird der sachliche Anwendungsbereich in **Art 2** definiert. Wesentlich ist, dass außervertragliche, also nichtvertragliche Schuldverhältnisse von der VO erfasst werden. Vertragliche Schuldverhältnisse unterstehen demgegenüber den Regeln des EVÜ (zur Zeit im Wesentlichen Art 27 ff EGBGB, die in eine Rom I-VO übergehen sollen; dazu Art 37 EGBGB Rn 15 ff). Man wird dazu auf die Abgrenzung zurückgreifen können, wie sie der EuGH zu Art 5 Nr 1 und 3 EuGVVO vorgenommen hat. Es handelt sich im Wesentlichen um freiwillige Verpflichtungen einer Partei gegenüber einer anderen[41]. Freilich wird man darüber hinaus auch solche Verträge als vom EVÜ erfasst und als von der Rom II-VO nicht erfasst anzusehen haben, die in Folge eines Kontrahierungszwangs zustande gekommen sind. Erfasst sind vom Ausschlusstatbestand der „außer"-vertraglichen Schuldverhältnisse des Art 1 Abs 1 Rom II-VO (und demgemäß vom EVÜ) iÜ auch einseitige rechtsgeschäftliche Verpflichtungen[42] sowie vertragliche Sekundäransprüche[43], etwa aus § 280 Abs 1 BGB. Auch die Rückabwicklung nichtiger Verträge unterliegt dem Vertragsstatut (Art 32 Abs 1 Nr 5 EGBGB = Art 10 Abs 1 lit e EVÜ; s Art 32 EGBGB 18

---

[40] G. *Wagner* IPRax 2008, 1, 2; *Leible/Lehmann* RIW 2007, 721, 722.
[41] S etwa EuGH IPRax 1984, 85 m Anm *Schlosser* 65; NJW 1989, 1424; IPRax 2000, 210 m Anm *Koch* 186; NJW 2002, 3259.
[42] MünchKommBGB/*Junker* Art 42 EGBGB Anh Rn 12.
[43] EuGH NJW 1989, 1424.

Rn 15). In Übereinstimmung mit der Rspr des EuGH wird in Art 2 Abs 1 das Verschulden bei Vertragsverhandlungen (culpa in contrahendo) als unerlaubte Handlung angesehen. Indes ist dieser Begriff nicht ohne weiteres iS derjenigen Gegenstände auszulegen, die nach deutschem Verständnis als Fallgruppe der culpa in contrahendo anzusehen ist. Vielmehr wird man auch innerhalb von Rom II funktional zu differenzieren haben (Art 32 EGBGB Rn 25)[44]. Auch Gewinnmitteilungen wird man noch als vertraglich qualifizieren können (Art 32 EGBGB Rn 29).

19   Ausgenommen sind nach **Abs 2 lit a** wegen des einstweilen fehlenden Gemeinschaftskollisionsrechts außervertragliche Schuldverhältnisse aus einem **Familienverhältnis** oder aus Verhältnissen, die nach dem auf diese Verhältnisse anzuwendenden Recht vergleichbare Wirkungen entfalten einschließlich der **Unterhaltspflichten** (für letzteres gilt Art 18 EGBGB bzw das Haager Unterhaltsübereinkommen 1973). Das Verlöbnis fällt ebenso wenig ohne weiteres unter Abs 2 lit a wie die nichteheliche Lebensgemeinschaft, wohl aber die (gleichgeschlechtliche) Lebenspartnerschaften oÄ. Das gilt auch in Bezug auf entsprechende **güterrechtliche Streitigkeiten (Abs 2 lit b)** sowie in Bezug auf **Schuldverhältnisse aus Testamenten** bzw aus **erbrechtlichen Fragestellungen**. Sehr wohl erfasst wäre aber etwa die (deliktische) Fälschung eines Testaments.

20   **Wertpapiere** werden im Hinblick auf die Genfer Abkommen zum Wechsel- und Scheckrecht aus dem Anwendungsbereich von Rom II ausgeklammert (Abs 2 lit c), nicht anders als es in Bezug auf das EVÜ steht (Art 37 S 1 Nr 1 EGBGB = Art 1 Abs 2 lit c EVÜ). Auch das **Internationale Gesellschaftsrecht** bzw die Gesellschafterhaftung im Innenverhältnis (wohl aber eine deliktische Außenhaftung gegenüber Gesellschaftsgläubigern[45], unterliegen nicht dem europäischen internationalen Deliktsrecht der Rom II-VO (Abs 2 lit d); auch hier liegt eine Parallelregelung zu Art 37 S 1 Nr 2 EGBGB (= Art 1 Abs 2 lit e EVÜ) vor. Der **Trust** (Abs 2 lit e) stellt ein besonderes, vielfältig, jedenfalls nicht einheitlich deliktsrechtlich zu qualifizierendes stiltypisches Rechtsinstitut des Common Law dar (Art 1 Abs 2 lit e).

21   Außervertragliche Schuldverhältnisse, die sich aus **Schäden durch Kernenergie** ergeben (Abs 2 lit f) sind in vielfacher Weise durch bestehende internationale Übereinkommen auf diesem Gebiet geregelt (Art 40 EGBGB Rn 62). Der Ausschlusstatbestand gilt unabhängig von der Anspruchsgrundlage, ist also nicht nur auf Gefährdungshaftungen oder objektive Haftungen bezogen. Das Umwelthaftungsrecht ist überdies zum Gegenstand einer EU-RL erhoben worden. In der **RL 2004/35/EG des Europäischen Parlaments und des Rates vom 21. 4. 2004 über Umwelthaftung zur Vermeidung und Sanierung von Umweltschäden**,[46] die im **EGU SchadG vom 10. 5. 2007** (in Kraft seit dem 14. 11. 2007 (BGBl I S 666) umgesetzt worden ist, werden indes nach Art 3 Abs 3 Schadensersatzansprüche von Privatpersonen – unbeschadet der einschlägigen nationalen Regelungen – wegen Umweltschäden oder der Gefahr solcher Schäden durch die RL nicht begründet. Dem entspricht Erwägungsgrund Nr 14 dieser RL, wonach „Personenschäden, Schäden an Privateigentum oder wirtschaftliche Verluste" von der RL nicht aufgegriffen werden. Auch Ansprüche im Zusammenhang mit diesen Schadensarten, also namentlich solche wie die nach dem UmweltHG, § 22 WHG oder §§ 823 ff BGB, bleiben davon unberührt. Ebenso unberührt bleiben Schadensersatzansprüche nach internationalen Übereinkommen, Erwägungsgrund Nr 11 der RL. Insgesamt handelt es sich um eine dem öffentlichen Recht zuzuordnende Materie, die in der RL aufgegriffen wird. Von der Rechtsnatur her liegt insoweit eine sog vertikale RL vor, die (auch) dem Staat gegenüber seinen Bürgern Pflichten auferlegt. Soweit die RL unbedingt und hinreichend genau formuliert ist, gilt sie nach Ablauf der Umsetzungsfrist am 30. 4. 2007 (Art 19 Abs 1 RL) ihrem Inhalt nach gegenüber dem Staat und begründet gegenüber ihm Pflichten, als wäre sie schon umgesetzt (sog staatsgerichtete unmittelbare Wirkung vertikaler Richtlinien); es kommt ggf also nicht nur eine Staatshaftung wegen Nichtumsetzung der RL in Betracht[47]. Daraus folgt, dass die RL in ihrer Umsetzung bzw – nach Ablauf der Umsetzungsfrist – auch schon vor ihrer Umsetzung in Bezug auf zureichend bestimmte Normbefehle an den Staat verbindlich werden und unter dem Aspekt der Staatshaftung (Art 34 GG, § 839 BGB) eine Haftung des Staates auslösen kann. Von der Rom II-VO ist sie nicht erfasst.

22   Ausgeschlossen sind – im Gegensatz zu den Vorentwürfen – sodann generell Ansprüche wegen der **Verletzung der Privatsphäre oder von Persönlichkeitsrechten** bis hin zur Verleumdung (Abs 2 lit g). Im Vorentwurf waren nur Pressedelikte vom Anwendungsbereich ausgenommen. Diese sachwidrige Begrenzung ist nun richtigerweise aufgegeben worden, wenngleich der Totalausschluss von Persönlichkeitsverletzungen aus der Rom II-VO nicht überzeugt[48]. Hintergrund für die Nichtregelung des Internationalen Privatrechts der Persönlichkeitsverletzungen in der Rom II-VO sind die nach wie vor nicht geringen Unterschiede innerhalb Europas, was das (auch private) Presserecht und vor allem die Bedeutung der Pressefreiheit in Relation zum individuellen Persönlichkeitsrecht auch Prominenter angeht[49].

23   Nach **Art 1 Nr 2 e Rom II-VO-Entwurf** wurden demgegenüber nur persönlichkeitsbezogene Mediendelikte (als trauriges Beispiel der Pressemacht) aus dem Anwendungsbereich des Rom II-VO-

---

[44] MünchKommBGB/*Junker* Art 42 EGBGB Anh Rn 13.
[45] Näher G. *Wagner* IPRax 2008, 1, 2 f.
[46] ABl EU L 143/56 vom 30. 4. 2004; dazu *Rütz* VersR 2004, 426.
[47] EuGH JZ 1992, 305 m Anm *Hailbronner* 284; NJW 1994, 921.
[48] Rechtspolitisch krit auch *Leible/Lehmann* RIW 2007, 721, 723 f; G. *Wagner* IPRax 2008, 1, 3; *Heiss/Loacker* öJBl 2007, 613, 619 f.
[49] Instruktiv *Beater*, Zivilrechtlicher Schutz vor der Presse als konkretisiertes Verfassungsrecht, 1996.

Entwurfs ausgeklammert. Diese Sonderbehandlung von Pressedelikten ist nun weggefallen; stattdessen gelten die Anknüpfungen des EGBGB (insbes Art 40 bis 42 EGBGB). Die Anknüpfung an das Recht des Erfolgsorts in Art 5 Abs 1 Rom II-VO-Entwurf (jetzt Art 4 Abs 1) hätte zu einem nur dürftigen Maß an zuständigkeitsrechtlichem Gleichklang mit Art 5 Nr 3 EuGVVO geführt; man denke an private Persönlichkeitsverletzungen im Internet, etwa durch das Einstellen von unautorisierten Bildern durch Privatpersonen. Denn nach der sog Shevill-Entscheidung des EuGH[50] kann der Geschädigte den Ersatz des gesamten Schadens nur am Ort des ursächlichen Geschehens, mit anderen Worten des Handlungsortes gerichtlich geltend machen, und das fällt zwar nicht notwendig, aber zumeist mit dem in Art 2 EuGVVO vorgesehenen allgemeinen (Wohnsitz-)Gerichtsstand zusammen. Am Erfolgsort, also in jedem Staat, in dem die Veröffentlichung verbreitet und das Ansehen des Betroffenen nach dessen Behauptung beeinträchtigt worden ist, soll ein Gericht nur für den Ersatz des Teils des Gesamtschadens zuständig sein, der in dem Staat des angerufenen Gerichts verursacht wurde. Damit ist der deliktische Gerichtsstand am Erfolgsort praktisch entwertet. In der Konsequenz führt das bei Pressedelikten zu einer deutlichen Aufwertung des Gerichtsstands am Handlungsort bzw am Niederlassungsort. Nur hier (und am – meist identischen – Wohnsitz des Täters) kann der Verletzte seine Ansprüche wegen Persönlichkeitsverletzung insgesamt geltend machen. Fallen freilich Wohnsitz des Delinquenten bzw sein Handlungsort einerseits und Erfolgsort bzw gewöhnlicher Aufenthalt des Verletzten andererseits auseinander, führt dies dazu, dass das Gericht mit umfassender Kognitionsbefugnis geradezu notwendigerweise eine Entscheidung nach fremdem Recht zu treffen hat. In der Entscheidung Shevill hätten also (allein!) französische Gerichte den Rechtsstreit umfassend, also unter Inanspruchnahme ihrer vollen Kognitionsbefugnis, entscheiden können, aber nach englischem Common Law. Und nicht anders würde es in den Caroline-von-Monaco-Entscheidungen[51] liegen: Zwar wären (nur!) deutsche Gerichte (am Ort der Handlung bzw des Sitzes des Verlegers) insgesamt zuständig, doch dürften sie nicht nach deutschem Recht entscheiden. Nun zeigt zwar allein die Existenz des Internationalen Privatrechts, dass die Anwendung ausländischen Rechts durch inländische Gerichte heute nichts Besonderes mehr ist oder wenigstens sein sollte. Doch das Zusammenspiel von aktuellem europäischen Zuständigkeitsrecht und geplantem europäischen Kollisionsrecht schien geradezu darauf abzuzielen oder hätte jedenfalls notwendig zur Folge gehabt, dass im – allein relevanten – Fall des Distanzdeliktes bei Persönlichkeitsverletzungen inländische Gerichte ausländisches Recht anzuwenden gehabt hätten, was die Frage nach einem sinnvollen Umgang mit knappen Justizressourcen aufwarf.

4. Beweis und Verfahren (Abs 3). Nach Abs 3 wird der Beweis und das Verfahren allgemeinen Grundsätzen entspr der **lex fori** unterworfen, also verfahrensrechtlich qualifiziert. Das gilt nicht in Bezug auf die Verteilung der Beweislast (Art 22 Abs 1); zur Zulässigkeit von Beweismitteln s Art 22 Abs 2, 21. Der lex fori unterliegen damit im Prinzip auch Regeln über das **Beweismaß** (in Deutschland: §§ 286, 287 ZPO).

5. Sonderstatus Dänemarks (Abs 4). Abs 4 greift den Sonderstatus Dänemarks auf. Da nach Art 3 die Rom II-VO allseitig, also auch gegenüber Nicht-Mitgliedstaaten anzuwenden ist, ist sie von deutschen Gerichten auch im Verhältnis zu Dänemark anzuwenden. Dabei ist hervorzuheben, dass nach Art 24 Rom II-VO dänisches internationales Privatrecht der außervertraglichen Schuldverhältnisse im Rahmen des Anwendungsbereichs der VO ohnedies nicht anzuwenden ist (Prinzip der Sachnormverweisung).

Art 2 Außervertragliche Schuldverhältnisse

(1) Im Sinne dieser Verordnung umfasst der Begriff des Schadens sämtliche Folgen einer unerlaubten Handlung, einer ungerechtfertigten Bereicherung, einer Geschäftsführung ohne Auftrag („Negotiorum gestio") oder eines Verschuldens bei Vertragsverhandlungen („Culpa in contrahendo").

(2) Diese Verordnung gilt auch für außervertragliche Schuldverhältnisse, deren Entstehen wahrscheinlich ist.

(3) Sämtliche Bezugnahmen in dieser Verordnung auf

a) ein schadensbegründendes Ereignis gelten auch für schadensbegründende Ereignisse, deren Eintritt wahrscheinlich ist, und

b) einen Schaden gelten auch für Schäden, deren Eintritt wahrscheinlich ist.

1. Begriff des Schadens. Abs 1 präzisiert den in der Rom II-VO häufig verwendeten Begriff des Schadens. Er soll „sämtliche Folgen" eines der genannten gesetzlichen Schuldverhältnisse (unerlaubte Handlung, ungerechtfertigte Bereicherung, Geschäftsführung ohne Auftrag, aber auch Verschulden bei Vertragsschluss, das – jedenfalls soweit dieser Begriff autonom iS der VO zu verstehen ist – als außervertraglich qualifiziert wird) erfassen. Gemeint sind damit insbes Erscheinungen, die aus der Perspektive des deutschen Deliktsrechts als **Verletzungserfolge iS des § 823 Abs 1 BGB** bezeichnet werden (also Verletzung des Lebens, des Körpers, der Gesundheit, der Freiheit, des Eigentums oder eines sonstigen Rechts). Erfasst sind ferner **sämtliche Folgen der betreffenden Verletzung,** mit anderen Worten die **Haftungsausfüllung.** Die europäischen Deliktsrechte außerhalb Deutschlands kennen die dem deutschen Juristen geläufige Differenzierung zwischen Haftungsgrund und Haftungsausfüllung bzw zwi-

---

[50] EuGH NJW 1995, 1882 = IPRax 1996, 111.
[51] ZB BGH NJW 1996, 1128.

schen Verletzungserfolg und Schaden ohnedies kaum. In Ländern mit deliktsrechtlichen Generalklauseln werden diese Unterscheidungen allenfalls funktional beachtet, sind aber nicht strukturell im System des außervertraglichen Haftungsrechts angelegt[52].

27　**2. Wahrscheinlicher Schadenseintritt.** Nach **Abs 2** gilt die VO auch für außervertragliche Schuldverhältnisse, deren Entstehen wahrscheinlich ist. Damit sind nicht nur außervertragliche Schuldverhältnisse gemeint, innerhalb derer zB die Kausalität unsicher ist. Insoweit greifen die bereits erwähnten Regeln des Internationalen Beweisrechts (Art 1 Abs 3, Art 21 und 22). Gemeint sind vielmehr in erster Linie Ansprüche, die auf **Unterlassung** gerichtet sind, zB in Bezug auf Eigentumsverletzungen oder in Bezug auf Eingriffe in das Unternehmen. Dies ergibt sich auch aus **Abs 3**.

Art 3 Universelle Anwendung

Das nach dieser Verordnung bezeichnete Recht ist auch dann anzuwenden, wenn es nicht das Recht eines Mitgliedstaats ist.

28　Art 3 gestaltet die Rom II-VO als sog **loi uniforme** („allseitige Anwendung") aus. Demgemäß ist nicht zwischen Binnenmarkt- und Drittstaatensachverhalten zu unterscheiden. Es gilt hier also etwas anderes als im mittlerweile durch die Rspr des EuGH und des BGH fortentwickelten Internationalen Gesellschaftsrecht[53]. Das ist zu begrüßen[54].

Kapitel II. Unerlaubte Handlungen

Art 4 Allgemeine Kollisionsnorm

(1) Soweit in dieser Verordnung nichts anderes vorgesehen ist, ist auf ein außervertragliches Schuldverhältnis aus unerlaubter Handlung das Recht des Staates anzuwenden, in dem der Schaden eintritt, unabhängig davon, in welchem Staat das schadensbegründende Ereignis oder indirekte Schadensfolgen eingetreten sind.

(2) Haben jedoch die Person, deren Haftung geltend gemacht wird, und die Person, die geschädigt wurde, zum Zeitpunkt des Schadenseintritts ihren gewöhnlichen Aufenthalt in demselben Staat, so unterliegt die unerlaubte Handlung dem Recht dieses Staates.

(3) Ergibt sich aus der Gesamtheit der Umstände, dass die unerlaubte Handlung eine offensichtlich engere Verbindung mit einem anderen als dem in den Absätzen 1 oder 2 bezeichneten Staat aufweist, so ist das Recht dieses anderen Staates anzuwenden. Eine offensichtlich engere Verbindung mit einem anderen Staat könnte sich insbesondere aus einem bereits bestehenden Rechtsverhältnis zwischen den Parteien – wie einem Vertrag – ergeben, das mit der betreffenden unerlaubten Handlung in enger Verbindung steht.

29　**1. Zweck.** Art 4 Rom II-VO beinhaltet die Grundanknüpfung des Internationalen Deliktsrechts an den Tatort (Abs 1) sowie eine Auflockerungen des Tatortprinzips, nämlich den gemeinsamen gewöhnlichen Aufenthalt (Abs 2). All dies kann überlagert werden durch offensichtlich engere Verbindungen (Abs 3). Letztlich ist die gesamte Norm **Ausdruck des Prinzips der Anknüpfung an die engste Verbindung**[55]. Der Grund für die Tatortanknüpfung besteht darin, dass die deliktischen Beziehungen im allgemeinen aus einer eher zufälligen Interessenberührung der beteiligten Erwachsenen herrühren, für die eine sachnähere Anknüpfung zunächst einmal nicht ersichtlich ist. Daher sind die rechtlichen Beziehungen, in die das deliktische Geschehen die Beteiligten zusammenführt, wie dieses in die am Tatort geltenden Regeln eingebettet[56].

30　**2. Anknüpfungssystem.** Wie im Rahmen der Art 40 ff EGBGB geht auch innerhalb der Rom II-VO eine Rechtswahl nach Art 14 (die über diejenige des Art 42 EGBGB hinausgeht) vor. Sodann sind die besonderen Anknüpfungsregeln der Art 5 bis 9 Rom II-VO zu prüfen. Weiter kommt es auf die Anknüpfung an den gemeinsamen gewöhnlichen Aufenthalt nach Art 4 Abs 2 Rom II-VO an, die ihrerseits die Tatortregel verdrängen kann. Beidem geht eine offensichtlich noch engere Verbindung iS von Art 4 Abs 3 Rom II-VO vor. Vom Anknüpfungsvorrang her gesehen ist Art 4 demgemäß gewissermaßen verkehrt herum formuliert. Es ist freilich zu beachten, dass die Subsumtion unter eine „engere" Verbindung gemäß Abs 3 einen Vergleich mit den Anknüpfungen an den Tatort bzw den gemeinsamen gewöhnlichen Aufenthalt (Abs 1 und 2) voraussetzt, die mithin zuvor zu prüfen sind[57].

31　**3. Die Konkretisierung der Tatortregel (Abs 1).** Zwar als Grundsatz an der Spitze der Anknüpfung, normenhierarchisch aber in Wirklichkeit eher an letzter Stelle stehend, weil alle anderen Anknüpfungen die **Tatortregel** verdrängen können, stellt auch Art 4 Abs 1 (insoweit in Übereinstimmung mit Art 40 Abs 1 EGBGB) auf den Tatort ab. Dieser wird freilich anders als in Art 40 Abs 1 EGBGB konkretisiert. Unabhängig davon, in welchem Stadium das „schadensbegründende Ereignis", wozu

---

[52] Statt aller *v. Bar*, Gemeineuropäisches Deliktsrecht, Bd I, 1996, Rn 11 ff.
[53] *Palandt/Heldrich* Art 12 EGBGB Anh Rn 2 bis 9 mwN.
[54] Ebenso *Junker* NJW 2007, 3675, 3677; *A. Fuchs* GPR 2004, 100, 101; Hamburg Group for Private International Law RabelsZ 67 (2003), 1, 4; *v. Hein* ZVglRWiss 102 (2003), 528, 542; *Leible/Engel* EuZW 2004, 7, 9.
[55] Ebenso MünchKommBGB/*Junker* Art 42 EGBGB Anh Rn 21.
[56] So bereits BGHZ 87, 95, 97 f = NJW 1983, 1972, 1973.
[57] Zur Prüfungsreihenfolge s auch MünchKommBGB/*Junker* Art 42 EGBGB Anh Rn 28.

auch der Handlungsort gehört, erfolgt, und in welchem Staat oder in welchen Staaten die „indirekten Schadensfolgen" festzustellen sind, soll das Recht des Staates gelten, „in dem der Schaden eintritt".

Diese Anknüpfung mag in ihrem Hinweis auf das Recht des Schadenseintrittsorts für deutsche Ohren zunächst einmal ungewöhnlich klingen, weil es hier allgM entspricht, dass der bloße Schadenseintrittsort nicht maßgeblich sein soll. Leitbild für diese deutsche Grundaussage des deutschen Deliktskollisionsrechts ist in des § 823 Abs 1 BGB. Es soll das **Recht am Ort des Erfolgseintritts** gelten, und genau darauf stellt im Prinzip auch Art 4 Abs 1 ab[58]. Man merkt bei der Anknüpfung an den Schadenseintrittsort deutlich den Einfluss der europäischen Nachbarländer mit deliktsrechtlicher Generalklausel, die anstelle des Verletzungserfolges mit einem direkten, ersten Schaden arbeiten. 32

Im Falle bloßer **Vermögensschäden** ist auch für das geltende deutsche Deliktskollisionsrecht der Ort als Erfolgsort maßgebend, an dem die primären Vermögensschäden verletzt worden sind, an dem der „erste" Schaden eingetreten ist. Genauer gesagt kommt es auf das **Recht des Staates an, in dem sich das Vermögen** (zB ein Bankguthaben) **befindet**[59], an dem die **primären Vermögensinteressen verletzt** worden sind[60]. **Verletzungsfolgeschäden,** insbes Schadenseintrittsorte (Krankenhausbehandlung in der USA nach Verletzung in Deutschland) sind demgegenüber in Übereinstimmung mit der bereits bisher allgM für die Anknüpfung **irrelevant**[61]. Nicht maßgebend oder ausreichend ist – vorbehaltlich Art 2 Abs 2 und 3 – auch etwa in betrügerischem Kontext eine durch eine vielleicht falsche Information herbeigeführte bloße Vorstellung oder Fehlvorstellung (ein **Irrtum**) **des Opfers**. Die bloße (auch konkrete) Vermögensgefährdung ist noch kein „Schaden", und der Irrtum bzw die (Fehl-)Information vermögen für sich genommen noch keinen kollisionsrechtlich relevanten Erfolg zu begründen. Das gilt auch für den bloßen Abruf einer Information im Internet, bei dem es nicht einmal zu einer Fehlvorstellung gekommen sein muss[62]. 33

Zu konstatieren ist freilich, dass **die mit Art 4 Abs 1 Rom II-VO intendierte Anknüpfung in signifikanter Weise von Art 5 Nr 3 EuGVVO abweicht**[63], wonach sich die internationale Deliktszuständigkeit nach dem Ort bestimmt, „an dem das schädigende Ereignis eingetreten ist oder einzutreten droht". Es entspricht mittlerweile allgM, dass im Rahmen von Art 5 Nr 3 EuGVVO eine (internationale) Zuständigkeit an dem Ort, an dem der (erste) Schaden eingetreten ist, besteht, ebenso aber auch an dem Ort des ursächlichen Geschehens, anders („deutsch") formuliert: am Handlungs- und am Erfolgsort (Art 40 EGBGB Rn 67)[64]. Nicht maßgebend ist demgegenüber – insoweit in Übereinstimmung mit Art 4 Nr 1 Rom II-VO – der Ort der weiteren Schadenseintritts[65]. Anders als in Art 40 Abs 1 EGBGB und anders auch als in Art 5 Nr 3 EuGVVO gibt es – sieht man einmal vom Sonderfall einer sonst engeren Verbindung (Art 4 Abs 3 Rom II-VO) ab – kein irgendwie geartetes Ausweichen innerhalb der Tatortregel auf das Handlungsortsrecht. Die Anknüpfung an das so definierte Erfolgsortsrecht liegt auf der Linie einer früheren, starken Literaturströmung, welche die Tatortregel in dieser Weise konkretisieren wollte[66]. Das war – jedenfalls als Grundsatz – freilich nur vor der Kodifikation des Internationalen Privatrechts der außervertraglichen Schuldverhältnisse in Deutschland im Jahr 1999 möglich. Nach geltendem deutschem Internationalen Deliktsrecht kann das **Handlungsortsrecht** ohne entspr ausgeübte Option durch den Geschädigten nur noch mit Hilfe der Ausweichklausel des Art 41 EGBGB überwunden werden. Nach der Rom II-VO bedarf umgekehrt die Anwendung des Handlungsortsrechts einer besonderen Begründung, dass sie einer offensichtlich engeren Verbindung entspricht (Art 4 Abs 3). Doch wird man davon nur höchst selten ausgehen dürfen, handelt es sich bei Art 4 Abs 3 Rom II-VO doch augenscheinlich um eine Ausnahmeklausel, von der zurückhaltend Gebrauch gemacht werden sollte, will man nicht die vorgesehenen Anknüpfungen über Gebühr relativieren und die Rechtsklarheit der Anknüpfungen vereiteln. Mithin kommt es auf die Konkretisierung des Handlungsortsrechts in der Rom II-VO grds zunächst einmal nicht an. Nur im seltenen Einzelfall mag es angezeigt sein, auf einen besonders charakteristischen Handlungsort auszuweichen. 34

Indes sind immerhin **mehrere Erfolgsorte** denkbar (Schädigung von Computer bzw von Programmen durch „Hacking" im Internet; psychische Schädigung mit sich verstärkenden Gesundheitsverletzungsfolgen in mehreren Ländern). Ist ein Verletzungserfolg vernachlässigenswert, wird man über Abs 3 ausnahmsweise einen relevanten Erfolgsort ablehnen bzw auf einen anderen abstellen können[67]. Verbleibt es bei mehreren relevanten Erfolgsorten, so kann der Geschädigte wohl nur (iS einer Mosaik- 35

---

[58] *Leible/Lehmann* RIW 2007, 721, 724 f; *Junker* NJW 2007, 3675, 3678; *v. Hein* VersR 2007, 440, 443; *Huber/Bach* IPRax 2005, 73, 76; *Sonnentag* ZVglRWiss 105 (2006), 256, 266 f; *G. Wagner* IPRax 2006, 372, 376 f; *ders* IPRax 2008, 1, 4; *Junker* in: *Leible* (Hrsg), Die Bedeutung des IPR im Zeitalter der neuen Medien, 2003, S 89, 104 f.
[59] *v. Bar* IPR II Rn 665.
[60] AnwK-BGB/*Wagner* Rn 21; *Palandt/Heldrich* Rn 4; *Soergel/Lüderitz* Art 38 Rn 11: Ort des Eintritts des unmittelbaren Vermögensschadens.
[61] *Kegel/Schurig* IPR § 18 IV 1 a bb; *Erman/Hohloch* Rn 25; MünchKommBGB/*Junker* Rn 32.
[62] Anders insoweit aber *Mankowski* RabelsZ 63 (1999), 203, 269.
[63] Zur Internationalen Zuständigkeit nach der EuGVVO bei Delikten s Art 40 EGBGB Rn 65 bis 67.
[64] Statt aller *Nagel/Gottwald*, Internationales Zivilprozessrecht, 6. Aufl 2007, § 3 Rn 68.
[65] EuGH vom 19. 9. 1995, Rs C-364/93, BeckRS 2004, 76763; *Kropholler*, Europäisches Zivilprozessrecht, 8. Aufl 2005, Art 5 EuGVVO Rn 87.
[66] ZB *Beitzke* JuS 1966, 139, 142 f; *W. Lorenz* in: *v. Caemmerer* (Hrsg), Vorschläge und Gutachten zur Reform des Internationalen Privatrechts der außervertraglichen Schuldverhältnisse und Sachen, 1983, S 97, 116, 122; Ausnahme: Immissionen, S 117 ff; rechtspolitisch befürwortend auch *G. Wagner* IPRax 2008, 1, 5.
[67] Ebenso zu Art 41 BT-Drucks 14/343 S 13; PWW/*Schaub* Rn 11.

betrachtung) den Schaden geltend machen, der am jeweiligen Erfolgsort eingetreten ist. Anderenfalls bleibt nur die (richterliche) Festlegung eines bestimmten Erfolgsortsrechts über eine Schwerpunktbetrachtung[68]. Ein klassischer Hauptfall der Streudelikte – Persönlichkeitsverletzungen durch Medien – ist ohnehin vom Anwendungsbereich der Rom II-VO ausgenommen (Art 1 Abs 2 lit g Rom II-VO).

36   **4. Gemeinsamer gewöhnlicher Aufenthalt (Abs 2).** Ebenso wie Art 40 Abs 2 EGBGB knüpft Art 5 Abs 2 Rom II-VO (für Gesellschaften und unternehmerische bzw berufliche Tätigkeiten s Art 23 Rom II-VO) an einen **gemeinsamen gewöhnlichen Aufenthalt von Schädiger und Geschädigtem** (die englische Fassung spricht von „habitual residence") zum Zeitpunkt der Begehung der unerlaubten Handlung bzw an eine entsprechende Hauptverwaltung oder Niederlassung an. Diese Anknüpfung kann von einer Rechtswahl und einer vertragsakzessorischen Anknüpfung verdrängt werden[69]. Ist eine Niederlassung beteiligt, ist der Ort maßgeblich, an dem sich diese im relevanten Zeitpunkt befindet (Art 23 Abs 1 S 2 Rom II-VO)[70]. Das damit konkretisierte Personalstatut von Gesellschaften, Vereinen und juristischen Personen ist im Wesentlichen in Parallelität mit dem Internationalen Vertragsrecht (Art 28 Abs 2 EGBGB = Art 4 Abs 2 EVÜ) bestimmt worden. Maßgeblicher Zeitpunkt ist das Haftungsereignis, also die Vollendung des Haftungsgrundes, insbes die Rechtsgutsverletzung[71]. Eine nachträgliche Verlegung von gewöhnlichem Aufenthalt oder Sitz durch einen der Beteiligten ist unbeachtlich; das Deliktsstatut ist unwandelbar[72]. Auf eine **gemeinsame Staatsangehörigkeit der Unfallbeteiligten** kommt es – auch über Abs 3 – selbst dann, wenn der Unfallort im Staat der gemeinsamen Angehörigkeit liegt, **nicht an**[73]. Jedenfalls liegt die Begründungslast bei dem, der vom Recht des gemeinsamen gewöhnlichen Aufenthalts abweichen will. **Sitz von Hauptverwaltung oder Niederlassung und gewöhnlicher Aufenthalt** sind insbes in Übereinstimmung mit der Rspr des EuGH zur **EuGVVO** auszufüllen.

37   **5. Offensichtlich engere Verbindung (Abs 3). a) Zweck.** Abs 3 will eine abweichende Anknüpfung ermöglichen, wenn der Sachverhalt nach den gesamten Umständen eine offensichtlich stärkere Beziehung zu einer anderen Rechtsordnung als zu derjenigen aufweist, die nach den genannten Kollisionsnormen anzuwenden wäre. Die Norm ermutigt dazu, notwendig erscheinende Korrekturen der Anknüpfung unter teleologischen Aspekten durchzuführen, wenn das Grundprinzip des Internationalen Privatrechts, diejenige Rechtsordnung zur Anwendung zu bringen, mit welcher der Sachverhalt am engsten verbunden ist, sonst nicht gewahrt wäre. Das ist **von Amts wegen** zu prüfen[74]. Die Anknüpfung des Abs 3 an eine „offensichtlich" engere Verbindung unterstreicht den **Ausnahmecharakter der Vorschrift**[75]. Sie darf daher keinesfalls voreilig angewandt werden. Eine Möglichkeit, die Ausweichklausel zu einer mit den Regelanknüpfungen gleichwertigen Anknüpfung zu erheben (zu Art 30 EGBGB s Rn 45), besteht daher hier von vornherein ebenso wenig wie in Bezug auf Art 41 EGBGB[76].

38   **b) Akzessorische Anknüpfung.** Ähnlich wie Art 41 Abs 2 Nr 1 EGBGB sieht auch Art 4 Abs 3 S 2 Rom II-VO die Möglichkeit der vertragsakzessorischen Anknüpfung unter dem Aspekt der **wesentlich engeren Verbindung** im Verhältnis zum gemeinsamen gewöhnlichen Aufenthalt des Abs 2 und der Tatortregel des Abs 1 vor. Das Vorliegen eines bereits bestehenden Rechtsverhältnisses „könnte ... insbes" eine engere Verbindung begründen. Dem Wortlaut nach liegt mithin insoweit nicht einmal ein **Regelbeispiel** vor. Doch soll das Beispiel zur Erleichterung der Rechtsanwendung beitragen. Will man deshalb trotz Vorliegen eines zB „deliktsrelevanten" Vertrages von den Grundanknüpfungen der Abs 1 und 2 nicht abweichen, erfordert dies einen gewissen Begründungsaufwand.

39   Im Kontext der vertragsakzessorischen Anknüpfung entfaltet unter Umständen auch eine stillschweigende Rechtswahl im vertragsrechtlichen Kontext Fernwirkungen für deliktsrechtliche Ansprüche. Daran kann – allgemeinen Grundsätzen folgend – etwa gedacht werden, wenn sich in Allgemeinen Geschäftsbedingungen Bezugnahmen auf Normen aus einer Rechtsordnung finden, die vom Sitzrecht dessen, der die vertragscharakteristische Leistung erbringt, abweichen[77]. Überhaupt sind die Erwartungen der Parteien zu berücksichtigen (so auch früher Art 5 Abs 3 S 3 Rom II-VO-Entwurf).

40   Abs 3 S 2 verlangt überdies eine „enge Verbindung" des bestehenden Rechtsverhältnisses mit der betreffenden unerlaubten Handlung. Damit ist ein sachlicher oder innerer Zusammenhang zu verlangen[78]. Irgendein Zusammenhang mit der Sonderbeziehung trägt eine Abweichung von den Grundregeln nicht, wie etwa ein Delikt, das sich nur bei Gelegenheit einer Vertragserfüllung oder einer

---

[68] Für eine Mosaikbetrachtung *Heiss/Loacker* öJBl 2007, 613, 625; *G. Wagner* IPRax 2008, 1, 4; für eine Schwerpunktbetrachtung – zu Art 40 Abs 1 EGBGB – *Looschelders* Rn 31; AnwK-BGB/*Wagner* Rn 27.
[69] Aus der Rspr zum autonomen IPR OLG Stuttgart NJW 2007, 1367, 1368: Bergwandererunfall in Österreich.
[70] In Übereinstimmung mit autonomem deutschen Kollisionsrecht BT-Drucks 14/343 S 12.
[71] Vgl auch *Staudinger/v. Hoffmann* Art 40 EGBGB Rn 403.
[72] So seit jeher die deutsche Rspr, BGHZ 87, 95, 103 = NJW 1983, 1972, 1974.
[73] Vgl *Staudinger/v. Hoffmann* Art 40 EGBGB Rn 395; OLG Dresden VersR 2004, 1567, 1568.
[74] Zu Art 41 EGBGB ebenso AnwK-BGB/*Wagner* Rn 2.
[75] *Junker* NJW 2007, 3675, 3678; ebenso zu Art 41 EGBGB Palandt/*Heldrich* Rn 3; *Looschelders* Rn 6.
[76] *Spickhoff* NJW 1999, 2209, 2210.
[77] BGH IPRax 2002, 37; JZ 2000, 1115, 1116; NJW-RR 1999, 813: Anlehnung an VOB; OLG Düsseldorf FamRZ 2001, 1102, 1103.
[78] Zu Art 41 EGBGB ebenso *Kropholler* IPR § 53 II 4 A, III 4, IV 4; *Staudinger/v. Hoffmann* Rn 11; noch enger – auf das verletzte Rechtsgut bezogene Schutzpflicht im Deliktsrecht – *W. Lorenz* in: *v. Caemmerer*, Vorschläge und Gutachten zur Reform des IPR der außervertraglichen Schuldverhältnisse, 1983, S 97, 98, 155 ff.

sonstigen rechtlichen Sonderbeziehung ereignet[79]. Ein solcher sachlicher Zusammenhang besteht insbes, wenn spezifische Pflichten aus der Rechtsbeziehung verletzt werden, die aus der Sicht des deutschen Kollisionsrechts ihre Wurzel in dem Rechtsverhältnis haben. Dabei kann auch der Gesichtspunkt der Vertrauenshaftung herangezogen werden[80].

Die rechtliche Sonderverbindung kann eine **vertragliche,** aber **auch** eine **außervertragliche,** 41 insbes auf einem gesetzlichen Schuldverhältnis beruhende sein. Als **gesetzliche Sonderbeziehungen** kommen insbes solche des **Familienrechts** in Betracht[81]. Vorweg ist dabei indes der Ausschluss durch Art 1 Abs 2 lit a und b Rom II-VO zu beachten. Zudem sollte der Bereich der Straßenverkehrsunfälle nicht familienrechtlich sonderangeknüpft werden[82]. Denn der Einfluss des Familienrechts, insbes der familienrechtlichen Haftungsbeschränkungen, auf das Deliktsrecht ist in diesem Bereich von der Rspr auch im internen Recht stets zurückgedrängt worden[83]. Das Gleiche wird im Straßenverkehr in Bezug auf andere Sonderverbindungen gelten[84]. Zumeist hilft freilich Art 4 Abs 2 Rom II-VO ohnehin weiter[85]. Deliktsrechtliche Ansprüche im Zusammenhang mit einem Verlöbnis, etwa wegen Betrugs (auch Heiratsschwindel), wird man trotz einer gewissen Instabilität des Verlöbnisses akzessorisch an das Verlöbnisstatut anknüpfen können[86]. Auch kommt eine Akzessorietät im Falle von deliktisch begründeten Sonderbeziehungen in Betracht. Insbes sind Aufwendungen des deliktischen Schädigers, die er zur Minderung des eingetretenen Schadens vornimmt, dem Deliktsstatut zu unterstellen[87].

c) Sonstige offensichtlich engere Verbindung. Unabhängig davon kann – auch ohne vertragliche 42 Beziehungen zwischen den Parteien vor dem deliktischen Zusammentreffen – an eine wesentlich engere Verbindung angeknüpft werden (Art 4 Abs 3 S 1 Rom II-VO). Eine solche engere Beziehung kann sich – je nach Sachlage im Einzelfall und generell nur ausnahmsweise – aus Gefälligkeits-, namentlich Mitfahrerverhältnissen, dem einheitlichen Ausgangspunkt einer Gruppenreise über überhaupt aus Gruppenbeziehungen bis hin zu nichtehelichen Lebensgemeinschaften ergeben. Nicht unter Abs 3 S 1 wird man im Falle von Kfz-Unfällen allein den **gemeinsamen Zulassungs- und Versicherungsort** fallen lassen können. Entsprechende Tendenzen des Haager Straßenverkehrsübereinkommens sind offenbar bewusst nicht aufgegriffen worden. Denkbar ist etwa eine engere Verbindung als zum Recht des gemeinsamen gewöhnlichen Aufenthalts, wenn mehr als zwei Kraftfahrzeuge an einem Unfall beteiligt sind und allesamt in demselben Staat zugelassen und versichert sind[88]. Insbes bei Massenkarambolagen im Straßenverkehr könnte die Anknüpfung an den gemeinsamen gewöhnlichen Aufenthalt verdrängt werden[89]. Als zweifelhaftes Heimwärtsstreben erschiene ein Abweichen von den Grundanknüpfungen über Art 4 Abs 3, wenn beide an dem Unfallgeschehen beteiligten Fahrzeuge in einem Staat zugelassen und versichert sind und (allein) der Geschädigte dort auch seinen gewöhnlichen Aufenthalt hat, zumal dann, wenn eines der verunfallten Fahrzeuge bereits mit einem Ausfuhrkennzeichen versehen war[90]. Auch einer **gemeinsamen Staatsangehörigkeit** der Parteien wird man kaum noch Bedeutung beimessen können. Selbst wenn Tatortrecht und Recht der gemeinsamen Staatsangehörigkeit übereinstimmen, genügt das nicht, um über Art 4 Abs 3 Rom II-VO vom Aufenthaltsrecht (Art 4 Abs 2) abzuweichen[91].

6. Besondere Sachbereiche. Anders als im Rahmen der Art 40 bis 42 EGBGB hat der Gesetzgeber 43 der Rom II-VO in deren Art 5 bis 9 besondere Anknüpfungen für die dort bezeichneten Sondermaterien (Art 5 – Produkthaftung, Art 6 – Unlauterer Wettbewerb und den freien Wettbewerb einschränkendes Verhalten, Art 7 – Umweltschädigungen, Art 8 – Verletzung von Rechten des geistigen Eigentums, Art 9 – Arbeitskampfmaßnahmen) vorgesehen. Zum Anwendungsbereich der Rom II-VO s die Erl zu Art 1, 2 und 15. Die damit angesprochenen Sachbereiche werden im Kontext der betreffenden Sonderkollisionsnormen insgesamt erörtert. Als besondere Sachbereiche verbleiben für Art 4 Rom II-VO damit namentlich:

a) Straßenverkehrsunfälle. Zum Internationalen Straßenverkehrsunfallrecht s Art 40 EGBGB 44 Rn 33 bis 36. Ausländisches Internationales Deliktsrecht ist auf Grund des Prinzips der Sachnormverweisung (außerhalb von Vorfragen) prinzipiell nicht anzuwenden (Art 24 Rom II-VO); insoweit ist es auch für den deutschen Richter nicht relevant.

Es gilt folgende **Anknüpfungsleiter:** Allem anderen vorrangig ist eine Rechtswahl nach Art 14, 45 gefolgt von der Anknüpfung an den gemeinsamen gewöhnlichen Aufenthalt von Schädiger und

---

[79] *Staudinger* DB 1999, 1589, 1593; *v. Hoffmann/Thorn* IPR § 11 Rn 40; AnwK-BGB/*Wagner* Rn 16.
[80] AnwK-BGB/*Wagner* Rn 16.
[81] Näher *Staudinger/v. Hoffmann* Rn 20.
[82] BGHZ 119, 137 = NJW 1992, 3091.
[83] ZB BGHZ 53, 352.
[84] Vgl BGHZ 46, 313: Nichtanwendung von § 708 BGB beim Straßenverkehrsunfall.
[85] AnwK-BGB/*Wagner* Rn 13 zu Art 40 Abs 2 EGBGB.
[86] Anders früher BGHZ 132, 105 = NJW 1996, 1411; ebenso noch *Palandt/Heldrich* Art 40 EGBGB Rn 6; wie hier *P. Huber* JA 2000, 67, 69; früher schon *Mankowski* IPRax 1997, 173, 181; *Kropholler* IPR § 44 IV 3.
[87] BT-Drucks 14/343 S 13 f zu Art 41 EGBGB.
[88] BT-Drucks 14/343 S 12; vgl auch *Looschelders* VersR 1999, 1316, 1320 ff; *Staudinger* DB 1999, 1589, 1593; *Siehr* IPR S 244.
[89] *G. Wagner* IPRax 2006, 372, 378, freilich mit Kritik an einer akzessorischen Anknüpfung an de facto-Verhältnisse iÜ.
[90] So aber LG Berlin NJW-RR 2002, 1107; *Sieghörtner* NZV 2003, 105, 117; zu Recht krit *Palandt/Heldrich* Rn 8; MünchKommBGB/*Junker* Rn 83.
[91] Vgl AnwK-BGB/*Wagner* Rn 20; PWW/*Schaub* Rn 4 zu Art 40 f EGBGB.

Geschädigtem (Art 4 Abs 2) und an den Unfallort, der typischerweise mit dem Erfolgsort identisch ist (Abs 1). Gemeinsamer gewöhnlicher Aufenthalt und Tatort können allerdings nach Art 4 Abs 3 verdrängt werden, namentlich wegen eines bereits vor dem deliktischen Geschehen bestehenden Rechtsverhältnisses zwischen den Beteiligten. Dieses Rechtsverhältnis muss aber mit der geltend gemachten unerlaubten Handlung in enger Verbindung bestehen. Anders als in Art 41 Abs 2 Nr 1 EGBGB können tatsächliche Sonderbeziehungen nur im Rahmen der Generalklausel des Art 4 Abs 3 S 1 Rom II-VO relevant werden. Hier kommt (im Ergebnis nicht anders als im Rahmen des Art 41 EGBGB) insbes ein **Mitfahrerverhältnis** bei Gefälligkeitsfahrten, aber auch eine Gruppenbeziehung (etwa im Falle des einheitlichen Ausgangspunkts einer Reise) in Betracht[92]. Rechtliche Sonderbeziehungen könnten an sich auch **familienrechtliche Beziehungen** (Ehegatten, Eltern-Kind-Verhältnis) begründen. Doch fehlt es hier am notwendigen sachlichen Zusammenhang mit dem Unfall (Rn 41). Auch ein übereinstimmender Registrierungsort bei Kraftfahrzeugunfällen (lex communis stabuli) begründet nicht ohne weiteres eine offensichtlich engere Verbindung (Rn 42). Lediglich dann, wenn mehr als zwei in einem Verkehrsunfall beteiligte Kraftfahrzeuge verunglückt sind, die alle in ein und demselben Staat zugelassen waren, ist eine Anknüpfung an den gemeinsamen Zulassungsort im Rahmen von Art 4 Abs 3 Rom II-VO angezeigt, so dass die Ansprüche der Beteiligten untereinander nach derselben Sachrechtsordnung beurteilt werden. Da allerdings alle Anknüpfungen jeweils nur im Zweipersonen-Verhältnis gelten (also auch für Ansprüche von Mitfahrern[93] und von Fußgängern)[94], greift die Ausweichklausel nur dann, wenn alle Unfallbeteiligten ihre Ansprüche in Übereinstimmung mit den vorgenannten Grundsätzen nach einer Rechtsordnung abwickeln können. Zugunsten des deutschen Rechts wäre über Art 4 Abs 3 Rom II-VO zudem nicht vom Tatort abzuweichen, wenn beide am Unfallgeschehen beteiligten Fahrzeuge in Deutschland zugelassen und versichert sind und (allein) der Geschädigte dort auch seinen gewöhnlichen Aufenthalt hat[95].

46 Die **Regeln über die Ordnung des Straßenverkehrs** sind immer dem **Tatortrecht** zu entnehmen (Art 17 Rom II-VO; s Rn 119). Die Anknüpfung des Direktanspruches gegen den **Versicherer** folgt den Regeln von Art 18 Rom II-VO. Die Frage, ob eine Haftung durch Gewährung von Versicherungsschutz ausgeschlossen bzw ersetzt ist[96], beurteilt sich nach dem Deliktsstatut[97]. Ist die Haftung durch eine Versicherung ersetzt, die der Geschädigte nicht erhält, kann der ordre public (Art 26 Rom II-VO) wegen Fehlens einer für geboten erachteten Norm eingreifen[98].

47 **b) Schiffsverkehrsunfälle.** Zu Unfällen im Zusammenhang mit Schiffsverkehr s Art 40 EGBGB Rn 37, 38. Vorrangig zu beachten ist auch hier eine Rechtswahl gemäß Art 14 Rom II-VO. Bei Schiffszusammenstößen auf hoher See ist in Anlehnung an den Rechtsgedanken des Art 4 Abs 2 Rom II-VO sodann abzustellen auf das **gemeinsame Flaggenrecht der beteiligten Schiffe**. Bei Unfällen innerhalb von Hoheitsgewässern gilt hilfsweise Ortsrecht (Art 4 Abs 1 Rom II-VO). Fehlt es an einem gemeinsamen Flaggenrecht, geht die Anknüpfung an den Tatort in hoheitsfreien Gewässern indes ins Leere. In Anlehnung an Art 4 Abs 1 Rom II-VO wird man nun an das Recht des Hoheitszeichens des beschädigten Schiffes, für das Ansprüche erhoben werden, anknüpfen können.

48 Im Falle von **Borddelikten**, die Passagiere untereinander auf hoher See begehen, gilt zunächst das Primat einer Rechtswahl gemäß Art 14 Rom II-VO, hilfsweise Art 4 Abs 2 Rom II-VO (gemeinsamer gewöhnlicher Aufenthalt). Der zweithilfsweise anwendbare Tatort (Art 4 Abs 1 Rom II-VO) ist durch die **Anknüpfung an die Flagge** zu ersetzen[99]. In Hoheitsgewässern ist an sich nicht das Flaggenrecht[100], sondern gemäß Art 4 Abs 1 Rom II-VO das Tatortrecht maßgeblich, das bei fehlender Erkennbarkeit im Einzelfall allerdings über Art 4 Abs 3 Rom II-VO durch das Flaggenrecht verdrängt werden kann. Deliktische Ansprüche gegen den Beförderer wegen Personen- oder Sachschäden sind ggf vertragsakzessorisch anzuknüpfen (Art 4 Abs 3 S 1 Rom II-VO).

49 **c) Luftverkehrsunfälle.** Für **Flugzeugzusammenstöße** s Art 40 EGBGB Rn 39. Es gelten die allgemeinen Regeln: Rechtswahl gemäß Art 14 Rom II-VO, gemeinsames Flaggen- bzw Hoheitszeichenrecht (entspr Art 4 Abs 2 Rom II-VO), bei Kollisionen über staatlichem Hoheitsgebiet: Erfolgsortsrecht, Art 4 Abs 1 Rom II-VO. Bei Flugzeugzusammenstößen im staatsfreien Luftraum gilt – wie bei Schiffszusammenstößen auf hoher See (Rn 48) – das Recht des Hoheitszeichens des beschädigten Schiffes, für das Ansprüche erhoben werden. **Borddelikte** außerhalb vertraglicher Beziehungen (zwischen Mannschaftsmitgliedern oder Passagieren) unterliegen dem allgemeinen Deliktsstatut. Dabei kann die Tatortanknüpfung (Art 4 Abs 1 Rom II-VO), die durch eine Rechtswahl (Art 14 Rom II-VO) und die Anknüpfung an den gemeinsamen gewöhnlichen Aufenthalt (Art 4 Abs 2 Rom II-VO)

---

[92] S zu Art 41 EGBGB AnwK-BGB/*Wagner* Rn 50; *v. Hoffmann* IPRax 1996, 1, 6; *Spickhoff* IPRax 2000, 1, 2. Im Rahmen der Rom II-VO gegen eine Auflockerung der Anknüpfung wegen tatsächlicher Sonderbeziehungen G. *Wagner* IPRax 2008, 1, 6. Zum Ganzen *Junker* JZ 2008, 169.
[93] Zum autonomen deutschen Kollisionsrecht ebenso BGHZ 90, 294, 298 = NJW 1984, 2032.
[94] AG Köln VersR 1979, 728, 729; *Erman/Hohloch* Art 40 EGBGB Rn 45; anders *W. Lorenz* DAR 1983, 273, 278.
[95] So aber für Art 40 ff EGBGB LG Berlin NJW-RR 2002, 1107; *Sieghörtner* NZV 2003, 105, 117; mit Recht krit *Palandt/Heldrich* Rn 8; MünchKommBGB/*Junker* Rn 83.
[96] ZB in Neuseeland, *Deutsch* RabelsZ 44 (1980), 487; ders VersR 1994, 381.
[97] *Großerichter* IPRax 1998, 220, 221.
[98] *Großerichter* IPRax 1998, 220, 222; *Staudinger/v. Hoffmann* Rn 458.
[99] So schon zum deutschen Recht *Kegel/Schurig* IPR § 18 IV 1 f; *Staudinger/v. Hoffmann* Rn 234.
[100] Vgl aber *E. Lorenz* in: *v. Caemmerer*, Vorschläge und Gutachten zur Reform des IPR der außervertraglichen Schuldverhältnisse, 1983, S 440, 446 f.

verdrängt werden kann, bei internationalen Flügen durch das Flaggenrecht (Registrierortsrecht) zu ersetzen sein, vorausgesetzt, die Flugzeuge sind nicht mehr am Boden[101]. Auch für **Ansprüche gegen den Beförderer** wegen Personen- oder Sachschäden ist ggf das Deliktsstatut maßgeblich. Fehlt es an einer Rechtswahlvereinbarung (Art 14 Rom II-VO), ist zunächst vertragsakzessorisch anzuknüpfen (Art 4 Abs 3 S 2 Rom II-VO). Der Tatort (Erfolgsort, Art 4 Abs 1 Rom II-VO) ist bei Schädigungen im hoheitsfreien Gebiet durch das Recht der Flagge zu ersetzen. Wegen der Zufälligkeit des Schädigungsortes und der Schwierigkeiten, ihn zu ermitteln, wird – soweit die (angebliche) Schädigung über Hoheitsgebiet eintreten ist – der Tatort bzw der Erfolgsort (Art 4 Abs 1 Rom II-VO) insgesamt durch das Recht der Flagge verdrängt (Art 4 Abs 3 S 1 Rom II-VO)[102].

d) Bahnverkehrsunfälle. S auch Art 40 EGBGB Rn 40. Soweit deliktsrechtliche Ansprüche nicht erfasst sind, gelten für Bahnverkehrsunfälle die allgemeinen Anknüpfungen des Deliktskollisionsrechts (Art 14, 4 Rom II-VO). Insbes kommt eine vertragsakzessorische Anknüpfung (Art 4 Abs 3 S 2 Rom II-VO) in Betracht. 50

e) Arbeitsunfälle. S auch Art 40 EGBGB Rn 41. Arbeitsunfälle sind, auch soweit es um deliktsrechtliche Anspruchsgrundlagen geht, über Art 4 Abs 3 S 2 Rom II-VO **dem Recht zu unterstellen, dem der Arbeitsvertrag unterliegt.** Zu deliktsrechtlichen Ansprüchen, die aus **Arbeitskämpfen**, insbes Streiks resultieren, s **Art 9 Rom II-VO.** 51

f) Massenunfälle. Bei Massenunfällen ist nicht anders als im bisherigen Deliktskollisionsrecht (Art 40 EGBGB Rn 42) anstelle einer Zweipersonenbetrachtung an eine Anknüpfung nach Art 4 Abs 3 Rom II-VO zu denken. Anzuknüpfen ist ggf an eine „typische" Zweipersonenbeziehung oder an das Recht des (hauptsächlichen) Unfallorts[103]. 52

g) Internet-Delikte. Zum sog Internet-Delikt s Art 40 EGBGB Rn 43, 44 und zum Herkunftslandprinzip Art 40 EGBGB Rn 5; Art 27 Rom II-VO (Rn 145). Das Internet-Delikt betrifft oft Sonderfallgruppen. Fälle von Persönlichkeitsverletzungen via Internet sind von der Rom II-VO nicht erfasst (Art 1 Abs 2 lit g Rom II-VO), bei Wettbewerbsverstößen und Fällen der Produkthaftung sind die Sonderanknüpfungsregeln der Art 5 und 6 Rom II-VO zu beachten. Internet-typische Besonderheiten im Bereich der Konkretisierung der Tatortregel sind infolge der Maßgeblichkeit des Erfolgsortsrechts nach Art 4 Abs 1 Rom II-VO in Bezug auf den Handlungsort hier allenfalls im Rahmen von Art 4 Abs 3 S 1 Rom II-VO denkbar, sonst aber nicht relevant. Kein Erfolgsort (sondern Handlungsort) ist der Ort, an dem die betreffende, zum Schaden führende Information, eine Mitteilung oder ein Rat ins Internet eingegeben, bei E-Mails: abgesendet worden ist. Als Erfolgsorte sind Durchleitungs- oder Abruforte bzw Orte des Zielrechners nur im seltenen Einzelfall anzusehen[104], vorausgesetzt, dass an den betreffenden Orten ein entsprechender Verletzungserfolg (iS eines Eingriffs in die körperliche Integrität, also vor allem Körper- oder Gesundheitsverletzung bzw Tötung und Eigentums- oder Besitzverletzung, aber auch in erster Vermögensschaden) eingetreten ist. Maßgeblich ist – auch bei einer **telemedizinischen Leistung** – nicht das Abrufen einer Information, sondern der Lageort des verletzten Rechtsgutes bzw Rechtes zur Zeit seiner Verletzung, etwa wenn auf den Zielrechner durch Hacking, Einspeisen von Viren oder zeitweise Blockade (sog E-Mail-Bombing) eingewirkt wird. Einen ersten Schädigungserfolg wird man ferner annehmen können, wenn eine zerstörte oder beschädigte Datei auf einem Computer gespeichert ist, der nicht im Eigentum oder im berechtigten Besitz dessen steht, der die Datei erstellt hat (Beispiel: Mitarbeiter benutzt einen Computer des Unternehmens). 53

Der Forderung nach einer **prinzipiellen Einschränkung der relevanten Erfolgsorte beim Internet-Delikt** ist außerhalb der Produkthaftung nur mit **Zurückhaltung** zu begegnen. Das folgt nicht nur aus einem Umkehrschluss zu Art 5 Abs 1 S 2 Rom II-VO, sondern auch aus funktionalen Gründen und der Interessenabwägung. Dass bei Verwendung des Internets Erfolgsorte weltweit angesiedelt sein können, kann und sollte (auch über Art 4 Abs 3 S 1 Rom II-VO) nichts an der grundsätzlichen Maßgeblichkeit des Erfolgsortsrechts ändern, weil sich der Täter die Vorteile des weltweiten Kommunikationsnetzes durchaus bewusst zunutze macht[105]. Die Interessen des Opfers an der Anwendung des Erfolgsortsrechts überwiegen nach der gesetzlichen Wertung in Art 4 Abs 1 Rom II-VO eben die Interessen potentieller Schädiger an der Wahl eines passenden Ortes mit niedrigem Haftungsniveau. Im Falle eindeutig adressierter E-Mails oder gezielter Angriffe etwa gegen bestimmte EDV-Anlagen wird ohnehin zumeist nur ein Erfolgsort vorliegen. Allenfalls vernachlässigenswerte Erfolgsorte ohne signifikantes Gewicht mögen über die **Ausweichklausel des Art 4 Abs 3 Rom II-VO** auszuscheiden sein. Ist die Beschränkung des Gebietes der bestimmungsgemäßen Abrufbarkeit, etwa durch die Verwendung einer bestimmten (vielleicht selten gebräuchlichen oder verstandenen) Sprache, für den Nutzer erkennbar, kann dies deshalb zu einer Verdrängung des betreffenden Erfolgsortsrechts führen[106]. 54

---

[101] Vgl *Lüderitz* IPR Rn 304; *Raape* IPR § 55 VIII 1.
[102] Zu Art 41 ebenso *Staudinger/v. Hoffmann* Rn 257.
[103] Zu Art 40 ff EGBGB ebenso AnwK-BGB/*Wagner* Rn 52.
[104] Vgl auch LG Düsseldorf NJW-RR 1998, 979; LG München I RIW 2000, 467: Abrufort; diff *Mankowski* RabelsZ 63 (1999), 203, 267 f, 269 ff, 281 f; anders *Trunk*, Jahresheft der Internationalen Juristenvereinigung Osnabrück 7 (1997/1998), 58, 63: Zielrechner als elektronischer Arm des Schädigers und Handlungsort.
[105] S auch *Mankowski* RabelsZ 63 (1999), 203, 270 f.
[106] IdS zu Art 40 ff EGBGB auch AnwK-BGB/*Wagner* Rn 84.

Art 5 Produkthaftung
(1) Unbeschadet des Artikels 4 Absatz 2 ist auf ein außervertragliches Schuldverhältnis im Falle eines Schadens durch ein Produkt folgendes Recht anzuwenden:
 a) das Recht des Staates, in dem die geschädigte Person beim Eintritt des Schadens ihren gewöhnlichen Aufenthalt hatte, sofern das Produkt in diesem Staat in Verkehr gebracht wurde, oder anderenfalls
 b) das Recht des Staates, in dem das Produkt erworben wurde, falls das Produkt in diesem Staat in Verkehr gebracht wurde, oder anderenfalls
 c) das Recht des Staates, in dem der Schaden eingetreten ist, falls das Produkt in diesem Staat in Verkehr gebracht wurde.
Jedoch ist das Recht des Staates anzuwenden, in dem die Person, deren Haftung geltend gemacht wird, ihren gewöhnlichen Aufenthalt hat, wenn sie das Inverkehrbringen des Produkts oder eines gleichartigen Produkts in dem Staat, dessen Recht nach den Buchstaben a, b oder c anzuwenden ist, vernünftigerweise nicht voraussehen konnte.
(2) Ergibt sich aus der Gesamtheit der Umstände, dass die unerlaubte Handlung eine offensichtlich engere Verbindung mit einem anderen als dem in Absatz 1 bezeichneten Staat aufweist, so ist das Recht dieses anderen Staates anzuwenden. Eine offensichtlich engere Verbindung mit einem anderen Staat könnte sich insbesondere aus einem bereits bestehenden Rechtsverhältnis zwischen den Parteien – wie einem Vertrag – ergeben, das mit der betreffenden unerlaubten Handlung in enger Verbindung steht.

55 In Art 5 Rom II-VO-Entwurf wird das **internationale Produkthaftungsrecht** geregelt (zum bisherigen Rechtszustand s Art 40 EGBGB Rn 45, 46). Als Produkt iS der darin enthaltenen Sonderanknüpfung wird man den **Begriff des Produktes** zu verstehen haben, wie er in der Produkthaftungs-RL (Art 2 bzw § 2 ProdHaftG)[107] verwendet wird (die – anders als die späteren verbraucherschützenden Richtlinien des Vertragsrechts – ihrerseits keine kollisionsrechtlichen Vorgaben enthält). Es geht also im Wesentlichen nur um bewegliche Sachen unter Einbeziehung von Elektrizität.

56 Im Gegensatz zu Erwägungsgrund Nr 20, der vollmundig von einer „ausgewogenen Lösung" spricht, gilt nun folgende reichlich komplizierte, offensichtlich auf den Einfluss der Interessen betroffener Produzenten zurückzuführende **Anknüpfungsleiter**[108]**, und zwar sowohl für Erwerber als auch für sog bystander** (der freilich über die Ausweichklausel gesondert behandelt werden könnte[109]): (1) Vorrangig ist eine Rechtswahl nach Art 14. (2) Dann kommt es auf die im Verhältnis zu den ausdrücklichen Anknüpfungen von Abs 1 vorrangige offensichtlich engere Verbindung an (Abs 2 = Art 4 Abs 3). Sie ist zunächst zu untersuchen in Bezug auf das unter den Voraussetzungen des Abs 1 anzuwendende Recht. (3) Hier ist primär nach einem gemeinsamen gewöhnlichen Aufenthalt von Schädiger und Geschädigtem zu suchen (Art 4 Abs 2). Innerhalb des Abs 1 gilt iÜ nicht das Günstigkeitsprinzip innerhalb der drei Varianten der lit a bis lit c. Angewendet werden soll hier vielmehr (4) vorrangig das Recht des Staates, in dem die Person, die den Schaden unmittelbar erleidet, zur Zeit des Schadenseintritts, also des Verletzungserfolgs, ihren gewöhnlichen Aufenthalt (bzw ihre Hauptniederlassung) hat, vorausgesetzt, das Produkt ist in diesem Staat in Verkehr gebracht worden (Abs 1 lit a). Hilfsweise gilt (5) das Recht des Staates, in dem das Produkt erworben wurde, falls es auch in diesem Staat in Verkehr gebracht worden ist (Abs 1 lit b). Zweithilfsweise kommt es (6) auf den Verletzungserfolgsort an, falls das Produkt dort in den Verkehr gebracht worden ist (Abs 1 lit c). Damit werden die Interessen des Geschädigten kollisionsrechtlich in den Vordergrund gestellt. Sie werden indes verdrängt, wenn das Inverkehrbringen des schädigenden oder – was auch genügt – eines gleichartigen Produktes aus der Perspektive des Schädigers „vernünftigerweise" nicht vorhersehbar war (Abs 1 S 2); hier sollen sich die Interessen der Produzenten durchsetzen und (7) deren Heimatrecht anzuwenden sein. Indes wird man an eine solche „abstrakte" (nicht: konkrete) Nicht-Vorhersehbarkeit[110] (und ihren Nachweis) im Hinblick auf die genau gegenläufige Grundanknüpfung des Abs 1 keine geringen Anforderungen stellen dürfen. Erfasst ist der Fall, dass das Produkt nachweislich ohne Zustimmung des Inanspruchgenommenen in das betreffende Land und dort in den Verkehr gebracht worden ist; dann gilt das Aufenthaltsrecht (bzw das über Art 23 Rom II-VO maßgebliche Recht) des Inanspruchgenommenen. Als **Ort des Inverkehrbringens** wird man den Ort der Abgabe an den Verbraucher (zB durch Veräußerung oder Schenkung, bei Fernbestellungen: den Ort des Erhalts der Ware) anzusehen haben.

56a Ist das Produkt nicht im Staat des gewöhnlichen Aufenthaltes des Geschädigten (lit a), der Erwerbsorts (lit b) oder der Verletzungserfolgsorts (lit c) in den Verkehr gebracht worden, gilt nicht das Aufenthaltsrecht des Schädigers. Denn Abs 1 S 2 greift hier seinem Wortlaut nach ("dessen Recht nach lit a, lit b oder lit c anzuwenden ist") nach ins Leere. Beispiel: Kauf eines unautorisiert und unvorhersehbar in Polen weiterverkauften Produktes, das in China (und nur für den chinesischen Markt)

---
[107] RL 85/374/EWG vom 25. 7. 1985, ABl EG Nr L 210 S 29; in Deutschland § 2 ProdHaftG; ebenso MünchKommBGB/*Junker* Art 42 Anh Rn 41; *Leible/Lehmann* RIW 2007, 721, 727; dazu etwa *Foerste* in: *v. Westphalen* (Hrsg), Produkthaftungshandbuch, Bd 2, 2. Aufl 1999, § 73 mwN.
[108] *Junker* NJW 2007, 3675, 3679; *G. Wagner* IPrax 2008, 1, 7; *Spickhoff*, FS Kropholler, 2008; ferner *Fuchs* GPR 2004, 100, 102; MünchKommBGB/*Junker* Art 42 EGBGB Anh Rn 41.
[109] *Leible/Lehmann* RIW 2007, 721, 726.
[110] MünchKommBGB/*Junker* Art 42 EGBGB Anh Rn 43.

hergestellt und dort in Verkehr gebracht worden ist; der (deutsche) Käufer wird in Deutschland geschädigt (verletzt)[111]. Damit geht auch Abs 1 S 2, der sich nur auf diese drei Fälle bezieht, ins Leere. Auf Abs 2 kann nicht abgestellt werden, da diese Norm gerade auf den ersten Abs bezogen ist und von dessen Anknüpfungen ein Ausweichen ermöglicht. Zur Lückenfüllung bieten sich (8) zwei Wege an. Der erste ist in kollisionsrechtlicher Interessenbewertung geschädigtenfeindlich und produzentenfreundlich. Er besteht darin, Abs 1 S 2 analog anzuwenden. Man würde dann an den Sitz bzw das Recht des gewöhnlichen Aufenthaltes des Herstellers anknüpfen, also dessen Heimatrecht anwenden. Dafür spricht aus normimmanenter Sicht ein an sich naheliegender Erst-Recht-Schluss: Ist das Heimatrecht des Herstellers schon maßgeblich, wenn das Produkt in einem der in Abs 1 S 1 lit a bis c genannten Staaten in den Verkehr gebracht wurde, dann könnte dies erst recht gelten, wenn noch nicht einmal diese Voraussetzungen erfüllt sind[112]. Die Alternative bestünde darin, auf die Grundregel zurückzugreifen. Es wäre dann das Recht am Verletzungserfolgsort (unter dem Vorbehalt einer offensichtlich engeren Verbindung, Art 4 Rom II-VO) anzuwenden. Diese Lösung wäre aus kollisionsrechtlicher Perspektive geschädigtenfreundlich, entspräche der in Art 5 Rom II-VO auch sonst immer wieder in Bezug genommenen Grundregel und läge überdies wenigstens in Bezug auf die ungeregelten Fälle auf der Linie des sonstigen Verbraucherschutzes in Europa. Aus der Perspektive des Art 5 Rom II-VO spricht dafür, dass alle drei Fallgruppen des ersten Absatzes dieser Norm in Wirklichkeit nichts anderes als eine Anknüpfung an den Ort des Inverkehrbringens vorsehen, eine seit jeher diskutierte Konkretisierung der Tatortregel[113]. Freilich wird an diese Orte nur unter den in der Leiter der drei Anknüpfungen genannten zusätzlichen Voraussetzungen (gewöhnlicher Aufenthalt des Geschädigten, hilfsweise Erwerbsort als „Marktort"[114], zweithilfsweise Verletzungserfolgsort), angeknüpft. Fehlt es an den entsprechenden Voraussetzungen, gilt im Bereich der Produkthaftung eben nicht das Recht am Ort des Inverkehrbringens, sondern die allgemeine Tatortregel und damit das Recht am Ort des Verletzungserfolges. Es bleibt dann freilich die Frage nach einem Wertungswiderspruch. Doch sind solche Wertungswidersprüche für fragwürdige gesetzgeberische Kompromisse nicht untypisch. Hätte der Gesetzgeber eine pauschale Begünstigung des geschädigten Produzenten durch die Anwendung seines Aufenthaltsrechts trotz der daran zu richtenden rechtspolitischen Fragezeichen gewünscht (man denke an die Möglichkeit, infolge der schlichten Verlegung des Sitzes, der mit einem Handlungsort zwar typischer –, aber keineswegs notwendigerweise identisch sein muss, in ein haftungsfreundliches Land), hätte er dies leicht normieren können. Auch sonst sind viele der Anknüpfungen im internationalen Deliktsrecht nicht an die Vorhersehbarkeit des anwendbaren Rechts gekoppelt worden. Wenn der Gesetzgeber demgegenüber kompromisshaft-dezisionistisch die Anknüpfung zum internationalen Produkthaftungsrecht formuliert, liegt eine Erweiterung der Produzentenbegünstigung durch Analogie nicht nahe. Es sei daran erinnert, dass zumindest die neuere deutsche Rechtsprechung eine analoge Anwendung von Art 29 Abs 1 Nr 1 bis 3 EGBGB, der auf Art 5 Abs 1 und 2 EVÜ beruht, ablehnt[115]. Dass es im Falle der analogen Anwendung von Art 29 Abs 1 Nr 1 bis 3 EGBGB um eine Stärkung des kollisionsrechtlichen Verbraucherschutzes gegangen wäre, während hier geradezu eine Schwächung des kollisionsrechtlichen Verbraucher- und Geschädigtenschutzes in Rede steht, ist dabei nicht entscheidend. Vielmehr steht der Gedanke, dass der dezisionistische Charakter der Normen, der einer Erweiterung im Wege der Analogie entgegensteht, im Vordergrund. Allerdings kann den Wertungen, die in dem Voraussehbarkeitserfordernis des Art 5 Abs 1 S 2 Rom II-VO zum Ausdruck kommen, im Rahmen der Ausweichklausel des Art 4 Abs 3 Rom II-VO Rechnung getragen werden. Das liegt namentlich in Bezug auf unbeteiligte Dritte, die sog bystander, nahe. Ohnedies passt das Recht des Erwerbsorts von vornherein nicht für Schäden, die bystander erlitten haben[116]. Ist der Erfolgsort nicht vorhersehbar, kann im Einzelfall auf das Handlungsortsrecht abgestellt werden[117]. Ein solches Ergebnis würde einerseits dem in Art 5 Abs 1 S 2 Rom II-VO zugrundeliegenden Gedanken nahekommen, jedoch das Bedenken vermeiden, dass Sitz bzw gewöhnlicher Aufenthalt des Produzenten (auf die dort abgestellt wird) nicht notwendig deckungsgleich mit dem deliktsrechtlichen Handlungsort sein müssen. Innerhalb der Rom II-VO könnte dieses Ergebnis mittels der Ausweichklausel des Art 4 Abs 3 Rom II-VO erzielt werden: Wenn – wie hier vorgeschlagen – die Grundanknüpfung an das Recht am Erfolgsort eingreift, weil Art 5 Abs 1 S 1 Rom II-VO nach seinem Wortlaut ins Leere geht, so sollte über Art 4 Abs 3 Rom II-VO in Fällen der (unter den dargelegten strengen Anforderungen) fehlenden Vorhersehbarkeit des Erfolgsorts auf das Handlungsortsrecht abgestellt werden. Nicht immer, aber typischerweise wird sich das mit dem Recht am gewöhnlichen Aufenthalt bzw Sitz des Produzenten decken.

---

[111] S auch G. *Wagner* IPRax 2008, 1, 7.
[112] Dafür *Leible/Lehmann* RIW 2007, 721, 728; G. *Wagner* IPRax 2008, 1, 7.
[113] Statt aller *Palandt/Heldrich* Art 40 EGBGB Rn 11.
[114] Dafür nach geltendem Kollisionsrecht etwa *v. Hein* VersR 2007, 440, 447; *Kadner Graziano*, Europäisches Internationales Deliktsrecht, 2003, S 74 ff; AnwK-BGB/G. *Wagner* Art 40 EGBGB Rn 64.
[115] BGHZ 165, 248; BGHZ 135, 124, 133.
[116] *Kropholler* IPR § 53 V 3, S 539 f; kritisch bezüglich der Anknüpfung an den gewöhnlichen Aufenthalt (auch) von geschädigten Bystandern *Heiss/Loacker* JBl 2007, 613, 628; für den Erfolgsort auch *Wandt*, Internationale Produkthaftung, 1995, Rn 1100; in Bezug auf Bystander rechtspolitisch insgesamt gegen den Erwerbsort *Drobnig* in: *v. Caemmerer*, Vorschläge und Gutachten zur Reform des deutschen Internationalen Privatrechts der außervertraglichen Schuldverhältnisse und Sachen, 1983, S 298, 332 f.
[117] *Kropholler* IPR § 53 IV 2, S 525.

56 b An das Eingreifen der Ausweichklauseln ist unabhängig von der Konstellation der bystander zudem in Konstellationen eines gestreckten Schadensverlaufs zu denken, wenn mehrere Verletzungserfolgsorte in Betracht kommen (Verzehr von Lebensmitteln desselben Herstellers in verschiedenen Staaten mit in den verschiedenen Staaten eintretenden bzw sich perpetuierenden Verletzungserfolgen). In solchen Fällen kann die Voraussehbarkeit des Verletzungserfolgsortes für den Produzenten zumindest die Auswahl unter mehreren Erfolgsorten iS einer Schwerpunktbetrachtung und der Auswahl des Rechts der engsten Verbindung prägen.

57 In **beweisrechtlicher Hinsicht** wird der Geschädigte die Voraussetzungen von Abs 1 lit a bis lit c darzutun haben, während dem Schädiger die Beweislast für die Ausnahme des Abs 1 S 2 obliegt.

Art 6 Unlauterer Wettbewerb und den freien Wettbewerb einschränkendes Verhalten

(1) Auf außervertragliche Schuldverhältnisse aus unlauterem Wettbewerbsverhalten ist das Recht des Staates anzuwenden, in dessen Gebiet die Wettbewerbsbeziehungen oder die kollektiven Interessen der Verbraucher beeinträchtigt worden sind oder wahrscheinlich beeinträchtigt werden.

(2) Beeinträchtigt ein unlauteres Wettbewerbsverhalten ausschließlich die Interessen eines bestimmten Wettbewerbers, ist Artikel 4 anwendbar.

(3) a) Auf außervertragliche Schuldverhältnisse aus einem den Wettbewerb einschränkenden Verhalten ist das Recht des Staates anzuwenden, dessen Markt beeinträchtigt ist oder wahrscheinlich beeinträchtigt wird.

b) Wird der Markt in mehr als einem Staat beeinträchtigt oder wahrscheinlich beeinträchtigt, so kann ein Geschädigter, der vor einem Gericht im Mitgliedstaat des Wohnsitzes des Beklagten klagt, seinen Anspruch auf das Recht des Mitgliedstaats des angerufenen Gerichts stützen, sofern der Markt in diesem Mitgliedstaat zu den Märkten gehört, die unmittelbar und wesentlich durch das den Wettbewerb einschränkende Verhalten beeinträchtigt sind, das das außervertragliche Schuldverhältnis begründet, auf welches sich der Anspruch stützt; klagt der Kläger gemäß den geltenden Regeln über die gerichtliche Zuständigkeit vor diesem Gericht gegen mehr als einen Beklagten, so kann er seinen Anspruch nur dann auf das Recht dieses Gerichts stützen, wenn das den Wettbewerb einschränkende Verhalten, auf das sich der Anspruch gegen jeden dieser Beklagten stützt, auch den Markt im Mitgliedstaat dieses Gerichts unmittelbar und wesentlich beeinträchtigt.

(4) Von dem nach diesem Artikel anzuwendenden Recht kann nicht durch eine Vereinbarung gemäß Artikel 14 abgewichen werden.

58 Art 6 schützt seinem **Normzweck** nach Wettbewerber, Verbraucher und die Allgemeinheit[118]. Zudem soll das „reibungslose Funktionieren der Marktwirtschaft" sichergestellt werden (Erwägungsgrund Nr 21). Demgemäß ist die Anknüpfung des Abs 2 marktbezogen, die des Abs 2 betriebsbezogen[119]. Der **Anwendungsbereich** von Art 6 Rom II-VO wird in Erwägungsgrund Nr 23 näher erläutert. Es geht um **unlauteren Wettbewerb** und um den freien Wettbewerb einschränkendes Verhalten, etwa durch Verbote von Vereinbarungen zwischen Unternehmen, Beschlüssen von Unternehmensvereinigungen und abgestimmten Verhaltensweisen, die zu einer Verhinderung, Einschränkung oder Verfälschung des Wettbewerbs führen (sollen). Sodann geht es um die missbräuchliche Ausnutzung einer marktbeherrschenden Stellung, die nach Art 81, 82 EG-Vertrag oder nach internen Rechtsnormen eines Mitgliedstaates verboten sind. Die Norm betrifft damit auch das **internationale Kartellrecht**. Durch die Erstreckung des Anwendungsbereichs von Abs 1 auf wahrscheinliche Beeinträchtigungen werden auch vorbeugende Unterlassungsbegehren erfasst[120]. Zum vorrangig zu beachtenden Herkunftslandprinzip s Art 27 Rom II-VO (Rn 145).

59 **Unlautere Geschäftspraktiken** sind zunächst über Abs 1 nach der Tatortgrundregel zu beurteilen, konkretisiert bzw präzisiert (Erwägungsgrund Nr 21) durch den Ort der Beeinträchtigung der Wettbewerbsbeziehungen oder der kollektiven (nicht allein individuellen!) Interessen der Verbraucher. Es geht um die Bestimmung des **Orts der wettbewerbsrechtlichen Interessenkollision**[121], in Erwägungsgrund Nr 22 S 2 konkretisiert durch den **Ort der (ggf drohenden) Auswirkung**. Im Falle **mehrerer (drohender) Auswirkungsorte** verweist Erwägungsgrund Nr 22 S 3 auf die Möglichkeit der Inanspruchnahme der lex fori, freilich etwas dunkel nur „unter bestimmten Umständen". Richtigerweise sollte ggf im Wege einer Mosaikbetrachtung nach den Rechten der jeweils betroffenen Markteinwirkungsorte entschieden werden[122]. Nebensächliche Einwirkungen iS von minimalen Beeinträchtigungen sollten indes nach dem Prinzip einer offensichtlich unzureichend engen Verbindung (Umkehrschluss aus Art 4 Abs 3) ausgeschieden werden[123].

---

[118] MünchKommBGB/*Junker* Art 42 EGBGB Anh Rn 45; zum bisherigen Wettbewerbskollisionsrecht s Art 40 EGBGB Rn 49 bis 52.
[119] *Junker* NJW 3675, 3679; MünchKommBGB/*Junker* Art 42 EGBGB Anh Rn 45.
[120] MünchKommBGB/*Junker* Art 42 EGBGB Anh Rn 46.
[121] MünchKommBGB/*Junker* Art 42 EGBGB Anh Rn 47.
[122] Ebenso *Leible/Lehmann* RIW 2007, 721, 729.
[123] Übereinstimmend *Leible/Lehmann* RIW 2007, 721, 729.

Für **betriebsbezogene Wettbewerbsverstöße** gilt gemäß Abs 2 iVm Art 4 Abs 2 das gemeinsame   60
Aufenthaltsrecht (Art 23), hilfsweise das Recht am Ort der Schädigung des Konkurrenten (Art 4 Abs 1),
vorbehaltlich einer offensichtlich noch engeren Verbindung (Abs 3). Über Abs 3 wird man im Einzelfall
auch dann zum gemeinsamen Personalstatut der Wettbewerber gelangen können, wenn die Wettbewerbshandlung gezielt gegen den inländischen Mitbewerber gerichtet ist[124].

Nach Abs 3 lit a gilt das Recht am Ort der Wettbewerbsbeeinträchtigung auch im Falle von (wahr-   61
scheinlich) wettbewerbsbeschränkendem Verhalten. Erwägungsgrund Nr 23 nennt dazu Beispiele.
Recht eingehend geht Abs 3 lit b auf entsprechende multi-state-Delikte ein und eröffnet unter den dort
genannten Voraussetzungen einen Rückgriff auf die lex fori anstelle einer Mosaikbetrachtung[125].

Eine **Rechtswahl** nach Art 14 Rom II-VO ist auf Grund der potentiellen Betroffenheit von Dritt-   62
interessen **ausgeschlossen** (Abs 4). Nach dem telos der Norm, die Dritt- bzw Allgemeininteressen
schützen soll, wird man im Falle rein betriebs- oder individualrechtsbezogener Wettbewerbsverstößen
indes eine Rechtswahl zuzulassen haben[126].

Art 7 Umweltschädigung

Auf außervertragliche Schuldverhältnisse aus einer Umweltschädigung oder einem aus einer solchen Schädigung herrührenden Personen- oder Sachschaden ist das nach Artikel 4 Absatz 1 geltende Recht anzuwenden, es sei denn, der Geschädigte hat sich dazu entschieden, seinen Anspruch auf das Recht des Staates zu stützen, in dem das schadensbegründende Ereignis eingetreten ist.

Im Falle von **Umweltschäden** (zum bisherigen Recht s Art 40 EGBGB Rn 47, 48 und Art 44   63
EGBGB) gilt über Art 7 Rom II-VO aus Gründen der Prävention und der Stärkung des Umweltschutzes – wenngleich für deutsche Leser erst aus dem Kontext verständlich – das Handlungs- oder
das Erfolgsortsrecht[127]. Will der Geschädigte das Handlungsortsrecht angewendet wissen, muss er sich
indes darauf berufen; anderenfalls bleibt es bei der Anknüpfung nach Art 4 Abs 1 Rom II-VO. Die
Ausübung dieser Option kann auch konkludent, sie muss aber mit (aktuellem) Erklärungsbewusstsein
erfolgen. Art 4 Abs 2 Rom II-VO ist nach dem eindeutigen Wortlaut von Art 7 Rom II-VO nicht
anzuwenden[128]. Zwar spricht Erwägungsgrund Nr 25 S 2 davon, dass die Frage, wann der Geschädigte die Wahl des anzuwendenden Rechts zu treffen hat, nach der lex fori zu entscheiden ist. Doch
ist anders als in Art 40 Abs 1 EGBGB, auf den wegen des systematischen Zusammenhangs mit der
deliktskollisionsrechtlichen Grundanknüpfung des autonomen deutschen Rechts nicht subsidiär zurückzugreifen ist, hierfür eine bestimmte Frist nicht einzuhalten. Insbes gilt – trotz seines prozessrechtlichen Einschlags – nicht Art 40 Abs 1 S 3 EGBGB[129]. Im Übrigen gelten in Bezug auf eine
denkbare Präklusion die Verfahrensvorschriften des deutschen Rechts, von denen auf Grund der
drohenden Rechtsschutzverkürzung indes nur mit Vorsicht Gebrauch gemacht werden sollte.
§§ 282, 296 a ZPO beziehen sich nur auf den Vortrag neuer Tatsachen und nicht auf die Einführung neuer Rechtsnormen und können demgemäß (bestenfalls) nur begrenzt Präklusionswirkungen
auslösen[130]. Ein **von Amts wegen zu beachtendes Günstigkeitsprinzip**, das Art 40 Abs 4
EGBGB entspricht, kennt sonst – in Bezug auf den **Direktanspruch gegen einen Versicherer** –
nur noch Art 18 Rom II-VO.

Der Begriff der „**Umweltschädigung**" soll laut Erwägungsgrund Nr 24 „eine nachteilige Verän-   64
derung einer natürlichen Ressource, wie Wasser, Boden oder Luft, eine Beeinträchtigung einer Funktion, die eine natürliche Ressource zum Nutzen einer anderen natürlichen Ressource oder der Öffentlichkeit erfüllt, oder eine Beeinträchtigung der Variabilität unter lebenden Organismen umfassen."
Zweifelhaft ist ob, die **Qualifikation eines Anspruchs** als sachenrechtlich – wie im autonomen IPR
(Art 40 EGBGB Rn 47) – diesen aus dem Anwendungsbereich der Rom II-VO ausschließt. Zwar sind
aus deutscher Lesart sachenrechtlich zu qualifizierende Ansprüche im Prinzip keine schuldrechtlichen (die
allein die Rom II-VO regelt). Doch wird man dem Zweck der Vereinheitlichungsanliegen von Rom II
entspr den Begriff des „schuldrechtlichen" Anspruchs weit fassen müssen. Denn es geht zB beim Schutz
des Eigentums in der Sachen- wie im Deliktsrecht um effektiven Güterschutz gegen Einwirkungen. Daher
spricht mehr dafür, etwa die §§ 904, 906, 1004 BGB als von Art 7 Rom II-VO erfasst anzusehen. Nicht
mehr erfasst ist aber das Anliegerrecht und die Bestimmung des Inhalts von Grundeigentum etwa in
Gestalt der Pflicht, einen Notweg, einen Überbau, einen Überhang oder einen Überfall zu dulden oder
bestimmte Grenzabstände (Bepflanzungsgrenzen oder Bebauungsgrenzen) einzuhalten.

---

[124] In Übereinstimmung mit BGHZ 40, 391, 397 = NJW 1964, 969; OLG München RIW 1993, 231; OLG Düsseldorf NJW-RR 1993, 171; OLG Koblenz NJW-RR 1993, 1196; grds zweifelnd im Hinblick auf europarechtliche Vorgaben aber *Schaub* RabelsZ 66 (2002), 18, 46 ff.
[125] *Leible/Lehmann* RIW 2007, 721, 730; *G. Wagner* IPRax 2008, 1, 8.
[126] *Leible/Lehmann* RIW 2007, 721, 730 f; *G. Wagner* IPRax 2008, 1, 8.
[127] Erwägungsgrund Nr 25; früher bereits *Huber/Bach* IPRax 2005, 73, 79; MünchKommBGB/*Junker* Art 42 EGBGB Anh Rn 57; rechtspolitisch krit dazu *G. Wagner* IPRax 2006, 372, 380.
[128] *Leible/Lehmann* RIW 2007, 721, 729; *Heiss/Loacker* öJBl 2007, 613, 633: konkludente Ausübung der Option möglich.
[129] *Leible/Engel* EuZW 2004, 7, 13; *G. Wagner* IPRax 2008, 1, 9; MünchKommBGB/*Junker* Art 42 EGBGB Anh Rn 58; im Ergebnis anders aber *Huber/Bach* IPRax 2005, 73, 80.
[130] Dafür *Leible/Lehmann* RIW 2007, 721, 726.

Art 8 Verletzung von Rechten des geistigen Eigentums

(1) Auf außervertragliche Schuldverhältnisse aus einer Verletzung von Rechten des geistigen Eigentums ist das Recht des Staates anzuwenden, für den der Schutz beansprucht wird.

(2) Bei außervertraglichen Schuldverhältnissen aus einer Verletzung von gemeinschaftsweit einheitlichen Rechten des geistigen Eigentums ist auf Fragen, die nicht unter den einschlägigen Rechtsakt der Gemeinschaft fallen, das Recht des Staates anzuwenden, in dem die Verletzung begangen wurde.

(3) Von dem nach diesem Artikel anzuwendenden Recht kann nicht durch eine Vereinbarung nach Artikel 14 abgewichen werden.

65   In Bezug auf die **Verletzung von Rechten am geistigen Eigentum** gilt – vorbehaltlich Internationaler Übereinkommen, die auch gegenüber Art 8 vorrangig anzuwenden sind (Art 28) – das hergebrachte **Schutzlandprinzip** (Abs 1). Für den Schutz von **Immaterialgüterrechten** gilt das **Territorialitätsprinzip**, da solche Rechte von einem Staat nur mit Wirkung für sein Gebiet bewilligt werden. Auf Grund vielfacher mehrseitiger Abkommen werden solche Rechte allerdings in anderen Staaten anerkannt, was über eine Anknüpfung an das Recht des Schutzlandes geschieht[131]. Diese Grundsätze gelten auch im Falle von Rechtsverletzungen im Internet[132].

66   Für **gemeinschaftsrechtliche gewerbliche Schutzrechte** ist zunächst auf das Gemeinschaftsrecht abzustellen. Nur zur Lückenfüllung (zB in Bezug auf die Rechtsfolgen einer Verletzung) ist auf das Recht des Mitgliedstaates zurückzugreifen, in dem die Verletzung begangen wurde. Damit ist wohl das Handlungsortsrecht gemeint[133].

67   Erfasst vom Begriff der „**Rechte des geistigen Eigentums**" sind Urheberrechte und verwandte Schutzrechte, das Schutzrecht sui generis für Datenbanken und gewerbliche Schutzrechte (Erwägungsgrund Nr 26).

68   Eine Möglichkeit der (auch nachträglichen) **Rechtswahl** nach Art 14 Rom II-VO-Entwurf besteht **nicht**, ebenso wenig die Möglichkeit der sog Auflockerung des Deliktsstatuts oder der Tatortregel nach Art 4 Abs 3 bzw des Bereicherungskollisionsrechts nach Art 10 Abs 4.

Art 9 Arbeitskampfmaßnahmen

Unbeschadet des Artikels 4 Absatz 2 ist auf außervertragliche Schuldverhältnisse in Bezug auf die Haftung einer Person in ihrer Eigenschaft als Arbeitnehmer oder Arbeitgeber oder der Organisationen, die deren berufliche Interessen vertreten, für Schäden, die aus bevorstehenden oder durchgeführten Arbeitskampfmaßnahmen entstanden sind, das Recht des Staates anzuwenden, in dem die Arbeitskampfmaßnahme erfolgen soll oder erfolgt ist.

69   Für deliktsrechtliche Ansprüche, die aus **Arbeitskämpfen**, insbes Streiks oder Aussperrung resultieren (zu sonstigen Arbeitsunfällen s Art 4 Rom II-VO, s Rn 51), enthält Art 9 Rom II-VO eine Sonderanknüpfung (s auch Erwägungsgrund Nr 27). Erfasst sind Ansprüche von Arbeitnehmern gegen Arbeitgeber und Arbeitgeberverbände sowie von Arbeitgebern gegen Arbeitnehmer oder Gewerkschaften, aber auch Ansprüche von Gewerkschaften und Arbeitnehmerverbänden gegeneinander. Es versteht sich an sich von selbst, dass durch Art 9 „die Bedingungen" (gemeint: die sachlichen Voraussetzungen) für die Durchführung solcher Maßnahmen nach nationalem Recht und die im nationalen Recht (nicht nur der Mitgliedstaaten, wegen Art 3 zu eng formuliert in Erwägungsgrund Nr 28) vorgesehene Rechtsstellung der Gewerkschaften oder der repräsentativen Arbeitnehmerorganisation (und ebenso der Arbeitgeberverbände) nicht berührt werden. Für den **Begriff der „Arbeitskampfmaßnahme"** verweist Erwägungsgrund Nr 27 aus kompetenziellen Gründen in Abweichung vom sonst geltenden Grundsatz der autonomen Auslegung auf das nationale Recht, was auf die lex fori hinausläuft (keine Qualifikation nach der lex causae)[134]. Indes sollten deutsche Gerichte gewissermaßen aus eigenem Recht eine autonome Auslegung des Begriffs vorziehen.

70   Aus Art 9 Rom II-VO folgt im systematischen Kontext folgende **Anknüpfungsleiter:** Vorrangig ist zunächst eine Rechtswahl gemäß Art 14 Rom II-VO. Sodann ist über Art 4 Abs 2 Rom II-VO das Recht am gemeinsamen gewöhnlichen Aufenthalt von Schädiger und Geschädigtem (zB Arbeitnehmer und Arbeitgeber, Arbeitgeber und Gewerkschaft) maßgeblich. Diese Anknüpfung kann zu misslichen Ungleichbehandlungen führen. Gleichwohl ist hier der Rückgriff auf Art 4 Abs 3 mit seiner Anknüpfung an eine offensichtliche noch engere gemeinsame Verbindung durch Art 9 (der gerade nicht auf Art 4 Abs 3 verweist) versperrt[135]. Eine in Deutschland bisher erwogene akzessorische

---

[131] Vgl aus der früheren Rspr BGHZ 129, 66, 75; BGHZ 118, 394, 398 = NJW 1992, 3096; BGHZ 126, 252, 255; BGH NJW 1998, 1395, 1396; OLG Hamburg IPRax 2004, 125, 127 m Anm *Kurtz* 107; vgl auch OLG München IPRax 2006, 280; MPI GRUR Int 1985, 104, 106; *Sandrock* in: *v. Caemmerer*, Vorschläge und Gutachten zur Reform des IPR der außervertraglichen Schuldverhältnisse, 1983, S 380, 405 f.

[132] *Spindler* IPRax 2003, 412; *ders* und *Ohly* in: *Leible* (Hrsg), Die Bedeutung des IPR im Zeitalter der neuen Medien, 2003, S 155 ff und S 135, 149 f.

[133] MünchKommBGB/*Junker* Art 42 Anh Rn 63.

[134] *Junker* NJW 2007, 3675, 3680.

[135] *G. Wagner* IPRax 2008, 10.

Anknüpfung an das Arbeitskampfstatut[136] hätte gleichfalls idR zu dem am Arbeitskampfort geltenden Recht geführt[137], so wie dies nun in Art 9 vorgesehen ist. Erwägungsgrund Nr 27 S 2 formuliert das dahingehend, dass das Recht des Staates anzuwenden ist, „in dem die Arbeitskampfmaßnahmen ergriffen wurden".

Kapitel III. Ungerechtfertigte Bereicherung, Geschäftsführung ohne Auftrag und Verschulden bei Vertragsverhandlungen

Art 10 Ungerechtfertigte Bereicherung

(1) Knüpft ein außervertragliches Schuldverhältnis aus ungerechtfertigter Bereicherung, einschließlich von Zahlungen auf eine nicht bestehende Schuld, an ein zwischen den Parteien bestehendes Rechtsverhältnis – wie ein Vertrag oder eine unerlaubte Handlung – an, das eine enge Verbindung mit dieser ungerechtfertigten Bereicherung aufweist, so ist das Recht anzuwenden, dem dieses Rechtsverhältnis unterliegt.

(2) Kann das anzuwendende Recht nicht nach Absatz 1 bestimmt werden und haben die Parteien zum Zeitpunkt des Eintritts des Ereignisses, das die ungerechtfertigte Bereicherung zur Folge hat, ihren gewöhnlichen Aufenthalt in demselben Staat, so ist das Recht dieses Staates anzuwenden.

(3) Kann das anzuwendende Recht nicht nach den Absätzen 1 oder 2 bestimmt werden, so ist das Recht des Staates anzuwenden, in dem die ungerechtfertigte Bereicherung eingetreten ist.

(4) Ergibt sich aus der Gesamtheit der Umstände, dass das außervertragliche Schuldverhältnis aus ungerechtfertigter Bereicherung eine offensichtlich engere Verbindung mit einem anderen als dem in den Absätzen 1, 2 und 3 bezeichneten Staat aufweist, so ist das Recht dieses anderen Staates anzuwenden.

1. Zweck. Art 10 Rom II-VO regelt das Internationale Bereicherungsrecht. Der Zweck der Norm bleibt in den Erwägungsgründen dunkel; Erwägungsgrund Nr 29 spricht nur von der Notwendigkeit einer „Sonderbestimmung". Es versteht sich von selbst, dass die Norm – anders als Art 38 EGBGB – nicht ohne weiteres der Auffächerung der Kondiktionsarten iS der herrschenden Dogmatik des deutschen (sachlichen) Bereicherungsrechts folgt. Ungeachtet dessen kann man in Art 10 Abs 1 Rom II-VO die deutsche Leistungskondiktion verorten. Im Übrigen kommt es – nicht unähnlich Art 38 Abs 3 EGBGB – auf den Ort an, in dem die ungerechtfertigte Bereicherung eingetreten ist (Art 10 Abs 3 Rom II-VO). Art 10 Rom II-VO bezweckt im Ergebnis jedenfalls, die Rückabwicklung einer Vermögensverschiebung nach Möglichkeit einer einzigen Rechtsordnung zuzuführen und gleichzeitig die **weitestgehende Entsprechung zwischen dem „Hin- und Rückweg" einer Bereicherung** zu gewährleisten[138]. 71

2. Anknüpfungssystem. Art 10 Rom II-VO beinhaltet die kollisionsrechtlichen Grundanknüpfungen des Internationalen Bereicherungsrechts. Nach Art 14 Rom II-VO kann die Anknüpfung nach Art 10 Rom II-VO durch eine vorrangig zu beachtende Rechtswahl verdrängt werden. Es folgt eine akzessorische Anknüpfung an ein „zwischen den Parteien bestehendes Rechtsverhältnis" (wozu indes auch eine Nichtschuld gehört), Art 10 Abs 1 Rom II-VO[139]. Hilfsweise kommt es auf den gemeinsamen gewöhnlichen Aufenthalt zur Zeit des die Bereicherung auslösenden Ereignisses (Art 10 Abs 2 Rom II-VO) und schließlich auf den Ort des Bereicherungseintritts an (Art 10 Abs 3 Rom II-VO). Abgesehen von einem nach Art 14 Rom II-VO gewählten Recht kann von diesen Anknüpfungen im Hinblick auf eine offensichtlich engere Verbindung abgewichen werden (Art 10 Abs 4 Rom II-VO). 72

3. Anwendungsbereich. Der Anwendungsbereich von Art 10 Rom II-VO erfasst solche Normen des in- und ausländischen Rechts, die **funktional im Wesentlichen den Regelungen in den §§ 812 ff BGB entsprechen**. Dabei ist freilich autonom unter Beachtung des Zwecks der Kollisionsnorm zu qualifizieren. Umfasst sind Voraussetzungen und Rechtsfolgen solcher Ansprüche. Insbes entscheidet das betreffende Recht ggf auch über das Fehlen eines rechtlichen Grundes. Ob ein gültiger Erwerbsakt, etwa eine wirksame sachenrechtliche Verfügung vorliegt, richtet sich demgegenüber nach Art 43 EGBGB[140]. Es überlaust ganz allgemein als Vorfrage selbständig anzuknüpfen ist, ob ein Person, die sich eines Anspruchs wegen Eingriffskondiktion berühmt, das angeblich verletzte Recht überhaupt zustand[141]. Zu beachten ist aber auch hier der Ausschluss von Eingriffen in das Persönlichkeitsrecht (Art 1 Abs 2 lit g Rom II-VO). 73

---

[136] *Gamillscheg*, Internationales Arbeitsrecht, 1959, Nr 342.
[137] *Birk* IPRax 1987, 14, 16; *Kegel/Schurig* IPR § 23 VII; für das Recht am Arbeitsort zum bisherigen Recht *Gitter* ZfA 1971, 127, 146.
[138] S bereits *Plaßmeier*, Ungerechtfertigte Bereicherung im IPR und aus rechtsvergleichender Sicht, 1996, S 74 f, insbes 77; ähnlich *Kegel/Schurig* IPR § 18 III.
[139] S bereits *Benecke* RIW 2003, 830, 832.
[140] Vgl MünchKommBGB/*Junker* Art 38 EGBGB Rn 32, 33.
[141] *Schlechtriem*, Bereicherungsansprüche im internationalen Privatrecht, in: Vorschläge und Gutachten zur Reform des deutschen internationalen Privatrechts der außervertraglichen Schuldverhältnisse (Hrsg *v. Caemmerer*), 1983, S 29, 56.

74 Unklar ist, ob Art 10, insbes Abs 1, auch maßgeblich ist, wenn es um die **bereicherungsrechtliche Haftung** von Minderjährigen oder sonstigen (beschränkt) geschäftsfähigen oder gar **geschäftsunfähigen Personen** geht. Die in Deutschland bisher hM hat nach dem Bereicherungsstatut entschieden[142]; die Gegenauffassung hat sich für das über Art 7 Abs 1 EGBGB bestimmte Vernichtungsstatut ausgesprochen[143], und in diesem Kommentar (Art 38 EGBGB Rn 7) ist ein Günstigkeitsvergleich zwischen der Anknüpfung nach Art 38 (insbes Abs 1), und dem nach Art 7, 12 anwendbaren vorgeschlagen worden. Der Zweck des „reibungslosen Funktionierens des Binnenmarktes" (Erwägungsgrund Nr 1) dürfte dafür sprechen, im Rahmen der Rom II-VO **einheitlich das Bereicherungsstatut des Art 10 Rom II-VO** auch in Bezug auf die bereicherungsrechtliche Haftung von nicht (voll) Geschäftsfähigen anzuwenden.

75 **4. Vertragsakzessorische Anknüpfung.** Art 10 Abs 1 Rom II-VO sieht eine akzessorische Anknüpfung an das Recht vor, welches das Rechtsverhältnis beherrscht oder beherrschen würde, wenn es wirksam oder existent wäre[144]. Die Leistungskondiktionen erfasst Art 10 Abs 1 Rom II-VO bis hin zur Leistung auf eine Nichtschuld, ebenso aber auch Fälle der Zuvielleistung oder der Zweckverfehlung. Auf den Begriff der **„Leistung"** des sachlichen deutschen Bereicherungsrechts kommt es nicht an. Freilich muss die Bereicherungshandlung auf ein Rechtsverhältnis bzw einen Rechtsgrund hin ausgerichtet sein, um dem Zweck der Anknüpfung des Art 10 Abs 1 Rom II-VO zu genügen. Kann sich die Leistung auf mehrere, zu unterscheidende Rechtsverhältnisse beziehen und ist zweifelhaft, auf welches sie sich bezieht, sollte nicht anders als im Rahmen von Art 38 EGBGB über Abs 3 das Recht am Ort des Eintritts der Bereicherung anzuwenden sein (Art 38 EGBGB Rn 10)[145]. Akzessorisch angeknüpft werden kann auch die Rückabwicklung von Leistungen, die im Hinblick auf einen bloß beabsichtigten Vertragsschluss hin erbracht worden sind[146].

76 Ebenso wie im Verhältnis von Art 38 EGBGB zu Art 32 Abs 1 Nr 5 EGBGB (= Art 10 Abs 1 e EVÜ) ist **Art 32 Abs 1 Nr 5 als vorrangiger Spezialfall** anzusehen, der Art 10 (Abs 1) Rom II-VO verdrängt, soweit dies Art 28 (As 2!) Rom II-VO zulässt. Nur soweit es um Leistungen außerhalb des Anwendungsbereichs der Art 27 ff EGBGB geht, gilt Art 10 (Abs 1) Rom II-VO unmittelbar, etwa bei unterhalts-, delikts- oder erbrechtlichen Schuldverhältnissen (Art 38 EGBGB Rn 9; Art 32 EGBGB Rn 15).

77 **5. Mehrpersonenverhältnisse.** Im Falle von Mehrpersonenverhältnissen kommt es auf das Leistungsstatut (Art 10 Abs 1 Rom II-VO) an, vorausgesetzt, eine Zuwendung kann einer bereits bestehenden Leistungsbeziehung zugeordnet werden. Im Übrigen gilt außerhalb eines gemeinsamen gewöhnlichen Aufenthalts (Art 10 Abs 2 Rom II-VO) im Allgemeinen das Recht am Ort des Bereicherungseintritts nach Art 10 Abs 1 Rom II-VO[147], etwa im Fall einer **versehentlichen Überweisung** des mehrfachen Betrages der in Wirklichkeit angewiesenen Summe durch die Bank für den Rückzahlungsanspruch der Bank gegen den Empfänger[148]. Bei **Zahlung auf eine fremde Schuld** unterliegt der Anspruch des Zahlenden gegen den Schuldner außerhalb von Art 19 Rom II-VO dagegen gemäß Art 10 Abs 1 Rom II-VO dem Statut der getilgten Forderung[149]. Zahlt ein Dritter auf eine vermeintlich eigene Schuld, so ist der Bereicherungsanspruch gegen den Schuldner nach dem Statut der vermeintlichen Schuld zu beurteilen (Art 10 Abs 1 Rom II-VO). Begleicht ein Dritter demgegenüber freiwillig und bewusst fremde Schulden, so richten sich auch Bereicherungsansprüche des auf eine fremde Schuld zahlenden Dritten gegen den Gläubiger nach dem Recht, das auf die vermeintlich getilgte Verbindlichkeit anwendbar ist[150]. Für Rückgriffsansprüche gegen den Schuldner gilt, wenn zwischen Schuldner und Zahlendem keine causa besteht, über Art 10 Abs 1 Rom II-VO das Recht, das auf die getilgte Schuld anwendbar ist[151].

78 Im Falle eines **Vertrages zugunsten Dritter** entscheidet das Deckungsverhältnis die Frage, ob der Versprechensempfänger einer Kondiktion des Versprechenden ausgesetzt ist. Das Valutaverhältnis bestimmt, ob der Dritte die faktische Leistung des Versprechenden an den Versprechensempfänger herauszugeben hat. Schließlich gilt für die Direktkondiktion des Versprechenden im Falle der Unwirksamkeit des Deckungsverhältnisses gegen den Dritten als faktischen Leistungsempfänger das Statut des Deckungsverhältnisses[152].

79 **6. Grundanknüpfung.** Für Bereicherungsansprüche durch Eingriff in ein geschütztes Interesse, zB Ansprüche wegen Bereicherung durch Nutzung, Verwendung, Verbrauch, auch Ansprüche wegen

---

[142] ZB *W. Lorenz*, FS Zweigert, 1981, S 199, 206; *Staudinger/Beitzke*, 12. Aufl 1984, Art 7 Rn 55 mwN.
[143] *v. Bar* IPR II Rn 735.
[144] Was sich freilich nicht eindeutig aus dem Wortlaut ergibt; mit Grund krit *Leible/Engel* EuZW 2004, 7, 14.
[145] AnwK-BGB/*Huber* Art 38 EGBGB Rn 9.
[146] *Leible/Lehmann* RIW 2007, 721, 732.
[147] MünchKommBGB/*Junker* Art 42 EGBGB Anh Rn 66.
[148] So schon zum deutschen IPR BGH NJW 1987, 185.
[149] So für das deutsche Recht AnwK-BGB/*Huber* Art 38 EGBGB Rn 41; *Staudinger/v. Hoffmann/Fuchs* Art 38 EGBGB Rn 19; *v. Bar* IPR II Rn 737; für das Recht am Ort der Bereicherungseintritts *Looschelders* Rn 7.
[150] Vgl AnwK-BGB/*Huber* Art 38 EGBGB Rn 42; *Einsele* JZ 1993, 1025, 1026.
[151] *Staudinger/v. Hoffmann/Fuchs* Art 38 EGBGB Rn 19; AnwK-BGB/*Huber* Art 38 EGBGB Rn 40; s iÜ auch Art 19 Rom II-VO.
[152] AnwK-BGB/*Huber* Art 38 EGBGB Rn 32, 33; *Staudinger/v. Hoffmann/Fuchs* Art 38 EGBGB Rn 23; früher bereits *Plaßmeier* S 341 f; *W. Lorenz*, FS Zweigert, 1981, S 214, 218 f; *Schlechtriem* S 29, 74; *Einsele* JZ 1993, 1025, 1027.

Verbindung, Vermischung oder Verarbeitung, Ansprüche desjenigen, der durch die Wirksamkeit einer Verfügung eines Nichtberechtigten zu schützen ist (wie etwa durch § 816 Abs 1 BGB), Ansprüche aus Eingriffen in die Forderungszuständigkeit (in Deutschland: § 816 Abs 2 BGB) sowie für **sonstige Kondiktionsarten** bestimmt Art 10 Abs 3 Rom II-VO als Grundanknüpfung, dass das Recht des Staates gilt, **in dem die Bereicherung eingetreten ist.** Maßgeblich ist im allgemeinen, aber nicht notwendig, die am Wohnort oder an der Niederlassung des Empfängers geltende Rechtsordnung[153]. Im Falle von Computerbuchungen liegt der Ort des Bereicherungseintritts in dem Staat, in dem sich das Bankkonto des Empfängers befindet[154]. Das gilt auch für Fälle der abgeirrten Leistung[155] sowie für Verwendungsersatzansprüche[156], sofern nicht Art 10 Abs 1 Rom II-VO vorgeht. Insgesamt lässt sich so ein **Gleichklang mit der deliktskollisionsrechtlichen Anknüpfung an den Erfolgsort** herstellen[157].

7. Eingriffe in Immaterialgüterrechte. Nicht erfasst von Art 10 Rom II-VO sind Eingriffe in Immaterialgüterrechte; hier gilt gemäß Art 13 Rom II-VO einheitlich das sog Schutzlandprinzip (Art 8 Rom II-VC), also das Recht des Staates, für dessen Gebiet Schutz beansprucht wird. **80**

8. Offensichtlich engere Verbindung (Abs 4). Abs 4 enthält (wie Art 4 Abs 3 und Art 11 Abs 4) eine **Ausweichklausel.** Verdrängt werden können nur die in Abs 1 bis 3 genannten Anknüpfungen, nicht hingegen eine Rechtswahl nach Art 14. Zu beachten ist, dass Abs 4 als **Ausnahmevorschrift** keineswegs voreilig angewandt werden darf. Anderenfalls würde die Klarheit der Anknüpfungen über Gebühr leiden. Zu Recht spricht die Norm vom Erfordernis einer „offensichtlich" engeren Verbindung. Eine Möglichkeit, die Ausweichklausel zu einer mit den Regelanknüpfungen gleichwertigen Anknüpfung zu erheben, besteht daher nicht. **81**

Das Eingreifen der Ausweichklausel wird im Falle der Leistungskondiktion nur sehr selten (etwa zum Schutz Geschäftsunfähiger, wenn man insoweit nicht Art 7 EGBGB für vorrangig anwendbar hält) in Betracht kommen[158]. Auch außerhalb des Anwendungsbereichs von Art 32 Abs 1 Nr 5 EGBGB erscheint hier die Beziehung zu dem gescheiterten Schuldverhältnis enger[159]. Eingreifen könnte die Ausweichklausel, wenn eine besondere Nähe zum Deliktsrecht besteht, deliktischer Erfolgsort und Bereicherungseintrittsort auseinanderfallen und ein sachgerechter Gleichlauf mit dem Deliktsstatut hergestellt werden soll. **82**

Art 11 Geschäftsführung ohne Auftrag

(1) Knüpft ein außervertragliches Schuldverhältnis aus Geschäftsführung ohne Auftrag an ein zwischen den Parteien bestehendes Rechtsverhältnis – wie einen Vertrag oder eine unerlaubte Handlung – an, das eine enge Verbindung mit dieser Geschäftsführung ohne Auftrag aufweist, so ist das Recht anzuwenden, dem dieses Rechtsverhältnis unterliegt.

(2) Kann das anzuwendende Recht nicht nach Absatz 1 bestimmt werden und haben die Parteien zum Zeitpunkt des Eintritts des schadensbegründenden Ereignisses ihren gewöhnlichen Aufenthalt in demselben Staat, so ist das Recht dieses Staates anzuwenden.

(3) Kann das anzuwendende Recht nicht nach den Absätzen 1 oder 2 bestimmt werden, so ist das Recht des Staates anzuwenden, in dem die Geschäftsführung erfolgt ist.

(4) Ergibt sich aus der Gesamtheit der Umstände, dass das außervertragliche Schuldverhältnis aus Geschäftsführung ohne Auftrag eine offensichtlich engere Verbindung mit einem anderen als dem in den Absätzen 1, 2 und 3 bezeichneten Staat aufweist, so ist das Recht dieses anderen Staates anzuwenden.

1. Zweck. Art 11 Rom II-VO regelt das Internationale Privatrecht der Geschäftsführung ohne Auftrag. Auch der Zweck dieser Norm wird in den Erwägungsgründen nicht weiter erhellt, da Erwägungsgrund Nr 29 lediglich die Notwendigkeit einer „Sonderbestimmung" erwähnt. Im Vordergrund steht vor allem der Ausgleich der **Interessen des Geschäftsführers und des Geschäftsherrn** (Art 39 EGEGB Rn 1). Im Übrigen fällt die **Parallele in Normstruktur und Formulierung zu Art 10 Rom II-VO** auf. Die im Vorentwurf zu findende Differenzierung zwischen Hilfeleistungen und sonstigen Fällen der Geschäftsführung ohne Auftrag[160] ist weggefallen. **83**

2. Anknüpfungssystem. Vorrangig ist eine Rechtswahl nach Art 14 Rom II-VO. So kann man zB im Falle einer medizinischen Behandlung von zunächst Bewusstlosen eine nachträgliche Rechtswahl (hilfsweise: eine entsprechende akzessorische Anknüpfung über Art 11 Abs 1 Rom II-VO) durch Geschehenlassen der weiteren Behandlung nach Wiedererlangung des Bewusstseins bzw der Geschäftsfähigkeit in Betracht ziehen[161]. Sodann ist gemäß Art 11 Abs 1 Rom II-VO an ein „zwischen den **84**

---

[153] MünchKommBGB/*Junker* Rn 24; *Schlechtriem* IPRax 1987, 356, 357.
[154] *Jayme*, FS W. Lorenz, 2001, S 315, 316 ff; *Fischer* IPRax 2002, 1, 7.
[155] S bereits BGH NJW 1987, 185, 186; AnwK-BGB/*Huber* Art 38 EGBGB Rn 36; *Kropholler* IPR § 53 II 3; ferner *Schlechtriem* IPRax 1995, 65, 70.
[156] *Kropholler* IPR § 53 II 3; *v. Hoffmann/Thorn* IPR § 11 Rn 6; *W. Lorenz* IPRax 1985, 328; *Schlechtriem* IPRax 1995, 65, 69; *v. Bar* IPR II Rn 741.
[157] S auch *G. Wagner* IPRax 2008, 1, 11; MünchKommBGB/*Junker* Art 42 EGBGB Anh Rn 66.
[158] Vgl aber *Schlechtriem* IPRax 1995, 65, 70.
[159] MünchKommBGB/*Junker* Art 38 EGBGB Rn 28; *Fischer* IPRax 2002, 1, 5 ff.
[160] Dazu MünchKommBGB/*Junker* Art 42 EGBGB Anh Rn 67.
[161] S auch PWW/*Fehrenbacher* Art 39 EGBGB Rn 9.

Parteien bestehendes Rechtsverhältnis" wie (beispielhaft) Vertrag oder Delikt akzessorisch anzuknüpfen. In der Anknüpfungsleiter folgt der gemeinsame gewöhnliche Aufenthalt zur Zeit des die Bereicherung auslösenden Ereignisses (Art 11 Abs 2 Rom II-VO) und schließlich der Ort der Geschäftsführung (Art 11 Abs 3 Rom II-VO). Abgesehen von einem nach Art 14 Rom II-VO gewählten Recht kann von diesen Anknüpfungen im Hinblick auf eine offensichtlich engere Verbindung abgewichen werden (Art 11 Abs 4 Rom II-VO). Ähnliches gilt – bei Abweichungen im Detail – nach Art 39 EGBGB. Zu vorrangigen Regelungswerken s Art 39 EGBGB Rn 3.

85   **3. Anwendungsbereich.** Erfasst sind **Ansprüche des Geschäftsführers** ebenso wie **Ansprüche des Geschäftsherrn**[162]. Unter Art 11 Rom II-VO fallen ferner die **Hilfeleistung** ebenso wie die **Einwirkung** auf fremde Sachen durch Nutzung, Veräußerung oder Verwendung und die auftragslose Tilgung einer fremden Schuld.

86   **4. Akzessorische Anknüpfung (Abs 1).** Insbes die auftragslose Tilgung einer fremden Schuld wird offenbar nicht nach Art 11 Abs 1 Rom II-VO akzessorisch dem Schuldstatut unterworfen, also dem Recht, das auf die betreffende Verbindlichkeit anzuwenden ist[163]. Ist der **Leistende dem Gläubiger zur Leistung verpflichtet**, so ist **Art 19 Rom II-VO zu beachten**.

87   **5. Gemeinsamer gewöhnlicher Aufenthalt und Vornahmeortsrecht (Abs 2 und 3).** Art 11 Abs 2 Rom II-VO führt zum Recht am gemeinsamen gewöhnlichen Aufenthalt von Geschäftsführer und Geschäftsherrn zur Zeit des „schadensbegründenden" Ereignisses (zum Begriff s Art 2 Rom II-VO). Als letzte Möglichkeit ist auf den Ort abzustellen, in dem die Geschäftsführung erfolgt ist. Darüber wird etwa auf inländisches Recht verwiesen, wenn das in Frage stehende Geschäft (zB ein verabredeter Erwerb von Anteilen einer Gesellschaft mit ausländischem Gesellschaftsstatut) im Inland ausgeführt worden ist. Im Falle von **sukzessiven Handlungen in mehreren Staaten** wird man – nicht anders als im Rahmen von Art 39 EGBGB – auf das Recht des Staates abzustellen haben, in dem die Hilfeleistung ganz überwiegend erbracht wurde[164], nicht auf den (uU dem Helfenden nicht erkennbaren) Ort, an dem das Hilfsbedürfnis aufgetreten ist[165]. Ein **Statutenwechsel** sollte nach Möglichkeit vermieden werden; hilfsweise ist auf den Ort des Tätigkeitsbeginns abzustellen[166]. Fallen ausnahmsweise **Handlungs- und Erfolgsort** auseinander, so kommt eine alternative Anknüpfung wie im Internationalen Deliktsrecht nicht in Betracht, denn es bestehen wechselseitige Ansprüche der Beteiligten gegeneinander. Daher ist (vorbehaltlich Abs 4) grds auf den Erfolgsort abzustellen[167]. Bei mehreren Erfolgsorten bleibt im Rahmen von Art 11 Rom II-VO nur, eine Schwerpunktbetrachtung durchzuführen[168].

88   **6. Offensichtlich engere Verbindung (Abs 4).** Abs 4 enthält (nicht anders als Art 10 Abs 4) eine (eng auszulegende) **Ausweichklausel** (nicht: „Aufweich"-Klausel, s Rn 81 f). Geht es um **Hilfeleistung im staatsfreien Gebiet**, insbes auf hoher See, ist (in Ermangelung anderer gemeinsamer Anknüpfungspunkte von Gerettetem und Retter wie gemeinsamer Heimathafen oder gemeinsamer Flagge) das Personalstatut der Geretteten, also etwa das Heimatrecht des geretteten Schiffes, anwendbar[169]. Methodisch ist dieses Ergebnis freilich nicht über die Ausweichklausel des Abs 4 zu erzielen[170], weil eine Grundanknüpfung, von der abzuweichen wäre, hier gar nicht zur Verfügung steht, sondern ins Leere geht. Vielmehr liegt von vornherein eine zu schließende Lücke vor.

Art 12 Verschulden bei Vertragsverhandlungen

(1) Auf außervertragliche Schuldverhältnisse aus Verhandlungen vor Abschluss eines Vertrags, unabhängig davon, ob der Vertrag tatsächlich geschlossen wurde oder nicht, ist das Recht anzuwenden, das auf den Vertrag anzuwenden ist oder anzuwenden gewesen wäre, wenn er geschlossen worden wäre.

(2) Kann das anzuwendende Recht nicht nach Absatz 1 bestimmt werden, so ist das anzuwendende Recht

a) das Recht des Staates, in dem der Schaden eingetreten ist, unabhängig davon, in welchem Staat das schadensbegründende Ereignis oder indirekte Schadensfolgen eingetreten sind, oder,

b) wenn die Parteien zum Zeitpunkt des Eintritts des schadensbegründenden Ereignisses ihren gewöhnlichen Aufenthalt in demselben Staat haben, das Recht dieses Staates, oder,

---

[162] Zum deutschen Recht ebenso *Kropholler* IPR § 53 III 1; MünchKommBGB/*Junker* Art 39 EGBGB Rn 5.
[163] *Benecke* RIW 2003, 830, 832.
[164] BT-Drucks 14/343 S 9.
[165] So aber *Staudinger/v. Hoffmann/Thorn* Art 39 EGBGB Rn 14; PWW/*Fehrenbacher* Art 39 EGBGB Rn 6.
[166] Grds für den Ort des Tätigkeitsbeginns (ohne vorherigen Versuch der Bestimmung eines Schwerpunkts) MünchKommBGB/*Junker* Art 39 EGBGB Rn 8.
[167] *Leible/Lehmann* RIW 2007, 721, 732; ebenso zu Art 39 EGBGB *v. Hoffmann/Thorn* IPR § 11 Rn 10; *Kreuzer* RabelsZ 65 (2001), 383, 411; MünchKommBGB/*Junker* Art 39 EGBGB Rn 9; *Looschelders* Art 39 EGBGB Rn 8; AnwK-BGB/*Huber* Art 39 EGBGB Rn 8; *Palandt*/*Heldrich* Art 39 EGBGB Rn 1.
[168] AnwK-BGB/*Huber* Art 39 EGBGB Rn 9; *Looschelders* Art 39 EGBGB Rn 8; PWW/*Fehrenbacher* Art 39 EGBGB Rn 7.
[169] *Kropholler* IPR § 53 III 2; *Kegel/Schurig* § 18 II; *Fischer* IPRax 2002, 1, 14.
[170] So aber BT-Drucks 14/343 S 9; *Palandt*/*Heldrich* Art 39 EGBGB Rn 1.

c) wenn sich aus der Gesamtheit der Umstände ergibt, dass das außervertragliche Schuldverhältnis aus Verhandlungen vor Abschluss eines Vertrags eine offensichtlich engere Verbindung mit einem anderen als dem in den Buchstaben a oder b bezeichneten Staat aufweist, das Recht dieses anderen Staates.

1. Zweck. Art 12 greift die kollisionsrechtliche Behandlung der culpa in contrahendo auf. **Hintergrund** für diese Regelung der vor allem im deutschen Sachrecht relevanten Erscheinung, die in §§ 311 Abs 2 und 3, 241 Abs 2, 280 Abs 1 BGB seit 2002 normiert ist, ist nicht zuletzt die **Rspr des EuGH**, der – im Rahmen des EuGVÜ (heute: EuGVVO) – eine vertragsrechtliche Qualifikation nur im Falle freiwillig eingegangener Verpflichtungen akzeptiert[171]. Das Verschulden bei Vertragsschluss verlagert sich daher prozessual und nun auch auf der Ebene des europäischen Kollisionsrechts endgültig zumindest partiell ins Deliktsrecht; **eine „dritte Spur"**[172] **wird** daneben zumindest **im Europäischen Zivilprozess- und Kollisionsrecht nicht anerkannt** (s auch Art 32 EGBGB Rn 25). 89

2. Anwendungsbereich. Wie stets ist auch der Begriff des Verschuldens bei Vertragsverhandlungen **autonom**, also nicht aus rein deutscher Sicht **auszulegen** (Erwägungsgrund Nr 30), wenngleich die Herkunft dieses Rechtsinstituts nicht verleugnet werden sollte. Dennoch erscheint der von Art 12 Rom II-VO erfasste Begriff enger als die deutsche culpa in contrahendo[173]. Erfasst sind von Art 12 Rom II-VO die „Verletzung der Offenlegungspflicht" (also die Verletzung von Hinweis- und Informationspflichten) sowie der Abbruch von Vertragsverhandlungen. Die betreffenden Pflichtverletzungen müssen in unmittelbarem Zusammenhang mit den Verhandlungen vor Abschluss eines Vertrages stehen. Im Falle von **Personenschäden** (Verletzung des Lebens, des Körpers oder der Gesundheit, hinzuzufügen sein wird auch die **Sachbeschädigung**, also **alle sog Integritätsverletzungen**) ist unmittelbar namentlich auf die Art 4, 5 und 7 Rom II-VO abzustellen (Erwägungsgrund Nr 30)[174]. 90

3. Anknüpfungssystem. Eine vorrangig zu beachtende **Rechtswahl im Rahmen von Art 14 Rom II-VO** ist auch im Anwendungsbereich des Art 12 Rom II-VO möglich. Aufgrund der zumindest formal deliktsrechtlichen Qualifikation des Verschuldens bei Vertragsschluss gilt dies unabhängig von evtl weitergehenden Beschränkungen der Rechtswahl im internationalen Vertragsrecht (s namentlich Art 5 Rom I-VO-Entwurf, Text in Art 37 EGBGB Rn 16). 91

Im Gegensatz zur überkommenen deutschen Auffassung unterliegen Ansprüche aus culpa in contrahendo auch iÜ nicht ohne weiteres dem Vertragsstatut. Die **(akzessorische) Anknüpfung an ein ggf bloß hypothetisches Vertragsstatut** (ähnlich wie in Art 27 Abs 4, 31 EGBGB) gilt nur im Rahmen des Art 12 **Abs 1** Rom II-VO. Vorausgesetzt sind „Verhandlungen vor Abschluss eines Vertrages". Dann ist akzessorisch an einen später tatsächlich geschlossenen Vertrag oder an einen hypothetisch geschossenen Vertrag anzuknüpfen, ggf objektiv über Art 28 bis 30 EGBGB, wobei nach der intendierten oder erwogenen vertragscharakteristischen Leistung zu suchen ist. Das gilt insbes, wenn die Verletzung von Aufklärungs- und Beratungspflichten bei der Vertragsanbahnung, etwa als der Ausgleich für eine zerschlagene Leistungserwartung (unter Einbeziehung der Fallgruppe des Abbruchs von Vertragsverhandlungen) geltend gemacht wird. Geht es um den Ersatz für die Verletzung des Integritätsinteresses, so ist demgegenüber das Deliktsstatut einschlägig (Erwägungsgrund Nr 30 S 4). Das ist insbes in den Kaufhausfällen anzunehmen[175]. Auch die Haftung des Sachwalters bzw Repräsentanten kann nicht dem hypothetischen) Vertragsstatut unterworfen werden; hier sind vielmehr die an das Deliktstatut des Art 4 Rom II-VO angelehnten Anknüpfungen des Art 12 Abs 2 Rom II-VO einschlägig. 92

Außerhalb der akzessorischen Anknüpfung an ein ggf hypothetisches Vertragsstatut des Art 12 Abs 1 Rom II-VO (und einer stets allem anderen vorrangigen Rechtswahl gemäß Art 14 Rom II-VO) gilt die Anknüpfungsleiter des Art 12 **Abs 2** Rom II-VO: **gemeinsamer Aufenthalt (lit b)**, hilfsweise **Verletzungserfolgs- bzw „erster" Schadenseintrittsort** (zur Konkretisierung näher Art 4 Rom II-VO, insbes Rn 31 ff). Diese beiden Anknüpfungen – nicht hingegen: eine Rechtswahl nach Art 14 Rom II-VO und ebenso wenig die Anknüpfung nach Art 12 Abs 1 Rom II-VO) – können verdrängt werden durch eine **offensichtlich engere Verbindung (lit c)**; auch insoweit gilt das zu Art 4 Rom II-VO (dort insbes Rn 37, 40 ff) Ausgeführte entspr. Insgesamt sollte Art 12 Abs 2 Rom II-VO so ausgelegt werden, dass die funktional deliktisch zu qualifizierenden Ansprüche wegen Verschuldens bei Vertragsverhandlungen, die unter diese Norm zu subsumieren sind, in **Parallelität zur Grundanknüpfung des Art 4 Rom II-VO angeknüpft** werden. Das intendiert die Norm erkennbar und macht ggf die bisweilen heikle Abgrenzung überflüssig, welche Tatbestände „rein" deliktsrechtlich zu verstehen und also von vornherein unter Art 4 Rom II-VO zu subsumieren sind, und welche Tatbestände (noch) unter den Anwendungsbereich des Art 12 (Abs 2) Rom II-VO fallen. 93

Art 13 Anwendbarkeit des Artikels 8
Auf außervertragliche Schuldverhältnisse aus einer Verletzung von Rechten des geistigen Eigentums ist für die Zwecke dieses Kapitels Artikel 8 anzuwenden.

---

[171] EuGH IPRax 2003, 143, 144.
[172] Dafür aus der Perspektive des deutschen Sachrechts *Canaris,* FS Larenz, 1983, S 27, 45; zust *Medicus* SchuldR I Rn 112; dazu unter dem Eindruck von Rom II aus neuerer Sicht *v. Hein* GPR 2007, 54; s auch *G. Wagner* IPrax 2008, 1, 12.
[173] *Leible/Lehmann* RIW 2007, 721, 733.
[174] Ebenso *Leible/Lehmann* RIW 2007, 721, 733.
[175] Ebenso seit jeher *v. Bar* IPR II Rn 558; ebenso *G. Wagner* IPRax 2008, 1, 12 f.

94 Art 13 Rom II-VO schließt im Falle der Verletzung von Rechten des geistigen Eigentums den Rückgriff auf Art 11 und 12 Rom II-VO aus. Kollisionsrechtlich allein maßgeblich ist Art 8. Damit qualifiziert Art 13 die Verletzung von Rechten des geistigen Eigentums ausschließlich deliktsrechtlich. Der insbes im deutschen Sachrecht vorgeschlagenen bereicherungsrechtlichen Abwicklung solcher Fälle wird mithin auf der Ebene des europäischen Kollisionsrechts systematisch nicht gefolgt. Ob es (aus deutscher sachrechtlicher Sicht) **bereicherungsrechtliche Ansprüche oder solche aus Geschäftsführung ohne Auftrag** gibt, entscheidet also das über **Art 8 Rom II-VO** anzuwendende Recht. Damit besteht auch insoweit **keine Rechtswahlmöglichkeit** gemäß Art 14 Rom II-VO[176].

Kapitel IV. Freie Rechtswahl

Art 14 Freie Rechtswahl

(1) Die Parteien können das Recht wählen, dem das außervertragliche Schuldverhältnis unterliegen soll:

a) durch eine Vereinbarung nach Eintritt des schadensbegründenden Ereignisses; oder

b) wenn alle Parteien einer kommerziellen Tätigkeit nachgehen, auch durch eine vor Eintritt des schadensbegründenden Ereignisses frei ausgehandelte Vereinbarung. Die Rechtswahl muss ausdrücklich erfolgen oder sich mit hinreichender Sicherheit aus den Umständen des Falles ergeben und lässt Rechte Dritter unberührt.

(2) Sind alle Elemente des Sachverhalts zum Zeitpunkt des Eintritts des schadensbegründenden Ereignisses in einem anderen als demjenigen Staat belegen, dessen Recht gewählt wurde, so berührt die Rechtswahl der Parteien nicht die Anwendung derjenigen Bestimmungen des Rechts dieses anderen Staates, von denen nicht durch Vereinbarung abgewichen werden kann.

(3) Sind alle Elemente des Sachverhalts zum Zeitpunkt des Eintritts des schadensbegründenden Ereignisses in einem oder mehreren Mitgliedstaaten belegen, so berührt die Wahl des Rechts eines Drittstaats durch die Parteien nicht die Anwendung – gegebenenfalls in der von dem Mitgliedstaat des angerufenen Gerichts umgesetzten Form – der Bestimmungen des Gemeinschaftsrechts, von denen nicht durch Vereinbarung abgewichen werden kann.

95 **1. Normzweck und systematische Stellung.** Die **Parteiautonomie** im Recht der außervertraglichen Schuldverhältnisse entspricht der **Disponibilität** daraus folgender Ansprüche **auf sachrechtlicher Ebene** (Art 42 EGBGB Rn 1). Die nachträgliche Rechtswahl nach Art 14 geht allen anderen Anknüpfungen des außervertraglichen Schuldrechts (außer denen von Art 8, 13 Rom II-VO) vor. Sie dient der Rechtssicherheit zugunsten der Parteien[177]. Neben der öffentlichen Ordnung (Art 26 Rom II-VO) und den Eingriffs- und Sicherheits- bzw Verhaltensnormen (Art 16, 17 Rom II-VO) ergeben sich (über Art 42 EGBGB hinaus) auch Beschränkungen aus Abs 2 und 3. Weitergehend als in Art 42 EGBGB besteht die Möglichkeit der Rechtswahl nicht immer erst nach Eintritt des haftungsbegründenden Ereignisses, wenn alle Parteien einer kommerziellen Tätigkeit nachgehen. Im Übrigen ist die Rechtswahl nicht so ausführlich geregelt wie in Art 27 EGBGB (= Art 3 EVÜ) für das internationale Vertragsrecht. Daher kommt **ergänzend** ein **Rückgriff auf Art 3 EVÜ** in Betracht.

96 **2. Gegenstand der Rechtswahl.** Gegenstand der Rechtswahl kann **nur staatliches Recht** sein. Eine Wahl „allgemeiner Rechtsgrundsätze" oÄ, wie für die geplante Rom I-VO diskutiert, findet sich in der Rom II-VO jedenfalls nicht. Der Parteiautonomie zugänglich sind diejenige **Regelungsmaterien, die unter den Anwendungsbereich der Rom II-VO fallen.** Ob das abgewählte Deliktsstatut die Rechtswahl zulässt oder nicht, ist unerheblich. Grenzen findet die Rechtswahl aber in Art 17 Rom II-VO in Bezug auf Verkehrs- und Sicherheitsvorschriften. Die Rechtswahl ist abgesehen von Abs 2, 3 nicht auf bestimmte Rechtsordnungen beschränkt. Obwohl nicht ausdrücklich hervorgehoben, besteht die Möglichkeit einer Teilrechtswahl entspr Art 27 Abs 1 S 3[178], allerdings mit den gleichen Beschränkungen wie dort (Art 27 Rn 28). Die Rechtswahl kann sich also nur auf größere Teilbereiche (und nicht etwa nur auf einzelne Normen, die abgewählt oder erwählt werden) beziehen.

97 **3. Zustandekommen und Wirksamkeit.** Im Rahmen von Art 14 Rom II-VO ist nicht geregelt, nach welchem Recht sich Zustandekommen und Wirksamkeit der Rechtswahlvereinbarung richten. **Entspr Art 27 Abs 4, 31 EGBGB** (= Art 3, 8 EVÜ) ist dafür grds das Recht des Staates maßgeblich, das anzuwenden wäre, wenn der Verweisungsvertrag wirksam wäre[179]. Für die Form gilt Art 11 EGBGB, für die Rechts- und Geschäftsfähigkeit Art 7 und 12 EGBGB[180].

---

[176] S zur früheren Entwürfen bereits *Fuchs* GPR 2004, 100, 103; *v. Hein* ZVglRWiss 102 (2003), 528, 560; *G. Wagner* IPRax 2006, 372, 381.
[177] *Leible/Lehmann* RIW 2007, 721, 726.
[178] So zu Art 42 EGBGB auch *Staudinger/v. Hoffmann* Rn 8; *Staudinger* DB 1999, 1589, 1590; AnwK-BGB/*Wagner* Rn 11; aA *Palandt/Heldrich* Rn 1.
[179] Zu Art 42 EGBGB ebenso *Looschelders* Art 42 EGBGB Rn 15; *Busse*, Internationales Bereicherungsrecht, 1998, S 244, 81 f; *S. Lorenz* NJW 1999, 2215, 2217 Fn 24; *Kreuzer* RabelsZ 65 (2001), 383, 401; *Vogelsang* NZV 1999, 497, 500 f; aA *Palandt/Heldrich* Rn 1; PWW/*Schaub* Rn 2.
[180] *Looschelders* Rn 16, 17.

4. Nachträgliche Rechtswahl (Abs 1 S 1 lit a). Art 14 Abs 1 lit a Rom II-VO ermöglicht eine 98
formlose Rechtswahl nach Eintritt des schadensbegründenden Ereignisses (s Art 2 Abs 1 Rom II-VO),
durch das ein außervertragliches Schuldverhältnis (Bereicherung, Geschäftsführung ohne Auftrag, Delikt) entstanden ist. Dabei wird man auf den Zeitpunkt des haftungsrelevanten Verhaltens abstellen können, nicht erst auf den Zeitpunkt eines Verletzungserfolges (arg e Art 2 Abs 2 Rom II-VO). Es ist eindeutig, dass Art 14 Abs 1 lit a im Unterschied zu lit b Rom II-VO **nur** die Möglichkeit der **nachträglichen Rechtswahl** eröffnet. Von einer Regelungslücke in Bezug auf die Möglichkeit der vorherigen Rechtswahl kann man hier keinesfalls ausgehen. Bestehen zwischen den Parteien vor der Entstehung des außervertraglichen Schuldverhältnisses rechtliche oder tatsächliche Beziehungen, kommt über Art 4 Abs 3 S 2 Rom II-VO immer noch eine akzessorische Anknüpfung, namentlich an ein (ggf gewähltes) Vertragsstatut in Betracht. Die einmal getroffene Rechtswahl kann nachträglich aufgehoben oder abgeändert werden; insoweit gilt nichts anderes als im Internationalen Vertragsrecht (Art 27 Abs 2 S 1). Im Zweifel wirkt eine solche Änderung ex tunc[181].

5. Vorherige Rechtswahl (Abs 1 S 1 lit b). Nach Art 14 Abs 1 S 1 lit b Rom II-VO kann eine 99
Rechtswahl unter engen Voraussetzungen auch vor Entstehen des gesetzlichen Schuldverhältnisses wirksam getroffen werden. Die Rechtswahl muss „frei" ausgehandelt sein, und es müssen alle Parteien einer kommerziellen Tätigkeit nachgehen. Dadurch (und auch durch Abs 2 und 3) soll der **Schutz der schwächeren Partei** gewährleistet werden (Erwägungsgrund Nr 31 S 4)[182]. Nach dem Telos der Norm wird ein innerer Zusammenhang zwischen dem Delikt und der gewerblichen Tätigkeit angenommen werden müssen. Kommerziell Tätige sind Unternehmer iS von § 14 BGB[183]. Auch wird man – gerade im internationalen Handelsverkehr übliche – Rechtswahlklauseln in AGB im rein innerunternehmerischen Bereich nicht ohne weiteres als „unfrei" ausgehandelt ansehen können[184].

6. Stillschweigende Rechtswahl (Abs 1 S 2). Die Rechtswahl nach Art 14 (sowohl nach S 1 lit a 100
und lit b) kann gemäß Abs 1 S 2 **ausdrücklich oder stillschweigend** abgeschlossen werden. Welche Anforderungen an ausdrückliche oder stillschweigende Willenserklärungen im Zusammenhang mit einer Rechtswahl zu stellen sind, ist im Wege der autonomen Auslegung zu ermitteln. Auch kommt eine – auch stillschweigende – (nachträgliche) Rechtswahl durch entsprechendes Verhalten im Prozess in Betracht. Indes ist es – mehr noch als im Rahmen des autonomen Rechts (Art 42 EGBGB) – innerhalb der Rom II-VO zweifelhaft, eine stillschweigende Wahl deutschen Rechts anzunehmen, weil die Parteien sich nur über deutsches Recht stritten (und sich über die Rechtswahlproblematik gar nicht im Klaren waren)[185]. Das lässt sich wohl nur halten, wenn ein entsprechendes **aktuelles Erklärungsbewusstsein** der Parteien vorliegt, wie Erwägungsgrund Nr 31 S 3 („… ‚hat das Gericht den Willen der Parteien zu achten") deutlich anzeigt (zu Art 42 EGBGB s dort Rn 6). Streiten sich die Parteien über ausländisches Recht, kann man freilich davon ausgehen, dass sie sich über die Frage des anwendbaren Rechts Gedanken gemacht haben. Anders liegt es, wenn unreflektiert von den Parteien deutsches Recht zugrunde gelegt wird. Hier ist ggf nachzufragen (§ 139 ZPO).

7. Rechte Dritter. Ebenso wie Art 27 Abs 2 S 2 EGBGB (zu Art 42 EGBGB s dort Rn 5) regelt 101
auch Art 14 S 2 aE, dass Rechte Dritter (zB Haftpflichtversicherungen, Regressgläubiger)[186] durch eine Rechtswahl unberührt bleiben.

8. Jus cogens (Abs 2 und 3). Art 14 Abs 2 und 3 Rom II-VO regelt den Schutz von sachrecht- 102
lichem ius cogens, insbes im öffentlichen Interesse der betreffenden Rechtsordnungen, aber auch im Lichte des Verbraucherschutzes[187]. Die Normen greifen (wenngleich unterschiedlich ausgestaltet) bei fehlendem Bezug zu mehr als einem Staat (Abs 2) bzw zu Staaten außerhalb der EU den Gedanken des Art 27 Abs 3 EGBGB bzw Art 3 Abs 3 EVÜ sowie Art 3 Abs 4 Rom I EVÜ-Entwurf auf und entsprechen diesem in der Sache im Wesentlichen. Darunter wird zB eine eventuelle AGB-Rechtswidrigkeit von Haftungsfreizeichnungen fallen. Hinzu tritt der besondere Schutz von Gemeinschaftsrecht vor der kollisionsrechtlichen Disponibilität, man denke an die Produkthaftungs-RL[188]. Als von Abs 2 und 3 gemeinte „**Elemente**" sind **alle nach der Rom II-VO relevanten Anknüpfungsmomente** zu verstehen, also nicht nur der Tat- oder Verletzungsort bzw der Schadenseintrittsort, sondern auch der gewöhnliche Aufenthalt der Parteien, und die Momente, welche die Ausweichklausel (Art 4 Abs 3 Rom II-VO) auslösen können (Rn 37 ff).

Kapitel V. Gemeinsame Vorschriften

Art 15 Geltungsbereich des anzuwendenden Rechts

Das nach dieser Verordnung auf außervertragliche Schuldverhältnisse anzuwendende Recht ist insbesondere maßgebend für

---

[181] Zu Art 42 EGBGB ebenso *Palandt/Heldrich* Rn 1.
[182] Rechtspolitisch krit zu diesen Einschränkungen *G. Wagner* IPRax 2006, 372, 386 ff.
[183] Ebenso *G. Wagner* IPRax 2008, 1, 13.
[184] Überzeugend *G. Wagner* IPrax 2008, 1, 13 f.
[185] So aber – beispielhaft zum deutschen autonomen IPR – BGH IPRax 1982, 13, 14.
[186] *A. Fuchs* GPR 2004, 100, 104.
[187] *G. Wagner* IPRax 2006, 372, 387.
[188] *Leible/Lehmann* RIW 2007, 721, 727.

a) den Grund und den Umfang der Haftung einschließlich der Bestimmung der Personen, die für ihre Handlungen haftbar gemacht werden können;
b) die Haftungsausschlussgründe sowie jede Beschränkung oder Teilung der Haftung;
c) das Vorliegen, die Art und die Bemessung des Schadens oder der geforderten Wiedergutmachung;
d) die Maßnahmen, die ein Gericht innerhalb der Grenzen seiner verfahrensrechtlichen Befugnisse zur Vorbeugung, zur Beendigung oder zum Ersatz des Schadens anordnen kann;
e) die Übertragbarkeit, einschließlich der Vererbbarkeit, des Anspruchs auf Schadensersatz oder Wiedergutmachung;
f) die Personen, die Anspruch auf Ersatz eines persönlich erlittenen Schadens haben;
g) die Haftung für die von einem anderen begangenen Handlungen;
h) die Bedingungen für das Erlöschen von Verpflichtungen und die Vorschriften über die Verjährung und die Rechtsverluste, einschließlich der Vorschriften über den Beginn, die Unterbrechung und die Hemmung der Verjährungsfristen und der Fristen für den Rechtsverlust.

103 **1. Zweck.** Art 15 Rom II-VO hat den Zweck, das **Prinzip der einheitlichen Anknüpfung außervertraglicher Schuldverhältnisse** sicherzustellen. Es gilt an sich einheitlich das nach der Rom II-VO zu ermittelnde Schuldstatut. Damit werden Angleichungsschwierigkeiten, die sich aus der Anwendung unterschiedlicher Rechtsordnungen ergeben können, soweit wie möglich vermieden. Der Grundsatz der einheitlichen Anknüpfung wird allerdings durch Art 17 Rom II-VO durchbrochen. Auch im Falle der Teilrechtswahl (Art 14 Rom II-VO Rn 96) wird er verlassen. Weiter kann im Einzelfall der Grundsatz der einheitlichen Anknüpfung des Schuldvertragsstatuts über Art 16 und 26 Rom II-VO modifiziert werden. Schließlich kommt eine selbständige Anknüpfung von Vorfragen in Betracht.

104 **2. Anwendungsfälle.** Art 15 Rom II-VO benennt in den **lit a bis lit h** nur **besonders wichtige, nicht abschließend zu verstehende Anwendungsfälle** für den Anwendungsbereich der Rom II-VO, wie sich aus der Formulierung dieser Norm („insbes") ergibt.

105 Erfasst sind zunächst alle Normen zu Grund, Umfang und Passivlegitimation **(lit a)**, also **alle außervertraglichen Anspruchsgrundlagen,** sei es, dass diese auf rechtswidrigem Verhalten beruhen oder – wie die objektiven Haftungstatbestände (etwa Art 1384 CC) oder Gefährdungshaftungen – nicht. Die Rom II-VO betrifft alle Haftungstatbestände, die funktional den im Deliktsrecht geregelten entsprechen, also etwa § 829 BGB[189] und Schadensersatzansprüche wegen entschuldigenden Notstands und Verteidigungs- sowie Angriffsnotstands (§§ 228 S 2, 904 S 2 BGB)[190], ferner die zivilrechtliche Aufopferungshaftung. Auch solche deliktsrechtlichen Anspruchsgründe, die im deutschen Recht außerhalb des BGB geregelt sind, unterfallen dem Deliktsstatut. Das gilt bis hin zur Haftung nach § 945 ZPO[191], nicht hingegen für Ansprüche aus enteignendem oder enteignungsgleichem Eingriff bzw wegen öffentlich-rechtlicher Aufopferung wie überhaupt für die Staatshaftung ieS (Art 1 Abs 1 Rom II-VO: keine Zivilsache). Bei alledem ist **autonom zu qualifizieren.** Ansprüche aus Verlöbnisbruch, die das deutsche Recht zum Teil familienrechtlich qualifiziert, unterfallen im Rahmen der Rom II-VO in romanischer Linie folgend deliktsrechtlich zu qualifizieren; auch die EuGVVO ist anwendbar[192].

106 Innerhalb der jeweiligen Haftungsgründe unterliegen dem Deliktsstatut **alle Fragen des haftungsbegründenden Tatbestandes** (Verletzungserfolg, Verletzungshandlung, etwaige Haltereigenschaft[193], Kausalität und objektive Zurechnung, Rechtswidrigkeit und Rechtfertigungsgründe, Verschulden und sonstige Fragen der objektiven Zurechenbarkeit). Erfasst ist weiter die Frage der Verschuldensfähigkeit. Auch wer haftet, wird durch das Deliktsstatut entschieden. Es bestimmt, wer Täter ist und ob Anstifter, Gehilfen (vgl insoweit auch § 9 Abs 2 StGB) oder Mittäter haften[194]. Es gibt Auskunft darüber, ob mehrere Haftpflichtige zusammen den ganzen Schaden tragen müssen, ob jeder der Täter für den ganzen Schaden verantwortlich gemacht werden kann oder ob jeder Einzelne einen Anteil zu tragen hat. Zu Ausgleichsansprüchen zwischen den Tatbeteiligten s Art 20 Rom II-VO.

107 Erfasst sind nach **lit b** Haftungsausschlüsse oder Haftungsobergrenzen, Mitverschulden, aber auch die Existenz einer Marktanteilshaftung (wie in den USA).

108 **Lit c** greift näher die **Haftungsausfüllung** auf, die lit a bereits anspricht. Das Deliktsstatut bestimmt, welche Rechtsfolgen sich an einen verwirklichten Haftungsgrund anschließen. Erfasst ist damit der **gesamte haftungsausfüllende Tatbestand.** Es gibt keine Sonderanknüpfung der Haftungsfolgen (keine „folgenorientierte Auflockerung" des Deliktsstatuts). Das Deliktsstatut bestimmt Art und Höhe des Schadensersatzes, insbes ob er in Form von Naturalrestitution oder Geldersatz geschuldet ist und wie der Schaden iE zu berechnen ist (abstrakt oder konkret). Auch der Unterhaltsschaden (in Deutschland etwa nach § 844 BGB) richtet sich nach dem Deliktsstatut. Ob und in welcher Höhe ein insoweit

---

[189] Zu Art 40 EGBGB auch MünchKommBGB/*Junker* Art 40 EGBGB Rn 10.
[190] Zu Art 40 EGBGB MünchKommBGB/*Junker* Art 40 EGBGB Rn 10.
[191] Zum autonomen IPR OLG Düsseldorf VersR 1961, 1144.
[192] *Rauscher/Mankowski* Europäisches Zivilprozessrecht I, Art 1 Brüssel I-VO Rn 13; *Lorenz/Unberath* IPRax 2005, 516, 517; *Gottwald* JZ 1997, 92; anders *Geimer/Schütze*, Europäisches Verfahrensrecht, Art 1 EuGVVO Rn 97.
[193] Zum deutschen Recht LG München I IPRax 1984, 101; *Mansel* VersR 1984, 97, 102 ff.
[194] BGH IPRax 1983, 118, 119 f.

relevanter Unterhaltsanspruch bestanden hätte, das richtet sich als selbständig anzuknüpfende Vorfrage hingegen nach Art 18 EGBGB bzw dem HUÜ[195].

Das Deliktsstatut entscheidet gemäß **lit d** weiter darüber, ob es als Rechtsfolge einer unerlaubten Handlung **Ansprüche auf Beseitigung oder Unterlassung** gibt. Auch ein Auskunftsanspruch fällt unter die Rom II-VO[196]. Die Anknüpfungen der Rom II-VO sind über lit d ferner an sich ggf auch im **Adhäsionsverfahren** (§§ 403 ff StPO) maßgeblich, wobei ein Strafsenat des BGH die Einbeziehung des IPR in das Adhäsionsverfahren als regelmäßig zu schwierig angesehen hat, um von einer Eignung entsprechender Fälle mit Auslandsbezug für das Adhäsionsverfahren auszugehen[197]. 109

Ob der Anspruch übertragen werden kann und ob er vererblich ist, richtet sich gemäß **lit e** gleichfalls nach den Anknüpfungen der Rom II-VO. 110

Ob und in welchem Rahmen immaterieller Schaden geschuldet wird, bestimmt sich ebenso nach dem über die Rom II-VO anwendbaren Recht (**lit f**). Bei der Bemessung der **Höhe des immateriellen Schadens** sind allerdings innerhalb des § 253 Abs 2 BGB (also auf sachrechtlicher Ebene!) der Standards am gewöhnlichen Aufenthalt des Verletzten (moderat) zu berücksichtigen[198]. Das eröffnet indes keineswegs die Möglichkeit, Strafschadensersatz bzw schadensrechtszweckfremde Begehren zuzuerkennen, ebensowenig wie § 253 Abs 2 BGB in Richtung auf eine völlige Versagung von Schmerzensgeld ausgelegt werden kann, wenn das Heimatland des Opfers kein oder aus deutscher Sicht ein nur ganz unzureichend ausgeprägtes Schmerzensgeld kennt. 111

Nach **lit g** gilt die Rom II-VO auch in Bezug auf die Haftung für andere (zB Gehilfen). Das für den unmittelbar Handelnden – insbes den Verrichtungsgehilfen oder den Aufsichtsbedürftigen – maßgebende Deliktsstatut ist als Vorfrage im Rahmen etwa der §§ 831, 832 BGB für die Haftung einer dritten Person wie des Geschäftsherrn oder der Aufsichtsperson bedeutsam. Die Frage, ob eigene Pflichten (Kontrollpflichten oder eine Rechtspflicht zur Aufsicht) bestehen, werden nach dem Deliktsstatut beurteilt, das für den mittelbar potentiell Haftpflichtigen gilt. 112

Nach **lit h** erfasst die Rom II-VO schließlich gegen den Anspruch gerichtete Einwendungen oder Einreden wie die Verjährung, Verzicht oder Verwirkung. Da auch ein **Vergleich** im Wege des gegenseitigen Nachgebens zu einem (teilweisen) Erlöschen von außervertraglichen Verpflichtungen bzw auch zur entsprechenden Anspruchsbegründung (und insoweit zu einem Rechtsverlust, nämlich nicht zahlen zu müssen) führen kann, sollte auch der Vergleich über außervertragliche Schuldverhältnisse auf Grund seiner untrennbaren Sachnähe zu dem betreffenden Schuldverhältnis noch unter Art 15 Rom II-VO (zumindest unter „insbes") subsumiert werden können. 113

Art 16 Eingriffsnormen

Diese Verordnung berührt nicht die Anwendung der nach dem Recht des Staates des angerufenen Gerichts geltenden Vorschriften, die ohne Rücksicht auf das für das außervertragliche Schuldverhältnis maßgebende Recht den Sachverhalt zwingend regeln.

1. Zweck. Art 16 Rom II-VO entspricht seiner Funktion nach im Wesentlichen **Art 7 Abs 2 EVÜ**. Art 16 Rom II-VO betrifft die Berücksichtigung zwingender Normen des deutschen Rechts als lex fori, die anwendbar sein können, auch wenn das außervertragliche Schuldverhältnis ausländischem Sachrecht unterliegt. Welche Normen das iE sind, lässt Art 16 Rom II-VO offen; notwendig (indes nicht a priori genügend) ist der Charakter der Norm als ius cogens. Art 16 Rom II-VO ermöglicht eine – gemessen an den sonstigen Kollisionsnormen der Rom II-VO an sich regelwidrige – **ausnahmsweise Anwendung zwingender deutscher Normen.** Dabei spricht Art 16 Rom II-VO **nicht selbst Kollisionsnormen aus oder beinhaltet solche,** was zu einem erheblichen Maß an tatbestandlicher Offenheit führt. Es ist zu beachten, dass die Norm neben Art 26 Rom II-VO eine zusätzliche Möglichkeit bietet, zwingendes eigenes Recht durchzusetzen. Art 17 Rom II-VO ermöglicht im Unterschied zu Art 16 Rom II-VO auch die (freilich nur) „Berücksichtigung" fremder Sicherheits- und Verkehrsregeln. Im Rahmen des anwendbaren ausländischen außervertraglichen Schuldrechts (dass ausländisches Schuldvertragsrecht anwendbar ist, ist Prämisse für das Eingreifen von Art 16 Rom II-VO) sind daneben auch die dort vorzufindenden zwingenden Vorschriften anwendbar; davon abweichende und über Art 16 Rom II-VO anwendbare inländische international zwingende Normen haben aber Vorrang gegenüber der lex causae. 114

2. Begriff der Eingriffsnorm. Der Begriff der „Eingriffsnorm" ist mit demjenigen des Art 34 EGBGB identisch[199]. Daher kann an dieser Stelle auf Art 34 EGBGB Rn 9 bis 17 verwiesen werden. 115

3. Relevanz. Die Problematik der Sonderanknüpfung von Eingriffsnormen hat sich bislang im Bereich des IPR der außervertraglichen Schuldverhältnisse vor deutschen Gerichten kaum signifikant gestellt und ist insoweit auch **selten erörtert** worden[200]. Erfasst werden können **Straftatbestände** im 116

---

[195] OLG Frankfurt zfs 2004, 452, 454.
[196] Zu Art 40 EGBGB *Staudinger/v. Hoffmann* Vor Art 40 EGBGB Rn 37.
[197] BGH IPRax 2005, 256; dazu *Wilhelmi* IPRax 2005, 236; s weiter *v. Hoffmann*, FS Henrich, 2000, S 283, 288, 295, MünchKommBGB/*Junker* Art 40 EGBGB Rn 10.
[198] OLG Frankfurt zfs 2004, 452, 453; OLG München VersR 1984, 745; *Mansel* VersR 1984, 746, 747; *Palandt/Heldrich* Art 40 EGBGB Rn 17; *Staudinger/v. Hoffmann* Vor Art 40 EGBGB Rn 44; unreflektiert anders KG VersR 2002, 1567.
[199] S bereits *A. Fuchs* GPR 2004, 100, 104 unter Hinweis auf EuGH Slg 1999 I-8498, 8512 Tz 30.
[200] S aber *v. Hoffmann*, FS Henrich, 2000, S 283 ff.

Rahmen haftungsrechtlicher Verweisungen (in Deutschland: § 823 Abs 2 BGB)[201]. Hierbei sollten die Regeln des internationalen Strafrechts der §§ 3 ff StGB, welche insoweit als Anwendungsbefehle zu verstehen sind, herangezogen werden. Das gebietet auch die Vorhersehbarkeit einer Anwendung solcher Normen[202]. Auch **§ 130 Abs 2 GWB** und **§ 84 AMG** sind als Eingriffsnormen über Art 16 Rom II-VO sonderanzuknüpfen[203] und können somit die Regelanknüpfungen der Rom II-VO befugterweise modifizieren.

117 **4. Ausländische Eingriffsnormen.** Wie der (den Art 7 EVÜ zulässigerweise einschränkende) Art 34 EGBGB betrifft Art 16 Rom II-VO nur Eingriffsnormen nach dem Recht des Staates des angerufenen Gerichts, also der (ggf deutschen) lex fori. Auch wenn (nicht anders als im Rahmen von Art 34 EGBGB) nun auch in Bezug auf Art 16 Rom II-VO prognostiziert worden ist, es werde dazu vertreten werden, auch ausländische Eingriffsnormen (entgegen den Grundanküpfungen der Rom II-VO!) durchzusetzen[204], steht dies – gerade vor dem Hintergrund der entsprechenden Diskussion bei der Schaffung der Rom II-VO[205] – doch in deutlichem Gegensatz zum durchaus reflektiert gewählten Wortlaut der Norm. Daher gilt hier wie zu Art 34 EGBGB (dort Rn 24 bis 30), dass eine **Sonderanknüpfung von ausländischem Eingriffsrecht innerhalb der Rom II-VO nicht zulässig** ist.

Art 17 Sicherheits- und Verhaltensregeln
Bei der Beurteilung des Verhaltens der Person, deren Haftung geltend gemacht wird, sind faktisch und soweit angemessen die Sicherheits- und Verhaltensregeln zu berücksichtigen, die an dem Ort und zu dem Zeitpunkt des haftungsbegründenden Ereignisses in Kraft sind.

118 **1. Zweck.** Art 17 sieht eine flexible Möglichkeit der kollisionsrechtlichen Sonderbehandlung von ortsbezogenen Sicherheits- und Verhaltens-, insbes Straßenverkehrsregeln vor. Verhaltensnormen sind also keineswegs prinzipiell sonderanzuknüpfen; alles andere würde die Einheit des Deliktsstatuts unnötig auseinander reißen. Sie sind demgemäß nach Art 17 auch nur (als „local data", als faktische Gegebenheiten, Tatbestandswirkung bzw als Tatsachenelement) des Handlungsorts(rechts) zu „berücksichtigen", nicht: „anzuwenden"[206]. Der abweichende Wortlaut wird ganz bewusst verwendet. Solche Regeln sind insbes keinesfalls unbesehen etwa im Bereich der Produzentenhaftung anzuwenden.

119 **2. Straßenverkehrsordnung.** Namentlich verkehrsrechtliche Verhaltensnormen sind freilich **stets** dem **Recht des Verhaltensorts** zu entnehmen; alles andere wäre absurd[207], vorausgesetzt, die entsprechenden Sicherheits- und Verhaltensnormen sind ortsgebunden und (auch) auf Außenstehende bezogen. Das gilt insbes für Regeln zur Ordnung des Straßen-, aber auch des Wasser-, Ski- oder Luftverkehrs. Erforderlich ist eine entsprechende Verkehrserwartung. Daher kann, wenn es etwa um die Berücksichtigung von Mitverschulden geht, auch im Ausland die deutsche Gurtanschnallpflicht gelten, wenn zB Fahrer und Mitfahrer ihren gewöhnlichen Aufenthalt (Art 4 Abs 2 Rom II-VO) in Deutschland hatten[208].

120 Die **Bewertung der entsprechenden Normwidrigkeit** als rechtswidrig, fahrlässig oder grob fahrlässig erfolgt nach dem durch die Grundanknüpfungen geprägten Recht[209]. Im Rahmen von § 823 Abs 2 BGB können übrigens (anders als im Rahmen von § 134 BGB, hM) auch ausländische Schutzgesetze angewendet werden (Art 40 EGBGB Rn 14).

Art 18 Direktklage gegen den Versicherer des Haftenden
Der Geschädigte kann seinen Anspruch direkt gegen den Versicherer des Haftenden geltend machen, wenn dies nach dem auf das außervertragliche Schuldverhältnis oder nach dem auf den Versicherungsvertrag anzuwendenden Recht vorgesehen ist.

121 Art 18 Rom II-VO regelt den Direktanspruch des Geschädigten gegen den Versicherer des Ersatzpflichtigen. Ob ein solcher Direktanspruch besteht, richtet sich – nicht anders als in Art 40 Abs 4 EGBGB – alternativ nach dem Deliktsstatut oder nach dem Versicherungsvertragsstatut, das – nach Maßgabe von Art 37 Nr 4 EGBGB – entweder über Art 7 ff EGVVG oder über Art 27 ff EGBGB selbständig als Vorfrage zu bestimmen ist. Im Interesse des Opferschutzes ist von einer **uneingeschränkten Alternativität iS des Günstigkeitsprinzips** auszugehen[210]. Der Geschädigte braucht sich also nicht auf eines der betreffenden Rechte zu berufen, sondern das Gericht hat ggf von Amts wegen zu ermitteln. Es kann also entweder das maßgebliche Deliktsrecht oder aber das betreffende Versicherungsvertragsrecht auf einen

---

[201] Rechtsvergleichend *Spickhoff*, Gesetzesverstoß und Haftung, 1998, S 19 ff.
[202] Anders aber *v. Hoffmann*, FS Henrich, 2000, S 283, 285 ff.
[203] S bereits *v. Hoffmann*, FS Henrich, 2000, S 283, 289 ff.
[204] So bereits *A. Fuchs* GPR 2004, 100, 104; nun idS *Leible/Lehmann* RIW 2007, 721, 726.
[205] Dazu etwa *v. Hein* ZVglRWiss 102 (2003), 528, 550 f; *Leible/Engel* EuZW 2004, 7, 16.
[206] *Leible/Lehmann* RIW 2007, 721, 725; MünchKommBGB/*Junker* Art 42 EGBGB Anh Rn 80.
[207] So seit jeher die deutsche Rspr: BGHZ 57, 265, 267 f = NJW 1972, 387; BGHZ 87, 95, 97 f = NJW 1983, 1972, 1973; BGHZ 90, 294, 298 = NJW 1984, 2032, 2033; LG Mainz NJW-RR 2000, 31: Linksfahrgebot in GB; zu den FIS-Regeln beim Skilaufen OLG Hamm NJW-RR 2001, 1537; OLG Dresden VersR 2004, 1567, 1568; LG Bonn NJW 2005, 1873; ebenso im Ergebnis *Leible/Lehmann* RIW 2007, 721, 725.
[208] OLG Karlsruhe IPRspr 1984 Nr 34; *v. Bar* JZ 1985, 961, 967; abw KG VersR 1982, 1199.
[209] Aus der deutschen Rspr BGH VersR 1978, 541, 542.
[210] Ebenso *P. Huber* JA 2000, 67, 72; AnwK-BGB/*Wagner* Art 40 EGBGB Rn 53; MünchKommBGB/*Junker* Art 40 EGBGB Rn 221; *Gruber* VersR 2001, 16, 19 zu Art 40 EGBGB.

Direktanspruch hin untersuchen bzw je nachdem, welches Statut einfacher, dh prozessökonomischer festgestellt werden kann, seiner Entscheidung zugrunde legen. Die Anknüpfung an das Versicherungsvertragsstatut greift insbes nicht nur hilfsweise ein, wenn kein Direktanspruch nach dem Deliktsstatut besteht. Das folgt aus dem insoweit zweifelsfreien Wortlaut. Die Interessen der Versicherungen werden durch eine solche Anknüpfung nicht unangemessen berührt, da sie sich im Zweifel ohnedies auf die Anwendung der Rechtsordnung einstellen, der auch der Versicherungsvertrag unterliegt[211]. Auf diese Weise lässt sich auch der Einsatz des ordre public beim Fehlen eines Direktanspruches[212] vermeiden.

Sofern der Direktanspruch nach dem Deliktsstatut geprüft wird, ist nicht nur das nach Art 4 Abs 1 Rom II-VO berufene Tatortrecht maßgeblich, sondern ggf auch das diesem vorgehende Recht des gemeinsamen gewöhnlichen Aufenthalts (Art 4 Abs 2 Rom II-VO)[213].

Zweifelhaft ist, wie es im **Falle einer nachträglichen Wahl des anwendbaren Deliktsrechts** durch Schädiger und Geschädigten (Art 14 Rom II-VO) oder dann, wenn das Recht einer sonstigen wesentlich engeren Verbindung anwendbar ist (Art 4 Abs 3 Rom II-VO), steht. Durch eine solche nachträgliche Rechtswahl sollte ein Direktanspruch gegen den Versicherer nicht zu dessen Nachteil „erwählt" bzw erschlichen (Gesetzesschleichung) werden können. Das folgt auch aus Art 14 Abs 3 Rom II-VO[214]. Das nach Art 18 Rom II-VO maßgebliche Recht entscheidet im Wege des Günstigkeitsprinzips im Interesse des Opferschutzes auch über den Höchstbetrag, bis zu dem der Versicherer haftet[215], sowie über Einwendungsausschlüsse[216].

Art 19 Gesetzlicher Forderungsübergang

Hat eine Person („der Gläubiger") aufgrund eines außervertraglichen Schuldverhältnisses eine Forderung gegen eine andere Person („den Schuldner") und hat ein Dritter die Verpflichtung, den Gläubiger zu befriedigen, oder befriedigt er den Gläubiger aufgrund dieser Verpflichtung, so bestimmt das für die Verpflichtung des Dritten gegenüber dem Gläubiger maßgebende Recht, ob und in welchem Umfang der Dritte die Forderung des Gläubigers gegen den Schuldner nach dem für deren Beziehungen maßgebenden Recht geltend zu machen berechtigt ist.

1. Zweck und Herkunft. Art 19 Rom II-VO ist die fortgeschriebene Parallelnorm zu Art 33 Abs 3 EGBGB (= Art 13 EVÜ). Im Falle des gesetzlichen Forderungsübergangs kommt es nach der gesetzlichen Wertung auf das Recht an, das die Verpflichtung des Dritten beherrscht, den Gläubiger einer Forderung zu befriedigen (sog Zessionsgrundstatut). Die IPR-Interessen des Hauptschuldners treten nach der gesetzlichen Wertung dahinter zurück. Die Norm regelt den Eintritt eines gesetzlichen Forderungsübergangs im Falle der Verpflichtung eines Dritten (etwa des Versicherers, des Arbeitgebers, des Sozialhilfeträgers oder des Dienstherrn), den Gläubiger einer Forderung zu befriedigen. Art 19 verdrängt in seinem Anwendungsbereich nach seinem Inkrafttreten Art 33 EGBGB (dort Rn 7).

2. Anknüpfung. Das Recht des Staates, auf dem die Verpflichtung des Dritten beruht, ist dafür maßgeblich, ob der Dritte die Forderung des Gläubigers gegen den Schuldner zu begleichen hat oder nicht. Es kommt also zB auf das Versicherungsvertragsstatut an (sog **Zessionsgrundstatut**)[217]. Dieses bestimmt die Voraussetzungen für einen gesetzlichen Forderungsübergang. Das Forderungsstatut entscheidet demgegenüber darüber, welche Ansprüche der Dritte, auf den die Forderung kraft Gesetzes übergegangen ist, gegen den Schuldner geltend machen kann und welches Schicksal diese Ansprüche haben, bis hin zu Einreden, wie etwa derjenigen der Verjährung.

Art 20 Mehrfache Haftung

Hat ein Gläubiger eine Forderung gegen mehrere für dieselbe Forderung haftende Schuldner und ist er von einem der Schuldner vollständig oder teilweise befriedigt worden, so bestimmt sich der Anspruch dieses Schuldners auf Ausgleich durch die anderen Schuldner nach dem Recht, das auf die Verpflichtung dieses Schuldners gegenüber dem Gläubiger aus dem außervertraglichen Schuldverhältnis anzuwenden ist.

Art 20 Rom II-VO greift von seinem Regelungsgehalt her Fragen auf, die im internationalen Vertragsrecht in Art 33 Abs 3 S 2 EGBGB normiert worden und auf Sachverhalte des außervertraglichen Schuldrechts erstreckt worden sind (Art 33 EGBGB Rn 10). Nach seinem Inkrafttreten verdrängt Art 20 Rom II-VO diese Norm, soweit sein Anwendungsbereich greift[218]. Die Norm betrifft

---

[211] So bereits *Hübner* VersR 1977, 1069, 1075; *Spickhoff* IPRax 1990, 164.
[212] Dafür *Trenk-Hinterberger* NJW 1974, 1048; dagegen *Wandt* IPRax 1992, 259, 262.
[213] So auch zum deutschen Kollisionsrecht BGHZ 120, 87, 89 f = NJW 1993, 1007, 1008; BGHZ 119, 137, 139 = NJW 1992, 3091: gemeinsamer gewöhnlicher Aufenthalt in Deutschland; *Mansel*, Direktansprüche gegen Haftpflichtversicherer, 1986, S 47.
[214] Zum deutschen IPR ebenso AnwK-BGB/*Wagner* EGBGB Rn 54; MünchKommBGB/*Junker* EGBGB Rn 222; Staudinger/v. *Hoffmann* EGBGB Rn 442, 443.
[215] Zu Art 40 EGBGB ebenso Staudinger/v. *Hoffmann* EGBGB Rn 448.
[216] Zum bisherigen deutschen Kollisionsrecht ebenso *Mansel*, Direktansprüche gegen Haftpflichtversicherer, 1986, S 37 f.
[217] MünchKommBGB/*Junker* Art 42 EGBGB Anh Rn 85.
[218] MünchKommBGB/*Junker* Art 42 EGBGB Anh Rn 85.

gleichrangige **Verpflichtungen** (zB Mittäter einer unerlaubten Handlung)[219]. Zur Konkurrenz unterschiedlicher Zessionsgrundstatute der Dritten s Art 33 EGBGB Rn 9.

127 Nicht anders als Art 33 Abs 3 S 2 EGBGB spricht auch Art 20 Rom II-VO davon, dass mehrere Personen für **„dieselbe"** Forderung haften. Das führt zu der Frage, ob diese Forderungen dem gleichen Recht unterliegen müssen. Richtigerweise (Art 33 EGBGB Rn 11) ist Voraussetzung für die Anwendung auch von Art 20 Rom II-VO lediglich, dass der Gläubiger nach beiden Forderungsstatuten nur einmal Befriedigung seines Interesses verlangen kann und dass es sich um gleichartige und gleichrangige Ansprüche handelt. Zum „gestörten Gesamtschuldnerausgleich" s iÜ Art 33 EGBGB Rn 12.

Art 21 Form
Eine einseitige Rechtshandlung, die ein außervertragliches Schuldverhältnis betrifft, ist formgültig, wenn sie die Formerfordernisse des für das betreffende außervertragliche Schuldverhältnis maßgebenden Rechts oder des Rechts des Staates, in dem sie vorgenommen wurde, erfüllt.

128 Wie Art 11 Abs 1 EGBGB (= Art 9 Abs 1 EVÜ) und Art 9 Abs 4 EVÜ knüpft auch Art 21 für einseitige Rechtshandlungen, die ein außervertragliches Schuldverhältnis betreffen, **alternativ** an das **Recht der Ortsform** oder der **lex causae** (das auf das Delikt, die Bereicherung oder die auftragslose Geschäftsführung anwendbare Recht) an. S daher auch die Kommentierung von Art 11 Abs 1 EGBGB. Auch hier gilt die Linie, dass sich das der Formwirksamkeit günstigste der beiden Rechte durchsetzt.

129 Erforderlich sind **einseitige Rechtshandlungen,** die ein außervertragliches Schuldverhältnis betreffen, durch die ein außervertragliches Schuldverhältnis namentlich begründet, geändert, übertragen, zum Erlöschen gebracht oder undurchsetzbar gemacht wird. Nach dem Zweck der Norm sind im Wege einer autonomen Auslegung davon auch dann Rechtshandlungen wie ein Schuldanerkenntnis[220] oder ein Erlass als erfasst anzusehen, wenn diese wie im deutschen Recht (§§ 397, 780, 781 BGB) als Vertrag ausgestaltet worden sind.

Art 22 Beweis
(1) Das nach dieser Verordnung für das außervertragliche Schuldverhältnis maßgebende Recht ist insoweit anzuwenden, als es für außervertragliche Schuldverhältnisse gesetzliche Vermutungen aufstellt oder die Beweislast verteilt.

(2) Zum Beweis einer Rechtshandlung sind alle Beweisarten des Rechts des angerufenen Gerichts oder eines der in Artikel 21 bezeichneten Rechte, nach denen die Rechtshandlung formgültig ist, zulässig, sofern der Beweis in dieser Art vor dem angerufenen Gericht erbracht werden kann.

130 **1. Herkunft.** Art 22 Rom II-VO ist die Parallelvorschrift zu Art 32 Abs 3 EGBGB, dessen S 1 Art 14 Abs 1 EVÜ und dessen S 2 Art 14 Abs 2 EVÜ entspricht. Hinzu zu lesen ist Art 1 Abs 3 Rom II-VO, der wiederum Art 1 Abs 2 lit h EVÜ entspricht. Daraus ergibt sich, dass auf den **Beweis** und das **Verfahren** die **Rom II-VO außerhalb der von Art 21, 22 Rom II-VO aufgegriffenen Materien** nicht anwendbar ist; insoweit gilt die **lex fori**.

131 **2. Abs 1.** Abs 1 eröffnet den Anwendungsbereich der Rom II-VO für **gesetzliche Vermutungen** sowie für die Verteilung der Beweislast. Die **lex fori gilt** insoweit also **nicht**. Erfasst werden widerlegliche ebenso wie unwiderlegliche Vermutungen bzw Fiktionen. „Gesetzliche" Vermutungen sind auch richterrechtlich fixierte Regeln, was sich im Case-Law-System des Common Law rechtsquellentheoretisch von selbst versteht; aber auch zB die richterrechtlich entwickelten Regeln zur Beweislastverteilung bei der Produzentenhaftung nach § 823 ff BGB sind aus dem Gesetz gewonnene[221] und daher „gesetzliche" Regeln zur Verteilung der Beweislast. Neben den echten Umkehrungen der Beweislast (wie etwa in §§ 830 Abs 1 S 2, 831 Abs 1 S 2, 832 Abs 1 S 2, 833 S 2, 834 S 2, 836 Abs 1 S 2 BGB oder nach dem ProdHaftG) ist nach der Rom II-VO auch die **Darlegungs- und Behauptungslast** zu beurteilen, weil sie in einem untrennbaren Zusammenhang mit der Beweislast folgt[222]. Das Gleiche gilt für die Beweisführungslast[223]. Abs 1 gilt aber nur für sachrechtliche Beweisregeln für außervertragliche Schuldverhältnisse, so dass rein prozessuale Vermutungen (zB die Geständnisfiktion des § 138 Abs 3 ZPO) nicht erfasst sind.

132 Auch die **Beweiswürdigung** (§§ 286, 287 ZPO) untersteht der lex fori. Dazu gehört der Anscheinsbeweis[224]. Das gilt ebenso prinzipiell für das Beweismaß, wenn dieses nicht in einer sachrechtlichen Norm (wie zB § 252 S 2 BGB) besonders geregelt ist.

---

[219] MünchKommBGB/*Junker* Art 42 EGBGB Anh Rn 85.
[220] MünchKommBGB/*Junker* Art 42 EGBGB Anh Rn 81.
[221] BGHZ 51, 91; zuletzt dazu vgl BGH VersR 2006, 931 Rn 16; s ferner *Soergel/Krause* § 836 BGB Rn 16; *Petershagen*, Die Gebäudehaftung, 2000, S 244 ff; MünchKommBGB/*Wagner* § 836 Rn 4 ff; *Staudinger/Belling/Eberl-Borges* (2002) § 836 BGB Rn 42 ff; *Erman/Schiemann* § 836 BGB Rn 7.
[222] *Schack*, Internationales Zivilverfahrensrecht, Rn 674.
[223] *Schack*, Internationales Zivilverfahrensrecht, Rn 676.
[224] *Schack*, Internationales Zivilverfahrensrecht, Rn 694; str, aA – Schuldstatut – etwa *Coester-Waltjen*, Internationales Beweisrecht, Rn 353 f.

3. Abs 2. Die Zulässigkeit möglicher **Beweismittel** bestimmt sich grds ebenso nach der **lex fori** 133
wie deren Art und Weise der Einführung in den Prozess und ihre prozessuale Verwertbarkeit (bis hin zu
ausdrücklichen oder richterrechtlichen bzw verfassungsrechtlich gebotenen Beweisverwertungsverboten). Nur in Bezug auf Formfragen können alternativ die nach Art 22 Abs 1 Rom II-VO maßgeblichen Rechte und die danach zulässigen Beweismittel herangezogen werden. Zumindest verfassungsrechtlich begründete Beweisverwertungsverbote (zB in Bezug auf ein Schuldanerkenntnis) unterliegen
indes in jedem Falle der lex fori, jedenfalls im Wege einer Sonderanknüpfung von Eingriffsrecht nach
Art 16 Rom II-VO. Die Frage der **Beweiskraft**, insbes von Urkunden, unterliegt indes der lex fori[225].

Kapitel VI. Sonstige Vorschriften

Art 23 Gewöhnlicher Aufenthalt
(1) Für die Zwecke dieser Verordnung ist der Ort des gewöhnlichen Aufenthalts von
Gesellschaften, Vereinen und juristischen Personen der Ort ihrer Hauptverwaltung. Wenn
jedoch das schadensbegründende Ereignis oder der Schaden aus dem Betrieb einer Zweigniederlassung, einer Agentur oder einer sonstigen Niederlassung herrührt, steht dem Ort des
gewöhnlichen Aufenthalts der Ort gleich, an dem sich diese Zweigniederlassung, Agentur
oder sonstige Niederlassung befindet.
(2) Im Sinne dieser Verordnung ist der gewöhnliche Aufenthalt einer natürlichen Person,
die im Rahmen der Ausübung ihrer beruflichen Tätigkeit handelt, der Ort ihrer Hauptniederlassung.

1. Herkunft. Art 23 Rom II-VO schließt zum einen an Art 28 Abs 2 S 1 und 2 EGBGB (= Art 4 134
Abs 2 EVÜ) an, schreibt aber dort geregelten Grundsätze aber fort. Die Norm differenziert zwischen
Personenmehrheiten (Abs 1) und natürlichen Personen (Abs 2).

2. Personenmehrheiten. Für Personenmehrheiten (Gesellschaften, Vereinen, juristischen Personen) 135
gilt als „gewöhnlicher Aufenthalt" der **Ort der Hauptverwaltung (Art 23 Abs 1 S 1 Rom II-VO)**,
also des faktischen Sitzes, der tatsächlichen Hauptverwaltung, wo die zentralen Leitungsentscheidungen
getroffen werden, nicht bloß der Ort der alltäglichen Geschäftstätigkeit oder der Registersitz bzw der
Gründungsort. Der Begriff der Hauptverwaltung ist dabei ebenso autonom auszulegen wie die Begriffe
der Gesellschaft, des Vereins und der juristischen Person. Gemeint ist jede Personenvereinigung oder
Vermögensmasse, die sich vertraglich verpflichten kann (Art 28 EGBGB Rn 13). Das gilt – anders als im
Rahmen von Art 28 Abs 2 (= Art 4 Abs 2 EVÜ) – auch im Falle von nicht beruflichen oder gewerblichen Tätigkeiten von Personenvereinigungen. Im Übrigen sind die Begriffe in Parallelität zu der
international-prozessrechtlichen Norm des Art 60 EuGVVO auszulegen (vgl Erwägungsgrund Nr 7).

Rührt das außervertragliche Schuldverhältnis aus dem Betrieb einer Zweigniederlassung, einer 136
Agentur oder einer sonstigen **Niederlassung** her, ist am dadurch bezeichneten Ort der „gewöhnliche
Aufenthalt" der betroffenen Personenvereinigung **(Art 23 Abs 1 S 2 Rom II-VO)**. Auch der Begriff
der **Niederlassung** als Oberbegriff des Art 23 Abs 1 S 2 Rom II-VO ist autonom zu bestimmen. Im
Anschluss an die Definition des EuGH zum Parallelbegriff in Art 5 Nr 5 EuGVVO ist eine Niederlassung „ein Mittelpunkt geschäftlicher Tätigkeit", der „auf Dauer als Außenstelle eines Stammhauses
hervortritt, eine Geschäftsführung hat und sachlich so ausgestattet ist, dass er in der Weise Geschäfte mit
Dritten betreiben kann, dass diese, obgleich sie wissen, dass möglicherweise ein Rechtsverhältnis mit
dem im Ausland ansässigen Stammhaus begründet wird, sich nicht unmittelbar an dieses zu wenden
brauchen, sondern Geschäfte an dem Mittelpunkt geschäftlicher Tätigkeit abschließen können, der
dessen Außenstelle ist"[226]. Eine nur kurzfristige Einrichtung (Messestand) ist keine Niederlassung;
vielmehr wird eine geplante Dauer von mehr als einem Jahr erforderlich sein[227].

3. Natürliche Personen. Außervertragliche Schuldverhältnisse, die im Rahmen der **Ausübung** 137
einer beruflichen Tätigkeit (ggf: angeblich) begründet worden sind, werden an das Recht der
Hauptniederlassung dieser Partei angeknüpft, anders als nach Art 28 Abs 2 EGBGB (= Art 4 Abs 2
EVÜ) nicht an das Recht einer sonstigen Niederlassung, selbst wenn das Schuldverhältnis mit einer
anderen Niederlassung als der Hauptniederlassung in Verbindung steht. Außervertragliche Schuldverhältnisse, die nicht durch „Handeln" im Rahmen der Ausübung einer beruflichen Tätigkeit der Partei
begründet worden sind, werden dem am gewöhnlichen Aufenthaltsort der betreffende Person geltenden Recht unterstellt. „Handeln" ist iS von „Verhalten" zu verstehen, so dass Tun oder angeblich
pflichtwidriges Unterlassen gleichermaßen in Betracht kommen. Der **Begriff des gewöhnlichen**
Aufenthalts einer natürlichen Person ist zwar anders als der Wohnsitz nach Art 59 EuGVVO
autonom zu bestimmen[228]. Indes dürfte das Verständnis des ohnedies staatsvertraglich namentlich in den
Haager Übereinkommen vorgeprägten Begriffs, der im Ausgangspunkt auf die **soziale Integration**
abstellt[229], mit dem zum deutschen Kollisionsrecht entwickelten identisch sein (Art 28 EGBGB Rn 12;
zur Begriffsausfüllung s Art 5 EGBGB Rn 13 ff).

---
[225] *Nagel/Cottwald* IZPR § 9 Rn 118 ff.
[226] EuGH RIW 1979, 56, 58; ebenso AnwK-BGB/*Leible* Art 28 EGBGB Rn 44.
[227] *Soergel/v. Hoffmann* Art 28 EGBGB Rn 67.
[228] Ebenso für das EVÜ *Soergel/v. Hoffmann* Art 28 EGBGB Rn 61.
[229] *Baetge*, Der gewöhnliche Aufenthalt im Internationalen Privatrecht, 1994, S 76.

Art 24 Ausschluss der Rück- und Weiterverweisung
Unter dem nach dieser Verordnung anzuwendenden Recht eines Staates sind die in diesem Staat geltenden Rechtsnormen unter Ausschluss derjenigen des Internationalen Privatrechts zu verstehen.

138 In Bezug auf allgemeine Regeln statuiert Art 24 Rom II-VO das Prinzip der **Sachnormverweisung**. Die Bestimmung des anwendbaren Rechts wird nicht durch die Überprüfung fremden Kollisionsrechts belastet. **Art 4 Abs 1 und 2 EGBGB** sind nicht anwendbar. Der **Zweck** dieser Regel liegt – nicht anders als sonst häufig im Falle kollisionsrechtlicher Staatsverträge – darin, dass der Vereinheitlichungszweck der Rom II-VO nicht durch die Anerkennung von Rück- oder Weiterverweisungen in Frage gestellt werden soll.

139 Im Falle einer **parteiautonomen Rechtswahl** stellt sich die Frage, ob die Parteien nicht nur die Sachvorschriften, sondern auch das IPR eines Staates wählen können. Insoweit wäre dann von einer parteiautonomen Gesamtverweisung auszugehen. Ebenso wenig wie Art 4 Abs 2 EGBGB eine **parteiautonome Gesamtverweisung** zulässt und ebenso wenig wie Art 35 Abs 1 EGBGB, der auf Art 15 EVÜ beruht, dies nach richtigem Verständnis erlaubt, lässt auch Art 24 Rom II-VO eine solche Gestaltung zu[230]. Ohnedies wird sie nur ausnahmsweise vereinbart worden sein[231].

Art 25 Staaten ohne einheitliche Rechtsordnung
(1) Umfasst ein Staat mehrere Gebietseinheiten, von denen jede für außervertragliche Schuldverhältnisse ihre eigenen Rechtsnormen hat, so gilt für die Bestimmung des nach dieser Verordnung anzuwendenden Rechts jede Gebietseinheit als Staat.

(2) Ein Mitgliedstaat, in dem verschiedene Gebietseinheiten ihre eigenen Rechtsnormen für außervertragliche Schuldverhältnisse haben, ist nicht verpflichtet, diese Verordnung auf Kollisionen zwischen den Rechtsordnungen dieser Gebietseinheiten anzuwenden.

140 **1. Herkunft.** Art 25 Rom II-VO entspricht im Wesentlichen Art 19 EVÜ. Hat ein Staat Gebiete, in denen unterschiedliches lokales Recht gilt, so soll prinzipiell über die **Anknüpfungen der Rom II-VO direkt** entschieden werden, welche Teilrechtsordnung anzuwenden ist. Ausländisches interlokales Recht ist also prinzipiell nicht anwendbar. **Art 25 Rom II-VO verdrängt Art 4 Abs 3 EGBGB.**

141 **2. Mehrere Gebietseinheiten mit eigenen Rechtsvorschriften.** Abs 2 verweist unmittelbar auf das Recht einer Gebietseinheit, soweit ein Staat **mehrere Gebietseinheiten mit eigenen Rechtsvorschriften** für außervertragliche Schuldverhältnisse hat. Auch unterschiedliches Richter- oder Gewohnheitsrecht reicht aus[232]. Von Gebietseinheiten kann man sprechen, wenn innerhalb des ausländischen Staates territorial begrenzte Teile vorliegen[233]. In Betracht kommen etwa Spanien, Kanada, Australien, Mexiko, Großbritannien sowie die USA und (Rest-)Jugoslawien.

142 **3. Abs 2.** Abs 2 entspricht Art 19 Abs 2 EVÜ. Die letztgenannte Norm ist in das EGBGB nicht übernommen worden, weil man die Norm in Deutschland nach der Wiedervereinigung offenbar für überflüssig hielt. So steht es auch mit Abs 2.

Art 26 Öffentliche Ordnung im Staat des angerufenen Gerichts
Die Anwendung einer Vorschrift des nach dieser Verordnung bezeichneten Rechts kann nur versagt werden, wenn ihre Anwendung mit der öffentlichen Ordnung („ordre public") des Staates des angerufenen Gerichts offensichtlich unvereinbar ist.

143 **1. Grundsatz.** Art 26 enthält die – seit jeher geltendem deutschen (und wohl jedem ausländischen) Kollisionsrecht entsprechende – Möglichkeit der Zurückweisung der Anwendung ausländischen Rechts (auch: vom Recht eines Mitglieds der EU) wegen Verstoßes gegen den **ordre public**. Das gilt namentlich bei über den Schadensausgleich hinausgehenden, unverhältnismäßigen Entschädigungsansprüchen (punitive oder exemplary damages), was in Art 23 S 2 Rom II-VO-Entwurf ausdrücklich hervorgehoben wurde[234]. In der Sache hat der Wegfall dieses Hinweises keine Änderung ergeben, wie **Erwägungsgrund Nr 32** klarstellt. Bis hin zum **Erfordernis der Inlandsbeziehung** kann der deutsche ordre public im Internationalen Privatrecht der außervertraglichen Schuldverhältnisse daher wie bisher im Rahmen des Art 26 konkretisiert (und punitive damages ggf abgewehrt)[235] werden. Im Internationalen Deliktsrecht kann zudem auf Art 40 Abs 3 Nr 1 und 2 EGBGB, nicht aber auf den (ohnedies verunglückten) Art 40 Abs 3 Nr 3 EGBGB zurückgegriffen werden (s Art 38 EGBGB Rn 19; Art 39 EGBGB Rn 7; Art 40 EGBGB Rn 60 bis 63, auch zu Art 40 Abs 3 Nr 3 EGBGB).

---

[230] AA zu Art 15 EVÜ bzw Art 35 Abs 1 EGBGB *Junker* IPR S 173; PWW/*Brödermann/Wegen* Art 35 EGBGB Rn 4; AnwK-BGB/*Leible* Art 35 EGBGB Rn 4; *Kropholler* IPR § 24 II 5; Soergel/*v. Hoffmann* Art 35 EGBGB Rn 7; Staudinger/*Hausmann* Art 35 EGBGB Rn 8; MünchKommBGB/*Martiny* Art 35 EGBGB Rn 4 bis 5; *v. Bar/Mankowski* IPR I § 7 Rn 226; wie hier – näher Art 27 EGBGB Rn 52 und Art 35 EGBGB Rn 3 – Palandt/*Heldrich* Art 27 EGBGB Rn 2; *Looschelders* Art 27 EGBGB Rn 2; *W. Lorenz* IPRax 1987, 269, 276; *Kartzke* IPRax 1988, 8; *v. Bar* IPR I Rn 541, 620; MünchKommBGB/*Sonnenberger* Art 4 EGBGB Rn 72.

[231] *Giuliano/Lagarde* BT-Drucks 10/503 S 36, 69; MünchKommBGB/*Martiny* Rn 6.

[232] *Reithmann/Martiny* Rn 179; Staudinger/*Hausmann* Art 35 EGBGB Rn 11.

[233] MünchKommBGB/*Martiny* Rn 15.

[234] Insgesamt krit gegenüber Art 23 S 2 Rom II-VO-Entwurf *Mörsdorf-Schulte* ZVglRWiss 104 (2005), 192.

[235] BGHZ 118, 312; *Leible/Lehmann* RIW 2007, 721, 734 f.

2. Europarechtlich bedingte Besonderheiten bei der Handhabung. Freilich erhebt sich die 144
Frage nach einem einheitlichen europäischen Maßstab des ordre public. Bekanntlich findet sich in der EG bzw EU ein durchaus eng gewordenes Geflecht an (auch privatrechtsrelevanten) Rechtssätzen. Wenn man eine tatsächliche oder vermeintliche Identität der grundlegenden Rechtsprinzipien der europäischen Staaten unterstellt, liegt es an sich nahe, einen einheitlichen europäischen Maßstab des ordre public anzunehmen. Das ist auch relativ früh vertreten worden[236]. Freilich ist nach wie vor fraglich, ob sich – insbes im Bereich des Familien- und Erbrechts – ein subsumtionsfähiger Maßstab eines einheitlichen ordre public in Europa überhaupt ermitteln lässt[237]. Gerade im Bereich des Haftungsrechts sind weder auf der Tatbestands- noch auf der Rechtsfolgenseite durchgängig einheitliche Linien in der EU bzw EG erkennbar. Deshalb sollte es darum gehen, Anhaltspunkte dafür, ob ein ordre public-Verstoß vorliegt oder nicht, rechtsvergleichend zu gewinnen. Seit jeher werden vergleichbare rechtliche Regelungen oder Grundsätze in den europäischen Nachbarstaaten (das RG und der BGH sprachen von „Kulturstaaten") herangezogen[238]. Darüber hinaus wird vertreten, dass in Einzelfällen der nationale ordre public gegenüber dem Recht eines Mitgliedstaates der EG bzw der EU zurückhaltender angewendet werden soll als im Verhältnis zu einem außerhalb der EG/EU stehenden Staat[239]. Zweifelsfrei darf der nationale ordre public keinesfalls zur Erreichung gemeinschaftswidriger Ziele (zB im Wege eines Verstoßes gegen das Diskriminierungsverbot oder das Funktionieren des Binnenmarktes) eingesetzt werden[240]. Die fundamentalen Rechtsnormen und Rechtsgrundsätze der EG sind ohnedies zugleich wesentliche Grundsätze der deutschen öffentlichen Ordnung, soweit sie von entsprechenden Rechtsetzungskompetenzen der EG getragen sind. So kann jedenfalls die Abweichung von einer EG-RL, die eine volle Harmonisierung bringt, nicht als ordre public-widrig angesehen werden. Ja sogar wird man dann, wenn Richtlinien der EU die bloße Festsetzung von Mindeststandards vorsehen, den ordre public kaum gegen ausländisches Recht europäischer Staaten einsetzen können, das nur nicht über den Standard von den entsprechenden Richtlinien hinausgegangen ist. Durch den Beitritt zur Europäischen Gemeinschaft wird zum Ausdruck gebracht, dass eine Übereinstimmung mit den Grundvorstellungen der anderen EG-Nationen darüber besteht, was unerlässlicher Bestandteil der eigenen staatlichen Ordnung ist. Es würde sich mit dem Grundsatz der Gemeinschaftstreue nur schwer vertragen, wenn der nationale ordre public zur Abwehr des Rechts eines Mitgliedstaats der Europäischen Gemeinschaft eingesetzt würde, das den in einer EG-RL (zB der Produkthaftungs-RL) vorgesehenen Mindeststandard einhält und die RL korrekt umgesetzt hat. Vielmehr entfällt dann die Anwendung des nationalen ordre public. Verbleibende Abweichungen vom internen Recht und vom Inhalt der Richtlinien können dann keine Verstöße gegen unverzichtbare eigene Gerechtigkeitsvorstellungen begründen[241].

Art 27 Verhältnis zu anderen Gemeinschaftsrechtsakten
Diese Verordnung berührt nicht die Anwendung von Vorschriften des Gemeinschaftsrechts, die für besondere Gegenstände Kollisionsnormen für außervertragliche Schuldverhältnisse enthalten.

Art 27 Rom II-VO liegt die Vorstellung zugrunde, dass Kollisionsnormen für außervertragliche 145
Schuldverhältnisse in Vorschriften des Gemeinschaftsrechts in Bezug auf besondere Gegenstände zwar vermieden, aber nicht gänzlich ausgeschlossen werden sollen (Erwägungsgrund Nr 35). In diesem Zusammenhang wird insbes das in seiner Rechtsnatur europaweit nach wie vor ungeklärte **Herkunftslandprinzip der E-Commerce-RL** (in Deutschland umgesetzt in § 3 TMG, früher: § 4 TDG; genauer Art 40 EGBGB Rn 5 und Art 27 EGBGB Rn 7 bis 12) angesprochen (Erwägungsgrund Nr 35 S 4), das sachrechtlich, kollisionsrechtlich oder als Regel sui generis verstanden wird. Es soll offenbar nicht beeinträchtigt werden[242]. Selbst wenn man es (mE zutr)[243] kollisionsrechtlich qualifiziert, soll es offensichtlich durch die Rom II-VO nicht verdrängt werden; es geht ihr ggf also vor. Daher kommt es nicht zu dem befürchteten „bisher kaum erforschten Bereich sekundärrechtlicher Normkollisionen" im Spannungsfeld zwischen lex posterior (ggf Rom II-VO) und lex specialis (E-Commerce-RL)[244].

---

[236] *Jaenicke* BerDGVR 7 (1967), 77, 125 f; *Neuhaus* Grundbegriffe § 49 II 3, S 372; ferner *Moser* ÖJZ 1974, 650, 651 f.
[237] Dagegen auch *Leible/Lehmann* RIW 2007, 721, 734, die vom „embryonalen Stadium" des europäischen ordre public sprechen; s auch MünchKommBGB/*Sonnenberger* Art 6 EGBGB Rn 68.
[238] Vgl BGHZ 22, 162, 163; 35, 329, 337; ferner 50, 370, 376; RGZ 108, 241, 243 f; *Jayme* StAZ 1980, 301, 304; *ders*, Methoden der Konkretisierung des ordre public im Internationalen Privatrecht, 1989, S 44 ff; *Wiethölter* BerDGVR 7 (1967), 133, 176; *Drobnig* RabelsZ 50 (1986), 610, 619 f; *Aubin*, Die rechtsvergleichende Konkretisierung von Kontrollmaßstäben des Verfassungsrechts und des Kollisionsrechts in der deutschen Rspr, in: Deutsche Landesreferate zum VII. Internationalen Kongress für Rechtsvergleichung in Uppsala 1966, 1967, S 99, 109 ff.
[239] So bereits *v. Brunn* NJW 1962, 985, 988.
[240] S bereits *Steindorff* EuR 1981, 426, 435 ff, 439 f; aus neuerer Zeit *Martiny*, FS Sonnenberger, 2004, S 523, 533.
[241] *Spickhoff* BB 1987, 2593, 2601 f; *Brödermann/Iversen*, Europäisches Gemeinschaftsrecht und Internationales Privatrecht, 1994, Rn 759 ff mwN; *Sonnenberger* ZVglRWiss 95 (1996), 343; *Martiny*, FS Sonnenberger, 2004, S 523, 537; bezogen auf das Versicherungsrecht auch *W.-H. Roth*, Internationales Versicherungsvertragsrecht, 1985, S 701 f.
[242] *Leible/Lehmann* RIW 2007, 721, 729.
[243] *Spickhoff* in: Leible (Hrsg), Die Bedeutung des IPR im Zeitalter der neuen Medien, 2003, S 89, 117 ff mwN zum Streitstand.
[244] S auch Hamburg Group for Private International Law RabelsZ 67 (2003), 1, 45 f; *Mankowski* ZVglRWiss 100 (2001), 137, 177 f; *Spickhoff* in: Leible (Hrsg), Die Bedeutung des IPR im Zeitalter der neuen Medien, 2003, S 89, 117.

Art 28 Verhältnis zu bestehenden internationalen Übereinkommen

(1) Diese Verordnung berührt nicht die Anwendung der internationalen Übereinkommen, denen ein oder mehrere Mitgliedstaaten zum Zeitpunkt der Annahme dieser Verordnung angehören und die Kollisionsnormen für außervertragliche Schuldverhältnisse enthalten.

(2) Diese Verordnung hat jedoch in den Beziehungen zwischen den Mitgliedstaaten Vorrang vor den ausschließlich zwischen zwei oder mehreren Mitgliedstaaten geschlossenen Übereinkommen, soweit diese Bereiche betreffen, die in dieser Verordnung geregelt sind.

146 **1. Zweck.** Art 28 verfolgt zunächst den Zweck, keine Verletzungen staatsvertraglicher Pflichten der Mitgliedstaaten dadurch zu bewirken, dass die Rom II-VO in bestehende Staatsverträge hineinwirkt. Daher heißt es in Erwägungsgrund Nr 36, um die internationalen Verpflichtungen, die die Mitgliedstaaten eingegangen sind, zu wahren, dürfe sich die VO nicht auf internationale Übereinkommen auswirken, denen ein Mitgliedstaat oder mehrere Mitgliedstaaten zum Zeitpunkt der Annahme dieser VO angehören. Um den Zugang zu den Rechtsakten zu erleichtern, sollte die Kommission anhand der Angaben der Mitgliedstaaten ein Verzeichnis der betreffenden Übereinkommen im Amtsblatt der EU veröffentlichen.

147 **2. Befugnis zum Abschluss von Staatsverträgen in der Zukunft.** Auf dieser Linie liegt auch Erwägungsgrund Nr 37, wonach die Kommission dem Europäischen Parlament und dem Rat einen Vorschlag unterbreiten wird, nach welchem Verfahren und unter welchen Bedingungen die Mitgliedstaaten in Einzel- und Ausnahmefällen in eigenem Namen Übereinkünfte mit Drittländern über sektorspezifische Fragen aushandeln und abschließen dürfen, welche Bestimmungen über das auf außervertragliche Schuldverhältnisse anzuwendende Recht enthalten, die also den Anwendungsbereich der Rom II-VO tangieren würden.

148 **3. Bilaterale bzw „innereuropäische" Staatsverträge.** Der grundsätzliche Vorrang bestehender Staatsverträge nach **Abs 2** eine **Grenze.** Denn die Rom II-VO hat Vorrang vor solchen Übereinkommen, die ausschließlich zwischen zwei oder mehreren Mitgliedstaaten geschlossen worden sind und den Anwendungsbereich der Rom II-VO betreffen. Als Mitgliedstaaten wird den Vertragsparteien die Pflicht auferlegt, den betreffenden Vertrag zu kündigen bzw die Kündigung wird fingiert. **Nicht betroffen von Abs 2** sind die zwei praktisch wichtigsten, wenngleich von Deutschland nicht gezeichneten **Haager Übereinkommen** über das auf Straßenverkehrsunfälle anzuwendende Recht vom 4. 5. 1971 und über das auf die Produkthaftpflicht anzuwendende Recht vom 2. 10. 1973, weil hier Vertragsparteien jeweils auch Nicht-Mitgliedstaaten sind. Nicht von Abs 2 betroffen ist ferner der deutsch-schweizerische Vertrag über die Schadensdeckung bei Verkehrsunfällen vom 30. 5. 1969 (BGBl 1971 II S 91).

Kapitel VII. Schlussbestimmungen

Art 29 Verzeichnis der Übereinkommen

(1) Die Mitgliedstaaten übermitteln der Kommission spätestens 11. Juli 2008 die Übereinkommen gemäß Artikel 28 Absatz 1. Kündigen die Mitgliedstaaten nach diesem Stichtag eines dieser Übereinkommen, so setzen sie die Kommission davon in Kenntnis.

(2) Die Kommission veröffentlicht im Amtsblatt der Europäischen Union innerhalb von sechs Monaten nach deren Erhalt
i) ein Verzeichnis der in Absatz 1 genannten Übereinkommen;
ii) die in Absatz 1 genannten Kündigungen.

149 Art 29 nimmt auf Art 28 Bezug. Um den Zugang zu den relevanten Rechtsakten zu erleichtern, soll die Kommission anhand der Angaben der Mitgliedstaaten ein Verzeichnis der betreffenden Übereinkommen im Amtsblatt der EU veröffentlichen (Erwägungsgrund Nr 36).

Art 30 Überprüfungsklausel

(1) Die Kommission legt dem Europäischen Parlament, dem Rat und dem Europäischen Wirtschafts- und Sozialausschuss bis spätestens 20. August 2011 einen Bericht über die Anwendung dieser Verordnung vor. Diesem Bericht werden gegebenenfalls Vorschläge zur Anpassung der Verordnung beigefügt. Der Bericht umfasst:
i) eine Untersuchung über die Auswirkungen der Art und Weise, in der mit ausländischem Recht in den verschiedenen Rechtsordnungen umgegangen wird, und darüber, inwieweit die Gerichte in den Mitgliedstaaten ausländisches Recht aufgrund dieser Verordnung in der Praxis anwenden;
ii) eine Untersuchung der Auswirkungen von Artikel 28 der vorliegenden Verordnung im Hinblick auf das Haager Übereinkommen vom 4. Mai 1971 über das auf Verkehrsunfälle anzuwendende Recht.

(2) Die Kommission legt dem Europäischen Parlament, dem Rat und dem Europäischen Wirtschafts- und Sozialausschuss bis spätestens 31. Dezember 2008 eine Untersuchung zum Bereich des auf außervertragliche Schuldverhältnisse aus der Verletzung der Privatsphäre oder der Persönlichkeitsrechte anzuwendenden Rechts vor, wobei die Regeln über die Pressefreiheit und die Meinungsfreiheit in den Medien sowie die kollisionsrechtlichen Aspek-

te im Zusammenhang mit der Richtlinie 95/46/EG des Europäischen Parlaments und des Rates vom 24. Oktober 1995 zum Schutz natürlicher Personen bei der Verarbeitung personenbezogener Daten und zum freien Datenverkehr (ABl. L 281 vom 23. 11. 1995 S. 31) zu berücksichtigen sind.

Art 31 Zeitliche Anwendbarkeit
Diese Verordnung wird auf schadensbegründende Ereignisse angewandt, die nach ihrem Inkrafttreten eintreten.

Art 32 Zeitpunkt des Beginns der Anwendung
Diese Verordnung gilt ab dem 11. Januar 2009, mit Ausnahme des Artikels 29, der ab dem 11. Juli 2008 gilt. Diese Verordnung ist in allen ihren Teilen verbindlich und gilt gemäß dem Vertrag zur Gründung der Europäischen Gemeinschaft unmittelbar in den Mitgliedstaaten.

Anders als im Rahmen des Internationalen Privatrechts der außervertraglichen Schuldverhältnisse in Deutschland, für das es eine ausdrückliche intertemporale Überleitungsvorschrift für Altfälle nicht gibt, so dass auf Art 220 Abs 1, 236 § 1 EGBGB entspr abzustellen ist (Art 40 EGBGB Rn 64)[245], regeln Art 31 und 32 Rom II-VO den **intertemporalen Anwendungsbereich der VO**. Im Falle von raumzeitlichen „Punktdelikten" kommt es darauf an, ob das Delikt oder das sonstige außervertragliche Schuldverhältnis vor oder ab dem 11. 1. 2009 begründet worden ist. Im ersten Fall gilt Altrecht, für deutsche Gerichte also das Kollisionsrecht nach dem EGBGB (ggf Art 38 bis 42 EGBGB), im zweiten Falle gelten die Anknüpfungsregelungen der Rom II-VO. Das gilt auch in Bezug auf die im Verhältnis zu Art 42 EGBGB großzügigere Möglichkeit der Rechtswahl nach Art 14 Rom II-VO. Bei alledem kommt es indes nicht auf den späteren Schadensverlauf bzw auf den Eintritt von Folgeschäden nach dem 11. 1. 2009 an; dadurch wird die intertemporalen Anwendbarkeit der Rom II-VO nicht herbeigeführt[246].

Im **Falle von zeitlich gestreckten Tatbeständen,** etwa bei Immissionsschäden, kann sich das anwendbare Deliktsrecht gewandelt haben. Dass derjenige, der sich auf die Geltung der Rom II-VO beruft, dafür die Beweislast trägt (und dass Altrecht gilt, wenn der Beweispflichtige den Beweis schuldig bleibt oder unsubstantiiert vorträgt)[247], ist (nicht nur) in Bezug auf den Anwendungsbereich der Rom II-VO fragwürdig. Da europaweit materiell – nicht anders als im deutschen Sachrecht – die Regel Geltung beansprucht, dass derjenige, der sich eines Anspruchs berühmt, auch die anspruchsbegründenden Tatsachen darzulegen und ggf zu beweisen hat, gilt: Ist streitig, wann ein Verletzungserfolg oder ein Schaden eingetreten bzw verursacht worden ist, ist prinzipiell das für den potentiellen Schädiger günstigere Recht anzuwenden. Auf der Ebene der Darlegungs- und Beweislast kommt es mithin wegen deren Nähe zum Verfahren nicht zum alten deutschen Günstigkeitsgrundsatz, der früher zwar das internationale Deliktsrecht, nicht aber das intertemporale Deliktskollisionsrecht beherrscht hat.

Erklärung der Kommission zur Überprüfungsklausel (Artikel 30)
Die Kommission wird auf entsprechende Aufforderung durch das Europäische Parlament und den Rat im Rahmen von Artikel 30 der Verordnung Rom II hin, bis spätestens Dezember 2008 eine Untersuchung zu dem auf außervertragliche Schuldverhältnisse aus der Verletzung der Privatsphäre oder der Persönlichkeitsrechte anwendbaren Recht vorlegen. Die Kommission wird allen Aspekten Rechnung tragen und erforderlichenfalls geeignete Maßnahmen ergreifen.

Erklärung der Kommission zu Straßenverkehrsunfällen
In Anbetracht der unterschiedlichen Höhe des Schadenersatzes, der den Opfern von Straßenverkehrsunfällen in den Mitgliedstaaten zugesprochen wird, ist die Kommission bereit, die spezifischen Probleme zu untersuchen, mit denen EU-Ansässige bei Straßenverkehrsunfällen in einem anderen Mitgliedstaat als dem ihres gewöhnlichen Aufenthalts konfrontiert sind. Die Kommission wird dem Europäischen Parlament und dem Rat bis Ende 2008 hierzu eine Untersuchung zu allen Optionen einschließlich Versicherungsaspekten vorlegen, wie die Position gebietsfremder Unfallopfer verbessert werden kann. Diese Untersuchung würde den Weg zur Ausarbeitung eines Grünbuches bahnen.

Erklärung der Kommission zur Behandlung ausländischen Rechts
In Anbetracht der unterschiedlichen Behandlung ausländischen Rechts in den Mitgliedstaaten wird die Kommission, sobald die Untersuchung vorliegt, spätestens aber vier Jahre nach Inkrafttreten der Verordnung Rom II eine Untersuchung zur Anwendung ausländischen Rechts in Zivil- und Handelssachen durch die Gerichte der Mitgliedstaaten unter Berücksichtigung der Ziele des Haager Programms veröffentlichen. Die Kommission ist bereit, erforderlichenfalls geeignete Maßnahmen zu ergreifen.

---

[245] S auch OLG Stuttgart OLGR 2005, 1.
[246] *Leible/Lehmann* RIW 2007, 721, 724.
[247] So zum deutschen Kollisionsrecht OLG Stuttgart OLG 2005, 1 Nr 23.

Sechster Abschnitt. Sachenrecht (Art 43–46)

Art 43 Rechte an einer Sache

(1) Rechte an einer Sache unterliegen dem Recht des Staates, in dem sich die Sache befindet.

(2) Gelangt eine Sache, an der Rechte begründet sind, in einen anderen Staat, so können diese Rechte nicht im Widerspruch zu der Rechtsordnung dieses Staates ausgeübt werden.

(3) Ist ein Recht an einer Sache, die in das Inland gelangt, nicht schon vorher erworben worden, so sind für einen solchen Erwerb im Inland Vorgänge in einem anderen Staat wie inländische zu berücksichtigen.

Schrifttum (s auch Voraufl): *Diedrich*, Warenverkehrsfreiheit, Rechtspraxis und Rechtsvereinheitlichung bei internationalen Mobiliarsicherungsrechten, ZVglRWiss 104 (2005), 116; *Junker*, Die IPR-Reform von 1999: Auswirkungen auf die Unternehmenspraxis, RIW 2000, 241; *Kreuzer*, Gutachtliche Stellungnahme zum Referentenentwurf eines Gesetzes zur Ergänzung des Internationalen Privatrechts – Außervertragliche Schuldverhältnisse und Sachen – Sachenrechtliche Bestimmungen, in: Henrich (Hrsg), Vorschläge und Gutachten zur Reform des deutschen internationalen Sachen- und Immaterialgüterrechts, 1991, S 37; *Lauterbach* (Hrsg), Vorschläge und Gutachten zur Reform des deutschen internationalen Personen- und Sachenrechts, 1972; *Pfeiffer*, Der Stand des Internationalen Sachenrechts nach seiner Kodifikation, IPRax 2000, 270; *Rakob*, Ausländische Mobiliarsicherungsrechte im Inland, 2001; *Röthel*, Internationales Sachenrecht im Binnenmarkt, JZ 2003, 1027; *Schurig*, Statutenwechsel und die neuen Normen des deutschen internationalen Sachenrechts, FS Stoll 2001, S 577; *Siehr*, Internationales Sachenrecht, ZVglRWiss 104 (2005), 145; *Sonnenberger*, La loi allemande du 21 mai 1999 sur le droit international privé des obligations non contractuelles et des biens, Rev crit dr int priv 88 (1999), 647; *Spickhoff*, Die Restkodifikation des Internationalen Privatrechts: Außervertragliches Schuld- und Sachenrecht, NJW 1999, 2209; *Spinellis*, Das Vertrags- und Sachenrecht des internationalen Kunsthandels, 2000; *Staudinger*, Das Gesetz zum Internationalen Privatrecht für außervertragliche Schuldverhältnisse und für Sachen vom 21. 5. 1999, DB 1999, 1589; *Stoll*, Zur gesetzlichen Regelung des internationalen Sachenrechts in Artt. 43–46 EGBGB, IPRax 2000, 259; *R. Wagner*, Der Regierungsentwurf eines Gesetzes zum Internationalen Privatrecht für außervertragliche Schuldverhältnisse und für Sachen, IPRax 1998, 429; *v. Wilmowsky*, Europäisches Kreditsicherungsrecht, 1996.

Übersicht

	Rn		Rn
I. Entstehungsgeschichte des Internationalen Sachenrechts	1	V. Transposition fremder Sachenrechte (Abs 2)	12
II. Rechtsquellen	2	VI. Raum-zeitlich gestreckte Tatbestände (Abs 3)	13
III. Normzweck	3		
IV. Grundsatz: Belegenheitsrecht (Abs 1)	5	VII. Allgemeine Regeln	15
1. Maßgeblicher Lageort	6	1. Vorfragen; Einzel- und Gesamtstatut	15
2. Geltungsbereich: Rechte an Sachen	7	2. Gesamtverweisung	17
a) Allgemeine Einrichtungen	8	3. Ordre public	18
b) Immobilien	9	4. Intertemporales Recht	19
c) Mobiliarsachenrecht	10	5. Internationale Zuständigkeit	20
3. Wertpapiere	11		

I. Entstehungsgeschichte des Internationalen Sachenrechts

1   Das Internationale Sachenrecht war **bis zum 1. 6. 1999 im EGBGB nicht geregelt**. Gewohnheitsrechtlich galt die **lex rei sitae**, also das Recht des Staates, in dem die Sache, um die gestritten wird, belegen ist, in dem sie sich befindet[1]. Zu Beginn der 70er Jahre legte der Deutsche Rat für Internationales Privatrecht Vorschläge und Gutachten zur Reform des Internationalen Sachenrechts vor[2]. Anders als Vorschläge zur Kodifikation des Internationalen Sachenrechts vor 1900[3], die nie Gesetz geworden sind, wurde dieser Vorschlag vom Deutschen Rat für Internationales Privatrecht 1988 und 1991 erneut beraten und modifiziert[4]. Zwei Referentenentwürfe aus den Jahren 1984[5] und

---

[1] BGHZ 39, 173, 174 = NJW 1963, 1200; BGHZ 52, 239, 240 = NJW 1969, 1760; BGHZ 73, 391, 395 = NJW 1979, 1773, 1774; BGHZ 100, 221, 222; BGH NJW 1995, 58, 59; NJW 1996, 2233, 2234; NJW 1997, 461, 462; NJW 1998, 1321; NJW 1998, 3205; zum bis zum 1. 6. 1999 geltenden Internationalen Sachenrecht vgl das neuere Kommentarschrifttum, insbes *Staudinger/Stoll* IntSachenR; *Soergel/Lüderitz* Art 38 Anh II.
[2] Vorgelegt von *Lauterbach*, 1972.
[3] *Hartwieg/Korkisch*, Die geheimen Materialien zur Kodifikation des deutschen Internationalen Privatrechts 1881–1896, 1973, S 87 f, 177 ff, 214, 253 f; *Staudinger/Stoll* IntSachenR Rn 6–7.
[4] Vorschläge und Gutachten zur Reform des Deutschen Internationalen Sachen- und Immaterialgüterrechts, vorgelegt von *Henrich*, 1991.
[5] Abgedruckt zB bei *Basedow* NJW 1986, 2971, 2972 Fn 8–12.

1993[6] mündeten schließlich in das Gesetz zum Internationalen Privatrecht für außervertragliche Schuldverhältnisse und für Sachen vom 21. 5. 1999 (BGBl I S 1026), das die jetzt geltenden Art 43 bis 46 dem Internationalen Sachenrecht gewidmet hat[7].

II. Rechtsquellen

Vereinheitlichtes Internationales Sachenrecht in **Staatsverträgen** oder Normen europarechtlichen Ursprungs, die den Art 43 bis 46 vorgehen würden (Art 3 Abs 2), findet sich kaum. Das Einheitliche Kaufrecht regelt den Eigentumsübergang ebensowenig wie das Internationale Sachenrecht (Art 4b CISG, Art 3 S 2 Haager Übereinkommen zur Einführung eines Einheitlichen Gesetzes über den internationalen Kauf beweglicher Sachen). Das Genfer Abkommen vom 19. 6. 1948 (BGBl 1959 II S 129) über die internationale Anerkennung von Rechten an Luftfahrzeugen ist in § 103 LuftRG umgesetzt. Die RL 93/7/EG des Rates über die Rückgabe von unrechtmäßig aus dem Hoheitsgebiet eines Mitgliedstaates verbrachten Kulturgütern vom 15. 3. 1993 (ABl EG Nr L 74 S 74) ist im Kulturgutsicherungsgesetz (BGBl 1998 I S 3162) umgesetzt worden. Mittlerweile ist auf das Gesetz zur Ausführung des UNESCO-Übereinkommens vom 14. 11. 1970 über Maßnahmen zum Verbot und zur Verhütung der rechtswidrigen Einfuhr, Ausfuhr und Übereignung von Kulturgut vom 18. 5. 2007 (BGBl I S 757) abzustellen. Nach dessen §§ 5, 9 unterliegt das Eigentum an solchen Kulturgütern nach deren Rückgabe dem Recht des Herkunftslandes, in das sie zurückkehren[8]. § 1 Abs 2 SchiffRG vom 15. 11. 1940 (RGBl I S 1499) ist durch Art 5 des Gesetzes zum Internationalen Privatrecht für außervertragliche Schuldverhältnisse und für Sachen mit Wirkung zum 1. 6. 1999 aufgehoben bzw durch Art 45, insbes Abs 1 Nr 2, ersetzt worden. Hinzuweisen ist schließlich auf § 17a DepotG, der Verfügungen über bestimmte Wertpapiere uÄ betrifft. Das Übereinkommen über internationale Sicherungsrechte an beweglicher Ausrüstung ist von Deutschland (und anderen Ländern) zwar gezeichnet, aber nicht ratifiziert worden[9].

III. Normzweck

Die Anknüpfung an das Belegenheitsrecht dient in erster Linie dem **Verkehrsinteresse**. Alle Beteiligten können oder müssen sich darauf einstellen, dass für Verfügungsgeschäfte das Recht des Staates gilt, in dem sich die betreffende Sache zur Zeit des jeweiligen Vorgangs befindet[10]. Auch die **Durchsetzbarkeit einer Entscheidung,** die an die lex rei sitae anknüpft, ist in aller Regel gewährleistet. Gründe des Verkehrsschutzes tragen nicht nur die Grundanknüpfung von Abs 1, sondern ebenso Abs 2. Der numerus clausus des Sachenrechts lässt nur und insoweit ausländische Sachenrechte im Inland zu, als sie nicht im Widerspruch zur eigenen Rechtsordnung ausgeübt werden. Und zumindest nicht im Widerspruch zum Ziel des Verkehrsschutzes steht Abs 3, der raum-zeitlich gestreckte dingliche Tatbestände im Interesse der unmittelbar Beteiligten regelt.

Der Gesetzgeber hat das Internationale Sachenrecht mit Gesetz vom 21. 5. 1999 (BGBl I S 1026) in Art 43 bis 46 autonom, dh ohne staatsvertraglich hierzu veranlasst zu sein, kodifiziert. Dabei hat er in **Art 46** selbst die Internationale Sachenrecht anerkannt, dass es von dieser den Normalfall entsprechenden Interessenbewertung **Ausnahmen** geben kann, die eine abweichende Beurteilung erfordern. Die Ausweichklausel des Art 46 ist allerdings auch und gerade im Lichte des Zweckes der Grundanknüpfung an das Belegenheitsrecht, nämlich dem Schutz von Verkehrsinteressen, **eng auszulegen.** Das kommt in Art 46 dadurch zum Ausdruck, dass die Norm eine „wesentlich" engere Verbindung als die durch Art 43 bezeichnete verlangt[11]. Es wird erwogen, ob sich die Grundanknüpfung an das Belegenheitsrecht ausnahmsweise im Einzelfall als **europarechtswidrig** erweisen. In der Tat kann die Anknüpfung an die lex rei sitae in Kombination mit dem numerus clausus der nationalen Sachenrechte zu faktischen Erschwerungen und Behinderungen der Warenverkehrsfreiheit führen, man denke etwa an die (fehlende) Akzeptanz der deutschen (in der Sache publizitätslosen) Sicherungsübereignung[12]. Indes entspricht sowohl die Anknüpfung an die lex rei sitae als auch die prinzipielle Absage des Internationalen Sachenrechts an die Parteiautonomie[13] und ebenso der numerus clausus der Sachenrechte internationalem und europäischem Standard. Solange es in Europa verschiedene Staaten gibt, wird der Handel mit dadurch bedingten, sachlich begründeten Erschwernissen zu leben haben. Notfalls könnte eine konkret zu beanstandende Europarechtswidrigkeit der Anknüpfung über Art 46 behoben werden.

---

[6] Abgedruckt zB in IPRax 1995, 132 f.
[7] Materialien aus dem unmittelbaren Gesetzgebungsverfahren: BT-Drucks 14/343 S 654; BR-Drucks 759/98.
[8] Zum bisherigen Rechtszustand *Jayme* ZVglRWiss 95 (1996), 158, 167 f mwN; *Siehr*, FS Trinkner, 1995, S 703 ff; *ders* IPR S 279 f; *Fuchs* IPRax 2000, 281; *Spinellis* S 365 ff; *Pfeiffer* IPRax 2000, 270, 278 ff; zu Verboten des Handels mit irakischen Kulturgütern *Weber* SZIER 2006, 425.
[9] *Henrichs* IPRax 2003, 210; näher zur internationalen Rechtsvereinheitlichung *Staudinger/Stoll* IntSachenR Rn 104–119; MünchKommBGB/*Wendehorst* Vor Art 43 Rn 2–9.
[10] *Kropholler* IPR § 54 I 1; *v. Hoffmann/Thorn* IPR § 12 Rn 9.
[11] *Spickhoff* NJW 1999, 2209, 2210; vgl auch *Staudinger/Stoll* IntSachenR Rn 131, 132; *Kreuzer* S 37, 158 ff.
[12] Vgl *v. Wilmowsky* S 94 ff; *Röthel* JZ 2003, 1027, 1031 f; insoweit mit Grund aber zweifelnd *Diedrich* ZVglRWiss 104 (2005), 116, 121 ff; MünchKommBGB/*Sonnenberger* Einl IPR Rn 192; AnwK-BGB/*v. Plehwe* Rn 6.
[13] Anders Art 104 schweiz IPRG, dazu *Müller-Chen* AJP/PJA 2005, 273, 279.

IV. Grundsatz: Belegenheitsrecht (Abs 1)

5 Nach Abs 1 unterstehen Rechte an einer Sache dem Recht des Belegenheitsstaates.

6 **1. Maßgeblicher Lageort.** Nach Abs 1 sind alle sachenrechtlichen Fragen nach dem Recht zu beurteilen, das am **physischen Lageort der betroffenen Sache zur Zeit des Eintritts der dinglichen Rechtsfolge** gilt[14]. Eine Rechtswahl durch die betroffenen Parteien ist prinzipiell unbeachtlich[15]. Der Grund für die Lage der betreffenden Sache (zB Diebstahl) ist irrelevant[16]. Geht es um Verfügungen über Sachen an Bord eines Schiffes oder Luftfahrzeuges, so gilt als Belegenheitsrecht das **Recht der Flagge bzw des Hoheitszeichens** (bis zum Erreichen des Hafens bzw zur Landung). Über welchen Staat das Flugzeug gerade fliegt, oder ob die Grenze der Hoheitsgewässer soeben überfahren worden ist, kann aus Gründen des Verkehrsschutzes keine Rolle spielen[17]. Vorgänge, die Sachen betreffen, die sich auf **staatsfreiem Gebiet** befinden, können über Art 43 nicht gelöst werden, da die dortige Anknüpfung dann ins Leere geht. Wenngleich Art 46 als Ausweichklausel nicht unmittelbar eingreifen kann, weil schon die Grundanknüpfung ausfällt, ist in Anlehnung an den Grundgedanken dieser Norm (der dem Kollisionsrecht insgesamt innewohnt) nach der sonst **engsten Verbindung** zu suchen. Falls vorhanden, sollte an das Schuldstatut angeknüpft werden, auch im Falle der Rechtswahl. Ansonsten gilt – vergleichbar Art 28 Abs 2 – das Recht am gewöhnlichen Aufenthalt desjenigen, der sich eines Rechtes begibt (bei zweiseitigen Verfügungsgeschäften), sonst das Recht des Handelnden (Aneignung einer herrenlosen Sache)[18].

7 **2. Geltungsbereich: Rechte an Sachen.** Der Geltungsbereich von Art 43 wird dadurch umschrieben, dass die Norm von Rechten an einer Sache spricht. Von Rechten „auf" eine Sache ist nicht die Rede. Indes ist mit der Formulierung „Rechte an einer Sache" ein **Sammelbegriff** gemeint, der Inhalt ebenso wie Wirkungen der Sachenrechte erfassen und insgesamt die alte Anknüpfung an die lex rei sitae umschreiben soll. Deswegen kommen **auch dingliche Ansprüche** (zB auf Herausgabe, auf Nutzungsersatz, auf Schadensersatz usw.) für eine Anknüpfung nach Art 43 in Betracht[19]. Schon das zeigt, dass der Terminus „Rechte an Sachen" funktional iS der sog IPR-Qualifikation mit dem – freilich nicht ausreichenden – Ausgangspunkt der Lex Fori-Qualifikation (Einl IPR Rn 51–62) zu deuten ist[20]. Im Einzelnen sind folgende Ansprüche bzw Institute erfasst:

8 **a) Allgemeine Einrichtungen.** Was Sachen sind, wird demgemäß zunächst einmal aus der Perspektive des deutschen Rechts beurteilt. Es bestimmt etwa die Sachqualität von natürlichen Körperteilen, Körpersubstanzen, ab- und ausgegliederten Körperteilen oder dem Leichnam bis hin zur Rechtsqualität von Stammzellen und Embryonen[21]. Auch Tiere sind kollisionsrechtlich Sachen, wie sich aus § 90a BGB ergibt[22]. Das Belegenheitsrecht gibt sodann Auskunft darüber, was **Bestandteil** der Sache ist bzw inwieweit bestimmte Sachen rechtlich selbstständig sind. Das Sachstatut regelt weiter die Arten von Sachen und ihre **Verkehrsfähigkeit** sowie die **Arten der dinglichen Rechte** (zB verdinglichtes Mietrecht). Auch über die **Verfügung** selbst und ihre Arten entscheidet das Sachstatut, also insbes über Entstehung, Änderung, Untergang und Übergang wie überhaupt jede Änderung der Zuordnung dinglicher Rechte[23] bis hin zur Frage der erforderlichen Bestimmtheit oder Bestimmbarkeit[24]. Allein das Sachstatut regelt ferner, ob einem schuldrechtlichen Grundgeschäft dingliche Wirkungen zukommen, ob eine Verfügung also **abstrakt oder kausal** ausgestaltet ist. Weichen Schuldstatut und Sachstatut voneinander ab, gilt aber lediglich das Sachstatut und nicht etwa ein davon abweichendes Schuldstatut, das zB einem Schuldvertrag dingliche Rechtsfolgen beimisst[25]. Die **Wirksamkeit eines Kausalverhältnisses** ist als **Vorfrage** selbstständig anzuknüpfen[26]. Das Sachstatut umfasst nicht nur den Inhalt, sondern auch die Möglichkeiten der Ausübung eines dinglichen Rechts sowie **Schutzmöglichkeiten und Nebenansprüche** sachenrechtlicher Natur. Daher sind erfasst Ansprüche wie §§ 985 und 1004 BGB[27]. Das deutsche Eigentümer-Besitzer-Verhältnis der §§ 985 ff BGB ist gleichfalls im Prinzip sachenrechtlich zu qualifizieren[28]. Lediglich im Falle von § 992 BGB überwiegt die Nähe zum Delikts-

---

[14] BGHZ 100, 321, 324 = NJW 1987, 3077, 3079; BGH NJW 1995, 58, 59; *v. Bar* IPR II Rn 754; *Erman/Hohloch* Rn 9; *Junker* RIW 2000, 241, 251; *Palandt/Heldrich* Rn 1.
[15] BT-Drucks 14/343 S 16; *R. Wagner* IPRax 1998, 429, 435; *Kreuzer* Vorschläge S 37, 75 ff; *Palandt/Heldrich* Vor Art 43 Rn 2; früher schon hM, BGH NJW 1997, 462; vgl aber auch BGH NJW 1998, 1322.
[16] Vgl BGH IPRax 1987, 374; krit *Mansel* IPRax 1988, 268, 271.
[17] Vgl *v. Bar* IPR II Rn 548; *Erman/Hohloch* Rn 9; *Staudinger/Stoll* IntSachenR Rn 266.
[18] Vgl *Staudinger/Stoll* IntSachenR Rn 465.
[19] Vgl *Kreuzer* S 37, 53 f und S 4, Begründung des Deutschen Rates; *Spickhoff* NJW 1999, 2209, 2214.
[20] S auch *Wendehorst*, FS Sonnenberger, 2004, S 743, 753 ff.
[21] Eingehend MünchKommBGB/*Wendehorst*, Rn 18–30.
[22] *Siehr*, ZVglRWiss 104 (2005), 145, 160 f.
[23] BT-Drucks 14/343 S 15.
[24] *Trendelenburg* MDR 2003, 1329, 1331 zu Asset-Deals.
[25] OLG Schleswig IPRspr 1989 Nr 77.
[26] BGHZ 52, 239, 240 ff = NJW 1969, 1760, hM.
[27] BGH NJW 1989, 1352; KG NJW 1988, 341, 342; *Henrich*, FS Heini, 1995, S 199, 203; zT für die lex fori, falls Schutz außerhalb des Belegenheitsstaates erstrebt wird, *Staudinger/Stoll* IntSachenR Rn 153 ff; *ders* JZ 1995, 786; *ders* IPRax 2000, 259, 261, über Art 46.
[28] BGH NJW 1998, 1321, 1322; BGHZ 108, 353, 355 = NJW 1990, 242, 243; BGH NJW 1970, 40; *Kondring* IPRax 1993, 372; MünchKommBGB/*Wendehorst* Rn 96; aA – Deliktsrecht – OLG Frankfurt WM 1995, 50, 52; *Staudinger/Stoll* IntSachenR Rn 362, 363; *ders* JZ 1995, 786; *Kronke/Berger* IPRax 1991, 316.

recht. Der lex rei sitae unterliegen ferner **Vermutungen,** insbes in Bezug auf das Eigentum[29]. Auch der **Besitz** sowie die damit zusammenhängenden **Besitzschutzansprüche** fallen unter Abs 1[30].

b) Immobilien. Auch das Immobiliarsachenrecht fällt unter Abs 1. Ein Statutenwechsel kommt **9** hier allerdings nur infolge eines völkerrechtlichen Tatbestandes (Gebietsabtretung) in Frage. In Ermangelung intertemporaler Normen kommt es dann allgemeinen Grundsätzen entspr auf den Zeitpunkt der Vollendung des sachenrechtlichen Tatbestandes an. Unter Abs 1 fallen **Voraussetzungen und Wirkungen einer Eintragung** in einem Register, die Möglichkeit der Eintragung einer **Vormerkung** nebst Rechtsfolgen[31]. Weiter ist erfasst die Möglichkeit, das **Eigentum an Grundstücken** zu erwerben (einschließlich Grundstückserwerbs- bzw Veräußerungsbeschränkungen)[32]. Für die **Form** gilt **Art 11 Abs 5,** der aber gleichfalls auf das Belegenheitsrecht verweist. Deutsche Grundstücke können also nur vor einem deutschen Notar wirksam aufgelassen werden (Ausnahme: KonsG)[33]. Ansprüche wegen Grundstücksimmissionen sind nach Art 44 sonderanzuknüpfen. Auch **beschränkte Rechte an Grundstücken,** wie etwa Nießbrauch, Dienstbarkeiten, Reallasten oder ein dinglich ausgestaltetes Teilnutzungsrecht fallen in den Anwendungsbereich der Anknüpfung an die lex rei sitae nach Abs 1[34]. Auch Sicherungsrechte unterliegen Abs 1 bzw – in Bezug auf die Form der Bestellung – Art 11 Abs 5 und damit jeweils dem Belegenheitsrecht. Dieses gibt Auskunft über den Umfang der Haftung. Allerdings ist das **Abstraktionsprinzip** zu beachten: Die einem Grundpfandrecht zugrunde liegende Forderung folgt dem Schuldstatut und unterliegt nicht Abs 1. Auch kollisionsrechtlich ist daher (bis hin zur Möglichkeit einer Abtretung von Forderung und Grundpfandrecht) getrennt anzuknüpfen[35].

c) Mobiliarsachenrecht. Inhalt und Wirkungen von Mobiliarsachenrechten unterliegen Abs 1 **10** und damit zunächst dem jeweiligen Lageortsrecht. Das gilt für den **Erwerb und Verlust von Fahrniseigentum** kraft Rechtsgeschäfts einschließlich des Erwerbs vom Nichtberechtigten[36]. Erfasst sind namentlich die entsprechenden Voraussetzungen[37], Vermutungen und die Bedeutung von Abhandenkommen bzw Diebstahl[38], ferner der Eigentumserwerb kraft Gesetzes[39]. Auch ein Lösungsrecht (ein Herausgabeanspruch gegen den Erwerber besteht nur gegen Erstattung des Kaufpreises) ist sachenrechtlich zu qualifizieren, nicht prozessrechtlich[40]. Ebenso sind **dingliche Sicherungsrechte an beweglichen Sachen** von Art 43 erfasst, wobei die Frage der Anerkennung solcher Sicherungsrechte in anderen Staaten, in welche die betreffenden beweglichen Sachen gelangt sind, in Abs 2 eine Regelung gefunden hat. Auch für **Kulturgüter** galt, solange die RL 93/7/EWG des Rates vom 15. 3. 1993 über die Rückgabe von unrechtmäßig aus dem Hoheitsgebiet eines Mitgliedstaats verbrachten Kulturgütern[41] noch nicht umgesetzt war, Art 43[42]. Danach war das KulturgüterrückgabeG[43] zu beachten, das mit dem 18. 5. 2007 vom KulturgüterrückgabeG abgelöst worden ist (BGBl I S 757). Nach dessen § 5 Abs 1 richtet sich das Eigentum an Kulturgut, das nach den Bestimmungen dieses Gesetzes auf Verlangen in das Bundesgebiet zurückgegeben wird, nach den deutschen Sachvorschriften. Gemäß § 9 bestimmt sich sodann das Eigentum an Kulturgut nach erfolgter Rückgabe nach den Sachvorschriften des ersuchenden Mitgliedstaats. Bei diesen Vorschriften handelt es sich wohl weder um materiellprivatrechtliche Sachnormen, welche frühere Rechtspositionen annullieren[44], noch um rein öffentlich-rechtliche Normen, sondern um (freilich mit Rückwirkung ausgestattete) Kollisionsnormen: Die entsprechenden sachenrechtlichen Vorgänge werden rückwirkend nach dem Recht des ersuchenden Mitgliedstaats beurteilt[45]. Im Falle von **Sachen auf dem Transport** (res in transitu, nicht: bloße Transportmittel; hierfür gilt vorrangig Art 45) ist Art 46 zu beachten (Art 46 Rn 7).

---

[29] BGH NJW 1994, 939; *S. Lorenz* NJW 1995, 176, 178; *Armbrüster* IPRax 1990, 25 f.
[30] Vgl *Kegel/Schurig* IPR § 19 II; OLG Braunschweig IPRspr 1968/69 Nr 61.
[31] IPG 1967/68 Nr 22 (Köln).
[32] Näher, auch mit rechtsvergleichenden Hinweisen, MünchKommBGB/*Kreuzer,* 3. Aufl 1998, Nach Art 38 Anh I Rn 38.
[33] BGH WM 1968, 1170, 1171; KG IPRspr. 1986 Nr 26; anders aber Mann NJW 1955, 1177 ff.
[34] Zum Timesharing *Böhmer,* Das deutsche IPR des Timesharing, 1993, S 20 ff; *Martinek,* Moderne Vertragstypen, Bd III 1993, S 259 ff zu den verschiedenen Formen; *Kohlhepp* RIW 1986, 356; *Mankowski* RIW 1995, 365.
[35] BGH NJW 1951, 400; zu Angleichungsfragen beim Auseinanderfallen von Forderungs- und Belegenheitsrecht im Falle von akzessorischen Grundpfandrechten *Staudinger/Stoll* IntSachenR Rn 247.
[36] BGHZ 45, 47 = NJW 1968, 1382; BGHZ 100, 321, 324 = NJW 1987, 3077, 3079; BGH NJW 1991, 1415; NJW 1995, 2097; für § 13 Abs 7 S 2 AKB aA *Looschelders/Bottek* VersR 2001, 401: Art 46, unter Hinweis auf OLG Brandenburg VersR 2001, 261.
[37] BGH WM 1962, 185; OLG Köln VersR 2000, 462, 463: Gutgläubigkeit.
[38] Eingehend *Benecke* ZVglRWiss 101 (2002), 362.
[39] MünchKommBGB/*Wendehorst* Rn 86 ff.
[40] BGHZ 100, 321, 324 = NJW 1987, 3077, 3079; *Henrich,* FS Heini, 1995, S 199, 205 f; *Kropholler* IPR § 54 III 1 a; *Siehr* ZVglRWiss 83 (1984), 100.
[41] ABl EG Nr L 74 S 74. Dazu *Jayme* ZVglRWiss 95 (1996), 158, 167 f; *Siehr,* FS Trinkner, 1995, S 703 ff; zum von Deutschland bislang nicht gezeichneten Unidroit-Übereinkommen über gestohlene oder rechtswidrig ausgeführte Kulturgüter *Heuer* NJW 1999, 2558, 2562 ff.
[42] Vgl BT-Drucks 14/343 S 15; *Müller-Katzenburg* NJW 1999, 2251, 2554 ff; *Kienle/Weller* IPRax 2004, 290.
[43] BGBl 1998 I S 3162 = IPRax 2000, 340.
[44] In diese Richtung etwa *Weidner,* Kulturgüter als res extra commercium im internationalen Sachenrecht, 2001, S 279 ff.
[45] *Pfeiffer* IPRax 2000, 270, 278 ff; MünchKommBGB/*Wendehorst* Rn 187–189.

11   **3. Wertpapiere.** Bei Wertpapieren, die außerhalb von **§ 17a DepotG**[46] nicht gesondert geregelt sind, ist zu differenzieren: Das **Recht am Papier** ist nach **Art 43** zu beurteilen[47], während das verbriefte Recht aus dem Papier dem jeweiligen Forderungsstatut unterliegt[48]. Ob eine Urkunde überhaupt den Charakter eines Wertpapiers besitzt, ist gleichfalls noch der Rechtsordnung zu entnehmen, die für das verbriefte Recht maßgeblich ist[49].

V. Transposition fremder Sachenrechte (Abs 2)

12   Abs 2 regelt den sog **Statutenwechsel.** Gemeint sind damit Fälle, in denen eine – typischerweise bewegliche – Sache von einem Staat in einen anderen gelangt. Die Norm ist allseitig formuliert und gilt deswegen auch dann, wenn es um die Beurteilung der Verbringung einer Sache aus einem ausländischen Staat in den Geltungsbereich eines anderen ausländischen Staates geht[50]. Im Fall eines Statutenwechsels erhebt sich die Frage nach dem Schicksal dinglicher Rechte, die nach dem alten Belegenheitsrecht begründet worden sind. Abs 2 liegt die Vorstellung der prinzipiellen Anerkennung solcher Rechte zugrunde. Wirksam begründete fremde Sachenrechte bestehen demnach grds fort. Sie können nur ausnahmsweise nicht ausgeübt werden, wenn sie im Widerspruch zu der Rechtsordnung des Ankunftsstaates stehen. Ein **Widerspruch zur neuen Rechtsordnung** kann darin begründet sein, dass die Entstehungsvoraussetzungen eines Sachenrechts zur Voraussetzung des Fortbestehens erhoben werden, wie etwa eine Registereintragung[51]. Ab Ankunft im Empfangsstaat sind die fremden Sachenrechte ggf mit den Wirkungen entsprechender dinglicher Rechte des Empfangsstaates auszustatten. Eine im früheren Schrifttum erwogene Möglichkeit der Rechtswahl[52] hat der Gesetzgeber verworfen[53]. Ist das neue Sachenrecht durch den numerus clausus bzw den Typenzwang gekennzeichnet (wie regelmäßig), so ist erforderlich, dass fremde dingliche Rechte ggf in der Weise anzupassen sind, dass sie dem funktionell entsprechenden deutschen Sachenrechtstyp gemäß auszuüben sind (sog **Transposition**). Diese bereits bisher hM ist nunmehr Gesetz geworden[54]. Dabei ist zu bedenken, dass insbes das deutsche Mobiliarsachenrecht namentlich durch die Anerkennung der Sicherungsübereignung auf sachrechtlicher Ebene weit zurückgedrängt hat. Deshalb kann ein französisches Registerpfandrecht an Kraftfahrzeugen in Deutschland wie Sicherungseigentum behandelt werden[55], ebenso eine Autohypothek nach italienischem Recht[56]. Aus einem nur relativ wirkenden Eigentumsvorbehalt nach italienischem Recht wird ein absoluter[57]. Das Vindikationslegat schwächt sich zum Damnationslegat ab[58]. Das Sicherungseigentum an einem Kfz, das in Deutschland begründet worden ist, wird demgegenüber in Österreich nicht anerkannt, weil es eine funktionsentsprechende publizitätslose Form eines Sicherungsrechts an beweglichen Sachen dort nicht geben soll[59]. Auch ausländische Schiffshypotheken werden hier anerkannt[60]. Das (im romanischen Rechtskreis geläufige, zB Art 2280 franz CC) Lösungsrecht des bisherigen Eigentümers, der seine abhandengekommene Sache nur vom einem gutgläubigen Erwerber herausverlangen kann, wenn er dem Erwerber den gezahlten Kaufpreis erstattet, kann gleichfalls über Art 43 Abs 2 transponiert werden[61]. Eine **Grenze für die Transposition** bildet **Art 6,** wobei nur unverzichtbare Teile der deutschen Sachenrechtsordnung die Vorbehaltsklausel auslösen. Kriterien sind insbes der Verkehrsschutz und der Gläubigerschutz. Beim Einsatz der Vorbehaltsklausel ist die Rspr ausgesprochen zurückhaltend, so etwa bei der Anerkennung eines form- und ranglos bestellten venezolanischen Schiffspfandrechts[62]. Die Rangfolge richtet sich indes nach neuem Sachstatut; vgl auch Art 45 Abs 2 S 2[63].

VI. Raum-zeitlich gestreckte Tatbestände (Abs 3)

13   Abs 3 regelt den Fall räumlich gespaltener und zeitlich gestreckter sachenrechtlicher Vorgänge. Betroffen sind insbes **internationale grenzüberschreitende Verkehrsgeschäfte.** Grds gilt (Abs 3 HS 1): Ist ein Tatbestand nach der bisherigen Belegenheitsrechtsordnung abgeschlossen, ist für die Übernahme in eine neue Rechtsordnung Abs 2 maßgeblich[64]. War ein sachenrechtlicher Tatbestand

---

[46] *Schefold* IPRax 2000, 468; *Einsele* WM 2001, 7, 14 ff; *Haubold* RIW 2005, 656.
[47] BGHZ 108, 353, 356 = NJW 1990, 242, 243; BGH NJW 1994, 939, 940; dazu vgl auch *v. Bar*, FS W. Lorenz, 1991, S 284 ff; *Otte* IPRax 1996, 327, 328; *Kronke/Berger* IPRax 1991, 316, 317.
[48] OLG Düsseldorf IPRspr 2003 Nr 53.
[49] RGZ 119, 215, 216; *S. Lorenz* NJW 1995, 176, 177; *Palandt/Heldrich* Rn 1.
[50] BT-Drucks 14/343 S 16.
[51] *Staudinger/Stoll* IntSachenR Rn 357; *MünchKommBGB/Wendehorst* Rn 147 ff.
[52] *Staudinger/Stoll* IntSachenR Rn 282–284, 292.
[53] BT-Drucks 14/343 unter einschränkendem Hinweis auf Art 46: Ausweichklausel.
[54] *Junker* RIW 2000, 241, 254; *Pfeiffer* NJW 1999, 3674, 3677; *Kreuzer* RabelsZ 65 (2001), 383, 444; *Sonnenberger* Rev crit de dr int priv 88 (1999), 647, 664.
[55] Vgl BGHZ 39, 173, 174 f; *Hartwieg* RabelsZ 57 (1993), 607, 624 f; *Drobnig*, FS Kegel, 1977, S 142, 157.
[56] BGH NJW 1991, 1415, 1416; dazu *Kreuzer* IPRax 1993, 157, 159; krit *Stoll* IPRax 2000, 262.
[57] Vgl BGHZ 45, 95, 97; *Hartwieg* RabelsZ 57 (1993), 607, 627; *Junker* RIW 2000, 241, 254; *Lehr* RIW 2000, 747.
[58] BGH NJW 1995, 58; näher *Süss* RabelsZ 65 (2001), 245 ff und Art 25.
[59] Vgl OGH IPRax 1985, 165; mit Grund krit *Rauscher* RIW 1985, 265; *Martiny* IPRax 1985, 168; *Schwind*, FS Kegel, 1987, S 599.
[60] BGH NJW 1991, 1418, 1420; zu den Sicherungsrechten der USA nach dem UGG eingehend *Rakob* 18 ff.
[61] *Benecke* ZVglRWiss 101 (2002), 362, 374.
[62] BGH NJW 1991, 1418 gegen RGZ 80, 129.
[63] *Staudinger/Stoll* IntSachenR Rn 383.
[64] *Schurig*, FS Stoll, S 577, 583.

nach dem alten Belegenheitsrecht nicht abgeschlossen oder nicht ausreichend (zB gutgläubiger Erwerb einer abhanden gekommenen, insbes gestohlenen Sache), so vollendet sich dieser Tatbestand nicht eo ipso durch die Ankunft in einem neuen Belegenheitsstaat. Vielmehr gilt dann (Abs 3 HS 2), dass im neuen Belegenheitsstaat für den Erwerb eines Sachenrechts Vorgänge im früheren Belegenheitsstaat so zu behandeln sind, als hätten sie sich im Inland ereignet[65]. Daraus folgt zB für die Ersitzung, dass – sofern der Ersitzungstatbestand nicht schon im alten Belegenheitsrecht abgeschlossen ist – für die Voraussetzungen der Ersitzung das neue Lagerecht maßgeblich ist. Eine teilweise abgelaufene Frist im alten Belegenheitsrecht wird also „angerechnet"[66].

Abs 3 ist zwar einseitig formuliert[67] und bezieht sich nur auf Vorgänge im Inland. Dass insgesamt **über die Anrechnung von Sachverhaltselementen**, die sich vor der Verbringung der Sache in den jetzigen Belegenheitsstaat ereignet haben, die **neue lex re sitae entscheidet**, ergibt sich aber aus Abs 1 und Abs 2[68]. Die Vereinbarung eines **Eigentumsvorbehalts** im Rahmen eines internationalen **Versendungskaufes** fällt ebenfalls unter Abs 3. Hat der Käufer – insbes., soweit das Recht von Ländern anwendbar ist, in denen das Konsensprinzip gilt – nicht schon mit dem Abschluss des Schuldvertrages Eigentum erworben, geht das Eigentum unter Anrechnung der Vorgänge im Ursprungsland nach den sachenrechtlichen Normen des Bestimmungslandes über. Ist nach dem Recht des Absendestaates ein nur relativ wirkender Eigentumsvorbehalt möglich, nach inländischem Recht hingegen der absolut wirkende, so beurteilen sich nach Abs 3 Voraussetzungen und dingliche Wirkungen schon vom Grenzübertritt im Bestimmungsland an nach dessen Vorschriften[69]. Die Wirksamkeit eines verlängerten Eigentumsvorbehalts (sog Verarbeitungsklausel) richtet sich nach dem Vertragsstatut, das für die Rechtsbeziehungen zwischen Vorbehaltsverkäufer und Vorbehaltskäufer gilt (Art 33 Abs 2)[70].

VII. Allgemeine Regeln

1. Vorfragen; Einzel- und Gesamtstatut. Der Anwendungsbereich von Art 43 erfasst einerseits bestimmte Teil- und Vorfragen nicht, andererseits wird das internationale Sachenrecht aber auch durch ein sog Gesamt- oder Vermögensstatut teilweise überlagert. **Gesondert anzuknüpfen** sind die **Rechts- und Geschäftsfähigkeit** (Art 7), die **Vertretungsmacht** sowie das **schuldrechtliche Grundgeschäft**, aber auch zB ein **Besitzkonstitut** als Voraussetzung mittelbaren Besitzes. Bei der Beurteilung der Gutgläubigkeit sollte dagegen die Zurechnung des Kennens oder Kennenmüssens von Vertretern, Organen oder Hilfspersonen Art 43 unterliegen[71].

In Bezug auf das **Verhältnis von Einzelstatut und Gesamtstatut** hatte Art 43 Abs 1 S 2 RefE vom 15. 5. 1984[72] vorgesehen, dass die sachenrechtlichen Vorschriften des Belegenheitsstaates auch dann anzuwenden sind, wenn nach einer anderen Verweisungsvorschrift des EGBGB das Recht eines anderen Staates maßgeblich wäre. Diese Klausel, die den Vorrang des Sachstatuts gegenüber dem Gesamtstatut vorsah, ist zwar nicht Gesetz geworden. Der bereits bisher anerkannten Auffassung[73] soll aber insoweit durch den Gesetzgeber nicht entgegengetreten werden[74]. Die Norm ist vielmehr auf Vorschlag des Deutschen Rates für IPR nicht ins Gesetz übernommen worden, weil sie ohnedies etwas Selbstverständliches besagt hätte[75]. Insbes. kann ein sachenrechtliche numerus clausus als Einzelstatut nicht durch unbekannte sachenrechtliche Typen wie etwa ein Vindikationslegat[76] eines Gesamtstatuts (zB Erbstatut oder Ehegüterrechtsstatut) durchbrochen werden. Ähnlich wie im Rahmen von Abs 2 hat insoweit eine Transposition zu erfolgen, falls möglich[77].

2. Gesamtverweisung. Art 43 spricht gemäß Art 4 Abs 1 eine Gesamtverweisung aus. Rück- und Weiterverweisungen sind also zu beachten[78].

3. Ordre public. Wie stets ist Art 6 zu beachten. Jedoch wird der Einwand der deutschen öffentlichen Ordnung nur selten eingreifen[79]. Möglich erscheint dies dann, wenn es um nach früherem Sachstatut begründete Rechtsfolgen (zB Eigentumsverlust) geht, insbes wenn der Verkehrsschutz sowie

---

[65] OLG Koblenz IPRspr 2003 Nr 52; *Junker* RIW 2000, 241, 254 f; *Palandt/Heldrich* Rn 11; *Sonnenberger* Rev crit dr int priv 88 (1999), 647, 665.
[66] *Soergel/Lüderitz* Art 38 Anh II Rn 73; *Raape* IPR S 604 f; Vorschläge, 1991, S 7; zur Wirkung der Zustimmung im Ergebnis ebenso BGH NJW-RR 2000, 1583, 1584, aber: uU Sonderanknüpfung.
[67] BT-Drucks 14/343 S 16; krit *Staudinger* DB 1999, 1589, 1594; *Schurig*, FS Stoll, S 577, 585; zweifelnd *Palandt/Heldrich* Rn 11.
[68] S auch Vorschläge, 1991, S 7.
[69] Anders früher BGHZ 45, 95, 100: erst konkludent vereinbarte Rückübereignung an den Verkäufer bei Eintreffen der Sache beim Käufer; hiergegen bereits *Kegel* JuS 1968, 162; *Soergel/Lüderitz* Art 38 Anh II Rn 76–80; krit *Schurig*, FS Stoll, S 577, 585 ff.
[70] BGHZ 111, 376; *v. Bar* IPR II Rn 572; *Basedow* ZEuP 1997, 615, 620 f; aA – Recht am Sitz des Vorbehaltskäufers – *Stoll* IPRax 1991, 223, 225 ff; *MünchKommBGB/Wendehorst* Rn 85.
[71] *Soergel/Lüderitz* Art 38 Anh II Rn 22.
[72] Text bei *Basedow* NJW 1986, 2971, 2972 Fn 8–12.
[73] BGH NJW 1995, 58, 59; *MünchKommBGB/Birk* Art 25 Rn 166 ff.
[74] *R. Wagner* IPRax 1998, 429, 435.
[75] *Kreuzer* S 37, 55 f; vgl auch § 32 öIPRG.
[76] BGH NJW 1995, 58, 59; dazu *Dörner* IPRax 1996, 26.
[77] So wurde ein Vindikationslegat in Damnationslegat; vgl ferner *Soergel/Lüderitz* Art 38 Anh II Rn 19; näher zum Ganzen *Staudinger/Stoll* IntSachenR Rn 181–195.
[78] *Kreuzer* S 37, 138 f; vgl auch BT-Drucks 14/343 S 15.
[79] Vgl *Spickhoff*, Der ordre public im internationalen Privatrecht, 1989, S 212 ff.

die Interessen der am konkreten Geschehen Beteiligten unangemessen benachteiligt werden[80]. Dass gestohlene Sachen gutgläubig erworben werden können, löst den ordre public noch nicht aus; § 935 Abs 2 BGB zeigt, dass das BGB selbst diesen – international durchaus uneinheitlich gehandhabten – Grundsatz nicht durchhält[81]. Die Möglichkeit einer Transposition fremder Sachenrechte in deutsches Recht richtet sich nach Abs 2, der den Anwendungsbereich von Art 6 insoweit (bei fehlender Transpositionsmöglichkeit) noch weiter zurückdrängt[82]. Nicht jede Publizitätsform und das numerus-clausus-Prinzip des Sachenrechts sind wesentliche deutsche Rechtsgrundsätze iS von Art 6[83]. Auch fehlt es an einer ausreichenden Inlandsbeziehung, wenn sich der betreffende Gegenstand nur vorübergehend in Deutschland befindet[84].

19 **4. Intertemporales Recht.** In Ermangelung einer ausdrücklichen Regelung gelten die Grundsätze der **Art 220 Abs 1, 236 § 1 analog**[85]. Mithin kommt es darauf an, ob der sachenrechtliche Vorgang vor oder nach dem 1. 6. 1999 abgeschlossen worden ist oder nicht. Da Art 43 im Vergleich zur früheren Rechtslage kaum Änderungen bringt, ist ein intertemporaler Statutenwechsel so gut wie ausgeschlossen. Im Falle zeitlich gestreckter Tatbestände kommt eine „Anrechnung" von Vorgängen vor dem 1. 6. 1999 entspr Abs 3 in Betracht.

20 **5. Internationale Zuständigkeit.** Die Internationale Zuständigkeit ist im Falle von Streitigkeiten sachenrechtlicher Natur weder in der EuGVVO, noch im LugÜ oder in der ZPO prinzipiell gesondert geregelt. Es gelten also zunächst die allgemeinen Regeln der internationalen Zuständigkeit nach EuGVVO, LugÜ und §§ 12 ff ZPO analog. Nur für **Rechtsstreitigkeiten über Grundstücke und Grundstücksrechte** gilt der sich mit der kollisionsrechtlichen Anknüpfung an die lex rei sitae deckende ausschließliche Belegenheitsgerichtsstand des Art 22 Nr 1 EuGVVO (ebenso Art 16 Nr 1 LugÜ). Klagen aus Miete und Pacht von Immobilien werden freilich auch ausdrücklich einbezogen. Im Rahmen der ZPO gilt für die internationale Zuständigkeit Ähnliches gemäß §§ 24 bis 26 ZPO (analog) und für Klagen aus Miete und Pacht gemäß § 29 a ZPO (analog). In Bezug auf **Mobilien** ist auf den (rechtspolitisch und im Falle einer Notwendigkeit einer späteren Anerkennung und Vollstreckung einer Entscheidung deutscher Gerichte im Ausland auch praktisch problematischen, weil im internationalen Vergleich „exorbitant" weiten) besonderen Gerichtsstand des Vermögens (§ 23 ZPO) hinzuweisen[86]. Nach hM genügt jeder im Inland belegene Gegenstand unabhängig von seinem ggf geringen Wert (sog Umbrella-rule) und unabhängig vom Sinn eventueller Vollstreckungsmaßnahmen im Inland für die Begründung der entsprechenden Gerichtsstandes[87]. Der BGH[88] hat der Kritik an der wortlautgetreu weiten Auslegung des § 23 ZPO (analog) dadurch Rechnung getragen, dass er einen hinreichenden Inlandsbezug für sein Eingreifen verlangt. Indes sind die Konturen dieses der (ungeschriebenen) Dogmatik des ordre public entlehnten Begriffs (Art 6 Rn 15) in einer den zuständigkeitsrechtlichen Interessen nach Rechtsklarheit fragwürdigen Weise undeutlich[89]. Auf § 23 ZPO analog kann iÜ nur zurückgegriffen werden, wenn der Beklagte seinen Wohnsitz nicht in einem der Mitgliedstaaten der EuGVVO oder des LugÜ hat (Art 3 EuGVVO iVm Anh I zur EuGVVO; Art 3 LugÜ). Das gilt auch in Bezug auf die Begründung der rein örtlichen Zuständigkeit[90]. Ausnahmsweise bleibt der Rückgriff auf § 23 ZPO analog indes für Sicherungsverfahren (namentlich den Arrest, Art 31 EuGVVO, Art 24 LugÜ) möglich, auch innerhalb des Anwendungsbereichs der EuGVVO und des LugÜ[91].

Art 44 Grundstücksimmissionen

Für Ansprüche aus beeinträchtigenden Einwirkungen, die von einem Grundstück ausgehen, gilt Artikel 40 Abs. 1 entsprechend.

Schrifttum: *Hager,* Zur Berücksichtigung öffentlich-rechtlicher Genehmigungen bei Streitigkeiten wegen grenzüberschreitender Immissionen, RabelsZ 53 (1989), 293; *Kreuzer,* Umweltstörungen und Umweltschäden im Kollisionsrecht, BerGesVR 32 (1992), 245; *Mansel,* Kollisionsrechtliche Koordination von dinglichem und deliktischem Rechtsgüterschutz, FS Laufs, 2006, S 609; *Pfeiffer,* Öffentlich-rechtliche Anlagengenehmigung und deutsches Internationales Privatrecht, Trierer Jahrbuch IUTR 2000, 263; *Spickhoff,* Internationale Umwelthaftungsstandards und das neue Internationale Umwelthaftungsrecht, Trierer Jahrbuch IUTR 2000, 385; *Sturm,* Immissionen und Grenzdelikte,

---

[80] Vgl BGHZ 39, 173, 176 f = NJW 1963, 1200; BGHZ 45, 95, 97 = NJW 1966, 879, 880; BGHZ 100, 321, 324 = NJW 1987, 3077, 3079; BGH NJW 1991, 1418, 1419: jeweils Verstoß gegen den ordre public verneint.
[81] *v. Caemmerer,* FS Zepos, 1973, 25, 26; MünchKommBGB/*Wendehorst* Rn 124.
[82] *Soergel/Lüderitz* Art 38 Anh II Rn 93; *Erman/Hohloch* Rn 5; *Staudinger/Stoll* IntSachenR Rn 138, 355.
[83] BGHZ 39, 173, 176 f = NJW 1966, 879.
[84] *Stoll* RabelsZ 38 (1974), 450, 464 ff; *Spickhoff,* Der ordre public im internationalen Privatrecht, 1989, S 213 ff; verkannt in RGZ 80, 129, 132 ff.
[85] BT-Drucks 14/343 S 7; *Pfeiffer* IPRax 2000, 272; *Spickhoff* NJW 1999, 2209, 2210 f.
[86] Dazu statt vieler *Pfeiffer,* Internationale Zuständigkeit und prozessuale Gerechtigkeit, 1995, S 523 ff.
[87] BGH NJW 990, 992; *Stein/Jonas/Roth* § 23 ZPO Rn 13; offen gelassen von BGHZ 115, 90, 93 = NJW 1991, 3092, 3093; mit Grund krit zB *Nagel/Gottwald,* Internationales Zivilprozessrecht, 6. Aufl 2007, § 3 Rn 338.
[88] BGHZ 115, 90 = NJW 1991, 3092.
[89] *Stein/Jonas/Roth* § 23 ZPO Rn 10.
[90] *Stein/Jonas/Roth* § 23 ZPO Rn 2.
[91] OLG Düsseldorf ZIP 1999, 1521; *Stadler* JZ 1999, 1094 f; *Heß/Vollkommer* IPRax 1999, 221; *Spellenberg/Leible* ZZPInt 1999, 228.

in: *v. Caemmerer* (Hrsg), Vorschläge und Gutachten zur Reform des deutschen internationalen Privatrechts der außervertraglichen Schuldverhältnisse, 1983, S 338; *Wandt*, Deliktsstatut und Internationales Umwelthaftungsrecht, VersR 1998, 529; *L. Wolf*, Deliktsstatut und internationales Umweltrecht, 1995.

I. Normzweck

Art 44 befasst sich mit Ansprüchen aus beeinträchtigenden Einwirkungen, die von einem Grundstück 1 ausgehen (Grundstücksimmission). Solche Ansprüche sollen entspr Art 40 Abs 1 angeknüpft werden. Zumindest im deutschen Privatrecht sind die entsprechenden Ansprüche systematisch teils im Deliktsrecht, teils im Sachenrecht angesiedelt. Da es sich bei allen diesen Anspruchsgrundlagen funktionell um Rechtsgüterschutz gegen Einwirkungen von anderen Grundstücken und damit um Deliktsrecht handelt, das hier die Aufgabe hat, den Freiheits- und Handlungsraum des Störers gegen den Freiheits- und Handlungsraum des Betroffenen abzugrenzen[1], soll **einheitlich das Deliktsstatut** gelten. Art 44 will also zur Vermeidung von Angleichungsproblemen und zur Sicherstellung des inneren Entscheidungseinklangs weitgehend den kollisionsrechtlichen Gleichlauf von delikts- und sachen- bzw nachbarrechtlichen Ansprüchen gewährleisten[2].

II. Ansprüche aus Grundstücksimmissionen

Art 44 betrifft „Ansprüche aus beeinträchtigenden Einwirkungen, die von einem Grundstück 2 ausgehen". Der Einwirkungsbegriff sollte im Interesse der Einheitlichkeit des Immissionsschutzstatuts weit (noch über § 906 BGB hinaus) verstanden werden: Er erfasst alle Emissionen[3], also nicht nur die Emission unwägbarer Stoffe (Gas, Dämpfe), sondern auch Grobemissionen oder Flüssigkeiten[4]. Ob der Geschädigte dinglich berechtigt ist oder nicht, ist gleichgültig[5]. Erfasst sind insbes dingliche Beseitigungs- und Unterlassungsansprüche, aber auch Aufopferungsansprüche zum Ausgleich von duldungspflichtigen und deshalb rechtmäßigen Störungen (in Deutschland vor allem: §§ 862, 1004 BGB, § 14 BImSchG), vorausgesetzt, es handelt sich um privatrechtliche Ansprüche[6]. Zweifelhaft ist, ob auch das Anliegerrecht von Art 44 erfasst wird. Dabei geht es im Wesentlichen um die Bestimmung des Inhalts von Grundeigentum, welcher etwa in Fällen von § 904 BGB oder der Pflicht, einen Notweg, einen Überbau, einen Überhang oder einen Überfall zu dulden oder bestimmte Grenzabstände (Bepflanzungsgrenzen oder Bebauungsgrenzen) einzuhalten, zum Ausdruck kommt. Auf Grund der hierbei besonders stark ausgeprägten Nähe zum Sachenrecht sollten derartige Ansprüche oder Duldungspflichten nicht Art 40 Abs 1, sondern Art 43 Abs 1 unterworfen werden[7]. Bei gemeinschaftlichen Grenzanlagen wird sich das ärgere Recht durchsetzen, also das Recht, das – wenn überhaupt – den schwächeren Anspruch bereit hält, Art 46[8]. Da Art 44 nur auf Art 40 Abs 1 (und nicht auf das Deliktskollisionsrecht der Art 40 bis 42 im Ganzen) verweist, sind aber deliktsrechtlich zu qualifizierende Ansprüche nicht nach Art 44, 40 Abs 1, sondern nach Art 40 bis 42 zu beurteilen (Art 40 Rn 47)[9].

III. Anknüpfung

Art 44 verweist **lediglich auf Art 40 Abs 1,** nicht auf die weiteren Normen des Deliktskollisions- 3 rechts. Ein Grund dafür findet sich – abgesehen davon, dass es in den Bundestags-Drucksachen[10] heißt, es werde eine einheitliche Statutsbestimmung für alle Personen sichergestellt, die durch grenzüberschreitende Immissionen geschädigt wurden – nicht. Es ist dunkel, ob es sich hierbei um ein Redaktionsversehen[11] oder gar eine bewusste Entscheidung des Gesetzgebers gehandelt hat. Daher stellt sich die Frage, wie zu entscheiden ist, wenn im Internationalen Deliktsrecht Art 40 Abs 2, 41 oder 42 eingreift. Denn der erstrebte Gleichlauf würde durch die Anwendung der genannten Normen für deliktisch zu qualifizierende Ansprüche unter Umständen vereitelt. Will man dies vermeiden, also in der Tendenz nicht für die Hinnahme der Ergebnisse ohne teleologische Korrekturen oder den Rückgriff auf die Ausweichklauseln der Art 41 und 46 plädieren[12], ist folgendermaßen anzuknüpfen: Vorrangig sind von Art 40 Abs 1 abweichende Ergebnisse, die aus den deliktsrechtlichen Regelanknüpfungen folgen würden, ggf über **Art 41 Abs 1** zu korrigieren. Allerdings hilft diese Norm im Falle einer nachträglichen Rechtswahl der Parteien (Art 42) nicht mehr. Indes kann für nachbarrechtliche Ansprüche iS von Art 44

---

[1] *Kreuzer* S 37, 146; *Staudinger/Stoll* IntSachenR Rn 232.
[2] BT-Drucks 14/343 S 16; *R. Wagner* IPRax 1998, 429, 435; *Kreuzer* S 37, 146 f.
[3] *Mansel*, FS Laufs, 2006, S 609, 615 f; MünchKommBGB/*Wendehorst* Rn 14 ff.
[4] AnwK-BGB/*v. Plehwe* Rn 5.
[5] BT-Drucks 14/343 S 16; *R. Wagner* IPRax 1998, 429, 435.
[6] Vgl *Staudinger/Stoll* IntSachenR Rn 232, 235.
[7] Ebenso MünchKommBGB/*Wendehorst* Rn 19; anders *Stoll* IPRax 2000, 259, 266 für Art 44.
[8] Insoweit in Übereinstimmung mit *Staudinger/Stoll* IntSachenR Rn 236; für Billigkeitsentscheidung bei Divergenzen zwischen den beiden konkurrierenden Rechten MünchKommBGB/*Kreuzer* Nach Art 38 Anh I Rn 43; für das Recht am Ort des potenziell duldungspflichtigen Grundstücks, sonst für die Anknüpfung nach Art 43 Abs 1 EGBGB MünchKommBGB/*Wendehorst* Rn 19.
[9] Näher *Spickhoff*, Trierer Jb IUTR 2000, S 385, 387 f; *Mansel*, FS Laufs, 2006, 609, 614 f; *Looschelders* Rn 5; *Palandt/Heldrich* Rn 2; aA *Stoll* IPRax 2000, 265; *Kreuzer* RabelsZ 65 (2001), 383, 450.
[10] BT-Drucks 14/343 S 16; ebenso *R. Wagner* IPRax 1998, 429, 435.
[11] MünchKommBGB/*Wendehorst* Rn 27.
[12] MünchKommBGB/*Wendehorst* Rn 28 ff mwN zum Streitstand, Rn 38; PWW/*Brinkmann* Rn 4.

ausnahmsweise über **Art 46** die Möglichkeit der nachträglichen Rechtswahl eröffnet werden[13]. Denn der im Allgemeinen den Ausschluss der Rechtswahlmöglichkeit im Internationalen Sachenrecht tragende Einwand einer drohenden Vernachlässigung des Verkehrsschutzes trägt im Rahmen von bloßen Anspruchsbeziehungen, die Art 44 im Auge hat, nicht. All dies gilt nur, wenn die Voraussetzungen für ein Ausweichen von den Regelanknüpfungen im Einzelfall vorliegen[14]. Für die kollisionsrechtliche Behandlung öffentlich-rechtlicher Genehmigungen in Bezug auf Ansprüche wegen Grundstücksimmissionen gelten dieselben Grundsätze wie im internationalen Deliktsrecht (Art 40 Rn 48).

IV. Allgemeine Regeln

4 **1. Sachnorm- oder Gesamtverweisung.** Dem Zweck des kollisionsrechtlichen Gleichlaufs sachen- und deliktsrechtlicher Ansprüche entspr ist der Charakter der Verweisung von Art 44 derselbe wie derjenige von Art 40 Abs 1[15]. Trotz der Option des Geschädigten, sich auf das Erfolgsortsrecht zu berufen, liegt dem Grundsatz von Art 4 Abs 1 folgend eine **Gesamtverweisung** vor[16]. Soweit über Art 46 eine nachträgliche Rechtswahl auch für sachenrechtliche Ansprüche beachtet wird, ist von einer Sachnormverweisung auszugehen (Art 4 Abs 2).

5 **2. Ordre public.** Art 6 kann wie stets zum Einsatz kommen. Art 40 Abs 3 ist im Rahmen von Art 44 nicht anwendbar, kann jedoch zur Ausfüllung von Art 6 herangezogen werden[17].

6 **3. Intertemporales Recht.** Eine intertemporalrechtliche Übergangsvorschrift fehlt. Es gelten **Art 220 Abs 1, 236 § 1 analog**[18]. Damit kommt es auf die Abgeschlossenheit des betreffenden Vorgangs an[19]. Bei zeitlich gestreckten Tatbeständen kann es am 1. 6. 1999 zu einem **Wandel des anwendbaren Rechts** gekommen sein: Zwar wurden sachenrechtliche Ansprüche wegen Grundstücksimmissionen auch schon vor Inkrafttreten von Art 44 deliktsrechtlich qualifiziert[20]. Doch galt bis zum 1. 6. 1999 die Ubiquitätsregel in Kombination mit dem Günstigkeitsprinzip ohne hM ohne Einschränkungen. Insbes. war es nicht erforderlich, dass sich der Geschädigte auf die Anwendung des Erfolgsortsrechts berief. Andererseits ist Art 38 aF, der auch auf sachenrechtliche Ansprüche wegen Grundstücksimmissionen angewendet wurde[21], weggefallen.

Art 45 Transportmittel

(1) ¹Rechte an Luft-, Wasser- und Schienenfahrzeugen unterliegen dem Recht des Herkunftsstaats. ²Das ist
1. bei Luftfahrzeugen der Staat ihrer Staatszugehörigkeit,
2. bei Wasserfahrzeugen der Staat der Registereintragung, sonst des Heimathafens oder des Heimatorts,
3. bei Schienenfahrzeugen der Staat der Zulassung.

(2) ¹Die Entstehung gesetzlicher Sicherungsrechte an diesen Fahrzeugen unterliegt dem Recht, das auf die zu sichernde Forderung anzuwenden ist. ²Für die Rangfolge mehrerer Sicherungsrechte gilt Artikel 43 Abs. 1.

Übersicht

	Rn		Rn
I. Normzweck	1	III. Gesetzliche Sicherungsrechte (Abs 2)	8
II. Grundanknüpfung: Recht des Herkunftsstaats (Abs 1)	3	1. Entstehung (S 1)	8
1. Allgemeines	3	2. Rangfolge (S 2)	9
2. Luftfahrzeuge (Nr 1)	4	IV. Allgemeine Regeln	10
3. Wasserfahrzeuge (Nr 2)	5	1. Gesamt- oder Sachnormverweisung	10
4. Schienenfahrzeuge (Nr 3)	6	2. Ordre public	11
5. Kraftfahrzeuge	7	3. Intertemporales Recht	12

---

[13] Ebenso *Pfeiffer* IPRax 2000, 270, 274; vgl auch *Looschelders* Rn 2.
[14] Ebenso *Mansel*, FS Laufs, 2006, S 609, 617 f.
[15] *Pfeiffer* IPRax 2000, 270, 271.
[16] *Looschelders* Rn 6; Hk/*Dörner* Rn 3; aA *Erman/Hohloch* Rn 4; MünchKommBGB/*Wendehorst* Rn 46, 47: Sachnormverweisung.
[17] *Spickhoff*, Trierer Jb IUTR 2000, S 385, 395 f; für eine entsprechende Anwendung von Art 40 Abs 3 *Palandt/Heldrich* Rn 2; tendenziell auch MünchKommBGB/*Wendehorst* Rn 44.
[18] BT-Drucks 14/343 S 7.
[19] *Spickhoff* NJW 1999, 2209, 2210 f; *Pfeiffer* IPRax 2000, 270, 272.
[20] *Stoll* RabelsZ 37 (1973), 357, 375; *Hager* RabelsZ 53 (1989), 293, 297 f; *Sturm* in: v. *Caemmerer* (Hrsg), Vorschläge und Gutachten zur Reform des IPR der außervertraglichen Schuldverhältnisse, 1983, S 338, 359 f; anders *Soergel/Lüderitz* Art 38 Anh II Rn 37 f; v. *Bar* IPR I S 629 Fn 14.
[21] *Lüderitz* IPR Rn 327; *Soergel/Lüderitz* Anh II Art 38 Rn 44.

I. Normzweck

Die Anknüpfung an das Belegenheitsrecht iS von Art 43 Abs 1 hat sich im Falle von Transport- **1**
mitteln im Grundsatz als ungeeignet erwiesen. Da Transportmittel rasch und häufig ihre Lage, den Staat und damit das anwendbare Recht wechseln, und sie sich teilweise überhaupt nicht auf staatlichem Gebiet befinden, würden sachenrechtliche Verfügungen über solche Transportmittel außerordentlich erschwert. Ihre **Wirksamkeit** wäre kaum noch **vorhersehbar**, es sei denn, das Transportmittel würde sich zurzeit der Verfügung an einem feststehenden Ort befinden. Eine solche Erschwerung würde den Interessen des Rechts- und Wirtschaftsverkehrs nicht gerecht werden. Deshalb schreibt Art 45 vor, dass im Falle der dort genannten Transportmittel nicht an die lex rei sitae, sondern an den Herkunftsstaat anzuknüpfen ist[1].

Eine ausschließliche Anknüpfung an das Recht des Herkunftsstaates würde jedoch in bestimmten **2**
Fällen eines zwischenzeitlichen Wechsels des Herkunftsstaates zu Anknüpfungsschwierigkeiten, insbes in Bezug auf die Erkennbarkeit des anwendbaren Rechts für die beteiligten Parteien, führen. Das gilt insbes, wenn es um die **Einräumung eines Sicherungsrechtes an dem betreffenden Transportmittel** geht. Demgegenüber gewährleistet die Anknüpfung an das Recht, das auf die zu sichernde Forderung anzuwenden ist, dass jeder Gläubiger anhand des zugrunde liegenden Schuldverhältnisses vergleichsweise **einfach feststellen** kann, ob für ihn die Möglichkeit der Einräumung eines Sicherungsrechts besteht. Auch passt die materiell-rechtliche Akzessorietät von Sicherungsrechten zu der gesicherten Forderung zu dieser Anknüpfung[2]. Sie kann freilich dazu führen, dass an einem Transportmittel Sicherungsrechte verschiedener Rechtsordnungen bestehen. Die Rangordnung muss demgegenüber von vornherein einheitlich festgelegt werden. Daher verbleibt es insoweit bei der Grundregel des Lageortsrechts (Abs 2 S 2)[3]. Dem Zweck der Anknüpfung entspr sollen nur solche Fahrzeuge als von der Norm erfasst angesehen werden, die unter gewöhnlichen Bedingungen (nicht: konkret) dem Personen- oder Güterverkehr internationalen Verkehr dienen können[4]. Daran fehlt es im Falle von umfunktionierten oder ausrangierten Transportmitteln, also etwa Wracks, dem fest installierten Campingwagen, dem auf dem Spielplatz benutzen Eisenbahnwaggon oder einer entsprechenden Lok sowie bei neuen Fahrzeugen, die zum erstmaligen Verkauf anstehen[5]. Die Veräußerung gebrauchter Fahrzeuge fällt demgegenüber geradezu typischerweise unter die Norm. Ob das nicht mehr gilt, wenn sie aus dem Verkehr genommen worden sind (zB auf einer Verkaufsfläche stehen), erscheint zweifelhaft[6], denn gerade im Falle eines Erwerbs aus der Ferne mag es an der Erkennbarkeit fehlen.

II. Grundanknüpfung: Recht des Herkunftsstaats (Abs 1)

1. Allgemeines. Abs 1 knüpft die Rechte an Luft-, Wasser- und Schienenfahrzeugen prinzipiell an **3**
das **Recht des Herkunftsstaates** an. Diese Anknüpfung wird sodann konkretisiert in Bezug auf die drei genannten Arten von Transportmitteln (S 2 Nr 1–3). Insoweit wird Art 43 Abs 1 verdrängt. Zu beachten ist, dass Abs 1 nur Rechte an den dort näher bezeichneten Transportmitteln regelt. Nicht erfasst sind Sachen an Bord eines Verkehrsmittels. Für Verfügungen hierüber verbleibt es – mit Modifikationen – bei Art 43 (dort Rn 6). Ob eine Sache Bestandteil oder Zubehör des Transportmittels ist, richtet sich demgegenüber nach Art 45 Abs 1.

2. Luftfahrzeuge (Nr 1). Abs 1 S 2 Nr 1 knüpft Luftfahrzeuge an die Zugehörigkeit zu dem Staat **4**
an, in dem sie **registriert** sind. Das deckt sich mit den auf dem Genfer Abkommen über die internationale Anerkennung von Rechten an Luftfahrzeugen vom 19. 6. 1948 (BGBl 1959 II S 129) beruhenden §§ 103 bis 106 LuftRG und entspricht der bisher hM[7]. Luftfahrzeuge können sein: Flugzeuge, Hubschrauber, Segelflugzeuge, Zeppeline, Heißluftballons, Raumfahrzeuge, Satelliten und Raumstationen, nicht aber Raketen oder ähnliche Geschosse, Fallschirme oder Drachenflieger[8].

3. Wasserfahrzeuge (Nr 2). In Ermangelung vorrangiger Staatsverträge[9] ist für Wasserfahrzeuge **5**
nunmehr eine Anknüpfung an das Recht des Staates der **Registereintragung, hilfsweise des Heimathafens oder des Heimatorts** vorgesehen. § 1 Abs 2 des Gesetzes über Rechte an eingetragenen Schiffen und Schiffsbauwerken ist durch Art 5 des Gesetzes zum IPR für außervertragliche Schuldverhältnisse und für Sachen aufgehoben worden (BGBl 1999 I S 1027). Ist ein Schiff in zwei Registern eingetragen, kommt es auf das Recht desjenigen Registers an, in dem dingliche Rechte eingetragen werden. Ein bloßes Flaggenregister ist unmaßgeblich[10]. Die Hilfsanknüpfung an den Heimathafen oder

---

[1] BT-Drucks 14/343 S 17; *R. Wagner* IPRax 1998, 429, 436; *Drobnig*, Vorschlag einer besonderen sachenrechtlichen Kollisionsnorm für Transportmittel, in: *Henrich* (Hrsg), Vorschläge und Gutachten zur Reform des deutschen internationalen Sachen- und Immaterialgüterrechts, 1991, S 13, 14 f in Übereinstimmung mit der bereits bisher hM.
[2] BT-Drucks 14/343 S 18.
[3] *Kreuzer*, Gutachtliche Stellungnahme zum Referentenentwurf des Gesetzes zur Ergänzung des Internationalen Privatrechts, in: *Henrich* (Hrsg), Vorschläge und Gutachten zur Reform des deutschen internationalen Sachen- und Immaterialgüterrechts, 1991, S 37, 135.
[4] MünchKommBGB/*Wendehorst* Rn 15, 16; PWW/*Brinkmann* Rn 2.
[5] MünchKommBGB/*Wendehorst* Rn 27-31.
[6] Dafür aber MünchKommBGB/*Wendehorst* Rn 2.
[7] BGH NJW 1992, 362, 363; Soergel/*Lüderitz* Art 38 Anh II Rn 85; *Staudinger*/*Stoll* IntSachenR Rn 403, Rn 398 zum Verhältnis des Genfer Abkommens zu den §§ 103 bis 106 LuftRG.
[8] Näher MünchKommBGB/*Wendehorst* Rn 17–19.
[9] Vgl MünchKommBGB/*Wendehorst* Rn 5 ff, 47.
[10] BT-Drucks 14/343 S 17.

den Heimatort entspricht der schon bisher hM[11] und kommt vor allen Dingen für Sport- und Vergnügungsboote in Betracht[12]. Auch Luftkissenfahrzeuge wird man nicht unter Nr 1, sondern unter Nr 2 zu subsumieren haben[13]. Schiffsbauwerke und festliegende Haus- oder Hotelboote fallen demgegenüber ebenso wenig wie Schiffswracks unter Art 45, da es sich hierbei nicht (mehr) um Transportmittel handelt[14]. Das gilt im Prinzip auch für Bohrinseln[15]. Sind sie oder ähnliche Anlagen in den Territorialgewässern eines Staates festgemacht, gilt Art 43. Befindet sich die Bohrinsel demgegenüber auf hoher See, so geht die Anknüpfung von Art 43 ohnedies ins Leere. Dann kann Nr 2 entspr angewandt werden. Nr 2 gilt auch für U-Boote. Keine Schiffe sind aber Surfbretter, Schlauchboote, Wasserski oä, weil hier der Transport offensichtlich nicht im Vordergrund steht, und erst recht nicht Überseekabel oder Pipelines[16].

6   **4. Schienenfahrzeuge (Nr 3).** Für Schienenfahrzeuge[17] knüpft Nr 3 an das **Recht des Zulassungsstaates** an. Erfasst sind Eisenbahnwagen, Straßenbahnen, (Magnet-)Schwebebahnen und U-Bahnen. Irrelevant ist allerdings eine besondere Zulassung für den Auslandseinsatz, die keine Rückschlüsse auf die Herkunft des Schienenfahrzeugs zulässt[18]. Fehlt es an einer Registrierung, so ist auf den Grundsatz von Nr 1 zurückzugreifen. Herkunftsstaat ist dann derjenige Staat, in dem der Unternehmer, der die Verantwortung für diesen Einsatz trägt, seinen Sitz hat[19]. Zumindest über Art 46 sollte es beim Belegenheitsrecht (Art 43) verbleiben, wenn es um Rechte an Schienenfahrzeugen in geschlossenen Systemen ohne Möglichkeit des Grenzübertritts geht, so dass sie nicht im grenzüberschreitenden Verkehr einsetzbar sind, wie etwa die Wuppertaler Schwebebahn[20].

7   **5. Kraftfahrzeuge.** Der Gesetzgeber hat bewusst Kfz von einer Sonderanknüpfung **ausgenommen.**[21] Insofern gilt also Art 43. Das leuchtet im Grundsatz ein, jedoch kommen **Ausnahmen**, insbes bei im internationalen Speditionsverkehr eingesetzten Lkw, in Betracht[22]. Zwar ist es richtig, dass sicherungsübereignete deutsche Lkw zB mit Grenzübertritt nach Österreich dort ihre Sicherungsfunktion verlieren, diese aber (ggf wieder) auflebt, wenn der Lkw sich wieder in Deutschland befindet[23]. Doch sind entsprechende Probleme auch im Falle der von Art 45 unmittelbar erfassten Transportmittel denkbar. Sodann ist die Unterwerfung entsprechender Lkw unter das jeweilige Belegenheitsrecht sichtbar von der Vorstellung gekennzeichnet, das betreffende Fahrzeug würde typischerweise ins Heimatrecht am Unternehmenssitz zurückkehren. Unterschiedliche Steuern und die Freiheiten innerhalb der EU lassen dies aber zunehmend zweifelhaft erscheinen. Kraftfahrzeuge, die zum internationalen Transport eingesetzt sind (ggf auch Pkw), sollten deswegen sachenrechtlich einheitlich nach ihrem Zulassungsortsrecht behandelt werden, wobei dieses Ergebnis mit einer analogen Anwendung von Abs 1 S 2 Nr 3 oder über Art 46[24] erzielt werden kann, was von der Methode her keinen Unterschied macht, da Art 46 solche teleologischen Korrekturen der Grundanknüpfungen gerade im Auge hat[25].

III. Gesetzliche Sicherungsrechte (Abs 2)

8   **1. Entstehung (S 1).** Die Entstehung gesetzlicher Sicherungsrechte an den von Abs 1 erfassten Transportmitteln untersteht dem auf die zu sichernde Forderung anwendbaren Recht. Vorrangig anwendbar sind insbes die §§ 103, 104 LuftRG, die das Genfer Abkommen vom 19. 6. 1948 über die internationale Anerkennung von Rechten an Luftfahrzeugen umsetzen[26]. S 1 gilt auch im Falle gesetzlicher Sicherungsrechte bei Ortsgeschäften. **Lex causae** des Ortsgeschäftes (zB Reparatur- oder

---

[11] BGH NJW-RR 2000, 1583, 1584 = RIW 2000, 704, 705; NJW 1995, 2097, 2098 mwN.
[12] BT-Drucks 14/343 S 17.
[13] Vgl im Ergebnis *Staudinger/Stoll* IntSachenR Rn 396, auch zum bisherigen Streitstand.
[14] BT-Drucks 14/343 S 17.
[15] *Staudinger/Stoll* IntSachenR Rn 397.
[16] MünchKommBGB/*Wendehorst* Rn 21, 22.
[17] Zu Staatsverträgen MünchKommBGB/*Wendehorst* Rn 12 f.
[18] BT-Drucks 14/343 S 17.
[19] *Staudinger/Stoll* IntSachenR Rn 410.
[20] Vgl MünchKommBGB/*Wendehorst* Rn 23; im Ergebnis ebenso *Staudinger/Stoll* IntSachenR Rn 410 aE.
[21] BT-Drucks 14/343 S 17; *Sonnenberger* Rev crit dr int priv 1999, 647, 666.
[22] Anders aber *Kreuzer*, Gutachtliche Stellungnahme zum Referentenentwurf des Gesetzes zur Ergänzung des Internationalen Privatrechts, in: *Henrich* (Hrsg), Vorschläge und Gutachten zur Reform des deutschen internationalen Sachen- und Immaterialgüterrechts, 1991, S 37, 125 ff; *Staudinger/Stoll* IntSachenR Rn 411 gegen *Drobnig*, Vorschlag einer besonderen sachenrechtlichen Kollisionsnorm für Transportmittel, in: *Henrich* (Hrsg), Vorschläge und Gutachten zur Reform des deutschen internationalen Sachen- und Immaterialgüterrechts, 1991, S 13, 19 ff: bei Straßenfahrzeugen insgesamt Recht des Kennzeichen-Staates.
[23] *Kreuzer*, Gutachtliche Stellungnahme zum Referentenentwurf des Gesetzes zur Ergänzung des Internationalen Privatrechts, in: *Henrich* (Hrsg), Vorschläge und Gutachten zur Reform des deutschen internationalen Sachen- und Immaterialgüterrechts, 1991, S 126 f.
[24] Vgl auch *R. Wagner* IPRax 1998, 429, 436 bei Fn 93; *Spickhoff* NJW 1999, 2209, 2214; *v. Hoffmann/Thorn* IPR § 12 Rn 42; im Einzelfall auch *Pfeiffer* IPRax 2000, 270, 275; noch weitergehend für Heimatrecht für alle Kfze *Kegel/Schurig* IPR § 19 V, S 776; aA hL, MünchKommBGB/*Wendehorst* Rn 25; *Kreuzer* RabelsZ 65 (2001), 383, 452.
[25] Vgl *Kreuzer*, Gutachtliche Stellungnahme zum Referentenentwurf des Gesetzes zur Ergänzung des Internationalen Privatrechts, in: *Henrich* (Hrsg), Vorschläge und Gutachten zur Reform des deutschen internationalen Sachen- und Immaterialgüterrechts, 1991, S 37, 159.
[26] Zum Verhältnis des Abkommens zu den §§ 103 bis 106 LuftRG *Staudinger/Stoll* IntSachenR Rn 398; BT-Drucks 14/343 S 18 verweist auf Art 3 Abs 2 S 1. Zu weiteren, zum Teil geplanten Staatsverträgen MünchKommBGB/*Wendehorst* Rn 11, 12; *Staudinger/Stoll* IntSachenR Rn 386, 387 zu Schiffsgläubigerrechten.

Wartungsarbeiten an einem ausländischen Schiff oder Flugzeug) ist allerdings in Ermangelung sonstiger Vereinbarungen typischerweise das Ortsrecht (Art 28 Abs 2), so dass sich auch eventuelle Sicherungsrechte danach richten[27]. Erfasst von Abs 2 S 1 sind insbes die Schiffsgläubigerrechte für die Sozialversicherungsträger, für die Mannschaft (Heuer) und für Ladungsschäden[28].

2. Rangfolge (S 2). In Bezug auf die Rangfolge mehrerer Sicherungsrechte kehrt Abs 2 S 2 wieder zur **Grundregel des Belegenheitsrechts** (Art 43 Abs 1) zurück. Bislang wurde die Rangfolge insbes von Schiffsgläubigerrechten vor deutschen Gerichten der lex fori unterworfen[29]. Weicht das nunmehr nach Abs 2 S 1 anwendbare Belegenheitsrecht von der **lex fori** ab, kann diese aber – wie bisher – **im Einzelfall über Art 46** durchgesetzt werden[30]. In den Gesetzesmaterialien[31] wird weiter erwogen, von Abs 2 S 2 und dem Belegenheitsrecht abzuweichen, wenn die Rechtsordnungen aller an dem Schiff bestehenden Sicherungsrechte übereinstimmend eine andere Rangfolge festlegen. Grundlage dafür soll Art 46 sein. Indes würde dies schwierige Nachforschungen verschiedener ausländischer Rechte in Bezug auf eine von der lex rei sitae abweichende Rangfolge erforderlich machen. Auch wäre die entsprechende Übereinstimmung der beteiligten ausländischen Rechte in Bezug auf die Rangfolge eher zufällig, so dass eine entsprechende Aufweichung von Abs 2 S 2 weder von Verkehrsschutzgesichtspunkten noch von Praktikabilitätserwägungen getragen wird[32]. Nicht in Abs 2 geregelt sind die materiell-rechtlichen Wirkungen von Vollstreckungsakten. Insoweit gilt die lex fori des Vollstreckungsorgans, insbes auch für das Erlöschen von Schiffshypotheken oder Schiffsgläubigerrechten nach einer Versteigerung[33].

IV. Allgemeine Regeln

1. Gesamt- oder Sachnormverweisung. Art 45 spricht insgesamt IPR-Verweisungen aus. **Rück- und Weiterverweisungen** sind also **zu beachten** (Art 4 Abs 1)[34]. Trotz der akzessorischen Anknüpfung an das Forderungsstatut gilt das auch, soweit es um die Entstehung gesetzlicher Sicherungsrechte an Transportmitteln geht (Abs 2 S 1). Denn die materiell-rechtliche Akzessorietät von Sicherungsrecht und gesicherter Forderung ist nur einer von mehreren für diese Anknüpfung sprechenden Aspekten (Rn 2). Der mehrfache Hinweis in den Bundestagsdrucksachen auf Art 46 und die einschränkende Bemerkung, „eine allseits befriedigende Lösung des Problems der Anknüpfung von Schiffsgläubigerrechten dürfte nur im Rahmen internationaler Übereinkommen zu finden sein"[35], sprechen nicht dafür, nach dem Sinn der (ganz offenbar unsicheren) Verweisung davon auszugehen, dass dieser renvoi-fest wäre[36].

2. Ordre public. Der Einsatz der Vorbehaltsklausel von Art 6 kommt auch im Rahmen des Art 45 in Betracht. Wie stets ist aber **Zurückhaltung** geboten. Der BGH[37] hat selbst ein rang- und formlos bestelltes Schiffspfandrecht nicht als ordre public-widrig angesehen. Die eigenen Publizitätserfordernisse gehören also nicht, jedenfalls nicht uneingeschränkt zu den wesentlichen Grundsätzen des deutschen Rechts, wobei zusätzlich zu prüfen ist, ob eine hinreichend starke Inlandsbeziehung vorliegt, die das Auslösen der Vorbehaltsklausel voraussetzt.

3. Intertemporales Recht. In Ermangelung einer ausdrücklichen intertemporalen Vorschrift gelten Art 220 Abs 1, 236 § 1 analog[38]. Es kommt also darauf an, wann der sachenrechtliche Tatbestand abgeschlossen ist.

Art 46 Wesentlich engere Verbindung

Besteht mit dem Recht eines Staates eine wesentlich engere Verbindung als mit dem Recht, das nach den Artikeln 43 bis 45 maßgebend wäre, so ist jenes Recht anzuwenden.

---

[27] *Junker* RIW 2000, 241, 254; *Staudinger/Stoll* IntSachenR Rn 384.
[28] BT-Drucks 14/343 S 18; *Henrich* (Hrsg), Vorschläge und Gutachten zur Reform des deutschen internationalen Sachen- und Immaterialgüterrechts, 1991, S 9 f.
[29] BGH NJW 1991, 1418, 1420; LG Bremen RIW 1995, 326, 328.
[30] BT-Drucks 14/343 S 18; *Junker* RIW 2000, 241, 254; *R. Wagner* IPRax 1998, 429, 437.
[31] BT-Drucks 14/343 S 18.
[32] Ebenso *Staudinger/Stoll* IntSachenR Rn 392; MünchKommBGB/*Wendehorst* Rn 83 f, jeweils mwN, auch zur Gegenmeinung; *Pfeiffer* IPRax 2000, 270, 276; anders aber *Kreuzer*, Gutachtliche Stellungnahme zum Referentenentwurf des Gesetzes zur Ergänzung des Internationalen Privatrechts, in: Henrich (Hrsg), Vorschläge und Gutachten zur Reform des deutschen internationalen Sachen- und Immaterialgüterrechts, 1991, S 37, 136; *Wagner* IPRax 1998, 429, 437.
[33] BGHZ 35, 267, 271; BGH NJW 1991, 1418, 1420; *Drobnig*, Vorschlag einer besonderen sachenrechtlichen Kollisionsnorm für Transportmittel, in: Henrich (Hrsg), Vorschläge und Gutachten zur Reform des deutschen internationalen Sachen- und Immaterialgüterrechts, 1991, S 13, 27 f.
[34] PWW/*Brinkmann* Rn 5; AnwK-BGB/*v. Plehwe* Rn 4; *Looschelders* Rn 3; diff MünchKommBGB/*Wendehorst* Rn 61, 79, 85; str allerdings im Bereich der §§ 103 bis 106 LuftRG, die auf dem *Genfer* Abkommen über die internationale Anerkennung von Rechten an Luftfahrzeugen beruhen. Auch hier für Gesamtverweisung *Staudinger/Stoll* IntSachenR Rn 399.
[35] BT-Drucks 14/343 S 18.
[36] Ebenso früher *Staudinger/Stoll* IntSachenR Rn 136; anders insoweit aber *Palandt/Heldrich* Rn 3 und nun auch *Stoll* IPRax 2000, 259, 267.
[37] NJW 1991, 1418, 1419 f gegen RGZ 80, 129, 131 ff.
[38] BT-Drucks 14/343 S 7; *Spickhoff* NJW 1999, 2209, 2210.

Schrifttum zum Internationalen Enteignungsrecht (s auch Vorauf): *Ambrosch-Keppeler*, Die Anerkennung fremdstaatlicher Enteignungen, 1991; *Andrae*, Staatliche Eingriffe in Eigentumsverhältnisse – insbes. Enteignungen, 1990; *Banz*, Völkerrechtlicher Eigentumsschutz durch Investitionsschutzabkommen, 1988; *Behrens*, Multinationale Unternehmen im internationalen Enteignungsrecht der BRD, 1980; *Beitzke*, Probleme der Enteignung im Internationalprivatrecht, FS Raape, 1948, S 93; *Böckstiegel*, Enteignungs- oder Nationalisierungsmaßnahmen gegen ausländische Kapitalgesellschaften, BerGesVR 13 (1974), 7; *Dolzer*, Eigentum, Enteignung und Entschädigung im geltenden Völkerrecht, 1985; *Herdegen*, Die extraterritoriale Wirkung der Enteignung von Mitgliedschaftsrechten an Gesellschaften in der Bundesrepublik Deutschland, ZGR 1991, 547; *Kegel*, Probleme des internationalen Enteignungs- und Währungsrechts, 1956; *Kegel/Seidl-Hohenveldern*, Zum Territorialitätsprinzip im internationalen öffentlichen Recht, FS Ferid, 1978, S 233; *Koppensteiner*, Enteignungs- oder Nationalisierungsmaßnahmen gegen ausländische Kapitalgesellschaften, BerGesVR 13 (1974), 65; *Lederer*, Die internationale Enteignung von Mitgliedschaftsrechten unter der besonderen Berücksichtigung der französischen Enteignungen 1982, 1989; *Mann*, Völkerrechtswidrige Enteignungen vor nationalen Gerichten, NJW 1961, 705; *Matthias*, Rechtsschutz von Unternehmen bei internationalen Enteignungen, FS v. Simson, 1983, S 263; *Seidl-Hohenveldern*, Internationales Konfiskations- und Enteignungsrecht, 1952; *Spickhoff*, Der ordre public im internationalen Privatrecht, 1989; *Stoll*, Neuere Entwicklungen im internationalen Enteignungsrecht, in: Rechtsfragen des vereinten Deutschland, 1992, S 77.

Übersicht

	Rn		Rn
I. Normzweck	1	a) Inhalt und Zweck	11
II. Anwendungsbereich	2	b) Kritik	13
1. Allgemeines	2	2. Voraussetzungen einer Enteignung	14
2. Abweichungen von Art 43	5	a) Kollisionsrechtlicher Enteignungsbegriff: Hoheitsakt	14
3. Abweichungen von Art 44, 45	8	b) Vollzug der Enteignung	15
III. Allgemeine Regeln	9	c) Enteignungsfähigkeit und Belegenheit	16
IV. Anhang: Internationales Enteignungsrecht	10	d) Rechtmäßigkeit der Enteignung	20
1. Grundanknüpfung: Territorialitätsprinzip	10	e) Ordre public	21
		3. Innerdeutsches Recht	22

I. Normzweck

1 Art 46 beinhaltet auch für den Bereich des internationalen Sachenrechts eine **kollisionsrechtliche Ausweichklausel**, die ein Abweichen von den Grundanknüpfungen des Internationalen Sachenrechts in Art 43 bis 45 im Falle einer wesentlich engeren Verbindung ermöglicht. Die Aufnahme dieser Klausel, die vom Deutschen Rat für IPR nicht empfohlen wurde[1], geht auf einen Vorschlag von Kreuzer[2] zurück. Eigentümlicherweise soll es ausgerechnet die grundsätzliche Strenge des Sachenrechts erforderlich machen, eine Ausweichklausel vorzusehen[3]. Jedenfalls ist Art 46 nur ein **Notbehelf**. Er greift im Falle **atypischer Interessenlagen**, auf die die Grundanknüpfungsregeln der Art 43 bis 45 keine Rücksicht genommen haben[4]. Methodologisch handelt es sich bei Art 46 um den ausdrücklichen Hinweis des Gesetzgebers, im Internationalen Sachenrecht die Regelanknüpfungen teleologisch zu korrigieren, insbes die Anknüpfung an das Belegenheitsrecht (Art 43 Abs 1) einzuschränken[5]. Auch und gerade die Ausweichklausel von Art 46 ist also nicht zuletzt im Hinblick auf den Verkehrsschutz mit besonderer Vorsicht zu handhaben.

II. Anwendungsbereich

2 **1. Allgemeines.** Art 46 bezieht sich bewusst auf sämtliche Anknüpfungen in den Art 43 bis 45[6]. Das Erfordernis der Wesentlichkeit der engeren Verbindung und der Charakter als Ausnahmeklausel führen dazu, dass Art 46 nur dann angewandt werden darf, wenn die **Regelverweisung als Anknüpfungsziel eindeutig verfehlt** wird. Die Beziehungen des Sachverhalts müssen zu der vom Gesetz bezeichneten Rechtsordnung offensichtlich erheblich schwächer sein als zu einem bestimmten anderen Recht. Anderenfalls würde Art 46 zu einer kollisionsrechtlichen Aufweichklausel denaturiert werden, und das Ergebnis wäre Rechtsunsicherheit durch Anknüpfungsunsicherheit im Übermaß[7].

3 Insbes darf Art 46 grds **nicht** verwendet werden, um die vom Gesetzgeber im Gesetzgebungsverfahren bewusst abgelehnte Einführung der **Parteiautonomie im internationalen Sachenrecht** durch die Hintertür ganz oder teilweise wieder ins Internationale Sachenrecht einzuführen[8]. Das gilt insbes auch bei internationalen Verkehrsgeschäften, also bei der Verbringung einer beweglichen Sache vom Absende- in das Bestimmungsland (Hauptanwendungsfall: Versendungskauf)[9]. Nur in besonders

---

[1] Vorschläge (Lit zu Art 43) S 11.
[2] Vorschläge S 37, 156 ff.
[3] BT-Drucks 14/343 S 18 f.
[4] Näher *Mansel*, FS Heldrich, 2005, S 899, 900 ff.
[5] *Kreuzer* S 37, 159.
[6] *R. Wagner* IPRax 1998, 429, 437; *Kreuzer* S 37, 160 f; *Sonnenberger* Rev crit dr int priv 88 (1999), 647, 667.
[7] *Kreuzer* S 37, 160.
[8] *Looschelders* Rn 8; *Palandt/Heldrich* Rn 3; *Pfeiffer* IPRax 2000, 270, 274; anders aber weiterhin *Stoll* IPRax 2000, 264 f.
[9] BT-Drucks 14/343 S 16; *R. Wagner* IPRax 1998, 429, 435.

gelagerten Ausnahmefällen, in denen **Verkehrsinteressen der Parteiautonomie nicht entgegenstehen**, und in denen die engen Voraussetzungen von Art 46 vorliegen, kommt in Bezug auf die Parteiautonomie ein Eingreifen der Ausweichklausel theoretisch in Betracht[10].

Nicht unmittelbar erfasst von Art 46 sind diejenigen Fälle, in denen die **Grundanknüpfung** 4 (zB Anknüpfung an das Belegenheitsrecht im staatsfreien Gebiet) **ins Leere geht.** Auch dann muss allerdings – wie stets im IPR – das Recht der engsten Verbindung und der Sitz des Rechtsverhältnisses gesucht werden. Doch wird hier die Anknüpfung an das Recht der engsten Verbindung zur Hauptanknüpfung. Eine Abwägung zwischen der (eben ins Leere gehenden) gesetzlichen Anknüpfung und der Anknüpfung an die engste Verbindung ist in solchen Fällen von vornherein nicht möglich[11].

2. Abweichungen von Art 43. In Bezug auf Rechte an Immobilien wird Art 46 kaum relevant 5 werden können[12]. Auch im Bereich des **Kulturgüterschutzes** gilt zumindest für die Regelung privatrechtlicher Beziehungen, insbes den Eigentümerschutz vor gutgläubigem Erwerb von Kulturgut, die lex rei sitae des Art 43 Abs 1[13]. Allein die Beziehung eines Kulturgutes zu einem Herkunftsstaat reicht jedenfalls für das Eingreifen der Ausweichklausel noch nicht aus[14]. Eventuelle öffentlich-rechtliche kulturschützende Vorschriften sind unter Umständen sonderanzuknüpfen[15]. Die RL 93/7/EWG des Rates vom 15. 3. 1993 über die Rückgabe von unrechtmäßig aus dem Hoheitsgebiet eines Mitgliedstaates verbrachten Kulturgütern (ABl EG Nr L 74 S 74), die in Art 12 eine Kollisionsnorm enthält, ist im Kulturgütersicherungsgesetz vom 15. 10. 1998 (BGBl I S 3162; Art 43 Rn 2) umgesetzt[16] und im KulturgüterrückgabeG vom 18. 5. 2007 (BGBl I S 757) fortgeschrieben worden.

Das Eingreifen von Art 46 kommt aber in Betracht, soweit es um Verfügungen über Sachen geht, 6 die auf eine **Reise** mitgenommen worden sind. **Gruppeninterne Verfügungen** können hier dem übereinstimmenden Heimatrecht (zB gemeinschaftlicher Ausgangspunkt einer Reise, gemeinsamer gewöhnlicher Aufenthalt) unterstellt werden[17], weil und wenn Drittinteressen nicht berührt werden können[18]. Auch eine Eigentumsübertragung eines gestohlenen Pkw mit unbekanntem Lageort seitens des Versicherten an seinen Versicherer nach dem gemeinsamen Heimatrecht kommt als Anwendungsfall von Art 46 in Betracht[19], vorausgesetzt, Verkehrsinteressen Dritter (zB gutgläubiger Erwerb) werden nicht berührt.

Unangemessen ist die Anknüpfung an das Belegenheitsrecht nach schon bisher allgemeiner Ansicht 7 im Falle von **Sachen, die sich im internationalen Transport befinden (res in transitu**; dazu gehören nicht die Transportmittel selber, hierfür gilt ggf Art 45). In solchen Konstellationen ist die Lage der Sache zurzeit der Verfügung unklar und jedenfalls zufällig, sofern sich die Sache zurzeit der Verfügung in einem bloßen Durchgangsland befindet. Daher muss die Belegenheitsrecht solcher Durchgangsländer (Art 43 Abs 1) wegen einer wesentlich engeren Verbindung zu einem anderen Staat über Art 46 verdrängt werden können[20]. Wodurch allerdings die wesentlich engere Verbindung bezeichnet wird, ist zweifelhaft. Im Wesentlichen[21] kommen in Betracht: die verfügungsgünstigste Rechtsordnung (Absende-, Durchgangs- und Empfangsland)[22], eine Rechtswahl (Vertragsstatut, Absendeort oder das Recht des Bestimmungslandes)[23] oder das Recht des Bestimmungslandes[24]. Eine Anknüpfung an den Absendeort[25] empfiehlt sich nicht, weil die Verbindung zum Absendestaat schon gelockert ist. Rechte Dritter (zB Pfandrecht des Beförderungsunternehmers, des Spediteurs oder des Lagerhalters) und Vollstreckungsakte im Durchgangsland unterliegen aus Gründen des Verkehrsschutzes allerdings in jedem Falle dem Belegenheitsrecht; Art 43 Abs 1 wird insoweit also nicht aufgelockert[26]. Der dingliche Herausgabeanspruch des bestimmungsgemäßen Neueigentümers richtet sich demgegenüber nicht nach dem jeweiligen Belegenheitsrecht von Durchgangsländern[27]. Anders (Art 43 Abs 1) steht es wiederum bei lageortsbezogenen Verfügungen[28].

---

[10] BT-Drucks 14/343 S 14 f, 19; zB Art 44 Rn 3.
[11] *Looschelders* Rn 11.
[12] BT-Drucks 14/343 S 19; vgl auch *Junker* RIW 2000, 241, 245; *Sonnenberger* Rev crit dr int priv 88 (1999), 647, 667.
[13] *Palandt/Heldrich* Art 43 Rn 2.
[14] MünchKommBGB/*Wendehorst* Art 43 Rn 193.
[15] *Siehr* ZVglRWiss 104 (2005), 145, 151.
[16] *Jayme* ZVglRWiss 95 (1996), 158, 167 f; MünchKommBGB/*Wendehorst* Art 181.
[17] Im Ergebnis auch *Kreuzer* S 37, 159; vgl früher auch *Drobnig*, FS Kegel, 1997, S 141, 145; *Müller* RIW 1982, 461.
[18] Vgl MünchKommBGB/*Wendehorst* Rn 46.
[19] *Kreuzer* S 37, 159 f; *Looschelders/Bottek* VersR 2001, 401, 402.
[20] Im Grundsatz aA *Palandt/Heldrich* Art 43 Rn 9; wie hier *Pfeiffer* IPRax 2000, 270, 275.
[21] Näher zum Streitstand *Markianos* RabelsZ 23 (1958), 21, 25 ff; *Staudinger/Stoll* IntSachenR Rn 365 ff; MünchKommBGB/*Wendehorst* Rn 40.
[22] *Raape* IPR § 60 III.
[23] *Staudinger/Stoll* IntSachenR Rn 369.
[24] Bisher hM, RG Recht 1911 Nr 3475, 3476, 3497; *Kegel/Schurig* IPR § 19 IV, soweit sich die Sache nach den Parteivorstellungen nicht noch am Absendeort befindet); *Kropholler* IPR § 54 IV; *v. Hoffmann/Thorn* IPR § 12 Rn 39; *Siehr* IPR S 272.
[25] *Rabel/Raiser* RabelsZ 3 (1929), 62, 65; früher auch § 10 RAnwG DDR.
[26] *Kreuzer* S 37, 163; *Erman/Hohloch* Art 45 Rn 13; *Palandt/Heldrich* Art 43 Rn 9.
[27] AA *Kondring* IPRax 1993, 371, 375; wie hier *Staudinger/Stoll* IntSachenR Rn 365.
[28] *Staudinger/Stoll* IntSachenR Rn 365.

8 **3. Abweichungen von Art 44, 45.** Abweichungen von Art 44 kommen prinzipiell in Betracht[29], vor allem, soweit es um die **Nichteinbeziehung von Art 42 in der Verweisung des Art 44** geht (Art 44 Rn 3). Auch Art 45 kann modifiziert werden, etwa zugunsten von Art 43 Abs 1, zB wenn im Falle der Verfügung über ein Schiff das Belegenheitsrecht eine wesentlich engere Verbindung darstellt als die Anknüpfung nach Art 45 Abs 1 S 2 Nr 2[30]. Im Rahmen von Art 45 Abs 2 S 2 (dort Rn 9) kann **vom Belegenheitsrecht zugunsten der deutschen lex fori** (in Übereinstimmung mit der bisher hM) abgewichen werden[31]. Nach der hier vertretenen Auffassung ist ein Eingreifen von Art 46 allerdings nicht schon dann angezeigt, wenn die Rechtsordnungen aller an einem Schiff bestehenden Sicherungsrechte übereinstimmend eine andere Rangfolge festlegen als die von Art 45 Abs 2 S 2 (dort Rn 9) bezeichnete[32]. Auch für **Kraftfahrzeuge**, die im internationalen Transport tätig sind, kommt eine Abweichung vom Belegenheitsrecht zugunsten des Rechts des Zulassungs-, hilfsweise des Herkunftsstaates in Betracht (Art 45 Rn 7)[33].

III. Allgemeine Regeln

9 Soweit nicht (wenn überhaupt, dann nur ganz ausnahmsweise) im Rahmen von Art 46 eine Rechtswahlmöglichkeit gewährt wird, beinhaltet Art 46 ebenso wie Art 43 bis 45 **Gesamtverweisungen** (Art 4 Abs 1). Rück- und Weiterverweisungen durch ausländisches Kollisionsrecht sind daher zu beachten. Daran ändert auch der Hinweis auf die „wesentlich engere Verbindung" des Art 46 nichts[34]. Wie stets kann ausländisches Sachenrecht auch im Rahmen einer Verweisung von Art 46 gegen die **deutsche öffentliche Ordnung** (Art 6) verstoßen. Auch in Bezug auf **das intertemporale Überleitungsrecht** gelten Art 220 Abs 1, 236 § 1 entspr. Art 46 ist also anwendbar, wenn der sachenrechtliche Vorgang nicht schon vor dem 1. 6. 1999 abgeschlossen war[35].

IV. Anhang: Internationales Enteignungsrecht

10 **1. Grundanknüpfung: Territorialitätsprinzip.** Das Internationale Enteignungsrecht hat zum **Gegenstand,** ob und inwieweit die privatrechtlichen Folgen von Enteignungen durch andere Staaten im Inland hinzunehmen sind, zB wenn es um die Frage nach einer Verfügungsberechtigung geht. Staatsverträge, die in das Internationale Enteignungsrecht eingreifen, finden sich nur vereinzelt und sind zumeist bilateralen Charakters[36]. Völkergewohnheitsrechtliche Vorgaben, die nach Art 25 GG zu beachten wären, bestehen nicht in Bezug auf etwaige außerterritoriale Wirkungen einer Enteignung. Anerkannt ist lediglich, dass **staatliche Hoheitsakte nicht über das jeweilige Staatsgebiet hinaus wirken**[37]. Eine weiterreichende Anerkennung von ausländischen Enteignungen im Inland ist zwar nicht ausgeschlossen. In Deutschland gilt jedoch nach st Rspr und hL das Territorialitätsprinzip.

11 **a) Inhalt und Zweck.** Danach können Enteignungen durch ausländische Staaten von vornherein nur solches **Vermögen** ergreifen, **das zum Zeitpunkt der Enteignung im Hoheitsgebiet des enteignenden Staates belegen war**[38]. Enteignende Maßnahmen, die Vermögensgegenstände ergreifen sollen, welche außerhalb des Hoheitsgebietes des enteignenden Staates befinden, gehen also von vornherein ins Leere. So erfasst die Enteignung einer Hypothek nicht auch die gesicherte Forderung[39]. Solche Maßnahmen sind als Enteignungsakte rechtlich ggf als Nullum zu bewerten und entfalten für den inländischen Rechtsverkehr prinzipiell keine Rechtswirkung, unabhängig davon, ob die (eben nur versuchte) Enteignung mit oder ohne Entschädigung erfolgen sollte[40]. Nur intraterritoriale fremdstaatliche Enteignungen werden – vorbehaltlich des ordre public – nach ihrem Vollzug hingenommen, soweit sie sich auf enteignungsfähige Vermögensgegenstände beziehen und bestimmte Anforderungen in Bezug auf ihre Rechtmäßigkeit erfüllen (näher unter II.).

12 Der **Grund** für das Territorialitätsprinzip liegt darin, dass Enteignungen nicht – wie im Allgemeinen rein privatrechtliche Regelungen – dem interindividuellen Interessenausgleich dienen, sondern dem Gemeinwohl. Die **Durchsetzung solcher staatlichen Interessen** ist dem Internationalen Privatrecht wie dem Privatrecht insgesamt an sich wesensfremd. Enteignungen überhaupt nicht anzuerkennen, würde allerdings den internationalen Handelsverkehr über Gebühr belasten. Daher wandelt man – nicht zuletzt auch im Interesse des Privatrechtsverkehrs – Macht in Recht um und erkennt ausländische

---

[29] BT-Drucks 14/343 S 17.
[30] BT-Drucks 14/343 S 17; *Stoll* IPRax 2000, 259, 266.
[31] BT-Drucks 14/343 S 18.
[32] Abw BT-Drucks 14/343 S 18.
[33] *R. Wagner* IPRax 1998, 429, 436 m Fn 93; aA *Palandt/Heldrich* Art 45 Rn 1.
[34] Vgl auch *Kreuzer* S 37, 139; aA aber die hL, etwa *Palandt/Heldrich* Vor Art 43 Rn 2; *Staudinger/Stoll* IntSachenR Rn 137 mwN; *Kreuzer* RabelsZ 65 (2001), 383, 455; MünchKommBGB/*Wendehorst* Rn 29.
[35] BT-Drucks 14/343 S 7; *Spickhoff* NJW 1999, 2209, 2210 f.
[36] Nachweise bei MünchKommBGB/*Wendehorst* Art 46 Anh Rn 7, 6.
[37] BGHZ 25, 127, 132; 25, 134, 140 = NJW 1957, 1433; OLG Hamburg OLGR 2005, 448; *Kegel/Seidl-Hohenveldern*, FS Ferid, 1978, S 233, 234.
[38] BVerfG NJW 1991, 1597, 1600; BGH NJW-RR 2006, 1091; BGHZ 25, 134, 140 = NJW 1957, 1433; BGHZ 32, 97, 99; 32, 256, 259; 39, 220, 224; OLG Hamburg OLGR 2005, 448; IPRspr 1989 Nr 25; OLG Hamm NJW-RR 1986, 1047, 1048; *Palandt/Heldrich* Art 43 Rn 12; *Erman/Hohloch* Anh Art 46 Rn 9; *Einsele* RabelsZ 51 (1987), 614; *v. Bar/Mankowski* IPR I § 4 Rn 135 ff; *Kegel/Schurig* IPR § 23 II 1; *Staudinger/Stoll* IntSachenR Rn 198.
[39] BGH NJW-RR 2006, 1091.
[40] Vgl MünchKommBGB/*Wendehorst* Art 46 Anh Rn 13, 23, 24.

Enteignungen an, soweit sie Gegenstände betreffen, über die der enteignende Staat Macht hatte, Hoheitsgewalt ausüben konnte[41].

b) Kritik. An dieser hM wird Kritik geübt. Teilweise soll die Belegenheitsregel (nunmehr Art 43 Abs 1) auch im Internationalen Enteignungsrecht angewandt werden[42], teilweise wird eine – amerikanischen Lehren folgend – Abwägung widerstreitender policies befürwortet[43]. Weiter werden auch zum Teil über die hM hinausgehende eigenständige Anerkennungsregeln, insbes für extraterritorial wirkende Enteignungen, vorgeschlagen[44]. Die Anknüpfung an das gewöhnliche Belegenheitsrecht, aber auch die Anlehnung an § 328 ZPO[45] berücksichtigt nicht zureichend, dass beide Kollisions- bzw Anerkennungsregeln dem Ausgleich von Privatinteressen verpflichtet sind, nicht aber Staatsinteressen zur Durchsetzung bringen wollen. Offene Abwägungen entbehren der hinreichenden Rechtssicherheit. Die Erweiterung der Anerkennung fremdstaatlicher Enteignungen auf extraterritorial belegenes Vermögen unter dem Aspekt der Personalhoheit erweckt überdies in Zeiten zunehmender mehrfacher Staatsangehörigkeit Bedenken und sollte daher der Politik und (ihr ggf folgenden) Staatsverträgen vorbehalten bleiben, auch in Sachbereichen, in denen die Bestimmung der Belegenheit Schwierigkeiten bereitet (insbes bei Forderungen, Rechten und im Gesellschaftsrecht).

2. Voraussetzungen einer Enteignung. a) Kollisionsrechtlicher Enteignungsbegriff: Hoheitsakt. Das Internationale Enteignungsrecht und damit das Territorialitätsprinzip **erfasst alle Arten von Enteignungen,** gleich ob sie mit oder ohne Entschädigung (dann zum Teil Konfiskation genannt) erfolgen. Auf die völkerrechtliche Anerkennung des Enteignerstaates kommt es nicht an[46]. Auch eine Besatzungsmacht kann enteignen[47]. Ob eine Enteignung durch Gesetz oder durch Einzelakt erfolgt, spielt keine Rolle[48]. Insgesamt ist autonom international-privatrechtlich zu qualifizieren. Die Enteignung kann etwa durch Besitzentzug, Entzug der Verfügungsmacht, Belastung einer Sache, durch gerichtliche Entscheidung oder sonstigen Justizakt erfolgen, ebenso durch eine Erdrosselungssteuer[49]. Der Enteignungsbegriff sollte allerdings **nicht** überdehnt werden auf **rein privatrechtliche Rechtshandlungen** wie etwa eine Aufrechnung[50]. Umgekehrt erweckt es ebenso Zweifel, eine Übertragung von Mitgliedschaftsrechten kraft Gesetzes zu Lasten der Aktionäre (wenn auch nach dem Börsenkurs entsprechender Entschädigung) nicht unter den international-privatrechtlichen Begriff der Enteignung fallen zu lassen, mag dies auch politisch erwünscht sein[51]. Zu prüfen ist aber besonders sorgfältig, ob eine extraterritoriale Enteignung vorliegt[52].

b) Vollzug der Enteignung. Nicht schon die Anordnung, sondern erst der Vollzug einer Enteignung kann die Rechtsfolgen des Internationalen Enteignungsrechts auslösen[53]. Ein Vollzug der Enteignung ist zB in der Besitzergreifung oder in Grundbucheintragungen[54] zu sehen[55]. Zumindest sollten sichtbar gewordene Tatsachen geschaffen worden sein, auf die der Rechtsverkehr vertrauen kann[56].

c) Enteignungsfähigkeit und Belegenheit. (1) Sachen. Sachen können Gegenstände der Enteignung sein. Es kommt auf die **jeweilige Belegenheit zurzeit der Vollendung des Tatbestands** durch den enteignenden Staat an[57]. Der Belegenheit der Sache selbst folgt ein beschränktes dingliches Recht[58]. Auch Ansprüche auf Herausgabe von Sachen sind am Belegenheitsort zu lokalisieren[59].

(2) Forderungen und Rechte (einschließlich Immaterialgüterrechte). Die Anwendung des Territorialitätsgrundsatzes auf die Enteignung von Forderungen ist überaus zweifelhaft. Vertreten wird: Wohnsitz des Schuldners[60], Wohnsitz des Gläubigers[61] sowie – trotz der Möglichkeit einer mehrfachen Enteignung derselben Forderung wohl zutreffend – die **Lage des Schuldnervermögens.** Nur dann, wenn sich im Enteignungsstaat Schuldnervermögen befindet, kann der neue Gläubiger die ihm

---

[41] Grundlegend *Kegel/Schurig* IPR § 23 I 1; *Kegel/Seidl-Hohenveldern*, FS Ferid, 1978, S 233 ff; *Soergel/v. Hoffmann* Art 38 Anh III Rn 1; *Staudinger/Stoll* IntSachenR Rn 196 f; *Stoll*, Rechtsfragen des vereinten Deutschlands, S 77, 79 ff.
[42] *Vogel*, FS Raape, 1948, S 203, 215 ff.
[43] *Fickel* AWD 1974, 69, 71 ff, 584 ff.
[44] *Behrens* S 87 ff; *Rudolf* BerGesVR 11 (1973), 7, 40 ff; *Koppensteiner* BerGesVR 13 (1974), 65, 81 ff, 95 in Anlehnung an § 328 ZPO.
[45] Hiergegen auch *Soergel/v. Hoffmann* Art 38 Anh III Rn 6 Fn 11.
[46] *Kegel/Schurig* IPR § 23 II 3; *Ferid* IPR §§ 7-130.
[47] BGHZ 25, 134, 140 = NJW 1957, 1433; *Ebenroth/Karuth* DB 1993, 1657, 1659.
[48] *v. Bar/Mankowski* IPR I § 4 Rn 132.
[49] Vgl BGH NJW 1989, 1352: Erdrosselungssteuer verneint gegen KG NJW 1988, 341, 343.
[50] Vgl aber BGHZ 104, 240, 244 f = NJW 1988, 2173, 2174 f; krit *Behrens* IPrax 1989, 217, 220; *Schwung* RIW 1989, 482, 483; dem BGH zust aber *Stoll*, Rechtsfragen des vereinten Deutschlands, S 77, 82 f.
[51] So aber *Staudinger/Stoll* IntSachenR Rn 213, 214.
[52] Vgl *Lederer* IPrax 1994, 145, 147 mN.
[53] BGHZ 42, 1, 2; BGH RIW 1977, 779, 780; *Staudinger/Stoll* IntSachenR Rn 198; MünchKommBGB/*Wendehorst* Art 46 Anh Rn 37; aA *Kegel/Schurig* IPR § 23 II 2; diff *Soergel/v. Hoffmann* Art 38 Anh III Rn 26.
[54] BAG IPRspr 1958/59 Nr 29.
[55] Zu Forderungen BGHZ 23, 333, 336 ff = NJW 1957, 628, 629.
[56] Vgl *Staudinger/Stoll* IntSachenR Rn 198.
[57] BGH WM 1972, 394, 396.
[58] BGH NJW 1952, 420 f.
[59] Vgl BGHZ 23, 333, 336 f = NJW 1957, 628, 629.
[60] BGHZ 5, 35, 37; 25, 134, 139.
[61] LG Tübingen JZ 1961, 450, 451.

zugewiesene Forderung mit Erfolg geltend machen. In allen anderen Staaten bleibt es bei der bisherigen Rechtslage[62]. Eine hypothekarisch gesicherte Forderung kann auch am Ort des belasteten Grundstücks belegen sein[63]. Die Enteignung wirkt nur gegen den Schuldner, während die Bürgenhaftung[64] und die Haftung des Mitschuldners[65] unberührt bleiben. Entsteht die Gefahr der doppelten Inanspruchnahme des inländischen Schuldners, wird ihm nach § 242 BGB ein Leistungsverweigerungsrecht zuerkannt[66].

18   In Bezug auf **Immaterialgüterrechte** wird das Territorialitätsprinzip durch das **Schutzlandprinzip** konkretisiert. Ebenso wie jedes Land nur für sein Hoheitsgebiet Schutz gewährt, kann es auch nur diesen begrenzten Schutz wieder entziehen bzw enteignen[67]. So sind Urheber- und Verlagsrechte nach dem Schutzlandprinzip enteignungsfähig[68], nicht aber der bürgerliche Name[69]. Firmenbezeichnungen sind enteignungsfähig, sofern sie nicht personenrechtlich geprägt sind[70]; auch hier gilt das Schutzlandprinzip. Zu den Folgen der deutschen Einigung für (teil-)enteignete gewerbliche Schutzrechte findet sich eine Regelung in §§ 1, 4, 5 ErstreckungsG (BGBl 1992 I S 938).

19   **(3) Gesellschaften.** Enteignungen ergreifen auch das im Machtbereich des enteignenden Staates belegene Gesellschaftsvermögen[71]. Die Gesellschaft besteht im Inland hinsichtlich des hier belegenen Vermögens als selbstständige juristische Person nach deutschem Recht in Gestalt einer sog **Rest- oder Spaltgesellschaft** fort[72]. Vermögenswerte, die intraterritorial vom enteignenden Staat bereits entzogen waren, kann die Spaltgesellschaft nach einer Ankunft solcher Vermögenswerte in der Bundesrepublik nur dann erfolgreich beanspruchen, wenn die entsprechende Enteignung hier nicht anerkannt wird[73]. Rechtsmissbräuchlich kann es sein, wenn der enteignende Staat später Forderungen gegen die Spaltgesellschaft geltend macht, die gegen die enteignete Gesellschaft begründet waren[74]. Folge der Spaltungstheorie ist, dass es nach der Enteignung zwei Gesellschaften gibt, nämlich im Enteignungsstaat und in den übrigen Staaten (zunächst nach dem bis zur Enteignung anwendbaren Gesellschaftsrecht)[75]. Ist die Gesellschaft im enteignenden Staat aufgelöst worden, erlischt die dortige Gesellschaft; es verbleibt im Ausland die sog Restgesellschaft (im Gegensatz zur Spaltgesellschaft). Die fortbestehende Gesellschaft im Ausland, die ggf einen neuen Sitz außerhalb des enteignenden Staates konstitutiv zu begründen hat[76], haftet prinzipiell weiterhin sämtlichen Gläubigern[77].

20   **d) Rechtmäßigkeit der Enteignung.** Offenbar gibt es keinen Satz des Völkergewohnheitsrechts, dass völkerrechtswidrige Enteignungen nichtig sind[78]. Indes kann die Anerkennung einer ausländischen Enteignung trotz bloßer intraterritorialer Wirkungen der **Enteignung** daran scheitern, dass sie **nach dem innerstaatlichen Recht des enteignenden Staates unwirksam** ist. Zu prüfen ist das nur insoweit, als eine innerstaatliche Rechtswidrigkeit des enteignenden Staates auch vor den dortigen Gerichten geltend gemacht werden könnte[79].

21   **e) Ordre public.** Eine intraterritoriale Enteignung ist insbes im Hinblick auf Art 6 zu überprüfen[80]. Maßstäbe sind hier insbes die **Völkerrechtswidrigkeit** mit den Kriterien des Allgemeinwohlerfordernisses, der Nichtdiskriminierung, der Entschädigung und des rechtlichen Gehörs[81]. Zu beachten sind sodann die einschlägigen **Grundrechte,** insbes Art 3, 4, 14, 15, 103 GG[82]. Das folgt aus Art 6 S 2. Dabei ist dem jeweiligen Charakter des betroffenen Grundrechts Rechnung zu tragen sowie die

---

[62] BGH NJW 1967, 36, 38 f; WM 1972, 394, 396; *Kegel/Schurig* IPR § 23 II 4; *Staudinger/Stoll* IntSachenR Rn 203; *Soergel/v. Hoffmann* Art 38 Anh II Rn 41.
[63] BGH LM EGBGB Art 7 ff Enteignung Nr 23.
[64] BGHZ 31, 168, 170; 32, 97, 100.
[65] BGH MDR 1958, 88, 89.
[66] BGHZ 23, 333, 337; 25, 134, 152; BGH NJW 1953, 861, 862; näher und mwN *Soergel/v. Hoffmann* Art 38 Anh II Rn 32–36 mit Kritik.
[67] Vgl RGZ 69, 1, 6 ff: Chartreuse; BGHZ 34, 345, 347 f = NJW 1961, 1205, 1206: Markenrecht; BGHZ 39, 220 = NJW 1963, 1541, 1542.
[68] OLG München IPRspr 1958/59 Nr 59.
[69] BGHZ 39, 220, 234.
[70] BGHZ 17, 209, 214 = NJW 1955, 1151, 1152.
[71] BGHZ 33, 195, 197.
[72] BGH NJW-RR 1992, 168; NJW-RR 1990, 166, 167; BGHZ 20, 4, 14 f; 25, 134, 143 f; 33, 195, 199; 43, 51, 55; *Junker* IPR Rn 604; krit zB *Koppensteiner* BerGesVR 13 (1974), 65 ff; *Herdegen* ZGR 1991, 547, 550; eingehend MünchKommBGB/*Kindler* IntGesR Rn 858 ff.
[73] Vgl LG Hamburg AWD 1974, 410, 411; krit *Meessen* AWD 1973, 177, 181.
[74] BGHZ 56, 66, 72 f.
[75] Vgl *Soergel/v. Hoffmann* Art 38 Anh III Rn 57.
[76] BGHZ 29, 320, 328; 33, 195, 204; BGH NJW-RR 1990, 166, 167.
[77] BGHZ 56, 66, 70; BGH WM 1977, 730, 732 f; *Soergel/v. Hoffmann* Art 38 Anh III Rn 69.
[78] *Soergel/v. Hoffmann* Art 38 Anh III Rn 20–22.
[79] *Ferid* IPR §§ 7–124; *Staudinger/Stoll* IntSachenR Rn 206; *Soergel/v. Hoffmann* Art 38 Anh III Rn 23; MünchKommBGB/*Wendehorst* Art 46 Anh Rn 58.
[80] *Spickhoff* S 218 ff; *ders,* Der völkerrechtsbezogene ordre public, in *Leible/Ruffert,* Völkerrecht und IPR 2006, S 275, insbes 287 ff; *Siehr* IPR S 275 f.
[81] BVerfGE 84, 90 ff = NJW 1991, 1579 ff; OLG Bremen IPRspr. 1958/59 Nr 7 A; vgl auch *Doehring* IPrax 1998, 465, 467.
[82] Vgl BGHZ 31, 168, 172: Art 14; 104, 240, 244 = NJW 1988, 2173, 2174: Art 14 GG; BGH NJW 1989, 1352, 1353: Art 3 GG; KG NJW 1988, 341, 343 ff: Rechtsstaatsprinzip, Art 14 GG; OLG Hamburg VersR 1953, 226, 227: Art 3 GG.

entsprechende Inlandsbeziehung zu berücksichtigen[83]. So wird Art 14 nicht eingreifen, wenn sich weder das enteignete Vermögen noch die enteignete Person im Inland befunden haben bzw wenn der Enteignete kein deutscher Staatsangehöriger ist. Dass die enteigneten Sachen später über den Handel ins Inland gelangen, begründet noch keine zureichende Inlandsbeziehung[84]. Anders liegt es insbesondere, wenn die geschützten (enteigneten) Personen über ihre deutsche Staatsangehörigkeit oder ihren gewöhnlichen Aufenthalt in Deutschland eine hinreichende Inlandsbeziehung aufweisen und überdies weitere Grundrechte durch diskriminierende oder rassistisch bzw religiös motivierte Enteignungen betroffen sind. Dass eine bereits enteignete Sache später ins Inland gelangt, genügt für sich genommen noch nicht, ebenso wenig die internationale Zuständigkeit deutscher Gerichte[85].

3. Innerdeutsches Recht. Die Regeln des Internationalen Enteignungsrechts galten **vor der Wiedervereinigung auch im innerdeutschen Verhältnis.** Nunmehr ist die Frage der Rechtswirksamkeit von Enteignungsakten der ehemaligen DDR zu beurteilen (Art 41 Einigungsvertrag mit Anlage III; EALG und VermG)[86]. 22

Drittes Kapitel. Angleichung (Art 47)

Art 47 Vor- und Familienname

(1) ¹Hat eine Person nach einem anwendbaren ausländischen Recht einen Namen erworben und richtet sich ihr Name fortan nach deutschem Recht, so kann sie durch Erklärung gegenüber dem Standesamt
1. aus dem Namen Vor- und Familiennamen bestimmen,
2. bei Fehlen von Vor- oder Familiennamen einen solchen Namen wählen,
3. Bestandteile des Namens ablegen, die das deutsche Recht nicht vorsieht,
4. die ursprüngliche Form eines nach dem Geschlecht oder dem Verwandtschaftsverhältnis abgewandelten Namens annehmen,
5. eine deutschsprachige Form ihres Vor- oder ihres Familiennamens annehmen; gibt es eine solche Form des Vornamens nicht, so kann sie neue Vornamen annehmen.
²Ist der Name Ehename, so kann die Erklärung während des Bestehens der Ehe nur von beiden Ehegatten abgegeben werden.

(2) Absatz 1 gilt entsprechend für die Bildung eines Namens nach deutschem Recht, wenn dieser von einem Namen abgeleitet werden soll, der nach einem anwendbaren ausländischen Recht erworben worden ist.

(3) § 1617 c des Bürgerlichen Gesetzbuchs gilt entsprechend.

(4) ¹Die Erklärungen nach den Absätzen 1 und 2 müssen öffentlich beglaubigt oder beurkundet werden. ²Die Erklärungen können auch von den Standesbeamten öffentlich beglaubigt oder beurkundet werden. ³Gebühren und Auslagen werden nicht erhoben. ⁴§ 15 c Abs. 2 des Personenstandsgesetzes gilt entsprechend.

Schrifttum: *Bornhofen,* Das Gesetz zur Reform des Personenstandsrechts, StAZ 2007, 33; *Henrich,* Die Angleichung im internationalen Namensrecht – Namensführung nach Statutenwechsel, StAZ 2007, 197; *Henrich/Wagenitz/Bornhofen,* Deutsches Namensrecht (Loseblatt), C V Rn 255 ff; *Mäsch,* Art 47 EGBGB und die neue Freiheit im internationalen Namensrecht – oder Casanovas Heimfahrt, IPRax 2008, 17.

Übersicht

	Rn		Rn
I. Normzweck, Allgemeines	1	5. Eindeutschung eines fremdsprachigen Namens (Abs 1 S 1 Nr 5)	13
		a) Allgemeines	13
II. Namenswahl nach Statutenwechsel zum deutschen Recht (Abs 1)	4	b) Eindeutschung eines Vornamens	16
		c) Eindeutschung eines Familiennamens	17
1. Eigenname und weiterer Namensbestandteil (Abs 1 S 1 Nr 1)	6	6. Änderung eines Ehenamens (Abs 1 S 2)	18
2. Fehlen eines Vor- oder Familiennamens (Abs 1 S 1 Nr 2)	8	III. Namenswahl bei abgeleitetem Namen (Abs 2)	19
3. Vom deutschen Recht nicht vorgesehene Namensbestandteile (Abs 1 S 1 Nr 3)	11	1. Namensgebender Elternteil ohne Familienname (Abs 1 S 1 Nr 1 und 2)	20
4. Sonderform des Familiennamens für weibliche Namensträger (Abs 1 S 1 Nr 4)	12	2. Namensgebende Mutter mit weiblicher Familiennamensform (Abs 1 S 1 Nr 4)	21

---

[83] BVerfGE 84, 90, 123 ff = NJW 1991, 1597, 1600; früher schon BVerfGE 31, 58 ff.
[84] OLG Hamburg OLGR 2005, 448.
[85] LG Bremen AWD 1959, 105 f.
[86] *Schweisfurth* VIZ 2000, 505; *Märker* VIZ 1999, 460; näher *Soergel/v. Hoffmann* Art 38 Anh III Rn 89–99 mwN; zur Qualifikation von Ansprüchen aus dem VermG nicht als unbewegliches Vermögen BGH NJW 2000, 2421.

	Rn		Rn
3. Eingedeutschte Form eines abgeleiteten fremdsprachigen Namens (Abs 1 S 1 Nr 5)	22	4. Willensmängel	27
		5. Vertretung eines minderjährigen Kindes	28
IV. Wirksamkeitsvoraussetzungen der Namenswahl	23	V. Wirkungen der Namenswahl	29
1. Zugang beim Standesamt	23	1. Bindungswirkung	29
2. Form (Abs 4)	24	2. Wirkung ex nunc	30
3. Frist	25	3. Wirkungen der Namenswahl auf den Namen von Abkömmlingen (Abs 3)	31
a) Erklärung nach Abs 1	25		
b) Erklärung nach Abs 2	26	VI. Intertemporale Anwendung	32

I. Normzweck, Allgemeines

1 Art 47 wurde durch Art 2 Abs 15 b Personenstandsrechtsreformgesetz (PStRG) vom 19. 2. 2007 (BGBl I S 122) eingeführt und tritt nach Art 5 Abs 2 PStRG **am 1. 1. 2009 in Kraft.** Die Norm, die erst im Laufe des Gesetzgebungsverfahrens auf Anregung des BR[1] diskutiert und in ihrer konkreten Form durch den Innenausschuss des BT[2] in den PStRG-Entwurf der BReg[3] eingefügt wurde, soll **Probleme namensrechtlicher Angleichung** (Einl IPR Rn 90) **bei einem Statutenwechsel** von ausländischem zu deutschem Recht (Abs 1 S 1 Nr 1 bis 4) sowie bei **der Ableitung des Namens eines Kindes mit deutscher Staatsangehörigkeit vom Namen eines ausländischen Elternteils** (Abs 2) lösen, indem dem Namensträger die Möglichkeit zur Bestimmung seines künftigen Namens eingeräumt wird. Sie gehört damit sachlich zu Art 10, weshalb es schleierhaft bleibt, warum sie nicht in diesen integriert[4] oder zumindest – etwa als Art 10 a – räumlich in dessen Nähe platziert wurde. Inhaltlich folgt die Norm einem bedenklichen Trend im deutschen IPR, wie ihn der glücklicherweise von der Rom II-VO bald abgelöste Art 40 Abs 1 S 2 im internationalen Deliktsrecht eingeleitet hat: Wenn die Rechtsanwendung für die Behörden und Gerichte schwierig zu werden droht, wälzt man die zu treffenden Entscheidungen auf den Bürger ab. Ergänzt wird die Norm durch eine **Regelung zur Eindeutschung fremdsprachiger Namen.**

2 Der Wortlaut der Norm (Abs 1: „so kann sie") stellt klar, dass der Namensträger die von Art 47 eröffneten Möglichkeiten **nicht nutzen muss.** Gibt er keine Erklärung zu seiner Namensführung ab, muss der Name von Amts wegen nach Maßgabe der in Art 10 Rn 15 dargestellten Leitlinien bestimmt werden.

3 Sowohl aus Abs 1 als auch aus Abs 2 ergibt sich, dass die Möglichkeit der Namenswahl nur dann besteht, wenn für den Namen der fraglichen Person deutsches Recht gilt. Die Wahl spielt sich damit auf der Ebene des **deutschen Sachrechts** ab. Art 47 ist folglich **keine Kollisionsnorm,** sondern greift nur ein, wenn Art 10 EGBGB zum Zeitpunkt der Wahl zum deutschen Namensrecht führt; Art 47 **Abs 1** setzt überdies voraus, dass zuvor ausländisches Namensrecht galt (Statutenwechsel).

II. Namenswahl nach Statutenwechsel zum deutschen Recht (Abs 1)

4 Bei einem Wechsel des nach Art 10 für den Namen einer Person maßgeblichen Rechts **(Statutenwechsel),** sei es durch einen Wechsel der Staatsangehörigkeit (vgl Art 10 Abs 1) oder durch die Wahl eines neuen Namensstatuts nach Art 10 Abs 2 und 3, untersteht die Namensführung ab diesem Zeitpunkt dem neuen Recht. Ist dieses das deutsche, so gilt der ungeschriebene Grundsatz, dass ausländische Namen in ihrer vom ausländischen Recht geprägten Form unverändert weitergeführt werden **(Grundsatz der Namenskontinuität),** vgl auch Art 10 Rn 14[5]. Dies gilt allerdings nur insoweit, als die konkrete Form eines unter ausländischem Recht erworbenen Namens mit den **Regeln des deutschen Rechts** über Namensführung und -bildung **verträglich** ist. „Unverträglich" können Namensformen sein, die nicht **dem deutschen Schema von „Vorname(n) plus (geschlechtsneutraler) Familienname"**[6] entsprechen. Die Herstellung der Verträglichkeit macht ggf schwierige Anpassungen erforderlich. Für die vier wichtigsten dieser Konstellationen bietet Art 47 S 1 Abs 1 in den Nr 1 bis 4 eine vermeintlich einfachere Lösung an, indem der betroffenen Person die Möglichkeit gegeben wird, eine **materiellrechtliche Wahl** aus dem deutschen Recht künftig zu tragenden Namens zu treffen. Hinzu tritt als fünfte Variante in Art 47 S 1 Abs 1 Nr 5 die Möglichkeit der **Eindeutschung** eines ausländischen Namens, die mit Angleichungsproblemen im eigentlichen Sinne nichts zu tun hat (näher Rn 13).

5 Art 47 Abs 1 S 1 **Nr 3 bis 5** entsprechen in ihrem Wortlaut bewusst **§ 94 Abs 1 S 1 Nr 1 bis 3 BVFG**[7], weshalb für Auslegungsfragen die zur letzteren Norm ergangene Rspr herangezogen werden kann.

6 **1. Eigenname und weiterer Namensbestandteil (Abs 1 S 1 Nr 1).** Hat eine Person nach ihrem früheren Statut einen Namen, der zwei oder mehr Bestandteile hat, ohne dass diese als Vor- und

---

[1] Vgl BT-Drucks 16/1831 S 70 f.
[2] Vgl BT-Drucks 16/3309 S 12.
[3] BT-Drucks 16/1831 S 1 ff.
[4] So der ursprüngliche Vorschlag des BR, BT-Drucks 16/1831 S 70 f.
[5] Henrich/Wagenitz/Bornhofen/Henrich C V Rn 256.
[6] Henrich/Wagenitz/Bornhofen/Henrich C V Rn 256.
[7] Vgl BT-Drucks 16/1831 S 71: Erklärungsrecht des Art 47 ist dem § 94 BVFG „nachgebildet".

Familiennamen begriffen werden können, wie sie nach deutschem Verständnis alleinige und maßgebliche Bestandteile des Namens sind (Rn 4), so erlaubt Art 47 Abs 1 S 1 Nr 1 dem Namensträger, nach dem Wechsel zum deutschen Recht eine entsprechende Zuordnung vorzunehmen. Dies betrifft die Konstellation, dass eine Person einen **Eigennamen** (vgl Rn 8) und einen **weiteren Namensteil trägt, der kein Familienname** ist. Beispiele sind die Kombination eines Eigennamens mit einem religiösen Namenszusatz – etwa „Singh" für indische Sikhs[8] – oder mit einem (nicht in einem Familiennamen aufgegangenen) Patronym (Vatersname, etwa: *Ben Nemsi*) oder schlicht mit einem weiteren Eigennamen des Namensträgers oder einer seiner Vorfahren[9].

Nach dem Wortlaut ist der Namensträger in seiner **Entscheidung frei,** welcher Namensteil in Zukunft nach deutschem Recht als Vor- und welcher als Nachname gelten soll. Dass der persönliche Eigenname funktionell dem deutschen Vornamen entspricht, hindert demnach nicht daran, ihn zum Familiennamen zu erklären. Das mag verwundern, ist aber der bisherigen Rspr[10] und ist deshalb offenbar auch unter Art 47 hinzunehmen[11]. Zur Abgrenzung von Nr 1 zu Nr 2 s Rn 9. 7

2. Fehlen eines Vor- oder Familiennamens (Abs 1 S 1 Nr 2). Art 47 Abs 1 S 1 Nr 2 regelt zwei unterschiedliche Fallgruppen: (1) Führt eine Person keinen **Familiennamen,** soll sie berechtigt sein, diesen zu ergänzen. Gemeint ist also offenbar die Konstellation, dass eine Person **ausschließlich einen Individualnamen** trägt, der mit ihrem Tod erlischt und anders als der Familienname nicht an die nächste Generation weitergegeben wird; einen solchen Namen bezeichnet man als **Eigennamen** (Art 10 Rn 21 mwN; der Begriff „Vorname" setzt voraus, dass dem Eigennamen ein Familienname folgt). Nach dem Wortlaut der Nr 2 kann in diesem Fall der Namensträger seinen künftig hinzutretenden Familiennamen **frei wählen,** was im deutschen Recht ein bedenkliches und systemsprengendes Novum wäre. Die Gesetzesbegründung meint allerdings, dass die Regelungen des Art 47 Abs 1 insgesamt, also auch Nr 2, „eine für das deutsche Namensrecht passende Namens*form*" ermöglichen sollen[12]. Das spricht nicht dafür, dass der Gesetzgeber in Nr 2 eine gänzlich freie Namenswahl vor Augen hatte. Deshalb wird man in Anlehnung an die Rspr zu § 3 NamÄndG die Ordnungsfunktion des Familiennamens zu berücksichtigen haben und einschränkend fordern müssen, dass der **gewählte Name auf Personen hindeutet, zu denen der Namensträger gewichtige soziale Beziehungen** aufweist[13]. Auf diese Weise könnte etwa der (bislang nicht einen Teil des Namens bildende) Eigenname eines Elternteils des Namensträgers oder eines anderen nahen Verwandten zu seinem Familiennamen bestimmt werden. 8

Nr 1 statt Nr 2 ist anwendbar, wenn die fragliche Person einen **mehrgliedrigen Namen** (ohne Familiennamen) trägt, aus dessen Bestandteilen Vor- und Familiennamen gebildet werden können[14]. 9

(2) Die zweite in Art 47 Abs 1 S 1 Nr 2 angesprochene Konstellation, dass eine Person **nur einen Familiennamen** trägt, weshalb Art 47 Abs 1 S 1 Nr 2 sie ermächtigt, einen Vornamen frei zu wählen, dürfte praktisch nicht vorkommen. Wenn der Name die Funktion hat, ein Individuum in Abgrenzung zu den Personen in seiner Umgebung zu identifizieren, so dürfte es keinen Kulturkreis geben, in dem Personen nur mit einem Familiennamen bezeichnet werden, der diese Abgrenzung gerade im Verhältnis zu den Familienangehörigen nicht gewährleistet. 10

3. Vom deutschen Recht nicht vorgesehene Namensbestandteile (Abs 1 S 1 Nr 3). Mit den vom deutschen Recht nicht „vorgesehenen" Namensbestandteilen sind vor allem **Zwischennamen**[15] gemeint (oft aus dem Vatersnamen gebildet, zB Wladimir *Iljitsch* Uljanow; im anglo-amerikanischen Raum auch aus einem Familiennamen der mütterlichen Linie, zB John *Fitzgerald* Kennedy); erfasst sein dürften aber auch die in Rn 6 erwähnten religiösen Namenszusätze und Patronyme. Wenn die Streichung eines solchen Namensbestandteils dazu führt, dass die betreffende Person nur noch einen Eigennamen führt, muss er zusätzlich die Möglichkeit der Namensergänzung nach Nr 2 haben. Dass der deutsche Gesetzgeber den Namensträger ermächtigt, dem deutschen Recht fremde Namensbestandteile abzulegen, dürfte sich vor allem aus den praktischen Schwierigkeiten erklären, die deutsche Personenstandsregister mit der Eintragung von Namen haben, die nicht dem deutschen Schema aus Vor- und Familienname folgen (Art 10 Rn 19). 11

4. Sonderform des Familiennamens für weibliche Namensträger (Abs 1 S 1 Nr 4). Einige Rechte kennen besondere Formen des Familiennamens für **weibliche** Namensträger (zB Hinzufügung der Endung -ová nach tschechischem Recht). Bei einem **Wechsel** zum deutschen Recht ist der weibliche Name mit dieser Abwandlung grds beizubehalten (Art 10 Rn 14). Weil das aber bei der 12

---

[8] So schon vor Art 47 BayObLGZ 1998, 66 = FGPrax 1999, 23, 25 f; StAZ 2000, 235, 236.
[9] Vgl BayObLG StAZ 1996, 41, 42 f; FamRZ 1999, 1661 LS: aus dem persönlichen Eigennamen und demjenigen des Vaters zusammengesetzter Name eines srilankischen Staatsangehörigen.
[10] BayObLG StAZ 1996, 41, 42 f: persönlicher (= Eigen-)Name des srilankischen Namensträgers wurde als sein Familienname und der Eigenname des Vaters als Vorname im Heiratsbuch eingetragen.
[11] Dies gilt zumindest, solange bloß *unvernünftige* Resultate die Folge sind. Sollte es demgegenüber zu *unverträglichen* Resultaten kommen, stünde diesem Ergebnis wohl der *Telos* der Norm entgegen, vgl *Mösch* IPRax 2008, 17, 18.
[12] BT-Drucks 16/3309 S 13, Hervorhebung hinzugefügt.
[13] Vgl BVerwG NJW 1997, 1594, 1595.
[14] AA *Henrich* StAZ 2007, 197, 200, der den Fall „Eigenname + religiöser Namenszusatz" über Nr 2 lösen möchte; wohl auch aA *Staudinger/Hepting* Art 10 Rn 163, der die Wahl eines Familiennamens aus mehreren Eigennamen Nr 2 unterstellt.
[15] So zur gleichlautenden Vorschrift des § 94 Abs 1 S 1 Nr 1 BVFG BGH NJW 1993, 2244; BayObLG NJW-RR 1992, 644.

Bestimmung dieses Namens zum Ehenamen und insbes bei der Weitergabe an männliche Nachkommen Schwierigkeiten schaffen könnte (s auch Rn 21), eröffnet der Gesetzgeber der Namensträgerin die Möglichkeit, unter deutschem Recht zur männlichen Grundform zurückzukehren. So kann etwa eine Griechin mit dem Namen *Stathopoulou* auf die weibliche Endung „ou" verzichten und sich nach ihrer Einbürgerung *Stathopoulos* nennen.

13 **5. Eindeutschung eines fremdsprachigen Namens (Abs 1 S 1 Nr 5). a) Allgemeines.** Die **Unverträglichkeitsgrenze** (Rn 4) ist nach unangefochtener Ansicht noch **nicht** bereits dann **überschritten,** wenn eine Person beim Wechsel zum deutschen Namensstatut einen Vor- oder Familiennamen in einer fremdsprachigen Form trägt. Der Name kann und muss grds in dieser Form auch unter deutschem Recht getragen werden. Etwaige diakritische Zeichen sind zu übernehmen, Namen nichtlateinischer Schreibweise sind vorrangig einer Transliteration, hilfsweise einer Transkription zu unterziehen (Art 10 Rn 19). In Ausnahme hierzu sieht man aber ein spezielles Bedürfnis **deutschstämmiger Spätaussiedler,** nach der Übersiedlung nach Deutschland ihre Volkszugehörigkeit trotz ihrer anderslautenden ausländischen Papiere mit einem Namen in deutscher Form zu dokumentieren. Diesem Bedürfnis wird mit der Sonderregelung des **§ 94 Abs 1 S 1 Nr 3 BVFG** Rechnung getragen. Einem entsprechenden Anliegen von eingebürgerten Angehörigen einer namensrechtlichen Repressalien ausgesetzten volksdeutschen Minderheit im Ausland versucht § 3a NamÄndG zu begegnen (näher Art 10 Rn 27).

14 Ohne jede Erläuterung in den Gesetzesmaterialien, inwieweit ein entsprechendes Bedürfnis über den von § 94 Abs 1 S 1 Nr 3 BVFG und § 3a NamÄndG „versorgten" Personenkreis hinaus besteht und gerechtfertigt ist, wird in Art 47 Abs 1 S 1 Nr 5 die Regelung des § 94 Abs 1 S 1 Nr 3 BVFG auf **jeden Namensträger** ausgedehnt. Jede Person hat nach einem Wechsel zum deutschen Namensstatut, **ohne weitere Voraussetzungen** erfüllen zu müssen, ein zeitlich unbefristetes **Recht auf Annahme einer deutschsprachigen Form sowohl ihres Vor- als auch Familiennamens.**

15 Dennoch wird der Anwendungsbereich von Art 47 Abs 1 S 1 Nr 5 klein bleiben, denn es ist zu beachten, dass die Wahl einer **deutschsprachigen Form** des Namens **nicht gleichzusetzen** ist mit der **Übersetzung** eines fremdsprachigen Namens ins Deutsche[16]. Dies ergibt sich daraus, dass § 94 BVFG, dem die Formulierung des Art 47 Abs 1 S 1 Nr 5 entnommen ist (Rn 5), in § 94 Abs 1 S 1 Nr 5 BVFG eine spezielle Regelung zur deutschen **Übersetzung** ausländischer Namen enthält, die in Art 47 kein Äquivalent hat. Art 47 Abs 1 S 1 Nr 5 eignet sich deshalb nur dafür, **die Schreibweise eines ausländischen Namens geltenden deutschen Gepflogenheiten anzupassen**[17].

16 **b) Eindeutschung eines Vornamens.** Eine Übersicht fremdsprachiger Vornamen mit ihren jeweiligen deutschen Entsprechungen findet sich in StAZ 1966, 212. Fehlt zu einem ausländischen Vornamen ein deutsches Äquivalent (und das dürfte hier anders als im Rahmen des auf einen begrenzten Personenkreis zugeschnittenen § 94 Abs 1 S 1 Nr 3 BVFG häufig der Fall sein), so können in den Grenzen des deutschen Rechts[18] ein oder mehrere Vorname(n) frei gewählt werden. Die Verwendung des Singulars im ersten Halbsatz des Art 47 Abs 1 S 1 Nr 5 deutet darauf hin, dass bei mehreren ausländischen Vornamen die Existenz *eines* Äquivalents für einen unter ihnen die freie Wahl eines neuen Vornamens als Ersatz für einen der anderen ausschließt.

17 **c) Eindeutschung eines Familiennamens.** Ohne die nicht zugelassene Technik der Übersetzung (Rn 15) lässt sich eine deutschsprachige Form eines fremdsprachigen Familiennamens vor allem dann finden, wenn der letztere seinerseits auf einen **ursprünglich deutschen Familiennamen** zurückgeht. Beispiele aus der Rspr zu § 94 Abs 1 S 1 Nr 3 BVFG sind die „Wiederannahme" des ursprünglich deutschen Namens „Abelhans", dessen Transliteration aus dem Kyrillischen „Ablhanedz" ergeben hatte[19], und die Rückführung des nach Transliteration aus dem Kyrillischen „Gelvih" geschriebenen Familiennamens in die deutsche Schreibweise „Hellwich"[20]. Außerhalb dieser Fallgruppe kann Art 47 Abs 1 S 1 Nr 5 dafür genutzt werden, **diakritische Zeichen fallen zu lassen**[21].

18 **6. Änderung eines Ehenamens (Abs 1 S 2).** Betrifft eine Änderung nach Maßgabe der Art 47 Abs 1 S 1 Nr 1 bis 5 (praktisch relevant dürften allein Fälle nach S 5 sein) einen Familiennamen, der als Ehename dient, so müssen beide Ehegatten ihr Einverständnis mit der Änderung erklären. Die gemeinsame Erklärung kann auch abgegeben werden, wenn nur einer der Ehegatten zu dem nach Art 47 Abs 1 erklärungsberechtigten Personenkreis (Namensträger mit ehemals ausländischem, jetzt deutschem Namensstatut) gehört[22].

III. Namenswahl bei abgeleitetem Namen (Abs 2)

19 Angleichungsprobleme können nicht nur beim Wechsel einer Person von einem ausländischen zum deutschen Namensstatut entstehen, sondern auch dann, wenn ein Kind mit von Beginn an deutscher

---

[16] Ausdrücklich aA *Henrich* StAZ 2007, 197, 200.
[17] Ein Beispiel aus der Rspr zu § 94 BVFG: OLG Celle FamRZ 1994, 1322 LS: Änderung des Vornamens vom polnischen „Filip" zum deutschen „Philipp".
[18] *Henrich/Wagenitz/Bornhofen/Wagenitz/Bornhofen* A III Rn 36 ff, insbes 44 ff; *Grünberger* AcP 207 (2007), 314.
[19] BayObLG StAZ 1995, 214.
[20] OLG Karlsruhe FGPrax 2002, 173.
[21] Vgl BayObLG StAZ 1995, 214: über § 94 Abs 1 S 1 Nr 3 BVFG Änderung des Familiennamens „Erëmenko" in „Eremenko".
[22] OLG Karlsruhe FGPrax 2002, 173 zu § 94 BVFG.

Staatsangehörigkeit nach §§ 1616 ff BGB den Familiennamen eines Elternteils erhalten soll, für den ein ausländisches Namensstatut galt oder gilt. Art 47 Abs 2 eröffnet durch seinen Verweis auf Art 47 Abs 1 auch in dieser Situation die Möglichkeit zum korrigierenden Eingriff durch eine Namenswahlerklärung. Die Situation des Art 47 Abs 1 S 1 Nr 3 kann allerdings beim originären Namenserwerb des Kindes unter deutschem Recht nicht eintreten, so dass der Verweis insoweit ins Leere geht.

1. Namensgebender Elternteil ohne Familienname (Abs 1 S 1 Nr 1 und 2). Trägt der Eltern- 20 teil, dessen Name nach §§ 1616 ff BGB weitergegeben werden soll, keinen Familiennamen, weil dieser nach dem (ehemals oder aktuell) für ihn „zuständigen" ausländischen Namensstatut nicht vorgesehen ist (Rn 6 ff), so kann für das Kind je nach der konkreten Situation eine Wahl entsprechend Art 47 Abs 1 S 1 Nr 1 oder Nr 2 getroffen werden. Auf den Namen des Elternteils (der selbst keine Wahl nach Art 47 Abs 1 getroffen hat), bleibt dies ohne Einfluss.

2. Namensgebende Mutter mit weiblicher Familiennamensform (Abs 1 S 1 Nr 4). Trägt die 21 namensgebende Mutter eine besondere weibliche Form ihres Familiennamens (vgl Rn 12), so gibt sie, wenn für ihr Kind deutsches Recht gilt, nach hM ungeachtet des Geschlechts des Kindes die männliche Stammform des Namens weiter, weil das deutsche Recht geschlechtsbezogene Besonderheiten des Familiennamens nicht kennt (näher Art 10 Rn 21). Die von Art 47 Abs 2 iVm Art 47 Abs 1 S 1 Nr 4 gewährte Möglichkeit, über eine Namenserklärung **dem Kind den Familienname in der Grundform** zu geben, kann also auf der Basis der hM nur das bewirken, was kraft Gesetzes ohnehin gilt. Es sei dahingestellt, ob in dieser Regelung eine gesetzgeberische Fehlleistung liegt oder eine indirekte Anerkennung und Billigung der Tatsache, dass nicht alle Behörden und Gerichte in Deutschland der hM folgen. Eine Erklärung der gesetzgeberischen Intention in den Gesetzesmaterialien wäre hilfreich gewesen.

3. Eingedeutschte Form eines abgeleiteten fremdsprachigen Namens (Abs 1 S 1 Nr 5). 22 Trägt ein Kind mit deutschem Namensstatut kraft Gesetzes (idR §§ 1616 ff BGB) einen Familienamen, der von dem fremdsprachigen Ehenamen seiner Eltern oder dem fremdsprachigen Familiennamen eines Elternteils abgeleitet ist, so kann der Name des Kindes durch Erklärung eine deutsche Form erhalten. Einzige weitere Voraussetzung ist, dass der der Ableitung dienende Name seinerseits „nach einem anwendbaren ausländischen Recht erworben worden ist". Nun dürfte jeder Name, der eine fremdsprachige Form aufweist, seine Wurzeln außerhalb des deutschen Rechts finden und deshalb in der Ahnenkette irgendwann einmal „nach einem anwendbaren ausländischen Recht erworben worden" sein. Es ist aber wenig wahrscheinlich, dass der Gesetzgeber den Angehörigen einer im 17. Jahrhundert nach Deutschland eingewanderten Familie den Weg zu einer eingedeutschten Namensform ebnen wollte. Deshalb wird man annehmen müssen, dass **gerade für den Elternteil,** dessen Familienname weitergegeben werden soll, bei Erwerb des Namens **ein ausländisches Namensstatut** galt. Ob es für ihn immer noch maßgeblich ist oder ob er inzwischen deutschem Namensrecht unterworfen ist (und deshalb die Möglichkeit zur Eindeutschung nach Art 47 Abs 1 S 1 Nr 5) hatte, dürfte hingegen unbeachtlich sein.

IV. Wirksamkeitsvoraussetzungen der Namenswahl

1. Zugang beim Standesamt. Die Namenswahlerklärung muss nach Art 47 Abs 1 gegenüber dem 23 Standesamt abgegeben werden. Die örtliche Zuständigkeit für die Entgegennahme der Erklärung ergibt sich aus § 43 Abs 2 PStG idF durch das PStRG.

2. Form (Abs 4). Nach Art 47 Abs 4 sind die Namenswahlerklärungen zur Wahrung der Rechts- 24 sicherheit öffentlich zu beglaubigen oder zu beurkunden. Gemäß § 43 Abs 1 PStG idF durch das PStRG muss dafür kein Notar bemüht werden, sondern kann auch der Standesbeamte tätig werden. Gebühren und Auslagen werden bei der Beglaubigung oder Beurkundung durch den Standesbeamten nicht erhoben (§ 43 Abs 1 S 2 PStG).

3. Frist. a) Erklärung nach Abs 1. Eine Frist ist für Abgabe der Erklärungen nach Art 47 Abs 1 25 nicht vorgesehen. Die Erklärung kann demnach auch noch Jahrzehnte nach dem Statutenwechsel zum deutschen Recht vorgenommen werden. Entsprechendes gilt für die nachträgliche Änderung eines bei Eheschließung gewählten Ehenamens.

b) Erklärung nach Abs 2. Die Formulierung des Art 47 Abs 2, dass ein Name gebildet „werden 26 soll", spricht dafür, dass der Gesetzgeber davon ausging, die Erklärung zum abgeleiteten Namen werde im unmittelbaren Zusammenhang mit der Geburt abgegeben. Dies ist aber zu wenig, um daraus die Geltung etwa einer Monatsfrist entsprechend § 1617 Abs 2 BGB ableiten zu können. Folgerichtig ist davon auszugehen, dass die Erklärung nach Art 47 Abs 2 unbefristet auch zur Korrektur eines zunächst ohne Berücksichtigung des Art 47 Abs 2 bestimmten Geburtsnamens abgegeben werden kann.

4. Willensmängel. Da die Erklärungen nach Art 47 Abs 1 und 2 solche auf der Basis des materiellen 27 deutschen Rechts sind (Rn 3), sind Fragen nach der Beachtlichkeit etwaiger Willensmängel und sonstiger Defizite in der Erklärung nach deutschem Recht zu beurteilen. Zur Frage eines Widerrufs s (Rn 29).

5. Vertretung eines minderjährigen Kindes. Ist die Person, deren Namen von einer Erklärung 28 nach Art 47 Abs 1 oder 2 betroffen ist, minderjährig, so wird die Erklärung von dem gesetzlichen Vertreter, regelmäßig also dem Sorgeberechtigten, abgegeben.

V. Wirkungen der Namenswahl

29 **1. Bindungswirkung.** Mit der Erklärung nach Art 47 Abs 1 oder Abs 2 wird die Namensführung verbindlich und grds **unwiderruflich** festgelegt[23]. In der Rspr zu § 94 BVFG ist erwogen worden, dem Erklärenden ein Widerrufsrecht zuzubilligen, wenn er vor Abgabe der Erklärung über die Führung seines Namens nicht ordnungsgemäß aufgeklärt und beraten worden ist[24]. Dies sollte auch für Art 47 gelten.

30 **2. Wirkung ex nunc.** Die Erklärungen gegenüber dem Standesbeamten nach Art 47 Abs 1 oder Abs 2 wirken nur für die Zukunft, haben also keine rückwirkende Kraft[25].

31 **3. Wirkungen der Namenswahl auf den Namen von Abkömmlingen (Abs 3).** Art 47 Abs 3 stellt sicher, dass Namensänderungen der Eltern nach Art 47 Abs 1 nur unter den in § 1617 c BGB näher beschriebenen Voraussetzungen Wirkung auch für den Familiennamen eines Kindes haben. Eine **automatische Erstreckung** der Namensänderung auf Abkömmlinge findet nur dann statt, wenn diese das fünfte Lebensjahr noch nicht vollendet haben. Auf Abkömmlinge, die das fünfte Lebensjahr vollendet haben, erstreckt sich die Namensänderung dann, wenn sie sich dieser, vertreten durch den oder die Sorgeberechtigten, durch Erklärung gegenüber dem Standesbeamten anschließen. Minderjährige hingegen, die das vierzehnte Lebensjahr vollendet haben, können die Erklärung mit Zustimmung ihres gesetzlichen Vertreters selbst abgeben. Eine Erstreckung der Änderung des Familiennamens auf volljährige Abkömmlinge, ob automatisch oder im Wege der Zustimmungserklärung, ist in § 1617 c BGB und damit auch in Art 47 Abs 3 nicht vorgesehen, weil diese im Regelfall ein eigenes Namensänderungsrecht haben.

VI. Intertemporale Anwendung

32 Da keine Fristen für die Abgabe der Erklärungen nach Art 47 Abs 1 oder Abs 2 gelten, kann unmittelbar nach Inkrafttreten der Norm von den Wahlmöglichkeiten Gebrauch gemacht werden, auch wenn das die letzteren eröffnende Ereignis (Abs 1: Statutenwechsel; Abs 2: im Regelfall Geburt) vor dem 1. 1. 2009 stattfand.

Art 48, 49 *(nicht abgedruckt)*

Zweiter Teil. Verhältnis des Bürgerlichen Gesetzbuchs zu den Reichsgesetzen

Art 50 bis 54 *(nicht abgedruckt)*

Dritter Teil. Verhältnis des Bürgerlichen Gesetzbuchs zu den Landesgesetzen

Art 55 bis 152 *(nicht abgedruckt)*

Vierter Teil. Übergangsvorschriften

Art 153 bis 218 *(nicht abgedruckt)*

---

[23] OLG München FGPrax 2007, 26 zu § 94 BVFG.
[24] LG Bremen StAZ 1998, 115; vgl auch LG Bremen StAZ 1997, 237; LG Kassel StAZ 1997, 212, jeweils zu § 94 BVFG: bei mangelhafter Beratung hinsichtlich der Schreibweise des Namens ist der Namensträger auf Grund eines Folgenbeseitigungsanspruchs berechtigt, eine nochmalige Namenserklärung vor dem Standesbeamten abzugeben.
[25] OLG Hamm NJW-RR 1994, 1220 zu § 94 BVFG.

Fünfter Teil. Übergangsvorschriften aus Anlaß jüngerer Änderungen des Bürgerlichen Gesetzbuchs und dieses Einführungsgesetzes

Art 219 *(nicht abgedruckt)*

Art 220 Übergangsvorschrift zum Gesetz vom 25. Juli 1986 zur Neuregelung des Internationalen Privatrechts

(1) Auf vor dem 1. September 1986 abgeschlossene Vorgänge bleibt das bisherige Internationale Privatrecht anwendbar.

(2) Die Wirkungen familienrechtlicher Rechtsverhältnisse unterliegen von dem in Absatz 1 genannten Tag an den Vorschriften des Zweiten Kapitels des Ersten Teils.

(3) [1]Die güterrechtlichen Wirkungen von Ehen, die nach dem 31. März 1953 und vor dem 9. April 1983 geschlossen worden sind, unterliegen bis zum 8. April 1983
1. dem Recht des Staates, dem beide Ehegatten bei der Eheschließung angehörten, sonst
2. dem Recht, dem die Ehegatten sich unterstellt haben oder von dessen Anwendung sie ausgegangen sind, insbesondere nach dem sie einen Ehevertrag geschlossen haben, hilfsweise
3. dem Recht des Staates, dem der Ehemann bei der Eheschließung angehörte.

[2]Für die Zeit nach dem 8. April 1983 ist Artikel 15 anzuwenden. [3]Dabei tritt für Ehen, auf die vorher Satz 1 Nr. 3 anzuwenden war, an die Stelle des Zeitpunkts der Eheschließung der 9. April 1983. [4]Soweit sich allein aus einem Wechsel des anzuwendenden Rechts zum Ablauf des 8. April 1983 Ansprüche wegen der Beendigung des früheren Güterstands ergeben würden, gelten sie bis zu dem in Absatz 1 genannten Tag als gestundet. [5]Auf die güterrechtlichen Wirkungen von Ehen, die nach dem 8. April 1983 geschlossen worden sind, ist Artikel 15 anzuwenden. [6]Die güterrechtlichen Wirkungen von Ehen, die vor dem 1. April 1953 geschlossen worden sind, bleiben unberührt; die Ehegatten können jedoch eine Rechtswahl nach Artikel 15 Abs. 2 und 3 treffen.

(4), (5) *(weggefallen)*

Schrifttum: *Dörner/Kötters*, Intertemporales Scheidungskollisionsrecht – und immer noch kein Ende, IPRax 1991, 39; *Eule*, Fortgeltung des nach Art 220 Abs 3 Satz 1 Nr 2 EGBGB angeknüpften Ehegüterrechtsstatuts über den 8. 4. 1983 hinaus teilweise verfassungswidrig – was nun?, MittBayNot 2003, 335; *Henrich*, Zur Auslegung des Art 220 Abs 3 EGBGB, IPRax 1987, 93; *ders*, Kollisionsrechtliche Fragen zum Geschiedenenunterhalt, IPRax 1992, 84; *Hepting*, Was sind abgeschlossene Vorgänge im Sinne des Art. 220 Abs. 1 EGBGB?, StAZ 1987, 188; *ders*, Intertemporale Fragen des internationalen Ehescheidungsrechts: Wann sind Scheidung und Versorgungsausgleich „abgeschlossen"?, IPRax 1988, 153; *Heß*, Intertemporales Privatrecht, 1998; *Jayme*, Intertemporales und internationales Ehegüterrecht – Einige vorläufige Betrachtungen, IPRax 1987, 188; *Kaum*, Zur Auslegung von Art 220 Abs 1 EGBGB, IPRax 1987, 280; *Lorenz*, Das intertemporale internationale Ehegüterrecht nach Art. 220 Abs. 3 EGBGB und die Folgen eines Statutenwechsels, 1991; *Puttfarken*, Ehe in Hamburg, Firma in Liechtenstein, Ranch in Kanada – Art. 220 Abs. 3: Verfassungswidriges Neben-IPR zum Ehegüterrecht, RIW 1987, 834; *Schurig*, Internationales Ehegüterrecht im Übergang: Ist Art. 220 Abs III EGBGB verfassungsrechtlich zu halten?, IPRax 1988, 88; *Sonnenberger*, Intertemporales Privatrecht fürs Internationale Privatrecht, FS Ferid Bd 2, 1988, S 447; *Spickhoff*, Nachträgliche Rechtswahl: Interlokales und intertemporales Kollisionsrecht, Form, Rückwirkung und Beweislast, IPRax 1998, 462.

Übersicht

	Rn		Rn
I. Normzweck	1	3. Anwendungsbereich von Abs 1	11
		a) Allgemein	11
II. Geltung des alten IPR	2	b) Einzelfälle	12
1. Grundsatz (Abs 1)	2		
2. Abgeschlossener Vorgang	3	III. Sonderregel für güterrechtliche Verhältnisse (Abs 3)	22
a) Auslegungskompetenz	4		
b) Kollisions- oder materiellrechtliche Auslegung	5	IV. Wirkungen familienrechtlicher Verhältnisse (Abs 2) – Wechsel der Anknüpfung	31

I. Normzweck

1 Anlässlich der deutschen IPR-Reform vom 25. 7. 1986 (in Kraft getreten am 1. 9. 1986) waren die bis dahin geltenden Art 7 bis 31 außer Kraft gesetzt und durch neue Anknüpfungsnormen ersetzt worden. Die Übergangsregelung in Art 220 bestimmt, für welche Tatbestände das alte und für welche das neue IPR gilt. **Stichtag** für das Inkrafttreten des neuen Kollisionsrechts war der 1. 9. 1986. Nur die vor diesem Zeitpunkt **abgeschlossenen Vorgänge** sind gemäß der Grundregel in Abs 1 noch nach den Kollisionsnormen des bis dahin geltenden IPR zu beurteilen (Rn 3–9). Die **Wirkungen nicht abgeschlossener familienrechtlicher Verhältnisse (Abs 2)** unterliegen vom 1. 9. 1986 an neuem IPR (Rn 29). Abs 4 und 5 enthielten **Sachnormen** zum deutschen **internationalen Ehe- und Kindesnamensrecht** für bestimmte Sachverhalte mit Auslandsberührung. Sie sind durch das Familiennamenreformgesetz vom 16. 12. 1993 mit Wirkung zum 1. 4. 1994 (BGBl 1993 I S 2054) fortgefallen. Die intertemporale Frage wird offen gelassen, wenn altes und neues Kollisionsrecht zur Anwendung des gleichen Rechts führen[1].

II. Geltung des alten IPR

2 **1. Grundsatz (Abs 1).** Auf vor dem 1. 9. 1986 abgeschlossene Vorgänge bleibt bisheriges IPR (Gesetzesrecht und Gewohnheitsrecht) anwendbar. Neues IPR wirkt nicht zurück. Die Beteiligten sollen in ihrem Vertrauen darauf geschützt werden, dass Inhalt und Wirkungen der von ihnen begründeten Rechtsverhältnisse nach dem Recht beurteilt werden, das zu der Zeit galt, als sich die Entstehungstatbestände des Rechtsverhältnisses ereigneten[2]. Altes Recht ist grundsätzlich in seiner früheren Gestalt anzuwenden. Dies gilt jedoch nicht für Normen, die das BVerfG für verfassungswidrig erklärt hat. Anstelle dieser ist richterrechtlich entwickeltes Ersatzkollisionsrecht anzuwenden[3]. Ergibt sich der Verfassungsverstoß erst infolge der Betrachtung nach dem Stichtag, ist verfassungskonformes Ersatzkollisionsrecht zu entwickeln. Ein Rückgriff auf neues Kollisionsrecht ist nicht zulässig[4].

3 **2. Abgeschlossener Vorgang.** In Lit und Rspr ist auf zwei Ebenen umstritten, wie der Begriff des abgeschlossenen Vorgangs zu verstehen ist.

4 **a) Auslegungskompetenz.** Nach hM entscheidet das neue IPR über die intertemporale Anwendbarkeit seiner Vorschriften und der von ihm neu eingeführten Begriffe (hier: Abgeschlossenheit) selbst. Es bestimmt, in welchen Fällen es das Vertrauen der Beteiligten auf eine bestimmte Rechtslage schützen will[5]. Unter dem Stichtag abgeschlossene Vorgänge, auf die gemäß Abs 1 altes IPR anzuwenden ist, sind alle unwandelbar angeknüpften oder anzuknüpfenden Rechtsverhältnisse, bei denen sich der für sie maßgebliche Vorgang (Verwirklichung des Anknüpfungstatbestands oder Wechsel im materiellen Recht) schon vor dem Stichtag verwirklicht hat[6].

5 **b) Kollisions- oder materiellrechtliche Auslegung.** Sowohl in Rspr wie Lit ist weiter umstritten, ob „Abgeschlossenheit" insgesamt kollisionsrechtlich oder nach dem anwendbaren Sachrecht materiellrechtlich zu verstehen ist. Nach der insbes vom BGH vertretenen **kollisionsrechtlichen Auslegung** ist ein Vorgang abgeschlossen, für den das anzuwendende Sachrecht nach dem intertemporal anwendbaren IPR bereits abschließend bestimmt, dh unwandelbar fixiert worden ist[7]. Dies ist für ein Rechtsverhältnis dann der Fall, wenn sich dessen **Anknüpfungstatbestand vor dem 1. 9. 1986** verwirklicht hat[8]. Dadurch wird ein bestimmter Anknüpfungszeitpunkt festgelegt, eine Veränderung der anknüpfungserheblichen Tatsachen ist nicht möglich[9]. Kollisionsrechtliche Auslegung und Auslegung durch das neue IPR fallen gewöhnlich zusammen.

6 Nach **materiellrechtlichem Verständnis** ist ein Vorgang abgeschlossen, wenn nach Maßgabe des anwendbaren materiellen Rechts bereits ein **Wechsel der Rechtslage bewirkt** ist, dh der Vorgang hat ein Recht oder eine Rechtsstellung entstehen, sich ändern oder untergehen lassen[10].

7 Die kollisionsrechtliche Sichtweise wendet hiergegen ein, eine materiellrechtliche Auslegung des Begriffs der Abgeschlossenheit des Vorgangs würde die Bestimmung des materiellen Rechts voraussetzen, das es über die richtige Anwendung des Kollisionsrechts erst zu bestimmen gälte. Dies wiederum

---

[1] BGH NJW 1990, 2194, 2196; NJW 1991, 3088, 3090; MünchKommBGB/*Sonnenberger* Rn 8.
[2] BGHZ 10, 391, 394; 44, 192, 194.
[3] BGH FamRZ 1990, 32, 34.
[4] MünchKommBGB/*Sonnenberger* Rn 21; *Erman/Hohloch* Rn 7.
[5] BGH NJW-RR 1991, 386; NJW 1993, 2305, 2306; NJW 1994, 2360; NJW 1997, 2114; MünchKommBGB/*Sonnenberger* Rn 13; *Palandt/Heldrich* Rn 2, Art 17 EN 6; aA *Kaum* IPRax 1987, 284; *Dörner* IPRax 1988, 225; *ders* DNotZ 1988, 70; *Soergel/Schurig* Rn 6: Vertrauensschutz durch bisherige rechtliche Wertung.
[6] OLG Hamm FamRZ 1992, 826, 828.
[7] BGH NJW 1987, 2296; NJW 1990, 636; NJW 1991, 1417; NJW-RR 1991, 386; NJW 1991, 3087; NJW 1993, 2305, 2306; NJW 1994, 2360; NJW 1997, 2114; NJW 2006, 2034; BayObLGZ 1986, 466, 470; KG FamRZ 1987, 859, 860; OLG Zweibrücken FamRZ 1988, 623; KG NJW-RR 1994, 774; LG Hamburg DAVorm 1988, 325; VG Berlin NJW 1991, 262; *Hohloch* JuS 1989, 84; *Palandt/Heldrich* Rn 2; *Kropholler* IPR S 188; *Looschelders* IPR Rn 3.
[8] *Palandt/Heldrich* Rn 3.
[9] BT-Drucks 10/504 S 85; *Hohloch* JuS 1989, 84.
[10] OLG Karlsruhe FamRZ 1088, 296, 298; OLG Celle IPRax 1987, 185 f; *Hepting* StAZ 1987, 188, 189; IPRax 1988, 153, 159; *Rauscher* IPRax 1987, 137, 138; IPRax 1989, 224 f; *Kaum* IPRax 1987, 280, 285; *Dörner* IPRax 1988, 222, 224; *ders* DNotZ 1988, 67, 69; *Staudinger/Dörner* Rn 13, 16, 17; *v.Sachsen Gessaphe* IPRax 1991, 107 f; MünchKommBGB/*Sonnenberger* Rn 13.

Übergangsvorschrift zum Gesetz vom 25. 7. 1986 **Art 220 EGBGB**

setze die Entscheidung über das notwendige Kollisionsrecht voraus, die mit Hilfe der Übergangsregelung gerade erst noch getroffen werden soll.

Der Streit ist für den Großteil der Fälle **ohne Belang**[11], weil das materiellrechtliche Ereignis und die kollisionsrechtliche Fixierung meist nicht auseinander fallen: Vor dem Stichtag materiellrechtlich abgeschlossene Vorgänge dürften zugleich auch bereits kollisionsrechtlich angeknüpft sein. Spätere Vorgänge können materiellrechtlich nicht vor der kollisionsrechtlichen Anknüpfung abgeschlossen sein. Die intertemporale Fragestellung ist mit Art 220 Abs 1 in beiden Fällen leicht lösbar. 8

Anders ist es aber bei der **Rechtshängigkeit des Scheidungsantrags** gemäß Art 17 Abs 1, die zeitlich ganz deutlich vor den materiellrechtlichen Scheidungswirkungen des Urteils liegen kann[12]. Dort sollte aus Gründen der Klarheit sowie des Vertrauensschutzes auf die Rechtshängigkeit (also die kollisionsrechtliche Sichtweise) abgestellt werden. 9

3. Anwendungsbereich von Abs 1. a) Allgemein. Abs 1 gilt für alle Teilgebiete des IPR (Rechte der Person, Rechtsgeschäfte allgemein, vertragliche Schuldverhältnisse, familien- und erbrechtliche Rechtsverhältnisse). 10

Für die durch das **Kindschaftsreformgesetz** vom 16. 12. 1997 (BGBl I S 2942) neu gefassten Kollisionsnormen der Art 10, 19 bis 21 sind jedoch die auf das materielle Recht bezogenen intertemporalen Regelungen in Art 224 analog heranzuziehen[13].

Art 220 galt auch, soweit die Art 3 bis 38 außervertragliche Schuldverhältnisse und sachrechtliche Rechtsverhältnisse betrafen (Renvoi, Zession etc). Im Gesetz zum IPR für **außervertragliche Schuldverhältnisse und Sachen** vom 21. 5. 1999 (BGBl I S 1026) findet sich keine Übergangsregelung für die Art 38 bis 46 nF. Hier bietet sich die entsprechende Anwendung von Art 220 an[14].

b) Einzelfälle. Altes IPR gilt für die Beurteilung zahlreicher vor dem Stichtag abgeschlossener Ereignisse, insbes der 11

– erlangten **Geschäftsfähigkeit** und der rechtskräftigen **Entmündigung** bzw **Todeserklärung**,
– Rechtsfolgen eines vor dem 1. 9. 1986 eingegangenen **Verlöbnisses**[15],
– Wirksamkeit einer vor diesem Zeitpunkt geschlossenen **Ehe**[16],
– Voraussetzungen und Folgen einer **gerichtlichen Ehescheidung,** wenn der Scheidungsantrag vor dem Stichtag rechtshängig geworden ist[17],
– **Privatscheidung,** wenn der Scheidungsgegner vor dem Stichtag erstmals mit dem Antrag befasst war[18],
– **Abstammung** eines vor dem Stichtag geborenen nichtehelichen Kindes[19] (auch Vaterschaftsanerkennung und Vaterschaftsanfechtung)[20],
– **Legitimation** durch nachfolgende Ehe iS des Art 21 aF (bei Eheschließung und Anerkennung vor dem Stichtag)[21]; für die Legitimation in anderer Weise kommt es auf den Vollzug des für die Legitimation maßgebenden Rechtsvorgangs an (zB vormundschaftsgerichtliche Verfügung bei einer Ehelicherklärung[22] oder das Vorliegen aller erforderlichen Einwilligungen)[23]. Nach aA kommt es zur Aufspaltung des Legitimationsstatuts. Für die Neuregelung durch die Kindschaftsrechtsreform 1998 Art 19 Rn 39.
– **Anfechtung der Ehelichkeit** eines vor dem Stichtag geborenen Kindes[24],
– des Zustandekommens und der Statuswirkungen einer vor dem Stichtag durchgeführten **Adoption.** Bei Adoption durch Beschluss ist dieser maßgebend[25],
– vor dem Stichtag angeordneten **Vormundschaft oder Pflegschaft**[26],
– vor dem Datum eingetretenen **Erbfälle**[27].

Für **Erwerb und Verlust des Familiennamens** gilt altes IPR, wenn Erwerb oder Verlust auf einem familienrechtlichen Vorgang (Geburt, Adoption, Eheschließung) beruht, der vor dem 1. 9. 1986 einge- 12

---

[11] Grundlegend *Heß* S 243 ff; *Soergel/Schurig* Rn 4–7; *Kegel/Schurig* IPR § 1 VII 2 b, S 41.
[12] *Looschelders* IPR Rn 3; *Soergel/Schurig* Rn 6; *Kegel/Schurig* IPR § 1 VII 2 b, S 41; für die gerichtliche Scheidung auch MünchKommBGB/*Sonnenberger* Rn 15.
[13] Vgl auch *Palandt/Heldrich* Art 10 Rn 1, Art 19 Rn 3, Art 20 Rn 1, Art 21 Rn 2; OLG Stuttgart FamRZ 2001, 246; *Erman/Hohloch* Rn 1; *Andrae*, Internationales Familienrecht, § 5 Rn 56; aA *Dörner*, FS Henrich, S 119, 128; MünchKommBGB/*Sonnenberger* Rn 7.
[14] *Palandt/Heldrich* Vor Art 38 Rn 1; *Kegel/Schurig* IPR § 1 VII 2 b, S 41; *Erman/Hohloch* Rn 1; *Staudinger/Dörner* Rn 71.
[15] LG Bochum FamRZ 1990, 882.
[16] BGH FamRZ 1997, 543; OLG Düsseldorf FamRZ 1993, 188; BayObLGZ 1994, 230.
[17] BGH NJW 2006, 2034; FamRZ 2005, 1467; NJW 1990, 638; aA OLG Celle FamRZ 1987, 159: Anwendung von Abs 2; OLG Hamm FamRZ 1989, 992.
[18] BGH NJW 1990, 2195; aA MünchKommBGB/*Sonnenberger* Rn 15 – dazu Rn 7 ff.
[19] BGH FamRZ 1987, 583; NJW-RR 1989, 707; OLG Brandenburg FamRZ 1996, 396.
[20] OLG Düsseldorf FamRZ 1994, 382; aA KG FamRZ 1994, 986.
[21] BayObLGZ 1995, 241; StAZ 1996, 82; OLG Düsseldorf FamRZ 1994, 383; aA AG Düsseldorf IPRax 1997, 188: Zeitpunkt der Feststellung nach § 30 PStG.
[22] KG FamRZ 1987, 860.
[23] LG Berlin FamRZ 1988, 209.
[24] BGH NJW 1994, 2360; OLG Hamm IPRax 1996, 422.
[25] AG Höxter IPRax 1987, 124; *Palandt/Heldrich* Rn 4.
[26] *Palandt/Heldrich* Rn 4.
[27] BGH NJW 1989, 2197; NJW 1995, 58; BayObLGZ 1994, 46.

treten ist[28]. Bei **späterer Änderung des Familiennamens** war vor Inkrafttreten von FamNamRG vom 16. 12. 1993 bis zum 1. 4. 1994 Art 10 iVm Art 220 Abs 4 und 5 anzuwenden (beide seither außer Kraft)[29]. Bei Altehen (Eheschließung vor dem 1. 9. 1986) war nachträglich eine Erklärung zur Bestimmung des Ehenamens gemäß Art 220 Abs 4 S 2 ggü dem Standesbeamten in öffentlich beglaubigter Form möglich[30].

13   Das **Güterrecht** wird unwandelbar angeknüpft (Art 15 Abs 1). Dies gilt nicht für die besondere güterrechtliche Rechtswahl gemäß Art 15 Abs 2. Eine besondere Regelung für die güterrechtlichen Wirkungen von Ehen, die vor dem 1. 9. 1986 geschlossen wurden, findet sich in Abs 3 (Rn 22–30).

14   Ist ein **Schuldvertrag** aus der Sicht des deutschen Rechts vor dem 1. 9. 1986 geschlossen worden, bestimmt sich das Vertragsstatut nach den bisherigen Anknüpfungsregeln[31]. Zwar wird das Rechtsverhältnis durch diesen nicht im eigentlichen Sinne zu einem abgeschlossenen Vorgang. Aber die sich im Vertragsschluss verkörpernde Privatautonomie führt zu einer Dominanz gerade dieser Willenseinigung[32].

15   Das muss auch für dem Vertragsstatut unterliegende Gerichtsstands- und Schiedsvereinbarungen gelten. Sie wegen ihrer verfahrensrechtlichen Bedeutung zur Zeit der letzten mündlichen Verhandlung anzuknüpfen, kann demgegenüber nicht überzeugen[33].

16   Diese Lösung geht auch mit Art 17 EVÜ konform. Denn diese stellt ausdrücklich nicht auf „abgeschlossene Vorgänge", sondern auf den Zeitpunkt des Vertragsschlusses ab.

17   Dennoch ist es bei **Dauerrechtsverhältnissen** anders. Dauerrechtsverhältnisse, die nicht dem Familienrecht zugehören, werden von Art 220 nicht besonders geregelt. Es ist daher streitig, ob auch bei diesen der **Abschluss des Entstehungsvorgangs,** also der Vertragsschluss, entscheidend ist[34]. Bei **Dauerschuldverhältnissen,** die über den Stichtag hinaus wirksam sind, etwa für vor dem 1. 9. 1986 geschlossene **Arbeitsverträge,** führt die Anknüpfung an den Vertragsschluss dann auch noch nach wie vor langer Zeit zum alten Recht[35]. Das ist ein unerfreuliches Ergebnis. Man muss auch bedenken, dass die Anwendung neuen Rechts auf sich in die Gegenwart erstreckende Vorgänge die Regel ist. Es ist im Grunde nur eine Ausnahme, dass für Verträge – wegen der Dominanz der vertraglichen Einigung – auf den Zeitpunkt des Vertragsschlusses abgestellt wird. Diese Ausnahme trägt für Dauerschuldverhältnisse nicht[36].

18   Unbestritten führt die Anknüpfung von Rechtswirkungen an einen Vorgang dann zu neuem Recht, wenn dieser nach dem Stichtag erfolgt (etwa **Kündigung**)[37].

19   Der über früher maßgebliches IPR erlangte **Status der Rechts-, Geschäfts- oder Testierfähigkeit** wird durch die am 1. 9. 1986 in Kraft getretene Neuregelung nicht berührt. Es gelten die Art 7 Abs 2, Art 26 Abs 5 S 2, Art 163 und Art 215 Abs 1 entsprechend[38].

III. Sonderregel für güterrechtliche Verhältnisse (Abs 3)

20   Die einseitige Anknüpfung der güterrechtlichen Wirkungen der Ehe an das Heimatrecht des Mannes in Art 15 Abs 1 aF war wegen Verstoßes gegen Art 3 Abs 2 GG verfassungswidrig und trat gemäß Art 117 Abs 1 GG nach Ablauf einer Übergangsfrist am 1. 4. 1953 außer Kraft. Die Nichtigerklärung der Norm wegen Verstoßes gegen das Gleichberechtigungsgebot durch das BVerfG[39] wurde am 8. 4. 1983 im Bundesgesetzblatt veröffentlicht. Dadurch wurden **unterschiedliche Vertrauenslagen** geschaffen, an die Art 220 Abs 3 differenziert anknüpft[40]. **Auf dem 8. 4. 1983** geschlossene Ehen wird Art 15 nF angewendet (Art 220 Abs 3 S 2), obwohl dieser erst am 1. 9. 1986 in Kraft trat. Eine Rechtswahl kommt danach nur noch in der besonderen Form des Art 15 Abs 3 in Betracht.

21   Für **vor dem 1. 4. 1953** geschlossene Ehen bleibt es bei der verfassungswidrigen, aber bis zum 31. 3. 1953 gültigen Kollisionsregel des Art 15 aF. Das Güterrecht richtet sich unwandelbar nach dem Heimatrecht des Ehemanns zur Zeit der Eheschließung. Die nach dem 1. 4. 1953 getroffenen Regeln

---

[28] BGH NJW 1993, 2245; BayObLGZ 1994, 298; KG StAZ 1996, 302; AG Rottweil FamRZ 2000, 58.
[29] *Erman/Hohloch* 9. Aufl Art 10 Rn 38 ff; zur Änderung des Art 10 durch FamNamRG und KindRG 1994 und 1998 vgl *Erman/Hohloch* Art 10 Rn 35.
[30] LG Berlin StAZ 1989, 315; OLG Stuttgart StAZ 1990, 19.
[31] BGH NJW-RR 1990, 249; NJW 1992, 619; NJW 1996, 2569.
[32] Wie hier *Staudinger/Dörner* Rn 66 f.
[33] So aber BGH NJW 1987, 1145; *Soergel/Schurig* Rn 16; offenbar auch OLG Koblenz 1987, 381; aA OLG Bamberg IPRax 1990, 105; MünchKommBGB/*Martiny* Vor Art 27 Rn 47.
[34] BezG Dresden DtZ 1992, 189; OLG Koblenz RIW 1993, 934; zu einer Freistellungserklärung BGH NJW-RR 2002, 1359; *Palandt/Heidrich* Rn 4; *Soergel/Schurig* Rn 14, Art 236 Rn 19; grds auch *Erman/Hohloch* Rn 12, Art 27 Rn 6: nicht bei Angebot und Annahme vor und nach dem 1. 9. 1986.
[35] OLG Koblenz RIW 1993, 935; *Hönsch* NZW 1988, 119; *Sandrock* RIW 1986, 841, 854; *Lorenz* RdA 1989, 228; *Palandt/Heldrich* Rn 4.
[36] Wie hier die wohl hM, BAG NZA 2005, 1117; BAGE 71, 297 = IPRax 1994, 123; BGH DB 1991, 1926; LAG Köln RIW 1992, 933; *Staudinger/Dörner* Rn 68; *Looschelders* IPR Rn 5; *Mankowski* RabelsZ 53 (1989), 514; MünchKommBGB/*Martiny* Art 27 Rn 44 f; *Magnus* JuS 1992, 458; *Sieher* RabelsZ 55 (1991), 263; *Dörner,* FS Lorenz, 1991, S 338; *Mansel* in: *Jayme/Furtak* S 161 f; für Arbeitsverhältnisse auch *Erman/Hohloch* Art 30 Rn 6.
[37] So BAG NZA 1993, 743 = SAE 1994, 28; IPRax 1994, 123; LAG Hamburg IPRspr 1988 Nr 52 b, LAG Köln RIW 1992, 933; *Däubler* RIW 1987, 256; *Sonnenberger,* FS Ferid, 1988, S 457; *Junker* IPRax 1990, 505.
[38] Begr RegE, BT-Drucks 10/504 S 85; *Palandt/Heidrich* Rn 3; *Erman/Hohloch* Rn 12.
[39] BVerfGE 63, 181; dazu Begr RegE, BT-Drucks 10/504 S 106 f.
[40] Zu allem auch *Palandt/Heldrich* Art 15 Rn 5–15.

zur Gleichberechtigung von Mann und Frau gelten für diese Ehen nicht[41]. Gemäß Art 15 Abs 2 nF können die Ehegatten jedoch eine Rechtswahl treffen (Art 220 Abs 3 S 6)[42].
Weil die Rspr die in der Zwischenzeit (nach dem 31. 3. 1953 und vor dem 9. 4. 1983) geschlossenen Ehen für gültig gehalten hatte, sah der Gesetzgeber hier ein Bedürfnis für besonderen Vertrauensschutz. Er schuf für die güterrechtlichen Wirkungen der bis zur Bekanntmachung des Verfassungsgerichtsurteils am 8. 4. 1983 geschlossenen Ehen eine Anknüpfungsleiter[43]. Nach Art 220 Abs 3 S 1 Nr 1 bis Nr 3 (der den verfassungswidrigen Art 15 aF ersetzt) ist zuerst das gemeinsame Heimatrecht bei Eheschließung (Art 14 Rn 5–8; Gesamtverweisung) anwendbar. Dabei kommt es auf das effektive Recht an, die Regelung des Art 5 Abs 1 S 2 gab es im alten Recht nicht[44]. Gibt es ein solches nicht, so ist hilfsweise das Recht anzuwenden, dem sich die Ehegatten durch formfreie ausdrückliche oder stillschweigende Rechtswahl unterstellt haben oder von dessen Anwendung sie gemeinsam ausgegangen sind. Es reicht dafür aus, dass sie ohne Gestaltungswillen ein bestimmtes Recht für geltend hielten[45]. Dies mag sich etwa aus dem Ehevertrag oder aus sonstigen gemeinsamen (sorgfältig zu ermittelnden) Vorstellungen ergeben[46]. Orientierungshilfen für die Ermittlung gemeinsamer Vorstellungen können alle Berührungspunkte zu einem Recht in der Ehezeit sein, etwa Eheschließungsort, gewöhnlicher Aufenthalt, Erwerbstätigkeit oder andere rechtsgeschäftliche Tätigkeit[47]. Entscheidend sind die vor dem 9. 4. 1983 zuletzt bestehenden, ermittelbaren und auch nach außen deutlich nachvollziehbaren Vorstellungen der Ehegatten[48].

Äußerst hilfsweise gilt das Heimatrecht des Mannes bei Heirat (Gesamtverweisung)[49].

Für die Zeit **ab dem 9. 4. 1983** ist auch auf vor dem 9. 4. 1983 geschlossene Ehen grundsätzlich Art 15 nF anzuwenden (Art 220 Abs 3 S 2). Abs 3 S 2 ermöglicht somit einen Statutenwechsel. Nach überwiegender Auffassung führt das aber nicht zu einer Spaltung in zeitlich getrennte Vermögensmassen[50]. Vielmehr bestimmen sich die Folgen vor dem Stichtag eingetretener Ereignisse nach altem Recht. Die Folgen nach dem Stichtag eingetretener Ereignisse bestimmen sich dagegen nach neuem Recht.

Nach Auslegung durch den BGH bezieht sich der Stichtag auf den zu beurteilenden güterrechtlichen Vorgang (Scheidung, Tod), nicht auf den Vermögenserwerb[51]. Liegt der Vorgang nach dem 8. 4. 1983, kommt es also gemäß Art 220 Abs 3 S 2 für die güterrechtlichen Wirkungen während der ganzen Ehezeit zur – somit teilweise rückwirkenden[52] – Anwendung von Art 15 nF. Die Auslegung der Norm durch den BGH überzeugt, da sie die Aufspaltung in zwei Vermögensmassen mit unterschiedlicher güterrechtlicher Beurteilung vermeidet und zugleich der verfassungsrechtlich bedenklichen Hilfsanknüpfung an das Heimatrecht des Manns entgegenwirkt.

Die Anwendung des Art 15 nF in der Zeit nach dem 8. 4. 1983 wird aber **eingeschränkt**. Eine zuvor getroffene bewusste **Rechtswahl** nach den weniger strengen Kriterien des Art 220 Abs 3 S 1 Nr 2 – formfrei oder schlüssige Annahme in Testament, Grundbucheintrag oder sonstigem Rechtsakt[53] – bleibt gültig und wirkt in den Zeitraum nach dem Stichtag. Der insoweit formstrengere Art 15 Abs 2 und 3 kommt nicht zur Anwendung. Dies gilt aber nicht für ein Recht von dem die Ehegatten anfänglich bloß **„ausgegangen"** sind[54].

Eine gemäß Art 15 Abs 2 und 3 vorgesehene **Rechtswahl** nach dem Stichtag ist wirksam. Für eine vor dem Stichtag getroffene Rechtswahl ist allerdings zu bedenken, dass vor dem 9. 4. 1983 eine Rechtswahlmöglichkeit in engem Sinne gar nicht zur Verfügung stand. Dagegen war gemäß Art 220 Abs 3 S 2 eine (echte) Rechtswahl zwischen dem 8. 4. 1983 und dem 1. 9. 1986 möglich.

Zum Statutenwechsel kommt es nicht, wenn die Anknüpfungen nach Abs 3 S 1 Nr 1 bis 3 und Art 15 nF (etwa gemeinsames Heimatrecht) gleich sind.

IV. Wirkungen familienrechtlicher Verhältnisse (Abs 2) – Wechsel der Anknüpfung

Die Wirkungen familienrechtlicher Verhältnisse – auch soweit sie vor dem 1. 9. 1986 entstanden sind – unterliegen vom 1. 9. 1986 an neuem IPR. Hier wird also – anders als für Schuldverträge – ausdrücklich bestimmt, dass es nicht auf die Begründung der Rechtsverhältnisse ankommen soll. Durch den Wechsel zum neuen Recht kann ein Statutenwechsel eintreten.

---

[41] BayObLG StAZ 1998, 920.
[42] Zur Vereinbarkeit mit Art 3 Abs 2 GG vgl BVerfG NJW 1989, 1081; BGH NJW 1988, 638; OLG Stuttgart FamRZ 1991, 709.
[43] *Andrae*, Internationales Familienrecht, § 3 Rn 100 ff; *Looschelders* IPR Rn 9 ff.
[44] Str, wie hier *Looschelders* IPR Rn 10; aA BGH NJW 1987, 583, 585.
[45] OLG Frankfurt FamRZ 1987, 1147; OLG Karlsruhe IPRax 1990, 123; OLG Düsseldorf FamRZ 1995, 1588.
[46] BGHZ 119, 392 = NJW 1993, 385; NJW-RR 1998, 1377; NJW 1999, 574.
[47] *Erman/Hohloch* Art 15 Rn 44; *Looschelders* IPR Rn 13 ff.
[48] BGH FamRZ 1988, 41; KGR 2007, 635.
[49] Verfassungsmäßig nach BGH NJW 1987, 583; NJW 1988, 638; *Palandt/Heldrich* Art 15 Rn 10; *Erman/Hohloch* Art 15 Rn 45: wegen der zeitlichen Begrenzung auf die Zeit vor dem 9. 4. 1983; offen gelassen von BVerfG NJW 2003, 1656; aA zu Recht MünchKommBGB/*Siehr* Art 15 Rn 173; *Henrich* IPRax 1987, 94.
[50] BGH NJW 1987, 583; NJW 1988, 638; *Erman/Hohloch* Art 15 Rn 48; MünchKommBGB/*Siehr* Art 15 Rn 189, dort auch näher zu den Konsequenzen, Rn 176 ff; aA *Rauscher* IPRax 1988, 343, 347.
[51] BGH NJW 1987, 583.
[52] Nicht verfassungswidrig: BVerfG NJW 1989, 1081.
[53] *Kropholler* IPR S 348 f; einschr *Lorenz* S 79 ff.
[54] BVerfG NJW 2003, 1656; *Henrich* FamRZ 2003, 362; MünchKommBGB/*Siehr* Art 15 Rn 182 f.

30 Zu den Wirkungen gehören die **allgemeinen Ehewirkungen** gemäß Art 14[55], Bestehen und Umfang einer **Unterhaltsverpflichtung** gemäß Art 18 hinsichtlich der nach diesem Zeitpunkt fällig gewordenen Ansprüche[56], das **Eltern-Kind-Verhältnis** gemäß Art 19 Abs 2 aF und Art 20 Abs 2 aF und jetzt gemäß Art 21. Die **elterliche Sorge für ein nichteheliches Kind** bestimmt sich also vom 1. 9. 1986 an nach dem Recht am gewöhnlichen Aufenthalt des Kindes. Zu beachten sind stets die vorrangigen Staatsverträge, also inbes das HUntÜbk 1973 und das MSA. Art 220 Abs 2 gilt schließlich für die Wirkungen der Vormundschaft, Betreuung und Pflegschaft gemäß Art 24.

31 Abs 2 gilt aber nicht für punktuelle Vorgänge. Der Abschluss der Ehe, die Begründung der Vormundschaft, die Durchführung der Adoption und die Abstammung eines Kindes sowie ihre Feststellung und Anfechtung fallen unter Abs 1. Es kommt auf die Geburt des Kindes bzw den Zeitpunkt der Anfechtung an. Zu den Änderungen durch die **Kindschaftsrechtsreform 1998** s Rn 11; Art 19 Rn 39: Es greift Art 224 § 1 analog.

Art 221 bis 229 *(nicht abgedruckt)*

Sechster Teil. Inkrafttreten und Übergangsrecht aus Anlaß der Einführung des Bürgerlichen Gesetzbuchs und dieses Einführungsgesetzes in dem in Artikel 3 des Einigungsvertrages genannten Gebiet

Art 230 bis 237 *(nicht abgedruckt)*

Siebter Teil. Durchführung des Bürgerlichen Gesetzbuchs, Verordnungsermächtigungen

Art 238 bis 245 *(nicht abgedruckt)*

---

[55] BGH FamRZ 1987, 463 f betr Morgengabe.
[56] BGH FamRZ 1987, 682 f; DAVorm 1991, 671, 674; OLG Hamm FamRZ 1989, 1084 f; OLG Braunschweig NJW-RR 1989, 1097.

Sachverzeichnis

bearbeitet von Katja Immisch

Die fett gedruckten Zahlen bezeichnen Paragraphen, die mager gedruckten Randnummern.

Abänderung und Überprüfung gerichtlicher Anordnungen, Änderung der Rechtslage **1696** 8 f; Änderung der tatsächlichen Verhältnisse **1696** 4; Änderungsgründe **1696** 3 ff; Anpassung an veränderte Sach- und Rechtslage **1696** 1; Aufhebung von Maßnahmen nach den §§ 1666 bis 1667 **1696** 10; Auswanderung des sorgeberechtigten Elternteils **1696** 7; Einzelfälle **1696** 4 f; familien- oder vormundschaftliche Anordnung **1696** 2 ff; Inhalt der gerichtlichen Entscheidung **1696** 9 f; Kindesentführung **1696** 7; Kindeswohl **1696** 3; Prüfungsmaßstab **1696** 3; Reform **1696** 13; triftige, das Wohl des Kindes nachhaltig berührende Gründe **1696** 3 ff; Überprüfung länger dauernder Maßnahmen **1696** 11; Verfahren **1696** 13; Verhältnis zu anderen Änderungsmöglichkeiten **1696** 12; gemeinsamer Vorschlag der Eltern **1696** 6; Wegfall der Kooperationsbereitschaft der Eltern **1696** 4.1; gemeinsamer Wunsch der Eltern **1696** 5 f; Zuwiderhandlung gegen gerichtliche Entscheidung **1696** 7

Abfindung künftiger Ausgleichsansprüche, Abfindung der Ausgleichsrente **1587 l** 13 f; Abfindungsbetrag **1587 l** 5 f; Anrechnung auf Unterhalt **1587 n** 1; Anspruchshöhe **1587 l** 4 ff; Anspruchsvoraussetzungen **1587 l** 2 f; Barabfindung **1587 l** 16; Barwertberechnung **1587 l** 9 ff; Barwertbilanz **1587 l** 7 f; Beiträge zur gesetzlichen Rentenversicherung **1587 l** 17 f, 21; Beitragszahlung **1587 l** 15; Erlöschen des Anspruchs **1587 m;** Form der Abfindung **1587 l** 15 ff; Konkurrenz zu § 3 b VAHRG **1587 l** 3; private Lebens- oder Rentenversicherung **1587 l** 19; Prozessuales **1587 l** 24; Ratenzahlung **1587 l** 22 ff; Regelungszweck **1587 l** 1; Teilleistung **1587 l** 20; Tod des Berechtigten **1587 m;** Verzugsschaden bei verspäteter Zahlung **1587 l** 20; Wahl des Ausgleichsberechtigten **1587 l** 15; Wirkung der Abfindung **1587 l** 20 f; Zeitwert **1587 l** 4

Abgrenzungsbilanz 2111 12 ff

Abkömmlinge, Adoption eines Minderjährigen **1924** 10 ff; Adoption von Volljährigen **1924** 13; Begriff **1589** 2; **1924** 2; Besonderheiten bei Erbfällen im Beitrittsgebiet der DDR **1924** 7; Erbfälle vor dem 1. 4. 1998 **1924** 6; Erbfolge nach Stämmen **1924** 1; Erbrecht nichtehelicher Kinder **1924** 3 ff; Erbrecht vor dem 1. 7. 49 geborener Kinder **1924** 4 f; Gleichstellungsvereinbarung **1924** 5; Übergangsregelungen **1924** 8; vorverstorbene – **1924** 17

Ablieferungspflicht, Adressat **1901 a** 9; bei Betreuungsverfügungen **1901 a** 2 ff; Durchsetzung **1901 a** 11 f; bei Patientenverfügungen **1901 a** 4 ff; bei Vorsorgevollmachten **1901 a** 1, 10; Zeitpunkt **1901 a** 9

Abstammung, Anspruch auf Einwilligung in eine genetische Untersuchung zur Klärung der Abstammung **1598 a** 1 ff; Auskunftsanspruch des Kindes **1591** 18 f; Auskunftsklage **1591** 20 ff; Definition **1591** 2; Ersatzmutter **1591** 13 f; Fortpflanzungsmedizin **1591** 9 ff; heterologe Insemination **1591** 11 f; homologe Insemination **1591** 9 f; Kriterien **1589** 4 ff; Recht auf Kenntnis der eigenen – **1591** 16 ff; Rechtsentwicklung **1591** 3 ff; Vollstreckbarkeit des Auskunftsurteils **1591** 21

–, **Internationales Privatrecht,** Alternativanknüpfungen **EGBGB 19** 10 ff; Anerkennung ausländischer Entscheidungen **EGBGB 19** 38; **EGBGB 20** 17; Anfechtung **EGBGB 20;** Anfechtungsstatut **EGBGB 20** 8 ff; Anknüpfungspunkte **EGBGB 19** 10 ff, 29; Anwendungsbereich **EGBGB 19** 6 ff, 28; Aufenthalt des Kindes **EGBGB 19** 11 ff; Bestimmung nach dem Ehewirkungsstatut **EGBGB 19** 17 ff; eheähnliche Gemeinschaften **EGBGB 19** 18; Ehelichkeit **EGBGB 19** 32; **EGBGB 20** 13; gewöhnlicher Aufenthalt der Mutter **EGBGB 19** 29; Günstigkeitsprinzip **EGBGB 19** 20; Heimatrechte der Eltern **EGBGB 19** 16; interlokales Recht **EGBGB 19** 40; **EGBGB 20** 18; intertemporales Recht **EGBGB 19** 39; **EGBGB 20** 19; Kindeswohl **EGBGB 19** 22 ff; Legitimation **EGBGB 19** 33 f; Leih- und Wunschmutterschaft **EGBGB 19** 36; mehrere mögliche Mütter **EGBGB 19** 24 ff; mehrere mögliche Väter **EGBGB 19** 22 f; ordre public **EGBGB 19** 35 f; **EGBGB 20** 14 f; Rangfolge der Anknüpfungen **EGBGB 19** 19 ff; Rück- und Weiterverweisung **EGBGB 19** 30 ff; **EGBGB 20** 12; Staatsverträge **EGBGB 19** 3 ff; Verfahrensrecht **EGBGB 19** 37 f; Vorfragen **EGBGB 19** 31 ff; **EGBGB 20** 13; internationale Zuständigkeit **EGBGB 19** 37; **EGBGB 20** 16; Zustimmung zur Abstammungserklärung **EGBGB 23** 4

Abstammungsstatut s *Abstammung, internationales Privatrecht*

Abstandgebot GewSchG 1 26

Abwesenheitspflegschaft, Abwesenheit **1911** 3 ff; Aufgaben **1911** 7; Aufhebung **1921;** Auswahl des Pflegers **1911** 7; Ende **1911** 7; Fürsorge in Vermögensangelegenheiten **1911** 1; Fürsorgebedürfnis **1911** 6; gesetzlicher Vertreter **1911** 7; internationales Privatrecht **EGBGB 24** 25; Lebensvermutung **1911** 4; Rückkehrverhinderung **1911** 5; Verfahren **1911** 8; Verschollenheit **1911** 4; Zweck **1911** 1 f

Abwicklungsvollstreckung, Anfechtung der Verfügung von Todes wegen **2203** 10; Anordnung des Erblassers für Auseinandersetzung **2204** 3; mögliche Aufgabenstellungen des Tes-

3103

Sachverzeichnis

fette Zahlen = §§

tamentsvollstreckers **2203** 3; besondere Aufklärungspflicht gegenüber den Erben **2203** 10; Auseinandersetzung des Nachlasses **2204** 1; Auseinandersetzungsplan *s dort;* Ausführung von Verfügungen von Todes wegen **2203** 5; Ausgleichspflichten **2204** 6; Begrenzung der Aufgabenstellung **2203** 5; Berichtigung von Nachlassverbindlichkeiten **2204** 5; Durchführung **2203** 9 f; Erbprätendentenstreit **2203** 15; Erbschaftsteuer **2203** 12; Erhebung der Anfechtungseinrede **2203** 10; Ermittlung des Abwicklungspflichtigen aus der Verfügung von Todes wegen **2203** 8; Erweiterung der gesetzlich bestimmten Rechtsstellung des Testamentsvollstreckers **2203** 3; freihändiger Verkauf **2204** 6; gegenständliche Beschränkung auf den Nachlass **2203** 5; gesetzliche Vorschriften der Auseinandersetzung **2204** 4 ff; Grundsatz **2203** 2; Konstituierung des Nachlasses **2203** 7; **2204** 5; Maßgeblichkeit des Erblasserwillens **2203** 3; mittelbare Aufgabenerweiterung **2203** 4; Nachlassverhandlung **2203** 6; Pflicht zur Auseinandersetzung **2204** 2; Rechte der Erben **2203** 14 f; steuerliche Pflichten **2203** 12 f; Teilauseinandersetzung **2204** 4; Testamentseröffnung **2203** 6; Testamentsvollstrecker als Schiedsrichter **2203** 4; Testamentsvollstrecker zugleich Miterbe **2204** 15, 22; typischer Ablauf **2203** 6 ff; Überlassung von Nachlassgegenständen **2217** 2; Unabhängigkeit der Amtsführung **2203** 11; bei Unternehmensnachfolge **2205** 27; Vereinbarungen der Erben über die Auseinandersetzung **2204** 7 f; Vorgaben für die Auseinandersetzung **2204** 3 ff; zeitliche Begrenzung **2210** 2; Zuweisung unteilbarer Gegenstände **2204** 6

Adelsbezeichnungen, ausländische – EGBGB 10 19; als Teil des Familiennamens **1616** 2

Adoption, Adoptionsrecht mit Auslandsbezug **1741** 9 ff; Adoptionswirkungsgesetz **1741** 11; Anerkennung ausländischer Adoptionsentscheidungen **1741** 12 ff; Antrag **1752** 2; Ausforschungsverbot **1758**; Auslandsadoption **1752** 15; Beschluss des VormG *s Adoptionsbeschluss;* deutsche – mit Auslandsberührung **1741** 10 ff; Einwilligung des Ehegatten **1749**; fakultatives Anerkennungsverfahren nach dem AdWirkG **1741** 15; Gesetz zur Regelung von Rechtsfragen auf dem Gebiet der internationalen Adoption und zur Weiterentwicklung des Adoptionsvermittlungsrechts **1741** 11; Grundlagen **1741** 1 ff; Internationales Privat- und Verfahrensrecht **1741** 9 f; Nachadoption **1741** 15.1; Name des Kindes *s auch Namensänderung bei Adoption;* Offenbarungsverbot **1758**; Rechtsentwicklung **1741** 1 ff; Sozialleistungen für Annehmende **1751** 11 ff; Systematik **1741** 2 f; Überleitung von Adoptionen der ehemaligen DDR **1741** 7 f; Überleitung von – nach dem alten Adoptionsrecht **1741** 4 ff; Unterhaltspflicht der Annehmenden **1751** 8 ff; Verwandtschaft **1589** 7; Wiederholungsadoption **1741** 8, 15; **1752** 2; Zweck **1741** 1

–, Annahme Minderjähriger, Abgrenzung gegenüber Volljährigenadoption **1767** 2 f; Adoptionsvermittlung **1741** 32; alleinstehender Adoptionsbewerber **1741** 24 f; allgemeine Kriterien **1741** 19 ff; Altersunterschiede **1741** 34; Anhörung der Kinder des Annehmenden **1745** 5; Annahme des eigenen Kindes **1741** 36; Annahme nach dem Tod eines Beteiligten **1753**; Annahmeverbot **1745**; Aufhebung der Adoption *s Adoption, Aufhebung;* Ausforschungsverbot **1758**; Auslandsadoption **1754** 5 ff; Bedeutung der Voraussetzungen **1741** 18; Berufstätigkeit **1741** 26; Bestehenbleiben von Verwandtschaftsverhältnissen **1756;** Beteiligung der Annehmenden an gesetzes- oder sittenwidrigen Praktiken der Adoptionsvorbereitung **1741** 31 ff; Ehe zwischen Annehmendem und Kind **1766**; Eheverbot **1755** 12; Einfluss auf verwandtschaftsvermittelte Rechtsfolgen **1755** 9 ff; Einwirkung auf Vaterschaftsfeststellung **1755** 7 f; Einzeladoption **1741** 35 ff; Eltern-Kind-Verhältnis **1741**; **1754** 2; Erbrecht **1755** 10; **1756** 5 ff, 10; **1924** 10 ff; **1925** 8; **1926** 6; erbrechtliche Gewinne **1741** 21; Erforderlichkeit der Adoption **1741** 31 ff; Erlöschen von Verwandtschaftsverhältnissen **1755**; Geheimhaltungspflicht **1758** 2 ff; Geheimhaltungsrecht **1758** 9; gemeinschaftliche Adoption **1741** 35 ff; Geschäftsunfähigkeit des Adoptionsbewerbers **1741** 28; geschützter Personenkreis **1745** 2; gesundheitliche Verfassung **1741** 28; Gleichstellung mit leiblicher Verwandtschaft **1754** 4 ff; Höchstalter des Annehmenden **1743**; Homosexualität **1741** 26; inhaltliche Rechtsfolgen **1754** 4 ff; Inkognitoadoption **1741** 21, 23; Interessen der Kinder des Annehmenden **1745** 3; Interessenabwägung **1745** 3 ff; internationale – **1744** 4; Internationales Privatrecht **1754** 8; Interventionen des leiblichen Elternteils **1741** 21; Kettenadoption **1742** 1; Kinder des Annehmenden **1745** 2; Kindeswohlprüfung **1741** 19 ff; Kind des Lebenspartners **1741** 37; Maßnahme der Jugendfürsorge **1741** 17; Mindestalter des Annehmenden **1743**; Name des Kindes **1757**; **1765**; Offenbarungsverbot **1758**; persönliche Eignung **1741** 26 ff; personale Wirkung **1754** 2; Personenstand des Annnehmenden **1741** 35 ff; Probezeit **1744**; Prognose **1741** 19; Rentenansprüche **1755** 11; Rück- und Readoption **1742** 4; Schweigegebot **1758** 2; Sittenwidrigkeitsklausel **1741** 31 ff; soziale Verhältnisse **1741** 30; Statuserhalt **1756** 2; Statuskumulation **1756** 4; statusrechtliche Wirkungen **1755** 2 ff; **1756** 2 ff; Statusverlust **1756** 2; Statuswechsel **1756** 4; Stiefkindadoption **1741** 22 f, 34, 37; **1742** 2 f; **1744** 4; **1754** 2; **1755** 4; **1756** 9 f; Systematik **1741** 18; Tod des Adoptivelterns **1742** 3; Umgangsrechte **1755** 9.1; **1756** 8; unterhaltsrechtliche Beziehungen **1755** 10; unterhaltsrechtliche Folgen **1741** 21; **1756** 8; unterhaltsrechtliche Interessen **1745** 3; Verbot der Zweitadoption **1742** 2 f, 2 f; Verfahren **1745** 5; Verhältnisse der Adoptionsbewerber **1741** 26 ff; vermögensrechtliche Interessen **1745** 4; durch Verwandte oder Verschwägerte **1741** 25, 34; Verwandtenadoption **1755** 5, 9.1; **1756** 2 ff; Verwandtschaft zu den Geschwistern **1756** 2.3; Wiederholungsadoption **1742** 5; **1747** 2; Wirkung der Adoption **1754**; Wohl des anzunehmenden Kindes **1745** 3; zeitliche Wirkung **1754** 2 f; Zeugnisverweigerungsrechte **1755**

magere Zahlen = Rn

12; Zulässigkeit **1741;** Zweifel an der Eignung **1741** 29; Zweitadoption **1747** 2

–, **Annahme Volljähriger,** Abgrenzung gegenüber Minderjährigenadoption **1767** 2 f; Adelsnamen **1767** 9; Altersunterschied **1767** 6, 8; Anhörungsrüge **1767** 23; Annahme des eigenen Kindes **1767** 11; Annahme durch den Betreuer **1768** 3 f; Antrag des volljährigen Anzunehmenden **1768;** Antragsfähigkeit **1768** 3 f; Antragsform **1768** 1; Aufenthaltsrecht **1767** 17 ff; Ausbildung in Deutschland **1767** 8; Ausländer **1767** 9, 10.1; begründeter Zweifel **1767** 10 f; Einbindung in die eigene Familie **1767** 4; Einwilligung der Eltern **1767** 12; Einwilligung des Kindes **1767** 12; zu erwartende Eltern-Kind-Beziehung **1767** 7 ff; Eltern-Kind-Verhältnis **1767** 4 ff; Erbrecht **1924** 13; **1925** 9; **1926** 7; Erbverzichtsverträge **1769** 3; familienbezogenes Motiv **1767** 6; freundschaftliche Beziehung **1767** 4; Geltung der Vorschriften über Minderjährigenadoption **1767** 13 ff; Geschäftsunfähigkeit des Adoptionsbewerbers **1741** 28.1; durch ältere Geschwister **1767** 6; gesetzliche Erbfolge **1770** 6 ff; Haushaltsgemeinschaft **1767** 4, 8; Interessen anderer Familienangehöriger **1767** 5; **1772** 5; Interessen der Kinder der Antragsteller **1769** 2 f; Kindeswohl **1767** 11 f; Mehrfachadoption **1768** 2; Namensführung **1767** 14 ff; partielle Vorteile **1767** 9 f; Probezeit **1767** 12; räumliche Entfernung **1767** 8; rechtliches Gehör der Kinder der Antragsteller **1769** 3 f; Rückadoption **1768** 2; sexuelle Verbundenheit **1767** 4; sittliche Rechtfertigung **1767** 4 ff; sprachliche Verständigung **1767** 8; Staatsangehörigkeit **1767** 18 ff; statusrechtliche Folgen **1770** 2 ff; System der Voraussetzungen **1767** 3; Unterhaltsbeziehungen **1770** 5; Verbot der Annahme **1769;** Verfahren **1767** 23 f; Versorgung im Alter **1767** 9; Verwandtschaftsbeziehungen **1770** 3 f; Voraussetzungen **1767** 3 ff; Wirkung der Annahme **1770;** mit den Wirkungen der Minderjährigenannahme **1772;** Zulässigkeit **1767;** Zweitadoption **1742** 3; **1768** 2

–, **Aufhebung** bei Adoption eines Volljährigen **1771; 1772** 7 f; von Amts wegen **1763;** Antragsberechtigung **1762** 2 ff; Antragsfähigkeit **1762** 5; Antragsform **1762** 8; Antragsfristen **1762** 6 f; Aufhebungsgründe **1762** 4 ff; Aufhebungshindernisse **1761;** Aufhebungssperre **1763** 9; Ausschluss wegen Ersetzbarkeit fehlender Einwilligungen **1761** 2; Belange der leiblichen Eltern **1761** 3; elterliche Sorge **1764** 6; Erhalt bestehender Rechte **1764** 3; wegen fehlenden Antrags **1760** 2 ff; **1771** 5 f; wegen fehlender Einwilligung **1760** 2 ff; finanzielle Gründe **1763** 6; Gefährdung der Kindesinteressen **1761** 3; nach gemeinschaftlicher Adoption durch Ehegatten **1764** 7; Heilung **1760** 7; Interessen des Annehmenden **1761** 3; konkludentes Verhalten **1760** 6 f; mangelhafte Erklärungen **1760** 6; maßgeblicher Zeitpunkt **1760** 2; nachträgliche Erklärung **1760** 7; Name des Kindes **1765;** Reformvorhaben **1759** 6; Scheinadoption **1763** 5; schwerwiegender Grund **1763** 4 ff; Sonderregelungen für Adoptionen in der ehemaligen DDR **1760** 8; **1762** 9; Staatsangehörigkeit **1764** 3; System der Verbindlichkeit des Adoptionsdekrets **1759** 2; Teilaufhebung **1763** 8; Unwirksamkeit von Antrag und Einwilligung **1760** 5 f; Verfahrensrecht **1759** 3 ff; **1771** 6; Verwandtschaftsverhältnisse **1764** 4 ff; Wegfall der Aufhebungsgründe **1760** 6 f; aus wichtigem Grund **1771** 3 ff; Wirkung **1764;** zeitliche Grenzen **1763** 2 f; zeitliche Wirkung **1764** 2

–, **Einwilligung der Eltern,** Adressat der Erklärung **1750** 4; Anfechtung **1750** 8; Bedingungs- und Befristungsfeindlichkeit **1750** 3; Beratungspflicht des Jugendamtes **1747** 17; Bestimmtheit **1747** 11 ff; Bestimmung des maßgeblichen Elternteils **1747** 3 ff; Blankoadoption **1747** 11; Elterngeld **1751** 11; Entbehrlichkeit **1747** 18 ff; Erforderlichkeit **1747** 2; Erteilung **1747** 10 ff; Erziehungsgeld **1751** 11; Eventualeinwilligung **1747** 11; Familienversicherung **1751** 11; Fehlen der erforderlichen – **1747** 2; Findelkinder **1747** 20; Form **1747** 11; **1750** 4; Geltungsbereich **1751** 2; Glaubhaftmachung der Beiwohnung **1747** 7; Glaubhaftmachung der Vaterschaft **1747** 7 ff; Haftung nach dem AdVermiG **1751** 11 ff; Hemmung der Adoption **1747** 15; Höchstpersönlichkeit der Erklärung **1750** 5; Inhalt **1747** 11; Inkognitoadoption **1747** 11; Inobhutnahme **1751** 9; Internationales Privatrecht **1747** 22 f; Kindergeld **1751** 11; maßgeblicher Zeitpunkt **1747** 2; Mutterschaftsgeld **1751** 11; Pflegegeld **1751** 11; Rechtscharakter **1750** 2; Rechtsfolgen **1751** 3 ff; Rechtswirkungen **1747** 13; selbständige Entscheidung über die Wirksamkeit **1750** 9; sorgerechtliche Folgen **1751** 8; Sorgerechtsübertragung auf den Vater **1751** 2; Sozialleistungen **1751** 11 ff; spätere Unwirksamkeit **1750** 8 f; spätere Vaterschaftsstellung **1747** 9; Stiefkindadoption **1747** 15; **1751** 2, 8 f; unbekannter Aufenthalt der Eltern **1747** 18 ff; unterhaltsrechtliche Folgen **1751** 8 ff; Unterhaltsrückzahlung **1751** 10; Vaterschaft im Rechtssinne **1747** 3 ff; Verhinderung auf Dauer **1747** 18 ff; Verpflichtung zum Unterhalt **1751;** Verweigerung durch präsumtiven Vater **1747** 4; Verzicht auf Übertragung des Sorgerechts **1747** 16; Vormundschaft des Jugendamtes **1751** 5 ff; Widerruf **1750** 6; Wiederholungsadoption **1747** 2; Wirksamkeit **1750** 6 ff; Wirkung **1751;** zeitliche Vorverlegung **1747** 14; Zeitpunkt der Erklärung **1747** 10; Zweitadoption **1747** 2

–, **Einwilligung des Ehegatten,** Adressat der Erklärung **1750** 4; Anfechtung **1750** 8; Bedingungs- und Befristungsfeindlichkeit **1750** 3; Ehegatte des Annehmenden **1749** 2; Ehegatte des Anzunehmenden **1749** 3; Entbehrlichkeit **1749** 4; Form **1750** 4; Höchstpersönlichkeit der Erklärung **1750** 5; Mängel **1749** 4; Rechtscharakter **1750** 2; selbständige Entscheidung über die Wirksamkeit **1750** 9; spätere Unwirksamkeit **1750** 8 f; Verweigerung **1749** 2; Voraussetzungen für die Notwendigkeit **1749** 2 f; Widerruf **1750** 6; Wirksamkeit **1750** 6 ff

–, **Einwilligung des Kindes,** Adressat der Erklärung **1750** 4; Alter über 14 Jahre **1746** 4; Anfechtung **1750** 8; Bedingungs- und Befristungsfeindlichkeit **1750** 3; Erklärungskompetenz **1746** 3 ff; Ersetzung der Einwilligung

3105

Sachverzeichnis

fette Zahlen = §§

1746 8; Ersetzung der Zustimmung 1746 8; Form 1746 2; 1750 4; gerichtliche Genehmigung der Einwilligung 1746 6; geschäftsunfähiges Kind 1746 3; Höchstpersönlichkeit der Erklärung 1750 5; Internationales Privatrecht 1746 11; Rechtscharakter 1750 2; Rechtsnatur 1746 2; selbständige Entscheidung über die Wirksamkeit 1750 9; spätere Unwirksamkeit 1750 8 f; Verfahrensrecht 1746 9 ff; Verweigerung 1746 4; Widerruf 1746 7 f; 1750 6; Widerruf der Zustimmung 1746 7; Wirksamkeit 1750 6 ff; Zustimmung des gesetzlichen Vertreters 1746 4 f; Zweck 1746 1

–, Ersetzung der Einwilligung eines Elternteils, anhaltend gröbliche Pflichtverletzung gegenüber dem Kind 1748 5 ff; anhaltende Pflichtverletzung 1748 9; Antrag des Kindes 1748 33; Belehrung und Beratung 1748 13 ff; Beratungsinhalt 1748 16; Beratungspflicht 1748 16; besonders schwere Pflichtverletzung 1748 22; besonders schwere psychische Krankheit oder Behinderung 1748 23 f; dauernde Unfähigkeit der Eltern 1748 23 ff; bei elterlichem Versagen 1748 5 ff; Form der Belehrung 1748 15; Fremdkindadoption 1748 29; geschäftsunfähiger Elternteil 1748 24; Gesinnungswandel 1748 6; Gleichgültigkeit 1748 8, 10 ff; Gröblichkeit der Pflichtverletzung 1748 8; Grundlagen der Ersetzungsgründe 1748 2 ff; Inhalt der Belehrung 1748 15; Interessenabwägung 1748 28; längere Kontaktlosigkeit zum Kind 1748 11; Notwendigkeit der Belehrung 1748 13 ff; Pflichtverletzung 1748 7; präsumtiver Vater 1748 31; schwere Entwicklungsgefährdung durch familienexternes Aufwachsen 1748 25 f; Sonderregelung für den Vater des außerehelich geborenen Kindes 1748 27 ff; Stiefkindadoption 1748 16, 20, 30; Straftaten 1748 8, 22; subjektives Verschulden 1748 5; Suchtabhängigkeit 1748 8; Systematik 1748 2 ff; unterhaltsrechtliche Folgen 1748 21; unterlassene Unterhaltszahlungen 1748 8, 12; unverhältnismäßiger Nachteil für das Kind 1748 17 ff; Verfahrensvorschriften 1748 33 ff; Verhaltensänderung 1748 10 f; Verwandtenadoption 1748 21; Verweigerung des persönlichen Kontakts 1748 8.1; zeitliche Komponente 1748 9; zwingender Wechsel der Pflegefamilie 1748 25

–, Internationales Privatrecht, der Adoption ähnliche Rechtsinstitute EGBGB 22 11 ff; Anerkennung ausländischer Adoptionen EGBGB 22 60 ff; Anerkennungszuständigkeit EGBGB 22 70; Annahme durch eine Einzelperson EGBGB 22 38 f; Annahme durch Verheiratete EGBGB 22 42 ff; anwendbares Recht EGBGB 22 38 ff; sachlicher Anwendungsbereich EGBGB 22 8 ff; ausländisches Adoptionsstatut EGBGB 22 23; Begriff der Annahme als Kind EGBGB 22 8 ff; Dekretadoption EGBGB 22 10, 53 f; Durchführung der Adoption EGBGB 22 24; Durchführung der Adoption in Deutschland EGBGB 22 53 f; Ehewirkungsstatut EGBGB 22 42 ff; Einwilligungen EGBGB 22 18 ff; Eltern-Kind-Verhältnis EGBGB 22 26; Erbrecht EGBGB 22 28 ff; EGBGB 25 46 f; Formen der Adoption EGBGB 22 8 ff; gemeinsame Annahme durch zwei unverheiratete Personen EGBGB 22 40 f; interlokales Recht EGBGB 22 71; intertemporales Recht EGBGB 22 72; Kindeswohl EGBGB 22 66 f; Legitimanerkennung EGBGB 22 13; Mischformen EGBGB 22 56; Möglichkeit der Adoption EGBGB 22 15; Name EGBGB 22 27; ordre public EGBGB 22 51 f, 66 f; Personalstatut EGBGB 22 38 f; Pflegekindschaft EGBGB 22 12; Qualifikation EGBGB 22 8 ff; Rechtstatsachen EGBGB 22 7; Rechtsverletzungen EGBGB 22 35 ff; Reichweite des Adoptionsstatuts EGBGB 22 15 ff; Rück- und Weiterverweisung EGBGB 22 45 ff; Staatsangehörigkeit EGBGB 22 32 ff; Staatsverträge EGBGB 22 3 ff; Status des Kindes EGBGB 22 25; Umwandlung der Adoption EGBGB 22 68; Verfahrensfragen EGBGB 22 57 ff; Vertragsadoption EGBGB 22 10, 55, 63; Voraussetzungen der Adoption EGBGB 22 16 ff; Vorfragen EGBGB 22 49 f; Wiederholung im Inland EGBGB 22 69; Wirkungen der Adoption EGBGB 22 25 ff; internationale Zuständigkeit EGBGB 22 57 f; Zustimmung zur Statusänderung des Kindes EGBGB 23 6

Adoptionsbeschluss, Anfechtbarkeit der ablehnende Entscheidung 1752 10; Anhörungsrüge 1752 6; Antrag des Annehmenden 1752 2 f; Ausspruch der Annahme 1752 4; bedingter oder befristeter Antrag 1752 2; gemeinschaftliche Annahme durch unverheiratete Personen 1752 7.1; Nichtigkeit des Adoptionsdekrets 1752 7 ff; Rechtsmittel 1752 6; Rechtsschutz im Adoptionsvermittlungsverfahren 1752 14 ff; Rücknahme des Antrages 1752 3; Rückwirkung des Adoptionsdekrets 1753 6; Tod des Annehmenden 1752 7.1; nach dem Tod des Anzunehmenden 1752 7; Unabänderlichkeit 1752 6 ff; Unanfechtbarkeit 1752 6; unzulässiger Antrag 1752 2; Verfahrensfähigkeit 1752 2, 11; sonstiges Verfahrensrecht 1752 11 f; Verfassungsbeschwerde 1752 9; Verletzung des rechtlichen Gehörs 1752 8; nach Vermittlung einer Adoptionsvermittlungsstelle 1752 11; Voraussetzungen 1752 2; Wirksamwerden 1752 5; Zweitadoption 1752 7.1

Adoptionspflege, Begriff 1744 2; Entscheidungsbefugnisse der Pflegeperson 1688 5; Verbindlichkeit 1744 3; Verbleibensanordnung 1632 20.1; Vormundschaft des Jugendamtes 1751 5

Adoptionsstatut s Adoption, Internationales Privatrecht

Adoptionsübereinkommen EGBGB 22 4 f

Adoptionsvermittlung 1741 32

Adoptionswirkungsgesetz 1741 11, 15; 1751 11 f

ärztlicher Eingriff 1904 21

Alimentationsprinzip 1587 a 30

Allgemeine Geschäftsbedingungen, Internationales Vertragsstatut EGBGB 31 6 ff; Vertragsstatut kraft Rechtswahl EGBGB 27 31

Altersgrenze bei Beamten 1587 a 14

Altersvorsorgeunterhalt 1361 108

Amtspflegschaft, Abgrenzung zur Beistandschaft 1712 3; Ersetzung durch Beistandschaft 1712 2; für nichteheliche Kinder 1712 2; Übergangsvorschriften 1712 9 f

magere Zahlen = Rn

Sachverzeichnis

Amtsvormundschaft, Abgrenzung zur Beistandschaft **1712** 3; Anordnung der Hinterlegung **1818;** Aufwendungsersatz **1835** 15; Befreiung des Jugendamtes **1857 a;** bestellte – des Jugendamtes **1791 b;** Entlassung als Vormund **1887; 1389** 3; Fortführung der Geschäfte nach Beendigung der – **1893** 8; gesetzliche – des Jugendamtes **1791 c;** Haftung **1833** 2; Hinterlegung von Inhaberpapieren **1814** 8; Rechnungslegung **1840** 7; Rückgabe von Urkunden nach Beendigung der – **1893** 8; Vergütung des Vormunds **1836** 3; Vermögensverwaltung des Vormunds bei Erbschaft oder Schenkung **1802** 4

Anerbenrecht 1922 82; **2032** 15

Anfangsvermögen, Abdingbarkeit **1374** 28; gesellschaftsvertragliche Abfindungsklauseln **1376** 20; abschließende Aufzählung **1374** 23; abweichende Vereinbarungen **1374** 28; Aktien **1376** 32; Aktiva **1374** 4 ff; Anwartschaften **1374** 4; **1376** 32; Anwartschaftsrecht auf Abfindung wegen Verlust des Arbeitsplatzes **1374** 4; Anwartschaftsrecht des Nacherben **1374** 13; Bewertung einer Arztpraxis **1376** 15; Aufnahme des Verzeichnisses **1377** 3 ff; Aufwendungsersatzansprüche **1374** 4; Ausstattung **1374** 22; bedingte Rechte **1374** 4; Begriff **1374** 3; Berechnungszeitpunkt **1374** 2; beschränkte persönliche Dienstbarkeiten **1374** 4; Beteiligungen an Personengesellschaften **1376** 18 ff; Beweislast **1374** 29; Bewertungsmethoden **1376** 6, 10; Bewertungsvorgang **1376** 2 ff; Bewertungszeitpunkte **1376** 36, 43; Bewertungszweck **1376** 4; Direktversicherung aus betrieblicher Altersversorgung **1376** 34; Doppelverwertungsverbot **1376** 12; dubiose Forderungen **1374** 4; Durchführung der Hinzurechnung **1374** 24 ff; Ehevertrag **1374** 2; Einkommen **1374** 5; Ergänzung des Verzeichnisses **1377** 5; Ertragswertmethode **1376** 6, 10; Erwerb aufgrund persönlicher Beziehung **1374** 9; Erwerb mit Rücksicht auf ein künftiges Erbrecht **1374** 14 ff; Erwerb von Todes wegen **1374** 11 ff; Etragsteuerbelastung **1376** 35; noch nicht fällige Forderungen **1374** 4; Festlegung in Ehevertrag **1408** 59; Firmenwert **1376** 10, 12; Forderungen **1376** 32; Fortführungswert **1376** 33; Bewertung einer freiberuflichen Praxis **1376** 14; unentgeltliche Gebrauchsüberlassung **1374** 4; Generationennachfolgevertrag **1374** 14; Geschäftswert **1376** 10, 12; Gesellschaftsbeteiligungen **1376** 10 ff; Gewinne **1374** 26; good will **1376** 10, 12, 25; Grenzen **1374** 5; Grundsatz der Bewertungseinheit **1376** 10; Grundstücksbewertung **1376** 6 ff; Bewertung eines kleinen Handwerksbetrieb **1376** 16; Hausrat **1376** 32; Hausrat als Grenze **1374** 6; Hinzurechnung bei negativem – **1374** 25; Hinzurechnungstatbestände **1374** 10 ff; Hochzeitsgeschenke **1374** 4; Immobilien **1376** 7; Inhalt des Verzeichnisses **1377** 2; Kauf einer Anwartschaft des Nacherben **1374** 17; Kaufkraftschwund **1376** 39 ff; Klauselwert **1376** 20; Kosten des Verzeichnisses **1377** 5; Kunstgegenstände **1376** 32; land- und forstwirtschaftliche Betriebe **1376** 26 ff; Leasing **1376** 32; Lebensversicherung **1374** 12; **1376** 33 ff; Leibgedingerechte **1374** 15; Liquidationswert **1376** 4; materiell wirkender Vergleich **1377** 8; Mittelwertmethode **1376** 11; Mitwirkungsanspruch der Ehegatten **1377** 3 ff; negative Vermutung **1377** 3, 9; negatives – **1374** 8, 25; nichtvererbliche Rechte **1374** 4; Nießbrauch **1376** 32; Nutzungsrechte **1376** 32; Nutzungswert **1376** 4; Parteivereinbarung für Bewertung **1376** 3; Passiva **1374** 7 f; personenbezogene Unternehmen **1376** 12 ff; Pflichtteilsergänzungsansprüche **1374** 18; privilegierter Erwerb **1374** 9 ff, 27; Prozessuales **1376** 45; Realisierbarkeitsprinzip **1376** 4; reine Rechnungsgröße **1374** 3; Recht zum Besitz **1374** 4; rechtlich geschützte, geldwerte Positionen **1374** 4; Rechtsanwaltskanzlei **1376** 25; Rechtsfolgen der Verzeichnisaufstellung **1377** 7 ff; Regelungen für die ehemalige DDR **1376** 43; Renten **1376** 32; Restitutionsansprüche **1374** 4, 11; **1376** 44; Richtigkeitsvermutung **1377** 3 ff; Sachwertverfahren **1376** 6; Schenkungen **1374** 18 ff; sekundäre Beweislast **1377** 9; Sicherungsgrundschuld **1374** 14; Stichtag **1374** 2; Stichtagsprinzip **1376** 2; nicht übertragbare Rechte **1374** 4; unterer Schwellenwert **1374** 1; Unternehmensbewertung **1376** 10 ff; Unternehmerlohn **1376** 10; Unterrichtungsanspruch **1379** 1; Veräußerungskosten **1376** 35; Verbindlichkeiten **1374** 7; **1376** 38; Verbraucherpreisindex **1376** 40 ff; Vergleichswertmethode **1376** 6, 18; Verkaufswert **1376** 3; Verkehrswert **1376** 3; Verluste **1374** 26; Vermögensgesetz **1376** 44; sonstige Vermögenswerte **1376** 32 ff; Vermutungswirkung des Verzeichnisses **1377** 7 ff; Versorgungsausgleich als Grenze **1374** 6; Vertriebene und Flüchtlinge **1374** 2; grundlose Verweigerung der Auskunft über Vermögensbestand **1377** 1; Verzeichnis über das – **1377;** Vollwert **1376** 20; Vorauszahlungen **1374** 5; Vorbehalt dinglicher Nutzungsrechte **1374** 15; voreheliche Leistungen **1374** 4; vorweggenommene Erbfolge **1374** 14 ff; Wahl der Bewertungsmethode **1376** 45; Wertaufhellungsprinzip **1376** 2, 10; Wertermittlung **1376;** Wertermittlungsverordnung **1376** 6; Wertmesser **1376** 39; wertmindernde Belastungen **1374** 16; Wertpapiere **1376** 35; echte Wertsteigerung **1373** 3; **1374** 13, 15, 26; Wertzuwachs nach Wiedervereinigung **1376** 44; wiederkehrende Einzelleistungen **1374** 5; Wohnungsrecht **1376** 32; Zwischenwert **1376** 21

Anfechtung der Abstammung **EGBGB 20;** des Auslegungsvertrags **2084** 59; der Berichtigung einer Nachlassverbindlichkeit **1979** 7; des Erbschaftserwerbs wegen Erbunwürdigkeit **2339 ff;** der letztwilligen Verfügung s *Testament, Anfechtung;* Schenkungsverträge zugunsten Dritter **2078** 3; der Vaterschaft s *Vaterschaftsanfechtung*

– **der Annahme oder Ausschlagung der Erbschaft,** Anfechtbarkeit **1954** 1 ff; Anfechtung der Fristversäumung **1956;** Anfechtungsberechtigung **1954** 14; Anfechtungserklärung **1954** 2; **1955** 2; bei Ausschlagung eines beschwerten Erbes oder Vermächtnisses **2308;** Form **1955;** gerichtliche Genehmigung **1955** 3; Mitteilungspflicht **1957** 3; Rechtsfolgen **1957** 2; Wirkung **1957** 1

Sachverzeichnis

fette Zahlen = §§

- **des Erbvertrages,** Anfechtungserklärung **2281** 7 ff; Anfechtungsfrist **2283;** Anfechtungsgegenstand **2281** 2; Anfechtungsgrund **2281** 3 ff; Anwendungsbereich **2281** 1; Ausschluss durch Bestätigung **2284** 4; Ausschlussfrist **2283** 1 ff; beschränkt geschäftsfähiger Erblasser **2282** 2; Bestätigung eines anfechtbaren Erbvertrags **2284;** Bestätigungserklärung **2284** 3; Beweisfragen **2285** 4; durch Dritte **2285;** Geschäftsfähigkeit **2282** 2; geschäftsunfähiger Erblasser **2282** 2; höchstpersönliche Ausübung **2282** 1; Inhalt **2282** 3; Irrtum **2281** 4; Kenntnis des Anfechtungsgrunds bei Bestätigung **2284** 2; notarielle Beurkundung **2282** 3; Schadensersatzpflicht des Anfechtenden **2281** 10; Übergehen eines Pflichtteilsberechtigten **2281** 5; nur vertragsmäßige Verfügungen **2281** 1; Verzicht auf Anfechtungsrecht **2281** 6; Wirkung **2281** 10

Anfechtungseinrede 2083

Anfechtungserklärung, Adressat **2281** 7; Anfechtung **2081** 8; Differenzierung nach Verfügungstypen **2081** 2, 7; Enterbungen **2081** 2; Erbeinsetzungen **2081** 2; Form **2081** 3; Inhalt bei Anfechtung der Annahme oder Ausschlagung der Erbschaft **1954** 2; **1955** 2; Inhalt bei Anfechtung der letztwilligen Verfügung **2081** 3; Kosten **2081** 4; letztwillige Verfügung **2081;** notarielle Beurkundung **2281** 7, 9; **2282** 3; Recht in den neuen Bundesländern **2081** 9; Rücknahme **2081** 8; Testamentsvollstreckerernennungen **2081** 2; nach Tod des Erbvertragspartners **2281** 8; vor Tod des Vertragspartners **2281** 7; Verfahren **2081** 4; Verzicht auf Anfechtungsrecht **2081** 8; Zugang der – bei Erbvertrag **2281** 9; Zuständigkeit des Nachlassgerichts **2081** 2

Anfechtungsfrist, 30-Jahresfrist **2082** 4; Anfechtbarkeitseinrede **2083;** bei Annahme oder Ausschlagung der Erbschaft **1954** 13; Ausschlussfrist **2082** 3, 4; **2283** 1 ff; Beginn **2082** 1; **2283** 1; Berechnung **2082** 2; Beweisfragen **2082** 5; **2283** 4; Fristversäumung durch gesetzlichen Vertreter **2283** 5; bei Geltendmachung der Erbunwürdigkeit **2340** 5; Hemmung **2082** 2; **2283** 2; Jahresfrist **2082** 1 ff; Recht in den neuen Bundesländern **2082** 6; Wirkung des Fristablaufs **2082** 3; **2283** 3

Anfechtungsstatut EGBGB 20 8 ff

Angehörige 1589 2

Anknüpfung, akzessorische – **EGBGB Einl IPR** 39; Alternativanknüpfung **EGBGB Einl IPR** 36; Anknüpfungserschleichung **EGBGB Einl IPR** 73 ff; Anknüpfungsgegenstand **EGBGB Einl IPR** 33; Anknüpfungsmerkmal **EGBGB Einl IPR** 33; Anknüpfungsmoment **EGBGB Einl IPR** 33; Anknüpfungspunkt **EGBGB Einl IPR** 33; Anknüpfungstechniken **EGBGB Einl IPR** 36 ff; Begriff **EGBGB Einl IPR** 95; gekoppelte – **EGBGB Einl IPR** 37 f; Grundsatz des strengeren Rechts **EGBGB Einl IPR** 38; hinkendes Rechtsverhältnis **EGBGB Einl IPR** 37 f; kumulative – **EGBGB Einl IPR** 37 f; subsidiäre – **EGBGB Einl IPR** 36; unwandelbare – **EGBGB Einl IPR** 40 ff; Versteinerung **EGBGB Einl IPR** 41; wandelbare – **EGBGB Einl IPR** 40 ff

Anknüpfungsgerechtigkeit EGBGB Einl IPR 4

Anlage, Begriff und Abgrenzung **2247** 13; Ergänzungsfunktion **2247** 15; Erläuterungsfunktion **2247** 14

Anlegung

- **von Geld des Kindes,** Abänderung und Überprüfung gerichtlicher Anordnungen *s dort;* Barvermögen **1642** 2; Erhaltung und Mehrung des Vermögensbestandes **1642** 1; Genehmigung des FamG **1642** 7; gerichtliche Anordnung der Art und Weise **1667** 4; nach den Grundsätzen wirtschaftlicher Vermögensverwaltung **1642** 2; Haftung der Eltern **1642** 6; Maßnahmen des FamG **1642** 6; Sicherheitsleistung **1667** 5; Vorrang der Sicherheit **1642** 3; Wahl der Anlageart **1642** 3

- **von Mündelgeld,** andere Anlegung **1811;** Anhörung des Gegenvormunds **1826;** Anlageformen **1807** 3 ff; Art der Anlegung **1807;** Auswahlentscheidung des Vormunds **1807** 2; Befreiung des Vormunds **1805** 1; bereit zu haltendes Geld **1806** 4; in Fonds **1806** 3; Gegenstand der Anlegung **1806** 2; Mitwirkung von Gegenvormund oder Vormundschaftsgericht **1810;** mündelsichere Anlagen **1807** 3 ff; Sperrvermerk **1809; 1890** 3; Verfügungen über Forderungen und Wertpapiere *s Vormund, Verfügungen über Forderungen und Wertpapiere;* Verzinsungspflicht **1834**

Annahme als Kind *s Adoption*

Annahme der Erbschaft, Anfechtbarkeit **1954** 1 ff; Anfechtungserklärung **1955;** Anfechtungsfrist **1954** 13; Annahmebefugnis **1943** 4; Annahmeerklärung **1943** 2 ff; Annahmerecht **1943** 7; Bedingung **1947** 2 ff; Beweislast **1943** 9; durch Ersatzerben **1946** 2; unter Gegenwartsbedingung **1947** 4; Internationales Erbrecht **EGBGB 25** 35; Irrtum über den Berufungsgrund **1949;** durch konkludentes Verhalten **1943** 5 ff; **1958** 2; **1959** 16; bei mehreren Berufungsgründen **1948;** bei mehreren Erbteilen **1951;** durch nachberufenen Erben **1946** 2; durch Nacherben **1946** 2; **2142** 5; durch nasciturus **1943** 4; **1946** 2; Nichtigkeit **1949** 2; Rechtsbedingung **1947** 3; Rechtsnatur der Annahmeerklärung **1943** 2; durch schlüssiges Verhalten **1943** 5 ff; durch Schlusserben **1946** 2; Schwebezustand bis zur – **1943** 1; **1946** 1; Stellvertretung **1943** 3 ff; Teilannahme **1950;** Verantwortlichkeit des Erben bis zur – **1978** 3; bei verschiedenen Erbteilen **1951** 4 ff; durch vorbehaltlose Einlassung in Prozesse gegen den Erben **1958** 2; **1959** 16; Wahlrecht des Pflichtteilsberechtigten **2306** 20; Wirkung **1943** 8; unter Zeitbestimmung **1947;** Zeitpunkt **1946**

Annahmeverzug eines Miterben **2039** 7

Anstandsschenkung 1375 41; **1425** 4; **1641** 5 f; **2113** 21; **2205** 21; **2287** 13; **2325** 8; **2330** 2 ff

Anwachsung, Ausschluss **2094** 3 ff; **2158** 4; bei Ausschluss der gesetzlichen Erbfolge **2094** 1 ff; Fehlen einer Ersatzerbfolgeregelung **2099** 2; gemeinschaftlicher Erbteil **2094** 1, 7; bei mehreren Erbteilen **2007** 3; beim Mitnacherben nach Ausschlagung **2142** 4; Verteilung der Pflichtteilslast **2320** 4; Pflichtteilssanktionsklausel **2094** 5; Recht in den neuen Bundesländern **2094** 9; Rechtsfolgen **2094** 7; Selbständigkeit **2159;** Subsidiarität **2099** 1; bei Teilerbeinset-

magere Zahlen = Rn **Sachverzeichnis**

zung **2094** 8; bei Tod eines Mit-Nacherben **2108** 6; beim Vermächtnis **2158**; Verwirkungsklausel **2094** 5; Verzicht auf Ausschluss **2094** 6; Voraussetzungen **2094** 1 ff; Vorrang der Ersatzerbschaft **2099**; Wegfall des Bedachten **2158** 2; Wegfall eines Miterben **2094** 2
Arbeitnehmer-Entsendungsgesetz EGBGB 30 5
Arbeitslosenunterhalt *s nachehelicher Unterhalt wegen Erwerbslosigkeit*
Arbeitsvertrag, Internationales Privatrecht, Abwägungskriterien **EGBGB 30** 27; allgemeine Regeln **EGBGB 30** 28 f; Analogiefähigkeit **EGBGB 30** 7; Recht des Arbeitsorts **EGBGB 30** 21 f; Arbeitsunfälle **EGBGB 40** 41; Begriff des Arbeitsverhältnisses **EGBGB 30** 10; Begriff des Arbeitsvertrages **EGBGB 30** 8 f; Internationales Betriebsverfassungsrecht **EGBGB 30** 12; Recht der einstellenden Niederlassung **EGBGB 30** 23 ff; engere Verbindung **EGBGB 30** 27; Entsendung des Arbeitnehmers **EGBGB 30** 5, 22; europäische Rechtsangleichung **EGBGB 30** 5; Anknüpfung an die Flagge des Schiffes **EGBGB 30** 25; Flugpersonal **EGBGB 30** 24; früheres Kollisionsrecht **EGBGB 30** 2 ff; Günstigkeitsvergleich **EGBGB 30** 17 f; Herkunft der Regelung **EGBGB 30** 2 ff; kollektives Arbeitsrecht **EGBGB 30** 12; Niederlassungsbegriff **EGBGB 30** 26; objektive Anknüpfung **EGBGB 30** 19 ff; ordre public **EGBGB 30** 29; Rechtswahl **EGBGB 30** 13 ff; Sachnormverweisung **EGBGB 30** 28; Schutz des Arbeitnehmers **EGBGB 30** 1; Systematik der Norm **EGBGB 30** 6; Tarifvertrag **EGBGB 30** 12; Territorialitätsprinzip **EGBGB 30** 12; Verweisungsumfang **EGBGB 30** 11 f; internationale Zuständigkeit **EGBGB 30** 30; zwingende Bestimmungen **EGBGB 30** 15 f
Asylberechtigte, abgeleiteter Status **EGBGB 5** 39; Ablehnung der Anerkennung **EGBGB 5** 38; heimatlose Ausländer **EGBGB 5** 38; Kontingentflüchtlinge **EGBGB 5** 38; Rechtsstellung **EGBGB 5** 36 ff
AsylVfG EGBGB 5 36 ff
Aufenthalt, Anknüpfung im IPR **EGBGB 5** 13 ff; einfacher – **EGBGB 5** 17; gewöhnlicher – *s dort;* schlichter – **EGBGB 5** 17
Aufenthaltsbestimmungsrecht der Eltern **1631** 11 ff; **1631 b** 1
Aufenthaltsehe 1311 5, 7, 14; **1314** 12
Aufenthaltsrecht nach Adoption **1767** 18 ff
Aufenthaltsverbot GewSchG 1 24
Aufgebot der Nachlassgläubiger, Anmeldung der Forderung **1970;** Antragsrecht **1970** 7; Ausschließungs- und Erschöpfungseinrede **1970** 15; **1973** 1; Ausschluss von Nachlassgläubigern **1973;** betroffene Nachlassgläubiger **1970** 2; Beweislast **2061** 7; eingeschränkte Haftung für Nachlassverwaltung **1970** 16; Einrede des Aufgebotsverfahrens *s Aufgebotseinrede;* Erlass des Aufgebots **1970** 10; Forderungen der Erben **1970** 9; Form des Antrags **1970** 9; Frist **2061** 4; Fristen **1970** 8, 10; Kenntnis möglichst aller Nachlassverbindlichkeiten **1970** 1; Kosten **2061** 6; Kosten des Verfahrens **1970** 13; während Nachlassverwaltung **1984** 9; nicht betroffene Rechte **1972;** nichtbetroffener Gläubiger **1971;** nichtbetroffene Nachlassgläubiger **1970** 3; öffentliche Bekanntmachung des Aufgebots **1970** 10; nach öffentlicher Aufforderung durch Miterben **2061;** Privataufgebot **2061** 1, 6; Prorata-Haftung der Miterben **1970** 4, 17; **1972** 3; wichtigste Rechtsfolge des Aufgebots **1970** 1; Rechtsfolge des Privataufgebots **2061** 6; Rechtsstellung der nachlassbeteiligten Gläubiger **1972** 1; Teilhaftung der Miterben **2061** 2 ff; Teilung des Nachlasses **2061** 5; unbeschränkte Haftung der Erben **1970** 4; Verfahren **1970** 6 ff; Verwalterhaftung des Erben **1972** 2; Voraussetzungen des Verfahrens **1970** 6 ff; Wirkungen **1970** 14 ff
Aufgebotseinrede, aufschiebende Einrede **2015** 1; Ausschluss **2015** 4; Ausschluss bei unbeschränkter Erbenhaftung **2016** 1; Ausschluss gegenüber realberechtigten Gläubigern **2016** 2; Fristbeginn bei Nachlasspflegschaft **2017;** im laufenden Verfahren **2015** 3; Rechtsfolgen **2015** 5; rechtzeitiger Antrag **2015** 2; Voraussetzungen **2015** 2 ff; Wirkung des Aufgebots **1970** 14
Aufgebotsverfahren, Anmeldung einer Forderung **1970** 11; Antragsrecht **1970** 7; Erlass des Aufgebots **1970** 10; Form des Antrages **1970** 9; Frist **1970** 8; Kosten **1970** 13; Teilhaftung bei Ausschluss **2060** 4; Voraussetzungen **1970** 6 ff; Zuständigkeit **1970** 6
Aufhebung der Ehe, abschließende Regelung **1313** 2; Antrag eines Ehegatten **1316** 3 ff; Antragsbefugnis der Verwaltungsbehörde **1316** 6 ff; Antragsberechtigung **1316** 1 f; Antragsfrist **1317; 1320** 6; wegen arglistige Täuschung **1318** 13; wegen arglistiger Täuschung **1314** 4 ff; **1315** 12; Aufenthaltsehe **1314** 12, 14; Aufhebung der bisherigen Ehe **1319;** Aufhebungsantrag **1313** 3; **1315** 17; Aufhebungsberechtigung **1320** 2 f; Aufhebungsgründe **1314;** Aufhebungsurteil **1313** 1; Auflösung der früheren Ehe **1319** 8 ff; Ausschluss **1315;** Ausschluss bei Irrtum **1315** 12; beiderseitige Kenntnis von Aufhebbarkeit der Ehe **1318** 14 ff; Bestätigung der Ehe **1315** 5 ff; Betreuungsunterhalt **1318** 17; Bewusstlosigkeit **1314** 2; **1315** 11; **1318** 11; Bösgläubigkeit des Ehegatten **1318** 1; Doppelehe **1315** 14; **1318** 8; ehefremder Zweck **1314** 14; Ehegattenerbrecht **1318** 22; Ehename **1318** 23; Ermittlungen des Standesbeamten **1314** 15; Folgen der Aufhebung **1318; 1320** 7 f; Gegenstand der Täuschung **1314** 6; gerichtliche Genehmigung der Eheschließung **1315** 3 f; durch gerichtliches Urteil **1313;** Geschäftsunfähigkeit **1315** 8 ff; **1318** 7; Gestaltungsurteil **1313** 6; Hausratsverordnung **1318** 21; Kindesunterhalt **1318** 17; Lebenspartnerschaft **1313** 13; **1315** 19; **1318** 24; Minderjährigkeit eines Ehegatten **1315** 2 ff; **1316** 3; **1318** 6; Missbrauch der Eheschließungsform **1314** 14; Missbrauchseinwand **1316** 11; Namensführung nach – **1355** 18; numerus clausus der Aufhebungsgründe **1313** 2; Offenkundigkeit **1314** 13; Rechtsmissbrauch **1315** 8; Rechtsschutzbedürfnis **1316** 9; Rechtswirkungen der Ehe bis zur – **1313** 7 ff; Scheidungsfolgen **1318;** Scheinehe **1314** 12 ff; **1315** 13; **1318** 2; Schutz eines der Ehegatten

3109

Sachverzeichnis

fette Zahlen = §§

1315 1; Streitgegenstand 1313 5; Täuschung durch Unterlassen 1314 5; Übergangsrecht 1313 12; 1314 17; Überleitungsrecht 1315 18; unbewusste Eheschließung 1314 3; 1318 12; Unkenntnis von Aufhebbarkeit der Ehe 1318 3 ff; Unterhalt 1318 2 ff; Ursächlichkeit der Drohung 1314 10; Ursächlichkeit der Täuschung 1314 8; Verfahren 1313 4 ff; Verhandlungs- und Entscheidungsverbund 1313 4; Versorgungsausgleich 1318 20; Verstoß gegen das Volljährigkeitserfordernis 1315 2; Verstoß gegen Formvorschriften 1315 16; 1318 10; vorübergehende Störung der Geistestätigkeit 1314 2; 1315 11; 1318 11; Wahrer des öffentlichen Interesses 1316 7; widerrechtliche Drohung 1314 9 ff; 1315 12; 1318 13; Wiederverheiratung nach Todeserklärung 1320; Wirkung des Aufhebungsurteils 1313 7 ff; Zugewinnausgleich 1318 18 f; Zulässigkeit von Aufhebungsanträgen 1316 9 ff; zuständige Verwaltungsbehörde 1316 2, 5; Zuständigkeit des FamG 1313 4

Aufhebungsklage bei Gütergemeinschaft, andere Aufhebungsmöglichkeiten 1447 1; Aufhebungsgründe 1447 4 ff; 1469 3 ff; Betreuung des anderen Ehegatten mit Gütergemeinschaftsbezug 1469 8; Betreuung des Gesamtgutsverwalters 1436; 1447 7; eigenmächtige Verwaltungshandlungen 1469 4; einstweilige Verfügung 1447 3; erhebliche Gefährdung der Rechte des nicht verwaltenden Ehegatten 1447 4; Erledigung der Hauptsache durch Tod 1447 3; Gefährdung der Unterhaltspflicht 1447 5; 1469 6; Missbrauch des Verwaltungsrechts 1447 4; durch nicht verwaltenden Ehegatten 1447; Rechtsschutzinteresse 1447 3; Überschuldung des Gesamtguts 1447 6; 1469 7; Unfähigkeit des Verwalters 1447 4; Verbindung mit anderen Familiensachen 1447 3; Verfahren 1447 3; 1469 2; Verletzung der Unterhaltspflicht 1447 5; 1469 6; durch Verwalter 1448; Weigerung zur Mitwirkung bei Gesamtgutsverwaltung 1469 5; Wirkung des Aufhebungsurteils 1449; 1470; Zuständigkeit des FamG 1447 3

Aufhebungstestament für Erbvertrag 2291

Aufhebungsurteil, Auseinandersetzung auf Grund eines -s 1498 5; Auseinandersetzung nach – 1479; Wirkung 1449; 1470; 1496

Aufhebungsvertrag für Erbvertrag 2290; 2299 4; für Erbverzicht 2351 1

Auflage, Abkömmlinge als Begünstigte 2069 2; Abkömmlinge eines Dritten als Begünstigte 2071 1; Anspruch auf Herausgabe der Zuwendung 2196 2 ff; Anspruch auf Vollziehung 2192 10; 2194; anwendbare allgemeine erbrechtliche Vorschriften 2192 9; anwendbare Vorschriften 2192 ff; die Armen als Begünstigte 2072; Aufhebung einer vertragsmäßigen – 2291 1; mit Auseinandersetzungsverbot 2044 5; Begriff 1940 2 f; 2192 1; Stellung des Begünstigten 2192 10; Begünstigter 1940 4; zur Beibehaltung der Testamentsvollstreckung 2197 46; Beschwerter 1940 4; 2192 4; Beschwerung 2192 4; Beschwerung des angewachsenen Erbteils 2095 2; Bestimmung des Begünstigten 2193 3 f; Durchsetzung des Vollziehungsrechts 2194 5 f; Durchsetzung durch Vollziehungsberechtigten 1940 4; als Erbfallschulden 1967 17; in Erbvertrag 1941 2; Fälligkeit der Leistung 2192 7; Fristsetzung 2193 5; Gattungsauflage 2192 5; Gegenstand 2192 1; gerichtliche Nachprüfbarkeit der Bestimmung 2193 4; gesetzliche Erben als Begünstigte 2066 2; Höchstpersönlichkeit 2192 3; Inhalt 1940 4; Inhalt des Vollziehungsrechts 2194 5 f; Kürzungsrecht des Erben 2318 2 f; Kürzungsrecht des Ersatzmannes 2322 2 ff; Bestimmung des Leistungsempfängers 2193 3 f; nicht anwendbare Vorschriften des Vermächtnisrechts 2192 8; kein Recht des Begünstigten auf Leistung 1940 2; Selbständigkeit 2195 1; verhältnismäßige Tragung der Pflichtteilslast 2318; Umwandlungsanordnung 2205 35; unmögliche und verbotene Leistung 2192 6; Unmöglichkeit der Vollziehung 2192 6; Unwirksamkeit 2192 6; Unwirksamkeitsgründe 1940 5; Verhältnis von Auflage und Zuwendung 2195; und Vermächtnis 1940 3; Verzicht auf Vollziehungsrecht 2194 5; vollziehungsberechtigte Behörde 2194 4; vollziehungsberechtigte Personen 2194 2 f; Vollziehungsfrist 2193 5; Wahlauflage 2192 5; und Zuwendung 1940 2; Zweckauflage 2192 5; Zweckbestimmung 2193 2

Aufrechnung bei Dreimonatseinrede 2014 9; Dritter bei Zugewinngemeinschaft 1368 5; nach Dürftigkeitseinrede des Erben 1991 7; durch Eigengläubiger des Erben 1977 5 f; bei Erbengemeinschaft 2032 6; 2039 10; 2040 9; gegen Erbschaft vor ihrer Annahme 1958 3; gegen Gesamtgut 1419 2, 6; Geschäft zur Deckung des allgemeinen Lebensbedarfs 1357 27; Internationales Schuldrecht EGBGB 32 10; bei nachehelichem Unterhalt 1585 b 7; durch Nachlassgläubiger 1977 3 f; Wirkung der Nachlassinsolvenz 1977; des Nachlassschuldners mit einer Forderung gegen den Nachlass 1959 12; nach Nachlasssonderung 1977 2; mit Prozesskostenvorschuss 1610 37; mit Honorar des Testamentsvollstreckers 2219 14; bei Überschwerungseinrede des Erben 1992 8; bei unbeschränkter Erbenhaftung 2013 3; des Vorerben 2113 18; Zugewinnausgleich 1378 7

Aufsichtspflicht der Eltern 1631 6 ff

Aufstockungsunterhalt, analoge Anwendung 1573 9; angemessene Erwerbstätigkeit 1573 7, s auch nachehelicher Unterhalt, angemessene Erwerbstätigkeit; Anschlussunterhalt 1573 14; Anspruchsvoraussetzungen 1573 7 ff; Befristung 1578 b 4 f; Beweislast 1573 16; Einkommensdifferenz vor vollen Unterhalt 1573 10; Einsatzzeitpunkt 1573 12 ff; geringfügige Einkommensunterschiede 1573 11; Herabsetzung auf den angemessenen Lebensbedarf 1578 b 22 f; Herausschieben des zeitlichen Zusammenhangs 1573 14; Konkurrenzen 1573 17; Lebensstandard nach Scheidung 1573 7; nachhaltige Sicherung 1573 15; Normzweck 1573 1; prozessuale Fragen 1573 18; Sicherheit des Arbeitsplatzes 1573 16; Subsidiarität 1573 1; zeitliche Begrenzung 1578 b 25; Zusammenhang mit der Scheidung 1573 12 f

Aufwendungen des Kindes für den elterlichen Haushalt 1620

Aufwendungsersatz der Eltern 1648

magere Zahlen = Rn

Ausbildung und Beruf des Kindes, Ausbildungsbegriff **1631a** 2; Begriff des Berufes **1631a** 2; Beratungspflicht der Eltern **1631a** 4; Eignung des Kindes **1631a** 3; Neigungen des Kindes **1631a** 3; Rücksichtnahmegebot **1631a** 3; Verstoß gegen das Rücksichtnahmegebot **1631a** 5; **1666** 6.6; Wächteramt des Staates **1631a** 1

Ausbildungsanspruch der Stiefabkömmlinge, abweichende Vereinbarungen **1371** 52 ff; allgemeine Lebenshaltungskosten **1371** 43; angemessene Ausbildung **1371** 42; Anspruchsberechtigte **1371** 38; Anwendbarkeit unterhaltsrechtlicher Vorschriften **1371** 51; Ausbildungsbedürftigkeit **1371** 39; Auskunftsanspruch **1371** 49; Ausschluss durch Verfügung von Todes wegen **1371** 53; Beschränkung der Erbenhaftung **1371** 48; Durchsetzung des Anspruches **1371** 49 ff; eigenes Vermögen des Stiefabkömmlings **1371** 39; Erbverzicht **1371** 54; zumutbare Erwerbstätigkeit **1371** 39; Gefährdung des Unterhalts des Stiefelternteils **1371** 45; Inhalt des Anspruchs **1371** 41; mehrere Berechtigte **1371** 44; Nachlassinsolvenzverfahren **1371** 48; Nachlassverbindlichkeit **1371** 48; Nettowert des Nachlasses **1371** 47; Prozessuales **1371** 55; überlebender Ehegatte als gesetzlicher Erbe **1371** 37; Umfang des Anspruchs **1371** 42 ff; Unpfändbarkeit **1371** 50; Unterhaltsansprüche gegen Dritte **1371** 40; Verjährungsfrist **1371** 50; Voraussetzungen **1371** 37 ff; wertmäßige Beschränkung auf das Zusatzerbteil **1371** 46; Zeitpunkt der Wertberechnung **1371** 47; Zugewinngemeinschaft der Ehegatten **1371** 37; Zweck **1371** 36

Ausbildungsunterhalt, Abbruch der Ausbildung **1575** 2; Abitur-Lehre-Studium-Fälle **1610** 45 ff; alsbaldige Aufnahme **1575** 5; Altersvorsorgeunterhalt **1575** 13; Anforderungen an die Ausbildung **1575** 3 ff; angemessene Ausbildung **1610** 41; Anspruchsinhalt **1575** 11 ff; Anspruchsvoraussetzungen **1575** 2 ff; Aufbau des Studiums **1610** 55; Ausbildung in einem Beruf **1610** 43 ff; ausbildungsbedingter Mehrbedarf **1575** 11; Ausbildungsverhältnis **1575** 3; Ausbildungsverhalten **1610** 55; Ausbildungszeit **1575** 8; Auswahl der Lehrveranstaltungen **1610** 55; Auswirkungen auf Unterhaltsanspruch **1575** 10; Begabung und Fähigkeiten des Kindes **1610** 41; Berechnung des Unterhalts **1578** 9; Berufsaussichten **1575** 9; Berufswechsel **1610** 44; Beweislast **1610** 56 ff; ehebedingte Ausbildungsnachteile **1575** 2; erfolgreicher Abschluss **1575** 8; Fortbildung **1575** 2; Gegenseitigkeitsprinzip **1610** 42; Informationspflichten des Kindes **1610** 42; Konkurrenzen **1575** 15 f; wirtschaftliche Leistungsfähigkeit der Eltern **1610** 41; Leistungswillen **1610** 41; nachehelicher Anspruch auf Aus- und Fortbildung **1575** 1; öffentlich-rechtliche Ausbildungsförderung **1575** 12; Orientierungsphase **1610** 42; Parkstudium **1610** 55; Promotion **1610** 55; Realschule-Lehre-Fachoberschule-Fachhochschule-Fälle **1610** 52 ff; Regelstudienzeit **1610** 55; Umschulung **1575** 3; Umschulungsunterhalt **1575** 4; Unterhaltssicherung **1575** 9; Verbesserung der Erwerbschancen **1575** 6; Wahl des Studienfachs **1610** 55; Wechsel des Studienortes **1610** 55; wirtschaftliche Zumutbarkeit der Ausbildungsfinanzierung **1610** 45, 54; Zeit der Arbeitssuche **1610** 55; zeitliche Beschränkung **1575** 8, 14; zeitweiliges Versagen **1610** 55; Zweitausbildung **1575** 7

Auseinandersetzung durch Abschichtung **2042** 10 f; abweichende Regelungen **2042** 2; amtliche Vermittlung **2042** 3; Anspruch auf – **2042** 4 ff; Anspruchsgegner **2042** 4; Aufschub **2042** 5; Aufschub bei Aufgebotsverfahren **2045**; Aufschub bei ungeborenem Miterben **2043**; Auseinandersetzungsarten **2042** 16 ff; Auseinandersetzungsplan *s dort*; Auseinandersetzungsregeln **2042** 6; Auseinandersetzungsverbot **2044** 1, *s auch Auseinandersetzung, Ausschluss;* Auseinandersetzungsvereinbarungen **2042** 2; **2043** 3; Auseinandersetzungsvertrag *s dort;* Ausgleichung *s dort;* Ausgleichungspflicht *s dort;* Begriff **2042** 1; Berechtigte **2042** 4; Berichtigung von Nachlassverbindlichkeiten **2042** 6, 8; **2046**; Einschränkungen **2042** 5; Erbteilungsklage *s dort;* Erschwerung **2042** 5; Geltendmachung **2042** 7 ff; durch gerichtliches Zuweisungsverfahren **2042** 3, 25 f; gesetzliche Bestimmungen **2042** 6; Inhalt des Anspruchs **2042** 6; bei landwirtschaftlichen Betrieben **2042** 2, 25 f; nasciturus als Miterbe **2043** 1; Rechtsfolgen des Aufschubs **2043** 3; Rechtsmissbrauch **2042** 5; Schriftstücke des Erblassers **2047** 3; Teilauseinandersetzung **2042** 9, 15; **2204** 4; Teilung **2042** 1; Teilung in Natur **2042** 6; Teilungsanordnung des Erblassers **2042** 2, 6; **2048;** Teilungsplan **2042** 7; Teilungsquote **2047** 1; **2055** 1; Teilungsreife des Nachlasses **2042** 7; durch Teilungsversteigerung **2042** 3; durch Testamentsvollstrecker **2204;** Testamentsvollstreckung **2042** 2, 16; Tilgung der Nachlassverbindlichkeiten vor Teilung **2046** 2 ff; Umsetzung des Nachlasses in Geld **2042** 6, 8; **2046** 4; Verfahren **2042** 3, 7 ff; Verfügungen über das Auseinandersetzungsguthaben **2047** 2; Verjährung des Auseinandersetzungsanspruchs **2042** 5; Vermittlungsverfahren **2042** 17 ff; Verpflichtete **2042** 4; Versilberung des Nachlasses **2046** 4; Verteilung des Überschusses **2047;** mit Vorerben **2100** 39; Vorrang der Teilungsanordnung **2048** 1

–, **Ausschluss,** Anordnung **2044** 1; als Auflage **2044** 5; Auseinandersetzungsvereinbarung **2044** 11; Berücksichtigung von Amts wegen **2044** 11; Eintragung des Verbots in das Grundbuch **2044** 10; Gläubiger und Pflichtteilsberechtigte **2044** 8; Grenzen **2044** 1, 7 ff; Insolvenzverfahren über Vermögen eines Miterben **2044** 8; durch letztwillige Verfügung **2042** 5; mögliche Regelungen **2044** 2 ff; bei Testamentsvollstreckung **2044** 6; Verfahrensfragen **2044** 10 f; vertraglicher **2044** 5; Vor- und Nacherbfolge **2044** 3; Vorausvermächtnis **2044** 4; wichtiger Grund **2044** 7; zeitliche Grenzen **2044** 9

Auseinandersetzungsgemeinschaft nach Beendigung der fortgesetzten Gütergemeinschaft **1497** 1

Auseinandersetzungsplan, Anhörung der Erben **2204** 11; Aufstellung durch den Testamentsvollstrecker **2204** 9; Auseinandersetzungsvereinbarung statt – **2204** 16 ff; Ausfüh-

Sachverzeichnis

fette Zahlen = §§

rung **2204** 14 f; Bindungswirkung **2204** 9; Kosten der Auseinandersetzung **2204** 15; Prozessuales **2204** 23; Rechtsnatur **2204** 9; Sonderfälle **2204** 16 ff; Testamentsvollstrecker zugleich Miterbe **2204** 15, 22; Unwirksamkeit **2204** 13; Verfahren **2204** 10 ff; Widerspruch eines Erben **2204** 12; Wirkung **2204** 9

Auseinandersetzungsvertrag, Absprachen der Miterben **2042** 10; Allgemeines **2042** 10; FGG-Verfahren **2042** 17 ff; Form **2042** 11; **2204** 18; Genehmigungserfordernisse **2042** 13; **2204** 19; Teilauseinandersetzung **2042** 15; Teilung **2042** 12; zwischen Testamentsvollstrecker und Erben **2204** 16 ff; Unterscheidung zu formbedürftigem Erbschaftskauf **2042** 11; Vollzug **2042** 12; **2204** 20; Vorteile **2204** 17; Willensmängel **2042** 14

Auseinandersetzungsvollstreckung, Freigabe von Nachlaßgegenständen **2217** 2

Ausforschungsverbot 1758

Ausgleichsanspruch, familienrechtlicher s *familienrechtlicher Ausgleichsanspruch*

Ausgleichspflichtteil, Berechnung **2316** 6 ff; überlebender Ehegatte bei Gütertrennung **2316** 11; ohne Ehegatte **2316** 9; Leistungen nach § **2057** a **2316** 15; mehrere Abkömmlinge **2316** 3; Voraussetzungen **2316** 3 ff; Wertansatz der Zuwendungen **2316** 8; Zugewinngemeinschaftsehe **2316** 12 ff; bei einem Zuvielbedachten **2316** 10; ausgleichspflichtige Zuwendung **2316** 4 f

Ausgleichsrente s *schuldrechtlicher Versorgungsausgleich*

Ausgleichung, Abgrenzung zur Anrechnung **2315** 2; Anordnungen des Erblassers **2055** 4; Berechnung des Ausgleichsanspruchs **2057 a** 10; Beweislast **2055** 5; Durchführung **2057 a** 11; Feststellungsklage **2055** 5; Nachlaßgläubiger **2055** 2; Prozessuales **2055** 5; Rechtsnatur **2055** 1; Rechtsstellung der Miterben **2055** 2; Rechtswirkungen **2055** 2; Umfang **2057 a** 10 ff; Verfahren **2055** 3 ff; **2056** 2 ff; **2057 a** 13; Wertermittlung **2055** 4; Zahlungsklage **2055** 5; Zinsen und Nutzungen **2055** 4

Ausgleichungspflicht für Abkömmlinge als gesetzliche Erben **2050**; für Abkömmlinge als gewillkürte Erben **2052**; abweichende Anordnungen des Erblassers **2050** 11; **2052** 2; Anwendungsbereich **2050** 3; Ausbildungsaufwendungen **2050** 9; Ausgleichsberechtigte **2050** 5; Ausgleichsbeteiligte **2057 a** 3; Ausgleichsverpflichtete **2050** 4; Auskunftsanspruch **2050** 13; Auskunftsanspruch der Miterben **2057** 1 ff; Ausstattung **2050** 7; Bedeutung **2050** 1; bei besonderen Leistungen eines Abkömmlings **2057a**; Darlegungs- und Beweislast **2050** 13; dispositives Recht **2050** 3; Durchführung der Ausgleichung **2055**; Durchsetzung des Ausgleichungsanspruchs **2050** 12 f; Durchsetzung des Auskunftsanspruchs **2057** 5 f; Ersatzerben **2051** 4; Feststellungsklage **2050** 12; Gegenstand **2057 a** 4 ff; bei Geldleistungen an Erblasser **2057 a** 6; bei besonderer Erbfolge **2050** 1; Herausgabe des Mehrempfangs **2056** 1; Klageart **2050** 12; lebzeitige Zuwendungen des Erblassers **2050** 6; bei Leistungen anderer Art **2057 a** 7; Mehrempfang **2056;** mehrere Erbteile **2056** 4; bei Mitarbeit im Haushalt, Beruf oder Geschäft des Erblassers **2057 a** 5; nachrückende Erben **2051** 2 f; negative Voraussetzungen **2057 a** 9; bei Pflegeleistungen für Erblasser **2057 a** 8; Pflichtteilsrechte anderer Miterben **2050** 11; rechnerischer Ausgleich **2050** 2; Rechtsnatur **2050** 2; Streitwert **2050** 13; Stufenklage **2050** 12; für Testamentserben **2052;** Voraussetzungen der Ausgleichung **2050** 4 ff; Vorbildung zu einem Beruf **2050** 9; bei Wegfall eines Abkömmlings **2051;** Zahlungsklage **2050** 12; Zuschüsse **2050** 8; Zuständigkeit für Klagen **2050** 13; Zuwendung **2050** 7; Zuwendung an Abkömmling, der nur von einem der Ehegatten abstammt **2054** 3; Zuwendung an entferntere Abkömmlinge **2053;** Zuwendung an gemeinsame Abkömmlinge **2054** 2; Zuwendung aus dem Gesamtgut **2054;** Zuwendung aus der fortgesetzten Gütergemeinschaft **2054** 4

Aushöhlungsnichtigkeit bei Erbvertrag **2287** 10

Auskunftsanspruch bezüglich Ausgleichungspflicht **2050** 13; nach Beendigung des Güterstandes **1379** 2 ff; bösliche Schenkung **2287** 27; im Internationalen Unterhaltsstatut EGBGB 18 19; des Kindes bezüglich eigener Abstammung **1591** 20 ff; nachehelicher Unterhalt **1579** 41; des Nacherben **2127;** des Pflichtteilsberechtigten **2314** 2 ff; **2330** 6; **2332** 4; beim schuldrechtlichen Versorgungsausgleich **1587 k** 1; des Stiefabkömmlings bezüglich Ausbildungsanspruch **1371** 49; Unterhalt bei Getrenntleben der Ehegatten **1361** 71; des Vermächtnisnehmers **2174** 7; **2179** 8; **2288** 17; des Vorerben **2113** 6, 34 f; **2116** 5; **2119** 4; **2127;** des wirklichen Erben **2362** 10

– **der Eltern untereinander,** Auskunftsberechtigter **1686** 2 ff; Auskunftsverpflichteter **1686** 4; Ersatz- und Ergänzungsfunktion **1686** 1; Fotos **1686** 5; Grenzen und Ende des Anspruchs **1686** 6; Häufigkeit der Auskunft **1686** 5; Inhalt und Umfang des Anspruchs **1686** 5 ff; Schulzeugnisse **1686** 5; Verfahren **1686** 7

Auskunftspflicht über ausgleichungspflichtige Zuwendungen der Miterben **2057;** des Erben gegenüber Pflichtteilsberechtigten s *Pflichtteil, Auskunftspflicht des Erben;* der Mutter über den möglichen Vater **1618 a** 5 f

– **geschiedener Ehegatten zur Unterhaltsberechnung,** alle Einkommensarten **1580** 11; eidesstattliche Versicherung **1580** 14; Einschränkung des Prozeßrisikos **1580** 1; Gegenstand der Auskunft **1580** 9 ff; geordnete Zusammenstellung **1580** 9; isoliertes Verfahren **1580** 16; Nettoeinkommen **1580** 10; prozessuale Fragen **1580** 16; Recht auf Auskunft **1580** 1; Schadensersatzansprüche **1580** 15; Scheidungsverbund **1580** 16; schriftliche Form **1580** 12; Sperrfrist **1580** 4; Stufenklage **1580** 16; Verletzung der – **1580** 15; Verpflichtung zur ungefragten Information **1580** 8; bezüglich Versorgungsausgleich **1587** 120 ff; Voraussetzungen **1580** 2 ff; Vorlage von Belegen **1580** 12

– **nach Beendigung des Güterstandes,** abweichende Vereinbarungen **1379** 19; amtliche Aufnahme des Verzeichnisses **1379** 10; Auskunftsanspruch **1379** 2 ff; Auskunftsberechti-

magere Zahlen = Rn   **Sachverzeichnis**

gung 1379 4; Auskunftspflicht Dritter 1390 8; Belegvorlage 1379 7 f; berichtigender Auskunftsanspruch 1379 14; Bestandsverzeichnis 1379 5; eidesstattliche Versicherung 1379 14 f; Einschränkungen 1379 3; ergänzender Auskunftsanspruch 1379 2, 14; erweiterte Auskunftsrechte 1379 11; formale Anforderungen 1379 6; Gegenstand 1379 2; Geheimhaltungsinteresse 1379 9; Grad der Spezifizierung 1379 5; Grenzen 1379 9; Grundbuchamt 1379 10; Grundstücke 1379 10; Hinzuziehung eines Sachverständigen 1379 13; Inhalt 1379 5 ff; Kosten des Sachverständigen 1379 13; Kraftfahrzeug 1379 10; Kreditschulden 1379 10; landwirtschaftliche Betriebe 1379 10; Lebensversicherung 1379 10; Mangel an Aufzeichnungen 1379 9; Prozessuales 1379 16 f; Rechtsanwalt 1379 10; Rechtsmissbrauch 1379 3; Sachgesamtheiten 1379 5; Scheidungsverbundverfahren 1379 17; Stufenklage 1379 16; Unterzeichnung des Verzeichnisses 1379 6; Verfahrensfragen 1379 16 f; Verjährungshemmung 1379 16; Vermögenstransaktionen 1379 9; Versicherungsagentur 1379 10; Vollstreckbarkeit 1379 18; bei vorzeitigem Zugewinnausgleich 1385 3; keine Wertangaben 1379 5; Wertermittlungsanspruch 1379 12 f; Zahnarzt 1379 10; Zeitpunkt 1379 4; Zurückbehaltungsrecht gegenüber der – 1379 3; Zuständigkeit des FamG 1379 15, 16; Zweck 1379 1
– der **Verwandten,** Auskunft bezüglich Deckungsvermutung bei schadensbedingten Mehraufwendungen 1610 a 6; Auskunftsberechtigte 1605 4 ff; Auskunftswiderklage 1605 30; Ausschluss des Auskunftsrechts 1605 12 f; Bedeutung 1605 1 ff; Belegpflicht 1605 17 ff; Beweislast 1605 35; Bezeichnung der Belege 1605 28; Dreijahreszeitraum 1605 9; Durchschnittsberechnung 1605 7; eidesstattliche Versicherung 1605 21; bei Erhöhung der Einkünfte 1605 22; über Einkünfte 1605 7; Einsicht in Belege 1605 19; erneute – 1605 22 ff; ersatzweise haftende Verwandte 1607 11; Erwerb weiteren Vermögens 1605 24; Form der Auskunft 1605 10; Glaubhaftmachung 1605 25; Inhalt 1605 7 ff; Klageantrag 1605 27 f; Kosten der Auskunftserteilung 1605 34; Kostenantrag 1605 15; Pflicht zur ungefragten Information 1605 14; Prozessuales 1605 27 ff; Schadensersatzanspruch 1605 16; selbständige Erwerbstätige 1605 9; systematische Zusammenstellung 1605 10; Tenor des Auskunftsurteils 1605 27; Träger der Sozialhilfe 1605 6; unselbständige Erwerbstätige 1605 8; unselbständiger Hilfsanspruch 1605 3; für Unterhaltszwecke 1605 2; Verbundverfahren 1605 29 f; über Vermögen 1605 7, 11; bei Erhöhung des Vermögens 1605 22; verspätete Auskunft 1605 15 f; bei Verwirkung des Unterhaltsanspruchs 1605 13; Verzug 1605 15; Vollstreckung 1605 33; Wert des Auskunftsanspruchs 1605 31 f; Zeitraum 1605 7; bei Zusammenveranlagung 1605 18; Zuständigkeit des Familiengerichts 1605 16; Zweijahresfrist 1605 22, 26
ausländisches Recht Anwendung EGBGB Einl IPR 85 f; Begriff EGBGB Einl IPR 78; Ermittlung EGBGB Einl IPR 78 ff; Nicht-
ermittelbarkeit EGBGB Einl IPR 84; ordre public EGBGB Einl IPR 89; Revisibilität der Anwendung EGBGB Einl IPR 87 f
Auslegung
–, **Erbrecht,** Änderung der Sach- und Rechtslage 2084 37 ff; bei alternativer Erbeinsetzung 2073 3; Andeutung in Urkunde 2084 20 ff; Anhalts- oder Andeutungstheorie 2084 9; Anwendungsbereich der wohlwollenden – 2084 29 ff; Auslegungsarten 2084 2 ff; Auslegungsbedürftigkeit und -fähigkeit eindeutiger Formulierungen 2084 11; Auslegungsregel 2066 1; 2067 1; 2068 1; 2069 1; 2070 2; 2071 1; 2084 3; 2087 3, 20; 2096 2; 2097; 2102 3; 2103 1; 2105 8; Auslegungsregel für Befreiung 2137; Auslegungsvertrag 2084 53 ff; Bedeutungszusammenhang 2084 7; Beweisfragen 2084 52; Bezeichnung des Zuwendungsempfängers im Singular 2084 22, 50; Eindeutigkeit des Ziels 2084 29; ergänzende – 2084 2 ff, 35 ff; Ergänzungsregel 2066 1; 2084 3; 2088 3; erläuternde – 2084 2 ff, 6 ff; Ermittlung des hypothetischen Willens 2084 42 f; falsa demonstratio 2084 14; falsa nominatio 2084 15; Gerechtigkeitsvorstellungen des Richters 2084 13; gesetzliche Auslegungs- und Ergänzungsregeln 2084 51; inhaltliche Widersprüche 2084 11; Interpunktion 2084 9; juristische Fachbegriffe 2084 12; kumulative oder alternative Nennung mehrerer Personen 2084 23; Lücke in der Willensbildung 2084 35 ff; Lückenfüllung durch Vermächtnis an gesetzliche Erben 2149 1; mehrdeutige Formulierungen 2084 8; Mehrdeutigkeit des Wegs 2084 30; Recht in den neuen Bundesländern 2084 60; Rechtsfolge der wohlwollenden – 2084 34; Rechtsnatur der Willenserklärung 2084 31; Regelungsabsicht des Erblassers 2084 7; falsch verwendete technische Begriffe 2084 16 f, 27; Testierfreiheit des Erblassers 2084 13; Testierwillen des Erblassers 2084 1; Umdeutungsregel 2072 1; unbewusste Falschbezeichnung 2084 17; unrichtige Bezeichnung einer juristischen Person 2084 25; ursprüngliche Lücke 2084 41; Vorrang vor Anfechtung 2078 1, 6; Vorrang vor Nichtigkeit der Verfügung 2065 4; Vorrang vor Umdeutung 2065 4; 2084 5; Vorverständnis des Erklärenden 2084 10, 14; Vorversterben eines Erben 2084 48; wechselbezügliche oder vertragsgemäße Verfügungen 2084 19, 42 a; Wegfall einer gemeinnützigen juristischen Person 2084 49; Wiederverheiratungsklausel 2084 47; Willensrichtung als Grundlage 2084 43 ff; wohlwollende – 2084 4, 28 ff; Wortlaut als Anknüpfungspunkt 2084 6 ff; Wortsinn 2084 7; Zeitpunkt der Errichtung 2084 10; Ziel 2084 1 ff; Zuwendung an nicht rechtsfähige Einrichtung 2084 26; Zweck der wohlwollenden – 2084 28; Zweck der Zuwendung 2084 24; zweifelhafte Form 2084 33
– **von Kollisionsnormen,** Anwendungsbereich EGBGB 36 3; Auslegungskompetenz des EuGH EGBGB 36 12; einheitliche – EGBGB 36 1 ff; Kriterien EGBGB 36 4 ff
Auslegungsvertrag, Anfechtung 2084 59; Anwendung der Vorschriften über Erbschaftskauf 2385 2; Begriff 2084 53 f; Bindungswirkung

3113

Sachverzeichnis

fette Zahlen = §§

2084 57; Form **2084** 56; Gegenstand **2084** 55; für Verfügung von Todes wegen **2358** 14 a; Wirkung **2084** 57 f; Zulässigkeit **2084** 53 f
Ausschlagung der Erbschaft, Anfall an den Nächstberufenen **1953** 5 ff; Anfechtbarkeit **1954** 1 ff; Anfechtung **1942** 13; **2308**; Anfechtungserklärung **1955** 13; Anfechtungsfrist **1954** 13; Ausschlagungsfrist *s dort;* Ausschlagungsrecht **1942** 10 ff; **2100** 13; **2139** 10; **2142** 1 f; **2306** 22; Bedingung **1947** 2 ff, 5; durch einzelne Erbeserben **1951** 9; Empfangszuständigkeit **1945** 5 ff; Erbeserbe als Nacherbe **1952** 5; Erbeserbe als Vorerbe **1952** 3; ab dem Erbfall **1946** 1; durch Erbvertragserben **1953** 9; Erklärungsinhalt **1945** 2; erneute Erbeinsetzung nach – **1951** 7; durch Ersatzerben **1946** 2; Ersterbe als Vorerbe **1952** 4; durch Fiskus **1942** 11; Form **1945** 3 f; unter Gegenwartsbedingung **1947** 4; gerichtliche Genehmigung **1945** 11 ff; Geschäftsführung vor – **1959**; durch gesetzlichen Vertreter **1945** 10 ff; bei gesetzlicher Erbfolge **1953** 6; Gestaltungsrecht **1945** 1; bei gewillkürter Erbfolge **1953** 7 ff; Höchstpersönlichkeit des Ausschlagungsrechts **1942** 13 ff; internationale Zuständigkeit des deutschen Nachlassgerichts **1945** 6; Internationales Erbrecht **EGBGB 25** 35; Irrtum über den Berufungsrund **1949**; bei mehreren Berufungsgründen **1948**; bei mehreren Erbteilen **1951**; Mitteilungspflicht **1953** 15; **1957** 3; durch Nacherben **1953** 10; gegenüber Nachlassgericht **1945** 5 ff; durch Nachlasspfleger **1942** 13 b; Nachlassspaltung **1950** 5; durch nasciturus **1946** 2; Nichtigkeit **1949** 2; Pflichtteil **1953** 11; durch Pflichtteilsberechtigten **2306** 21 ff; Pflichtteilsergänzungsanspruch **2326** 5; unter Pflichtteilsvorbehalt **1951** 2; **2306** 18; unter Rechtsbedingung **1947** 3; Rechtsnatur der Ausschlagungserklärung **1945** 2; Rechtsnatur des Ausschlagungsrechts **1942** 13 ff; Reichweite **1949** 4; Rückwirkung **1953** 2 ff; Schenkung an den Nächstberufenen **1942** 13; **1953** 14; durch Schlusserben **1946** 2; durch Stiftung **1942** 12; Teilausschlagung **1950**; Teilausschlagung bei Gestattung durch den Erblasser **1951** 6; Teilausschlagung durch Erbeserben **1952** 7; durch Testamentsvollstrecker **1942** 13 b; bei Testamentsvollstreckung für Nachlass des Ersterben **1952** 9; Tod des Nächstberufenen **1953** 5; bei Veräußerung des Nacherbenanwartschaftsrechts **1942** 14; Vererblichkeit des Ausschlagungsrechts **1942** 13; **1952**; verfehlte – **2306** 18; Vermächtnis und Erbteil **2307** 11; Verpflichtung zur – **1946** 3 ff; bei verschiedenen Erbteilen **1951** 4 ff; Vollmacht zur – **1945** 9; Vorerbe **2139** 10; Wahlrecht des Pflichtteilsberechtigten **2306** 21 ff; Wirkung **1953**; unter Zeitbestimmung **1947**; Zeitpunkt der – **1946**
Ausschlagung der Nacherbschaft, Ausschlagungsrecht des Nacherben **2142** 1 f; Erklärung **2142** 2; Tod des Nacherben vor dem Nacherbfall **2142** 2; Verjährung eines Pflichtteilsanspruchs **2142** 1; Vertretung des minderjährigen Nacherben **2142** 2; Wirkung **2142** 3 f; Zwang zur Ausschlagung **2142** 1
Ausschlagungsfrist, bei Abwesenheitspflegschaft **1944** 13; Anfechtung der Fristversäumung **1956**; bei Ausschlagung durch Nacher-

ben **2142** 1; Dauer **1944** 2; bei Erbeinsetzung des Pflichtteilsberechtigten **2306** 23; für Erbeserben **1944** 15; **1952** 6; Fristbeginn **1944** 3 ff; Fristende **1944** 10 f; **1952** 6; Genehmigungserfordernis **1944** 8; gerichtliche Genehmigung **1944** 11; geschäftsfähiger Erbe unter Betreuung **1944** 13; Hemmung **1944** 11; Internationales Privatrecht **1944** 17; Kenntnis des Anfalls **1944** 4 ff; Kenntnis des Berufungsgrundes **1944** 4 ff; maßgebliche Person **1944** 12 ff; des zum Nacherben berufenen Pflichtteilsberechtigten **2306** 25; für den Nacherben **1944** 3; beim nasciturus **1944** 3; nicht geschäftsfähiger Erbe **1944** 12; Rechtsnatur **1944** 10; Sechsmonatsfrist **1944** 2; Sechswochenfrist **1944** 2; bei gewillkürter Stellvertretung **1944** 14; Tod des Erben vor Ende der – **1952** 6; für Vermächtnis **2307** 14; für Vorerben **1944** 16; Wegfall des gesetzlichen Vertreters **1944** 9
Ausschluss von Nachlassgläubigern, Ausschließungs- und Erschöpfungseinrede **1973** 1; Beschränkung der Haftung auf den Nachlass **1973** 1, 4; Beweislast **1973** 10; Durchsetzung der Einrede **1973** 9; Herausgabe des Überschusses **1973** 5 ff; Rechtsfolgen der Ausschließung **1973** 3 ff; Rechtsstellung des ausgeschlossenen Gläubigers **1973** 3; Verfahren **1973** 9 f; Vollstreckungspreisgabe **1973** 8
außerstaatliches Recht, lex mercatoria **EGBGB 27** 28; UNIDROIT-Prinzipien **EGBGB 27** 28; Vertragsstatut kraft Rechtswahl **EGBGB 27** 24, 28
Ausstattung, Angemessenheit **1624** 7 f, 9; Anwendbarkeit des Schenkungsrechts **1624** 8 f; Ausgleichungspflicht **2050** 7; des Kindes aus dem Elternvermögen **1624**; des Kindes aus dem Kindesvermögen **1625**; Relevanz des Begriffs der – in anderen Rechtsnormen **1624** 10 ff; aus dem Vermögen des Betreuten **1908**; Vermögensmehrung und Vermögenseinbuße **1624** 6 f; Zuwendung besonderer Art **1624** 2 ff; Zuwendungsempfänger **1624** 3; Zuwendungszweck **1624** 4 ff
Aussteuer, Unterfall der Ausstattung **2050** 7; Unvereinbarkeit mit Grundsatz der Gleichberechtigung **2050** 7
Ausweichklausel EGBGB Einl IPR 4

Bankkonto, Errichtung auf fremden Namen **2301** 3
Barunterhalt 1606 3, 6, 16 ff
Barwertberechnung 15871 9 ff
Barwertbilanz 15871 7 f
Barwertverordnung (§§ der BarwertVO), Abwertung der umgerechneten Anrechte **1** 12 ff; allgemeine Grundlagen **1** 1 ff; Altersversorgung **BGB 1587 a** 160; Anlagen zur BarwertVO **7** 2; Anwartschaftsdynamik **BGB 1587 a** 161; **1** 8; Anwendung **BGB 1587 a** 162; Barwert einer Anwartschaft auf eine zeitlich begrenzte Versorgung **4**; Barwert einer bereits laufenden, zumindest ab Leistungsbeginn nicht volldynamischen Versorgung **5**; Barwert nur bis zum Leistungsbeginn volldynamischen Anwartschaft auf eine lebenslange Versorgung **3**; Barwert einer zumindest bis zum Leistungsbeginn nicht volldynamischen Anwartschaft auf eine lebenslange Ver-

3114

sorgung **2**; Barwert zur Errechnung des Versorgungsausgleichs **1**; Barwertbegriff **1** 2 f; Bilanzwert **1** 3; Deckungskapital **1** 2 f; Ehezeitanteil **BGB 1587 a** 162; Ermächtigungsnorm **1** 5 ff; Grundsätze der Barwertberechnung **1** 6 f; historische Ausgleichsform **1** 1; Höchstbetrag des Barwertes **6**; Inkrafttreten, Außerkrafttreten **7**; Invaliditätsversorgung **BGB 1587 a** 160; langfristiger Vergleich mit Maßstabsversorgung **1** 9 f; laufende Renten **BGB 1587 a** 159; **1** 11; Leistungsdynamik **BGB 1587 a** 161; **1** 8; Anpassung der Maßstabsversorgung **1** 9; praktische Bedeutung der Tabellen **1** 11; Regelungsinhalt **1** 5 ff; Tabellen 1–7 **7** 2; Tabellenübersicht **BGB 1587 a** 159; Verfassungsmäßigkeit des Umrechnungssystems **1** 4; Vermeidung bei im Rententeil volldynamischen Versorgung **1** 4 a; Versorgungsanwartschaften **BGB 1587 a** 160; Vervielfacher **BGB 1587 a** 162; Volldynamik **1** 8 ff; zeitlich begrenzte Rente **BGB 1587 a** 159

Beamtenversorgung, Wertermittlung im Versorgungsausgleich, Abgeordnete **1587 a** 26; Alimentationsprinzip **1587 a** 30; allgemeine Grundlagen **1587 a** 5; Altersgrenze **1587 a** 14 f; Anrechnungszeiten **1587 a** 10 f; Ausbildungszeiten **1587 a** 10 f; Berechnung des Ruhegehalts **1587 a** 6; Dienstunfähigkeit **1587 a** 16; Dienstzeiten im Ruhestand **1587 a** 12, 17; Berechnung des Ehezeitanteils **1587 a** 22 ff; einzubeziehende Zeiten **1587 a** 9 ff; Ermittlung des Zeit-Zeit-Verhältnisses **1587 a** 13 ff; familienbezogene Bestandteile **1587 a** 21; Erweiterung auf Gesamtzeit **1587 a** 14; Hochschullehrer **1587 a** 24; Kindererziehungszeiten **1587 a** 7, 19; kommunale Wahlbeamte **1587 a** 26 Kürzungen **1587 a** 18; Nachversicherung **1587 a** 27; privatrechtliche Träger der Beamtenversorgung **1587 a** 28; Probeamte **1587 a** 26; ruhegehaltsfähige Dienstbezüge **1587 a** 7; Ruhegehaltsatz **1587 a** 8; Ruhensvorschriften **1587 a** 29 ff; Sonderfälle **1587 a** 25 ff; Sonderzuwendungen **1587 a** 20; Stellenzulage **1587 a** 21; unfallbedingte Erhöhungen der Versorgung **1587 a** 23; Versorgung von Ruhestandsbeamten **1587 a** 16; Versorgungsabschläge **1587 a** 18; Widerrufsbeamte **1587 a** 27; Zeitsoldaten **1587 a** 27; Zurechnungszeiten **1587 a** 12, 17; Zusammentreffen mit Ansprüchen aus gesetzlicher Rente **1587 a** 31 ff; Zusatzversorgung des öffentlichen Dienstes **1587 a** 34

Beamtenversorgungsgesetz 1587 a 5

Bedingung, Erbrecht, Abgrenzung zum Motiv **2074** 2; Arten **2074** 3 ff; auflösende – **2074** 4; **2075**; **2076** 5; aufschiebende – **2074** 3; **2076** 2 ff; Begriff **2074** 1; von Beschränkungen **2074** 21; Bestimmtheitserfordernis **2074** 5; Charakter **2075** 2; Eingriff **2074** 14 ff; Gebot der Selbstbestimmung **2074** 6; Irrelevanz der Motive **2074** 22; kaptatorische Verfügung **2074** 19; zur Nachlasssicherung **2074** 19; Potestativbedingung **2065** 11 ff; **2074** 8 ff; **2075** 2; Rechtsbedingung **2074** 1; Rechtsfolgen **2074** 25; **2075** 3; **2076** 6; schutzbedürftige Grundrechte **2074** 11 ff; sittenwidrige – **2074** 8 f, 20; Sittenwidrigkeit **2074** 7 ff; Strafklausel **2074** 2; Unmöglichkeit **2074** 9, 24; Unwirksamkeit **2074** 5 ff; bei Verfügungen von Todes wegen **2074** 1 ff; Verwirkungsklausel **2074** 2, 4 f, 8 f, 19; zum Vorteil eines Dritten **2076**; Wertewandel nach der Errichtung **2074** 23; Wiederverheiratungsklausel **2074** 8 f, 19; zulässige – **2074** 19 ff

Bedürftigentestament 2100 20 a

Beerdigungskosten, Aktiv- und Passivlegitimation **1968** 3; Begriff **1968** 4 f; kein Erlöschen bei Tod des Vaters oder Totgeburt **1615 n**; Ersatzanspruch gegen Täter im Falle der Tötung **1968** 1; Ersatzpflicht des Unterhaltsverpflichteten **1968** 1; Erstattungsanspruch gegen den Erben **1968** 1; Inhalt des Anspruchs auf Tragung der – **1968** 3 ff; Kosten der Bestattung **1968** 5; Kosten der Grabpflege **1968** 5; Kosten der Herrichtung der Grabstätte **1968** 5; Kosten für Grabstein **1968** 5; Kosten für Leichenfeier **1968** 5; Kosten für Traueranzeigen und Danksagungen **1968** 5; als Nachlassverbindlichkeit **1968**; Pflicht zur Kostentragung **1615** 3; **1615 m**; Umfang **1968** 5; Verfügungen des Erblassers **1968** 6; Voraussetzungen des Anspruchs auf Tragung der – **1968** 3 ff

befreite Betreuung 1908 i 8

befreite Vormundschaft, Anordnungsbefugnis der Eltern **1852** 4 f; Aufhebung der Befreiung durch das VormG **1857**; Befreiung des Jugendamtes und des Vereins **1857 a**; Befreiung durch den Vater **1852**; Befreiung durch die Mutter **1855**; Benennungsrecht der Eltern **1777** 5; Hinterlegung und Sperrung **1853**; Rechnungslegungspflicht **1854**; Voraussetzungen der Befreiung **1856**

Befreiungsvermächtnis 2173 6; **2219** 15

Begleitname 1355 3, 10 ff; **1616** 2; **1757** 9 ff

Behandlungsabbruch 1904 2, 17, 24 ff

Behindertentestament, Anordnung der Testamentsvollstreckung **2197** 20; Ausschlagungsrecht **2100** 13; Berliner Modell **2100** 16, 19; Einsetzung des Behinderten zum nicht befreiten Miterben **2100** 19; Erbengemeinschaft zwischen Eltern und Kindern **2100** 19; Erbschaftslösung **2100** 18 ff; gemeinschaftliche Verfügungen der Eltern **2100** 19; Schutz der Vermögenssubstanz vor Zugriff **2100** 15 ff; Sittenwidrigkeit **2100** 14; Trennungsmodell **2100** 19; Vermächtnislösung **2100** 15 ff; Versorgung oder Schutz des Vorerben **2100** 12 ff; Verwaltungsanordnungen **2216** 27; Zugriff des Sozialhilfeträgers **2100** 17

Behördenbetreuer, Anlage von Geld **1908 g** 3; Begriff **1897** 9; Übernahmepflicht **1898** 2; Unterschied zur Betreuung durch die Behörde **1897** 8; Verbot der Zwangsgeldfestsetzung **1908 g** 2

Behördenbetreuung s *Betreuungsbehörde*

Beistand in der Familie **1618 a** 4

Beistandschaft, Abfindung **1712** 35; Abgrenzungen **1712** 3 ff; Abzweigung von Sozialleistungen **1712** 33; Alleinsorge eines Elternteils **1713** 2; alten Rechts **1712** 11; Amtspflegschaft **1712** 2 f, 9 f; gesetzliche Amtsvormundschaft **1712** 3; Anerkennung der Vaterschaft **1712** 27 ff; Angebotscharakter des Antrags **1712** 15; Ansprüche auf Sozialleistung **1712** 34; Antrag auf Prozesskostenhilfe **1716** 8; Antragsbegriff

Sachverzeichnis

fette Zahlen = §§

1712 17; Antragsberechtigung 1713 2 ff, 7; Antragseingang 1714 2 ff; Antragsempfänger 1712 20; Antragserfordernis 1712 15; Antragsfähigkeit 1713 6, 8 ff; Antragsform 1712 18; Antragsinhalt 1712 19; für Asylbewerber 1717 6; Aufenthalt des allein sorgeberechtigten Elternteils 1717 8; Aufgabenkreis 1712 25 ff; Aufwandsentschädigung 1716 12; für Ausländer 1717 5 ff; Auswirkungen auf elterliche Sorge und Prozessvertretung 1716 2 ff; Autonomie des Beistandes 1716 10 f; Beendigung 1715; 1717 9; Beendigung der vorgeburtlichen – 1713 10; 1715 10; Begründung durch schriftlichen Antrag 1712 15 ff; Beratungshilfe nach dem BerHG 1712 15.2; Datenschutz 1712 7; doppelte Vertretungsmacht 1716 9; Einschränkung des Aufgabenkreises 1712 36; Einsicht in die Unterlagen 1716 10; Eintritt 1714; 1717 2 ff; elterliche Sorge kraft Überleitung 1712 12; Entgegennahme der Unterhaltszahlungen 1712 33; Erfordernis des gewöhnlichen Aufenthalts im Inland 1717; Erledigung der Aufgaben 1715 8; Feststellung einer – 1714 7; formelle Grundlagen 1712 1; Fortführung der Geschäfte in Unkenntnis der Beendigung der – 1698 a 2; Fortführung dringender Geschäfte nach Tod des Kindes 1698 b 2; vor Geburt des Kindes 1713 7 ff; Geltendmachung von Unterhaltsansprüchen 1712 30 ff; gemeinsame Sorge der Eltern 1713 3; geschäftsunfähige Mutter 1713 9; Haftung des Beistandes 1716 12; Höchstpersönlichkeit des Antrags 1713 6; Internationales Privatrecht 1712 8; 1713 11; EGBGB 24 33 f; Jugendamt als Beistand 1712 21 ff; Kosten der Amtsführung 1712 25; mittelbar geltende Vorschriften des Vormundschaftsrechts 1716 12; mittelbarer Zwang zur – 1712 16 f; Mutterschaftsfeststellung 1712 26; nachgehende Pflichten des Jugendamtes 1715 12; nicht voll geschäftsfähige Mutter 1713 8 f; örtlich zuständiges Jugendamt 1714 4; Person des Beistandes 1712 21 ff; Prozesskostenhilfe 1712 15.1; Prozessvertretung 1716 8; Rechnungslegung 1716 10, 13; Rechtsfolgen der Beendigung 1715 11 f; Rechtsstellung des Beistandes 1716 7 ff; schriftlich verlangte Beendigung 1715 2 f; sinngemäße Geltung der Vorschriften über Pflegschaft 1716 7 ff; als sozialrechtliche Aufgabe der Jugendhilfe 1712 6 f; Staatsangehörigkeit des Kindes oder des antragsberechtigten Elternteils 1717 4; Subsidiarität 1712 15; Übergangsvorschriften 1712 9 ff; Vaterschaftsfeststellung 1712 26 f; Vereinheitlichung der Rechtslage 1712 2; Vereinsbeistandschaft 1712 24; Vergütung 1716 12; Verlegung des gewöhnlichen Wohnsitzes ins Ausland 1715 9; Vertreter des Kindes 1716 7 ff; Vertretungsmacht des Beistandes 1716 6 ff; Vollstreckungsmaßnahmen 1712 33; Vorrang 1712 15; Wegfall der Antragsvoraussetzungen 1715 4 ff; Wirkungen 1712

Beitragszahlung zur Abfindung des schuldrechtlichen Versorgungsgleichs 1587l 15; Anordnung durch das FamG VAHRG 3 b 7 ff; Maßnahmen zur Beseitigung der – im Versorgungsausgleich VAHRG 1 ff

– im Versorgungsausgleich, Abänderung der Entscheidung über Ruhen 1587 d 8 ff; zur Abwendung von Kürzungen 1587 b 22 f; als Ausgleichsform 1587 b 44 ff; Erlöschen der Zahlungspflicht 1587 b 50; Erlöschen des Anspruchs der – 1587 e 12 f; Höhe 1587 b 47; Nachlassverbindlichkeit 1587 e 16; Ratenzahlung 1587 b 49; 1587 d 4 ff; Ruhen der Verpflichtung zur – 1587 d; Stundung der Beitragszahlung 1587 d 4 ff; Umrechnung von Entgeltpunkten 1587 b 47; Zahlungszeitpunkt 1587 b 48; Zumutbarkeit 1587 b 46

Belegenheitsstatut, Anknüpfung bezüglich Transportmittel EGBGB 45 1; Anknüpfung des Sachstatuts EGBGB 43 3 ff; und Güterrechtsstatut EGBGB 15 38

Bereicherungsstatut s Internationales Bereicherungsrecht

Berliner Testament, Abgrenzung zum Ehegattenerbvertrag 2280 1 f; Anrechnung der Pflichtteilszahlung auf den Schlusserbteil 2269 51; Anrechnung von Eigengeschenken des Pflichtteilsberechtigten 2327 2; aufschiebend bedingte Enterbung auf den 2. Erbfall 2269 45 ff; bedingte Erbeinsetzung 2269 35 ff; Beweislast 2269 56; Einheitslösung 2269 3; Entstehung der Pflichtteilsansprüche 2317 2; erbrechtliche Sicherungen 2286 8; Erbschaftsteuer 2269 57; ergänzende Auslegung 2269 18; erläuternde Auslegung 2269 7, 13 ff; Form der gemeinschaftlichen Testaments 2269 3; gegenseitige Erbeinsetzung 2269 3; Grundzüge der Auslegung 2269 6 ff; Jastrowsche Klausel 2269 50; Nichtigkeit 2302 3; personenbezogene Begriffe 2269 14; Pflichtteil 2269 44 ff; Pflichtteilsverzicht 2269 52; Recht in den neuen Bundesländern 2269 58; Rechtswirkungen 2269 27; Umdeutung 2302 4; Verfügungsbefugnis regelnde Begriffe 2269 16; Vermächtnislösung 2269 38; vermögensbezogene Begriffe 2269 16; Voraussetzungen der Auslegungsregel 2269 19 ff; Vorrang der Auslegung 2269 6 ff; Wiederverheiratungsklausel 2269 34 ff; zeitbezogene Begriffe 2269 17

Berner CIEC-Abkommen EGBGB 10 7

Berufsausbildungsvertrag, Selbstkontrahieren 1629 23

berufsständische Versorgungswerke und sonstige Versorgungen, Wertermittlung im Versorgungsausgleich, allgemeine Grundlagen 1587 a 115; Anwartschafts- und Leistungsdynamik 1587 a 129; Ausgleich 1587 a 125 ff; Ausgleichsform 1587 a 130; beitragsbezogene Anrechte 1587 a 118; Beitragsdynamik 1587 a 129; Bewertung nach Anrechnungszeit 1587 a 117; Bewertung wie gesetzliche Rente 1587 a 119; Dynamik 1587 a 122 ff; Einordnung der einzelnen Versorgungen 1587 a 121; fiktive Einzahlung in die gesetzliche Rentenversicherung 1587 a 129; Härteregelungen 1587 a 130; Maßstabversorgung 1587 a 123; Quasisplitting 1587 a 130; Realteilung 1587 a 130; statische Anrechte 1587 a 124; teildynamische Anrechte 1587 a 124; Umrechnung anhand des Barwertes 1587 a 128 f; Umrechnung mit Hilfe des Deckungskapitals 1587 a 126 f; volldynamische Anrechte 1587 a 123

Berufsvormund, Aufwendungsersatz 1835 6, 9; nebenberufliche Tätigkeit als – 1836 10; Stundensätze 1836 15 ff; Vergütung 1836 8 ff

Besitzvermächtnis 2169 9
Bestätigungsvertrag 1408 3
Bestallungsurkunde 1791
Bestattung 1968 2
Beteiligtenfähigkeit EGBGB 7 11
Betretungsverbot für Wohnung des Opfers **GewSchG** 1 22
Betreuer, Abhängigkeitsverhältnis **1897** 12; Anhörung der Betreuungsbehörde **1897** 25; Aufhebung der Betreuung **1908 d** 3 f, 6 f; Aufwendungsentschädigung **1835 a** 2; Ausschluss des Anstalts- und Heimpersonals **1897** 10 ff; Ausstattung aus dem Vermögen des Betreuten **1908**; Auswahl des Betreuers **1908 a** 5; Auswahlentscheidung **1897** 27; Auswahlermessen des Gerichts **1897** 20; Auswahlkriterien **1897** 2; Beamte oder Religionsdiener **1898** 2; Behördenbetreuer **1897** 8 f; Bereiterklärung **1898** 6; Berufsbetreuung **1897** 22 ff; Bestellung auf Antrag **1896** 32 f; Bestellung einer natürlichen Person **1897**; Bestellung eines neuen -s **1908 c**; Bestellung von Amts wegen **1896** 34 ff; Betreuertypen **1897** 1; Betreuungsverfahren **1896** 49 ff; Betreuungsverfügungen **1897** 18; Delegationsbetreuer **1899** 13; Eignung als – **1897** 2, 5 ff; Einschränkung der Betreuung **1908 d** 5, 6 f; Einwilligung in Heilbehandlung s *Betreuer, Genehmigung bei ärztlichen Maßnahmen*; geeigneter Einzelbetreuer **1897** 4 ff; enge Beziehung zur Einrichtung **1897** 12; Ergänzungsbetreuung **1897** 2, 13 f; Erklärungspflicht der Berufsbetreuer **1897** 26; Erweiterung des Aufgabenkreises **1898** 3; **1908 d** 8 f; Folgen der Weigerung **1898** 7; Gefahr von Interessenkonflikten **1897** 21; Gegenbetreuung **1899** 2, 17; Generalklausel **1897** 6; als gesetzlicher Vertreter **1896** 37; mehrere – s dort; Mitbetreuung **1899** 2 ff; Mitteilungspflicht des Berufsbetreuers **1897** 24; nachträgliche Anpassung des Betreuungsverhältnisses **1908 d** 1; negativer Vorschlag des Betroffenen **1897** 2, 17; persönliche Betreuung **1897** 4, 7; persönliche Bindungen **1897** 2, 20 f; Prognose künftiger Betreuungsbedürftigkeit **1908 a** 3 f; Rangverhältnisse der Betreuertypen **1897** 1; Schenkungen **1908** 4; **1908 i** 5 ff; Sterilisationsbetreuer **1899** 11 f; **1900** 10; Stundensätze **1836** 14, 16; Subsidiarität der Berufsbetreuung **1897** 22; Tod des Betreuten **1908 d** 2; Übernahmepflicht **1898**; Überwachung der Amtsführung **1899** 17; Unterbringung **1897** 11; Vereinsbetreuer **1897** 8 f; Verfahren **1897** 27 f; **1898** 8; **1908 d** 11 ff; Vergütung **1836** 14; Verlängerung der Betreuung **1897** 3; verwandtschaftliche Bindungen **1897** 2, 20 f; vorläufiger – **1896** 53; Vorrang der ehrenamtlichen Betreuung **1897** 1, 22; Vorrang der Einzelbetreuung **1897** 1; Vorschlag des Betreuungsbedürftigen **1897** 14 ff; vorsorgende Äußerungen **1897** 18 f; vorsorgliche Bestellung **1908 a**; Wohnen in Einrichtungen **1897** 11; Zwangsgeld gegen den – **1898** 7; zwingender Ausschluss **1897** 13

–, **Bestellung eines neuen,** Ausschluss vom Rechtsverkehr **1908 c** 6; Bestellung **1908 c** 5; Entlassung des Betreuers **1908 c** 4; schwebende Rechtsgeschäfte **1908 c** 7; Tod des Betreuers **1908 c** 3; Verfahren **1908 c** 8 ff; Wegfall des Betreuers **1908 c** 2 ff; Zwischenphase **1908 c** 6 f

–, **Einwilligung in Sterilisation,** Außengenehmigung **1905** 8; besonderer Betreuer **1905** 12; Einwilligungsunfähigkeit **1905** 4; Frist **1905** 10; Methode **1905** 11; natürliche Einsichts- und Steuerungsfähigkeit des Betroffenen **1905** 4; Notlage **1905** 7; Sachverständigengutachten **1905** 12; Schwangerschaftserwartung **1905** 6; Sterilisation von Männern **1905** 6; Verbot der Zwangssterilisation **1905** 5; Verfahren **1905** 12; Verfahrensgarantien **1905** 12; Verfahrenspfleger **1905** 12; Voraussetzungen **1905** 2 ff; vormundschaftsgerichtliche Genehmigung **1905** 9 ff; Vorrang anderer empfängnisverhütender Methoden **1905** 8; Zweck **1905** 1

–, **Entlassung,** anderer wichtiger Grund **1908 b** 4 ff; Antrag des Vereins oder der Behörde **1908 b** 14 ff; Entlassung des Vereins oder der Behörde als Betreuer **1908 b** 17; Entlassungsgründe **1908 b** 2 ff; Entlassungsverlangen **1908 b** 11; Ermessensentscheidung **1908 b** 5; fehlende Abrechnung **1908 b** 5; fehlende Eignung des Betreuers **1908 b** 2 f; Fortführung der Betreuung als Privatperson **1908 b** 15; Interessenkollision **1908 b** 4; Mangel in den Verhältnissen des Betreuers **1908 b** 2; Mangel in der Person des Betreuers **1908 b** 2; Rechtsfolgen **1908 b** 8; Rechtsmittel **1908 b** 19; ungeeignete Vergütung **1908 b** 6; Unzumutbarkeit für den Betreuer **1908 b** 9 ff; Verfahren **1908 b** 18 ff; Vorhandensein eines ehrenamtlichen Betreuers **1908 b** 7; Vorschlag eines neuen Betreuers **1908 b** 12 f

–, **Genehmigung bei ärztlichen Maßnahmen,** Abbruch lebenserhaltener Maßnahmen **1904** 25; ärztliche Maßnahme **1904** 21; Arzneimittelerprobung **1904** 34; Ausnahmen **1904** 35 f; Außengenehmigung **1904** 40; begründete Gefahr für Leben oder Gesundheit **1904** 22 f, 35; Behandlungsabbruch **1904** 2, 17, 24 ff; Behandlungsvertrag **1904** 4; Einwilligung **1904** 5 ff; Einwilligungsfähigkeit des Betreuten **1904** 6, 8; Einwilligungsunfähigkeit des Betreuten **1904** 9 ff; Einwilligungszuständigkeit **1904** 8 ff, 19; Entscheidung des Gerichts **1904** 37 ff; Entscheidungskriterien **1904** 37; Form der Vollmacht **1904** 16 ff; Forschung **1904** 34; Genehmigungsvorbehalt **1904** 20 ff; Geschäftsfähigkeit des Betreuten **1904** 6; Grundlagen **1904** 3 ff; Heilbehandlung **1904** 21; Inhalt der Vollmacht **1904** 16 ff; Nachholung der – **1904** 36; Organspende **1904** 33; Patientenverfügungen **1904** 25, 39; Rechtsmittel **1904** 42; Rechtsnatur der Einwilligung **1904** 5; Rechtsnatur der Genehmigung **1904** 40; Schwangerschaftsabbruch **1904** 32; Sonderfälle **1904** 24 f; Sterbehilfe **1904** 26 ff; Sterilisation **1904** 31; Unterlassen ärztlicher Maßnahmen **1904** 24; Untersuchung des Gesundheitszustandes **1904** 21; Verfahren **1904** 41 f; Vollmacht in Angelegenheiten der Personensorge **1904** 15 ff; Wohl des Betroffenen **1904** 38; Zwangsbehandlung **1904** 2, 13 f; Zweck **1904** 1; Zweifelsfälle **1904** 12

–, **Genehmigung bei Aufgabe der Mietwohnung,** andere Umstände der Beendigung **1907** 9; Anwendungsbereich **1907** 2 ff; Aufgabenkreis des Betreuers **1907** 8; Aufhebung eines

Sachverzeichnis
fette Zahlen = §§

Wohnraummietverhältnisses **1907** 2 ff; Betreuter als Mieter **1907** 5; faktische Wohnungsaufgabe **1907** 10; Genehmigung **1907** 7 f; Genehmigungsfähigkeit **1907** 8; Kündigung durch Betreuer **1907** 6; Kündigung eines Wohnraummietverhältnisses **1907** 2 ff; Mitteilungspflichten des Betreuers **1907** 9 f; Rechtsnatur der Genehmigung **1907** 7; Verfahren **1907** 13; Vermietung von Wohnraum **1907** 11 f; wiederkehrende Leistungen **1907** 11 f; Wohl des Betreuers **1907** 8; Wohnungsraummietverhältnis **1907** 4; Wohnzwecke des Betreuten **1907** 5, 12; Zweck **1907** 1
–, **Genehmigung bei der Ausstattung,** Anhörung **1908** 7; Ausstattung **1908** 3; Genehmigungsfähigkeit **1908** 5 f; Gewähren durch Betreuer **1908** 2; Schenkungen **1908** 3; Verfahren **1908** 7; Versprechen durch Betreuer **1908** 2; Willen des Betreuten **1908** 5 f; Wohl und Interesse des Betreuten **1908** 5; Zweck **1908** 1
–, **Pflichten,** Ausrichtung auf des Wohl des Betreuten **1901** 4 f; Beschränkung auf das Innenverhältnis **1901** 10; Besprechungspflicht **1901** 12; eigene Wünsche und Vorstellungen des Betreuten **1901** 5; Erstellung eines Betreuungsplans **1901** 14 ff; Gesundheitsfürsorge **1901** 6; Grenzen des Willensvorrangs **1901** 8 ff; Mitteilungspflicht **1901** 18; **1903** 29; **1907** 9 f; Mitwirkung bei Rehabilitation **1901** 13; Wahrnehmung der Rechtsfürsorge **1901** 2 f; Willensvorrang des Betreuten **1901** 6 f; Wohl des Betreuten **1901** 8; Wunschbefolgungspflicht **1901** 6 ff; Zumutbarkeit für den Betreuer **1901** 9
–, **Vertretung des Betreuten,** Aufenthaltsbestimmung **1902** 8; Beginn der Vertretungsmacht **1902** 14; Beschränkung der Vertretungsmacht **1902** 12, 18; Doppelzuständigkeit bei Geschäftsfähigkeit des Betreuten **1902** 16 f; Einflussnahme des Betreuers auf Vertretungsmacht **1902** 18 f; Einwilligungsvorbehalt **1902** 17; Ende der Vertretungsmacht **1902** 15; Erweiterung der Vertretungsmacht **1902** 19; Gegenstand der Vertretung **1902** 2; Genehmigung des VormG **1902** 12; Gesundheitsfürsorge **1902** 7; Grenzen der Vertretungsmacht **1902** 10 f; Handlungsfähigkeit und Wille des Betreuten **1902** 16 ff; Interessenkollision **1902** 13; Missbrauch der Vertretungsmacht **1902** 18; Schenkungen **1902** 12; sich widersprechende Rechtsgeschäfte **1902** 16; spezielle Aufgabenkreise **1902** 5 ff; Überschreitung der Vertretungsmacht **1902** 3; übertragener Aufgabenkreis **1902** 3; Umfang der Vertretungsmacht **1902** 3 f; Umgangsbestimmung **1902** 9; Erteilung einer Untervollmacht **1902** 4; Vermögenssorge **1902** 6; Vertretung des Betreuten gegenüber Behörden **1902** 9; Vertretungsmacht des Betreuers **1902** 2 ff
Betreuung, rechtliche, Ablieferungspflicht für schriftliche Betreuungsverfügungen **1901 a** 2 ff; andere tatsächliche Hilfe **1896** 25; Aufwendungsersatz **1835** 3; Auslandsbezug **1896** 7; Ausrichtung auf das Wohl des Betreuten **1901** 4 f; im ausschließlichen Drittinteresse **1896** 36; Bemessung der Aufgabenkreise **1896** 21; Betreuerbestellung s Betreuer; Betreuungsbedarf **1896** 21 ff; Betreuungsbedürftigkeit **1896** 9 ff;

Betreuungsverfahren **1896** 49 ff; Ehefähigkeit des Betreuten **1896** 39; Einsichtsfähigkeit des Betreuten **1896** 30; Einwilligungsfähigkeit des Betreuten **1896** 41; Einwilligungsvorbehalt s dort; elterliches Sorgerecht des Betreuten **1896** 41; Erforderlichkeit **1896** 20 ff; Ergänzungsbetreuung **1899** 2, 13 ff; Fortführung der Geschäfte in Unkenntnis der Beendigung der – **1698 a** 2; Fortführung dringender Geschäfte nach Tod des Kindes **1698 b** 2; Gegenbetreuung **1899** 2, 17; geistige Behinderung **1896** 12; Gelegenheitsgeschenke **1908 i** 6; Genehmigung für Grundstücksgeschäfte **1821** 1; Geschäftsfähigkeit des Betreuten **1896** 37 f; Gesetzgebungsgeschichte **1896** 1 ff; Gesundheitsfürsorge **1901** 6; **1902** 7; **1903** 7; Hilfe durch Bevollmächtigten **1896** 26 ff; Hinterlegung von Betreuungsverfügungen **1901 a** 13 ff; körperliche Behinderung **1896** 14; konkrete Lebenssituation **1896** 21; Kontrolle des Post- und Fernmeldeverkehrs **1896** 46 ff; medizinischer Befund **1896** 10 ff; Mehrfachbetreuung **1899**; Mitbetreuung **1899** 2 ff; Prozessfähigkeit des Betreuten **1896** 41; psychische Krankheit **1896** 11; Schenkungen aus dem Vermögen des Betreuten **1908 i** 5 ff; Schenkungen durch den Betreuten **1908 i** 7; schriftliche Betreuungswünsche **1901 a**; Schutz und Erhaltung der Rechtsgüter des Betreuten **1901** 5; seelische Behinderung **1896** 13; Sterilisationsbetreuung **1899** 11 f; Subsidiarität der Betreuung **1896** 24 ff; Testierfähigkeit des Betreuten **1896** 40; **2229** 2; Umfang **1901**; Unfähigkeit zur Besorgung eigener Angelegenheiten **1896** 15 ff; Verfahren **1896** 49 ff; **1897** 27 f; Verhältnis der Betreuungsbedürftigkeit zur Geschäftsfähigkeit **1896** 19; Vertretung im Zivilprozess **1896** 29; Volljährigkeit **1896** 8; Vollmachtsüberwachungsbetreuung **1896** 42 ff; Voraussetzungen **1896**; Vorsorgevollmacht **1896** 26 ff; Wahlrecht **1896** 41; Wahrnehmung der Rechtsfürsorge **1901** 2 f; zivilrechtliche Folgen **1896** 37 ff; Zwangsbetreuung **1896** 34 f
–, **anwendbare Vorschriften,** befreite Betreuung **1908 i** 8; Einzelverweisungen **1908 i** 2 f; Ergänzungsbetreuung **1908 i** 3; Freistellung der Betreuungsbehörde nach Landesrecht **1908 i** 4; Gegenbetreuung **1908 i** 3; Gelegenheitsgeschenke **1908 i** 6; Schenkungen aus dem Vermögen des Betreuten **1908 i** 5 ff; Schenkungen durch den Betreuten **1908 i** 7; Überblick über Inhalt der in Bezug genommen Vorschriften **1908 i** 3
–, **Internationales Privatrecht,** Anerkennung ausländischer Entscheidungen **EGBGB 24** 39 ff; anwendbares Recht **EGBGB 24** 20 ff; Anwendungsbereich **EGBGB 24** 19; ausländische Entmündigung **EGBGB 24** 41; Inhalt **EGBGB 24** 22; interlokales Recht **EGBGB 24** 43; intertemporales Recht **EGBGB 24** 42; Reformvorhaben **EGBGB 24** 44 f; Rück- und Weiterverweisung **EGBGB 24** 8; Staatsangehörigkeit **EGBGB 24** 7; Staatsverträge **EGBGB 24** 4 ff; internationales Verfahrensrecht **EGBGB 24** 37 ff; Vorfragen **EGBGB 24** 9; vorläufige Maßregeln **EGBGB 24** 35 f; internationale Zuständigkeit **EGBGB 24** 37 f

magere Zahlen = Rn

Betreuungsbehörde, Auffangfunktion **1900** 8; Durchführung der Betreuung **1900** 9; Einwilligung in die Sterilisation **1900** 10; Entlassung der Behörde als Betreuer **1908 b** 14 ff; Fortführung der Betreuung als Privatperson **1908 b** 15; Freistellung der Betreuungsbehörde nach Landesrecht **1908 i** 4; Haftung **1900** 9; Rechtsmittel **1900** 12; Übernahmepflicht **1898** 2; Verfahren **1900** 11 f; Voraussetzungen der Bestellung **1900** 8
Betreuungsbonus 1602 17 b
Betreuungsplan, Anwendungsbereich **1901** 15; Erstellung durch Berufsbetreuer **1901** 15; Inhalt **1901** 16; Prüfung **1901** 17; Steigerung der Effektivität und Qualität der Betreuung **1901** 14
Betreuungsunterhalt, Gleichwertigkeit von Betreuungs- und Barunterhalt **1606** 16 ff; des Vaters **1615 l** 42; *s auch nachehelicher Unterhalt wegen Kinderbetreuung*
Betreuungsverein, Aufwendungsersatz **1900** 7; Auswahl der Personen **1900** 5; Durchführung der Vereinsbetreuung **1900** 4 ff; Einwilligung in die Sterilisation **1900** 10; Entlassung des Vereins als Betreuer **1908 b** 14 ff; Fortführung der Betreuung als Privatperson **1908 b** 15; Haftung **1900** 7; Mitteilungspflicht **1900** 6; Rechtsmittel **1900** 12; Übernahmepflicht **1898** 2; Übertragung der Wahrnehmung auf natürliche Person **1900** 4 f; Verfahren **1900** 11 f; Vergütung **1900** 7; Vermögenssorge **1900** 7; Voraussetzungen für die Bestellung **1900** 2 f; Vorschläge des Betreuten **1900** 5
–, **Anerkennung,** Aufsicht und Weiterbildung **1908 f** 5; Beratung von Bevollmächtigten **1908 f** 8 f; Betreuungsverfügungen **1908 f** 10; Einzelfallberatung bei Errichtung einer Vorsorgevollmacht **1908 f** 14 f; Erfahrungsaustausch **1908 f** 11; geeignete Mitarbeiter **1908 f** 4; Information über Vorsorgeregelungen **1908 f** 10; Landesrecht **1908 f** 12; Modell der organisierten Einzelbetreuung **1908 f** 3 ff; planmäßige Information über Vorsorgeverfügungen **1908 f** 10; Rechtsanspruch **1908 f** 13; Rechtsfähigkeit **1908 f** 2; Unterstützung ehrenamtlicher Betreuer und Bevollmächtigter **1908 f** 7 ff; Verfahren **1908 f** 13; Versicherung **1908 f** 6; Voraussetzungen **1908 f** 2 ff
Betreuungsverfahren, Anhörung **1896** 51; Auswahlentscheidung **1897** 27; Bekanntmachung der Entscheidung **1896** 53; einstweilige Anordnung **1896** 53; Rechtsmittel **1896** 54; **1897** 28; Sachverständigengutachten **1896** 52; Überblick **1896** 49 ff; Verfahrensfähigkeit des Betroffenen **1896** 50; Zuständigkeit des VormG **1896** 49
Betreuungsverfügung, Ablieferungspflicht **1901 a** 2 f; Formerfordernis **1901 a** 3; Funktion **1901 a** 2; Geschäftsfähigkeit **1901 a** 3; Hinterlegung **1901 a** 3 ff; Informationspflicht des Betreuungsvereins **1908 f** 10; Inhalt **1901 a** 2; Registrierung **1901 a** 13 ff; mit vorsorgenden Wünschen des Betroffenen **1897** 18
betriebliche Altersversorgung, Wertermittlung im Versorgungsausgleich, allgemeine Grundlagen **1587 a** 80 ff; andauernde Betriebszugehörigkeit **1587 a** 94 f; Anpassung der laufenden Leistungen **1587 a** 81; Anpassungstabelle **1587 a** 91; Anwartschaftsdynamik **1587 a** 89;

Sachverzeichnis

beendete Betriebszugehörigkeit **1587 a** 95 ff; Bemessungsgrundlagen **1587 a** 93; Bestimmung des Ehezeitanteils **1587 a** 92 ff; Betriebseintritt **1587 a** 93; Differenzrente **1587 a** 100 f, 103; Direktversicherung **1587 a** 85, 109, 112; Dynamik betrieblicher Anrechte **1587 a** 87 ff; Dynamikbegriff **1587 a** 88; Ehezeitanteil einer Gesamtversorgung außerhalb des öffentlichen Dienstes **1587 a** 101 f; einfache Versicherungsrente **1587 a** 104; einfache Versorgungsrente **1587 a** 104 ff; einzubeziehende Anrechte **1587 a** 83 f; Entgeltumwandlung **1587 a** 110; gehaltsbezogene Versorgung **1587 a** 90, 108; Gesamtversorgung **1587 a** 98 ff, 103; Gesetz zur Verbesserung der betrieblichen Altersversorgung **1587 a** 81 f; gleichgestellte Zeiten **1587 a** 111; Grundversorgung **1587 a** 99 f; insolvenzgesichert **1587 a** 82; laufende Rente **1587 a** 102, 104; Leistungsdynamik **1587 a** 89; limitierte Versorgung **1587 a** 98; Maßstabsversorgung **1587 a** 88, 91; Mindestzeiten der Betriebszugehörigkeit **1587 a** 84; modifizierte VBL-Methode **1587 a** 101; Pensionsfonds **1587 a** 85; Pensionskasse **1587 a** 85; Prüfung der Dynamik **1587 a** 91; Punktesystem **1587 a** 105; qualifizierte Versicherungsrente **1587 a** 104; Rentenzahlungen **1587 a** 83; Sonderfälle **1587 a** 97 ff; Statik betrieblicher Anrechte **1587 a** 87 ff; Teilverfallbarkeit **1587 a** 104; Träger der betrieblichen Altersversorgung **1587 a** 85 f; Treueprämien **1587 a** 83; Umrechnung nicht volldynamischer Anrechte **1587 a** 114; unmittelbare Versorgungszusage **1587 a** 85; Unterstützungskasse **1587 a** 85; Unverfallbarkeit **1587 a** 84; Verfallbarkeit betrieblicher Anrechte **1587 a** 110 ff; volldynamische Versorgungsrente **1587 a** 104; Weihnachtsgeld **1587 a** 83; Zeit-Zeit-Verhältnis **1587 a** 93; Zusatzversorgung des öffentlichen Dienstes **1587 a** 85, 99 ff, 103 ff
Beurkundung, Ablehnung der – **BeurkG 4**; grundlegende Amtspflichten bei allen – **BeurkG 17** 19 ff; Amtspflichtverletzung **BeurkG 4** 3; **BeurkG 7** 10; ausländisches Recht **BeurkG 6** f; Ausschließung des Notars **BeurkG 7** 1; belehrungsbedürftige Personen **BeurkG 17** 9; Belehrungspflicht **BeurkG 17** 3 ff; Besonderheiten bei unmöglicher schriftlicher Verständigung **BeurkG 24**; Beteiligung behinderter Personen **BeurkG 22** ff; Beurkundungsverfahren **BeurkG 17** 13 ff; Briefvorlage **BeurkG 21**; Erforschung des wahren Willens **BeurkG 17** 1; Feststellung der Behinderung **BeurkG 22** 1 ff; **BeurkG 24** 1 ff; formeller Beteiligtenbegriff **BeurkG 6** 7 f; Formulierungspflicht **BeurkG 17** 11; Gebärdensprachdolmetscher **BeurkG 22** 8 ff; Grundbucheinsicht des Notars **BeurkG 21**; Hinweis auf Genehmigungserfordernisse **BeurkG 18**; Hinweis auf gesetzliches Vorkaufsrecht **BeurkG 20**; Hinweis auf Kosten und Gebühren **BeurkG 17** 7; hörbehinderte Beteiligte **BeurkG 23**; Identitätsfeststellung **BeurkG 10** 5 ff; Klärung des Sachverhalts **BeurkG 17** 2; Mitwirkungsverbot als Zeuge oder zweiter Notar **BeurkG 26**; Mitwirkungsverbot für Notare *s dort*; Prüfungs- und Belehrungspflichten **BeurkG 17 ff**;

3119

Sachverzeichnis

fette Zahlen = §§

rechtliche Tragweite **BeurkG 17** 3 f; rechtlicher Vorteil **BeurkG 7** 1 ff; Sammelbeurkundungen **BeurkG 17** 28; schreibunfähige Beteiligte **BeurkG 25**; strafbare Handlungen **BeurkG 4** 5; Umfang der Belehrungspflicht **BeurkG 17** 10; Unbedenklichkeitsbescheinigung **BeurkG 19**; unredliche Zwecke **BeurkG 4** 6; Unwirksamkeit **BeurkG 4** 2; **BeurkG 6** 10; Unwirksamkeit der begünstigenden Erklärung **BeurkG 7** 9; Unwirksamkeit der Ernennung des beurkundenden Notars **BeurkG 7** 5; Urkundensprache **BeurkG 5**; Verhandlungssprache **BeurkG 5** 1; von Versteigerungen **BeurkG 15**; Vorbereitung **BeurkG 17** 20 ff, 39 ff; Vorlagepflicht **BeurkG 23** 2 ff; einer Vorsorgevollmacht **BeurkG 20 a**; von Willenserklärungen **BeurkG 6 ff**; zugunsten des Notars oder seiner Angehörigen **BeurkG 7 ff**; Zuziehung einer Verständigungsperson **BeurkG 24** 5; Zuziehung eines Zeugen oder eines zweiten Notars **BeurkG 22** 5 ff; **BeurkG 25** 2; Zweifel an der Wirksamkeit **BeurkG 17** 12; Zweifel an Verständigungsmöglichkeit **BeurkG 24** 5

–, **Niederschrift,** Änderungen **BeurkG 8** 3 ff; Angabe von Ort und Tag der Verhandlung **BeurkG 9** 3; Beifügung der Bezugsurkunde **BeurkG 13 a** 4; Bezeichnung der Beteiligten **BeurkG 9** 2; **BeurkG 10** 1 ff; Bezeichnung des Notars **BeurkG 9** 1; Bezugsurkunde **BeurkG 13 a** 1; eingeschränkte Beifügungspflicht **BeurkG 13 a**; eingeschränkte Vorlesungspflicht **BeurkG 13 a** f; fehlende oder falsche Feststellungen **BeurkG 9** 6 f; Feststellung der äußeren Umstände **BeurkG 9** 1 ff; Feststellung der Behinderung **BeurkG 22** 1 ff; Feststellung der Beteiligten **BeurkG 10**; Feststellung der Erklärungen **BeurkG 9** 4 f; Feststellung der Sprachunkundigkeit **BeurkG 16** 1 ff; formell Beteiligte **BeurkG 10** 1 ff; Genehmigung durch die Beteiligten **BeurkG 13** 8; Grundsatz **BeurkG 8**; Herstellung **BeurkG 8** 2; Identitätsfeststellung **BeurkG 10** 5 ff; Inhalt **BeurkG 9**; Leserlichkeit der Namensunterschrift **BeurkG 13** 14; materiell Beteiligte **BeurkG 10** 4; mündliche Übersetzung **BeurkG 16** 4 ff; Nachholung der Unterschrift **BeurkG 13** 19, 23 ff; **BeurkG 35** 1; Nachweise für die Vertretungsberechtigung **BeurkG 12**; notarielle Niederschrift **BeurkG 13 a** 1 ff; Person des Dolmetschers bzw. Übersetzers **BeurkG 16** 9; Prüfungs- und Belehrungspflicht **BeurkG 13 a** 7; Schlussvermerk **BeurkG 13** 20; schriftliche Übersetzung **BeurkG 16** 8; Übersetzung der Niederschrift **BeurkG 16**; Unterschrift auf Testamentsumschlag **BeurkG 35** 2; eigenhändige Unterschrift der Beteiligten **BeurkG 13** 9 ff; Unterschrift des Dolmetschers bzw. Übersetzers **BeurkG 16** 11; Unterschrift des Notars **BeurkG 13** 21; ohne Unterschrift des Notars **BeurkG 35**; Unterschrift des tauben Beteiligten **BeurkG 23** 5; Unterschrift des Zeugen oder zweiten Notars **BeurkG 22** 12; Besonderheiten bei Verfügungen von Todes wegen **BeurkG 30** 1; Verhandlung und – **BeurkG 8** 1; Vermerk **BeurkG 16** 10; von Versteigerungen **BeurkG 15**; Verweisung auf behördliche Karten und Zeichnungen **BeurkG 13 a** 5; Verzicht auf Vorlesen bzw. Vorlage **BeurkG 13 a** 3; Vorlage der Niederschrift zur Durchsicht **BeurkG 13** 6 ff; Vorlesen **BeurkG 13** 1 f; Wirkung der Unterschrift **BeurkG 13** 18, 22; Zeit und Ort der Unterschrift **BeurkG 13** 17

–, **Verfügungen von Todes wegen,** Ablieferung des Testaments **BeurkG 34** 2; Ablieferungspflicht des Notars **BeurkG 34 a** 6 ff; Ausschlussstatbestände **BeurkG 27** 2 f; begünstigte Personen **BeurkG 27**; Dolmetscher **BeurkG 27** 3; Erbvertrag **BeurkG 33**; **BeurkG 34** 3 ff; **BeurkG 35** 3; Fertigung einer schriftlichen Übersetzung **BeurkG 32** 2; Feststellung über die Testier- oder Geschäftsfähigkeit **BeurkG 28** 1; Geltungsbereich der §§ 27 ff BeurkG **BeurkG 27** 1; Mitteilungspflicht des Notars **BeurkG 34 a** 2 ff; Nachholung der Unterschrift **BeurkG 35** 1; Niederschrift ohne Unterschrift des Notars **BeurkG 35**; Notar **BeurkG 27** 2; Prüfungs- und Belehrungspflicht **BeurkG 30** 3; Sprachunkundige **BeurkG 32**; Übergabe einer Schrift **BeurkG 30**; Unterschrift auf Testamentsumschlag **BeurkG 35** 2; Verschließung der Niederschrift **BeurkG 34** 1; Verständigungsperson **BeurkG 27** 3; Zeugen, zweiter Notar **BeurkG 27** 3; **BeurkG 29**

Beurkundungsgesetz (§§ nach dem Beurkundungsgesetz), Ablehnung der Beurkundung **4**; allgemeine Vorschriften **1 ff**; Ausschließung des Notars **6 f**; Beurkundung behinderter Personen **22 ff**; Beurkundung von Willenserklärungen **6 ff**; Beurkundungsverfahren s dort; Geltungsbereich **1**; Mitwirkungsverbot für Notar s dort; Niederschrift s Beurkundung, Niederschrift; Prüfungs- und Belehrungspflichten des Notars **17 ff**; Überschreiten des Amtsbezirks **2**; Urkundensprache **5**; Besonderheiten für Verfügungen von Todes wegen **27 ff**; Verhandlungssprache **5** 1

Beurkundungsverfahren, Ablehnungspflicht **BeurkG 17** 15; grundlegende Amtspflichten bei allen Beurkundungen **BeurkG 17** 19 ff; besondere Amtspflichten beim Verbrauchervertrag **BeurkG 17** 29 ff; Amtspflichtverletzungen **BeurkG 17** 47; Angebot und Annahme **BeurkG 17** 26; Bedenkzeit **BeurkG 17** 22; Bezugsurkunden **BeurkG 17** 27; Entwurfsaushändigung **BeurkG 17** 20 f, 40 f; Erbvertrag **BeurkG 33** 2; Gebot der funktionsgerechten Verfahrensgestaltung **BeurkG 17** 13 ff; gesetzliches Leitbild **BeurkG 17** 16; persönliche Anwesenheit des schutzwürdigen Beteiligten **BeurkG 17** 23 ff; Prüfungs- und Vermerkpflicht des Notars **BeurkG 17** 45 f; Sammelbeurkundungen **BeurkG 17** 28; schutzbedürftige Beteiligte **BeurkG 17** 17 ff; Verbraucher-Immobilienverträge **BeurkG 17** 40 ff; Verbrauchervertrag **BeurkG 17** 29 ff; Vertretung **BeurkG 17** 23 ff, 31 f; Vertretung durch Vertrauensperson **BeurkG 17** 32 ff; Vorbereitung der Beurkundung **BeurkG 17** 20 ff, 39 ff; Zweck **BeurkG 17** 13 ff; zweiwöchige Bedenkzeit bei Immobilienverträgen **BeurkG 17** 42 ff

Beziehungssurrogation 2041 3

magere Zahlen = Rn

Sachverzeichnis

BGB-Gesellschaft, Fortsetzung mit Erben **1922** 68; Tod eines Gesellschafters **1922** 63 ff
Bigamie s *Doppelehe*
Billigkeitsunterhalt s *nachehelicher Unterhalt aus Billigkeitsgründen*
Blutsverwandtschaft 1589 1
bösliche Schenkung, Abwägungsgebot **2287** 10; Abwägungsmaßstab **2287** 12; Anfall der Erbschaft **2287** 21; Anspruchsentstehung **2287** 21; Anspruchsvoraussetzungen **2287** 2 ff; Aushöhlungsnichtigkeit **2287** 10; Auskunftsanspruch **2287** 27; Beeinträchtigung des Vertrags- bzw. Testamentserben **2287** 6 ff; Beeinträchtigungsabsicht **2287** 10 ff; Begriff **2287** 2; Begründung einer Gütergemeinschaft **2287** 2; Beweisfragen **2287** 30; Einwilligung des Erben **2287** 9; Einzelfälle anzuerkennendes Egeninteresses **2287** 13 ff; Einzelfälle des nicht anzuerkennenden Eigeninteresses **2287** 18 ff; Erbschaftsteuer **2287** 32; durch Erbverzichtsvertrag **2287** 2; unentgeltliche Gebrauchsüberlassung **2287** 2; Gläubiger des Anspruchs **2287** 22; Herausgabe eines Schenkungsversprechens **2287** 25; Herausgabeanspruch **2287** 24 ff; Herausgabeanspruch bei gemischter Schenkung oder Auflagenschenkung **2287** 26; Inhalt des Anspruchs **2287** 24 ff; konkurrierende Anspruchsgrundlagen **2287** 31; nachträgliche Änderung der Interessenlage **2287** 19; objektive Kriterien **2287** 12; Pflicht- und Anstandsschenkungen **2287** 13; Recht in den neuen Bundesländern **2287** 33; Rechtswirksamkeit **2287** 3; Schenkung an den Vertragserben **2287** 9; Schenkung aus Mildtätigkeit **2287** 15; Schenkung des Erblassers **2287** 2 ff; Schenkung nur aus dem Ertrag **2287** 16; Schenkung zur Altersvorsorge **2287** 14; Schuldner des Anspruchs **2287** 23; schwere Verfehlungen des Vertragserben **2287** 18; Sicherung des Anspruchs **2287** 28; Teilungsanordnung **2287** 6; Übermaßverbot **2287** 11; Verjährung **2287** 29; verschleierte Schenkung **2287** 2; Verzicht auf Anspruch **2287** 20; Verzicht auf Wohnungs- und Nießbrauchsrecht **2287** 2; Vollzug der Schenkung **2287** 4; vorweggenommene Erbfolge mit Ausgleichsanordnung **2287** 2; wirksame vertragsmäßige bzw. wechselbezügliche Erbeinsetzung **2287** 6; Zeitpunkt der Schenkung **2287** 5
Brautgabe EGBGB 13 36; **EGBGB 14** 20; **EGBGB 15** 44
Brautpreis EGBGB 13 36
Brüssel II a–VO EGBGB 17 8
Bürgermeistertestament, Abfassungsmängel **2249** 23; Ablehnungspflicht des Bürgermeisters **2249** 1; außerordentliche Testamentsform **2231** 5; besondere amtliche Verwahrung **2258 a** 3; Besorgnis bevorstehender, dauerhafter Testierunfähigkeit **2249** 3; Besorgnis des vorzeitigen Todes **2249** 2; Beurkundung durch den Bürgermeister **2249** 1 ff; Beurkundungsverbote **2249** 7; Beurkundungsverfahren **2249** 9 ff; Beweiskraft des Testaments und sonstige Beweisfragen **2249** 25; Dreimonatsfrist **2252** 1 ff, **2266** 3; Errichtung durch Erklärung oder Schriftübergabe **2249** 8; Errichtungsmängel **2249** 21 f; Formmängel **2249** 20 ff; Fristhemmung **2266** 4; gemeinschaftliches – **2266** 1; Genehmigung **2249** 13; Gültigkeitsdauer **2249** 24; **2252**; **2266** 3 ff; Heilung **2249** 17 ff; Niederschrift **2249** 4, 12; Nottestament **2250** 1; örtliche Zuständigkeit **2249** 6; Prüfungs- und Belehrungspflicht des Bürgermeisters **2249** 15; sachliche Zuständigkeit **2249** 1; Subsidiarität **2249** 1; Unterschriften **2249** 13; Urkundsperson **2249** 5; Verfahrensbesonderheiten bei Behinderung des Erblassers **2249** 14; Vermerk in der Niederschrift **2249** 4; Verschließung und Verwahrung **2249** 16; Verstoß gegen die Anforderungen des § 2249 **2249** 17 ff; Verstoß gegen Mitwirkungsverbot **2249** 22; Vorlesen **2249** 13; als Zeugen ausgeschlossen **2249** 9; Zuständigkeitsmängel **2249** 17 ff; Zuziehung von zwei Zeugen **2249** 9

Damnationslegat 1939 2
Datumstheorie EGBGB 34 27
Dauervollstreckung 2209 3; erweiterte Verpflichtungsbefugnis **2209** 9; Freigabe von Nachlassgegenständen **2217** 2
Delegationsbetreuer 1899 13
Deliktsstatut und Ehewirkungsstatut **EGBGB 14** 16; und Gesellschaftsstatut **EGBGB 12** 87; s auch *Internationales Privatrecht, unerlaubte Handlung*
Demokratie-Klausel 2216 26
Deutsch-Amerikanischer Freundschafts-, Handels- und Schifffahrtsvertrag **EGBGB Einl IPR** 18; **EGBGB 12** 45
Deutsch-Iranisches Niederlassungsabkommen **EGBGB Einl IPR** 18; **EGBGB 7** 4; **EGBGB 10** 3; **EGBGB 14** 4; **EGBGB 15** 10; **EGBGB 16** 9; **EGBGB 17** 6; **EGBGB 17 a** 6; **EGBGB 17 b** 8; **EGBGB 19** 5; **EGBGB 20** 3; **EGBGB 21** 6; **EGBGB 25** 11 f
Deutsch-Sowjetischer Konsularvertrag **EGBGB 25** 13 f
Deutsch-Spanisches Niederlassungsabkommen **EGBGB 12** 47
Deutsch-Türkisches Nachlassabkommen **EGBGB Einl IPR** 18; **EGBGB 25** 10
Dienstleistungspflicht des Kindes, Adoptivkinder **1619** 2; Ansprüche auf Bezahlung **1619** 10; Arbeitsvertrag **1619** 7; Außenverhältnis **1619** 11 ff; Auswärtsstudium **1619** 3; Eltern-Kind-Verhältnis **1619** 2; Enkelkinder und Großeltern **1619** 2; Erziehung **1619** 4; Folgen der rechtlichen Grundlage **1619** 9 ff; gemeinsamer Haushalt **1619** 3; gesetzliche – und vertragliche Leistungsverhältnisse **1619** 6 ff; Gewährung von Unterhalt **1619** 4; Inhalt **1619** 5; Innenverhältnis **1619** 9 f; Klage gegenüber volljährigem Kind **1619** 9; Rentenversicherung **1619** 13; Schadensersatzanspruch **1619** 11; soziale Gemeinschaft **1619** 3; Sozialversicherung **1619** 8.1; Sozialversicherungspflicht **1619** 13; Umfang **1619** 5; Voraussetzungen **1619** 2 ff; Vormund und Mündel **1619** 2; zwangsweise Durchsetzung **1619** 9
dingliche Verfügungsgeschäfte, Form **EGBGB 11** 58 ff
Direktversicherung als betriebliche Altersversorgung **1587 a** 85, 109, 112; als private Rentenversicherung **1587 a** 137
displaced persons EGBGB 5 45
Distanzverträge, Form **EGBGB 11** 49 ff
Domicile EGBGB 5 18 f

3121

Sachverzeichnis

fette Zahlen = §§

Doppelehe, aufgelöste Ehe **1306** 6; aufhebbare Ehe **1306** 4 f; Aufhebbarkeit bigamischer Ehen **1306** 2; Aufhebung ehebeendender Entscheidungen **1306** 9 ff; ausländische Eheentscheidungen **1306** 7 f; Ausschluss der Aufhebbarkeit der Ehe bei – **1315** 14; Ehe mit dritter Person **1306** 3 ff; Ehegattenerbrecht **1318** 22; Ehename **1318** 23; Feststellung der Landesjustizverwaltung **1306** 7, 10; gesetzliches Erbrecht und – **1931** 6; Grundsatz der Einehe **1306** 1; Hausratsverordnung **1318** 21; heilbare Mängel der bestehenden Ehe **1306** 14; Heimatstaatenentscheidung **1306** 7; Internationales Privatrecht **1306** 15; **EGBGB 13** 31 ff; Lebenspartnerschaft **1306** 16; Nichtehe **1306** 3; bei Todeserklärung des Ehegatten **1306** 2; Unterhaltsansprüche **1318** 14; Unterhaltsansprüche nach Aufhebung **1318** 8; Versorgungsausgleich **1318** 20; **1319** 13; Wiederaufnahme des Verfahrens **1306** 9; Wiedereinsetzung **1306** 9; Wiederheirat des früheren Ehegatten **1306** 12; Wiederholung der Eheschließung **1306** 12 ff; Zugewinnausgleich **1318** 19; **1319** 11

Doppelname 1355 3, 7, 12, 15; **EGBGB 10** 21

Doppelverdienerehe, Versorgungsausgleich **1587** 3; **1587 c** 26

Dreimonatseinrede, Aufrechnung **2014** 9; aufschiebende Einrede **2014** 1; Ausschluss **2014** 4; Ausschluss bei unbeschränkter Erbenhaftung **2016** 1; Ausschluss gegenüber realberechtigten Gläubigern **2016** 2; Berechtigte **2014** 2; Beweislast **2014** 10; Einschränkung bei sofort zu erfüllenden Verbindlichkeiten **2014** 5; Frist **2014** 3; Fristbeginn bei Nachlasspflegschaft **2017;** Hemmung der Verjährung **2014** 9; im Prozess **2014** 7; Verlust der – **2014** 6; Verzug **2014** 8; Voraussetzungen **2014** 2 ff; ohne Vorbehalt im Urteil **2014** 6; Wirkungen **2014** 7 ff

Dreißigster, berechtigter Personenkreis **1969** 2; Beweislast **1969** 7; Durchsetzung des Anspruchs **1969** 6; entsprechende Anwendung der Vorschriften über Vermächtnisses **1969** 1; Familienangehörige **1969** 2; zum Hausstand gehörig **1969** 3; Inhalt des Anspruchs **1969** 5; als Nachlassverbindlichkeit **1969** 6; Unterhaltsgewährung durch Erblasser **1969** 4; Voraussetzungen des Anspruchs **1969** 2 ff

Dreizeugentestament, Abfassungsmängel **2250** 22; Annahme der Absperrung **2250** 4; außerordentliche Testamentsform **2231** 5; besondere amtliche Verwahrung **2250** 18; **2258 b** 1; Besorgnis bevorstehender, dauerhafter Testierunfähigkeit **2250** 6; Besorgnis des vorzeitigen Todes **2250** 5; Beweiskraft des Testaments und sonstige Beweisfragen **2250** 24; Dreimonatsfrist **2252** 1 ff; **2266** 2; Errichtung durch mündliche Erklärung **2250** 10; Errichtung vor drei Zeugen **2250** 3 ff; Errichtungsmängel **2250** 21; Formmängel **2250** 20 ff; Fristhemmung **2266** 4; gemeinschaftliches – **2266** 1; Genehmigung **2250** 14; gleichzeitige und persönliche Anwesenheit der Zeugen **2250** 11; Gültigkeitsdauer **2250** 23; **2252; 2266** 3 ff; Heilung von Mängeln **2250** 19 ff; keine gemeinsame Sprache von Erblasser und Zeugen **2250** 17; Niederschrift **2250** 13 ff; Nottestament **2250** 2; Ort der Errichtung **2250** 9; Person der Zeugen **2250** 8; Recht in den neuen Bundesländern **2250** 25; Rückgabe **2256** 5; sachliche Zuständigkeit **2250** 3; stummer Erblasser **2250** 16; tauber Erblasser **2250** 16; Unerreichbarkeit von Notar und Bürgermeister **2250** 5; Unterschriften **2250** 14; Verfahren bei Errichtung **2250** 11 ff; Verfahrensbesonderheiten bei Behinderung des Erblassers **2250** 15 ff; Vermerk in der Niederschrift **2250** 7; Verschließung und Verwahrung **2250** 18; Verstoß gegen Anforderungen des § **2250 2250** 19 ff; Verstoß gegen Mitwirkungsverbot **2250** 22; Vorlesen **2250** 14; Zuständigkeitsmängel **2250** 19

Dürftigkeitseinrede des Erben, Anwendungsbereich **1990** 3; Aufhebung von Zwangsvollstreckungs- maßnahmen **1990** 9; Aufrechnung eines Nachlassgläubigers gegen die Eigenforderung des Erben **1991** 7; Aufwendungsersatzanspruch des Erben **1991** 3; Befriedigung der Gläubiger **1991** 8 ff; Berechnung des herauszugebenden Nachlasses **1991** 5 ff; Beweislast für die Dürftigkeit **1991** 4; Dürftigkeit des Nachlasses **1990** 1; **1991** 9; Durchsetzung der Ansprüche gegen den Erben **1991** 2; Durchsetzung im Zwangsvollstreckungsverfahren **1990** 8 ff; Entscheidung über die tatsächlichen Voraussetzungen **1990** 7; Erhebung im Erkenntnisverfahren **1990** 6 f; fehlende Masse **1990** 4; Folgen **1991;** freiwillige Herausgabe des Nachlasses durch den Erben **1990** 12; maßgeblicher Zeitpunkt **1990** 5; keine Rangfolge bei zulänglichem Nachlass **1991** 8; Rechte der Eigengläubiger des Erben **1990** 10; Trennung zwischen Nachlass und Eigenvermögen des Erben **1990** 2; Überschuldung des Nachlasses **1990** 4; Überschwerung **1990** 1; Verbindlichkeiten gegenüber nachlassbeteiligten Gläubigern **1991** 10; Vollstreckungsgegenklage **1990** 8; Vollstreckungspreisgabe **1990** 11; Voraussetzungen der Einreden **1990** 4 f; Vorbehalt der beschränkten Erbenhaftung **1990** 6; Wiederaufleben erloschener Rechte und Verbindlichkeiten **1991** 6

EG-Schuldvertragsübereinkommen EGBGB Einl IPR 17

Ehe Aufhebung *s dort;* Auflösung durch Tod **1482;** Doppelehe *s dort;* Scheidung *s Scheidung der Ehe;* Strukturprinzipien **1564** 5; Wirkungen im Allgemeinen **1353** ff

Ehefähigkeit bei Geschäftsfähigkeit **1304** 1; bei Volljährigkeit **1303** 1

Ehefähigkeitszeugnis Amtsermittlungsgrundsatz **1309** 24; Antrag auf Befreiung **1309** 22; Antragsvoraussetzungen für Befreiung **1309** 16 ff; aufschiebendes Ehehindernis **1309** 4, 12; für Ausländer **1309;** Bedeutung **1309** 2; Befreiung von der Beibringung **1309** 15 ff; betroffener Personenkreis **1309** 6 f; Eheschließung im Ausland **1309** 28; **EGBGB 13** 82; Eheschließung im Inland **EGBGB 13** 76 ff; Feststellungslast **1309** 25; Geltungsbereich der Vorschrift **1309** 5; Geltungsdauer der Befreiung **1309** 27; Geltungsdauer des – **1309** 14; Heimatstaat **1309** 8; Inhalt **1309** 13 f; innere Behörde **1309** 10; Internationales Privatrecht **EGBGB 13** 76 ff; Kollisionsrecht **1309** 13; bei lebensgefährlicher Erkrankung eines Beteiligten **1309** 18; für Lebenspartnerschaft **1309** 29;

magere Zahlen = Rn

Sachverzeichnis

Prüfungsbefugnis und -pflicht des Standesbeamten **1309** 3, 13, 22; Rechtsmittel gegen Versagung der Befreiung **1309** 26; Staatenlose **1309** 7; Umfang der Sachprüfung **1309** 20; Untätigkeit der Heimatbehörde **1309** 19; Verfahren der Befreiung vom – **1309** 22 ff; Zeugnis einer anderen Stelle **1309** 11; Zuständigkeit für Befreiung **1309** 23; Zuständigkeit zur Ausstellung **1309** 9; Zweck **1309** 1

Ehegattenerbrecht, allgemeine Voraussetzungen des gesetzlichen – **1931** 3 ff; aufgehobene Ehe **1931** 4; Ausschluss **1933**; Ausschluss der Erben ab der vierten Ordnung durch – **1929** 2; Ausschlussgründe **1931** 9; Beendigung des Scheidungsverfahrens **1933** 6; bestehende Ehe **1931** 3; Doppelehe **1931** 6; eidesstattliche Versicherung **2008** 4; Einfluss des Güterstandes **1931** 15 ff; eingetragene Lebenspartnerschaft **1931** 22 ff; erbrechtliche Lösung bei der Zugewinngemeinschaft **1931** 16 f; Gütergemeinschaft **1931** 21; güterrechtliche Lösung bei der Zugewinngemeinschaft **1931** 19 f; Haftungsbeschränkung **2008** 5; Haushaltsgegenstände **1932** 6 ff; Hochzeitsgeschenke **1932** 9; Inventar für eine zum Gesamtgut gehörende Erbschaft **2008**; Inventarverfehlung **2008** 3; neben entfernteren Verwandten **1931** 14; neben Großeltern und deren Abkömmlingen **1931** 13; neben Verwandten der 1. Ordnung **1931** 11; neben Verwandten der 2. Ordnung **1931** 12; Nichtehe **1931** 7; Nichtigerklärung einer Ehe **1931** 5; Rechtsfolgen bei Ausschluss **1933** 9 f; rechtshängige Aufhebungsklage des Erblassers **1933** 8; rechtskräftige Scheidung im Zeitpunkt des Erbfalls **1931** 4; bei Scheidungsantrag des Erblassers **1933** 4; Überleben des Ehegatten **1931** 8; Umfang **1931** 10 ff; Unterhaltsanspruch **1933** 10; Verhältnis des Ehegattenerbrechts zum Verwandtenerbrecht **1931** 2; des verwandten Ehegatten **1934**; Voraus des Ehegatten **1932**; Voraussetzungen des Ausschlusses **1933** 3 ff; Wegfall des gesetzlichen – **1933** 9; bei Zugewinngemeinschaft **1931** 16 ff; Zustimmung zur Scheidung **1933** 5

Ehegattenerbvertrag, Aufhebung durch gemeinschaftliches Testament **2292** 1 ff

Ehegatten-Innengesellschaft, Abgrenzung zur ehebezogenen Zuwendung **1372** 2 ff; Ausgleichsansprüche aus einer – als Endvermögen **1375** 15; Erwerbstätigkeit in der ehelichen Lebensgemeinschaft **1356** 24 ff; Gütertrennung **1414** 20 f; Rechtsfolge der – **1372** 30; stillschweigend abgeschlossene – **1471** 2

Ehegattenschutzklausel 1568 3, 7 ff

Ehegeschäftsfähigkeit 1304 2

Eheütterstatut s *Güterrechtsstatut*

EheGVO II EGBGB 17 8

Ehehindernis, Auseinandersetzungszeugnis **EGBGB 13** 84; Befreiung vom – **EGBGB 13** 84; Begriff **1309** 12; einseitiges – **EGBGB 13** 41; fehlende Geschlechtsverschiedenheit **EGBGB 13** 29; Geschlechtsgemeinschaft **EGBGB 13** 35; Geschlechtsumwandlung **EGBGB 13** 29; Internationales Privatrecht **EGBGB 13** 28 ff; Milchverwandtschaft **EGBGB 13** 35; Religionsverschiedenheit **EGBGB 13** 35; trennendes – **1303** 1; Verwandtschaft und Schwägerschaft **EGBGB 13** 30; zweiseitiges – **EGBGB 13** 42

eheliche Lebensgemeinschaft, abgeschlossene Pflichtenordnung **1353** 2; abredewidrige Empfängnisverhütung **1353** 12; Achtung der Würde und Ehre des anderen **1353** 26; Achtung des persönlichen Freiraums **1353** 27 f; Alkohol- und sonstige Sucht eines Ehegatten **1353** 16; Anspruch auf Herstellung der Gemeinschaft **1353** 3; aufhebbare Ehe **1353** 35; Aufnahme Verwandter **1353** 8; Auskunftspflicht über finanzielle Lage **1353** 21; begrenztes Realsplitting **1353** 22; Begriff der Lebensgemeinschaft **1353** 2; Beistand **1353** 15 ff; Beistand und Fürsorge für Kinder **1353** 19; Beseitigungsansprüche **1353** 37; Briefgeheimnis **1353** 27; wirtschaftliche Chancengleichheit in der Familie **1357** 2; Direktionsrecht des Mannes **1353** 1; Verzicht auf Eheleitbild **1356** 1; Ehestörungen **1353** 36; Ehestörungsklage **1353** 36; Eigentumsvermutung **1362**; Familienplanung **1353** 10 ff; Familienunterhalt *s dort*; Fürsorge **1353** 15 ff; Garantenstellung der Ehegatten **1353** 18; Gebrauch empfängnisverhütender Mittel **1353** 11 f; gemeinsamer Wohnsitz **1353** 5 f; Generalklausel **1353** 2; Geschäft zur Deckung des Lebensbedarfs *s dort;* gescheiterte Ehe **1353** 34; Geschlechtsgemeinschaft **1353** 9; Geschlechtskrankheit eines Ehegatten **1353** 9; Gestaltungsfreiheit **1353** 2; in größerer räumlicher Distanz **1353** 5; häusliche Gemeinschaft **1353** 5 f; Hausfrauenehe **1356** 1; Hausrat **1353** 7; Klage auf Herstellung des ehelichen Lebens **1353** 36; heterologe Insemination **1353** 12; In-vitro-Fertilisation **1353** 12; Jedermanns-Rechte **1353** 23; kirchliche Verpflichtungen **1588**; Krankheitsfall **1353** 16; auf Lebenszeit **1353** 1; Mitarbeit in Beruf oder Geschäft des Ehegatten **1353** 31; **1356** 20 ff; Mitbenutzung der ehelichen Wohnung **1353** 7; Notwehrrecht der – **1353** 16; Pflicht zur ehelichen Treue **1353** 9; Pflichten der Ehegatten **1353** 5 ff; politische Ansichten und Betätigung **1353** 28; Recht zum Getrenntleben **1353** 32 ff; rechtshemmende Einwendungen zwischen Ehegatten **1353** 23; Rechtsmissbrauch **1353** 4, 33; Regelung der – **1356** 2 ff; religiöse Anschauung und Betätigung **1353** 28; Rücksichtnahmepflicht **1353** 26; Schadensersatz zwischen Ehegatten **1353** 38 ff; Schadensersatzansprüche **1353** 24; Schein ehewidriger Beziehungen **1353** 9, 29; bei Scheitern der Ehe **1353** 4; Schutz des räumlich-gegenständlichen Bereichs der Ehe **1353** 7; Schwangerschaftsabbruch **1353** 14; Selbstbestimmungsrecht des Mannes **1353** 12; Selbstmordneigung eines Ehegatten **1353** 16; Sterilisation **1353** 10; steuerliche Zusammenveranlagung **1353** 22; Strafanzeige **1353** 17; strafbare Handlungen **1353** 17; Umgang und Korrespondenz mit dritten Personen **1353** 29; Unterhaltspflichten eines Ehegatten **1356** 3; Unterlassungsansprüche **1353** 37; Verantwortung für anderen Ehegatten **1353** 3; vermögensrechtliche Ansprüche zwischen Ehegatten **1353** 3; vermögensrechtliche Beziehungen **1353** 20, 25; Verpflichtung zur – **1353** 2 ff; Verständigungsbereitschaft **1353** 30; Verwaltungsvertrag zwischen Ehegatten **1413** 2 ff; Wechsel der

3123

Sachverzeichnis

fette Zahlen = §§

religiösen Zugehörigkeit **1353** 28; Wegfall der Pflicht zur – **1353** 4; Widerruf der Überlassung der Vermögensverwaltung **1413**; zwingende Rechtspflicht **1353** 2

–, **Erwerbstätigkeit**, Arztpraxis **1356** 26; Ausgleich nicht unentgeltlicher Mitarbeit **1356** 22; Ausübung der Erwerbstätigkeit **1356** 15; Bereicherungsansprüche **1356** 34; Betrieb einer Gaststätte **1356** 26; Betrieb eines Großmarktes **1356** 26; Dienst- und Arbeitsverträge unter Ehegatten **1356** 23; Disposition der Ehegatten **1356** 14; Ehegatten-Innengesellschaft **1356** 24 ff; ehrenamtliche Betätigungen **1356** 18; Begriff der Familie **1356** 16; Familienverträglichkeit **1356** 15 ff; Verletzung der Familienverträglichkeit **1356** 17; Gleichordnung der Mitarbeit **1356** 25; Gründe von Mitarbeit **1356** 20; Kooperationsvertrag **1356** 29 ff; Mitarbeit in Beruf oder Geschäft des Ehegatten **1356** 20 ff; Obliegenheit zur Erwerbstätigkeit **1356** 14; Pflicht zur Mitarbeit **1356** 25; Recht auf Mitarbeit **1356** 20; Recht zur Erwerbstätigkeit **1356** 14; Rücksicht auf Belange des Ehegatten und der Familie **1356** 15 ff; unbenannte Zuwendungen **1356** 29; unentgeltliche Mitarbeit **1356** 21; Unterhaltsarbeit **1356** 21; Vorrang von Vereinbarungen **1356** 23; Wahl der Erwerbstätigkeit **1356** 15; Wegfall der Geschäftsgrundlage **1356** 29 f; Wirkung gegenüber Dritten **1356** 19

–, **Haushaltsführung**, nähere Abrechnung **1356** 9; Änderung der Regelung **1356** 6, 9; Begriff **1356** 2; Direktionsrecht des Mannes **1356** 1; in eigener Verantwortung **1356** 9; Ende der Haushaltsführung **1356** 13; Gestaltungsfreiheit **1356** 3; Kontrollen **1356** 9; Leitbild der Hausfrauenehe **1356** 1; Missstände bei der Haushaltsführung **1356** 11; Pflicht des anderen Ehegatten zur Mithilfe **1356** 12; Pflichten des Haushaltsführenden **1356** 11; Pflichtverletzungen des Haushaltsführenden **1356** 11; Rechte des Haushaltsführenden **1356** 10; Rechtsnatur der Regelung **1356** 4; Rechtspflicht **1356** 3; Verbindlichkeit der Regelung **1356** 5 f; Verzicht auf ein Eheleitbild **1356** 1; vorübergehende Notlagen **1356** 12; Wirkung gegenüber Dritten **1356** 7 f; zwingendes Recht **1356** 9

–, **Sorgfaltspflicht der Ehegatten**, Abdingbarkeit **1359** 3; keine Anspruchsgrundlage **1359** 1; Anwendungsbereich der Vorschrift **1359** 4 ff; aufhebbare Ehe **1359** 4; bestehende Ehe **1359** 4; Beweislast **1359** 11; Gebot gegenseitiger Rücksichtnahme **1359** 1; Getrenntleben der Ehegatten **1359** 4; rechtsgeschäftliche Haftungsausschluss **1359** 8; Haftungsmaßstab **1359** 1; Haftungsmilderung **1359** 2; Lebenspartnerschaft **1359** 12; normativer Sorgfaltsbegriff **1359** 10; persönlicher Geltungsbereich **1359** 4; sachlicher Geltungsbereich **1359** 5 ff; Sorgfalt in eigenen Angelegenheiten **1359** 10; Sorgfaltsgefälle **1359** 10; Unfälle im Straßenverkehr **1359** 7; Verlobte **1359** 4; zwingendes oder dispositives Recht **1359** 3

eheliches Güterrecht, Eigentums- und Vermögensgemeinschaft **1363** 3; fortgesetzte Gütergemeinschaft **1363** 2; gesetzliche Güterstände **1363** 2; Gütergemeinschaft **1363** 2; **1415 ff;** Güterstände des BGB **1363** 2; Gütertrennung **1363** 2; **1414;** Internationales Privatrecht **1363** 3, s auch *Güterrechtsstatut;* vertraglicher Güterstand **1363** 2; Zugewinngemeinschaft **1363** 2; Zuständigkeit des Familiengerichts **1363** 3

Ehemündigkeit, Antragsberechtigung **1303** 4; Befreiung vom Volljährigkeitserfordernis **1303** 3; Beschwerde **1303** 18; Bestandsprognose **1303** 7; Eheschließungsfreiheit **1303** 13; Einwilligung nicht mehr erforderlich **1303** 17; Entscheidungsgrundsätze **1303** 7, 13 ff; erforderliche Reife **1303** 7; keine Ermessensentscheidung **1303** 7; FGG-Verfahren **1303** 6; Interesse des Kindeswohls **1303** 13; Internationale Zuständigkeit **1303** 20; Internationales Privatrecht **1303** 19 f; Lebenspartnerschaft **1303** 21; staatliches Wächteramt **1303** 13; Volljährigkeit **1303** 2; **1315** 2 ff; Widerruf des Widerspruchs **1303** 12; Widerspruch des gesetzlichen Vertreters oder des Inhabers der Personensorge **1303** 8 ff; Widerspruchsberechtigte **1303** 8 f; Widerspruchserklärung **1303** 10 f; Willensmängel im Widerspruch **1303** 12; Wirksamwerden der Entscheidung **1303** 16; wohlverstandene Interessen des Minderjährigen **1303** 13; zuständiges Gericht **1303** 5

Ehename, Abwehr von Rechtsmissbrauch **1355** 23; nach Adoption **1757** 9 ff; **1767** 15; Änderung **1617 c** 6 ff; Änderung durch Angleichung des Familiennamens **EGBGB 47** 18; nach Aufhebung der Adoption **1765** 4 f; Befragung durch den Standesbeamten **1355** 4; Begleitname **1355** 3, 10 ff; Begriff **1355** 2; **1616** 18 f; Bestimmung eines -s **1355** 4 ff; Dominanz des Mannesnamens **1355** 1; Doppelname **1355** 3, 7, 12, 15; Einheit der Namensführung **1616** 17; Erklärung gegenüber dem Standesbeamten **1355** 5, 14, 21; Familienname **1355** 2, 7, 11; Familiennamensrechtsgesetz **1355** 1; Form der Bestimmung **1355** 5; Fortführung nach Verwitwung oder Scheidung **1355** 17 f; Führung des -s **1355** 9; Geburtsname **1355** 2, 7, 11; gemeinsamer Familienname **1355** 2; Geschäftsfähigkeit bei Bestimmung **1355** 6, 14, 16, 21; Gleichstellung der Geschlechter **1355** 1; Grundsatz der Namenseinheit **1355** 1, 16; Hinzufügen des Geburtsnamens **1355** 22; Hinzufügen eines Begleitnamens **1355** 10 ff; Internationales Privatrecht **EGBGB 10** 23, 34, 35 ff; Lebenspartnerschaft **1355** 24; Nachname **1616** 2; nachträgliche Bestimmung **1617 c** 3 ff; Namensführung nach Aufhebung der Ehe **1355** 18; Namensführung nach Auflösung der Ehe **1355** 17 ff; vielgliedrige Namenskette **1355** 12; Negativerklärung **1355** 13, 21; neue Eheschließung **1355** 19; öffentliche Beglaubigung **1355** 5, 14, 21; Pflicht zur Führung des Namens **1355** 15; Rechtsentwicklung **1355** 1; Tagesname **1355** 2, 7; Untersagung der Namensführung **1355** 23; Vereinbarungen der Ehegatten **1355** 8, 13; Verfahren zur Bestimmung **1355** 4 ff; Verzicht auf Begleitnamen **1355** 13; Widerruf des Begleitnamens **1355** 16; Wiederannahme eines früheren Namens **1355** 17 ff; bei Wiederverheiratung nach Todeserklärung **1319** 14; Willensmängel bei Bestimmung **1355** 6, 14, 16, 21; Wirksamkeit der Bestimmung **1355** 5, 14

magere Zahlen = Rn

Eheschließung, Aufenthaltsehe **1311** 5, 7; Ausspruch des Standesbeamten **1312** 1, 3; Bedingung **1311** 5 ff; Bereitschaft des Standesbeamten **1310** 8; Beurkundung der Geburt eines gemeinschaftlichen Kindes **1310** 18; deutsche Konsularbeamte **1310** 5; aufschiebendes Ehehindernis **1309** 4; Eintragung **1312**; Eintragung einer Nichtehe **1310** 17; Eintragung in das Familienbuch **1310** 17; Eintragung in das Heiratsbuch **1310** 7, 17; **1312** 1; Erklärung des Eheschließungswillen **1310** 11 ff; **1312** 2; ermächtigte Person **1310** 9 f; familienrechtliche Erklärungen **1310** 19; familienrechtlicher Vertrag **1310** 14; Form **1311** 1; **1312** 1; gleichzeitige Anwesenheit **1311** 2; Handschuhehe **1311** 3; Heilung fehlerhafter Ehen **1310**; Heilung von Nichtehen **1310** 16 ff; Lebenspartnerschaft **1310** 22; auf Lebenszeit **1353** 1; nichtdeutsche Paare **1310** 9; obligatorische Zivilehe **1310** 2; persönliche Erklärung **1311** 3 f; Scheinstandesbeamter **1310** 6; Standesbeamter **1310** 5 ff; verdeckte Stellvertretung **1311** 4; Trauung **1312**; Trauzeugen **1312** 1, 4 f; Übergangsrecht **1310** 21; Verbot der kirchlichen Voraustrauung **1310** 4; Vertrauenstatbestände **1310** 17 ff; per Vertreter oder Boten **1311** 4; völkerrechtliche Verträge **1310** 10; Zeitbestimmung **1311** 5, 7; Zusammenleben als Ehegatten **1310** 20; Zuständigkeit des Standesbeamten **1310**; Zustandekommen der Ehe **1310** 1

–, Geschäftsunfähigkeit, Aufhebbarkeit der Ehe bei – **1304** 1; Ausschluss der Aufhebung der Ehe wegen – **1315** 8 ff; Ehefähigkeit **1304** 1; Ehegeschäftsunfähigkeit **1304** 2; Ersetzung der Zustimmung durch FamG **1315** 9; Internationales Privatrecht **1304** 4; natürliche Geschäftsunfähigkeit **1304** 2; partielle Geschäftsunfähigkeit **1304** 2; Unterhaltsansprüche nach Aufhebung **1318** 7

Eheschließungsstatut, Anerkennung ausländischer – EGBGB 13 87 ff; Anknüpfungsgegenstand EGBGB 13 17 ff; Anknüpfungspersonen EGBGB 13 39; Anknüpfungspunkt EGBGB 13 38 ff; Anknüpfungszeitpunkt EGBGB 13 43 ff; Anwendbarkeit deutschen Rechts EGBGB 13 55 ff; Anwendungsbereich EGBGB 13 16; Auseinandersetzungszeugnis EGBGB 13 34; Befreiung von Ehehindernissen EGBGB 13 84; Brautgabe EGBGB 13 36; Brautpreis EGBGB 13 37; Ehebegriff EGBGB 13 17 ff; Ehefähigkeit EGBGB 13 25 ff; Ehefähigkeitszeugnis EGBGB 13 76 ff; Ehehindernisse EGBGB 13 28 ff; Eheverbote EGBGB 13 28 ff; Form EGBGB 13 62 ff; Gesamtverweisung EGBGB 13 49; Gesetzesumgehung EGBGB 13 46 ff; gleichgeschlechtliche Lebensgemeinschaft EGBGB 13 20 f; Heilung formfehlerhafter Ehen EGBGB 13 73 f; Heilung mangelhaft geschlossener Ehen EGBGB 13 50 ff; hinkende Ehe EGBGB 13 40; EGBGB 17 71; innerdeutsche Altfälle EGBGB 13 98 f; interlokales Privat- und Verfahrensrecht EGBGB 13 94 ff; konsularische – EGBGB 13 86; Korrektur EGBGB 13 50 ff; Mehrehe EGBGB 13 31 ff; nichteheliche Lebensgemeinschaft EGBGB 13 18 f; Personalstatut EGBGB 13 38 ff; deutsche Personenstandsbücher EGBGB 13 85; polygames – EGBGB 13 33; Recht der DDR EGBGB 13 94 f; Rechtslage nach Beitritt EGBGB 13 97 f; Rechtstatsachen EGBGB 13 3; Regelungskonzept EGBGB 13 1 f; Rück- und Weiterverweisung EGBGB 13 49; sachliche Voraussetzungen EGBGB 13 16 ff; Scheidungsstatut EGBGB 13 16; Scheinehe EGBGB 13 26; Verweigerung von Scheinehen EGBGB 13 83; Staatsangehörigkeit EGBGB 13 38 ff; Staatsverträge EGBGB 13 4 ff; Statutenwechsel EGBGB 13 51 ff; Stellvertretung EGBGB 13 26; Verfahrensrecht EGBGB 13 75 ff; Verlobung EGBGB 13 22 ff; Vertrauensschutz EGBGB 13 53; Willensbildung EGBGB 13 26; internationale Zuständigkeit EGBGB 13 75; Zustimmung Dritter EGBGB 13 27; Zuwendungen EGBGB 13 36 f

Eheverbote, Adoptivgeschwister **1307** 10; **1308** 1 f, 4; Adoptivverwandtschaft **1308**; Aufhebung des Annahmeverhältnisses **1308** 3; Befreiung bei Adoptivverwandtschaft **1308** 4 ff; Beweisfragen **1307** 11; Doppelehe s dort; Geschwister **1307** 9 f; Internationales Privatrecht **1307** 12; **1308** 10 ff; EGBGB 13 28 ff; Lebenspartnerschaft **1308** 13; Mehrehe EGBGB 13 31 ff; Mutter **1307** 5 ff; natürliche Verwandtschaft **1307** 2; rechtliche Verwandtschaft **1307** 3; Rechtsmittel gegen Versagung der Befreiung **1308** 9; Vater **1307** 8; Verfahren bei Befreiung **1308** 7 f; Verwandtschaft **1307**; Verwandtschaft durch Annahme als Kind **1308**; Verwandtschaft in der Seitenlinie **1307** 9 ff; Verwandtschaft in gerader Linie **1307** 4 ff; zusammengebrachte Geschwister **1307** 9

Eheversprechen s Verlöbnis

Ehevertrag, Abgrenzung zu sonstigen vermögensrechtlichen Verhältnissen **1408** 8; Abschluss **1408** 2 ff; allgemeine Schranken der Privatautonomie **1408** 9; Anfangsvermögen **1408** 59; Anfechtung **1408** 56; Aufstockungsunterhalt **1408** 21, 26; Ausbildungsunterhalt **1408** 26; Ausgleich ehebedingter Nachteile **1408** 41; Auslegungsregel **1414** 1, 5 f; Ausübungskontrolle **1408** 13, 39 f; Bedingung **1408** 4; Befristung **1408** 4; Begrenzung der Zugewinnausgleichsforderung **1408** 59; beschränkt Geschäftsfähiger und Geschäftsunfähiger **1411**; Bestätigungsvertrag **1408** 3; Betreuung eines geschäftsfähigen Ehegatten **1411** 2 ff; Beurkundungspflicht **1410** 1 ff; Beurkundungsverfahren **1410** 6 f; Bleiberechtsfälle **1408** 43 ff; Dauer der Wirksamkeit **1408** 5; Doppelverdienerehe **1408** 50; Eigenbestimmung der Ehegatten **1411** 1; Eintragung in das Güterrechtsregister **1412**; Einzelfälle **1408** 58 ff; Endvermögen **1408** 59; Verbindung mit Erbvertrag **1408** 4; **1410** 7; Erhöhung des Zusatzviertels bei erbrechtlicher Lösung **1408** 60; erweiterter Ehevertragsbegriff **1408** 6; Fantasiegüterstände **1408** 12; Form **1408** 4; **1410**; fortgesetzte Gütergemeinschaft durch – **1483** 3, 7; Gegenstand der Beurkundungspflicht **1410** 2 ff; Gegenstand des -s **1408** 2 f; Genehmigung durch das Vormundschaftsgericht **1411** 4 f; genereller – **1408** 3; beschränkte Geschäftsfähigkeit eines Ehegatten **1411** 2 ff; Geschäftsunfähigkeit eines Ehe-

3125

Sachverzeichnis fette Zahlen = §§

gatten **1411** 5; gesetzlicher Güterstand **1408** 59 f; Grenzen der Vertragsfreiheit **1408** 9 ff, 18 ff, 63; **1409**; Grundsatz der Vertragsfreiheit **1408** 1, 17; Gütergemeinschaft **1408** 61; **1415**; güterrechtliche Verhältnisse **1408** 6 ff; güterrechtsimmanente Schranken **1408** 11 f; Gütertrennung **1408** 12; **1414** 4; Herausnahme einzelner Vermögensgegenstände **1408** 59; Inhaltskontrolle **1408** 13 ff, 30 ff, 49, 63; Internationales Familienrecht **EGBGB 15** 23 ff; Kernbereichslehre des BGH **1408** 63; neue Kernbereichslehre des BGH **1408** 15 ff; Kinderbetreuungsunterhalt **1408** 20 f; Krankenvorsorge- und Altersvorsorgeunterhalt **1408** 25; Mischgüterstände **1408** 12, 60; Modifizierung des Güterstandes **1408** 3; Nichtbeachtung der Form **1410** 8; Nichtigkeit **1409** 2; Pauschalierung der Zugewinnausgleichsforderung **1408** 59; Prozessuales **1408** 51 f; Rangstufen der Disponibilität der gesetzlichen Scheidungsfolgen **1408** 19 ff; Regelung der Gesamtgutsverwaltung **1421** 2; Regelung des Zugewinnausgleichs **1408** 27 ff, 59; Regelungsgegenstand **1408** 6 f; Scheidungsvereinbarungen **1408** 13 ff, 53; Schutz von Drittinteressen **1408** 60; Schutzzweck des Scheidungsfolgenrechts **1408** 18; Schwangerschaft bei Vertragsschluss **1408** 42 a; Sonder- und Problemfälle **1408** 42 ff; Sozialhilfebezug **1408** 46; spezieller – **1408** 3; Stellvertretung **1408** 4; Sukzessivbeurkundung **1410** 6; Typenzwang **1408** 11 f; Umfang der Beurkundungspflicht **1410** 5; Unterhalt wegen Alters oder Krankheit **1408** 22; Unterhalt wegen Erwerbslosigkeit **1408** 24; Vereinbarung über nacheheliche Auseinandersetzung **1408** 7; Vereinbarungen über den Versorgungsausgleich *s auch Versorgungsausgleich, Vereinbarungen über den –;* Vereinbarungen über Versorgungsausgleich **1587 o** 3 ff; mögliche Vereinbarungen zum Versorgungsausgleich **1408** 65 ff; Vereinbarungen zur Bewertung **1408** 59; Verfügungsbeschränkungen **1408** 59; Versorgungsausgleich **1408** 23, 51; ergänzende Vertragsauslegung **1408** 57; Vertragsgestaltung **1408** 54 f; Vertragspartner **1408** 4; Verweisungsverbot **1408** 10; **1409** 1; Vollmacht zum Abschluss eines -s **1410** 3; voreheliches Vermögen **1408** 59; Vorvertrag **1408** 4; Wahl eines anderen Güterstandes **1408** 3; Wegfall der Geschäftsgrundlage **1408** 57; Widerruf der Überlassung der Vermögensverwaltung **1413**; Wirksamkeitskontrolle **1408** 31 ff; Wirkung gegenüber Dritten **1408** 4; **1412**, *s auch Ehevertrag, Eintragung in das Güterrechtsregister;* Zeitbestimmung **1408** 4; Zugewinnausgleichsquote **1408** 59; Zustimmung des gesetzlichen Vertreters **1411** 3; sonstige Zwangssituationen **1408** 47 f; zwingende Bestimmungen des Güterrechts **1408** 10

–, **Eintragung in das Güterrechtsregister,** Änderung güterrechtliche Verhältnisse **1412** 5; analoge Anwendung **1412** 6; Beweislast **1412** 18; Eintragung **1412** 10; keine Eintragungspflicht **1412** 2; Einwendungen gegen Rechtsgeschäft oder Prozess **1412** 7; Einwendungsausschluss zugunsten Dritter **1412** 12; Grundzüge **1412** 1; Kenntnis des Dritten von – **1412** 11; maßgeblicher Zeitpunkt **1412** 9; materiell-rechtliche Wirkung der Eintragung **1412** 4; negative Publizität **1412** 1; persönlicher Anwendungsbereich **1412** 8; Rechtsscheinhaftung **1412** 17; Schutz des Rechtsverkehrs **1412** 1; standardisierter Schutz **1412** 1; Verhältnis zu sonstigen Gutglaubensvorschriften **1412** 16; Voraussetzungen für die Zulässigkeit der Einwendungen **1412** 9 ff; vorzeitiger Zugewinnausgleich **1412** 5; Wahlrecht zwischen Rechtslage und Schutzposition **1412** 14; Wirkung **1412** 12 ff; zeitliche Grenze **1412** 15; Zerstörung des guten Glaubens Dritter durch Eintragung **1412** 3; Zwangsvollstreckungsmaßnahmen **1412** 7

Ehewirkungen, Abgrenzung zum Ehegüterrecht **EGBGB 14** 17; Abgrenzung zum Unterhalt **EGBGB 14** 18 ff; allgemeine – **EGBGB 13** 2; **EGBGB 14** 5 ff; allgemeine Grundsätze **EGBGB 14** 64 ff; Anknüpfung **EGBGB 14** 24 ff; Anknüpfungsgegenstand **EGBGB 14** 5 ff; Anknüpfungsleiter **EGBGB 14** 25; Anknüpfungszeitpunkt **EGBGB 14** 60 ff; Wirkung ausländischen Güterrechts gegenüber Dritten im Inlandsverkehr **EGBGB 16** 20; Deliktsstatut **EGBGB 14** 16; eheliche Lebensgemeinschaft und Lebensführung **EGBGB 14** 9 f; erbrechtliche – **EGBGB 13** 2; Form der Rechtswahl **EGBGB 14** 54 ff; gemeinsames Heimatrecht bei Mehrstaatern **EGBGB 14** 45; Geschäftsfähigkeit **EGBGB 14** 12 f; güterrechtliche – *s dort;* Heimatrecht eines Ehegatten **EGBGB 14** 46 ff; Heimatrechtsgrundregel **EGBGB 14** 24; innerdeutsches Kollisionsrecht **EGBGB 14** 80 ff; Kaskadenanknüpfung **EGBGB 14** 25; Kegel'sche Leiter **EGBGB 14** 25; Mithaftung des andere Ehegatten **EGBGB 14** 14 ff; namensrechtliche – **EGBGB 13** 2; Nutzung von Ehewohnung und Hausrat **EGBGB 14** 21 ff; ordre-public-Vorbehalt **EGBGB 14** 72; persönliche Rechtsbeziehungen **EGBGB 14** 9 f; Primäranknüpfung an Staatsangehörigkeit **EGBGB 14** 26 ff; Rechtstatsachen **EGBGB 14** 2; Rechtswahl **EGBGB 14** 42 ff; Regelungskonzept **EGBGB 14** 1; Schlüsselgewalt **EGBGB 14** 17; Sekundäranknüpfung an Aufenthalt **EGBGB 14** 34 ff; Staatsverträge **EGBGB 14** 3 f; subjektive Anknüpfung **EGBGB 14** 42 ff; Tertiäranknüpfung an gemeinsame engste Verbindung auf andere Weise **EGBGB 14** 39 ff; Unterhalt **EGBGB 13** 2; Verfahren **EGBGB 14** 73 ff; Verkehrsschutz *s Verkehrsschutz im Ehegüterrecht;* vermögensrechtliche Beziehungen **EGBGB 14** 11 f; Wahlmöglichkeiten **EGBGB 14** 45 ff

Ehewirkungsstatut, Bestimmung der Abstammung nach dem – **EGBGB 19** 17 ff; bei Adoption eines Kindes durch Verheiratete **EGBGB 22** 42 ff; allgemeine Grundsätze **EGBGB 14** 64 ff; Anknüpfung **EGBGB 14** 24 ff; Anknüpfungsleiter **EGBGB 14** 25; Anknüpfungszeitpunkt **EGBGB 14** 60 ff; und Deliktsstatut **EGBGB 14** 16; Form der Rechtswahl **EGBGB 14** 54 ff; gemeinsames Heimatrecht bei Mehrstaatern **EGBGB 14** 45; und Güterrechtsstatut **EGBGB 14** 17; **EGBGB 15** 2; Heimatrecht eines Ehegatten **EGBGB 14** 46 ff; Heimatrechtsgrundregel **EGBGB 14** 24; innerdeutsches Kollisionsrecht

magere Zahlen = Rn

Sachverzeichnis

EGBGB 14 80 ff; Kaskadenanknüpfung **EGBGB 14** 25; Kegel'sche Leiter **EGBGB 14** 25; ordre-public-Vorbehalt **EGBGB 14** 72; Primäranknüpfung an Staatsangehörigkeit **EGBGB 14** 26 ff; Rechtswahl **EGBGB 14** 42 ff; Sekundäranknüpfung an Aufenthalt **EGBGB 14** 34 ff; subjektive Anknüpfung **EGBGB 14** 42 ff; Tertiäranknüpfung an gemeinsame engste Verbindung auf andere Weise **EGBGB 14** 39 ff; Verfahren **EGBGB 14** 73 ff; Wahlmöglichkeiten **EGBGB 14** 45 ff
Ehewohnung, Aufnahme Verwandter 1353 8; einseitige Verweisungsnorm **EGBGB 17 a** 9 ff; Entfernung des Ehebruchpartners aus der – 1353 37; gerichtliche Maßnahmen zum Schutz vor Gewalt und Nachstellungen **GewSchG 1**; Internationales Privatrecht **EGBGB 17 a**; Kündigung des Mietvertrages 1353 7; Lebenspartnerschaft **EGBGB 17 a** 13; Nutzungsbefugnis für im Inland belegene – **EGBGB 17 a** 15 f; Nutzungszuweisungen **EGBGB 17 a** 17 ff; Recht auf Mitbenutzung 1353 7; Schutzanordnungen **EGBGB 17 a** 9, 18 ff; Überlassung einer gemeinsam genutzten Wohnung **GewSchG 2**; Unterhaltsstatut **EGBGB 18** 26; Verfahrensrecht **EGBGB 17 a** 24 ff; Verfügung eines Ehegatten 1353 7
– **bei Getrenntleben,** Ablehnung der häuslichen Gemeinschaft **1361 b** 4; alleinige Benutzung **1361 b** 5; Amtsermittlungsgrundsatz **1361 b** 17; Aufteilung der Wohnung **1361 b** 5; Berücksichtigung der Belange der anderen Ehegatten **1361 b** 10 ff; Betretungsverbot **GewSchG 1** 22; Billigkeit **1361 b** 15; dingliche Rechte an der Wohnung **1361 b** 12; Drohung **1361 b** 9, 12; Einzelfälle unbilliger Härte **1361 b** 8; Festsetzung einer Nutzungsvergütung **1361 b** 14 f; Feststellungslast **1361 b** 17; Gebot des Wohlverhaltens **1361 b** 13; Geltung eines ausländischen Ehestatutes **1361 b** 18; gerichtliche Maßnahmen zum Schutz vor Gewalt und Nachstellungen **GewSchG 1**; Gesamtabwägung **1361 b** 12; Gewalt **1361 b** 9, 12; Gewaltschutzgesetz **1361 b** 20 f; Interessen Dritter **1361 b** 12; Kinder **1361 b** 11, 20; Lebenspartnerschaft **1361 b** 19; Rückkehrabsicht **1361 b** 16; Streitwert des Verfahrens **1361 b** 17; unbillige Härte **1361 b** 6 ff; verbotene Eigenmacht **1361 b** 12; Verfahren **1361 b** 17 f; Verhältnismäßigkeitsgrundsatz **1361 b** 5, 12; Verschulden **1361 b** 1; vorläufiger Rechtsschutz **1361 b** 17; Wille zum Getrenntleben **1361 b** 4; Zeitablauf **1361 b** 10; Zuweisung der – **1361 b** 2, 20
–, **Regelungen der HausratsVO (§§ nach der HausratsVO),** Ausgleichszahlung 5 6; Begriff 1 5; Begründung eines Mietverhältnisses zu Gunsten eines Ehegatten 3 7; 5 7; Beteiligte 7; Dienst- und Werkwohnung 4; dingliche Berechtigungen 3 3 f; Dritter Alleineigentümer der Wohnung 3 3; Festsetzung der Miete 5 7; gemeinsame Kinder 3 6; Mietwohnung 5; Miteigentum der Ehegatten 3 3; Neuregelung des Mietverhältnisses 5 1; Räumungsanordnung 6; Teilung der Wohnung 6; unbillige Härte 3 5; unwilliger Vermieter 5 3; Vertragshilfe 5 3; Wohnung im eigenen Haus eines Ehegatten 3; Zuweisung zum Gebrauch 3 2

eidesstattliche Versicherung, auf Antrag eines Nachlassgläubigers 2006 3; des ausgleichungspflichtigen Miterben 2057 6; Begriff 2356 7; im Erbscheinsverfahren 2356 6 ff; Erforderlichkeit 2356 8; Folgen der Verweigerung 2006 11; bei gemeinschaftlichem Erbschein 2357 6 f; des Hausgenossen des Erblassers 2028 6 f; Inhalt 2006 10; bei Inventarerrichtung 2006; während Nachlassverwaltung und Nachlassinsolvenzverfahren 2006 5; Stellvertretung 2356 7; unrichtige – 2356 9; Verfahren bei Inventarerrichtung 2006 6 ff; Verweigerung 2356 9; Zuständigkeit 2356 6
eigenhändiges Testament, Anlage 2247 13 ff; Behinderungen 2247 4; besondere amtliche Verwahrung 2258 b 1; Beweisfragen 2247 32; Bezugnahme 2247 16 ff; Blindenschrift 2247 4, 12; Brief 2247 8; Durchschrift 2247 10; eigenhändige Schrift 2247 5 ff, 9 ff; Einschaltungen 2247 22; Entbehrlichkeit einer Überschrift 2247 7; Erbscheinsverfahren 2247 32; Ergänzungsfunktion der Anlage 2247 15; Erläuterungsfunktion der Anlage 2247 14; Indiz der geistigen Urheberschaft 2247 10; keine Testierunfähigkeit 2247 2; Leseunfähigkeit 2247 4; Material der Schrift 2247 5; Minderjährige 2229 7; 2233 1 ff; Nachträge 2247 22; Nichtigkeit 2247 23; Ortsangabe 2247 30; Person des Erblassers 2247 1 ff; Postkarte 2247 8; Recht in den neuen Bundesländern 2247 33; Rückgabe 2256 5; Schreibhilfe 2247 11; Schriftzeichen und Sprache 2247 6; Streichungen 2247 22; Telefaxvorlage 2247 8; Testamentsart 2231 2 ff; Testierwille 2247 3; Verbot mechanischer oder elektronischer Schrift 2247 12; Verstoß gegen Anforderungen des § 2247 2247 31; Verwahrung 2248; Volljährigkeit 2247 1; Vorteil 2231 4; Widerrufs *Testament, Widerruf*; Zeit und Ort der Errichtung 2247 29 f; Zeitangabe 2247 29; Zusätze 2247 22
–, **Unterschrift,** Anfangsbuchstaben 2247 23; drei Kreuze 2247 23; Eigenhändigkeit 2247 23; Einschaltungen 2247 28; am Ende des Textes 2247 24; Handzeichen 2247 23; Künstler-, Spitz- oder Kosenamen 2247 23; mehrere Blätter oder Anlagen 2247 25; Nachträge 2247 28; Namensabkürzungen 2247 23; Ort der Unterschrift 2247 24; Schnörkel 2247 23; Selbstbenennung 2247 24; Streichungen 2247 28; Unterzeichnung auf Umschlag 2247 26; Vor- und Zuname 2247 23; Zeitpunkt 2247 27; Zusätze 2247 28
Eigenrechtserbschein EGBGB 25 65
Eigentums- und Vermögensgemeinschaft der DDR 1363 3, 9; **1374** 2
Eigentumsvermutung, Alleinbesitz 1362 8; Anwendungsbereich 1362 7 ff; Ausnahmen von der – 1362 12 ff; Besitz an beweglichen Sachen 1362 9; blankoindossierte Orderpapiere 1362 9; Damenschmuck 1362 14; bei Ehegatten 1362; Folgen 1362 3 ff; Gegenstände des persönlichen Gebrauchs 1362 12 ff; gegenwärtiger Besitz 1362 8; Gläubigerschutz 1362 1; bei allen Güterständen 1362 11; Inhaberpapiere 1362 9; nichteheliche Lebensgemeinschaft 1362 7; Rechtsvermutung 1362 3; Trennung 1362 7; Vermutungswirkung 1362 3 ff; wirksame Ehe 1362 7

3127

Sachverzeichnis

fette Zahlen = §§

Einbenennung, Abwägung der Interessen der Beteiligten **1618** 9.1; additive Namenserteilung **1618** 9, 15; Anfechtung **1618** 18; Begleitname des Ehegatten **1618** 3, 15; Beschwerdeberechtigung **1618** 22; Bestandskraft **1618** 18; bestehende Ehe bzw. Lebenspartnerschaft **1618** 3; Eintragung eines Randvermerks **1618** 17; Einwilligung des Kindes **1618** 8; Erforderlichkeit **1618** 9 ff; Ermittlung der Erforderlichkeit **1618** 14; erneute – **1618** 18; Ersetzung der Zustimmung des anderen Elternteils **1618** 9 ff, 19 ff; fehlender Kontakt zum nicht sorgeberechtigten Elternteil **1618** 11.1; Form **1618** 16 f; Führung eines Ehe- bzw. Lebenspartnerschaftsnamens **1618** 3; Geschwisterkind **1618** 3; Inhalt des Namens **1618** 15 f; Internationales Privatrecht EGBGB **10** 23; Kind in gemeinsamem Haushalt **1618** 4; mehrfache – **1618** 3; minderjähriger Elternteil **1618** 2; minderjähriges unverheiratetes Kind **1618** 2; Namenserteilung **1618** 15 ff; Namensgleichheit innerhalb der faktischen Familie **1618** 1; Namensidentität **1618** 5; notwendige Erklärungen **1618** 5 ff; Probleme der Namensverbindung mit anderem Elternteil **1618** 11; Probleme wegen Namensdifferenz **1618** 10; Rechtsmittel **1618** 21 ff; Sachverständigengutachten **1618** 14; Sorgerecht und Personenstand des Kindes **1618** 2; substituierende Namenserteilung **1618** 15; tatsächliches Personensorgerecht **1618** 2; triftiger Grund **1618** 9.1; Übergangsregelung **1618** 23; Verfahrenspfleger **1618** 14; Verfahrensrecht **1618** 19 ff; Verschulden des Elternteils **1618** 11; verweigerte Unterhaltszahlungen **1618** 11.1; Voraussetzungen **1618** 2 ff; Widerruf **1618** 18; Wirkung **1618** 18; Wunsch der Kinder **1618** 10; Zeitpunkt **1618** 16; Zuständigkeit des FamG **1618** 20; Zustimmung des anderen Elternteils **1618** 5 ff; Zustimmungserfordernisse **1618** 5 ff; Zweck **1618** 1

Eingliederungsmodell 1687 3
Eingriffskondiktion EGBGB **38** 15 f
Eingriffsnormen s *Vertragsstatut, Eingriffsnormen*
Einkommen des Unterhaltspflichtigen, Betreuungsbonus **1603** 10; Fahrtkosten **1603** 11; Interessenabwägung bei Schulden **1603** 12; Nebentätigkeit **1603** 10; Schuldverpflichtungen **1603** 12; Schwarzarbeit **1603** 10; Überstundenvergütung **1603** 10; Unterhaltsleistungen **1603** 9; unzumutbare Erwerbstätigkeit **1603** 10; bei Verwandtenunterhalt s *Verwandtenunterhalt, Leistungsfähigkeit des Unterhaltspflichtigen;* Zuwendungen Dritter **1603** 8

Einkünfte des Kindesvermögens, Bedürftigkeit der Eltern und Geschwister **1649** 9; Billigkeitserwägungen **1649** 10; familienrechtliches Verwendungsrecht eigener Art **1649** 1; Haftung der Eltern **1649** 12; Rechenschaftspflicht der Eltern **1649** 12; Schutz des Kindesvermögens **1649** 1; Überschuss **1649** 6; für den Unterhalt der Eltern und minderjähriger unverheirateter Geschwister **1649** 6 ff; für den Unterhalt des Kindes **1649** 4 f; Verletzung der Stufenfolge **1649** 12; Vermögenssorge eines oder beider Eltern **1649** 2; zur Vermögensverwaltung **1649** 3 f; Verwendung anderweitiger Einkünfte **1649** 5; Verwendungsbefugnis **1649** 8; Wegfall der Verwendungsmöglichkeit **1649** 11

Eintrittsklausel 1922 67
Eintrittsrecht im Gesellschaftsvertrag **1922** 67
einverständliche Scheidung, Antragsschrift **1566** 6; Aussetzung des Verfahrens **1566** 10; Beweislast **1566** 15; einjähriges Getrenntleben **1566** 3 ff; Erschwernis **1566** 1; Fristenmodell der Scheidung **1566** 1; gemeinsame Scheidungsfolgenregelung **1566** 7; Kinderschutzklausel **1566** 9; Rücknahme des Antrags **1566** 9; Scheitern der Ehe **1566** 2; unwiderlegbare Vermutung des Scheiterns der Ehe **1566** 1, 10, 11; Verbundverfahren **1566** 12; Widerruf der Zustimmung **1566** 8; Zustimmung des anderen Ehegatten **1566** 8; zwingende Beweisregeln **1566** 2

Einwilligung in Verfügung über Vermögen als Ganzes **1365** 23 f
Einwilligungsfähigkeit 1904 6
Einwilligungsvorbehalt, Abgabe von Willenserklärungen **1903** 9; Akzessorietät **1903** 2; Alltagsgeschäfte **1903** 24 f; analoge Anwendung **1903** 18; Aufhebung **1908 d** 10; Ausschluss **1903** 13 ff; Auswirkungen in anderen Rechtsgebieten **1903** 28; Begründung einer Lebenspartnerschaft **1903** 15; Eheschließung **1903** 14; Eignung **1903** 8; Einschränkung **1908 d** 10; einwilligungsfreie Rechtsgeschäfte **1903** 23 ff; Erforderlichkeit **1903** 8 ff; erhebliche Gefahr **1903** 3 f; Gefahr für das Vermögen **1903** 5; Gefahr für die Person **1903** 6 f; geringfügige Angelegenheiten des täglichen Lebens **1903** 24 f; Geschäftsfähigkeit des Betreuten **1903** 10 f, 19 ff; Geschäftsunfähigkeit des Betreuten **1903** 26 f; Anordnung für Minderjährige **1908 a;** Mitteilungspflichten **1903** 29; rechtlicher Vorteil **1903** 23; Rechtsmittel **1903** 32; **1908 d** 14; Sachverständigengutachten **1903** 30; bei sich widersprechenden Rechtsgeschäften **1902** 17; Umfang **1903** 12; Verfahren **1903** 30 ff; **1908 d** 11 ff; Verfügungen von Todes wegen **1903** 16 f; Vormundschaft **1903** 2 ff; Wirkungen **1903** 19 ff; zustimmungsfreie Willenserklärungen **1903** 18; Zweck **1903** 1

Einzelstatut bricht Gesamtstatut EGBGB **3** 10 ff
Einziehung des unrichtigen Erbscheins, Amtsverfahren **2361** 8; Beendigung der Testamentsvollstreckung **2368** 23; Beschwerdeberechtigung **2361** 17; Einziehung **2361** 2 ff; unrichtiger Erbschein des Vorerben **2363** 16; Erbscheinserteilung ohne Antrag **2361** 5; fehlende Angabe der Testamentsvollstreckung **2364** 5 ff; Kraftloserklärung **2361** 15; Rechtsmittel **2361** 16 ff; Rechte des Testamentsvollstreckers **2364** 6; Unrichtigkeit **2361** 2 ff; Unzuständigkeit **2361** 6; Verfahren **2361** 8 ff; Verfahrensverstöße **2361** 4 ff; Verhältnis zum Zivilverfahren **2361** 11; vorläufiger Rechtsschutz **2361** 13; bei Wechsel des Nacherben **2363** 16; Wegfall der Testamentsvollstreckung **2361** 5 ff; Wirksamwerden **2361** 14; maßgeblicher Zeitpunkt **2361** 3; Zuständigkeit **2361** 12

elterliche Sorge, Abänderung und Überprüfung gerichtlicher Anordnungen *s dort;* absolutes Recht iS von § 823 Abs 1 **1626** 3; Abtretbarkeit **1626** 4; allgemeine Kennzeichen **1626** 1 ff; Anhörung der Eltern **1626** 41; Anhörung des Kindes **1626** 41; Anspruch auf rechtliches Ge-

magere Zahlen = Rn **Sachverzeichnis**

hör **1626** 40 ff; Aufgabenteilung **1627** 3; nach Aufhebung der Adoption **1764** 6; Aufteilbarkeit **1626** 5; Ausbildung und Beruf des Kindes *s dort;* bei Ausfall der gesetzlichen Vertreter **1773** 1; Ausschluss der Vertretungsmacht **1795** 11; Ausübung **1627;** Beendigung durch Todeserklärung **1677;** Begriff **1626** 1 ff; Begründung gemeinsamer − **1672** 14; Beschränkung **1666** 20 f; Dauer **1626** 16 ff; einstweilige Anordnung **1626** 45; Elternrecht **1626** 6 ff; Ende **1626** 19 ff; Entstehung der gemeinsamen − **1626** 7 ff; **1626 a** 2 ff; Entziehung der Vertretungsmacht **1796** 5; nach Entziehung des Sorgerechts eines Elternteils **1680** 7 ff; Entzug **1626** 4; Entzug der gesamten − **1666** 22; Erziehungsauftrag des Staates **1626** 12; Erziehungsrichtlinie **1627** 1; Erziehungsstil **1626** 30; Erziehungsziel **1626** 30; bei Familienpflege *s Familienpflege;* fehlende Berechtigung der Eltern zur gesetzlichen Vertretung **1773** 4; Folgen der tatsächlichen Verhinderung für den anderen Elternteil **1678;** Fortführung der Geschäfte in Unkenntnis der Beendigung der − **1698 a;** Fortführung dringender Geschäfte nach Tod des Kindes **1698 b;** mit Freiheitsentziehung verbundene Unterbringung *s Freiheitsentziehung;* gegenseitiges Einvernehmen der Eltern **1627** 2; gerichtliche Entscheidung bei Meinungsverschiedenheiten *s elterliche Sorge, Entscheidungsbefugnis, Übertragung auf einen Elternteil;* gerichtliche Maßnahmen bei Verhinderung der Eltern **1693;** Getrenntleben bei − der Mutter *s elterliche Sorge, Übertragung der Alleinsorge auf den Vater bei Getrenntleben der Eltern;* und Grundgesetz **1626** 7 ff; beschränkte Haftung der Eltern **1664;** Haftungserleichterungen **1664** 6 ff; Herausgabe des Kindes *s dort;* Inhalt **1626** 21 ff; Intellektuellenparagraph **1626** 32; Internationales Privat- und Verfahrensrecht **1626** 53 f; Kinder − und Jugendhilfe **1626** 35; Kindeswohl **1626** 4; Kindeswohlprinzip **1697 a;** kleines Sorgerecht **1687 b** 2 ff; Kontinuitätsgrundsatz **1680** 9; Kriterien für die Ausübung **1627** 2 ff; Mediation **1626** 44 ff; Meinungsverschiedenheiten der Eltern **1627** 5; **1628;** Meinungsverschiedenheiten zwischen Eltern und Pfleger **1630** 5; Missbrauch **1632** 7; **1682** 5; Mitentscheidungsrecht des Stiefelternteils **1687 b;** Namensbestimmungsrecht **1616** 5 ff; nicht miteinander verheirateter Eltern *s elterliche Sorge, gemeinsame Sorge durch Sorgeerklärungen;* Offizialprinzip **1626** 38; persönlicher Anwendungsbereich **1626** 15; Personensorge *s dort;* Pflege und Erziehung des Kindes **1626** 9; **1631** 3 ff; gesetzgeberische Vorgaben für Pflege und Erziehung des Kindes **1626** 30 ff; bei Pflegerbestellung *s elterliche Sorge, Einschränkung durch Pflegerbestellung;* Pflichtrecht **1626** 2; psychologische Begutachtung des Kindes **1626** 42; Rechenschaftspflicht der Eltern **1698;** Rechtsmittel **1626** 46; Rechtsstaatsprinzip **1626** 39; Sachverständigengutachten **1626** 42; Schadensersatzansprüche des Kindes **1664** 1, 8; Schutzverhältnis **1626** 2; Sorgfaltsmaßstab **1664** 1; Sterilisationsverbot **1631 c;** subjektives Recht der Eltern **1626** 2; supranationaler Schutz von Grundrechten und -freiheiten **1626** 52 ff; tatsächliche Verhinderung eines Elternteils **1678**

2; nach Tod eines Elternteils **1680** 2 ff; nach Todeserklärung eines Elternteils **1681;** Träger des Elternrechts **1626** 8; Übergangsregelung **1626** 49 ff; **1680** 11; kraft Überleitung in das neue Sorgerecht **1712** 12; Übertragung auf beide Eltern *s elterliche Sorge, gemeinsame Sorge bei Getrenntleben der Eltern;* Umgang des Kindes mit den Eltern und anderen Personen **1626** 33 ff; Unverzichtbarkeit **1626** 4; Vererblichkeit **1626** 4; Verfahren **1680** 11; Verfahrenspfleger für das Kind **1626** 43 ff; Verfahrensrecht **1626** 36 ff; Verhinderung der Eltern an der Ausübung **1693;** Vermögensherausgabe **1698;** Vermögenssorge *s dort;* Vertretung des Kindes *s dort;* und Vertretungsmacht **1629** 2; Vollstreckung einer gerichtlichen Verfügung **1626** 47 f; Vormundschaft *s dort;* Vorwirkung **1626** 18; Wächteramt des Staates **1626** 13 f; Wirkung der Entziehung **1666** 23; Zuständigkeit des FamG **1626** 36

−, **Alleinsorge,** Entscheidungsbefugnisse des nichtsorgeberechtigten Elternteils **1687 a;** nach Entziehung des Sorgerechts eines Elternteils bei gemeinsamer Sorge **1680** 8; kleines Sorgerecht des Ehegatten **1687 b** 2 ff; Mitentscheidungsrecht des Stiefelternteils **1687 b;** der Mutter **1626 a** 16 ff; Ruhen der − der Mutter **1678** 6; bei Ruhen der gemeinsamen Sorge **1678** 2 ff; sorgerechtliche Befugnisse des Ehegatten **1687 b;** Übertragung der − auf den Vater *s elterliche Sorge, Übertragung der Alleinsorge auf den Vater bei Getrenntleben der Eltern;* des Vaters **1626 a** 23

−, **Einschränkung durch Pflegerbestellung,** Ausschluss der Eltern von der Wahrnehmung der elterlichen Sorge **1630** 2 f; Entscheidungsbefugnisse der Pflegeperson **1688;** gemischte Angelegenheiten **1630** 4 ff; Gründe für Pflegerbestellung **1630** 2 f; Meinungsverschiedenheiten zwischen Eltern und Pfleger **1630** 5; Nebeneinander von elterlicher Sorge und Sorge des Pflegers **1630** 4 ff; Rechte des Pflegers **1630** 3; Verfahren **1630** 16; Zuständigkeit des FamG **1630** 16; **1697**

−, **Entscheidungsbefugnis, Übertragung auf einen Elternteil,** einzelne Angelegenheit gemeinsamer Sorge **1628** 2 f; Auflage bei Übertragung **1628** 6; Beschränkung der Entscheidungsbefugnis **1628** 6; Entscheidungsbefugnisse nichtsorgeberechtigten Elternteils **1687 a;** erfolgloser Einigungsversuch **1628** 2; erhebliche Bedeutung für das Kind **1628** 4; Inhalt der gerichtlichen Entscheidung zur Übertragung **1628** 5 ff; Konkurrenzen **1628** 8 ff; bei Ruhen der gemeinsamen Sorge **1678** 2 ff; Sachentscheidung des Gerichts **1628** 5; bei tatsächlicher Verhinderung eines Elternteils **1678** 2 ff, 8; Übertragung der alleinigen elterlichen Sorge **1628** 7; gerichtliches Übertragungsverfahren **1628** 12; Voraussetzungen der Übertragung **1628** 2 ff

−, **gemeinsame Sorge bei Getrenntleben der Eltern,** abgestuftes System von Befugnissen **1687** 1; Änderung der Zweitentscheidung **1672** 20; Änderungsvertrag **1687** 4; Alleinentscheidungsrecht eines Elternteils **1687** 9 ff; Alleinsorge des Vaters oder der Mutter **1672** 17; Alleinvertretungsrecht eines Elternteils **1687**

3129

Sachverzeichnis fette Zahlen = §§

11; Angelegenheiten der tatsächlichen Betreuung **1687** 13 ff; Angelegenheiten des täglichen Lebens **1687** 9 ff; Angelegenheiten von erheblicher Bedeutung **1687** 6 ff; Antrag eines Elternteils **1672** 15; Aufhebung der gerichtlichen Entscheidung **1672** 20; Aufspaltung des gemeinsamen Sorgerechts **1687** 1.1; Bindungswirkung von Vereinbarungen **1687** 4; Einschränkung und Ausschluss des Alleinentscheidungsrechts **1687** 12, 14; Entscheidung des Gerichts **1672** 19 f; fehlendes Einvernehmen **1687** 8 f; gegenseitiges Einvernehmen **1687** 7; gemeinsame elterliche Sorge **1687** 5; nicht nur vorübergehendes Getrenntleben der Eltern **1687** 5; negative Kindeswohlprüfung **1672** 18; Nestmodell **1687** 3; Notvertretungsrecht **1687** 15; personeller Anwendungsbereich **1687** 5; Reichweite der Elternautonomie **1687** 2 ff; Residenz- und Eingliederungsmodell **1687** 3; Sachvoraussetzungen **1672** 18; teilweise gemeinsame Sorge **1672** 15; Verfahren **1687** 17; Verständigung über Grundrichtung **1687** 7; Wechselmodell **1687** 3; Widerruf von Vereinbarungen **1687** 4.1; Wohlverhaltensklausel **1687** 16; Zulässigkeitsvoraussetzungen **1672** 15 ff; Zustimmung des anderen Elternteils **1672** 16

–, **gemeinsame Sorge durch Sorgeerklärungen,** Anfechtung der Sorgeerklärungen **1626 a** 15; bedingte Sorgeerklärung **1626 b** 3; Beendigung der gemeinsamen elterlichen Sorge **1626 a** 15; beschränkt geschäftsfähiger Elternteil **1626 c** 3 ff; besondere Wirksamkeitsvoraussetzungen der Sorgeerklärungen **1626 b**; betreuter Elternteil **1626 c** 5 f; Einschränkung der Autonomie der Eltern **1626 b** 5; Eltern nicht miteinander verheiratet **1626 a** 2 f; keine entgegenstehende gerichtliche Entscheidung **1626 a** 8; **1626 b** 4; Entstehung der gemeinsamen Sorge **1626 a** 2 ff; Erklärungsfrist **1626 a** 7; Ersetzung der Zustimmung des gesetzlichen Vertreters **1626 c** 3; Folge der Unwirksamkeit **1626 e** 4; Form der Erklärung **1626 a** 7; Formvorschriften **1626 d** 1; geschäftsunfähiger Elternteil **1626 c** 5 f; Heirat der Eltern **1626 a** 12; Höchstpersönlichkeit der Sorgeerklärung **1626 c** 2; Kindeswohlprüfung **1626 a** 10; mehrere Kinder **1626 a** 6; Mitteilungspflicht an das Jugendamt **1626 d** 2 ff; Negativtest **1626 d** 3; öffentliche Beurkundung von Sorgeerklärungen **1626 d** 1; persönliche Abgabe der Erklärungen **1626 c** 2; Rechtsfolgen der Sorgeerklärungen **1626 a** 13 f; Sorgeerklärung auf Probe **1626 b** 3; Sorgeerklärungen **1626 a** 4 ff; Sorgeplan **1626 a** 6; Unwirksamkeitsgründe **1626 b** 3 ff; **1626 e**; Verzichtserklärung **1626 a** 15; Voraussetzungen **1626 a** 2 ff; Widerruf der Sorgeerklärungen **1626 a** 15; Zeitbestimmung **1626 b** 3; Zeitpunkt der Abgabe der Sorgeerklärung **1626 b** 2; Zusammenleben der Eltern **1626 a** 9; Zustimmung des gesetzlichen Vertreters **1626 c** 3 f

–, **Ruhen** bei Alleinsorge der Mutter **1678** 4 ff; Alleinsorge eines Elternteils bei -der gemeinsamen Sorge **1678** 2 ff; Amtsermittlungsgrundsatz **1674** 5; Anordnung einer Betreuung **1673** 5; bei beschränkter Geschäftsfähigkeit eines Elternteils **1673** 3 ff; Dauer des Ausübungshindernisses **1674** 3; Einwilligungsvorbehalt **1673** 5; Folgen des Ruhens für den anderen Elternteil **1678;** Fortführung der Geschäfte in Unkenntnis der Beendigung der elterlichen Sorge **1698 a;** bei Geschäftsunfähigkeit eines Elternteils **1673** 2 f; Kosten **1674** 5.1; Prozessuales **1674** 5 f; **1678** 9; Anordnung eines psychiatrischen Gutachtens **1674** 5; Rechenschaftspflicht der Eltern **1698;** bei rechtlichen Hindernis **1673;** Rechtsfolgen **1674** 6; bei tatsächlichem Hindernis **1674; 1678** 8; tatsächliches Ausübungshindernis **1674** 2; Verfahren **1678** 9; Verhinderung in Teilbereichen **1674** 4; Vermögensherausgabe **1698;** vorläufige Anordnung **1674** 5.1; Vorrang der Meinung des minderjährigen Elternteils **1673** 4 f; Wiederaufleben des Sorgerechts **1674** 7 f; Wirkung **1674** 6; **1675**

–, **Übertragung der Alleinsorge auf den Vater bei Getrenntleben der Eltern,** Alleinsorge der Mutter **1672** 2; Antrag des Vaters **1672** 4; Doppelnatur des Antrags **1672** 4.1; Ende der Alleinsorge des Vaters **1672** 12 ff; Entscheidungsmöglichkeiten des Gerichts **1672** 9 f; nach Entziehung des Sorgerechts der Mutter **1680** 9; vor Geburt des Kindes **1672** 4; nicht nur vorübergehendes Getrenntleben **1672** 3; Kindeswohlprüfung **1672** 6 ff; **1678** 5; **1680** 9; bei Ruhen der Alleinsorge der Mutter **1678** 4 ff; Ruhen der Alleinsorge des Vaters **1672** 11; **1678** 7; Sachvoraussetzungen **1672** 6 ff; tatsächliche Verhinderung der Mutter **1672** 11; Wille des Kindes **1672** 8; Zulässigkeitsvoraussetzungen **1672** 2 ff; Zustimmung der Mutter **1672** 5

–, **Umwandlung der gemeinsamen Sorge in Alleinsorge bei Getrenntleben der Eltern,** Abstammung des Kindes **1671** 39; abweichende Regelung der elterlichen Sorge **1671** 56 ff; Änderung der gerichtlichen Entscheidung **1671** 70; Alkoholismus **1671** 37; am 1. 7. 1998 anhängige Sorgerechtsverfahren **1671** 71; Anhörung im Verfahren **1671** 63; Antrag **1671** 10 ff; Antragsberechtigung **1671** 11; Antragsform **1671** 12; Antragsinhalt **1671** 13 ff; Aufhebung der gemeinsamen Sorge **1671** 52; Auswechslung der Hauptbezugsperson **1671** 42.1; Begründung der gerichtlichen Entscheidung **1671** 67; berufstätiger Elternteil **1671** 35.1; Bindungen des Kindes **1671** 45 ff; fehlende Bindungstoleranz **1671** 36; bisherige gemeinsame Sorge **1671** 3 ff; dauernde Krankheit **1671** 37; einstweilige Anordnung **1671** 68; Entscheidung nach § 1628 **1671** 60; Entscheidung nach § 1666 **1671** 59; Entscheidung nach § 1696 **1671** 61; Entscheidungsmöglichkeiten des Gerichts **1671** 51 ff; erzieherische Eignung des Antragstellers **1671** 27, 35 ff; fehlender Widerspruch des Kindes **1671** 23; Förderprinzip **1671** 35; frühere Schwächen eines Elternteils **1671** 27.1; Geschäftsunfähigkeit eines Elternteils **1671** 38; Geschlecht des Kindes **1671** 39; Geschwister des Kindes **1671** 47; getrennte Anträge **1671** 53; Gewaltanwendung eines Elternteils **1671** 27; Gründe für Aufhebung der gemeinsamen elterlichen Sorge **1671** 26 ff; HIV-Virus **1671** 38; innere Bereitschaft des Antragstellers **1671** 35; Kindeswille

magere Zahlen = Rn

1671 33; Kindeswohlprüfung 1671 55 f; doppelte Kindeswohlprüfung 1671 25; Kontinuitätsprinzip 1671 42 ff; Lebensumstände des Antragstellers 1671 37; mehrere gemeinschaftliche Kinder 1671 15; minderjähriger Elternteil 1671 38; Mitteilung an das Jugendamt 1671 64; Muttervorrang 1671 35.2; neue nichteheliche Lebensgemeinschaft 1671 38; nicht nur vorübergehendes Getrenntleben 1671 7 ff; objektive Kooperationsfähigkeit der Eltern 1671 28 f; Orientierungshilfen aus der Rechtsprechung 1671 34 ff; partielle Alleinsorge 1671 13; Prognoseentscheidung 1671 32; räumliche Trennung als Grund 1671 26; Rechtsnatur des Antrags 1671 10, 19; Rechtsschutzbedürfnis 1671 17; Regelfall 1671 2 ff; religiöse Einstellungen 1671 43 f; Richtigkeitsprüfung 1671 22; Ruhen der elterlichen Sorge 1671 6; Sachverständiger 1671 65; Scheidungsverschulden 1671 41; sehr gespanntes Verhältnis der Eltern 1671 30; Sektenzugehörigkeit 1671 38; sexueller Missbrauch des Kindes 1671 40; Sorgeangelegenheit von erheblicher Bedeutung 1671 29; soziale Beziehung der Eltern 1671 31; stattgebende Entscheidung 1671 51; Streitigkeiten der Eltern von gewisser Dauer 1671 30; subjektive Kooperationsbereitschaft der Eltern 1671 28 f; tatsächliche Verhinderung 1671 6; Verfahren 1671 62 ff; Verfahrenspfleger 1671 65; Verhältnis zu Antrag nach § 1628 1671 18; Vermittlerfunktion des Gerichts 1671 66; Vetorecht des Kindes 1671 23; Vollstreckbarkeit der Entscheidung 1671 69; Vorstrafen 1671 37; Widerruf der Zustimmung 1671 21; Wille der Eltern 1671 54; Wille des Kindes 1671 49 ff, 54; zeitliche Aufspaltung der elterlichen Sorge 1671 14; Zulässigkeitsvoraussetzungen 1671 3 ff; zurückweisende Entscheidung 1671 52; Zuständigkeit des FamG 1671 62; Zustimmung des anderen Elternteils 1671 20 ff; Zuweisung der Sorge an den Antragsteller 1671 34 ff

Eltern-Kind-Verhältnis bei Adoption eines Minderjährigen 1741 34; bei Annahme Volljähriger 1767 4 ff; Aufwendungen des Kindes für den elterlichen Haushalt 1620; Dienstleistungspflicht des Kindes *s dort;* Pflicht zu Beistand und Rücksichtnahme 1618 a; unentgeltliche Zuwendungen 1624 1; Zuwendung besonderer Art 1624 2 ff; *s auch Umgangsrecht*

–, Internationales Privatrecht, Adoptionswirkungen EGBGB 22 26; allgemeine Regeln EGBGB 21 15 ff; Anerkennung ausländischer Entscheidungen EGBGB 21 21 ff; Anknüpfungsgegenstand EGBGB 21 7 ff; Anknüpfungspunkt EGBGB 21 11 ff; Anwendungsbereich EGBGB 21 7 ff; gewöhnlicher Aufenthalt des Kindes EGBGB 21 11; interlokales Recht EGBGB 21 25; intertemporales Recht EGBGB 21 24; nicht erfasste Rechtsbereiche EGBGB 21 10; ordre public EGBGB 21 17; Rück- und Weiterverweisung EGBGB 21 15; Staatsverträge EGBGB 21 2 ff; Statutenwechsel EGBGB 21 24; Verfahrensrecht EGBGB 21 18 ff; Vollstreckung ausländischer Entscheidungen EGBGB 21 21 ff; Vorfragen EGBGB 21 16; internationale Zuständigkeit EGBGB 21 18 ff

Elternunterhalt, Abzugsfähigkeit von Schulden 1601 18; Anspruchsberechtigung der Eltern 1601 9 ff; anteilige Haftung der Geschwister 1601 30; Ausbildungskosten 1601 31; Bedarf 1601 5 ff; bedarfsorientierte Grundsicherung 1601 11; Bedürftigkeit der Eltern 1601 9 ff; Beschränkung der Unterhaltspflicht 1601 32; Beweislast 1601 34; bisheriger Lebensstandard 1601 7; Einkommen der Eltern 1601 10; anrechenbares Einkommen des unterhaltspflichtigen Kindes 1601 17 ff; Einkünfte aus Nebentätigkeit 1601 18; Einsatz des Vermögens 1601 29 ff; Erwerbsverpflichtung der Eltern 1601 10; Erwerbsverpflichtung des unterhaltspflichtigen Kindes 1601 23; und Familienunterhalt 1601 22; gröbliche Vernachlässigung der Unterhaltspflicht durch Eltern 1601 32; individuelle Bedarfsmessung 1601 6; und Kindesunterhalt 1601 21; Kosten der Unterbringung und Verpflegung 1601 8; Leistungsfähigkeit der Kinder 1601 16 ff; Prozesskostenvorschuss 1601 31; Regelungen der neuen Bundesländer 1601 35; Rückgriff des Sozialhilfeträgers 1601 10; schuldhafte Verletzung elterlicher Pflichten 1601 32; Schwiegerkindhaftung 1601 26; angemessener Selbstbehalt des unterhaltspflichtigen Kindes 1601 24 ff, *s auch Selbstbehalt;* sozialhilferechtliches Existenzminimum 1601 7; Taschengeld 1601 5; Umfang des Unterhaltsanspruchs 1601 31; Unterhaltsansprüche gegen Ehegatten 1601 13; Vermögensstamm 1601 14 f; Verwirkung des Anspruchs auf Zahlung rückständigen Unterhalts 1601 33; Wegfall der Unterhaltspflicht 1601 32; Wohngeld 1601 12; Wohnvorteil 1601 19

Embryonenschutzgesetz 1591 11
Empfängniszeit, Beginn 1593 3; 1600 d 11
Endvermögen, Abfindungen 1375 6 f; arbeitsrechtliche Abfindungen 1375 9 ff; gesellschaftsvertragliche Abfindungsklauseln 1376 20; abweichende Vereinbarungen 1375 48; 1376 46; abzuziehende Verbindlichkeiten 1375 28 f; Aktien 1376 32; Aktiva 1375 4 ff; Anstandsschenkungen 1375 41; Anwartschaften 1375 12 f; 1376 32; Bewertung einer Arztpraxis 1376 15; uneinbringliche Ausgleichsforderungen gegenüber dem Ehegatten 1375 32; Ausnahmen vom Zugewinnausgleich 1375 5; Ausschluss der Hinzurechnung 1375 44; Berechnungszeitpunkt bei Scheidung 1384 5; Beteiligungen an Personengesellschaften 1376 18 ff; Beteiligungsquote im Innenverhältnis 1375 31; Beweiserleichterung 1375 39; Beweislast 1375 46 f; Bewertungsmethoden 1376 6, 10; Bewertungsvorgang 1376 2 ff; Bewertungszeitpunkte 1376 37 f, 43; Bewertungszweck 1376 4; Direktversicherung aus betrieblicher Altersversorgung 1375 14; 1376 34; Doppelverwertungsverbot 1375 5 ff, 29; 1376 12; Ausgleichsansprüche aus einer Ehegatteninnengesellschaft 1375 15; Einkommensteuerschulden 1375 33; Einkünfte 1375 16; Endstichtag 1375 2; Ertragsteuerbelastung 1376 35; Ertragswertmethode 1376 6, 10; Erwerb mit Mitteln aus vorzeitigem Zugewinnausgleich 1375 5; familienrechtliche Verbindlichkeiten 1375 34; Festlegung in Ehevertrag 1408 59; Firmenwert 1376 10, 12; Forderungen

Sachverzeichnis

1376 32; Fortführungswert 1376 33; Bewertung einer freiberuflichen Praxis 1376 14; gegenseitige Forderungen der Ehegatten 1375 30; Gesamtschuldnerausgleich 1375 31; Geschäftswert 1376 10, 12; Gesellschaftsbeteiligungen 1376 10 ff; gesellschaftsvertragliche Abfindungsklauseln 1375 40; good will 1376 10, 12, 25; Grundsatz der Bewertungseinheit 1376 10; Grundstück 1375 16; Grundstücksbewertung 1376 6 ff; bei Gütertrennungsehe 1375 29; Handlungen mit Benachteiligungsabsicht 1375 43; Bewertung eines kleinen Handwerksbetrieb 1376 16; Hausrat 1375 5, 17; 1376 32; Hausratsverbindlichkeiten 1375 34; HöfeO 1375 17; illoyale Vermögensminderung 1375 38 ff; 1379 1; 1386 4; Immobilien 1376 7; Kaufkraftschwund 1376 39 ff; Klauselwert 1376 20; Kunstgegenstände 1376 32; land- und forstwirtschaftliche Betriebe 1376 26 ff; Leasing 1375 21; 1376 32; Lebensversicherungen 1375 18 f; 1376 33 ff; Liquidationswert 1376 4; Lottogewinn 1375 21; Mittelwertmethode 1376 11; Nachzahlungen aus Dauerrechtsverhältnissen 1375 21; negative Kapitalkonten 1375 35; negatives – 1375 27; Nießbrauch 1375 21; 1376 32; Nutzungsrechte 1376 32; Nutzungswert 1376 4; Parteivereinbarung für Bewertung 1376 3; Passiva 1375 27 ff; personenbezogene Unternehmen 1376 12 ff; privilegierter Erwerb 1375 4; Prozessuales 1376 45; Realisierbarkeitsprinzip 1376 4; rechtlich geschützte Vermögenspositionen 1375 4; Rechtsanwaltskanzlei 1376 25; Regelungen für die ehemalige DDR 1376 43; reine Rechnungsgröße 1375 1; Renten 1376 32; Restitutionsansprüche 1376 44; Riester-Rente 1375 22; Sachverfahren 1376 6; Scheitern der Ehe 1375 31; Schmerzensgeld 1375 23; sozialadäquate Zuwendungen 1375 41; Sozialhilfe 1375 23; Steuerschulden 1375 36; Stichtagsprinzip 1376 2; tatsächliches – 1375 3 ff; treuhänderisch gehaltenes Vermögen 1375 24; unentgeltliche Zuwendungen 1375 39 ff; unentgeltliches Nutzungsrecht 1375 21; Unterhalt 1375 6, 20; Vorrang des Unterhaltsrechts 1375 6; Unterhaltsverpflichtungen 1375 37; Unternehmensbewertung 1375 8; 1376 10 ff; Unternehmerlohn 1376 10; Unterrichtungsanspruch 1379 1; Veräußerungskosten 1376 35; Verbindlichkeiten 1375 27 ff; 1376 38; Verbraucherpreisindex 1376 40 ff; Vergleichswertmethode 1376 6, 18; Verkaufswert 1376 3; Verkehrswert 1376 3; Vermögensgesetz 1376 44; hinzuzurechnende Vermögensminderungen 1375 38 ff; Vermögenswerte des Zugewinns 1375 9 ff; sonstige Vermögenswerte 1376 32 ff; Verschwendungen 1375 42; Versicherungsleistung 1375 25; Versorgungsausgleich 1375 5, 18, 25; Vollwert 1376 20; Vorerbschaft 1375 25; Wahl der Bewertungsmethode 1376 45; Wertaufhellungsprinzip 1376 2, 10; Wertermittlung 1376; Wertermittlungsverordnung 1376 6; Wertmesser 1376 39; Wertpapiere 1376 35; Wertzuwachs nach Wiedervereinigung 1376 44; Wohnungsrecht 1376 32; Wohnwagen 1375 26; zukünftige Schulden 1375 28; Zwischenwert 1376 21

Enteignungsrecht, internationales s *Internationales Enteignungsrecht*
Enterbung, Anordnung 1938 2; Auslegung 1938 2; ohne Erbeinsetzung 1938 2; in Erbvertrag 1938 3; Erstreckung auf Abkömmlinge 1938 5; stillschweigende – 1938 2; in Testament 1938 3; bei unwirksamer Erbeinsetzung 1938 6; Wirkung 1938 4 f; Zulässigkeit 1938 1
Entmündigung EGBGB 7 24, 50 ff; **EGBGB 12** 21; **EGBGB 24** 41
Erbausschlagung s *Ausschlagung der Erbschaft*
Erbe, Begriff 1922 8; Berufung 1922 10; Erbfall 1922 4 ff; Erbschaft 1922 11 ff; Ermittlung von Amts wegen 1922 104; gerichtliche Geltendmachung von Ansprüchen gegen den Erben 1958 2; gesetzliche Erben dritter Ordnung 1926; gesetzliche Erben erster Ordnung 1924; gesetzliche Erben fünfte Ordnung 1929 2; gesetzliche Erben vierter Ordnung 1928; gesetzliche Erben zweiter Ordnung 1925; Inventarrecht 1993 4; Mehrheit von Erben s *Erbengemeinschaft*; Miterben 1922 8; Parteidisposition 1922 10; Pflichtteilslast s *dort*; Rangfolge der Ordnungen 1930; rechtliche Stellung des -n 1942 ff; Rechtsverhältnis zwischen vorläufigem und endgültigem Erbe 1959 3 ff; Schutz vor Passivprozessen 1958 1; Stellung des vorläufigen Erben 1953 3 f; Verlust der Erbenstellung 1922 10; Zeitpunkt der Begründung der Rechtsstellung 1922 9; Zwangsvollstreckung gegen Erben 1958 5
Erbeinsetzung, Anwachsung s *dort*; Auslegungsregel 2087 20; Begriff 1937 12; als Berufung zur Gesamtrechtsnachfolge 1937 12; Beschränkung auf die eingesetzten Personen 2088 3; Bezeichnung als Erben 2087 8; Einsetzung auf Bruchteile 2088; Enterbung bei unwirksamer – 1938 6; Enterbung ohne – 1938; Erbenbestimmung im Testament 2065 14 ff; Erbquoten 2087 19; Erbschaftsteuer 2087 21; durch Erbvertrag 1941 2; Erhöhung der Bruchteile 2089; erneute – nach Ausschlagung 1951 7; Ersatzerbe s *dort;* das Ganze erreichende oder übersteigende bestimmte Bruchteile 2092 2; gemeinschaftlicher Erbteil 2093; Gesamtverfügungswille 2087 13 ff, 18; Gesamtvermögenszuwendung durch Einzelzuwendung 2087 10 ff; gesetzliche Erbfolge bei nicht verteiltem Bruchteil 2088 4; Gleichstufigkeit der Zuwendung 2087 11, 17; nach Höferecht 2065 3; durch letztwillige Verfügung 1937; Minderung der Bruchteile 2090; Nacherbe s *dort;* nicht erschöpfende Bruchteile 2092 1; nicht erschöpfte Bruchteile 2088 1 f; noch nicht entstandener juristischer Personen 2101 5; noch nicht gezeugter Personen 2101 1 ff; notariell beurkundete Verfügung 2087 7; Recht in den neuen Bundesländern 2087 22; 2088 5; 2089 3; 2090 3; 2091 5; teilweise – auf Bruchteile 2092; unbestimmte Erbteile 2091; Unbestimmtheit 2065 14 f; Unvollständigkeit der Vermögenszuwendung 2087 12; nach Vermögensgruppen 2087 16; durch Vermögenszuwendung 2087 4 ff; Verzicht auf Ausschluss der Anwachsung 2094 6; wirtschaftlicher Zweck der Zuwendung 2087 5; Wortwahl 2087 6 ff; Zuwendung einzelner Gegenstände 2087 9 ff

magere Zahlen = Rn   **Sachverzeichnis**

Erbengemeinschaft, Aktiengesellschaft 2032 20; Aktivprozesse 2032 10; Anteil an einer Personengesellschaft 2032 14, 18; Antrag auf Nachlassverwaltung 2062; Antragsrecht in FGG-Verfahren 2032 13; Auseinandersetzung *s dort;* Beginn 2032 3; BGB-Gesellschaft 2032 18; weitere Einzelfälle 2032 16; Einzelhandelsgeschäft 2032 17; zwischen Eltern und Kindern 2100 19; Ende 2032 3; unmittelbare Ersetzung *s Surrogation bei Erbengemeinschaft;* Ersetzungs- oder Surrogationsprinzip 2041 1; Fortdauer der Verwalterhaftung des Erbteilkäufers 2036 2; Genossenschaft 2032 20; Gesamthandsgemeinschaft 2032 2; gesamtschuldnerische Haftung *s Miterbenhaftung;* Gestaltungsrechte 2039 4; GmbH-Anteil 2032 19; Grundbuch 2032 12; Grundlagen 2032 1 ff; Haftungsbefreiung des Erbteilkäufers 2036 1; Höferecht 2032 15; Internationales Erbrecht **EGBGB 25** 39; Kommanditgesellschaft 2032 18; Mietverhältnis 2032 16; Mitglieder 2032 4; Nachlass als Sondervermögen 2032 2, 5 ff; Nachlass und Eigenvermögen der einzelnen Miterben 2032 6; Nachlassansprüche *s dort;* Antrag auf Nachlassinsolvenz 2032 13; Antrag auf Nachlassverwaltung 2032 13; OHG 2032 18; Parteistellung 2032 9; Passivprozesse 2032 10; Privataufgebot 2061; Rechtsnatur 2032 5; Rechtspersönlichkeit 2032 5; Rechtsverhältnisse der Erben untereinander 2032 ff; Rechtsverhältnisse zwischen Erben und Nachlassgläubigern 2058 ff; Sonderfragen des Handels- und Gesellschaftsrechts 2032 17 ff; Sonderrechtsnachfolge als Ausnahme 2032 14 ff; Streitgenossenschaft 2032 10; Surrogationserwerb *s Surrogation bei Erbengemeinschaft;* systematischer Überblick 2032 1; Übertragung von Nachlassgegenständen 2032 7; verfahrensrechtliche Fragen 2032 9 ff; Verfügung über Nachlassgegenstände *s dort;* Verfügungsrecht der Miterben *s dort;* Verschuldenszurechnung einzelner Miterben 2032 8; gemeinschaftliche Verwaltung des Nachlasses *s Miterbenverwaltung;* Vorkaufsrecht der Miterben *s dort;* Weiterveräußerung des Erbteils 2037; Zwangsvollstreckung in den ungeteilten Nachlass 2032 11

Erbenhaftung, amtliche Nachlasssonderung 1967 5; 1975 1; 1976 1; Aufgebot der Nachlassgläubiger 1967 4, *s auch dort;* Aufgebotseinrede 1967 3; Aufrechnung gegen Nachlass 1977; 1991 7; 2013 1; aufschiebende Einreden 2014 ff; Auskunft über den Stand des Nachlasses 1978 4; Ausschluss von Nachlassgläubigern 1973; Bedeutung 1967 1 ff; Beginn der Haftung 1967 2; nach Bereicherungsrecht 1973 1; beschränkte – 1989; beschränkte – nach Beendigung der Nachlassverwaltung 1988 8; Beschränkung auf den Nachlass 1967 1; Beweislast 2013 6; Dreimonatseinrede *s dort;* Dürftigkeit des Nachlasses 1967 6; 1990 1; Dürftigkeitseinrede des Erben *s dort;* Einrede des Aufgebotsverfahrens *s Aufgebotseinrede;* vorläufige Einreden 1967 3; Erbe eines Kommanditisten 1967 22; des Erbschaftskäufers 1967 1; Erschöpfungseinrede 1989; 1990 1; Haftung für Hilfspersonen 1978 5; Haftungsbeschränkung auf den Nachlass 1973 1, 4; 1975; Haftungsbeschränkung im Verfahren 1967 12; Möglichkeiten der Haftungsbeschränkung 1967 2 ff; Haftungsbeschränkung nach unterbliebener oder aufgehobener Nachlassverwaltung 1982 2; bei Handelsgeschäft 1967 21; Wirkungen eines Insolvenzplans 1989 4; Internationales Erbrecht **EGBGB 25** 38; Inventarerrichtung *s dort;* Inventarverfehlungen 1967 9; bei mehreren Erben 1967 1; bei mehreren Erbteilen 2007; beim Nachlassinsolvenzverfahren 1967 5; während Nachlassinsolvenzverfahren 1975 9; nach Ende des Nachlassinsolvenzverfahrens 1989; Nachlasssonderung 2013 3; bei Nachlassverwaltung 1967 5; 1975 5 f; Nichtabgabe der eidesstattlichen Versicherung 1967 10; Rangfolge bei zulänglichem Nachlass 1991 8; rechtsgeschäftlicher Verzicht auf Haftungsbeschränkung 1967 11; Rechtsstellung der ausgeschlossenen Gläubiger 1973 3; Sonderfälle 1967 21 f; Sonderrechtsnachfolge in OHG-Anteil 1967 22; Tod eines Gesellschafters in zweigliedriger Gesellschaft 1967 21; Überschuldung durch Vermächtnisse und Auflagen 1992; Überschwerung 1990 1; bei Überschwerung 1967 6; Überschwerungseinrede *s dort;* Umfang 1967 1 ff; unbeschränkte – 1967 8; 1977 6; 1994 12; 2005; 2006 11; unbeschränkte – gegenüber allen Gläubigern 2013 1 ff; unbeschränkte – gegenüber einzelnen Gläubigern 2013 5; Folgen der unbeschränkten – 2013; bei Unrichtigkeit des Inventars 2005; Unzulänglichkeitseinrede 1967 6; 1990 1; Vererbung eines Anteils an einer bereits vor Erbfall in Liquidation befindlichen Gesellschaft 1967 22; bei Verletzung der Insolvenzantragspflicht 1980 4 ff; Verlust der Ausschließungseinrede 2013 2; Verlust der Verschweigungseinrede 2013 2; Verlust des Haftungsbeschränkungsrechts 2005 2 ff; Verschweigungseinrede 1974; Verwalterhaftung des Erben 1972 2; 1990 12; 1991 1 ff; bei Verweigerung der eidesstattlichen Versicherung 2006 11; vorläufig unbeschränkte – 1967 1; Wiederaufleben erloschener Rechte und Verbindlichkeiten 1991 6

Erbenstellung aufgrund Erbschein 2306 10; bei gegenständlich beschränktem Erbschein 2369 8; Verlust der – 1922 10

Erbersatzanspruch, Abkömmling seines Vaters im Rechtssinne 1924 3; Erbfälle vor dem 1. 4. 1998 1924 6

Erbfähigkeit, Anwendungsbereich 1923 2; Beginn 1923 1; Begriff 1923 1; Beurkundungspersonen 1923 16; Beweislast 1923 4, 8; BGB-Gesellschaft 1923 13; Einschränkungen 1923 15 ff; Ende 1923 1; Erfordernis der lebenden Geburt 1923 9; Erwerb durch Ausländer 1923 15; Erwerb durch juristische Personen mit Auslandssitz 1923 15; des Erzeugten 1923 6 ff; juristische Personen 1923 11; KG 1923 12; Kommorientenvermutung 1923 3; künstliche Befruchtung 1923 7; bei Nacherbfolge 1923 2; des nasciturus 1923 6; 2108 2; natürliche Personen 1923 3 ff; OHG 1923 12; nichtrechtsfähige Personenvereinigungen 1923 12 ff; nach postmortaler künstlicher Insemination 1923 7; Rückwirkung 1923 9; Schwebezustand 1923 10; Stiftungen 1923 11; nach Todeserklärung 1923 5; Todeszeitpunkt 1923 3 f; nichtrechts-

3133

Sachverzeichnis

fette Zahlen = §§

fähiger Verein **1923** 14; Vermutung gleichzeitigen Versterbens **1923** 3; Verschollenheit **1923** 5; Voraussetzungen **1923** 3 ff; Zuwendungsverbote **1923** 17

Erbfall, Begriff und Zeitpunkt des Todes **1922** 5; Besonderheiten im Beitrittsgebiet **1924** 7 f; Entstehung des materiellen Rechtsverhältnisse **1922** 95 ff; Erlöschen der schuldrechtlichen Beziehungen **1922** 20; Konfusion **1922** 20; Konsolidation **1922** 20; Nacherbfall **2100** 28; Rechtslage vor dem – **1922** 95 ff; Vererblichkeit von Rechtsbeziehungen **1922** 24 ff; Vermögenssonderung **1922** 21; Vermögensverschmelzung **1922** 19 ff; vor dem 1. 4.1 998 **1924** 6

Erbfallschulden, Begriff **1967** 16; Erbfallverwaltungskosten **1967** 18; gesetzlich geregelte – **1967** 17; Nachlasskostenschulden **1967** 18; Pflichtteilsrechte **1967** 17; Vermächtnis **1967** 17

Erbfolge 1922 ff; Abkömmlinge **1924** 2 ff; Adoption **1924** 9 ff; ausgestorbene Linie **1926** 5; Besonderheiten im Beitrittsgebiet **1924** 7; Eintrittsprinzip **1924** 1, 17; Erbteilung nach Köpfen **1924** 1; **1928** 4; **1929** 1; fernere Ordnungen **1929**; Gesamtrechtsnachfolge **1922** 15 ff; gewillkürte – *s Erbvertrag, s letztwillige Verfügung, s Testament;* Gleichstellungsvereinbarung **1924** 5; Gradualsystem **1924** 1; **1928** 1; **1929** 1; Internationales Erbrecht **EGBGB 25;** nichteheliche Kinder **1924** 3 ff; nach Ordnungen **1924** 1; Rangfolge der Ordnungen **1930;** Repräsentationsprinzip **1924** 1, 16; Schoßfall **1925** 3 f; Sondererbfolge **1922** 22; Sonderrechtsnachfolge **1922** 22 f; nach Stämmen **1924** 1; Übergangsregelungen **1924** 8; Verteilung innerhalb der ersten Ordnung **1924** 15 ff; Vorhandensein eines Verwandten **1930** 2; Vorrang der gewillkürten vor der gesetzlichen – **1937** 1; Vorrang der niedrigeren Ordnung **1930** 1; bei Vorversterben der Eltern **1925** 5 ff; bei Vorversterben der Großeltern **1926** 4; vorverstorbene Abkömmlinge **1924** 17; Zugehörigkeit zu mehreren Stämmen **1927** 2 f

Erblasser, Begriff **1922** 2 f

Erblasserschulden, Art der Verbindlichkeiten **1967** 15; Begriff **1967** 14; bürgerlich-rechtliche Verbindlichkeiten **1967** 15; Geldstrafen und Geldbußen **1967** 15; öffentlich-rechtliche Verbindlichkeiten **1967** 15; pflichtbelastete Rechtslagen **1967** 14; Verbindlichkeiten des Erblassers gegenüber dem Erben **1967** 15; vor dem Erbfall entstanden **1967** 14

Erbnachweis gegenüber Banken **2353** 4; im Grundbuchverfahren **2353** 3; durch öffentliches Testament **2232** 20; durch Vorlage des Eröffnungsprotokolls **2260** 16 ff

Erbprätendentenstreit Beteiligung des Testamentsvollstreckers **2203** 15; **2212** 11

Erbrecht der Abkömmlinge der Urgroßeltern **1928** 4; nach Adoption **1924** 9 ff; **1925** 8 ff; **1926** 6 ff; Anwendbarkeit des deutschen -s **1922** 3; Ausschluss der Erben ab der vierten Ordnung durch Ehegatten **1929** 2; Ausschluss vom gesetzlichen – **1938** 2; der ehemaligen DDR **EGBGB 25** 74 ff; der Eltern **1925** 3 f; Feststellungsklagen zu Lebzeiten des Erblassers **1922** 101 ff; des Fiskus **1936;** Gesamtrechtsnachfolge **1922;** der Geschwister **1925** 2; der Großeltern **1926** 1 ff; Grundbegriffe **1922** 2 ff; Internationales – *s Erbstatut;* nach Kopfteilen **1928** 4; **1929** 1; des Lebenspartners **1931** 22 ff; nach Linien **1925** 1; mehrfaches – **1927** 1; nichteheliche Kinder **1924** 3 ff; Sicherung des künftigen Erbrechts **1922** 100; Staatsangehörigkeit **1922** 3; Staatserbrecht **1936** 2 ff; des überlebenden Ehegatten *s Ehegattenerbrecht;* Umfang des Ehegattenerbrechts **1931** 10 ff; lebender Urgroßeltern **1928** 3; Verfahren zur Durchsetzung des -s **1922** 104 f; des verwandten Ehegatten **1931; 1934;** Vorhandensein eines Verwandten **1930** 2; Vorrang der gewillkürten vor der gesetzlichen Erbfolge **1937** 1

Erbrechtsanmaßung 2018 11

Erbschaft, Anfall an den Nächstberufenen **1953** 5 ff; Anfallsvoraussetzungen **1942** 2 ff; Annahme *s Annahme der Erbschaft;* Annahmeerklärung **1943** 2 ff; Annahmerecht **1943** 7; Anordnung der Herausgabe **2103;** Aufrechnung in der Schwebezeit **1958** 3; Ausschlagungsrecht *s Ausschlagung der Erbschaft;* Beginn der Ausschlagungsfrist **1923** 9; Behindertentestament **2100** 18 f; Dürftigkeit **1990** 1; Dürftigkeit des Nachlasses *s Dürftigkeitseinrede des Erben;* Erbenermittlungspflicht des Nachlassgerichts **1964** 3; Erbteil **1922** 13 f; Erbverzicht **1922** 103; Erschöpfung **1990** 1; Feststellungsklagen zu Lebzeiten des Erblassers **1922** 101 ff; Fortsetzung der BGB-Gesellschaft mit Erben **1922** 68 ff; Genehmigungsvorbehalte **1942** 3 ff; gerichtliche Geltendmachung von Ansprüchen gegen den Erben **1958;** Geschäftsführung vor der Ausschlagung **1959;** Geschiedenentestament **2100** 8; Herausgabe *s dort;* Inventarerrichtung *s dort;* Mehrheit von Erben *s Erbengemeinschaft;* und Nachlass **1922** 13; Nachlassansprüche *s dort;* Nachlassverzeichnis *s Inventarerrichtung;* öffentliche Aufforderung zur Anmeldung der Erbrechte **1965;** Passivprozess vor der Annahme **1958;** Rechtsfolge in prozessuale Beziehungen **1922** 94; Rückwirkungsfiktion beim nasciturus **1942** 8; Schwebezustand bis zur Annahme **1943** 1; **1946** 1; Sicherung des künftigen Erbrechts **1922** 100; Sicherung des Nachlasses *s Nachlasssicherung;* Stellung des vorläufigen Erben **1953** 3 f; Stiftungen **1942** 7; Surrogation *s dort;* Überschuldung durch Vermächtnisse und Auflagen **1992;** Überschwerung **1990** 1; **1992** 4; unmittelbare Ersetzung **2111;** Unterhalt der werdenden Mutter eines Erben **1963;** Unterhalt der werdenden Mutter eines Nacherben **2141;** Unzulänglichkeit **1990** 1; Verantwortlichkeit des Erben bis zum Eintritt der Nachlassverwaltung **1978** 3 ff; Vererblichkeit von Rechtsbeziehungen **1922** 24 ff; Verfahren zur Durchsetzung des Erbrechts **1922** 104 f; verfahrensrechtliche Besonderheiten in der Schwebezeit **1958** 2 f; Verfügung über Nachlassgegenstände **1959** 6 ff; Verfügung des Erblassers **1922** 12; Vermögensübergang **1922** 15 ff; Verpflichtungs- und Verfügungsgeschäfte zu Lebzeiten des Erblassers **1922** 99; unmittelbarer Von-Selbst-Erwerb **1953** 1; Zeitpunkt des Anfalls **1942** 8 f; Zurückbehaltungsrecht gegenüber – **1958** 3; Zwangsvollstreckung in der Schwebezeit **1958** 5

magere Zahlen = Rn

Sachverzeichnis

Erbschaftsanspruch, Abtretbarkeit **2018** 7; Auskunft über den Verbleib von Erbschaftsgegenständen **2028** 5; Auskunftspflicht des Erbschaftsbesitzers **2027** 4 ff; Auskunftspflicht des Hausgenossen **2028** 1 ff; Auskunftspflicht sonstiger Besitzer von Nachlassgegenständen **2027** 8; Ausschluss des Ersitzungseinwands **2026** 7 ff; Bedeutung **2018** 2; Bereicherungsanspruch **2021**; Behandlung von Besitzschutzansprüche **2029** 4 f. Beweislast **2018** 25 ff; **2021** 8; Einwendungen des Erbschaftsbesitzers **2018** 20; Einzelansprüche des Erben **2029** 1 f; Erbrechtsanmaßung **2018** 11 f; Rechtsstellung des Erbschaftserwerbers **2030**; Erlangung von Nachlassgegenständen **2018** 16 ff; Erleichterung bei der Rechtsverfolgung für den Erben **2018** 4; Gläubiger **2018** 8 f; Grundstruktur der gesetzlichen Regelung **2018** 3 ff; Haftung bei Rechtshängigkeit **2023**; Haftungsverschärfung **2021** 7; Herausgabe der Nutzungen und Früchte **2020**; Herausgabepflicht des Erbschaftsbesitzers **2018**; Herausgabepflicht trotz Ersitzung **2026** 7; Inhalt der Herausgabepflicht **2018** 19; Klageantrag **2018** 21; prozessuale Fragen **2018** 21 ff; Rechtshängigkeit **2018** 23; Rechtskraft **2018** 23; Rechtsnatur **2018** 6 f; Schuldner **2018** 10 ff; Schutz gutgläubiger Dritter **2031** 6; Surrogation s Surrogation bei Erbschaftsanspruch; des für tot Erklärten **2031**; unentgeltliche Zuwendung an Dritte **2021** 6; unmittelbare Ersitzung **2019**; Vererblichkeit **2018** 7; Verjährung **2026** 2 ff; **2031** 5; Verwendungsersatz des Erbschaftsbesitzers s dort; Voraussetzungen **2018** 8 ff; Voraussetzungen der Bereicherungshaftung **2021** 2; Wahlrecht zwischen Ansprüchen gegen Erbschaftsbesitzer und -erwerber **2030** 6 ff; Wegfall der Bereicherung **2021** 4 f; Wertersatz **2021** 3; Zurückbehaltungsrecht des Erbschaftsbesitzers **2018** 20; **2022** 7; Zuständigkeit **2018** 24; Zweck **2018** 1

Erbschaftsbesitzer, Anfechtung einer Verfügung von Todes wegen **2018** 13; Auskunftspflicht **2027** 4 ff; Auskunftspflicht sonstiger Besitzer von Nachlassgegenständen **2027** 8; Ausschluss des Ersitzungseinwands **2026** 7 ff; Bereicherungshaftung **2021** 2 ff; Bösgläubigkeit **2024** 2; Deliktshaftung **2025** 2 ff; Einwendungen des – **2018** 20; Einzelfälle **2018** 15; Erbe des Erbschaftsbesitzers **2018** 15; Erbrechtsanmaßung **2018** 11 f; keine Erbschaftsbesitzer **2018** 14; Rechtsstellung des Erbschaftserwerbers **2030**; Erbunwürdigkeitserklärung **2018** 13; Erlangung eines Erbschaftsgegenstandes durch Straftat **2025** 2; Erlangung von Nachlassgegenständen **2018** 16 ff; Erlangung von Nachlasssachen durch verbotene Eigenmacht **2025** 3 ff; Haftung bei Einzelansprüchen des Erben **2029**; Haftung bei unerlaubter Handlung **2025**; Haftung des bösgläubigen -s **2024**; Haftungsverschärfung bei Rechtshängigkeit **2023** 4; Haftungsverschärfung bei Verzug **2024** 3; Herausgabe der Nutzungen und Früchte **2020**; Herausgabepflicht trotz Ersitzung **2026** 7; Miterbe **2018** 13; Nachlassinsolvenz- und Nachlassverwalter **2018** 14; Nachlasspfleger **2018** 14; Nachlassschuldner **2018** 18; Rechtsfolgen bei unerlaubter Handlung **2025** 6; Schutz des gutgläubigen Erbschaftsbesitzers **2018** 5; Testamentsvollstrecker **2018** 14; Verwendungen nach Rechtshängigkeit **2023** 5; Vorerbe **2018** 13; vorläufiger Erbe **2018** 13; Zurückbehaltungsrecht **2018** 20; **2022** 7

Erbschaftserwerber, anwendbare Vorschriften **2030** 3, 5; Ausschluss des gutgläubigen Erwerbs **2030** 4; Gerichtsstand **2030** 9; Gleichstellung mit dem Erbschaftsbesitzer **2030** 2 f; Inanspruchnahme des Erbschaftsbesitzers **2030** 7; Inanspruchnahme des -s **2030** 8; Rechtsfolgen **2030** 4 f; Wahlrecht des Erben **2030** 6

Erbschaftskauf, Abstraktionsprinzip **2371** 9; ähnliche Verträge **2385**; Alleinerbe als Verkäufer **2371** 5; **2374** 3; Verhältnis zum allgemeinen Kaufrecht **2371** 3; Anzeigepflicht des Verkäufers **2384** 1 f; Aufwendungen der Verkäufers **2381** 2; Ausgleichungspflicht eines Miterben **2372** 2; Begriff **2371** 3; Beschränkung der allgemeinen Gewährleistungsvorschriften **2376** 1 ff; Beweisführungslast **2373** 2; Einkommensteuer **2371** 19; Einsichtsrecht bei glaubhaftem rechtlichen Interesse **2384** 3; nach vollständig erfolgter Erbauseinandersetzung **2374** 5; Erbschaftsteuer **2371** 17; Erfüllung **2371** 11; Erfüllung von Nachlassverbindlichkeiten **2378** 1; Ersatz für die Erfüllung der Nachlassverbindlichkeiten **2378** 2; Ersatzpflicht des Verkäufers **2375**; Familienpapiere und Familienbilder **2373** 1; Formbedürftigkeit **2371** 15 f; Fortbestehensfiktion **2377** 1 ff; Garantiezusagen **2376** 4; Gefahrübergang **2380**; Gegenstand **2371** 4 ff; Genehmigungspflichten **2371** 12 ff; Gesellschaftsanteil auf Grund Nachfolgeklausel **2374** 4; Gesetzesüberblick **2371** 2; Gestaltung des Vertrages **2371** 10; **2376** 4; gewöhnliche, laufende Erhaltungskosten **2381** 1; gleichgestellte Verträge **2385** 2 f; Grunderwerbsteuerpflicht **2371** 18; güterrechtliche Beschränkungen **2371** 14; gutgläubiger Erwerb **2374** 2; Haftung des Verkäufers **2376**; Haftung nach allgemeinen Grundsätzen nach Abschluss des -s **2375** 3; Haftungsfreistellung für Verkäufer **2375** 2; Herausgabe der Surrogate **2374** 6; Herausgabepflicht des Verkäufers **2374**; Inhalt **2371** 3 ff; Internationales Erbrecht **EGBGB 25** 41; dem Käufer zustehende Vorteile **2372**; Lasten nach dem Verkauf **2380**; Lasten vor dem Verkauf **2379**; Miterbe als Verkäufer **2371** 6; **2374** 4; Nacherbe als Verkäufer **2371** 7; Nachlassverbindlichkeiten **2378**; Nutzungen nach dem Verkauf **2380**; Nutzungen vor dem Verkauf **2379**; Rechtsmängelhaftung **2376** 2; Rechtsnatur **2371** 3; Sachmängelhaftung **2376** 3; Schenkung **2385** 5; schuldrechtlicher Kaufvertrag **2371** 3; Steuern **2371** 17 ff; Trennungsprinzip **2371** 3, 9; Verfahrensrecht **2371** 20 f; Verjährung **2371** 19; dem Verkäufer verbleibende Teile **2373** 2; Verkauf eines Erbteils **2379**; **2380**; **2381** 3; Vertragsparteien **2371** 8; Vertragsverhältnis **2371** 9 f; Verwendungsersatz für Verkäufer **2381** 1, 4; Vorausvermächtnis **2373** 1; Wertersatz verbrauchter Nachlassgegenstände **2375** 1; Wiederaufleben erloschener Rechtsverhältnisse **2377**; Zustimmungen **2371** 12 ff; Zwangsvollstreckung **2371** 21

–, Haftung des Käufers, Verkauf des Anwartschaftsrechts des Nacherben **2382** 4; bei Abschluss des Kaufvertrages **2383** 2 f; Erbteilskauf

3135

Sachverzeichnis

fette Zahlen = §§

2382 7; **2383** 6; Grundzüge **2382** 1 f; Haftungsbeschränkung wie für den Erben **2383**; nach Abschluss des Kaufvertrages **2383** 4 ff; gegenüber Nachlassgläubigern **2382** 3 f; Nachlassinsolvenzverfahren **2383** 2; bei Kauf vom Nachlassinsolvenzverwalter **2382** 3; Umfang der Haftung **2382** 5 ff; **2383**; unbeschränkte Haftung **2383** 3; Vorkaufsrecht eines Miterben **2382** 7

Erbschein, Änderung **2353** 28; Amtshaftung bei falsch bezeichnetem Nacherben **2363** 15; Anerkennung ausländischer Erbbescheinigungen **2353** 5 a; **EGBGB 25** 73; Antragsbefugnis des Nacherben **2363** 14; Antragsberechtigung **2353** 10 ff; Antragsvoraussetzungen **2353** 10 ff; **2354**; **2355**; Arten **2357** 1; Auskunftsanspruch des wirklichen Erben **2362** 10; Ausweis des Erben **2353** 1; Bedingung **2353** 7; Berichtigung **2353** 27; beschränkter – **2353** 2; Eigenrechtserbschein **EGBGB 25** 65; weitere Erbennachweise **2353** 2 ff; Erbnachweis gegenüber Banken **2353** 4; Erbnachweis im Grundbuchverfahren **2353** 3; Erbschein und Nachlassspaltung **EGBGB 25** 71; Erbscheinserteilung *s Erbscheinsverfahren*; Eröffnungsprotokoll und Testament statt – **2260** 16; Fremdrechtserbschein **2369** 1; **EGBGB 25** 66 ff; gegenständlich beschränkter – *s dort*; gemeinschaftlicher – **2357** 2 ff; Herausgabeanspruch des wirklichen Erben **2362** 2 ff; Hoffolgezeugnis **2353** 2; Inhalt **2353** 6 ff; Kosten **2353** 26; Leistung an Erbscheinserben **2367**; für den Nacherben **2363** 17 f; Nachweis der Richtigkeit der Angaben **2356**; Nachweispflicht des Antragstellers **2356** 1; **2358** 4; nicht anzugebende Umstände **2353** 8; öffentliche Urkunde **2353** 1; Person und Verfügungsmacht des Erben **2353** 6; Rechtsnatur **2353** 1; Rechtsstellung des Nacherben vor dem Nacherbfall **2363** 14 f; Teilerbschein **2357** 4; Unauffindbarkeit des Testaments **2356** 10 a; unrichtiger – **2361**; Wirkung im Zivilprozess **2358** 8

–, **Angabe einer Testamentsvollstreckung**, Anordnung der Testamentsvollstreckung **2363** 2 f; Bedingung **2364** 3; Befristung **2364** 3; Nacherbentestamentsvollstreckung **2363** 12; **2364** 4; Unrichtigkeit der Erbscheins **2364** 5; als Verlautbarung der Verfügungsbeschränkung des Erben **2364** 1; weitere Rechte des Testamentsvollstreckers **2364** 6

– **für den Vorerben**, Angaben zum Nacherben **2363** 7; Angaben zum Vorerben **2363** 4; Angaben zur Anordnung der Nacherbfolge **2363** 5 f; Antragsberechtigung **2363** 2; Ausschluss der Vererblichkeit des Nacherbenanwartschaftsrechts **2363** 8; Befreiung von Verfügungsbeschränkungen **2363** 13; Inhalt **2363** 3 ff; Nacherbentestamentsvollstreckung **2363** 12; Übertragung des Nacherbenanwartschaftsrechts **2363** 9 f; Unrichtigkeit **2363** 16

–, **Herausgabe- und Auskunftsanspruch**, Anspruchsberechtigter **2362** 3; Anspruchsgegner **2362** 2; Anspruchsinhalt **2362** 2 f; Auskunftsanspruch **2362** 10; Beweislast **2362** 4 a; einstweiliger Rechtsschutz **2362** 9; zusammen mit Einziehungsverfahren **2362** 7; gerichtliche Durchsetzung **2362** 4 f; des Nacherben **2363** 18; des Testamentsvollstreckers **2364** 6; Ver-

bindung mit Erbschaftsanspruch **2362** 6; Verfahrenskonkurrenz **2362** 6 ff; Wirkung der Rückgabe **2362** 5; Zwischenfeststellungsklage **2362** 8

–, **öffentlicher Glaube**, Anknüpfung an Richtigkeitsvermutung **2366** 5 ff; Anwartschaftsrecht **2366** 15; Bestehen der Vermutung **2366** 5; dingliches Rechtsgeschäft **2366** 3; Doppelfehler **2366** 18 a f; Endgültigkeit der Erbenstellung **2366** 10; Erbschaftsgegenstand **2366** 4; Erwerb kraft Gesetzes **2366** 3; **2367** 5; Existenz des Erbscheins **2366** 12 f; Gesellschaftsrecht **2367** 8; im Grundstücksverkehr **2366** 8; guter Glaube **2366** 9 ff; Voraussetzungen des gutgläubigen Erwerbs **2366** 2 ff; gutgläubiger Erwerb beweglicher Sachen **2366** 19; keine Vermutungswirkung **2367** 2; maßgeblicher Zeitpunkt **2366** 14 ff; Nachlassgegenstand **2366** 4; nichtgeschützte Rechtsvorgänge **2367** 6 f; öffentlicher Glaube des Grundbuchs **2366** 18; Prozessrechtsverhältnis **2367** 7; rechtsgeschäftlicher Erwerb **2366** 3 f; Rückwirkung der Richtigkeitsvermutung **2366** 16; bei Todeserklärung **2370**; Umfang der Vermutung **2366** 5; sonstige Verfügungsgeschäfte **2367** 3 f; Verhältnis zu anderen Vorschriften **2367** 17 ff; Verpflichtungsgeschäfte **2367** 6; Vollendung des Rechtserwerbs **2366** 14; Vormerkung **2366** 15; **2367** 4

–, **Richtigkeitsvermutung** im Erbscheinsverfahren **2365** 13; erteilter Erbschein **2365** 2; Grenzen der Vermutungswirkung **2365** 7 f, 11; im Grundbuchverfahren **2365** 12; mehrere Erbscheine **2365** 6; negative Vermutung **2365** 6; positive Vermutung **2365** 5; Rechtswirkungen **2365** 9 ff; in sonstigen Verfahren **2365** 12; im Steuerverfahren **2365** 12; Umfang **2365** 2 ff; Vermutung des Erbrechts **2365** 5; im Verwaltungsgerichtsverfahren **2365** 12; im Zivilrechtsstreit **2365** 9 ff; Zweck **2365** 1

Erbscheinsverfahren, Änderung **2353** 28; Akteneinsicht **2360** 6; Amtsermittlungsgrundsatz **2358** 2 ff; Angaben des gesetzlichen Erben im Antrag **2354**; Angaben des gewillkürten Erben im Antrag **2355**; Anhörung von Betroffenen **2360**; Annahme der Erbschaft **2353** 14; Antragsberechtigung **2353** 10 ff; weitere Antragsvoraussetzungen **2353** 14 f; Arglisteinwand **2359** 3; Auslegungsvertrag **2358** 14 a; Aussetzung des Verfahrens **2358** 7; Berichtigung **2353** 27; Beschwerdeberechtigung **2353** 36 ff; Beschwerdeentscheidung **2358** 10; Beschwerdefrist **2353** 30; Beschwerdegegenstand **2353** 31; Beschwerdeverfahren **2353** 30 ff; Beschwerdeziel **2353** 32 ff; Bestimmtheit des Antrags **2353** 16 ff; Beteiligtenvereinbarung **2358** 14 f; Beweiserhebung **2358** 11 ff; Bindungswirkung **2353** 25; Bindungswirkung eines Urteils **2358** 9; **2359** 2 f; doppelrelevante Tatsachen **2353** 19; einstweilige Anordnung **2359** 4; Einziehung eines unrichtigen Erbscheins **2361** 2 ff; Entscheidung des Nachlassgerichts **2359** 1; Entscheidungsmöglichkeiten des Gerichts **2353** 20 ff; Erteilungsanordnung **2353** 22; Feststellung der Erteilungsvoraussetzungen **2359**; Feststellung des Erbrechts **2359** 1 ff; Feststellungslast **2358** 12; Form des Antrags **2353** 15; ge-

magere Zahlen = Rn

Sachverzeichnis

setzliche Vermutung 2358 12; Korrekturmöglichkeiten 2353 27 f; Kosten des Erbscheins 2353 26; Kraftloserklärung eines unrichtigen Erbscheins 2361 15; Mitwirkungspflicht des Antragstellers 2355 1; 2358 4; Nachweispflicht des Antragstellers 2358 4; öffentliche Aufforderung 2358 15; Pflegerbestellung 2360 5; rechtliches Gehör 2360 2 ff; Rechtsmittel 2353 29; 2361 16 ff; Reformbestrebungen 2353 41; Rücknahme des Antrags 2353 18; Sachentscheidung 2353 39 f; Sachentscheidungsvoraussetzungen 2353 9 ff; Stellvertretung 2353 17; Verbot der reformatio in peius im Antragsverfahren 2353 40; Verfahrenskonkurrenz mit Zivilprozess 2358 5 ff; Vergleich über Erbrecht 2358 14; Verschwiegenheitspflichten 2358 13; Verweisung auf ordentlichen Rechtsweg 2358 6; Vorbescheid 2353 23 ff, 38; vorläufiger Rechtsschutz 2359 4; Zulässigkeit der Beschwerde 2353 30 ff; Zuständigkeit des Nachlassgerichts 2353 9; Zuständigkeit für Beschwerde 2353 30; Zwischenverfügung 2353 21
–, **Ermittlungen des Nachlassgerichts,** Amtsermittlungsgrundsatz 2358 2 ff, 11; Auslegungsregel 2358 14 a; Ausnahmetatbestände 2358 3; Aussetzung des Verfahrens 2358 7; Beschwerdeentscheidung 2358 10; Beteiligtenvereinbarung 2358 14 f; Beweiserhebung 2358 11 ff; Bindungswirkung eines Urteils 2358 9; 2359 2 f; Feststellungslast 2358 12; Mitwirkungspflicht des Antragstellers 2358 4; öffentliche Aufforderung 2358 15; Umfang der Ermittlungen 2358 2 f; Verschwiegenheitspflichten 2358 13; Verweisung auf ordentlichen Rechtsweg 2358 6
–, **Nachweis der Richtigkeit der Angaben,** andere Beweismittel 2356 10; Beweisanforderungen 2356 11 f; eidesstattliche Versicherung 2356 6 ff; Erlass der eidesstattlichen Versicherung 2356 7; Nachweispflicht des Antragstellers 2356 1; 2358 4; öffentliche Urkunde 2356 3 ff; bei Offenkundigkeit 2356 2; Umfang der Nachweispflicht 2356 2; Unauffindbarkeit des Testaments 2356 10 a; unrichtige eidesstattliche Versicherung 2356 9; Verweigerung der eidesstattlichen Versicherung 2356 9
Erbstatut, administration EGBGB 25 34; administrator EGBGB 25 34; Anerkennung ausländischer Erbscheine und Testamentsvollstreckerzeugnisse EGBGB 25 73; Anerkennungstheorie EGBGB 25 34; Annahme als Kind EGBGB 25 46 f; Annahme und Ausschlagung der Erbschaft EGBGB 25 35; im ausländischen IPR EGBGB 25 83; Berufung zur Erbschaft EGBGB 25 23 ff; deutsch-iranisches Niederlassungsabkommen EGBGB 25 11 f; deutsch-sowjetischer Konsularvertrag EGBGB 25 13 f; deutsch-türkisches Nachlassabkommen EGBGB 25 5 ff; und Ehegüterstatut EGBGB 25 53 ff; Eigenrechtserbschein EGBGB 25 65; Erbengemeinschaft EGBGB 25 37; Erbhaftung EGBGB 25 38; Erbfähigkeit EGBGB 25 24; gesetzliche Erbfolge EGBGB 25 25; gewillkürte Erbfolge EGBGB 25 26 ff; Erbrecht der ehemaligen DDR EGBGB 25 74 ff; Erbschaftserwerb EGBGB 25 32 ff; Erbschaftskauf EGBGB 25 41; Erbschein und Nachlassspaltung EGBGB 25 71; Erteilung von Erbscheinen EGBGB 25 65 ff; Erbunwürdigkeit EGBGB 25 24; Errichtungsstatut EGBGB 25 16; EGBGB 26 11 ff; executor EGBGB 25 34; Form der Rechtswahl EGBGB 25 21; Form von Erklärungen EGBGB 25 35; Fremdrechtserbschein EGBGB 25 66 ff; Geltungsbereich EGBGB 25 2; und Gesellschaftsstatut EGBGB 12 84; Grundsätze EGBGB 25 15 ff; und Güterrechtsstatut EGBGB 15 45 ff; Handeln unter falschem Recht EGBGB 25 27, 29; EGBGB 26 13; hypothetisches – EGBGB 25 26 ff; EGBGB 26 1, 11 ff; innerdeutsches Recht nach der Wiedervereinigung EGBGB 25 74 ff; interlokales Recht EGBGB 25 76; intertemporaler Anwendungsbereich EGBGB 25 2; Lebenspartnerschaft EGBGB 17 b 34 ff; Grundsatz der Nachlasseinheit EGBGB 25 17; Nachlasskonflikte EGBGB 25 52; Nachlassspaltung EGBGB 25 50 f; internationales Nachlassverfahrensrecht EGBGB 25 63 ff; Nachlassverwalter EGBGB 25 29; ordre public EGBGB 25 57 ff; Pflichtteilsrecht EGBGB 25 30, 59 f; Qualifikation EGBGB 25 23 ff; Rechtsnachfolge von Todes wegen EGBGB 25; Rechtsstellung der Erben EGBGB 25 32 ff; Rechtswahl EGBGB 25 1, 18 ff; Reichweite der Anknüpfung EGBGB 25 23 ff; Rück- und Weiterverweisung EGBGB 25 47 f; Schenkungen von Todes wegen EGBGB 25 39; Staatsangehörigkeitsprinzip EGBGB 25 15; Staatsverträge EGBGB 25 3 ff; testamentary trust EGBGB 25 44; Testamentsvollstrecker EGBGB 25 29; Testamentsvollstreckerzeugnis EGBGB 25 72 f; Testiervertträge EGBGB 25 42; Umfang des Nachlasses EGBGB 25 31; Unteranknüpfung EGBGB 25 47 f; Unterhaltsansprüche EGBGB 25 30; Vertrag zugunsten Dritter auf den Todesfall EGBGB 25 40; Vindikationslegate EGBGB 25 36; Vorfragen EGBGB 25 45 ff; Vorrang des Einzelstatuts EGBGB 25 49; Widerruf der Rechtswahl EGBGB 25 22; pauschaler Zugewinnausgleich EGBGB 25 56; internationale Zuständigkeit deutscher Nachlassgerichte EGBGB 25 63 f; zweiseitige Rechtsgeschäfte EGBGB 25 39 f; Zwischenerwerb des Nachlasses EGBGB 25 34
Erbteil, äußerliche Zusammenfassung 2093 1; angewachsener – 2095; Anwachsung s dort; Ausgleichspflicht des angewachsenen -s 2095 3; Ausgleichspflichten 1935 8; Berufung zu mehreren Erbteilen 2007 1 f; Beschwerung mit Vermächtnis oder Auflage 2095 2; Eigenständigkeit der Erbteile 1927 4; Einheit und Trennung der -e 1935 6; Einheitlichkeit des -s 2095 1; Erbteilserhöhung 1935; Erbteilserhöhung bei gesetzlicher Erbfolge 1935 4; gemeinschaftlicher – 2093; mehrere -e 1951; bei mehrfacher Verwandtschaft 1927; des Miterben 1922 1 f; Rechtsfolgen der Erbteilserhöhung 1935 6 ff; sachliche Zusammengehörigkeit 2093 2; Verwandtenadoption 1927 3; Verwandtenerbteil neben Ehegattenerbteil 1934 3; Wegfall des Erben nach dem Erbfall 1935 3; Wegfall des Erben vor dem Erbfall 1935 2; Wegfall eines eingesetzten Erben 1935 5;

3137

Sachverzeichnis

fette Zahlen = §§

Wegfall eines gesetzlichen Erben **1935** 5; Zugehörigkeit zu mehreren Stämmen **1927** 2 f
Erbteilsvollstreckung 2197 23; **2204** 21; **2205** 4; **2206** 9; **2208** 10
Erbteilungsklage, Begleichung von Nachlassverbindlichkeiten **2042** 8; Begründetheit **2042** 8; Feststellungsklage **2042** 8; Klageantrag **2042** 7; Leistungsklage **2042** 8; Streitwert **2042** 8; Teilungsplan **2042** 7; Teilungsreife des Nachlasses **2042** 7; Urteilswirkung **2042** 8; Zuständigkeit **2042** 7
Erbunfähigkeit, Internationales Erbrecht **EGBGB 25** 24
Erbunwürdigkeit, abschließende Aufzählung **2339** 4; allgemeine Anforderungen an die Handlung des Erbunwürdigen **2339** 4 ff; Anfechtung gegenüber Nacherben **2340** 3 f; Anfechtungsberechtigung **2341** 1 f; Anfechtungsfristen **2340** 5; Anfechtungsklage **2342;** Anwendungsbereich **2339** 3; Ausnahme bei nachträglich unwirksamer Verfügung **2339** 18 ff; Ausschluss der Anfechtung **2343;** Begriff **2339** 2; Bestimmung zur Errichtung oder Aufhebung durch Täuschung oder Drohung **2339** 12 ff; Beweisbarkeit des Anfechtungsgrundes **2340** 5; Versuch eines Urkundendelikts **2339** 16; Fälschung bringt wahren Erblasserwillen zum Tragen **2339** 17; Geltendmachung durch Anfechtung **2340;** Gewaltanwendung **2339** 12; Gründe **2339** 4 ff; Herbeiführung der Testierunfähigkeit **2339** 10; Internationales Erbrecht **EGBGB 25** 24; Klageerhebung **2342** 1 f; maßgebender Zeitpunkt für die Anfechtung **2340** 2; Normzweck der Vorschrift über – **2339** 1; Pflichtteilsunwürdigkeit **2345;** Präventivfunktion **2339** 1; Rechtswidrigkeit und Schuld **2339** 6; relative – **2339** 2; Rückwirkung der Erbunwürdigkeitserklärung **2344** 1; Rückwirkungsfolgen im Verhältnis zu Dritten **2344** 3 ff; Rückwirkungsfolgen im Verhältnis zwischen Erbunwürdigem und dem an seiner Stelle Berufenen **2344** 2; Strafcharakter **2339** 1; strafgerichtliche Verurteilung **2339** 6; Streitwert der Anfechtungsklage **2342** 3; Täuschung durch Unterlassen **2339** 13 f; Tötung des Erblassers **2339** 7 f; Tötung des Vorerben durch den Nacherben **2339** 8; Übertragbarkeit des Anfechtungsrechts **2341** 3; Urkundenfälschung **2339** 15 ff; ursprüngliche Nichtigkeit der letztwilligen Verfügung **2339** 11; Vererblichkeit des Anfechtungsrechts **2341** 3; Verhandlungsmaxime **2342** 4; Verhinderung der Errichtung oder Aufhebung einer letztwilligen Verfügung **2339** 11; Vermächtnisunwürdigkeit **2345;** versuchte Tötung der Erblassers **2339** 9; Verwirklichung des Erblasserwillens **2339** 1; Verzeihung **2343;** Verzicht auf das Anfechtungsrecht **2343;** vorsätzliche Handlungen **2339** 6; weitere prozessuale Fragen der Anfechtungsklage **2342** 4 f; Wirkung der Erbunwürdigerklärung **2344;** Wirkung des Anfechtungsurteils **2342** 6; Zuständigkeit für Anfechtungsklage **2342** 3
Erbvertrag, 50-Jahresfrist **2300 a** 2; Abgrenzung zu anderen Verträgen **1941** 4; Abgrenzung zum gemeinschaftlichen Testament **2265** 11; Ablieferungspflicht **BeurkG 34** 3; **2277** 2; **2300** 2; **2300 a** 4; Ablieferungspflicht des Notars **BeurkG 34 a** 7; Abschrifterteilung **2300** 12; Änderungsvorbehalt **2278** 8 ff; Anfechtung *s dort;* Ansprüche aus unerlaubter Handlung **2286** 3; Anwartschaftsrecht **2286** 2; Anwendbarkeit des § 2077 **2279** 4 ff; Anwendung von § 2269 **2280;** Arten **2274** 2 ff; Aufhebung einseitiger Verfügungen **2299** 3 ff; Aufhebungs- und Bindungswirkung **2289** 1 ff; Auflage **1941** 2; Auflagenvertrag **2274** 3; Aushändigung der Urschrift **2300** 6; Ausschluss der amtlichen Verwahrung **2277** 1; Beeinträchtigung des Vermächtnisnehmers *s Vermächtnis, Beeinträchtigung des Vermächtnisnehmers;* Begriff **2274** 1; Bereicherungsansprüche des Vertragserben *s bösliche Schenkung;* beschränkt geschäftsfähiger Ehegatte, Verlobter **2275** 6; besondere amtliche Verwahrung **2258 b** 1; **2277; 2300** 1; Bestätigung eines anfechtbaren **2284** 3; Bestätigungserklärung **2284** 3; Beurkundung *s dort;* Beweisfragen **2275** 9; Bezugnahme **2247** 18 f; Bindung des Erblasser **1941** 1; deliktischer Schutz des Bedachten **2286** 3; Ehegatten **2275** 6; Ehegattenerbvertrag **2280** 1; ein-, zwei oder mehrseitige Verträge **2274** 2; nach Einheitslösung **2280** 1; Einschränkung der Testierfähigkeit durch – **2302** 1; einseitig testamentarische Verfügungen im – **2299;** Einsichtnahme **2277** 5; **2300** 9, 12; Einteilung der Erbverträge **1941** 5; Enterbung durch – **1938** 3; entgeltlicher – **2274** 4; Erbeinsetzung **1941** 2; Erbeinsetzungsvertrag **2274** 3; Erblasser **2274** 6; Erblasser unter Betreuung **2275** 2; erbrechtliche Sicherungen **2286** 8; Eröffnung und Verkündung **2300** 11; **2300 a** 4; Eröffnungsfrist **2300 a;** Feststellungsklage **2286** 5; Freiheit des Erblasser zu Verfügungen unter Lebenden **2286** 1; Geheimhaltung des persönlichen Abschlusses **2274** 6 ff; gegenseitiger – **2298;** Geltung des Testamentsrechts für einseitige Verfügungen **2299** 2; Geschäftsfähigkeit des anderen Vertragsschließenden **2275** 7 f; Hinterlegungsschein **2277** 3; Hofübergabevertrag **1941** 4; Inhalt **1941** 2; isolierter – **2300** 3; Minderjährige **2275** 3; Mitbeteiligung eines Dritten **2275** 6; Mitteilungspflicht des Notars **BeurkG 34 a** 6; nachträglich eintretende Unwirksamkeit **2298** 4 f; nichteheliche Lebensgemeinschaft **2275** 6; Nichtigkeit **2274** 8; **2275** 5; **2281** 10; **2298** 3 ff; **2302** 3; Niederschrift **2300** 8; persönlicher Abschluss **2274;** Recht in den neuen Bundesländern **2274** 9 f; Rechtsnatur **1941** 1; **2274** 5; Rücknahme aus der amtlichen Verwahrung **2277** 4; **2300** 3 ff; Rücknahme aus der notariellen Verwahrung **BeurkG 34** 5; Rücktrittsvorbehalt **2278** 9; Schenkung des Erblassers **2287** 2 f; Sicherung der Rechte des Bedachten vor dem Erbfall **2286** 2 ff; zusätzliche Sicherungen des Bedachten **2286** 6 ff; Teilnichtigkeit **2298** 6; Teilwirksamkeit **2085** 2; Totalnichtigkeit **2278** 8, 14; Umdeutung **2302** 4; unbeschränkte Geschäftsfähigkeit des Erblassers **2275** 1 ff; unentgeltliche Gebrauchsüberlassung **2287** 2; Unwirksamkeit von vertragsmäßiger Verfügung **2298** 3 ff; als Verfügung von Todes wegen **1941** 1, 3; und Verfügungen unter Lebenden **2286;** Verfügungsunterlassungsvertrag **2286** 7 ff; Verlobte **2275** 6; Vermächtnis **1941** 2; **2280** 2; Vermächtnisvertrag **2274** 3; verschleierte Schenkung **2287** 2; Verschließung

magere Zahlen = Rn

Sachverzeichnis

BeurkG 34 4; den Vertragserben beeinträchtigende Schenkungen s *bösliche Schenkung;* vertragsmäßige Verfügung 1941 2; 2298 1; Vertragspartner 2274 7; Verwahrung durch den Notar BeurkG 34 5; 2277 1; Verwahrungspflicht BeurkG 34 3; Verzicht auf Wohnungs- und Nießbrauchsrecht 2287 2; Voraussetzungen 2275; Vormerkung 2286 4; Vorrang des abweichenden Erblasserwillens 2298 9; Wegfall der Aufhebungs- und Bindungswirkung 2289 3; Wirkung auf letztwillige Verfügungen s *Erbvertrag, Wirkung auf letztwillige Verfügungen;* zulässige vertragsmäßige Verfügungen 2278; unbenannte Zuwendungen unter Ehegatten 2287 2; Zuwendungsverzicht 2352 10 ff; zwei- oder mehrseitiger – 2298 2

–, **Aufhebung,** Abschluss des Aufhebungsvertrages 2290 2 f; Anfechtung des Aufhebungsvertrages 2290 8; Aufhebung des Aufhebungsvertrages 2290 8; Aufhebung des gemeinschaftlichen Aufhebungstestaments 2292 6; Aufhebungs- und Widerrufswirkung des Aushändigung der Urkunde 2300 10; Aufhebungstestament 2291 2; Aufhebungsvertrag 2290; 2299 4; Ehegattenerbvertrag 2290 1; 2292 1 ff; einseitige testamentarische Verfügungen im Erbvertrag 2290 1; einseitiger Verfügungen 2299 3 ff; Form des Aufhebungsvertrages 2290 5; Form des gemeinschaftlichen Aufhebungstestaments 2292 3; Gegenstand des Aufhebungstestaments 2291 1; Gegenstand des Aufhebungsvertrags 2290 1; Gegenstand des gemeinschaftlichen Aufhebungstestaments 2292 1; durch gemeinschaftliches Testament 2292; Inhalt des Aufhebungsvertrages 2290 6; Inhalt des gemeinschaftlichen Aufhebungstestaments 2292 4; persönliche Abschlussvoraussetzungen 2290 3 f; persönliche Errichtungsvoraussetzungen 2292 2; Prozessvergleich ersetzt Form 2290 5; durch Testament 2291; durch Verfügung von Todes wegen 2291 2; durch Vertrag 2290; einer vertragsmäßigen Auflage 2291 1; eines vertragsmäßigen Vermächtnisses 2291 1; Vertragsschließende 2290 2; Widerruf des Aufhebungstestaments 2291 3; Widerruf des gemeinschaftlichen Aufhebungstestaments 2292 6; Wirkung der gemeinschaftlichen Testamentsaufhebung 2292 5; Wirkung der Testamentsaufhebung 2291 5; Wirkung des Aufhebungsvertrages 2290 7; Zustimmung zur Aufhebung durch Testament 2291 4 ff

–, **Form,** Besonderheiten beim Ehe- und Erbvertrag 2276 9 ff; Beurkundungsverfahren 2276 5 ff; Beurkundungszuständigkeit 2276 1; Errichtung durch mündliche Erklärung oder Schriftübergabe 2276 3 f; Pflicht zur Errichtung nach der selben Art 2276 4; Formverstoß 2276 8; gerichtlicher Vergleich 2276 1, 7; gleichzeitige Anwesenheit 2276 6; Konsularbeamte 2276 1; rechtliche Selbständigkeit beider Urkundsbestandteile bei Verbindung von Erb- und Ehevertrag 2276 11; Tod eines Verlobten vor der Beschließung 2276 10; Umfang der Beurkundungspflicht 2276 2

–, **Rücktritt,** Anwendungsbereich 2296 1; bei Aufhebung der Gegenverpflichtung 2295; Aufhebung der Leistungspflicht 2295 3; Ausschluss des Rücktrittsrechts 2298 10 ff; Ausübung des Rücktrittsrechts 2293 5; 2294 2; 2295 4; 2297 2 f; Beweisfragen 2293 7; 2294 4; von einseitig testamentarischen Verfügungen im Erbvertrag 2293 1; 2299 5; Erhalt des Rücktrittsrecht durch Ausschlagung 2298 11; Erklärung 2296 2 ff; Form 2296; Gegenstand des Vorbehalts 2293 1; Geschäftsfähigkeit des Erblassers 2296 3; höchstpersönliche Ausübung 2296 2; Inhalt des Rücktrittsrechts 2293 3; Inhalt und notarielle Beurkundung der Rücktrittserklärung 2296 4; Leistungspflicht des Bedachten 2295 1; bei rechtsgeschäftlicher Pflicht zu lebenslangen wiederkehrenden Leistungen 2295 1; Rechtsgrundlage des Vorbehalts 2293 2; Rücktrittsberechtigter 2293 4; Rücktrittsvorbehalt 2293 1 ff; durch Testament 2297; bei Tod des anderen Vertragsteils 2298 10; bei Verfehlungen des Bedachten 2294; Verknüpfung zwischen vertragsmäßiger Verfügung und Leistungspflicht 2295 2; Vertretung 2296 2; bei Vorbehalt 2293 1; Vorrang des abweichenden Erblasserwillens 2298 12; Widerruf des Rücktrittstestaments 2297 4; Widerruf und Anfechtung der Erklärung 2296 6; Wirkung des Rücktritts 2293 6; 2294 3; 2295 5; Zugang der Erklärung 2296 5; vom zweiseitigen Erbvertrag 2298 7

–, **vertragsmäßige Verfügungen,** Abgrenzung von einseitigen Verfügungen 2278 3 ff; Abgrenzung 2278 9 ff; Änderungsvorbehalt 2278 8 ff; Anfechtung 2281 1; Anfechtung und Aufhebung 2278 10; Anwendbarkeit des § 2077 2279 4 ff; Auflage 2278 1; Ausnutzung des Änderungsvorbehalts 2278 17; entsprechende Anwendung des Testamentsrechts 2279 1 ff; Erbeinsetzung 2278 1; Ermächtigungsgrundlage für Änderungsvorbehalt 2278 16; Nichtigkeit 2281 10; Pflichtteilssanktionsklausel 2278 15; Rechtsfolgen der Ehe- oder Verlöbnisauflösung bzw. Partnerschaftsauflösung 2279 6 ff; Stiftungsgeschäft 2278 2; Teilungsanordnung 2278 1; Tod eines Ehegatten während des Verfahrens auf Nichtigerklärung, Scheidung oder Aufhebung 2279 5; Totalvorbehalt 2278 8, 14; Umdeutung 2278 1; Umfang der Änderungsbefugnis 2278 15; Unwirksamkeit 2279 6 ff; Unwirksamkeit von Zuwendungen an Dritte 2279 7; Verfügungen zu Lasten des Vertragspartners 2278 7; Verfügungen zugunsten des Vertragspartners 2278 4; Verfügungen zugunsten sonstiger Dritter 2278 6; Verfügungen zugunsten von verwandten oder sonst dem Vertragspartner nahestehenden Personen 2278 5; Vermächtnis 2278 1; Wiederverheiratungsklausel 2278 15; zulässige Arten 2278 1 f; Zulässigkeit eines Änderungsvorbehalts 2278 11 ff

–, **Wirkung auf letztwillige Verfügungen,** Änderungsvorbehalt im Erbvertrag 2289 11; Aufhebung früherer Verfügungen von Todes wegen 2289 4 ff; Bedeutung der Gegenstandslosigkeit 2289 3; Beurteilungsmaßstab 2289 7; früherer Erbvertrag 2289 6; gemeinschaftliches Testament 2289 5; gesetzlicher Änderungsvorbehalt 2289 12; Nichtigkeit späterer Verfügungen von Todes wegen 2289 9 ff; Rechte des Bedachten 2289 8; Rechtsfolge des Zusammentreffens mit früheren letztwilligen Ver-

3139

Sachverzeichnis

fügungen **2289** 8; Rechtsfolge des Zusammentreffens mit späteren letztwilligen Verfügungen **2289** 14; Testament **2289** 4; Umfang der Aufhebungswirkung **2289** 7; Verbot der Beeinträchtigung vertragsmäßiger Verfügungen **2289** 9 f; Wegfall der Aufhebungs- und Bindungswirkung **2289** 3; wirksame vertragsmäßige Verfügung **2289** 2; wirksamer Erbvertrag **2289** 1; Zustimmung zur Beeinträchtigung **2289** 13
Erbverzicht, Abfindung für einen – **2346** 28 ff; Abgrenzung **2346** 1 ff; durch Abkömmlinge des Erblassers **2069** 10; eines Abkömmlings **2350** 7; Abschluss mit Erblasser persönlich **2346** 6; abstraktes Rechtsgeschäft **2346** 2; aleatorischer Charakter **2346** 9; zu Gunsten eines anderen **2350** 3 ff; Anfechtung **2346** 3; Anfechtung des Kausalgeschäfts **2346** 32; Anpassung des schuldrechtlichen Abfindungsvertrages **2346** 33; Arten des Kausalgeschäfts **2346** 27 ff; unter aufschiebender Bedingung **2350** 4 f; Auslandsberührung **2346** 12; Auslegungsfragen **2346** 8; Auslegungsregel **2350** 1; Auswirkung auf Pflichtteilsberechnung **2310** 5 f; Auswirkungen auf den Erb- und Pflichtteil Dritter **2346** 22 f; bedingter – **2346** 14; **2348** 2; Bedingungszusammenhang **2346** 34 f; befristeter – **2346** 14; Begünstigung mehrerer Personen **2350** 6; unter Begünstigungsabsicht **2350** 3; beschränkt geschäftsfähiger Erblasser **2347** 8; beschränkt geschäftsfähiger Verzichtender **2347** 4; Beschränkung des Verzichts **2346** 11 ff; Beschränkungen und Beschwerungen durch – **2346** 15; Beteiligte **2346** 5 ff; Betreuung des Verzichtenden **2347** 4; Beurkundungspflicht **2348** 2 ff; als bösliche Schenkung des Erblassers **2287** 2; auf Dreißigsten **2346** 13; Ehegatte **2346** 5, 21; einheitliches Rechtsgeschäft **2346** 36; entgeltlicher – **2346** 28; erbrechtlicher Vertrag **2346** 2; Erbschaftsteuer **2346** 37; Erstreckung auf Abkömmling **2349;** Fiskus **2346** 5; Form **2348;** Formfolgen von Formmängeln **2348** 2; Formvorschriften für das Kausalgeschäft **2348** 3; Gegenstand **2346** 9 ff; Genehmigung des Vormundschaftsgerichts **2347** 5, 9; gerichtliche Überprüfung **2346** 39; Geschäftsunfähigkeit **2347** 4, 9; gleichzeitige Anwesenheit **2348** 5; höchstpersönlicher Abschluss **2347** 6 ff; des Hoferben **2346** 12; Inhaltskontrolle **2346** 38 ff; Kausalgeschäft **2346** 26; Lebenspartner **2346** 5; zu Lebzeiten des Erblassers **1922** 103; **2346** 7; Leistungsstörungen **2346** 29 f; nachträgliche Genehmigung **2348** 4; nachträgliche Unmöglichkeit **2346** 30; bei nichtehelichen Kindern **2346** 10, 23; Nichtigkeit **2348** 6; Nichtigkeit des Kausalgeschäfts **2346** 31 ff; persönliche Anforderungen an Erblasser **2347** 6 ff; persönliche Anforderungen an Verzichtenden **2347** 3 ff; Pflichtteilsverzicht **2346** 7, 14, 16 f; im Prozessvergleich **2347** 7; **2348** 2; Rechtsgeschäft unter Lebenden **2346** 3; Rechtsnatur **2346** 2 f; Rechtswirkungen **2346** 18 ff; relativer – **2350** 1, 7; Rücktrittsvorbehalt **2346** 35; schuldrechtliches Kausalgeschäft **2346** 29 f; Sicherung der Testierfreiheit **2346** 1; Stellvertretung **2347** 3 ff, 6 ff; stillschweigender – **2346** 8; Synallagma zwischen Verzicht und Abfindung **2346** 29 ff; Teilnichtigkeit **2346** 3; Tod vor Abgabe der Verzichtserklärung **2346** 30; Umdeutung **2348** 4; Umstandssittenwidrigkeit **2346** 41; unentgeltlicher – **2346** 27; Verbindung mit anderen Rechtsgeschäften **2348** 3; Verbindung zwischen schuldrechtlichem Grundgeschäft und Erbverzicht **2346** 34 f; Verfahrensrecht **2346** 25; Verfügungsgeschäft **2346** 2; Verwandte **2346** 5; Vollmacht **2348** 4; auf Voraus **2346** 13; Voraussetzungen **2346** 5 ff; unter Vorbehalt des Pflichtteilsrechts **2346** 15; Wegfall der Geschäftsgrundlage **2346** 33; Wirksamkeitskontrolle **2346** 38 f; Wirkungen des bloßen Pflichtteilsverzichts **2346** 24; Wirkungen für den Verzichtenden **2346** 18 ff; zeitliche Grenzen **2346** 7; zulässige Einschränkung der Testierfreiheit **2303** 1; Zuwendungsverzicht s *dort;* Zweck **2346** 1

–, **Aufhebung,** actus contrarius **2351** 1; Anwendungsbereich **2351** 1; Aufhebung des Kausalgeschäfts **2351** 2; Aufhebungsvertrag **2351** 1; notarielle Beurkundung des Aufhebungsvertrages **2351** 2; Form **2351** 2; Geschäftsfähigkeit des Erblassers **2351** 3 f; Modalitäten **2351** 2 ff; Nichtigkeit des Aufhebungsvertrages **2351** 2; persönliche Anforderungen **2351** 3 ff; Rechtsgeschäft unter Lebenden **2351** 1; teilweise Aufhebung **2351** 1; Verpflichtung zur Rückzahlung der Abfindung **2351** 9; vollständige Beseitigung des Verzichts **2351** 8; Wirkungen **2351** 8 f; Zustimmung Dritter **2351** 7
Erfolgshonorarvereinbarung, Abwehr ausländischer – **EGBGB 34** 20 f
Ergänzungsbetreuung 1899 13 ff
Ergänzungspflegschaft von Amts wegen **1909** 15; Anordnungsbedürfnis **1909** 10; Aufhebung **1919;** bei Auseinandersetzung der Vermögensgemeinschaft wegen Wiederheirat **1683** 5; Berufung als Ergänzungspfleger **1916;** eiliges Fürsorgebedürfnis **1909** 13; Ende **1909** 18; **1918;** Ernennung des Ergänzungspflegers durch Erblasser und Dritte **1917;** Ersatzpflegschaft **1909** 13; gesetzliche Vertretungsverbote **1909** 9; Informationspflichten **1909** 14; Interessengegensätze **1909** 9; Internationales Privatrecht **EGBGB 24** 24; rechtliche Verhinderung **1909** 9; tatsächliche Verhinderungen **1909** 9; nach Teilentzug der elterlichen Sorge **1666** 23; Testamentsvollstreckung **1909** 12; Verfahren **1909** 15 ff; Verhinderung der Eltern/des Vormunds **1909** 7 ff; Voraussetzungen **1909** 7 ff; Wegfall des Anordnungsgrundes **1919** 3; Zuwendungspflegschaft **1909** 11 f
Ergänzungspflichtteil s *Pflichtteilsergänzung*
Errichtungsstatut EGBGB 25 16; **EGBGB 26** 1, 11 ff
Errungenschaftsgemeinschaft 1415 5; **1418** 3
Ersatzerbe, Abgrenzung zum Nacherben **2100** 32; Abgrenzung zur Nacherbschaft **2096** 6; Anordnung der Ersatzerbschaft **2096** 1 f; Anwartschaftsrecht des Ersatz-Nacherben **2102** 9; Auslegungsregel **2097;** Berufung mehrerer **2096** 1; Bestimmung des Ersatzerbfalls **2096** 3 ff; Einsetzung zum – **2096** 1 ff; Eintritt des Ersatzerbfalls **2096** 7; Ersatzerbfall **2096** 1 f; Ersatz-Nacherbe **2100** 23; **2102** 8; Ersatz-Vorerbe **2100** 23; **2102** 2; bei gewillkürter Erbfolge **1953** 7; nacheinander **2096** 1; nebeneinander **2096** 1; Verteilung der Pflichtteilslast **2320**

magere Zahlen = Rn

4; Recht in den neuen Bundesländern **2096** 8; Rechtsstellung des Ersatzerben **2096** 8; Rechtsstellung des Ersatz-Nacherben **2102** 9 f; Vermutung der Ersatzerbschaft **2102** 6 f; Vorrang vor Anwachsung **2099**; wechselseitige Einsetzung als – **2098**
Ersatzmutter 1591 13 f
Ersatzpflegschaft 1909 13
Ersatzsurrogation 2041 2
Ersatzvermächtnis, bedingte Zuwendung **2190** 2; Begriff **2190** 1; als besondere Vermächtnisart **1939** 7; entsprechende Anwendung der Ersatzerbenvorschriften **2190** 3; Voraussetzungen **2190** 2
Erschöpfungseinrede des Erben, Aufhebung von Zwangsvollstreckungs- maßnahmen **1990** 9; Durchsetzung im Zwangsvollstreckungsverfahren **1990** 8 ff; Entscheidung über die tatsächlichen Voraussetzungen **1990** 7; Erbenhaftung **1989**; Erhebung im Erkenntnisverfahren **1990** 6 f; freiwillige Herausgabe des Nachlasses durch den Erben **1990** 12; maßgeblicher Zeitpunkt **1990** 5; Rechte der Eigengläubiger des Erben **1990** 10; Vollstreckungsgegenklage **1990** 8; Vollstreckungspreisgabe **1990** 11; Vorbehalt der beschränkten Erbenhaftung **1990** 6
Erwerb mit Mitteln des Kindes, Anwendungsvoraussetzungen **1646** 2 ff; Beweislast **1646** 7; Eigentumsübergang **1646** 5; Rechtsfolgen **1646** 5 f; rechtsgeschäftlicher Erwerb **1646** 2
Erziehung, Begriff **1631** 3 ff; Begriff der entwürdigenden Maßnahme **1631** 19; Einsatz von Erziehungsmitteln durch Dritte **1631** 27; Einschränkungen des Sorgerechts **1631** 5; Erziehungsfehler **1666** 6.3; Erziehungsmittel **1631** 5, 26; formales Erziehungsziel **1631** 5; Klaps **1631** 21; körperliche Bestrafungen **1631** 20 ff; Missbrauch religiöser Erziehung **1666** 6.3; Ohrfeige **1631** 21; Recht auf gewaltfreie – **1631** 16 ff; religiöse – **1631** 4; **1801**; Sanktionen des Gewaltverbots **1631** 25; seelische Verletzungen **1631** 23; Verbot entwürdigender Maßnahmen **1631** 18 ff; weitere entwürdigende Maßnahmen **1631** 24; Züchtigungsverbot für Lehrherrn und Lehrer **1631** 27
Europäisches Kollisionsrecht EGBGB Einl IPR 25 f
Europarecht, Europarechtskonformität des IPR **EGBGB Einl IPR** 25 ff; Form von Rechtsgeschäften **EGBGB 11** 2 f, 15; Lebenspartnerschaft **EGBGB 17 b** 8; Stellvertretung **EGBGB 10** 79 f; Unterhaltsstatut **EGBGB 18** 3 ff; Verbraucherschutz **EGBGB 29 a** 3 ff; Vorrang von Rechtsakten der EG im internationalen Privatrecht **EGBGB 3** 4 ff

Fahrnisgemeinschaft 1418 3
falsa demonstratio bei der letztwilligen Verfügung **2084** 14
falsa nominatio bei der letztwilligen Verfügung **2084** 15
Familie, Begriff **1356** 16
Familienname, Änderung des Namens **1616** 3; Angleichung nach Internationalem Privatrecht s *Internationales Privatrecht, Namenswahl;* nach Aufhebung der Adoption **1765** 2 ff; Begriff **1355** 2; **1616** 2; Eindeutschung **EGBGB 47** 17; bei Einzeladoption **1757** 3; Fehlen eines Familiennamens **EGBGB 47** 8 ff; Funktionen **1616** 3 ff; Geburtsname **1616** 2; Grundstruktur des Rechts des -s **1616** 3 ff; Internationales Privatrecht **1616** 14 f; und Name **1355** 11; als Oberbegriff **1616** 2; öffentlich-rechtliche Namensänderung **1616** 12 ff; **1617 c** 9; Sonderform für weibliche Namensträger **EGBGB 47** 12; Übergangsrecht **1616** 16; Vor- und Nachnamen im Namensrecht **1616** 1 ff; Zweck **1616** 3 ff
Familienpflege, Antrag **1630** 10 f; Antragsberechtigte **1630** 10; Aufhebung der Sorgerechtsentscheidung **1630** 15 f; Begriff **1630** 7 f; Dauer **1630** 8; Einschränkung der elterlichen Sorge **1630** 6 ff; Einschränkung und Erweiterung der Befugnisse der Pflegeperson **1688** 8 f; Entscheidung des Familiengerichts **1630** 13 f; Entscheidungsbefugnisse der Pflegeperson **1688**; Formen von Pflegestellen **SGB VIII 33** 5; Fortführung der Geschäfte in Unkenntnis der Beendigung der elterlichen Sorge **1698 a**; Fortführung dringender Geschäfte nach Tod des Kindes **1698 b**; freiwillige Inpflegegabe **1630** 6; Heimerziehung **1630** 7.1; Internat **1630** 7.1; Kindeswohl **1630** 13; längere Zeit **1630** 8; Pflegeerlaubnis **1630** 7; Pflegekindbegriff **SGB VIII 33** 2; Pflegeperson **1630** 7; Pflegevertrag **1630** 6; Rechtsschutzbedürfnis **1630** 12; Schutz der Pflegekinder **1632** 20 ff; Stellung in der Kinder- und Jugendhilfe **SGB VIII 33** 4 f; Übertragung von Angelegenheiten der elterlichen Sorge auf Pflegeperson **1630** 9 ff; Unterbringung in der – **1906** 26; Verbleibensanordnung *s dort;* Verfahren **1630** 16; Verwandte und Verschwägerte **1630** 7.1; Vollzeitpflege **SGB VIII 33**; Zuständigkeit des FamG **1630** 16
familienrechtlicher Ausgleichsanspruch, Anspruchsvoraussetzungen **1606** 22 f; Ausgleich für die Vergangenheit **1606** 24; Pflicht zu Beistand und Rücksichtnahme **1618 a** 7; Prozessuales **1606** 27 a; Rechtsnatur **1606** 21; Schuldnerschutz **1606** 24; Verhältnis zum Unterhaltsanspruch des Kindes **1606** 26 f; Verjährung **1606** 25; Verzinsung **1606** 24
Familienunterhalt, angemessener – **1360 a** 2 ff; Anspruchsumfang **1360** 5 f; **1360 a;** Anspruchsvoraussetzungen **1360** 4; Berechtigte **1360** 7; familienrechtlicher Unterhaltsanspruch **1360** 1; Geldunterhalt **1360** 6; **1360 a** 5 ff; Maßstab **1360 a** 2 f; Vorrang des Naturalunterhalts **1360 a** 4; Obligationssymmetrie **1360** 3; Prozesskostenvorschuss **1360 a** 9 ff; Rechnungslegung **1360 a** 5; Rückforderung **1360 a** 20; Rücklagen **1360 a** 5; Sonderkosten **1360 a** 5; Kosten eines Studiums **1360 a** 5; Subsidiarität von Prozesskostenhilfe **1360 a** 11; im System des Unterhaltsrechts **1360** 2 f; Taschengeld **1360 a** 6 f; Umfang der Unterhaltspflicht **1360 a;** Umfang des Prozesskostenvorschusses **1360 a** 18; Verfahren bei Prozesskostenvorschuss **1360 a** 19; Verpflichtete **1360** 7; gesetzlich normierte Verpflichtung zum – **1360;** Verzicht auf – **1360** 6; Voraussetzungen für Prozesskostenvorschuss **1360 a** 12 ff; Wirtschaftsgeld **1360 a** 5; Zeitraum **1360 a** 8; Zuvielleistung **1360 b;** Zweck der Vorschrift **1360** 1

3141

Sachverzeichnis

fette Zahlen = §§

Fehlehe, Scheidung **1564** 11; **1565** 21
Fehlgeburt, Beerdigungskosten **1615 n** 5; Unterhalt der nichtehelichen Mutter bei – **1615 n** 5; Vaterschaftsanerkennung **1594** 8; Vaterschaftsfeststellung **1615 n** 5
Findelkinder 1773 5
Fiskus, Auskunftspflicht über Bestand des Nachlasses **2011** 2; Erbrecht des Fiskus **EGBGB 25** 25; Erbvermutung durch Feststellung **1964;** kein gesetzlicher Erbe bei Vermächtnis **2149** 3; als gesetzlicher Zwangserbe **1936** 5; **1942** 11; **1966;** gesetzliches Erbrecht **1936;** Inventarfrist **2011;** als Noterbe **1936** 1; Rechtsstellung vor negativer Feststellung **1966;** Verzicht auf gesetzliches Erbrecht **2346** 5
Flüchtling, abgeleiteter Flüchtlingsstatus **EGBGB 5** 25; Asylberechtigte **EGBGB 5** 36 ff; Ausschlusstatbestände **EGBGB 5** 26; Begriff **EGBGB 5** 22; Feststellung der Flüchtlingseigenschaft **EGBGB 5** 28; Flüchtlingseigenschaft **EGBGB 5** 24 ff; Genfer Flüchtlingskonvention **EGBGB 5** 21 ff; Gesetz über den ehelichen Güterstand von Vertriebenen und Flüchtlingen **EGBGB 15** 102; Güterrechtsstatut **EGBGB 15** 75 ff, 102; aufgrund humanitärer Hilfsaktionen aufgenommener – **EGBGB 5** 42 f; kollisionsrechtliche Behandlung im IPR **EGBGB 5** 29 ff; Kontingentflüchtling **EGBGB 5** 43; Personalstatut **EGBGB 5** 22, 29 ff; Protokoll über die Rechtsstellung der -e vom 31. 1. 1967 **EGBGB 5** 22; rfugi sur place **EGBGB 5** 24; Staatenloser **EGBGB 5** 24; Verhältnis zum AsylVfG **EGBGB 5** 25; verschleppte Personen und – **EGBGB 5** 44 f; volksdeutsche – und Vertriebene **EGBGB 5** 46 ff; Zugang zu den Gerichten **EGBGB 5** 22
Forderungsabtretung, Internationales Privatrecht *s Internationales Privatrecht, Forderungsabtretung*
Forderungsstatut EGBGB 15 38 f; **EGBGB 33** 4 ff
Forderungsübergang, gesetzlicher, Internationales Privatrecht *s Internationales Privatrecht, gesetzlicher Forderungsübergang*
Forderungsvermächtnis, Befreiungsvermächtnis **2173** 6; besondere Vermächtnisart **1939** 6; Erfüllungssurrogate **2173** 3; Ersetzung durch Geldvermächtnis **2173** 5; Forderung des Erblassers **2173** 2; Geldforderung **2173** 4; Leistung vor dem Erbfall **2173** 3; Rechtsfolgen **2173** 5; Schuldvermächtnis **2173** 7; Voraussetzungen **2173** 2 ff; Vorhandensein der Leistung in der Erbschaft **2173** 4
Form von Rechtsgeschäften im IPR *s Internationales Privatrecht, Form von Rechtsgeschäften*
Formstatut bei Eheschließung **EGBGB 13** 62 ff
Fortsetzungsklausel bei BGB-Gesellschaft **1922** 65; bei OHG und KG **1922** 66
forum shopping, Begriff **EGBGB Einl IPR** 3
freiheitsentziehende Unterbringung *s Unterbringung im Betreuungsrecht*
Freiheitsentziehung, Anhörung **1631 b** 9.1; Ausgangssperre **1631 b** 2; Dauer **1631 b** 2; Einverständnis des Kindes **1631 b** 5; Freiheitsbeschränkung **1631 b** 3 ff; Freiheitsentziehung **1631 b** 3 ff; Genehmigung durch FamG **1631 b** 6; genehmigungsbedürftige Unterbringung **1631 b** 2; geschlossene Heime und Anstalten **1631 b** 4; Grundsatz der Verhältnismäßigkeit **1631 b** 6; Kindeswohl **1631 b** 6; Nachholungspflicht **1631 b** 8; Qualität und Quantität des Eingriffs **1631 b** 3; Reformvorhaben **1631 b** 10; Rücknahme der Genehmigung **1631 b** 7; Sachverständigengutachten **1631 b** 9.1; Stubenarrest **1631 b** 2; Überschreitung der üblichen Freiheitsbeschränkung **1631 b** 3; Unterbringung ohne Genehmigung **1631 b** 8; unterbringungsähnliche Maßnahmen **1631 b** 4; Unterbringungsbegriff **1631 b** 2; Verfahren **1631 b** 9 f; Verfahrensfähigkeit des Kindes **1631 b** 9.1; vorläufige Unterbringung **1631 b** 9; Zuständigkeit des FamG **1631 b** 9.1; Zweck **1631 b** 2; *s auch Unterbringung im Betreuungsrecht*
Fremdenrecht EGBGB Einl IPR 11
Fremdrechtserbschein 2369 1; **EGBGB 25** 66 ff
Fürsorgepflegschaft 1961 1

Gattungsauflage 2192 5
Gattungsvermächtnis, Anwendungsbereich **2155** 2; Beeinträchtigung des Vermächtnisnehmers **2287** 1; Begriff **2155** 1; beschränktes – **2155** 2; besondere Vermächtnisart **1939** 6; Bestimmung der Sache **2155** 4; Bestimmung durch den Bedachten oder einen Dritten **2155** 6; Bestimmung durch den Beschwerten **2155** 5; Beweislast **2155** 7; Früchte und Nutzungen **2184** 1; Rechtsmängelhaftung **2182** 4; Rechtsverschaffungspflicht **2182** 3; Sachmängelhaftung **2183** 1 ff; Vollstreckung **2155** 5; Vorerfüllung durch den Erblasser **2155** 3
Gebrauchsname, Internationales Privatrecht **EGBGB 10** 24
Geburtsname nach Adoption **1757** 2 ff; **1767** 14; der Adoptivenkelkinder **1757** 7 f; Änderung **1616** 5.2; nach Aufhebung der Adoption **1765** 2, 4; Begriff **1355** 2, 7, 11; Erstbestimmungsrecht **1616** 5; Ersterwerb **1616** 5.2; Funktion **1616** 3 ff; Grundstruktur des Namensrechts **1616** 3 ff; Stiefkindadoption **1757** 4 ff; Zweck **1616** 3 f
– **bei Eltern mit Ehenamen,** anhängiges Scheidungsverfahren bei Geburt des Kindes **1616** 21; Begleitname bei Elternteils **1616** 2, 18; Begriff **1616** 2; Bestand der Ehe **1616** 22; Doppelname **1616** 19; Eheauflösung durch Tod des Vaters **1616** 25; Ehename der Eltern **1616** 18 f; nach Scheidung der Ehe **1616** 22 ff; bei Vaterschaftsfeststellung **1616** 23; Zeitpunkt des Namenserwerbs **1616** 20 ff
– **bei Eltern ohne Ehenamen und Alleinsorge,** alleiniges Sorgerecht **1617 a** 8; analoge Anwendung auf andere Fälle des Sorgerechtswechsels **1617 a** 14; Begleitname eines Elternteils **1617 a** 4, 11; Begriff **1616** 2; Bindungswirkung und Verbindlichkeit der Erklärung **1617 a** 13; Doppelname als – **1617 a** 4, 11; nach Einbenennung **1617 a** 11; erteilbarer Name **1617 a** 11; Formvorschriften für die Erklärung **1617 a** 12; Geschäftsunfähigkeit des anderen Elternteils **1617 a** 10; gesetzliche Namensbestimmung **1617 a** 2 ff; Kind unverheiratet **1617 a** 9; maßgeblicher Zeitpunkt **1617 a**

magere Zahlen = Rn

3; Name des nicht sorgeberechtigten Elternteils **1617 a** 10; Namenserteilung durch sorgeberechtigten Elternteil **1617 a** 7 ff; pränatale Namenserteilung **1617 a** 7.1; kein Sorgerecht der Eltern bei Geburt des Kindes **1617 a** 6; Tod der sorgeberechtigten Mutter **1617 a** 14; Tod des alleinsorgeberechtigten Elternteils **1617 a** 6; Tod des nicht sorgeberechtigten Elternteils **1617 a** 10; ungeklärte Identität der Mutter **1617 a** 3; Zustimmung des Kindes **1617 a** 10
– bei **Eltern ohne Ehenamen und gemeinsamer Sorge,** Anfechtung **1617** 12; ausländisches Recht **1617** 6; im Ausland geboren **1617** 9, 17; Begleitname eines Elternteils **1617** 5 f; Bestimmung des Namens durch die Eltern **1617** 2 f; Bestimmung durch Vormund oder Pfleger **1617** 3; Bindungswirkung der Bestimmung für Geschwister des Kindes **1617** 13 ff; Doppelname **1617** 5; Ehe mit Scheinvater **1617** 2; Einbenennung **1617** 16; **1617 b** 2; elterliche Sorge **1617** 10; Entscheidungskompetenz der Eltern **1617** 10; Form der Bestimmung **1617** 11 ff; Fristsetzung durch Familiengericht **1617** 20; gemeinsame Sorge erst nach der Geburt begründet **1617** 2; gesetzliche Namenszuweisung nach Fristablauf **1617** 20; minderjähriger Elternteil **1617** 4; möglicher Namensinhalt **1617** 5 ff; nachträgliche Begründung der gemeinsamen Sorge **1617 b** 2 ff; Neubegründung eines Doppelnamens **1617** 6; Neubestimmung **1617 b** 2 ff; Pflicht zur Namensbestimmung **1617** 17 ff; tatsächliche Personensorge **1617** 4; Tod eines Elternteil **1617** 5; Übergangsregelung des FamNamRG **1617** 14; Übergangsregelungen des KindRG **1617** 7 ff; Übertragung des Bestimmungsrechts durch das FamG **1617** 17 ff; Verbindlichkeit der Bestimmung **1617** 11 ff; Voraussetzungen der Namensbestimmung **1617** 2 ff; Vorgaben für die gerichtliche Entscheidung **1617** 18; nach vorgeburtlicher Sorge- und Anerkennungserklärung **1617** 2; Widerruf der Bestimmung **1617** 12; maßgeblicher Zeitpunkt **1617** 2

Gefährdung des Kindesvermögens, Abänderung und Überprüfung gerichtlicher Anordnungen *s dort;* Anlageanordnung **1667** 4; Anordnungswidersetzung **1666** 16; Auswahlermessen des Gerichts **1666** 19; Bedeutung **1666** 13; drohende Pflichtverletzung **1666** 23; Eingriffsvoraussetzungen für gerichtliche Maßnahmen **1666** 12 ff; einstweilige Anordnung **1666** 29; Insolvenzverfahren **1666** 23; Kausalität **1666** 21 f; Konkurrenzen **1666** 41; Kosten der angeordneten Maßnahme **1667** 6; Kostenentscheidung **1666** 30; Maßnahmen gegenüber Dritten **1666** 24; Maßnahmen gegenüber Eltern **1666** 21; Maßnahmen zur Beseitigung einer – **1667** 2 ff; Offizialmaxime **1666** 27; Pflichtverletzung bei Vermögenssorge **1666** 15; durch pflichtwidriges Verhalten der Eltern **1666** 14 ff; Rechnungslegung **1667** 3; Rechtsmittel **1666** 28; Reformvorhaben **1666** 25; Regelbeispiele **1666** 12.1; Sicherheitsleistung **1667** 5; Unfähigkeit der Eltern **1666** 18; Unwille der Eltern zur Gefahrenabwehr **1666** 18; Verfahren **1667** 7; Verfahren für gerichtliche Maßnahmen bei – **1666** 26 ff; Verfahrenspfleger **1666** 27; Verhältnismäßigkeitsgrundsatz

1666 19 f; Verletzung der Unterhaltspflicht **1666** 14 f; Vermögensverfall **1666** 23; Vermögensverzeichnis **1667** 3; Voraussetzungen **1666** 13; Zuständigkeit des FamG **1666** 26

Gefährdung des Kindeswohls, Auswahlermessen des Gerichts **1666** 19; Eingriffsvoraussetzungen für gerichtliche Maßnahmen **1666** 2 ff; Erziehungsfehler **1666** 6.3; gerichtliche Maßnahmen bei – *s dort;* Gesundheitspflege **1666** 6.2; Herausgabeverlangen der Eltern **1666** 6.4; Kausalität zwischen Gefährdung und Verhalten **1666** 10; mangelnde Rücksichtnahme auf Eignung und Neigung des Kindes **1666** 6.6; Maßnahmen gegenüber Dritten **1666** 24; missbräuchliche Ausübung der elterlichen Sorge **1666** 7 ff; Missbrauch der religiösen Erziehung **1666** 6.3; pflichtwidriges Verhalten der Eltern **1666** 7 ff; Reformvorhaben **1666** 25; Regelungsstruktur **1666** 1 f; Schwangerschaftsabbruch **1666** 6.2; sexueller Missbrauch **1666** 6.1; Straftaten **1666** 6.1; Subsidiaritätsklausel **1666** 11; unbestimmter Rechtsbegriff **1666** 4; **1671** 25; Unfähigkeit der Eltern **1666** 11; unverschuldetes Versagen der Eltern **1666** 8 f; Unwille der Eltern zur Gefahrenabwehr **1666** 11; Verhältnismäßigkeitsgrundsatz **1666** 19 f; **1666 a;** durch das Verhalten eines Dritten **1666** 9 f; Vernachlässigung des Kindes **1666** 7; Voraussetzungen **1666** 4 ff; durch Wegnahme aus Familienpflege **1632** 23 ff; Wirkung der Entziehung der elterlichen Sorge **1666** 23

Gegenbetreuung 1899 17

gegenständlich beschränkter Erbschein, anglo-amerikanisches Erbrecht **2369** 8; Ansprüche **2369** 6; ausländisches Erbrecht **2369** 3 f; Bindungswirkung **2369** 10; Bücher oder Register **2369** 5; Erbenstellung **2369** 8; Erbstatut **2369** 9; formelle Rechtsakte nach ausländischem materiellen Recht **2369** 11; Inhalt **2369** 7 ff; inländische Nachlassgegenstände **2369** 4 ff; Rechtsschutzbedürfnis **2369** 4; Verfahren **2369** 10 f; Voraussetzungen **2369** 3 ff; Wirkungen **2369** 12; Zuständigkeit **2369** 10

Gegenvormund, Ablehnungsrecht **1786** 11; Amtsende **1895;** Anhörung vor Genehmigungserteilung **1826;** Anhörungspflichten **1779** 6; Aufwendungsersatz **1835** 3; Auskunftspflicht **1839;** Ausschluss durch die Eltern **1782** 4; Auswahl durch das Vormundschaftsgericht **1779** 5; Beamter oder Religionsdiener als – **1784** 6; Benennungsrecht der Eltern **1776** 4; **1777** 5; Berufung und Bestellung **1792** 4; Bestallungsurkunde **1791** 4; Bestellung durch das VormG **1789** 5; Bestellung unter Vorbehalt **1790** 3; ehrenamtlicher – **1835 a** 2; Entlassung **1886** 13; **1889** 5; Ermessen des VormG **1792** 2; Folgen unbegründeter Ablehnung **1787** 6; Fortführung der Geschäfte in Unkenntnis der Beendigung der Gegenvormundschaft **1698 a** 2; Fortführung der Geschäfte nach Beendigung der Vormundschaft **1893** 3; Fortführung dringender Geschäfte nach Tod des Kindes **1698 b** 2; Genehmigung von Verfügungen über Forderungen und Wertpapiere **1812** 11; Genehmigungserteilung durch – **1832;** Haftung **1833** 2; Jugendamt als – **1791 b** 6; Kontrolle des Vormundes **1792** 1; mehrere – **1797** 8; mehrere Vormünder **1775** 5; Mitwirkung am Ver-

3143

Sachverzeichnis

fette Zahlen = §§

mögensverzeichnis **1802** 3; Mitwirkung bei Beendigung der Vormundschaft **1891**; Mitwirkung bei Rechnungslegung **1842**; Pflichten und Rechte **1799**; Pflichtverletzung **1833** 5; Rechnungsprüfung und -anerkennung **1892**; Rückgabe von Urkunden nach Beendigung der Vormundschaft **1893** 3; Übernahmepflicht **1785** 5; Unfähigkeit **1780** 3; Untauglichkeit **1781** 4; Verein als – **1791 a** 7; Verfahren **1779** 6 f; **1782** 5; **1785** 6; **1789** 5; **1792** 5; **1799** 5; Vergütung des Vormunds **1836** 4
Geheimhaltungspflicht 1758 2 ff
Geldvermächtnis, Beeinträchtigung des Vermächtnisnehmers **2287** 1; Ersetzung eines Forderungsvermächtnisses **2173** 5
gemeinschaftlicher Erbschein, Annahme der Erbschaft durch jeden ausgewiesenen Miterben **2357** 5; Antragsberechtigte **2357** 3; eidesstattliche Versicherung **2357** 6 f; Erbquote jedes Miterben **2357** 4; Teilerbschein **2357** 4; Zweck **2357** 2
gemeinschaftliches Testament, Abgrenzung zum Ehegattenerbvertrag **2280** 1 f; Abgrenzung zum Erbvertrag **2265** 11; Ablieferungspflicht **BeurkG 34** 2; Ablieferungspflicht des Notars **BeurkG 34 a** 6 ff; Anfall an den Nächstberufenen **1953** 8; Anrechnung des Pflichtteils auf den Schlusserbteil **2269** 51; Antrag auf Scheidung oder Aufhebung durch anderen Ehegatten **2268** 4; Arten **2265** 12 ff; nach Aufhebung der Ehe **2268** 2; Aufhebung durch späteren Erbvertrag **2289** 5; Aufhebung einer Lebenspartnerschaft **2268** 5; nach Auflösung der Ehe **2268** 2 ff; Aufrechterhaltungswille **2268** 6 ff; aufschiebend bedingte Enterbung auf den 2. Erbfall **2269** 45 ff; Auslandsbezug **2265** 16; Auslegungsregel **2268** 11; **2269** 5; Auslegungsregel bei Vermächtnisanordnung **2269** 53 ff; Ausschlagungswirkung **1953** 8; außerordentliche Testamentsformen **2267** 2; Aussöhnung **2268** 10; Beeinträchtigung des Testamentserben **2287** 6 ff; Begriff **1937** 3; besondere amtliche Verwahrung **2258 b** 1; Beteiligte **2265** 16 f; Beweisfragen **2268** 12; **2269** 56; Bezugnahme **2247** 20; Differenz der Errichtungsakte **2265** 7; unter Ehepartnern **2265** 16; nach Ehescheidung **2268** 3; eigenhändiges – **2267** 4 ff; Einheitlichkeit der Errichtungsformen **2267** 3; Einheitslösung **2269** 27, 44 ff; Einschaltungen **2267** 9; Einschränkung der Testierfähigkeit **2302** 1; einseitig testamentarische Verfügungen **2265** 21; **2268** 7; Einsichtnahme **2272** 5; Erblasserwille **2265** 20 f; Erbschaftsteuer **2269** 57; gemeinschaftliche Erklärung **2265** 3 ff; Errichtung durch Ehegatten **2265**; Form des eigenhändigen gemeinschaftlichen Testaments **2267** 4 ff; Formen der Errichtung **2267** 1 ff; Formerfordernis **2265** 19; Formmängel **2267** 10 f; Funktion **2265** 1; gegenseitige Erbeinsetzung **2265** 14; **2269**; gemeinsame Urkunde **2265** 6; Begriff der Gemeinschaftlichkeit **2265** 2 ff; gleichzeitiges oder äußerlich – **2265** 13; Jastrowsche Klausel **2269** 50; Katastrophenklausel **2269** 25; von Lebenspartnern **2265** 17; letztwillige Verfügungen beider Ehegatten **2265** 8; Nachträge **2267** 9; nachträgliche Vergemeinschaftung **2265** 7; nichteheliche Lebensgemeinschaft **2265** 16;

Nichtigkeit **2265** 24; **2267** 11; **2302** 3; Nießbrauchsvermächtnis **2269** 29; Nottestament **2266**; objektive Theorie **2265** 4; ordentliche Testamentsformen **2267** 1; Pflichtteilsrechte **2269** 43 ff; Pflichtteilssanktionsklausel **2269** 22; Pflichtteilsverzicht **2269** 52; Recht in den neuen Bundesländern **2269** 58; **2272** 8; Rechtsfolge von Verstößen **2265** 18 ff; Rechtsstellung des Längstlebenden bei Vermächtnisanordnung **2269** 55; Rechtswirkungen der einzelnen Gestaltungsmöglichkeiten **2269** 27 ff; Rücknahme aus amtlicher Verwahrung **2272**; separate Schriftstücke **2265** 6; Streichungen **2267** 9; subjektive Theorie **2265** 5; Testament **2265** 9; Trennungslösung **2269** 28, 43; Umdeutung **2302** 4; Umdeutung formnichtiger eigenhändiger Testamente **2267** 10; Umdeutung in Erbvertrag **2265** 23; Umdeutung ungültiger Testamente **2265** 18 ff; Unwirksamkeit **2268** 11; Unwirksamkeit einer Verfügung **2085** 2; Verschließung der Niederschrift **BeurkG 34** 1; Vorrang der abweichenden Erblasserwillens bei Ehescheidung oder -aufhebung **2268** 6; wechselbezügliche Verfügungen *s dort;* wechselbezügliches – **2265** 11; Wesen **2265** 8 ff; Widerruf **2271** 3; Widerrufswirkung **2271** 15 f; **2272** 6 f; Wiederheirat **2268** 10; Wiederverheiratungsklausel **2269** 22, 30 ff; Zusätze **2267** 9

–, **Anfechtung,** Ausschluss der Anfechtung zu Lebzeiten beider Ehegatten **2271** 34; durch Dritte **2271** 39 f; eigener Verfügungen **2271** 35 ff; Recht in den neuen Bundesländern **2271** 42; durch den überlebenden Ehegatten **2271** 35 ff; von Verfügungen des erstverstorbenen Ehegatten durch Dritten **2271** 37; von Verfügungen des überlebenden Ehegatten durch Dritten **2271** 40; von Verfügungen des verstorbenen Ehegatten **2271** 38; Wirkung **2271** 41

–, **Eröffnung,** Benachrichtigungspflicht **2273** 10; Dispositionsmöglichkeiten für Eröffnungspflicht **2273** 7; Einsichtsrecht **2273** 10; Eröffnung beim ersten Erbfall **2273** 2 ff; Eröffnung beim zweiten Erbfall **2273** 16; Recht in den neuen Bundesländern **2273** 17; Rechtsmittel gegen die Ablehnung des Eröffnungsantrags **2273** 9; Umfang der Verkündung bzw. Vorlegung **2273** 2 ff; Verfahren **2273** 8; Verfügungen des Erblassers **2273** 2; Verfügungen des überlebenden Ehegatten **2273** 3 ff; Wiedereröffnung vor dem zweiten Erbfall **2273** 15; Wiederverschließung und Weiterverwahrung **2273** 11 ff

–, **gegenseitige Einsetzung,** Auslegungsregel **2269** 5; Einheitslösung **2269** 3; Einsetzung auf den Tod des überlebenden Ehegatten **2269** 23 ff; Erbeinsetzung Dritter zu Schlusserben **2269** 2 ff; ergänzende Auslegung **2269** 18; erläuternde Auslegung **2269** 7, 13 ff; gegenseitige Alleinerbeinsetzung **2269** 21; Gestaltungsmöglichkeiten **2269** 1 ff; gleichzeitiger Tod **2269** 24; Grundzüge der Auslegung **2269** 6 ff; Katastrophenklausel **2269** 25; Nießbrauchsvermächtnis **2269** 4; offenes Auslegungsergebnis **2269** 19; personenbezogene Begriffe **2269** 14; Pflichtteilssanktionsklausel **2269** 22; Trennungslösung **2269** 2; Verfügungsbefugnis regelnde Begriffe **2269** 16; vermögensbezogene

Begriffe **2269** 16; Voraussetzungen der Auslegungsregel **2269** 19 ff; Vorrang der Auslegung **2269** 6 ff; Wiederverheiratungsklausel **2269** 22; wirksames gemeinschaftliches Testament **2269** 20; zeitbezogene Begriffe **2269** 17
gemeinschaftliches Vermächtnis, Begriff **2157** 1; gemeinsamer Anspruch der Vermächtnisnehmer **2157** 4; Verweisung **2157** 3; Zuwendung desselben Gegenstandes **2157** 2
Genehmigungsvermächtnis 2136 4
Generalvollstrecker 2203 1
Generationennachfolgevertrag 1374 14
Generationenvertrag 1587 a 132
Genfer Flüchtlingskonvention EGBGB 5 21 ff
Genfer Wechsel- und Scheckrecht EGBGB 37 3
gerichtliche Maßnahmen bei Gefährdung des Kindeswohls, Abänderung und Überprüfung gerichtlicher Anordnungen *s dort;* Amtsermittlungsgrundsatz **1666** 27; Anhörungen **1666** 27; Auflagen **1666** 20; Auswahlermessen des Gerichts **1666** 19; Beschränkung der elterlichen Sorge **1666** 20; gegenüber Dritten **1666** 24; Eingriffsvoraussetzungen **1666** 2 ff; einstweilige Anordnung **1666** 29; Entzug der gesamten elterlichen Sorge **1666** 22; Entzug der gesamten Personensorge **1666** 20; **1666 a** 11; Anordnung einer Ergänzungspflegschaft **1666** 23; Ermahnungen **1666** 20; Ersetzung von Erklärungen **1666** 20; Folgeentscheidungen **1666** 23; Ge- und Verbote **1666** 20; Gefährdung des Kindesvermögens **1666** 14 f; **1667**; Gefährdung des Kindeswohls **1666** 4 ff; Konkurrenzen **1666** 41; Kostenentscheidung **1666** 30; Maßnahmen gegenüber den Eltern **1666** 20 ff; Offizialmaxime **1666** 27; Rechnungslegung **1667** 3; Rechtsmittel **1666** 28; Reformvorhaben **1666** 25; Regelungsstruktur **1666** 1 f; Sachverständigengutachten **1666** 27; Schutz von persönlichen Belangen und Vermögensinteressen **1666** 1; Sicherheitsleistung **1667** 5; Trennung des Kindes von der Familie **1666 a** 2 ff; Verbot der Wohnungsnutzung **1666 a** 7 ff; Verfahren **1666** 26 ff; Verfahrenspfleger **1666** 27; Verhältnismäßigkeitsgrundsatz **1666** 19 ff; **1666 a**; Vermögensverzeichnis **1667** 3; Vollzug eines Beschlusses **1666** 30; Anordnung einer Vormundschaft **1666** 23; Weisungen **1666** 20; Wirkung der Entziehung der elterlichen Sorge **1666** 23; Zuständigkeit des FamG **1666** 36
Gesamtgut, abweichende Vereinbarungen **1437** 11; Anteil des Abkömmlings am − der fortgesetzten Gütergemeinschaft **1416** 3; Anwartschaftsrechte **1416** 3; Aufrechnung **1419** 2, 6; Auseinandersetzungsguthaben **1419** 5; Ausgleichsforderung aus früherer Zugewinngemeinschaft **1416** 3; Besitz am − **1450** 4; Beteiligung an Personengesellschaften **1416** 5 f; Dienstbarkeit **1416** 3; Eintragung in das Handelsregister **1416** 4; Empfangszuständigkeit für die Erfüllung von Forderung **1416** 7; Entstehung **1416** 1; Erbteil **1416** 3; Erwerb während der Gütergemeinschaft **1416** 8; Erwerbsgeschäfte **1416** 4; der fortgesetzten Gütergemeinschaft **1485;** gesamthänderische Bindung **1419** 2 ff; Gesamthandsgemeinschaft **1419;** besondere Art des Gesamthandsvermögens **1416** 1; Gesamthandszugehörigkeit **1416** 3; Gesellschaftsbeteiligungen **1416** 4 ff; GmbH **1416** 3; Grundbucheintragung **1416** 10 f; Grundstückserwerb **1416** 10 f; Haftung des -s *s Gesamtgutsverbindlichkeiten;* Haftung für Unterhaltsschulden **1604** 2; Insolvenz **1437** 8 f; Lebensversicherung **1416** 3; Leibgeding **1416** 3; Nutzungen **1416** 3; Pfändung **1419** 2; Reihenfolge der Verwendung **1420** 2; sachlicher Umfang der gesamthänderischen Bindung **1419** 5; Schadensersatzansprüche **1416** 3; Schiffsregister **1416** 10; Schmerzensgeldansprüche **1416** 3; verselbständigtes Sondervermögen **1416** 5; Teilungsanspruch eines Ehegatten **1419** 2; Trennungsunterhalt **1420** 4; Überführung zwischen den Vermögensmassen **1416** 9; Überschuldung des -s **1447** 6; **1469** 7; Umfang **1416** 2 ff; ungerechtfertigte Bereicherung des -s **1434**; Universalsukzession bei Beginn **1416** 7; Unrichtigkeitsnachweis **1416** 10; nachehelicher Unterhalt **1420** 1; Unternehmen **1416** 4; Verfügungen eines einzelnen Ehegatten **1419** 2; Verfügungen über das − im Ganzen **1423**; Verfügungen über Grundstücke, Schiffe oder Schiffsbauwerke **1424**; Verfügungsverbot **1419** 3; Vermutung zu Gunsten der Gesamtgutszugehörigkeit **1416** 2; Verwaltung *s Gesamtgutsverwaltung;* Verwendung zum Unterhalt **1420;** Verwertung **1475** 6 f; zeitliche Grenzen der gesamthänderischen Bindung **1419** 4; Zwangsvollstreckung **1416** 2; **1437** 7

−, **Auseinandersetzung,** abweichende Vereinbarungen **1472** 9; **1477** 11; **1478** 7 ff; **1479** 3; Alleinverwaltung des gutgläubigen Ehegatten **1472** 6; amtliche Vermittlung **1474** 8; Anrechnung auf den Anteil **1477** 9; Anrechnung von Ersatzverpflichtungen **1476** 4 f; Anspruch auf − **1471** 3; Art der Berichtigung **1475** 4; nach Aufhebungsurteil **1479;** Auseinandersetzungsklage **1474** 4 ff; andere Auseinandersetzungsmöglichkeiten **1474** 8; Auseinandersetzungsvereinbarung **1474** 2 ff; Auseinandersetzungsverwaltung **1472;** Auskunftsklage **1474** 6; Beginn **1471;** Berichtigung der Gesamtgutsverbindlichkeiten **1475;** Beweislast **1477** 12; Durchführung **1474;** bei Eheauflösung durch Tod **1482;** Ehegatten-Innengesellschaft **1471** 2; einseitiger Verzicht **1474** 8; Eintragung in das Grundbuch **1471** 4; Erbengemeinschaft in der Gütergemeinschaft **1471** 5; Erwerb **1471** 4; Fortbestehen der Gesamtgutsgemeinschaft **1471** 4; Freistellungsanspruch **1481** 2 ff; Gegenstand des Übernahmerechts **1477** 4; Gegenstand des Wertersatzanspruchs **1478** 4; Geltendmachung des Übernahmerechts **1477** 5 f; Geltendmachung des Wertersatzanspruches **1478** 3; gemeinschaftliche Verwaltung **1472** 3 ff; Gesamtgutsverbindlichkeiten **1475** 2; Gesamtschuldnerausgleich **1475** 1; Grundsätzliches **1471** 1 f; Haftung **1472** 5; Haftung der Ehegatten untereinander **1481;** Haftung nach der Teilung gegenüber Dritten **1480;** Halbteilungsgrundsatz **1476** 3; Inhalt des Rechts auf Werterstattung des Eingebrachten **1478** 3 ff; Insolvenz eines Ehegatten **1472** 5; Insolvenzverfahren **1471** 4; **1474** 8; Klageantrag **1474** 6; Konkurrenzfragen **1471** 1 f; **1472** 1; Kosten **1474** 4; landwirtschaftlicher Betrieb **1477** 8;

Sachverzeichnis fette Zahlen = §§

Mitwirkungsklage **1474** 6; Mitwirkungspflicht **1472** 7; nur einem Ehegatten zur Last fallende Verbindlichkeiten **1475** 5; persönliche Haftung des übernehmenden Ehegatten **1480** 1; Pfändbarkeit des Anteils am Gesamtgut **1471** 4; Rechtsfolgen der Geltendmachung des Wertersatzanspruches **1478** 5; nach Scheidung **1478;** Schutz gutgläubiger Schuldner **1473** 3; Stufenklage **1474** 6; Surrogationserwerb **1473** 2; Teilung des Überschusses **1476; 1477** 2; Teilungsdurchführung **1477;** Teilungsmasse **1476** 2; Teilungsmaßstab **1476** 3; Teilungsreife **1474** 6; Teilungsversteigerung **1474** 8; Tod eines Ehegatten **1472** 8; **1474** 3; **1478** 2; Trennungsprinzip **1474** 3; Übernahmerecht eines Ehegatten **1475** 7; **1477** 3 ff; unmittelbare Ersetzung **1473**; Urteilswirkung **1474** 7; Verbindlichkeiten in der Person eines Ehegatten **1471** 4; Verbundverfahren **1474** 5; Verfügungen **1472** 4; Vermittlung des Gerichts **1471** 3; Verpflichtungsgeschäfte **1472** 4; Verwertung des Gesamtgutes **1475** 6 f; Vorrang der HausratsVO **1471** 2; Vorrang der Verwertung vor der Übernahme **1475** 7; Wertersatz **1477** 8, 10; **1478** 2 ff; Wirkungen des Übernahmerechts **1477** 7 ff; Zuständigkeit des FamG **1474** 4; Zuteilung nach HausratsVO **1474** 8; Zwangsvollstreckung **1472** 5; zwingendes Recht **1480** 1

Gesamtgutsverbindlichkeiten, abweichende Vereinbarungen **1437** 11; **1438** 5; **1441** 6; **1459** 9; **1460** 2; alleinige Lastentragung im Innenverhältnis **1441** 2 ff; Ausgleich zwischen Vorbehalts-, Sonder- und Gesamtgut **1445 f; 1467;** Ausnahme von der Haftung des Gesamtgutes **1439** 1; Ausstattung an einseitige Kinder **1444** 3; Ausstattung an gemeinsame Kinder **1444** 2; Begriff **1437** 3; **1459** 4; Berichtigung der – **1475** 2 ff; Beweislast **1437** 10; **1438** 5; **1459** 8; **1460** 5; Ersatz aus dem Gesamtgut **1445** 3; Ersatz zum Gesamtgut **1445** 2; Fälligkeit des Ausgleichsanspruchs **1446; 1468;** der fortgesetzten Gütergemeinschaft **1488;** gemeinsame Rechtsgeschäfte **1437** 2; **1459** 3; Gesamtgutslasten **1441** 1; Gesetzessystematik **1437** 1; Grundzüge **1459** 1; Haftung bei Erwerb einer Erbschaft **1439; 1461;** Haftung des Gesamtguts **1415** 2; **1437** 2; **1438** 5; **1459** 1; **1460;** Haftung des übernehmende Ehegatten **1480** 1; Haftung für Sondergut **1440;** **1441** 4; **1442; 1462; 1464;** Haftung für Vorbehaltsgut **1440; 1441** 4; **1462;** Haftung im Innenverhältnis **1441** 1; **1463;** Haftungsbeschränkung **1460** 2 ff; Haftungsordnung bei Einzelverwaltung **1437** 2 ff; Haftungsordnung bei gemeinschaftlicher Verwaltung **1459** 3 ff; Insolvenz eines Ehegatten **1437** 8 f; **1459** 7; Kosten der Ausstattung eines Kindes **1444; 1466;** Kosten eines Rechtsstreits **1438** 4; **1441** 5; **1443;** Lasten des Sonderguts **1442;** persönliche Haftung bei fortgesetzter Gütergemeinschaft **1488** 2; **1489;** persönliche Haftung der Ehegatten **1459** 5; persönliche Haftung des anderen Ehegatten **1437** 6; persönliche Haftung des Verwalters **1437** 5; Pflichtteilsanspruch **1439** 2; Prozesskosten **1438** 4; **1441** 5; **1443; 1465;** rechtsgeschäftliche Verbindlichkeiten **1438** 2 f; **1460** 2 ff; Schema zum Haftungssystem **1437** 2; nach unerlaubter Handlung **1441** 3; Verbindlichkeiten aus Erwerbsgeschäft eines Ehegatten **1440** 2; **1442; 1464;** Verbindlichkeiten des nicht verwaltenden Ehegatten **1437** 2; Verbindlichkeiten des Verwalters **1437** 2; Verbindlichkeiten eines einzelnen Ehegatten bei gemeinschaftlicher Verwaltung **1459** 3, 5; Verwendungen des nicht verwaltungsberechtigten Ehegatten **1445** 4; Zwangsvollstreckung in das Gesamtgut **1437** 7; **1459** 6; zwingendes Recht **1437** 11; **1459** 9

Gesamtgutsverwaltung, abweichende Vereinbarungen **1424** 8; **1425** 6; **1435** 6; Änderung der Verwaltungsregelung **1421** 2; Alleinverwaltung durch einen Ehegatten **1421** 1; **1422;** Auskunftspflicht **1435** 4; Ausstattungen aus dem Gesamtgut **1425** 3; **1444;** Beendigung des Güterstandes während Schwebezustand **1427** 2; beschränkte Verwalterstellung des anderen Ehegatten **1431** 1; Besitzrecht des Verwalters **1422** 7; Besorgung persönlicher Angelegenheit **1430** 2; Ehewohnung **1422** 7; eigennützig-fremdnützige Tätigkeit **1435** 1; einseitige Rechtsgeschäfte **1431** 5; Einspruch des Gesamtgutsverwalters **1431** 6; Einwilligung **1424** 7; **1431** 3; einwilligungsbedürftige Verfügungen **1423** 3; Einwilligungsverweigerung **1423** 3; Erbschaftsannahme durch anderen Ehegatten **1432;** Erbschaftsausschlagung **1432** 2; Ersatzpflicht **1435** 5; Ersetzung der Zustimmung des nicht verwaltenden Ehegatten **1426;** Ersetzung der Zustimmung des Verwalters **1430;** Ersetzungsgrund **1426** 3; Erwerbsgeschäfte **1422** 7; Fortsetzung eines Rechtsstreits durch nicht verwaltenden Ehegatten **1433;** gemeinschaftliche Verwaltung *s Gesamtgutsverwaltung, gemeinschaftliche;* Gesamtgutsverbindlichkeiten *s dort;* Gesamtverwaltung **1421** 1 f; gesetzliche Prozessstandschaft **1422** 6; **1428** 2; Grenzen des Verwaltungsrechts **1422** 3; Güterrechtsregister **1421** 4; Hausrat **1422** 7; Inhalt des Verwaltungsrechts **1422;** Insolvenzverfahren **1422** 12; Maßnahmen zur Beschränkung der Erbenhaftung **1432** 2; Möglichkeiten **1421** 1 f; Notverwaltungsrecht **1429;** ordnungsgemäße Verwaltung **1435** 2; persönliche Haftung des Verwalters **1437;** persönlicher Gebrauch **1422** 7; Pflicht- und Anstandsschenkungen **1425** 4; Pflichten des Verwalters **1435;** Rechtsfolgen fehlender Einwilligung **1427;** Rechtskrafterstreckung **1422** 6; **1428** 2; **1429** 3; **1431** 4; **1433** 1; Rechtsstellung des Gesamtgutsverwalters **1422** 2; Rechtsstellung des nichtverwaltenden Ehegatten **1422** 8 f; Rechtsstreitigkeiten über das Gesamtgut **1422** 6; Regelung durch Ehevertrag **1421** 2; Reichweite des Verwaltungsrechts **1422** 3; Revokationsrecht des nicht verwaltenden Ehegatten **1428;** Schenkungen **1425; 1432;** Schenkungsablehnung **1432;** Schutz gutgläubiger Dritter **1422** 10; selbständiges Erwerbsgeschäft des nicht verwaltenden Ehegatten **1431;** Umfang der Verwaltungsbefugnisse **1422** 5 f; Umgehungsgeschäfte **1424** 6; ungerechtfertigte Bereicherung des Gesamtgutes **1434;** Unterrichtungspflicht **1435** 3; endgültige Unwirksamkeit des Rechtsgeschäftes **1427** 2; Verfügungen ohne Zustimmung **1428;** Verfügungen über das Gesamtgut

magere Zahlen = Rn

Sachverzeichnis

im Ganzen **1423**; Verfügungen über Grundstücke, Schiffe oder Schiffsbauwerke **1424**; Verfügungsbeschränkungen **1423** 1; Vertragsablehnung **1432**; Verwalter unter Vormundschaft oder Betreuung **1436**; **1447** 7; Verwaltung des Gesamtguts **1421**; Vollmachten **1421** 3; **1422** 2; Widerruf der Einwilligung durch Gesamtgutsverwalter **1431** 6; nachträgliches Wirksamwerden des Rechtsgeschäfts **1427** 2; zustimmungsbedürftige Schenkungen **1425** 2 ff; zustimmungspflichtige Rechtsgeschäfte **1424** 2 ff; Zwangsvollstreckung **1422** 11; zwingendes Recht **1430** 1; **1432** 1

–, **gemeinschaftliche,** abweichende Vereinbarungen **1450** 11; **1455** 7; Aktivprozesse **1450** 8; alleinige Handlung für das Gesamtgut **1450** 6; Grundsatz der Allzuständigkeit **1450** 2; Anfechtung von Rechtsgeschäften **1450** 5; Anfechtung von rechtswidrigen Gesellschafterbeschlüssen **1455** 6; Annahme und Ausschlagung einer Erbschaft oder eines Vermächtnisses **1455** 2; Art und Weise der Verwaltung **1450** 3; Auseinandersetzungsverwaltung **1472**; Besitz am Gesamtgut **1450** 4; Besitzschutzklage **1450** 8; Beweislast **1455** 7; Ehegatte unter elterlicher Sorge oder Vormundschaft **1458**; einseitige Verfügungen **1450** 7; Entgegennahme von Willenserklärungen **1450** 6; Ersetzung der Zustimmung **1451** 4; **1452**; Erwerb für Gesamtgut **1450** 7; fehlende Zustimmung eines Ehegatten **1450** 7; Fortsetzung anhängiger Rechtsstreitigkeiten **1455** 4; Geltendmachung von Besitzschutzrechten **1450** 6; Gesamthandsklage **1450** 9; Gesamtschuldklage **1450** 9; Geschäfte zur angemessenen Deckung des Lebensbedarfs **1450** 6; Grundsätzliches **1450** 1; gutgläubiger Erwerb Dritter **1450** 10; Inhalt der Mitwirkungspflicht **1451** 2 f; Maßnahmen zur Gefahrenabwehr für das Gesamtgut **1455** 6; Mitwirkungspflicht beider Ehegatten **1450** 4; **1451**; Notverwaltungsrecht **1454**; Offenlegung gegenüber Vertragspartner **1450** 3; ordnungsgemäße Verwaltung **1451** 2; Passivprozesse **1450** 9; persönliche Haftung des Ehegatten *s Gesamtgutsverbindlichkeiten*; Pflicht zur Alleinverwaltung **1451** 3; Pflichtteilsanspruch **1455** 2; Prozessführungsbefugnis **1450** 8; **1454** 5; Rechtsgeschäfte zwischen Gesamtgut und Sonder- oder Vorbehaltsgut **1455** 3; Rechtskraftserstreckung **1450** 9; **1454** 5; Rechtsstreitigkeiten **1450** 8 ff; **1451** 2; Regelfall **1450** 1; Revokationsrecht gegen Dritte **1455** 4; Schenkungsablehnung **1455** 2; selbständige Verwaltungshandlung **1455** 2 ff; selbständiges Erwerbsgeschäft eines Ehegatten **1456**; Umfang der Mitwirkungspflicht **1451** 2 f; ungerechtfertigte Bereicherung des Gesamtgutes **1457**; Verfügung ohne Einwilligung **1453**; Verhinderung eines Ehegatten **1454** 2; Verletzung der Mitwirkungspflicht **1451** 4; Verpflichtungsgeschäfte **1450** 7; Vertragsablehnung **1455** 2; Verwaltungshandlungen ohne Mitwirkung des anderen Ehegatten **1455**; Verzicht auf Zugewinnausgleich **1455** 2; Vollmacht des anderen Ehegatten **1450** 6; Vormundschaft über einen Ehegatten **1458**; Widerspruch gegen Zwangsvollstreckung in das Gesamtgut **1455** 5; Willensmangel **1450** 5; Wirkung der Ersetzung der Zustimmung **1452** 6; Zwangsvollstreckung in das Gesamtgut **1450** 9

Gesamthandsklage, Anspruch auf Vornahme einer Verfügung **2059** 6; Auslegung des Klageantrags **2059** 6; Einwände gegen den geltend gemachten Anspruch **2058** 6; des Miterben-Gläubigers **2059** 8; Verteidigung gegen die – **2059** 7; Wahlrecht des Gläubigers **2059** 6; Zwangsvollstreckung in den ungeteilten Nachlass **2059** 9

Gesamthirntod 1922 5

Gesamtrechtsnachfolge, Eintritt der Rechtsnachfolge **1922** 18; Grundsatz des Von-selbst-Erwerbs **1922** 18; Inhalt **1922** 17; bei Miterbengemeinschaft **1922** 15; des Staates **1936** 8; Vermögenssonderung **1922** 21; Vermögensverschmelzung **1922** 19 ff; Zweck **1922** 15 f

Gesamtschuldklage, Einwände gegen den geltend gemachten Anspruch **2058** 8; erbrechtliche Einwände gegen die Inanspruchnahme **2058** 7; der Nachlassgläubiger **2058** 6; keine notwendige Streitgenossenschaft **2058** 6; Streitwert **2058** 9; Zuständigkeit **2058** 9; Zwangsvollstreckung **2058** 10

Gesamtverweisung auf ausländisches Recht **EGBGB 4** 11 f; Ausnahmen **EGBGB 4** 6 ff; Begriff **EGBGB Einl IPR** 76, 95; bei Eheschließung **EGBGB 13** 49; Grundsatz der – **EGBGB 4** 5; und Sachnormverweisung **EGBGB 4** 2 ff; Sinnvorbehalt **EGBGB 4** 8 f; staatsvertragliches Kollisionsrecht **EGBGB 4** 7

Geschäft zur Deckung des Lebensbedarfs, Abzahlungsgeschäft **1357** 22; Angemessenheit **1357** 11 ff, 23; Anknüpfung an das Unterhaltsrecht **1357** 12; Arzt- und Krankenhausverträge **1357** 24 ff; Aufhebung der Beschränkung oder Ausschließung **1357** 40 ff; Aufrechnung **1357** 27; Ausschlüsse **1357** 34; Außenverhältnis **1357** 4 f, 27 ff; Aufnahme von Bank- und anderen Krediten **1357** 21; Begrenzung der Berechtigung **1357** 13; Begriff des Getrenntlebens **1357** 43; Behandlungsvertrag **1357** 24; Berechtigung durch – **1357** 30 f; Beschränkung und Ausschließung der Berechtigung **1357** 36 ff; Beweislast **1357** 45; wirtschaftliche Chancengleichheit in der Familie **1357** 2; dingliche Wirkung **1357** 33; eheliche Lebensgemeinschaft **1357** 7; Eintragung in das Güterrechtsregister **1357** 38; Einzelfälle **1357** 17 ff; Feststellungslast **1357** 46; finanzierter Kauf **1357** 22; Freizeitgestaltung **1357** 17; Gesamtgläubiger **1357** 30; Gesamtschuldner **1357** 27; Geschäfte größeren Umfangs **1357** 13; Geschäftsfähigkeit **1357** 8 ff; Getrenntleben der Ehegatten **1357** 43 f; Gläubigerschutz **1357** 2, 14; Grundlagen- und Investitionsgeschäfte **1357** 19; Grundsätze **1357** 11 ff; Güterstand **1357** 7; Hausratsversicherung **1357** 17; Innenverhältnis **1357** 6, 32; Kapitalanlage **1357** 20; Kreditwürdigkeit der Familie **1357** 2; bei Lebenspartnerschaft **1357** 47; Lieferung von Heizmaterial und Energie **1357** 17; minderjähriger Ehegatte **1357** 9, 36; persönliche Hobbies **1357** 18; persönliche Voraussetzungen **1357** 7 ff; Rechtsmacht eigener Art **1357** 4; Rechtsnatur der Berechtigung **1357** 4 ff; Rechtswirkungen der Berechtigung **1357** 27 ff; Reparaturen an Hausrat und Haus **1357** 17; Ruhen

3147

Sachverzeichnis

fette Zahlen = §§

der Berechtigung **1357** 43; Sammelbesteller **1357** 12, 34; Schlüsselgewalt **1357** 1; Schulderlass **1357** 27; Sinn und Zweck der Vorschrift **1357** 1 f, 14; Stellvertretung **1357** 4; Telefonversorgungsvertrag **1357** 17; Übersicherung des Gläubigers **1357** 16; umfassender Lebensbedarf **1357** 13; unterhaltsrechtlicher Begriff **1357** 12; Urlaubsreisen und -aufenthalte **1357** 17; Verfassungsmäßigkeit der Regelung **1357** 3; Vermietung von Zimmern **1357** 21; Vermögensbildung **1357** 20; Verpflichtung beider Ehegatten **1357** 2; Verpflichtung durch – **1357** 27 f; Versorgung mit Medikamenten **1357** 17; vormundschaftsgerichtliches Verfahren **1357** 46; Wirkung der Beschränkung oder Ausschließung **1357** 38 f; zwingendes Recht **1357** 5, 37

Geschäftsfähigkeit, Allgemeines **EGBGB 7** 17 ff; Altersgrenze **EGBGB 7** 21 ff; besondere – **EGBGB 7** 31; Betreuung **EGBGB 7** 24; Deliktsfähigkeit **EGBGB 7** 32; Auswirkungen der Eheschließung **EGBGB 7** 26; Ehewirkungen **EGBGB 14** 12 f; Einflüsse des Gemeinschaftsrechts und der EMRK **EGBGB 7** 7; Emanzipation **EGBGB 7** 24, 47 f; Entmündigung **EGBGB 7** 24, 50 ff; fehlende – **EGBGB 32** 16; Generalermächtigungen **EGBGB 7** 27; Grad **EGBGB 7** 20; Grundstruktur **EGBGB 7** 1 ff; mangelnde – **EGBGB 7** 28 ff; Notwendigkeit **EGBGB 7** 20; ordre public **EGBGB 7** 6; Prozessfähigkeit **EGBGB 7** 33; Reichweite **EGBGB 7** 20 ff; Rückabwicklungsansprüche **EGBGB 7** 29; Statutenwechsel **EGBGB 7** 43 ff; Taschengeldparagraph **EGBGB 7** 27; Teilgeschäftsfähigkeit **EGBGB 7** 25; Übergangsrecht im Verhältnis zur ehemaligen DDR **EGBGB 7** 56; Verfahrensfragen **EGBGB 7** 47 ff; Verfügungsmacht **EGBGB 7** 34; Verkehrsschutz **EGBGB 12** 18 ff; Vertretung eines Minderjährigen **EGBGB 7** 30; Volljährigkeitsalter in ausländischen Rechten **EGBGB 7** 57; Volljährigkeitserklärung **EGBGB 7** 24, 47 ff; Voraussetzungen **EGBGB 7** 21 ff; Wechsel der Staatsangehörigkeit **EGBGB 7** 43 ff; Wohnsitzwechsel **EGBGB 7** 46; zwingendes Recht **EGBGB 7** 19

Geschäftsführung ohne Auftrag, Internationales Privatrecht **EGBGB 39**

Geschäftsführung vor der Erbschaftsausschlagung, Annahme einer Leistung **1959** 7; einseitige Rechtsgeschäfte gegenüber dem Erben **1959** 11; Gläubigerverzug durch Leistungsangebot an vorläufigen Erben **1959** 14; gutgläubiger Erwerb **1959** 8 f; konkurrierende Ansprüche **1959** 5; Leistungen an den vorläufigen Erben **1959** 7; Mahnung gegenüber dem vorläufigen Erben **1959** 13; Eröffnung des Nachlassinsolvenzverfahrens **1959** 18; Prozessführung durch den vorläufigen Erben **1959** 15 ff; Rechtsgeschäft gegenüber dem Erben **1958** 11 ff; Rechtsverhältnis zwischen vorläufigem und endgültigem Erben **1959** 3 ff; unaufschiebbare Verfügungen **1959** 6; Verfügung über Nachlassgegenstände **1959** 6 ff

Geschäftsstatut, Abgrenzung zum Vollmachtsstatut **EGBGB 10** 92 ff; Anforderungen an den Vertreter **EGBGB 10** 92; Begriff **EGBGB 11** 31 ff; Erfüllung der Formerfordernisse **EGBGB 11** 34 ff; Handeln unter fremdem Namen **EGBGB 10** 93; mehrerer Rechtsordnungen **EGBGB 11** 33; nachträgliche Wahl **EGBGB 11** 31; Vertretung ohne Vertretungsmacht **EGBGB 10** 94; vorvertragliche Vertrauenshaftung **EGBGB 10** 95; Willensmängel **EGBGB 10** 96; Zulässigkeit gewillkürter Stellvertretung **EGBGB 10** 92; Zurechnung von Umstandskenntnissen **EGBGB 10** 96

Geschiedenentestament 2100 7 ff

Geschlechtsumwandlung EGBGB 7 36 ff, 54 f; **EGBGB 13** 29

Geschlechtszugehörigkeit EGBGB 7 36 ff, 54 f

Geschwister, gegenseitige Pflicht zu Beistand und Rücksichtnahme **1618 a** 2.1

Gesellschaftsstatut, Abgrenzung zu anderen Statuten **EGBGB 12** 84 ff; und Deliktsstatut **EGBGB 12** 87; und Erbstatut **EGBGB 12** 84; Grundstruktur **EGBGB 12** 43; und Güterrechtsstatut **EGBGB 12** 85 f; und Insolvenzstatut **EGBGB 12** 88; und Registerstatut **EGBGB 12** 88 a; Reichweite **EGBGB 12** 70 ff; Umfang **EGBGB 12** 73 ff

Gesetz über den ehelichen Güterstand von Vertriebenen und Flüchtlingen EGBGB 15 102

Gesetz zur Neuregelung des Asylverfahrens EGBGB 5 36 ff

Gesetz zur Regelung von Rechtsfragen auf dem Gebiet der internationalen Adoption und zur Weiterentwicklung des Adoptionsvermittlungsrechts 1741 11

Gesetz zur Verbesserung der betrieblichen Altersversorgung 1587 a 81 f

gesetzliche Rente, Wertermittlung im Versorgungsausgleich, aktueller Rentenwert **1587 a** 42; angleichungsdynamische Anrechte **1587 a** 78; Anrechnungszeiten **1587 a** 61; alte Anrechte aus den neuen Bundesländern **1587 a** 77 f; Arbeitslosigkeit **1587 a** 60; Arbeitsunfähigkeit **1587 a** 61; neue Auskünfte **1587 a** 64; Beitragsbemessungsgrenze **1587 a** 40; beitragsfreie Zeiten **1587 a** 60 ff; Beitragsnachentrichtung **1587 a** 57 f; Beitragszeiten **1587 a** 60 ff; Berechnungsgrundlagen **1587 a** 39 ff; Berücksichtigungszeiten **1587 a** 66 f; Berufsausbildung **1587 a** 51, 61; Bestandsschutz der Entgeltpunkte **1587 a** 65; Bewertung der Versorgung von Rentnern **1587 a** 76; Bewertung in der gesetzlichen Rentenversicherung **1587 a** 73 ff; Bundesknappschaft **1587 a** 37; Bundesversicherungsanstalt **1587 a** 37; Deutsche Rentenversicherung Bund **1587 a** 37; Durchschnittsentgelt **1587 a** 40; Dynamik der gesetzlichen Rente **1587 a** 39; Entgeltpunkte **1587 a** 40 f, 51, 53, 67, 71; Ersatzzeiten **1587 a** 62; fiktive Entgeltpunkte **1587 a** 66; bei flexibler Arbeitszeitregelung **1587 a** 70; Formel für Entgeltpunktberechnung **1587 a** 41; freiwillige Beiträge **1587 a** 55 f; Fremdrentengesetz **1587 a** 77; Gefangenschaft **1587 a** 62; Gesamtleistungsbewertung **1587 a** 73, 75; gesetzliche Grundlagen **1587 a** 40; Grundbewertung **1587 a** 74; Höherversicherung **1587 a** 79; Kindererziehungszeiten **1587 a** 52 ff, 67; Knappschaft-Bahn-See **1587 a** 37; Krankheit **1587 a** 60 f; Kriegsdienst **1587 a** 62; Künstlersozialkasse **1587 a** 37; Kürzung der Versorgungsanwartschaft **1587 a** 63;

magere Zahlen = Rn

Landesversicherungsanstalten **1587 a** 37; landwirtschaftliche Alterskasse **1587 a** 37; Leistungsprinzip **1587 a** 46; Mutterschutz **1587 a** 61; Nachversicherung **1587 a** 59; Organisationsreform der gesetzlichen Rentenversicherung **1587 a** 37; Ostanrechte **1587 a** 77 f; Pflege eines Pflegebedürftigen **1587 a** 67; Pflichtbeiträge **1587 a** 49 ff; Rente wegen Erwerbsminderung **1587 a** 70; Rentenartfaktor **1587 a** 44; Rentenberechnung **1587 a** 43 ff; Rentenformel **1587 a** 43 ff; rentenrechtliche Grundbegriffe **1587 a** 46 ff; Rentenüberleitungsgesetz **1587 a** 77; Schwangerschaftszeiten **1587 a** 61; Seekasse **1587 a** 37; soziale Ausgleichsziele **1587 a** 46; Studienzeiten **1587 a** 63; Träger der Versicherung **1587 a** 37; Übergangsrecht **1587 a** 78; Übertragung von Wartezeiten **1587 a** 69; Vergleichsbewertung **1587 a** 75; Versicherungslücken **1587 a** 74; Versicherungsnummer **1587 a** 38; Wartezeiten **1587 a** 68 ff; Zugangsfaktor **1587 a** 45; Zurechnungszeiten **1587 a** 65

Getrenntleben der Ehegatten, Ablehnung der ehelichen Lebensgemeinschaft **1567** 7; Allgemeines **1567** 1; Aufhebung der häuslichen Gemeinschaft **1567** 1; Beginn **1566** 4; Begriff **1357** 43 f; **1361** 7; Beweislast **1567** 13; Darlegungen zur Trennung **1567** 11; deutliche Kundgabe des Trennungswillens **1567** 6; drei Jahre **1566** 11; Ehewohnung **1361 b**; **1567** 3; einjähriges – **1566** 3 ff; Ersatz von Haushaltsgegenständen **1370** 8; keine häusliche Gemeinschaft **1567** 2 f; Hausratsverteilung **1361 a** 2; kürzeres Wiederzusammenleben **1567** 9; Sorgfaltspflicht der Ehegatten **1359** 4; Trennungsjahr **1565** 14 ff; Unterbrechung der Trennung **1567** 8 ff; Unterhalt bei – s *Unterhalt, Getrenntleben der Ehegatten;* Verfahren **1567** 11 ff; vermeidbare Gemeinsamkeiten **1567** 3; Versöhnungsversuch **1567** 8 f; vorzeitiger Zugewinnausgleich **1385;** weitestmögliche Trennung **1567** 3; Wille zur Trennung **1567** 4 ff; Wirkungen der Trennung **1567** 12

Gewaltschutzgesetz (§§ nach dem GewSchG), Abstandsgebot **1** 26; angedrohte Verletzung **1** 31 ff; Antrag **1** 30, 40; Anwendungsbereich **2** 2; Aufenthaltsverbot **1** 24; Ausschluss des Anspruchs **2** 8 ff; Bedeutung des Gesetzes **1** 1 ff; Befristung **1** 29; besonders schwerwiegende Täterinteressen **2** 11; Betretungsverbot **1** 22; Beweislast **1** 65; **2** 37; Ehewohnung **EGBGB 17 a** 2 ff; Ehewohnung bei Getrenntleben **1361 b** 20 f; Eindringen in die Wohnung oder das befriedete Besitztum **1** 33; einstweiliger Rechtsschutz **1** 57 ff; **2** 35; erforderliche Maßnahmen **1** 20 ff, 41; fahrlässiges Handeln **1** 16; Gegenstandswert **1** 63 f; Geltungsbereich **3;** gemeinsam genutzte Wohnung **2** 6 f; Geschäftswert **2** 36; Gesundheitsverletzung **1** 12; Gewalttaten im häuslichen wie außerhäuslichen Bereich **1** 7; Inhalt des Gesetzes **1** 4; Inkrafttreten **1** 5; Körperverletzung **1** 11; Konkurrenzen **3;** Kontaktverbot **1** 25; krankhafte Störung der Geistestätigkeit **1** 42; Näherungsverbot **1** 23; Nutzungsvergütung **2** 22; persönlicher Anwendungsbereich **1** 7; Rechtsmittel **1** 49, 60, 62; **2** 33; Regelung der Wohnungsnutzung **2** 12 ff; Schuldfähigkeit **1** 18;

Sachverzeichnis

Schutz berechtigter Interessen **1** 27 f; gerichtliche Schutzanordnungen **1** 8; Sondervorschriften **3** 1; Stalking **1** 34 ff; Strafvorschriften **4;** Überlassung einer gemeinsam genutzten Wohnung **2;** unzumutbare Belästigung **1** 34 ff; Verbot der Erschwernis oder Vereitelung der Ausübung des Nutzungsrechts **2** 21; Verfahrensordnung **1** 47 f; Verfahrensrecht **1** 43 ff; **2** 24 ff; Verhältnismäßigkeitsgrundsatz **1** 20, 29; Verletzung der Freiheit **1** 13; Verletzung des Körpers, der Gesundheit oder der Freiheit **1** 8 ff; Verletzungshandlung **1** 9 ff, 32; Verschulden **1** 16 ff; Verwirkung des Anspruchs **2** 10; Vollstreckung **1** 50 ff; **2** 34; Vorsatz **1** 10, 17, 38; weitergehende Ansprüche **3** 2; Widerrechtlichkeit **1** 15, 37; Wiederholungsgefahr **1** 19, 39; **2** 9; Zuständigkeit **1** 44 ff, 58, 61; **2** 24 ff

gewöhnlicher Aufenthalt, abgeleiteter – **EGBGB 5** 15; Änderung **EGBGB 5** 15 f; Anknüpfung des Abstammungsstatuts **EGBGB 19** 11 ff; Anknüpfung des Unterhaltsstatuts **EGBGB 18** 46 ff; Begriff **EGBGB 5** 13 f; Daseinsmittelpunkt **EGBGB 5** 13; Domicile-Begriff **EGBGB 5** 18 f; gemeinsamer – bei der Geschäftsführung ohne Auftrag **EGBGB 41** 13; physische Präsenz **EGBGB 5** 14; nach der Rom II–VO **EGBGB 42** 134 ff; Sekundäranknüpfung für Ehewirkungen **EGBGB 14** 34 ff; ungerechtfertigte Bereicherung **EGBGB 41** 13; Unterschied zum Wohnsitz **EGBGB 5** 13

Gleichstellungsvereinbarung zwischen Vater und Kind **1924** 5

good will 1376 10, 12 ff, 25

Großeltern, ausgestorbene Linien **1926** 5; Dienstleistungspflicht der Enkel **1619** 2; Erbrecht **1926** 2; **1931** 13; Erbrecht der Urgroßeltern **1928** 3; Umgangsrecht **1685** 2; Verbleibensanordnung **1682** 2; Verwandtenunterhalt **1607** 5 ff; Vorversterben beider – **1926** 4; Vorversterben eines Großelternteils **1926** 4

Grünbuch der EG EGBGB 15 11; **EGBGB 16** 12

Gründungstheorie, Anknüpfung **EGBGB 12** 57 f; Anwendungsbereich **EGBGB 12** 57 f; Begriff **EGBGB 12** 44; eingeschränkte – **EGBGB 12** 88 c; Scheinauslandsgesellschaften **EGBGB 12** 99 a; Sitzverlegungen **EGBGB 12** 90 ff; staatsvertraglich festgelegte – **EGBGB 12** 88 c

Grundstücksimmissionen EGBGB 44

Günstigkeitsvergleich, Arbeitsvertrag **EGBGB 30** 17 f; für Form des Rechtsgeschäfts im IPR **EGBGB 11** 29 f; Registerstatut **EGBGB 17 b** 27; beim Verbrauchervertrag **EGBGB 29** 18; **EGBGB 29 a** 15; Verkehrsschutz **EGBGB 12** 35 ff; beim Verkehrsschutz im Ehewirkungsrecht **EGBGB 16** 41 f

Gütergemeinschaft, Aufhebungsmöglichkeit **1436** 1; **1447** 1; Aufrechnung **1419** 6; Auseinandersetzungsguthaben **1419** 5; Beendigung **1415** 2, 10; Betriebsaufspaltung **1415** 6; überwiegend dispositiv **1415** 9; Einkommensteuer **1415** 6; Eintritt **1415** 9; Freiberufler **1415** 6; Gesamtgut s *dort;* Gesamtgutsverbindlichkeiten s *dort;* Gesamthandsgemeinschaft **1419;** geschäftsunfähiger Ehegatte **1415** 9; Gesetzesüberblick **1415** 1; Gewerbebetrieb eines Ehegatten **1415** 6; Grunderwerbsteuer **1415** 7;

3149

Sachverzeichnis

fette Zahlen = §§

Grundzüge **1415** 2; Haftung des Gesamtguts **1415** 2; persönliche Haftung **1415** 2; Haftungsordnung bei Einzelverwaltung **1437** 2 ff; land- und forstwirtschaftlicher Betrieb **1415** 4; Nachteile **1415** 3; sachlicher Umfang der gesamthänderischen Bindung **1419** 5; Schenkungsteuer **1415** 7; Sondergut *s dort;* Sozialversicherung **1415** 8; Sozialversicherungsrecht **1415** 6 ff; Steuern **1415** 6 ff; Vereinbarung durch Ehevertrag **1415** 9; Vermögensmassen der – **1417** 1; vertraglicher Güterstand **1363** 2; Vertragsgüterstand **1415** 2; Vorbehaltsgut *s dort;* Vorteile **1415** 4; Wertung der – **1415** 3 ff; zeitliche Grenzen der gesamthänderischen Bindung **1419** 4

–, **fortgesetzte,** Ablehnung **1483** 8; **1484**; Ablehnungsfrist **1484** 1; abweichende Vereinbarungen **1501** 3; Annahme **1484** 2; Anrechnung bei der Auseinandersetzung **1511** 5; Anrechnung von Abfindungen **1501**; Anrechnungspflicht der Abkömmlinge **1500** 2 f; Anspruch auf Auseinandersetzung **1497** 2; Anteilsunwürdigkeit eines Abkömmlings **1506**; Aufhebung **1483** 3; Aufhebung der Vereinbarung über – **1518** 4; Aufhebung des Anteilsverzicht **1517** 4; Aufhebung durch den überlebenden Ehegatten **1492**; Aufhebungsgründe **1495** 3 f; Aufhebungsklage eines Abkömmlings **1495**; Wirkung des Aufhebungsurteils **1496**; **1498** 5; Aufhebungsverfahren **1495** 2; durch ausdrückliche Vereinbarung **1483** 3, 7; Auseinandersetzung nach Beendigung **1483** 9; Auseinandersetzungsgemeinschaft **1497** 1; Auseinandersetzungsklage **1498** 3; Auseinandersetzungsvereinbarung **1498** 2; Auskunftspflicht **1487** 6 f; Ausschließung durch letztwillige Verfügung **1483** 8; **1509** f; Ausschließung eines Abkömmlings **1511**; Ausschließungsverfügung **1511** 2; Ausschließungswirkung **1510**; **1511** 3; Kosten einer Ausstattung **1499** 4; Begründung einer Lebenspartnerschaft des überlebenden Ehegatten **1493**; Berichtigung **1499** 5; Beweislast **1499** 5; Durchführung der Auseinandersetzung **1498**; einseitige Abkömmlinge neben gemeinschaftlichen **1483** 10 ff; Eintragung in das Güterrechtsregister **1485** 5; Eintritt **1483**; Ende **1483** 3; **1492 ff**; Entziehung des Anteils **1513**; Erbersatz **1483** 9; erbschaftsteuerliche Vorteile **1483** 4; Erbunwürdigkeit des überlebenden Ehegatten **1483** 8; Ergänzung des Anteils des Abkömmlings **1505**; Erwerb zum Gesamtgut **1485** 4; Erwerbsgeschäft des verstorbenen Ehegatten **1487** 3; Fälligkeit der Ausgleichsforderungen **1487** 8; gemeinschaftliche Abkömmlinge **1483** 7 f; gemeinschaftliche Verwaltung **1497** 5; Gesamtgut **1485**; Gesamtgutslasten **1499** 1; Gesamtgutsverbindlichkeiten **1488**; gesamthänderische Bindung **1487** 2; **1497** 4; Gesetzesüberblick **1483** 1; gewillkürte Sonderrechtsnachfolge **1483** 9; Grundsätzliches **1483** 1 ff, 6; Grundzüge **1483** 2 f; güterrechtlicher Ergänzungsanspruch **1505** 2; Haftung für verschuldete Minderung des Gesamtguts **1487** 5; Haftungsausgleich unter den Abkömmlingen **1504**; Haftungsbeschränkung **1489** 3 ff; Herabsetzung des Anteils **1512**; Insolvenzverfahren **1488** 4; kein Eintritt **1483** 8; landwirtschaftliches Anwesen **1487** 5; **1515** 2 f; Nachteile **1483** 5; Notverwaltungsrecht **1487** 7; ordnungsgemäße Verwaltung **1487** 5; keine persönliche Haftung der Abkömmlinge **1489** 7; **1500** 3; persönliche Haftung für Gesamtgutsverbindlichkeiten **1489**; Quasi-Pflichtteil **1511** 4; Rechtskrafterstreckung **1496** 2; Rechtsstellung der anteilsberechtigten Abkömmlinge **1487** 6 f; Rechtsstellung des überlebenden Ehegatten **1487** 3 ff; Rechtsverhältnis am Gesamtgut während des Liquidationsstadiums **1497** 3 ff; Rechtsverhältnis bis zur Auseinandersetzung **1497**; Sonderform der Gütergemeinschaft **1363** 2; Sondergut **1486** 4; Surrogation **1497** 5; Teilung unter den Abkömmlingen **1503**; Tod des überlebenden Ehegatten **1494**; Tod eines Abkömmlings **1490**; Tod eines Ehegatten **1482** 4; **1483** 7; Übernahmerecht der Abkömmlinge **1502** 3; **1515**; Übernahmerecht des überlebenden Ehegatten **1502**; **1515**; Umfang des Gesamtgutes **1485** 1 ff; Unvererblichkeit des Gesamtgutanteils **1490** 2 ff; unzulässige Anordnungen **1518** 2 f; Verbindlichkeiten der anteilsberechtigten Abkömmlinge **1488** 2; Verbindlichkeiten des überlebenden Ehegatten **1488** 1; Verbindlichkeiten des verstorbenen Ehegatten **1488** 1; Verbindlichkeiten zu Lasten der Abkömmlinge **1500**; Verbindlichkeiten zu Lasten des überlebenden Ehegatten **1499** 2 ff; Verfahrensfragen **1485** 5; Verfügung des überlebenden Ehegatten von Todes wegen **1487** 2; verspätete Ablehnung **1484** 3; Verwaltung und Nutzung des Sonder- und Vorbehaltsguts **1486** 5; Verzicht eines Abkömmlings **1483** 8; **1491**; **1517**; Voraussetzungen **1483** 7 ff; Vorbehaltsgut **1486** 2 f; vormundschaftsgerichtliche Genehmigung **1484** 4; Vorversterbensfiktion **1511** 3; Wertung **1483** 4 f; Wiederverheiratung des überlebenden Ehegatten **1493**; Wirkungen **1483** 9 ff; Wirkungen der Ablehnung **1484** 3; Zeugnis über Fortsetzung der Gütergemeinschaft **1507**; zulässige Anordnungen **1518** 4 ff; Zustimmung des anderen Ehegatten **1516**; Zustimmung durch beteiligte Abkömmlinge **1487** 4; Zuwendung des entzogenen Betrages **1514**; Zwangsvollstreckung **1488** 3; zwingendes Recht **1518**

Güterrecht vertragliches – **1408 ff**

güterrechtliche Ehewirkungen, Abgrenzung zu allgemeinen Ehewirkungen **EGBGB 15** 40; Akzessorietät zum allgemeinen Ehewirkungsstatut **EGBGB 15** 51 ff; allgemeine Vorschriften **EGBGB 15** 87 ff; Anknüpfung **EGBGB 15** 51 ff; Anknüpfungsgegenstand **EGBGB 15** 12 ff; Anknüpfungspersonen **EGBGB 15** 73 ff; Anknüpfungszeitpunkt **EGBGB 15** 79 ff; Ehevertrag **EGBGB 15** 23 ff; Einschränkung durch Verkehrsschutz **EGBGB 15** 50; für Flüchtlinge **EGBGB 15** 75 ff; Form der Rechtswahl **EGBGB 15** 72; gemeinsame engste Verbindung **EGBGB 15** 55 f; gemeinsame Staatsangehörigkeit **EGBGB 15** 52; Gesetz über den ehelichen Güterstand von Vertriebenen und Flüchtlingen **EGBGB 15** 102; gesetzlicher Güterstand **EGBGB 15** 16 ff; gemeinsamer gewöhnlicher Aufenthalt **EGBGB 15** 53 f; Gutglaubensschutz **EGBGB 16** 3; interlokales Privat- und Verfahrensrecht **EGBGB 15** 100 f;

magere Zahlen = Rn

intertemporales Recht **EGBGB 15** 99; **EGBGB 220** 20 ff; Normenhäufung **EGBGB 15** 49; Normenmangel **EGBGB 15** 49; ordre public **EGBGB 15** 95; Qualifikation als – **EGBGB 15** 15; Recht der DDR **EGBGB 15** 100 f; Rechtswahl **EGBGB 15** 58 ff; Regelungskonzept **EGBGB 15** 1 ff; Schutz Dritter s *Verkehrsschutz im Ehegüterrecht;* Staatsverträge **EGBGB 15** 8 ff; Übergangsvorschriften **EGBGB 220** 20 ff; Verfahrensrecht **EGBGB 15** 96 ff; Verkehrsschutz s *Verkehrsschutz im Ehegüterrecht;* für Volksdeutsche **EGBGB 15** 75 ff; Vorfrage der Ehe **EGBGB 15** 87 f; Vorrang des Einzelstatuts **EGBGB 15** 93 f; Wahl des Ehewirkungsstatuts **EGBGB 15** 57; Wahl des Güterrechts **EGBGB 15** 58 ff; Wahlgüterstand **EGBGB 15** 22 ff; Wirkung ausländischen Güterrechts gegenüber Dritten im Inlandsverkehr **EGBGB 16** 13 ff; Wirkung gegenüber Dritten im Inland **EGBGB 16** 13 ff

Güterrechtsregister, Antrag auf Eintragung **1560**; Antragserfordernisse **1561**; ausländischer Güterstand **1558** 10; praktische Bedeutung **1558** 4; Beschwerde gegen Zurückweisung des Eintragungsantrages **1560** 6; einseitige Gestaltungserklärungen **1558** 11; einseitiges Antragsrecht eines Ehegatten **1561** 2; Eintragung **1560** 3 ff; Eintragung eines Ehevertrages **1412**; Eintragungen nur deklaratorisch **1558** 3; eintragungsfähige Tatsachen **1558** 5 ff; nicht eintragungsfähige Tatsachen **1558** 12; Eintragungsgrundsatz **1560** 1; Fassung der Eintragung **1560** 5; Form des Eintragungsantrages **1560** 2; fortgesetzte Gütergemeinschaft **1558** 12; früherer DDR-Güterstand **1558** 10; Funktion **1558** 2 f; funktionelle Zuständigkeit **1558** 16; Gesetzessystematik **1558** 1; Grundsatz des gemeinsamen Antrages **1561** 1; Gütergemeinschaft **1558** 9; Gütertrennung **1558** 8; Inhalt des Eintragungsantrages **1560** 1; internationale Zuständigkeit **1558** 14; Kosten der Eintragung **1560** 5; Modifizierungen des gesetzlichen Güterstandes **1558** 7; Negativzeugnis **1563** 2; öffentliche Bekanntmachung **1562**; örtliche Zuständigkeit **1558** 15 ff; Prüfung **1560** 3 ff; Publikationsfunktion mit doppelter Wirkung **1558** 2; **1563** 1; Registereinsicht **1563**; sachliche Zuständigkeit **1558** 13 ff; unzulässige Eintragungen **1560** 7; Verkehrserleichterung **1558** 2; Verkehrsschutz **1558** 2; Verlegung des gewöhnlichen Aufenthaltsortes **1559** 1; Vollmacht **1560** 2; Zurückverlegung des gewöhnlichen Aufenthaltsortes **1559** 2; zuständiges Registergericht **1558**; Zuständigkeitsfragen **1558** 13 ff

Güterrechtsstatut, Abgrenzung zu anderen Statuten **EGBGB 15** 34 ff; Akzessorietät zum Ehewirkungsstatut **EGBGB 15** 51 ff; allgemeine Vorschriften **EGBGB 15** 87 ff; Anknüpfung **EGBGB 15** 51 ff; Anknüpfungsgegenstand **EGBGB 15** 12 ff; Anknüpfungspersonen **EGBGB 15** 73 ff; Anknüpfungszeitpunkt **EGBGB 15** 79 ff; Auseinandersetzungsvertrag **EGBGB 15** 41; Wirkung des ausländischen – gegenüber Dritten im Inland **EGBGB 16** 13 ff; Ehevertrag **EGBGB 15** 23 ff; und Ehewirkungsstatut **EGBGB 14** 17; und **EGBGB 15** 2; Einschränkung durch Verkehrsschutz **EGBGB 15** 50; und Erbstatut **EGBGB 15** 45 ff;

Sachverzeichnis

EGBGB 25 53 ff; Flüchtlinge **EGBGB 15** 75 ff; Form der Rechtswahl **EGBGB 15** 72; gegenständlich beschränkte Rechtswahl **EGBGB 15** 67 ff; gemeinsame engste Verbindung **EGBGB 15** 55 f; gemeinsame Staatsangehörigkeit **EGBGB 15** 52; gemeinsamer gewöhnlicher Aufenthalt **EGBGB 15** 53 f; und Gesellschaftsstatut **EGBGB 12** 85 f; gesetzlicher Güterstand **EGBGB 15** 16 ff; gewöhnlicher Aufenthalt eines Ehegatten **EGBGB 15** 66; Heimatrecht eines Ehegatten **EGBGB 15** 65; Immobilien **EGBGB 15** 67 ff; interlokales Privat- und Verfahrensrecht **EGBGB 15** 100 f; intertemporales Recht **EGBGB 15** 99; lex rei sitae **EGBGB 15** 38; Normenhäufung **EGBGB 15** 49; Normenmangel **EGBGB 15** 49; ordre public **EGBGB 15** 95; Recht der DDR **EGBGB 15** 100 f; Rechtswahl **EGBGB 15** 58 ff; Scheidungsfolgen **EGBGB 17** 44; und Scheidungsstatut **EGBGB 15** 41 ff; und Schuldstatut **EGBGB 15** 35 ff; und Trennungsstatut **EGBGB 15** 43; Übergangsvorschriften **EGBGB 220** 13, 20 ff; unbenannte Zuwendungen **EGBGB 14** 17; **EGBGB 15** 37; Unterhaltsvereinbarungen **EGBGB 15** 41; Verfahrensrecht **EGBGB 15** 96 ff; Volksdeutsche **EGBGB 15** 75 ff; Vorfrage der Ehe **EGBGB 15** 87 f; Vorrang des Einzelstatuts **EGBGB 15** 93 f; Wahl des Ehewirkungsstatuts **EGBGB 15** 57; Wahl des Güterrechts **EGBGB 15** 58 ff; Wahlgüterstand **EGBGB 15** 22 ff; Wirkung gegenüber Dritten im Inland **EGBGB 16** 13 ff; pauschaler Zugewinnausgleich **EGBGB 25** 56

Gütertrennung, Arbeitsleistungen **1414** 18 f; nach Aufhebung der Gütergemeinschaft **1414** 5; durch ausdrückliche Vereinbarung **1414** 4; vermögensmäßiger Ausgleich bei Scheitern der Ehe **1414** 14 ff; Auslegungsregel **1414** 1, 5 f; bei Ausschließung des gesetzlichen Güterstandes **1414** 5; mit Ausschluss des Versorgungsausgleichs **1414** 5; bei Ausschluss des Zugewinns **1414** 5; Beendigung **1414** 13; benannte Zuwendungen **1414** 15; bereicherungsrechtlicher Ausgleich **1414** 22; Besitzverhältnisse **1414** 8; dingliche Rückgewähr **1414** 17; ehebezogene Zuwendungen **1414** 16; Erhöhung des Ehegattenerbteils **1414** 8; Ehegatten-Innengesellschaft **1414** 20 f; auf Grund Ehevertrages **1414** 4; ehevertragliche Vereinbarungen **1414** 23; auf Grund einseitiger Erklärung **1414** 4; Eintragung in das Güterrechtsregister **1414** 9; Eintritt **1414** 2 ff; Eintritt nach Urteil über vorzeitigen Zugewinnausgleich **1388**; familienrechtlicher Vertrag eigener Art **1414** 16; kraft Gesetzes **1414** 3; Gestaltungsmöglichkeit **1408** 12; Gütermassen **1414** 8; Güterstand **1414** 7; Haftung **1414** 8; Hausrat **1414** 8; nach Maß **1414** 12; Nachteile **1414** 11; nach Prozessvergleich **1388** 2; Registereintragungen **1414** 9; Scheitern der Ehe **1414** 14 ff; subsidiärer gesetzlicher Güterstand **1363** 2; **1414** 2; Verhältnis zu allgemeinen Ehewirkungen **1414** 7; Verhältnis zu anderen vermögensrechtlichen Ausgleichsansprüchen bei Scheitern der Ehe **1414** 14 ff; Vermögensverwaltung **1414** 8; Wegfall der Geschäftsgrundlage **1414** 16; Wertung der – **1414** 10 ff; Wirkung **1414** 7 ff; Zielgruppe **1414** 12; Zwangsvollstreckung **1414** 8

3151

Sachverzeichnis   fette Zahlen = §§

Haager Abkommen zur Regelung des Geltungsbereiches der Gesetze auf dem Gebiet der Eheschließung EGBGB 13 4; EGBGB 17 5
Haager Adoptionsübereinkommen EGBGB 22 4 f
Haager Ehescheidungsabkommen EGBGB 17 5
Haager Ehewirkungsabkommen EGBGB 14 3; EGBGB 15 8; EGBGB 16 10
Haager Entmündigungsabkommen EGBGB 7 5
Haager Kinderschutzübereinkommen EGBGB 24 44
Haager Kindesentführungsabkommen EGBGB 21 4
Haager Minderjährigenschutzabkommen *s Minderjährigenschutzabkommen*
Haager Testamentsformübereinkommen EGBGB 26 2, 16
Haager Übereinkommen über das auf Ehegüterstände anwendbare Recht EGBGB 13 5; EGBGB 15 9; EGBGB 16 11
Haager Übereinkommen über das auf Unterhaltspflichten anwendbare Recht EGBGB 18 9 ff, 14 f; EGBGB 19 3 f
Haager Übereinkommen über das auf Unterhaltsverpflichtungen gegenüber Kindern anzuwendende Recht EGBGB 18 5 ff
Haager Übereinkommen über die Anerkennung und Vollstreckung von Unterhaltsentscheidungen EGBGB 18 86 f
Haager Übereinkommen über die Eheschließung und die Anerkennung der Gültigkeit der Ehe EGBGB 13 5
Härteklausel (bei Scheidung), Ablehnung der Scheidung durch Antragsteller **1568** 9; Allgemeines **1568** 1 ff; Aufrechterhaltung der Ehe geboten **1568** 17; außergewöhnliche Umstände **1568** 10 ff; außergewöhnlicher Einsatz für Antragsteller und Familie **1568** 11; beabsichtigte neue Eheschließung **1568** 12; Beweislast **1568** 19; drohende Ausweisung des ausländischen Antragsgegners **1568** 12; Ehegattenschutzklausel **1568** 3, 7 ff; einseitiges Ausbrechen aus der Ehe **1568** 12; Fortbestand der Ehe dem Bande nach **1568** 5; fortgeschrittenes Alter des Ehegatten **1568** 11; geringer nachehelicher Unterhalt **1568** 12; Kinderschutzklausel **1568** 3 ff; Krankheit oder Behinderung des Kindes **1568** 11; lange harmonische Ehe **1568** 11; moralisches Versagen des Antragstellers **1568** 12; neuer Scheidungsantrag **1568** 20; pathologische Situation in der kindlichen Psyche **1568** 5; psychische Probleme **1568** 11; religiöse Überzeugungen **1568** 15; Scheidung zur Unzeit **1568** 2; Schutz der Kinder der Eheleute **1568** 4; schwere Krankheit des Antragsgegners **1568** 11, 14; schwere, unzumutbare Härte **1568** 11; schwierige Lebenslage **1568** 11; Trunksucht **1568** 12; unbefristete **1568** 1; unerträgliche Härte für den ehewilligen Partner **1568** 7, 13; Veräußerung des gemeinsamen Hauses **1568** 12; Verfahren **1568** 18 ff; Verschlechterung des Ansehens des Antragsgegners **1568** 12; Voraussetzungen des Ehegattenschutzes **1568** 8; Wegfall der Beihilfe im Krankheitsfall **1568** 12; wirtschaftliche Interessen des Kindes **1568** 6; Zeitmoment **1568** 16

Haftung der Eltern, Anspruchsgrundlage für Schadensersatzansprüche des Kindes **1664** 1; Ausübung der Personen- oder Vermögenssorge **1664** 3; beschränkte – **1664**; Festlegung des Sorgfaltsmaßstabes **1664** 1; Gesamtschuldner **1664** 8 f; Haftung der Eltern gegenüber Dritten **1664** 10; Haftungsvoraussetzungen **1664** 2 ff; Rechtsfolgen **1664** 8 f; Schadensersatz **1664** 8; Umfang der Haftung **1664** 6; Verfahren **1664** 11; Verletzung deliktischer Verhaltenspflichten **1664** 7; Verletzung oder Schaden **1664** 4; Verschulden Dritter **1664** 5; Vertragsverletzungen **1664** 7
Halbteilungsgrundsatz 1361 88 ff; **1378** 1; **1476** 3; **1578** 10
Handlungsfähigkeit EGBGB 12 1, 22, 73
Handschuhehe 1311 3
Hausfrauenehe 1356 1; **1357** 1; **1363** 15
Haushaltsführung in ehelicher Lebensgemeinschaft *s eheliche Lebensgemeinschaft, Haushaltsführung*
Hausrat, Internationales Privatrecht, einseitige Verweisungsnorm EGBGB 17 a 9 ff; Lebenspartnerschaft EGBGB 17 a 13; nichteheliche Lebensgemeinschaft EGBGB 17 a 14; Nutzungsbefugnis für im Inland befindlichen Hausrat EGBGB 17 a 15 ff; Nutzungsweisungen EGBGB 17 a 17 ff; Schutzanordnungen EGBGB 17 a 9, 18 ff; Unterhaltsstatut EGBGB 18 26; Verfahrensrecht EGBGB 17 a 24 ff
Hausrat (§§ nach der HausratsVO), Alleineigentum eines Ehegatten **9**; Amtsermittlungsgrundsatz **8** 4; Ausgleichszahlung **8** 6; Begründung eines Mietverhältnisses **9** 4; Eigentumsübertragung **8** 7; **9** 3; Eigentumsvermutung **8** 3; entgeltlich erworbene Gegenstände **8** 5; gemeinsames Eigentum der Ehegatten **8**; gerechte und zweckmäßige Verteilung **8** 6; Gläubigerrechte **10**; Hausratsbegriff **1** 6 f; Hausratsverteilung bei Getrenntleben *s dort*; Mitbesitz BGB **1353** 7; BGB **1361 a** 1; notwendige Hausratsgegenstände **9** 2; Recht zur Mitbenutzung BGB **1353** 7; Übertragung an Gläubiger BGB **1383** 7; Verfahrensbeteiligte **1** 7; Wohnungseinrichtung **1** 6 ff; Zumutbarkeit der Zuweisung an anderen Ehegatten **9** 2
Hausratsverfahren Ausschluss des Zugewinnausgleichs **1372** 6
Hausratsverordnung (§§ nach der HausratsVO), Änderung der Entscheidung **17**; allgemeine Vorschriften **1** f; Aufgabe des Richters **1**; Aufhebung der Ehe **24**; ausländisches Ehestatut **1** 10; Berücksichtigung aller Umstände **2** 2; Billigkeit **2** 2; Durchführung der Entscheidung **15**; Rechtsstreit über Ehewohnung und Hausrat **18**; Ehewohnungsbegriff **1** 5; keine Einigung der Ehegatten **1** 3 f; Entscheidungsgrundsätze **2**; Erfordernisse des Gemeinschaftslebens **2** 4; Ermessensfreiheit des Richters **2** 1; Ermessenskriterien **2** 2 ff; Frist **1** 9; Gegenstand des Verfahrens **1** 5 ff; Gerichtsgebühren KostO **100** (nach § 20 HausratsVO) 1 ff; Geschäftswert KostO **100** (nach § 20 HausratsVO) 3; Getrenntleben der Ehegatten **18 a**; Hausrat **1** 6 f; besondere Vorschriften für den Hausrat

magere Zahlen = Rn

Sachverzeichnis

8 ff; Herausgabe von Hausrat 15 2; 16 6; Inkrafttreten 27; Kosten des Verfahrens vor dem Prozessgericht 23; Kostenentscheidung 20; Nichtigerklärung der Ehe 24; Räumungsfrist 17 2; Rechtsanwaltsgebühren 22; Rechtskraft 16 2 ff; Rechtsmittel 14; soziales Umfeld 2 4; teilweise Einigung 1 4; Umstände des Einzelfalls 2 5; Ursache der Eheauflösung 2 6; Verfahrenshindernis 1 3; Verfahrensvorschriften 11 ff; allgemeine Verfahrensvorschriften 13; Verkehrswert des gesamten Hausrats **KostO 100 (nach § 20 HausratsVO)** 3; Vollstreckung 16 5 ff; Vollstreckungsgegenklage 16 7; Wohl der Kinder 2 3; besondere Vorschriften für die Wohnung 3 ff; Wohnungseinrichtung 1 6 ff; Wohnungszuweisung 16 6; Zeitpunkt der Antragstellung 12; Zuständigkeit des FamG 1 2; 11

Hausratsverteilung bei Getrenntleben, Alleineigentum eines Ehegatten **HausratsVO** 9; Anwendung der HausratsVO **HausratsVO** 1 2; **HausratsVO** 18 a; Aufgaben des Richters **HausratsVO** 1 2; Auflösung der Ehe **1361 a** 13; Billigkeit **1361 a** 9, 11; Ehewohnungsbegriff **HausratsVO** 1 3; Einwendungen **1361 a** 5 gemeinsamer Hausrat **1361 a** 11; gemeinsames Eigentum der Ehegatten **HausratsVO** 8; Getrenntleben **1361 a;** Gläubigerrechte **HausratsVO** 10; Haushaltsgegenstände **1361 a** 3; Hausratsverordnung s dort; Hausratsverteilungsverfahren **HausratsVO** 1 2; Herausgabeanspruch des Eigentümers **1361 a** 4 f; Mitbesitz am Hausrat **1361 a** 1; Recht zum Besitz **1361 a** 5; Rechtsschutzbedürfnis für Auskunftsbegehren **1361 a** 14; Selbstabholung **1361 a** 10; Überlassung von Haushaltsgegenständen **1361 a** 8 f; Überlassungsanspruch **1361 a** 6; Verfahren **1361 a** 13; Festsetzung einer Vergütung für die Benutzung **1361 a** 12; Verwendungsersatz **1361 a** 7; Zurückbehaltungsrecht **1361 a** 7; Zuständigkeit des FamG **1361 a** 13; HausratsVO 1 2

Heilbehandlung 1904 21
Heimatstaatenentscheidung 1306 7
Heimerziehung SGB VIII 34
Herausgabe der Erbschaft, Anordnung 2103; Auslegungsregel 2103 1; Ausschluss des Verwendungsersatzanspruchs 2138 2; Berechtigter 2103 5; Beschränkung der Herausgabepflicht des befreiten Vorerben 2138 1; Herausgabezeitpunkt 2103 3; Pflicht des Vorerben 2130; Schadensersatzpflicht des Vorerben 2130 5; 2138 3 f; Umfang der Herausgabepflicht 2103 4; Voraussetzungen 2103 2 ff; Vorrang des Erblasserwillens 2103 6
Herausgabe des Kindes, Anhörung 1632 10; Anspruch auf – 1632 2 ff; Antrag 1632 10; einstweilige Anordnung 1632 11; Erlöschen des Anspruchs 1632 9; Gefährdung des Kindeswohls 1666 6.4; Gewaltanwendung gegen ein Kind 1632 12; Herausgabe der zum persönlichen Gebrauch des Kindes bestimmten Sachen 1632 11; Herausgabe zur Unzeit 1632 27; Herausgabeberechtigter 1632 2; Herausgabeverpflichteter 1632 3; Inhalt des Anspruchs 1632 8; internationale Kindesentführung 1632 13; Konkurrenzen 1632 8; Kosten des Verfahrens 1632 10; Missbrauch der elterlichen Sorge 1632 7; 1682 5; Rechtsmittel gegen Herausgabeentscheidung 1632 10; Verbleibensanordnung s dort; Verbleibensanordnung zugunsten Bezugspersonen 1682 4; Verfahren 1632 10 ff; Verfahrenspfleger 1632 10; Vollstreckung der Herausgabeentscheidung 1632 12; aus Vollzeitpflege **SGB VIII** 33 7; Voraussetzungen 1632 2 ff; widerrechtliches Vorenthalten des Kindes 1632 4 ff; Zuständigkeit des FamG 1632 10

Herkunftslandprinzip, Anwendungsbereich **EGBGB 27** 7 ff; Einschränkungen **EGBGB 27** 10; Geschäftsfähigkeit **EGBGB 27** 10; und Internationales Deliktsrecht **EGBGB 40** 5; bei objektiver Anknüpfung **EGBGB 27** 7 ff; Rechtsnatur **EGBGB 40** 5; und Rechtswahlfreiheit **EGBGB 27** 11 f; Verbraucherschutz für besondere Gebiete **EGBGB 29 a** 9; Verbrauchervertragsrecht **EGBGB 27** 10; Verhältnis zur Rom II–VO **EGBGB 42** 145; Wortlaut **EGBGB 27** 7

Hilfe zum Sterben 1901 a 5
Höferecht, Abfindungsanspruch eines Miterben gegen den Hoferben 2033 7; Anerbenrecht 1922 82; 2032 15; Bestimmung des Hoferben durch Dritte 2065 3; Erbschaftsausschlagung 1945 8; 1952 8; Erbschein mit Beschränkung auf das höffreie Vermögen 2353 2; Höfeordnung 1922 82; Hoffolgezeugnis 2353 2; Hofübergabevertrag 1941 4; Miterbenhaftung 2058 14; Pflichtteilsergänzung 2325 16; Sonderrechtsnachfolge 1922 22 f; 2032 15; Teilerbschaftsausschlagung 1950 3; 1951 3; Übernahme eines Landguts 2049; durch Vermächtnis beschwerter Hoferbe 2147 3; Verzicht auf Hoferbenrecht 2346 12; Zuweisung eines landwirtschaftlichen Betriebs 2042 25 f

Inkognitoadoption 1741 23, 27; 1747 11; 1758 1
Insemination, künstliche, Abstammung 1591 9 ff; Erbfähigkeit nach – 1923 7; heterologe – 1591 11 f; homologe – 1591 9; postmortale – 1591 9; quasi-homologe – 1591 10; Recht auf Kenntnis der eigenen Abstammung 1591 17
Insolvenzfähigkeit EGBGB 7 11
Insolvenzstatut und Gesellschaftsstatut 12 88
Interlokales Privatrecht, Begriff **EGBGB Einl IPR** 8
Interlokales Verfahrensrecht, Begriff **EGBGB** 13 100
Internationaler Entscheidungseinklang, Begriff **EGBGB Einl IPR** 4
Internationales Bereicherungsrecht, allgemeine Regeln **EGBGB 38** 8 ff; Anknüpfung **EGBGB 38** 10; Anknüpfungssystem **EGBGB 38** 4 f; **EGBGB 42** 72; Anwendungsbereich **EGBGB 38** 6 f; **EGBGB 42** 73 f; Auffangregel **EGBGB 38** 17; Ausweichklausel **EGBGB 42** 81; Eingriffskondiktion **EGBGB 38** 15 f; offensichtlich engere Verbindung **EGBGB 42** 81 f; wesentlich engere Verbindung zu anderem Recht **EGBGB 41** 4; gemeinsamer gewöhnlicher Aufenthalt **EGBGB 38** 13; Gesamtverweisung **EGBGB 38** 18; Grundanknüpfung **EGBGB 42** 79; Haftung Minderjähriger **EGBGB 38** 7; Immaterial-

3153

Sachverzeichnis

fette Zahlen = §§

güterrechte **EGBGB 42** 80; intertemporales Recht **EGBGB 38** 20; Leistungsbegriff **EGBGB 38** 10; **EGBGB 42** 75; Leistungskondiktion **EGBGB 38** 8 ff; Mehrpersonenverhältnisse **EGBGB 38** 11 ff; **EGBGB 42** 77 f; ordre public **EGBGB 38** 19; rechtliche Sonderverbindung **EGBGB 41** 10 f; Rechtswahl s *Internationales Privatrecht, freie Rechtswahl; Rom II-VO;* Sachnormverweisung **EGBGB 38** 18; sonstige Kondiktionsarten **EGBGB 38** 17; tatsächliche Sonderverbindung **EGBGB 38** 12; Verhältnis zu Art 32 Abs 1 Nr 5 **EGBGB 38** 9; vertragsakzessorische Anknüpfung **EGBGB 42** 75 f; internationale Zuständigkeit **EGBGB 38** 21

Internationales Betriebsverfassungsrecht EGBGB 30 12

Internationales Deliktsrecht s *Internationales Privatrecht, unerlaubte Handlung*

Internationales Enteignungsrecht, Belegenheit **EGBGB 46** 16 ff; Enteignungsbegriff **EGBGB 46** 14; Enteignungsfähigkeit **EGBGB 46** 16 ff; Forderungen und Rechte **EGBGB 46** 17 f; Gegenstand **EGBGB 46** 16; Gesellschaften **EGBGB 46** 19; Grundanknüpfung **EGBGB 46** 10; Grundrechte **EGBGB 46** 21; Hoheitsakt **EGBGB 46** 14; Immaterialgüterrechte **EGBGB 46** 18; innerdeutsches Recht **EGBGB 46** 22; ordre public **EGBGB 46** 21; privatrechtliche Rechtshandlungen **EGBGB 46** 14; Rechtmäßigkeit der Enteignung **EGBGB 46** 20; Sachen **EGBGB 46** 16; Schutzlandprinzip **EGBGB 46** 18; Territorialitätsprinzip **EGBGB 46** 10; Völkerrechtswidrigkeit **EGBGB 46** 21; Vollzug der Enteignung **EGBGB 46** 15; Voraussetzungen der Enteignung **EGBGB 46** 14 ff

Internationales Erbrecht s *Erbstatut*

Internationales Familienrecht, Eheschließung *s dort;* Ehewirkungen *s Ehewirkungsstatut;* Güterstand *s güterrechtliche Ehewirkungen;* Nutzungsbefugnis für im Inland befindlichen Hausrat **EGBGB 17 a** 15 ff; Nutzungsbefugnis für im Inland belegene Ehewohnung **EGBGB 17 a** 15 ff; Scheidungsstatut *s dort;* Schutz Dritter *s Verkehrsschutz*

Internationales Gesellschaftsrecht, Aktivprozesse der Gesellschaft **EGBGB 12** 62 f; Anerkennung einer Gesellschaft **EGBGB 12** 54; Anknüpfung **EGBGB 12** 57 ff; einzelne Anwendungsfragen **EGBGB 12** 75 ff; Ausschluss aus Vertragsstatut **EGBGB 37** 4; Begriff **EGBGB 12** 43; Beschränkungen der Rechtsfähigkeit **EGBGB 12** 78; Betriebsverfassungsrecht **EGBGB 12** 83; Enteignungen **EGBGB 12** 111; Formerfordernisse **EGBGB 12** 57; Einflüsse des Gemeinschaftsrechts und der EMRK **EGBGB 12** 55 f; grenzüberschreitende Sitzverlegung **EGBGB 12** 89 ff; grenzüberschreitende Verschmelzungen **EGBGB 12** 105; Gründungstheorie **EGBGB 12** 44, 55, 58 ff, 88 b ff; Grundbuch-Eintragungsverfahren **EGBGB 12** 68; Grundstruktur **EGBGB 12** 43 ff; Handelsregister-Eintragungsverfahren **EGBGB 12** 67; Handlungsfähigkeit der Gesellschaft **EGBGB 12** 73; Internationales Kapitalmarktrecht **EGBGB 12** 110; Nachbargebiete **EGBGB 12** 106 ff; ordre public **EGBGB 12** 52; Parteifähigkeit der Gesellschaft **EGBGB 12** 62 ff, 74; Passivprozesse der Gesellschaft **EGBGB 12** 64 f; persönlicher Anwendungsbereich **EGBGB 12** 70 ff; Prozesse unter Dritten **EGBGB 12** 66; Rechtsfähigkeit der Gesellschaft **EGBGB 12** 62 ff, 73; Rechtsscheinsgrundsätze **EGBGB 12** 78; Reichweite des Gesellschaftsstatut **EGBGB 12** 70 ff; Rück- und Weiterverweisung **EGBGB 12** 49; sachlicher Anwendungsbereich **EGBGB 12** 73 ff; Scheinauslandsgesellschaften **EGBGB 12** 99 ff; Sitztheorie **EGBGB 12** 44, 51, 55, 57 ff; Sitzungstheorie **EGBGB 12** 93 a ff; Sonderanknüpfung **EGBGB 12** 88 b ff; Staatsverträge **EGBGB 12** 45 ff; Statutenwechsel **EGBGB 12** 53; supranationale Gesellschaftsformen **EGBGB 12** 44 a, 107 ff; Umfang des Gesellschaftsstatuts **EGBGB 12** 73 ff; Unternehmensübernahme **EGBGB 33** 15; nach dem Vertragsstatut **EGBGB 12** 72; Vertretung **EGBGB 12** 80; Vorgesellschaft **EGBGB 12** 76

Internationales Kapitalmarktrecht EGBGB 12 110

Internationales Privatrecht, Abgrenzung der Normen **EGBGB Einl IPR** 47 ff; Abgrenzung zu anderen Rechtsgebieten **EGBGB Einl IPR** 7 ff; Anerkennungsregeln **EGBGB Einl IPR** 50 a; Angleichung **EGBGB 47;** Anknüpfungserschleichung **EGBGB Einl IPR** 73 f; Anknüpfungsgerechtigkeit **EGBGB Einl IPR** 4; Anknüpfungstechniken **EGBGB Einl IPR** 36 ff; Anwendung ausländischen Kollisionsrecht **EGBGB 4** 11 ff; Anwendung ausländischen Rechts **EGBGB Einl IPR** 85 f; Anwendung von Kollisionsnormen **EGBGB Einl IPR** 51 ff; Asylberechtigte **EGBGB 5** 36 ff; AsylVfG **EGBGB 5** 36 ff; Aufenthaltsanknüpfung **EGBGB 5** 13 ff; Aufgabe **EGBGB Einl IPR** 1 ff; Auslandsrecht als Tatsache **EGBGB Einl IPR** 91 f; außervertragliche Schuldverhältnisse **EGBGB 38** 1 ff; Bedeutung **EGBGB Einl IPR** 5; Begriff **EGBGB Einl IPR** 1 ff; Beschränkung der gesetzlichen Vertretungsmacht **EGBGB 12** 39; Bestand und Umfang einer Vollmacht **EGBGB 12** 40; Checkliste zur Lösung grenzüberschreitender Fälle **EGBGB Einl IPR** 94; Direktwirkung von Richtlinien **EGBGB Einl IPR** 31; Eingriffsnormen **EGBGB Einl IPR** 49 f; Einzelstatut **EGBGB Einl IPR** 77; Einzelstatut bricht Gesamtstatut **EGBGB 3** 10 ff; wesentlich engere Verbindung zu anderem Recht bei GoA **EGBGB 41** 5; Ermittlung ausländischen Rechts **EGBGB Einl IPR** 78 ff; Erstfrage **EGBGB Einl IPR** 65; und Europarecht **EGBGB Einl IPR** 25 ff; Europarechtskonformität **EGBGB Einl IPR** 27 ff; Flüchtling *s dort;* forum shopping **EGBGB Einl IPR** 3; Fremdenrecht **EGBGB Einl IPR** 11; Gefährdungshaftung **EGBGB 40** 8, 27; Gesamtstatut **EGBGB Einl IPR** 77; Gesamtverweisung **EGBGB Einl IPR** 76; **EGBGB 4** 2 ff; Geschäftsfähigkeit *s dort;* Geschäftsführung ohne Auftrag **EGBGB 39;** Geschäftsstatut *s dort;* Geschlechtszugehörigkeit und -umwandlung **EGBGB 7** 36 ff; Gesetzesumgehung **EGBGB Einl IPR** 73; Glossar **EGBGB Einl IPR** 95;

3154

und Grundgesetz **EGBGB Einl IPR** 21 ff; grundlegende Mechanismen **EGBGB Einl IPR** 32 ff; Günstigkeitsvergleich **EGBGB 12** 35 ff; guter Glaube des Geschäftspartners **EGBGB 12** 32 ff; Handeln unter falschem Recht **EGBGB Einl IPR** 93; hinkendes Rechtsverhältnis **EGBGB Einl IPR** 37, 69; interlokales, interpersonales und intertemporales Privatrecht **EGBGB Einl IPR** 8 ff; Internationales Einheitsprivatrecht **EGBGB Einl IPR** 12 f; Internationales Erbrecht **EGBGB 25 f;** Internationales Gesellschaftsrecht *s dort;* Internationales Zivilprozessrecht **EGBGB Einl IPR** 7; interreligiöse Rechtsspaltung **EGBGB Einl IPR** 9; intertemporales Recht **EGBGB 38** 3; **EGBGB 39** 8; Interzessionsverbote **EGBGB 12** 41; Kaufmannseigenschaft **EGBGB 7** 40 ff; Kollisionsnormen **EGBGB Einl IPR** 1, 33 ff; kollisionsrechtliche Vermögensspaltung **EGBGB 3** 13; Konventionskonflikt **EGBGB 3** 8; Legaldefinition **EGBGB 3** 2; Mehrrechtsstaaten **EGBGB 4** 18 ff; Nachfrage **EGBGB Einl IPR** 54, 66; Nebeneinander mehrerer Rechtsordnungen **EGBGB Einl IPR** 90; Nichtermittelbarkeit ausländischen Rechts **EGBGB Einl IPR** 84; öffentliche Ordnung *s ordre public;* ordre public **EGBGB 39** 7, *s dort;* Personalstatut **EGBGB** 5; Qualifikation **EGBGB Einl IPR** 51 ff; Qualifikationsmethoden **EGBGB Einl IPR** 56 ff; Qualifikationsverweisung **EGBGB Einl IPR** 61; Rechtsfähigkeit *s dort;* Rechtsquellen **EGBGB Einl IPR** 15 ff; **EGBGB 38** 1 f; Rechtsspaltung **EGBGB 4** 16, 18; Rechtsumgehung **EGBGB Einl IPR** 74; Rechtsvereinheitlichung **EGBGB Einl IPR** 16; Rechtswahl **EGBGB 4** 10; renvoi **EGBGB 4** 2, 16, 21; **EGBGB 35;** Renvoifreundlichkeit **EGBGB 4** 5; Revisibilität der Anwendung ausländischen Rechts **EGBGB Einl IPR** 87 f; Entwurf der Rom-I-VO **EGBGB 37** 15 ff; Rückversicherungsvertrag **EGBGB 37** 12; Rückverweisung **EGBGB 4** 2 ff, 12, 14, 21; Sachnormen **EGBGB Einl IPR** 2, 47 f; Sachnormverweisung **EGBGB Einl IPR** 76; **EGBGB 3** 3; Sachstatut **EGBGB Einl IPR** 2; Sachverständigengutachten **EGBGB Einl IPR** 82.2; Schuldanerkenntnis **EGBGB 33** 16; Schuldbeitritt **EGBGB 33** 14; Schuldübernahme **EGBGB 33** 15; Schutz des Vertragspartners **EGBGB 12** 24 ff; selbstbegrenzende Sachnormen **EGBGB Einl IPR** 47; Sinnvorbehalt **EGBGB 4** 8; Souveränitätswechsel **EGBGB Einl IPR** 44; Staatenlose *s dort;* Staatensukzession **EGBGB Einl IPR** 44; Staatsangehörigkeitsanknüpfung **EGBGB 5** 2 ff; Staatsangehörigkeitsrecht **EGBGB Einl IPR** 14; Staatshaftung **EGBGB 40** 8; Staatsverträge **EGBGB Einl IPR** 16 ff; Statutenwechsel **EGBGB Einl IPR** 42 ff; **EGBGB 7** 45; **EGBGB 10** 14 ff; Substitution **EGBGB Einl IPR** 91 f; tabellarische Übersicht **EGBGB Einl IPR** 95; Teilfrage **EGBGB Einl IPR** 67; Tilgung einer fremden Verbindlichkeit **EGBGB 39** 6; Todeserklärung **EGBGB 9;** ungerechtfertigte Bereicherung *s Internationales Bereicherungsrecht;* Unteranknüpfung **EGBGB 4** 18 ff; Unternehmensübernahme **EGBGB 33** 19;

Unternehmereigenschaft **EGBGB 7** 40 ff; Verfahrensfragen **EGBGB 7** 47 ff; Verkehrsschutz *s dort;* Vermögensübernahme **EGBGB 33** 18; Verschulden bei Vertragsverhandlungen **EGBGB 42** 89 ff; Versicherungsvertragsrecht **EGBGB 37** 6 ff; Versteinerung **EGBGB Einl IPR** 41; vertragliche Schuldverhältnisse *s Vertragsstatut;* Vertragsübernahme **EGBGB 33** 17; Vertretung eines Minderjährigen **EGBGB 7** 30; Vertriebene **EGBGB 5** 46 ff; allgemeine Verweisungsvorschriften **EGBGB 3;** Völkergewohnheitsrecht **EGBGB 3** 8; Volksdeutsche **EGBGB 5** 46 ff; Volljährigkeitsalter in ausländischen Rechten **EGBGB 7** 57; Vollmachtsstatut *s dort;* Angleichung von Vor- und Familiennamen **EGBGB 47;** Vorfrage **EGBGB Einl IPR** 63 ff; **EGBGB 7** 1; Vorrang von Staatsverträgen und Rechtsakten der EG **EGBGB 3** 4 ff; Weiterverweisung **EGBGB 4** 2 f, 12, 15, 21; Wirkungsstatut **EGBGB 7** 13, 20, 29 f; internationale Zuständigkeit **EGBGB 39** 9; zwingende Vorschriften **EGBGB 34;** zwingendes Recht **EGBGB Einl IPR** 6

–, **Auslegung,** Analogie **EGBGB 36** 11; Auslegungskompetenz des EuGH **EGBGB 36** 12; Auslegungskriterien **EGBGB 36** 4 ff; einheitliche Auslegung **EGBGB 36;** Extensionen **EGBGB 36** 11; grammatikalische Auslegung **EGBGB 36** 6; historische Auslegung **EGBGB 36** 8; rechtsvergleichende Auslegung **EGBGB 36** 10; Restriktionen **EGBGB 36** 11; systematische Auslegung **EGBGB 36** 7; teleologische Auslegung **EGBGB 36** 9; vertragsautonome Auslegung **EGBGB 36** 5

–, **Forderungsabtretung,** Forderungsstatut **EGBGB 33** 4 ff; Übertragbarkeit der Forderung **EGBGB 33** 6; Verhältnis Alt- und Neugläubiger **EGBGB 33** 2 f; Verhältnis Neugläubiger und Schuldner **EGBGB 33** 6

–, **Form von Rechtsgeschäften,** Abdingbarkeit **EGBGB 11** 10; Abgrenzungsfragen **EGBGB 11** 22 ff; Abtretung eines Geschäftsanteils **EGBGB 11** 69; Anwendungsbereich **EGBGB 11** 17 ff; Arbeitsverträge **EGBGB 11** 5; Auflassung deutscher Grundstücke vor ausländischem Notar **EGBGB 11** 63 f; Ausschluss der Ortsform **EGBGB 11** 53 ff; Benutzung des Internets **EGBGB 11** 43; dingliche Verfügungsgeschäfte **EGBGB 11** 58 ff; Distanzverträge **EGBGB 11** 49 ff; Eheschließung im Inland **EGBGB 11** 3; erfasste Geschäfte **EGBGB 11** 17 ff; Erfüllung deutscher Formvorschriften im Ausland **EGBGB 11** 34 ff; Europarecht **EGBGB 11** 2 f, 15; Fernabsatzverträge **EGBGB 11** 6; Folgen von Formfehlern **EGBGB 11** 28; Formvorschriften **EGBGB 11** 20 ff; Formwirksamkeit **EGBGB 11** 1; Gerichtsstandsvereinbarung **EGBGB 11** 19; Geschäfts- und Ortsrecht **EGBGB 11** 29 ff; Geschäftsstatut **EGBGB 11** 31 ff; Gesellschafterversammlung im Ausland **EGBGB 11** 70 f; gesellschaftsrechtliche Vorgänge **EGBGB 11** 65 ff; Gesetzesumgehung **EGBGB 11** 14; Günstigkeitsvergleich **EGBGB 11** 29 f; Hauptversammlung im Ausland **EGBGB 11** 70 f; intertemporale Anwendbarkeit **EGBGB 11** 16; kartellrechtliche Formvorschriften **EGBGB 11** 7 ff; Kaufvertrag über ein auslän-

3155

Sachverzeichnis

fette Zahlen = §§

disches Grundstück **EGBGB 11** 39; Konossement-Abkommen **EGBGB 11** 9; Legalisation ausländischer öffentlicher Urkunden **EGBGB 11** 72; Nachweisgesetz **EGBGB 11** 26; ordre public **EGBGB 11** 13; Ortsform **EGBGB 11** 42 ff, 67 ff; Publizitätspflichten **EGBGB 11** 25; Rechtswahl **EGBGB 11** 10, 18; Regelanknüpfung **EGBGB 11** 29 ff; Rück- und Weiterverweisung **EGBGB 11** 12; schuldrechtliche Immobiliarverträge **EGBGB 11** 54 ff; Staaten mit mehreren Teilrechtsordnungen **EGBGB 11** 11; Staatsverträge **EGBGB 11** 2 f; Stellvertretung **EGBGB 11** 52; steuerrechtliche Formvorschriften **EGBGB 11** 27; Time-Sharing-Verträge **EGBGB 11** 6; Trauung im Ausland **EGBGB 11** 3; Übertragung von Anteilen an einer ausländischen Gesellschaft **EGBGB 11** 40; Verbraucherverträge **EGBGB 11** 5; Verfügungen von Todes wegen **EGBGB 11** 4; vorrangige Spezialregeln **EGBGB 11** 3 ff; Wechsel- und Scheckerklärungen **EGBGB 11** 8
–, **freie Rechtswahl**, allgemeine Regeln **EGBGB 42** 8; ausdrückliche – **EGBGB 42** 6, 100; Gegenstand **EGBGB 42** 4, 96; Haftpflichtversicherungen **EGBGB 42** 5; intertemporales Recht **EGBGB 42** 8; jus cogens **EGBGB 42** 102; nachträgliche – **EGBGB 42** 2 ff, 98; Parteiautonomie **EGBGB 42** 1, 95; Rechte Dritter **EGBGB 42** 5, 101; Rom II-VO s dort; Sachnormverweisung **EGBGB 42** 8; stillschweigende – **EGBGB 42** 6, 100; bei vertraglichen Schuldverhältnissen s Vertragsstatut, freie Rechtswahl; vorherige – **EGBGB 42** 99; Wirksamkeit **EGBGB 42** 7, 97; Zeitpunkt **EGBGB 42** 3; Zustandekommen **EGBGB 42** 7, 97
–, **gesetzlicher Forderungsübergang**, allgemeine Regeln **EGBGB 33** 20; Fallgruppen **EGBGB 33** 7; Ansprüche aus gesetzlichen Schuldverhältnissen **EGBGB 33** 7; gestörter Gesamtschuldnerausgleich **EGBGB 33** 11 f; ordre public **EGBGB 33** 20; Regress bei gleichrangigen Verpflichtungen **EGBGB 33** 9 ff; Regress bei subsidiären Verpflichtungen **EGBGB 33** 8; Sachnormverweisung **EGBGB 33** 20; Sonderregelungen **EGBGB 33** 7; Zessionsgrundstatut **EGBGB 33** 8
–, **Namenswahl** bei abgeleitetem Namen **EGBGB 47** 19 ff; Änderung des Ehenamens **EGBGB 47** 18; Eigenname und weiterer Namensbestandteil **EGBGB 47** 6 f; Eindeutschung eines fremdsprachigen Namens **EGBGB 47** 13 ff; Fehlen eines Vor- oder Familiennamens **EGBGB 47** 8 ff; Form **EGBGB 47** 24; Frist **EGBGB 47** 25 f; Grundsatz der Namenskontinuität **EGBGB 47** 4; intertemporale Anwendung **EGBGB 47** 32; vom deutschen Recht nicht vorgesehene Namensbestandteile **EGBGB 47** 11; Probleme namensrechtlicher Angleichung **EGBGB 47** 1; Sonderform des Familiennamens für weibliche Namensträger **EGBGB 47** 12; nach Statutenwechsel zum deutschen Recht **EGBGB 47** 4 ff; Vertretung eines minderjährigen Kindes **EGBGB 47** 28; Willensmängel **EGBGB 47** 27; Wirksamkeitsvoraussetzungen **EGBGB 47** 23 ff; Wirkungen **EGBGB 47** 29 ff; Zugang beim Standesamt **EGBGB 47** 23; Zwischenname **EGBGB 47** 11
–, **Stellvertretung**, Anknüpfung **EGBGB 10** 99 ff; Anwendungsbereich **EGBGB 10** 83 ff; Ausschluss aus Vertragsstatut **EGBGB 37** 5; Eheschließung **EGBGB 13** 26; Eingrenzung **EGBGB 10** 78; erfasste Rechtsbereiche **EGBGB 10** 86; Europarecht **EGBGB 10** 79 f; fehlende Vertretungsmacht **EGBGB 32** 16; Form **EGBGB 11** 52; geschäftsähnliche Handlungen **EGBGB 10** 85; gewillkürte – **EGBGB 10** 83 ff; Grundsatz **EGBGB 10** 78; ordre public **EGBGB 10** 82; Rechtsschein einer Vollmacht **EGBGB 10** 114 f; kraft Rechtsscheins **EGBGB 10** 83; Reichweite des Vollmachtsstatuts **EGBGB 10** 87 ff; Rück- und Weiterverweisung **EGBGB 10** 81; Staaten mit mehreren Teilrechtsordnungen **EGBGB 10** 80; Staatsverträge **EGBGB 10** 79 f; verdeckte – **EGBGB 10** 93; Verfügungsmacht **EGBGB 10** 84; Vertrauensschutz **EGBGB 10** 116 ff
–, **Übergangsvorschriften**, abgeschlossener Vorgang **EGBGB 220** 3 ff; Anwendungsbereich **EGBGB 220** 10 ff; Dauerrechtsverhältnisse **EGBGB 220** 17; Einzelfälle **EGBGB 220** 11 ff; Familienname **EGBGB 220** 12; Geltung des alten IPR **EGBGB 220** 2 f; Güterrecht **EGBGB 220** 13; güterrechtliche Wirkungen der Ehe **EGBGB 220** 20 ff; Schuldvertrag **EGBGB 220** 14 f; Wirkungen familienrechtlicher Verhältnisse **EGBGB 220** 29 ff
–, **unerlaubte Handlung**, im Adhäsionsverfahren **EGBGB 40** 8; allgemeine Kollisionsnorm **EGBGB 42** 29 ff; allgemeine Regeln **EGBGB 40** 59 ff; Anknüpfungssystem **EGBGB 40** 16; **EGBGB 42** 30; Ansprüche auf Beseitigung, Widerruf oder Unterlassung **EGBGB 40** 12; Anwendungsbereich **EGBGB 40** 7 ff; Arbeitskampfmaßnahmen **EGBGB 42** 69 f; Arbeitsunfälle **EGBGB 40** 41; **EGBGB 42** 51; ausgewählte Sachbereiche **EGBGB 40** 33 ff; autonome Regeln **EGBGB 40** 6; Bahnverkehrsunfälle **EGBGB 40** 40; **EGBGB 42** 50; Begriff **EGBGB 40** 7 ff; Bestimmungsrecht **EGBGB 40** 25 ff; Datenschutz **EGBGB 40** 57; Direktanspruch gegen den Versicherer **EGBGB 40** 15; offensichtlich engere Verbindung **EGBGB 42** 37 ff; wesentlich engere Verbindung zu anderem Recht **EGBGB 41** 6; Erfolgsort **EGBGB 40** 22 ff; Folgen der Haftung **EGBGB 40** 11 f; Gefährdungshaftung **EGBGB 40** 8, 20; Gegendarstellungsanspruch **EGBGB 40** 53; gemeinsamer gewöhnlicher Aufenthalt **EGBGB 38** 13; **EGBGB 40** 31; **EGBGB 42** 36; Gesamt- oder Sachnormverweisung **EGBGB 40** 59; Gewaltschutzgesetz **EGBGB 40** 12; Grundanknüpfung **EGBGB 40** 16 ff; Günstigkeitsprinzip **EGBGB 40** 3, 15; Haftungsgründe und ihre Bestandteile **EGBGB 40** 8 ff; Handlungsort **EGBGB 40** 18 ff; **EGBGB 42** 34; Sitz von Hauptverwaltung oder Niederlassung **EGBGB 40** 32; Herkunftslandprinzip **EGBGB 40** 5, 52; Immaterialgüterrechte **EGBGB 40** 53 ff, 58; immaterieller Schaden **EGBGB 40** 11; Internet-Delikte **EGBGB 40** 43 f, 55; **EGBGB 42** 53 f; intertemporales Recht **EGBGB 40** 64; Luft-

magere Zahlen = Rn

Sachverzeichnis

verkehrsunfälle **EGBGB 40** 39; **EGBGB 42** 49; Massenunfälle **EGBGB 40** 42; **EGBGB 42** 52; mehrere Erfolgsorte **EGBGB 40** 24; **EGBGB 42** 35; mehrere Handlungsorte **EGBGB 40** 21; „Multistate"-Delikte **EGBGB 40** 56; ordre public **EGBGB 40** 60 ff; Persönlichkeitsschutz **EGBGB 40** 53 ff; Platz- und Distanzdelikte **EGBGB 40** 17; Pressedelikte **EGBGB 40** 56; Produkthaftung **EGBGB 40** 45 f; **EGBGB 42** 55 ff; Prospekthaftung **EGBGB 40** 43 f; punitive damages **EGBGB 40** 61; rechtliche Sonderverbindung **EGBGB 41** 10 f; konkurrierende Rechtsquellen **EGBGB 40** 4 ff; Rechtswahl s Internationales Privatrecht, freie Rechtswahl; Rom II–VO, unerlaubte Handlung; Schiffsverkehrsunfälle **EGBGB 40** 37 f; **EGBGB 42** 47 f; Schutzgesetze **EGBGB 40** 14; Staatshaftung **EGBGB 40** 9; staatsvertragliche Regeln **EGBGB 40** 4; Strafschadensersatz **EGBGB 40** 61; Straßenverkehrsunfälle **EGBGB 40** 33 ff; **EGBGB 42** 44 ff; Tatortgrundsatz **EGBGB 40** 1; **EGBGB 42** 31 ff; Tatortrecht **EGBGB 40** 16 ff; tatsächliche Sonderverbindung **EGBGB 38** 12; Territorialitätsprinzip **EGBGB 40** 58; Umweltschädigung **EGBGB 40** 47 f; **EGBGB 42** 63 f; Unfälle **EGBGB 40** 33 ff; unlauterer Wettbewerb **EGBGB 40** 49 ff; **EGBGB 42** 58 ff; Unterlassung **EGBGB 40** 19; Verhaltensnormen **EGBGB 40** 13; verkehrsrechtliche Verhaltensnormen **EGBGB 40** 13; Verletzung von Rechten des geistigen Eigentums **EGBGB 42** 65 ff. 94; Verletzungsfolgeschäden **EGBGB 40** 22; Vermögensschäden **EGBGB 40** 23; spezielle Vorbehaltsklausel **EGBGB 40** 2; Vorbereitungshandlung **EGBGB 40** 18, 54; Werbemaßnahmen im Internet **EGBGB 40** 51; Wettbewerbsbeschränkungen **EGBGB 40** 6; internationale Zuständigkeit **EGBGB 40** 65 ff
Internationales Sachenrecht, allgemeine Einrichtungen **EGBGB 43** 8; allgemeine Regeln **EGBGB 43** 15 ff; **EGBGB 44** 4 ff; Anknüpfung an Belegenheitsrecht **EGBGB 43** 3 ff; Belegenheitsrecht **EGBGB 43** 5 ff; Eigentumsvorbehalt **EGBGB 43** 14; wesentlich engere Verbindung **EGBGB 46** 2 ff; Entstehungsgeschichte **EGBGB 43** 1; Recht der Flagge **EGBGB 43** 6; Geltungsbereich **EGBGB 43** 7 ff; Gesamtverweisung **EGBGB 43** 17; **EGBGB 44** 4; grenzüberschreitende Verkehrsgeschäfte **EGBGB 43** 13 f; Grundstücksimmissionen **EGBGB 44;** Recht des Hoheitszeichens **EGBGB 43** 6; Immobilien **EGBGB 43** 9; intertemporales Recht **EGBGB 43** 19; **EGBGB 44** 6; Kulturgüterschutz **EGBGB 43** 2; **EGBGB 46** 5; maßgeblicher Lageort **EGBGB 43** 6; Mobiliarsachenrecht **EGBGB 43** 10; ordre public **EGBGB 43** 18; **EGBGB 44** 5; raum-zeitlich gestreckte Tatbestände **EGBGB 43** 7 ff; Begriff der Rechte an Sachen **EGBGB 43** 7 ff; Rechtsquellen **EGBGB 43** 2; Sachen auf dem Transport **EGBGB 43** 10; **EGBGB 46** 7; Begriff des Sachstatut **EGBGB Einl IPR** 2; staatsfreies Gebiet **EGBGB 43** 6; Statutenwechsel **EGBGB 43** 12; Transportmittel s dort; Transposition fremder Sachenrechte **EGBGB 43** 12; Verhältnis von Einzel- und Gesamtstatut **EGBGB 43** 16; Vorfragen **EGBGB 43** 15; Wertpapier **EGBGB 43** 11; internationale Zuständigkeit **EGBGB 43** 20; Zweck **EGBGB 43** 3 f
Internationales Vertragsrecht s Vertragsstatut
Internationales Zivilprozessrecht, Begriff **EGBGB Einl IPR** 7
Internet, Form von Rechtsgeschäften **EGBGB 11** 43; Vertragsschluss **EGBGB 28** 24, 86; **EGBGB 29** 12; Werbemaßnahmen **EGBGB 40** 51
Internet-Auktion, Verbrauchervertrag **EGBGB 29** 12; Vertragsschluss **EGBGB 28** 52
Internet-Delikte EGBGB 40 43 f, 55; **EGBGB 42** 53 f
Interpersonales Privatrecht, Begriff **EGBGB Einl IPR** 9
interreligiöse Rechtsspaltung, Begriff **EGBGB Einl IPR** 9
Intertemporales Privatrecht, Begriff **EGBGB Einl IPR** 10
Interzessionsverbote, ausländische – **EGBGB 16** 56
Inventar, Aufnahme und Errichtung **1993** 3; Begriff **1993** 1; Einreichung beim Nachlassgericht **1993** 3; Nachlassverzeichnis **1993** 1; Sinn und Zweck **1993** 2
Inventarerrichtung, absichtlich unvollständige Angaben **2005** 2; amtliche Aufnahme **2003**; Anspruch auf Unterstützung durch den Testamentsvollstrecker **2215** 9; Antrag auf amtliche Aufnahme **2003** 2; Aufnahme des Inventars durch den Erben **1993** 3; **2002;** Aufnahme nicht bestehender Nachlassverbindlichkeiten **2005** 3; Begriff des Inventars **1993** 1; Beschreibung und Wertangabe der Nachlassgegenstände **2001** 3; Bezugnahme auf ein vorhandenes Inventar **2004**; **2005** 4; durch Einreichung beim Nachlassgericht **1993** 3; Einsichtsrecht **1993** 5; **2010;** Empfangsbestätigung **1993** 5; durch mehrere Erbeserben bei Tod des Erben vor Fristablauf **1998** 2; für Erbschaft im Gesamtgut **2008;** Ergänzung eines unvollständigen Inventars **2005** 8; Errichtung des Inventars **1993** 3; Erstattungsansprüche gegenüber Miterbengläubigern **2005;** freiwillige – **1993** 4 f; gesetzliche Vermutung der Vollständigkeit **2009** 1; Haftung des Erben **1967** 7; **1984** 9; Haftung des Erben für Vertreter **2005** 6; Haftungsbeschränkung gegenüber Miterbengläubigern **2063** 2 ff; Inhalt der gesetzlichen Vermutung **2009** 3; Inhalt des Inventars **2001;** Inventaruntreue **2000** 3; **2005** 7; Inventarverfehlung bei Ehegatten **2008** 3; Kosten **1993** 5; durch Miterben **2063** 1 f; Mitwirkung der zuständigen Behörde **2002** 1; Nachlassgegenstände und Nachlassverbindlichkeiten **2001** 2; Rechtsfolge der Inventaruntreue **2005** 7; Sinn und Zweck **1993** 2; Unrichtigkeit des Inventars **2005;** Unterschrift des Erben **2002** 1; Verfahren **1993** 5; Verfahren der amtlichen Aufnahme **2003** 2 f; Verfügung eines Nichtberechtigten **2063** 6; Verlust des Haftungsbeschränkungsrechts **2005** 2 ff; Verweigerung und Verzögerung der Auskunft **2005** 5; Voraussetzungen der gesetzlichen Vermutung **2009** 2; durch Vorerben **2100** 37; Wirkung **2009;** Zuständigkeit **1993** 5; **2002** 2

3157

Sachverzeichnis

fette Zahlen = §§

Inventarfrist und amtliche Nachlasssonderung **2000** 2; Antrag **1994** 6; Antragsrecht **1994** 2 ff; ausgeschlossene Gläubiger **1994** 3; Beginn **1995** 2; Begriff **1994** 1; Bestimmung durch Beschluss **1994** 8; Bestimmung einer neuen – **1996** 1 ff; Dauer **1995** 1 ff; Einsicht in Anordnungsverfügung **1994** 10; Entscheidung über Wahrung der – durch das Prozessgericht **1994** 14; Erbschaft im Gesamtgut **2008** 2; zur Ergänzung des unvollständigen Inventars **2005** 8; für Fiskus **2011;** Gebühren **1994** 10; Glaubhaftmachung der Forderung **1994** 6; Hemmung des Fristablaufs **1997;** höhere Gewalt **1996** 2; Eröffnung des Insolvenzverfahrens während laufender – **2000** 2; Inventaruntreue **2000** 3; mehrere Gläubiger **1994** 5; Miterben-Gläubiger **1994** 4; Mitteilung an das Vormundschaftsgericht **1999;** Nachlassgläubiger **1994** 2; für Nachlasspfleger und Nachlassverwalter **2012;** für Erben bei Nachlassverwaltung **2012** 3; bei Nachlassverwaltung oder Nachlassinsolvenzverfahren **1994** 7; Anordnung einer Nachlassverwaltung während laufender – **2000** 2; rechtliches Gehör **1994** 6; Rechtsfolgen der Versäumung **1994** 12; Rechtsmittel bei Ablehnung des Antrags **1994** 9; Tod des Erben vor Fristablauf **1998;** unbeschränkte Haftung nach Fristablauf **1994** 12; Unwirksamkeit der Fristbestimmung **2000;** Verfahren **1994** 6 ff; Verlängerung **1995** 3; Verschulden des Erben **1994** 13; Wahrung der Frist **1994** 11; **2002** 2; Wiedereinsetzung in den vorigen Stand **1996** 2 f

In-vitro-Fertilisation, Abstammung bei – **1591** 9; Erbfähigkeit nach – **1923** 7

Irrtum, Anfechtung der Annahme oder Ausschlagung **1954** 2 ff; über Eigenschaften der Person **1954** 11; Eigenschaftsirrtum bei Annahme oder Ausschlagung einer Erbschaft **1954** 8 ff; Erklärungsirrtum **2078** 4; Erklärungsirrtum bei Annahme der Erbschaft **1954** 2 ff; Inhaltsirrtum **2078** 5; Inhaltsirrtum bei Annahme oder Ausschlagung der Erbschaft **1954** 5 ff; Ursächlichkeit des Irrtums **1954** 12; bei Zuwendung an entfernteren Abkömmling **2053** 2

Istanbuler CIEC-Abkommen EGBGB 10 4
ius cogens EGBGB 34 9

Jugendamt, befreite Amtsmundschaft **1857 a;** als Beistand **1629** 43; **1712** 21 ff; **1715** 12; Beratungspflicht bei Adoption **1747** 17; bestellte Amtsvormundschaft des -s **1791 b;** Entlassung als Vormund **1887;** als Gegenvormund **1791** 6; gesetzliche Amtsvormundschaft des -s **1791 c;** Mitteilungspflichten gegenüber dem – **1626 d** 2 ff; **1671** 64; **1851;** als Mitvormund **1791 b** 6; Pflegschaft **1791 b** 6; Vormundschaft **1751** 5 ff

Kaskadenanknüpfung EGBGB 14 25
Katastrophenklausel 2269 25
Kaufmannseigenschaft EGBGB 7 40 ff
Kegel'sche Leiter EGBGB 14 25
Kinder- und Jugendhilfe Zweck **1626** 35
–, **Eingliederungshilfe für seelisch behinderte Kinder und Jugendliche,** Abbau der Sonderversorgung **SGB VIII 35 a** 11 ff; Abgrenzungsschwierigkeiten **SGB VIII 35 a** 4; Anwendungsbereich **SGB VIII 35 a** 2 ff; Aufgaben der Schule **SGB VIII 35 a** 14 ff; Behinderung **SGB VIII 35 a** 5 f; einheitliche Betreuung **SGB VIII 35 a** 10; Integration **SGB VIII 35 a** 11; Leistungsumfang **SGB VIII 35 a** 9; Nachrang anderer Eingliederungshilfe **SGB VIII 35 a** 3 f; schulische Förderung **SGB VIII 35 a** 14 ff; Verfahrensbesonderheiten **SGB VIII 35 a** 17; Versorgungsformen **SGB VIII 35 a** 8 ff

–, **Hilfe zur Erziehung,** allgemeiner Anwendungsbereich **SGB VIII 27** 2 ff; Anspruchsinhaber **SGB VIII 27** 9, 13; Anspruchsvoraussetzungen **SGB VIII 27** 10 ff; Antrag **SGB VIII 27** 11; Antragsbefugnis **SGB VIII 27** 10 ff; Art und Umfang der Hilfe **SGB VIII 27** 5 ff; Ausrichtung auf das Gesamtsystem der Familie **SGB VIII 31** 2; Betreuungshelfer **SGB VIII 30;** Durchführung der Erziehungsberatung **SGB VIII 28** 5 ff; Erziehung in einer Tagesgruppe **SGB VIII 32;** Erziehungsbeistand **SGB VIII 30;** Erziehungsberatung **SGB VIII 28;** Hauptziel der sozialpädagogischen Familienhilfe **SGB VIII 31** 3 f; Hausaufgabenhilfe **SGB VIII 32** 3; Hilfe zur Bewältigung von Entwicklungsproblemen **SGB VIII 30** 4; intensive sozialpädagogische Einzelbetreuung **SGB VIII 35;** Kindeswohl **SGB VIII 27** 14 ff; Konzept flexibler Erziehungshilfen **SGB VIII 27** 7; Leistungserbringung **SGB VIII 28** 5 ff; leistungsrechtlicher Charakter **SGB VIII 27** 5 ff; **SGB VIII 28** 3 f; **SGB VIII 29** 4; Nachrang der öffentlichen Jugendhilfe **SGB VIII 27** 3; Notwendigkeit und Geeignetheit der Hilfe **SGB VIII 27** 18 ff; Organisationsformen der sozialpädagogischen Familienhilfe **SGB VIII 31** 6; persönliche Zuordnung des Rechtsanspruchs **SGB VIII 27** 9 ff; Schulbegleitung **SGB VIII 32** 3; soziale Gruppenarbeit **SGB VIII 29;** sozialpädagogische Familienhilfe **SGB VIII 31;** Störungen im innerfamiliären Bereich **SGB VIII 32** 2; Verantwortung der Familie **SGB VIII 27** 4; Verfahrensrecht **SGB VIII 27** 22 ff; Wohl des Minderjährigen **SGB VIII 27** 14 ff

–, **Vollzeitpflege und Heimerziehung,** Anlass der Vollzeitpflege **SGB VIII 33** 7; Anwendungsbereich der Heimerziehung **SGB VIII 34** 2; Dauer der Vollzeitpflege **SGB VIII 33** 3, 7; Durchführung der Heimbetreuung **SGB VIII 34** 6 ff; Elternarbeit **SGB VIII 34** 5; Formen von Pflegestellen **SGB VIII 33** 5; heilpädagogische Pflegestellen **SGB VIII 33** 8; Heimbegriff **SGB VIII 34;** Heimerziehung **SGB VIII 34;** Herkunftsfamilie **SGB VIII 33** 11; Integration von Schulbesuch und Berufsausbildung **SGB VIII 34** 4; Jugendhilfezentrum **SGB VIII 34** 8; Kleinstheime **SGB VIII 33** 18; Kosten der Erziehung bei Pflegeeltern **SGB VIII 33** 10; pädagogische Leistungen des Heimes **SGB VIII 34** 5; Pflegekindbegriff **SGB VIII 33** 2; Pflegekinderwesen **SGB VIII 33** 1, 6; Schadenshaftung der Pflegeeltern **SGB VIII 33** 9; Sonderpflegestellen **SGB VIII 33** 8; sonstige betreute Wohnform **SGB VIII 34;** Unterhalt des Pflegekindes **SGB VIII 33** 10; Verbleib in der Pflegestelle **SGB VIII 33** 14; Verbleibensanordnung **SGB VIII 33** 16; Ver-

magere Zahlen = Rn

Sachverzeichnis

hältnis zum Familienrecht **SGB VIII 33** 15 ff; Verhältnis zwischen Pflegestelle und Herkunftsfamilie **SGB VIII 33** 11 ff; Verwandtenpflegestelle **SGB VIII 27** 4; Vollzeitpflege **SGB VIII 33**
Kindergeld 1612 b 4 ff
Kinderschutzklausel 1568 3 ff
Kinderschutzübereinkommen EGBGB 24 44
Kindesentführung 1632 13
Kindesentführungsabkommen EGBGB 21 4
Kindesunterhalt, Anrechnung bei Elternunterhalt **1601** 21; Anrechnung von Kindergeld s *Verwandtenunterhalt, Anrechnung von Kindergeld;* Art der Unterhaltsgewährung **1612 a;** nach Aufhebung der Ehe **1318** 17; Ausbildungsunterhalt s *dort;* Barunterhaltsbedarf **1610** 17; Bedarfsermittlung nach Tabellen und Leitlinien **1610** 7 ff; Beschränkung **1612** 7; dynamisierter Unterhalt für alle Altersstufen **1612 a** 13 ff; elterliches Bestimmungsrecht **1612** 6 ff; familienrechtlicher Ausgleichsanspruch **1606** 21 ff; Festsetzung **1612 a** 11 ff; gesteigerte Unterhaltspflicht der Eltern **1603** 28 ff; Heimunterbringung **1610** 21; Internationales Privatrecht **EGBGB 18** 68; Lebensbedarf des Kindes **1610** 24; Lebensstellung des minderjährigen unverheirateten Kindes **1610** 3 ff; Mehrbedarf **1610** 25 f; Prozesskostenvorschuss **1610** 29; Rang des minderjährigen unverheirateten Kindes im Mangelfall **1609** 15 ff; Sonderbedarf **1613** 23 ff; statischer Individualunterhalt **1612 a** 12; Unterhaltsnachforderungen **1613** 9; Vereinbarungen über – **1614** 2 ff; verstärkter Anspruch des minderjähriges Kindes **1602** 63; Verzicht **1614** 2 ff; vorläufige Sicherstellung **1615 o** 2 f; Vorrang vor Unterhalt für getrennt lebende Ehegatten **1361** 78; Wegfall **1611** 7
Kindeswohlprinzip 1697 a
kirchliche Verpflichtungen in der Ehe **1588**
kleines Sorgerecht, Alleinsorge des Elternteils **1687 b** 3; Angelegenheiten des täglichen Lebens **1687 b** 7; Ausschluss **1687 b** 11 ff; Beschränkung **1687 b** 11 ff; Einvernehmen zwischen Stiefelternteil und Sorgeberechtigtem **1687 b** 6 f, 12; Ende **1687 b** 11 ff; nicht nur vorübergehendes Getrenntleben der Ehegatten **1687 b** 4; Inhaber **1687 b** 2 ff; Inhalt **1687 b** 7 ff; Notvertretungsrecht **1687 b** 9 f; Umfang der Mitentscheidungsbefugnis **1687 b** 8 f; Verfahren **1687 b** 14; Wegfall der elterlichen Sorge beim leiblichen Elternteil **1687 b** 13; Zusammenleben von Kind und Stiefelternteil **1687 b** 5
Körper, künstliche Körperteile **1922** 27; des Menschen **1922** 26
Kollisionsnormen, Abgrenzung von anderen Normen **EGBGB Einl IPR** 47 ff; allseitige – **EGBGB Einl IPR** 45; Anknüpfungstechnen **EGBGB Einl IPR** 36 ff; Anwendung **EGBGB Einl IPR** 51 ff; Aufbau **EGBGB Einl IPR** 33 ff; Begriff **EGBGB Einl IPR** 1, 33; einseitige – **EGBGB Einl IPR** 45; als Sachnormverweisung **EGBGB 4** 7; versteckte – **EGBGB Einl IPR** 46; **EGBGB 4** 12
Kommorientenvermutung 1923 3; **EGBGB 9** 8
Konfusion bei Berechnung des Pflichtteilsanspruchs **2311** 4; beim Erbfall **1922** 20; **1976** 1; beim Erbschaftskauf **2377** 1; Fiktion der Wiederherstellung erloschener Rechtsverhältnisse **1976** 3; beim Nacherbfall **2143** 1
Konsolidation beim Erbfall **1922** 20; **1976** 1; beim Erbschaftskauf **2377** 1; Fiktion der Wiederherstellung erloschener Rechtsverhältnisse **1976** 3
Konsulartestament, Voraussetzungen **2231** 2
Kontaktverbot GewSchG 1 25
Kontingentflüchtling EGBGB 5 38, 43
Konventionskonflikt EGBGB 3 8
Kulturgüterschutz EGBGB 43 2; lex rei sitae **EGBGB 46** 5
Kulturgutsicherungsgesetz EGBGB 43 2

Landgut, Anordnung des Erblassers hinsichtlich der Übernahme **2312** 6; Auslegungsregel bei Anordnung eines Übernahmerechts **2049** 3; Begriff **2049** 2; **2312** 7; Berechnung des Pflichtteils **2312;** Berichtigung von Nachlassverbindlichkeiten **2058** 14; Bestimmung des Ertragswerts **2049** 4; einzelne Grundstücke **2049** 2; Erhaltung überkommener bäuerlicher Familienbetriebe **2312** 2; Ertragsfähigkeit **2312** 9; Fortführung des Landguts **2312** 10; Mindestgröße **2312** 9; Mindestwirtschaftswert **2312** 9; Nachabfindungsanspruch **2312** 12; persönliche Voraussetzungen des Übernehmers **2312** 5; Umfang des Landguts **2312** 7 ff; Verpachtung eines Betriebs **2312** 10; Voraussetzung für die Ertragswertbewertung **2312** 3 ff; vorweggenommene Erbfolge **2312** 4; Wertermittlung **2312** 11; Zuwendung eines Landguts **2312** 7 ff
landwirtschaftlicher Betrieb, Miterbenhaftung **2058** 14; öffentliches Interesse an der Erhaltung **2312** 2; Verpachtung **2312** 10; Zuweisung durch Erblasser **2049;** Zuweisung eines landwirtschaftlichen Betriebs **2042** 25 f
Lastenverteilungsauflage 2136 5
Lastenverteilungsvermächtnis 2136 5
Lebensbedarf, allgemeiner – **1610** 24; Ausbildungsvergütungen **1606** 7 e; Beweislast **1606** 28; **1610** 56 ff; eigenes Einkommen des volljährigen Kindes **1606** 7 e, 20; eines Kindes **1607** 5; Mehrbedarf **1607** 5; **1610** 25 f; **1613** 24; Mindestbedarfsatz **1615 l** 13; der Mutter wegen Betreuungsbedürftigkeit des Kindes **1615 l** 13; des noch im Haushalt der Eltern lebenden volljährigen Kindes **1606** 7; pauschalisierende Bedarfsmessung **1606** 7 b f; Pauschalsatz **1606** 7 b f; Sonderbedarf **1610** 25; Studium **1606** 7 b
Lebenspartnerschaft, Adoption eines Kindes **EGBGB 22** 41; Aufhebung **1313** 13; Aufhebung des Ehegattenerbvertrages durch gemeinschaftliches Testament **2292** 7; Ausschluss der Erben ab der vierten Ordnung durch Lebenspartner **1929** 2; Ausschluss des Erbrechts des Lebenspartners **1933** 11 ff; Begründungsvoraussetzungen **1310** 22; bestehende – **1306** 16; Bigamie **1306** 16; Ehefähigkeitszeugnis **1309** 29; Ehegattenerbvertrag **2280** 3; Ehemündigkeit **1303** 21; internationales Eheschließungsstatut **EGBGB 13** 20 f; Einbenennung **1618** 1; Einfluss des Güterstandes **1931** 24; Enterbung **1938** 2; Erbrecht des Lebenspartners **1931** 22 ff; Erbrecht des verwandten Lebenspartners **1934** 4; Folgen der Aufhebung **1318**

Sachverzeichnis fette Zahlen = §§

24; Form der Begründung einer – **1310** 22; fortgesetzte Gütergemeinschaft **1483** 6; Fürsorge und Unterstützung **1353** 45; gemeinsame Lebensgestaltung **1353** 45; gemeinschaftliches Testament **2265** 17; gemeinschaftliches Testament bei Aufhebung der – **2268** 5; Geschäft zur Deckung des Lebensbedarfs **1347** 47; Gütergemeinschaft **1931** 26; Funktion des Güterrechtsregisters **1558** 2; Güterstand **1363** 4; Gütertrennung **1931** 25; Lebenspartnerschaftsvertrag **1363** 4; Namensführung **1355** 24; Pflichtteilsberechtigung **2303** 16; Pflichtteilsentziehung für Abkömmlinge **2333** 6; Rang des partnerschaftlichen Unterhaltsanspruchs **1609** 33; Rückgabe von Geschenken **1301** 11; Rücktritt vom Verlöbnis **1298** 27; Rücktritt vom Verlöbnis aus Verschulden des anderen Teils **1299** 6; Schwägerschaft **1590** 6; Sorgfaltspflicht der Lebenspartner **1359** 12; Stiefkindadoption durch Lebenspartner **1741** 37; Umfang des Erbrechts **1931** 23; Unterhaltsstatut **EGBGB 18** 20; heilbare Unwirksamkeit **1306** 16; Unwirksamkeit letztwilliger Verfügungen bei Auflösung der – **2077** 3; Verbot bei Adoptivverwandtschaft **1308** 13; Verlöbnis **1297** 24; unter Verwandten **1307** 14; Voraus des Lebenspartners **1932** 11 f; gemeinsame Wohnung bei Getrenntleben **1361 b** 19; Zugewinngemeinschaft **1363** 4; **1931** 24

–, **Internationales Privatrecht,** Abgrenzung zur Ehe **EGBGB 17 b** 11 f; Abstammungsfragen **EGBGB 17 b** 42; Adoption **EGBGB 17 b** 44; allgemeine Regeln **EGBGB 17 b** 51 ff; Anerkennung ausländischer Entscheidungen **EGBGB 17 b** 57 f; Anknüpfungsgegenstand **EGBGB 17 b** 9 ff; Anknüpfungspunkt **EGBGB 17 b** 24; Auflösung **EGBGB 17 b** 19 ff; ausländische – **EGBGB 17 b** 4 ff; Begründung **EGBGB 17 b** 17; deliktsrechtliche Sachkomplexe **EGBGB 17 b** 41; Eheschließung **EGBGB 17 b** 5; eingetragene Lebenspartnerschaft **EGBGB 17 b** 9 ff; Erbstatut **EGBGB 17 b** 34 ff; Gewaltschutz **EGBGB 17 b** 26; Hausrat **EGBGB 17 a** 13; **EGBGB 17 b** 38; heterosexuelle registrierte Lebenspartnerschaft **EGBGB 17 b** 13 f, 46; Inlandswirkung im Ausland eingetragener Lebenspartnerschaften **EGBGB 17 b** 45 ff; intertemporale Konfliktregelung **EGBGB 17 b** 54; Kappungsregelung **EGBGB 17 b** 45 ff; Namensrecht **EGBGB 17 b** 37; nicht erfasste Gemeinschaften **EGBGB 17 b** 15; ordre public **EGBGB 17 b** 53; Partnerschaftswohnung **EGBGB 17 a** 13; **EGBGB 17 b** 38; Recht des Registerführenden Staates **EGBGB 17 b** 24 f; Rechtsförmlichkeit **EGBGB 17 b** 10; rechtsvergleichende Übersicht **EGBGB 17 b** 4 ff; Registerstatut **EGBGB 17 b** 16 ff; Reichweite der Anknüpfung **EGBGB 17 b** 16 ff; Rück- und Weiterverweisung **EGBGB 17 b** 51; sorgerechtliche Befugnisse **EGBGB 17 b** 43; staatsvertragliche und europarechtliche Kollisionsnormen **EGBGB 17 b** 8; Unterhaltsrecht **EGBGB 17 b** 28 ff; Verfahrensrecht **EGBGB 17 b** 55 ff; Verkehrsschutz **EGBGB 17 b** 26; Versorgungsausgleich **EGBGB 17 b** 33; Verträge unter Lebenspartnern **EGBGB 17 b** 40; Vorfragen **EGBGB 17 b** 52; Wirkungen **EGBGB 17 b** 18; Zuständigkeit **EGBGB 17 b** 55 f

Lebensvermutung EGBGB 9 8

Legalisation, ausländischer öffentlicher Urkunden **EGBGB 11** 72

Leibesfrucht, Erbfähigkeit **1923** 6 ff; Nacherbfähigkeit **2108** 2; Pflegschaft für eine – **1912**

Leichnam, erbrechtliche Behandlung **1922** 26; im Rechtsverkehr **1922** 26

Leihmutterschaft 1591 8

Leistungsfähigkeit Erwerbsobliegenheit der Eltern **1606** 15

Leistungskondiktion EGBGB 38 8 ff

letztwillige Verfügung, Begriff **1937** 2 f; *s auch Verfügung von Todes wegen; Testament*

lex causae EGBGB Einl IPR 60

lex fori EGBGB Einl IPR 51 ff

lex fori-Maxime EGBGB Einl IPR 51

lex fori-Qualifikation EGBGB Einl IPR 57

lex mercatoria EGBGB 27 28; **EGBGB 28** 5

lex rei sitae EGBGB 15 38; **EGBGB 16** 52; **EGBGB 43** 1; **EGBGB 46** 5

loi uniforme EGBGB 42 28

Machttheorie EGBGB 34 27

Mätressen-Testament 2197 20

Mediation 1626 44

mehrere Betreuer, Ausschluss **1899** 9 f; Delegationsbetreuer **1899** 13; Einzelvertretungsbefugnis **1899** 7; Ergänzungsbetreuung **1899** 2, 13 ff; Formen der Mehrfachbetreuung **1899** 2 ff; Gegenbetreuung **1899** 2, 17; gemeinschaftliche Vertretungsmacht **1899** 7; Meinungsverschiedenheiten **1899** 5, 8; Mitbetreuung **1899** 2 ff; Sterilisationsbetreuung **1899** 11 f; teilidentische Aufgabenbereiche **1899** 6 ff; Überblick **1899** 2; Übertragung einzelner Aufgaben **1899** 13; unterschiedliche Aufgabenbereiche **1899** 4 f; Verfahren **1899** 12; Verhinderung des Betreuers **1899** 14 f; wechselseitige Bevollmächtigung **1899** 7

Mehrrechtsstaaten, Unteranknüpfung **EGBGB 4** 18 ff

Militärtestament für Wehrmachtsangehörige **2231** 5

Minderjährigenhaftungsbeschränkung, Beschränkung auf vorhandenes Vermögen **1629 a** 12; Beweislast **1629 a** 33; Beweisvermutungen **1629 a** 22 ff; Dauerschuldverhältnisse **1629 a** 4.1; eigene Rechtsgeschäfte des Minderjährigen mit Zustimmung **1629 a** 6; Einrede **1629 a** 13; erfasste Verbindlichkeiten **1629 a** 2 ff; nicht erfasste Verbindlichkeiten **1629 a** 8 ff; Erwerb des Kindes von Todes wegen **1629 a** 5; gerichtlich genehmigte Rechtsgeschäfte **1629 a** 7; Gleichbehandlungspflicht **1629 a** 16; Inventarerrichtungspflicht **1629 a** 15; Missbrauch **1629 a** 29 f; nicht-rechtsgeschäftliches Handeln des Minderjährigen **1629 a** 11 f; Rechtsfolgen bei Geltendmachung **1629 a** 12 ff; Rechtsgeschäfte im Namen des Kindes **1629 a** 3; Rechtsgeschäfte zur Befriedigung persönlicher Bedürfnisse **1629 a** 10 f; Rechtsstellung des Gläubigers **1629 a** 17 f; Rechtsstellung des volljährig Gewordenen **1629 a** 13 ff; selbständiger Betrieb eines Erwerbsgeschäftes **1629 a** 8 ff; sonstige Handlungen **1629 a** 3; Übergangsregelungen **1629 a** 34; Verfahrensrecht **1629 a**

30 ff; Vermutung der Zugehörigkeit des gegenwärtigen zum Altvermögen **1629 a** 27 f; Vermutung für eine Neuverbindlichkeit **1629 a** 26; Vermutungen zum Schutz der Gläubiger **1629 a** 21 ff; im Vollstreckungsverfahren **1629 a** 14; im Wege der Vertretung für das Kind begründete Verbindlichkeiten **1629 a** 2 f; Wirkung auf Mitschuldner, Mithaftende und Sicherheiten **1629 a** 19 ff; Zweck **1629 a** 1
Minderjährigenschutzabkommen, Geltungsbereich **EGBGB 21** 2; Inhalt **EGBGB 21** 3; als Rechtsquelle des IPR **EGBGB Einl IPR** 17
Mindestunterhalt, Alter des Kindes **1612 a** 8; Antrag **1612 a** 15; Bestimmtheitsgebot **1612 a** 14; dynamisierter Unterhalt für alle Altersstufen **1612 a** 13 ff; Festsetzung des Kindesunterhalts **1612 a** 1 ff; Höhe **1612 a** 5 ff; statischer Individualunterhalt **1612 a** 12; Verfahren **1612 a** 15 f
Mitbetreuung, Ausschluss **1899** 9 f; Einzelvertretungsbefugnis **1899** 7; gemeinschaftliche – **1899** 3 gemeinschaftliche Vertretungsmacht **1899** 7; geteilte – **1899** 3, 12; Meinungsverschiedenheiten **1899** 5, 8; teilidentische Aufgabenbereiche **1899** 6 ff; unterschiedliche Aufgabenbereiche **1899** 4 f; wechselseitige Bevollmächtigung **1899** 7
Miterben, Anteil am Nachlass **1922** 13; **2033** 3; Auseinandersetzung s dort; Begriff **1922** 8; **2033** 2; Erbauseinandersetzung durch Testamentsvollstrecker **2204;** gemeinschaftlicher Erbschein **2357** 2 ff; als Gesamthandsgemeinschaft **1922** 17; Gesamtrechtsnachfolge **1922** 15 f; pflichtteilsberechtigte – **2319; 2328** 2; Pflichtteilslast im Innenverhältnis **2320** 1; Pflichtteilsrestanspruch **2316** 16 f; als Testamentsvollstrecker **2197** 33; Verfügung über Nachlassgegenstände s dort; Verfügungsrecht s *Verfügungsrecht der Miterben;* Verschuldenszurechnung **2032** 8; Vorkaufsrecht s *Vorkaufsrecht der Miterben*
Miterbenhaftung, Anteil an einer Personengesellschaft **2058** 15; Beschränkung der Haftung auf den Nachlass **2058** 2; Durchsetzung der gesamtschuldnerischen Haftung **2058** 6 ff; Einwände gegen den geltend gemachten Anspruch **2058** 8; erbrechtliche Einwände gegen die Inanspruchnahme **2058** 7; gemeinschaftliche Nachlassverbindlichkeiten **2058** 3; gesamtschuldnerische Haftung der Erben **2058;** Hoferbe **2058** 14; landwirtschaftlicher Betrieb **2058** 14; Mitwirkungspflicht **2058** 11; nicht gemeinschaftliche Nachlassverbindlichkeiten **2058** 3; Pro-rata-Haftung **1970** 17; **1972** 3; Sonderfälle **2058** 14 f; Streitwert **2058** 9; Teilhaftung **2060** 1; Teilhaftung nach Privataufgebot **2061** 2 ff; Teilungsquote **2058** 13; Verbindlichkeiten gegenüber Miterben **2058** 4; Verhältnis der Miterben untereinander **2058** 11 ff; Voraussetzungen der gesamtschuldnerischen Haftung **2058** 3 ff; Zuständigkeit **2058** 9; Zwangsvollstreckung **2058** 10
– **bis zur Teilung,** Befriedigung aus dem ungeteilten Nachlass **2059** 6 ff; Einrede **2059** 3; Gesamthandsklage **2059** 6 ff; gesamtschuldnerische Haftung der Miterben **2059** 1; Haftungsbeschränkung der Miterben **2059** 3 ff; Klage auf Leistung aus dem Erbteil **2059** 4; Leistungsverweigerungsrecht der Miterben **2059** 3; Miterben-Gläubiger **2059** 8; Rückgriffsansprüche **2058** 12; Teilhaftung bei Verlust des Rechts, die Haftung auf den Nachlass zu beschränken **2059** 5; Teilung **2059** 2; Verfahrensfragen **2059** 4; Zwangsvollstreckung **2059** 4, 9
– **nach der Teilung,** Ablauf der Fünfjahresfrist **2060** 5; Ausnahme von der gesamtschuldnerischen Haftung **2060** 1; Ausschluss im Aufgebotsverfahren **2060** 4; Ausschlussurteil **2060** 4; Berücksichtigung der Teilhaftung von Amts wegen **2060** 7; Darlegungs- und Beweislast **2060** 7; ideelle Erbquote **2060** 1; Folgen der Teilhaftung für die Nachlassgläubiger **2060** 2; gesamtschuldnerische Haftung **2058** 1, 4; Haftungsgegenstand **2060** 3; Haftungsumfang **2060** 3; Nachlassinsolvenzverfahren **2060** 6; prozessuale Fragen **2060** 7; Rückgriffsansprüche **2058** 13; Teilhaftung **2060** 1; verspätete Geltendmachung der Forderung **2060** 5
Miterbenverwaltung, Auskunftspflicht **2038** 9; Ausschluss **2038** 3; außerordentliche Verwaltung **2038** 14 f; Beispiele für eine ordnungsgemäße Verwaltung **2038** 5; Besitz **2038** 17; Fruchtziehung **2038** 16; Regelung des Gebrauchs **2038** 17; gegenständliche Teilauseinandersetzung **2038** 16; gemeinschaftliche Verwaltung **2038** 14 f; Geschäftsführung **2038** 2; Grundbegriffe **2038** 1; Handelsgeschäft **2038** 5, 14; Inventarerrichtung **2038** 9; Lasten **2038** 18; Mehrheitsbeschluss der Miterben **2038** 6; Mitwirkungspflicht der Miterben **2038** 8; Nachlasserbenschulden **2038** 11; Notgeschäftsführung **2038** 10 ff; durch Notverwaltung des Nachlasses **2038** 11; notwendige Erhaltungsmaßnahmen **2038** 10, 12; Nutzungen **2038** 17; ordnungsgemäße Verwaltung **2038** 4 ff; Rechtsfolgen **2038** 7; systematische Einordnung **2038** 2; Teilung des Reinertrags **2038** 16; Testamentsvollstreckung **2038** 18; Überschreitung des Notverwaltungsrechts **2038** 13; Verfügungsermächtigung **2038** 7, 11; Vertretung **2038** 2; Vertretung der anderen Miterben **2038** 7, 11; Verwaltungsvereinbarung **2038** 3; Wirkung des Mehrheitsbeschlusses **2038** 7; Wirkung des Notverwaltungsrechts **2038** 11
Mittelsurrogation 2041 3
Mitvormundschaft, Ablehnungsrecht **1786** 8; Aufteilung nach Wirkungskreisen **1797** 5 f; Aufwendungsersatz **1835** 3; Benennungsrecht der Eltern **1777** 5; Bestimmung der Eltern **1797** 7; Entlassungsanspruch **1778** 11; Fortführung der Geschäfte nach Beendigung der – **1893** 3; gemeinschaftliche – **1797** 2 ff; Haftung **1833** 2; Haftung als Gesamtschuldner **1797** 2; des Jugendamtes **1791 b** 6; keine – **1775** 2; Kosten der Rechnungslegung **1840** 4; Meinungsverschiedenheiten **1797** 4; Rechnungslegung **1840** 4; Rückgabe von Urkunden nach Beendigung der – **1893** 3; Vergütung des Vormunds **1836** 4; Vermögensherausgabe bei Beendigung **1890** 5; gegenseitige Vollmachtserteilung **1797** 2; Zustimmung des Berufenen **1778** 11
Mitwirkungsverbot für Notare, Ablehnung der Beurkundung **BeurkG 4;** Ablehnungspflicht des Notars **BeurkG 4** 7 ff; Amtsenthebung **BeurkG 3** 31 ff; Amtspflichtverletzung

Sachverzeichnis

fette Zahlen = §§

BeurkG 3 31 ff; **BeurkG 7** 10; Anfechtung der Erbeinsetzung **BeurkG 3** 6; Angelegenheiten von Verlobten oder Ehegatten **BeurkG 3** 15; **BeurkG 6** 3; Angelegenheiten von Vertretenen **BeurkG 6** 6; Ausschließungsgründe **BeurkG 6**; eidesstattliche Versicherung **BeurkG 3** 9; eigene Angelegenheit **BeurkG 3** 14; **BeurkG 6** 2; einseitige Erklärung **BeurkG 3** 6 ff; Erbschaftsausschlagung **BeurkG 3** 6; Erbscheinsantrag **BeurkG 3** 7 ff; formeller Beteiligtenbegriff **BeurkG 3** 7 f; Geltungsbereich **BeurkG 3** 2 f; Grundbuch- und Registerverfahren **BeurkG 3** 11; Handeln als Bevollmächtigter **BeurkG 3** 25 f; Hinweis- und Vermerkpflichten **BeurkG 3** 28 f; Lebenspartnerschaft **BeurkG 3** 16; **BeurkG 6** 4; Begriff der materiellen Beteiligung **BeurkG 3** 4 ff; nichteheliche Lebensgemeinschaft **BeurkG 3** 15; qualifizierte Gesellschaftsbeteiligung **BeurkG 3** 27; Rechtsfolgen eines Verstoßes **BeurkG 3** 30 ff; **BeurkG 6** 9 f; **BeurkG 7** 9 f; Rechtsstellung als gesetzlicher Vertreter **BeurkG 3** 19; Rechtsstellung als organschaftlicher Vertreter **BeurkG 3** 20; Sozius **BeurkG 3** 18; Testamentsvollstreckerzeugnis **BeurkG 3** 10; Unwirksamkeit die Beurkundung **BeurkG 6** 10; Verbotstatbestände **BeurkG 3** 4 ff; Versammlungsprotokoll **BeurkG 3** 13; Vertragsbeteiligung **BeurkG 3** 5; Vertretung **BeurkG 3** 12; Verwandte oder Verschwägerte **BeurkG 3** 17; **BeurkG 6** 5; Vorbefassung mit derselben Angelegenheiten **BeurkG 3** 21 ff; Wirksamkeit der Urkunde **BeurkG 3** 30; **BeurkG 7** 9; als Zeuge oder zweiter Notar **BeurkG 26**; Zweck **BeurkG 3** 1

Morgengabe EGBGB 14 20; **EGBGB 15** 44; **EGBGB 18** 24

Motivirrtum, unbeachtlicher – bei Anfechtung der Annahme oder Ausschlagung einer Erbschaft **1954** 7, 10

– **des Erblassers,** Abweichen der Wirklichkeit von den Vorstellungen **2078** 12; Vorrang der Auslegung **2078** 6; Feststellung in der Verfügung **2078** 11; Gegenstand der Vorstellungen **2078** 9; Kausalität zwischen Irrtum und Verfügung **2078** 13; selbstverständliche oder unbewusste Vorstellungen **2078** 8; Vorstellungen des Erblassers **2078** 7 ff; Zeitpunkt und Vorstellungswandel **2078** 10

Münchener CIEC-Abkommen EGBGB 10 6; **EGBGB 13** 7

Mutterschaft, Ersatzmutter **1591** 13 f; fehlgeschlagene Sterilisation **1591** 15; fehlgeschlagener Schwangerschaftsabbruch **1591** 15; Feststellungsklage **1591** 23; Findelkinder **1591** 25; Internationales Privatrecht **1591** 26; Leihmutterschaft **1591** 8; Mutterbegriff **1591** 1; selbständige Mutterschaftsfeststellung **1591** 25

nachehelicher Unterhalt, Anspruchsübergang **1584** 6; Anwendungsbereich des nachehelichen Unterhaltsrechts **1569** 10 f; Art der Unterhaltsgewährung **1585**; Auffangtatbestand **1576** 1; Auflösung einer zwischenzeitlich geschlossenen Ehe **1586 a** 2; Aufrechnung **1585 b** 7; Ausbildung, Fortbildung oder Umschulung des geschiedenen Ehegatten s Ausbildungsunterhalt; Ausbildungsobliegenheit s nach-

ehelicher Unterhalt, angemessene Erwerbstätigkeit; Auskunftsklage **1569** 13; Auskunftspflicht zum Vermögen **1580**; Auswirkungen des nachehelichen Unterhaltsrechts **1569** 11; Bedarfsberechnung **1578** 27 ff, s nachehelicher Unterhalt, Maß des Unterhalts; Bedürftigkeit s nachehelicher Unterhalt, Bedürftigkeit; Begründung des Anspruchs **1585** 3; Begründung einer neuen Lebenspartnerschaft **1586**; Beschränkung der Erbenhaftung **1586 b** 2 ff; Beschränkung wegen grober Unbilligkeit s nachehelicher Unterhalt, grobe Unbilligkeit; Darlegungs- und Beweislast **1569** 12; Dauer des Anspruchs **1585** 3; Disposition der Ehegatten **1585 c** 1; Eilverfahren **1569** 13; Einfluss des Güterstandes **1583**; einheitlicher Unterhaltsanspruch **1569** 9; Einkünfte und Vermögen des Berechtigten s nachehelicher Unterhalt, Bedürftigkeit; Einsatzzeitpunkt **1569** 5; Einschränkung der Rückwirkung **1585 b** 4 ff; Ende des Unterhaltsanspruchs **1586 ff**; Erbenhaftung **1586 b** 2 ff; Erwerbsobliegenheit **1569** 5; familienrechtlicher Unterhaltsanspruch **1586** 6; Geldrente **1585** 1; Gestaltung des Unterhaltsanspruchs **1585 ff**; Grundsatz der Eigenverantwortung **1569**, 5; **1578 b** 1; Gütergemeinschaft mit neuem Ehegatten **1583**; vorrangige Haftung des zuletzt geschiedenen Ehegatten **1586 a** 9 ff; Haftungskollision **1586 a** 9 ff; Haftungskollision zwischen Geschiedenem- und Verwandtenunterhalt **1584** 1; isoliertes Verfahren **1569** 13; Kapitalabfindung **1585** 1, 7 ff; wegen Kindesbetreuung s dort; laufender Unterhalt **1585** 3 ff; Mahnung wegen Unterhalts **1585 b** 2; Mangelfall **1582**; monatlich im Voraus **1585** 4; nachehelicher Anspruch auf Aus- und Fortbildung **1575** 1; als Nachlassverbindlichkeit **1586 b** 2; bei nicht zu erwartender Erwerbstätigkeit s nachehelicher Unterhalt aus Billigkeitsgründen; passive Vererblichkeit **1586 b** 1; prozessuale Fragen **1569** 12 f; **1586 b** 6; Rang des geschiedenen Ehegatten bei mehreren Unterhaltsbedürftigen **1582**; Rechtshängigkeit des Unterhaltsanspruchs **1585 b** 3; Rechtsschutzbedürfnis **1585** 6; Scheidungsverbund **1569** 13; Sicherheitsleistung **1585 a**; Sonderbedarf **1585** 2; **1585 b**; Spezialregelung **1569** 10; Stärkung des Kindeswohls **1569** 4; Stufenklage **1569** 13; im System des nachehelichen Unterhaltsrechts **1569** 2; Systematik des nachehelichen Unterhaltsrechts **1569** 3 ff; Titulierung **1585** 6; Tod des Berechtigten **1586**; Tod des Verpflichteten **1586 b**; Umfang der nachehelichen Erwerbsobliegenheit s nachehelicher Unterhalt, angemessene Erwerbstätigkeit; Unterhaltsberechtigung **1570 ff**; Unterhaltsvereinbarungen s Unterhaltsvereinbarungen bei geschiedenen Ehegatten; Untersagung wegen grober Unbilligkeit s nachehelicher Unterhalt, grobe Unbilligkeit; Vereinfachung des Unterhaltsrechts **1569** 6 ff; für die Vergangenheit **1585 b**; und Versorgungsausgleich **1587** 6; Verwirkung zurückliegender Unterhaltsansprüche **1585 b** 4; Verzicht auf – **1585 c** 8 f; Verzug bezüglich der Unterhaltszahlung **1585 b** 2 f; voller Unterhalt **1578** 1; Wiederaufleben des Unterhaltsanspruchs **1586 a**; Wiederheirat **1586**; Zeitpunkt der Leistung **1585** 5; Zuständigkeit des FamG **1569** 13

–, **angemessene Erwerbstätigkeit,** Ausbildung **1574** 5; Ausbildungsobliegenheit **1574** 2, 15 f; Aushilfstätigkeit **1574** 5; Dauer der Ehe **1574** 13; eheliche Lebensverhältnisse **1574** 11 ff; Erwerbsobliegenheit **1569** 5; Fähigkeiten **1574** 6; Fortbildung **1574** 15; frühere Erwerbstätigkeit **1574** 7; Gesundheitszustand **1574** 9; Grundsätze **1574** 3 f; Kindesbetreuung **1574** 14; Kürzung des Anspruchs **1574** 16; Lebensalter **1574** 8; Maßstäbe **1574** 3 ff; sozialer Status **1574** 11; Umfang der nachehelichen Erwerbsobliegenheit **1574** 1; Umschulung **1574** 15; Unbilligkeit nach den ehelichen Lebensverhältnissen **1574** 10 f
– **aus Billigkeitsgründen,** Anspruchsinhalt **1576** 14; Anspruchsvoraussetzungen **1576** 4 ff; Auffangtatbestand **1576** 1; besondere Leistungen des Berechtigten in der Ehe **1576** 12; Betreuung gemeinsamer nichtehelicher Kinder **1576** 8; Betreuung von Ehebruchskindern **1576** 7; Betreuung von Pflegekindern **1576** 6; ehebedingte Bedürfnislage **1576** 9; Einsatzpunkt **1576** 13; grobe Unbilligkeit der Unterhaltsversagung **1576** 11 f; Kindesbetreuung **1576** 6 ff; Konkurrenzen **1576** 15 f; Pflege von Angehörigen des anderen Ehegatten **1576** 9; Subsidiarität **1576** 4, 15; Unmöglichkeit der Erwerbstätigkeit aus schwerwiegenden Gründen **1576** 5 ff; Zumutbarkeit einer Erwerbstätigkeit **1576** 10
–, **Bedürftigkeit des Berechtigten,** Anrechnung bei Kindesbetreuung **1577** 21 ff; Anrechnung nach Billigkeit im Mangelfall **1577** 24; Arbeitslosenhilfe **1577** 3; Bedarf **1577** 6; Bedürftigkeit **1577** 6; Differenzmethode **1577** 17; Doppelverwertung **1577** 17; Einkünfte aus neuer Erwerbstätigkeit **1577** 15; Einkünfte aus unzumutbarer Erwerbstätigkeit **1577** 19 ff; zu berücksichtigende Einkünfte des Berechtigten **1577** 3 f; Einzelfälle von Einkünften **1577** 8 ff; fiktive Anrechnung **1577** 18; fiktive Einkünfte **1577** 14; Leistungen zum Wohnbedarf **1577** 8; Maßstab der Unzumutbarkeit **1577** 20; Mieterträge **1577** 17; mutwillige Bedürftigkeit **1579** 8 ff; nicht prägende Einkünfte **1577** 8; Obliegenheit zur Vermögensverwertung **1577** 25 f; prägende Einkünfte **1577** 7 ff; **1578** 6 f; Renteneinkünfte **1577** 16; Restbedarf **1577** 6; Sozialhilfe **1577** 3; tatsächliche Leistungsfähigkeit **1577** 12; unterhaltserhebliches Einkommen **1577** 3 f; unzumutbare Einkünfte **1577** 19; Veräußerung der ehelichen Wohnung **1577** 17; Verbindlichkeiten **1577** 5; Vermögenserträge **1577** 17 f; Vermögensumschichtung **1577** 26; Versorgungsleistungen in einer neuen Beziehung **1577** 10 ff; als Voraussetzung eines Unterhaltsanspruchs **1577** 1; Wiederaufleben des Anspruchs nach Vermögensverlust **1577** 27 f; Wohngeld **1577** 9
–, **grobe Unbilligkeit,** Aufgabe der Erwerbstätigkeit **1579** 9; Auflösung einer eheähnlichen Beziehung **1579** 39; Auskunftsanspruch **1579** 41; Beleidigungen **1579** 7; Beweislast **1579** 38; Billigkeitsprüfung **1579** 2, 30 ff; eheähnliche Gemeinschaft **1579** 5 a; Einwendung **1579** 37; Falschaussage **1579** 7; falsche Anschuldigungen **1579** 7; feste soziale Bindung **1579** 5; Generalklausel **1579** 24 ff; grobe Unbilligkeit **1579** 30 f; einzelne Härtegründe **1579** 2, 4 ff; Herabsetzung des Unterhalts **1579** 31; Kindesbetreuung **1579** 2, 4; Körperverletzungen **1579** 7; Korrektiv **1579** 1; kurze Ehedauer **1579** 4 f; leichtfertiges Verhalten **1579** 10, 13; mutwillige Bedürftigkeit **1579** 8 ff; objektiv unzumutbare Belastung des Verpflichteten **1579** 25; prozessuale Fragen **1579** 37 ff; schwerwiegendes Fehlverhalten **1579** 19 ff; Selbsttötungsversuch **1579** 11; Straftaten **1579** 6 f; Sucht **1579** 11; Teilhabe am Splittingvorteil **1579** 28; Überschneidungen **1579** 34 ff; unerkannte voreheliche Erkrankung **1579** 27; Unterhaltspflichtverletzungen **1579** 16 ff; unterlassene Ausbildung **1579** 9; unterlassene Wiederheirat **1579** 26; Unterschieben eines Kindes **1579** 22; Vereitelung des Umgangsrechts **1579** 22; verfestigte Lebensgemeinschaft **1579** 5 ff; Verhältnis zu § 1578 b **1579** 36 a; Verletzung von Vermögensinteressen **1579** 12 ff; Verleumdungen **1579** 7; Vermögensdelikte **1579** 7; Vermögensverschwendung **1579** 7; Versagung des Unterhalts **1579** 31; Verstoß gegen eheliche Verpflichtungen **1579** 20; Wahrung der Belange betreuter Kinder **1579** 32 f; zeitliche Beschränkung **1579** 31; Zusammenleben mit gleichgeschlechtlichem Partner **1579** 5 b; Zuwendung zu einem neuen Partner **1579** 21; zweckwidrige Verwendung von Altersvorsorgeunterhalt **1579** 9

–, **Herabsetzung und zeitliche Begrenzung** bei Arbeitslosenunterhalt **1578 b** 18; bei Aufstockungsunterhalt **1578 b** 4, 19, 25; Befristung des Unterhalts **1578 b** 4 f; Beweislast **1578 b** 27; Billigkeitsabwägung **1578 b** 6 ff; Dauer der Ehe **1578 b** 15 ff; Dauer der Unterhaltsanspruch **1578 b** 4 f; ehebedingte Nachteile **1578 b** 12 ff; Grundsatz der nachehelichen Eigenverantwortung **1578 b** 1; einheitliche Anwendung **1578 b** 9; Einschränkung wegen Unbilligkeit **1578 b** 4 ff; Gestaltung der Haushaltsführung und Erwerbstätigkeit **1578 b** 14; Herabsetzung auf den angemessenen Lebensbedarf **1578 b** 22 f; Wahrung der Kindesbelange **1578 b** 11; Kindesbetreuung **1578 b** 13; lange Ehedauer **1578 b** 16 ff; Maßstab der Unbilligkeit **1578 b** 4 ff; persönliches Fehlverhalten **1578 b** 5; prozessuale Fragen **1578 b** 27 f; Titulierung der Einschränkung **1578 b** 28; Verbindung von Herabsetzung und zeitlicher Begrenzung **1578 b** 26; zeitliche Begrenzung **1578 b** 24 f; Zweck **1578 b** 1 ff

–, **Leistungsfähigkeit des Verpflichteten,** absoluter Mangelfall **1581** 17, 25 ff; angemessene Neuverteilung **1581** 2; angemessener Eigenbedarf **1581** 6 ff; anteilige Kürzung **1581** 25; Bedarf des Berechtigten **1581** 4 f; Bedarfskontrollbetrag **1581** 9, 12; Berücksichtigung von Kindergeld **1581** 28; Billigkeitskontrolle **1581** 28; Billigkeitsprüfung **1581** 14; Eigenbedarf des Verpflichteten **1581** 6 ff; Einfluss des Güterstandes **1583**; Einstiegsgrenze **1581** 6; Erwerbstätige und Nichterwerbstätige **1581** 11, 13; Feststellung des Mangelfalls **1581** 17; fixe Einsatzbeträge **1581** 11, 26; Grenze der – **1581** 6; Haftungsvorrang von Verwandten **1581** 24; Korrekturen von Eigenbedarf und Selbstbehalt **1581** 12 f; Mangelfall **1581** 5, 17; Mangelfall-

Sachverzeichnis

fette Zahlen = §§

berechnung **1581** 6; maßgebliches Einkommen **1581** 14 ff; Maßstäbe der Leistungsfähigkeit **1581** 4 ff; mehrere gleichrangige Berechtigte **1581** 22; Nachrang von Berechtigten **1581** 19; notwendiger Selbstbehalt **1581** 10 ff; Obligationssymmetrie **1581** 14; Opfergrenze **1581** 9, 25; privilegierte Kinder **1581** 19; Rangfolge mehrerer Unterhaltsverpflichteter **1584**; Rangverhältnis bei mehreren Ehegatten **1581** 19; relativer Mangelfall **1581** 18 ff; Schematisierung **1581** 2; vorrangiger Schutz minderjähriger Kinder **1581** 4; Selbstbehalt des Verpflichteten **1581** 6 ff; Unterhalt im Mangelfall **1581** 14 ff; Unterhaltsberechnung im Mangelfall **1581** 17 ff; unterschiedliche Selbstbehalte **1581** 27; volljährige Kinder **1581** 19; Wiederaufleben eines alten Unterhaltsanspruchs im Mangelfall **1586 a** 4; Wohnkostenanteil für Warmmiete **1581** 12

–, **Maß des Unterhalts,** Abzüge **1578** 24 ff; Altersvorsorgeunterhalt **1578** 31 ff; angemessener Lebensbedarf **1578** 10; Arbeitslosengeld **1578** 12; Ausgleich ehebedingter Nachteile **1578** 2; Auskunftspflicht der Ehegatten **1580**; Bedarf **1578** 6 ff; Bedarfsberechnung **1578** 1, 27 ff; bedarfsprägendes Einkommen **1578** 6 ff, 11 ff; Belastungen **1578** 24 f; Berechnung des Unterhalts **1578** 9; Deckungsvermutung bei schadensbedingten Mehraufwendungen **1578 a**; eheähnliche Gemeinschaft **1578** 21; eheliche Lebensverhältnisse **1578** 5; Einkommensänderungen nach der Scheidung **1578** 13 ff; Einkommenserhöhungen und -verringerungen **1578** 14 f; Einkommensermittlung **1578** 23; Einkünfte aus einer Erbschaft **1578** 12; Einschränkung bei Unbilligkeit **1578 b** 4 ff; Elementarunterhalt **1578** 9 f; Erwerbstätigenbonus **1578** 10; fiktive Einkünfte **1578** 20 ff; Fortfall einer Unterhaltsverpflichtung **1578** 26; Fortfall von Schuldverpflichtungen **1578** 26; Geldeinkommen **1578** 7; Gesamtbedarf **1578** 3 f, 9, 34; Grundlagen und Grundbegriffe **1578** 3 ff; Halbteilungsgrundsatz **1578** 10; Hausmannrolle bei Wiederheiratung **1578** 21; Herabsetzung wegen Unbilligkeit s *Herabsetzung und zeitliche Begrenzung;* Krankenunterhalt **1578** 30 ff; angemessener Lebensbedarf **1578** 4; gesamter Lebensbedarf **1578** 3 f; Lebensstandsgarantie **1578** 2; Mangelfall **1578** 35; Maß **1578** 3 ff; maßgeblicher Ausgangspunkt **1578** 11; maßgebliches Einkommen **1578** 12; Mehrbedarf **1578** 9; nicht prägende Einkünfte **1578** 8; obligationssymmetrische Ersatzberechnung **1578** 7; Quotenunterhalt **1578** 10; Rente **1578** 12; Sonderbedarf **1578** 9; überobligatorische Einkünfte **1578** 20; Unterhaltslasten **1578** 24; Verbindlichkeiten **1578** 24; voller Unterhalt **1578** 1, 3; Vorsorgeunterhalt **1578** 9, 29 ff; Wohnvorteil **1578** 28; Wohnwert **1578** 28

– **wegen Alters,** altersbedingte Erwerbsunfähigkeit **1571** 2; Angemessenheit der Erwerbstätigkeit **1571** 4; Anschlussunterhalt **1571** 5; Anspruchsinhalt **1571** 6; Anspruchsvoraussetzungen **1571** 2 ff; und Arbeitslosenunterhalt **1571** 7; Ausbildung **1571** 4; Ausnahme von der Eigenverantwortung **1571** 1; Begrenzung **1571** 6; Einsatzzeitpunkt **1571** 5; gesetzliche Altersgrenze **1571** 3; Konkurrenzen **1571** 7; Kürzung **1571** 6; maßgebliches Alter **1571** 3; Zweck **1571** 1

– **wegen Erwerbslosigkeit,** angemessene eigene Bemühungen **1573** 5; angemessene Erwerbstätigkeit s *nachehelicher Unterhalt, angemessene Erwerbstätigkeit;* Anschlussunterhalt **1573** 14; Anspruchsvoraussetzungen **1573** 4 ff; Arbeitslosenunterhalt **1573** 1; Arbeitsplatzrisiko **1573** 3; Beweislast **1573** 16; Einsatzzeitpunkt **1573** 12 ff; Fehlen angemessener Erwerbstätigkeit **1573** 4; Herausschieben des zeitlichen Zusammenhangs **1573** 14; Konkurrenzen **1573** 17; Lebensstandardrisiko **1573** 3; leichtfertig und schuldhaft unterlassene Bewerbungsbemühungen **1573** 6; nachhaltige Sicherung **1573** 15; Normzweck **1573** 1; Obliegenheit zur angemessenen Ausbildung **1573** 3; prozessuale Fragen **1573** 18; Sicherheit des Arbeitsplatzes **1573** 16; Zusammenhang mit der Scheidung **1573** 12 f

– **wegen Kindesbetreuung** unter 10 Jahre alte Kinder **1570** 18; Alter und Anzahl der Kinder **1570** 14 f; Anspruchsvoraussetzungen **1570** 3 ff; aus Billigkeitsgründen **1576** 6 ff; Ausdruck der gemeinsamen Elternverantwortung **1570** 1; Ausnahme von Erwerbsobliegenheit **1570** 8 ff; Basisunterhalt **1570** 11; Beginn der Obliegenheit zur Arbeitssuche **1570** 21; behindertes Kind **1570** 18; Betreuungsberechtigung **1570** 7; Betreuungsunterbrechung **1570** 19; Billigkeitsentscheidung **1570** 12; Billigkeitsunterhalt **1570** 6; Darlegungs- und Beweislast **1570** 30; Dauer der Ehe **1570** 25; Ehebruchskinder **1576** 7; eheliches Kind **1570** 5; Einsatzzeitpunkt **1570** 28; Erwerbsobliegenheit trotz Eigenbetreuung **1570** 18 ff; gemeinsame nichteheliche Kinder **1570** 8; gemeinschaftliche Kinder **1570** 3 ff; Gestaltung von Kindesbetreuung und Erwerbstätigkeit in der Ehe **1570** 23 f; Kindesbelange **1570** 13 f; Konkurrenzen **1570** 29; im Mangelfall **1570** 24; mangelnde Unterstützung **1570** 17; bestehende Möglichkeiten der Kindesbetreuung **1570** 16 f; nicht ehelich geborenes Kind **1570** 3; Obligationssymmetrie **1570** 2; Pflege und Erziehung **1570** 7 f; Pflegekinder **1576** 6; prozessuale Fragen **1570** 30 f; Teilerwerbstätigkeit **1570** 18; Titulierung einer befristeten Verlängerung **1570** 31; Übergangszeitraum **1570** 21; überobligatorische Einkünfte **1570** 26; Umgestaltung des Arbeitsverhältnisses **1570** 20; Verlängerung aus Billigkeit **1570** 22 ff; Verlängerung der Anspruchsdauer **1570** 12 ff; Verschärfung der Anforderungen **1570** 22; vertragliche Vereinbarungen **1570** 27; Vollzeitarbeit **1570** 21; in sich zeitlich gestufter Unterhaltstatbestand **1570** 1; Zweck **1570** 1

– **wegen Krankheit,** Alkoholsucht **1572** 3; Anschlussunterhalt **1572** 6; Anspruchsbegrenzung **1572** 12; Anspruchsinhalt **1572** 10 ff; Anspruchsvoraussetzungen **1572** 2 ff; Beendigungszeitpunkt **1572** 8; Beweislast **1572** 14; Einsatzzeitpunkt **1572** 6 ff; Einschränkung der Selbstverantwortung **1572** 1; Pflicht zur Entziehungskur **1572** 4; Erwerbsbehinderungen **1572** 2; Erwerbsunfähigkeitsrente **1572** 3; Informationspflicht **1572** 4; Konkurrenzen **1572** 13; krankheitsbedingte Erwerbsunfähigkeit

1572 2; krankheitsbedingte Lohnersatzleistungen 1572 11; Krankheitsbegriff 1572 3; maßgebliche Erkrankungen 1572 3; Medikamentenabhängigkeit 1572 3; nicht ehebedingt 1572 1; Obliegenheit zur Behandlung 1572 4; prozessuale Fragen 1572 14; Rentenneurose 1572 3; seelische Störung 1572 3; Pflicht zur Teilzeitbeschäftigung 1572 2; Ursächlichkeit der Erkrankung 1572 2

Nacherbe, Abgaben 2126 2; Abgrenzungsprobleme 2100 31 ff; Abkömmlinge als -n 2108 5; Anfechtung 2104 5; Annahme der Erbschaft 2142 5; Anordnung der Nacherbschaft 2100 21 ff; Anspruch auf Feststellung der Erbschaft 2122 1; Anspruch auf Sicherheitsleistung 2128; Anwachsung bei Tod eines Mit-Nacherben 2108 6; Anwartschaftsrecht 2100 40; Anwartschaftsrecht des Ersatz-Nacherben 2102 9; Ausbleiben der Geburt des -n 2104 5; Auskunftsanspruch 2127; Ausnahmen von der Befristung der Nacherbschaft 2109 2; Ausschlagung der Nacherbschaft 1953 10; 2104 4; 2142; Ausschlagungsrecht des -n 2142 1 f; Ausschluss der Vererblichkeit des Nacherbenrechts 2108 7 ff; außerordentliche Lasten 2126; unter einer Bedingung 2100 29 f; 2108 7; Bedürftigentestament 2100 20 a; Befreiung des Vorerbens 2136; Befristung 2100 29 f; 2109; Begriff 2100 2; Begriff der Nacherbschaft 2100 1 ff; Behindertentestament 2100 12 ff; Beweggründe für die Nacherbschaft 2100 6 ff; Bezeichnung der Erben 2100 22 f; Einflussnahme auf die Erbfolge des Vorerben 2100 6 ff; Einsetzung auf den Überrest 2137 1 f; Einsetzung ungeborener Geschwister als -n 2109 3; Eintritt der Nacherbfolge 2106; Einwilligungspflicht 2120; Erbschaftslösung 2100 8; Erbschaftsteuer 2100 49 ff; Erbunwürdigkeitserklärung 2104 5; Erhaltungskosten 2124; Ersatzansprüche gegen den Vorerben 2124 3; und Ersatzerbe 2100 32; 2102; Ersatz-Nacherbe 2102 8; fehlende Bestimmung des Nacherbfalls 2106 2 f; Gegenstand und Umfang der Nacherbfolge 2100 24; Gesamtrechtsnachfolge nach dem Erblasser 2139 1 ff; Geschiedenentestament 2100 7 ff; Gesetzesverstoß 2104 5; gesetzliche Erben als -n 2104; 2108 4; Herausgabeanspruch gegen Vorerben 2130 1 ff; Hinterlegung von Wertpapieren durch Vorerben 2116; Höchstdauer der Nacherbfolge 2109 1; Inhalt des Auskunftsanspruchs 2127 2; Lastenverteilung 2124 1; lückenhafte Willensbildung 2104 3; mehrfache Nacherbfolgen 2100 30; 2108 10; Mietverhältnisse 2135; Nacherbenvermerk im Grundbuch 2110 5; 2111 22; 2136 14; Nacherbfähigkeit des nasciturus 2108 2; Nacherbfall s dort; Nießbrauchsvermächtnis 2100 31; noch nicht erzeugter – 2106 5 f; 2108 2; noch nicht gezeugter – 2101; Pachtverhältnisse 2135; Pfändbarkeit des Anwartschaftsrechts 2100 43; privatrechtliche Lasten 2126 1; Recht in den neuen Bundesländern 2100 53 ff; Rechtsfolge unvollständiger Nacherbeneinsetzung 2104 8 ff; Rechtsnachfolger des Erblassers 2139 1; Rechtsstellung 2107 7; Rechtsstellung ab dem Nacherbfall 2100 48; Rechtsstellung des Ersatznacherben 2102 9; Rechtsstellung vor dem Nacherbfall 2100 40 ff; Schadensersatzanspruch bei Verletzung der Herausgabepflicht wegen eigennütziger Verwendungen 2134 2; Schadensersatzanspruch gegen Vorerben 2130 5; 2138 3 f; Schadensersatzanspruch wegen ordnungswidriger Fruchtziehung 2133 2; Schutz des Vorerben 2100 11 ff; Schutz vor Verfügungen des Vorerben 2100 44 ff; Selbstbestimmung der Erbfolge durch Vollerben 2100 34; Substanzsicherung 2111 1; Surrogation *s Surrogation bei Nacherbschaft;* Surrogationsprinzip 2111 1; Testamentsvollstreckung 2100 33; Tod des Nacherben vor dem Nacherbfall 2108 1; Tod des Vorerben 2106 6; Übertragbarkeit der Anwartschaft 2100 41 ff; 2108 13; Umfang des Nacherbenrechts 2110; Ungewissheit des -s 2105 6 f; unmittelbare Ersetzung *s Surrogation bei Nacherbschaft;* unvollständige Nacherbenbestimmung 2104 3 ff; unvollständige Nacherbfallbestimmung 2106 2; Unwirksamwerden der Nacherbschaft 2109; Vererblichkeit der Nacherbenanwartschaft 2108 3 ff; Verjährung des Auskunftsanspruchs 2127; Verjährung des Sicherheitsleistungsanspruchs 2128 4; Verjährung von Herausgabe- und auf Schadensersatzanspruch gegen Vorerben 2130 7; Vermächtnislösung 2100 9; Vermeidung von Pflichtteilsansprüchen 2100 10; Vermögensschutz vor Zugriff des Sozialhilfeträgers 2100 15 ff; Verpfändbarkeit des Anwartschaftsrechts 2100 43; Versorgung des Vorerben 2100 11 ff; Verstoß gegen Selbstbestimmungsgebot 2104 5; Verwaltungs- und Verfügungsbeschränkungen des Vorerben 2100 4, 25 ff; Vor- und Nacherbe 2100 22 f; Vorausvermächtnis an den Vorerben 2110 3 ff; Vorrang des Erblasserwillens 2104 7; 2105 8; Vorversterben des -n 2104 5; Wegfall 2102 8 ff; Wegfall des Vorerben 2102 1 ff; Wegfall eines Miterben 2110 2; Wertersatzanspruch bei eigennütziger Verwendung 2134 1; Wertersatzanspruch wegen ordnungswidriger oder übermäßiger Fruchtziehung 2133 2; Wiederverheiratungsklausel 2100 6; durch wirksame Verfügung von Todes wegen 2100 21; Wirkung der Nacherbfolge 2139; Zwang zur Ausschlagung der Nacherbschaft 2142 1; Zwangsvollstreckungsverfügungen gegen Vorerben 2115

–, **Haftung,** Aufgebotsverfahren 2144 1 f; Dürftigkeitseinrede 2144 1; fortdauernde Eigenhaftung des Vorerben 2145 1 ff; Haftungsbeschränkung gegenüber dem Vorerben 2144 5; Haftungsbeschränkungen 2144 1; Haftungsumfang 2144 3; bei Nachlassinsolvenzverfahren 2144 1 f; Nachlassinventar 2144 4; bei Nachlassverwaltung 2144 1 f; Rechtshandlungen des Vorerben 2144 2; Versäumnisfrist des § 1974 2144 1

Nacherbentestamentsvollstreckung, Abgrenzung 2222 1; Anordnung 2222 3; Beginn 2222 4; Ende 2222 4; Zweck 2222 2

Nacherbfall, Anfall der Erbschaft 2139 1 f; Anzeigepflicht des Vorerben 2146 1; Ausschlagungsrecht des Vorerben 2139 10; Begriff 2100 3; Besitzübergang 2139 3; Bestimmung durch Erblasser 2104 2; Einziehung des Erbscheins 2139 11; fehlende Bestimmung 2106 2 f; Grundbuchberichtigung 2139 12; gutgläubige Verfügungsmacht des Vorerben 2140 1 f; gut-

Sachverzeichnis

fette Zahlen = §§

gläubige Verpflichtungsmacht des Vorerben **2140** 3; Handelsregisterberichtigung **2139** 13; Mitteilungspflicht des Nachlassgerichts **2146** 2; noch nicht erzeugter bzw. entstandener Personen **2106** 5 f; Prozessführung **2139** 7; Rechte Dritter an Nachlassgegenständen **2139** 6; Schutz des gutgläubigen Dritten **2140** 4; Terminfestlegung durch Erblasser **2100** 28; Tod des Vorerben **2107** 2; Übergang der Nachlassverbindlichkeiten **2139** 4 f; Übergang im rechtlichen Zustand der Erbschaft **2139** 2; unmittelbare dingliche Wirkung **2139** 1; Vollmacht des Erblassers **2139** 8; Vollmacht des Vorerben **2139** 9; Wiederaufleben erloschener Rechtsverhältnisse **2143**

Nacherbfolge, Eintritt **2106**; Erbschein für den Vorerben s dort; konstruktive – **2104** 1; Wiederaufleben erloschener Rechtsverhältnisse **2143**; Wirkung des Eintritts **2139**

Nachfolgeklausel, Abfindungsausschluss für Erben **2301** 3; Auslegung **1922** 74; Beschwerung des Pflichtteilsberechtigten durch – **2306** 15; Bewertung der Gesellschaftsbeteiligung mit – **2311** 35 f; einfache – **1922** 70; **2058** 15; **2205** 36; im Gesellschaftsvertrag **1922** 68 ff; **2301** 3; Pflichtteilsergänzungsanspruch **2325** 15; qualifizierte – **1922** 71; **2058** 15; **2205** 36; rechtsgeschäftliche – **1922** 73; Umwandlung in Kommanditistenstellung **1922** 75

Nachfrage EGBGB Einl IPR 54, 66

Nachlass und Erbschaft **1922** 11; herausgebender – nach Dürftigkeitseinrede des Erben **1991** 5 ff

Nachlassansprüche, Annahmeverzug eines Miterben **2039** 7; Ansprüche **2039** 3; Ansprüche gegen einen Miterben **2039** 5; Beweislast **2039** 13; dingliche Ansprüche **2039** 3; Durchsetzung des Anspruchs **2039** 6 ff; grundsätzlich nur Forderung auf Leistung an alle Miterben **2039** 1; Gegenrechte der Erbengemeinschaft **2039** 10; gesamthänderische Verbundenheit **2039** 1; Gestaltungsrechte **2039** 4; Hinterlegung **2039** 8; Inhaber des Anspruchs **2039** 2; Klage **2039** 6; Klage auf Leistung an sich selbst **2039** 7; Leistung an alle Miterben **2039** 7; Leistungsverweigerungsrecht **2039** 5; Mahnungen **2039** 4; zum Nachlass gehörender Anspruch **2039** 3 ff; öffentlich-rechtliche Ansprüche **2039** 3; Prozesskostenhilfe **2039** 9; prozessuale Fragen **2039** 9; Rechtskraft des zwischen Miterben und Gegner ergangenen Urteils **2039** 11; schuldrechtliche Ansprüche **2039** 3; notwendige Streitgenossenschaft zwischen den Miterben **2039** 9; Streitwert **2039** 9; Verfahren **2039** 9 ff; Verjährung **2039** 6; Zurückbehaltungsrecht **2039** 5; Zwangsvollstreckung **2039** 12

Nachlasserbenschulden, Begriff **1967** 13, 19; Beweispflichtigkeit bei Haftungsbeschränkung **1967** 19; Entstehung **1967** 19; Möglichkeit der Haftungsbeschränkung **1967** 19; bei Notverwaltung des Nachlasses **2038** 11; Prozesskosten **1967** 20

Nachlassforderungen s Nachlassansprüche

Nachlassinsolvenz, Antragsberechtigung **1975** 7; Antragsrecht der Erbengemeinschaft **2032** 13; Antragsverpflichtung **1975** 7; **1980** 1 f; Wirkung auf Aufrechnung **1977** 2; Aufwendungsersatz für Erben **1978** 7; Beweislast **1980**

7; Entfallen der Antragspflicht **1980** 2 f; Erbschaftsauseinandersetzung **2042** 5; Eröffnung des Verfahrens zur Beendigung der Nachlassverwaltung **1988** 1; Eröffnungsgründe **1975** 7; Ersatzansprüche des Erben **1978** 7 f; Erschöpfungseinrede des Erben **1989**; Haftung des Erben **1975** 9; Haftung des Erben bei Verletzung der Antragspflicht **1980** 5; Haftung des Nacherben **2144** 1; Insolvenzmasse **1975** 8; Inventarfrist **1994** 7; Kenntnis oder fahrlässige Unkenntnis des Eröffnungsgrundes **1980** 4; Masseverbindlichkeiten **1975** 8; Nachlassinsolvenzverwalter **1975** 8; Schaden bei Verletzung der Antragspflicht **1980** 6; Überblick über das Verfahren **1975** 7 f; Überschuldung **1980** 2; unterlassener Antrag **1980** 5; Verantwortlichkeit des Erben für bisherige Verwaltung **1978** 3 ff; Wirkung auf Vereinigung erloschene Rechtsverhältnisse **1976**; Zahlungsunfähigkeit **1980** 2; Zurückbehaltungsrecht des Erben **1978** 8; Zuständigkeit **1975** 7

Nachlasskostenschulden 1967 18

Nachlasspflegschaft auf Antrag **1961**; Aufhebung **1960** 8 a; Aufwendungsersatz **1960** 17 ff; Auskunftspflicht über den Bestand des Nachlasses **2012** 2; Ausschlagung der Erbschaft durch Pfleger **1942** 13 b; Befriedigung von Nachlassgläubigern **1960** 14; **1975** 4; beschränkte Anordnung **1960** 9; Beschwerderechtigung der Erbprätendenten **1960** 8; Bestellung des Pflegers **1960** 7 ff; Durchsetzung von Vergütungsansprüchen **1960** 21 f; Entlassung des Pflegers **1960** 8 b; Erbenermittlung **1960** 4; Festsetzung der Vergütung **1960** 21; Fristbeginn der Aufgebots- und der Dreimonatseinrede **2017**; als Fürsorgepflegschaft **1961** 1; Genehmigung durch Nachlassgericht **1962** 3; Grenzen der Tätigkeit **1960** 13; Haftung **1960** 16; Herausgabeanspruch gegen Dritte und Erben **1960** 12; Internationales Privatrecht **EGBGB** 24 26; Inventarfrist **2012**; Kosten der Prozesspflegschaft **1961** 4; Nachlassauseinandersetzung **1960** 13; Eröffnung des Nachlassinsolvenzverfahrens **1960** 12; und Pflegschaft für unbekannte Beteiligte **1913** 2; Prozessführung **1960** 15; als Prozesspflegschaft **1961** 1; Rechte und Pflichten des Pflegers **1960** 10 ff; Rechtsnatur **1960** 6; Rechtsstellung des Pflegers **1960** 10 ff; Rechtsstellung des Prozesspflegers **1961** 3; Stundensatz bei mittellosem Nachlass **1960** 18 ff; Umfang **1960** 9; Umsatzsteuer **1960** 20; Unterscheidung zwischen Prozesspflegschaft und Fürsorgepflegschaft **1961** 1; Vergütung **1960** 17 ff; Vermögenssorge **1960** 17 ff; Voraussetzungen der Prozesspflegschaft **1961** 2 f; Zuständigkeit des Nachlassgerichts **1960** 2; **1962**

Nachlasssicherung, Abwesenheitspflegschaft **1960** 4; Anordnung der Veräußerung verderblicher Waren **1960** 5; Anstellung von Wachpersonal **1960** 5; zur Erbenermittlung **1960** 4; Ermessen des Nachlassgerichts **1960** 5; durch Hinterlegung **1960** 5; Inventarverzeichnis **1960** 5; Kontensperrung **1960** 5; beim nasciturus als Erbe **1960** 4; Pflegerbestellung s Nachlasspflegschaft; Sicherungsbedürfnis **1960** 3; Sicherungsmaßnahmen **1960** 5; Siegelung **1960** 5; Ungewissheit über die Person des Erben **1960** 4;

magere Zahlen = Rn

Voraussetzungen **1960** 3 f; Zuständigkeit **1960** 2
Nachlassspaltung 1950 5; **2369** 3; **EGBGB 25** 17 f, 50 f; kollisionsrechtliche – **EGBGB 4** 16
Nachlassverbindlichkeiten, Anfechtung der Berichtigung **1979** 7; Ausgleichsansprüche **2055** 3; Beerdigungskosten des Erblassers **1968;** Begleichung durch den Erben **1979** 1; Begriff **1967** 13; **2046** 2; Berichtigung **1979; 1986** 2; **2042** 6; **2120** 3; Berichtigung bei landwirtschaftlichem Betrieb **2058** 14; Berichtigung durch Testamentsvollstrecker **2204** 5; Beweislast **1979** 6; Dreißigster **1969;** Erbfallschulden **1967** 16 ff; Erblasserschulden **1967** 14 f; nach Erbschaftskauf **2378;** Erfüllung für Rechnung des Nachlasses **1979** 4; Forderungen eines Miterben **2046** 3; Haftung des Nacherben für – **2144;** Haftung des Vorerben **2145;** Kosten der Inventarerrichtung **1993** 5; Kosten der Nachlassverwaltung **1981** 9; Nachlasserbenschulden **1967** 19 f; **2038** 11; durch Nachlasspfleger begründete – **1960** 12; Nachlassverwaltungsschulden **2206** 8 f; Pflichtteilsanspruch **2317** 1; Prozesskosten **1967** 20; Prüfungspflicht des Erben **1979** 3; Tilgung vor Erbschaftsteilung **2046** 2 ff; Totenfürsorge **1968** 2; Übergang auf Nacherben **2139** 4 f; aus ungerechtfertigter Bereicherung **1967** 19; **1973** 1; Vergütungs- und Auslagenanspruch des Nachlasspflegers **1960** 22; **1961** 4; Vermächtnisanspruch **2174** 15; aufgrund Verpflichtungsgeschäft des Testamentsvollstrecker **2206** 8 ff; Verpflichtungsgeschäfte des Vorerben **2112** 1; Verschaffungsvermächtnis **2170** 2; Voraus des Ehegatten **1932** 2
Nachlassverfahrensrecht
–, Internationales, Anerkennung ausländischer Erbscheine und Testamentsvollstreckerzeugnisse **EGBGB 25** 73; Eigenrechtserbschein **EGBGB 25** 65; Erbschein und Nachlassspaltung **EGBGB 25** 71; Erteilung von Erbscheinen **EGBGB 25** 65 ff; Fremdrechtserbschein **EGBGB 25** 66 ff; Grundzüge **EGBGB 25** 63 ff; interlokales – **EGBGB 25** 81 f; Erteilung von Testamentsvollstreckerzeugnissen **EGBGB 25** 72; Zuständigkeit deutscher Nachlassgerichte **EGBGB 25** 63 f
Nachlassverwaltung, Ablehnung mangels kostendeckender Masse **1982;** Allgemeines **1975** 4; Anordnung **1981;** Anordnungsverfahren **1981** 7 ff; Anteil an einer Personengesellschaft **1985** 4; **2062** 2, 5; weitere Antragsberechtigte **1981** 4; Antragsrecht der Erbengemeinschaft **2032** 13; Antragsrecht des Erben **1981** 2 ff; Antragsrecht des Nachlassgläubigers **1981** 5; Aufgaben des Nachlassverwalters **1985** 3 ff; Aufgebot und Inventar während der – **1984** 9; Aufhebung bereits getroffener Maßnahmen nach Anordnung **1984** 8; Aufhebung durch das Nachlassgericht mangels Masse **1988** 2; Aufhebung von Amts wegen **1988** 5; keine Aufhebungsgründe **1988** 4; weitere Aufhebungsgründe **1988** 3; Aufhebungsverfahren **1988** 5; Aufrechnung durch Eigengläubiger des Erben **1977** 5 f; Aufrechnung durch Nachlassgläubiger **1977** 3 f; Aufrechnung nach der Nachlasssonderung **1977** 2; Aufsicht des Nachlassgerichts **1985** 2; Aufwendungsersatz des Nachlassverwalters **1987** 5; Aufwendungsersatz für Erben **1978** 7; Ausantwortung des Nachlasses **1986** 1; Auskunftspflicht über den Bestand des Nachlasses **2012** 2; ausländisches Erbstatut **1975** 3; Ausschluss nach Teilung **2062** 4 ff; Auswahl des Verwalters nach pflichtgemäßem Ermessen **1981** 7; Beantragung der Eröffnung des Insolvenzverfahrens **1985** 6; öffentliche Bekanntmachung **1983** 1; Berichtigung der Nachlassverbindlichkeiten **1985** 5; **1986** 2; beschränkte Haftung des Erben nach Beendigung der – **1988** 8; Durchsetzung der Ansprüche gegen den Erben **1978** 6; Durchsetzung des Vergütungsanspruchs **1987** 4; Eintragung in das Grundbuch **1983** 2; **1985** 3; Einverständnis aller Miterben **2062** 1; Ende **1985** 6; Ende des Amtes des Nachlassverwalters **1988** 6; Ende durch Eröffnung des Nachlassinsolvenzverfahrens **1988** 1; Entlassung des Nachlassverwalters **1985** 2; Erbenhaftung nach Ende der – **1975** 5; Erbenhaftung während der – **1975** 5; Erbschaftsauseinandersetzung **2042** 5; Ersatzansprüche des Erben **1978** 7 f; Fiktion der Wiederherstellung erloschener Rechtsverhältnisse **1976** 3; Gefährdung der Befriedigung der Nachlassgläubiger **1981** 6; gemeinschaftlicher Antrag der Miterben **2062** 1; gutgläubiger Erwerb vom Erben **1984** 4; Haftung den Erben gegenüber **1985** 7; Haftung den Nachlassgläubigern gegenüber **1985** 8; Haftung des Nacherben **2144** 1; Haftungsbeschränkung nach Teilung des Nachlasses **2062** 6; Herausgabe des Nachlasses **1986; 1988** 7; Herausgabeanspruch des Erben **1986** 3; **1988** 7; Inkrafttreten der Anordnung **1984** 2; Inventarfrist **1994** 7; **2012;** Kosten **1981** 9; Leistung an den Nachlassverwalter **1984** 5; materiell-rechtliche Folgen der Anordnung **1984** 3 ff; Nachlasssonderung **1976** 1; ordnungsgemäße – des Testamentsvollstreckers s *Testamentsvollstrecker, ordnungsgemäße Nachlassverwaltung;* Rechtsbehelfe **2062** 3; Rechtsbeziehungen zwischen Erbe und Nachlass **1976** 4; Rechtsfolgen der Aufhebung **1988** 5 ff; Rechtsmittel gegen die Anordnung **1981** 8; Rechtsstellung des Nachlassverwalters **1985** 1 f; Reichweite **1985** 4; Schlussrechnung **1988** 7; durch Testamentsvollstrecker s *Testamentsvollstrecker, Verwaltung des Nachlasses;* Unwirksamkeit von Verfügungen des Erben **1984** 4; Verantwortlichkeit des Erben für bisherige Verwaltung **1978** 3 ff; Verantwortlichkeit des Nachlassverwalters **1985** 7 ff; verfahrensrechtliche Folgen **1984** 6 ff; Verfügungen des Erben zwischen Erbfall und Nachlasssonderung **1976** 5; Vergütung des Nachlassverwalters **1987;** Verletzung der Aufsichtspflicht des Nachlassgerichts **1985** 9; Verlust der Prozessführungsbefugnis **1984** 6; Verlust der Verwaltungs- und Verfügungsbefugnis des Erben **1984** 3; Verlust des Haftungsbeschränkungsrechts **1977** 4; Verwaltervergütung für Erben **1978** 7; Verwaltung des Nachlasses **1985** 3; Verwaltungsrecht des Testamentsvollstreckers **1985** 1; Voraussetzungen der Anordnung **1975** 2; Wirkung auf durch Vereinigung erloschene Rechtsverhältnisse **1976;** Wirkung der Anordnung **1984;** Zurückbehaltungsrecht des Erben **1978** 8; Zustellung des Aufhebungsbeschlusses an den

Sachverzeichnis

fette Zahlen = §§

Nachlassverwalter 1988 5; Zwangsvollstreckung in den Nachlass **1984** 7

Nachlassverzeichnis, Abgrenzungsprobleme **2215** 5; amtliches – **2215** 7; Anspruchsgläubiger **2121** 1; Anspruchsschuldner **2121** 2; Aufstellungspflicht des Nacherben **2144** 4; Bestellung eines Ergänzungspflegers **2215** 8; Beweisfunktion **2215** 10; Durchsetzung des Anspruchs **2121** 3; eidesstattliche Versicherung **2215** 11; Eltern als Testamentsvollstrecker **2215** 8; Entlassung bei Nichterstellung **2227** 9; Ergänzung **2215** 6; Ersetzung des Inventar **2215** 9; Form **2215** 6; genaue Beschreibung der Nachlassgegenstände **2215** 4; Grundsatz der Vollständigkeit der Nachlasserfassung **2215** 4; Inhalt **2121** 4; **2215** 4 ff; Inventarerrichtungsfrist **2215** 6; Kontrollmittel der Erben **2215** 1; Kosten **2121** 7; **2215** 7; Rechtsfolgen **2215** 10 ff; Schriftformerfordernis **2121** 6; **2215** 6; Stichtag **2215** 6; Unterstützung der Erben bei der Inventaraufnahme **2215** 9; Verfahren **2121** 5; Verpflichtung zur Übermittlung des -es **2215** 2 f; Verzeichnis **2121** 4 ff; Wirkung **2121** 7; *s auch Inventarerrichtung*

Nachname *s Familienname*

Nachvermächtnis, Anfall **2191** 5; Anordnung **2191** 2; Anspruchssicherung durch Vormerkung **2191** 6; Anwartschaft **2191** 6; auf den Überrest **2136** 3; Begriff **2191** 1; Beschwerung des Vorvermächtnisnehmers **2191** 4; besondere Vermächtnisart **1939** 7; Funktion **2136** 3; Inhalt **2191** 2; Rechtsstellung des Nachvermächtnisnehmers **2191** 5 f; Rückvermächtnis **2191** 2; Unterfall des Untervermächtnisses **2185** 2; **2191** 3

Näherungsverbot GewSchG 1 23

Name, Internationales Privatrecht, Adoptionswirkungen **1757** 21 f; **EGBGB 22** 27; Anwendungsbereich **EGBGB 10** 20 ff; behördliche Namensfeststellung und -änderung **EGBGB 10** 17; Bestimmung des Vornamens **EGBGB 10** 25; CIEC-Abkommen **EGBGB 10** 4 ff; deutsch-ausländischer Doppelstaatler **EGBGB 10** 8; Doppelnamen des spanischen Rechtskreises **EGBGB 10** 21; Ehename **EGBGB 10** 23; nach Eheschließung **EGBGB 10** 34; Einbenennung **EGBGB 10** 23; Einflüsse des Gemeinschaftsrechts und der EMRK **EGBGB 10** 13; Eintragung in Personenstandsbücher **EGBGB 10** 19; Firma **EGBGB 10** 76 f; Gebrauchsname **EGBGB 10** 24; Grundsatz **EGBGB 10** 1; intertemporale Anwendung **EGBGB 10** 18; juristische Person **EGBGB 10** 76 f; Kindesname **EGBGB 10** 55 ff; maßgeblicher Zeitpunkt **EGBGB 10** 32; Namensänderung **EGBGB 10** 26 ff; Namensbestandteile **EGBGB 10** 21; Namensführung **EGBGB 10** 21; Namensschreibweise **EGBGB 10** 22; Namensschutz **EGBGB 10** 31; Namensstatut **EGBGB 10** 21; ordre public **EGBGB 10** 12; phonetische Transkription **EGBGB 10** 19; Pseudonym **EGBGB 10** 24; Rechtswahl für den Ehegatten **EGBGB 10** 35 ff; Rechtswahl für den Kindesnamen **EGBGB 10** 58 ff; Regelanknüpfung **EGBGB 10** 32 ff; Rück- und Weiterverweisung **EGBGB 10** 9; neue Staatsangehörigkeit mit namensrechtlich relevantem Vorgang **EGBGB 10** 33; Staatsangehörigkeitsanknüpfung **EGBGB 10** 32 ff; Statutenwechsel **EGBGB 10** 14 ff, 21; Transliteration **EGBGB 10** 19, 22; Übersetzung ausländischer Adelsprädikate **EGBGB 10** 19; Vorfragenanknüpfung **EGBGB 10** 10 f; Wirkung familienrechtlicher Tatbestände **EGBGB 10** 25 a; Zustimmung zur Namenserteilung **EGBGB 23** 5; Zwischennamen **EGBGB 10** 19, 21

Namensänderung, öffentlich-rechtliche **1616** 12 ff; **1617 c** 9

– **bei Adoption,** Abkömmlinge des Angenommenen **1757** 7; Adoptivenkelkinder **1757** 7 f; Anfechtbarkeit der Entscheidung **1757** 20 ff; Annahme durch Ehegatten **1757** 4 ff; nach Aufhebung der Adoption **1765;** Auflösung der Ehe nach Adoption **1757** 11; Auswirkungen auf Ehe- und Begleitnamen **1757** 9 ff; Doppelname **1757** 4; echter Mehrfachname **1757** 18; Ehenamen der Annehmenden **1757** 4; Einzeladoption **1757** 3 f; Familienname des Annehmenden **1757** 3; Hinzufügen des alten Familiennamens **1757** 16 ff; spätere Änderung des Familiennamens des Annehmenden **1757** 6; Stiefkindadoption **1757** 4 ff; Veränderungen beim Vornamen **1757** 15 f; verheirateter Angenommener **1757** 9 ff; Zustimmung des Kindes **1757** 5

– **bei nachträglicher gemeinsamer Sorge,** Abgrenzungen **1617 b** 2 ff; Bindungswirkung für weitere gemeinsame Kinder **1617 b** 7 ff; Form der Erklärung **1617 b** 5; Frist **1617 b** 6; gemeinsame Bestimmung **1617 b** 6; nachträgliche Begründung der gemeinsamen Sorge **1617 b** 2 ff; Namensinhalt **1617 b** 5; Scheinvaterschaft **1617 b** 2; Voraussetzungen der Neubestimmung **1617 b** 2 ff; Zeitpunkt der Erklärung **1617 b** 5; Zustimmung des Kindes **1617 b** 4

– **bei Namensänderung der Eltern** bei Adoption **1617 c** 7; Änderung des Ehenamens des verheirateten Kindes **1617 c** 14 f; Änderung des Familiennamens eines Elternteils, der Geburtsname des Kindes ist **1617 c** 10 ff; Änderung eines Ehenamens **1617 c** 6 ff; Anschlusserklärung des Ehegatten **1617 c** 15; Anschlusserklärung des Kindes **1617 c** 13; Aufrechterhaltung der Namenseinheit **1617 c** 1; bei Begründung einer Lebenspartnerschaft **1617 c** 11; nach Eheschließung **1617 c** 11; nach Einbenennung **1617 c** 6, 12; Gemeinschaftsname der Eltern **1617 c** 6; Grund und Wirkung der Namenserstreckung **1617 c** 2; nachträgliche Bestimmung eines Ehenamens **1617 c** 3 ff; öffentlich-rechtliche Namensänderung **1617 c** 9; Scheidungshalbwaisen **1617 c** 10.1; Vertriebenenregelung **1617 c** 6; Vorbehalt bei Auswirkung der Namensänderung auf einen Ehenamen oder Lebenspartnerschaftsnamen **1617 c** 14 f

– **bei Scheinvaterschaft,** Änderung des Namensinhalts **1617 b** 13; Anschlusserklärung des Kindes **1617 b** 12; Antrag **1617 b** 10; Fristen **1617 b** 11; intertemporales Recht **1617 b** 14; Namensanpassung an veränderte Vaterschaftssituation **1617 b** 9 ff; Rechtsfolgen des Antrags **1617 b** 12 f; Rückwirkung **1617 b** 12; verheiratetes Kind **1617 b** 11; Voraussetzungen **1617 b** 9 ff

magere Zahlen = Rn

Sachverzeichnis

–, **Internationales Privatrecht,** Adoptionswirkungen **1757** 21 f
Namenserfindungsrecht 1616 8 f
Namenskontinuität Grundsatz der – **1616** 3
Namensrecht, Aufgabe **1616** 4; Einheit der Namensführung **1616** 17; Entwicklung **1616** 1 f; Grundstruktur **1616** 3 ff; Internationales Privatrecht **1616** 14 f; Namensverbundenheit in der Familie **1616** 3; System des Rechts des Kindesnamens **1616** 5.2; Vor- und Nachnamen im Namensrecht **1616** 1 ff
Namensstatut EGBGB 10 21 ff, 32
Namenswahl s *Internationales Privatrecht, Namenswahl*
nasciturus Erbfähigkeit **1923** 6; als Miterbe **2043** 1; Nacherbfähigkeit **2108** 2
Naturalunterhalt 1606 3, 6, 16 ff; **1612** 1, 3, 17
Negativtestament 1938 1
Negativvermächtnis 2149
Nestmodell 1687 3
Nichtehe Scheidung **1564** 7
nichteheliche Lebensgemeinschaft, Auflösung nach Internationalem Privatrecht **EGBGB 17** 16 ff; Eheschließungsstatut **EGBGB 13** 18 f; Eigentumsvermutung **1362** 7; elterliche Sorge **1671** 38; Erbvertrag **2275** 6; gemeinschaftliches Testament **2265** 14; Hausrat **EGBGB 17 a** 14; Mitwirkungsverbot für Notare **BeurkG 3** 15; Unterhaltsstatut **EGBGB 18** 20 ff; Unwirksamkeit des Testaments **2077** 2; Wohnung **EGBGB 17 a** 14
Niederlassungsprinzip EGBGB 27 8 ff
Nießbrauchsvermächtnis 2100 31; **2136** 8; **2269** 4, 29
noch nicht Erzeugter, kein gesetzlicher Erbe **2043** 1
Nottestament, Ablieferungspflicht **2259** 4 ff; Arten **2250** 1 f; besondere amtliche Verwahrung **2258 a** 3; **2258 b** 1; Bezugnahme **2247** 21; vor dem Bürgermeister s *Bürgermeistertestament;* Dreimonatsfrist **2252** 1 ff; **2266** 3; Dreizeugentestament s *dort;* Fristhemmung **2266** 4; gemeinschaftliches – **2266** 3 ff; Gültigkeitsdauer **2252**; **2266** 3 ff; auf See s *Seetestament*
Nutzungen
– **der Erbschaft,** bis zum Verkauf angefallene – **2379** 1; Herausgabepflicht des Erbschaftsbesitzers **2020**; Übergang mit Abschluss des Erbschaftskaufs **2380** 1
– **eines vermachten Gegenstandes,** Anwendungsbereich **2184** 1; Ersatz für nicht gezogene Früchte **2184** 4; Herausgabe des sonst Erlangten **2184** 5; Herausgabe gezogener Früchte **2184** 2; Verletzung der Herausgabepflicht **2184** 5; kein zwingendes Recht **2184** 1

Obligationssymmetrie 1360 3; **1361** 47, 89
öffentliche Aufforderung zur Anmeldung der Erbrechte **1965**; des Nachlassgerichts im Erbscheinsverfahren **2358** 15
öffentliche Urkunde, ausländische – **2356** 5; Begriff **2356** 3; Beweiskraft **2356** 3 a; der ehemaligen DDR **2356** 4
öffentliches Testament, besondere amtliche Verwahrung **2258 b** 1; Beurkundung durch den Notar **2232** 1 ff; Beurkundungsverbote **2232** 3; Beurkundungsverfahren **2232** 6; Beweiskraft **2232** 19 f; Bezugnahme **2247** 18; Blindheit des Erblassers **2232** 10; Erbnachweis **2232** 20; Erklärung **2232** 16; Errichtung durch Erklärung **2232** 4 ff; Errichtung durch Übergabe einer Schrift **2232** 12 ff; Feststellung der Leseunfähigkeit **2233** 5; Genehmigung des Inhalts **2232** 8; Gesten und Gebärden **2232** 5; Inhalt der Niederschrift **2232** 7; Leseunfähigkeit **2233** 4; mehrere Schriftstücke **2232** 15; Mitwirkung von Zeugen oder eines zweiten Notars **2232** 9; mündliche Erklärung **2232** 4; Nichtigkeit **2232** 11, 18; Niederschrift des Notars **2232** 4, 5 a, 6 ff, 17; nonverbale Kommunikation **2232** 5 f; örtliche Zuständigkeit **2232** 2; Recht in den neuen Bundesländern **2232** 20; Erhöhung der Rechtssicherheit **2231** 3; Rückgabe **2256** 1 ff; sachliche Zuständigkeit **2232** 1; schriftliche Erklärungen **2232** 5; Schriftstück **2232** 12; Schriftzeichen **2232** 12; **2233** 4; Sonderfälle **2233**; Sprache **2232** 4, 12; **2233** 4; stummer und schreibunfähiger Erblasser **2233** 7 ff; tauber Erblasser **2232** 10; Testamentsarten **2231** 2 ff; Übergabe **2232** 13 f; Unterschrift auf dem Testamentsumschlag **BeurkG 35** 2; Unterschriften **2232** 8; unverständliche Laute **2232** 5; Verfahrensbesonderheiten bei Behinderung des Erblassers **2232** 10; Verstoß gegen Anforderungen des § 2232 **2232** 11, 18; Vorlesen **2232** 8; Widerruf s *Testament, Widerruf*
Offenbarungsverbot 1758
ordre public, Abstammung **EGBGB 19** 35 f; Abstammungsanfechtung **EGBGB 20** 14 f; Adoption eines Kindes **EGBGB 22** 51 f, 66 f; anerkennungsrechtlicher – **EGBGB 6** 2; Anwendungsbereich **EGBGB 6** 5 ff; zum Arbeitsvertrag **EGBGB 30** 29; ausländische Privatscheidungen **EGBGB 17** 95; ausländischer – **EGBGB 6** 18; einheitliche Auslegung **EGBGB 36** 3; Ausschluss der Anwendung ausländischen Rechts **EGBGB Einl IPR** 89; zum Bereicherungsstatut **EGBGB 38** 19; zum Deliktsstatut **EGBGB 40** 60 ff; deutscher – **EGBGB 6** 8; Ehewirkungen **EGBGB 14** 72; einheitlicher europäischer Maßstab **EGBGB 42** 144; Einzelfälle **EGBGB 6** 20 ff; zum Eltern-Kind-Verhältnis **EGBGB 21** 17; zum Erbstatut **EGBGB 25** 57 ff; Erbverbote **EGBGB 25** 58; europäischer – **EGBGB 6** 8; **EGBGB 29 a** 1; Forderungsabtretung und -übergang **EGBGB 33** 20; Form von Rechtsgeschäften **EGBGB 11** 13; bei Geschäftsführung ohne Auftrag **EGBGB 39** 7; Gleichheitsgebot **EGBGB 25** 58; Grundrechtsverstoß **EGBGB 6** 14; bei Grundstückimmissionen **EGBGB 44** 5; güterrechtliche Ehewirkungen **EGBGB 15** 95; hinreichender Inlandsbezug **EGBGB 6** 15; im Internationalen Enteignungsrecht **EGBGB 46** 21; im internationalen Erbrecht **EGBGB 6** 25; im internationalen Familienrecht **EGBGB 6** 24; im Internationalen Sachenrecht **EGBGB 6** 23; **EGBGB 43** 18; im Internationalen Schuldrecht **EGBGB 6** 22; Internationales Gesellschaftsrecht **EGBGB 12** 52; Internationalprivatrechtlicher – **EGBGB 6** 2; im IPR des Allgemeinen Teils **EGBGB 6** 21; kollisionsrechtliche Ausweichklausel **EGBGB 6** 4; Leih- und Wunschmutterschaft **EGBGB 19** 36; Lückenfüllung **EGBGB 6** 17; Name **EGBGB 10** 12; negative

3169

Sachverzeichnis

fette Zahlen = §§

Funktion **EGBGB 34** 3; negative Vorbehaltsklausel **EGBGB 6** 1 ff; Nichtanwendung **EGBGB 6** 16; offensichtliche Unvereinbarkeit mit wesentlichen Grundsätzen des deutschen Rechts **EGBGB 6** 13 f; beim Pflichtteilsrecht **EGBGB 25** 59; Prüfungsgegenstand **EGBGB 6** 9 ff; Prüfungsmaßstab **EGBGB 6** 13 f; Rechtsfolgen eines Verstoßes **EGBGB 6** 16 f; Rechtsnatur **EGBGB 6** 1 ff; Registerstatut **EGBGB 17 b** 53; Relativität des – **EGBGB 6** 15; nach der Rom II–VO **EGBGB 42** 143 f; und Scheidungsfolgen **EGBGB 17** 47 ff; spezielle Vorbehaltsklauseln **EGBGB 6** 2; Stellvertretung **EGBGB 10** 82; bei unerlaubter Handlung **EGBGB 40** 60 ff; Unscheidbarkeit der Ehe **EGBGB 17** 67 ff; Unterhaltsstatut **EGBGB 18** 71 ff; Verbraucherschutz für besondere Gebiete **EGBGB 29 a** 23; zum Verbrauchervertrag **EGBGB 29** 22; Verfahrensfragen **EGBGB 6** 19; bei Verfügungen von Todes wegen **EGBGB 26** 2; Verjährungsfristen **EGBGB 32** 13; Verkehrsschutz **EGBGB 12** 7; Verstoßung **EGBGB 17** 95; zum Vertragsstatut **EGBGB 27** 54; **EGBGB 28** 26; **EGBGB 31** 16; **EGBGB 32** 13, 30; Zustandekommen und Wirksamkeit eines Vertrags **EGBGB 31** 16; zustellungsrechtlicher – **EGBGB 6** 2

Organtransplantation, Regelungen **1922** 29

Ortsform, Allgemeines **EGBGB 11** 42; alternative – **EGBGB 11** 67 ff; in einer ausländischen diplomatischen Vertretung **EGBGB 11** 45; Ausschluss **EGBGB 11** 53 ff; dingliche Verfügungsgeschäfte **EGBGB 11** 58 ff; Bestimmung der maßgeblichen Formvorschriften **EGBGB 11** 47 f; Gleichwertigkeitsprüfung **EGBGB 11** 42, 66; auf hoher See **EGBGB 11** 44; Internet **EGBGB 11** 43; Recht der Flagge **EGBGB 11** 44; schuldrechtliche Immobilienverträge **EGBGB 11** 54 ff; Bestimmung des Vornahmeorts **EGBGB 11** 43 ff; Ort des Zugangs **EGBGB 11** 46

Parental Alienation Syndrome 1684 17

Parentel, System der Parentelen **1924** 1

Pariser CIEC-Abkommen EGBGB 10 5; **EGBGB 13** 6

Parteifähigkeit, Anwendungsbereich des IPR **EGBGB 7** 11; Internationales Gesellschaftsrecht **EGBGB 12** 74; Verkehrsschutz **EGBGB 12** 17

PAS 1684 17

Passivprozess vor der Erbschaftsannahme, Aufrechnung **1958** 3; Ausnahmen **1958** 6; Beachtung von Amts wegen **1958** 2; mangelnde Prozessführungsbefugnis **1958** 2; Schuldnerverzug **1958** 1; verfahrensrechtliche Besonderheiten in der Schwebezeit **1958** 2 ff; Zurückbehaltungsrecht **1958** 3; Zwangsvollstreckung **1958** 5

Patiententestament 1901 a 7; **1937** 4

Patientenverfügung, Ablieferungspflicht **1901 a** 4 ff; Adressat **1901 a** 6; Inhalt **1901 a** 4 f; Sinn und Zweck **1901 a** 4; Sterbehilfe **1901 a** 5; strafrechtlicher Hintergrund **1901 a** 5

Persönlichkeitsrecht, Allgemeines nach dem Tode **1922** 30

Persönlichkeitsschutz, postmortaler – **1922** 30

Personalstatut, Adoptionswirkungen **EGBGB 22** 25; Begriff **EGBGB 5** 1; als Eheschließungsanknüpfungspunkt **EGBGB 13** 38 ff; von Flüchtlingen, Verschleppten, Vertriebenen und Staatenlosen **EGBGB 5** 20 ff; Zustimmung zu Statusänderungen des Kindes **EGBGB 23** 18

Personensorge, ärztlicher Behandlungsvertrag **1626** 25; Aufenthaltsbestimmungsrecht **1631** 11 ff; **1631 b** 1; Aufsichtspflicht im Straßenverkehr **1631** 10; Ausbildung und Beruf des Kindes *s dort;* Beaufsichtigung des Kindes **1631** 6 ff; Beschränkung der – **1666** 20 f; Beteiligung an Eheschließung **1631** 14; Einschränkungen des Sorgerechts **1631** 5; Einwilligung in ärztliche Eingriffe **1626** 23; Entzug **1666** 20 f; **1666 a** 11; Erteilung des Vornamens **1631** 14; Erziehung des Kindes **1631** 3 ff; Recht auf gewaltfreie Erziehung **1631** 16 ff; Erziehungsmittel **1631** 5, 26; Festlegung des Wohnsitzes **1631** 14; Folgen der Verletzung des Pflichtrechts **1631** 15; formales Erziehungsziel **1631** 5; Haftung der Eltern gegenüber dem Kind **1631** 15; Herausgabe des Kindes *s dort;* Inhalt **1631** 2 ff; Klaps **1631** 21; körperliche Bestrafungen **1631** 20 ff; Kontrolle beim Spielen **1631** 8; Ohrfeige **1631** 21; Pflege des Kindes **1631** 3; Pflichtrecht **1631** 2; rechtsgeschäftliche Vertretung **1626** 26; Rechtsstreitigkeiten **1626** 27; Sanktionen des Gewaltverbots **1631** 25; Schwangerschaftsabbruch **1626** 24; seelische Verletzungen **1631** 23; Sterilisationsverbot **1631 c**; Umfang **1626** 22 ff; Umfang der – des Vormunds **1800**; Umgang mit gefährlichen Gegenständen **1631** 9 f; Umgangsbestimmung *s dort;* Unterstützung der Eltern bei Ausübung der – **1631** 28 ff; Unterstützungsmaßnahmen **1631** 29; Verbot entwürdigender Maßnahmen **1631** 18 ff; für verheiratete Minderjährige **1633** 2; Verhinderung und Bekämpfung von Gewalt gegen Kinder **1631** 1; Vertretung in Angelegenheiten der – **1626** 26 ff; des Vormunds **1793** 4; weitere Angelegenheiten **1631** 14; Zustimmungen nach §§ 107 ff **1631** 14

Personenwahlvermächtnis 2152

Pflege, Begriff **1631** 3

Pflegekind, Begriff **SGB VIII 33** 2

Pflegschaft, Ablehnungsrecht **1786** 11; Anhörung von Angehörigen **1847** 4; Anordnung durch das FamG **1697**; Anwendung des Vormundschaftsrechts **1915**; Aufhebung **1919**; Aufwendungsentschädigung **1835 a** 2; Aufwendungsersatz **1835** 3; Ausländer **1909** 3; Ausschluss der Vertretungsmacht **1795** 11; Ausschluss durch die Eltern **1782** 4; Beamter oder Religionsdiener als Pfleger **1784** 6; Benennungsrecht der Eltern **1776** 4; zur Beschränkung einer Vormundschaft **1794**; Bestallungsurkunde **1791** 4; Bestallung durch das VormG **1789** 5; Bestellung unter Vorbehalt **1790** 3; Einführung und Überblick **1909** 1 ff; Einschränkung der elterlichen Sorge *s elterliche Sorge, Einschränkung durch Pflegerbestellung;* Ende **1918 f;** Entlassung des Pflegers **1886** 13; **1889** 5; Entziehung der Vertretungsmacht **1796** 5; Folgen unbegründeter Ablehnung **1787** 6; Fortführung der Geschäfte in Unkenntnis der Beendigung der – **1698 a** 2; Fortführung der

magere Zahlen = Rn   **Sachverzeichnis**

Geschäfte nach Beendigung der – **1893** 8; Fortführung dringender Geschäfte nach Tod des Kindes **1698 b** 2; Führung der – **1793** 11; Fürsorgetätigkeit **1909** 1; Genehmigung für Grundstücksgeschäfte **1821** 1; Genehmigungserteilung durch das VormG **1828** 11; für gesammeltes Vermögen **1914**; Haftung des Pflegers **1833** 9; des Jugendamtes **1791 b** 6; für eine Leibesfrucht **1912**; mehrere Pfleger **1775** 5; **1797** 8; Nachlasspflegschaft **1913** 2; Personenpflegschaft **1909** 2; Rechnungslegung **1840** 7; Rückgabe von Urkunden nach Beendigung der – **1893** 8; Sachpflegschaft **1909** 2; Sammelpflegschaft **1909** 2; bei tatsächlicher Verhinderung des Alleinsorgeberechtigten **1678** 8; Übernahmepflicht **1785** 5; für unbekannte Beteiligte **1913**; EGBGB **24** 25; Unfähigkeit zur – **1780** 3; Vereinspflegschaft **1791 a** 7; Vergütung des Pflegers **1836** 4; Vermögensherausgabe bei Beendigung **1890** 5; Vermögensverzeichnis betreffend das Mündelvermögen **1802** 5; Verwendungen für den Pfleger **1805** 5; Verzinsungspflicht **1834** 4; Wegfall des Anordnungsgrundes **1919** 3
–, **Internationales Privatrecht,** Anerkennung ausländischer Entscheidungen EGBGB **24** 39 ff; anwendbares Recht EGBGB **24** 28 f; Anwendungsbereich EGBGB **24** 23 ff; ausländische Entmündigung EGBGB **24** 41; Inhalt EGBGB **24** 31 f; interlokales Recht EGBGB **24** 43; intertemporales Recht EGBGB **24** 42; Nachlasspflegschaft EGBGB **24** 26; Reformvorhaben EGBGB **24** 44 f; Rück- und Weiterverweisung EGBGB **24** 8; Sammelvermögen EGBGB **24** 27; Staatsangehörigkeit EGBGB **24** 7; Staatsverträge EGBGB **24** 4 f; internationales Verfahrensrecht EGBGB **24** 37 ff; Vorfragen EGBGB **24** 9; vorläufige Maßregeln EGBGB **24** 35 f; internationale Zuständigkeit EGBGB **24** 37 f
Pflichtschenkung 1375 41; **1425** 4; **1641** 5 f; **2205** 21; **2287** 13; **2325** 8; **2330** 2 ff
Pflichtteil, Abgrenzung von Enterbung **2304** 4 ff; Abgrenzung von Vermächtnisanordnung **2304** 4 ff; Abgrenzung zur Erbeinsetzung **2304** 3; Abkömmlinge **2303** 11 f; abstraktes Pflichtteilsrecht **2317** 1; Adoptiveltern **2303** 13; Äquivalenzgedanke **2303** 2; Alimentationscharakter **2303** 2; Annahme des unzureichenden Erbteils **2305** 6; negative Auslegungsregel **2304** 2 ff; bei Ausschlagung **2309** 7; Ausschlagung des unzureichenden Erbteils **2305** 7 f; taktische Ausschlagung **2303** 23; Ausschluss von der Erbfolge **2303** 10, 17; außerordentlicher Pflichtteilsanspruch **2325** 2; Ausstattungscharakter **2303** 2; Berechnung **2310**; Berechnung bei Erbverzicht **2310** 5 f; beschenkter Pflichtteilsberechtigter **2327**; Darlegungs- und Beweislast **2317** 13; Ehegatte **2303** 15; ehevertragliche Modifizierung des Zugewinnausgleichs **2303** 24; Einschränkung der Pflichtteilsberechtigung der entfernteren Berechtigten **2309** 9 f; Eltern **2303** 13 f; **2309**; bei Enterbung **2309** 8; entfernter Berechtigter **2309** 3 ff; entfernte Abkömmlinge **2309**; Entstehung des Anspruchs **2317** 2 f; Entziehung s *Pflichtteilsentziehung;* Erbersatzfunktion **2303** 2; erbrechtliche Lösung **2303** 24; Erbschaftsteuer **2303** 29; bei Erbunwürdigkeit **2309** 5; bei Erbverzicht **2309** 6; Ergänzungspflicht s *Pflichtteilsergänzung;* Erlass **2317** 5; Fälligkeit des Anspruchs **2317** 4; Familiensolidarität **2303** 5; Festlegung des Erbteils für die Berechnung **2310**; Geltendmachung des Anspruchs **2317** 6; Gesamtpflichtteil **2325** 2; **2326** 1; gesetzliche Bestimmungen **2309** 1; innerhalb des gleichen Stammes **2309** 1; großer – **2303** 24; Gründe für – **2303** 2; und Grundgesetz **2303** 3 ff; Gütergemeinschaft **2303** 21; güterrechtliche Lösung **2303** 23; und Güterstand **2303** 20 ff; Gütertrennung **2303** 22; Höhe **2303** 18 ff; Insolvenz **2317** 11; kleiner – **2303** 23; **2304** 7; **2305** 8; **2306** 17; kollektiv ausgerichteter Begründungsansatz **2303** 6; Kürzungsverbot **2323**; Landwirtschaftserbrecht **2303** 30; eingetragener Lebenspartner **2303** 16; Mindestwert am Nachlass **2303** 1; nächste Angehörige **2303** 10; Nichtehelichenrecht **2303** 28; ordentlicher – **2303** 1; Pfändung **2317** 9 f; Pflicht- und Anstandsschenkungen **2330**; Pflichtteilsberechtigte **2303** 10 ff; Pflichtteilsberechtigung aus eigenem Recht **2309** 4 ff; Pflichtteilsbruchteil **2303** 19; **2310** 1; Pflichtteilsergänzungsanspruch **2303** 1; Pflichtteilslast s dort; Pflichtteilsquote der anderen Pflichtteilsberechtigten **2303** 25; Festlegung der Pflichtteilsquote **2310** 2 ff; Pflichtteilsrecht der DDR **2303** 27; Pflichtteilsrestanspruch **2305** 2 f; **2306** 17; **2307** 6; **2316** 16 f; Pflichtteilsschuldner **2303** 26; Pflichtteilsunwürdigkeit **2345**; Pflichtteilsverzicht **2309** 6; Pflichtteilszuwendung als Erbeinsetzung **2304** 3; Pflichtteilszuwendung als Vermächtnis **2304** 8; Pflichtteilszuwendung an Ehegatten **2304** 7 f; Prozessuales **2317** 12 f; Referentenentwurf des BMJ **2303** 9; Reformüberlegungen **2303** 8 f; Streuungseffekt durch Vermögensverteilung **2303** 2; Systematik **2303** 1 f; teilweise Klageabweisung **2317** 13; Überleitung auf Sozialhilfeträger **2317** 9; Übertragung **2317** 7; Vater des nichtehelichen Kindes **2303** 14; Vererbung **2317** 8; verfassungsrechtlicher Bestandsschutz **2303** 3 ff; Vermächtniszuwendung ohne Enterbung **2304** 7; Versorgungscharakter **2303** 2; Verwirkung des Pflichtteilsanspruchs **2303** 26; Verzinsung **2317** 4; und Zugewinnausgleich **2303** 23; Zugewinngemeinschaft **2303** 23 ff; Zusatzpflichtteil **2305**; Zuwendungen aus dem Gesamtgut **2331**; Zweck **2303** 1
–, **Anrechnung von Zuwendungen,** Abgrenzung zur Ausgleichung **2315** 2; Anrechnungsanordnung **2315** 6 ff; Anrechnungsvoraussetzungen **2315** 3 ff; Berechnung bei mehreren Pflichtteilsberechtigten **2315** 12; Berechnung des Pflichtteilsanspruchs **2315** 10 ff; Berechnungsmethode **2315** 10 ff; beschränkt Geschäftsfähiger **2315** 8; Beweislast **2315** 22; Ehegattenzuwendungen bei Zugewinngemeinschaft **2315** 20; freigiebige Zuwendungen **2315** 3 ff; Inhalt der Anrechnungsanordnung **2315** 6; Kaufkraftschwund **2315** 14; Konkurrenzfragen **2315** 20 ff; lebzeitige Zuwendungen **2315** 4; nachträgliche Anrechnungsanordnung **2315** 9; und Pflichtteilsergänzung **2315** 21; stillschweigende Anrechnungsbestimmungen **2315** 6; Wegfall eines Abkömmlings **2315**

Sachverzeichnis

fette Zahlen = §§

17 ff; Wertberechnung der Zuwendung **2315** 14 ff; Zuwendung unmittelbar an den Pflichtteilsberechtigten **2315** 5
–, **Ausgleichungspflicht,** ausgleichungs- und anrechnungspflichtige Zuwendungen **2316** 18 ff; Berechnung des Ausgleichspflichtteils **2316** 6 ff; Berechnungsbeispiele **2316** 9 ff; Berliner Testament **2316** 5; bei Gütertrennung **2316** 11; Leistungen nach § 2057 a **2316** 15 f; mehrere Abkömmlinge **2316** 3; nur ausgleichspflichtige und nur anrechnungspflichtige Zuwendungen **2316** 20 f; und Pflichtteilsergänzung **2316** 21 ff; Pflichtteilsrestanspruch **2316** 16 f; ausgleichspflichtige Schenkungen **2316** 22 f; Umverteilung der Pflichtteilslast **2316** 2; Voraussetzungen **2316** 3 ff; Wertansatz der Zuwendungen **2316** 8; bei Zugewinngemeinschaftsehe **2316** 12 ff; bei Zuvielbedachtem **2316** 10; ausgleichspflichtige Zuwendungen **2316** 4 f, 23 ff; zwingender Charakter **2316** 17
–, **Auskunftspflicht des Erben,** amtliche Aufnahme des Bestandsverzeichnisses **2314** 15; Auskunftsberechtigter **2314** 3 ff; Auskunftspflicht des Beschenkten **2314** 8; Auskunftsverpflichteter **2314** 7 ff; Ausschluss **2314** 4; Berechtigter und Verpflichteter des Wertermittlungsanspruchs **2314** 18; Bestandsverzeichnis **2314** 13 f; Bewertungsgutachten **2314** 22 ff; eidesstattliche Versicherung **2314** 16; Erben als Gesamtschuldner **2314** 7; Formen der Auskunftserteilung **2314** 12 ff; Inhalt **2314** 19 ff; Inhalt des Auskunftsanspruchs **2314** 2; Inhalt des Wertermittlungsanspruchs **2314** 21 ff; Klageantrag **2314** 28; Kosten **2314** 26; mehrere Pflichtteilsberechtigte **2314** 3; bei Nachlassinsolvenz **2314** 7; bei Nachlassverwaltung **2314** 7; Prozessuales **2314** 28 f; Pflicht zur Rechnungslegung **2314** 13; Stufenklage **2314** 28; Umfang **2314** 9 ff; Verjährung **2314** 27; Vorlage von Unterlagen **2314** 21; Wertermittlungsanspruch **2314** 17 ff; Zwangsvollstreckung **2314** 29
– **bei Zuwendung eines Vermächtnisses,** Anfechtung der Annahme einer belasteten Zuwendung **2308** 8; Anfechtung der Ausschlagung des Vermächtnisses **2308** 7; Anfechtung der Erbschaftsausschlagung **2308** 6; Anfechtungsgrund **2308** 3 ff; Annahme des Vermächtnisses **2307** 5, 11; aufschiebend bedingtes Vermächtnis **2307** 7; Ausschlagung des Vermächtnisses **2307** 4, 11; Ausschlagungsfrist **2307** 14; belasteter Erbteil neben Vermächtnis **2307** 10 ff; beschränkte und beschwerte Vermächtnisse **2307** 3; Beschränkungen und Beschwerungen **2307** 7; Ersatzvermächtnisnehmer **2307** 2; Konkurrenzfragen **2308** 1 f; Pflichtteilsrestanspruch **2307** 6; unbelasteter Erbteil neben Vermächtnis **2307** 9; Unkenntnis des Ausschlagenden **2308** 5; Vermächtnis neben Erbteil **2307** 8 ff; Vermächtnis neben Pflichtteil **2307** 2; voller Pflichtteil **2307** 4; Voraussetzungen **2307** 2 f; Wegfall der bestehenden Belastungen und Beschwerungen **2308** 3 f
–, **Beschränkungen und Beschwerungen,** abschließende Aufzählung **2306** 14; andere Anordnungen **2306** 15; andere Anwendungsfälle der Werttheorie **2306** 13; Anfechtung der Annahme einer belasteten Zuwendung **2308** 8;

Anfechtung der Ausschlagung des Vermächtnisses **2308** 7; Anfechtung der Erbschaftsausschlagung **2308** 6; Anfechtungsgrund **2308** 3 ff; Annahme der Erbschaft **2306** 20; durch Auflage **2306** 14; aufschiebend bedingtes Vermächtnis **2307** 7; Ausschlagung **2306** 17 f; Ausschlagung der Erbschaft **2306** 21 ff; Ausschlagung unter Pflichtteilsvorbehalt **2306** 18; Ausschlagungsfrist **2306** 23, 25; Ausschlagungsrecht **2306** 22; durch Berufung zum Nacherben **2306** 14; durch Berufung zum Vorerben **2306** 14; Erweiterung durch Analogie **2306** 14; gesellschaftsrechtliche Nachfolgeklausel **2306** 15; Grundzüge **2306** 1 f; in guter Absicht **2306** 15; hinterlassener Erbteil **2306** 5; Konkurrenzfragen **2308** 1 f; Nacherbeneinsetzung **2306** 24 ff; Pflichtteilsberechtigter als Erbe **2306** 3; Pflichtteilsergänzungsanspruch **2326** 4; Pflichtteilsverwirkungsklausel **2306** 19; Quotentheorie **2306** 9 ff; Teilungsanordnung **2306** 14; Anordnung der Testamentsvollstreckung **2306** 14, 16; Unkenntnis des Ausschlagenden **2308** 5; Vergleichsmaßstab **2306** 6 ff; durch Vermächtnis **2306** 14; **2307** 7; Wahlrecht des pflichtteilsberechtigten Erben **2306** 20 ff; Wegfall **2306** 16 ff; **2308** 3 f; Werttheorie **2306** 9 ff; Zeitpunkt des Erbfalls **2306** 14
–, **Stundung,** Entscheidung im streitigen Verfahren **2331 a** 13; gerichtliche – und Parteivereinbarung **2331 a** 2; Interessenabwägung **2331 a** 9; isoliertes Stundungsverfahren vor dem Nachlassgericht **2331 a** 11 f; Miterben **2331 a** 4, 8; nachträgliche Aufhebung oder Änderung **2331 a** 14; praktische Bedeutung **2331 a** 1; sachliche Stundungsvoraussetzungen **2331 a** 5 ff; Stundungsberechtigter **2331 a** 4; stundungsfähiger Anspruch **2331 a** 3; ungewöhnliche Härte für den Erben **2331 a** 6 ff; Veräußerung zur Unzeit **2331 a** 7; Verfahren **2331 a** 10 ff; Voraussetzungen **2331 a** 3 ff; Zumutbarkeit für den Antragsgegner **2331 a** 9
–, **Verjährung,** Wirkung des Anerkenntnisses **2332** 21; Anwendungsbereich **2332** 3 f; Auskunftsanspruch des Pflichtteilsberechtigten **2332** 4; Ausschlagung zur Pflichtteilserlangung **2332** 14; Beginn **2332** 5; Ehegatte aus Zugewinngemeinschaft als Erbe **2332** 13; Erbeinsetzung unter Verwirkungsklausel **2332** 12; Gesetzessystematik **2332** 1; Kenntnis vom Erbfall **2332** 6; Kenntnis von der beeinträchtigenden Verfügung **2332** 7 ff; Wirkung der Klageerhebung **2332** 17 ff; Leistungsverweigerungsrecht des Schuldners **2332** 25; Mängelgewährleistungsansprüche **2332** 4; Mahnverfahren **2332** 24; minderjährige Pflichtteilsberechtigte **2332** 22; Neubeginn oder Hemmung **2332** 16 ff; Ansprüche des nichtehelichen Kindes **2332** 13; ordentlicher Pflichtteil **2332** 7 ff; Pflichtteilsansprüche gegen den Erben **2332** 5 ff; Pflichtteilsergänzungsanspruch gegen den Beschenkten **2332** 15; Pflichtteilsergänzungsanspruch gegen den Erben **2332** 12 ff; bei Verhandlungen **2332** 23; Verjährungsverlängerung **2332** 26; Verzicht auf Einrede der Verjährung **2332** 25; Wirkung **2332** 25; Zweck **2332** 1
–, **Wert des Nachlasses,** Abfindungsklausel **2311** 38; Abschreibungsgesellschaft **2311** 22; nicht abzugsfähige Verbindlichkeiten **2311** 7 f,

magere Zahlen = Rn

10; Aktien 2311 40; Aktivbestand 2311 3 ff; Ansprüche aus Nachvermächtnis 2311 8; Anteile an Personen- und Partnerschaftsgesellschaften 2311 34 ff; auflösend bedingte Rechte und Verbindlichkeiten 2313 5; aufschiebend bedingte, ungewisse und unsichere Rechte und Verbindlichkeiten 2313 2 ff; Ausgleichung und sonstige Rechtsfolgen 2313 6 ff; Zurechnung von Bankkonten 2311 3; betriebsnotwendiges Vermögen 2311 26 f; Bewertung der Nachfolge in der Gesellschaftsbeteiligung 2311 36 ff; Bewertungsgutachten 2314 22 ff; Bewertungsziel 2311 1, 13 ff; bei Ehegatten 2311 3; eigengenutzte Einfamilienhäuser 2311 20; Eigentumswohnung 2311 21; Einzelfälle der Schätzung 2311 19 ff; Erbfallschulden 2311 9 ff; Erblasserschulden 2311 8; Erbschaft oder Vermächtnis eines vorverstorbenen Erblassers 2311 5; Ertragsteuer 2311 33; Ertragswert 2311 23, 25 f; Ertragswertverfahren 2311 18; Feststellung des Nachlassbestandes 2311 2 ff; freie Berufe 2311 32; gemeiner Wert 2311 13 f; Geschäftswert 2311 23; geschlossene Immobilienfonds 2311 22; Gesellschaftsbeteiligungen 2311 34 ff; Gewerbebewertung 2311 23 ff; gewerbliche Schutzrechte 2313 4; GmbH-Beteiligungen 2311 39; good will 2311 23, 31; Grunddaten der Wertermittlung 2311 16 ff; Grundsätze 2311 13 ff; Grundsatz der Bewertungseinheit 2311 23; Grundstücke 2311 19 ff; Handwerksbetriebe 2311 31; innerer oder wahrer Wert 2311 15; kleine und mittlere Unternehmen 2311 31; infolge von Konfusion erloschenes Rechtsverhältnis 2311 4; Kreditsicherheiten 2311 8; Wert eines Landguts 2312; Lastenausgleichsansprüche 2311 5; latente Einkommensteuerbelastung 2311 22; Lebensversicherung 2311 6; Liebhaberwert 2311 14; Liquidationswert 2311 23, 27, 30; Mietshäuser 2311 21; Miteigentumsanteil 2311 3; Nachfolgeklauseln 2311 35; Nachlassverbindlichkeiten 2311 7 ff; Feststellung der Nachlassverbindlichkeiten 2311 2; Pflichtteilsansprüche und Vermögensgesetz 2313 9; Pflichtteilsergänzungsansprüche 2311 6; Problemfälle bei der Schätzung von Grundstücken 2311 22; Schätzung des Verkehrswertes 2311 18; Spekulationssteuer 2311 22; Steuerrückerstattung 2311 5; Steuerschulden 2311 8; Stichtagsprinzip 2311 2; Stichtagsprinzip und Zukunftserwartungen 2311 16; Stock options 2313 4; Stuttgarter Verfahren 2311 29; subjektivierte Nachlassbewertung 2311 13 f; Substanz- oder Sachwertverfahren 2311 18; Substanzwert 2311 23; Surrogate 2311 5; tatsächlich erzielter Verkaufserlös 2311 17; Überblick 2311 1; unbebaute Grundstücke 2311 20; Untergrenze für die Pflichtteilsbewertung bei Unternehmen 2311 30; Unternehmensbewertung 2311 23 ff; Vergleichswertverfahren 2311 18, 24, 33; verjährte Verbindlichkeiten 2311 8; vermögenswerte Bestandteile des Persönlichkeitsrecht 2311 3; Voraus des überlebenden Ehegatten 2311 10; Voraus des überlebenden Lebenspartners 2311 11; Vorlage von Unterlagen 2314 21; Wertaufhellungsprinzip 2311 16; Wertbestimmungen des Erblassers 2311 12; Wertermittlungsanspruch gegenüber Erben 2314 17 ff; Wertfeststellung 2311 12 ff; wiederkehrende Forderungen 2311 5; bei Zusammenveranlagung der Ehegatten 2311 8

–, **Zugewinngemeinschaft,** Anrechnung von Zugewinn auf Zugewinnausgleich 2315 20; Ausschlagung von Erbschaft oder Vermächtnis 2303 23; Ausschlagungsfrist 2306 23; Berechnung des Ausgleichspflichtteils 2316 12 ff; Ehegatte als Erbe und Vermächtnisnehmer 2307 13; eheverträgliche Modifizierungen des Zugewinnausgleichs 2303 24; erbrechtliche Lösung 2303 24; Fernwirkung 2303 25; großer Pflichtteil 2303 24; güterrechtliche Lösung 2303 23; kleiner Pflichtteil 2303 23; 2304 7; 2305 8; 2306 17; Ehegatte als pflichtteilsberechtigter Miterbe 2319 5; Pflichtteilsergänzung 2325 38; Pflichtteilsquote der anderen Pflichtteilsberechtigten 2303 25; Pflichtteilsrestanspruch 2306 17; Pflichtteilszuwendung als Vermächtnis 2304 8; Verjährung 2332 3; Vermächtniszuwendung ohne Enterbung 2304 7

Pflichtteilsbeschränkung, nur gegenüber Abkömmlingen 2338 2; Anordnung der Nacherbfolge 2338 7 ff; Anordnung der Verwaltungsvollstreckung 2338 10 ff; Anordnung eines Nachvermächtnisses 2338 9; Anwendungsbereich 2338 1; Beschränkungsmöglichkeiten 2338 6 ff; Beweislast 2338 15; Form der Anordnung 2338 5; andere Gründe 2338 3; Schutz des Familienvermögens 2338 1; Überschuldung 2338 2; Verhältnis zur Vorschrift über Beschränkungen und Beschwerungen 2338 13 f; Verschwendung 2338 2; sachliche Voraussetzungen 2338 2 f; Wirkungen 2338 13 f; im wohlverstandenen Interesse des Pflichtteilsberechtigten 2338 1; zeitliche Voraussetzungen 2338 4; Zwangscharakter 2338 1; Zweck 2338 1

Pflichtteilsentziehung gegenüber Abkömmlingen 2333 6 ff; abschließende Aufzählung 2333 5; Abwägung zwischen Entziehung und Pflichtteilsrecht 2333 3; Angabe des Grundes in Verfügung von Todes wegen 2336 6 ff; Tatsache der Anordnung in letztwilliger Verfügung 2336 3 f; Ausschluss 2337 4; unter Bedingung 2336 5; Befristung 2336 5; grobe Beleidigung 2333 10; Beweislast 2336 10; selbständiges Beweissicherungsverfahren 2336 10; böswillige Unterhaltspflichtverletzung 2333 11; 2334 1; 2335 2; ehrloser oder unsittlicher Lebenswandel 2333 12 ff; Einzelfälle 2333 15 ff; Entziehung des Ehegattenpflichtteils 2335; Entziehung des Elternpflichtteils 2334; Entziehungsgrund 2336 5 ff; Erziehungszweck 2333 1; Familiensolidarität 2333 4; Fehlverhalten des Kindes 2333 2; Feststellungsklage 2336 11 f; Form der Entziehungsverfügung 2336 1 ff; Grenze 2333 1; Herstellung praktischer Konkordanz 2333 2; Konkurrenzfragen bei Ehegattenpflichtteilsentziehung 2335 4; für künftige Fälle 2335 5; Lebenspartnerschaft 2333 6; Misshandlung des Stiefelternteils 2333 9; nach dem Leben trachten 2333 7; 2334 1; 2335 2; und nachehelicher Unterhaltsanspruch 2335 5; Nachschieben von Gründen 2336 6; natürlicher Vorsatz 2333 3; Pflichtteilsentziehungsgründe 2333 6 ff; schwere Pietäts-

3173

Sachverzeichnis

verletzung **2333** 8; **2335** 2; Prozessuales **2336** 11 f; Rechtfertigung **2333** 1; Rechtsfolgen **2333** 18; Schutz der Familienehre **2333** 12; seelische Misshandlungen **2333** 9; strafgerichtliche Verurteilung **2333** 10; **2334** 2; Verbrechen oder vorsätzlich schweres Vergehen **2333** 10; Verdachtsentziehung **2336** 5; Verfahrensfragen **2336** 10 ff; verfassungskonforme Auslegung **2333** 4; Verwirkungs- oder Strafgedanke **2333** 1; Verzeihung *s dort*; vorsätzliche körperliche Misshandlung **2333** 8 f; **2335** 2; Widerruf **2337** 6; Wirkung der Verfügung **2336** 14

Pflichtteilsergänzung, Abfindung für Erbverzicht **2325** 13; Abfindung für Pflichtteilsverzicht **2325** 13; allseitiger Abfindungsausschluss bei Gesellschaften **2325** 15; Anfechtung der Erbschaftsannahme **2326** 5; anrechnungspflichtige Zuwendungen **2327** 6 ff; Anstands- und Pflichtschenkung **2330** 2 ff; Aufnahme eines persönlich haftenden Gesellschafters **2325** 14; bei Ausschlagung der Erbschaft **2326** 5; belohnende Schenkungen **2330** 4; Berechnung des Anspruchs **2325** 35 ff; Berechnungsbeispiele bei Eigengeschenken **2327** 4.1, 7.1, 10.1; Berechnungsbeispiele bei Schenkungen **2325** 36.1, 38.1; beschenkter Pflichtteilsberechtigter **2327**; Beschränkungen und Beschwerungen von zugewandtem Erbteil und Vermächtnis **2326** 4, 6; Beweislast **2325** 40; **2327** 11; **2330** 6; Bewertung **2325** 17 ff; Bewertung von Pflegeleistungen **2325** 27; Bewertungsgrundsätze **2325** 17; Bewertungsstichtag **2325** 17; Bruchteils- und Quotennießbrauch **2325** 30; Doppelberechtigung **2325** 3; ehebezogene (unbenannte) Zuwendungen **2325** 10; Eheverträge **2325** 11; reines Eigengeschenk ohne Anrechnungs- und Ausgleichspflichten **2327** 4 f; Eigengeschenke **2325** 3; ausgleichungspflichtige Eigengeschenke **2327** 10 f; Anrechnung von Eigengeschenken **2327** 2 ff; Eigentumszuordnung am Familienheim **2325** 10; Einzelfälle **2325** 9 ff; Einzelfälle zur Frist **2325** 29 ff; bei Erbeinsetzung des Pflichtteilsberechtigten **2326** 2 ff; bei Erbeinsetzung über der Hälfte des gesetzlichen Erbteils **2326**; ergänzungspflichtige Schenkungen **2325** 28; Feststellungsklage **2325** 39; Fortsetzung der Gesellschaft bei Tod eines Gesellschafters **2325** 15; Frist bei Schenkungen an Ehegatten **2325** 33 ff; Fristbeginn **2325** 28; Gegenleistungen der Schenkung **2325** 7; Geldanspruch **2325** 35; gemischte Schenkungen **2325** 6 ff, 22; Genussverzicht des Erblassers **2325** 28, 32; Gläubiger des Anspruchs **2325** 4; Grundmuster der Berechnung **2325** 36 ff; bei Grundstücken **2325** 21, 29; Gütergemeinschaft **2325** 11; Güterstandsschaukel **2325** 12; Gütertrennungsmodell **2325** 12; Hofübergabe **2325** 16; Kapitalisierung von Nutzungsrechten und wiederkehrenden Leistungen **2325** 26; Kaufkraftschwund **2325** 20; Kürzungsrecht des pflichtteilsberechtigten Erben **2328** 3; Lebensversicherungen **2325** 9; legitime Vermögensteilhabe des Ehegatten **2325** 10; Zahlung einer Leibrente **2325** 31; Leistungsverweigerungsrecht des Erben **2328** 1; mehrere beschenkte Pflichtteilsberechtigte **2327** 5; mehrere Schenkungen **2325** 36; bei negativem Nachlasswert **2325** 35; nichtverbrauchbare Sachen **2325** 19 ff; Niederstwertprinzip **2325** 19 ff; objektive Unentgeltlichkeit **2325** 7; Paketlösung **2325** 11; überhöhte Pflicht- und Anstandsschenkungen **2325** 8; bei selbst pflichtteilsberechtigtem Erben **2328**; pflichtteilsberechtigter Miterbe **2328** 2; Prinzip der subjektiven Äquivalenz **2325** 6; Prozessuales **2325** 39 f; Recht der DDR **2325** 41; Rechtsfolge **2325** 35 ff; Rechtsnatur des Anspruchs **2325** 2; Schenkung aufgrund sittlicher Pflicht **2330** 3; Schenkung unter Auflage **2325** 8; Schenkungsbegriff **2325** 5 ff; Schuldner des Anspruchs **2325** 4; Errichtung einer Stiftung unter Lebenden **2325** 16; subsidiäre Ausfallhaftung des Beschenkten **2329** 1; überschuldeter Nachlass **2325** 37; verbrauchbare Sachen **2325** 18; Vereinbarung von enumerativen Rückerwerbsrechten **2325** 32; Verfahrensfragen **2327** 11; Vergleichsberechnung **2325** 20; Verkehrswert **2325** 17; bei Vermächtniszuwendung an den Pflichtteilsberechtigten **2326** 6; Voraussetzungen des Anspruchs **2325** 3 ff; Schenkungen des Vorerben **2325**; Wertverringerung des Nachlasses bei Leistungsverweigerungsrecht des Erben **2328** 4; freies Widerrufsrecht **2325** 32; Wohnungsrecht **2325** 31; zeitliche Begrenzung **2325** 28 ff; Zugewinngemeinschaft **2325** 38; Zuwendungen aus dem Gesamtgut **2331**; Zuwendungen unter Vorbehalt eines Nutzungsrechts **2325** 23 ff, 30

–, **Anspruch gegen den Beschenkten,** pflichtteilsberechtigter Alleinerbe **2329** 2, 8; Anspruchsinhalt **2329** 9 f; Anspruchskonkurrenzen **2329** 14 f; Anspruchsvoraussetzungen **2329** 2 ff; Anstands- und Pflichtschenkungen **2330** 2 ff; Bereicherungshaftung des Beschenkten **2329** 11; beschenkter Erbe **2329** 3; Beweislast **2329** 16; Duldung der Zwangsvollstreckung **2329** 9; Gläubiger **2329** 2; Haftungsbeschränkung **2329** 13; mehrere Beschenkte **2329** 4 ff; mehrere pflichtteilsberechtigte Miterben **2329** 2; Pflichtteilsergänzungsanspruch **2329** 7; Rechtsähnlichkeit von § 2325 und § 2329 **2329** 12; Rechtsfolge **2329** 9 ff; Schenkung an mehrere Personen gleichzeitig **2329** 6; Schuldner **2329** 3 ff; subsidiäre Haftung des Beschenkten **2329** 1, 8; Verfahrensfragen **2329** 16 ff; Verjährung **2329** 18; **2332** 2; Verjährungshemmung **2329** 5

Pflichtteilslast, Abänderungsmöglichkeiten des Erblassers **2324**; bei Anwachsung **2302** 4; Ausfallhaftung **2319** 8 ff; Auswirkungen der Einrede auf Miterben **2319** 8 ff; des Ersatzmannes **2320**; gesetzlicher Erbe als Ersatzmann **2320** 2; Kürzung von Vermächtnissen und Auflagen *s Pflichtteilslast bei Vermächtnissen und Auflagen;* Lastenverteilung in Höhe des erlangten Vorteils **2320** 6; Leistungsverweigerungsrecht des Miterben **2319** 4 ff; Mehrheit von Erben **2319** 2; nicht pflichtteilsbelasteter Erbe **2323**; pflichtteilsberechtigter Miterbe **2319**; bei Vermächtnisausschlagung **2321**; Verteilung der Pflichtteils- und Vermächtnislast bei gesetzlicher Erbfolge **2320** 2 f; Verteilung der Pflichtteils- und Vermächtnislast bei gewillkürter Erbfolge **2320** 4 f; Wirkungen der Einrede **2319** 7

magere Zahlen = Rn

Sachverzeichnis

- **bei Vermächtnissen und Auflagen** abweichende Anordnungen des Erblassers **2324**; Belastungsgrenze **2318** 9; Berechnungsbeispiele **2318** 3.1 f, 8.1 f, 10.1; Durchführung der Kürzung **2318** 3 ff; **2322** 2 ff; Ehegatte als Vermächtnisnehmer **2318** 6; Einschränkung der Kürzungsbefugnis **2318** 6 ff; erweiterte Kürzungsbefugnis **2318** 9 f; Konkurrenzverhältnisse **2318** 10 f; Kürzungsgrenze **2318** 6; Kürzungsrecht des Erben **2318** 2 ff; **2328** 3; Kürzungsrecht des Ersatzmannes **2322** 2 ff; mehrere Vermächtnisse oder Auflagen **2318** 5; pflichtteilsberechtigter Erbe **2318** 9 ff; pflichtteilsberechtigter Vermächtnisnehmer **2318** 6 ff; Pflichtteilsberechtigung bei Erben und Vermächtnisnehmer **2318** 12; Prozessuales **2318** 13; Umlegungsschlüssel **2318** 8; unteilbare Leistung als Objekt des Vermächtnisses oder der Auflage **2322** 4; verhältnismäßige Tragung der Pflichtteilslast **2318** 2; zwingendes Recht **2318** 11
Pflichtteilsrestanspruch 2305 2 ff; **2306** 17; **2307** 6; **2316** 16 f
Pflichtteilssanktionsklausel Änderungsvorbehalt **2278** 15; im gemeinschaftlichen Testament **2269** 22
Pflichtteilsunwürdigkeit 2345
Pflichtteilsvermächtnis 1939 6
Pflichtteilsverwirkungsklausel, klassische cautela socini **2306** 19; modifizierte cautela socini **2306** 19
Pflichtteilsverzicht, Aufhebung **2351** 1; Auslegungsregel **2350** 2; unter aufschiebender Bedingung **2346** 14; Beschränkung **2346** 16 f; entgeltlicher – **2346** 28; Erstreckung auf Abkömmlinge **2349** 1; gegenständlich beschränkter – **2346** 17; gerichtliche Überprüfung **2346** 39; Inhaltskontrolle **2346** 38 ff; Pflichtteilsrestanspruch **2346** 11; Umstandssittenwidrigkeit **2346** 41; Wegfall der Geschäftsgrundlage **2346** 33; Wirksamkeitskontrolle **2346** 38 f; Wirkung **2346** 16, 24; zeitliche Grenzen **2346** 7
private Rentenversicherung
–, **Wertermittlung im Versorgungsausgleich,** Abgrenzung von gesetzlicher Rente **1587 a** 132 f; Abgrenzung zum Zugewinnausgleich **1587 a** 134 ff; allgemeine Grundlagen **1587 a** 131 ff; Ausgleich **1587 a** 151 ff; Bewertung nach dem Barwert **1587 a** 143; Berufsunfähigkeitszusatzversicherung **1587 a** 138, 148 f, 153; Bewertung **1587 a** 139 ff; BUZ **1587 a** 138; Deckungskapital **1587 a** 132; Bewertung nach dem Deckungskapital **1587 a** 141 f; Ermittlung der Differenzrente **1587 a** 140; Direktversicherung **1587 a** 136, 150; dynamischer Betrag der Rentenanwartschaft **1587 a** 144; Ehezeitanteil **1587 a** 139 ff; Ersatzausgleich **1587 a** 155; fiktive Beitragsfreistellung **1587 a** 140; fiktive Einzahlung in die gesetzliche Rentenversicherung **1587 a** 144 ff; fiktiver Versorgungsfall **1587 a** 139; Generationenvertrag **1587 a** 132; Kapitalwahlrecht **1587 a** 135; Leibrentenversicherung **1587 a** 134, 137; Realteilung **1587 a** 152 ff; Rentenwahlrecht **1587 a** 135; Risikoversicherung **1587 a** 138; schuldrechtlicher Ausgleich **1587 a** 155; Tenor der Entscheidung **1587 a** 154; Überzins **1587 a** 133, 141; Vertragstypen

1587 a 137 f; wiederkehrende Leistungen **1587 a** 134
Produkthaftung, Internationales Privatrecht **EGBGB 42** 55 ff
Prozesskostenvorschuss, Anspruchsberechtigung **1610** 29 f; Aufrechnung **1610** 37; Aussicht auf Erfolg **1610** 35; Billigkeit **1610** 34; Kostenfestsetzungsverfahren **1610** 38; Leistungsfähigkeit des Pflichtigen **1610** 33; Rechtsnatur **1610** 28; Rückzahlung **1610** 38; Verhältnis zur Prozesskostenhilfe **1610** 39; Voraussetzungen **1610** 31 ff; zeitliche Grenzen **1610** 36; Zwangsvollstreckung **1610** 36
Prozesspflegschaft 1961 1
Psychopath, Testierfähigkeit **2229** 9

Qualifikation EGBGB Einl IPR 51 ff
Qualifikationsverweisung EGBGB Einl IPR 61
Quasisplitting, analoge Anwendung der Vorschriften über – **VAHRG 1** 23; analoges – **1587** 67; **1587 b** 31, 39; **VAHRG 1** 1, 4, 21 ff; **VAHRG 4** 2; **VAHRG 10**; Anwartschaftskürzung **VAHRG 4** 2; Anwendungsbereich **1587 b** 29 ff; Ausgleich in anderer Weise **1587 b** 41 ff; Ausgleichsform **1587 b** 27 f; ausländische Behörden **1587 b** 32; Begriff **1587 b** 2; Begründung von Anrechten in der gesetzlichen Rentenversicherung **1587 b** 7; Beitragszahlung **1587 b** 44 ff; Grundsatz des Einmalausgleichs **1587 b** 1; Folgen des Ausgleichs **1587 b** 34; Fremdrentengesetz **1587 b** 6; Grundsätzliches **1587 b** 2 ff; Härteregelungen bei analogem – **VAHRG 10**; Höchstbetrag **1587 b** 33, 43, 63 ff; Höherversicherung **VAHRG 1** 21; inländische Anrechte **1587 b** 6; internationale Behörden **1587 b** 32; kommunale Versorgungseinrichtungen **1587 b** 31; landwirtschaftliche Alterskasse **1587 b** 28; laufende Rente **1587 b** 5, 29; maßgebender Zeitpunkt **1587 b** 4; Max-Planck-Gesellschaft **1587 b** 29; fehlende Nachversicherung **1587 b** 30; öffentlich-rechtlich organisierte Versorgungseinrichtungen **VAHRG 1** 21 ff; öffentlich-rechtlich organisierte Versorgungsträger **1587 b** 29 ff, 31, 39; Pensionistenprivileg **1587 b** 34, 39; Realteilung **1587 b** 28; schuldrechtlicher Ausgleich **1587 b** 40; Sonderformen der betrieblichen Altersversorgung **1587 b** 31; Teilentscheidung **1587 b** 7; Tenor der Entscheidung **1587 b** 28.1, 39.1, 42.1; Tod des Berechtigten vor Empfang angemessener Leistungen **VAHRG 4** 2; Unwirtschaftlichkeit **1587 b** 33; Versorgungsausgleich durch – **1587** 63; **1587 b** 27 ff; Zusammentreffen von gesetzlicher Rente und Beamtenversorgung **1587 b** 35; Zusatzversorgung des Bundes und der Länder **1587 b** 31; **VAHRG 1** 21
Quotenbedarf 1361 25
Quotenbedarfsmethode 1361 97, 115
Quotenunterhalt 1361 93 ff
Quotenvermächtnis 1939 6; **2087** 1
Quotierungsmethode 1587 65

Realteilung, Anwartschaftskürzung **VAHRG 4** 2; Ausgleich außerhalb der gesetzlichen Rentenversicherung **1587 b** 38; **VAHRG 1** 5; Bar-

Sachverzeichnis

fette Zahlen = §§

wert **VAHRG 1** 11 f; Begründung nominal gleich hoher Anrechte **VAHRG 1** 13 ff; Begründung von Anwartschaften **VAHRG 1** 6; beide Ehegatten Mitglied im Versorgungswerk **VAHRG 1** 8; Berufsunfähigkeitszusatzversicherung **VAHRG 1** 16; Bilanzwert **VAHRG 1** 19 ff; Bindung an die Zustimmung des Versorgungsträgers **VAHRG 1** 5 f; Deckungskapital **VAHRG 1** 11 f; als Form des Versorgungsausgleichs **1587** 66; Gegenverrechnung **VAHRG 1** 19 ff; Härteregelungen **VAHRG 1** 17; Halbteilung **VAHRG 1** 10 ff; Invalidenversorgung **VAHRG 1** 16; Kürzungsmodus **VAHRG 1** 17; Leistungsinhalt der begründeten Versorgung **VAHRG 1** 16; Nominalrente **VAHRG 1** 10; Rangfolge der Ausgleichsformen **VAHRG 1** 4; Teilungsmodus **VAHRG 1** 9 ff; Tod des Berechtigten vor Empfang angemessener Leistungen **VAHRG 4** 2; Verfahrensfragen **VAHRG 1** 25 f; Verhältnisrechnung **VAHRG 1** 20; und verlängerter schuldrechtlicher Versorgungsausgleich **VAHRG 3 a** 6; Versorgungsordnung **VAHRG 1** 7; volldynamische Anrechte **VAHRG 1** 10; Voraussetzungen **VAHRG 1** 8; Zustimmung im Einzelfall **VAHRG 1** 18

Rechtsanwendungsgesetz EGBGB 27 5

Rechtsfähigkeit, Beginn und Ende **EGBGB 7** 9; Beschränkung **EGBGB 12** 78; besondere – **EGBGB 7** 12 ff; Beteiligtenfähigkeit **EGBGB 7** 11; Einflüsse des Gemeinschaftsrechts und der EMRK **EGBGB 7** 7; Emanzipation **EGBGB 7** 47 ff; Entmündigung **EGBGB 7** 50 ff; erfasste Regelungen **EGBGB 7** 8 ff; Grundstruktur **EGBGB 7** 1 ff; Insolvenzfähigkeit **EGBGB 7** 11; Internationales Gesellschaftsrecht **EGBGB 12** 73; ordre public **EGBGB 7** 6; Parteifähigkeit **EGBGB 7** 11; postmortaler Persönlichkeitsschutz **EGBGB 7** 15 f; pränataler Deliktsschutz **EGBGB 7** 16; kraft Rechtsschein **EGBGB 12** 78; Statutenwechsel **EGBGB 7** 43 ff; Übergangsrecht im Verhältnis zur ehemaligen DDR **EGBGB 7** 56; Verfahrensfragen **EGBGB 7** 47 ff; Verkehrsschutz **EGBGB 12** 16 f; Volljährigkeitserklärung **EGBGB 7** 47 ff; Wechsel der Staatsangehörigkeit **EGBGB 7** 43 ff; Wirkungsstatut **EGBGB 7** 12 ff; Wohnsitzwechsel **EGBGB 7** 46; Zivilrechtsfähigkeit **EGBGB 7** 8

Rechtsspaltung, auch kollisionsrechtliche – **EGBGB 4** 21; interpersonale – **EGBGB 4** 18; interreligiöse – **EGBGB 4** 18; kollisionsrechtliche – **EGBGB 4** 16; territoriale – **EGBGB 4** 18

Rechtssurrogation 2041 2

Rechtswahl im Internationalen Privatrecht s *Internationales Privatrecht, freie Rechtswahl*

réfugié sur place EGBGB 5 24

Registerstatut, Anerkennung ausländischer Entscheidungen **EGBGB 17 b** 57 f; Anknüpfungspunkt **EGBGB 17 b** 24 f; und Gesellschaftsstatut **EGBGB 12** 88 a; Günstigkeitsvergleich **EGBGB 17 b** 27; güterrechtliche Wirkungen **EGBGB 17 b** 26, 38; intertemporale Konfliktregelung **EGBGB 17 b** 54; Kappungsregelung **EGBGB 17 b** 45 ff; ordre public **EGBGB 17 b** 53; Rechtswahl **EGBGB 17 b** 26; Reichweite **EGBGB 17 b** 16 ff; Verfahrensrecht

EGBGB 17 b 55 ff; Verkehrsschutz **EGBGB 17 b** 27

Rentenanwartschaften, Ruhen der Verpflichtung zur Begründung von – **1587 d**; Übertragung im Versorgungsausgleich s *Versorgungsausgleich*

Rentensplitting 1587 b 8 ff, s auch *Versorgungsausgleich*

Rentenüberleitungsgesetz 1587 a 77

Rentenversicherungsnachhaltigkeitsgesetz 1587 a 61

renvoi, Begriff **EGBGB 4** 2; hidden **EGBGB 4** 12; Nichtfeststellbarkeit **EGBGB 4** 17; Reichweite **EGBGB 4** 16; nach Sinnvorbehalt **EGBGB 4** 8 f; Teilrenvoi **EGBGB 4** 16; bei Unteranknüpfung **EGBGB 4** 21; Verkehrsschutz **EGBGB 12** 6; im Vertragsstatut **EGBGB 35**

Residenzmodell 1687 3

Rom II-VO, Anwendungsbeginn **EGBGB 42** 150 f; Anwendungsbereich **EGBGB 42** 16 ff; Auslegungsgrundsätze **EGBGB 42** 12; Ausnahmen von der Anwendung **EGBGB 42** 18 ff; Ausschluss der Rück- und Weiterverweisung **EGBGB 42** 138 f; außervertragliche Schuldverhältnisse **EGBGB 42** 26 ff; Beweis **EGBGB 42** 24, 130 ff; Direktklage gegen den Versicherer des Haftenden **EGBGB 42** 121 ff; Eingriffsnormen **EGBGB 42** 114 ff; Entstehung **EGBGB 42** 9; Familienverhältnis **EGBGB 42** 19; gesetzlicher Forderungsübergang **EGBGB 42** 124 f; Form der Rechtshandlung **EGBGB 42** 128 f; Geltungsbereich des anzuwendenden Rechts **EGBGB 42** 103 ff; gemeinsame Vorschriften **EGBGB 42** 103 ff; Gesamtverweisung **EGBGB 42** 139; Geschäftsführung ohne Auftrag **EGBGB 42** 83 ff; gewöhnlicher Aufenthalt **EGBGB 42** 134 ff; güterrechtliche Streitigkeiten **EGBGB 42** 19; Herkunftslandprinzip **EGBGB 42** 145; Schäden durch Kernenergie **EGBGB 42** 21; loi uniforme **EGBGB 42** 28; mehrfache Haftung **EGBGB 42** 126 f; Negativkatalog **EGBGB 42** 18 ff; öffentliche Ordnung im Staat des angerufenen Gerichts **EGBGB 42** 143 f; ordre public **EGBGB 42** 143 f; Verletzung der Privatsphäre oder von Persönlichkeitsrechten **EGBGB 42** 22 f; Sachnormverweisung **EGBGB 42** 138; Schadensbegriff **EGBGB 42** 26; Sicherheits- und Verhaltensregeln **EGBGB 42** 118 ff; Sonderstatus Dänemarks **EGBGB 42** 25; Staaten ohne einheitliche Rechtsordnung **EGBGB 42** 140 ff; System **EGBGB 42** 13 ff; Überblick **EGBGB 42** 13 ff; universelle Anwendung **EGBGB 42** 28; Unterhaltspflichten **EGBGB 42** 19; Verbindung zum Recht verschiedener Staaten **EGBGB 42** 17; Verfahren **EGBGB 42** 24; Verhältnis zu anderen Gemeinschaftsrechtsakten **EGBGB 42** 145; Verhältnis zu bestehenden internationalen Übereinkommen **EGBGB 42** 146 ff; Verhältnis zur EuGVVO **EGBGB 42** 11; Verschulden bei Vertragsverhandlungen **EGBGB 42** 89 ff; Verzeichnis der Übereinkommen **EGBGB 42** 149; wahrscheinlicher Schadenseintritt **EGBGB 42** 27; Wertpapier **EGBGB 42** 20; Zeitpunkt des Anwendungsbeginns **EGBGB 42** 150 f; Zweck **EGBGB 42** 10

magere Zahlen = Rn   **Sachverzeichnis**

–, **freie Rechtswahl,** ausdrückliche – **EGBGB 42** 100; Gegenstand **EGBGB 42** 96; ius cogens **EGBGB 42** 102; nachträgliche – **EGBGB 42** 98; Parteiautonomie **EGBGB 42** 95; Rechte Dritter **EGBGB 42** 101; stillschweigende – **EGBGB 42** 100; vorherige – **EGBGB 42** 99; Wirksamkeit **EGBGB 42** 97; Zustandekommen **EGBGB 42** 97
–, **unerlaubte Handlung,** allgemeine Kollisionsnorm **EGBGB 42** 29 ff; Anknüpfungssystem **EGBGB 42** 30; Arbeitskampfmaßnahmen **EGBGB 42** 69 f; Arbeitsunfälle **EGBGB 42** 51; Bahnverkehrsunfälle **EGBGB 42** 50; besondere Sachbereiche **EGBGB 42** 43 ff; offensichtlich engere Verbindung **EGBGB 42** 37 ff; gemeinsamer gewöhnlicher Aufenthalt **EGBGB 42** 36; Handlungsortrecht **EGBGB 42** 34; Internet-Delikte **EGBGB 42** 53 f; Luftverkehrsunfälle **EGBGB 42** 49; Massenunfälle **EGBGB 42** 52; mehrere Erfolgsorte **EGBGB 42** 35; Produkthaftung **EGBGB 42** 55 ff; Schiffsverkehrsunfälle **EGBGB 42** 47 f; Straßenverkehrsunfälle **EGBGB 42** 44 ff; Tatortgrundsatz **EGBGB 42** 31 ff; Umweltschädigung **EGBGB 42** 63 f; unlauterer Wettbewerb **EGBGB 42** 58 ff; Verletzung von Rechten des geistigen Eigentums **EGBGB 42** 65 ff, 94
–, **ungerechtfertigte Bereicherung,** Anknüpfungssystem **EGBGB 42** 72; Anwendungsbereich **EGBGB 42** 73 f; Ausweichklausel **EGBGB 42** 81; offensichtlich engere Verbindung **EGBGB 42** 81 f; Grundanknüpfung **EGBGB 42** 79; Immaterialgüterrechte **EGBGB 42** 80; Mehrpersonenverhältnisse **EGBGB 42** 77 f; Regelungszweck **EGBGB 42** 71; vertragsakzessorische Anknüpfung **EGBGB 42** 75 f
Rom I-VO EGBGB 11 2 a; **EGBGB 12** 3; Entwurf **EGBGB 37** 15 ff
Rücksicht in der Familie **1618 a** 7 f
Rückvermächtnis 2177 4; **2191** 2
Rückversicherungsvertrag, Internationales Privatrecht **EGBGB 37** 12
Rückverweisung EGBGB Einl IPR 76
ruhegehaltsfähige Dienstbezüge 1587 a 7
ruhegehaltsfähige Dienstzeit, Anrechnungszeiten **1587 a** 10 f; Ausbildungszeiten **1587 a** 10 f; Dienstunfähigkeitszeit **1587 a** 16; Dienstzeiten im Ruhestand **1587 a** 12, 17; einzubeziehende Zeiten **1587 a** 9 ff; Gesamtzeit **1587 a** 14 f; Kindererziehungszeiten **1587 a** 7, 19; Phasen einer Teilzeitbeschäftigung **1587 a** 8; Zurechnungszeiten **1587 a** 12

Sachnormverweisung EGBGB Einl IPR 76; **EGBGB 3** 3; **EGBGB 4** 2 ff
Sachstatut s *Internationales Sachenrecht*
Sammelvermögen Internationales Privatrecht **EGBGB 24** 27
Scheidung der Ehe, Abweisung des Antrages **1564** 23; Allgemeines **1564** 1; auf Antrag **1564** 11 ff, 26; Antragsberechtigte **1564** 12; Antragsschrift **1564** 11; Anwaltszwang **1564** 13, 16; aufhebbare Ehe **1564** 7; Auflösung der Ehe **1564** 4; im Ausland **1564** 9; außergewöhnliche Umstände s *Härteklausel;* Ausspruch der Scheidung **1564** 24; bestehende Ehe **1564** 7; unter Betreuung stehender Personen **1564** 13; Beweislast **1564** 28; **1565** 32; **1566** 13; Darlegungslast **1564** 28; demütigende Beschimpfungen **1565** 28; dreijährige Trennung **1566** 11; einheitliche Entscheidung **1564** 21; einstweilige Anordnung **1564** 27; einverständliche – s *dort;* Entscheidung über den Antrag **1564** 21 ff; Feststellung des Scheiterns der Ehe **1564** 3; Folgen der – **1564** 4, 25; Fristenmodell der Scheidung **1566** 1; geschäftsunfähiger Ehegatte **1564** 13; Getrenntleben der Ehegatten s *dort;* grobe Ehrverletzung **1565** 28; Grundtatbestand **1565** 1; Härteklausel s *dort;* Haftstrafe **1565** 28; internationales Recht **1564** 29; Kind aus außerehelicher Beziehung **1565** 28; minderjähriger Ehegatte **1564** 13; nach drei Jahren Getrenntlebens **1566** 11; neue Bundesländer **1564** 30; nicht mehr bestehende Ehe **1564** 9; Nichtehe **1564** 7; Privatscheidungen **1564** 10; Prozesshandlung **1564** 13; Prozesskostenhilfe **1564** 8; Prüfungsreihenfolge **1564** 22; Reformvorhaben **1564** 31; Rücknahme des Scheidungsantrages **1564** 16 f; Scheidung einer Ehe **1564** 7 ff; Scheidungsgründe **1564** ff; Scheinehe **1564** 8; auf Grund Scheiterns der Ehe s *Scheitern der Ehe;* schwere Beleidigung **1565** 28; schwere Härte s *Härteklausel;* subjektives Gestaltungsrecht auf Scheidung **1564** 14; Tätlichkeiten **1565** 28; Trunksucht eines Ehegatten **1565** 28; unwiderlegbare gesetzliche Vermutung für das Scheitern der Ehe **1566** 1, 10, 11; durch Urteil **1564** 10; Vereinbarungen der Parteien **1564** 20; Verfahren **1564** 26 f; **1565** 30 ff; **1566** 12; Verfahren in Ehesachen **1564** 27; Verlassen bei Geburt des Kindes **1565** 28; Vermutung für das Scheitern der Ehe **1566;** Verschulden als Beurteilungskriterium **1564** 2; Verstoß gegen eheliche Treue **1565** 27; Verzicht auf Scheidungsanspruch **1564** 18; vor Ablauf des Trennungsjahres **1565** 18 ff; Voraussetzungen **1564** 19 f; vorzeitige – s *Scheidung der Ehe vor Ablauf des Trennungsjahres;* materiellrechtliche Wirkung des Scheidungsantrages **1564** 14 ff; Wirkung des Scheidungsurteils **1564** 24; Zerrüttungsprinzip **1564** 1; **1565** 1; zur Unzeit **1568** 2; Zuständigkeit des FamG **1564** 27; zwingendes Recht **1564** 20
–, **Internationales Privatrecht,** Anerkennung ausländischer Entscheidungen **EGBGB 17** 159 ff; Anknüpfungspunkte **EGBGB 17** 50 ff; ausländische Privatscheidung **EGBGB 17** 81 ff, 93 ff; Begriff der Ehescheidung **EGBGB 17** 11 ff; einstweilige Anordnung **EGBGB 17** 156; gerichtliches Scheidungsmonopol **EGBGB 17** 74 ff; hinkende Inlandsehe **EGBGB 17** 71 ff; hinkende Scheidung **EGBGB 17** 78; interlokales Recht **EGBGB 17** 187 ff; intertemporales Recht **EGBGB 17** 184 ff; Nutzungsbefugnis für im Inland befindlichen Hausrat **EGBGB 17 a** 16; Nutzungsbefugnis für im Inland belegene Ehewohnung **EGBGB 17 a** 16; ordre public **EGBGB 17** 47 ff, 67 ff, 95, 137 ff; Recht der DDR **EGBGB 17** 187 ff; Rechtshängigkeit im Ausland **EGBGB 17** 183; Scheidbarkeit und Scheidungsgründe **EGBGB 17** 22 ff; Scheidung durch deutsche Gerichte **EGBGB 17** 74 ff; Scheidungsausspruch **EGBGB 17** 45 f; Scheidungserleichterung durch Anwen-

Sachverzeichnis

fette Zahlen = §§

dung deutschen Rechts **EGBGB 17** 56 ff; Scheidungsvoraussetzungen **EGBGB 17** 22 ff; Scheidungswirkungen **EGBGB 17** 29 ff; Unscheidbarkeit der Ehe **EGBGB 17** 56 ff; Verbundzuständigkeit **EGBGB 17** 154 f; Verfahrensrecht **EGBGB 17** 140 ff; Versorgungsausgleich **EGBGB 17** 97 ff; Verstoß gegen Art. 6 GG **EGBGB 17** 67 ff; Verstoßung (talaq) **EGBGB 17** 95; Vorfragen bestehender Ehe **EGBGB 17** 19 ff; Warte- und Trennungsfristen **EGBGB 17** 24; Zuständigkeit **EGBGB 17** 143 ff
– vor Ablauf des Trennungsjahres, Beschränkung auf streitige Fälle **1565** 22; Beweislast **1565** 32; Biographie der Ehe **1565** 29; demütigende Beschimpfungen **1565** 28; eigener Scheidungstatbestand **1565** 18; Einzelfälle **1565** 27 ff; Fehlehe **1565** 21; grobe Ehrverletzung **1565** 28; grobe Fälle **1565** 18; Haftstrafe **1565** 28; Kind aus außerehelicher Beziehung **1565** 28; strenge Maßstäbe **1565** 24; nachlässige Versorgung des Haushalts **1565** 29; Scheinehe **1565** 21; schwere Beleidigung **1565** 28; strenge Maßstäbe **1565** 26; subjektives Härteempfinden **1565** 26; Tätlichkeiten **1565** 28; Trunksucht eines Ehegatten **1565** 28; unverschuldete Krankheiten **1565** 29; wegen unzumutbarer Härte **1565** 25 f; Verfahren **1565** 31; Verlassen bei Geburt des Kindes **1565** 28; Verstoß gegen eheliche Treue **1565** 27; Verweigerung von Unterhalt **1565** 29; Voraussetzungen **1565** 20 ff; Zweckehe **1565** 21
Scheidungsstatut, Abgrenzung zum Eheschließungsstatut **EGBGB 13** 16; allgemeine Regeln **EGBGB 17** 131 ff; Anerkennung ausländischer Entscheidungen **EGBGB 17** 159 ff; Anerkennung ausländischer Privatscheidungen **EGBGB 17** 3; Anknüpfung an Ehewirkungsstatut **EGBGB 17** 1; Anknüpfungsgegenstände **EGBGB 17** 10 ff; Anknüpfungspunkte **EGBGB 17** 50 ff; ausländische Privatscheidung **EGBGB 17** 81 ff, 93 ff; Begriff der Ehescheidung **EGBGB 17** 11 ff; betroffene Rechtsinstitute **EGBGB 17** 11 ff; Durchführung der Scheidung bei ausländischem – **EGBGB 17** 84 ff; Ehetrennungsgründe **EGBGB 17** 22 ff; einstweilige Anordnung **EGBGB 17** 156; gerichtliches Scheidungsmonopol **EGBGB 17** 74 ff; und Güterrechtsstatut **EGBGB 15** 41 ff; hinkende Inlandsehe **EGBGB 17** 71 ff; hinkende Scheidung **EGBGB 17** 78; interlokales Recht **EGBGB 17** 187 ff; intertemporales Recht **EGBGB 17** 184 ff; Verweis auf Kegel'sche Leiter **EGBGB 17** 51 ff; Nebenfolgen der Scheidung **EGBGB 17** 2; Auflösung der nichtehelichen Lebensgemeinschaft **EGBGB 17** 16 ff; Nutzungsbefugnis für im Inland befindlichen Hausrat **EGBGB 17a** 16; Nutzungsbefugnis für im Inland belegene Ehewohnung **EGBGB 17a** 16; ordre public **EGBGB 17** 47 ff, 137 ff; deutscher ordre public **EGBGB 17** 67 ff, 95; Privatscheidung im Inland **EGBGB 17** 74 ff; Recht der DDR **EGBGB 17** 187 ff; Rechtshängigkeit im Ausland **EGBGB 17** 183; Rechtstatsachen **EGBGB 17** 4; Regelanknüpfung **EGBGB 17** 50 ff; Rück- und Weiterverweisung **EGBGB 17** 131 ff; versteckte Rückverweisung

EGBGB 17 135; Scheidbarkeit und Scheidungsgründe **EGBGB 17** 22 ff; Scheidung durch deutsche Gerichte **EGBGB 17** 74 ff; Scheidungsausspruch **EGBGB 17** 45 f; Scheidungserleichterung durch Anwendung deutschen Rechts **EGBGB 17** 56 ff; Scheidungsfolgen **EGBGB 17** 29 ff; Scheidungsvoraussetzungen **EGBGB 17** 22 ff; Scheidungswirkungen **EGBGB 17** 29 ff; Trennung von Tisch und Bett **EGBGB 17** 13, 27, 30, 88, 91; Unscheidbarkeit der Ehe **EGBGB 17** 56 ff; Anknüpfung des Unterhaltsstatuts **EGBGB 18** 55 ff; Verbundzuständigkeit **EGBGB 17** 154 f; Verfahrensrecht **EGBGB 17** 140 ff; Versorgungsausgleich **EGBGB 17** 97 ff; Verstoß gegen Art. 6 GG **EGBGB 17** 67 ff; Vorfragen bestehender Ehe **EGBGB 17** 19 ff; Warte- und Trennungsfristen **EGBGB 17** 24; Wiederheirat nach Scheidung **EGBGB 17** 11; Zeitpunkt der Anknüpfung **EGBGB 17** 50; Zuständigkeit **EGBGB 17** 143 ff
Scheidungsvereinbarung 1378 13
Scheinadoption, Aufhebung **1763** 5
Scheinauslandsgesellschaft EGBGB 12 99 ff
Scheinehe, Scheidung **1564** 8; **1565** 21
Scheitern der Ehe, innere Abwendung vom Partner **1565** 7; Allgemeines **1565** 1 ff; Antrag auf Scheidung der Ehe **1565** 13; Aufhebung der häuslichen Gemeinschaft **1565** 7; Beendigung der ehelichen Lebensgemeinschaft **1565** 7 ff; Beweislast **1565** 32; Dauer der Ehekrise **1565** 13; Diagnose **1565** 5; Ehebruch **1565** 13; eheunfreundliches Verhalten **1565** 13; Einrichtung eines neuen Lebenskreises **1565** 13; einseitiges – **1565** 7; einverständliche Scheidung *s dort*; Ende der sexuellen Beziehung **1565** 13; innere Entfremdung **1565** 7; Fehlehe **1565** 11, 21; Fehlen der ehelichen Gesinnung **1565** 8; Feststellung des – **1564** 3; **1565** 5 ff; geisteskranker Ehegatte **1565** 9; Getrenntleben der Ehegatten *s dort*; grobes Verhalten **1565** 13; Härteklausel *s dort*; individueller Lebensplan der Ehegatten **1565** 10; Indizien für – **1565** 12 f; Krankheiten **1565** 13; längere Trennungszeit **1565** 12; keine Lebensgemeinschaft der Ehegatten **1565** 6 ff; neue Gemeinschaft **1565** 13; Prognose **1565** 5, 12; Scheinehe **1565** 11, 21; subjektive Vorstellungen der Ehepartner **1565** 6; Trennungsjahr **1565** 2, 14 ff; weitere Umstände für Negativprognose **1565** 13; unwiderlegbare Vermutung für das – **1566** 1, 10, 11; Verfahren **1565** 30; Verlust der inneren Bindung **1565** 8 ff; Vermutung für das – **1566**; vor Ablauf des Trennungsjahres **1565** 18 ff; Voraussetzungen **1565** 5 ff, 20 ff; keine Wiederherstellung der Lebensgemeinschaft zu erwarten **1565** 12; Zerrüttungsprinzip **1564** 1; **1565** 1; Zweckehe **1565** 11, 21
Schenkung durch den Betreuer **1908i** 5 f; durch den Betreuten **1908i** 7; der Eltern aus dem Kindesvermögen **1641**; Gelegenheitsgeschenke **1908i** 6; Pflicht- und Anstandsschenkungen **1641** 5; Internationaler Verkehrsschutz **EGBGB 12** 11; des Vormunds an das Mündel **1804**
– **von Todes wegen,** Anfechtung von Schenkungsverträgen zugunsten Dritter **2301** 19; Anwartschaft **2301** 13; anzuwendende Vor-

magere Zahlen = Rn

Sachverzeichnis

schriften **2301** 7; ausstehende Erfüllung **2301** 12; Bedingung mit anderem Inhalt als Überleben des Zuwendungsempfängers **2301** 5; Begriff der Schenkung **2301** 3; dingliche Erfüllung **2301** 11; Einschaltung anderer bei Erfüllungshandlungen **2301** 15; Folgen der Umdeutung **2301** 7 ff; gemischte Schenkung **2301** 3; Internationales Erbstatut **EGBGB 25** 39; Leistungsvollzug **2301** 11 ff; Normzweck und Gesetzessystematik **2301** 1 f; postmortale Schenkungsvollmacht **2301** 3; Rechtsfolgenverweis **2301** 7; Rückfallklausel **2301** 11; Schenkungsversprechen **2301** 3; auf den Tod des Schenkers hinausgeschobene Erfüllung **2301** 6; Überlebensbedingung **2301** 4 ff; Übertragung von Forderungen **2301** 13; Übertragung von Grundbesitz **2301** 13; Versprechen gegenüber langjährigem Lebenspartner **2301** 3; Vertrag zugunsten Dritter auf den Todesfall **2301** 16 ff; vollzogene Schenkung **2301** 10 ff; Widerrufsvorbehalt **2301** 11; Wirkung des Schenkungsversprechens **2301** 9; Zugang von Willenserklärungen nach dem Tod des Schenkers **2301** 14
Schiedsgerichtsklausel 1937 9
Schlüsselgewalt s *Geschäft zur Deckung des Lebensbedarfs*
Schoßfall 1925 3 f
Schuldanerkenntnis, Anknüpfung **EGBGB 33** 16
Schuldbeitritt, Anknüpfung **EGBGB 33** 14
schuldrechtlicher Versorgungsausgleich, Abänderung **1587 g** 32 ff; Abfindung künftiger Ausgleichsansprüche *s dort*; Abtretung von Versorgungsansprüchen **1587 i**; Anpassungsklausel im Tenor **1587 g** 34; Anspruch auf Rentenzahlung **1587 g**; Anspruchsgrundlage **1587 g** 1; anwendbare Vorschriften **1587 k**; Anwendungsbereich **1587 f** 3 ff; Ausgleichsbetrag in der Zusatzversorgung des öffentlichen Dienstes **1587 f** 4; Ausgleichsbilanz **1587 g** 14 ff; Ausgleichsrente **1587 g** 2; Auskunftsanspruch **1587 k** 1; Beamtenversorgung **1587 g** 30; Beitragszahlung **1587 d** 9; Berechnungsweisen der Teilausgleichs **1587 g** 23 ff; Betriebsrente noch nicht unverfallbar **1587 f** 3; bindender Altersruhegeldbescheid **1587 f** 3; Bruttoprinzip **1587 g** 8; Doppelversorgungsbeamte **1587 f** 4; Durchführung vor Einkommensangleichung **VAÜG 3** 9; dynamische Rückrechnung **1587 g** 24 ff; Ehezeitanteil **1587 g** 6 f; Entstehung des Zahlungsanspruchs **1587 g** 2 ff; Erlöschen des Ausgleichsanspruchs **1587 e** 14; **1587 k**; Fälligkeit **1587 g** 2 ff; Feststellungsanträge **1587 f** 10; FGG **1587 f** 7; fiktive Ausgleichsrente **1587 n** 2; als Form des Versorgungsausgleiches **1587** 68; Korrektur fehlgeschlagenen Wertausgleichs **1587 g** 6; Nichtzahlung der Beiträge **1587 f** 3; Nominalverrechnung **1587 g** 28 ff; Nominalwert zur Zeit des Ausgleichs **1587 g** 15; Notlösung **1587 f** 1; bei privater Rentenversicherung **1587 a** 155; Rangfolge der Ausgleichsformen **VAHRG 1** 4; Rechenbeispiele **1587 g** 19.1 ff, 22, 23 a.1, 24.1, 29.1 f; rückwirkende Geltendmachung **1587 g** 5; Saldierung der aktuellen Nominalbeträge **1587 g** 16 ff; Sicherungslücken **1587 l** 1; Subsidiarität **1587 f** 5; Teilausgleich **1587 g** 21 f; Tod des Ausgleichspflichtigen **1587 e** 14; Tod des Berechtigten **1587 k** 1; bei Überschreitung des Höchstbetrags **1587 b** 66; **1587 f** 3; **1587 g** 30; Umrechnung statischer Anrechte **1587 g** 7; unterhaltsähnlicher Zahlungsanspruch **1587** 6; bei Unwirtschaftlichkeit **1587 b** 60; **1587 f** 3; nach dem VAHRG **VAHRG 2**; Veränderungen nach Ehezeitende **1587 g** 9 ff; kraft Vereinbarung **1587 f** 3; Verfahrensantrag **1587 f** 8; Verfahrensfragen **1587 f** 7 ff; **1587 g** 31 ff; verfallbare Anrechte auf Betriebsrente **1587 a** 113; für die Vergangenheit **1587 k** 1; Verhältnisrechnung **1587 g** 23 a; Versorgungsausgleich in anderer Weise **1587 b** 41; kraft Vertrag **1587 o** 25 f; Voraussetzungen **1587 f**; betriebliche Vorruhestandsregelungen **1587 g** 12; Wegfall einer Versorgung **1587 g** 12; Wegfall oder Beschränkung *s schuldrechtlicher Versorgungsausgleich, Ausschluss*; Wertänderungen **1587 g** 9 ff; Wertausgleich **1587 f** 5; Wertung **1587 f** 1 f; Zahlungstitel **1587 g** 31; Zweck **1587 f** 1 f
–, Ausschluss, allgemeine wirtschaftliche Unbilligkeit **1587 h** 4 ff; Amtsermittlung **1587 h** 18; analoge Anwendung des § 1587 c Nr. 1 **1587 h** 16 f; Beweislast **1587 h** 18; Billigkeitsabwägung **1587 h** 11 f; fehlende Bedürftigkeit **1587 h** 4, 7 ff; grobe Unbilligkeit **1587 h** 5; Härteregelung **1587 h** 1; Prognose **1587 h** 6; unbillige Härte **1587 h** 4; Unterhaltspflichtverletzung **1587 h** 15; Vereitelung einer Versorgung **1587 h** 12 ff; Verfahrensfragen **1587 h** 18; Verhältnis zu § 1587 c und § 242 **1587 h** 2 f
–, Verlängerung (§§ nach dem VAHRG) nach Abfindung **3 a** 6; Abtretung **3 a** 15; Anspruchsgegner **3 a** 8; Anspruchshöhe **3 a** 9 ff; Anwendungsbereich **3 a** 3 ff; Auskunftsansprüche **3 a** 18; Ausschlussgründe **3 a** 6; einstweilige Anordnung des Familiengerichts **3 a** 15; Geschiedenenwitwenrente **3 a** 6; Kenntnis des Versorgungsträgers **3 a** 16; Kürzung der Witwenrente **3 a** 14; mehrere Anrechte **3 a** 12; Normzweck **3 a** 1 f; nach Realteilung **3 a** 7; Rechtskraft der Sachentscheidung **3 a** 15; bei Vereinbarung **BGB 1587 o** 26; Verfahrensfragen **3 a** 19; Vertrauensschutz des Versorgungsträgers **3 a** 15 ff; Voraussetzungen **3 a** 7
Schuldstatut und Güterrechtsstatut **EGBGB 15** 35 ff; Schuldstatutstheorie **EGBGB 34** 27 f
Schuldübernahme, Anknüpfung **EGBGB 33** 15
Schuldvermächtnis 2173 7
Schutzlandprinzip EGBGB 46 18
Schwägerschaft, Begriff **1590** 1; Dauer **1590** 4; Lebenspartnerschaft **1590** 6; Linie und Grad **1590** 3; Rechtswirkung **1590** 5; Stiefkinder **1590** 5; Voraussetzung **1590** 1
Schwangerschaftsabbruch, fehlgeschlagener – **1591** 15
Schweigepflicht nach dem Erbfall **1922** 43 f
Seetestament, ausländischer Hafen **2251** 3; außerordentliche Testamentsform **2251** 5; Beweiskraft **2251** 4; deutsches Schiff **2251** 5; Dreimonatsfrist **2252** 1 ff; **2266** 3; Errichtungsvoraussetzungen **2251** 1 ff; Fristhemmung **2266** 4; gemeinschaftliches – **2266** 1; Gültigkeitsdauer **2251** 4; **2252**; **2266** 3 ff; Seereise **2251** 2; Verfahren **2251** 4

3179

Sachverzeichnis

fette Zahlen = §§

Selbstbehalt, angemessener – **1581** 6 ff; **1601** 24 ff; **1603** 3, 43; Bedarfskontrollbetrag **1581** 12; Berücksichtigung der Lebensstellung **1601** 16, 18; eheangemessener – **1581** 7; Ehegattenselbstbehalt **1603** 26 b; Einkünfte aus Nebentätigkeit **1601** 28; erwerbstätiger Unterhaltspflichtiger **1603** 5; des geschiedenen Ehegatten **1581** 6 ff; Höhe **1603** 5, 37; kleiner – **1603** 4 f, 37 f; Korrektur **1581** 12 f; maßgebliches Einkommen zur Feststellung **1581** 14 ff; Mietanteil **1603** 5; nichterwerbstätiger Unterhaltspflichtiger **1603** 5; notwendiger – **1581** 10 f; **1603** 4 f, 37 f; obergerichtliche Leitlinien **1581** 11; Opfergrenze **1603** 2 ff, 37 f; Taschengeld **1601** 27; unterhaltspflichtiger Kinder **1601** 24 f; verheirateter Kinder **1601** 26 f; Vermögensbildung **1601** 28; der Verwandten **1584** 3
Singularzession 1922 22
Sitztheorie EGBGB 12 44, 51, 58 ff, 93 a ff, 100 ff
Sonderbedarf 1613 23 ff
Sondergut, unpfändbare Ansprüche **1417** 4; Anteil des Abkömmlings am Gesamtgut der fortgesetzten Gütergemeinschaft **1417** 3; Auseinandersetzungsguthaben einer Gesellschaft **1417** 4; Ausgleich zwischen Vorbehalts-, Sonder- und Gesamtgut **1445 f**; **1467 f**; Ausschluss der Übertragbarkeit durch Rechtsgeschäft **1417** 2; Beteiligung an einer Personengesellschaft **1416** 5; **1417** 3; beschränkte persönliche Dienstbarkeiten **1417** 3; eigenes Vermögen der Ehegatten **1415** 2; Einzelfälle **1417** 3 ff; Erbschaft des Vorerben **1417** 4; Heranziehung für den Familienunterhalt **1417** 5; nicht abtretbare Forderungen **1417** 3; der fortgesetzten Gütergemeinschaft **1486** 4; Gehalts- und Rentenanspruch **1417** 3; Grundsatz **1417** 2; Haftung des Gesamtguts für – **1440**; **1442**; Haftung des -s des nicht verwaltenden Ehegatten **1437** 2; Haftung des -s des Verwalters **1437** 2; Haftung für Gesamtgutsverbindlichkeiten **1459** 3, 5; Haftung im Innenverhältnis **1441** 4; höchstpersönliche Natur der Gegenstände **1417** 2; Lasten **1417** 5; Miterbenanteil am ungeteilten Nachlass **1417** 4; Nießbrauch **1417** 3; Nutzungen **1417** 5; rechtliche Behandlung **1417** 5 f; Rentenstammrecht **1417** 3; Sondereigentum des einzelnen Ehegatten **1417** 5; dingliche Surrogation **1417** 5; Umfang **1417** 2 ff; Umwandlung in Vorbehaltsgut **1417** 6; Unterhaltsanspruch **1417** 3; Urheberrecht **1417** 3; Verbindlichkeiten des -s **1442**; Verwaltung **1417** 5; Verwendung für den Unterhalt **1420**; zwingendes Recht **1417** 2
Sonderrechtsnachfolge, Anteil an einer Personengesellschaft **2032** 14; bei Erbengemeinschaft **2032** 14 ff; am Gesellschaftsanteil **1922** 70; im Höferecht **1922** 22, 82; **2032** 15; Lebensversicherungen **1922** 22; von Todes wegen außerhalb des Erbrechts **1922** 23; bei Vererbung von Anteilen an OHG oder KG **1922** 22; Wohnraum-Mietverhältnis **1922** 23
Sondervermögen verselbständigtes – **1416** 5
Sorgfaltspflichten zwischen Ehegatten *s eheliche Lebensgemeinschaft, Sorgfaltspflicht der Ehegatten*
Souveränitätswechsel EGBGB Einl IPR 44
Sperma, konserviertes – **1922** 28
Spezialvollstrecker 2203 1

Splitting, Begriff **1587 b** 2; Fremdrentengesetz **1587 b** 6; Grundsätzliches **1587 b** 2 ff; inländische Anrechte **1587 b** 6; laufende Rente **1587 b** 5, 8; maßgebender Zeitpunkt **1587 b** 4; Versorgungsausgleich durch – **1587** 62
Staatenlose, Begriff **EGBGB 5** 51 ff; Ersatzanknüpfung an Aufenthalt **EGBGB 5** 11; Flüchtling **EGBGB 5** 24; Personalstatut **EGBGB 5** 51 ff
Staatsangehörigkeit nach Adoption **1767** 17 ff; **1772** 6; auch-deutsche Mehrstaater **EGBGB 5** 8; nach Aufhebung der Adoption **1764** 3; effektive – **EGBGB 5** 6 f; der ehemaligen DDR **EGBGB 5** 4; Erwerb der deutschen – **EGBGB 5** 3; Grundzüge des deutschen Rechts **EGBGB 5** 3 f; internationales Recht **EGBGB 5** 2; mehrfache – **EGBGB 5** 5 ff; staatsvertragliche Regelungen **EGBGB 5** 2; Statutenwechsel **EGBGB 7** 43 ff; unbekannte – **EGBGB 5** 11 f; Verlust der deutschen – **EGBGB 5** 3; Vorrang der deutschen – **EGBGB 5** 3
Staatserbrecht Ausschlagungsrecht des Fiskus **1942** 11; Beschränkung der Erbschaft auf Bruchteil **1936** 4; Enterbung **1938** 2; erbberechtigter Fiskus **1936** 6 f; Erbenermittlungspflicht des Nachlassgerichts **1964** 3; Erbvermutung für den Fiskus **1964**; gesetzlicher Erbe **1936** 1 ff; gesetzlicher Zwangserbe **1936** 5; Inhalt **1936** 8 f; Niederlassung des Erblassers **1936** 6; öffentliche Aufforderung zur Anmeldung der Erbrechte **1965**; Rechtsstellung des Fiskus vor Feststellung **1966**; Staat als privatrechtlicher Gesamtrechtsnachfolger **1936** 8; Voraussetzungen **1936** 2 ff; Vorerbe **1936** 4
Staatsverträge zur Abstammung **EGBGB 19** 3 ff; **EGBGB 20** 3; zur Adoption **EGBGB 22** 3 ff; bilaterale – **EGBGB Einl IPR** 18; CIEC-Abkommen **EGBGB 10** 4 ff; deutsch-iranisches Niederlassungsabkommen *s dort*; zur Eheschließung **EGBGB 13** 4 ff; zu Ehewirkungen **EGBGB 14** 3 f; zum Eltern-Kind-Verhältnis **EGBGB 21** 2 ff; zum Erbstatut **EGBGB 25** 3 ff; Genfer Flüchtlingskonvention **EGBGB 5** 21 ff; zu güterrechtlichen Ehewirkungen **EGBGB 15** 8 ff; Haager Entmündigungsabkommen **EGBGB 7** 5; Haager Testamentsformübereinkommen **EGBGB 26** 16; zum Internationalen Deliktsrecht **EGBGB 40** 4; zum Internationalen Sachenrecht **EGBGB 43** 2; zum Internationales Gesellschaftsrecht **EGBGB 12** 45 ff; zur eingetragenen Lebenspartnerschaft **EGBGB 17 b** 8; multilaterale – **EGBGB Einl IPR** 17; Protokoll über die Rechtsstellung der Flüchtlinge vom 31. 1. 1967 **EGBGB 5** 22; Quelle des Internationalen Privatrechts **EGBGB Einl IPR** 16 ff; und Rom II-VO **EGBGB 42** 146 ff; zum Scheidungsrecht **EGBGB 17** 5 ff; zur Staatsangehörigkeit **EGBGB 5** 2; zu Unterhaltsansprüchen **EGBGB 18** 3 ff; zum Verkehrsschutz im Ehegüterrecht **EGBGB 16** 9 ff; Vorrang im Internationalen Privatrecht **EGBGB 3** 4 ff
Stabilisierungsklausel EGBGB 27 27
Stalking GewSchG 1 34 ff
Statutenwechsel, Anknüpfungstechnik **EGBGB Einl IPR** 42 ff; Ausgangsstatutenwechsel **EGBGB 7** 45; Einfluss auf den Namen

magere Zahlen = Rn **Sachverzeichnis**

EGBGB 10 14 ff; Eingangsstatutenwechsel **EGBGB 7** 45; zur Heilung mangelhaft geschlossener Ehen **EGBGB 13** 51 ff; im Internationalen Sachenrecht **EGBGB 43** 12; Namenswahl nach – **EGBGB 47** 4 ff; neutraler – **EGBGB 7** 45
Sterbehilfe 1901 a 5; **1904** 26 ff
Sterilisation, Einwilligung des Betreuers **1905;** fehlgeschlagene – **1591** 15; Verbot der – **1631 c**
Sterilisationsbetreuer 1905
Sterilisationsbetreuung 1899 11 f; **1900** 1, 10
Stiefkindadoption, Annahme Volljähriger **1767** 6; Einwilligung der Eltern **1747** 15; Eltern-Kind-Verhältnis **1741** 34; **1754** 2; Erbrecht **1756** 10; **1924** 11; Erbrecht der Eltern **1925** 11; **1926** 8 f; Geburtsname **1757** 4 ff; Kindeswohlprüfung **1741** 21; durch Lebenspartner **1741** 37. Name nach Aufhebung **1765** 2; Namensführung **1741** 22.2; Statusfolgen **1756** 9 f; unterhaltsrechtliche Folgen der elterlichen Einwilligung **1751** 8 f; Vormundschaft des Jugendamtes **1751** 5; Vorwirkung der Adoption **1751** 2; Wirkung der Adoption **1754** 2; Wirkung der Aufhebung **1764** 7
Stückvermächtnis 1939 6
Super-Quasisplitting 1408 66
Super-Splitting 1408 66
supranationale Gesellschaftsformen, Europäische Aktiengesellschaft **EGBGB 12** 108; europäische Privatgesellschaft **EGBGB 12** 109; Europäische Wirtschaftliche Interessenvereinigung **EGBGB 12** 107
Surrogation
– **bei Erbengemeinschaft,** Beziehungssurrogation **2041** 3; Einzelfälle **2041** 4; Ersatzsurrogation **2041** 2; Erwerb mit Mitteln der Erbschaft **2041** 3; Erwerb mit nachlassfremden Mitteln **2041** 3; Mittelsurrogation **2041** 3; Rechtsfolgen **2041** 5; Rechtssurrogation **2041** 2; Schutz des gutgläubigen Vertragspartners **2041** 5; subjektive Komponente **2041** 3; bei Testamentsvollstreckung **2041** 1; Voraussetzungen des Surrogationserwerbs **2041** 2 ff; Wille des Miterben, für den Nachlass zu handeln **2041** 3, 5
– **bei Erbschaftsanspruch,** Erlangung eines Rechts **2019** 4; Erwerb durch Rechtsgeschäft **2019** 6; Erwerb mit Mitteln der Erbschaft **2019** 7; Gegenstand des Erwerbs **2019** 4 f; gesetzliche – **2019** 3; Grenze **2019** 5; Kreditgeschäfte **2019** 10; Rechtsfolgen **2019** 10; rechtsgeschäftliche – **2019** 2; Schuldner **2019** 12; Schutz gutgläubiger Dritter **2019** 11; unmittelbare dingliche – **2019** 1; Ursächlichkeit zwischen Verfügung und Erwerb **2019** 9; Voraussetzungen **2019** 4 ff; wirksame Verfügung **2019** 8
– **bei Nacherbschaft,** Abgrenzungsbilanz **2111** 12; Abweichung von der gesetzlichen Surrogation **2111** 18 f; Anordnungen des Erblassers **2111** 18; Beweisfragen **2111** 24; Eintritt **2111** 1, 20; Entnahmerecht des Vorerben **2111** 17; Ersatzerwerb **2111** 3; Erwerb auf Grund eines zur Erbschaft gehörenden Rechts **2111** 2; Erwerb auf Grund Rechtsgeschäfts **2111** 7 f; Erwerb durch Vorerben **2111** 4; Erwerb mit Mitteln aus dem Nachlass **2111** 4 ff; Funktion und Bedeutung des Surrogationsprinzips **2111** 1; Gewinnverteilungsgrundsatz **2111** 11; Inventarerwerb **2111** 9; Nacherbenvermerk **2111** 22; Nutzungen **2111** 10 ff; Nutzungen bei Gesellschaftsbeteiligungen oder Einzelunternehmen **2111** 11 f; Tatbestände der dinglichen – **2111** 2 ff; teilweiser Mitteleinsatz **2111** 21; Ursächlichkeit des Mitteleinsatzes für Erwerb **2111** 6; Vereinbarung zwischen Vor- und Nacherbe **2111** 19; Vertrauensschutz **2111** 23; Wirkungen **2111** 20 ff; Zeitpunkt des Eintritts der Surrogationswirkung **2111** 20

Tagesname 1355 2, 7, 11
Teilungsanordnung, Abgrenzung zum Vorausvermächtnis **2048** 4; Auseinandersetzung nach billigem Ermessen eines Dritten **2048** 6; Bedeutung **2048** 1; Bestimmung durch einen Dritten **2048** 6 ff; Bewertung von zugewiesenen Gegenständen **2048** 5; mögliche Regelungen **2048** 2; offenbare Unbilligkeit **2048** 7; Rechtsfolgen im Unterschied zum Vorausvermächtnis **2048** 3; schuldrechtliche Verpflichtung **2048** 1; bei Übernahme eines Landguts **2048** 5; **2049;** Übernahmerecht des Erben **2048** 2; Verfahren bei Bestimmung durch Dritten **2048** 8 f; Vorrang vor gesetzlichen Auseinandersetzungsregeln **2048** 1; wertverschiebende – **2048** 4
Teilungsquote 2047 1; **2055; 2058** 13
Teilungsversteigerung bei Erbschaftsauseinandersetzung **2042** 3
Teilzeit-Wohnrechte, Verbraucherschutz **EGBGB 29 a** 17 ff
Testament, Abgrenzung zulässiger von verbotener Entscheidungsverlagerung **2065** 10 ff; Abkömmlinge eines Dritten **2070** 2; Abschrifterteilung vom eröffneten Testament **2264;** Änderungsvorbehalt **2065** 10; allgemeine Vorschriften **2064 ff;** alternative Erbeinsetzung **2065** 6; **2073** 3; Anfechtbarkeitsinrede **2083;** Anfechtung bei Zuwendung an Verwandte **2067** 8; Anordnung über die Zulässigkeit einer Organentnahme **1937** 10; Anordnungen über die Bestattung **1937** 10; Anteile **2067** 7; Art der Zuwendung **2067** 2; **2068** 2; **2070** 1; Aufhebung durch späteren Erbvertrag **2289** 4; Aufhebung eines Erbvertrages durch – **2291;** Auflage **1940; 2065** 3; auflösend bedingte Nacherbeneinsetzung **2065** 12 f; Verfügung durch Ausländer **2067** 7; Auslegung **2073** 3; Auslegung zugunsten der Wirksamkeit *s Auslegung, Erbrecht;* Ausschlagungsrecht des Behinderten **2100** 13; außerordentliche Testamentsformen **2231** 5; zulässige Auswahlermächtigung für andere Person **2065** 15 ff; Bedingung **2065** 11 ff, *s auch Bedingung, Erbrecht;* Bedürftigentestament **2100** 20 a; Begriff **1937** 3 f; Behindertentestament **2100** 12 ff; Belohnung künftigen Verhaltens **2065** 7; Berliner Modell **2100** 16, 19; besondere amtliche Verwahrung *s Testament, besondere amtliche Verwahrung;* Bestimmtheit des Personenkreises **2065** 16; Bestimmung durch Dritte **2065;** Bestimmungsrecht **2065** 15 f; Beurkundung *s dort;* Beurkundung durch den Bürgermeister *s Bürgermeistertestament;* Beweislastumkehr **2085** 9; Bezeichnungsrecht **2065** 15 f; Bürgermeistertestament *s dort;* Dreizeugentestament *s dort;* eigenhändiges – *s dort;* ein-

Sachverzeichnis

fette Zahlen = §§

fache Verwahrung **2258a** 1; Einsichtsrecht in Nachlassakten **2264;** Enterbung **1938** 3; Entscheidungsverlagerung auf Dritte **2065** 1, 6 ff; Erbeinsetzung *s dort;* Erbenbestimmung **2065** 14 ff; Erbnachweis durch Vorlage des Eröffnungsprotokolls **2260** 16 ff; erbrechtliche Anordnungen **1937** 6 f; Erbteilsbestimmung **2065** 20; **2066** 1 ff; Ergänzungsvorbehalt **2086;** Eröffnungsfrist für Testamente **2263a;** Errichtung durch Leseunfähigen **2233** 4 ff; Errichtung durch Minderjährigen **2233** 1 ff; Errichtung durch stumme und schreibunfähigen Erblasser **2233** 7 ff; Errichtung einer Stiftung **1937** 10; familienrechtliche Anordnungen **1937** 8; Gebot der persönlichen Errichtung **2064** 2; Geltung erbrechtlicher Verfügungen **2065** 10 ff; gemeinnütziger Verein **2072** 4; gemeinschaftliches − *s dort;* Geschiedenentestament **2065** 9; Gesetzessystematik **2065** 2 f; Einsetzung der gesetzlichen Erben **2066;** Gruppenbezeichnung für Erben **2071** 2; Handeln unter fremdem Namen **2064** 2; Kinder des Erblassers **2068** 3; Kinder eines anderen **2068** 4; Kindeskinder **2071** 2; Konsulartestament **2231** 2; letztwillige Verfügung **1937** 3; letztwillige Verfügung des Vorerbens **2065** 12, 19; mehrdeutige Bezeichnung **2073** 1 f; minderjähriger Erblassers **2233** 1 ff; Mitwirkungsverbote für Notare *s dort;* Motivmitteilung **2074** 2; Nacherbenbestimmung durch Vorerben **2065** 19; Nacherbfolgegestaltung **2065** 9, 12 f, 19; Negativtestament **1938** 1; nicht rechtsfähige Einrichtung **2072** 5; Nichtigkeit **2065** 21; **2233** 3; **2302** 3; notarielles − *s öffentliches Testament;* öffentliches − *s dort;* ordentliche Testamentsformen **2231** 2 ff; Patiententestament **1937** 4; persönliche Errichtung **2064;** Personen **2067** 7; Potestativbedingung **2065** 11; **2074** 8 f; **2075** 2; Recht in den neuen Bundesländern **2066** 10 f; **2231** 6; Rechtsgeschäfte unter Lebenden im − **1937** 11; Einsetzung eines Schiedsgerichts **1937** 9; Schutz des Ertrags durch Verwaltungstestamentsvollstreckung **2100** 20; Seetestament *s dort;* Selbstbestimmung durch den Erblasser **2065** 14 ff; Selbstbestimmungsgebot **2065** 2; Sittenwidrigkeit **2100** 14; Sonderfälle **2233;** zugunsten Sozialhilfe- oder Arbeitslosengeldempfänger **2100** 20 a; superbefreiter Vorerbe **2065** 9; Teilnichtigkeitsklausel **2085** 8; Teilungsanordnung **2065** 3; teilweise Unwirksamkeit *s Testament, Teilunwirksamkeit;* Testamentseröffnung *s dort;* Anordnung der Testamentsvollstreckung **2065** 3; Testierfreiheit **2065** 1; Tod vor Errichtung der Verfügung von Todes wegen **2068** 5; Trennungsmodell **2100** 19; Typenzwang **1937** 5; Übertragung zu Lebzeiten des Vorerben **2065** 13; Umdeutung **2065** 4, 21; **2073** 3; **2302** 4; Unentschiedenheit des Erblasser **2065** 6; Unterschied zum Erbvertrag **1937** 3; Unwirksamkeit bei Auflösung der Ehe oder Verlöbnis *s Testament, Unwirksamkeit bei Auflösung der Ehe oder Verlöbnis;* Verfahrensregelungen **2065** 5; Verfolgtentestament **2231** 5; Vermächtnis **1939; 2065** 3; Vermögensschutz **2100** 15 ff; Verschließung der Niederschrift **BeurkG 34** 1; Verstoß gegen das Gebot der persönlichen Errichtung **2064** 4; Vertretung **2064** 2 f; Verwandte des Erblassers **2067** 3; Verwandte eines anderen **2067** 5; Verwirkungsklausel **2074** 8 f, 19; Voraussetzungen der Zuwendung an Kinder **2068** 2 ff; Vorrang der Auslegung **2065** 4 f; **2078** 1; Vorrang der gewillkürten vor der gesetzlichen Erbfolge **1937** 1; Vorrang des abweichenden Erblasserwillens **2067** 6; **2068** 6; **2070** 3; vorsorgende Unternehmens- bzw. Betriebsnachfolge **2065** 8; Wahlfreiheit **1937** 5; freies Widerrufsrecht **2253** 1; Widerrufsvorbehalt **2065** 10; Zeitpunkt **2067** 8; **2071** 3; zulässiger Inhalt **1937** 5 ff; Zustimmungsvorbehalt **2065** 10; Zuwendung an Abkömmlinge *s Testament, Einsetzung eines Abkömmlings;* Zuwendung an Abkömmlinge eines Dritten **2070** 2, 4; Zuwendung an die Armen **2072;** Zuwendung an Kinder **2068** 3, 7; Zuwendung an Schwiegerkind **2077** 4; Zuwendung an Verwandte **2067** 3 ff, 7 ff; Zwecke des Formzwangs **2231** 1

−, **Ablieferungspflicht,** Ablieferungspflichtige **2259** 4 ff; Ablieferungsverbot **2259** 6; Aufhebungsvertrag **2259** 2; Ausländer **2259** 1; Befreiung durch Erblasser **2259** 6; Behörden **2259** 9 f; nach Beurkundung **BeurkG 34** 2; Erbvertrag **2259** 1; Erbverzichtsverträge **2259** 2; Gegenstand **2259** 1 ff; gemeinschaftliches Testament **2259** 1; mehrere Urschriften **2259** 3; des Notars **BeurkG 34a** 6 ff; Privatperson **2259** 4 ff; Schadensersatzpflicht **2259** 8; Verweigerung einer Behörde **2259** 10; Zuständigkeit und Verfahren **2259** 11 f; zwangsweise Durchsetzung **2259** 7, 10

−, **Anfechtung,** 30-Jahresfrist **2082** 4; Abweichung der Wirklichkeit von der Vorstellung des Erblassers **2078** 12; Anfechtbarkeitseinrede **2083;** Anfechtungsberechtigte **2078** 2; **2080** 2 ff; Anfechtungserklärung **2081,** *s auch dort;* Anfechtungsfrist **2082,** *s auch dort;* Anfechtungsgegenstand **2078** 2 f; Anfechtungsgrund **2078** 4 ff; **2079** 1 ff; Ausschluss gemäß § **2085** **2080** 6; Bestätigung durch den Erblasser **2078** 17; Bestätigung einer anfechtbaren Verfügung **2078** 17; **2081** 8; Bestätigung nach dem Erbfall **2078** 18; Beweisfragen **2078** 19; **2079** 9; **2082** 5; wegen Drohung **2078** 14; Einschränkungen der Anfechtungsberechtigung **2080** 4 f; wegen Enterbung **2079** 3; Feststellung des Irrtums in der Verfügung **2078;** Inhaltsirrtum **2078** 5; Irrtum des Erblassers **2079** 5 f; Irrtum in der Erklärungshandlung **2078** 4; Jahresfrist **2082** 1 ff; Kausalität zwischen Irrtum und Verfügung **2078** 13; Mehrheit von Anfechtungsberechtigten **2080** 7; Motivirrtum des Erblassers **2078** 6 ff; wegen Nichterwähnung eines Pflichtteilsberechtigten **2079** 2; Nichtigkeit der letztwilligen Verfügung **2078** 16; personenbezogener Irrtum **2080** 4; Recht in den neuen Bundesländern **2078** 20; **2080** 9; **2082** 6; rechtlicher Vorteil **2080** 2; Schenkungsverträge zugunsten Dritter **2078** 3; wegen Übergehen eines Pflichtteilsberechtigten *s Übergehen eines Pflichtteilsberechtigten;* Übertragbarkeit des Anfechtungsrechts **2080** 8; des unmittelbar Begünstigten **2080** 2 f; Unterlassen einer erbrechtlichen Verfügung wegen Irrtums **2078** 2; Vererblichkeit des Anfechtungsrechts **2080** 8; Verhältnis zur Anfechtung aus anderen Grün-

den oder wegen Erbunwürdigkeit 2078 15; Verzicht auf das Anfechtungsrecht 2081 8; Vorrang der Auslegung 2078 1, 6; Vorrang des feststellbaren Erblasserwillens 2079 7; Vorstellungen des Erblassers 2078 7 ff; Vorstellungswandel 2078 10; vorweggenommene Erbfolge 2078 3; Wirkung 2078 16; 2079 8; Zeitpunkt der Fehlvorstellung 2078 10; wegen Zuwendung unterhalb des Pflichtteils 2079 4
–, **besondere amtliche Verwahrung,** Ablieferung und Annahme 2258 b 1 ff; Bürgermeistertestament 2258 a 3; Dreizeugentestament 2258 b 1; und einfache Verwahrung 2258 a 1; Einsichtnahme in das Testament 2258 b 7; Erbvertrag 2258 b 1; Formen der Verwahrung 2258 a 1; gemeinschaftliche Testamente 2258 b 1; gemeinschaftlicher Verschluss 2258 b 4; Herausgabe eines Testaments 2258 b 7 f; Hinterlegungsschein 2258 b 5; örtliche Zuständigkeit 2258 a 3 f; sachliche Zuständigkeit 2258 a 2; Verfahren 2258 b; Verwahrung 2258 b 4 ff; Verwahrungsbuch 2258 b 4
–, **Einsetzung der gesetzlichen Erben,** Anfechtung 2066 8; Anteile 2066 6; Art der Zuwendung 2066 2; Verfügung durch Ausländer 2066 6; ohne Erbteilsbestimmung 2066 1 ff; gesetzliche Erben anderer Personen 2066 4; gesetzliche Erben des Erblassers 2066 3; Personen 2066 6; Rechtsfolgen 2066 6 ff; Voraussetzungen 2066 2 ff; Vorrang des abweichenden Erblasserwillens 2066 5; Zeitpunkt 2066 7; Zuwendung an die gesetzlichen Erben 2066 3 f; Zuwendung unter aufschiebender Bedingung oder Befristung 2066 9
–, **Einsetzung eines Abkömmlings,** Abkömmlings des Erblassers 2069 3; Abkömmlinge des erstverstorbenen Ehegatten 2069 4; Abkömmlinge eines anderen 2069 6; Adoptivkinder 2069 3; analoge Anwendung 2069 2; Anfechtung 2069 7; Art der Zuwendung 2069 2; Aufhebung 2069 7; unter auflösender Bedingung 2069 12; Ausschlagung 2069 11; bei „Berliner Testament" 2069 4 f; Erbunwürdigkeitserklärung 2069 13; Erbverzichtsvertrag 2069 10; nichteheliche Kinder 2069 3; Partner einer nichtehelichen Lebensgemeinschaft 2069 6; Recht in den neuen Bundesländern 2069 16; Rechtsfolgen 2069 15; Rücktritt 2069 7; Tod des Bedachten nach dem Erbfall 2069 9; Tod des Bedachten zwischen Errichtung und Erbfall 2069 8; Verwirkungsklausel 2069 12; Voraussetzungen 2069 2 ff; Vorrang des abweichenden Erblasserwillens 2069 14; vorzeitiger Erbausgleich 2069 7; Wechselbezüglichkeit der Schlusserbfolge 2069 5; Wegfall nach Errichtung der Verfügung 2069 7 ff; Widerruf 2069 7; Zuwendung an Abkömmling 2069 3 ff; Zuwendung unter aufschiebender Bedingung 2069 9; Zuwendungsverzichtsvertrag 2069 10
–, **Teilunwirksamkeit,** Anwendungsbereich 2085 2 ff; Mehrheit von Verfügungen 2085 5 f; Rechtsfolgen 2085 9; Teilnichtigkeitsklausel 2085 8; Unwirksamkeit 2085 7; Verhältnis mehrerer Testamente oder Erbverträge 2085 4; Voraussetzungen 2085 5 ff; Vorrang des Erblasserwillens 2085 8

–, **Unwirksamkeit bei Auflösung der Ehe oder Verlobung,** Anwendungsbereich 2077 1 ff; Auflösungstatbestände 2077 6 ff; Aussöhnung 2077 12; Beweisfragen 2077 14; Eheaufhebung oder -scheidung 2077 6 ff; Zuwendung an Ehepartner 2077 1; gleichgeschlechtliche Lebenspartnerschaft 2077 3; hypothetischer Erblasserwille 2077 11; nichteheliche Lebensgemeinschaft 2077 2; realer Erblasserwille 2077 11; Recht in den neuen Bundesländern 2077 15; Rechtsfolgen 2077 13; Rechtsgeschäfte zugunsten des Ehepartners bzw. Verlobten 2077 5; rechtshängige Aufhebungs- oder Scheidungsverfahren 2077 7 ff; Zuwendung an Schwiegerkind 2077 4; Zuwendung an Verlobten 2077 1; Verlöbnisauflösung 2077 10; Vorrang des abweichenden Erblasserwillens 2077 11 f; Wiederheirat 2077 12
–, **Widerruf,** Anfechtung 2255 13; Art der Einwirkung 2255 2 ff; Aufhebungswille 2255 8 f; 2258 6; beschränkte Widerrufswirkung 2255 10; Beweisfragen 2255 14 f; Datierungsprobleme 2258 4; Eingriff in die Schriftzeichen 2255 4; Einwirkung auf Testamentsurkunde 2255 1; Erbvertrag 2254 2; 2258 1, 3; Ergänzung 2258 5; Errichtung eines widersprechenden Testaments 2258 1 ff; Form des Widerrufstestaments 2254 1; früheres Testament 2258 3; gemeinschaftliches Testament 2254 2; 2255 11 f; 2258 1, 3; Höchstpersönlichkeit der Einwirkung 2255 6; Inhalt des Widerrufstestaments 2254 3 f; inhaltlicher Widerspruch 2258 5; Kosten des öffentlichen Widerrufstestaments 2254 5; Nichtauffindbarkeit der Testamentsurkunde 2255 3 4; 2255 16; 2256 6; 2258 8; Rückgabe des öffentlichen Testaments 2256 1 ff; durch Rücknahme des Testaments aus der amtlichen Verwahrung 2256; durch späteres Testament 2258; subjektive Voraussetzungen 2255 7 ff; durch Testament 2254; Testierfähigkeit als Voraussetzung 2253 1; 2255; Testierfreiheit 2253 1; Unverzichtbarkeit 2253 1; durch Veränderung 2255 4 f, 12; Verlust der Testamentsurkunde 2255 3; Vermutung des Aufhebungswillens 2255 9; durch Vernichtung 2255 3, 11; Widerruf des Widerrufs 2255 13; Widerruf eines widersprechenden Testaments 2258 7; des Widerrufs 2257; Widerrufsarten 2253 2; Widerrufshandlung 2255 1 ff; Wirkung 2253 3
testamentary trust EGBGB 25 44
Testamentseröffnung, 30-Jahresfrist 2263 a 2; Abschrifterteilung vom eröffneten Testament 2264; Art und Umfang der Benachrichtigung 2262 3 ff; Benachrichtigung der Beteiligten 2262; Benachrichtigungs- und Hinweispflichten 2260 15; durch ein anderes Gericht 2261; Einsichtsrecht in Nachlassakten 2264; Erbnachweis durch Vorlage des Eröffnungsprotokolls 2260 16 ff; Ermittlungs- und Eröffnungspflicht 2263 a 2 ff; Eröffnung und Abgabe an das Nachlassgericht 2261 3; Eröffnungsfrist für Testamente 2263 a; eröffnungspflichtige Verfügungen von Todes wegen 2260 4 ff; Eröffnungstermin- und Protokoll 2260 11; Eröffnungsverbot 2260 8; 2263; Eröffnungsverfahren 2260 9 ff; Gel-

Sachverzeichnis

fette Zahlen = §§

tungsbereich des Einsichtsrechts **2264** 2 f; jede äußerlich als Testament erscheinende Urkunde **2260** 4; Kenntnis des Nachlassgerichts vom Tod **2260** 3; Kosten **2260** 13; Ladung **2260** 10; mehrere Urschriften **2260** 6; durch das Nachlassgerichts **2260**; Nichtigkeit eines Eröffnungsverbots **2263**; Prüfung der Eröffnungspflichtigkeit durch Nachlassgericht **2260** 5; Rechtsbehelfe **2260** 12; **2262** 7; Testamente ausländischer Staatsangehöriger **2260** 7; Umfang des Einsichtsrechts **2264** 4; Verfahrensbeteiligte **2260** 9; Verwahrung der eröffneten Verfügungen **2260** 14; Verzicht auf Benachrichtigung **2262** 6; zu benachrichtigende Beteiligte **2262** 1 f; Zuständigkeit **2260** 1 f; **2261** 1 f

Testamentsformübereinkommen EGBGB Einl IPR 17; **EGBGB 26** 16

Testamentsvollstrecker, Abgrenzung zwischen Ernennung des – und Anordnung der Testamentsvollstreckung **2197** 17; Abwicklungsvollstreckung **2203** 2 ff; Akteneinsicht **2228**; Alleinerbe **2197** 33; Anfechtung der Verfügung von Todes wegen **2203** 10; Annäherung an Rechtsstellung des gesetzlichen Vertreters **2197** 6; Aufgabe **2203**; mögliche Aufgabenstellungen **2203** 3 f; Aufwendungsersatz **2218** 18 ff; Ausführung von Verfügungen von Todes wegen **2203** 5; bei Auslandsbezug **2197** 48; Ausschlagung der Erbschaft **1942** 13 b; Außenverhältnis beim vermeintlichen – **2197** 38; Befreiungsverbot **2220** 2 ff; Befristung des Drittbestimmungsrechts **2198** 7 ff; Beginn des Amtes **2201** 1; Behörde **2197** 29; Beschränkungen **2197** 29 ff; Bestimmung durch einen Dritten **2198**; Dauer des Drittbestimmungsrechts **2198** 7 ff; Voraussetzungen des Drittbestimmungsrechts **2198** 2; Durchführung der Drittbestimmung **2198** 3 ff; Eigengläubiger des Erben **2214**; Recht zur Eingehung von Verbindlichkeiten s *Testamentsvollstrecker, Verpflichtungsbefugnis*; Einschränkung der gesetzlichen Regelungsbefugnisse **2208** 1; Eintragung im Grundbuch **2197** 13; Eintragung ins Handelsregister **2197** 14 ff; Entscheidungen über die Wirksamkeit der Ernennung **2198** 10; Entscheidungsbefugnisse des Nachlassgerichts **2197** 9; Erbe als – **2197** 33 f; Erbprätendentenstreit **2203** 15; Erbschein **2197** 11; Erhebung der Anfechtungseinrede **2203** 10; Ermächtigungsanordnung zur Mitvollstreckerernennung **2199** 2; Ermächtigungsausübung bei Mitvollstreckerernennung **2199** 3 f; Ernennung **2197** 25 ff; Ernennung eines Mitvollstreckers **2199** 7 f; Ernennung des Nachfolgers **2199** 9 f; Ersatz-Testamentsvollstrecker **2197** 26; Erweiterungen der Rechte **2208** 17 ff; Generalvollmacht **2197** 44; **2199** 6; Generalvollstrecker **2203** 1; gerichtliche Geltendmachung s *Testamentsvollstrecker, Prozessführungsrecht für Aktivprozesse*; gerichtliche Geltendmachung von Ansprüchen gegen den Nachlass s *Testamentsvollstrecker, Prozessführungsrecht für Passivprozesse*; Gruppenvertreterklausel **2220** 4; Inhaber eines privaten Amtes **2197** 5 ff; Innenverhältnis beim vermeintlichen – **2197** 39; Interessenkonflikt mit Erben **2197** 8; Internationales Erbrecht **EGBGB 25** 29; juristische Personen **2197** 28; kollisionsrechtliche Fragen **2197** 47 f; Miterbe

2197 33; **2204** 15, 22; Mitvollstreckerernennung **2199** 7 f; Mitwirkungsbefugnisse des Nachlassgerichts **2197** 9; Nachlassverzeichnis s *dort*; Nachweis des Amtes **2197** 10 ff; namentliche Bezeichnung **2197** 25; Notar **2197** 32; öffentliche Beglaubigung der Drittbestimmung **2198** 5 f; Person des -s **2197** 27 ff; Pflichten gegenüber den Erben **2197** 8; Prozessvollstrecker, Prozessführungsrecht für Aktivprozesse; Prüfung der Verfügungsbefugnis durch Grundbuchamt **2205** 63 ff; Rechnungslegungspflicht **2218** 12 ff; Recht der ehemaligen DDR **2197** 47; Rechte der Erben gegen den – **2203** 14 f; Rechtsanwälte **2197** 32; Rechtsberatungsgesetz **2197** 30 ff; Rechtsstellung **2197** 5 ff; Rechtsstellung im Aktivprozess **2212** 2 f; Schwebezustand zwischen Anordnung und Ernennung **2197** 35 f; Spezialvollstrecker **2203** 1; Splitting des Amtes **2199** 9; Stellung im Passivprozess **2213** 10 f; Steuerberater **2197** 32; steuerliche Pflichten **2203** 12 f; Testamentsvollstreckerzeugnis **2197** 12; **2205** 62; Tod **2225** 5; Treuhänder **2197** 5 ff; Treuhandtheorie **2197** 5; Unabhängigkeit **2197** 5; **2203** 11; unbekannter – **2197** 36; Unfähigkeitsfolgen **2201** 4; Unfähigkeitsgründe **2201** 1; **2227** 10; Unwirksamkeit der Ernennung **2201**; Verfügungsbefugnis **2205** 1, 12 ff; Vergütung des vermeintlichen -s **2197** 38; Verhältnis zu den Erben **2197** 8; Verhältnis zum Nachlassgericht **2197** 9; vermeintlicher – **2197** 37 ff; **2218** 20, 22; Verpflichtungsbefugnis s *Testamentsvollstrecker, Verpflichtungsbefugnis*; Vertretertheorie **2197** 5; Verwaltungspflicht **2215** 1; Verwaltungsrecht **2205** 1; Rechtsstellung des Verwaltungsvollstreckers **2209** 8 ff; Verzicht des Erben auf Schutz des § 2220 **2220** 7; Vollmacht des Erblassers s *dort*; Vorerbe **2197** 34; Wirtschaftsprüfer **2197** 32; Zeitpunkt der Unfähigkeit **2201** 3; Zustimmung des Erben zur Befreiung **2220** 7; zwingendes Recht **2220**

–, **Annahme und Ablehnung des Amts,** Akteneinsicht **2228**; Annahmefähigkeit **2202** 4; Bedingungsfeindlichkeit **2202** 5; Erklärungsempfänger **2202** 3; Erklärungsfrist **2202** 8 f; Form **2202** 6; Inhalt der Annahme- oder Ablehnungserklärung **2202** 5; Kosten für Entgegennahme der Annahme- oder Ablehnungserklärung **2202** 10; Pflicht zur Amtsannahme **2202** 11 f; Rechtsgeschäfte vor Amtsbeginn **2202** 13; Unwiderruflichkeit **2202** 5; Verfahrenshandlung **2202** 5; Zeitpunkt der Annahmeerklärung **2202** 7

–, **Beschränkung der Rechte,** Andeutungstheorie **2208** 2; Arten der Beschränkungen **2208** 4 ff; beaufsichtigende Testamentsvollstreckung **2208** 15 f; Bindung an Weisungen Dritter **2208** 7; Einschränkung der gesetzlichen Regelungsbefugnisse **2208** 1, 5; Einspruchsrecht des Testamentsvollstreckers **2208** 6; Eintragung dinglich wirkender Verfügungsbeschränkungen ins Zeugnis **2208** 14; Beschränkung auf Erbteilsvollstreckung **2208** 10; gegenständliche Beschränkungen **2208** 8 f; bei Generalvollmacht des Erblassers **2208** 13; inhaltliche Beschränkungen **2208** 5 ff; Maßgeblichkeit des Erblasserwillens **2208** 2 f; Mega-

magere Zahlen = Rn

vollstreckung 2208 7; Mindestumfang an Rechten 2208 4; Nacherbentestamentsvollstreckung 2208 5; in Teilungsanordnung 2208 3; unzulässige Denaturierung des Amtes 2208 4; Vermächtnisvollstreckung 2208 5; reine Verwaltungsvollstreckung 2208 5; Wirkungen der Beschränkungen 2208 12 ff; zeitliche Beschränkung 2208 11; Zustimmung der Erben zu bestimmten Geschäften 2208 6
–, **Entlassung,** Antrag 2227 3; Antragsberechtigte 2227 4 f; durch ausländische Gerichte oder Behörden 2227 24; Auslandsbezug 2227 23; materieller Beteiligtenbegriff 2227 4; Entlassung aus anderen wichtigen Gründen 2227 11 ff; Entlassungsverfahren 2227 17 ff; Entscheidung des Nachlassgerichts 2227 18; bei Erbteilsvollstreckung 2227 7; Feindschaft 2227 14; Gerichtskosten 2227 19; grobe Pflichtverletzung 2227 8; grobe Pflichtverletzung bei unternehmerischen Entscheidungen 2227 9; Interessengegensätze 2227 15; objektiv gerechtfertigtes Misstrauen 2227 13; Rechtsfolge 2227 22; Rechtsmittel 2227 20 f; fehlendes Sachbescheidungsinteresse 2227 6; Unfähigkeit zur ordnungsgemäßen Amtsführung 2227 10; völlige Untätigkeit 2227 8; Verfahrensfragen 2227 17 ff; Versagungsermessen 2227 16; Voraussetzungen 2227 2 ff; vorläufige Anordnungen 2227 18; wichtiger Grund 2227 7 ff; wirksame Testamentsvollstreckung 2227 6; internationale Zuständigkeit 2227 23 f
–, **Erlöschen des Amtes,** Amtsbeendigungsfälle 2225 5 ff; Beendigung der Testamentsvollstreckung im Ganzen 2225 2, 10 f; hinsichtlich einzelner Nachlassgegenstände 2225 3; Erledigung alle Aufgaben 2225 2; Fiktion des Fortbestehens 2225 10; Fortdauer der Testamentsvollstreckung 2225 9; handelsrechtliche Umwandlung 2225 8; nachträglicher Eintritt der Amtsunfähigkeit 2225 6; partielles Hinauswachsen 2225 3; Rechtsfolgen der Amtsbeendigung 2225 9 ff; Streit über die Amtsbeendigung 2225 11; Testamentsvollstreckervermerk im Grundbuch 2225 10; Testamentsvollstreckerzeugnis 2225 9 f; Tod des Testamentsvollstreckers 2225 5; Überblick über die Beendigungstatbestände 2225 1 ff; Verlust der Rechtsfähigkeit juristischer Personen 2225 8; erteilte Vollmachten 2225 9 f
–, **Ernennung durch das Nachlassgericht,** Anhörung der Beteiligten 2200 3; Auslegung des Erblasserwillens 2200 2; Auswahlentscheidung des Nachlassgerichts 2200 5, 7 f; Beteiligte 2200 3; Entscheidungsgang 2200 3; Ersuchen des Erblassers 2200 2; Mängel der Ernennung 2200 6; pflichtgemäßes Ermessen 2200 4; praktische Bedeutung 2200 1; Prüfung des Ernennungsersuchens 2200 4; Rechtsmittel 2200 9; Unwirksamkeit der Ernennung 2201; Verfahren 2200 3 ff; Wirkung der Ernennung 2200 8; Zuständigkeit 2200 3
–, **Haftung,** andere Haftung des Testamentsvollstreckers 2219 19; Anspruchsberechtigte 2219 2 f; Aufrechnung mit Honorarforderungen 2219 14; Befreiungsvermächtnis 2219 15; berufsrechtliche Haftungsnormen 2219 19; Darlegungs- und Beweislast im Prozess 2219 18; Gefährdungshaftung 2219 19; Haftpflichtpro-

Sachverzeichnis

zess 2219 18; Haftung des Erben für pflichtwidriges Verhalten des Testamentsvollstreckers 2219 20; Haftungsbefreiung 2219 15 f; Haftungsfolgen 2219 12; Haftungsschuldner 2219 4; Haftungsvoraussetzungen 2219 6 ff; Kausalität 2219 11; mehrere Testamentsvollstrecker 2219 5; Mitverschulden 2219 17; bei Nebenvollstreckung 2219 5; objektive Pflichtverletzung 2219 6; objektiver Sorgfaltsmaßstab 2219 8; Übernahmeverschulden 2219 9; Überwachungsverschulden 2219 8; aus unerlaubter Handlung 2219 19; Verjährung 2219 13; gegenüber Vermächtnisnehmer 2219 3; Anwendung auf vermeintlichen Testamentsvollstrecker 2219 4; für Verrichtungsgehilfen 2219 19; Verschulden 2219 8 ff
–, **Kündigung,** Akteneinsicht 2228; amtsempfangsbedürftige Willenserklärung 2226 3; Anfechtung 2226 4; Erklärung gegenüber dem Nachlassgericht 2226 3; vertraglicher Kündigungsverzicht 2226 6; mehrere Testamentsvollstrecker 2226 5; Rechtsfolgen 2226 8; stillschweigende – 2226 3; Teilkündigung 2226 5; Vereinbarungen mit den Erben 2226 6 f; Verfahrensfragen 2226 9; wichtiger Grund 2226 2; Wirksamkeit 2226 3 f; Zulässigkeit 2226 2
–, **mehrere,** abweichende Anordnungen des Erblassers 2224 11 f; Aufgabenübertragung 2224 4; Aufgabenverteilung 2224 4; Entscheidung des Nachlassgerichts 2224 5 ff; Ernennung 2224 2; Ernennung eines Nachfolgers 2199 10; gemeinschaftliche Amtsführung 2224 2 f; Gesamtvollstreckung 2224 2 ff; Haftung 2219 5; Kündigung 2226 5; Meinungsverschiedenheiten 2224 5; Nebenvollstreckung 2224 11; notwendige Erhaltungsmaßnahmen 2224 13; notwendige Streitgenossen 2224 3; Rechtsmittel 2224 9; Vergütung 2221 18; Wegfall eines Mitvollstreckers 2224 10; Zweck 2224 1
–, **Nacherbenvollstrecker,** Abgrenzung 2222 1; Anordnung der Nacherbentestamentsvollstreckung 2222 3; Aufgaben und Befugnisse 2222 6; Beginn und Ende der Nacherbentestamentsvollstreckung 2222 4; Person 2222 5; Prozessführungsbefugnis 2222 7; Sicherung der Nacherbenrechte 2222 8; Verhältnis zum Nacherben 2222 8; Verhältnis zum Vorerben 2222 7; Wahrnehmung der Rechte und Pflichten des Nacherben 2222 6; Zweck der Nacherbentestamentsvollstreckung 2222 2
–, **ordnungsgemäße Nachlassverwaltung,** ABC der ordnungsgemäßen Nachlassverwaltung 2216 12; Anlage von Geld 2216 13; Aufhebungsvoraussetzungen für Verwaltungsanordnungen 2216 34 ff; Ausführung von Verfügungen von Todes wegen 2216 14; Auskehrung von Erträgen 2216 15; Außerkraftsetzung der Verwaltungsanordnung durch das Nachlassgericht 2216 32 ff; Auswahl von Kapitalanlagen 2216 13; Behindertentestament 2216 27; Berechtigter der Verpflichtung 2216 11; Beurteilung der Ordnungsmäßigkeit der Verwaltung 2216 8; Bindungswirkung von Verwaltungsanordnungen des Erblassers 2216 26; Demokratie-Klausel 2216 26; dynamischer Geschäftsführer 2216 10; Eingehung von Dauerschuldverhältnissen 2216 16; Ermessensspiel-

Sachverzeichnis

fette Zahlen = §§

raum **2216** 9; Form der Verwaltungsanordnung **2216** 29; Geltendmachung von Nachlassrechten **2216** 17; Geschäftsbetrieb **2216** 18; Grundsätze **2216** 2 ff; Grundschuldbestellung **2216** 19; Grundstückserwerb **2216** 20; Haftungsbeschränkungen **2216** 21; Inhalt der Verwaltungspflicht **2216** 2 ff; Inhalt und Grenzen **2216** 7; Insolvenz **2216** 21; Leitbild für das Ausmaß zulässigen Ermessens **2216** 10; Nutzungsherausgabe **2217** 3; objektives Nachlassinteresse **2216** 6; persönliche Qualifizierung **2216** 7; Gebot der produktiven Nachlassverwaltung **2216** 8, 13; Prüfung der Wirksamkeit früherer Veräußerungen **2216** 22; Rechtsfolgen ordnungswidriger Verwaltung **2216** 25; Rechtsfolgen von Verwaltungsanordnungen **2216** 30 f; Rechtsmittel **2216** 38; Solidität und Dynamik **2216** 10; strenge Anforderungen **2216** 5; Testamentsvollstreckung durch Banken **2216** 8; Umschichtung des Nachlasses **2216** 13; Unterhalt für Erben **2216** 15; unter-Wert-Veräußerung **2216** 8; Veräußerung und Belastung von Nachlassgrundstücken **2216** 23; Verkehrssicherungs- und Überwachungspflichten **2216** 24; Vermeidung von Interessenkonflikten **2216** 8; Verwaltung von Wertpapieren **2216** 13; Verwaltungsanordnungen **2216** 26 ff; Warentermingeschäfte **2216** 13; Weisungen des Erblassers **2216** 28; allgemeine Regeln der Wirtschaftlichkeit **2216** 6, 9, 13; Wünsche des Erblassers **2216** 28; Zweck der Anordnung **2216** 4

–, **Prozessführungsrecht für Aktivprozesse,** jede Art der gerichtlichen Geltendmachung **2212** 8; Einschränkung des Prozessführungsrechts **2212** 10; gewillkürte Prozessstandschaft **2212** 7; Grundsatz **2212** 4 ff; Klauselumschreibung **2212** 14 ff; Kosten des Rechtsstreits **2212** 17 f; letztwillige Anordnung des Erblassers als Zuweisung des Prozessführungsrechts **2212** 7; mehrere Testamentsvollstrecker **2212** 9; Partei kraft Amtes **2212** 2; Prozessführungsrecht für Aktivprozesse **2212** 4 ff; Prozesskostenhilfe **2212** 2; Rechtskrafterstreckung **2212** 14 ff; Rechtsstellung im Aktivprozess **2212** 2 f; Risiken des Testamentsvollstreckers **2212** 17 f; Schadensersatzpflicht bei pflichtwidriger Prozessführung **2212** 18; Umfang des Prozessführungsrechts **2212** 8 f; Unterbrechung des Prozesses **2212** 12; Verjährung **2212** 12; Wechsel der Person des Testamentsvollstreckers **2212** 13; Wegfall der Testamentsvollstreckung **2212** 13

–, **Prozessführungsrecht für Passivprozesse,** alle gerichtlichen Streitigkeiten betreffend den Nachlass **2213** 2; Ansprüche gegen den Testamentsvollstrecker persönlich **2213** 4; beaufsichtigende Testamentsvollstreckung **2213** 7; Begriff des Passivprozesses **2213** 2 ff; Bekanntgabe von Steuerbescheiden **2213** 2; gegenständlich beschränkte Testamentsvollstreckung **2213** 6; Gerichtsstand **2213** 10; Klauselumschreibung **2213** 12 ff; Pflichtteilsansprüche **2213** 8; Rechtskrafterstreckung **2213** 12 ff; Stellung des Testamentsvollstreckers **2213** 10 f; Testamentsvollstrecker als Gläubiger **2213** 9; Testamentsvollstreckung umfasst den ganzen Nachlass **2213** 5; Unterbrechung eines Prozesses **2213** 11; Urteil gegen den Erblasser **2213** 12; Urteil gegen den Testamentsvollstrecker **2213** 13; Verfahrensfragen **2213** 10 f; kein Verwaltungsrecht des Testamentsvollstreckers **2213** 7; Vollstreckungstitel gegen den Erblasser **2213** 15; Zwangsvollstreckung **2213** 15 ff

–, **Rechtsverhältnis zum Erben,** Ansprüche gegen den Testamentsvollstrecker persönlich **2218** 3; anzuwendende Vorschriften des Auftragsrechts **2218** 4; Aufwendungsersatz **2218** 18 ff; Auskunftspflicht **2218** 7, 11; Benachrichtigungspflicht **2218** 7, 9 f; Berechtigte und Verpflichtete **2218** 1 ff; Berufsdienste **2218** 19; Generalvollmacht an Dritte **2218** 6; gesetzliches Schuldverhältnis **2218** 1; Gruppenvertretungsklausel **2218** 7; Herausgabepflicht **2218** 16; Informationspflichten **2218** 7 ff; Prokurageewährung **2218** 6; Prozess- und Anwaltskosten **2218** 18; Rechenschaftspflicht **2218** 7, 12 ff; Rechnungslegungspflicht **2218** 12 ff; Spezialvollmacht an Dritte **2218** 6; Substitution **2218** 4; Tod des Testamentsvollstreckers **2218** 21; Übertragungsverbot des Amtes **2218** 4; Überwachung von Hilfspersonen **2218** 5; unterstellte Fortdauer des Amtes **2218** 22; Verzicht des Erben auf Rechte **2218** 2; Verzinsungspflicht **2218** 17; Vollmachtserteilung durch Testamentsvollstrecker **2218** 6; Vorschuss **2218** 20; Weisungsgebundenheit des Testamentsvollstreckers **2218** 1; Zuziehung Dritter **2218** 4; zwingendes Recht **2218** 2

–, **Überlassung von Nachlassgegenständen,** bei Abwicklungsvollstreckung **2217** 2; Anspruch des Erben auf Freigabe **2217** 1; bei Auseinandersetzungsvollstreckung **2217** 2; bei Dauervollstreckung **2217** 2; vor Erledigung der steuerlichen Pflichten **2217** 2; Form der Freigabe **2217** 6 f; Freigabe gegen Sicherheitsleistung **2217** 10; freigabefähige Nachlassgegenstände **2217** 2; Freigabepflicht **2217** 2 ff; Freigabeverlangen des Erben **2217** 4; freiwillige Freigabe **2217** 11 f; Nutzungsherausgabe **2217** 3; Rechtsnatur der Freigabe **2217** 6 f; Rückgängigmachung der Freigabe **2217** 9; bei Verwaltungsvollstreckung **2217** 2; Wirkung der Freigabe **2217** 8

–, **Verfügungsbeschränkung des Erben,** Verfügung unter aufschiebender Bedingung **2211** 4; Beginn **2211** 5; Beschränkung der Verfügungsmacht **2211** 2 ff; Dauer **2211** 5; Ende **2211** 6; gemeinsame Verfügung mit dem Testamentsvollstrecker **2211** 2; Gutglaubensschutz **2211** 10 ff; Rechtsnatur **2211** 2 f; reine Verwaltungsmaßnahmen tatsächlicher Art **2211** 9; Sondervermögen **2211** 3; Umfang **2211** 7; Verfügungen über Anteil eines Miterben **2211** 8; Verfügungsbegriff **2211** 9; wirksame Verfügung der Erben **2211** 4; Wirkungen **2211** 2 f; Zustimmung des Testamentsvollstreckers **2211** 2

–, **Vergütung,** Äquivalenzprinzip **2221** 5; Anforderungsprofil **2221** 5; angemessene – **2221** 5 ff; Anspruch **2221** 19 ff; Aufwendungsersatz **2218** 18 ff; **2221** 24; Auseinandersetzungsgebühr **2221** 9 f; Bemessungsgrundsätze **2221** 7 ff; Berufsdienste **2218** 19; **2221** 25 f; Besteuerung der Vergütung **2221** 30 ff; Bestimmung durch den Erblassers **2221** 2 f; Bestimmung durch den

magere Zahlen = Rn

Testamentsvollstrecker selbst **2221** 2; Bezugsgröße **2221** 8; Delegation von Arbeiten **2221** 27; Differenzierungsgebot **2221** 5; Entnahmerecht **2221** 21; Erbschaftsteuer **2221** 30; Ertragsteuer **2221** 31; Fälligkeit **2221** 20; Festsetzung **2221** 29; funktionsgerechte – **2221** 5 f.; Gebührentatbestände **2221** 9 f.; Gewerbesteuer **2221** 32; Gewinnbeteiligung bei unternehmerischer Tätigkeit **2221** 14; Grund- oder Vollstreckungsgebühr **2221** 9 f.; insolvenzrechtliche Vergütungsordnung **2221** 16; Konstituierungsgebühr **2221** 9 f.; Kriterien für die Bemessung der Angemessenheit **2221** 6; nach Kündigung **2226** 8; mehrere Testamentsvollstrecker **2221** 18; Obergrenze **2221** 15 ff.; Prozessuales **2221** 29; Regelvergütung **2221** 9 f.; Schuldner des Vergütungsanspruchs **2221** 19; Umsatzsteuer **2221** 33; Vergütungssätze **2221** 11 f.; Vergütungstabellen **2221** 11 f.; Vergütungsvereinbarung mit den Erben **2221** 4; Verjährung **2221** 23; Verkehrswert des Nachlasses **2221** 8; vermeintlicher Testamentsvollstrecker **2221** 28; Verwaltungsgebühr **2221** 9 f.; bei Verwaltungsvollstreckung **2221** 13 f.; Verwirkung **2221** 23; Vorrang und Maßgeblichkeit des Erblasserwillens **2221** 2; Vorschuss **2221** 21; Wertgebühr **2221** 7; Zeitgebühr **2221** 7; maßgeblicher Zeitpunkt **2221** 8; Zu- und Abschläge **2221** 15 ff.; Zurückbehaltungsrecht **2221** 22

–, **Vermächtnisvollstrecker**, Aufgabe **2223** 4; Befugnisse **2223** 6 f.; Beschränkungen **2223** 5; Eingehung von Verbindlichkeiten **2223** 7; Aufnahme im Erbschein **2223** 9; Funktionen der Vermächtnisvollstreckung **2223** 2; geregelte Fallgruppe **2223** 1; gleichzeitige Ernennung für Erben und Vermächtnisnehmer **2223** 3; Eintragung im Grundbuch **2223** 9; Person **2223** 8; Testamentsvollstreckerzeugnis **2223** 9

–, **Verpflichtungsbefugnis**, Anordnung der erweiterten – **2207** 2; Anspruch auf Einwilligung des Erben **2206** 12; Ausnahmen von der Beschränkung **2206** 2; Beschränkung auf ordnungsgemäße Nachlassverwaltung **2206** 1; Beweislast **2206** 14; Einwilligung des Erben **2205** 11 ff.; Entstehung einer Nachlassverbindlichkeit **2206** 8; bei Erbteilsvollstreckung **2206** 9; erweiterte – **2207**; Genehmigung des Verpflichtungsgeschäfts **2206** 10; Abschluss von Gesellschaftsverträgen **2206** 4; Gutglaubensschutz für Vertragspartner **2206** 7; Haftung der Erben **2206** 8 ff.; kausale Beschränkung **2206** 1; Missbrauch **2206** 6; **2207** 3; Nachlassverwaltungsschulden **2206** 8; objektives Vorliegen einer ordnungsgemäßen Nachlassverwaltung **2206** 5; Prozessuales **2206** 14; Rechtsfolgen der wirksamen Verpflichtung **2206** 8 ff.; Verpflichtung zur Verfügung über einen Nachlassgegenstand **2206** 6 f.; Verpflichtungsermächtigung des Erblassers **2207** 3; reine Verpflichtungsgeschäfte **2206** 4 f.; Wirkung der Einwilligung des Erben **2206** 13

–, **Verwaltung des Nachlasses**, Ausgleichsansprüche eines Handelsvertreters **2205** 8; Auskunfts- und Informationsrechte **2205** 9; Beginn des Verwaltungsrechts **2205** 3; Begriff der Verwaltung **2205** 2; Beschränkung des Verwaltungsrechts **2205** 3; Besitzrecht **2205** 11; Beweispflicht bei Insichgeschäften **2205**

Sachverzeichnis

18; Dauer **2205** 3; Ende des Verwaltungsrechts **2205** 3; Gegenstand **2205** 5 ff.; Grundsatz der unbeschränkten Verfügungsbefugnis **2205** 13; Gutglaubensschutz **2205** 26; höchstpersönliche Rechte des Erblassers **2205** 6 f.; Inhalt des Verwaltungsrechts **2205** 10; Insichgeschäfte des Testamentsvollstreckers **2205** 16 ff.; Inventarerrichtungsfrist **2205** 9; konkurrierende Zuständigkeit zwischen Testamentsvollstrecker und Erben **2205** 9; Pflicht- und Anstandsschenkungen **2205** 21; rechtsgrundlose Verfügung **2205** 23; Restitutionsansprüche **2205** 8; Ruhen des Verwaltungsrechts **2205** 3; Schadensersatzansprüche **2205** 8; teilweise unentgeltliche Verfügung **2205** 24; Umfang des Verwaltungsrechts **2205** 4; unentgeltliche Verfügungen **2205** 21 ff.; Urheberrechte **2205** 8; Verfügungsbefugnis **2205** 12 ff.; dinglich wirkende Verfügungsbeschränkung **2205** 21; Verfügungsbeschränkungen des Erben **2205** 15; Ansprüche aus Versicherungsverhältnissen **2205** 8; Zustimmung der Erben **2205** 14, 26

–, **Verwaltungsrecht im Unternehmensbereich**, Abwicklungsvollstreckung **2205** 27; Aktiengesellschaft **2205** 54; Auflösung der Gesellschaft **2205** 38; Aufsicht des Testamentsvollstreckers über Erben **2205** 34; Auseinandersetzungsvollstreckung **2205** 37; beaufsichtigende Testamentsvollstreckung **2205** 34 f, 46 f.; Beteiligungserwerb durch den Testamentsvollstrecker **2205** 53; Grundsatz der Einheitlichkeit der Beteiligung **2205** 45; einzelkaufmännisches Unternehmen **2205** 28 ff.; erbrechtliche Grenzen **2205** 44; Ersatzlösungen **2205** 27, 41; Fortsetzung einer Gesellschaft mit den Erben **2205** 40; Fortsetzung unter den verbleibenden Gesellschaftern **2205** 39; Gebot der ordnungsgemäßen Verwaltung **2205** 44; Geltendmachung von Liquidationsansprüchen **2205** 38; Genossenschaften **2205** 55; Gesellschafter einer EWIV, OHG, BGB-Gesellschaft **2205** 36 ff.; gesellschaftsrechtliche Beschränkungen **2205** 44; gesellschaftsvertragliches Eintrittsrecht **2205** 48; GmbH **2205** 52; Grenzen der Testamentsvollstreckung **2205** 43 ff.; Gründung einer GmbH durch den Testamentsvollstrecker **2205** 53; grundsätzliches Verhältnis von Testamentsvollstreckung und Unternehmensnachfolge **2205** 27; Haftungsbeschränkung **2205** 32; Handelsregisteranmeldung **2205** 32; Kernrechtsproblematik **2205** 44; Kommanditbeteiligung **2205** 49 f.; Komplementär einer KG **2205** 36 ff.; Mischformen **2205** 56; Sondererbfolge **2205** 36; Spaltungsverbot **2205** 45; stille Gesellschaft **2205** 51; Testamentsvollstreckung über einzelne Gegenstände des Betriebsvermögens **2205** 34; Treuhandlösung **2205** 29 ff, 41; Umstrukturierung in eine Kapitalgesellschaft **2205** 45; Umwandlungsanordnung **2205** 35; Unternehmensveräußerung **2205** 27; Unvereinbarkeit der Haftungsgrundsätze des Handelsrechts mit denen des Erbrechts **2205** 27; Verbot unentgeltlicher Verfügungen **2205** 44; verwaltende Testamentsvollstreckung **2205** 27; Verwaltungstreuhand **2205** 30; Verwaltungsvollstreckung **2205** 37; Vollmachtlösung **2205** 28, 41; Vollrechtstreuhand **2205** 31; Vorrang

3187

Sachverzeichnis fette Zahlen = §§

des Handelsrechts **2205** 27; Weisungsgeberlösung **2205** 33, 41
Testamentsvollstreckervermerk, Eintragung ins Grundbuch **2197** 13; **2205** 57; Löschung aus dem Grundbuch **2205** 60
Testamentsvollstreckerzeugnis, Abweichungen vom Regeltyp **2368** 13 f; Angabe bei Erstreckung auf bestimmte Nachlassgegenstände **2368** 15; Angabe des Bestehens und der Dauer der Dauer- und Verwaltungsvollstreckung **2209** 11; Antrag des Testamentsvollstreckers **2368** 4 ff; beamtenrechtliche Genehmigungsvorbehalte **2368** 8; Beendigung des Amtes **2225** 9; **2368** 22 f; Berichtigung **2368** 12; Beweiskraft **2368** 18 ff; einheitliches – für Vor- und Nacherbfall **2368** 16; Eintragung dinglich wirkender Verfügungsbeschränkungen **2208** 14; Einziehung **2225** 9; **2368** 12; Entscheidungsmöglichkeiten des Gerichts **2368** 9 ff; Erteilungsverfahren **2368** 3 ff; Fortführung eines Handelsgeschäfts **2368** 17; Fremdrechtstestamentsvollstreckerzeugnis **2368** 24; gemeinschaftliches Zeugnis **2368** 9; Inhalt **2368** 13 ff; Internationales Erbrecht **EGBGB 25** 72 f; Kosten **2368** 26; Kraftloswerden bei Amtsbeendigung **2225** 9; bei mehreren Testamentsvollstreckern **2368** 9; Nachweis **2368** 7; als Nachweis des Amtes **2197** 12; **2205** 62; notwendige Angaben im Antrag **2368** 6; öffentlicher Glaube **2368** 21; Rechtsmittel **2368** 25; Richtigkeitsvermutung **2368** 18 ff; Sachentscheidung **2368** 11; Teilzeugnis **2368** 9; Testamentsauslegung für Handelsregister **2368** 20; Vorbescheid **2368** 10; Zuständigkeit **2368** 3; Zweck **2368** 1
Testamentsvollstreckung, Abgrenzung zwischen Ernennung des Testamentsvollstrecker und Anordnung der – **2197** 17; Abwicklungsvollstreckung *s dort;* administrator **EGBGB 25** 34; Allgemeines **2197** 2 ff; Anordnung **2197** 18 ff; Arten **2203** 1; Aufgabeneröffnung durch Erblasseranordnung **2197** 3 f; Auseinandersetzungsverbot bei – **2044** 6; bei Auslandsbezug **2197** 48; Ausschlagung der Erbschaft bei – für Nachlass des Ersterben **1952** 9; beaufsichtigende – **2205** 34 f, 46 f; **2208** 15 f; **2213** 7; bedingte oder beschränkte Anordnung **2197** 23; beschränkte – **2204** 21; Beschränkung eines Pflichtteilsberechtigten durch – **2197** 21; Bindung an Teilungsanordnung des Erblassers **2048** 1; Dauervollstreckung **2203** 1; **2209** 3; Eintragung im Handelsregister **2197** 14 ff; Eintragungsbewilligung im Grundbuch allein vom verfügungsberechtigten Testamentsvollstrecker **2205** 61; an einzelkaufmännischem Unternehmen **2197** 22; Erbteilsvollstreckung **2197** 23; **2204** 21; executor **EGBGB 25** 34; Form der Anordnung **2197** 18; Generalvollstreckung **2203** 1; gerichtliche Geltendmachung von Ansprüchen gegen den Erben **1958** 6; am Gesellschaftsanteil **1922** 72; **2197** 22; Gesetzesüberblick **2197** 1; gespaltene – **2197** 47; Grenzen der – bei Gesellschaftsbeteiligungen **2205** 43 ff; und Grundbuch **2205** 57 ff; Grundsatz der Eigenanordnung **2197** 18; Grundtypen **2197** 3; Haftung der Erben für pflichtwidriges Verhalten des Testamentsvollstreckers **2219** 20; Haftung des Testamentsvollstreckers *s Testaments-*

vollstrecker, Haftung; Internationales Erbrecht **EGBGB 25** 29; kollisionsrechtliche Fragen **2197** 47 f; Kontrollmittel der Erben **2215** 1; Verbot der Megavollstreckung **2208** 7; Nacherbentestamentsvollstreckung **2222** 2 ff; Nachlassverzeichnis *s dort;* Recht der ehemaligen DDR **2197** 47; Schwebezustand zwischen Anordnung und Ernennung **2197** 35 f; Sittenwidrigkeit der Anordnung **2197** 20; Sondervermögen **2197** 2; Surrogationserwerb **2041** 1; testamentary trust **EGBGB 25** 44; Testamentsvollstreckerzeugnis *s dort;* Umwandlungsanordnung **2205** 35; im Unternehmensbereich *s Testamentsvollstrecker, Verwaltungsrecht im Unternehmensbereich;* Vereinigung von Recht und Verbindlichkeit bzw. Forderung **1976** 2; Verfügungsbeschränkung der Erben *s Testamentsvollstrecker, Verfügungsbeschränkung des Erben;* grundsätzliches Verhältnis von – und Unternehmensnachfolge **2205** 27; Vermächtnisvollstreckung **2203** 1, *s dort;* und Vollmachten des Erblassers **2197** 40 ff; Wirksamkeit der Anordnung **2197** 20 ff; Wortlaut der Anordnung **2197** 24; Zugriffsverbot der Eigengläubiger der Erben **2214** 2 ff; unzulässige Zwangsvollstreckung in Nachlass **2214** 8
Testierfähigkeit, Altersdemenz **2229** 7; Anscheinsbeweis **2229** 13; Ausländer **2229** 2; Begriff **2229** 1; Beherrschung der persönlichen Techniken **2229** 6; von Betreuten **2229** 2; Beweisfragen **2229** 11 ff; Bewusstseinsstörungen **2229** 9; Cerebralsklerose **2229** 7; Erbscheinsverfahren **2229** 12; Geistesstörungen **2229** 8 ff; Intelligenzmängel **2229** 7; Lesenunfähigkeit **2233** 4; lichte Momente **2229** 9; Minderjähriger **2229** 7; **2233** 1 ff; Mitwirkung Dritter **2229** 3; partielle Testierfähigkeit **2229** 5; Psychopathie **2229** 9; querulatorische Veranlagung **2229** 9; Rauschgiftsucht **2229** 9; Recht in den neuen Bundesländern **2229** 15; Rechtsfolge der Testierunfähigkeit **2229** 10; relative Testierfähigkeit **2229** 4; Staatenloser **2229** 2; Testierunfähigkeit **2229** 2, 8 ff; Voraussetzungen **2229** 3
Testierfreiheit, Begrenzung durch Pflichtteilsrecht **2303** 2; Einschränkung durch erbrechtliche Verfügungen **2302** 2; Einschränkung durch Verträge **2302** 1; Rechtsfolgen unzulässiger Einschränkung **2302** 3 f; unbeschränkbare – **2302**
Tod, Begriff **1922** 5; Beweis **1922** 6; Gesamthirntod **1922** 5; Todeserklärung **1922** 7; Zeitpunkt **1922** 5
Tod eines Elternteils bei gemeinsamer Sorge **1680** 2; Prüfung des Kindeswohls **1680** 4 ff; Tod des allein sorgeberechtigten Elternteils **1680** 3 ff; Übergangsregelung **1680** 12; Verfahren **1680** 12
Todeserklärung, Allgemeines **EGBGB 9** 1 f, 5; Anwendungsbereich **EGBGB 9** 5 ff; ausländische – **EGBGB 9** 14 ff; elterliche Sorge bei – eines Elternteils **1681**; Erbfähigkeit bei – **1923** 5; Internationales Privatrecht **EGBGB 9**; Kommorientenvermutung **EGBGB 9** 8; konkurrierende Todesfeststellungen **EGBGB 9** 16; Kosten als Nachlasskostenschulden **1967** 18; Lebens- und Todesvermutung **EGBGB 9** 8;

magere Zahlen = Rn **Sachverzeichnis**

des Mündels **1884**; öffentlicher Glaube **2370**; Staatsverträge zur – **EGBGB 9** 3; bei starkem Inlandsbezug **EGBGB 9** 9 ff; Feststellung des Todeszeitpunkts **EGBGB 9** 7, 10; Übergangsrecht im Verhältnis zur ehemaligen DDR **EGBGB 9** 17; Verfahrensfragen **EGBGB 9** 13 ff; VerschÄndG **EGBGB 9** 12; verschollene Personen **1922** 7; Verschollenheitserklärung **EGBGB 9** 6; Wirkung **1922** 7
Todesvermutung EGBGB 9 8
Totenfürsorge 1968 2
Totgeburt, Beerdigungskosten **1615 n** 4; Geburtsname **1616** 26; Vaterschaftsanerkennung **1594** 8; Vaterschaftsfeststellung **1615 n** 4
Transportmittel, allgemeine Regeln **EGBGB 45** 10 ff; Anknüpfung an das Belegenheitsrecht **EGBGB 45** 1; wesentlich engere Verbindung **EGBGB 46** 2 ff; Gesamt- oder Sachnormverweisung **EGBGB 45** 10; gesetzliche Sicherungsrechte **EGBGB 45** 8 f; Grundanknüpfung **EGBGB 45** 3 ff; intertemporales Recht **EGBGB 45** 12; Kraftfahrzeuge **EGBGB 45** 7; Luftfahrzeuge **EGBGB 45** 4; ordre public **EGBGB 45** 11; Rangfolge mehrerer Sicherungsrechte **EGBGB 45** 9; Recht des Herkunftsstaates **EGBGB 45** 3 ff; Rück- und Weiterverweisung **EGBGB 45** 10; Schienenfahrzeuge **EGBGB 45** 6; vertragliches Sicherungsrecht **EGBGB 45** 2; Wasserfahrzeug **EGBGB 45** 5
Trennung des Kindes von der Familie, Abänderung und Überprüfung gerichtlicher Anordnungen *s dort;* andere Maßnahmen **1666 a** 3; Dauer der Wegweisung **1666 a** 9; einstweilige Anordnung **1666 a** 6; Gefahrenabwehr für Kind nicht auf andere Weise **1666 a** 2; goorder **1666 a** 7 ff; Kosten der Unterbringung **1666 a** 6; Maßnahmen der – **1666 a** 5; statt oder begleitend zur Wegweisung **1666 a** 10; Verbot der Wohnungsnutzung **1666 a** 7 ff; Verhältnismäßigkeitsgrundsatz **1666 a** 4, 9; Wohnungswegweisung **1666 a** 7 ff
Trennungsjahr 1565 14 ff, 18 ff; **1566** 3 ff
Trennungsstatut EGBGB 17 30; und Güterrechtsstatut **EGBGB 15** 43
Trennungsunterhalt *s Unterhalt, Getrenntleben der Ehegatten*
Trusts, Anknüpfung **EGBGB 12** 71

Übereinkommen über den internationalen Schutz von Erwachsenen EGBGB 24 45
Übergehung eines Pflichtteilsberechtigten, Anfechtung wegen – **2079**; Beweisfragen **2079** 9; Enterbung **2079** 3; Irrtum des Erblassers **2079** % F; Nichterwähnung **2079** 2; Pflichtteilsberechtigte **2079** 1; spätere Geburt oder Pflichtteilsberechtigung **2079** 6; Übergehen **2079** 2 ff; Unkenntnis der Person **2079** 5; Unkenntnis der Pflichtteilsberechtigung **2079** 5; Vorhandensein eines Pflichtteilsberechtigten **2079** 1; Vorrang des feststellbaren Erblasserwillens **2079** 7; Wirkung der Anfechtung **2079** 8; Anfechtbarkeit der Zuwendung unterhalb des Pflichtteils **2079** 4
Übernahmerecht des Erben **2048** 2; **2049** 3; an einem Landgut **2049** 3
Überschwerungseinrede, Anwendungsbereich **1992** 2; Aufhebung von Zwangsvollstreckungsmaßnahmen **1990** 9; Aufrechnung **1992** 8; Bedeutung **1992** 1; Darlegungs- und Beweispflicht **1992** 5; Durchsetzung im Zwangsvollstreckungsverfahren **1990** 8 ff; Entscheidung über die tatsächlichen Voraussetzungen **1990** 7; entsprechende Anwendung der §§ 1990, 1991 **1992** 6; Erhebung im Erkenntnisverfahren **1990** 6 f; freiwillige Herausgabe des Nachlasses durch den Erben **1990** 12; Rechte der Eigengläubiger des Erben **1990** 10; Rechtsfolgen **1992** 6 f; Überschuldung des Nachlasses **1992** 4; Überschwerung des Nachlasses **1990** 1; keine unbeschränkte Haftung des Erben **1992** 3; Vollstreckungsgegenklage **1990** 8; Vollstreckungspreisgabe **1990** 11; **1992** 7; Voraussetzungen **1990** 4; **1992** 3 ff; Vorbehalt der beschränkten Erbenhaftung **1990** 6; maßgeblicher Zeitpunkt für die Beurteilung der Überschwerung **1990** 5; **1992** 5
Umdeutung, einseitig testamentarische Verfügungen **2265** 21; formnichtiges eigenhändiges Testament **2267** 10; gemeinschaftlicher Testamente **2265** 18 ff; notariell beurkundetes gemeinschaftliches Testament **2265** 23; wechselbezügliche Verfügungen **2265** 22
Umgang des Kindes mit seinen Eltern und anderen Personen **1626** 33 ff
Umgangsbestimmung, Berechtigter **1632** 15; durch Betreuer **1902** 9; Erziehungsauftrag **1632** 17 f; Grenzen **1632** 17 ff; Inhalt des Rechtes zur – **1632** 14 ff; Missbrauch **1666** 6.4; Umgangsgebote und -erlaubnisse **1632** 14; Umgangsrechte Dritter **1632** 18; Umgangsverbote **1632** 14, 17.1; Verfahren **1632** 19; bei verheirateten Minderjährigen **1633** 2
Umgangsrecht, absolutes subjektives Recht **1684** 4; Änderung umgangsrechtlicher Entscheidungen **1684** 56; allgemeine Verfahrensgrundsätze **1684** 44; Anordnungen zur Erfüllung der Loyalitätspflicht **1684** 32 f; Art des Umgangs **1684** 23; Auskunft über die persönlichen Verhältnisse des Kindes **1686**; Ausschluss **1684** 34 ff; bei Auswanderung des sorgeberechtigten Elternteils **1684** 7; Benachrichtigungspflichten **1684** 29; beschützter Umgang **1684** 42 f; Bindungswirkung einer Einigung **1684** 16; briefliche und telefonische Kontakte **1684** 10; Dauer und Häufigkeit des Umgangs **1684** 25 ff; Einigung zwischen den Eltern **1684** 13 ff; Einschränkung **1684** 34 ff; Einschränkung des Umgangsbestimmungsrechts **1684** 12; Einschränkungs- und Ausschlussgründe **1684** 36 f; der Eltern **1684** 4 ff; Elternstellung **1684** 5; Entfremdung **1684** 36; Entführungsgefahr **1684** 23; nach Entzug der elterlichen Sorge **1666** 23; Ersatztag nach Verhinderung **1684** 29; Fahrtkosten **1684** 17; Ferienbesuche **1684** 26; Geburtstage **1684** 27; gerichtliche Entscheidung über Umfang und Ausübung des -s **1684** 21 ff; gerichtliche Geltendmachung des -s des Kindes **1684** 45 ff; Inhalt der gerichtlichen Entscheidung **1684** 40 f; Geschenke des Umgangsberechtigten **1684** 10; Gewalt gegen das Kind **1684** 55; Holen und Bringen des Kindes **1684** 17, 23; Inhalt des Umgangsrecht **1684** 10 ff; des Kindes **1684** 3; Kindesentziehung **1684** 42; Kindeswillen **1684** 30, 38 f; Kindeswohlprüfung **1684** 21, 35; kirchliche Festtage

3189

Sachverzeichnis

fette Zahlen = §§

1684 27; Kontrolle der Kontakte durch anderen Elternteil **1684** 10; Loyalitätspflichten **1684** 17 ff, 32 f; Missachtung der Loyalitätspflichten **1684** 19; Mittel zur Vollstreckung **1684** 55; Kind in der Obhut einer anderen Person **1684** 20; Ort des Umgangs **1684** 24; Parental Alienation Syndrome **1684** 17, 42; periodischer Umgang **1684** 26; Pflicht zum Umgang **1684** 9; Recht und Pflicht jedes Elternteils **1684** 4 ff; Regelung gegenüber den Eltern **1684** 22 ff; Regelungen gegenüber Dritten **1684** 31; Regelungsstruktur **1684** 1 f; Säuglinge und Kleinkinder **1684** 28; Schiedsklausel in Vereinbarung **1684** 15; Schutz der Eltern-Kind-Beziehung **1684** 1; sexueller Missbrauch **1684** 37, 42; Therapie der Eltern **1684** 18; Übernachtungen **1684** 26; Übernachtungskosten **1684** 17; Umfang des Umgangs **1684** 13 ff; umfassender Kontakt **1684** 10; Umgangsbestimmungsrecht **1684** 11 f; Umgangsvereitelung **1684** 17; Umgangsverweigerung durch das Kind **1684** 42; Unübertragbarkeit **1684** 4; Unverzichtbarkeit **1684** 4; Verfahren **1684** 44 ff; Verfahrenspfleger **1684** 47; Verhältnis zum Sorgerecht **1684** 6 f; Verhältnismäßigkeitsgrundsatz **1684** 35; gerichtliches Vermittlungsverfahren **1684** 49 f; Verpflegungskosten **1684** 17; Verwirkung **1684** 4; Vollstreckung umgangsrechtlicher Entscheidungen **1684** 51 ff; Vollzug früherer Entscheidungen **1684** 52; Vorrang des Sorgerechts **1684** 7; Zuständigkeit des FamG **1684** 44; Zwangsgeld **1684** 55; Zwangshaft **1684** 55

–, **nichtelterliche Bezugspersonen,** Cousinen **1685** 4; Entscheidung des FamG **1685** 11 f; Freunde **1685** 4; Geschwister **1685** 2; Großeltern **1685** 2; Kindeswohl **1685** 3; Kindeswohlprüfung **1685** 7 ff; Konkurrenz mehrerer Umgangsberechtigter **1685** 12; längere Zeit in häuslicher Gemeinschaft **1685** 3; Lebenspartner eines Elternteils **1685** 4; Nachbarn **1685** 4; Onkel **1685** 4; Pflegeeltern **1685** 4; soziale familiäre Beziehung **1685** 3; Stiefeltern **1685** 4; subjektives, einklagbares und vollstreckbares Recht **1685** 5 f; Tanten **1685** 4; tatsächliche Verantwortung für das Kind **1685** 3; Umfang **1685** 5 f; Umgangsberechtigte **1685** 2 ff; Umgangspflicht **1685** 5; Verfahren **1685** 13; Wille des Kindes **1685** 8; Wohlverhaltenspflicht der Eltern **1685** 10

Umschulungsunterhalt 1575 4
Umwandlungsanordnung 2205 35
Universalsukzession 1922 15
Universalvermächtnis, Begriff **1939** 6; **2087** 1; Vermögenszuwendung **2087** 5
unlauterer Wettbewerb, Internationales Privatrecht **EGBGB 42** 58 ff
Unteranknüpfung EGBGB 4 18 ff
Unterbringung s *Freiheitsentziehung*
Unterbringung im Betreuungsrecht, ambulante Zwangsmedikation **1906** 7; Anzeigepflicht **1906** 22; Aufgabenkreis des Betreuers **1906** 4; Beendigung **1906** 22; Begriffe **1906** 5; Erforderlichkeit **1906** 14 ff; Form **1906** 30; freiheitsentziehende Unterbringung **1906** 5 ff; Freiheitsentziehung durch Bevollmächtigte **1906** 29 ff; Genehmigung des VormG **1906** 18 ff; geschlossene Einrichtung **1906** 5; Handeln des Bevollmächtigten **1906** 32; Handeln ohne oder gegen den Willen des Betreuten **1906** 8; Inhalt und Umfang der Genehmigung **1906** 20 f; materielle Voraussetzungen **1906** 9 ff; Notwendigkeit stationärer Behandlung **1906** 12 f; öffentlich-rechtliche – **1906** 2; offene Einrichtung **1906** 6; Rechtsmacht des Betreuers **1906** 4; Rechtsmittel **1906** 35; Rechtsnatur der Genehmigung **1906** 18; Selbstschädigungsgefahr **1906** 9 ff; Unterbringung durch den Betreuer **1906** 3 ff; unterbringungsähnliche Maßnahmen s dort; Verfahren **1906** 33 ff; Verhältnismäßigkeitsgrundsatz **1906** 15; Wohl des Betreuten **1906** 14 ff; Zeitpunkt der Genehmigung **1906** 19; zivilrechtliche – **1906** 2; zivilrechtliche Unterbringung durch den Betreuer **1906** 3 f; Zweck **1906** 1, 29

unterbringungsähnliche Maßnahmen, Anwendungsbereich **1906** 24 ff; Art der Maßnahme **1906** 24; Dauer der Maßnahme **1906** 25; Einrichtung **1906** 26; mechanische Vorrichtung **1906** 24; Medikamente **1906** 24; Ort der Maßnahme **1906** 26 ff; Personenortungsanlagen **1906** 24; private Familienpflege **1906** 26; Zweck **1906** 23

Unterhalt, einstweilige Verfügung gegen den Mann **1615** o; familienrechtlicher Anspruch s *Familienunterhalt*; des geschiedenen Ehegatten s *nachehelicher Unterhalt*; Internationales Privatrecht s *Unterhaltsstatut*; der Mutter anlässlich der Geburt **1615 l** 4 ff; nachehelicher Unterhalt s dort; Vererblichkeit **1922** 84; der werdenden Mutter eines Erben **1963;** der werdenden Mutter eines Nacherben **2141**

–, **Getrenntleben der Ehegatten,** Abschreibung **1361** 68; Abweichung vom Normalverlauf **1361** 43; Abzüge **1361** 73 ff; Abzugsmethode **1361** 96; Additionsmethode **1361** 95; allgemeine Voraussetzungen **1361** 7 f; allgemeiner Mehrbedarf **1361** 105; Altersteilzeit **1361** 53; Altersversorgung **1361** 66, 107 f; angemessener Unterhalt **1361** 22 ff, 111 ff; Anrechnungsmethode **1361** 96; Arbeitssuche **1361** 52; Art der Unterhaltsgewährung **1361** 121; Aufgabe eines Arbeitsplatzes **1361** 53 f; Aufnahme einer Erwerbstätigkeit **1361** 47; Auskunftsanspruch **1361** 71; Ausschluss des Unterhaltsanspruchs **1361** 118 f; Ausschluss des Unterhaltsbezugs **1361** 32; Auswirkungen von Vermögen **1361** 40 f; Bedarf **1361** 25, 112 f; Bedarfsbegrenzungen **1361** 111 ff; Bedarfsberechnung **1361** 88 ff; bedarfsbezogenes Begriffssystem **1361** 22; bedarfsprägende Belastungen **1361** 73 f; bedarfsprägende Einkommen **1361** 26, 28, 30 ff; Bedürftigkeit **1361** 8, 25, 112 f; Berechnungsmethoden **1361** 93 ff; berufsbedingte Aufwendungen **1361** 75 f; Betreuungskosten **1361** 81; Betriebskosten **1361** 68; Beweislast **1361** 125; Billigkeitsabwägungen **1361** 120; Darlegungslast **1361** 125; Dauer der Einkommensfiktion **1361** 57; Differenzmethode **1361** 94; Eigeneinkünfte **1361** 33 f, 39; eigenfinanzierte Wohnung **1361** 101 f; Eigenständigkeit des Trennungsunterhalts **1361** 2; Einkommen beider Parteien maßgeblich **1361** 36 f; Einkommensänderung während des Getrenntlebens **1361** 43 ff; Einkommenserhöhungen und -verringerungen **1361** 44; Ein-

magere Zahlen = Rn

Sachverzeichnis

kommensermittlung **1361** 61 ff; einkommensprägende Belastungen **1361** 73 f; Einkommensschätzungen und -rundungen **1361** 69 f; Einkommensveränderungen **1361** 39; Einkommensveränderungen als Folge der Trennung **1361** 45 ff; Einschränkung der Berufsfreiheit **1361** 51; Einschränkung der Erwerbsobliegenheit **1361** 13 ff; Einschränkung der Leistungsfähigkeit **1361** 115; Einschränkung der Obliegenheit zur Vermögensverwertung **1361** 58; einstweilige Anordnung im Verbundverfahren **1361** 126; Eintritt in den Ruhestand **1361** 53; Einzelfälle unterhaltserheblicher Einkünfte **1361** 42; Elementarunterhalt **1361** 88 ff; Ermittlungsverfahren **1361** 71 f; Ermittlungszeitraum **1361** 67; Erwerbsobliegenheit **1361** 27; Erwerbstätigenbonus **1361** 28, 89 ff; erzielbares Einkommen **1361** 57; Fahrtkosten **1361** 76; fiktive Einkünfte **1361** 39, 50 ff; Finanzierungskosten für einen Pkw **1361** 76; freiwillige Unterhaltszahlungen **1361** 15; gerichtliche Ermittlungen **1361** 72; Gesamtunterhalt **1361** 88, 104 ff; Getrenntleben **1361** 7; Grundlage der Einkommensermittlung **1361** 68; Härtegründe **1361** 119; Halbteilung **1361** 28; Halbteilungsgrundsatz **1361** 88 ff; Haushaltsführung als Einkommenssurrogat **1361** 47; Herabsetzung des Unterhaltsanspruchs **1361** 118 f; Karrieresprung **1361** 43; Kindesbetreuung **1361** 18; Kindesunterhalt vorrangig **1361** 78; Konsumentenkredite **1361** 19; Krankenunterhalt **1361** 107; Krankenversicherung **1361** 66, 107; Leben von der Vermögenssubstanz **1361** 40; Lebens- und Einkommensverhältnisse der Parteien **1361** 23 f; Lebensverhältnisse als Anspruchsgrundlage **1361** 10 f; Leistungsbeschränkungen **1361** 115 ff; Leistungsfähigkeit **1361** 8, 25; im Mangelfall **1361** 117; mangelnde Leistungsfähigkeit als Selbständiger **1361** 55; maßgebliches Einkommen **1361** 31; Mehrbedarf **1361** 104 f; Mietmehrkosten **1361** 100; Mindestbedarf **1361** 114; Nettoeinkommen **1361** 61 ff; obergerichtliche Leitlinien **1361** 5, 29; objektiver Maßstab bei Prüfung der Unterhaltserheblichkeit von Einkünften **1361** 38 ff; Obliegenheit zur Fortsetzung einer Erwerbstätigkeit **1361** 20 f; Obligationssymmetrie **1361** 47, 89; persönliche Verhältnisse **1361** 17 f; Pflegeversicherung **1361** 107; Prozesskostenvorschuss **1361** 110; prozessuale Fragen **1361** 125 ff; Quotenbedarf **1361** 25; Quotenbedarfsmethode **1361** 97, 115; Quotenunterhalt **1361** 93 ff; Realsplitting **1361** 63 ff; Restbedarf **1361** 112; Rollenwechsel in einer eheähnlichen Gemeinschaft **1361** 56; Sättigungsgrenze **1361** 111; selbständiger Anspruch auf Trennungsunterhalt **1361** 1; Selbstbehalt **1361** 115; Sonderbedarf **1361** 106; Sozialleistungen **1361** 32; Steuern **1361** 62; Steuerrückzahlungen **1361** 67; Studium **1361** 55; Subtraktionsmethode **1361** 96; Surrogatseinkommen **1361** 47; im System des Unterhaltsrechts **1361** 2 ff; trennungsbedingter Mehrbedarf **1361** 104; Trennungsunterhalt in isolierten Verfahren **1361** 125; überobligationsmäßiges Einkommen **1361** 49, 59 f; Unterhalt für die Vergangenheit **1361** 122; Unterhaltsansprüche eines späteren Ehegatten **1361** 82; Unterhaltsberechnung **1361** 28 f; unterhaltserhebliches Einkommen **1361** 26; Unterhaltslasten **1361** 77 ff; Unterhaltspflicht **1361** 27; Unterhaltsvereinbarungen **1361** 123; unzumutbare Tätigkeit **1361** 39, 81; Veränderungen der Belastungen **1361** 85 ff; gemeinsame Veranlagung **1361** 63 ff; Verbindlichkeiten **1361** 83 f; Verhältnis zum nachehelichen Unterhalt **1361** 5 f, 12; Vermögensanrechnung **1361** 40 f; Vermögensbildung **1361** 74; Einkommen zur Vermögensbildung **1361** 41; Vermögensverwertung **1361** 46, 116; Verpflichtung zur Vollzeittätigkeit **1361** 14, 16; Verschuldensunabhängigkeit **1361** 9; verteilungsfähiges Einkommen **1361** 26; Verwirkung **1361** 124; Vorsorgeaufwendungen **1361** 66; Vorwegabzug für Unterhalt minderjähriger Kinder **1361** 79 f; Wechsel eines Arbeitsplatzes **1361** 55 ff; Weiterbildung **1361** 55; wirtschaftliche Verhältnisse **1361** 19; Wohnbedarf **1361** 99; Wohnkosten **1361** 99; Wohnvorteil **1361** 99, 101 f; Zuwendungen Dritter **1361** 35; Zweitausbildung **1361** 55

–, **nicht miteinander verheiratete Eltern,** Altersvorsorge **1615 l** 14 f; Anspruchszeitraum **1615 l** 16 ff; anwendbare Vorschriften **1615 a**; Bedarfsmessung **1615 l** 13 ff; Beerdigungskosten für die Mutter **1615 m**; Beibringungsgrundsatz **1615 o** 10; Besonderheiten für das Kind nicht miteinander verheirateter Eltern **1615 a** 2 f; Betreuungsbedürftigkeit des Kindes **1615 l** 12; Betreuungsunterhalt des Vaters **1615 l** 42; Beweislast **1615 l** 44 ff; **1615 m** 5; **1615 o** 10 f; einstweilige Verfügung gegen den Mann **1615 o**; Entbindungskosten **1615 l** 8 f; kein Erlöschen bei Tod des Vaters **1615 n** 2 f; Ersatzhaftung **1615 l** 33; Erwerbslosenunterhalt für Mutter **1615 l** 10 ff; Erwerbslosigkeit wegen Schwangerschaft oder Krankheit **1615 l** 11; Erwerbsobliegenheit **1615 l** 28; Erwerbstätigenbonus **1615 l** 30; Anrechnung von Erziehungsgeld **1615 l** 15; Fehlgeburt **1615 n** 5; finanzielle Sicherstellung des Lebensunterhalts der Mutter **1615 l** 1; Gleichstellung ehelicher und nichtehelicher Kinder **1615 a** 1; Härteregelung **1615 l** 24; Halbteilungsgrundsatz **1615 l** 14; Konkurrenz mehrerer Unterhaltspflichtiger **1615 l** 29 ff; Kostentragung außergerichtlicher Titulierung des Betreuungsunterhalts **1615 l** 43; Kranken- und Pflegeversicherung **1615 l** 14; Lebensstellung der Mutter **1615 l** 13; Leistungsfähigkeit **1615 l** 26 ff; Prozesskostenvorschuss **1615 l** 14; Rangverhältnisse der Unterhaltsberechtigten **1615 l** 34; Recht in den neuen Bundesländern **1615 l** 48; Schwangerschaftskosten **1615 l** 8 f; Selbstbehalt **1615 l** 27; Tod des Vaters **1615 l** 38; Totgeburt **1615 n** 5; Unterhalt der Mutter anlässlich der Geburt **1615 l** 4 ff; Unterhalt für die Vergangenheit **1615 l** 35 ff; Verfahrensrecht **1615 o** 9; Verjährung **1615 l** 39; Verwirkung **1615 l** 40; Verzicht **1615 l** 41; vorläufige Sicherstellung des Unterhalts der Mutter **1615 o** 4 ff; vorläufige Sicherstellung des Unterhalts des Vaters **1615 o** 8

Unterhaltsnachforderung, Anwendungsbereich **1613** 3; ab Auskunftsverlangen **1613** 2, 4; Ausnahmeregelungen **1613** 23 ff; Beweislast **1613** 38; Eintritt der Mahnwirkungen **1613** 13; Entbehrlichkeit der Mahnung **1613**

Sachverzeichnis

fette Zahlen = §§

15 ff; Erfüllungsverweigerung **1613** 16; Folgen der Mahnung **1613** 18; Härtefälle **1613** 33 f; illoyale Verspätung **1613** 21; Mahnung **1613** 6 ff; Mahnung nach Eintritt der Fälligkeit **1613** 12; materielle Einwendungen **1613** 35; Mehrbedarf **1613** 24; bei nicht miteinander verheirateten Eltern **1615 I** 35 ff; rechtliche Hinderungsgründe **1613** 30 f; Rechtshängigkeit des Unterhaltsanspruchs **1613** 19; Schuldnerschutz **1613** 21; Schutz des Unterhaltspflichtigen vor hohen -en **1613** 1; Selbstmahnung **1613** 17; Sonderbedarf **1613** 23 ff; Stufenmahnung **1361** 123; Stundung und Erlass rückständigen Unterhalts **1613** 33 ff; tatsächliche Hinderungsgründe **1613** 32; Verwirkung rückständigen Unterhalts **1613** 20 ff; Verzicht auf – **1614** 5; Verzinsung **1613** 18; Verzug **1613** 5 ff; Wegfall der Mahnungswirkungen **1613** 14

Unterhaltsstatut, Abänderung von Unterhaltsentscheidungen **EGBGB 18** 91 f; allgemeine Regeln **EGBGB 18** 65 ff; Anerkennung ausländischer Titel **EGBGB 18** 82 ff; Anknüpfung **EGBGB 18** 43 ff; Anspruchsvoraussetzungen **EGBGB 18** 29 f; Art des Anspruchs **EGBGB 18** 31 ff; gewöhnlicher Aufenthalt **EGBGB 18** 46 f; Auskunftsanspruch **EGBGB 18** 19; ausländisches Recht **EGBGB 18** 28; Ausrichtung am Scheidungsstatut **EGBGB 18** 55 ff; Bedarf **EGBGB 18** 32 ff; konkrete Bedarfsmessung **EGBGB 18** 36 f; Berechnung der Unterhaltshöhe **EGBGB 18** 32 ff; grenzüberschreitende Durchsetzung **EGBGB 18** 80 f; ehe- und scheidungsrechtliche Ansprüche **EGBGB 18** 24 ff; Eilrechtsschutz **EGBGB 18** 64; erbrechtliche Ansprüche **EGBGB 18** 19; Erstattungspflicht gegenüber öffentlich-rechtlichen Versorgungsträgern **EGBGB 18** 41 f; Europarecht **EGBGB 18** 3 ff; familienrechtliche Unterhaltsansprüche **EGBGB 18** 1 f; bei ferner Verwandtschaft **EGBGB 18** 52 ff; Geschiedenenunterhalt **EGBGB 18** 67; Haager Übereinkommen über das auf Unterhaltspflichten anwendbare Recht **EGBGB 18** 9 ff, 14 f; Höhe des Anspruchs **EGBGB 18** 31 ff; starker Inlandsbezug **EGBGB 18** 60 ff; interlokales Recht **EGBGB 18** 95 f; intertemporales Recht **EGBGB 18** 97 f; Kindesunterhalt **EGBGB 18** 68; Klagefristen **EGBGB 18** 40; Lebenspartnerschaft **EGBGB 17 b** 28 ff; **EGBGB 18** 20; Lebensstandard **EGBGB 18** 33 ff; Leistungsfähigkeit **EGBGB 18** 32 ff; lex fori **EGBGB 18** 51; Morgengabe **EGBGB 18** 24; neue Klage im Inland **EGBGB 18** 93; nichteheliche Lebensgemeinschaft **EGBGB 18** 20 ff; ordre public **EGBGB 18** 71 ff; Prozesskostenvorschuss **EGBGB 18** 27; Recht der DDR **EGBGB 18** 96; Rechtshilfe **EGBGB 18** 80; Rechtswahl **EGBGB 18** 44; Regelanknüpfung **EGBGB 18** 46 f; allgemeine Reichweite **EGBGB 18** 16 ff; Rück- und Weiterverweisung **EGBGB 18** 65; sachlicher Umfang der Verweisung **EGBGB 18** 29 ff; Schadensersatzpflichten **EGBGB 18** 19, 24; Staatsangehörigkeit **EGBGB 18** 48 ff; Staatsverträge **EGBGB 18** 3 ff; Unterhaltsbegriff **EGBGB 18** 16 ff; Unterhaltsschuldner **EGBGB 18** 30; Verbrauchergeldparitäten **EGBGB 18** 36; Verfahrenseinleitung **EGBGB 18** 39; Verfahrensrecht **EGBGB 18** 74 ff; vertragliche Unterhaltsansprüche **EGBGB 18** 23; Vollstreckung ausländischer Titel **EGBGB 18** 82 ff; Vollstreckung deutscher Titel im Ausland **EGBGB 18** 94; Vorfragen **EGBGB 18** 66 ff; Währung **EGBGB 18** 38; internationale Zuständigkeit **EGBGB 18** 75 ff; Zuweisung von Ehewohnung und Hausrat **EGBGB 18** 26

Unterhaltsübereinkommen EGBGB Einl IPR 17

Unterhaltsvereinbarungen, Internationales Familienrecht **EGBGB 15** 41; für Trennungsunterhalt **1614** 2 ff; Verzicht auf zukünftigen Kindesunterhalt **1614** 2 ff

–, bei geschiedenen Ehegatten, Abänderung **1585 c** 18 f; Abdingbarkeit der Scheidungsfolgen **1585 c** 13; Auslegung **1585 c** 16 f; Ausübungskontrolle **1585 c** 10 f; Benachteiligung eines Ehegatten **1585 c** 10; Einschränkungen durch § 138 und § 242 **1585 c** 8 ff; einseitige Lastenverteilung **1585 c** 10; Einzelfälle **1585 c** 15; Folgen der Sittenwidrigkeit einer Bestimmung **1585 c** 14; Form **1585 c** 4 ff; freie Disposition der Ehegatten **1585 c** 1; Inhaltskontrolle **1585 c** 8 ff; Leistungsklage **1585 c** 22; Maßstäbe der Inhaltskontrolle **1585 c** 12 f; Nichtigkeit bei Abschluss **1585 c** 11; prozessuale Fragen **1585 c** 20 ff; stillschweigender Abschluss **1585 c** 5; Unterhaltsverzicht **1585 c** 8 f; Verstoß gegen Kerngehalt der Ehe **1585 c** 10; Wirksamkeitskontrolle **1585 c** 10 f; Zuständigkeit des FamG **1585 c** 20; Zwischenfeststellungsklage **1585 c** 21

Unterhaltsverzicht, Beweislast **1614** 10; Erfüllungsübernahme **1614** 7; Freistellungsvereinbarungen **1614** 6 ff; geschiedener Ehegatten **1585 c** 9; **1586 b** 4 f; bei nicht miteinander verheirateten Eltern **1615 I** 41; Unterhalt für die Vergangenheit **1614** 5; zukünftiger Kindesunterhalt **1614** 2 ff; Zuständigkeit des Familiengerichts **1614** 11

Unternehmensübernahme Anknüpfung **EGBGB 33** 19

Unternehmereigenschaft EGBGB 7 40 ff

Untervermächtnis, Anfall **2176** 2; Begriff **1939** 7; **2186** 1; Beschwerter **2147** 4; Beweislast **2186** 4; Entstehungszeitpunkt **2186** 3; Fälligkeit **2186** 3; Nachvermächtnis **2185** 2; **2191** 3

Unzulänglichkeitseinrede, Aufhebung von Zwangsvollstreckungsmaßnahmen **1990** 9; Durchsetzung im Zwangsvollstreckungsverfahren **1990** 8 ff; Entscheidung über die tatsächlichen Voraussetzungen **1990** 7; Erhebung im Erkenntnisverfahren **1990** 6 f; freiwillige Herausgabe des Nachlasses durch den Erben **1990** 12; Rechte der Eigengläubiger des Erben **1990** 10; Vollstreckungsgegenklage **1990** 8; Vollstreckungspreisgabe **1990** 11; Voraussetzungen **1990** 4; Vorbehalt der beschränkten Erbenhaftung **1990** 6; maßgeblicher Zeitpunkt **1990** 5

Urgroßeltern Erbrecht **1928** 3

VAHRG, Beitragszahlung **1587 b** 44 ff; Erlöschen der Zahlungspflicht **1587 b** 50; Ermessensausübung **1587 b** 51; Ersatzausgleich **1587** 69 f; **1587 b** 53; Geltung der Vorschriften über Versorgungsausgleich **VAHRG 3;** Heranziehung eines anderen Anrechts **1587 b** 42;

magere Zahlen = Rn   **Sachverzeichnis**

Höchstbetrag **1587 b** 43, 63 ff; Höhe der Beitragszahlung **1587 b** 47; Quotierungsmethode **1587** 65; Rangfolge der Ausgleichsformen **VAHRG 1** 4; Ratenzahlung **1587 b** 49; Realteilung **VAHRG 1** 5 ff; schuldrechtlicher Ausgleich **1587 b** 40; schuldrechtlicher Versorgungsausgleich **VAHRG 2;** Umrechnung von Entgeltpunkten **1587 b** 47; Unwirtschaftlichkeit **1587 b** 52; Verfahrensfragen **VAHRG 1** 25 f; Zahlungszeitpunkt **1587 b** 48; Zumutbarkeit **1587 b** 46

Vaterschaft, Anerkennung **1592** 4; bei Auflösung der Ehe durch Tod **1593;** Ausschließlichkeitsverhältnis **1594** 5; Beendigung der Vaterschaftszuordnung **1599** 1; Beginn der Empfängniszeit **1593** 3; biologische Richtigkeit **1592** 4; eheliche Geburt **1592** 3; Ehemann als Vater des Kindes **1592** 3; gerichtliche Feststellung **1592** 5 f; gesetzliche Vermutung **1592** 3; **1593** 1; bei heterologer Insemination **1591** 12; neue Ehe der Frau **1593** 4 f; Nichtbestehen der – **1599;** Statusklarheit **1592** 1; **1593** 1; Statuswechsel **1599** 1; Tragezeit **1593** 3; Vaterschaftsanfechtung s dort; Vereinheitlichung des Abstammungsrechts **1592** 2

Vaterschaftsanerkennung nach Adoption **1594** 6; Anhängigkeit eines Scheidungsverfahrens **1594** 6; Anspruch auf Einwilligung in eine genetische Untersuchung zur Klärung der Abstammung **1598** 5; Ausschließlichkeitsverhältnis **1594** 5; bedingungsfeindlich **1594** 7; durch beschränkt Geschäftsfähige **1596;** Beweiserleichterung **1597** 1; biologisch unrichtige Erklärung **1594** 3; einseitiges zustimmungsbedürftiges Rechtsgeschäft **1592** 4; Formerfordernisse **1597** 2; Geburt während Ehescheidungsverfahren **1599** 2; Gesetz zur Klärung der Vaterschaft unabhängig vom Anfechtungsverfahren **1598** 5; höchstpersönlicher Charakter **1596** 1; mehrerer Männer **1594** 5; Mehrlingsgeburt **1594** 8; postmortale – **1594** 8; pränatale – **1594** 8; Rechtsbedingung **1594** 7; rechtsgeschäftlicher Statuswechsel **1599** 3; Rechtswirkungen **1594** 3 f; schwebende Unwirksamkeit **1594** 5; Tot- oder Fehlgeburt **1594** 8; Übergangsrecht **1594** 9; Unwirksamkeit **1598; 1599** 2; Widerruf **1597** 5 f; Willenserklärung **1594** 3; Willensmängel **1598** 2 ff; Wirksamkeitsvoraussetzungen **1594** 4 ff; Zeitbestimmung **1594** 7; Zusätze zur Erklärung **1594** 7; Zustimmungsbedürftigkeit **1595**

–, **Zustimmung zur –,** Bedingungsfeindlichkeit **1595** 6; durch Betreute **1596** 5; Beweiserleichterung **1597** 1; des bisherigen Ehemanns **1599** 3; Ersetzung **1595** 4; bei fehlender oder beschränkter Geschäftsfähigkeit **1596;** Formerfordernisse **1597** 2; Genehmigung des Vormundschaftsgerichts **1596** 3; durch Geschäftsunfähige **1596** 3; des gesetzlichen Vertreters **1596** 2; höchstpersönlicher Charakter **1596** 1; des Kindes **1595** 1 f, 7; **1596** 4; **1599** 3; der Mutter **1595** 2, 4; **1599** 3; pränatale Zustimmung **1595** 6; Unwirksamkeit **1598;** Verweigerung der – durch Mutter **1595** 5; Widerruf **1598;** empfangsbedürftige Willenserklärung **1595** 3

Vaterschaftsanfechtung, Anfechtungsberechtigte **1591** 12; **1600;** durch Behörde **1600** 3 a; beschränkte Geschäftsfähigkeit des Anfechtenden **1600 a** 3 f; nicht durch Bevollmächtigten **1600 a** 2; bei fehlender oder beschränkter Geschäftsfähigkeit **1600 a;** ausdrückliche Feststellung der leiblichen Vaterschaft **1600** 3; Geschäftsunfähigkeit des Anfechtenden **1600 a** 3; Gesetz zur Klärung der Vaterschaft unabhängig vom Anfechtungsverfahren **1598 a** 1 ff; durch gesetzlichen Vertreter **1600 a** 3 f; höchstpersönlicher Charakter **1600 a** 1; des nicht voll geschäftsfähigen Kindes **1600 a** 4 f; Kindeswohlprüfung bei Klage durch den gesetzlichen Vertreter **1600 a** 6 f; Klageverfahren **1600 e** 2 f; persönliche – **1600 a;** Schlüssigkeit der Anfechtungsklage **1600** 4; Sperrfunktion **1599** 2; Tod des Passivlegitimierten vor Prozess **1600 e** 6; Tod einer Partei während des Prozesses **1600 e** 7; Vaterschaftsvermutung **1600 c;** Verfahren **1600** 5; Vertretung des Kindes **1600 a** 4 f; **1600 e** 5; Zuständigkeit des FamG **1600 e** 4

–, **Anfechtungsfrist,** für die Fälle der Vaterschaftsanfechtung nach § 1600 b Abs 1 **1600 b** 2; Ausschlussfrist **1600 b** 1; für Behörde **1600 b** 2; Beginn **1600 b** 3 ff; Beweislast **1600 b** 1; Geltung **1600 b** 2; für gesetzlichen Vertreter **1600 b** 7 f; Hemmung **1600 b** 9 f; höhere Gewalt **1600 b** 9; Kenntnis von Anfechtungsumständen **1600 b** 3 ff; persönliche Unzumutbarkeit der Aufrechterhaltung der Vaterschaftszuordnung **1600 b** 11; Rechtssicherheit **1600 b** 1; Schutz der sozialen Familie **1600 b** 1; Übergangsrecht **1600 b** 12; Versäumung durch gesetzlichen Vertreter **1600 b** 7 f; Wahrung **1600 b** 2; widerrechtliche Drohung **1600 b** 9; Wiederaufleben des Anfechtungsrechts des Kindes **1600 b** 11; Zweck **1600 b** 1

Vaterschaftsfeststellung im Anfechtungsverfahren **1600** 3; durch Beistand **1712** 26 ff; Einwirkung einer Adoption **1755** 7 f; Vertretung des Kindes **1629** 39 f

–, **gerichtliche,** Amtsermittlungsgrundsatz **1600 d** 4; anthropologische Gutachten **1600 d** 6; Beginn der Empfängniszeit **1600 d** 11; Beschwerde **1600 e** 8; Beweiserleichterung **1600 d** 9; Blutgruppengutachten **1600 d** 5; DNA-Analyse **1600 d** 6; Erforderlichkeit **1592** 5 f; Frist **1600 d** 3; Gesetz zur Klärung der Vaterschaft unabhängig vom Anfechtungsverfahren **1598 a** 1 ff; HLA-Gutachten **1600 d** 5; Klagebefugnis der Mutter **1600 d** 1; Klageverfahren **1600 e** 2 f; Korrekturklage **1600 d** 2; Nichtbestehen einer Vaterschaftszuordnung **1600 d** 4; positiver Vaterschaftsnachweis **1600 d** 4; Rechtsausübungssperre **1600 d** 12; Rechtswirkungen **1600 d** 12; Richtlinien für die Erstellung von Abstammungsgutachten **1600 d** 5; Sachverständigengutachten **1600 d** 4; schwerwiegende Zweifel an der Vaterschaft **1600 d** 4; subsidiäre Vaterschaftszuordnung **1600 d** 1; Tod des Passivlegitimierten vor Prozess **1600 e** 6; Tod einer Partei während des Prozesses **1600 e** 7; Tragzeitgutachten **1600 d** 6; Vertretung des minderjährigen Kindes **1600 e** 5; Zulässigkeitsvoraussetzung **1600 d** 4; Zuständigkeit des FamG **1600 d** 2; **1600 e** 4; zwangsweise Durchsetzung von Untersuchungen **1600 d** 7

Sachverzeichnis

fette Zahlen = §§

Vaterschaftsvermutung im Anfechtungsverfahren **1600 c**; bei Auflösung der Ehe durch Tod des Ehemanns **1593** 1; bei ehelicher Geburt **1592** 3; bei gerichtlicher Feststellung der Vaterschaft **1600 d** 9 ff

VAÜG (§§ nach dem VAÜG), Allgemeines zu den Anrechten im Beitrittsgebiet **1** 1 ff; Alterssicherung der Landwirte **3** 10; angleichungsdynamische Anrechte **VAÜG 3** 5; angleichungsdynamische Versorgungen **1** 3, 5; Angleichungsfaktoren **3** 4; Anwendung von §§ 3 b und 10 a VARHG vor der Einkommensangleichung **4;** Anwendungsbereich des Gesetzes **1** 4; Ausgleich mit Umrechnung auf aktuellen Wert **3** 4 ff; Aussetzung des Versorgungsausgleichs **2** 3, 5 ff; Begriff **1** 3, 5 ff; Bestands- und Vergleichsrenten **5** 4; Bewertung angleichungsdynamischer Anrechte **3** 7 f; **5** 1; Bewertung der gesetzlichen Rente (Ost) **3** 7 f; **5** 1; Bewertung minderdynamischer Anrechte **5** 4; Bilanzierungsschwierigkeiten **2** 1; Durchführung des Versorgungsausgleichs nach Einkommensangleichung **5;** Durchführung des Versorgungsausgleichs vor Einkommensabgleichung **3 f;** Einkommensangleichung **1** 7; Garantierenten **3** 7; getrennter Ausgleich **3** 3 ff; Grundgedanke **2** 1; irrtümliche Aussetzung **2** 8; minderdynamische Anrechte **1** 6; Qualität des Ausgleichs **3** 6 ff; schuldrechtlicher Versorgungsausgleich **3** 9; Tenor der Entscheidung **3** 3.2, 6; Übersehen angleichungsdynamischer Anrechte **2** 7; Umgehung des Bewertungsproblems **3** 1; Umrechnung auf Volldynamik **5** 2 ff; Vereinbarungen zur Vermeidung einer Aussetzung **2** 9; Verrechnung unvermeidbar **3** 4; Wiederaufnahme des Verfahrens **2** 10 f; Zerlegung des Ausgleichs **2** 2 f

Verbleibensanordnung, Abwägungskriterien **1632** 23.1 f; Adoptivpflege **1632** 20.1; Amtsermittlungsgrundsatz **1682** 8; Belange der Pflegeeltern **1632** 23.1; Besuchsregelung **1632** 28; Bezugspersonen für das Kind **1682** 2 f; zugunsten von Bezugspersonen **1682;** Dauer der Familienpflege **1632** 21, 23.1 f; einstweilige Anordnung **1632** 33; Entfremdung **1632** 23.1; Entscheidung des Gerichts **1682** 6 f; Entscheidungs- und Vertretungsrechte für Bezugsperson **1682** 7; Entscheidungsbefugnisse der Pflegeperson **1688** 4; Ermessensentscheidung **1632** 25; Familienpflege seit längerer Zeit **1632** 20 ff; Gefährdung des Kindeswohls durch Wegnahme **1632** 23 ff; **1666** 6.4; Gefahrbegriff **1632** 23 ff; Gesamtabwägung **1632** 23; Großeltern **1682** 2; Herausgabe für Unzeit **1632** 27; Inhalt der gerichtlichen Entscheidung **1632** 26 ff; kinderpsychologisches Gutachten **1632** 24; Kindeswohlprüfung **1682** 5; nach längerer Zeit in einem Haushalt **1682** 2 f; Lebenspartner eines Elternteils **1682** 2; persönliche Defizite der leiblichen Eltern **1632** 23.1; Persönlichkeit und Wille des Kindes **1632** 23.1; Rückführungsanordnung **1632** 26; bei Ruhen der Alleinsorge der Mutter **1678** 6; Verfahren **1632** 33; **1682** 8; Verhältnis zu anderen Normen **1632** 31 f; Verhältnis zum Pflegekinderrecht **SGB VIII** 33 16; Verhältnismäßigkeitsgrundsatz **1632** 27; **1682** 6; Vernachlässigung in der Pflegestelle **1632** 23.2; volljährige Geschwister **1682** 2; Voraussetzungen **1632** 20 ff; **1682** 2 ff; Wegnahmewille der Eltern **1632** 22; Ziel des Herausgabeverlangens **1632** 23.1

Verbrauchergeldparitäten EGBGB 18 36

Verbraucherschutz für besondere Gebiete, Abwahl nationalen europäischen Rechts **EGBGB 29 a** 11; allgemeine Regeln **EGBGB 29 a** 22; Anknüpfungsgrundsätze **EGBGB 29 a** 10 ff; Anwendungsbereich der betroffenen Richtlinien **EGBGB 29 a** 10; enger Zusammenhang **EGBGB 29 a** 12 ff, 15 f; europarechtliche Aspekte **EGBGB 29 a** 3 ff; Günstigkeitsvergleich **EGBGB 29 a** 15; Herkunftslandprinzip **EGBGB 29 a** 9; intertemporales Recht **EGBGB 29 a** 24; ordre public **EGBGB 29 a** 23; Rechtsfolge **EGBGB 29 a** 15 ff; Sachnormverweisung **EGBGB 29 a** 22; Stellung im Normensystem **EGBGB 29 a** 3 ff; im System des EGBGB **EGBGB 29 a** 6 ff; Teilzeit-Wohnrechte **EGBGB 29 a** 17 ff; Time-Sharing-Vertrag **EGBGB 29 a** 25; überschießende Umsetzung **EGBGB 29 a** 16; internationale Zuständigkeit **EGBGB 29 a** 25

Verbrauchervertrag, Absatztätigkeit im Verbraucherstaat **EGBGB 29** 12; allgemeine Regeln **EGBGB 29** 21 f; analoge Anwendung **EGBGB 29** 15; Angebot **EGBGB 29** 12; Angebot per Internet **EGBGB 29** 12; Ausnahmen **EGBGB 29** 9; Begriff **EGBGB 29** 5; Dienstleistungsbegriff **EGBGB 29** 7; Entgegennahme einer Bestellung **EGBGB 29** 13; erfasste Verträge **EGBGB 29** 6 ff; Finanzierungsverträge **EGBGB 29** 8; Form **EGBGB 29** 20; „Gran-Canaria-Fälle" **EGBGB 29** 15; Günstigkeitsvergleich **EGBGB 29** 18; Herkunft der Regelung **EGBGB 29** 3; Herkunftslandprinzip **EGBGB 27** 10; Lieferung beweglicher Sachen **EGBGB 29** 6; objektive Anknüpfung **EGBGB 29** 19; ordre public **EGBGB 29** 22; Rechtswahl **EGBGB 29** 16 ff; Sachnormverweisung **EGBGB 29** 21; Schutzbereich **EGBGB 29** 6 ff; Stellung im System des Internationalen Vertragsrechts **EGBGB 29** 1 f; System der Norm **EGBGB 29** 4; Verbraucherbegriff **EGBGB 29** 2; Verkaufsreise **EGBGB 29** 14; Modalitäten des Vertragsschlusses **EGBGB 29** 11 ff; Werbeverkaufsveranstaltung **EGBGB 29** 14; Werbung **EGBGB 29** 12; internationale Zuständigkeit **EGBGB 29** 17 ff; zwingende Bestimmungen **EGBGB 29** 17

Vereinsbeistandschaft 1712 24

Vereinsbetreuer, Begriff **1897** 9; Übernahmepflicht **1898** 2; Unterschied zur Betreuung durch den Verein **1897** 8

Vereinsbetreuung s *Betreuungsverein*

Vereinsvormundschaft, Anordnung der Hinterlegung **1818;** Aufwandsentschädigung **1791 a** 6; Aufwendungsersatz **1791 a** 6; **1835** 15; Befreiung des Vereins **1857 a;** Befreiungen **1791 a** 6; Entlassung als Vormund **1791 a** 6; **1887; 1889** 3; Form der Bestellung **1791 a** 4; Fortführung der Geschäfte nach Beendigung der – **1893** 8; Führung der – **1791 a** 5; Haftung **1833** 2; Haftung für Mitarbeiter **1791 a** 5; Hinterlegung von Inhaberpapieren **1814** 8; Rechnungslegung **1840** 7; Rückgabe von Urkunden nach Beendigung der – **1893** 8; Träger

magere Zahlen = Rn

1791 a 2; Vergütung des Vormunds **1791 a** 6; **1836** 3; Voraussetzungen der Bestellung **1791 a** 3; Zwangsmittel **1791 a** 6
Vererblichkeit, Abfindungsanspruch **1922** 35; Beteiligung an einer Aktiengesellschaft **1922** 80; allgemeines Persönlichkeitsrecht **1922** 30; von Amtsstellungen **1922** 53; des Anspruchs auf den Voraus **1932** 2; Ansprüche aus Lebens- und Unfallversicherungen **1922** 42; Anwartschaftsrechte **1922** 58; Arbeits-, Dienstleistungs- und Geschäftsbesorgungspflichten **1922** 35; des Ausschlagungsrechts **1952;** Ausschluss bei Nacherbenrecht **2108** 7 ff; Ausschluss durch Vertrag **1922** 33; bereicherungsrechtliche Haftung **1922** 47; beschränkt dingliche Rechte **1922** 54, 56; Besitz **1922** 57; bei besonders personenbezogenen Rechten und Pflichten **1922** 32; sonstige Dauerschuldverhältnisse **1922** 40; dingliche Rechte und Belastungen **1922** 54 ff; Anspruch auf Einsicht in Krankenpapiere **1922** 43; Eintrittsklausel **1922** 67; Einziehungsbefugnis **1922** 52; erbrechtlicher Positionen **1922** 87; des Erbschaftsanspruchs **2018** 7; familienrechtliche Beziehungen **1922** 84 ff; familienrechtliche Positionen **1922** 84 ff; Genossenschaftsmitgliedschaft **1922** 61; gesetzliche Schuldverhältnisse **1922** 46 f; der gesetzlichen Vertretung **1922** 53; Gestaltungsrechte **1922** 31, 45; Giro- und Sparkonten **1922** 41; Geschäftsanteil an GmbH **1922** 81; Handelsgeschäft **1922** 59; Handlungsvollmacht **1922** 51; Hilfsansprüche **1922** 31; Hinterbliebenenversorgung **1922** 90; Höfe **1922** 82; Immaterialgüterrecht **1922** 83; Geschäftsanteil an Kapitalgesellschaften **1922** 80 f; Kaufmannseigenschaft **1922** 59; des Körpers, künstliche Körperteile **1922** 26 f; Kommanditanteil **1922** 76; von konserviertem Sperma **1922** 28; künstlicher Körperteile **1922** 27; Landgüter **1922** 82; Maklervertrag **1922** 38; Mitgliedschaft in der Partenreederei **1922** 79; Mitgliedschaft in einer Partnerschaftsgesellschaft **1922** 77; Mitgliedschaft in einer stillen Gesellschaft **1922** 78; Mitgliedschaft in Personengesellschaften **1922** 62 ff; Mitgliedschaftsrechte **1922** 60 f; der Nacherbenanwartschaft **2108** 3 ff; öffentlich-rechtliche Positionen **1922** 88 ff; postmortale Vollmacht **1922** 49; postmortaler Persönlichkeitsschutz **1922** 30; Prokura **1922** 51; von Rechtsbeziehungen **1922** 24 ff; Rechtsfolge in prozessuale Beziehungen **1922** 94; der rechtsgeschäftlich erteilten Verfügungsmacht **1922** 52; Rechtsverkehrslagen **1922** 31, 48; Reisevertrag **1922** 37; Rentenversprechen **1922** 32; sachenrechtliche Positionen **1922** 54 ff; Sachversicherungen **1922** 42; Schadensersatzansprüche **1922** 46; Schenkungsversprechen **1922** 34; Schmerzensgeld **1922** 46; sozialrechtliche Ansprüche **1922** 89; subjektiv dinglicher Rechte **1922** 55; transmortale Vollmacht **1922** 49; Unterhaltsansprüche **1922** 84; Vereinsmitgliedschaft **1922** 61; Verfügungsbefugnis **1922** 49; Versorgungsausgleich **1922** 86; Verträge über Gebrauchs- und Nutzungsüberlassung **1922** 39; vertraglicher Schuldverhältnisse **1922** 31 ff; Vertretungsmacht **1922** 49; Vorkaufsrecht **1922** 32; werdende Rechte **1922** 48; Werkvertrag **1922** 36;

Sachverzeichnis

Wertpapierdepots **1922** 41; Zugewinnausgleichsforderung **1922** 85
Verfahrenspfleger, Aufwendungsersatz **1835** 3; im Betreuungsverfahren **1896** 50; Vergütung **1836** 4, 13
Verfolgtentestament, außerordentliche Testamentsform **2231** 5
Verfügung über Nachlassgegenstände, Anerkenntnis **2040** 4; Aufrechnung durch Schuldner **2040** 9; Begriffe **2040** 3; Beispiele für Verfügungen **2040** 3; Erschwerung **2040** 1; Gegenrechte des Schuldners **2040** 10; gemeinschaftliche Verfügung **2040** 5 ff; Klage auf Vornahme einer Verfügung **2040** 7; Leistungsverweigerungsrecht des Miterben **2040** 11; Regelungsbereich **2040** 2; Verfügungen als Maßnahmen der Verwaltung **2040** 2; Verfügungen gegenüber der Erbengemeinschaft **2040** 8; Verfügungsbegriff **2040** 3 f; Verfügungserklärung **2040** 6; Zurückbehaltungsrecht **2040** 10
Verfügung von Todes wegen, Aufhebung durch Erbvertrag **2289** 4 ff; Auflage **1940;** Bedingung s *Bedingung, Erbrecht;* Besonderheiten bei öffentlicher Beurkundung und Verwahrung durch den Notar **BeurkG 27** ff; Beurkundung *s dort;* einseitige – **1937** 3 f; Erbvertrag **1941;** als Oberbegriff **1937** 2; rechtsgeschäftliche Anordnung **1937** 2; Vertrag über Errichtung einer – **2302** 1
–, Internationales Privatrecht, alternative Anknüpfung der Formwirksamkeit **EGBGB 26** 7 ff; sachlicher Anwendungsbereich **EGBGB 26** 4 ff; Erbvertrag **EGBGB 26** 4; Errichtungsstatut **EGBGB 26** 11 ff; Formerfordernisse **EGBGB 26** 5; Verletzung der Formerfordernisse **EGBGB 26** 6; Formgültigkeit **EGBGB 26** 1; Haager Testamentsformübereinkommen **EGBGB 26** 2, 16; Handeln unter falschem Recht **EGBGB 26** 13; intertemporales Recht **EGBGB 26** 3; ordre public **EGBGB 26** 2; Substitution **EGBGB 26** 10; Testament **EGBGB 26** 4 f; Testierfähigkeit **EGBGB 26** 5, 12; Unteranknüpfung bei Mehrrechtsstaaten **EGBGB 26** 9
Verfügungsrecht
– der Miterben, Anteil am Nachlass **2033** 3 f; Anteile an Nachlassgegenständen **2033** 15 f; Auseinandersetzungsguthaben **2033** 4; Bruchteil des Anteils **2033** 3; Form der Verfügung **2033** 6; Gegenstand der Übertragung **2033** 7; Genehmigungserfordernisse **2033** 7; Gesamtrechtsnachfolge des Erwerbers **2033** 7, 9; Miterbenanteil **2033** 3; Miterbenbegriff **2033** 2; Nießbrauch **2033** 12; Pfändung **2033** 13; Rechtsstellung des Erben nach Veräußerung **2033** 8; Rechtsstellung des Erwerbers **2033** 9; Übertragung eines Anteils auf einen – **2032** 7; Verfügung **2033** 5 ff; Verfügung über Anteile an Nachlassgegenständen **2033** 15; Verfügungsbegriff **2033** 5; Verfügungsbeschränkungen **2033** 7; Verpfändung **2033** 10 f; Verpflichtungsgeschäft **2033** 16; Verwertung **2033** 14; Zwangsvollstreckung **2033** 13 f
– des Vorerben, Anlegung von Geld **2119;** dingliche Rechte an einem Grundstück s *Vorerbe, Verfügungen über Grundstücke, Schiffe und Schiffsbauwerke;* Dispositionsfreiheit des Erblas-

3195

Sachverzeichnis

sers **2136** 1 ff; Einwilligungspflicht des Nacherben **2120**; Einziehungs- und Empfangszuständigkeit bei Hypothekenforderungen **2114** 3 ff; Erweiterung der Verfügungsfreiheit **2112** 5; **2136** 2 ff; Gesellschaftsbeteiligung **2112** 3; gesetzliche Verfügungsbeschränkungen **2112** 4; Grundsatz der Verfügungsfreiheit **2112** 2; Gutgläubigkeit des Vorerben **2140** 1 ff; Hinterlegung **2114** 4 f; Kündigung von Hypothekenforderungen, Grundpfandrecht oder Schiffshypothek **2114** 2; letztwillige Verfügungen **2112** 7; nach Eintritt der Nacherbfolge **2140**; Nebenforderungen **2114** 7; Prozeßführung **2112** 6; rechtsgeschäftliche Verfügungen **2112** 2 ff; Schutz gutgläubiger Dritter **2140** 4; Übertragungsvorbehalt **2136** 3; Unternehmen **2112** 3; Verfügungen über Hypothekenforderungen, Grund- und Rentenschulden **2114**; Verfügungsgeschäfte **2140** 1 f; Verfügungsverbot **2129** 1; Verfügungsvorbehalt **2136** 3; Verpflichtungsgeschäfte **2112** 1; **2140** 3; Zahlung des Kapitals bei Hypothekenforderungen **2114** 6; zusätzliche Einschränkungen der Verfügungsfreiheit **2136** 8; zwingende Beschränkungen und Verpflichtungen **2136** 1; *s auch Vorerbe, Verfügungen über Grundstücke, Schiffe und Schiffsbauwerke; Vorerbe, unentgeltliche Verfügungen*

Verfügungsunterlassungsvertrag 2286 7 ff

Verkehrsschutz, Anwendungsbereich EGBGB 12 8 ff; beiderseitige Anwesenheit im Abschlussstaat EGBGB 12 24 ff; Beschränkung der gesetzlichen Vertretungsmacht EGBGB 12 39; Bestand und Umfang einer Vollmacht EGBGB 12 40; Ehewirkungsrecht EGBGB 16 37 ff; Einschränkung des Güterrechtsstatus EGBGB 15 50; einseitige Rechtsgeschäfte EGBGB 12 11; Entmündigung EGBGB 12 21; Erbschaftskauf EGBGB 12 13; erfasste Geschäfte EGBGB 12 11 ff; familien- und erbrechtliche Geschäfte EGBGB 12 13 f; Geschäftsfähigkeit EGBGB 12 18 ff; Günstigkeitsvergleich EGBGB 12 35 ff; guter Glaube des Geschäftspartners EGBGB 12 32 ff; Handlungsfähigkeit EGBGB 12 22; Interzessionsverbote EGBGB 12 41; Irrtümer über den Aufenthaltsort EGBGB 12 31; Lebenspartnerschaft EGBGB 17 b 27; natürliche Personen EGBGB 12 8; Recht des Abschlussortes EGBGB 12 2; Rechtsfähigkeit EGBGB 12 16 f; Rechtsstreit mit einem Dritten EGBGB 12 10, 38; Rechtswahl beim Vertragsstatut EGBGB 27 33; renvoi EGBGB 12 6; Schenkungen EGBGB 12 11; Schutz des Vertragspartners EGBGB 12 22 ff; Verfügungen über ausländische Grundstücke EGBGB 12 15; Verträge EGBGB 12 11; Vertragspartner gleicher Nationalität EGBGB 12 9

– im **Ehegüterrecht,** Abweichungen vom deutschen Recht EGBGB 16 49 ff; analoge Anwendung EGBGB 16 56 f; Schutz des ausländischen Geschäftsverkehrs EGBGB 16 19; Wirkung ausländischen Güterrechts gegenüber Dritten im Inlandsverkehr EGBGB 16 13 f; ausländisches Ehewirkungsstatut EGBGB 16 40; ausländisches Güterstatut EGBGB 16 25, 40; Beschränkungen der Handlungsfähigkeit der Ehegatten EGBGB 16 1; Eigentumsvermutung EGBGB 16 51 f; fehlende Eintragung EGBGB 16 31 ff; Günstigkeitsvergleich EGBGB 16 41 f; Gutgläubigkeit EGBGB 16 34 ff, 45 ff; Schutz des inländischen Rechtsverkehrs vor fremdem Ehewirkungs- oder Güterrechtsstatus EGBGB 16 37 ff; Inlandsbezug EGBGB 16 26 ff, 43 f; interlokales Recht EGBGB 16 61 ff; bei nicht güterrechtlichen Ehewirkungen EGBGB 16 20; Recht der DDR EGBGB 16 61 ff; Regelungskonzept EGBGB 16 1 ff; Schlüsselgewalt EGBGB 16 49 f; Staatsverträge EGBGB 16 9 ff; Unkenntnis des Dritten EGBGB 16 34 ff; Verfahrensvorschriften EGBGB 16 58 ff; Zustimmungserfordernis bei selbständigem Erwerbsgeschäft EGBGB 16 53 ff

Verkehrswert 1376 3

Verlöbnis, Anfechtung **1297** 12; Auflösung **1297** 19; **1298** 5; Bedingung **1297** 13; Begriff **1297** 2 ff; Beistandsleistung **1297** 18; Bekanntgabe **1297** 8; Bereicherungsanspruch **1301** 7; Beweislast **1301** 9; doppelte Bedeutung **1297** 2 ff; bei Ehehindernis **1297** 14; Eheschließungsfreiheit **1297** 4, 23; gegenseitige Eheversprechen **1297** 8; Formfreiheit **1297** 8; Geschäftsfähigkeit **1297** 9 ff; gesetzliche Regelung **1297** 1; bei gesetzlichem Eheverbot **1297** 14; Grundsätzliches **1297** 8 ff; Gültigkeitsvoraussetzungen **1297** 8 ff; höchstpersönliche Erklärung **1297** 8; Internationales Privatrecht EGBGB 13 22 ff; Klage auf Eingehung der Ehe **1297** 22; Konkurrenzen **1301** 10; bei Lebenspartnerschaft **1297** 24; Merkmale **1298** 2 ff; Mindestalter **1297** 10; Moralgebote **1297** 18; nichtiges – **1297** 14 f; Nichtigkeit eines Strafversprechens **1297**; Rechtsnatur **1297** 2 ff; Rechtspflichten der Verlobten **1297** 18, 21; Rückgabe der Geschenke **1301**; Rückgabe von Geschenken Dritter **1301** 8; Rückgabe von Verlöbniszeichen **1301** 5; Rückgabeansprüche **1297** 17, 23; **1301**; Rücktritt **1297** 19, *s auch Verlöbnis, Rücktritt*; Schadensersatzansprüche **1297** 16 f, 23; **1298** 7 ff; sittenwidriges – **1297** 15; Unklagbarkeit **1297**; verfahrensrechtliche Wirkungen **1297** 18; Verjährung **1302**; Pflicht zur Verlöbnistreue **1297** 18; Vertragsstrafeversprechen **1297** 23; Allgemeine Vertragstheorie **1297** 3 f; Vertrauenshaftung **1297** 5 f; Vertrauenstatbestand **1297** 5; **1298** 1; geheimer Vorbehalt **1297** 12; Wiederverlöbnis **1298** 6; Willensmängel **1297** 12; Wirkungen **1297** 17 f; Zeitbestimmung **1297** 13; Zwang zur Ehe **1297** 1, 23

–, **Rücktritt,** Aufwendungen in Erwartung der Ehe **1298** 20; beiderseitige wichtige Rücktrittsgründe **1299** 4; Beweislast **1298** 25; **1299** 5; Einzelfälle **1298** 15 ff; höchstpersönliche Erklärung **1298** 3; Erlass des Schadensersatzes **1298** 8; Erlöschen der emotionalen Zuneigung **1298** 12; Ersatzberechtigte **1298** 18; Ersatzpflicht **1298**; Ersatzpflichtige **1298** 9 ff; Forderungsübertragung **1298** 8; Form **1298** 3; geschäftsähnliche Handlung **1298** 4; Internationales Privatrecht **1298** 26; Konkurrenzen **1298** 24; Krankheit **1298** 16 f; Lebenspartnerschaft **1298** 27; minderjähriger Verlobter **1298** 3, 8; Rechtsnatur **1298** 2 ff; rücktrittähnliche Auflösung **1298** 5; Schadensersatz **1298** 7 ff;

magere Zahlen = Rn **Sachverzeichnis**

schlechter Ruf **1298** 16; Umfang der Ersatzpflicht **1298** 19 ff; Veranlassen des – **1299** 3; Verjährung **1302;** verlöbniswidriges Verhalten **1298** 13, 15 f; **1299** 2; Vermögensverfall **1298** 16 f; Verschulden **1299** 2; Verschulden des anderen Teils **1299;** Vertragstheorien **1298** 4; wichtiger Grund **1298** 12 ff; **1299** 2 ff; Wiederverlöbnis **1298** 6, 8

Vermächtnis, Abgrenzung zur Erbeinsetzung **2087** 1 ff; Abgrenzung zur Pflichtteilszuwendung **2304** 4 ff; zugunsten von Abkömmlingen eines Dritten **2071** 1; zugunsten von Abkömmlingen **2069** 2; Angabe eines bestimmten Personenkreises durch Erblasser **2151** 2; Anordnung eines Vorrangs **2189;** zugunsten der Armen **2072;** Aufhebung eines vertragsmäßigen –s **2291** 1; Auflage **1940;** auflösend bedingtes – **2177** 4; aufschiebend bedingtes – **2177** 2; Aufwendungsersatz des Beschwerten s *Verwendungsersatz des Beschwerten;* Auslegungsregel **2172** 1; Auslegungsregel bei Vermächtnisanordnung **2269** 53 ff; Ausnahmen von der dreißigjährigen Frist **2163;** Bedeutung **1939** 3; bedingte Zuwendung **2190** 2; Befreiungsvermächtnis **2173** 6; **2219** 15; befristetes – **2177** 3 f; Begriff **1939** 2; **2147** 2; Behindertentestament **2100** 15 ff; Belastung mit einer Gesamtgrundschuld **2168;** Belastung mit Gesamthypothek **2167;** Belastung mit Hypothek **2166;** Belastung vermachter Schiffe **2168 a;** Belastungen **2165;** Beschädigung vermachter Sache nach Anordnung **2164** 4; Beschwerung des angewachsenen Erbteils **2095** 2; Beseitigungsanspruch des Beschwerten **2165** 5; besondere Arten **1939** 5 ff; Bestimmungsrecht **2153** 2; **2178** 3; Damnationslegat **1939** 2; dreißigjährige Frist für aufgeschobenes – **2162;** Entstehungszeitpunkt s *Vermächtnis, Anfall;* als Erbfallschulden **1967** 17; und Erbschaftsauseinandersetzung **2044** 4; neben Erbteil **2307** 8 ff; in Erbvertrag **1941** 2; Erlass **2180** 9; Ersatzansprüche wegen Beschädigungen **2164** 4 f; Ersatzbeschwerter **2161** 3; Ersatzvermächtnis **1939** 7; **2190;** Erstreckung auf Zubehör **2164** 2 f; Forderungsvermächtnis **1939** 6; **2173;** Früchte und Nutzungen **2184;** Gattungsvermächtnis **1939** 6; **2155;** Gegenstand **1939** 4; **2147** 2; Geldvermächtnis **2173** 5; gemeinsamer Anspruch der Vermächtnisnehmer **2157** 4; gemeinschaftliches – **2157;** Genehmigungsbedürftigkeit **2171** 4; **2174** 11; Genehmigungsvermächtnis **2136** 4; Geschiedenentestament **2100** 9; zugunsten der gesetzlichen Erben **2066** 2; **2149;** gesetzliches – **1939** 9; Gewährleistungsrechte **2164** 4; Grundpfandrechte an vermachtem Grundstück **2165** 4, 6; Grundpfandrechte des Erblassers **2165** 6; Haftung des Hauptvermächtnisnehmers **2187;** Haftungsbeschränkung auf den Wert des Hauptvermächtnisses **2187** 2 ff; Haftungsbeschränkung des Ersatzbeschwerten **2187** 4; Konkurrenz zum Pflichtteil **2307** 1; Kürzung der Beschwerungen **2188;** Kürzungsrecht des Erben **2318** 2 ff; Kürzungsrecht des Ersatzmannes **2322** 4 f; Lastenverteilungsvermächtnis **2136** 5; bei Nachfolge in Unternehmensvermögen und -beteiligungen **1939** 3; Nachvermächtnis **1939** 7; **2136** 3; **2191;** Negativvermächtnis **2149;** Nießbrauchvermächtnis **2100** 31; mit obligatorischer Wirkung **1939** 2; peremptorische Einrede des Erben **2318** 1; neben Pflichtteil **2307** 2; Pflichtteilslast bei Vermächtnisausschlagung **2321;** Pflichtteilsvermächtnis **1939** 6; prozessuale Geltendmachung der Haftungsbeschränkung **2187** 5; Quotenvermächtnis **1939** 6; **2087** 1; Recht zur Erfüllungsverweigerung **2187** 3; Rückvermächtnis **2177** 4; **2191** 2; Sach- und Rechtsinbegriffe **2164** 3; Schuldvermächtnis **2173** 7; Schwebezeit **2179;** zugunsten des Schwiegerkindes **2077** 4; Stückvermächtnis **1939** 6; verhältnismäßige Tragung der Pflichtteilslast durch Erben und Vermächtnisnehmer **2318;** Übergang mit Belastungen **2165** 2 ff; Übertragung der Bestimmung der Anteile **2153** 2; Universalvermächtnis **1939** 6; **2087** 1; unmögliche Bedingung **2171** 3; Unmöglichkeit **2171** 2; Unmöglichkeit zur Zeit des Erbfalls **2171** 3; Untervermächtnis **1939** 7; **2147** 4; Unwirksamkeit **2169** 2 ff; **2171** 5; **2172** 3; Verbindung, Vermischung, Vermengung der vermachten Sache **2172;** Vermächtnisanspruch s *dort;* Vermächtnisnehmer **1939** 8; Vermächtnisunwürdigkeit **2345;** Verschaffungsvermächtnis **1939** 6; **2170;** Verstoß gegen gesetzliches Verbot **2171** 6; Verwendungsersatz des Beschwerten s *dort;* Verzicht **2180** 9; Vindikationslegat **1939** 2; Vorausvermächtnis **1939** 7; **1950** 4; **2048** 3 f; **2136** 3; Vorvermächtnis für den Behinderten **2100** 20; Vorversterben des Bedachten **2160** 3; Wahlrecht des Beschwerten **2152;** **2154** 3; Wahlvermächtnis **1939** 6; **2154;** Wahl-Vorausvermächtnis **2136** 3; wahlweise Bedachte **2152;** Wegfall der Beschwerung bei Vorversterben des Bedachten **2160** 3; Wegfall des Beschwerten **2161;** Wiederaufleben erloschener Rechtsverhältnisse **2175;** Zeitpunkt des Anfalls **1942** 9; Zubehör im Zeitpunkt des Erbfalls **2164** 2; Zuwendung desselben Gegenstandes **2157** 2; Zweckvermächtnis **1939** 6; **2156**

–, **Anfall,** Anfall **2176** 2; Anordnungen des Erblassers **2176** 3; Anwartschaft des Bedachten **2179** 6; auflösend bedingtes Vermächtnis **2177** 4; aufschiebend bedingtes Vermächtnis **2177** 2; Aufschub der Fälligkeit **2181** 2; befristetes Vermächtnis **2177** 3 f; Begriff **2176** 1; Fälligkeit **2176** 3; **2181** 1; Nachvermächtnis **2191** 5; noch nicht bestimmter Bedachter **2178** 3; noch nicht erzeugter Bedachter **2178** 2; Rückvermächtnis **2177** 4; Schwebezeit **2179;** Sicherung **2179** 7; Stichtagswirkung **2176** 2; Zeitpunkt des Erbfalls **2176** 2

–, **Annahme und Ausschlagung,** Anfechtung der Annahme **2180** 6; Anfechtung der Ausschlagung **2180** 7; Annahme **2180** 2 ff; Annahmeerklärung **2180** 2; Ausschlagung **2180** 7 f; Ausschlagung für Pflichtteil **2307** 4; Ausschlagung in Unkenntnis einer ergänzungspflichtigen Schenkung **2326** 6; Erklärungsempfänger **2180** 3; Erlass **2180** 9; Frist für Erklärungen **2180** 4; durch Pflichtteilsberechtigten **2307** 5; Verzicht **2180** 9; Wirkung der Annahme **2180** 5; Wirkung der Ausschlagung **2180** 8; Zeitpunkt der Erklärung **2180** 4

–, **Beeinträchtigung des Vermächtnisnehmers,** Anspruchsentstehung **2288** 5; Aus-

3197

Sachverzeichnis

fette Zahlen = §§

kunftsanspruch **2288** 17; Beeinträchtigungsabsicht **2288** 4, 9; Beeinträchtigungshandlung **2288** 2; Bereicherungsanspruch gegen den Beschenkten **2288** 12 f; Beweislast **2288** 16; Disponibilität **2288** 14; Entstehungszeitpunkt des Anspruchs **2288** 5; Inhalt des Anspruchs **2288** 7, 11; Insolvenz **2288** 8; Einräumung obligatorischer Nutzungsrechte **2288** 8; Schuldner des Anspruchs **2288** 6, 10 f; Unmöglichkeit der Vermächtniserfüllung **2288** 3; Veräußerungs- und Belastungsgeschäfte **2288** 8; Verjährung **2288** 15; Verschaffungsanspruch wegen Veräußerung oder Belastung **2288** 8 ff; Versteigerung **2288** 8; Wertersatzanspruch wegen tatsächlicher Beeinträchtigung **2288** 2 ff; Wertersatzanspruch wegen Veräußerung oder Belastung **2288** 8 ff

–, **Beschwerter,** Ausgleichsmaßstab zwischen mehreren Beschwerten **2148** 3; Ausübung der Bestimmung **2151** 4; Bedeutung **2147** 1; Bestimmung der Anteile **2153;** Bestimmungsberechtigter **2151** 3; Bestimmungserklärung **2151** 4 ff; Erbe **2147** 3; Erlöschen des Wahlrechts **2151** 6; Ersatzbeschwerter **2161** 3; Gesamtgläubigerschaft aller Bedachter **2151** 6; mehrere Beschwerte **2148; 2151;** gerichtliche Nachprüfung der Bestimmung **2151** 5; Vermächtnisnehmer **2147** 4; Wahlrecht des Beschwerten **2152; 2154** 3; Wegfall der Beschwerung **2160** 3; Wegfall des Beschwerten **2161**

– **fremder Gegenstände,** Anwendungsbereich **2169** 2; Besitzvermächtnis **2169** 9; bestimmter Gegenstand **2169** 2; Beweislast **2169** 8; Bruchteil **2169** 4; fehlende Zugehörigkeit zur Erbschaft **2169** 3 f; Gesamtvermögen **2169** 4; Leistungsanspruch **2169** 11; qualifizierter Zuwendungswille **2169** 7; Rechtsfolgen der Unwirksamkeit **2169** 6; Unwirksamkeit des Vermächtnisses **2169** 2 ff; Verschaffungspflicht **2169** 7; Wertersatzanspruch **2169** 12

Vermächtnisanspruch, Allgemeines **2174** 4; Anfall s *Vermächtnis, Anfall;* Anwartschaftsrecht nach dem Erbfall **2177** 1; Anwartschaftsrecht vor dem Erbfall **2174** 3; **2176** 2; Anwartschaftsrecht während Schwebezeit **2179** 6; Auskunftsanspruch **2174** 7; **2179** 8; Bestandteile einer Sache **2174** 6; Beweislast **2174** 12; Durchsetzung **2174** 15 ff; Einreden und Einwendungen **2174** 16; Erfüllung **2174** 2176; Aufführung im Erbschein **2174** 3; Erfüllung **2174** 10 ff; Erlass **2180** 9; Fälligkeit **2176** 3; Fälligkeit bei Beliebigkeit **2181;** Fälligkeit der Auflage **2186;** Fälligkeit eines Untervermächtnisses **2186;** Gebrauchsvorteile **2184** 5; Geltung der Regeln des allgemeinen Schuldrechts **2174** 4; Genehmigungsbedürftigkeit **2174** 11; Gerichtsstand **2174** 17; Gewährleistung **2174** 14; Gewährleistung für Rechtsmängel **2182;** Gewährleistung für Sachmängel **2183;** Haftung des Beschwerten **2174** 14; Herausgabe gezogener Früchte **2184** 2 ff; Inhalt **2174** 6 f; Kosten der Erfüllung **2174** 13; Leistungsstörungen **2174** 14; Nachlassgläubiger zweiter Klasse **2174** 2; Nachlassverbindlichkeit **2174** 15; Nachlieferungsrecht **2183** 3; Nebenpflichten **2174** 6; Nutzungen **2184;** Rechtsstellung des Vermächtnisnehmers **2174** 2 f;

Schadensersatz des Vermächtnisnehmers **2183** 3; Sicherungsrechte des Vermächtnisnehmers **2174** 18; **2179** 7; Übertragbarkeit **2174** 9; Umfang **2174** 6; veränderte Umstände **2174** 8; Verjährung **2174** 16; Vermächtnisunwürdigkeit **2174** 2; Verzicht **2180** 9; Verzinsung **2174** 6; Vorerfüllung **2174** 12; Wegfall **2174** 2

Vermächtnisnehmer, Anordnung eines Vorrangs **2189;** Anwartschaftsrecht nach dem Erbfall **2177** 1; Anwartschaftsrecht vor dem Erbfall **2174** 3; **2176** 2; Anwartschaftsrecht während Schwebezeit **2179** 6; Auskunftsanspruch **2174** 7; **2179** 8; Begriff **1939** 8; Beschwerung mit Untervermächtnis **2147** 4; erbrechtliche Belastungen **2174** 2; Ersatzvermächtnisnehmer **2190;** Haftung des Hauptvermächtnisnehmers **2187;** Haftungsbeschränkung auf den Wert des Hauptvermächtnisses **2187** 2 ff; Haftungsbeschränkung des Ersatzbeschwerten **2187** 4; Kürzung der Beschwerungen **2188;** Nachvermächtnisnehmer **2191;** prozessuale Geltendmachung der Haftungsbeschränkung **2187** 5; Recht zur Erfüllungsverweigerung **2187** 3; Rechtsstellung **2174** 2 f; Rechtsstellung des Nachvermächtnisnehmers **2191** 5 f; Rechtsstellung während der Schwebezeit **2179** 6 ff; Sicherungsrechte **2174** 18; **2179** 7; tatsächliche Aussicht **2176** 2

Vermächtnisunwürdigkeit 2174 2; **2345**

Vermächtnisvollstreckung, Abgrenzung **2223** 1 ff; durch Alleinerben **2197** 33; Aufgabe **2223** 4 f; Befugnisse **2223** 6 ff; Aufnahme im Erbschein **2223** 9; Funktionen **2223** 2 f; geregelte Fallgruppen **2223** 1; Eintragung im Grundbuch **2223** 9; Person des Vermächtnisvollstreckers **2223;** Testamentsvollstreckerzeugnis **2223** 9

Vermittlungsverfahren, Antragsvoraussetzungen **2042** 18; bei Aufschub der Auseinandersetzung **2043** 3; Auseinandersetzungsplan **2042** 22; bei Erbschaftsauseinandersetzung **2042** 17 ff; Erbschaftsbeteiligte **2042** 19; Verhandlungstermin **2042** 21; Vollstreckungstitel **2042** 23; Widerspruch **2042** 24; Zuständigkeit **2042** 20

Vermögenssorge, Abweichung von Anordnungen des Erblassers **1639** 6 f; Anlegung von Geld des Kindes **1642;** Anordnungen des Erblassers **1639;** Anordnungen des Zuwendenden **1639** 2 ff; Aufwendungsersatz für Eltern **1648;** Ausschluss **1638** 2 ff; Beschränkung **1638; 1666** 21; dingliche Surrogation **1638** 6; **1639** 2; Entziehung **1666** 21; Erwerb mit Mitteln des Kindes **1646;** Folgen des Verwaltungsausschlusses **1638** 7 ff; Handlungen der – **1626** 29; Inhalt der Anordnung **1639** 3; Inventarisierungspflicht **1640** 3 ff; Klarstellung des Kindesvermögens **1640** 2; Pflegerbestellung **1638** 3.1; Pflicht- und Anstandsschenkungen **1641** 5 f; Pflichtverletzung bei – **1666** 15 ff; Rechenschaftspflicht der Eltern **1698;** Schenkung der Eltern aus dem Kindesvermögen **1641;** Sicherstellung des Kindesvermögens **1640** 2; Testamentsvollstrecker **1638** 3.1; Verfahrensfragen **1639** 7; für verheiratete Minderjährige **1633** 3; Vermögen des Kindes **1626** 28; Vermögensherausgabe **1698;** Vermögensverzeichnis betreffend Kindesvermögen *s dort;* Vertretungsmacht des Betreuers **1902** 6; Verwendung der

magere Zahlen = Rn   **Sachverzeichnis**

Einkünfte des Kindesvermögens s *Einkünfte des Kindesvermögens;* des Vormunds **1793** 5; Grundsätze wirtschaftlicher Vermögensverwaltung **1642** 2 ff; Zuwiderhandlungen gegen Anordnungen des Zuwendenden **1639** 5
–, **genehmigungspflichtige Rechtsgeschäfte,** Ausschlagung einer Erbschaft **1643** 4 f; Beginn eines neuen Erwerbsgeschäftes **1645;** Ende der Zuständigkeit des FamG **1643** 10; Ermessensentscheidung **1643** 8; fehlende Genehmigung **1643** 11; **1645** 4; Genehmigung des FamG **1643** 7 ff; **1645** 3; Genehmigungsverfahren **1643** 12 ff; **1644** 4; Grundstücksgeschäfte **1821** 1; Kindeswohl als Maßstab **1643** 8; **1645** 3; Pflichtteilsverzicht **1643** 4; Rechtsgeschäfte für das Kind **1643** 2; Rückabwicklung **1643** 11; Schadensersatzansprüche **1643** 11.1; Überlassung von Vermögensgegenständen an das Kind **1644;** Vermächtnisausschlagung **1643** 4; Verweisungen **1643** 6; Voraussetzungen der Genehmigungspflicht **1643** 2 ff; **1645** 2; Wirkung der Genehmigung **1643** 9
Vermögensspaltung, kollisionsrechtliche – **EGBGB 3** 13
Vermögensübernahme, Anknüpfung **EGBGB 33** 18
Vermögensverwaltung bei Gütertrennung **1414** 8; Überlassung der – an anderen Ehegatten **1413** 2 ff; **1417** 5; des Vormunds bei Erbschaft oder Schenkung **1803**
Vermögensverzeichnis
– **bei Wiederheirat,** Anzeige der Heiratsabsicht **1683** 3; Ergänzungspfleger für Kind **1683** 5; Pflicht zur Auseinandersetzung einer Vermögensgemeinschaft **1683** 5; Rechtsfolgen **1683** 3 ff; Verfahren **1683** 6; Voraussetzungen **1683** 2
– **betreffend das Mündelvermögen,** alle Aktive und Passiva **1802** 3; Befreiung von der Erstellung **1802** 1; Gegenvormund **1802** 3; Kosten **1802** 4; Stichtag **1802** 2; Zwangsgeld **1802** 4; Zweck **1802** 1
–, **betreffend Kindesvermögen,** Entstehung der Inventarisierungspflicht **1640** 7; Form der Inventarisierung **1640** 8; gerichtliche Maßnahme bei Gefährdung des Kindesvermögens **1667** 3; Inhalt der Inventarisierungspflicht **1640** 6; Mindestwert **1640** 5; unentgeltliche Zuwendungen **1640** 4; Unterhaltsabfindung **1640** 4; Verfahren **1640** 11; Vermögenserwerb von Todes wegen **1640** 4; Verstoß gegen Inventarisierungspflicht **1640** 9 f; Voraussetzungen der Inventarisierungspflicht **1640** 3 ff; Zweck **1640** 1 f
Verschaffungsvermächtnis, Beeinträchtigung des Vermächtnisnehmers **2287** 1; Begriff **1939** 6; Ersetzungsbefugnis **2170** 9; Früchte und Nutzungen **2184;** Gegenstand **2170** 2; Gegenstand des Bedachten **2170** 5; Gegenstand des Beschwerten **2170** 4; Gegenstand eines Dritten **2170** 3; Nachlassverbindlichkeit **2170** 2; objektive Unmöglichkeit **2170** 8; Rechtsmängelhaftung **2182** 5; Unmöglichkeit der Verschaffung **2170** 6 ff; unverhältnismäßige Aufwendungen **2170** 9; Unvermögen **2170** 6, 8; Vermächtnis fremder Gegenstände **2169** 1; Verschaffungspflicht **2170** 2 ff; Verwendungsersatz des Beschwerten **2185** 2; Wertersatz **2170** 7; Zweck **2170** 1

Verschollenheit, neue Eheschließung des Verschollenen **1319** 8; Erbfähigkeit Verschollener **1923** 5; des Mündels **1884** 5; Todeserklärung **1922** 7; Wiederheirat nach Todeserklärung **1320** 2
Verschollenheitserklärung, Internationales Privatrecht **EGBGB 9** 6; konkurrierende Verschollenheitsfeststellungen **EGBGB 9** 16; Übergangsrecht im Verhältnis zur ehemaligen DDR **EGBGB 9** 17; Verfahrensfragen **EGBGB 9** 13 ff
Verschweigungseinrede gegenüber Nachlassgläubigern, Bedeutung **1974** 1; Beweislast **1974** 7; Fristablauf **1974** 2; keine Kenntnis des Erben **1974** 4; Rechtsfolgen **1974** 6; keine unbeschränkte Haftung des Erben **1974** 5; Verschweigung **1974** 3; Voraussetzungen der Einrede **1974** 2 ff
Versicherungsvertrag, Internationales Privatrecht **EGBGB 37** 6 ff
Versorgungsausgleich, Abdingbarkeit **1587** 5; Abgrenzung zum Güterrecht **1587** 59; Altersversorgung **1587** 33; Altersversorgung der Landwirte **1587** 34; angleichungsdynamische Anrechte **VAÜG 1** 5 f; **VAÜG 3** 5; angleichungsdynamische Versorgungen **VAÜG 1** 3; Antragsberechtigung auf Maßnahmen nach §§ 4–8 VAHRG **VAHRG 9** 2 ff; Anwartschaften **1587** 40; Anwartschaftsdynamik **BarwertVO 1** 8; Anwartschaftskürzung **VAHRG 4** 1 ff; Anwendbarkeit von Verfahrensvorschriften über Versorgungsausgleich nach VAHRG **VAHRG 11** 1; Anwendungsbereich **1587** 20 ff; Auffangnorm für Bewertung **1587a** 167; bei Aufhebung der Ehe **1587** 32; Ausgleich der Beamtenversorgung **1587b** 27 ff, s *auch Quasisplitting;* Ausgleich der gesetzlichen Rente **1587b** 8 ff; Ausgleich der verbleibenden Anspruchs **1587b** 36 ff; Ausgleich in anderer Weise **1587b** 41 ff, 60; Ausgleichsanspruch **1587a;** Ausgleichsbetrag bei Doppelversorgungsbeamten **1587** 38; Ausgleichsbetrag der Versorgungsanstalt des Bundes und der Länder **1587** 38; Ausgleichsbilanz **1587a** 2; Ausgleichsformen **1587** 60 ff; **1587b** 1, 3, 8 ff, 27 ff; Auskunftsansprüche der Ehegatten gegeneinander **1587e** 1 ff; Auskunftspflicht **VAHRG 11** 2 ff; Auskunftsrechte **VAHRG 9** 7; Ausländerbeteiligung **1587** 52; nach ausländischem Recht **1587** 26 f; Auslandsberührung **1587** 24 ff; Ausschluss des Zugewinnausgleichs **1372** 6; Außerkrafttreten des VAHRG **VAHRG 12;** Aussetzung **VAÜG 2** 3; Aussetzung des –s **VAÜG 2** 5 ff; Aussichten **1587** 40; Auswirkungen in besonderen Fällen **VAHRG 4 ff;** auszugleichende Versorgungsanrechte **1587** 33 ff; Barwert zur Errechnung des –s **BarwertVO 1;** Barwertordnung s *dort;* Wertermittlung für Beamtenversorgung s *Beamtenversorgung, Wertermittlung im Versorgungsausgleich;* beiderseitiger Scheidungsantrag **1587** 51; Beitragserstattung **VAHRG 4** 5; Beitragszahlung **1587b** 22, 36, 44 ff; **1587d** 1 ff; Berechnung der Ehezeit **1587** 48 ff; Bereiterklärung **1587b** 22; Berücksichtigung beim Zugewinnausgleich **1372** 6; **1374** 6; **1375** 5, 18 f, 25; Wertermittlung für berufsständige Versorgungswerke **1587a** 115 ff; Berufsunfähigkeitszusatzversicherungen **1587** 36; be-

3199

Sachverzeichnis fette Zahlen = §§

schränkter Heimfall **VAHRG 4** 4; Beschränkung *s Versorgungsausgleich, Ausschluss;* Beschwerderecht **1587 c** 42; Besitzschutz **1587 b** 25; Bestimmung der Ehezeit **1587** 45 f; Wertermittlung für betriebliche Altersversorgung *s betriebliche Altersversorgung, Wertermittlung im Versorgungsausgleich;* Betriebsrente **1587** 40; Bilanzierung **1587 b** 1; Disponibilität im Ehevertrag **1408** 23, 51, *s auch Versorgungsausgleich, Vereinbarungen über den –;* Dispositionsbefugnis der Ehegatten **1587** 5; Durchführung **1587 a** 1; Durchführung nach Einkommensangleichung **VAÜG** 5; Durchführung vor Einkommensangleichung **VAÜG** 3; Eheaufhebungsklage **1587** 49; Ehezeit **1587** 44 ff; Ermittlung des Ehezeitanteils **1587 a** 1, 4, 92 ff, 139 ff; Ehezeitbezug von Anrechten **1587** 53 ff; eigenständige Alterssicherung des nicht berufstätigen Partners **1587** 2; Einbeziehung ausländischer Anrechte **1587** 31; Grundsatz des Einmalausgleichs **1587 b** 1, 54; Eintritt der Voraussetzungen des schuldrechtlichen -s **1587 e** 12; Entgeltpunkte **1587** 64; Erlöschen **1587 e** 8 ff; Erlöschen der Zahlungspflicht **1587 b** 50; Ermessensausübung **1587 b** 51; Ermittlung des Ausgleichsanspruchs **1587** 61; Ersatzausgleich **1587 b** 53; Ersatzausgleich nach VAHRG **1587** 69 f; erweiterter – **VAHRG 3 b** 5 f; Erwerb durch Arbeit oder Vermögen **1587** 41; wegen Erwerbsminderung **1587** 33 ff; familienbezogene Bestandteile **1587 a** 172; Folgen des Ausgleichs **1587 b** 21 ff, 34; Fremdrentengesetz **1587 b** 6; Für-Prinzip **1587** 54; Fürsorgeunterstützungen für Beamte **1587** 42; geschenkte Versorgungen **1587** 42; Gesetz zur Regelung von Härten im – *s VAHRG;* Gesetzeslage **1587** 8 ff; Wertermittlung für gesetzliche Rentenversicherung *s gesetzliche Rentenversicherung, Wertermittlung im Versorgungsausgleich;* Grundsätzliches **1587** 1 ff; **1587 b** 2 ff; Verhältnis zum Güterrecht **1587** 7, 58 f; Güterstand der Ehegatten **1587** 7; Gütertrennung bei Ausschluss des -s **1414** 5; Gutschrift und Kürzung **1587 b** 22; besondere Härteregelungen **1587 c** 1; Heimfallprivileg **VAHRG 4** 3; **VAHRG 7** 1; Herabsetzung **1587 c** 32, 35, 43; Höchstbetrag **1587 b** 17, 33, 43, 63 ff; Höhe der Beitragszahlung **1587 b** 47; Höhe des Ausgleichsanspruchs **1587 a** 3; Ausgleich der Höherversicherung **1587 b** 10; In-Prinzip **1587** 54; Inkrafttreten des VAHRG **VAHRG 12**; inländische Anrechte **1587 b** 6; Invaliditätsversorgung **1587** 33; Kindererziehungszeiten **1587 c** 21; Korrektur **VAHRG 10 a** 1; laufende Rente **1587 b** 5, 9, 23; bei bereits laufenden Versorgungen **1587** 22; Leibgedinge **1587** 37; Leistung an den bisher Berechtigten **1587 p**; Leistungen mit Entschädigungscharakter **1587** 39; Leistungsdynamik **BarwertVO 1** 8; Lohnersatzleistungen des Arbeitgebers **1587** 39; minderdynamische Anrechte **VAÜG** 1 6; Mitteilungspflichten **VAHRG 9** 8; Nachzahlung in Unterhaltsfällen **VAHRG 6**; Nebenleistungen des Arbeitgebers **1587** 39; nicht einbezogene Anrechte **1587** 42; Ostanrechte **1587 b** 11 ff, 20, 64, *s auch VAÜG;* Pensionistenprivileg **1587 b** 34, 39; persönlicher Anwendungsbereich **1587** 22 f; private Rentenversicherungen **1587** 35; Prüfungsrei-henfolge **1587** 60 ff, 71 f; Quasisplitting *s dort;* Quasivorrang **1587 b** 53; Quotierung sonstiger Anrechte **1587 b** 55; Quotierungsmethode **VAHRG 1** 2 ff; Rangfolge der Ausgleichsformen **VAHRG 1** 4; Rangfolgenmethode **VAHRG 1** 3; Ratenzahlung **1587 b** 49; **1587 d** 4 ff; Realteilung **1587 b** 3; Rechtshängigkeit der Scheidung **1587** 49; Regelung auf anderer Weise **VAHRG 3 b**; Regelungen in den neuen Bundesländern **1587** 21; Regelungsmöglichkeiten des FamG *s Versorgungsausgleich, Regelungsmöglichkeiten des FamG;* Rente mit Entschädigungscharakter **1587** 42; Rente nach Mindesteinkommen **1587 a** 171; Rentensplitting **1587 b** 8; Rentnerprivileg **1587 b** 13, 25 f; Rückzahlung an den Leistenden **VAHRG 7**; Rückzahlungsanspruch bei Beitragszahlung **VAHRG 7**; Rückzahlungsanspruch bei freiwilligen Zahlungen **VAHRG 8**; Rückzahlungsanspruch bei Zahlungen an gesetzliche Rentenversicherung **VAHRG 7**; Ruhensvorschriften **1587 a** 168; **1587 d**; schuldrechtlicher Ausgleich **1587 b** 40; Schutz des Versorgungsschuldners **1587 p**; Schutz des Versorgungsträgers **1587 p** 1; Wertermittlung für sonstige Versicherungen **1587 a** 115 ff; Splitting *s dort;* Teilentscheidungen **1587 b** 7; Tenor der Entscheidung **1587 b** 18 ff, 42.1; Tod des Berechtigten **1587 e** 8 ff; **VAHRG 4**; Tod des Verpflichteten **1587 e** 14 ff; Totalrevision **VAHRG 10 a** 1; Übergangsregelungen **1587** 20 f; Übertragung und Begründung von Rentenanwartschaften durch das FamG **1587 b**; Umrechnung in Entgeltpunkte **1587 b** 19, 69; Umrechnung von Anrechten **1587 a** 1; Umrechnung von Entgeltpunkten **1587 b** 47; Verhältnis zum Unterhalt **1587** 6; Unterhaltsersatzfunktion **1587** 6; Unterhaltsfälle **VAHRG 5 f;** Unterhaltsprivileg **1587 b** 17, 33, 52, 56 ff; VAHRG *s dort;* VAÜG *s dort;* Veränderungen nach Ende der Ehezeit **1587** 56 f; Vererblichkeit **1922** 86; Vererblichkeit von Ansprüchen aus Heimfall- und Unterhaltsprivileg **VAHRG 9** 6; Verfahrensfragen **VAHRG 4** 6; **VAHRG 5** 3; **VAHRG 6** 2; Vermögen aus vorzeitigem Zugewinnausgleich **1587** 43; vermögensrechtliche Trennung zum Ehezeitende **1587** 4; Versorgungsausgleichsmaßnahmengesetz **VersAusglMaßnG (nach dem VAHRG);** Versorgungsausgleichs-Überleitungsgesetz *s VAÜG;* Volldynamik **BarwertVO 1** 8 ff; Vorsorgeunterhalt **1587** 6; Wartezeiten **1587 a** 169 ff; **1587 b** 17, 23; Wegfall *s Versorgungsausgleich, Ausschluss;* Wertausgleich von Anwartschaften oder Aussichten auf eine Versorgung **1587 a** ff; Wertermittlung **1587 a** 4 ff; Wiederheirat des Partners **1587** 23; Zahlungsverbot im Lauf des Verfahrens **VAHRG 10 d**; Zahlungszeitpunkt **1587 b** 48; zeitliche Geltung **1587** 20 f; maßgebender Zeitpunkt **1587 b** 4; Ermittlung des Zeit-Zeit-Verhältnisses **1587 a** 93; und Zugewinnausgleich **1587** 55; Zusammentreffen von gesetzlicher Rente und Beamtenversorgung **1587 b** 35; Zusatz- und Sonderversorgungssystem **1587 b** 17; Zuständigkeiten für Maßnahmen nach §§ 4–8 VAHRG **VAHRG 9** 1; Zweck **1587** 2 f; zwingendes Recht **1587** 47

magere Zahlen = Rn

–, **Abänderung von Entscheidungen über den –** (**§§ nach dem VAHRG**), abänderbare Entscheidungen **10 a** 2; Abänderung von Vereinbarungen **10 a** 2, 37 f; Abänderungsgründe **10 a** 6 ff; Abfindungsentscheidungen **10 a** 4 f; Änderung der Versorgungsordnungen **10 a** 7 f; Änderung des Wertunterschieds **10 a** 6 ff; Änderung individueller Umstände **10 a** 9 ff; Alter **10 a** 43; Antrag **10 a** 41; Antragsberechtigte **10 a** 42; Anwendungsbereich **10 a** 2 ff; Ausgleichsbilanz **10 a** 6; Auskunftsansprüche **10 a** 39 f; Beitragsleistungen **10 a** 34 ff; Berechnung der Änderung **10 a** 18 ff; einkommensbezogene Betriebsrenten **10 a** 11 f; Folgen der Abänderung **10 a** 30 ff; Gesetzesänderungen **10 a** 7 f; grobe Unbilligkeit **10 a** 28 ff; neue Möglichkeit der Realteilung **10 a** 16; nicht abänderbare Entscheidungen **10 a** 3; örtliche Zuständigkeit **10 a** 44; Pensionistenprivileg **10 a** 33; Rentenverfall **10 a** 43; Rentnerprivileg **10 a** 33; später erkennbare grobe Unbilligkeit **10 a** 17; Tod eines Ehegatten **10 a** 45 f; Totalrevision **10 a** 30; Unverfallbarwerden von Anrechten **10 a** 15; Verfahren **10 a** 41 ff; Vorteilhaftigkeit der Änderung für Ehegatten **10 a** 27; vorzeitiger Ruhestand **10 a** 9 f; Wartezeiten **10 a** 25, 31; Wesentlichkeit **10 a** 18 ff; Wesentlichkeitsgrenze **10 a** 18, 26; Wirksamkeit **10 a** 32

–, **Ausschluss**, Abgrenzung zu anderen Härteregelungen **1587 c** 4 ff; alkoholkranker Ehepartner **1587 c** 36; Amtsprinzip **1587 c** 39; anderweitige Altersversorgung **1587 c** 16; Ausländerbeteiligung **1587 c** 5; Auslandsbezug **1587 c** 13; Ausschluss **1587 c** 43; Besteuerung **1587 c** 17; Beweislast **1587 c** 40; Doppelverdienerehe **1587 c** 26; Eheaufhebung **1587 c** 38; eheliches Fehlverhalten **1587 c** 24 f; Einzelfälle **1587 c** 31, 36; fehlende Wirtschaftsgemeinschaft **1587 c** 13; geringe Ausgleichsbeträge **1587 c** 27; grobe Unbilligkeit **1587 c** 7 ff; grobe Verletzung von Unterhaltspflichten **1587 c** 33 f; Gründe des Scheiterns der Ehe **1587 c** 12 ff; Güterstand **1587 c** 9; Härtegründe **1587 c** 7 ff; Härteregelung **1587 c** 1; Herabsetzung des Versorgungsausgleichs **1587 c** 32, 35, 43; Kindererziehungszeiten **1587 c** 21; kinderlose Ehe von kurzer Dauer **1587 c** 26; langjähriges Getrenntleben **1587 c** 14; Manipulationen des Ausgleichsberechtigten **1587 c** 29; persönliches Verhalten **1587 c** 10; phasenverschobener Erwerb **1587 c** 22 f; Prognose für Rentenalter **1587 c** 8; Scheinehe **1587 c** 13; Scheinselbständigkeit **1587 c** 36; schicksalhafte Entwicklungen **1587 c** 10; Tenor der Entscheidung **1587 c** 44; Tod des Pflichtigen **1587 c** 2; Übergang auf die Erben **1587 c** 2; Übergangsregelung **1587 c** 6; Unterschieben eines Kindes **1587 c** 24; Unwirtschaftlichkeit des Versorgungsausgleichs **1587 c** 11; unzureichende Versorgung des Ausgleichspflichtigen **1587 c** 17; Vereitelung eigenen Anwartschaftserwerbs **1587 c** 28 ff; Verfahrensrecht **1587 c** 39 ff; Vermögensgegenstände **1587 c** 9; Verstärkung des wirtschaftlichen Ungleichgewichts **1587 c** 15; wesentlich höhere Vermögenswerte nach Scheidung **1587 c** 20; wirtschaftliche Verhältnisse beider Ehepartner **1587 c** 8; Zweckverfehlung des Versorgungsausgleichs **1587 c** 15 ff

–, **Internationales Privatrecht,** Anerkennung ausländischer Entscheidungen **EGBGB 17** 159 ff; Anknüpfung **EGBGB 17** 97 ff; ausländische Versorgungsanwartschaften **EGBGB 17** 123 ff; Berechnung der Ehezeit **EGBGB 17** 126; Anwendung deutschen Rechts **EGBGB 17** 98; Einschränkungen des Grundsatzes **EGBGB 17** 103 ff; einstweilige Anordnung **EGBGB 17** 156; Anwendung fremden Rechts **EGBGB 17** 130; inländische Versorgungsanwartschaften **EGBGB 17** 113 ff, 122; inländischer Versorgungsausgleich bei Auslandsberührung **EGBGB 17** 119 ff; inländischer Versorgungsausgleich nach Auslandsscheidung **EGBGB 17** 127 ff; interlokales Recht **EGBGB 17** 187 ff; intertemporales Recht **EGBGB 17** 184 ff

–, **internationales Privatrecht,** Lebenspartnerschaft **EGBGB 17 b** 33

–, **Internationales Privatrecht,** Recht der DDR **EGBGB 17** 187 ff; Rechtshängigkeit im Ausland **EGBGB 17** 183; Rechtswahl **EGBGB 17** 101 f; regelwidrige Durchführung nach deutschem Recht **EGBGB 17** 107 ff; Reichweite des Versorgungsausgleichsstatuts **EGBGB 17** 121; Maßgeblichkeit des Scheidungsstatuts **EGBGB 17** 97 ff; Unbilligkeit **EGBGB 17** 116 f; Verbundzuständigkeit **EGBGB 17** 154 f; Verfahrensrecht **EGBGB 17** 140 ff; vertraglicher Ausschluss **EGBGB 17** 101 f; zusätzliche Anwendung des Heimatrechts **EGBGB 17** 103 ff; Zuständigkeit **EGBGB 17** 143 ff

–, **Regelungsmöglichkeiten des FamG (§§ nach dem VAHRG),** Abfindung des schuldrechtlichen Versorgungsausgleichs **3 b** 8; Anwendungsvoraussetzung **3 b** 4; ausländische Versorgungen **3 b** 4, 9, 14; Begründung von Anwartschaften in gesetzlicher Rentenversicherung nachrangig **3 b** 7; Beitragsentrichtung **3 b** 7 ff; Beschränkung auf Teil der Ausgleichszahlung **3 b** 8; Einschränkungen **3 b** 13; Ermessensabwägung **3 b** 16 ff; Ersatzausgleich durch Quasivorrang **3 b** 21 f; erweiterter Ausgleich **3 b** 5 f; Heranziehung eines anderen Anrechts **3 b** 5; Höchstgrenze **3 b** 13; Höhe des Beitrags **3 b** 11; Interessen der Verpflichteten **3 b** 17; Minderung von Nachteilen des Berechtigten **3 b** 1; Ratenzahlungen **3 b** 8, 10; Schutzvorschrift für Berechtigten **3 b** 2; Senkung des Beitrags **3 b** 12; Tenor der Entscheidung **3 b** 6.1, 11.1; Unterschiede zwischen den Ausgleichsformen **3 b** 9; Verfahrensfragen **3 b** 23; keine Vollrente wegen Alters **3 b** 7; Vor- und Nachteile des schuldrechtlichen Ausgleichs **3 b** 18 f; Wahlrecht bei Ermessensausübung **3 b** 6; nicht gegen den erklärten Willen des Berechtigten **3 b** 16; Wirkung **3 b** 13; Zumutbarkeit **3 b** 8, 10; Zweck **3 b** 1 ff; zwischenstaatliche Versorgungen **3 b** 4, 9, 14

–, **Umrechnung,** allgemeine Grundlagen **1587 a** 156 ff; Anwendung der BarwertVO **1587 a** 162 ff; anhand des Barwertes **1587 a** 128 f; Barwertfaktor **1587 a** 158; in Beiträge **1587 b** 47; mit Hilfe des Deckungskapitals **1587 a** 126 f; Ermittlung des Barwertes **1587 a** 158; fiktive Einzahlung in die gesetzliche Rentenversicherung **1587 a** 157, 163; Nennwert **1587 a** 157;

3201

Sachverzeichnis

nicht volldynamische Anrechte **1587 a** 156 ff; nicht volldynamische Anrechte auf Betriebsrente **1587 a** 114; statische betriebliche Anrechte **1587 a** 164 ff; Tabellen der BarwertVO **1587 a** 159 ff; Umrechnungsfaktor **1587 a** 163; Volldynamiktabelle **1587 a** 157

–, **Unwirtschaftlichkeit,** Anwendungsbereich **1587 b** 57; Ausschluss wegen – **1587 c** 11; Gesamtbetrachtung **1587 b** 56; Gestaltung durch Parteivereinbarung **1587 b** 61; private Lebensversicherung **1587 b** 58 f; Übertragung sonstiger Vermögenswerte **1587 b** 60; Verfahrensrecht **1587 b** 61; versicherungsvertragliche Lösung **1587 b** 60; Versorgungsausgleich in anderer Weise **1587 b** 60; Voraussetzungen **1587 b** 56

–, **VAHRG,** Beitragszahlung **1587 b** 44 ff; Erlöschen der Zahlungspflicht **1587 b** 50; Ermessensausübung **1587 b** 51; Ersatzausgleich **1587** 69 f; **1587 b** 53; Heranziehung eines anderen Anrechts **1587 b** 42; Höchstbetrag **1587 b** 43, 63 ff; Höhe der Beitragszahlung **1587 b** 47; Quotierungsmethode **1587** 65; Ratenzahlung **1587 b** 49; schuldrechtlicher Ausgleich **1587 b** 40; Umrechnung von Entgeltpunkten **1587 b** 47; Unwirtschaftlichkeit **1587 b** 52; Zahlungszeitpunkt **1587 b** 48; Zumutbarkeit **1587 b** 46

–, **Vereinbarungen über den** –, Abänderbarkeit **1587 o** 60 ff; Abänderung **VAHRG 10 a** 2, 37 f; Abgrenzung zu Vereinbarungen durch Ehevertrag **1587 o** 3 ff; nach Abschluss des Versorgungsausgleich-Erstverfahrens **1587 o** 54 ff; Absicherung des Erwerbsunfähigkeitsrisikos **1587 o** 37; Änderung der Ausgleichsquote **1408** 77 f; Änderung des Ausgleichszeitraums **1408** 80; Anforderungen **1587 o** 9 ff; Angemessenheit **1587 o** 38 ff; über angleichungsdynamische Anrechte **VAÜG 2** 9; Ausschluss der Abänderbarkeit durch das FamG **1408** 81; Ausschluss des Versorgungsausgleichs **1408** 64; **1587 o** 13, 19 ff; Ausschluss einzelner Versorgungsarten **1408** 79; Ausschluss gegen Gegenleistung **1408** 76; Ausschluss unter Vorbehalt des Rücktrittsrechts **1408** 70; bedingter Ausschluss **1408** 72 f; befristeter Ausschluss **1408** 71; Beginn des Sperrjahres **1408** 83; Beitragszahlung in die gesetzliche Rentenversicherung **1587 o** 24; Benachteiligung des Versorgungsträgers **1408** 65; beschränkt Geschäftsfähiger **1411** 4; Beschränkungen der Vertragsfreiheit **1408** 63 f; Beteiligungen **1587 o** 21; zur Bewertung **1587 o** 27; Darlegungs- und Beweislast **1587 o** 46; Dispositionsfreiheit **1408** 62; einseitiger Ausschluss **1408** 74; Einzelfälle **1587 o** 18 ff; Entscheidung des Gerichts **1587 o** 47 f; Erhöhung des Versorgungsausgleichs **1587 o** 14 ff; über Folgen der Durchführung **1587 o** 28; Form **1587 o** 3, 9, 50 ff; formfrei zulässige Vereinbarungen **1587 o** 50 ff; Geeignetheit zur Alterssicherung **1587 o** 35 ff; Gegenleistungen **1587 o** 19 ff; Genehmigungserfordernis **1587 o** 2, 31 ff; Genehmigungsverfahren **1587 o** 42 f; Gerichtsbeschluss **1587 o** 47; Grenzen der Dispositionsfreiheit **1587 o** 2, 12; Grundsätzliches **1408** 62 ff; Immobilien **1587 o** 20; Inhalt **1587 o** 7 f, 11 ff; inhaltliche Gestaltung des Versorgungsausgleichs **1587 o** 13; Inhaltskontrolle **1408** 63; Kernbereichslehre des BGH **1408** 63; Lebensversicherung **1587 o** 11 ff; Modifikationen **1408** 68; Modifikationen der Durchführung **1587 o** 23 ff; Modifizierung des Ausgleichs **1587 o** 17; mögliche Vereinbarungen **1408** 65 ff; Nachteile des Ausschlusses des Versorgungsausgleichs **1408** 64; öffentlich-rechtlicher Versorgungsausgleich **1408** 66; prozessuale Anforderungen **1587 o** 41 ff; Rechtsbehelfe **1587 o** 49; Rechtswirkungen **1587 o** 57 ff; Regelungen der Steuer- und Krankenversorgungspflicht **1587 o** 30; Scheidungsvereinbarungen **1587 o** 57; schuldrechtlicher Versorgungsausgleich **1408** 75; **1587 o** 25, 50 ff; Sperrfrist **1408** 63, 82 ff; Super-Quasisplitting **1408** 66; Supersplitting **1408** 66; Verbot des Supersplittings **1587 o** 2, 12; systemimmanente Schranken **1408** 65; Teilausschluss **1408** 67 f; **1587 o** 14 ff; Teilvereinbarungen über einzelne Rechte **1587 o** 16; Totalausschluss **1408** 68; Übergangsrecht **1587 o** 63; Unterhaltsleistungen **1587 o** 22; Unwirksamkeit von Vereinbarungen **1408** 82 ff; unzulässige Vereinbarungen **1408** 66; Verbundurteil **1587 o** 47; Vereinbarungen über die Abänderung des Versorgungsausgleichs **1587 o** 53; Verfahrensbeteiligte **1587 o** 44; verlängerter schuldrechtlicher Versorgungsausgleich **1587 o** 26; unter Verlobten **1408** 83; Vermeidung der Rentenkürzung **1587 o** 29; Versagung der Genehmigung **1587 o** 48; Versicherungen **1587 o** 21; Wahrung des Halbteilungsgrundsatzes **1587 o** 2, 56; Wegfall der Geschäftsgrundlage **1587 o** 60; Wertpapiere **1587 o** 10; zeitliche Grenze für – **1408** 82 ff; Zeitpunkt **1587 o** 4 ff, 10; Zuständigkeit des Familiengerichts **1587 o** 45

–, **Verfahren,** Abtrennung und Aussetzung des Versorgungsausgleichs **1587** 95 ff; Amtsermittlungsgrundsatz **1587** 73; Amtsverfahren **1587** 73; Anschlussbeschwerde **1587** 105; Antragsverfahren **1587** 74 ff; anwaltliche Vertretung **1587** 101 f; Anwaltsgebühren **1587** 118 f; Anwaltszwang **1587** 101; Auskünfte der Parteien **1587** 83; Auskunftspflichten **1587** 120 ff; Ausgleich ausländischer Anrechte **1587** 100; Berufung **1587** 104; befristete Beschwerde **1587** 104; weitere Beschwerde **1587** 106; Beteiligte **1587** 79, 81; Einholung der Auskünfte **1587** 85 ff; Entscheidung über den Versorgungsausgleich **1587** 91 ff; Ermittlung ausländischer Anrechte **1587** 88; freiwillige Gerichtsbarkeit **1587** 80; Gegenstandswert **1587** 110; gerichtliche Genehmigung einer Parteivereinbarung **1587** 92; gerichtliches Auskunftsersuchen **1587** 85; Gerichtsgebühren **1587** 116; Gerichtskostenvorschuss **1587** 117; isoliertes Verfahren **1587** 109; Kosten des Verfahrens **1587** 109; Kostenentscheidung **1587** 111; mündliche Verhandlung **1587** 89 f; sonstige Rechtsbehelfe **1587** 108; Rechtskraft **1587** 93; Rechtsmittel gegen Entscheidungen über den Versorgungsausgleich **1587** 103 ff; Revision **1587** 104; Teilentscheidung **1587** 92; Umfang der Auskunftspflichten **1587** 124; Verbot der Schlechterstellung **1587** 107; Verbundverfahren **1587** 80; Verfahrensablauf **1587** 79, 82 ff; Verfahrensgrundsätze **1587** 72 ff; Verweigerung der Auskunft **1587** 125 f; Verweigerung der Mit-

magere Zahlen = Rn

Sachverzeichnis

wirkung **1587** 84; Vorschriften **1587** 80; Zwangsgeld **1587** 84
Versorgungsausgleichsmaßnahmengesetz VersAusglMaßnG (nach dem VAHRG)
Versorgungsausgleichsstatut s *Versorgungsausgleich, Internationales Privatrecht*
Versorgungsausgleichs-Überleitungsgesetz s *VAÜG*
Versteinerung EGBGB Einl IPR 41
Versteinerungsklausel EGBGB 27 27
Verstoßung EGBGB 17 95
Vertrag zugunsten Dritter, Anfechtung **2301** 19; Deckungsverhältnis **2301** 17; erbrechtliche Bindung des Schenkers **2301** 20; auf den Todesfall **2301** 16 ff; Valutaverhältnis **2301** 18 f; Widerruf des Schenkungsangebots **2301** 19
Vertragsstatut, Abgeschlossenheit des Vorgangs **EGBGB 27** 14; Auslegung von Kollisionsnormen s *Internationales Privatrecht, Auslegung*; Ausnahmen **EGBGB 37**; Ausschlusstatbestände **EGBGB 37** 3 ff; Bedeutung **EGBGB 27** 20 ff; bis 1986 **EGBGB 27** 2; EGBGB und EVÜ **EGBGB 27** 3; EuGVVO **EGBGB 27** 16 f; Grundsatz der Privatautonomie **EGBGB 27** 19; Herkunft **EGBGB 27** 19; Herkunftslandprinzip **EGBGB 27** 7 ff; interlokales Recht **EGBGB 27** 13 f; internationales Einheitssachrecht **EGBGB 27** 6; und Internationales Gesellschaftsrecht **EGBGB 27** 4; intertemporales Recht **EGBGB 27** 13 f; Mehrrechtsstaaten **EGBGB 35** 5 ff; Normzweck **EGBGB 27** 23; Rechtsanwendungsgesetz **EGBGB 27** 5; Rechtsquellen **EGBGB 27** 1 ff, 15; bei Rechtsspaltung **EGBGB 35;** unklare Rechtswahl **EGBGB 35** 8; Entwurf der Rom-I-VO **EGBGB 37** 15 ff; Rück- und Weiterverweisung **EGBGB 35;** Rückversicherungsvertrag **EGBGB 37** 12; Sachnormverweisung **EGBGB 35** 1 ff; Schuldanerkenntnis **EGBGB 33** 16; Schuldbeitritt **EGBGB 33** 14; Schuldübernahme **EGBGB 33** 15; Übergangsvorschriften **EGBGB 220** 14 ff; UN-Kaufrecht **EGBGB 27** 6; Unternehmensübernahme **EGBGB 33** 19; Verbraucherschutz für besondere Gebiete s *dort;* Verbrauchervertrag s *dort;* Vermögensübernahme **EGBGB 33** 18; Versicherungsverträge **EGBGB 27** 4; Versicherungsvertragsrecht **EGBGB 37** 6 ff; Vertragsübernahme **EGBGB 33** 17; Vertretungsmacht **EGBGB 37** 5; wertpapierrechtliche Verpflichtungen **EGBGB 37** 3; internationale Zuständigkeit **EGBGB 27** 15 ff; zwingende Vorschriften s *Vertragsstatut, Eingriffsnormen*
–, **allgemeine Fragen,** Einbeziehung von AGB **EGBGB 31** 6 ff; allgemeine Regeln **EGBGB 31** 15 f; **EGBGB 32** 30; Anwendungsbereich **EGBGB 32** 3 ff; Aufenthaltsstatut **EGBGB 31** 2, 9 ff; Aufrechnung **EGBGB 32** 10; Auslegung **EGBGB 32** 4; Berufung auf das Aufenthaltsrecht **EGBGB 31** 13; Beweis **EGBGB 32** 19 ff; culpa in contrahendo **EGBGB 32** 25; Einheitsstatut **EGBGB 31** 2; **EGBGB 32** 1; Einigung **EGBGB 31;** Einrede **EGBGB 31** 13; Erfüllung der vertraglichen Verpflichtungen **EGBGB 32** 5; Erfüllungsmodalitäten **EGBGB 32** 17 f; Erlöschen des Schuldverhältnisses **EGBGB 32** 9 f; fehlende Zustimmung einer Partei **EGBGB 31** 14; Formverstoß **EGBGB 32** 16; fehlende Geschäftsfähigkeit **EGBGB 32** 16; Gewinnzusagen **EGBGB 32** 29; Interessenabwägung **EGBGB 31** 12; Leistungsstörungen **EGBGB 32** 7; Folgen der Nichterfüllung **EGBGB 32** 6 ff; Folgen der Nichtigkeit des Vertrages **EGBGB 32** 15 f; ordre public **EGBGB 31** 16; **EGBGB 32** 13, 30; Prinzip der einheitlichen Anknüpfung **EGBGB 32** 1; Rechtsverlust durch Fristablauf **EGBGB 32** 11 ff; renvoi **EGBGB 35** 1 ff; Sachnormverweisung **EGBGB 31** 15; **EGBGB 32** 30; Sonderanknüpfung **EGBGB 31** 9 ff; Untersuchungs- und Rügepflichten **EGBGB 32** 17; Verjährung **EGBGB 32** 12; Vertrauens- und Rechtsscheinstatbestände **EGBGB 32** 29; fehlende Vertretungsmacht **EGBGB 32** 16; Höhe der Verzugszinsen **EGBGB 32** 8; Währung **EGBGB 32** 26 ff; Wirksamkeit des Vertrages **EGBGB 31** 5, 11; Zustandekommen des Vertrages **EGBGB 31** 3 f; international zwingende deutsche Normen **EGBGB 34** 8 ff
–, **Eingriffsnormen,** Anwendungsfälle **EGBGB 34** 18 ff; ausländische international zwingende Bestimmungen **EGBGB 34** 24 ff; ausländisches Recht als Vertragsstatut **EGBGB 34** 30; Begriff der international zwingenden Normen **EGBGB 34** 9 ff; Boden- und Grundstücksverkehrsrecht **EGBGB 34** 22; Datumstheorie **EGBGB 34** 27; deutsches Recht als Vertragsstatut **EGBGB 34** 29; Entstehungsgeschichte **EGBGB 34** 2; Abwehr ausländisch Erfolgshonorarvereinbarung **EGBGB 34** 20 f; hinreichende Inlandsbeziehung **EGBGB 34** 16 f; interindividueller Interessenausgleich **EGBGB 34** 12 ff; außerhalb des Internationalen Vertragsrechts **EGBGB 34** 5 f; ius cogens **EGBGB 34** 9; kumulierter Schutz öffentlicher und privater Interessen **EGBGB 34** 15; Machttheorie **EGBGB 34** 27; Verhältnis zum ordre public **EGBGB 34** 3, 23; Schuldstatutstheorie **EGBGB 34** 27 f; Schutz des Marktschwächeren **EGBGB 34** 12 ff; Schutz öffentlicher Interessen **EGBGB 34** 11; Sonderanknüpfung **EGBGB 34** 16 f, 25; Territorialitätsprinzip **EGBGB 34** 2, 26
–, **freie Rechtswahl,** Änderung der Rechtswahl **EGBGB 27** 46 ff; Vereinbarung in AGB **EGBGB 27** 31; aktuelles Erklärungsbewusstsein **EGBGB 27** 36; allgemeine Regeln **EGBGB 27** 52 ff; ausdrückliche Rechtswahl **EGBGB 27** 34 f; Auslandsbezug **EGBGB 27** 25, 51; außerstaatliches Recht **EGBGB 27** 24, 28; beziehungslose Rechtswahl **EGBGB 27** 50 f; Cyber Law **EGBGB 27** 28; Einschluss des ausländischen Kollisionsrechts **EGBGB 27** 26; Form **EGBGB 27** 32, 48; frühere Vertragspraxis **EGBGB 27** 41; Gegenstand der Rechtswahl **EGBGB 27** 24 ff; Geltungsbereich **EGBGB 27** 55; Gerichtsstandsvereinbarungen **EGBGB 27** 53; Gesetzesumgehung **EGBGB 27** 38; Herkunftslandprinzip **EGBGB 27** 11; Indizien **EGBGB 27** 37 ff; kollidierende Rechtswahlklauseln **EGBGB 27** 31; lex mercatoria **EGBGB 27** 28; mangels Rechtswahl anzuwendendes Recht s *Vertragsstatut, objektive Bestimmung;* Maßstab für die Auslegung **EGBGB 27** 34; ordre public **EGBGB 27** 54;

3203

Sachverzeichnis

fette Zahlen = §§

Prozessverhalten **EGBGB 27** 43; realer Parteiwille **EGBGB 27** 36 ff; Rechte Dritter **EGBGB 27** 49; Begriff des Rechts **EGBGB 27** 24 ff; Rechtsnatur **EGBGB 27** 29; rechtsordnungslose Verträge **EGBGB 27** 28; Rosinentheorie **EGBGB 27** 45; Sachnormverweisung **EGBGB 27** 52; Schiedsklausel **EGBGB 27** 39; Schweigen **EGBGB 27** 31; staatliches Recht **EGBGB 27** 24; Stabilisierungsklausel **EGBGB 27** 27; stillschweigende Rechtswahl **EGBGB 27** 36 ff; Teilrechtswahl **EGBGB 27** 44 f; transnationales Recht **EGBGB 27** 28; UNIDROIT-Prinzipien **EGBGB 27**; Verkehrsschutz **EGBGB 27** 33; Versteinerungsklausel **EGBGB 27** 27; Verweisungsvertrag **EGBGB 27** 29; Vorfragen **EGBGB 27** 55; Wirksamkeit **EGBGB 27** 30 ff; Zustandekommen **EGBGB 27** 30 ff; zwingende Bestimmung **EGBGB 27** 50 f

–, **objektive Bestimmung,** allgemeine Regeln **EGBGB 28** 25 ff; Anknüpfung an die engste Verbindung **EGBGB 28** 6 ff; Anknüpfungsgrundsätze **EGBGB 28** 5 ff; Anlagenvertrag **EGBGB 28** 29; Anleihe **EGBGB 28** 30; Anwaltsvertrag **EGBGB 28** 31; Anweisung **EGBGB 28** 32; Anwendungsbereich **EGBGB 28** 28; Arbeitsvertrag **EGBGB 28** 33; Archivierungsvertrag **EGBGB 28** 59; Arzt- und Krankenhausvertrag **EGBGB 28** 34; Aufspaltung des objektiven Vertragsstatuts **EGBGB 28** 7; Auftrag **EGBGB 28** 35; Auslobung **EGBGB 28** 36; außerstaatliches Recht **EGBGB 28** 5; Ausweichklausel **EGBGB 28** 22 ff; Bankverträge **EGBGB 28** 37 ff; Bauvertrag **EGBGB 28** 44; Beherbergungsvertrag **EGBGB 28** 45; Beurteilungszeitpunkt **EGBGB 28** 8; Binnenschiffahrts-Frachtvertrag **EGBGB 28** 46; Börsen- und Finanztermingeschäfte **EGBGB 28** 47; Bürgschaft **EGBGB 28** 48; charakteristische Leistung **EGBGB 28** 9 ff; Charterverträge für eine Reise **EGBGB 28** 20; Darlehen **EGBGB 28** 49; Dienstvertrag **EGBGB 28** 50; Domainregistrierungsverträge **EGBGB 28** 60; E-Commerce-RL **EGBGB 28** 24; Eisenbahntransport **EGBGB 28** 51; engere Verbindung mit anderem Staat **EGBGB 28** 22 ff; Begriff der engsten Verbindung **EGBGB 28** 6; Fahrniskauf **EGBGB 28** 52; Forderungs- und Rechtskauf **EGBGB 28** 53; Franchisevertrag **EGBGB 28** 54; Garantievertrag **EGBGB 28** 55; Geschäftsbesorgung **EGBGB 28** 56; Gesetzesumgehung **EGBGB 28** 27; Gewinnzusage **EGBGB 28** 79; Grundstücksverträge **EGBGB 28** 17 ff; Güterbeförderungsverträge **EGBGB 28** 20 f, 72, 80; Handelsvertretervertrag **EGBGB 28** 58; Herkunft **EGBGB 28** 1 f; Herkunftslandprinzip **EGBGB 27** 12; Hinterlegung **EGBGB 28** 59; hypothetischer Parteiwille **EGBGB 28** 2; immaterialgüterrechtsbezogene Verträge **EGBGB 28** 60; Vertragsschluss über Internet **EGBGB 28** 24; Internet-Auktion **EGBGB 28** 52, 86; joint venture **EGBGB 28** 91; Know-how-Verträge **EGBGB 28** 61; Kommissionsvertrag **EGBGB 28** 62; Lagergeschäft **EGBGB 28** 59; Leasing **EGBGB 28** 63; Leibrente **EGBGB 28** 64; Leihe **EGBGB 28** 65; Leitlinien für Ausweichklausel **EGBGB 28** 23; lex mercatoria **EGBGB 28** 5; Lizenz **EGBGB 28** 66; Lotterie- und Ausspielvertrag **EGBGB 28** 67; Luftbeförderung **EGBGB 28** 68; Maklerverträge **EGBGB 28** 69; Management- und Consultingvertrag **EGBGB 28** 70; Miete **EGBGB 28** 71; Normzweck **EGBGB 28** 3; ordre public **EGBGB 28** 26; Patronatserklärung **EGBGB 28** 73; Providerverträge **EGBGB 28** 60; Qualifikation **EGBGB 28** 28; Rechtsvermutungen **EGBGB 28** 9 ff; Reisevertrag **EGBGB 28** 74; Sachnormverweisung **EGBGB 28** 25; Schenkung **EGBGB 28** 75; Schuldanerkenntnis **EGBGB 28** 76; Seefrachtvertragsrecht **EGBGB 28** 77; Speditionsvertrag **EGBGB 28** 78; Spiel und Wette **EGBGB 28** 79; staatliches Recht **EGBGB 28** 5; Straßenvertrag **EGBGB 28** 80; Systematik **EGBGB 28** 4; Tausch **EGBGB 28** 81; Time-Sharing **EGBGB 28** 82; Unternehmenskauf **EGBGB 28** 83; Vergleich **EGBGB 28** 84; Verlagsvertrag **EGBGB 28** 85; Versicherungsvertrag **EGBGB 28** 88; Versteigerungen **EGBGB 28** 86; Vertragshändlervertrag **EGBGB 28** 87; einzelne Vertragstypen **EGBGB 28** 29 ff; Verwahrungsvertrag **EGBGB 28** 59; Wandelbarkeit des objektiven Vertragsstatuts **EGBGB 28** 8; Werklieferungsvertrag **EGBGB 28** 90; Werkvertrag **EGBGB 28** 89; Zusammenarbeitsverträge **EGBGB 28** 91

Vertragsübernahme, Anknüpfung **EGBGB 33** 17

Vertretung des Kindes, Abgrenzungsfragen **1629** 1; Alleinvertretungsrecht **1629** 14 ff; Ausschluss der Vertretungsmacht **1629** 6 ff; Beschränkung der Vertretungsmacht **1629** 6 ff; Eintritt einer Beistandschaft **1629** 6; Einwilligung in eine Heilbehandlung **1629** 8; Empfangsvertretung **1629** 16; bei Geltendmachung von Unterhaltsansprüchen **1629** 18, 40 ff; Gesamtvertretungsprinzip **1629** 10 ff; gesetzliche – als Teil der elterlichen Sorge **1629** 2 ff; Grundsatz der gemeinschaftlichen – **1629** 10 ff; Haftung des gesetzlichen Vertreters **1629** 9; Haftung des Kindes **1629** 9; höchstpersönliche Rechtshandlungen **1629** 7; Notvertretungsrecht **1629** 17; Schenkungsverbot **1641**; Umfang der Vertretungsmacht **1629** 3 ff; Verfahrenspfleger **1629** 6; Verfahrensrecht **1629** 52 f; Vertretungsmacht und elterliche Sorge **1629** 2; Vollmachten **1629** 11 f; Zeugnisverweigerungsrecht **1629** 8

–, **Ausschluss der Vertretungsmacht,** Allgemeines **1629** 19 ff; Ausschlagung einer Erbschaft **1629** 26.1, 31; Familiengesellschaft **1629** 25; gerichtliches Verfahren nach § 1598 a **1629** 32; Geschäfte mit Ehegatten **1629** 26 ff; Geschäfte mit Verwandten in gerader Linie **1629** 26 ff; Gesellschaftsvertrag **1629** 25; Gestattung durch Vormundschaftsgericht **1629** 23; Interessenkonflikt **1629** 19; lediglich rechtlicher Vorteil **1629** 28; Rechtsgeschäfte bezüglich gesicherter Forderung **1629** 29; Rechtsstreitigkeiten **1629** 30 f; Schenkungsvertrag **1629** 24 ff; schwebende Unwirksamkeit von Rechtsgeschäften **1629** 21; Selbstkontrahierungsverbot **1629** 22 ff; Umfang des Vertretungsverbots **1629** 20

–, **Entzug der Vertretungsmacht,** Ergänzungspflegschaft **1629** 36; durch das FamG **1629** 33 ff; konkreter Interessengegensatz **1629** 33 ff; pflichtgemäßes Ermessen bei Entscheidung des Gerichts **1629** 36; Überlegungspfleger **1629** 36; Vaterschaftsfeststellung **1629** 39 f; Vermögensgefährdung **1629** 35

–, **Geltendmachung von Unterhaltsansprüchen,** Alleinvertretung **1629** 40 ff; Ende der Prozessstandschaft **1629** 49; Geltendmachen **1629** 44; gemeinsame Sorge der Eltern **1629** 41; Jugendamt als Beistand **1629** 43; Obhut eines Elternteils **1629** 42; Prozesskostenhilfeverfahren **1629** 50; Prozessstandschaft **1629** 46 ff; Rechtsfolge der Alleinvertretung **1629** 43 f; Regelungsinhalt **1629** 40; Residenzmodell **1629** 42.2; Systematik **1629** 40; Vollstreckung **1629** 51; Wechselmodell **1629** 42.2; Wegfall des Alleinvertretungsrechts **1629** 45 f

Vertriebene, Güterrechtsstatut **EGBGB 15** 102; Personalstatut **EGBGB 5** 49

Verwaltungsvertrag, Widerruf des –s **1413** 4; zwischen Ehegatten **1413** 2 ff

Verwaltungsvollstreckung, Anordnung **2209** 5; Arten der Testamentsvollstreckung **2203** 1; Arten der Verwaltungsvollstreckung **2209** 2 f; Ausgestaltung **2209** 6; beschränkte Rechte des Testamentsvollstreckers **2208** 5; Dauervollstreckung **2209** 3; dreißigjährige Frist **2210** 1 f; Eingehung von Verbindlichkeiten **2209** 9; Ende **2225** 2; Erträgnisse des Nachlasses **2209** 10; Freigabe von Nachlassgegenständen **2217** 2; Grenzen **2209** 7; Mehrheit von Erben **2209** 6; Rechtsstellung der Erben **2209** 12; Rechtsstellung des Verwaltungsvollstreckers **2209** 8 ff; zeitliche Begrenzung **2210** 2 ff; Zwecke **2209** 4

Verwandtenadoption, Annahme Minderjähriger **1755** 5, 9.1; **1756** 2 ff; Erbrecht **1924** 12; Erbrecht der Eltern **1925** 10; **1926** 8 f; Erbteil **1927** 3; Ersetzung der Einwilligung eines Elternteils **1748** 21

Verwandtenpflegestelle SGB VIII 27 4

Verwandtenunterhalt, allgemeine Vorschriften **1601** ff; Ausbildungsunterhalt *s dort;* Auskunftspflicht der Verwandten *s dort;* Barunterhalt **1606** 3; bedarfsmindernde Bedeutung kindbezogener Leistungen **1612 b** 1; Beerdigungskosten **1615**; Beschränkung der Verpflichtung **1611;** Beweislast **1615** 4; **1615 o** 10 f; Dauer der Unterhaltspflicht **1601** 3; einstweilige Verfügung gegen den Mann **1615 o;** Elternunterhalt *s dort;* Erlöschen des Unterhaltsanspruchs **1615;** familienrechtlicher Ausgleichsanspruch **1606** 21 ff; Freistellungsvereinbarungen **1614** 6 ff; gesteigerte Unterhaltspflicht der Eltern **1603** 28 ff; Gleichstellung der ehelichen mit den nichtehelichen Kinder **1615 a** 1; Gleichwertigkeit von Betreuungs- und Barunterhalt **1606** 6; Maß des Unterhalts *s Verwandtenunterhalt, angemessener Unterhalt;* für minderjähriges Kind *s Kindesunterhalt;* Naturalunterhalt **1606** 3; Reihenfolge der Unterhaltspflichtigen *s Verwandtenunterhalt, Rangverhältnisse mehrerer Pflichtiger;* Sanktion gegen grobes Fehlverhalten *s Verwandtenunterhalt, Beschränkung;* Unterhaltsberechtigung **1602;** Unterhaltspflicht nach Leistungsfähigkeit **1603** 2 ff;

Unterhaltspflichtige **1601** 2; Verfahrensrecht **1615 o** 9; für die Vergangenheit *s Unterhaltsnachforderungen;* Verlust durch Nichtinanspruchnahme **1612** 17; Vorausleistungen **1614** 12; Voraussetzung **1601** 3; vorläufige Sicherstellung des Kindesunterhalts **1615 o** 2 f; vorläufige Sicherstellung des Unterhalts der Mutter **1615 o** 4 ff; Wegfall der Verpflichtung **1611** 6; Wiederaufleben der Unterhaltspflicht **1601** 3; Zwangsvollstreckung bei Unterhaltspflichtigem **1609** 1

–, **angemessener Unterhalt,** angemessener Unterhalt **1610** 2 ff; Aufenthalt bei barunterhaltspflichtigem Elternteil **1610** 11; Ausbildungsunterhalt *s dort;* Bedarfsermittlung **1610** 17 ff; Bedarfsermittlung nach Tabellen und Leitlinien **1610** 7 ff; Bedarfskontrollbetrag **1610** 8; Beweislast **1610** 56 ff; **1610 a** 5, 7; Deckungsvermutung bei schadensbedingten Mehraufwendungen **1610 a;** doppelrelevante Tatsachen **1610** 57; doppelter Tabellenbetrag **1610** 17; durchschnittliche Lebenshaltungskosten **1610** 10; Einkommen des barunterhaltspflichtigen Elternteils **1610** 3 ff; Kosten der Erziehung **1610** 23; Familienversicherung **1610** 13; aus fiktiven Einkünften **1610** 5; Geständnisfiktion des § 138 Abs 3 ZPO **1610** 58; Heimunterbringung **1610** 21; Höchstbeträge der Tabelle **1610** 9; Höhe des Unterhaltsanspruchs **1610** 1; Höher- oder Herabstufungen **1610** 8; Kranken- und Pflegeversicherung **1610** 14; Lebensbedarf **1610** 23 ff; Lebensstandardgarantie **1610** 4; Lebensstellung des Bedürftigen **1607** 5; **1610** 2 ff; Mehrbedarf **1610** 25 f; minderjähriges unverheiratetes Kind **1610** 3 ff, 17; Prozesskostenvorschuss **1610** 27 ff; Sättigungsgrenze **1610** 9; Berücksichtigung von Sozialleistungen infolge eines Körper- und Gesundheitsschadens **1610 a** 2 ff; Stichtag der Tabellen **1610** 15; auswärtige Unterbringung **1610** 17; volljähriges Kind **1610** 6, 18 ff; **1612 b** 14; Kosten einer angemessenen Vorbildung zu einem Beruf **1610** 23; Wehrdienst **1610** 22; Wohnbedarf des Kindes **1610** 12; unterschiedliche Wohnsitze **1610** 2 ff; Zivildienstleistende **1610** 22

–, **anrechenbares Einkommen,** Abfindungen **1602** 13 ff; Abschreibungen **1602** 26; allgemeine Grundsätze **1602** 6 ff; Altersrenten **1602** 31 e; angemessene Altersversorgung **1602** 21 f; Anrechnung der Einkünfte **1602** 60 f; Arbeitslosengeld **1602** 31 ff; Arbeitslosenhilfe **1602** 31 a; ausbildungsbedingte Aufwendungen **1602** 19; Ausbildungsvergütungen **1602** 47; Ausgleichsrenten **1602** 31 e; Auslösungen **1602** 9, 18; Kosten zur Ausübung eines Umgangsrechts **1602** 20; BaföG **1602** 35; Bedarfsdeckung durch Einkommen aus Erwerbstätigkeit **1602** 45 ff; Bedarfsdeckung durch Vermögenseinsatz **1602** 53 ff; berufsbedingte Aufwendungen **1602** 15, 47; Betreuungskosten für minderjährige Kinder **1602** 17 ff; Betriebsausgaben **1602** 26; Beweislast **1602** 64; durchschnittliche Betrachtung **1602** 8; Eigenverantwortung eines Kindes **1602** 51; Einkünfte aus Kapitalvermögen **1602** 28 f; Einkünfte aus nichtselbständiger Erwerbstätigkeit **1602** 9 ff; Einkünfte aus Schülerarbeit **1602** 48; Einkünfte aus selbständiger Erwerbstätigkeit **1602** 22 ff; Ein-

Sachverzeichnis

fette Zahlen = §§

künfte eines Studenten **1602** 49; Elterngeld **1602** 34 b; Erwerbsobliegenheit **1602** 34 a, 40, 50 ff; Erwerbsunfähigkeitsrente **1602** 31 e; Erziehungsgeld **1602** 34 a; Fahrten zur Arbeitsstelle **1602** 16; fiktive Einkommenszurechnung **1602** 40 f; Firmenfahrzeug **1602** 10; freiwillige Zuwendungen Dritter **1602** 38 f; Gewinn **1602** 22; Grundsicherungsgesetz **1602** 37; Jahreszeitraum **1602** 8; Kindergartenbeitrag **1602** 17 c; Kindergeld **1602** 36; Kinderzuschlag **1602** 14 a; unentgeltliche Kost und Logis **1602** 10; Krankengeld **1602** 31 e; Krankentagegeldversicherung **1602** 31 e; Kurzarbeitergeld **1602** 31 e; laufender Lebensbedarf **1602** 6; Leistungen aus Arbeits- oder Dienstverhältnis **1602** 9; Lohnersatz **1602** 31; Mehrarbeit **1602** 9; Minderung des Unterhaltsbedarfs **1602** 45 ff; Mutterschaftsgeld **1602** 31 e; Nebentätigkeit **1602** 9; Nettoeinkommen **1602** 14 ff; Pensionen **1602** 31; Pflegegeld **1602** 34; Privatentnahmen **1602** 27; Recht in den neuen Bundesländer **1602** 65; Reisekosten **1602** 18; relevantes Einkommen **1602** 5 ff; Riesterrente **1602** 21; Sachleistungen **1602** 10; Schlechtwettergeld **1602** 31 e; Schmerzensgeldrenten **1602** 31 e; Schulden des Unterhaltsberechtigten **1602** 59; schwankende Einkünfte **1602** 23; Schwarzarbeit **1602** 12; Schwerstbehindertenrente **1602** 31 e; Sozialabgaben **1602** 21; Sozialgeld **1602** 31 b; Sozialhilfe **1602** 33; sozialstaatliche Zuwendungen **1602** 30 ff; Spesen **1602** 9, 18; Steuerklassenwechsel **1602** 14 b; Steuern **1602** 14 ff, 22; Steuervorteile aus der Ehe **1602** 14 a; Streikgeld **1602** 31 e; Trinkgelder **1602** 9; Überbrückungsgeld **1602** 31 e; Übergangsbeihilfe **1602** 13 c; überobligationsmäßige Tätigkeit **1602** 12 48; überobligatorische Einkünfte **1602** 42 ff; Überstunden **1602** 9; umfassende Beweiswürdigung durch Tatrichter **1602** 25; Unterhaltsgeld **1602** 31 e; Unterhaltsvorschussgesetz **1602** 34 c; Unterhaltszahlungen **1602** 39; vermögensbildende Investitionen **1602** 21; Einkommensbestandteile zur Vermögensbildung **1602** 6; Vermögenserträge **1602** 54 f; Vermögensverwertung **1602** 56, 63; vermögenswirksame Leistungen **1602** 11; verstärkter Unterhaltsanspruch des minderjährigen unverheirateten Kindes **1602** 63; Vorsorgeaufwendungen **1602** 22; Waisen- und Halbwaisenrente **1602** 31 e; Wehrdienst **1602** 57 f; Wiederaufleben des Unterhaltsanspruchs **1602** 62; Wohngeld **1602** 33 a; Zählkindervorteil **1602** 36; Zivildienst **1602** 57 f; Zurechnung erzielbarer Einkünfte **1602** 50 ff; zweckfreie Vermögenszuwendung **1602** 38

–, **Anrechnung von Kindergeld,** Anrechnung anderer kindbezogener Leistungen **1612 c;** Anrechnungsregelungen **1612 b** 9 ff; Auskehrung an das Kind **1612 c** 8; Auskehrung an das Kind oder Dritte **1612 b** 17; Auskehrung gegenüber dem barunterhaltspflichtigen Elternteil **1612 b** 5; im Ausland lebender barunterhaltspflichtiger Elternteil **1612 b** 13; bedarfsdeckende Wirkung des Kindergeldes **1612 b** 9 ff; bedarfsmindernde Bedeutung kindbezogener Leistungen **1612 b** 1; beiderseitige Barunterhaltsverpflichtung der Eltern **1612 b** 14 ff; einkommensteuerrechtliche Vorgaben **1612 b** 5 f; bei Ermittlung des angemessenen Unterhalts **1610** 12; Halbteilungsgrundsatz **1612 b** 12; Mangelfall **1612 b** 22 ff; Obhutsprinzip **1612 b** 5; privatrechtlicher Ausgleich **1612 b** 2; staatliches Kindergeld **1612 b** 4 ff; Surrogat des Kindergeldes **1612 c** 2; Vorrangprinzip **1612 b** 5; vorweggenommene Steuervergütung **1612 b** 6; Wechselmodell **1612 b** 5; Zählkindvorteil **1612 b** 18 f

–, **Art der Unterhaltsgewährung,** Abänderung der Unterhaltsbestimmung **1612** 19 ff; ausdrückliche elterliche Bestimmung **1612** 8; Belange des Kindes **1612** 7; Bestimmungsberechtigte **1612** 10 f; Beweislast **1612** 5, 22; elterliches Bestimmungsrecht **1612** 6 ff; Fälligkeit des Unterhalts **1612** 21; Geldrente **1612** 2 ff; Geldwertschulden **1612** 4; Inhalt der elterlichen Bestimmung **1612** 9; bei minderjährigen Kindern s *Mindestunterhalt;* Missbrauch der Unterhaltsbestimmung **1612** 12; Naturalunterhalt **1612** 3, 17; Schickschuld **1612** 2; schlüssiges Verhalten **1612** 8; Unterhalt in anderer Art **1612** 3 f; Verlust durch Nichtinanspruchnahme **1612** 17; Vorausleistungen **1614** 12; Wirksamkeit der Unterhaltsbestimmung **1612** 12 ff

–, **Bedürftigkeit,** anrechenbares Einkommen **1602** 5; Eigenverantwortungsprinzip **1602** 4; Minderung des Unterhaltsbedarfs **1602** 45 ff; relevantes Einkommen des Unterhaltsberechtigten **1602** 5 ff; selbst verschuldete Bedürftigkeit **1602** 2; Umfang der Bedürftigkeit **1602** 1; Voraussetzungen **1602** 2; Wegfall **1602** 46 ff; Zeitraum **1602** 3

–, **Beschränkung,** Bedürftigkeit durch sittliches Verschulden **1611** 2; Beschränkung der Unterhaltspflicht **1611** 5; Beweislast **1611** 9; Billigkeitsentscheidung **1611** 5; grobes Verschulden erforderlich **1611** 2; Inanspruchnahme anderer Unterhaltspflichtiger **1611** 8; Rechtsfolgen **1611** 5 f; Schutz minderjähriger unverheirateter Kinder **1611** 7; schwere Verfehlung **1611** 4; Unterhaltspflichtverletzung **1611** 3; unterhaltsrechtliche Sanktion gegen grobes Fehlverhalten **1611** 1; Verfahrensrecht **1611** 9 f; Voraussetzungen **1611** 2 ff; Wegfall der Unterhaltspflicht **1611** 6

–, **Leistungsfähigkeit des Unterhaltspflichtigen,** Abfindung **1603** 22; allgemeine Schulausbildung **1603** 29, 32; Allgemeines **1603** 2 ff; Altersteilzeit **1603** 20, 36 a; angemessener Unterhalt **1603** 2; Arbeits- und Erwerbsfähigkeit des Unterhaltspflichtigen **1603** 6, 15 ff; arbeitslos gewordener Unterhaltspflichtiger **1603** 15 c; Arbeitsplatzverlust **1603** 20 f; Aus- und Weiterbildungsinteressen **1603** 36; Aushilfstätigkeit **1603** 36; behindertes volljähriges Kind **1603** 33; reale Beschäftigungschance **1603** 15 d; betreuender Elternteil **1603** 41; Betreuungsbonus **1603** 42; Betreuungsleistungen **1603** 42; Beweislast **1603** 46 ff; Einfluss des Güterstandes **1604;** Einkommen des Unterhaltspflichtigen **1603** 7 ff; Einkünfte beider Eltern **1603** 43; erhebliches finanzielles Ungleichgewicht zwischen den Eltern **1603** 41 a; erhöhte Arbeitspflicht **1603** 34; Erwerbsobliegenheit **1603** 34; Erziehungsgeld **1603** 26 j; Familienunterhalt für Unterhaltspflichtigen **1603** 7 a; fiktives Einkommen **1603** 15 ff; frei-

magere Zahlen = Rn

willige Aufgabe der versicherungspflichtigen Erwerbstätigkeit 1603 20; gesteigerte Unterhaltspflicht der Eltern 1603 28 ff; Gleichrang der Kinder verschiedener Ehen 1603 26 c; Haftung des Gesamtguts 1604 2; Hausmann/Hausfrau in neuer Ehe 1603 23 ff; Hausmann/Hausfrau in nichtehelicher Lebensgemeinschaft 1603 27; Kind mit eigenem Vermögen 1603 45; Kosten des Umgangsrechts 1603 14; Kündigungsschutzklage 1603 21; keine Lebensstandardgarantie 1603 20; leichtfertiges Handeln 1603 19; Leistungsfähigkeit 1603 2 ff; mehrere unterhaltspflichtige Verwandte 1603 40 ff; Minderung der Leistungsfähigkeit 1603 19 ff; Nebenerwerbsobliegenheit 1603 26 h ff; Nebentätigkeit 1603 15 b, 26 h; Opfergrenze 1603 2; absolute Opfergrenze 1603 4; privilegiertes volljähriges Kind 1603 29 ff, 38; Straftat 1603 21; Taschengeld 1603 26 j; Überbrückungsgeld 1603 21; überobligationsmäßige Erwerbstätigkeit 1603 10; Umschulungsmaßnahmen 1603 36; Verbrauch von Einkünften 1603 22; Einleitung der Verbraucherinsolvenz 1603 12; Verlust der Arbeitsstelle 1603 35; Aufwendungen zur Vermögensbildung 1603 13; Vermögensstamm 1603 39; volljähriges Kind 1603 27 a; Wahl der selbständigen Berufsausübung 1603 20; Wegfall der Leistungsfähigkeit 1603 19 ff; Wiederheirat des barunterhaltspflichtigen Elternteils 1603 24; Wohn- und Wirtschaftsgemeinschaft 1603 31

–, **Rangverhältnisse mehrerer Bedürftiger,** angemessene Verteilung des anrechenbaren Einkommens 1609 12; Aufteilung bei Gleichrang 1609 15; Bedeutung und Auswirkungen der Rangordnung 1609 2 ff; Beweislast 1609 34; Ehegatten 1609 20 ff, 28; Einsatzbeitrag 1609 10, 18; Eltern 1609 31; Enkelkinder 1609 30; Erwerbstätigenbonus 1609 9; Kinder 1609 15 ff, 28; kinderbetreuende Elternteile 1609 20 ff; Kindergeld 1609 18; Mangelfallberechnung 1609 7 ff, 18 ff, 27 ff; bei nicht miteinander verheirateten Eltern 1615l 34; partnerschaftlicher Unterhaltsanspruch 1609 33; Rangstufen 1609 14 ff; titulierte Unterhaltsansprüche 1609 3; Verteilungsmasse 1609 8; Verteilungsquote 1609 11; vertragliche Änderung der Rangfolge 1609 5; Verzicht auf Vorrang 1609 6; weitere Verwandte 1609 32

–, **Rangverhältnisse mehrerer Pflichtiger,** Angemessenheit 1606 12; anteilige Barunterhaltsverpflichtung 1606 5 ff; Bedarfsmessung 1606 7 ff; Bedeutung 1608 1; für Beerdigungskosten der Mutter 1615 m 4; beiderseitige Barunterhaltspflicht 1606 6; Betreuungsbonus 1606 8; Beweislast 1606 28; 1607 24; 1608 8; Einkünfte des Kindes 1606 7 e, 20; Einstandspflicht des nachrangig Haftenden 1607 5 ff; Einstandspflicht des nachrangig haftenden Verwandten 1607 12 ff; Ersatzhaftung 1606 15; 1607 1; 1615l 33; Ersatzhaftung der Großeltern 1607 5 ff; Erschwerung der Rechtsverfolgung 1607 12 ff; 1608 6; Erwerbsobliegenheit der Eltern 1606 15; Folgen der Unterhaltsleistung 1607 16; gesetzlicher Forderungsübergang 1607 17 ff; gleichrangig haftende Unterhaltspflichtige 1607 10; Gleichwertigkeit von Betreuungs- und Barunterhalt 1606 16 ff;

Grundsätze 1606 2 ff; Haftung des Ehegatten 1608; Haftung des Lebenspartners 1608 7; Haftungsanteile der Eltern 1606 9 ff; Kindergeld 1606 7 d; Konkurrenz mehrerer Unterhaltsansprüche 1606 14 ff; Kosten der Heimunterbringung 1606 7 c; Kranken- und Pflegeversicherung 1606 7 c; Leistungsfähigkeit der Eltern 1606 8; Leistungsfähigkeit der nachrangig haftenden Verwandten 1607 7 f; Leistungsunfähigkeit der vorrangig haftenden Eltern 1607 4; Leistungsunfähigkeit der Ehegatten 1608 3; mehrere gleich nahe Verwandte 1606 3; nachrangig haftende Verwandte 1607 3 ff; bei nicht miteinander verheiratete Eltern 1615l 34 ff; bei nicht privilegiertem volljährigem Kind 1606 10 f; bei privilegiertem volljährigem Kind 1606 3, 13; Prozesskostenvorschuss 1607 5; Schutz des Unterhaltsberechtigten 1607 23; Sozialhilfeleistungen 1607 6; Teilschuldnerschaft 1606 5; 1607 9; Übergang des Unterhaltsanspruchs 1607 16; Unmöglichkeit der Rechtsverfolgung 1607 12 ff; 1608 6; Unterhaltspflichten gegenüber mehreren Kindern 1606 14 ff; Verteilung der Unterhaltslast 1606 8 ff; Vorrang der Ehegattenhaftung 1608 2; vorrangige Haftung der Ehegatten 1606 4

Verwandtschaft, Abkömmlinge 1589 2; Abstammung 1589 4; nach der Adoption 1589 7; 1754 4 ff; allgemeine Vorschriften 1589 f; Angehörige 1589 2; nach Aufhebung der Adoption 1764 4 ff; Blutsverwandtschaft 1589 1; Dauerrechtsverhältnis 1589 3; Erlöschen der Verwandtschaftsverhältnisse 1755; gerade Linie 1589 5; Schwägerschaft 1590; Seitenlinie 1589 5; Verwandtschaftsgrad 1589 6

Verwendungsersatz, Anspruch des Vorerben auf – 2125 1; Ausschluss des Anspruchs des Vorerben 2138 2; Hausratverteilung bei Getrenntleben 1361 a 7; Verwendungen des Erbschaftsverkäufers 2381 1

– **des Beschwerten,** andere Verwendungen 2185 6; Anwendungsbereich 2185 2; Beweislast 2185 7; Inhalt- und Geltendmachung des Anspruchs 2185 7; notwendige Verwendungen 2185 4 f; Verjährung 2185 7; Verwendungen 2185 3; kein zwingendes Recht 2185 1

– **des Erbschaftsbesitzers,** Anwendungsbereich 2022 1; Aufwendungen für die Erbschaft 2022 4; Befriedigungsrecht 2022 9; Beweislast 2022 11; Durchsetzung des Anspruchs 2022 6 ff; Klage auf Verwendungsersatz 2022 8; Verwendungen nach Rechtshängigkeit 2023 5; Verwendungen vor Rechtshängigkeit 2022 5; Verwendungsbegriff 2022 3; Voraussetzungen des Anspruchs 2022 3 ff; Wegnahmerecht 2022 9; weitergehende Ansprüche 2022 10; Zurückbehaltungsrecht 2022 7

Verwirkungsklausel und Anwachsung 2094 5; im Testament 2069 12; 2074 2, 4 f, 8 f, 19

Verzeichnis der Erbschaftsgegenstände
s Nachlassverzeichnis

Verzeihung, Ausschluss der Anfechtung wegen Erbunwürdigkeit durch – 2343; Ausschluss der Pflichtteilsentziehung 2337 4; Begriff 2337 1; Beweislast 2337 5; 2343; Einzelfälle 2337 3; Form 2337 3; rechtsgeschäftliche Erklärung 2337 2; durch schlüssige Handlungen 2337 3; Voraussetzungen 2337 1 ff; Wirkungen 2337 4 ff

Sachverzeichnis

fette Zahlen = §§

Vindikationslegat 1939 2; **EGBGB 25** 36
Völkergewohnheitsrecht EGBGB 3 8
Volksdeutsche, Personalstatut **EGBGB 5** 46 ff
Volljährigkeitsalter in ausländischen Rechten EGBGB 7 57
Vollmacht auf den Todesfall *s Vollmacht des Erblassers;* isolierte – **2197** 41; kausale – **2197** 41; postmortale – **1922** 49; **2197** 40, 44; transmortale – **1922** 49; **2197** 40
– **des Erblassers,** Alleinerbe **2197** 43; Generalvollmacht **2197** 44; **2208** 13; Grundsätzliches **2197** 40 ff; isolierte Vollmacht **2197** 41; kausale Vollmacht **2197** 41; minderjährige Erben **2197** 42; postmortale Vollmacht **2197** 40, 44; für den Testamentsvollstrecker **2197** 44; transmortale Vollmacht **2197** 40; Widerruf **2197** 45; Widerruflichkeit einer über den Tod hinaus wirkenden Generalvollmacht **2197** 44; Widerrufsberechtigung **2197** 45
Vollmachtsbetreuung, in Angelegenheiten der Personensorge **1904** 15 ff; Behandlungsabbruch **1904** 17; Einwilligungszuständigkeit **1904** 19; Form der Vollmacht **1904** 16 ff; Freiheitsentziehung durch Bevollmächtigte **1906** 29 ff; inhaltliche Ausgestaltung der Vollmacht **1904** 16 ff
Vollmachtsstatut, Abgrenzung zum Geschäftsstatut **EGBGB 10** 92 ff; Abgrenzung zum Statut des Innenverhältnisses zwischen Vertreter und Vertretenem **EGBGB 10** 97 f; Allgemein **EGBGB 10** 88; Anknüpfung **EGBGB 10** 99 ff; Form der Vollmacht **EGBGB 10** 121; Grundsatz **EGBGB 10** 87; Gutglaubensschutz **EGBGB 10** 91; Handeln unter fremdem Namen **EGBGB 10** 93; Missbrauch der Vertretungsmacht **EGBGB 10** 97; Offenkundigkeit der Stellvertretung **EGBGB 10** 16; Prokura **EGBGB 10** 90 f; Publizitätswirkung **EGBGB 10** 91; Rechtsschein **EGBGB 10** 89; Rechtsschein einer Vollmacht **EGBGB 10** 114 f; Rechtswahl **EGBGB 10** 100; Reichweite **EGBGB 10** 87 ff; renvoi **EGBGB 10** 81; verdeckte Stellvertretung **EGBGB 10** 93; Vertrauensschutz **EGBGB 10** 116 ff; Vertretung ohne Vertretungsmacht **EGBGB 10** 94; Vollmacht mit gesetzlich geregeltem Umfang **EGBGB 10** 90 f; vorvertragliche Vertrauenshaftung **EGBGB 10** 95; Willensmängel **EGBGB 10** 96; Zurechnung von Umstandskenntnissen **EGBGB 10** 96; *s auch Internationales Privatrecht, Stellvertretung*
Vollmachtsüberwachungsbetreuung 1896 42 ff
Voraus, Durchsetzung im Zivilprozess **1932** 13; des Ehegatten **1932;** Einschränkung neben Abkömmlingen **1932** 10; bei Erbeinsetzung **1932** 4; gegenständlicher Umfang **1932** 6 ff; bei gesetzlichem Erbrecht **1932** 3; Haushaltsgegenstände **1932** 6 ff; Hochzeitsgeschenke **1932** 9; Konkurrenz mit Verwandten **1932** 5; des Lebenspartners **1932** 11 f; Rechtsnatur **1932** 2; Voraussetzungen **1932** 3 ff
Vorausvermächtnis, Abgrenzung zur Teilungsanordnung **2048** 4; **2150** 6; zugunsten eines Alleinerben **2150** 3; Beeinträchtigung des Vermächtnisnehmers **2287** 1; Begriff **1939** 7; Begünstigungswille des Erblassers **2150** 6; Bereicherungsanspruch gegen den Beschenkten **2288** 13; Durchsetzung **2150** 8; Gesamthandsklage **2150** 8; jeder Erbe kann bedacht werden **2150** 2; Kombination mit Teilungsanordnung **2150** 7; Kriterium der Wertverschiebung **2150** 6; zugunsten eines Miterben **2150** 5 f; Rechtsnatur **1932** 2; als zulässige Teilausschlagung **1950** 4; **1951** 8; Verfügungsrecht des Vorerben **2136** 3; zugunsten eines Vorerben **2150** 4
Vorbehaltsgut, Ausgleich zwischen Vorbehalts-, Sonder- und Gesamtgut **1445** f; **1467** f; Begriff **1418** 1; Begründung **1418** 2 ff; Besitz **1418** 9; Bestimmtheit **1418** 3; durch Bestimmung eines Dritten **1418** 5 ff; kraft Ehevertrag **1418** 3; eigenes Vermögen der Ehegatten **1415** 2; Errungenschaftsgemeinschaft **1418** 3; Erwerb von Todes wegen **1418** 6; Fahrnisgemeinschaft **1418** 3; Einsatz für den Familienunterhalt **1418** 9; der fortgesetzten Gütergemeinschaft **1486** 2 f; gemischte Schenkungen **1418** 6; güterrechtliche Beschränkungen **1418** 9; Eintragung in das Güterrechtsregister **1418** 9; Haftung des Gesamtguts für – **1440**; Haftung des -s des nicht verwaltenden Ehegatten **1437** 2; Haftung des -s des Verwalters **1437** 2; Haftung für Gesamtgutsverbindlichkeiten **1459** 3, 5; Haftung im Innenverhältnis **1441** 3; Mittelsurrogation **1418** 8; rechtliche Behandlung **1418** 9; durch Surrogation **1418** 8; Umwandlung von Gesamtgut in – **1418** 4; unentgeltliche Zuwendung **1418** 5; unzulässige Vereinbarungen **1418** 3; Verfügungswirkung der Bestimmung **1418** 7; Verwaltung **1418** 9; Verwendung für den Unterhalt **1420;** zukünftiges Vermögen **1418** 3; Zwangsvollstreckung **1418** 9
Vorerbe, Abgaben **2126** 2; Abgrenzungsbilanz **2111** 12 ff; Abkömmling als – **2107** 1, 6; Alleinvorerbe **2110** 3; Anlegung von zum Nachlass gehörenden Geld **2119** 0; Anordnung der Befreiung **2136** 9 ff; Anordnung der Herausgabe der Erbschaft **2103**; Anzeigepflicht gegenüber Nachlassgläubigern **2146** 1; Auseinandersetzung der Erbengemeinschaft **2100** 39; Auskunft über den Bestand **2100** 37; Auskunftsanspruch **2113** 6, 34 f; **2116** 5; **2119** 4; **2127;** Auslegung für die Befreiung **2136** 11 f; **2137;** Ausschlagung der Vorerbschaft **2105** 4; außergewöhnliche Erhaltungsaufwendungen **2124** 4 f; außerordentliche Lasten **2126;** bedingte Einsetzung **2100** 29 f; Beeinträchtigung des Nacherbenrechts **2113** 23 ff; **2115** 2; befreite Vorerbschaft **2100** 35; Befreiung **2136;** Belastung der Vorerbschaft **2100** 38; Berichtigung der Nachlassverbindlichkeiten **2120** 4; beschränkte Herausgabepflicht des befreiten Vorerben **2138;** Bestellung des Vorerben zum Testamentsvollstrecker für Nacherben **2136** 7; Bezeichnungen des Erben **2100** 22 f; Dispositionsfreiheit des Erblassers **2136** 1 ff; eigennützige Verwendungen **2134;** Eintragung ins Handelsregister **2100** 46; Einwilligungspflicht des Nacherben **2120;** Entnahmerecht **2111** 17; Entziehung der Verwaltung **2129;** Erbschaftsteuer **2100** 49 ff; Erbschein **2110** 5; **2136** 13; Einziehung des Erbscheins **2139** 11; Erbunwürdigkeit **2105** 4; Erfüllung von Nachlassverbindlichkeiten **2113** 25; **2115** 3; Erhaltungskosten **2124;** Ersatzanspruch des Vorerben **2124** 4; Ersatzansprüche des Nacher-

magere Zahlen = Rn

Sachverzeichnis

ben 2124 3; Ersatz-Vorerbe 2100 23; 2102 2; Erweiterung der Verfügungsfreiheit 2112 5; 2136 2 ff; Erwerb der Vermögenssubstanz 2100 36; Erwerb mit Mitteln aus dem Nachlass 2111 4 ff; Feststellung des Zustandes der Erbschaft 2122; Genehmigungsvermächtnis 2136 4; Gesellschaftsbeteiligung 2112 3; gesetzliche Erben als -n 2105; gesetzliche Verfügungsbeschränkungen 2112 4; gesetzliches Schuldverhältnis zwischen Vor- und Nacherben 2100 35; Gestattung der freien Verfügung 2137 3; gewöhnliche Erhaltungskosten 2124 2 f; Grundsatz der Verfügungsfreiheit 2112 2; gutgläubiger Erwerb 2113 5, 32; Gutglaubensschutz 2129 2; Haftung für gewöhnliche Abnutzung 2132; Haftungserleichterung und -verschärfung 2131 2; Herausgabepflicht 2130; Hinterlegung von Wertpapieren 2116; Insolvenz 2100 35; Inventarerrichtung 2100 37; kinderloser - 2107; konstruktive Vorerbschaft 2105 1 ff; Lastenverteilung 2124 1; Lastenverteilungsvermächtnis oder -auflage 2136 5; letztwillige Verfügungen 2112 7; lückenhafte Willensbildung 2105 3; Mitvorerbe 2110 4; mündelsichere Anlage und Haftung 2119 3; Nacherbenvermerk im Grundbuch 2110 5; 2111 22; 2136 14; Nachvermächtnis 2136 3; Nießbrauchsvermächtnis 2136 8; Nutzungen 2111 10 ff; ordnungsgemäße Verwaltung des Nachlasses 2122 f; postmortale Vollmacht durch Erblasser 2136 6; privatrechtliche Lasten 2126 1; Prozessführung 2112 6; Rechenschaftslegung 2130 6; rechtsgeschäftliche Verfügungen 2112 2 ff; Rechtsstellung 2107 6; Rechtsstellung ab dem Nacherbfall 2100 48; Rechtsstellung vor dem Nacherbfall 2100 35 ff; Schadensersatzpflicht 2138 3 f; Schenkungen s Vorerbe, unentgeltliche Verfügungen; Sicherheitsleistung 2128; Sondervermögen 2100 35; Sorgfaltsmaßstab 2131; Sperrvermerk im Schuldbuch 2118; subjektiver Haftungsmaßstab 2131 1; Substanzsicherung 2111 1; dingliche Surrogation s Surrogation bei Nacherbschaft; als Testamentsvollstrecker 2197 34; Tod des -n 2106 6; 2107 2; Übermaßfrüchte 2133; Übertragungsvorbehalt 2136 3; Umfang der Befreiung 2136 10; Umschreibung oder Umwandlung von Wertpapieren 2117; Ungewissheit des Nacherben 2105 6 f; unmittelbare Ersetzung s Surrogation bei Nacherbschaft; Unternehmen 2112 3; unvollständige Vorerbeneinsetzung 2105 3 ff; Unwirksamkeit der Berufung 2105 4; Unwirksamkeit der Verfügung 2113 22 ff; 2115 4; Veräußerung der Vorerbschaft 2100 38; Vereitelung des Nacherbenrechts 2113 23 ff; 2115 2; Verfügungen des Vorerben 2100 35, 44 ff; Verfügungen über Hypothekenforderungen, Grund- und Rentenschulden 2114; Verfügungsrecht des Vorerben 2112; Verfügungsverbot 2129 1; Verfügungsvorbehalt 2136 3; Verpflichtungsgeschäfte 2112 1; Versorgung oder Schutz des -n 2100 11 ff; Verwalterbestellung bei nicht erfolgter Sicherheitsleistung 2128 3; Verwaltungs- und Verfügungsbeschränkungen des Vorerben 2100 25 ff; Verzeichnis der Erbschaftsgegenstände s Nachlassverzeichnis; Vor- und Nacherben 2100 22 f; Vorausvermächtnis 2110 3 ff; 2136 3; Vorrang des Erblasserwillens 2105 8; 2107 3; Wahl-Vorausvermächtnis 2136 3; Wegfall 2102 1 ff; Wiederverheiratungsklausel 2136 12; Wirtschaftsplan 2123; Zurückbehaltungsrecht 2130 4; Zustimmungspflicht des Nacherben 2120 4; Zwangsvollstreckung 2100 35; Zwangsvollstreckungsverfügungen gegen -n 2115; zwingende Beschränkungen und Verpflichtungen 2136 1

-, **Haftung,** beschränkt haftender Vorerbe 2145 3; Dürftigkeitseinrede 2145 6; für Eigenverbindlichkeiten 2145 3; fortdauernde Eigenhaftung 2145 1 ff; interne Belastung des Vorerben 2145 4; Nichthaftung des Nacherben 2145 5; unbeschränkt haftender Vorerbe 2145 2

-, **unentgeltliche Verfügungen,** Änderung eines Gesellschaftsvertrags 2113 20; alle zum Nachlass gehörenden Gegenstände 2113 14; Anstandsschenkung 2113 21; Aufrechnung 2113 18; Auskunftsanspruch 2113 34 f; Auslobung 2113 18; Ausscheiden aus einer Gesellschaft 2113 20; Bedeutung der Unwirksamkeit 2113 22; Begriff der Gegenleistung 2113 17; Begriff der unentgeltlichen Verfügung 2113 15 ff; Beweisfragen 2113 34 f; Bewertungsgrundsätze für Gegenleistung 2113 17; Eigentumsaufgabe 2113 18; einseitige Geschäfte 2113 18; Erfüllung von Nachlassverbindlichkeiten 2113 25; gemischte Schenkungen 2113 16; Gesellschaftsrecht 2113 20; gutgläubiger Erwerb 2113 32; rechtsgrundlose Verfügung 2113 19; Rückabwicklungen unwirksamer Verfügungen 2113 33; Schenkungsversprechen 2113 18; Schuldanerkenntnis 2113 18; Errichtung einer Stiftung 2113 18; teilweise unentgeltliche Verfügung 2113 22, 33; Umfang des Nacherbenrechts 2113 24; unbenannte oder ehebedingte Zuwendungen 2113 16; Unwirksamkeit der Verfügung 2113 22 ff; Verfügungsgegenstand 2113 14; Wirksamwerden analog § 185 Abs 2 2113 31; Zustimmung des Nacherben 2113 26 ff; zweiseitige Verträge 2113 16

-, **Verfügungen über Grundstücke, Schiffe und Schiffsbauwerke,** alle dinglichen Rechte 2113 1; Anteil an einer mehrgliedrigen Gesamthandsgemeinschaft 2113 8 f; Auflassung 2113 22; Auflösung einer zweigliedrigen Gesamthandsgemeinschaft 2113 7; Auskunftsanspruch 2113 34 f; Bedeutung der Unwirksamkeit 2113 22; Beeinträchtigung des Nacherbenrechts 2113 23 ff; Befreiung vom Verfügungsverbot 2113 12 f; Beweisfragen 2113 34 f; Dauerwohnrecht 2113 1; dingliches Grundstücksrecht 2113 1; Erbbaurecht 2113 22; Erbteil 2113 3; Erfüllung von Nachlassverbindlichkeiten 2113 25; Gesellschaftsanteil 2113 2; Grundpfandrechte 2114; Grundstück 2113 1; Grundstück als Bestandteil eines Gesamthandsvermögens 2113 4 ff; grundstücksgleiches Recht 2113 1; Gütergemeinschaft 2113 5; gutgläubiger Erwerb 2113 32; Hypothekenforderung 2114; Miet- und Pachtverhältnisse 2135; Nacherbenvermerk im Grundbuch 2113 7, 13; Rückabwicklungen unwirksamer Verfügungen 2113 33; Schiff 2113 1; Schiffshypotheken 2114; Umfang des Nacherbenrechts 2113 24; Unwirksamkeit der Ver-

Sachverzeichnis

fette Zahlen = §§

fügung **2113** 22 ff; Vereitelung des Nacherbenrechts **2113** 23 ff; Verfügender **2113** 11; Verfügungsbegriff **2113** 10; Verfügungsgegenstand und Nachlasszugehörigkeit **2113** 1 ff; Verzicht auf Verjährungseinrede **2113** 10; Vormerkung **2113** 10; Wirksamwerden analog § 185 Abs 2 **2113** 31; Wohnungs- oder Teileigentum **2113** 1; Zustimmung des Nacherben **2113** 7, 26 ff
Vorfrage EGBGB Einl IPR 63 ff; **EGBGB 5** 2
Vorgesellschaft, Internationales Gesellschaftsrecht **EGBGB 12** 76
Vorkaufsrecht der Miterben, bei anderen Rechtsgeschäften **2034** 2; Anteil an der Miterbengemeinschaft als Kaufgegenstand **2034** 4; Ausnahmen bei den Vorkaufsberechtigten **2034** 7; Ausübung gegenüber dem Käufer **2035** 2 ff; Ausübung gegenüber dem Verkäufer **2034** 9; Bedeutung **2034** 1; **2035** 1; Beweislast **2034** 9; Erlöschen **2034** 11; gesetzliches Schuldverhältnis **2034** 10; **2035** 3; Gleichstellung mit Miterben **2034** 3; gültiger Kaufvertrag Voraussetzung **2034** 2; Haftung des Erbteilkäufers **2036**; Verkauf durch Insolvenzverwalter **2034** 2; gegenüber dem Käufer **2035** 2; Kaufpreiserstattung **2035** 3; Kosten der Anteilsübertragung **2034** 10; **2035** 3; Miterbe als Verkäufer **2034** 3; Miterben als Berechtigte **2034** 6; Rechtsfolgen **2034** 10; **2035** 3; Schutzgut des Vorkaufsrechts **2034** 5; Übertragung des Vorkaufsrechts **2034** 8; Unterrichtungspflicht des Verkäufers **2035** 2; gegenüber dem Verkäufer **2034**; Verkauf an einen anderen Miterben **2034** 5; Verkauf an einen Dritten **2034** 5; Verkauf des Anteils **2034** 2; Voraussetzungen des Vorkaufsrechts **2034** 2 ff; Vorkaufsberechtigte **2034** 6 f; Weiterveräußerung durch Ersterwerber **2034** 9; **2037**; Weiterveräußerung trotz rechtzeitiger Vorkaufserklärung **2035** 4; Zurückbehaltungsrecht des Käufers **2035** 3; Zwangsversteigerung **2034** 2; Zweimonatsfrist **2034** 11; **2035** 2; **2037**
Vormund, Ablehnungsgründe **1786** 2 ff; Ablehnungsrecht **1786**; Alter **1786** 4; Anhörung von Angehörigen **1847**; Anhörungspflichten **1779** 6; Arbeitskraft des Mündels **1805** 2; Aufgaben **1793**; Auskunftspflicht **1839**; Ausschluss der Vertretungsmacht **1795**; Ausschluss durch das Eltern **1782**; Auswahl durch das VormG **1779**; Auswahlentscheidung **1779** 4; Auswahlkriterien **1779** 4; Beamter oder Religionsdiener als – **1784**; bedingte oder befristete Benennung **1776** 2; Benennungsrecht der Eltern **1776** f; Beratung und Unterstützung durch das VormG **1837** 3 ff; Berichterstattung **1840** 2; Beschränkung durch Pflegschaft **1794**; Bestallungsurkunde **1791**; Bestellung durch das VormG **1789**; Bestellung unter Vorbehalt **1790**; Beweislast **1833** 8; Eheschließung des zum Vormund bestellten Elternteils **1845**; eigenübliche Sorgfalt **1833** 5; Eignungsprüfung **1779** 3; Einschränkung der gesetzlichen Vertretungsmacht **1812** 1; einstweilige Maßregeln des VormG **1846**; Ende des Amtes **1882** 1; Entziehung der Vertretungsmacht **1796**; Ersatzberufung **1776** 2; familiäre Belastungen **1786** 2 f; Folgen unbegründeter Ablehnung **1787**; Gegenvormund *s dort*; Genehmigungsvorbehalt **1812** 2; **1821**; Geschäftsunfähigkeit des -s **1886** 7; gesetzliche Vertretung **1793** 6 f; Haftung des Mündels **1793** 8; Haftung des Vormunds **1793** 9; **1833**; Haftung für Dritte **1833** 5; Haftungsbeginn **1833** 3; haftungsbegründende Pflichtverletzungen **1833** 7; Haftungsende **1833** 3; Interessenkollision zwischen Mündel und Vormund **1795** 1; Krankheit/Gebrechen **1786** 6; mehrere Vormünder **1775**; **1797**; mehrere Vormünder als Gesamtschuldner **1833** 6; Meinungsverschiedenheiten **1797** 4; **1798**; minderjährige Ehegatten **1778** 10; Mitvormundschaft *s dort*; Mitwirkung des Jugendamts **1851**; mutmaßlicher Wille der Eltern **1779** 4; persönliche Bindung des Mündels **1779** 4; Pflichtverletzung **1833** 4; räumliche Entfernung **1786** 7; Rechnungslegung *s Vormund, Rechnungslegung*; religiöse Erziehung **1801**; religiöses Bekenntnis **1779** 4; Schenkungen des -s an das Mündel **1804**; Sorge für mehr als drei Kinder **1786** 5; tatsächliche Personensorge **1793** 4; tatsächliche Vermögenssorge **1793** 5; Übergehen des benannten – **1778**; Übernahmepflicht **1785**; Umfang der Personensorge **1800**; Unfähigkeit **1780**; Untauglichkeit **1781**; Verbot der Übergehung **1778** 2 ff; Verfahren **1779** 6 f; **1782** 5; **1785** 6; **1788** 3; **1789** 5; Verfahren bei Übergehung des benannten -s **1778** 12; Verjährung **1833** 8; Verletzung der Auswahlkriterien **1886** 8; Vermögensherausgabe **1890** 3; Vermögensverwaltung bei Erbschaft oder Schenkung **1803**; Vermögensverzeichnis betreffend das Mündelvermögen *s dort*; Verwendungen für den – **1805**; Verzinsungspflicht **1834**; Vollmachterteilung **1793** 10; vorläufige Amtsenthebung **1886** 9; vormundschaftsgerichtliche Aufsicht *s dort*; Vorsatz und Fahrlässigkeit **1833** 5; vorübergehende Verhinderung **1778** 9; Zurückbehaltungsrecht **1890** 3; Zwangsgeld gegen Ausgewählten **1788**

–, **Aufwendungsersatz,** Amts- und Vereinsvormundschaft **1835** 15; keine Aufwendungen **1835** 8 f; Aufwendungsentschädigung **1835 a**; Ausschlussfrist **1835** 14; zu berücksichtigende Aufwendungen **1835** 4 ff; Berufsvormund **1835** 6, 9; Bürokosten **1835** 9; Dienste des Vormunds **1835** 7; ehrenamtlicher Vormund **1835 a** 2; Einkommen des Mündels **1836 c** 3 ff; Eintritt der Staatskasse **1835** 13; **1835 a** 5; einzusetzende Mittel des Mündels **1836 c**; Erlöschen des Anspruchs **1835 a** 6; Ersatzanspruch **1835** 10; Existenzminimum des Mündels **1836 c**; Fahrtkosten **1835** 5; Festsetzung durch das VormG **1835** 13, 16; Förderung der ehrenamtlichen Vormundschaft **1835 a** 1; freiwillige Vermögensopfer **1835** 4; Geltendmachung des Anspruchs **1835** 11 ff; gesetzlicher Forderungsübergang auf Staatskasse **1836 e**; Haftpflichtversicherungen **1835** 6; Haftung der Erben **1835** 18; jährliche Zahlung **1835 a** 4; Mittellosigkeit des Mündels **1835** 13; **1835 a** 5; **1836 d**; Pauschale **1835 a** 3; Regelungsinhalt **1835** 1 ff; Schonvermögen **1836 c** 5; Verbot der reformatio in peius **1835** 20; Verfahren **1835** 16 ff; und Vergütung **1835** 2; Vermögen des Mündels **1836 c** 5; Wiedereinsetzung **1835 a** 6; Zwangsvollstreckungstitel **1835** 21

–, **Entlassung** von Amts wegen **1887** 4; **1888** 2; Antrag **1887** 3; von Beamten und Religions-

magere Zahlen = Rn

Sachverzeichnis

dienern **1888**; bei Bestellung unter Vorbehalt **1886** 8; auf eigenen Antrag **1889**; des Einzelvormunds **1886**; Entlassungsverfahren **1886** 9 ff; wegen Gefährdung des Mündelinteresses **1886** 3 ff; Geschäftsunfähigkeit des Vormunds **1886** 7; kraft Gesetzes **1882** 1; des Jugendamts **1887**; pflichtwidrige Amtsführung **1886** 3; Untauglichkeitsgründe **1886** 6; des Vereins **1887**; **1889** 3; Verhältnismäßigkeitsgrundsatz **1886** 4 f; Verletzung der Auswahlkriterien **1886** 8; vorläufige Amtsenthebung **1886** 9; wichtiger Grund **1889** 2
–, **Genehmigung für Grundstücksgeschäfte**, allgemeiner Anwendungsbereich **1821** 4 ff; Auflassungs- und Löschungsvormerkung **1821** 8; Belastungen des Grundstücks **1821** 8; dingliche Grundstücksrechte **1821** 7 f; eindeutige Abgrenzung **1821** 3; auf entgeltlichen Erwerb gerichtete Geschäfte **1821** 13; gemischte Schenkungen **1821** 13; Genehmigungsverfahren **1821** 14 f; grundstücksbezogene Forderungen **1821** 7, 10; Grundstücksgeschäfte **1821** 7 ff; Inhaltsänderungen an Grundpfandrechten **1821** 9; Restkaufpreishypothek **1821** 8; Schiffe und Schiffsbauwerke **1821** 11; Verpflichtungsgeschäft **1821** 12; Verstöße gegen Genehmigungspflicht **1821** 14 f; dingliches Vorkaufsrecht **1821** 3
–, **Genehmigung für Rechtsgeschäfte**, allgemeine Ermächtigung **1825**; allgemeiner Anwendungsbereich **1822** 2; Anhörung des Gegenvormunds vor Genehmigungserteilung **1826**; Arbeitsverträge **1822** 22; Arztpraxis **1822** 9; Aufhebung von Sicherheiten **1822** 31; Bürgschaft **1822** 25 f; Dauerschuldverhältnisse **1822** 17; Dienstverträge **1822** 22; einseitiges Rechtsgeschäft ohne Genehmigung **1831**; Erb- oder Pflichtteil **1822** 3; Erbschaft **1822** 2; Erbschaftsausschlagung **1822** 6 ff; Erbschaftskauf **1822** 4; Erbteilungsvertrag **1822** 6 ff; Erfüllungsübernahme **1822** 26; Erklärung der Genehmigung durch das VormG s vormundschaftsgerichtliche Genehmigung; Erwerbsgeschäft **1822** 9 ff; Erwerbsgeschäft des Mündels **1823**; Genehmigung des Gegenvormunds **1832**; Genehmigungsverfahren **1822** 2; Gesamtvermögen **1822** 3; Geschäfte über das Vermögen als Ganzes **1822** 3 ff; Gesellschaftsverträge **1822** 9 ff; mit Gewinnerzielungsabsicht **1822** 9; Inhaberschuldverschreibungen **1822** 24; Kreditaufnahme **1822** 23; Landgüter und gewerbliche Betriebe **1822** 16; langfristige Miet- und Pachtverträge **1822** 17 ff; Lehrverträge **1822** 22; Minderung von Sicherheiten **1822** 31; Orderpapiere **1822** 24; Pflichtteilsverzicht **1822** 6 ff; Prokura **1822** 28; Schiedsvertrag **1822** 29 f; Schuldbeitritt **1822** 26; Schuldübernahme **1822** 26; Überlassung von Gegenständen an das Mündel **1824**; Übernahme einer fremden Verbindlichkeit **1822** 25 ff; Vergleich **1822** 29 f; Verpfändung **1822** 26; Verstöße gegen Genehmigungspflicht **1822** 2; Wechsel **1822** 24; Widerrufsrecht des Geschäftspartners **1830**; wiederkehrende Leistungen **1822** 17 ff
–, **Hinterlegung von Inhaberpapieren**, Anordnung der Hinterlegung **1818**; Befreiung **1817**; Genehmigung bei Hinterlegung **1819**; Genehmigung nach Umschreibung und Um-

wandlung **1820**; Haftung des Vormunds bei Verstößen **1814** 7; Hinterlegungsstellen **1814** 5; Sammelverwahrung **1814** 5; Sparbuch **1814** 3; Sperrung von Buchforderungen **1816**; Umschreibung und Umwandlung von Inhaberpapieren **1815**; unsichere Verwahrung beim Vormund **1818** 2; verbrauchbare Sachen **1814** 3; Verpflichtungs- und Verfügungsbeschränkung **1814** 6; Zweifel an Zuverlässigkeit des Vormunds **1818** 2
–, **Rechnungslegung** Abschlussrechnung **1890** 4; über Aufwendungsersatz **1835** 12; befreiter Vormund **1840** 7; Berichterstattung **1840** 2; eidesstattliche Versicherung **1890** 4; Entzug der Personen- und Vermögenssorge **1840** 6; Gegenstand der – **1840** 3; Inhalt **1841**; jährliche – **1840** 5; Kosten der – **1840** 4; Mitwirkung des Gegenvormundes **1842**; Mitwirkung des Gegenvormunds **1891**; Prüfung durch das VormG **1843**; rechnerische Richtigkeit **1843** 2; Rechnungsprüfung und -anerkennung **1892**; Verzicht des Mündels **1890** 4; Vollständigkeit **1843** 3; Zwangsgeld **1840** 6
–, **Verfügungen über Forderungen und Wertpapiere**, andere Anlegung **1811**; Anwendungsbereich **1812** 2 f; Bankkonten **1813** 4; Einschränkung der gesetzlichen Vertretungsmacht **1812** 1; Genehmigungserteilung **1812** 11 f; genehmigungsfreie Geschäfte **1813**; Genehmigungsvorbehalt **1812** 2; Hinterlegung von Inhaberpapieren **1814**; Hypothekenzinsen **1813** 6; Miet- und Pachtzahlungen **1813** 6; Prozesshandlungen **1812** 9; Rentenzahlungen **1813** 6; Sperrung von Buchforderungen **1816**; Umschreibung und Umwandlung von Inhaberpapieren **1815**; Verfahren **1812** 11 f; Verfügungen über Forderungen und Wertpapiere **1812**; Verfügungsbegriff **1812** 5 ff; Verfügungsgegenstände **1812** 7; Verpflichtungsgeschäfte **1812** 10; Verstöße **1812** 11 f
–, **Vergütung**, Berufsvormund **1836** 8 ff; Einkommen des Mündels **1836 c** 3 ff; Einzelbeispiele **1836** 19; einzusetzende Mittel des Mündels **1836 c**; Erfolg **1836** 19; Existenzminimum des Mündels **1836 c** 1; Fachkenntnisse **1836** 11, 17 ff; Fälligkeit **1836** 21; Festsetzung durch das VormG **1836** 22; Geltendmachung **1836** 21; gesetzlicher Forderungsübergang auf Staatskasse **1836 e**; Grad der Verantwortung **1836** 19; Grundsatz unentgeltlicher Führung **1836** 1; Höhe **1836** 11 ff; Mindestsätze **1836** 20; Mittellosigkeit des Mündels **1836 d**; nicht berufsmäßig geführte Vormundschaft **1836** 23 f; Regelbeispiele **1836** 10; Schätzungsermessen **1836** 12; Schonvermögen **1836 c** 5; Schwierigkeit der vormundschaftlichen Geschäfte **1836** 19 f, 20; aus der Staatskasse **1836 a** 1; Umfang der vormundschaftlichen Geschäfte **1836** 12, 19; Verfahren **1836** 21 f; vergütungspflichtige Tätigkeiten **1836** 12; Vergütungssystem **1836** 5 ff; Vermögen des Mündels **1836 c** 5; Zeitaufwand **1836** 12, 19

Vormundschaft, Amtsvormundschaft **1791 b** f; Anordnung von Amts wegen **1774**; Anordnungsverfahren **1774** 4 ff; Anzeigepflichten **1774** 4; Beendigung **1882** ff; befreite – s dort; Begründung **1773** ff; Entlassung des Einzelvormunds **1886**; **1889**; wegen Entzugs der elterli-

3211

Sachverzeichnis

fette Zahlen = §§

chen Sorge **1666** 23; Findelkinder **1773** 5; **1882** 2; Fortführung der Geschäfte in Unkenntnis der Beendigung der – **1698 a** 2; Fortführung dringender Geschäfte nach Tod des Kindes **1698 b** 2; Führung der – **1793** ff; Internationales Privatrecht **1773** 6; Mängel bei der Anordnung **1774** 8 ff; Mitwirkung des Jugendamts **1851**; neue Bundesländer **1773** 7; Rechnungslegung bei Beendigung **1890** 4; Rechtsmittel **1774** 7; Tod des Mündels **1882** 4; **1893** 4; Tod des Vormunds **1894**; Todeserklärung des Mündels **1884**; Übertragbarkeit **1793** 10; Vermögensherausgabe bei Beendigung **1890** 3; Verschollenheit des Mündels **1884**; Volljährigkeit des Mündels **1882** 2; Voraussetzungen **1773**; Wegfall der Voraussetzungen **1882**; Zuständigkeit **1774** 5 f; Zuständigkeit für die Anordnung **1697**

–, **Beendigung,** Fortführung der Geschäfte **1893**; Mitwirkung des Gegenvormunds **1891**; Rechnungslegung **1890** 4; Rechnungsprüfung und -anerkennung **1892**; Rückgabe von Urkunden **1893**; Tod des Vormunds **1894**; unaufschiebbare Geschäfte **1893** 1; Vermögensherausgabe **1890** 3

–, **Internationales Privatrecht,** Anerkennung ausländischer Entscheidungen **EGBGB 24** 39 ff; anwendbares Recht **EGBGB 24** 12 ff; Anwendungsbereich **EGBGB 24** 10 f; ausländische Entmündigung **EGBGB 24** 41; Beendigung des Amtes **EGBGB 24** 14; Inhalt **EGBGB 24** 15 ff; interlokales Recht **EGBGB 24** 43; intertemporales Recht **EGBGB 24** 42; Reformvorhaben **EGBGB 24** 44 f; Rück- und Weiterverweisung **EGBGB 24** 8; Staatsangehörigkeit **EGBGB 24** 7; Staatsverträge **EGBGB 24** 4 ff; internationales Verfahrensrecht **EGBGB 24** 37 ff; öffentliche Ordnung **EGBGB 24** 9; vorläufige Maßregeln **EGBGB 24** 35 f; internationale Zuständigkeit **EGBGB 24** 37 f

vormundschaftsgerichtliche Aufsicht, Aufsichtsführung **1837** 5 ff; Beratung und Unterstützung der Vormünder **1837** 3 ff; Beugemittel **1837** 10; bindende Anordnungen **1837** 4; Entlassung des Vormunds **1837** 11; entsprechende Anwendung der §§ 1666, 1666 a, 1696 **1837** 11 f; flexible Maßnahmen **1837** 11; Gebote **1837** 5, 8; Grundsatz der selbständigen Amtsführung **1837** 2, 4; für Nachlassverwalter **1837** 15; für Pfleger **1837** 15; Pflichtwidrigkeit des Vormunds **1837** 6 ff; Rechnungsprüfung **1843**; Verbote **1837** 5, 8; Verfahren **1837** 13 f; Versicherung **1837** 9; vorläufige Anordnungen **1837** 11; Zuständigkeit des VormG **1837** 12; Zwangsgeld **1837** 10; Zweck **1837** 1 f

vormundschaftsgerichtliche Genehmigung, Änderung **1828** 8; Anfechtung **1828** 2; Anhörung **1828** 7; Begriff **1828** 2; einseitiges Rechtsgeschäft ohne – **1831**; empfangsbedürftige Willenserklärung **1829** 4; Entscheidungskriterien **1828** 3; Ermessensspielraum des VormG **1828** 3; Erteilung **1828** 4 ff; Genehmigung des Gegenvormundes **1832**; Korrektur **1828** 2; Mündelinteresse **1828** 3; nachträgliche – **1829**; bei Pflegschaft **1828** 11; Rechtscharakter **1828** 2; Rechtsmittel **1828** 9 f; Überschreitung des Wirkungskreises **1828** 6; Umfang **1828** 4 ff; Verfahren **1828** 7 ff; Versagung des – **1828** 9; Widerrufsrecht des Geschäftspartners **1830**; Wille des Vormunds **1828** 7; Wirkung **1828** 4 ff; zwingende Vorschrift **1828** 1

Vorname, Änderung bei Adoption **1757** 15 f; **1767** 16; Angleichung nach Internationalem Privatrecht s *Internationales Privatrecht, Namenswahl;* Änderung bei Aufhebung der Adoption **1765** 2; Berechtigung zur Bestimmung **EGBGB 10** 25; Berichtigung und Änderung **1616** 11; Eindeutschung **EGBGB 47** 16; Erteilung **1616** 6 ff, 15; Fehlen eines Vornamens **EGBGB 47** 8 ff; Geschlecht des Kindes **1616** 9; geschlechtsoffener – **1616** 9.5; Grenzen der Bestimmung **1616** 8 ff; identischer – bei Geschwistern **1616** 9; Internationales Privatrecht **1616** 14 f; für Jungen **1616** 9.3; Kindeswohl **1616** 8 ff; Kompetenz zur Erteilung **1616** 6; Mädchennamen **1616** 9.2; mehr als fünf – **1616** 9.4; Mehrzahl von -n **1616** 9; Nachname als – **1616** 9; Namenserfindungsrecht **1616** 8 f; öffentlich-rechtliche Namensänderung **1616** 12 ff; Problemkreise **1616** 9 ff; Sachbegriff als – **1616** 9; Schwierigkeiten bei Aussprache **1616** 9; Struktur **1616** 9; bei Totgeburt **1616** 26; Trennung zwischen Vor- und Familiennamen **1616** 9.6; Übergangsrecht **1616** 16; Verfahren und Rechtsweg **1616** 10 ff; Vor- und Nachnamen im Namensrecht **1616** 1 ff

Vorsorgeunterhalt und Versorgungsausgleich **1587** 6

Vorsorgevollmacht und Betreuung **1896** 26 ff; Beurkundung **BeurkG 20 a;** Durchsetzung der Unterrichtungspflicht **1901 a** 12; Einzelfallberatung bei Errichtung **1908 f** 14 f; Entbehrlichkeit der Betreuerbestellung **1896** 29; Form **1896** 28; Hinterlegung **1901 a** 14; Informationspflicht des Betreuungsvereins **1908 f** 10; Inhalt **1896** 29; künftige Geschäftsunfähigkeit **1896** 27; Registrierung **1901 a** 14 ff; Unterrichtungspflicht **1901 a** 1, 10; Unterschied zu anderen Vollmachten **1896** 27; Vertretung im Zivilprozess **1896** 29; Vorlage einer Abschrift **1901 a** 10; Zentrales Vorsorgeregister der BNotK **1901 a** 16

Wahlauflage 2192 5

Wahlvermächtnis, Auswahl des Gegenstandes **2154** 3 ff; Begriff **1939** 6; Früchte und Nutzungen **2184**; mehrere Gegenstände **2154** 1; mehrere Wahlberechtigte **2154** 6; Rechtsmängelhaftung **2182** 6; Vorlagepflicht **2154** 7; Wahlrecht des Bedachten **2154** 4; Wahlrecht des Beschwerten **2154** 3; Wahlrecht eines Dritten **2154** 5; Wahlverschaffungsvermächtnis **2154** 2

Wahlverschaffungsvermächtnis 2154 2

Wahl-Vorausvermächtnis 2136 3

wechselbezügliche Verfügungen, Änderungsvorbehalt **2271** 19 ff; Anfechtung **2271** 34 ff; Anfechtung durch den überlebenden Ehegatten **2271** 35 ff; Anfechtung durch Dritte **2271** 39 f; Anfechtungswirkung **2271** 41; Anwendung der Auslegungsregel **2270** 14 ff; Arten der Wechselbezüglichkeit **2270** 8; Auslegungsbeispiele **2270** 11 ff; Ausschluss der Anfechtung zu Lebzeiten beider Ehegatten **2271** 34; Auswirkung auf wechselbezügliche Verfügungen des Ehepartners **2270** 23; Beeinträchtigung des Vermächt-

magere Zahlen = Rn

nisnehmers **2288** 1; besondere Motive **2270** 13; Beweisfragen **2270** 24; Bindungswirkung nicht wechselbezüglicher Verfügungen **2270** 6; Ehegattenzuwendungen **2270** 15; erbrechtliche Bindung des überlebenden Ehegatten **2271** 17 ff; erbrechtliche Zuwendungen **2270** 4 f; Ermittlung des Erblasserwillens durch Auslegung **2270** 10; Formulierungen in der Urkunde **2270** 11; gemeinschaftliches Testament **2270** 1 ff; im gemeinschaftliches Testament **2265** 22; **2268** 8; Kreis wechselbezüglicher Verfügungen **2270** 4 ff; Nichtigkeit **2270** 22; persönliche Beziehungen **2270** 12; Recht in den neuen Bundesländern **2270** 25; Rechtsfolgen der Wechselbezüglichkeit **2270** 22 f; Schenkungen des Erblassers **2287** 1; und Verfügungen unter Lebenden **2286** 1; Verknüpfungswille des Ehegatten **2270** 7 ff; Voraussetzungen der Wechselbezüglichkeit **2270** 1 ff; Vorrang einer Erblasserbestimmung **2270** 9; Zuwendungen an nahe stehende Personen **2270** 21; Zuwendungen an Verwandte **2270** 16 ff
–, **Bindung,** Änderungsvorbehalt **2271** 19 ff; Aufhebung bei Verfehlungen des Bedachten **2271** 29 ff; Ausnutzung des Änderungsvorbehalts **2271** 22; Ausschlagung bei Zuwendung an einen Dritten als auch an den Überlebenden **2271** 26; Ausschlagung des überlebenden Ehegatten **2271** 24 ff; Ausschlagung eines Dritten **2271** 25; Berechtigter bei Änderungsvorbehalt **2271** 21; Beschränkung in guter Absicht **2271** 32; Ermächtigungsgrundlage für eine Änderung **2271** 20; gesetzliche Ausnahmen von der erbrechtlichen Bindung **2271** 23 ff; gesetzlicher Umfang der Bindungswirkung **2271** 17 f; Recht in den neuen Bundesländern **2271** 42; Wegfall der Geschäftsgrundlage **2271** 33; Zeitpunkt und Umfang des Änderungsvorbehalts **2271** 21
–, **Widerruf,** Begriff **2271** 1; einseitiger Verfügungen **2271** 4; Form **2271** 9; Gegenstand **2271** 2; des gesamten gemeinschaftlichen Testaments **2271** 3; Geschäftsunfähigkeit des Empfängers **2271** 13; Inhalt **2271** 10; Recht in den neuen Bundesländern **2271** 42; Testierfähigkeit als Voraussetzung **2271** 8; Tod des Empfängers **2271** 13; Tod des widerrufenden Ehegatten **2271** 12; Voraussetzungen des einseitigen Widerrufs **2271** 7 ff; wechselseitiger Verfügungen **2271** 5 f; Wirkungen des wirksamen Widerrufs **2271** 15 f; Zugang **2271** 11 ff; Zugangshindernisse **2271** 12 ff; Zustellung an den anderen Ehegatten **2271** 11
Wechselmodell 1687 3
Wegnahmerecht des Vorerben **2125** 2
Weiterverweisung EGBGB Einl IPR 76
Wertermittlungsverordnung 1376 6
Wertpapier, Anwendbarkeit der Rom II–VO **EGBGB 42** 20; Internationales Privatrecht **EGBGB 37** 3; Internationales Sachenrecht **EGBGB 43** 11
Widerruf der Überlassung der Vermögensverwaltung 1413
Widerrufstestament bei Erbvertrag **2254** 3; Form **2254** 2 ff; Inhalt **2254** 4 f; Kosten des öffentlichen – **2254** 6; Recht in den neuen Bundesländern **2254** 8; Rechtsfolge **2254** 7; Voraussetzungen **2254** 2 ff

Sachverzeichnis

Wiederverheiratung nach Todeserklärung, Aufhebbarkeit der neuen Ehe **1319** 2 ff; Aufhebung der neuen Ehe **1320**; Auflösung der früheren Ehe **1319** 8 ff; Ehegattenerbrecht **1319** 7, 11; Ehename **1319** 14; nach Feststellung des Todeszeit **1319** 16; bei Kenntnis des Ehegatten von Überleben des Verschollenen **1320** 2; Leben des Toterklärten **1320** 4; neue Eheschließung des Verschollenen **1319** 8; Rechtsfolgen der Aufhebung der neuen Ehe **1319** 7; **1320** 7 ff; Rechtsfolgen der Auflösung der früheren Ehe **1319** 11 ff; Übergangsrecht **1319** 17; **1320** 10; Unterhaltsansprüche **1319** 7, 12; **1320** 8; Verhältnis zwischen früherer und neuer Ehe **1319** 15; Versorgungsausgleich **1319** 13; **1320** 9; Zugewinn- und Versorgungsausgleich **1319** 7
Wiederverheiratungsklausel, Änderungsvorbehalt **2278** 15; aufschiebend bedingtes Vermächtnis **2269** 33; Auslegung **2136** 12; bedingte Erbeinsetzung **2269** 35 ff; Begriff **2269** 30; Einheitslösung **2269** 34 ff; im gemeinschaftlichen Testament **2136** 12; **2269** 22; Gestaltungsmöglichkeiten **2269** 31 ff; Nacherbschaft **2100** 6; im Testament **2074** 8 f, 19; Trennungslösung **2269** 32 f; Verfügungen des Längstlebenden nach der Wiederverheiratung **2269** 39 ff; Vermächtnislösung **2269** 38; Wegfall der erbrechtlichen Bindung **2269** 40; Weitergeltung der Verfügungen **2269** 41; Wiederheirat als den Nacherbfall auslösendes Ereignis **2269** 32; Wiederverheiratung und Pflichtteil des Längstlebenden **2269** 42; Zweck **2269** 30
Wirkungsstatut EGBGB 7 13
Zentrales Vorsorgeregister der BNotK 1901 a 16
Zessionsgrundstatut EGBGB 33 8
Zugewinn, Begriff **1373** 1; Berechnung **1374** 1; Berechnungszeitpunkt bei Scheidung **1384**; Berechnungszeitpunkt bei vorzeitigem Zugewinnausgleich **1387**; fiktiver – **1373** 7; Inflation **1373** 4; Kaufkraftschwund **1373** 4; **1376** 39 ff; nie negativ **1373** 6; nomineller – **1373** 4; als Rechnungsgröße **1373** 2 ff; Sondervermögen **1373** 5; unechter – **1373** 4; Wertmesser **1373** 4; **1376** 39
Zugewinnausgleich, absolute Verjährung **1378** 21; abweichende Vereinbarungen **1372** 5; **1378** 34 f; in anderen Fällen als beim Tod des Ehegatten **1372**; Ansprüche des Ausgleichsberechtigten gegen Dritte **1390** 1, *s Zugewinnausgleich, Ansprüche gegen Dritte;* Anwendungsbereich **1372** 2 ff; Art der Forderung **1378** 2 ff; Aufhebungsurteil **1372** 3; Aufrechnung **1378** 7; Ausfall der Ausgleichsforderung **1390** 2; Ausgleichsforderung **1378** 2 ff; allgemeine Ausgleichsrechte **1372** 10 ff; Auskunftspflicht nach Beendigung des Güterstandes *s dort;* Ausschließlichkeitsprinzip **1372** 7 ff; Ausschluss **1371** 12 f; Außenverhältnis zu Dritten **1372** 12; bei Beendigung der Zugewinngemeinschaft **1363** 11; Beendigung der Zugewinngemeinschaft bei Fortbestand der Ehe **1372** 4; Beendigung der Zugewinngemeinschaft durch Auflösung der Ehe **1372** 3; Berechnungszeitpunkt bei Scheidung **1384**; Beschränkung auf Nettovermögens **1378** 3; Beseitigung system-

3213

Sachverzeichnis

fette Zahlen = §§

immanenter Unzulänglichkeiten **1381** 2; Beweislast **1372** 21, 25; **1378** 32; Billigkeitskorrektiv **1372** 13; **1381** 1; **1382** 1; **1383** 1; Bruchteilsgemeinschaft **1372** 26; dingliche Rückübertragung **1372** 19 ff; Disponibilität im Ehevertrag **1408** 27 ff; ehebezogene Zuwendung **1372** 10 ff, 18, 21; Ehegatten-Innengesellschaft **1372** 28 ff; Ehevertrag **1372** 4; **1378** 14, 34; einheitlicher Streitgegenstand **1378** 30; Einschränkung der Vertragsfreiheit **1378** 11; Einzelfallgerechtigkeit **1381** 1; keine Einzelrückabwicklung der Zuwendungen **1372** 21; Entstehung der Ausgleichsforderung **1378** 5; erbrechtliche Lösung **1931** 16 f; Erbschaftsteuer **1378** 16; ergänzender Ausgleichsanspruch **1372** 20; Ersatz von Haushaltsgegenständen **1370** 10; Erstattung von Vermögenswerten **1372** 20; Fälligkeit der Forderung **1378** 6; familienrechtlicher Vertrag eigener Art **1372** 11; Feststellung des Nettovermögens **1378** 3; Form des Ehevertrages **1372** 5; Geldbetrag **1378** 1; Gesamtgläubigerausgleich **1372** 25; Gesamtschuldnerausgleich **1372** 24; Gesellschaftsrecht **1372** 27 ff; Gestaltungsmöglichkeiten **1372** 5; grobe Unbilligkeit des Zugewinnausgleichs **1381** 4 ff; Grundschema des -s **1363** 13; güterrechtliche Lösung **1931** 18; Gütertrennung **1372** 13; Gütertrennung bei Ausschluss des -s **1414** 5; Halbteilungsgrundsatz **1378** 1; Hausratsverfahren **1372** 6; Hemmung der Verjährung **1378** 22 ff; **1379** 16; Höhe der Forderung **1378** 2 ff; Insolvenz das ausgleichspflichtigen Ehegatten **1378** 9; Internationales Privatrecht **EGBGB 25** 56; Kürzung der Ausgleichsforderung **1381** 14; Leistungsverweigerung wegen grober Unbilligkeit s *Zugewinnausgleich, grobe Unbilligkeit;* Mahnung **1378** 6; Nachforderungsklage **1378** 31; Neubeginn der Verjährung **1378** 22; Nutzungsentschädigung bei Wohnrecht **1372** 25; Oder-Konten **1372** 25; Pfändbarkeit der Forderung **1378** 5; und Pflichtteilsrecht **2303** 23; Prozessuales **1372** 21; **1378** 28 ff; Prozesszinsen **1378** 6; Prüfungsreihenfolge des BGH **1372** 9; rechnerischer – **1372** 1; allgemeine Rückforderungsrechte **1372** 10 ff; Scheidungsurteil **1372** 3; Scheidungsvereinbarung **1378** 13 f, 35; Schenkungen unter Ehegatten **1372** 10 ff, 18, 21; Schenkungen an Ehegatten der Enkel **1372** 22 f; Schenkungen der Schwiegereltern an Schwiegerkinder **1372** 16, 22 f; **1374** 20; Schenkungswiderruf **1372** 14 ff; schuldrechtlicher Anspruch **1372** 6; Schutz des Ausgleichsberechtigten **1390** 1; schwere Verfehlung **1372** 15; Sicherung durch Arrest **1378** 29; spezialgesetzliche Sonderregelungen **1372** 6; Stundungsmöglichkeit **1378** 7; systembedingte Härten **1372** 18; Teilklagen **1378** 30; Todeserklärung **1372** 3; überhöhte Vorwegleistung **1372** 20; Überleitungsvorschriften **1378** 24; Übertragung von Vermögensgegenständen an den Gläubiger **1383** 2 ff; unbenannte Zuwendungen **1372** 10 ff, 18; unechter – **1376** 39; ungerechtfertigte Bereicherung **1372** 17; Vereinbarungen über den – **1378** 11 ff; Vererblichkeit der Forderung **1922** 85; Verfügungsverbot **1378** 12; Verhältnis zu anderen vermögensrechtlichen Ausgleichsregelungen **1372** 6 ff; Verjährung **1378** 17 ff; Vermögensminderung durch Unterlassen **1390** 4; Versorgungsausgleich **1372** 6; Verweigerungsrecht **1381** 3 ff; Verzugszinsen **1378** 6; voreheliche Leistungen **1372** 20; vorzeitiger – **1368** 1; **1369** 9; **1372** 4; Wegfall der Geschäftsgrundlage **1372** 18 ff; Wiederheirat **1372**; **1378** 10; Zugewinnausgleichsbilanz **1372** 21; Zurückbehaltungsrecht **1378** 8; Zuständigkeit des FamG **1378** 28; zwingendes Recht **1378** 34 f

–, **Anrechnung von Vorausempfängen,** Anrechnungsbestimmung **1372** 4 f; Anrechnungspflicht **1380** 2 ff; beiderseitige anrechnungspflichtige Zuwendung **1380** 8; Beweislast **1380** 11; Durchführung der Anrechnung **1380** 6 ff; ehebezogene Zuwendungen **1380** 2; Ehevertrag **1380** 12; Gelegenheitsgeschenke **1380** 5; Konkurrenzen **1380** 12; Prozessuales **1380** 11; Rechenbeispiel **1380** 7, 9; überhöhte Vorwegleistung **1380** 9; unbenannte Zuwendungen **1380** 2; untergegangene Zuwendung **1380** 8; verbrauchte Zuwendung **1380** 8; Verhältnis der Anrechnung auf den Pflichtteil **1380** 12; Wegfall der Geschäftsgrundlage **1380** 9; Wert im Zeitpunkt der Zuwendung **1380** 6; Zugewinnausgleich bei nicht anrechnungspflichtigen Zuwendungen **1380** 10; Zuwendungsbegriff **1380** 2 f; Zweck **1380** 1; zwingendes Recht **1380** 12

–, **Ansprüche gegen Dritte,** abweichende Vereinbarungen **1390** 9; Anspruch auf unentgeltliche Zuwendung **1390** 3; Anspruch bei anderen Rechtshandlungen **1390** 4; Anspruchsinhalt **1390** 5; Anspruchsvoraussetzungen **1390** 2; Ausfall der Ausgleichsforderung **1390** 2; Auskunftspflicht des Dritten **1390** 8; Begrenzung durch Ausgleichsforderung **1390** 5; Benachteiligungsabsicht **1390** 3 f; Beweislast **1390** 6; Duldung der Zwangsvollstreckung **1390** 5 f; Durchsetzung des Anspruchs **1390** 6 f; einstweiliger Rechtsschutz **1390** 7; Ersetzungsbefugnis des Dritten **1390** 5; Erweiterung des Anspruchs **1390** 9; Höhe der Herausgabepflicht **1390** 5; Konkurrenzen **1390** 1; positive Kenntnis des Dritten **1390** 4; Rechtsfolgenverweisung **1390** 5; Schutz des Ausgleichsberechtigten **1390** 1; Sicherheitsleistung **1390** 7; Verfahrensfragen **1390** 6 f; Verjährung **1390** 6; Vermögensminderung durch Unterlassen **1390** 4; Verschwendung **1390** 4; Verzicht **1390** 9

–, **grobe Unbilligkeit,** Abwägungsvorgang **1381** 14; anderes vermögensbezogenes Verhalten **1381** 6; Anspruchsart **1381** 3; Beseitigung systemimmanenter Unzulänglichkeiten **1381** 2; Billigkeitskorrektiv **1381** 1; dauernde Einrede **1381** 15; Ehebruch **1381** 9; eigene Unterhalts- und Versorgungslage des Ausgleichspflichtigen **1381** 12; Einzelfallgerechtigkeit **1381** 1; gesetzliches Beispiel **1381** 5; grobe Unbilligkeit des Zugewinnausgleichs **1381** 4 ff; grobe Unbilligkeit für den Gläubiger **1383** 2; bei nicht verwirklichter ehelicher Lebensgemeinschaft **1381** 11; Pflichtverletzungen im sonstigen persönlichen Lebensbereich **1381** 9 ff; Schädigung durch den anderen Ehegatten **1381** 7; schuldhafte Nichterfüllung wirtschaftlicher Verpflichtungen **1381** 5; sonstige grobe Pflichtverletzungen **1381** 8; Stundung der Ausgleichsforde-

magere Zahlen = Rn **Sachverzeichnis**

rung **1381** 14; Tätlichkeiten **1381** 8; Umfang der Anspruchskürzung **1381** 14; unbeachtliche Kriterien **1381** 13; Unkenntnis vom Leistungsverweigerungsrecht **1381** 15; unredliche Einflussnahme auf den Zeitpunkt des Zugewinnausgleiches **1381** 10; Unterhaltsüberzahlung **1381** 6; Verfahrensfragen **1381** 15; Verweigerungsrecht **1381** 3 ff; Verzicht **1381** 16; Zuständigkeit des Familiengerichts **1381** 15; zwingendes Recht **1381** 16
- **im Todesfall,** Abwägungsentscheidung **1371** 32; abweichende Vereinbarungen **1371** 12 f; Anfechtungsmöglichkeit **1371** 34; Auflage **1371** 18; Ausbildungsanspruch der Stiefabkömmlinge *s dort;* Ausgleichsforderung **1371** 23 f; Ausgleichspauschale bei gesetzlicher Erfolge **1371** 7; Ausgleichspflichtteil **2316** 12 ff; Ausschlagung des Erbes **1371** 3, 28 ff; Ausschlagung des Vermächtnisses **1371** 28 ff; Ausschluss des Pflichtteils **1371** 30; Ausschluss des Zugewinnausgleichs **1371** 12; Ausschluss oder Wegfall des Ehegattenerbrechts **1371** 17; Berechnung des Zugewinnausgleichs **1371** 22; Berufung des Ehegatten zum Testamentsvollstrecker **1371** 18; Ehegatte als Erbe und Vermächtnisnehmer **2307** 13; Ehegatte als gesetzlicher Erbe **1371** 5; Ehegatte als pflichtteilsberechtigter Miterbe **2319** 5; Ehegatte als Vermächtnisnehmer **1371** 6, 18; Ehegatte weder Erbe noch Vermächtnisnehmer **1371** 16; Erb- und Pflichtteil Dritter **1371** 11, 25; Erbe durch Verfügung von Todes wegen **1371** 6; erbrechtliche Lösung **1371** 1, 4 ff; **2316** 14; Erbschaftsteuer **1371** 10, 25, 27; Erhöhung des Ehegattenerbrechts durch Ehevertrag **1371** 13; Erhöhung des Ehegattenerbteils **1371** 1; Erhöhung des gesetzlichen Erbteils **1371** 6; geringwertiger Erwerb von Todes wegen **1371** 16; gesetzlicher Voraus **1371** 9; gleichzeitiger Tod beider Ehegatten **1371** 19; großer Pflichtteil **1371** 15, 21; güterrechtliche Lösung **1371** 2, 16 ff; **2316** 13; Nachteil der güterrechtlichen Lösung **1371** 13; Höferecht **1371** 9; kleiner Pflichtteil **1371** 20, 31; Konkurrenzfragen **1371** 9 f; Minderung des Zusatzerbteils **1371** 13; Modifizierungen **1371** 13; Nachlassinsolvenzverfahren **1371** 26; Nachlassverbindlichkeiten **1371** 26; Prozessuales **1371** 35; Rechtsstellung des durch Verfügung von Todes wegen bedachten Ehegatten **1371** 14; Sonderfälle **1371** 18; Systematik **1371** 1 ff; Verjährungsbeginn **1378** 20; Vorempfänge **1371** 24; Vorverlegung des Berechnungszeitpunktes **1371** 22; kein Wahlrecht **1371** 21; Zugewinnausgleich bei güterrechtlicher Lösung **1371** 20 ff; Zusatzviertel kein selbständiges Erbteil **1371** 8; Zuständigkeit des Familiengerichts **1371** 35; Zuwendungen an Dritte **1371** 27
- **Stundung der Ausgleichsforderung,** abweichende Vereinbarungen **1382** 16; Änderung der Stundungsentscheidung **1382** 13 ff; Anwaltszwang **1382** 3; nachträgliche Aufhebung der Stundungsentscheidung **1382** 13 ff; Belange der gemeinsamen Kinder **1382** 4; Billigkeitskorrektiv **1382** 1; einheitliche Entscheidung über bestrittene Forderung und Stundung **1382** 9; einstweilige Anordnung **1382** 6; Entscheidungsinhalt **1382** 10 ff; wegen Erkrankung **1382** 4; Gewährung einer neuen Stundungsfrist **1382** 14; Interessen der Gläubiger **1382** 5; isolierte Anfechtung der Stundungsentscheidung **1382** 9; isolierte Stundung **1382** 7; Lebens- und Existenzgrundlage **1382** 4; Kündigung einer Lebensversicherung **1382** 4; nur in Ausnahmefällen **1382** 4; Rechtsmittel **1382** 7 ff; richterlicher Gestaltungsakt **1382** 2; als Scheidungsfolgesache **1382** 8; selbständige Familiensache **1382** 7; selbstbewohntes Haus **1382** 4; Sicherheitsleistung **1382** 12; Spekulationssteuer **1382** 4; Stundungsantrag **1382** 3; unbestrittene Forderung **1382** 7; Schutz vor unwirtschaftlicher und überstürzter Veräußerung **1382** 4; Verfahren **1382** 6 ff; Vergleich **1382** 6; Verzinsung **1382** 11; allgemeiner Vollstreckungsschutz **1382** 15; Voraussetzungen **1382** 3 ff; bei vorübergehender grober Unbilligkeit **1381** 14; Zahlung zur Unzeit **1382** 4; Zuständigkeit **1382** 6 ff; zwingendes Recht **1382** 16
- **Übertragung von Vermögensgegenständen,** Antragsberechtigung **1383** 3; besondere Sachbeziehung **1383** 1; Billigkeitskorrektur **1383** 1; keine dingliche Wirkung **1383** 5; dreistufiger Übertragungsakt **1383** 5; Entscheidungsinhalt **1383** 5; Gläubigerinteresse **1383** 1; grobe Unbilligkeit für den Gläubiger **1383** 2; Hausrat **1383** 1; Interessenabwägung **1383** 3; isolierter Übertragungsantrag **1383** 4; Konkurrenzfragen **1383** 1; Leistungsstörungen **1383** 5; Rechtsmittel **1383** 6; Verfahren **1383** 4 ff; Voraussetzung **1383** 2 f; Zumutbarkeit für den Schuldner **1383** 3; Zuständigkeit des FamG **1383** 4; zwingendes Recht **1383** 7
- **vorzeitiger,** abweichende Vereinbarungen **1385** 6; Anspruch auf Sicherheitsleistung **1389** 3 ff; Arrest **1389** 2, 8; Art der Sicherheitsleistung **1389** 5; Auskunftsklage **1385** 3; Berechnungszeitpunkt des Zugewinns **1384** 4; **1387**; Besorgnis erheblicher Gefährdung **1389** 4; Beweislast **1385** 5; Durchsetzung des Sicherungsanspruchs **1389** 7 f; einstweilige Verfügung **1385** 4; **1388** 2; **1389** 8; Eintritt der Gütertrennung nach Urteil über − **1388**; einzelne Gründe für − **1386** 2 ff; erhebliche Gefährdung der künftigen Ausgleichsforderung **1386** 5; Gefährdung der Ausgleichsforderung **1386** 3 ff; Geltendmachung **1385** 3; Gesamtvermögensgeschäft ohne Zustimmung des Ehegatten **1386** 3; Gestaltungsklage **1385** 1, 3; bei Getrenntleben **1385**; keine Gütertrennung nach Prozessvergleich über − **1388** 2; Höhe der Sicherheitsleistung **1389** 6; illoyale Vermögensminderung **1386** 4; Konkurrenzen **1386** 1; **1389** 1; Kosten **1385** 2; prozessuale Geltendmachung **1386** 7; Rechtsfolgen des Urteils über − **1388** 3; Rechtsschutzbedürfnis **1385** 3, 5; schuldhafte Nichterfüllung der wirtschaftlichen Verpflichtungen **1386** 2; Sicherheitsleistung **1389** 5 ff; Sicherung der künftigen Ausgleichsforderung **1389** 1; Sicherungsgründe **1389** 4; in sonstigen Fällen **1386;** Streitwert **1385** 4; Stufenklage **1385** 3; bei Trennung **1385** 2; überholendes Scheidungsurteil **1387** 2; Verfahren bei Sicherheitsleistung **1389** 7; Verhältnis zum Scheidungsverfahren **1385** 5; Verweigerung der Unterrichtung über das Ver-

Sachverzeichnis

fette Zahlen = §§

mögen **1386** 6; Verwertung der Sicherheit **1389** 6; Verzinsung **1385** 4; Voraussetzungen **1385** 2; Widerklage **1385** 3; Wirkung gegenüber Dritten **1412** 5; Zuständigkeit des FamG **1385** 4; **1389** 7; Zweck **1385** 1; **1386** 1; **1388** 1; **1389** 1; zwingendes Recht **1385** 6; **1388** 4

Zugewinngemeinschaft, Äquivalenz- und Solidaritätsprinzip **1363** 12; Geltung des allgemeinen Vermögensrecht **1363** 11; schuldrechtliche Ausgleichsforderung **1363** 11; Beginn **1363** 8 f; kein Einfluss auf Besitzverhältnisse **1363** 11; Dauer **1363** 8 ff; Ehevertragsfreiheit **1363** 16; einseitige Rechtsgeschäfte **1367**; Ende **1363** 10; Erbfall **1363** 11; Erbverzicht **1363** 12; Gefahr der Typenverfehlung **1363** 15; Geltendmachung der Unwirksamkeit von Verträgen **1368**; kein gemeinschaftliches Vermögen **1363** 11; Genehmigung von Verträgen **1366**; Gesetzesüberblick **1363** 5; gesetzlicher Güterstand **1363** 2, 5; Grenzen der Verwaltungsfreiheit **1364** 3 ff; Grundgedanke **1363** 12; Grundsätzliches **1363** 6 f; Kennzeichen der − **1363** 11; Lebens- und Wirtschaftsgemeinschaft der Ehegatten **1363** 12; bei Lebenspartnerschaft **1363** 4; mittelbare Vermögensbindung **1364** 4; modifizierte − **1414** 12; Nebenpflichten **1364** 6; Nutznießung des Vermögens **1363** 11; und Pflicht zur ehelichen Lebensgemeinschaft **1364** 4; Grundsatz der selbständigen Vermögensverwaltung **1363** 11; **1364** 1; systembedingte Schwächen **1363** 14; Tod eines Ehegatten **1363** 10; übergeleitete früher geltende gesetzliche Güterstände **1363** 9; Verfügungsbeschränkungen **1364** 3; vermögensmindernde Verwaltungsmaßnahmen **1364** 5; Grundsatz der Vermögenstrennung **1363** 11; Vermögensverwaltung **1364**; Vermögensverwaltung durch den anderen Ehegatten **1364** 7; vertragliche Regelungsmöglichkeiten in der − **1363** 17; Verursachungsgedanke **1363** 12; Wertung der − **1363** 14 ff; Zugewinnausgleich **1363** 11, 13; vorzeitiger Zugewinnausgleich **1368** 1; **1369** 9

−, **Geltendmachung der Unwirksamkeit von Verfügungen,** Abdingbarkeit **1368** 9; Anspruchsinhalt **1368** 4; Aufrechnung des Dritten **1368** 5; außergerichtliche Maßnahmen **1368** 3; Drittwiderspruchsklage **1368** 7; Einreden des Dritten **1368** 5; Einwendungen des Dritten **1368** 5; Familienschutz **1368** 1; gerichtliche Geltendmachung **1368** 2; gesetzliche Prozessstandschaft **1368** 3; Inhalt des Revokationsrechts **1368** 4; Klageantrag **1368** 4; Prozessuales **1368** 6 f; Rechte des zustimmungsberechtigten Ehegatten **1368** 2 ff; keine Rechtskrafterstreckung **1368** 7; zeitliche Begrenzung **1368** 3; Stellung des verfügenden Ehegatten **1368** 8; Streitgenossen **1368** 7; Umfang des Revokationsrecht des Ehegatten **1368** 2; Unwirksamkeit der Verfügung **1368** 2; Verstoß gegen Treu und Glauben **1368** 5; Zurückbehaltungsrecht des Dritten **1368** 5; Zuständigkeit des Familiengerichts **1368** 6

−, **Genehmigung von Verträgen,** Aufforderung zur Genehmigungserklärung **1366** 7; Beweislast **1366** 9; einseitige Rechtsgeschäfte **1367**; Erklärungsgegner für Genehmigung **1366** 2; Ersetzungsbeschluss des VormG **1366** 3; Form **1366** 2; Frist **1366** 2, 7; Genehmigung **1366** 2; Behauptung der Gütertrennung **1366** 6; durch konkludentes Verhalten **1366** 2; Konvaleszenz des Rechtsgeschäfts **1366** 3; Rechte des Dritten **1366** 4 ff; Rechte des zustimmungsberechtigten Ehegatten **1368** 2 ff; Rechtsfolgen des Widerrufs **1366** 8; Schadensersatzpflicht **1366** 5; schwebende Unwirksamkeit **1366** 1; Tod des zustimmungsberechtigten Ehegatten **1366** 3; Verweigerung der Genehmigung **1366** 3; Widerrufsrecht des Dritten **1366** 1, 5 f

−, **Verfügung über Vermögen im Ganzen,** absolutes Verfügungsverbot **1365** 2, 21; abweichende Vereinbarung **1365** 39; Aktivvermögen **1365** 9; Amtsermittlungsgrundsatz **1365** 34; Amtstreuhänder **1365** 6; Amtswiderspruch **1365** 38; Auflagen **1365** 34; ausreichender Grund für Verweigerung **1365** 30; aufgrund behördlicher oder gerichtlicher Anordnung **1365** 3; Beurkundungsverfahren **1365** 37; durch Bevollmächtigte **1365** 5; Beweislast **1365** 36; Bewertungsmaßstab **1365** 11; einseitige Rechtsgeschäfte **1367**; Einwilligung **1365** 23 f; einwilligungsbedürftiges Rechtsgeschäft eines Ehegatten **1365** 3 ff; Einzeltheorie **1365** 10; Entscheidungsverfahren **1365** 34; durch Ermächtigte **1365** 5; Ersetzung der Zustimmung **1365** 25 ff; Beurteilung im Familieninteresse **1365** 29; Rechtsfolgen fehlender Zustimmung **1365** 20 ff; Gegenleistungen **1365** 14, 31; Geltendmachung der Unwirksamkeit **1368**; Genehmigung von Verträgen **1366**; Gesamttheorie **1365** 10; Gesamtvermögensgeschäft **1365** 9 ff; gesetzliche Verpflichtungen **1365** 5; Gewerbebetrieb **1365** 12; Grundbuchverfahren **1365** 38; Grundsätze ordnungsgemäßer Verwaltung **1365** 29; Haftungsübernahmeerklärung **1365** 22; isolierte Verfügungen **1365** 4; Kapitalleistung **1365** 12; Lasten **1365** 13; laufendes Einkommen **1365** 12; durch mehrere Rechtsgeschäfte **1365** 16; Negativattest **1365** 34; Prognoserisiko **1365** 31; Prozentsätze für verbleibendes Mindestvermögen **1365** 15; Rechtsmittel **1365** 35; Schadensersatzansprüche **1365** 22; doppelter Schutzzweck **1365** 1; Sockelbetrag **1365** 15; Stammrecht einer Renten- und Versorgungsberechtigung **1365** 12; subjektive Theorie **1365** 17; subjektives Tatbestandselement **1365** 17 f; Tod eines Ehegatten vor Zustimmung **1365** 8; umfassende Interessenabwägung **1365** 32; Verfahrensfragen **1365** 36 ff; Verhinderung an der Zustimmungserklärung **1365** 33; Vermögensbegriff **1365** 9 ff; Verpflichtungsgeschäfte über Vermögen im Ganzen **1365** 3; Wertvergleich **1365** 11 ff; zeitliche Grenze **1365** 7; maßgebender Zeitpunkt **1365** 18; zustimmungspflichtige Rechtsgeschäfte **1365** 19; Zwangsvollstreckung **1365** 3

−, **Verfügungen über Haushaltsgegenstände,** Abdingbarkeit **1369** 10; abweichende Vereinbarungen **1370** 14; Anwartschaftsrechte auf Haushaltsgegenstände **1369** 5; **1370** 3; Anwendungsbereich **1369** 2 ff; Betriebsvermögen **1369** 4; Beweislast **1370** 11; dauerndes Getrenntleben **1369** 2; dingliche Surrogation **1370** 9; Drittwiderspruchsklage **1370** 9; Eigentumsverhältnisse **1369** 6; Erbfall **1370** 7; Ersatz von Haushaltsgegenständen **1370**; Ersatzansprüche gegen Dritte **1370** 13; Ersatzbeschaffung **1370** 6; Ersetzung der Zustimmung **1369** 8; Ersetzungswille des anschaffenden Ehegatten **1370** 6; Rechtsfolgen fehlender Zustimmung **1369** 9; Gebrauchswert **1370** 5; Gegenstände des ehelichen Hausrats **1369** 3 ff; **1370** 3; Gegenstände für persönlichen Gebrauch **1369** 4; Gegenstände zur Berufsausübung **1369** 4; gemeinschaftlicher Haushalt **1369** 2; Gestaltung durch Ehevertrag **1369** 10; Getrenntleben der Ehegatten **1370** 8; Grundstücke **1369** 5; grundstücksgleiche Recht **1369** 5; gutgläubiger Erwerb **1369** 9; Hausratsbegriff **1369** 3; Konkurrenzfragen **1369** 1; **1370** 12 f; Miteigentum **1369** 6; nacheheliche Hausratsverteilung **1370** 12; nicht mehr vorhandene Haushaltsgegenstände **1370** 4; Normzweck **1369** 1; prozessuale Akte **1369** 7; Rechte **1369** 5; Schadensersatzansprüche des Dritten **1369** 9; Schutzzweck **1369** 8; Surrogat des Surrogats **1370** 3; Surrogationserwerb **1370** 1; Totalverlust **1370** 4; unentgeltlicher Erwerb des Ersatzes **1370** 7; Verfahren der Zustimmungsersetzung **1369** 8; Verhinderung an der Zustimmungsabgabe **1369** 8; Vermögensanlage **1369** 4; Verpfändung **1369** 7; Verweigerung der Zustimmung ohne wichtigen Grund **1369** 8; vorzeitiger Zugewinnausgleich **1369** 9; wertlos gewordene Haushaltsgegenstände **1370** 5; Widmung der Ehegatten **1369** 3; Wohnungseigentum **1369** 5; Wohnungskündigung **1369** 5; Zugewinnausgleich **1370** 10; zustimmungsfreie Rechtsgeschäfte **1369** 7; Zustimmungspflicht des anderen Ehegatten **1369** 1; zustimmungspflichtige Rechtsgeschäfte **1369** 7; Zwangsvollstreckung wegen einer Geldforderung **1369** 7

Zusatzpflichtteil 2305

Zustimmung zu Statusänderungen von Kindern zur Abstammungserklärung **EGBGB 23** 4; bei Adoption **EGBGB 23** 6; Anwendungsbereich **EGBGB 23** 4 ff; EU-Recht **EGBGB 23** 3; intertemporale Recht **EGBGB 23** 25; Kindeswohl **EGBGB 23** 23; zur Legitimation **EGBGB 23** 7; bei Namenserteilung **EGBGB 23** 5; Bestimmung des Personalstatuts **EGBGB 23** 18; renvoi **EGBGB 23** 19; Sonderanknüpfung **EGBGB 23** 20 ff; Staatsverträge **EGBGB 23** 3; Zuständigkeit **EGBGB 23** 24; zustimmende Person **EGBGB 23** 8 ff; Zustimmungsbedürftigkeit **EGBGB 23** 15 ff; Zustimmungsgegenstand **EGBGB 23** 4 ff

Zuwendung ehebezogene oder unbenannte – **1372** 10 ff

Zuwendungspflegschaft 1909 11 f

Zuwendungsverzicht, allgemeine Wirkungen **2352** 15 ff; Art der Zuwendung **2352** 2; Aufhebung **2351** 1; Ausschluss des Ersatzberufenen durch Auslegung **2352** 21 ff; Auswirkung auf gesetzlichen Erbteil **2352** 17; bedingter – **2352** 9; Beschränkung **2352** 5; Beseitigung des Verzichts **2352** 27; Besonderheiten beim Erbvertrag **2352** 10 ff; Beurkundungspflicht **2352** 7; einseitige Verfügungen **2352** 13; Erstreckung auf Ersatzberufene **2352** 19 ff; Form **2352** 6 f; Gegenstand **2352** 2 f; güterrechtlicher Zugewinnausgleich **2352** 17; Nichtigkeit **2352** 16; Objektbezogenheit des Verzichts **2352** 4; persönliche Voraussetzungen **2352** 8; Rechtsnatur **2352** 1; relativer – **2352** 9; Sonderformen **2352** 26; übertragende Wirkung **2352** 14; Vertragsabschluss **2352** 6 f; vertragsmäßige Zuwendungen **2352** 10 ff; Verzicht der Ersatzberufenen **2352** 26; Verzicht des Vorerben **2352** 18; Vorversterbensfiktion **2352** 15; Wirkung **2352** 14 ff; Zuwendungsgrund **2352** 3; Zweck **2352** 1

Zwangsbehandlung 1904 2, 13 f

Zwangssterilisation 1905 1, 5

Zweckauflage 2192 5

Zweckehe, Scheidung **1564** 11; **1565** 21

Zweckvermächtnis, Anfechtung der Bestimmungserklärung **2156** 3; Begriff **1939** 6; Bestimmung der Leistung **2156** 3; genaue Bezeichnung des Vermächtniszwecks **2156** 2; Voraussetzungen **2156** 2

Zwischennamen EGBGB 10 19, 21; **EGBGB 47** 11

Buchanzeigen

Feuerich / Weyland

Bundesrechtsanwaltsordnung (BRAO)

7. Auflage. 2008.
XVII, 1688 S.
In Leinen. 160,– Euro
ISBN 978-3-8006-3216-9

Der Feuerich/Weyland

gehört zu den führenden Standardwerken, wann immer es um das Berufsrecht geht. Seit über 20 Jahren begleitet er die Entwicklung des Berufsrechts.

Die 7. Auflage

berücksichtigt für die Anwaltschaft besonders wichtige Neuerungen wie
- das Gesetz zur Neuregelung des Rechtsberatungsrechts mit Einführung des Rechtsdienstleistungsgesetzes
- die BRAO-Reform zum 1. 6. 2007: Einführung des bundesweiten online-Anwaltsregisters, Zulassung zur Rechtsanwaltschaft durch die RAK statt durch die Justizverwaltung, Zulässigkeit der Errichtung von Zweigstellen u. a. m.
- außerdem die Entscheidung des BVerfG zum grundsätzlichen Verbot des Erfolgshonorars
- die Rechtsprechung des BGH zur Abtretbarkeit von Honorarforderungen sowie zur Haftung der Sozien
- die Neugestaltung des § 3 BORA zur Versagung der Berufstätigkeit bei widerstreitenden Interessen
- die Erweiterung der FAO um neue Fachanwaltsbezeichnungen
- sowie die Schwerpunktsetzung im Berufsrecht der Patentanwälte.

Die Autoren

Wilhelm E. Feuerich, Oberstaatsanwalt a. D., RA Dr. Dag Weyland, Geschäftsführer der RAK Hamm, und RA Albert Vossebürger, Geschäftsführer der RAK Köln, stehen für höchste Sachkompetenz.

Verlag Franz Vahlen GmbH · 80791 München
Fax: (0 89) 3 81 89/4 02 · Internet: www.beck.de · E-Mail: bestellung@beck.de

Korintenberg / Lappe / Bengel / Reimann
Kostenordnung
17. Aufl. 2008.
XXIII, 1309 S.
In Leinen. 120,– Euro.
ISBN 978-3-8006-3503-0

Einfache, klare Antworten
gibt dieser große Standardkommentar zur Kostenordnung. Die bewährte Darstellung garantiert das effiziente Arbeiten in Kostensachen, Orientierungshinweise zum Gesetzestext erleichtern den Zugang zur »richtigen Vorschrift«.

Weitere Vorteile:
- umfangreiche lexikalische Teile zu landesrechtlichen Besonderheiten
- Auslandskostengesetz und Auslandskostenverordnung mit Kurzkommentierung
- Tabelle zur Ermittlung des Gebäudebrandversicherungswertes mit Erläuterung
- Ausführliche Gebührentabellen
- nach Gerichts- und Notarkosten getrennte Sachverzeichnisse

Die Neuauflage
berücksichtigt zahlreiche Neuregelungen:
- neues Rechtsberatungsrecht
- Unterhaltsrechtsreform
- Justizkommunikationsgesetz
- Gesetz über elektronische Handels- und Genossenschaftsregister sowie das Unternehmensregister (EHUG)
- 2. Justizmodernisierungsgesetz

Hingewiesen wird auch bereits auf die geplante FGG-Reform.

Fundierte Auskunft für
Richter, Rechtsanwälte, Notare, Rechtspfleger, Bezirksrevisoren, Kostenbeamte, Bürovorsteher, Gerichtsvollzieher, Rechtsanwaltsfachangestellte, Sachverständige.

Verlag Franz Vahlen GmbH · 80791 München
Fax: (0 89) 3 81 89/4 02 · Internet: www.beck.de · E-Mail: bestellung@beck.de